Kapellmann/Messerschmidt
VOB Teile A und B

Beck'sche Kurz-Kommentare

Band 58

VOB
Teile A und B

Vergabe- und Vertragsordnung
für Bauleistungen
mit Vergabeverordnung (VgV)

Herausgegeben von
Prof. Dr. Klaus D. Kapellmann
Rechtsanwalt in Mönchengladbach Fachanwalt für Bau- und Architektenrecht
Prof. Dr. Burkhard Messerschmidt
Rechtsanwalt in Bonn Fachanwalt für Bau- und Architektenrecht

6. Auflage 2018

C.H.BECK

Zitiervorschlag:
Kapellmann/Messerschmidt – (mit jeweiligem Bearbeiter)
z. B. Kapellmann/Messerschmidt/*Frister* VOB

www.beck.de

ISBN 978 3 406 71073 5

© 2018 Verlag C. H. Beck oHG
Wilhelmstraße 9, 80801 München

Druck und Bindung: Kösel GmbH & Co. KG
Am Buchweg 1, 87452 Altusried-Krugzell

Satz: Druckerei C.H.Beck Nördlingen
Umschlaggestaltung: Fotosatz Amann GmbH & Co. KG
Memmingen

Gedruckt auf säurefreiem, alterungsbeständigem Papier
(hergestellt aus chlorfrei gebleichtem Zellstoff)

Bearbeiterverzeichnis

Prof. Dr. Klaus Dieter Kapellmann
Honorarprofessor an der Rheinisch-Westfälischen Technischen Hochschule Aachen
Rechtsanwalt in Mönchengladbach
Fachanwalt für Bau- und Architektenrecht

Prof. Dr. Burkhard Messerschmidt
Honorarprofessor an der Hochschule Bochum
Rechtsanwalt in Bonn
Fachanwalt für Bau- und Architektenrecht

Anne-Christin Frister
Richterin am OLG Düsseldorf

Dr. Matthias Ganske
Rechtsanwalt in Bonn
Fachanwalt für Verwaltungsrecht

Dr. Heike Glahs
Rechtsanwältin in Bonn

Prof. Dr. Martin Havers
Honorarprofessor an der Bauhaus-Universität Weimar
Rechtsanwalt in Frankfurt am Main

Prof. Dr. Werner Langen
Honorarprofessor an der Universität Köln
Rechtsanwalt in Mönchengladbach
Fachanwalt für Bau- und Architektenrecht

Dr. Maximilian Lederer
Rechtsanwalt in Düsseldorf
Fachanwalt für Bau- und Architektenrecht

Prof. Dr. Jochen Markus
Honorarprofessor an der Technischen Hochschule Deggendorf
Rechtsanwalt in München
Fachanwalt für Bau- und Architektenrecht

Dieter Merkens
Lehrbeauftragter an der Universität Marburg
Rechtsanwalt in Bonn
Fachanwalt für Bau- und Architektenrecht

Prof. Dr. Markus Planker
Honorarprofessor an der Hochschule Koblenz
Rechtsanwalt in Frankfurt

Dr. Claus von Rintelen
Rechtsanwalt in Hamburg
Fachanwalt für Bau- und Architektenrecht

Dagmar Sacher
Richterin am Bundesgerichtshof

Dr. Tobias Schneider
Lehrbeauftragter an der TU-München
Rechtsanwalt in München
Fachanwalt für Bau- und Architektenrecht

Bearbeiterverzeichnis

Dr. Thomas Stickler
Rechtsanwalt in Leipzig
Fachanwalt für Bau- und Architektenrecht

Prof. Thomas Thierau
Honorarprofessor an der Fachhochschule Münster
Rechtsanwalt in Bonn
Fachanwalt für Bau- und Architektenrecht

Vorwort zur 6. Auflage

Der Kommentar erscheint wie immer in zweijährigem Rhythmus, damit die Kommentierung möglichst aktuell ist.

Diesmal stellten sich neue Herausforderungen. Die VOB/A liegt aufgrund des Vergaberechtsänderungsgesetzes von 2016 jetzt in der Ausgabe September 2016 vor. Sie ist formal wie inhaltlich wesentlich umgestaltet und bedurfte daher einer völligen Überarbeitung der Kommentierung.

Bei der VOB/B konnten wir schon die Auswirkungen des neuen Gesetzes zur Reform des Bauvertragsrechts und zur Änderung der kaufrechtlichen Mängelhaftung berücksichtigen.

Vergaberechtlich ist die Unterschwellenvergabeverordnung 2017 noch nicht berücksichtigt.

Mit der jetzigen Ausgabe sind wir auf dem neuesten Stand, was Rechtsprechung und insbesondere auch die immer weiter anschwellende Kommentarliteratur angeht.

Zu unserem großen Bedauern wirkt an dieser Ausgabe Herr Vorsitzender Richter am Oberlandesgericht a. D. Dr. Friedhelm Weyer aus Altersgründen nicht mehr mit. Er hat sich mit der hervorragenden Kommentierung zu § 13 VOB/B große Verdienste um diesen Kommentar erworben.

Die Kommentierung des so wichtigen § 13 VOB/B hat Herr Prof. Dr. Werner Langen übernommen, der dafür die Bearbeitung der §§ 5 und 11 freigegeben hat. § 5 bearbeitet zukünftig Frau Richterin am BGH Dagmar Sacher, die wir als neue Kommentatorin herzlich willkommen heißen. § 11 bearbeitet unser schon bisheriger Autor Dr. Tobias Schneider.

Die Kommentierung ist auf dem Stand Juni 2017.

Mönchengladbach/Bonn, Oktober 2017

Prof. Dr. Klaus D. Kapellmann
Rechtsanwalt
Fachanwalt für Bau- und Architektenrecht
Honorarprofessor an der Rheinisch-
Westfälischen Technischen Hochschule Aachen

Prof. Dr. Burkhard Messerschmidt
Rechtsanwalt
Fachanwalt für Bau- und Architektenrecht
Honorarprofessor an der Hochschule
Bochum

Inhaltsverzeichnnis

Bearbeiterverzeichnis	V
Vorwort zur 6. Auflage	VII
Literaturverzeichnis	XIII

1. Teil. VOB Teil A. Allgemeine Bestimmungen für die Vergabe von Bauleistungen

Einleitung *(Schneider)*	1
Abschnitt 1. Basisparagrafen	19
§ 1 Bauleistungen *(Lederer)*	19
§ 2 Grundsätze der Vergabe *(Glahs)*	24
§ 3 Arten der Vergabe *(Stickler)*	37
§ 3a Zulässigkeitsvoraussetzungen *(Stickler)*	43
§ 3b Ablauf der Verfahren *(Glahs)*	53
§ 4 Vertragsarten *(Kapellmann)*	53
Abs. 1 u. 2 *(Kapellmann)*	53
Abs. 3 u. 4 *(Glahs)*	66
§ 4a Rahmenvereinbarungen *(Glahs)*	67
§ 5 Vergabe nach Losen, Einheitliche Vergabe *(Stickler)*	69
§ 6 Teilnehmer am Wettbewerb *(Glahs)*	77
§ 6a Eignungsnachweise *(Glahs)*	91
§ 6b Mittel der Nachweisführung/Verfahren *(Glahs)*	100
§ 7 Leistungsbeschreibung *(Kapellmann)*	115
§ 7a Technische Spezifikationen *(Kapellmann)*	135
§ 7b Leistungsbeschreibung mit Leistungsverzeichnis *(Kapellmann)* .	138
§ 7c Leistungsbeschreibung mit Leistungsprogramm *(Kapellmann)*	145
§ 8 Vergabeunterlagen *(von Rintelen)*	153
§ 8a Allgemeine, Besondere und Zusätzliche Vertragsbedingungen *(von Rintelen)* ...	172
§ 8b Kosten- und Vertrauensregelung, Schiedsverfahren *(von Rintelen)*	178
§ 9 Einzelne Vertragsbedingungen, Ausführungsfristen *(Schneider)* .	186
§ 9a Vertragsstrafen, Beschleunigungsvergütung *(Schneider)*	208
§ 9b Verjährung der Mängelansprüche *(Langen)*	219
§ 9c Sicherheitsleistung *(Thierau)*	225
§ 9d Änderung der Vergütung *(Schneider)*	227
§ 10 Fristen *(Planker)*	238
§ 11 Grundsätze der Informationsübermittlung *(Planker)*	246
§ 11a Anforderungen an elektronische Mittel *(Planker)*	249
§ 12 Bekanntmachung, Versand der Vergabeunterlagen *(Planker)*	251
§ 12a Versand der Vergabeunterlagen *(Planker)*	259
§ 13 Form und Inhalt der Angebote *(Planker)*	262
§ 14 Öffnung der Angebote, Öffnungstermin bei ausschließlicher Zulassung elektronischer Angebote *(Planker)*	276
§ 14a Öffnung der Angebote, Eröffnungstermin bei Zulassung schriftlicher Angebote *(Planker)*	277
§ 15 Aufklärung des Angebotsinhalts *(Planker)*	284
§ 16 Ausschluss von Angeboten *(Frister)*	292
§ 16a Nachforderung von Unterlagen *(Frister)*	313
§ 16b Eignung *(Frister)*	321
§ 16c Prüfung *(Frister)*	332
§ 16d Prüfung und Wertung der Angebote *(Frister)*	336
§ 17 Aufhebung der Ausschreibung *(Glahs)*	362

Inhaltsverzeichnis

§ 18 Zuschlag *(Stickler)* 373
§ 19 Nicht berücksichtigte Bewerbungen und Angebote *(Stickler)* 381
§ 20 Dokumentation *(Schneider)* 389
§ 21 Nachprüfungsstellen *(Glahs)* 398
§ 22 Änderungen während der Vertragslaufzeit *(Glahs)* 400
§ 23 Baukonzessionen *(Ganske)* 401

Abschnitt 2. Vergabebestimmungen im Anwendungsbereich der Richtlinie 2014/24/EU 431
§ 1 EU Anwendungsbereich *(Lederer)* 431
§ 2 EU Grundsätze *(Glahs)* 438
§ 3 EU Arten der Vergabe *(Stickler)* 440
§ 3a EU Zulässigkeitsvoraussetzungen *(Stickler/Schneider)* 442
§ 3b EU Ablauf der Verfahren *(Stickler/Schneider)* 460
§ 4 EU Vertragsarten *(Glahs)* 491
§ 4a EU Rahmenvereinbarungen *(Glahs)* 492
§ 4b EU Besondere Instrumente und Methoden *(Glahs)* 495
§ 5 EU Einheitliche Vergabe, Vergabe nach Losen *(Stickler)* 495
§ 6 EU Teilnehmer am Wettbewerb *(Glahs)* 502
§ 6a EU Eignungsnachweise *(Glahs)* 506
§ 6b EU Mittel der Nachweisführung, Verfahren *(Glahs)* 509
§ 6c EU Qualitätssicherung und Umweltmanagement *(Glahs)* 512
§ 6d EU Kapazitäten anderer Unternehmen *(Glahs)* 515
§ 6e EU Ausschlussgründe *(Glahs)* 518
§ 6f EU Selbstreinigung *(Glahs)* 528
§ 7 EU Leistungsbeschreibung *(Kapellmann)* 530
§ 7a EU Technische Spezifikationen, Testberichte, Zertifizierungen, Gütezeichen *(Kapellmann)* 531
§ 7b EU Leistungsbeschreibung mit Leistungsverzeichnis *(Kapellmann)* 533
§ 7c EU Leistungsbeschreibung mit Leistungsprogramm *(Kapellmann)* 534
§ 8 EU Vergabeunterlagen *(von Rinteln)* 534
§ 8a EU Allgemeine, Besondere und Zusätzliche Vertragsbedingungen *(von Rinteln)* .. 542
§ 8b EU Kosten- und Vertrauensregelung, Schiedsverfahren *(von Rinteln)* 543
§ 9 EU Einzelne Vertragsbedingungen, Ausführungsfristen *(Schneider)* 544
§ 9a EU Vertragsstrafen, Beschleunigungsvergütung *(Schneider)* 544
§ 9b EU Verjährung der Mängelansprüche *(Langen)* 544
§ 9c EU Sicherheitsleistung *(Thierau)* 545
§ 9d EU Änderung der Vergütung *(Schneider)* 545
§ 10 EU Fristen *(Planker)* 545
§ 10a EU Fristen im offenen Verfahren *(Planker)* 546
§ 10b EU Fristen im nicht offenen Verfahren *(Planker)* 550
§ 10c EU Fristen im Verhandlungsverfahren *(Planker)* 551
§ 10d EU Fristen im wettbewerblichen Dialog und bei der Innovationspartnerschaft *(Planker)* 551
§ 11 EU Grundsätze der Informationsübermittlung *(Planker)* 552
§ 11a EU Anforderungen an elektronische Mittel *(Planker)* 553
§ 12 EU Vorinformation, Auftragsbekanntmachung *(Planker)* 554
§ 12a EU Versand der Vergabeunterlagen *(Planker)* 557
§ 13 EU Form und Inhalt der Angebote *(Planker)* 559
§ 14 EU Öffnung der Angebote, Öffnungstermin bei ausschließlicher Zulassung elektronischer Angebote *(Planker)* 560
§ 15 EG Aufklärung des Angebotsinhalts *(Planker)* 561
§ 16 EU Ausschluss von Angeboten *(Frister)* 562
§ 16a EU Nachforderung von Unterlagen *(Frister)* 564
§ 16b EU Eignung *(Frister)* 565
§ 16c EU Prüfung *(Frister)* 566
§ 16d EU Wertung *(Frister)* 567
§ 17 EU Aufhebung der Ausschreibung *(Glahs)* 575
§ 18 EU Zuschlag *(Stickler)* 576

Inhaltsverzeichnis

§ 19 EU Nicht berücksichtigte Bewerbungen und Angebote *(Stickler)* 581
§ 20 EU Dokumentation *(von Rintelen)* 591
§ 21 EU VOB/A Nachprüfungsbehörden *(Glahs)* 592
§ 22 EU VOB/A Auftragsänderungen während der Vertragslaufzeit *(Glahs)* 596
§ 23 EU Übergangsregelung *(Ganske)* 604

2. Teil. Vergabeverordnung

§ 1 Gegenstand und Anwendungsbereich *(Schneider)* 607
§ 2 Vergabe von Bauaufträgen *(Schneider)* 616
§ 3 Schätzung des Auftragswerts *(Schneider)* 627
§ 4 Gelegentliche gemeinsame Auftragsvergabe; zentrale Beschaffung *(Schneider)* ... 647
§ 5 Wahrung der Vertraulichkeit *(Schneider)* 647
§ 6 Vermeidung von Interessenkonflikten *(Schneider)* 651
§ 7 Mitwirkung an der Vorbereitung des Vergabeverfahrens *(Schneider)* 665
§ 8 Dokumentation und Vergabevermerk *(Schneider)* 666
§ 9 Grundsätze der Kommunikation *(Schneider)* 676
§ 10 Anforderungen an die verwendeten elektronischen Mittel *(Schneider)* 677
§ 11 Anforderungen an den Einsatz elektronischer Mittel im Vergabeverfahren *(Schneider)* 677
§ 12 Einsatz alternativer elektronischer Mittel bei der Kommunikation *(Schneider)* .. 678
§ 13 Allgemeine Verwaltungsvorschriften *(Schneider)* 678

Abschnitt 2. Vergabeverfahren, *(Unterabschnitt. 2. §§ 14–27 VgV sind nicht kommentiert)* 679
§ 21 Rahmenvereinbarungen *(Schneider)* 679
§ 22 Grundsätze für den Betrieb dynamischer Beschaffungssysteme *(Schneider)* 680
§ 23 Betrieb eines dynamischen Beschaffungssystems *(Schneider)* 680
§ 24 Fristen beim Betrieb dynamischer Beschaffungssysteme *(Schneider)* 681
§ 25 Grundsätze für die Durchführung elektronischer Auktionen *(Schneider)* 681
§ 26 Durchführung elektronischer Auktionen *(Schneider)* 682
§ 27 Elektronische Kataloge *(Schneider)* 683

3. Teil. Teil B. Allgemeine Vertragsbedingungen für die Ausführung von Bauleistungen

Einleitung *(von Rintelen)* 685
§ 1 Art und Umfang der Leistung *(von Rintelen)* 721
§ 2 Vergütung *(Kapellmann)* 771
§ 3 Ausführungsunterlagen *(Havers)* 911
§ 4 Ausführung *(Merkens)* 938
§ 5 Ausführungsfristen *(Sacher)* 1003
§ 6 Behinderung und Unterbrechung der Ausführung *(Markus)* 1062
§ 7 Verteilung der Gefahr *(Lederer)* 1107
§ 8 Kündigung durch den Auftraggeber *(Lederer)* 1126
§ 9 Kündigung durch den Auftragnehmer *(von von Rintelen)* 1175
§ 10 Haftung der Vertragsparteien *(von Rintelen)* 1204
§ 11 Vertragsstrafe *(Schneider)* 1228
§ 12 Abnahme *(Havers)* 1274
§ 13 Mängelansprüche *(Langen)* 1329
§ 14 Abrechnung *(Messerschmidt)* 1524
§ 15 Stundenlohnarbeiten *(Messerschmidt)* 1555
§ 16 Zahlung *(Messerschmidt)* 1591
§ 17 Sicherheitsleistung *(Thierau)* 1720
§ 18 Streitigkeiten *(Merkens)* 1791

Anhang:
VOB/B Baubeteiligte und Unternehmereinsatzformen *(Messerschmidt)* 1806

Sachverzeichnis 1865

Literaturverzeichnis

Althaus/Heindl	Althaus/Heindl, Der öffentliche Bauauftrag, 2. Auflage 2013
Ax/Schneider/Nette	Ax/Schneider/Nette, Handbuch Vergaberecht 2002
Bamberger/Roth	Bamberger/Roth, Kommentar zum Bürgerlichen Gesetzbuch, Band 2, 4. Auflage 2017
Baumbach/Lauterbach/ Albert/Hartmann	Baumbach/Lauterbach/Albert/Hartmann, ZPO, 75. Auflage 2017
Baumgärtel	Baumgärtel, Beweislast, Handbuch der Beweislast im Privatrecht, Band 1, 2. Auflage 1991
Bechtold	Bechtold, GWB, 8. Auflage 2015
Beck'scher VOB-Kommentar/Teil A	Beck'scher VOB-Kommentar, Teil A, 2001
Beck'scher VOB-Kommentar/Teil B	Beck'scher VOB-Kommentar, Teil B, 3. Auflage 2013
Beck'scher VOB-Kommentar/Teil C	Beck'scher VOB-Kommentar, Teil C, 3. Auflage 2014
Fuchs/Berger/Seifert	Fuchs/Berger/Seifert, HOAI, Kommentar 2016
Bock/Zons	Praxishandbuch Anlagenbau, 2015
Boesen	Boesen, Vergaberecht, 2000
Byok/Jaeger	Byok/Jaeger, Kommentar zum Vergaberecht, 3. Auflage 2011
Daub/Eberstein	Daub/Eberstein, VOL/A, 5. Auflage 2000
Englert/Grauvogl/ Maurer	Englert/Grauvogl/Maurer, Handbuch des Baugrund- und Tiefbaurechts, 5. Auflage 2016
FKZGM	Franke/Kemper/Zanner/Grünhagen/Merkens, VOB-Kommentar, Bauvergabe, Bauvertragsrecht, 6. Auflage 2017
Hofmann/Frikell/ Schwamb	Unwirksame Bauvertragsklauseln, 12. Auflage 2015
Heiermann/Riedl/ Rusam (HRR)	Heiermann/Riedl/Rusam, Handkommentar zur VOB Teile A und B, 13. Auflage 2013
Hereth/Ludwig/ Naschold	Hereth/Ludwig/Naschold, Kommentar zur VOB, Band II, 1954
Hertwig	Hertwig, Praxis der öffentlichen Auftragsvergabe, 6. Auflage 2016
Immenga/Mestmäcker ...	Immenga/Mestmäcker, GWB, Band 2, GWB Teil 2, 5. Auflage 2013
Ingenstau/Korbion	Ingenstau/Korbion, VOB Teile A und B, 20. Auflage 2017
Jagenburg/Schröder/ Baldringer	Der ARGE-Vertrag, 3. Auflage 2012
Kaiser, Mängelhaftung .	Kaiser, Das Mängelhaftungsrecht in Baupraxis und Bauprozess, 7. Auflage 1992
Kapellmann	Kapellmann, Schlüsselfertiges Bauen, 3. Auflage 2013
Kapellmann/Langen	Kapellmann/Langen, Einführung in die VOB/B, 23. Auflage 2014
Kapellmann/Schiffers/ Markus	Kapellmann/Schiffers/Markus, Vergütung, Nachträge und Behinderungsfolgen beim Bauvertrag, Band 1: Einheitspreisvertrag, 7. Auflage 2017
Kapellmann/Schiffers/ Markus	Kapellmann/Schiffers/Markus, Vergütung, Nachträge und Behinderungsfolgen beim Bauvertrag, Band 2: Pauschalvertrag einschließlich Schlüsselfertigbau, 6. Auflage 2017
Kleine-Möller/Merl/ Glöckner	Kleine-Möller/Merl/Glöckner, Handbuch des privaten Baurechts, 6. Auflage 2017
KKMPP	Kulartz/Kus/Marx/Portz/Prieß, Kommentar zur VgV 2016

Literaturverzeichnis

KKP	Kulartz/Kus/Portz, Kommentar zum GWG Vergaberecht, 3. Auflage 2014
Kniffka	Kniffka, Online-Kommentar, §§ 631 ff. BGB
Kniffka	Kniffka, Bauvertragsrecht, 2. Auflage 2016
Kniffka/Koeble	Kniffka/Koeble, Kompendium des Baurechts, 4. Auflage 2014
Korbion/Locher/Sienz	Korbion/Locher/Sienz, AGB-Gesetz und Bauerrichtungsverträge, 4. Auflage 2006
KMPP	Kulartz/Marx/Portz/Prieß, Kommentar zur VOB/A, 2. Auflage 2014
KKPP	Kulartz/Kus/Portz/Prieß, Kommentar zum GWB-Vergaberecht, 2016
Lampe-Helbig/Jagenburg/Baldringer	Lampe-Helbig/Jagenburg/Baldringer, Handbuch der Bauvergabe, 3. Auflage 2014
Langen/Schiffers	Langen/Schiffers, Bauplanung und Bauausführung, 2005
Leinemann	Leinemann, VOB/B, Kommentar, 6. Auflage 2016
Leinemann	Leinemann, Die Vergabe öffentlicher Aufträge, 6. Auflage 2016
Locher/Koeble/Frik	Locher/Koeble/Frik, Kommentar zur HOAI, 13. Auflage 2017
Löffelmann/Fleischmann	Architektenrecht 7. Auflage 2017
Markus/Kaiser/Kapellmann	Markus/Kaiser/Kapellmann, AGB-Handbuch Bauvertragsklauseln, 4. Auflage 2014
Messerschmidt/Voit	Messerschmidt/Voit, Privates Baurecht, 2. Auflage 2012
Messerschmidt/Niemöller/Preussner	Architektenrecht 2. Auflage 2017
Müller-Wrede	Müller-Wrede, Verdingungsordnungen für Leistungen, 4. Auflage 2014
Motzke/Bauer/Seewald	Motzke/Bauer/Seewald, Prozesse in Bausachen, 2. Auflage 2014
Münchener Kommentar zum BGB	Münchener Kommentar zum BGB, Schuldrecht, Band 1, 7. Auflage 2015, Band 2, 7. Auflage 2016, Band 4, 7. Auflage 2016
Münchener Handbuch des Gesellschaftsrecht	Münchener Handbuch zum Gesellschaftsrecht, Band 1, 4. Auflage 2014
Nicklisch/Weick/Jansen/Seibel	Nicklisch/Weick, VOB/B 4. Auflage 2016
Noch	Noch, Vergaberecht kompakt, 4. Auflage 2008
NOMOS-Kommentar (abgekürzt: NK)	Band 2/1, Schuldrecht, 2. Auflage 2012
Palandt	Palandt, Bürgerliches Gesetzbuch, 76. Auflage 2017
Prieß	Prieß, Handbuch des Europäischen Vergaberechts, 3. Auflage 2005
Prütting/Wegen/Weinreich	Prütting/Wegen/Weinreich, BGB, 12. Auflage 2017
Pünder/Schellenberg	Pünder/Schellenberg, Vergaberecht, 3. Auflage 2015
Reidt/Stickler/Glahs	Reidt/Stickler/Glahs, Vergaberecht, 3. Auflage 2011
RGRK Reichsgerichtsrätekommentar	RGRK Reichsgerichtsrätekommentar, BGB Band II 4. Teil, 12. Auflage 1978
Roquette/Otto	Roquette/Otto, Vertragsbuch Privates Baurecht, 2. Auflage 2011
Roquette/Viering/Leupertz	Roquette/Viering/Leupertz, Handbuch Bauzeit, 2. Auflage 2013
Staudinger/Peters/Jacoby	Staudinger/Peters/Jacoby, §§ 631–651 BGB, Bearbeitung 2014
Ulmer/Brandner/Hensen	Ulmer/Brandner/Hensen, AGB-Recht, Kommentar, 12. Auflage 2016
Stein/Jonas	Kommentar zur ZPO, 23. Auflage 2012
VJLR	Vygen/Joussen/Lang/Rasch, Bauverzögerung und Leistungsänderung, 7. Auflage 2015
Vygen/Joussen	Vygen/Joussen, Bauvertragsrecht nach VOB und BGB, 5. Auflage 2013

Literaturverzeichnis

Werner/Pastor	Werner/Pastor, Der Bauprozess, 15. Auflage 2015
Weyand	Weyand, Vergaberecht Onlinekommentar
Weyand	Weyand, Praxiskommentar Vergaberecht 4. Auflage 2013
Willenbruch/Wieddekind	Willenbruch/Wieddekind, Vergaberecht, 3. Auflage 2014
Winkelmüller/ von Schewick/Müller	Bauproduktrecht, 2015
Wolf/Lindacher/Pfeiffer .	Wolf/Lindacher/Pfeiffer, AGB-Recht, 6. Auflage 2013
Ziekow/Völlink	Ziekow/Völlink, Vergaberecht, 2. Auflage 2013

1. Teil. VOB Teil A. Allgemeine Bestimmungen für die Vergabe von Bauleistungen

Ausgabe 2016
In der Fassung der Bekanntmachung vom 22. Juni 2016 (BAnz. vom 1.7.2016 B4)

Einleitung

Übersicht

	Rn.
A. Bedeutung der VOB Teil A	1
B. Entwicklung des Vergaberechts unter besonderer Berücksichtigung der VOB/A	3
I. Die rechtliche Ausgangslage in der Bundesrepublik	4
II. Die europäische Rechtslage der 90er Jahre	6
III. Umsetzung der EG-Vergaberichtlinien in das deutsche Recht	7
1. Das Zweite Gesetz zur Änderung des Haushaltsgrundsätzegesetzes	
2. Das Vergaberechtsänderungsgesetz	8
IV. Die EG-Vergaberichtlinien vom 31. März 2004	12
V. Umsetzung der EG-Vergaberichtlinien vom 31. März 2004 in das deutsche Recht durch das Vergaberechtsmodernisierungsgesetz	13
VI. Verteidigungsvergaberichtlinie und ihre Umsetzung in das deutsche Recht	17
VII. Die EU-Vergaberichtlinien vom 28.3.2014	17a
VIII. Die Vergaberechtsreform 2016	17b
C. Normative Bestandteile des deutschen Vergaberechts	18
I. Das Kaskadenprinzip	18
II. Die wesentlichen Grundlagen des GWB-Kartellvergaberechts	19
III. Die Vergabeverordnung	20
IV. Die Sektorenverordnung	21
V. Die Vergabeverordnung Verteidigung und Sicherheit	21a
VI. Die Konzessionsvergabeverordnung (KonzVgV)	21b
D. Aufbau und Anwendungsbereich der VOB/A 2016	22
I. Abschnitt 1	23
II. Abschnitt 2	24
III. Abschnitt 3	25
E. Regelungsinhalt der VOB/A	26
F. Richtlinienkonforme Auslegung der VOB	29
G. Rechtsschutz	30
I. Rechtsschutz im Schwellenwertbereich	30
II. Rechtsschutz unterhalb der Schwellenwerte	31
1. Keine analoge Anwendung des Kartellvergaberechts	31
2. Sonstige Rechtsschutzmöglichkeiten	32
a) Primärrechtsschutz	33
b) Sekundärrechtsschutz	35

A. Bedeutung der VOB Teil A

Die VOB/A umfasst die Allgemeinen Bestimmungen für die Vergabe von Bauleistungen. Als **1** erster von drei Teilen der Vergabe- und Vertragsordnung für Bauleistungen (VOB) ist die VOB/A damit **Bestandteil eines baurechtlichen Regelungswerks.** Sie wird ergänzt durch die Allgemeinen Vertragsbedingungen für die Ausführung von Bauleistungen (VOB/B) und die Allgemeinen Technischen Vertragsbedingungen für Bauleistungen (VOB/C).

Zugleich ist die VOB/A **Bestandteil des deutschen Vergaberechts** und umfasst zusammen **2** mit der Verordnung über die Vergabe öffentlicher Aufträge (Vergabeverordnung – VgV) die wesentlichen Rechte und Pflichten öffentlicher Auftraggeber. Ergänzt werden diese Regelwerke durch die übergeordneten Regelungen im 4. Teil des Gesetzes gegen Wettbewerbsbeschränkungen (GWB) auf der einen Seite und die speziellen Verordnungen, nämlich die Sektorenverordnung für die Vergabe von Aufträgen im Bereich des Verkehrs, der Trinkwasserversorgung und der Energieversorgung (SektVO), die Vergabeverordnung für die Bereiche Verteidigung und Sicherheit (VSVgV) und die Verordnung über die Vergabe von Konzessionen (KonzVgV) auf der anderen Seite.

B. Entwicklung des Vergaberechts unter besonderer Berücksichtigung der VOB/A

3   Die jüngere Historie des Vergaberechts in der Bundesrepublik ist maßgebend durch das europäische Recht beeinflusst worden. Jenes hat insbesondere dazu geführt, dass den Unternehmen, die an dem zur Vergabe anstehenden Auftrag interessiert sind, ein einklagbarer Anspruch auf Einhaltung der einschlägigen Vergaberegeln zusteht, ferner die Beachtung des Vergaberechts zur Überprüfung durch unabhängige Kontrollinstanzen gestellt werden kann und in diesem Rahmen schließlich ein effektiver Primärrechtsschutz gewährleistet ist.

I. Die rechtliche Ausgangslage in der Bundesrepublik

4   Erst unter diesem europäischen Einfluss ab dem Ende der 1990er Jahre hat das Vergaberecht eine breite – auch juristische – Öffentlichkeit erreicht. Vergaberechtliche Regelungen gibt es indes seit der Weimarer Republik. Schon damals gab es Bestrebungen, Verhaltenspflichten für staatliche Einkäufer in einem Reichsverdingungsgesetz zu normieren. Als dieser Versuch scheiterte, rief die Reichsregierung auf Drängen des Reichstags einen Sachverständigenausschuss ein, der Vergaberegeln auf untergesetzlicher Ebene festlegen sollte. Dieser so genannte Reichsverdingungsausschuss, der aus Vertretern der betroffenen Ressourcen sowie Arbeitgeber- und Arbeitnehmerorganisationen bestand, legte im Jahr 1926 eine erste Verdingungsordnung für Bauleistungen vor, die er 1936 mit einer Verdingungsordnung für Leistungen ohne Bauleistungen ergänzte. Damit war der Grundstein für die Verdingungsordnungen gelegt, die bis heute – mittlerweile als Vergabe- und Vertragsordnungen umbenannt – das Vergaberecht maßgebend regeln. Die Verdingungsordnungen waren allerdings lediglich als interne Handlungsanweisungen an die öffentlichen Auftraggeber gedacht. Für die (potentiellen) Vertragspartner der Auftraggeber sollten sich hieraus keine Rechte ergeben, sprich: Die Einhaltung der Verdingungsordnungen sollte nicht gerichtlich durchsetzbar sein. Denn man befürchtete, die Handlungsfähigkeit der öffentlichen Auftraggeber hierdurch einzuschränken.

5   Hieran hielten die deutschen Norm- und Gesetzgeber fest. Bis in die 90er Jahre des letzten Jahrhunderts hinein waren die Regeln, nach denen die Öffentliche Hand ihren Beschaffungsbedarf zu decken und zu diesem Zweck Bau-, Liefer- oder Dienstleistungsaufträge zu vergeben hatte, als **reines Innenrecht** des handelnden Rechtsträgers ausgestaltet. Die Auftragsvergabe war dem Grundsatz der sparsamen Haushaltsführung unterstellt (vgl. § 55 BHO, § 55 LHO NW, § 31 GemHVO NW), wobei die zur Erreichung dieses Ziels einzuhaltenden Einzelheiten der Auftragsvergabe in Rechtsverordnungen des Bundes[1] und der Länder oder in bloßen Verwaltungsvorschriften der Länder[2] normiert waren. Dort war insbesondere bestimmt, bei welchen Aufträgen der öffentliche Auftraggeber welche Verdingungsordnung anzuwenden hatte. Gekennzeichnet war das gesamte damalige Regelwerk dadurch, dass es alleine der Sicherstellung einer sparsamen und wirtschaftlichen Haushaltsführung der Öffentlichen Hand und nicht auch dem Schutz des einzelnen Bieters diente. Diesem stand folglich **kein** (einklagbares) **Recht auf Einhaltung der Vergaberegeln** zu. Wollte der übergangene Bieter die Nichteinhaltung der Vergaberegeln geltend machen, war er auf den Weg der Fach- und Rechtsaufsicht oder auf die Dienstaufsichtsbeschwerde verwiesen. Ein wirksamer Primärrechtsschutz war damit regelmäßig nicht verbunden. Oftmals war der Auftrag nämlich bereits erteilt und die Öffentliche Hand damit zivilrechtlich gebunden, bevor über die Eingabe entschieden war. Selbst berechtigte Beanstandungen blieben deshalb in der Sache letztlich erfolglos. Der übergangene Bieter war in diesen Fällen auf einen Schadensersatzanspruch wegen Verhandlungsverschuldens (§ 280 Abs. 1, § 311 Abs. 2, § 241 Abs. 2 BGB) verwiesen. Dieser Anspruch war freilich in aller Regel auf den Ersatz der vergeblichen Aufwendungen beschränkt und umfasste nicht darüber hinaus auch den entgangenen Gewinn.

---

[1] Vergabeverordnung des Bundes vom 22.2.1994, BGBl. I. S. 321.
[2] Vgl. in NRW z. B. für Bauleistungen den Rd. Erl. vom 5.12.1975 (SMBl. NW 233) und vom 15.3.1993 (SMBl. NW 233) sowie für alle anderen Leistungen den Rd. Erl. vom 21.3.1989 (SMBl. NW 6410).

II. Die europäische Rechtslage der 90er Jahre

Einen grundlegenden Wandel im deutschen Vergaberecht haben die **EG-Vergaberichtlinien** 6
– die das Vergaberecht für Aufträge, deren Volumen näher bezeichnete Schwellenwerte erreicht
oder überschreitet, kodifizieren – eingeleitet. Bereits in den 70er Jahren des letzten Jahrhunderts
hatte der Rat Richtlinien über die Koordinierung der Verfahren zur Vergabe öffentlicher Bauaufträge[3] und öffentlicher Lieferaufträge[4] erlassen. Beide Richtlinien wurden zu Beginn der 90er
Jahre grundlegend geändert und konkretisiert[5] sowie durch die Dienstleistungsrichtlinie[6] –
welche die Geltung des Vergaberechts auf die Vergabe von Dienstleistungsaufträgen oberhalb
bestimmter Schwellenwerte erweiterte – und die Sektorenrichtlinie[7] – die Vergaben öffentlicher
Auftraggeber (§ 98 Nr. 1–4 GWB a. F.) im Bereich der Wasser-, Energie- und Verkehrsversorgung den Vergaberechtsregeln unterwarf – ergänzt. Im Gegensatz zum deutschen Rechtszustand war das europäische Vergaberegelwerk allerdings nicht bloß intern wirkendes Haushaltsrecht, sondern **begründete subjektive Rechte** der Bieter. Flankiert wurde der Bieterschutz auf
der europäischen Rechtsebene durch zwei Rechtsmittelrichtlinien.[8] Sie verpflichteten die Mitgliedstaaten zur Schaffung eines **formellen Nachprüfungsverfahrens**, in dem die Einhaltung
der Regeln für die Vergabe öffentlicher Aufträge zur Überprüfung gestellt werden kann. Als
Mindeststandards dieses Nachprüfungsverfahrens forderten die Richtlinien in Art. 2 Abs. 1 (u. a.)
die Gewährung eines einstweiligen Rechtsschutzes, die Möglichkeit der Aufhebung rechtswidriger Vergabeentscheidungen sowie die Zubilligung von Schadensersatz für denjenigen, zu dessen
Nachteil die Vergaberegeln verletzt worden sind. Die Einrichtung und Ausgestaltung eines
Instanzenzugs war demgegenüber ebenso in das Ermessen der einzelnen Mitgliedsstaaten gestellt
wie die Anordnung, ob die Einleitung des Nachprüfungsverfahrens mit einem Suspensiveffekt
verbunden ist (Art. 2 Abs. 3 und 4).

III. Umsetzung der EG-Vergaberichtlinien in das deutsche Recht

Seiner Verpflichtung zur Umsetzung dieser Richtlinien[9] kam der deutsche Gesetzgeber zu- 7
nächst unzureichend nach, da er insbesondere bestrebt war, den haushaltsrechtlichen Charakter
des deutschen Vergaberechts zu wahren.

1. Das Zweite Gesetz zur Änderung des Haushaltsgrundsätzegesetzes. Aus diesem
Grund erließ der deutsche Gesetzgeber das Zweite Gesetz zur Änderung des Haushaltsgrundsätzegesetzes vom 26.11.1993 (HGrG).[10] Damit wurden die §§ 57a bis 57c HGrG eingefügt, der
Begriff des öffentlichen Auftraggebers definiert und die Bundesregierung zum Erlass einer
Vergabeverordnung ermächtigt. Mit der „Verordnung über die Vergabebestimmungen für öffentliche Aufträge" vom 22.2.1994 (VgV)[11] ist von dieser Ermächtigung Gebrauch gemacht worden.

---

[3] Richtlinie 71/305/EWG des Rates vom 26.7.1971, abgedr. in ABl. L 185 vom 16.8.1971 S. 5.
[4] Richtlinie 77/62/EWG des Rates vom 21.12.1976, abgedr. in ABl. L 13 vom 15.1.1977 S. 1.
[5] Richtlinie 93/37/EWG des Rates vom 14.6.1993 über die Koordinierung der Verfahren zur Vergabe öffentlicher Bauaufträge, abgedr. in ABl. L 199 vom 9.8.1993 S. 54; Richtlinie 93/36/EWG des Rates vom 14.6.1993 über die Koordinierung der Verfahren zur Vergabe öffentlicher Lieferaufträge, abgedr. in ABl. L 199 vom 9.8.1993 S. 1.
[6] Richtlinie 92/50/EWG des Rates vom 18.6.1992 über die Koordinierung der Verfahren zur Vergabe öffentlicher Dienstleistungsaufträge, abgedr. in ABl. L 209 vom 24.7.1992 S. 1.
[7] Richtlinie 90/531/EWG des Rates vom 17.9.1990 über die Auftragsvergabe durch Auftraggeber im Bereich der Wasser-, Energie- und Verkehrsunternehmen sowie im Telekommunikationssektor, abgedr. in ABl. L 297 vom 29.10.1990 S. 1.
[8] Richtlinie 89/665/EWG des Rates vom 21.12.1989 zur Koordinierung der Rechts- und Verwaltungsvorschriften für die Anwendung der Nachprüfungsverfahren im Rahmen der Vergabe öffentlicher Liefer- und Bauaufträge, abgedr. in ABl. L 395 vom 30.12.1989 S. 33, sowie Richtlinie 92/13/EWG des Rates vom 25.2.1992 zur Koordinierung der Rechts- und Verwaltungsvorschriften für die Anwendung der Gemeinschaftsvorschriften über die Auftragsvergabe durch Auftraggeber im Bereich der Wasser-, Energie- und Verkehrsversorgung sowie im Telekommunikationssektor, abgedr. in ABl. L 76 vom 23.3.1992 S. 14.
[9] Die Pflicht zur Umsetzung von Richtlinien ist in Art. 288 Abs. 3 AEUV normiert. Das ist der Vertrag über die Arbeitsweise der Europäischen Union in der Fassung aufgrund des am 1.12.2009 in Kraft getretenen Vertrags von Lissabon (ABl. EG Nr. C 115 vom 9.5.2008, S. 47).
[10] BGBl. I S. 1928.
[11] BGBl. 1994 I S. 321, geändert durch die erste Verordnung zur Änderung der Vergabeverordnung vom 29.9.1997.

Die Vergabeverordnung verwies in den §§ 1 und 2 wegen der bei der Vergabe öffentlicher Aufträge einzuhaltenden Regeln vollumfänglich auf die Bestimmungen der VOB/A und der VOL/A. Jene Regelwerke waren bereits zuvor dem europäischen Vergaberecht angepasst worden. Daneben wurde die Verdingungsordnung für freiberufliche Leistungen (VOF) erlassen, die fortan kodifizierte, nach welchen Regeln die Öffentliche Hand freiberufliche Leistungen zu beschaffen hatte. Zwecks Umsetzung der EG-Rechtsmittelrichtlinien regelten die §§ 57b und 57c HGrG das Verfahren zur Nachprüfung der öffentlichen Auftragsvergabe. Danach waren als erstinstanzliche Kontrollorgane die Vergabeprüfstellen bei den Rechtsaufsichtsbehörden und als zweitinstanzliche Kontrollorgane die Vergabeüberwachungsausschüsse beim Bundeskartellamt und geeigneten Landesbehörden vorgesehen. Ungeachtet dieser Angleichung an das europäische Recht blieb der materiellrechtliche Schutzzweck des bundesdeutschen Vergaberechts unverändert. Das deutsche Recht hielt ausdrücklich an der **haushaltsrechtlichen Lösung** – also daran, dass das Vergaberecht alleine der Sparsamkeit und Wirtschaftlichkeit staatlichen Handelns und nicht auch dem Schutz der an dem öffentlichen Auftrag interessierten Unternehmen dient – fest. Ausweislich der Begründung des Regierungsentwurfs war es das erklärte Ziel des Gesetzgebers, keine einklagbaren subjektiven Bieterrechte zu schaffen.[12] Damit blieb eine zentrale Forderung des europäischen Rechts unerfüllt. Das bestätigte der EuGH in dem gegen die Bundesrepublik Deutschland geführten Vertragsverletzungsverfahren. In dem dort ergangenen Urteil[13] – welches die durch das Zweite Gesetz zur Änderung des Haushaltsgrundsätzegesetzes geschaffene Rechtslage freilich unberücksichtigt ließ – führte der EuGH aus, dass die EG-Vergaberichtlinien nur dann vollständig umgesetzt seien, wenn die Bieter ihre sich aus den Richtlinien ergebenden Rechte vor den nationalen Gerichten geltend machen könnten.

8   **2. Das Vergaberechtsänderungsgesetz.** Der nationale Gesetzgeber war somit zu einer erneuten Korrektur der vergaberechtlichen Rechtslage gezwungen. Sie erfolgte mit dem am 1.1.1999 in Kraft getretenen **Vergaberechtsänderungsgesetz.**[14] Damit erfolgte der vergaberechtliche Paradigmenwechsel vom internen Haushaltsrecht zum Wettbewerbsrecht. Dementsprechend verankerte der nationale Gesetzgeber das Vergaberecht im 4. Teil des Gesetzes gegen Wettbewerbsbeschränkungen. Zentraler Bestandteil dieser Reform waren die als **§§ 97 bis 129 GWB a. F.** in das Kartellgesetz neu eingefügten Vergaberechtsbestimmungen, insbesondere die Regelungen über den subjektiven und objektiven Geltungsbereich des deutschen Vergaberechts (§§ 98 bis 100 GWB a. F.), die Grundsätze der Auftragsvergabe (§ 97 Abs. 1 bis 5 GWB a. F.), wesentliche Begriffsbestimmungen (§§ 98 und 99 GWB a. F.), den Rechtsschutz (§§ 97 Abs. 7, 107 bis 124 GWB a. F.) sowie den Schadensersatz bei Verletzung der vergaberechtlichen Regeln (§§ 125, 126 GWB a. F.). Hervorzuheben ist in diesem Zusammenhang dreierlei:

9   Erstens stellte **§ 97 Abs. 7 GWB** a. F. nunmehr ausdrücklich klar, dass die Unternehmen einen **Anspruch auf Einhaltung der vergaberechtlichen Bestimmungen** haben. Damit ist der Forderung des europäischen Rechts nach der Schaffung subjektiver Bieterrechte entsprochen worden. Durch die auf Grundlage des neuen § 97 Abs. 6 GWB a. F. am 1.2.2001 in Kraft getretene neue Vergabeverordnung (VgV),[15] welche die näheren Bestimmungen für das Vergabeverfahren regelte und dafür statisch auf die Verdingungsordnungen verwies, erlangten diese Rechtsnormqualität und waren nunmehr, soweit sie subjektive Rechte enthielten, gerichtlich überprüfbar.

10   Zweitens gewährleisteten die zitierten Rechtsschutznormen in Verbindung mit § 13 VgV a. F. einen **lückenlosen Primärrechtsschutz** des Bieters.[16] Nach deutschem Recht bewirkt der Zuschlag das Zustandekommen eines Vertrages mit dem betreffenden Bieter. Der Zuschlag ist die auf Annahme des Vertragsangebots des ausgewählten Bieters gerichtete Willenserklärung des

---

[12] BT-Drucks. 12/4636 S. 12 und BR-Drucks. 5/93 S. 21; vgl. dazu auch *Kallerhoff* NZBau 2008, 97, 101 m. w. N.

[13] Vom 11.8.1995 – Rs. C-433/93 i. d. Rs. Kommission/Bundesrepublik Deutschland, Slg. 1995 I S. 2311 ff.

[14] Gesetz zur Änderung der Rechtsgrundlagen für die Vergabe öffentlicher Aufträge vom 26.8.1998, BGBl. I S. 2512; vgl. zu allem auch *Marx* VergabeR 2005, 763 m. w. N.

[15] 2. Verordnung über die Vergabe öffentlicher Aufträge, neu gefasst durch Bekanntmachung vom 11.2.2003, BGBl. I S. 169; mit der Vergaberechtsreform 2009 ist die Regelung des § 13 VgV in § 101a und § 101b GWB übernommen sowie inhaltlich ergänzt und damit an den Stand der Rechtsprechung angepasst worden.

[16] Hierzu grundlegend *Schneider* Primärrechtsschutz nach Zuschlagserteilung bei einer Vergabe öffentlicher Aufträge.

öffentlichen Auftraggebers, die – sofern die Voraussetzungen der §§ 145 ff. BGB erfüllt sind, d. h. namentlich der Zuschlag innerhalb der Annahmefrist und ohne Abänderungen oder Abweichungen vom Angebot erfolgt ist – rechtswirksam den Vertrag zustande bringt. Das wirft Probleme im Hinblick auf die Sicherstellung des Primärrechtsschutzes auf, zumal §§ 114 Abs. 2 Satz 1, 123 Satz 4 GWB a. F. anordneten, dass ein auf Grund Zuschlagserteilung geschlossener Vertrag im Vergabenachprüfungsverfahren nicht mehr aufgehoben werden kann. Die §§ 115 Abs. 1, 118 Abs. 1 GWB a. F. sicherten den Primärrechtsschutz im Vergabenachprüfungsverfahren. Danach hatte die Information des Auftraggebers über den Vergabenachprüfungsantrag zur Folge, dass dieser einstweilen den Zuschlag nicht erteilen durfte. Es handelte sich nach der amtlichen Begründung der Norm[17] um ein gesetzliches Verbot im Sinne von § 134 BGB, so dass ein gleichwohl erteilter Zuschlag nichtig ist. Das Zuschlagsverbot des § 115 Abs. 1 GWB galt für die Dauer des Nachprüfungsverfahrens vor der Vergabekammer und darüber hinaus bis zum Ablauf der zweiwöchigen Beschwerdefrist des § 117 Abs. 1 GWB a. F. Danach konnte der Antragsteller das Zuschlagsverbot zunächst durch Einlegung einer sofortigen Beschwerde für zwei weitere Wochen und sodann über weitere Rechtsbehelfe bis zum Abschluss des Beschwerdeverfahrens verlängern lassen. § 13 VgV a. F. ergänzte diese Normlage und gewährleistete den Primärrechtsschutz auch im Vergabeverfahren. Durch die Verpflichtung des Auftraggebers, die nicht berücksichtigten Bieter über den beabsichtigten Zuschlag zu informieren, wurde für jene die Möglichkeit eröffnet, die getroffene Auswahlentscheidung im Wege eines Nachprüfungsverfahrens – und mit der rechtlichen Konsequenz des Zuschlagsverbots – anzufechten. Die in § 13 VgV a. F. normierte Informationspflicht des öffentlichen Auftraggebers, das während der vierzehntägigen Wartefrist geltende Zuschlagsverbot und die Nichtigkeit eines gleichwohl erteilten Zuschlags führten dabei in der Zusammenschau zu einem lückenlosen Primärrechtsschutz.[18]

Drittens wurde schließlich ein **Rechtsschutzverfahren** zur Verfügung gestellt, in dem der Bieter seine Rechte durchsetzen kann. Der bundesdeutsche Gesetzgeber hat sich dabei für einen zweizügigen Instanzenzug entschieden. Über den Nachprüfungsantrag entscheidet in erster Instanz die Vergabekammer und im zweiten Rechtszug das Oberlandesgericht als Beschwerdegericht. Daneben – und unabhängig hiervon – konnten sog. Vergabeprüfstellen angerufen werden. Für Bund und Länder war ihre Einrichtung fakultativ, und es existierten nur für einige Bundesressorts und in drei Bundesländern (Bremen, Rheinland-Pfalz und Schleswig-Holstein) solche Vergabeprüfstellen. Sie waren als beratende und schlichtende Stelle gedacht und befugt, dem öffentlichen Auftraggeber die Aufhebung rechtswidriger Maßnahmen aufzugeben sowie durch Anordnungen Einfluss auf den weiteren Fortgang des Vergabeverfahrens zu nehmen. Unbenommen blieb es dem Bieter überdies, die Aufsichtsbehörden der vergebenden Stelle anzurufen, um im Wege der Rechts- oder Fachaufsicht eine Korrektur des Vergabeverfahrens zu erreichen.

IV. Die EG-Vergaberichtlinien vom 31. März 2004

Durch die EG-Vergaberichtlinien vom 31. März 2004, in Kraft getreten am 30. April 2004, ist das europäische materielle Vergaberecht neu geordnet und in zwei Regelwerken zusammengefasst worden.

Die **Vergabekoordinierungsrichtlinie** 2004/18/EG[19] überführte die sog. klassischen Vergaberichtlinien – d. h. die Baukoordinierungsrichtlinie, die Lieferkoordinierungsrichtlinie und die Dienstleistungsrichtlinie – in einen einheitlichen Gesetzestext. Die **Sektorenrichtlinie**[20] ersetzte ihren Vorläufer, die Richtlinie betreffend die Vergabe öffentlicher Aufträge in den Bereichen der Wasser-, Energie- und Verkehrsversorgung sowie der Telekommunikation. Sachlich haben die neuen Vergaberichtlinien zahlreiche Änderungen und Neuerungen mit sich gebracht. Die **Schwellenwerte** wurden deutlich **angehoben.**[21] Ferner wurde der Bereich der

---

[17] Vgl. BT-Drucks. 13/9340 vom 3.12.1997 S. 20.
[18] *Portz* VergabeR 2002, 211, 212 m. w. N.; *Erdl* VergabeR 2001, 10, 12; *Müller-Wrede/Kaeble* VergabeR 2002, 1; *Hailbronner* NZBau 2002, 474, 476; vgl. zu allem auch: *Schneider* Primärrechtsschutz nach Zuschlagserteilung bei Vergabe öffentlicher Aufträge.
[19] Richtlinie 2004/18/EG des Europäischen Parlaments und des Rates vom 31.3.2004 über die Koordinierung der Verfahren zur Vergabe öffentlicher Bauaufträge, Lieferaufträge und Dienstleistungsaufträge, abgedr. in Abl. L 2004 vom 30.4.2004 S. 1 ff.
[20] Richtlinie 2004/17/EG des Europäischen Parlaments und des Rates vom 31.3.2004 zur Koordinierung der Zuschlagserteilung durch Auftraggeber im Bereich der Wasser-, Energie- und Verkehrsversorgung sowie der Postdienste, abgedr. in Abl. L 2004 vom 30.4.2004 S. 1 ff.
[21] Vgl. zu den aktuellen Schwellenwerten die Kommentierung zu §§ 1 und 3 VgV.

Telekommunikation aus dem Geltungsbereich des Vergaberechts, und zwar sowohl der Vergabekoordinierungsrichtlinie – VKR (vgl. Art. 13 VKR) als auch der Sektorenrichtlinie (vgl. Art. 2 Abs. 2 i. V. m. Art. 3 bis 7 sowie Erwägungsgrund 5 der Sektorenrichtlinie) herausgenommen, die Vergabe von Postdienstleistungen der Sektorenrichtlinie unterstellt (Art. 6 der Sektorenrichtlinie) sowie geregelt, dass sich die Auftragsvergabe bei **gemischten Aufträgen** nach dem Regelwerk für diejenige Tätigkeit richtet, die den Hauptgegenstand des Vertrages ausmacht (vgl. Art. 9 der Sektorenrichtlinie). Erweitert worden auf alle Auftragsarten im Sektorenbereich ist zudem das **Konzernprivileg**, also die Befreiung vom Vergaberecht für Aufträge, die ein öffentlicher Auftraggeber an ein verbundenes Unternehmen erteilt. Die zugelassenen Vergabeverfahren sind überdies um den **„wettbewerblichen Dialog"** erweitert worden (vgl. Art. 1 Abs. 11 lit. c), Art. 29 VKR). Es handelt sich um ein Verfahren zur Vergabe komplexer Aufträge, bei dem der öffentliche Auftraggeber in freien Verhandlungen mit den Bietern zunächst eine oder mehrere seinen Bedürfnissen entsprechende Lösungen herausarbeiten lässt, um auf deren Basis die ausgewählten Bewerber zur Angebotsabgabe aufzufordern. Die Einführung dieser neuen Vergabeart wurde den Mitgliedsstaaten freigestellt. Neu war ferner die Möglichkeit der **elektronischen Auktion** (vgl. Art. 54 VKR und Art. 56 der Sektorenrichtlinie) sowie die Regelung, dass die **„Umwelteigenschaften"** des Auftragsgegenstands als Zuschlagskriterium berücksichtigt werden dürfen (vgl. Art. 53 Abs. 1 lit. a) VKR und Art. 55 Abs. 1 lit. a) der Sektorenrichtlinie).

V. Umsetzung der EG-Vergaberichtlinien vom 31. März 2004 in das deutsche Recht durch das Vergaberechtsmodernisierungsgesetz

13   Die Umsetzung der EG-Vergaberichtlinien erfolgte im Wesentlichen (neben der 3. Änderungsverordnung zur VgV) durch das am 19.12.2008 verabschiedete und vom Bundesrat am 13.2.2009 gebilligte Vergaberechtsmodernisierungsgesetz[22]. Nach der Begründung des Gesetzentwurfs sollte es das deutsche Vergaberecht mittelstandsgerecht modernisieren sowie die Regelungen der EG-Vergaberichtlinien 2004/17/EG und 2004/18/EG und der Rechtsmittelrichtlinie 2007/66/EG vollständig umsetzen. Hierdurch hat das deutsche Vergaberecht eine wesentliche Weiterentwicklung erfahren. Die wesentlichen Eckpunkte der Vergaberechtsreform lassen sich wie folgt zusammenfassen:

14   Unter Bezugnahme auf die Rechtsprechung des Bundesverfassungsgerichts[23] hielt der bundesdeutsche Gesetzgeber unverändert daran fest, dass ein vergaberechtlicher Primärrechtsschutz ausschließlich bei der Vergabe von Aufträgen oberhalb der Schwellenwerte bereitgestellt wird. Bei Auftragsvergaben **unterhalb der Schwellenwerte** fand (und findet) dementsprechend das gesamte Kartellvergaberecht keine Anwendung. Die vom öffentlichen Auftraggeber bei jenen Vergaben einzuhaltenden Regeln ergeben sich vielmehr – weiterhin – aus dem Haushaltsrecht, sowie aus den jeweils ersten Abschnitten der VOB/A und der VOL/A, auf die in den meisten einschlägigen Haushaltsgesetzen verwiesen wird.

15   Für den Bereich der **Schwellenwertvergaben** hat das Vergaberechtsmodernisierungsgesetz zahlreiche Klarstellungen und Ergänzungen gebracht. Folgende Änderungen, die im Wesentlichen bis heute Geltung haben, sind hervorzuheben:

– Die Berücksichtigung der **mittelständischen Interessen** verstärkt, indem eine Aufteilung in Teil- und Fachlose zwingend vorgeschrieben wurde, sofern nicht im Einzelfall wirtschaftliche oder technische Gründe einer **Losbildung** entgegenstehen.[24] Zudem wurde die Verpflichtung des öffentlichen Auftraggebers geregelt, der ein anderes Unternehmen, das selbst kein öffentlicher Auftraggeber im Sinne des Kartellvergaberechts ist, mit der Wahrnehmung und Durchführung einer öffentlichen Aufgabe betraut, seinem Auftragnehmer die Beachtung und Einhaltung der vorstehend beschriebenen mittelständischen Interessen durch einem von ihm eingeschalteten Unterauftragnehmer aufzuerlegen.

– Die Anforderungen, die der öffentliche Auftraggeber an die Unternehmen stellen darf, wurden modifiziert. Während es bis dahin ausschließlich auf die Fachkunde, Leistungsfähigkeit und Zuverlässigkeit des Bieters ankam, konnte der öffentliche Auftraggeber nach neuem Recht zusätzliche Anforderungen in Bezug auf **soziale, umweltbezogene oder innovative Aspekte** an den Auftragnehmer stellen. Voraussetzung war (und ist), dass diese Anforderungen in

---

[22] BT-Drucks. 16/11428.
[23] BVerfG NZBau 2006, 791.
[24] Dazu näher: *Kus* NZBau 2008, 21.

einem sachlichen Zusammenhang mit dem Auftragsgegenstand stehen und sich aus der Leistungsbeschreibung ergeben.[25] Zudem wird die Gesetzestreue des Auftragnehmers als Eignungskriterium nunmehr ausdrücklich erwähnt.

– In Anpassung an das europäische Vergaberecht wurde die **Informations- und Wartepflicht** für den Auftraggeber auf 15 Kalendertage verlängert, beginnend mit dem Tag nach der Absendung der Bieterinformation. Bei Versendung der Bieterinformation per Telefax oder auf elektronischem Wege wurde die Wartefrist auf 10 Kalendertage verkürzt. Vorzeitige Auftragsvergaben und de-facto-Vergaben unter Durchführung des an sich vorgeschriebenen Vergabeverfahrens führten zur schwebenden Unwirksamkeit des Vertrages. § 101b Abs. 2 GWB a. F. normierte zudem eine Ausschlussfrist für die Geltendmachung der Unwirksamkeit. Bis zum Ende einer (Ausschluss-)Frist von 30 Kalendertage nach Kenntnis vom Verstoß, spätestens aber 6 Monate nach Vertragsschluss, konnte ein Dritter die bis dahin schwebende Unwirksamkeit geltend machen.

Außerdem ist die Bundesregierung ermächtigt worden, mit Zustimmung des Bundesrats eine Rechtsverordnung zur Ausgestaltung der näheren Bestimmungen über das beim Einkauf von Sektorenauftraggebern zu beachtende Verfahren zu erlassen. Hiervon hat die Bundesregierung Gebrauch gemacht und am 29.9.2009 die Verordnung über die Vergabe von Aufträgen im Bereich des Verkehrs, der Trinkwasserversorgung und der Energieversorgung (**Sektorenverordnung – SektVO**)[26] erlassen. Im Gegensatz zur Vergabeverordnung enthält die Sektorenverordnung – weniger detaillierte – Verfahrensbestimmungen, die einheitlich für Bau-, Dienstleistungs- und Lieferaufträge gelten.

16

VI. Verteidigungsvergaberichtlinie und ihre Umsetzung in das deutsche Recht

Mit dem Gesetz zur Änderung des Vergaberechts für die Bereiche Verteidigung und Sicherheit vom 7.12.2011[27] hat der deutsche Gesetzgeber die **EG Verteidigungsvergaberichtlinie**[28] in das deutsche Recht umgesetzt.

17

Die Verteidigungsvergaberichtlinie enthält einen vergaberechtlichen Regelungsrahmen für die Beschaffung von Bau-, Liefer- und Dienstleistungen in den Bereichen Verteidigung und Sicherheit. Auch derartige Beschaffungsvorhaben sollen in einem transparenten, diskriminierungsfreien und wettbewerblichen Vergabeverfahren realisiert werden, allerdings unter Berücksichtigung der Besonderheiten des Sicherheits- und Verteidigungssektors. Dazu gehören insbesondere die Sicherheit sensibler Informationen sowie die Versorgungssicherheit.

Zur Umsetzung dieser Richtlinie ist im deutschen Recht ein „Sondervergaberecht für Verteidigungs- und Sicherheitsaufträge"[29] geschaffen worden. Dafür wurden die Regelungen des 4. Teils des GWB durch Art. 2 Abs. 62 des Gesetzes vom 22.12.2011[30] umfassend überarbeitet und in § 127 Nr. 3 a. F. eine **Ermächtigungsgrundlage für den Erlass einer Rechtsverordnung** über das bei der Vergabe von verteidigungs- und sicherheitsrelevanten öffentlichen Aufträgen einzuhaltende Verfahren (vgl. Rdn. 21a) normiert. Auf Basis dieser Ermächtigungsgrundlage wurde am 12.7.2012 eine **Verteidigungsvergabeverordnung** (VSVgV) erlassen, die – anstelle der Vergabe- bzw. der Sektorenverordnung – den Einstieg in das materielle Vergaberecht eröffnet. Die VSVgV enthält[31] – nach dem Vorbild der SektVO – für Liefer- und Dienstleistungsaufträge abschließende Vergaberechtsregelungen. Für Bauaufträge ist dagegen ein Verweis auf spezielle Regelungen für die Vergabe von Bauaufträgen in den Bereichen Sicherheit und Verteidigung vorgesehen, die in dem (neuen) 3. Abschnitt der VOB/A zusammengefasst sind. Bis zum Erlass der VSVgV galt die Verteidigungsvergaberichtlinie unmittelbar, soweit sie

---

[25] Dazu näher: *Kus* NZBau 2008, 21, 22 ff.
[26] BGBl. 2009 I, S. 3110.
[27] BGBl. I Nr. 64 vom 13.12.2011, S. 2570.
[28] Richtlinie 2009/81/EG des Europäischen Parlaments und des Rates vom 13. Juli 2009 über die Koordinierung der Verfahren zur Vergabe bestimmter Bau-, Liefer- und Dienstleistungsaufträge in den Bereichen Verteidigung und Sicherheit und zur Änderung der Richtlinien 2004/17/EG und 2004/18/EG (ABl. L 216 vom 20.8.2009, S. 76).
[29] *Byok* NVwZ 2012, 70. Vgl. zur Vergabe sicherheitsrelevanter Aufträge auch *Herrmann/Polster* NVwZ 2010, 341 sowie *Probst/Rechten* NVwZ 2010, 346.
[30] BGBl. 2011 I, S. 3044.
[31] Vergabeverordnung Verteidigung und Sicherheit (Verteidigungsvergabeverordnung – VSVgV) vom 12.7.2012 (BGBl. I S. 1509).

durch das Gesetz zur Änderung des Vergaberechts für die Bereiche Verteidigung und Sicherheit nicht umgesetzt wurde.[32]

VII. Die EU-Vergaberichtlinien vom 28.3.2014

17a Am 28.3.2014 ist die Richtlinie 2014/24/EU des Europäischen Parlaments und des Rates vom 26.2.2014 über die öffentliche Auftragsvergabe und zur Aufhebung der Richtlinie 2004/18/EG im Amtsblatt der EU (L 94 S. 65) veröffentlicht worden.[33] Neben dieser so genannten **„klassischen" Richtlinie** für die öffentliche Auftragsvergabe sind am selben Tag zwei weitere Vergaberichtlinien des Europäischen Parlaments und des Rates vom 26.2.2014 veröffentlicht worden: Die Richtlinie 2014/25/EU über die Vergabe von Aufträgen durch Auftraggeber im Bereich der Wasser-, Energie- und Verkehrsversorgung sowie der Postdienste und zur Aufhebung der Richtlinie 2004/17/EG (sog. **Sektorenrichtlinie**) und die erstmals eingeführte **Konzessionsvergaberichtlinie** 2014/23/EU.

Ziele dieses Richtlinienpakets[34] sind, die Effizienz der öffentlichen Ausgaben zu steigern, die Teilnahme an öffentlichen Vergabeverfahren – insbesondere für kleine und mittlere Unternehmen – zu erleichtern und den öffentlichen Auftraggebern zu ermöglichen, die Auftragsvergabe in stärkerem Maße zur Förderung gemeinsamer gesellschaftlicher Ziele zu nutzen. Ferner erachtet es der EU-Gesetzgeber als notwendig, mehr Rechtssicherheit zu gewährleisten und bestimmten Aspekten der ständigen Rechtsprechung des EuGH Folge zu leisten, indem grundlegende Begriffe und Konzepte geklärt werden. Beispielsweise werden die bisherige Rechtsprechung zu Inhouse-Vergaben und Interkommunalen Kooperationen kodifiziert, die Unterscheidung zwischen dem preisgünstigsten Angebot und dem wirtschaftlichsten Angebot aufgehoben, die Mindestfristen reduziert und die Voraussetzungen für die Anwendung und Durchführung von Verhandlungsverfahren und wettbewerblichen Dialogen gesenkt. Außerdem dürfen die Organisation, Qualifikation und Erfahrung des Personals unter bestimmten Voraussetzungen bei der Ermittlung des wirtschaftlichsten Angebots berücksichtigt werden, so dass die Trennung zwischen Eignungs- und Zuschlagskriterien gelockert wird.

Bis zur Umsetzung ins deutsche Recht am 18.4.2016 (→ Rn. 17b) entfalteten diese Richtlinien bereits **Vorwirkung,** indem sie von den Vergabekammern und Vergabesenaten bei der Auslegung deutschen Vergaberechts berücksichtigt werden durften. Nach Auffassung des BGH waren sie dazu aber nicht verpflichtet.[35]

VIII. Die Vergaberechtsreform 2016

17b Die drei Richtlinien sind am 17.4.2014 in Kraft getreten und mussten, von wenigen ausdrücklichen Ausnahmen (hauptsächlich zur elektronischen Kommunikation) abgesehen, binnen zwei Jahren, also bis zum 18.4.2016 von den Mitgliedstaaten umgesetzt werden. Dieser Verpflichtung ist der deutsche Gesetzgeber nachgekommen und hat die Richtlinieninhalte nahezu „eins zu eins" in das deutsche Vergaberecht übernommen. Zugleich hat der deutsche Gesetzgeber die Struktur des deutschen Vergaberechts reformiert, indem er für Vergaben oberhalb der EU-Schwellenwerte den bis dahin einschlägigen 2. Abschnitt der VOL/A für Dienst- und Lieferleistungen sowie die VOF für freiberufliche Leistungen aufgehoben und deren Regelungen in der VgV zusammengeführt hat.

Hierdurch sind sowohl der 4. Teil des GWB, als auch die VgV erheblich angewachsen.

Für die Vergabe von Bauaufträgen ist dagegen die VOB/A mit ihren drei Abschnitten erhalten geblieben. Insbesondere der 2. Abschnitt der VOB/A wurde allerdings im Zuge der Umsetzung der Richtlinie 2014/24/EU überarbeitet. Der hohe Detaillierungsgrad der EU-Richtlinien hat zu einem Anwachsen dieses Abschnitts 2 der VOB/A geführt. Dies hat den Deutschen Vergabe- und Vertragsausschuss für Bauleistungen (DVA) dazu bewogen, die Struktur moderat zu ändern, um die VOB/A übersichtlicher zu gestalten. Dazu wurden die bisherigen Zwischenüberschriften als eigenständige Paragrafen ausgestaltet. Um dem Anwender gleichwohl möglichst viel Bekanntes zu erhalten, wurde dabei auf eine neue, durchgehende Nummerierung verzichtet, sondern

---

[32] OLG Düsseldorf NZBau 2011, 501.
[33] Einen Überblick über die Neuregelungen bieten *Jaeger* NZBau 2014, 259; *Prieß/Stein* NZBau 2014, 323; *Wagner/Pfohl* ZfBR 2014, 745.
[34] Vgl. dazu OLG Düsseldorf 19.11.2014 – Verg 30/14 sowie allgemein BGH 5.2.1998 – I ZR 211/95 = NJW 1998, 2208.
[35] Der BGH 5.2.1998 – I ZR 211/95 = NJW 1998, 2208 spricht ausdrücklich von einer „Befugnis". Unklar insoweit OLG Düsseldorf 19.11.2014 – Verg 30/14.

das Paragrafengerüst durch Einfügung von Paragrafen mit dem Zusatz a, b usw. in der Grundform erhalten. Diese Strukturänderung wurde in allen drei Abschnitten der VOB/A übernommen.

C. Normative Bestandteile des deutschen Vergaberechts

I. Das Kaskadenprinzip

Das geltende bundesdeutsche Vergaberecht ist (noch)[36] durch das sog. **Kaskadenprinzip** gekennzeichnet. Der Begriff bezeichnet die Tatsache, dass das bei Beschaffungen im Schwellenwertbereich geltende Vergaberecht nicht in einem einzigen Regelwerk kodifiziert ist, sondern (1) § 113 GWB die Bundesregierung ermächtigt, durch Rechtsverordnung nähere Bestimmungen über das Vergabeverfahren zu erlassen, (2) die Bundesregierung mit Schaffung der Vergabeverordnung (VgV) von dieser Ermächtigung Gebrauch gemacht hat und (3) die Vergabeverordnung – nach der Vergaberechtsreform 2016 nur noch für Bauvergaben – die Details des Vergabeverfahrens weitgehend nicht selbst regelt, sondern ihrerseits mit einer starren Verweisung auf die Vergabe- und Vertragsordnung für Bauleistungen (§ 2 VgV) arbeitet. In der Gesamtschau stellte sich die vergaberechtliche Normlage folgendermaßen dar:

II. Die wesentlichen Grundlagen des GWB-Kartellvergaberechts

Der Gesetzgeber selbst hat im **4. Teil des GWB** (§§ 97 bis 186) nur die wesentlichen Grundlagen des Vergaberechts normiert, nämlich

– den objektiven Geltungsbereich des Vergaberechts in § 106 GWB, wonach das Vergaberecht für öffentliche Aufträge i. S. v. §§ 103 ff. GWB gilt, deren Auftragswert den jeweils einschlägigen Schwellenwert erreicht oder übersteigt (§ 106 Abs. 1 GWB) und die nicht unter eine der Ausnahmetatbestände der §§ 107 – 109 GWB fallen,
– den subjektiven Geltungsbereich des Vergaberechts in §§ 98 ff. GWB, wonach dem Vergaberechtsregime nur die dort näher bezeichneten öffentlichen Auftraggeber unterliegen,
– die Vergabegrundsätze in § 97 GWB, insbesondere das Wettbewerbs- und Transparenzprinzip (Abs. 1), den Gleichbehandlungsgrundsatz (Abs. 2), das Gebot der Beauftragung fachkundiger, leistungsfähiger und zuverlässiger Unternehmen (Abs. 4) sowie den Grundsatz, dass bei der Vergabe Aspekte der Qualität und der Innovation sowie soziale und umweltbezogene Aspekte grundsätzlich zu berücksichtigen sind (Abs. 3),
– die Festlegung der Vergabearten (offenes Verfahren, nicht offenes Verfahren, Verhandlungsverfahren, wettbewerblicher Dialog, Innovationspartnerschaft) in § 119 GWB mit dem grundsätzlichen Vorrang des offenen und des nicht offenen Verfahren
– die Ausgestaltung des Nachprüfungsverfahrens vor den Vergabekammern und den Oberlandesgerichten in den §§ 155 bis 184 GWB,
– die Schadensersatzverpflichtung der das Nachprüfungsverfahren betreibenden Partei bei Rechtsmissbrauch (§ 180 GWB) sowie die Ersatzhaftung des öffentlichen Auftraggebers im Falle der Verletzung bieterschützender Vergabebestimmungen (§ 181 GWB) nebst der Bindungswirkung der im Nachprüfungsverfahren unanfechtbar ergangenen Entscheidungen für den nachfolgenden Schadensersatzprozess (§ 180 Abs. 1 GWB).

III. Die Vergabeverordnung

Gestützt auf die Ermächtigung in § 113 GWB hat die Bundesregierung für die öffentlichen Aufträge im Schwellenwertbereich die **Vergabeverordnung**[37] erlassen. In der Fassung vom 12.4.2016 enthält die Vergabeverordnung (VgV) neben dem 4. Teil des GWB sämtliche materiellen Verfahrensregelungen für die Vergabe von Dienst- und Lieferaufträgen. Auf die Vergabe von Bauaufträgen sind hingegen nur Abschnitt 1 und Abschnitt 2, Unterabschnitt 2, der VgV anwendbar; im Übrigen ist gemäß § 2 VgV Teil A Abschnitt 2 der Vergabe- und Vertragsordnung für Bauleistungen in der Fassung der Bekanntmachung vom 19. Januar 2016 (BAnz

---

[36] Die Verweisungskette GWB – VgV – Vergabeordnung, die als Kaskadenprinzip bezeichnet wurde, wird zunächst durch die Sektorenverordnung (vgl. Rdn. 21) sowie die geplante Vergabeverordnung Verteidigung und Sicherheit (vgl. Rdn. 21a) durchbrochen und im Zuge der Vergaberechtsreform durch die Aufhebung von VOL/A (2. Abschnitt) und VOF teilweise aufgelöst.

[37] Vergabeverordnung in der Fassung der Bekanntmachung vom 11. Februar 2003 (BGBl. I S. 169).

vom 1.7.2016 B4) anzuwenden. Durch diese starre Verweisung auf den zweiten Abschnitt der VOB/A erhalten die dortigen Regelungen die Qualität eines verbindlichen Außenrechts, auf dessen Einhaltung der Bieter gemäß § 97 Abs. 6 GWB einen einklagbaren Anspruch hat.

Im Abschnitt 1 und Abschnitt 2, Unterabschnitt 2, regelt die VgV in Umsetzung des europäischen Rechts insbesondere die Grundsätze der Schätzung des Auftragswertes (§ 3), Vorgaben zur Wahrung der Vertraulichkeit (§ 5) Maßnahmen zur Vermeidung von Interessenkonflikten (§ 6) und zum Umgang mit vor befassten Unternehmen (§ 7) sowie Vorgaben für die Dokumentation und den Vergabevermerk (§ 8). Des Weiteren enthält die VgV in den §§ 9–13 Regelungen zur Kommunikation, darunter die Vorgabe, grundsätzlich elektronische Mittel zur Kommunikation zu verwenden. Im Abschnitt 2, 2. Unterabschnitt (§§ 21–27) sind schließlich besondere Methoden und Instrumente in Vergabeverfahren geregelt, beispielsweise Rahmenvereinbarungen, dynamische Beschaffungssysteme und elektronische Auktionen.

IV. Die Sektorenverordnung

21 Gleichrangig neben der Vergabeverordnung steht die Sektorenverordnung,[38] welche die Bundesregierung neu am 12.4.2016 erlassen hat und in der nähere Bestimmungen über die Vergabe von Aufträgen im Bereich des Verkehrs, der Trinkwasserversorgung und der Energieversorgung geregelt sind. Sie verweist im Gegensatz zur Vergabeverordnung allerdings nicht auf die Vergabe- und Vertragsordnungen für Bauleistungen. Stattdessen enthält sie – weniger detaillierte – Verfahrensbestimmungen, die einheitlich für Bau-, Dienstleistungs- und Lieferaufträge gelten. Im Sektorenbereich gelten damit oberhalb der Schwellenwerte nur der 4. Teil des GWB sowie die SektVO.[39] Damit weicht der Verordnungsgeber von dem Kaskadenprinzip ab.

V. Die Vergabeverordnung Verteidigung und Sicherheit

21a Im Zuge der Umsetzung der Verteidigungsvergaberichtlinie (vgl. Rdn. 17) wurde in § 127 Nr. 3 GWB a. F. (jetzt § 113 Nr. 7 GWB) eine **Ermächtigungsgrundlage für den Erlass einer Rechtsverordnung** über das bei der Vergabe von verteidigungs- und sicherheitsrelevanten öffentlichen Aufträgen einzuhaltende Verfahren, über die Auswahl und die Prüfung der Unternehmen und der Angebote, über den Ausschluss von Vergabeverfahren, über den Abschluss des Vertrags, über die Aufhebung von Vergabeverfahren und über sonstige Regelungen des Vergabeverfahrens einschließlich verteidigungs- und sicherheitsrelevanter Anforderungen im Hinblick auf den Geheimschutz, allgemeine Regeln zur Wahrung der Vertraulichkeit, die Versorgungssicherheit sowie besondere Regelungen für die Vergabe von Unteraufträgen normiert. Auf Basis dieser Ermächtigungsgrundlage wurde am 12.7.2012 eine **Verteidigungsvergabeverordnung** (VSVgV) erlassen, die – anstelle der Vergabe- bzw. der Sektorenverordnung – den Einstieg in das materielle Vergaberecht eröffnet. Die VSVgV[40] enthält – nach dem Vorbild der neuen VgV sowie der SektVO – für Liefer- und Dienstleistungsaufträge abschließende Vergaberechtsregelungen. Für Bauaufträge ist dagegen ein § 2 VgV entsprechender Verweis auf spezielle Regelungen für die Vergabe von Bauaufträgen in den Bereichen Sicherheit und Verteidigung vorgesehen, die in dem neuen 3. Abschnitt der VOB/A zusammengefasst sind. Bis zum Erlass der VSVgV galt die Verteidigungsvergaberichtlinie unmittelbar, soweit sie durch das Gesetz zur Änderung des Vergaberechts für die Bereiche Verteidigung und Sicherheit nicht umgesetzt wurde.[41]

VI. Die Konzessionsvergabeverordnung (KonzVgV)

21b Im Zusammenhang mit dem am 28.3.2014 veröffentlichten Richtlinienpaket (→ Rn. 17a) hat der europäische Gesetzgeber die Konzessionsvergaberichtlinie 2014/23/EU eingeführt und damit nicht nur die Baukonzession, die bereits als vergabepflichtig angesehen wurde, sondern auch die Dienstleistungskonzession dem Vergaberecht unterworfen. Im Rahmen der Vergaberechtsreform 2016 hat der deutsche Gesetzgeber eine entsprechende Konzessionsvergabeverordnung (KonzVgV)[42] erlassen, mit der die Richtlinie 2014/23/EU weitgehend „eins zu eins"

---

[38] Sektorenverordnung vom 12. April 2016 (BGBl. I S. 624, 657).
[39] Unterhalb der Schwellenwerte sind nur die Vorgaben des EG-Primärrechts zu beachten.
[40] Vergabeverordnung Verteidigung und Sicherheit (Verteidigungsvergaberordnung – VSVgV) vom 12.7.2012 (BGBl. I S. 1509).
[41] OLG Düsseldorf NZBau 2011, 501.
[42] Verordnung über die Vergabe von Konzessionen vom 12. April 2016 (BGBl. I S. 624, 683).

umgesetzt wurde. Die Ermächtigungsgrundlage dafür findet sich in § 113 GWB. Die KonzVgV enthält abschließend die Verfahrensregelungen für die Vergabe von Konzessionen im Sinne von § 105 GWB.

D. Aufbau und Anwendungsbereich der VOB/A 2016

Das redaktionelle Konzept der VOB/A bestand ursprünglich aus Basisparagraphen im Abschnitt 1 und den ergänzenden a-Paragraphen im Abschnitt 2. Unterhalb der Schwellenwerte verpflichteten haushaltsrechtliche Bestimmungen die öffentlichen Auftraggeber zur Anwendung des **Abschnitts 1**. Oberhalb der Schwellenwerte waren öffentliche Auftraggeber durch die Verweisungskette des vergaberechtlichen Kaskadenprinzips zur kumulativen Anwendung von Abschnitt 1 (Basisparagraphen) und Abschnitt 2 (a-Paragraphen) verpflichtet. Abschnitt 2 enthielt lediglich die zusätzlichen Bestimmungen der EG-Baukoordinierungsrichtlinie.

Am 2.12.2011 wurde die VOB/A 2012 im Bundesanzeiger veröffentlicht. Darin wurden die Abschnitte 2 und 3 der VOB/A geändert bzw. neu aufgenommen. Abschnitt 1 blieb unverändert.

Der **Abschnitt 2** ersetzte den Abschnitt 2 der VOB/A 2009. Schwerpunkt der Überarbeitung des Abschnitts 2 der VOB/A war insbesondere die Zusammenführung der Bestimmungen der Basisparagraphen und der a-Paragraphen.[43] Damit wurde im Abschnitt 2 die bisherige Struktur von Basis- und a-Paragraphen aufgegeben. Die Vorschriften in Abschnitt 1 und 2 der VOB/A stellten in sich geschlossene Regelungskreise dar.

Abschnitt 3 der VOB/A wurde neu eingeführt. Er betrifft die Vergabe von Bauaufträgen im Bereich der Sicherheit und Verteidigung.

Im Rahmen der Vergaberechtsreform 2016 ist die VOB/A mit ihren drei Abschnitten erhalten geblieben. Insbesondere der 2. Abschnitt der VOB/A wurde allerdings im Zuge der Umsetzung der Richtlinie 2014/24/EU überarbeitet. Der hohe Detaillierungsgrad der EU-Richtlinien hat zu einem Anwachsen dieses Abschnitts 2 der VOB/A geführt. Dies hat den Deutschen Vergabe- und Vertragsausschuss für Bauleistungen (DVA) dazu bewogen, die Struktur moderat zu ändern, um die VOB/A übersichtlicher zu gestalten. Dazu wurden die bisherigen Zwischenüberschriften als eigenständige Paragraphen ausgestaltet. Um dem Anwender gleichwohl möglichst viel Bekanntes zu erhalten, wurde dabei auf eine neue, durchgehende Nummerierung verzichtet, sondern das Paragrafengerüst durch Einfügung von Paragrafen mit dem Zusatz a, b usw. in der Grundform erhalten. Diese Strukturänderung wurde in allen drei Abschnitten der VOB/A übernommen.

Die Anwendung der Vorschriften des Abschnitts 2 der VOB/A wird durch eine entsprechende starre Verweisung in der Vergabeverordnung (§ 2 VgV) verbindlich vorgeschrieben. Die Anwendung der Vorschriften des Abschnitts 3 der VOB/A werden gleichermaßen in der Vergabeverordnung für den Bereich Sicherheit und Verteidigung (§ 2 Abs. 2 VSVgV) verbindlich vorgeschrieben. Eine Verpflichtung zur Anwendung des Abschnitts 1 der VOB/A kann sich insbesondere aus dem Haushalts- oder Förderrecht ergeben.

Die VOB/A 2016 gliedert sich mithin in folgende 3 Abschnitte.

I. Abschnitt 1

In Abschnitt 1 trifft der Verordnungsgeber die näheren Bestimmungen für Auftragsvergaben mit einem Auftragsvolumen unterhalb der jeweiligen Schwellenwertes. Abschnitt 1 enthält damit das Regelwerk, das der öffentliche Auftraggeber haushaltsrechtsrechtlich zu beachten hat.

Außerhalb des Kartellvergaberechts verpflichten die Haushaltsordnungen von Bund (BHO) und Ländern (LHO) sowie die Gemeindehaushaltsverordnungen (GemHVO) die öffentlichen Auftraggeber zur öffentlichen Ausschreibung von Beschaffungsverträgen. Hierzu haben öffentliche Auftraggeber einheitliche Richtlinien einzuhalten (§ 55 Abs. 2 BHO/LHOen). Richtlinie für die Vergabe von Bauaufträgen ist der erste Abschnitt der VOB/A. Das folgt auf Bundesebene aus der vorläufigen Verwaltungsvorschrift (VorLVV) zu § 55 BHO und auf Landesebene teilweise aus den Verwaltungsvorschriften der zuständigen Landesministerien[44] und teilweise unmittelbar

---

[43] Die Regeln des Abschnitts 2 wurden außerdem sprachlich überarbeitet, um sie verständlicher zu fassen und eine einheitliche Begrifflichkeit zu gewährleisten. Schließlich waren geringfügige Änderungen erforderlich.

[44] Baden-Württemberg, Brandenburg, Hessen, Thüringen.

aus den Vergabegesetzen der Länder.[45] Auch Gemeindehaushaltsverordnungen enthalten teilweise entsprechende Regelungen.[46]

Der **persönliche Geltungsbereich** des 1. Abschnitts umfasst damit die sog. klassischen öffentlichen Auftraggeber, also diejenigen Stellen, die nach der Bundeshaushaltsordnung, den Landeshaushaltsordnungen und den Gemeindehaushaltsverordnungen zur Anwendung der VOB verpflichtet sind. Zu ihnen zählen die Bundesrepublik Deutschland, die Länder, die Bezirke, die Landkreise, die Gemeinden, die kommunalen Verbände sowie die kommunalen und kommunal verwalteten Stiftungen. Grundsätzlich nicht erfasst werden demgegenüber die juristischen Personen des Privatrechts, und zwar auch dann nicht, wenn die Öffentliche Hand an ihnen beteiligt ist. Allerdings können auf Grund besonderer Bestimmung auch andere als die klassischen öffentlichen Auftraggeber zur Anwendung des Abschnitts 1 verpflichtet sein. In Betracht kommt dies insbesondere bei öffentlich geförderten Bauvorhaben. Im Zuwendungsrecht wird regelmäßig vorgesehen, dass der Zuwendungsempfänger die Vergaberegeln der VOB/A einzuhalten hat.

Unabhängig davon sind **private Auftraggeber** zur Anwendung der VOB/A berechtigt. Wenn sie sich hierzu entscheiden, haben die Bieter einen Anspruch auf Einhaltung der VOB/A, den sie vor den zuständigen Gerichten[47] im einstweiligen Verfügungsverfahren durchsetzen können.[48]

II. Abschnitt 2

24   Abschnitt 2 der VOB/A enthält abschließend die näheren Bestimmungen für die Vergabe von Aufträgen, deren Netto-Auftragswert die einschlägigen Schwellenwerte erreicht oder übersteigt (§ 106 GWB). Die **oberhalb der Schwellenwerte** zu beachtenden Regelungen finden sich damit abschließend im 2. Abschnitt der VOB/A. Damit unterscheidet sich die VOB/A 2016 von den vor 2012 existierenden Fassungen der VOB/A, in denen der 2. Abschnitt mit den sog. a-Paragraphen lediglich zusätzliche Bestimmungen der EG-Baukoordinierungsrichtlinie bzw. der Vergabekoordinierungsrichtlinie enthielt, die neben den sog. Basisparagraphen des 1. Abschnitts anzuwenden waren.

Anwendung findet der 2. Abschnitt somit auf die Vergabe von Bauaufträgen, die den maßgeblichen **Schwellenwert** erreichen oder übersteigen (und damit dem Kartellvergaberecht unterliegen). Die Schwellenwerte werden in § 106 Abs. 2 GWB festgelegt, der dafür dynamisch auf die in der Richtlinie 2014/24/EU festgelegten Schwellenwerte verweist. Mit Wirkung zum 1. Januar 2016 hat die Europäische Kommission die Schwellenwerte in Art. 4 der Richtlinie 2014/24/EU angepasst.[49] Seitdem gilt insoweit: Bauaufträge, deren Netto-Gesamtauftragswert 5 225 000 € erreicht oder übersteigt, unterfallen dem Kartellvergaberecht (§ 106 Abs. 1 GWB). Wird ein derartiger Bauauftrag losweise ausgeschrieben, unterliegt auch die Vergabe all derjenigen Einzellose, deren Nettoauftragswert mindestens 1 Million € beträgt, dem Vergaberecht (§ 3 Abs. 9 VgV). Alle Einzellose, die den Schwellenwert von 1 Million € nicht erreichen, sind demgegenüber grundsätzlich vergaberechtsfrei. Das gilt allerdings nur, soweit der Auftragswert dieser Einzellose in der Summe 20 % des Auftragswertes des gesamten Bauauftrags nicht erreicht (§ 3 Abs. 9 VgV). Der öffentliche Auftraggeber darf also so viele Einzellose mit einem Auftragswert unterhalb von 1 Million € national ausschreiben, solange der Gesamtwert dieser Einzellose unterhalb von 20 % des Auftragswertes des gesamten Bauauftrags liegt. Ist die 20 %-Grenze erreicht, muss der Auftraggeber alle weiteren Einzellose europaweit ausschreiben, und zwar ohne Rücksicht darauf, ob der Auftragswert dieser Einzellose 1 Million € erreicht oder nicht. Im Ergebnis unterliegt also unabhängig von der Anzahl und dem Auftragswert der einzelnen Lose zumindest ein Kontingent von 80 % des gesamten Bauauftrags dem Kartellvergaberecht.[50]

Auf **Baukonzessionen** ist der 2. Abschnitt der VOB/A nach der Vergaberechtsreform 2016 und dem Inkrafttreten des neuen 4. Teils des GWB sowie der KonzVgV nicht mehr anwendbar.

---

[45] § 1 LVergabeG Nds; § 1 Abs. 1 Sächs.VergabeG; § 14 Abs. 3 MFG-SH.
[46] § 25 Abs. 3 GemHVO Berbg; § 29 S. 2 MVGemHVO.
[47] Vgl. dazu Rdn. 34.
[48] OLG Düsseldorf, Beschluss vom 15.8.2011 – 27 W 1/11, IBR 2011, 605. Siehe hierzu Rdn. 31 ff.
[49] Verordnung (EU) Nr. 1336/2013 der Kommission vom 13. Dezember 2013 zur Änderung der Richtlinien 2004/17/EG, 2004/18/EG und 2009/81/EG des Europäischen Parlaments und des Rates im Hinblick auf die Schwellenwerte für Auftragsvergabeverfahren (Amtsblatt der Europäischen Union vom 14.12.2013, L 335/17).
[50] Vgl. dazu ausführlich die Kommentierung zu § 3 VgV.

Verpflichtet zur Anwendung des 2. Abschnitts der VOB/A sind in **persönlicher Hinsicht** die öffentlichen Auftraggeber im Sinne von §§ 98 f. GWB. Hierzu zählen insbesondere Bund, Länder und Gemeinden als die klassischen öffentlichen Auftraggeber, bundes-, landes- oder gemeindeunmittelbare juristische Personen, Beteiligungsgesellschaften der Öffentlichen Hand im Bereich der Daseinsvorsorge, kommunale Zweckverbände sowie private Auftraggeber bei der Durchführung von Bauvorhaben, die im Allgemeininteresse liegen und überwiegend mit öffentlichen Mitteln gefördert werden.

III. Abschnitt 3

Der 3. Abschnitt der VOB/A hat nichts mit den bis zum Inkrafttreten der SektVO geltenden Regelungen zu tun. Es handelt sich um eine völlig neue Regelung, mit der die Verteidigungsvergaberichtlinie umgesetzt wurde. Die Verteidigungsvergaberichtlinie enthält einen vergaberechtlichen Regelungsrahmen für die Beschaffung von Bau-, Liefer- und Dienstleistungen in den **Bereichen Verteidigung und Sicherheit**. Auch derartige Beschaffungsvorhaben sollen in einem transparenten, diskriminierungsfreien und wettbewerblichen Vergabeverfahren realisiert werden, allerdings unter Berücksichtigung der Besonderheiten des Sicherheits- und Verteidigungssektors. Dazu gehören insbesondere die Sicherheit sensibler Informationen sowie die Versorgungssicherheit.

Dementsprechend enthält der Abschnitt 3 der VOB/A, der systematisch wie die ersten beiden Abschnitte aufgebaut ist, nur im Hinblick auf diese verteidigungs- oder sicherheitsbezogenen Besonderheiten, Abweichungen oder Ergänzungen zum Abschnitt 2. Das betrifft beispielsweise Auflagen zum Schutz von Verschlusssachen (§ 2 VS Abs. 7 VOB/A), die Berücksichtigung von Pflichtverletzungen bei der Gewährleistung von Informations- und Versorgungssicherheit im Rahmen der Eignungsprüfung (§ 6b VS Abs. 5 S. 2 VOB/A) oder eingeschränkte Informationspflichten des Auftraggebers (§ 8 VS Abs. 3 VOB/A). Vor allem aber werden verteidigungs- und sicherheitsrelevante Aufträge nicht im offenen, sondern im nichtoffenen Verfahren, im Verhandlungsverfahren oder im Wettbewerblichen Dialog vergeben (§ 3 VS Abs. 1 VOB/A).

Auch dieser 3. Abschnitt kann erst angewendet werden, wenn es eine entsprechende gesetzliche Grundlage gibt. Diese Grundlage wurde mit der Vergabeverordnung Verteidigung und Sicherheit (VSVgV) geschaffen werden. Bis zum Inkrafttreten dieser Verordnung war der neue 3. Abschnitt nicht anzuwenden. Solange galt die Verteidigungsvergaberichtlinie unmittelbar, soweit sie durch das Gesetz zur Änderung des Vergaberechts für die Bereiche Verteidigung und Sicherheit nicht umgesetzt wurde.[51]

E. Regelungsinhalt der VOB/A

Der Aufbau der VOB/A orientiert sich in allen drei Abschnitten am **Ablauf des Vergabeverfahrens**. Ausgehend von einer Begriffsbestimmung der Bauleistung und der Bestimmung der vergaberechtlichen Grundsätze werden zunächst die zulässigen Vergabearten, Vertragsarten sowie die Möglichkeit der Losvergabe dargestellt. Dem schließen sich Bestimmungen über die Teilnehmer am Wettbewerb an, bevor die vergaberechtlichen Vorgaben für die Leistungsbeschreibung, die Vergabeunterlagen sowie die Vertragsbedingungen folgen. Sodann werden die einzuhaltenden Fristen und die Grundsätze der Informationsübermittlung einschließlich des erforderlichen Inhalts der Bekanntmachung festgelegt. Dem folgen Vorgaben für Form und Inhalt der Angebote, die in dem dann beschriebenen Eröffnungstermin geöffnet werden. Nach Angebotsöffnung dürfen Angebote grundsätzlich nicht mehr geändert, sondern nur in engen Grenzen aufgeklärt werden, bevor sie nach einem einheitlichen strengen Muster geprüft und bewertet werden. Sofern zumindest ein verwertbares Angebot eingegangen ist und kein sonstiger Aufhebungsgrund vorliegt, wird der Zuschlag auf das wirtschaftlichste Angebot erteilt. Nicht berücksichtigte Bewerber und Bieter sind zu informieren und das Vergabeverfahren insgesamt zu dokumentieren.

Von den jüngsten Änderungen der VOB/A der **Fassung 2009** sind insbesondere hervorzuheben:
– Ausdrücklicher Hinweis auf den Transparenz-Grundsatz unterhalb der Schwellenwerte in § 2 VOB/A 2009.

---

[51] OLG Düsseldorf NZBau 2011, 501.

- Festlegung von Bagatellwerten, oberhalb derer die Verfahrenshierarchie, also der Vorrang der öffentlichen Ausschreibung vor der beschränkten Ausschreibung, die wiederum der freihändigen Vergabe vorgeht, gilt.
- Fehlende Erklärungen oder Nachweise sind vom Auftraggeber nachzufordern. Erst die Nicht-Vorlage trotz Nachforderung führt zum Ausschluss des Angebots (§ 16 Abs. 1 Nr. 3 VOB/A 2009).
- Neugestaltung der Regelungen über die Teilnehmer am Wettbewerb in §§ 6, 6a VOB/A 2009. In diesem Zusammenhang wurden die Vorgaben für die Eignungsprüfung überarbeitet. Vorrangig ist der Eignungsnachweis durch Verweis auf die Eintragung im Präqualifikationsverzeichnis zu führen. Darüber hinausgehende Nachweise sind grundsätzlich durch Eigenerklärung zu erbringen. Bieter, deren Angebote in die engere Wahl kommen, haben diese Erklärungen durch entsprechende Bescheinigungen der zuständigen Stellen zu bestätigen.
- Neugestaltung der Prüfung und Bewertung der Angebote in §§ 16, 16a VOB/A 2009.
- Streichung der Vorschrift über die Mitwirkung von Sachverständigen auf Seiten des Auftraggebers. Auch ist die Vertragsart des Selbstkostenerstattungsvertrags entfallen.

28 Schwerpunkt der Überarbeitung der **VOB/A 2012** war neben der Einführung des **Abschnitts 3** für verteidigungs- und sicherheitsrelevante Aufträge (Rdn. 25) insbesondere die Zusammenführung der Bestimmungen der Basis- und der a-Paragraphen im **Abschnitt 2**. Die Bestimmungen der Abschnitte 1 und 2 sind nunmehr in sich geschlossen und gelten für Vergaben unterhalb der EU-Schwellenwerte (Abschnitt 1) und für Vergaben ab den EU-Schwellenwerten (Abschnitt 2) jeweils für sich. Des Weiteren wurden die Vergabebestimmungen des Abschnitts 2 sprachlich überarbeitet. Es erfolgten ferner Untergliederungen und Änderungen in der Reihenfolge von Regelungen. Die Zusammenführung der Regelungen der Basis- und a-Paragraphen in Abschnitt 2 der VOB/A wie auch die sprachliche Überarbeitung erfolgten mit der Maßgabe, grundsätzlich die bestehenden **inhaltlichen Regelungen beizubehalten**. Einige wenige inhaltliche Änderungen waren dennoch erforderlich, von denen folgende hervorzuheben sind:
- § 1a Abs. 2 VOB/A a. F. wurde ersatzlos gestrichen. Nach dieser Regelung fand bisher der Abschnitt 2 der VOB/A Anwendung bei gemischten Bau- und Lieferaufträgen, bei denen das Verlegen und Anbringen im Vergleich zur Lieferleistung eine untergeordnete Tätigkeit darstellt. Ob ein solcher gemischter Auftrag als Liefer- oder Bauauftrag zu behandeln ist, richtet sich nach § 103 GWB.
- In § 8 EG Abs. 2 Nr. 3 VOB/A 2012 wurden die Regelungen für Nebenangebote an die Bestimmungen des Artikels 24 Absatz 3 der Vergabekoordinierungsrichtlinie und die EuGH-Rechtsprechung angepasst. Dementsprechend wurde auch § 16 EG Abs. 1 Nr. 1e) VOB/A 2012 angepasst.
- § 10 EG VOB/A 2012 wurde neu strukturiert. Die Fristenregelungen wurden den einzelnen Verfahren zugeordnet und hinsichtlich der Anwendung der Bestimmungen der Vergabekoordinierungsrichtlinie für die jeweiligen Verfahren abgeglichen.
- Die Bestimmungen des § 19 EG VOB/A 2012 wurden um die Regelungen des § 101a GWB a. F. zur Informations- und Wartepflicht ergänzt.

28a Die **VOB/A 2016** entstand im Rahmen der Vergaberechtsreform 2016 im Zuge der Umsetzung der Richtlinie 2014/24/EU. Der hohe Detaillierungsgrad der EU-Richtlinien hat zu einem Anwachsen des Abschnitts 2 der VOB/A geführt. Dies hat den Deutschen Vergabe- und Vertragsausschuss für Bauleistungen (DVA) dazu bewogen, die Struktur moderat zu ändern, um die VOB/A übersichtlicher zu gestalten. Dazu wurden die bisherigen Zwischenüberschriften als eigenständige Paragrafen ausgestaltet. Um dem Anwender gleichwohl möglichst viel Bekanntes zu erhalten, wurde dabei auf eine neue, durchgehende Nummerierung verzichtet, sondern das Paragrafengerüst durch Einfügung von Paragrafen mit dem Zusatz a, b usw. in der Grundform erhalten. Diese Strukturänderung wurde in allen drei Abschnitten der VOB/A übernommen.

Im Juni 2016 billigte der DVA darüber hinaus eine neue ATV „Verkehrssicherungsarbeiten", 15 fachlich überarbeitete ATV und 48 redaktionell überarbeitete ATV, die in die Gesamtausgabe 2016 der VOB eingingen. Mit den Erlassen des BMUB vom 7. April 2016 und 9. September 2016 sind damit
- der Abschnitt 1 der VOB/A 2016 vom 23. Juni 2016 in der Fassung der Bekanntmachung im Bundesanzeiger BAnz AT 1.7.2016 B4
- der Abschnitt 2 und 3 der VOB/A 2016 vom 7. Januar 2016 in der Fassung der Bekanntmachung im Bundesanzeiger BAnz AT 19.1.2016 B3

– die VOB/B in der Ausgabe 2016 (BAnz. AT 13.7.2012 B3 mit den Änderungen, veröffentlicht in BAnz AT 19.1.2016 B3 sowie der Berichtigung in BAnz AT 1.4.2016 B1 2016)
– und die VOB/C 2016

für die Bundesbauverwaltungen und die für den Bund tätigen Länderbauverwaltungen verbindlich eingeführt worden.

F. Richtlinienkonforme Auslegung der VOB

Inhalt und Rechtsqualität der VOB/A sind durch die europäischen Vergaberichtlinien geprägt. Mit der VOB/A sind diese Richtlinien in deutsches Recht umgesetzt worden. Aus diesem Grund sind die Regelungen im Abschnitt 2 der VOB/A gemeinschaftsrechtkonform, also im Sinne der Vergaberechtsrichtlinien, auszulegen. Das geht so weit, dass Vorschriften, deren Wortlaut den Vergaberichtlinien widerspricht, korrigierend ausgelegt werden (die Regelung also unter Außerachtlassung des Wortlauts im Sinne der Richtlinien angewendet wird) oder unangewendet bleibt. Soweit die VOB/A Abschnitt 2 die Richtlinien nicht oder nur unvollkommen umsetzt, können diese, soweit inhaltlich unbedingt und hinreichend bestimmt, unmittelbar angewendet werden.

Das bedeutet: soweit die VOB/A den Vergaberichtlinien entspricht, findet sie Anwendung. Soweit sie den Richtlinien widerspricht oder diese nicht hinreichend umsetzt, gelten im Ergebnis die Richtlinien. Daraus folgt: Eine eigenständige Bedeutung hat die VOB/A nur, soweit sie zulässigerweise über die Vergaberichtlinien hinausgeht.

Eine (den Wortlaut) korrigierende Auslegung widerspricht allerdings dem tradierten Rechtsgrundsatz, dass der Wortlaut die Grenze der Auslegung ist, und zerstört die Rechtssicherheit. Die Gesetzesanwender, öffentliche Auftraggeber wie Unternehmen, müssen sich auf einen eindeutigen Wortlaut verlassen können. Soweit dieser Wortlaut den Vergaberichtlinien widerspricht, muss er korrigiert werden, aber nicht im Wege einer Auslegung, sondern einer Gesetzesänderung.[52]

G. Rechtsschutz

Die Rechtsschutzmöglichkeiten bei Auftragsvergaben im Schwellenbereich einerseits und unterhalb der einschlägigen Schwellenwerte andererseits unterscheiden sich grundlegend:

I. Rechtsschutz im Schwellenwertbereich

Erreicht oder übersteigt der Wert eines Bauvertrages den maßgeblichen **Schwellenwert** (§ 106 Abs. 2 GWB i. V. m. Art. 4 der Richtlinie 2014/24/EU) und liegen auch die sonstigen (persönlichen und sachlichen) Voraussetzungen für die Geltung des Vergaberechts vor (§§ 98 ff GWB), hat der Bieter gemäß § 97 Abs. 6 GWB ein subjektives Recht auf Einhaltung der Vergabebestimmungen. Dieses Recht kann er im Nachprüfungsverfahren vor der Vergabekammer als dem erstinstanzlichen Kontrollorgan und dem zuständigen Oberlandesgericht als Beschwerdegericht durchsetzen. Die nähere Ausgestaltung des Verfahrens (Zuschlagsverbot nach § 169 Abs. 1 GWB, Suspensiveffekt der Beschwerde nach § 172 Abs. 1 Satz 1 GWB) in Verbindung mit der Pflicht des öffentlichen Auftraggebers, die nicht zum Zuge kommenden Bieter 15 Kalendertage (bei Informationen auf elektronischem Weg oder per Fax: 10 Kalendertage) vor Erteilung des Zuschlags über die beabsichtigte Zuschlagsentscheidung zu unterrichten (§ 134 Abs. 1 GWB), gewährleistet dabei einen wirksamen Primärrechtsschutz um den zu vergebenden Auftrag.[53] Daneben tritt der Sekundärrechtsschutz des Bieters. Gemäß § 181 Satz 1 GWB kann bei der Verletzung von bieterschützenden Normen, die zugleich die Zuschlagschancen des betreffenden Unternehmens beeinträchtigt hat, der Ersatz der nutzlos getätigten Aufwendungen beansprucht werden. Darüber hinaus kommt im Einzelfall eine Haftung des öffentlichen Auftraggebers auf das positive Interesse (unter Einschluss des entgangenen Gewinns) in Frage. Mögliche Anspruchsnormen sind §§ 311 Abs. 2, 241 Abs. 2, 280 Abs. 1

---
[52] Vgl. jüngst zu den Grenzen der richtlinienkonformen Auslegung nationalen Rechts BVerfG NJW 2012, 669.
[53] Vgl. dazu *Schneider* Primärrechtsschutz nach Zuschlagserteilung bei einer Vergabe öffentlicher Aufträge, 2007.

BGB (Verhandlungsverschulden), § 823 Abs. 1 BGB (Eingriff in den eingerichteten und ausgeübten Gewerbebetrieb), § 823 Abs. 2 i. V. m. einer bieterschützenden Vergabebestimmung, in Einzelfällen auch § 826 BGB sowie ferner kartellrechtliche Ansprüche gemäß §§ 33 Abs. 1 und 3, 20 GWB.[54]

II. Rechtsschutz unterhalb der Schwellenwerte

Bei Auftragsvergaben unterhalb der Schwellenwerte stehen dem Bieter demgegenüber nur eingeschränkte Rechtsschutzmöglichkeiten offen.

31 **1. Keine analoge Anwendung des Kartellvergaberechts.** Eine analoge Anwendung der Bestimmungen des Kartellvergaberechts scheidet aus. Der Bundesgesetzgeber hat für Auftragsvergaben unterhalb der Schwellenwerte bewusst an der haushaltsrechtlichen Lösung festgehalten. In Umsetzung der EG-Vergaberichtlinien hat er subjektive Bieterrechte ausschließlich für die Beschaffungsvorgänge im Schwellenwertbereich normiert. Lediglich für jene Beschaffungsvorgänge hat er auch das Nachprüfungsverfahren bereitgestellt. Diese bewusste gesetzgeberische Entscheidung schließt es aus, die Bestimmungen des Vergaberechts analog auf Auftragsvergaben unterhalb der Schwellenwerte anzuwenden.[55] Verfassungsrechtliche Bedenken gegen diese Zweiteilung des Rechtsschutzes, insbesondere mit Blick auf den Gleichbehandlungsgrundsatz des Art. 3 Abs. 1 GG und die Rechtsweggarantie des Art. 19 Abs. 4 GG, bestehen nach der herrschenden Ansicht nicht.[56] Hat ein Unterschwellenauftrag Binnenmarktrelevanz, sind nach der Rechtsprechung des EuGH allerdings die Grundfreiheiten des EG-Vertrages zu beachten und einzuhalten. Dazu zählen die Grundsätze der Gleichbehandlung, der Transparenz, der Verhältnismäßigkeit und der gegenseitigen Anerkennung.

32 **2. Sonstige Rechtsschutzmöglichkeiten.** Im Beschaffungsbereich unterhalb der Schwellenwerte verfügt der übergangene Bieter deshalb nur über beschränkte Rechtsschutzmöglichkeiten:

33 **a) Primärrechtsschutz.** Ein **zivilgerichtlicher Primärrechtsschutz** mit dem Ziel, dem öffentlichen Auftraggeber die beabsichtigte Zuschlagserteilung untersagen und/oder ihn zur Beachtung der bieterschützenden Bestimmungen über das Vergabeverfahren verurteilen zu lassen, wird durch die §§ 160 ff. GWB nicht ausgeschlossen.[57] Streitig war in der Vergangenheit jedoch, auf welcher rechtlichen Grundlage Rechtsschutz beansprucht werden konnte. Lauterkeitsrechtliche Ansprüche (insbesondere aus §§ 3 und 8 UWG) scheitern regelmäßig daran, dass die Vergabestelle bei der Bedarfsdeckung nicht zu Zwecken des Wettbewerbs handelt.[58] Kartellrechtliche Ansprüche (namentlich aus §§ 33 Abs. 1 und 3, 19, 20 GWB) bleiben in der Regel erfolglos, weil die beschaffende Stelle als Nachfrager keine marktbeherrschende oder marktstarke Stellung innehat. Ansprüchen aus § 823 Abs. 2 BGB i. V. m. den Bestimmungen der jeweils einschlägigen Verdingungsordnung steht entgegen, dass bei Auftragsvergaben unterhalb der Schwellenwerte die Regelungen in der Vergabe- und Vertragsordnung keinen bieterschützenden Charakter haben und sie deshalb auch nicht Schutzgesetze im Sinne des § 823 Abs. 2 BGB sind.[59] Der Vergabe- und Vertragsordnung kann auch nicht unter dem Gesichtspunkt der Grundrechtsbindung des öffentlichen Auftraggebers über Art. 3 GG oder die Grundsätze der Selbstbindung der Verwaltung Außenwirkung beigemessen werden.[60] Nach der zivilgerichtlichen Rechtsprechung besteht eine Fiskalgeltung der Grundrechte nur dann, wenn die Öffentliche

---

[54] Vgl. zu den Einzelheiten: *Franßen* in Byok/Jaeger Kommentar zum Vergaberecht 3. Aufl., § 126 Rdn. 38 ff. m. w. N.; *Heuvels* NZBau 2005, 570, 572.
[55] Zutreffend: *Gallwas* VergabeR 2001, 2, 6; *Heuvels* NZBau 2005, 570; *Irmer* VergabeR 2006, 159, 171; vgl. auch BGH NJW 1992, 827 m. w. N.
[56] BVerfG NZBau 2006, 791; vgl. dazu im Einzelnen auch: *Heuvels* NZBau 2005, 570; *Dreher* NZBau 2002, 419, 424 f.; *Pietzcker* NJW 2005, 2281, 2284; vgl. auch *Prieß/Hölzl* NZBau 2005, 411; *Malmendier* DVBl. 2000, 963, 968; *Losch* VergabeR 2006, 298, 302 ff.; *Irmer* VergabeR 2006, 308 ff.
[57] LG Heilbronn NZBau 2002, 239; *Köster* NZBau 2006, 540 ff.
[58] OLG Stuttgart IBR 2002, 266; LG Arnsberg NZBau 2008, 206; vgl. auch LG Mannheim VergabeR 2005, 765, 767 mit Anm. *Sura* VergabeR 2005, 767 ff.; OLG Karlsruhe, NZBau 2009, 344.
[59] Ebenso: *Dietlein/Fandrey* in Byok/Jaeger Kommentar zum Vergaberecht 3. Aufl., Einführung Rdn. 83, 130 m. w. N.; vgl. auch LG Düsseldorf, Urteil vom 29.10.2008 – 14c O 264/08; LG Arnsberg NZBau 2008, 206.
[60] **A. A.** wohl LG Cottbus NZBau 2008, 207, 208; vgl. zu allem auch *Braun* NZBau 2008, 160 ff.

Hand mit den Mitteln des Privatrechts unmittelbar öffentliche Zwecke verfolgt oder öffentliche Aufgaben erfüllt.[61] Auch ein Anspruch aus § 823 Abs. 1 BGB kommt nur ausnahmsweise in Frage. Ein Eingriff des öffentlichen Auftraggebers in den eingerichteten und ausgeübten Gewerbebetrieb des Bieters – und nur diese Fallgruppe ist ernsthaft zu erwägen – liegt mit Blick auf das Tatbestandsmerkmal des „betriebsbezogenen" Eingriffs im Allgemeinen nur im Falle einer Auftragssperre, also dann vor, wenn ein Unternehmen systematisch von den Aufträgen des betreffenden öffentlichen Auftraggebers ausgeschlossen wird.[62]

Allerdings kann ein Bieter im Wege **einstweiliger Verfügung** nach §§ 935 ZPO erreichen, dass die beabsichtigte Auftragserteilung an einen Konkurrenten einstweilen unterbleibt. Ein dahin gehender Verfügungsanspruch kann sich aus aus den §§ 311 Abs. 2, 241, 280 BGB oder auch aus den §§ 1004, 823 BGB i. V. m. Art. 3 GG ergeben, wenn der Auftraggeber gegen Regeln, die er bei der Auftragsvergabe einzuhalten versprochen hat, verstößt und dies zu einer Beeinträchtigung der Chancen des Bieters führen kann.

Im Grundsatz ist ein darauf gestützter Vergabe-Rechtsschutz unterhalb der Schwellenwerte mittlerweile anerkannt.[63] Die Ausgestaltung des Rechtsschutzes im Einzelnen ist dagegen noch streitig. Vielfach wird eine Rügeobliegenheit des Rechtsschutzsuchenden entsprechend § 160 Abs. 3 GWB gefordert.[64] Dass der Antragsteller eine (echte) Chance auf den Zuschlag hat, ist dagegen nicht erforderlich.[65] Weiterhin wird – zu Recht – vertreten, dass das angerufene Gericht berechtigt und verpflichtet ist, mittels einer „Zwischenverfügung" bzw. einem „Hängebeschluss" ein einstweiliges Zuschlagsverbot gegenüber dem Auftraggeber auszusprechen.[66] Insgesamt nähert sich der Unterschwellen-Rechtsschutz damit dem Rechtsschutz oberhalb der Schwellenwerte an. Damit er ähnlich effektiv ist, müsste aber auch unterhalb der Schwellenwerte eine Vorabinformationspflicht existieren. Ebenso wie dem Bieter unterhalb der Schwellenwerte eine Rüge obliegt, sobald er einen Vergabeverstoß erkannt hat, ist der Auftraggeber deshalb zur Vorabinformation verpflichtet.

Ob im Bereich der Auftragsvergaben unterhalb der Schwellenwerte **Primärrechtsschutz vor 34 den Verwaltungsgerichten** in Anspruch genommen werden kann, wurde kontrovers diskutiert. Zum Teil wurde aus dem Gebot des Art. 19 Abs. 4 GG – wonach jedem, der durch die öffentliche Gewalt in seinen Rechten verletzt wird, der Rechtsweg offen steht – ein verwaltungsgerichtlicher Rechtsschutz hergeleitet. Die staatliche Auftragsvergabe – so wurde argumentiert – unterfalle nicht insgesamt dem Privatrecht. Vielmehr sei nach der Zweistufentheorie zwischen der Auswahlentscheidung des öffentlichen Auftraggebers, welcher Bieter beauftragt werden solle (erste Stufe), und dem Abschluss des Beschaffungsvertrages durch Zuschlagserteilung (zweite Stufe) zu unterscheiden. Die erste Stufe unterfalle dem öffentlichen Recht, die zweite Stufe dem Zivilrecht. Aus der Rechtsweggarantie des Art. 19 Abs. 4 GG sei abzuleiten, dass der unterlegene Bieter gegen die zu seinen Lasten gefallene Auswahlentscheidung verwaltungsgerichtlichen Rechtsschutz in Anspruch nehmen könne. Zur Überprüfung gestellt werden könne, ob der Auftraggeber seiner sich aus dem Haushaltsrecht (z. B. § 55 Abs. 2 BHO) ergebenden Pflicht nachgekommen sei, bei der Auftragsvergabe nach einheitlichen Richtlinien (namentlich nach den Regeln der Vergabe- und Vertragsordnungen) zu verfahren. Die Verpflichtung zur Einhaltung der haushaltsrechtlichen Vorgaben sei nicht bloßes Binnenrecht, sondern entfalte über den Gleichheitsgrundsatz des Art. 3 GG auch Rechtswirkung nach außen.[67] Eine Klärung der

---

[61] BGHZ 29, 76, 80; 33, 230, 233; 52, 325, 327 ff.; 65, 284, 287; **a. A.** OVG Koblenz NZBau 2005, 411; *Dietlein/Fandrey* in Byok/Jaeger Kommentar zum Vergaberecht 3. Aufl., Einführung Rdn. 100 f. m. w. N. Differenzierend *Schneider* Primärrechtsschutz nach Zuschlagserteilung bei der Vergabe eines öffentlichen Auftrags, S. 77 ff.

[62] BGH NJW 1977, 628, 630; OLG Karlsruhe VersR 1989, 732; *Dietlein/Fandrey* in Byok/Jaeger Kommentar zum Vergaberecht 3. Aufl., Einführung Rdn. 130 m. w. N.

[63] OLG Jena NZBau 2009, 208; OLG Schleswig, Beschluss vom 8.1.2013 – 1 W 51/12; OLG Saarbrücken, Urteil vom 13.6.2012, 1 U 357/11–107, NZBau 2012, 654 ff; OLG Düsseldorf, Urteil vom 13.1.2010, I-27 U 1/09, VergabeR 2010, 531; OLG Schleswig, Urteil vom 9.4.2010, 1 U 27/10, IBR 2010, 351.

[64] LG Bielefeld, Urteil vom 27.2.2014 – 1 O 23/14 m. w. N.

[65] OLG Düsseldorf, Urteil vom 13.1.2010 – 27 U 1/09 = VergabeR 2010, 531

[66] OLG Düsseldorf, Urteil vom 13.1.2010 – 27 U 1/09 = VergabeR 2010, 531.

[67] OVG Rheinland-Pfalz VergabeR 2005, 478 f. mit zust. Anm. *Hellriegel* VergabeR 2005, 479 ff.; Sächsisches OVG VergabeR 2006, 348, 349; VG Neustadt/Weinstraße VergabeR 2006, 78, 351; dahin tendierend auch OVG NW WuW/E Verg 1147; *Tomerius/Kiser* VergabeR 2005, 551 ff.; **a. A.** VG Leipzig WuW/E Verg 1149; VG Potsdam VergabeR 2006, 83; *Dörr* DÖV 2001, 1014, 1024; *Marx* VergabeR 2005, 763, 764 f.; *Gröning* ZWeR 2005, 276 ff.; *Ruthig* NZBau 2005, 497 ff.; *Irmer* VergabeR 2006, 159, 163 ff.; wohl auch *Heuvels* NZBau 2005, 570 ff.; vgl. zu Allem auch *Bungenberg* WuW 2005, 899 ff.

Rechtsfrage hat der Beschluss des Bundesverwaltungsgerichts vom 2.5.2007[68] herbeigeführt. Danach ist für den **Primärrechtsschutz im Unterschwellenbereich** grundsätzlich nicht der Rechtsweg zu den Verwaltungsgerichten, sondern der ordentliche Rechtsweg eröffnet. Denn der Staat trete bei der Vergabe öffentlicher Aufträge am Markt als Nachfrager zur Deckung seines Bedarfs an bestimmten Gütern oder Dienstleistungen auf und agiere insoweit im Grundsatz wie jeder andere Marktteilnehmer. Dass die Bedarfsdeckung der Wahrnehmung öffentlicher Aufgaben diene und der Staat bei der Auftragsvergabe öffentlich-rechtlichen Bindungen (namentlich dem Gleichbehandlungsgebot) unterliege, mache die Vergabe eines öffentlichen Auftrags nicht zu einer öffentlich-rechtlichen Angelegenheit. Sofern im Einzelfall aber ein Auftrag in Formen des öffentlichen Rechts, insbesondere als öffentlich-rechtlicher Vertrag, vergeben wird, ist der Verwaltungsrechtsweg eröffnet.[69]

35 b) **Sekundärrechtsschutz.** Zentrale Anspruchsnorm für den Sekundärrechtsschutz des Bieters auf Ersatz seiner nutzlos getätigten Aufwendungen (negatives Interesse) – sowie gegebenenfalls weitergehend auf Ersatz des entgangenen Gewinns (positives Interesse)[70] – sind die **§§ 311 Abs. 2, 241 Abs. 2, 280 Abs. 1 BGB.** Auch im Bereich der Auftragsvergaben unterhalb der Schwellenwerte gilt, dass durch die Ausschreibung des öffentlichen Auftraggebers ein vertragsähnliches Vertrauensverhältnis zu den an der Auftragsvergabe teilnehmenden Unternehmen zustande kommt, welches beide Seiten zu gegenseitiger Rücksichtnahme verpflichtet und Sorgfaltspflichten entstehen lässt. Zu den Verhaltenspflichten des öffentlichen Auftraggebers gehört es regelmäßig, keinen Bewerber zu **diskriminieren**,[71] die Ausschreibung nicht **grundlos aufzuheben**[72] und bei einer Ausschreibung nach der VOB/A die Regeln der Vergabeordnung einzuhalten.[73] Überdies genießt der Bieter auch im Bereich der Unterschwellenwertvergabe **Vertrauensschutz** auf ein vergaberechtskonformes Verfahren unter Beachtung der einschlägigen Verdingungsordnung, sofern sich der Auftraggeber der jeweiligen Verdingungsordnung ausdrücklich unterworfen und ihr damit Außenwirkung verliehen hat.[74] Daneben kommen unter den zum Primärrechtsschutz geschilderten engen Tatbestandsvoraussetzungen lauterkeits- und kartellrechtliche sowie deliktische Ansprüche (§ 823 Abs. 1 BGB, § 826 BGB) in Betracht.

---

[68] NZBau 2007, 389; ebenso: OLG Jena NZBau 2009, 208. Unterlassungsansprüche sind nicht auf **willkürliche Handlungsweisen** des Auftraggebers beschränkt (ebenso: OLG Düsseldorf, Urteil vom 19.10.2011 – 27 W 1/11; **a. A.** LG Koblenz, Beschluss vom 18.1.2011 – 10 O 9/11; LG Düsseldorf NZBau 2009, 142 m. w. N.).
[69] BGH, Beschluss vom 23.1.2012 – X ZB 5/11.
[70] Vgl. zum Umfang des Schadensersatzanspruchs im Einzelnen: *Dietlein/Fandrey* in Byok/Jaeger Kommentar zum Vergaberecht 3. Aufl., Einführung Rdn. 126 ff. m. w. N.
[71] BGH NJW 1985, 1466; OLG Düsseldorf NJW-RR 1990, 1046, 1047.
[72] BGH NJW 1981, 1673; BGHZ 139, 259; NJW 2000, 661; 2001, 3698.
[73] BGH BGHZ 120, 281, 284; 124, 64; 139, 273; NJW 1998, 3640; OLG Düsseldorf NJW-RR 1990, 1046, 1047.
[74] OLG Jena NZBau 2009, 208.

Abschnitt 1. Basisparagrafen

§ 1 Bauleistungen

Bauleistungen sind Arbeiten jeder Art, durch die eine bauliche Anlage hergestellt, instand gehalten, geändert oder beseitigt wird.

Schrifttum: *Dreher*, Der Anwendungsbereich des Kartellvergaberechts DB 1998, 2579; *Jasper*, Entwicklung des Vergaberechts DB 1997, 915; *Eschenbruch/Niebuhr*, Immobilienleasing und öffentliche Vergabe BB 1996, 2417; *Korbion*, Vergaberechtsänderungsgesetz 1999; *Kulartz/Niebuhr*, Anwendungsbereich und wesentliche Grundsätze des materiellen GWB-Vergaberechts, NZ Bau 2000, 6; *Kulartz* Ausschreibungspflichten bei Grundstücksveräußerungen VergabeR 2009, 46; *Lampe-Helbich/Wörmann*, Handbuch der Bauvergabe 2. Auflage 1995; *Prieß*, Handbuch des europäischen Vergaberechts, 3. Auflage 2005; *Prieß/Hölzl*, GWB 2009: Öffentlicher Auftraggeber und Auftragnehmer – Keine Überraschungen! NZBau 2009, 159; *Schotten*, Die Vergabepflicht bei Grundstücksverkäufen der öffentlichen Hand – Eine europarechtliche Notwendigkeit NZBau 2008, 741; *Vygen*, Nachträge bei verändertem Baugrund rechtliche Grundlagen und Anforderungen Jahrbuch Baurecht 1999, 46.

Übersicht

	Rn.
I. „Bauleistungen" und „Bauaufträge": Existieren inhaltliche Unterschiede?	1
II. Bauliche Anlage	10
1. Herstellung baulicher Anlagen	13
2. Instandhaltung einer baulichen Anlage	16
3. Änderung einer baulichen Anlage	18
4. Beseitigung einer baulichen Anlage	20

I. „Bauleistungen" und „Bauaufträge": Existieren inhaltliche Unterschiede?

Der **sachliche** Anwendungsbereich der VOB wird in § 1 VOB/A durch die Verwendung des Begriffs **Bauleistungen** geregelt. Sachlich gilt die VOB damit nur für Bauleistungen und z. B. nicht für Dienstleistungsaufträge. **1**

Nicht in der VOB/A geregelt ist demgegenüber der **personelle** Anwendungsbereich. Die Frage, von wem die Abschnitte 1 und 2 der VOB/A anzuwenden sind, beantwortet sich für die Basisparagraphen (erster Abschnitt der VOB/A) anhand der Bundeshaushaltsordnung, der Landeshaushaltsordnungen und der Gemeindehaushaltsordnungen, soweit es sich um die klassischen öffentlichen Auftraggeber (Bundesrepublik Deutschland, die Länder, die Gemeinden und Landkreise, Gebietskörperschaften und die bundes-, landes- und gemeindeunmittelbaren juristischen Personen des öffentlichen Rechts) handelt. Hinsichtlich des Abschnitts 2 der VOB/A gilt das europäisierte Recht. Wir dürfen auf die Kommentierung unter § 1 EU VOB/A verweisen. **2**

§ 103 GWB regelt den **sachlichen** Anwendungsbereich und klärt die Frage, was **öffentliche Aufträge** überhaupt sind. § 103 Abs. 1 GWB bestimmt, dass öffentliche Aufträge entgeltliche Verträge zwischen öffentlichen Auftraggebern und Unternehmen sind, die (u. a.) Bauleistungen zum Gegenstand haben. § 103 Abs. 3 GWB **schließlich definiert, was das Gesetz unter Bauaufträge** versteht. Wir dürfen auf die Kommentierung zu § 1 Abs. 1 EU VOB/A verweisen. **3**

Dies wirft die Frage auf, ob der in § 1 VOB/A definierte Begriff der **Bauleistungen** anders zu verstehen ist, als der in § 1 Abs. 1 EU VOB/A respektive § 103 Abs. 3 GWB verwendete Begriff der **Bauaufträge.** Wir verneinen diese Frage im Ergebnis: Der Gesetzgeber verwendet den Begriff der Bauleistungen synonym zu dem Begriff der Bauaufträge in § 103 GWB. Für den Abschnitt 2 der VOB/A kann deshalb der durch den Begriff Bauleistungen definierte sachliche Anwendungsbereich nicht weiter und auch nicht enger ausgelegt werden, als der durch den Begriff Bauaufträge umfasste Bereich. Gleiches muss auch für die Basisparagraphen gelten, da sich die Begriffe in ihrer sachlichen Bedeutung decken. Das heißt: **Alles, was unter Bau-**

aufträge fällt, ist gleichzeitig Bauleistung und umgekehrt.[1] Das von *Prieß*[2] herangezogene Beispiel der Installationsarbeiten von Heizungs- und Belüftungsarbeiten, die nach Position 503.3 des Anhang II der Baukoordinierungsrichtlinie zu den Bauaufträgen zählen, ist gerade kein taugliches Beispiel, um eine unterschiedliche Definition für Bauleistungen gemäß § 1 VOB/A und Bauaufträge gemäß § 103 Abs. 3 GWB bzw. § 98 Abs. 3 GWB a. F. zu belegen. Nach der jetzigen textlichen Fassung in § 1 VOB/A gehört neben der Herstellung auch die Instandhaltung einer baulichen Anlage zu den Bauleistungen, so dass auch bauwerkliche Maßnahmen, die durch bloßes Ab- und Anschrauben wieder beseitigt werden können, zu Bauleistungen im Sinne des § 1 VOB/A zählen.[3] Der reine Austausch eines Heizkessels bei bereits vorhandener Heizungsanlage ist nach der jetzigen textlichen Regelung der VOB/A zu den Bauleistungen zu zählen.

4   Gleichwohl stellt sich nach der Novellierung des GWB zur Umsetzung der der Änderungen zugrunde liegenden Europäischen Richtlinienvorschriften (Richtlinie 2014/24/EU) die Frage, wer hier wem folgt. Gibt das richtlinienkonform auszulegende Gesetz in § 103 GWB die Auslegung des Begriffes „Bauleistungen" auch in den Basisparagraphen vor? Wieso das im Anwendungsbereich des EU-Vergaberechts richtlinienkonform auszulegende GWB auch zwingend für die Auslegung des Begriffs der Bauleistungen im nicht dem EU-Vergaberecht unterliegenden Anwendungsbereich der Basisparagraphen maßgeblich sein soll, erschließt sich nicht auf Anhieb. Der DVA hat es jedenfalls unterlassen, eine entsprechende Klarstellung durch Verweis auf § 103 Abs. 3 GWB vorzunehmen. Allerdings fehlt ein entsprechender Verweis auch in § 1 Abs. 1 EU VOB/A, sodass letztendlich zu vermuten ist, dass es bei der bislang herrschenden Meinung verbleiben sollte, wonach der Begriff der Bauleistungen in den Basisparagraphen und der Begriff der Bauaufträge im Geltungsbereich des EU-Vergaberechts inhaltsgleich zu verstehen sind.[4]

5   Die Definition des Begriffes Bauwerk in § 103 Abs. 3 Nr. 2 GWB als Ergebnis von Tief- oder Hochbauarbeiten, das eine wirtschaftliche oder technische Funktion erfüllen soll, ist gleichermaßen heranzuziehen zur Definition der **„baulichen Anlage"** in § 1 VOB/A. Die Tatsache, dass der VOB/A-Text nicht den Begriff Bauwerk verwendet, hat allein mit der gesetzlichen Differenzierung zwischen Arbeiten an einem Grundstück und solchen bei Bauwerken in § 638 Abs. 1 BGB a. F. zu tun. Dadurch, dass man den Begriff bauliche Anlage in § 1 VOB/A verwendet, wird klargestellt, dass zu den Bauleistungen im Sinne der VOB auch diejenigen Arbeiten gehören, die Arbeiten am Grundstück darstellen.[5]

6   Mit der bereits durch die GWB-Novelle 2009 eingefügten „Klarstellung" in § 99 Abs. 3 GWB (2009) verfolgte der Gesetzgeber das Ziel, der vom OLG Düsseldorf mit seiner **Ahlhorn-Entscheidung** in Gang gesetzten extensiven Auslegung des Bauauftragsbegriffs entgegenzuwirken.[6] Nach dieser Entscheidung des Vergabesenats, der sich weitere Gerichte/Entscheidungen gleichen/ähnlichen Inhalts anschlossen[7], sollen Grundstücksveräußerungen durch Kommunen auch dann ausschreibungspflichtig sein, wenn diese der Verwirklichung einer vom Planungsträger angestrebten städtebaulichen Entwicklung dienen und deshalb der Grundstückskaufvertrag mit Anforderungen an die Bebauung und/oder Nutzung des betreffenden Grundstückes verbunden ist. Das OLG Düsseldorf hielt für die Annahme eines öffentlichen Auftrages einen eigenen Beschaffungsbedarf des Auftraggebers nicht für erforderlich. Es sei gerade nicht maßgeblich, ob eine körperliche Beschaffung beabsichtigt sei oder ein Eigeninteresse der öffentlichen Hand bestehe.

7   Die Ergänzung/Klarstellung des Gesetzgebers in § 99 Abs. 3 GWB (2009) hat die Frage, die das OLG Düsseldorf aufgeworfen hatte, nicht gelöst, einmal abgesehen davon, dass völlig unklar

---

[1] *Bauer* in Heiermann/Riedl/Rusam VOB/A § 1, Rdn. 4; *Noch* Vergaberecht 2003, 100; *Lampe-Helbig/Jagenburg/Baldringer* Rdn. 12 ff.; *Korbion*, Vergaberechtsänderungsgesetz GWB § 99 a. F., Rdn. 5; anderer Ansicht Thüringer OLG Vergaberecht 2003, 97, 99; *Prieß* S. 129; *Messerschmidt* in Beck'scher VOB-Kommentar VOB/A § 1, Rdn. 1.
[2] *Prieß* S. 129.
[3] So jetzt auch *Korbion* in Ingenstau/Korbion VOB/A § 1, Rdn. 49 ff.
[4] Ebenso *Kleine/Frank* in FKZGM § 1 VOB/A Rdn. 2.
[5] *Lampe-Helbig/Jagenburg/Baldringer* VOB/A Rdn. 15 ff.; *Korbion* in Ingenstau/Korbion VOB/A § 1, Rdn. 9.
[6] OLG Düsseldorf NZBau 2007, 530.
[7] Vgl. OLG Düsseldorf NZBau 2008, 139; OLG Düsseldorf „Oer-Erkenschwick" NZBau 2008, 271; OLG Düsseldorf „O.-Berg" NZBau 2008, 461; OLG Bremen „Windpark" VergabeR 2008, 558; OLG Karlsruhe NZBau 2008, 537; VK Potsdam NZBau 2008, 344; anderer Ansicht: VK Darmstadt NZBau 2008, 339; VK Karlsruhe NZBau 2008, 344.

war, wann eine Bauleistung dem Auftraggeber „unmittelbar wirtschaftlich zugutekommen" soll.[8] Die Frage, ob Grundstücksverkäufe bei städtebaulicher Zweckbestimmung unter den Begriff des Bauauftrages fallen und damit der Ausschreibungspflicht unterliegen oder nicht, unterliegt nicht der freien Disposition des Bundesdeutschen Gesetzgebers. Vielmehr handelt es sich hierbei um ein Abgrenzungsproblem, das anhand der Tatbestandsmerkmale der Vergabekoordinierungsrichtlinie in Verbindung mit deren Umsetzung im Deutschen Vergaberecht gelöst werden muss.[9] Das OLG Düsseldorf hatte zur abschließenden Klärung der Vereinbarkeit seiner Rechtsprechung mit dem Europäischen Vergaberecht beim EuGH ein Vorabentscheidungsersuchen anhängig gemacht.[10] Nachdem sich bereits der Generalanwalt[11] gegen die Auffassung des Oberlandesgerichts Düsseldorf ausgesprochen hatte, entschied der EuGH am 25.3.2010[12], dass die Ahlhorn-Rechtsprechung des OLG Düsseldorf **nicht** mit dem Gemeinschaftsrecht vereinbar sei. Damit war der Ahlhorn-Rechtsprechung der Boden entzogen.

Nunmehr gilt: 8
Ein öffentlicher Bauauftrag im Sinne von Artikel 1, Absatz 2 lit. b der Richtlinie 2004/18, der dem § 99 Abs. 3 GWB (2009) entspricht, liegt nicht vor, wenn ein öffentlicher Auftraggeber ein unbebautes oder bebautes Grundstück an einen Unternehmer verkauft. Übt der öffentliche Auftraggeber lediglich städtebauliche Regelungszuständigkeiten aus, liegen die Voraussetzungen für einen öffentlichen Bauauftrag nicht vor. Für einen öffentlichen Bauauftrag sei es erforderlich, dass der öffentliche Auftraggeber eine Gegenleistung erhalte, die sich in einem unmittelbaren wirtschaftlichen Interesse für den öffentlichen Auftraggeber niederschlage. Für die Bejahung des Begriffes „öffentlicher Auftrag" sei erforderlich, dass der Auftragnehmer die Verpflichtung zur Erbringung der Bauleistung entweder direkt oder indirekt verspreche und dass es sich dabei um eine nach nationalem Recht einklagbare Verpflichtung handele.

Damit hat der EuGH den Begriff des Bauauftrages entsprechend dem § 99 Abs. 3 GWB 9 (2009) so ausgelegt, dass Immobilientransaktionen fortan wieder rechtssicher außerhalb des Vergaberechts durchgeführt werden können. Für den Fall, dass sich der Auftraggeber an dem Projekt durch Risikoübernahmen oder sonstwie finanziell beteiligt, geht er allerdings nach der Rechtsprechung des EuGH das Risiko ein, dass sein unmittelbares wirtschaftliches Interesse an der Projektrealisierung bejaht wird und demzufolge ein Bauauftrag anzunehmen wäre. Vertragliche Vorgaben für das Bauwerk, die für den öffentlichen Auftraggeber im Rahmen der Ausübung städtebaulicher Regelungskompetenzen nicht durchsetzbar wären, können deshalb auch heute noch, wenn sie mit finanziellen Beiträgen des öffentlichen Auftraggebers kombiniert werden, zur Anwendung des Vergaberechts führen. Das OLG Düsseldorf[13] nahm daraufhin ein unmittelbares wirtschaftliches Interesse an, wenn der Verkauf eines Grundstückes unter Wert zur Annahme einer finanziellen Beteiligung des Auftraggebers führe.

II. Bauliche Anlage

Wie bereits oben ausgeführt[14] wird in § 1 VOB/A zur Definition der Bauleistungen der 10 Begriff **„bauliche Anlage"** herangezogen. Der Begriff der baulichen Anlage geht auf die Musterbauordnung zurück, die Grundlage der Länderbauordnungen geworden ist. § 2 Abs. 2 der Musterbauordnung bezeichnet als bauliche Anlagen „mit dem Erdboden verbundene, aus Baustoffen und Bauteilen hergestellte Anlagen". Allerdings geht das heutige Verständnis des Begriffes bauliche Anlagen in § 1 VOB/A über den gemäß der Musterbauordnung hinaus, da Arbeiten an einer baulichen Anlage danach auch Arbeiten an einem Grundstück sind.[15]

Bis zur VOB in der Fassung September 1988 wurde der Begriff der Bauleistungen durch 11 „Bauarbeiten jeder Art mit und ohne Lieferung von Stoffen oder Bauteilen" definiert. Erstmals in der VOB-Fassung der Ausgabe Juli 1990 findet sich in § 1 Abs. 1 VOB/A die jetzige Formulierung wieder, allerdings mit der Einschränkung in § 1 Abs. 2 VOB/A, die seit der Fassung 1992 ersatzlos gestrichen wurde, wonach Lieferung oder Montage maschineller Einrich-

---

[8] *Prieß/Hölzl* NZBau 2009, 159.
[9] So zu Recht *Kulartz* VergabeR 2009, 46.
[10] OLG Düsseldorf NZBau 2008, 727.
[11] Schlussanträge des GA *Mengozzi* v. 17.11.2009-Rs. C-451/08, Rdn. 35 f.
[12] EuGH Rs. C-451/08.
[13] OLG Düsseldorf IBR 2010, 407.
[14] Siehe Rdn. 7.
[15] *Lampe-Helbig/Jagenburg/Baldringer* VOB/A, Rdn. 15 ff.; *Korbion* in Ingenstau/Korbion VOB/A § 1, Rdn. 9; *Messerschmidt* in Beck'scher VOB-Kommentar, VOB/A § 1, Rdn. 44.

tungen, die der Instandhaltung oder Änderung einer baulichen Anlage dienen, keine Bauleistungen sind. Damit ist klargestellt, dass nunmehr auch die Lieferungen und Montage maschineller Einrichtungen, soweit sie der Instandhaltung oder Änderung einer baulichen Anlage dienen, Bauleistungen darstellen.

12 Unter dem Begriff der baulichen Anlage lassen sich nach heutigem Verständnis i. ü. subsumieren:
– alle Arten von Gebäude, Türme, Schornsteine und Masten,[16]
– alle Straßen und Straßenbauwerke,[17]
– alle Arbeiten an einem Grundstück, wie z. B. Garten- und Landschaftsgestaltung, das Nachziehen eines Bachbettes, Ausschachtungsarbeiten, Aufschüttung und Dränagen, auch soweit sie nicht der Errichtung eines Hauses oder sonstigen Bauwerks dienen,[18]
– maschinelle und elektrotechnische Anlagen, die zur funktionellen Einheit einer baulichen Anlage gehören unabhängig davon, ob sie wesentlicher Bestandteil des Bauwerks werden oder ob es um die Erneuerung solcher Anlagen in bereits bestehenden Gebäuden geht, so weit sie nur der Funktion der baulichen Anlage dienen (z. B. Rollsteige, Aufzüge, Telekommunikationsanlagen und Notstromaggregate in Gebäuden; Signalanlagen und Leiteinrichtungen einschließlich deren Wartungsarbeiten sowie selbst Baumpflegearbeiten bei Verkehrsanlagen[19])
– Versorgungs-, Abwasserbehandlungs- und Abfallverwertungsanlagen wie auch Müllheizkraftwerke,[20]
– Gerüstarbeiten, so weit sie der Erstellung eines Bauwerks oder den Arbeiten an einem Grundstück dienen,[21]
– die Lieferung von Stoffen und Bauteilen unabhängig davon, wie hoch der wertmäßige Anteil der Stoffe und Bauteile an der Gesamtleistung ist;[22] lediglich dann, wenn die Lieferung nicht durch den das Bauwerk erstellenden Auftragnehmer erfolgt, sondern durch einen Dritten und es sich bei den gelieferten Gegenständen um vertretbare Sachen handelt, liegen keine Bauleistungen vor.[23]
– die Bereitstellung von Baumaschinen und -geräten nur dann, wenn diese zusammen mit den eigentlichen Bauarbeiten an den Auftragnehmer vergeben werden.[24]
– **Nicht aber** Grundstücksveräußerungen durch Kommunen, wenn diese der Verwirklichung einer vom Planungsträger angestrebten städtebaulichen Entwicklung dienen sollen und deshalb mit Anforderungen an die Bebauung und/oder Nutzung des betreffenden Grundstückes verbunden sind.[25]

13 **1. Herstellung baulicher Anlagen.** Der **Herstellung** baulicher Anlagen dienen alle Verträge, die zum Zwecke der Errichtung einer baulichen Anlage oder Teilen hiervon abgeschlossen werden.[26] Hiervon ausgenommen sind lediglich die reinen Planer- und Ingenieurverträge. Diese werden von der VOB/A nur dann erfasst, wenn der Vertrag mit dem Auftragnehmer neben der **Planung auch** die Bauausführung zum Gegenstand hat oder soweit es sich um Planungsleistungen handelt, die ausdrücklich Regelungsgegenstand der VOB/C sind.[27] Dies ergibt sich bereits unmittelbar aus der gesetzlichen Regelung in § 103 Abs. 3 GWB[28] zum Begriff „Bauaufträge", der, wie bereits oben ausgeführt, inhaltsgleich mit dem Begriff der Bauleistung in § 1 VOB/A zu verstehen ist. Demzufolge sind alle Planungsleistungen, die **isoliert** an Planer und Ingenieure sowie Gutachter vergeben werden, **nicht** Bauleistungen und müssen demgemäß auch

---

[16] *Messerschmidt* in Beck'scher VOB-Kommentar VOB/A § 1, Rdn. 47.
[17] *Bauer* in Heiermann/Riedl/Rusam VOB/A § 1, Rdn. 12; *Messerschmidt* in Beck'scher VOB-Kommentar, VOB/A § 1, Rdn. 48.
[18] *Lampe-Helbig/Jagenburg/Baldringer* VOB/A,, Rdn. 18; *Korbion* in Ingenstau/Korbion VOB/A § 1, Rdn. 4.
[19] OLG Düsseldorf ZVgR 1999, 160; BayObLG Vergaberechts-Report 5/2000, 2.
[20] *Bauer* in Heiermann/Riedl/Rusam VOB/A § 1, Rdn. 39.
[21] *Bauer* in Heiermann/Riedl/Rusam VOB/A § 1, Rdn. 21.
[22] *Bauer* in Heiermann/Riedl/Rusam VOB/A § 1, Rdn. 24.
[23] *Korbion* in Ingenstau/Korbion VOB/A § 1, Rdn. 63.
[24] *Bauer* in Heiermann/Riedl/Rusam VOB/A § 1, Rdn. 29.
[25] A. A. aber noch OLG Düsseldorf NZBau 2007, 530.
[26] *Messerschmidt* in Beck'scher Kommentar, VOB/A § 1, Rdn. 47, 50.
[27] *Bauer* in Heiermann/Riedl/Rusam, VOB/A § 1, Rdn. 28.
[28] „Bauaufträge sind Verträge entweder über die Ausführung **oder die gleichzeitige Planung und Ausführung**...".

nicht nach der VOB/A ausgeschrieben werden. Hingegen unterliegen Baubetreuungs- und Generalüber- wie -unternehmerverträge der Ausschreibungsverpflichtung nach VOB/**A**.

Dadurch, dass § 103 Abs. 3 Satz 2 GWB auch die Bauausführung durch Dritte zu den Bauaufträgen zählt, ist mittlerweile klargestellt, dass selbst **gemischte Vertragstypen,** wie sie Bauträger- und Leasingvergaben zugrunde liegen, unter den Regelungsbereich der VOB/A fallen, während die für die **Leasing-** und **Betreibermodellkonstellationen** gegründeten Objektgesellschaften ihrerseits grundsätzlich nicht ausschreibungspflichtig hinsichtlich der vergebenen Subunternehmerleistungen sind. Beim Immobilienleasing lässt der Auftraggeber die bauliche Anlage durch den Leasinggeber erstellen und sichert sich die langjährige aber befristete Nutzung des Leasingobjektes durch einen entsprechenden Mietvertrag. Betrieben und finanziert wird das erstellte Objekt allerdings durch den Leasinggeber, der das Leasingobjekt in der Regel auf einem dem öffentlichen Auftraggeber gehörenden Grundstück erstellt hat, nachdem dieser ihm zuvor an dem Leasingobjekt ein Erbbaurecht eingeräumt hat. Nach Ablauf der Grundmietzeit regelt das Heimfallrecht des Erbbaurechtsvertrages, wann und unter welchen Voraussetzungen das Erbbaurecht auf den Grundstückseigentümer übergeht. Bis dahin zahlt der öffentliche Auftraggeber lediglich die vereinbarten monatlichen Leasingraten. Durch den reinen Grundstücksverkauf und dessen anschließender Anmietung (sale and lease back) können die Ausschreibungspflichten nicht umgangen werden.[29] Selbstverständlich gehört auch der **Mietkauf** zu einem der VOB/A unterliegenden, der Herstellung baulicher Anlagen dienenden Vertrag, da sich der öffentliche Auftraggeber bei diesem Vertragstypus verpflichtet, nach Ablauf der Mietzeit das Bauwerk zu erwerben, wobei ganz oder teilweise die gezahlte Miete auf den Kaufpreis angerechnet wird. Auch die so genannten Bauträgerverträge, bei denen der öffentliche Auftraggeber die bauliche Anlage von einem Dritten errichten lässt, der selber Bauherr ist, weil er das wirtschaftliche Risiko der Bauwerkserrichtung trägt, fällt unter die Ausschreibungsverpflichtung.

Bei den so genannten **Betreibermodellen,** wo neben der Bauerrichtung der Betrieb der zu errichtenden Anlage ausgeschrieben wird, stellt sich die Frage, ob es sich um Bauleistungen im Sinne der VOB/A oder um Lieferverträge handelt. Hier wird von der herrschenden Meinung auf den den typengemischten Vertrag charakterisierenden Schwerpunkt abgestellt, was regelmäßig zur Anwendung der VOB/A führt.[30]

2. Instandhaltung einer baulichen Anlage. Neben der Herstellung ist auch die **Instandhaltung** einer baulichen Anlage eine Bauleistung. Eine Differenzierung zwischen Instandsetzungen und reinen Instandhaltungsmaßnahmen zum Zwecke der Differenzierung zwischen bauwerks- und grundstücksbezogenen Arbeiten ist bedeutungslos, weil auch die grundstücksbezogenen Arbeiten Bauleistungen sind.[31]

Arbeiten an einer baulichen Anlage dienen (zunächst) dann deren Instandhaltung, wenn sie für den Bestand der baulichen Anlage wesentlich sind.[32] Soweit mit Hinblick auf den bis 1988 geltenden Text der VOB/A immer noch die Meinung vertreten wird, dass Arbeiten, die für die Erneuerung und den Bestand der baulichen Anlage nicht von wesentlicher Bedeutung sind, also reine Ausbesserungs- und Instandhaltungsarbeiten sowie Wartungs- oder Störungsbeseitigungsarbeiten, nicht zu den Bauleistungen zählen,[33] wird übersehen, dass nach der textlichen Neufassung der VOB/A seit 1990 Grundstücksarbeiten zu den Bauleistungen zählen. Auch wenn Instandhaltungsmaßnahmen für das Bauwerk nicht von wesentlicher Bedeutung sind, so stellen sie doch im allgemeinen Arbeiten an einem Grundstück dar und fallen deshalb unter die Bauleistungen gemäß § 1 VOB/A.[34]

3. Änderung einer baulichen Anlage. Nach dem Text der VOB/A zählt auch die **Änderung** einer baulichen Anlage zu den Bauleistungen. Hierunter versteht man allgemein Arbeiten, die sich auf Umbauten oder die Ergänzung baulicher Anlagen erstrecken.[35]

---

[29] *Eschenbruch/Niebuhr* BB 1996, 2417.
[30] *Dreher* DB 1998, 2579; *Jasper* DB 1997, 915; *Dreher* in Immenga/Mestmäcker GWB § 99 a. F., Rdn. 41.
[31] Dies übersieht *Messerschmidt* in Beck'scher VOB-Kommentar, VOB/A § 1, Rdn. 52.
[32] BGH BauR 1987, 439; OLG Hamm NJW-RR 1989, 1048; *Korbion* in Ingenstau/Korbion VOB/A § 1, Rdn. 22 m. w. N.
[33] So *Bauer* in Heiermann/Riedl/Rusam VOB/A § 1, Rdn. 19; unklar *Messerschmidt* in Beck'scher VOB-Kommentar, VOB/A § 1, Rdn. 56.
[34] Vgl. auch *Korbion* in Ingenstau/Korbion VOB/A § 1, Rdn. 35.
[35] *Messerschmidt* in Beck'scher VOB-Kommentar, VOB/A § 1, Rdn. 62.

Auch hier wird in Verkennung des Umstandes, dass auch grundstückbezogene Arbeiten Bauleistungen darstellen z. T. nach wie vor für nötig gehalten, dass die Ergänzungsteile fest mit der baulichen Anlage verbunden werden und für den Bestand der baulichen Anlage von wesentlicher Bedeutung sein müssen.[36] Sind Änderungsarbeiten für den Bestand einer baulichen Anlage nicht von wesentlicher Bedeutung, können sie indes gleichwohl Bauleistungen darstellen, so weit es sich um Arbeiten an einem Grundstück handelt. Da Arbeiten an einem Grundstück unabhängig davon vorliegen können, ob sie eine feste Verbindung mit der baulichen Anlage eingehen, fällt auch dieses Kriterium letztlich weg.[37]

19 Selbst Arbeiten, die keine feste Verbindung mit einer baulichen Anlage zum Ergebnis haben noch Arbeiten an einem Grundstück betreffen, können Bauleistungen sein, so z. B. die nachträgliche Verlegung eines jederzeit wieder entfernbaren Teppichbodens.[38] Lediglich bei Werklieferungsverträgen über vertretbare Sachen, bei denen es nicht um die Herstellung oder Bearbeitung einer beweglichen Sache für oder in einem bestimmten Bauwerk geht, liegt keine Bauleistung vor.[39]

20 **4. Beseitigung einer baulichen Anlage.** Der Text der VOB/A führt die **Beseitigung** baulicher Anlagen als Bauleistung ausdrücklich auf, womit klargestellt wird, dass auch der Rückbau von Gebäuden respektive Abbrucharbeiten zu Bauleistungen zählen.[40] Abbrucharbeiten zählen deshalb zu baulichen Leistungen, weil sie jedenfalls Arbeiten an einem Grundstück betreffen, weshalb auch die im Zusammenhang mit Abbrucharbeiten stehenden Ausschachtungs- und Aushubarbeiten ebenso wie sonstige Baugrundarbeiten unter Bauleistungen subsumiert werden können und müssen.[41]

§ 2 Grundsätze der Vergabe

(1) 1. Bauleistungen werden an fachkundige, leistungsfähige und zuverlässige Unternehmen zu angemessenen Preisen in transparenten Vergabeverfahren vergeben.
2. Der Wettbewerb soll die Regel sein. Wettbewerbsbeschränkende und unlautere Verhaltensweisen sind zu bekämpfen.
(2) Bei der Vergabe von Bauleistungen darf kein Unternehmen diskriminiert werden.
(3) Es ist anzustreben, die Aufträge so zu erteilen, dass die ganzjährige Bautätigkeit gefördert wird.
(4) Die Durchführung von Vergabeverfahren zum Zwecke der Markterkundung ist unzulässig.
(5) Der Auftraggeber soll erst dann ausschreiben, wenn alle Vergabeunterlagen fertig gestellt und wenn innerhalb der angegebenen Fristen mit der Ausführung begonnen werden kann.

Schrifttum: *Alexander,* Öffentliche Auftragsvergabe und unlauterer Wettbewerb, WRP 2004, 700; *André,* Quod erat illustrandum: Die interpretative Konkretisierung primärrechtlich fundierter Vergabeverfahrensstandards auf dem unionsgerichtlichen Prüfstand, NZBau 2010, 611; *Aurnhammer,* Wert und Bewerten – einige grundsätzliche Gedanken zum Wert-Problem, BauR 1981, 139; *Braun,* Europarechtlicher Vergaberechtsschutz unterhalb der Schwellenwerte, Vergaberecht 2007, 17; *Braun,* Zur Frage des Rechtsschutzes gegenüber Aufträgen unterhalb der Schwellenwerte und außerhalb der Vergabekoordinierungsrichtlinie, VergabeR 2010, 614; *Burgi,* Die Bedeutung der allgemeinen Vergabegrundsätze Wettbewerb, Transparenz und Gleichbehandlung, NZBau 2008, 29; *Byok,* Die Entwicklung des Vergaberechts seit 2009, NJW 2010, 817; *Diehr,* „Vergabeprimärrecht" nach der An-Post-Rechtsprechung des EuGH, VergabeR 2009, 719; *Dippel/Zeiss,* Vergabefremde Aspekte – Rechtsschutz im Vergabenachprüfungsverfahren wegen Verstoßes gegen das EG-Beihilfenrecht, NZBau 2002, 376; *Dreher/Hoffmann,* Der Marktzutritt von Newcomern als Herausforderung für das Kartellvergaberecht, NZBau 2008, 545; *Ennuschat,* Kommunalwirtschaft – Prüfungsmaßstab im Vergaberechtsschutz?, NVwZ 2008, 966; *Figgen,* Die Eignungsprüfung – Fallstricke in der Praxis und aktuelle Rechtsprechung, VergabeR 2009, 321; *Freise,* Berücksichtigung von Eignungsmerkmalen bei der Ermittlung des wirtschaftlichsten Angebots, NZBau 2009, 225; *Frenz,* Aktuelle europarechtliche Grenzen des Vergaberechts, NVwZ 2010, 609; *Grabitz/Hilf,* Das Recht der Europäischen Union, Band IV, 40. EGL Oktober

---

[36] *Messerschmidt* in Beck'scher VOB-Kommentar, VOB/A § 1, Rdn. 63.
[37] *Korbion* in Ingenstau/Korbion VOB/A § 1, Rdn. 41.
[38] *Korbion* in Ingenstau/Korbion VOB/A § 1, Rdn. 28.
[39] *Korbion* in Ingenstau/Korbion VOB/A § 1, Rdn. 29.
[40] *Messerschmidt* in Beck'scher VOB-Kommentar, VOB/A § 1, Rdn. 65.
[41] *Vygen* Jahrbuch BauR 1999, 46; *Messerschmidt* in Beck'scher VOB-Kommentar, VOB/A § 1, Rdn. 66.

2009; *Gröning,* Referenzen und andere Eignungsnachweise, VergabeR 2008, 721; *Gröning,* Ersatz des Vertrauensschadens ohne Vertrauen? – Zur Dogmatik des vergaberechtlichen Schadensersatzanspruchs auf das negative Interesse, VergabeR 2009, 839; *Hertwig,* Uneingeschränkte Relevanz des Gemeindewirtschaftsrechts im Vergabenachprüfungsverfahren, NZBau 2009, 355; *Herz,* Die Kommissionsmitteilung zum Unterschwellenvergaberecht im Lichte der Rechtsprechung, EWS 2010, 261; *Höfler,* Transparenz bei der Vergabe öffentlicher Aufträge, NZBau 2010, 73; *Höfler/Bayer,* Praxishandbuch Bauvergaberecht, 2. Aufl., 2003; *Irmer,* Schutz vor den Verwaltungsgerichten bei Vergabeverfahren unterhalb der Schwellenwerte – Eine unendliche Geschichte oder nur ein kurzer Spuk?, ZfBR 2007, 233; *Jebe,* Ausschreibung und Preisermittlung von Bauleistungen, BauR 1978, 88; *Keil/Martinsen,* Einführung in die Kostenrechnung für Bauingenieure, 5. Auflage, 1995; *Knauff/Schwensfeier,* Kein Rechtsschutz gegen Steuerung mittels „amtlicher Erläuterung"?, EuZW 2010, 611; *Kus,* Inhalt und Reichweite des Begriffs der Gesetzestreue in § 97 Abs. 4 GWB 2009, VergabeR 2010, 321; *Leimkühler,* Die überörtliche Betätigung von kommunalen Unternehmen – ein Ausschlussgrund im Vergabeverfahren?, VergabeR 2001, 356; *Mann,* Kommunales Wirtschaftsrecht als Vorfrage des Vergaberechts?, NVwZ 2010, 857; *Müller-Wrede,* Örtliche Präsenz, Ortsnähe und Ortsansässigkeit als Wertungskriterien – eine Verletzung des Diskriminierungsverbots?, VergabeR 2005, 32; *Pause/Schmieder,* Baupreis und Baupreiskalkulation, 2. Aufl., 1989; *Prieß,* Das öffentliche Auftragswesen in den Jahren 1994 und 1985, EuZW 1996, 357; *Prieß/Stein,* Nicht nur sauber, sondern rein: Die Wiederherstellung der Zuverlässigkeit durch Selbstreinigung, NZBau 2008, 230; *Scharen,* Patentschutz und öffentliche Vergabe, GRUR 2009, 345; *Siegel,* Auslegungsmitteilungen der Europäischen Kommission als tertiäres Unionsrecht, NVwZ 2008, 620.

Übersicht

	Rn.
A. Allgemeines	1
B. Unionsrechtliche Vorgaben	2
C. Subjektives Recht auf Einhaltung der Vergabebestimmungen der VOB/A Abschnitt 1	6
D. Die Eignung der Bewerber/Bieter	13
E. Angemessenheit der Preise	16
I. Die Angemessenheit	16
II. Drittschützende Wirkung?	21
F. Wettbewerbsprinzip (§ 2 Abs. 1 Nr. 2)	22
I. Der Wettbewerb	22
II. Bekämpfung unlauterer Verhaltensweisen	25
G. Diskriminierungsverbot	39
H. Forderung einer ganzjährigen Bautätigkeit	43
I. Verbot der Markterkundung	44
J. Frühester Beginn des Vergabeverfahrens	45

A. Allgemeines

§ 2 VOB/A stellt die **vergaberechtliche Generalklausel** der VOB/A dar und legt die vier Grundsätze, die für das gesamte Verfahren zur Vergabe von Bauleistungen verbindlich sind, fest.[1] Es handelt sich um das Wettbewerbsprinzip (§ 2 Abs. 1 Nr. 2 VOB/A), das Gleichbehandlungsprinzip (§ 3 Abs. 2 VOB/A), das Eignungsprinzip (§ 2 Abs. 1 Nr. 1 VOB/A) sowie das Angemessenheitsprinzip (§ 2 Abs. 1 Nr. 1 VOB/A).

Die in § 2 VOB/A aufgestellten Grundsätze werden in anderen Vorschriften der VOB/A konkretisiert. Das Wettbewerbsprinzip und das Gleichbehandlungsgebot werden in § 3 Abs. 1 und 2 VOB/A sowie §§ 6 ff. VOB/A wiederholt und dergestalt konkretisiert, dass öffentliche Aufträge grundsätzlich auszuschreiben sind und Diskriminierungen einzelner Bewerber und Bieter zu unterbleiben haben. Auch § 15 VOB/A konkretisiert den Wettbewerbsgrundsatz des § 2 VOB/A.[2] Die Prüfung der Eignung eines Bieters nach § 2 Abs. 1 Nr. 1 VOB/A steht in unmittelbarem Zusammenhang mit den Vorschriften über die Teilnahme am Wettbewerb (§§ 6 VOB/A ff.) und der Vorschriften über die Wertung der Angebote (§§ 16 ff. VOB/A). Das Angemessenheitsprinzip wird in § 16d VOB/A wiederholt bzw. konkretisiert. Soweit diese Vorschriften der VOB/A die inhaltlichen Anforderungen des § 2 VOB/A näher bestimmen, sind sie **lex specialis** und gehen § 2 VOB/A vor. Andererseits müssen bei der Auslegung der speziel-

---

[1] *Schranner* in Ingenstau/Korbion VOB VOB/A § 2 Rn. 1; *Franke/Kollewe* in FKZGM VOB Kommentar, § 2 Rn. 2.
[2] VG Weimar 3.6.2005 – 8 K 587/03, ThürVBl 2006, 68.

leren Vorschriften die in § 2 VOB/A niedergelegten Grundprinzipien berücksichtigt und für die Auslegung herangezogen werden.[3]

B. Unionsrechtliche Vorgaben

2   Auch bei Auftragsvergaben unterhalb der EU-Schwellenwerte, dh im Anwendungsbereich des § 2 VOB/A können unionsrechtliche Vorgaben zu einer einschränkenden Auslegung des § 2 VOB/A sowie sonstiger Vorschriften der VOB/A führen.

3   Das Unionsrecht, insbesondere Art. 10 (Diskriminierungsverbot), Art. 28 (freier Warenverkehr), Art. 49 (Niederlassungsfreiheit) und Art. 56 (Dienstleistungsfreiheit) AEUV, gilt unterhalb der EU-Schwellenwerte aber nur, wenn der Auftrag **Binnenmarktrelevanz** hat.[4] Dies ist jeweils im Einzelfall zu prüfen, eine verallgemeinernde Feststellung ist nicht möglich.[5] Binnenmarktrelevanz ist zu bejahen, wenn nicht ausgeschlossen werden kann, dass ein ausländisches Unternehmen Interesse an dem Auftrag hat.[6] Dies hängt ua davon ab, wo die Leistung zu erbringen ist, wie hoch der Gegenstandswert ist etc.[7] Besteht Binnenmarktrelevanz, sind die sich aus dem Diskriminierungsverbot des AEUV ergebenden Anforderungen an die öffentliche Auftragsvergabe und die Transparenz unterschiedslos durch jeden Wirtschaftsteilnehmer eines EU-Mitgliedstaates justiziabel, auch wenn nur **Inländer** an dem Vergabeverfahren beteiligt sind.[8]

4   Der EuGH hat grundlegende Anforderungen für die Vergabe öffentlicher Aufträge entwickelt, welche direkt aus dem Unionsrecht abgeleitet werden.[9] Wird ein Auftrag geschlossen, ohne dass die geplante Auftragsvergabe öffentlich bekannt gemacht wird, verstößt dies gegen den AEUV, weil alle anderen Unternehmen, insbesondere die in einem anderen Mitgliedstaat niedergelassenen Unternehmen mangels Kenntnis von der geplanten Auftragsvergabe ausgeschlossen werden.[10] Aus den Grundfreiheiten folgt also die Pflicht zur **Bekanntmachung** der geplanten Vergabe.[11] Dies gilt auch dann, wenn nach der VOB/A eine beschränkte Ausschreibung oder freihändige Vergabe ohne Bekanntmachung zulässig sind. Darüber hinaus folgt aus dem AEUV, dass das **Verfahren** zur Auswahl der Bewerber sowie zur Auswahl des Angebotes, auf das der Zuschlag erteilt werden soll, transparent und diskriminierungsfrei erfolgen muss.[12]

5   Einzelheiten ergeben sich aus der **Mitteilung der EU-Kommission** vom 23.6.2006 zur Vergabe öffentlicher Aufträge, die nicht unter die Vergaberichtlinien fallen.[13] Die Auslegung des EU-Rechts in der Mitteilung ist vom EuG bestätigt worden.[14]

---

[3] *Burgi* NZBau 2008, 29 (32 f.).
[4] EuGH 23.12.2009 – C-376/08, NZBau 2010, 261 (262); 15.5.2008 – C-148/06, ZfBR 2008, 511 (514); OLG Celle 10.3.2016 – 13 U 148/15, NZBau 2016, 381; *Frenz* NVwZ 2010, 609 (612); OLG Düsseldorf 30.12.2010 – VII-Verg 24/10, ZfBR 2011, 294; OLG Düsseldorf VergabeR 2011, 122 (126); *Höfler* NZBau 2010, 73 (77).
[5] EuGH 23.12.2009 – C-376/08, VergabeR 2010, 469 (473) (Rn. 28) – Serratoni; 15.5.2008 – C-147/08 und 148/04, Slg. 2008, I-3565 (3599) (Rn. 99) – SECAP und Santorso.
[6] EuGH 6.10.2016 – C-318/15, IBR 2017, 146
[7] EuGH 15.5.2008 – C-148/06, ZfBR 2008, 511 (514); vgl. hierzu auch: Nr. 1. 3 der Mitteilung der EuGH-Kommission zu Auslegungsfragen in Bezug auf das Gemeinschaftsrecht, das für die Vergabe öffentlicher Aufträge gilt, die nicht oder nur teilweise unter die Vergaberichtlinien fallen, Amtsblatt der Europäischen Union 2006/C 179/02; *Meister* NZBau 2015, 757.
[8] EuGH 14.11.2014 – C–221/12, NZBau 2014, 53; OLG Düsseldorf 15.6.2016 – VII-Verg 56/15, NZS 2016, 741; *Gabriel/Voll* NZBau 2014, 148 ff.
[9] EuGH 21.7.2005 – C-231/03, NZBau 2005, 592 (593) (Rn. 15 ff.) – Coname; EuGH 13.10.2005 – C-458/03, NZBau 2005, 644 (648) (Rn. 49 ff.) – Parking Brixen.
[10] EuGH 21.2.2008 – C-412/04, VergabeR 2008, 501 Rn. 66.
[11] Vgl. EuGH 21.2.2008 – C-412/04, VergabeR 2008, 501 Rn. 66.
[12] EuGH 13.10.2005 – C-458/03, NZBau 2005, 644 (648) (Rn. 49) – Parking Brixen; EuGH 21.7.2005 – C-231/03, ZfBR 2005, 701 (702 ff.) – Coname.
[13] Mitteilung der EuGH-Kommission zu Auslegungsfragen in Bezug auf das Gemeinschaftsrecht, das für die Vergabe öffentlicher Aufträge gilt, die nicht oder nur teilweise unter die Vergaberichtlinien fallen, Amtsblatt der Europäischen Union 2006/C 179/02.
[14] EuG 20.5.2010 – T-258/ 06, VergabeR 2010, 593.

C. Subjektives Recht auf Einhaltung der Vergabebestimmungen der VOB/A Abschnitt 1

Von der Frage, wie sich der Auftraggeber aufgrund § 2 VOB/A und seiner internen Bindungen zu verhalten hat, ist die Frage zu unterscheiden, ob § 2 VOB/A und das Diskriminierungsverbot **Außenwirkung** entfalten, dh ob ein Bieter ein subjektives Recht auf Einhaltung der VOB/A bzw. der Vorschriften der VOB/A hat, die nach ihrem Zweck auch dem Schutz des Bieters dienen sollen.

Während oberhalb der EU-Schwellenwerte außer Frage steht, dass die Vergabevorschrift bindendes Außenrecht darstellen, ist unterhalb der EU-Schwellenwerte streitig, ob der Abschnitt 1 der VOB/A Außenwirkung entfaltet. Während dies von Teilen der früheren Rechtsprechung wegen des zivilrechtlichen Charakters von Beschaffungsvorgängen verneint wurde[15], bejahte ein Teil der Literatur und auch der Rechtsprechung die Außenwirkung schon seit längerem[16]. Sie wird entweder auf Art. 3 GG oder die Grundfreiheiten des AEUV oder §§ 311, 242 BGB gestützt.

Das von der Vergabestelle einzuhaltende **Haushaltsrecht** ist isoliert betrachtet nicht geeignet, subjektive Rechte der Bieter zu begründen. Es ist dem reinen Innenrecht zuzuordnen und bindet den öffentlichen Auftraggeber allein im Innenverhältnis, nicht aber im Außenverhältnis gegenüber den Bietern.[17]

Allerdings ist schon seit Jahrzehnten anerkannt, dass Bieter bei einem Verstoß gegen das Haushaltsrecht bzw. die VOB/A unterhalb der EU-Schwellenwerte Schadenersatzansprüche geltend machen können, wenn die VOB/A nicht eingehalten wurde.[18] Dagegen ist noch nicht abschließend geklärt, ob Bieter gestützt auf subjektive Rechte unterhalb der EU-Schwellenwerte zivilrechtliche Unterlassungsansprüche geltend machen können. Auch wenn die dogmatischen Einzelheiten nach wie vor nicht abschließend geklärt sind, erkennt die überwiegende Ansicht in Literatur und Rechtsprechung inzwischen an, dass auch unterhalb der EU-Schwellenwerte Primärrechtsschutz erlangt werden kann.

Das subjektive Recht der Bieter auf Einhaltung der VOB/A ergibt sich nach zutreffender, wenn auch umstrittener Ansicht aus **§§ 311, 280 BGB**. Denn mit dem allgemein anerkannten Schadenersatzanspruch aus §§ 311 Abs. 2, 280 BGB korrespondiert ein subjektives Recht bzw. ein Unterlassungsanspruch, soweit die Verletzungshandlung oder der pflichtwidrig geschaffene Zustand noch andauert und noch beseitigt werden kann.[19]

Nur wenn dieser Ansicht nicht gefolgt wird, stellt sich die Frage, ob Bieter die Einhaltung der VOB/A über Artikel 3 GG erzwingen können. **Art. 3 GG** greift grundsätzlich nur, wenn die Rechtsverletzung durch die „öffentliche Gewalt" erfolgt.[20] Fraglich ist, ob es sich um die Ausübung öffentlicher Gewalt handelt, wenn der Auftraggeber im Fiskalbereich tätig wird.[21] Die Antwort ist nicht im Bereich des Vergaberechts, sondern im Bereich der Grundrechtsdogmatik angesiedelt. Sie ist nach wie vor eine der umstrittensten Fragen in der verfassungsrechtlichen Diskussion.[22] Die Meinungen variieren von einer umfassenden Grundrechtsbindung bis zur

---

[15] So die traditionelle Auffassung: BGHZ 36, 91 (95).
[16] OLG Jena VergabeR 2009, 524 (526 f.); OLG Brandenburg IBR 2009, 154; OLG Düsseldorf NJW-Spezial 2009, 142; so wohl auch: OLG Brandenburg VergabeR 2008, 992 (993).
[17] BVerwG NZBau 2007, 389 (392); LG Cottbus VergabeR 2008, 123 (127); *Kallerhoff* NZBau 2008, 97 (101).
[18] BGH NJW 1993, 520; 2004, 2165; Bundesverwaltungsgericht NJW 2007, 2275; *Pietzcker* NJW 2005, 2881.
[19] OLG Brandenburg NZBau 2008, 735 (736); OLG Jena Vergaberecht 2009, 524 (527); OLG Düsseldorf Vergaberecht 2010, 531 (534); anderer Ansicht LG Kreuznach NZBau 2007, 471 (472); LG Arnsberg NZBau 2008, 206 (207).
[20] Vgl. OLG Stuttgart NZBau 2002, 395 (397); VergabeR 2002, 374 (4. Ls.); (§§ 1004 analog, 823 Abs. 2 BGB iVm Art. 3 Abs. 1 GG) LG Augsburg IBR 2008, 468.
[21] **Bejahend:** *Hesse* Rn. 347; *Schnapp* in von Münch/Kunig, Grundgesetz Kommentar, Band 1, 2001, Art. 20 Rn. 49; *Müller-Wrede* in Müller-Wrede, VOL/A, 1. Aufl. 2001, Einleitung Rn. 12 ff.; *Prieß* in Beck'scher VOB-Kommentar/Teil A vor Abschnitt 1 Rn. 3 ff.; OLG Stuttgart ZfBR 2002, 517 (518); OLG Düsseldorf NJW 1981, 585 (587) – Fernmeldetürme; OLG Brandenburg NVwZ 1999, 1142 (1146) – Flughafen Berlin; noch anderer Ansicht: BGHZ 36, 91 (95 f.); offen gelassen in: BGH NJW 2001, 1492 (1494).
[22] Vgl.: *Starck* in von Mangoldt/Klein/Starck, GG Kommentar Art. 3 Abs. 1 Rn. 281; *Dürig* in Maunz/Dürig, GG, Band 1, Art. 3 Abs. 1, 32. EGL, Oktober 1996 Rn. 475 ff.

Verneinung jeder Grundrechtsbindung. Die Rechtsprechung hat die Fiskalgeltung der Grundrechte bislang nicht allgemein bejaht; vielmehr hat sie die Grundrechtsbindung bislang nur bejaht, wenn die öffentliche Hand unmittelbar öffentliche Zwecke verfolgt[23] oder öffentliche Aufgaben erfüllt, mithin im Bereich des Verwaltungsprivatrechts tätig wird.[24] Bezogen auf das Vergaberecht hat das BVerfG allerdings in der Entscheidung zur Rechtswegzuständigkeit aus Art. 3 GG nicht mehr nur ein allgemeines Willkürverbot hergeleitet, sondern ausgeführt, dass sich aus der tatsächlichen Vergabepraxis eine Selbstbindung der Verwaltung ergeben könne und dass damit auch den Vergabeordnungen (VOB/A und VOL/A) mittelbare Außenwirkung zukommen könne.[25] Damit ist entschieden, dass jedenfalls im Beschaffungsbereich Art. 3 GG unmittelbare Wirkung entfaltet und subjektive Rechte begründen kann.

12 Schließlich können sich subjektive Rechte aus dem **AEUV**, insbesondere aus Art. 10 (Diskriminierungsverbot), Art. 28 (freier Warenverkehr), Art. 49 (Niederlassungsfreiheit) und Art. 56 (Dienstleistungsfreiheit), ergeben. Dies gilt allerdings nur, wenn der Auftrag Binnenmarktrelevanz hat.[26] Die **Binnenmarktrelevanz** ist zu bejahen, wenn nicht ausgeschlossen werden kann, dass ein ausländisches Unternehmen Interesse an dem Auftrag hat. Dies hängt ua davon ab, wo die Leistung zu erbringen ist, wie hoch der Gegenstandswert ist und Ähnliches.[27] Besteht Binnenmarktrelevanz, sind jedenfalls die sich aus dem Diskriminierungsverbot des AEUV ergebenden Anforderungen an die öffentliche Auftragsvergabe und die Transparenz unterschiedslos durch jeden Wirtschaftsteilnehmer eines EU-Mitgliedstaates justiziabel, auch wenn nur **Inländer** an dem Vergabeverfahren beteiligt sind.[28]

Die Grundfreiheiten des AEUV verpflichten aber nicht zur Einhaltung aller Vorschriften der VOB/A, sondern nur zur Durchführung eines transparenten Verfahrens.[29] Deshalb ergibt sich aus den Grundfreiheiten grundsätzlich kein Recht auf Einhaltung der Vorschriften der VOB/A. Etwas anderes gilt nur dann, wenn der Auftraggeber die Anwendung der VOB/A angekündigt hat, zB in der Bekanntmachung. Denn dann liegt ein Verstoß gegen den unionsrechtlichen Transparenzgrundsatz vor, wenn der Auftraggeber sich an das von ihm angekündigte Verfahren nicht hält.

D. Die Eignung der Bewerber/Bieter

13 Bauleistungen sollen an fachkundige, leistungsfähige und zuverlässige Unternehmer vergeben werden[30]. Es handelt sich um eine „Mussvorschrift". Die Vergabestelle muss deshalb prüfen und feststellen, ob der Bieter geeignet ist.

14 Grundsätzlich nicht zulässig ist es, als Zuschlagkriterium ein **„Mehr an Eignung"** eines Bieters zu berücksichtigen bzw. es im Rahmen der Wertung als ausschlaggebend anzusehen[31], dass ein Bieter mehr Referenzprojekte vorweisen kann als ein anderer. Wird die grundsätzliche Eignung eines Bieters bejaht bzw. die maßgebliche Eignungsschwelle erfüllt, kann das Eignungskriterium bei der weiteren Wertung keine Rolle mehr spielen, mag ein anderer Bieter auch mehr Referenzprojekte vorweisen. Das Verbot, ein „Mehr an Eignung" auf der vierten Wertungsstufe zu berücksichtigen, gilt im Abschnitt 1 der VOB/A unverändert fort.[32] Oberhalb der EU-Schwellenwerte und im Abschnitt 2 der VOB/A ist das Verbot durch § 16d Abs. 2 EU VOB/A aufgeweicht, weil unter bestimmten Voraussetzungen die Erfahrung des eingesetzten Personals als Zuschlagkriterium berücksichtigt werden kann, allerdings auch nur, wenn es nicht bereits als Eignungskriterium berücksichtigt worden ist (Vgl. § 6a Ziffer 2 lit. e EU VOB/A).

---

[23] BGHZ 52, 325 (329) mwN.
[24] BGHZ 155, 166 (173 ff.).
[25] Vgl. BVerfG VergabeR 2006, 871 (879).
[26] *Braun* VergabeR 2007, 17 (25).
[27] EuGH 15.5.2008 – C-148/06, ZfBR 2008, 511 (514); vgl. hierzu auch: Mitteilung der EU-Kommission zu Auslegungsfragen in Bezug auf das Gemeinschaftsrecht, das für die Vergabe öffentlicher Aufträge gilt, die nicht oder nur teilweise unter die Vergaberichtlinien fallen, ABl. 2006/C 179/02; vgl. auch OLG Düsseldorf VergabeR 2010, 531 (534); sowie OLG Düsseldorf VergabeR 2011, 122 (1. Ls.).
[28] EuGH 14.11.2014 – C–221/12, NZBau 2014, 53; *Gabriel/Voll* NZBau 2014, 148 ff.
[29] Vgl. auch *Höfler* NZBau 2010, 73 (75).
[30] Siehe hierzu auch die Kommentierung zu §§ 6 ff. VOB/A, 6 ff. EU VOB/A.
[31] BGH VergabeR 2008, 641 (642 f.); BauR 1998, 1246 (Ls.); NZBau 2002, 107; OLG Düsseldorf VergabeR 2010, 83 (89 f.); *Leinemann* Das neue Vergaberecht, Rn. 683; *Freise* NZBau 2009, 225 (228).
[32] *Von Wietersheim* in Ingenstau/Korbion, VOB, § 16d Rn. 14.

Die Eignung ist nicht abstrakt, sondern konkret im Hinblick auf das zu vergebende Bauprojekt 15
zu prüfen[33]. Der Grundsatz der Eignung kehrt in §§ 6 ff. VOB/A sowie in §§ 16 ff. VOB/A
wieder und wird dort konkretisiert. Es wird deshalb auf die Kommentierung zu §§ 6 ff. VOB/
A verwiesen.

E. Angemessenheit der Preise

I. Die Angemessenheit

Gemäß § 2 Abs. 1 Nr. 1 VOB/A sollen Bauleistungen zu angemessenen Preisen vergeben 16
werden, dh der Preis soll weder unangemessen hoch noch unangemessen niedrig sein[34]. Einigkeit
besteht, dass unangemessen ein Preis ist, der gegen gesetzliche Vorschriften, die Ober- oder
Untergrenzen für die Preisgestaltung festlegen, verstößt. Dabei ist an das Verbot des Wuchers
(§ 138 BGB), an den Gesichtspunkt von Treu und Glauben (§ 242 BGB), an Spezialvorschriften
gegen zu niedrige Preise im UWG sowie im GWB zu denken[35]. Von erheblich größerer
Bedeutung war früher das Baupreisrecht in Form der Baupreisverordnung VO PR Nr. 1/72[36].
Diese Verordnung stellte eine Höchstpreisvorschrift dar und hatte zur Folge, dass höhere Preise
nicht gefordert, versprochen, angenommen oder gewährt werden durften. Die Baupreisverordnung ist allerdings durch Verordnung vom 16.6.1999[37] mit Wirkung zum 1.7.1999 aufgehoben
worden.

Bei der Prüfung der Angemessenheit des Preises geht es um die Gegenleistung des Auftrag- 17
gebers und damit um den **Endbetrag** des Gesamtangebots.[38] Die Angemessenheit der Preise
bezieht sich daher nicht auf einzelne Einheits- oder Positionspreise oder auf in sich abgeschlossene Teile eines Angebotes. Vom Bieter angebotene unangemessene Einzel-, Positions- oder
Teillospreise führen deshalb isoliert betrachtet nicht zur Unangemessenheit des Entgelts, wenn
sie sich nicht auf den Gesamtpreis auswirken.[39] Unangemessene Einzel-, Positionen- oder
Teillospreise können allenfalls dann zum Ausschluss eines Angebotes aus formalen Gründen
führen, wenn eine Mischkalkulation vorliegt, dh wenn den unangemessen niedrigen Preisen bei
einzelnen Positionen überhöhte Preise bei anderen Positionen gegenüberstehen[40], oder wenn es
sich aus anderen Gründen um Spekulationspreise handelt. Dies hat aber nichts mit der Unangemessenheit des Preises im Sinn von § 2 VOB/A zu tun. Unangemessen hohe oder niedrige
Einzel-, Positions- oder Teillospreise können allerdings Zweifel an der sachgerechten Kalkulation
und der Leistungsfähigkeit sowie Zuverlässigkeit des Unternehmers begründen, so dass der
Auftraggeber regelmäßig dennoch um Aufklärung bemüht sein muss und diesen Aspekt prüfen
muss.[41]

Nicht alle Preise, die nicht gegen ein gesetzliches Verbot verstoßen, sind angemessen im Sinn 18
des § 2 Abs. 1 Nr. 1 VOB/A. In der Literatur wird die Ansicht vertreten, dass der angemessene
Preis mit dem **üblichen Preis im Sinn von § 632 BGB** weitgehend gleichzusetzen ist.[42]
Üblich im Sinn von § 632 BGB ist der Preis, der zur Zeit des Vertragsschlusses für nach Art,
Güte und Umfang gleiche Leistungen nach allgemeiner Auffassung der beteiligten Kreise am Ort
der Werkleistung gewährt zu werden pflegt.[43] Diese Auffassung ist zu eng. Sowohl nach dem
Wortlaut (angemessen statt üblich) als auch unter dem Gesichtspunkt des Wettbewerbsprinzips,

---

[33] So auch: *Masing* in Beck'scher VOB Kommentar/Teil A, 2. Auflage 2011, § 2 Rn. 14.
[34] *Brinker/Ohler* in Beck'scher VOB-Kommentar/Teil A, 1. Auflage, 2001, § 25 Rn. 58; *Vavra* in KMPP, Kommentar zur VOB/A, § 2 Rn. 18; vgl. auch zu unangemessen niedrigen Preisen: EuGH 27.11.2001 – C-285/99, Slg. 2001, I-9233 (9269) (Rn. 43 ff.).
[35] *Masing* in Beck'scher VOB-Kommentar / Teil A § 2 Rn. 48.
[36] BGBl. 1972 I S. 293 in der Fassung der VO PR Nr. 1/89 vom 13.6.1989, BGBl. 1989 I S. 1094.
[37] BGBl. I S. 1419.
[38] OLG Brandenburg 22.3.2011 – Verg W 18/10, ZfBR 2011, 613 (Ls.).
[39] OLG Düsseldorf VergabeR 2011, 200 (202); OLG Brandenburg IBR 2011, 159 (2. Ls.); OLG Karlsruhe ZfBR 2010, 196 (198); BayObLG NZBau 2004, 294; VK Münster 4.8.2010 – VK 5/10.
[40] OLG Düsseldorf IBR 2007, 91; VK Nordbayern 17.11.2009 – 21.VK-3194-50/09; VK Schleswig-Holstein 15.5.2006 – VK-SH 10/06; VK Sachsen 12.7.2005 – 1/SVK/073-05.
[41] Vgl. EuGH 27.11.2001 – C-285/99, Slg. 2001, I-9233 (9280) (Rn. 81 ff.); *Masing* in Beck'scher VOB-Kommentar / Teil A § 2 Rn. 47.
[42] *Schranner* in Ingenstau/Korbion VOB VOB/A § 2 Rn. 56 f.; *Bauer* in Heiermann/Riedl/Rusam VOB § 2 Rn. 18 f.
[43] BGH NJW 2001, 151 (152); *Sprau* in Palandt, BGB, 74. Auflage, 2015, § 632 Rn. 15.

das der VOB/A zugrunde liegt, kann der Begriff der angemessenen Vergütung mit dem der üblichen Vergütung nicht gleich gesetzt werden. Die Spanne einer angemessenen Vergütung ist sehr viel weitere als die übliche Vergütung, außerdem würde anderenfalls die Wettbewerbskomponente nicht ausreichend berücksichtigt.[44] So müssten Unterkostenangebote in aller Regel ausgeschlossen werden, weil sie sicherlich nicht als „übliche Vergütung" gemäß § 632 BGB eingestuft werden können. Diese Definition ist deshalb zu eng.[45] Richtiger ist es den Begriff dahin zu definieren, dass der angemessene Preis ein Marktpreis ist, der aus einer konkreten Wettbewerbssituation resultiert, wettbewerblich vernünftig ist und sich darüber hinaus als ein Preis darstellt, der im Sinne des § 16d Abs. 1 VOB/A eine einwandfreie Ausführung einschließlich Gewährleistung erwarten lässt.[46]

Diese Definition ist allenfalls im Hinblick auf überhöhte Preise zu weit. Denn es mag durchaus aufgrund einer konkreten Wettbewerbssituation und aus wettbewerblich vernünftigen Gründen zu einem bestimmten Zeitpunkt ein besonders hoher Preis gefordert werden, ohne dass ein solches Angebot unter kartellrechtlichen Gesichtspunkten diskriminierend und missbräuchlich ist. In diesem Fall muss der Öffentliche Auftraggeber aber die Möglichkeit haben, den Zuschlag mangels „Angemessenheit" auf dieses Angebot nicht zu erteilen. Unangemessen hoch ist deshalb ein Preis, der deutlich von der üblichen Vergütung des § 632 BGB abweicht, ohne dass es für diese Abweichung im Hinblick auf den Leistungsumfang Gründe gibt. Hinsichtlich der unangemessen **niedrigen Preise** sollte es bei der auch von *Prieß*[47] und *Franke/Kollewe*[48] befürworteten Definition bleiben, wobei der Prüfung, ob der Angebotspreis eine einwandfreie Ausführung einschließlich Gewährleistung erwarten lässt, besondere Bedeutung zukommt.

19 Fraglich ist, ob bei einer solchen Definition des angemessenen Preises die **Preiskalkulation,** deren Offenlegung in § 15 VOB/A ausdrücklich vorgesehen ist, überhaupt noch Bedeutung hat. Dies ist dennoch der Fall, und zwar insbesondere dann, wenn sich das übliche bzw. richtiger: angemessene Entgelt nicht anhand von allgemeinen Vergleichszahlen ermitteln lässt. Dann bleibt nur der Weg, die Angemessenheit der Vergütung daran zu messen, ob das geforderte Entgelt im Hinblick auf die Aufwendungen des Unternehmers und den Gewinnaufschlag angemessen ist. Hilfe zur Überprüfung der Kalkulation können die Schriften von *Keil/Martinsen*[49] sowie von *Pause/Schmieder*[50] bieten.[51]

20 Zu dem ersten Teil, den Aufwendungen des Unternehmers, rechnet, was als Selbstkosten bezeichnet wird. In der Regel gehören dazu Einzelkosten der Teilleistungen, Gemeinkosten der Baustelle, die allgemeinen Geschäftskosten, der Kapitaldienst als Zwischenfinanzierung für die Baustelle und das Wagnis und die allgemeinen Verwaltungskosten. Bei dem zweiten Teil, dem Gewinn, handelt es sich um den Zuschlag, den der Unternehmer für Wagnis und Gewinn erhält. Dieser ist angemessen, wenn nach den geforderten Preisen unter Berücksichtigung der Eigenaufwendungen und aller voraussehbaren Risiken am Ende zugunsten des eigenen Vermögens des Bieters ein Betrag übrig bleibt, der nach allgemeinen wirtschaftlichen Gesichtspunkten einer aufbauenden Fortführung des Betriebes unter Beachtung der Prinzipien vernünftigen Gewinnstrebens annehmbar ist.[52]

II. Drittschützende Wirkung?

21 Streitig ist, ob das Gebot der Vergabe zu angemessenen Preisen nur Ausfluss des haushaltsrechtlichen Gebots des sparsamen Wirtschaftens ist und keine Schutzwirkung zugunsten der Bieter entfaltet, und zwar auch nicht bei unangemessen niedrigen Preisen, oder ob es stets Schutzwirkung entfaltet.[53] Während das OLG Celle[54] einen Anspruch des Bieters auf Einhaltung dieser

---

[44] *Franke/Kollewe* in FKZGM VOB-Kommentar, § 2 Rn. 11; *Prieß* in Beck'scher VOB-Kommentar / Teil A, 1. Auflage, 2001, § 2 Rn. 43.
[45] VK Bund 19.9.2014 – VK 1–70/14.
[46] *Prieß* in Beck'scher VOB-Kommentar / Teil A, 1. Auflage, 2001, § 2 Rn. 44; *Franke/Kollewe* in FKZGM VOB-Kommentar, § 2 Rn. 11.
[47] *Prieß* in Beck'scher VOB-Kommentar / Teil A, 1. Auflage, 2001, § 2 Rn. 44.
[48] *Franke/Kollewe* in FKZGM VOB-Kommentar, § 2 Rn. 11.
[49] *Keil/Martinsen* Einführung in die Kostenrechnung für Bauingenieure 5. Aufl. Düsseldorf 1995.
[50] *Pause/Schmieder* Baupreis und Baupreiskalkulation, 2. Aufl., 1989.
[51] Siehe auch: *Aurnhammer* BauR 1981, 139; *Jebe* BauR 1978, 88.
[52] *Schranner* in Ingenstau/Korbion, VOB Kommentar, VOB/A § 2 Rn. 57.
[53] Vgl. mit Nachweisen zum Streitstand: OLG Bremen ZfBR 2006, 719.
[54] OLG Celle VergabeR 2004, 397 (405); NZBau 2000, 105; so auch: OLG Saarbrücken NZBau 2004, 117 (118); VK Düsseldorf 15.3.2002 – VK-2/2002-L; soweit das OLG Jena BauR 2000, 396 (401 f.) die

Bestimmung bejaht, nimmt das OLG Düsseldorf[55] einen solchen nur dann an, wenn der unangemessene Preis ausschließlich zur Verdrängung von Wettbewerbern eingesetzt wird oder sonst eine ungesunde Begleiterscheinung des Wettbewerbs zu bejahen wäre. Es kommen nach Ansicht des OLG Düsseldorf zwei Konstellationen in Betracht[56]. Ein anderer Bieter könne ein Unterangebot als vergaberechtswidrig beanstanden, wenn das Unterangebot vom Bieter in der zielgerichteten Absicht abgegeben oder zumindest die Gefahr begründe, einen oder mehrere Mitbewerber gezielt vom Markt und nicht nur von einer einzelnen Auftragsvergabe – zu verdrängen[57]. Gleiches gelte, wenn das Unterangebot den Bieter selbst in wirtschaftliche Schwierigkeiten bringe, so dass dieser den Auftrag nicht vertragsgerecht erfüllen könne. Denn dann könne die Situation eintreten, dass Konkurrenzbieter den Auftrag zu einem Zeitpunkt nicht erhielten, zu dem sie den Auftrag hätten erfüllen können. Nachdem sich herausgestellt habe, dass der Bieter des Unterangebotes den Auftrag nicht erfüllen könne, könnten es dann unter Umständen – zB aus innerbetrieblichen Gründen – diesen Auftrag nicht mehr übernehmen. Konsequenz einer Wertung des Unterangebotes wäre somit in diesem Fall, dass Bieter um ihre Chance auf den Zuschlag für den ursprünglich ausgeschriebenen Auftrag gebracht würden. Der **BGH** hat in einer **Grundsatzentscheidung** entschieden, dass die Verpflichtung zur Beauftragung zu angemessenen Preisen bzw. zur Prüfung und zum Ausschluss unangemessen niedriger Preise drittschützend ist. Diese Ansicht ist zutreffend.[58] Selbstverständlich kann der Ausschluss eines anderen Angebotes wegen eines unangemessen niedrigen Preises nicht verlangt werden, wenn es innerhalb des Beurteilungsspielraums der Vergabestelle liegt, das Angebot nicht auszuschließen, und wenn sich die Vergabestelle entschieden hat, das Angebot nicht auszuschließen.[59] Anders ist es aber, wenn diese Entscheidung der Vergabestelle beurteilungsfehlerhaft erfolgt ist. Denn der Bieter muss sich im Hinblick auf sein eigenes Angebot darauf einstellen, dass sein Angebot mit einem unangemessen niedrigen Preis ausgeschlossen wird; es liegt dann aber ein Verstoß gegen den Transparenz- und Gleichbehandlungsgrundsatz vor, wenn ein anderes Angebot objektiv-rechtlich auch ausgeschlossen werden müsste, der Auftraggeber aber hierauf verzichtet.

F. Wettbewerbsprinzip (§ 2 Abs. 1 Nr. 2)

I. Der Wettbewerb

Gemäß § 2 Abs. 1 Nr. 2 VOB/A soll der Wettbewerb die Regel sein. § 2 Abs. 1 Nr. 1 VOB/A wird durch eine Vielzahl weiterer Vorschriften der VOB/A ergänzt und konkretisiert. Soweit diese Vorschriften Regelungen enthalten, sind sie lex specialis und gehen § 2 VOB/A vor. Anderseits muss bei der Auslegung dieser Bestimmungen das in § 2 VOB/A niedergelegte Grundprinzip berücksichtigt werden.[60]

Obwohl § 2 Abs. 1 Nr. 2 VOB/A als „Sollformvorschrift" formuliert ist, handelt es sich um eine „Mussregelung", von der nur in Ausnahmefällen abgewichen werden kann.[61] So kann sich aus Gründen der Eigenart der nachgefragten Leistung oder aus der konkreten Situation des Öffentlichen Auftraggebers eine Beschränkung des Wettbewerbs ergeben oder gar ganz wegfal-

---

Auffassung vertreten hat, dass eine drittschützende Wirkung stets vorliege, hat es diese Auffassung ausdrücklich mit Beschl. v. 5.6.2009 – 9 Verg 5/09, VergabeR 2009, 809 (811) aufgegeben, die Frage aber im Ergebnis offen gelassen; ebenfalls in Abweichung von der alten Rechtsprechung des BayObLG dazu neigend, den bieterschützenden Charakter zu bejahen, aber im Ergebnis offen gelassen: OLG München VergabeR 2007, 536 (538 f.); bejahend auch: *Vavra* in KMPP, Kommentar zur VOL/A, § 2 Rn. 46.

[55] OLG Düsseldorf 28.9.2006 – VII-Verg 49/06; OLG Düsseldorf VergabeR 2001, 128; so auch: OLG Koblenz VergabeR 2006, 392 (401 f.); VK Bund NZBau 2000, 165 (167); soweit das BayObLG VergabeR 2001, 65 (69) eine drittschützende Wirkung generell verneint hat, hat es diese Auffassung ausdrücklich aufgegeben und die Streitfrage offen gelassen in: BayObLG VergabeR 2002, 637 (2. Ls. und 640); bejahend wohl in: BayOBLG ZfBR 2004, 829 (Ls.); ebenfalls offen gelassen durch OLG Bremen ZfBR 2006, 638.
[56] Vgl. OLG Düsseldorf VergabeR 2002, 471 (475); 2001, 128.
[57] OLG Brandenburg IBR 2011, 159 (1. Ls.); OLG Düsseldorf 14.10.2009 – VII-Verg 40/09.
[58] BGH vom 31.1.2017 – X ZB 10/16.
[59] Vgl. OLG Düsseldorf vom 8.6.2016 – Verg 57/15.
[60] *Burgi* NZBau 2008, 29 (33); *Höfler* NZBau 2010, 73 (78).
[61] VÜA Thüringen BA S. 12 – Tragkraftspritzen; *Masing* in Beck'scher VOB-Kommentar / Teil A § 2 Rn. 52.

len. Es müssen dann aber stets besondere Gründe, wie zB Patentschutz oder besondere Spezialerfahrung, dringende Eilfälle, geheimhaltungsbedürftiges Vorhaben uä, vorliegen.

24 Aus dem Grundsatz, dass die Vergabe im Wettbewerb die Regel sein soll, folgt auch, dass innerhalb der jeweiligen Vergabeart, die zulässigerweise gewählt worden ist, der Wettbewerbsgrundsatz eingehalten werden muss. Dh, auch bei einer Beschränkten Ausschreibung oder einer freihändigen Vergabe müssen, soweit nicht ausdrücklich Ausnahmen vorgesehen sind, die Wettbewerbsgrundsätze eingehalten werden.[62] So soll der Auftraggeber auch bei einer Freihändigen Vergabe Angebote von mehreren Bewerbern einholen.[63]

II. Bekämpfung unlauterer Verhaltensweisen

25 § 2 Abs. 1 Nr. 2 VOB/A, der dem Auftraggeber aufgibt, wettbewerbsbeschränkende und unlautere Verhaltensweisen zu bekämpfen, stellt wiederum eine Generalklausel dar, die in anderen Vorschriften der VOB/A ergänzt wird.[64] Bekämpft werden sollen Tatbestände und Verhaltensweisen, die einem **fairen** und **uneingeschränkten Wettbewerb** zuwider laufen oder gegen gesetzliche Bestimmungen verstoßen und damit die Ausschreibung ihrer Funktion als Auswahlverfahren zur Ermittlung des annehmbarsten Angebots berauben, und die Mitbewerber um ihre Chance bringen, im Leistungswettbewerb um den Auftrag zu kämpfen.[65] § 2 Abs. 1 Nr. 2 VOB/A verpflichtet den Öffentlichen Auftraggeber, wettbewerbsbeschränkende und unlautere Verhaltensweisen zu bekämpfen.[66] Diese Verpflichtung, die der Sicherung des Wettbewerbs dient, ist wegen der Wettbewerbsbezogenheit **drittschützend**.[67] Allerdings gibt § 2 Abs. 1 Nr. 2 VOB/A dem Auftraggeber nicht vor, in welcher Form er die wettbewerbsbeschränkenden und unlauteren Verhaltensweisen bekämpfen soll. Hier steht dem Auftraggeber ein Ermessensspielraum zu.

26 Diese wettbewerbsbeschränkenden Handlungen können nicht mit **kartellrechtlich** zu beanstandendem Verhalten gleich gesetzt werden, vielmehr kann ein kartellrechtlich noch zulässiges Verhalten eine wettbewerbsbeschränkende Handlung darstellen.[68] Denn der Wettbewerbsgrundsatz im Vergaberecht ist selbständig und folgt nicht zwingend den kartell- und UWG-rechtlichen Vorgaben.[69]

27 Unter dem Gesichtspunkt des lauteren Wettbewerbs wird auch der Grundsatz des **Geheimwettbewerbs** verstanden.[70] Danach müssen Angebote von der Wertung ausgeschlossen werden, wenn sie gegen den Grundsatz des Geheimwettbewerbs verstoßen.[71] Dem Vertraulichkeitsgrundsatz kommt wegen seiner Wettbewerbsbezogenheit eine dritt- und damit bieterschützende Funktion und Wirkung zu.[72] Ein Verstoß gegen Geheimwettbewerb liegt im Fall einer sog Doppelbewerbung vor, dh dann, wenn sich ein Bieter sowohl allein oder auch als Mitglied einer Bietergemeinschaft an einem Vergabeverfahren beteiligt, so dass ihm wesentliche Teile des Angebotes eines anderen Bieters bekannt sind. Nicht ausreichend soll allerdings der bloße Umstand sein, dass ein Bieter ein eigenes Angebot zum Vergabeverfahren eingereicht hat und daneben von einem Dritten als Nachunternehmen bei der Auslieferung von Zustellungen eingesetzt werden soll.[73] Zur Begründung führt das OLG Düsseldorf aus, dass weder nach dem gewöhnlichen Verlauf der Dinge noch im vorliegenden Einzelfall allein aufgrund dieser Konstellation eine Kenntnis vom Angebot des Dritten oder wesentlicher Grundlagen des Angebotes des Dritten verbunden sei. Beteiligen sich dagegen mehrere konzernverbundene Unternehmen

---

[62] *Masing* in Beck'scher VOB-Kommentar / Teil A § 2 Rn. 52.
[63] MwN VG Augsburg 11.12.2009 – Au 3 K 08.1749, BeckRS 2009, 48099.
[64] *Rusam/Weyand* in Heiermann/Riedl/Rusam, Handkommentar zur VOB, Teil A § 2 Rn. 27.
[65] OLG Düsseldorf 13.4.2011 – VII-Verg 4/11, VergabeR 2011, 731; *Prieß* in Beck'scher VOB-Kommentar / Teil A, 1. Auflage, 2001, § 2 Rn. 57.
[66] (Zu § 2 Nr. 1 S. 3 VOB/A 2006) VK Berlin 21.2.2011 – VK B 2–18/10.
[67] Vgl. (zur Sicherung des Wettbewerbs als subjektives Verfahrensrecht iSv § 97 Abs. 7 GWB) OLG Düsseldorf VergabeR 2004, 657 (660).
[68] OLG Düsseldorf 13.8.2008 – VII-Verg 42/07, BeckRS 2008, 21712; *Prieß* in Beck'scher VOB-Kommentar / Teil A, 1. Auflage, 2001, § 2 Rn. 61.
[69] OLG Düsseldorf VergabeR 2002, 471 (476); *Glahs/Külpmann* VergabeR 2002, 555 (562 f.).
[70] Vgl. VK Bund 6.10.2010 – VK 2 – 89/10, beck-online.
[71] OLG Düsseldorf VergabeR 2005, 117 (118); 2003, 690 (691); VK Südbayern 1.2.2009 – Z3-3-3194-1-01–01/09, beck-online.
[72] OLG Düsseldorf 13.4.2011 – VII-Verg 4/11, beck-online.
[73] OLG Düsseldorf NZBau 2006, 810 (1. Ls.); LSG Berlin-Brandenburg 17.9.2010 – L 1 SF 98/10 B Verg, beck-online; *Byok* NJW 2010, 817 (818).

mit eigenen Angeboten an einem Vergabeverfahren, besteht nach Auffassung des OLG Düsseldorf grundsätzlich eine – widerlegbare – Vermutung dafür, dass der Geheimwettbewerb zwischen ihnen nicht gewahrt ist.[74] Auch der EuGH hat entschieden, dass eine Regelung, die auf einer unwiderlegbaren Vermutung beruht, dass Angebote verbundener Unternehmen für denselben Auftrag stets voneinander beeinflusst worden seien, gegen den Grundsatz der Verhältnismäßigkeit verstößt, da diesen Unternehmen damit keine Möglichkeit gegeben werde, nachzuweisen, dass in ihrem Fall der Wettbewerb zwischen den Bietern nicht verfälscht worden ist.[75] Dabei sollen „besondere Regelungen etwa vertraglicher Art" geeignet sein, bei der Ausarbeitung von Angeboten, die die verbundenen Unternehmen im Rahmen ein und derselben Ausschreibung gleichzeitig abgeben, sowohl die Unabhängigkeit als auch die Vertraulichkeit zu gewährleisten.[76]

Weiter liegt eine gegen das Vergaberecht verstoßende Wettbewerbsverfälschung und -verzerrung auch dann vor, wenn ein Unternehmen der öffentlichen Hand kraft eines gesetzlichen Verbots wie zB § 107 GO NRW eine für den Wettbewerb relevante Tätigkeit auf einem bestimmten Markt gar nicht aufnehmen darf, dies aber dennoch unternimmt und darin vom öffentlichen Auftraggeber durch die Auftragsvergabe auch noch unterstützt wird. Als Wettbewerbsverstoß ist in solchen Fällen die Verletzung des gesetzlichen Marktzutrittsverbots durch das Unternehmen anzusehen.[77] **28**

Die Abgabe von **Unterkostenangebote** (oder Angeboten unter Einstandspreis), sofern sie die Gefahr begründen, dass ein oder mehrere bestimmte Mitbewerber vom Markt ganz verdrängt werden, ist als „wettbewerbsbeschränkende und unlautere Verhaltensweise" anzusehen, die der öffentliche Auftraggeber zu bekämpfen hat.[78] **29**

Zu den unlauteren Verhaltensweisen können insbesondere Verstöße gegen das **GWB** gehören. In Betracht kommen zunächst Verstöße gegen das Verbot wettbewerbsbeschränkender Vereinbarungen nach § 1 GWB, insbesondere Submissionskartelle. Zu beachten ist, dass auch Bietergemeinschaften und Arbeitsgemeinschaften, die in der VOB/A grundsätzlich als zulässige Anbietervarianten vorgesehen sind, gegen das Verbot wettbewerbsbeschränkender Vereinbarungen gemäß § 1 GWB verstoßen können, weil mit der Gründung der **Bieter- bzw. Arbeitsgemeinschaft** regelmäßig die Verpflichtung einhergeht, eigene, selbstständige Angebote nicht abzugeben. Solche Bieter bzw. Arbeitsgemeinschaften verstoßen aber jedenfalls dann nicht gegen § 1 GWB, wenn sie im konkreten Fall tatsächlich nicht im Wettbewerb stehen, entweder weil sie isoliert betrachtet zu dieser Zeit nicht über die erforderliche Kapazität zur Ausführung des Auftrags verfügen oder weil zwar die erforderliche Kapazität vorhanden ist, aber erst die Arbeitsgemeinschaft die Beteiligten in die Lage versetzt, ein Erfolg versprechendes Angebot abzugeben.[79] **30**

Des Weiteren ist es nach hM in der Rechtsprechung nicht zu beanstanden, wenn die Unternehmen für sich genommen leistungsfähig sind, die gemeinsame Angebotslegung aber eine in subjektiver Hinsicht im Rahmen wirtschaftlich zweckmäßigen und kaufmännisch vernünftigen Handelns liegende Unternehmensentscheidung darstellt, um ein erfolgversprechendes Angebot abzugeben. Dies kann z. B. der Fall sein, wenn sich die beteiligten Unternehmen zeitgleich um mehrere öffentliche Aufträge beworben haben und das Risiko, die erforderlichen Kapazitäten vorhalten zu müssen, auf mehrere Partner verteilen wollen. Den Unternehmen steht bei der Entscheidung eine gewisse Einschätzungsprärogative zu. Sie muss lediglich auf objektiven Gesichtspunkten beruhen und nachvollziehbar sein.[80]

Neben Verstößen gegen das GWB kommen als unlautere Verhaltensweisen auch Verstöße gegen das **UWG** in Betracht. Zu denken ist an die von der Rechtsprechung zu § 1 und § 3 UWG entwickelten Fallgruppen. Neben den allgemein bekannten Fallgruppen geht es hier auch **31**

---

[74] OLG Düsseldorf 13.4.2011 – VII-Verg 4/11, beck-online.
[75] EuGH 19.5.2009 – C-538/07, VergabeR 2009, 756 (760) (Rn. 30) – Assitur; so auch: VK Bund 6.10.2010 – VK 2 – 89/10, beck-online.
[76] EuGH 19.5.2009 – C-538/07, VergabeR 2009, 756 (760) (Rn. 31) – Assitur.
[77] OLG Düsseldorf AbfallR 2008, 307; ZfBR 2002, 820 (1. Ls.); aA: OVG Münster AbfallR 2008, 146, das die Auffassung vertritt, dass die Überprüfung der Einhaltung drittschützender gemeindewirtschaftlichtsrechtlicher Betätigungsgrenzen im Vergabeverfahren nicht bzw. nicht uneingeschränkt erfolgt.
[78] OLG Düsseldorf VergabeR 2002, 471 (6. Ls.); VK Berlin 2.6.2009 – VK-B 2–12/09.
[79] BGH BB 1984, 364; OLG Naumburg WuW/E Verg, 493, 495 f.; OLG Dresden 19.3.1998 – 7 U 827/97, juris.
[80] OLG Düsseldorf, Beschluss vom 1.7.2015, Az.: VII-Verg 17/15, Rn. 14 ff., juris; Beschluss vom 9.11.2011, Az.: VII-Verg 35/11, Rn. 23, juris; VK Südbayern, Beschluss vom 1.2.2016, Az.: Z3-3-3194-1-58-11/15, VPR 2016, 152; a. A. KG Berlin, Beschluss vom 24.10.2013, Az.: Verg 11/13, Rn. 32 ff., juris.

um die Frage, ob ein Tätigwerden von Unternehmen, die ihrerseits von einer Gemeinde oder Gebietskörperschaft beherrscht werden und ihre kommunalrechtlichen Zuständigkeitsgrenzen überschreiten, sich wettbewerbswidrig verhalten[81].

32   Neben dem Verstoß gegen nationale Wettbewerbsvorschriften kommen auch Verstöße gegen die Wettbewerbsvorschriften des AEUV (Art. 101, 102 AEUV) sowie gegen die **Beihilferegelungen** des AEUV (Art. 107 AEUV) in Betracht. Allerdings kann ein Bieter, dem **genehmigte staatliche Beihilfen** zur Verfügung gestellt worden sind, nicht aus dem Vergabeverfahren ausgeschlossen werden. Es liegt weder eine wettbewerbsbeschränkende oder unlautere Verhaltensweise noch ein Verstoß gegen das Gleichbehandlungsgebot vor. In einer Entscheidung vom 7.12.2000[82] stellte der EuGH fest, dass der Grundsatz der Gleichbehandlung der Bieter nicht schon dadurch verletzt ist, dass ein Öffentlicher Auftraggeber zu einem Vergabeverfahren auch Einrichtungen zulässt, die entweder von ihm selbst oder von anderen Öffentlichen Auftraggebern Zuwendungen, gleich welcher Form, erhalten, die es ihnen ermöglichen, zu Preisen anzubieten, die erheblich unter denen ihrer Mitbewerber liegen, die keine solche Zuwendungen erhalten. Der EuGH stellte klar, dabei handele es sich weder um eine versteckte Diskriminierung noch eine mit Art. 49 EGV[83] unvereinbare Beschränkung. Der EuGH begründet seine Entscheidung schlicht damit, dass der Gleichbehandlungsgrundsatz nicht verletzt sei, weil die Vergabebestimmungen gerade nicht vorsehen, dass sich Bieter, die Subventionen erhalten, an Vergabeverfahren nicht beteiligen dürfen.

33   Allerdings führt der EuGH auch aus, dass die Richtlinie den Auftraggeber im Einzelfall sehr wohl verpflichten könne, Bieter auszuschließen, die Zuwendungen, und zwar insbesondere **nicht vertragskonforme Beihilfen,** erhalten. Daraus ist geschlossen worden, dass eine „ungesunde Begleiterscheinung" im Sinn von § 2 Abs. 1 Nr. 2 VOB/A 2006 vorliegt, wenn die Kommission entweder entschieden hat, dass die Beihilfe nicht mit dem gemeinsamen Markt vereinbar ist, also materiell rechtswidrig ist, als auch dann, wenn die Beihilfe nicht im Verfahren nach Art. 108 AEUV. von der Kommission genehmigt und notifiziert worden ist, also formell rechtswidrig ist[84]. Die Vergabekammer Düsseldorf[85] hat daraus gefolgert, der Öffentliche Auftraggeber sei gehalten, den Sachverhalt näher aufzuklären und von dem Bieter ggf. den Nachweis zu verlangen, dass die Beihilfe im Verfahren nach Art. 108 AEUV von der Kommission genehmigt worden sei, wenn Anhaltspunkte dafür vorliegen, dass eine nichtgenehmigte staatliche Beihilfe vorliegt. Dem hat der Vergabesenat des OLG Düsseldorf[86] widersprochen. Nach Meinung des Vergabesenats lässt sich weder dem deutschen noch dem europäischen Vergaberecht die Pflicht des Auftraggebers entnehmen, die Angebotspreise um formell europarechtswidrig erhaltene Beihilfen zu bereinigen. Auch § 97 GWB umfasse nicht die Pflicht, ohne Rücksicht auf eine Wettbewerbswidrigkeit die Gewährung staatlicher Fördermittel auf ihre Rechtmäßigkeit hin zu überprüfen und im Falle der Europarechtswidrigkeit das Angebot von der Wertung auszuschließen oder die Beihilfegewährung durch eine Erhöhung des Angebotspreises zu korrigieren. Inzwischen ist jedenfalls für Auftragsvergaben oberhalb der Schwellenwerte festgelegt worden, dass Angebote nicht allein deshalb zurückgewiesen werden können, weil sie aufgrund einer staatlichen Beihilfe ungewöhnlich niedrig sind (§ 16 EG Abs. 8 VOB/A). Sie können allerdings zurückgewiesen werden, wenn der Bieter nach Aufforderung innerhalb einer vom Auftraggeber festzulegenden ausreichenden Frist nicht nachweisen kann, dass die betreffende Beihilfe rechtmäßig gewährt wurde.

34   Ein anderer auf europarechtliche Vorgehen zurückgehender Wettbewerbsverstoß, der im Vergabeverfahren zu berücksichtigen ist, kann sich auch aus der **Laufzeit** eines Vertrages ergeben. Zwar ergibt sich aus dem europäischen Vergaberecht bislang keine Verpflichtung, Verträge, die Dauerschuldverhältnisse darstellen, zu befristen, allerdings können Verträge mit einer Laufzeit von 20 oder 25 Jahren vergaberechtswidrig sein[87]. Der EuGH hat klargestellt, dass Verträge mit einer langen Laufzeit gegen den freien Dienstleistungsverkehr und damit gegen Europarecht verstoßen können, weil andere Unternehmen über viele Jahre von der Leistungserbringung

---

[81] Vgl. insoweit BGH VergabeR 2002, 467 (468 f.); OLG Düsseldorf VergabeR 2002, 471 (480 ff.).
[82] EuGH 7.12.2000 – C-94/99, VergabeR 2001, 28 (29 f.) – ARGE Gewässerschutz/Bundesministerium für Land- und Forstwirtschaft.
[83] Entspricht Art. 56 AEUV.
[84] *Masing* in Beck'scher VOB-Kommentar / Teil A § 2 Rn. 61.
[85] VK Düsseldorf 18.4.2002 – VK 5/2002-L, juris.
[86] OLG Düsseldorf VergabeR 2002, 607 (610 ff.).
[87] VK Arnsberg 21.2.2006 – VK 29/05, juris; EuGH 9.3.2006 – C-323/03, NZBau 2006, 386 (Ls. und 388 Rn. 44); *Schranner* in Ingenstau/Korbion, VOB Kommentar, VOB/A § 4a Rn. 8.

ausgeschlossen werden. Der freie Dienstleistungsverkehr dürfe nur aus zwingenden Gründen des Allgemeininteresses beschränkt werden, wobei die Regelung bzw. Laufzeit nicht über das hinausgehen dürfe, was zum Erreichen dieses Zieles erforderlich sei[88].

Weiter kann auch der Verstoß gegen sonstige **zivil- und arbeitsrechtliche** Vorschriften eine unlautere Verhaltensweise darstellen. Zu nennen sind unzulässige Schmiergeldzahlungen, Verstöße gegen arbeits- und arbeitsmarktrechtliche Vorschriften, das Verbot der Schwarzarbeit und ähnliches. **35**

Ferner dürften auch **tarifvertragliche** Verstöße, jedenfalls wenn sie gezielt und in größerem Umfang begangen werden, eine „unlautere Verhaltensweise" darstellen.[89] **36**

Als unlauteres Verhalten wurde auch das Bestreben eines Bieters gewertet, das für den Zuschlag ausgewählte Unternehmen in Misskredit zu bringen.[90] **37**

Schließlich kann die Beteiligung sog **Projektanten,** dh Unternehmen, die für den Auftraggeber Vorarbeiten für das Bauvorhaben oder die Ausschreibung geleistet haben und sich an der Ausschreibung beteiligen, eine ungesunde Begleiterscheinung sein.[91] **38**

G. Diskriminierungsverbot

Nach § 2 Abs. 2 VOB/A darf bei der Auftragsvergabe kein Unternehmer diskriminiert werden. Das Diskriminierungsverbot ist nicht nur eines der Grundprinzipien der VOB/A, das in vielen Bestimmungen zum Ausdruck kommt, sondern auch einer der wichtigsten Grundsätze aller EG-Rechtsvorschriften. Der übergeordnete Grundsatz lautet, dass alle Teilnehmer **gleich zu behandeln** sind, dh gleiche Tatbestände dürfen nicht ohne sachlichen Grund ungleich behandelt werden, und ungleiche Tatbestände dürfen nicht ohne sachlichen Grund gleichbehandelt werden. Eine auf sachfremden Erwägungen beruhende ungerechtfertigte Differenzierung liegt vor, wenn sich ein vernünftiger, aus der Natur der Sache folgender oder sonst sachlicher Grund für eine unterschiedliche Behandlung im Hinblick auf den Sinn und Zweck der Bestimmungen nicht finden lässt.[92] § 2 Abs. 2 VOB/A enthält wiederum die Generalklausel des Diskriminierungsverbots. Aber auch andere Bestimmungen der VOB/A enthalten Regelungen, in denen für den jeweiligen Anwendungsbereich der Sonderregelung ein Verstoß gegen den Gleichheitssatz untersagt wird.[93] **39**

Aufgrund des Diskriminierungsverbotes ist es dem Auftraggeber grundsätzlich untersagt, Bewerber bzw. Bieter wegen ihrer Herkunft bzw. Ansässigkeit unterschiedlich zu behandeln[94]. Einen Verstoß gegen das Diskriminierungsverbot stellt es weiter dar, wenn Bewerber oder Bieter von der Vergabestelle unterschiedlich informiert werden[95] oder unter Verstoß gegen Vergaberegeln Informationen erhalten, die sie nicht hätten erhalten dürfen[96]. **40**

Gegen den Gleichbehandlungsgrundsatz verstößt der Auftraggeber ferner, wenn er im Vergabeverfahren unterschiedliche **Fristen** setzt. Gesetzte Fristen und Termine müssen für alle Bieter und Bewerber einheitlich gelten.[97]

Einen Verstoß gegen das Diskriminierungsverbot stellt es auch dar, wenn durch die Ausgestaltung der Vergabebedingungen bestimmte Fabrikate oder Hersteller bevorzugt werden. Die Nennung bestimmter Marken in der Ausschreibung ist nur zulässig, wenn hierfür besondere Gründe bestehen und eine andere Form der Leistungsbeschreibung nicht möglich ist. Geregelt ist dies in § 7 Abs. 8 VOB/A. **41**

Darüber hinaus stellt es einen Verstoß gegen das Diskriminierungsverbot bzw. Gleichbehandlungsgebot dar, wenn der Auftraggeber bei einer freihändigen Vergabe mit einem der Bieter in **42**

---

[88] EuGH 9.3.2006 – C-323/03, NZBau 2006, 386 (388) (Rn. 45).
[89] Vgl. OLG Düsseldorf NZBau 2009, 269 (271); VK Bund 29.1.2009 – VK 1 – 180/08, juris.
[90] VK Berlin 21.2.2011 – VK B 2–18/10, juris.
[91] → § 6 Rn. 27.
[92] Vgl. BVerfGE 71, 39 (53); 51, 222 (234); 1, 14 (18. Ls.); BVerfG 7.3.1953 – 2 BvE 4/52, juris – EVG-Vertrag.
[93] *Masing* in Beck'scher VOB Kommentar / Teil A § 2 Rn. 62; *Burgi* NZBau 2008, 29 (32).
[94] VK Brandenburg 23.11.2004 – VK 58/04, IBRRS 2005, 2863.
[95] Vgl. EuGH 12.11.2009 – C-199/07, NZBau 2010, 120 (123) (Rn. 38); *Leinemann* Das neue Vergaberecht, Rn. 13.
[96] VÜA Bund WuW 1996, 146 (152) – Schleusenneubau; VÜA Bund WuW 1997, 265 (272) – Kanalbrücken; *Leinemann* Das neue Vergaberecht, Rn. 9; *Bauer* in Heiermann/Riedl/Rusam VOB § 2 Rn. 29.
[97] OLG Dresden BauR 2000, 1591 (1594) – Neubau Verwaltungsgebäude; VK Sachsen 22.2.2000 – 1/SVK/4-00, IBRRS 2013, 3796; *Masing* in Beck'scher VOB Kommentar / Teil A § 2 Rn. 63.

Verhandlungen eingetreten ist, ohne die übrigen Bieter zuvor darüber zu informieren, dass an den ursprünglich mitgeteilten Bewertungskriterien nicht festgehalten wird.[98]

Einen Verstoß gegen das Diskriminierungsverbot stellt es schließlich dar, wenn in einem Verhandlungsverfahren vom Auftraggeber Fristen gesetzt werden, die der Bieter nicht einhält und die Vergabestelle das Fristversäumnis gleichwohl ohne Folgen lässt und das Angebot in der geänderten Fassung berücksichtigt.[99] Etwas anderes gilt nur dann, wenn aus eben jenem Gleichbehandlungsgrundsatz gerade umgekehrt zu folgern ist, dass das Fristversäumnis ohne Folgen bleiben muss.[100]

H. Forderung einer ganzjährigen Bautätigkeit

43 § 2 Abs. 3 VOB/A ist ein Programmsatz, aus dem keine unmittelbaren rechtlichen Verpflichtungen folgen, und hält den Auftraggeber an, die Aufträge möglichst so zu erteilen, dass eine ganzjährige Bautätigkeit gefördert wird.

I. Verbot der Markterkundung

44 Die Durchführung von Vergabeverfahren zum Zwecke der Markterkundung ist unzulässig. Denn der Bieter darf darauf vertrauen, dass er nur dann zur Abgabe eines Angebotes aufgefordert wird, wenn auch eine Aussicht besteht, dass auf dieses Angebot der Zuschlag erteilt wird. Unzulässig ist es damit, dass der Auftraggeber ohne konkrete Vergabeabsicht eine Verfahren nur zu dem Zweck durchführt, sich Informationen über eine möglicherweise später auszuschreibende Leistung, über Ausführungsvarianten uä zu beschaffen, um erst dann seinen Beschaffungsbedarf zu definieren und den Vertragsschluss vorzubereiten.[101] Unzulässig ist jede Form von Scheinausschreibung.

Dagegen ist es selbstverständlich zulässig, Markterkundung vor Einleitung eines Vergabeverfahrens durchzuführen, soweit nur deutlich zum Ausdruck gebracht wird, dass es sich nur um eine Markterkundung handelt.[102] Deshalb sind Parallelausschreibung, PPP-Ausschreibungen und Vergabeverfahren zur Betriebsführung von Anlagen, bei denen die Zuschlagerteilung von einem Regiekostenvergleich abhängig gemacht wird, nicht unproblematisch. Bei all diesen Formen behält sich der Auftraggeber vor, den Zuschlag nicht zu erteilen, wenn ein bestimmtes Ergebnis am Markt erzielt wird.[103] Dennoch sind solche Verfahren in der Praxis üblich und werden jedenfalls dann nicht beanstandet, wenn der Auftraggeber in den Vergabeunterlagen klar und unmissverständlich auf diese Sachverhalte hinweist. Unzulässig ist es allerdings, zwar offenzulegen, dass die Vergabe unterbleibt, wenn die Regiekosten überschritten werden, aber die Regiekosten nicht offenzulegen. Der Auftraggeber hat kein berechtigtes Interesse daran, diese Grenze zu verschweigen.

J. Frühester Beginn des Vergabeverfahrens

45 Mit einem Vergabeverfahren darf erst begonnen werden, wenn alle Vergabeunterlagen fertig gestellt wurden und wenn innerhalb der angegebenen Fristen mit der Ausführung begonnen werden kann.[104]

---

[98] OLG Düsseldorf ZfBR 2004, 202 (205).
[99] OLG Düsseldorf VergabeR 2002, 169 (170 f.).
[100] OLG Düsseldorf VergabeR 2002, 169 (171).
[101] *Völlink/Ziekow* Vergaberecht, VOB/A § 2 Rn. 26; *Vavra* in KKPP VOB § 2 Rn. 38.
[102] OLG Dresden 23.4.2009 – WVerg 11/08, IBRRS 2009, 1948; *Schranner* in Ingenstau/Korbion VOB/ § 2 Rn. 82.
[103] Vgl. *Vavra* in KKMP VOB § 2 Rn. 38; *Schranner* in Ingenstau/Korbion VOB/ § 2 Rn. 103.
[104] Vgl. OLG Düsseldorf VergabeR 2014, 401; *Vavra* in KKMP VOB § 2 Rn. 40; *Bauer* in Heiermann/Riedl/Rusam VOB § 2 Rn. 56 ff.

§ 3 Arten der Vergabe

(1) Bei **Öffentlicher Ausschreibung** werden Bauleistungen im vorgeschriebenen Verfahren nach öffentlicher Aufforderung einer unbeschränkten Zahl von Unternehmen zur Einreichung von Angeboten vergeben.

(2) Bei **Beschränkter Ausschreibung** werden Bauleistungen im vorgeschriebenen Verfahren nach Aufforderung einer beschränkten Zahl von Unternehmen zur Einreichung von Angeboten vergeben, gegebenenfalls nach öffentlicher Aufforderung, Teilnahmeanträge zu stellen (Beschränkte Ausschreibung nach Öffentlichem Teilnahmewettbewerb).

(3) Bei **Freihändiger Vergabe** werden Bauleistungen ohne ein förmliches Verfahren vergeben.

Schrifttum: *Byok/Jansen*, Durchbruch für das A-Modell im Fernstraßenausbau?, NZBau 2005, 241; *Conrad*, § 298 StGB und der fehlerhafte Vergabewettbewerb, ZfBR 2015, 132; *Dreher*, Zur Berücksichtigung eines „Mehr an Eignung" bei der Vergabe öffentlicher Aufträge, EWiR 1999, 139; *Ganske*, Business Improvement Districts (BIDs) und Vergaberecht: Ausschreiben! Aber wie?, BauR 2008, 1987; *Gierling*, Leistung freihändig vergeben: Muss Zuwendung zurückgezahlt werden?, IBR 2014, 37; *Himmelmann*, Außenwirksame Anforderungen an die Vergabe von Aufträgen unterhalb der Schwellenwerte – insbesondere bei beschränkten Ausschreibungen und freihändigen Vergaben, VergabeR 2007, 342; *Jasper*, EuGH – Unzulässige Auftragsvergabe im Verhandlungsverfahren, WiB 1996, 915; *Jennert*, Die Rückforderung von Zuwendungen bei Vergabeverstößen, KommJur 2006, 286–289; *Krohn*, Künftiger Umgang mit Wertgrenzen: Erfahrungen aus dem Konjunkturpaket II, NZBau 2014, 20; *Lambert*, Freihändige Vergabe – restriktive Ausnahmeregelung oder Chance für interessengerechtes Vorgehen?, BrBp 2005, 360; *Mager*, Niedrige Anforderungen an zulässige Rückforderung von Zuwendungen, NZBau 2012, 281; *Motyka-Mojkowski*, Besondere Dringlichkeit der Leistung bei Stadionbau für Fußball-EM 2012, NZBau 2012, 471; *Quilisch*, Das Verhandlungsverfahren – Ein Irrgarten?, NZBau 2003, 249; *Schaller*, VOB- und VOL-Verträge – Ausschreibungs- und Vergabearten im nationalen Bereich, ZKF 2005, 8; *ders*. Die Wahl der zutreffenden Vergabeart – Von der Freihändigen Vergabe bis zur Öffentlichen Ausschreibung, FiWi 2003, 73; *Stoye/Brugger*, Vertrag bleibt Vertrag: Anordnungen des Auftraggebers nach VOB/B grundsätzlich ausschreibungsfrei, VergabeR 2011, 803; Zur Anzahl der Teilnehmer während des Verhandlungsverfahrens, ZfBR 2014, 538; *Tschäpe*, Zur Anzahl der Teilnehmer während des Verhandlungsverfahrens, ZfBR 2014, 538.

Übersicht

	Rn.
A. Anwendungsbereich	1
B. Vergabearten (§ 3 VOB/A)	4
I. Öffentliche Ausschreibung (§ 3 Abs. 1 VOB/A)	6
II. Beschränkte Ausschreibung (§ 3 Abs. 2 VOB/A)	9
1. Allgemeine Regelungen	10
2. Beschränkte Ausschreibung nach Öffentlichem Teilnahmewettbewerb	12
3. Beschränkte Ausschreibung ohne Öffentlichen Teilnahmewettbewerb	21
III. Freihändige Vergabe (§ 3 Abs. 3 VOB/A)	25
C. Fehlerfolgen	31

A. Anwendungsbereich

§ 3 VOB/A gilt für alle **Auftraggeber**, die den **1. Abschnitt** der VOB/A anzuwenden haben. Vergleichbare Regelungen finden sich für den 2. Abschnitt in § 3 EU VOB/A. Für Sektorenauftraggeber gilt § 13 Abs. 1 SektVO iVm § 119 GWB. Diese haben insbesondere größere Freiheit bei der Wahl der Vergabearten (§ 13 Abs. 1 SektVO). 1

Private Auftraggeber sind nicht verpflichtet, § 3 VOB/A anzuwenden. Bei öffentlicher Förderung eines privaten Bauvorhabens wird dem privaten Auftraggeber allerdings häufig aufgegeben, die VOB/A zu beachten.[1] Diese Verpflichtung besteht lediglich im Innenverhältnis zur **Fördermittel** gebenden Stelle. Bewerber und Bieter können hieraus keine Rechte auf Einhaltung der Vorschriften des 1. Abschnitts herleiten.[2] Zur Möglichkeit, Schadensersatzansprüche 2

---

[1] *Jasper/Soudry* in Dreher/Motzke, VOB/A § 3 Rn. 4; *Bauer* in Heiermann/Riedl/Rusam VOB/A § 3 Rn. 7.
[2] *Bauer* in Heiermann/Riedl/Rusam, VOB/A § 3 Rn. 7.

gegen private Auftraggeber geltend zu machen → Rn. 35. In Verfahren oberhalb der Schwellenwerte kann die Gewährung von Fördermitteln dazu führen, dass der Empfänger nach § 99 Nr. 4 GWB öffentlicher Auftraggeber wird.

3   § 3 VOB/A wurde durch die **VOB/A 2016** auf die §§ 3 und 3a VOB/A aufgeteilt, ohne dass es zu inhaltlichen Änderungen kam. Der Ablauf der Verfahren ist unvollständig in § 3b VOB/A geregelt, der § 6 Abs. 2 VOB/A 2012 entspricht.

B. Vergabearten (§ 3 VOB/A)

4   § 3 VOB/A bezeichnet die **möglichen Vergabearten**: Öffentliche Ausschreibung, Beschränkte Ausschreibung (ggf. nach Öffentlichem Teilnahmewettbewerb) und Freihändige Vergabe. Der **Wettbewerbliche Dialog** (§ 119 Abs. 6 GWB) und die **Innovationspartnerschaft** (§ 119 Abs. 7 GWB) finden nur auf Vergaben oberhalb der Schwellenwerte Anwendung und stehen für Ausschreibungen nach dem 1. Abschnitt nicht zur Verfügung.[3] Die Vergabearten unterscheiden sich nach der Zahl der beteiligten Bieter sowie nach der Formalisierung des Verfahrens:[4] Die **Zahl der Bieter** ist bei der Öffentlichen Ausschreibung unbegrenzt. Jeder an dem Auftrag Interessierte kann ein Angebot abgeben. Bei den anderen Vergabearten hingegen ist die Zahl der Bieter begrenzt. Die Beschränkte Ausschreibung nach Öffentlichem Teilnahmewettbewerb lässt eine beliebige Anzahl an Bewerbern, aber nur eine beschränkte Zahl an Bietern zu. Bei der Beschränkten Ausschreibung ohne Öffentlichen Teilnahmewettbewerb und der Freihändigen Vergabe ist die Zahl der Bieter beschränkt. Schließlich sind die Öffentliche und die Beschränkte Ausschreibung **formalisiert,** während die Freihändige Vergabe weitgehend ohne förmliches Verfahren stattfindet.

5   Den **Grundsätzen des Vergaberechts** (Wettbewerb, Transparenz, Gleichbehandlungsgebot, Einl. Rn. 58) wird am besten durch die Öffentliche Ausschreibung Rechnung getragen.[5] Am wenigsten wird die Freihändige Vergabe diesen Grundsätzen gerecht. Dem tragen die Regelungen des § 3a VOB/A Rechnung. Dennoch gelten die **allgemeinen Regeln** der VOB/A für alle Vergabeverfahren, unabhängig von der gewählten Vergabeart. Eine Reihe von Vorschriften ist ausweislich ihres Wortlauts auf eine oder mehrere Vergabearten beschränkt.

I. Öffentliche Ausschreibung (§ 3 Abs. 1 VOB/A)

6   Die Öffentliche Ausschreibung entspricht dem offenen Verfahren oberhalb der Schwellenwerte (§ 3 EU Nr. 1 VOB/A). Sie hat nach § 3a Abs. 1 VOB/A regelmäßig Vorrang vor den anderen Vergabearten.

7   Die Öffentliche Ausschreibung beginnt mit einer **öffentlichen Bekanntmachung** (zu den Einzelheiten vgl. § 12 Abs. 1 VOB/A). Deren Ziel ist es, alle interessierten Unternehmen von der beabsichtigten Auftragsvergabe zu unterrichten und ihnen die Abgabe eines Angebots zu ermöglichen. Zulässig ist, dass der Auftraggeber einzelne Unternehmen auf die Bekanntmachung hinweist und zur Teilnahme auffordert, solange er ihnen keine Informationen zur Verfügung stellt, die den übrigen Interessenten nicht oder zu einem späteren Zeitpunkt zugänglich sind.[6]

8   Nach der öffentlichen Aufforderung zur Einreichung von Angeboten folgt das **vorgeschriebene Verfahren.** Der Ablauf einer Öffentlichen Ausschreibung stellt sich im Wesentlichen wie folgt dar:
– Erstellung der Vergabeunterlagen (§§ 7 bis 8b VOB/A)
– Bekanntmachung (§ 12 Abs. 1 VOB/A)
– Versand der Vergabeunterlagen (§ 12a VOB/A)
– gegebenenfalls Auskünfte an die Bewerber (§ 12a Abs. 4 VOB/A)
– Einreichung der Angebote (§§ 10, 13 VOB/A)
– Eröffnungstermin (§ 14 VOB/A)
– Ausschluss – formale Angebotsprüfung – 1. Wertungsstufe (§§ 16 und 16a VOB/A)
– gegebenenfalls Aufklärung des Angebotsinhalts (§ 15 VOB/A)
– Eignungsprüfung – 2. Wertungsstufe (§ 16b VOB/A)
– Prüfung (§ 16c VOB/A)

---

[3] *Knauff* NZBau 2005, 443.
[4] *Jasper/Soudry* in Dreher/Motzke VOB/A § 3 Rn. 8; *Stolz* in Ingenstau/Korbion, VOB/A § 3 Rn. 3.
[5] *Jasper/Soudry* in Dreher/Motzke VOB/A § 3 Rn. 36; *Stolz* in Ingenstau/Korbion VOB/A § 3 Rn. 9.
[6] OLG Schleswig NZBau 2000, 207.

– Prüfung der Angemessenheit des Preises – 3. Wertungsstufe (§ 16d Abs. 1 Nr. 1 und Nr. 2 VOB/A)
– Auswahl des wirtschaftlichsten Angebots – 4. Wertungsstufe (§ 16d Abs. 1 Nr. 3 VOB/A)
– Zuschlag (§ 18 VOB/A) oder
– Aufhebung der Ausschreibung (§ 17 VOB/A)
– Benachrichtigung der Bieter (§ 19 VOB/A).

II. Beschränkte Ausschreibung (§ 3 Abs. 2 VOB/A)

Ebenso in einem formalisierten Verfahren, aber mit einem beschränkten Bieterkreis, findet die **Beschränkte Ausschreibung** statt, ggf. nach Öffentlichem Teilnahmewettbewerb. Die Beschränkte Ausschreibung nach Öffentlichem Teilnahmewettbewerb entspricht dem nicht offenen Verfahren nach § 3 EU Nr. 2 VOB/A.

1. Allgemeine Regelungen. Bei Beschränkter Ausschreibung werden die Bauleistungen nach **Aufforderung einer beschränkten Zahl von Unternehmen** zur Abgabe von Angeboten vergeben. Es findet ein **zweistufiges Verfahren** statt. Die **erste Stufe** umfasst die Auswahl der Bieter, die zur Angebotsabgabe aufgefordert werden. Hierunter fällt auch die Eignungsprüfung (2. Wertungsstufe), da nur geeignete Unternehmen zur Angebotsabgabe aufgefordert werden dürfen (§ 6b Abs. 4 VOB/A). Anders als bei der Öffentlichen Ausschreibung erfolgt die Eignungsprüfung zu einem Zeitpunkt, in dem noch keine Angebote vorliegen. Zu der **zweiten Stufe** zählen Abgabe und Wertung der Angebote sowie die Zuschlagserteilung. Sie entspricht der Öffentlichen Ausschreibung ab dem Zeitpunkt des Eingangs der Angebote (→ Rn. 8). Allerdings ist eine Eignungsprüfung nicht mehr erforderlich. Eine Ausnahme gilt nur dann, wenn während der zweiten Stufe neue Tatsachen eintreten oder bekannt werden, die Zweifel an der Eignung eines Bieters begründen. In diesen Fällen muss der Auftraggeber erneut in die Eignungsprüfung eintreten, da die Eignung auch noch zum Zeitpunkt der Zuschlagserteilung vorliegen muss (§ 16b Abs. 2 VOB/A). Entfällt sie während des Ausschreibungsverfahrens, ist das betroffene Unternehmen auszuschließen.

Die Teilnehmer an der ersten Stufe einer Beschränkten Ausschreibung werden als „**Bewerber**" bezeichnet, in der zweiten Stufe spricht man von „**Bietern**". Die Öffentliche Ausschreibung kennt lediglich Bieter, keine Bewerber. Der Vorteil der Beschränkten gegenüber der Öffentlichen Ausschreibung liegt darin, dass der Aufwand des Auftraggebers für die Auswertung der Angebote deutlich geringer ist.[7] Das Gleiche gilt für die Zahl der Bieter, die erfolglos Zeit auf die Angebotserstellung verwendet haben. Nachteilig kann sich auswirken, dass weniger Unternehmen die Möglichkeit erhalten, durch Angebotsabgabe ihre Wirtschaftlichkeit unter Beweis zu stellen. Es besteht zumindest die Gefahr, dass bei Öffentlicher Ausschreibung wirtschaftlichere Angebote eingegangen wären. Schließlich kann die Beschränkte Ausschreibung für junge Unternehmen den Zugang zum Markt erschweren.

2. Beschränkte Ausschreibung nach Öffentlichem Teilnahmewettbewerb. Die VOB/A kennt die Beschränkte Ausschreibung ohne und nach Öffentlichem Teilnahmewettbewerb. Beide Varianten unterscheiden sich ausschließlich hinsichtlich der **ersten Stufe,** also der Auswahl der Bieter. Hinsichtlich der zweiten Stufe bestehen keine Unterschiede. Die Beschränkte Ausschreibung nach Öffentlichem Teilnahmewettbewerb stellt das formstrengere Verfahren dar. Sie steht zwischen der Öffentlichen Ausschreibung und der Beschränkten Ausschreibung.

Bei der Beschränkten Ausschreibung nach Öffentlichem Teilnahmewettbewerb erfolgt die Auswahl der Bieter in einem **förmlichen Verfahren.** Die Zahl der Bieter ist begrenzt, die Zahl der Bewerber aber unbegrenzt. Der öffentliche Teilnahmewettbewerb wird durch eine Bekanntmachung gem. § 12 Abs. 2 VOB/A eingeleitet. Jedes interessierte Unternehmen hat die Möglichkeit, einen Teilnahmeantrag zu stellen und seine Eignung nachzuweisen. Der Öffentliche Teilnahmewettbewerb ist selbstständiger Teil des „vorgeschriebenen Verfahrens" nach § 3 Abs. 2 VOB/A. Das Vergabeverfahren beginnt mit dem Öffentlichen Teilnahmewettbewerb. Der Auftraggeber prüft die eingegangenen Teilnahmeanträge zunächst unter formalen Gesichtspunkten (1. Wertungsstufe). Im Anschluss folgt die Eignungsprüfung (2. Wertungsstufe) nach § 6b Abs. 4 VOB/A. Die Eignungsprüfung richtet sich nach den gleichen Grundsätzen wie bei der Öffentlichen Ausschreibung.

---

[7] *Stolz* in Ingenstau/Korbion, VOB/A § 3 Rn. 10, 24.

14 Zur Angebotsabgabe sollen mehrere, im Allgemeinen mindestens 3 geeignete Bewerber aufgefordert werden (§ 3b Abs. 2 VOB/A). Stellt sich heraus, dass nur ein oder zwei Bewerber die Eignungsanforderungen erfüllen, kann die Beschränkte Ausschreibung fortgesetzt werden. Es ist nicht nötig, die Ausschreibung aufzuheben und solange neu auszuschreiben, bis sich mindestens drei geeignete Bewerber beteiligen.

15 Während es bei der Öffentlichen Ausschreibung genügt, die Eignung eines Bieters zu bejahen oder zu verneinen, kann es bei der Beschränkten Ausschreibung erforderlich werden zu entscheiden, welche Bewerber trotz erfolgtem Eignungsnachweis **nicht zur Angebotsabgabe aufgefordert** werden. Dies ist der Fall, wenn eine größere Zahl an Bewerbern ihre Eignung nachgewiesen hat, als zur Angebotsabgabe aufgefordert werden sollen. Der Auftraggeber ist nicht verpflichtet, alle geeigneten Bewerber aufzufordern. Die Auswahl unter den geeigneten Unternehmen muss nach objektiven, diskriminierungsfreien Kriterien erfolgen.[8] Unter mehreren geeigneten Bewerbern müssen diejenigen ermittelt werden, die besser als die Übrigen zur Auftragsdurchführung geeignet sind. Die Auswahl erfolgt anhand der Kriterien des § 6a Abs. 1 VOB/A und der nach § 6a Abs. 2 VOB/A verlangten Unterlagen.[9] Die Rechtsprechung, wonach ein **„Mehr an Eignung"** keine Berücksichtigung finden darf,[10] gilt hier nicht. Sie stellt auf die Auswahl des wirtschaftlichsten Angebots in der 4. Wertungsstufe ab (§ 16d Abs. 1 Nr. 3 S. 2 VOB/A). Dort dürfen Kriterien der Eignungsprüfung keine Rolle mehr spielen. Anders als im Fall des nicht offenen Verfahrens (§ 3b EU Abs. 2 Nr. 3 S. 2 VOB/A) ist für die Beschränkte Ausschreibung nicht vorgesehen, dass die Kriterien, nach denen die Auswahl der geeignetsten Bewerber erfolgt, vorab bekannt gemacht werden müssen.

16 Wenn eine sachgerechte Auswahl wegen der Vielzahl der in Frage kommenden Bewerber ausnahmsweise nicht möglich erscheint, ist die vorgegebene Zahl der zur Angebotsabgabe aufzufordernden Bewerber zu erhöhen.[11]

17 § 3b Abs. 3 VOB/A, wonach **unter den Bewerbern möglichst gewechselt werden** soll, kann lediglich bei der Beschränkten Ausschreibung ohne Öffentlichen Teilnahmewettbewerb Anwendung finden. Es wäre sachlich nicht gerechtfertigt, einen Bewerber, der im Rahmen eines Öffentlichen Teilnahmewettbewerbs nachgewiesen hat, besser als andere zur Auftragsdurchführung in der Lage zu sein, nur deshalb vom weiteren Verfahren auszuschließen, weil er bereits in anderen Ausschreibungen zur Angebotsaufgabe aufgefordert worden war. Bei der Beschränkten Ausschreibung ohne Öffentlichen Teilnahmewettbewerb hingegen findet auf der ersten Stufe kein uneingeschränkter Wettbewerb zwischen den Bewerbern statt. Folglich muss verhindert werden, dass der Wettbewerb durch einseitige Auswahlentscheidungen des Auftraggebers völlig ausgeschaltet wird. Diesem Ziel dient § 3b Abs. 3 VOB/A.

18 Die Auffassung, wonach unter den geeigneten Bewerbern **proportional** näher und ferner liegende sowie größere und kleinere Unternehmen zur Angebotsabgabe aufgefordert werden müssen,[12] stellt auf Kriterien ab, die sich nicht in § 6a Abs. 1 VOB/A wiederfinden und muss daher abgelehnt werden.[13] Aus den gleichen Gründen verbietet sich ein **Losverfahren**.[14] Ausnahmen sind nur zulässig, wenn auf Grund der Vielzahl der geeigneten Bewerber eine Auswahl nach objektiven Kriterien unmöglich erscheint.[15]

19 Es ist zulässig, dass der Auftraggeber Unternehmen auf den Öffentlichen Teilnahmewettbewerb hinweist. Hingegen darf er keine Unternehmen zur Angebotsabgabe auffordern, die sich an dem Teilnahmewettbewerb nicht beteiligt haben, da er deren Eignung nicht prüfen konnte.

20 Unterhalb der Schwellenwerte besteht kein Anspruch der Bewerber darauf, zur Angebotsabgabe aufgefordert zu werden.[16] Allerdings kann sich der Auftraggeber schadensersatzpflichtig machen, wenn er die Bewerber, die zur Angebotsabgabe aufgefordert werden, nicht anhand objektiver, diskriminierungsfreier Kriterien auswählt.

21 **3. Beschränkte Ausschreibung ohne Öffentlichen Teilnahmewettbewerb.** Die Beschränkte Ausschreibung ohne Öffentlichen Teilnahmewettbewerb findet ausschließlich unter-

---

[8] *Jasper/Soudry* in Dreher/Motzke, VOB/A § 3 Rn. 22.
[9] *Jasper* NZBau 2005, 494 (496) zum Verhandlungsverfahren.
[10] BGH NJW 1998, 3644 (3645); VergabeR 2002, 42 (43).
[11] *Jasper/Soudry* in Dreher/Motzke, VOB/A § 3 Rn. 22.
[12] *Bauer* in Heiermann/Riedl/Rusam, VOB/A § 3 Rn. 37.
[13] *Jasper/Soudry* in Dreher/Motzke, VOB/A § 3 Rn. 22; *Stolz* in Ingenstau/Korbion, VOB/A § 3 Rn. 23.
[14] *Jasper* NZBau 2005, 494 (496) zum Verhandlungsverfahren.
[15] OLG Rostock VergabeR 2004, 240 (241 f.); vgl. auch § 75 Abs. 6 VgV.
[16] *Stolz* in Ingenstau/Korbion, VOB/A § 3 Rn. 23.

halb der Schwellenwerte Anwendung. Dem nicht offenen Verfahren des § 3 EU Nr. 2 VOB/A geht stets eine Öffentliche Vergabebekanntmachung voraus.

Bei der Beschränkten Ausschreibung ohne Öffentlichen Teilnahmewettbewerb erfolgt die 22 Auswahl der Bieter auf der ersten Verfahrensstufe weitgehend **formfrei**. Zur Auswahl der Bewerber.

Das weitere Verfahren ab Aufforderung zur Angebotsabgabe unterscheidet sich nicht von der 23 Beschränkten Ausschreibung nach Öffentlichem Teilnahmewettbewerb.

Die Vergabe eines Auftrags im Wege der Beschränkten Ausschreibung ohne Öffentlichen 24 Teilnahmewettbewerb ist intransparent, da interessierte Unternehmen, die nicht unmittelbar von dem Auftraggeber zur Beteiligung am Verfahren aufgefordert werden, keine Kenntnis von der beabsichtigten Auftragserteilung erlangen. Dies ist im Hinblick auf die Rechtsprechung des Europäischen Gerichtshofs kritisch. Dieser schließt aus dem EU-Primärrecht eine Verpflichtung der öffentlichen Auftraggeber auch bei Vergaben unterhalb der Schwellenwerte den **Transparenzgrundsatz** zu beachten, soweit ein grenzüberschreitender Bezug vorliegt.[17] Um dieser Rechtsprechung zu entsprechen, sieht § 20 Abs. 3 Nr. 1 VOB/A vor, dass der Auftraggeber nach Zuschlagserteilung auf geeignete Weise, zB auf Internetportalen oder im Beschafferprofil zu informieren hat, wenn bei Beschränkten Ausschreibungen ohne Teilnahmewettbewerb der Auftragswert 25.000 Euro ohne Umsatzsteuer übersteigt (vgl. → VOB/A § 20 Rn. 29). § 19 Abs. 5 VOB/A ergänzt diese **ex-post-Transparenz** für Beschränkte Ausschreibungen nach § 3a Abs. 2 Nr. 1 VOB/A durch eine **ex-ante-Transparenz,** wenn der voraussichtliche Auftragswert 25.000 Euro ohne Umsatzsteuer erreicht oder übersteigt (→ VOB/A § 19 Rn. 30).

III. Freihändige Vergabe (§ 3 Abs. 3 VOB/A)

Die Freihändige Vergabe nach § 3 Abs. 3 VOB/A ist ein nicht formalisiertes Verfahren mit 25 einer begrenzten Bieterzahl. Die Kombination dieser Eigenschaften macht das Verfahren für eine Verletzung vergaberechtlicher Grundsätze besonders anfällig. Wegen seiner Flexibilität, insbesondere der Möglichkeit von Verhandlungen, ist das Verfahren für Auftraggeber besonders attraktiv. Die VOB/A bezeichnet die Freihändige Vergabe nicht als „Ausschreibung". Die explizit nur für Ausschreibungen geltenden Normen der VOB/A finden auf die Freihändige Vergabe keine Anwendung. Oberhalb der Schwellenwerte tritt das Verhandlungsverfahren nach § 3 EU Nr. 3 VOB/A an die Stelle der Freihändigen Vergabe.

Auch bei Freihändiger Vergabe sind **Mindestregelungen** zu beachten. So erklärt die VOB/A 26 ausdrücklich folgende Bestimmungen für anwendbar: § 3b Abs. 3 VOB/A (Wechsel unter den Bewerbern), § 6b Abs. 4 VOB/A (Prüfung der Eignung der Bewerber vor Aufforderung zur Angebotsabgabe), § 8b Abs. 1 Nr. 2 VOB/A (Unentgeltliche Abgabe der Unterlagen), § 8b Abs. 2 Nr. 2 VOB/A (Entschädigung für die Bearbeitung des Angebots), § 9c Abs. 1 S. 3 VOB/A (in der Regel keine Sicherheitsleistung), § 10 Abs. 6 VOB/A (Bindefrist), § 12a Abs. 1 Nr. 2 VOB/A (Versendung der Vergabeunterlagen am selben Tag), § 14 Abs. 9 VOB/A (Verwahrung und Geheimhaltung der Angebote und ihrer Anlagen), § 16b Abs. 2 VOB/A (Berücksichtigung von Umständen, die nach Aufforderung zur Angebotsabgabe Zweifel an der Eignung des Bieters begründen), § 16c Abs. 2 Nr. 3 VOB/A (Prüfung der Angebote auf Rechenfehler), § 16d Abs. 5 VOB/A (entsprechende Anwendung von Vorschriften über die Wertung von Angeboten), § 20 Abs. 1 Nr. 9 VOB/A (Dokumentation der Gründe für die Wahl der Freihändigen Vergabe), § 20 Abs. 3 Nr. 2 VOB/A (ex-post-Transparenz). Die Durchführung eines **Öffentlichen Teilnahmewettbewerbs** ist nicht vorgeschrieben, aber zulässig, beispielsweise um die Marktkenntnis des Auftraggebers zu vergrößern.[18]

Daneben hat der Auftraggeber auch bei Freihändiger Vergabe die **Grundsätze des Ver-** 27 **gaberechts** (Wettbewerb, Transparenz, Gleichbehandlungsgebot) zu beachten.[19] So ist er beispielsweise verpflichtet, allen Bietern die gleichen Informationen zur Verfügung zu stellen und im Falle von Fristsetzungen alle Unternehmen gleich zu behandeln. Keinesfalls darf er einem Bieter die Preise der Konkurrenzunternehmen mitteilen, um ihn in die Lage zu versetzen, das

---

[17] EuGH 3.12.2001 – C-59/00, ECLI:EU:C:2001:654 – Vestergaard; EuGH 20.10.2005 – C-264/03, ECLI:EU:C:2005:620 = VergabeR 2006, 54; EuGH 18.12.2007 – C-220/06, ECLI:EU:C:2007:815 = VergabeR 2008, 196 – APERMC; EuG 20.5.2010 – T-258/06, ECLI:EU:T:2010:214 = VergabeR 2010, 593; BGH NZBau 2012, 46 (48).
[18] *Stolz* in Ingenstau/Korbion, VOB/A § 3 Rn. 30.
[19] *Jasper/Soudry* in Dreher/Motzke, VOB/A § 3 Rn. 30; *Stolz* in Ingenstau/Korbion, VOB/A § 3 Rn. 27.

wirtschaftlichste Angebot abzugeben. Auch unrichtige Angaben sind unzulässig. Zur Sicherstellung eines echten Wettbewerbs sind regelmäßig mit mehreren Bietern Verhandlungen zu führen.[20] Innerhalb dieses Rahmens bestimmt der Auftraggeber den Verfahrensablauf weitgehend selbst.[21] Er entscheidet, ob und zu welchem Zeitpunkt er Vertragsunterlagen zum Gegenstand der Verhandlungen macht und ob den Bietern Fristen gesetzt werden. Auch kann er den Kreis der Bieter im Laufe der Verhandlungen begrenzen, indem er weniger geeignete Bieter oder weniger wirtschaftliche Angebote Stück für Stück vom weiteren Verfahren ausschließt. Soweit der Auftraggeber das Verfahren vorgibt, ist er hieran gebunden. Die Bieter können darauf vertrauen, dass der Auftraggeber den von ihm selbst formulierten Verfahrensablauf einhält.

28 § 20 Abs. 3 Nr. 2 VOB/A sieht vor, dass der Auftraggeber nach Zuschlagserteilung auf geeignete Weise, zB auf Internetportalen oder im Beschafferprofil zu informieren hat, wenn bei Freihändigen Vergaben der Auftragswert 15.000 Euro ohne Umsatzsteuer übersteigt (vgl. → VOB/A § 20 Rn. 29). Zu den Gründen für diese Bestimmung vgl. → VOB/A § 3 Rn. 24. Eine Regelung zur ex-ante-Transparenz, wie sie § 19 Abs. 5 VOB/A für die Beschränkte Ausschreibung nach § 3a Abs. 2 Nr. 1 VOB/A vorsieht, fehlt hingegen.

29 Der wesentliche Vorteil der Freihändigen Vergabe liegt darin, dass das **Verhandlungsverbot** des § 15 Abs. 3 VOB/A nicht gilt. Mit den Bietern kann über den Angebotsinhalt und über die angebotenen Preise verhandelt werden. Zur Wahrung des Wettbewerbs darf der Verhandlungsrahmen nicht unbegrenzt ausgedehnt werden. Zulässig ist es, mit den Bietern über Änderungen des Leistungsverzeichnisses zu verhandeln. Dies darf jedoch nicht dazu führen, dass eine völlig andere, als die Leistung vergeben wird, für welche alle anderen Bieter Angebote abgegeben hatten. Der Auftraggeber muss sicherstellen, dass der Zuschlag auf ein Angebot erteilt wird, das Gegenstand eines Wettbewerbs zwischen mehreren Anbietern war.

30 Kein Fall der Freihändigen Vergabe ist die **Nachtragsvereinbarung nach § 2 Abs. 5 und 6 VOB/B:** Dem Auftraggeber bleibt nach § 1 Abs. 3 VOB/B vorbehalten, Änderungen des Bauentwurfs anzuordnen. Auch nicht vereinbarte Leistungen, die zur Ausführung der vertraglichen Leistung erforderlich werden, hat der Auftragnehmer auf Verlangen des Auftraggebers auszuführen, außer wenn sein Betrieb auf derartige Leistungen nicht eingerichtet ist (§ 1 Abs. 4 S. 1 VOB/B). Diese Vertragsänderungen erfordern kein neues Vergabeverfahren (§ 22 VOB/A). Ausgenommen hiervon sind Vertragsänderungen nach § 1 Abs. 4 S. 2 VOB/B. Dies sind nicht vereinbarte Leistungen, für die der Betrieb des Auftragnehmers nicht eingerichtet ist. Für die Vergabe dieser Leistungen ist die richtige Vergabeart zu wählen; eine Freihändige Vergabe kommt also nur unter den Bedingungen des § 3a Abs. 4 VOB/A in Betracht.

C. Fehlerfolgen

31 § 3 VOB/A gilt nur für Vergaben nach dem 1. Abschnitt der VOB/A. Der auf den 2. Abschnitt ausgerichtete **Primärrechtsschutz** nach dem GWB findet daher bei Verstößen gegen § 3 VOB/A keine Anwendung (§ 106 Abs. 1 iVm § 155 GWB). Zu dem Primärrechtsschutz unterhalb der Schwellenwerte im Übrigen → VOB/A Einl. Rn. 31 ff.

32 Die Anrufung der Vergabekammer ist möglich, wenn der maßgebliche Schwellenwert erreicht oder überschritten ist, der Auftraggeber aber dennoch allein auf Grundlage des 1. Abschnitts der VOB/A ausschreibt.[22] In diesem Fall ist ein Vergabenachprüfungsantrag wegen vermeintlicher Vergaberechtsverstöße nicht nach § 160 Abs. 3 GWB unzulässig, wenn das Überschreiten des Schwellenwerts auf Grund der Bekanntmachung erkennbar war und der Antragsteller die Nichtanwendung der für Vergaben oberhalb der Schwellenwerte maßgeblichen Vorschriften nicht unverzüglich rügte.[23]

33 Auf der Sekundärebene sind **Schadensersatzansprüche** aus vorvertraglichem Schuldverhältnis (§ 311 Abs. 2 BGB) denkbar. Durch die Ausschreibung und die Beteiligung der Bewerber und Bieter an einem Vergabeverfahren entsteht ein vorvertragliches Schuldverhältnis, aus dem gegenseitige Rücksichtnahmepflichten resultieren. Die Bewerber und Bieter haben einen Anspruch auf Ersatz des Schadens, der durch eine schuldhafte Pflichtverletzung des Auftraggebers verursacht wird. Anknüpfungspunkt für die Haftung ist seit in Kraft treten des Gesetzes zur

---

[20] OLG Düsseldorf VergabeR 2005, 503 (507).
[21] *Stolz* in Ingenstau/Korbion, VOB/A § 3 Rn. 27.
[22] *Stolz* in Ingenstau/Korbion, VOB/A § 3a Rn. 41.
[23] EuGH 11.10.2007 – C-241/06, ECLI:EU:C:2007:597 = VergabeR 2008, 61 – Lämmerzahl.

Zulässigkeitsvoraussetzungen   § 3a VOB/A

Modernisierung des Schuldrechts[24] zum 1.1.2002 nicht mehr die Verletzung eines vorvertraglichen Vertrauensverhältnisses, sondern die Verletzung vorvertraglicher Pflichten.[25]

Der Schadensersatzanspruch geht **in der Regel auf das negative Interesse.** Geschuldet **34** werden die Kosten für die Angebotserstellung.[26] Ausnahmsweise ist der Ersatz des positiven Interesses denkbar, wenn ein Bieter beweisen kann, dass er den Zuschlag erhalten hätte, wäre der Vergabeverstoß unterblieben und der Auftraggeber den Zuschlag einem anderen Bieter erteilt hat.[27] Bei einem bloßen Verstoß gegen § 3 VOB/A ist dies regelmäßig nicht denkbar.

Erweckt ein **privater Auftraggeber,** der nicht kraft Gesetzes zur Beachtung der VOB/A **35** verpflichtet ist, den Eindruck, dass er deren Regelungen beachten wird, macht er sich im Fall eines Verstoßes gegen Bestimmungen der VOB/A zumindest dann schadensersatzpflichtig, wenn die gegenüber den Bietern eingegangene Verpflichtung zur Einhaltung der VOB/A auf internen Vorgaben, etwa einem Fördermittelbescheid, beruht.[28] Darüber hinaus wird angenommen, dass der Auftraggeber jedenfalls diejenigen Verfahrensregelungen einhalten muss, denen er sich im Rahmen der Ausschreibung selbst unterworfen hat.[29]

Ist der Auftraggeber auf Grund eines Zuwendungsbescheids zur Anwendung der VOB/A **36** verpflichtet, kann die Wahl einer unzutreffenden Vergabeart zur **Rückforderung der Zuwendung** führen.[30] Insbesondere im Bereich der VOL/A ist schließlich entschieden, dass Fehler in Vergabeverfahren zur **Unzulässigkeit einer Gebührenerhebung** führen können, etwa wenn ein Abgabenschuldner geltend macht, die Kosten, welche per Abgabe auf ihn umgelegt werden, wären im Fall der Durchführung eines Vergabeverfahrens niedriger ausgefallen.[31]

§ 3a Zulässigkeitsvoraussetzungen

(1) Öffentliche Ausschreibung muss stattfinden, soweit nicht die Eigenart der Leistung oder besondere Umstände eine Abweichung rechtfertigen.

(2) Beschränkte Ausschreibung kann erfolgen,
   1. bis zu folgendem Auftragswert der Bauleistung ohne Umsatzsteuer:
      a) 50 000 Euro für Ausbaugewerke (ohne Energie- und Gebäudetechnik), Landschaftsbau und Straßenausstattung,
      b) 150 000 Euro für Tief-, Verkehrswege- und Ingenieurbau,
      c) 100 000 Euro für alle übrigen Gewerke,
   2. wenn eine Öffentliche Ausschreibung kein annehmbares Ergebnis gehabt hat,
   3. wenn die Öffentliche Ausschreibung aus anderen Gründen (z. B. Dringlichkeit, Geheimhaltung) unzweckmäßig ist.

(3) Beschränkte Ausschreibung nach Öffentlichem Teilnahmewettbewerb ist zulässig,
   1. wenn die Leistung nach ihrer Eigenart nur von einem beschränkten Kreis von Unternehmen in geeigneter Weise ausgeführt werden kann, besonders, wenn außergewöhnliche Zuverlässigkeit oder Leistungsfähigkeit (z. B. Erfahrung, technische Einrichtungen oder fachkundige Arbeitskräfte) erforderlich ist,
   2. wenn die Bearbeitung des Angebots wegen der Eigenart der Leistung einen außergewöhnlich hohen Aufwand erfordert.

(4) ¹Freihändige Vergabe ist zulässig, wenn die Öffentliche Ausschreibung oder Beschränkte Ausschreibung unzweckmäßig ist, besonders,
   1. wenn für die Leistung aus besonderen Gründen (z. B. Patentschutz, besondere Erfahrung oder Geräte) nur ein bestimmtes Unternehmen in Betracht kommt,
   2. wenn die Leistung besonders dringlich ist,

---

[24] Gesetz zur Modernisierung des Schuldrechts vom 26.11.2001, BGBl. I S. 3138.
[25] BGH VergabeR 2011, 703.
[26] Vgl. BGHZ 139, 259 (261) = NJW 1998, 3636 (3637); BGH NJW 1998, 3640 (3643 f.); OLG Düsseldorf VergabeR 2001, 345.
[27] BGHZ 139, 259 (268) = NJW 1998, 3636 (3638); BGH NZBau 2004, 283.
[28] OLG Düsseldorf VergabeR 2012, 669.
[29] OLG Naumburg ZfBR 2017, 90.
[30] BGH VergabeR 2012, 173; BVerwG VergabeR 2013, 660; OVG Nordrhein-Westfalen NZBau 2006, 64; OLG Düsseldorf VergabeR 2011, 257; *Jennert* KommJur 2006, 286; *Mayen* NZBau 2009, 98; vgl. auch EuGH 21.12.2011 – C-465/10, ECLI:EU:C:2011:867 = NZBau 2012, 125 – Chambre de Commerce de l'Indre.
[31] BVerwG ZfBR 2013, 383; OVG Rheinland-Pfalz NVwZ-RR 1998, 327; OVG Nordrhein-Westfalen NWVBl. 1994, 428; OVG Schleswig NZBau 2016, 452.

3. wenn die Leistung nach Art und Umfang vor der Vergabe nicht so eindeutig und erschöpfend festgelegt werden kann, dass hinreichend vergleichbare Angebote erwartet werden können,
4. wenn nach Aufhebung einer Öffentlichen Ausschreibung oder Beschränkten Ausschreibung eine erneute Ausschreibung kein annehmbares Ergebnis verspricht,
5. wenn es aus Gründen der Geheimhaltung erforderlich ist,
6. wenn sich eine kleine Leistung von einer vergebenen größeren Leistung nicht ohne Nachteil trennen lässt.

[2] Freihändige Vergabe kann außerdem bis zu einem Auftragswert von 10 000 Euro ohne Umsatzsteuer erfolgen.

Schrifttum: Siehe § 3 VOB/A.

Übersicht

	Rn.
A. Anwendungsbereich	1
B. Zulässigkeit der einzelnen Vergabearten	3
I. Vorrang der Öffentlichen Ausschreibung (§ 3a Abs. 1 VOB/A)	5
II. Zulässigkeit der Beschränkten Ausschreibung ohne Öffentlichen Teilnahmewettbewerb (§ 3a Abs. 2 VOB/A)	7
1. § 3a Abs. 2 Nr. 1 VOB/A: Auftragswert	8
2. § 3a Abs. 2 Nr. 2 VOB/A: Öffentliche Ausschreibung ohne annehmbares Ergebnis	13
3. § 3a Abs. 2 Nr. 3 VOB/A: Unzweckmäßigkeit	23
a) Dringlichkeit	24
b) Geheimhaltung	26
c) Sonstiges	27
III. Zulässigkeit der Beschränkten Ausschreibung nach Öffentlichem Teilnahmewettbewerb (§ 3a Abs. 3 VOB/A)	28
1. § 3a Abs. 3 Nr. 1 VOB/A: Beschränkter Unternehmenskreis	29
2. § 3a Abs. 3 Nr. 2 VOB/A: Außergewöhnlicher Aufwand	32
IV. Zulässigkeit der Freihändigen Vergabe (§ 3a Abs. 4 VOB/A)	34
1. § 3a Abs. 4 Nr. 1 VOB/A: Beschränkter Unternehmenskreis	35
2. § 3a Abs. 4 Nr. 2 VOB/A: Dringlichkeit der Leistung	38
3. § 3a Abs. 4 Nr. 3 VOB/A: Keine eindeutige Leistungsfestlegung	40
4. § 3a Abs. 4 Nr. 4 VOB/A: Ineffektivität einer neuen Ausschreibung	43
5. § 3a Abs. 4 Nr. 5 VOB/A: Geheimhaltungsbedürftigkeit	47
6. § 3a Abs. 4 Nr. 6 VOB/A: Mangelnde Trennbarkeit der Leistung	49
7. Auftragswert (§ 3a Abs. 4 S. 2 VOB/A)	50
8. Sonstige Gründe	52
C. Fehlerfolgen	53

A. Anwendungsbereich

1 § 3a VOB/A regelt die Zulässigkeitsvoraussetzungen für die einzelnen Vergabearten des § 3 VOB/A.

2 § 3a VOB/A wurde erstmals durch die VOB/A 2016 eingeführt. Zuvor fanden sich die Zulässigkeitsvoraussetzungen für die einzelnen Vergabearten in § 3 Abs. 2 bis Abs. 5 VOB/A 2012.

B. Zulässigkeit der einzelnen Vergabearten

3 Die Vergabearten stehen in einem Hierarchieverhältnis. Im Interesse eines funktionierenden Wettbewerbs hat die Öffentliche Ausschreibung grundsätzlich **Vorrang** vor den anderen Vergabearten.[1] Nach § 3a Abs. 1 VOB/A muss eine Öffentliche Ausschreibung stattfinden, wenn

---

[1] *Bauer* in Heiermann/Riedl/Rusam VOB/A § 3 Rn. 17; *Stolz* in Ingenstau/Korbion VOB/A § 3a Rn. 2.

nicht die Eigenart der Leistung oder besondere Umstände eine Abweichung rechtfertigen. Die Beschränkte Ausschreibung geht der Freihändigen Vergabe vor. Wann die Beschränkte Ausschreibung oder die Freihändige Vergabe ausnahmsweise zulässig sind, regeln § 3a Abs. 2 und Abs. 3 bzw. § 3a Abs. 4 VOB/A. Für die Zulässigkeit der Wahl einer Vergabeart kommt es allein darauf an, ob deren Voraussetzungen objektiv vorliegen. Nicht erforderlich ist, dass sich der Auftraggeber über die konkrete, die Zulässigkeit begründende Norm im Klaren ist.[2]

§ 20 Abs. 1 Nr. 9 VOB/A verpflichtet den Auftraggeber, die Wahl der jeweiligen Vergabeart **4** und die hierbei angenommenen Gründe zu **dokumentieren.** Dadurch wird gewährleistet, dass der Auftraggeber sein Vorgehen bei eventuellen Schadensersatzprozessen darlegen kann. Ebenso kann ein solcher Vermerk über die Wahl der Vergabeart dazu dienen, die zuständige Aufsichtsbehörde über die Gründe für die Entscheidung des Auftraggebers für eine bestimmte Vergabeart in Kenntnis zu setzen.

I. Vorrang der Öffentlichen Ausschreibung (§ 3a Abs. 1 VOB/A)

Die Öffentliche Ausschreibung hat Vorrang vor den anderen Vergabearten, weil sie die **5** **vergaberechtlichen Grundsätze** in besonders hervorgehobener Weise verwirklicht. Grundsätzlich bewertet der 1. Abschnitt der VOB/A die Verwirklichung dieser Grundsätze höher als den mit einer Öffentlichen Ausschreibung regelmäßig für die Bieter und den Auftraggeber verbundenen Aufwand. Nach § 3a Abs. 1 VOB/A muss die Öffentliche Ausschreibung stattfinden, soweit nicht die Eigenart der Leistung oder besondere Umstände eine Abweichung rechtfertigen. Wann dies der Fall ist, wird in § 3a Abs. 2–4 VOB/A geregelt. § 3a Abs. 1 VOB/A kommt nur insoweit eigenständige Bedeutung zu, als diese Vorschrift bei der Auslegung der Ausnahmetatbestände der Absätze 2–4 heranzuziehen ist.[3] Damit weicht der 1. Abschnitt der VOB/A von **Abschnitt 2** und § 8 Abs. 2 UVgO ab. Seit Einführung der VOB/A 2016 bestimmt § 3a EU Abs. 1 S. 1 VOB/A in Übereinstimmung mit § 119 Abs. 2 S. 1 GWB, dass dem öffentlichen Auftraggeber das offene und das nicht offene Verfahren **nach seiner Wahl** zur Verfügung stehen. Er kann zwischen diesen beiden Verfahren frei wählen (→ EU VOB/A § 3a Rn. 5). Bis zur VOB/A 2012 bestand demgegenüber auch in Vergabeverfahren oberhalb der Schwellenwerte ein Vorrang des offenen Verfahrens gegenüber dem nicht offenen Verfahren. Der DVA konnte sich nicht entschieden, diese Wahlmöglichkeit dem Auftraggeber auch unterhalb der Schwellenwerte zuzugestehen. Damit sind die Bestimmungen des 1. Abschnitts bezüglich der Zulässigkeit der Vergabearten strenger als oberhalb der Schwelle. Nach § 30 HGrG und § 55 Abs. 1 BHO bzw den entsprechenden Regelungen der Landeshaushaltsordnungen muss dem Abschluss von Verträgen über Lieferungen und Leistungen regelmäßig eine öffentliche Ausschreibung vorausgehen. Es ist umstritten, ob hiermit eine Öffentliche Ausschreibung nach § 3a Abs. 2 VOB/A gemeint ist. Wäre dies der Fall, würde die Gleichstellung der Öffentlichen mit der Beschränkten Ausschreibung in § 8 Abs. 2 UVgO gegen haushaltsrechtliche Bestimmungen verstoßen. Um die hiermit verbundenen Unklarheiten zu beseitigen, beabsichtigt der Bund, § 30 HGrG und § 55 Abs. 1 BHO zu ändern. Es bleibt abzuwarten, ob sich die Bundesländer dem anschließen.

Fehlt es im Einzelfall an einer Verpflichtung zur Durchführung einer Öffentlichen Ausschrei- **6** bung, so ist der Auftraggeber dennoch berechtigt, diese Vergabeart zu wählen.[4] Nach dieser Entscheidung ist der Auftraggeber gezwungen, alle Vorgaben für die Öffentliche Ausschreibung zu beachten. Dies fordert der **Vertrauensschutz** der Bieter.[5]

II. Zulässigkeit der Beschränkten Ausschreibung ohne Öffentlichen Teilnahmewettbewerb (§ 3a Abs. 2 VOB/A)

§ 3a Abs. 2 VOB/A regelt die Zulässigkeit einer Beschränkten Ausschreibung ohne Öffent- **7** lichen Teilnahmewettbewerb. Die Regelung ist nur beispielhaft, wie sich aus § 3a Abs. 2 Nr. 3 VOB/A („zB") ergibt. Die Unzweckmäßigkeit einer Öffentlichen Ausschreibung kann sich also auch aus anderen als den hier genannten Gründen ergeben (näher → Rn. 27).

---

[2] OLG Naumburg VergabeR 2009, 91 (93).
[3] Vgl. auch OLG Düsseldorf VergabeR 2010, 955 (968) zu § 3 Nr. 2 VOL/A 2006.
[4] Für Verfahren oberhalb der Schwellenwerte: OLG Düsseldorf VergabeR 2009, 173 (175).
[5] VÜA Bayern 20.10.1999 – VÜA 8/99 S. 9, = *Fischer/Noch* EzEG-VergabeR II 65, S. 12.

8   **1. § 3a Abs. 2 Nr. 1 VOB/A: Auftragswert.** Nach § 3 Nr. 3 Abs. 1 lit. a VOB/A 2006 war eine Beschränkte Ausschreibung zulässig, wenn die Öffentliche Ausschreibung für den Auftraggeber oder die Bewerber einen Aufwand verursachen würde, der zu dem erreichbaren Vorteil oder dem Wert der Leistung im Missverhältnis stehen würde. Diese Regelung wurde durch § 3a Abs. 2 Nr. 1 VOB/A ersetzt. Nunmehr kann Beschränkte Ausschreibung bei Unterschreitung bestimmter Auftragswerte erfolgen. Die Vorschrift trägt gleichermaßen den **Interessen des Auftraggebers wie der Bieter** Rechnung: Der mit einer Öffentlichen Ausschreibung verbundene Aufwand des Auftraggebers sowie der zahlreichen Bieter, deren Angebot nicht angenommen wird, soll nur dann erbracht werden müssen, wenn der Auftragswert dies rechtfertigt. Schon zuvor waren im Vergabehandbuch des Bundes und Anwendungserlassen verschiedener Bundesländer Werte definiert, bei denen Unterschreiten eine Beschränkte Ausschreibung zulässig war. Die nunmehr in die VOB/A aufgenommenen Bestimmungen bringen den Vorteil einer bundesweiten Vereinheitlichung mit sich.[6]

9   Die Auftragswerte unterscheiden sich nach den zu vergebenden Bauleistungen. Werden Leistungen vergeben, die **mehrere Gewerke umfassen,** für die § 3a Abs. 2 Nr. 1 VOB/A unterschiedliche Auftragswerte vorsieht, ist auf das wertmäßig höchste Gewerk abzustellen. Die jeweiligen Auftragswerte verstehen sich ohne Umsatzsteuer. Auch wenn die VgV auf Vergaben unterhalb der Schwellenwerte keine Anwendung findet, kann auf die Schätzung des Auftragswerts § 3 VgV analog herangezogen werden. Hat der Auftraggeber die Bauleistung in mehrere **Lose** aufgeteilt, ist auf den Wert des jeweiligen Loses abzustellen.

10   § 3a Abs. 2 Nr. 1 VOB/A wird ergänzt durch die Regelungen in § 19 Abs. 5 VOB/A. Da § 3a Abs. 2 Nr. 1 VOB/A eine Beschränkte Ausschreibung ohne Öffentlichen Teilnahmewettbewerb zulässt, ist die **Transparenz** der Vergabe bei Anwendung dieser Vorschrift erheblich eingeschränkt. Dies ist unter europarechtlichen Gesichtspunkten bedenklich, da der Europäische Gerichtshof unter Hinweis auf das europäische Primärrecht auch bei Vergaben unterhalb der Schwellenwerte die Beachtung des Transparenzgrundsatzes fordert, wenn ein grenzüberschreitender Bezug vorliegt (→ VOB/A § 3 Rn. 24).[7] Um den Anforderungen des Europäischen Gerichtshofs gerecht zu werden, bestimmt § 19 Abs. 5 VOB/A, dass über Beschränkte Ausschreibungen nach § 3a Abs. 2 Nr. 1 VOB/A ab einem voraussichtlichen Auftragswert von 25.000 Euro ohne Umsatzsteuer auf Internetportalen oder in Beschafferprofilen informiert werden muss (vgl. → VOB/A § 19 Rn. 30). Ergänzt wird diese ex-ante-Transparenz durch die für alle Beschränkten Ausschreibungen ohne Teilnahmewettbewerb geltende Vorschrift des § 20 Abs. 3 Nr. 1 VOB/A, wonach der Auftraggeber nach Zuschlagserteilung auf geeignete Weise, zum Beispiel auf Internetportalen oder im Beschafferprofil zu informieren hat, wenn der Auftragswert 25.000 Euro ohne Umsatzsteuer übersteigt (vgl. → VOB/A § 20 Rn. 29).

11   Für **Ausbaugewerke** beträgt der maßgebliche Wert 50.000 Euro netto (§ 3a Abs. 2 Nr. 1 lit. a VOB/A). Ausbaugewerke werden in Abgrenzung zum Rohbau definiert.[8] Zum Rohbau zählen alle Bauarbeiten bis zur Fertigstellung der tragenden Teile, Schornsteine, Brandwände, notwendiger Treppen sowie der Dachkonstruktion. Ausgenommen vom Geltungsbereich des § 3a Abs. 2 Nr. 1 lit. a VOB/A sind die **Energie- und Gebäudetechnik.** Für diese Gewerke gilt der Wert von 100.000 Euro nach § 3a Abs. 2 Nr. 1 lit. c VOB/A. Die Vergabe von Arbeiten des **Landschaftsbaus** und der **Straßenausstattung** kann bis zu einem Auftragswert von 50.000 Euro netto ebenfalls im Wege der Beschränkten Ausschreibung stattfinden (§ 3a Abs. 2 Nr. 1 lit. a VOB/A). Arbeiten des Landschaftsbaus sind in Ziff. 1 DIN 18320 definiert. Der Begriff der „Ausstattung von Straßen" findet sich auch in § 46 Abs. 1 S. 2 HOAI. Hierzu zählen Zäune, Schutz- und Leiteinrichtungen und Verkehrsschilder.[9]

12   Für **Tief-, Verkehrswege- und Ingenieurbau** beträgt der maßgebliche Auftragswert, bei dem eine Beschränkte Ausschreibung zulässig ist, 150.000 Euro netto (§ 3a Abs. 2 Nr. 1 lit. b VOB/A). Tiefbauarbeiten sind wie in § 103 Abs. 3 Nr. 2 GWB zu verstehen. Eine Definition des Begriffs „Verkehrswegebau" findet sich in § 45 HOAI und DIN 18315 ff.; die Leistungen des Ingenieurbaus sind in § 41 HOAI beschrieben.

---

[6] Allerdings ist nicht ausgeschlossen, dass einzelne Bundesländer abweichende Schwellenwerte festsetzen. So sind Beschränkte Ausschreibungen nach § 15 Abs. 1 Nr. 1 lit. a HVTG und Ziff. 1.1 Wertgrenzenerlass M-V bis zu einem Wert von 1 Mio. EUR je Fachlos zulässig.
[7] EuGH 3.12.2001 – C-59/00, ECLI:EU:C:2001:654 – Vestergaard; EuGH 20.10.2005 – C-264/03, ECLI:EU:C:2005:620 = VergabeR 2006, 54; EuGH 18.12.2007 – C-220/06, ECLI:EU:C:2007:815 = VergabeR 2008, 196 – APERMC; EuG 20.5.2010 – T-258/06, ECLI:EU:T:2010:214 VergabeR 2010, 593.
[8] *Stolz* in Ingenstau/Korbion VOB/A § 3a Rn. 11.
[9] *Stolz* in Ingenstau/Korbion VOB/A § 3a Rn. 11; *Zahn* in Locher/Koeble/Frik HOAI § 46 Rn. 12.

**2. § 3a Abs. 2 Nr. 2 VOB/A: Öffentliche Ausschreibung ohne annehmbares Ergeb- 13
nis.** Eine Beschränkte Ausschreibung ist nach § 3a Abs. 2 Nr. 2 VOB/A zulässig, wenn eine Öffentliche Ausschreibung kein annehmbares Ergebnis gehabt hat. Denkbar ist, dass der Auftraggeber zunächst ein **offenes Verfahren** durchgeführt hatte, da er ursprünglich davon ausging, dass der maßgebliche Schwellenwert erreicht oder überschritten wird. Nach Eingang der nicht annehmbaren Angebote kann sich ergeben, dass diese Annahme unzutreffend war und der 1. Abschnitt der VOB/A Anwendung findet. Auch in diesem Fall kann sich der Auftraggeber auf § 3a Abs. 2 Nr. 2 VOB/A berufen. Die Durchführung eines offenen Verfahrens steht einer Öffentlichen Ausschreibung gleich.

Ein **annehmbares Ergebnis** fehlt, wenn kein Angebot eingegangen ist, das den **Ausschrei- 14
bungsbedingungen** entsprach und die Ausschreibung deswegen aufgehoben wurde (§ 17 Abs. 1 Nr. 1 VOB/A). Den Ausschreibungsbedingungen widersprechen Angebote, die aus formalen Gründen (1. Wertungsstufe – §§ 16, 16a VOB/A) oder fehlender Eignung des Bieters (2. Wertungsstufe – § 16b VOB/A) ausgeschlossen wurden.[10]

Unterschiedlich wird die Frage beantwortet, ob auch Angebote mit **unangemessenen 15
Preisen** (3. Wertungsstufe – § 16d Abs. 1 Nr. 1 VOB/A) den Ausschreibungsbedingungen widersprechen und eine Aufhebung nach § 17 Abs. 1 Nr. 1 VOB/A rechtfertigen.[11] Soweit dies verneint wird, wird eine Aufhebung wegen unangemessener Preise mit dem Vorliegen anderer schwer wiegender Gründe im Sinne des § 17 Abs. 1 Nr. 3 VOB/A begründet.[12] Für die Anwendbarkeit des § 3a Abs. 2 Nr. 2 VOB/A spielt diese Diskussion keine Rolle. Während § 17 Abs. 1 Nr. 1 VOB/A darauf abstellt, ob die Angebote den Ausschreibungsbedingungen entsprechen, greift § 3a Abs. 2 Nr. 2 VOB/A bei Vorliegen eines nicht annehmbaren Ergebnisses ein. Dieser Begriff ist weiter zu verstehen und umfasst auch die Aufhebung wegen unangemessener Preise, unabhängig davon, nach welcher Alternative des § 17 Abs. 1 VOB/A sie erfolgen darf.[13]

Eine Aufhebung aus sonstigen Gründen berechtigt nicht zum Übergang in die Beschränkte 16
Ausschreibung. Dies gilt für die Aufhebung nach **§ 17 Abs. 1 Nr. 2 VOB/A**[14] (grundlegende Änderung der Vergabeunterlagen) oder nach **§ 17 Abs. 1 Nr. 3 VOB/A** (andere schwer wiegende Gründe), soweit die Aufhebung nicht wegen unangemessener Preise erfolgt (→ Rn. 15).

Der Auftraggeber ist nicht zur Erteilung des Zuschlags verpflichtet.[15] Hebt er ohne Vorliegen 17
eines der in § 17 Abs. 1 VOB/A genannten Gründe die Ausschreibung auf, kommt ein Übergang in die Beschränkte Ausschreibung ebenfalls nicht in Betracht. § 3a Abs. 2 Nr. 2 VOB/A ist daher nicht anwendbar, wenn das Scheitern der vorangegangenen Öffentlichen Ausschreibung dem Auftraggeber **zuzurechnen** ist, etwa weil die von ihm zu verantwortenden Ausschreibungsbedingungen die Erfüllung des ausgeschriebenen Auftrags derart erschweren, dass keine ausschreibungskonformen Angebote eingegangen sind.[16]

Voraussetzung einer Beschränkten Ausschreibung ist, dass die vorangegangene Öffentliche 18
Ausschreibung **wirksam aufgehoben** wurde.[17] Ein formloser Übergang von der Öffentlichen Ausschreibung in die Beschränkte Ausschreibung ist unzulässig.

Weiterhin müssen **alle** Angebote einem Ausschlussgrund unterliegen. Liegt auch nur ein 19
wertbares Angebot vor, scheidet eine Aufhebung auf Grundlage des § 17 Abs. 1 Nr. 1 VOB/A aus. Wenn der Auftraggeber nach Aufhebung der ursprünglichen Ausschreibung den Bieter, der das preisgünstigste Angebot abgegeben hatte, nicht in der anschließenden Beschränkten Ausschreibung zur Angebotsabgabe auffordert, müssen hierfür triftige und nachvollziehbare Gründe vorliegen.[18]

---

[10] *Bauer* in Heiermann/Riedl/Rusam VOB/A § 3 Rn. 33.
[11] In diesem Sinne: → VOB/A § 17 Rn. 6; *Stolz* in Ingenstau/Korbion VOB/A § 3a Rn. 17.
[12] OLG Frankfurt/Main VergabeR 2006, 131 (135); OLG Celle VergabeR 2016, 514; *Bauer* in Heiermann/Riedl/Rusam VOB/A § 17 Rn. 15.
[13] *Stolz* in Ingenstau/Korbion VOB/A § 3a Rn. 29; *Bauer* in Heiermann/Riedl/Rusam VOB/A § 3 Rn. 33; OLG Jena VergabeR 2005, 492 (501) zu der gleich lautenden Vorschrift des § 3a Nr. 6 lit. a VOB/A 2002.
[14] *Baumann* in FKZGM VOB/A § 3 Rn. 34.
[15] BGH NJW 1998, 3640 (3643); VergabeR 2003, 163 (165); NZBau 2014, 310; OLG Düsseldorf VergabeR 2011, 519 (523).
[16] BGHZ 139, 259 (263) = NJW 1998, 3636 (3637).
[17] *Stolz* in Ingenstau/Korbion VOB/A § 3a Rn. 16.
[18] OLG Saarbrücken VergabeR 2015, 623.

20 Umstritten ist, ob der Auftraggeber eine Beschränkte Ausschreibung durchführen darf, wenn ihm die auf die Öffentliche Ausschreibung eingegangenen **Angebote insgesamt zu teuer** erscheinen. Zum Teil wird angenommen, ein unannehmbares Ergebnis der Öffentlichen Ausschreibung liege jedenfalls dann nicht vor, wenn die angebotenen Entgelte das Budget des Auftraggebers überschritten, weil dieser die Kosten schuldhaft zu niedrig kalkuliert habe.[19]

21 Richtigerweise ist die Unannehmbarkeit der Preise nach den Maßstäben des § 16d Abs. 1 Nr. 1 VOB/A zu beurteilen. Kann auf die eingegangenen Angebote entsprechend § 16d Abs. 1 Nr. 1 VOB/A der Zuschlag nicht erteilt werden, liegt ein Fall des unannehmbaren Ergebnisses im Sinne von § 3a Abs. 2 Nr. 2 VOB/A vor. Übersteigen die Preise lediglich das vom Auftraggeber prognostizierte Niveau, so ist der Auftraggeber **zur Erteilung eines Auftrages nicht verpflichtet** (→ Rn. 17). Es steht ihm also frei, erneut mit einem reduzierten Auftragsvolumen auszuschreiben. Diese Ausschreibung muss nach der Rangfolge gem. § 3a Abs. 1 VOB/A aber im Wege Öffentlicher Ausschreibung erfolgen.

22 Hat die Öffentliche Ausschreibung kein annehmbares Ergebnis gebracht, muss sich der Auftraggeber **entscheiden,** ob er den Weg einer Beschränkten Ausschreibung oder einer **Freihändigen Vergabe** wählt. Nach § 3a Abs. 4 Nr. 4 VOB/A ist die Freihändige Vergabe zulässig, wenn nach Aufhebung einer Öffentlichen Ausschreibung oder Beschränkten Ausschreibung eine erneute Ausschreibung kein annehmbares Ergebnis verspricht. Der Auftraggeber muss damit prognostizieren, ob die Beschränkte Ausschreibung ohne Teilnahmewettbewerb ein annehmbares Ergebnis erwarten lässt, nachdem dieses Ziel bei der Öffentlichen Ausschreibung verfehlt wurde. Bei dieser Entscheidung hat der Auftraggeber den grundsätzlichen Vorrang der Beschränkten Ausschreibung vor der Freihändigen Vergabe zu beachten. Die Freihändige Vergabe kommt jedenfalls dann in Betracht, wenn nur ein Bieter nach der Öffentlichen Ausschreibung in Frage kommt.

23 **3. § 3a Abs. 2 Nr. 3 VOB/A: Unzweckmäßigkeit.** Die Beschränkte Ausschreibung ist nach § 3a Abs. 2 Nr. 3 VOB/A zulässig, wenn die Öffentliche Ausschreibung aus anderen Gründen (zB Dringlichkeit, Geheimhaltung) **unzweckmäßig** ist. Die Aufzählung ist nicht abschließend.

24 a) **Dringlichkeit.** Die Dringlichkeit im Sinne von § 3a Abs. 2 Nr. 3 VOB/A liegt nur vor, wenn diese objektiv gegeben ist. Die subjektive Vorstellung des Auftraggebers, die Leistung sei dringlich, ist unbeachtlich.[20] Die Dringlichkeit darf grundsätzlich nicht vom Auftraggeber verursacht sein. Der Auftraggeber hätte es sonst in der Hand, durch eine Verzögerung von Vorbereitungsarbeiten eine an sich gebotene Öffentliche Ausschreibung zu vermeiden (vgl. → EU VOB/A § 3a Rn. 54 f. mit Einzelfällen).

25 Liegt Dringlichkeit in diesem Sinne vor, kann auch eine Freihändige Vergabe nach § 3a Abs. 4 Nr. 2 VOB/A zulässig sein. Eine **Freihändige Vergabe** kommt wegen des Vorrangs der Beschränkten Ausschreibung nur in Betracht, wenn eine Beschränkte Ausschreibung auf Grund der Dringlichkeit der Ausschreibung unzweckmäßig erscheint, die Leistung also „besonders dringlich" ist.[21]

26 b) **Geheimhaltung.** Für die als Beispiel der Unzweckmäßigkeit einer Öffentlichen Ausschreibung genannte Geheimhaltung gilt dasselbe. Das Geheimhaltungsbedürfnis muss objektiv gegeben sein und sich aus der Eigenart der Leistung ergeben. Geheimhaltungsbedürftig sind insbesondere militärische Anlagen. Fälle von Geheimhaltungsbedürftigkeit sind aber auch in anderen sicherheitsrelevanten Bereichen denkbar. Das betriebliche Geheimhaltungsinteresse des Auftraggebers kann genügen. Die Freihändige Vergabe wegen Gründen der Geheimhaltung nach § 3a Abs. 4 Nr. 5 VOB/A ist nur möglich, wenn eine Beschränkte Ausschreibung aus besonderen Gründen unzweckmäßig erscheint.

27 c) **Sonstiges.** Die Fälle der Dringlichkeit und der Geheimhaltungsbedürftigkeit sind nur beispielhaft aufgezählt. Für andere Fälle der Unzweckmäßigkeit einer Öffentlichen Ausschreibung gelten dieselben Maßstäbe wie oben genannt: An das Vorliegen einer Unzweckmäßigkeit sind hohe Anforderungen zu stellen. Diese muss sich objektiv aus der Eigenart der Leistung ergeben. Die bloße Vorstellung des Auftraggebers, eine Öffentliche Ausschreibung sei unzweck-

---

[19] *Jasper/Soudry* in Dreher/Motzke VOB/A § 3 Rn. 46.
[20] VÜA Bund ZVgR 1999, 76 (79) = *Fischer/Noch* EzEG-VergabeR I 58, S. 11.
[21] *Stolz* in Ingenstau/Korbion VOB/A § 3a Rn. 20.

mäßig, ist unbeachtlich. Bei der Prüfung, ob Unzweckmäßigkeit vorliegt, ist § 3a Abs. 1 VOB/A zu beachten (→ § 3a Rn. 5).

III. Zulässigkeit der Beschränkten Ausschreibung nach Öffentlichem Teilnahmewettbewerb (§ 3a Abs. 3 VOB/A)

§ 3a Abs. 3 VOB/A regelt die Zulässigkeit der Beschränkten Ausschreibung nach Öffentlichem Teilnahmewettbewerb. Die Beschränkte Ausschreibung nach Öffentlichem Teilnahmewettbewerb stellt gegenüber der einfachen Beschränkten Ausschreibung nach § 3a Abs. 2 VOB/A das formstrengere Verfahren dar. Liegen die Voraussetzungen für eine Beschränkte Ausschreibung nach Öffentlichem Teilnahmewettbewerb vor, kann der Auftraggeber nicht stattdessen im Wege der einfachen Beschränkten Ausschreibung vorgehen.[22] Jedoch ist ihm unbenommen, anstelle der einfachen Beschränkten Ausschreibung eine Beschränkte Ausschreibung nach Öffentlichem Teilnahmewettbewerb durchzuführen. 28

1. § 3a Abs. 3 Nr. 1 VOB/A: Beschränkter Unternehmenskreis. Die Beschränkte Ausschreibung nach Öffentlichem Teilnahmewettbewerb ist gem. § 3a Abs. 3 Nr. 1 VOB/A zulässig, wenn die Leistung nach ihrer Eigenart nur von einem beschränkten Kreis von Unternehmen in geeigneter Weise ausgeführt werden kann, besonders wenn außergewöhnliche Zuverlässigkeit oder Leistungsfähigkeit erforderlich ist. Ob besondere Anforderungen gestellt werden müssen, ist objektiv zu beurteilen. Vergleichsmaßstab ist das Übliche; besondere Anforderungen liegen also dann vor, wenn die im Rahmen der normalen Ausbildungsgänge vermittelten Kenntnisse nicht ausreichen, um die in Rede stehende Bauleistung zu erbringen.[23] Gedacht ist insbesondere an technisch anspruchsvolle Bauten, die eine besondere Erfahrung erfordern. Die Anforderungen müssen dergestalt sein, dass eine Öffentliche Ausschreibung wegen ihres besonderen Aufwandes und der Zahl der zu erwartenden Angebote nicht zweckmäßig erscheint. 29

Nicht ausreichend ist regelmäßig eine Beschränkung in **territorialer Hinsicht** (vgl. § 6 Abs. 1 VOB/A). Es ist grundsätzlich Sache der Bieter zu entscheiden, ob sie sich an einer Ausschreibung außerhalb ihres angestammten Gebiets beteiligen und sich so ein (räumlich) neues Geschäftsfeld erschließen wollen. Eine Beschränkte Ausschreibung ist nur dann zulässig, wenn der Auftraggeber auf Grund aktueller Marktkenntnis ausschließen kann, dass sich über den eingeschränkten Kreis regionaler Unternehmen hinaus weitere Bieter beteiligen werden. 30

Kommt lediglich ein Unternehmen in Betracht, ist die Freihändige Vergabe nach § 3a Abs. 4 Nr. 1 VOB/A zulässig. 31

2. § 3a Abs. 3 Nr. 2 VOB/A: Außergewöhnlicher Aufwand. Nach § 3a Abs. 3 Nr. 2 VOB/A ist die Beschränkte Ausschreibung nach Öffentlichem Teilnahmewettbewerb auch zulässig, wenn die Bearbeitung des Angebots wegen der Eigenart der Leistung einen **außergewöhnlich hohen Aufwand** erfordert. Der Bieter soll in einem solchen Fall die hohen Kosten für eine Angebotserstellung nur tragen müssen, wenn er zugleich wegen der überschaubaren Konkurrenz eine größere Chance auf Zuschlagserteilung hat. Daneben wird der Auftraggeber vor unkalkulierbaren Entschädigungsforderungen nach § 8b Abs. 2 Nr. 1 S. 2 VOB/A geschützt. Denn die Anzahl der Entschädigungsleistungen ist hier von vornherein auf die Bieter beschränkt, die nach dem Öffentlichen Teilnahmewettbewerb zur Angebotsabgabe aufgefordert werden. 32

§ 3a Abs. 3 Nr. 2 VOB/A tritt ergänzend neben § 3a Abs. 2 Nr. 1 VOB/A. § 3a Abs. 3 Nr. 2 VOB/A ist häufig bei Ausschreibungen nach § 7c VOB/A anzunehmen.[24] 33

IV. Zulässigkeit der Freihändigen Vergabe (§ 3a Abs. 4 VOB/A)

§ 3a Abs. 4 VOB/A regelt die **Zulässigkeit** der Freihändigen Vergabe. Die Aufzählung der dort genannten Ausnahmetatbestände ist nicht abschließend (vgl. → Rn. 52). 34

1. § 3a Abs. 4 Nr. 1 VOB/A: Beschränkter Unternehmenskreis. Freihändige Vergabe ist nach § 3a Abs. 4 Nr. 1 VOB/A zulässig, wenn für die Leistung aus besonderen Gründen (zB Patentschutz, besondere Erfahrung oder Geräte) nur **ein bestimmtes Unternehmen** in Betracht 35

---

[22] *Jasper/Soudry* in Dreher/Motzke VOB/A § 3 Rn. 53.
[23] Zutreffend *Stolz* in Ingenstau/Korbion VOB/A § 3 Rn. 22.
[24] → VOB/A § 7c Rn. 6; OVG NRW VergabeR 2012, 802.

kommt. Ein Fall des § 3a Abs. 4 Nr. 1 VOB/A ist gegeben, wenn ein Unternehmen Inhaber eines Ausschließlichkeitsrechtes ist, das für die jeweilige Leistung benötigt wird. Solche Ausschließlichkeitsrechte können Warenzeichen, Vertriebslizenzen, Patente, Urheberrechte und sonstige gewerbliche Schutzrechte darstellen. Auch das Eigentum an einem Grundstück kann ein solches ausschließliches Recht sein.[25] Allein die Existenz eines Patents rechtfertigt nicht die Durchführung einer Freihändigen Vergabe. Erforderlich ist weiterhin, dass auf Grund des Patents tatsächlich nur ein Anbieter in Betracht kommt.[26] Zumindest denkbar ist weiterhin, dass nur ein Unternehmen über die zur Leistungserbringung erforderlichen Geräte verfügt.[27] Ob lediglich ein Unternehmen in Betracht kommt, hat der Auftraggeber im Zweifel im Weg einer Markterkundung zu untersuchen.[28] Eine produktbezogene Ausschreibung ist grundsätzlich unzulässig (§ 7 Abs. 2 VOB/A) und vermag eine Freihändige Vergabe nach § 3a Abs. 4 Nr. 1 VOB/A allein nicht zu rechtfertigen. Allerdings obliegt die Festlegung des Leistungsgegenstands dem Auftraggeber. Entscheidet er sich aus sachlich nachvollziehbaren Gründen für die Beschaffung einer Leistung, die nur ein Unternehmen erbringen kann, ist eine Freihändige Vergabe zulässig.[29]

36   Eine Freihändige Vergabe kann nach § 3a Abs. 4 Nr. 1 VOB/A zulässig sein, wenn für eine bestimmte Aufgabe nur ein **Unternehmen in der Region** in Betracht kommt und angesichts des Umfangs der Aufgabe mit einer Beteiligung auswärtiger Unternehmen schlechterdings nicht zu rechnen ist. Ein solches Vorgehen im Wege Freihändiger Vergabe ist nur zulässig, wenn der Auftraggeber aktuelle Marktkenntnis hat, die ausschließt, dass sich weitere Bieter beteiligen werden (vgl. § 6 Abs. 1 VOB/A). Unzulässig ist die Freihändige Vergabe mit der Begründung, es sei eine Betriebsstätte des Auftragnehmers in der Nähe des Leistungsorts erforderlich, die nur ein Unternehmen unterhalte. Es ist nicht auszuschließen, dass andere Unternehmen im Fall der Auftragserteilung bereit sind, eine derartige Betriebsstätte zu gründen.[30] Eine solche Forderung kann in den Vergabeunterlagen aufgestellt werden, wenn dies zur Auftragsdurchführung erforderlich ist.

37   Die Erwägung, Freihändige Vergabe nach § 3a Abs. 4 Nr. 1 VOB/A sei auch bei **zwei möglichen Bietern** zulässig, weil bei Beschränkter Ausschreibung im Allgemeinen mindestens drei geeignete Bewerber aufgefordert werden sollten, ist unzutreffend.[31] Da § 3b Abs. 2 VOB/A nur eine Sollvorschrift ist, fehlt es bereits an einer planwidrigen Regelungslücke. Zudem fordert der Ausnahmecharakter des § 3a Abs. 4 Nr. 1 VOB/A eine restriktive Auslegung. Eine analoge Anwendung des § 3a Abs. 4 Nr. 1 VOB/A auf den Fall von zwei in Frage kommenden Bietern hat daher zu unterbleiben.

38   **2. § 3a Abs. 4 Nr. 2 VOB/A: Dringlichkeit der Leistung.** Eine Freihändige Vergabe ist nach § 3a Abs. 4 Nr. 2 VOB/A zulässig, wenn die Leistung besonders dringlich ist. Die *besondere* Dringlichkeit unterscheidet § 3a Abs. 4 Nr. 2 VOB/A von § 3a Abs. 2 Nr. 3 VOB/A. Die Dringlichkeit muss also auch eine Beschränkte Ausschreibung als unzweckmäßig erscheinen lassen (vgl. → Rn. 25). § 3a Abs. 4 Nr. 2 VOB/A ist als **Ausnahmeregelung** eng auszulegen, gedacht ist insbesondere an die Behebung von Katastrophenschäden.[32] Wie im Fall des § 3a Abs. 2 Nr. 3 VOB/A darf die besondere Dringlichkeit grundsätzlich nicht vom Auftraggeber verursacht sein. Nur ausnahmsweise kann eine Freihändige Vergabe zulässig sein, obwohl die Gründe für die Dringlichkeit in der Sphäre des Auftraggebers liegen. Voraussetzung hierfür ist, dass es sich um Leistungen der dem Auftraggeber verpflichtend zugewiesenen Daseinsvorsorge handelt und diese nur für einen gewissen Zeitraum vergeben werden, um die Zwischenzeit bis zur Durchführung einer Ausschreibung zu überbrücken.[33] Soweit einer solchen **„Interimsver-**

---

[25] *Ganske* BauR 2008, 1987 (1994).
[26] OLG Düsseldorf VergabeR 2009, 173 zu § 3a Nr. 2 lit. c VOL/A 2006.
[27] *Bauer* in Heiermann/Riedl/Rusam VOB/A § 3 Rn. 50; *Stolz* in Ingenstau/Korbion VOB/A § 3a Rn. 28.
[28] OLG Düsseldorf ZfBR 2012, 392.
[29] OLG Düsseldorf VergabeR 2005, 513 zum Verhandlungsverfahren nach § 3a Nr. 2 lit. c VOL/A 2002.
[30] OLG Düsseldorf VergabeR 2002, 665 (667) zu § 3a Nr. 2 lit. c VOL/A 2002; zur Zulässigkeit der Ortsnähe als Wertungskriterium vgl. *Müller-Wrede* VergabeR 2005, 32.
[31] *Stolz* in Ingenstau/Korbion VOB/A § 3a Rn. 29.
[32] *Stolz* in Ingenstau/Korbion VOB/A § 3a Rn. 30; *Baumann* in FKZGM VOB/A § 3a Rn. 65.
[33] OLG Dresden VergabeR 2008, 567 (571) zu § 3 Nr. 4 lit. f VOL/A 2006, OLG München VergabeR 2013, 750 (759); OLG Frankfurt a. M. VergabeR 2014, 547 (553); so wohl auch OLG Düsseldorf ZfBR 2004, 202 (205) und OLG Hamburg VergabeR 2009, 97; *Stumpf/Götz* VergabeR 2016, 561; kritisch *Marx/Hölzl* NZBau 2010, 535.

gabe" ein nicht durch Zuschlagserteilung beendetes Vergabeverfahren vorausging, müssen die an diesem Verfahren beteiligten Bieter an der Interimsvergabe beteiligt werden.[34]

Wann besondere Dringlichkeit im Sinne von § 3a Abs. 4 Nr. 2 VOB/A gegeben ist, ist nach Sinn und Zweck der Vorschrift zu bestimmen. Die besondere Dringlichkeit wird nur dann vorliegen, wenn eine Beschränkte Ausschreibung aus **Fristgründen** ausscheidet. Maßstab hierfür sind § 10 Abs. 1 S. 1 VOB/A (Angebotsfrist nicht unter 10 Kalendertagen) und § 10 Abs. 3 VOB/A (Ausreichende Bewerbungsfrist bei Öffentlichem Teilnahmewettbewerb). Solange diese Fristen gewahrt bleiben können, liegt ein Fall besonderer Dringlichkeit nicht vor (vgl. auch die entsprechende Regelung in § 3a EU Abs. 3 Nr. 4 VOB/A). 39

3. § 3a Abs. 4 Nr. 3 VOB/A: Keine eindeutige Leistungsfestlegung. Die Freihändige Vergabe ist nach § 3a Abs. 4 Nr. 3 VOB/A zulässig, wenn die Leistung nach Art und Umfang vor der Vergabe **nicht so eindeutig und erschöpfend festgelegt** werden kann, dass hinreichend vergleichbare Angebote erwartet werden können. In einem solchen Fall ist eine (Öffentliche oder Beschränkte) Ausschreibung ohnehin nach § 2 Abs. 5 VOB/A und § 7 Abs. 1 Nr. 1 VOB/A nicht möglich. Denn der Auftraggeber soll nach § 2 Abs. 5 VOB/A erst ausschreiben, wenn alle Vergabeunterlagen fertig gestellt sind. In diesen Unterlagen ist nach § 7 Abs. 1 Nr. 1 VOB/A die Leistung so eindeutig und erschöpfend zu beschreiben, dass alle Unternehmen die Beschreibung im gleichen Sinne verstehen müssen und ihre Preise sicher und ohne umfangreiche Vorarbeiten berechnen können. Ist eine solche Beschreibung nicht möglich, kommt keine Ausschreibung in Betracht. Es bleibt nur die Freihändige Vergabe. Die Leistungsbeschreibung mit Leistungsprogramm (§ 7c VOB/A) stellt eine eindeutige und erschöpfende Leistungsfestlegung dar und rechtfertigt keine Freihändige Vergabe,[35] sondern allenfalls eine Beschränkte Ausschreibung (→ VOB/A § 3a Rn. 33). 40

Die Rechtsprechung zu der Parallelvorschrift des § 3a EU Abs. 2 Nr. 1 lit. d VOB/A unterscheidet zwei Fälle.[36] Der erste betrifft Fallgestaltungen, bei denen eine exakte Festlegung der auszuführenden Bauarbeiten auf Grund von Umständen, die in der Natur des zu Beschaffenden liegen, objektiv nicht möglich ist. Hierzu zählen **neuartige und komplexe Bauvorhaben**, deren genauer Umfang bei Auftragserteilung noch nicht absehbar ist, sei es, weil dieses Wissen objektiv noch nicht vorliegt, sei es, weil dem Auftraggeber das notwendige Wissen hierfür fehlt. Die Freihändige Vergabe dient hier dazu, den Auftraggeber mit den notwendigen Informationen zu versorgen.[37] Zu dieser Fallgruppe zählt auch, wenn der erste Auftragnehmer eines Bauauftrages wegen **Insolvenz** ausfällt. Da oftmals nicht erkennbar sein wird, ob das Bauwerk bei Ausfall des ersten Auftragnehmers mangelfrei ist, ist für den Auftraggeber nicht beschreibbar, welche Leistung zu erbringen ist. Auch eine Preiskalkulation der Bieter ist wesentlich erschwert, wenn sie etwaige Mängelhaftungsansprüche nicht absehen können.[38] Das Gleiche gilt, wenn dem Auftragnehmer aus **wichtigem Grund gekündigt** wurde, es sei denn, der Kündigungsgrund fällt in die Risikosphäre des Auftraggebers. 41

Die zweite Fallgestaltung liegt vor, wenn die Bauleistung zwar möglich, die Kalkulation eines Gesamtpreises durch die Bieter auf Grund der dem Auftrag immanenten Umstände jedoch nicht ohne Spekulation erfolgen kann, sodass es unbillig wäre, ihre Folgen allein den Bietern aufzubürden. Beispiele sind der Bau eines Tunnels, der durch unbekannte geologische Verhältnisse beeinflusst wird oder die Entsorgung der Altlasten eines Grundstücks, wenn das Risiko von Zusatzkosten besteht.[39] 42

4. § 3a Abs. 4 Nr. 4 VOB/A: Ineffektivität einer neuen Ausschreibung. Die Freihändige Vergabe ist gemäß § 3a Abs. 4 Nr. 4 VOB/A weiterhin zulässig, wenn nach **Aufhebung einer Öffentlichen Ausschreibung oder Beschränkten Ausschreibung** eine erneute Ausschreibung kein annehmbares Ergebnis verspricht. Die Vorschrift knüpft an § 3a Abs. 2 Nr. 2 VOB/A an. Zum Rangverhältnis zwischen § 3a Abs. 4 Nr. 4 und § 3a Abs. 2 Nr. 2 VOB/A vgl. → Rn. 22. Zu dem Fall, dass zunächst ein offenes oder ein nicht offenes Verfahren durchgeführt wurde vgl. → Rn. 13. 43

---

[34] OLG Dresden VergabeR 2008, 567 (571); OLG Hamburg VergabeR 2009, 97.
[35] *Stolz* in Ingenstau/Korbion VOB/A § 3a Rn. 31.
[36] BGH VergabeR 2010, 210.
[37] OLG Hamm NJW-RR 1993, 541 zu § 3 Nr. 4 VOL/A aF.
[38] *Bauer* in Heiermann/Riedl/Rusam VOB/A § 3 Rn. 52; vgl. auch BGH VergabeR 2010, 210 (215) zu Reparaturleistungen, deren Umfang erst nach Beginn der Arbeiten deutlich wird.
[39] BGH VergabeR 2010, 210 (215).

44 Voraussetzung ist die Aufhebung einer Öffentlichen oder Beschränkten Ausschreibung nach **§ 17 Abs. 1 Nr. 1 oder Nr. 3 VOB/A**. Die Aufhebung muss nach diesen Vorschriften zulässig gewesen sein.[40] Denn der öffentliche Auftraggeber soll sich nicht durch einen ungerechtfertigten Abbruch eines Ausschreibungsverfahrens in den Stand setzen, eine Freihändige Vergabe durchführen zu können. Anders als § 3a Abs. 2 Nr. 2 VOB/A ist § 3a Abs. 4 Nr. 4 VOB/A nicht allein an den Aufhebungsgrund des § 17 Abs. 1 Nr. 1 VOB/A und den Fall des Vorliegens unangemessener Preise nach § 16d Abs. 1 Nr. 1 VOB/A geknüpft (→ Rn. 14 ff.).

45 Die Aufhebung der Ausschreibung nach **§ 17 Abs. 1 Nr. 2 VOB/A** berechtigt dagegen nicht zur Durchführung einer Freihändigen Vergabe nach § 3a Abs. 4 Nr. 4 VOB/A, weil nach einer grundlegenden Änderung der Vergabeunterlagen eine erneute (Öffentliche oder Beschränkte) Ausschreibung stattfinden muss.[41] Zum Teil wird angenommen, der Auftraggeber sei nach einer „gescheiterten" Ausschreibung verpflichtet, seine Ausschreibung zu überprüfen, ggf. nachzubessern und dann erneut eine Ausschreibung vorzunehmen.[42] In dieser Allgemeinheit ist dies unzutreffend. Der Auftraggeber ist berechtigt, das von ihm wirtschaftlich und technisch Gewollte ggf. auch in einer Freihändigen Vergabe durchzusetzen, wenn dies im Wege einer Ausschreibung nicht möglich war. Eine **Pflicht zur Nachbesserung** der Vergabeunterlagen kann daher nur insoweit bestehen, als das Projekt im Kern unverändert bleibt.

46 Der Auftraggeber muss die **Prognose** erstellen, dass eine erneute Öffentliche oder Beschränkte Ausschreibung kein annehmbares Ergebnis verspricht. Hierzu muss er eine pflichtgemäße Prüfung vornehmen. Die gerichtliche Überprüfung beschränkt sich darauf, ob der Auftraggeber ausgehend von einem zutreffenden Sachverhalt methodisch eine zutreffende Prognose erstellt hat. Entscheidend ist die Sicht *ex ante*.[43] Häufig wird § 3a Abs. 4 Nr. 4 VOB/A Anwendung finden, wenn das Ergebnis einer vorhergehenden Ausschreibung bekannt geworden ist und ein echter Wettbewerb nicht mehr erwartet werden kann,[44] oder wenn nur noch ein Bieter in Betracht kommt.

47 **5. § 3a Abs. 4 Nr. 5 VOB/A: Geheimhaltungsbedürftigkeit.** Freihändige Vergabe ist nach § 3a Abs. 4 Nr. 5 VOB/A zulässig, wenn es aus Gründen der Geheimhaltung erforderlich ist. Der Vorrang einer Beschränkten Ausschreibung vor der Freihändigen Vergabe verpflichtet den Auftraggeber, zunächst zu prüfen, ob dem bestehenden Geheimhaltungsbedürfnis durch eine Beschränkte Ausschreibung nach § 3a Abs. 2 Nr. 3 VOB/A hinreichend Rechnung getragen werden kann. Ist dies der Fall, darf eine Freihändige Vergabe nicht stattfinden (vgl. → Rn. 26).

48 § 3a Abs. 4 Nr. 5 VOB/A fordert nicht mehr das Vorliegen von Geheimhaltungsvorschriften. Es genügt daher ein bloßes Geheimhaltungsbedürfnis, wie in § 3a Abs. 2 Nr. 3 VOB/A genannt. Hierbei kann es sich ausnahmsweise auch um betriebliche Geheimhaltungsinteressen des Auftraggebers handeln.

49 **6. § 3a Abs. 4 Nr. 6 VOB/A: Mangelnde Trennbarkeit der Leistung.** Die Freihändige Vergabe ist nach § 3a Abs. 4 Nr. 6 VOB/A zulässig, wenn sich eine kleine Leistung von einer vergebenen größeren Leistung nicht ohne Nachteil trennen lässt. Voraussetzung ist, dass zwischen Haupt- und Anschlussauftrag ein objektiver und unmittelbarer Zusammenhang besteht.[45] Die **Wertgrenze** für den Anschlussauftrag ist sehr niedrig anzusetzen, da der der VOB/A innewohnende Wettbewerbsgedanke nicht gefährdet werden soll. Zum Teil wird angenommen, ein Orientierungswert sei § 22 EU Abs. 2 S. 2 VOB/A, wonach der Preis nicht um mehr als 50 % des Werts des ursprünglichen Auftrags erhöht werden darf.[46] Dies ist im Ergebnis unzutreffend, da § 22 EU Abs. 2 S. 2 VOB/A neben dem Verhältnis von Haupt- und Nebenleistung eine Reihe weiterer Voraussetzungen aufstellt, die in § 3a Abs. 4 Nr. 6 VOB/A fehlen.

50 **7. Auftragswert (§ 3a Abs. 4 S. 2 VOB/A).** Nach § 3a Abs. 4 S. 2 VOB/A kann Freihändige Vergabe außerdem bis zu einem Auftragswert von 10.000 Euro ohne Umsatzsteuer erfolgen. Anders als hinsichtlich der Beschränkten Ausschreibung in § 3a Abs. 2 Nr. 1 VOB/A gilt dieser

---

[40] OLG Düsseldorf BauR 1999, 741.
[41] Anders etwa *Stolz* in Ingenstau/Korbion VOB/A § 3a Rn. 32; *Baumann* in FKZGM VOB/A § 3a Rn. 49.
[42] *Stolz* in Ingenstau/Korbion VOB/A § 3a Rn. 33.
[43] Vgl. hierzu die verwaltungsgerichtliche Rechtsprechung zur Kontrolle von Prognoseentscheidungen: BVerwGE 72, 282 (286); 82, 295 (300); NVwZ-RR 1991, 129 (131).
[44] *Bauer* in Heiermann/Riedl/Rusam VOB/A § 3 Rn. 53.
[45] *Stolz* in Ingenstau/Korbion VOB/A § 3a Rn. 35.
[46] So *Stolz* in Ingenstau/Korbion VOB/A § 3a Rn. 35.

Wert einheitlich für alle Gewerke. Für die Schätzung des Auftragswerts kann § 3 VgV analog angewendet werden.

Einige Bundesländer haben in ihren Vergabegesetzen abweichende Wertgrenzen für die Durchführung einer Freihändigen Vergabe aufgestellt. Diese reichen von 25.000 Euro[47] bis 200.000 Euro.[48] Das mit § 3a Abs. 4 S. 2 VOB/A verfolgte Ziel einer bundeseinheitlichen Regelung wurde somit nicht erreicht. 51

8. Sonstige Gründe. Die Aufzählung der Gründe in § 3a Abs. 4 VOB/A, die eine Freihändige Vergabe rechtfertigen, ist **nicht abschließend,** sondern nur beispielhaft („besonders"). An die Zulässigkeit der Freihändigen Vergabe außerhalb der in § 3a Abs. 4 VOB/A genannten Voraussetzungen sind hohe Anforderungen zu stellen. Es muss sich um vergleichbare Ausnahmefälle handeln. Bis zur Einführung des § 3a Abs. 4 S. 2 VOB/A wurden hierunter insbesondere Aufträge mit geringen Werten gezählt. Seit Inkrafttreten dieser Regelung dürften „sonstige Gründe" für die Zulässigkeit einer Freihändigen Vergabe kaum noch praktische Relevanz erlangen. 52

C. Fehlerfolgen

Zum Primärrechtsschutz oberhalb der Schwellenwerte wegen der Wahl einer fehlerhaften Vergabeart vgl. → EU VOB/A § 3a Rn. 151. 53

Die Wahl einer **fehlerhaften Vergabeart** kann zu Schadensersatzansprüchen führen vgl. → VOB/A § 3 Rn. 33. Allerdings wird es in diesen Fällen oftmals an einem hierauf beruhenden Schaden der Bieter fehlen. Anders kann dies nach der Rechtsprechung des BGH zum Primärrechtsschutz sein, wenn unzulässigerweise eine Freihändige Vergabe durchgeführt wird, da hier die Gefahr besteht, dass das Angebot eines Bieters im Rahmen der Verhandlungen durch einen Mitbewerber unterboten wird.[49] Ein Schadensersatzanspruch kann schließlich gegeben sein, wenn neben die Wahl einer fehlerhaften Vergabeart ein weiterer Vergabeverstoß tritt, so etwa wenn während einer Ausschreibung unter Verstoß gegen § 17 VOB/A auf eine Freihändige Vergabe umgestellt wird.[50] 54

§ 3b Ablauf der Verfahren

(1) **Bei Öffentlicher Ausschreibung sind die Unterlagen an alle Unternehmen abzugeben.**

(2) **Bei Beschränkter Ausschreibung sollen mehrere, im Allgemeinen mindestens drei geeignete Unternehmen aufgefordert werden.**

(3) **Bei Beschränkter Ausschreibung und Freihändiger Vergabe soll unter den Unternehmen möglichst gewechselt werden.**

(Wegen der Ähnlichkeit der Regelungen wird dazu auf die Kommentierung zu § 6 Randnummer 27 verwiesen.)

§ 4 Vertragsarten

(1) **Bauleistungen sind so zu vergeben werden, dass die Vergütung nach Leistung bemessen wird (Leistungsvertrag), und zwar:**
   1. **in der Regel zu Einheitspreisen für technisch und wirtschaftlich einheitliche Teilleistungen, deren Menge nach Maß, Gewicht oder Stückzahl vom Auftraggeber in den Verdingungsunterlagen anzugeben ist (Einheitspreisvertrag),**

---

[47] § 4 Abs. 1 S. 2 SächsVergabeG.
[48] Ziff. 1.2 Wertgrenzenerlass M-V.
[49] BGH VergabeR 2010, 210.
[50] OLG Düsseldorf BauR 1999, 741.

2. in geeigneten Fällen für eine Pauschalsumme, wenn die Leistung nach Ausführungsart und Umfang genau bestimmt ist und mit einer Änderung bei der Ausführung nicht zu rechnen ist (Pauschalvertrag).
(2) Abweichend von Abs. 1 können Bauleistungen geringeren Umfangs, die überwiegend Lohnkosten verursachen, im Stundenlohn vergeben werden (Stundenlohnvertrag).
(3) Das Angebotsverfahren ist darauf abzustellen, dass der Bieter die Preise, die er für seine Leistungen fordert, in die Leistungsbeschreibung einzusetzen oder in anderer Weise im Angebot abzugeben hat.
(4) Das Auf- und Abgebotsverfahren, bei dem vom Auftraggeber angegebene Preise dem Auf- und Abgebot der Bieter unterstellt werden, soll nur ausnahmsweise bei regelmäßig wiederkehrenden Unterhaltungsarbeiten, deren Umfang möglichst zu umgrenzen ist, angewandt werden.

Schrifttum: Zu den Absätzen 1 und 2: *Graef,* Rahmenvereinbarungen bei der Vergabe von öffentlichen Aufträgen de lege lata und de lege ferenda, NZBau 2005 561; *Hilfers,* Vorsicht bei allzu „kreativen" Ausschreibungsgestaltungen, NZBau 2011, 664; **Zu den Absätzen 3 und 4:** *Berg,* Beitrag zur Gestaltung der Vergütung von Bauleistungen im Einheitspreisvertrag, 1972; *Franke,* Rechtsschutz bei der Vergabe von Rahmenvereinbarungen, ZfBR 2006, 546; *Hereth/Naschold* Kommentar zur VOB, Teil A, 2. Aufl., 1960; *Herig,* Praxiskommentar VOB, 4. Auflage 2009; *Jebe,* Preisermittlung von Bauleistungen, 1974; *Kiehne,* Das System Zeitvertrag, Die Bauverwaltung 1976, 431/432 und 475; *Knauff,* Neues europäisches Vergabeverfahrensrecht: Rahmenvereinbarungen, VergabeR 2006, 24; *Scheid,* Ist die Umsetzung der EG-Richtlinien in Deutschland defizitär?, VergabeR 2007, 410; *Willenbruch/Wieddekind,* Vergaberecht, 2. Auflage, 2011.

Übersicht

	Rn.
A. Regelungsgehalt und Funktion	1
I. Struktur	1
II. Vorrang des Leistungsvertrages, Einheitspreisvertrag als Regel?	8
B. Besondere Vertragstypen	10
I. Einheitspreisvertrag	10
1. Einzelelemente	10
2. Einzelne Positionsarten	13
a) Grundpositionen	13
b) Alternativpositionen (Wahlpositionen)	14
c) Eventualpositionen (Bedarfspositionen)	17
d) Auswahlpositionen	25
e) Zulagepositionen	26
f) Sammelpositionen (Mischpositionen)	27
II. Pauschalvertrag	28
1. Bauvertragliche oder vergaberechtliche Relevanz, bieterschützende Normen	28
2. Nach Art und Umfang bestimmte Leistungen	31
3. Mit einer Änderung bei der Ausführung nicht zu rechnen	33
4. In geeigneten Fällen	36
III. Stundenlohnvertrag	37
IV. Der Selbstkostenerstattungsvertrag	40
C. Regelungsgegenstand	42
D. Allgemeine Anforderung zum Angebotsverfahren sowie zum Auf- und Abgebotsverfahren	43
E. Angebotsverfahren	44
F. Auf- und Abgebotsverfahren	45

A. Regelungsgehalt und Funktion

I. Struktur

1 § 4 Abs. 1 und 2 VOB/A benennt (unvollständig) die Vergütungsgrundsätze, auf denen die VOB in ihren 3 Teilen A, B und C aufbaut; an die Vergütungstypen knüpft sie Bauvertragstypen. Sie suggeriert damit unzutreffend, dass die Definition der Vergütungsberechnung, also

der Vergütungstyp, allein den Vertragstyp kennzeichnet. Richtigerweise definiert sich ein Vertragstyp aber einmal nach der Methode der Leistungsdefinition (Feststellung des Bausolls),[1] also z.B. detailliert, global, funktional oder nach Leistungsbestimmungsrecht des Vertragsgegners oder eines Dritten, zum anderen nach der Methode der Vergütungsermittlung z.B. nach Berechnung je technischer Leistungseinheit, nach Zeit, nach Aufwand oder pauschal. Diese terminologische Unschärfe der VOB hat insbesondere bei der Charakterisierung der Leistungsseite von Pauschalverträgen in der Vergangenheit viel Verwirrung gestiftet. Selbstverständlich kann und will die VOB nicht alle generell denkbaren Vertragstypen benennen. Sie greift vielmehr in § 4 als Basisnorm (wiederum unvollständig) die Typen heraus, die der Adressat der VOB/A,[2] der öffentliche Auftraggeber, für Vergaben verwaltungsintern (unterhalb der Schwellenwerte) oder mit Außenwirkung (oberhalb der Schwellenwerte, § 97 Abs. 6 GWB) wählen muss (vgl. Rdn. 4).

§ 4 unterscheidet als Oberbegriff **Leistungsverträge** mit den Unterbegriffen Einheitspreisvertrag und Pauschalvertrag (letzteren aber nur in der Form des Detail-Pauschalvertrages) sowie Stundenlohnverträge. Die früher in der VOB/A genannten Selbstkostenerstattungsverträge fehlen; in § 2 Abs. 2 VOB/B gibt es sie noch. Bei Leistungsverträgen wird die Vergütung (im Prinzip) bemessen nach der erbrachten Leistung, was für den Werkvertrag, bei dem der Auftragnehmer einen Erfolg und nicht bestimmte Mühen oder einen bestimmten Aufwand schuldet, typisch ist. Sowohl beim Stundenlohnvertrag (wie beim Selbstkostenerstattungsvertrag) wird die Vergütung dagegen nach Aufwand (Kosten)[3] ermittelt, was natürlich ungeachtet der Erfolgsbezogenheit möglich ist.

Damit ergibt sich für die Einteilung der Vertragstypen gemäß § 4 folgendes Schema:

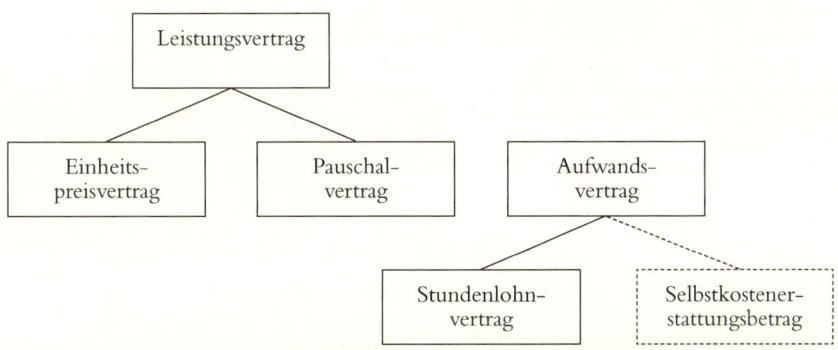

Obwohl die VOB/A in § 4 offensichtlich **die** VOB-gerechten Vergütungs- bzw. Vertragstypen nennen will, ist ihr das nicht vollständig gelungen. Einmal nennt sie in § 4 Abs. 1 Nr. 2 als Pauschalvertrag nur den Vertrag mit genauer Bestimmung von Ausführungsart und -umfang, also den Detail-Pauschalvertrag (dazu Rdn. 28), lässt aber in § 7 Abs. 13–15 VOB/A gerade den (seltenen) Prototyp eines Global-Pauschalvertrages zu, nämlich einen Bauvertrag auf der Basis eines Leistungsprogramms, also die Verbindung von Planen und Bauen in einer Hand; die Zwischenform, also die teil-funktionale Ausschreibung, ist damit jedenfalls durch § 4 VOB/A nicht ausgeschlossen (näher Rdn. 32). Zum anderen enthält § 23 VOB/A einen eigenen Vertragstyp, den Konzessionsvertrag. Schließlich kennt § 4a Rahmenvereinbarungen.

Letzteres macht schon deutlich, dass jedenfalls § 4 Abs. 1, 2 VOB/A keine **Verbotsnorm** dahin ist, dass der öffentliche Auftraggeber generell nicht auch andere Vertragstypen oder Mischtypen wählen dürfte. Vergaberechtlich ist § 4 nur relevant als Gebot des Vorrangs des Leistungsvertrages und als scheinbares teilweises Verbot des Global-Pauschalvertrages.[4] § 4 VOB/A ist keine gesetzliche Verbotsnorm, die über § 134 BGB zur Nichtigkeit eines von einem öffentlich-rechtlichen Auftraggeber geschlossenen Vertrages wegen abweichender Typo-

---

[1] Zum Begriff Bausoll Teil B § 2 Rdn. 26 ff.
[2] Näher zur VOB/A Einleitung VOB/A Rdn. 12 ff.
[3] Die VOB unterscheidet nicht zwischen Aufwand und Kosten; das BGB aber auch nicht, Einzelheiten *Kapellmann* Jahrbuch Baurecht 1998, S. 35, Fn. 1.
[4] Dazu Rdn. 8 und Rdn. 28.

logie führen könnte.[5] Vergaberechtlich ist die Typologie allerdings insoweit zwingend, als ein als Einheitspreisvertrag ausgeschriebener Vertrag nicht nachträglich im Vergabeverfahren in einen Pauschalvertrag umgeändert werden darf, § 15 Abs. 3 VOB/A.[6] Umgekehrt ist das schon vergabetechnisch praktisch nicht möglich.

Ob allerdings nicht praktisch das Vergabegebot des § 7b Abs. 1, § 7c VOB/A als Sperre für viele Vertragstypen wirkt, ist eine andere Frage.

6 **Festpreisverträge** bilden keine eigene Vergütungs- oder Vertragskategorie. Vereinbarte Preise sind immer fest und nicht variabel, gleichgültig, um welchen Vertragstyp es sich handelt;[7] beim Einheitspreisvertrag gibt es davon in § 2 Abs. 3 VOB/B bei einer Größenordnung von mehr als 10% Mengenabweichung Ausnahmen. Leider werden oft Festpreis und Pauschalpreis verwechselt, so dass es bei der Verwendung des Begriffes „Festpreis" sehr oft der Prüfung bedarf, ob die Parteien nicht Pauschalpreis gemeint haben.[8] Soll kein Festpreis gelten, können Gleitklauseln vereinbart werden, § 9 Abs. 9 VOB/A.

7 Systematisch lässt sich ein **eventueller Definitionsgehalt von § 4 VOB/A nur im Kontext mit § 2 VOB/B** erschließen; dort ist der Einheitspreisvertrag in § 2 Abs. 2 sowie Abs. 3–6 ausführlich behandelt, der Pauschalvertrag rudimentär in § 2 Abs. 2 und Abs. 7, der Stundenlohnvertrag in § 2 Abs. 10, § 15.

II. Vorrang des Leistungsvertrages, Einheitspreisvertrag als Regel?

8 Die VOB stellt Vergaberegeln auf; in der Regel soll nach Einheitspreisen vergeben werden, in geeigneten Fällen gegen Pauschalvergütung. Bauleistungen geringeren Umfangs, die überwiegend Lohnkosten verursachen, dürfen nach Stundenlohn vergeben werden. Daraus und aus dem Zusammenhang mit § 2 VOB/B wird deutlich, dass die VOB vorrangig eine Vergabe als Leistungsvertrag verlangt, so dass also die Vergabe als Stundenlohnvertrag nur in atypischen Fällen gestattet ist,[9] oder anders ausgedrückt: Ein Bieter kann im Nachprüfungsverfahren einwenden, dass die Ausschreibung als Stundenlohnvertrag nicht vergabegerecht war – was allerdings reine Theorie ist.

9 Aus dieser Einstufung in ein Regel-Ausnahmeverhältnis als Vergabeprinzip folgt aber ebenso wenig wie aus § 2 VOB/B ein Regel-Ausnahmeverhältnis zwischen Einheitspreis- und Pauschalvertrag im Sinne einer Beweislastregel oder auch nur einer Vermutung dahingehend, dass einer dieser Vertragstypen „im Zweifel" vorrangig sei.[10]

B. Besondere Vertragstypen

I. Einheitspreisvertrag

10 **1. Einzelelemente.** Beim Einheitspreisvertrag wird die Vergütung bemessen „zu Einheitspreisen für technisch und wirtschaftlich einheitliche Teilleistungen, deren Menge nach Maß, Gewicht oder Stückzahl vom Auftraggeber in den Verdingungsunterlagen anzugeben ist", § 4 Abs. 1 Nr. 1. **Das Wichtigste,** nämlich das Charakteristikum des Einheitspreisvertrages in Abgrenzung zum Pauschalvertrag, **fehlt,** nämlich, dass die Vergütung abgerechnet wird nicht nach ausgeschriebener, sondern nach ausgeführter Menge, so § 2 Abs. 2 VOB/B, was keineswegs selbstverständlich ist.[11]

Beim Einheitspreisvertrag zerlegt der Auftraggeber (mit Hilfe seines Architekten als seinem Erfüllungsgehilfen, der dafür gemäß § 33 Anhang 10 Phase 6 HOAI vergütet wird) das zu errichtende Werk in einen von ihm formulierten Blanketttext – in den der Bieter Preise einsetzt und den er als sein Angebot dem Auftraggeber vorlegt – nach Fertigungsgesichtspunkten in

---

[5] *Motzke* in Beck'scher VOB-Kommentar VOB/A § 5 Rdn. 21; *Kus* in KMPP VOB/A § 4 Rdn. 2. Der Vertrag als solcher ist nicht verboten; ob im Einzelfall der Auftraggeber sein Ermessen bei der Wahl des Vertragstyps vergaberechtlich richtig ausgeübt hat, ist nicht Gegenstand der Sanktion des § 134 BGB, dazu näher VOB/B § 2 Rdn. 114, 115.
[6] OLG Celle BauR 1996, 860; *Motzke* in Beck'scher VOB-Kommentar VOB/A § 5 Rdn. 11.
[7] Näher VOB/B § 2 Rdn. 6.
[8] VOB/B § 2 Rdn. 239; näher *Kapellmann/Schiffers/Markus* Band 2, Rdn. 76–82.
[9] *Motzke* in Beck'scher VOB-Kommentar VOB/A System III Rdn. 218 unter Hinweis auf BGH BauR 1998, 1232. Vgl. dazu auch Rdn. 37.
[10] Einzelheiten VOB/B § 2 Rdn. 132.
[11] Näher VOB/B § 2 Rdn. 136, 141, 233; hier Rdn. 28.

Vertragsarten 11–14 § 4 VOB/A

isolierte, nicht unbedingt funktional zusammenhängende Produktionsschritte; die VOB/A nennt sie in § 4 Abs. 1 Nr. 1 und in § 7b Abs. 1 **Teilleistungen,** die in einem **Leistungsverzeichnis** nach Ordnungszahlen (in der VOB/A **Position** genannt, § 13 Abs. 1 Nr. 6 VOB/A) zusammengefasst sind.

Beispiel: Position 2: 400m² Oberboden nach DIN 18 300 6,00 €/m² = 2 400,00 € abtragen und seitlich lagern

(1) ist die Ordnungsnummer **(Position).** 11

(2) ist die Mengenangabe, der so genannte **Vordersatz.** Er ist unabdingbar für die Kalkulation,[12] aber er ist nicht die Abrechnungsmenge. Vergütet wird die durch Aufmaß – näher VOB/B § 14 – festzustellende **ausgeführte** Menge, nicht die ausgeschriebene Menge.

(3) ist der **Leistungsbeschrieb.** Von der Idee her soll die technische Teilleistung so detailliert wie möglich und nötig beschrieben werden, so dass für den Bieter eindeutig ist, was zu bauen und zu kalkulieren ist. Dessen ungeachtet kann der Leistungsbeschrieb so global gefasst sein oder es können so ungewöhnliche Teilleistungen als Bezugsgröße ausgesucht werden, dass der Sinn der Ausschreibungsmethode „Einheitspreisvertrag" gefährdet wird oder verloren geht,[13] aber solange ein „Beschrieb" preislich mit einer Maßeinheit nach Maß, Gewicht oder Stückzahl verknüpft ist, bleibt der Vertrag Einheitspreisvertrag. Übrigens zeigt sich hier besonders deutlich, dass der **strukturelle** Unterschied zwischen Einheitspreis- und Pauschalvertrag nicht auf der Ebene des Leistungsbeschriebs zu suchen ist, sondern **nur** in vorhandener oder fehlender Verknüpfung von ausgeführter Menge und Vergütung.

Der Leistungsbeschrieb ist sowohl beim Einheitspreisvertrag wie beim Pauschalvertrag eine unveränderliche Größe. Er bestimmt – gegebenenfalls im Zusammenwirken mit anderen Vertragsbestandteilen – das Bausoll sowohl nach Bauinhalt wie nach Bauumständen.[14] Weicht das Bausoll aus Gründen, die nicht im Risikobereich des Auftragnehmers liegen, hiervon ab, so ist die Bausoll/Bauist-Abweichung Ausgangspunkt für Nachträge, § 2 Abs. 5, 6, 7 Abs. 2, 8, 9 VOB/B.

(4) – vgl. das Beispiel Rdn. 10 am Ende – ist der **Einheitspreis,** also der Preis für eine 12 Maßeinheit des Vordersatzes, hier also 1m². Die Vergütung wird ermittelt aus der Multiplikation der ausgeführten Menge, bemessen nach der vorgenannten Maßeinheit, mit dem Einheitspreis.

Der Einheitspreis kann nur dann richtig kalkuliert werden, wenn die auszuführende Menge richtig genannt ist. Da aber nicht nach Vordersatzmenge, sondern nach ausgeführter Menge abgerechnet wird, ist es folgerichtig, dass ab gewissen Mengendifferenzen (nämlich 10%) zwischen Vordersatz und ausgeführter Menge der Einheitspreis an die ausgeführten Mengen angepasst wird; das regelt § 2 Abs. 3 VOB/B.[15] Dieser Anpassungsmechanismus ist konstitutiv für einen Einheitspreisvertrag der VOB; es ist deshalb systemwidrig, Vergabeverstoß und Verstoß gegen AGB-Recht (§ 307 BGB), wenn ein (öffentlicher) Auftraggeber die Anwendung dieses Anpassungsmechanismus des § 2 Abs. 3 in Allgemeinen Geschäftsbedingungen ausschließt.[16]

(5) ist das Produkt von (2) und (4). Dieser „Positionspreis" hat keine eigenständige definitorische Bedeutung für den Einheitspreisvertrag, er dient der Ermittlung des Angebotspreises.

2. Einzelne Positionsarten. a) Grundpositionen. Grundposition ist die Standard-Position 13 des Leistungsverzeichnisses. Sie wird mit Vertragsschluss Bausoll, wenn nicht eine Alternativ-Position (dazu Rdn. 14) ausgeschrieben ist und statt der Grundposition beauftragt wird.

b) Alternativpositionen (Wahlpositionen). Alternativpositionen werden in der VOB 14 nicht erwähnt (s. § 7 Rdn. 34 VOB/A). Das Vergabehandbuch des Bundes 2008, Stand April 2016 (Formular 100) **verbietet** sie in 4.6 der Allgemeinen Richtlinien zum Vergabeverfahren generell. Sie sind solche Positionen im Angebotsblankett, die Leistungen betreffen, die der Auftraggeber **anstelle** von ebenfalls ausgeschriebenen **Grundpositionen** angeboten haben will. Grundposition und Alternativposition stehen also im Entweder-/Oder-Verhältnis. Der Auftrag-

---

[12] Näher VOB/B § 2 Rdn. 141.
[13] „Global-Einheitspreisvertrag", Einzelheiten und Beispiele *Kapellmann/Schiffers/Markus* Band 2, Rdn. 87–89.
[14] Zum Begriff Bausoll VOB/B § 2 Rdn. 26 ff.
[15] Dazu VOB/B § 2 Rdn. 137–169.
[16] Für die Zulässigkeit eines solchen Ausschlusses in AGB aber BGH „Ausschluss § 2 Abs. 3 VOB/B" NZBau 2016, 96; BGH BauR 1993, 723. Zur Begründung unseres abweichenden Standpunktes näher VOB/B § 2 Rdn. 142.

geber behält sich die Wahl vor, die eine **oder** die andere Position zu beauftragen, wobei aber sowohl die eine wie die andere Position inhaltlich bestimmt ist und (im Regelfall) einen Vordersatz hat. Alternativpositionen werden auch als **Wahlposition** bezeichnet (§ 262 BGB). Bei Alternativpositionen hat allerdings entgegen der Auslegungsregel des § 262 BGB der Auftraggeber das Wahlrecht. Zu den davon abweichenden **Auswahlpositionen** siehe Rdn. 25. Der Auftraggeber **muss** bei Wahlpositionen die Wahl **bei** Vertragsschluss, also Angebotsannahme, treffen. Nimmt der Auftraggeber das Angebot des Auftragnehmers an, ohne ausdrücklich eine Wahlposition zu beauftragen, kommt der Vertrag auf der Basis der Grundpositionen zustande, die nicht angenommenen Alternativpositionen werden gegenstandslos. In Allgemeinen Geschäftsbedingungen von Auftraggebern findet sich gelegentlich die Klausel, dass die Auswahlentscheidung auch noch nach Vertragsschluss getroffen werden kann. Diese Klausel verstößt nicht gegen § 308 Nr. 1 BGB, sie erlegt dem Bieter nicht eine unangemessen lange Bindefrist auf. Wenn nämlich der Auftraggeber auf der Basis einer solchen Klausel vergibt, ohne sich für Grund- oder Alternativposition festzulegen, so wird tatsächlich doch eine Position beauftragt, nämlich die „Entweder-/Oder-Position", die typisch für ein Wahlschuldverhältnis ist. Gemäß § 264 Abs. 2 BGB gilt: „Ist der wahlberechtigte Gläubiger (Auftraggeber) in Verzug, so kann der Schuldner (Auftragnehmer) ihn unter Bestimmung einer angemessenen Frist zur Vornahme der Wahl auffordern. Mit dem Ablauf der Frist geht das Wahlrecht auf den Schuldner über, wenn nicht der Gläubiger rechtzeitig die Wahl vornimmt."[17] Wenn der Auftraggeber verspätet entscheidet, so kann der Schuldner ihn nicht nur (bei Verzug) unter Bestimmung einer angemessenen Frist zur Vornahme der Wahl auffordern, die verspätete Wahl kann auch wie jede verspätete Mitwirkungshandlung des Auftraggebers Behinderung sein (Anzeige gemäß § 6 Abs. 1 VOB/B erforderlich) und Ansprüche auf Fristverlängerung (§ 6 Abs. 2 VOB/B) oder unter entsprechenden weiteren Voraussetzungen auf Schadensersatz (§ 6 Abs. 6 Satz 1 VOB/B) oder auf Entschädigung (§ 6 Abs. 6 Satz 2 VOB/B, § 642 BGB) auslösen.

15 Alternativpositionen muss der Auftraggeber mit einem richtigen Vordersatz ausschreiben. Schreibt der Auftraggeber einen Vordersatz „0" oder „1" aus, ist dem Bieter zu empfehlen, in seinem Anschreiben zum Angebot anzugeben, welche „kalkulatorischen Vordersätze" er für die Preisermittlung der Alternativposition anstelle der vom Auftraggeber vorgegebenen Vordersätze „0" oder „1" angesetzt hat. Unterlässt ein Bieter das, so stehen ihm dennoch je nach eigener Kalkulation Ansprüche gegen den Auftraggeber aus „Verschulden bei Vertragsschluss" (§ 311 BGB) zu, weil der Auftraggeber durch die Angabe des Vordersatzes „0" oder „1" systemwidrig ausgeschrieben hat und den Bieter zu einer unrichtigen bzw. unbrauchbaren Kalkulation verleitet hat.

Durch eine Vielzahl von Alternativpositionen in der Ausschreibung kann der Auftraggeber eine solche Intransparenz schaffen, dass Manipulationen Tür und Tor geöffnet ist. Was die VOB heute für Eventualpositionen vorschreibt – § 7 Abs. 1 Nr. 4 Satz 1 VOB/A –, dass sie nämlich grundsätzlich nicht in die Leistungsbeschreibung aufgenommen werden dürfen, gilt genauso für Alternativpositionen. Eine verwirrende Ausschreibung mit einer Häufung von Alternativpositionen ist ein Verstoß gegen das Gebot der eindeutigen und erschöpfenden Leistungsbeschreibung (§ 7 Abs. 1 Nr. 1 VOB/A); bei Vergaben über den Schwellenwerten unterliegt also deren unzulässige Verwendung der Prüfung im Nachprüfungsverfahren.[18] Dem Auftragnehmer selbst stehen je nach Fallgestaltung auch hier Schadensersatzansprüche aus Verschulden bei Vertragsschluss (§ 311 BGB) zu.

16 Ist die Alternativposition einmal beauftragt, so bildet sie allein das Bausoll. Auf Alternativpositionen ist deshalb uneingeschränkt § 2 Abs. 3 VOB/B anzuwenden. Hat ein Auftraggeber zuerst eine Grundposition beauftragt und entscheidet er sich nachträglich für eine Alternativposition, ist das eine Leistungsänderung, die nach § 2 Abs. 5, 6 VOB/B zu behandeln ist. Da die Alternativposition mangels Beauftragung vollständig „entfallen" war, spielt die Angebotskalkulation der ursprünglich angebotenen Alternativposition für die jetzige Preisfindung der „Anstatt-Leistung" keine Rolle mehr.[19]

17 c) **Eventualpositionen (Bedarfspositionen). Eventualpositionen** sind laut § 7 Abs. 1 Nr. 4 Satz 1 VOB/A **grundsätzlich** nicht auszuschreiben; die VOB/B erwähnt sie nicht. Das Vergabehandbuch des Bundes 2008, Stand April 2016 (Formular 100), **verbietet** sie in 4.6 der Allgemeinen Richtlinien zum Vergabeverfahren generell. Eventualpositionen sind solche Positio-

---

[17] Näher *Kapellmann/Schiffers/Markus* Band 1, Rdn. 572.
[18] OLG Saarbrücken NZBau 2000, 158; OLG Schleswig NZBau 2000, 207.
[19] KG BauR 2004, 1779; *Kapellmann/Schiffers/Markus* Band 1, Rdn. 577.

nen im Angebotsblankett, die Leistungen betreffen, deren Anordnung sich der Auftraggeber noch vorbehalten möchte, für die er aber schon jetzt einen Preis festgelegt wissen möchte. Eventualpositionen sind also nichts anderes als vorweggenommene Vergütungen für künftige geänderte oder zusätzliche Leistungen. Sie treten folglich auch nicht – anders als Alternativpositionen – an die Stelle von Grundpositionen. Auch die auf der Basis von Eventualpositionen zu vergütende Leistung muss der Auftraggeber anordnen; wenn also die „Eventual-Situation" eintritt, ist der Auftraggeber immer noch frei, ob er zu deren Bewältigung diese Eventual-Leistung anordnet oder ob er sich jetzt anders entscheidet.[20] Strukturell sind Eventual-Positionen Preisangebote des Bieters für künftige geänderte oder zusätzliche Leistungen, wobei für dieses Angebot eine unbestimmt lange Bindefrist gilt.

Diese kann unter zwei Aspekten unwirksam sein: Auftraggeber, die die VOB/A anwenden, **18** erklären, dass sie so ausschreiben, wie es über die VOB/A bestimmt ist.[21] Also erklären sie auch, dass sie gemäß § 10 Abs. 4 VOB/A verfahren sind. Danach „soll die Zuschlagsfrist so kurz wie möglich und nicht länger bemessen werden, als der Auftraggeber für eine zügige Prüfung und Wertung der Angebote benötigt. Sie soll nicht mehr als 30 Kalendertage betragen. Eine längere Zuschlagsfrist soll nur in begründeten Fällen festgelegt werden. Das Ende der Zuschlagsfrist ist durch Angabe des Kalendertages zu bezeichnen." Längere Bindefristen als 30 Kalendertage darf ein solcher Auftraggeber **nur** aus „hinreichenden und gegebenenfalls nachprüfbaren Gründen vorsehen". Im Ergebnis bedeutet das, dass **keinesfalls** unangemessene Fristen vorgesehen werden dürfen – sie sind nach der Grundsatzentscheidung des BGH „Bindefrist" gemäß § 242 BGB nichtig.[22] Die Entscheidung gilt nur für den Zuschlag, also das Zustandebringen des gesamten Vertrages auf ein Angebot mit übermäßig langer Bindefrist. Aber sinngemäß muss sie auch für das nachträgliche Zustandebringen einzelner Vertragsbereiche gelten, also für Eventual-„Angebote".

Hinreichende Gründe können nur Gründe **objektiver** Art sein, also z. B. die, dass trotz ausreichender geotechnischer Erkundungen keine Klarheit in allen Punkten über die Baugrundbeschaffenheit gewonnen werden konnte. Folglich darf ein Auftraggeber, der vor der Ausschreibung gar keine entsprechenden Erkundungen betrieben hat – zu der er nach § 7 Abs. 1 Nr. 6 VOB/A verpflichtet ist – seinen Ausschreibungsfehler auch nicht durch Eventualpositionen kaschieren, solche Eventualpositionen sind nichtig. Hat der Auftraggeber sachliche objektive Gründe für eine Eventualposition, so **müssen** die behaupteten Gründe nachprüfbar sein, was bedeutet, dass sie in den Vergabeunterlagen genannt sein müssen.[23] Dabei spielt eine ergänzende Rolle, dass die Vergütung auf der Basis einer Eventualposition unter Umständen dem Bieter entgegen § 7 Abs. 1 Nr. 3 VOB/A ein ungewöhnliches und unkalkulierbares Wagnis auferlegt. Ein solches ungewöhnliches Wagnis wird erst gar nicht Bausoll.[24] Es liegt auf der Hand, dass z. B. die zeitlichen Auswirkungen bei der Kalkulation einer Eventualposition nur annähernd berücksichtigt werden können; wird die Leistung, zu deren Vergütung die Eventualposition vorgesehen ist, sehr spät, in einem ungünstigen Ablaufzusammenhang oder auf dem kritischen Weg abgerufen, so entstehen z. B. zeitabhängige Kosten, die kalkulatorisch vorher nicht erfassbar waren. Deshalb hat ein Auftragnehmer auch bei wirksam vereinbarter Eventualposition je nach Fallgestaltung Anspruch auf Bauzeitverlängerung und Anspruch auf Berücksichtigung erhöhter Kosten, insbesondere höherer Lohn- oder Materialkosten und zusätzlicher zeitabhängiger Kosten.[25] Diese Konsequenzen sind für den Auftraggeber, der die VOB/A anwendet, zwingend, unabhängig davon, ob sich die Ausschreibungsbedingungen als „Allgemeine Geschäftsbedingungen" darstellen.

Für Auftraggeber, die nicht die VOB/A anwenden und deren Ausschreibung sich als Allgemeine Geschäftsbedingungen darstellt, ist § 308 Nr. 1 BGB einschlägig; danach sind Klauseln verboten, durch die sich der Auftraggeber in Allgemeinen Geschäftsbedingungen „unangemessen lange oder nicht hinreichend bestimmte Fristen für die Annahme oder Ablehnung eines Angebots vorbehält." **Unangemessen** ist die Frist dann, wenn sie nicht objektiver Art ist und

---

[20] **Eindeutig** BGH „NEP-Position" NZBau 2003, 376; *Kapellmann/Schiffers/Markus* Band 1, Rdn. 581; *Markus* in Markus/Kaiser/Kapellmann AGB-Handbuch Bauvertragsklauseln, Rdn. 285 ff.; unzutreffend *Kuffer* in Heiermann/Riedl/Rusam VOB/B § 2 Rdn. 67 und VJLR Bauzeitverzögerung Rdn. A 573.
[21] Zu diesem Argumentationsgang grundsätzlich BGH „Wasserhaltung II" BauR 1994, 236 und näher VOB/B § 2 Rdn. 114–117.
[22] BGH „Bindefrist" BauR 1992, 221.
[23] *Kapellmann/Schiffers/Markus* Band 1, Rdn. 583.
[24] Grundsätzlich BGH „Wasserhaltung II" und mit allen Nachweisen VOB/B § 2 Rdn. 114–117.
[25] Einzelheiten *Kapellmann/Schiffers/Markus* Band 1, Rdn. 585.

wenn sie nicht nachprüfbar ist. Es gelten also im Ergebnis die vorgenannten Regeln. Ebenso bleibt es dabei, dass auch in diesen Fällen die preisliche Einordnung einer geänderten oder zusätzlichen Leistung unter eine Eventualposition die Geltendmachung weiterer Kosten je nach Fallgestaltung nicht ausschließt.

20   Dass demnach in sehr vielen Fällen ausgeschriebene Eventualpositionen **nicht** den verbindlichen Preis für eine angeordnete oder zusätzliche Leistung, die unter den Leistungsbeschrieb der Eventualposition fallen, bilden, ist kein ernsthafter Nachteil für den Auftraggeber: Solche modifizierten Leistungen werden eben nach den allgemeinen Maßstäben des § 2 Abs. 5, 6 oder 8 vergütet und nicht mit dem Eventualpreis.

21   Unabhängig davon, ob eine Eventualposition wirksam ausgeschrieben worden ist oder nicht, braucht der Auftragnehmer auch dann, wenn es sich um eine zusätzliche Leistung handelt, den Anspruch auf die zusätzliche Vergütung nicht gemäß § 2 Abs. 6 VOB/B vor Ausführung anzukündigen; der Auftraggeber hat durch die Ausschreibung als Eventualposition die Vergütungspflichtigkeit der entsprechenden Eventualleistung erkannt und braucht nicht mehr gewarnt zu werden.[26]

22   Ebenso wie bei Alternativpositionen (Rdn. 15) kann der Auftraggeber auch durch eine Häufung von Eventualpositionen eine Ausschreibung so intransparent machen, dass Vergabemanipulationen leicht möglich sind. In § 7 Abs. 1 Nr. 4 Satz 1 VOB/A ist deshalb sachgerecht geregelt, dass Eventualpositionen **grundsätzlich** nicht in die Leistungsbeschreibung aufgenommen werden dürfen;[27] das unterliegt bei Vergaben oberhalb des Schwellenwerts der Prüfung im Nachprüfungsverfahren. Bei einer unzulässigen Aufnahme oder gar Häufung kann der Auftragnehmer, wenn nicht ohnehin schon eine ordnungsgemäße Kostendeckung nach den in Rdn. 18 erläuterten Grundsätzen erfolgt, aus Verschulden bei Vertragsschluss (§ 311 BGB) eine Anpassung der Nachtragsvergütung veränderter Direkter Kosten oder Baustellengemeinkosten z. B. dann verlangen, wenn § 2 Abs. 3 VOB/B nicht eingreift, weil als Menge „0" oder „1" ausgeschrieben ist – dazu Rdn. 23 – oder weil die Kosten der Baustelleneinrichtung nicht zuverlässig kalkuliert werden konnten.[28]

23   Ist bei Eventualpositionen ein konkreter Vordersatz genannt, ist § 2 Abs. 3 VOB/B anwendbar.[29] Wegen des ohnehin hohen Kalkulationsrisikos bei Eventualpositionen gilt das selbst dann, wenn die Anwendbarkeit des § 2 Abs. 3 VOB/B in Allgemeinen Geschäftsbedingungen des Auftraggebers ausgeschlossen worden ist.[30] Fehlt ein Vordersatz oder ist an Menge „1" genannt, so ist § 2 Abs. 3 VOB/B nicht anwendbar,[31] aber der Auftragnehmer hat wie bei Alternativpositionen (oben Rdn. 15) Ansprüche aus Verschulden bei Vertragsschluss (§ 311 BGB) gegen den Auftraggeber.

24   Bei Eventualpositionen wird ein Bieter leicht spekulieren. Aber der Auftraggeber kann den Vertragsinhalt gewordenen Eventualpreis nicht nachträglich ohne weiteres ändern, weil er spekulativ überhöht sei; Grenze ist in der Regel nur die Sittenwidrigkeit des **ganzen** Vertrages wegen Wuchers (§ 138 BGB), was selten vorkommt;[32] eine Ausnahme gilt auch, wenn die Eventualposition (wie jede andere Position auch) „frivol" in Anwendung eines Informationsvorsprungs eingesetzt ist. Der BGH hält im Einzelfall auch die Sittenwidrigkeit der einzelnen Position für möglich; abzustellen ist aber auf die Störung der Geschäftsgrundlage unter Betrachtung des kalkulierten ursprünglichen Gewinns des Gesamtvertrages.[33]

25   d) **Auswahlpositionen.** Während bei einer Wahlposition (Alternativposition) die Grundposition und die Alternativposition im Leistungsverzeichnis mit einem definierten Leistungsbeschrieb enthalten sind und der Auftraggeber die Entweder-/Oder-Auswahl hat (oben Rdn. 14), ist bei **Auswahlpositionen** (Beispiel: Farbe nach Wahl des Auftraggebers) zum Zeit-

---

[26] Näher *Kapellmann/Schiffers/Markus* Band 1, Rdn. 593.
[27] Näher VOB/A § 7 Rdn. 29–33.
[28] *Kapellmann/Schiffers/Markus* Band 1, Rdn. 590.
[29] VJLR Bauzeitverzögerung Rdn. A 585.
[30] OLG München IBR 1994, 143; *Kapellmann/Schiffers/Markus* Band 1, Rdn. 594. Zur generellen Frage, ob § 2 Abs. 3 VOB/B überhaupt in AGB des Auftraggebers ausgeschlossen werden kann siehe VOB/B § 2 Rdn. 141–143.
[31] OLG Hamm BauR 1991, 532; *Kuffer* in Heiermann/Riedl/Rusam VOB/B § 2 Rdn. 68.
[32] VOB/B § 2 Rdn. 162 mit Rdn. 213. Zum generellen Prinzip bei Nachtragsvergütungen VOB/B § 2 Rdn. 213, 162 mit Nachweisen.
[33] Unzutreffend deshalb BGH „Sittenwidrige Nachtragsposition" NJW 2009, 835 = NZBau 2009, 240 = BauR 2009, 491 und Folgeentscheidungen; zur Lösung über die Störung der Geschäftsgrundlage VOB/B § 2 Rdn. 162, 286.

punkt des Vertragsschlusses das Bausoll im Detail noch offen; die konkrete Leistung wird erst durch die Auswahlentscheidung des Auftraggebers festgelegt. Es gibt in zahlreichen Fällen auch Auswahlrechte des Auftragnehmers, insbesondere in vielen VOB/C-Regelungen.[34]

Die wahlberechtigte Partei darf grundsätzlich unbeschränkt wählen, also auch eine nicht alltägliche Wahl treffen, aber die Wahl muss sich immer im Rahmen der „Marktgängigkeit" halten, wenn aus dem Text der Position selbst nicht das Gegenteil folgt; eine Wahl des Auftraggebers außerhalb dieses Standards ist Bausoll-Bauist-Abweichung und begründet Nachtragsansprüche.[35] Der öffentliche Auftraggeber darf durch die Wahl dem Auftragnehmer auch kein „ungewöhnliches Wagnis" auferlegen.[36] Schließlich muss der Wahlberechtigte seine Wahl „billig" (§ 315 BGB) treffen.[37] Hat der Wahlberechtigte (hier: der Auftragnehmer) die Wahl getroffen, so führt eine davon nachträglich abweichende Anordnung des Auftraggebers zur Bausoll-Bauist-Abweichung und ist nachtragsbegründend.[38]

e) Zulagepositionen. Zulagepositionen sind Positionen, in denen eine Variante zur Grundposition ausgeschrieben wird, so dass nach Meinung des Ausschreibenden kostenkalkulatorisch die entsprechende Leistung vergütet wird mit einem unverändert bleibenden Preis für die Grundposition plus dem Zulagepreis für die „Zusatzleistung". Es erscheint dem Ausschreibenden abrechnungstechnisch einfacher, die veränderte Leistung gegenüber der Grundposition nur zu ergänzen durch Grundposition plus Zulage statt die Veränderung in einer neuen Grund- oder Eventualposition zu erfassen. Zulagepositionen sind folglich nicht immer auch Eventualpositionen, oder anders ausgedrückt: Nur scheinbar sind Zulagepositionen eine abrechnungstechnische Vereinbarung für solche Leistungen, die sich nur als **eventuelle** Erschwerung einer Grundleistung darstellen.[39] Die richtige Einordnung ist bedeutsam für die Beurteilung der Frage, ob der Nichteintritt der Zulagenleistung, also das Nichteingreifen der Zulageposition, vergütungsmäßig folgenlos bleibt oder ob der Wegfall als konkludente freie Teilkündigung der Zulageleistung mit der Folge zu bewerten ist, dass der Auftraggeber die vereinbarte Vergütung für die Zulageleistung plus die entsprechende Grundleistung minus ersparter Aufwendungen bezahlen muss.[40] Die Einstufung der Zulageposition als nur abrechnungstechnisch vereinfachte Teil-Grundposition oder als Eventualposition hängt von der konkreten Vertragsgestaltung ab. Wird beispielsweise der Abbruch von Betonwänden d = 40 cm ausgeschrieben und enthält das LV eine Zulageposition d = 50 cm, so kommt es darauf an, ob z. B. die Ausführungspläne ausweisen, dass Betonwände d = 50 cm vorkommen werden. Wenn ja, ist der Entfall der Zulageposition (plus Grundposition) als Mengenminderung gemäß § 2 Abs. 3 VOB/B zu behandeln.

f) Sammelpositionen (Mischpositionen). Eine Sammelposition fasst in einer Position verschiedene **ungleichartige** Leistungen zusammen. Für den öffentlichen Auftraggeber ist eine solche Ausschreibung nur zulässig, wenn eine Teilleistung gegenüber einer anderen für die Bildung eines Durchschnittspreises ohne nennenswerten Einfluss ist, § 7b Abs. 4 VOB/A. Zu den damit zusammenhängenden Problemen VOB/A § 7b Rdn. 18 ff.

II. Pauschalvertrag

1. Bauvertragliche oder vergaberechtliche Relevanz, bieterschützende Normen. Gemäß § 4 Abs. 1 Nr. 2 VOB/A sollen Bauleistungen so vergeben werden, dass die Vergütung nach Leistung bemessen wird, in „geeigneten Fällen für eine Pauschalsumme, wenn die Leistung nach Ausführungsart und -umfang genau bestimmt ist und mit einer Änderung bei der Ausführung nicht zu rechnen ist". Bedeutung für eine vertragliche Definition des Pauschalvertrages oder wenigstens eines VOB-Pauschalvertrages hat die Vorschrift nicht. Der Pauschalvertragstyp, den sie

---

[34] Beispiel Abschnitt 3.1.2 DIN 18303: „Die Wahl des Bauablaufs ist Sache des Auftragnehmers." Oder Abschnitt 2.3.1 DIN 18 299: „Stoffe und Bauteile, die der Auftraggeber zu liefern und einzubauen hat, müssen ungebraucht sein". Bei anderen Stoffen hat der Auftragnehmer also die Wahl, ob sie ungebraucht sind. Weiteres Beispiel VOB/A § 7 Rdn. 54.
[35] OLG Köln mit Nichtannahmebeschluss des BGH „Sonderfarben II" BauR 1998, 1096. Zum ganzen Themenkreis *Kapellmann/Schiffers/Markus* Band 1, Rdn. 849–858.
[36] BGH „Wasserhaltung II" BauR 1994, 236; BGH „Auflockerungsfaktor" BauR 1997, 466; näher VOB/B § 2 Rdn. 114.
[37] BGH „Sonderfarben II" BauR 1993, 595; zur Bestimmung der Billigkeit *Kapellmann/Schiffers/Markus* Band 2, Rdn. 670–676.
[38] Zutreffend OLG Dresden BauR 2008, 518.
[39] So aber *Motzke* in Beck'scher VOB-Kommentar VOB/A § 5 Rdn. 85–87.
[40] „Nullpositionen", hier VOB/A § 7b Rdn. 2 und VOB/B § 2 Rdn. 153.

beschreibt – „Leistung nach Ausführungsart und -umfang genau bestimmt", ist der **Detail-Pauschalvertrag,** bei dem also die Leistungsseite – oft, aber nicht notwendigerweise durch ein LV, sonst z. B. durch eine detaillierte Ausführungsplanung des Auftraggebers –, mithin das Bausoll, detailliert festliegt.[41] Daneben gibt es aber genauso den Pauschalvertrag, bei dem der Auftraggeber nur wenige Details vorgibt und ansonsten teil-funktional oder völlig funktional ausschreibt, also in der Leistungsbeschreibung Globalelemente verwendet und die Funktion „Ausfüllung dieser Globalelemente" (= Planung) dem Auftragnehmer in unterschiedlichstem Ausmaß überlässt, eben den **Global-Pauschalvertrag.**[42] Dazwischen gibt es zahlreiche Mischformen. Den Pauschalvertrag charakterisiert nur, dass nicht nach ausgeführter Menge abgerechnet wird,[43] also trägt die Vorschrift des § 4 Abs. 1 Nr. 2 VOB/A zur Begriffsklärung nichts bei. Schon deshalb kann man *Motzke* nicht zustimmen, der die Frage, ob ein Bieter sich im Vergabenachprüfungsverfahren darauf berufen kann, § 5 Nr. 1b a. F. sei verletzt, verneint auf der Basis einer Einteilung der Vergabevorschriften der VOB/A in Vergabeverfahrensrecht, auf dessen Verletzung sich ein Bieter berufen könne und in bauvertraglichen Normen sowie Ordnungsvorschriften, auf deren Verletzung sich ein Bieter nicht berufen könne; § 5 Nr. 1b a. F. bzw. heute § 4 Abs. 1 Nr. 2 VOB/A gehöre vergaberechtlich zum nicht relevanten Bauvertragsrecht.[44] Ob man dieser grundsätzlichen Dreiteilung folgen soll – was auch nicht zu bejahen ist, vgl. Rdn. 29 – kann hier dahinstehen; § 4 Abs. 1 Nr. 2 gehört jedenfalls nicht zu relevanten Bauvertragsnormen, wie gezeigt: Die Bestimmung hat überhaupt keinen **bauvertraglich** relevanten Inhalt.

29 Zudem: **Vergaberechtlich** relevant sind oberhalb der Schwellenwerte grundsätzlich **alle** Normen der Vergabeordnungen, ausgenommen solche, die reine Ordnungs- oder Definitionsnormen sind oder solche, durch die der Bieter in seinen berechtigten Belangen nicht verletzt sein **kann,**[45] eine Unterscheidung einzelner Normen nach vergabeverfahrensrechtlichen und bauvertragsrechtlichen Normen wird dem „vergaberegelnden" Charakter der VOB/A nicht gerecht und ist darüber hinaus auch praktisch kaum hinreichend bestimmbar. Zweifelsfrei diente die Vergabevorschrift des § 4 Abs. 1 Nr. 2 VOB/A ursprünglich nicht den Belangen des Bieters, sondern des Auftraggebers: Er sollte davor bewahrt werden, bei „ungenauen" Pauschalverträgen Nachträgen ausgesetzt zu sein, die – aus der verfehlten Sicht der VOB/B, vgl. Rdn. 31 – unkontrollierbar wären. Durch § 103 GWB, § 2 VergabeVO ist die VOB/A aber gesetzliche Vergabeordnung geworden und muss im Licht der europäischen Richtlinien unter Zielsetzung des § 97 GWB interpretiert werden. Dann ergibt sich aber ohne weiteres, dass die Beschränkung des Pauschalvertrags auf „nach Art und Umfang genau bestimmte Leistungen" den „kleinen" Bieter begünstigt, dem es vielleicht schwer fällt, die z. B. bei einer globalen Beschreibung notwendige eigene Ausführungsplanung zu erbringen. Das reicht jedenfalls dafür aus, § 4 Abs. 1 Nr. 2 VOB/A mindestens auch als „bieterschützende Norm" anzusehen;[46] ob eine solche Beschränkung vergabepolitisch sinnvoll ist, ist eine andere Frage.

30 Unter diesem Aspekt ist auch das Gebot des § 4 VOB/A, Bauleistungen nur im Ausnahmefall auf Stundenlohnbasis zu vergeben, „bieterschützend";[47] dann ist es allerdings nicht überzeugend, wenn *Motzke* diesen „bieterschützenden" Charakter bejaht, den der Pauschalvertragsvorschrift des § 5 Nr. 1b a. F. aber nicht.[48]

31 **2. Nach Art und Umfang bestimmte Leistungen.** Die Vergabe als Pauschalvertrag ist zulässig „in geeigneten Fällen, wenn die Leistung nach Art und Umfang **genau** bestimmt ist und mit Änderungen nicht zu rechnen ist." Die Jahrzehnte alte Regelung ist inhaltlich regelrecht verkorkst, am Vergabe- und Vertragsausschuss ist die moderne Erfassung der Struktur von Pauschalverträgen spurlos vorübergegangen. Eine Leistung ist – so die Intention des § 4 Abs. 1 Nr. 2 – nach Art (qualitatives Bausoll) und Umfang (quantitatives Bausoll) dann **genau** be-

---

[41] Zum Vertragstyp Detail-Pauschalvertrag VOB/B § 2 Rdn. 233, 242 ff.
[42] Zum Vertragstyp Global-Pauschalvertrag VOB/B § 2 Rdn. 233, 246 ff.
[43] Oben Rdn. 10, VOB/B § 2 Rdn. 136, 233.
[44] *Motzke* in Beck'scher VOB-Kommentar VOB/A System III Rdn. 81, 86, 116, 124, 133; § 4 Abs. 1,2 Rdn. 20.
[45] OLG Düsseldorf NZBau 2000, 440 m. w. N.
[46] Ausführlich VK Düsseldorf, 22.7.2011, VK 10/2011-B, NZBau, 637 und zustimmend *Hilgers* NZBau 2011, 664; 2. Vergabekammer beim Wirtschaftsministerium Mecklenburg-Vorpommern, Beschluss vom 27.11.2001, 2 VK 15/01; Vergabekammer beim Regierungspräsidium Halle Beschl. v. 25.4.2001, VK Hal 04/01; anderer Ansicht *Motzke* siehe Rdn. 28 Fn. 44.
[47] Siehe oben Rdn. 8.
[48] Siehe Fn. 11 einerseits, Fn. 46 andererseits.

stimmt, wenn zum Zeitpunkt der Vergabe praktisch alle Detailentscheidungen getroffen sind, also nach dem Abschluss des Bauvertrages nichts mehr zu bestimmen ist. Das ist **nur möglich, wenn eine fertige Ausführungsplanung** vorliegt, also nach Vertragsschluss weder der Auftraggeber erst eine Ausführungsplanung vorlegen darf noch der Auftragnehmer vertraglich berechtigt sein darf, die Ausführungsplanung zu erstellen oder dadurch Leistungsdetails zu bestimmen. Würde man das wortwörtlich nehmen, wäre es der Tod jeder funktionalen oder teil-funktionalen Leistungsbeschreibung.[49] Damit wäre gleichzeitig die rein funktionale Ausschreibungsmethode „nach Leistungsprogramm" des § 7c VOB/A gar nicht möglich; § 7c Abs. 1 versucht das dadurch zu retten, dass er vom Bieter verlangt, im Rahmen des Angebots eine eingehende zweckmäßig gegliederte Beschreibung der Leistung – gegebenenfalls mit Mengen- und Preisangaben für Teile der Leistungen – vorzulegen. Mengen- und Preisangaben für Teile der Leistung sind nichts anderes als ein bepreistes Leistungsverzeichnis, dessen Erstellung eine fertige Ausführungsplanung voraussetzt. Im Rahmen einer Totalunternehmerausschreibung gemäß § 7c ist das völlig unpraktisch, dauert zu lange, kostet zu viel und hat wenig Erkenntniswert. Niemand wird das machen. Was „gegebenenfalls" ist, weiß ohnehin niemand. Immerhin ist es aber wegen des Wortlauts „gegebenenfalls" nicht unzulässig, ein solches Angebot auch ohne Fertigung des Leistungsverzeichnisses zu verlangen. Dann aber wäre wieder bei strikter Anwendung des § 4 Abs. 1 Nr. 2 die Zulassung eines solchen Angebots auszuschließen, denn die Leistung ist dann wieder weder nach Art noch nach Umfang (schon) **genau** beschrieben. Die VOB/A enthält also einen unauflöslichen Widerspruch. Offensichtlich ist es aber so, dass dann, wenn die VOB/A die Ausschreibung nach Leistungsprogramm in § 7c ausdrücklich zulässt, § 4 Abs. 1 Nr. 2 VOB/A dem nicht im Wege stehen darf. Also muss die Vorschrift anders interpretiert werden, wobei eben das Kernproblem aller teil-funktionalen oder funktionalen Leistungsbeschreibungen kraft dieser Methode ist: Wenn beispielsweise dem Auftragnehmer die Ausführungsplanung übertragen ist und der Auftraggeber sich darüber im Klaren ist, dass er damit die Entscheidungshoheit über die Ausführungsdetails an den Auftragnehmer weitergegeben hat,[50] kann es darüber, wie die Leistung genau zu bestimmen ist (auch wenn sie noch nicht bestimmt ist), wenig Diskussion geben. Probleme entstehen dadurch, dass die Leistungsbeschreibung die Schnittstellen nicht genau benennt, unklare Regelungen schafft, in sich widersprüchlich ist oder dass der Auftraggeber die von ihm selbst gewählte Methode nicht akzeptieren will, also glaubt, trotz Funktionsverschiebung seine Funktionen als Entscheider und Planer (ohne Vergütungsveränderung!) behalten zu können.

Demzufolge muss man die „genaue Bestimmtheit nach Art und Umfang" so definieren, dass sie zu § 7c VOB/A passt, d.h., die Genauigkeit bestimmt sich nicht in Detail-Pauschalmaßstäben im Sinne eines Einheitspreis-Leistungsverzeichnisses. **Die Genauigkeit bestimmt sich vielmehr danach, was der Auftraggeber an Genauigkeit verlangt:** Der Auftraggeber muss zuerst definieren, wie genau er die Leistungen im Augenblick des Vertragsschlusses definiert haben will, welches Maß an Genauigkeit er also verlangt. Genügt ihm beispielsweise bei einem Zweckbau wie bei einer Schule oder einem Verwaltungsgebäude, nur verbal seine Leistungsanforderungen zu benennen, so ist eine solche Ausschreibung nicht ungenau, sondern im Sinne der Leistungsabgrenzung bei ordnungsgemäßer Formulierung genau definiert; das Leistungsbestimmungsrecht sowohl hinsichtlich der Entwurfsplanung wie aller Ausführungsdetails hat der Auftragnehmer. Das ist der Prototyp des „Totalunternehmervertrages" **(Leistungsbeschreibung mit Leistungsprogramm).** Ungenau wäre die Ausschreibung, wenn sie unklar ließe, welche Planungsleistungen genau der Bieter zu erbringen hätte. Genauso ist eine Leistungsdefinition genau, die die Entwurfsplanung dem Auftraggeber belässt, aber dem Auftragnehmer im Rahmen einer von ihm zu erbringenden Ausführungsplanung die Ausführungsdetails. Das ist der Prototyp des **„Schlüsselfertigen Bauens".** Ungenau wäre hier dann die Leistungsbeschreibung, wenn sie den Stand der erbrachten, den Vertragsinhalt bestimmenden auftraggeberseitigen Planung unvollständig beschriebe oder wenn sie dem Auftragnehmer scheinbar die Ausführungsplanung übertrüge, dem Auftraggeber aber alle Detail-Auswahlentscheidungen ohne Vergütungsänderungen vorbehielte.[51] Abgesehen davon bedarf es jedenfalls außer bei künstlerisch-gestalterisch besonders anspruchsvollen Bauten zur Genauigkeitsbestimmung „keines nach Positionen untergliederten Leistungsverzeichnisses, um die Leistungen eines Leistungsbereichs **ausreichend** zu dokumentieren. Zumeist reicht ein charakterisierender Globalbeschrieb durch eine

---

[49] Ebenso *Kus* in KMPP VOB/A § 4 Rdn. 39.
[50] Näher VOB/B § 2 Rdn. 262.
[51] Vorbildlich VK Düsseldorf, s. Fn. 46. Wie hier: *Kus* in KMPP VOB/A § 4 Rdn. 32.

(oder mehrere) Leitpositionen".[52] Dem Auftraggeber steht es frei, beim „Schlüsselfertigbau" den Genauigkeitsgrad ungeachtet der dem Auftragnehmer übertragenen Ausführungsplanung noch zu vertiefen, z. B. durch Festlegung von Leitdetails; was als „Detail näher bestimmt ist", bleibt auch beim Global-Pauschalvertrag maßgebend und bestimmt das Bausoll.[53] Der Auftraggeber darf nur nicht so weit gehen, **„typenverkehrt"** auszuschreiben, also z. B. sich selbst die Nachlieferung der Ausführungsplanung vorzubehalten und dennoch dem Bieter ein „schlüsselfertiges" Werk abzuverlangen, also ihm eine Verantwortung für Funktionstauglichkeit und Vollständigkeit zuschieben zu wollen, obwohl er selbst alle Details der Ausführungsplanung festgelegt hat,[54] schon deshalb, weil er dem Bieter gemäß § 7 Abs. 1 Nr. 3 VOB/A kein „außergewöhnliches Wagnis" auferlegen darf.[55] Zusammenfassend bedeutet Genauigkeit nur, dass „zwischen Auftraggeber und Bieter völlige Klarheit herrscht, in welcher Art und Weise und wie das Bauvorhaben und seine Einzelheiten auszuführen sind".[56] Die Genauigkeitsanforderung sollte der Auftraggeber in den Vergabevermerk aufnehmen.

§ 4 Abs. 1, 2 VOB/A und § 7c VOB/A stehen ihrerseits nicht grundsätzlich einer Vergabe auf Grund einer **teil**-funktionalen Ausschreibung („Schlüsselfertigbau") entgegen;[57] dass die **total**-funktionale Ausschreibung (Leistungsbeschreibung und Leistungsprogramm) zulässig ist, ergibt sich unmittelbar aus § 7c VOB/A.

33 **3. Mit einer Änderung bei der Ausführung nicht zu rechnen.** Zweite Voraussetzung ist, dass mit einer Änderung bei der Ausführung nicht zu rechnen ist, dass also die Leistung voraussichtlich richtig definiert ist. Änderungen können nur 3 Ursachen haben, nämlich unvorhergesehene äußere Verhältnisse (z. B. Grundwasser), fehlerhafte, deshalb zu korrigierende Planung oder nachträgliche neue Entscheidungen des Auftraggebers. Die fehlerhafte Planung ist in diesem Zusammenhang irrelevant; sie ist ja bei Vergabe nicht bekannt, sonst wäre sie korrigiert, sie ist also auch kein Vergabekriterium. Änderungen wegen unvorhergesehener oder unvorhersehbarer Baugrund- oder Wasserverhältnisse gibt es aus der Natur der Sache heraus häufiger, auch trotz geotechnischer Untersuchungen. Deshalb ist es bei einigermaßen komplizierten Baugrund- und/oder Wasserverhältnissen vergaberechtlich unzulässig, die **Wasserhaltung**, die **Erdarbeiten** und die Gründungspositionen pauschal auszuschreiben, weil hier nicht auszuschließen ist, dass mit Änderungen zu rechnen ist.[58] Dasselbe gilt für Umbauarbeiten oder – je nach Fall – überhaupt für Arbeiten im Bestand.

34 Dass sich die Vergabevorschrift nicht auf die potentielle Undiszipliniertheit des Auftraggebers bezieht, liegt auf der Hand; die Pauschalvergabe wird nicht dadurch unzulässig, dass sich ein Auftraggeber nachträglich Änderungen einfallen lassen kann. Folglich kann sich das „mit einer Änderung bei der Ausführung nicht zu rechnen" in § 4 Abs. 1 Nr. 2 nur auf die Mengenentwicklung beziehen. Wenn der Auftraggeber seiner Erkundigungspflicht aus § 7 VOB/A richtig nachkommt und auf der Basis dieser Erkundigungen eine Ausführungsplanung erstellt, ist – ausgenommen von den unter Rdn. 33 erörterten Fällen – mit relevanten Mengenänderungen nicht zu rechnen. Dabei wird nämlich leicht übersehen, dass es beim Pauschalvertrag überhaupt nicht auf die Mengenänderungen ankommt, sondern darauf, ob die Mengenänderung Vergütungsansprüche auslöst. Das ist aber gerade dann nicht der Fall, wenn der Auftragnehmer anhand der Entwurfsplanung und einer sachgerechten Leistungsbeschreibung selbst die Ausführungsplanung übernimmt; dann trägt er das Mengenermittlungsrisiko,[59] er ermittelt also die vergütungsrelevante Menge; irrt er sich und ist die Menge anders als von ihm ermittelt, so ist das sein Risiko, der Pauschalpreis ändert sich nicht. Demzufolge ist es egal, ob die Menge dem Umfang nach genau bestimmt war, weil mit Änderungen (zwar der Menge, aber nicht des

---

[52] *Kapellmann/Schiffers/Markus* Band 2, Rdn. 872 – dort Rdn. 860–945 zur richtigen Leistungsbeschreibung und Kalkulation beim Global-Pauschalvertrag.
[53] VOB/B § 2 Rdn. 259.
[54] Dazu wiederum vorbildlich VK Düsseldorf, s. Fn. 46 sowie VOB/A § 7c Rdn. 24; VOB/B § 2 Rdn. 270, 267, 268. Das ist also **vergabewidrig**.
[55] Siehe VOB/A § 7 Rdn. 20, VOB/B § 2 Rdn. 114–118; auch hier zutreffend VK Düsseldorf, s. Fn. 46.
[56] Vgl. auch VOB/A § 7 Rdn. 7.
[57] Im Einzelnen VOB/A § 7 Rdn. 93 ff. Siehe weiter dazu auch die nachfolgende Rdn. 34 sowie erneut VK Düsseldorf, s. Fn. 48.
[58] *Dähne/Schelle* VOB von A–Z, S. 989; *Schranner* in Ingenstau/Korbion VOB/A § 4 Rdn. 23; a. A. *Kus* in KMPP, VOB/A § 4 Rdn. 43: Unzulässig nur, wenn der Auftraggeber eine Beschreibung der Bodenverhältnisse durch ein Bodengutachten unterlässt.
[59] Näher VOB/B § 2 Rdn. 233–237.

Preises) nicht zu rechnen ist. § 4 Abs. 1 Nr. 2 verlangt, sinnvoll ausgelegt, aber nur, dass die Mengen hinreichend genau bestimmt werden können, dass es also nicht zu **unvorhersehbaren** **Überraschungen** für die eine oder die andere Seite kommt; die Vorschrift schließt aber nicht aus, dass der Bieter selbst in eigener Verantwortung (auf der Basis ordnungsgemäßer auftraggeberseitiger Parameter) die Menge ermittelt.[60] Deshalb schließt jedenfalls § 4 Abs. 1 Nr. 2 auch unter diesem Aspekt teil-funktionale Ausschreibungen und insbesondere die typische **schlüsselfertige Vergabe** mit auftragnehmerseitiger Ausführungsplanung **nicht** aus.[61]

Für eine Pauschalierung eignen sich nicht Eventualpositionen und jedenfalls nicht solche Alternativpositionen, bei denen der Auftraggeber auch noch nach Vertragsschluss Entscheidungen treffen darf.[62] Der Auftraggeber kann das Problem dadurch lösen, dass er Eventualpositionen, zu denen auch so genannte angehängte Stundenlohnarbeiten (Rdn. 37) gehören, von der Pauschalierung ausnimmt.[63]

4. In geeigneten Fällen. „In geeigneten Fällen" dürfen Pauschalverträge geschlossen werden. Diesem Merkmal kommt keine selbstständige Bedeutung zu, es ist vielmehr definiert durch die nachfolgenden beiden Voraussetzungen „nach Art und Umfang genau bestimmt", „mit Änderungen nicht zu rechnen".[64]

III. Stundenlohnvertrag

„Bauleistungen geringeren Umfangs, die überwiegend Lohnkosten verursachen, dürfen im Stundenlohn vergeben werden (Stundenlohnvertrag)", § 4 Abs. 2 VOB/A. Beim Stundenlohnvertrag wird der Auftragnehmer nach zeitlichem Aufwand, nicht nach Leistung bezahlt. Der Leistungsvertrag ist vorrangig, der Aufwandsvertrag, also auch der Stundenlohnvertrag, die Ausnahme. Bieter können im Nachprüfungsverfahren rügen, die Vergabestelle habe diesen Vorrang verkannt.[65]

Die Vergaberegeln gelten sowohl für selbstständige Stundenlohnarbeiten – das sind Leistungen, bei denen kein Zusammenhang mit auf der Basis von Leistungsverträgen vergebenen Leistungen besteht – wie für unselbstständige Stundenlohnarbeiten – das sind Leistungen, die im Zusammenhang mit Leistungsverträgen ausgeschrieben werden, gewissermaßen als „Anhängsel"; sie werden gemäß § 7 Abs. 4 Nr. 4 VOB/A nur in den unbedingt erforderlichen Umfängen in die Leistungsbeschreibung aufgenommen.

Wann Bauleistungen „geringeren Umfang" haben, ist nicht definiert. Für angehängte Stundenlohnarbeiten bilden die im Vertrag ansonsten vorgesehenen „Hauptleistungen" den Bewertungsmaßstab. Für selbstständige Stundenlohnarbeiten ergibt der Sinnzusammenhang mit Abs. 1 als Maßstab, dass ein Stundenlohnvertrag insbesondere dann in Betracht kommt, wenn der „Umfang der zu vergebenden Bauleistung die Vergabe im Leistungsvertrag nicht lohnt, wenn er vor allem die Unternehmer nicht reizen kann, ein Angebot mit Einheitspreisen oder Pauschalpreisen abzugeben."[66] Die Vorschrift in **§ 4 Abs. 2 VOB/A** stimmt mit § 11 der aufgehobenen Baupreisverordnung (siehe VOB/B § 2, Rdn. 5) überein. Man kann daher durchaus noch die amtliche Begründung zum aufgehobenen § 11 Baupreisverordnung zur Definition heranziehen; danach kamen Stundenlohnarbeiten im Wesentlichen in Betracht „bei Instandsetzungs-, Aufräumungs-, Abbruch- oder sonstigen kleineren Bauarbeiten, die einfacherer Art sind."

Weitere Voraussetzung ist, dass die Bauleistungen überwiegend Lohnkosten verursachen. Das bedarf keiner Erläuterung. Die bauvertraglichen Regelungen zum Stundenlohnvertrag finden sich in der VOB/B § 2 Abs. 10 und § 15.

IV. Der Selbstkostenerstattungsvertrag

Der Selbstkostenerstattungsvertrag ist ebenso wie der Stundenlohnvertrag ein Aufwandsvertrag; Leistungen durften als Selbstkostenerstattungsvertrag **ausnahmsweise** dann vergeben werden, wenn Bauleistungen größeren Umfangs vor der Vergabe nicht eindeutig und so erschöpfend bestimmt werden könnten, dass eine einwandfreie Preisermittlung möglich ist. Der bisherige § 5

---

[60] Ebenso *Dähne/Schelle* VOB von A–Z, S. 987.
[61] So im Ergebnis *Dähne/Schelle* VOB von A–Z, S. 987. **Im Einzelnen VOB/A § 7c Rdn. 18 ff.**
[62] Oben Rdn. 14.
[63] Ebenso *Dähne/Schelle* VOB von A–Z, S. 987.
[64] Ebenso *Tomerius* in Pünder/Schellenberg VOB/A § 4 Rdn. 24.
[65] Oben Rdn. 8.
[66] *Hereth/Ludwig/Naschold* Kommentar zur VOB Band 1, VOB/A Ez.5.26.

Nr. 3 VOB/A, der das regelt, ist aufgehoben. Die Intention der VOB/A ist also eindeutig, keine Selbstkostenerstattungsverträge auszuschreiben. Wenn das doch geschieht, so muss es sich um einen ganz ungewöhnlichen Ausnahmefall handeln.

41   Diese Ausnahme ist vergaberechtlich nachprüfbar.[67] Es liegt auf der Hand, dass beim Selbstkostenerstattungsvertrag die Kostenentwicklung für den Auftraggeber nahezu unkontrollierbar ist.

Voraussetzung ist, dass eine einwandfreie Preisermittlung nicht möglich ist. Der Auftraggeber muss also alle – ohnehin geschuldeten, § 7 VOB/A – Erkundigungsmöglichkeiten einsetzen; dann wird sich nur in den seltensten Fällen ergeben, dass eine Preisermittlung wirklich nicht möglich ist.

C. Regelungsgegenstand

42   § 4 Abs. 3 und 4 VOB/A stehen in engem Zusammenhang mit § 4 Abs. 1 und 2 sowie § 7 VOB/A und bestimmen neben diesen Vorschriften den Inhalt der Vergabeunterlagen je nach Art des vom Ausschreibenden gewählten Verfahrens. Das Angebot des Bieters besteht bei einem **Angebotsverfahren** aus den in der Leistungsbeschreibung als Vergabeunterlage beschriebenen Bauleistungen und dem dazugehörigen Angebotspreis. Das **Auf- und Abgebotsverfahren** ist gegenüber dem Angebotsverfahren nach § 4 Abs. 1 nachrangig. Auch hier besteht das Angebot des Bieters aus den in der Leistungsbeschreibung als Vergabeunterlage beschriebenen Bauleistungen, jedoch hat der Unternehmer hier die weitere Aufgabe, sich mit dem vom Auftraggeber bereits angegebenen Preis auseinander zu setzen, und zwar diesen zu akzeptieren, zu unterbieten oder zu überbieten. Dem Auf- und Abgebotsverfahren kommt kaum praktische Bedeutung zu.[68] Das Auf- und Abgebotsverfahren wird allgemein als problematisch angesehen, weil es wegen der Unsicherheit über die zu erwartenden Mengen zu Spekulationen der Bieter führen kann[69].

D. Allgemeine Anforderung zum Angebotsverfahren sowie zum Auf- und Abgebotsverfahren

43   Sowohl eine Ausschreibung mit Angebotsverfahren als auch eine Ausschreibung im Auf- und Abgebotsverfahren setzt voraus, dass der Öffentliche Auftraggeber eine Leistungsbeschreibung erstellt. Nach Maßgabe dieser Leistungsbeschreibung bietet der Unternehmer die Bauleistung an. Während bei dem Angebotsverfahren nach Nummer 1 sowohl eine Leistungsbeschreibung mit Leistungsverzeichnis als auch eine Leistungsbeschreibung mit Leistungsprogramm in Betracht kommen, kommt bei dem Auf- und Abgebotsverfahren nur eine Leistungsbeschreibung mit Leistungsverzeichnis in Betracht.[70] Leistungsbeschreibungen mit Leistungsprogramm sind bei einem Verfahren nach § 4 Abs. 4 VOB/A ausgeschlossen, weil hier der Bieter nach § 7 Abs. 15 VOB/A, eine Leistungsbeschreibung ggf. mit Mengen- und Preisangaben zu erarbeiten, hat, so dass Preisangaben des Ausschreibenden nicht möglich sind.

E. Angebotsverfahren

44   Beim Angebotsverfahren erstellt der Auftraggeber die Leistungsbeschreibung. Der Bieter hat entsprechend dem ausgeschriebenen Bauvertragstyp Preise für seine Leistungen einzusetzen. Das sind Einheitspreise beim Einheitspreisvertrag, Pauschalpreise bei einem Pauschalvertrag, Stundenlohnverrechnungssätze bei einem Stundenlohnvertrag und Selbstkostenerstattungspreise bei einem Selbstkostenerstattungsvertrag.

---

[67] Oben Rdn. 8.
[68] *Bernhardt/Vavra* in Ziekow, *Völlink* Vergaberecht, 2011, § 4 Rn. 11.
[69] VK Berlin 2.6.2009 – VK-B 2–12/09; *Bauer* in Heiermann/Riedl/Rusam, Handkommentar zur VOB, A § 4 Rn. 37.
[70] *Motzke* in Beck'scher VOB-Kommentar / Teil A, 1. Auflage, 2001, § 6 Rn. 8 und Rn. 29 f.

F. Auf- und Abgebotsverfahren

Das Auf- und Abgebotsverfahren kommt gemäß § 4 Abs. 4 nur **ausnahmsweise** bei regelmäßig wiederkehrenden Unterhaltungsarbeiten in Betracht, wobei sich aus dem Wortlaut der Bestimmung nicht eindeutig ergibt, ob das Verfahren bei wiederkehrenden Unterhaltungsarbeiten stets oder auch dort nur ausnahmsweise zum Tragen kommen soll.[71] Ein Auf- und Abgebotsverfahren soll nicht gewählt werden, wenn die genaue Umgrenzung der zu erbringenden Leistung nicht möglich ist.[72] Deshalb können Havarieleistungen als regelmäßig wiederkehrende Unterhaltungsarbeiten nicht in diesem Verfahren vergeben werden, wegen der Unregelmäßigkeit von Havarien ist deren Eintritt hinsichtlich des Ob und des Umfangs stets ungewiss.[73] 45

Der Auftraggeber gibt bei diesem Verfahren neben der Leistungsbeschreibung auch die Entgelte an. Für den Bieter besteht nun die Möglichkeit, das Angebot mit den vom Auftraggeber eingesetzten Preisen abzugeben oder andere Preise einzusetzen und damit die Angaben des Auftraggebers zu überbieten oder zu unterbieten. 46

§ 4a Rahmenvereinbarungen

(1) **Rahmenvereinbarungen sind Aufträge, die ein oder mehrere Auftraggeber an ein oder mehrere Unternehmen vergeben können, um die Bedingungen für Einzelaufträge, die während eines bestimmten Zeitraums vergeben werden sollen, festzulegen, insbesondere über den in Aussicht genommenen Preis. Das in Aussicht genommene Auftragsvolumen ist so genau wie möglich zu ermitteln und bekannt zu geben, braucht aber nicht abschließend festgelegt zu werden. Eine Rahmenvereinbarung darf nicht missbräuchlich oder in einer Art angewendet werden, den Wettbewerb behindert, einschränkt oder verfälscht. Die Laufzeit einer Rahmenvereinbarung darf vier Jahre nicht überschreiten, es sei denn, es liegt ein im Gegenstand der Rahmenvereinbarung begründeter Ausnahmefall vor.**

(2) **Die Erteilung von Einzelaufträgen ist nur zulässig zwischen den Auftraggebern, die ihren voraussichtlichen Bedarf für das Vergabeverfahren gemeldet haben, und den Unternehmen, mit denen Rahmenvereinbarungen abgeschlossen wurden.**

Schrifttum *Kulartz/Kus/Marx/Portz,* Kommentar zur VgV, 2017; *Wichmann,* Die Vergabe von Rahmenvereinbarungen und die Durchführung nachgelagerter Wettbewerbe nach neuem Recht, VergabR 2017, 1 ff.

Übersicht

	Rn.
A. Allgemeines	1
B. Begriff der Rahmenvereinbarung	4
C. Voraussetzungen und Verfahren zum Abschluss einer Rahmenvereinbarung	6
D. Laufzeit	9
E. Exklusivität der Rahmenvereinbarung	10

A. Allgemeines

Die VOB/A sah bislang keine ausdrückliche Regelung zum Abschluss von Rahmenvereinbarungen vor. Deshalb bestand in Literatur und Rechtsprechung Unsicherheit, ob Rahmenvereinbarungen im Baubereich zulässig sind. Die Vergabekammer Sachsen war deshalb der Ansicht, dass Rahmen-vereinbarungen im Bereich der VOF a. F. sowie im Bereich der VOB/A a. F. nicht zulässig seien.[1] 1

Nunmehr sieht die VOB/A oberhalb und unterhalb der EU-Schwellenwerte ausdrücklich vor, dass Rahmenvereinbarungen zulässig sind. Dies ist sinnvoll, weil auch unterhalb der Schwellenwerte traditionell Rahmenverträge in nicht geringem Umfang geschlossen wurden und offen- 2

---
[71] *Bernhardt/Vavra* in Ziekow, *Völlink* Vergaberecht, 2011, § 4 Rn. 11.
[72] *Schranner* in Ingenstau/Korbion VOB VOB/A § 4 Rn. 48.
[73] LG Cottbus 24.10.2007 – 5 O 99/07.
[1] VK Sachsen 25.1.2008 – 1/SVK/088-07, IBR 2008, 240.

kundig ein Bedürfnis bestand und besteht, Rahmenvereinbarungen zu schließen. So sieht das Vergabehandbuch des Bundes schon mit Stand 2008 eine ganze Formularsammlung zu Rahmenverträgen vor. Nunmehr besteht Rechtssicherheit, dass solche Vereinbarungen zulässig sind.

3 § 4a VOB/A wurde erst in die Fassung der VOB/A, die am 1.7.2016 im Bundesanzeiger veröffentlicht wurde, aufgenommen. Sie ist daher erst seit dem Inkrafttreten der Gesamtausgabe der VOB/A 2016 anzuwenden.

B. Begriff der Rahmenvereinbarung

4 Rahmenvereinbarungen sind Aufträge, die ein oder mehrere Auftraggeber an ein oder mehrere Unternehmen vergeben, um die Bedingungen für Einzelaufträge, die während eines bestimmten Zeitraums vergeben werden sollen, festzulegen. Die Definition entspricht der Definition der Rahmenvereinbarung, die schon früher für Dienstleistungs- und Lieferaufträge in der VOL/A aF enthalten war. Zur Abgrenzung zwischen einem öffentlichen Auftrag und einer Rahmenvereinbarung kann deshalb auch auf die frühere Rechtsprechung zu Rahmenvereinbarungen nach der VOL/A zurückgegriffen werden.

5 § 4a VOB/A unterscheidet zwischen Rahmenvereinbarungen, die nur mit einem Unternehmen getroffen werden, und Rahmenvereinbarungen, die mit mehreren Unternehmen getroffen werden. Bei einer Rahmenvereinbarung mit mehreren Unternehmen kann die Rahmenvereinbarung so ausgestaltet sein, dass sie schon aus der Rahmenvereinbarung ergibt, mit welchem Unternehmen die Einzelaufträge jeweils zu schließen sind. Die Rahmenvereinbarung kann aber auch so gestaltet sein, dass im Anschluss an den Abschluss der Rahmenvereinbarung noch eine weitere Wettbewerbsentscheidung erforderlich ist, und zwar zwischen den Unternehmen, mit denen die Rahmenvereinbarung beschlossen worden ist. Es wird dann eine weitere Wettbewerbsentscheidung erforderlich.

C. Voraussetzungen und Verfahren zum Abschluss einer Rahmenvereinbarung

6 Die VOB/A nennt keine besonderen Voraussetzungen, die vorliegen müssen, damit eine Rahmenvereinbarung geschlossen werden kann. Festgelegt ist nur, dass die Rahmenvereinbarung nicht missbräuchlich und nicht in einer Art angewendet werden darf, die den Wettbewerb behindert, einschränkt oder verfälscht. Die ausdrückliche Regelung, dass ein Missbrauchsverbot besteht, ist sinnvoll, weil die mit einer Rahmenvereinbarung verbundene Flexibilität Spielraum für einen denkbaren Missbrauch durch den öffentlichen Auftraggeber eröffnet. So kann insbesondere der Abschluss einer Rahmenvereinbarung ohne Abnahmeverpflichtung oder ohne Regelungen über den Zeitpunkt und Umfang der konkreten Einzelleistungen dem Bieter erhebliche kalkulatorische Wagnisse überbürden und dem Auftraggeber als ein flexibles Mittel der Markterkundung dienen. Dies soll das Missbrauchsverbot verhindern.

7 Aus dem Missbrauchsverbot folgt, dass der öffentliche Auftraggeber eine Rahmenvereinbarung nicht ohne sachlichen Grund und nicht allein deshalb abschließen darf, weil er dem Auftragnehmer Wagnisse überbürden möchte. Ein Missbrauch kann darin liegen, dass die Vereinbarung faktisch allein der Markterkundung dient oder dem Auftragnehmer unzumutbare kalkulatorische Wagnisse aufbürdet.[2]

8 Das Verfahren zum Abschluss einer Rahmenvereinbarung richtet sich nach den allgemeinen Regeln der §§ 1 ff. VOB/A. Auch für eine Rahmenvereinbarung gelten deshalb im Grundsatz § 7 VOB/A mit dem Gebot der eindeutigen und erschöpfenden Leistungsbeschreibung und dem Verbot ungewöhnlicher Wagnisse. Allerdings sind bei der Feststellung, wann die Leistungsbeschreibung eindeutig ist und wann ungewöhnliche Wagnisse überbürdet werden, die Besonderheiten einer Rahmenvereinbarung zu berücksichtigen. Dies kann zu einem großzügigeren Maßstab führen.[3]

---

[2] Vgl. *Zeise* in KKMPP, VgV, 2017 § 21 Rn. 25 ff.
[3] OLG Düsseldorf 30.11.2009 – Verg 43/09, IBRRS 2013, 0789.

D. Laufzeit

Grundsätzlich darf die Laufzeit einer Rahmenvereinbarung vier Jahre nicht überschreiten. Etwas anderes gilt nur, wenn ein im Gegenstand der Rahmenvereinbarung begründeter Ausnahmefall vorliegt. Dies kann insbesondere der Fall sein, wenn der Auftragnehmer erhebliche Investitionen tätigen muss, sodass ein angemessener Preis nur erzielt werden kann, wenn die Vertragslaufzeit ausreicht, um die von dem Auftragnehmer getätigten Investitionen zu amortisieren.[4] Geschlafen

E. Exklusivität der Rahmenvereinbarung

§ 4a VOB/A enthält – anders als § 4 VOL/A 2012 a. F. – kein ausdrückliches Verbot zum Abschluss mehrerer, konkurrierender Rahmenvereinbarungen.
Wegen des Missbrauchsverbot und des Transparenzgrundsatz dürfte allerdings auch unterhalb der Schwellenwerte ein Verbot der Vergabe konkurrierender Rahmenvereinbarungen bestehen. Dagegen ist es streitig, ob der Auftraggeber bei Bestehen einer Rahmenvereinbarung auch gehindert ist, im Einzelfall Einzelaufträge außerhalb der Rahmenvereinbarung zu schließen.[5]

Unabhängig davon, ob von einem generellen Verbot ausgegangen wird, ist der Abschluss von weiteren Einzelaufträgen jedenfalls dann untersagt, wenn sich der Auftraggeber in der Rahmenvereinbarung selbst verpflichtet hat, seinen gesamten Bedarf ausschließlich im Rahmen der Rahmenvereinbarung zu beschaffen.

§ 5 Vergabe nach Losen, Einheitliche Vergabe

(1) **Bauleistungen sollen so vergeben werden, dass eine einheitliche Ausführung und zweifelsfreie umfassende Haftung für Mängelansprüche erreicht wird; sie sollen daher in der Regel mit den zur Leistung gehörigen Lieferungen vergeben werden.**
(2) **Bauleistungen sind in der Menge aufgeteilt (Teillose) und getrennt nach Art oder Fachgebiet (Fachlose) zu vergeben. Bei der Vergabe kann aus wirtschaftlichen oder technischen Gründen auf eine Aufteilung oder Trennung verzichtet werden.**

Schrifttum: *Antweiler,* Die Berücksichtigung von Mittelstandsinteressen im Vergabeverfahren – Rechtliche Rahmenbedingungen, VergabeR 2006, 637; *Ax/Höfler,* Fallstudie zur rechtlichen Durchsetzung von Unternehmensinteressen im öffentlichen Auftragswesen, WiB 1996, 759; *Ax/Sattler,* Schutzmechanismen für den Mittelstand im deutschen Vergaberecht, ZVgR 1999, 231; *Burgi,* Mittelstandsfreundliche Vergabe, NZBau 2006, 606; *Eydner,* Wann ist der Teilausschnitt einer Leistung ein „Fachlos"?, IBR 2012, 284; *Fassbender,* Die neuen Regelungen für eine mittelstandsgerechte Auftragsvergabe, NZBau 2010, 529; *Gerhardt/Sehlin,* Puplic Private Partnership – ein Modell für Kommunen?, VBlBW 2005, 90; *Johannes,* Mittelstandsförderung im Konflikt zwischen Wirtschaftlichkeit und Wettbewerbsfreiheit – zur Berücksichtigung mittelständischer Interessen im neuen Vergabeverfahren, ZVgR 1999, 187; *Kus,* Losvergabe und Ausführungskriterien, NZBau 2009, 21; *Manz/Schönwalder,* Die vergaberechtliche Gretchenfrage: Wie hältst Du's mit dem Mittelstand?, NZBau 2012, 465; *Migalk,* Praxis der Vergabe öffentlicher Bauaufträge unter besonderer Berücksichtigung mittelstandspolitischer Zielsetzungen, VergabeR 2006, 651; *Müller-Wrede,* Grundsätze der Losvergabe unter dem Einfluss mittelständischer Interessen, NZBau 2004, 643; *Otting/Tresselt,* Grenzen der Loslimitierung, VergabeR 2009, 585; *Portz,* Zulässigkeit der Parallelausschreibungen, KommJur 2004, 90; *Rechten,* Divide et impera – Die losweise Vergabe, Jahrbuch forum vergabe 2012, 149; *Robbe,* Vergaberechtliche Beurteilung der Privilegierung kleinerer und mittlerer sowie ortsansässiger Unternehmen im Rahmen öffentlicher Auftragsvergaben, VR 2005, 325; *Robl,* Mittelstandspolitik im Rahmen der Vergabepraxis, in: forum vergabe (Hrsg.), Forum '96, Öffentliches Auftragswesen, 1997, S. 97 ff.; *Schaller,* Ein wichtiges Instrument der Mittelstandsförderung – Die Losteilung bei öffentlichen Aufträgen, ZfBR 2008, 142; *Schneevogl,* Generalübernehmervergabe – Paradigmenwechsel im Vergaberecht, NZBau 2004, 418; *Schulz,* Das Vielzahlkriterium nach § 1 AGBG und die Ausschreibung unter dem Vorbehalt der Vergabe nach Teillosen, NZBau 2000, 317; *Werner,* Die Verschärfung der Mittelstandsklausel, NZBau 2009, 262; *Willner/Strohal,* Modulbau im Spannungsfeld von Leistungsbestimmungsrecht und Mittelstandsschutz, VergabeR 2014, 120; *Ziekow,* Das Gebot der vornehmlichen Berücksichtigung mittelständischer Interessen bei der Vergabe öffentlicher Aufträge – Mittelstandsschutz ernst genommen, GewA 2013, 417.

---

[4] Vgl. *Zeise* in KKMPP, VgV, 2017 § 21 Rn. 62 ff.
[5] Vgl. *Zeise* in KKMPP, VgV, 2017 § 21 Rn. 23 ff.

Übersicht

	Rn.
A. Einführung	1
B. Gebot der einheitlichen Vergabe (§ 5 Abs. 1 VOB/A)	4
I. Sachliche Reichweite	5
II. Ziel umfassender Haftung für Mängelansprüche	7
III. Vergabe mit den zugehörigen Lieferungen (§ 5 Abs. 1 Hs. 2 VOB/A)	8
1. Grundsatz einheitlicher Vergabe	9
2. Ausnahmen, insbesondere: Beistellung durch den Auftraggeber	11
C. Die Vergabe nach Teil- und Fachlosen (§ 5 Abs. 2 VOB/A)	15
I. Begriffe	16
1. Abgrenzung zwischen Auftrag und Los	16
2. Teillose	17
3. Fachlose	18
a) Begriff des Fachloses	18
b) Fachlosgruppen	21
c) Generalunternehmer	22
4. Verhältnis zwischen Fach- und Teillosen	23
II. Losvergabe	24
1. Losvergabe als Regel (§ 5 Abs. 2 S. 1 VOB/A)	24
2. Gesamtvergabe (§ 5 Abs. 2 S. 2 VOB/A)	25
a) Überwiegende Gründe	25
b) Funktionalausschreibung/Wettbewerblicher Dialog	31
c) Beweislast	32
d) Gerichtliche Nachprüfbarkeit	33
3. Gestaltung der Vergabeunterlagen	34
4. Loslimitierung	37
5. Lose und §§ 305 ff. BGB	38
D. Fehlerfolgen	39

A. Einführung

1 § 5 VOB/A fasst mit § 5 Abs. 1 VOB/A einerseits und § 5 Abs. 2 VOB/A andererseits zwei Regelungen mit unterschiedlichen Zielen zusammen. Der Grundsatz einheitlicher Vergabe nach § 5 Abs. 1 VOB/A dient einer **zweifelsfreien, umfassenden Mängelhaftung** und berücksichtigt so die Interessen des Auftraggebers. § 5 Abs. 2 VOB/A ordnet die **Vergabe nach Losen** an. Diese Vorschrift dient den Interessen mittelständischer Unternehmen und versucht, der wirtschaftlichen Struktur der deutschen Bauwirtschaft Rechnung zu tragen. Dementsprechend verpflichtet § 97 Abs. 4 S. 1 GWB den Auftraggeber im Bereich des Kartellvergaberechts, mittelständische Interessen vornehmlich zu berücksichtigen. Der Schutz mittelständischer Interessen erschöpft sich nicht in der Losvergabe. Vielmehr dienen auch andere Maßnahmen, wie die Zulassung von Bietergemeinschaften oder die Loslimitierung (→ VOB/A § 5 Rn. 37) diesem Ziel.[1] In den **Vergabe- und Mittelstandsförderungsgesetzen** zahlreicher **Bundesländer** finden sich Regelungen, welche die Vorgaben des § 5 Abs. 2 VOB/A teils wiederholen, teils erweitern.

2 Zwischen § 5 Abs. 1 VOB/A und § 5 Abs. 2 VOB/A besteht **kein Widerspruch.** Der öffentliche Auftraggeber hat zunächst anhand des § 5 Abs. 2 VOB/A zu entscheiden, ob und in welcher Form er die Vergabe nach Losen durchführt. Erst nach dieser Entscheidung hat der Auftraggeber den Grundsatz des § 5 Abs. 1 VOB/A zu beachten. Diejenigen Bauleistungen, die ihrer Art und Struktur nach zu einem Handwerks- oder Gewerbezweig gehören und daher in einem Fachlos vergeben werden, sollen nach § 5 Abs. 1 VOB/A einheitlich zugeteilt werden. Durch dieses Verfahren soll eine zweifelsfreie umfassende Haftung für Mängelansprüche erreicht werden. Der Vorrang der Teil- und Fachlosvergabe nach § 5 Abs. 2 VOB/A wird daher nicht durch das Gebot der einheitlichen Ausführung in § 5 Abs. 1 VOB/A eingeschränkt.[2]

3 § 5 VOB/A beruht auf **§ 4 VOB/A 2006.** In § 5 Abs. 1 VOB/A wurden gegenüber § 4 Nr. 1 VOB/A 2006 keine Änderungen vorgenommen. § 5 Abs. 2 VOB/A fasst hingegen § 4 Nr. 2 und Nr. 3 VOB/A 2006 zusammen und berücksichtigt teilweise die durch das Gesetz zur

---

[1] *Antweiler* VergabeR 2006, 637 (639).
[2] *Stoye* in FKZGM VOB/A § 5 Rn. 3.

Modernisierung des Vergaberechts vom 20.4.2009[3] vorgenommenen Änderungen des § 97 Abs. 3 GWB (inzwischen § 97 Abs. 4 GWB), ohne diese vollständig zu übernehmen.

B. Gebot der einheitlichen Vergabe (§ 5 Abs. 1 VOB/A)

Nach § 5 Abs. 1 VOB/A sollen Bauleistungen so vergeben werden, dass eine **einheitliche Ausführung und zweifelsfreie umfassende Haftung für Mängelansprüche** erreicht wird; die Bauleistungen sollen daher in der Regel mit den zur Leistung gehörigen Lieferungen vergeben werden. Der zweite Halbsatz der Regelung konkretisiert für einen Teilbereich – die Kombination von Bau- und Lieferleistung – den Grundsatz des § 5 Abs. 1 Hs. 1 VOB/A. 4

I. Sachliche Reichweite

Die Anordnung einer **einheitlichen Vergabe** nach § 5 Abs. 1 VOB/A steht nicht im Widerspruch zu § 5 Abs. 2 VOB/A (→ Rn. 2). Unter der einheitlichen Ausführung im Sinne dieser Vorschrift ist nicht die Vergabe aller zu einem Bauwerk gehörenden Leistungen an einen einzelnen Auftragnehmer zu verstehen.[4] Vielmehr ist damit die Zusammenfassung der Bauleistungen, die ein Teil- oder Fachlos bilden, gemeint. Der Auftraggeber hat zunächst § 5 Abs. 2 VOB/A zu beachten. Die auf Grund § 5 Abs. 2 VOB/A gebildeten Lose sind jeweils einheitlich an einen Auftragnehmer zu vergeben. Dieser Grundsatz wird auch gewahrt, wenn eine Bietergemeinschaft den Zuschlag erhält, da deren Mitglieder gesamtschuldnerisch haften. 5

Die einheitliche Ausführung bietet neben dem schon im Text des § 5 Abs. 1 VOB/A angesprochenen Vorteil einer zweifelsfreien und umfassenden Mängelhaftung den weiteren Vorzug, dass **Schnittstellen zwischen Unternehmen gleicher Branchen vermieden** werden. Damit sinkt der Koordinierungsaufwand und zugleich wird die Bauzeit verkürzt, weil zeit- und arbeitsaufwändige Abstimmungen entfallen. Die Koordinierung der Fristen und Termine liegt für das jeweilige Los in einer Hand. 6

II. Ziel umfassender Haftung für Mängelansprüche

Ziel der einheitlichen Vergabe ist nach § 5 Abs. 1 VOB/A die zweifelsfreie umfassende **Haftung für Mängelansprüche**. Angesprochen ist damit die Mängelhaftung nach **§ 13 VOB/B**. Eine darüber hinausgehende Mängelhaftung, etwa in Form einer Garantie, wird von § 5 Abs. 1 VOB/A nicht angestrebt.[5] Nach § 13 VOB/B haftet der Auftragnehmer gegenüber dem Auftraggeber dafür, dass seine Leistung zum Zeitpunkt der Abnahme frei von Sachmängeln ist. Durch § 5 Abs. 1 VOB/A soll Klarheit über den jeweils zur Mängelhaftung Verpflichteten hergestellt werden. Abgrenzungsschwierigkeiten, die bei der Frage der Verantwortlichkeit der beteiligten Unternehmen für einen Mangel auftreten können, sollen weitest gehend vermieden werden. 7

III. Vergabe mit den zugehörigen Lieferungen (§ 5 Abs. 1 Hs. 2 VOB/A)

§ 5 Abs. 1 Hs. 2 VOB/A konkretisiert die Vorgabe des § 5 Abs. 1 Hs. 1 VOB/A hinsichtlich der zur Leistung gehörigen Lieferungen. Diese sollen einheitlich mit der Bauleistung vergeben werden. Wieder aufgenommen wird diese Regelung in Ziffer 2.1.1 der DIN 18 299 (VOB/C). Danach umfassen die Leistungen auch die Lieferung der dazugehörigen Stoffe und Bauteile einschließlich Abladen und Lagern auf der Baustelle. 8

1. Grundsatz einheitlicher Vergabe. Durch § 5 Abs. 1 Hs. 2 VOB/A wird erreicht, dass der Auftragnehmer auch für Mängel der von ihm eingebauten Stoffe und Bauteile haftet. Zur Rückgriffsmöglichkeit des Auftragnehmers gegenüber seinem Lieferanten vgl. § 445a BGB. Der Auftraggeber muss nicht prüfen, ob ein Beschaffenheits- oder ein Montagemangel vorliegt. Auch greift die Rügeobliegenheit des § 377 HGB nicht. 9

---

[3] BGBl. I S. 790.
[4] *Bauer* in Heiermann/Riedl/Rusam VOB/A § 5 Rn. 5; *Schranner* in Ingenstau/Korbion VOB/A § 5 Rn. 15.
[5] *Bauer* in Heiermann/Riedl/Rusam VOB/A § 5 Rn. 6; *Schranner* in Ingenstau/Korbion VOB/A § 5 Rn. 16.

10 § 5 Abs. 1 VOB/A ist auch bei der **Auslegung von Bauverträgen** zu berücksichtigen. Die Lieferung von Stoffen und Bauteilen ist mitbeauftragt, solange nicht etwas Abweichendes geregelt wird. Die Lieferungen gehören damit zugleich zu den zu vergütenden Leistungen nach § 2 Abs. 1 VOB/B.[6]

11 **2. Ausnahmen, insbesondere: Beistellung durch den Auftraggeber.** Von der Regel, dass Bauleistungen mit den zur Leistung gehörigen Lieferungen vergeben werden, darf abgewichen werden, wenn die **Abweichung** technisch oder wirtschaftlich begründet[7] oder die Beistellung der Stoffe und Bauteile orts- oder gewerbeüblich ist.

12 **Technische Gründe** liegen etwa vor, wenn das gelieferte Material technisch so komplex ist, dass eine Mängelhaftung des Lieferanten aus technischer Sicht sinnvoll erscheint.[8] Aus **wirtschaftlicher Sicht** ist eine Trennung der Leistung von der Lieferung dann zu erwägen, wenn die Lieferung wirtschaftlich in einer Weise überwiegt, dass dem Bauunternehmer nicht zugemutet werden kann, hinsichtlich des Entgelts für die Lieferung vorzuleisten.[9] Aus der Sicht des Auftraggebers liegt auch dann ein **wirtschaftlicher Grund** vor, wenn er bereits Eigentümer der einzubauenden Gegenstände ist, so dass insoweit eine Vergabe ganz entfallen kann.

13 Sofern die Beistellung der Stoffe und Bauteile **orts- oder gewerbeüblich** ist, ist sie ebenfalls zulässig. Hierüber ist ggf. eine Stellungnahme der örtlichen Industrie- und Handelskammer einzuholen.

14 Stellt der Auftraggeber Stoffe oder Bauteile bei, entfällt nach § 13 Abs. 3 VOB/B die Mängelhaftung des Auftragnehmers, wenn er seiner Hinweispflicht gemäß § 4 Abs. 3 VOB/B nachgekommen ist.

C. Die Vergabe nach Teil- und Fachlosen (§ 5 Abs. 2 VOB/A)

15 § 5 Abs. 2 VOB/A regeln die Vergabe von Teil- oder Fachlosen.

I. Begriffe

16 **1. Abgrenzung zwischen Auftrag und Los. Gleichartige** Leistungen, die in einem **funktionalen, räumlichen und zeitlichen Zusammenhang** stehen, bilden einen einheitlichen Auftrag.[10] Vergibt der Auftraggeber zwei oder mehrere funktional, räumlich oder zeitlich unabhängige Bauleistungen, liegen mehrere selbstständige Bauaufträge und nicht etwa Lose eines Gesamtauftrags vor; § 5 Abs. 2 VOB/A ist nicht einschlägig. Der Schwellenwert ist für jeden dieser Aufträge isoliert zu berechnen. Vgl. hierzu im Einzelnen → EU VOB/A § 1 Rn. 27.

17 **2. Teillose.** Nach § 5 Abs. 2 S. 1 VOB/A sind Bauleistungen in der Menge aufgeteilt (Teillose) zu vergeben. **Teillose** unterteilen die Gesamtleistung mengenmäßig oder räumlich. Die Teilung des Vorhabens erfolgt nicht nach der Art der zu beauftragenden Tätigkeit, sondern knüpft an äußere Gesichtspunkte an, etwa an die Vergabe einzelner Autobahnabschnitte oder einzelner Bauwerke.[11] Nach § 4 Nr. 2 VOB/A 2006 war die Aufteilung in Teillosen lediglich bei **umfangreichen Bauleistungen** nötig. Diese Einschränkung findet sich in § 5 Abs. 2 VOB/A **nicht mehr**.

18 **3. Fachlose. a) Begriff des Fachloses.** Bauleistungen sind nach Art oder Fachgebiet getrennt (Fachlose) zu vergeben (§ 5 Abs. 2 S. 1 VOB/A). Welche Leistungen zu einem Fachlos gehören, ist gemäß Richtlinien zu 111 Ziff. 2.2 VHB 2008 nach den gewerberechtlichen

---

[6] *Bauer* in Heiermann/Riedl/Rusam VOB/A § 5 Rn. 8.
[7] OLG München VergabeR 2006, 238 (241).
[8] *Schranner* in Ingenstau/Korbion VOB/A § 5 Rn. 117.
[9] *Stoye* in FKZGM VOB/A EU § 5 Rn. 6.
[10] EuGH 5.10.2000 – C-16/98, ECLI:EU:C:2000:541; 15.3.2012 – C-574/10, ECLI:EU:C:2012:145 = VergabeR 2012, 593 Rn. 37 ff.; OLG Rostock VergabeR 2007, 394 (397 f.); OLG Karlsruhe VergabeR 2009, 200 (202); KG VergabeR 2013, 483; nach EuG 29.5.2013 – T-384/10, ECLI:EU:T:2013:277 = VergabeR 2013, 861 kann genügen, dass verschiedene Arbeiten entweder dieselbe wirtschaftliche oder dieselbe technische Funktion erfüllen.
[11] Vgl. *Bauer* in Heiermann/Riedl/Rusam VOB/A § 5 Rn. 15; *Schranner* in Ingenstau/Korbion VOB/A § 5 Rn. 23.

Vorschriften und der allgemein oder regional üblichen Abgrenzung zu bestimmen. Dabei wird auf die verschiedenen Handwerks- oder Gewerbezweige abgestellt.

Der **DVA** bestimmt den Begriff des Fachloses wie Folgt: „In einem Fachlos werden jene Bauarbeiten zusammengefasst, die von einem baugewerblichen bzw. einem maschinen- oder elektrotechnischen Zweig ausgeführt werden, unabhängig davon, in welchen Allgemeinen Technischen Vertragsbedingungen (ATV) des Teils C der VOB diese Arbeiten behandelt werden."[12] Ähnliche Formulierungen verwandte der DVA bereits in den Erwägungsgründen zu § 4 VOB/A aF: „Zu § 4 Nr. 3 wird noch darauf hingewiesen, dass der Begriff ‚Fachlose' im Zusammenhang mit der Verdingung, dh mit dem Vergabeverfahren zu sehen ist, er ist demgemäß ein wirtschaftlicher Begriff. In einem ‚Fachlos' werden jeweils jene Bauarbeiten zusammengefasst, die von einem baugewerblichen Fachzweig ausgeführt werden, und zwar ohne Rücksicht darauf, in welcher Allgemeinen Technischen Vorschrift (ATV) des Teils C der VOB diese Arbeiten behandelt werden; ein Fachlos umfasst deshalb meist Arbeiten, die ganz oder teilweise in den Bereich verschiedener ATV fallen, wie auch Arbeiten darin erfasst sein können, die bislang in einer ATV überhaupt nicht geregelt sind. Der Bereich des ‚Fachloses' kann – im Gegensatz zu den nach Leistungsbereichen gegliederten ATV – regional und lokal verschieden abgegrenzt sein; er ist auch nicht auf Dauer festgelegt, sondern kann Veränderung in der Zeit unterliegen, die in der Entwicklung der baugewerblichen Strukturen begründet sind. Anders gesagt: Die objektbezogenen Leistungsbeschreibungen werden nach ‚Fachlosen' und nicht nach ATV gegliedert".[13]

Die **Abgrenzung der Fachlose** kann also nur im jeweiligen Einzelfall erfolgen. Dabei sind gleichermaßen normative wie tatsächliche Vorgaben zu berücksichtigen. Im Handwerksrecht können Anlagen A und B zur Handwerksordnung als Indiz dienen.[14] Hinzu tritt die allgemeine oder regionale Üblichkeit der Fachlosvergabe, welche Veränderungen unterliegt. Entscheidend kann auch sein, ob sich für spezielle Arbeiten ein eigener Markt herausgebildet hat.[15] Der Begriff des „Fachloses" unterliegt somit einem Wandel.

b) **Fachlosgruppen.** Werden mehrere Fachlose zusammen vergeben, spricht man von **Fachlosgruppen**. Zu denken ist etwa an die Zusammenfassung der Erd-, Mauer- und Betonarbeiten, der Heizungs- und sanitären Installationsarbeiten, der Elektro- und Lüftungsarbeiten usw., soweit es sich hierbei, etwa auf Grund der Ortsüblichkeit dieser Zusammenfassung, nicht ohnehin lediglich um ein Los handelt. Die Vergabe nach Fachlosgruppen ist keine Vergabe nach Fachlosen, sondern nach § 5 Abs. 2 S. 2 VOB/A nur aus wirtschaftlichen oder technischen Gründen zulässig (vgl. Richtlinien zu 111 Ziff. 2.4 VHB 2008).[16] Hierzu → Rn. 25 ff.

c) **Generalunternehmer.** Als Generalunternehmer wird derjenige Hauptunternehmer bezeichnet, der sämtliche für die Herstellung einer baulichen Anlage erforderlichen Bauleistungen zu erbringen hat und wesentliche Teile hiervon selbst ausführt (im Einzelnen: → Anhang VOB/B Rn. 10 ff.). Die Vergabe an einen Generalunternehmer steht einer Vergabe von Fachlosgruppen gleich und ist nur bei Vorliegen der Voraussetzungen des § 5 Abs. 2 S. 2 VOB/A zulässig (→ Rn. 25 ff.).

4. Verhältnis zwischen Fach- und Teillosen. Die Aufteilung nach Fachlosen schließt nicht eine kumulative Aufteilung nach Teillosen aus. Ein Fachlos kann in mehrere Teillose geteilt werden (etwa: mengenmäßige Abgrenzung von Dachdeckerarbeiten), ebenso kann ein Teillos in mehrere Fachlose aufgeteilt werden (Beispiel: Bau eines Autobahnabschnittes).[17]

II. Losvergabe

1. Losvergabe als Regel (§ 5 Abs. 2 S. 1 VOB/A). Schon nach der VOB/A 2006 stand die Los- zur Gesamtvergabe in einem Regel-Ausnahmeverhältnis. Umfangreiche Bauleistungen „sollten möglichst" in Teillosen vergeben werden (§ 4 Nr. 2 VOB/A 2006), Fachlose waren „in der Regel" zu bilden (§ 4 Nr. 3 S. 1 VOB/A 2006). Unterschiedlich wurde beurteilt, ob danach an das Absehen von einer Teillosvergabe geringere Anforderungen zu stellen waren, als an den

---

[12] DVA NZBau 2000, 555 (556).
[13] DVA, zit. nach: *Bauer* in Heiermann/Riedl/Rusam VOB/A § 5 Rn. 22.
[14] OLG Schleswig ZfBR 2013, 69.
[15] OLG Düsseldorf VergabeR 2011, 718 (720); OLG Düsseldorf VergabeR 2016, 751 (755).
[16] *Schranner* in Ingenstau/Korbion VOB/A § 5 Rn. 33; dagegen *Bauer* in Heiermann/Riedl/Rusam VOB/A § 5 Rn. 25, der dem Regelfall der Fachlosvergabe auch die Vergabe einer Fachlosgruppe zuordnet.
[17] *Schranner* in Ingenstau/Korbion VOB/A § 5 Rn. 29.

Verzicht auf eine Fachlosvergabe. § 5 Abs. 2 VOB/A hat das bereits zuvor bestehende Regel-Ausnahmeverhältnis verschärft. Grundlage hierfür ist die Änderung des § 97 Abs. 4 GWB durch das Gesetz zur Modernisierung des Vergaberechts vom 20.4.2009.[18] Nunmehr ist die Aufteilung der Bauleistung in Teil- und Fachlose verpflichtend, soweit nicht wirtschaftliche oder technische Gründe bestehen (§ 5 Abs. 2 VOB/A, § 97 Abs. 4 S. 2 und 3 GWB). Hinsichtlich der Anforderungen an einen Verzicht unterscheidet § 5 Abs. 2 VOB/A nicht zwischen Teil- und Fachlosen. Bezüglich des **Loszuschnitts** enthält die VOB/A keine Vorgaben.[19] Der Auftraggeber kommt der Verpflichtung aus § 5 Abs. 2 S. 1 VOB/A nach, wenn er Lose bildet, auf die sich mittelständische Unternehmen bewerben können. Eine Definition des Begriffs des Mittelstands fehlt bisher.[20] Als Auslegungshilfe kann die „Empfehlung betreffend die Definition der Kleinstunternehmen sowie der kleinen und mittleren Unternehmen" der EG-Kommission[21] herangezogen werden.[22] Danach zählen Betriebe mit 50 bis 249 Beschäftigten, die entweder einen Jahresumsatz von höchstens 50 Mio. EUR erzielen oder deren Jahresbilanzsumme sich auf höchstens 43 Mio. EUR beläuft, zu den mittelständischen Unternehmen. Es sind jedoch ergänzend die jeweiligen konkreten Marktverhältnisse zu berücksichtigen. Danach kann sich für bestimmte Leistungen ein eigener Markt herausbilden.[23] Die Lose müssen nicht derart gebildet werden, dass auch Kleinstunternehmen eine Auftragsdurchführung möglich ist.[24] Soweit gleichartige Lose vergeben werden, zwingt § 5 Abs. 2 VOB/A nicht dazu, die Lose so zuzuschneiden, dass sich mittelständische Unternehmen **auf alle Lose** bewerben können. Es genügt, dass ihnen die Möglichkeit eröffnet wird, auf einzelne Lose Angebote abzugeben.[25] Auch besteht kein Anspruch darauf, dass sich der Auftrag an den wirtschaftlichen Interessen bestimmter Bieter ausrichtet.[26]

25   **2. Gesamtvergabe (§ 5 Abs. 2 S. 2 VOB/A). a) Überwiegende Gründe.** Nach § 5 Abs. 2 S. 2 VOB/A kann bei der Vergabe aus wirtschaftlichen oder technischen Gründen auf eine Aufteilung oder Trennung in Lose verzichtet werden. Die herrschende Meinung nahm bereits zu der Vorgängerregelung in § 4 Nr. 3 S. 2 VOB/A 2006 an, dass überwiegende Gründe[27] vorliegen müssen, um eine Gesamtvergabe zu rechtfertigen. Demgegenüber vertrat das OLG Schleswig die Auffassung, dass die Zusammenfassung von Fachlosen nach § 4 Nr. 3 S. 2 VOB/A 2006 keiner zwingenden oder überwiegenden Gründe bedürfe. Dem Auftraggeber stünde ein Ermessensspielraum zu. Vertretbare Gründe seien ausreichend.[28] Durch die Neufassung des § 5 Abs. 2 VOB/A ist klar gestellt, dass tatsächlich überwiegende Gründe im Sinne der früheren Rechtsprechung vorliegen müssen. Letztlich wirken sich die durch die VOB/A 2009, bzw. die Neufassung des § 97 Abs. 4 GWB vorgenommenen Änderungen in der Praxis somit nur bedingt aus.[29]

26   Aus wirtschaftlichen oder technischen Gründen resultierende Schwierigkeiten, die nach Art und Ausmaß typischerweise mit der Vergabe nach Losen verbunden sind, reichen nicht aus, um eine Gesamtvergabe nach § 5 Abs. 2 S. 2 VOB/A zu begründen. Dies gilt etwa für die Belastung des Auftraggebers mit der Koordinierung mehrerer Auftragnehmer, den Nachteil, nicht lediglich einen Vertragspartner zu haben, oder die erschwerte Durchsetzung von Mängelhaftungsansprüchen.[30] Diese Belastungen hat der Auftraggeber nach dem Konzept der VOB aus mittelstands- und wettbewerbspolitischen Gründen hinzunehmen. Andererseits ist auch bei der Bildung von Losen der **Bedarf des öffentlichen Auftraggebers** zu beachten. Der Auftragsinhalt muss diesem Bedarf entsprechen. Die Bieter können den Auftraggeber nicht zwingen, den Auftragsinhalt auf

---

[18] BGBl. I S. 790.
[19] Das BMWi stellt auf seiner Website ein branchenbezogenes Berechnungstool zur Verfügung, das die Berechnung der zutreffenden Losgröße erleichtern soll.
[20] BVerfGE 21, 292 (299); BGH NJW 1992, 1039; zu den unterschiedlichen Ansätzen *Antweiler* VergabeR 2006, 637 (640 f.).
[21] Empfehlung der EG-Kommission 2003/361/EG vom 6.5.2003, ABl. L 124, S. 36, Anhang Art. 2.
[22] OLG Düsseldorf VergabeR 2005, 107 (110); OLG Karlsruhe VergabeR 2011, 722 (727); *Dreher* NZBau 2005, 427 (428); vgl. auch *Dreher* in Immenga/Mestmäcker § 97 Rn. 128 ff.
[23] OLG Düsseldorf VergabeR 2012, 658; ähnlich OLG Schleswig NZBau 2013, 395; **anderer Auffassung** OLG Karlsruhe VergabeR 2011, 722 (727).
[24] OLG Karlsruhe VergabeR 2011, 722 (727).
[25] LSG Baden-Württemberg VergabeR 2009, 452 (463).
[26] OLG Düsseldorf ZfBR 2012, 608.
[27] OLG Düsseldorf VergabeR 2005, 107 (110); *Dreher* NZBau 2005, 427 (430).
[28] OLG Schleswig OLGR 2000, 470.
[29] *Boesen* VergabeR 2011, 364 (365); *Gabriel* NJW 2009, 2011 (2012); *Kus* NZBau 2009, 21 (22).
[30] OLG Düsseldorf VergabeR 2005, 107 (110).

die Interessen des Markts zuzuschneiden.[31] Der Auftraggeber bestimmt die auszuschreibende Leistung nach seinen individuellen Zwecken. Diese muss er nicht opfern, um eine Losvergabe zu ermöglichen.[32] Insgesamt steht dem Auftraggeber ein **Beurteilungsspielraum**[33] zu. Er muss zwischen dem Interesse an einer bedarfsgerechten Auftragsdurchführung und den Interessen des Mittelstands abwägen und diese zum Ausgleich bringen,[34] wobei eine Zusammenfassung zu einer Gesamtvergabe nur zulässig ist, wenn die Gründe hierfür überwiegen.[35] Die rechtliche Kontrolle des Beurteilungsspielraums ist darauf beschränkt, ob die Entscheidung des Auftraggebers auf vollständiger und zutreffender Sachverhaltsermittlung und nicht auf Willkür beruht.[36]

Wirtschaftliche Gründe für eine Gesamtlosvergabe liegen beispielsweise vor, wenn anderenfalls unverhältnismäßige Kostennachteile oder starke Verzögerungen drohen.[37] **Unverhältnismäßige Kostennachteile**, die eine Gesamtvergabe rechtfertigen, wurden bei Mehrkosten von 14 % bejaht.[38] Die Grenze der hinnehmbaren Mehrkosten wird zwischen 6 %[39] und 10 %[40] beziffert. Eine Gesamtvergabe wegen drohender **starker Verzögerungen** wurde bei einem sehr stark belasteten Autobahnabschnitt als zulässig erachtet, für dessen Fertigstellung **besondere zeitliche Zwänge** bestanden und die Gesamtvergabe eine schnellere Aufgabenerfüllung erwarten ließ.[41] Auch das Ziel einer **einheitlichen Mängelhaftung** kann ausnahmsweise für eine Gesamtvergabe streiten, wenn ein besonders hohes Schadensrisiko droht und die Zuordnung der Verantwortlichkeiten in besonderer Weise erschwert ist.[42] Das Gleiche gilt, wenn der Auftraggeber bereits zahlreiche Lose gebildet hat und die gesonderte Wertung der verbleibenden Leistung, der Vertragsabschluss und die gesonderte Abwicklung des Vertrags im Verhältnis zu einer Gesamtausschreibung zu unverhältnismäßigem Aufwand führt („**Splitterlos**").[43] 27

Eine Fachlosvergabe ist aus **technischen Gründen** nicht durchzuführen, wenn die Aufteilung nach Fachlosen zur Entstehung **nicht mehr funktionsfähiger Auftragseinheiten** führt. Auch das Erfordernis einer engen **logistischen Kooperation** (Abtransport von Erdmassen bei einem Tunnelbau) kann eine Gesamtvergabe rechtfertigen. Die technischen Gründe müssen im Auftrag selbst begründet sein und hiermit im Zusammenhang stehen.[44] 28

Interessen der **Sicherheit** können für eine Gesamtvergabe sprechen. Führt die Aufteilung der Arbeiten für die Errichtung eines Fluggastterminals auf Grund der zahlreichen Schnittstellen zu Sicherheitsrisiken, ist eine Gesamtvergabe zulässig.[45] 29

Der **DVA**[46] hat als maßgebliche Kriterien für eine Gesamtvergabe genannt: das Ziel einer einheitlichen Gewährleistung, die Verkehrssicherheit, bestimmte, kurz bemessene Ausführungsfristen, der Koordinierungsaufwand des Auftraggebers, Forderungen nach Kostensicherheit und ein geringes Auftragsvolumen. Auf diese Gesichtspunkte darf sich der Auftraggeber aber nicht pauschal berufen, es bedarf vielmehr einer Begründung im Einzelfall. 30

b) Funktionalausschreibung/Wettbewerblicher Dialog. Ein **Spannungsverhältnis** besteht zwischen § 5 Abs. 2 VOB/A und der Möglichkeit des § 7c VOB/A, der eine **Funktionalausschreibung** erlaubt. Im Rahmen seiner Gestaltungsfreiheit bei der Festlegung des Leistungsprofils kann der Auftraggeber eine Funktionalausschreibung vorsehen. Bei einer solchen Vergabe gibt der Auftraggeber nur den Rahmen oder das Programm der gewünschten Bauleistung an. Es ist Sache der Bieter, bei der Bearbeitung des Angebots diesen Rahmen oder das Programm 31

---

[31] OLG Düsseldorf VergabeR 2011, 718 (720); OLG Naumburg NZBau 2011, 127.
[32] OLG Brandenburg VergabeR 2009, 652 (657); OLG Celle VergabeR 2010, 661 (663).
[33] Das OLG Düsseldorf VergabeR 2015, 443 (450); VergabeR 2016, 751 (755) spricht von einer Einschätzungsprärogative.
[34] OLG Düsseldorf VergabeR 2011, 718 (720); OLG Karlsruhe VergabeR 2011, 722 (727); OLG Düsseldorf VergabeR 2015, 443 (450).
[35] OLG Düsseldorf VergabeR 2012, 193 (194); OLG Düsseldorf VergabeR 2015, 71 (76).
[36] OLG Düsseldorf NZBau 2016, 656 (659).
[37] VK Bund VergabeR 2001, 143 (145); OLG Düsseldorf VergabeR 2005, 107 (109); *Dreher* NZBau 2005, 427 (430).
[38] VK Sachsen IBR 2000, 302.
[39] *Ax/Sattler* ZVgR 1999, 231 (233).
[40] *Faßbender* NZBau 2010, 529 (533).
[41] VK Arnsberg IBR 2000, 402; auch OLG München VergabeR 2015, 574 (577).
[42] VK Bund VergabeR 2001, 143 (145); DVA BauR 2000, 1793 (1797); *Stoye* in FKZGM VOB/A EU § 5 Rn. 32.
[43] OLG Düsseldorf VergabeR 2012, 658 (661).
[44] OLG Düsseldorf VergabeR 2015, 71 (76).
[45] OLG Brandenburg VergabeR 2009, 652 (658).
[46] NZBau 2000, 555 (557 f.).

auszugestalten. Der Auftraggeber kann eine Aufteilung in Teil- oder Fachlose nicht vornehmen, da er noch nicht absehen kann, in welcher Weise der Auftragnehmer das vorgegebene Programm ausführen wird. Daher kann eine Vergabe von Teil- oder Fachlosen bei Funktionalausschreibungen nicht stattfinden.[47] Auch der **wettbewerbliche Dialog** nach § 119 Abs. 6 GWB steht einer Vergabe von Losen entgegen, da der Gegenstand der späteren Beauftragung im Zeitpunkt des Beginns des Vergabeverfahrens noch nicht feststeht. Entscheidend ist die sachgerechte Deckung des Bedarfs des öffentlichen Auftraggebers, nicht das Interesse der Bieter an der Zuschneidung des Auftrags (dazu → Rn. 26).

32   c) **Beweislast.** Die Beweislast für das Vorliegen der Voraussetzungen einer Gesamtvergabe trägt der Auftraggeber.[48] Er ist gehalten, die Entscheidung für die Gesamtvergabe zu dokumentieren und für den jeweiligen Einzelfall zu begründen.[49] Allgemeine Ausführungen wie der Verweis auf mögliche Verzögerungen oder den Koordinierungsaufwand reichen hierzu nicht aus.

33   d) **Gerichtliche Nachprüfbarkeit.** Vor Neufassung der Vorschrift wurde weitgehend die Auffassung vertreten, dass bei der Bildung von Losen ein Beurteilungsspielraum des Auftraggebers bestünde, der bei Vergaben oberhalb der Schwellenwerte gerichtlich nur beschränkt überprüfbar sei.[50] Hiergegen wurde eingewandt, dass § 5 Abs. 2 VOB/A bzw. § 97 Abs. 4 GWB einen solche Beurteilungsspielraum nicht vorsehe, die Entscheidung des Auftraggebers somit gerichtlich vollständig überprüfbar sei.[51] Das OLG Düsseldorf hält auch aufgrund der neuen Rechtslage an seiner bisherigen Rechtsprechung fest, wonach ein nur eingeschränkt überprüfbarer **Beurteilungsspielraum** des Auftraggebers besteht.[52]

34   **3. Gestaltung der Vergabeunterlagen.** Der Auftraggeber hat in den **Vergabeunterlagen** auf die geplante Vergabe nach Teil- oder Fachlosen hinzuweisen. Nach § 12 Abs. 1 Nr. 2 lit. h VOB/A sind in der Bekanntmachung insbesondere Art und Umfang der einzelnen Lose und die Möglichkeit anzugeben, Angebote für eines, mehrere oder alle Lose einzureichen (hierzu → VOB/A § 5 Rn. 37). Erst diese Angaben ermöglichen den Bietern eine ordnungsgemäße Kalkulation, die notwendigerweise nach dem wirtschaftlichen Umfang des Bauauftrages differieren wird. Damit folgt das Erfordernis, auf die Vergabe nach Losen hinzuweisen, bereits aus der Anforderung des § 7 Abs. 1 Nr. 1 VOB/A, wonach die Leistung eindeutig und so erschöpfend zu beschreiben ist, dass die Unternehmen ihre Preise sicher berechnen können. Nach Auffassung des OLG Zweibrücken ist es unzulässig, ein **Nebenangebot** für die **Erbringung der Gesamtleistung** zu werten, wenn eine Ausschreibung in Einzellosen erfolgt.[53]

35   Lässt sich der Bekanntmachung und den Vergabeunterlagen nicht eindeutig entnehmen, ob eine losweise Vergabe beabsichtigt ist, so dürfen die Bieter darauf **vertrauen, dass eine Gesamtlosvergabe** erfolgen wird. Es ist Sache des Auftraggebers, klar zu formulieren. Die bloße Aufteilung des Leistungsverzeichnisses in Titel genügt diesen Anforderungen nicht.[54]

37   **4. Loslimitierung.** Sieht der Auftraggeber vor, dass jeder Bieter Angebote nicht auf alle, sondern **nur auf eine bestimmte Anzahl** von Teil- oder Fachlosen abgeben darf, wird von Loslimitierung gesprochen. Sie ist grundsätzlich zulässig,[55] da sie dem Schutz mittelständischer Interessen dient (oberhalb der Schwelle ist dies ausdrücklich in § 5 EU Abs. 2 Nr. 3 VOB/A geregelt). Daneben vermindert sie die wirtschaftliche Abhängigkeit des Auftraggebers von dem Auftragnehmer[56] und verhindert, dass sich Bieter wirtschaftlich und personell überfordern.[57]

---

[47] OLG Jena VergabeR 2007, 677; *Manz/Schönwälder* NZBau 2012, 465; *Schranner* in Ingenstau/Korbion VOB/A § 5 Rn. 20, wonach allerdings die Zulässigkeit einer Funktionalausschreibung davon abhängen soll, dass die Voraussetzungen des § 5 Abs. 2 S. 2 VOB/A vorliegen.
[48] OLG Düsseldorf VergabeR 2005, 107 (110).
[49] OLG Düsseldorf VergabeR 2004, 513 (514).
[50] OLG Düsseldorf VergabeR 2005, 107 (109).
[51] *Dreher* in Immenga/Mestmäcker § 97 Rn. 123; *Burgi* NZBau 2006, 693 (696).
[52] OLG Düsseldorf VergabeR 2011, 718 (720); 2012, 193 (195); vgl. auch OLG Karlsruhe VergabeR 2011, 722 (727).
[53] OLG Zweibrücken ZfBR 2009, 202.
[54] VOB-Stelle Sachsen-Anhalt, Fall 203 vom 27.10.1996, IBR 1997, 490; *Stoye* in FKZGM VOB/A EU § 5 Rn. 42.
[55] **Anderer Ansicht** *Otting/Tresselt* VergabeR 2009, 585; *Burgi* NZBau 2006, 693 (697) hält für die Zulässigkeit eine gesetzliche Regelung für erforderlich.
[56] OLG Düsseldorf NZBau 2000, 440 (441); 2013, 184; *Müller-Wrede* NZBau 2004, 643 (647).
[57] KG VergabeR 2014, 566 (568 f.).

Zumindest, wenn dieses Ziel erreicht werden soll, wird die Loslimitierung als zulässig erachtet.[58] Unterhalb der Schwellenwerte stellt die Loslimitierung eine freiwillige Maßnahme des Auftraggebers dar, denn anders als die Aufteilung in Lose ist sie in § 5 Abs. 2 VOB/A nicht ausdrücklich erwähnt.[59] Die Absicht, eine Loslimitierung vorzunehmen, muss bereits in der Bekanntmachung mitgeteilt werden (§ 12 Abs. 1 Nr. 2 lit. h VOB/A). Unzulässig ist es, wenn die Loslimitierung zur unwirtschaftlichen Zersplitterung des Auftrags führt. Dann steht das Gebot der Zuschlagserteilung an das wirtschaftlichste Angebot (§ 16d Abs. 1 Nr. 3 S. 2 VOB/A) dem Schutz mittelständischer Interessen entgegen.[60]

5. Lose und §§ 305 ff. BGB. Zumindest wenn eine Teilung in drei oder mehr Lose erfolgt, 38 denen der Auftraggeber einheitliche Vertragsbedingungen zugrunde legt, sind diese Vertragsbedingungen für eine Vielzahl von Verträgen vorformuliert und unterliegen der **Inhaltskontrolle nach den §§ 305 ff. BGB.** Diese Inhaltskontrolle findet auch statt, wenn der Auftraggeber alle Lose an nur einen Bieter vergibt. Denn für die Frage, ob Vertragsbedingungen für eine Vielzahl von Verträgen vorformuliert sind, ist eine *ex-ante-Betrachtung* vorzunehmen.[61] Zur Frage, ob Vertragsbedingungen, die in einer öffentlichen Ausschreibung verwendet werden, stets Allgemeine Geschäftsbedingungen darstellen vgl. → VOB/B § 2 Rn. 51.

D. Fehlerfolgen

In einem Verstoß gegen § 5 Abs. 2 VOB/A liegt nicht zugleich ein **Verstoß gegen § 20** 39 **GWB**.[62] Denn bei der Gesamtvergabe entfällt zwar die öffentliche Hand als Nachfrager, an ihre Stelle tritt aber der Generalunternehmer, der als Nachfrager am Markt auftritt. Der Bieter hat keinen Anspruch darauf, gerade die öffentliche Hand als Vertragspartner zu erhalten. Zudem ist der wohl aus Rechtsschutzgründen gesuchte Weg über § 20 GWB, der die Möglichkeit einer einstweiligen Verfügung vorsieht, seit Einführung des vergaberechtlichen Primärrechtsschutzes jedenfalls oberhalb der Schwellenwerte entbehrlich.

Bei einem Verstoß gegen § 5 Abs. 2 VOB/A ist grundsätzlich ein **Schadensersatzanspruch** 40 wegen Verschuldens bei Vertragsverhandlungen denkbar.[63]

§ 6 Teilnehmer am Wettbewerb

(1) **Der Wettbewerb darf nicht auf Unternehmen beschränkt werden, die in bestimmten Regionen oder Orten ansässig sind.**

(2) **Bietergemeinschaften sind Einzelbietern gleichzusetzen, wenn sie die Arbeiten im eigenen Betrieb oder in den Betrieben der Mitglieder ausführen.**

(3) **Am Wettbewerb können sich nur Unternehmen beteiligen, die sich gewerbsmäßig mit der Ausführung von Leistungen der ausgeschriebenen Art befassen.**

Schrifttum: *André,* Quod erat illustrandum: Die interpretative Konkretisierung primärrechtlich fundierter Vergabeverfahrensstandards auf dem unionsgerichtlichen Prüfstand, NZBau 2010, 611; *Behrens,* Zulassung zum Vergabewettbewerb bei vorausgegangener Beratung des Auftraggebers, NZBau 2006, 752; *Benedict,* „Vergabefremde" Aspekte nach Beentjes und Nord-Pas-de-Calais, NJW 2001, 947; *Braun,* Europarechtlicher Vergaberechtsschutz unterhalb der Schwellenwerte, Vergaberecht 2007, 17; *Braun/Peters,* Präqualifikation und Prüfungssysteme, VergabeR 2010, 433; *Burgi,* Die Bedeutung der allgemeinen Vergabegrundsätze Wettbewerb, Transparenz und Gleichbehandlung, NZBau 2008, 29; *Burgi,* Kriterien für die Vergabe von Postdienstleistungen im Gewährleistungsstaat, VergabeR 2007, 457; *Burgi,* Vergabefremde Zwecke und Verfassungsrecht, NZBau 2001, 64; *Burgi,* Ausschluss und Vergabesperre als Rechtsfolgen von Unzuverlässigkeit, NZBau 2014, 595. -*Byok/Jäger,*Kommentar zum Vergaberecht. 3. Auflage 2011; *Diemon-Wies,* Soziale und ökologische Kriterien in der Vergabepraxis, VergabeR 2010, 317; *Diringer,* Die Beteiligung sog. Projektanten am Vergabeverfahren, VergabeR 2010, 361; *Dreher,* Der Marktzutritt von Newcomern als Herausforderung

---

[58] OLG Düsseldorf VergabeR 2012, 494.
[59] LSG Baden-Württemberg VergabeR 2009, 452 (462); LSG Nordrhein-Westfalen VergabeR 2009, 922 (927); *Müller-Wrede* NZBau 2004, 643 (645); *Dreher* NZBau 2005, 427 (431).
[60] *Dreher* NZBau 2005, 427 (431).
[61] BGH NJW 1997, 135 (136) = BauR 1997, 123 (124); BGH BauR 2001, 1895; *Basedow* in MüKoBGB BGB § 305 Rn. 18.
[62] Anders aber LG Hannover EuZW 1997, 638 (640).
[63] *Tomerius* in Pünder/Schellenberg VOB/A § 5 Rn. 39.

für das Kartellvergaberecht, NZBau 2008, 545; *Dreher/Hoffman,* Der Marktzutritt von Newcomern als Herausforderung für das Kartellvergaberecht, NZBau 2008, 545; Dreher/Hoffmann, Die erfolgreiche Selbstreinigung zur Wiedererlangung der kartellvergaberechtlichen Zuverlässigkeit und die vergaberechtliche Compliance – Teil 1 und Teil 2 NZBau 2014, 67 ff.; 150 ff.; *Freise,* Berücksichtigung von Eignungsmerkmalen bei der Ermittlung des wirtschaftlichsten Angebots?, NZBau 2009, 225; *Gabriel,* Die Vergaberechtsreform 2009 und die Neufassung des vierten Teils des GWB, NJW 2009, 2011; *Gabriel/Voll,* das Ende der Inländerdiskriminierung im Vergabe-(Primär)Recht, NZBau 2014, 155 ff.; *Gesterkamp/Laumann,* Die Berücksichtigung allgemeinverbindlicher Tarifverträge bei der Vergabe öffentlicher Aufträge, VergabeR 2007, 477; *Grabitz/Hilf,* Das Recht der Europäischen Union, Band IV; *Gröning,* Referenzen und andere Eignungsnachweise, VergabeR 2008, 721; *Herig,* Praxiskommentar VOB, Teile A, B und C, 3. Aufl., 2007; *Hesse,* Grundzüge des Verfassungsrechts der Bundesrepublik Deutschland, 20. Auflage, 1995; *H/H/K/W,* 2013; *Höfler,* Transparenz bei der Vergabe öffentlicher Aufträge, NZBau 2010, 73; *Höfler/Bayer,* Praxishandbuch Bauvergaberecht, 3. Aufl., München 2012; *Immenga/Mestmäcker,* Wettbewerbsrecht, Band 2/Teil 2 GWB (Vergaberecht), 5. Auflage 2014; *von Mangoldt/Klein/Starck,* Kommentar zum Grundgesetz, 6. Auflage 2010; *Kallerhoff,* Zur Begründetheit von Rechtsschutzbegehren unterhalb der vergaberechtlichen Schwellenwerte, NZBau 2008, 97; *Kirch/Leinemann,* Alles neu? Mindestlohnvorgaben und Eigenleistungsquoten nach der Vergaberechtsmodernisierung, VergabeR 2009, 414; *Kirch/Kues,* Alle oder keiner? – Zu den Folgen der Insolvenz eines Mitglieds einer Bietergemeinschaft im laufenden Vergabeverfahren, VergabeR 2008, 32; *Kolpatzik,* „Berater als Bieter" vs. „Bieter als Berater" – „Projekanten" und „Wettbewerblicher Dialog" als Instrumente zur Einführung externer Know-how's in die Vorbereitung und Durchführung einer formellen Auftragsvergabe, VergabeR 2007, 279; *Krohn,* Vertragsänderungen und Vergaberecht – Wann besteht eine Pflicht zur Neuausschreibung, NZBau 2008, 619; *Kupczyk,* Die Projektantenproblematik im Vergaberecht, NZBau 2010, 21; *Kullack/Kerner,* Zur Berücksichtigung von Generalübernehmern bei der Vergabe von Bauleistungen, ZfBR 2003, 443; *Leinemann,* das neue Vergaberecht, 2. Auflage 2010; *Müller-Wrede,* VOL/A, 3. Auflage, 2010; *Münch/Kunig,* Grundgesetzkommentar, 6. Auflage 2012; *Overbuschmann,* verstößt die Verabredung einer Bietergemeinschaft gegen das Kartellrecht? VergabeR 2014, 634; *Pauly,* Ist der Ausschluss des Generalübernehmers vom Vergabeverfahren noch zu halten?, VergabeR 2005, 312; *Prieß/Becker,* Die Beteiligungsfähigkeit von Generalübernehmern in VOB-Vergabeverfahren – keine Frage der Schwellenwerte, VergabeR 2004, 159; *Prieß/Pitschas,* Die Vereinbarkeit vergabefremder Zwecke mit dem deutschen und europäischen Vergaberecht – dargestellt am Beispiel der Scientology Erklärung, ZVgR 1999, 144; *Prieß/Stein,* Nicht nur sauber, sondern rein: Die Wiederherstellung der Zuverlässigkeit durch Selbstreinigung, NZBau 2008, 230; *Pünder/Schellenberg,* Vergaberecht 2011 – *Roth,* Änderung der Zusammensetzung von Bietergemeinschaften und Austausch von Nachunternehmern im laufenden Vergabeverfahren, NZBau 2005, 316; *Rust,* GWB-Vergaberecht und soziale Standards, EuZW 1999, 453; *Rust,* Sozialpolitische Kriterien in landesgesetzlichen Vergabevorschriften, NJ 2001, 113; *Scharf/Schütte,* Fehlende Angebotsunterlagen im Bau- und Dienstleistungsbereich, VergabeR 2005, 448; *Schima,* Wettbewerbsfremde Regelungen – falsche Signale vom Europäischen Gerichtshof, NZBau 2002, 1; *Schmidt,* Wider den Ausschlussautomatismus: Kein zwingender Ausschluss einer Bietergemeinschaft bei Insolvenz eines Mitgliedsunternehmens, NZBau 2008, 41; *Stapelfeld,* Aktuelle Entwicklungen im Vergaberecht – Die Neufassung von VOB/A und VOL/A, KommJur 2010, 241; *Steiff,* Vergabefremde Aspekte – eine Zwischenbilanz, VergabeR 2009, 290; *Stein/Friton,* Internationale Korruption, zwingender Ausschluss und Selbstreinigung, VergabeR 2010, 151; *Sterner,* Rechtsschutz gegen Auftragssperren, NZBau 2001, 423; *Stoye,* Generalübernehmervergabe – nötig ist ein Paradigmenwechsel bei den Vergaberechtlern, NZBau 2004, 648; *Stoye/Hoffmann,* Nachunternehmerbenennung und Verpflichtungserklärung im Lichte der neuesten BGH-Rechtsprechung, VergabeR 2009, 569; *Willenbruch/Wieddekind,* Vergaberecht, 3. Auflage, 2014; *Ziekow/Völlink,* Vergaberecht 2011; *Ziekow,* Vergabefremde Zwecke und Europarecht, NZBau 2001, 72; *Zimmermann,* Einfluss des § 7 Nr. 6 VOL/A auf § 8 Nr. 6 VOB/A, ZfBR 2006, 220.

Übersicht

	Rn.
A. Allgemeines	1
B. Subjektives Recht der Teilnehmer auf Einhaltung der Vorgaben des § 6 VOB/A	5
C. Unionsrechtliche Vorgaben für die Teilnahme am Wettbewerb	6
D. Teilnehmer am Wettbewerb	9
I. Keine Beschränkung auf Unternehmen aus bestimmten Regionen (§ 6 Abs. 1)	9
II. Bietergemeinschaften (§ 6 Abs. 2)	14
III. Gewerbsmäßige Ausführung von Bauleistungen der ausgeschriebenen Art (§ 6 Abs. 3)	16
1. Gewerbsmäßige Tätigkeit i. S. v. § 6 Abs. 3 VOB/A	17
2. Selbstausführungsgebot (§ 6 Abs. 3)	20
3. Unternehmereinsatzformen und ihr Verhältnis zur VOB/A bei Aufträgen unterhalb der Schwellenwerte	25
4. Aushändigung der Vergabeunterlagen	27

IV. Justizvollzugsanstalten, Einrichtungen der Jugendhilfe und Betriebe der öffentlichen Hand 28
E. Änderungen in der Person des Bieters nach Ablauf der Angebotsfrist 29
F. Änderungen in der Person des Bieters nach Abschluss des Teilnahmewettbewerbs bzw. nach Aufforderung zur Angebotsabgabe 36
G. Austausch von Nachunternehmern 38
H. Gleichbehandlung von Teilnehmern/Bevorzugte Bieter 39
   1. Vorgaben zur Qualitätssicherung und zum Umweltmanagement 42
   2. Zulässigkeit sonstiger bieterbezogener vergabefremder Kriterien 44
   3. Einzelfälle 47
I. Vorbefasste Bieter/Projektanten 54

A. Allgemeines

§§ 6 ff. VOB/A gelten unterhalb der EU-Schwellenwerte und regeln in Ergänzung zu § 2 VOB/A, wer als Teilnehmer am Wettbewerb zu den Vergabeverfahren zugelassen werden muss. Begrifflich unterscheiden die §§ 6 ff. VOB/A zwischen den Teilnehmern, die noch kein Angebot abgegeben haben (Bewerbern), und denen, die dem Auftraggeber ein Angebot unterbreitet haben (Bieter). Der Oberbegriff des **Teilnehmers** wird nur in der Überschrift zu § 6 VOB/A verwendet. 1

§§ 6 ff. VOB/A stellen keine systematische Regelung bestimmter Sachfragen dar, sondern behandelt eine Reihe von Einzelaspekten, die sich mit der Teilnahme am Wettbewerb befassen und allesamt auf das **Diskriminierungsverbot,** das schon in § 2 VOB/A angesprochen ist, zurückzuführen sind. So regeln §§ 6 ff. VOB/A, welche Teilnehmer an dem Vergabeverfahren zu beteiligen sind, welche Teilnahmevoraussetzungen vorliegen müssen, welche Eignungsnachweise verlangt werden können und wer von der Teilnahme ausgeschlossen werden kann. 2

Das in §§ 6 ff. VOB/A enthaltene Diskriminierungsverbot mit seinen verschiedenen Ausprägungen stellt für alle Vergabearten allgemein gültige Grundregeln auf, die der Auftraggeber in seinem Verhalten gegenüber den Teilnehmern im personellen Bereich zu beachten hat. Der übergeordnete **Grundsatz** lautet, dass alle Teilnehmer gleich zu behandeln sind; d. h. gleiche Tatbestände dürfen nicht ohne **sachlichen Grund** ungleich behandelt werden, und ungleiche Tatbestände dürfen nicht ohne sachlichen Grund gleich behandelt werden. Eine auf sachfremden Erwägungen beruhende ungerechtfertigte Differenzierung liegt vor, wenn sich ein vernünftiger, aus der Natur der Sache folgender oder sonst sachlicher Grund für eine unterschiedliche Behandlung im Hinblick auf den Sinn und Zweck der Bestimmungen nicht finden lässt.[1] 3

Durch die VOB/A 2016 wurden die Regelungen, die ursprünglich allesamt in **§ 6 VOB/A aF** enthalten waren, aufgeteilt in §§ 6, 6a, 6b sowie § 3b VOB/A. Der inhaltliche Regelungsgehalt ist aber unverändert. Dies gilt mit einer Ausnahme. Die Regelung in § 6 Abs. 1 Nr. 3 VOB/A a. F. (Ausschluss von Justizvollzugsanstalten, Einrichtungen der Jugendhilfe, sowie Betrieben der öffentlichen Hand und Verwaltung) ist ersatzlos gestrichen worden. 4

B. Subjektives Recht der Teilnehmer auf Einhaltung der Vorgaben des § 6 VOB/A

Von der Frage, wie sich der Auftraggeber aufgrund § 6 VOB/A und seiner internen Bindungen zu verhalten hat, ist die Frage zu unterscheiden, ob § 6 VOB/A und das Diskriminierungsverbot **Außenwirkung** entfalten, d. h. ob ein Bieter ein subjektives Recht auf Einhaltung der VOB/A hat. Während oberhalb der Schwellenwerte außer Frage steht, dass die Vergabevorschrift bindendes Außenrecht darstellen, ist unterhalb der Schwellenwerte streitig, ob der Abschnitt 1 der VOB/A Außenwirkung entfaltet. Während dies von Teilen der früheren Rechtsprechung wegen des zivilrechtlichen Charakters von Beschaffungsvorgängen verneint wurde[2], bejaht ein Teil der Literatur und auch der Rechtsprechung die Außenwirkung.[3] Sie wird entweder auf Art. 3 GG oder die Grundfreiheiten des AEU-Vertrages oder §§ 311, 242 BGB gestützt. Auch 5

---
[1] Vgl. BVerfGE 71, 39 (53); 51, 222 (234); 1, 14 (18. Ls.); BVerfG 7.3.1953 – 2 BvE 4/52, juris – EVG-Vertrag.
[2] So die traditionelle Auffassung: BGH 26.10.1961 – KZR 1/61, BGHZ 36, 91 (95).
[3] OLG Jena VergabeR 2009, 524 (526 f.); OLG Brandenburg IBR 2009, 154; OLG Düsseldorf NJW-Spezial 2009, 142; so wohl auch: OLG Brandenburg VergabeR 2008, 992 (993).

wenn die dogmatischen Einzelheiten nach wie vor nicht abschließend geklärt sind, erkennt die überwiegende Ansicht in Literatur und Rechtsprechung inzwischen an, dass auch unterhalb der EU-Schwellenwerte Primärrechtsschutz erlangt werden kann.[4]

C. Unionsrechtliche Vorgaben für die Teilnahme am Wettbewerb

6 Auch bei Auftragsvergaben unterhalb der EU-Schwellenwerte, d. h. im Anwendungsbereich des § 6 VOB/A können unionsrechtliche Vorgaben zu einer einschränkenden Auslegung von § 6 VOB/A führen. Bei § 6 VOB/A kommt eine einschränkende Auslegung im Hinblick auf folgende Regelungen in Betracht: das Gebot der Selbstausführung[5] sowie die Beteiligung von Projektanten.[6]

7 Das Unionsrecht, insbesondere Art. 10 (Diskriminierungsverbot), Art. 28 (freier Warenverkehr), Art. 49 (Niederlassungsfreiheit) und Art. 56 (Dienstleistungsfreiheit) AEUV, gelten unterhalb der Schwellenwerte nur, wenn der Auftrag **Binnenmarktrelevanz** hat.[7] Dies ist jeweils im Einzelfall zu prüfen, eine verallgemeinernde Feststellung ist nicht möglich.[8] Binnenmarktrelevanz ist zu bejahen, wenn nicht ausgeschlossen werden kann, dass ein ausländisches Unternehmen Interesse an dem Auftrag hat. Dies hängt u. a. davon ab, wo die Leistung zu erbringen ist, wie hoch der Gegenstandswert ist und Ähnliches.[9] Besteht Binnenmarktrelevanz, sind jedenfalls die sich aus dem Diskriminierungsverbot des AEUV ergebenden Anforderungen an die öffentliche Auftragsvergabe und die Transparenz unterschiedslos durch jeden Wirtschaftsteilnehmer eines EU-Mitgliedstaates justiziabel, auch wenn nur **Inländer** an dem Vergabeverfahren beteiligt sind.[10]

8 Einzelheiten ergeben sich aus der **Mitteilung der EU-Kommission** vom 23.6.2006 zur Vergabe öffentlicher Aufträge, die nicht unter die Vergaberichtlinien fallen.[11] Die Auslegung des EU-Rechts in der Mitteilung ist vom EuG bestätigt worden.[12]

D. Teilnehmer am Wettbewerb

I. Keine Beschränkung auf Unternehmen aus bestimmten Regionen (§ 6 Abs. 1)

9 Abs. 1 besagt, dass der Wettbewerb nicht auf Unternehmen aus bestimmten **Regionen** beschränkt werden darf. Motive, wie zusätzliche Gewerbesteuer-Einnahmen, die Beschäftigung einheimischer Arbeitskräfte oder die lokale Konjunkturbelebung, stellen keinen zulässigen Grund zur Ungleichbehandlung und zur bevorzugten Beauftragung ortsansässiger Unternehmen dar.[13] Die mit einer solchen Beschränkung notwendig einhergehende Diskriminierung von Bewerbern und Verhandlungsteilnehmern, die ihren Sitz an einem anderen als dem Auftragsort haben, ist unzulässig. Dies gilt ohne Ausnahme für Vorgaben, die eine bereits im Zeitpunkt der Angebotsabgabe oder Bewerbung vorhandene Ortsnähe fordern. Dies gilt aber auch für Vorgaben, die nicht schon im Zeitpunkt der Angebotsabgabe, sondern erst bei Leistungsbeginn

---

[4] Siehe § 2 VOB/A Rn. 6 ff.
[5] → § 6 Rn. 20 ff.
[6] → § 6 Rn. 54 ff.
[7] EuGH 23.12.2009 – C-376/08, NZBau 2010, 261 (262); 15.5.2008 – C-148/06, ZfBR 2008, 511 (514); *Frenz* NVwZ 2010, 609 (612); OLG Düsseldorf 30.12.2010 – VII-Verg 24/10, juris; OLG Düsseldorf VergabeR 2011, 122 (126); *Höfler* NZBau 2010, 73 (77).
[8] EuGH 6.10.2016 – C-318/15, IBR 2017, 146; EuGH 23.12.2009 – C-376/08, VergabeR 2010, 469 (473) (Rn. 28) – Serratoni; 15.5.2008 – C-147/08 und 148/04, Slg. 2008, I-3565 (3599) (Rn. 99) – SECAP und Santorso.
[9] EuGH 6.10.2016 – C-318/15, IBR 2017, 146; EuGH 15.5.2008 – C-148/06, ZfBR 2008, 511 (514); vgl. hierzu auch: Nr. 1. 3 der Mitteilung der EuGH-Kommission zu Auslegungsfragen in Bezug auf das Gemeinschaftsrecht, das für die Vergabe öffentlicher Aufträge gilt, die nicht oder nur teilweise unter die Vergaberichtlinien fallen, Amtsblatt der Europäischen Union 2006/C 179/02.
[10] EuGH 14.11.2014 – C-221/12, NZBau 2014, 53; *Gabriel/Voll* NZBau 2014, 148 ff.
[11] Mitteilung der EU-Kommission zu Auslegungsfragen in Bezug auf das Gemeinschaftsrecht, das für die Vergabe öffentlicher Aufträge gilt, die nicht oder nur teilweise unter die Vergaberichtlinien fallen, ABl. 2006/C 179/02.
[12] EuG 20.5.2010 – T-258/ 06, VergabeR 2010, 593.
[13] BayObLG NZBau 2000, 259 (261); VK Brandenburg 21.7.2004 – VK 35/04, IBR 2005, 343.

erfüllt sein müssen, sofern diese Vorgaben ohne sachlichen Grund oder ohne hinreichenden Bezug zu dem Leistungsgegenstand gemacht werden.[14]

Dagegen ist es nicht zu beanstanden, wenn aus sachlichen Gründen, die in unmittelbarem Zusammenhang mit der vertraglich zu erbringenden Leistung stehen, eine **Präsenz vor Ort** verlangt wird.[15] Ein solches Verlangen beschränkt den Wettbewerb nicht absolut, indem Unternehmen aus anderen Regionen kein Angebot abgegeben können. Es beschränkt den Wettbewerb aber mittelbar, weil sich auch der nicht ortsansässige Bieter verpflichten muss, örtlich präsent zu sein, eine Vorort-Verfügbarkeit sicherzustellen. Auch in solchen Fällen kann ein Verstoß gegen § 6 Abs. 1 VOB/A vorliegen, und zwar dann, wenn das Kriterium nur dazu dient, ortsfremde Unternehmen von der Angebotsabgabe abzuhalten. In solchen Fällen muss deshalb streng geprüft werden, ob der konkrete Leistungsinhalt eine solche Vergabe im Hinblick auf die Qualität der Leistungserbringung erfordert oder sinnvoll macht. Dies soll z. B. der Fall sein, wenn ein Bewerber bei Störfällen und dringenden Notfällen direkt mit eigenem Wartungspersonal vor Ort verfügbar sein soll und ein besonderes Bedürfnis für einen solchen Notfalldienst im Hinblick auf die konkrete Leistung besteht.[16] Ist das Verlangen, eine örtliche Präsenz zu schaffen, im Hinblick auf die nachgefragte Leistung zulässig, kann das Kriterium sowohl als Ausschlusskriterium formuliert werden als auch als Zuschlagkriterium. Im ersteren Fall muss sich der Bieter verpflichten, die Präsenz sicherzustellen; im zweiten Fall wird als ein Zuschlagkriterium berücksichtigt, ob der Bieter dies sicherstellt. Unzulässig bleibt es aber auch dann, nur Bieter zu berücksichtigen, die schon eine Vorort-Präsenz besitzen.

Das Verbot der Beschränkung auf bestimmte Regionen gilt nicht nur bei öffentlichen Ausschreibungen, sondern auch bei beschränkten Ausschreibungen und freihändigen Vergaben ohne Teilnahmewettbewerb.[17]

Bei **öffentlichen Ausschreibungen** ist zu beachten, dass sich die unzulässige Beschränkung nicht nur aus dem Text der Bekanntmachung oder den Verdingungsunterlagen ergeben kann, sondern auch daraus, wo die Ausschreibung bekannt gemacht wird. Denn gegen Abs. 1 kann auch dadurch verstoßen werden, dass eine größere Auftragsvergabe ausschließlich in einer kleineren Lokalzeitung bekannt gemacht wird und dadurch zwangsläufig nur ein regional begrenzter Bewerberkreis Kenntnis erlangen kann.[18]

Bei **beschränkten Ausschreibungen und freihändigen Vergaben** ohne Teilnahmewettbewerb wählt der Auftraggeber die Teilnehmer aus, die er zur Angebotsabgabe auffordern will. Häufig handelt es sich dabei um Teilnehmer, die in der Region ansässig sind. Hieraus allein ergibt sich allerdings kein Verstoß gegen § 6 Abs. 1 VOB/A. Dies gilt zweifelsfrei dann, wenn die Beschränkung auf ortsnahe Unternehmen erfolgt, weil zu erwarten ist, dass weiter entfernt ansässige Bieter aus Wettbewerbsgründen kein Interesse daran haben werden, sich an einer derartigen Vergabe zu beteiligen.[19] Dies gilt aber auch dann, wenn nicht feststeht, dass weiter entfernt ansässige Unternehmen kein Interesse haben. Denn der Auftraggeber ist bei der beschränkten Ausschreibung und freihändigen Vergabe ohne Teilnahmewettbewerb gerade davon freigestellt, seinerseits in einem förmlichen Verfahren interessierte Unternehmen zu suchen und festzustellen, welche Unternehmen ein Interesse an dem Auftrag haben können. Ein Verstoß gegen § 6 Abs. 1 VOB/A liegt nur vor, wenn z. B. Teilnehmer aus anderen Regionen vorab ihr Interesse an einem solchen Auftrag bekundet haben und diese nur wegen der Ortsferne nicht im Rahmen der Auswahlentscheidung berücksichtigt werden.

Darüber hinaus kann sich aus **unionsrechtlichen Gründen** die Pflicht ergeben, einen Teilnahmewettbewerb im weiteren Sinne durchzuführen, obwohl nach der VOB/A eine freihändige Vergabe oder beschränkte Ausschreibung ohne Teilnahmewettbewerb zulässig ist. Auch dann darf kein Unternehmen, das Interesse am Auftrag hat, wegen der örtlichen Verhältnisse unbe-

---

[14] *Hausmann/von Hoff* in KMPP VOB/A § 6 Rn. 10 ff.

[15] VK Südbayern 17.6.2009 – Z3-3-3194-1-21-05/09, juris; *Schranner* in Ingenstau/Korbion VOB § 6 Rn. 19.

[16] *Merten* in FKZGM VOB, § 6 EU VOB/A Rn. 32 ff.; VK Rheinland-Pfalz 23.5.2000 – VK 7/00, juris; kritisch: *Müller-Wrede* VergabeR 2005, 32 (34).

[17] VK Südbayern 17.6.2009 – Z3-3-3194-1-21-05/09, juris; VK Bund 10.5.2001 – VK 1–11/01, IBR 2001, 509; VK Sachsen 31.1.2007 – 1 /SVK/124-06, IBR 2007, 277; VK Sachsen 19.11.2001 – 1 / SVK/ 119-01, juris; *Bauer* in Heiermann/Riedl/Rusam VOB § 6 Rn. 4 ff.

[18] Vgl. hierzu: OVG Münster 24.6.2014 – 13 A 1607/13,IBR 2014, 622; vgl. auch: Urteil vom OVG Schleswig ZfBR 2002, 305; *Schranner* in Ingenstau/Korbion VOB § 6 Rn. 18;

[19] *Schranner* in Ingenstau/Korbion VOB § 6 Rn. 19; aA *Bauer* in Heiermann/Riedl/Rusam VOB § 6 Rn. 5.

rücksichtigt bleiben. Ein Teilnahmewettbewerb aus europarechtlichen Gründen ist notwendig, wenn es sich bei der Auftragsvergabe unterhalb der EU-Schwellenwerte um eine solche handelt, die Binnenmarktrelevanz hat. Denn die Binnenmarktrelevanz führt regelmäßig dazu, dass aufgrund der europarechtlichen Vorschriften eine freihändige Vergabe und eine beschränkte Ausschreibung ohne Aufruf zum Wettbewerb im weiteren Sinne unzulässig sind.[20]

II. Bietergemeinschaften (§ 6 Abs. 2)

14 § 6 Abs. 2 VOB/A stellt klar, dass Bietergemeinschaften wie Einzelbieter zu behandeln sind, wenn sie die Arbeiten im eigenen Betrieb oder in den Betrieben der Mitglieder ausführen. Die Vorgabe, dass Bietergemeinschaften nur dann gleichgestellt werden, wenn sie die Arbeiten im eigenen Betrieb oder in den Betrieben der Mitglieder ausführen, weist auf das in der VOB/A Abschnitt 1 gegebene Gebot der **Selbstausführung** hin.[21]

15 In dem Zusammenschluss zu einer Bietergemeinschaft kann ein Verstoß gegen § 1 GWB und damit eine unzulässige Wettbewerbsbeschränkung liegen. Liegt ein Verstoß gegen § 1 GWB vor, muss das Angebot zwingend ausgeschlossen werden.[22] Allerdings muss vor einem Ausschluss der Verstoß gegen § 1 GWB festgestellt werden. Bietergemeinschaft zwischen Unternehmen unterschiedlicher Branchen ist kartellrechtlich ohnehin i. d. R. unbedenklich, weil die Unternehmen regelmäßig in keinem aktuellen oder potentiellen Wettbewerbsverhältnis stehen.[23] Dagegen kann die Bildung von Bietergemeinschaften unter branchenangehörigen Unternehmen problematisch sein. Zwischen Unternehmen derselben Branchen besteht regelmäßig mindestens ein potentieller Wettbewerb, der durch die Abrede einer Bietergemeinschaft in der Regel eingeschränkt wird. Dennoch gilt auch für solche Bietergemeinschaften nicht, dass sie regelmäßig oder häufig unzulässig sind. Dies ist im Anschluss an einige missverständliche Entscheidungen[24] nunmehr auch in der Rechtsprechung wieder klargestellt worden. Auch Bietergemeinschaften zwischen Unternehmen, die in einem potentiellen Wettbewerbsverhältnis stehen, sind zulässig, wenn die Mitglieder der Bietergemeinschaft sich getrennt aufgrund ihrer betrieblichen oder geschäftlichen Verhältnisse nicht erfolgversprechend an dem Vergabeverfahren beteiligen können bzw. die Zusammenarbeit als eine im Rahmen wirtschaftlich zweckmäßigen und kaufmännisch vernünftigen Handelns liegende Unternehmensentscheidung erscheint.[25]

Dementsprechend hat es das OLG Düsseldorf auch als vergaberechtlich unbedenklich angesehen, wenn der Auftraggeber unter Hinweis auf die Rechtsprechung Erklärungen der Bieter über die Gründe für die Bildung der Bietergemeinschaft fordert.[26]

III. Gewerbsmäßige Ausführung von Bauleistungen der ausgeschriebenen Art (§ 6 Abs. 3)

16 Gemäß § 6 Abs. 3 VOB/A können sich an Vergabeverfahren nach der VOB/A nur Unternehmen beteiligen, die die Teilnahmevoraussetzungen erfüllen, d. h. sich gewerbsmäßig mit der Ausführung von Leistungen der ausgeschriebenen Art befassen.[27]

17 **1. Gewerbsmäßige Tätigkeit i. S. v. § 6 Abs. 3 VOB/A.** Gewerbsmäßig befasst sich derjenige mit einer Leistung, der sich selbstständig und nachhaltig am allgemeinen wirtschaftlichen Verkehr mit der Absicht beteiligt, einen Gewinn zu erzielen.[28] Gewerbsmäßig bedeutet auch, dass der Bewerber alle für seine Tätigkeit erforderlichen, nationalen **gewerberechtlichen** Voraussetzungen erfüllen muss. Im Baubereich darf sich folglich nur der Unternehmer bewerben, der im Hinblick auf die auszuführenden Leistungen die öffentlich-rechtlichen Zulassungsvoraussetzungen, insbesondere die der Handwerksordnung erfüllt.

---

[20] → § 6 Rn. 6 ff.
[21] Hierzu → § 6 Rn. 19 ff.
[22] *Hausmann/von Hoff* in KMPP VOB/A § 6 Rn. 29.
[23] OLG Düsseldorf 17.2.2014 – VII – Verg 2/14, IBR 2014, 293.
[24] KG NZBau 2013, 792 ff.
[25] OLG Düsseldorf 17.2.2014 – VII – Verg 2/14, IBR 2014, 293; OLG Düsseldorf 17.12.2014 – Verg 22/14, IBR 2015, 85; OLG Karlsruhe 5.11.2014 – 15 Verg 6/14, IBR 2015, 23; BGH BauR 1984, 302; *Bauer* in Heiermann/Riedl/Rusam VOB § 6 Rn. 22; *Hausmann/von Hoff* in KMPP VOB § 6 Rn. 26 ff.
[26] OLG Düsseldorf 17.2.2014 – VII – Verg 2/14,, IBR 2014, 293.
[27] *Bauer* in Heiermann/Riedl/Rusam, VOB, Teil A § 6 Rn. 43, 16.
[28] *Hausmann/von Hoff* in KMPP, Kommentar zur VOB/A, § 6 Rn. 59.

Die gewerbsmäßige Betätigung muss sich außerdem auf „Leistungen der ausgeschriebenen 18
Art" beziehen. Unter „Leistungen" werden Bauleistungen im Sinn des § 1 VOB/A verstanden.
Das sind Arbeiten jeder Art, durch die eine bauliche Anlage hergestellt, instand gehalten,
geändert oder beseitigt wird. Da es sich aber um Leistungen der ausgeschriebenen Art handeln
muss, kann Teilnehmer nur ein Unternehmen sein, das seiner gewerblichen Betätigung nach
dem Bereich zuzuordnen ist, dem die betreffende Bauleistung, insbesondere aufgeteilt nach den
entsprechenden Gewerken, angehört. Die Abgrenzung soll anhand der Bereiche erfolgen, die im
Rahmen der entsprechenden DIN-Normen des Teils VOB/C liegen.[29]

Bedeutsam ist außerdem § 5 Handwerksordnung. Denn nach § 5 Handwerksordnung darf, 19
wer ein bestimmtes Handwerk betreibt, nur die mit diesem Handwerk technisch und fachlich
zusammenhängenden Arbeiten in anderen Handwerken ausführen. Das kommt also praktisch
nur in Betracht, wenn solche weiteren Arbeiten im Einzelfall im Verhältnis zu einer zu einem
bestimmten Handwerkszweig zugehörigen Hauptleistung lediglich von untergeordneter Bedeutung sind, so dass sich nach der berechtigten Sicht des Auftraggebers die Vergabe in einem
Auftrag mehr oder weniger zwangsläufig anbietet.[30] Liegt ein solcher Zusammenhang nicht vor,
folgt aus dem Tatbestandsmerkmal der „Ausführung von Leistungen der ausgeschriebenen Art",
dass nur solche Teilnehmer berücksichtigt werden können, die ihrer gewerblichen Betätigung
nach demjenigen Bereich angehören, zu dem die betreffende Bauleistung, insbesondere aufgeteilt nach den entsprechenden Gewerken, konkret gehört.

2. Selbstausführungsgebot (§ 6 Abs. 3). § 6 Abs. 3 VOB/A enthält zugleich den für alle 20
Vergabeverfahren geltenden Grundsatz der Selbstausführung, d. h., dass sich an einem Vergabeverfahren nach der VOB/A grundsätzlich nur solche Unternehmen beteiligen und Aufträge
erhalten können, die zumindest einen Teil der zu vergebenden Leistungen selbst ausführen.[31]
Entgegen in der Literatur verschiedentlich vertretener Ansichten enthält die VOB/A Abschnitt
1 aus den nachfolgend benannten Gründen ein Selbstausführungsgebot, so dass nur die Frage verbleibt, ob und in welchem Umfang ein solches Selbstausführungsgebot unionsrechtlich zulässig ist.

Der Grundsatz der Selbstausführung ergibt sich neben § 6 Abs. 3 VOB/A auch aus § 6 Abs. 2 21
VOB/A, weil dort für Bietergemeinschaften ausdrücklich klargestellt wird, dass sie die Arbeiten
im eigenen Betrieb oder in den Betrieben der Mitglieder ausführen müssen. Das Selbstausführungsgebot ergibt sich außerdem aus dem Zusammenspiel des § 6 Abs. 3 VOB/A und des § 8a
VOB/A, der der Vergabestelle die Vereinbarung der VOB/B vorschreibt. Dort wiederum ist in
§ 4 Abs. 8 Nr. 1 VOB/B geregelt, dass der Auftragnehmer die Leistungen im eigenen Betrieb
auszuführen hat, es sei denn, der Betrieb des Auftragnehmers ist auf diese Leistungen nicht
eingerichtet. Aus § 6 Abs. 3 VOB/A und dem Verweis auf § 4 Abs. 8 VOB/B folgt also, dass
sich an einem Vergabeverfahren nur solche Bieter beteiligen können, die sich mit der Ausführung von Leistungen der ausgeschriebenen Art gewerbsmäßig befassen und die Leistungen
teilweise im eigenen Betrieb erbringen wollen. Schließlich spricht für diese Auslegung, dass der
Gesetzgeber im Hinblick auf die unionsrechtliche Rechtsprechung in §§ 6 ff. EU VOB/A auf
den Zusatz „die sich gewerbsmäßig mit der Ausführung von Leistungen der ausgeschriebenen
Art befassen" verzichtet hat.[32] Auch dies belegt, dass der Vergabeausschuss im Abschnitt 1 das
Selbstausführungsgebot beibehalten wollte. Die Ansicht, in der VOB/A Abschnitt 1 gelte generell und **unabhängig von der unionsrechtlichen Zulässigkeit** kein Selbstausführungsgebot,
ist deshalb abzulehnen.

Die Regelung in § 6 Abs. 3 gilt nicht **oberhalb der Schwellenwerte.** § 6 EU VOB/A 22
verzichtet auf die Regelung, dass sich nur Unternehmen beteiligen können, „die sich gewerbsmäßig mit der Ausführung von Leistungen der ausgeschriebenen Art befassen". § 6d EU VOB/A
bestimmt ausdrücklich, dass sich ein Bieter bei der Erfüllung eines Auftrags der Fähigkeiten anderer
Unternehmen bedienen kann. Hieraus folgt, dass auch ein Unternehmen zum Wettbewerb
zugelassen werden muss, das sich selbst nicht gewerbsmäßig mit der Ausführung von Leistungen
der ausgeschriebenen Art befasst. Oberhalb der Schwellenwerte wird überwiegend die Ansicht
vertreten, dass mit dieser Regelung vollständig von dem Gebot der Selbstausführung abgegangen

---

[29] *Schranner* in Ingenstau/Korbion VOB/A § 6 Rn. 33 ff.
[30] *Schranner* in Ingenstau/Korbion VOB/A § 6 Rn. 36.
[31] *Bauer* in Heiermann/Riedl/Rusam VOB § 6 Rn. 16; *Schranner* in Ingenstau/Korbion VOB § 6 Rn. 38; *Hänsel* in Ziekow/Völlink, Vergaberecht, VOB/A § 6 Rn. 10; *Kronberg* Vergaberecht 2005, 685 (691); anderer Ansicht: *Pauly* Vergaberecht 2005, 312 (318); *Hausmann/von Hoff* in KMPP VOB/A § 6 Rn. 62 ff.; *Scherer-Leydecker* in HHKW, Vergaberecht, VOB/A § 6 Rn. 46.
[32] *Schranner* in Ingenstau/Korbion VOB § 6 Rn. 38.

worden ist.³³ Dies gilt im Grundsatz auch nach der VOB/A 2016 fort. Allerdings erlaubt § 6d Abs. 4 EU VOB/A, dass bei kritischen Arbeiten die Selbstausführung verlangt werden kann.

23 Es bleibt deshalb die Frage zu klären, ob das Selbstausführungsgebot gilt, wenn es sich um Auftragsvergaben unterhalb der EU-Schwellenwerte handelt, bei denen aber die **unionsrechtlichen Primärrechte gemäß AEUV**³⁴ gelten, die mithin Binnenmarktrelevanz haben.

24 Die Aufgabe des Selbstausführungsgebotes oberhalb der Schwellenwerte geht auf die Rechtsprechung des EuGH zurück.³⁵ Der EuGH hat seine Entscheidungen nicht auf die Grundfreiheiten, sondern auf die Dienstleistungsrichtlinie gestützt.³⁶ Daraus folgt, dass diese Rechtsprechung sich auf Auftragsvergaben unterhalb der Schwellenwerte nicht übertragen lässt. Die Entscheidung wurde auf die Vergaberichtlinien gestützt, die aber nur oberhalb der Schwellenwerte gelten. Es könnte erwogen werden, dass ein Verstoß gegen die **Grundfreiheiten,** hier des freien Dienstleistungsverkehrs, vorliegt, wenn ein Bieter unterhalb der Schwellenwerte zur Selbstausführung der Leistungen gezwungen wird. Bislang liegt keine Rechtsprechung vor, die ein solches Verbot ausspricht. In der Literatur wird aber die Ansicht vertreten, das Selbstausführungsgebot sei auch mit den Grundfreiheiten des AEUV und dem nationalen Gleichheitssatz nicht vereinbar, so dass das Gebot auch unterhalb der Schwellenwerte nicht anwendbar sei.³⁷ Gestützt wird diese Ansicht darauf, dass ein Selbstausführungsgebot eine Beschränkung des freien Dienstleistungs- oder Warenverkehrs darstelle und gegen den Gleichbehandlungsgrundsatz verstoße.³⁸ Von einem Verstoß gegen den Gleichheitsgrundsatz kann aber nicht ausgegangen werden, weil ein Verstoß gegen den Gleichheitsgrundsatz nur dann vorliegt, wenn sich trotz des weiten Spielraums, die der Verordnungsgeber hat, ein sachlicher Grund nicht finden lässt.

Entscheidend ist deshalb, ob ein Verstoß gegen das unionsrechtliche Primärrecht vorliegt. Dies kann allenfalls der Fall sein, wenn der Auftrag **Binnenmarktrelevanz** hat, weil das Selbstausführungsgebot den freien Dienstleistungsverkehr behindert und es auch außerhalb der Richtlinien keinen die Behinderung rechtfertigenden Grund für das Selbstausführungsgebot gibt. ³⁹ Der Auftraggeber kann sich auch außerhalb der Richtlinie ausreichend dadurch schützen, dass er sich die Nachunternehmer benennen lässt und Verpflichtungserklärungen verlangt.

25 **3. Unternehmereinsatzformen und ihr Verhältnis zur VOB/A bei Aufträgen unterhalb der Schwellenwerte.** Aus dem Tatbestandsmerkmal „gewerbsmäßig mit der Ausführung von Leistungen der ausgeschriebenen Art befassen" wird gefolgert, dass sich Generalübernehmer, also Unternehmen, die die Ausführung von Bauleistungen vollständig in die Hände von Nachunternehmern legen und sich selbst auf die Vermittlung, Koordination und Überwachung der Bauleistungen beschränken⁴⁰, und Totalübernehmer nicht beteiligen können.⁴¹ Wenn der Generalübernehmer die Leistungen nicht selbst ausführen könne, sondern nur als Vermittler auftrete, der alle Leistungen an Nachunternehmer weiter vergebe, erfülle er die Voraussetzung nicht. **Unterhalb der Schwellenwerte** und dann, wenn der Auftrag keine Binnenmarktrelevanz hat, ist es daher überwiegende Meinung, dass die Vergabe an General- bzw. Totalübernehmer unzulässig ist.⁴²

---

³³ EuGH, Urteil vom 14.7.2016 – C—406/14, IBR 2016, 594; OLG Frankfurt NZBau 2007, 466; *Hausmann/von Hoff* in KMPP, Kommentar zur VOB/A, § 6 Rn. 61; *Pauly* VergabeR 2005, 312 (318); *Prieß/Becker* VergabeR 2004, 159 (166); *Kullack/Kerner* ZfBR 2003, 443 (446).
³⁴ Zur Geltung der Grundfreiheiten vgl. → § 6 Rn. 6 ff.
³⁵ EuGH 18.3.2004 – C-314/01, VergabeR 2004, 465 (471) (Rn. 43) – Siemens und ARGE Telekom; EuGH 2.12.1999 – C-176/98, NZBau 2000, 149 (150) (Rn. 26 ff.) – Holst Italia; EuGH 23.12.2009 – C-305/08, WissR 2010, 339–340 – CoNISMa; vgl. auch: KG Berlin 20.8.2009 – 2 Verg 4/09, ZfBR 2009, 824, insoweit nicht abgedruckt in ZfBR 2009, 824.
³⁶ Vgl. auch: EuGH 23.12.2009 – C-305/08,WissR 2010, 339–340 – CoNISMa.
³⁷ *Hausmann/von Hoff* in KMPP VOB/A § 6 Rn. 62 ff. *Scherer-Leydecker* HHKW, Vergaberecht, VOB/A § 6 Rn. 46.
³⁸ *Hausmann/von Hoff* in KMPP VOB/A § 6 Rn. 62 ff.; *Stoye* NZBau 2004, 648 (650).
³⁹ EuGH, 5.4.2017 – Rs. C-298/15, juris; *Hausmann/von Hoff* in KMPP VOB/A § 6 Rn. 62 ff.; *Stoye* NZBau 2004, 648 (650).
⁴⁰ OLG Düsseldorf NZBau 2001, 106 (109); VK Schleswig-Holstein 31.1.2006 – VK-SH 33/05,IBR 2006, 219.
⁴¹ VÜA Bayern BA Seite 8 – Kläranlage; VÜA Brandenburg WuW/E VergAL 39/47 – Heizkraftwerk Cottbus; *Schranner* in Ingenstau/Korbion, VOB/A § 6 Rn. 37 f.
⁴² *Bauer* in Heiermann/Riedl/Rusam VOB § 6 Rn. 16; *Schranner* in Ingenstau/Korbion, § 6 Rn. 37 ff.; *Hänsel* in Ziekow/Völlink, Vergaberecht, 2011, § 6 Rn. 10; anderer Ansicht: *Scherer/Leydecker* in HHKW, Vergabrecht, § 6 Rn. 46; *Hausmann/von Hoff* in KMPP § 6 Rn. 65.

Bei den Generalunternehmern wird unterhalb der Schwellenwerte und auch von denen, die **26** ein Selbstausführungsgebot bejahen, unterschieden. Diese Einsatzform soll der des Generalübernehmers gleichzustellen sein, wenn der Anteil des Generalunternehmers an der Bauleistung selbst lediglich von untergeordneter Bedeutung ist und er insoweit eher einem Generalübernehmer als einem Hauptunternehmer nahesteht. Sind die Leistungen, die der Generalunternehmer im eigenen Betrieb erbringt, dagegen nicht nur von untergeordneter Bedeutung, kann er sich auch unterhalb der Schwellenwerte an einem Vergabeverfahren beteiligen.[43] Die Bestimmung, was von untergeordneter Bedeutung ist, ist anhand der konkreten Umstände des Einzelfalls, insbesondere der Komplexität der Baumaßnahme, der bei der Ausführung der Bauleistung betroffenen Fachbereiche und ihrer eher allgemein oder überwiegend speziellen Anforderung vorzunehmen sein. Das OLG Frankfurt hat den für einen Generalunternehmer angegebenen Wert von circa $1/3$ der Bauleistung, die im eigenen Betrieb auszuführen sei, nicht als absolute Untergrenze verstanden, sondern als Faustregel, die bei einer Generalunternehmervergabe im Regelfall zu beachten ist.[44] Da die Abgrenzung im Einzelfall Schwierigkeiten bereiten kann, sollte die Vergabestelle schon in den Bewerbungsbedingungen angeben, dass und welcher Eigenleistungsanteil verlangt werden.

4. Aushändigung der Vergabeunterlagen. Die in § 6 VOB/A a. F. enthaltene Regelung, **27** wonach die Vergabeunterlagen bei der öffentlichen Ausschreibung allen interessierten Teilnehmern auszuhändigen sind, die sich mit der Ausführung der ausgeschriebenen Leistung im og. Sinne befassen, ist in § 6 gestrichen worden und in geänderten Form nunmehr in § 3b VOB/A enthalten. Auch die Regelung zur beschränkten Ausschreibung und freihändigen Vergabe, die in der VOB/A 2012 in § 6 enthalten waren, sind nunmehr in § 3b VOB/A geregelt. Bei einer beschränkten Ausschreibung werden mehrere und im Allgemeinen mindestens drei Bewerber zur Angebotsabgabe aufgefordert werden. Bei der Freihändigen Vergabe sieht die VOB/A eine Mindestzahl der aufzufordernden Bewerber nicht vor. Dennoch verlangen das Diskriminierungs- und Gleichbehandlungsgebot auch unterhalb der Schwellenwerte grundsätzlich, dass nicht nur mit einem Bewerber verhandelt wird. Etwas anderes gilt nur dann, wenn, wie in § 3a Abs. 4 Nr. 1 VOB/A vorgesehen, für die ausgeschriebene Leistung ausnahmsweise nur ein Unternehmen in Betracht kommt. Für alle anderen Fälle gilt jedoch ebenso wie für die Öffentliche Ausschreibung und die Beschränkte Ausschreibung das Wettbewerbsprinzip, d. h. die Aufforderung mehrerer geeigneter Bewerber. Darüber hinaus gilt die Regelung des § 3b Abs. 3 VOB/A, wonach zwischen den Teilnehmern gewechselt werden soll, auch für die Freihändige Vergabe.

IV. Justizvollzugsanstalten, Einrichtungen der Jugendhilfe und Betriebe der öffentlichen Hand

Gemäß § 6 Abs. 1 Nr. 3 VOB/A a. F. waren **Justizvollzugsanstalten, Einrichtungen** der **28** Jugendhilfe, Aus- und Fortbildungsstätten und ähnliche Einrichtungen sowie **Betriebe** der öffentlichen Hand und Verwaltungen zum Wettbewerb mit gewerblichen Unternehmen nicht zugelassen. Diese Regelung findet sich in der VOB/A 2016 nicht mehr. Dies wurde damit begründet, dass im Oberschwellenbereich der Pauschalausschluss aufgrund europarechtlicher Vorgaben nicht zulässig wäre[45] und zur Herstellung einer einheitlichen Regelung im Ober- und Unterschwellenbereich die Streichung im ersten Abschnitt nachvollzogen wurde.[46]

E. Änderungen in der Person des Bieters nach Ablauf der Angebotsfrist

Die Rechtsprechung hatte in den letzten Jahren in verschiedenen Fällen die Frage zu ent- **29** scheiden, ob ein Angebot ausgeschlossen werden muss, wenn sich in der Person des Bieters oder in der Zusammensetzung einer Bietergemeinschaft nach Ablauf der Angebotsfrist und vor Zuschlagserteilung Änderungen ergeben. Die Rechtsprechung nimmt einen strengen Stand-

---

[43] So wohl: *Schranner* in Ingenstau/Korbion VOB/A § 6 Rn. 39.
[44] OLG Frankfurt NZBau 2001, 101 (104); offen gelassen: KG Berlin VergabeR 2008, 853 (856); *Schranner* in Ingenstau/Korbion VOB/A § 6 Rn. 39.
[45] OLG Düsseldorf 7.8.2013 – VII - Verg 14/13, IBR 2014, 101; EuGH 23.12.2009 – C-305/08, WissR 2010, 339–340 CoMISMa, Nr. 35, 51 und → EG § 6 Rn. 21.
[46] Einführungserlass VOB/A 2016, Bundesministerium für Umwelt, Naturschutz, Bau- und Reaktorsicherheit, GMBl 2016 Nr. 45, S. 892.

punkt ein. Nach ihrer Ansicht erstreckt sich das Verbot der Änderung von Angeboten gemäß § 15 VOB/A nach Ablauf der Angebotsfrist auch auf die **Identität des Bieters** und unter bestimmten Voraussetzungen auch auf die Zusammensetzung von Bietergemeinschaften.[47]

30 Diese Rechtsprechung begegnet Bedenken. Zum einen muss danach unterschieden werden, ob wegen der Änderung ein anderes „Rechtssubjekt" Bieter wird oder ob wegen der Änderung nur Zweifel an der Eignung des Bieters entstehen können. Zum anderen lässt die Rechtsprechung die Frage unbeantwortet, ob eine kraft Gesetzes und ohne Erklärung eintretende Änderung – wie z. B. die Gesamtrechtsnachfolge eines Gesellschafters einer BGB-Gesellschaft bei Ausscheiden des anderen Gesellschafters wegen Insolvenz – eine Änderung i. S. v. § 15 VOB/A ist, obwohl in diesen Fällen keine Verhandlungen geführt und die Angebote nicht durch Abgabe einer Willenserklärung geändert werden.

31 Bei **Einzelbietern** sind folgende Fälle zu unterscheiden: Eine formwechselnde Umwandlung nach dem Umwandlungsgesetz lässt die Identität des Bieters unverändert, es ändert sich nur die Rechtsform des Bieters. Dies ist nach zutreffender Ansicht kein Ausschlussgrund.[48] Anders ist die Rechtslage nach der Rechtsprechung, wenn sich die Identität des Bieters ändert. Natürlich kann ein Bieter nicht nach Ablauf der Angebotsfrist einen anderen Bieter als Vertragspartner einführen; anders könnten die Fälle der gesellschaftsrechtlichen Umwandlung nach dem UmwG behandelt werden, z. B., wenn der Bieter auf ein anderes Unternehmen verschmolzen wird oder durch Abspaltung auf eine neugegründete Gesellschaft übergeht.[49] Auch darin liegt nach Ansicht der Rechtsprechung eine Änderung des Angebotes, die zum Ausschluss führt. Dies erschwert die Möglichkeit gesellschaftsrechtlicher Umwandlungen unangemessen[50] und folgt auch nicht aus § 15 VOB/A. Jedenfalls dann, wenn die Umwandlungserklärung vor Ablauf der Angebotsfrist abgeben wurde, wird das Angebot jedenfalls nicht durch Abgabe einer Willenserklärung geändert. Es würde also ausreichen, erneut die Eignung des Bieters zu prüfen.

32 Bei **Bietergemeinschaften** sind folgende Fälle zu unterscheiden: Wenn aus einer Bietergemeinschaft, die sich an der Ausschreibung beteiligt hat, bis auf einen Bieter alle anderen ausscheiden, endet die BGB-Gesellschaft und der verbleibende Gesellschafter der Bietergemeinschaft übernimmt die Aktiva und Passiva der Gesellschaft als Gesamtrechtsnachfolger. Hierin sieht die Rechtsprechung eine unzulässige Angebotsänderung, das Angebot müsse ausgeschlossen werden.[51] Zutreffend ist dagegen auch in diesem Fall nur zu prüfen, ob die Eignung unverändert fortbesteht, so wie es schon zuvor zu dem Einzelbieter vertreten wurde. Aber jedenfalls dann, wenn die Bietergemeinschaft nicht nur aus zwei Gesellschaftern besteht und deshalb bei Ausscheiden eines Gesellschafters fortbesteht, ist die von der Rechtsprechung vertretene Ansicht auch deshalb unzutreffend, weil die Bietergemeinschaft teilrechtsfähig ist und unverändert ist. Es hat sich nur ihr Gesellschafterbestand geändert. Dies führt zu keinem zwingenden Ausschluss, weil auch bei einer GmbH daraus kein Ausschlussgrund folgen würde. Der Auftraggeber hat dann allerdings erneut die Eignung der Bietergemeinschaft zu prüfen.[52]

33 Oberhalb der EU-Schwellenwerte regelt nunmehr § 22 Abs. 2 Nr. 4 EU VOB/A unter welchen Voraussetzungen ein Wechsel des Auftragnehmers nach Zuschlagserteilung keine wesentliche Änderung des öffentlichen Auftrags ist. Diese Vorschrift setzt die entsprechende Regelung in Art. 72 der RL 2014/24/EU um und basiert auf der Rechtsprechung des EuGH zum Wechsel des Auftragnehmers.[53]

34 Die sich aus dieser Bestimmung ergebenden Grundsätze für einen unschädlichen Austausch des Auftragnehmers nach Zuschlagserteilung sollten von der Rechtsprechung auch unterhalb der

---

[47] OLG Düsseldorf NZBau 2005, 354; für den Fall der Insolvenz eines der beiden Gesellschafter einer als GbR geführten Bietergemeinschaft: OLG Düsseldorf NZBau 2005, 710; OLG Celle 5.9.2007 – 13 Verg 9/07, VergabeR 2007, 765, *Hausmann/von Hoff* in KMPP VOB § 6 Rn. 32; *Bauer* in Heiermann/Riedl/Rusam VOB § 6 Rn. 33.

[48] VK Münster ZfBR 2007, 839.

[49] OLG Düsseldorf NZBau 2005, 354.

[50] Vgl. deshalb auch die Ausnahme in Art. 72 Abs. 1 lit. d der Richtlinie 2014/24/EU.

[51] OLG Düsseldorf NZBau 2005, 710 (711); 2007, 254, Ls. und 255; anders aber EuGH 24.5.2016, C-396/14, OBR 2016, 470.

[52] OLG Celle NZBau 2007, 663 (1. Ls.); VK Nordbayern 1.2.2008 – 21.VK-3194-54/07, juris; VK Lüneburg 12.6.2007 – VgK-23/2007, juris; *Hausmann/van Hoff* in KMPP VOL/A EG § 6 Rn. 22; aA: OLG Düsseldorf VergabeR 2006, 411 (413).

[53] EuGH 19.6.2008 C-454/06, VergabeR 2008, 758, 763 Pressetext; EuGH 13.4.2010 – C-91/08 VergabeR 2010, 643, 649 – Wall (Zum Wechsel des Nachunternehmers); EuGH 24.5.2016 – C – 396/14, EuZW 2016, 509; so auch: BGH bb. 2011, 386; OLG Düsseldorf NZBau 2010, 582, 589.

EU-Schwellenwerte sowie für die Zeit zwischen Ablauf der Angebotsfrist und Zuschlagerteilung berücksichtigt werden, weil dadurch unangemessene Erschwerungen bei gesellschaftsrechtlichen Umwandlungen vermieden werden. Jedenfalls für den Fall, dass sich die Änderung des Auftragnehmers ohne Zustimmung des Auftraggebers durch eine Gesamtrechtsnachfolge oder einen bloßen Austausch von Gesellschaftern eines rechtsfähigen oder teilrechtsfähigen Rechtssubjektes ergibt, sollte die Rechtsprechung von einem automatischen Ausschluss wegen Angebotsänderung absehen, selbstverständlich setzt dies voraus, dass in eine erneute Eignungsprüfung eingetreten wird.

Die Rechtsprechung zu dem Verbot kann in Vergabeverfahren zu Schwierigkeiten führen, 35 wenn es sich um komplexe Vergabeverfahren, insbesondere PPP-Projekte handelt. Denn dort kommt es häufig vor, dass sich zwar eine Bietergemeinschaft beteiligt, dass diese aber nicht bereit ist, das wirtschaftliche Risiko zu tragen, sondern eine Projektgesellschaft gründen will. Sind im Vergabeverfahren keine Vorkehrungen getroffen worden, ist dies aus oben genannten Gründen nicht möglich. Es muss dann auf die weitere Beteiligung der Bietergemeinschaft verzichtet werden. Um dieses Risiko zu vermeiden, wird in der Praxis in die Vergabeunterlagen oder in die Bekanntmachung ein Vorbehalt aufgenommen, dass Teilnehmer am Wettbewerb eine **Projektgesellschaft** gründen können, mit der der Vertrag dann geschlossen wird.

F. Änderungen in der Person des Bieters nach Abschluss des Teilnahmewettbewerbs bzw. nach Aufforderung zur Angebotsabgabe

Änderungen in der Person des Bieters nach Abschluss des Teilnahmewettbewerbs sind jeden- 36 falls dann zulässig und unschädlich, wenn dies auch für Zeit nach Ablauf der Angebotsfrist gem. Rn. 29 ff. gelten würde.

Darüber hinaus kommt es in der Praxis aber häufig vor, dass Bieter nach Aufforderung zur 37 Angebotsabgabe den Wunsch haben, sich in anderer Form an dem weiteren Verfahren zu beteiligen, sei es, dass zwei aufgeforderte Bieter sich zu einer Bietergemeinschaft zusammenschließen wollen, sei es, dass die Mitglieder einer als Bietergemeinschaft aufgeforderten Gemeinschaft sich einzeln beteiligen wollen, sei es, dass die Mitglieder der Bietergemeinschaft wechseln und Ähnliches. Dies ist – wenn ein Teilnahmewettbewerb vorausgegangen ist – unzulässig, weil der Auftraggeber die Bieter in einer konkreten Zusammensetzung auffordert, so dass nachträgliche Änderungen unzulässig sind.[54] Dies gilt nicht nur, wenn es für eine Änderung an der Zustimmung des Auftraggebers fehlt, sondern auch dann, wenn er die Zustimmung erteilen wollte. Es verstößt gegen den Gleichbehandlungs- und Transparenzgrundsatz, wenn nach Ablauf der Frist für den Teilnahmeantrag ein weiterer bzw. anderer Teilnehmer zur Angebotsabgabe aufgefordert wird. Denn die in der Rechtsprechung allgemein vertretene Ansicht für Wechsel in der Person des Bieters nach Ablauf der Angebotsfrist gilt aus oben genannten Gründen auch für Änderungen nach Aufforderung zur Angebotsabgabe.

G. Austausch von Nachunternehmern

Nicht nur bei Änderungen in der Person des Bieters nach Ablauf der Angebotsfrist oder nach 38 Aufforderung zur Angebotsabgabe, sondern auch bei dem nachträglichen Austausch von Nachunternehmern stellt sich die Frage, ob dies unzulässig ist und zum Ausschluss des Bieters führt.

H. Gleichbehandlung von Teilnehmern/Bevorzugte Bieter

Es hat sich in der Vergangenheit immer wieder gezeigt, dass öffentliche Auftraggeber ver- 39 suchen, bei der Auswahl der Teilnehmer und/oder bei der Zuschlagserteilung sog. vergabefremde Aspekte zu berücksichtigen, also Zwecke, die sozialpolitischen Zielen oder anderen nicht unmittelbar mit der Vergabe zusammenhängenden Zwecken dienen (sog. **vergabefremde Aspekte**).

Dem Auftraggeber stehen drei Wege zur Verfügung, um vergabefremde Aspekte im Vergabe- 40 verfahren zu berücksichtigen. Bei der Auswahl der Teilnehmer am Vergabeverfahren werden

---

[54] VK Brandenburg 18.7.2001 – 1 VK 55/01; *Schranner* in Ingenstau/Korbion VOB § 6 Rn. 26 f.

vergabefremde Aspekte berücksichtigt, indem der Auftraggeber Bieter als ungeeignet ansieht oder ausschließt, die bestimmte Vorgaben nicht erfüllen (sog **bieterbezogene Kriterien**).[55] Ein bieterbezogenes Kriterium liegt vor, wenn entweder bestimmte Anforderungen an den Bieter für die Vergangenheit gestellt werden (z. B. Frauenförderung in den letzten 3 Jahren) oder wenn die Anforderungen zwar für die Zukunft gestellt werden, aber von dem Unternehmen insgesamt, unabhängig von der Auftragsdurchführung erfüllt werden müssen. Vergabefremde Kriterien können daneben auch als Zuschlagskriterium berücksichtigt werden, indem vergabefremde Gesichtspunkte, wie z. B. die Frauenförderung oder Ähnliches, in die Bewertung einfließen (vgl. zur Rechtslage im Oberschwellenbereich § 128 Abs. 2 und § 127 Abs. 1 GWB). Schließlich kann der Auftraggeber vergabefremde Aspekte im Zusammenhang mit der Ausführung des Auftrags berücksichtigen, indem er den erfolgreichen Bieter verpflichtet, bei der Durchführung des Auftrags bestimmte Auflagen zu erfüllen.[56]

41 Ob vergabefremde Kriterien **zulässig** berücksichtigt werden können, hängt wesentlich davon ab, in welcher Form die Kriterien berücksichtigt werden sollen, d. h., ob es sich um bieterbezogene Kriterien oder um Kriterien im Zusammenhang mit der Wertung und Auftragsdurchführung handelt. Bieterbezogene Kriterien, durch die soziale Aspekte berücksichtigt werden sollen, sind – anders als Ausführungsbestimmungen – in aller Regel problematisch, weil sie nicht auftrags-, sondern unternehmensbezogen sind.

42 **1. Vorgaben zur Qualitätssicherung und zum Umweltmanagement.** §§ 6 ff. VOB/A enthalten keine ausdrückliche Regelung, ob und in welchem Umfang Vorgaben zum Nachweis der Qualitätssicherung und des Umweltmanagements verlangt werden können. Dagegen sehen § 6c EU VOB/A sowie § 6a Nr. 3 EU VOB/A für den Oberschwellenbereich Regelung betreffend das Qualitätsmanagement und das Umweltmanagement ausdrücklich vor, wobei jedenfalls Umweltmanagementmaßnahmen nur für die Zeit der Auftragsausführung verlangt und berücksichtigt werden können. [57]

43 Qualitätssicherungsmaßnahmen können aber auch unterhalb der EU-Schwellenwerte als bieterbezogenes Kriterium berücksichtigt werden. Sollen Kriterien des Umweltschutzes im Rahmen eines Vergabeverfahrens berücksichtigt werden, ist zunächst zu prüfen, ob die Umweltkriterien direkt mit dem Produkt bzw. Leistungseigenschaften verbunden sind oder ob Firmen gefördert werden sollen, die sich generell umweltgerecht verhalten, beispielsweise umweltfreundliche Rohstoffe verwenden oder umweltschonende Produktionsmethoden verfolgen. Wird das Umweltkriterium bieterbezogen in das Vergabeverfahren eingeführt, handelt es sich um einen vergabefremden Aspekt, der unzulässig ist.[58] Wird das Umweltkriterium dagegen leistungsbezogen in das Vergabeverfahren eingeführt, handelt es sich um ein objektives Leistungsmerkmal der Leistungsbeschreibung und ist grundsätzlich zulässig.[59] Unzutreffend ist allerdings die in diesem Zusammenhang vom OLG Düsseldorf vertretene Ansicht, der öffentliche Auftraggeber dürfe zum Beleg für die Einhaltung von zusätzlichen Anforderungen (Bedingungen) an die Ausführung im Vergabeverfahren nicht – wie bei Eignungskriterien – von Bietern die Vorlage von Erklärungen oder Nachweisen verlangen, weil das deutsche und das unionsrechtliche Vergaberecht keine präventive Kontrolle durch den Auftraggeber darüber zuließen, ob Bieter zusätzliche Anforderungen an die Ausführung einhalten können oder dies wahrscheinlich tun werden. Denn es ist nicht ersichtlich, woraus sich ergeben sollte, dass der Auftraggeber nicht prüfen darf, ob zu erwarten ist, dass der Bieter seine vertraglichen Pflichten erfüllen wird.[60]

44 **2. Zulässigkeit sonstiger bieterbezogener vergabefremder Kriterien.** Die Zulässigkeit sonstiger bieterbezogener vergabefremden Kriterien richtet sich oberhalb der Schwellenwerte nach den EU-Richtlinien, dem primären Gemeinschaftsrecht, insbesondere Art. 18, Art. 36 und Art. 56 AEUV und §§ 6 ff. EU VOB/A. **Oberhalb der EU-Schwellenwerte** sind vergabe-

---

[55] Zur Zulässigkeit siehe unter nachfolgend Nr. 1.
[56] Vgl. *Burgi* in Grabitz/Hilf, Das Recht der Europäischen Union, Band IV, 40. EGL Oktober 2009, B 13 Rn. 31.
[57] Vgl. *Krönke* VergabeR 2017, 101, 109 f.; *Burgi* in Grabitz/Hilf, Das Recht der Europäischen Union, Band IV, 40. EGL Oktober 2009, B 13 Rn. 31.
[58] OLG Düsseldorf 7.5.2014 – VII-Verg 46/13, Verg 46/13,IBR 2014, 566 juris.
[59] OLG Düsseldorf 7.5.2014 – VII-Verg 46/13, Verg 46/13,IBR 2014, 566 juris.
[60] Wohl auch richtig gestellt durch: OLG Düsseldorf 19.11.2014 – VII – Verg 30/14,VPR 2015, 36; OLG Düsseldorf 25.6.2014 – VII – Verg 38/13, BauR 2015, 316.

fremde Kriterien als bieterbezogene Eignungskriterien in aller Regel unzulässig.[61] Der EuGH hat mehrfach entschieden, dass die Kataloge der bieterbezogenen Kriterien der Ausschlussgründe und Eignungsnachweise in den Vergaberichtlinien abschließend sind, so dass die Mitgliedsstaaten keine weiteren Teilnahmebedingungen einführen dürfen.[62] Dementsprechend bestimmt § 6 EU Abs. 2, dass die Eignungskriterien ausschließlich aus denen in der VOB/A selbst genannten Eignungsnachweise bestehen können. Auch § 127 Abs. 1 und § 128 Abs. 3 GWB ändern an dieser Rechtslage nichts. Denn dort werden besondere Vorgaben eben nur für die Auftragsausführung ermöglicht, also im Rahmen der Zuschlagkriterien bzw. vertraglichen Vorgaben. Allerdings räumt Art. 20 der Richtlinie 2014/24/EU, umgesetzt in § 12 den Mitgliedsstaaten die Möglichkeit ein, das Recht zur Teilnahme an einem Vergabeverfahren geschützten Werkstätten und Wirtschaftsteilnehmern, deren Hauptzweck die soziale und berufliche Integration von Menschen mit Behinderungen oder von benachteiligten Personen ist, vorzubehalten oder zu bestimmen, dass solche Aufträge im Rahmen von Programmen mit geschützten Beschäftigungsverhältnissen durchgeführt werden, sofern mindestens 30 % der Arbeitnehmer dieser Werkstätten, Wirtschaftsteilnehmer oder Programme Menschen mit Behinderungen oder benachteiligte Arbeitnehmer sind.

45 Die Zulässigkeit unterhalb der EU-Schwellenwerte richtet sich nach dem primären Gemeinschaftsrecht, wenn der Auftrag **Binnenmarktrelevanz** hat. Die Unzulässigkeit kann sich in diesem Bereich nicht aus Art. 57, 60 Abs. 1 und Abs. 2 der Richtlinie 2014/24/EU ergeben, weil diese nur oberhalb der EU-Schwellenwerte gilt. Hat der Auftrag allerdings Binnenmarktrelevanz, muss die Zulässigkeit der vergabefremden Kriterien an den Grundfreiheiten des AEUV gemessen werden.[63]

46 Hat der Auftrag **keine Binnenmarktrelevanz,** richtet sich die Zulässigkeit der vergabefremden Kriterien nach den Grundrechten, soweit die Fiskalgeltung der Grundrechte anerkannt wird, nach etwaigen landes- und bundesgesetzlichen Regelungen und im Übrigen nach der VOB/A, insbesondere also §§ 6 ff. und 2 VOB/A. Für Auftragsvergaben unterhalb der EU-Schwellenwerte folgt daraus, dass vergabefremde Kriterien, die als Eignungskriterien ausgestaltet werden, nicht generell rechtswidrig sind, vielmehr jeweils anhand der konkreten Regelung und der konkreten Rechtslage in dem jeweiligen Bundesland oder auf Bundesebene geprüft werden muss, ob eine solche Vorgabe mit den allgemeinen Grundsätzen zu vereinbaren ist.[64]

47 **3. Einzelfälle.** Sowohl auf Bundesebene als auch auf Landesebene bestehen Richtlinien, die die bevorzugte Behandlung von **Werkstätten für Behinderte und Blindenwerkstätten** vorsehen.[65] Die bevorzugte Berücksichtigung von Werkstätten für Behinderte und Blindenwerkstätten ist sogar im Oberschwellenbereich in Artikel 20 der Richtlinie 2014/24/EU vorgesehen und in das deutsche Recht umgesetzt worden. Danach können die Mitgliedsstaaten das Recht zur Teilnahme an einem Vergabeverfahren geschützten Werkstätten und Wirtschaftsteilnehmern, deren Hauptzweck die soziale und berufliche Integration von Menschen mit Behinderungen oder von Benachteiligten Personen ist, vorbehalten, oder sie können bestimmen, das solche Aufträge im Rahmen von Programmen mit geschützten Beschäftigungsverhältnissen durchgeführt werden, wenn 30 % der Arbeitnehmer dieser Werkstätten, Wirtschaftsteilnehmer oder Programme Menschen mit Behinderungen oder benachteiligte Arbeitnehmer sind. Mithin sind Regelungen, wie die in dem gemeinsamen Runderlass des Landes NRW vom 22.3.2011, sowohl oberhalb als auch unterhalb der EU-Schwellenwerte zulässig.

48 Verschiedene Landesgesetze sehen eine **Mittelstandsförderung** vor. Mittelstandsfördernde Regelungen enthalten die Vergabegesetze von Bremen, Hamburg, Nordrhein-Westfalen und Thüringen.[66] In den Gesetzen werden zum Teil die mittelstandsfreundlichen Regelungen der

---

[61] Vgl. *Burgi* in Grabitz/Hilf, Das Recht der Europäischen Union, Band IV, 40. EGL Oktober 2009, B 13 Rn. 40; *Masing* in Beck'scher VOB Kommentar / Teil A § 2 Rn. 15; *Ziekow* NZBau 2001, 72 (76 f.).
[62] EuGH 3.6.1992 – C-360/89, Slg. 1992, I-3401 (3420) (Rn. 18 ff.); 26.4.1994 – C-272/91, Slg. 1994, I-1409 (1442) (Rn. 35); *Ziekow* NZBau 2001, 72 (74).
[63] EuGH 3.4.2008 – C-346/05, SozR 4–6035 Art 39 Nr 1 – Rüffert bzgl. einer Tariftreueverpflichtung nach dem Niedersächsischen Vergabegesetz.
[64] Sogleich → Rn. 29 ff.
[65] Vgl. zB gemeinsamer Runderlass NRW betreffend die Berücksichtigung von Werkstätten für behinderte Menschen und Blindenwerkstätten bei der Vergabe öffentlicher Aufträge, MBl. NRW. 2011 Seite 122.
[66] Bremisches Gesetz zur Sicherung von Tariftreue, Sozialstandards und Wettbewerb bei öffentlicher Auftragsvergabe vom 24.11.2009, Brem.DBl. Seite 476; Hamburgisches Vergabegesetz vom 13.2.2006, HmbGVBl. Seite 57, sowie Gesetz über die Förderung der kleinen und mittleren Unternehmen und der in

VOB/A, wie z. B. Zulassung von Angeboten von Arbeitsgemeinschaften, wiederholt. Darüber hinaus wird vorgesehen, dass kleine und mittlere Unternehmen in angemessenem Umfang bei beschränkter Ausschreibung und freihändiger Vergabe zur Angebotsabgabe aufzufordern sind (vgl. § 3 Abs. 6 TVgG NRW). Solche Vorgaben sind sowohl oberhalb als auch unterhalb der Schwellenwerte nicht zu beanstanden, weil die Mittelstandsförderung in den EU-Richtlinien und deutschen Vergabebestimmungen angelegt ist und die gemachten Vorgaben den zugelassenen gesetzlichen Rahmen nicht überschreiten.

49 Verschiedene Landesgesetze sehen neben der Mittelstandsförderung auch Regelungen zur Einhaltung der **ILO-Kernarbeitsnormen** sowie zur **Frauenförderung** vor (vgl. z. B. §§ 18, 19 TVgG NRW). Unzulässig ist es, die Einhaltung der ILO-Kernarbeitsnormen sowie der Frauenförderung als bieterbezogenes Kriterium auszugestalten, d. h. nur Unternehmen zur Angebotsabgabe zuzulassen, die in ihrem Unternehmen über die konkrete Erbringung der Leistung hinaus Programme zur Frauenförderung und/oder zur Einhaltung der ILO-Kernarbeitsnormen vorgesehen haben.[67] Dies wäre sowohl oberhalb als auch unterhalb der EU-Schwellenwerte unzulässig. Die gesetzlichen Regelungen sind aber inzwischen so gestaltet, dass sie gerade keine bieterbezogenen Kriterien darstellen, sondern sich auf die Auftragsdurchführung beziehen.[68] Im Übrigen können Regeln zur Einhaltung der ILO-Kernarbeitsnormen sowie zur Frauenförderung vorgesehen werden, wenn die Regelungen des § 128 Abs. 2 GWB oberhalb der Schwellenwerte eingehalten werden, d. h. insbesondere, dass die entsprechenden Vorgaben sich allein auf die Ausführung des Auftrags beschränken müssen und keine weitergehenden Vorgaben für das Unternehmen machen dürfen. Bei den Regelungen über die Frauenförderung bestehen aus Sicht des OLG Düsseldorf mindestens Zweifel, ob die Forderung von Frauenförderung so konkret vorgegeben werden kann, dass sie sich nur auf die Arbeitnehmer und die Arbeitszeit bezieht, in der der konkrete Auftrag abgewickelt wird.[69]

50 Hinsichtlich des Verlangens nach **Tariftreueerklärungen,** d. h. der Forderung, dass Bieter ihren Mitarbeitern Tariflöhne zahlen, auch wenn die Tarifverträge nicht für allgemein verbindlich nach dem Arbeitnehmerentsendegesetz erklärt wurden, ist oberhalb der EU-Schwellenwerte, aber auch unterhalb der EU-Schwellenwerte bei Aufträgen mit Binnenmarktrelevanz unzulässig. Zwar hat das Bundesverfassungsgericht entschieden, dass Tariftreueregelungen auf gesetzlicher Grundlage das Grundrecht der Koalitionsfreiheit aus Art. 9 Abs. 3 GG nicht berühren und das Grundrecht der Berufsfreiheit aus Art. 12 Abs. 1 GG nicht verletzen.[70] Im Anschluss daran hat aber der EuGH mit Urteil vom 3.4.2008 entschieden, dass die Entsenderichtlinie 96/71/EG, ausgelegt im Lichte des Art. 49 EG-Vertrags[71], einer gesetzlichen Regelung entgegenstehe, mit der dem öffentlichen Auftraggeber vorgeschrieben werde, Aufträge für Bauleistungen nur an solche Unternehmen zu vergeben, die sich bei der Angebotsabgabe schriftlich verpflichten, ihren Arbeitnehmern bei der Ausführung dieser Leistungen mindestens das am Ort der Ausführung tarifvertraglich vorgesehene Entgelt zu zahlen.[72] Gesetzlich vorgesehene Tariftreueverpflichtungen sind also nur außerhalb des Anwendungsbereichs der EU-Vergaberichtlinien und des EU-Primärrechts bzw. konkret des Art. 56 AEUV (Dienstleistungsfreiheit) zulässig.

51 Das Urteil des EuGH aus 2008 setzt sich nicht mit der Zulässigkeit von **Mindestlöhnen** bzw. von Löhnen aus für allgemeinverbindlich erklärten Tarifverträgen zu zahlende Entgelte auseinander und verbietet solche Regelungen nicht. Für **allgemein verbindlich erklärte Tarifverträge** und bundesweit geltende **Mindestlöhne** müssen dagegen beachtet werden.[73] Sie sind Bestandteil der Arbeitsrechtsordnung.[74] Fordert der öffentliche Auftraggeber in den Vergabeunterlagen, dass sich Bieter daran zu halten haben, ist das im Rechtssinne in der Regel nur ein

---

der Wirtschaft tätigen freien Berufe vom 2.3.1977, HmbGVBl. Seite 55; Gesetz über die Sicherung von Tariftreue und Sozialstandards sowie fairen Wettbewerb bei der Vergabe öffentlicher Aufträge Nordrhein-Westfalen vom 10.1.2012; Thüringer Gesetz über die Vergabe öffentlicher Aufträge vom 18.4.2011, GVBl. Seite 69.

[67] OLG Düsseldorf ZfBR 2014, 815; vgl. *Krönke* VergabeR 2017, 101, 109 f.
[68] OLG Düsseldorf ZfBR 2014, 815.
[69] OLG Düsseldorf ZfBR 2014, 815; *Riese* Vergaberecht 1998, Seite 252 ff.; aA wohl *Rust* EuZW 1999, 453 (457).
[70] BVerfGE 116, 202 (2. Ls.).
[71] Entspricht Art. 56 AEUV.
[72] EuGH 3.4.2008 – C-346/06, NZBau 2008, 332, Ls. und 335 (Rn. 43) – Rüffert.
[73] OLG Düsseldorf VergabeR 2008, 956 (959).
[74] OLG Düsseldorf VergabeR 2008, 956 (959).

Hinweis darauf, dass sich der Bieter und Auftragnehmer rechtstreu verhalten muss. Solche Hinweise sind zulässig.[75]

Auch **Mindestlohnvorgaben in Landesvergabegesetzen,** die oberhalb des nunmehr bundesweit geltenden Mindestlohns liegen, können – auch oberhalb der EU-Schwellenwerte und im Anwendungsbereich des Art. 56 AEUV (Dienstleistungsfreiheit) – unionsrechtskonform sein.[76] 52

Bei den sog **Scientology-Erklärungen** verlangt der Auftraggeber von den Bietern die Zusicherung, dass der Bieter in keinem Zusammenhang mit der Scientology-Sekte steht. Eine solche Klausel wird überwiegend und in der Mehrzahl der Fälle als unzulässig angesehen. Anders soll es nur sein, wenn bei der konkret nachgefragten Leistung die Gefahr der Beeinflussung besteht, so z. B. bei der Nachfrage von Beratungs- und Schulungsleistungen sowie Software.[77] 53

I. Vorbefasste Bieter/Projektanten

Während für Auftragsvergaben oberhalb der EU-Schwellenwerte § 6e Abs. 6 Nr. 3 EU VOB/A eine Regelung für den Fall trifft, dass ein Bieter oder ein Bewerber vor Einleitung des Vergabeverfahrens den Auftraggeber beratend oder sonst unterstützt hat, sieht Abschnitt 1 der VOB/A keine ausdrückliche Regelung dazu vor, ob und wann vorbefasste Bieter vom Vergabeverfahren ausgeschlossen werden können. Für Auftragsvergaben, bei denen die Regelung des VHB gelten, bestimmen die Richtlinie zu 311 bis 312 unter Ziffer 2, das bei Auftragsvergaben unterhalb der EU-Schwellenwerte Unternehmen, die mit der Planung und/oder Ausarbeitung der Vergabeunterlagen beauftragt waren, sich grundsätzlich nicht am Wettbewerb um die Vergabe von Bauleistungen beteiligen dürfen. Auch wenn Abschnitt 1 der VOB/A eine § 6e Abs. 6 Nr. 3 EU VOB/A entsprechende Bestimmung nicht enthält, gilt auch unterhalb der Schwellenwerte, dass solche vorbefassten Bieter grundsätzlich nicht von dem Vergabeverfahren ausgeschlossen werden dürfen, sondern der Informationsvorsprung durch den Auftraggeber ausgeglichen werden muss. Denn auch §§ 2 und Teil 1 der VOB/A geben dem Bieter einen Anspruch darauf, dass sie nur aus Gründen von dem Vergabeverfahren ausgeschlossen werden, die in der VOB/A niedergelegt sind. Dort findet sich jedoch kein Grundsatz, dass vorbefasste Bieter ausgeschlossen werden dürfen, wenn der entsprechende Informationsvorsprung in anderer Weise ausgeglichen werden kann. Selbst wenn deshalb die Richtlinien des VHB 2008 gelten, gilt dies nicht, wenn der Auftraggeber durch einen kommunalen Erlass oder ähnliches an die VOB/A Abschnitt 1 gebunden ist und nur ergänzend die Vorschriften des VHB 2008 anzuwenden hat. Damit gelten auch im Abschnitt 1 der VOB/A die Grundsätze, die auch oberhalb der EU-Schwellenwerte gelten. 54

§ 6a Eignungsnachweise

(1) **Zum Nachweis ihrer Eignung ist die Fachkunde, Leistungsfähigkeit und Zuverlässigkeit der Bewerber oder Bieter zu prüfen.**
(2) **Der Nachweis umfasst die folgenden Angaben:**
  1. **den Umsatz des Unternehmens jeweils bezogen auf die letzten drei abgeschlossenen Geschäftsjahre, soweit er Bauleistungen und andere Leistungen betrifft, die mit der zu vergebenden Leistung vergleichbar sind, unter Einschluss des Anteils bei gemeinsam mit anderen Unternehmen ausgeführten Aufträgen,**
  2. **die Ausführung von Leistungen in den letzten drei abgeschlossenen Geschäftsjahren, die mit der zu vergebenden Leistung vergleichbar sind,**
  3. **die Zahl der in den letzten drei abgeschlossenen Geschäftsjahren jahresdurchschnittlich beschäftigten Arbeitskräfte, gegliedert nach Lohngruppen mit gesondert ausgewiesenem technischem Leitungspersonal,**
  4. **die Eintragung in das Berufsregister ihres Sitzes oder Wohnsitzes, sowie Angaben,**

---
[75] OLG Düsseldorf VergabeR 2008, 956 (959).
[76] EuGH 17.11.2015, C 115/14, juris; OLG Düsseldorf VergabeR 2008, 956 (959).
[77] *Ziekow* NZBau 2001, 72 (77); *Prieß/Pitschas* ZVgR 1999, 144 (152).

5. ob ein Insolvenzverfahren oder ein vergleichbares gesetzlich geregeltes Verfahren eröffnet oder die Eröffnung beantragt worden ist oder der Antrag mangels Masse abgelehnt wurde oder ein Insolvenzplan rechtskräftig bestätigt wurde,
6. ob sich das Unternehmen in Liquidation befindet,
7. dass nachweislich keine schwere Verfehlung begangen wurde, die die Zuverlässigkeit als Bewerber oder Bieter in Frage stellt,
8. dass die Verpflichtung zur Zahlung von Steuern und Abgaben sowie der Beiträge zur gesetzlichen Sozialversicherung ordnungsgemäß erfüllt wurde,
9. dass sich das Unternehmen bei der Berufsgenossenschaft angemeldet hat.

(3) Andere, auf den konkreten Auftrag bezogene zusätzliche, insbesondere für die Prüfung der Fachkunde geeignete Angaben können verlangt werden.

(4) Der Auftraggeber wird andere ihm geeignet erscheinende Nachweise der wirtschaftlichen und finanziellen Leistungsfähigkeit zulassen, wenn er feststellt, dass stichhaltige Gründe dafür bestehen.

Schrifttum: *André,* Quod erat illustrandum: Die interpretative Konkretisierung primärrechtlich fundierter Vergabeverfahrensstandards auf dem unionsgerichtlichen Prüfstand, NZBau 2010, 611; *Behrens,* Zulassung zum Vergabewettbewerb bei vorausgegangener Beratung des Auftraggebers, NZBau 2006, 752; *Benedict,* „Vergabefremde" Aspekte nach Beentjes und Nord-Pas-de-Calais, NJW 2001, 947; *Braun,* Europarechtlicher Vergaberechtsschutz unterhalb der Schwellenwerte, Vergaberecht 2007, 17; *Braun/Peters,* Präqualifikation und Prüfungssysteme, VergabeR 2010, 433; *Burgi,* Die Bedeutung der allgemeinen Vergabegrundsätze Wettbewerb, Transparenz und Gleichbehandlung, NZBau 2008, 29; *Burgi,* Kriterien für die Vergabe von Postdienstleistungen im Gewährleistungsstaat, VergabeR 2007, 457; *Burgi,* Vergabefremde Zwecke und Verfassungsrecht, NZBau 2001, 64; *Burgi,* Ausschluss und Vergabesperre als Rechtsfolgen von Unzuverlässigkeit NZBau 2014, 595; *Byok/Jäger,* Kommentar zum Vergaberecht. 3. Auflage 2011; *Diemon-Wies,* Soziale und ökologische Kriterien in der Vergabepraxis, VergabeR 2010, 317; *Diringer,* Die Beteiligung sog. Projektanten am Vergabeverfahren, VergabeR 2010, 361; *Dreher,* Der Marktzutritt von Newcomern als Herausforderung für das Kartellvergaberecht, NZBau 2008, 545; *Dreher/Hoffmann,* Der Marktzutritt von Newcomern als Herausforderung für das Kartellvergaberecht, NZBau 2008, 545; *Dreher/Hoffmann,* Die erfolgreiche Selbstreinigung zur Wiedererlangung der kartellvergaberechtlichen Zuverlässigkeit und die vergaberechtliche Compliance – Teil 1 und Teil 2 NZBau 2014, 67 ff.; 150 ff.; *Freise,* Berücksichtigung von Eignungsmerkmalen bei der Ermittlung des wirtschaftlichsten Angebots?, NZBau 2009, 225; *Gabriel,* Die Vergaberechtsreform 2009 und die Neufassung des vierten Teils des GWB, NJW 2009, 2011; *Gabriel/Voll,* das Ende der Inländerdiskriminierung im Vergabe-(Primär)Recht, NZBau 2014, 155 ff.; *Gesterkamp/Laumann,* Die Berücksichtigung allgemeinverbindlicher Tarifverträge bei der Vergabe öffentlicher Aufträge, VergabeR 2007, 477; *Grabitz/Hilf,* Das Recht der Europäischen Union, Band IV; *Gröning,* Referenzen und andere Eignungsnachweise, VergabeR 2008, 721; *Herig,* Praxiskommentar VOB, Teile A, B und C, 3. Aufl., 2007; *Hesse,* Grundzüge des Verfassungsrechts der Bundesrepublik Deutschland, 20. Auflage, 1995; *H/H/K/W,* 2013; *Höfler,* Transparenz bei der Vergabe öffentlicher Aufträge, NZBau 2010, 73; *Höfler/Bayer,* Praxishandbuch Bauvergaberecht, 3. Aufl., München 2012; *Immenga/Mestmäcker,* Wettbewerbsrecht, Band 2/Teil 2 GWB (Vergaberecht), 5. Auflage 2014; *von Mangoldt/Klein/Starck,* Kommentar zum Grundgesetz, 6. Auflage 2010; *Kallerhoff,* Zur Begründetheit von Rechtsschutzbegehren unterhalb der vergaberechtlichen Schwellenwerte, NZBau 2008, 97; *Kirch/Leinemann,* Alles neu? Mindestlohnvorgaben und Eigenleistungsquoten nach der Vergaberechtsmodernisierung, VergabeR 2009, 414; *Kirch/Kues,* Alle oder keiner? – Zu den Folgen der Insolvenz eines Mitglieds einer Bietergemeinschaft im laufenden Vergabeverfahren, VergabeR 2008, 32; *Kolpatzik,* „Berater als Bieter" vs. „Bieter als Berater" – „Projektanten" und „Wettbewerblicher Dialog" als Instrumente zur Einführung externer Know-how's in die Vorbereitung und Durchführung einer formellen Auftragsvergabe, VergabeR 2007, 279; *Krohn,* Vertragsänderungen und Vergaberecht – Wann besteht eine Pflicht zur Neuausschreibung, NZBau 2008, 619; *Kupczyk,* Die Projektantenproblematik im Vergaberecht, NZBau 2010, 21; *Kullack/Kerner,* Zur Berücksichtigung von Generalübernehmern bei der Vergabe von Bauleistungen, ZfBR 2003, 443; *Leinemann,* Das neue Vergaberecht, 2. Auflage 2010; *Müller-Wrede,* VOL/A, 3. Auflage, 2010; *Münch/Kunig,* Grundgesetzkommentar, 6. Auflage 2012; *Overbuschmann,* verstößt die Verabredung einer Bietergemeinschaft gegen das Kartellrecht? VergabeR 2014, 634; *Pauly,* Ist der Ausschluss des Generalübernehmers vom Vergabeverfahren noch zu halten?, VergabeR 2005, 312; *Prieß/Becker,* Die Beteiligungsfähigkeit von Generalübernehmern in VOB-Vergabeverfahren – keine Frage der Schwellenwerte, VergabeR 2004, 159; *Prieß/Pitschas,* Die Vereinbarkeit vergabefremder Zwecke mit dem deutschen und europäischen Vergaberecht – dargestellt am Beispiel der Scientology Erklärung, ZVgR 1999, 144; *Prieß/Stein,* Nicht nur sauber, sondern rein: Die Wiederherstellung der Zuverlässigkeit durch Selbstreinigung, NZBau 2008, 230; *Pünder/Schellenberg,* Vergaberecht 2011; *Roth,* Änderung der Zusammensetzung von Bietergemeinschaften und Austausch von Nachunternehmern im laufenden Vergabeverfahren, NZBau 2005, 316; *Rust,* GWB-Vergaberecht und soziale Standards, EuZW 1999, 453; *Rust,* Sozialpolitische Kriterien in landesgesetzlichen Vergabevorschriften, NJ 2001, 113; *Scharf/Schütte,* Fehlende Angebotsunterlagen im Bau- und Dienstleistungsbereich, VergabeR 2005, 448; *Schima,* Wettbewerbsfremde Regelungen – falsche Signale vom Europäischen Gerichtshof, NZBau 2002, 1; *Schmidt,* Wider den Ausschlussautomatismus: Kein zwingender Ausschluss einer Bietergemeinschaft bei Insolvenz eines Mitgliedsunternehmens, NZBau 2008, 41; *Stapelfeld,* Aktuelle Entwicklungen im Vergaberecht – Die Neufassung von VOB/A und VOL/A, KommJur 2010, 241; *Steiff,* Vergabefremde Aspekte – eine Zwischenbilanz, VergabeR 2009, 290; *Stein/Friton,* Internationale Korruption, zwingender Ausschluss und Selbstreinigung, VergabeR 2010, 151; *Sterner,* Rechtsschutz gegen Auftragssperren, NZBau 2001, 423; *Stoye,* Generalübernehmervergabe – nötig ist ein Paradigmenwechsel bei den Vergaberechtlern, NZBau 2004, 648; *Stoye/Hoffmann,* Nachunternehmerbenennung und Verpflichtungserklärung im Lichte der neuesten BGH-Rechtsprechung, VergabeR 2009, 569; *Willenbruch/Wieddekind,* Vergaberecht, 3. Auflage, 2014; *Ziekow/Völlink,* Vergaberecht 2011; *Ziekow,* Vergabefremde Zwecke und Europarecht, NZBau 2001, 72; *Zimmermann,* Einfluss des § 7 Nr. 6 VOL/A auf § 8 Nr. 6 VOB/A, ZfBR 2006, 220.

Übersicht

	Rn.
A. Allgemeines	1
B. Prüfung der Eignung der Teilnehmer	4
C. Aufforderung zur Vorlage von Eignungsnachweisen	5
I. Eignungsnachweise	5
II. Eignungsnachweise und Mindestanforderungen	6
III. Zulässige Eignungsnachweise gemäß § 6a Abs. 2 VOB/A	12

A. Allgemeines

Durch die VOB/A 2016 wurden die Regelungen, die ursprünglich allesamt in § 6 VOB/A 1 a. F. enthalten waren, aufgeteilt in §§ 6, 6a, 6b sowie § 3b VOB/A. Inhaltlich waren die Regelung in § 6a VOB/A 2016 aber gleichlautend in § 6 VOB/A 2012 enthalten.

Auch wenn die dogmatischen Einzelheiten nach wie vor nicht abschließend geklärt sind, 2 erkennt die überwiegende Ansicht in Literatur und Rechtsprechung inzwischen an, dass auch unterhalb der EU-Schwellenwerte Primärrechtsschutz erlangt werden kann.[1]

Auch bei Auftragsvergaben unterhalb der EU-Schwellenwerte, d. h. im Anwendungsbereich 3 des § 6 VOB/A können unionsrechtliche Vorgaben zu einer einschränkenden Auslegung von § 6 VOB/A führen.[2]

B. Prüfung der Eignung der Teilnehmer

Gemäß § 2 VOB/A dürfen nur Bewerber ausgewählt werden bzw. darf nur solchen Bietern 4 der Zuschlag erteilt werden, die geeignet sind. Das sind die Teilnehmer, deren Eignung die für die Erfüllung der vertraglichen Verpflichtungen notwendige Sicherheit bieten, d. h. solche, die die erforderliche Fachkunde, Leistungsfähigkeit und Zuverlässigkeit besitzen und über ausreichende technische und wirtschaftliche Mittel verfügen. **Fachkundig** ist der Bewerber, der über die in dem betreffenden Fachgebiet notwendigen technischen Kenntnisse verfügt, um die jeweils ausgeschriebene Leistung ordnungsgemäß erbringen zu können.[3] Bei der **Leistungsfähigkeit** wird weniger auf die „Person" des Bewerbers, als vielmehr auf die Leistungsfähigkeit des Unternehmens in sach- bzw. betriebsbezogener Sicht abgestellt. Leistungsfähig ist ein Unternehmen, wenn sein Betrieb in technischer, kaufmännischer, personeller und finanzieller Hinsicht so ausgestattet ist, dass es die Gewähr für die ordnungsgemäße Erbringung der geforderten Bauleistungen innerhalb der Vertragsfrist bietet.[4] Bei der **Zuverlässigkeit** eines Bewerbers ist zu prüfen, ob er seinen gesetzlichen Verpflichtungen, auch zur Entrichtung von Steuern und sonstigen Abgaben, nachkommt und ob er eine sorgfältige und einwandfreie Ausführung der ausgeschriebenen Bauleistungen entsprechend den rechtlichen und technischen Normen einschließlich Gewährleistung erwarten lässt.[5]

---
[1] Siehe § 2 VOB/A Rn. 6 ff.; § 6 Rn 5.
[2] Siehe § 6 Rn. 6 ff.
[3] Zur Auslegung der Eignungsmerkmale siehe im Einzelnen die Kommentierung zu → § 6b Rn. 18 ff.
[4] Zur Auslegung der Eignungsmerkmale siehe im Einzelnen die Kommentierung zu → § 6b Rn. 18 ff.
[5] Zur Auslegung der Eignungsmerkmale siehe im Einzelnen die Kommentierung zu → § 6b Rn. 18 ff.

C. Aufforderung zur Vorlage von Eignungsnachweisen
I. Eignungsnachweise

5 § 6a VOB/A bestimmt, welche Nachweise die Vergabestelle von den Bewerbern im Rahmen der Eignungsprüfung regelmäßig und unabhängig von dem konkreten Auftrag verlangen darf.[6] Werden Eignungsnachweise gemäß § 6a VOB/A gefordert, ist dies stets **zulässig,** ohne dass es einer näheren Begründung bedarf. Dies gilt allerdings nur, wenn mit dem geforderten Eignungsnachweis nicht gleichzeitig eine Mindestbedingung gestellt wird. Deren Zulässigkeit richtet sich nach den Anforderungen gemäß nachfolgender Ziffer II.

§ 6a Abs. 3 stellt klar, dass der Auftraggeber neben den in § 6 Abs. 2 genannten Nachweisen auch andere auf den konkreten Auftrag bezogene Nachweise fordern kann.[7] Solche zusätzlichen Nachweise sind zulässig, wenn es sich im Rahmen der anzustellenden Prognose um Eignungsnachweise handelt, die der Auftraggeber zur Sicherstellung seines Erfüllungsinteresses für erforderlich hält, die mit den gesetzlichen Bestimmungen im Einklang stehen und die nicht unverhältnismäßig, nicht unangemessen und für die Bieter zumutbar sind.[8] Wird mit dem zusätzlich geforderten Nachweis eine Mindestanforderung gemäß nachfolgender Ziffer II verbunden, müssen nicht nur vorgenannte Zulässigkeitsvoraussetzungen erfüllt sein, sondern zusätzlich die Voraussetzungen für Mindestanforderungen.

II. Eignungsnachweise und Mindestanforderungen

6 Auftraggeber können nicht nur die Vorlage bestimmter Eignungsnachweise verlangen, sondern auch festlegen, dass geeignet nur ein Bieter ist, der bestimmte, festgelegte Mindeststandards erfüllt. Dies sind inhaltliche Anforderungen an die Eignung. Abgesehen von Referenzen können z. B. Mindestumsätze vorgegeben werden, eine bestimmte Mitarbeiterzahl oder Ähnliches.

7 Zu beachten ist, dass bei der **Zulässigkeit** von Nachweisen unterschieden werden muss, ob eine Information gefordert wird, ohne dass eine Mindestbedingung festgelegt wird, oder ob der Bieter nicht nur die Information erteilen, sondern auch einen Mindeststandard erfüllen muss. Es bedarf einer besonderen Begründung anhand des Auftragsgegenstandes, dass und warum der Mindeststandard, z. B. eine bestimmte Zahl von Referenzen über vergleichbare Leistungen, verlangt wird. Denn mit dem Verlangen einer Referenz als Mindestbedingung ist stets eine Beschränkung des Wettbewerbs verbunden.

8 Die Vergabenachprüfungsinstanzen und Aufsichtsstellen, die nur eine Rechtsaufsicht ausüben, haben die Entscheidung des Auftraggebers, welche Anforderungen er an die Eignung stellt, nur in beschränktem Umfang zu kontrollieren. Sie prüfen die Entscheidung nur auf Beurteilungs- bzw. Ermessensfehler.[9] So wird die Einhaltung dieses Beurteilungsspielraums von den Vergabenachprüfungsinstanzen nur daraufhin überprüft, ob das vorgeschriebene Verfahren eingehalten worden ist, der zugrunde gelegte Sachverhalt vollständig und zutreffend ermittelt worden ist, keine sachwidrigen Erwägungen angestellt wurden und nicht gegen allgemeine Bewertungsgrundsätze verstoßen worden ist.[10] Gerade die Forderung, Nachweise über die Verwirklichung vergleichbarer Projekte zu erbringen, bzw. die Fachkunde nur zu bejahen, wenn der Erwerber bereits vergleichbare Projekte verwirklicht hat, stellt vergaberechtlich eine Schnittstelle dar, bei der der Auftraggeber sorgfältig zu prüfen hat, ob die Eignung tatsächlich nur bejaht werden kann, wenn bereits vergleichbare Projekte verwirklicht wurden. Denn wird der Nachweis von Referenzprojekten verlangt und zur Grundlage für die Entscheidung der Fachkunde gemacht, haben Unternehmen, die auf dem Markt erst Fuß fassen wollen, praktisch keine Chance. In jedem Fall unzulässig ist es, den Nachweis „gleichartiger Projekte" zu ver-

---

[6] Im Einzelnen unter → § 6b Rn. 18 ff.
[7] Im Einzelnen unter → § 6 Rn. 82.
[8] OLG Düsseldorf 19.11.2014 – VII – Verg 30/14, VPR 2015, 36; OLG Düsseldorf 25.6.2014 – VII – Verg 38/13, BauR 2015, 316 anders, aber wohl aufgegeben: OLG Düsseldorf 7.5.2014 – VII-Verg 46/13,.IBR 2014, 566
[9] OLG Brandenburg VergabeR 2011, 114 (119); OLG Düsseldorf 5.10.2005 – Verg 55/05, juris; OLG Düsseldorf 9.6.2010 – VII-Verg 14/10, IBR 2010, 647.
[10] OLG Frankfurt VergabeR 2009, 629 (636); OLG Düsseldorf 29.4.2009 – Verg 76/08, juris insoweit nicht abgedruckt in ZfBR 2009, 824; OLG Schleswig 20.3.2008 – 1 Verg 6/07, NordÖR 2008, 244 insoweit nicht abgedruckt in NZBau 2008, 472; OLG Düsseldorf 5.10.2005 – VII-Verg 55/05, juris; VK Münster 16.12.2010 – VK 9/10, IBR 2011, 293; VK Münster 14.1.2010 – VK 24/09, juris.

langen.¹¹ In neuerer Zeit hat sich die Vergabekammer des Bundes eingehend damit beschäftigt, ob und welche Referenzen im Hinblick auf den Auftragsgegenstand verlangt werden können. ¹²

Die Rechtsprechung erlaubt es allerdings in weitem Umfang, **Referenzen** als Mindestbedingungen vorzusehen und strenge Anforderungen an die Vergleichbarkeit von Referenzen zu stellen.¹³ Dies ist unzutreffend. Die großzügige Zulassung von Referenzen als Mindestanforderung beruht auf einer unzutreffenden Gleichstellung von Referenzen, die Mindestanforderungen darstellen, mit dem Verlangen über Informationen dazu, ob Referenzen vorliegen, wie es in § 6 Abs. 2 vorgesehen ist. § 6 Abs. 2 VOB/A trifft keine Aussage über zulässige Mindestanforderungen. Deshalb kann aus der Bestimmung auch nicht gefolgert werden, dass Referenzen im Bereich der VOB/A in erheblichem Umfang zugelassen sind. § 6 Abs. 2 VOB/A führt aus, dass der Nachweis durch Vorlage von Referenzen geführt werden kann, nicht muss. § 6 Abs. 4 VOB/A stellt sogar klar, dass der Auftraggeber andere Nachweise zulassen muss, wenn er feststellt, dass stichhaltige Gründe dafür bestehen. 9

Auch das Verlangen bestimmter **Mindestumsätze** ist nicht unbegrenzt zulässig, weil auch daraus eine Marktabschottung folgen kann.¹⁴

Für unzulässig hat es das OLG Düsseldorf ferner, wenn für das gesamte eingesetzte Personal bei einem Reinigungsauftrag die Vorlage von Führungszeugnissen verlangt und die Straffreiheit zur Mindestforderung erhoben wird.¹⁵

Ein Anhaltspunkt für die Zulässigkeit solcher Mindestbedingungen kann nunmehr Art. 58 der Richtlinie 2014/24/EU, umgesetzt in § 6a EU VOB/A, bieten. Die Regeln legen fest, was oberhalb der EU-Schwellenwerte und im Bereich des EU-Primärrechts mindestens zulässig ist, sie geben aber auch Anhaltspunkte für das, was unterhalb der EU-Schwellenwerte generell als zulässig angesehen werden kann. Gemäß Art. 58 der Richtlinie darf zB der geforderte Mindestumsatz grundsätzlich höchstens das Zweifache des geschätzten Auftragswertes umfassen. Außerdem erlaubt die Richtlinie, dass ein bestimmter Mindestumsatz in dem vom Auftrag abgedeckten Bereich gefordert werden kann, wobei abzuwarten bleibt, wie der Begriff „in dem vom Auftrag abgedeckten Bereich" ausgelegt werden wird. Sicherlich erlaubt dieser Begriff aber nicht, dass die Referenz eng vergleichbar mit dem konkret zu vergebenden Auftrag sein muss, weil dies mit dem Begriff „in dem vom Auftrag abgedeckten Bereich" nicht vereinbar und auch unverhältnismäßig ist. Die Entwicklung bleibt abzuwarten. 10

Der Auftraggeber muss in der Bekanntmachung und den Vergabeunterlagen **kennzeichnen,** ob er mit dem Verlangen nach einem Eignungsnachweise auch eine bestimmte inhaltliche Mindestanforderung aufstellt oder nicht. Die EU-Bekanntmachungsformulare sehen die Möglichkeit, der Angabe von Mindestanforderungen ausdrücklich vor und unterscheiden zwischen dem bloßen Informationsverlangen (z. B. Umsatz in den letzten drei Jahren) und einem Mindeststandard (z. B. Mindestumsatz in Höhe eines bestimmten Euro-Betrages). Es ist öffentlichen Auftraggebern, unabhängig davon, ob sie die EU-Bekanntmachungsformulare verwenden müssen oder ob es sich um eine Auftragsvergabe unterhalb der Schwellenwerte handelt, dringend anzuraten, in den Vergabeunterlagen klarzustellen, ob ein bestimmter Eignungsnachweis, den sie verlangen, eine Mindestanforderung oder nur ein Mittel zur Prüfung der Eignung ist.¹⁶ 11

Wird nicht klargestellt, dass mit einem vorzulegenden Eignungsnachweis keine Mindestanforderung gestellt wird (zB Mindestumsatz), ist in der Rechtsprechung streitig, ob eine entsprechende Vorgabe als Mindestbedingung auszulegen ist, wie es jedenfalls bislang das OLG Düsseldorf annahm, oder nicht.¹⁷

---

¹¹ *Prieß* in Beck'scher VOB-Kommentar / Teil A, 1. Auflage, 2001, § 2 Rn. 29.
¹² VK Bund 30.4.2010 – VK 2 – 29/10, juris; VK Bund 30.4.2009 – VK 3 – 82/09, juris; VK Bund 29.4.2009 – VK 3–61/09, juris.
¹³ OLG Frankfurt 5.3.2014 – 11 Verg 1/14, ZfBR 2016, 103; OLG Düsseldorf 9.6.2010 – VII – Verg 14/10, IBR 2010, 647; OLG München 12.11.2012 – Verg 23/12,ZfBR 2013, 310; OLG Düsseldorf VergabeR 2009, 619 (626); VK Brandenburg 17.9.2009 – VK 21/08, juris; *Gröning* VergabeR 2008, 721 (726); OLG Düsseldorf 22.9.2005 – Verg 49/05, 50/05, juris; OLG Düsseldorf 5.10.2005 – Verg 55/05, juris; *Gröning* VergabeR 2008, 721 (726).
¹⁴ OLG Düsseldorf 19.12.2012 – VII – Verg 30/12, IBR 2013, 227; OLG München VergabeR 2012, 740 (746); VK Bund 25.7.2009 – VK 3 – 139/09, juris.
¹⁵ OLG Düsseldorf 5.12.2012 – VII – Verg 29/12, IBR 2013, 232.
¹⁶ Vgl. OLG Düsseldorf VergabeR 2008, 671 (673).
¹⁷ Mindestbedingung verneinend: VK Bund 13.6.2014 – VK 1 – 34 / 14, IBR 2014, 691; VK Bund 14.6.2011 – VK 1–54/11, juris; OLG Koblenz 25.9.2012 – 1 Verg 5/12, IBR 2012, 658; VK Hessen 27.6.2012 – 69d VK-21/2012, juris; aA und eine Mindestbedingung bejahend: OLG Düsseldorf 16.11.2011 – VI I-Verg 60/11, NJW-Spezial 2012, 46.

III. Zulässige Eignungsnachweise gemäß § 6a Abs. 2 VOB/A

12   § 6a Abs. 2 Nr. 1 bis 9 nennt Nachweise, die ein Auftraggeber regelmäßig zum Nachweis der Eignung von einem Bieter verlangen kann. Die aufgezählten Nachweise stellen aber keinen abschließenden Katalog für den Nachweis der Eignung dar.[18]

13   Nach § 6 Abs. 2 Nr. 1 kann die Vergabestelle Angaben über den **Umsatz** des Unternehmers in den letzten drei abgeschlossenen Geschäftsjahren verlangen, soweit er Bauleistungen und andere Leistungen betrifft, die mit der zu vergebenden Leistung vergleichbar sind. Dieses Auskunftsmittel dient in erster Linie der Prüfung der finanziellen und wirtschaftlichen Leistungsfähigkeit.[19] Soweit nicht nur eine Angabe zum Umsatz gefordert wird, sondern ein bestimmter Mindestumsatz gefordert wird, gilt für die Zulässigkeit das in → Rn. 6 ff. Gesagte.

14   Weiter können Angaben über die Ausführung von Leistungen in den letzten drei abgeschlossenen Geschäftsjahren, die mit der zu vergebenden Leistung vergleichbar sind, verlangt werden (**Nr. 2 – vergleichbare Leistungen**). Mit diesem Nachweis soll die Prüfung der Leistungsfähigkeit ermöglicht werden. Gemeint sind damit unternehmensbezogene Referenzen, d. h. es kommt darauf an, ob die natürliche oder juristische Person, die sich um den Auftrag bewirbt, selbst oder – soweit zulässig, von ihr einbezogene Dritte[20] – bereits vergleichbare Leistungen erbracht hat.[21] Alternativ können auch personenbezogene Eignungsnachweise gefordert werden.[22] Wenn nicht nur die Information über vergleichbare Leistungen abgefragt wird, sondern eine Mindestbedingung gestellt wird, richtet sich die Zulässigkeit wiederum nach dem unter → Rn. 6 ff. Gesagten.

Verlangt der Auftraggeber den Nachweis vergleichbarer Leistungen, müssen diese nicht identisch sein. Es ist ausreichend, dass sie einen ähnlich hohen oder höheren Schwierigkeitsgrad aufweisen.[23] Nach einer Definition des OLG Frankfurt ist eine Leistung bereits dann vergleichbar oder gleichartig, wenn sie der ausgeschriebenen Leistung nahe kommt und entsprechend ähnelt.[24] Hierin wird von anderen Teilen der Rechtsprechung die Gefahr einer Vermischung von formeller und materieller Eignungsprüfung gesehen, was zur Einräumung eines Wertungsspielraums für die Vergabestelle in formaler Hinsicht führen würde.[25] Werden Referenzangaben gefordert, ggf. auch gemäß § 6 Abs. 3, war es in der Praxis üblich, die Zahl der vorzulegenden Referenzen zu begrenzen, um im Rahmen der Eignungsprüfung nicht eine Vielzahl von Referenzen überprüfen zu müssen und es den Bietern zu überlassen, die „passenden Referenzen" auszuwählen. Nach Ansicht des OLG Düsseldorf darf der Auftraggeber die Zahl der vorzulegenden Referenzen jedoch nicht zahlenmäßig begrenzen, weil dies dazu führen könne, dass der Eignungsprüfung fehlerhaft nicht der vollständige, mit dem Angebot unterbreitete Sachverhalt zugrunde gelegt werde.[26]

15   Gemäß § 6 Abs. 2 Nr. 3 können Angaben über die Zahl der in den letzten drei abgeschlossenen Geschäftsjahren im Jahresdurchschnitt beschäftigen **Arbeitskräfte** verlangt werden, und zwar gegliedert nach Berufsgruppen mit gesondert ausgewiesenem technischen Leitungspersonal. Sinn der Angaben zu den Arbeitskräften ist die Ermöglichung der Beurteilung der personellen Leistungsfähigkeit.[27] Die Gliederung nach Lohngruppen gibt Aufschluss über die Fachkunde.[28] Wenn nicht nur die Information über vergleichbare Leistungen abgefragt wird, sondern eine

---

[18] *Mertens* in FKZGM VOB-Kommentar, VOB/A § 6 Rn. 87; *Bauer* in Heiermann/Riedl/Rusam, Handkommentar zur VOB, Teil A § 6 Rn. 102.
[19] *Prieß/Hausmann* in Beck'scher VOB Kommentar/Teil A, 1. Auflage, § 8 Rn. 73.
[20] → § 6 Rn. 92.
[21] OLG Koblenz 4.10.2010 – 1 Verg 9/10, IBR 2010, 708 insoweit nicht abgedruckt in IBR 2010, 708.
[22] Vgl. OLG Koblenz 4.10.2010 – 1 Verg 9/10, IBR 2010, 708 insoweit nicht abgedruckt in IBR 2010, 708.
[23] VK Sachsen 8.1.2010 – 1/SVK/059/09, IBR 2010, 294; VK Südbayern, Beschluss vom VK Südbayern 5.3.2001 – 02–02/01, juris.
[24] OLG Frankfurt NZBau 2007, 468 (469).
[25] OLG München ZfBR 2010, 702 (706); OLG Düsseldorf 26.11.2008 – VII-Verg 54/08, IBR 2009, 661 insoweit nicht abgedruckt in IBR 2009, 661.
[26] OLG Düsseldorf 12.9.2012 – VII – Verg 108/11, IBR 2012, 664; *Hausmann/von Hoff* in KMPP VOB/A § 6 Rn. 120.
[27] *Hausmann/von Hoff* in KMPP, Kommentar zur VOB/A, § 6 Rn. 122; *Mertens* in FKZGM VOB Kommentar, VOB/A § 6 Rn. 96.
[28] *Mertens* in FKZGM VOB Kommentar, VOB/A § 6 Rn. 96.

Mindestbedingung gestellt wird, richtet sich die Zulässigkeit wiederum nach dem unter → Rn. 6 ff.

Weiter kann die Vorlage der **Eintragung in das Berufsregister** am Sitz oder Wohnsitz des **16** Bewerbers bzw. Bieters verlangt werden **(Nr. 4)**. Für Deutschland sind dies Nachweise aus dem Handelsregister, der Handwerksrolle sowie dem Mitgliederverzeichnisses der IHK zu entnehmen. Dabei ist der Aussagegehalt je nach Register unterschiedlich: Der Nachweis der Eintragung im Handelsregister dient dem Nachweis der Existenz des Bewerbers.[29] Ein Auszug aus dem Gewerbezentralregister dient nicht dem Nachweis der Leistungsfähigkeit des Bieters, sondern soll dessen Zuverlässigkeit belegen.[30] Allerdings vermittelt auch ein einwandfreier Auszug aus dem Gewerbezentralregister bezüglich eines der Gesellschafter bzw. Geschäftsführer keinen Aufschluss über die Zuverlässigkeit der Gesellschaft insgesamt.[31] Durch die Eintragung in die Handwerksrolle wird dagegen die Leitung eines Betriebs als qualifizierter Handwerksmeister ausgewiesen, so dass von einer sachgerechten Ausführung der Arbeiten ausgegangen werden kann.[32]

Schließlich nennt § 6 Abs. 2 Nr. 5 ff. VOB/A noch Angaben über etwaige Insolvenzverfahren, **17** die Liquidation, Fehlen von schweren Verfehlungen des Bieters sowie Erfüllung der Pflicht zur Zahlung von Abgaben sowie der Beiträge zur Sozialversicherung sowie Anmeldung bei der Berufsgenossenschaft **(Nr. 5 bis 9)**. Bei diesen Eignungsnachweisen ergibt sich schon aus § 16 Abs. 2, dass kein zwingender Ausschlussgrund vorliegt, wenn die (positive) Erklärung nicht abgegeben werden kann. Denn gemäß § 16 Abs. 2 kann, nicht muss das Angebot dann ausgeschlossen werden. Es besteht **Ermessen**.[33]

Nach Nr. 5 zählen zu den Angaben, mit denen die Eignung nachgewiesen wird, auch **18** Angaben darüber, ob ein **Insolvenzverfahren** oder ein vergleichbares gesetzlich geregeltes Verfahren eröffnet oder die Eröffnung beantragt worden ist oder der Antrag mangels Masse abgelehnt wurde oder ein Insolvenzplan rechtskräftig bestätigt wurde. Dieser Angabe knüpft an den Wegfall der finanziellen Leistungsfähigkeit des Teilnehmers an.[34] Mit „vergleichbaren gesetzlich geregelten Verfahren" sind Verfahren in Ländern gemeint, in denen es keine Insolvenzordnung gibt.[35] Der öffentliche Auftraggeber hat ein berechtigtes Interesse daran, dass der Bewerber bzw. Bieter während der Ausführung des Bauauftrags und für die Dauer der Gewährleistung über ausreichende finanzielle Mittel verfügt, um die Bauleistung ordnungsgemäß und pünktlich auszuführen und Gewährleistungsansprüche zu erfüllen.[36] So kann die Insolvenz nur eines Partners einer Bietergemeinschaft zum Ausschluss der gesamten Bietergemeinschaft führen.[37] Um dies zu erfahren und gemäß § 16 Abs. 2 prüfen zu können, ob das Angebot ausgeschlossen werden soll, dient die entsprechende Erklärung.[38] Auch bei diesem Eignungskriterium zeigt sich, dass zwischen der Pflicht zur Erteilung einer Information und dem Stellen eines Mindeststandards unterschieden werden muss, wobei die § 6 Abs. 2 Nr. 5 diese Unterscheidung nicht abbildet. Gemäß § 6 Abs. 2 Nr. 7 scheint es mindestens so, der Bieter habe die Erklärung abzugeben, dass er nachweislich keine schwere Verfehlung begangen wurde, die seine Zuverlässigkeit in Frage stellt. Sollte eine schwere Verfehlung vorliegen, würde ein Bieter diese Angabe nicht machen können, obwohl das Vorliegen dieses Sachverhalts nicht zwingend zum Ausschluss führt, sondern gemäß § 16 Abs. 2 nur zu einem Ausschluss führen kann. Auch die aktuelle Fassung von Formblatt 124 des VHB ist insoweit problematisch, weil die dort geforderte Erklärung von Bietern, im Angebot gemäß § 16 Abs. 2 bezuschlagt werden könnte, und zwingend ausgeschlossen werden muss, weil die Bieter diese Erklärung nicht abgeben können.[39]

---

[29] OLG Düsseldorf 26.1.2006 – VII-Verg 92/05, IBR 2006, 292 insoweit nicht abgedruckt in IBR 2006, 292.
[30] VK Bund 13.6.2007 – VK 2 – 51/07, juris.
[31] VK Bund 13.6.2007 – VK 2 – 51/07, juris.
[32] BayObLG GewArch 2003, 167 (168).
[33] Zutreffend: VK Bund 14.6.2011 – VK 1 – 54/11, juris aber aufgehoben durch: OLG Düsseldorf 16.11.2011 – VI – Verg 60/11, NJW-Spezial 2012, 46.
[34] Vgl. VK Sachsen 19.10.2010 – 1/SVK/037/10, juris; VK Nordbayern 18.9.2003 – 320.VK-3194-31/03, juris.
[35] *Mertens* in FKZGM VOB Kommentar, VOB/A § 6 Rn. 100; *Hausmann/von Hoff* in KMPP, Kommentar zur VOB/A, § 6 Rn. 148.
[36] (Zu § 11 Abs. 4 lit. a VOF 2006) VK Sachsen 19.10.2010 – 1/SVK/037/10, juris; VK Nordbayern 18.9.2003 – 320.VK-3194-31/03, juris; VK Baden-Württemberg 23.6.2003 – 1 VK 28/03, juris.
[37] VK Nordbayern 18.9.2003 – 320.VK-3194-31/03, juris.
[38] Vgl. VK Sachsen 19.10.2010 – 1/SVK/037/10, juris.
[39] zutreffend: VK Bund 14.6.2011 – VK 1 – 54 / 11, juris aber aufgehoben durch OLG Düsseldorf 16.11.2011 – VII-Verg 60/11, NJW-Spezial 2012, 46.

19 Gemäß Nr. 6 können Angaben darüber verlangt werden, ob sich das Unternehmen in **Liquidation** befindet. Auch diese Angabe bezieht sich auf den Wegfall der finanziellen Leistungsfähigkeit des Teilnehmers[40], auch darin liegt gemäß § 16 Abs. 2 kein zwingender Ausschlussgrund.[41]

20 Nach Nr. 7 kann der Auftraggeber Angaben darüber verlangen, dass nachweislich **keine schwere Verfehlung** begangen wurde, die die Zuverlässigkeit als Bewerber in Frage stellt. Kann der Bieter diese Erklärung nicht abgeben, muss sein Angebot aber nicht zwingend ausgeschlossen werden. Es besteht ein Beurteilungsspielraum bzw. Ermessensspielraum des Auftraggebers gemäß § 16 Abs. 2, ob das Angebot ausgeschlossen wird oder nicht.[42]

21 Damit stellt sich die Frage, was eine „nachweislich schwere Verfehlung" ist. Geringfügige Beanstandungen stellen keine schwere Verfehlung dar.[43] Unspezifizierte Vorwürfe, vage Vermutungen und Verdachtsmomente reichen ebenfalls nicht aus.[44] Zum Teil wird vertreten, dass die „schwere Verfehlung" bei wertender Betrachtung vom Gewicht her den zwingenden Ausschlussgründen des § 6 EU VOB/A zumindest nahe kommen muss.[45] Dies soll bei schwerwiegenden Verstößen gegen die Grundsätze des Geheimwettbewerbs der Fall sein können, insbesondere bei Preisabsprachen oder sonst weitgehender den Kernbereich des Angebots oder zugehöriger Kalkulationsgrundlagen betreffender Offenlegung von Angeboten.[46] Andere Teile der Rechtsprechung[47] sehen eine Verfehlung dann als schwer an, wenn sie schuldhaft begangen wurde und erhebliche Auswirkungen haben. Daher stellten auch normale Beanstandungen im Rahmen einer Dienstleistungserbringung keine schwere Verfehlung dar, auch wenn sie die Leistungsfähigkeit und Zuverlässigkeit des Unternehmens beeinträchtigten.[48] Ist der Bewerber eine juristische Person, kommt es für die Beurteilung auf die für das Unternehmen verantwortlich handelnden Personen an.[49] Somit sind Verfehlungen natürlicher Personen dem Unternehmen, welches als Bieter im Vergabeverfahren auftritt, dann zuzurechnen, wenn die Verfehlung im Rahmen der beruflichen Tätigkeit für das als Bewerber in einem Vergabeverfahren auftretende Unternehmen begangen wurde.[50]

22 Es muss sich um eine **nachweislich** schwere Verfehlung handeln. Die Darlegungs- und Beweislast hierfür liegt beim Auftraggeber.[51] Erforderlich ist, dass der Verdacht einen gewissen Grad der Erhärtung erfahren hat.[52] Eine bereits erfolgte gerichtliche Verurteilung des Bewerbers ist indes nicht erforderlich.[53] Auch muss kein Geständnis vorliegen.[54] Der Auftraggeber kann den Nachweis mit anderen Beweismitteln führen, z. B. mit einer Anklageschrift gegen den sich bewerbenden Unternehmer.[55] Es liegt noch keine „schwere Verfehlung" vor, wenn Meinungsverschiedenheiten bezüglich einer ordnungsgemäßen Vertragserfüllung bei einem anderen Bauvorhaben bestehen.[56] Dies gilt auch dann, wenn sie Gegenstand eines Rechtsstreits oder eines selbstständigen Beweisverfahrens sind.[57]

---

[40] Vgl. VK Sachsen 19.10.2010 – 1/SVK/037/10, juris.
[41] → § 6 Rn. 78.
[42] OLG Frankfurt VergabeR 2004, 642 (645); VK Münster 16.12.2010 – VK 9/10, IBR 2011, 293; VK Düsseldorf. 31.10.2005 – VK-30/200-B, juris; (zu § 6 EG VOL/A) *Hausmann/von Hoff* in KMPP, Kommentar zur VOL/A, EG § 6 Rn. 102 sowie § 6 Rn. 78.
[43] VK Münster 16.12.2010 – VK 9/10, IBR 2011, 293; (zu § 6 EG VOL/A) *Hausmann/von Hoff* in KMPP, Kommentar zur VOL/A, EG § 6 Rn. 104 f.
[44] OLG Düsseldorf 28.7.2005 – VII-Verg 42/05, IBR 2005, 616, insoweit nicht abgedruckt in IBR 2005, 616; OLG Saarbrücken NZBau 2004, 346 (347).
[45] Vgl. OLG Düsseldorf VergabeR 2008, 865 (866) (zu § 7 Nr. 5 lit. c VOL/A 2006).
[46] OLG Düsseldorf VergabeR 2008, 865 (866) (Zu § 7 Nr. 5 lit. c VOL/A 2006).
[47] VK Sachsen 3.11.2005 – 1/SVK/125-05, juris; 25.6.2003 – 1/SVK/051-03, IBRRS 2004, 3421.
[48] VK Sachsen 25.6.2003 – 1/SVK/051-03, IBRRS 2004, 3421.
[49] OLG Düsseldorf 28.7.2005 – VII-Verg 42/05, IBR 2005, 616 insoweit nicht abgedruckt in IBR 2005, 616.
[50] VK Bund 11.10.2002 – VK 1–75/02, IBRRS 2013, 3949.
[51] VK Sachsen 3.11.2005 – 1/SVK/125-05, juris; 25.6.2003 – 1/SVK/051-03, IBRRS 2004, 3421; *Hausmann/von Hoff* in KMPP, Kommentar zur VOL/A, § 6 Rn. 160.
[52] OLG Saarbrücken NZBau 2004, 346 (347); LG Berlin NZBau 2006, 397; VK Baden-Württemberg 14.1.2005 – 1 VK 87/04, IBRRS 2005, 2181.
[53] OLG Saarbrücken NZBau 2004, 346 (347); LG Berlin NZBau 2006, 397; *Hausmann/von Hoff* in KMPP, Kommentar zur VOL/A, EG § 6 Rn. 112.
[54] VK Münster 16.12.2010 – VK 9/10, IBR 2011, 293.
[55] LG Berlin NZBau 2006, 397; *Schranner* in Ingenstau/Korbion, VOB Kommentar, VOB/A § 6 Rn. 121; *Sterner* NZBau 2001, 423 (424).
[56] LG Düsseldorf 16.3.2005 – 12 O 225/04, IBR 2005, 340 insoweit nicht abgedruckt in IBR 2005, 340.
[57] LG Düsseldorf 16.3.2005 – 12 O 225/04, IBR 2005, 340 insoweit nicht abgedruckt in IBR 2005, 340.

Die nachweislich schwere Verfehlung muss die **Zuverlässigkeit des Bewerbers in Frage** 23
stellen. Aufgrund der nachweislich schweren Verfehlung müssen für den zu vergebenden
Auftrag schwere Zweifel an der Zuverlässigkeit des Bewerbers bestehen.[58] Allerdings ist es
nicht so, dass eine strafrechtliche Verurteilung bei der Zuverlässigkeit der Antragstellerin
deshalb nicht berücksichtigt werden könnte, da sie aus der Tätigkeit auf einem völlig anderen
Rechtsgebiet resultiert.[59] Auch eine günstige Sozialprognose im Rahmen einer Strafaussetzung
zur Bewährung führt nicht zwingend zur Bejahung der Zuverlässigkeit im Rahmen des
Vergaberechts.[60] Auch der Umstand, dass die Taten, derentwegen die Verurteilung erfolgte,
bereits über acht Jahre zurückliegen, vermag den erforderlichen Kausalzusammenhang zwischen
der Verfehlung und dem Infragestellen der Zuverlässigkeit nicht auszuschließen.[61] Dagegen
soll es fraglich erscheinen, nach einem Zeitraum von ca. vier Jahren nach einer
strafrechtlichen Verurteilung aus den zugrunde liegenden Verfehlungen noch eine Unzuverlässigkeit
im vergaberechtlichen Sinn herzuleiten.[62] Auch die fehlende Mitarbeit bei der
Aufklärung der schweren Verfehlung kann für sich betrachtet ebenfalls keine Zweifel an der
Zuverlässigkeit begründen.[63]

Nr. 8 nennt die Angabe, dass die Verpflichtung zur Zahlung von **Steuern** und Abgaben sowie
der Beiträge zur gesetzlichen **Sozialversicherung** ordnungsgemäß erfüllt wurde. Auch insoweit
besteht ein Beurteilungsspielraum bzw. Ermessensspielraum, ob das Angebot ausgeschlossen
werden soll (§ 16 Abs. 2).[64]

Nr. 9 sieht die Angabe vor, dass sich das Unternehmen bei der **Berufsgenossenschaft**
angemeldet hat. Auch insoweit besteht ein Beurteilungsspielraum bzw. Ermessensspielraum, ob
das Angebot ausgeschlossen werden soll (§ 16 Abs. 2).[65]

Soweit die Vergabestelle bei den Angaben zu § 6 Abs. 2 Nr. 5–9 formlose Eigenerklärungen
verlangt und den Bewerbern kein Formblatt vorgibt, muss der Bewerber oder Bieter auch die
Möglichkeit haben, sinngemäß in eigenen Worten das zu erklären, was Ziel der Erklärungsabforderung
des Auftraggebers ist.[66] Nicht jedwede sprachliche Ungenauigkeit kann dazu führen,
dass dem Bieter/Bewerber ein Erklärungsdefizit vorgeworfen wird.[67] Dies liefe der Intention der
Novellierung des Vergaberechts zuwider und würde dem Bieter ein ungewolltes Formulierungsrisiko
auferlegen, das so weder vom Auftraggeber noch vom Bewerber/Bieter antizipiert werden
kann.[68]

4. Weitere Eignungsnachweise. Gemäß § 6 Abs. 3 VOB/A können weitere Nachweise 24
verlangt werden. Welche Eignungsnachweise dies sind, hängt von dem konkret zu vergebenden
Auftrag ab, wobei der Vergabestelle ein Beurteilungsspielraum eingeräumt wird.[69] Der Auftraggeber
ist hinsichtlich der Aufstellung von Eignungskriterien jedoch nicht frei.[70] Solche zusätzlichen
Nachweise sind nur zulässig, wenn es sich im Rahmen der anzustellenden Prognose um
solche Eignungsnachweise handelt, die der Auftraggeber zur Sicherstellung seines Erfüllungsinteresses
für erforderlich hält, die mit den gesetzlichen Bestimmungen im Einklang stehen und
die nicht unverhältnismäßig, nicht unangemessen und für die Bieter zumutbar sind.[71] Wird mit
dem zusätzlich geforderten Nachweis eine Mindestanforderung gemäß nachfolgender Ziffer 2
verbunden, müssen nicht nur vorgenannte Zulässigkeitsvoraussetzungen erfüllt sein, sondern

---

[58] *Hausmann/von Hoff* in KMPP, Kommentar zur VOB/A, § 6 Rn. 163.
[59] OLG München VergabeR 2006, 561 (565).
[60] OLG München VergabeR 2006, 561 (566).
[61] OLG München VergabeR 2006, 561 (565).
[62] Jeweils im Ergebnis offen gelassen: OLG München VergabeR 2006, 561 (566); VK Bund 11.10.2002 – VK 1–75/02, IBRRS 2013, 3949.
[63] OLG Düsseldorf IBR 2005, 616 (2. Ls.).
[64] → § 6 Rn. 78.
[65] → § 6 Rn. 78.
[66] Vgl. VK Sachsen 19.10.2010 – 1/SVK/037/10, juris; 23.9.2010 – 1/SVK/031/10, juris.
[67] Vgl. VK Sachsen 19.10.2010 – 1/SVK/037/10, juris.
[68] Vgl. VK Sachsen 19.10.2010 – 1/SVK/037/10, juris.
[69] VK Düsseldorf 21.1.2009 – VK – 43/2008, IBR 2009, 290 – L; VK Brandenburg 17.9.2008 – VK 21/08, juris; VK Bund 24.7.2008 – VK 3–95/08, juris.
[70] VK Düsseldorf 21.1.2009 – VK – 43/2008, IBR 2009, 290 – L; VK Bund 1.8.2008 – VK 2–88/08, juris.
[71] OLG Düsseldorf 19.11.2014 – VII – Verg 30/14, VPR 2015, 36 OLG Düsseldorf 25.6.2014 – VII – Verg 38/13, BauR 2015, 316 anders, aber wohl aufgegeben: OLG Düsseldorf 7.5.2014 – VII-Verg 46/13, IBR 2014, 566.

zusätzlich die Voraussetzungen für Mindestanforderungen gemäß vorstehender Ziffer 2.[72] Wenn der Auftraggeber Mindeststandards, wie z. B. eine Referenz über einen Auftrag vergleichbarer Größenordnung stellen will, muss der Auftraggeber sowohl klarstellen, dass er einen Mindeststandard setzt, als auch Bedenken, dass es in diesem Fall nicht ausreicht bzgl. der geforderten Eignungsnachweise allein auf das Präqualifikationsverzeichnis gemäß § 6b Abs. 1 zu verweisen. Es wird auch im Rahmen der Präqualifikation geprüft, dass Leistungen, die mit der zu vergebenden Leistung vergleichbar sind, ausgeführt wurden. Allerdings kann sich die Vergleichbarkeitsprüfung durch Präqualifikation nicht auf den konkreten Auftrag beziehen, weil dieser im Rahmen der Präqualifikation unbekannt ist. Ermöglicht der Auftraggeber deshalb den Nachweis der Eignung durch Präqualifikation, kann er allein aus § 6b Abs. 1 nicht folgern, der Bieter sei ungeeignet, weil er die Ausführungen von Leistungen, die mit der zu vergebenden Leistung vergleichbar sind, meistens insbesondere bzgl. des Auftragswertes und ähnlichem vergleichbar sind, nicht erbracht habe. Vielmehr muss der Auftraggeber, wenn er einen solchen Mindeststandard für eine solche Referenz fordern will, dies als weiteren Eignungsnachweis gemäß § 6a Abs. 3 VOB/A ausdrücklich fordern.

§ 6b Mittel der Nachweisführung/Verfahren

(1) **Der Nachweis der Eignung kann mit der vom Auftraggeber direkt abrufbaren Eintragung in die allgemein zugängliche Liste des Vereins für die Präqualifikation von Bauunternehmen e. V. (Präqualifikationsverzeichnis) erfolgen.**
(2) **Die Angaben können die Bewerber oder Bieter auch durch Einzelnachweise erbringen. Der Auftraggeber kann dabei vorsehen, dass für einzelne Angaben Eigenerklärungen ausreichend sind. Eigenerklärungen, die als vorläufiger Nachweis dienen, sind vor den Bietern, deren Angebote in die engere Wahl kommen, durch entsprechende Bescheinigungen der zuständigen Stellen zu bestätigen.**
(3) **Bei Öffentlicher Ausschreibung sind in der Aufforderung zur Angebotsabgabe die Nachweise zu bezeichnen, deren Vorlage mit dem Angebot verlangt oder deren spätere Anforderung vorbehalten wird. Bei Beschränkter Ausschreibung nach Öffentlichem Teilnahmewettbewerb ist zu verlangen, dass die Nachweise bereits mit dem Teilnahmeantrag vorgelegt werden.**
(4) **Bei Beschränkter Ausschreibung und Freihändiger Vergabe ist vor der Aufforderung zur Angebotsabgabe die Eignung der Unternehmen zu prüfen. Dabei sind die Unternehmen auszuwählen, deren Eignung die für die Erfüllung der vertraglichen Verpflichtungen notwendige Sicherheit bietet; dies bedeutet, dass sie die erforderliche Fachkunde, Leistungsfähigkeit und Zuverlässigkeit besitzen und über ausreichende technische und wirtschaftliche Mittel verfügen.**

Schrifttum: *André,* Quod erat illustrandum: Die interpretative Konkretisierung primärrechtlich fundierter Vergabeverfahrensstandards auf dem unionsgerichtlichen Prüfstand, NZBau 2010, 611; *Behrens,* Zulassung zum Vergabewettbewerb bei vorausgegangener Beratung des Auftraggebers, NZBau 2006, 752; *Benedict,* „Vergabefremde" Aspekte nach Beentjes und Nord-Pas-de-Calais, NJW 2001, 947; *Braun,* Europarechtlicher Vergaberechtsschutz unterhalb der Schwellenwerte, Vergaberecht 2007, 17; *Braun/Peters,* Präqualifikation und Prüfungssysteme, VergabeR 2010, 433; *Burgi,* Die Bedeutung der allgemeinen Vergabegrundsätze Wettbewerb, Transparenz und Gleichbehandlung, NZBau 2008, 29; *Burgi,* Kriterien für die Vergabe von Postdienstleistungen im Gewährleistungsstaat, VergabeR 2007, 457; *Burgi,* Vergabefremde Zwecke und Verfassungsrecht, NZBau 2001, 64; *Burgi,* Ausschluss und Vergabesperre als Rechtsfolgen von Unzuverlässigkeit NZBau 2014, 595; *Byok/Jäger,* Kommentar zum Vergaberecht. 3. Auflage 2011; *Diemon-Wies,* Soziale und ökologische Kriterien in der Vergabepraxis, VergabeR 2010, 317; *Diringer,* Die Beteiligung sog. Projektanten am Vergabeverfahren, VergabeR 2010, 361; *Dreher,* Der Marktzutritt von Newcomern als Herausforderung für das Kartellvergaberecht, NZBau 2008, 545; *Dreher/Hoffman,* Der Marktzutritt von Newcomern als Herausforderung für das Kartellvergaberecht, NZBau 2008, 545; *Dreher/Hoffmann,* Die erfolgreiche Selbstreinigung zur Wiedererlangung der kartellvergaberechtlichen Zuverlässigkeit und die vergaberechtliche Compliance – Teil 1 und Teil 2 NZBau 2014, 67 ff.; 150 ff.; *Freise,* Berücksichtigung von Eignungsmerkmalen bei der Ermittlung des wirtschaftlichsten Angebots?, NZBau 2009, 225; *Gabriel,* Die Vergaberechtsreform 2009 und die Neufassung des vierten Teils des GWB, NJW 2009, 2011; *Gabriel/Voll,* das Ende der Inländerdiskriminierung im Vergabe-(Primär)Recht, NZBau 2014, 155 ff.; *Gesterkamp/Laumann,* Die Berücksichtigung allgemeinverbindlicher Tarifverträge bei der Vergabe öffentlicher Aufträge, VergabeR 2007, 477; *Grabitz/Hilf,* Das Recht der Europäischen Union, Band IV; *Gröning,* Referenzen und andere Eignungsnachweise,

---

[72] → § 6 Rn. 67 ff.

VergabeR 2008, 721; *Herig,* Praxiskommentar VOB, Teile A, B und C, 3. Aufl., 2007; *Hesse,* Grundzüge des Verfassungsrechts der Bundesrepublik Deutschland, 20. Auflage, 1995; *H/H/K/W,* 2013; *Höfler,* Transparenz bei der Vergabe öffentlicher Aufträge, NZBau 2010, 73; *Höfler/Bayer,* Praxishandbuch Bauvergaberecht, 3. Aufl., München 2012; *Immenga/Mestmäcker,* Wettbewerbsrecht, Band 2/Teil 2 GWB (Vergaberecht), 5. Auflage 2014 von Mangoldt/Klein/Starck, Kommentar zum Grundgesetz, 6. Auflage 2010; *Kallerhoff,* Zur Begründetheit von Rechtsschutzbegehren unterhalb der vergaberechtlichen Schwellenwerte, NZBau 2008, 97; *Kirch/Leinemann,* Alles neu? Mindestlohnvorgaben und Eigenleistungsquoten nach der Vergaberechtsmodernisierung, VergabeR 2009, 414; *Kirch/Kues,* Alle oder keiner? – Zu den Folgen der Insolvenz eines Mitglieds einer Bietergemeinschaft im laufenden Vergabeverfahren, VergabeR 2008, 32; *Kolpatzik,* „Berater als Bieter" vs. „Bieter als Berater" – „Projekanten" und „Wettbewerblicher Dialog" als Instrumente zur Einführung externer Know-how's in die Vorbereitung und Durchführung einer formellen Auftragsvergabe, VergabeR 2007, 279; *Krohn,* Vertragsänderungen und Vergaberecht – Wann besteht eine Pflicht zur Neuausschreibung, NZBau 2008, 619; *Kupczyk,* Die Projektantenproblematik im Vergaberecht, NZBau 2010, 21; *Kullack/Kerner,* Zur Berücksichtigung von Generalübernehmern bei der Vergabe von Bauleistungen, ZfBR 2003, 443; *Leinemann,* das neue Vergaberecht, 2. Auflage 2010; *Müller-Wrede,* VOL/A, 3. Auflage, 2010; *Münch/Kunig,* Grundgesetzkommentar, 6. Auflage 2012; *Overbuschmann,* verstößt die Verabredung einer Bietergemeinschaft gegen das Kartellrecht? VergabeR 2014, 634; *Pauly,* Ist der Ausschluss des Generalübernehmers vom Vergabeverfahren noch zu halten?, VergabeR 2005, 312; *Prieß/Becker,* Die Beteiligungsfähigkeit von Generalübernehmern in VOB-Vergabeverfahren – keine Frage der Schwellenwerte, VergabeR 2004, 159; *Prieß/Pitschas,* Die Vereinbarkeit vergabefremder Zwecke mit dem deutschen und europäischen Vergaberecht – dargestellt am Beispiel der Scientology Erklärung, ZVgR 1999, 144; *Prieß/Stein,* Nicht nur sauber, sondern rein: Die Wiederherstellung der Zuverlässigkeit durch Selbstreinigung, NZBau 2008, 230; *Pünder/Schellenberg,* Vergaberecht 2011; *Roth,* Änderung der Zusammensetzung von Bietergemeinschaften und Austausch von Nachunternehmern im laufenden Vergabeverfahren, NZBau 2005, 316; *Rust,* GWB-Vergaberecht und soziale Standards, EuZW 1999, 453; *Rust,* Sozialpolitische Kriterien in landesgesetzlichen Vergabevorschriften, NJ 2001, 113; *Scharf/Schütte,* Fehlende Angebotsunterlagen im Bau- und Dienstleistungsbereich, VergabeR 2005, 448; *Schima,* Wettbewerbsfremde Regelungen – falsche Signale vom Europäischen Gerichtshof, NZBau 2002, 1; *Schmidt,* Wider den Ausschlussautomatismus: Kein zwingender Ausschluss einer Bietergemeinschaft bei Insolvenz eines Mitgliedsunternehmens, NZBau 2008, 41; *Stapelfeld,* Aktuelle Entwicklungen im Vergaberecht – Die Neufassung von VOB/A und VOL/A, KommJur 2010, 241; *Steiff,* Vergabefremde Aspekte – eine Zwischenbilanz, VergabeR 2009, 290; *Stein/Friton,* Internationale Korruption, zwingender Ausschluss und Selbstreinigung, VergabeR 2010, 151; *Sterner,* Rechtsschutz gegen Auftragssperren, NZBau 2001, 423; *Stoye,* Generalübernehmervergabe – nötig ist ein Paradigmenwechsel bei den Vergaberechtlern, NZBau 2004, 648; *Stoye/Hoffmann,* Nachunternehmerbenennung und Verpflichtungserklärung im Lichte der neuesten BGH-Rechtsprechung, VergabeR 2009, 569; *Willenbruch/Wieddekind,* Vergaberecht, 3. Auflage, 2014; *Ziekow/Völlink,* Vergaberecht 2011; *Ziekow,* Vergabefremde Zwecke und Europarecht, NZBau 2001, 72; *Zimmermann,* Einfluss des § 7 Nr. 6 VOL/A auf § 8 Nr. 6 VOB/A, ZfBR 2006, 220.

Übersicht

	Rn.
A. Allgemeines	1
B. Nachweisformen	4
C. Angaben betreffend die Eignungsnachweise in den Vergabeunterlagen	7
D. Zeitpunkt zur Festlegung der geforderten Eignungsnachweise	8
E. Eignungsprüfung	9
I. Formalen und materielle Eignungsprüfung	10
II. Grundsatz: Beurteilungsspielraum	11
III. Einschränkungen des Beurteilungsspielraums durch Festlegung oder Nichtfestlegung von Mindestbedingungen	12
IV. Einschränkung des Beurteilungsspielraums durch Präqualifikation	14
V. Berufung auf die Eignung Dritter	15
F. Eignungskriterien	18
I. Fachkunde	18
II. Leistungsfähigkeit	19
III. Zuverlässigkeit	22
IV. Eignung und Schlechtleistung des Bieters in der Vergangenheit	28
G. Zeitpunkt der Eignungsprüfung und Präklusion (§ 6 Abs. 3 Nr. 1 und 6)	30
I. Bei Öffentlicher Ausschreibung	30
II. Bei Beschränkter Ausschreibung und Freihändiger Vergabe	34
III. Verspätete Eignungsprüfung und neue Erkenntnisse des Auftraggebers	35
H. Darlegungs- und Beweislast bei der Eignungsprüfung	39
I. Eignungskriterien und Drittschutz	41

A. Allgemeines

1 Durch die VOB/A 2016 wurden die Regelungen, die ursprünglich allesamt in § 6 VOB/A a. F. enthalten waren, aufgeteilt in §§ 6, 6a, 6b sowie § 3b VOB/A. Inhaltlich waren die Regelung in § 6a VOB/A 2016 aber gleichlautend in § 6 VOB/A 2012 enthalten.

2 Auch wenn die dogmatischen Einzelheiten nach wie vor nicht abschließend geklärt sind, erkennt die überwiegende Ansicht in Literatur und Rechtsprechung inzwischen an, dass auch unterhalb der EU-Schwellenwerte Primärrechtsschutz erlangt werden kann.[1]

3 Auch bei Auftragsvergaben unterhalb der EU-Schwellenwerte, d. h. im Anwendungsbereich des § 6 VOB/A können unionsrechtliche Vorgaben zu einer einschränkenden Auslegung von § 6 VOB/A führen.[2]

B. Nachweisformen

4 Die Nachweise gemäß § 6a Abs. 2 VOB/A kann ein Bieter dadurch erbringen, dass er auf seine Eintragung in die Liste des Vereins für Präqualifikation von Bauunternehmen eV (Präqualifikationsverzeichnis) verweist. Statt des Verweises auf die **Präqualifikation** können die Bieter die Nachweise auch durch Einzelnachweise erbringen, wobei der Auftraggeber in den Vergabeunterlagen bestimmen und zulassen kann, dass zunächst nur Eigenerklärung einzureichen sind.

Der Verein für Präqualifikation von Bauunternehmen eV existiert seit 2006. Träger des Vereins sind der Bund, die Länder, die Kommunen sowie die Bauwirtschaft selbst. Ende 2008 hatten 1.420 Auftraggeber Zugriff auf das Register, und es waren ca. 940 Unternehmen registriert. Seit Mitte 2008 nimmt die Zahl der registrierten Unternehmen erheblich zu. Mit Erlass des BMVBS vom 17.1.2008 wurde bestimmt, dass ab dem 1.10.2008 bei Vergaben des Bundeshochbaus im Verfahren der beschränkten Ausschreibung ohne öffentlichen Teilnahmewettbewerb und im Verfahren der freihändigen Vergabe grundsätzlich nur Unternehmen zur Abgabe eines Angebotes aufzufordern sind, die ihre Eignung durch eine Eintragung in die allgemein zugängliche Liste des Vereins für die Präqualifikation von Bauunternehmen eV nachgewiesen haben. Es bestehen allerdings Zweifel daran, dass eine solche Erlassregelung mit den allgemeinen Wettbewerbsgrundsätzen vereinbar ist. Der Rückgriff auf nicht präqualifizierte Unternehmen soll nach dem Erlass nur zulässig sein, wenn bei beschränkter Ausschreibung weniger als drei Unternehmen, die für den konkreten Auftrag in Betracht kommen, im Register eingetragen sind oder wenn durch die Beschränkung auf präqualifizierte Unternehmen Wettbewerbsbeschränkungen nicht ausgeschlossen werden können (Ergänzungserlass des BMVBS vom 5.9.2008).

5 Abgesehen von vorstehenden Erlassen des BMVBS können die Bieter gemäß § 6b Abs. 2 die Angaben auch durch **Einzelnachweise** erbringen. Den Bietern muss also von dem öffentlichen Auftraggeber die Wahl gelassen werden, ob sie sich auf die Eintragung in das Präqualifikationsverzeichnis berufen oder ob sie Einzelnachweise beibringen.

Soweit der Auftraggeber neben den in § 6a Abs. 2 VOB/A genannten Angaben zusätzliche Nachweise verlangt hat, müssen selbstverständlich alle Bieter diese zusätzlichen Nachweise durch Einzelnachweise erbringen. Erfreulicherweise ist in § 6b Abs. 2 VOB/A am Ende nunmehr klargestellt, dass der Auftraggeber vorsehen kann, dass für einzelne Angaben Eigenerklärungen ausreichend sind, d. h. der öffentliche Auftraggeber kann zunächst für alle in § 6a Abs. 2 VOB/A gemachten Angaben Eigenerklärungen ausreichen lassen. Es kann öffentlichen Auftraggebern nur dringend angeraten werden, von dieser Möglichkeit Gebrauch zu machen. Denn verlangt ein öffentlicher Auftraggeber z. B. den Nachweis, dass die Beiträge zur gesetzlichen Sozialversicherung ordnungsgemäß erfüllt wurden, müssen die entsprechenden Erklärungen von einer Vielzahl von Krankenkassen eingeholt werden, wenn Eigenerklärungen nicht zugelassen sind.

6 § 6b Abs. 2 VOB/A stellt dann auch klar, dass die Eigenerklärung von den Bietern, deren Angebote in die engere Wahl kommen, durch entsprechende Bescheinigung der zuständigen Stellen zu bestätigen sind.

---

[1] Siehe § 2 VOB/A Rn. 6 ff.
[2] Siehe § 6 Rn. 6 ff.

C. Angaben betreffend die Eignungsnachweise in den Vergabeunterlagen

Der Auftraggeber muss somit angeben, welche Eignungsnachweise er verlangt, er muss angeben, ob er Mindestanforderungen stellt, die der Bieter erfüllen muss, um geeignet zu sein, er muss angeben, in welcher Form die Eignungsnachweise eingereicht werden können und wann sie eingereicht werden können (mit dem Angebot oder auf Anforderung zu einem späteren Zeitpunkt). So kann der Auftraggeber bei einer öffentlichen Ausschreibung vorsehen, dass die Nachweise mit dem Angebot vorzulegen sind oder dass er sich eine spätere Anforderung nur vorbehält. Bei der beschränkten Ausschreibung bestimmt § 6b Abs. 3 VOB/A zwingend, dass die Nachweise bereits mit dem Teilnahmeantrag vorgelegt werden müssen. Jedenfalls nach dem Wortlaut von § 6b Abs. 3 VOB/A folgt daraus, dass der Auftraggeber sich nicht vorbehalten kann, im Rahmen des Teilnahmewettbewerbs Unterlagen nachzufordern. 7

D. Zeitpunkt zur Festlegung der geforderten Eignungsnachweise

Gemäß § 6b Abs. 3 müssen bei der **öffentlichen Ausschreibung** spätestens in der Aufforderung zur Angebotsabgabe die Nachweise bezeichnet werden, deren Vorlage mit dem Angebot verlangt oder deren spätere Anforderung vorbehalten wird. Gemäß § 12 Abs. 1 Nr. 2 lit. u soll der Auftraggeber die Nachweise allerdings bereits in der Bekanntmachung angeben. Es handelt sich in § 12 nur um eine „Soll-Vorschrift". Wenn der Auftraggeber allerdings in der Bekanntmachung bereits Eignungsnachweise gefordert hat, kann er dies nachträglich nicht mehr ändern, d. h. er kann die Nachweise weder vereinfachen noch erschweren, weil darin eine Verletzung des Transparenz- und Gleichbehandlungsgebotes läge.[3] Bei **beschränkter Ausschreibung** nach öffentlichem Teilnahmewettbewerb müssen die Nachweise so rechtzeitig bezeichnet werden, dass die Bieter im Teilnahmewettbewerb sie mit ihrem Teilnahmeantrag vorlegen können. Die Bieter sollen dadurch zumindest in groben Umrissen über die wesentlichen Anforderungen des Vergabeverfahrens informiert werden, um ihnen die Beurteilung zu ermöglichen, ob die Ausschreibung ihr Interesse findet oder nicht.[4] An diese bekannt gemachten Eignungsnachweise ist die Vergabestelle gebunden.[5] 8

E. Eignungsprüfung

Die Eignungsprüfung ist in der VOB/A nur bezüglich einzelner Aspekte geregelt. Geregelt sind die Anforderungen, die zur Bejahung der Eignung gestellt werden können (§ 6 EG Abs. 5 Nr. 1 und § 2 VOB/A), der Zeitpunkt der Eignungsprüfung, die Möglichkeit, von den Bietern Eignungsnachweise zu fordern (§ 6 Abs. 3 VOB/A), und der Zeitpunkt, bis zu dem geforderte Eignungsnachweise vorgelegt werden müssen (§ 6 Abs. 3 Nr. 5). 9

I. Formalen und materielle Eignungsprüfung

Bei der Eignungsprüfung wird zwischen der formellen und materiellen Eignungsprüfung unterschieden. Formal wird geprüft, ob der Bieter die geforderten Erklärungen vorgelegt hat. Ist dies nicht der Fall, muss er – ggf. nach erfolgloser Nachforderung der Nachweise – zwingend ausgeschlossen werden, selbst wenn der Auftraggeber aus anderen Verfahren weiß, dass der Bieter geeignet ist.[6] Insoweit findet eine rein formale Prüfung statt. Daneben prüft der Auftraggeber anhand der vorgelegten Eignungsnachweise, ob der Bieter **materiell geeignet** ist.[7] Bei der materiellen Eignungsprüfung kann der Auftraggeber neben den geforderten und vorgelegten Eignungsnachweisen auch weitere Erkenntnisse berücksichtigen, z. B. negative Auskünfte von Referenzauftraggebern trotz Präqualifikation.[8] Zwar kann aus dem Wortlaut von § 16 Abs. 2 („Dabei sind anhand der vorgelegten Nachweise …") gefolgert werden, dass der Auftraggeber 10

---

[3] *Hausmann/von Hoff* in KMPP, Kommentar zur VOB/A § 6 Rn. 181.
[4] VK Düsseldorf 21.1.2009 – VK – 43/2008, IBR 2009, 290 – L.
[5] *Mertens* in FKZGM VOB Kommentar, VOB/A § 12 Rn. 38.
[6] → Rn. 6.
[7] *Burgi* VergabeR 2007, 457 (464); *Dittmann* in KMPP VOB/A § 16 Rn. 175 ff.
[8] So VK Südbayern 11.9.2014 – Z 3-3-3194-1-34- 07/14, IBRRS 2014, 2652; *Hausmann/von Hoff* in KMPP, Kommentar zur VOB/A § 6 Rn. 162, 163.

bei der Eignung nur die vorgelegten Nachweise berücksichtigen darf. § 16 Abs. 2 VOB/A kann aber nicht dahin ausgelegt werden, dass die Berücksichtigung weiterer Erkenntnisse des Auftraggebers bei der Eignungsprüfung nicht berücksichtigt werden kann. Dies würde dem Sinn und Zweck der Eignungsprüfung widersprechen, weil es dazu führen könnte, dass Bieter trotz eindeutig fehlender Eignung zur Angebotsabgabe aufgefordert werden müssten.[9] Der Auftraggeber ist deshalb nicht gehindert, negative eigene Erfahrungen oder negative Erfahrungen anderer Auftraggeber bei der materiellen Eignungsprüfung zu berücksichtigen, auch wenn das Unternehmen präqualifiziert ist.

II. Grundsatz: Beurteilungsspielraum

11   Der Vergabestelle steht im Rahmen der Eignungsprüfung ein **weiter Beurteilungsspielraum** zu.[10] Ihre Entscheidung ist schon dann rechtmäßig, wenn ein objektiver, fachkundiger Auftraggeber vertretbar die gleiche Entscheidung treffen würde. Die Grenzen des Beurteilungsspielraums verletzt die Vergabestelle erst dann, wenn sie entweder ein vorgeschriebenes Verfahren nicht einhält, wenn sie von einem unzutreffenden oder unvollständigen Sachverhalt ausgeht, wenn sachwidrige Erwägungen für die Entscheidung verantwortlich waren oder wenn bei der Entscheidung ein sich sowohl im Rahmen des Gesetzes als auch im Rahmen der Beurteilungsermächtigung haltender Beurteilungsmaßstab nicht zutreffend angewandt wurde.[11] Deshalb können weder die Nachprüfungsbehörden noch Gerichte die Prüfung selbst vornehmen, sie können nur prüfen und beanstanden, dass die Vergabestelle ihren Beurteilungsspielraum nicht eingehalten hat. Die Frage, ob eine Heilung einer unterbliebenen oder fehlerhaften Ausübung des Beurteilungsspielraums bei der Eignungsprüfung im Vergabenachprüfungsverfahren möglich ist, wird unterschiedlich beantwortet. Während das OLG Düsseldorf[12] dies bejaht, steht das OLG Frankfurt[13] dieser Möglichkeit kritisch gegenüber. Für eine solche Möglichkeit zieht das OLG Düsseldorf den Rechtsgedanken des § 114 S. 2 VwGO heran. Es stelle eine bloße Förmelei dar und führte nur zu unnötige Verzögerungen bei der Auftragsvergabe, wenn die Vergabenachprüfungsinstanz den Wertungsspielraum überschreitende Entscheidungen aufhöbe, obwohl die Vergabestelle inzwischen eine nicht zu beanstandende Entscheidung getroffen hat und nach der Entscheidung der Nachprüfungsinstanz ohne Weiteres nochmals treffen könnte.[14] Dabei soll der Dokumentationspflicht genügt sein, wenn das Nachschieben der Gründe in anwaltlichen Schriftsätzen erfolgt.[15] Dem wird vom OLG Frankfurt[16] entgegengehalten, dass Bedeutung und Funktion des Vergabevermerks entwertet würden, wenn man dem öffentlichen Auftraggeber gestatte, den von ihm geschuldeten zeitnahen Vergabevermerk im Nachhinein zu erstellen. Dadurch würde nicht nur die Transparenz des Vergabeverfahrens beeinträchtigt, deren Verwirklichung gerade auch die Pflicht des Auftraggebers zur zeitnahen Dokumentation diene. Darüber hinaus würden Manipulationsmöglichkeiten eröffnet.

III. Einschränkungen des Beurteilungsspielraums durch Festlegung oder Nichtfestlegung von Mindestbedingungen

12   Der weite **Beurteilungsspielraum** wird jedoch bei Festlegung oder fehlender Festlegung von Mindestbedingungen **eingeschränkt.** Der Auftraggeber ist an festgelegte Mindestbedin-

---

[9] OLG Jena 18.5.2009 – 9 Verg 4/09, juris; VK Bund 25.3.2014 – VK 1–16/14, IBR 2014, 620 (BKartA Bonn, Beschluss vom 25. März 2014 – VK 1 – 16/14 –, juris, bezweifelnd, aber im Ergebnis bejahend: VK Südbayern 11.9.2014 – Z 3–3-3194-1-34-07/14, IBRRS 2014, 2652.
[10] OLG Düsseldorf 9.6.2010 – VII-Verg 14/10, IBR 2010, 647 insoweit nicht abgedruckt in IBR 2010, 647; OLG Frankfurt VergabeR 2009, 629 (636); OLG Düsseldorf BauR 1996, 98 (101); VK Bund 26.11.2010 – VK 3 – 114/10, juris; BKartA NZBau 2000, 107.
[11] OLG Frankfurt VergabeR 2009, 629 (636); OLG Schleswig 20.3.2008 – 1 Verg 6/07, NordÖR 2008, 244 insoweit nicht abgedruckt in NZBau 2008, 472; OLG Düsseldorf 29.4.2009 – Verg 76/08, ZfBR 2009, 824 insoweit nicht abgedruckt in ZfBR 2009, 824; VK Münster 16.12.2010 – VK 9/10, IBR 2011, 293; VK Münster 14.1.2010 – VK 24/09, juris.
[12] OLG Frankfurt IBR 2009, 661, offen gelassen, aber der Ansicht des OLG Düsseldorf zuneigend: OLG Jena VergabeR 2010, 509 (513 f.).
[13] OLG Frankfurt NZBau 2007, 804 (806).
[14] OLG Düsseldorf 26.11.2008 – VII-Verg 54/08, IBR 2009, 661 insoweit nicht abgedruckt in IBR 2009, 661.
[15] (Zum Nachschieben von Gründen für die Ermessensentscheidung, ob ein Vergabeverfahren aufgehoben wird) OLG Celle IBR 2011, 154; OLG Düsseldorf NZBau 2010, 582.
[16] OLG Frankfurt NZBau 2007, 804 (806).

gungen gebunden. Er kann nicht nachträglich von ihnen abweichen.[17] Etwas anderes gilt allenfalls dann, wenn alle Bieter oder Bewerber die Mindestbedingung nicht erfüllen und wenn ausgeschlossen ist, dass andere interessierte Unternehmen sich nur deshalb nicht beworben haben, weil die Mindestbedingung gestellt wurde. Mithin kann auf eine Mindestbedingung jedenfalls dann nicht verzichtet werden, wenn sie in der Bekanntmachung veröffentlicht wurde, weil dann mindestens die Möglichkeit besteht, dass es solche interessierten Unternehmen gab, die nunmehr kein Angebot eingereicht haben.[18]

Der weite Handlungsspielraum der Vergabestelle wird außerdem dann eingeschränkt, wenn sie bestimmte Eignungsnachweise, z. B. Referenzen, zunächst nicht gefordert hat. Denn dann ist es der Vergabestelle regelmäßig versagt, solche besonderen Anforderungen noch nachträglich einzufordern. Enthält schon die Vergabebekanntmachung Informationen über die dem Angebot beizufügenden Nachweise und weichen die im Anschreiben nach § 8 Abs. 1 VOB/A geforderten Unterlagen von der Vergabebekanntmachung ab, so gehen hieraus entstehende Unklarheiten über die tatsächlich zu erbringenden Nachweise nach Ansicht des OLG Düsseldorf[19] zulasten des Bieters. Um einen Ausschluss des Angebotes zu vermeiden, müssen alle in der Bekanntmachung verlangten Nachweise vorgelegt werden, selbst wenn der Auftraggeber die Nachweise im Rahmen des weiteren Verfahrens (z. B. im Schreiben mit dem zur Angebotsabgabe aufgefordert wird) einschränkt. UE ist diese Ansicht unzutreffend, weil nach allgemeinen Grundsätzen Unklarheiten in den Verdingungsunterlagen zu Lasten des Auftraggebers gehen. Mit einem solchen widersprüchlichen Verhalten schafft der Auftraggeber einen Vertrauenstatbestand zugunsten des Bieters, so dass die Abweichung nicht zum Nachteil des Bieters gereichen darf. 13

IV. Einschränkung des Beurteilungsspielraums durch Präqualifikation

Auch das Verhältnis zwischen Präqualifikation und Eignungsprüfung ist noch nicht abschließend geklärt, die Präqualifikation kann aber zu einer Einschränkung des Beurteilungsspielraums im Rahmen der Eignungsprüfung führen.[20] Dies gilt jedenfalls insoweit, als es durch eine materielle Eignungsprüfung anhand eigener, von der Vergabestelle ermittelter Eignungsnachweise – wie der negativen Referenzen im in dem von der VK Südbayern zu entscheidenden Fall – nicht zu einer Verschärfung der bekanntgegebenen Eignungsanforderungen kommen darf.[21] Eine Vergabestelle könnte sonst bewusst auf die aufwendige und fehlerträchtige Bekanntmachung von Eignungsanforderungen verzichten und lediglich eine materielle Eignungsprüfung anhand von eigenen Ermittlungen nach nicht für die Bieter erkennbaren Kriterien durchführen. Die Präqualifikation oder die Vorlage der geforderten Eignungsnachweise, die für sich genommen ausreichend sind, um die Eignung zu bejahen, hindern den öffentlichen Auftraggeber also nicht, negative Erkenntnisse anderer Auftraggeber oder eigene negative Erkenntnisse bei der Eignungsprüfung zu berücksichtigen. Er hat aber in diesem Fall eine Abwägung der an sich positiven Prognose aufgrund der eingereichten Nachweise bzw. der Präqualifikation mit den weiteren negativen Erkenntnissen zu erfolgen.[22] 14

Auch in anderen Entscheidungen zeigt sich, dass das Verhältnis von Eignungsprüfung und Präqualifikation noch nicht abschließend geklärt ist. Dem Auftraggeber ist deshalb zu empfehlen, in den Vergabeunterlagen klarzustellen, dass und welche Nachweise nicht allein durch die Präqualifikation nachgewiesen sind bzw. erbracht werden können. So hat die *Vergabekammer Nordbayern* entschieden, dass eine von der zuständigen Stelle ausgestellte Präqualifikation weder von dem Auftraggeber noch von einer Vergabekammer aberkannt werden kann, obwohl das Unternehmen unstreitig die Anforderungen nicht mehr erfüllte.[23] Weiter hat Die *Vergabekammer Nordbayern* entschieden, dass sich die Eignung eines Bieters allein aus der Präqualifikation ergebe, wenn der Auftraggeber bezogen auf Angaben zur Eignung keine weiteren Anforderungen gestellt habe.[24] 14a

---

[17] KG Berlin 21.12.2009 – 2 Verg 11/09, IBR 2010, 223; OLG Celle 12.5.2005 – 13 Verg 5/05, IBR 2005, 400; *Hausmann/von Hoff* in KKMP, Kommentar zur VOB/A § 6 Rn. 169.
[18] *Hausmann/von Hoff* in KKMP, Kommentar zur VOB/A § 6 Rn. 170.
[19] OLG Düsseldorf 25.11.2002 – Verg 56/02, juris insoweit nicht abgedruckt in IBR 2003, 217.
[20] Streitig: vgl. VK Südbayern 11.9.2014 – Z 3-3-3194-1-34-07/14, IBRRS 2014, 2652.
[21] VK Südbayern 11.9.2014 – Z 3-3-3194-1-34-07/14, IBRRS 2014, 2652.
[22] VK Südbayern 11.9.2014 – Z 3-3-3194–34-07/14, IBRRS 2014, 2652.
[23] VK Nordbayern 13.4.2016, 21.VK-3194-05/16, IBR 2016, 537.
[24] VK Nordbayern 21.6.2016, 21.VK-3194-08/16, IBR 2016, 599.

V. Berufung auf die Eignung Dritter

15 In Vergabeverfahren stellt sich häufiger die Frage, ob sich ein Bewerber zum Nachweis seiner Eignung auch auf die Leistungsfähigkeit und Fachkunde eines Dritten, insbesondere eines Konzernunternehmens, berufen kann. Nach der Rechtsprechung des EuGH hat der Bieter, sofern er auf Referenzen seiner Tochtergesellschaft verweist, nachzuweisen, dass er tatsächlich über die der Tochtergesellschaft zustehenden Mittel verfügen kann, die zur Ausführung des Auftrags erforderlich sind.[25] Dementsprechend bestimmt § 6 EG Abs. 8 VOB/A, dass sich ein Bieter bei der Erfüllung des Auftrags auch der Fähigkeiten Dritter bedienen kann. **Oberhalb der Schwellenwerte** kann sich also ein Bieter auf die Eignung anderer Unternehmen berufen. Auch hier sieht § 6 EG Abs. 8 VOB/A zur Verfahrenserleichterung vor, dass der Nachweis, über die Mittel des Dritten verfügen zu können, vom Auftraggeber angefordert werden muss, und zwar von den Bietern, deren Angebot in die engere Wahl kommt. **Unterhalb der Schwellenwerte** kann sich ein Bieter grundsätzlich nur begrenzt auf die Eignung Dritter berufen, weil und soweit das Gebot der Selbstausführung gilt.

16 Unklarheiten bestehen noch, ob und wie der Dritte in die Leistungserbringung einbezogen werden muss, um sich auf die Eignung des Dritten berufen zu können (**„Eignungsleihe"**). Bei den „anderen Unternehmen" i. S. v. § 6 EG Abs. 8 handelt es sich typischerweise um **Nachunternehmer.** Nachunternehmer ist nur, wer einen Teil der nachgefragten Bauleistung erbringen soll, wobei auch Teilleistungen, die im Verhältnis zum Gesamtauftrag nur einen geringen Prozentsatz ausmachen, Nachunternehmerleistungen sein können[26]. Keine Nachunternehmer sind solche Firmen, die bloße Hilfsfunktionen übernehmen, wie z. B. Baustofflieferanten[27] oder Geräteverleiher[28]. Nach dem Wortlaut der Vorschriften kann ein „andere(s) Unternehmen" hinaus aber auch ein Dritter sein, auf dessen Leistungsfähigkeit sich ein Bieter oder Bewerber lediglich zum Nachweis der Eignung stützen will.[29] In Betracht kommen dabei sowohl konzernverbundene Unternehmen[30] als auch andere (Dritt-)Unternehmen, auf deren Kapazitäten sich ein Bieter zum Nachweis seiner (wirtschaftlichen und finanziellen) Leistungsfähigkeit stützen will, wie z. B. sog Patronatsgeber.[31] In neuerer Zeit haben sich das OLG Düsseldorf und das OLG München mit der Frage beschäftigt, ob und inwieweit sich ein Unternehmen auf die Eignung Dritter berufen kann, wenn dieser Dritte an der Leistungserbringung nicht beteiligt werden soll. Die beiden Gerichte sind dabei zu widersprechenden Entscheidungen gelangt. Die Entscheidung des OLG Düsseldorf betraf einen Fall, in dem die Vergabestelle als Mindestbedingung zwei Referenzen forderte, der Bieter als solcher indes über keine Referenz verfügte und sich deshalb auf die Referenzen seiner Schwestergesellschaft berief. Dabei war es jedoch nicht beabsichtigt, dass die Schwestergesellschaft (Teil-)Leistungen übernimmt. Das Schwesterunternehmen erklärte jedoch verbindlich, dass es dem Bieter zur Erfüllung eines etwaigen Auftrags alle erforderlichen Mittel sowie ihre Eignung über den Vertragszeitraum zur Verfügung stelle. Nach Ansicht des OLG Düsseldorf durfte der Bieter nicht ausgeschlossen werden, weil die §§ 6 EG Abs. 8 VOB/A, 7 EG Abs. 9 VOL/A auch dann gelten, wenn das andere Unternehmen nicht als Nachunternehmer eingesetzt werden soll, sondern z. B. nur sein Know-how zur Verfügung stellen soll.[32] Das OLG München hat sich dagegen deutlich restriktiver geäußert.[33] Dieser Entscheidung lag der Fall zugrunde, dass als Mindestbedingung ein Mindestumsatz vorgesehen war. Der Bieter selbst erreichte die Mindestbedingung nicht, berief sich aber auf den Umsatz seiner Muttergesellschaft, welche indes nicht für die Erbringung bestimmter (Teil-)Leistungen vorgesehen war. Nach Ansicht des OLG München ist dies nicht möglich, weil die §§ 6 EG Abs. 8 VOB/A, 7 EG Abs. 9 VOL/A die Möglichkeit, sich auf die Fähigkeiten eines Dritten zu berufen, nur dann erlaube,

---

[25] EuGH 14.4.1994 – C-389/92, Slg. 1994, I-1289 (1307) (Rn. 17) – Ballast Nedam Groep NV gegen Belgien; EuGH 2.12.1999 – C-176/98, NZBau 2000, 149, Ls. und 150 (Rn. 29) – Holst Italia SpA gegen Commune di Cagliari; *Prieß* EuZW 1996, 357 (363); *Paetzold* Vergaberecht 6/97, S. 38.
[26] OLG München VergabeR 2010, 266 (274).
[27] VK Arnsberg 25.3.2009 – VK 4/09, juris.
[28] OLG München VergabeR 2010, 266 (274).
[29] Vgl. *Hausmann* in KMPP, Kommentar zur VOB/A EG § 6 Rn. 94.
[30] Vgl. OLG Düsseldorf 30.6.2010 – Verg 13/10, NJW-Spezial 2010, 718; aA insoweit noch OLG München 29.11.2007 – Verg 13/07, ZfBR 2008, 733; vgl. nunmehr jedoch OLG München 15.3.2012 – Verg 2/12, IBR 2012, 340.
[31] Vgl. *Hausmann/von Hoff* KMPP VOB/A EG § 6 Rn. 95 ff.
[32] OLG Düsseldorf 30.6.2010 – Verg 13/10, NJW-Spezial 2010, 718.
[33] OLG München 15.3.2012 – Verg 2/12, NJW-Spezial 2012, 206.

wenn dieser als Nachunternehmer eingesetzt werde. Das OLG München hat seine Ansicht in einer jüngst ergangenen Entscheidung auch nochmals ausdrücklich bekräftigt bzw. daran festgehalten, und zwar insbesondere auch vor dem Hintergrund der Rechtsprechung des OLG Düsseldorf.[34] Im Ergebnis ist daher festzuhalten, dass die Thematik in der Rechtsprechung bisher nicht abschließend geklärt ist und hierzu gegenläufige Ansichten vertreten werden.

Streitig ist in der Rechtsprechung, ob ein Auswechseln von benannten Nachunternehmern **17** nach Ablauf der Angebotsfrist, aber noch vor Auftragsvergabe zulässig ist. Dem EuGH[35] zufolge kann ein Wechsel des Nachunternehmers, auch wenn diese Möglichkeit im Vertrag vorgesehen ist, in Ausnahmefällen eine Änderung eines der wesentlichen Bestandteile des Konzessionsvertrags darstellen, wenn die Heranziehung eines Nachunternehmers anstelle eines anderen unter Berücksichtigung der besonderen Merkmale der betreffenden Leistung ein ausschlaggebendes Element für den Abschluss des Vertrags war. Nach Auffassung des OLG Düsseldorf wird eine Änderung der „angebotenen" Nachunternehmer grundsätzlich als unzulässig angesehen[36]. Demgegenüber hält das OLG Bremen[37] ein Nachschieben oder das Auswechseln eines Nachunternehmers für statthaft, da eine Nachunternehmererklärung oder ein Verzeichnis von Nachunternehmern nicht Bestandteil des bindenden Angebotes sei. Meines Erachtens ist die Entscheidung des OLG Bremen vorzugswürdig, weil es für die Bieter zu erheblichen Nachteilen führen kann, wenn z. B. ein Nachunternehmer insolvent wird. Da es ohne Weiteres möglich ist, die Eignungsprüfung nachzuholen, ist Letzteres vorzugswürdig. Der BGH[38] hat darüber hinaus klargestellt, dass es häufig für die Bieter unzumutbar sei, wenn sie nicht nur mitteilen müssen, welche Leistungen sie an Nachunternehmer vergeben wollen, sondern auch die ins Auge gefassten Nachunternehmer bereits bindend benennen müssen. Eine solche Handhabung könne die Bieter insgesamt in einem Maße belasten, das in der Regel nicht in einem angemessenen Verhältnis zu den Vorteilen dieser Vorgehensweise für die Vergabestellen stehe. Das OLG München[39] hat dem zugestimmt. Allerdings müssten die Namen der Nachunternehmer und die Verpflichtungserklärungen bis spätestens zu dem Zeitpunkt vorliegen, in welchem die Vergabestelle ihre Zuschlagserteilung treffen will. Dem OLG Naumburg[40] zufolge ist die BGH-Entscheidung dahingehend zu verstehen, dass die Verpflichtung der Bieter, Eignungsnachweise für Nachunternehmer schon mit dem Angebot vorzulegen, nicht regelmäßig unzumutbar und daher unzulässig ist. Vielmehr sei dies in jedem Einzelfall durch Auslegung der Angebotsunterlagen zu beantworten.

F. Eignungskriterien

I. Fachkunde

Fachkundig ist der Bewerber, der über die in dem betreffenden Fachgebiet notwendigen **18** technischen Kenntnisse verfügt, um die jeweils ausgeschriebene Leistung ordnungsgemäß erbringen zu können[41]. Woher diese Kenntnisse stammen, ist unerheblich; deshalb können Mitarbeiter ihre Kenntnisse und Erfahrungen auch bei anderen Unternehmen erworben haben[42]. Welcher **Maßstab** für die Fachkunde anzulegen ist, hängt von der zu erbringenden Bauleistung ab. Bei einem einfachen Bauvorhaben kann der Nachweis der Meisterprüfung ausreichen, während bei einem besonders schwierigen technischen Bauvorhaben selbst ein an einer technischen Universität erworbenes Diplom möglicherweise nicht ausreicht, um die Fachkunde zu bejahen[43].

---

[34] OLG München 9.8.2012 – Verg 10/12, IBR 2012, 666.
[35] EuGH 13.4.2010 – C-91/08, VergabeR 2010, 643 (649) (Rn. 39). – *Wall*.
[36] OLG Düsseldorf VergabeR 2004, 650 (651 f.); offen gelassen: ZfBR 2010, 823 (824).
[37] OLG Bremen BauR 2001, 94 (97); so auch: *Roth* NZBau 2005, 316.
[38] BGH VergabeR 2008, 782 (784), so auch: OLG München VergabeR 2009, 478 (Ls.); VK Bund 8.3.2010 – VK 2 – 5/10, juris; (für die Benennung der Nachunternehmer bereits mit dem Teilnahmeantrag für einen Teilnahmewettbewerb) VK Sachsen 10.10.2008 – 1/SVK/051-08, IBR 2009, 106; vgl. auch: OLG Düsseldorf VergabeR 2009, 905.
[39] OLG München VergabeR 2009, 478 (Ls.).
[40] OLG Naumburg ZfBR 2010, 196 (197).
[41] OLG Brandenburg 15.3.2011 – Verg W 5/11, ZfBR 2012, 830; VK Baden-Württemberg 10.9.2009 – 1 VK 41/09, juris; VK Schleswig-Holstein 27.1.2009 – VK-SH 19/08, juris; *Rusam/Weyand* in Heiermann/Riedl/Rusam, Handkommentar zur VOB, Teil A § 2 Rn. 6; *Schranner* in Ingenstau/Korbion, VOB Kommentar, VOB/A § 2 Rn. 28 f.
[42] MwN OLG Jena VergabeR 2010, 509 (513).
[43] → § 2 Rn. 22 ff.

II. Leistungsfähigkeit

19 Bei der Leistungsfähigkeit wird weniger auf die „Person" des Bewerbers, als vielmehr auf die Leistungsfähigkeit des Unternehmens in sach- bzw. betriebsbezogener Sicht abgestellt. Leistungsfähig ist ein Unternehmen, wenn sein Betrieb in technischer, kaufmännischer, personeller und finanzieller Hinsicht so ausgestattet ist, dass es die Gewähr für die ordnungsgemäße Erbringung der geforderten Bauleistungen innerhalb der Vertragsfrist bietet[44].

20 **Technische** Leistungsfähigkeit setzt in der Regel voraus, dass eine der geforderten Bauleistung entsprechende **Ausstattung** mit Maschinen, Geräten und Werkzeugen gewährleistet ist. Allerdings kann nicht verlangt werden, dass der Bewerber Eigentümer der Geräte oder Maschinen ist[45]. Denn kann der Bewerber die Geräte und Maschinen **mieten,** so kann seine Leistungsfähigkeit nicht deshalb verneint werden, weil er bei Angebotsabgabe noch nicht über die entsprechenden Maschinen und Geräte verfügt[46]. Der Auftraggeber muss dann bei der Prüfung der Leistungsfähigkeit sorgfältig prüfen, ob der Bieter nach der voraussichtlichen Marktlage die notwendigen Anmietungen wird vornehmen können. Gleiches gilt, wenn der Bieter im Rahmen zwischenbetrieblicher Kooperationen beispielsweise einem **Gerätepool** angehört. Zulässig ist es allerdings, dass der Öffentliche Auftraggeber von einem Bieter vorab den Nachweis verlangt, dass die notwendigen Geräte zur Verfügung stehen werden, er kann also z. B. die Vorlage von Mietvorverträgen verlangen[47].

21 Die **kaufmännische** Leistungsfähigkeit des Bewerbers ist zu bejahen, wenn der Betrieb ordnungsgemäß nach kaufmännischen Grundsätzen im Sinne der gesetzlichen Bestimmungen geführt wird[48]. Die **personelle** Leistungsfähigkeit ist zu bejahen, wenn der Betrieb sowohl zahlenmäßig als auch hinsichtlich der Ausbildung über das erforderliche Personal verfügt, um die Leistung zu erbringen[49]. Bei der **finanziellen** Leistungsfähigkeit muss die Größe, die Kapitalausstattung sowie der Bestand an sofort verfügbaren Mitteln in einem angemessenen Verhältnis zur Größe der zu erbringenden Bauleistung stehen[50]. Das Unternehmen muss über ausreichend finanzielle Mittel verfügen, die es ihm ermöglichen, seinen laufenden Verpflichtungen gegenüber seinem Personal, dem Staat und sonstigen Gläubigern nachzukommen[51]. Dabei ist auf die finanzielle Leistungsfähigkeit im Einzelfall abzustellen[52].

III. Zuverlässigkeit

22 Bei der Zuverlässigkeit eines Bewerbers ist zu prüfen, ob er seinen gesetzlichen Verpflichtungen, auch zur Entrichtung von Steuern und sonstigen Abgaben, nachkommt und ob er eine sorgfältige und einwandfreie Ausführung der ausgeschriebenen Bauleistungen entsprechend den rechtlichen und technischen Normen einschließlich Gewährleistung erwarten lässt[53]. Bei der Prüfung der Zuverlässigkeit bietet – neben der vergaberechtlichen Rechtsprechung – die Rechtsprechung zur Zuverlässigkeit bei § 35 GewO Anhaltspunkte dafür, wann die Zuverlässigkeit gegeben ist[54]. Im Übrigen kann von der Zuverlässigkeit eines Bewerbers ausgegangen werden, wenn er in seiner Person und nach seinem Verhalten im Berufsleben die Gewähr dafür bietet, in der notwendigen sorgfältigen Weise die verlangte Bauleistung zu erbringen.

---

[44] OLG Brandenburg 15.3.2011 – Verg W 5/11, BauR 2011, 1713; LG Leipzig VergabeR 2007, 417 (419 f.); VK Baden-Württemberg 10.9.2009 – 1 VK 41/09, juris; VK Saarland 12.1.2009 – 1 VK 07/2008, juris; mwN; *Masing* in Beck'scher VOB-Kommentar/Teil A § 2 Rn. 17.

[45] OLG Bremen ZfBR 2006, 719 (2. Ls.); OLG Düsseldorf VergabeR 2004, 537 (538); *Schranner* in Ingenstau/Korbion, VOB Kommentar, VOB/A § 2 Rn. 36; *Masing* in Beck'scher VOB Kommentar / Teil A § 2 Rn. 18.

[46] Vgl. mwN OLG München VergabeR 2006, 112 (115); VK Sachsen-Anhalt 23.7.2008 – VK 2–LVwA LSA–07/08, juris.

[47] *Schranner* in Ingenstau/Korbion, VOB Kommentar, VOB, 20 Auflage 2017, § 2 Rn. 36.

[48] Zur Zurechnung von Eignungskriterien Dritter: → § 2 Rn. 26 f.

[49] Zur Zurechnung von Eignungskriterien Dritter: → § 2 Rn. 26 f.

[50] *Schranner* in Ingenstau/Korbion, VOB Kommentar,VOB/A § 2 Rn. 36; *Prieß* in Beck'scher VOB Kommentar/Teil A, 1. Auflage, 2001, § 2 Rn. 33.

[51] OLG Düsseldorf 9.6.2004 – Verg 11/04, juris; VK Sachsen 3.11.2005 – 1/SVK/125-05, juris mwN; VK Lüneburg 8.4.2005 – VgK-10/2005, juris; *Mertens* in FKZGM VOB Kommentar, VOB/A § 6 Rn. 51.

[52] VK Bund 10.2.2004 – VK 2–150/03; VK Sachsen 3.11.2005 – 1/SVK/125-05, juris.

[53] OLG Brandenburg 15.3.2011 – Verg W 5/11, BauR 2011, 1713; OLG Düsseldorf NZBau 2000, 540; *Masing* in Beck'scher VOB Kommentar / Teil A § 2 Rn. 19.

[54] *Schranner* in Ingenstau/Korbion, VOB Kommentar, VOB/A § 2 Rn. 33.

Teils wird die Ansicht vertreten, unzuverlässig sei ein Bieter, der sich **nicht rechtstreu** 23
verhalte und Rechtsverstöße begehe[55]. Hierfür spricht, dass durch das Vergaberechtsmodernisierungsgesetz[56] das Merkmal der „Gesetzestreue" in die Vorschrift des § 97 Abs. 4 S. 1 GWB eingefügt wurde[57]. In dieser Allgemeinheit ist der Satz aber sicher nicht haltbar. Eine solche schematische Feststellung entspricht nicht § 2 Abs. 1 Nr. 1 VOB/A. Dies zeigen auch die Rechtsprechung zu § 35 GewO und die bislang ergangenen Entscheidungen im Vergaberecht, die jeweils entweder auf schwere Verfehlungen oder aber auf Verfehlungen abstellen, die im Hinblick auf das konkrete Vorhaben bedeutsam sind. Der Rechtsverstoß muss von **„einigem Gewicht"** sein, nicht jeder Rechtsverstoß führt zur Unzulässigkeit[58]. Verneint wurde die Zuverlässigkeit des Bieters u. a. in folgenden Fällen, wobei jeweils auf den konkreten Einzelfall und den konkreten Verstoß in seiner Schwere abgestellt wurde: Einsatz unerlaubter und unsachlicher Mittel, um den Auftrag zu erhalten; Bestehen schwer wiegender Korruptionsvorwürfe gegen den Bieter[59]; fachtechnisch mangelhafte Auftragsausführung in der Vergangenheit[60]; schwer wiegende Verstöße gegen das UWG[61]; illegale Beschäftigung von Arbeitnehmern[62]; schwere Verfehlung aufgrund eines auf den Geschäftsverkehr bezogenen Verstoßes gegen strafrechtliche Bestimmungen[63]; Einsatz von Nachunternehmern, obwohl der Betrieb des Erwerbers auf diese Arbeiten eingestellt war; bewusste Rechenfehler des Bieters[64]. Art. 45 Abs. 1 VKR und § 6 EG VOB/A sehen nunmehr vor, dass Bewerber oder Bieter, die aus einem der in § 6 EG VOB/A aufgeführten Gründen (Beteiligung an einer kriminellen Vereinigung, Bestechung, Betrug, Geldwäsche) rechtskräftig verurteilt worden sind, vom Vergabeverfahren zwingend auszuschließen sind. Hinsichtlich der explizit genannten Straftatbestände ist der Auftraggeber also gebunden, ein Angebot wegen mangelnder Zuverlässigkeit des Bieters auszuschließen. Bezüglich anderer Straftatbestände oder anderer Umstände, aus denen sich eine Unzulässigkeit ergeben könnte, liegt die Entscheidung nach wie vor im Ermessen des Auftraggebers.

Auch aus dem Verhalten des Bieters im Vergabeverfahren kann auf seine Unzuverlässigkeit 24
geschlossen werden. So sollen bewusste **Manipulationsversuche** eines Bieters in einem Aufklärungsgespräch gemäß § 15 VOB/A ausreichen, um seine Unzuverlässigkeit zu begründen. Dies soll insbesondere bei vorsätzlichen Versuchen eines Bieters gelten, im Aufklärungsgespräch das Nachverhandlungsverbot des § 15 VOB/A zu umgehen[65]. Streitig ist weiter, ob ein Bieter, der von sich aus nach Abgabe des Angebotes einen **Preisnachlass anbietet,** schon aus diesem Grunde als unzuverlässig anzusehen ist. Vorstehendes Verhalten kann aber nur im Einzelfall, bei einem vorsätzlichen und bewussten Verstoß gegen die Obliegenheiten des Bieters im Vergabeverfahren zu Unzuverlässigkeit führen. Insbesondere dann, wenn er erst auf ein Ansinnen des Auftraggebers, einen Preisnachlass zu vereinbaren, auf dieses Angebot eingeht und einen Preisnachlass akzeptiert, liegt keine Unzuverlässigkeit vor. Gleiches muss gelten, wenn dem Bieter nicht nachgewiesen werden kann, dass er vorsätzlich gegen das Nachverhandlungsverbot verstoßen hat. Denn auch heute besteht sowohl auf Auftraggeber- als auch auf Auftragnehmerseite noch durchaus Unsicherheit, was genau Inhalt eines Aufklärungsgesprächs sein kann. Diese Unsicherheit darf nicht zulasten des Bieters gehen.

Ähnliches gilt, wenn der Bieter bei der Berechnung von Einheits- und Positionspreisen Fehler 25
begeht. Wer bei einem Vergabeverfahren seine Angebotspreise durch bewusste **Additionsfehler** vorsätzlich erhöht, ist nicht zuverlässig[66]. Allerdings kann allein die Tatsache, dass das Angebot eines Bieters einen Rechenfehler enthält, nicht zur Unzuverlässigkeit des Bieters führen; Unzuverlässigkeit kann nur bejaht werden, wenn dem Bieter nachzuweisen ist, dass er vorsätzlich

---

[55] *Prieß* in Beck'scher VOB-Kommentar / Teil A, 1. Auflage, 2001, § 2 Rn. 34.
[56] Gesetz zur Modernisierung des Vergaberechts vom 23.4.2009, BGBl. I S. 790 ff.
[57] Siehe hierzu: *Kus* VergabeR 2010, 321.
[58] Vgl. OLG Brandenburg VergabeR 2011, 114 (119); OLG Celle BauR 2000, 1326 (1329); vgl. auch mwN; VK Bund 15.5.2009 – VK 2 – 21/09, juris (nach der eine schweren Verfehlung bedarf, also nur schuldhafter, also nicht ohne weiteres schon bei rechtsirriger Begehung und erheblichen Auswirkungen anzunehmen sei); *Masing* in Beck'scher VOB-Kommentar / Teil A § 2 Rn. 20.
[59] Vgl. OLG Düsseldorf NZBau 2003, 578 (581 f.); LG Köln 14.1.2004 – 28 O (Kart) 463/03, juris.
[60] (zu mangelhafter Ausführung von Reinigungsleistungen) KG Berlin 27.11.2008 – 2 Verg 4/08, KGR Berlin 2009, 173–174; VK Nordbayern 18.12.2007 – 21.VK-3194-47/07, IBR 2008, 176.
[61] OLG Brandenburg WRP 2005, 1550 (1553).
[62] VK Brandenburg 11.7.2006 – 1 VK 25/06, IBR 2006, 587.
[63] Vgl. KG Berlin 20.5.1998 – Kart 24/97, IBR 1998, 464.
[64] Vgl. BGH VergabeR 2002, 369 (371); BauR 1994, 98 (Ls.) und 99.
[65] OLG Düsseldorf VergabeR 2005, 207 (2. Ls.).
[66] BGH VergabeR 2002, 369 (371); BauR 1994, 98 (99).

falsch gerechnet hat, um hieraus einen Vorteil zu erzielen, oder wenn die Häufung von Rechenfehlern zu einer Vermutung der Unzuverlässigkeit führt[67].

26 **Aus der Rechtsprechung in neuerer Zeit sind folgende Fälle hervorzuheben:** Die Vergabekammer Arnsberg[68] hat die Ansicht vertreten, dass **Verhandlungen über die Rücknahme eines Angebotes bzw. eines Nachprüfungsantrages** gegen Geld zur Unzuverlässigkeit des Bieters führen können. Die Antragstellerin in einem Nachprüfungsverfahren hatte versucht, die Beigeladene zu einer wettbewerbswidrigen Absprache zulasten der Vergabestelle zu bewegen, indem sie sie zu einer Zusammenarbeit veranlassen wollte mit dem Ziel, den Zuschlag auf ihr eigenes Angebot zu erhalten. Die Vergabekammer führt aus, der Versuch einer Absprache zulasten des Auftraggebers sei eine schwere Verfehlung, der die Zuverlässigkeit der Antragstellerin zumindest für dieses Verfahren beseitige. Die Entscheidung macht deutlich, dass Bieter im Zusammenhang mit Absprachen über die Rücknahme von Nachprüfungsanträgen, möglicherweise selbst dann, wenn die Vergabestelle beteiligt ist, sehr vorsichtig sein müssen, weil die Gefahr besteht, dass sie hierdurch unzuverlässig werden. Nicht am Merkmal der Zuverlässigkeit, sondern im Rahmen des Missbrauchstatbestands des § 125 Abs. 2 Nr. 3 GWB haben dagegen das Oberlandesgericht Jena[69] und die Vergabekammer Brandenburg[70] den Fall gemessen, in dem der Antragsteller eines Nachprüfungsantrags die Absicht hegt, sich das „Klagerecht" abkaufen zu lassen[71]. Die Grenze zum Rechtsmissbrauch ist dann überschritten, wenn der Antragsteller bereits bei Einreichung des Nachprüfungsantrags die Absicht hegt, diesen später im Wege eines Vergleichs gegen Geld zurückzunehmen. Entscheidend ist somit der zeitliche Ablauf, aus dem geschlossen werden kann, dass der Nachprüfungsantrag quasi als Druckmittel benutzt wird, um der Forderung Nachdruck zu verleihen[72]. Allerdings kann nicht zwingend aus jedem vor Einleitung eines Nachprüfungsverfahrens unterbreiteten Vorschlag, gegen Geldzahlung auf einen Nachprüfungsantrag zu verzichten, der Schluss gezogen werden, dass der dann doch gestellte Nachprüfungsantrag nur aus dem Motiv heraus eingereicht wurde, grob eigennützig Geld aus einer Rücknahme zu erzielen[73]. Erforderlich ist stets die nachweisbare Kausalität zwischen einer Antragstellung und der Rücknahmeabsicht aus pekuniären Motiven[74]. Die Vergabekammer Brandenburg stellte zudem darauf ab, ob der vom Antragsteller geforderte Betrag der Höhe nach gerechtfertigt ist.[75] Die Vergabekammer Nordbayern[76] hat entschieden, dass auch Verurteilungen wegen eines **Straf- oder Bußgeldverfahrens,** der nicht in § 6a Abs. 1 VOB/A a. F. (heute § 6 EG Abs. 4 VOB/A) genannt ist, zur Unzuverlässigkeit führen können. Das Vorliegen einer schweren Verfehlung müsse aber bei objektiver Beurteilung der Tatsachenlage zweifelsfrei und eindeutig sein. Für den Nachweis einer schweren Verfehlung bedürfe es zwar keines rechtskräftigen Bußgeldbescheides oder Strafurteils, die schwere Verfehlung müsse aber durch konkrete Anhaltspunkte wie Aufzeichnungen oder Schriftstücke nachgewiesen werden, jedenfalls muss eine spätere Verurteilung zweifelsfrei feststehen. Schließlich befassen sich die Vergabekammern immer wieder mit der Möglichkeit der **Selbstreinigung** bei Korruptionsvergehen[77]. Das OLG Brandenburg vertrat die Ansicht, dass der Auftraggeber selbst dann, wenn die Eignung im Zeitpunkt der Angebotsabgabe zweifelhaft oder nicht vorhanden war, berechtigt ist, bei der Wertung zu berücksichtigen, dass die Eignung durch während des Vergabeverfahrens eingetretene Umstände hergestellt worden ist. Das müsse dann gelten, wenn die Eignung eines Bieters wegen schwerer Verfehlung zunächst zweifelhaft, wegen ergriffener Selbstreinigungsmaßnahmen aber als wiederhergestellt angesehen werden müsse. Entscheidend sei, ob die Selbstreinigungsmaßnahmen erwarten ließen, dass das Unternehmen auch in Zukunft etwaig auftretenden Verdachtsmomenten nachgehen und bei Vorliegen eines hinreichenden Verdachts die gebotenen und/oder organisatorischen Konsequenzen ziehen werde.

27 Unzuverlässigkeit kann sich auch daraus ergeben, dass eine öffentlich-rechtliche Körperschaft oder eine Tochtergesellschaft einer öffentlich-rechtlichen Körperschaft um einen Auftrag be-

---

[67] OLG Düsseldorf NJW-RR 1997, 1452 (1453); BauR 1989, 195 (198).
[68] VK Arnsberg 2.5.2008 – VK 08/08, IBRRS 2013, 1305.
[69] OLG Jena 29.8.2008 – 9 Verg 5/08, juris.
[70] VK Brandenburg 20.12.2005 – 1 VK 75/05, IBR 2006, 355.
[71] OLG Düsseldorf VergabeR 2008, 661 (663).
[72] Vgl. VK Brandenburg 20.12.2005 – 1 VK 75/05, IBR 2006, 355.
[73] VK Baden-Württemberg 16.1.2009 – 1 VK 64/08, juris.
[74] VK Baden-Württemberg 16.1.2009 – 1 VK 64/08, juris.
[75] Vgl. VK Brandenburg 20.12.2005 – 1 VK 75/05, IBR 2006, 355.
[76] VK Nordbayern 22.1.2007 – 21.VK-3194-44/06, juris.
[77] OLG Brandenburg NZBau 2008, 277 ff.; siehe dazu auch: *Prieß/Stein* NZBau 2008, 230 ff.

müht, dessen Erfüllung ihr **kommunalrechtlich untersagt** ist[78]. In der Vergangenheit haben sich verschiedene Vergabekammern und Vergabesenate mit der Frage beschäftigt, ob und inwieweit sich Gemeinden bzw. Gemeindeverbände selbst oder über ihre Tochtergesellschaften an Ausschreibungsverfahren beteiligen dürfen, wobei es insbesondere um die Auslegung der kommunalrechtlichen Vorschriften zur wirtschaftlichen und nichtwirtschaftlichen Betätigung von Gemeinden ging. Ansatzpunkt in diesen Entscheidungen war vorrangig die Prüfung eines Verstoßes gegen § 2 Abs. 1 Nr. 2 S. 2 VOB/A bzw. die entsprechenden Vorschriften der VOL/A[79]. Die Frage, ob ein Verstoß gegen die kommunalrechtlichen Vorschriften über die wirtschaftliche oder nichtwirtschaftliche Betätigung von Gemeinden oder Gemeindeverbänden auch dazu führt, dass der Bieter unzuverlässig ist, wurde nicht abschließend entschieden. Bedenkt man, dass zuverlässig nur ein Bieter ist, der die sorgfältige und einwandfreie Ausführung der ausgeschriebenen Leistung erwarten lässt, ist die Annahme, ein Bieter, der gegen kommunalrechtliche Vorschriften verstößt, sei unzuverlässig, nahe liegend. Denn wenn der Auftraggeber befürchten muss, dass die Kommunalaufsicht die Betätigung des Bieters beanstandet und anschließend untersagt oder die Betätigung durch ein Gericht untersagt wird, besteht keine Gewähr mehr dafür, dass der Bieter den Auftrag ordnungsgemäß ausführt[80]. Die Zuverlässigkeit ist dann nicht mehr gegeben[81]. Allerdings kann die Vertragserfüllung nach wirksamem Vertragsschluss nicht mehr mit kommunalaufsichtsrechtlichen Mitteln untersagt werden. UE kann ein solches Angebot deshalb nicht wegen Unzuverlässigkeit, sondern allenfalls aus anderen Gründen ausgeschlossen werden[82]. Diese Ansicht wird von Teilen der Rechtsprechung geteilt. So hat das OLG Düsseldorf[83] entschieden, dass eine gegen das Vergaberecht verstoßende Wettbewerbsverfälschung und -verzerrung vorliegt, wenn ein Unternehmen der öffentlichen Hand kraft eines gesetzlichen Verbots für den Wettbewerb relevante Tätigkeit auf einem bestimmten Markt gar nicht aufnehmen darf, dies aber dennoch unternimmt und darin vom öffentlichen Auftraggeber durch die Auftragsvergabe auch noch unterstützt wird. Als Wettbewerbsverstoß sei in solchen Fällen die Verletzung des gesetzlichen Marktzutrittsverbots durch das Unternehmen anzusehen. Einen entgegengesetzten Standpunkt nahm das OVG Münster[84] ein, wonach die Normen des Gemeindewirtschaftsrechts im vergaberechtlichen Rechtsschutzverfahren überhaupt nicht zu überprüfen sind.

IV. Eignung und Schlechtleistung des Bieters in der Vergangenheit

Schließlich geht es im Zusammenhang mit der Zuverlässigkeit oder auch Leistungsfähigkeit **28** immer wieder um die Frage, ob Bieter ausgeschlossen werden können, weil sie in der Vergangenheit tatsächlich oder vermeintlich ihren Vertragspflichten nicht nachgekommen sind. Im Grundsatz ist es allgemeine Meinung, dass im Rahmen früherer Bauvorhaben aufgetretene Verzögerungen oder Mängel allein nicht genügen, um die Unzuverlässigkeit eines Bieters auch für weitere Objekte zu unterstellen. Erstens muss es sich um Mängel oder Verzögerungen handeln, die der Bieter (nachweisbar) schuldhaft verursacht hat. Zweitens muss es sich um gravierende Mängel handeln, durch die auf die Unzuverlässigkeit oder fehlende Eignung eines Unternehmens geschlossen werden kann[85]. Die VK Schleswig-Holstein führt aus, dass unabhängig davon, ob die Mängel in der Ausführung von Arbeiten in der Vergangenheit von dem Auftragnehmer verschuldet worden seien oder nicht, sie jedenfalls nicht so gravierend gewesen seien, dass hierauf die Feststellung der Unzuverlässigkeit gestützt werden könne. Allein terminli-

---

[78] Offen gelassen: OLG Celle NZBau 2001, 648; vgl. auch OLG Düsseldorf NZBau 2000, 155 (157) – Awista.
[79] OLG Düsseldorf NZBau 2000, 155 (157) – Awista; OLG Celle NZBau 2001, 648; OLG Düsseldorf VergabeR 2002, 471 (475 ff.).
[80] *Leimkühler* VergabeR 2001, 356 (372); vgl. hierzu auch *Scharen,* GRUR 345, 347, der darauf hinweist, dass es sich für einen öffentlichen Auftraggeber anbieten kann, im Rahmen der Eignungsprüfung nicht sogleich zu prüfen, wie weit die gesetzliche Marktzugangsbeschränkung reicht, sondern sich mit der fallweise leichter zu ermittelnden Beanstandungspraxis der Aufsichtsbehörde zu befassen.
[81] *Leimkühler* VergabeR 2001, 356 (372), der allerdings Unzuverlässigkeit nur bei offensichtlicher Unzulässigkeit der Tätigkeit annehmen will.
[82] OLG Düsseldorf VergabeR 2002, 471, insbes. 475; *Glahs/Külpmann* VergabeR 2002, 555 (560 f.).
[83] (Zu § 107 GO NRW) OLG Düsseldorf 13.8.2008 – VII-Verg 42/07, AbfallR 2008, 30.
[84] OVG Münster NVwZ 2008, 1031 (1032 f.); im Ergebnis ebenso: *Mann* NVwZ 2010, 857 (862); Ennuschat, NVwZ 2008, 966 (967 f.); aA: OLG Düsseldorf VergabeR 2009, 905 (916); *Scharen* GRUR 2009, 345 (347).
[85] OLG Brandenburg VergabeR 2011, 114; VK Brandenburg 10.5.2010 – VK 13/10, IBR 2011, 292; VK Schleswig-Holstein 27.1.2009 – VK-SH 19/08, juris.

che Verzögerungen oder auch festgestellte Baumängel genügten nicht, eine Unzuverlässigkeit des Bewerbers auch für weitere Projekte zu unterstellen. Dagegen soll die Unzuverlässigkeit eines Bieters (beurteilungsfehlerfrei) anzunehmen sein, wenn der Auftraggeber diesem gegenüber den erteilten und nunmehr erneut zu vergebenden Auftrag fristlos gekündigt hat und für die außerordentliche Kündigung ein wichtiger Grund bestanden hat[86]. Aus der Tatsache einer Vertragsverletzung könne nur dann der Rückschluss auf eine Unzuverlässigkeit des Bieters gezogen werden, wenn der Mangel gravierend ist, d. h. zu einer deutlichen Belastung des Auftraggebers, sei es in tatsächlicher oder finanzieller Hinsicht, führt[87]. Zusammengefasst folgt aus dieser Rechtsprechung, dass es nach wie vor schwierig ist, Bieter von einem Vergabeverfahren auszuschließen, weil wegen schlechter Ausführungen in der Vergangenheit Zweifel an der Eignung oder Zuverlässigkeit bestehen.

29   Öffentliche Auftraggeber versuchen, dieses Problem dadurch zu umgehen, dass von den Bietern Referenzen und positive Referenzschreiben der Auftraggeber verlangt werden. Tatsächlich hat die Vergabekammer Rheinland-Pfalz[88] entschieden, dass die Eignungsprüfung einer Vergabestelle nicht als fehlerhaft, sondern als im Rahmen des Beurteilungsspielraums befindlich anzuerkennen sei, wenn die Vergabestelle bei vom Bieter benannten Referenzauftraggebern 3 von 40 angebotenen Referenzobjekten geprüft habe und 3 negative Urteile von Referenzauftraggebern vorlägen. Die Entscheidung ist überraschend und lässt sich mit der sonstigen Rechtsprechung zur fehlenden Eignung wegen Mängeln der Bauausführung in der Vergangenheit nicht in Einklang bringen. Denn sie würde u. a. dazu führen, dass ein Auftraggeber die eigene „ungünstige Referenz" nicht berücksichtigen kann, wohl aber die von anderen Auftraggebern. Auch im Übrigen ist m. E. unzulässig, als Mindestanforderung für die Eignung die Vorlage positiver Referenzschreiben zu verlangen. Entscheidend ist auch insoweit, ob es im Zusammenhang mit den Referenzobjekten zu Mängeln oder Schlechtleistungen kam, die der Auftragnehmer verschuldet hat und die so gravierend waren, dass auf seine fehlende Eignung geschlossen werden kann.

G. Zeitpunkt der Eignungsprüfung und Präklusion (§ 6 Abs. 3 Nr. 1 und 6)

I. Bei Öffentlicher Ausschreibung

30   Bei der Öffentlichen Ausschreibung müssen die Eignungsnachweise entweder mit dem Angebot oder zu einem späteren, vom Auftraggeber bestimmten Zeitpunkt vorgelegt werden. Die Eignungsprüfung erfolgt sodann als ein Schritt **bei der Wertung** der Angebote. Daraus folgt, dass grundsätzlich jedem interessierten Bewerber die Verdingungsunterlagen zur Abgabe eines Angebotes übermittelt werden müssen und der Öffentliche Auftraggeber grundsätzlich nicht schon antizipiert aufgrund anderer Kenntnisse, die er hat, die Übersendung der Verdingungsunterlagen verweigern kann. Eine andere Frage ist, ob Interessenten, die gemäß § 16 Abs. 1 Nr. 2 VOB/A von der Teilnahme am Wettbewerb ausgeschlossen werden dürfen, verlangen können, dass ihnen die Verdingungsunterlagen übersandt werden.[89]

31   Grundsätzlich erfolgt die Prüfung der Eignung auf der zweiten in § 16 VOB/A vorgesehenen Wertungsstufen. Aufgrund der Entscheidung des BGH und des Wortlauts gilt der Grundsatz, dass die Wertungsstufen streng zu trennen sind.[90]

32   Aus dem Gebot der strikten Trennung der Eignungsprüfung folgt bei der öffentlichen Ausschreibung aber nicht, dass der Auftraggeber berechtigt ist, ein Angebot nachträglich wegen fehlender Eignung auszuschließen, auch wenn er die Eignung zunächst bejaht hat.[91]

33   Die VOB/A schließt diese Korrektur der Eignungsentscheidung öffentlichen Ausschreibungen nicht aus, weil § 16 Abs. 2 Nr. 2 VOB/A für die öffentliche Ausschreibung nicht gilt und weil aus dem Verbot der Vermischung der Prüfungsgegenstände nur folgt, dass die Prüfungsinhalte

---

[86] OLG Brandenburg VergabeR 2011, 114 (119); VK Brandenburg 10.5.2010 – VK 13/10, IBR 2011, 292.
[87] VK Brandenburg 10.5.2010 – VK 13/10, IBR 2011, 292.
[88] VK Rheinland-Pfalz 2.4.2009 – VK 9/09, juris.
[89] Hierzu die Kommentierung zu → § 6 Rn. 37.
[90] BGHZ 139, 273, Ls. und 277 f.; ebenso: VK Bund 30.8.2000 – VK 1–25/00, IBRRS 2013, 3318; VK Sachsen 16.6.2000 – 1 SVK 50/00.
[91] BGH NZBau 2014, 185.

getrennt werden müssen, nicht aber, dass die Entscheidung der Vergabestelle bzgl. einer Wertungsstufe nicht korrigiert werden kann. Abgesehen davon, dass insoweit kein Vertrauenstatbestand eines Bieters geschaffen wird, ergibt sich dies auch daraus, dass sich auch andere Bieter auf die fehlende Eignung eines Mitbewerbers berufen kann, mit der Folge, dass diesen Bietern ggf. Schadenersatzansprüche oder Unterlassungsansprüche zustehen, so dass es dem Auftraggeber möglich sein muss, seine Fehleinschätzung zu korrigieren.[92] Korrigiert der Auftraggeber allerdings seine Eignungsprüfung zu einem späteren Zeitpunkt, ist die Korrektur ihrerseits nur dann vergaberechtskonform, wenn sie nicht sachfremd motiviert ist. Ob Demotivation sachfremd war, kann unter anderem an der ursprünglichen Begründung der Eignung wie der geänderten Begründung abgelesen werden.[93]

II. Bei Beschränkter Ausschreibung und Freihändiger Vergabe

Sowohl bei der Beschränkten Ausschreibung mit und ohne Öffentlichem Teilnahmewettbewerb als auch bei der Freihändigen Vergabe erfolgt die Eignungsprüfung nicht erst im Rahmen der Angebotswertung, sondern schon vor der Aufforderung des Bewerbers zur Abgabe eines Angebotes.[94] Bei der Beschränkten Ausschreibung nach Öffentlichem Teilnahmewettbewerb können sich die Bewerber an dem Öffentlichen Teilnahmewettbewerb beteiligen. Schon im Rahmen der Beteiligung an dem Teilnahmewettbewerb haben die Bieter die geforderten Nachweise zur Eignungsprüfung beizubringen. Nachdem die Teilnahmeanträge der Bieter vorliegen, prüft der Öffentliche Auftraggeber die Eignung der Bieter und fordert die Bieter, die er als nicht geeignet ansieht, nicht zur Angebotsabgabe auf.

III. Verspätete Eignungsprüfung und neue Erkenntnisse des Auftraggebers

Hat der Öffentliche Auftraggeber die Eignungsprüfung vor Aufforderung zur Angebotsabgabe unterlassen und einen Bewerber zur Angebotsabgabe aufgefordert, der für den Auftrag nicht geeignet ist, kann sich der Auftraggeber gegenüber dem Bewerber **schadensersatzpflichtig** machen. Entstehen dem Bieter für die Vorbereitung seines Angebots Aufwendungen, obwohl schon vor Angebotsabgabe hätte festgestellt werden können, dass er wegen mangelnder Eignung keine Aussicht auf den Auftrag hat, so stellen die Aufwendungen des Bieters den vom Auftraggeber zu ersetzenden Schaden dar, den er aufgrund der unterlassenen Eignungsprüfung verursacht hat und den er nach den Grundsätzen der **culpa in contrahendo** (§ 311 Abs. 2 BGB) zu ersetzen hat.

Allerdings führt die unterlassene Eignungsprüfung des Öffentlichen Auftraggebers nicht unbedingt dazu, dass er den erst später als ungeeignet erkannten Bewerbern der Zuschlag erteilen muss. Der Auftraggeber ist nicht gehindert, nicht geeigneten Bewerbern den Zuschlag auch dann nicht zu erteilen, wenn sich ihre fehlende Eignung erst nachträglich herausstellt.

Dies gilt selbstverständlich dann, wenn dem öffentlichen Auftraggeber ohne schuldhaftes Verhalten erst später Umstände bekannt werden, aus denen sich die fehlende Eignung des Bieters ergibt. In diesem Fall ist der Öffentliche Auftraggeber weder verpflichtet, dem betroffenen Bieter den Zuschlag zu erteilen, noch macht er sich in diesem Fall schadensersatzpflichtig, weil sein Verhalten nicht schuldhaft war. Dies gilt auch, wenn der Öffentliche Auftraggeber es schuldhaft versäumt hat, die erforderlichen Eignungsnachweise rechtzeitig anzufordern und deshalb der Auftraggeber die erheblichen Umstände nicht kannte.[95]

Es bleibt noch die Frage zu beantworten, was gilt, wenn einem Auftraggeber vor der Aufforderung zur Abgabe von Angeboten bestimmte Tatsachen bekannt waren, er die betroffenen Bieter dennoch zur Angebotsabgabe aufgefordert hat, ihnen aber nunmehr aufgrund der schon früher bekannten Tatsachen den Zuschlag wegen mangelnder Eignung nicht erteilen will. Insoweit ist auf **§ 16 Abs. 2 Nr. 2 VOB/A** hinzuweisen. Danach sind bei Beschränkter Ausschreibung und Freihändiger Vergabe bei der Angebotswertung nur solche Umstände zu berücksichtigen, die nach Aufforderung zur Angebotsabgabe Zweifel an der Eignung des Bieters begründen. Wegen § 16 Abs. 2 Nr. 2 VOB/A sollte der Öffentliche Auftraggeber genau und im

---

[92] BGH NZBau 2014, 185.
[93] BGH NZBau 2014, 185.
[94] VÜA Nordrhein-Westfalen ZVgR 1997, 313 (315) – Dachabdichtungsarbeiten; *Schranner* in Ingenstau/Korbion VOB/A § 6 Rn. 139; *Hausmann* in KMPP, Kommentar zur VOB/A, § 6 Rn. 205; *Rusam/Weyand* in Heiermann/Riedl/Rusam, Handkommentar zur VOB, Teil A § 8 Rn. 52.
[95] OLG Düsseldorf BauR 1993, 597 (599); 1992, 70 (71); *Brinker/Ohler* in Beck'scher VOB-Kommentar / Teil A, 1. Aufl., 2001, § 25 Rn. 54.

Einzelnen prüfen, ob Zweifel an der Eignung bestehen. Denn hält er bestimmte Tatsachen, die ihm schon vor der Aufforderung zur Angebotsabgabe bekannt sind, für im Hinblick auf die Eignungsprüfung nicht erheblich, und stellt er nachträglich fest, dass sie doch erheblich sind, besteht für ihn die Gefahr, dass er mit solchen Kriterien **präkludiert** ist. Richtig ist allerdings, dass Präklusion nur eintreten kann, wenn das Angebot nicht zwingend wegen fehlender Eignung ausgeschlossen werden muss, sondern dies im Beurteilungsspielraum der Vergabestelle liegt.[96] Dies ergibt sich schon daraus, dass sich auch andere Bieter auf die fehlende Eignung eines Mitbewerbers berufen können und dass sowohl im Nachprüfungsverfahren oder auch durch die Rechtsaufsicht der Vergabestelle erzwungen werden kann, dass die Eignungsprüfung korrigiert wird. Können aber Außenstehende von der Vergabestelle eine Korrektur der Eignungsprüfung verlangen, steht es der Vergabestelle frei, diese Korrektur von sich aus vorzunehmen.

H. Darlegungs- und Beweislast bei der Eignungsprüfung

39 Nach dem Sinn und Zweck sowie dem Wortlaut des § 2 Nr. 1 S. 1 VOB/A trägt die **objektive Beweislast** für die Eignung des Bieters bei einem non liquet der Bieter. Denn es kann dem Auftraggeber nicht zugemutet werden, den Auftrag an einen Bieter zu vergeben, von dem er nicht weiß, ob er die Bauleistung ordnungsgemäß erbringen wird. Allerdings wird man bzgl. solcher Aspekte und Tatbestandsmerkmale, die in § 16 Abs. 1 Nr. 2 VOB/A, § 16 Abs. 1 Nr. 1 Buchst. g VOB/A, § 16 Abs. 1 Nr. 2 Buchst. e VOB/A genannt sind, eine Ausnahme machen. Unter Berufung auf § 8 Nr. 5 Abs. 1 VOB/A kann die Zuverlässigkeit nur dann verneint werden, wenn die dort genannten Tatbestände nachgewiesen sind, so dass bei einem non liquet der Auftraggeber die objektive Beweislast trägt. Dies gilt (auch) dann, wenn sich nicht klären lässt, ob die tatsächlichen Voraussetzungen für einen Bieterausschluss vorliegen; in diesem Falle geht diese Nichterweislichkeit jedenfalls dann nicht zu Lasten des Bieters, wenn sie im Verantwortungsbereich der Vergabestelle liegt[97].

40 Nicht zulässig ist es aber, die Eignung zu verneinen, obwohl nur **Zweifel** an der Eignung bestehen und eine weitere Aufklärung durch den Auftraggeber möglich ist[98]. Dann ist der Auftraggeber verpflichtet, zunächst den weiteren **Aufklärungsmöglichkeiten** nachzugehen. Etwas anderes gilt nur dann, wenn der Bieter seinen Nachweis- oder Aufklärungsobliegenheiten nicht nachgekommen ist[99]. Im Übrigen kann die Eignung nur dann verneint werden, wenn entweder feststeht, dass der Bieter nicht geeignet ist, oder wenn ohne weitere Aufklärungsmöglichkeiten Zweifel an der Eignung verbleiben. Auch im letzteren Fall kann von der fehlenden Eignung ausgegangen werden.

I. Eignungskriterien und Drittschutz

41 In der Literatur wird zum Teil die Ansicht vertreten, das Eignungsprinzip gemäß § 6 und § 2 Abs. 1 Nr. 1 VOB/A sei ausschließlich eine Schutzvorschrift zugunsten des Öffentlichen Auftraggebers, d. h. andere Bieter könnten sich auf fehlende Eignung eines Bieters nicht berufen. Überwiegend wird jedoch die Ansicht vertreten, das Eignungsprinzip habe auch den Zweck sicherzustellen, dass ein geeigneter Bieter sich darauf verlassen könne, dass er sich nur dem Wettbewerb mit geeigneten Bietern stellen muss und dass unter Ausschluss sog vergabefremder Zwecke nur sachlich-fachliche Anforderungen gestellt werden, die sich auf die konkret zu erbringende Leistung beziehen, wie sie in den Verdingungsunterlagen gefordert wird[100]. Letzterer Ansicht ist grundsätzlich zuzustimmen. Denn ein Unternehmen, das seine gesetzlichen Verpflichtungen erfüllt und alle fachlichen Voraussetzungen schafft, muss sich darauf verlassen können, dass es nur in Konkurrenz zu anderen Unternehmen tritt, die diese Verpflichtungen ebenfalls erfüllen. Gerade die Nichteinhaltung derartiger Vorgaben ermöglicht eine günstige Kalkulation des Angebots und damit eine Verfälschung des gerechten und fairen Wettbewerbs[101].

---

[96] OLG Frankfurt VergabeR 2004, 642 (646); VK Schleswig-Holstein 31.1.2006 – VK SH 33/05, IBR 2006, 219.
[97] OLG Celle VergabeR 2007, 650 (1. Ls.); VK Sachsen 28.10.2008 – 1/SVK/054-08, IBR 2009, 164.
[98] *Brinker/Ohler* in Beck'scher VOB-Kommentar / Teil A, 1. Aufl., 2001, § 25 Rn. 25.
[99] VÜA Baden-Württemberg, 1 VÜ 1/97; *Brinker/Ohler* in Beck'scher VOB-Kommentar / Teil A, 1. Aufl., 2001, § 25 Rn. 25.
[100] *Prieß* in Beck'scher VOB-Kommentar/Teil A, 1. Aufl., 2001, § 2 Rn. 15.
[101] *Prieß* in Beck'scher VOB-Kommentar / Teil A, 1. Aufl., 2001, § 2 Rn. 15.

Fraglich ist allerdings, ob der Drittschutz auch dann zu bejahen ist, wenn die Zuverlässigkeit des Bieters nur verneint wird, weil er z. B. gegen kommunalrechtliche Vorschriften verstößt und sich in einem Bereich betätigt, der ihm an sich verschlossen ist[102]. Denn die gesamte öffentlich-rechtliche und zivilrechtliche Rechtsprechung zur Frage, ob die kommunalrechtlichen Vorschriften über die wirtschaftliche und nichtwirtschaftliche Betätigung von Unternehmen drittschützend sind, wäre dann für den Bereich des Vergaberechts obsolet. Mangels Zuverlässigkeit müsste der Bieter jeweils ausgeschlossen werden. Da die Regelung drittschützend ist, könnte sich auch ein anderer Bieter auf die Bestimmung berufen.

§ 7 Leistungsbeschreibung

(1) 1. Die Leistung ist eindeutig und so erschöpfend zu beschreiben, dass alle Unternehmen die Beschreibung im gleichen Sinne verstehen müssen und ihre Preise sicher und ohne umfangreiche Vorarbeiten berechnen können.
 2. Um eine einwandfreie Preisermittlung zu ermöglichen, sind alle sie beeinflussenden Umstände festzustellen und in den Vergabeunterlagen anzugeben.
 3. Dem Auftragnehmer darf kein ungewöhnliches Wagnis aufgebürdet werden für Umstände und Ereignisse, auf die er keinen Einfluss hat und deren Einwirkung auf die Preise und Fristen er nicht im Voraus schätzen kann.
 4. Bedarfspositionen sind grundsätzlich nicht in die Leistungsbeschreibung aufzunehmen. Angehängte Stundenlohnarbeiten dürfen nur in dem unbedingt erforderlichen Umfang in die Leistungsbeschreibung aufgenommen werden.
 5. Erforderlichenfalls sind auch der Zweck und die vorgesehene Beanspruchung der fertigen Leistung anzugeben.
 6. Die für die Ausführung der Leistung wesentlichen Verhältnisse der Baustelle, z. B. Boden- und Wasserverhältnisse, sind so zu beschreiben, dass das Unternehmen ihre Auswirkungen auf die bauliche Anlage und die Bauausführung hinreichend beurteilen kann.
 7. Die „Hinweise für das Aufstellen der Leistungsbeschreibung" in Abschnitt 0 der Allgemeinen Technischen Vertragsbedingungen für Bauleistungen, DIN 18299 ff., sind zu beachten.
(2) ¹Soweit es nicht durch den Auftragsgegenstand gerechtfertigt ist, darf in technischen Spezifikationen nicht auf eine bestimmte Produktion oder Herkunft oder ein besonderes Verfahren, das die von einem bestimmten Unternehmen bereitgestellten Produkte charakterisiert, oder auf Marken, Patente, Typen oder einen bestimmten Ursprung oder eine bestimmte Produktion verwiesen werden, wenn dadurch bestimmte Unternehmen oder bestimmte Produkte begünstigt oder ausgeschlossen werden. ²Solche Verweise sind jedoch ausnahmsweise zulässig, wenn der Auftragsgegenstand nicht hinreichend genau und allgemein verständlich beschrieben werden kann; solche Verweise sind mit dem Zusatz „oder gleichwertig" zu versehen.
(3) Bei der Beschreibung der Leistung sind die verkehrsüblichen Bezeichnungen zu beachten.

Schrifttum: *Cadez,* Risikowertanalyse als Entscheidungshilfe zur Wahl des optimalen Bauvertrages, VDI Reihe 4 Nr. 149, 1998; *Dausner,* Hat der AN bei der Ausführung „oder gleichwertig" ein Wahlrecht und ist die Einschränkung dieses Rechts AGB-widrig?, BauR 1999, 715; *Fischer/Noch,* Entscheidungssammlung Europäisches Vergaberecht; *Gerlach/Manzke,* Das Gebot der eindeutigen Leistungsbeschreibung zwischen Vergaberecht und Allgemeiner Rechtsgeschäftslehre, VergR 2016, 443; *Hausmann/Queisner,* Auftragsänderungen während der Vertragslaufzeit, NZBau 2016, 619 – *Irl,* Traggerüste sind gesondert auszuschreiben, BauR 2016, 1729; *Kapellmann/Ziegler,* Störfallkataloge bei Bauverträgen im Tunnelbau mit Schildvortrieb, NZBau 2005, 65; *Kronsbein/Dewald,* Transparenz von Kreativität – Identität des Auftragsgegenstandes bei Funktionalausschreibungen (zu EuGH NZBau 2010, 643 – „Autobahn A6") NZBau 2011, 146; *Kus,* Das ungewöhnliche Wagnis in der VOB/A und im Bauvertrag, Festschrift Marx, München 2013, 363; *Langen/Schiffers,* Leistungs-, Prüfungs- und Hinweispflichten des Auftragnehmers bei konventioneller und zielgerichteter Baudurchführung, Festschrift Jagenburg, S. 435; *Oepen/Paulsen,* Baukostenindex, Kostenentwicklung und allgemeine Entwicklung des Baumarkts in Deutschland, Jahrbuch Baurecht 2006, 409; *Markus,* Ansprüche des Auftragnehmers nach wirksamer Zuschlagserteilung bei unklarer Leistungsbeschreibung des Auftraggebers, BauR 2004, 180; *Prieß,* Die Leistungsbeschreibung – Kernbereich des Vergabeverfahrens, NZBau 2004, 20;

---
[102] → § 2 Rn. 50.

87; *Roth,* Die Risikoverteilung bei Öffentlich Privaten Partnerschaften (ÖPP) aus vergaberechtlicher Sicht, NZBau 2006, 84; *Schellenberg,* Generalunternehmervergabe und Losaufteilungsgebot, Festschrift Marx, München 2013, 687; *Schottke,* Die Bedeutung des ungewöhnlichen Wagnisses bei der Nachtragskalkulation, Festschrift Thode 2005, S. 155; *Schubert/Reister,* Ist in der Baukalkulation der gesonderte Ausweis des Wagnisses in Abgrenzung zum Gewinn angemessen?, Jahrbuch Baurecht 1999, 253; *Wagner-Cardenal/Scharf/Dierkas,* Ausschreibung „ohne" öffentlich-rechtliche Zulassung, NZBau 2012, 74; *Weber,* Zulässigkeit und Grenzen von Leistungsbeschreibungen nach europäischem Vergaberecht, NZBau 2002, 194.

Übersicht

	Rn.
A. Vergaberechtliche und baurechtliche Relevanz – Grundsätze	1
I. Vergaberechtliche Relevanz; § 121 GWB, §§ 7–7c VOB/A	1
II. Bauvertragliche Relevanz	2
B. Allgemeines	7
I. § 7 Abs. 1, 2: Geltung für alle Arten von Leistungsbeschreibung	7
II. § 7 Abs. 1 Nr. 1	8
1. § 7 Abs. 1 Nr. 1 – Eindeutige Leistungsbeschreibung	8
a) Eindeutige und erschöpfende Beschreibung	8
b) Keine umfangreichen Vorarbeiten	14
c) Vom Auftraggeber verschwiegene Erkenntnisse	15
2. § 7 Abs. 1 Nr. 2 – Angabe aller für eine einwandfreie Preisermittlung notwendigen Umstände	16
a) § 7 Abs. 1 Nr. 2 – Angabe aller Umstände – vergaberechtliche Bedeutung	16
b) Bauvertragliche Bedeutung	19
3. § 7 Abs. 1 Nr. 3 – Kein ungewöhnliches Wagnis	20
a) Vergaberechtliche Bedeutung	20
b) Bauvertragliche Bedeutung	27
4. § 7 Abs. 1 Nr. 4 Satz 1 – Eventualpositionen (Bedarfspositionen), Alternativpositionen (Wahlpositionen)	29
5. § 7 Abs. 1 Nr. 4 Satz 2 – angehängte Stundenlohnpositionen	35
6. § 7 Abs. 1 Nr. 5 – Zweck und Beanspruchung der Leistung – vergaberechtliche Bedeutung	36
7. § 7 Abs. 1 Nr. 6 – Verhältnisse der Baustelle – vergaberechtliche Bedeutung	37
8. § 7 Abs. 1 Nr. 5 und Nr. 6 – bauvertragliche Bedeutung	40
9. § 7 Abs. 1 Nr. 7 – Hinweise für das Aufstellen der Leistungsbeschreibung in Abschnitt 0 der DIN 18 299 ff.	41
a) Vergaberechtliche Bedeutung	41
b) Bauvertragliche Bedeutung	42
III. § 7 Abs. 2 – Kein Verweis auf bestimmte Produktion oder Herkunft in Technischen Spezifikationen	44
1. Vergaberechtliche Bedeutung	44
2. Bauvertragliche Bedeutung	45
IV. § 7 Abs. 3 – Verkehrsübliche Bezeichnung	46
1. Vergaberechtliche Bedeutung	46
2. Bauvertragliche Bedeutung	48

A. Vergaberechtliche und baurechtliche Relevanz – Grundsätze

I. Vergaberechtliche Relevanz; § 121 GWB, §§ 7–7c VOB/A

1 § 121 GWB in der Fassung durch das Gesetz zur Modernisierung des Vergaberechts von 2016 enthält die Grundnorm für die Leistungsbeschreibung. Er lautet:

„(1) In der Leistungsbeschreibung ist der Auftragsgegenstand so eindeutig und erschöpfend wie möglich zu beschreiben, so dass die Beschreibung für alle Unternehmen im gleichen Sinne verständlich ist und die Angebote miteinander verglichen werden können. Die Leistungsbeschreibung enthält die Funktions- oder Leistungsanforderungen oder eine Beschreibung der zu lösenden Aufgabe, deren Kenntnis für die Erstellung des Angebots erforderlich ist, sowie die Umstände und Bedingungen der Leistungserbringung."

Leistungsbeschreibung 2, 3 § 7 VOB/A

(2) Bei der Beschaffung von Leistungen, die zur Nutzung durch natürliche Personen vorgesehen sind, sind bei der Erstellung der Leistungsbeschreibung außer in ordnungsgemäß begründeten Fällen die Zugänglichkeitskriterien für Menschen mit Behinderung oder die Konzeption für alle Nutzer zu berücksichtigen.
(3) Die Leistungsbeschreibung ist den Vergabeunterlagen beizufügen."

Die in den §§ 31 und 32 VgV enthaltenen detaillierten Bestimmungen zu Art und Umfang der Leistungen gelten **nicht** für Bauleistungen. Gemäß § 2 Satz 2 VgV ist vielmehr die **VOB/A** Abschnitt 2 anzuwenden, außerdem gemäß § 2 Satz 1 VgV die Vorschriften in §§ 21–27 VgV unter anderem zu Rahmenvereinbarungen und dynamischen Beschaffungssystemen.

Der schon 2006 und 2009 geänderte § 7 VOB/A ist durch die Fassung 2016 wegen der Übersichtlichkeit geteilt worden: § 7 Abs. 1 Nr. 1–7 bleiben unverändert, neu ist Abs. 2, aber inhaltlich dem bisherigen § 7 Abs. 8 entspricht, der bisherige Abs. 2 ist jetzt Abs. 3. Die bisherigen § 7 Abs. 3–7 werden § 7a, die bisherigen § 7 Abs. 9 bis 12 werden § 7b, die bisherigen § 7 Abs. 13–15 werden § 7c. Die materiellen Änderungen sind marginal.

Die §§ 7–7c VOB/A enthalten eine Regelung dazu, wie der Auftraggeber im Geltungsbereich der VOB/A Leistungen beschreiben muss, wie also der Auftraggeber die zu erstellende Bauleistung, das „Bausoll", nach Bauinhalt und Bauumständen[1] zu beschreiben hat; durch die entsprechenden Gebote oder Verbote enthalten §§ 7–7c damit (auch) Regelungen dazu, welche Risiken dem Auftragnehmer auferlegt werden dürfen und welche nicht. Die §§ 7–7c enthalten damit „Vergaberecht in Reinkultur", das heißt, die Vorschriften haben „bieterschützenden" Charakter.[2] Der Bieter kann – und muss – entsprechende Mängel der Ausschreibung bei Überschreiten der Schwellenwerte gemäß § 160 GWB rügen und sie im Nachprüfungsverfahren verfolgen.[3] Die §§ 7–7c VOB/A haben somit in der Ausschreibungsphase in allen Einzelheiten Relevanz, die Vorschriften sind vergaberechtlich zwingend.[4]

Da § 121 GWB und die §§ 7–7c VOB/A sich nicht widersprechen, erübrigt sich eine Diskussion der Geltungsreihenfolge.

II. Bauvertragliche Relevanz

Ist der Vertrag einmal – wenn auch unter Verstoß gegen Vergaberegeln des §§ 7–7c VOB/A 2 – geschlossen, so beurteilen sich die Folgen eines Verstoßes jetzt ausschließlich nach dem Bauvertragsregiment, also der VOB/B und dem BGB, nicht mehr nach der VOB/A; systematisch besprechen wir deshalb die **bauvertragliche** Relevanz von Verstößen gegen § 7 VOB/A im Einzelnen bei § 2 VOB/B, daher hier nur zusammengefasst: Die Normen des § 7 VOB/A wirken **nicht unmittelbar auf** das Bausoll des geschlossenen Vertrages ein;[5] der Verstoß gegen sie führt – mit Ausnahme des Verstoßes gegen § 7 Abs. 1 Nr. 3 VOB/A (Verbot der Anforderung eines ungewöhnlichen Wagnisses) – nicht über § 134 BGB zur Nichtigkeit wegen Verstoßes gegen ein gesetzliches Verbot.[6] Einzelne Vertragsklauseln können allerdings inhaltlich – wie jede andere Klausel eines privaten Auftraggebers ebenso – unwirksam sein wegen eines Verstoßes gegen die AGB-rechtlichen Bestimmungen der §§ 305 ff. BGB. Zur Vertragsmethodik des öffentlichen Auftraggebers generell verweisen wir auf § 8 VOB/A sowie auf VOB/B § 2 Rdn. 22 mit dem dort abgedruckten Formblatt „Aufforderung zur Abgabe eines Angebots".

Sofern eine Vertragsbestimmung unklar oder widersprüchlich ist, kann die Auslegung dieser 3 Bestimmung davon ausgehen, dass der öffentliche Auftraggeber aber die VOB/A anwenden muss, dadurch, dass er seine Ausschreibung ausschließlich der VOB/A unterstellt, auch den

---

[1] Zu dem Begriff Bausoll VOB/B § 2 Rdn. 26–41, zur Bausollbestimmung § 2 Rdn. 45–129.
[2] Zur grundsätzlichen Problematik VOB/A § 4 Nr. 1, § 2 Rdn. 29 mit Nachweisen; zum „bieterschützenden" Charakter von § 7 VOB/A OLG Brandenburg „Flughafen Schönefeld" NZBau 2000, 39 = BauR 1999, 1175; OLG Dresden BauR 2000, 582; *Raufeisen* in Willenbruch/Wieddekind Vergaberecht, VOB/A § 7 Rdn. 7.
[3] Laut *Prieß* NZBau 2003, 20, 3 unter Zitat Vergabekammer Lüneburg Beschl. v. 12.4.2002, – 203 – VgK – 05/02 und OLG Dresden BauR 2000, 1582 ist dann, wenn eine Ausschreibung so unklar ist, dass eine Auslegung nicht mehr möglich ist, der Mangel nicht heilbar, gemäß § 110 Abs. 1 GWB (a. F.) habe das von Amts wegen die Aufhebung der Ausschreibung zur Folge; dazu auch OLG Celle NZBau 2005, 52. Eine Ausschreibung kann unrichtig sein, ohne unklar zu sein, siehe Rdn. 10.
[4] BGH BauR 1999, 736 schon zu einem Fall vor Inkrafttreten des Vergaberechtsänderungsgesetzes.
[5] Dazu VOB/B § 2 Rdn. 114; *Bernhardt* in Ziekow/Völlink Vergaberecht, VOB/A § 7 Rdn. 3; *Schellenberg* in Pünder/Schellenberg Vergaberecht, VOB/A § 7 EG Rdn. 5.
[6] Näher hier Rdn. 20 und VOB/B § 2 Rdn. 115.

Bietern erklärt, sie beachtet zu haben. Deshalb darf ein Bieter/Auftragnehmer darauf vertrauen, dass der Auftraggeber VOB/A-konform ausgeschrieben hat, Bieter dürfen deshalb bauvertraglich einen mehrdeutigen Text so auslegen und verstehen, wie er zu verstehen wäre, wenn der Auftraggeber „VOB/A-konform" ausgeschrieben hätte;[7] auf dieser Basis ist das Bausoll zu bestimmen. Abweichungen davon sind Bausoll-Bauist-Abweichungen, sie führen zu **Vergütungs**ansprüchen nach § 2 Abs. 5, 6, 8 VOB/B. Weil der Auftragnehmer Vergütung erhält, hat er keinen Schaden. Schon deshalb, aber auch aus systematischen Gründen, hat ein Auftragnehmer bei Verstößen des Auftraggebers gegen § 7 VOB/A, von seltensten Ausnahmen abgesehen, folglich **keinen** Schadensersatzanspruch aus c.i.c. (§ 311 Abs. 2 BGB).

4 Eine **VOB-konforme Auslegung** setzt voraus, dass eine Vertragsklausel mehrdeutig oder widersprüchlich ist. Ist dagegen die Vertragsklausel eindeutig, indem sie z.B. dem Bieter das (zu hohe) Risiko aufbürdet, selbst eine Statik zu erstellen und erst daraus den notwendigen Stahlverbrauch zu ermitteln, so soll trotz der Auferlegung eines „ungewöhnliches Wagnisses" **zivilrechtlich** die Klausel und damit der ganze Vertrag wirksam sein – so der BGH in der Entscheidung „Kammerschleuse".[8] Ausnahmen können sich bauvertraglich auch hier schon daraus ergeben, dass im Einzelfall eine Klausel AGB-rechtlich unwirksam ist. Ansonsten kommt hier auch eine zivilrechtliche Nichtigkeit wegen „Auferlegung eines ungewöhnlichen Wagnisses" in Betracht.[9]

5 Wegen der Auslegungsmöglichkeiten – siehe Rdn. 3, 4 – wird eine Schadensersatzverpflichtung des Auftraggebers wegen Verstoßes gegen § 7 VOB/A mangels Schaden nur selten in Betracht kommen. Daran scheitern Ansprüche aus c.i.c. (§ 311 Abs. 2 BGB),[10] und aus demselben Grund ist es auch eine fast theoretische Streitfrage, ob nicht auch deliktische Schadensersatzansprüche – bei Verschulden des Auftraggebers! – aus § 823 Abs. 2 BGB wegen Verletzung eines Schutzgesetzes bestehen.

Zweifelsfrei haben §§ 7–7c VOB/A bieterschützenden Charakter (oben Rdn. 1), aber ebenso sicher verfolgen die vergaberechtlichen Regeln auch den Schutz des Auftraggebers. Letzteres schadet aber nicht; es genügt für die Annahme des Schutzgesetzcharakters der Norm, dass sie **auch** Individualinteressen schützt,[11] deshalb sind §§ 7–7c VOB/A Schutzgesetz.[12]

6 Für Verträge **privater** Auftraggeber sind §§ 7–7c VOB/A insofern von Bedeutung, als die Vorschrift allgemein-methodische Hinweise zur sachgerechten Ausschreibung von Einheitspreisverträgen und von Verträgen auf der Basis einer Ausschreibung nach Leistungsprogramm enthält; sie erläutert damit gleichzeitig die Zuweisung von Risiken und ist deshalb mit Ausnahme von § 7 Abs. 1 Nr. 3 als Auslegungshilfe auch bei solchen Verträgen heranzuziehen.[13]

B. Allgemeines

I. § 7 Abs. 1, 2: Geltung für alle Arten von Leistungsbeschreibung

7 § 7 VOB/A enthält in den Abs. 1–3 Vergabevorschriften, die **für alle Arten** von **Leistungsbeschreibungen**[14] gelten, also nicht, wie aus den Überschriften zu § 7b und § 7c zu schließen sein könnte, Vorschriften nur für eine „Leistungsbeschreibung mit Leistungsverzeichnis" oder

---

[7] Zutreffend *Prieß/Simonis* in KKPP GWB, § 121 Rdn. 60;. Zum Grundsatz BGH „LAGA", NZBau 2012, 102 und ständig; näher VOB/B § 2 Rdn. 116 und *Kapellmann/Schiffers/Markus* Band 2 Rdn. 622. Zum Auslegungsergebnis für § 7 Abs. 1 Nr. 3 VOB/A näher VOB/B § 2 Rdn. 115, 116. Zum bauvertragsrechtlichen Auslegungsergebnis für § 7 Abs. 1 Nr. 7 VOB/A näher VOB/B § 2 Rdn. 119. Zum Auslegungsergebnis für § 7 Abs. 5 VOB/A näher VOB/B § 2 Rdn. 120. Zum Auslegungsergebnis für § 7 VOB/A näher VOB/B § 2 Rdn. 121.
[8] BGH „Kammerschleuse" BauR 1997, 126. Entgegen des BGHs ist eine eindeutig gegen das Verbot der Auferlegung eines ungewöhnlichen Wagnisses verstoßende Ausschreibung nichtig, näher VOB/B § 2 Rdn. 115 und *Kapellmann/Schiffers/Markus* Band 2 Rdn. 622. Unabhängig davon ist die Entscheidung „Kammerschleuse" vergaberechtlich schon zweifelhaft, s. Rdn. 22.
[9] Dazu VOB/B § 2 Rdn. 115, 116.
[10] Dazu im Einzelheiten VOB/B § 2 Rdn. 124, BGH „Wasserhaltung II" BauR 1994, 236.
[11] BGH in ständiger Rechtsprechung, z.B. BGHZ 106, 204, 206; heute § 33 Abs. 1 GWB, dazu *Wagner* in MüKo BGB, § 823 Rdn. 336.
[12] Für Schutzgesetzcharakter *Vavra* in Kleine-Möller/Merl Handbuch, § 7 Rdn. 304; *Kniffka* in Kniffka/Koeble Kompendium, Teil 5, Rdn. 87.
[13] Einzelheiten VOB/B § 2 Rdn. 122.
[14] Zum Begriff „Leistungsbeschreibung" siehe § 7b Rdn. 1.

eine „Leistungsbeschreibung mit Leistungsprogramm", sondern auch für **teil**-funktionale Leistungsbeschreibungen, für Konzessionsverträge oder für Zeitverträge,[15] und zwar unmittelbar und zwingend, nicht nur „entsprechend". Bei richtigem Verständnis des Begriffs „eindeutig" (dazu Rdn. 8 ff.) „passen" sie auch ohne Einschränkung auf funktionale Ausschreibungen.[16] Ebenso wenig wie § 4 Abs. 1 VOB/A ist also die Aufteilung der §§ 7–7c VOB/A in einen allgemeinen Teil, einen Spezifikationsteil und zwei besondere Formen der Leistungsbeschreibung als vergaberechtliche Verbotsnorm dahin zu verstehen, dass nur diese Typen von Leistungsbeschreibung vergaberechtlich zulässig wären.[17] Umgekehrt darf bei dem Verständnis von § 7 der Blick nicht dafür verloren gehen, dass die Regelungen auch für eine Leistungsbeschreibung mit Leistungsprogramm gelten, also **nicht** nach dem Muster des Einheitspreisvertrags interpretiert werden dürfen.

§ 7c, unter der Überschrift „Leistungsbeschreibung mit Leistungsverzeichnis" erfasst sind, gilt ungeachtet dieser Einordnung gemäß § 7c Abs. 2 Nr. 2 „sinngemäß" auch für eine Leistungsbeschreibung mit Leistungsprogramm, so dass von der Einteilung in zwei unterschiedliche Anwendungsbereiche nichts übrig bleibt.

II. § 7 Abs. 1 Nr. 1

1. § 7 Abs. 1 Nr. 1 – Eindeutige Leistungsbeschreibung. a) Eindeutige und erschöpfende Beschreibung. „Die Leistung ist eindeutig und so erschöpfend zu beschreiben, dass alle Bewerber die Beschreibung im gleichen Sinn verstehen müssen und ihre Preise sicher und ohne umfangreiche Vorarbeiten berechnen können." Abs. 1 Nr. 1 Satz 1 verlangt mit Recht, dass die Leistung **„eindeutig und erschöpfend"** beschrieben ist. Das ist nahezu identisch mit der Forderung für die Vergabe auf Pauschalvertragsbasis in § 4 Abs. 1 Nr. 2 VOB/A, wonach die Leistung „nach Ausführungsart und -umfang **genau** bestimmt" sein muss (näher dort Rdn. 31).

Es spielt keine Rolle, ob die „Leistung" im Leistungsverzeichnis oder im Bauleistungsvertrag genannt ist. Auch dann, wenn z. B. Prüf- und Warnpflichten begründet werden sollen, die über § 4 Abs. 3 VOB/B hinausgehen, sind das „Leistungen" i. S. v. § 7 Abs. 1 VOB/A, sie müssen gesondert aufgeführt werden (§ 7b VOB/A) und müssen so eindeutig beschrieben sein, dass die Pflicht klar definiert ist. Soweit im Ergebnis ein „unbeschriebenes Mehr" an Planverantwortung für fremde Planung geleistet werden soll, ist das wegen Auferlegung eines ungewöhnlichen Wagnisses (§ 7 Abs. 1 Satz 3 VOB/A) nichtig.[18]

Die Eindeutigkeit bezieht sich auch auf die Angabe des Auftragsgegenstandes bei Funktionalausschreibungen. Er muss so eindeutig beschrieben sein, dass die Zuschlagsentscheidung ebenso eindeutig ist, also nicht „mehr" beauftragt werden kann als eindeutig ausgeschrieben.[19]

Vorweg bedeutet „Eindeutigkeit" nicht, dass jedes Detail der Leistung beschrieben sein muss. Das ergibt sich schon daraus, dass die allgemeine Vorschrift des § 7 Abs. 1 Nr. 1 auch für die Leistungsbeschreibung mit Leistungsprogramm in § 7c gilt; bei ihr ist es aber im Regelfall weder sinnvoll noch möglich, im Vergabezeitpunkt schon alle Einzelheiten der Ausführung festzulegen. Die „Eindeutigkeit" kann sich auch nicht auf eine möglichst tiefgegliederte Detaillierung beziehen. Sie muss vielmehr auf der Ebene der **Leistungsabgrenzung** ansetzen, das heißt, sie muss präzise die Schnittstellen, die „Definitionsverantwortlichkeit" definieren. Der Bieter muss eindeutig erkennen können, ob a) der Auftrag**geber** die Details der Ausschreibung festlegt, dann müssen diese Details genau und unzweideutig sein, oder ob b) der Auftrag**nehmer** die auszuführende Leistung **sowohl** im Entwurf **wie** in den Details (wie – je nach Vertrag – bei der funktionalen Leistungsbeschreibung in Reinkultur, der „Leistungsbeschreibung mit Leistungsprogramm", § 7c VOB/A) bestimmt oder ob er die auszuführende Leistung jedenfalls in den Ausführungsdetails bestimmt (wie – je nach Vertrag – bei der teil-funktionalen Leistungs-

---

[15] *Schellenberg* in Pünder/Schellenberg Vergaberecht, VOB/A § 7 Rdn. 7; *Raufeisen* in Willenbruch/Wieddekind VOB/A § 7 Rdn. 6. Siehe VOB/A § 4 Rdn. 23, 5 für Konzessionsverträge, VOB/A § 4a für Rahmenverträge. Zu **teil-funktionalen Leistungsbeschreibungen** näher Rdn. 93 ff.
[16] Deshalb insoweit unzutreffend *Prieß* NZBau 2004, 20, 23; richtig aber *Prieß* in KMPP VOB/A § 7 Rdn. 201.
[17] Zu einzelnen Typen der funktionalen Leistungsbeschreibung näher hier Rdn. 76 ff., Rdn. 93 ff. sowie insbesondere VOB/B § 2 Rdn. 249–255.
[18] Zum Ganzen überzeugend VK Düsseldorf Beschl. v. 22.7.2011, VK 10/2011-B, NZBau 2011, 637; zustimmend *Hilgers* NZBau 2011, 664; ergänzend dazu VOB/B § 2 Rdn. 115. Ohnehin ist die Klausel zivilrechtlich wegen AGB-Verstoßes unwirksam, VOB/B § 2 Rdn. 129.
[19] EuGH „Autobahn A 6" NZBau 2010, 643; dazu *Kronsbein/Dewald* NZBau 2011, 146.

beschreibung, z. B. dem typischen „Schlüsselfertigbau");[20] in beiden Fällen müssen die auftraggeberseitigen Parameter eindeutig sein, vgl. z. B. für die Ausschreibung mit Leistungsprogramm die Regelungen des Vergabehandbuchs (§ 7c Rdn. 83). Der Auftraggeber muss also, um eindeutig auszuschreiben, keineswegs bei globalem Vertragstyp Details ausschreiben, aber der Bieter muss genau erkennen können, ob und ggf. welche Details er selbst zu erarbeiten hat.[21] Nicht eindeutig sind Leistungsbeschreibungen, in denen die jeweiligen Verantwortlichkeiten nicht klar zugeteilt sind. Insbesondere bei (teil-)funktionalen Leistungsbeschreibungen muss aus der Leistungsbeschreibung hervorgehen, **welche** (Teil-)Planungsleistungen der Auftragnehmer erbringen soll oder, welchen Stand die erbrachte, den Vertragsinhalt bestimmende auftraggeberseitige Planung hat. Auch bei detaillierter Leistungsbeschreibung bedeutet „Eindeutigkeit" nicht, dass das winzigste Detail beschrieben sein muss; Selbstverständlichkeiten bedürfen keiner Benennung.[22]

Zur „Eindeutigkeit" gehört, dass es bei dem Ausschreibungsinhalt verbleibt. Ohne entsprechenden ausdrücklichen Vorbehalt darf der Auftraggeber deshalb auch nicht nachträglich einzelne Teile oder Teilbereiche weglassen und bei der Bewertung der vorgelegten Angebote unberücksichtigt lassen.[23]

9   Eine Ausschreibung ist nicht eindeutig, wenn unterschiedliche Auslegungsmöglichkeiten bestehen.[24] Die Frage nach der Eindeutigkeit unterliegt uneingeschränkter gerichtlicher Überprüfung. Zur Eindeutigkeit gehört weiter, dass die Einzelformulierungen bzw. -beschreibungen nicht mehrdeutig, widerspruchsvoll oder überhaupt unklar sind. In derartigen Fällen muss aus Bietersicht[25] die Ausschreibung **ausgelegt** werden. Die **Auslegungsgrundsätze** im Vergaberecht und im Bauvertragsrecht sind **identisch**.[26] Ist das Ergebnis eine eindeutige Aussage im Sinne erforderlicher Bestimmbarkeit, so ist dies ausreichend – auch wenn natürlich eine jede Ausschreibung grundsätzlich eine Auslegungsnotwendigkeit vermeiden muss. Grundsätzlich gehen Unklarheiten und Mehrdeutigkeiten zu Lasten der Vergabestelle; eine vergaberechtliche Angebotswertung ist dann ausgeschlossen.[27] Die **Auslegung** der Leistungsbeschreibung im weiteren Sinne[28] erfolgt im **Vergabeverfahren nach denselben Grundsätzen wie bei bereits geschlossenem Vertrag**.[29] Es ist auffällig, dass dieser Grundsatz in der Vergabepraxis, der Vergabeliteratur und der Vergaberechtsprechung nicht geläufig ist und schon lange gefestigte Auslegungsgrundsätze aus der Vertragsebene in der Vergabeebene, wenn überhaupt, immer noch nur rudimentär bekannt sind, was auch an der bedauerlichen Spezialisierung in „Vergaberechtsexperten" und „Baurechtsexperten" liegt.

Anerkannte Auslegungsgrundsätze sind insbesondere:

– Der Wortlaut ist maßgeblich; er darf weder einschränkend noch erweiternd ausgelegt werden.[30]

---

[20] Vergaberechtlich zur teil-funktionalen Leistungsbeschreibung hier § 7c Rdn. 16 ff. sowie VOB/A § 4 Abs. 1, 2 Rdn. 31. Zum Leistungsbestimmungsrecht des Auftrag**nehmers** hinsichtlich nicht geregelter Details VOB/B § 2 Rdn. 262.
[21] Ebenso *Raufeisen* in Willenbruch/Wieddekind Vergaberecht, § 7 VOB/A Rdn. 10. Dazu weiter § 4 Abs. 1, 2 Rdn. 32.
[22] *Kapellmann/Schiffers/Markus* Band 2, Rdn. 208; *Franke/Kaiser* in FKZGM, s. Anschreiben VOB/A § 7 EV Rdn. 15; *Raufeisen* in Willenbruch/Wieddekind Vergaberecht, VOB/A § 7 Rdn. 10, 12.
[23] Zutreffend *Prieß* NZBau 2004, 20; die nachträgliche Veränderung der Ausschreibungsunterlagen ist – bis auf unwesentliche Korrekturen – grundsätzlich unzulässig, *Raufeisen* in Willenbruch/Wieddeking VOB/A § 7 Rdn. 18, ein Änderungsvorbehalt ist unzulässig, Rdn. 22.
[24] *Prieß/Simonis* in: KKPP GWB § 121 Rdn. 17.
[25] „Empfängerhorizont **der** Bieter", maßgebend ist der „Horizont des angesprochenen Empfängerkreises"; BGH „Wasserhaltung II" 1994, 236; OLG Nürnberg IBR 2001, 409; OLG Düsseldorf „Euro-Münzplättchen III" NZBau 2000, 443; *Dreher* in Immenga/Mestmäcker GWB, § 97 Rdn. 48; „intensive Auslegungsbemühungen" sind von einem Bieter nicht zu erwarten, *Weyand* Vergaberecht, VOB/A § 7 Rdn. 82; näher VOB/B § 2 EG Rdn. 21, 25.
[26] *Raufeisen* in Willenbruch/Wieddekind VOB/A § 7 Rdn. 16; *Schellenberg* in Pünder/Schellenberg Vergaberecht, VOB/A § 7 EG Rdn. 21.
[27] OLG Frankfurt, NZBau 2016, 705; KG, IBR 2015, 155; OLG Frankfurt NZBau 2012, 726.
[28] Dazu näher Rdn. 56.
[29] Ebenso *Prieß* in KMPP VOB/A § 7 Rdn. 34, s. auch Fn. 26.
[30] BGH „Sonderfarben I" BauR 1993, 595; BGH „Wasserhaltung II" BauR 1994, 236; OLG Saarbrücken NZBau 2002, 576: „Hat eine Willenserklärung einen eindeutigen Wortlaut, so ist für eine Auslegung kein Raum"; Einzelheiten VOB/B § 2 Rdn. 95–98 mit Beispielen. Vgl. auch *Prieß* NZBau 2004, 20 und OLG Düsseldorf NZBau 2002, 287 („LKW Maut").

– Der Wortlaut ist entsprechend technischem Verständnis auszulegen. Da es sich (oft) um „technisch spezialisierte Texte handelt, die für technische Fachleute formuliert werden, ist als Wortlaut das allgemeine sprachliche Verständnis der Aussagen jedenfalls dann nicht von Bedeutung, wenn die verwendete Formulierung von den angesprochenen Fachleuten in einem spezifischen technischen Sinn verstanden wird (§ 133 BGB) oder wenn für bestimmte Aussagen Bezeichnungen verwendet werden, die in den maßgebenden Fachkreisen verkehrsüblich sind oder für deren Verständnis und Verwendung es gebräuchliche technische Regeln (z. B. DIN-Norm) gibt (§ 157 BGB)".[31]
– Sieht eine VOB/C Norm „Ja/Nein" Alternativen vor, so kann der Bieter, wenn z. B. eine Kontamination nicht genannt ist, auch davon ausgehen, dass keine Kontamination vorhanden ist.[32] Eine Ausnahme davon kann laut dem 7. Senat des BGH in dem seltenen Fall in Betracht kommen, dass die Möglichkeit des Vorhandenseins einer Kontamination selbstverständlich ist und gerade typischerweise immer vorkommt – z. B. unterhalb einer Asphaltdecke einer Ortsdurchfahrt; die VOB/C sehe diese Angabepflicht in DIN 18299 Abschnitt 0.2.3 auch nur nach den „Erfordernissen des Einzelfalls" vor.[33]
– Speziell geht vor allgemein, § 1 Abs. 2 VOB/B ist maßgebend.
– Die speziellere Regelung geht der allgemeineren auch in der Leistungsbeschreibung im weiteren Sinne vor, wobei „der Vertrag als sinnvolles Ganzes" auszulegen ist.[34]
– Bei jeder Ausschreibung gilt zugunsten des Bieters eine Vermutung der Richtigkeit, bei detaillierter Ausschreibung auch eine Vermutung der Vollständigkeit[35] (dazu auch Rdn. 11); der Bieter muss technische Vorgaben auch nicht selbst untersuchen.[36]
– Kann ein mehrdeutiger Text sinnvoll so ausgelegt werden, dass er den Anforderungen der vergaberechtlichen Vorschriften, hier also insbesondere der VOB/BA entspricht, so darf der Bieter ihn so verstehen.[37]

Der Bieter muss die Vertragsunterlagen „mit gehöriger Sorgfalt prüfen", aber die Anforderungen an die Erkenntnismöglichkeiten des Bieters sind kalkulationsbezogen zu beurteilen, was bedeutet, dass unter normalen Umständen nur unübersehbare, auf der Hand liegende Widersprüche den Bieter zu Rückfragen veranlassen müssen.[38]

Nach diesen Maßstäben sind z. B. **Leistungsbeschreibungen unklar** und deshalb vergaberechtlich unzulässig:
– die die „Technischen Mindestanforderungen" einer funktionalen Leistungsbeschreibung zweideutig festlegen[39]
– die eine „Wohnfläche" ohne nähere Definition des Begriffs zugrunde legen[40]
– die den Bieter unausgesprochen zwingen, **Annahmen** ohne tragfähige Basis über die Beschaffenheit von Baugrund, Vorleistungen oder zu bearbeitenden Materialien zu machen, also etwa die Beschaffenheit von abzubrechendem Beton als B 25 kennzeichnen, ohne zu erläutern, ob damit die Festigkeit zum Herstellungszeitpunkt oder zum Abbruchzeitpunkt gemeint ist[41]
– die eine unklare Einordnung einer Position als Eventual- oder Alternativposition enthalten[42]

---

[31] BGH „Spanngarnituren" BauR 1994, 625; näher VOB/B § 2 Rdn. 98–100 mit Beispielen.
[32] Siehe VOB/B § 2 Rdn. 81.
[33] BGH „LAGA", NZBau 2012, 102 = BauR 2012, 490. Zivilrechtlich ist die Entscheidung richtig (s. VOB/B § 2 Rdn. 83); vergaberechtlich ist der Auftraggeber aber entgegen dem BGH zu einer **eindeutigen** Ausschreibung verpflichtet, kritisch auch *Kus* Festschrift Marx, 363, 376. Auf jeden Fall ist die Angabe des Vorhandenseins von Schadstoffen mit entsprechenden LAGA-Zuordnungswerten vergaberechtlich (und zivilrechtlich, s. VOB/B § 2 Rdn. 83) dann zwingend, wenn der Vertrag einen Boden voraussetzt, der zur Weiterverwendung geeignet ist, BGH a. a. O.; BGH „Chlorid" NZBau 2013, 429 = BauR 2013, 1176. S. auch Rdn. 42.
[34] BGH „Eisenbahnbrücke" BauR 1999, 897 (dazu auch hier Rdn. 56); näher VOB/B § 2 Rdn. 101–104.
[35] BGH „LAGA", NZBau 2012, 102 = BauR 2012, 490. Einzelheiten VOB/B § 2 Rdn. 105–108.
[36] Näher dazu Rdn. 12.
[37] Grundsatz der „VOB-konformen Auslegung", BGH „LAGA", NZBau 2012, 102 = BauR 2012, 490. BGH „Auflockerungsfaktor" BauR 1997, 466; näher hier Rdn. 3, 4 sowie VOB/B § 2 Rdn. 117, 118; *Kapellmann/Schiffers/Markus* Band 1 S. 622. Abweichend unter dem Gesichtspunkt der Chancengleichheit der Bieter untereinander (?) *Gerlach/Motzke* VergR 2016, 443.
[38] Einzelheiten VOB/B § 2 Rdn. 111, 112; siehe auch *Prieß* NZBau 2004, 87.
[39] OLG Brandenburg „Flughafen Schönefeld" NZBau 2000, 39 = BauR 1999, 1175.
[40] VOB/B § 2 Rdn. 100.
[41] VOB/B § 2 Rdn. 41 mit Fn. 86, Rdn. 116, siehe auch hier Rdn. 17, 22, 24.
[42] OLG Dresden BauR 2000, 1582.

– die ungenaue Mengenangaben bei detaillierter Ausschreibung enthalten[43]
– bei denen mit Leistungsverzeichnis gemäß § 7b ausgeschrieben ist, aber die Ausführungsplanung fehlt.[44]

10 „Eindeutig" darf nicht mit „richtig" verwechselt werden. Eine Leistungsbeschreibung kann eindeutig, aber falsch sein, so etwa, wenn die angegebene Bodenklasse (früher Bezeichnung nach DIN 18300) sich als unzutreffend erweist. Vergaberechtlich ist nichts zu beanstanden;[45] der Ausgleich erfolgt über § 2 Abs. 5, 6, 8 VOB/B.

11 Eine für fachkundige Bieter nicht ohne weiteres erkennbare Unklarheit in der Leistungsbeschreibung oder in den angegebenen Mindestanforderungen für Nebenangebote führt dazu, dass diese ihrem Angebot ein fachlich vertretbares Verständnis der Ausschreibungsunterlagen zugrundelegen dürfen, ohne sich der Gefahr eines Angebotsausschlusses auszusetzen.[46]
Vertiefte Auslegungskünste kann man von einem Bieter nicht erwarten. Das Risiko einer unklaren Ausschreibung geht nach unbestrittener Meinung zu Lasten des Auftraggebers.

12 Das Gebot der Klarheit gilt nicht nur für den Auftraggeber, sondern auch für Erklärungen eines Bieters. Ein Bieter muss z. B. ein Nebenangebot so klar und eindeutig abfassen, dass der Auftraggeber **allein** aufgrund dieser Angaben prüfen kann, ob eine Leistungsvariante den Mindestanforderungen im Sinne des § 16a Abs. 3 VOB/A entspricht; der Auftraggeber ist nicht zur Aufklärung verpflichtet.

13 Die Leistungsbeschreibung muss nicht nur eindeutig, sondern auch **erschöpfend** sein, wobei offen bleiben kann, ob sich der erschöpfende Charakter nicht ohnehin aus der Eindeutigkeit ergibt.[47] Vergaberechtlich bedeutet das jedenfalls, dass der Zuschlagsentscheidung nicht Kriterien zugrunde liegen dürfen, die in der Ausschreibung gar nicht genannt sind.[48] Durch eine Erweiterung des Kriterienkataloges abweichend von den Angaben in der Leistungsbeschreibung würde die Vergleichbarkeit der Angebote untereinander wie auch die Preisermittlung nachhaltig beeinflusst; die Unvollständigkeit der Leistungsbeschreibung – oder die nachträgliche Erweiterung der Vergabekriterien – würde dazu führen, dass die Bieter „der Willkür der Vergabestelle" ausgeliefert wären.[49] Erschöpfend ist eine Leistungsbeschreibung dann, wenn sie keine (ernsthaften) Fragen offen lässt. Das Risiko der Unvollständigkeit darf der Auftraggeber auch nicht durch Vertragsklauseln gleich welcher Art auf den Bieter abwälzen; alle derartigen Bestätigungs- oder Vorkenntnisklauseln sind vergaberechtlich unzulässig; dass sie darüber hinaus auch gegen die AGB-rechtlichen Vorschriften der §§ 305 ff. BGB verstoßen und ohnehin unwirksam sind, ändert an der vergaberechtlichen Unzulässigkeit nichts.[50]
Bei der Beschreibung der Leistung sind auch die Vorgaben des europäischen Vergaberechts von Bedeutung. Zum Beispiel darf der Auftraggeber nicht „offen diskriminierend" ausschreiben („Der Bieter muss in größtmöglichem Umfang inländisches Material verwenden") oder er darf nicht an Produkte binden, die (nur) nationale Normen erfüllen.[51]

14 **b) Keine umfangreichen Vorarbeiten.** Schließlich darf die Ausschreibung dem Bieter nicht „umfangreiche Vorarbeiten" abverlangen. Die Ausschreibung muss selbst die Informationen enthalten, die der Bieter für seine Kalkulation benötigt. Der Bieter darf schon deshalb – aber erst

---

[43] OLG Saarbrücken BauRB 2003, 177 (VOL/A).
[44] OLG Düsseldorf, NZBau 2014, 374.
[45] Ebenso *Bernhardt* in Ziekow/Völlink Vergaberecht, VOB/A § 7 Rdn. 10; *Prieß/Simonis* in KKPP GWB Rdn. 21. Wenn die Unrichtigkeit allerdings so weit geht, dass eine Vorgabe unerfüllbar ist, darf kein Zuschlag erteilt werden, BGH Urt. v. 1.8.2006, X ZR 115/04; *Prieß* in KMPP VOB/A § 7 Rdn. 19; *Weyand* VOB/A § 7 Rdn. 104 mit Nachweisen. Deshalb äußerst zweifelhaft VK Sachsen, 15.3.2011, A SVK 604-11, IBR 2011, 655. Siehe auch Fn. 3.
[46] OLG Schleswig-Holstein NZBau 2011, 375. Stehen dann mehrere Angebote auf der Grundlage eines jeweils verschiedenen – fachlich vertretbaren Verständnisses – miteinander im Wettbewerb, kann daraus eine dem Transparenz- und Gleichbehandlungsgrundsatz entsprechende Vergabeentscheidung nicht mehr abgeleitet werden, a. a. O. Ebenso OLG Celle, IBR 2010, 408; KG NZBau 2002, 402; *Prieß* in KMPP VOB/A § 7 Rdn. 28.
[47] Dafür *Prieß* in KMPP VOB/A § 7 Rdn. 17.
[48] So zur Rechtslage schon vor Inkrafttreten des Vergaberechtsänderungsgesetzes BGH BauR 1999, 736; zur heutigen Rechtslage OLG Frankfurt „Waldstadion" NZBau 2002, 16; vgl. § 25 VOB/A und VOB/A § 10 Rdn. 5.
[49] BGH BauR 1999, 736.
[50] *Raufeisen* in Willenbruch/Wieddekind VOB/A § 7 Rdn. 12. Zu solchen Klauseln VOB/B § 2 Rdn. 29.
[51] Einzelheiten *Weber* NZBau 2002, 194 mit Nachweisen der Rechtsprechung des EuGH.

recht wegen § 7 Abs. 1 Nr. 6 VOB/A – nicht gezwungen sein, die „für die Ausführung der Leistungen wesentlichen Verhältnisse der Baustelle, z. B. Boden- und Wasserverhältnisse" selbst zu erkunden,[52] dazu auch → VOB/B § 2 Rdn. 106. Der Auftraggeber muss den notwendigen finanziellen Aufwand z. B. für die Einschaltung von Gutachten erbringen; er kann sich nicht mit dem Argument, der Erkundungsaufwand sei unverhältnismäßig, vor der notwendigen Sachaufklärung drücken. Ist ausnahmsweise eine notwendige Aufklärung erst im Zuge der Baumaßnahme möglich, muss der Auftraggeber durch entsprechende Gestaltung des Leistungsverzeichnisses, z. B. Abrechnung nach ausgeführter Menge, Vergütungspositionen für die auftragnehmerseitige Erkundung (vgl. VOB/C DIN 18999 Abschnitt 4.2.8) oder Eventualpositionen dafür sorgen, dass der Bieter vertragsgemäß vergütet wird. Der Bieter darf nicht auf (möglicherweise auch noch nur beschränkt zugängliche) Unterlagen Dritter verwiesen werden. Die Ausschreibung muss deshalb auch funktional systemgerecht sein, das heißt, sie darf beispielsweise nicht auf der Basis eines Leistungsverzeichnisses (§ 7b) ausschreiben und dennoch die Mengenermittlung dem Bieter überlassen oder noch keine Ausführungsplanung haben.[53] Umgekehrt hindert § 7 Abs. 1 nicht daran, dem Bieter Planungsaufgaben zu übertragen und ihn auf dieser Basis selbst die auszuführende Leistung bestimmen und ermitteln zu lassen; das zeigt schon die total-funktionale Leistungsbeschreibung mit Leistungsprogramm (§ 7c); hier schafft die Verpflichtung, gemäß § 8b Abs. 2 Nr. 1 VOB/A für die Angebotsbearbeitung eine angemessene Entschädigung zu gewähren, einen Ausgleich für die notwendige „umfangreiche Vorarbeit". Schreibt die Vergabestelle teil-funktional aus, überträgt sie dem Bieter also nicht die ganze Planung, sondern (z. B. nur) die Ausführungsplanung wie beim typischen „schlüsselfertigen Bauen",[54] so ist im Regelfall die Kalkulation eines Angebots auf der Basis von Leitpositionen möglich,[55] ohne dass der Bieter schon eine Ausführungsplanung erstellen muss (was er auch schon zeitlich gar nicht könnte); deshalb sind auch hier die Vorarbeiten noch nicht unsachgemäß „umfangreich".

c) Vom Auftraggeber verschwiegene Erkenntnisse. Der Auftraggeber muss alle ihm bekannten, relevanten Erkenntnisse in die Ausschreibung aufnehmen. Wenn er solche Kenntnisse verschweigt, ist das vergabewidrig.[56] Dennoch wird ein solches Verhalten in den seltensten Fällen vergaberechtliche Konsequenzen haben, weil der Bieter ja nicht merken kann, dass der Auftraggeber Erkenntnisse verschwiegen hat. Die Lösung ist also hier auf zivilrechtlicher Ebene zu suchen; in diesen Fällen hat der Auftragnehmer ausnahmsweise einen Schadensersatzanspruch aus c. i. c., § 311 Abs. 2 BGB; statt dessen kommt auch eine entsprechende Auslegung des Bausolls in Betracht und die Gewährung von Vergütungsansprüchen aus § 2 Nr. 8 Abs. 3 VOB/B.[57] Jedenfalls erhält der Auftragnehmer „Ausgleich".

2. § 7 Abs. 1 Nr. 2 – Angabe aller für eine einwandfreie Preisermittlung notwendigen Umstände. a) § 7 Abs. 1 Nr. 2 – Angabe aller Umstände – vergaberechtliche Bedeutung. § 7 Abs. 1 Nr. 2 ist eine Präzisierung der allgemeinen Vergabevorschrift des § 7 Abs. 1, wonach die Leistung eindeutig und erschöpfend beschrieben werden muss. Besonders hinzuweisen ist darauf, dass die Regelung des § 7 Abs. 1 Nr. 2 für alle Arten von Leistungsbeschreibungen gilt, auch für die Ausschreibung nach Leistungsprogramm gemäß § 7c VOB/A.

Für eine einwandfreie Preisermittlung notwendige Umstände kann der Auftraggeber nur angeben, wenn er sie **kennt**. Der Auftraggeber muss also zuerst solche Umstände **ermitteln**. Das findet sich in der VOB in § 7 Abs. 1 Nr. 5 bis Nr. 7. Welche **weiteren** Umstände er ermitteln muss, hängt vom Einzelfall, aber auch insbesondere vom gewählten Vertragstyp ab – offensichtlich erfordert eine Leistungsbeschreibung mit Leistungsverzeichnis andere und mehr Ermittlungen und Vorgaben als eine Leistungsbeschreibung mit Leistungsprogramm. Der Ver-

---

[52] OLG Frankfurt NJW-RR 1986, 245; *Raufeisen* in Willenbruch/Wieddekind VOB/A § 7 Rdn. 25; *Schranner* in Ingenstau/Korbion VOB/A § 7 Rdn. 51; *Franke/Kaiser* in FKZGM s. Anschrift VOB/A § 7 EV Rdn. 35, 36; unrichtig *Hertwig* in Beck'scher Kommentar VOB/A § 9 Rdn. 17.
[53] OLG Düsseldorf NZBau 2014, 374.
[54] Zur vergaberechtlichen Zulässigkeit näher Rdn. 93 ff.
[55] *Kapellmann/Schiffers/Markus* Band 2, Rdn. 872.
[56] Es verstößt gegen das Transparenzgebot, wenn der Auftraggeber nur pauschal auf die Möglichkeit von Bodenbelastungsabweichungen hinweist, obwohl er außergewöhnliche Bodenbelastungen positiv kennt, OLG Naumburg, NZBau 2006, 267 (nur Leitsatz) = VergabeR 2006, 278 m. Anm. *Quack*; *Raufeisen* in Willenbruch/Wieddekind Vergaberecht, VOB/A § 7 Rdn. 21.
[57] BGH „Schlüsselfertigbau" BauR 1984, 395; Einzelheiten *Kapellmann/Schiffers/Markus* Band 1, Rdn. 245, 252; Band 2, Rdn. 509, 539, 541, 561, 621. Im Einzelfall kommen sogar deliktsrechtliche Ansprüche in Betracht. Vgl. auch VOB/B § 2 Rdn. 126.

tragstyp bestimmt auch, welche Risiken und/oder Leistungen der Auftraggeber VOB-gerecht dem Auftragnehmer aufbürden darf. Dazu enthalten auch die Vorschriften der VOB/B Anhaltspunkte: Bei der Ausschreibung mit Leistungsverzeichnis muss der Auftraggeber beispielsweise selbst die baurechtliche Zulässigkeit des Bauvorhabens aufklären, denn er muss die Baugenehmigung beibringen (§ 4 Abs. 1 Abs. 1 Satz 2 VOB/B); er muss folglich alle Anforderungen aus der Baugenehmigung in die Leistungsbeschreibung aufnehmen (vgl. Rdn. 22).

17 Zu **ermitteln** hat der Auftraggeber alle **für die Kalkulation** des Bieters notwendigen, konkret projektbezogenen Umstände. **Welche** das im Einzelfall sind, ist fachlich-technische Frage. **Wie** der Auftraggeber die relevanten Umstände ermittelt, ist seine Sache.[58] Ermitteln bedeutet jedenfalls, dass der Auftraggeber sich nicht auf Vermutungen beschränken darf, sondern eigene Prüfungen und gegebenenfalls Untersuchungen vornehmen muss.

18 Diese für die Preisermittlung notwendigen Umstände muss der Auftraggeber sodann in den Ausschreibungsunterlagen auch **angeben.** Der Auftraggeber darf insbesondere ihm bekannte, relevante Erkenntnisse **nicht verschweigen**[59] oder – unerklärt – eine riskantere und billigere Lösung wählen.[60] Insbesondere darf er – mindestens dann – nicht allgemeine Beschreibungen verwenden, die auf Standardverhältnisse schließen lassen, wenn er die vom Standard abweichenden Sonderverhältnisse kennt. Beispiel: Der Auftraggeber schreibt Abbrucharbeiten an Betonwänden aus. Er hat durch Probebohrungen festgestellt, dass der 10 Jahre alte Beton heute eine Festigkeit entsprechend einem B 65 bis einem B 80 hat. In der Ausschreibung bezeichnet der Auftraggeber die abzubrechenden Wände mit „aus B 35" wobei er (zu Unrecht) meint, damit sei klar, dass die Betonfestigkeit zum Herstellzeitpunkt gemeint sei;[61] selbst wenn das richtig wäre, wäre die Ausschreibung dennoch vergabewidrig, weil die für die Abbruchmethoden **maßgebende** Festigkeit des Betons nicht angegeben, im Beispielsfall sogar verschwiegen, wäre; es ist nämlich nicht möglich, die Festigkeit eines solchen Betons zum Abbruchzeitpunkt mit hinreichender Genauigkeit theoretisch zu ermitteln. Wenn Details besonders schadensträchtig sind, muss der Auftraggeber sie auch besonders genau planen und in einer jedes Risiko ausschließenden Weise deutlich machen.[62]

Die Beschreibungspflicht gilt nicht nur für die Leistung als solche, sondern auch für die die Ausführung der Leistung beeinflussenden äußeren Umstände, die „Beschaffenheitsangaben".[63]

Wie und **wo** die Bezeichnung in den Ausschreibungsunterlagen erfolgen muss, ergibt sich aus dem Einzelfall. Allgemein gilt: Die Beschreibung muss dokumentiert sein (Schriftform oder Datenträger); sie muss sich in den Ausschreibungsunterlagen finden und nicht bei Dritten;[64] sie muss klar formuliert sein und vor allem dem Bieter **nicht eigene Untersuchungen** oder Berechnungen aufbürden (ausgenommen bei total-funktionaler Ausschreibung), wobei auch zu beachten ist, dass solche Untersuchungen als Besondere Leistung ausgeschrieben werden können und vergütet werden müssen, aber nicht in der Form, dass der Bieter sich die Beschreibung seiner Leistung selbst erarbeiten muss.[65] Der Auftraggeber „muss" der Ausschreibung beigefügte Gutachten, z.B. geotechnische Gutachten, selbst auswerten und darf dies nicht dem Bieter überlassen.[66] Eine maßgebende Aussage darf **auch nicht versteckt** und/oder an ungeeigneter Stelle gemacht werden; insoweit lässt sich die für die Leistungsbeschreibung mit Leistungsverzeichnis hinsichtlich der „ergänzenden" Pläne in § 7b Abs. 2 VOB/A getroffene Regelung, dass solche maßgebenden Pläne „eindeutig bezeichnet" sein müssen, verallgemeinern. Ebenso darf der Auftraggeber **allgemeine** Vertragsaussagen nicht in technischen Aussagen oder gar in Positionstexten verstecken.[67]

---

[58] Ebenso *Prieß* in KMPP VOB/A § 7 Rdn. 41.
[59] Dazu Rdn. **15,** 20.
[60] Vertragsrechtlich begründet das Mehrvergütungsansprüche des Auftragnehmers; im Einzelfall kommen sogar deliktische Ansprüche in Betracht. Vgl. dazu näher oben Rdn. 13.
[61] Vgl. hier Rdn. 9, 24; VOB/B § 2 Rdn. 41, Fn. 86, Rdn. 116.
[62] OLG Düsseldorf BauR 2002, 652.
[63] Zum Begriff näher VOB/B § 2 Rdn. 41 ff., 48. Zur Beschreibung der Baugrund- und Wasserverhältnisse Rdn. 39. Zur Bedeutung der „0"-Abschnitte der VOB/C Rdn. 41. Zur Verwendung verkehrsüblicher Bezeichnungen Rdn. 44.
[64] Zur vertragsrechtlichen Auslegung, wenn der Text doch auf „einsehbare Unterlagen" verweist VOB/B § 2 Rdn. 70–72.
[65] Zutreffend *Prieß* in KMPP VOB/A § 7 Rdn. 43. Zur vertragsrechtlichen Betrachtung VOB/B § 2 Rdn. 106, 107. Zur vergaberechtlichen Zulässigkeit ergänzend auch Rdn. 22.
[66] Zutreffend *Raufeisen* in Willenbruch/Wieddekind Vergaberecht VOB/A § 7 Rdn. 30. S. auch Rdn. 18.
[67] Zur entsprechenden AGB-rechtlichen Problematik VOB/B § 2 Rdn. 56.

Leistungsbeschreibung   19, 20 § 7 VOB/A

b) Bauvertragliche Bedeutung. Je nach Einzelfall und je nach der angesprochenen Ebene 19
allgemeiner Vertragsaussage oder konkreter Einzelbeschreibung kann in Betracht kommen, dass
Ausschreibungen, die den Anforderungen des **§ 7 Abs. 1 Nr. 2** nicht genügen, AGB-rechtlich
(§§ 305 ff. BGB) wegen Verstoßes gegen das Transparenzgebot oder die allgemeine Klausel des
§ 307 BGB unwirksam sind.[68] Die Unwirksamkeit ändert aber nichts an dem entsprechenden
vergaberechtlichen Verbot unklarer Ausschreibung.
Zur bauvertraglichen Bedeutung ansonsten siehe Rdn. 40.

3. § 7 Abs. 1 Nr. 3 – Kein ungewöhnliches Wagnis. a) Vergaberechtliche Bedeutung. 20
§ 7 Abs. 1 Nr. 3 bestimmt, dass „dem Auftragnehmer kein ungewöhnliches Wagnis aufgebürdet
werden darf für Umstände und Ereignisse, auf die er keinen Einfluss hat und deren Einwirkung
auf die Preise und Fristen er nicht im Voraus schätzen kann." Die Vorschrift gilt für alle
Ausschreibungsformen, auch z. B. für Baukonzessionen im ÖPP-Modell.[69]
§ 7 Abs. 1 Nr. 3 VOB/A ist – wie § 7 VOB/A insgesamt – eine vergaberechtliche Regel; was
vergaberechtlich für den öffentlichen Auftraggeber geregelt ist („darf kein"), ist für die
zivilrechtliche Wirksamkeit des Vertrages im Allgemeinen unerheblich, im Verhältnis zwischen
privatem Auftraggeber und Auftragnehmer ohnehin. Beim Vertrag mit einem **öffentlichen**
Auftraggeber wirkt allerdings § 7 Abs. 1 Nr. 3 VOB/A zivilrechtlich vorab schon als Auslegungsmaßstab zu dessen Lasten (s. Rdn. 27); der klare Verstoß gegen § 7 Abs. 1 Nr. 3 VOB/A
führt darüber hinaus über § 134 BGB zur Nichtigkeit.[70] Es ist also nicht richtig, dass § 7 Abs. 1
Nr. 3 VOB/A eine Generalklausel des Bauvertragsrechts sei, um die Lauterkeit des Rechtsverkehrs zu wahren.[71]
Die VOB/A gibt unmittelbar keinerlei Erläuterung dazu, was sie unter „Wagnis" und unter
gewöhnlichem und ungewöhnlichem Wagnis versteht. Ein Ansatzpunkt könnte der herkömmliche – wenn auch verfehlte[72] – Begriff „Wagnis" bei Kalkulationen (Zuschlag von „Wagnis
und Gewinn") sein. Kalkulatorisch soll damit aber das „allgemeine Unternehmensrisiko"
erfasst werden, also die Wagnisse, die nicht objektspezifisch bewertbar sind, was offensichtlich
hier nicht passt. Kostenkalkulatorisch in Form eines Risikozuschlags werden dagegen Risiken
dieses konkreten Bauprojekts erfasst, z. B. ein Hochwasserrisiko oder eine Kostenveränderung
bei lang laufender Baustelle. Aber auch das bleibt problematisch. Wirklich „ungewöhnliche
Risiken" sind auch per Risikozuschlag mangels Quantifizierbarkeit nicht sachgerecht zu
erfassen; darüber hinaus werden **Angebote unvergleichbar**. Jedenfalls helfen solche kalkulatorischen Überlegungen nicht ernsthaft weiter bei der Auslegung des Begriffs „ungewöhnliches Wagnis".
Die Unterscheidung muss daher nach anderen Kriterien getroffen werden: Maßgebend sind
einmal die grundsätzlichen Vergabekriterien des GWB – Wettbewerbsprinzip, Gleichheitsgebot,
Transparenz, aber wegen § 97 Abs. 3 GWB auch der Schutz mittelständischer Interessen –, zum
anderen die Funktions- und Risikozuteilung der VOB/A; ein Anhaltspunkt ist auch § 6 Abs. 2
Nr. 1a VOB/B, der bei Umständen „aus dem Risikobereich des Auftraggebers" Fristverlängerung gewährt.[73]
Dabei müssen aber diese Kriterien demnach alle **kalkulationsbezogen** geprüft werden; das
Risiko muss so beschaffen sein, dass es nicht im Voraus (hinreichend sicher) erfassbar ist.[74]
Anders ausgedrückt: **Ungewöhnliches Wagnis** im Sinne von § 7 Abs. 1 Nr. 3 VOB/A ist ein
Risiko, das **kalkulatorisch** a) wegen des Grades seiner Ungewissheit und der unbekannten
Größenordnung **erhebliche** finanzielle oder zeitliche, letztlich unkalkulierbare Auswirkungen
haben kann und b) das von dem im Gesetz und in der VOB vorgesehenen Risikoverteilung
zwischen (öffentlichem) Auftraggeber und Auftragnehmer **abweicht**. Ungewöhnlich wird ein
kalkulatorisches Risiko dann, wenn sich eine Eintrittswahrscheinlichkeit nicht hinreichend
sicher voraussehen lässt und wenn sich das resultierende Kostenrisiko nicht quantifizieren lässt.
Beispielsweise führt der Auftraggeber bei der Ausschreibung der Munitionsräumung auf einem

---

[68] Näher VOB/B § 2 Rdn. 50 ff.
[69] Näher *Roth* NZBau 2006, 84.
[70] Näher Rdn. 27.
[71] So aber *Prieß* in KMPP VOB/A § 7 Rdn. 52. Sie gilt ja nicht für private Auftraggeber.
[72] Näher VOB/B § 2 Rdn. 139; *Schubert/Reister* Jahrbuch Baurecht 1999, 253. Der BGH hat sich mittlerweile der richtigen Beurteilung als unselbständiger Bestandteil des Gewinns angeschlossen, BGH „Wagnis" NZBau 2016, 458.
[73] Zu Letzterem VOB/B § 6 Rdn. 18–22.
[74] Selbstverständlich, ebenso z. B. *Prieß* NZBau 2004, 87.

Truppenübungsplatz die Vorerkundung auf Testfeldern nicht vollständig durch und verschweigt sogar Vorerkundungsergebnisse aus einem besonders hoch belasteten Testfeld.[75] Der Auftragnehmer kann den Eintritt des Risikos weder voraussagen noch der Höhe nach berechnen, er kann auch den Eintritt oder die Eintrittswahrscheinlichkeit nicht beeinflussen.[76] Selbst wenn eine „worst case"-Kalkulation möglich wäre – und mit einem theoretisch errechenbaren Risikozuschlag bewertet werden könnte – ist das kein realer, einer kaufmännischen Kostenkalkulation zugrundezulegender Faktor, das Risiko bleibt „ungewöhnlich":[77] Deshalb ist es z. B. ungewöhnliches Wagnis, dem Bieter das Setzungsrisiko einer Mülldeponie aufzuerlegen.[78] Dass das Risiko „ungewöhnlich" ist, reicht aus; keineswegs muss „**jedes** bei Vertragsschluss voraussehbare Maß" überschritten werden, die potentiellen Folgen müssen nur „schwerwiegend" sein; der Maßstab ist **geringer** als bei der Beurteilung der „Störung der Geschäftsgrundlage".[79] Die Überlegung, ungewöhnlich sei ein Wagnis nicht, wenn die potentiellen Folgen durch eine „besonders hohe Vergütung" **kompensiert** (abgesichert) würden,[80] überzeugt nicht. Ein unkalkulierbares Risiko kann man vorab durch eine besonders hohe Vergütung vielleicht mildern, aber nicht ausgleichen. Vor allem aber: Es geht um einen Bieterwettbewerb – wie soll der Bieter Gewissheit haben, dass er „mit einem besonders hohen Vergütungsangebot" überhaupt den Zuschlag erhält?

21   Was zum „Risikobereich" des Auftraggebers gehört (siehe § 6 Abs. 2 Nr. 1 lit a VOB/B), darf dieser nicht auf den Auftragnehmer abwälzen. Als erstes muss demgemäß der Auftraggeber sein **Investitionsrisiko** selber tragen.[81] Der Auftraggeber trägt z. B. selbst das Risiko der Finanzierbarkeit und der Veränderung von Finanzierungsbedingungen, das (finanzielle) Risiko der Änderung von Gesetzen oder anerkannter Regeln der Technik nach Vertragsabschluss, das (zeitliche und finanzielle) Risiko, dass eine Verlängerung der ausgeschriebenen Bauzeit notwendig wird, weil ein Mitbieter ein (erfolgloses) **Nachprüfungsverfahren** betrieben hat, das Risiko der (generellen) Zugänglichkeit der Baustelle oder nachträglichen Veränderung der Zugänglichkeit, das Risiko der **Beschaffung und Richtigkeit** von Beschaffenheitsangaben, z. B. zum Baugrund,[82] das Risiko der rechtzeitigen und mangelfreien Bereitstellung des Baugrundstückes,[83] das Risiko behördlichen (unvorhersehbaren) Eingreifens. Umgekehrt begründen die werkvertraglichen typischen Risiken des Auftragnehmers kein ungewöhnliches Wagnis.

22   Der Auftraggeber muss weiter **funktionsgerecht** ausschreiben, was bedeutet, dass sich die **Bestimmung eines ungewöhnlichen Risikos nach dem Vertragstyp** richtet. Schreibt der Auftraggeber mit Leistungsverzeichnis als Einheitspreisvertrag aus, so ist z. B. die Beibringung der Baugenehmigung sein Risiko (§ 4 Abs. 1 Satz 2 VOB/B), ebenso die rechtzeitige Übergabe der zur Ausführung notwendigen Unterlagen (§ 3 Abs. 1 VOB/B); ohne Ausführungsplanung fehlt der Ausschreibung z. B. die Ausschreibungsreife.[84] Schreibt dagegen der Auftraggeber im Rahmen einer (zulässigen) funktionalen Leistungsbeschreibung, z. B. nach Leistungsprogramm, aus, so kann die Beschaffung der Baugenehmigung jedenfalls beim Totalunternehmervertrag durchaus Sache des Auftragnehmers sein, erst recht hat der Auftragnehmer seine Pläne beizubringen. Bei dieser funktionalen Ausschreibung, bei der der Auftragnehmer selbst (auch) die Ausführungsplanung zu liefern hat, ist es kein ungewöhnliches Risiko, sondern selbstverständliche Folge, dass der Auftragnehmer selbst die zu leistende Menge ermitteln muss. Beim Pauschalvertrag ist diese auftragnehmerseitige Mengenermittlung ebenfalls dann selbstverständlich, also kein ungewöhnliches Risiko, wenn der Auftraggeber Mengenermittlungsparameter

---

[75] OLG Naumburg NZBau 2006, 267, nur Leitsatz = VergabeR 2006, 276 mit Anm. *Quack* und schon Urteil vom 22.1.2002, BauR 2002, 833; *Franke/Kaiser* in FKZGM VOB/A § 7 EV Rdn. 53; zu verschwiegenen Erkenntnissen auch oben Rdn. 13; *Schellenberg* in Pünder/Schellenberg VOB/A § 7 EG Rdn. 56.

[76] Dazu auch *Roth* NZBau 2006, 84; weiter *Schottke* Festschrift Thode, S. 155.

[77] Zutreffend 1. Vergabekammer Bund Beschl. v. 26.10.2004, VK1–120/04; OLG Düsseldorf Beschl. v. 5.10.2001, Verg 28/01.

[78] Vgl. OLG München NZBau 2004, 274.

[79] Ebenso *Raufeisen* in Willenbruch/Wieddekind VOB/A § 7 Rdn. 35, Fn. 45.

[80] Dazu *Prieß* NZBau 2004, 87, mit Nachweisen. Unrichtig deshalb OLG Koblenz Urt. v. 19.5.2006, 8 U 69/05; *Weyand* Vergaberecht, VOB/A § 9 Rdn. 4159.

[81] Zustimmend *Raufeisen* in Willenbruch/Wieddekind VOB/A § 7 Rdn. 36; *Prieß* in KMPP VOB/A § 7 Rdn. 61.

[82] Ebenso *Heiermann/Bauer* in Heiermann/Riedl/Rusam VOB/A § 7 Rdn. 20.

[83] Für das zeitliche Risiko unbestritten, vgl. BGH „Schürmannbau/Hagedorn II" BauR 1997, 1021; BGH BauR 1990, 210; zum finanziellen Risiko vgl. VOB/B § 6 Rdn. 61–63.

[84] OLG Düsseldorf, NZBau 2014, 374.

liefert. Wenn aber der Auftraggeber die Ausführungsplanung schuldet, aber sie zur Zeit der Ausschreibung noch nicht vorlegt, wenn der Auftragnehmer beim Pauschalvertrag also endgültige Mengen nicht ermitteln kann, ist die Überwälzung dieses Risikos **jedenfalls dann** ungewöhnliches Wagnis, wenn er auf der Basis der der Ausschreibung zugrunde liegenden Pläne Mengen auch nicht annähernd ermitteln kann. Danach ist auch die **vergaberechtliche** Zulässigkeit der Ausschreibung im BGH-Fall „**Kammerschleuse**" zu beurteilen: Der Auftragnehmer hatte für die Bemessung einer Zwangsbeanspruchung eine Flächenbewehrung bei einer Schleuse zu erstellen; für den daraus zu ermittelnden Stahlverbrauch war ein Pauschalpreis vorgesehen, die ausgeschriebene Mindestbewehrung erwies sich als zu gering. Auch wenn der Bieter den Stahlverbrauch nicht genau kennen konnte, so ist das überbürdete Risiko nicht ungewöhnlich, **solange** es als Erfahrungswissen sichere **Bandbreiten** des Stahlverbrauches gab, sein Preisrisiko lag **dann** innerhalb dieser Bandbreiten; die Ausschreibung war also nur **dann** funktionsgerecht und überbürdete nur dann dem Bieter kein ungewöhnliches Risiko.[85] Ob das im BGH-Fall so war, lässt sich ohne weitere Kenntnis des Sachverhalts nicht sicher beurteilen und ist eher zu verneinen.

Nicht funktionsgerecht und damit ungewöhnliches Risiko ist überhaupt jegliche **Freizeichnung** für die **Richtigkeit** eigener auftraggeberseitiger Planung oder Unterlagen oder des vom Auftraggeber selbst vorgeschriebenen Bauverfahrens. Das gilt entsprechend auch für Komplettheitsklauseln, z.B. eine Schlüsselfertigklausel dann, wenn der Auftraggeber die vollständige Ausführungsplanung selbst erbracht hat (näher VOB/B § 2 Rdn. 270, 267, 268).

Deshalb ist es ungewöhnliches Wagnis, wenn dem Bieter ein „unbeschreibbares Mehr" als Leistung auferlegt wird in Form von Komplettheit und Gebrauchstauglichkeit trotz **auftraggeber**seitiger Planung, ohne dass er sein Risiko hinsichtlich möglicher Mängel dieser Planung, den Beseitigungsaufwand usw. abschätzen kann.[86] Überhaupt sind Bestätigungsklauseln für fremde Leistung ungewöhnliches Wagnis.[87] Dasselbe gilt, wenn unbestimmt oft und ohne Vergütung Geräte, Stoffe und Hilfskonstruktionen bei Hochwasser aus- und wieder eingebaut werden müssen.[88] Insgesamt kann sich das ungewöhnliche Risiko also insbesondere auch einzeln oder in Kombination aus Vertragsklauseln ergeben; entsprechende Klauseln sind häufig schon zivilrechtlich wegen Verstoßes gegen AGB-Recht unwirksam, nichtsdestotrotz sind sie auch vergaberechtlich unzulässig.[89]

Weiter sind ungewöhnliches Risiko **Mengen-** bzw. **Preisberechnungsklauseln,** die für den Auftragnehmer in Wirklichkeit **unberechenbar** sind, Beispiel: BGH „Auflockerungsfaktor"[90] oder Beschaffenheitsangaben, die keine konkrete Aussage enthalten, sondern vom Bieter unlösbare Berechnungen verlangen (z.B. Abbrucharbeiten an „B 35 zum Herstellungszeitpunkt").[91] In dieselbe Kategorie gehört das Verbot, einen Bauvertrag ohne Baufristen auszuschreiben.[92]

Ebenso unzulässig ist jede Art von Überwälzung eines Verwendungsrisikos.[93]

Fehlt zum Zeitpunkt der Ausschreibung noch eine erforderliche öffentlich-rechtliche Genehmigung, ist die Ausschreibung nur zulässig, wenn die Vergabestelle durch eine geeignete Vertragsgestaltung dafür sorgt, dass der Bieter insoweit nicht das Risiko übernehmen muss.[94]

---

[85] BGH „Kammerschleuse" BauR 1997, 126, zutreffend ablehnend *Kus* Festschrift Marx, 363; VK Düsseldorf, 29.7.2011 – VK 19/2011, NZBau 2011, 637; *Kapellmann/Ziegler* NZBau 2005, 65, 67. Zur zivilrechtlichen Beurteilung VOB/B § 2 Rdn. 29, 86, **116,** 249. Im Fall OLG Köln IBR 2002, 347, Revision vom BGH nicht angenommen, waren „**leichte Spundbohlen**" ausgeschrieben, unter „nicht aus statischen Gründen größerer Profile erforderlich werden"; die statische Berechnung war dem Auftragnehmer (Bieter) übertragen. Tatsächlich wurden schwere Spundbohlen erforderlich, die um das Zehnfache teurer waren. **Vergaberechtlich** war die Bandbreite überschritten, die Ausschreibung also unzulässig (was wenig nützt, weil man das zu spät merkt). Zur zivilrechtlichen Beurteilung VOB/B § 2 Rdn. 116, 249.
[86] VK Düsseldorf, 29.7.2011 – VK 19/2011, NZBau 2011, 637.
[87] VK Bund, 28.1.2008, VK 3–154/07; VK Düsseldorf a. a. O.
[88] VK Düsseldorf, a. a. O.
[89] Beispiele VOB/B § 2 Rdn. 61, 82.
[90] BauR 1997, 466. Ebenso beinhaltet eine Ausschreibung vergaberechtswidrig ein „ungewöhnliches Wagnis", wenn eine Leistungsbeschreibung unklar lässt, ob die zu erbringende Leistung **10% über oder unter** der veranschlagten Gesamtzahl liegen könnte, OLG Saarbrücken BauRB 2003, 177; OLG Celle, 29.10.2009, 13 Verg 8/09.
[91] Näher VOB/B § 2 Rdn. 41, Fn. 86, Rdn. 116; siehe auch hier Rdn. 9, 17.
[92] BGH NZBau 2011, 593 = BauR 2011, 503.
[93] OLG Düsseldorf Urt. v. 23.5.2005, VII Verg 77/02.
[94] VK Düsseldorf, 3.3.2000, VK-1/2000-L; *Wagner-Cardenal/Scharf/Dierkes* NZBau 2012, 74.

Bei länger dauernden Bauvorhaben ist nach § 9d VOB/A unter bestimmten Voraussetzungen eine **Gleitklausel** zu vereinbaren. Zur vergaberechtlichen Beurteilung kommt es auf die Voraussetzungen dieser Spezialvorschrift an.

25 Die Überschreitung eines ungewöhnlichen Wagnisses wird nicht dadurch vergaberechtlich zulässig, dass der Auftraggeber darauf hinweist;[95] auf diese Weise könnte sonst das entsprechende Verbot leichtestens unterlaufen werden.

26 Schellenberg stellt einen Katalog von 23 unzulässigen und 19 zulässigen Klauseln anhand der Entscheidungen von Vergabekammern oder Oberlandesgerichten auf.[96] Einzelne der ablehnenden Entscheidung sind aber mehr als zweifelhaft, so z. B.

– Bieter soll für Beschaffung immissionsschutzrechtliche Genehmigung verantwortlich sein; das sei zu verantworten, weil dem Bieter ein preisliches Anpassungsangebot nach § 2 Abs. 3 VOB/B (sic!) zustünde.[97] Neben allem anderen verkennt das OLG gänzlich die völlig unbestimmbaren zeitlichen Auswirkungen.
– Bei der Sanierung des Olympiastadions Berlin soll die Übertragung des Kontaminationsrisikos kein ungewöhnliches Wagnis sein (Formulierung: „Der Bieter trägt alle beim Abriss auftretenden Besonderheiten"). Das ist gänzlich verfehlt[98] und auch noch ein Verstoß gegen § 7 Abs. 1 Nr. 6 VOB/A.
– Eine Frist von 2 Jahren zwischen Ablauf der Angebotsfrist und Arbeitsbeginn bei sechsjähriger Vertragsdauer soll kein ungewöhnliches Wagnis sein.[99]

27 **b) Bauvertragliche Bedeutung.** § 7 Abs. 1 Nr. 3 VOB/A hat für den öffentlichen Auftraggeber oft zivilrechtliche Konsequenzen: Im Regelfall dürfen Bieter die Ausschreibung so verstehen, dass der Auftraggeber sich an die Regeln der VOB/A hält und deshalb im Zweifel davon ausgehen darf, dass ein ungewöhnliches Wagnis auch bei eindeutigem Wortlaut erst gar nicht Bausoll wird. Das hat der Bundesgerichtshof erstmalig in der Entscheidung „Wasserhaltung II" und von da an ständig entschieden.[100] Wenn allerdings die Anforderung des ungewöhnlichen Wagnisses ganz eindeutig sei, sei das wirksam. Indes verstößt das dann gegen § 134 BGB und ist nichtig; es kommt auch eine Nichtigkeit wegen Verstoßes gegen Treu und Glauben in Betracht.[101]

28 Gegenüber dem **privaten** Auftraggeber gilt § 7 Abs. 1 Nr. 3 VOB/A nicht, es kommen höchstens Ansprüche wegen Störung der Geschäftsgrundlage in Betracht (näher VOB/B § 2 Rdn. 122).

29 **4. § 7 Abs. 1 Nr. 4 Satz 1 – Eventualpositionen (Bedarfspositionen), Alternativpositionen (Wahlpositionen).** Die Eindeutigkeit der Leistungsbeschreibung würde entscheidend beeinträchtigt, wenn der Auftraggeber in größerem oder sogar großem Umfang Bedarfspositionen (Eventualpositionen) in die Ausschreibung aufnehmen dürfte. Eventualpositionen sind Vergütungsregeln für künftige geänderte oder zusätzliche Leistungen, deren Anordnung sich der Auftraggeber noch vorbehält.[102] Bei ihnen steht also nicht fest, ob die zugrunde liegenden modifizierten Leistungen kommen, aber wohl wie sie vergütet werden, wenn sie angeordnet werden. Es liegt auf der Hand, dass ein Auftraggeber durch eine Häufung von Eventualpositionen eine Ausschreibung völlig intransparent machen kann und so Manipulationen Tür und Tor geöffnet ist. Schon im Rahmen der VOB 2000 war deshalb § 9 Nr. 1 a. F. sachgerecht um den Satz ergänzt worden, dass **„Eventualpositionen nur ausnahmsweise in die Leistungsbeschreibung aufgenommen werden dürfen"**. Die VOB 2009 hat dann erfreulicherweise in § 7 Abs. 1 Nr. 4 Satz 2 geregelt, dass Eventualpositionen „grundsätzlich" **nicht in die Leistungsbeschreibung aufgenommen werden dürfen.** Die VOB 2016 hat das unverändert beibehalten. Ein Bieter kann bei Vergaben oberhalb der Schwellenwerte die fehlerhafte Auf-

---

[95] Unrichtig deshalb OLG Naumburg vom 15.12.2005, 1 U 15/05; *Weyand* Vergaberecht, VOB/A § 9 Rdn. 4146. Näher *Kapellmann/Schiffers/Markus* Band 2 Rdn. 622.
[96] *Schellenberg* in Pünder/Schellenberg VOB/A § 7 EG Rdn. 56, 57.
[97] OLG Naumburg, 22.1.2002, 1 U (Kart) 2011.
[98] KG vom 14.4.2006, 21 U 5/03, NZBau 2006, 291 = BauR 2006, 836, dazu *Kapellmann/Schiffers/Markus* Band 2, Rdn. 564 Fn. 714. Das Urteil ist auch zivilrechtlich ganz falsch.
[99] VK Lüneburg, 8.5.2006, VgK-7/2006. Das ist heute nichts anderes als ein unzulässiger Umgehungsversuch zur Rechtsprechung des BGH zum verschobenen Zuschlag, § 10 VOB/A, Rdn. 32–40.
[100] BGH „Wasserhaltung II" BauR 1994, 486; Nachweise F0E0 § 2 VOB/B Rdn. 115, Fn. 255.
[101] Näher dazu § 2 VOB/B Rdn. 115 und ausführlich *Kapellmann/Schiffers/Markus* Band 2, Rdn. 622.
[102] Zum Begriff näher VOB/A § 4 Abs. 1, 2 Rdn. 17.

nahme von Eventualpositionen im Nachprüfungsverfahren verfolgen. Die vergaberechtliche Unzulässigkeit ist hier ausnahmsweise mit der zivilrechtlichen Unwirksamkeit der Eventualpositions-Klausel in Teilbereichen untrennbar verbunden: Eine Eventualposition ist ja nichts anderes als ein Preisangebot des Bieters/Auftragnehmers für künftige Leistungen, also ein Angebot mit unbestimmt langer Bindefrist. Beim öffentlichen Auftraggeber führt nach der Grundsatzentscheidung „Bindefrist" des BGH eine Überschreitung der Angebotsbindefrist des § 16 Abs. 4 VOB/A von 30 Kalendertagen in den Vergabebedingungen zur Nichtigkeit dieser Bestimmung und im Ergebnis zum Ende der Angebotsbindefrist, wenn nicht hinreichende und gegebenenfalls nachprüfbare Gründe eine angemessene längere Bindung ausnahmsweise rechtfertigen.[103] Da wegen der unbestimmt langen Bindefrist schon immer eine Eventualposition überhaupt nur „ausnahmsweise" wirksam begründet werden konnte, deckt sich das teilweise mit der Vergabebestimmung des § 7, wonach Eventualpositionen grundsätzlich nur bei der Ausschreibung aufgenommen werden dürfen, wenn auch bei der Bewertung nach § 10 Abs. 4 VOB/A das Gewicht auf der möglicherweise zu langen Dauer der Bindefrist liegt, während § 7 Abs. 1 Nr. 4 Satz 2 VOB/A das generelle „Ob" von Eventualpositionen behandelt. § 121 GWB geht auf das Thema „Bedarfspositionen" gar nicht ein, was aber nicht das generelle Verbot zur Folge hat.

Die Ausnahme vom grundsätzlichen Verbot von Eventualpositionen bedeutet als erstes, dass es **30** für die Ausnahme vom Regelfall **objektive** Gründe für die Annahme geben muss, die Notwendigkeit der Leistung könne noch nicht hinreichend sicher beurteilt werden, auf der anderen Seite spreche aber eine gewisse Wahrscheinlichkeit für deren Auftreten und damit dafür, sie nicht im Rahmen des allgemeinen Systems von Nachvergütungen, sondern mit einem konkreten Preis schon jetzt zu bewerten. Objektive Gründe können nie aus eigenen Versäumnissen des Auftraggebers resultieren: Wenn also der Auftraggeber z. B. im Zusammenhang mit Gründungsarbeiten als „Ausnahme" Eventualpositionen ausschreibt, weil keine Sicherheit bezüglich der Baugrundbeschaffenheit besteht, so ist das nur dann objektiver Grund, wenn der Auftraggeber die Bodenverhältnisse sachgerecht hat untersuchen lassen (§ 7 Abs. 1 Nr. 6 VOB/A) und trotz des geotechnischen Gutachtens ernsthaft Unsicherheitsfaktoren verbleiben; Eventualpositionen dürfen also nie dazu dienen, schlampige Erkundung oder Planung des Auftraggebers zu überdecken.[104]

Ebenso wenig darf über die Einfügung von Eventualpositionen das Verbot des § 7 Abs. 1 Nr. 3 VOB/A umgangen werden, dem Bieter ein ungewöhnliches Wagnis aufzubürden.

Weiter ist zu berücksichtigen, dass die Kalkulation von Leistungen, von denen unbekannt ist, **31** **wann** sie auszuführen sind und **in welcher Menge** sie auszuführen sind, sachgerecht nicht möglich ist. Deshalb ist **vergaberechtlich** jedenfalls die Ausschreibung von Eventualpositionen ohne **Vordersätze immer unzulässig,** im Gegenteil sind möglichst genaue Mengenansätze anzugeben.[105]

Der besondere Ausnahmecharakter von Eventualpositionen verbietet es demgemäß, einen **32** nennenswerten Anteil, sei es mengenmäßig, sei es wertmäßig der Gesamtleistung über Eventualpositionen auszuschreiben. Die im Vergabehandbuch des Bundes im Zuständigkeitsbereich der Finanzbauverwaltungen 2002 Fassung Februar 2006 in der Erläuterung 4.2 zu § 9 VOB/A genannte Grenze, dass „in der Regel **10 %** des geschätzten Auftragswertes nicht überschritten werden darf", war **viel zu hoch** – bei einer solchen Größenordnung wurde jedenfalls die Absicht, Manipulationen möglichst auszuschließen, eindeutig verfehlt. Wenn heute das Vergabehandbuch 2008 Stand April 2016 (Formular 100) sowohl Bedarfs- wie Wahlpositionen nicht nur grundsätzlich, sondern **ausnahmslos** in 4.6 der Allgemeinen Richtlinien zum Vergabeverfahren **verbietet,** wird deutlich, dass Ausnahmen vom Regelfall des § 7 Abs. 1 Nr. 4 Satz 1 VOB/A nur in seltenen Fällen in Betracht kommen und auf keinen Fall umfangmäßig ins Gewicht fallen dürfen. Heute immer noch Größenordnungen von 10 % Anteil an Eventualpositionen für

---

[103] BGH „Bindefrist" BauR 1992, 221; zum Problem **näher** VOB/A § 4 Abs. 1, 2 Rdn. 18.
[104] OLG Saarbrücken NZBau 2003, 158; OLG Saarbrücken NZBau 2003, 625; *Prieß/Simonis* in KKPP GWB § 121 Rdn. 98.
[105] Die Meinungen der Vergabekammern schwankten zwischen 5 % und 10 % als absolute Grenze oder nur als Anhaltspunkt, Nachweise bei *Prieß* NZBau 2004, 20, 27. *Prieß* selbst hält 10 % für einen Anhaltspunkt, 15 % dagegen für eine absolute Obergrenze; *Prieß* in KMPP VOB/A § 7 Rdn. 73. Maßstab muss sein, ab welcher Größenordnung Eventualpositionen geradezu zu Manipulationen einladen – und da sind selbst 5 %, wenn es sich nicht um ganz besondere Ausnahmefälle handelt, schon mehr als kritisch. Dagegen halten *Hausmann/Queisner* NZBau 2016, 619, selbst einen höheren Anteil als 15 % für zulässig, sofern sichergestellt sei, dass die Wirkung dennoch transparent und nicht diskriminierend durchgeführt werden können. Das ist schon mit dem Wortlaut von § 7 Abs. 1 Nr. 4 unvereinbar.

zulässig zu erachten, läuft der Absicht der VOB/A also **diametral entgegen**;[106] im Gegenteil ist angesichts des mit der VOB/A zugespitzten Wortlauts ein zulässiger Rahmen nahezu nicht mehr erkennbar.[107]

Auf jeden Fall müssen die Gründe für die Eventualposition in den **Vergabe**vermerk aufgenommen werden; die Kriterien, die für eine Inanspruchnahme maßgeblich sein sollen, sind von Anfang an anzugeben.[108]

33 Wie Eventualpositionen zu werten sind, erläutern wir unter VOB/A § 16.

34 Alternativpositionen[109] **(Wahlpositionen)** werden in § 121 GWB und in der VOB/A nicht aufgeführt. Das Vergabehandbuch verbietet sie generell (Rdn. 32). Sie sind Ausnahmefall und nur dann zulässig, „wenn ein berechtigtes Interesse des Auftraggebers besteht, die zu beauftragende Leistung in den betreffenden Punkten einstweilen offen zu halten"; die Absicht, den Markt zu erkunden, ist kein berechtigtes Interesse.[110] Der Auftraggeber muss dem Bieter **vorab** die Kriterien bekannt geben, die für die Inanspruchnahme der ausgeschriebenen Wahlposition maßgebend sein sollen. Im entschiedenen Fall verlangte das OLG Düsseldorf die Bekanntgabe einzelner Kriterien, nämlich Preis (begrenzte Haushaltsmittel), bevorzugte Ausführungsvariante, Reihenfolge der Varianten.[111] Ein berechtigtes Interesse ist zu verneinen, wenn der Zweck anders, beispielsweise durch Vertragsgestaltung oder Gestaltung des Vergabeverfahrens, erreicht werden kann.[112]

35 5. § 7 Abs. 1 Nr. 4 Satz 2 – **angehängte Stundenlohnpositionen.** Nach § 7 Abs. 1 Nr. 4 Satz 2 VOB/A dürfen „angehängte Stundenlohnarbeiten nur in dem unbedingt erforderlichen Umfang in die Leistungsbeschreibung aufgenommen werden". Das korrespondiert mit § 4 Abs. 2 VOB/A, wonach „Bauleistungen geringeren Umfangs, die überwiegend Lohnkosten verursachen", im Stundenlohn vergeben werden dürfen. Generell dürfen also nur Bauleistungen „geringeren Umfangs"[113] im Stundenlohn vergeben werden. Handelt es sich um angehängte Stundenlohnarbeiten, so dürfen auch „Bauleistungen geringeren Umfangs" nur in dem unbedingt erforderlichen Umfang" ausgeschrieben werden. Angehängte Stundenlohnarbeiten sind solche, die im Zusammenhang mit Leistungsverträgen ausgeschrieben werden. Die Aufnahme von angehängten Stundenlohnarbeiten in größerem Umfang ist ein Zeichen dafür, dass die Leistungsbeschreibung ungenau ist, gerade das ist aber vergaberechtlich unzulässig.

36 6. § 7 Abs. 1 Nr. 5 – **Zweck und Beanspruchung der Leistung – vergaberechtliche Bedeutung.** „Erforderlichenfalls sind auch der Zweck und die vorgesehene Beanspruchung der Leistung anzugeben", § 7 Nr. 1 Abs. 5. Erforderlichenfalls, das heißt dann, wenn es für das Verständnis der Leistungsbeschreibung und die Richtigkeit der Kalkulation im Einzelfall notwendig ist, Zweck und/oder Beanspruchung der Leistung genannt werden müssen. Beispiel: Eine Leistungsbeschreibung für ein Hochregallager muss benennen, ob auch Gabelstapler auf Kleinrollen eingesetzt werden, weil daraus eine besondere punktförmige Belastung resultiert. In erster Linie wendet sich die Vorschrift intern an den ausschreibenden Auftraggeber; wenn nämlich die entsprechenden notwendigen Angaben fehlen, hat der Auftraggeber je nach Fall keine Mängelansprüche gegen den Auftragnehmer. Sekundär dient die Vorschrift auch dem Schutz des Bieters: Er soll davor bewahrt werden, sich einer im Ausgang möglicherweise zweifelhaften Auseinandersetzung über seine Mängelverantwortung ausgesetzt zu sehen.[114]

37 7. § 7 Abs. 1 Nr. 6 – **Verhältnisse der Baustelle – vergaberechtliche Bedeutung.** „Die für die Ausführung der Leistung **wesentlichen Verhältnisse der Baustelle,** z. B. Boden- und Wasserverhältnisse, sind so zu beschreiben, dass der Bewerber ihre Auswirkungen auf die bauliche Anlage und die Bauausführung hinreichend beurteilen kann", § 7 Abs. 1 Nr. 6. Welche Angaben insbesondere, also beispielhaft, erforderlich sind, wird generell in Abschnitt 0 der DIN 18 299 mit der Aufgliederung „0.1 **Angaben zur Baustelle** (0.1.1-0.1.22)" und „0.2 **Angaben**

---

[106] So aber *Prieß/Simonis* in KKPP GWB § 121 Rdn. 101.
[107] *Bernhardt* in Ziekow/Völlink Vergaberecht, VOB/A § 7 Rdn. 18.
[108] *Prieß/Simonis* in KKPP GWB § 121 Rdn. 100.
[109] Zum Begriff VOB/A § 4 Abs. 1, 2 Rdn. 14–16.
[110] OLG München NZBau 2016, 63 = IBR 2016, 31 mit Anm. Otting.
[111] OLG Düsseldorf NZBau 2004, 463.
[112] VK Bund, 18.6.2012, VK 2–53/12, IBR 2013, 43.
[113] Dazu VOB/A § 4 Abs. 1, 2 Rdn. 38.
[114] Ebenso *Prieß* in KMPP VOB/A § 7 Rdn. 83.

zur Ausführung (0.2.1–0.2.21)" genannt. Für jedes Einzelgewerk enthält die entsprechende Fach-DIN ebenfalls in Abschnitt 0 entsprechende gewerkespezifische Angaben. Die Pflicht, auch diese Hinweise zu beachten, betont die VOB/A in § 7 Abs. 1 Nr. 6 noch einmal besonders, also nicht nur die Pflicht zur Beschreibung der Baustelle.

Die für den Auftraggeber zwingenden „Hinweise", die er „nach den Erfordernissen des Einzelfalles" beachten muss, lauten:

DIN 18 299 – Ausgabe September 2016
In der Leistungsbeschreibung sind nach den Erfordernissen des Einzelfalls insbesondere anzugeben:
0.1 Angaben zur Baustelle
0.1.1 Lage der Baustelle, Umgebungsbedingungen, Zufahrtsmöglichkeiten und Beschaffenheit der Zufahrt sowie etwaige Einschränkungen bei ihrer Benutzung.
0.1.2 Besondere Belastungen aus Immissionen sowie besondere klimatische oder betriebliche Bedingungen.
0.1.3 Art und Lage der baulichen Anlagen, z. B. auch Anzahl und Höhe der Geschosse.
0.1.4 Verkehrsverhältnisse auf der Baustelle, insbesondere Verkehrsbeschränkungen.
0.1.5 Für den Verkehr freizuhaltende Flächen.
0.1.6 Art, Lage, Maße und Nutzbarkeit von Transporteinrichtungen und Transportwegen, z. B. Montageöffnungen.
0.1.7 Lage, Art, Anschlusswert und Bedingungen für das Überlassen von Anschlüssen für Wasser, Energie und Abwasser.
0.1.8 Lage und Ausmaß der dem Auftragnehmer für die Ausführung seiner Leistungen zur Benutzung oder Mitbenutzung überlassenen Flächen und Räume.
0.1.9 Bodenverhältnisse, Baugrund und seine Tragfähigkeit, Ergebnisse von Bodenuntersuchungen.
0.1.10 Hydrologische Werte von Grundwasser und Gewässern. Art, Lage, Abfluss, Abflussvermögen und Hochwasserverhältnisse von Vorflutern. Ergebnisse von Wasseranalysen.
0.1.11 Besondere umweltrechtliche Vorschriften.
0.1.12 Besondere Vorgaben für die Entsorgung, z. B. Beschränkungen für die Beseitigung von Abwasser und Abfall.
0.1.13 Schutzgebiete oder Schutzzeiten im Bereich der Baustelle, z. B. wegen Forderungen des Gewässer-, Boden-, Natur-, Landschafts- oder Immissionsschutzes; vorliegende Fachgutachten oder dergleichen.
0.1.14 Art und Umfang des Schutzes von Bäumen, Pflanzenbeständen, Vegetationsflächen, Verkehrsflächen, Bauteilen, Bauwerken, Grenzsteinen und dergleichen im Bereich der Baustelle.
0.1.15 Im Bereich der Baustelle vorhandene Anlagen, insbesondere Abwasser- und Versorgungsleitungen.
0.1.16 Bekannte oder vermutete Hindernisse im Bereich der Baustelle, z. B. Leitungen, Kabel, Dräne, Kanäle, Bauwerksreste und, soweit bekannt, deren Eigentümer.
0.1.17 Bestätigung, dass die im jeweiligen Bundesland geltenden Anforderungen zu Erkundungs- und gegebenenfalls Räumungsmaßnahmen hinsichtlich Kampfmitteln erfüllt wurden.
0.1.18 Gegebenenfalls gemäß der Baustellenverordnung getroffene Maßnahmen.
0.1.19 Besondere Anordnungen, Vorschriften und Maßnahmen der Eigentümer (oder der anderen Weisungsberechtigten) von Leitungen, Kabeln, Dränen, Kanälen, Straßen, Wegen, Gewässern, Gleisen, Zäunen und dergleichen im Bereich der Baustelle.
0.1.20 Art und Umfang von Schadstoffbelastungen, z. B. des Bodens, der Gewässer, der Luft, der Stoffe und Bauteile; vorliegende Fachgutachten oder dergleichen.
0.1.21 Art und Zeit der vom Auftraggeber veranlassten Vorarbeiten.
0.1.22 Arbeiten anderer Unternehmer auf der Baustelle.
0.2 Angaben zur Ausführung
0.2.1 Vorgesehene Arbeitsabschnitte, Arbeitsunterbrechungen und Arbeitsbeschränkungen nach Art, Ort und Zeit sowie Abhängigkeit von Leistungen anderer.
0.2.2 Besondere Erschwernisse während der Ausführung, z. B. Arbeiten in Räumen, in denen der Betrieb weiterläuft, Arbeiten im Bereich von Verkehrswegen oder bei außergewöhnlichen äußeren Einflüssen.
0.2.3 Besondere Anforderungen für Arbeiten in kontaminierten Bereichen, gegebenenfalls besondere Anordnungen für Schutz- und Sicherheitsmaßnahmen.
0.2.4 Besondere Anforderungen an die Baustelleneinrichtung und Entsorgungseinrichtungen, z. B. Behälter für die getrennte Erfassung.
0.2.5 Besonderheiten der Regelung und Sicherung des Verkehrs, gegebenenfalls auch, wieweit der Auftraggeber die Durchführung der erforderlichen Maßnahmen übernimmt.
0.2.6 Besondere Anforderungen an das Auf- und Abbauen sowie Vorhalten von Gerüsten.

0.2.7 Mitbenutzung fremder Gerüste, Hebezeuge, Aufzüge, Aufenthalts- und Lagerräume, Einrichtungen und dergleichen durch den Auftragnehmer.

0.2.8 Wie lange, für welche Arbeiten und gegebenenfalls für welche Beanspruchung der Auftragnehmer Gerüste, Hebezeuge, Aufzüge, Aufenthalts- und Lagerräume, Einrichtungen und dergleichen für andere Unternehmer vorzuhalten hat.

0.2.9 Verwendung oder Mitverwendung von wiederaufbereiteten (Recycling-) Stoffen.

0.2.10 Anforderungen an wiederaufbereitete (Recycling-) Stoffe und an nicht genormte Stoffe und Bauteile.

0.2.11 Besondere Anforderungen an Art, Güte und Umweltverträglichkeit der Stoffe und Bauteile, auch z. B. an die schnelle biologische Abbaubarkeit von Hilfsstoffen.

0.2.12 Art und Umfang der vom Auftraggeber verlangten Eignungs- und Gütenachweise.

0.2.13 Unter welchen Bedingungen auf der Baustelle gewonnene Stoffe verwendet werden dürfen bzw. müssen oder einer anderen Verwertung zuzuführen sind.

0.2.14 Art, Zusammensetzung und Menge der aus dem Bereich des Auftraggebers zu entsorgenden Böden, Stoffe und Bauteile; Art der Verwertung oder bei Abfall die Entsorgungsanlage; Anforderungen an die Nachweise über Transporte, Entsorgung und die vom Auftraggeber zu tragenden Entsorgungskosten.

0.2.15 Art, Anzahl, Menge oder Masse der Stoffe und Bauteile, die vom Auftraggeber beigestellt werden, sowie Art, Ort genaue Bezeichnung und Zeit ihrer Übergabe.

0.2.16 In welchem Umfang der Auftraggeber Abladen, Lagern und Transport von Stoffen und Bauteilen übernimmt oder dafür dem Auftragnehmer Geräte oder Arbeitskräfte zur Verfügung stellt.

0.2.17 Leistungen für andere Unternehmer.

0.2.18 Mitwirken beim Einstellen von Anlageteilen und bei der Inbetriebnahme von Anlagen im Zusammenwirken mit anderen Beteiligten, z. B. mit dem Auftragnehmer für die Gebäudeautomation.

0.2.19 Benutzung von Teilen der Leistung vor der Abnahme.

0.2.20 Übertragung der Wartung während der Dauer der Verjährungsfrist für die Mängelansprüche für maschinelle und elektrotechnische sowie elektronische Anlagen oder Teile davon, bei denen die Wartung Einfluss auf die Sicherheit und die Funktionsfähigkeit hat (vgl. § 13 Abs. 4 Nr. 2 VOB/B), durch einen besonderen Wartungsvertrag.

0.2.21 Abrechnung nach bestimmten Zeichnungen oder Tabellen.

38 Der Auftraggeber muss sich die nötigen Kenntnisse erforderlichenfalls durch eigene Untersuchungen oder Ermittlungen verschaffen – siehe oben Rdn. 12, 15.

39 Der Auftraggeber darf sich nicht darauf beschränken, notwendige „Beschaffenheitsangaben"[115] unausgewertet den Ausschreibungsunterlagen beizufügen, er muss die relevanten Verhältnisse vielmehr so **beschreiben**, dass der Bewerber ihre Auswirkungen auf die bauliche Anlage und die Bauausführung hinreichend beurteilen kann. Deshalb genügt z. B. die Beifügung eines **geotechnischen Gutachtens** (Baugrundgutachten, Gutachten zur Beschaffenheit des Ausbruchs beim Tunnelbau) in der Regel **allein nicht**; der Auftraggeber muss vielmehr – wenn nicht ausdrücklich etwas anderes vereinbart ist – das **Gutachten auswerten** in Form der Angaben in der Leistungsbeschreibung. Das Baugrundgutachten wendet sich nämlich in erster Linie nicht an den ausführenden Unternehmer, sondern an den Tragwerkplaner des Auftraggebers und gibt ihm Angaben, die **dieser** – und damit der Auftraggeber – baukonstruktiv-planerisch umsetzen muss.[116] Aus dem Baugrundgutachten allein ergeben sich jedenfalls für einen Bieter nur in sehr eingeschränktem Maß Detailangaben. Umgekehrt darf ein Bieter unübersehbare konkrete Hinweise in einem solchen Gutachten nicht ignorieren. Auf die Auswertungspflicht weist mit vollem Recht im Ergebnis das Vergabehandbuch des Bundes Ausgabe 2008 Stand April 2016 in 4.8.2 der Allgemeinen Richtlinien zum Vergabeverfahren ebenfalls hin, „das bloße Beifügung des Gutachtens reicht für eine ordnungsgemäße Leistungsbeschreibung nicht aus".

Im Einzelfall sind auch die zu beachtenden wasserrechtlichen Vorschriften zu benennen, zumal der Auftraggeber – wenn nichts anderes vereinbart ist – gegebenenfalls erforderliche wasserrechtliche Genehmigungen (VOB/B § 4 Abs. 1 Nr. 1 Satz 2) einholen muss.[117]

40 **8. § 7 Abs. 1 Nr. 5 und Nr. 6 – bauvertragliche Bedeutung.** Ausschreibungsinhalte, die gegen die Beschreibungspflicht des § 7 Abs. 1 Nr. 5 und 6 (sowie auch Nr. 2) VOB/A verstoßen, können im Einzelfall unwirksam wegen unzulässigen Inhalts als AGB sein.[118]

---

[115] Zum Begriff VOB/B § 2 Rdn. 41 ff., 48.
[116] *Kapellmann/Schiffers/Markus* Band 1, Rdn. 200, 733; oben Rdn. 18.
[117] *Schranner* in Ingenstau/Korbion VOB/A § 7 Rdn. 54.
[118] Vgl. Rdn. 28.

Der vergaberechtliche Verstoß führt nicht zur Nichtigkeit des Vertrages gemäß § 134 BGB.[119] Der Bieter hat auch keine Schadensersatzansprüche aus c. i. c., § 311 Abs. 2 BGB.[120] Die Muss-Bestimmung des § 7, hier des § 7 Abs. 1 Nr. 2, 5 und 6 VOB/A, kann aber generell zur Auslegung des Bausolls herangezogen werden und ohnehin in Kombination mit dem Verbot des § 7 Abs. 1 Nr. 3, dem Bieter ein ungewöhnliches Wagnis aufzuerlegen, dazu führen, dass bestimmte, **nicht genannte Beschaffenheiten gar nicht Bausoll werden** und der Auftragnehmer deshalb bei deren Eintritt Ansprüche auf Mehrvergütung hat.[121]

9. § 7 Abs. 1 Nr. 7 – Hinweise für das Aufstellen der Leistungsbeschreibung in Abschnitt 0 der DIN 18 299 ff. a) Vergaberechtliche Bedeutung. Ein Hilfsmittel, die Leistung im Sinne des § 7 Nr. 1 VOB/A eindeutig und erschöpfend zu beschreiben, ist die Beachtung der „Hinweise für das Aufstellen der Leistungsbeschreibung" im jeweiligen Abschnitt 0 der DIN 18 299 ff., also der VOB/C; das schreibt § 7 Abs. 1 Nr. 6 **zwingend** vor.[122] Beim schon geschlossenen Vertrag ergibt sich – z. B. für Zusatzleistungen – die entsprechende Vertragspflicht des Auftraggebers aus der Verweisung in § 1 Abs. 1 Satz 2 VOB/B auf die Geltung der VOB/C. Einzelheiten hinsichtlich der gebotenen Hinweise zur Beschreibungspflicht der Baustelle und der Ausführung allgemeiner Art gemäß Abschnitt der DIN 18 299 sind in Rdn. 37 abgedruckt. Vergaberechtlich ist die Vorschrift einfach und eindeutig. 41

Gemäß dem jeweiligen Abschnitt 0 sind **insbesondere** die jeweiligen Angaben zu machen. Damit wird verdeutlicht, dass die Hinweise in Abschnitt 0 nicht abschließend sind; das allgemeine Gebot des § 7 Abs. 1 VOB/A, die Leistung eindeutig und erschöpfend zu beschreiben, wird also nicht etwa eingeschränkt. Die entsprechenden Angaben sind **„nach den Erfordernissen des Einzelfalls"** zu machen. Wenn also das in Abschnitt 0 angesprochene Thema für dieses Bauvorhaben nicht relevant ist oder die Antwort selbstverständlich ist, ist auch keine gesonderte Angabe in der Leistungsbeschreibung erforderlich,[123] das ist aber restriktiv zu verstehen: Das fehlende Erfordernis muss eindeutig sein.

Zum Inhalt und zur allgemeinen **Bedeutung** der **VOB/C** verweisen wir auf die Ausführungen in Teil B § 1, Rdn. 17–25 und **§ 2, Rdn. 77–88.**

b) Bauvertragliche Bedeutung. Die bauvertragliche Bedeutung von § 7 Abs. 1 Nr. 7 VOB/A ist eher höher als die vergaberechtliche. Für den Vertrag zwischen einem **öffentlichen** Auftraggeber und seinen Auftragnehmern ist die Beachtung der Hinweise zur Leistungsbeschreibung im jeweiligen Abschnitt „0" von zwingender Bedeutung für die Auslegung des Bausolls.[124] Enthalten die Hinweise Ja/Nein-Alternativen (Beispiel: Wenn in vorhandenen Räumen gearbeitet werden muss, muss der Auftraggeber gemäß DIN 18299 Abschnitt 0.2.2 angeben, ob der Betrieb weiterläuft. Antwort also: Ja/Nein. Enthält die Ausschreibung keine Angaben, darf der Bieter von „Nein" ausgehen.).[125] Enthalten die Hinweise nur allgemeine Aufforderungen zur Beschreibung, aus deren Fehlen aber kein konkreter Schluss auf bestimmte Beschaffenheiten gezogen werden kann, helfen diese fehlenden Angaben bei der Auslegung nicht weiter. Hier kommen **ausnahmsweise** Schadensersatzansprüche des Bieters aus Verschulden bei Vertragsschluss, § 311 Abs. 2 BGB, in Betracht.[126] 42

Für das Vertragsverhältnis zwischen **privatem** Auftraggeber und Auftragnehmer gilt mittelbar dasselbe.[127] 43

---

[119] Oben Rdn. 3.
[120] Oben Rdn. 3, wohl aber möglicherweise aus § 823 Abs. 2 BGB, oben Rdn. 5.
[121] Rdn. 26, 3, 4 und dazu in allen Einzelheiten VOB/B § 2 Rdn. 114–116, 119.
[122] BGH „Chlorid" NZBau 2013, 428 = BauR 2013, 1126; BGH „Hochspannungsleitung" NZBau 2013, 428 = BauR 2013, 1126.
[123] BGH „LAGA" NZBau 2012, 102; oben Rdn. 10. Gegenbeispiel: BGH „Chlorid", s. Fn. 121.
[124] BGH „Chlorid" NZBau 2013, 428 = BauR 2013, 1126; BGH „Hochspannungsleitung" NZBau 2013, 428 = BauR 2013, 1126.
[125] Zu den Folgen VOB/B § 2 Rdn. 81; weitere Beispiele *Kapellmann/Schiffers/Markus* Band 1, Rdn. 127, 729–731, Band 2, Rdn. 617. Ausnahme BGH „LAGA", NZBau 2012, 102 = BauR 2012, 490; oben Rdn. 9.
[126] Siehe dazu VOB/B § 2 Rdn. 81. Vgl. in VOB/B § 2 **Rdn. 86** auch die Kommentierung der Entscheidung BGH **„Konsoltraggerüste"** NZBau 2002, 324 = BauR 2002, 935. **Vergaberechtlich** hätte der Auftraggeber die Konsoltraggerüste ausschreiben **müssen** (DIN 18299 Abschnitt 0.4.1 „wegen der erheblichen Bedeutung der Kosten"); zur heutigen Rechtslage *Irl* BauR 2016, 1829.
[127] VOB/B § 2 Rdn. 80, 122.

III. § 7 Abs. 2 – Kein Verweis auf bestimmte Produktion oder Herkunft in Technischen Spezifikationen

44 **1. Vergaberechtliche Bedeutung.** Der neue § 7 Abs. 2 VOB/A entspricht sinngemäß dem bisherigen § 7 Abs. 8. Zu technischen Spezifikationen darf auf eine bestimmte Produktion oder Herkunft oder ein besonderes Verfahren oder auf Marken, Patente, Typen eines bestimmten Ursprungs oder einer bestimmten Produktion nicht verwiesen werden, wenn dadurch bestimmte Unternehmen oder bestimmte Produkte begünstigt oder ausgeschlossen werden, ausgenommen, dies ist durch den Auftragsgegenstand gerechtfertigt. Eine zu enge Detaillierung der Leistungsbeschreibung auf bestimmte Erzeugnisse oder Hersteller nimmt dem Bieter die ihm werkvertraglich zustehende „Dispositionsfreiheit" (zum Begriff → VOB/B § 2 Rdn. 37 mit Fn. 70) und verletzt damit einen Kernbereich des Vergaberechts, den Wettbewerbsgrundsatz (§ 97 Abs. 1 GWB).[128] Die Vergabestelle hat bei der Auswahl eines von mehreren möglichen Verfahren zu prüfen und positiv festzustellen, warum eine durch die technischen Vorgaben des Leistungsverzeichnisses ausgeschlossene Lösungsvariante zur Verwirklichung des Beschaffungszwecks nicht geeignet erscheint.[129]

Grundsätzlich bestimmt der Auftragnehmer (Bieter), welche Erzeugnisse oder Verfahren er verwendet oder von wo er bezieht. Ausnahmsweise darf der Auftraggeber bestimmte Erzeugnisse usw. vorschreiben, aber nur dann, wenn dies durch die Art der geforderten Leistung gerechtfertigt ist; also genügen andere Gründe nicht, z. B. günstigere Bezugsquellen des Auftraggebers. Das „Standardleistungsbuch" sieht Texte für die Leistungsbeschreibung vor, die den aufgeführten Anforderungen entsprechen.

Bezeichnungen für bestimmte Erzeugnisse oder Verfahren (z. B. Markennamen, Warenzeichen, Patente) dürfen jedoch verwendet werden, wenn eine Beschreibung durch hinreichend genaue, allgemein verständliche Bezeichnung nicht möglich ist; dann muss aber der Zusatz „oder gleichwertiger Art" hinzugefügt werden. Wenn ausnahmsweise bestimmte Bezeichnungen verwendet werden sollen, ist das zweckmäßigerweise in den Vergabeunterlagen **zu begründen,** denn der Auftraggeber muss beweisen, dass er die entsprechenden **Sachüberlegungen vor** der Ausschreibung angestellt hat und nicht nur nachträglich Gründe nachschiebt.[130] Immer muss die Ausschreibung aber dem Bieter die Auswahl[131] überlassen, ein gleichwertiges Erzeugnis zu verwenden. Diese Wahl muss der Bieter, wenn die Verdingungsunterlagen nichts anderes regeln, nicht schon im Angebot treffen.[132] Trifft er im Angebot schon eine Wahl für ein gleichwertiges Erzeugnis, so ist das kein Nebenangebot. Die Gleichwertigkeit eines angebotenen oder gewählten Erzeugnisses hat der Bieter/Auftragnehmer nachzuweisen. Weicht der Auftraggeber zulässigerweise vom Gebot der Produktneutralität ab, so ist der Hersteller oder Lieferant dieses Produkts nicht vom Vergabeverfahren ausgeschlossen.[133] Nach 4.2.4 des Vergabehandbuchs des Bundes, Allgemeine Richtlinien Vergabeverfahren (Formular 100) Stand April 2016 müssen Leistungen grundsätzlich in allen Teilen produktneutral beschrieben werden:

> „Unzulässig ist – auch bei Verwendung des Zusatzes „oder gleichwertig" – insbesondere
> – die Angabe eines Planungs- bzw. Leitfabrikates,
> – die vorgeblich neutrale Beschreibung von Produkten oder Verfahren durch die Festlegung von Kenngrößen/Merkmalen, die Rückschlüsse auf ein bestimmtes Unternehmen oder Produkt zulassen, ohne dass die Ausnahmevoraussetzungen nach § 7 Abs. 2, § 7 EUEU Abs. 22 bzw. § 7 VS Abs. 2 VOB/A erfüllt sind."

45 **2. Bauvertragliche Bedeutung.** Die zivilrechtliche Bedeutung ist bei § 13 Nr. 3 VOB/B behandelt.

---

[128] *Dreher* in Immenga/Mestmäcker GWB, § 97 Rdn. 32 mit Nachweisen; *Prieß* NZBau 2004, 91.
[129] OLG Jena NZBau 2006, 735.
[130] Zur Rechtfertigung bedarf es objektiver, in der Sache selbst liegender Gründe, wobei eine kaufmännische Entscheidung des Auftraggebers, welche Leistung mit welchen Merkmalen beschafft werden soll, möglich bleibt, OLG Düsseldorf NZBau 2005, 532; OLG Düsseldorf NZBau 2005, 169; vgl. auch OLG Jena, Fn. 129 und VK Sachsen-Anhalt, Beschl. v. 16.9.2015 – 3 VK LSA 62/15 mit Anm. Kus.
[131] Ebenso z. B. VK Arnsberg, 10.8.2009, VK 17/09. Zur Rechtsnatur einer solchen Auswahlposition VOB/A § 4 Abs. 1, 2 Rdn. 25.
[132] *Dausner* BauR 1999, 719.
[133] OLG Saarbrücken NZBau 2004, 117.

IV. § 7 Abs. 3 – Verkehrsübliche Bezeichnung

1. Vergaberechtliche Bedeutung. Der bisherige § 7 Abs. 2 ist jetzt Abs. 3. Bei der Beschreibung der Leistung sind die verkehrsüblichen Bezeichnungen zu beachten, § 7 Abs. 3. Im Interesse des allgemeinen Gebots der Eindeutigkeit, § 7 Abs. 1 VOB/A, muss der Auftraggeber „verkehrsübliche" Bezeichnungen verwenden, um ein für alle Bieter gleiches – und generell ein den Bietern sichere Beurteilung überhaupt ermöglichendes – Verständnis zu sichern. „Da es sich bei Leistungsbeschreibungen um technisch spezialisierte Texte handelt, die für technische Fachleute formuliert werden, ist als Wortlaut das **allgemeine sprachliche Verständnis** der Aussagen jedenfalls dann nicht von Bedeutung, wenn die verwendete Formulierung von den angesprochenen Fachleuten in einem spezifischen technischen Sinn verstanden wird (§ 133 BGB) oder wenn für bestimmte Aussagen Bezeichnungen verwendet werden, die in den maßgeblichen Fachkreisen **verkehrsüblich** sind oder für deren **Verständnis** und Verwendung es gebräuchliche technische Regeln (z. B. DIN-Normen) gibt (§ 157 BGB)."[134]   46

Aus den vorgenannten Gründen dürfen (und müssen) auch Begriffe verwandt werden, die sich nicht unmittelbar aus einer Fach-DIN ergeben, die aber als verkehrsübliche Bezeichnung einem einheitlichen Begriffsverständnis der Fachleute dienen; dazu zählen auch DIN-Normen außerhalb der VOB/C, insbesondere beispielsweise die DIN 276, obwohl sie „nur" Kostengliederungsnorm ist.   47

Aus der Verwendung einer verkehrsüblichen Bezeichnung dürfen Bieter auch berechtigtermaßen den Schluss ziehen, dass ein in DIN-Normen verwendeter Begriff auch entsprechend dieser DIN-Bezeichnung zu verstehen ist. Wenn deshalb ein Leistungsverzeichnis im Zusammenhang mit Abbruch- und Betonerhaltungsarbeiten bestimmte, dass Betonabbrucharbeiten per „Hochdruckwasserstrahl" auszuführen sind, bedeutete das gemäß der früheren DIN 1849 Abschnitt 0.2.2.1.2 (Ausgabe Dezember 2000), dass entsprechend der dortigen Definition Drücke bis zu 800 bar ausreichend waren und dass ein höherer Druck nicht notwendig ist; letzteres wäre nach der entsprechenden DIN-Definition nämlich „Höchstdruckwasserstrahl".

2. Bauvertragliche Bedeutung. § 7 Abs. 3 VOB/A spielt zivilrechtlich indirekt eine Rolle für die Auslegung des Bausolls. Bei einem Vertrag mit einem öffentlichen Auftraggeber sind im Zweifel Begriffe „VOB-konform" auszulegen.[135]   48

§ 7a Technische Spezifikationen

(1) **Die technischen Anforderungen (Spezifikationen – siehe Anhang TS Nummer 1) an den Auftragsgegenstand müssen allen Unternehmen gleichermaßen zugänglich sein.**

(2) **Die technischen Spezifikationen sind in den Vergabeunterlagen zu formulieren:**
  1. **entweder unter Bezugnahme auf die in Anhang TS definierten technischen Spezifikationen in der Rangfolge**
     a) **nationale Normen, mit denen europäische Normen umgesetzt werden,**
     b) **europäische technische Zulassungen,**
     c) **gemeinsame technische Spezifikationen,**
     d) **internationale Normen und andere technische Bezugssysteme, die von den europäischen Normungsgremien erarbeitet wurden oder,**
     e) **falls solche Normen und Spezifikationen fehlen, nationale Normen, nationale technische Zulassungen oder nationale technische Spezifikationen für die Planung, Berechnung und Ausführung von Bauwerken und den Einsatz von Produkten.**
  Jede Bezugnahme ist mit dem Zusatz „oder gleichwertig" zu versehen;
  2. **oder in Form von Leistungs- oder Funktionsanforderungen, die so genau zu fassen sind, dass sie den Unternehmen ein klares Bild vom Auftragsgegenstand vermitteln und dem Auftraggeber die Erteilung des Zuschlags ermöglichen;**

---

[134] BGH „Spanngarnituren" BauR 1994, 625; *Kapellmann/Schiffers/Markus* Band 2, Rdn. 599, Band 1, Rdn. 177.
Dazu, dass eine entsprechende Beurteilung auch „nach der gewerblichen Verkehrssitte" geboten ist, vgl. VOB/B § 2 Rdn. 98.
[135] VOB/B § 2 Rdn. 115, 117, 118.

3. oder in Kombination von Nummer 1 und 2, d. h.
   a) in Form von Leistungs- oder Funktionsanforderungen unter Bezugnahme auf die Spezifikationen gemäß Nummer 1 als Mittel zur Vermutung der Konformität mit diesen Leistungs- oder Funktionsanforderungen;
   b) oder mit Bezugnahme auf die Spezifikationen gemäß Nummer 1 hinsichtlich bestimmter Merkmale und mit Bezugnahme auf die Leistungs- oder Funktionsanforderungen gemäß Nummer 2 hinsichtlich anderer Merkmale.
(3) Verweist der Auftraggeber in der Leistungsbeschreibung auf die in Absatz 2 Nummer 1 genannten Spezifikationen, so darf er ein Angebot nicht mit der Begründung ablehnen, die angebotene Leistung entspräche nicht den herangezogenen Spezifikationen, sofern der Bieter in seinem Angebot dem Auftraggeber nachweist, dass die von ihm vorgeschlagenen Lösungen den Anforderungen der technischen Spezifikation, auf die Bezug genommen wurde, gleichermaßen entsprechen. Als geeignetes Mittel kann eine technische Beschreibung des Herstellers oder ein Prüfbericht einer anerkannten Stelle gelten.
(4) Legt der Auftraggeber die technischen Spezifikationen in Form von Leistungs- oder Funktionsanforderungen fest, so darf er ein Angebot, das einer nationalen Norm entspricht, mit der eine europäische Norm umgesetzt wird, oder einer europäischen technischen Zulassung, einer gemeinsamen technischen Spezifikation, einer internationalen Norm oder einem technischen Bezugssystem, das von den europäischen Normungsgremien erarbeitet wurde, entspricht, nicht zurückweisen, wenn diese Spezifikationen die geforderten Leistungs- oder Funktionsanforderungen betreffen. Der Bieter muss in seinem Angebot mit geeigneten Mitteln dem Auftraggeber nachweisen, dass die der Norm entsprechende jeweilige Leistung den Leistungs- oder Funktionsanforderungen des Auftraggebers entspricht. 3 Als geeignetes Mittel kann eine technische Beschreibung des Herstellers oder ein Prüfbericht einer anerkannten Stelle gelten.
(5) Schreibt der Auftraggeber Umwelteigenschaften in Form von Leistungs- oder Funktionsanforderungen vor, so kann er die Spezifikationen verwenden, die in europäischen, multinationalen oder anderen Umweltzeichen definiert sind, wenn
   1. sie sich zur Definition der Merkmale des Auftragsgegenstands eignen,
   2. die Anforderungen des Umweltzeichens auf Grundlage von wissenschaftlich abgesicherten Informationen ausgearbeitet werden,
   3. die Umweltzeichen im Rahmen eines Verfahrens erlassen werden, an dem interessierte Kreise – wie z. B. staatliche Stellen, Verbraucher, Hersteller, Händler und Umweltorganisationen – teilnehmen können, und
   4. wenn das Umweltzeichen für alle Betroffenen zugänglich und verfügbar ist.
Der Auftraggeber kann in den Vergabeunterlagen angeben, dass bei Leistungen, die mit einem Umweltzeichen ausgestattet sind, vermutet wird, dass sie den in der Leistungsbeschreibung festgelegten technischen Spezifikationen genügen. Der Auftraggeber muss jedoch auch jedes andere geeignete Beweismittel, wie technische Unterlagen des Herstellers oder Prüfberichte anerkannter Stellen, akzeptieren. Anerkannte Stellen sind die Prüf- und Eichlaboratorien sowie die Inspektions- und Zertifizierungsstellen, die mit den anwendbaren europäischen Normen übereinstimmen. Der Auftraggeber erkennt Bescheinigungen von in anderen Mitgliedstaaten ansässigen anerkannten Stellen an.

Übersicht

	Rn.
I. § 7a – Technische Spezifikationen	1
1. Die vergaberechtliche Bedeutung	1

I. § 7a – Technische Spezifikationen

1. Die vergaberechtliche Bedeutung. § 7a entspricht dem bisherigen § 7 Abs. 3–7 VOB/A. Die „technischen Anforderungen" = Spezifikationen als solche sind in Anhang TS Nr. 1 definiert, übernommen aus Anhang VI der Koordinierungsrichtlinie. Gemäß Anhang TS Nr. 1

sind „technische Spezifikationen" sämtliche, in den Verdingungsunterlagen enthaltenen technischen Anforderungen an eine Bauleistung, ein Material, ein Erzeugnis oder eine Lieferung, mit deren Hilfe die Bauleistung, das Material, das Erzeugnis oder die Lieferung so bezeichnet werden können, dass sie ihren durch den öffentlichen Auftraggeber festgelegten Verwendungszweck erfüllen. Es folgen dann Ergänzungen, was alles zu diesen technischen Anforderungen gehört. „Technische Spezifikationen" sind also alle dort genannten technischen Anforderungen.

Diese technischen Spezifikationen müssen gemäß **Abs. 1** „allen Bietern gleichermaßen zugänglich sein". Dies entspricht den in den Erwägungsgründen Nr. 2 der Koordinierungsrichtlinie u. a. zitierten allgemeinen Grundsätzen des „freien Warenverkehrs", der „Gleichbehandlung", der „Nichtdiskriminierung" und der „Transparenz". 2

Abs. 2 enthält drei Kategorien möglicher Formulierungsmöglichkeiten für „technische Spezifikationen" in den Vertragsunterlagen. 3

Die **erste** Kategorie bilden gemäß Abs. 1 Formulierungen unter Bezugnahme auf die in Anhang TS definierten technischen Spezifikationen in der Rangfolge

a) nationale Normen, mit denen europäische Normen umgesetzt werden (siehe Anhang TS Nr. 1.3). Was „Normen" sind, ist in Anhang TS Nr. 1.2 wie folgt definiert: „Technische Spezifikationen, die von einer anerkannten Normenorganisation zur wiederholten oder ständigen Anwendung angenommen wurden, deren Einhaltung grundsätzlich nicht zwingend vorgeschrieben ist." Damit ist wohl gemeint, dass deren Anwendung nicht unmittelbar durch den Gesetzgeber zwingend vorgeschrieben ist. „Europäische Normen" sind laut Anhang TS Nr. 1.3 die von dem Europäischen Komitee für Normung (CEN) oder dem Europäischen Komitee für elektrotechnische Normung (CENELEC) gemäß deren gemeinsamen Regeln als Europäische Norm (EN) oder Harmonisierungsdokumente (HD) angenommene Normen. Die baurelevanten, in innerstaatlichen Normen übernommenen Vorschriften werden als DIN EN gekennzeichnet.

b) europäische technische Zulassungen (Anhang TS Nr. 1.4). Gemäß der dortigen Definition ist eine solche Zulassung eine „positive technische Beurteilung der Brauchbarkeit eines Produkts hinsichtlich der Erfüllung der wesentlichen Anforderungen an bauliche Anlagen; sie erfolgt auf Grund der spezifischen Merkmale des Produkts und der festgelegten Anwendungs- und Verwendungsbedingungen. Die europäische technische Zulassung wird von einer zu diesem Zweck vom Mitgliedstaat zugelassene Organisation ausgestellt.";

c) gemeinsame technische Spezifikationen (Anhang TS Nr. 1.5). Gemäß der dortigen Definition sind das solche technischen Spezifikationen, die „nach einem von den Mitgliedstaaten anerkannten Verfahren erarbeitet wurden, um die einheitliche Anwendung in allen Mitgliedsstaaten sicherzustellen, und die im Amtsblatt der Europäischen Gemeinschaften veröffentlicht worden sind.";

d) internationale Normen und andere technische Bezugssysteme, die von den europäischen Normungsgremien erarbeitet wurden;

e) falls solche Normen und Spezifikationen **fehlen,** nationale Normen, nationale technische Zulassungen oder nationale technische Spezifikationen für die Planung, Berechnung und Ausführung von Bauwerk und den Einsatz von Produkten; Im Fall von e) sind aber Bezugnahmen auf nationale deutsche Normen zulässig. Unberücksichtigt bleibt, dass DIN-Normen dann nicht maßgebend sind, wenn sie nicht (mehr) den „anerkannten Regeln der Technik" entsprechen.[1] In allen Fällen a)-e) muss jede Bezugnahme mit dem Zusatz „oder gleichwertig" versehen werden.

Die **zweite** alternative Kategorie bilden gemäß Nr. 2 Leistungs- und Funktionsanforderungen, die so genau zu fassen sind, dass sie den Unternehmen ein klares Bild vom Auftragsgegenstand vermitteln und dem Auftraggeber die Erteilung des Zuschlags ermöglichen. 4

Das ist nichts anderes als eine Paraphrase zu § 7 Abs. 1 VOB/A, nämlich das Gebot „eindeutiger Leistungsbeschreibung". Deshalb kann auf die obigen Ausführungen[2] verwiesen werden.

Die **dritte** alternative Kategorie bildet gemäß Nr. 3 eine Kombination der Kategorien 1 und 2; wegen der Einzelheiten kann auf den Text verwiesen werden. 5

Abs. 3 und **Abs. 4** enthalten die Regelung, dass der Auftraggeber nicht Angebote ausschließen darf, die nachweisen, dass die vorgeschlagenen Lösungen den Spezifikationen gemäß Abs. 4 Nr. 1 Buchstabe a) und gemäß Nr. 2 entsprechen. Als Mittel eines solchen Nachweises können 6

---

[1] Dazu VOB/B § 4 Rdn. 54.
[2] Rdn. 7–19.

eine technische Beschreibung des Herstellers oder ein Prüfbericht einer anerkannten Stelle gelten. Das „kann" ist missverständlich. Wenn der Bieter einen entsprechenden Nachweis vorlegt, hat der Auftraggeber kein Ermessen, er muss das Angebot insoweit zulassen.

7   **Abs. 5** beschäftigt sich mit Umwelteigenschaften in Form von Leistungs- oder Funktionsanforderungen. Der Text ist aus sich heraus verständlich.

§ 7b Leistungsbeschreibung mit Leistungsverzeichnis

(1) **Die Leistung ist in der Regel durch eine allgemeine Darstellung der Bauaufgabe (Baubeschreibung) und ein in Teilleistungen gegliedertes Leistungsverzeichnis zu beschreiben.**

(2) **Erforderlichenfalls ist die Leistung auch zeichnerisch oder durch Probestücke darzustellen oder anders zu erklären, z. B. durch Hinweise auf ähnliche Leistungen, durch Mengen- oder statische Berechnungen. Zeichnungen und Proben, die für die Ausführung maßgebend sein sollen, sind eindeutig zu bezeichnen.**

(3) **Leistungen, die nach den Vertragsbedingungen, den Technischen Vertragsbedingungen oder der gewerblichen Verkehrssitte zu der geforderten Leistung gehören (§ 2 Absatz 1 VOB/B), brauchen nicht besonders aufgeführt zu werden.**

(4) **Im Leistungsverzeichnis ist die Leistung derart aufzugliedern, dass unter einer Ordnungszahl (Position) nur solche Leistungen aufgenommen werden, die nach ihrer technischen Beschaffenheit und für die Preisbildung als in sich gleichartig anzusehen sind. Ungleichartige Leistungen sollen unter einer Ordnungszahl (Sammelposition) nur zusammengefasst werden, wenn eine Teilleistung gegenüber einer anderen für die Bildung eines Durchschnittspreises ohne nennenswerten Einfluss ist.**

Übersicht

	Rn.
I. § 7b Abs. 1	1
1. Vergaberechtliche Bedeutung	1
a) Leistungsbeschreibung, Rangreihenfolge der Bestandteile der Leistungsbeschreibung	1
b) Vorangehende Ausführungsplanung des Auftraggebers notwendig	2
c) Geltung für Einheitspreisverträge und Detail-Pauschalverträge	3
d) Baubeschreibung	4
e) Leistungsverzeichnis	5
2. Bauvertragliche Bedeutung	8
II. § 7b Abs. 2	9
1. Vergaberechtliche Bedeutung	9
a) Ergänzende Leistungsbeschreibung	9
b) Für die Ausführung nicht maßgebliche Pläne	10
c) „oder anders zu erklären"	11
d) Für die Ausführung maßgebende Pläne oder Proben	14
2. Bauvertragliche Bedeutung	15
III. § 7b Abs. 3	16
IV. § 7b Abs. 4	18
1. Vergaberechtliche Bedeutung	18
2. Bauvertragliche Bedeutung	20

I. § 7b Abs. 1

1   **1. Vergaberechtliche Bedeutung. a) Leistungsbeschreibung, Rangreihenfolge der Bestandteile der Leistungsbeschreibung.** Die VOB kennt unterschiedliche Ausschreibungsmethoden (dazu VOB/A § 4 Abs. 1, 2 Rdn. 1–5), und zwar unterschieden nach dem Ausmaß der vom Auftraggeber jeweils zu erbringenden Planungsleistung. Bei jeder möglichen Ausschreibungsmethode muss die **Leistungspflicht** des Auftragnehmers, das **Bausoll**,[1] definiert werden; die VOB nennt das „die Leistungsbeschreibung";[2] wobei in diesem Sinn „**Leistungs-**

---

[1] Zum Begriff VOB/B § 2 Rdn. 26 ff.
[2] Zum Begriff Leistungsbeschreibung siehe ergänzend auch VOB/B § 2 Rdn. 23, 65. Allgemein zur Methode des öffentlichen Auftraggebers, Bauverträge abzufassen, vgl. VOB/A § 8 und VOB/B § 2 Rdn. 22.

beschreibung" ein weiterer Begriff ist als „Leistungsbeschreibung" in der Formulierung der Überschrift über § 7b, wie sogleich zu erläutern; § 13 Abs. 3 VOB/B legt auch diesen weiteren Begriff zugrunde. Das Bausoll wird je nach wahrzunehmender Planungsfunktion unterschiedlich definiert, z. B. so, dass die vom Auftragnehmer zu erbringende Leistung ganz detailliert beschrieben wird oder funktional, dass demzufolge der Auftragnehmer keine, geringe oder umfassende Planungspflichten (und Entscheidungsbefugnisse) hat. Laut § 7b ist für den öffentlichen Auftraggeber **die Methodik der detaillierten Leistungsbeschreibung,** d. h. die auftrag**geber**seitige **Detailplanung** ohne eigene Planungsverpflichtung des Auftragnehmers, die Regel. Wählt der Auftraggeber in der Ausschreibung folglich die „Regelmethode" der detaillierten Ausschreibung, so braucht er das vergaberechtlich nicht besonders zu begründen; vergütungsrechtlich kann die Folge ein Einheitspreisvertrag oder auch ein Detail-Pauschalvertrag sein (siehe Rdn. 58).

Die **detaillierte Leistungsbeschreibung im engeren Sinn** besteht laut § 7b Abs. 1 VOB/A aus 2 Teilen, nämlich einer **allgemeinen Darstellung** der Bauaufgabe, **der Baubeschreibung,** und einem in Teilleistungen gegliederten **Leistungsverzeichnis** (LV). Tatsächlich kommt so gut wie immer ein dritter Teil dazu, nämlich Pläne, diese allerdings gemäß § 7b Abs. 2 VOB/B nur „erforderlichenfalls", also zur Ergänzung insbesondere einzelner Positionen des LV. Innerhalb dieser drei Bestandteile der Leistungsbeschreibung oder sogar weiterer, z. B. Proben, statische Berechnungen, geotechnische Gutachten oder Erklärung in anderer Weise, z. B. also auch Zusätzliche Technische Vertragsbedingungen, die, wie sich schon aus § 7b Abs. 3 VOB/A eindeutig ergibt, alle Bestandteile der Leistungsbeschreibung **im weiteren Sinne** sind, regelt die VOB/B kein Rangverhältnis; innerhalb der Rangkategorien des § 1 Abs. 2 VOB/B ist „die Leistungsbeschreibung", also der Oberbegriff, **eine** Kategorie. Die VOB behandelt also (scheinbar) die zwei, drei oder mehr Teile der Leistungsbeschreibung gleichrangig, jedenfalls enthält die VOB keine explizite Lösung über eine Reihenfolgeregelung, ausgenommen die Zusätzlichen Technischen Vertragsbedingungen, die zutreffend als allgemeinere Kategorie Nachrang hinter der speziellen Kategorie der Leistungsbeschreibung im engeren Sinn haben, § 1 Abs. 2 VOB/B. Die Auslegung ergibt jedoch, dass die „ergänzenden" Pläne (§ 7b Abs. 2) als die speziellere Definition der Baubeschreibung und dem LV (nur) **dann** vorgehen, **wenn sie eindeutig als maßgebend bezeichnet sind** und an der **richtigen Stelle,** also im Text der Position oder unmissverständlich in passenden technischen Vorbemerkungen, als „leistungsbestimmend" in Bezug genommen sind.[3] Der unspezifische Hinweis des Auftraggebers auf „einsehbare Pläne" ist demgegenüber unbeachtlich.[4] Ansonsten gilt im Regelfall, dass **im Zweifel der Text den Plänen vorgeht;** Ausnahmen gelten nur dann, wenn sich die Diskrepanz dem „mit durchschnittlicher Sorgfalt" prüfenden Bieter geradezu aufdrängt.[5]

Bei Widerspruch zwischen Baubeschreibung und Leistungsverzeichnis gilt: Grundsätzlich ist der Positionstext spezieller als die Vorbemerkungen, beide sind je spezieller als die Baubeschreibung. Auch davon kann es Ausnahmen geben, zur Beurteilung kommt es nämlich „auf den Vertrag als sinnvolles Ganzes an".[6]

b) Vorangehende Ausführungsplanung des Auftraggebers notwendig. Die Leistungsbeschreibung mit LV ist, wie erörtert, eine der möglichen Methoden der Definition des Bausolls, hier also eine Methode mit auftraggeberseitiger Detaillierung der Leistungsseite; sie besagt nichts

---

[3] Näher Rdn. 69.
[4] Näher VOB/B § 2 Rdn. 120, 122 sowie Rdn. 70–72.
[5] Näher VOB/A § 7b Rdn. 14; VOB/B § 2 Rdn. 120.
[6] Der BGH formuliert allerdings **zu apodiktisch:** „Im Ansatz verfehlt ist die Auffassung des Berufungsgerichts, das Leistungsverzeichnis gehe als klarere Regelung den Vorbemerkungen vor. Es gibt innerhalb der Leistungsbeschreibung (§ 1 Nr. 2a VOB/B) keinen grundsätzlichen Vorrang. Zur Leistungsbeschreibung gehören sowohl die Vorbemerkungen als auch die einzelnen Positionen des Leistungsverzeichnisses (vgl. auch § 9 Nr. 6 VOB/A). In aller Regel enthalten die Vorbemerkungen wesentliche Angaben, die zum Verständnis der Bauaufgabe und zur Preisermittlung erforderlich sind. Diese Angaben sind in Verbindung mit dem Leistungsverzeichnis und auch anderen vertraglichen Unterlagen als sinnvolles Ganzes auszulegen", so BGH „Eisenbahnbrücke" BauR 1999, 897. Der BGH lässt außer Acht, dass es zur Bestimmung des Vorranges nicht nur Rangreihenfolgeregelungen gibt, etwa des § 1 Abs. 2a VOB/B, sondern auch Auslegungsgrundsätze. Nach allgemeinen Auslegungsgrundsätzen geht **generell** der speziellere Text dem allgemeinen Text vor. Der Sache nach ist dem BGH aber zuzustimmen, denn selbstverständlich müssen Vorbemerkungen und LV als sinnvolles Ganzes ausgelegt werden. Wenn aber die Auslegung zu unauflöslichen Widersprüchen führt, muss eine Lösung gefunden werden – und **dann** geht doch wieder die Einzelposition als die speziellere Lösung der Vorbemerkung als der allgemeineren Aussage vor. Siehe dazu auch VOB/B § 2 Rdn. 103 mit einem Beispiel.

über Detaillierung oder Pauschalierung der Vergütung. Die Methode der auftraggeberseitigen Detailplanung und deren Umsetzung in ein Leistungsverzeichnis setzt zwingend eine bestimmte organisatorisch-funktionale Abwicklung voraus: Der Auftraggeber **muss** zuerst (durch Planer als seine Erfüllungsgehilfen) das Bauwerk **im Detail** planen, d. h. er muss – gesprochen in den Leistungsphasen der HOAI – eine **Ausführung**splanung (§ 33, Anhang 10 Phase 5 HOAI, sie führt zur „**Ausführungsreife**") erstellen lassen, die dann in die Vergabeunterlagen, also das detaillierte Leistungsverzeichnis, umgesetzt wird; das ist – wiederum gesprochen in den Phasen der HOAI – die Leistungsphase 6. Es ist technisch **nicht möglich,** ein zutreffendes LV zu formulieren, solange die Ausführungsplanung nicht erstellt ist. Deswegen sagt das Vergabehandbuch des Bundes 2008, Stand April 2016 (Formular 100), sachgerecht und zwingend in Nr. 4.3.1 der „Allgemeinen Richtlinien Vergabeverfahren": „**Vor** dem Aufstellen der Leistungsbeschreibung **müssen** die Ausführungspläne, soweit sie nicht vom Auftragnehmer zu beschaffen sind, und die Mengenberechnungen vorliegen".[7] **Dagegen sündigt der öffentliche Auftraggeber leider sehr oft** und in grobem Ausmaß. Wenn, wie beispielsweise bei der Ausführung einzelner Lose des „berüchtigten" Schürmann-Baus, von ca. 700 ausgeschriebenen Positionen ca. 300 gar nicht vorkommen, also nicht ausgeführt werden, so ist das unsachgerechte Ausschreibung im Sinne des § 7b Abs. 1 VOB/B. Eine solche Ausschreibung ist vergaberechtlich unzulässig, was allerdings für den Bieter im Vorhinein praktisch nicht zu erkennen ist. Abgesehen davon schadet sich der öffentliche Auftraggeber auch selbst: Die nicht ausgeführten Positionen verschwinden bei der Abrechnung nicht etwa, wie es der Handhabung vieler Auftraggeber entspricht, sie werden vertragsrechtlich vielmehr als so genannte „Null-Positionen" behandelt, was bedeutet, dass der Auftraggeber gemäß § 2 Abs. 3 VOB/B die darauf entfallenden Deckungsbeiträge zahlen muss.[8]

In der Praxis gibt es alle Erscheinungsformen: das Leistungsverzeichnis als „Ausführungsprognose", ohne dass überhaupt schon eine Ausführungsplanung existiert; weiter das Leistungsverzeichnis, das parallel mit der Ausführungsplanung „entsteht", aber nicht koordiniert ist; schließlich das Leistungsverzeichnis in schlicht fehlerhafter Umsetzung der Ausführungsplanung. Vergaberechtlich setzt ein ordnungsgemäßes Leistungsverzeichnis beim Einheitspreisvertrag jedenfalls voraus, dass die „Teilleistungen" (= Details vgl. Rdn. 60), die beschrieben werden müssen, schon hinreichend genau bekannt sind.

3 **c) Geltung für Einheitspreisverträge und Detail-Pauschalverträge.** Da § 7b Abs. 1 nur die Anforderung an die Leistungsbeschreibung, also die Definition der Leistungsseite (Bausoll) betrifft (Rdn. 2), gilt die Vorschrift für jeden Vertragstyp, bei dem auf der Basis auftraggeberseitiger Detailplanung das Bausoll detailliert bestimmt wird, dies unabhängig davon, wie die Vergütungsseite geregelt ist. Die Vorschrift gilt demzufolge sowohl für Einheitspreisverträge wie für Detail-Pauschalverträge.[9] Vergaberechtlich richtet sich die Zulässigkeit eines Detailpauschalvertrages nicht nach § 7b Abs. 1, sondern nach § 4 Abs. 1, 2 VOB/A.[10]

4 **d) Baubeschreibung.** Die Aufgabe der (allgemeinen) Baubeschreibung charakterisiert 2.2.1 des Vergabehandbuchs des Bundes 2008, Stand April 2016 (Formular 100), in 4.3.2.1 der „Allgemeinen Richtlinien Vergabeverfahren" sachgerecht zutreffend wie folgt: „In der Baubeschreibung sind die allgemeinen Angaben zu machen, die zum Verständnis der Bauaufgabe und zur Preisermittlung erforderlich sind und die sich nicht aus der Beschreibung der einzelnen Teilleistungen unmittelbar ergeben. Hierzu gehören – abhängig von den Erfordernissen des Einzelfalles – z. B. Angaben über

– Zweck, Art und Nutzung des Bauwerks bzw. der technischen Anlage,
– ausgeführte Vorarbeiten und Leistungen,
– gleichzeitig laufende Arbeiten,
– Lage und örtliche Gegebenheiten, Verkehrsverhältnisse,
– Konstruktion des Bauwerks bzw. Konzept der technischen Anlage."

5 **e) Leistungsverzeichnis.** Das Leistungsverzeichnis (LV) enthält eine „in Teilleistungen gegliederte" Aufgliederung des Bauprojektes, aber nicht nach funktionalen Einheiten, sondern

---

[7] Zur Struktur dieser Art der Ausschreibung näher *Langen/Schiffers* Festschrift Jagenburg, S. 435 ff. Einer Ausschreibung ohne Ausführungsplanung fehlt die erforderliche **Ausschreibungsreife,** OLG Düsseldorf NZBau 2014, 374.
[8] Näher VOB/B § 2 Rdn. 153.
[9] Zum Vertragstyp Detail-Pauschalvertrag siehe VOB/B § 2 Rdn. 233, 242 ff., auch VOB/A § 4 Rdn. 28.
[10] Zu dessen Zulässigkeit Einzelheiten VOB/A § 4 Rdn. 31–36.

nach produktionstechnisch gegliederten Teilleistungen, eben „Positionen", vgl. § 13 Abs. 1 Nr. 6 VOB/A. Ohne Plan vermitteln die Positionen eines Leistungsverzeichnisses keine hinreichenden Informationen darüber, was für ein Bauwerk überhaupt konkret errichtet wird. Wie eine „Position" aufgebaut ist und welche Funktionen die einzelnen Bestandteile haben, ist bereits in **VOB/A § 4 Abs. 1, 2** am Beispiel des Einheitspreises-Vertrages erläutert. Es gibt unterschiedliche **Arten** von **Positionen,** u. a. Grundpositionen, Alternativpositionen (Wahlpositionen), Eventualpositionen (Bedarfspositionen), Auswahlpositionen oder Sammelpositionen (Mischpositionen), die alle ebenfalls bei VOB/A § 4 unter Rdn. 13–27 einzeln erläutert sind.

Darüber hinaus enthält ein Leistungsverzeichnis normalerweise vorangehende allgemeinere Erläuterungen, z. B. Vorbemerkungen. Zur Rangreihenfolge zwischen Vorbemerkung und Position siehe oben Rdn. 1. **6**

Den Inhalt eines Leistungsverzeichnisses bezeichnet 4.3.2.2 der „Allgemeinen Richtlinien Vergabeverfahren" des Bundes 2008, Stand April 2016 (Formular 100), sachgerecht wie folgt: **7**

„Im Leistungsverzeichnis sind **ausschließlich** Art und Umfang der zu erbringenden Leistungen sowie **alle** die Ausführung der Leistung beeinflussenden Umstände zu beschreiben.

4.3.3 In die **Vorbemerkungen** zum Leistungsverzeichnis dürfen nur Regelungen technischen Inhalts aufgenommen werden, die **einheitlich** für alle beschriebenen Leistungen gelten.

4.3.5 Bei der Aufgliederung der Leistung in Teilleistungen dürfen unter einer Ordnungszahl nur Leistungen erfasst werden, die technisch gleichartig sind und unter den gleichen Umständen ausgeführt werden, damit deren Preis auf einheitlicher Grundlage ermittelt werden kann.

Bei der Teilleistung sind insbesondere anzugeben:
– die Mengen auf Grund genauer Mengenberechnungen,
– die Art der Leistungen mit den erforderlichen Erläuterungen über Konstruktion und -Baustoffe,
– die einzuhaltenden Maße mit den gegebenenfalls zulässigen Abweichungen (Festmaße, Mindestmaße, Höchstmaße),
– besondere technische und bauphysikalische Forderungen wie Lastannahmen, Mindestwerte der Wärmedämmung und des Schallschutzes, Mindestinnentemperaturen bei bestimmter Außentemperatur, andere wesentliche, durch den Zweck der baulichen Anlage bestimmte Daten,
– besonders örtliche Gegebenheiten, z. B. Baugrund, Wasserverhältnisse, Altlasten,
– andere als die in den Allgemeinen Technischen Vertragsbedingungen vorgesehenen Anforderungen an die Leistung,
– besondere Anforderungen an die Qualitätssicherung,
– die zutreffende Abrechnungseinheit entsprechend den Vorgaben im Abschnitt 05 der jeweiligen Allgemeinen Technischen Vertragsbedingungen (ATV)
– besondere Abrechnungsbestimmungen, so weit in VOB/C keine Regelung vorhanden ist."

2. Bauvertragliche Bedeutung. § 7b Abs. 1 hat keine praktische unmittelbare zivilrechtliche Bedeutung. Zwar stellen sich im Zusammenhang mit der Zusammensetzung der Leistungsbeschreibung – nämlich Baubeschreibung, Leistungsverzeichnis gegebenenfalls Pläne usw. – Auslegungsprobleme (Rangfolgenprobleme),[11] ebenso stellt sich die Frage, ob eine Leistungsbeschreibung AGB-kontrollfrei ist,[12] aber zu deren Lösung trägt § 7b Abs. 1 VOB/A nichts bei. **8**

II. § 7b Abs. 2

1. Vergaberechtliche Bedeutung. a) Ergänzende Leistungsbeschreibung. „**Erforderlichenfalls** ist die Leistung (in einer Leistungsbeschreibung mit Leistungsverzeichnis) auch zeichnerisch oder durch Probestücke darzustellen oder anders zu erklären, z. B. durch Hinweise auf ähnliche Leistungen, durch Mengen- oder statische Berechnungen. Zeichnungen und Proben, die für die Ausführung maßgebend sein sollen, sind eindeutig zu bezeichnen", § 7b Abs. 2. Das ist eine zentrale Regelung, die die **Leistungsbeschreibung mit Leistungsverzeichnis** charakterisiert. Zwar muss jede Art der Leistungsbeschreibung eindeutig und erschöpfend sein, § 7 Abs. 1. Aber wenn der Auftraggeber den Typus Leistungsbeschreibung mit Leistungsverzeichnis wählt, so muss er system- und funktionsgerecht ausschreiben, d. h., er muss dann **seine** Pflicht zur Erarbeitung der Ausführungsplanung und deren Umsetzung in ein detailliertes Leistungsverzeichnis (oben Rdn. 2) ernst nehmen und die Leistung **detailliert** so beschreiben, dass ein **9**

---

[11] Dazu oben Rdn. 56 und VOB/B § 2 Rdn. 120, 122 sowie Rdn. 70–72.
[12] Dazu VOB/B § 2 Rdn. 56.

Bieter/Auftragnehmer **mit seinen Mitteln** (also ohne umfassende Vorarbeiten, § 7 Abs. 1) und **ohne** Zuhilfenahme eigener zusätzlicher planerischer oder konstruktiver Ermittlungen, Berechnungen oder Prüfungen die geforderte Leistung „sicher", § 7 Abs. 1, erkennen (und kalkulieren) kann. Gerade wenn und weil die „detaillierte" Beschreibung der Leistung konstituierend für dieses Ausschreibungssystem ist, muss der Auftraggeber (gerade auch unter vergaberechtlichen Gesichtspunkten) die Leistung eindeutig **verbal**, nämlich an der richtigen Stelle, im Leistungsverzeichnis, definieren, d. h., er muss die Planinhalte in die gewählte Angebotssprache, hier das Leistungsverzeichnis, umsetzen.[13] Nur dann, wenn eine eindeutige verbale Definition nicht möglich ist, also nur „erforderlichenfalls", sind **Ergänzung**smittel heranzuziehen, also z. B. Zeichnungen oder Proben. Weil sie nur **Ergänzung**smittel sind, hat bei Widersprüchen zwischen Text und Zeichnung der Text in der Regel Vorrang.[14]

10   **b) Für die Ausführung nicht maßgebliche Pläne.** Vorweg ist es ganz eindeutig, dass es im Rahmen einer Leistungsbeschreibung mit Leistungsverzeichnis zwei „Klassen" von Zeichnungen (Plänen) gibt, was die VOB genauso sieht: Gemäß § 7b Abs. 2 Satz 2 VOB/A gibt es Zeichnungen (und Proben), **die für die Ausführung maßgeblich sein sollen,** diese müssen dann entsprechend „eindeutig bezeichnet werden". Also muss es auch Zeichnungen geben, die nicht eindeutig bezeichnet sind und deshalb für die Ausführung nicht maßgebend sind oder die für die Ausführung nicht maßgebend und die deshalb nicht eindeutig als „ausführungsmaßgeblich" gekennzeichnet sind. Solche gibt es offensichtlich: Ein Lageplan 1:500 ist im Regelfall nicht ausführungsmaßgeblich, eine Ansicht 1:100 ebenso wenig. Es gibt also durchaus sinnvoll beigefügte Pläne, die eine (allgemeine) Objektinformation liefern, die aber keine **„Ausführungsmaßgeblichkeit"** haben. Dieser Unterschied kann nicht klar genug betont werden: Auftraggeber verweisen häufig unbestimmt auf beigefügte – oder noch schlechter: auf einsehbare[15] – Unterlagen. Das ist nicht a priori vergabewidrig, aber jedenfalls nicht bausoll-bestimmend. Dasselbe gilt für Proben.

11   **c) „oder anders zu erklären". aa) Hinweise auf ähnliche Leistungen.** Grundsätzlich ist es einleuchtend, dass eine Definition des Bausolls in Form der Detaillierung sich nicht auf Zeichnungen (Pläne) oder Proben beschränkt. Zur Präzisierung können auch andere Mittel eingesetzt werden, aber auch sie bleiben **Ergänzungsmittel** („erforderlichenfalls"), was bedeutet, dass auch bei ihnen im Falle des Widerspruchs zwischen Text und Ergänzungsmittel in der Regel der Text vorgeht (oben Rdn. 9).

Als ein Ergänzungsmittel benennt § 7b Abs. 2 den Hinweis auf „ähnliche Leistungen". Diese Formulierung ist **missglückt** und gibt, wörtlich genommen, Anlass zu erheblichen Bedenken bzw. Auslegungsstreitigkeiten. Wenn der Auftraggeber zwecks Detaillierung auf nur „ähnliche" Leistungen verweist, so ist damit gerade nicht die herzustellende neue Leistung definiert: Da die „Musterleistung" der neuen Leistung nur **ähnlich** sein soll, ist Zweifeln Tür und Tor geöffnet. Wie groß muss der Grad der Ähnlichkeit der neu herzustellenden Leistung sein? Welche Abweichungen sind gestattet und welche nicht? Wenn man schon den Hinweis des Auftraggeber auf Vergleichsobjekte zulassen will, müssen gleichartige Objekte in Bezug genommen werden. Einen derartigen Bezug auf Vergleichsobjekte gibt es oft bei Global-Pauschalverträgen, was dort oft ein Zeichen von Faulheit des Auftraggebers ist; er hat sich nicht die Mühe gemacht, seine Funktionsvorgaben oder Gestaltungswünsche näher zu definieren, das Vergleichsobjekt passt sehr oft doch nicht oder es bleiben unklärbare Detail-Zweifelsfragen offen.[16] Von einem Hinweis auf „ähnliche Objekte" ist also, wenn nicht wirklich eindeutig ist, was konkret als bausollbestimmend zum Vergleich herangezogen werden soll, dringend abzuraten.

---

[13] Prototypisch: Der Polier vor Ort muss mit seinen Mitteln die gewünschte Leistung verstehen und umsetzen können, so erläutert am Beispiel von Einmessungsleistungen (z. B. keine Erarbeitung eines eigenen Koordinatensystems) bei *Kapellmann/Schiffers/Markus* Band 1, Rdn. 1152, ergänzend Rdn. 200; *Raufeisen* in Willenbruch/Wieddekind Vergaberecht, VOB/A § 7 Rdn. 93.

[14] Ebenso *Schranner* in Ingenstau/Korbion VOB/A § 7b Rdn. 11; *Prieß* in KMPP VOB/A S 7 Rdn. 157; näher hier VOB/B § 2 Rdn. 120.

[15] Zu einsehbaren Zeichnungen oben Rdn. 18, 22 sowie VOB/B § 2 Rdn. 70–72.

[16] Jeder, der einmal im Streit ein umstrittenes Bausoll anhand eines Vergleichsobjekts beschreiben musste, wird das bestätigen. Wo fängt die Vergleichbarkeit an und wo hört sie auf? Kritisch wie hier: *Bernhardt* in Ziekow/Völlink Vergaberecht, VOB/A § 7 Rdn. 46.
Unzutreffend *Prieß* in KMPP VOB/A § 7 Rdn. 151; *Schellenberg* in Pünder/Schellenberg Vergaberecht, VOB/A § 7 EG Rdn. 93. Zur bauvertraglichen Bedeutung einer solchen Klausel beim Global-Pauschalvertrag auch *Kapellmann/Schiffers/Markus* Band 2, Rdn. 488.

bb) Mengenberechnungen. Der Hinweis auf „Mengenberechnungen" als Ergänzungsmittel trifft den Fall, dass der Auftraggeber den Weg erläutern will, der zu den Vordersätzen, also dem Ergebnis der Mengenberechnungen,[17] geführt hat. 12

cc) Statische Berechnungen. Dass statische Berechnungen **grundsätzlich** Ergänzungsmittel sein **können,** liegt auf der Hand. Das darf aber nicht zu dem Missverständnis führen, als ob eine auftraggeberseitig unkommentierte und unausgewertete **Tragwerksplanung bausollbestimmend** („für die Ausführung maßgebend") sei. Die Tragwerksplanung **als solche ist keine** für den Bieter/Auftragnehmer ohne weiteres aus sich heraus aussagekräftige Ergänzung der Leistungsbeschreibung. Sie muss vielmehr umgesetzt werden in die Ausführungsplanung, also das Anfertigen der Tragwerkausführungszeichnungen (§ 49 und Anhang 13 Phase 5 HOAI), d. h. der Schal- und Bewehrungspläne. Nur sie sind für den Auftragnehmer ohne Erläuterung oder eigene statische Berechnung[18] brauchbar; bei der Leistungsbeschreibung mit Leistungsverzeichnis, also bei auftraggeberseitiger Detailplanung, schuldet der Auftraggeber also solche in dieser Form brauchbaren Unterlagen.[19] Eine unkommentierte Statik ist nur in dem Ausnahmefall von Bedeutung, dass sich eine bestimmte Detailaussage aus der Statik unübersehbar aufdrängt,[20] oder dass sie eine notwendige Aussage zum System der Tragwerksplanung macht. Gerade **vergaberechtlich ist es unzulässig,** durch eine unkommentierte Verweisung auf eine in ihrer technischen Umsetzung nicht ohne weiteres „lesbare" Statik unausgesprochen den Wettbewerb auf Bieter mit entsprechendem technischen Büro einzuschränken. Demzufolge waren die Anforderungen, die der BGH in der lange zurückliegenden Entscheidung „Universitätsbibliothek" insoweit hinsichtlich der Prüfpflicht von Bietern gestellt hatte, erheblich überzogen.[21] 13

d) Für die Ausführung maßgebende Pläne oder Proben. Wenn Pläne oder Proben nicht nur unverbindlich-informativen Charakter (dazu oben Rdn. 10) haben sollen, sondern wenn sie das Bausoll bestimmen sollen („für die Ausführung maßgeblich sein sollen"), so müssen sie **eindeutig bezeichnet** sein. Eindeutig bedeutet zweierlei: Einmal muss der Verweis auf den maßgebenden Plan selbst eindeutig sein, d. h., er muss sich an der richtigen Stelle befinden, d. h., **an der Stelle** der Leistungsbeschreibung, an der die betreffende Detaillierung definiert wird; das ist nur in einem Positionstext des Leistungsverzeichnisses oder konkret in Vorbemerkungen zu mehreren Positionen eines Leistungsverzeichnisses sachgerecht.[22] Zum anderen muss der Plan selbst eindeutig als maßgeblich erkennbar sein, darf also z. B. nicht allgemeine Systemzeichnung ohne irgendeinen konkreten Bezug zur Detailleistung sein. Sofern der Auftraggeber einmal Pläne so sachgerecht als für die Ausführung maßgeblich bezeichnet hat, sind sie auch allein maßgeblich;[23] andere, beigefügte Pläne ohne diesen Hinweis sind bei widersprüchlichem Inhalt unbeachtlich. Auch für diese für die Ausführung maßgeblichen Pläne bleibt es aber dabei, dass bei Widerspruch zwischen Plan und Text der Text vorgeht (oben Rdn. 9). 14

2. Bauvertragliche Bedeutung. § 7b Abs. 2 ist nicht spezifische Anweisung an den öffentlichen Auftraggeber, sondern sachlogische Schlussfolgerung aus der Ausschreibungsmethodik „Leistungsbeschreibung mit Leistungsverzeichnis". Für die Auslegung von Verträgen sowohl mit öffentlichen wie mit privaten Auftraggebern kann deshalb auf die zu § 7 Abs. 10 VOB/A entwickelten Darlegungen zurückgegriffen werden.[24] 15

III. § 7b Abs. 3

„Leistungen, die nach den Vertragsbedingungen, den technischen Vertragsbedingungen oder der gewerblichen Verkehrssitte zu der geforderten Leistung gehören (§ 2 Abs. 1 VOB/B), brauchen nicht gesondert aufgeführt zu werden", § 7b Abs. 3 VOB/A. Im Interesse der Klarheit und Eindeutigkeit ist es sinnvoll, überflüssige Bezeichnungen wegzulassen. Was sich sowieso 16

---

[17] VOB/A § 4 Abs. 1, 2 Rdn. 11.
[18] Vgl. auch oben Rdn. 22, 57 und 64.
[19] Näher *Kapellmann/Schiffers/Markus* Band 1, Rdn. 201–205.
[20] *Kapellmann/Schiffers/Markus* Band 1, Rdn. 204, 210.
[21] BGH „Universitätsbibliothek" BauR 1987, 683; Erläuterungen dazu *Kapellmann/Schiffers/Markus* Band 1, Rdn. 171, 198, 204, 207, 212, 214, 216, 246, 867.
[22] *Kapellmann/Schiffers/Markus* Band 1, Rdn. 203; *Prieß* in KMPP VOB/A § 7 Rdn. 153; *Raufeisen* in Willenbruch/Wieddekind Vergaberecht, VOB/A § 7 Rdn. 94; *Bernhardt* in Ziekow/Völlink Vergaberecht, VOB/A § 7 Rdn. 48.
[23] *Kapellmann/Schiffers/Markus* Band 1, Rdn. 203.
[24] Einzelheiten ergänzend VOB/B § 2 Rdn. 120, 122.

schon aus den (konkreten) Vertragsbedingungen oder den Technischen Vertragsbedingungen ergibt, braucht nicht wiederholt zu werden. Jedenfalls gehören insbesondere auch Zusätzliche Technische Vertragsbedingungen zur Leistungsbeschreibung (im weiteren Sinn, vgl. oben Rdn. 1) Wie näher aus § 8 VOB/A zu entnehmen ist, gehören zu auch die Allgemeinen Vertragsbedingungen, also die VOB/B, sowie die Allgemeinen Technischen Vertragsbedingungen, also die VOB/C die Leistungsbeschreibung im weiteren Sinn. Damit wird insbesondere durch die Bezugnahme auf DIN 18 299 Abschnitt 4 sowie auf Abschnitt 4 der jeweiligen Fachnormen sichergestellt, dass die Unterscheidung zwischen **Nebenleistungen** und **Besonderen Leistungen**[25] vergaberechtlich relevant ist.

17   Es ist auch richtig, dass Leistungen, die ohnehin nach der gewerblichen Verkehrssitte zur geforderten Leistung gehören, nicht besonders erwähnt werden müssen. Tatsächlich brauchen Selbstverständlichkeiten nicht genannt zu werden, aber der Umfang dessen, was nach der gewerblichen Verkehrssitte unerwähnt dazu gehört,[26] ist im Randbereich oft zweifelhaft. Der Auftraggeber sollte hier lieber, wenn es ernsthafte Zweifel geben kann, verbal für Klarheit sorgen.

IV. § 7b Abs. 4

18   **1. Vergaberechtliche Bedeutung.** § 7b Abs. 4 VOB/A enthält ein eingeschränktes Verbot von Mischpositionen (Sammelpositionen); unter **eine** Ordnungszahl (Position) sollen nämlich nur solche Leistungen aufgenommen werden, die nach ihrer technischen Beschaffenheit und für die Preisbildung als in sich gleichrangig anzusehen sind. Ungleichartige Leistungen sollen (das ist vergaberechtlich zu verstehen als: dürfen **nur dann**)[27] unter einer Ordnungszahl (Sammelposition) zusammengefasst werden, wenn eine Teilleistung gegenüber einer anderen für die Bildung eines Durchschnittspreises ohne nennenswerte Bedeutung ist.

19   Die Vorschrift bestimmt vorab, nach welchen Kriterien überhaupt technische Teilleistungen unter eigener Ordnungszahl (Position) im Leistungsverzeichnis aufgeführt werden sollen; maßgebend ist, dass in der einzelnen Position jeweils nur ein solches „Teilstück der Leistung" aufgeführt ist, dass es sich einheitlich – und sicher, § 7 Abs. 1 – kalkulieren lässt. Für Differenzierungen gibt es genug feste Positionsformen, wir verweisen auf Grundpositionen, Alternativpositionen, Eventualpositionen usw., alles **erläutert** in **VOB/A § 4 Abs. 1, 2.**

Das Verbot, ungleichartige Leistungen unter einer Position zusammenzufassen, wenn eine Teilleistung gegenüber einer anderen für die Bildung eines Durchschnittspreises von Bedeutung ist, ist vergaberechtlich äußerst wichtig. Fasst nämlich der Auftraggeber ungleichartige Leistungen unter einer Position und damit unter einem Preis zusammen, ist eine ordnungsgemäße Kalkulation unmöglich. Darüber hinaus ist Manipulationen Tor und Tür geöffnet. Ein Bieter darf demgemäß davon ausgehen, dass entweder unterschiedliche Leistungen, wenn sie vorkommen, annähernd gleichartige Kosten verursachen oder, dass kostenmäßig teurere Einzelleistungen mengenmäßig nicht in einer nennenswerten Größenordnung und deshalb kalkulatorisch nicht ins Gewicht fallen; erst recht darf die „teurere" Leistung nicht nahezu gleichhäufig oder sogar überwiegend sein. Der Bieter darf, wenn sich für die Mengenverteilung keine Angaben aus dem Leistungsverzeichnis entnehmen lassen, entsprechende Annahmen in einem Anschreiben zum Angebot zur Grundlage machen.[28] Beispiel: Bei Rohrleitungen enthält eine Position alle Formstücke, ausgeführt werden aber zu 90% besonders aufwändige Formstücke.

Natürlich ist Voraussetzung, dass eine Trennung technisch möglich ist. Wenn sich bei Bodenaushub Boden der Klasse 3 und der Klasse 4 in einer Gemengelage befinden, kann der Auftraggeber bestenfalls ungefähre Mengenverteilungen angeben, aber mehr nicht.

20   **2. Bauvertragliche Bedeutung.** Zivilrechtlich darf ein Bieter sowohl beim öffentlichen Auftraggeber wie beim privaten Auftraggeber davon ausgehen, dass entsprechend § 7b Abs. 4 VOB/A bei einer Mischposition die Voraussetzungen richtiger Ausschreibung (oben Rdn. 18) beachtet sind. Ist also z. B. eine „teurere Leistung" überproportional vertreten, so ist das Bausoll-Bauist-Abweichung und löst Mehrvergütungsansprüche des Auftragnehmers aus.[29]

---

[25] Dazu VOB/B § 2 Rdn. 86, 87.
[26] Im Einzelnen dazu VOB/B § 2 Rdn. 89.
[27] Ebenso *Weyand* Vergaberecht VOB/A § 9 Rdn. 91; *Heiermann/Bauer* in Heiermann/Riedl/Rusam VOB/A § 7 Rdn. 78 („grundsätzlich unzulässig").
[28] *Kapellmann/Schiffers/Markus* Band 1, Rdn. 860.
[29] Näher *Kapellmann/Schiffers/Markus* Band 1, Rdn. 860; unzutreffend OLG Köln IBR 1992, 230.

§ 7c Leistungsbeschreibung mit Leistungsprogramm

(1) Wenn es nach Abwägen aller Umstände zweckmäßig ist, abweichend von § 7b Absatz 1 zusammen mit der Bauausführung auch den Entwurf für die Leistung dem Wettbewerb zu unterstellen, um die technisch, wirtschaftlich und gestalterisch beste sowie funktionsgerechteste Lösung der Bauaufgabe zu ermitteln, kann die Leistung durch ein Leistungsprogramm dargestellt werden.

(2) 1. Das Leistungsprogramm umfasst eine Beschreibung der Bauaufgabe, aus der die Unternehmen alle für die Entwurfsbearbeitung und ihr Angebot maßgebenden Bedingungen und Umstände erkennen können und in der sowohl der Zweck der fertigen Leistung als auch die an sie gestellten technischen, wirtschaftlichen, gestalterischen und funktionsbedingten Anforderungen angegeben sind, sowie gegebenenfalls ein Musterleistungsverzeichnis, in dem die Mengenangaben ganz oder teilweise offengelassen sind.
2. § 7b Absatz 2 bis 4 gilt sinngemäß.

(3) Von dem Bieter ist ein Angebot zu verlangen, das außer der Ausführung der Leistung den Entwurf nebst eingehender Erläuterung und eine Darstellung der Bauausführung sowie eine eingehende und zweckmäßig gegliederte Beschreibung der Leistung – gegebenenfalls mit Mengen- und Preisangaben für Teile der Leistung – umfasst. Bei Beschreibung der Leistung mit Mengen- und Preisangaben ist vom Bieter zu verlangen, dass er
1. die Vollständigkeit seiner Angaben, insbesondere die von ihm selbst ermittelten Mengen, entweder ohne Einschränkung oder im Rahmen einer in den Vergabeunterlagen anzugebenden Mengentoleranz vertritt, und dass er
2. etwaige Annahmen, zu denen er in besonderen Fällen gezwungen ist, weil zum Zeitpunkt der Angebotsabgabe einzelne Teilleistungen nach Art und Menge noch nicht bestimmt werden können (z. B. Aushub-, Abbruch- oder Wasserhaltungsarbeiten) – erforderlichenfalls anhand von Plänen und Mengenermittlungen – begründet.

Übersicht

	Rn.
A. § 7c Abs. 1–3 – nur Regelung der total-funktionalen Leistungsbeschreibung; Geltungsbereich	1
I. Entstehung	1
1. Geltungsbereich	1
2. Einführung der Nr. 10–12b § 7 VOB/A a. F., jetzt § 7c Abs. 1–3 durch die VOB 1973	4
3. Leistungsbeschreibung mit Leistungsprogramm – eine seltene Erscheinungsform	5
4. Beschränkte Ausschreibung	6
II. Die Einzelbestimmungen	7
1. § 7c Abs. 1	7
2. § 7c Abs. 2	11
3. § 7c Abs. 3	15
B. Teil-funktionale Leistungsbeschreibung	16
I. Erscheinungsformen	16
1. Begriff, Verbreitung	16
2. Struktur des prototypischen Schlüsselfertigbaus	17
II. Zulässigkeit nach VOB/A	18
1. Keine Regelung in § 7c Abs. 1–3	18
2. Keine sonstigen entgegenstehenden Regelungen in der VOB/A	19
a) § 5 Abs. 2 VOB/A	19
b) § 4 Abs. 1, 2 VOB/A	20
c) § 6 VOB/A	21
d) § 8b Abs. 2 VOB/A	22
3. Einzelne Vergabeanforderungen	23
a) Voraussetzung: Kein typenverkehrtes Angebot	23
b) Anlehnung an § 7c Abs. 1–3	24
Anhang TS Technische Spezifikationen	

A. § 7c Abs. 1–3 – nur Regelung der total-funktionalen Leistungsbeschreibung; Geltungsbereich

I. Entstehung

1. Geltungsbereich. Die „Leistungsbeschreibung mit Leistungsprogramm" ist in § 7c Abs. 1–3 VOB/A geregelt. Die Überschrift „mit Leistungsprogramm" ist wörtlich zu nehmen. Die VOB-Regelung bezieht sich **ausschließlich** auf eine total-funktionale Leistungsbeschreibung, d. h., eine Leistungsbeschreibung, in der der Auftraggeber **verbal** die von ihm an das Bauwerk gestellten Anforderungen (Funktionen) definiert, **ohne** dass er diese Anforderungen in eigene Planungen umsetzt oder umgesetzt hat.[1] Das ist schon angesichts des Wortlauts „Leistungsprogramm" nahe liegend, angesichts des weiteren Wortlauts der Vorschriften selbst aber auch eindeutig. Abs. 3 spricht nämlich davon, dass zusammen mit der Bauausführung **auch der Entwurf** dem Wettbewerb unterstellt wird, um u. a. die gestalterisch beste sowie funktionsgerechte Lösung der Bauaufgabe zu **ermitteln.** Das Leistungsprogramm umfasst nach Abs. 2 (nur) die Beschreibung der Bauaufgabe, aus der die Bewerber **alle** für die **Entwurfs**bearbeitung. maßgebenden Bedingungen und Umstände erkennen können. Gemäß Abs. 3 ist vom Bieter ein Angebot zu verlangen, das außer der Ausführung der Leistung den **Entwurf.** umfasst. Der Begriff „Entwurf" ist in der VOB nicht definiert. In Anknüpfung an § 7 Abs. 2 VOB/A ist für das Verständnis die verkehrsübliche Bezeichnung zugrunde zu legen. „Entwurf" ist gemäß § 33 und Anhang 10 Phase 3 HOAI das „Durcharbeiten des Planungskonzepts, die Integrierung der Leistung anderer an der Planung fachlich Beteiligter, die zeichnerische Darstellung des Gesamtentwurfs", also die „Entwurfsplanung". Dabei sind nicht zwingend alle Einzelleistungen gemäß HOAI Leistungsphase 3 eingeschlossen. Wesentlich ist die zeichnerische Darstellung, die, wenn der Auftraggeber das akzeptiert, auch in Form der Vorplanung gemäß Leistungsphase 2 ausreichend sein kann. Demzufolge umfasst § 7c Abs. 1–3 eindeutig **nur** die Leistung eines so genannten Totalunternehmers (oder auch Totalübernehmers), also den Vertrag, bei dem der Auftraggeber nicht etwa in Stufen, sondern sofort **Entwurf** und **Ausführung** in eine Hand gibt, wobei die Ausführung (intern) auch eine Ausführungsplanung voraussetzt.

Umgekehrt ergibt sich daraus zwingend, dass § 7c Abs. 1–3 **nicht** die teil-funktionale Leistungsbeschreibung (zum Begriff Rdn. 18) erfasst, d. h. eine Leistungsbeschreibung, bei der der Auftraggeber die Entwurfsplanung ganz oder größtenteils selbst erstellt und nur die **Ausführungsplanung** ganz oder größtenteils sowie die Ausführung dem Auftragnehmer überträgt; § 7c Abs. 1–3 regelt also insbesondere **nicht den typischen „Schlüsselfertigbau".**

Dass teil-funktionale Leistungsbeschreibungen nicht von § 7c Abs. 1–3 erfasst werden, heißt **nicht,** dass sie vergaberechtlich unzulässig seien, im Gegenteil: Wenn schon so extreme Formen der Funktionsverlagerung von Auftraggeber auf Auftragnehmer wie die Totalunternehmer-Ausschreibung gemäß Abs. 13–15 zulässig sind, müssen erst recht die für Bieter viel weniger problematischen, viel weniger „radikalen" Vertragsformen wie die teil-funktionale Leistungsbeschreibung zulässig sein.[2]

2. Einführung der Nr. 10–12b § 7 VOB/A a. F., jetzt § 7c Abs. 1–3 durch die VOB 1973. Die VOB 1952 und die unveränderte VOB 1965 enthielten **keine** Regelungen über irgendeine Art einer Leistungsbeschreibung mit Leistungsprogramm oder über funktionale oder teil-funktionale Leistungsbeschreibungen. Erstmals 1973 führte der damalige Verdingungsausschuss für einen praktisch winzigen Teilbereich der funktionalen Ausschreibung eine Regelung ein, nämlich für den Extremfall der Totalunternehmer-Ausschreibung. Den ganzen „normalen" Bereich (also den „normalen" Schlüsselfertigbau, siehe Rdn. 1, 2) ließ er ungeregelt; eine Analyse der überhaupt vorkommenden Formen funktionaler Vergabe nahm er gar nicht vor. In der Kommentierung hieß es, für die entsprechende Ausschreibungsart gäbe es nur Erfahrungen aus dem konstruktiven Ingenieurbau, insbesondere dem Brückenbau, für den Bereich des Hochbaus lägen nur sehr begrenzte Erfahrungen vor.[3] Der Verdingungsausschuss wolle durch die Einführung der damaligen Nr. 10–12b der Tatsache Rechnung tragen, dass in der Praxis zuneh-

---

[1] Zur Struktur einer solchen „zielorientierten" Ausschreibung näher *Langen/Schiffers* Festschrift Jagenburg, S. 435. S. auch Rdn. 100.
[2] Zur Zulässigkeit der teil-funktionalen Leistungsbeschreibung („Schlüsselfertigbau") im Einzelnen Rdn. 18 ff.
[3] *Daub/Piel/Soergel* VOB/A ErlZ A 9.206.

mend Auftraggeber Leistungsbeschreibungen nach Art von Leistungsprogrammen anzuwenden suchten – das war für den Verdingungsausschuss der entscheidende Anstoß, „dieser Beschreibungsform in § 9 VOB/A möglichst feste Regeln zu geben. Es ging dabei **nicht** darum, zur **vermehrten** Anwendung dieser Beschreibungsform anzuregen, sondern die an eine einwandfreie programmatische Beschreibung zu stellenden Anforderungen zu formulieren und so Fehler und **Missgriffe** nach Möglichkeiten zu **steuern;** denn Fehler und Missgriffe können nur geeignet sein, ein an sich zweckmäßiges Instrumental in Misskredit zu bringen."[4] Bei der Einführung dieser Neuregelung war eindeutig, dass **Planung, Entwurf** und Ausführung eng miteinander verkoppelt werden sollten und in den Wettbewerb Planung und **Entwurf** einbezogen werden sollten.[5] Offensichtlich war es also Ziel, die an sich jedenfalls im Hochbau eher noch unbekannte Vergabeform des Extremfalls „Totalunternehmervergabe" zu „kanalisieren". Dass der Verdingungsausschuss sich ausgerechnet auf die seltenste Erscheinungsform konzentrierte, ist nur mit dieser damals noch fehlenden praktischen Erfahrung zu erklären. Damals sah der Verdingungsausschuss offensichtlich keinen weiteren vergaberechtlichen Regelungsbedarf, wollte aber ebenso offensichtlich durch § 9 Nr. 10–12 andere Formen der (teil-) funktionalen Leistungsbeschreibung nicht etwa für vergaberechtlich unzulässig erklären, was ja auch wenig Sinn ergeben hätte. Eine Entscheidung, die 1973 auf dem Hintergrund fehlender Erfahrung vielleicht noch verständlich war, ist allerdings **heute nicht mehr vertretbar;** dass der jetzige Vergabe- und Vertragsausschuss auch in der VOB 2016 sich der Situation nicht annimmt, ist schwer zu verstehen.

3. Leistungsbeschreibung mit Leistungsprogramm – eine seltene Erscheinungsform. Bei der Leistungsbeschreibung mit Leistungsprogramm, also der Totalunternehmerausschreibung, muss der Auftraggeber sich wohl überlegen, ob er wirklich einem Auftragnehmer einen Auftrag über Planung und Bauen erteilen will, also letztlich auf gestalterische eigene Entscheidungen nahezu vollständig verzichtet. Umgekehrt muss sich ein Bieter überlegen, ob er den riesigen Angebotsbearbeitungsaufwand, d. h. komplette Entwurfsplanung und jedenfalls Grundzüge der Ausführungsplanung, wirtschaftlich riskieren will, da er ja keine Gewähr hat, einen Auftrag zu bekommen. Vom privaten Auftraggeber erhält der Bieter in der Regel keine oder jedenfalls bestimmt keine kostendeckende Entschädigung für die Angebotsbearbeitung; er wird sich also an einer solchen Bearbeitung nur dann beteiligen, wenn ganz wenig Bieter gefragt werden und wenn seine Angebotschance hoch ist, darüber hinaus ist das Objekt äußerst verlockend ist. Der öffentliche Auftraggeber muss dagegen gemäß § 8b Abs. 2 VOB/A eine angemessene Entschädigung ausschreiben, was bei richtiger Berechnung ein solches Vorhaben allein schon deshalb ganz erheblich verteuern kann und was bei der Überprüfung der wirtschaftlichen Vorteilhaftigkeit mit zu berücksichtigen ist (Rdn. 7).

Der Umfang der literarischen Befassung mit § 7c VOB/A steht im umgekehrten Verhältnis zu dessen praktischer Bedeutung. Tatsächlich spielt die Leistungsbeschreibung mit Leistungsprogramm beim öffentlichen Auftraggeber nur dort eine Rolle, wo die Funktion total im Vordergrund steht und gestalterische Aspekte von der Preishoffnung des Auftraggebers – die Realisierung der Hoffnung ist schwer verifizierbar! – und seinen beschränkten Mitteln völlig überwogen werden.[6] Praktische (und sinnvolle) Beispiele aus neuerer Zeit sind Fußballstadien.

4. Beschränkte Ausschreibung. Angesichts der Anforderungen liegt auf der Hand, dass nur eine beschränkte Ausschreibung (§ 3a VOB/A) in Betracht kommt.

II. Die Einzelbestimmungen

1. § 7c Abs. 1. Vergaberechtliche Voraussetzung für die Ausschreibung mit Leistungsprogramm ist, dass es „nach Abwägen aller Umstände" zweckmäßig ist, zusammen mit der Bauausführung auch den **Entwurf** für die Leistung dem Wettbewerb zu unterstellen,[7] um die **technisch, wirtschaftlich** und **gestalterisch beste** sowie **funktionsgerechte** Lösung der Bauaufgabe zu ermitteln. Es ist nochmals festzuhalten, dass damit nur die komplette planerische

---

[4] *Daub/Piel/Soergel* VOB/A ErlZ A 9.184.
[5] *Daub/Piel/Soergel* VOB/A ErlZ A 9.185 und 9.186.
[6] Im Allgemeinen erfordern schon konkrete Umfeld- und Nutzervergabe auch konstruktive Vorgaben, was zur teil-funktionalen Ausschreibung führt, zutreffend *Schellenberg*, Festschrift Marx, S. 687.
[7] Laut OLG Brandenburg IBR 2003, 687 muss der Bieter mit dem Angebot nur dann eine förmliche Entwurfsplanung vorlegen, wenn das ausdrücklich gefordert ist.

Lösung und bauliche Realisierung erfasst wird, nicht eine teil-funktionale Ausschreibung (oben Rdn. 1). Wenn der Auftraggeber schon so weitgehend seine gestalterische Einflussnahme aus der Hand gibt und wenn er letztendlich zu einem sehr frühen Zeitpunkt **auch** eine Entscheidung über die Realisierungsmodalitäten trifft, so muss er für eine solche außergewöhnliche Handlungsweise nachvollziehbare, gewissermaßen „handfeste" Gründe haben. Demzufolge verlangt § 7c Abs. 1–3 für diese Form der Ausschreibung zutreffend **kumulativ**[8] technische, wirtschaftliche, gestalterische und funktionale Gründe, ein entsprechendes Know How von Bietern abzufragen, das der Auftraggeber auch bei Einsatz eigener Planer nicht hat oder nachvollziehbar nicht zu haben glaubt. Die Anforderung des bieterseitigen Know Hows muss also nicht nur bequem oder scheinbar kostengünstig sein, die Anforderung muss erforderlich sein, der Auftraggeber muss sein Informationsinteresse mit eigenen Mitteln (eigenen Planern!) nicht oder nur substantiell schlechter befriedigen können.[9] Dass ein Bieter besonderes technisches und wirtschaftliches Know How im Sinne der Einbringung von Fertigungs-Know-how hat, lässt sich ohne weiteres nachvollziehen; dass er überlegene gestalterische Fähigkeiten hat, wird nicht gerade die Regel sein. Man darf allerdings innerhalb der einzelnen Gesichtspunkte gewichten und muss den gestalterischen Aspekten dabei einen geringeren Rang einräumen als den technischen, wirtschaftlichen und funktionalen, das schon deshalb, weil sich diese Ausschreibungsmethode ohnehin nur dann anbietet, wenn der gestalterische Aspekt nicht der bestimmende ist. Bei den wirtschaftlichen Überlegungen muss der Auftraggeber einbeziehen, dass er für die Angebotsbearbeitung eine Entschädigung für die Angebotsbearbeitung zahlen muss.[10]

8 Der Bund benennt in 4.4.1.1 der *„Allgemeinen Richtlinien Vergabeverfahren"* des Vergabehandbuchs 2008, Fassung April 2016 (Formular 100) zu § 7 (§ 9 a. F.) sachgerecht zwei Beispiele: Bei Fertigteilbauten kann es notwendig sein, wegen der Verschiedenartigkeit von Systemen eine funktionale Ausschreibung zu wählen. Oder für ein Projekt sind im Einzelfall mehrere technische Lösungen (**diese** stehen also im Vordergrund, nicht die Gestaltung) möglich, die nicht im Einzelnen neutral beschrieben werden können. Als Beispiel für die zweite Alternative kommen Fußballstadien in Betracht, bei denen technisch-konstruktive Lösungen, Funktion, Gestalt und Wirtschaftlichkeit untrennbar miteinander zusammenhängen, aber ihrerseits von gestalterischen Grundkonzeptionen – für die die Fertigungserfahrung des Bieters umgekehrt eine ausschlaggebende Rolle spielt – stärkstens beeinflusst werden.

9 Dennoch macht schon das Beispiel deutlich, wie schwer die vergaberechtlichen Voraussetzungen zu erfüllen sind und selten diese Vergabeform ist.
Insgesamt muss die Ausschreibung den Bietern einen notwendigen **Spielraum** lassen, um unterschiedliche Problemlösungen auf der Basis des jeweils ihnen zugänglichen Know How anbieten zu können.[11]

10 Der Auftraggeber hat zur Beurteilung der kumulativen Voraussetzungen einen Ermessensspielraum.[12] Er muss aber seine Gründe prüfbar im Vergabevermerk niederlegen.[13]

11 **2. § 7c Abs. 2.** § 7c Abs. 2 beschreibt, welche Anforderungen an das vom Auftraggeber aufzustellende Leistungsprogramm zu stellen sind, wobei besonders hervorzuheben ist, dass dafür auch § 7b sinngemäß gilt; die allgemeinen Vorschriften des § 7 Abs. 1, 2 gelten ohnehin. Dabei darf allerdings das Verbot der Auferlegung eines ungewöhnlichen Wagnisses gemäß § 7 Abs. 1 Nr. 3 hier nicht missverstanden werden: Ungewöhnlich ist das Wagnis dann, wenn der Auftraggeber seiner Beschreibungspflicht nicht nachkommt; ungewöhnlich ist nicht das aus der Funktionsverlagerung resultierende Risiko, dass also beispielsweise der Bieter selbst planen und bauen und deshalb auch grob errechnen und kalkulieren muss; entscheidend ist hier nur, dass der Auftraggeber funktionsgerecht ausschreibt.[14]

---

[8] *Hertwig* in Beck'scher VOB-Kommentar VOB/A § 9 Rdn. 55; *Bernhardt* in Ziekow/Völlink VOB/A § 7 Rdn. 57; *Raufeisen* in Willenbruch/Wieddekind Vergaberecht, VOB/A § 7 Rdn. 513.
[9] *Schranner* in Ingenstau/Korbion VOB/A § 7c Rdn. 18.
[10] Dazu VÜA Rheinland Pfalz vom 20.9.1997, VÜ 2/97, in *Fischer/Noch* Entscheidungssammlung Europäisches Vergaberecht, VII 11.7, S. 11; *Schranner* in Ingenstau/Korbion VOB/A § 7c Rdn. 10; *Dähne/Schelle* **VOB von A-Z,** S. 781.
[11] VK Bund 26.7.2000, VK 2–16/00, in *Fischer/Noch* Entscheidungssammlung Europäisches Vergaberecht, VII 30, S. 20.
[12] Vgl. OLG Schleswig OLGR 2000, 470; OLG Schleswig IBR 2001, 38.
[13] Ebenso *Prieß* in KMPP VOB/A § 7 Rdn. 196.
[14] Vgl. BGH „Kammerschleuse" BauR 1997, 126; zur vergaberechtlichen Bedeutung dieser Entscheidung **näher** VOB/A § 7 Rdn. 22, zur zivilrechtlichen Bedeutung VOB/B § 2 Rdn. 29, 249.

Wieso Abs. 2 „gegebenenfalls" ein Musterleistungsverzeichnis als Bestandteil des Leistungs- 12
programms verlangt, ist rätselhaft. Ein „Leistungsverzeichnis" **kann** der Auftraggeber erst dann
fertigen, wenn **er** die Ausführungsplanung abgeschlossen hat (oben § 7 Rdn. 5). Wie der Auftraggeber bei einer Leistungsbeschreibung mit Leistungsprogramm an dieses Musterleistungsverzeichnis kommen will, ist demgemäß nicht nachzuvollziehen.[15] Angeblich soll sich die Bestimmung auf die besonderen Verhältnisse im Brückenbau beziehen.[16] Der Text macht trotz der Einschränkung „gegebenenfalls" deutlich, dass sich der Verdingungsausschuss 1973 nicht ausreichend mit den Erscheinungsformen funktionaler Leistungsbeschreibungen befasst hat oder vielleicht noch nicht befassen konnte (oben Rdn. 4); heute ist die Fehlformulierung unentschuldbar.

Die Anforderungen an das Leistungsprogramm bestimmen sich insbesondere auch danach, dass 13
nur eine Beschreibung nach eindeutigen Kriterien die **Vergleichbarkeit** der unterschiedlichen
Angebote mindestens annähernd möglich macht und nur so überhaupt einen sinnvollen Wettbewerb in Gang setzen kann.

Eine Leistungsbeschreibung mit Leistungsprogramm kann sich auch auf Teile eines Bauwerks 14
beziehen, immer vorausgesetzt, dass auch insoweit ein Entwurf verlangt wird.

3. § 7c Abs. 3. § 7c Abs. 3 regelt die Anforderungen an das Angebot der Bieter. Der Zweck 15
der Vorschrift ist wie der des Abs. 2 (vgl. Rdn. 13), möglichst vergleichbare Angebote zu
erhalten. Der Text ist aus sich heraus verständlich. Unterpunkt 1, wonach bei Beschreibung der
Leistung mit Mengen- und Preisangaben vom Bieter zu verlangen ist, dass er die Vollständigkeit
seiner Angaben, insbesondere die von ihm selbst ermittelten Mengen, entweder ohne Einschränkung oder im Rahmen einer in den Verdingungsunterlagen anzugebenden Mengentoleranz vertritt, ist nicht sehr praktisch. Eine total-funktionale Ausschreibung wird immer mit
einem Pauschalpreis enden, so dass sich das angesprochene Thema erledigt. Dagegen ist die
Einschränkung zu Unterpunkt 2 sinnvoll: Um preistreibende Risiko-Zuschläge in der Kalkulation zu vermeiden, ist es sinnvoll, dass der Bieter etwaige Annahmen, zu denen er gezwungen ist,
weil zum Zeitpunkt der Angebotsabgabe einzelne Teilleistungen nach Art und Menge noch
nicht bestimmt werden können (z. B. Aushub-, Abbruch- oder Wasserhaltungsarbeiten), angibt,
also Risikobegrenzung betreibt.

B. Teil-funktionale Leistungsbeschreibung

I. Erscheinungsformen

1. Begriff, Verbreitung. Während die total-funktionale Leistungsbeschreibung (die Leis- 16
tungsbeschreibung mit Leistungsprogramm gemäß § 7 Abs. 13–15, vgl. Rdn. 79) selten ist, ist
die teil-funktionale Leistungsbeschreibung, prototypisch als „Schlüsselfertigbau" jedenfalls bei
privaten Auftraggebern **sehr weit verbreitet** und hat zumindest bei größeren Projekten Verträge nach Einheitspreismuster (Leistungsbeschreibung mit Leistungsverzeichnis) weitgehend
verdrängt, auch bei Verkehrs-Großprojekten.[17] Nach der statistischen Erfassung des Betriebswirtschaftlichen Instituts der Bauindustrie entfielen z. B. in NRW auf Unternehmer mit Schwerpunkt
im Hochbau einschließlich Wohnungsbau in den letzten Jahren **annähernd 60%** der Jahresbauleistung auf „Schlüsselfertigbau".

Mit teil-funktionaler Leistungsbeschreibung ist nicht gemeint, dass ein Teil des Bauwerks nach
dem Muster „Leistungsbeschreibung mit Leistungsprogramm" ausgeschrieben wird, also einschließlich Entwurf, sondern, dass der Auftraggeber wesentliche planerische Vorarbeiten selbst
leistet bzw. durch seine Planer leisten lässt, insbesondere also den **Entwurf selbst erstellt** und
im Regelfall auch die Baugenehmigung entweder selbst herbeiführt oder weitestgehend vorbereitet und dann auf dieser Basis teil-funktional ausschreibt, also dem Auftragnehmer entweder
ganz oder zu definierten erheblichen Teilen die Ausführungsplanung überträgt, sie also in den
Wettbewerb stellt, und ihn sodann mit der schlüsselfertigen Errichtung auf der Basis der eigenen
Ausführungsplanung beauftragt.[18]

---

[15] Ebenso *Prieß* in KMPP VOB/A § 7 Rdn. 212.
[16] *Daub/Piel/Soergel* VOB/A § 9 ErlZ A 9.191. Das ist aber eindeutig falsch, auch beim Brückenbau setzt ein **auftraggeber**seitiges Musterleistungsverzeichnis voraus, dass die Planungsaufgaben gelöst **sind** – wie soll dann „eine Leistungsbeschreibung mit Leistungsprogramm" funktionieren?
[17] *Kapellmann* Schlüsselfertiges Bauen, Rdn. 1; *Oepen/Paulsen* Jahrbuch Baurecht 2006, S. 426.
[18] *Schellenberg* Festschrift Marx, S. 687.

17 **2. Struktur des prototypischen Schlüsselfertigbaus.** „Schlüsselfertigbau" tritt naturgemäß in allen Varianten teil-funktionaler Leistungsbeschreibung auf.[19] Der Schlüsselfertig-Vertrag enthält jedenfalls 3 Strukturelemente, wovon 2 engstens zusammengehören:

Element „Komplettheit", verkörpert im Begriff „Schlüsselfertig"[20] – das ist eine globale Leistungsbeschreibung auf der Basis einer teil-funktionalen Ausschreibung; immer erbringt also der Bieter einzelne (aber eben nur einzelne) Planungsleistungen selbst; vergaberechtlich ist dieses Problem bei der Frage angesiedelt, ob § 7c Abs. Abs. 1–3 VOB/A eine solche Ausschreibungsmethode ausschließt.

Element „Leistung aus einer Hand", also Erbringung durch einen Generalunternehmer (oder Generalübernehmer); vergaberechtlich bemisst sich das nach § 5 VOB/A.

Element „Pauschalpreis"; vergaberechtlich bemisst sich die Zulässigkeit der Pauschalpreisvereinbarung nach § 4 Abs. 1, 2 VOB/A.

II. Zulässigkeit nach VOB/A

18 **1. Keine Regelung in § 7c Abs. 1–3.** Die „Leistungsbeschreibung mit Leistungsprogramm" in § 7c Abs. 1–3 VOB/A regelt **nur** die total-funktionale Leistungsbeschreibung (oben Rdn. 20), also die Leistungsbeschreibung, bei der der Auftraggeber auch schon den Entwurf durch den Bieter erstellen lassen will, nicht die teil-funktionale Ausschreibung. Die VOB/A enthält auch keinen Numerus Clausus dahingehend, dass nur die in § 4 und § 7 VOB/A einzeln aufgeführten Vertragsformen und Ausschreibungsmethoden zulässig seien.[21] Die VOB/A hat auch schon vor Einführung des § 7c Abs. 1–3 funktionale Leistungsbeschreibung gekannt und hat durch die Regelung eines sehr extremen Sonderfalls nicht zum Ausdruck gebracht, dass alle anderen Ausschreibungsformen vergaberechtlich unzulässig seien.[22]

Es wäre auch **unverständlich,** wenn die VOB/A, vertragstypisch betrachtet, die **beiden Extreme regeln** würde, also einmal die „Leistungsbeschreibung mit Leistungsverzeichnis", die tradierte Form detailliertester Leistungsbeschreibung durch den Auftraggeber und auf der anderen Seite die total-funktionale Leistungsbeschreibung mit Leistungsprogramm, also den äußersten Sonderfall totaler Übertragung aller Planungsleistungen auf den Auftragnehmer als eine von zahlreichen anderen Möglichkeiten funktionaler Ausschreibung, das breite **„Mittel**feld" aber verbieten würde. Dass insoweit andere Ausschreibungsformen möglich sind, ergibt sich schon aus dem Wortlaut des § 7b Abs. 1, wenn die Leistungsbeschreibung mit Leistungsverzeichnis nur „in der Regel" gewählt werden soll, so dass es also schon deshalb auch andere Formen geben muss; die „Leistungsbeschreibung mit Leistungsprogramm" beurteilt § 7c Abs. 1 sodann **ausschließlich nach Zweckmäßigkeitsgesichtspunkten,** was sachgerecht und vernünftig ist. Wenn also für andere Ausschreibungsformen **andere Zweckmäßigkeitsgesichtspunkte** sprechen, ist vergaberechtlich nichts einzuwenden.[23]

19 **2. Keine sonstigen entgegenstehenden Regelungen in der VOB/A. a) § 5 Abs. 2 VOB/A.** § 5 VOB/A mit dem Gebot losweiser Vergabe (dazu auch § 97 Nr. 3 GWB) steht nicht entgegen. § 5 Abs. 2 VOB/A schließt nur aus, mehrere Fachlose einfach zu addieren, ohne dass es dafür einen übergreifenden Grund gibt. Wenn aber schlüsselfertig gebaut wird, wenn es also eine Ausführungsplanung geben muss und eine damit einhergehende Koordinierung der in der Ausführungsplanung erfassten Gewerke, so ist eine Einzellosvergabe unmöglich; d. h., weil und wenn schlüsselfertig ausgeschrieben wird, gilt das Verbot des § 5 Abs. 2 nicht.[24] Darüber hinaus erlaubt § 5 Abs. 2 VOB/A bei „wirtschaftlichen Gründen" eine Gewerkezusammenfassung.

20 **b) § 4 Abs. 1, 2 VOB/A.** § 4 VOB/A steht ebenfalls nicht entgegen. Danach sind auch Global-Pauschalverträge, die hier immer in Betracht kommen, zulässig, vorausgesetzt, bei der Vergabe als Pauschalvertrag ist die Leistung „nach Art und Umfang genau bestimmt". Diese

---

[19] Einzelheiten *Kapellmann/Schiffers/Markus* Band 2, Rdn. 426–440.
[20] Zum Begriff näher VOB/B § 2 Rdn. 250.
[21] Näher VOB/A § 5 Rdn. 5; *Motzke* in Beck'scher VOB-Kommentar VOB/A § 5 Rdn. 21; *Prieß* in KMPP VOB/A § 7 Rdn. 201.
[22] Zutreffend OLG Düsseldorf, NZBau 2014, 374. Dazu auch oben Rdn. 79.
[23] *Schranner* in Ingenstau/Korbion VOB/A § 7c Rdn. 14; s. auch 4.3.1 des Vergabehandbuchs („soweit die Ausführungszeichnungen nicht vom Auftragnehmer zu beschaffen sind"); *Hertwig* in Beck'scher VOB-Kommentar VOB/A § 9 Rdn. 55; *Dähne/Schelle* S. 1210, 1211.
[24] Dazu VOB/A § 4 Rdn. 45.

genaue Bestimmung hat etwas mit Leistungsabgrenzung zu tun, aber nicht mit Leistungsbestimmung durch Detail. Eine Schnittstellen ordnungsgemäß berücksichtigende Ausschreibung entspricht den Erfordernissen des § 4 Abs. 1, 2 ohne weiteres.[25]

c) § 6 VOB/A. Ein Verstoß gegen § 6 VOB/A kommt ebenfalls nicht in Betracht. Für die 21 Fragestellung, ob eine teil-funktionale Leistungsbeschreibung vergaberechtlich zulässig ist oder nicht, kommt es nur darauf an, ob eine Generalunternehmervergabe zulässig ist; das ist sie aus den Gründen, die auch bei § 5 Abs. 2 erörtert sind: Wenn eine einheitliche Ausführungsplanung vorhanden ist und Leistungen einheitlich koordiniert werden müssen, geht das nur über einen Unternehmer, einen Generalunternehmer.

Ob der Generalunternehmer eine bestimmte Größenordnung der Leistung selbst übernehmen muss oder ob es auf diese Größenordnung nicht näher ankommt und ob nicht auch ein Generalübernehmer generell zulässig ist, ist eine heute überholte Sonderfrage, die mit dem generellen Thema „Schlüsselfertigvergabe" nichts zu tun hat.[26]

d) § 8b Abs. 2 VOB/A. Bei einer Ausschreibung von „Schlüsselfertigbau" ist der Auftrag- 22 geber auch nicht verpflichtet, eine Entschädigung für die Angebotsbearbeitung festzusetzen, weil der Auftraggeber keine Entwürfe verlangt und jedenfalls keine Pläne schon für die Angebotsvorlage. Im Übrigen ist es ganz unüblich, dass ein Bieter für sein Angebot auf der Basis einer Schlüsselfertig-Ausschreibung Vergütung für die Angebotsbearbeitung erhält; es besteht auch kein wirklicher Bedarf, zumal Bieter im Regelfall „nach Leitpositionen" kalkulieren.[27]

3. Einzelne Vergabeanforderungen. a) Voraussetzung: Kein typenverkehrtes Ange- 23 **bot.** Der Auftraggeber muss bei einer Schlüsselfertig-Ausschreibung vorweg die Leistung so definieren, dass die sachliche Notwendigkeit für Schlüsselfertigbau auch wirklich gewahrt ist, d. h., dass der Bieter eigenverantwortlich ganz oder teilweise eine Ausführungsplanung erstellt und das, was er selbst plant, auch bauen muss. **Der Auftraggeber darf nicht mit dem Begriff „Schlüsselfertig" Etikettenschwindel treiben,** also „typenverkehrt" ausschreiben; wenn der Auftraggeber selbst die vollständige Ausführungsplanung gestellt hat und dennoch dem Bieter ein schlüsselfertiges Werk abverlangt, so nimmt er ihm jeden Spielraum für eigene Entscheidungen und will nur seine eigene Verantwortung für richtige Planung abschieben; das ist vergabewidrig.[28]

b) Anlehnung an § 7c Abs. 1–3. Jedenfalls dann, wenn die Voraussetzungen des § 7c 24 Abs. 1–3 gewahrt wären, wäre erst recht die für den Bieter viel weniger „belastende" Schlüsselfertig-Ausschreibung zulässig. Dabei ist zu berücksichtigen, dass das Risiko für den Bieter wesentlich geringer ist, so dass die Mittelstandsfreundlichkeit (§ 5 Abs. 2 VOB/A, § 97 Nr. 3 GWB) wesentlich höher ist als die bei dem ja grundsätzlich zulässigen Verfahren nach § 7c Abs. 1–3; die Schlüsselfertig-Ausschreibung bringt also eine Verbesserung des Mittelstandsschutzes gegenüber der total-funktionalen Ausschreibung. Überhaupt eröffnet erst der Schlüsselfertigbau vielen mittelständischen Unternehmen, ihrer Spezialisierung entsprechend der Nachfrage am Markt zu behaupten; der weit überwiegende Teil der Schlüsselfertigleistungen wird von mittelständischen Unternehmen erbracht. Diesen würde man den Markt der öffentlichen Aufträge ganz verschließen, weil viele von ihnen infolge ihrer marktorientierten Spezialisierung gar nicht mehr gewerkeweise anbieten können.

Der Auftraggeber muss abwägen, ob die Schlüsselfertig-Ausschreibung **zweckmäßig** ist. Dabei können wie bei § 7 Abs. 13–15 die Aspekte **„technische** und **wirtschaftliche** Lösung der Bauaufgabe" eine entscheidende Rolle spielen. Wenn dem Bieter technische Gestaltungsfreiheit auf der Ausführungsebene überlassen bleibt, kann er optimale, d. h. technisch und wirtschaftlich günstige Lösungen, vorschlagen. In sehr eingeschränktem Maße gilt das auch noch für funktionsgerechte Lösungen: So weit z. B. Entscheidungen im Rahmen der Technischen Gebäudeausrüstung erst bei der Ausführungsplanung fallen, kann der Bieter funktionsgerechte Überlegungen – z. B. im Zusammenhang mit Lebenszyklusbetrachtungen – einbringen, für die er möglicherweise technisches Know How beibringt.

---

[25] Einzelheiten VOB/A § 4 Abs. 1, 2 Rdn. 32, 34; *Dähne/Schelle* VOB von A–Z, S. 987.
[26] Siehe dazu VOB/A § 8 Rdn. 24, 25.
[27] *Kapellmann/Schiffers/Markus* Band 2, Rdn. 872.
[28] Zutreffend OLG Düsseldorf, NZBau 2014, 374. Zu einer solchen typenverkehrten Ausschreibung VOB/B § 2 Rdn. 270, 267, 268.

Typische technische Zulässigkeitsaspekte wären z. B., dass die Baustelle sich in einer sehr beengten logistischen Situation befindet, dass demzufolge die Koordinierung aller Gewerke von besonderer Bedeutung ist und der Verkehrsfluss gesichert sein muss.

Ein anderes technisches Argument wäre z. B., dass relativ neuartige Formen der Technischen Gebäudeausrüstung eingesetzt werden, bei denen vielfältige Gewerke miteinander verzahnt und in einer Ausführungsplanung abgestimmt werden müssen.[29]

Eine Schlüsselfertig-Vergabe wird im Regelfall auch dann zweckmäßig – genauer: unabdingbar – sein, wenn der Auftragnehmer das zu errichtende Gebäude selbst eine lange Zeit auch betreiben soll und bestimmte Einnahmen erreicht werden müssen bzw. „garantiert" werden müssen. Dann wird in der Regel der Auftragnehmer im „integriertem System" bauen wollen, dessen Planung und Realisierung er unter Risikogesichtspunkten selbst vollständig in der Hand haben muss.[30]

Schließlich gibt es ein Argument, das man nicht einfach vom Tisch wischen darf: Wenn der öffentliche Auftraggeber im Zuge wirtschaftlicher Überlegungen sein **Fachpersonal reduziert,** so kann man nicht gleichzeitig von ihm verlangen, dass er dieselben fachtechnischen Kontroll- und Überwachungsausgaben ausfüllt wie früher mit wesentlichem erhöhtem Personalbestand. Für die Personalreduzierung kann es sinnvoll eine Kompensation dahin geben, dass Koordinationsaufgaben einem Unternehmer übertragen werden; zu betonen ist, dass dies natürlich nur für den Schlüsselfertigbau gilt, bei dem der Auftragnehmer auch echte Koordinationsaufgaben hat, nicht für den puren Generalunternehmerbau in der bloßen Addition von Gewerken ohne echte übergreifende Planungs- und Koordinationsfunktionen. Wenn demzufolge der öffentliche Auftraggeber darlegen kann, dass sein Personal beispielsweise mit anderen Projekten bereits ausgelastet ist, erscheint die Überlegung, durch Schlüsselfertigvergabe einen Ausgleich zu schaffen, legitim.[31]

25 Zusammengefasst muss der Auftraggeber diese **oder andere Zweckmäßigkeitserwägungen** im Vergabevermerk darlegen. Auch hier hat er aber einen **Ermessensspielraum.**[32] Die Maßstäbe können auf keinen Fall so streng gesetzt werden wie bei § 7c Abs. 1–3. Konkrete ganzheitliche Betrachtungen des Bauobjekts dürfen durchaus eine Rolle spielen. Untersuchungen insbesondere einzelner Rechnungshöfen, dass Schlüsselfertigvergaben generell unwirtschaftlicher seien, beruhen auf einer verkürzten Beurteilung: Einzubeziehen in eine gebotene wirtschaftliche Gesamtbetrachtung sind einheitliche Mängelhaftung, einheitliche Terminsicherheit und eine relative Herabsenkung der Mängelrisiken durch Einengung von Schnittstellen. Immerhin sollte es zu denken geben, dass die Privatwirtschaft ganz überwiegend heute schlüsselfertig baut. Man wird kaum davon ausgehen dürfen, dass sie grundsätzlich bevorzugt, unwirtschaftlich zu handeln.[33]

26 Bei teil-funktionaler Leistungsbeschreibung (und bei rein funktionaler Leistungsbeschreibung) ist wegen des Planungsteils der **Preis allein ungeeignetes Zuschlagskriterium,** es müssen insoweit auch qualitative Wertungskriterien ins Gewicht fallen.[34]

27 Aus den vorgenannten Aspekten beurteilen sich insgesamt auch die Zulässigkeiten anderer Formen teil-funktionaler Leistungsbeschreibung, z. B. von **Construction Management-Verträgen.**[35] Mindestens ist sie jedenfalls dann zu bejahen, wenn die Voraussetzungen Freihändiger Vergabe gemäß **VOB/A § 3 Abs. 5** zu bejahen sind, wenn also z. B. von technischen Normen abgewichen werden darf (soll). Wenn die Voraussetzungen im Einzelfall zu bejahen sind, können Vertragsformen ähnlich dem „Construction Management" im Verfahren des wettbewerblichen Dialogs vergeben werden. Es gibt dazu einzelne positive Praxiserfahrungen.

28 Es ist **dringend angezeigt,** in der Praxis längst bewährte Vergabe- und Ausführungsformen (oben Rdn. 91) in der VOB/A eindeutig zu regeln und nicht den Stand von 1973 (oben Rdn. 4) mit Scheinargumenten aufrecht zu erhalten.

---

[29] *Kus* in KKPP, GWB § 97 Rdn. 191.
[30] *Kus* a. a. O.
[31] Dazu *Dähne/Schelle* VOB von A-Z, S. 1211.
[32] Vgl. oben Rdn. 85.
[33] Zu den einzelnen Abwägungskriterien und zu deren richtiger Erfassung und Bewertung *Cadez*, Risikowertanalyse als Entscheidungshilfe zur Wahl des optimalen Bauvertrages, 1998.
[34] OLG Düsseldorf, NZBau 2014, 374.
[35] Zur Charakterisierung VOB/B § 2 Rdn. 251.

Anhang TS Technische Spezifikationen

Begriffsbestimmungen

1. „Technische Spezifikationen" sind sämtliche, insbesondere die in den Verdingungsunterlagen enthaltenen technischen Anforderungen an eine Bauleistung, ein Material, ein Erzeugnis oder eine Lieferung, mit deren Hilfe die Bauleistung, das Material, das Erzeugnis oder die Lieferung so bezeichnet werden können, dass sie ihren durch den Auftraggeber festgelegten Verwendungszweck erfüllen. Zu diesen technischen Anforderungen gehören Umweltleistungsstufen, die Konzeption für alle Verwendungsarten („Design for all") (einschließlich des Zugangs von Behinderten) sowie Konformitätsbewertung, die Gebrauchstauglichkeit, Sicherheit oder Abmessungen, einschließlich Konformitätsbewertungsverfahren, Terminologie, Symbole, Versuchs- und Prüfmethoden, Verpackung, Kennzeichnung und Beschriftung sowie Produktionsprozesse und -methoden. Außerdem gehören dazu auch die Vorschriften für die Planung und die Berechnung von Bauwerken, die Bedingungen für die Prüfung, Inspektion und Abnahme von Bauwerken, die Konstruktionsmethoden oder -verfahren und alle anderen technischen Anforderungen, die der Auftraggeber für fertige Bauwerke oder dazu notwendige Materialien oder Teile durch allgemeine und spezielle Vorschriften anzugeben in der Lage ist;
2. „Norm" ist eine technische Spezifikation, die von einem anerkannten Normungsgremium zur wiederholten oder ständigen Anwendung angenommen wurde, deren Einhaltung jedoch nicht zwingend vorgeschrieben ist und die unter eine der nachstehenden Kategorien fällt:
   – internationale Norm: Norm, die von einem internationalen Normungsgremium angenommen wird und der Öffentlichkeit zugänglich ist;
   – europäische Norm: Norm, die von einem europäischen Normungsgremium angenommen wird und der Öffentlichkeit zugänglich ist;
   – nationale Norm: Norm, die von einem nationalen Normungsgremium angenommen wird und der Öffentlichkeit zugänglich ist.
3. „Europäische technische Zulassung" ist eine positive technische Beurteilung der Brauchbarkeit eines Produkts hinsichtlich der Erfüllung der wesentlichen Anforderung an bauliche Anlagen; sie erfolgt auf Grund der spezifischen Merkmale des Produkts und der festgelegten Anwendungs- und Verwendungsbedingungen. Die europäische technische Zulassung wird von einem zu diesem Zweck in einem Mitgliedstaat zugelassenen Gremium ausgestellt.
4. „Gemeinsame technische Spezifikationen" sind technische Spezifikationen, die nach einem von den Mitgliedstaaten anerkannten Verfahren erarbeitet und die im Amtsblatt der Europäischen Union veröffentlicht wurden.
5. „Technische Bezugsgröße" ist jeder Bezugsrahmen, der keine offizielle Norm ist und der von den europäischen Normungsgremien nach den an die Bedürfnisse des Marktes angepassten Verfahren erarbeitet wurde.

§ 8 Vergabeunterlagen

(1) Die Vergabeunterlagen bestehen aus
  1. dem Anschreiben (Aufforderung zur Angebotsabgabe), gegebenenfalls Teilnahmebedingungen (Absatz 2) und
  2. den Vertragsunterlagen (§§ 7 bis 7c und 8a).

(2) 1. Das Anschreiben, muss alle Angaben nach § 12 Absatz 1 Nummer 2 enthalten, die außer den Vertragsunterlagen für den Entschluss zur Abgabe eines Angebots notwendig sind, sofern sie nicht bereits veröffentlicht wurden.
  2. Der Auftraggeber kann die Bieter auffordern, in ihrem Angebot die Leistungen anzugeben, die sie an Nachunternehmen zu vergeben beabsichtigen.
  3. Der Auftraggeber hat anzugeben:
     a) ob er Nebenangebote nicht zulässt,
     b) ob er Nebenangebote ausnahmsweise nur in Verbindung mit einem Hauptangebot zulässt.
     Es ist dabei auch zulässig, dass der Preis das einzige Zuschlagskriterium ist.
     Von Bietern, die eine Leistung anbieten, deren Ausführung nicht in Allgemeinen Technischen Vertragsbedingungen oder in den Vergabeunterlagen geregelt ist, sind im Angebot entsprechende Angaben über Ausführung und Beschaffenheit dieser Leistung zu verlangen.

4. **Auftraggeber, die ständig Bauleistungen vergeben, sollen die Erfordernisse, die die Bewerber bei der Bearbeitung ihrer Angebote beachten müssen, in den Teilnahmebedingungen zusammenfassen und dem Anschreiben beifügen.**

Schrifttum: *Burgi,* Nachunternehmerschaft und wettbewerbliche Untervergabe, NZBau 2010, 593; *Conrad,* Alte und neue Fragen zu Nebenangeboten, ZfBR 2014, 342; *Fischer,* Die Regeln der Technik im Bauvertrag 1985; *Frister,* Entrechtlichung und Vereinfachung des Vergaberechts, VergabeR 2011, 295; *Görning,* Referenzen und andere Eignungsnachweise, VergabeR 2008, 721; *Höfler,* Die elektronische Vergabe öffentlicher Aufträge, NZBau 2000, 449; *Höfler,* Kostenerstattung im Vergabeverfahren nach der VOB/A, BauR 2000, 337; *Hofmann,* Vergaberechtliche und vertragsrechtliche Fragen bei Nebenangeboten im Bauwesen, ZfBR 1984, 259; *Kalinowsky,* Der Anspruch des Bieters auf Einhaltung des Vergaberechts nach § 97 Abs. 7 GWB, 2000; *Kratzenberg,* Was ist neu in der Ausgabe 2000 der Verdingungsordnung für Bauleistungen (VOB)?, VOB-aktuell 2/2000, 18; *Luber,* Das Aussterben der Nebenangebote bei der Bauvertragsvergabe und der daraus resultierende volkswirtschaftliche Schaden; *Möllenkamp,* Ausschluss unvollständiger Angebote, NZBau 2005, 557; *Roth,* Änderung der Zusammensetzung von Bietergemeinschaften und Austausch von Nachunternehmern im laufenden Vergabeverfahren, NZBau 2005, 316; *Schalk,* Handbuch der Nebenangebote, 2009; *Schweda,* Nebenangebote im Vergaberecht, VergabeR 2003, 268; *Stoye/Hoffmann,* Nachunternehmerbenennung und Verpflichtungserklärung im Lichte der neuesten BGH-Rechtsprechung und der VOB/A 2009, VergabeR 2009, 569; *Waldner,* Bieterschutz im Vergaberecht unter Berücksichtigung der europäischen Vorgaben, 2000; *Weyand,* Die elektronische Ausschreibung und Vergabe von Bauaufträgen – ein Statusbericht, ZVgR 2001, 51; *Wirner,* Nebenangebote und Änderungsvorschläge bei der Vergabe öffentlicher Bauaufträge in der Entscheidungspraxis der Vergabekammern und Oberlandesgerichte, ZfBR 2005, 152.

Übersicht

	Rn.
A. Einführung: Vergabeunterlagen und Vertragsunterlagen	1
B. Anschreiben (Abs. 2 Nr. 1 VOB/A)	7
1. Allgemeines	7
a) Zweck und Inhalt des Anschreibens	7
b) Verhältnis zur Bekanntmachung	9
c) Auslegung der Vergabeunterlagen	10
2. Notwendiger Inhalt	11
a) Art und Umfang der Leistung	13
b) Vorbehalt der losweisen Vergaben	14
c) Ausführungszeit	15
d) Vergabestelle und Einsichtsstelle	16
e) Entgelt für Unterlagen	19
f) Form und Inhalt der Angebote	20
g) Rechtsform von Bietergemeinschaften	21
h) Eignungsnachweise	22
i) Sicherheitsleistungen	29
j) Wesentliche Finanzierungs- und Zahlungsbedingungen	30
k) Eröffnungstermin und Teilnahme	31
l) Zuschlagsfrist	33
3. Sonstiger Inhalt	34
a) Sonstige Erfordernisse	34
b) Ortsbesichtigungen	35
c) Sonstige Unterlagen	36
d) Wertungskriterien	38
4. Nachunternehmereinsatz (Abs. 2 Nr. 2)	39
5. Nebenangebote (Abs. 2 Nr. 3)	45
a) Begriff	45
b) Wahlmöglichkeiten des Auftraggebers	47
c) Beschreibung von Nebenangeboten (Abs. 2 Nr. 2 Satz 2)	57
C. Teilnahmebedingungen (Abs. 2 Nr. 4 VOB/A)	58
D. Folgen von Verstößen gegen § 8 VOB/A	60

A. Einführung: Vergabeunterlagen und Vertragsunterlagen

1   §§ 7 – 7c VOB/A regelt die Anforderungen an die technische Beschreibung der ausgeschriebenen Leistung. Die Leistungsbeschreibung wird der wesentliche Inhalt des abzuschließenden Bauvertrages. § 8 VOB/A bestimmt nun, welche Unterlagen im Vergabeverfahren als „Vergabe-

unterlagen" den Bietern zur Verfügung zu stellen sind. Diese Vergabeunterlagen setzen sich zusammen aus den nur für das Vergabeverfahren bestimmten Unterlagen, die das Verfahren formell regeln, und den sog Vertragsunterlagen, also den Unterlagen, aus denen sich später der Bauvertrag mit dem erfolgreichen Bieter zusammensetzt. Das sind neben der Leistungsbeschreibung Allgemeine, Besondere und Technische Vertragsbedingungen. Hierzu enthält § 8a VOB/A materielle Vorgaben und regelt damit auch den weiteren Inhalt des späteren Bauvertrages. Allerdings handelt es sich insoweit nur um Ordnungsvorschriften. Maßgeblich für den Bauvertrag ist nicht, was §§ 8 und 8a VOB/A vorgeben, sondern was zivilrechtlich wirksam vereinbart worden ist.

§§ 8 – 8b VOB/A gelten nur für Verfahren unterhalb der Schwellenwerte. Für Vergaben oberhalb der Schwellenwerte greift §§ 8 ff. EG. Die Regelungen sind weitestgehend identisch. Für das Verfahren oberhalb der Schwellenwerte gelten nur wenige zusätzliche Anforderungen für die Vergabeunterlagen. 2

Die Regelungen zu den Vergabe- und Vertragsunterlagen haben primär in formeller Hinsicht einige Änderungen erfahren. Ursprünglich kannte die VOB nur den Begriff der **Verdingungsunterlagen**, mit dem der frühere § 10 VOB/A bis zur Novelle 1990 überschrieben war. Dieser etwas veraltete Begriff bezeichnete nichts anderes als die **Vertragsunterlagen.** Mit der VOB 2009 erfolgte dann mit § 8 VOB/A eine begriffliche Modernisierung durch die Auswechslung des Begriffs Verdingungsunterlagen durch den Begriff Vertragsunterlagen. § 8 VOB/A umfasste wie seine Vorgängerregelung bis zur VOB 2016 als Absätze 3 bis 10 auch die Regelungen, die heute in selbständigen § 8a VOB/A (Allgemeine, Besondere und Zusätzliche Vertragsbedingungen) und § 8b VOB/A (Kosten- und Vertrauensregelung, Schiedsverfahren) ausgegliedert worden sind. Hierdurch sind inhaltlich keine Änderungen eingetreten. Vielmehr sollten lediglich in den einzelnen Paragraphen Zwischenüberschriften entfallen und die VOB/A übersichtlicher werden. Es erfolgten redaktionelle Anpassungen wie die Umbenennung von Bewerbungsbedingungen in Teilnahmebedingungen. 3

Vergabeunterlagen ist das Gesamtpaket, das sich aus dem Anschreiben und den fakultativen Teilnahmebedingungen sowie allen Vertragsunterlagen zusammensetzt. Die begriffliche Differenzierung erklärt sich daraus, weil das Anschreiben und Teilnahmebedingungen nur für das Vergabeverfahren bis zur Erteilung des Auftrages Bedeutung haben. Sie sollen deshalb nach der VOB nicht Vertragsbestandteile des späteren Vertrages werden.[1] Bestandteil der Vergabeunterlagen kann auch das werden, was ein öffentlicher Auftraggeber auf eine Bewerberfrage hin allen Teilnehmern mitteilt.[2]

Zu trennen ist der Begriff der Vergabeunterlagen von dem der den Vergabevorgang dokumentierenden **Vergabeakte,** die in der Praxis auch als Vergabeunterlagen bezeichnet werden.

Die **Vertragsunterlagen** sind die **Gesamtheit aller Unterlagen** aus denen sich der **ausgeschriebene Vertrag zusammensetzt.** Hierzu gehört die technische Leistungsbeschreibung nach § 7 VOB/A sowie die wirtschaftlichen sowie rechtlichen Bedingungen des Bauvertrages. Es handelt sich rechtlich in dieser Phase noch nicht um Vertragserklärungen, sondern nur um die Vorformulierung der künftig von den Bietern nach Vervollständigung abzugebenden Angebote, von denen dann eins mittels Zuschlag von der Vergabestelle angenommen werden kann. 4

Systematisch wird zwischen den obligatorischen Vertragsunterlagen, die nach § 8a VOB/A zwingend Vertragsbestandteile werden müssen, und den fakultativen Vertragsunterlagen gemäß § 8a Abs. 2 und 3 VOB/A unterschieden. Um letztere kann der Auftraggeber bei entsprechendem Bedürfnis die Vertragsunterlagen erweitern. 5

Obligatorische Bestandteile der Vertragsunterlagen sind
– nach Abs. 1 Nr. 2 die Leistungsbeschreibung gemäß §§ 7 -7c VOB/A sowie
– nach § 8a Abs. 1 die VOB/B und VOB/C.

Fakultative Bestandteile der Vertragsunterlagen sind
– Zusätzliche Vertragsbedingungen (§ 8a Abs. 2 Nr. 1 und Abs. 4 Nr. 1),
– Besondere Vertragsbedingungen (§ 8a Abs. 2 Nr. 2 und Abs. 4 Nr. 2),
– Zusätzliche Technische Vertragsbedingungen (§ 8a Abs. 3) und
– Besondere Technische Vertragsbedingungen als Teil (idR als Vorbemerkung) der Leistungsbeschreibung (§ 8a Abs. 3 S. 3).

---

[1] *Kratzenberg* in Ingenstau/Korbion 16. Aufl. VOB/A § 10 Rn. 4; *Daub/Eberstein/Zdzieblo* § 9 Rn. 28 u. 31 zur VOL/A.
[2] OLG Brandenburg VPR 2014, 47; VK Bund VPR 2013, 153.

6 Ergänzend zu diesen Vertragsunterlagen benötigt der Bieter weitere idR verfahrensbezogene Informationen, um ein ordnungsgemäßes Angebot abzugeben. Diese Informationen sollen in das Anschreiben oder ggf. die Teilnahmebedingungen aufgenommen werden. Das Anschreiben (Abs. 2) ist die eigentliche Aufforderung zur Angebotsabgabe, mit der die Vertragsunterlagen an die Bewerber versandt werden. Es enthält zugleich Vorgaben, die die Bewerber bei der Bearbeitung und Abgabe ihrer Angebote berücksichtigen müssen. Diese Vorgaben können auch in Teilnahmebedingungen ausgelagert werden (Abs. 2 Nr. 4).

B. Anschreiben (Abs. 2 Nr. 1 VOB/A)

7 **1. Allgemeines. a) Zweck und Inhalt des Anschreibens.** Das Anschreiben dient zum einen der Versendung der Vertragsunterlagen. Inhaltlich enthält es insoweit die Aufforderung zur Angebotsabgabe, wie der Klammerzusatz in Abs. 1 Nr. 1 klarstellt. Der Inhalt wird durch Abs. 2 vorgegeben. Sind für das Vergabeverfahren über die Regelung der VOB/A für die Angebotsabgabe von den Bietern Besonderheiten zu beachten, so sind diese in die Teilnahmebedingungen aufzunehmen und dem Anschreiben beizufügen (Abs. 2 Nr. 4). Spätestens mit dem Anschreiben muss der Bieter Mitteilung über weitere Informationen erhalten, die für die Angebotsabgabe von Bedeutung sind. Die Informationen über den abzuschließenden Vertrag sollen sich zunächst aus den beigefügten Vertragsunterlagen ergeben. Mit dem Anschreiben soll dem Bewerber schon ein zusammenfassender Überblick über wichtige Aspekte, wie Art und Umfang der Leistungen, Zahlungsbedingungen etc gegeben werden. Darüber hinaus enthält das Anschreiben alle wichtigen Informationen zum Vergabeverfahren selbst. Die Informationen „sollen" gemäß § 12 Abs. 1 Nr. 2 VOB/A bereits in der Bekanntmachung enthalten sein. Soweit sie nicht in der Bekanntmachung bereits veröffentlicht wurden, müssen sie im Anschreiben nachgeholt werden. Soweit sie dort bereits enthalten waren, müssen sie grundsätzlich heute nicht mehr wiederholt werden. Die frühere Verpflichtung zur Wiederholung ist mit der Novelle 2009 entfallen. Die häufig nur stichwortartige Angabe in der Bekanntmachung sind aber häufig nicht erschöpfend nachdem in der Bekanntmachung nur begrenzter Raum zur Verfügung steht; in diesen Fällen müssen sie vervollständigt werden.

8 In den Fassungen vor 2009 (§ 10 Nr. 2 VOB/A aF) wurde wegen des Inhalts des Anschreibens nicht auf die Bekanntmachungsvorschrift verwiesen, sondern der Katalog der notwendigen Angaben des Anschreibens neu und leicht abweichend aufgestellt.[3] Deshalb mussten zu alle (einschlägigen) Punkten des Anforderungskatalogs Angaben im Anschreiben gemacht werden, auch wenn es sich lediglich um eine bloße Wiederholung der Angaben aus der Bekanntmachung gehandelt hat. Die Wiederholung war zwingend,[4] auch wenn viele Angaben nicht zum Entschluss zur Angebotsabgabe notwendig waren. Eine stringente Linie zunehmender Informationen von der Bekanntmachung zum Anschreiben war nicht zu erkennen. In den meisten Fällen konnten sich die Angaben im Anschreiben auch hinsichtlich ihrer Detaillierung auf das beschränken, was dem Bewerber bereits in der Bekanntmachung mitgeteilt wurde. Der **Zwang zur bloßen Wiederholung** bereits gemachter Angaben ist mit der VOB 2009 **entfallen.** Dennoch sollte der Auftraggeber im eigenen Interesse an möglichst vielen wertbaren Angeboten die Abgaben in den entscheidenden Punkten wiederholen und vertiefen. Wer ungewöhnliche formelle Anforderungen auf Bekanntmachung und Anschreiben verteilt, ohne darauf erneut zu verweist, darf sich über unvollständige Angaben nicht wundern. **Zwischenzeitliche Erkenntnisse** müssen berücksichtigt und nun mitgeteilt werden So sind in der Bekanntmachung heute[5] im nicht nur die Ausführungsfrist) anzugeben, sondern „sofern möglich" auch der Ausführungsbeginn. Die Frage der Möglichkeit dieser Angabe muss neu geprüft werden.

9 **b) Verhältnis zur Bekanntmachung.** Problematisch ist das **Verhältnis der Vergabeunterlagen zur Bekanntmachung.** Es wird immer relevant, wenn die Angaben in der Bekanntmachung und dem Anschreiben differieren. Da die Vergabeunterlagen nachfolgen und in der Praxis auch detaillierter sind, gebührt ihnen bei Widersprüchen auslegungstechnisch grund-

---

[3] Vgl. 2. Aufl. VOB/A § 10 Rn. 23.
[4] Vgl. 2. Aufl. VOB/A § 10 Rn. 24a.
[5] Nach § 17 Nr. 1 Abs. 2 lit. h VOB/A aF waren nur Angaben über die Ausführungsfrist erforderlich. Allerdings wurden Angaben über die Ausführungszeit in der Literatur auch bereits für die Bekanntmachung gefordert, vgl. *Heiermann/Riedl/Rusam* VOB/A § 17 Rn. 14; FKZG 3. Aufl. VOB/A § 17 Rn. 25.

sätzlich der Vorrang.[6] Bei sich widersprechenden Angaben dürfen sich die Bieter auf die Anforderungen der nachfolgenden Vergabeunterlagen oder auf die für sie günstigeren Angaben, zB eine längere Abgabefrist, verlassen.[7]

Eine hiervon zu trennende streitige Frage ist, ob die Vergabestelle in der Bekanntmachung geforderte Eignungsnachweise verändern oder ergänzen darf.[8] Für die VOL/A wird angenommen, dass eine Veränderung nach Bekanntmachung nicht mehr zulässig ist, da § 7a Nr. 2 Abs. 3 VOL/A für Vergaben oberhalb der Schwellenwerte für die Eignungsnachweise eine Angabe zwingend bereits in der Bekanntmachung fordert.[9] Das gilt für die öffentliche Ausschreibung nach § 3 Abs. 1 VOB/A aber nicht, so dass hieraus eine Bindung nicht abgeleitet werden kann.[10] Erfolgt die Eignungsprüfung in einem Teilnahmewettbewerb, kann der Auftraggeber allerdings nicht für die zugelassen Bietern noch mal veränderte Eignungskriterien aufstellen.[11]

9a

Selbst falls man eine nachträgliche Verschärfung der Eignungsnachweise ablehnt, kann hieraus vergaberechtlich nicht abgeleitet werden, der Auftraggeber könne, wenn er in der Bekanntmachung zu Nebenangeboten keine Angaben gemacht habe, diese im Anschreiben nicht mehr zulassen.[12] Die Begründung, andernfalls könnte ein Verstoß gegen den Gleichbehandlungsgrundsatz und das Wettbewerbsprinzip vorliegen, weil Bieter, welche aufgrund der Bekanntmachung die Vergabeunterlagen wegen der fehlenden Möglichkeit von Varianten nicht angefordert haben, gegenüber den Bietern benachteiligt würden, welche die Unterlagen anfordern hätten, ist ebenso theoretisch wie falsch. Ohne Kenntnis der Vertragsunterlagen mit Leistungsbeschreibung kann sich ein Bieter noch keine Vorstellungen zu Nebenangeboten gemacht haben. Auch ist nicht erkennbar, welche Bieterrechte durch eine die nachträgliche Korrektur von Angaben zB der Form der Angebote, einer Einsichtsstelle, eine nachträglichen Verschiebung der Ausführungszeit oder ein nachträglicher Vorbehalt der losweisen Vergabe betroffen sein sollen. Zu den Wertungskriterien vgl. → EG § 8 Rn. 18 ff.

9b

c) Auslegung der Vergabeunterlagen. Die Vertragsunterlagen als wesentlicher Teil der Vergabeunterlagen sind nach Zustandekommen des Vertrages entsprechend den allgemeinen zivilrechtlichen Regelungen auszulegen (dazu näher → Rn. 72 und → VOB/B § 1 Rn. 26 ff., → § 2 Rn. 90 ff.). Die Grundsätze von Gleichbehandlung und Transparenz (§ 97 Abs. 1 und 2 GWB) sowie die Ausschlusssanktion des § 16 Abs. 6 VOB/A führen während des Vergabeverfahrens zu **erhöhten Anforderungen** an **Eindeutigkeit und Klarheit** aller vom Auftraggeber für die Eignung von Bewerbern/Bietern oder die Wertung von Angeboten aufgestellten Anforderungen.[13] Entscheidend für die Auslegung sind schon allgemein nicht die Vorstellungen des Auftraggebers, sondern die Verständnismöglichkeiten des angesprochenen Bieterkreises.[14] Bei nicht eindeutigen Vorgaben prüft die Rechtsprechung für die Zulässigkeit eines Angebotes aber nicht, ob der Bieter – wie möglicherweise andere auch – die Anforderungen des Auftraggebers hätte erkennen können, sondern ob sein engeres Verständnis noch vertretbar war.[15] Denn werden Anforderungen nicht eindeutig und klar bezeichnet und reicht ein Bieter auf Grund missverständlicher Formulierungen unzureichende Unterlagen ein, darf das im Vergabeverfahren nicht zu seinen Lasten gehen (vgl. auch → Rn. 23 ff., 43).

10

2. Notwendiger Inhalt. Der noch nicht veröffentlichte Teil des Katalogs des § 12 Abs. 1 Nr. 2 VOB/A ergibt die Mindestanforderungen an den Inhalt des Anschreibens. Sind sonstige

11

---

[6] *Weyand* online-Kommentar VOB/A Vergaberecht 2009 § 10 Rn. 4316 mwN; anderer Ansicht *Willenbruch/Wiedekind/Raufeisen* VOB/A § 8 Rn. 8; *Motzke* in Beck'scher Vergaberechts-Kommentar VOB/A § 8 Rn. 112.
[7] OLG München VergabeR 2009, 816 (820); *Verfürth* in KMPP VOB/A § 8 Rn. 22.
[8] Zweifelnd OLG München VergabeR 2008, 65 (Rn. 38); offen OLG Hamm IBR 2013, 42; dagegen *Verfürth* in KMPP VOB/A § 8 Rn. 8 ff.
[9] OLG Düsseldorf IBR 2010, 643; 2003, 1017.
[10] Auch OLG Jena 5.12.2001 – 6 Verg 3/01, BeckRS 9998, 04629 geht von einer Ergänzbarkeit aus. Demgegenüber lehnt *Willenbruch/Wiedekind/Raufeisen* VOB/A § 8 Rn. 9 f. eine Korrektur oder Ergänzung ab.
[11] OLG Jena VergabeR 2010, 509; VK Düsseldorf 21.5.2007 – VK-13/2007, BeckRS 2010/09753.
[12] So aber OLG München VergabeR 2011, 212 (Rn. 20); *Ziekow/Völlink/Hänsel* VOB/A § 8 Rn. 4; wie hier *Verfürth* in KMPP VOB/A § 8 Rn. 29 f.
[13] BGH NZBau 2008, 592 (TZ 10) mit Anm. *Horn* VergabeR 2008, 785.
[14] OLG Düsseldorf ZfBR 2003, 721.
[15] Vgl. zB OLG Düsseldorf 7.7.2005 – VII Verg 22/05, (ibr-online); VK Münster 9.3.2004 – VK 2/04, IBRRS 2004, 0565.

Angaben für das Vergabeverfahren oder die Angebotsabgabe von Relevanz, so sollten sie ebenfalls in das Anschreiben aufgenommen werden, so weit sie sich nicht bereits aus den Vertragsunterlagen oder den Teilnahmebedingungen ergeben.

12 Dabei brauchen Angaben, die sich standardisieren lassen, nicht im Anschreiben selbst enthalten zu sein. Sie dürfen stattdessen auch in die Teilnahmebedingungen nach Abs. 2 Nr. 4 ausgelagert werden, die gewissermaßen geistiger Teil des Anschreibens werden (vgl. → Rn. 59).[16]

13 **a) Art und Umfang der Leistung.** Art und Umfang der Leistung sowie der Ausführungsort sind bereits in der Bekanntmachung enthalten (§ 12 Abs. 2 Nr. 2 lit. d bis g VOB/A). Eine Vertiefung ist regelmäßig nicht notwendig Es genügt wenn sich der Bewerber vertiefend durch die Leistungsbeschreibung informieren kann.[17] Diese soll nach § 7b Abs. 1 VOB/A bereits eine allgemeine Darstellung der Bauaufgabe enthalten.

14 **b) Vorbehalt der losweisen Vergaben.** Will sich der Auftraggeber offen halten, die ausgeschriebene Leistung in Lose gemäß § 5 VOB/A zu teilen und getrennt zu vergeben, muss er die Lose für die jeweiligen Teilleistungen der möglichen Lose in den Vertragsunterlagen klar abgrenzen.[18] In dem Anschreiben ist der Vorbehalt der Losaufteilung aufzunehmen.[19] Denn der potentielle Auftragsumfang ist für die Kalkulation der Bieter von erheblicher Bedeutung. Ohne einen ausdrücklichen Vorbehalt können die (einheitlichen) Angebote nur insgesamt beauftragt werden. Nicht erfasst werden Fälle, in denen der Auftraggeber noch keine klare Entscheidung getroffen hat, ob der Zuschlag möglicherweise nur auf einen Teil der angebotenen Leistungen erfolgen soll.[20] Das ist mit einem Vorbehalt nicht gemeint. Der Vorbehalt der losweisen Vergabe bedeutet, dass alternativ eine Gesamtvergabe oder eine losweise Vergabe erfolgen soll.[21] Eine Ausschreibung ohne Vergabeabsicht ist ebenso wenig zulässig wie grundsätzlich ein modifizierter Zuschlag. Die Angebote können nur so angenommen werden, wie sie abgegebenen wurden.

15 **c) Ausführungszeit.** Anzugeben sind weiter „der Zeitpunkt, bis zu dem Bauleistungen beendet werden sollen oder (die) Dauer des Bauleistungsauftrages, sofern möglich, (der) Zeitpunkt, zu dem Bauleistungen begonnen werden sollen". Will der Auftraggeber Vertragsfristen (§ 5 Abs. 1 VOB/B) vereinbaren, wobei er § 9 Abs. 1 und 2 VOB/A zu beachten hat,[22] muss er diese bereits in die Vertragsunterlagen aufnehmen, da der Auftrag durch bloße Annahme des Bieterangebots zu Stande kommt. Die Bestimmung der Vertragsfristen erfolgt gemäß § 7a Abs. 4 in den ZVB oder BVB (vgl. → § 7a Rn. 70 ff.). Soll die Ausführung erst nach Abruf (§ 5 Abs. 2 VOB/B) beginnen, so ist auch darauf zu verweisen. Fraglich ist, welche Angaben hinsichtlich der voraussichtlichen kalendermäßigen Ausführungszeit zu machen sind. Es kann keinem Zweifel unterliegen, dass diese Angaben für den Bewerber von maßgeblicher Bedeutung sind. Zum einen kann der Bewerber nur so abschätzen, ob er zur fraglichen Ausführungszeit überhaupt über die notwendigen Kapazitäten verfügt. Zum anderen hat die Bauzeit unmittelbare Auswirkungen auf die zu kalkulierenden Kosten (Winterbau, Lohnerhöhung). In der Literatur wird deshalb die Angabe eines konkreten Ausführungszeitraumes gefordert.[23] Dieser Auffassung ist einzuräumen, dass die tatsächliche Ausführungszeit für den Entschluss zur Abgabe eines Angebotes von maßgeblicher Bedeutung ist. § 12 Abs. 1 Nr. 2 lit. i fordert aber nur die Angabe des Baubeginns „soweit möglich". Ist die Ausführungszeit tatsächlich noch offen, können und brauchen keine konkreten Angaben gemacht zu werden. Es ist dann allerdings darauf hinzuweisen, dass die Ausführungszeit noch nicht feststeht.[24] Zur Forderung eines Bauzeitenplans durch den Auftraggeber vgl. → Rn. 36.

16 **d) Vergabestelle und Einsichtsstelle.** Die Vergabestelle ist der Auftraggeber. Dieser ist einschließlich Anschrift bereits in der Bekanntmachung angegeben worden, vgl. § 12 Abs. 1 Nr. 2 lit. a VOB/A. Daneben kann der Auftraggeber eine weitere Stelle in das Verfahren

---

[16] OLG Nürnberg OLGR 2002, 433 = IBR 2002, 504.
[17] *Hertwig* in Beck'scher VOB-Kommentar VOB/A § 10 Rn. 12; FKZG 3. Aufl. VOB/A § 10 Rn. 12; tendenziell weiter *Heiermann/Riedl/Rusam* 11. Aufl., VOB/A § 10 Rn. 7.
[18] VK Südbayern 25.7.2000 – 120.3–3194.1–13-06/00, BeckRS 2000, 30380; VK Hessen 24.3.2004 – 69d – VK – 09/2004, IBRS 2005, 2557.
[19] VOB-Stelle Sachsen-Anhalt IBR 1997, 490.
[20] So aber *Kratzenberg* in Ingenstau/Korbion VOB/A 16. Aufl. § 10 Rn. 68.
[21] VK Bund 16.9.2004 – VK 3 – 104/04, IBRRS 2005, 0892.
[22] Vgl. → VOB/A § 9 Rn. 7 f.
[23] *Heiermann/Riedl/Rusam* VOB/A § 10 Rn. 8; *Mertens* in FKZG 3. Aufl. VOB/A § 12 Rn. 23.
[24] *Sterner* in Beck'scher VOB-Kommentar VOB/A § 17 Rn. 21.

einschalten, bei der die Vertragsunterlagen und zusätzliche Unterlagen angefordert oder eingesehen werden können (§ 12 Abs. 1 Nr. 2 lit. k). Diese zusätzlichen Unterlagen, die einzusehen sind, waren früher in § 17 Nr. 5 VOB/A 2006 damit erläutert worden, dass sie nicht vervielfältigt und deshalb nicht mitgeschickt werden können, wie zB Probestücke, Muster etc oder aber großformatige Pläne, umfangreiche Gutachten. Bei letzteren wird es sich regelmäßig nicht um Teile der Vertragsunterlagen selbst handeln, sondern um zusätzliche Informationen, die nur auf Anforderung oder gegen Entgelt herausgegeben bzw. zur Einsicht bereitgehalten werden. Bei dieser zweiten Stelle, früher Einsichtsstelle genannt, darf es sich, wie der Wortlaut ausweist, nur um **eine Stelle** handeln, bei der dann sowohl die Vergabeunterlagen und alle weiteren Unterlagen angefordert bzw. zur Einsicht bereit gehalten werden müssen.[25] Die Gegenauffassung[26] übersieht, dass die ursprünglich bewusst gewählte Pluralform[27] nunmehr durch eine Einzahl ersetzt worden ist. Zulässig wäre es demgegenüber, zur Erleichterung für die Bieter eine zweite Stelle kumulativ zu benennen, bei der dann jeweils **alle Unterlagen** angefordert und zur Einsicht bereitgehalten werden. Denn § 12a Abs. 2 VOB/A fordert den Auftraggeber auf, derartige Unterlagen „in ausreichender Wiese" zur Einsicht auszulegen. § 17 Nr. 5 VOB/A 2006 ergänzte das früher dahin, dass die Auslegung „wenn nötig, nicht nur am Geschäftssitz des Auftraggebers, sondern auch am Ausführungsort oder an einem Nachbarort" erfolgen sollte. Die Streichung dieses Gebots führt aber noch nicht zu einem Verbot. Dafür besteht weder ein Anlass noch eine Rechtfertigung.

Diese Stelle muss nicht identisch mit der Vergabestelle sein.[28] Aus dem Umstand, dass diese Stelle zugleich als Einsichtsstelle und zur Anforderung von Vergabeunterlagen eingeschaltet sein muss, lässt sich nur schlussfolgern, dass es sich insoweit um eine einzige Stelle handeln muss. Diese muss aber nicht zwingend zugleich die Vergabestelle sein. Denn die Gegenüberstellung von § 12 Abs. 1 Nr. 2 lit. a und lit. k VOB/A belegt eindeutig, dass zwei verschiedene Stellen zulässig sind, da ansonsten die Angaben zweier unterschiedlicher Adressen ersichtlich nicht notwendig wäre. Ein zwingender Vorbehalt, dass nur der Auftraggeber selbst die Anforderung der Vergabeunterlagen entgegennehmen kann oder deren Versand, kennt die VOB/A nicht. **17**

Diese Stelle muss auch keineswegs eine **„Dienststelle"** des öffentlichen Auftraggebers sein.[29] Der zwischenzeitlich in § 17 und § 10 der VOB/A 1992 verwandte Begriff der Dienststelle ist mit den Änderungen 2000 wieder in den ursprünglichen Begriff der „Stelle" zurückverwandelt worden.[30] Das beruhte wohl auch darauf, das nicht nur Behörden an die VOB/A gebunden sind, sondern auch Private, wenn sie die Anforderungen des § 98 GWB erfüllen.[31] Warum ein Caritasverband, der ein Krankenhaus mit überwiegend öffentlichen Mitteln baut, derartige Unterlagen nicht bei von ihm eingeschalteten Architekten, Projektsteuerern oder Ingenieuren auslegen können soll, ist auch nicht einzusehen. Für das Vergabeverfahren kommt es allein darauf an, dass Einsicht ordnungsgemäß gewährt wird, aber nicht durch wen. **18**

e) **Entgelt für Unterlagen.** Soweit für die Unterlagen nach § 7b Abs. 1 VOB/A eine Kostenerstattung gefordert wird, was allerdings nur bei öffentlicher Ausschreibung zulässig ist, sind Höhe und Einzelheiten der Zahlung anzugeben. Früher musste die Höhe des Entgelts zwingend in der Bekanntmachung angegeben werden (§ 20 Nr. 1 Abs. 1 VOB/A 2006). Hinsichtlich des Entgelts für die Vertragsunterlagen ergibt sich der praktische Zwang der Veröffentlichung daraus, dass Vertragsunterlagen üblicherweise nur gegen Vorauszahlung abgegeben werden.[32] **19**

f) **Form und Inhalt der Angebote.** Die Grundsätze der Informationsübermittlung gemäß § 11 Abs. 1 VOB/A sind in Bekanntmachung oder den Vergabeunterlagen anzugeben. Die Anforderungen an die Form und den Inhalt der Angebote gemäß § 13 VOB/A sind gemäß § 13 Abs. 6 VOB/A in die Vergabeunterlagen aufzunehmen. Wegen der erforderlichen Angaben und **20**

---

[25] Vgl. *Sterner* in Beck'scher VOB-Kommentar VOB/A § 17 Rn. 23.
[26] *Heiermann/Riedl/Rusam* VOB/A § 10 Rn. 10; *Kratzenberg* in Ingenstau/Korbion 16. Aufl. VOB/A § 10 Rn. 57.
[27] § 17 Nr. 4 Abs. 1 lit. d VOB 1973 sprach von „Stellen", dazu *Daub/Piel/Soergel* Erl.Z A 17.30.
[28] So aber *Sterner* in Beck'scher VOB-Kommentar VOB/A § 17 Rn. 23.
[29] *Heiermann/Riedl/Rusam* VOB/A § 10 Rn. 10 (genau gegenteilig aber § 17 Rn. 15); FKZGM 3. Aufl., VOB/A § 10 Rn. 16 (anders aber § 17 Rn. 29).
[30] Vgl. *Joussen/Schranner* BauR 2000, 625 (626).
[31] So auch *Joussen/Schranner* BauR 2000, 625 (627); die offiziellen „Hinweise" enthalten insoweit keine Begründung.
[32] Vgl. VHB-Form EFB-Bek. A.

VOB/A § 8 21–24

Vorgaben wird auf deren Kommentierungen verwiesen. Sinnvollerweise werden alle Informationen in die Teilnahmebedingungen aufgenommen (vgl. → Rn. 59).

21   **g) Rechtsform von Bietergemeinschaften.** Angabebedürftig sind des Weiteren die häufig in den Teilnahmebedingungen enthalten[33] **Anforderungen an Bietergemeinschaften.** Aus § 13 Abs. 5 VOB/A ergibt sich, dass Bietergemeinschaften in der Regel Gesellschaften bürgerlichen Rechts sind, die einen bevollmächtigten Vertreter benötigten.[34] § 6 Abs. 2 VOB/A stellt Bietergemeinschaften Einzelbietern gleich, ohne materielle Zulassungskriterien aufzustellen.[35] Nach § 6 EU Abs. 3 VOB/A darf der Auftraggeber bei Vergaben oberhalb der Schwellenwerte nur für den Fall der Auftragsvergabe die Annahme einer bestimmten Rechtsform verlangen, sofern dies für die ordnungsgemäße Durchführung des Auftrages notwendig ist. Die Vorgabe einer bestimmte Rechtsform bereits während des Vergabeverfahrens ist auch für Vergaben nach dem 1. Abschnitt nicht möglich, da ansonsten Bietergemeinschaften Einzelbietern gerade nicht gleich gestellt würden. Auch § 12 Abs. 1 Nr. 2 lit. t VOB/A geht für den 1. Abschnitt davon aus, dass eine Rechtsform nur für Zeit nach der Auftragsvergabe vorgegeben werden kann.

22   **h) Eignungsnachweise.** Bei der öffentlichen Ausschreibung sind gemäß § 6b Abs. 3 VOB/A die Eignungsnachweise in der Aufforderung zur Angebotsabgabe anzugeben, bei beschränkter Ausschreibung mit Teilnahmewettbewerb in der Bekanntmachung. Waren sie in der Bekanntmachung anzugeben, können sie im Anschreiben nur noch konkretisiert, nicht aber neu aufgestellt werden.[36] Alle Anforderungen zu den geforderten Eignungsnachweise sind im Anschreiben selbst bzw. den Teilnahmebedingungen anzugeben. Eine Anforderung lediglich in der Leistungsbeschreibung reicht nicht aus und bleibt bei der Wertung unberücksichtigt.[37]

23   Welche Eignungsnachweise gefordert werden dürfen, ergibt sich aus § 6a VOB/A.[38] Alle vom Auftraggeber für die Bewertung der Fachkunde, Leistungsfähigkeit oder Zuverlässigkeit der Bieter geforderten Unterlagen sind **eindeutig und klar**[39] zu bezeichnen. Reicht ein Bieter auf Grund missverständlicher Formulierungen unzureichende Unterlagen ein, darf das nicht zu seinen Lasten gehen. Ohne ergänzende Anforderungen reicht es bei zeitlich befristeten Bescheinigungen aus, dass ihre Gültigkeit die Angebotsabgabefrist – und nicht die Zuschlagsfrist – erreichen.[40] Die Anforderungen von **„Nachweisen"** ist wurde bislang im Sinne von „Beleg" verstanden und deckt dann **Fremd- wie Eigenbelege** ab.[41] Aufgrund der Regelung in § 6b Abs. 2 Nr. 2 aE sind nunmehr Fremdnachweise der Regelfall. Der Auftraggeber kann aber vorsehen, dass „für einzelne Angaben" Eigenerklärungen ausreichend sind. Da die Ersetzung von geforderten Fremdnachweisen durch bloße Eigenerklärungen eines Bieters nicht zulässig ist,[42] ist besondere Sorgfalt bei der Aufstellung unmissverständlicher Anforderungen geboten. Möchte der Auftraggeber, dass Eigenerklärungen gesondert unterzeichnet werden, muss er dies konkret verlangen; ansonsten reichen auch nicht unterzeichnete Erklärungen.[43]

24   Gegen das Gebot der Eindeutigkeit und Klarheit der Anforderung wird häufig verstoßen. So werden in der Praxis gerne **„Referenzen"** gemäß § 6a Abs. 2 Nr. 2 oder als ergänzende Eignungsnachweise gemäß § 6a Abs. 3 VOB/A gefordert, ohne klarzustellen, ob Eigenerklärungen der Bieter zu den Referenzleistungen genügen oder eine Referenz des damaligen Auftraggebers gefordert wird. Nach der unrichtigen Auffassung der VK Halle soll unter dem Begriff der Referenz nur eine Empfehlung eines Dritten zu verstehen sein; die bloße Eigenbenennung vergleichbarer Arbeiten soll die Pflicht zur Vorlage von Referenzen nicht genügen.[44] Demgegenüber geht das OLG Düsseldorf davon aus, dass der Begriff „Nachweis" im Sinne von Beleg zu

---

[33] EVM (B) BwB E Ziff. 5.
[34] Näher dazu → VOB/A § 13 Rn. 43 ff.
[35] VÜA Bund BauR 1998, 326.
[36] OLG Jena VergabeR 2010, 509 (Rn. 44); OLG Düsseldorf ZfBR 2010, 823.
[37] OLG Jena 5.12.2001 – 6 Verg 3/01, BeckRS 9998, 04629; BayObLG VergabeR 2003, 675.
[38] Vgl. näher → VOB/A § 6 Rn. 58 ff.
[39] VÜA Brandenburg IBR 1998, 280; Prieß/Hausmann in Beck'scher VOB-Kommentar VOB/A § 8 Rn. 72.
[40] OLG Düsseldorf 9.6.2004 – Verg 11/04, BeckRS 2007, 15960.
[41] OLG Düsseldorf 6.7.2005 – Verg 22/05, BeckRS 2005, 33238; vgl. auch OLG Düsseldorf 9.6.2004 – Verg 11/04, BeckRS 2007, 15960.
[42] OLG Naumburg VergabeR 2004, 387; VK Nordbayern 19.7.2002 – 320.VK-3194-20/02, BeckRS 2002, 32972.
[43] OLG Düsseldorf NZBau 2007, 600.
[44] VK Halle 10.11.2003 – VKHal 20/03, IBRRS 2005, 2074; tendenziell OLG Naumburg VergabeR 2004, 387.

verstehen ist und deshalb ohne nähere Bestimmung sowohl Fremd- wie auch Eigenbelege erfassen kann.[45] Wird ohne nähere Angaben eine Referenzliste gefordert, ist es in das Belieben der Bieter gestellt, die Referenzliste nach eigenen Vorstellungen zu gestalten.[46] Auch in persönlicher Hinsicht sind Klarstellungen sinnvoll. Grundsätzlich geht es um unternehmensbezogene Referenzen. Fraglich ist, ob Referenzen für „verwandte" oder Vorgängerunternehmen ausnahmsweise dann Berücksichtigung finden können, wenn eine weitgehende Identität zwischen den Personen, die für die Referenzaufträge zuständig waren und den Mitarbeitern des jetzt auftretenden Bieters bestehen.[47]

Häufig werden in Anlehnung an den Wortlaut des § 6a Abs. 2 Nr. 1 VOB/A **Bilanzen** „in den letzten drei abgeschlossenen Geschäftsjahre" verlangt. Das birgt zwei Probleme in sich: Zum einem liegen bei einigen Bietern die Bilanzen für die „abgeschlossenen" Geschäftsjahre noch nicht vor, zum anderen wird der Wortlaut von den Bietern durchaus so verstanden, dass nur eine oder zwei Bilanzen aus diesem Zeitraum vorzulegen sind. Ausreichend erscheint für den Regelfall die Vorlage des letzten festgestellten Jahresabschlusses sowie ggf. der Umsatzangaben der vorausgegangen Geschäftsjahre. Die Notwendigkeit und Aussagekraft muss jeweils überprüft werden. Für die Beurteilung der finanziellen Leistungsfähigkeit ist bei Ergebnisabführungsverträgen die Bilanz des Bieters weniger interessant als die der zum möglichen Verlustausgleich verpflichteten Mutter.

Der „**Nachweis einer Betriebshaftpflichtversicherung**" erfordert nicht zwingend eine Bescheinigung der Versicherung, jedenfalls dann nicht, wenn das Angebotsschreiben ausfüllungsbedürftige Freistellen für eine Eigenerklärung beinhaltet und eine „Bestätigung der Versicherung"[48] nicht unter den vorzulegenden Anlagen aufgeführt ist.[49]

Grundsätzlich ist die Tendenz festzustellen, dass zu viele und unnötige Nachweise gefordert werden. Fehlen nur irgendwelche, so musste früher das Angebot nach der strengen vergaberechtlichen Rechtsprechung idR ohne Nachbesserungsmöglichkeit auszuschließen sein, da Eignungsnachweise unter §§ 21 Nr. 1 Abs. 1, 25 Nr. 1 Abs. 1 VOB/A 2006 fielen.[50] Inwieweit hier zur Rettung preisgünstiger Angebote Bagatellgrenzen und Wettbewerbsrelevanz berücksichtigt werden können, war streitig.[51] Wenn unbedacht zB **Handelsregisterauszüge** nicht älter als zwei Monate gefordert werden, könnten viele Angebote an formellen Fehlern scheitern, ohne dass die formgerechten Unterlagen für die Vergabestelle irgendeinen Erkenntnisgewinn bedeutet hätten. Werden bestimmte Anforderungen an die Art des Nachweises (zB beglaubigt) gestellt, sind diese deutlich zu machen; ansonsten genügt auch ein selbst aufgerufener Ausdruck aus dem elektronischen Handelsregister.[52] Handelsregisterauszüge sind ein bloß formelles Eignungskriterium und sollen verlässlich Auskunft über die Existenz und wichtige Rechtsverhältnisse des Bieters geben. Vielfach ist ein ein großer Teil der Daten aber der Vergabestelle bereits bekannt. Die Anforderung ist also unnötig und lediglich verfahrensaufblähend. Bestehen Zweifel, lassen sich Angaben besser im Einzelfall nachfordern. Hierfür reicht ein entsprechender Vorbehalt. Seit der Neufassung 2009 besteht nunmehr die Möglichkeit, nicht mit dem Angebot vorgelegte Erklärungen und Nachweise mit einer Frist von 6 Kalendertagen nachzufordern. Erst danach droht der Ausschluss.

Gerne wurde und wird wahrscheinlich weiter – in bloß wörtlicher Wiederholung des § 8 Nr. 3 Abs. 1 lit. e VOB/A 2006 – „**Angaben über das für die Leitung und Aufsicht vorgesehene technische Personal**" gefordert. Wer hier wirklich aussagekräftige Angaben zur Qualifikation wünscht sowie wertbare und vergleichbare Angaben erstrebt, sollte klarstellen, welche konkreten Angaben hinsichtlich welcher näher bezeichneten Personen gefordert werden.

i) Sicherheitsleistungen. Wird eine Sicherheit gefordert, wobei § 9c VOB/A zu beachten sind, so ist dies nach dem klaren Wortlaut § 8 Abs. 2 Nr. 1 zusätzlich zu den Vertragsunterlagen im Anschreiben anzugeben, sofern nicht bereits eine Veröffentlichung erfolgt ist. Die Form-

---

[45] OLG Düsseldorf 6.7.2005 – Verg 22/05, BeckRS 2005, 33238; ebenso *Gröning* VergabeR 2008, 721 (724).
[46] VK Rheinland-Pfalz 9.7.2004 – VK 07/04, IBRRS 2004, 3755.
[47] OLG Koblenz IBR 2010, 708; OLG Frankfurt IBR 2010, 525.
[48] Vgl. dazu VK Berlin 15.7.2009 – VK – B 1 – 16/09, IBRRS 2009, 2511.
[49] OLG Düsseldorf 9.6.2004 – Verg 11/04, BeckRS 2007, 15960.
[50] OLG Düsseldorf 9.11.2003 – Verg 47/03, (veris); OLG Düsseldorf IBR 2003, 1017; VK Münster 21.10.2003 – VK 19/03, IBRRS 2003, 2917.
[51] Vgl. *Möllenkamp* NZBau 2005, 557 mwN.
[52] OLG Düsseldorf 6.2004 – Verg 11/04 BeckRS 2007, 15960.

schreiben des Vergabehandbuchs sehen entsprechende Angaben allerdings nicht vor.[53] Dass Regelungen über Sicherheitsleistungen in den beigefügten BVB oder ZVB[54] enthalten sein müssen, versteht sich vertragsrechtlich von selbst, ersetzt aber nicht die nach § 12 Abs. 3 Nr. 1 lit. r VOB/A geforderte Angabe in Bekanntmachung oder im Anschreiben.

30 j) **Wesentliche Finanzierungs- und Zahlungsbedingungen.** Obwohl sich alle Finanzierungs- und Zahlungsbedingungen aus den Vertragsunterlagen ergeben, müssen die wesentlichen Finanzierungs- und Zahlungsbedingungen gemäß § 12 Abs. 1 Nr. 2 lit. r VOB/A auch bekannt gemacht oder in dem Anschreiben angegeben werden. In der Praxis wird dies offensichtlich dahin verstanden, dass nur von § 16 VOB/B abweichende Zahlungsbedingungen anzugeben sind.[55] Tatsächlich notwendig ist, wie nunmehr auch in § 8 Abs. 2 Nr. 1 iVm § 12 Abs. 1 Nr. 2 lit. s VOB/A klargestellt, zumindest einen Verweis auf § 16 VOB/B.[56] Weitere Angaben, insbesondere konkrete Angaben, zu welchen Terminen welche Zahlungen verlangt werden können, müssen nicht gemacht werden.[57]

31 k) **Eröffnungstermin und Teilnahme.** Ort und Zeit des Eröffnungstermins sind anzugeben, damit die Bieter an der Eröffnung teilnehmen können und wissen, bis wann Angebote abgegeben werden können. Die Angabe der Adresse reicht aus, wenn auch ortsunkundige Personen durch Wegweiser oder Pförtner den entsprechenden Raum sicher finden könne.[58] Eine Gegenauffassung fordert zu Unrecht generell auch die Angabe der Raumnummer.[59]

32 Angegeben werden müssen weiter die Personen, die bei der Eröffnung zugelassen sind, dh die Bieter und ihre Bevollmächtigten. Die einheitlichen Verdingungsmuster des Vergabehandbuchs enthalten hierzu allerdings keine Angaben.[60]

33 l) **Zuschlagsfrist.** Die Bindefrist des § 10 Abs. 4 VOB/A[61] (früher Zuschlagsfrist) ist anzugeben. Hintergrund ist, dass es nach § 148 BGB grundsätzlich Sache des antragenden Bieters wäre, die Bindefrist für sein Angebot festzulegen. Ohne Nennung der Bindefrist könnte die dann nach § 147 Abs. 2 BGB zu bemessende Annahmefrist abgelaufen sein.[62] Die Formulare des Vergabehandbuchs sehen eine entsprechende ausdrückliche Erklärung des Bieters in seinem Angebotsschreiben vor.[63] Das ist zivilrechtlich allerdings nicht mehr erforderlich und dient nur der Klarstellung. Wenn der Auftraggeber zur Angebotsaufgabe mit einem Zuschlagstermin auffordert, würde die vom Bieter nach §§ 133, 157 BGB miterklärte Annahmefrist ohne abweichende Erklärung bis dahin reichen.

34 3. **Sonstiger Inhalt. a) Sonstige Erfordernisse.** Früher bestimmte § 10 Nr. 5 lit. q VOB/A 2006 ausdrücklich, dass auch sonstige Erfordernisse anzugeben sind, die die Bewerber bei der Bearbeitung ihrer Angebote berücksichtigen müssen. Das gilt selbstverständlich auch ohne Normierung weiter, da Anforderungen und Vorgaben, die nicht gemacht werden, auch nicht bei der Prüfung und Wertung berücksichtigt werden können. Wegen der erhöhten Anforderungen an **Eindeutigkeit und Klarheit** von Vergabeunterlagen müssen sie auch an rechtem Ort und Stelle stehen, wofür nur Anschreiben und Teilnahmebedingungen in Betracht kommen. Gemeint sind Besonderheiten, die das Vergabeverfahren betreffen, zB wenn der Auftraggeber zulässigerweise von Regelungen der VOB/A oder seinen eigenen Teilnahmebedingungen abweichen oder diese ergänzen will.

35 b) **Ortsbesichtigungen.** Insbesondere bei größeren Baumaßnahmen bzw. bei Auswirkungen der örtlichen Verhältnisse auf die Kalkulation können Ortsbesichtigungen geboten sein, um die Leistungsanforderungen zu verdeutlichen. § 10 Nr. 5 lit. g VOB/A 2006 sah noch vor, dass für

---

[53] EVM (B) A bzw. EVM (B) A EG.
[54] Vgl. EVM (B) BVB Ziff. 5; EVM (B) ZVB E Ziff. 29.
[55] Vgl. EVM (B) A u. EVM (B) A EG enthalten keinen Verweis auf § 16.
[56] *Hertwig* in Beck'scher VOB-Kommentar VOB/A § 10 Rn. 14; *Heiermann/Riedl/Rusam* VOB/A § 10 Rn. 21.
[57] Zu weitgehend noch FKZG, 3. Aufl., VOB/A § 10 Rn. 30.
[58] FKZG, 3. Aufl., VOB/A § 10 Rn. 23.
[59] *Kratzenberg* in Ingenstau/Korbion 16. Aufl. VOB/A § 10 Rn. 64; *Laumen* in Heiermann/Zeiss/Kullack/Blaufuß VOB/A § 10 Rn. 96.
[60] Vgl. EVM (B) A bzw. EVM (B) A EG sowie EVM (B) BwB/E.
[61] Vgl. → VOB/A § 10 Rn. 17 ff.
[62] Vgl. OLG Düsseldorf BauR 1980, 65.
[63] Vgl. EVM (Z) Ang. 1, Ziff. 6 und → VOB/A § 10 Rn. 25.

diesen Fall Angaben im Anschreiben zu machen sind. Anzugeben war hier die zuständige Stelle, mit der der Bewerber Ortsbesichtigungen vereinbaren kann. Die Streichung dieser Vorgabe bedeutet kein Verbot von sachlich gebotenen Ortsbesichtigungen, wie auch den fortbestehenden Hinweisen auf Ortsbesichtigungen in allen anderen Abschnitten der VOB/A (§ 10 EU Abs. 2 VOB/A, § 10 VS VOB/A) entnommen werden kann.[64] Auch ohne Angebot in dem Anschreiben bleiben die Bieter ihrerseits berechtigt, um einen Ortstermin zu bitten.[65] Sollen Ortstermine angeboten werden, gehört diese Angabe ins Anschreiben. Sie sind anzubieten, falls sie zur sachgerechten Angebotsabgabe erforderlich sind.[66] Das Angebot von Sammelterminen in dem Anschreiben wird demgegenüber nicht möglich sein,[67] weil die Durchführung von Sammelterminen gegen die Verpflichtung verstößt, die Namen der Bewerber bis zum Eröffnungstermin geheim zu halten (§ 12a Abs. 3, § 14 Abs. 9 VOB/A).[68]

c) Sonstige Unterlagen. Werden von den Bieter jedoch über die von § 6 VOB/A geforderten Nachweise und Erklärungen weitere Angaben verlangt, müssen diese im Anschreiben (oder in den Teilnahmebedingungen) ausdrücklich aufgenommen werden. Das dient der Transparenz des Verfahrens und der Informationen des Bieters über die für das Angebot erforderlichen Bedingungen und den mit dem Angebot zu erwartenden Aufwand. Das gilt insbesondere für die häufiger erhobene Forderung nach einem **Bauzeitenplan** bereits mit Angebotsabgabe.[69] Dieser wird idR nicht als Eignungsnachweis verlangt, sondern zur Übersicht und Kontrolle. 36

Gleiches gilt für die Forderung nach einer **Vertraulichkeitserklärung,** wie sie idR unter Vertragsstrafeversprechen bei Verhandlungsverfahren vor der Überlassung vertraulicher Informationen gefordert wird.[70] 37

d) Wertungskriterien. Nicht angabebedürftig sind bei Vergaben unter den Schwellenwerte die Wertungskriterien. Die förmliche Angabe einschließlich Gewichtung ist zwingend nur für Vergaben nach den Abschnitten 2 und 3 (vgl. näher → EU § 8 Rn. 18 ff.). Für Vergaben unter den Schwellenwerten reicht es aus, dass die Anforderungen des Auftraggebers aus den Vertragsunterlagen deutlich werden.[71] 38

4. Nachunternehmereinsatz (Abs. 2 Nr. 2). Während die Angaben nach Abs. 2 Nr. 1 und 3 obligatorisch sind, ist dem Auftraggeber freigestellt, ob er die Bieter zu Angaben über den Nachunternehmereinsatz auffordert („kann"). Will der Auftraggeber die Eignung der Bieter umfassend gemäß § 16b VOB/A prüfen, müsste er für die Teile, die durch Nachunternehmer erbracht werden sollen, auch deren Eignung prüfen.[72] Die Nachunternehmer müssen, wenn Eignungskriterien gestellt werden, in Bezug auf ihre Teile der Leistung dieselben Eignungsanforderungen erfüllen wie der Auftragnehmer für diesen Leistungsteil.[73] Hier bleibt die Vorgabe in Abs. 2 Nr. 2 VOB/A allerdings unvollständig, indem nur die Aufforderung an die Bieter geregelt wird, die **Leistungen** anzugeben, die sie an **Nachunternehmen** zu vergeben beabsichtigen, nicht aber die Nachunternehmen selbst zu benennen oder gar Eignungsnachweise vorzulegen. Die Nachunternehmererklärung ersetzt keinen Eignungsnachweis, sondern ist eine gesonderte Erklärung nach § 13 Abs. 1 Nr. 4 VOB/A.[74] Sie ist auch von der Eignungsleihe zu unterscheiden.[75] So muss der Bieter wegen nachzuweisenden Geräts ggf. einen Verfügbarkeitsnachweis des Baugerätevermieters vorlegen, Nachunternehmer wäre der Vermieter aber nicht.[76] 39

Die Anforderung von Angaben über den Nachunternehmereinsatz erklärt sich vor allem historisch, weil früher die Vorgabe der überwiegende Selbstausführung bestand, die allerdings mit dem ÖPP-Beschleunigungsgesetz 2005 entsprechend der EU-Richtlinien für Vergaben 39a

---

[64] *von Wietersheim* in Ingenstau/Korbion VOB/A § 12 Rn. 17.
[65] KG NZBau 2008, 466 (Rn. 66).
[66] KG NZBau 2008, 466 (Rn. 67).
[67] So aber *Kratzenberg* in Ingenstau/Korbion 16. Aufl. VOB/A § 10 Rn. 60.
[68] So zutreffend *Heiermann/Riedl/Rusam* VOB/A § 10 Rn. 12, § 17 Rn. 36.
[69] BayObLG VergabeR 2003, 675; vgl. auch VK Nordbayern 1.4.2003 – 320.VK-3194-08/03, BeckRS 2003, 32288.
[70] Zum IT-Outsourcing VK Darmstadt 7.8.2003 – 69d VK-26/2003, (veris); VK Baden-Württemberg, 12.7.2001 – 1 VK 12/01.
[71] OLG Naumburg OLGR 2003, 462.
[72] Vgl. näher → § 16 Rn. 55 ff.; *Brinker/Ohler* in Beck'scher VOB-Kommentar VOB/A § 25 Rn. 47.
[73] OLG Düsseldorf BeckRS 2011, 27252.
[74] *Stoye/Hoffmann* VergabeR 2009, 570 (571).
[75] OLG Düsseldorf NZBau 2011, 54; *Conrad* VergabeR 2012, 15 ff.
[76] *Conrad* VergabeR 2012, 15 (20).

oberhalb der Schwellenwerte aufgegeben worden ist.[77] Ob das Selbstausführungsgebot auch für Unterschwellenvergaben entfallen ist, ist noch nicht abschließend geklärt.[78] Der Informationsgehalt einer so abgefragten Nachunternehmerliste bleibt begrenzt, da sie lediglich Auskunft über die Fremdleistungsquote und die betroffenen Gewerke gibt. Weitergehende Anforderungen an den Inhalt der Erklärung sind grundsätzlich möglich. So können die Namen der Nachunternehmer und ggf. auch deren Nachunternehmer abgefragt werden.[79] Allerdings dürfen die Bieter hierdurch in Anbetracht des Umstands, dass der Zuschlag naturgemäß nur auf ein Angebot ergeht, nicht in einem Maße belastet werden, das nicht mehr in einem angemessenen Verhältnis zu den Vorteilen dieser Vorgehensweise für die Vergabestellen steht.[80] Um dazu wahrheitsgemäße Erklärungen abzugeben, müssten sich nämlich alle Bieter die Ausführung der fraglichen Leistungen von den jeweils ins Auge gefassten Nachunternehmern bindend zusagen lassen. Das schließt derartige Anforderungen aber nicht völlig aus (→ Rn. 41). Insbesondere bei komplexeren Leistungen wird es zumutbar sein, bereits mit Angebotsabgabe die Benennung der Nachunternehmer und die Verpflichtungserklärung vorzulegen.[81]

40 Offen lässt die Regelung, **wer** überhaupt ein **Nachunternehmen** des Bieters ist. Zum einem muss er bei Ausführung in einem unmittelbaren Vertragsverhältnis mit dem Auftragnehmer stehen und zum anderen für diesen Teilleistungen erbringen.[82] Die bloße Einschaltung im Rahmen der Leistungserbringung reicht nicht aus. Auch wenn § 4 Abs. 8 VOB/B zwischen Nachunternehmern, die Bauleistungen erbringen und sonstigen Nachunternehmern unterscheidet, sind bloße **Zulieferer und Lieferanten** nach dem relevanten Sprachgebrauch keine Nachunternehmen. Im Einzelfall kann die Abgrenzung schwierig sein. Allenfalls Indizwirkung hat die Frage, ob der Bieter als Auftragnehmer für von ihm Beauftragten als Erfüllungsgehilfe einzustehen hätte (vgl. → VOB/B § 10 Rn. 10 f.). Im Vergaberecht wird als Nachunternehmer nur angesehen, wer selbst einen Teil des werkvertraglichen Erfolg schuldet, nicht wer lediglich Material oder Gerät liefert oder Dienstleistungen bzw. Arbeit schuldet.[83] Hilfsfunktionen wie Speditionsleistungen, Baugerätevermietungen oder Baustoffzulieferungen sind keine Nachunternehmerleistungen,[84] auch die Lieferung sowohl von standardisierten Bauelementen oder Bauteilen wie auch von speziell gefertigten Bauteilen sind noch keine Nachunternehmerleistungen.[85] Reine Zuarbeiten reichen nicht aus; erbringt der Lieferant jedoch selbst Montageleistungen, wird er also **auf der Baustelle tätig**, liegen Nachunternehmerleistungen vor.[86] Wenn mit dem Angebot „die Unternehmen zu benennen sind, deren Fähigkeiten sich der Bieter im Auftragsfalle bedienen wird" und entsprechende Verfügbarkeitsnachweise verlangt werden, sind damit „alle" (anderen) Unternehmen, die der Auftragnehmer arbeitsteilig in der Phase der Erfüllung des Auftrags einzusetzen beabsichtigt, erfasst. Das sind auch die Erbringer von Nebenleistungen.[87] Die Abgrenzung kann im Einzelfall schwierig sein.[88] Maßgebend ist dann, wie die Bieter die Aufforderung verstehen durften. Sind die Anforderung nicht eindeutig und unmissverständlich, kann ein Bieter nicht ausgeschlossen werden, der sich im Rahmen einer objektiv vertretbaren Auslegung der Bedingungen gehalten hat.[89] Eine solche klare Abgrenzung ist zur Wahrung der Transparenz des Vergabeverfahrens notwendig.

41 Nach dem Wortlaut des Abs. 2 Nr. 2 bezieht sich die **Nachunternehmererklärung** lediglich auf die zu übertragenden Leistungsteile, nicht aber auf die ggf. zu beauftragenden Nachunternehmer. Dementsprechend sehen die Muster der Vergabehandbücher nur „Verzeichnisse der Nachunternehmerleistungen" vor, in denen die zu übertragenden Leistungen nach Art und

---

[77] Vgl. OLG Frankfurt NZBau 2007, 466 f.; OLG Düsseldorf BeckRS 2009, 05995; vgl. näher → § 16 Rn. 55.
[78] Vgl. → § 16 Rn. 55 einerseits und *Burgi* NZBau 2010, 593 (596) andererseits.
[79] OLG Düsseldorf VergabeR 2008, 948 (953); *Hänsel* in Ziekow/Völlink VOB/A § 8 Rn. 8.
[80] BGH NZBau 2008, 592 Rn. 14.
[81] OLG München VergabeR 2010, 266 mit Anm. *Willenbruch*; OLG München IBR 2009, 158 Rn. 47.
[82] *Burgi* NZBau 2010, 593 (594 f.) mwN.
[83] OLG Düsseldorf 27.10.2010 – VII-Verg 47/10, BeckRS 2010, 27621; VK Bund 18.3.2004 – VK 2–152/03, IBRRS 2005, 0799.
[84] OLG Naumburg IBR 2008, 676; OLG Naumburg 26.1.2005 – 1 Verg 21/04, BeckRS 2005, 01683; VK Sachsen 20.4.2006 – 1/SVKl029-06, IBR 2006, 415; VK Lüneburg 20.5.2005 – VgK-18/2005.
[85] OLG Dresden 25.4.2006 – 20 U 467/06, BeckRS 9998, 26458; OLG Schleswig 5.2.2004 – 6 U 23/03, BeckRS 9998, 26383; VK Rheinland-Pfalz 29.5.2007 – VK 20/07, IBRRS 2015, 0866.
[86] VK Rheinland-Pfalz 29.5.2007 – VK 20/07, IBRRS 2015, 0866.
[87] OLG Düsseldorf NZBau 2009, 63.
[88] Vgl. die Rechtsprechungsübersicht bei *Weyand* § 97 GWB 504 ff.
[89] OLG München VergabeR 2010, 266 mit Anm. *Willenbruch*; OLG Düsseldorf NZBau 2009, 63.

Umfang einzutragen sind. Das betrifft die konkreten Leistungen und den hierauf entfallenen Angebotspreis.[90] **Zulässig** ist aber auch die Forderung nach **Benennung der Nachunternehmer selbst**.[91] Das Vergabehandbuch sieht insoweit vor[92]:

Im begründeten Einzelfall ist die Angabe der Namen der Nachunternehmen bereits mit Angebotsabgabe zu verlangen.
In der Regel ist es ausreichend, die Benennung der vorgesehenen Nachunternehmen im Rahmen der Wertung nur von den Bietern zu fordern, deren Angebote in die engere Wahl kommen.

Die Formblätter des Vergabehandbuchs sehen hierfür Eintragungsmöglichkeiten bereits vor. Auch in diesem Fall bleiben die Angaben nur begrenzt aussagekräftig. Eine allgemeine Aufforderung, hinsichtlich der Nachunternehmer, die bereits feststehen, ebenfalls die für den Bieter angeforderten Eignungsunterlagen vorzulegen, stellt die VOB/A nicht auf. Sie geht von dem Grundsatz der Selbstausführung des Auftrages (§ 4 Nr. 8 VOB/B) aus. **Eignungsnachweise** für die einzusetzenden Nachunternehmer können allerdings verlangt werden.[93] Das folgt bereits aus dem Recht des Auftraggebers, die Eignung zu prüfen.[94] Für Vergaben oberhalb der Schwellenwerte muss der Bieter, der sich der Fähigkeiten eines anderen Unternehmens bedienen will, durch **Verpflichtungserklärungen** des Nachunternehmers nachweisen, dass ihm dessen Mittel zur Verfügung stehen.[95] Nach der neueren Rechtsprechung wird es für die Bieter allerdings häufig unzumutbar sein, alle Nachweise und Verpflichtungserklärungen bereits bei Angebotsabgabe vorzulegen. Für die Eignungsprüfung der benannten Nachunternehmer reicht es aus, wenn sind die geforderten Erklärungen von den Bietern, die in die engerer Wahl gekommen sind, zum Zeitpunkt der geplante Zuschlagserteilung eingereicht werden. In diesem Fall ist es dem Bieter zuzumuten, sich nun um eine Zusage des Nachunternehmers zu bemühen.[96] Die Vorgaben für die Anforderung von Verpflichtungserklärungen werden hier allerdings durchaus unterschiedlich bewertet.[97]

Demgegenüber können die Bieter **nicht generell** mit dem Anschreiben aufgefordert werden, auch die **Preise und Vertragsbedingungen** der Nachunternehmerverträge vorzulegen.[98] Ein Preiskontrollrecht des Auftraggebers gemäß § 15 Abs. 1 VOB/A besteht nicht generell und präventiv, sondern nur im Ausnahmefall, wenn die Angemessenheit der Preise fraglich ist und dies nicht anders kontrolliert werden kann.[99] Das Abfragen von Vertragsbedingungen zwischen den Bietern und Nachunternehmen erübrigt sich, da Verträge nur in Ausnahmefällen (bedingt abgeschlossen) vorliegen werden; im Übrigen enthält § 4 Nr. 8 Abs. 2 VOB/B hinsichtlich der Vertragsbedingungen klare Vorgaben.

Die **formellen Anforderungen** an eine **Nachunternehmererklärung** sind heute streng. Art und Umfang der vom Nachunternehmer auszuführenden Leistungen müssen vom Bieter schon mit dem Angebot konkret angeben werden, idR unter **Angabe der Ordnungsziffer** des Leistungsverzeichnisses.[100] Andere „schlagwortartige" Angaben reichen nur, wenn sie eine eindeutige Zuordnung der Leistungsbereiche – ggf. im Wege der Auslegung – ermöglichen.[101] Werden im Anschreiben oder den Teilnahmebedingungen Angaben zum Nachunternehmer-

---

[90] Vgl. OLG Dresden IBR 2013, 639.
[91] BGH NZBau 2008, 137; OLG Celle NZBau 2009, 58; OLG Düsseldorf 5.4.2004 – Verg 10/04, BeckRS 2004, 05485; VK Sachsen-Anhalt vom 30.11.2005, IBR 2005, 45; Gemäß Ziff. 6 der EVM (B) BwB/E müssen die Nachunternehmer nur auf Verlangen benannt werden.
[92] VHB Ziff. 5 der Richlinie zu 211.
[93] OLG Celle NZBau 2009, 58; OLG Düsseldorf IBR 2005, 113; VÜA Bund 1 VÜ 3/97 bei *Fischer/Noch* III. 44.
[94] Vgl. OLG Koblenz VergabeR 2011, 224 (Rn. 20).
[95] EVM (L) BwB EG 232 EG (Stand 1.2.2006) und EFB U EG 317.
[96] OLG München IBR 2009, 158 Rn. 51; vgl. auch BGH NZBau 2008, 592 und *Stoye/Hoffmann* VergabeR 2009, 569 ff.
[97] Vgl. einerseits OLG Naumburg VergabeR 2011, 245 mit Anm. *Lück*; *Raufeisen* in Willenbruch/Wiedekind § 8 Rn. 15 (nur in Ausnahmefällen).
[98] So aber noch FKZG VOB/A, 3. Aufl., § 10 Rn. 34; *Heiermann/Riedl/Rusam*, 11. Aufl., VOB/A § 10 Rn. 23.
[99] *Jaspers* in Beck'scher VOB-Kommentar VOB/A § 24 Rn. 32; vgl. näher → VOB/A § 15 Rn. 10 ff.
[100] VK Rheinland-Pfalz 10.10.2003 – VK 18/03, IBRRS 2003, 3178; VK Schleswig-Holstein 6.10.2005 – VK-SH 27/05, BeckRS 2005, 12179.
[101] OLG Schleswig 10.3.2006 – 1(6) Verg 13/05, BeckRS 2006, 05718; enger noch OLG Schleswig 8.12.2005 – 6 Verg 12/05, BeckRS 2005, 14835; VK Schleswig-Holstein 6.10.2005 – VK-SH 27/05, BeckRS 2005, 12179.

einsatz gefordert, die üblichen Vordrucke allerdings von der Vergabestelle nicht beigefügt, so werden einige Bieter die Erklärung nicht abgeben; ihre Angebote mussten bislang als unvollständig ausgeschlossen werden.[102] Ein Verlangen der Vergabestelle nach namentlicher Nachunternehmerbenennung ergibt sich nicht bereits inzidenter aus der Beifügung eines Formblattes mit einer Spalte „Vorgesehener Nachunternehmer".[103] Da die Bieter solche Anforderungen gerne verkennen und selbst die Vordrucke von Vergabehandbüchern in der Praxis immer wieder zu Missverständnissen führen,[104] ist eine Vergabestelle gut beraten, wenn sie die wesentlichen Anforderungen an die geforderten Angaben in einem **vorbereiteten Erklärungsformular** für die Bieter **mit klaren Hinweisen** aufnimmt. Das aktuelle Formblatt 233 des Vergabehandbuchs sollte für alle Bieter unmissverständlich sein.

44 Grundsätzlich sollten **möglichst wenige Angaben** in Nachunternehmererklärungen bereits mit Angebotsabgabe gefordert werden. Je mehr Angaben gefordert werden, desto höher ist das **Risiko,** dass preislich attraktive Angebote wegen **unvollständiger Angaben** ausgeschlossen werden müssen. Die vergaberechtliche Rechtsprechung fordert bei fast jedem formellen Fehler den Ausschluss des betroffenen Angebots, jedenfalls dann, wenn nicht nur ein geringfügiger Anteil der Gesamtleistung betroffen ist.[105] Eine Nachforderung/Nachholung oder Vervollständigung ist heute zwar im Rahmen des § 16a VOB/A zulässig, allerdings wiederum mit kurzer Ausschlussfrist. Die Benennung des konkreten Nachunternehmers in den Angebotsunterlagen sollte nur gefordert werden, soweit wirklich kritische Leistungsteile betroffen sind. Denn zum einem haben die Bieter idR den Nachunternehmer noch nicht gebunden, zum anderen darf ein benannter Nachunternehmer nicht ausgetauscht werden, so dass bei dessen Wegfall das Angebot ausgeschlossen werden muss.[106] Da ein „Mehr an Eignung" bei der Wertung wegen der Trennung von Eignungs- und Zuschlagskriterien grundsätzlich nicht berücksichtigt werden kann[107] sind die abgefragten Angabe häufig auch nicht relevant. Viel sinnvoller und die Angebotsprüfung erleichternd ist es demgegenüber, ggf. notwendige **Angaben** nur hinsichtlich der in die engere Wahl kommenden Bieter **nachzufordern.** Eine hohe Selbstausführungsquote lässt sich durch unnötige Abfragen auch nicht erreichen.

44a Wünscht der Auftraggeber eine möglichst weitgehende Selbstausführung, so kann er überlegen, eine Nachunternehmerliste gar nicht abzufragen, soweit er keine Eignungsprüfung vornehmen will. Der Zuschlag nach Vorlage einer entsprechenden Liste bedeutet eine **Zustimmung zum angekündigten Nachunternehmereinsatz** gemäß § 4 Abs. 8 Nr. 1 VOB/B.[108] Ohne Ankündigung des Nachunternehmereinsatzes ist der Auftraggeber bei der später erforderlich werdenden Zustimmung nach überwiegender Auffassung grundsätzlich frei, sofern der Betrieb des Auftragnehmers auf die Leistungen eigerichtet ist. Der Auftragnehmer hat dann keinen Anspruch auf Zustimmung.[109] Die Weitervergabe von Leistungen, auf die der Betrieb des Auftragnehmers nicht eingestellt ist, bedarf dann aber keiner Zustimmung.

45 **5. Nebenangebote (Abs. 2 Nr. 3). a) Begriff.** Ein Nebenangebot liegt vor, wenn ein Bieter eine von den Vertragsunterlagen **abweichende Art der Leistung** anbietet, unabhängig

---

[102] BGH NZBau 2008, 137; OLG Celle NZBau 2009, 58; BayObLG VergabeR 2003, 76; OLG Jena NZBau 2003, 638.
[103] BGH NZBau 2008, 592 Rn. 13 mit Anm. *Horn* VergabeR 2008, 785; VK Hannover 30.8.2004 – 26045-VgK 08/2004, IBRRS 2005, 0312; **anderer Ansicht** VK Sachsen 11.3.2005 – 1/SVK/009-05, BeckRS 2005, 04609.
[104] Fehlerträchtig sind schon die Ankreuzmöglichkeiten im EVM (B) Ang unter Ziff. 5, vgl. OLG Dresden IBR 2003, 319 *(Wittchen).*
[105] OLG Koblenz NZBau 2004, 571: mehr als 20% nicht mehr geringfügig; OLG Jena NZBau 2003, 638; OLG Schleswig 8.12.2005 – 6 Verg 12/05, BeckRS 2005, 14835; OLG Naumburg IBR 2006, 43; OLG Dresden OLGR 2003, 268: Ausnahmen nur in Sonderfällen; OLG Celle VergabeR 2002, 176: Anteile unter 20% nicht wesentlich.
[106] OLG Düsseldorf 5.5.2004 – Verg 10//04, BeckRS 2004, 05485 = IBR 2004, 381; anderer Ansicht OLG Bremen BauR 2001, 94; vgl. näher *Roth* NZBau 2005, 316.
[107] BGH NZBau 2002, 107=BauR 2002, 308; zu Ausnahmen vgl. OLG Düsseldorf IBR 2004, 270.
[108] BayObLG 25.9.2003 – Verg 14/03, BeckRS 2004, 00350 = IBR 2004, 36 (Wittchen); *Oppler* in Ingenstau/Korbion VOB/B § 4 Abs. 8 Rn. 9; *Hertwig* in Beck'scher VOB-Kommentar VOB/A § 10 Rn. 15.
[109] *Hofmann* in Beck'scher VOB-Kommentar VOB/B § 4 Nr. 8 Rn. 16; wohl auch *Oppler* in Ingenstau/Korbion VOB/B § 4 Abs. 8 Rn. 2, 6; anderer Ansicht: *Heiermann/Riedl/Rusam* 11. Aufl., VOB/A § 10 Rn. 23; die in Bezug genommene Stelle der EVM (B) ZVB E bezieht sich aber nur auf Leistungen, auf die der Betrieb des AN nicht eingerichtet ist.

von dem Umfang und dem Gegenstand der Änderung.[110] Die Abweichung kann in technischer, wirtschaftlicher oder rechtlicher Hinsicht erfolgen.[111] Erfasst werden damit neben Leistungsmodifikationen[112] Abänderungen der kommerziellen Bedingungen zB zu Sicherheiten oder Zahlungsbedingungen oder auch der Vertragsregelungen. Sie sind vergaberechtlich insbesondere wegen ihrer Wertung anspruchsvoll.[113] Bei Unterschwellenvergaben müssen Sie grundsätzlich gewertet werden, soweit sie nicht ausdrücklich ausgeschlossen wurde, § 16d Abs. 3 VOB/A. Dazu müssen sie allerdings bestimmten formellen Anforderungen genügen, vgl. § 13 Abs. 3 VOB/A.[114] Umgekehrt ist die Regelung für Vergaben oberhalb der Schwellenwerte. Nebenangebote sind nur zulässig, wenn sie bereits in der Bekanntmachung zugelassen worden sind. Schweigt die Bekanntmachung, sind sie ausgeschlossen. Außerdem müssen für Nebenangebote in den Vergabeunterlagen zusätzliche Mindestbedingungen aufgestellt werden.[115] Das gilt bei Unterschwellenvergaben nicht.[116] Hier sind Mindestbedingungen fakultativ.

Bis 2006 unterschied die VOB/A zwischen **Änderungsvorschlägen und Nebenangeboten.** Beide betreffen Abweichungen von dem in den Vertragsunterlagen ausgeschriebenen Vertragsinhalt. Da die VOB/A die Begriffe ohne eigene Definition verwandte, herrschte über die Abgrenzung Unklarheit.[117] Die herrschende Auffassung differenzierte nach Art und Umfang der Abweichung. Ein Nebenangebot lag danach vor, wenn es sich um eine Änderung entweder des gesamten ausgeschriebenen Leistungsinhalts oder jedenfalls um grundlegende Änderungen oder Umgestaltungen wesentlicher Leistungsteile handelte. Änderungsvorschläge beschränkten sich demgegenüber auf begrenzte Teile der ausgeschriebenen Leistung, insbes. einzelnen Leistungsverzeichnispositionen.[118] Andere nahmen eine formelle Abgrenzung vor: Nebenangebote seien selbstständig, dh werden ohne Hauptangebot abgegeben, während Änderungsvorschläge ohne Abgabe eines Hauptangebotes nicht denkbar seien.[119] Schließlich negierten andere jede Unterscheidung und behandeln die beiden Begriffe – wie es bereits die VOL/A getan hat – synonym.[120] Die begriffliche Auseinandersetzung war eher akademischer Natur, da die VOB/A Änderungsvorschläge und Nebenangebote weitgehendgleichbehandelt hat.[121] Seit 2006 gibt es unabhängig von der Wesentlichkeit nunmehr nur noch Nebenangebote. Auch die europäischen Richtlinien bezeichnen abweichenden Bieterangebote einheitlich als Varianten. 46

b) Wahlmöglichkeiten des Auftraggebers. Nach Abs. 2 Nr. 3 muss der Auftraggeber 47 anzugeben, wenn er Nebenangebote nicht zulässt oder lediglich in Verbindung mit einem Hauptangebot zulässt. In tatsächlicher Hinsicht hat der Auftraggeber mehr Optionen:

– ausdrücklich wünschen,
– zulassen,
– ausdrücklich nicht zulassen,
– sich gar nicht äußern,
– Mindestbedingungen aufstellen.

Weiter kann er zwischen Nebenangeboten **differenzieren,** zB nur technische oder nur kauf- 48 männische Nebenangebote zulassen bzw. diese auf bestimmte Teile der Leistung oder der Vertragsbedingungen beschränken. Notwendig ist allerdings immer eine ausreichende begriffliche Klarstellung. Denn ausdrücklich nicht zugelassene Nebenangebote dürfen nicht gewertet werden (§ 16 Abs. 1 Nr. 5 VOB/A),[122] während nicht ausdrücklich ausgeschlossene Nebenangebote gewertet werden müssen. Wird ein Ausschluss nicht aus der maßgeblichen Sicht der Bieter deutlich, sind Nebenangebote zulässig.

---

[110] OLG Düsseldorf IBR 2011, 353; OLG Jena IBR 2011, 753.
[111] OLG Düsseldorf NZBau 2012, 185.
[112] Dazu näher → VOB/B § 2 Rn. 45 ff.
[113] Vgl. näher → VOB/A § 16 Rn. 129 ff.
[114] Vgl. näher → VOB/A § 13 Rn. 32 ff.
[115] Vgl. → EG § 8 Rn. 27 ff. und → VOB/A § 16 Rn. 132 ff.
[116] BGH VergabeR 2012, 26 mit Anm. *Müller-Wrede;* vgl. näher → Rn. 56.
[117] Vgl. *Hertwig* in Beck'scher VOB-Kommentar VOB/A § 10 Rn. 17 ff. mwN.
[118] *Wirner* ZfBR 2005, 152; *Hofmann* ZfBR 1984, 259 (260); *Brinker/Ohler* in Beck'scher VOB-Kommentar VOB/A § 25 Rn. 132 f.; *Daub/Piel/Soergel* ErlZ. A 17.101; *Kratzenberg* in Ingenstau/Korbion 16. Aufl. VOB/A § 10 Rn. 79.
[119] *Hertwig* in Beck'scher VOB-Kommentar VOB/A § 10 Rn. 18 f.
[120] FKZG 3. Aufl. VOB/A § 25 Rn. 651; *Schweda* VergabeR 2003, 268 (269); wohl auch OLG Celle NZBau 2000, 105 = BauR 2000, 405.
[121] Vgl. 2. Aufl. VOB/A § 10 Rn. 54.
[122] VÜA Bayern BauR 1999, 791; *Grünhagen* in FKZG 3. Aufl. EG VOB/A § 16 Rn. 415.

49 Zwischen diesen Möglichkeiten hat der Auftraggeber grundsätzlich die **freie Wahl;** er muss seine Entscheidung auch nicht begründen[123] Seine Entscheidung kann in einem Nachprüfungsverfahren nur auf Willkür überprüft werden.[124] An seine einmal getroffene Entscheidung ist der Auftraggeber allerdings gebunden.[125]

50 **aa) Wünschen von Nebenangeboten.** Wünscht der Auftraggeber ausdrücklich Nebenangebote, wird er die entsprechende Ausarbeitungsbereitschaft bei den Bietern fördern, da sie damit rechnen dürfen, dass er zu einer ernsthaften Änderung des „Amtsvorschlages" bereit ist.

51 Fraglich ist, ob der Auftraggeber im Unterschwellenbereich Nebenangebote auch **verlangen kann.** Für den Oberschwellenbereich sehen das § 35 Abs. 1 VgV und § 8 EU VOB/A 2016 ausdrücklich vor, dass nun auch Nebenangebote „vorgeschrieben" werden dürfen. Unabhängig davon ist das bislang auch schon für die Basis Paragrafen vertreten worden.[126] Folge wäre, dass ansonsten ordnungsgemäße Hauptangebote ohne die geforderten Nebenangebote und als unvollständig von der Wertung ausgeschlossen werden müssten. Der 1. Abschnitt der VOB/A kennt aber nur „gewünschte" oder „zugelassene Nebenangebote."[127] Das kann nicht ohne weiteres in eine Pflicht zur Abgabe von Nebenangeboten erweitert werden. Verlangt der Auftraggeber Nebenangebote zu einzelnen Leistungsverzeichnispositionen, wären dies Alternativpositionen. Diese kann er in gewissen Grenzen ausschreiben.[128] Das ist aber mit vom Bieter selbst zu erstellenden Nebenangeboten nicht vergleichbar. Es wäre auch nicht verständlich, warum Bieter, die ein Nebenangebot nicht abgeben können oder wollen, auch mit dem – vom Auftraggeber gewünschten und ausgeschriebenen – Hauptangebot ausgeschlossen sein sollen. Dem Auftraggeber bleibt es frei, ob er ein Hauptangebot oder ein freiwillig abgegebenes Nebenangebot beauftragen will. Die Einschränkung des Bewerberkreises durch eine zwingende Kopplung widerspricht sowohl den Auftraggeberinteressen an einer möglichst preisgünstigen Vergabe wie auch den Bieterinteressen. Ein Zwang zur Abgabe von Nebenangeboten ist tatsächlich wenig sinnvoll und für den unter Schwellenbereich nicht vorgesehen.[129]

52 Nicht zugestimmt werden kann deshalb einer Entscheidung des VÜA Bund.[130] Dort hatte der Auftraggeber für dieselben Leistungen Einheitspreis- und Pauschalpreisangebote gefordert und in den Bewerbungsbedingungen festgeschrieben, dass nur Angebote nach beiden Kalkulationsarten gewertet werden. Der VÜA Bund hielt die Verpflichtung zur Abgabe eines Nebenangebotes für zulässig. Wenn ein Auftraggeber einen Bieter ausnahmsweise ausschließen könne, wenn er ein Nebenangebot ohne Hauptangebot abgebe, folge hieraus, dass auch ein Nebenangebot zum Hauptangebot gefordert werden könne. Dieser Umkehrschluss ist nicht möglich. Aus einer möglichen Einschränkung für fakultative Nebenangebote kann nicht gefolgert werden, dass Nebenangebote obligatorisch vorgegeben werden können. Im Ergebnis hat der VÜA allerdings die Ausschlussklausel in den Bewerbungsbedingungen für rechtswidrig gehalten, so dass das Einzelangebot als Nebenangebot zu werten war. Auch seiner Auffassung nach ist ein Zwang zum Nebenangebot nur ausnahmsweise bei Vorliegen besonderer Gründe zulässig.

53 **bb) Zugelassene Nebenangebote.** Werden Nebenangebote zugelassen, müssen sie gewertet werden. Gleiches gilt, falls der Auftraggeber sich zu Nebenangeboten gar nicht äußert und sie damit nicht ausdrücklich ausschließt. Auch in diesem Fall sind sie zulässig und müssen gewertet werden (§ 16d Abs. 3 VOB/A). Es empfiehlt sich, dass der Auftraggeber sich in den Vergabeunterlagen ausdrücklich zur Zulassung äußert. Das ist oberhalb der Schwellenwerte wegen der Anforderungen zur Angabe in der Bekanntmachung und von Mindestbedingungen (dazu → Rn. 55) auch unvermeidlich.

54 **cc) Ausschluss von Nebenangeboten.** Nebenangebote sind unzulässig, wenn sie ausdrücklich ausgeschlossen wurden. Sie dürfen dann nicht gewertet werden (§ 16 Abs. 1 Nr. 5 VOB/A) und zwar auch dann nicht, wenn sie das annehmbarste Angebot wären. Der Ausschluss muss

---

[123] OLG München VergabeR 2007, 799. *Verfürth* in KMPP VOB/A § 8 Rn. 30.
[124] OLG Koblenz VergabeR 2002, 618; *Schweda* VergabeR 2003, 268 (274); enger *Hertwig* in Beck'scher VOB-Kommentar VOB/A § 10 Rn. 20 und *Raufeisen* in Willenbruch/Wiedekind VOB/A § 8 Rn. 25, die eine sachliche Rechtfertigung verlangen.
[125] OLG Saarbrücken ZVgR 2000, 181; *Schweda* VergabeR 2003, 268 (275).
[126] *Brinker/Ohler* in Beck'scher VOB-Kommentar VOB/A § 25 Rn. 135.
[127] So bereits früher § 25 Nr. 3 VOB/A 1973.
[128] Vgl. → VOB/A § 5 Rn. 15.
[129] *Daub/Piel/Soergel* ErlZ. A 17.107; *Raufeisen* in Willenbruch/Wiedekind VOB/A § 8 Rn. 23.
[130] VÜA Bund 19.11.1998 – 1 VÜ 11/98, abgedruckt bei *Fischer/Noch* III 63.

nicht für die Gesamtleistung gelten, sondern kann sich auf Teile beschränken.[131] Der Auftraggeber hat weiter zu beachten, dass er Nebenangebote auch **konkludent ausschließen** kann, indem er Festlegungen in der Leistungsbeschreibung für verbindlich erklärt („in jedem Fall ist", „muss", „darf nicht", oÄ).[132] Das kann manchmal auch ungewollt geschehen,[133] da es für den Ausschluss nicht auf die Absicht des Auftraggebers, sondern auf den Empfängerhorizont aller angesprochenen Bieter ankommt.[134] Selbst wenn generell Nebenangebote zugelassen sind, führt eine die Ausschließlichkeit einer Festlegung der Leistungsbeschreibung betonende Diktion zum Ausschluss von Nebenangeboten hinsichtlich dieses Punktes.[135] Bestimmt die Vergabestelle, dass Nebenangebote nur bei gleichzeitiger Abgabe eines Hauptangebotes zulässig sind, so muss das Hauptangebot zumindest wertungsfähig sein. Ist dies nicht der Fall, so ist das Nebenangebot ebenfalls von der Wertung auszuschließen.[136]

dd) Mindestanforderungen aufstellen. Der Auftraggeber braucht nicht Nebenangebote nur insgesamt zuzulassen oder auszuschließen. Er kann, wie dargelegt, auch bestimmte Vorgaben für verbindlich erklären und insoweit Nebenangebote ausschließen.[137] Darüber hinaus kann er aber auch Mindestanforderungen, wie das in § 8 EU Abs. 2 Nr. 3 und in § 8 Abs. 1 SektVO für Vergaben oberhalb der Schwellenwerte zwingend vorgegeben ist. Diese Möglichkeit besteht unstreitig allgemein.[138] Denn das Recht zur Aufstellung von Mindestbedingungen ist als Weniger im Recht auf Ausschluss enthalten. Fragen zu den festzulegenden Mindestanforderungen werden bei § 8 EU erläutert.

Streitig ist, ob es ausreicht, dass sich die **Mindestbedingungen durch Auslegung** der Vertragsunterlagen ergeben, insbesondere sie sich den Anforderungen der Leistungsbeschreibung entnehmen lassen.[139] Bei umfangreichen Anforderungen in der Leistungsbeschreibung kann der allgemeine Hinweis *„Das Nebenangebot muss den Konstruktionsprinzipien und den vom Auftraggeber vorgesehenen Planungsvorgaben entsprechen"* genügen, wenn für einen verständigen Bieter erkennbar ist, welchen baulichen und konstruktiven Anforderungen ein Nebenangebot zu entsprechen hat.[140] Darüber hinaus werden konkrete Mindestanforderungen da erforderlich, wo diese nicht schon aus dem Zusammenhang der Vertragsunterlagen bestimmbar sind. Bei einer detaillierten Beschreibung der Leistung kann der Bieter regelmäßig auch ohne ausdrückliche Festlegung von Mindestanforderungen erkennen, wie sein Nebenangebot mindestens beschaffen sein muss, um als objektiv gleichwertig angesehen werden zu können. Bei einer funktionalen Ausschreibung wird eine Bestimmung konkreter Mindestanforderungen dagegen häufiger erforderlich, insbesondere wenn grundsätzlich unterschiedliche Lösungsmöglichkeiten in Betracht kommen. Auch hier werden die Angaben aber immer relativ abstrakt bleiben dürfen, da weder der Auftraggeber kraft Gesetzes Prophet sein muss noch wirtschaftliche Lösungen vergaberechtlich ausgeschlossen werden sollen, nur weil sie der Bieter, nicht aber der Auftraggeber erkannt hat. Immer ist darauf zu achten, dass die Mindestbedingungen sachgerechte und nicht diskriminierende Anforderungen an die zu erbringende Leistung stellen.

c) Beschreibung von Nebenangeboten (Abs. 2 Nr. 2 Satz 2). Die Bewerber sind im Anschreiben oder (regelmäßig) in den Teilnahmebedingungen aufzufordern, die angebotene Leistung eindeutig zu beschreiben. Ansonsten kann der Auftraggeber die Leistung nicht mit den ausgeschriebenen Leistungen vergleichen oder die Erfüllung seines Beschaffungsbedürfnisses überprüfen. Die Angabe einer Preisdifferenz ist wertlos, wenn nicht klar wird, welche konkrete Leistung für den angebotenen Preis erbracht wird. Um ein Nebenangebot werten zu können, muss die Beschreibung des Bieters zu seinem Nebenangebot deshalb idealiter den Anforderungen

---
[131] *Raufeisen* in Willenbruch/Wiedekind VOB/A § 8 Rn. 24.
[132] VÜA Bayern 17.2.1995 – VÜA 1/95, LSK 1996, 210300 bei *Fischer/Noch* IV 1.1; VÜA NRW IBR 1998, 509; *Heiermann/Riedl/Rusam* VOB/A § 25 Rn. 87; *Daub/Eberstein/Kulartz* VOL/A § 25 Rn. 50.
[133] OLG Düsseldorf 31.1.2001 – U (Kart) 9/00, BeckRS 9998, 04680; VK Südbayern 20.4.2001 – 07-03/01, BeckRS 2001, 30068.
[134] BGH BauR 1993, 595; 1994, 236.
[135] OLG Düsseldorf 31.1.2001 – U (Kart) 9/00, BeckRS 9998, 04680.
[136] VK Schleswig-Holstein 18.10.2000 – VK-SH 11/00, IBRRS 2005, 0355.; *Willenbruch/Wiedekind/Raufeisen* VOB/A § 8 Rn. 29.
[137] *Wirner* ZfBR 2005, 152; *Daub/Eberstein/Kulartz* VOL/A § 25 Rn. 50.
[138] BGH NZBau 2012, 46; VK Schleswig-Holstein 21.6.2000 – VK – SH 3/00, IBRRS 2005, 0220; *Verfürth* in KMPP VOB/A § 8 Rn. 30.
[139] So etwa OLG Schleswig 15.2.2005 – 6 Verg 6/04, BeckRS 2005, 01848; VK Bund 14.12.2004 – VK2-208/04, ZfBR 2005, 318; (jeweils ibr-online); vgl. näher → VOB/A § 16 Rn. 132ff.
[140] VK Bund 14.7.2005 – VK 1-50/05, IBRRS 2005, 2656 (www.bundeskartellamt.de).

der §§ 7 – 7c VOB/A entsprechen.[141] Im Rahmen des § 15 VOB/A sind zwar noch Aufklärungen möglich, aber nur hinsichtlich zweifelhafter Punkte eines feststehenden Sachverhalts. Der Angebotsinhalt darf nicht verändert oder weiterentwickelt werden. Dessen hinreichende Konkretisierung muss bereits mit dem Angebot erfolgt sein.[142] Ein besonderer Beschreibungsbedarf besteht immer dann, wenn die angebotene Leistung ihrer Art nach nicht den Vertragsunterlagen oder der VOB/C entspricht. Hier sollten die Bieter klar und detailliert zu umfassenden Angaben über Ausführung und Beschaffenheit aufgefordert werden, wenn man an wertbaren Nebenangeboten interessiert ist.

Die Teilnahmebedingungen des Vergabehandbuches sehen insoweit folgende Vorgaben vor:

Der Bieter hat die in Nebenangeboten enthaltenen Leistungen eindeutig und erschöpfend zu beschreiben; die Gliederung des Leistungsverzeichnisses ist, soweit möglich, beizubehalten.
Nebenangebote müssen alle Leistungen umfassen, die zu einer einwandfreien Ausführung der Bauleistung erforderlich sind.
Soweit der Bieter eine Leistung anbietet, deren Ausführung nicht in Allgemeinen Technischen Vertragsbedingungen oder in den Vergabeunterlagen geregelt ist, hat er im Angebot entsprechende Angaben über Ausführung und Beschaffenheit dieser Leistung zu machen.[143]

C. Teilnahmebedingungen (Abs. 2 Nr. 4 VOB/A)

58 Auftraggeber, **die ständig Bauleistungen vergeben,** sollen die Anforderungen an die Angebotsbearbeitungen in Teilnahmebedingungen (bis zur VOB 2016 als Bewerbungsbedingungen bezeichnet) zusammenfassen. In die Teilnahmebedingungen gehören alle Regelungen und Angaben zum Vergabeverfahren, die standardisiert werden können. Dies gilt auch für diejenigen Punkte, die nach Abs. 2 Nr. 1 grundsätzlich im Anschreiben enthalten sein sollen.[144] Dies ergibt sich zum einen daraus, dass viele Punkte des Katalogs üblicher Inhalt der Teilnahmebedingungen ist, für die ansonsten auch nur noch wenig Inhalt verbliebe, zum anderen aber auch aus Sinn und Zweck der Teilnahmebedingungen: Der beabsichtigte Rationalisierungszweck[145] lässt sich nicht erreichen, wenn letztlich alle Angaben in dem Anschreiben körperlich enthalten sein müssen. Die Teilnahmebedingungen sind nach der Systematik der Abs. 2 gewissermaßen geistiger **Teil des Anschreibens,** dem sie nach Abs. 2 Nr. 4 auch beigefügt sein müssen.[146]

59 Die Teilnahmebedingungen gehören wie das Anschreiben nicht zu den Vertragsunterlagen; sie werden also nicht Bestandteil des späteren Bauvertrages. Es ist deshalb verfehlt, Vertragsbedingungen, die in ZVB gehören, mit den Teilnahmebedingungen zu vermischen, wie es in der Praxis aber geschieht.[147] Trotz ihrer Geltung nur für das Vergabeverfahren sind die Teilnahmebedingungen, soweit sie vertraglichen Inhalt haben, zB für Bietersicherheiten, über Bindefrist etc, vorvertraglich vereinbarte **Allgemeine Geschäftsbedingungen.**[148] Üblicherweise enthalten sie nähere Bestimmungen zur Angebotserstellung, zur Bindefrist, zur Zulassung und Anforderung an Nebenangebote und Änderungsvorschläge, zum Nachunternehmereinsatz, weiteren Eignungsnachweisen, zu Anforderungen an Bietergemeinschaften etc.[149] Soweit die Teilnahmebedingungen vergaberechtlich unzulässige Anforderungen stellen, dürfen diese bei den Entscheidungen über Ausschluss von Angeboten und der Wertung nicht berücksichtigt werden.[150] Wirk-

---

[141] OLG Koblenz VergabeR 2002, 72; *Brinker/Ohler* in Beck'scher VOB-Kommentar VOB/A § 25 Rn. 139; *Schweda* VergabeR 2003, 268 (276); *Wirner* ZfBR 2005, 152.
[142] Vgl. OLG Düsseldorf VergabeR 2001, 226; *Wirner* ZfBR 2005, 152 mwN; *Jasper* in Beck'scher VOB-Kommentar VOB/A § 24 Rn. 27; *Grünhagen* in FKZG 3. Aufl. EG VOB/A § 15 Rn. 34; weitergehend *Kratzenberg* in Ingenstau/Korbion 16. Aufl. VOB/A § 24 Rn. 8.
[143] Ziff 5.2 der Teilnahmebedingungen Formblatt 212 des VHB.
[144] Ebenso *Daub/Piel/Soergel* ErlZ. A 17.93.
[145] So zB *von Wietersheim* in Ingenstau/Korbion VOB/A § 8 Rn. 20; *Heiermann/Bauer* in Heiermann/Riedl/Rusam VOB/A § 8 Rn. 32.
[146] So sind auch nach den Mustern des VHB die Angaben zu Nr. 5 Abs. 2 lit. n und Nr. 5 Abs. 3 in den Teilnahmebedingungen enthalten, nicht aber in dem Anschreiben selbst.
[147] *Daub/Piel/Soergel* ErlZ. A 17.92.
[148] OLG Koblenz NZBau 2004, 571; *Heiermann/Bauer* in Heiermann/Riedl/Rusam VOB/A § 8 Rn. 32; *Horn/Wolf/Lindacher* AGBG § 23 Rn. 240 zur VOB/A; anderer Ansicht *Daub/Eberstein/Zdzieblo* VOL/A § 9 Rn. 31.
[149] Vgl. Teilnahmebedingungen Formblatt 212 des VHB.
[150] VÜA Bund 19.11.1998 – 1 VÜ 11/98, abgedruckt bei *Fischer/Noch* III 63.

same Anforderungen bleiben demgegenüber bindend, selbst wenn sie gar nicht gewollt waren, sondern nur versehentlich nicht gestrichen wurden. Die Voraussetzungen für eine Aufhebung werden in derartigen Fällen idR nicht vorliegen.[151]

D. Folgen von Verstößen gegen § 8 VOB/A

Nach früherer Dogmatik kam der VOB/A als bloßer Verwaltungsvorschrift keine unmittelbare Außenwirkung zu.[152] Seit dem Vergaberechtsänderungsgesetz haben jedoch für Vergaben oberhalb der Schwellenwerte die Bestimmungen über das Vergabeverfahren über die Ermächtigungsnorm des § 113 GWB und § 6 VgV Rechtsnormqualität erhalten; nach § 97 Abs. 6 GWB haben die Bieter einen Anspruch auf deren Einhaltung, soweit sie ihren Schutz bezwecken. Solche Verstöße können in einem Nachprüfungsverfahren geltend gemacht werden. 60

Ob das auch für die Regelungen der VOB/A gilt, die (auch) Aussagen über den späteren Inhalt des Bauvertrages (§§ 7, 9 VOB/A) treffen, bleibt häufig unerörtert[153] und ist im Übrigen streitig. Nach einer Auffassung erfassen die § 97 Abs. 6 und 7 GWB insgesamt nicht das in VOB/A geregelte Bauvertragsrecht.[154] Denn schon die Ermächtigung auf Grundlage des § 97 Abs. 6 GWB decke nur Regelungen vergabe**verfahrens**rechtlichen Inhalts. Nur diese erlangen deshalb durch die Inbezugnahme Rechtsnormqualität.[155] Auch § 97 Abs. 7 GWB gewährt nur Ansprüche auf die Einhaltung des Vergabeverfahrensrechts, nicht aber des Vergabevertragsrechts.[156] Demgegenüber wird hier mit der wohl überwiegenden Auffassung vertreten, dass die Vorschrift des § 97 Abs. 7 GWB zur Wahrung der vergaberechtlichen Prinzipien weit auszulegen ist.[157] **Vergaberechtlich** relevant sind damit oberhalb der Schwellenwerte grundsätzlich alle Normen, die **bieterschützende Funktionen** haben, zB indem sie den Bieter vor Übernahme bestimmter Risiken, wie Vertragsstrafen, schützen oder ihm erst die Teilnahme am Wettbewerb, zB durch auskömmliche Ausführungsfristen, ermöglichen. Damit können die Bieter oberhalb der Schwellenwerte insoweit auch den bauvertraglichen Inhalt der Vertragsunterlagen im Rahmen eines Nachprüfungsverfahrens überprüfen lassen. 61

Keine Auswirkungen hat dieser Meinungsstreit für Verstöße gegen die Regelung über das Anschreiben. Diese sind eindeutig vergabeverfahrensrechtlicher Art. Ihre Verletzung kann das Vergabeverfahren rechtsfehlerhaft machen, wenn die Transparenz über die Vergabe öffentlicher Ausschreibungen beeinträchtigt ist.[158] Das gilt immer dann, wenn die Bieter auf Grund unrichtiger oder unvollständiger Angaben ordnungsgemäße Angebote nicht oder nicht rechtzeitig abgeben konnten. Es ist aber insbesondere die Rügeobliegenheit des § 160 Abs. 3 Nr. 1 GWB zu beachten. So muss das Fehlen von Mindestanforderungen für Nebenangebote idR bis zum Ablauf der Frist zur Angebotsangabe gerügt werden.[159] 62

Derartige vergaberechtliche Verstöße wirken sich **vertragsrechtlich** allerdings nur beschränkt aus. Auch Bauverträge mit vergaberechtswidrigem Inhalt sind zivilrechtlich grundsätzlich wirksam. Allerdings führen jegliche Änderungen an der VOB/B dazu, dass alle Regelungen einer ABG-rechtlichen **Klauselkontrolle** unterliegen.[160] Die vergaberechtlichen Regelungen bezwecken nur die Sicherstellung der Vergabeprinzipien – Wettbewerbsprinzip, Gleichheitsgebot, Transparenz – und bezwecken deshalb schon nach Sinn und Zweck keine Einschränkung der Vertragsinhaltsfreiheit über die allgemein bürgerlich-rechtlichen Regelungen hinaus. Hinzu kommt, dass sich die Gebote nur einseitig an die Vergabestelle richten; Verstöße gegen nur einseitige Verbotsgesetze machen Geschäfte in der Regel gerade nicht unwirksam.[161] Vergabe- 63

---

[151] VK Südbayern 13.1.2003 – 52-11/02, IBR 2003, 321.
[152] BGH BauR 1992, 221; 1997, 126.
[153] Vgl. *Reidt/Stickler/Glahs/Stickler* § 97 Rn. 44; *Werner* in Byok/Jaeger § 97 Rn. 197 f.; *Boesen* § 97 Rn. 200 ff., der jedoch ein subjektives Recht auf Einhaltung des § 9 VOB/A bejaht; *Dreher* in Immenga/Mestmäcker § 97 Rn. 191 ff., 196; *Kalinowsky* S. 252 ff. für Bieterschutz von § 8 Abs. 3–6; *Hänsel* in Ziekow/Völlink VOB/A § 8 Rn. 43.
[154] *Motzke* in Beck'scher VOB-Kommentar Syst.III Rn. 68 f., 80 ff.; *Waldner* S. 67; anders aber nun *Motzke* in Beck'scher VOB-Kommentar VOB/A § 8 Rn. 229 ff.
[155] *Motzke* in Beck'scher VOB-Kommentar Syst.III Rn. 68 f., 80 ff.
[156] *Motzke* in Beck'scher VOB-Kommentar Syst.III Rn. 84 ff.
[157] Vgl. zB → VOB/A § 5 Rn. 29, → § 11 Rn. 8 mwN.
[158] VÜA Bund WuW/E VergAB 1 ff.; VÜA Bund ZVgR 1997, 29.
[159] OLG Schleswig IBR 2005, 342; VK Münster IBR 2005, 343.
[160] Vgl. näher → VOB/B Einleitung Rn. 47 ff.
[161] BGH NJW 2002, 3015; 2000, 1186; *Ellenberger* in Palandt BGB § 134 Rn. 9.

rechtswidrige Vertragsbedingungen können allerdings nach § 305 ff. BGB unwirksam sein, insbesondere wenn sie zu einer unangemessenen Benachteiligung des Auftragnehmers führen. Weiter kommt ein Verstoß gegen das Transparenzgebot (§ 307 Abs. 3 BGB) in Betracht, insbesondere wenn einzelne Bedingungen in den Vertragsunterlagen systematisch so falsch eingeordnet sind, dass mit den Klausel an dieser Stelle nicht gerechnet zu werden brauchte.[162] Daneben kommen grundsätzlich Ansprüche aus **culpa in contrahendo** (§ 311 Abs. 2 BGB) in Betracht. Diese setzen jedoch ein berechtigtes und schutzwürdiges Vertrauen voraus. Die Schutzwürdigkeit des Vertrauens eines Bieters entfällt aber bereits, wenn er bei der ihm im jeweiligen Fall zumutbaren Prüfung erkannt hat oder hätte erkennen müssen, dass der Auftraggeber von den für ihn geltenden Regeln abweicht. Darüber hinaus verdient sein Vertrauen auch dann keinen Schutz, wenn sich ihm die ernsthafte Gefahr eines Regelverstoßes des Auftraggebers aufdrängen muss, ohne dass die Abweichung schon sicher erscheint.[163] In der Praxis greift diese Anspruchsgrundlage damit höchst selten.

§ 8a Allgemeine, Besondere und Zusätzliche Vertragsbedingungen

(1) ¹In den Vergabeunterlagen ist vorzuschreiben, dass die Allgemeinen Vertragsbedingungen für die Ausführung von Bauleistungen (VOB/B) und die Allgemeinen Technischen Vertragsbedingungen für Bauleistungen (VOB/C) Bestandteile des Vertrags werden. ²Das gilt auch für etwaige Zusätzliche Vertragsbedingungen und etwaige Zusätzliche Technische Vertragsbedingungen, soweit sie Bestandteile des Vertrags werden sollen.

(2) 1. Die Allgemeinen Vertragsbedingungen bleiben grundsätzlich unverändert. Sie können von Auftraggebern, die ständig Bauleistungen vergeben, für die bei ihnen allgemein gegebenen Verhältnisse durch Zusätzliche Vertragsbedingungen ergänzt werden. Diese dürfen den Allgemeinen Vertragsbedingungen nicht widersprechen.

2. Für die Erfordernisse des Einzelfalles sind die Allgemeinen Vertragsbedingungen und etwaige Zusätzliche Vertragsbedingungen durch Besondere Vertragsbedingungen zu ergänzen. In diesen sollen sich Abweichungen von den Allgemeinen Vertragsbedingungen auf die Fälle beschränken, in denen dort besondere Vereinbarungen ausdrücklich vorgesehen sind und auch nur soweit es die Eigenart der Leistung und ihre Ausführung erfordern.

(3) ¹Die Allgemeinen Technischen Vertragsbedingungen bleiben grundsätzlich unverändert. ²Sie können von Auftraggebern, die ständig Bauleistungen vergeben, für die bei ihnen allgemein gegebenen Verhältnisse durch Zusätzliche Technische Vertragsbedingungen ergänzt werden. ³Für die Erfordernisse des Einzelfalles sind Ergänzungen und Änderungen in der Leistungsbeschreibung festzulegen.

(4) 1. In den Zusätzlichen Vertragsbedingungen oder in den Besonderen Vertragsbedingungen sollen, soweit erforderlich, folgende Punkte geregelt werden:
    a) Unterlagen (§ 8b Absatz 3; § 3 Absatz 5 und 6 VOB/B),
    b) Benutzung von Lager- und Arbeitsplätzen, Zufahrtswegen, Anschlussgleisen, Wasser- und Energieanschlüssen (§ 4 Absatz 4 VOB/B),
    c) Weitervergabe an Nachunternehmen (§ 4 Absatz 8 VOB/B),
    d) Ausführungsfristen (§ 9; § 5 VOB/B),
    e) Haftung (§ 10 Absatz 2 VOB/B),
    f) Vertragsstrafen und Beschleunigungsvergütungen (§ 9a; § 11 VOB/B),
    g) Abnahme (§ 12 VOB/B),
    h) Vertragsart (§ 4), Abrechnung (§ 14 VOB/B),
    i) Stundenlohnarbeiten (§ 15 VOB/B),
    j) Zahlungen, Vorauszahlungen (§ 16 VOB/B),
    k) Sicherheitsleistung (§ 9c; § 17 VOB/B),
    l) Gerichtsstand (§ 18 Absatz 1 VOB/B),
    m) Lohn- und Gehaltsnebenkosten,
    n) Änderung der Vertragspreise (§ 9d).

---

[162] Vgl. → VOB/B § 1 Rn. 38 ff.
[163] BGH NZBau 2001, 637; 2004, 517.

2. Im Einzelfall erforderliche besondere Vereinbarungen über die Mängelansprüche sowie deren Verjährung (§ 9b; § 13 Absatz 1, 4 und 7 VOB/B) und über die Verteilung der Gefahr bei Schäden, die durch Hochwasser, Sturmfluten, Grundwasser, Wind, Schnee, Eis und dergleichen entstehen können (§ 7 VOB/B), sind in den Besonderen Vertragsbedingungen zu treffen. Sind für bestimmte Bauleistungen gleichgelagerte Voraussetzungen im Sinne von § 9b gegeben, so dürfen die besonderen Vereinbarungen auch in Zusätzlichen Technischen Vertragsbedingungen vorgesehen werden.

Übersicht

	Rn.
I. Einführung	1
II. Obligatorische Vertragsunterlagen (Abs. 1)	3
III. Fakultative Vertragsunterlagen (Abs. 2–4)	7
1. Zusätzliche und Besondere Vertragsbedingungen (Abs. 2)	10
a) Verbot der Abweichung von der VOB/B	10
b) Zusätzliche Vertragsbedingungen	11
c) Besondere Vertragsbedingungen	12
2. Zusätzliche Technische Vertragsbedingungen (Abs. 3)	14
a) Zweck der ZTVB	14
b) Rechtscharakter	15
c) Inhalt	16
3. Zuordnungsregelung (Abs. 4)	19
a) Inhalt und Abgrenzung von ZVB zu BVB	19
b) Einzelfallregelungen (Abs. 4 S. 3)	24

I. Einführung

§ 8a VOB/A enthält nähere Vorgaben für die Vertragsgestaltung. Ein Bauvertrag setzt sich typischerweise aus einer Mehrzahl von Unterlagen zusammen. Deshalb regelt § 1 Abs. 2 VOB/B auch die Reihenfolge der verschiedenen Unterlagen für den Fall von Widersprüchen.

Die Vertragsunterlagen sind die Gesamtheit aller Unterlagen, aus denen sich der ausgeschriebene Vertrag zusammensetzen soll. Sie setzen sich nach § 8 Abs. 1 Nr. 2 VOB/A zusammen aus der Leistungsbeschreibung (§§ 7 bis 7c VOB/A) und den in § 8a VOB/A genannten verschiedenen Vertragsbedingungen.

Systematisch wird zwischen den obligatorischen Vertragsunterlagen, die nach §§ 8 und 8a VOB/A zwingend Vertragsbestandteile werden müssen, und den fakultativen Vertragsunterlagen gemäß § 8a Abs. 2 und 3 VOB/A unterschieden. Um letztere kann der Auftraggeber bei entsprechendem Bedürfnis die Vertragsunterlagen erweitern.

Die **obligatorische Bestandteile** der Vertragsunterlagen ergeben sich nach der Aufgliederung der Vorschriften mit der Neufassung 2016 erst aus einer Zusammenschau von § 8 und § 8a VOB/A. Es sind die Leistungsbeschreibung (§ 8 Abs. 1 Nr. 2 VOB/B) sowie nach § 8a Abs. 1 die VOB/B und VOB/C.

Fakultative Bestandteile der Vertragsunterlagen sind
– Zusätzliche Vertragsbedingungen (§ 8a Abs. 2 Nr. 1 und Abs. 4 Nr. 1),
– Besondere Vertragsbedingungen (§ 8a Abs. 2 Nr. 2 und Abs. 4 Nr. 2),
– Zusätzliche Technische Vertragsbedingungen (§ 8a Abs. 3) und
– Besondere Technische Vertragsbedingungen als Teil (idR als Vorbemerkung) der Leistungsbeschreibung (§ 8a Abs. 3 S. 3)
– Einzelfallregelungen (§ 8a Abs. 4 S. 3).

II. Obligatorische Vertragsunterlagen (Abs. 1)

Wichtigster Teil der obligatorischen Vertragsunterlagen ist die **Leistungsbeschreibung** gemäß § 7 VOB/A. Das wird als Selbstverständlichkeit – ohne Bestimmbarkeit des Bausolls als vertragscharakteristische Hauptleistung kann ein Vertrag überhaupt nicht wirksam geschlossen werden – in Abs. 3 nicht ausdrücklich hervorgehoben, ergibt sich aber aus dem Verweis in Abs. 1 Nr. 2 VOB/A.

4 Gemäß Abs. 3 ist in den Vertragsunterlagen vorzuschreiben, dass die **VOB/B und VOB/C** Vertragsbestandteile werden, und zwar **grundsätzlich unverändert** wie Abs. 4 Nr. 1 und Abs. 5 ausdrücklich anordnen (vgl. → Rn. 10 f., 17 ff.). Die an die VOB/A gebundenen Auftraggeber dürfen also Bauverträge nur auf der Grundlage der VOB/B und VOB/C schließen.

5 Für die wirksame Einbeziehung genügt eine Verweisung in den Vertragsunterlagen. Die VOB/B und VOB/C müssen den Bietern **nicht mitübersandt** werden. Bauunternehmer sind seit der Novellierung des HGB einerseits Kaufleute (§ 1 Abs. 2 HGB), andererseits jedenfalls Unternehmer im Sinne des § 14 BGB. Ihnen gegenüber reicht für die wirksame Einbeziehung damit ein bloßer **Hinweis in den Vertragsunterlagen** aus, § 310 Abs. 1 BGB. Die für die Einbeziehung verwandte Formulierung „vorzuschreiben" in Abs. 3 stellt keine weitergehenden formellen Anforderungen auf. Sie beruht auf einer aus 1926 stammenden Diktion, die lediglich – weit vor Inkrafttreten des AGBG 1977 (heute §§ 305 ff. BGB) – eine auftraggeberseitig gesetzte Rechtsordnung suggeriert, bedeutet allerdings nichts anderes als eine ausdrückliche Einbeziehung.[1]

6 Der für die Einbeziehung notwendige Hinweis auf die Geltung der VOB/B und VOB/C sollte entweder in die Vorbemerkungen des Leistungsverzeichnisses, in die Zusätzlichen Vertragsbedingungen oder in den Vordruck des Angebotsschreibens des Bieters aufgenommen werden. **Ein Hinweis in dem Anschreiben** oder den Bewerbungsbedingungen reicht nach Abs. 3 vergaberechtlich nicht aus, da Anschreiben und Bewerbungsbedingungen gerade nicht zu den Vertragsunterlagen gehören. Dennoch kann ein Hinweis im Anschreiben zivilrechtlich für die Einbeziehung ausreichen. Denn gegenüber Unternehmern können Allgemeine Geschäftsbedingungen auch dadurch in den Vertrag einbezogen werden, dass während der Vertragsverhandlungen auf sie konkret hingewiesen wird und der Unternehmer der Einbeziehung nicht widerspricht.[2] Zivilrechtlich würde auch ein Hinweis auf die VOB/B allein genügen, da die VOB/B ihrerseits im Wege der Staffelverweisung gemäß § 1 Nr. 1 VOB/B die VOB/C in den Bauvertrag einbezieht (vgl. → VOB/B § 1 Rn. 17 ff.).

III. Fakultative Vertragsunterlagen (Abs. 2–4)

7 Nach Abs. 3 Satz 2 VOB/A ist in den Vertragsunterlagen weiter „vorzuschreiben", dass **Zusätzliche Vertragsbedingungen** (ZVB) oder **Zusätzliche Technische Vertragsbedingungen** (ZTVB) Vertragsbestandteil werden, soweit deren Geltung vom Auftraggeber beabsichtigt ist. Bei den ZVB oder ZTVB handelt es sich ebenfalls um **Allgemeine Geschäftsbedingungen**. Zivilrechtlich ausreichend für die wirksame Einbeziehung in den späteren Bauvertrag ist wiederum ein unwidersprochener Hinweis an den Unternehmer (vgl. → § 8 Rn. 7). Eine Übergabe ist **zivilrechtlich** grundsätzlich nicht erforderlich;[3] es reicht aus, dass der Auftragnehmer in zumutbarer Weise von den ZVB oder ZTVB Kenntnis erlangen kann. Dies kann entweder dadurch geschehen, dass ihm der Auftraggeber auf Anforderung die zusätzlichen Bedingungswerke überlässt oder zumindest Einsicht in sie gewährt.[4] **Vergaberechtlich** wird eine Überlassung bereits dann geboten sein, wenn die Bedingungswerke nicht so veröffentlicht sind, dass der Bewerber hiervon ohne Schwierigkeiten Kenntnis nehmen kann.[5] Aus § 12 Abs. 5 VOB/A ergibt sich ein Gebot leichter Zugänglichkeit, insbesondere durch Überlassung. Eine bloß vergaberechtlich gebotene, aber tatsächlich unterbliebene Überlassung hätte nach dem Zuschlag auf den zivilrechtlich zu bestimmenden Vertragsinhalt keine Auswirkungen.[6] Sie könnte während des Verfahrens gerügt werden.

8 Weitere fakultative Vertragsunterlagen sind die **Besonderen Vertragsbedingungen** (BVB). Diese sollen **Individualregelungen** sein und sind deshalb in jedem Fall den Vertragsunterlagen beizufügen (vgl. → Rn. 12 f.).

9 Die öffentlichen Auftraggeber verwenden für die Vergabeunterlagen in der Regel Muster aus den **Vergabehandbüchern**. Auf der Ebene des Bundes gibt es zwei Vergabehandbücher, nämlich das „Vergabehandbuch für die Durchführung von Bauaufgaben des Bundes im Zuständigkeitsbereich der Finanzbauverwaltungen" (**VHB**)[7] sowie das „Handbuch für die Vergabe und

---

[1] Vgl. *Kratzenberg* in Ingenstau/Korbion 16. Aufl. VOB/A § 10 Rn. 14.
[2] BGH NJW 1985, 1838 (1839); NJW 1992, 1232.
[3] BGH NJW-RR 2002, 160.
[4] *Grüneberg* in Palandt § 305 Rn. 54 mwN.
[5] *v. Wietersheim* in Ingenstau/Korbion VOB/A § 8a Rn. 5.
[6] BGH NJW-RR 2002, 160.
[7] Unter www.bmvbw.de zugänglich.

Ausführung von Bauleistungen im Straßen- und Brückenbau" (**HVA B-StB**). Herausgegeben werden beide Vergabehandbücher vom Bundesministerium für Verkehr, Bau- und Wohnungswesen. Erarbeitet und fortgeschrieben werden sie von **Bund-Länder-Arbeitsgruppen,** beim HVA B-StB von einem gemischten Bund/Länder „Hauptausschuss Verdingungswesen im Straßen- und Brückenbau". Rechtlich handelt es sich um interne Dienstanweisungen, die durch Erlasse auf Bundesebene und parallel auch auf Länderebene, ggf. ergänzt um landesspezifische Regelungen wie zB beim VHB Bayern, verbindlich sind. Die Kommunen sind grundsätzlich frei, ob sie eigene Formulare oder welche Vergabehandbücher sie zur Erleichterung der Vergabe verwenden. In einigen Ländern bestehen **kommunale Vergabehandbücher.** Erstellt werden sie idR von den kommunalen Spitzenverbänden auf Basis des VHB, zB K VHB NRW oder KVHB-Bau Baden-Württemberg. Sie haben nur Empfehlungscharakter. Die Vergabehandbücher sollen eine leichte und rechtssichere Vergabe ermöglichen. Allerdings wird die aktuelle Rechtsprechung teilweise nur verzögert eingearbeitet, weshalb die Muster auch vergabewidrig sein können. In aller Regel sind sie allerdings besser und AGB-konformer als Vertragsmuster von Architekten und Ingenieure, auf die kleinere Kommunen häufiger zurückgreifen.

1. Zusätzliche und Besondere Vertragsbedingungen (Abs. 2). a) Verbot der Abweichung von der VOB/B. Abs. 4 Nr. 1 Satz 1 VOB/A stellt das Gebot auf, dass die Regelungen der VOB/B grundsätzlich unverändert bleiben. Sie dürfen durch Zusätzliche Vertragsbedingungen lediglich „ergänzt" werden, ohne dass diese Ergänzungen aber der VOB/B widersprechen dürfen, Abs. 4 Nr. 1 Satz 3. Erreicht wird hierdurch eine Standardisierung des Vertragsinhalts, was nicht nur für Bieter die Teilnahme an Vergaben erleichtert, sondern auch eine Vertragsgerechtigkeit gewährleistet, da Verhandlungen über den Vertragsinhalt in den meisten Vergabearten nicht zulässig sind. Nur für Besonderheiten des konkreten Bauvorhabens sollen gewisse Abweichungen in engen Grenzen durch Besondere Vertragsbedingungen zulässig sein, Abs. 4 Nr. 2 Satz 2. Diese Gebote überraschen denjenigen, der zuerst die Bauvertragspraxis der öffentlichen Auftraggeber kennen gelernt hat[8] und anschließend auf die Regelungen des § 8 VOB/A stößt. Die pauschale Vereinbarung einer fünfjährigen Verjährungsfrist für alle Gewerke und alle Aufträge in ZVB ist wegen Verstoßes gegen § 8 Abs. 4 und § 9 Abs. 6 VOB/A vergaberechtlich unzulässig.[9] Mit der Verlängerung der Gewährleistungsfristen des § 13 Nr. 4 VOB/B durch die Novelle 2002 und der Änderung der Rechtsprechung zum Fortfall der Privilegierung bereits bei jeder Abweichung unabhängig von ihrem Gewicht (→ VOB/B Einl. Rn. 75 ff.) sind die Verstöße zurückgegangen. Zur Frage, ob und welche Rechtsfolgen sich hieraus ergeben, vgl. → Rn. 13, § 8 Rn. 60 ff. 10

b) Zusätzliche Vertragsbedingungen. Die Zusätzlichen Vertragsbedingungen sind Allgemeine Geschäftsbedingungen **von Auftraggebern, die ständig Bauleistungen vergeben.** Mit Hilfe der ZVB dürfen diese die VOB/B-Regelungen für ihre persönlichen Verhältnisse **ergänzen.** Die verschiedenen Vergabehandbücher enthalten Muster, zB das Vergabehandbuch des Bundes das Muster EVM (B) ZVB/E 215. Die Ergänzungen dürfen aber den VOB/B-Regelungen **nicht widersprechen.** Nimmt man dieses Gebot ernst, verbleibt nur ein geringer Regelungsbereich von praktischer Relevanz. Zunächst können in den ZVB Regelungen über Sicherheitsleistungen getroffen werden, da insoweit § 17 VOB/B eine ergänzende Vereinbarung gerade voraussetzt. Das gilt auch für Vertragsstrafen, soweit die Voraussetzungen des § 9 Abs. 5 VOB/A beim Auftraggeber im Regelfall vorliegen. Schon die Fälle, bei denen die VOB/B-Regelung nur eingreifen, „wenn nicht etwas anderes vereinbart ist", sind nach Abs. 6 Nr. 2 den Besonderen Vertragsbedingungen zugewiesen (vgl. → Rn. 21 f.). Schließlich können zusätzliche Ablaufregelungen, Hinweise auf Zuständigkeiten und Vertretungsregelungen, Besonderheiten des Aufmaßes oder der Rechnungsstellung enthalten sein. 11

c) Besondere Vertragsbedingungen. Die Besonderen Vertragsbedingungen sind nach der Systematik der VOB/A **Einzelfallregelungen** für das jeweilige Bauvorhaben. Sie wären damit idealiter keine Allgemeine Geschäftsbedingungen, sondern einseitig vorgegebene Individualregelungen.[10] Da sich eine Vorformulierung im Vergabeverfahren aber nicht vermeiden lässt und Verhandlungen über die Bedingung nach § 15 Abs. 3 VOB/A ausgeschlossen sind, werden 12

---

[8] Vgl. auch *Nicklisch/Weick*, 3. Aufl., VOB/B § 1 Rn. 17.
[9] *Motzke* in Beck'scher VOB-Kommentar 3. Aufl., VOB/B § 13 Rn. 10.
[10] *Keldungs* in Ingenstau/Korbion, VOB/B § 1 Abs. 2 Rn. 6; *Jansen* in Beck'scher VOB-Kommentar VOB/B § 1 Abs. 2 Rn. 10.

die BVB bei Auftraggebern, die ständig Bauleistungen vergeben, tatsächlich in der Regel **Allgemeine Geschäftsbedingungen** sein. Für diese Einordnung ist bekanntlich nicht auf das gesamte Bedingungswerk abzustellen, sondern jeweils auf die einzelne Klausel.[11] Diese erlangt den Charakter einer Allgemeinen Geschäftsbedingung schon durch die Absicht zur zumindest dreifachen Verwendung,[12] die bereits bei einer losweisen Vergabe erfüllt sein kann.[13] Allgemeine Geschäftsbedingungen sind insbesondere die im Vergabehandbuch veröffentlichten Muster für BVB, zB VHB 2002 EVM (B) BVB 214. Auch die bloß einmalige Verwendung eines allgemeinen Vertragsmusters durch den konkreten Auftraggeber steht ebenso wenig dessen Charakter als Allgemeine Geschäftsbedingungen entgegen[14] wie ausfüllungsbedürftige Leerstellen.[15]

13 Der Rahmen zulässiger Regelungen in BVB ist weiter als in ZVB, wie die Gegenüberstellung von Abs. 4 Nr. 1 zu Nr. 2 zeigt. Danach sind Abweichungen zur VOB/B nur in BVB zulässig, während ZVB nur ergänzenden Charakter haben dürfen. Die Abweichungen von der VOB/B in BVB sollen sich aber auf die Fälle beschränken, in denen erstens die VOB/B entsprechende besondere Vereinbarungen ausdrücklich vorsieht und zweitens die Eigenart der Leistung und ihre Ausführung die **Abweichung tatsächlich erfordern**. „Erfordern" setzt eigentlich eine objektive Notwendigkeit voraus.[16] In diesem engen wörtlichen Sinn wird die Regelung aber wohl nicht verstanden werden dürfen, wenn die Öffnungsklauseln der VOB/B nicht faktisch leer laufen sollen. Wann ist schon die Vereinbarung eines abweichenden Gerichtsstandes (§ 18 Abs. 1 VOB/B) oder eine besondere Art der Hinterlegung (§ 17 Abs. 2 VOB/B) objektiv notwendig? „Erfordern" wird deshalb „sachlich geboten" meinen. Erforderlich in diesem Sinne müssen erst recht Änderungen von der VOB/B sein, die sich nicht auf die Öffnungsklauseln beschränken. Letztlich erlangt diese Vorgabe aber deshalb keine Bedeutung, weil es sich nur um eine vergaberechtliche Sollvorschrift ohne bieterschützenden Charakter handelt.[17] Darüber hinausgehende Änderungen werden grundsätzlich wirksame Vertragsbestandteile.[18] Eine Unwirksamkeit ergibt sich nicht aus dem Verstoß gegen § 8 VOB/A, sondern allenfalls aus einem Verstoß gegen §§ 305 ff. BGB. Weitere Folge vergaberechtswidriger Änderungen wird häufig sein, dass die VOB/B nicht mehr „als Ganzes" in den Bauvertrag einbezogen wird (vgl. → Einl. VOB/B Rn. 75 ff.).

14 **2. Zusätzliche Technische Vertragsbedingungen (Abs. 3). a) Zweck der ZTVB.** Hinsichtlich der technischen Vertragsbedingungen gilt dieselbe Systematik wie bei den (rechtlichen) Vertragsbedingungen. Die VOB/C ist obligatorischer Bestandteil der Vertragsunterlagen (Abs. 3). Deren Regelung sollen – ebenso wie die der VOB/B – grundsätzlich unverändert bleiben (Abs. 5 Satz 1). **Auftraggeber, die ständig Bauleistungen vergeben,** dürfen nicht nur die VOB/B durch ZVB, sondern auch die VOB/C durch ZTVB „ergänzen". Notwendige Regelungen für das konkrete einzelne Bauvorhaben, gewissermaßen besondere technische Vertragsbedingungen, sind in die Leistungsbeschreibung aufzunehmen.

15 **b) Rechtscharakter.** Auch die technischen Vertragsbedingungen sind **rechtliche Vertragsbedingungen.** Sie heißen deshalb heute auch nicht mehr technische Vorschriften, sondern ausdrücklich Vertragsbedingungen. Rein technische Regelungen, die im Idealfall, dh soweit die einschlägigen DIN nicht veraltet sind, die Allgemeinen Regeln der Technik wiedergeben, enthalten sowieso nur die Abschnitte 2 und 3 der jeweiligen DIN-Vorschriften. Die Vergütungsregelungen in den jeweiligen Abschnitten 4 sowie die Abrechnungsvorschrift in den Abschnitten 5 der jeweiligen DIN sind ausschließlich vertragsrechtlicher Natur.[19] Da aber auch die Abschnitte 2 und 3 Vertragsregelungen enthalten und auch technische Regelungen Vertragsbedingungen sind, handelt es sich insgesamt um **Allgemeine Geschäftsbedingungen.**[20]

---

[11] BGH NJW 1998, 2600; 1997, 135 mwN.
[12] BGH NJW 1998, 2286.
[13] Vgl. BGH NZBau 2004, 215 zur Mehrfachverwendung ggü. demselben Vertragspartner.
[14] BGH NZBau 2005, 590 = ZFIR 2005, 633; BGH NJW 1987, 2373; 1992, 2162.
[15] BGH ZIP 1991, 997.
[16] Vgl. zB Definition bei §§ 227, 228 BGB in *Heinrichs* in Palandt BGB § 227 Rn. 7, § 228 Rn. 7; Duden, Das große Wörterbuch der Deutschen Sprache 3. Aufl., Stichwort erforderlich.
[17] *v. Wietersheim* in Ingenstau/Korbion VOB/A § 8a Rn. 14.
[18] *Willenbruch/Wiedekind/Raufeisen* VOB/A § 10 Rn. 8.
[19] Vgl. → VOB/B § 1 Rn. 19.
[20] Vgl. näher → VOB/B § 1 Rn. 19a.

c) Inhalt. Abs. 5 Satz 2 gestattet dem ständig Bauleistungen vergebenden Auftraggeber, diese **16 technischen** und rechtlichen **Regelungen** zu „**ergänzen**". Dabei fällt zunächst auf, dass ein Abs. 4 Abs. 1 Satz 3 entsprechendes Verbot des Widerspruchs zu der VOB/C nicht formuliert ist. Hieraus kann aber nicht im Gegenschluss gefolgert werden, dass auch Abänderungen in einem nicht näher festgelegten Rahmen zulässig sein sollen.[21] Denn anderenfalls würde der Begriff „ergänzen" in Abs. 5 eine andere Bedeutung erlangen als in Abs. 4.

Ausgangspunkt für Ergänzungen ist das **primäre Gebot der grundsätzlichen Unveränder- 17 barkeit der VOB/C** (Abs. 5 Satz 1). Ergänzungen sind zulässig für die „allgemein gegebenen Verhältnisse" des Auftraggebers. Gemeint sind damit zunächst technische Regelungen für die von der VOB/C gar nicht erfassten Gewerke. Die VOB/C deckt zwar immer mehr Gewerke ab; zurzeit besteht sie aus 64 DIN-Vorschriften. Als die (Vorgänger-)Regelung des Abs. 4 1952 geschaffen wurde, waren es allerdings nur 24, wobei nur eine den Tiefbau betraf.[22] Auch heute werden noch zahlreiche Spezialmaterien nicht oder nur unvollständig erfasst. Insbesondere im Tiefbau und im Brückenbau besteht ergänzendes Regelungsbedürfnis durch ZTVB.[23] Darüber hinaus werden von der VOB/C nur technische Durchschnittsanforderungen für Normalausführungen aufgestellt.[24] Über das Normalmaß hinausgehende Anforderungen spezieller Bauvorhaben bedürfen damit ergänzender Regelungen.[25]

Weiter wird dem Auftraggeber durch ZTVB die Möglichkeit gegeben, möglicherweise ver- 18 altete **DIN-Vorschriften selbst fortzuschreiben** und an die weiterentwickelten Allgemeinen Regeln der Technik anzupassen.[26] Dies führt dann zwar zu Abweichungen von der VOB/C. Dennoch sind sie lediglich klarstellend, da nach herrschender Meinung die Allgemeinen Regeln der Technik eventuell veralteten Vorschriften der VOB/C vorgehen.[27] Vergaberechtlich **nicht zulässige Ergänzungen** sind die in der Praxis weit verbreiteten Erweiterungen der **Nebenleistungskataloge,** durch die Besondere Leistungen als im Vertragspreis enthalten gelten sollen.[28] Die grundsätzliche Abbedingung der Vergütungspflicht für Besondere Leistungen, zB für Gerüste über 2m Höhe, wird schon nicht durch die „allgemein gegebenen Verhältnisse" des Auftraggebers gerechtfertigt. Hinzu kommt, dass es sich um eine im unmittelbaren Widerspruch zur VOB/C stehende Änderung handelt, nicht aber um eine „Ergänzung". „Änderungen" können jedoch, wie sich aus Satz 3 ergibt, nur im Leistungsverzeichnis vorgegeben werden. Generelle Änderungen der VOB/C in ZTVB sind damit vergaberechtlich unzulässig.

3. Zuordnungsregelung (Abs. 4). a) Inhalt und Abgrenzung von ZVB zu BVB. 19 Abs. 4 Nr. 1 VOB/A zählt Punkte auf, von denen es heißt, dass sie in ZVB oder in BVB zu regeln sind. Diese Aufzählung ist nicht abschließend („sollen"), sondern nur beispielhaft.[29]

Die alternative Nennung von BVB und ZVB bedeutet keineswegs, dass der Auftraggeber frei **20** wählen kann, wo er die angesprochenen Punkte regeln will. Er muss im Einzelfall prüfen, ob die verbindlichen Vorgaben des Abs. 4 für Regelungen in ZVB oder BVB vorliegen. So sind Regelungen über den Innenausgleich (lit. e) nach § 10 Abs. 2 VOB/B nur „im Einzelfall" zulässig, dürfen also nur in BVB erfolgen. Eine Sicherheit kann demgegenüber grundsätzlich („wenn vereinbart") und damit in ZVB gefordert werden; soll allerdings von der in § 17 Abs. 2 VOB/B vorgesehenen Art der Sicherheitsleistung abgewichen werden, muss diese „andere" Vereinbarung in BVB geregelt werden.

Aus Abs. 6 Nr. 2 Satz 1 ergibt sich, dass die **Ausfüllung der Öffnungsklauseln** in der **21** VOB/B **den BVB vorbehalten** ist. Sie dürfen Abweichungen von der VOB/B in den Fällen enthalten, „in denen dort besondere Vereinbarungen ausdrücklich vorgesehen sind". Die VOB/

---

[21] Unklar insoweit *v. Wietersheim* in Ingenstau/Korbion VOB/A § 8a Rn. 19.
[22] Die Technischen Vorschriften für Bauleistungen im Tiefbau waren kurzzeitig die VOB Teil D und bestanden nur aus der DIN 4135 – Einbau von Stadtentwässerungsleistungen aus dem Jahre 1941.
[23] *Heiermann/Bauer* in Heiermann/Riedl/Rusam VOB/A § 8 Rn. 49.
[24] *Fischer* S. 105 mwN.
[25] *Willenbruch/Bischoff/Raufeisen* VOB/A § 10 Rn. 15. *v. Wietersheim* in Ingenstau/Korbion VOB/A § 8a Rn. 19.
[26] *v. Wietersheim* in Ingenstau/Korbion VOB/A § 8a Rn. 19.
[27] *Oppler* in Ingenstau/Korbion VOB/B § 4 Abs. 2 Rn. 44; *Siegburg*, Gewährleistung, Rn. 97 ff. mwN; anderer Ansicht *Motzke* in Beck'scher VOB-Kommentar VOB/C Einl. I Rn. 79 unter Berufung auf § 1 Nr. 1 lit. e und f VOB/B.
[28] Vgl. OLG Celle OLGR 1995, 21; OLG München BauR 1986, 579.
[29] *v. Wietersheim* in Ingenstau/Korbion VOB/A § 8 Rn. 28; *Franke/Klein* in FKZG 3. Aufl. EG VOB/A § 8 Rn. 12; anderer Ansicht: *Daub/Piel/Soergel* ErlZ. A 10.90.

B verwendet zwar den Begriff der „besonderen Vereinbarungen" an keiner Stelle. Stattdessen heißt es vielfach, dass eine Regelung nur gelten soll, „wenn nichts anderes vereinbart ist" (§ 2 Abs. 2, 4, 7 Nr. 2, §§ 4 Abs. 4, 14 Abs. 3, 15 Abs. 3, 17 Nr. 2, 18 Abs. 1 VOB/B). Nach § 10 Abs. 2 VOB/B erfolgt der Innenausgleich in Haftungsfällen nach den gesetzlichen Bestimmungen „soweit im Einzelfall nichts anderes vereinbart ist". Nach § 12 Abs. 1 VOB/B kann für die Abnahme „eine andere Frist vereinbart werden". Gemäß § 13 Abs. 4 VOB/B sollen die VOB-Gewährleistungsfristen gelten, wenn „für die Mängelansprüche keine Verjährungsfrist im Vertrag vereinbart" ist. Nach § 13 Abs. 7 Nr. 5 VOB/B können „Einschränkungen oder Erweiterungen der Haftung. in begründeten Sonderfällen vereinbart werden." Einzelfristen gelten nach § 5 Abs. 1 VOB/B dann als Vertragsfristen, „wenn dies im Vertrag ausdrücklich vereinbart ist".

22 Aus Abs. 4 Nr. 2 ergibt sich weiter, dass diese vorbehaltenen Vereinbarungen als **„Abweichungen"** von der VOB/B anzusehen sind. Denn mangels Alternative kann sich der Hinweis in Abs. 4 Nr. 2 auf abweichende besondere Vereinbarungen nur auf dies in Abs. 6 Nr. 2 genannten Fälle beziehen. Das führt nach Wortlaut und Systematik zwingend dazu, dass diese „Abweichungen" entgegen gängiger Praxis vergaberechtlich nicht durch ZVB regelbar sind,[30] weil sie in diesem Sinne der VOB/B „widersprechen", diese nicht nur „ergänzen".[31] Das entspricht nunmehr auch der neuen Rechtsprechung zur Privilegierung der VOB/B. Die Ausnutzung der Öffnungsklauseln ist eine vertragliche Abweichung und führt dazu, dass die VOB/B nicht mehr als Ganzes einbezogen ist (vgl. → Einl. VOB/B Rn. 79 f.).

23 Die Unzulässigkeit einer vorbehaltenen besonderen Vereinbarung in ZVB ergibt sich auch aus Abs. 6 Nr. 2 Satz 2. Besondere **Vereinbarungen über Mängelansprüche** (§ 13 Abs. 1, 4 und 7 VOB/B) und über die **Gefahrverteilung** (§ 7 VOB/B) sollen grundsätzlich **in BVB** geregelt werden, weil es sich um nur im Einzelfall erforderliche besondere Vereinbarungen handelt. Liegen demgegenüber für bestimmte Bauleistungen gleichgelagerte Voraussetzungen vor, können diese Regelungen auch in Zusätzliche **Technische** Vertragsbedingungen aufgenommen werden, nicht aber in ZVB, wo sie systematisch einzuordnen wären. Maßgebend hierfür dürfte gewesen sein, dass Abs. 6 Nr. 2 nicht auf die allgemeinen Verhältnisse des jeweiligen Auftraggebers abstellt, sondern generelle Regelungen über Mängelansprüche nur für bestimmte Arten von Bauleistungen zulässt.

24 **b) Einzelfallregelungen (Abs. 4 S. 3).** Nach Abs. 4 Satz 3 können für den konkreten Einzelfall **Ergänzungen,** aber auch **Änderungen in die Leistungsbeschreibung** aufgenommen werden. Hier ist der Auftraggeber also freier gestellt. Änderungen sind allerdings nur zulässig für die „Erfordernisse des Einzelfalls". Der Begriff des Erfordernisses belegt, dass jedenfalls beliebige Änderungen der VOB/C selbst für den Einzelfall in der Leistungsbeschreibung nicht zulässig sind. An einen auf der Basis vergaberechtlich unzulässiger Änderungen der VOB/C geschlossenen Bauvertrag ist der Auftragnehmer dennoch in der Regel gebunden (vgl. → § 8 Rn. 60 ff.). Hier ist regelmäßig nicht einmal eine AGB-Kontrolle möglich, da diese Änderungen den Leistungsbereich betreffen und deshalb einer Inhaltskontrolle nach § 307 Abs. 3 BGB entzogen sind. Eine Unwirksamkeit wegen Intransparenz (§ 307 Abs. 3 S. 2 BGB) wird bei einer Vorgabe unmittelbar in der Leistungsbeschreibung praktisch ausscheiden.

§ 8b Kosten- und Vertrauensregelung, Schiedsverfahren

(1) 1. Bei Öffentlicher Ausschreibung kann eine Erstattung der Kosten für die Vervielfältigung der Leistungsbeschreibung und der anderen Unterlagen sowie für die Kosten der postalischen Versendung verlangt werden.

2. Bei Beschränkter Ausschreibung und Freihändiger Vergabe sind alle Unterlagen unentgeltlich abzugeben.

(2) 1. Für die Bearbeitung des Angebots wird keine Entschädigung gewährt. Verlangt jedoch der Auftraggeber, dass der Bieter Entwürfe, Pläne, Zeichnungen, statische Berechnungen, Mengenberechnungen oder andere Unterlagen ausarbeitet, insbesondere in den Fällen des § 7c, so ist einheitlich für alle Bieter in der

---

[30] Anderer Ansicht: *Kratzenberg* in Ingenstau/Korbion 16. Aufl. VOB/A § 10 Rn. 25; dass entgegen dieser Auffassung abweichende Gewährleistungsfristen nicht in ZVB geregelt werden dürfen, ergibt sich unmittelbar aus Nr. 6 Abs. 2.

[31] Demgegenüber werden diese Abweichungen im Rahmen der Vertragsauslegung nicht als Widerspruch zur VOB/B verstanden, vgl. zB *Keldungs* in Ingenstau/Korbion VOB/B § 1 Abs. 2 Rn. 9; *Jansen* in Beck'scher VOB-Kommentar VOB/B § 1 Nr. 2 Rn. 4.

Ausschreibung eine angemessene Entschädigung festzusetzen. Diese Entschädigung steht jedem Bieter zu, der ein der Ausschreibung entsprechendes Angebot mit den geforderten Unterlagen rechtzeitig eingereicht hat.

2. Diese Grundsätze gelten für die Freihändige Vergabe entsprechend.

(3) ¹Der Auftraggeber darf Angebotsunterlagen und die in den Angeboten enthaltenen eigenen Vorschläge eines Bieters nur für die Prüfung und Wertung der Angebote (§§ 16c und 16d) verwenden. ²Eine darüber hinausgehende Verwendung bedarf der vorherigen schriftlichen Vereinbarung.

(4) Sollen Streitigkeiten aus dem Vertrag unter Ausschluss des ordentlichen Rechtswegs im schiedsrichterlichen Verfahren ausgetragen werden, so ist es in besonderer, nur das Schiedsverfahren betreffender Urkunde zu vereinbaren, soweit nicht § 1031 Absatz 2 der Zivilprozessordnung (ZPO) auch eine andere Form der Vereinbarung zulässt.

Schrifttum: *Höfler,* Kostenerstattung im Vergabeverfahren nach der VOB/A, BauR 2000, 337; *Nestler,* Der Schutz nichturheberrechtsfähiger Bauzeichnungen, BauR 1994, 589; *Schalk,* Handbuch der Nebenangebote, 2009; *Wandtke/Bullinger,* Praxiskommentar zum Urheberrecht, 2002; *Zirkel,* Schadensersatz auf Grund der Übernahme einer „guten Idee"?, VergabeR 2006, 321.

Übersicht

	Rn.
A. Vorbemerkung	1
B. Entgelte und Entschädigung (Abs. 1 und 2)	2
I. Entgelte nur bei Öffentlicher Ausschreibung/Offenen Verfahren (Abs. 1)	3
II. Entschädigung für die Ausarbeitung von Angebotsunterlagen (Abs. 2)	7
C. Verwendung der Bieterunterlagen (Abs. 3)	13
I. Abs. 3 als Verbotsnorm	14
II. Eigentums-, Urheberrechts- sowie Wettbewerbsansprüche der Bieter	15
III. Vereinbarung anderweitiger Verwendung	23
D. Schiedsvereinbarung (Abs. 4)	25

A. Vorbemerkung

§ 8b VOB/B enthält die im Zuge der Neugliederung ausgliederten Vorschriften von § 8 Abs. 7 – 10 VOB/A 2012. In Abs. 1 und 2 finden sich die zuvor in § 8 Abs. 7 und 8 VOB/A 2012 enthaltenen Vorschriften zur nur beschränkten Kostenerstattung für Auftraggeber und Bieter. Diese Regelungen waren davor in § 20 Nr. 1 und 2 VOB/A 2006 enthalten.

Die idR kostenfreien Angebotsunterlagen einschließlich der Vorschläge der Bieter darf der Auftraggeber nach Abs. 3 nur zur Wertung verwenden. Das war früher in § 8 Abs. 9 VOB/A 2012 geregelt.

Schließlich enthält Abs. 4 eine praktisch überflüssige Regelung zu Formerfordernissen für eine Schiedsgerichtsvereinbarung.

B. Entgelte und Entschädigung (Abs. 1 und 2)

§ 8b Abs. 1 und 2 VOB/A enthalten differenzierende Regelungen über mögliche wechselseitige Kostenerstattungsansprüche und -pflichten, die zwischen Auftraggeber und Bieter bei den verschiedenen Ausschreibungsverfahren nach der VOB/A entstehen können. Abs.! Nr. 1 regelt, dass und welches Kosten oder Entgelte der Auftraggeber bei einer Öffentlichen Ausschreibung für die Leistungsbeschreibung und die anderen Unterlagen von den Bietern fordern darf, während in den übrigen Verfahren alle Unterlagen unentgeltlich abzugeben sind (Abs.! Nr. 2). Abs. 2 stellt als Grundregel klar, dass andererseits für die Bearbeitung des Angebotes keine Entschädigung gewährt wird und regelt die zulässigen Ausnahmen.

I. Entgelte nur bei Öffentlicher Ausschreibung/Offenen Verfahren (Abs. 1)

3 § 8b Abs. 1 Nr. 1 VOB/A gestattet dem Auftraggeber nur im Fall der Öffentliche Ausschreibung für die Vervielfältigung der Leistungsbeschreibung und die Abgabe der sonstigen Verdingungsunterlagen eine Kostenerstattung zu fordern. Dies gilt nicht nur für die Öffentliche Ausschreibung unterhalb der Schwellenwerte, sondern auch für das Offene Verfahren bei Überschreitung der Schwellenwerte, da die Basisparagraphen nach § 1a Abs. 1 Nr. 1 VOB/A immer mit gelten.[1] Motiv dieser Regelung ist der Gedanke einer Art „Schutzgebühr", weil sich der Auftraggeber in diesen Verfahrensarten möglicherweise einer großen Zahl von Interessenten gegenübersieht, denen er Verdingungsunterlagen überlassen muss, auch wenn dem kein konkretes Auftragsinteresse gegenübersteht (§ 3b VOB/A). Dies ist bei den in Nr. 2 genannten Vergabearten der Beschränkten Ausschreibung und Freihändigen Vergabe bzw. beim Nichtoffenen Verfahren und Verhandlungsverfahren anders. Dort hat der Auftraggeber die Höhe der ihm durch die Vervielfältigung entstehenden Kosten über die Auswahl der Anzahl der zur Angebotsabgabe aufgeforderten Bieter unter Kontrolle.[2] Dort darf er weder ein Entgelt für die Unterlagen erheben noch auf andere Weise Entgelte oder Gebühren erheben, zB als „Bearbeitungsgebühr".[3]

4 Abs. 2 Nr. 1 gewährt einen Anspruch auf Erstattung der Kosten nur für die Vervielfältigung und die Versendung der Vergabeunterlagen. Will der Auftraggeber von dieser Möglichkeit Gebrauch machen, muss er Höhe und Bedingungen gemäß § 12 Abs. 1 Nr. 2 lit. l VOB/A in der Bekanntmachung ankündigen. Er darf den Versand oder die Herausgabe der Unterlagen davon abhängig machen, dass der Bieter die Kosten zuvor bezahlt hat. Der Anspruch ist ein **reiner Kostenerstattungsanspruch.** Das war früher in der Vorgängervorschrift der § 20 Nr. 1 Abs. 1 S. 2 VOB/A 2006 noch deutlicher geregelt, indem ein Entgelt in Höhe der **„Selbstkosten"** zugelassen wurde. Fraglich war, ob dieser Entgeltanspruch zu Gunsten des Auftraggebers auch dann bestand, wenn er sich zur Vervielfältigung und Versendung eines (externen) Dritten, also zB eines Ingenieurbüros, bedient hatte[4] und ob er die gesamte Vergütung, die er gegenüber diesem Dritten hatte, ansetzen durfte oder ob die Mehrwertsteuer heraus zu rechnen war.[5] Das ist durch die Neuformulierung nun geklärt. Die dem Dritten gezahlte Vergütung einschließlich **Gewinnanteil** und **Mehrwertsteuer** sind dem Auftraggeber entstandene Kosten. Ist der Auftraggeber vorsteuerabzugsberechtigt, entfällt hinsichtlich der Mehrwehrsteuer zwar eine Kostenbelastung, dafür muss er den Nettobetrag seinerseits mit Mehrwertsteuer beaufschlagen.[6] Gehen die Vergabeunterlagen auf dem Postwege verloren, kann die Vergabestelle den Neuversand ebenfalls von der Kostenerstattung abhängig machen, da der Bieter das Versandrisiko trägt.[7]

5 Komplizierter wird die Berechnung, wenn der Auftraggeber Vervielfältigung und Versand selbst durchführt. Er hat dann einen Anspruch auf Erstattung seiner Selbstkosten. Zu den Selbstkosten der Vervielfältigung gehören Material- und Betriebskosten, anteilige Lohnkosten sowie die Umsatzsteuer, soweit der Auftraggeber umsatzsteuerpflichtig ist.[8] Hinsichtlich der Lohnkosten wird allerdings unter unzulässiger Einengung des Begriffs der Selbstkosten teilweise angenommen, dass diese nur ansetzbar sein sollen, wenn Personal eignes für die Vervielfältigung eingestellt wurde.[9] Darüber hinaus sind Anschaffungs- und Unterhaltskosten für Vervielfältigungsgeräte[10] oder „Gemeinkosten", zB in Gestalt einer Raummiete[11] gleichfalls umlagefähig, wenn und soweit solche Kosten der jeweiligen Angebotsvervielfältigung zuzuordnen sind. Weil der Auftraggeber zB Personal, Kopiergeräte und die hierfür beanspruchten Räume regelmäßig auch anderweitig nutzt, dürfte diese Zuordnung und Errechnung einen Aufwand erfordern, der eine angemessene Pauschalierung nahe legt; dies empfiehlt auch das Vergabehandbuch des

---

[1] Vgl. *Höfler* BauR 2000, 337.
[2] VK Lüneburg IBR 2007, 48.
[3] Vgl. *Höfler* BauR 2000, 337; vgl. VK Lüneburg IBR 2007, 48 zum VOF-Verfahren.
[4] *Kratzenberg* in Ingenstau/Korbion 16. Aufl. VOB/A § 20 Rn. 5.
[5] Vgl. VK Sachsen IBR 2001, 391, das auch noch Personalkosten abgesetzt hat.
[6] *Verfürth* in KMPP VOB/A § 8 Rn. 76.
[7] OLG Düsseldorf IBR 2006, 218.
[8] *Willenbruch/Wiedekind/Schubert* VOB/A § 20 Rn. 4 mwN; *Verfürth* in KMPP VOB/A § 8 Rn. 74.
[9] VK Sachsen IBR 2001, 391.
[10] Vgl. Beck'scher VOB-Kommentar/*Jasper* VOB/A § 20 Rn. 13; *Ziekow/Völlink* VOB/A § 8 Rn. 28; *v. Wietersheim* in Ingenstau/Korbion VOB/A § 8b Rn. 7.
[11] Vgl. *v. Wietersheim* in Ingenstau/Korbion VOB/A § 8b Rn. 7.

Bundes in den Anmerkungen zu bisherigen § 20.[12] Hinzu kommen die Selbstkosten der postalischen Versendung (Verpackung, Porto, Handling), die nach den gleichen Grundsätzen zu ermitteln sind.[13] Früher konnte der Auftraggeber auch die Kosten, die ihm bei elektronischer Versendung der Vergabeunterlagen entstehen, ersetzt verlangen. Das ist heute nicht mehr zulässig, da weder Vervielfältigungskosten noch Kosten für den **postalischen** Versand entstehen.

Hinzuweisen bleibt auch darauf, dass die **Kostenerstattung** sich **auf drei Positionen beschränkt,** nämlich die Vervielfältigungskosten für Leistungsbeschreibung, die Vervielfältigungskosten für die anderen Unterlagen und die Versandkosten. Fraglich ist, was unter die „anderen" Unterlagen fallen soll. Der Begriff „andere Unterlagen" wird im ersten Abschnitt der VOB/A nur für zusätzliche Plan- und Leistungsunterlagen verwandt, soweit sie vom Bieter zu erstellen sind (§ 8b Abs. 2 Nr. 1 VOB/A). Das gilt auch hier. Es handelt sich um die „zusätzliche Unterlagen" im Sinne des § 12 Abs. 1 Nr. 2 lit. k VOB/A. Denn der Geldbetrag gemäß § 12 Abs. 1 Nr. 2 lit. l VOB/A bezieht sich nur hierauf, wie aus der Vorfassung in § 17 Nr. 1 Abs. 2 lit. j VOB/A 2006 noch deutlicher wurde („Entgelt für die Übersendung *dieser* Unterlagen") Damit sind Herstellungskosten für die Originale ebenso ausgeschlossen wie Vervielfältigungskosten für die sonstigen Vergabeunterlagen (Anschreiben, Bewerbungsbedingungen etc). 6

Vergisst oder unterlässt der Auftraggeber es, in der Bekanntmachung darüber zu informieren, dass er eine Kostenerstattung fordert, darf er nach herrschender Meinung seinen Kostenerstattungsanspruch danach nicht mehr geltend machen, also insbesondere die Abgabe der Unterlagen nicht von der vorherigen Zahlung eines Entgeltes abhängig machen.[14] Dies wird damit begründet, dass sich der Auftraggeber treuwidrig verhält, wenn er trotz Verstoßes gegen Bekanntmachungspflichten und einem damit bei den Bietern gesetzten Vertrauenstatbestand ein Entgelt fordern wollte. Schutzwürdige Vertrauenstatbestände setzen nach allgemeinen Rechtsgrundsätzen hierauf bezogene Dispositionen voraus, diese sind nicht erkennbar.

II. Entschädigung für die Ausarbeitung von Angebotsunterlagen (Abs. 2)

Als Grundsatz stellt Abs. 2 Nr. 1 Satz 1 zunächst klar, dass dem Bieter für die Bearbeitung des Angebotes keine Entschädigung zusteht. Das entspricht inhaltlich der Regelung in § 632 Abs. 3 BGB, wonach Kostenanschläge im Zweifel nicht zu vergüten sind.[15] Grundgedanke der Regelung ist, dass das Angebotsverfahren nach der VOB/A so gestaltet werden soll, dass der Bewerber (nur noch) die Preise in die Leistungsbeschreibung einsetzen oder anderweitig im Angebot angeben muss, die er für seine Leistungen fordert. Hieran schließt sodann vor allem § 7 Abs. 1 VOB/A an, der dem Auftraggeber aufgibt, die Leistung eindeutig und so erschöpfend zu beschreiben, dass alle Bewerber ihre Preise sicher und ohne umfangreiche Vorarbeiten berechnen können.[16] Der jeweils unterschiedliche Wortlaut von Satz 1 einerseits und Satz 2 andererseits macht die damit verbundene „Aufgabenverteilung" zusätzlich deutlich: Satz 1 beschränkt die „entschädigungsfreie" Aufgabe des Bieters richtig auf die „Bearbeitung" des Angebotes. Entschädigungspflichtig wird die Tätigkeit des Bieters, wenn er darüber hinaus Entwürfe, Berechnungen usw „ausarbeitet" (Abs. 2 Nr. 1 Satz 2).[17] 7

Der Grundsatz fehlender Erstattungspflicht von Angebotsbearbeitungskosten gilt nach Abs. 2 Nr. 2 „entsprechend" für die Freihändige Vergabe. Die nur „entsprechende" Anwendung erklärt sich daraus, dass bei Freihändiger Vergabe keine Ausschreibung im klassischen Sinne erfolgt.[18] Liegen die Voraussetzungen des § 8b Abs. 2 Nr. 1 VOB/A vor, muss auch bei einer freihändigen 8

---

[12] Hiernach ist stets ein Entgelt in Höhe der Selbstkosten für die Vervielfältigung und für die postalische Versendung zu fordern, wenn das Entgelt den Betrag von 5,00 EUR übersteigt. Richtsätze werden von den Technischen Aufsichtsbehörden der Mittelinstanz festgelegt.

[13] *Verfürth* in KMPP VOB/A § 8 Rn. 75; *Heiermann/Bauer* in Heiermann/Riedl/Rusam VOB/A § 8 Rn. 61.

[14] *Jasper* in Beck'scher VOB-Kommentar VOB/A § 20 Rn. 16; *Franke/Klein* in FKZG 3. Aufl. EG VOB/A § 8 Rn. 41 f.; *Willenbruch/Wiedekind/Schubert* VOB/A § 8 Rn. 63; dagegen: *Kuss*, VOB/A § 20 Rn. 6; unklar: *Daub/Piel/Soergel*, VOB/A ErlZ A 20.16.

[15] Zur Rechtslage vor dem 1.1.2002 etwa BGH NJW 1979, 2202 und OLG Düsseldorf BauR 1991, 613 sowie OLG Koblenz NJW-RR 1998, 813.

[16] Hierzu im Einzelnen → VOB/A § 7 Rn. 7 ff.

[17] Für weitere Einzelheiten und Ausnahmen vgl. → VOB/B § 2 Rn. 15 ff.

[18] *v. Wietersheim* in Ingenstau/Korbion VOB/A § 8b Rn. 14; *Jasper* in Beck'scher VOB-Kommentar VOB/A § 20 Rn. 18.

Vergabe mit nur wenigen Bietern eine Entschädigung festgesetzt werden.[19] Eine Festsetzung kann nicht wegen der verbesserten Zuschlagchance einfach unterbleiben.

9 Grundvoraussetzung für das Entstehen der Entschädigungspflicht ist, dass der Auftraggeber die Ausarbeitung der in Abs. 2 Nr. 1 Satz 2 beispielhaft genannten[20] oder sonstiger Unterlagen **verlangt**.[21] Damit werden diejenigen Teile einer Angebotsbearbeitung von der Entschädigungspflicht ausgenommen, die der Bieter ausschließlich aus eigenem Antrieb zur Erläuterung seines Angebotes (zB Bauzeitenplan, Zeichnungen etc zur Erläuterung des Angebotes sowie Nebenangebote, die vom Auftraggeber zugelassen, aber nicht verlangt worden sind) erstellt und beifügt.[22]

10 Regelmäßig besteht die Entschädigungspflicht dann, wenn der Auftraggeber auf der Grundlage einer Leistungsbeschreibung mit Leistungsprogramm (§ 7c VOB/A) ausschreibt. Daraus wird deutlich, dass die Entschädigungspflicht materiell immer dann entsteht, sobald der Auftraggeber in der Ausschreibung Aufgaben auf die Bieter verlagert, die nach § 3 Abs. 3 VOB/A einerseits und insbesondere § 7 Abs. 1 VOB/A andererseits nicht dem Bieter, sondern ihm selbst obliegen. Weitere Voraussetzung für den Anspruch auf eine Entschädigung ist nach Abs. 8 Satz 2, dass der Bieter rechtzeitig ein Angebot mit den geforderten Unterlagen eingereicht hat, das der Ausschreibung entspricht. „Der Ausschreibung entsprechen" sämtliche Angebote, die nicht aus formalen Gründen (vgl. § 16 Abs. 1 VOB/A) ausgeschlossen werden müssen.[23]

11 Fraglich ist, was gilt, wenn der Auftraggeber in der Ausschreibung **keine Entschädigung festlegt** oder sie sogar ausdrücklich ausschließt. Nach einer Auffassung schließt eine fehlende Festlegung einen Anspruch für den Bieter noch nicht aus, da nach § 632 BGB eine fehlende Vergütungsvereinbarung einem Werklohnanspruch nicht entgegensteht.[24] Tatsächlich kommt ein Werkvertrag regelmäßig nicht zustande, weil der Bieter sich weder zur Angebotsabgabe noch zur Erstellung weiterer Unterlagen verpflichtet.[25] Schließt der Auftraggeber sogar eine Entschädigung ausdrücklich aus, läge ein Dissens vor.[26] Richtigerweise handelt es sich um eine Auslobung, die Festsetzung ist damit grundsätzlich **Anspruchsvoraussetzung**.[27] Ist der Auftraggeber nach Abs. 8 zur Zahlung einer Entschädigung verpflichtet, so handelt er rechtswidrig, wenn er eine solche nicht gewähren will. Weil die Bieter nach § 97 Abs. 7 GWB einen Anspruch darauf haben, dass der Auftraggeber die Bestimmungen über das Vergabeverfahren einhält, können sie hierüber auch einen Anspruch auf die Gewährung einer Entschädigung durchsetzen, der ihnen der Sache nach zu Unrecht vorenthalten werden soll.[28] Voraussetzung ist allerdings, dass die Bieter eine in der Ausschreibung zu Unrecht unterbliebene Festsetzung (im Anwendungsbereich des GWB) spätestens mit der Abgabe des Angebotes rügen.[29] Ansonsten kommt jedenfalls bei ausdrücklichem Ausschluss der Entschädigung durch Abgabe des Angebots eine Vereinbarung über die Unentgeltlichkeit zustande.[30] Das stünde einem Schadensersatzanspruch nach § 311 Abs. 2 BGB ebenso wie bei anderem vergaberechtswidrigen Vorgehen entgegen.

12 Welche Entschädigungshöhe jeweils angemessen ist, lässt sich nur am zugrunde liegenden Einzelfall verbindlich bestimmen. Die Honorarordnung für Architekten und Ingenieure (HOAI) ist hierzu aus mehreren Gründen kein geeigneter Maßstab. Zum einen ist sie auf Unternehmen, die neben Bauleistungen auch Planungsleistungen erbringen, nicht anwendbar, um eine gegenüber dem Auftraggeber zu berechnende Vergütungshöhe für planerische Leistungen im Nachhinein zu bestimmen.[31] Zum anderen geht es der Sache nach um einen bloßen Aufwendungs-

---

[19] *Verfürth* in KMPP VOB/A § 8 Rn. 111.
[20] Vgl. *v. Wietersheim* in Ingenstau/Korbion VOB/A § 8b Rn. 17.
[21] *Kuß* VOB/A § 20 Rn. 12; *Heiermann/Bauer* in Heiermann/Riedl/Rusam VOB/A § 8 Rn. 67.
[22] Vgl. *Kratzenberg* in Ingenstau/Korbion VOB/A 16. Aufl. § 20 Rn. 20 sowie *Schalk,* Handbuch Nebenangebote, Rn. 440.
[23] Vgl. *Höfler* BauR 2000, 337.
[24] *Willenbruch/Wiedekind/Schubert* VOB/A § 8 Rn. 76; *Ziekow/Völlink* VOB/A § 8 Rn. 35; *Werner* VergabeR 2010, 318 (332), der bei seiner Wortlautargumentation verkennt, dass ein Anspruch des Bieters nur für die fest gesetzte („diese") Entschädigung gelten wird.
[25] OLG Düsseldorf NZBau 2003, 459.
[26] Die anderslautende Konstruktion von *Heiermann/Bauer* in Heiermann/Riedl/Rusam VOB/A § 27 Rn. 69 ist zivilrechtlich nicht nachvollziehbar.
[27] OLG Düsseldorf NZBau 2003, 459; *Jasper* in Beck'scher VOB-Kommentar VOB/A § 20 Rn. 27.
[28] *Höfler* BauR 2000, 337; *Heiermann/Bauer* in Heiermann/Riedl/Rusam VOB/A § 8 Rn. 68; *Motzke* in Beck'scher Vergaberechts-Kommentar VOB/A § 8 Rn. 206.
[29] Vgl. Beck'scher VOB-Kommentar/*Jasper* VOB/A § 20 Rn. 30 und § 107 Abs. 3 GWB.
[30] Zutreffend *Willenbruch/Wiedekind/Schubert* VOB/A § 8 Rn. 77.
[31] BGH NJW 1997, 2329 f.

ersatz, den der Bieter auch ansonsten nicht nach der HOAI kalkuliert.[32] Richtigerweise dürften deshalb die üblicherweise für die Angebotsbearbeitung als Teil der Allgemeinen Geschäftskosten kalkulierten Aufwendungen in der Höhe und in dem Umfang herangezogen werden, die für die überobligationsmäßig erbrachten Leistungen unter normalen Umständen anzusetzen sind.

Maßstab ist der bei den Bietern durchschnittlich zu erwartende Arbeits- und Kostenaufwand.[33] **12a** Ein Anspruch auf Gewinn besteht sicher nicht, da nur eine angemessene Entschädigung festzusetzen ist. Ein Anspruch auf Deckungsbeträge zu den Allgemeinen Geschäftskosten dürfte auch nicht bestehen[34], zumal dieser vom Auftraggeber wegen insoweit ganz unterschiedlicher Kalkulationsmöglichkeiten auch nur schlecht prognostizierbar wäre. Ob von den prognostizierten durchschnittlichen Selbstkosten noch ein Abschlag zu machen ist, erscheint in Anbetracht der Bemessungsgrundsätze des BGH zum Entschädigungsanspruch nach § 642 BGB zweifelhaft.[35]

Voraussetzung für den ausgelobten Entschädigungsanspruch ist grundsätzlich die Erfüllung der **12b** Auslobungsbedingungen. Dementsprechend bestimmt auch Abs. 2 Nr. 1 Satz 2, dass die Entschädigung nur den Bietern zusteht, die ein der Ausschreibung entsprechendes Angebot innerhalb der Angebotsfrist eingereicht haben. Das Angebot muss mithin wertbar im Sinne des § 16 VOB/A sein. Erfüllt der Bieter nicht die Eignungsvoraussetzungen, entspricht sein Angebot nicht der Ausschreibung. Werden alle Mindestvoraussetzungen erreicht, entsteht der Entschädigungsanspruch. Nicht erforderlich ist, dass das Angebot in die engere Wahl kommt. Der Entschädigungsanspruch steht grundsätzlich „jedem Bieter" eines ausschreibungskonformen Angebots zu.

C. Verwendung der Bieterunterlagen (Abs. 3)

Die nach Abs. 3 Satz 1 bestehende Verwendungsmöglichkeit für die Prüfung und Wertung **13** der Angebote versteht sich von selbst: Gerade zu diesem Zweck legen die Bieter ihre Angebote, versehen sie mit Informationen und reichen sie beim Auftraggeber ein. Der Regelungsgehalt der Vorschrift besteht darin, dass sie jede darüberhinausgehende Verwendung ausschließt und in einer sanktionslosen Formvorgabe, weil die weitergehende Verwendung von einer schriftlichen Vereinbarung abhängig macht wird. Das weitergehende Verwendungsverbot ist zugleich auch in § 19 Abs. 3 VOB/A geregelt. Danach dürfen nicht berücksichtigte Angebote nicht für eine neue Ausschreibung „*oder für andere Zwecke*" benutzt werden. Insoweit besteht (kumulative) „Normenkonkurrenz".[36] Beide Vorschriften werden durch § 19 Abs. 4 VOB/A ergänzt, der eine Rückgabepflicht nicht berücksichtigter Angebotsunterlagen auf Verlangen regelt. In der VOL/A findet sich die gleiche Regelung mit geringfügigen Unterschieden in § 22 Nr. 6 Abs. 3 VOL/A.

I. Abs. 3 als Verbotsnorm

Abs. 3 enthält das Verbot an den Auftraggeber, ohne Zustimmung die Angebotsunterlagen **14** eines Bieters und die in den Angeboten enthaltenen eigenen Vorschläge eines Bieters anders als für die Prüfung und Bewertung der Angebote zu verwenden. Dieses **Verwendungsverbot** betrifft in rein körperlicher Hinsicht die Gesamtheit der Angebotsunterlagen — und zwar unabhängig von der Frage, wer Eigentümer dieser Unterlagen ist (vgl. → Rn. 15) —, inhaltlich aber nur die eigenen Vorschläge des Bieters. Die inhaltliche Auswertung der Angebotsunterlagen für über die Wertung des konkreten Vergabeverfahrens hinausgehende Zwecke bleibt möglich; das Geheimhaltungsverbot des § 14 Abs. 9 VOB/A bleibt zu beachten. Der inhaltliche Schutz eigener Vorschläge des Bieters ist umfassend. Er gilt unabhängig davon, ob im Einzelfall zB (auch) ein Urheberrechtsschutz oder ein anderes Immaterialgüterrecht besteht, was regelmäßig nicht der Fall sein wird.[37] Verstößt der Auftraggeber gegen dieses Verwendungsverbot und

---

[32] Anders Beck'scher Vergaberechts-Kommentar/*Motzke* VOB/A § 8 Rn. 215.
[33] *Verfürth* in KMPP VOB/A § 8 Rn. 96.
[34] Anders wohl *Heiermann/Bauer* in Heiermann/Riedl/Rusam VOB/A § 8 Rn. 72 wegen des verfehlten Abstellens auf § 63 BGB.
[35] Dafür *Verfürth* in KMPP VOB/A § 8 Rn. 97.
[36] Die Auffassung, § 19 Abs. 3 VOB/A gehe für die Zeit nach der Wertung als speziellere Regelung vor (*Rusam* in Heiermann/Riedl/Rusam VOB/A § 27 Rn. 8) übersieht, dass die Verbote/Rechtsfolgen beider Vorschriften übereinstimmen. In diesen Fällen gibt es keine speziellere Regel, sondern beide Regelungen können kumulativ angewandt werden.
[37] Vgl. *Nestler* BauR 1994, 589; *Jasper* in Beck'scher VOB-Kommentar/ VOB/A § 20 Rn. 35; *v. Wietersheim* in Ingenstau/Korbion VOB/A § 8b Rn. 42.

schreibt zB unter Verwendung eines eingereichten Sondervorschlages neu aus oder holt hierüber im Verhandlungsverfahren neue/andere Angebote ein, kann der Bieter auf der Grundlage des Verwendungsverbots Unterlassungs-, Störungsbeseitigungs- und gegebenenfalls Schadensersatzansprüche geltend machen.[38] Demgegenüber wird allerdings geltend gemacht, dass entgegen dem Wortlaut die Geheimhaltungspflicht nur so weit reichen könne, wie nicht technisches Allgemeinwissen betroffen sei.[39] Diese Auffassung vermengt aber die Frage begrenzten schadensersatzrechtlichen Schutzes bei Verstößen mit der Reichweite einer für das Verfahren übernommen Verpflichtung.[40]

II. Eigentums-, Urheberrechts- sowie Wettbewerbsansprüche der Bieter

15 Der **Bieter** war und bleibt, sofern die Unterlagen sich für eine weitere Verwendung eignen, **Sacheigentümer** der von ihm eingereichten ergänzenden Angebotsunterlagen. Die weitergehende Auffassung nimmt an, dass alle Angebotsunterlagen grundsätzlich ohne Übereignungs- oder Derelinktionswillen übersandt würden; das geht aber an der Lebenswirklichkeit vorbei.[41] Dann dürfte der Auftraggeber auch bloße Angebote nach Abschluss des Verfahrens oder Ablauf von Aufbewahrungsfristen nicht vernichten. Eigentumsherausgabeansprüche verjähren erst in 30 Jahren (§ 197 BGB). Deshalb wird der Auftraggeber bei der vorbehaltlosen Übersendung solcher Unterlagen Eigentümer. Etwas anders gilt für Angebotsunterlagen mit weiterem Verwendungswert. Ob der Auftraggeber die Übersendung solcher Unterlagen als Angebot zur Eigentumsübertragung auffassen darf, ist entsprechend dem Grundgedanke der im Urheberrecht geltenden **Zweckübertragungsregel** zu beurteilen; der Zweckübertragungsgedanke findet auch bei der Prüfung Anwendung, ob der Urheber dem Verwerter im Rahmen des Nutzungsvertrags eine sachenrechtliche Position in Form des Eigentums einräumen will.[42] Dementsprechend bestimmt auch § 19 Abs. 4 VOB/A, dass Entwürfe, Ausarbeitungen, Muster und Proben der nicht berücksichtigten Angeboten zurückzugeben sind, wenn dies der Bieter verlangt. Derartige Unterlagen reicht der Bieter schon nicht mit einem entsprechenden Übereignungswillen beim Auftraggeber ein, sondern nur zu dem Zweck, den Auftrag zu erhalten. Auch der Auftraggeber will kein Eigentum an diesen Angebotsunterlagen erwerben, wie der Rückgabeanspruch – nicht Rückübereignungsanspruch – nach § 19 Abs. 4 VOB/A zeigt.

16 Dem entspricht es, dass der erfolgreiche Bieter/Auftragnehmer hinsichtlich der von ihm zu beschaffenden oder vorzulegenden Unterlagen auch nicht ohne weiteres sein Eigentum verliert. Diese Unterlagen darf der Auftraggeber nach VOB/B § 3 Abs. 6 nur zum vereinbarten Zweck und ansonsten nicht vervielfältigen, veröffentlichen, ändern oder benutzen. Auch diese Regelung geht von einem beim Bieter/Auftragnehmer verbliebenen Eigentum an jenen Unterlagen aus.[43]

17 Die sich aus dem Sacheigentum an den körperlichen Unterlagen bzw. seiner Verletzung ergebenden Ansprüchen sind für den Bieter von nachrangigen Interesse. Sie gehen zunächst nur auf den Aufwand für die Wiederbeschaffung der Unterlagen bzw. Wertersatz.

18 Das Sacheigentum, wird nicht verletzt, wenn der Inhalt der Unterlagen zweckwidrig verwendet wird. Auch geht es in der Praxis nicht primär darum, dass die Unterlagen (unbefugt) vervielfältigt werden, sondern dass die in einem Nebenangebot enthaltene **„gute Idee"** ausgenutzt wird. Ist der Vorschlag durch ein **technisches Schutzrecht,** insbes. ein Patent geschützt, greifen unabhängig von den Regelungen der VOB/A die hierfür geltenden Schutzvorschriften. Auch im Falle einer wettbewerbswidrigen Verletzung von (echten) Betriebsgeheimnissen hat der Verletzer grundsätzlich den gesamten unter Einsatz des geheimen Knowhows erzielten Gewinn herauszugeben.[44]

19 Sind die in Bietervorschlägen enthaltenen Ideen nicht durch ein technisches Schutzrecht oder als Geschäftsgeheimnis geschützt, sondern die Umsetzung verfügbaren Wissens, stellt sich die Frage, ob die Angebotsunterlagen über das **Urheberrecht** geschützt sind Zwar sind nach § 2

---

[38] Vgl. *Nestler* BauR 1994, 589; *Heiermann/Bauer* in Heiermann/Riedl/Rusam VOB/A § 8 Rn. 76.
[39] VÜA Brandenburg 20.8.1997 – 1 VÜ 14/98 nur für urheberrechtlich geschützte Werke; *Zirkel* VergabeR 2006, 321 (325 ff.) nur für Betriebsgeheimnisse; *Franke/Klein* in FKZG 3. Aufl. § 8 EG Rn. 54.
[40] Vgl. auch *Schalk*, Handbuch Nebenangebote, Rn. 436.
[41] Vgl. OLG München OLGR 2004, 195 zur Übereignung bei fehlendem Rückgabeinteresse.
[42] BGH NJW-RR 2007, 1530.
[43] Vgl. → VOB/B § 3 Rn. 55.
[44] BGH WRP 2008, 938.

Nr. 7 des Urheberrechtsgesetzes (UrhG) Darstellungen wissenschaftlicher oder technischer Art, wie Zeichnungen, Pläne, Karten, Skizzen, Tabellen und plastische Darstellungen geschützte Werke. Nach § 2 Abs. 2 UrhG ist jedoch weitere Voraussetzung, dass eine „eigenpersönliche, schöpferische Leistung" vorliegt.[45] Bei technischen Sondervorschlägen oder Nebenangeboten wird eine Urheberrechtsschutzfähigkeit regelmäßig fehlen.[46] Dies gilt auch deshalb, weil die Rechtsprechung das technische Gedankengut eines Werkes – also die technische Lehre als solche – nicht dem Urheberrechtsschutz, sondern den technischen Schutzrechten zuordnet, deren formelle und materielle Schutzvoraussetzungen anders geartet sind und denen wesentlich kürzere Schutzdauern zugebilligt werden.[47]

Besser wäre der Urheberschutz von **Architektenentwürfen** und -plänen, die im Rahmen von funktionalen Leistungsausschreibungen vorgelegt werden können. Urheberrechtsschutz besteht, wenn der konkrete Entwurf oder die konkrete Planung eine ästhetische, über die technisch-zweckgebundene Lösung hinausgehende Leistung und das Ergebnis eines eigenartigen, individuellen Schaffens darstellt. Insofern ist die Rechtsprechung bei der Zuerkennung von Kunstschutz für Bauwerke eher großzügig.[48] In diesem Fall bestünden Ansprüche nach § 97 UrhG auf Herausgabe des Verletzergewinns bzw. auf Zahlung der üblichen Vergütung. 20

In den übrigen Fällen kann der Bieter zwar die Verletzung einer vorvertraglichen Pflicht geltend machen, er wird jedoch regelmäßig selbst keinen Schaden in seinem Vermögen durch die Ausnutzung seiner nicht geschützten Idee erleiden.[49] Fraglich erscheint, ob dem Bieter Bereicherungsansprüche nach § 812 BGB zustehen können,[50] da ihm die gute Idee gerade nicht durch ein ausschließliches Verwertungsrecht vermögensmäßig zugewiesen ist.[51] 21

Erarbeitet ein Bieter in seinem Angebot eine so innovative und/oder technisch bedeutsame Lösung, dass er hierauf ein gewerbliches (technisches) Schutzrecht anmelden will, so sollte er hierauf mit seinem Angebot hinweisen. Dies führt dann zu nochmals erhöhten Verwahrungspflichten[52] des Öffentlichen Auftraggebers.[53] Nach Anmerkung 2 zu § 22 A des Vergabehandbuches des Bundes ist (in diesem Fall) „sicher zu stellen", dass die nur mit der Sache befassten Bearbeiter Kenntnis vom Angebot erhalten. 22

III. Vereinbarung anderweitiger Verwendung

Nach Abs. 3 Satz 2 bedarf es der vorherigen schriftlichen Vereinbarung, wenn der Auftraggeber Angebotsunterlagen und sonstige Vorschläge des Bieters über die Prüfung und Wertung der Angebote hinaus verwenden will. Diese Regelung dient der Klarheit und Beweisbarkeit.[54] Deshalb ist die Schriftform **keine Wirksamkeits- oder Anspruchsvoraussetzung.**[55] In der Festsetzung einer Entschädigung gem. Abs. 2 für die Unterlagen liegt keine konkludente Zustimmung des Bieters für die weitergehende Verwendung, weil damit nur der Anteil überobligatorischer Angebotsbearbeitung (= -ausarbeitung) finanziell ausgeglichen wird, nicht jedoch die Nutzung, erst recht nicht bei einem möglicherweise entstandenen Urheberrecht, abgegolten werden soll.[56] 23

Will der Auftraggeber eine entsprechende Vereinbarung schließen, so sollte er in der Vereinbarung auch die Entschädigung regeln wie es die Parallelvorschrift des § 22 Nr. 6 Abs. 3 S. 2 24

---

[45] Dies hat der BGH in der Entscheidung BauR 1984, 423 für die dort zugrunde liegenden Ausschreibungsunterlagen für den Bau eine Pipeline verneint.
[46] *Zirkel* VergabeR 2006, 321 (323); vgl. auch OLG München VergabeR 2006, 423.
[47] Vgl. BGHZ 73, 288 – Flughafenpläne.
[48] Vgl. etwa *Vinck* in Fromm/Nordemann Urheberrecht 11. Auflage, § 2 Rn. 70 mit zahlreichen Nachweisen; *Wandtke/Bullinger*, Urheberrecht, § 2 Rn. 56 (zu Ausschreibungsunterlagen), Rn. 105 (Werke der Baukunst) und Rn. 123 (wissenschaftliche und technische Darstellungen) sowie zuletzt LG Leipzig BauR 2002, 818 zum (bejahten) Urheberrecht des Architekten auch bei Zweckbauten.
[49] OLG München VergabeR 2006, 423; *Zirkel* VergabeR 2006, 321 (323), der außerdem den Schutz des § 8 Abs. 9 für gute, aber nicht geheime Ideen verneint.
[50] So *Schalk*, Handbuch Nebenangebote, Rn. 438.
[51] Vgl. dazu *Enzinger* GRUR Int. 1997, 96 ff.
[52] Vgl. zur Verwahrpflicht *v. Wietersheim* in Ingenstau/Korbion VOB/A § 8b Rn. 32.
[53] *Heiermann/Riedl/Rusam* VOB/A § 22 Rn. 49.
[54] Vgl. *Daub/Piel/Soergel* VOB/A ErlZ A 20.62.
[55] *v. Wietersheim* in Ingenstau/Korbion VOB/A § 8b Rn. 46; *Völlink/Kehrberg* § 20 Rn. 19.
[56] *Willenbruch/Bischoff/Schubert* VOB/A § 20 Rn. 30; *v. Wietersheim* in Ingenstau/Korbion VOB/A § 8b Rn. 40.

VOL/A vorsieht.[57] Daneben sollten die Art und Weise sowie der zeitliche und inhaltliche Umfang der gestatteten Verwendung, gegebenenfalls auch ein etwaiger Verzicht auf Urheberrechte sowie sonstige Eigentums- und Schutzrechte festgelegt werden.

D. Schiedsvereinbarung (Abs. 4)

25   Diese Formvorgabe erklärt sich nur historisch. Soll eine Schiedsvereinbarung getroffen werden, wird sie Teil der Vertragsunterlagen. Allerdings stellte nach § 1027 ZPO in der bis zum 31.12.1997 geltenden Fassung besondere Anforderungen an die Form einer Schiedsvereinbarung. Soweit Auftraggeber und Auftragnehmer nicht beide Vollkaufleute waren, bedurfte es einer gesonderten Urkunde, die nur die Schiedsvereinbarung selbst enthielt. Deshalb sieht Abs. 4 eine solche nur das Schiedsverfahren betreffende Urkunde als Regelfall vor.

26   Dem DVA war es bei der Novelle 2000 entgangen, dass die Formanforderung an die Schiedsvereinbarung erheblich modifiziert wurde. Der früher nur für Kaufleute mögliche Abschluss eines Schiedsvertrages auch durch Allgemeine Geschäftsbedingungen ist nunmehr grundsätzlich zulässig, soweit kein Verbraucher beteiligt ist, § 1031 Abs. 3, 5 ZPO. Erforderlich ist nur, dass der Vertrag, der entweder schriftlich, durch Schriftwechsel oder auch durch kaufmännisches Bestätigungsschreiben zu Stande kommen kann, seinerseits auf die Allgemeinen Geschäftsbedingungen Bezug nimmt. Ein besonderer Hinweis in den die vertragliche Vereinbarung wiedergebenden Schriftstücken darauf, dass die Allgemeinen Geschäftsbedingungen eine Schiedsvereinbarung enthalten, ist nicht erforderlich.[58] Die **Schiedsvereinbarung** kann deshalb heute, so weit gewünscht, **auch in ZVB oder BVB** aufgenommen werden. Das gilt erst recht für eine Schiedsgutachtenvereinbarung.

27   Die Vorschrift hätte allerdings auch gestrichen werden sollen, da die heute in Abs. 4 angesprochenen besonderen Formerfordernisse nur in dem **nicht relevanten Fall** eingreifen, wenn eine Partei des ausgeschriebenen Bauvertrages Verbraucher im Sinne des § 13 BGB wäre. Die Bieter sind nach § 3b VOB/A gewerbsmäßige Unternehmer, mithin keinesfalls Verbraucher. Also müsste die Vergabestelle eine natürliche Person[59] sein und den Bauvertrag nicht zu gewerblichen oder selbstständigen beruflichen Zwecken abschließen, also zu persönlichen, privaten oder familiären Zwecken.[60] Dieser Fall ist schon theoretisch kaum zu konstruieren und praktisch nicht regelungsbedürftig. Hätte man die Befugnis zu einer Schiedsvereinbarung hervorheben wollen, hätte man das auch direkt regeln können und sollen. Die textlich unveränderte Regelung ist so überflüssig und kann nur als Mahnmal für schlechte Regelungstechnik dienen.

§ 9 Einzelne Vertragsbedingungen, Ausführungsfristen

(1) 1. Die Ausführungsfristen sind ausreichend zu bemessen; Jahreszeit, Arbeitsbedingungen und etwaige besondere Schwierigkeiten sind zu berücksichtigen. Für die Bauvorbereitung ist dem Auftragnehmer genügend Zeit zu gewähren.
   2. Außergewöhnlich kurze Fristen sind nur bei besonderer Dringlichkeit vorzusehen.
   3. Soll vereinbart werden, dass mit der Ausführung erst nach Aufforderung zu beginnen ist (§ 5 Absatz 2 VOB/B), so muss die Frist, innerhalb derer die Aufforderung ausgesprochen werden kann, unter billiger Berücksichtigung der für die Ausführung maßgebenden Verhältnisse zumutbar sein; sie ist in den Vergabeunterlagen festzulegen.

(2) 1. Wenn es ein erhebliches Interesse des Auftraggebers erfordert, sind Einzelfristen für in sich abgeschlossene Teile der Leistung zu bestimmen.
   2. Wird ein Bauzeitenplan aufgestellt, damit die Leistungen aller Unternehmen sicher ineinander greifen, so sollen nur die für den Fortgang der Gesamtarbeit besonders wichtigen Einzelfristen als vertraglich verbindliche Fristen (Vertragsfristen) bezeichnet werden.

---

[57] Vgl. *Daub/Eberstein* VOL/A § 22 Rn. 48.
[58] *Zöller/Geimer* ZPO § 1031 Rn. 10.
[59] Was in den Fällen des §§ 98 Nr. 4–5 GWB möglich ist.
[60] Vgl. *Heinrichs* in Palandt BGB § 13 Rn. 3; *Micklitz* in MüKo BGB § 13 Rn. 27 ff.

(3) Ist für die Einhaltung von Ausführungsfristen die Übergabe von Zeichnungen oder anderen Unterlagen wichtig, so soll hierfür ebenfalls eine Frist festgelegt werden.
(4) Der Auftraggeber darf in den Vertragsunterlagen eine Pauschalierung des Verzugsschadens (§ 5 Absatz 4 VOB/B) vorsehen; sie soll fünf Prozent der Auftragssumme nicht überschreiten. Der Nachweis eines geringeren Schadens ist zuzulassen.

Schrifttum: *Kreikenbohm,* Verzug des Bauunternehmers im Werkvertragsrecht, BauR 1993, 647; *Lang,* Baubetrieblicher Nachweis von Behinderungen/Störungen und Nachweis der daraus resultierenden Bauzeitverzögerungen, Festschrift Vygen 1999, S. 220 ff.; *Langen,* Die Pönalisierung von Einzelfristen im Bauvertrag, Festschrift Schiffers 2001, S. 143 ff.; *Langen,* Die Bauzeit im Rahmen der Vertragsgestaltung, NZBau 2009, 145; *Mechnig,* Die Anpassungsfähigkeit der baubetrieblichen Produktionsplanung und -steuerung an interne und externe Einflüsse, Dissertation Dortmund 1998; *Olshausen,* Planung und Steuerung als Grundlage für einen zusätzlichen Vergütungsanspruch bei gestörtem Bauablauf, Festschrift Korbion, 1986, S. 323 ff.; *Roquette,* Praktische Erwägungen zur Bauzeit bei Vertragsgestaltung und baubegleitende Beratung, Jahrbuch BauR 2002, 33 ff.; *Rösel,* Baumanagement, Grundlagen, Technik und Praxis, 3. Auflage 1994; *Schiffers,* Ausführungsfristen – ihre Festlegung und ihre Fortschreibung bei auftraggeberseitig zu vertretenden Behinderungen, Jahrbuch BauR 1998, 275 ff.; *Schiffers,* Terminplanung und -steuerung, Eine Bestandsaufnahme und noch ausstehende Aufgaben, Festschrift Leimböck 1996, S. 232 ff.; *Vygen,* Behinderungen des Auftragnehmers und ihre Auswirkungen auf die vereinbarte Bauzeit, BauR 1983, 210; *Ziekow/Siegel,* Zulassung von Nachverhandlungen im Vergabeverfahren? – Rechtliche Rahmenbedingungen und erste Zwischenergebnisse des Zweiten Modellversuchs des Landes Nordrhein-Westfalen, NZBau 2005, 22 ff.

Übersicht

	Rn.
I. Überblick über den Regelungsinhalt von § 9 Abs. 1–4 VOB/A	1
II. Vergaberechtliche und vertragsrechtliche Bedeutung von § 9 Abs. 1–4 VOB/A	7
1. Vergaberechtliche Bedeutung	7
2. Vertragsrechtliche Bedeutung	9
III. Die Ausführungsfristen gemäß § 9 Abs. 1–4 VOB/A als Bestandteil der Fristenregelung in VOB und BGB	13
1. Vertragsfristen	14
2. Ausführungsfristen	15
3. Einzelfristen (Zwischenfristen)	16
4. Bauzeitenplan	17
5. Verzug	18
IV. § 9 Abs. 1 Nr. 1 und 2 VOB/A – Die Bemessung der Ausführungsfristen	19
1. Bemessung der Ausführungsfristen und Terminplanung	19
a) Generelles zur Terminplanung	19
b) Die Bemessung der Ausführungsfristen auf der Grundlage auftraggeberseitiger Terminplanung	25
2. Ausreichende Bemessung der Ausführungsfristen	27
a) Ausreichende Bemessung unter Berücksichtigung von Jahreszeit, Arbeitsbedingungen und besonderen Schwierigkeiten – § 9 Abs. 1 Nr. 1 S. 1 VOB/A	27
b) Angemessene Frist zur Bauvorbereitung – § 9 Abs. 1 Nr. 1 S. 2 VOB/A	30
c) Außergewöhnlich kurze Fristen nur bei besonderer Dringlichkeit – § 9 Abs. 1 Nr. 2 VOB/A	33
d) Die Bestimmung der Ausführungsfristen in den Vergabeunterlagen	34
3. Die vergaberechtliche Bedeutung der Vorgabe von Ausführungsfristen durch den Auftraggeber	35
V. § 9 Abs. 1 Nr. 3 VOB/A – Aufforderungsfrist	36
VI. § 9 Abs. 2 VOB/A – Einzelfristen (Zwischenfristen)	38
1. § 9 Abs. 2 Nr. 1 VOB/A – Einzelfristen für in sich abgeschlossene Teile der Leistung	38
2. § 9 Abs. 2 Nr. 2 VOB/A – Einzelfristen für fortgangswichtige Teile der Leistung	43
3. Sonstige Einzelfristen	46
VII. § 9 Abs. 3 VOB/A – Planlieferfristen	49
1. Mitwirkungshandlungen des Auftraggebers	49
a) Zeichnungen oder andere Unterlagen	50
b) Sonstige Mitwirkungshandlungen des Auftraggebers	52
2. Die Fristbestimmung für die auftraggeberseitigen Mitwirkungshandlungen	53
3. Planlieferfrist als Vertragsfrist	56

VIII. § 9 Abs. 4 VOB/A – Pauschalierung des Verzugsschadens 57
  1. Problematik und Abgrenzung zur Vertragsstrafe 57
    a) Problematik 58
    b) Abgrenzung zur Vertragsstrafe 59
  2. Die Voraussetzungen von § 9 Abs. 4 VOB/A im Einzelnen 61
    a) Pauschalierung des Verzugsschadens gemäß § 5 Abs. 4 VOB/B 61
    b) Pauschalierung im Regelfall nicht mehr als 5% der Auftragssumme 62
    c) Nachweis eines geringeren Schadens 65
  3. Verhältnis von § 9 Abs. 4 VOB/A zu § 309 Nr. 5 BGB 66

I. Überblick über den Regelungsinhalt von § 9 Abs. 1–4 VOB/A

1   § 9 Abs. 1–4 VOB/A enthält für VOB/A-gebundene Auftraggeber Vorgaben über die Bemessung und die Festlegung der Ausführungsfristen in den Vergabeunterlagen. Die Bestimmungen sind teilweise zwingend („sind ... zu bemessen; ist ... zu gewähren"), teilweise aber auch als Soll-Vorschriften gestaltet („so sollen nur ... bezeichnet werden; so soll ... festgelegt werden"). Die vertragsrechtliche Parallelvorschrift findet sich in § 5 VOB/B.

2   § 9 Abs. 1 Nr. 1 und 2 VOB/A befasst sich mit der **Bemessung der Ausführungsfristen**. § 9 Abs. 1 Nr. 1 erster Halbsatz bestimmt hierzu grundlegend, dass die Ausführungsfristen ausreichend zu bemessen sind. Bei ihrer Festlegung sind die Jahreszeit, in der die Arbeiten ausgeführt werden müssen, die Arbeitsbedingungen und etwaige besondere Schwierigkeiten zu berücksichtigen. Auch für die Bauvorbereitung muss dem Auftragnehmer genügend Zeit eingeräumt werden, § 9 Abs. 1 Nr. 1 S. 2 VOB/A. Außergewöhnlich kurze Fristen dürfen nur bei besonderer Dringlichkeit vorgesehen werden, § 9 Abs. 1 Nr. 2 VOB/A.

3   Einen Sonderfall, nämlich die Frist für den Leistungsabruf gemäß § 5 Abs. 2 VOB/B (→ VOB/B § 5 Rn. 61 ff.), regelt § 9 Abs. 1 Nr. 3 VOB/A. Soll der Auftragnehmer mit der Ausführung der Arbeiten nach Abruf (§ 5 Abs. 2 VOB/B) beginnen, so muss die Frist, innerhalb derer die Aufforderung ausgesprochen werden kann, unter billiger Berücksichtigung der für die Ausführung maßgebenden Verhältnisse zumutbar sein. Diese Frist zur Erklärung des Abrufs muss bereits in den Vergabeunterlagen[1] enthalten sein, um dem Auftragnehmer eine ordnungsgemäße Angebotskalkulation zu ermöglichen.

4   Eine schwer verständliche und auch unvollständige Bestimmung für **Einzelfristen** des Bauablaufs enthält § 9 Abs. 2 VOB/A. Gemäß § 9 Abs. 2 Nr. 1 VOB/A sind Einzelfristen für in sich abgeschlossene Teile der Leistung zu bestimmen, wenn es ein erhebliches Interesse des Auftraggebers erfordert. Zur Qualifizierung dieser Einzelfristen für in sich abgeschlossene Teile der Leistung als Vertragsfristen oder als bloße Kontrollfristen (näher dazu → Rn. 14) enthält § 9 Abs. 2 Nr. 1 VOB/A keine ausdrücklichen Vorgaben. § 9 Abs. 2 Nr. 2 VOB/A befasst sich sodann mit Einzelfristen für fortgangswichtige Teile der Gesamtleistung, wenn ein Bauzeitenplan aufgestellt wird. Diese Einzelfristen für fortgangswichtige Teile der Leistung sollen als **Vertragsfristen** vereinbart werden. Zu sonstigen Einzelfristen enthält § 9 Abs. 2 VOB/A keine Regelung.

5   Ein in der Praxis überaus wichtiger Fall, nämlich die Bestimmung von Fristen für **auftraggeberseitige Mitwirkungshandlungen,** wird ausschnittsweise durch § 9 Abs. 3 VOB/A angesprochen. Ist hiernach für die Einhaltung von Ausführungsfristen die Übergabe von Zeichnungen oder anderen Unterlagen wichtig, so soll hierüber ebenfalls bereits in den Vergabeunterlagen eine Frist festgelegt werden.

§ 9 Abs. 4 VOB/A wurde durch die VOB 1992 neu hinzugefügt. Hiernach darf der Auftraggeber eine **Pauschalierung** des möglichen **Verzugsschadens** (§ 5 Abs. 4 VOB/B) bereits in den Vergabeunterlagen vorsehen, die allerdings 5% der Auftragssumme nicht überschreiten soll. Der Nachweis eines geringeren Schadens muss in den Vergabeunterlagen zugelassen werden.

6   § 9 Abs. 1–4 VOB/A kommt in seiner Gesamtheit im Bereich der **privaten Auftragsvergabe Empfehlungscharakter** zu.

II. Vergaberechtliche und vertragsrechtliche Bedeutung von § 9 Abs. 1–4 VOB/A

7   **1. Vergaberechtliche Bedeutung.** Soweit § 9 Abs. 1–4 VOB/A als „**Muss-Vorschrift**" formuliert ist (§ 9 Abs. 1 und Abs. 2 Nr. 1 VOB/A), besteht am zwingenden vergaberechtlichen Charakter der Vorschrift kein Zweifel. Der VOB/A-gebundene Auftraggeber muss insoweit also

---

[1] Näher definiert in § 8 Abs. 1 VOB/A.

die vergaberechtlichen Vorgaben des § 9 Abs. 1–4 VOB/A beachten, um eine ordnungsgemäße Vergabe hinsichtlich der Ausführungsfristen durchzuführen.

Soweit die Vorschrift **Soll-Bestimmungen** enthält (§ 9 Abs. 2 Nr. 2 sowie Abs. 3 und Abs. 4 VOB/A) bedeutet dies, dass der öffentliche Auftraggeber auch diese Bestimmungen **im Regelfall einzuhalten hat** und nur in begründeten Ausnahmefällen, die in einem Vergabevermerk nachvollziehbar dokumentiert werden müssen, hiervon abweichen darf.

Die vergaberechtliche Verbindlichkeit von § 9 Abs. 1–4 VOB/A für den öffentlichen Auftraggeber bedeutet aber nicht automatisch, dass der Vorschrift auch bieterschützender Charakter zukommt und die Verletzung des § 9 Abs. 1–4 VOB/A vom Bieter gerügt werden kann. *Motzke* vertritt den Standpunkt, § 9 Abs. 1–4 VOB/A sei kein bieterschützender Charakter beizumessen, die Verletzung von § 9 Abs. 1–4 VOB/A könne vom Bieter nicht als Verletzung des zu beachtenden Vergabeverfahrens gerügt werden.[2] *Motzke* begründet seine Einstufung von § 9 Abs. 1–4 VOB/A als „materiell-rechtlicher Ordnungsvorschrift" zwar sehr differenziert, letztlich aber nicht überzeugend. Bei Vergaben oberhalb der Schwellenwerte von § 106 GWB kommt den Bestimmungen der VOB/A über § 113 GWB in Verbindung mit § 2 VgV Gesetzescharakter zu, woraus sich gemäß § 97 Abs. 6 GWB ein subjektives Recht des Bieters auf Einhaltung nicht nur der Verfahrensbestimmungen der VOB/A, sondern auch der materiell-rechtlichen Vergabebestimmungen selbst ergibt.[3] Bei europaweiten Vergaben kann der Bieter also den Verstoß der Vergabestelle gegen § 9 Abs. 1–4 VOB/A in einem Rechtsschutzverfahren[4] beanstanden.[5] § 9 Abs. 1–4 VOB/A hat damit, wie auch § 9a VOB/A (näher → A § 9a Rn. 4f.), bei Vergaben unterhalb der Schwellenwerte gemäß § 106 GWB **bieterschützenden Charakter.**[6] Dabei kommt es nicht darauf an, ob die einzelne Regelung in § 9 VOB/A als „Muss-, Soll- oder Darf-Vorschrift" ausgestaltet ist. Auch Darf-Vorschriften wie § 9 Abs. 4 S. 1 VOB/A sind bieterschützend; der Bieter hat in diesem Fall einen Anspruch auf eine ermessensfehlerfreie Entscheidung durch den öffentlichen Auftraggeber.[7]

2. Vertragsrechtliche Bedeutung. Ist der Vertrag mit dem Bieter zustande gekommen, so wirkt sich ein Verstoß der Vergabestelle gegen § 9 Abs. 1–4 VOB/A nur noch vertragsrechtlich aus, was bedeutet:

§ 9 Abs. 1–4 VOB/A stellt auch insoweit **keine Verbotsnorm** im Sinne von § **134 BGB** dar, als die Vorschrift zwingend und nicht nur als Soll-Vorschrift formuliert ist.[8] Soweit der VOB/A-gebundene Auftraggeber in den Vergabeunterlagen also keine ausreichenden Ausführungsfristen vorsieht (Verstoß gegen § 9 Abs. 1 Nr. 1 VOB/A), ohne besonderen Grund außergewöhnlich kurze Fristen vorgibt (Verstoß gegen § 9 Abs. 1 Nr. 2 VOB/A) oder in Abweichung von § 9 Abs. 2 VOB/A sonstige Einzelfristen als Vertragsfristen bestimmt, so sind diese Fristabsprachen zwar VOB-widrig, stellen aber keinen Verstoß gegen eine Verbotsnorm im Sinne von § 134 BGB dar und sind jedenfalls nicht aus diesem Grund unwirksam.[9]

Die Geltendmachung von Ansprüchen, die aus gegen § 9 Abs. 1–4 VOB/A verstoßenden Fristabsprachen herrühren, stellt auch keine Verletzung der Grundsätze von **Treu und Glauben** (§ 242 BGB) dar. Die Rechtsprechung hat zwar im Einzelfall die vergaberechtlichen Bestimmungen der VOB/A als Ausprägung des Grundsatzes von Treu und Glauben verstanden.[10] Diese Entscheidungen sind jedoch **abzulehnen,** weil sie zu einer unzulässigen Vermengung vergabe-

---

[2] *Motzke* in Beck'scher VOB-Kommentar VOB/A § 11 Rn. 4ff.
[3] Zu § 9 Abs. 1 Nr. 3 VOB/A so ausdrücklich VK Brandenburg 30.9.2008 – VK 30/08; vgl. dazu die Kommentierung zu → VOB/A § 5.
[4] Oberhalb der Schwellenwerte (also bei § 9 EU Abs. 1–4 VOB/A im Nachprüfungsverfahren vor der Vergabekammer, unterhalb der Schwellenwerte im Einstweiligen Verfügungsverfahren vor dem Landgericht. Vgl. zum Rechtsschutz § 3 VgV Rn. 14ff.
[5] So ausdrücklich OLG Naumburg NJOZ 2004, 1366ff. = ZfBR 2003, 622.
[6] OLG Düsseldorf 28.2.2002 – Verg 37/01 und 40/01, = NZBau 2003, 173, neuerdings einschränkend unter der Voraussetzung, dass die Fristbestimmung sich auf die Auftragschance auswirken kann (19.6.2013 – Verg 4/13); VK Brandenburg aaO; *Weyand*, Online-Kommentar Vergaberecht, Stand 14.9.2015, VOB/A § 9 Rn. 5; KG Berlin BauR 2000, 1579 (1580) zur Parallelvorschrift des § 11 VOL/A a. F.; *Motzke* in Beck'scher VOB-Kommentar VOB/A § 9; einschränkend *Sienz* in Ingenstau/Korbion VOB/A § 9 Rn. 31 (siehe nächste Fn.).
[7] A. A. *Sienz* in Ingenstau/Korbion VOB/A § 9 Rn. 31.
[8] Vgl. wohl auch *Motzke* in Beck'scher VOB-Kommentar VOB/A § 11 Rn. 18: *Niebuhr/Lederer* FS Jagenburg, 455ff.
[9] Zu einem möglichen AGB-Verstoß gemäß § 307 BGB vgl. → Rn. 62ff.
[10] BGH BauR 1992, 221 zu § 19 VOB/A und OLG Jena BauR 2001, 1446 zu § 12 Abs. 1 VOB/A.

rechtlicher Vorgaben mit vertragsrechtlichen Auswirkungen führen würden.[11] Die Treuwidrigkeit einer Rechtsausübung richtet sich nach dem konkreten Inhalt des abgeschlossenen Vertrages und nicht danach, was (vergaberechtlich) Inhalt des Vertrages hätte werden sollen.

12 Schließlich führt der Verstoß des öffentlichen Auftraggebers gegen § 9 Abs. 1–4 VOB/A auch **nicht** generell **zu einer unangemessenen Benachteiligung** des Auftragnehmers im Sinne von § 307 Abs. 1 BGB mit der Folge der Unwirksamkeit der entsprechenden Fristvereinbarung. Die AGB-rechtliche Wirksamkeit von Fristvereinbarungen ist ausschließlich zivilrechtlich danach zu beurteilen, ob die Fristabsprache einerseits den Bestimmungen der §§ 305 ff. BGB unterliegt und ob andererseits mit der Fristvereinbarung eine unangemessene, die Gebote von Treu und Glauben verletzende Benachteiligung des Auftragnehmers verbunden ist.[12] Der Verstoß des öffentlichen Auftraggebers gegen § 9 Abs. 1–4 VOB/A führt als solcher also noch nicht zu einer unangemessenen Benachteiligung des Auftragnehmers mit der Folge der Unwirksamkeit der entsprechenden Fristabsprache.

III. Die Ausführungsfristen gemäß § 9 Abs. 1–4 VOB/A als Bestandteil der Fristenregelung in VOB und BGB

13 § 9 Abs. 1–4 VOB/A enthält einerseits für den VOB/A-gebundenen Auftraggeber vergaberechtliche Vorgaben über die Bemessung und die sonstige Bestimmung der Ausführungsfristen in Bauverträgen. Andererseits verwendet § 9 Abs. 1–4 VOB/A auch vertragsrechtlich relevante Begriffe wie „Ausführungsfristen", „Ausführungsbeginn", „Einzelfristen" und „Verzug". Das vergaberechtliche Verständnis dieser Begriffe setzt die Kenntnis ihrer vertragsrechtlichen Bedeutung voraus. Hierzu wird auf die ausführliche und zusammenhängende Darstellung in der Kommentierung zu → VOB/B § 5 Rn. 9 ff. verwiesen. An dieser Stelle erfolgt ein zusammenfassender Überblick über das Recht der Ausführungsfristen in VOB und BGB:

14 **1. Vertragsfristen.** Die Vertragsfrist ist ein zentraler Begriff in der VOB, der sowohl in § 9 Abs. 2 Nr. 2 Teil A als auch in § 5 Abs. 1 S. 1 Teil B definiert wird. Hiernach handelt es sich bei der Vertragsfrist um eine **verbindliche Frist.** Die Verbindlichkeit der Frist bedeutet, dass deren Nichteinhaltung eine Pflichtverletzung des Auftragnehmers im Sinne von § 280 Abs. 1 BGB darstellt. Gleichzeitig stellt § 280 Abs. 2 BGB allerdings klar, dass die bloße Pflichtverletzung des Auftragnehmers hinsichtlich der Leistungszeit, also die Überschreitung vereinbarter Vertragsfristen, noch nicht zu einem Schadensersatzanspruch des Auftraggebers führt. Der Schadensersatzanspruch des Auftraggebers setzt gemäß § 280 Abs. 2 BGB in Verbindung mit § 286 BGB vielmehr **Verzug** des Auftragnehmers voraus (dazu → Rn. 18).

Wenn die VOB in § 9 Abs. 2 Nr. 2 Teil A und § 5 Abs. 1 S. 1 Teil B Vertragsfristen als verbindliche Fristen definiert, so bedeutet dies gleichzeitig, dass zwischen den Parteien auch unverbindliche Fristen vereinbart werden können. Ein Beispiel hierzu enthält § 5 Abs. 1 S. 2 VOB/B für die im Bauzeitenplan enthaltenen Einzelfristen, die nicht als Vertragsfristen vereinbart worden sind. Diese unverbindlichen Einzelfristen (Kontrollfristen) erlangen vertragsrechtliche Bedeutung (nur) über das Abhilferecht des Auftraggebers gemäß § 5 Abs. 3 VOB/B (→ B § 5 Rn. 78 ff.).

15 **2. Ausführungsfristen.** § 9 Abs. 1–4 VOB/A trägt ebenso wie § 5 VOB/B die Überschrift „Ausführungsfristen". Sprachlich sind darunter alle Fristen zu verstehen, die die Ausführung der entsprechenden Bauleistung regeln, also die Frist für den Ausführungsbeginn ebenso wie Einzelfristen des Bauablaufs als auch schließlich die Ausführungsfrist als Gesamtfrist der Bauausführung (Fertigstellungsfrist). Dabei ist unter einer **Frist** ein Zeitraum zu verstehen, unter einem **Termin** ein Zeitpunkt (→ B § 5 Rn. 9 ff.). Auch wenn die VOB nur von Fristen spricht, gelten deren Regelungen sinngemäß auch für Termine.

Aus dem Gesamtzusammenhang ergibt sich allerdings, dass unter den **Ausführungsfristen** im Sinne von § 9 Abs. 1–4 VOB/A und § 5 VOB/B **nur Vertragsfristen** zu verstehen sind, nicht hingegen unverbindliche Kontrollfristen, wie sie beispielsweise von § 5 Abs. 1 S. 2 VOB/B erfasst werden[13] (näher → B § 5 Rn. 83 f.).

---

[11] Näher dazu → VOB/A § 12 Rn. 8.
[12] Hierzu sei ausführlich auf die Kommentierung zu § 5 VOB/B verwiesen, dort beispielsweise Rn. 71 zu der Frage, ob AGB-rechtlich die Abkürzung der Abruffrist von 12 Werktagen gemäß § 5 Abs. 2 VOB/B zulässig ist.
[13] Anderer Auffassung *Motzke* in Beck'scher VOB-Kommentar VOB/A § 11 Rn. 25 f., wonach auch unverbindliche Kontrollfristen zu den Ausführungsfristen im Sinne von § 11 VOB/A gehören, anders aber wiederum unter Rn. 49, wo die Begriffe „Ausführungsfrist" und „Vertragsfrist" synonym verwendet werden.

3. Einzelfristen (Zwischenfristen). Einzelfristen (auch Zwischenfristen genannt) sind Fristen, die nicht für die Fertigstellung der Gesamtleistung des Auftragnehmers vereinbart werden, sondern für Teile der Leistung. § 9 Abs. 2 VOB/A hebt unter vergaberechtlichen Aspekten zwei Formen von Einzelfristen besonders hervor, und zwar Einzelfristen für in sich abgeschlossene Teile der Leistung (§ 9 Abs. 2 Nr. 1 VOB/A) und Einzelfristen für fortgangswichtige Teile der Leistung, wenn ein Bauzeitenplan aufgestellt wird, um das Ineinandergreifen der Leistungen verschiedener Auftragnehmer zu koordinieren (§ 9 Abs. 2 Nr. 2 VOB/A). Diese beiden durch § 9 Abs. 2 VOB/A hervorgehobenen Einzelfristen sollen nach der Vorstellung der VOB (unter bestimmten Voraussetzungen → Rn. 38 ff.) als verbindliche Fristen und damit als Vertragsfristen vereinbart werden. Sonstige Einzelfristen, insbesondere Einzelfristen zu einer kontinuierlichen Kontrolle des zeitgerechten Bauablaufs (§ 9 Abs. 2 VOB/A nicht vorgesehen, werden aber in § 5 Abs. 1 S. 2 VOB/B als unverbindliche Fristen des Bauzeitenplans (dazu nachstehend → Rn. 17) hervorgehoben und spielen insbesondere im Rahmen der Abhilfepflicht des Auftragnehmers gemäß § 5 Abs. 3 VOB/B eine große Rolle (→ B § 5 Rn. 78 ff.).

4. Bauzeitenplan. Die VOB regelt den Bauzeitenplan in § 9 Abs. 2 Nr. 2 Teil A und in § 5 Abs. 1 S. 2 Teil B, ohne allerdings zu definieren, was unter einem Bauzeitenplan zu verstehen ist. Ein Bauzeitenplan im Sinne der VOB ist ein Terminplan, den die Parteien ausdrücklich oder stillschweigend als (so genannten) **Vertragsterminplan** (anfänglich oder nachträglich) dem Bauvertrag zugrunde gelegt haben und der für die vom Auftragnehmer zu erbringenden Leistungen, ggf. aber auch für die auftraggeberseitigen Mitwirkungshandlungen, verbindliche Fristen (Vertragsfristen) enthält, darüber hinaus aber auch unverbindliche Kontrollfristen für Teile der Leistung enthalten kann. Intern gebliebene Ablaufpläne des Auftraggebers stellen deshalb keinen Bauzeitenplan im Sinne der VOB dar. Auch die Darstellungsform des Bauzeitenplans (Balkenterminplan, Netzplan usw) ist unerheblich (näher → B § 5 Rn. 29 ff.).

Wenn § 9 Abs. 2 Nr. 2 VOB/A den Bauzeitenplan nur im Zusammenhang mit der Koordination der Leistungsbereiche verschiedener Auftragnehmer untereinander erwähnt, so ist diese Sichtweise zu eng und nicht mehr zeitgemäß (dazu näher → Rn. 40 ff.).

5. Verzug. Der Terminverzug des Auftragnehmers wird vergaberechtlich lediglich in § 9 Abs. 4 VOB/A kurz angesprochen, und zwar im Zusammenhang mit der Schadenspauschalierung. Die in der Praxis wichtige Frage, ob und unter welchen Voraussetzungen ein Auftragnehmer mit der Ausführung seiner Leistungen in Verzug gerät, unter welchen Voraussetzungen der Verzug ggf. verhindert wird und zu welchen Rechtsfolgen ein Terminverzug führt, wird grundsätzlich in § 286 BGB und ergänzend in § 5 Abs. 4 VOB/B geregelt. Zusammengefasst:

Verzug des Auftragnehmers setzt gemäß § 286 BGB
– Fälligkeit der jeweiligen Bauleistung,
– die Mahnung des Auftraggebers nach der Fälligkeit (wenn nicht die Mahnung gemäß § 286 Abs. 2 BGB ausnahmsweise entbehrlich ist) **und**
– Verschulden des Auftragnehmers voraus.

Fälligkeit setzt die verbindliche Verpflichtung des Auftragnehmers voraus, eine bestimmte Leistung gerade zu einem bestimmten Zeitpunkt (bzw. innerhalb einer bestimmten Frist) zu erbringen. Diese Verbindlichkeit wird bei Bauverträgen bestimmt durch die Vereinbarung einer **Vertragsfrist**. Die Vertragsfrist führt also zur Fälligkeit der entsprechenden Leistung (Ausführungsbeginn, Einhaltung von Einzelfristen, die als Vertragsfristen vereinbart sind oder auch Fertigstellung der Gesamtleistung).

Die Fälligkeit der Leistung kann sich verschieben, wobei in der Baupraxis zwei Fälle besonders bedeutsam sind: Zum einen können **Bauablaufstörungen** im Risikobereich des Auftraggebers (§ 6 Abs. 2 Nr. 1a VOB/B) oder aus den sonstigen Gründen des § 6 Abs. 2 Nr. 1b und c VOB/B zu einer Fristverlängerung und damit zu einer **Verschiebung der Fälligkeit** führen (→ B § 5 Rn. 49 ff.). Zum anderen können bestehende Leistungsverweigerungsrechte des Auftragnehmers (zB das Recht zur ausbleibenden Zahlungen des Auftraggebers gemäß § 16 Abs. 5 Nr. 5 VOB/B) zu einer Verschiebung der Fälligkeit der auftragnehmerseitigen Leistungsverpflichtung führen (näher → B § 5 Rn. 52). In beiden Fällen kann der Auftragnehmer nicht in Verzug geraten, solange die Fälligkeit nicht eingetreten ist.

Nach Eintritt der Fälligkeit muss der Auftraggeber gemäß § 286 Abs. 1 BGB die ausstehende Leistung **anmahnen,** um Verzug des Auftragnehmers zu begründen (näher → B § 5 Rn. 39 ff.). Die **Mahnung** ist nur **ausnahmsweise entbehrlich** unter den Voraussetzungen des § 286 Abs. 2 BGB, insbesondere dann, wenn eine Vertragsfrist als kalendermäßig bestimmte oder bestimmbare Frist im Sinne von § 286 Abs. 2 Nr. 1 oder Nr. 2 BGB vereinbart ist (näher → B § 5 Rn. 42 ff.).

Trotz Fälligkeit und Mahnung (oder ausnahmsweiser Entbehrlichkeit der Mahnung) gerät der Auftragnehmer gemäß § 286 Abs. 4 BGB nicht in Verzug, wenn er die Gründe für das Ausbleiben der Leistung nicht **zu vertreten,** also nicht vorsätzlich oder fahrlässig zu verantworten hat (näher → B § 5 Rn. 48).

IV. § 9 Abs. 1 Nr. 1 und 2 VOB/A – Die Bemessung der Ausführungsfristen

19 1. **Bemessung der Ausführungsfristen und Terminplanung. a) Generelles zur Terminplanung.** Wenn § 9 Abs. 1 Nr. 1 und 2 VOB/A bestimmt, dass die Ausführungsfristen ausreichend zu bemessen sind, dem Auftragnehmer für die Bauvorbereitung genügend Zeit zu gewähren ist und außergewöhnlich kurze Fristen nur bei besonderer Dringlichkeit vorgesehen werden dürfen, dann beruhen diese vergaberechtlichen Vorgaben auf der schlichten Überlegung, dass die entsprechende Bemessung der Ausführungsfristen das Ergebnis einer vorangegangenen **Terminplanung** ist und auch sein muss. Der öffentliche Auftraggeber muss also **vor** der Erstellung der Vergabeunterlagen entweder selbst oder – typischerweise – durch einen von ihm beauftragten Architekten oder Ingenieur[14] eine Planung der Ausführungsfristen (Terminplanung) vornehmen, um den in § 9 Abs. 1–4 VOB/A für die Bemessung der Ausführungsfristen festgelegten Kriterien genügen zu können.

20 Bei der Terminplanung ist zunächst zwischen der **projektorientierten** und der **produktionsorientierten Terminplanung** zu unterscheiden.[15] Bei der projektorientierten Terminplanung steht die Koordination der verschiedenen an der Bauplanung und -ausführung beteiligten Organisationen (Büros, Firmen usw) im Vordergrund. Hier geht es um die terminliche Abstimmung für das Bauvorhaben als Ganzes. Die projektorientierte Terminplanung und spätere -steuerung ist deshalb eine typische Aufgabe des Auftraggebers.[16] Die produktionsorientierte Terminplanung regelt demgegenüber mehr oder weniger detailliert die einzelnen Planungs- und Ausführungsvorgänge. Sie erfasst also nicht mehr das Projekt als Ganzes, sondern die einzelnen Projektbeteiligten, also zB den Auftragnehmer eines bestimmten Leistungsbereichs bei der konventionellen Baudurchführung. Bei ihr geht es um die Abstimmung der Kapazitäten für die einzelnen Herstellvorgänge.[17]

21 Hinsichtlich des **Detaillierungsgrades** unterscheidet man bei der Terminplanung zwischen
– dem Grobterminplan,
– dem mittelfeinen Terminplan und
– dem Feinterminplan.[18]

Der Grobterminplan dient der Absteckung des Zeitrahmens; er verzichtet auf die Erfassung von Einzelzielen und Einzelaufgaben.

Der mittelfeine Terminplan ist noch auf das Gesamtbauvorhaben ausgerichtet, beinhaltet aber schon Einzelziele und Einzelaufgaben, die produktionsorientiert auf die einzelnen Leistungsbereiche der späteren Auftragnehmer ausgerichtet sind.

Die Feinterminplanung berücksichtigt alle terminrelevanten Einzelziele und Einzelaufgaben, ist also zwangsläufig produktionsorientiert und wird typischerweise vom (späteren) Auftragnehmer zur Disposition und Kontrolle seiner Kapazitätseinsätze vorgenommen.

22 Inhaltlich geht es bei der Terminplanung um die **zeitliche Bestimmung von Vorgangsdauern.**[19] Diese erfolgt durch

---

[14] Im Regelfall den Objektplaner gemäß § 33 bzw. § 42 HOAI, vgl. dazu *Motzke* in Beck'scher VOB-Kommentar VOB/A § 11 Rn. 30.
[15] Vgl. *Schiffers* FS Leimböck, 232, 237; *Langen/Schiffers,* Bauplanung und Bauausführung, Rn. 44.
[16] Vgl. *Schiffers* Jahrbuch BauR 1998, 275 und *Langen/Schiffers* Rn. 44.
[17] Der produktionsorientierte Terminplan wird in der Regel vom Auftraggeber nur als grober oder mittelfeiner Terminplan aufgestellt, während die Feinterminplanung produktionsorientiert typischerweise durch den Auftragnehmer erfolgt, vgl. auch *Motzke* in Beck'scher VOB-Kommentar VOB/A § 11 Rn. 41.
[18] Näher *Langen/Schiffers* Rn. 43.
[19] Dazu *Langen/Schiffers* Rn. 32 ff.

– die Quantifizierung der jeweiligen Leistungskategorien,[20]
– die Zuordnung von Zeitverbrauchsparametern zu den Leistungskategorien[21] und
– die Berücksichtigung der einzusetzenden Arbeitskräfte oder sonstiger Kapazitäten und ihrer täglichen Arbeitszeit.[22]

Die **Strukturierung einer Terminplanung** ergibt sich aus
– allgemeinen Naturgesetzen,[23]
– den konkreten Bauinhalten[24] und
– ablaufplanungstechnischen Vorgaben.[25]

Die **Darstellungsform** des Terminplans hat mit der Frage, ob es sich um einen projekt- oder produktionsorientierten oder um einen groben, mittelfeinen oder feinen Terminplan handelt, nichts zu tun. Die häufigsten Darstellungsformen[26] sind
– der Balkenplan,[27]
– die Terminliste,[28]
– das Volumen-/Zeitdiagramm,[29]
– der Netzplan.[30]

b) Die Bemessung der Ausführungsfristen auf der Grundlage auftraggeberseitiger Terminplanung. Um beurteilen zu können, ob die Ausführungsfristen unter Berücksichtigung der Jahreszeit, der Arbeitsbedingungen, der besonderen Schwierigkeiten usw ausreichend bemessen sind, ob eine besondere Dringlichkeit für außergewöhnlich kurze Fristen vorhanden ist usw, muss bei der öffentlichen Auftragsvergabe die Terminplanung des Auftraggebers so weit vorangeschritten sein, dass die Vorgaben aus § 9 Abs. 1 VOB/A (und hinsichtlich etwaiger Einzelfristen aus § 9 Abs. 2 VOB/A) beachtet werden können. Daraus ergibt sich zweierlei:

Zum einen muss den an § 9 Abs. 1–4 VOB/A zu messenden Terminvorgaben des Auftraggebers eine auftraggeberseitige Terminplanung zugrunde liegen. Der Auftraggeber muss also entweder selbst oder über von ihm beauftragte (Termin-)Planer den notwendigen Zeitbedarf unter Berücksichtigung der Jahreszeit usw ermittelt und in den Vergabeunterlagen festgelegt haben. Es ist vergaberechtlich unzulässig, im Vergabestadium diese auftraggeberseitige Terminplanung durch eine auftragnehmerseitige Terminplanung des Bieters zu ersetzen. Das bedeutet freilich nicht, dass eine (produktionsorientierte) Feinterminplanung des Bieters – auf der Basis der auftraggeberseitig vorgegebenen, ausreichend bemessenen Ausführungsfristen – nicht im Rahmen des Vergabeverfahrens verlangt werden darf, zB für die Wertung und/oder als Angebotsbestandteil.[31] Wenn der Auftraggeber eine solche Planung im Vergabeverfahren, bspw. im Zusammenhang mit dem Angebot, verlangt, muss er hierfür jedoch eine angemessene Entschädigung festsetzen (§ 8b Abs. 2 Nr. 1 VOB/A).

Zum anderen ergibt sich aus § 9 Abs. 1 VOB/A, dass die Festlegung der Ausführungsfristen in den Vergabeunterlagen das Ergebnis einer vorherigen auftraggeberseitigen Terminplanung ist, nicht umgekehrt. Das bedeutet: Der öffentliche Auftraggeber muss **vor** der Anfertigung der Vergabeunterlagen die Terminplanung im vorgeschriebenen Sinn durchführen. Als Ergebnis dieser Terminplanung sind die – ausreichend bemessenen – Ausführungsfristen in den Vergabeunterlagen festzulegen.

---

[20] Auch Arbeitsvolumen genannt.
[21] Aufwandswerte.
[22] Vgl. *Langen/Schiffers* Rn. 32 ff.
[23] ZB der vorherigen Erstellung der Tragkonstruktion, um Beläge und Bekleidungen anbringen zu können, auch hydraulische Abbindeprozesse wie das Abtrocknen von Nassputz- und Estricharbeiten, vgl. *Langen/Schiffers* Rn. 35.
[24] ZB die alternative Verwendung von Nassputz mit entsprechenden Austrocknungszeiten und Trockenputz ohne entsprechende Austrocknungszeiten.
[25] Wobei zwischen terminbestimmenden/terminkritischen Vorgängen, die unmittelbar den Endtermin beeinflussen, und nicht terminbestimmenden (schwimmenden) Vorgängen zu unterscheiden ist, die wiederum innerhalb der Ausführungsfrist verschoben werben können, ohne für den Endtermin relevant zu werden, vgl. *Langen/Schiffers* Rn. 35 aE.
[26] Dazu näher *Mechnig* S. 10 ff.
[27] Vgl. *Langen/Schiffers* Rn. 39 und Abb. 9.
[28] Vgl. *Langen/Schiffers* Rn. 41 und Abb. 11.
[29] Vgl. *Langen/Schiffers* Rn. 42 und Abb. 12.
[30] Vgl. *Langen/Schiffers* Rn. 40.
[31] VK Nordbayern 15.3.2007 – 21.VK – 3194 – 06/07; VK Bund 22.8.2013 – VK 1 – 69/13.

26 Bei privaten Bauverträgen wird häufig anders verfahren: Hier folgt oftmals die „Terminplanung" den vorherigen Terminfestlegungen, die sich zB daraus ergeben, dass der Auftraggeber seinerseits von seinem Auftraggeber (bei nachgeschalteten Vertragsverhältnissen) Terminvorgaben erhalten hat, die nicht zur Disposition stehen. In diesem Fall findet jedenfalls im Verhältnis des Auftraggebers zum Auftragnehmer keine Termin*planung* mit anschließender Bemessung der Ausführungsfristen statt, sondern die Ausführungsfristen sind vorgegeben und die Terminplanung der Parteien hat sich an diesen Zeitvorgaben zu orientieren. Dieser speziell im Schlüsselfertigbau häufig zu beobachtende Fall[32] ist bei der öffentlichen Auftragsvergabe gemäß § 9 Abs. 1 VOB/A unzulässig.

27 **2. Ausreichende Bemessung der Ausführungsfristen. a) Ausreichende Bemessung unter Berücksichtigung von Jahreszeit, Arbeitsbedingungen und besonderen Schwierigkeiten – § 9 Abs. 1 Nr. 1 S. 1 VOB/A.** Die in § 9 Abs. 1 Nr. 1 erster Halbsatz VOB/A verankerte **Grundregel** besagt, dass Ausführungsfristen **ausreichend zu bemessen** sind. Die im zweiten Halbsatz genannten, dabei zu berücksichtigenden Kriterien wie Jahreszeit, Arbeitsbedingungen und etwaige besondere Schwierigkeiten der Arbeitsausführung sind nur exemplarischer Art. Weitere Hinweise dazu, welche Kriterien bei der Bemessung einer angemessenen Ausführungsfrist zu berücksichtigen sind, enthält Ziffer 1.2 der Richtlinien zu 214 „Besondere Vertragsbedingungen" im VHB 2008 (Stand August 2014). Hiernach ist bei der Bemessung (angemessener) Ausführungsfristen ferner zu berücksichtigen,

– welche zeitliche Abhängigkeit von vorausgehenden und nachfolgenden Leistungen besteht,
– zu welchem Zeitpunkt die zur Ausführung erforderlichen Unterlagen vom Auftraggeber zur Verfügung gestellt werden können,
– in welchem Umfang arbeitsfreie Tage – Samstage, Sonn- und Feiertage – in die vorgesehene Frist fallen und
– inwieweit mit Ausfalltagen durch Witterungseinflüsse während der Ausführungszeit normalerweise gerechnet werden muss.

28 Alle in § 9 Abs. 1 Nr. 1 S. 1 VOB/A und ergänzend im VHB 2008 (Stand August 2014) benannten Einzelkriterien sollen sicherstellen, die der Ausschreibung und Vergabe vorangehende Terminplanung des Auftraggebers (dazu → Rn. 25) daran auszurichten, dass dem jeweiligen Auftragnehmer[33] eine für diese Arbeiten angemessene Frist zur Verfügung steht und deshalb auch **eine kosten- und qualitätssichernde Ausführung** ermöglicht wird. Denn unnötiger Zeitdruck führt bekanntlich häufig entweder zu Qualitätsbeeinträchtigungen oder zu höheren Kosten, um trotz der zu knappen Zeit die Leistung dennoch vertragsgerecht ausführen zu können.[34] Beides ist bei der öffentlichen Auftragsvergabe nicht nur unerwünscht, sondern durch § 9 Abs. 1 S. 1 VOB/A untersagt. Indiz für die nicht ausreichende Bemessung der Ausführungsfrist ist nach einem Beschluss des Kammergerichts[35], der Umstand, dass nach vielen Abforderungen der Vergabeunterlagen lediglich ein einziges Angebot eingereicht wird, das sich mit den vom öffentlichen Auftraggeber vorgegebenen Ausführungsfristen einschränkungslos einverstanden erklärt.

29 Die Bemessung einer ausreichenden Ausführungsfrist im Sinne von § 9 Abs. 1 Nr. 1 S. 1 VOB/A setzt terminplanerisch voraus, dass so genannte **Zeitpuffer** schon in der auftraggeberseitigen Terminplanung enthalten sind, und zwar sowohl an der Schnittstelle mehrerer Leistungsbereiche zueinander als auch innerhalb eines Leistungsbereichs.[36] Das Erfordernis von Zeitpuffern sowohl im Verhältnis zu anderen Leistungsbereichen als auch innerhalb des zu beauftragenden Leistungsbereichs ergibt sich daraus, dass unabhängig vom Verschulden bzw. der Verantwortlichkeit einer Partei im rechtlichen Sinne keine optimalen, im normalen Bauablauf nicht realisierbaren Abläufe unterstellt werden können.[37] Nicht optimale Arbeitsabläufe, Krankheiten, fehlende oder mangelhafte Pläne, Lieferschwierigkeiten usw müssen in einem begrenzten, dem Erfahrungswissen des Terminplaners unterliegenden Umfang in die auftraggeberseitige

---

[32] Insbesondere im Verhältnis des bereits beauftragten Nachunternehmers zu weiteren Nachunternehmern.
[33] Und zwar unabhängig davon, ob ein einzelner Leistungsbereich oder im Rahmen des Schlüsselfertigbaus eine Gesamtbauleistung beauftragt werden soll.
[34] Vgl. *Sienz* in Ingenstau/Korbion VOB/A § 9 Rn. 11.
[35] KG Berlin 5.1.2000 – Kart Verg 11/99, BeckRS 2008, 12116.
[36] *Kapellmann/Schiffers*, Vergütung I Rn. 1299 und Rn. 1483 ff.; *Motzke* in Beck'scher VOB – Kommentar VOB/A § 11 Rn. 77.
[37] OLG Köln BauR 1986, 582.

Ablaufplanung[38] eingestellt werden, um solche üblichen und normalerweise nicht ganz zu vermeidenden Bauablaufstörungen jedenfalls im Wesentlichen auffangen zu können und damit eine komplette Neuplanung der Termine schon bei der kleinsten Störung zu verhindern.

Wie bereits ausgeführt,[39] sind unter den Ausführungsfristen im Sinne von § 9 Abs. 1 VOB/A nur die für den Auftragnehmer verbindlichen Fristen, also **Vertragsfristen,** zu verstehen. § 9 Abs. 1 S. 1 VOB/A bezieht sich sowohl auf die Ausführungsfrist der Gesamtleistung **(Gesamtfrist)** als auch auf die durch § 9 Abs. 2 VOB/A noch einmal gesondert geregelten **Einzelfristen** des Bauablaufs.[40]

b) Angemessene Frist zur Bauvorbereitung – § 9 Abs. 1 Nr. 1 S. 2 VOB/A. Der 30 öffentliche Auftraggeber hat gemäß § 9 Abs. 1 Nr. 1 VOB/A nicht nur die Ausführungsfristen selbst ausreichend zu bemessen, sondern dem Auftragnehmer gemäß Satz 2 auch genügend Zeit für die Bauvorbereitung zu gewähren.

Die Bauvorbereitungszeit ist der Zeitraum, den der Auftragnehmer für seine innerbetrieblichen Dispositionen und Arbeitsvorbereitungen[41] benötigt, um den **Baubeginn** fristgerecht vornehmen zu können. Dabei ist die Grenzziehung zwischen den Leistungen des Auftragnehmers, die noch der Bauvorbereitung im Sinne von § 9 Abs. 1 Nr. 1 S. 2 VOB/A zuzurechnen sind und dem eigentlichen Baubeginn im Sinne von § 5 Abs. 2 VOB/B oftmals schwierig (dazu näher → B § 5 Rn. 56 ff.).

Vereinbaren die Parteien den Ausführungsbeginn des Auftragnehmers zu einem bestimmten 31 Zeitpunkt[42] oder innerhalb einer bestimmten Frist,[43] so kommt es für die ausreichende Bemessung der Bauvorbereitungszeit im Sinne von § 9 Abs. 1 Nr. 1 S. 2 VOB/A darauf an, ob der Zeitraum zwischen dem (vorgesehenen) Vertragsabschluss und dem (vereinbarten) Baubeginn unter Berücksichtigung der für die konkreten Leistungen erforderlichen Vorbereitungszeit als ausreichend und angemessen anzusehen ist.

Verschiebt sich die Auftragserteilung in diesem Fall,[44] gilt folgendes: 31a

– Der Auftraggeber ist vergaberechtlich nicht berechtigt, im Vergabeverfahren bilateral mit den Bietern neue Ausführungsfristen zu vereinbaren bzw. solche einseitig festzulegen.[45]
– Der Auftraggeber ist jedenfalls bei nicht erheblichen Verschiebungen nicht berechtigt, das Vergabeverfahren gem. § 17 Abs. 1 Nr. 2 VOB/A aufzuheben bzw. entsprechend § 17 Abs. 1 Nr. 2 VOB/A in den Stand vor Angebotsabgabe zurückzuversetzen, um den Auftrag mit neuen Ausführungsfristen neu auszuschreiben bzw. die Bieter zur Abgabe neuer Angebots auf der Grundlage vom Auftraggeber neu festgelegter Ausführungsfristen aufzufordern (dazu näher → A § 17 Rn. 15 ff.).
– Der Vertrag kommt demnach trotz einer verschobenen Zuschlagserteilung grundsätzlich mit den ausgeschriebenen Ausführungsfristen zustande.
– Sieht die Ausschreibung vor, dass der Auftragnehmer zu einem bestimmten Zeitpunkt nach Zuschlagserteilung mit den Bauarbeiten zu beginnen hat, ist jedenfalls für den Fall, dass der Zuschlag erst nach diesem ausgeschriebenen Ausführungsbeginn erteilt wird, anerkannt, dass die Ausführungsfristen entsprechend § 6 Abs. 3, 4 VOB/B anzupassen sind.[46]
– Dasselbe gilt, wenn die Ausschreibung vorsieht, dass der Auftragnehmer innerhalb einer bestimmten Frist nach Zuschlagserteilung mit den Bauarbeiten zu beginnen hat. Denn diese Vertragsbedingung ist so zu verstehen, dass der vertraglich vorgesehene Baubeginn an die ausgeschriebene (und nicht an die tatsächliche) Zuschlagsfrist anknüpft.[47] In diesem Fall führt mithin jede Zuschlagsverzögerung zu einer Verschiebung der Ausführungsfristen.
– Nicht gerichtlich entschieden ist bislang der Fall, in dem die Ausschreibung vorsieht, dass der Auftragnehmer zu einem bestimmten Zeitpunkt nach Zuschlagserteilung mit den Bauarbeiten

---

[38] Gleichermaßen auch in die anschließende Feinterminplanung des Auftragnehmers.
[39] Dazu → Rn. 15.
[40] Vgl. *Motzke* in Beck'scher VOB-Kommentar VOB/A § 11 Rn. 71.
[41] Wie zB. die Bereitstellung der zur Ausführung vorgesehenen Mitarbeiter, Anmietung der notwendigen Geräte, Bestellung der notwendigen Materialien, Beauftragung vorgesehener Nachunternehmer, Anfertigung und ggf. auftraggeberseitige Freigabe von Werkstatt- und Montagezeichnungen usw.
[42] Beispiel: Baubeginn am 15.3.2003.
[43] Beispiel: Baubeginn innerhalb von drei Wochen nach Auftragserteilung.
[44] ZB wegen der Aussetzung des Zuschlages im laufenden Nachprüfungsverfahren gemäß § 169 Abs. 1 GWB.
[45] BGH NZBau 2009, 370.
[46] BGH NZBau 2009, 370.
[47] BGH NZBau 2009, 771.

zu beginnen hat, und der Zuschlag zwar verzögert, aber noch vor dem ausgeschriebenen Ausführungsbeginn erteilt wird. In diesem Fall müssen sich der Ausführungsbeginn und in der Folge sämtliche Ausführungsfristen entsprechend § 6 Abs. 3, 4 VOB/B verschieben, wenn und soweit der Zeitraum zwischen dem verschobenen tatsächlichen Zuschlagstermin und dem ausgeschriebenen Ausführungsbeginn nicht mehr ausreichend und angemessen ist.
– Für die finanziellen Folgen einer verschobenen Auftragerteilung wird auf B § 2 Rn. 189 verwiesen.

32 Ist für den Baubeginn des Auftragnehmers in den Vergabeunterlagen kein Termin bzw. keine Frist vorgesehen, so richtet sich die Bauvorbereitungsfrist nach § 5 Abs. 2 S. 2 VOB/B. Hiernach muss der Auftragnehmer binnen 12 Werktagen nach Abruf des Auftraggebers mit den Bauleistungen beginnen, dh die standardmäßige Bauvorbereitungsfrist bei VOB-Bauverträgen beträgt mangels abweichender Vereinbarung 12 Werktage.[48] Die standardisierte Bauvorbereitungsfrist von 12 Werktagen gemäß § 5 Abs. 2 S. 2 VOB/B wird allgemein als **zu starr** empfunden; sie kann bei nur geringfügigen Arbeitsvorbereitungsmaßnahmen des Auftragnehmers zu lang, bei umfangreichen Vorbereitungsmaßnahmen aber auch deutlich zu kurz sein.[49] Der öffentliche Auftraggeber ist deshalb berechtigt, im Rahmen der Vergabeunterlagen eine von § 5 Abs. 2 S. 2 VOB/B abweichende, kürzere oder längere Abruffrist als 12 Werktage vorzusehen, und zwar auch durch Allgemeine Geschäftsbedingungen, sofern der Auftragnehmer hierdurch nicht unangemessen benachteiligt wird.[50]

33 **c) Außergewöhnlich kurze Fristen nur bei besonderer Dringlichkeit – § 9 Abs. 1 Nr. 2 VOB/A.** § 9 Abs. 1 Nr. 2 VOB/A enthält eine Ausnahmebestimmung zu § 9 Abs. 1 Nr. 1 S. 1 VOB/A. Hiernach dürfen **außergewöhnlich kurze Fristen** nur bei **besonderer Dringlichkeit** der auszuführenden Leistung vereinbart werden.

Die besondere Dringlichkeit kann sich zum einen aus der Unaufschiebbarkeit der anstehenden Bauleistung ergeben (zB Reparatur eines Wasserrohrbruchs, einer defekten Heizungsanlage im Winter, einer undichten Gasleitung usw),[51] zum anderen aber auch daraus, dass durch die anstehenden Bauarbeiten schützenswerte Interessen des Auftraggebers oder auch der Allgemeinheit im geringstmöglichen Umfang beeinträchtigt werden sollen (zB bei verkehrsbehindernden Arbeiten an Autobahnen, Bahnstrecken usw). Kein Fall einer besonderen Dringlichkeit liegt hingegen vor, wenn durch sehr knapp bemessene Ausführungsfristen bezweckt werden soll, (angeblich) besonders leistungsfähige Bieter herauszukristallisieren.[52]

Die Zulässigkeit außergewöhnlich kurzer Fristen auf Grund besonderer Dringlichkeit der Bauarbeiten muss im Streitfall vom öffentlichen Auftraggeber anhand eines entsprechenden Vergabevermerks nachgewiesen werden.

Auch ohne in § 9 Abs. 1 Nr. 2 VOB/A besonders erwähnt zu werden, versteht es sich von selbst, dass bei besonderer Dringlichkeit der anstehenden Arbeiten auch die in § 9 Abs. 1 Nr. 1 S. 2 VOB/A angesprochene Bauvorbereitungsfrist auf das unumgängliche Maß abgekürzt werden kann.

34 **d) Die Bestimmung der Ausführungsfristen in den Vergabeunterlagen.** § 9 Abs. 1 Nr. 1 und 2 VOB/A regelt lediglich, wie die Bauvorbereitungs- und Ausführungsfristen zu bemessen sind, aber nicht, wie diese Fristen in den Vergabeunterlagen vorgesehen werden.

Ziffer 1.2 der Richtlinie zu 214 VHB zu § 9 Abs. 1–4 VOB/A bestimmt hierzu, dass Ausführungsfristen bemessen werden können **entweder** durch die Angabe eines Anfangs- und/oder eines Endzeitpunktes (Datum) **oder** nach Zeiteinheiten (Werktage oder Wochen).[53]

Die Fristbestimmung durch die Angabe von **Daten** soll nur dann gewählt werden, wenn der Auftraggeber den Beginn der Ausführung verbindlich festlegen kann **und** ein bestimmter Endtermin eingehalten werden muss. Auch bei Fristbemessung nach **Zeiteinheiten** soll der Beginn

---

[48] Vgl. dazu *Motzke* in Beck'scher VOB-Kommentar VOB/A § 11 Rn. 81; *Heiermann/Riedl/Rusam*, VOB/A § 11 Rn. 9; *Sienz* in Ingenstau/Korbion, VOB/A § 9 Rn. 13.
[49] *Sienz* in Ingenstau/Korbion, VOB/A § 9 Rn. 13; *Motzke* in Beck'scher VOB- Kommentar VOB/A § 11 Rn. 82.
[50] Vgl. dazu auch Ziffer 1.1 des Formblatts 214 des VHB – Bund – Ausgabe 2008 – Stand April 2016, wonach die Abruffrist auftragspezifisch vom Auftraggeber vorgegeben wird; näher zum Thema vgl. auch → VOB/B § 5 Rn. 73.
[51] Dazu *Motzke* in Beck'scher VOB-Kommentar VOB/A § 11 Rn. 78.
[52] So zutreffend KG Berlin BauR 2000, 1579 (1580) zur Parallelvorschrift des § 11 Nr. 1 VOL/A a. F.
[53] Werktage sind alle Kalendertage mit Ausnahme von Sonn- und Feiertagen, also auch Samstage, dazu näher → VOB/B § 11 Rn. 40 f.

der Ausführung möglichst genau genannt werden. Treten vor Zuschlagserteilung die Voraussetzungen für eine nach Daten zu bestimmenden Frist ein, sind die Daten, der vorgesehenen Ausführungsfrist entsprechend, im Auftragsschreiben festzulegen.[54]

Diesen Bestimmungen des VHB zur Vorgabe von Ausführungsfristen und -terminen in den Vergabeunterlagen ist nichts hinzuzufügen. Es empfiehlt sich, sie auch bei privaten Auftragsvergaben zu berücksichtigen.

3. Die vergaberechtliche Bedeutung der Vorgabe von Ausführungsfristen durch den Auftraggeber. Die „Bestimmung" der Ausführungsfristen durch den Auftraggeber im Rahmen der Vergabeunterlagen bedeutet, dass der (jeweilige) Bieter auch diese Vorgaben des Auftraggebers zum Bestandteil seines Angebots machen muss, um ein vollständiges und damit wertbares Angebot im Sinne des § 16 VOB/A vorzulegen. Hält der Bieter also beispielsweise die Ausführungsfristen insgesamt für zu kurz bemessen, den Ausführungszeitraum (zB Winter) für ungünstig oder die vom Auftraggeber vorgegebenen Einzelfristen (dazu nachstehend → Rn. 38 ff.) für nicht einhaltbar, so muss er entweder versuchen, den Auftraggeber generell zu einer Änderung der Vergabeunterlagen gegenüber allen Bietern zu bewegen oder neben seinem Hauptangebot, in dem er die auftraggeberseitigen Vorgaben akzeptiert, ein Nebenangebot hinsichtlich der aus seiner Sicht einhaltbaren Fristen vorlegen. Die – auch teilweise – Nichtakzeptanz der auftraggeberseitigen Fristbestimmungen durch den Bieter führt ansonsten zum Ausschluss des Angebotes aus der Wertung.[55] Verhandlungen zwischen dem öffentlichen Auftraggeber und dem einzelnen Bieter über Vorschläge des Bieters zur anderweitigen Bestimmung der Ausführungsfristen sind gemäß § 15 Abs. 1 und Abs. 3 VOB/A nicht zulässig.[56] Hat der Bieter die Vorgaben des Auftraggebers zu den Ausführungsfristen durch die Unterbreitung seines Angebotes also akzeptiert, dann sind Abweichungen hierzu, zB die Verschiebung des Ausführungsbeginns, die Verlängerung der Ausführungsfrist oder der Verzicht des Auftraggebers auf bestimmte Einzelfristen als Vertragsfristen, im Rahmen des Aufklärungsgesprächs gemäß § 15 VOB/A unzulässig.[57]

Der öffentliche Auftraggeber muss sich bei der Vorgabe der Ausführungsfristen und insbesondere auch bei der Vorgabe der Einzelfristen als Vertragsfristen gemäß § 9 Abs. 2 VOB/A also genau überlegen, inwieweit diese Fristen den Bieterwettbewerb beeinflussen und möglicherweise geeignete Bieter von der Abgabe eines Angebotes bzw. der Wertung ihrer unvollständig abgegebenen Angebote ausschließen.[58] Vor diesem vergaberechtlichen Hintergrund ist der öffentliche Auftraggeber also gut beraten, der die Vorgaben des § 9 Abs. 1–4 VOB/A zur Bestimmung angemessener Ausführungsfristen und zum zurückhaltenden Umgang mit der Vorgabe von Einzelfristen als Vertragsfristen ernst nimmt.

V. § 9 Abs. 1 Nr. 3 VOB/A – Aufforderungsfrist

§ 9 Abs. 1 Nr. 3 VOB/A enthält eine auf den ersten Blick komplizierte, in Zusammenhang mit § 5 Abs. 2 S. 1 VOB/B allerdings verständliche Regelung folgender Konstellation: Der **Beginn der Ausführung** durch den Auftragnehmer ist in den Vergabeunterlagen nicht zu einem bestimmten Zeitpunkt oder innerhalb einer bestimmten Frist festgelegt,[59] sondern **nach Abruf** durch den Auftraggeber. Dieser Abruf des Auftraggebers, der mangels anderweitiger Vereinbarung der Parteien gemäß § 5 Abs. 2 S. 2 VOB/B eine Beginnpflicht des Auftragnehmers binnen zwölf Werktagen auslöst (dazu näher → B § 5 Rn. 70 ff.), kann vom Auftraggeber theoretisch zu einem beliebigen Zeitpunkt ausgesprochen werden. Da der Preiskalkulation des Bieters aber einerseits eine Kostenermittlung innerhalb einer bestimmten Kostenperiode, andererseits eine bestimmte Kapazitätsplanung für Personal, Gerät usw zugrunde liegt, würde sich der beliebige Zeitpunkt des Abrufs durch den Auftraggeber für den Bieter als ungewöhnliches Wagnis im Sinne von § 9 Abs. 2 VOB/A und damit als Vergabeverstoß darstellen.[60] Gemäß § 5

---

[54] Siehe dazu Ziffer 1.2 der Richtlinien zum Formblatt 214 des VHB – Bund – Ausgabe 2008 – Stand April 2016.
[55] Dazu OLG Naumburg NJOZ 2004, 1366 (1369).
[56] OLG Naumburg ebd., 1368; *Ziekow/Siegel* NZBau 2005, 22 (24 f.).
[57] OLG Naumburg ebd.
[58] OLG Naumburg ebd.
[59] Dazu → Rn. 32.
[60] Ebenso VK Brandenburg 30.9.2008 – VK 30/08; *Motzke* in Beck'scher VOB-Kommentar VOB/A § 11 Rn. 110; *Heiermann/Riedl/Rusam* VOB/A § 11 Rn. 13.

Abs. 2 S. 1 VOB/B hat der Auftraggeber dem Auftragnehmer deshalb auf Verlangen Auskunft über den voraussichtlichen Ausführungsbeginn zu erteilen. Aus einer Verletzung dieser Auskunftsverpflichtung können sich Ansprüche des Auftragnehmers auf Fristverlängerung, Schadensersatz usw ergeben (→ B § 5 Rn. 65 ff.). Vergaberechtlich ergänzt (nicht: ersetzt) wird die vertragsrechtliche Regelung aus § 5 Abs. 2 S. 1 VOB/B nun durch § 9 Abs. 1 Nr. 3 VOB/A. Hiernach **muss** der öffentliche Auftraggeber die Frist, innerhalb derer die Aufforderung zum Ausführungsbeginn ausgesprochen werden kann, unter billiger Berücksichtigung der für die Ausführung maßgebenden Verhältnisse zumutbar festlegen. Diese Frist **muss** in den Vergabeunterlagen angegeben werden.

37 § 9 Abs. 1 Nr. 3 VOB/A verpflichtet den öffentlichen Auftraggeber vergaberechtlich also zu zweierlei: Zum einen muss eine billige, die konkreten Verhältnisse angemessen berücksichtigende Aufforderungsfrist bestimmt werden, die zum anderen in den Vergabeunterlagen angegeben werden muss.[61] Welche Frist unter billiger Berücksichtigung der für die Ausführung maßgebenden Verhältnisse als angemessen bzw. zumutbar anzusehen ist, hängt von den konkreten Umständen des Einzelfalles ab. Im Normalfall dürfte eine Frist von wenigen Wochen ausreichen, da der kurzfristige Beginn der Arbeiten nach Erteilung des Zuschlages der Regelfall ist. Ausnahmsweise kann auch eine Frist von mehreren Wochen bis zu vier Monaten noch als zumutbar und damit im Sinne von § 9 Abs. 1 Nr. 3 VOB/A zulässig angesehen werden, wenn sachliche Gründe für diese ungewöhnlich lange Aufforderungsfrist vorhanden und im Vergabevermerk nachvollziehbar dargelegt sind. Keinen sachlichen Grund für die generelle Bestimmung einer Aufforderungsfrist von vier Monaten stellen vom öffentlichen Auftraggeber erwartete Verzögerungen des Zuschlags auf Grund von Rechtsschutzverfahren[62] dar. Das Bundesministerium für Verkehr, Bau- und Stadtentwicklung (BMVBS) hatte im Anschluss an die 6. Bund-/Länder-Dienstbesprechung am 2.6.2008 ein Rundschreiben an die obersten Straßenbaubehörden verfasst, wonach zur Vermeidung von Mehrkostenforderungen auf Grund verzögerter Zuschläge grundsätzlich keine kalendermäßig fixierten Ausführungsfristen mit den Bietern mehr festgelegt werden sollten und im Übrigen die Aufforderungsfrist im Regelfall vier Monate betragen sollte.[63] Zutreffend hat die Vergabekammer des Landes Brandenburg das Rundschreiben des BMVBS als vergaberechtswidrig eingestuft und die rund vier Monate betragende Aufforderungsfrist als Verstoß gegen § 9 Abs. 1 Nr. 1 VOB/A angesehen, da Verzögerungen des Zuschlags auf Grund von Rechtsschutzverfahren zum Risikobereich des Auftraggebers gehören und nicht mittels einer überlangen Aufforderungsfrist in den Risikobereich des Bieters/Auftragnehmers verlagert werden dürfen.[64] Ist der Zeitpunkt des Abrufs zum Ausführungsbeginn bei Ausschreibung und Vergabe so ungewiss, dass auch innerhalb dieser Maximalfrist von einigen Monaten der Zeitpunkt nicht bestimmt werden kann, so muss die Vereinbarung einer Preisgleitklausel im Sinne von § 9d VOB/A geprüft werden.[65]

VI. § 9 Abs. 2 VOB/A – Einzelfristen (Zwischenfristen)

38 **1. § 9 Abs. 2 Nr. 1 VOB/A – Einzelfristen für in sich abgeschlossene Teile der Leistung.** Gemäß § 9 Abs. 2 Nr. 1 VOB/A sollen Einzelfristen für in sich abgeschlossene Teile der Leistung bestimmt werden, wenn ein erhebliches Interesse des Auftraggebers dies erfordert. **In sich abgeschlossene Teile der Leistung** liegen vor, wenn sie nach allgemeiner Verkehrsauffassung als selbstständig und von den übrigen Teilleistungen aus demselben Bauvertrag unabhängig anzusehen sind, sie sich also in ihrer Gebrauchsfähigkeit abschließend für sich beur-

---

[61] Vgl. dazu Ziffer 1.1 des Formblatts 214 des VHB – Bund – Ausgabe 2008 – Stand April 2016, wonach der Abruf durch den öffentlichen Auftraggeber spätestens binnen … Werktagen nach Auftragserteilung erfolgen muss.

[62] Oberhalb der Schwellenwerte (also bei § 9 EU Abs. 1–4 VOB/A): Nachprüfungsverfahren; unterhalb der Schwellenwerte: Einstweiliges Verfügungsverfahren vor dem Landgericht. Vgl. zum Rechtsschutz § 3 VgV Rn. 14 ff.

[63] Dem hatten sich verschiedene Landesbehörden für die von ihnen betreuten Vergaben bereits angeschlossen, so zB die Freie und Hansestadt Hamburg gemäß Richtlinie vom 28.7.2008.

[64] VK Brandenburg 30.9.2008 – VK 30/08 mit zustimmender Anmerkung von *Wolters* BR 2008, 675. Nach *Sienz* in Ingenstau/Korbion VOB/A § 9 Rn. 13 reichen unter normalen Umständen einige Wochen oder „höchstens wenige Monate" aus. *Motzke* in Beck'scher VOB-Kommentar VOB/A § 11 Rn. 113 weist darauf hin, dass § 11 Nr. 1 AGB-Gesetz (jetzt: § 309 Nr. 1 BGB) der Rechtsgedanke einer maximal viermonatigen Preisbindung entnommen werden kann.

[65] *Motzke* in Beck'scher VOB-Kommentar VOB/A § 11 Rn. 110.

teilen lassen, und zwar sowohl in ihrer technischen Funktionsfähigkeit als auch im Hinblick auf die vorgesehene Nutzung.[66]

§ 9 Abs. 2 Nr. 1 VOB/A verwendet damit dieselbe Formulierung wie § 12 Abs. 2 VOB/B zur (echten) Teilabnahme,[67] dh nach § 9 Abs. 2 Nr. 1 VOB/A sollen bei erheblichem Interesse des Auftraggebers Einzelfristen nur für solche Teilleistungen vereinbart werden, die im Sinne von § 12 Abs. 2 VOB/B auch teilabnahmefähig sind.

Nach der Auffassung von *Motzke*[68] liegen in sich abgeschlossene Teile von Leistungen zB bei **Fachlosen** vor, wenn ein Auftragnehmer mit mehreren Fachlosen beauftragt worden ist. Bei der Beauftragung nur mit einem Fachlos komme es auf technische Aspekte an.[69] Losgelöst von solchen Einzelfällen ist allerdings zu differenzieren:

Bei der **konventionellen Baudurchführung**, also der Beauftragung eines Auftragnehmers **39** mit einem einzelnen oder einigen wenigen Leistungsbereichen/Gewerken,[70] kommt es darauf an, ob innerhalb des beauftragten Leistungsbereichs/Gewerks eine selbstständig funktionierende Teilleistung erstellt wird. Bei dem von *Motzke* gewählten Beispiel der Rohinstallation einer technischen Anlage ist dies eher nicht der Fall. Wird aber beispielsweise ein Auftragnehmer mit der Erstellung der Heizungsarbeiten für ein mehrgeschossiges Büroobjekt beauftragt, wobei einzelne Geschosse vorzeitig in Benutzung genommen werden sollen, so liegen – bezogen auf diese Geschosse –, in sich funktionsfähige Teilleistungen vor. Mehrere Abschnitte einer einheitlichen Leistung (zB ein in 3 Abschnitten herzustellendes Wärmedämmverbundsystem) stellen keine in sich abgeschlossenen Teile der Leistung dar und können deshalb auch zB nicht wirksam teilgekündigt werden.[71] Allgemein kann hierzu auf die recht umfangreiche Kasuistik zu § 12 Abs. 2 VOB/B verwiesen werden.[72]

Beim **Schlüsselfertigbau**[73] kann hingegen jedenfalls nach der Vorgabe des § 9 Abs. 2 Nr. 1 **40** VOB/A nicht auf einzelne Leistungsbereiche/Gewerke abgestellt werden. Denn der Schlüsselfertigbau unterscheidet sich von der konventionellen Baudurchführung ja insbesondere dadurch, dass der mit der schlüsselfertigen Erstellung beauftragte Auftragnehmer (SF-Unternehmer) gerade nicht einzelne Leistungsbereiche/Gewerke oder eine Summe von Einzelgewerken schuldet, sondern eine zielorientiert definierte Leistung, meist eine schlüsselfertige, funktionsfähige Gesamtleistung wie zB die Erstellung einer Wohnanlage, eines Klärwerks oder einer Bahnstrecke. Nach der Vorgabe von § 9 Abs. 2 Nr. 1 VOB/A sind beim Schlüsselfertigbau Einzelfristen also nur dann und insoweit zulässig, als innerhalb der zielorientiert definierten Gesamtleistung selbstständige Funktionsabschnitte (im Sinne in sich abgeschlossener Teile der Leistung) erstellt werden, also zB einzelne Wohnungen der Gesamtwohnanlage vorzeitig übergeben werden sollen, ein Teil der betriebsbereit zu erstellenden Bahnstrecke (zB als Verbindung zwischen zwei vorhandenen Bahnstrecken) vorzeitig in Betrieb gehen soll usw. Die einzelnen Leistungsbereiche/Gewerke im Sinne der DIN 18300 ff. als solche stellen beim Schlüsselfertigbau hingegen keine in sich abgeschlossenen Teile der Leistung dar, für deren Erstellung im Sinne von § 9 Abs. 2 Nr. 1 VOB/A Einzelfristen vorgegeben werden dürfen.

Unabhängig von konventioneller oder schlüsselfertiger Baudurchführung: Der öffentliche **41** Auftraggeber darf Einzelfristen für solche in sich abgeschlossenen Teile der Leistung nur bestimmen, wenn dies ein **erhebliches Interesse** seinerseits erfordert. Der Grund für diese einschränkende Voraussetzung des § 9 Abs. 2 Nr. 1 VOB/A besteht darin, dass die Feinterminplanung des Bauablaufs gemäß § 4 Abs. 2 VOB/B grundsätzlich der Dispositionsfreiheit des Auftragnehmers unterliegt, die Bestimmung verbindlicher Einzelfristen zwischen dem Ausführungsbeginn und der Gesamtfertigstellung also diese Dispositionsfreiheit und folglich auch die ablauforientierten Optimierungsmöglichkeiten des Auftragnehmers beeinträchtigt.[74] Ein erhebliches Interesse, das eine Einschränkung der Dispositionsfreiheit des Auftragnehmers gemäß § 4 Abs. 2 VOB/B rechtfertigt, kann folglich nur angenommen werden, wenn der öffentliche Auftraggeber über das

---

[66] Vgl. *Oppler* in Ingenstau/Korbion, VOB/B § 12 Abs. 2 Rn. 6.
[67] Vgl. auch die ähnliche Formulierung in § 632a BGB zu Abschlagszahlungen beim BGB-Werkvertrag für „in sich abgeschlossene Teile des Werks".
[68] *Motzke* in Beck'scher VOB-Kommentar VOB/A § 11 Rn. 92.
[69] So sei beispielsweise die Rohinstallation ein in sich abgeschlossener Teil einer insgesamt geschuldeten Installationsleistung, vgl. *Motzke* in Beck'scher VOB- Kommentar VOB/A § 11 Rn. 92.
[70] Im Sinne der DIN 18300 ff. vgl. dazu ausführlich *Langen/Schiffers* Rn. 136 ff.
[71] BGH BauR 2009, 1736 = NZBau 2010, 47.
[72] Dazu → VOB/B § 12 Rn. 72 ff.
[73] Dazu *Langen/Schiffers* Rn. 141 ff.
[74] So auch *Motzke* in Beck'scher VOB-Kommentar VOB/A § 11 Rn. 54.

allgemeine Interesse jedes Auftraggebers an einem zügigen Baufortschritt hinaus nachweisen kann, dass gerade für bestimmte, in sich abgeschlossene Teilleistungen die Vereinbarung einer verbindlichen Ausführungsfrist als Vertragsfrist gerechtfertigt erscheint. Dies kann beispielsweise der Fall sein aus Gründen des Allgemeinwohls (Behinderung des fließenden Verkehrs auf Autobahnen und Bahnstrecken) wie auch aus ökologischen (teilweise Inbetriebnahme einer Kläranlage) und sonstigen Gründen, wobei das erhebliche Interesse im Sinne von § 9 Abs. 2 Nr. 1 VOB/A im Vergabevermerk dokumentiert sein muss.

42 Wenn die Voraussetzungen von § 9 Abs. 2 Nr. 1 VOB/A vorliegen, erlaubt § 9 Abs. 2 Nr. 1 VOB/A die Festlegung der Einzelfristen für in sich abgeschlossene Teile der Leistung als **Vertragsfristen** und damit verbindliche Fristen. Ein vergaberechtlicher Regelungsbedarf für unverbindliche Einzelfristen (Kontrollfristen), die sich auf in sich abgeschlossene Teile der Leistung beziehen, besteht nicht.

2. § 9 Abs. 2 Nr. 2 VOB/A – Einzelfristen für fortgangswichtige Teile der Leistung.

43 Über den sehr eingeschränkten Anwendungsbereich von § 9 Abs. 2 Nr. 1 VOB/A hinaus lässt § 9 Abs. 2 Nr. 2 VOB/A die Vereinbarung von für den Fortgang der Gesamtarbeit besonders wichtigen Einzelfristen als Vertragsfristen zu, wenn ein Bauzeitenplan aufgestellt wird, damit die Leistungen aller Unternehmer sicher ineinander greifen.

§ 9 Abs. 2 Nr. 2 VOB/A hat damit – zumindest vornehmlich – den von § 5 Abs. 2 VOB/A präferierten Fall der Fachlosvergabe vor Augen, bei der der (öffentliche) Auftraggeber Bauleistungen verschiedener Handwerks- oder Gewerbezweige (Leistungsbereiche bzw. Gewerke im Sinne der DIN 18300 ff.) in Fachlosen an verschiedene Fachunternehmer vergibt. Ist zur Koordination dieser Fachunternehmer die Aufstellung eines Bauzeitenplans erforderlich, so sollen nur die für den Fortgang der Gesamtarbeit besonders wichtigen Einzelfristen als Vertragsfristen vereinbart werden.[75] Bei dem in § 9 Abs. 2 Nr. 2 VOB/A angesprochenen **Bauzeitenplan** handelt es sich typischerweise um einen vom öffentlichen Auftraggeber aufzustellenden, projektbezogenen,[76] zumindest mittelfeinen[77] Terminplan, der das zeitliche Ineinandergreifen verschiedener parallel oder auch zeitversetzt zueinander ausgeführter Bauleistungen zeitlich darstellt und aus dem folglich auch die zeitlichen Abhängigkeiten einer oder mehrerer Leistungen von einer oder mehreren anderen Leistungen ableitbar sind. Die terminbestimmenden Vorgänge der einzelnen Leistungsbereiche, von deren zeitgerechter Erstellung Beginn oder Ausführung weiterer Leistungen abhängen, dürfen gemäß § 9 Abs. 2 Nr. 2 VOB/A dann (ausnahmsweise) als Vertragsfristen bezeichnet (dh in den Vergabeunterlagen vorgegeben) werden, wenn es sich hierbei um für den Fortgang der Gesamtarbeit besonders wichtige Einzelfristen handelt.

44 § 9 Abs. 2 Nr. 2 VOB/A lässt sich damit als **Grundsatz** entnehmen, dass **Einzelfristen** des Bauzeitenplans, die sich nicht auf in sich abgeschlossene Teile von Leistungen beziehen (§ 9 Abs. 2 Nr. 1 VOB/A), **nur ausnahmsweise als Vertragsfristen** bezeichnet (und vereinbart) werden dürfen, und zwar dann, wenn sie so genannte fortgangwichtige Teile der beauftragten Leistung betreffen. Damit korrespondiert § 9 Abs. 2 Nr. 1 S. 2 VOB/B, wonach „normale" Einzelfristen des Bauzeitenplans als unverbindliche Kontrollfristen anzusehen sind, die nur über das Abhilferecht des Auftraggebers gemäß § 5 Abs. 3 VOB/B sanktioniert werden können (dazu näher → B § 5 Rn. 78 ff.).

45 § 9 Abs. 2 Nr. 2 VOB/A ist, wie schon erwähnt, sprachlich wie inhaltlich nur auf den Fall der **konventionellen Baudurchführung** anwendbar, bei der der Auftraggeber verschiedene Fachunternehmer mit einzelnen Leistungsbereichen des Gesamtwerks beauftragt. Wird hingegen – wie beim **Schlüsselfertigbau** üblich – ein einziger Auftragnehmer mit der schlüsselfertigen bzw. betriebsbereiten Gesamtleistung beauftragt, so ist § 9 Abs. 2 Nr. 2 VOB/A a priori nicht einschlägig, weil das durch § 9 Abs. 2 Nr. 2 VOB/A geregelte Ineinandergreifen der Leistungsbereiche mehrerer Auftragnehmer **nicht** im Verhältnis des (öffentlichen) Auftraggebers zum

---

[75] Dazu im Einzelnen *Motzke* in Beck'scher VOB-Kommentar *VOB/A* § 11 Rn. 95 ff. Entgegen der Darstellung bei *Weyand* § 9 Rn. 18 handelt es sich bei dem von § 9 Abs. 2 Nr. 2 VOB/A genannten Bauzeitenplan nicht um ein regelmäßig vom Auftragnehmer erstelltes Betriebsinternum, sondern um einen vom Auftraggeber zu erstellenden Ablaufplan, der die Ausführungsfristen mehrerer oder sogar aller Gewerke der Baumaßnahme darstellt. Wäre der von *Weyand* erwähnte, betriebsinterne Ablaufplan des einzelnen Auftragnehmers gemeint, so könnte dieser Auftragnehmer wohl kaum das in § 9 Abs. 2 Nr. 2 VOB/A geregelte Ineinandergreifen der Leistungen mehrerer Unternehmer regeln.

[76] Dazu → Rn. 20.

[77] Dazu → Rn. 21.

SF-Unternehmer, sondern **nur** im Verhältnis des SF-Unternehmers zu seinen Nachunternehmern (Fachunternehmer) vorliegt.

3. Sonstige Einzelfristen. Bei der **konventionellen Baudurchführung** ist die für den öffentlichen Auftraggeber durch § 9 Abs. 2 VOB/A vergaberechtlich geschaffene Möglichkeit, Einzelfristen für in sich abgeschlossene Teilleistungen sowie für fortgangswichtige Teile einer Gesamtleistung zu vereinbaren, grundsätzlich ausreichend. Will der öffentliche Auftraggeber darüber hinaus – insbesondere in einem Bauzeitenplan – Einzelfristen vereinbaren, so sind diese vergaberechtlich nur als unverbindliche, allein der Baufortschrittskontrolle dienende Fristen zulässig. Diese bloßen Kontrollfristen erlauben dem Auftragnehmer einerseits, innerhalb der verbindlichen Vertragsfristen Umstellungen und Ablaufoptimierungen vorzunehmen (§ 4 Abs. 2 VOB/B), andererseits kann der Auftraggeber bei unzureichendem Baufortschritt sein Abhilferecht gemäß § 5 Abs. 3 VOB/B ausüben, wenn die Überschreitung der unverbindlichen Kontrollfristen den Schluss auf eine offenbare Gefährdung der Vertragsfristen zulässt.[78]

Beim **Schlüsselfertigbau** reicht das durch § 9 Abs. 2 VOB/A vergaberechtlich zur Verfügung gestellte Instrumentarium hingegen nicht aus. Einerseits beträgt die Ausführungszeit für Schlüsselfertigbauvorhaben oftmals ein Jahr oder mehr, je nach Größe und Schwierigkeit des Bauvorhabens. Würde der öffentliche Auftraggeber mit dem SF-Unternehmer hier allein an § 9 Abs. 2 VOB/A zu messende Einzelfristen als Vertragsfristen vereinbaren, dann würde dieses Unterfangen weitgehend scheitern. Denn beim Schlüsselfertigbau liegen regelmäßig weder in sich abgeschlossene Teilleistungen im Sinne von § 9 Abs. 2 Nr. 1 VOB/A vor noch muss hier das Ineinandergreifen mehrerer Leistungsbereiche verschiedener Auftragnehmer im Rahmen eines Terminplans im Sinne von § 9 Abs. 2 Nr. 2 VOB/A koordiniert werden. Lässt man aber – richtigerweise – Schlüsselfertigaufträge der öffentlichen Hand auch über den sehr engen, durch § 7 Abs. 13–15 VOB/A geregelten Rahmen hinaus zu (dazu näher → A § 7c Rn. 16 ff.), dann muss das Vergaberecht auch terminrechtliche Instrumente zur Verfügung stellen, die über die an der konventionellen Baudurchführung orientierten Regelung des § 9 Abs. 2 VOB/A hinausgehen. Dem öffentlichen Auftraggeber, der zulässigerweise eine Bauleistung schlüsselfertig beauftragt, muss es also vergaberechtlich gestattet sein, für diese zu vergebende Gesamtleistung verbindliche Einzelfristen als Vertragsfristen auch außerhalb des unmittelbaren Anwendungsbereichs von § 9 Abs. 2 VOB/A in den Vergabeunterlagen vorzusehen. Beim Schlüsselfertigbau bietet sich dabei nach dem Rechtsgedanken von § 9 Abs. 2 Nr. 1 und 2 VOB/A an, für **fortgangswichtige Teilabschnitte der Gesamtleistung** Einzelfristen als Vertragsfristen vorzusehen, beispielsweise für die Fertigstellung der Gründung bei schwierigen Gründungsmaßnahmen, die Fertigstellung der Rohbauarbeiten, die Fertigstellung von Fassadenarbeiten, um im Gebäudeinneren die witterungsabhängigen Innenausbauarbeiten ausführen zu können usw. Einzelfristen als Vertragsfristen sind dabei insbesondere für solche fortgangswichtigen Teile der Gesamtleistung zulässig, bei denen die Voraussetzungen des § 9 Abs. 2 Nr. 2 VOB/A vorliegen würden, wenn das gleiche Bauvorhaben in konventioneller Bauweise errichtet würde. Dem entspricht im Übrigen auch die Praxis der Finanzbauverwaltungen des Bundes und der Länder, soweit diese Finanzbauverwaltungen Bauvorhaben schlüsselfertig abwickeln.

Losgelöst von der Frage, ob der öffentliche Auftraggeber eine Bauleistung konventionell oder schlüsselfertig ausführen lässt, sei klargestellt: Soweit der öffentliche Auftraggeber unter Verstoß gegen § 9 Abs. 2 VOB/A (einschließlich der erweiternden Anwendung beim Schlüsselfertigbau) Einzelfristen als Vertragsfristen vereinbart, so besteht an der vertragsrechtlichen Verbindlichkeit solcher vergaberechtswidrigen Einzelfristen kein Zweifel. Selbst durch formularmäßige Vereinbarung kann der – öffentliche wie private – Auftraggeber **alle** im Bauvertrag oder im zugrunde liegenden Bauzeitenplan vorgesehenen **Einzelfristen als Vertragsfristen** und damit für den Auftragnehmer verbindliche Fristen qualifizieren.[79] Eine solche undifferenzierte Qualifizierung zahlreicher oder gar aller Einzelfristen als Vertragsfristen erscheint jedoch sinnlos und geradezu schädlich, weil durch ein solches enges, weder projekt- noch produktionsorientiertes Termingeflecht dem Auftragnehmer (auch und gerade beim Schlüsselfertigbau) die Möglichkeit genommen wird, durch Kapazitätsanpassungen, tägliche oder wöchentliche Arbeitszeitanpassungen und ggf. auch durch Kapazitätsaustausch auf Ablaufstörungen zu reagieren.[80]

---

[78] Vgl. *Schiffers* Jahrbuch BauR 1998, 275 ff. (286); näher → VOB/B § 5 Rn. 78 ff.
[79] BGH BauR 1999, 645 (646); näher dazu → VOB/B § 5 Rn. 28.
[80] Vgl. *Schiffers* Jahrbuch BauR 1998, 275 ff. (285); zustimmend *Motzke* in Beck'scher VOB-Kommentar VOB/A § 11 Rn. 42.

VII. § 9 Abs. 3 VOB/A – Planlieferfristen

49 **1. Mitwirkungshandlungen des Auftraggebers.** § 9 Abs. 3 VOB/A enthält eine vergaberechtliche Fristenregelung für bestimmte auftraggeberseitige Mitwirkungshandlungen. Ist hiernach für die Einhaltung von Ausführungsfristen die Übergabe von Zeichnungen oder anderen Unterlagen wichtig, so soll hierfür ebenfalls in den Vergabeunterlagen eine Frist festgelegt werden. Mit der Benennung von nur für die Ausführung maßgebenden Zeichnungen und anderen Unterlagen erfasst § 9 Abs. 3 VOB/A nur einen Teil der wesentlich weitergehenden auftraggeberseitigen Mitwirkungshandlungen.[81]

50 **a) Zeichnungen oder andere Unterlagen.** Die vergaberechtliche Benennung der zur Einhaltung der Ausführungsfristen erforderlichen Zeichnungen oder anderen Unterlagen in § 9 Abs. 3 VOB/A korrespondiert mit der vertragsrechtlichen Bestimmung des § 3 Abs. 1 VOB/B. Hiernach hat der Auftraggeber dem Auftragnehmer rechtzeitig und unentgeltlich alle für die Ausführung nötigen Unterlagen zu übergeben, wenn im Vertrag nichts anderes vereinbart ist.[82] Es sind nun grundsätzlich zwei Fälle denkbar: Im ersten Fall geht der (öffentliche) Auftraggeber in der Reihenfolge der Leistungsphasen der HOAI vor. Dann hat er (bzw. sein Planer) in der Leistungsphase 5 (Ausführungsplanung) bereits alle Ausführungsfestlegungen für die entsprechende Bauleistung getroffen (insbesondere die Ausführungszeichnungen erstellt), wenn in den Leistungsphasen 6 und 7 die Vergabe der entsprechenden Leistungen an den Auftragnehmer erfolgt. In diesem Fall liegen im Regelfall schon zum Zeitpunkt der Ausschreibung und Vergabe die Ausführungsunterlagen vor, sie werden (regelmäßig) Grundlage der Ausschreibung und Vertragsgegenstand; einer besonderen Festlegung der Planvorlagefristen in den Vergabeunterlagen bedarf es nicht. Im zweiten Fall weicht der Auftraggeber von der Reihenfolge der HOAI-Leistungsphasen ab und vergibt die Bauleistungen bereits zu einem Zeitpunkt, in dem die Ausführungsplanung (im Sinne der Leistungsphase 5 der HOAI) noch nicht (vollständig) erstellt worden ist. In diesem in der Praxis häufigen Fall verbleibt es – selbstverständlich – bei der Verpflichtung des Auftraggebers gemäß § 3 Abs. 1 VOB/B, diese – zum Zeitpunkt der Vergabe noch fehlenden – Ausführungsunterlagen rechtzeitig und unentgeltlich vorzulegen. Oftmals wird die Ausführungsplanung dann „baubegleitend" erstellt.[83]

Nur für diesen zweiten Fall (Erstellung der Ausführungsplanung *nach* der Vergabe) ist die Fristenregelung des § 9 Abs. 3 VOB/A bedeutsam, um für beide Vertragspartner in zeitlicher Hinsicht festzulegen, wann der Auftraggeber die entsprechenden Ausführungsunterlagen vorlegen muss, um dem Auftragnehmer seinerseits die Einhaltung der Ausführungsfristen zu ermöglichen.

51 Zu den in § 9 Abs. 3 VOB/A geregelten „Zeichnungen oder anderen Unterlagen" gehören alle Ausführungsunterlagen im Sinne von § 3 Abs. 1 VOB/B,[84] also insbesondere die so genannten Ausführungszeichnungen (Ausführungspläne), die im Rahmen der Leistungsphase 5 des jeweils einschlägigen Leistungsbildes der HOAI[85] zu erstellen sind. Dazu gehören hauptsächlich
– die Werkzeichnungen und Detailzeichnungen der Objektplanung (Architektur);[86]
– Aussparungspläne für die Lage und Maße von Aussparungen, Durchbrüchen, Schlitzen usw;
– die Ausführungspläne der Tragwerksplanung (Positionspläne, Schal- und Bewehrungspläne);[87]
– ggf. weitere Ausführungsunterlagen nach Erfordernis des Einzelfalles.[88]

52 **b) Sonstige Mitwirkungshandlungen des Auftraggebers.** Außerhalb der von § 9 Abs. 3 VOB/A und § 3 Abs. 1 VOB/B erfassten Ausführungsunterlagen obliegen dem Auftraggeber zahlreiche weitere Mitwirkungshandlungen, ohne deren (rechtzeitige) Erfüllung dem Auftrag-

---

[81] So zutreffend *Motzke* in Beck'scher VOB-Kommentar VOB/A § 11 Rn. 114.
[82] Etwas anderes ist insbesondere dann vereinbart, wenn der Auftragnehmer – wie beim Schlüsselfertigbau üblich – die Ausführungszeichnungen selbst erstellt.
[83] Zur Zulässigkeit einer Leistungsbeschreibung gemäß § 7 VOB/A, der noch keine Ausführungsplanung des Auftraggebers zugrunde liegt, vgl. die Kommentierung zu → VOB/A § 7b Rn. 2.
[84] So zutreffend *Motzke* in Beck'scher VOB-Kommentar VOB/A § 11 Rn. 115; *Sienz* in Ingenstau/Korbion VOB/A § 9 Rn. 12.
[85] Objektplanung, Tragwerksplanung, Planung der Technischen Ausrüstung.
[86] Vgl. DIN 1356-1, Abschnitt 2.4.
[87] Vgl. DIN 1356-1, Abschnitt 3.
[88] Vgl. auch *Motzke* in Beck'scher VOB-Kommentar VOB/A § 11/Rn. 115.

nehmer die (fristgerechte) Erstellung der Bauleistung nicht möglich ist. Dazu gehören beispielsweise
– die Beschaffung einer bestandskräftigen Baugenehmigung, § 4 Abs. 1 Nr. 1 S. 2 VOB/B;
– die Überlassung notwendiger Lager- und Arbeitsplätze, vorhandener Zufahrtswege und Anschlussgleise, vorhandener Anschlüsse für Wasser und Energie gemäß § 4 Abs. 4 VOB/B;
– Auswahlentscheidungen wie Bemusterungen;
– ggf. Beistellung von Material und Geräten usw.[89]

Soweit die rechtzeitige Erfüllung solcher (sonstiger) Mitwirkungsobliegenheiten oder -pflichten durch den Auftraggeber für die Einhaltung der Ausführungsfristen durch den Auftragnehmer von Bedeutung ist, gilt die Regelung des § 9 Abs. 3 VOB/A entsprechend.[90] In solchen Fällen soll der öffentliche Auftraggeber also nicht nur etwaige Planlieferfristen, sondern auch Fristen für seine sonstigen, ausführungsfristrelevanten Mitwirkungshandlungen in den Vergabeunterlagen regeln.

2. Die Fristbestimmung für die auftraggeberseitigen Mitwirkungshandlungen. § 9 Abs. 3 VOB/A regelt nicht, welche Fristen für die Übergabe von Zeichnungen oder anderen Unterlagen (sowie die Erbringung sonstiger Mitwirkungspflichten des Auftraggebers) in den Vergabeunterlagen bestimmt werden sollen. Eine generelle Fristbestimmung in der VOB/A oder in den entsprechenden Vergaberichtlinien wäre auch untunlich, da die entsprechende Vorlaufzeit vertragsspezifisch fixiert werden muss. **Orientierungsfristen** sind dabei: 53
– Vorabzüge von Schalplänen – sechs Wochen vor Inangriffnahme des Bauabschnitts, um der Arbeitsvorbereitung einen ausreichenden Dispositionszeitraum für den Einsatz von Elementschalungen zu ermöglichen;[91]
– Schalpläne für Ortbetonarbeiten an Hochbauten – drei Wochen;[92]
– Bewehrungspläne – drei Wochen bis 25 Arbeitstage;[93]
– Aussparungspläne – fünf Arbeitstage.[94]
– Architekten- und Werkpläne – drei Wochen[95]
– Fertigteilpläne – vier bis fünf Wochen[96]

Diese Orientierungsfristen für auftraggeberseitige Planlieferungen im Sinne von § 9 Abs. 3 54 VOB/A gelten im Sinne üblicher Vorlauffristen auch dann, wenn abweichend von § 9 Abs. 3 VOB/A keine entsprechenden Planlieferfristen in den Vergabeunterlagen bestimmt sind. Denn auch ohne ausdrückliche Fixierung dieser Planlieferfristen in den Vergabe- bzw. Vertragsunterlagen hat der Auftragnehmer Anspruch auf rechtzeitige (§ 3 Abs. 1 VOB/B) Zurverfügungstellung der entsprechenden Ausführungsunterlagen durch den Auftraggeber.[97]

Bei der Fixierung der Planlieferfristen gemäß § 9 Abs. 3 VOB/A ist auch wichtig, dass die 55 Reihenfolge der Planlieferungen auf den vom Auftraggeber vorgegebenen Bauablauf abgestimmt ist. Ansonsten besteht die Gefahr, dass der Auftraggeber zwar entsprechend den Planliefertermien Ausführungspläne liefert, aber nicht in der Reihenfolge, die durch die weiteren vom Auftraggeber vorgegebenen Ausführungsfristen einschließlich vertraglicher Einzelfristen vorgesehen ist. Dies hat dann Störungen des Bauablaufs, Umsetzung von Kapazitäten usw zur Folge.[98]

3. Planlieferfrist als Vertragsfrist. Dem (öffentlichen) Auftraggeber stehen mehrere Möglichkeiten zur Verfügung, Planlieferfristen gemäß § 9 Abs. 3 VOB/A mit dem Auftragnehmer zu vereinbaren. 56

Im Normalfall genügt der öffentliche Auftraggeber der Bestimmung des § 9 Abs. 3 VOB/A bereits dadurch, dass in den Vergabeunterlagen eine generelle (abstrakte) Frist zur Planvorlage bestimmt wird. Beispiel: „Die Frist zur Vorlage der Schalpläne beträgt vier Wochen, diejenige zur Vorlage der Bewehrungspläne drei Wochen vor dem Beginn der jeweiligen Betonierabschnit-

---

[89] Näher dazu → VOB/B § 6 Rn. 18 mit Nachweisen.
[90] So auch *Kulartz ua/Rechten* § 9 Rn. 36.
[91] *Vygen/Schubert/Lang* (6. Aufl.) Teil B Rn. 30.
[92] *Vygen/Joussen/Lang/Rasch* Teil B Rn. 26; *Kapellmann/Schiffers*, Vergütung I Rn. 1314.
[93] *Kapellmann/Schiffers* ebd.; *Vygen/Joussen/Lang/Rasch* ebd.
[94] *Rösel* Baumanagement, S. 293.
[95] *Vygen/Joussen/Lang/Rasch* ebd.
[96] *Vygen/Joussen /Lang/Rasch* ebd.
[97] Zutreffend *Motzke* in Beck'scher VOB-Kommentar VOB/A § 11 Rn. 120.
[98] Vgl. *Kapellmann/Schiffers*, Vergütung I Rn. 1304.

te." Sind die entsprechenden Betonierabschnitte typischerweise nicht als verbindliche Einzelfristen (Vertragsfristen) bestimmt, sondern – wenn überhaupt – bloße Kontrollfristen des Bauzeitenplans, dann sind die entsprechenden Planlieferfristen des Auftraggebers (zunächst) keine Vertragsfristen. Die Planlieferverpflichtung wird vielmehr in jedem Einzelfall erst durch den **Planabruf** des Auftragnehmers verbindlich, ähnlich der Beginnpflicht des Auftragnehmers nach Abruf durch den Auftraggeber gemäß § 5 Abs. 2 VOB/B.[99] Der Abruf des Auftragnehmers hat in diesem Fall mangels anderweitiger Vereinbarung ca. eine Woche vorher zu erfolgen, um dem Auftraggeber die rechtzeitige Beistellung der jeweiligen Ausführungspläne zu ermöglichen.[100] In diesem (Normal-)Fall ist die abstrakt bestimmte Planlieferfrist des Auftraggebers also eine durch den Abruf des Auftragnehmers **bedingte Vertragsfrist**.

Knüpft die Planlieferfrist (oder seine sonstige Mitwirkungsfrist, dazu → Rn. 52) hingegen an konkrete Ausführungsfristen des Auftragnehmers an, insbesondere an Vertragsfristen des Auftragnehmers (zB durch entsprechende Vorlauffristen für Ausführungspläne, die im Bauzeitenplan den jeweiligen Ausführungsfristen des Auftragnehmers zugeordnet sind), so bedarf es keines vorherigen (und nochmaligen) Abrufs der Planlieferung (oder der sonstigen Mitwirkungshandlung). In diesem Fall handelt es sich bei der Planlieferfrist um eine **unbedingte Vertragsfrist**.[101]

Unabhängig von der Frage, ob die Planlieferverpflichtung als (bedingte oder unbedingte) Vertragsfrist oder als Haupt- bzw. Nebenleistungspflicht anzusehen ist, gerät der Auftraggeber zumindest nach entsprechendem Abruf und entsprechender Behinderungsanzeige des Auftragnehmers gemäß § 6 Abs. 1 VOB/B in Verzug, wenn er seiner Planlieferverpflichtung (oder seiner sonstigen Mitwirkungsverpflichtung) nicht (rechtzeitig) genügt.[102]

VIII. § 9 Abs. 4 VOB/A – Pauschalierung des Verzugsschadens

57 **1. Problematik und Abgrenzung zur Vertragsstrafe.** Gemäß § 9 Abs. 4 VOB/A darf der Auftraggeber in den Vergabeunterlagen eine Pauschalierung des Verzugsschadens (§ 5 Abs. 4 VOB/B) vorsehen, die 5 % der Auftragssumme nicht überschreiten soll. Der Nachweis eines geringeren Schadens ist zuzulassen.

Diese durch die VOB 1992 eingeführte Vergabevorschrift spielt in der Vergabepraxis der öffentlichen Hand praktisch keine Rolle, und zwar aus zwei Gründen: Zum einen enthält § 9 Abs. 4 VOB/A – entgegen dem äußeren Anschein – nicht etwa eine zusätzliche vergaberechtliche Gestaltungsmöglichkeit für den öffentlichen Auftraggeber, sondern im Gegenteil eine Beschränkung seiner Befugnis, eine Pauschalierung möglicher Schadensersatzansprüche aus Verzug des Auftragnehmers vorzunehmen. Zum anderen weist die durch § 9 Abs. 4 VOB/A eröffnete Möglichkeit deutliche Nachteile gegenüber der Vereinbarung einer Vertragsstrafe gemäß § 9a S. 1 VOB/A auf.

58 **a) Problematik.** Der DVA hat die Einführung von § 9 Abs. 4 VOB/A durch die VOB 1992 wie folgt begründet: Die Pauschalierung des Verzugsschadens solle in den Fällen vereinbart werden, in denen die branchenüblichen Allgemeinen Geschäftsbedingungen des jeweiligen Fachbereichs eine Begrenzung des Verzugsschadens der Höhe nach vorsehen würden. Derartige Allgemeine Geschäftsbedingungen gebe es zB in der elektrotechnischen Industrie und im Bereich des Maschinen- und Anlagenbaus.[103]

Ohne inhaltlich von dieser Begründung abzuweichen, hieß es schon in Ziffer 3 VHB (2002) zu § 11 VOB/A (aF) allerdings einschränkend, dass unter diesen Voraussetzungen eine Pauschalierung des Verzugsschadens vereinbart werden **könne** (nicht: **solle**).[104] Die Einschränkung in Ziffer

---

[99] Die Frage, ob es sich bei den Planlieferfristen des Auftraggebers um Vertragsfristen handelt, ist streitig: bejahend *Sienz* in Ingenstau/Korbion § 9 Rn. 12; differenzierend *Motzke* in Beck'scher VOB- Kommentar VOB/A § 11 Rn. 116.

[100] Vgl. *Kapellmann/Schiffers*, Vergütung I Rn. 1306.

[101] Nach *Kapellmann/Schiffers*, Vergütung I Rn. 1293 führt eine solche fest vereinbarte Planbeistellfrist zu einer Hauptleistungspflicht des Auftraggebers (im Sinne der bis zum 31.12.2001 gültigen Terminologie des BGB) mit der Konsequenz, dass der Auftraggeber unbedingt für deren Erfüllung einzustehen hat und folglich auch für Dritte haftet, die nach der BGH-Rechtsprechung nicht als Erfüllungsgehilfen im Sinne des § 278 BGB anzusehen sind; vgl. dazu auch BGH NZBau 2000, 187 (188) (Vorunternehmer II). Zum Ganzen → VOB/B § 6 Rn. 38.

[102] Dazu *Motzke* in Beck'scher VOB-Kommentar VOB/A § 11 Rn. 118f.

[103] Die Begründung des DVA ist wörtlich abgedruckt bei *Motzke* in Beck'scher VOB-Kommentar VOB/A § 11/ Rn. 121.

[104] Dazu *Sienz* in Ingenstau/Korbion VOB/A § 9 Rn. 25.

3 VHB zu § 9 Abs. 1–4 VOB/A, eine Schadenspauschalierung gegenüber Auftragnehmern bestimmter Branchen zwar zuzulassen („kann"), abweichend von der Begründung des DVA aber nicht als Regelfall zu fordern („soll"), ist zweifelsohne richtig. Denn die vom DVA gewünschte, regelmäßige Vereinbarung einer Haftungsbegrenzung gegenüber Auftragnehmern bestimmter Branchen verletzt einerseits die Interessen des öffentlichen Auftraggebers und führt andererseits zu einer ungerechtfertigten Bevorteilung von Auftragnehmern bestimmter Branchen.

Die Begrenzung des Verzugsschadenersatzanspruchs des Auftraggebers/Bestellers auf 0,5 % pro Woche, maximal 5 %, (bezogen auf den Wert des verspäteten bzw. nicht nutzbaren Teils der Gesamtlieferung), wie in früheren Bauverträgen oftmals oder auch in Ziffer III. 7 der VDMA-Bedingungen geregelt, ist AGB-rechtlich unwirksam.[105] Sieht der öffentliche Auftraggeber nun seinerseits eine entsprechende Haftungsbegrenzung seines (künftigen) Auftragnehmers vor, so verhilft er solchen Klauseln zur AGB-Wirksamkeit, da nun er selbst Verwender der entsprechenden, an sich unwirksamen Klausel ist. Ein Schutz des Auftraggebers gegen ihn selbst benachteiligende Klauseln besteht aber nicht. Hinzu kommt, dass die vergaberechtliche Privilegierung einzelner Branchen, denen es durch nachhaltige Verbandsarbeit gelungen ist, branchentypische Allgemeine Geschäftsbedingungen mit entsprechenden Haftungsbegrenzungsklauseln zu entwickeln, gegenüber allen anderen Branchen, die mangels entsprechender Geschäftsbedingungen bei Verzug gesetzeskonform uneingeschränkt haften, durch nichts gerechtfertigt ist. Dementsprechend machen die meisten öffentlichen Auftraggeber von der durch § 9 Abs. 4 VOB/A eröffneten Möglichkeit einer auftragnehmerschützenden Haftungsbegrenzungsvereinbarung zu Recht nur sehr einschränkend Gebrauch.

b) Abgrenzung zur Vertragsstrafe. Ein Vergleich zwischen der Schadenspauschale gemäß **59** § 9 Abs. 4 VOB/A und der Vertragsstrafe gemäß § 9a S. 1 VOB/A bestätigt, dass die Vereinbarung einer Vertragsstrafe für den öffentlichen (wie auch für den privaten) Auftraggeber ein wesentlich probateres Terminsicherungsinstrument als die Vereinbarung einer Schadenspauschale darstellt. Dem entspricht die überragende Bedeutung, die der Vereinbarung von Vertragsstrafen für Terminüberschreitungen in Bauverträgen gegenüber der **völlig untergeordneten Bedeutung vereinbarter Schadenspauschalen** zukommt:

Haben die Parteien eine Pauschalierung des Verzugsschadens im Sinne von § 9 Abs. 4 VOB/A vereinbart, dann setzt die Geltendmachung der Schadenspauschale durch den (öffentlichen) Auftraggeber voraus, dass sich der Auftragnehmer zum einen in Terminverzug befand[106] und dass dem Auftraggeber zum anderen hieraus tatsächlich ein Schaden – in welcher Höhe auch immer – entstanden ist. Kann der Auftragnehmer also nachweisen, dass dem (öffentlichen) Auftraggeber aus dem Verzug entweder gar kein oder jedenfalls ein gegenüber der Pauschale geringerer Schaden entstanden ist, dann reduziert sich die pauschale Schadensersatzforderung des Auftraggebers entsprechend – bis auf Null. Hinzu kommt, dass die durch § 9 Abs. 4 VOB/A erfasste **Verzugsschaden** (dazu → Rn. 61) typischerweise **zeitabhängig** ist, dh er ist umso größer, je länger sich der Auftragnehmer in Verzug befindet. Diesem Umstand kann also nur eine Schadenspauschale Rechnung tragen, die Teilpauschalen je Verzugseinheit vorsieht, wie dies zB – allerdings im Interesse des Auftragnehmers begrenzt – bei Ziffer III. 7 der VDMA-Bedingungen der Fall ist.[107]

Die **Vertragsstrafe** setzt demgegenüber keinen tatsächlich eingetretenen Schaden voraus, **60** kann also auch dann verlangt werden, wenn dem Auftraggeber nachweislich kein Schaden entstanden ist.[108] Ihr kommt damit – anders als der Schadenspauschale – zusätzlich eine **terminsichernde Druckfunktion** und nicht nur eine **Ausgleichsfunktion** bei eingetretenem Schaden zu. Gerät der Auftragnehmer in Terminverzug, so kann der Auftraggeber die Vertragsstrafe als Mindestbetrag des Schadens fordern, unabhängig davon, ob ihm kein oder ein geringerer Schaden entstanden ist. Ist der tatsächliche Schaden höher als die Pönale, so kann auch dieser höhere Schaden – anders als bei der Schadenspauschale – verlangt werden, § 340 Abs. 2 S. 2 BGB. Hinzu kommt schließlich, dass an den Terminverzug des Auftragnehmers anknüpfende Vertragsstrafen typischerweise zeitabhängig vereinbart werden (zB 0,2 % der Auftragssumme pro Werktag, maximal 5 %), so dass der Umfang des auftragnehmerseitigen Terminverzuges unmittelbar Einfluss auf die Höhe der verwirkten Vertragsstrafe hat. Bei der öffentlichen Auftragsvergabe ist hinsichtlich etwaiger Vertragsstrafenvereinbarungen lediglich § 9a S. 1 VOB/A zu beachten (dazu näher → A § 9a Rn. 22 ff.).

---

[105] Vgl. *von Westphalen*, Vertragsrecht und AGB-Klauselwerke, Teil 43 X Rn.
[106] Dazu näher → VOB/B § 5 Rn. 35.
[107] Dazu → Rn. 58.
[108] Näher dazu → VOB/B § 11 Rn. 10 mwN.

Zur Abgrenzung der Schadenspauschale von der Vertragsstrafe und ähnlichen Instituten wird im Übrigen auf die Kommentierung zu → VOB/B § 11 Rn. 6 ff. verwiesen.

61 **2. Die Voraussetzungen von § 9 Abs. 4 VOB/A im Einzelnen. a) Pauschalierung des Verzugsschadens gemäß § 5 Abs. 4 VOB/B.** Gemäß § 9 Abs. 4 S. 1 VOB/A darf der Auftraggeber in den Vergabeunterlagen eine **Pauschalierung des Verzugsschadens** (§ 5 Abs. 4 VOB/B) vorsehen. Aus der Formulierung „Pauschalierung des Verzugsschadens" sowie der Verweisung auf § 5 Abs. 4 VOB/B ergibt sich, dass damit **nur** der Anspruch des Auftraggebers auf **Ersatz der Verzögerungsschäden** gemäß §§ 5 Abs. 4, 6 Abs. 6 VOB/B erfasst ist, also auf Ersatz der Verspätungsschäden, die dem Auftraggeber durch die verzögerte Bauausführung des Auftragnehmers entstehen.[109] Dieser Anspruch des Auftraggebers auf Ersatz der Verzögerungsschäden gemäß §§ 5 Abs. 4, 6 Abs. 6 VOB/B bleibt auch dann unberührt, wenn der Auftraggeber verzugsbedingt im weiteren Verlauf den Vertrag aus wichtigem Grund kündigt, § 8 Abs. 3 Nr. 2 S. 1 VOB/B.[110] Auch auf diesen, nach einer Kündigung aus wichtigem Grund fortbestehenden Anspruch auf Ersatz des Verzugsschadens ist § 9 Abs. 4 VOB/A also anwendbar. **Nicht anwendbar** ist § 9 Abs. 4 VOB/A hingegen auf den **Schadensersatzanspruch statt der Erfüllung** (§ 8 Abs. 3 Nr. 2 S. 2 VOB/B) oder auf den Kostenerstattungsanspruch gemäß § 8 Abs. 3 Nr. 2 S. 1 VOB/B, wenn der Auftraggeber den Bauvertrag verzugsbedingt aus wichtigem Grund kündigt.[111] AGB-rechtlicher Prüfungsmaßstab für vom Auftraggeber vorformulierte Schadenspauschalen im Sinne von § 9 Abs. 4 VOB/A ist deshalb lediglich § 309 Nr. 5 BGB, nicht aber § 308 Nr. 7 BGB.[112]

62 **b) Pauschalierung im Regelfall nicht mehr als 5 % der Auftragssumme.** Gemäß § 9 Abs. 4 S. 1, zweiter Halbsatz soll die Pauschalierung des Verzugsschadens 5 % der Auftragssumme nicht überschreiten. Aus der Formulierung als „Soll-Vorschrift" ergibt sich zweierlei: Liegen keine gewichtigen Gründe vor, die der öffentliche Auftraggeber im Vergabevermerk niederlegen und im Vergabestreitfall nachweisen muss, dann bedeuten 5 % der Auftragssumme die Obergrenze der zulässigen Schadenspauschalierung.[113] Aus der Negativformulierung des § 9 Abs. 4 S. 1, zweiter Halbsatz VOB/A ergibt sich aber umgekehrt, dass eine Unterschreitung der Regel-Obergrenze von 5 % je nach Einzelfall, insbesondere nach der Höhe des im Einzelfall zu erwartenden Schadens, vergaberechtlich unbedenklich ist.

Entscheidet der öffentliche Auftraggeber sich also trotz der in → Rn. 58 erörterten Bedenken, in den Vergabeunterlagen eine Pauschalierung seines Anspruchs auf Ersatz des Verzugsschadens gemäß §§ 5 Abs. 4, 6 Abs. 6 VOB/B vorzusehen, so muss der Auftraggeber abwägen, welche Schäden konkret im Fall des Verzugs des Auftragnehmers zu erwarten sind und in welchem Verhältnis diese zu erwartenden Schäden zur Auftragssumme stehen, welchem Prozentsatz der Auftragssumme sie also voraussichtlich entsprechen.[114] Nur für den Fall, dass der Verzug des Auftragnehmers voraussichtlich zu einem bestimmten, bereits jetzt zu quantifizierenden Schaden führen wird, dessen Höhe durch die Verzugsdauer voraussichtlich nicht überschritten wird, empfiehlt sich deshalb die Schadenspauschalierung in Höhe eines bestimmten Prozentsatzes der Auftragssumme, und zwar entweder insgesamt oder aber pro Zeiteinheit.[115] Dies dürfte in der Bauvertragspraxis der Ausnahmefall sein, während der Regelfall darin besteht, dass die Schadenshöhe von der Verzugsdauer abhängt, sodass das probate Sanktionsmittel die Vereinbarung einer Vertragsstrafe und nicht die Vereinbarung einer Schadenspauschale darstellt.[116]

63 Das **Vergabehandbuch** verweist in den Richtlinien zu Formblatt 214[117] auf vorformulierte „Weitere Besondere Vertragsbedingungen", wonach im Fall des § 9 Abs. 4 VOB/A der Verzugs-

---

[109] Dazu näher → VOB/B § 5 Rn. 102.
[110] Vgl. *Motzke* in Beck'scher VOB-Kommentar VOB/A § 11 Rn. 122; näher → VOB/B § 5 Rn. 102.
[111] So zutreffend *Motzke* in Beck'scher VOB-Kommentar VOB/A § 11 Rn. 122; ebenso jetzt *Sienz* in Ingenstau/Korbion VOB/A § 9 Rn. 28.
[112] Zutreffend *Motzke* in Beck'scher VOB-Kommentar VOB/A § 11 Rn. 124; offen gelassen bei *Sienz* in Ingenstau/Korbion VOB/A § 9 Rn. 24, siehe auch Rn. 28.
[113] Dazu auch *Motzke* in Beck'scher VOB-Kommentar VOB/A § 11 Rn. 131.
[114] So zutreffend *Motzke* in Beck'scher VOB-Kommentar VOB/A § 11 Rn. 129.
[115] Beispiel: 0,5 % der Netto-Auftragssumme pro Woche, insgesamt maximal 5 %, vgl. auch Ziffer III. 7 der VDMA-Bedingungen und dazu → Rn. 58.
[116] Ebenso *Motzke* in Beck'scher VOB-Kommentar VOB/A § 11 Rn. 130; näher → Rn. 59.
[117] WBVB T2 34 der Richtlinien zu Formblatt 214 des VHB – Bund – Ausgabe 2008 – Stand August 2014.

schaden nach § 5 Abs. 4 VOB/B starr auf 5% der Auftragssumme einschließlich aller Nachträge pauschaliert werden soll, es sei denn, dass ein geringerer Schaden nachgewiesen werde. Diese starre Pauschalierung des Verzugsschadens auf 5% der Auftragssumme (einschließlich der Nachträge) entspricht weder dem Wortlaut noch dem Sinn und Zweck von § 9 Abs. 4 VOB/A, eine auftragsspezifische Prognoseentscheidung hinsichtlich drohender Verzugsschäden zu treffen. Sie ist deshalb **abzulehnen.**

Unter **„Auftragssumme"** im Sinne von § 9 Abs. 4 S. 1, zweiter Halbsatz VOB/A ist die Netto-Summe[118] zu verstehen, zu der der Auftrag an den Auftragnehmer vergeben wird. Beim Pauschalauftrag ist dies die Pauschalsumme, beim Einheitspreis-Auftrag die Netto-Angebotssumme abzüglich eingeräumter Nachlässe. Vergütungsansprüche des Auftragnehmers wegen geänderter oder zusätzlicher Leistungen gemäß § 2 Abs. 5, Abs. 6 oder Abs. 8 VOB/B (so genannte Nachträge) führen zu einer Erhöhung oder Ermäßigung der Auftragssumme und sind deshalb ebenfalls einzubeziehen.[119] **64**

c) **Nachweis eines geringeren Schadens.** Gemäß § 9 Abs. 4 S. 2 VOB/A ist der Nachweis eines geringeren Schadens in den Vergabeunterlagen zuzulassen. Diese vergaberechtlich zwingende Bestimmung ist unter zwei Aspekten bedeutsam: **65**

Zum einen führt der zwingend zuzulassende Nachweis eines geringeren Schadens dazu, dass die Schadenspauschale letztlich nicht zu einer endgültigen Pauschalierung eines möglichen Verzugsschadens führt, sondern nur zu einer vorläufigen Pauschalierung im Sinne einer Haftungsbegrenzung, die aber vom Auftragnehmer durch den Nachweis eines geringeren Schadens entkräftet werden kann.[120]

Zum anderen geht § 9 Abs. 4 S. 2 VOB/A über die Anforderungen von § 309 Nr. 5b) BGB (dazu → Rn. 66 ff.) deutlich hinaus. Denn bei einer Schadenspauschalierung, die den AGB-Bestimmungen der §§ 305 ff. BGB unterliegt, muss der Verwender lediglich den Nachweis zulassen, ein Schaden (oder eine Wertminderung) sei überhaupt nicht entstanden oder sei **wesentlich niedriger** als die Pauschale, § 309 Nr. 5b) BGB. § 9 Abs. 4 S. 2 VOB/A verpflichtet den öffentlichen Auftraggeber aber vergaberechtlich, **jeden** Nachweis eines niedrigeren Schadens im Zusammenhang mit der Schadenspauschalierung zuzulassen,[121] und zwar selbst dann, wenn die Schadenspauschale (ausnahmsweise) nicht in vorformulierten Vertragsbedingungen vorgesehen wird.

3. Verhältnis von § 9 Abs. 4 VOB/A zu § 309 Nr. 5 BGB. Soweit der öffentliche Auftraggeber von der in § 9 Abs. 4 VOB/A eröffneten Möglichkeit einer Schadenspauschale Gebrauch macht, unterliegt diese Regelung durch die Verwendung vorformulierter Besonderer oder Zusätzlicher Vertragsbedingungen in aller Regel den AGB-Bestimmungen der §§ 305 ff. BGB. § 309 Nr. 5 BGB enthält einen Wirksamkeitsmaßstab für Schadenspauschalierungen in AGBs, der gemäß § 307 BGB auch im Verkehr unter Kaufleuten gilt.[122] Für das Verhältnis von § 9 Abs. 4 VOB/A zu § 309 Nr. 5 BGB gilt: **66**

§ 9 Abs. 4 VOB/A enthält keine eigenständige, § 309 Nr. 5 BGB verdrängende Legitimationsgrundlage für Schadenspauschalierungen des öffentlichen Auftraggebers. § 9 Abs. 4 VOB/A regelt vielmehr lediglich die vergaberechtlichen Voraussetzungen, unter denen ein öffentlicher Auftraggeber eine Pauschalierung des Verzugsschadens vereinbaren soll bzw. darf. Handelt es sich hierbei um eine AGB-Vereinbarung, so muss diese vertragsrechtlich zusätzlich den Anforderungen von § 309 Nr. 5 BGB genügen, um wirksam zu sein.[123] **67**

§ 309 Nr. 5a) BGB setzt voraus, dass die Pauschale den in den geregelten Fällen nach dem gewöhnlichen Lauf der Dinge zu erwartenden Schaden nicht übersteigt. § 309 Nr. 5a) BGB **68**

---

[118] Zutreffend *Motzke* in Beck'scher VOB-Kommentar VOB/A § 11 Rn. 131.
[119] Vgl. *Motzke* in Beck'scher VOB-Kommentar VOB/A § 11 Rn. 131; insoweit auch zutreffend die Richtlinien zu Formblatt 214, VHB – Bund – Ausgabe 2008 – Stand August 2014, Ziffer T2, Nr. 34, wonach die Nachträge zur Auftragssumme gehören. Zur Auftragssumme bei **Stundenlohnverträgen** vgl. *Sienz* in Ingenstau/Korbion VOB/A § 9 Rn. 27.
[120] Dazu schon → Rn. 59.
[121] Ebenso *Sienz* in Ingenstau/Korbion VOB/A § 9 Rn. 25.
[122] BGHZ 67, 312; 113, 61; BGH-NJW 1994, 1068. Die in § 309 Nr. 5b) BGB geforderte ausdrückliche Zulassung des Gegenbeweises eines geringeren Schadens ist im Rechtsverkehr unter Kaufleuten allerdings nicht erforderlich; ausreichend ist, dass der Gegenbeweis nicht ausgeschlossen ist, BGH-NJW 1984, 2941; 1994, 1068.
[123] So zutreffend Beck'scher *Motzke* in VOB-Kommentar VOB/A § 11 Rn. 126, *Sienz* in Ingenstau/Korbion VOB/A § 9 Rn. 23 ff.

setzt also eine Prognose des typischerweise zu erwartenden Schadens voraus, an dem die AGB-mäßige Pauschalierung zu messen ist. Der **Schadensersatz statt Erfüllung** ist – auch bei Bauverträgen – in aller Regel zumindest typisiert vorhersehbar und deshalb auch im Sinne von § 309 Nr. 5a) BGB prognostizierbar,[124] während der durch § 9 Abs. 4 VOB/A erfasste **Verzögerungsschaden** typischerweise vom Umfang des Verzuges abhängt und deshalb zumindest nicht als Pauschale vorhersehbar ist.[125] Schon unter diesem Aspekt bestehen also gegen eine AGB-mäßige Pauschalierung eines Verzögerungsschadens erhebliche Bedenken gemäß § 309 Nr. 5a) BGB.[126]

69 Gemäß § 309 Nr. 5b) BGB muss dem anderen Vertragsteil ausdrücklich der Nachweis gestattet sein, ein Schaden (oder eine Wertminderung) sei entweder überhaupt nicht entstanden oder jedenfalls wesentlich niedriger als die Pauschale. Als „wesentlich" wird nach allgemeiner Auffassung eine Abweichung von mindestens 10 % gefordert.[127] Wie bereits erwähnt (vgl. → Rn. 65) ist der öffentliche Auftraggeber vergaberechtlich verpflichtet, gemäß § 9 Abs. 4 S. 2 VOB/A jedweden Nachweis eines geringeren Schadens (und damit auch eines überhaupt nicht eingetretenen Schadens) zuzulassen. Durch die unterschiedliche Formulierung von § 9 Abs. 4 S. 2 VOB/A einerseits und § 309 Nr. 5b) BGB andererseits sind also theoretisch Fälle denkbar, in denen die Schadenspauschale vergaberechtlich unzulässig, AGB-rechtlich aber zulässig ist. Von nennenswerter praktischer Bedeutung ist die Frage allerdings nicht.

§ 9a Vertragsstrafen, Beschleunigungsvergütung

[1] **Vertragsstrafen für die Überschreitung von Vertragsfristen sind nur zu vereinbaren, wenn die Überschreitung erhebliche Nachteile verursachen kann.** [2] **Die Strafe ist in angemessenen Grenzen zu halten.** [3] **Beschleunigungsvergütungen (Prämien) sind nur vorzusehen, wenn die Fertigstellung vor Ablauf der Vertragsfristen erhebliche Vorteile bringt.**

Schrifttum: *Bschorr/Zanner,* Die Vertragsstrafe im Bauwesen, 2003; *Cuypers,* Die Vertragsstrafe beim Bauen, ZfBR 1998, 272; *Diehr,* Vertragsstrafen nach VOB und VOL, ZfBR 2008, 768; *Kapellmann/Langen,* Bemessung von Vertragsstrafen für verzögerte Baufertigstellung in AGB, BB 1987, 560; *Kemper,* Die Vereinbarung von Vertragsstrafe bei Fristüberschreitung in Allgemeinen Geschäftsbedingungen, BauR 2001, 1015; *Keßler,* Der Vertragsstrafenanspruch nach § 11 VOB/B, WiB 1996, 886; *Kleine-Möller,* Die Vertragsstrafe im Bauvertrag, BB 1976, 442; *Knacke,* Die Vertragsstrafe im Baurecht, Baurechtliche Schriften Band 14, 1988; *Langen,* Die Pönalisierung von Einzelfristen im Bauvertrag, Festschrift Schiffers, S. 143 ff.; *Langen,* Die Bauzeit im Rahmen der Vertragsgestaltung, NZBau 2009, 145; *Leinemann,* Vertragsstrafe – Der einzig sichere Weg zum Gewinn am Bau?, BauR 2001, 1472; *Oberhauser,* Vertragsstrafe – ihre Durchsetzung und Abwehr, 2003; *Schlünder,* Vertragsstrafenklauseln in Bauverträgen, ZfBR 1995, 281; *Weyer,* Verteidigungsmöglichkeiten des Unternehmers gegenüber einer unangemessen hohen Vertragsstrafe, BauR 1988, 28. Ergänzend wird auf das Verzeichnis des Schrifttums zu § 11 VOB/B verwiesen.

Übersicht

	Rn.
I. Überblick über den Regelungsinhalt von § 9a VOB/A	1
II. Vergaberechtliche und vertragsrechtliche Bedeutung von § 9a VOB/A	4
1. Vergaberechtliche Bedeutung	4
2. Vertragsrechtliche Bedeutung	6
III. § 9a S. 1 VOB/A – Vertragsstrafen	10
1. Zivilrechtliche Anforderungen an eine Vertragsstrafenvereinbarung im VOB-Vertrag	10
a) Wesen und Inhalt der Vertragsstrafe – Akzessorietät	11
b) Vereinbarung und Form der Vertragsstrafe	13

---

[124] Zu Einzelfällen vgl. *Grüneberg* in Palandt BGB § 309 Rn. 27.
[125] Dazu näher → Rn. 59.
[126] Nicht zu folgen ist allerdings *Motzke* in Beck'scher VOB-Kommentar VOB/A § 11 Rn. 129, wonach auch die Höhe des Verzugsschadens gemäß § 6 Abs. 6 VOB/B, je nachdem, ob der Auftragnehmer leicht fahrlässig oder grob fahrlässig/vorsätzlich handelt, Einfluss auf die AGB-rechtliche Beurteilung einer entsprechenden Schadenspauschale hat. Die ihrerseits AGB-kritische Regelung des § 6 Abs. 6 VOB/B stellt keinen relevanten Beurteilungsmaßstab im Sinne von § 309 Nr. 5 bzw. § 307 BGB dar.
[127] *Grüneberg* in Palandt BGB § 309 Rn. 31; *Sienz* in Ingenstau/Korbion VOB/A § 9 Rn. 25.

c) Individual- oder AGB-Vereinbarung 14
d) Vertragsstrafe wegen nicht gehöriger, insbesondere verspäteter Vertragserfüllung durch den Auftragnehmer 15
e) Vertragsstrafe wegen Nichterfüllung des Auftragnehmers 19
f) Verwirkung der Vertragsstrafe 20
g) Vorbehalt der Vertragsstrafe 21
  2. Ausbedingung einer Vertragsstrafe für die Überschreitung von Vertragsfristen
    gemäß § 9a S. 1 VOB/A 22
    a) Vertragsstrafe für die Überschreitung von Vertragsfristen 22
    b) Möglichkeit erheblicher Nachteile bei der Überschreitung von Vertrags-
       fristen 25
    c) Angemessene Grenze der Vertragsstrafe 29
IV. § 9a S. 3 VOB/A – Beschleunigungsvergütungen 32
  1. Generelles 32
  2. Beschleunigungsvergütungen gemäß § 9a S. 3 VOB/A im Einzelnen 34
    a) Beschleunigungsvergütung (Prämie) für die Unterschreitung von Vertrags-
       fristen 34
    b) Erhebliche Vorteile für den Auftraggeber 37
    c) Höhe der Beschleunigungsvergütung 41

I. Überblick über den Regelungsinhalt von § 9a VOB/A

§ 9a VOB/A enthält für VOB/A-gebundene Auftraggeber zwingende Vorgaben über die **1** Vereinbarung von Vertragsstrafen (§ 9a S. 1) und von Beschleunigungsvergütungen bzw. Prämien (§ 9a S. 3 VOB/A). Die gleichlautende Vorgängervorschrift in § 9 Abs. 5 VOB/A a. F. ist durch die VOB 1992 von einer „Soll-Bestimmung" („... sollen nur...") in eine „Muss-Bestimmung" („... sind nur...") geändert worden, um den verbindlichen Charakter der Vorschrift zu unterstreichen.[1]

§ 9a S. 1 VOB/A befasst sich lediglich vergaberechtlich mit **Vertragsstrafen,** deren vertrags- **2** rechtliche Abwicklung in § 11 VOB/B und ergänzend in §§ 339–345 BGB ausführlich geregelt ist. Allerdings enthält § 9a S. 1 VOB/A eine vergaberechtliche Vorgabe nur für einen bestimmten, wenngleich den mit Abstand wichtigsten Typus eines Strafversprechens, nämlich die **Vertragsstrafe,** die vom Auftragnehmer für die **Überschreitung von Vertragsfristen** versprochen wird. Eine solche Vertragsstrafe darf der VOB/A-gebundene Auftraggeber nur ausbedingen (also in den Vergabeunterlagen vorsehen und im Fall des Zuschlags mit dem Auftragnehmer vereinbaren), wenn die Überschreitung der sanktionierten Vertragsfristen erhebliche Nachteile verursachen kann. Sind diese Voraussetzungen gegeben, dann muss die Strafe gemäß § 9a S. 2 VOB/A in angemessenen Grenzen gehalten werden.

Das Gegenteil einer Vertragsstrafe, nämlich eine **Beschleunigungsvergütung** (Prämie), re- **3** gelt § 9a S. 3 VOB/A. Zu einer Vergütung (meist einer Geldzahlung) an den Auftragnehmer darf sich der VOB/A-gebundene Auftraggeber nur dann verpflichten, wenn die Unterschreitung vereinbarter Vertragsfristen erhebliche Vorteile bringt. Anders als bei der Vertragsstrafe in § 9a S. 2 VOB/A ist bei der Beschleunigungsvergütung in § 9a S. 3 VOB/A allerdings nichts zur zulässigen Höhe einer solchen Beschleunigungsvergütung geregelt. Auffällig ist auch, dass die Beschleunigungsvergütung, im Gegensatz zur Vertragsstrafe, kein vergütungsrechtliches Pendant in Teil B der VOB erfährt. Die VOB belässt es also bei der vergaberechtlichen Regelung solcher Beschleunigungsvergütungen.

II. Vergaberechtliche und vertragsrechtliche Bedeutung von § 9a VOB/A

1. Vergaberechtliche Bedeutung. Die Umformulierung von § 9a VOB/A bzw. § 9 Abs. 5 **4** VOB/A a. F. durch die VOB 1992 von einer „Soll-Bestimmung" in eine „Muss-Bestimmung" bedeutet, dass die jeweilige Vergabestelle § 9a VOB/A zwingend zu beachten hat. Vertragsstrafen für die Überschreitung von Vertragsfristen **dürfen nur** ausbedingen werden, wenn die Überschreitung erhebliche Nachteile verursachen kann. Beschleunigungsvergütungen **dürfen nur** vorgesehen bzw. vereinbart werden, wenn die Fertigstellung vor Ablauf der Vertragsfristen erhebliche Vorteile bringt. Der **zwingende vergaberechtliche Charakter** von § 9a S. 1 und S. 3 VOB/A kann damit nicht angezweifelt werden.[2]

---
[1] Vgl. *Oberhauser* Rn. 221.
[2] *Motzke* in Beck'scher VOB-Kommentar VOB/A § 12 Rn. 8.

5 § 9a VOB/A ist **bieterschützend**.³ Zwar betrifft § 9a VOB/A den Inhalt des später abzuschließenden Vertrags und wird deshalb in der Literatur auch als „materiell-rechtliche Ordnungsvorschrift" bezeichnet. ⁴ Das schließt einen Bieterschutz jedoch nicht aus. Ziel des § 9a S. 1 VOB/A ist es, in Bezug auf die Vertragsstrafenregelung für einen angemessenen Interessenausgleich zwischen Auftraggeber und Auftragnehmer zu sorgen. Diese Zielsetzung greift bereits während des Vergabeverfahrens, weil die späteren Vertragsbedingungen Bestandteil der Vergabeunterlagen sind. Der Bieter darf nicht gezwungen sein, sich auf eine vergaberechtswidrige Vertragsklausel einzulassen. Hinzu kommt, dass die Ausbedingung einer Vertragsstrafe möglicherweise als Wagniserhöhung in die Kalkulation des Bieters einfließt, folglich zu einer Erhöhung des Angebotspreises führen könnte⁵ und damit Auswirkung auf die Auftragschance haben kann.⁶.Der Bieter hat deshalb bereits im Vergabeverfahren Anspruch darauf, dass der Auftraggeber Vertragsstrafen unter Beachtung der Vorgaben von nur **§ 9a S. 1 und S. 2 VOB/A** festsetzt.⁷

Aus denselben Gründen ist auch die Regelung über eine Beschleunigungsvergütung in § 9a S. 3 VOB/A bieterschützend, zumal die Festlegung einer Beschleunigungsvergütung in noch stärkerem Maße als die Festlegung einer Vertragsstrafe bei der Angebotskalkulation berücksichtigt werden muss und damit Auswirkungen auf die Zuschlagchance haben kann.

6 **2. Vertragsrechtliche Bedeutung.** Ist der Zuschlag von der Vergabestelle erteilt worden und damit der Vertrag mit dem Bieter zustande gekommen, so wirkt sich ein etwaiger Verstoß der Vergabestelle gegen § 9a VOB/A ausschließlich vertragsrechtlich aus. Das bedeutet:

7 Trotz ihrer Formulierung als Muss-Vorschrift und trotz ihres bieterschützenden Charakters stellt § 9a VOB/A keine Verbotsnorm im Sinne des § 134 BGB dar, deren Verletzung zur Nichtigkeit des Vertrages oder zur Teilnichtigkeit hinsichtlich des Strafversprechens führen würde.⁸

8 Die Geltendmachung einer Vertragsstrafe, die der öffentliche Auftraggeber unter **Verstoß gegen § 9a S. 1 und S. 2 VOB/A** vereinbart hat, **widerspricht** auch grundsätzlich **nicht** den Geboten von **Treu und Glauben** (§ 242 BGB), wie der BGH durch Urteil vom 30.3.2006⁹ klargestellt hat. Der Grundsatzentscheidung des BGH vom 30.3.2006 war eine vom OLG Jena¹⁰ eingeleitete Diskussion vorangegangen, wonach ein öffentlicher Auftraggeber nach Treu und Glauben gehindert sei, sich auf eine Vertragsstrafenvereinbarung zu berufen, wenn ihm aus der Überschreitung der pönalisierten Vertragsfrist tatsächlich keine erheblichen Nachteile entstanden seien.¹¹ Andere Oberlandesgerichte legten keine ex-post-, sondern eine ex-ante-Betrachtung zugrunde und stellten darauf ab, ob – entsprechend dem Wortlaut von § 9a S. 1 VOB/A bzw. seiner gleichlautenden Vorgängervorschrift – zum Zeitpunkt der Vereinbarung der Vertragsstrafe die zumindest abstrakte Gefahr bestanden hatte, dass die Überschreitung der pönalisierten Vertragsfristen erhebliche Nachteile verursachen konnte. War dies zu bejahen, dann sollte es nicht darauf ankommen, ob – ex-post – solche erheblichen Nachteile tatsächlich eingetreten waren oder nicht.¹²

Durch Urteil vom 30.3.2006 hat der BGH klargestellt, dass es weder auf eine ex-post- noch auf eine ex-ante-Betrachtung ankommt. Ein Verstoß des öffentlichen Auftraggebers gegen § 9a S. 1 VOB/A stehe der Geltendmachung der Vertragsstrafe nach den Grundsätzen von Treu und

---

³ Vgl. *Weyand,* Online-Kommentar Vergaberecht Stand 14.9.2015; → VOB/A § 9 Rn. 7; OLG Düsseldorf 28.2.2002 – Verg 37/01 und 40/01, IBR 2002, 376, neuerdings einschränkend unter der Voraussetzung, dass die Fristbestimmung sich auf die Auftragschance auswirken kann (19.6.2013 – Verg 4/13); ebenso *Kulartz ua/Vavra* § 9 Rn. 54 und EG § 9 Rn. 11; *Sienz* in Ingenstau/Korbion/ VOB/A § 9 Rn. 31 und § 9a Rn. 27.
⁴ *Motzke* in Beck'scher VOB-Kommentar VOB/A § 12 Rn. 8 und Rn. 11.
⁵ Vgl. die Vorgaben gemäß Nr. 2 der Richtlinien zu 214 „Besondere Vertragsbedingungen" im **VHB 2008** (Stand August 2014). Hiernach ist bei der Bemessung von Vertragsstrafen zu berücksichtigen, dass der Bieter die damit verbundene Erhöhung des Wagnisses in den Angebotspreis einkalkulieren kann.
⁶ Hierauf stellt mittlerweile das OLG Düsseldorf ab (19.6.2013 – Verg 4/13).
⁷ 2. VK Bund 29.4.2010 – VK 2 – 20/10; VK Bund 8.2.2008 – VK 2 – 156/07; VK Bund 7.2.2008 – VK 3 – 169/07.
⁸ Vgl. *Motzke* in Beck'scher VOB-Kommentar VOB/A § 12 Rn. 12; *Oberhauser* Rn. 222; vertiefend *Lederer/Niebuhr* FS Jagenburg, 455 ff.; vgl. auch → VOB/A § 5 Rn. 5.
⁹ BGH BauR 2006, 1128.
¹⁰ OLG Jena BauR 2001, 1446; ebenso LG Lüneburg IBR 2001, 106.
¹¹ Zustimmend *Leinemann* BauR 2001, 1472 f.
¹² Vgl. OLG Naumburg IBR 2002, 6; OLG Celle BauR 2003, 1413 = IBR 2002, 472; KG IBR 2003, 124; ebenso *Oberhauser*, Vertragsstrafe, Rn. 223 mwN.

Glauben vielmehr nur entgegen, wenn der Auftragnehmer das Verhalten des Auftraggebers bei Abgabe des Angebots als widersprüchlich werten durfte **und** er in seinem schutzwürdigen Vertrauen darauf, dass der Auftraggeber sich an die Regelung des § 9aS. 1 VOB/A halten werde, enttäuscht worden sei. Allein der Umstand, dass eine Vertragsstrafe vereinbart worden sei, ohne dass die Voraussetzungen des § 9a S. 1 VOB/A (ex-ante-Betrachtung) objektiv vorlagen, rechtfertige es nicht, der vereinbarten Vertragsstrafe ihre Wirkung zu nehmen. Das – nur ausnahmsweise – vorliegende treuwidrige Verhalten des öffentlichen Auftraggebers bei der Geltendmachung der Vertragsstrafe sei vom Auftragnehmer darzulegen und zu beweisen und scheide schon dann aus, wenn (auch) der Auftragnehmer genau wusste, dass aus der Überschreitung der pönalisierten Vertragsfristen keine erheblichen Nachteile zu befürchten waren.[13] Der Entscheidung des BGH ist zuzustimmen, da sich die Treuwidrigkeit einer Rechtsausübung nach dem konkreten Inhalt des abgeschlossenen Vertrages richtet und nicht danach, was (vergaberechtlich) Inhalt des Vertrages hätte werden sollen.[14] Ein vergaberechtlicher Verstoß gegen § 9a S. 1 VOB/A wirkt sich also vertragsrechtlich grundsätzlich nicht aus.

Schließlich führt der Verstoß des öffentlichen Auftraggebers gegen § 9a VOB/A auch **nicht** **9** **generell zu einer unangemessenen Benachteiligung des Auftragnehmers im Sinne von § 307 Abs. 1 BGB.**[15] Die AGB-rechtliche Wirksamkeit eines Strafversprechens ist zivilrechtlich ausschließlich danach zu beurteilen, ob der Auftragnehmer durch das vom Auftraggeber vorformulierte Strafversprechen bezüglich der sanktionierten Vertragspflicht und hinsichtlich der Höhe der drohenden Vertragsstrafe unangemessen benachteiligt wird.[16] Der Verstoß des öffentlichen Auftraggebers gegen § 9a S. 1 VOB/A als solcher führt noch nicht zu einer unangemessenen Benachteiligung des Auftragnehmers.[17]

III. § 9a S. 1 VOB/A – Vertragsstrafen

1. Zivilrechtliche Anforderungen an eine Vertragsstrafenvereinbarung im VOB-Vertrag. 10 Die zivilrechtlichen Anforderungen an eine Vertragsstrafenvereinbarung im VOB-Vertrag gemäß § 11 VOB/B und ergänzend gemäß §§ 339–345 BGB, auf die § 11 Abs. 1 VOB/B verweist, sind ausführlich in der Kommentierung zu § 11 VOB/B erläutert. An dieser Stelle werden nur die wichtigsten, zum Verständnis von § 9a S. 1 VOB/A erforderlichen Ergebnisse zusammengefasst:

a) Wesen und Inhalt der Vertragsstrafe – Akzessorietät. Durch das Strafversprechen 11 verpflichtet sich der Auftragnehmer zu einer bestimmten Leistung (meist einer Geldzahlung) an den Auftraggeber für den Fall, dass er eine Verpflichtung aus dem Bauvertrag nicht oder nicht in gehöriger Weise (insbesondere: verspätet) erfüllt. Die Vertragsstrafe verfolgt dabei einen doppelten Zweck. Sie übt einerseits Druck auf den Auftragnehmer aus, die vereinbarte Verpflichtung überhaupt bzw. in der vereinbarten Art und Weise zu erfüllen **(Druckfunktion)**. Andererseits soll sie dem Auftraggeber bei der Verletzung der sanktionierten Pflicht durch den Auftragnehmer die Schadloshaltung erleichtern **(Ausgleichsfunktion)**.

Ein wirksames Strafversprechen setzt eine wirksame Hauptverbindlichkeit zwischen den Ver- 12 tragsparteien voraus, dh die Vertragsstrafe ist **akzessorisch** zu der von ihr gesicherten Hauptverbindlichkeit (näher → B § 11 Rn. 3–5).

b) Vereinbarung und Form der Vertragsstrafe. Eine Vertragsstrafe bedarf – auch beim 13 VOB-Bauvertrag – stets einer gesonderten Vereinbarung der Parteien, die, soweit erforderlich,[18] beim öffentlichen Auftraggeber gemäß § 8a Abs. 4 Nr. 1 f. VOB/A bzw. § 8a EU Abs. 4 Nr. 1 f. VOB/A im Regelfall im Rahmen der Zusätzlichen oder Besonderen Vertragsbedingungen erfolgt. Sehen die Vertragsbedingungen, beispielsweise auf der Basis der Formulare des VHB Bund, eine durch Ankreuzen auszuübende Option vor, ob und in welcher Höhe eine Vertragsstrafe vorgesehen ist, so muss der (öffentliche) Auftraggeber auch sicherstellen, dass die Ankreuz-

---

[13] Der BGH-Entscheidung vom 30.3.2006 lag der Auftrag zur Herstellung von Straßen- und Gehwegen sowie der Errichtung von Trinkwasser- und Schmutzwasserleitungen zur inneren Erschließung eines Wohngebietes zugrunde, aus deren verspäteter Ausführung nach eigenem Vorbringen des Auftragnehmers in der Revision keine erheblichen Nachteile zu befürchten waren.
[14] Vgl. dazu näher die Kommentierung zu → VOB/B § 11 Rn. 63–65.
[15] So ausdrücklich BGH BauR 2006, 1128.
[16] Dazu ausführlich → VOB/B § 11 Rn. 48 ff.
[17] Näher → VOB/B § 11 Rn. 65.
[18] Zu verstehen als „sachlich geboten".

option ausgeübt wird, da ansonsten keine wirksame Strafvereinbarung vorliegt.[19] Ausnahmsweise kann einer Partei (im Regelfall dem Auftraggeber) ein einseitiges Leistungsbestimmungsrecht gemäß § 315 BGB zur „Festsetzung" einer Vertragsstrafe eingeräumt werden[20] (näher → B § 11 Rn. 11 f.). Das Strafversprechen ist grundsätzlich formfrei wirksam, auf Grund der Akzessorietät aber dann formbedürftig, wenn die zu sichernde Hauptverbindlichkeit der Form bedarf (→ B § 11 Rn. 13).

14 **c) Individual- oder AGB-Vereinbarung.** Eine individualvertragliche Strafvereinbarung stellt in der Baupraxis die Ausnahme dar. Meist ist die Vertragsstrafenvereinbarung in den vom Auftraggeber mit Mehrfachverwendungsabsicht vorformulierten Vertragsbedingungen vorgesehen und unterliegt damit einer AGB-Kontrolle gemäß §§ 305 ff. BGB. Dies gilt für den öffentlichen Auftraggeber insbesondere dann, wenn dieser gemäß § 8a Abs. 4 Nr. 1 f. VOB/A bzw. § 8a EU Abs. 4 Nr. 1 f. VOB/A das Strafversprechen des Auftragnehmers bereits in den der Ausschreibung zugrunde gelegten Besonderen oder Zusätzlichen Vertragsbedingungen vorgesehen hat.

Gegen die Wirksamkeit eines AGB-Strafversprechens als solchem bestehen grundsätzlich keine Bedenken. Es unterliegt allerdings einer intensiven, durch umfangreiche Judikatur geprägten Inhaltskontrolle (dazu → Rn. 17 und ausführlich → B § 11 Rn. 48 ff.).

15 **d) Vertragsstrafe wegen nicht gehöriger, insbesondere verspäteter Vertragserfüllung durch den Auftragnehmer.** Das Gesetz unterscheidet in §§ 339–345 BGB zwischen dem Strafversprechen für die Nichterfüllung (§ 340 BGB) und dem Strafversprechen für die nicht gehörige Erfüllung (§ 341 BGB). Hauptanwendungsfall eines Strafversprechens für die nicht gehörige Erfüllung ist in der Bauvertragspraxis die Vertragsstrafe, die an die verspätete Bauausführung durch den Auftragnehmer anknüpft. (Nur) mit diesem Fall befasst sich § 11 VOB/B und auch (nur) diesen Fall regelt § 9a S. 1 VOB/A.

16 **aa) Vertragsstrafe wegen verzögerter Bauausführung des Auftragnehmers. (1) Individualvertraglich.** Individualvertraglich können die Vertragsparteien eine vom Auftragnehmer für den Fall der verspäteten Bauausführung geschuldete Vertragsstrafe nahezu beliebig ausgestalten.[21] Ob die Verwirkung der Vertragsstrafe Verzug des Auftragnehmers im Sinne von § 286 BGB voraussetzt (dazu → B § 11 Rn. 15 ff. und ergänzend → B § 5 Rn. 35 ff.) oder ob der Auftragnehmer bereits bei der bloßen (schuldhaften) Überschreitung von Vertragsfristen zur Zahlung einer Vertragsstrafe verpflichtet ist, unterliegt der individualvertraglichen Disposition der Parteien. Beim VOB-Vertrag ist allerdings zu beachten, dass eine an die bloße Fristüberschreitung anknüpfende Strafvereinbarung regelmäßig durch § 11 Abs. 2 VOB/B ergänzt wird, wonach auch in diesem Fall die Verwirkung der Strafe Verzug des Auftragnehmers voraussetzt (näher → B § 11 Rn. 35 f.).

Ist die auf Grund einer Individualvereinbarung verwirkte Vertragsstrafe unangemessen hoch, so kann der Auftragnehmer gemäß § 343 BGB (notfalls gerichtlich) die Herabsetzung der Strafe auf ein angemessenes Maß verlangen. Diese Herabsetzungsmöglichkeit besteht gemäß § 348 HGB allerdings nur dann, wenn der Auftragnehmer (ausnahmsweise) nicht Kaufmann im Sinne des HGB ist (→ B § 11 Rn. 46 f.).

17 **(2) AGB-Vertragsstrafen.** Zu AGB-Vertragsstrafen, die an die verspätete Bauausführung des Auftragnehmers anknüpfen, hat sich umfangreiche Kasuistik gebildet, die im Einzelnen in der Kommentierung zu → VOB/B § 11 Rn. 48 ff. erläutert ist. Zusammenfassend:
– Eine AGB-Strafklausel verstößt nicht gegen das **Überraschungsverbot** des § 305c BGB, wenn sie im textlichen Zusammenhang mit der sanktionierten Pflicht (in der Regel also der Fristvereinbarung) geregelt wird (→ B § 11 Rn. 49).
– AGB-Strafklauseln müssen dem **Transparenzgebot** gemäß § 307 Abs. 1 S. 2 BGB entsprechen. Dies ist beispielsweise bei Vorratsklauseln, wonach auch später vereinbarte oder gar vom Auftraggeber einseitig festgelegte Termine pönalisiert sein sollen, nicht der Fall (→ B § 11 Rn. 57).

---

[19] BGH 20.6.2013 – VII ZR 82/12, NZBau 2013, 567 = BauR 2013, 1673.
[20] *Weyand* ibrOK VergabeR Stand 14.9.2015, VOB/A § 9 Rn. 33 weist zutreffend darauf hin, dass eine vom öffentlichen Auftraggeber nach billigem Ermessen einseitig zu bestimmende Vertragsstrafe nicht per se unwirksam ist, sondern nur dann, wenn die Festsetzung in angemessener (und deshalb den AGB-Anforderungen entsprechender) Höhe erfolgt.
[21] Vgl. *Sienz* in Ingenstau/Korbion § 9a Rn. 16; *Kulartz/Vavra* § 9 Rn. 50.

– Ein AGB-Strafversprechen muss gemäß § 307 Abs. 2 Nr. 1 BGB an den **Verzug des Auftragnehmers** anknüpfen. Knüpft das AGB-Strafversprechen also an die bloße Fristüberschreitung oder auch an die lediglich schuldhafte Fristüberschreitung durch den Auftragnehmer an, so ist das Strafversprechen unwirksam (näher → B § 11 Rn. 58 ff.).
– Die durch AGB versprochene Vertragsstrafe muss **angemessen begrenzt** sein, und zwar sowohl hinsichtlich des Tagessatzes als auch hinsichtlich der Obergrenze, die insgesamt maximal verwirkt werden kann. Obergerichtlich gebilligt ist für den **Verzug** des Auftragnehmers mit der **Fertigstellung** ein Strafversprechen in Höhe von 0,3 % der Auftrags- oder Abrechnungssumme pro Werktag, insgesamt maximal 5 %. Knüpft das Strafversprechen an verbindliche Einzelfristen an, so ist das Strafversprechen nur wirksam, wenn die Gesamtstrafe maximal 5 % des anteiligen Auftragswertes beträgt, der zum entsprechenden Zwischentermin vom Auftragnehmer auszuführen war.[22] Außerdem ist das **Kumulationsverbot** zu beachten (näher → B § 11 Rn. 77 ff.).

bb) Vertragsstrafe wegen sonstiger nicht gehöriger Erfüllung des Auftragnehmers. 18
Eine Vertragsstrafenvereinbarung wegen sonstiger nicht gehöriger Erfüllung des Auftragnehmers kann beispielsweise einen unzulässigen Nachunternehmereinsatz des Auftragnehmers (→ B § 11 Rn. 19), unzulässige Wettbewerbsabreden der Bieter während der Ausschreibung (→ B § 11 Rn. 20) oder sonstige Vertragspflichtverletzungen des Auftragnehmers sanktionieren (→ B § 11 Rn. 21 f.).

e) Vertragsstrafe wegen Nichterfüllung des Auftragnehmers. Das (individualvertragliche 19 oder formularmäßige) Strafversprechen des Auftragnehmers kann (ausnahmsweise) auch an die Nichterfüllung seiner bauvertraglichen Verpflichtungen anknüpfen. Dieser Fall ist in der Baupraxis jedoch höchst selten (→ B § 11 Rn. 23).

f) Verwirkung der Vertragsstrafe. Die vereinbarte Vertragsstrafe ist im Sinne von § 339 20 S. 1 BGB verwirkt, wenn die Voraussetzungen eingetreten sind, die den Auftraggeber berechtigen, die Vertragsstrafe vom Auftragnehmer zu fordern. Knüpft die Vertragsstrafe an die Einhaltung der Ausführungsfristen an, so ist sie beim VOB-Vertrag verwirkt, wenn der Auftragnehmer mit der Einhaltung der entsprechenden Frist in Verzug gerät, § 11 Abs. 2 VOB/B. Der Verzug setzt die Fälligkeit der jeweiligen Leistung, die Anmahnung der fälligen Leistung[23] und Verschulden des Auftragnehmers voraus. Der Verzug kann insbesondere bei Bauablaufstörungen unter den Voraussetzungen des § 6 Abs. 2 VOB/B, aber auch bei einem bestehenden Leistungsverweigerungsrecht des Auftragnehmers, ausgeschlossen sein (→ B § 5 Rn. 49 ff.). Nach der Rechtsprechung des BGH kann die Vertragsstrafe auch entfallen, wenn die Bauablaufstörungen eine **grundlegende Neuordnung der Terminplanung** erfordern (näher → B § 11 Rn. 25 ff.).

g) Vorbehalt der Vertragsstrafe. Sowohl gemäß § 341 Abs. 3 BGB als auch gemäß § 11 21 Abs. 4 VOB/B kann der Auftraggeber die an die nicht gehörige, insbesondere verspätete Vertragserfüllung anknüpfende Vertragsstrafe nur fordern, wenn er dies bei der Abnahme vorbehalten hat. Der Strafvorbehalt ist nur ausnahmsweise entbehrlich (→ B § 11 Rn. 108 ff.), kann aber – auch durch eine AGB-Vereinbarung – dergestalt modifiziert werden, dass die Geltendmachung der Vertragsstrafe noch bis zur Schlusszahlung zulässig ist (→ B § 11 Rn. 115 ff.).

2. Ausbedingung einer Vertragsstrafe für die Überschreitung von Vertragsfristen gemäß § 9a S. 1 VOB/A. a) Vertragsstrafe für die Überschreitung von Vertragsfristen. § 9a 22 S. 1 VOB/A regelt nur **Vertragsstrafen für die Überschreitung von Vertragsfristen**, damit zwar den wichtigsten, aber nur *einen Fall* der nicht gehörigen Vertragserfüllung durch den Auftragnehmer im Sinne von § 341 BGB.[24] Die Vorschrift des § 9a S. 1 VOB/A gilt aber sinngemäß auch für sonstige Fälle der nicht gehörigen Erfüllung (dazu → Rn. 18) oder auch der Nichterfüllung (dazu → Rn. 19), für die ebenfalls die Vereinbarung einer Vertragsstrafe infrage kommt.[25]

---

[22] BGH NZBau 2013, 222 = IBR 2013, 69; näher dazu → VOB/B § 11 Rn. 76.
[23] Wenn nicht die Mahnung ausnahmsweise gemäß § 286 Abs. 2 BGB entbehrlich ist, dazu → VOB/B § 5 Rn. 42 ff.
[24] Vgl. auch *Sienz* in Ingenstau/Korbion VOB/A § 9 Rn. 9; *Knacke* S. 7.
[25] *Motzke* in Beck'scher VOB-Kommentar VOB/A § 12 Rn. 48; zweifelnd *Sienz* in Ingenstau/Korbion, VOB/A § 9a Rn. 15, der allerdings zu recht darauf hinweist, dass die meisten Vertragsstrafenregelungen der AGB-Kontrolle unterliegen und hierüber ein entsprechendes Ergebnis erzielt wird.

23 Wenn § 9a S. 1 VOB/B von der Ausbedingung von Vertragsstrafen für die (bloße) **Überschreitung von Vertragsfristen** spricht, dann bedeutet dies nicht, dass vergaberechtlich die Vereinbarung einer verzugsunabhängigen Vertragsstrafe zulässig wäre. Zwar deutet der Wortlaut von § 9a S. 1 VOB/A hierauf hin, weil darin der Verzug des Auftragnehmers als Anspruchsvoraussetzung nicht genannt wird. § 11 Abs. 2 VOB/B (und ergänzend auch die über § 11 Abs. 1 VOB/B anwendbare Vorschrift des § 339 S. 1 BGB) stellt aber klar, dass die an die Überschreitung von Vertragsfristen anknüpfende Vertragsstrafe beim VOB-Vertrag nur verwirkt wird, wenn der Auftragnehmer in Verzug gerät (dazu näher → B § 5 Rn. 35 ff.). Vergaberechtlich bedeutet dies, dass der VOB/A-gebundene Auftraggeber trotz des unvollständigen Wortlauts von § 9a S. 1 VOB/A eine Vertragsstrafe für die Überschreitung von Vertragsfristen nur ausbedingen darf, wenn der Auftragnehmer in Verzug gerät. Die Ausbedingung einer verzugsunabhängigen Vertragsstrafe durch den öffentlichen Auftraggeber wäre also – trotz des anders lautenden Wortlauts von § 9a S. 1 VOB/A – vergaberechtswidrig.[26]

24 Unter **Vertragsfristen** im Sinne von § 9a S. 1 VOB/A sind gemäß § 9 Abs. 2 Nr. 2 VOB/A und § 5 Abs. 1 S. 1 VOB/B nur **verbindliche Fristen** zu verstehen, zu deren Einhaltung der Auftragnehmer verpflichtet ist. Die Verbindlichkeit einer Ausführungsfrist führt zur Fälligkeit der entsprechenden Leistung im Sinne von § 286 Abs. 1 BGB, ihre Überschreitung führt aber nicht ohne weiteres zu Verzug des Auftragnehmers. Verzug setzt neben der Fälligkeit der Leistung die anschließende Mahnung durch den Auftraggeber[27] und darüber hinaus Verschulden des Auftragnehmers voraus.

Die Parteien können im Sinne von § 9a S. 1 VOB/A **pönalisierte Vertragsfristen**

– für den Ausführungsbeginn (näher → B § 5 Rn. 56 ff.),
– für Einzelfristen des Bauablaufs (näher → B § 5 Rn. 77 ff.) und
– für die Fertigstellung (näher → B § 5 Rn. 95 ff.)

vereinbaren. Will der (öffentliche) Auftraggeber Einzelfristen des Bauablaufs mit einer Vertragsstrafe belegen, so ist § 5 Abs. 1 S. 2 VOB/B zu beachten, wonach in einem Bauzeitenplan (zu Begriff und Inhalt näher → B § 5 Rn. 29 ff.) enthaltene Einzelfristen nur dann als (pönalisierbare) Vertragsfristen gelten, wenn die Einzelfristen als verbindliche Fristen vereinbart sind.[28]

25 b) Möglichkeit erheblicher Nachteile bei der Überschreitung von Vertragsfristen. Vertragsstrafen für die Überschreitung von Vertragsfristen dürfen gemäß § 9a S. 1 VOB/A nur ausbedungen werden, wenn die **Überschreitung erhebliche Nachteile verursachen kann**.

Zwingende vergaberechtliche Voraussetzung für den öffentlichen Auftraggeber, eine Vertragsstrafe für die Überschreitung von Vertragsfristen ausbedingen zu dürfen, ist also die Möglichkeit, dass durch die Fristüberschreitung erhebliche Nachteile entstehen können. Da es sich bei § 9a S. 1 VOB/A um eine Vergabevorschrift handelt, ist also zunächst einmal unzweifelhaft, dass es hier auf eine **Prognoseentscheidung** des Auftraggebers ankommt.[29] Zum Zeitpunkt der Ausschreibung und Vergabe muss die Möglichkeit erheblicher Nachteile auf Grund der Fristüberschreitung bestehen.[30] Bestand zum Zeitpunkt der Ausschreibung und Vergabe die Möglichkeit erheblicher Nachteile, ist es retrospektiv aber trotz Fristüberschreitung des Auftragnehmers nicht zu (erheblichen) Nachteilen gekommen, dann ändert diese tatsächliche Entwicklung nichts an der vergaberechtlichen Zulässigkeit der Strafvereinbarung[31] und auch nichts an der vertragsrechtlichen Durchsetzbarkeit der verwirkten Vertragsstrafe.[32]

Umgekehrt reicht allerdings eine lediglich abstrakte Möglichkeit, dass die Fristüberschreitung des Auftragnehmers erhebliche Nachteile verursachen kann, nicht aus, weil eine solche Möglichkeit erheblicher Nachteile grundsätzlich niemals auszuschließen ist.[33] Erforderlich ist vielmehr

---

[26] Zutreffend knüpft Formblatt 214 des VHB – Bund – Ausgabe 2008 – Stand August 2014 die Vertragsstrafe für die Überschreitung von Vertragsfristen zwischenzeitlich ausdrücklich an den **Verzug** des Auftragnehmers.
[27] Wenn nicht die Mahnung gemäß § 286 Abs. 2 BGB ausnahmsweise entbehrlich ist.
[28] Zur Problematik der Pönalisierung von Einzelfristen durch ein formularmäßiges Strafversprechen vgl. die Kommentierung zu → VOB/B § 11 Rn. 77 ff.
[29] So auch zutreffend BGH BauR 2006, 1128; OLG Naumburg IBR 2002, 6; OLG Celle BauR 2003, 1413 = IBR 2002, 472; KG Berlin IBR 2003, 124; *Oberhauser,* Vertragsstrafe, Rn. 223; *Dreher/Motzke* § 9 Rn. 242.
[30] *Motzke* in Beck'scher VOB-Kommentar VOB/A § 12 Rn. 42.
[31] *Motzke* in Beck'scher VOB-Kommentar, ebd.; *Oberhauser* Rn. 223.
[32] Näher → Rn. 8.
[33] Anders OLG Naumburg IBR 2002, 6, wonach bereits die abstrakte Möglichkeit eines erheblichen Nachteils ausreicht; wie hier *Sienz* in Ingenstau/Korbion VOB/A § 9 Rn. 14.

die **konkrete Möglichkeit,** dass gerade bei dem hier zur Vergabe anstehenden Auftrag die Fristüberschreitung durch den Auftragnehmer **erhebliche Nachteile** verursachen kann. Diese konkrete Möglichkeit erheblicher Nachteile muss im Streitfall der (öffentliche) Auftraggeber darlegen und beweisen.[34] Sie ist dazu im Vergabevermerk darzulegen und zu begründen.

§ 9a S. 1 VOB/A lässt offen, was unter **erheblichen Nachteilen** zu verstehen ist, die die Ausbedingung einer Vertragsstrafe rechtfertigen. Unstreitig fallen hierunter alle Formen von **Vermögensnachteilen,** die dem öffentlichen Auftraggeber aus der verspäteten Erstellung von Bauleistungen entstehen können.[35] Insbesondere bei **rentierlichen Investitionen** der öffentlichen Hand besteht – wie bei entsprechenden Investitionen eines privaten Auftraggebers – eine Vermutung dafür, dass die verspätete Ausführung zu (erheblichen) Vermögensnachteilen des Auftraggebers führt, das heißt in solchen Fällen ist die Ausbedingung einer Vertragsstrafe vergaberechtlich immer zulässig. Beispiele für rentierliche Investitionen der öffentlichen Hand sind (teil-)vermietete Verwaltungsgebäude, mautpflichtige Straßen, Tunnel und Brücken, zu Gebühreneinnahmen führende Kläranlagen usw, und zwar unabhängig davon, ob die mit der Investition verbundenen Einnahmen die Finanzierungs- und Betriebskosten der jeweiligen Einrichtung decken. In solchen Fällen kommt die Doppelfunktion der Vertragsstrafe, einerseits Druck auf den Auftragnehmer zur Einhaltung der Vertragsfristen auszuüben, andererseits dem Auftraggeber bei Überschreitung der Vertragsfristen die Schadloshaltung zu erleichtern,[36] voll zum Tragen.

Bei Bauleistungen, die **nicht** oder nur indirekt **vermögensrechtliche Interessen** des öffentlichen Auftraggebers berühren wie zB der normale, nicht mautpflichtige Straßenbau, Bauleistungen in öffentlichen Parks, an Schulen usw, kommt es darauf an, ob ein berechtigtes und schützenswertes Interesse des öffentlichen Auftraggebers besteht, durch die Vereinbarung einer Vertragsstrafe Druck auf den Auftragnehmer zur Einhaltung der Vertragsfristen ausüben zu können, auch wenn aus einer möglichen Terminüberschreitung keine oder jedenfalls keine nachweisbaren (Vermögens-)Schäden resultieren. Dies ist immer dann der Fall, wenn über die ohnehin bestehende Verbindlichkeit der vereinbarten Vertragsfristen hinaus ein zusätzliches Interesse des öffentlichen Auftraggebers oder der Allgemeinheit besteht bzw. bestehen kann, durch die drohende Vertragsstrafe Druck auf den Auftragnehmer zur Termineinhaltung ausüben zu können. Dies gilt beispielsweise bei allen Bauleistungen, die Verkehrsbeschränkungen zur Folge haben wie zB Spurreduzierungen bei Bauarbeiten an Autobahnen, (Teil-)Sperrungen bei innerstädtischen Durchfahrten usw.[37] Auch sonstige schützenswerte allgemeine Interessen wie zB an Aus- und Weiterbildung,[38] kulturelle Interessen[39] usw rechtfertigen unter dem Blickwinkel der Druckfunktion die Vereinbarung einer Vertragsstrafe, auch wenn die Ausgleichsfunktion einer Vertragsstrafe mangels eines drohenden Vermögensschadens in solchen Fällen nicht zum Tragen kommen kann.

Zu eng erscheinen die Vorgaben gemäß Nr. 2 der Richtlinien zu 214 „Besondere Vertragsbedingungen" im **VHB 2008** (Stand August 2014). Hiernach ist bei der Bemessung von Vertragsstrafen zu berücksichtigen, dass der Bieter das damit verbundene Erhöhung des Wagnisses in den Angebotspreis einkalkulieren kann. Das VHB geht also davon aus, dass die Ausbedingung einer Vertragsstrafe möglicherweise als Wagniserhöhung in die Kalkulation des Bieters einfließt und folglich zu einer Erhöhung des Angebotspreises führen könnte. Diese Aussage des VHB ist jedoch nur abstrakt richtig und empirisch keineswegs erwiesen. Die Praxis beweist regelmäßig, dass für Vertragsstrafen keine Erhöhung des Wagnisses kalkuliert wird.

Das VHB bestimmt weiter, dass bei Vertragsstrafen für Einzelfristen nur die Überschreitung solcher Einzelfristen für in sich abgeschlossene Teile der Leistung unter Strafe zu stellen ist, von denen der Baufortschritt entscheidend abhängt. Richtig an der Empfehlung des VHB ist zwar, dass die unterschiedslose Pönalisierung aller als verbindlich vereinbarter Einzelfristen sinnlos erscheint und die Wirksamkeit solcher in der Regel formularmäßiger Strafversprechen häufig sogar am so genannten Kumulationsverbot scheitert (dazu näher → B § 11 Rn. 77 ff.). Umge-

---

[34] OLG Jena BauR 2001, 1446 (1447): *Sienz* in Ingenstau/Korbion VOB/A § 9 Rn. 14; wendet der Auftragnehmer allerdings ein, der Auftraggeber dürfe die unter Verstoß gegen § 9 Abs. 4 VOB/A vereinbarte Vertragsstrafe nach Treu und Glauben nicht verlangen, so muss *er* diese Voraussetzungen darlegen und beweisen, vgl. BGH BauR 2006, 1128 und näher dazu → Rn. 8.
[35] Vgl. *Motzke* in Beck'scher VOB-Kommentar VOB/A § 12 Rn. 42; *Kulartz/Vavra* VOB/A § 9 Rn. 46.
[36] Vgl. → Rn. 80 und näher → VOB/B § 11 Rn. 5.
[37] Ähnlich *Motzke* in Beck'scher VOB-Kommentar VOB/A § 12 Rn. 42; *Oberhauser* Rn. 223; anderer Auffassung OLG Jena BauR 2001, 1446.
[38] Beispiel: Neubau einer Schule oder einer Universität.
[39] Beispiel: Instandsetzungsarbeiten an einem Theater während der spielfreien Zeit.

kehrt besteht aber kein Grund, nur eine Pönalisierung der in § 9 Abs. 2 Nr. 1 VOB/A geregelten Einzelfristen für in sich abgeschlossene Teile der Leistung zuzulassen, während die in § 9 Abs. 2 Nr. 2 VOB/A geregelten Einzelfristen für fortgangswichtige Teile der Leistung nicht pönalisiert werden sollen. Gerade bei verbindlichen Einzelfristen für fortgangswichtige Teile der Leistung, durch die das reibungslose Ineinandergreifen der einzelnen Leistungsbereiche verschiedener Auftragnehmer geregelt werden soll, besteht oftmals ein berechtigtes Interesse auch des öffentlichen Auftraggebers, die rechtzeitige und mängelfreie Erstellung der Vorleistungen als Grundlage der nachfolgenden Auftragnehmer durch eine Vertragsstrafe sicherzustellen. Dabei ist besonders zu berücksichtigen, dass der BGH seit der Entscheidung „Vorunternehmer II"[40] dem behinderten (nachfolgenden) Auftragnehmer zumindest Entschädigungsansprüche gegen den Auftraggeber gemäß § 642 BGB zubilligt. Dem Auftraggeber droht also bei nicht rechtzeitiger (oder mangelhafter) Fertigstellung der Vorleistungen auf Grund der berechtigten Entschädigungsansprüche der behinderten nachfolgenden Unternehmer ein Schaden, der auch bei fortgangswichtigen Einzelfristen im Sinne von § 9 Abs. 2 Nr. 2 VOB/A die Vereinbarung einer Vertragsstrafe rechtfertigen kann. *Wenn* der öffentliche Auftraggeber eine Vertragsstrafe für die Überschreitung verbindlicher Zwischenfristen vereinbaren möchte, ist bei formularmäßigen Strafklauseln die BGH-Rechtsprechung zu berücksichtigen, wonach sich die Strafhöhe an der bis zu der entsprechenden Zwischenfrist geschuldeten Bauleistung orientieren muss.[41]

28 Hat der öffentliche Auftraggeber eine **falsche Prognoseentscheidung** im Sinne von § 9a S. 1 VOB/A getroffen, weil die Überschreitung der vereinbarten Vertragsfristen entweder von Anfang an keine erheblichen Nachteile verursachen konnte oder erhebliche Nachteile jedenfalls tatsächlich nicht eingetreten sind, so ist die mit dem Auftragnehmer getroffene Strafvereinbarung gleichwohl wirksam. Der öffentliche Auftraggeber ist in diesem Fall nicht nur berechtigt,[42] sondern zur Vermeidung von Wettbewerbsverzerrungen auch verpflichtet, die vom Auftragnehmer verwirkte Vertragsstrafe geltend zu machen.[43]

29 **c) Angemessene Grenze der Vertragsstrafe.** Gemäß § 9a S. 2 VOB/A ist die Vertragsstrafe in angemessenen Grenzen zu halten. Auch hier ergibt sich aus der Formulierung der Vorschrift deren zwingender vergaberechtlicher Charakter (dazu schon → Rn. 4). Dem Beurteilungsspielraum der Vergabestelle unterliegt allerdings die Frage, was angesichts des konkret auszuschreibenden Bauvertrages als „angemessene Grenze" der Vertragsstrafe anzusehen ist.

Nr. 2 der Richtlinien zu 214 „Besondere Vertragsbedingungen" im VHB 2008 (Stand August 2014) bestimmt hierzu, dass die Höhe der Vertragsstrafe 0,1 % je Werktag, insgesamt jedoch 5 % der Auftragssumme, nicht überschreiten soll. Allerdings ist zu differenzieren:

30 Vereinbart der öffentliche Auftraggeber mit dem Auftragnehmer die Vertragsstrafe (ausnahmsweise) **individuell,** so kann die Vertragsstrafe bis zur Grenze der Sittenwidrigkeit (§ 138 BGB)[44] grundsätzlich in beliebiger Höhe vereinbart werden. In diesem Fall ist der öffentliche Auftraggeber lediglich vergaberechtlich gehalten, von dem zivilrechtlich gegebenen Spielraum nur in angemessener Höhe Gebrauch zu machen. Wird dennoch eine unangemessen hohe Vertragsstrafe vereinbart, so ist diese Vereinbarung wirksam. Wird eine höhere Strafe verwirkt, so kann (nur) der nicht kaufmännische Auftragnehmer gemäß § 343 Abs. 1 BGB eine Herabsetzung der Strafe auf ein angemessenes Maß verlangen.[45]

31 In der Regel unterliegen Vertragsstrafenvereinbarungen des öffentlichen Auftraggebers den **AGB-Vorschriften der §§ 305 ff. BGB** (dazu schon → Rn. 17). In diesem Standard-Fall geht die vergaberechtliche Bestimmung des § 9a S. 2 VOB/A konform mit den Anforderungen des § 307 Abs. 1 BGB, wonach eine unangemessene, den Geboten von Treu und Glauben zuwider laufende Vertragsstrafe als unwirksam anzusehen ist. Das vergaberechtliche Gebot des § 9a S. 2 VOB/A, die Vertragsstrafe in angemessenen Grenzen zu halten, wird in diesem (Standard-)Fall also durch die AGB-Kontrolle gemäß § 307 Abs. 1 BGB sanktioniert.

---

[40] BGH NZBau 2000, 187 = BauR 2000, 722.
[41] Vgl. BGH NZBau 2013, 222 = IBR 2013, 69; näher dazu → VOB/B § 11 Rn. 76.
[42] Dazu → Rn. 77.
[43] *Kulartz/Rechten* § 9 Rn. 12.
[44] Vom OLG Celle BauR 2001, 1108 bejaht bei einer Vertragsstrafe in Höhe von 15 % der vereinbarten Vergütung, wenn bereits bei Abschluss der Vereinbarung deren Verwirkung mit hoher Wahrscheinlichkeit zu erwarten ist.
[45] Vgl. dazu näher → VOB/B § 11 Rn. 46 f.; beim kaufmännischen Auftragnehmer ist die Herabsetzung gemäß § 348 HGB ausgeschlossen.

Zu den AGB-rechtlichen Anforderungen der §§ 305 ff. BGB an formularmäßige Vertragsstrafenvereinbarungen sei auf die Zusammenfassung in → Rn. 17 und ergänzend auf die Kommentierung zu → VOB/B § 11 Rn. 48 ff. verwiesen.

IV. § 9a S. 3 VOB/A – Beschleunigungsvergütungen

1. Generelles. Die Beschleunigungsvergütung (Prämie) ist sowohl nach der Konzeption des § 9a S. 3 VOB/A als auch in der Rechtspraxis das Gegenteil einer Vertragsstrafe. Der Auftragnehmer erhält für die **vorzeitige Vertragserfüllung,** also die **Unterschreitung der** vereinbarten **Vertragsfristen,** eine zusätzliche (Beschleunigungs-)Vergütung. 32

Während jedoch die Vertragsstrafe vergaberechtlich in § 9a S. 1 VOB/A und vertragsrechtlich in § 11 VOB/B (und ergänzend in §§ 339–345 BGB) ausführlich geregelt und in der Baupraxis von enormer Bedeutung ist, findet die Beschleunigungsvergütung nur vergaberechtlich in § 9a S. 3 VOB/A Erwähnung; eine vertragsrechtliche Parallelregelung zu § 11 VOB/B fehlt.

Beschleunigungsmaßnahmen kommen in der Baupraxis insbesondere unter drei Aspekten vor: 33

– Der Auftragnehmer ergreift von sich aus oder auf entsprechende Aufforderung des Auftraggebers[46] Beschleunigungsmaßnahmen, um den bislang zu geringen Arbeitsfortschritt zu erhöhen und einen Terminrückstand entweder zu vermeiden oder aber so gering wie möglich zu halten. Eine solche **verzugsverhindernde** oder -vermindernde **Beschleunigungsmaßnahme** entspricht der Schadensminderungspflicht des Auftragnehmers, führt also nicht zu Vergütungsansprüchen und hat mit der in § 9a S. 3 VOB/A geregelten Beschleunigungsvergütung nichts zu tun.[47]
– Der Bauablauf hat sich aus Umständen im Risikobereich des Auftraggebers (§ 6 Abs. 2 Nr. 1a VOB/B), zB auf Grund fehlender oder mangelhafter Ausführungspläne, fehlender oder mangelhafter Vorleistungen anderer Auftragnehmer usw verzögert. Der Auftraggeber „ordnet" nunmehr eine Beschleunigung gegenüber dem Auftragnehmer „an", um die gemäß §§ 6 Abs. 2 und Abs. 4 VOB/B eintretende Fristverlängerung abzukürzen und damit die ursprünglich vereinbarten Fristen doch noch einzuhalten oder zumindest die Fristüberschreitung zu verringern. In diesem Fall kann der Auftragnehmer vom Auftraggeber (auch vom öffentlichen Auftraggeber) eine frei kalkulierte Beschleunigungsvergütung fordern, ohne deren Akzeptanz durch den Auftraggeber er nicht zur Durchführung der Beschleunigungsmaßnahmen verpflichtet ist.[48] Solche nachträglichen, insbesondere **bei gestörten Bauabläufen** häufiger vorkommenden Beschleunigungsmaßnahmen unterliegen, solange und soweit es sich nicht um eine wesentliche Vertragsänderung iSv § 132 GWB handelt, der freien Vereinbarung beider Vertragsparteien. Als Vergabevorschrift ist § 9a S. 3 VOB/A auf solche nachträglichen Beschleunigungsvereinbarungen nicht unmittelbar, sondern nur sinngemäß anwendbar.
– Der (öffentliche) Auftraggeber sieht die Beschleunigungsvergütung (Prämie) für die Unterschreitung der vorgesehenen Vertragsfristen bereits in den Vergabeunterlagen vor. (Nur) auf diesen Fall ist bei öffentlicher Auftragsvergabe § 9a S. 3 VOB/A (unmittelbar) anwendbar.[49]

2. Beschleunigungsvergütungen gemäß § 9a S. 3 VOB/A im Einzelnen. a) Beschleunigungsvergütung (Prämie) für die Unterschreitung von Vertragsfristen. Gemäß § 9a S. 3 VOB/A darf der öffentliche Auftraggeber Beschleunigungsvergütungen (Prämien) nur vorsehen, wenn die **Fertigstellung vor Ablauf der Vertragsfristen erhebliche Vorteile** bringt. 34

Die zwingende Vergabevorschrift des § 9a S. 3 VOB/A ist im Zusammenhang mit § 9 Abs. 1 VOB/A zu sehen. Hiernach hat der öffentliche Auftraggeber die Ausführungsfristen ausreichend zu bemessen und dabei Jahreszeit, Arbeitsbedingungen und etwaige besondere Schwierigkeiten ausreichend zu berücksichtigen, § 9 Abs. 1 Nr. 1 VOB/A (näher → A § 9 Rn. 27 ff.). Außergewöhnlich kurze Fristen sind gemäß § 9 Abs. 1 Nr. 2 VOB/A nur bei besonderer Dringlichkeit vorzusehen (→ A § 9 Rn. 34). Wenn der öffentliche Auftraggeber aber einerseits gehalten ist, angemessene Ausführungsfristen zu vereinbaren und außergewöhnlich kurze Fristen nur bei

---
[46] Zum Abhilfeanspruch des Auftraggebers gemäß § 5 Abs. 3 VOB/B bei unzureichendem Baufortschritt näher → VOB/B § 5 Rn. 78 ff.
[47] Vgl. näher → VOB/B § 5 Rn. 53.
[48] Kommt der Auftragnehmer einer solchen auftraggeberseitigen Beschleunigungsanordnung freiwillig nach, so erhält er zumindest Vergütung auf der Basis der bisherigen Kalkulation, vgl. dazu näher → VOB/B § 6 Rn. 33.
[49] So auch *Bschorr/Zanner* S. 25 f.

besonderer Dringlichkeit, also im Ausnahmefall, vorzusehen, dann erscheint die in § 9a S. 3 VOB/A eröffnete Möglichkeit, die Unterschreitung der (angemessenen) Ausführungsfrist zu prämieren, als **Zielkonflikt.** Entweder war die Ausführungsfrist gemäß § 9 Abs. 1 Nr. 1 VOB/A nicht ausreichend, sondern zu großzügig bemessen, sodass ausreichendes „Beschleunigungspotential" für den Auftragnehmer vorhanden ist (zB durch einen geänderten Arbeitsablauf) und damit die reale Möglichkeit, die Beschleunigungsvergütung (Prämie) auch tatsächlich zu verdienen; dann liegt im Zweifel ein Verstoß gegen § 9 Abs. 1 Nr. 1 VOB/A vor. Oder aber die Ausführungsfristen sind tatsächlich ausreichend und angemessen im Sinne von § 9 Abs. 1 Nr. 1 VOB/A vorgegeben. Dann ist eine Unterschreitung dieser Ausführungsfristen im Sinne von § 9a S. 3 VOB/A im Zweifel nur durch mit entsprechenden Zusatzkosten verbundenen Beschleunigungsmaßnahmen möglich mit der weiteren Gefahr, dass die nunmehr verkürzte Ausführungsfrist das Risiko verminderter Qualität birgt.[50]

35 Für die gemäß § 9a S. 3 VOB/A infrage kommende Fertigstellung vor Ablauf der Vertragsfristen gilt im Übrigen sinngemäß das Gleiche wie zu § 9a S. 1 VOB/A (dazu → Rn. 23 f.). Die Beschleunigungsvergütung kann sich also sowohl auf die Unterschreitung der als Vertragsfrist vereinbarten Ausführungsfrist (Fertigstellungsfrist) als auch auf die Unterschreitung von Einzelfristen, die als Vertragsfristen vereinbart worden sind, beziehen.

36 **Streitig** ist, ob die Vereinbarung einer Beschleunigungsvergütung im Sinne von § 9a S. 3 VOB/A den Auftraggeber seinerseits verpflichtet, etwaige **Mitwirkungshandlungen vorzeitig** zu erbringen, also zB die Ausführungsunterlagen gemäß § 3 Abs. 1 VOB/B vorzeitig vorzulegen. *Motzke* vertritt den Standpunkt, ohne darauf abgestimmte Mitwirkungsaufgaben übernehme der Auftraggeber durch die bloße Vereinbarung einer Beschleunigungsvergütung nicht die Verpflichtung, sich der (beschleunigten) Ablaufplanung des Auftragnehmers zu beugen.[51] Demgegenüber vertritt *Sienz* die Auffassung, die Vereinbarung einer Beschleunigungsvergütung verpflichte den Auftraggeber zur vorzeitigen Erbringung der entsprechenden Mitwirkungshandlungen, weil der Auftragnehmer andernfalls nicht die Möglichkeit habe, die Beschleunigungsvergütung auch tatsächlich zu verdienen.[52] Die Auffassung von *Motzke* ist vorzugswürdig. Der Auftragnehmer erhält für die fristgerechte Erbringung seiner Leistung die vereinbarte Vergütung. Bei der Ausbedingung einer Beschleunigungsvergütung hat er die Möglichkeit, nicht aber die Pflicht, eine zusätzliche Vergütung für die vorzeitige Leistungserstellung zu verdienen. Die Treuepflicht des Auftraggebers gebietet ihm zwar, Maßnahmen zu unterlassen, die dem Auftragnehmer die Möglichkeit vereiteln, die Prämie auch zu verdienen.[53] Soll der Auftraggeber aber seinerseits zu einer vorzeitigen Erbringung von Mitwirkungshandlungen verpflichtet sein, um dem Auftragnehmer die realistische Möglichkeit zur Erlangung der Prämie zu verschaffen, so bedarf dies einer ausdrücklichen Vereinbarung zwischen den Parteien. Die bloße Vereinbarung einer Beschleunigungsvergütung als solche führt aber nicht zu veränderten, insbesondere vorzeitigen Mitwirkungspflichten des Auftraggebers.

37 **b) Erhebliche Vorteile für den Auftraggeber.** Während die Parallelvorschrift des § 9a S. 1 VOB/A eine Prognoseentscheidung des Auftraggebers fordert, ob die Überschreitung der vereinbarten Vertragsfristen **erhebliche Nachteile verursachen kann,** darf der öffentliche Auftraggeber gemäß § 9a S. 3 VOB/A eine Beschleunigungsvergütung nur vereinbaren, wenn die vorzeitige Fertigstellung ihm **erhebliche Vorteile bringt.** Die bloße Möglichkeit erheblicher Vorteile reicht also – anders als die Möglichkeit erheblicher Nachteile bei der Vertragsstrafe – für die vergaberechtliche Zulässigkeit einer Beschleunigungsvergütung nicht aus.

Bei der Frage, ob die Unterschreitung der vereinbarten Vertragsfristen für den Auftraggeber (erhebliche) Vorteile herbeiführt, sind **Aufwand** (die Höhe der zu zahlenden Beschleunigungsvergütung und ggf. sonstige zusätzliche Aufwendungen des Auftraggebers) und **Ertrag** (die durch die vorzeitige Leistung herbeigeführten Vorteile) **gegeneinander abzuwägen.** In der Sache selbst ist wiederum danach zu unterscheiden, ob die entsprechende Bauleistung des Auftragnehmers für den Auftraggeber vermögensrechtlich bedeutsam ist oder nicht.

38 Bei **rentierlichen Investitionen** des öffentlichen Auftraggebers (dazu näher → Rn. 26) kommt es also darauf an, ob der mit der vorzeitigen Leistungserstellung verbundene Vermögensvorteil des Auftraggebers die damit einhergehenden Vermögensnachteile deutlich überwiegt. Zu den bei der Abwägung zu berücksichtigenden Vermögensnachteilen gehören neben der an den

---

[50] Zutreffend *Sienz* in Ingenstau/Korbion VOB/A § 9 Rn. 24; *Kulartz/Vavra* § 9 Rn. 52.
[51] *Motzke* in Beck'scher VOB-Kommentar VOB/A § 12 Rn. 107 sowie *Dreher/Motzke* § 9 Rn. 321.
[52] *Sienz* in Ingenstau/Korbion VOB/A § 9 Rn. 25; ebenso *Kulartz/Vavra* § 9 Rn. 53.
[53] Vgl. *Bschorr/Zanner* S. 26; *Sienz* in Ingenstau/Korbion VOB/A § 9 Rn. 25.

Auftragnehmer zu zahlenden Beschleunigungsvergütung selbst auch sonstige Aufwendungen des Auftraggebers (zB erhöhte Bauleitungskosten durch das Erfordernis einer intensiveren Bauüberwachung). Einen bewertbaren Vermögensvorteil wird der (öffentliche) Auftraggeber durch eine vorzeitige Bauausführung im Zweifel nur beim **Schlüsselfertigbau** durch die vorzeitige Nutzungsmöglichkeit erlangen, nicht jedoch bei der losweisen Vergabe der einzelnen Leistungsbereiche an verschiedene Fachunternehmer.[54] Insgesamt muss bei vermögensrechtlicher Betrachtung für den öffentlichen Auftraggeber also per saldo ein erheblicher Vorteil trotz der Beschleunigungs- und sonstigen Kosten verbleiben. Ansonsten ist die Vereinbarung einer Beschleunigungsvergütung gemäß § 9a S. 3 VOB/A vergaberechtlich unzulässig.

39 Bei **nicht vermögensrechtlich relevanten Bauleistungen** (dazu → Rn. 26) kommt es darauf an, ob mit der vorzeitigen Ausführung trotz der damit verbundenen Beschleunigungs- und sonstigen Kosten des Auftraggebers erhebliche Vorteile verbleiben, was vom Einzelfall abhängt.

40 Zu beachten ist, dass ein Verstoß des öffentlichen Auftraggebers gegen § 9a S. 3 VOB/A (gleichermaßen wie der Verstoß gegen § 9a S. 1 VOB/A) nur vergaberechtlich von Bedeutung ist, an der zivilrechtlichen Wirksamkeit der vereinbarten Beschleunigungsvergütung aber nichts ändert.[55]

41 **c) Höhe der Beschleunigungsvergütung.** Zur Höhe der vorzusehenden Beschleunigungsvergütung bestimmt § 9a S. 3 VOB/A – anders als § 9a S. 2 VOB/A bei der Vertragsstrafe – nichts. Da die Beschleunigungsvergütung für die Unterschreitung von Vertragsfristen das Spiegelbild der Vertragsstrafe für die Überschreitung von Vertragsfristen darstellt, bietet sich methodisch an, Beschleunigungsvergütung und Vertragsstrafe gleichermaßen zu bemessen, um auch die Chancen und Risiken für beide Parteien transparent und nach gleichem Maßstab zu gestalten. Als Orientierungshilfe mag hierzu Ziffer 2 der Richtlinien zu 214 – Besondere Vertragsbedingungen – im VHB 2008 (Stand August 2014) herangezogen werden, wonach die Vertragsstrafe 0,1 % je Werktag, insgesamt jedoch 5 % der Auftragssumme, nicht überschreiten soll. Entsprechend bietet sich an, die Beschleunigungsvergütung auf 0,1 % je Werktag der Fristunterschreitung, insgesamt jedoch maximal 5 % der Auftragssumme, festzulegen.[56]

42 Neben dieser schematischen Festlegung kann die Vergabestelle die Beschleunigungsvergütung auch unter Berücksichtigung der im Einzelfall zu erwartenden Beschleunigungskosten pro Zeiteinheit (zB pro Werktag der Fristunterschreitung) fixieren. Im Einzelfall kann die Höhe der **Beschleunigungsvergütung** auch dem **Preiswettbewerb** der Bieter unterstellt, also im Vergabeverfahren selbst als Wettbewerbspreis, ermittelt werden. Ein häufiger Fall besteht in der Praxis darin, dass der Bieter eine Abkürzung der vom öffentlichen Auftraggeber vorgegebenen Bauzeit im Rahmen eines **Nebenangebots** anbietet.[57]

43 Abschließend ist zu bemerken, dass eine unangemessen hoch vereinbarte Beschleunigungsvergütung in aller Regel keiner AGB-Kontrolle gemäß §§ 305 ff. BGB unterliegt, da auch bei formularmäßiger Vereinbarung einer Beschleunigungsvergütung typischerweise der Auftraggeber als Verwender der Vertragsklausel im Sinne von § 305 Abs. 1 BGB anzusehen ist, ein Schutz gegen eigene AGBs aber nicht besteht. Auch eine Herabsetzung der im Einzelfall verdienten Beschleunigungsvergütung analog § 343 BGB ist nicht möglich, da § 343 BGB eine Schuldnerschutzvorschrift darstellt, die nur auf Vertragsstrafen und ähnliche Institutionen anwendbar ist,[58] die aber nicht dem Gläubigerschutz dient.

§ 9b Verjährung der Mängelansprüche

¹**Andere Verjährungsfristen als nach § 13 Absatz 4 VOB/B sollen nur vorgesehen werden, wenn dies wegen der Eigenart der Leistung erforderlich ist.** ²**In solchen Fällen sind alle Umstände gegeneinander abzuwägen, insbesondere, wann etwaige Mängel wahrscheinlich erkennbar werden und wieweit die Mängelursachen noch nachgewiesen werden können, aber auch die Wirkung auf die Preise und die Notwendigkeit einer billigen Bemessung der Verjährungsfristen für Mängelansprüche.**

---

[54] Zutreffend *Motzke* in Beck'scher VOB/Kommentar VOB/A § 12 Rn. 106.
[55] *Motzke* in Beck'scher VOB-Kommentar VOB/A § 12 Rn. 109.
[56] Zu einer entsprechenden Festlegung vgl. OLG Köln OLGR 2001, 3.
[57] Beispiel: In den Verdingungsunterlagen ist eine Bauzeit von 8 Monaten vorgesehen. Im Rahmen eines Nebenangebotes erklärt sich der Bieter bereit, bei Abkürzung der Bauzeit auf 6 Monate einen Preisnachlass in Höhe von x % einzuräumen; vgl. dazu auch VK Baden-Württemberg 8.1.2002 – 1 VK 46/01, IBRRS 2004, 3634.
[58] Näher → VOB/B § 11 Rn. 6, 7 und 46.

Schrifttum: *Beigel,* 2 Jahre Gewährleistungsfrist nach § 13 Nr. 4 VOB/B, § 13 Nr. 2 VOB/A und 5 Jahre Gewährleistungsfrist nach § 638 Abs. 1 BGB, BauR 1988, 142; *Danker/John,* Dauer der Gewährleistung für Fahrbahnmarkierungen, BauR 2001, 718; *Kraus,* Die VOB/B – ein nachbesserungsbedürftiges Werk, BauR 1997, Beilage zu Heft 4.

Übersicht

	Rn.
I. Allgemeines	1
1. Verhältnis des § 9b VOB/A zu § 13 VOB/B	2
2. Umkehrung von Regel und Ausnahme	4
II. Voraussetzungen der Vereinbarung anderer Verjährungsfristen	6
1. Ausnahme auf Grund Eigenart der Leistung	7
a) Eigenart der Leistung	8
b) Andere Verjährungsfristen erforderlich	11
c) Sonderfall § 13 Abs. 5 Nr. 1 S. 3 VOB/B	12
2. Abwägung aller Umstände	13
a) Zeitpunkt der Erkennbarkeit der Mängel	14
b) Nachweisbarkeit der Mängelursachen	15
c) Wirkung auf die Preise	16
d) Neuartige Baustoffe und Baukonstruktionen	17
e) Billige Bemessung der Fristen	18
3. Standort anderer Verjährungsfristen	19
III. Rechtsschutz bei Verstößen gegen § 9b VOB/A	20

I. Allgemeines

1 § 9b VOB/A 2016 entspricht dem bisherigen § 9 Abs. 6 VOB/A 2009. Der Anregung des Deutschen Anwaltsvereins, diesen Absatz zu streichen, weil nicht nachzuvollziehen sei, warum es dem öffentlichen Auftraggeber vergaberechtlich verwehrt sein solle, von der VOB/B abweichende Verjährungsfristen zu vereinbaren,[1] ist der Deutsche Vergabe- und Vertragsausschuss (DVA) schon in der VOB/A 2009 nicht gefolgt. Dabei ist es auch in § 9b VOB/A 2016 geblieben.

2 **1. Verhältnis des § 9b VOB/A zu § 13 VOB/B.** Wie § 13 VOB/B betrifft § 9b VOB/A die Mängelansprüche des Auftraggebers. Allerdings verdeutlicht schon die Überschrift, dass dieser sich **nur** mit deren **Verjährung** befasst. § 9b VOB/A enthält also lediglich für einen kleinen Bereich der in § 13 VOB/B umfassend geregelten Mängelhaftung Empfehlungen zur Gestaltung der Vergabeunterlagen. Denn wie § 9b VOB/A gleich einleitend ausdrücklich hervorhebt, bestimmt er ausschließlich, wann „andere Verjährungsfristen als nach § 13 Abs. 4 VOB/B" vorgesehen werden sollen. Er knüpft mithin an die Öffnungsklausel des § 13 Abs. 4 VOB/B an und stellt Regeln für die Bemessung einer von der Regelverjährungsfrist abweichend vereinbarten Verjährungsfrist auf.[2]

3 Trotz dieses engen Regelungsinhalts des § 9b VOB/A sind vielgestaltige **andere Änderungen** der Mängelhaftung des § 13 VOB/B rechtlich möglich[3] und in der Bauvertragspraxis weitgehend üblich. § 13 VOB/B sieht selbst an drei Stellen solche abweichenden Regelungen vor,[4] nämlich in Abs. 4 Nr. 1 für die Verjährungsfristen der Mängelansprüche,[5] in Abs. 5 Nr. 1 Satz 3 für die Verjährung von Ansprüchen aufgrund von Mängelbeseitigungsleistungen[6] und in Abs. 7 Nr. 5 für den Umfang der Schadenersatzpflicht.[7] Allerdings bestehen insoweit deutliche Einschränkungen, wenn Auftraggeber die an die Vergabevorschriften gebundene öffentliche Hand ist. Denn der öffentliche Auftraggeber stellt zwar die Vergabeunterlagen selbst auf, er hat in diesen aber vorzuschreiben, dass unter anderem die VOB/B Vertragsbestandteil wird (§ 8a Abs. 1 VOB/A), und die Allgemeinen Vertragsbedingungen der VOB/B „bleiben grundsätzlich unverändert" (§ 8a Abs. 2 Nr. 1 VOB/A). Dem entsprechend schließt § 9b VOB/A auch aus, in den

---
[1] Nr. 3 der Stellungnahme Nr. 68/08 des DAV vom 6.11.2008, NZBau aktuell Heft 12/2008, S. VII/VIII.
[2] *Motzke* in Dreher/Motzke Beck'scher Vergaberechtskommentar, 2. Aufl. 2013, VOB/A § 9 Rn. 5, 324.
[3] *Daub/Piel/Soergel* ErlZ A 13.2.
[4] *Daub/Piel/Soergel* ErlZ A 13.9.
[5] Vgl. dazu → VOB/B § 13 Rn. 123.
[6] Vgl. dazu → VOB/B § 13 Rn. 248.
[7] Vgl. dazu → VOB/B § 13 Rn. 454–456.

Ausschreibungsunterlagen unselbständige oder sogar selbständige Garantieversprechen[8] zu verlangen.[9] Zudem scheitert bei Vergaben durch die öffentliche Hand eine Einbeziehung abweichender Allgemeiner Geschäftsbedingungen des Auftragnehmers[10] an §§ 13 Abs. 1 Nr. 5 S. 1, 16 Abs. 1 Nr. 1 lit. b VOB/A.[11]

2. Umkehrung von Regel und Ausnahme. Obwohl § 13 VOB/B in Abs. 5 Nr. 1 S. 2 und 3 die Verjährungsfristen seines Abs. 4 als **Regelfristen** bezeichnet, gelten diese Fristen nach § 13 Abs. 4 Nr. 1 VOB/B nur, wenn „für Mängelansprüche keine Verjährungsfrist im Vertrag vereinbart" ist. Infolge dieser ausdrücklichen Einschränkung hat § 13 Abs. 4 VOB/B lediglich subsidiäre Bedeutung.[12] Er enthält eine Auffangregelung für den Fall, dass die Vertragspartner für die Mängelhaftung keine andere Verjährungsfrist ausbedungen haben.[13] In der Praxis ist die Vereinbarung der fünfjährigen Frist des § 634a Abs. 1 Nr. 2 BGB anstelle der früheren zweijährigen, jetzt vierjährigen Frist des § 13 Abs. 4 Nr. 1 VOB/B für Bauwerke seit Langem auch bei öffentlichen Bauaufträgen[14] so weit verbreitet, dass die Regelfrist zur Ausnahme geworden ist, mag das auch der Intention der VOB/B nicht entsprechen.[15]

§ 9b VOB/A **kehrt** für die den Vergabevorschriften unterworfenen öffentlichen Auftraggeber dieses **Verhältnis** von Regel und Ausnahme wieder **um**.[16] Indem § 9b VOB/A bestimmt, dass Abweichungen von den Verjährungsfristen des § 13 Abs. 4 VOB/B nur vorgesehen werden sollen, wenn dies nach Abwägung aller Umstände wegen der Eigenart der Leistung erforderlich ist, macht er die Fristen des § 13 Abs. 4 VOB/B im Rahmen der Vergabe durch die öffentliche Hand zu wirklichen Regelfristen.[17] Denn § 9b VOB/A schränkt die Entscheidungsfreiheit der öffentlichen Auftraggeber bei der Gestaltung der Vergabeunterlagen zugunsten der Priorität der Verjährungsvorschriften des § 13 Abs. 4 VOB/B ein.[18] § 9b VOB/A knüpft hiermit folgerichtig an die Grundregel des § 8a Abs. 2 Nr. 1 VOB/A an, dass die Allgemeinen Vertragsbedingungen – also die VOB/B – grundsätzlich unverändert bleiben. Zugleich stimmt er mit der Richtlinie des § 8a Abs. 2 Nr. 2 S. 2 VOB/A überein. Danach sollen sich nämlich Abweichungen von der VOB/B „auf die Fälle beschränken, in denen dort besondere Vereinbarungen ausdrücklich vorgesehen sind und auch nur, soweit es die Eigenart der Leistung und ihre Ausführung erfordern." Dem entsprechend wird die durch § 13 Abs. 4 Nr. 1 VOB/B ermöglichte Vereinbarung anderer Verjährungsfristen öffentlichen Auftraggebern zwar nicht verwehrt, aber an die engen Voraussetzungen des § 9b VOB/A gebunden,[19] und bedarf einer entsprechenden Begründung.[20] Von ihr sollte darum nicht zuletzt angesichts der durch die VOB 2002 verlängerten Verjährungsfristen auch nur in besonderen Fällen Gebrauch gemacht werden.[21]

II. Voraussetzungen der Vereinbarung anderer Verjährungsfristen

Da nach § 8a Abs. 1 S. 1 VOB/A in den Vergabeunterlagen vorzuschreiben ist, dass unter anderem die VOB/B Vertragsbestandteil wird, ist so grundsätzlich auch § 13 Abs. 4 VOB/B in den Vertrag einbezogen. Entsprechend § 8a Abs. 2 Nr. 2 S. 2 VOB/A regelt § 9b S. 1 VOB/A, unter welchen **Voraussetzungen** ausnahmsweise andere Verjährungsfristen vorzusehen sind (1.), während § 9b S. 2 VOB/A die Umstände benennt, welche dabei „insbesondere" gegeneinander

---

[8] Vgl. dazu → VOB/B Rn. 39/40.
[9] *Motzke* in Dreher/Motzke Beck'scher Vergaberechtskommentar, VOB/A § 9 Rn. 359.
[10] Inwieweit deren Klauseln der Inhaltskontrolle standhalten, erörtern ausführlich: Beck'scher VOB-Kommentar/*Motzke* VOB/A § 13 Rn. 50–73; Heiermann/Bauer in Heiermann/Riedl/Rusam VOB/A § 9 Rn. 60–69.
[11] Vgl. dazu näher *Motzke* in Beck'scher VOB-Kommentar VOB/A § 13 Rn. 48/49.
[12] BGH NJW-RR 1987, 851 = BauR 1987, 445.
[13] BGH NJW-RR 1991, 980 = BauR 1991, 458.
[14] Ingenstau/Korbion/*Sienz* VOB/A § 9 Rn. 66.
[15] Vgl. dazu → VOB/B § 13 Rn. 123.
[16] Ähnlich *Kuß* VOB/A § 13 Rn. 4: Die „Generalklausel" des § 13 Abs. 4 Nr. 1 S. 1 VOB/B „wird auf Ausnahmen beschränkt".
[17] *Motzke* in Beck'scher VOB-Kommentar VOB/A § 13 Rn. 7.
[18] *Motzke* in Beck'scher VOB-Kommentar VOB/A § 13 Rn. 3; *Motzke* in Beck'scher Vergaberechtskommentar, VOB/A § 9 Rn. 328.
[19] *Motzke* in Beck'scher VOB-Kommentar VOB/A § 13 Rn. 4.
[20] *Motzke* in Beck'scher Vergaberechtskommentar VOB/A § 9 Rn. 329.
[21] *Heiermann/Bauer* in Heiermann/Riedl/Rusam VOB/A § 9 Rn. 52.

abzuwägen sind (2.). **Wo** solche Abweichungen von den Verjährungsfristen des § 13 Abs. 4 VOB/B geregelt werden müssen, bestimmt § 8a Abs. 4 Nr. 2 VOB/A (3.).

7 **1. Ausnahme auf Grund Eigenart der Leistung.** Andere Verjährungsfristen als nach § 13 Abs. 4 VOB/B sollen **nur** vorgesehen werden, wenn dies wegen der Eigenart der Leistung **erforderlich** ist. Schon mit dieser Formulierung unterstreicht § 9b S. 1 VOB/A in zweifacher Weise deutlich den Ausnahmecharakter einer Abänderung der Verjährungsfristen. Der folgt zudem aus der alleinigen Anknüpfung an die Eigenart der Leistung.

8 **a) Eigenart der Leistung.** Indem § 9b S. 1 VOB/A voraussetzt, dass andere Verjährungsfristen wegen der Eigenart der Leistung[22] erforderlich sind, stellt er auf ein **objektives Kriterium** ab.[23] Maßgebend sind die Art und Weise sowie die Beschaffenheit der im Einzelfall zu vergebenden Bauleistung.[24] Auf subjektive Interessen des Auftraggebers kommt es nicht an, etwa auf seinen Wunsch, bei allen Vergaben für ein Bauvorhaben unabhängig von dem jeweiligen Gewerk eine Verlängerung der fünfjährigen gesetzliche Frist des § 634a Abs. 1 Nr. 2 BGB vorzusehen, um gleiche Verjährungsfristen für Mängelansprüche gegen alle Bauunternehmer und die Architekten zu erreichen.[25] Derartige Erwägungen sind im Rahmen des § 9b VOB/A sachfremde Kriterien.[26]

9 Wenn somit auch die Eigenart der zu vergebenden konkreten Einzelleistung entscheidend ist, können doch gewisse Bauleistungen **typischer** Weise **gleiche** Eigenarten besitzen[27] und deshalb kann „typologischer Abweichungsbedarf"[28] bestehen. Dem entsprechend geht § 8a Abs. 4 Nr. 2 VOB/A davon aus, dass für bestimmte Bauleistungen gleichgelagerte Voraussetzungen im Sinne des § 9b VOB/A gegeben sind.

10 Als **Beispiele** einer für die Länge der Verjährungsfrist bedeutsamen Eigenart der Leistung kommen vor allem in Betracht:
– Die einzusetzenden Baustoffe und -teile sowie die anzuwendenden Bauverfahren,[29] insbesondere wenn diese neuartig sind und über auftretende Mängel noch keine Erfahrungen vorliegen;[30]
– die vorgesehene Nutzung des Bauwerks, speziell bei über das normale Maß hinausgehenden Beanspruchungen oder einer erst späteren Inbetriebnahme;[31]
– die besondere Verschleiß- oder Abnutzungsanfälligkeit, etwa bei Fahrbahnmarkierungen auf Straßen.[32]

11 **b) Andere Verjährungsfristen erforderlich.** Die Eigenart der Leistung muss nach § 9b S. 1 VOB/A andere Verjährungsfristen erforderlich machen. Die Richtung dieser Änderung wird nicht genannt und damit nicht eingeschränkt. Folglich kann je nach den Umständen der zu vergebenden Leistung sowohl eine Verkürzung als auch eine Verlängerung der Fristen des § 13 Abs. 4 VOB/B geboten sein. Allerdings sind in der Praxis Verlängerungen weit häufiger. Auf welche Umstände es im einzelnen ankommt, regelt § 9b S. 2 VOB/A,[33] ohne dass die dortige

---

[22] Zur „Eigenart der Leistung" eingehend *Motzke* in Beck'scher Vergaberechtskommentar, VOB/A § 9 Rn. 408–419.
[23] *Daub/Piel/Soergel* ErlZ A 13.28; *Sienz* in Ingenstau/Korbion VOB/A § 9 Rn. 67.
[24] Ingenstau/Korbion/*Sienz* VOB/A § 9 Rn. 67; *Franke/Klein* in FKZGM VOB/A § 9 Rn. 33.
[25] *Daub/Piel/Soergel* ErlZ A 13.28/13.29, 13.15, 13.35/13.36; *Sienz* in Ingenstau/Korbion VOB/A § 9 Rn. 67.
[26] Vgl. dazu näher *Daub/Piel/Soergel* ErlZ A 13.32-13.36.
[27] *Motzke* in Beck'scher VOB-Kommentar VOB/A § 13 Rn. 75, 94, 95.
[28] *Motzke* in Dreher/Motzke Beck'scher Vergaberechtskommentar, VOB/A § 9 Rn. 399–401.
[29] *Sienz* in Ingenstau/Korbion VOB/A § 9 Rn. 68/69; *Motzke* in Beck'scher VOB-Kommentar VOB/A § 13 Rn. 102; *Daub/Piel/Soergel* ErlZ A 13.31. Vgl. auch *Weyand* ibr-online-Kommentar Vergaberecht, Stand 16.6.2014, VOB/A § 9 Rn. 50–52, für Flachdacharbeiten im Anschluss an BGHZ 132, 383 = NJW 1996, 2155 = BauR 1996, 707; dazu näher → VOB/B § 13 Rn. 127/128.
[30] So ausdrücklich Vergabe- und Vertragshandbuch für die Baumaßnahmen des Bundes – VHB-Bund – Ausgabe 2008 Stand April 2016, Richtlinien zu 214, Besondere Vertragsbedingungen, 6.2, 4. Spiegelstrich: „– bei Verwendung neuartiger Baustoffe und Baukonstruktionen, weil über das Auftreten von Mängeln noch keine Erfahrungen vorliegen."
Ähnlich *Kuß* VOB/A § 13 Rn. 5/6.
[31] *Sienz* in Ingenstau/Korbion VOB/A § 9 Rn. 70.
[32] *Danker/John* BauR 2001, 718 ff.
[33] Vgl. dazu → Rn. 13–18.

Aufzählung angesichts ihrer Einleitung – „insbesondere" – abschließend ist,[34] zumal ausdrücklich angeordnet wird, dass „alle Umstände" gegeneinander abzuwägen sind.

c) Sonderfall § 13 Abs. 5 Nr. 1 S. 3 VOB/B. § 9b VOB/A spricht die in § 13 Abs. 5 **12** Nr. 1 S. 3 VOB/B geregelte Verjährungsfrist für **Mängelbeseitigungsleistungen** nicht unmittelbar an. Die VOB/B erwähnt dort jedoch unter anderem den Abs. 4, auf den sich § 9b VOB/A ausdrücklich bezieht. Falls dessen Voraussetzungen vorliegen, kann deshalb auch insoweit eine Änderung der Verjährungsfrist geboten sein.[35] Insoweit ist zu beachten, dass dies ausdrücklich speziell für die Mängelbeseitigungsleistung geschehen muss.[36]

2. Abwägung aller Umstände. Ob andere Verjährungsfristen als die Regelfristen des § 13 **13** Abs. 4 VOB/B erforderlich sind, ist nach § 9b S. 2 VOB/A unter Abwägung **aller** Umstände zu entscheiden. Zugleich zählt § 9b S. 2 VOB/A einige **besondere** Umstände auf, welche wegen ihres Gewichts stets zu berücksichtigen sind. Auf diese ist deshalb anschließend näher einzugehen.

a) Zeitpunkt der Erkennbarkeit der Mängel. Es liegt auf der Hand, dass die Verjährungs- **14** fristen danach bemessen werden müssen, **wann** etwaige Mängel wahrscheinlich **erkennbar** werden. Dem entsprechend heißt es im Vergabe- und Vertragshandbuch für die Baumaßnahmen des Bundes – **VHB-Bund**[37] –:
„Sollen ausnahmsweise von der Regelfrist nach § 13 Abs. 4 Nr. 1 VOB/B abweichende Verjährungsfristen vereinbart werden, ist die Regelung nach WBVB T$_2$ 28 aufzunehmen. Folgende Umstände können als Anhalt für die Bemessung der Fristen dienen:
– die Frist, innerhalb der bei Bauleistungen der betreffenden Art Mängelansprüche üblicherweise noch erkennbar werden;
– …"

Diese Prognose richtet sich nach den in der Baupraxis gewonnenen Erfahrungen.[38] Danach ist vor allem
– für Rohbauarbeiten an Gebäuden und Bauleistungen im konstruktiven Bereich,[39]
– für Flachdacharbeiten[40]
– sowie beim Einsatz neuartiger Baustoffe und -verfahren[41]

eine **Verlängerung** der Regelfrist geboten.[42] Eine solche kommt zum Beispiel auch für Straßenbauarbeiten und Betonsanierungen in Betracht.[43]

Eine weitere **Verkürzung** der ohnehin knapp bemessenen Regelfristen wird dem gegenüber eher selten im Sinne des § 9b S. 1 VOB/A erforderlich sein.

b) Nachweisbarkeit der Mängelursachen. Ein wesentlicher Maßstab für die Länge der **15** Verjährungsfrist ist zudem, **wieweit** die Mängelursachen **noch nachgewiesen** werden können. Im **VHB**[44] wird das zutreffend als der Zeitpunkt umschrieben, „bis zu dem einwandfrei festgestellt werden kann, ob aufgetretene Mängel auf vertragswidrige Leistung oder auf andere Ursachen, zB üblicher Verschleiß oder Abnutzung durch vertragsgemäßen Gebrauch zurückzuführen sind." Da nach der Abnahme in aller Regel der Auftraggeber den Mangel beweisen muss,[45] ist ihm mit allzu langen Verjährungsfristen nicht gedient.[46] Er bringt sich vielmehr selbst in Schwierigkeiten,[47] sobald die Abgrenzung gegenüber normaler Alterung, unzureichender Wartung und Verschleiß nicht mehr sicher möglich ist.

---

[34] *Sienz* in Ingenstau/Korbion VOB/A § 9 Rn. 72; *Heiermann/Bauer* in Heiermann/Riedl/Rusam VOB/A § 9 Rn. 52.
[35] *Sienz* in Ingenstau/Korbion VOB/A § 9 Rn. 64; *Daub/Piel/Soergel* ErlZ A 13.51, 13.57/13.58.
[36] OLG Düsseldorf NJW-RR 1998, 1028 = BauR 1998, 549.
[37] Ausgabe 2008 Stand April 2016, Richtlinie zu 214, Besondere Vertragsbedingungen, 6.2.
[38] Ähnlich *Sienz* in Ingenstau/Korbion VOB/A § 9 Rn. 73.
[39] *Heiermann/Bauer* in Heiermann/Riedl/Rusam VOB/A § 9 Rn. 54.
[40] *Motzke* in Beck'scher VOB-Kommentar VOB/A § 13 Rn. 88.
[41] Vgl. → Rn. 17.
[42] Allgemein dazu *Beigel* BauR 1988, 142 ff.; *Kraus* BauR 1997, Beilage zu Heft 4, S. 8–12.
[43] Vgl. dazu die bei *Motzke* in Beck'scher VOB-Kommentar VOB/A § 13 Rn. 95 angeführten ZTV.
[44] Ausgabe 2008 Stand April 2016, Richtlinie zu 214, 6.2, 2. Spiegelstrich.
[45] Vgl. → VOB/B § 13 Rn. 57–59, 339.
[46] *Motzke* in Beck'scher VOB-Kommentar VOB/A § 13 Rn. 93.
[47] *Sienz* in Ingenstau/Korbion VOB/A § 9 Rn. 74; ähnlich *Daub/Piel/Soergel* ErlZ A 13.23/13.24.

16 **c) Wirkung auf die Preise.** Die Länge der Verjährungsfrist wirkt sich des weiteren auf die Kalkulation der Preise aus, weil das Wagnis entsprechend zu bewerten[48] und auch die Dauer der Sicherheitsleistung zu bedenken[49] ist. Daher ist, wie im **VHB-Bund**[50] zutreffend umschrieben, abzuwägen, „ob Preiserhöhungen oder -minderungen durch Berücksichtigung des erhöhten oder geminderten Mängelansprüche-Risikos in einem angemessenen Verhältnis zu dem erzielbaren Vorteil stehen."

17 **d) Neuartige Baustoffe und Baukonstruktionen.** Schließlich weist das VHB-Bund im letzten Spiegelstrich der Richtlinie zu 214, Besondere Vertragsbedingungen, 6.2 darauf hin, dass bei Verwendung neuartiger Baustoffe und Baukonstruktionen, bei denen über das Auftreten von Mängeln noch keine Erfahrungen vorliegen, ebenfalls von der Regelfrist des § 13 Abs. 4 Nr. 1 VOB/B abweichende Verjährungsfristen vereinbart werden können. Praxisrelevanter dürfte der Fall sein, dass über das Auftreten von Mängeln bei neuen Baustoffen und Baukonstruktionen noch *keine ausreichenden* Erfahrungen vorliegen, die eine sichere Beurteilung erlauben, ob es bei der Regelfrist des § 13 Abs. 4 Nr. 1 VOB/B verbleiben soll.

18 **e) Billige Bemessung der Fristen.** Als letzten besonderen Umstand nennt § 9b S. 2 VOB/A „die Notwendigkeit einer billigen Bemessung der Verjährungsfristen für Mängelansprüche." Die kurzen Fristen des § 13 Abs. 4 VOB/B wurden unter anderem damit begründet, dass Mängelansprüche des Auftragnehmers gegen Lieferanten von Baumaterialien in 6 Monaten verjähren.[51] Das war nach § 477 Abs. 1 BGB aF der Fall, hat sich aber seit dem 1.1.2002 durch § 438 Abs. 1 Nr. 2 lit. b BGB grundlegend geändert. Mängelansprüche gegen Baustofflieferanten verjähren unter den dort genannten Voraussetzungen jetzt erst nach 5 Jahren. Dies war ein Argument für die nunmehr erfolgte **Verlängerung** der **Regelfristen** des § 13 Abs. 4 VOB/B.[52] Angesichts dieser verlängerten Regelfristen sollte der enge Rahmen, den § 9b VOB/A für Änderungen der Verjährungsfrist vorsieht, erst recht strikt beachtet werden.[53] Zu Recht wird dem Kriterium einer billigen Bemessung der Verjährungsfristen nur noch untergeordnete Bedeutung eingeräumt.[54]

19 **3. Standort anderer Verjährungsfristen.** Nach § 8a Abs. 4 Nr. 2 VOB/A sind die im Einzelfall gemäß § 9b VOB/A erforderlichen Vereinbarungen in **den Besonderen Vertragsbedingungen** zu treffen. Da § 9b VOB/A auf den Einzelfall abstellt,[55] entspricht dies dem in § 8a Abs. 2 Nr. 2 S. 1 VOB/A umschriebenen Zweck Besonderer Vertragsbedingungen. Wenn für bestimmte Bauleistungen gleichgelagerte Voraussetzungen im Sinne von § 9b VOB/A gegeben sind, wenn sie also typischer Weise gleiche Eigenarten besitzen,[56] dürfen die abweichenden Verjährungsfristen auch in **Zusätzlichen Technischen** Vertragsbedingungen vorgesehen werden (§ 8a Abs. 4 Nr. 2 S. 2 VOB/A). Das stimmt ebenfalls mit deren Zweck (§ 8a Abs. 3 VOB/A) überein. Beispiele für letztere sind die in den ZTV-ING Teil 3 Massivbau für Anti-Graffiti-Systeme, in den ZTV-ING Teil 7 Brückenbeläge für Dünnbeläge und in den ZTV Asphalt – StB 94 für Fahrbahndecken geregelten Verjährungsfristen.[57]

III. Rechtsschutz bei Verstößen gegen § 9b VOB/A

20 Ob § 9b VOB/A eine **Verfahrensvorschrift** im Sinne des § 97 Abs. 6 GWB ist und dem Bieter oberhalb der Schwellenwerte bei einer vergaberechtswidrigen Verlängerung der Verjährungsfrist deshalb **Rechtsschutz nach § 107 Abs. 2 GWB aF, jetzt § 160 Abs. 2 GWB,** offen steht, war streitig,[58] ist aber zu bejahen.[59] Denn nach der hier vertretenen Auffassung sind

---

[48] *Sienz* in Ingenstau/Korbion VOB/A § 9 Rn. 75.
[49] *Motzke* in Beck'scher VOB-Kommentar VOB/A § 13 Rn. 105.
[50] Ausgabe 2008 Stand April 2016, Richtlinien zu 214, 6.2, 3. Spiegelstrich; ähnlich *Kuß* VOB/A § 13 Rn. 7.
[51] *Daub/Piel/Soergel* ErlZ A 13.19.
[52] Vgl. dazu → VOB/B § 13 Rn. 132.
[53] Ähnlich *Heiermann/Bauer* in Heiermann/Riedl/Rusam VOB/A § 9 Rn. 52.
[54] *Sienz* in Ingenstau/Korbion VOB/A § 9 Rn. 76.
[55] Vgl. → Rn. 8.
[56] Vgl. → Rn. 9.
[57] Näher dazu *Motzke* in Beck'scher Vergaberechtskommentar, VOB/A § 9 Rn. 326.
[58] Dafür: *Heiermann/Bauer* in Heiermann/Riedl/Rusam VOB/A § 9 Rn. 57; dagegen: *Motzke* in Beck'scher VOB-Kommentar VOB/A § 13 Rn. 5, 10–17.
[59] So jetzt auch *Motzke* in Beck'scher Vergaberechtskommentar, VOB/A § 9 Rn. 339/340.

alle Vergabevorschriften – außer Ordnungsvorschriften – bieterschützend.[60] Unterhalb der Schwellenwerte werden Verstöße gegen § 9 Abs. 6 VOB/A letztlich ohne Auswirkungen auf die im konkreten Vertrag vorgesehenen Verjährungsfristen sein.[61]

Falls abweichende Verjährungsfristen in Zusätzlichen Technischen Vertragsbedingungen vorgesehen sind, unterliegen sie der **Inhaltskontrolle**[62] nach §§ 305 ff. BGB. In AGB geregelte Verjährungsfristen sind für Fachunternehmen aber keine überraschenden Klauseln im Sinne des § 305c Abs. 1 BGB.[63]

Besitzt der öffentliche Auftraggeber eine **marktbeherrschende** Stellung und nutzt er diese **missbräuchlich** aus, indem er in den Vergabeunterlagen unangemessene Verjährungsfristen vorsieht, so kann ein Bieter im Wege der einstweiligen Verfügung die Unterlassung dieser wettbewerbswidrigen Ausschreibung verlangen (§§ 19, 33 GWB).[64]

§ 9c Sicherheitsleistung

(1) Auf Sicherheitsleistung soll ganz oder teilweise verzichtet werden, wenn Mängel der Leistung voraussichtlich nicht eintreten. Unterschreitet die Auftragssumme 250 000 EUR ohne Umsatzsteuer, ist auf Sicherheitsleistung für die Vertragserfüllung und in der Regel auf Sicherheitsleistung für die Mängelansprüche zu verzichten. Bei Beschränkter Ausschreibung sowie bei Freihändiger Vergabe sollen Sicherheitsleistungen in der Regel nicht verlangt werden.

(2) Die Sicherheit soll nicht höher bemessen und ihre Rückgabe nicht für einen späteren Zeitpunkt vorgesehen werden, als nötig ist, um den Auftraggeber vor Schaden zu bewahren. Die Sicherheit für die Erfüllung sämtlicher Verpflichtungen aus dem Vertrag soll 5 Prozent der Auftragssumme nicht überschreiten. Die Sicherheit für Mängelansprüche soll 3 Prozent der Abrechnungssumme nicht überschreiten.

Schrifttum: Vgl. die Literaturhinweise bei § 17 VOB/B.

Übersicht

	Rn.
I. Überblick	1
II. Verzicht auf Sicherheitsleistungen (§ 9 Abs. 7 S. 1 und 2 VOB/A)	2
III. Sicherheit bei Beschränkter Ausschreibung und Freihändiger Vergabe (§ 9c Abs. 1 Satz 3 VOB/A)	5
IV. Höhe und Rückgabe der Sicherheit (§ 9 Abs. 8 VOB/A)	6
V. Regelungen im VHB	8

I. Überblick

Sicherheitsleistung ist ein Mittel zur Abwendung der Gefahr zukünftiger Rechtsverletzungen und sonstiger Nachteile für den Gläubiger[1]. In § 9c VOB/A sind **lediglich Vorgaben für den öffentlichen Auftraggeber** enthalten, wann auf Sicherheitsleistung verzichtet werden soll und in welcher Höhe geforderte Sicherheiten angemessen sind. Regelungen über die zulässigen Arten von Sicherheitsleistungen und deren Vereinbarungen sind in § 17 VOB/B enthalten[2]. Allein durch die Einbeziehung der VOB/B – oder der isolierten Vereinbarung von § 17 VOB/B[3] – wird die Pflicht zur Stellung einer Sicherheitsleistung nicht vereinbart. Es gibt ebenso kein

---

[60] Vgl. dazu näher → VOB/A § 4 Rn. 29. Speziell zu § 9 Abs. 6 VOB/A: *Motzke* in *Dreher/Motzke* Beck'scher Vergaberechtskommentar, VOB/A § 9 Rn. 341.
[61] Im Einzelnen dazu *Motzke* in *Dreher/Motzke* Beck'scher Vergaberechtskommentar, VOB/A § 9 Rn. 330–338.
[62] Vgl. dazu → VOB/B § 13 Rn. 126–128 und 226.
[63] BGH NJW-RR 1987, 851 = BauR 1987, 445.
[64] OLG Dresden BauR 2001, 816; zum Rechtsschutz unterhalb der Schwellenwerte vgl. im Einzelnen → VOB/A Einleitung Rn. 31–35.
[1] NWJS VOB/B § 17 Rn. 1; vgl. Kommentierung zu § 17 VOB/B I.
[2] Vgl. Kommentierung dort.
[3] Vgl. hierzu Kommentierung zu § 17 VOB/B I 2. mwN in Fn. 7.

Gewohnheitsrecht oder Handelsbrauch, aus dem der Auftraggeber bei einem Bauvertrag Anspruch auf Sicherheitsleistung herleiten könnte[4].

II. Verzicht auf Sicherheitsleistungen (§ 9 Abs. 7 S. 1 und 2 VOB/A)

2 § 9c VOB/A geht davon aus, dass im Regelfall bei einem Bauvertrag Sicherheitsleistung vereinbart werden soll. Nachdem in § 14 VOB/A (aF) nur unter bestimmten Voraussetzungen im Ausnahmefall auf die Stellung einer Sicherheitsleistung verzichtet werden „sollte", wird durch die Neufassung in § 9c Abs. 1 Satz 2 VOB/A klargestellt, dass bei kleineren Bauaufträgen **zwingend** auf Sicherheitsleistung für die Vertragserfüllung zu verzichten ist und (auch schärfer als die ursprüngliche Fassung von § 14 VOB/A aF) auf Sicherheitsleistung für die Mängelansprüche „in der Regel zu verzichten ist". Damit hat der Auftragnehmer von kleineren Bauleistungen nunmehr hinsichtlich der Vertragserfüllungssicherheit einen **Anspruch auf Verzicht**[5].

3 Nach § 9c Abs. 1 Satz 1 VOB/A soll auf Sicherheitsleistung ganz oder teilweise verzichtet werden, wenn Mängel der Leistung voraussichtlich nicht eintreten. Da es ausgeschlossen ist, dass Mangelfreiheit bereits vor Erbringung der Bauleistungen effektiv feststeht, kann es sich nur um eine vernünftige Einschätzung nach allgemeinen Erfahrungssätzen zum Zeitpunkt der Ausschreibung handeln. Eine solche Einschätzung wird zu diesem Zeitpunkt nicht möglich sein. Auch einfache Bauleistungen werden in der Praxis oft nicht mangelfrei erbracht. § 9c Abs. 1 Satz 1 VOB/A regelt damit einen theoretischen Fall. Diese Möglichkeit des Verzichts auf Sicherheitsleistung hat keine praktische Relevanz[6].

4 Durch § 9c Abs. 1 Satz 2 wird für kleine Bauaufträge verbindliche Klarheit hergestellt. In der ursprünglichen Fassung von § 14 Nr. 1 S. 1 Alt. 2 VOB/A (aF) war vorgesehen, dass auf Sicherheitsleistung ganz oder teilweise verzichtet werden soll, wenn der Auftragnehmer hinreichend bekannt ist und genügend Gewähr für die vertragsgemäße Leistung und die Beseitigung etwa auftretender Mängel bietet. Eine derartige Einschätzung war zuverlässig nicht möglich. Die Regelung dieser zweiten Alternative hatte daher nur theoretische Bedeutung. Ein Verzicht auf Sicherheitsleistung konnte vernünftigerweise im Rahmen der Ausschreibung nicht zu berücksichtigen sein, weil bei öffentlicher Ausschreibung zu diesem Zeitpunkt noch nicht feststand, welche Bieter sich an der Ausschreibung beteiligen werden und es sich bei der ursprünglichen zweiten Alternative ausschließlich um persönliche Gründe für eine Verzichtsentscheidung hinsichtlich der Sicherheitsleistung handelte. Der ausschreibende öffentliche Auftraggeber hatte damit zu diesem Zeitpunkt keine Grundlage für seine Entscheidung über einen Verzicht auf die Stellung einer Sicherheitsleistung. Die Änderung in § 9c Abs. 1 Satz 2 VOB/A berücksichtigt nunmehr für kleinere Bauaufträge bis zu einer Auftragssumme von 250.000 EUR netto diese Erwägungen[7]. Bereits im Rahmen der Ausschreibung kleinerer Bauaufträge ist **zwingend** auf Sicherheitsleistung für die Vertragserfüllung vom Auftraggeber zu verzichten. Auf Sicherheitsleistung für die Mängelansprüche ist „in der Regel" zu verzichten. Unter Berücksichtigung der Regel-Höhenvorgabe hinsichtlich der geringfügigen Sicherheitsleistung für die Mängelansprüche in § 9c Abs. 2 Satz 3 VOB/A (3 % der Abrechnungssumme) sollte diese „zwingende Regel" („ist zu verzichten") dazu führen, dass nur bei typischerweise sehr mängelanfälligen Gewerken eine Sicherheitsleistung für die Mängelansprüche verlangt wird. Erhebliche wirtschaftliche Bedeutung hat eine derartige Sicherheitsleistung bei kleineren Bauaufträgen für den Auftraggeber ohnehin nicht.

III. Sicherheit bei Beschränkter Ausschreibung und Freihändiger Vergabe (§ 9c Abs. 1 Satz 3 VOB/A)

5 Für den Bereich der Beschränkten Ausschreibung und der Freihändigen Vergabe wird das Regel-Ausnahme-Schema von Satz 1 umgedreht. § 9c Abs. 1 Satz 2 und 3 VOB/A beruht auf der wirtschaftspolitischen Überlegung, Auftragnehmer von liquiditätsbeeinträchtigenden Sicherheitsleistungen zu entlasten[8]. Der öffentliche Auftraggeber muss sich damit bereits bei der

---

[4] *Leinemann/Leinemann/Brauns* VOB/B § 17 Rn. 15 mwN; *Moufang/Rudolph* in Beck'scher VOB-Kommentar VOB/B vor § 17 Rn. 30 mwN; *Heiermann/Riedl/Rusam* VOB/A § 14 Rn. 4 mwN.
[5] *Joussen* in Ingenstau/Korbion VOB/A § 9c Rn. 12.
[6] FKZGM VOB/A § 14 aF Rn. 5 mwN.
[7] Vgl. zur ursprünglichen Fassung die 3. Auflage in VOB/A § 14 Rn. 4.
[8] *Joussen* in Ingenstau/Korbion VOB/A § 9c Rn. 10.

Ausschreibung (Grundsatz der Chancengleichheit für alle beteiligten Bieter) entscheiden, ob er ausnahmsweise bei diesen speziellen Vergabearten die Stellung von Sicherheiten verlangen will. Da ihm der Bieterkreis bei der Beschränkten Ausschreibung und der Freihändigen Vergabe von vorne herein bekannt ist, können bei der Entscheidung des öffentlichen Auftraggebers auch persönliche Umstände (zB eine langjährige Zusammenarbeit mit den Bietern und ihre erprobte Zuverlässigkeit) Berücksichtigung finden. Für die Beschränkte Ausschreibung nach öffentlichem Teilnahmewettbewerb hat die Regelung in Satz 2 keine praktische Relevanz, da bei dieser Vergabeart der Bewerberkreis vom Auftraggeber ebenfalls nicht (im Voraus) bestimmt werden kann[9].

IV. Höhe und Rückgabe der Sicherheit (§ 9 Abs. 8 VOB/A)

Zur Höhe der Sicherheit vgl. die Kommentierung zu § 17 VOB/B II 3. Wird in den Ausschreibungsunterlagen eine von den Werten in § 9c Abs. 2 VOB/A abweichende Höhe nicht festgelegt, können alle Bieter davon ausgehen, dass die Regelwerte (5 % der Auftragssumme bzw. 3 % der Abrechnungssumme) nicht überschritten werden. **6**

Die Rückgabe der Sicherheit ist in § 9c Abs. 2 unverändert unpräzise geregelt. Die äußerste zeitliche Grenze für die Rückgabe der Sicherheit wird durch § 17 Abs. 8 VOB/B gezogen[10]. In der Praxis wird dieser Zeitpunkt identisch sein mit dem unpräzise geregelten Begriff der „Notwendigkeit, den Auftraggeber vor Schaden zu bewahren". **7**

V. Regelungen im VHB

Das Vergabehandbuch (VHB) hat zum Stand der Kommentierung (April 2017) die Fassung April 2016. Dort finden sich für den öffentlichen Auftraggeber (verbindlich) für die Durchführung von Bauaufgaben des Bundes ergänzende Regelungen. Im Abschnitt 4 sind unter Nr. 421–423 verbindliche Muster **8**

– für Vertragserfüllungs- und Mängelansprüchebürgschaften
– Mängelansprüchebürgschaft
– Abschlagszahlungs-/Vorauszahlungsbürgschaft

enthalten. Diese Bürgschaftsmuster sind durchaus – bei inhaltlich entsprechender Sicherungsabrede – auch für den privaten Auftraggeber sinnvoll verwendbar. Zu den drei Muster-Bürgschaften finden sich ergänzende Erläuterungen jeweils in beigefügten „Richtlinien". In diesen Richtlinien wird der Text von § 17 VOB/B inhaltlich wiederholt und um konkrete Angaben ergänzt. So finden sich zB in den Richtlinien zu Nr. 421 (Vertragserfüllungs- und Mängelansprüchebürgschaft) Hinweise, welche Kreditinstitute bzw. Kredit- und Kautionsversicherer in der Bundesrepublik Deutschland zugelassen sind. In den Richtlinien zu Nr. 422 (Mängelansprüchebürgschaft) werden Hinweise gegeben, wann unter Berücksichtigung der im VHB enthaltenen besonderen Vertragsbedingungen (Nr. 634) ein späterer Rückgabezeitpunkt für die Mängelansprüchebürgschaft vereinbart werden kann. Auch in den Besonderen Vertragsbedingungen (Nr. 214, dort Ziff. 5.1 VHB) in der Fassung April 2016 ist vorgesehen, dass Sicherheit für die Vertragserfüllung zu leisten ist, sofern die Auftragssumme mindestens 250.000 EUR beträgt. Eine zwingende Ausnahme für kleinere Bauaufträge unter 250.000 EUR ist dort jedoch nicht enthalten. Im Rahmen der „Allgemeinen Richtlinien zur Baudurchführung" (Nr. 400 VHB Ziffer 15) wird für den öffentlichen Auftraggeber hinsichtlich sämtlicher Sicherheitsleistungen, die vom Auftragnehmer zu stellen sind, ausdrücklich klargestellt, dass der Auftragnehmer die Wahl zwischen den Arten der Sicherheit gemäß § 17 VOB/B haben muss und der Auftragnehmer berechtigt ist, die Art der Sicherheit im Laufe der Vertragsabwicklung auszutauschen. Die Rückgabe der Bürgschaften wird im VHB in den Ziffern 5.1 ff. der BVB geregelt.

§ 9d Änderung der Vergütung

[1] Sind wesentliche Änderungen der Preisermittlungsgrundlagen zu erwarten, deren Eintritt oder Ausmaß ungewiss ist, so kann eine angemessene Änderung der Vergütung in den Vertragsunterlagen vorgesehen werden. [2] Die Einzelheiten der Preisänderungen sind festzulegen.

---

[9] *Joussen* in Ingenstau/Korbion VOB/A § 9c Rn. 11.
[10] Vgl. hierzu Kommentierung zu § 17 Abs. 8 VOB/B IX.

Schrifttum: *Augustin/Stemmer,* Die Pfennigklausel als Wertsicherungsklausel, BauR 2000, 1802; *Hereth/ Ludwig/Naschold,* Kommentar zur VOB, Band 1, VOB/A 1953; *Kniffka/Quack,* Die VOB/B in der Rechtsprechung des Bundesgerichtshofs – Entwicklung und Tendenzen –, Festschrift 50 Jahre Bundesgerichtshof 2000, S. 17; *Werner,* Lohngleitklauseln am Bau – Eine unendliche Geschichte?, NZBau 2001, 521.

Übersicht

	Rn.
I. Vergaberechtliche und bauvertragliche Relevanz	1
1. Ausgangspunkt Festpreisvertrag	1
2. Vergaberechtliche Relevanz	3
3. Bauvertragliche Relevanz	4
II. Vergaberechtliche Voraussetzungen für die Einführung von Preisänderungsklauseln	5
1. Wesentliche Änderungen der Preisermittlungsgrundlagen zu erwarten	5
2. Unsicherheit des Eintritts oder des Ausmaßes der Änderungen	7
3. Zeitpunkt der Prüfung	8
4. Angemessene Änderung	10
III. Einzelheiten der Preisänderung sind festzulegen	11
1. Grundsatz	11
2. Pfennigklausel (Centklausel)	13
a) Struktur	13
b) Überhöhte Änderungssätze	24
3. Stoffpreisgleitklauseln (Materialpreisgleitklauseln)	32
IV. Wertung des Angebots	34

I. Vergaberechtliche und bauvertragliche Relevanz

1 **1. Ausgangspunkt Festpreisvertrag.** Ein (Bau-)Vertrag ist (vorbehaltlich einer abweichenden Vereinbarung) ein Festpreisvertrag.[1] Die Vergütung wird nach § 2 Abs. 2 VOB/B nach den vertraglichen Einheitspreisen und tatsächlich ausgeführten Leistungen berechnet bzw., wenn kein Einheitspreisvertrag geschlossen wurde, nach der abweichenden Berechnungsart (zB durch Pauschalsumme, nach Stundenlohnsätzen oder nach Selbstkosten). Der einmal vereinbarte Preis ändert sich damit während der Laufzeit des Vertrages nicht, und zwar unabhängig davon, wie sich die Kosten des Auftragnehmers entwickeln.[2] Lediglich § 2 Abs. 3 VOB/B sieht eine Korrekturmöglichkeit des Einheitspreises für den Spezialfall der Abweichung der ausgeführten zu der im Leistungsverzeichnis angegebenen Menge von mehr als 10 % vor. Eine weitere nicht ausdrücklich normierte Korrekturmöglichkeit bietet § 313 BGB bei einer Störung der Geschäftsgrundlage.[3] Bei Einheitspreisverträgen greifen die strengen Voraussetzungen des § 313 BGB allerdings so gut wie nie, bei Pauschalverträgen selten.[4] Der Auftragnehmer ist mithin an die angebotene und vertraglich vereinbarte Vergütung gebunden. Diese Bindung erstreckt sich nicht nur auf die vereinbarten Leistungen, sondern auch auf geänderte oder zusätzliche Leistungen. Zwar sehen § 2 Abs. 5 u. 6 VOB/B vor, dass die Vertragsparteien einen neuen Preis unter Berücksichtigung der Mehr- und Minderkosten vereinbaren sollen, soweit durch derartige Änderungen die Grundlagen des Preises für eine im Vertrag vorgesehene Leistung geändert werden. Falls, wie in der Praxis üblich, eine solche Einigung nicht zustande kommt, bestimmt sich die Vergütung nach den Grundlagen der Preisermittlung für die vertragliche Leistung und den besonderen Kosten der geforderten Leistung. Mit anderen Worten: Die Vertragskalkulation – und damit die festen Preise – sind fortzuschreiben.

2 Im Gegensatz zu anderen Wirtschaftszweigen muss die Bauleistung im Zeitpunkt des Vertragsschlusses allerdings noch vollständig hergestellt werden. Der Auftragnehmer kalkuliert mit anderen Worten mit zukünftigen Kosten. Diese Zukunft reicht sehr weit, da Bauvorhaben regelmäßig eine lange Ausführungsdauer haben und Bauverträge dementsprechend über eine

---

[1] Wenn in den Verträgen der Begriff „Festpreis" verwandt wird, ist immer zu prüfen, ob damit nicht Pauschalverträge gemeint sind. Zur Auslegung *Kapellmann/Schiffers* Vergütung II Rn. 76–82. Zur fehlerhaften Bezeichnung selbst in der Rechtsprechung beispielsweise BGH BauR 1981, 744; OLG Hamm NJW 1996, 199; OLG Hamburg BB 1970, 688.
[2] Dazu → VOB/B § 2 Rn. 6.
[3] Für Pauschalverträge gilt die Spezialregelung des § 2 Abs. 7 Nr. 1 S. 1, 3 VOB/B, die auf § 313 BGB Bezug nimmt.
[4] Einzelheiten → VOB/B § 2 Rn. 277–291.

lange Laufzeit laufen. Über solche Laufzeiten sind Änderungen der Preisermittlungsgrundlagen[5] für den Auftragnehmer häufig nicht kalkulierbar. Um eine auskömmliche Vergütung sicherzustellen, müsste der Auftragnehmer bei der Angebotskalkulation von den größten denkbaren Preissteigerungen ausgehen und damit einen voraussichtlich überhöhten Preis anbieten. Die Alternative wäre das Angebot eines evtl. unauskömmlichen Preises. Beide Alternativen widersprechen der Zielsetzung des Vergaberechts und auch eines den Vergabewettbewerb initiierenden Auftraggebers. Aus diesem Grund kann diese einseitige Risikozuweisung im Bausektor ein unangemessenes Wagnis für den Auftragnehmer sein.

2. Vergaberechtliche Relevanz. Aus diesem Grund kann nach § 9d EU VOB/A[6] der öffentliche Auftraggeber eine angemessene Änderung der Vergütung in den Verdingungsunterlagen vorsehen, wenn wesentliche Änderungen der Preisermittlungsgrundlagen zu erwarten sind, deren Eintritt oder Ausmaß ungewiss ist. Diese Kann-Bestimmung ist nicht im Sinne eines freien Ermessens zu verstehen; der öffentliche Auftraggeber darf also dann, wenn die Voraussetzungen des § 9d EU gegeben sind, nicht etwa grundsätzlich und unerörtert die Aufnahme eines Preisvorbehalten ablehnen. Er ist vielmehr unter dem Aspekt, dass alle Normen der Vergabeordnungen – ausgenommen reine Ordnungs- oder Definitionsnormen – vergaberechtlich relevant sind,[7] sowie ergänzend auch unter dem Verbot des § 7 EU Abs. 1 Nr. 3 VOB/A, dem Bieter ungewöhnliche Wagnisse aufzuerlegen, verpflichtet, die Voraussetzungen des § 9d EU zu prüfen und insbesondere seine Entscheidung, einen Preisvorbehalt nicht einzuführen, im Vergabevermerk (§ 20 EU VOB/A, § 8 VgV) niederzulegen; die Vorschrift ist also „bieterschützend": Zumal die Anwendbarkeit einer Preisgleitklausel „*unmittelbar auch zu Einspareffekten auf Seiten des öffentlichen Auftraggebers [führt], da der Bieter keine – oder jedenfalls geringere – Risikozuschläge für ungewisse Kostensteigerungen in die Angebotspreise einkalkuliert* "[8]. In diesem Sinne ist mittlerweile auch die Richtlinien 211 im Vergabehandbuch des Bundes formuliert (dort Nr. 2), in welcher der Tatbestand des § 9d EU VOB/A konkretisiert und bei Vorliegen dieser konkretisierten Tatbestandsvoraussetzungen die Vereinbarung einer Preisgleitung vorgeschrieben wird.[9] Ein Bieter, der die Aufnahme einer Preisgleitklausel für geboten hält, kann das gemäß § 160 Abs. 3 GWB unverzüglich rügen und bei Erfolglosigkeit der Rüge darauf ein Nachprüfungsverfahren stützen.[10] Falls die Vergabekammer Ermessensfehler feststellt, muss das Vergabeverfahren in den Stand vor Angebotsabgabe zurückversetzt werden, weil der Preisvorbehalt Bedeutung für die Angebotskalkulation hat.

3. Bauvertragliche Relevanz. Ist der Vertrag einmal geschlossen, kann sich der Auftragnehmer nicht mehr darauf berufen, der Auftraggeber hätte eigentlich eine Preisanpassungsmöglichkeit im Vertrag vorsehen müssen, deshalb habe er nachträglich Anspruch auf Preisanpassung. Unter dem Blickwinkel des § 7 EU Abs. 1 Nr. 3 VOB/A ist das allerdings kritisch: Der Auftraggeber darf dem Auftragnehmer keine ungewöhnlichen Wagnisse auferlegen. Demzufolge darf ein Auftragnehmer darauf vertrauen, dass ein Auftraggeber, dem die Anwendung der VOB/A gesetzlich über § 113 GWB, § 2 VgV vorgeschrieben ist, die Bausolldefinition so abgefasst hat, dass darin kein ungewöhnliches Wagnis enthalten ist; so jedenfalls darf der Vertrag ausgelegt werden. Risikoentwicklungen, bei deren Eintritt sich doch ein ungewöhnliches Wagnis realisiert, werden durch eine „korrigierende Auslegung" gar nicht Bausoll. Voraussetzung ist aber, dass eine Wahl unter mehreren Auslegungsmöglichkeiten besteht und eine VOB-konforme Auslegung möglich ist. Eine gegen die VOB/A verstoßende, aber eindeutige und klare Ausschreibung kann man – sofern man nicht annimmt, dass über § 97 Abs. 6 GWB die VOB/A auch unmittelbar Vertragsinhalt wird – im Wege der Auslegung nicht zwangsanpassen. Genauso ist die Rechtslage aber hier: Der Verstoß, keine Preisanpassungsmöglichkeit eingeführt zu haben, ist unübersehbar, es gibt nichts auszulegen. Deshalb bleibt es dabei, dass dem Auftragnehmer zivilrechtlich nicht zu helfen ist, solange nicht die Grundsätze der „Störung der Geschäftsgrundlage" eingreifen. Ein deliktischer Anspruch gemäß § 823 Abs. 2 BGB wegen Verstoßes gegen die VOB/A als Schutzgesetz kommt möglicherweise in Betracht.

---

[5] Klassische Beispiele sind die Stahlpreiserhöhung oder Lohnkostenänderungen.
[6] Der bisherige § 9 Abs. 9 VOB/A ist inhaltsgleich § 9 EG Abs. 9 VOB/A bzw. § 9d EU VOB/A. Ersetzt wurde lediglich der Begriff der Verdingungsunterlagen durch den Begriff der Vertragsunterlagen.
[7] Einzelheiten VOB/A § 9 Rn. 7 f.
[8] So ausdrücklich BGH NZBau 2014, 757 mit Verweis auf *Gabriel/Schulz* ZfBR 2007, S. 488; *Reitz* BauR 2001, S. 1513.
[9] → Rn. 6.
[10] Ebenso wohl *Sienz* in Ingenstau/Korbion VOB/A § 9d Rn. 29 und § 9 Rn. 31; *Franke/Klein* in KKZGM VOB/A EG § 9 Rn. 50.

II. Vergaberechtliche Voraussetzungen für die Einführung von Preisänderungsklauseln

5 **1. Wesentliche Änderungen der Preisermittlungsgrundlagen zu erwarten.** Preisgleitklauseln sind geboten, wenn „wesentliche Änderungen der Preisermittlungsgrundlagen zu erwarten sind". Die **„Preisermittlungsgrundlagen"** umfassen alle Kostenelemente der (Angebots-)Kalkulation des Auftragnehmers und die Kalkulationsmethode.[11] **Wesentlich** sind Änderungen schon dann, wenn sie im Ergebnis den kalkulierten Prozentsatz für Gewinn erheblich verändern, also beispielsweise schon um ca. 25 %. Kalkulatorisch müssen „Wagnis" und „Gewinn" einheitlich und zusammengefasst behandelt werden;[12] wenn „Wagnis" getrennt ausgewiesen ist, so ist jedenfalls jede künftige Kostenveränderung wesentlich, die den Wagnisansatz überwiegend aufzehrt.[13] Keineswegs müssen schon die Maßstäbe des § 7 EU Abs. 1 Nr. 3 VOB/A „ungewöhnliches Wagnis" oder gar der Störung der Geschäftsgrundlage, § 313 BGB, erreicht sein.

6 Diese wesentlichen Änderungen müssen **zu erwarten** sein. Ihr Eintritt muss also wahrscheinlich sein. Diese Frage muss für die unterschiedlichen Kosten der (Angebots-)Kalkulation gesondert beantwortet werden. Anhaltspunkte bieten die jeweilige Kostenentwicklung in der Vergangenheit und für den Auftraggeber erkennbare Umstände, die Rückschlüsse auf die zukünftige Entwicklung zulassen. Außerdem ist der Zeitraum zwischen dem Zeitpunkt der Angebotsabgabe, bis zu dem die Kalkulation noch angepasst werden kann, und dem Zeitpunkt, in dem nach der (Ablauf-)Planung des Auftraggebers die jeweiligen Kosten bei dem Auftragnehmer entstehen (zB nach den Ausschreibungsunterlagen vorgesehener bzw. vorzusehender Materialeinkauf), zu berücksichtigen. Mit Blick auf die Richtlinie zu 211 und die Richtlinie zu 225 des Vergabehandbuch des Bundes 2008 (Stand April 2016) lassen sich danach folgende Fallgruppen bilden:

- War die vergangene oder ist die prognostizierte Kostenentwicklung extrem volatil und wies Schwankungen erheblichen Ausmaßes auf, sind bei einem Zeitraum von mindestens sechs Monaten zwischen Angebotsabgabe und geplantem Kostenanfall wesentliche Änderungen zu erwarten.
- War die vergangene oder ist die prognostizierte Kostenentwicklung volatil, sind bei einem Zeitraum von mindestens zehn Monaten zwischen Angebotsabgabe und geplantem Kostenanfall wesentliche Änderungen zu erwarten.

Daneben gilt: Je größer der Zeitraum zwischen Angebotsabgabe und geplantem Kostenanfall ist, desto wahrscheinlicher sind Kostenänderungen. Kalkulatorisch sind diese Änderungen freilich kaum zu erfassen. Da § 9d EU den Sinn hat, dem Auftragnehmer eine in Grenzen an seine Kostenentwicklung angepasste Vergütung zu sichern, genügt bei einem langen Zeitraum – jedenfalls ab 24 Monaten – dieser Laufzeitaspekt schon allein.

7 **2. Unsicherheit des Eintritts oder des Ausmaßes der Änderungen.** Die wesentliche Veränderung der Preisermittlungsgrundlagen muss zwar zu erwarten sein, muss aber hinsichtlich ihres Eintritts oder jedenfalls ihres Ausmaßes noch unsicher sein. Ist sie sicher, bedarf es keiner Gleitklausel, die künftigen Kosten können dann schon in das Angebot einkalkuliert werden.

8 **3. Zeitpunkt der Prüfung.** In der Praxis prüft der Auftraggeber bei der Erstellung von Leistungsverzeichnis und/oder Leistungsbeschreibung, wenn er sich also mit den Preisermittlungsgrundlagen befasst, ob wesentliche Veränderungen der Preisermittlungsgrundlagen zu erwarten sind. Das ist ausreichend, wenn diese Vergabeunterlagen im unmittelbaren Vorfeld der Versendung der Vergabeunterlagen erstellt werden. Nicht selten sind diese Unterlagen jedoch weit vor der Einleitung des Vergabeverfahrens erstellt worden und können deshalb im Zeitpunkt ihrer Versendung (auch) im Hinblick auf die Prognose von Preisentwicklungen veraltet sein. In diesen Fällen muss der Auftraggeber vor dem Versand dieser Unterlagen nochmals eine Prüfung möglicher zukünftiger Veränderungen der Preisermittlungsgrundlagen vornehmen.

---

[11] Näher → VOB/B § 2 Rn. 137–140.
[12] Einzelheiten → VOB/B § 2 Rn. 139.
[13] So schon *Hereth/Naschold*, Kommentar zur VOB Band 1, VOB/A Erl. 15.16.

Ebenso wie ein Bieter bis zur Abgabe seines (finalen[14]) Angebots die Kalkulation anpassen kann, **9** wenn sich die Prognose für die zukünftige Entwicklung der Preisermittlungsgrundlagen ändert, kann auch der Auftraggeber bis dahin durch die Einführung einer Preisgleitklausel auf solche Änderungen reagieren. Wenn sich die Umstände, die für die zukünftige Entwicklung der Preisermittlungsgrundlagen maßgeblich sind, nach Versand der Vergabeunterlagen an die Bieter, aber vor Ablauf der Angebotsabgabefrist, erheblich ändern und dies für den Auftraggeber erkennbar ist, muss er insoweit die Frage der Vereinbarung einer Preisgleitklausel neu prüfen. Erkennbar ist eine erhebliche Änderung dieser Umstände jedenfalls, soweit der Auftraggeber von einem Bieter darauf hingewiesen wird. Eine Ungleichbehandlung von Unternehmen, die sich – möglicherweise sogar wegen fehlender Preisgleitklausel – nicht an dem Vergabeverfahren beteiligt haben, besteht in dem Fall, dass dann nachträglich eine Preisgleitklausel aufgenommen wird, nicht, weil diese Aufnahme allein wegen der Änderung von Umständen nach dem Versand der Vergabeunterlagen erfolgt ist.

4. Angemessene Änderung. Sind die Voraussetzungen des § 9d EU gegeben, so kann – vgl. **10** dazu → Rn. 3 – eine angemessene Änderung der Vergütung in den Verdingungsunterlagen vorgesehen werden. Im Ergebnis können zur Beurteilung der Angemessenheit die Maßstäbe des § 2 VOB/B für Vergütungsänderungen angelegt werden; eine gewisse, ihrerseits angemessene Selbstbeteiligung an der Kostensteigerung (dazu → Rn. 19) ist damit vereinbar.

III. Einzelheiten der Preisänderung sind festzulegen

1. Grundsatz. Wenn Gleitklauseln vereinbart werden, so „sind die Einzelheiten der Preis- **11** änderung festzulegen". Das erfordert zunächst eine präzise Gleitklausel, die festlegen muss, welche Veränderung welcher Kostenelemente Bezugsbasis ist, zB der Ecklohn (oder auch die Inflationsrate[15]). Sodann muss festgelegt werden, **ab wann** die Erhöhung in Kraft treten soll,[16] außerdem, ob die bis zum Stichtag eingetretenen Erhöhungen in die Preisvorbehaltsregelung einbezogen werden sollen oder nicht. In **Allgemeinen Geschäftsbedingungen** (AGB) des Auftraggebers dürfen diese Festlegungen, um wirksam als Vertragsbestandteil vereinbart zu werden, nicht so ungewöhnlich sein, dass der Vertragspartner des Verwenders mit ihnen nicht zu rechnen braucht (§ 305c Abs. 1 BGB)[17]. Eine unklare AGB-Klausel führt dagegen nicht zur Unwirksamkeit, sondern gemäß § 305c Abs. 2 BGB dazu, dass die auftragnehmerfreundlichere Auslegungsvariante gilt.[18]

In der Praxis der öffentlichen Auftraggeber kommen heute Lohngleitklauseln, und zwar in **12** Form der Pfennigklausel = Centklausel, kaum noch der Prozentklausel,[19] Materialpreisgleitklauseln (→ Rn. 32) und im Ergebnis Umsatzsteuergleitklauseln vor.

2. Pfennigklausel (Centklausel). a) Struktur. Die häufigste Lohngleitklausel ist die Cent- **13** klausel. Der Standardtext ergibt sich aus dem Formblatt 224 im Vergabehandbuch des Bundes 2008 (Stand August 2012); es ist nachfolgend abgedruckt.

Vertragsbedingungen Lohngleitklausel
1. Mehr- oder Minderaufwendungen des Auftragnehmers für Löhne und Gehälter werden nur erstattet, wenn sich der maßgebende Lohn durch Änderungen der Tarife oder bei einem tariflosen Zustand durch Änderungen auf Grund von orts- oder gewerbeüblichen Betriebsvereinbarungen erhöht oder vermindert hat. Maßgebender Lohn ist der Gesamttarifstundenlohn (Tarifstundenlohn und Bauzuschlag) des Spezialbaufacharbeiters gemäß Lohngruppe 4 (West), wenn der Auftraggeber im Angebot „Lohngleitklausel" nichts anderes angegeben hat. Mehr- oder Minderaufwendungen auf Grund solcher Tarifverträge, die am Tag vor Ablauf der Angebotsfrist abgeschlossen waren (Unterzeichnung des Tarifvertrages durch die Tarifpartner), werden nicht erstattet; das Gleiche gilt für die Betriebsvereinbarungen bei einem tariflosen Zustand.

---

[14] Im Verhandlungsverfahren, Wettbewerblichem Dialog und Innovationspartnerschaft.
[15] Hiergegen hat das OLG Hamm 11.10.2013 – I-12 U 15/13, BeckRS 2013, 20587 keine Bedenken.
[16] Dazu → VOB/B § 2 Rn. 7.
[17] Gleitklauseln, jedenfalls solche, die in Anlehnung an das VHB verfasst werden, sind in der Regel Preisnebenabreden und damit nicht der AGB-Kontrolle entzogen (BGH NZBau 2014, 757; OLG München 20.8.2014 – 9 U 1184/14 Bau).
[18] Zutreffend *Leupertz* in Messerschmidt/Voit, Privates Baurecht, K Rn. 37.
[19] Zur Lohngleitklausel in Form der Prozentklausel *Kapellmann/Schiffers* Vergütung I Rn. 106.

> 2. Bei Änderung des maßgebenden Lohns um jeweils 1 Cent/Stunde wird die Vergütung für die nach dem Wirksamwerden der Änderung zu erbringenden Leistungen um den im Angebot „Lohngleitklausel" vereinbarten Änderungssatz erhöht oder vermindert. Satz 1 findet auf Nachträge insoweit keine Anwendung, als in deren Preisen Lohnänderungen bereits berücksichtigt sind. Durch die Änderung der Vergütung sind alle unmittelbaren und mittelbaren Mehr- oder Minderaufwendungen einschließlich derjenigen, die durch Änderungen der gesetzlichen oder tariflichen Sozialaufwendungen entstehen, abgegolten. Der vereinbarte Änderungssatz gilt unabhängig davon, ob sich Art und Umfang der Leistungen ändern. Ist der Auftrag auf ein Nebenangebot erteilt worden, so gelten die im Angebot Lohngleitklausel vorgesehenen Änderungssätze, wenn nicht auf Grund des Nebenangebots andere Vereinbarungen getroffen worden sind.
> 3. Der Wert der bis zum Tage der Änderung des maßgebenden Lohns erbrachten Leistungen (Leistungsstand) ist unverzüglich durch ein gemeinsames Aufmaß oder auf andere geeignete Weise – zumindest mit dem Genauigkeitsgrad einer geprüften Abschlagsrechnung – festzustellen. Dabei sind alle bis zu diesem Zeitpunkt auf der Baustelle oder in Werk- oder sonstigen Betriebsstätten – ggf. auch nur teilweise – erbrachten Leistungen zu berücksichtigen. Der Auftragnehmer hat dem Auftraggeber die Lohnänderung rechtzeitig schriftlich anzuzeigen und alle zur Prüfung des Leistungsstandes erforderlichen Nachweise zu erbringen.
> 4. Vermeidbare Mehraufwendungen werden nicht erstattet. Vermeidbar sind insbesondere Mehraufwendungen, die dadurch entstehen, dass der Auftragnehmer Vertragsfristen überschritten oder die Bauausführung nicht angemessen gefördert hat.
> 5. Von dem nach den Nr. 3–5 ermittelten Mehr- oder Minderbetrag wird nur der über 0,5 vH der Abrechnungssumme (Vergütung für die insgesamt erbrachte Leistung) hinausgehende Teilbetrag erstattet (Bagatell- und Selbstbeteiligungsklausel). Dabei sind die Mehr- oder Minderbetrag ohne Umsatzsteuer, die Abrechnungssumme ohne die auf Grund von Gleitklauseln zu erstattenden Beträge ohne Umsatzsteuer anzusetzen. Ein Mehr- oder Minderbetrag kann erst geltend gemacht werden, wenn der Bagatell- und Selbstbeteiligungsbetrag überschritten ist; bis zur Feststellung der Abrechnungssumme wird 0,5 vH der Auftragssumme zugrunde gelegt.

14 Die Centklausel im Formblatt 224 des Vergabehandbuchs des Bundes ist als **Nebenangebot** konzipiert. Das folgt daraus, dass es sich bei dem Formblatt 224 um ein (zusätzliches) Angebotsformblatt handelt, das der Bieter abgeben kann, aber in der Regel nicht abgeben muss. Zugleich geht die Centklausel davon aus, dass der Auftragnehmer in die Einheitspreise des Hauptangebots eventuelle Preisänderungen einberechnet hat und dass die Einheitspreise des Hauptangebots bei Vereinbarung einer Centklausel dementsprechend um dieses Preisrisiko reduziert werden können. Daher sieht das Formblatt 224 weiterhin vor, dass der Auftraggeber darin für die jeweiligen Abschnitte eine fiktive Lohnänderung und der Bieter den Änderungssatz in v. T. angibt und auf dieser Grundlage den fiktiven Erstattungsbetrag ermittelt. Der Bieter errechnet mit anderen Worten denjenigen (fiktiven) Betrag, den der Auftraggeber aufgrund der Lohngleitklausel an ihn während der Vertragslaufzeit erstatten (bzw. mehrvergüten) muss. Dieser Erstattungsbetrag wird bei der Angebotswertung berücksichtigt.

15 Damit fließen sowohl die Verminderung der Einheits- bzw. Pauschalpreise des Hauptangebots, als auch der Änderungssatz in die **Wertung** des Angebots ein. Ist die Verminderung zu gering und/oder der Änderungssatz zu hoch, wird das Angebot nicht das wirtschaftlichste sein und deshalb den Zuschlag nicht erhalten.

16 Bei der Centklausel ist Ausgangsbasis für die Vergütung von Lohnmehrkosten die Änderung des maßgeblichen Lohns in Cent je Lohnstunde. Der für die Berechnung der Mehrvergütung maßgebende Lohn wird vom Auftraggeber durch Angabe einer Berufsgruppe aus dem Tarifvertrag festgelegt, beim Bund zB der Tarifstundenlohn des Spezialbaufacharbeiters.[20] Bei der Centklausel muss vom Bieter der Personalkostenanteil der Auftragssumme aus seiner Kalkulation vorher ermittelt werden, und zwar mittelbar durch Angabe eines Änderungssatzes (Vomtausendsatz); die richtige Ermittlung des entsprechenden Personalkostenanteils ist selbstverständlich Voraussetzung der richtigen Ermittlung eines Änderungssatzes.

---

[20] Nimmt eine Lohngleitklausel auf einen nicht existenten Tariflohn für eine Lohngruppe Bezug, ist die Klausel nicht unwirksam, sondern ist bei der Auslegung der Klausel auf die für die Bieter erkennbaren weiteren Umstände des Vertragsschlusses abzustellen (BGH 9.12.2010 – VII ZR 189/08, NJW-RR 2011).

Beispiel:

Auftragssumme: 2 000 000,00 €
Personalkosten: 800 000,00 €
Personalkostenanteil = Auftragssumme: Personalkosten
= 800 000,00 €: 2 000 000,00 €
= 0,4 = 40 %
Maßgebender Lohn: Tarifstundenlohn Spezialbaufacharbeiter
Berufsgruppe III/2 13,02 €/Ph
1302 Cent/Ph
Änderungssatz: Personalkostenanteil: maßgebender Lohn
= 0,4: 1302 Cent/Ph
= 0,0003072 [1/(Cent/Ph)] = 0,3072 €.

Bei steigendem Lohn verringert sich der Änderungssatz, vorausgesetzt, der Lohnanteil bleibt gleich.
Der so ermittelte Änderungssatz sagt aus, um wie viel Promille sich die (Gesamt-)Vergütung für die nach dem Lohnerhöhungsstichtag (der in den Verdingungsunterlagen angegeben sein muss) erstellten Leistungen ändert, wenn sich der maßgebende Ecklohn um 1 Cent pro Lohnstunde verändert. Der Änderungssatz wird von den Bietern „im Wettbewerb" angeboten. Kostenkausal richtig ermittelt – siehe oben – ist der Änderungssatz der Quotient aus dem kalkulierten Personalkostenanteil und dem zum Angebotszeitpunkt gültigen maßgebenden Ecklohn.
Die Vergütungserhöhung für die nach dem Lohnerhöhungsstichtag erstellten (Rest-) Leistungen wird bei der Centklausel wie folgt ermittelt:
Tarifliche Lohnerhöhung: 45 Cent/Ph
Abrechnungssumme der (Rest-)Leistungen **nach** Lohnerhöhungsstichtag
auf der Basis der Vertragspreise 750 000,00 €
Vergütungserhöhung aus Lohngleitklausel
= Restleistung × Lohnerhöhung × Änderungssatz
= (750 000,00 € × 45 Cent/Ph × 0,3072 Ph/Cent): 1000 = 10 368,00 €.

Ausgangspunkt der Berechnung der **Centklausel** sind die gesamten, in der (Angebots-) Kalkulation enthaltenen Personalkosten, also Löhne und Gehälter, jedoch keine Personalzusatz- und -nebenkosten.[21] Ein ggf. vereinbarter Selbstbehalt darf in den Änderungssatz nicht eingerechnet werden (vgl. → Rn. 19). Ebenso wenig dürfen in Materialkosten enthaltene fremde Lohnkosten, insbesondere Vorfertigungskosten (zB Anlieferung von fertig geschnittenem und gebogenem Betonstahl) einbezogen werden. Wenn der Änderungssatz für die Lohngleitklausel von den Erfahrungswerten der Bauverwaltung erheblich abweicht, ist deshalb vom Auftraggeber zu prüfen, ob in dem Änderungssatz auch andere als lohn- und gehaltsbezogene Preisanteile enthalten sind. In **Allgemeinen Geschäftskosten** enthaltene Lohn- und insbesondere Gehaltsbestandteile sind ebenfalls keine Basis für die Lohnerhöhung, da ihnen der konkrete Bezug zur Kostenerhöhung dieses Bauvorhabens fehlt. Das kann im Einzelnen – in Abhängigkeit von der Kostenzuordnungsmethodik des jeweiligen Bauunternehmens – dann zu Problemen führen, wenn ausnahmsweise etwa Bauleistungskosten als Bestandteil der Allgemeinen Geschäftskosten kalkuliert und gebucht werden, obwohl es kostenkausal Baustellengemeinkosten sind. Maßgebend ist, was kalkuliert und gegebenenfalls dokumentiert worden ist.

Kritisch ist, ob Lohnerhöhungen bei **Nachunternehmern** in die Lohngleitung einzubeziehen sind. Enthält der Nachunternehmervertrag keine Lohngleitklausel, so ändert sich die Nachunternehmervergütung nicht. Also wäre im Hauptvertrag eine Bezugsbasis „Lohn" als Bestandteil einer Nachunternehmerkalkulation weder zulässig noch sinnvoll. Enthält umgekehrt der Nachunternehmervertrag zB eine Centklausel, so wäre es zulässig und geboten, die anteiligen Nachunternehmerlohnkosten auch in die Berechnungsbasis des Hauptvertrages einzubeziehen. Das ist jedoch problematisch: Zum Zeitpunkt des Abschlusses des Hauptvertrages gibt es (oft) noch keine Nachunternehmerverträge, weder mit noch ohne Centklausel. Außerdem können sich die Änderungssätze – wegen unterschiedlicher Strukturierung des Kostenartenschlüssels und unterschiedlicher Leistungsanteile – zwischen Hauptunternehmer und Nachunternehmer erheb-

---

[21] Was genau unter Personalzusatzkosten bzw. Personalnebenkosten zu verstehen ist, ist streitig. Nach der Centklausel im Vergabehandbuch des Bundes werden nur die Mehr- oder Minderaufwendungen für **Löhne und Gehälter** erstattet. Maßgebender Lohn ist der Gesamttarifstundenlohn (Tarifstundenlohn und Bauzuschlag) eines Spezialfachbauarbeiters. Auf der anderen Seite sind unter Ziffer 2 der Vertragsbedingungen Lohngleitklausel durch die Änderung der Vergütung alle unmittelbaren und mittelbaren Mehr- oder Minderaufwendungen einschließlich derjenigen, die durch Änderungen der gesetzlichen oder tariflichen Sozialaufwendungen entstehen, abgegolten. Unabhängig davon kann auf Grundlage von § 9d VOB/A eine weitergehende, also auch Personalzusatz- und Personalnebenkosten umfassende Lohngleitklausel vereinbart werden.

lich unterscheiden. Eine Benennung des Änderungssatzes im Hauptangebot auch unter Berücksichtigung von Nachunternehmerlohnkosten könnte also dazu führen, dass ein Änderungssatz als zulässig angesehen würde, der sich nachträglich bei fehlender Vereinbarung der Centklausel gegenüber Nachunternehmern als überhöht darstellen würde und deshalb bei der Wertung auszuschließen gewesen wäre. Hier reicht es aus, wenn ein Bieter – gegebenenfalls im Aufklärungsgespräch nach § 15 EU VOB/A – erklärt, er werde hinsichtlich der Leistungen, die im Angebot als Nachunternehmerleistungen ausgewiesen sind, die Centklausel an die Nachunternehmer durchstellen.[22] Ergibt eine spätere Kontrolle das Gegenteil, kann der Auftraggeber überhöhte Mehrforderungen abwenden oder schon geleistete überhöhte Zahlungen gemäß § 812 BGB zurückfordern (dazu → Rn. 30).

Bei unterschiedlicher Kostenstruktur zwischen Haupt- und Nachunternehmer ist es akzeptabel, von der Kostenstruktur des Hauptunternehmers in der Form auszugehen, dass der Lohnkostenanteil pro Nachunternehmerauftrag geschätzt wird und ein gewichteter Mittelwert bestimmbar ist.

19 Die Centklausel des Bundes – Abbildung → Rn. 13 – enthält unter Nr. 5 eine **Bagatell-** und **Selbstbeteiligungsklausel.** Danach muss der Abweichungsbetrag mindestens 0,5 % der Abrechnungssumme übersteigen, damit eine Mehrvergütung gemäß Lohngleitklausel bezahlt wird.[23] Eine solche Bagatellklausel verstößt **nicht** gegen § 307 BGB.[24] Sie wird so berechnet, dass sich der Auftraggeber auch an den Mehrkosten zu beteiligen hat, soweit diese über 0,5 % hinausgehen.[25] In Anknüpfung an das Beispiel aus → Rn. 16 führt die Vereinbarung einer Bagatellklausel zu folgender endgültiger Berechnung einer Mehrvergütung:

Gesamtabrechnungssumme 2.000.000,00 EUR
Selbstbehalt: 0,5 % × 2.000.000,00 EUR = 10.000,00 EUR
vom Auftraggeber zu tragende Zusatzvergütung für Lohnmehrkosten
10.368,00 EUR (vgl. → Rn. 9) – 10.000,00 EUR = 368,00 EUR
Gesamtabrechnungssumme einschließlich anteiliger Lohnmehrkostenerstattung
2.000.000,00 EUR + 368,00 EUR = **2.000.368,00 EUR**

20 Streitig ist, ob ein ggf. vereinbarter **Selbstbehalt** in den Änderungssatz eingerechnet werden darf. Der Änderungssatz hat eine währungsrechtliche, eine vertragsrechtliche sowie eine vergaberechtliche Komponente. Das Währungsrecht verbietet die Einbeziehung von Elementen in den Änderungssatz, die nicht lohnbezogen sind. Die in der Centklausel vorgesehene Selbstbeteiligung von 0,5 % der Gesamtabrechnungssumme umfasst neben dem Lohn- auch Material- und sonstige Anteile. In dem Umfang dieser letztgenannten Material- und sonstigen Anteile ist die Einrechnung währungsrechtlich unzulässig und der vereinbarte Änderungssatz unwirksam. In vertragsrechtlicher Hinsicht haben die Parteien vereinbart, dass der Auftragnehmer den Selbstbeteiligungsbetrag zu tragen hat, so dass der Betrag auch in vertragsrechtlicher Hinsicht nicht in den Änderungssatz eingerechnet werden darf.[26] Einen Änderungssatz, der währungs- und vertragsrechtlich unzulässig ist, darf der Bieter nicht anbieten.

21 Die Centklausel gilt für die Ermittlung zusätzlicher Vergütung **bei Nachträgen** aus geänderter oder zusätzlicher Leistung dann nicht, wenn in deren Preisen Lohnänderungen bereits berücksichtigt sind, so die Lohngleitklausel des Bundes (→ Rn. 11, dort Nr. 2 Abs. 2). Solche Änderungen darf ein Auftragnehmer unabhängig von einer Lohngleitklausel bei Nachträgen berücksichtigen im Falle

a) berechtigter Irrtumsanfechtung (→ VOB/B § 2 Rn. 214)
b) aa) der Erstellung der modifizierten Leistung in einer späteren Phase als vertraglich vorgesehen
   bb) höherer Mengen als Vertragsleistung
   cc) modifizierter Leistung mit geänderter Verfahrenstechnik (zu allen → VOB/B § 2 Rn. 215)
c) unsorgfältiger Planung des Auftraggebers (→ VOB/B § 2 Rn. 216).
d) nicht mehr äquivalentem Ausmaß der Änderungen (→ VOB/B § 2 Rn. 217).

---

[22] Die Klausel ist also nicht unwirksam, OLG Schleswig BauR 2009, 503, Nichtzulassungsbeschwerde vom BGH verworfen = IBR 2009, 71 mit zutreffender Kurzanmerkung *Stemmer*.
[23] Der Selbstbehalt darf – wie erwähnt – seinerseits in den Änderungssatz der Centklausel eingerechnet werden, siehe Fn. 16.
[24] BGH NZBau 2002, 89 = BauR 2002, 467.
[25] BGH NZBau 2002, 89 = BauR 2002, 467.
[26] Ebenso *Stemmer* IBR 2009, 1046; im Ergebnis auch OLG Dresden IBR 2008, 1107; offengelassen von BGH 13.11.2008 – VII ZR 98/07, BeckRS 2008, 24074 sowie OLG Schleswig BauR 2009, 503.

In **solchen** Fällen ist die Nachtragsvergütung, soweit es um erhöhte Lohnkosten geht, nicht 22 auf den gemäß Centklausel ermittelten Betrag beschränkt. Die Centklausel ist hier nur Bestandteil der kalkulatorischen Vergütung laut Vertrag; von dieser nur kalkulatorischen Vergütungsberechnung darf aber der Auftragnehmer gerade zugunsten der tatsächlichen Lohnmehrkosten in den genannten Ausnahmefällen abweichen. Denn mit der Lohngleitklausel, die einen Selbstbehalt sowie eine Bagatellgrenze enthält, soll das Risiko von Lohnsteigerungen, die während der ausgeschriebenen und kalkulierten Bauzeit eintreten und von keiner der Parteien zu vertreten sind, auf beide Parteien verteilt werden. Den oben genannten Nachtragsfällen liegt jedoch eine Änderung des Bausolls zugrunde, die in den Risikobereich des Auftraggebers fällt. Die Selbstbehalts- und Bagatellklausel darf dem Auftraggeber deshalb nicht zugute kommen.

Bei **Behinderungsnachträgen** spielt die Centklausel ohnehin keine Rolle, sofern der Nach- 23 trag auf § 6 Abs. 6 VOB/B gestützt wird. Denn der Auftragnehmer verlangt hier Schadensersatz, der auf der Basis tatsächlicher Mehrkosten berechnet wird. Sofern Behinderungsnachträge hingegen auf § 642 BGB gestützt werden, gelten dieselben Regeln wie für Vergütungsnachträge. Denn der Anspruch aus § 642 BGB ist vergütungsähnlich.

b) Überhöhte Änderungssätze. aa) Zivilrechtliche Folgen. Lohngleitklauseln sind im 24 Ergebnis Wertsicherungsklauseln. Nach § 1 Abs. 1 des Gesetzes über das Verbot der Verwendung von Preisklauseln bei der Bestimmung von Geldschulden (Preisklauselgesetz, PrKG) sind Wertsicherungsklauseln unzulässig und verboten im Sinne von § 134 BGB, wenn und soweit der Betrag von Geldschulden unmittelbar und selbsttätig durch den Preis oder Wert von anderen Gütern oder Leistungen bestimmt wird, die mit den vereinbarten Gütern oder Leistungen nicht vergleichbar sind. Abweichend von § 134 BGB regelt allerdings § 8 PrKG, dass die Unwirksamkeit erst mit der rechtskräftigen Feststellung eines Verstoßes, und auch nur mit Wirkung ex nunc, eintritt. Eine Preisklausel, die zwar gegen § 1 Abs. 1 PrKG verstößt, wegen § 8 PrKG aber nicht unwirksam ist, ist dann auch nicht wegen dieses Verstoßes nach § 307 Abs. 1 BGB unwirksam (BGH 14.5.2014 – VIII ZR 114/13, NJW 2014, 2708 (m. Anm. Kühne)). Bereicherungsrechtliche Rückforderungsansprüche können folglich auch nicht aus einem Verstoß gegen das PrKG hergeleitet werden können (BGH 14.5.2014 – VIII ZR 114/13, NJW 2014, 2708 (m. Anm. Kühne)). Von dem Verbot ausgenommen gemäß § 1 Abs. 2 PrKG sind unter anderem **Spannungsklauseln**, bei denen die in ein Verhältnis zueinander gesetzten Güter oder Leistungen im Wesentlichen gleichartig oder zumindest vergleichbar sind, und **Kostenelementeklauseln**, nach denen der geschuldete Betrag insoweit von der Entwicklung der Preise oder Werte für Güter oder Leistungen abhängig gemacht wird, als diese die Selbstkosten des Gläubigers bei der Erbringung der Gegenleistung unmittelbar beeinflussen.

Unabhängig vom speziell baurechtlichen Aspekt ist nach wie vor höchst zweifelhaft, ob der 25 deutsche Gesetzgeber für eine derartige Regelung wie im Preisklauselgesetz überhaupt die Kompetenz hat und ob die Regelung nicht wegen eines Verstoßes gegen höherrangiges EU-Recht unwirksam ist.[27] Wenn man dennoch für die Praxis derzeit noch von der Wirksamkeit ausgeht, stellt sich die Frage nach der Einordnung der Centklausel in die vorgenannten Klauseltypen.

Teilweise wird die Auffassung vertreten, dass Lohngleitklauseln wie die oben genannte Cent- 26 klausel keine Wertsicherungsklausel im Sinne von § 1 Abs. 1 PrKG sei, da durch Anwendung des Änderungssatzes nur der Lohn- und Gehaltsanteil geändert und für die Bestimmung der Änderung wiederum auf den tariflichen Lohn zurückgegriffen werde; eine Vergleichbarkeit sei damit gewährleistet.[28] Die miteinander verbundenen Leistungen sind jedoch auf der einen Seite der (idR) nach Einheitspreisen berechnete Lohn für Werkleistungen und auf der anderen Seite der Lohn einer bestimmten Lohngruppe für Arbeitsleistungen. Beide sind weder gleichartig noch vergleichbar.[29]

Die Centklausel ist allerdings **keine Spannungsklausel**.[30] Das OLG München ist anderer 27 Meinung,[31] aber zu Unrecht: eine Spannungsklausel muss die für die Preisänderung vorgesehene Leistung zu einer wesentlichen gleichartigen oder zumindest vergleichbaren Leistung in Bezug setzen, also zB den Preis für eine Bauleistung in Bezug zum Baukostenindex setzen oder die

---

[27] Näher *Grundmann* in MüKo BGB §§ 244, 245 Rn. 70 mN, str.
[28] So *Reitz* BauR 2001, 513 f.; **aA** OLG Schleswig BR 2009, 503; OLG Dresden 14.6.2006 – 6 U 195/06, IBRRS 2006, 2192; BGH 8.6.2006 – VII ZR 13/05, NJW 2006, 2978.
[29] Vgl. BGH NJW 2006, 2978.
[30] So auch BGH NZBau 2006, 571; OLG Schleswig IBR 2009, 70 (71).
[31] OLG München NZBau 2000, 515; *Hertl* in Beck'scher VOB-Kommentar VOB/A § 15 Rn. 33.

Höhe eines Ruhegehalts an die Höhe anderer Gehälter koppeln. Die Centklausel setzt aber den Preis für eine **Bauleistung** in Bezug zu einer **nicht mit Bauleistungen vergleichbaren** Leistung, nämlich dem Lohn, zB dem Gesamttarifstundenlohn eines Spezialbaufacharbeiters gemäß Lohngruppe 4 (West).[32]

28 Die Centklausel knüpft damit an ein **Kostenelement** an, das bei der Bildung des Preises für die Bauleistung eine (wesentliche) Rolle spielt. Laut *Augustin/Stemmer*[33] sei sie dennoch keine Kostenelementklausel gemäß § 1 Nr. 3 PreisklauselVO, weil nur die Änderung des Ecklohns, aber nicht eine Änderung der lohngebundenen Kosten und also nicht die Änderung der gesamten Personalkosten in die Berechnung eingehe. Das ist zwar richtig, ändert aber nichts an der Beurteilung als Kostenelementklausel; es steht den Parteien ja frei, welches Kostenelement sie als Basis heranziehen, solange es nur die Selbstkosten des Gläubigers bei der Erbringung der Leistung unmittelbar beeinflusst.

29 Wenn allerdings der Änderungssatz so beschaffen ist, dass die Preisanpassung für die Bauleistung nicht mehr dem Anteil der „reinen" Personalkosten (ohne lohngebundene Kosten) am neuen Preis der Bauleistung entspricht, wenn also der Änderungssatz „Hebelwirkung" hat, nämlich zu hoch ist und dadurch zu einer überproportionalen Preisanpassung führt, entspricht die so beschaffene Klausel nicht mehr den og Anforderungen an eine Kostenelementklausel.[34] **Ein überhöhter Änderungssatz führt also zwingend zur Nichtigkeit der Centklausel.**[35] Damit ist aber noch nicht die Frage beantwortet, ob der Auftragnehmer nunmehr „zur Strafe" überhaupt keinen Kostensteigerungsausgleich erhält und ob er zur Rückzahlung einer schon auf Grund der Centklausel geleisteten Zahlung verpflichtet ist. Auf „0" wird die Klausel keinesfalls reduziert. Gemäß § 139 BGB ist vielmehr davon auszugehen, dass die Nichtigkeit der Centklausel nicht den Bestand des übrigen Vertrages berührt, dass weiter die Parteien grundsätzlich ja gerade eine Gleitklausel einführen wollten. Dann kann in Anknüpfung an die Regeln über die Störung der Geschäftsgrundlage (§ 313 BGB) der Vertrag dahin angepasst werden, dass eine Lohngleitklausel **in Höhe des zulässigen Satzes** gilt; es kann auch eine Selbstbeteiligung des Auftragnehmers an den Lohnerhöhungen verlangt werden.[36]

30 Hat der Auftraggeber einen über den „zulässigen Satz" hinausgehenden Betrag bereits bezahlt, kann er ihn zurückfordern.[37] Das OLG München ist gegenteiliger Auffassung,[38] allerdings ausgehend von seinem unzutreffenden Standpunkt, die Klausel sei eine genehmigungsfreie Spannungsklausel (→ Rn. 24); ihre Freistellung vom Genehmigungszwang sei nicht vom „Nichtvorliegen einer Äquivalenzstörung" abhängig. Das ist richtig, aber wenn die Prämisse nicht stimmt, führt die Begründung nicht weiter. Es bleibt bei der Nichtigkeit der überhöhten Centklausel. Ob die „Überhöhung" des Änderungssatzes von den Parteien bei Vertragsschluss schon hätte festgestellt werden können, ändert an der Nichtigkeit der überhöhten Kostenelementklausel nichts; sie bleibt mangels Genehmigung unwirksam. Weder ist das Gebot von Treu und Glauben noch die Pflicht des öffentlichen Auftraggebers, Angebote mit überhöhten Klauseln gemäß § 16d EU Abs. 1 VOB/A auszuscheiden, ändern daran etwas:[39] § 16d EU Abs. 1 VOB/A ist kein (zivilrechtliches) „Schutzgesetz" für Bieter. Eine Ausnahme gilt dann, aber auch nur dann, wenn der öffentliche Auftraggeber zum Zeitpunkt der Vereinbarung der Centklausel, also

---

[32] Zutreffend in der Ablehnung als Spannungsklausel auch *Leupertz* in Messerschmidt/Voit, Privates Baurecht, K Rn. 36; *Augustin/Stemmer* BauR 2000, 1802.

[33] *Augustin/Stemmer* BauR 2000, 1802.

[34] Zum früheren Rechtszustand nach § 3 WährungsG: BGH NZBau 2006, 571; NJW 1973, 1498; OLG Nürnberg BauR 2000, 1867; OLG Köln 14.6.1989 – 26 U 4/89, BeckRS 2000 30107714 nicht veröffentlicht; *Werner* NZBau 2001, 521. Zum Rechtszustand nach § 2 Preisangaben- und Preisklauselgesetz sowie § 1 *Grundmann* in PreisklauselVO MüKo BGB §§ 244, 245 Rn. 70; *Augustin/Stemmer* BauR 2000, 1802.

[35] Zur Höhe des Änderungssatzes sieht das OLG Schleswig einen Spielraum, innerhalb dessen der kalkulierte Änderungssatz – noch – zulässig ist. Es stellt bei einem Leistungsabschnitt einen um 0,05 Promille bis 0,07 Promille überhöhten Änderungssatz fest, den es mit Ausführungen im Geschäftsbericht 1995 des Bayerischen Kommunalen Prüfungsverbands für tolerabel hält (OLG Schleswig BauR 2009, 503; kritisch hierzu *Stemmer* IBR 2009, 1047 (nur online)).

[36] BGH NZBau 2006, 571; NJW 1973, 1498; OLG Nürnberg BauR 2000, 1867; OLG Köln vom 14.6.1989 – 26 U 4/89, BeckRS 2000 30107714 nicht veröffentlicht; *Augustin/Stemmer* BauR 2000, 1802; Kapellmann/Schiffers Vergütung I Rn. 110.

[37] Ebenso OLG Nürnberg BauR 2000, 1867; OLG Köln BauR 2001, 297; *Augustin/Stemmer* BauR 2000, 1802.

[38] OLG München NZBau 2000, 515.

[39] **AA** zu § 25 Abs. 5 Nr. 1 VOB/A a. F. OLG München NZBau 2000, 515; *Kleine-Möller/Merl* § 2 Rn. 233; *Werner* NZBau 2000, 521; wie hier BGH NZBau 2006, 571.

bei der Vergabeentscheidung, die Nichtigkeit der Centklausel positiv erkannt hatte – die Klausel geht in die Wertung ein, vgl. → Rn. 28 -, in Kenntnis der überhöhten Klausel aber dennoch den Bieter als „den annehmbarsten Bieter" angesehen und ihm den Zuschlag gegeben hat. Dann darf er seine eigenen Wertungskriterien nicht nachträglich ad absurdum führen, indem er den wirksamen „preisgünstigen" Teil der Vertragskalkulation für sich kassiert, den „ungünstigen" in Form der Centklausel aber streicht. Nach Treu und Glauben ist ihm im Falle eines so vorsätzlichen Handelns die Berufung auf die Nichtigkeit gemäß § 242 BGB verwehrt, weil der Bieter sein Angebot insgesamt kalkuliert hat und der Auftraggeber sich jetzt nicht nur die Rosinen heraussuchen darf. Hier ist eine vorsichtige Übertragung der Grundsätze der Entscheidung des BGH „Kalkulationsirrtum" angebracht,[40] wobei es allerdings nicht auf den zu strengen Maßstab der Unzumutbarkeit ankommt, es genügen „fühlbare (negative) Folgen" für den Auftragnehmer.[41]

bb) Vergaberechtliche Folgen. Überhöhte Änderungssätze führen dazu, dass der Bieter 31 ausgeschlossen werden muss, eine nachträgliche Herabsetzung des Änderungssatzes ist unzulässig.[42]

3. Stoffpreisgleitklauseln (Materialpreisgleitklauseln). Auch Materialpreisgleitklauseln 32 sind nicht mehr so unproblematisch, wie sie einst waren[43]. Das liegt zum einen an dem Regelungsinhalt der Klauseln selbst, zum anderen an der fehlerhaften Anwendung der (regelmäßig vorformulierten) Klauseln durch den Auftraggeber.
So hat der BGH die Stoffpreisgleitklausel im Vergabehandbuch des Bundes (03/06), die bei zahlreichen Vergaben als Vorbild diente, für teilweise AGB-unwirksam gemäß § 305c Abs. 1 GWB erklärt, weil ihr Regelungsinhalt ungewöhnlich war.[44] Diese Klausel sieht vor, dass bei der Berechnung der Vergütung für die der Preisgleitung unterfallenden Stoffe – ungeachtet der vom Auftragnehmer kalkulierten und tatsächlich aufgewendeten Kosten – die Differenz zwischen dem vom Auftraggeber festgesetzten „Marktpreis" und dem „Preis zum Zeitpunkt des Einbaus bzw. der Verwendung" zu berücksichtigen ist. Dem liegt die Intention des Auftraggebers zugrunde, Spekulationen des Auftragnehmers zu verhindern und die Abrechnung der Leistungen zu vereinfachen. Sie führt indes dazu, dass der Auftragnehmer bei der Bildung seiner Angebotspreise nicht auf die Einkaufspreise zum Zeitpunkt seiner Angebotsabgabe abstellen kann, sondern von dem vom Beklagten festgesetzten Marktpreis auszugehen hat. Bei fallenden Stoffpreisen läuft er andernfalls Gefahr, eine geringere Vergütung als den von ihm aufgewendeten Einkaufspreis zu erhalten. Damit muss ein Bieter – ohne ausdrücklichen Hinweis des Auftraggebers – nicht rechnen. Die aktuelle Stoffpreisgleitklausel im Vergabehandbuch des Bundes 2008 (Stand Juli 2013) wurde angepasst: Preisänderungen in der Angebotsphase zwischen Versand der Vergabeunterlagen und Angebotsöffnung werden berücksichtigt. Zwar bleibt das grundsätzliche Problem, dass der Bieter bei der Bildung seiner Angebotspreise nicht auf die Einkaufspreise zum Zeitpunkt seiner Angebotsabgabe abstellen kann; das damit einhergehende Kalkulationsrisiko wird durch die angepasste Regelung jedoch reduziert und transparent(er), so dass die Regelung einer AGB-Kontrolle standhält.
Anwendungsfehler kommen vor, wenn die Klausel auf einen nicht mehr festgestellten Index 33 Bezug nimmt[45] oder der in Bezug genommene Index ungeeignet ist, weil die im Index wiedergespiegelte Preisentwicklung der tatsächlichen Preisentwicklung bei den verwendeten Produkten nicht entspricht, sondern zuwiderläuft[46]. Weitere Fragen können sich ergeben, wenn die Klausel auf Materialien Bezug nimmt, die der Auftragnehmer nicht als vollständiges Produkt einkauft bzw. verwendet, sondern die als Vorprodukt in das eingekaufte bzw. verwendete Material eingehen. Praktisch sollte sich das Problem nicht stellen, weil die Ausschreibung verlangt, in ein Formblatt einzutragen, auf welche konkreten Stoffe sich die Materialpreisgleitklausel

---

[40] BGH BauR 1998, 1089 – Kalkulationsirrtum; näher → VOB/B § 2 Rn. 163.
[41] Näher → VOB/B § 2 Rn. 163.
[42] Vergabeüberwachungsausschuss des Bundes IBR 1999, 145.
[43] Materialpreisklauseln wurden in den Vorauflagen noch als „im Regelfall unproblematisch" beschrieben.
[44] BGH NZBau 2014, 757.
[45] LG Magdeburg NZBau 2014, 586, das im konkreten Fall einen versteckten Dissens angenommen hat, der weder durch ergänzende Vertragsauslegung noch durch Rückgriff auf dispositives Gesetzesrecht behoben werden konnte.
[46] OLG Naumburg 12.11.2010 – 6 U 69/10, BeckRS 2010, 33327(ergänzende Vertragsauslegung erforderlich, wenn Ungeeignetheit im Zeitpunkt des Vertragsschlusses nicht erkennbar war); OLG München 20.8.2014 – 9 U 1184/14 Bau (Index ist wirksam vereinbart, wenn Ungeeignetheit im Zeitpunkt des Vertragsschlusses erkennbar war).

VOB/A § 10

bezieht. Zu dort nicht vorgesehenen Materialien wird der Auftragnehmer ungefragt keine Preise angeben, also gilt für solche Vorprodukte die Materialpreisklausel nicht.[47]

IV. Wertung des Angebots

34 Die **Centklausel** im Formblatt 224 des Vergabehandbuchs des Bundes ist als **Nebenangebot** konzipiert. Das folgt daraus, dass es sich bei dem Formblatt 224 um ein (zusätzliches) Angebotsformblatt handelt, das der Bieter abgeben kann, aber in der Regel nicht abgeben muss. Zugleich geht die Centklausel davon aus, dass der Auftragnehmer in die Einheitspreise des Hauptangebots eventuelle Preisänderungen einberechnet hat und dass die Einheitspreise des Hauptangebots bei Vereinbarung einer Centklausel dementsprechend um dieses Preisrisiko reduziert werden können. Daher sieht das Formblatt 224 vor, dass der Auftraggeber darin für die jeweiligen Abschnitte eine fiktive Lohnänderung und der Bieter den Änderungssatz in v. T. angibt und auf dieser Grundlage den fiktiven Erstattungsbetrag ermittelt. Der Bieter errechnet mit anderen Worten denjenigen (fiktiven) Betrag, den der Auftraggeber aufgrund der Lohngleitklausel an ihn während der Vertragslaufzeit erstatten (bzw. mehrvergüten) muss. Dieser Erstattungsbetrag ist – ausschließlich zum Zwecke der Angebotswertung – in einem gesondert dafür vorgesehenen Abschnitt im Leistungsverzeichnis anzugeben und in den Angebotsgesamtpreis einzurechnen. Damit fließen sowohl die Verminderung der Einheits- bzw. Pauschalpreise des Hauptangebots, als auch der Änderungssatz in die Wertung des Angebots ein. Ist die Verminderung zu gering, und/oder der Verminderungssatz zu hoch, wird das Angebot nicht das wirtschaftlichste sein und deshalb den Zuschlag nicht erhalten.

35 In diesem Zusammenhang sind folgende Bieterfehler praxisrelevant und dafür in der Richtlinie zu 225 im Vergabehandbuch des Bundes 2008 (Stand Juli 2013) Wertungsvorgaben gemacht worden:

- Das LV enthält in der für den Übertrag des Erstattungsbetrages vorgesehenen Position einen Erstattungsbetrag, das Formblatt 224 liegt dem Angebot aber nicht bei: Das Angebot ist auszuschließen, da es an einer preisrelevanten Angabe (Änderungssatz Spalte 4 Formblatt 224) fehlt. Hierbei handelt es sich auch nicht um eine unwesentliche Position, so dass § 16 Abs. 1 Nr. 1c keine Anwendung finden kann.
- Das LV enthält in der für den Erstattungsbetrag, das Formblatt 224 liegt ausgefüllt bei, die Angaben sind jedoch widersprüchlich: Der nachgerechnete Erstattungsbetrag aus dem Formblatt 224 ist maßgeblich und in das LV zu übertragen.
- Das LV enthält einen Erstattungsbetrag, das Formblatt 224 liegt unausgefüllt bei: Das Angebot ist auszuschließen.
- Das LV enthält keinen Erstattungsbetrag, das Formblatt 224 liegt ausgefüllt bei: Im Rahmen der Nachrechnung wird der Erstattungsbetrag aus dem Formblatt 224 in das LV übernommen.
- Das LV enthält keinen Erstattungsbetrag, das Formblatt 224 liegt nicht oder als Blankett bei: Damit handelt es sich um ein Festpreisangebot, das als solches zu werten ist.

36 Eine **Stoffpreisgleitklausel**, die nach den Vorgaben des Vergabehandbuch des Bundes 2008 (Stand Juli 2013) konzipiert wurde, fließt nicht in die Angebotswertung ein. Denn sie enthält lediglich Angaben des Auftraggebers zu den umfassten Stoffen, den Marktpreisen für diese Stoffe und dem zu berücksichtigen Preisindex. Sie betrifft damit alle Angebote gleichermaßen und muss deshalb bei der Angebotswertung nicht berücksichtigt werden. Wenn der Auftraggeber eine Stoffpreisgleitklausel vorgegeben hat, darf ein Bieter – vorbehaltlich anderweitiger Regelungen in den Vergabeunterlagen – in einem Nebenangebot hierauf allerdings nicht verzichten. Ein solches Nebenangebot wäre auszuschließen.

§ 10 Fristen

(1) **Für die Bearbeitung und Einreichung der Angebote ist eine ausreichende Angebotsfrist vorzusehen, auch bei Dringlichkeit nicht unter zehn Kalendertagen. Dabei ist insbesondere der zusätzliche Aufwand für die Besichtigung von Baustellen oder die Beschaffung von Unterlagen für die Angebotsbearbeitung zu berücksichtigen.**

---

[47] Ein praxisrelevanter Fall war die Frage, ob eine Bitumenpreisgleitklausel nur auf „Neubitumen" oder auch auf wiederverwertetes „Altbitumen" anzuwenden ist, wenn als Stoff lediglich „Bitumen" angegeben ist. Derartige Fragen sind durch Vertragsauslegung zu beantworten.

(2) Bis zum Ablauf der Angebotsfrist können Angebote in Textform zurückgezogen werden.
(3) Für die Einreichung von Teilnahmeanträgen bei Beschränkter Ausschreibung nach Öffentlichem Teilnahmewettbewerb ist eine ausreichende Bewerbungsfrist vorzusehen.
(4) Der Auftraggeber bestimmt eine angemessene Frist, innerhalb der die Bieter an ihre Angebote gebunden sind (Bindefrist). Diese soll so kurz wie möglich und nicht länger bemessen werden, als der Auftraggeber für eine zügige Prüfung und Wertung der Angebote (§§ 16 bis 16d) benötigt. Eine längere Bindefrist als 30 Kalendertage soll nur in begründeten Fällen festgelegt werden. Das Ende der Bindefrist ist durch Angabe des Kalendertages zu bezeichnen.
(5) Die Bindefrist beginnt mit dem Ablauf der Angebotsfrist.
(6) Die Absätze 4 und 5 gelten bei Freihändiger Vergabe entsprechend.

Schrifttum: *Daub/Piel/Soergel,* Kommentar zur VOB, Teil A, 1981; *Höfler,* Die Bedeutung der Zuschlags- und Bindefrist für das Vergabeverfahren nach der VOB/A, BauR 2000, 963; *Kapellmann/Langen,* Einführung in die VOB/B, 25. Aufl. 2016; *Kulartz/Kus/Portz/Prieß,* Kommentar zum GWB-Vergaberecht, 4. Auflage 2016; *Reidt/Stickler/Glahs,* Vergaberecht, 3. Aufl. 2011; *Schäfer/Finnern/Hochstein,* Rechtsprechung zum privaten Baurecht, Loseblatt; *Ulmer/Brandner/Hensen,* Kommentar zum AGB-Recht, 12. Aufl. 2016.

Übersicht

	Rn.
A. Allgemeines	1
B. Angebotsfrist	3
I. Beginn und Ablauf der Angebotsfrist	4
1. Beginn	5
2. Ablauf	7
II. Die „ausreichende" Bemessung der Angebotsfrist	8
III. Keine Unterschreitung der Mindestfrist	10
IV. Wirkungen des Ablaufs der Angebotsfrist	11
1. Zulassung zur Angebotseröffnung	12
2. Zurückziehen von Angeboten	13
3. Bindung erst mit Ablauf der Angebotsfrist	14
V. Art und Weise der Angebotsrücknahme	15
C. Bewerbungsfrist	16
D. Bindefrist (§ 10 Abs. 4 VOB/A)	17
I. Begriff und Bedeutung der Bindefrist	18
II. Bemessung der Bindefrist (§ 10 Abs. 4 VOB/A)	20
III. Verlängerung und Ablauf der Bindefrist	29
1. Verlängerung nur durch den Bieter	30
2. Auswirkungen der Bindefristverlängerung auf den Angebotsinhalt	33
E. Entsprechende Geltung bei Freihändiger Vergabe (§ 10 Abs. 6 VOB/A)	34

A. Allgemeines

§ 10 VOB/A strafft die Regelungen zur Angebots- und Bindefrist und lehnt sie in den Begrifflichkeiten nunmehr stärker als bisher an das zivilrechtliche Modell der öffentlichen Auftragsvergabe an; in diesem Zuge wird vor allem der Begriff der Zuschlagsfrist nicht mehr verwendet, die bisherigen Absätze 2 und 7 wurden gestrichen und die Verweise angepasst. Systematisch stehen die Regelungen zur Angebots-, Binde- und Bewerbungsfrist unverändert vor den Kommunikationsregelungen der §§ 11 f. VOB/A und den Bekanntmachungsvorschriften der §§ 12 f VOB/A.

Mit dem in Abs. 1 enthaltenen Gebot an den Auftraggeber, „ausreichende" Angebotsfristen vorzusehen, werden vor allem Bieterrechte gewahrt.[1] Nach Absatz 2 besteht die Möglichkeit, bereits eingereichte Angebote in Textform zurückzuziehen. § 10 Abs. 3 enthält sinngemäß dieselbe Regelung wie der Abs. 1, hier allerdings speziell für die Einreichung von Teilnahmeanträgen bei Beschränkter Ausschreibung nach Öffentlichem Teilnahmewettbewerb. Damit be-

---
[1] Vgl. KMPP VOB/A § 10 Rn. 3.

zweckt auch § 10 Abs. 3 VOB/A Wettbewerbs- und Chancengleichheit und wirkt „bieterschützend".[2] Weil Verstöße hiergegen regelmäßig schon aus der Bekanntmachung oder spätestens aus den Vergabeunterlagen erkennbar sind, müssen Bieter solche Verstöße rechtzeitig gegenüber dem Auftraggeber rügen. Ansonsten könnte ein hierauf gestützter Nachprüfungsantrag wegen § 160 Abs. 3 GWB unzulässig sein.

2   § 10 Abs. 4 und 5 VOB/A stehen im systematischen Zusammenhang vor allem mit § 18 VOB/A. Ihre Regelung ist ebenfalls Ausdruck der zivilrechtlichen Konzeption, die der deutschen öffentlichen Auftragsvergabe zu Grunde liegt: Der Vertrag zwischen dem Bieter und der Vergabestelle kommt nach den Grundsätzen der §§ 145 ff. BGB, also durch die Annahme (= „Zuschlag") eines (bindenden) Angebotes, zustande.[3] Abs. 6 ordnet die entsprechende Geltung der Absätze 4 und 5 für die Freihändige Vergabe an.

B. Angebotsfrist

3   Als Angebotsfrist definiert § 10 Abs. 1 VOB/A den Zeitraum, den der Auftraggeber den Bietern „für die Bearbeitung und Einreichung der Angebote" einräumt.

I. Beginn und Ablauf der Angebotsfrist

4   Abweichend von der bisherigen Regelung läuft die Angebotsfrist bei Öffentlicher und Beschränkter Ausschreibung nicht mehr mit dem „Beginn der Öffnung der Angebote im Eröffnungstermin durch den Verhandlungsleiter" ab. Vielmehr soll der Auftraggeber (siehe auch die Vorgabe in Ziff. 5.3.2 des Formblattes 111 im VHB Bund) das Fristende über eine Datums- und Stundenangabe definieren. Legt er keine Stunde fest, endet die Frist um 24.00 des benannten Tages. Auch wenn der Beginn der Frist in § 10 nicht definiert wird, ist die Bestimmung des Fristbeginns vor allem deshalb wichtig, weil nur damit der genaue Zeitraum für die Angebotsfrist ermittelt und hierüber die Frage geklärt werden kann, ob die eingeräumte Angebotsfrist „ausreichend" im Sinne von § 10 Abs. 1 ist; dies bestimmt sich objektiv[4] und ansonsten abhängig von den Inhalten des jeweils konkret zugrundeliegenden Ausschreibungsverfahrens.

5   **1. Beginn.** Für die Öffentliche Ausschreibung bietet es sich an, den oberhalb der Schwellenwerte in § 10a EU Abs. 1 VOB/A als „Tag nach der Absendung der Auftragsbekanntmachung" bestimmten Beginnzeitpunkt auch im Anwendungsbereich von § 10 entsprechend anzuwenden: Dies ist derjenige Zeitpunkt, zu dem der Auftraggeber erstmals außenwirksam mit der Ausschreibung[5] auf den Markt tritt.[6]

6   Bei der Beschränkten Ausschreibung (nach oder ohne Öffentlichem Teilnahmewettbewerb) und bei der Freihändigen Vergabe beginnt die Frist mit der Absendung der Aufforderung zur Angebotsabgabe (die nach § 12a Abs. 1 Nr. 2 VOB/A an alle im Teilnahmewettbewerb ausgewählten Bieter am selben Tage abgesandt werden muss) und nach Maßgabe von § 187 Abs. 1 BGB. Dies bedeutet, dass der Tag der Absendung selbst bei der Fristberechnung nicht mit einzurechnen ist.[7]

7   **2. Ablauf.** Weil die Angebotsfrist nach der Neuregelung zu dem vom Auftraggeber zu definierenden Zeitpunkt abläuft, muss er organisatorisch sicherstellen, dass ihm fristgerechte Angebote bis dahin „ungehindert" zugehen und als solche von ihm – ebenso wie verspätete Angebote – zweifelsfrei und nachweisbar identifiziert werden können.[8] Dies gilt bei einer Verlängerung der Angebotsfrist entsprechend.[9]

---

[2] 2. VK Bund 17.4.2003 – VK 2–16/03 – für den Bereich der VOL/A. *Noch*, Vergaberecht kompakt, Rn. 285.
[3] Einzelheiten § 18 VOB/A.
[4] *Mertens* in FKZG, VOB/A § 10 Rn. 8; wohl auch *Leinemann*, Die Vergabe öffentlicher Aufträge, Rn. 609; *Reidt* in Beck'scher VergR-Kommentar VOB/A § 18 Rn. 5, 6.
[5] Zur Abgrenzung zwischen bloßer Markterkundung und „materiellem" Vergabeverfahren OLG Celle 30.10.2014 – 13 Verg 8/14, NZBau 2014, 780.
[6] *Kus/Verfürth*, Einführung in die VOB/A, 4. Aufl. Rn. 215.
[7] Zutreffend VG Lüneburg, U. v. 12.4.2017 – 5 A 96/16.
[8] Zur „Qualität" des Eignungsvermerkes eines Auftraggebers OLG Frankfurt/Main, B. v. 9.5.2017 – 11 Verg – 5/17.
[9] Vgl. zu den Informationspflichten in diesem Fall OLG Dresden 12.4.2000 – WVerg 1/00, IBRRS 40682.

II. Die „ausreichende" Bemessung der Angebotsfrist

Ob die vom Auftraggeber bemessene Angebotsfrist „ausreichend" im Sinne von § 10 Abs. 1 **8**
VOB/A ist, richtet sich (losgelöst von den „insbesondere"-Beispielen in Satz 2 der Vorschrift) danach, ob der Auftraggeber bei der Öffentlichen Ausschreibung den objektiv erforderlichen Zeitbedarf für

1. die Veröffentlichung der Vergabebekanntmachung
2. die – ggf. noch schriftliche – Anforderung der Vergabeunterlagen durch die Bieter,
3. den Versand der Vergabeunterlagen
4. die etwaige Besorgung weiterer Unterlagen für die Angebotsbearbeitung,
5. die etwaige Einsichtnahme in zusätzliche, vom Auftraggeber ausgelegte Teile der Verdingungsunterlagen,
6. die Durchführung etwaiger Ortsbesichtigungen,
7. die inhaltliche Bearbeitung der Angebote selbst und
8. deren Einreichung

hinreichend berücksichtigt hat. Bei der Beschränkten Ausschreibung muss der Auftraggeber den erforderlichen Zeitbedarf für dieselben Bearbeitungs- und Zeitkomponenten mit Ausnahme der Ziffern 1 und 2 berücksichtigen.

Welcher konkrete Zeitraum hiernach „ausreicht", also erforderlich und angemessen ist, hängt **9**
von der spezifischen Ausschreibung, deren Umfang, Schwierigkeitsgrad und nicht zuletzt von der Bearbeitungstiefe und -qualität der Unterlagen ab, die der Auftraggeber den Bietern zur Verfügung stellt.[10] Während die VOB/A im Unterschwellenbereich keine Spreizung zwischen der absoluten Mindestfrist von 10 Kalendertagen (§ 10 Abs. 1 S. 1) und einer „Regelfrist" mehr vorsieht (siehe aber z. B. § 10a EU Abs. 1 und die dort entsprechende § 15 Abs. 2 VgV genannte Mindestfrist von 35 Kalendertagen, im Fall von § 10a EU Abs. 5 mindestens 40 Kalendertage), empfiehlt das Vergabehandbuch des Bundes in der Richtlinie zu Formblatt 111 (Ziff. 5.2.3.) lediglich, dass die Frist nicht an einem Werktag unmittelbar vor oder nach einem Sonn- oder Feiertag (also im Hinblick auf Sonntage nicht Samstags und nicht Montags) enden soll. Zu Recht wird darauf hingewiesen[11], dass bei der Bemessung auch Zeiten allgemein bekannter Betriebsruhen (z. B. die branchenübliche Betriebsruhe zum Jahreswechsel, die in vielen Unternehmen besteht) zu berücksichtigen sind. Ein erhöhter Arbeitsumfang bei der Angebotsbearbeitung kann dabei nicht nur bei der Bearbeitung eines Leistungsverzeichnisses mit Leistungsprogramm, sondern auch bei der Bearbeitung einer Ausschreibung auf der Grundlage eines Leistungsverzeichnisses mit Einheitspreisen entstehen. Dies gilt vor allem dann, wenn komplexe Leistungen ausgeschrieben werden und entsprechend aufwändig zu kalkulieren sind. Aufgrund dessen kann die voraussichtliche Angebotssumme lediglich ein Indiz für den Bearbeitungsaufwand sein. Die Gleichung „niedrige Angebotssumme = geringer Angebotsbearbeitungsaufwand, hohe Angebotssumme (ca. Schwellenwerte aufwärts) = hoher Bearbeitungsaufwand" geht in der Praxis keinesfalls immer auf.[12] Eine objektiv zu kurz bemessene Angebotsfrist kann im Ergebnis zur Rechtswidrigkeit des Verfahrens und damit zur Nichtigkeit eines gleichwohl erteilten Zuschlages führen.[13]

III. Keine Unterschreitung der Mindestfrist

Aus dem Wortlaut von § 10 Abs. 1 S. 1 VOB/A folgt, dass die dort genannte Mindestfrist von **10**
10 Kalendertagen keinesfalls, und zwar auch nicht bei „Dringlichkeit", unterschritten werden darf. Ob „Dringlichkeit" vorliegt, bestimmt sich objektiv und abhängig vom Einzelfall danach, ob eine derart kurzfristige Angebotsbearbeitung für eine entsprechend ebenso kurzfristig erforderlich werdende Ausführung notwendig ist. In der Praxis dürfte eine derartige Verkürzung allenfalls bei sehr kleinen und einfachen, idealerweise standardisierten und entsprechend einfach zu kalkulierenden Maßnahmen überhaupt in Betracht kommen. Sobald die Angebotsbearbeitung einen auch nur etwas über dieses Mindestmaß hinausgehenden Aufwand erfordert, ist die

---

[10] Hierzu VK Sachsen ZfBR 2003, 302.
[11] v. Wietersheim in Ingenstau/Korbion, § 10 Rn. 13 a. E.
[12] Vgl. in diesem Zusammenhang die Entscheidung VK Sachsen 1.2.2002 – 1/SVK/139-01 – für ein Beispiel oberhalb der Schwellenwerte.
[13] VK Sachsen-Anhalt, B. v. 22.12.2016 – 3 VK LSA 50/16.

Angebotsfrist entsprechend länger zu bemessen; verstößt der Auftraggeber hiergegen, verletzt er die Bieter in ihren Rechten.

IV. Wirkungen des Ablaufs der Angebotsfrist

11 Der Ablauf der Angebotsfrist markiert in mehrfacher Hinsicht eine Zäsur.

12 **1. Zulassung zur Angebotseröffnung.** Dies folgt zunächst aus § 14a Abs. 2 bzw. § 16 Abs. 1 Nr. 1 VOB/A. Danach sind zur Eröffnung zuzulassen bzw. werden nicht ausgeschlossen nur die Angebote, die bis zum Ablauf der Angebotsfrist eingegangen sind[14] – es sei denn, dass das Angebot nachweislich vor Ablauf der Angebotsfrist dem Auftraggeber zugegangen war, aber aus vom Bieter nicht zu vertretenden Gründen dem Verhandlungsleiter nicht vorgelegen hat.[15] Ein solches Angebot ist nach § 14 Abs. 5 Nr. 1 VOB/A (=§ 14a Abs. 6 Nr. 1 VOB/A) wie ein rechtzeitig vorliegendes Angebot zu behandeln.

13 **2. Zurückziehen von Angeboten.** Weitere praktische Konsequenz ist nach § 10 Abs. 2 VOB/A, dass nur bis zum Ablauf der Angebotsfrist schon eingereichte Angebote in Textform wieder zurückgezogen werden können. Dies gilt naturgemäß nur für die Öffentliche und Beschränkte Ausschreibung. Bei der Freihändigen Vergabe gibt es keinen Eröffnungstermin. Somit tritt hier die Angebotsbindung mit dem Zugang beim Auftraggeber und damit dem Zeitpunkt ein, zu dem dieser unter normalen Umständen die Möglichkeit der Kenntniserlangung hat.[16] Will sich der Bieter hierbei nach dem Absenden seines Angebotes von der Erklärung doch wieder (sanktionslos) lösen, ist dies nach § 130 Abs. 1 S. 2 BGB wirksam nur möglich, wenn dem Auftraggeber vor dem Zugang (= Möglichkeit der Kenntniserlangung) des Angebotes oder gleichzeitig ein Widerruf zugeht. Beispiel: Der Bieter versendet freitags Abends sein Angebot mit der normalen Post an den Auftraggeber. Während des Wochenendes überlegt er es sich anders und will das Angebot noch wirksam zurückziehen. Weil jedenfalls im geschäftlichen Verkehr mit der Möglichkeit der Kenntniserlangung erst am Montagmorgen zu rechnen sein dürfte,[17] kann er dies nur erreichen, wenn er dem Auftraggeber mündlich (auch per Telefon; das Erfordernis der „Textform" nach Abs. 2 gilt wegen Abs. 6 nicht bei Freihändiger Vergabe), schriftlich (auch per Telefax) oder elektronisch (per e-mail) jeweils nachweislich (!) bis zum Beginn der üblichen Geschäftszeiten am Montagmorgen seinen Widerruf übermittelt. Gelingt ihm dies, wäre ein solcher Art übermittelter Widerruf auch dann noch rechtzeitig, wenn der Auftraggeber zuerst das Angebot öffnen sollte.[18]

14 **3. Bindung erst mit Ablauf der Angebotsfrist.** Mit der Neuformulierung in Absatz 5 wurde zugleich die Regelung des bisherigen Abs. 2 geändert, wonach die Bieter im Regelfall schon mit der Einreichung des Angebote beim Auftraggeber hieran gebunden waren. Nunmehr beginnt die Angebotsbindung erst mit dem Ablauf der Angebotsfrist. Bis dahin können Angebote in Textform zurückgezogen werden. Bei Freihändiger Vergabe gilt das oben Gesagte.[19]

V. Art und Weise der Angebotsrücknahme

15 Die Art und Weise der Rücknahme ist auf die in § 10 Abs. 2 genannte Textform beschränkt. Danach ist eine mündliche Rücknahme nicht zulässig, was im Hinblick auf § 127 BGB (gewillkürte Schriftform, elektronische Form und Textform) keinen Wirksamkeitsbedenken begegnet. Die dort vorgeschriebenen Formen zur Zurückziehung eines Angebotes (also auch zB Telefax und email) stehen unabhängig davon zur Verfügung, wie das Angebot selbst gelegt worden ist. Ein schriftlich vorgelegtes Angebot kann also zulässigerweise und wirksam in elektronischer Form zurückgezogen werden. Die Beweislast für den (rechtzeitigen) Zugang trägt der Bieter, wenn und soweit er sich hierauf beruft.

---

[14] Der Begriff der „materiellrechtlichen Ausschlussfrist" (VK Münster 15.1.2003 – VK 22/02) dürfte unverändert zutreffen. Siehe auch OLG Stuttgart 19.5.2011 – 2 U 36/11, BeckRS 2011, 14035.
[15] Vgl. hierzu VK Sachsen IBR 2005, 398 sowie VK Nordbayern 18.8.2000 – 320.VK-3194-18/00.
[16] *Ellenberger* in Palandt BGB § 130 Rn. 5.
[17] Vgl. OLG Rostock NJW-RR 1998, 526.
[18] BGH NJW 1975, 382.
[19] Im Ergebnis ebenso, in der Begründung allerdings unterschiedlich *Hertwig* in Beck'scher VOB-Kommentar VOB/A § 18 Rn. 7 (1. Auflage); *Mertens* in FKZGM, VOB/A § 10 Rn. 29.

C. Bewerbungsfrist

§ 10 Abs. 3 VOB/A setzt voraus, dass eine Beschränkte Ausschreibung nach Öffentlichem Teilnahmewettbewerb (vgl. § 3 Abs. 4 VOB/A) stattgefunden hat und stellt auch insoweit klar, dass für die Einreichung von Teilnahmeanträgen eine ausreichende Bewerbungsfrist vorzusehen ist. Für die Frage, unter welchen Voraussetzungen dies der Fall ist, gelten sinngemäß dieselben Überlegungen wie oben zu § 10 Abs. 1.[20]

D. Bindefrist (§ 10 Abs. 4 VOB/A)

§ 10 Abs. 4 VOB/A behandelt inhaltlich die Bindefrist, ohne sie mit dem – früher parallel verwandten – Begriff der Zuschlagsfrist zu verknüpfen, der konsequenterweise nicht mehr verwendet wird.

I. Begriff und Bedeutung der Bindefrist

Bedeutung und Inhalt der Bindefrist folgen aus den §§ 145 ff. BGB: Danach ist derjenige, der einem anderen den Abschluss eines Vertrages anbietet („anträgt"; im Normalfall also der Bieter), an sein Angebot („Antrag") gebunden (wenn er die Gebundenheit nicht ausgeschlossen und zB „freibleibend" oder „unverbindlich" angeboten hat).[21] Hat der (An)Bieter eine Frist zur Annahme bestimmt, kann die Annahme nur innerhalb der Frist erfolgen. Erfolgt sie nicht innerhalb der Frist, erlischt das Angebot. Diese „Frist zur Annahme" ist die Bindefrist im Sinne von § 10 Abs. 4 Satz 1, Abs. 5 VOB/A. Die verspätete Annahme (also der verspätete Zuschlag) ist – vgl. § 18 Abs. 2 VOB/A – nichts anderes als ein neues Angebot (dann umgekehrt, nämlich vom Auftraggeber an den Bieter), das der Bieter annehmen kann, aber nicht muss. Nimmt er es an, kommt der Vertrag zustande. Nimmt er es nicht (rechtzeitig) an, erlischt auch dieses Angebot.

Die Bindefrist wird vom Bieter mit seinem Angebot erklärt. Dem steht nicht entgegen, dass der Auftraggeber die zeitliche Dauer der Bindefrist (entsprechend § 10 Abs. 4 VOB/A) in der Ausschreibung festlegt. Mit seinem Angebot und mit der Akzeptanz dieser Frist wird und bleibt es die Erklärung des Bieters, dass er sich bis zum festgelegten Datum an sein Angebot gebunden halte.[22]

II. Bemessung der Bindefrist (§ 10 Abs. 4 VOB/A)

Die Dauer der Bindefrist muss nach § 10 Abs. 4 VOB/A „angemessen" und soll „so kurz wie möglich" bemessen sein. Maßstab ist die Zeitspanne, die der Auftraggeber für eine zügige Prüfung und Wertung der Angebote benötigt. Hierfür sieht Satz 2 eine Regelfrist von 30 Kalendertagen vor, die sich inzwischen auch außerhalb des (zwingenden) Anwendungsbereiches der VOB/A als „regelmäßige" Annahmefrist im Sinne des § 147 Abs. 2 BGB etabliert hat. Kommt der Auftraggeber mit dieser Regelfrist nicht aus, darf er – von vornherein oder während der schon laufenden Bindefrist – „nur in begründeten (Ausnahme-)Fällen" eine längere Frist bemessen.

Die damit von § 10 Abs. 4 S. 3 VOB/A selbst schon implizierte Begründungspflicht nimmt die Rechtsprechung sehr ernst und verlangt, dass der Auftraggeber konkrete und nachvollziehbare Gründe darlegt, die bezogen auf den jeweils zu Grunde liegenden Einzelfall eine Verlängerung objektiv rechtfertigen.[23] Ein stichhaltiger Grund liegt regelmäßig vor, wenn zB der

---

[20] Vgl. → Rn. 8 ff.
[21] Angebote, die sich die Gebundenheit vorbehalten, sind von der Wertung auszuschließen, da nur verbindliche Angebote zugelassen sind, vgl. *Leinemann*, Die Vergabe öffentlicher Aufträge, Rn. 1372.
[22] Vgl. zB das Vergabehandbuch des Bundes im Zuständigkeitsbereich der Finanzverwaltungen, Ausgabe 2008 Stand August 2016, Formblatt 213 Ziff. 1 aE: „An mein/unser Angebot halte(n) ich/wir mich/uns bis zum Ablauf der Bindefrist gebunden." Im Ergebnis ebenso BayObLG WuW-Entscheidungssammlung 1999, 1037 (Verg 237); *v. Wietersheim* in Ingenstau/Korbion, VOB/A § 10 Rn. 25 Zu weitgehend noch *Höfler* BauR 2000, 965, der für die wirksame Bestimmung der Bindefrist eine „Annahmeerklärung des Bieters" verlangt. Dies korrespondiert nicht mit dem Erklärungsinhalt des Angebotes, was schon daraus erkennbar wird, dass der Bieter im Angebot (zivilrechtlich wirksam!) auch eine kürzere oder längere Bindefrist benennen kann.
[23] BGH NJW 1992, 827; OLG Hamm BauR 1996, 243; OLG Düsseldorf BauR 1999, 1288.

Beschlussturnus von ehrenamtlich tätigen (Gemeinde-)Gremien keine schnellere Entscheidung zulässt. Der Bundesgerichtshof formuliert hierzu unmissverständlich, dass derjenige, der mit einer Gemeinde Verträge schließen will, sich darauf einlassen muss, dass sich deren (gesetzlich geregelte und allgemein bekannte) Organisationsbedingungen organisatorisch auswirken.[24] Diese Umstände sind dem gemäß angemessen zu berücksichtigen.[25]

22   Auch das Vergabehandbuch des Bundes (vgl. Ziff. 5.3 der Richtlinie zu Formblatt 111) unterwirft jede Verlängerung der dort genannten Regelfristen einem gesonderten Begründungserfordernis im Vergabevermerk. Dies entspricht der soeben schon wiedergegebenen Rechtsprechung des Bundesgerichtshofs[26] mit der Folge, dass eine konkrete und auf den jeweils zu Grunde liegenden Einzelfall abgestellte Begründung erforderlich ist. Deshalb ist hier für eine rechtmäßige Verlängerung der Regelfrist von 30 Kalendertagen gleichfalls erforderlich, dass diese Verlängerung konkret und mit den Besonderheiten des jeweiligen Vergabevorganges begründet wird. Dieses konkrete Begründungserfordernis kann durch interne Verwaltungsanweisungen nicht wirksam aufgehoben werden. Keine hinreichende Begründung wäre insofern auch eine nur allgemeine Bezugnahme auf „Besonderheiten der Willensbildung beim Auftraggeber".[27] Im Falle einer Vergabeverzögerung ist der maßgebliche Anknüpfungspunkt für den Baubeginn der in der Ausschreibung genannte Beauftragungstermin („Baubeginn spätestens zwölf Werktage nach Beauftragung"). Verschiebt sich ein so genannter Beauftragungstermin, verschiebt sich gleichzeitig auch die vertraglich vorgesehene Bauzeit.[28]

23   Verlangt der Auftraggeber formularmäßig eine unangemessen lange Bindefrist, unterliegt dies der Inhaltskontrolle nach § 308 Nr. 1 BGB, der über § 307 BGB auch Unternehmer schützt.[29] Dabei ist geklärt, dass die erforderliche Mehrfachverwendungsabsicht noch nicht durch das bloß mehrfache Versenden von Angebotsblanketten dokumentiert ist. Vielmehr bedarf es hierzu der mehrfachen Verwendungsabsicht in Bezug auf den konkreten Abschluss von Verträgen.[30]

24   Unangemessen lang ist die Frist, wenn die konkret zu Grunde liegende Zeitspanne vom Auftraggeber objektiv nicht in Gänze für eine zügige Prüfung und Wertung der Angebote benötigt wird. Hierfür war es bislang ein starkes Indiz, wenn die in § 10 Abs. 4 S. 3 VOB/A genannte Dauer von 30 Kalendertagen signifikant überschritten wurde,[31] wobei keine starren Grenzen gezogen wurden.[32] Ob eine solcherart eher strenge Bewertung allerdings in Zukunft angesichts der in § 10a EU Abs. 8 Satz 3 bestimmten Regelbindung von 60 Kalendertagen (für Vergaben oberhalb der Schwellenwerte) Bestand behalten wird, wird abzuwarten sein.

25   „Unbestimmt" im Sinne von § 308 Nr. 1 BGB ist eine Frist dann, wenn der durchschnittliche Bieter nicht ohne Schwierigkeiten und ohne rechtliche Beratung feststellen kann, wann seine Bindung endet.[33] Dies war bislang etwa dann der Fall, wenn die Fristberechnung entgegen der klaren Vorgabe eines Datums vom (noch unbestimmten) Datum des Eingangs des Angebotes beim Auftraggeber abhing.[34]

26   § 10 Abs. 4 S. 4 VOB/A legt deshalb mit gutem Grund und zu Recht fest, dass das Ende der Bindefrist durch die Bezeichnung eines Kalendertages zu bestimmen ist, womit Unklarheiten ausgeschlossen sein sollten.

27   Unterlässt der Auftraggeber entgegen den Vorgaben von § 10 Abs. 4 VOB/A eine Bestimmung der Bindefrist in der Ausschreibung, liegt darin zunächst ein Vergabeverstoß, der vom Bieter rechtzeitig zu rügen wäre. Bietet der Bieter danach ohne ausdrücklich benannte Bindefrist an, gilt § 147 Abs. 2 BGB: Der Bieter ist so lange an sein Angebot gebunden, wie er unter regelmäßigen Umständen mit der Annahme („Antwort") rechnen darf. Dies sind dann regel-

---

[24] BGH NJW 1992, 827; ebenso das OLG Hamm BauR 1996, 243, wo eine Verlängerung der Zuschlagsfrist um 44 bzw. 60 Kalendertage für gerechtfertigt gehalten worden ist.
[25] Ebenso das OLG Köln IBR 1992, 439.
[26] BGHZ 116, 149.
[27] OLG Düsseldorf BauR 1999, 1288.
[28] Vgl. → VOB/B § 2 Rn. 189.
[29] *Grüneberg* in Palandt BGB § 307 Rn. 38 mwN.
[30] Vgl. BGH NJW 1997, 137.
[31] Zu § 308 Nr. 1 BGB zB *Ulmer/Brandner/Hensen*, AGB-Recht, § 308 Nr. 1 Rn. 13. Von BGHZ 116, 149 bei zwei Monaten und 6 Werktagen für eine Gemeinde ausdrücklich offen gelassen.
[32] Anders noch zB LG Nürnberg-Fürth, *Schäfer/Finnern/Hochstein*, § 10 AGBG Nr. 2: 8 Wochen sind unangemessen lange; ebenso VK Schleswig-Holstein 14.3.2012 – VK-SH 3/12.
[33] Siehe zB OLG Düsseldorf 26.7.2013 – 23 U 91/13, BeckRS 2013, 18078.
[34] *Grüneberg* in Palandt BGB § 308 Rn. 5.

mäßig jene 30 Kalendertage aus § 10 Abs. 4 S. 3 VOB/A als vom Auftraggeber selbst allgemein genannte Regelfrist.[35]

Während des Laufs der Bindefrist ist der Bieter an sein Angebot gebunden. Er selbst kann sich an dieser Bindung vor Fristablauf nur durch Anfechtung lösen. Eine solche Anfechtung unterliegt den allgemeinen Regeln der Anfechtung von Willenserklärungen, also insbesondere den §§ 119 ff. BGB. Hiernach muss vor allem ein zulässiger Anfechtungsgrund vorliegen (Einzelheiten vgl. → VOB/B § 2 Rn. 163, 214). Weigert sich der Bieter ernsthaft und endgültig, sich an einem bindenden Vertragsangebot festhalten zu lassen und bringt er zum Ausdruck, dass er nicht bereit ist, nach Annahme seines Angebots die Leistung vertragsgemäß zu erbringen, begeht er eine Pflichtverletzung. Wird der Angebotsempfänger (= Auftraggeber) dadurch veranlasst, das Angebot nicht anzunehmen, ist er berechtigt, den Schaden geltend zu machen, der ihm dadurch entstanden ist, dass der Vertrag mit diesem Bieter nicht zustande kam, sondern er einen anderen Bieter beauftragen musste.[36]

III. Verlängerung und Ablauf der Bindefrist

In der Praxis reichen die ursprünglich oder erstmalig eingeräumten Bindefristen – aus welchen Gründen auch immer – häufig nicht aus, um bis zu ihrem Ende die Angebote zu prüfen, zu werten und den Zuschlag zu erteilen. Sobald dies absehbar ist, verlangen die Auftraggeber in aller Regel von den Bietern, die Bindefrist zu verlängern.

1. Verlängerung nur durch den Bieter. Eine solche Verlängerung ist nur durch – gegebenenfalls konkludente – Erklärung des Bieters möglich, weil nur er sich über die ursprünglich erklärte Frist hinaus an sein Angebot binden, jedoch nicht einseitig vom Auftraggeber hieran festgehalten werden kann.[37] Daraus wird deutlich, dass eine bloß einseitige (oder einseitig mögliche) „Verlängerung der Bindefrist durch den Auftraggeber" diesem nicht weiterhilft, wenn und solange es ihm nicht gelingt, auch die „Zustimmung" der Bieter hierzu einzuholen. Die von den Bietern erklärte Bindefrist läuft unabhängig von der Zeitspanne, innerhalb der der Auftraggeber seinen Prüfungs- und Wertungsvorgang zu Ende bringt. Eine von den Bietern einmal erklärte Bindefrist muss deshalb gleichfalls gesondert von diesen verlängert werden.[38] Vor diesem (zivil-)rechtlichen Hintergrund und angesichts der Tatsache, dass die VOB/A den Begriff der „Zuschlagsfrist" aus ihrem Wortschatz gestrichen hat, ist die Richtlinie des VHB Bund zu den Ziff. 1.1 und 1.2 des Formblattes 331 zumindest missverständlich, soweit dort immer noch von einer Verlängerung der „Zuschlagsfrist" gesprochen wird. Unterbleibt – weshalb auch immer – eine Verlängerung der Bindefrist, wird damit das Vergabeverfahren nicht „automatisch" beendet, wie sich aus § 18 Abs. 2 VOB/A ergibt.[39]

Es ist selbstverständlich, dass manipulative Strategien der Vergabestelle (zB mehrmalige grundlose „Verlängerung" ohne sachlichen Grund[40]) unzulässig sind.[41] Bittet der Auftraggeber jedoch (ggf. auch mehrfach) in zulässiger Weise um eine Verlängerung der Bindefrist, muss er schon aus Gründen der Gleichbehandlung allen für die Vergabe in Betracht kommenden Bietern die Chance geben, weiterhin am Verfahren teilzunehmen.[42] Dazu ist ausreichend, dass die in Frage kommenden Bieter zu einer Verlängerung der Bindefrist aufgefordert werden.[43] Nicht erforderlich ist, dass alle Bieter einer solchen Verlängerung zustimmen. Dies gilt erst recht während eines laufenden Vergabenachprüfungsverfahrens.[44] Kann der Auftraggeber (insbesondere auf Grund abgelaufener Bindefrist) ein sachlich-inhaltlich annehmbares Angebot nicht annehmen, ist er auf Grund seiner haushaltsrechtlichen Bindungen gleichwohl verpflichtet, von der Möglichkeit des § 150 Abs. 1 BGB Gebrauch zu machen und nachzufragen, ob der wirtschaftlichste Bieter noch zu seinem Angebot steht.[45] Die „Verlängerung" einer bereits abgelaufenen Bindefrist durch den

---

[35] Vgl. *Kapellmann/Langen* Rn. 16.
[36] BGH BauR 2006, 514.
[37] Zutreffend 2. VK Bund 16.7.2002 – VK 2 50/02.
[38] Vgl. OLG Düsseldorf NZBau 2002, 578; *Kleine-Möller/Merl* § 5 Rn. 134.
[39] BayObLG WuW-Entscheidungssammlung 1999, 1037 (Verg 239).
[40] 2. VK Bund 16.7.2002 – VK 2 50/02.
[41] VK Sachsen 29.11.2001 – 1/SVK/110-01.
[42] Aus der Rechtsprechung zB OLG Naumburg NZBau 2004, 62.
[43] 2. VK Bund 4.5.2001 – VK 2 12/01.
[44] *Reidt* in Beck'scher VergR-Kommentar VOB/A § 10 Rn. 105.
[45] BGH NZBau 2004, 166.

Bieter ist jedoch im Regelfall unzulässig. Führt sie rechtlich zu einem „neuen" Angebot, ist dies wegen verspäteter Vorlage zwingend auszuschließen.[46]

32   Zwar sind die Bieter zumindest in Zeiten knapper Aufträge in aller Regel bereit, die Bindefrist zu verlängern, um sich nicht selbst der Auftragschance zu begeben. Vor allem durch die zunehmende Verzögerung von Zuschlagserteilungen zB auf Grund von Nachprüfungsverfahren sind die Auswirkungen von Bindefristverlängerungen und – damit einhergehend – verspäteten Zuschlagserteilungen auf den Angebotsinhalt seit einiger Zeit in der Diskussion.[47]

33   **2. Auswirkungen der Bindefristverlängerung auf den Angebotsinhalt.** Die Verlängerung der Bindefrist durch den (oder die) Bieter greift regelmäßig in das gesamte Terminsgefüge ein, das der Ausschreibung und damit auch den Angeboten zu Grunde liegt. Weil der Auftraggeber im Anschluss an § 2 Abs. 5 VOB/A erst dann ausschreiben soll, wenn das Projekt rechtlich, tatsächlich und terminlich „startbereit" ist, wird er versuchen, zwischen Ausschreibungsbeginn einerseits und Vergabe sowie Baubeginn andererseits so wenig Zeit wie möglich vergehen zu lassen. In der Praxis ist der Baubeginn nahezu immer im direkten Anschluss an die (geplante) Vergabe vorgesehen. Etwaige Zwischentermine und der Fertigstellungstermin sind hieran ausgerichtet. Verlängert nun der Bieter auf Wunsch des Auftraggebers die Bindefrist, weil der Zuschlag nicht – zB auf Grund eines durch einen Mitkonkurrenten eingeleiteten Nachprüfungsverfahrens, vgl. § 115 Abs. 1 GWB – wie ursprünglich geplant erteilt werden kann, ist er nach der Rechtsprechung des Bundesgerichtshofes[48] auch dann an den Angebotsinhalt gebunden, wenn dieser weder zeitlich noch kostenmäßig überhaupt noch realisierbar ist.[49]

E. Entsprechende Geltung bei Freihändiger Vergabe (§ 10 Abs. 6 VOB/A)

34   § 10 Abs. 6 VOB/A ordnet die entsprechende Geltung (nur) der Absätze 4 und 5 bei Freihändiger Vergabe an. Auf den ersten Blick passt dies nicht, weil es bei der Freihändigen Vergabe keine förmliche Ausschreibung und damit auch keine davon abhängigen Fristen gibt. Insofern bezweckt die Vorschrift gleichwohl den Schutz der Bieter auch bei der Freihändigen Vergabe, wo der Auftraggeber gleichermaßen gehalten ist, das Verfahren hinsichtlich der von ihm in Anspruch zu nehmenden Prüfungs- und Wertungszeiträume transparent zu gestalten. Da der Vertragsschluss ebenfalls auf der Grundlage von Angebot und Annahme zu Stande kommt, ist er daneben gut beraten, sich von dem oder den Bieter(n) während der schwebenden Verhandlungen deren Bindefrist mit Bezug auf ein spezifiziertes Angebot benennen und gegebenenfalls verlängern zu lassen. Dies gilt vor allem in denjenigen Situationen, in denen der Auftraggeber den Bieter zur Vorlage eines modifizierten Angebotes auffordert und damit – möglicherweise – das bis dahin bindende Angebot nach den §§ 146, 150 Abs. 2 BGB ablehnt, wenn die Parteien nichts anderes vereinbaren oder sich aus den sonstigen Umständen nichts anderes ergibt. Zu den Fristen im Verhandlungsverfahren (=oberhalb der Schwellenwerte) gilt nunmehr § 10c EU VOB/A.

§ 11 Grundsätze der Informationsübermittlung

(1) **Der Auftraggeber gibt in der Bekanntmachung oder den Vergabeunterlagen an, auf welchem Weg die Kommunikation erfolgen soll. Für den Fall der elektronischen Kommunikation gelten die Absätze 2 bis 6 sowie § 11a. Eine mündliche Kommunikation ist jeweils zulässig, wenn sie nicht die Vergabeunterlagen, die Teilnahmeanträge oder die Angebote betrifft und wenn sie in geeigneter Weise ausreichend dokumentiert wird.**
(2) **Vergabeunterlagen sind elektronisch zur Verfügung zu stellen.**
(3) **Der Auftraggeber gibt in der Auftragsbekanntmachung eine elektronische Adresse an, unter der die Vergabeunterlagen unentgeltlich, uneingeschränkt, vollständig und direkt abgerufen werden können.**

---

[46] Vgl. die instruktive Entscheidung des OLG Jena NZBau 2007, 195; aA *Leinemann*, Die Vergabe öffentlicher Aufträge, Rn. 1376; *Reidt* in Beck'scher VergR-Kommentar VOB/A § 10 Rn. 100.
[47] Einzelheiten → VOB/B § 2 Rn. 189.
[48] etwa BGH NZBau 2009, 370 mit Praxisanmerkung *Kapellmann* (= BauR 2009, 1131).
[49] Einzelheiten → VOB/B § 2 Rn. 189.

(4) Die Unternehmen übermitteln ihre Angebote und Teilnahmeanträge in Textform mithilfe elektronischer Mittel.
(5) Der Auftraggeber prüft im Einzelfall, ob zu übermittelnde Daten erhöhte Anforderungen an die Sicherheit stellen. Soweit es erforderlich ist, kann der Auftraggeber verlangen, dass Angebote und Teilnahmeanträge mit einer fortgeschrittenen elektronischen Signatur gemäß § 2 Nummer 2 des Signaturgesetzes (SigG) oder gemäß § 2 Nummer 3 SigG zu versehen sind.
(6) Der Auftraggeber kann von jedem Unternehmer die Angabe einer eindeutigen Unternehmensbezeichnung sowie einer elektronischen Adresse verlangen (Registrierung). Für den Zugang zur Auftragsbekanntmachung und zu den Vergabeunterlagen darf der Auftraggeber keine Registrierung verlangen. Eine freiwillige Registrierung ist zulässig.

Schrifttum: *Schäfer,* Perspektiven der eVergabe, NZBau 2015, 131 ff.; *Ingenstau/Korbion,* VOB-Kommentar, 20. Auflage 2017; *KKMPP,* Kommentar zur VgV, 2017.

Übersicht

	Rn.
A. Allgemeines	1
B. Angabe des Kommunikationsweges durch den Auftraggeber (Abs. 1)	2
C. Elektronische Kommunikation (Abs. 2–6)	3

A. Allgemeines

§ 11 VOB/A blieb in der Überschrift unverändert und behandelt in der Neufassung zunächst die grundlegende „Weichenstellung", welche Kommunikationswege dem Auftraggeber unter welchen Voraussetzungen in einem Vergabeverfahren zur Verfügung stehen und welche er öffnet (Abs. 1) sowie die Regeln, die gelten, falls die Kommunikation elektronisch ablaufen soll (Abs. 2). Insofern steht die Vorschrift in engem Kontext zu § 11a VOB/A, der die Anforderungen an elektronische Mittel festlegt. Beide Regelungen sind unverkennbar Vorboten einer Entwicklung hin zur ausschließlich elektronischen Kommunikation, die ab dem 18. Oktober 2018 allgemeiner Standard sein soll (vgl. Art. 90 Abs. 2 der RL 2014/24/EU; nur bis zu diesem Datum muss der Auftraggeber auch schriftliche Angebote akzeptieren). 1

B. Angabe des Kommunikationsweges durch den Auftraggeber (Abs. 1)

Nach § 11 Abs. 1 VOB/A hat der Auftraggeber das Recht, den oder die Kommunikationsweg(e) zu bestimmen, auf denen sein Vergabeverfahren abgewickelt werden soll; er hat dies in der Bekanntmachung oder in den Vergabeunterlagen anzugeben. Er muss sich dabei nicht – im Sinne einer „Ausschließlichkeit" – auf einen einzigen Kommunikationsweg beschränken, sondern kann beispielsweise auch schriftliche und elektronische Kommunikation parallel zulassen[1]. Entscheidet er sich (auch) für elektronische Kommunikation, gelten die Absätze 2–6 sowie § 11a VOB/A ergänzend. Mündliche Kommunikation (also das persönliche Gespräch ebenso wie das Telefonat) darf nur ohne Bezug zu den Vergabeunterlagen, den Teilnahmeanträgen oder den Angeboten stattfinden und muss „in geeigneter Weise" sowie „ausreichend" dokumentiert sein. Damit soll offenbar jegliche wettbewerbsrelevante mündliche Kommunikation vermieden werden; dann noch mögliche Gesprächsthemen sollen durch die Pflicht zur Dokumentation so transparent bleiben, dass hieraus nachvollziehbar eine fehlende Wettbewerbsrelevanz ablesbar ist. Als „geeignete" und zugleich „ausreichende" Dokumentation kommt vor allem ein Aktenvermerk in Betracht, den der jeweilige Mitarbeiter des Auftraggebers unverzüglich von dem betreffenden Gespräch mit Datum, Ort, Uhrzeit, Dauer, Teilnehmer und Themen anfertigt und in der Vergabeakte ablegt. 2

---

[1] Zutreffend *Schranner* in Ingenstau/Korbion, § 11 VOB/A, Rn. 2.

C. Elektronische Kommunikation (Abs. 2–6)

3   Entscheidet sich der Auftraggeber (auch) für elektronische Kommunikation, muss er die Vorgaben der Absätze 2–6 einhalten. Ausgangspunkt ist die Verpflichtung nach Abs. 2, die Vergabeunterlagen – gemeint im Sinne von § 8 Abs. 1 VOB/A – elektronisch zur Verfügung zu stellen. Diese „Zurverfügungstellung" muss nach Abs. 3 in jeglicher Hinsicht „barrierefrei" sein; praktisch bedeutet dies, dass die Vergabeunterlagen via Internet a) von jedermann, nämlich uneingeschränkt und direkt, b) ohne Zahlungspflicht, nämlich unentgeltlich sowie c) vollständig, also mit allen Bestandteilen abgerufen werden können müssen. Untersagt sind mithin auch „kleine" Hürden wie z. B. die vorherige Anforderung eines Passwortes oder eine – auch kostenlose – Registrierung, wie Abs. 6 Satz 2 klarstellt.

4   Aus Bietersicht ist eine derart konsequente Umsetzung der Idee eines freien und schrankenlosen „Marktes" sicherlich begrüßenswert. Für die Auftraggeber wirft dies allerdings auch Folgefragen auf: so enthalten viele Ausschreibungen technisches know-how in Gestalt von Planunterlagen oder komplexen (Bau-)Beschreibungen, das nach dem Willen ihrer Urheber möglicherweise nicht unbedingt „schrankenlos" auch jedem interessierten Mitkonkurrenten zugänglich gemacht werden sollte. Aufgrund der klaren Vorgabe einer uneingeschränkten und direkten Abrufbarkeit erscheint ein entsprechender Schutz hier allerdings kaum rechtssicher möglich.

5   Weil der Auftraggeber aufgrund dieser Vorgaben a priori nicht weiß, wer den Abruf der Vergabeunterlagen letztlich auch tatsächlich zur Angebotsbearbeitung nutzt, kann er neue Informationen zur Ausschreibung (z. B. geänderte oder ergänzte Vergabeunterlagen, Bieterfragen und –antworten) grundsätzlich nicht gezielt erteilen, sondern muss diese ebenfalls „schrankenlos" im Sinne der Abs. 2 und 3 zum Abruf bereitstellen. Mit dem Recht auf schrankenlosen Zugang der (potentiellen) Bieter korrespondiert deshalb deren Pflicht, sich selbst regelmäßig über solche neuen Informationen zu erkundigen.[2]

6   Die von den Unternehmen abzugebenden Angebote und Teilnahmeanträge sind nach Abs. 4 in Textform und elektronisch zu übermitteln. Was mit „Textform" gemeint ist, ergibt sich aus § 126b BGB. Danach muss der Bieter (bzw. Bewerber) sein Angebot (bzw. den Antrag) in einer Urkunde oder auf andere Weise zur dauerhaften Wiedergabe in Schriftzeichen geeigneten Weise abgeben – nach herrschender Auffassung erfüllen Papier, e-mails, CD-ROM, Speicherkarten sowie USB-Sticks und mobile Festplatten diese Anforderungen.[3]

7   § 11 Abs. 5 VOB/A entspricht im Grundsatz der Vorschrift des § 53 Abs. 3 VgV, der wiederum Art. 22 Abs. 1 Unterabs. 2 und 3 der RL 2014/24/EU in nationales Recht umsetzt.[4] Danach muss der Auftraggeber anlassbezogen und im Einzelfall prüfen und festlegen, auf welchem Sicherheitsniveau die elektronische Kommunikation ablaufen soll. Wenn kein „Normalfall" vorliegt, kann der Auftraggeber für die Abgabe von Angeboten und Teilnahmeanträgen auch die Verwendung einer fortgeschrittenen elektronischen Signatur nach § 2 Nr. 2 oder Nr. 3 des Signaturgesetzes verlangen; weil Abs. 5 Satz 2 insoweit „Erforderlichkeit" verlangt, dürfte eine entsprechende Begründung im Vergabevermerk tunlich sein.

8   § 11 Abs. 6 Satz 1 gibt dem Auftraggeber das Recht, von jedem Unternehmen dessen eindeutige Unternehmensbezeichnung und eine Registrierung (mit elektronischer Adresse) zu verlangen, wenn es sich nicht (vgl. Satz 3) freiwillig registriert. Weil Satz 2 klarstellt, dass dies nicht für den reinen Zugang zur Auftragsbekanntmachung und zu den Vergabeunterlagen gilt, kann eine „Registrierungspflicht" also erst mit dem Moment entstehen, in dem das Unternehmen konkret auftragsbezogen mit dem Auftraggeber kommunizieren will – dies kann auch noch im Vorfeld der Angebots- oder Teilnahmeantragsabgabe der Fall sein.[5] In der Praxis dürfte eine Registrierung für beide Seiten nur Vorteile haben: der Auftraggeber kann die Bieter transparent und nachvollziehbar gleichbehandelnd informieren, sobald angebotsrelevante Informationen im Vergabeverfahren vorliegen und die Bieter müssen umgekehrt nicht ständig „auf Verdacht" nachforschen, ob es solche neuen Informationen gibt – man kommuniziert quasi wechselseitig „mit offenem Visier" und vermeidet eine Angebotsbearbeitung und –abgabe auf der Basis nicht aktueller Unterlagen und Informationen.[6]

---

[2] Ebenso *Schranner* in Ingenstau/Korbion, § 11 VOB/A Rn. 6 a. E.
[3] *Ellenberger* in Palandt BGB, § 126b Rn. 3.
[4] Vgl. *Verfürth* in KKMPP, VgV, § 53 Rn. 9.
[5] *Müller* in KKMPP, VgV, § 9 Rn. 42 sowie *Schranner* in Ingenstau/Korbion, § 11 VOB/A Rn. 10.
[6] Zutreffend hierzu VK Südbayern, B. v. 17.10.2016 – Z3-3-3194-1-36-09/16.

§ 11a Anforderungen an elektronische Mittel

(1) Elektronische Mittel und deren technische Merkmale müssen allgemein verfügbar, nichtdiskriminierend und mit allgemein verbreiteten Geräten und Programmen der Informations- und Kommunikationstechnologie kompatibel sein. Sie dürfen den Zugang von Unternehmen zum Vergabeverfahren nicht einschränken. Der Auftraggeber gewährleistet die barrierefreie Ausgestaltung der elektronischen Mittel nach den §§ 4 und 11 des Behindertengleichstellungsgesetzes (BGG) vom 27. April 2002 (BGBl. I S. 1467, 1468) in der jeweils gültigen Fassung.

(2) Der Auftraggeber verwendet für das Senden, Empfangen, Weiterleiten und Speichern von Daten in einem Vergabeverfahren ausschließlich solche elektronischen Mittel, die die Unversehrtheit, die Vertraulichkeit und die Echtheit der Daten gewährleisten.

(3) Der Auftraggeber muss den Unternehmen alle notwendigen Informationen zur Verfügung stellen über

1. die in einem Vergabeverfahren verwendeten elektronischen Mittel
2. die technischen Parameter zur Einreichung von Teilnahmeanträgen, Angeboten mithilfe elektronischer Mittel und
3. verwendete Verschlüsselungs- und Zeiterfassungsverfahren.

(4) Der Auftraggeber legt das erforderliche Sicherheitsniveau für die elektronischen Mittel fest. Elektronische Mittel, die vom Auftraggeber für den Empfang von Angeboten und Teilnahmeanträgen verwendet werden, müssen gewährleisten, dass

1. die Uhrzeit und der Tag des Datenempfangs genau zu bestimmen sind,
2. kein vorfristiger Zugriff auf die empfangenen Daten möglich ist,
3. der Termin für den erstmaligen Zugriff auf die empfangenen Daten nur von den Berechtigten festgelegt oder geändert werden kann,
4. nur die Berechtigten Zugriff auf die empfangenen Daten oder auf einen Teil derselben haben,
5. nur die Berechtigten nach dem festgesetzten Zeitpunkt Dritten Zugriff auf die empfangenen Daten oder auf einen Teil derselben einräumen dürfen,
6. empfangene Daten nicht an Unberechtigte übermittelt werden und
7. Verstöße oder versuchte Verstöße gegen die Anforderungen gemäß den Nummern 1 bis 6 eindeutig festgestellt werden können.

(5) Die elektronischen Mittel, die von dem Auftraggeber für den Empfang von Angeboten und Teilnahmeanträgen genutzt werden, müssen über eine einheitliche Datenaustauschschnittstelle verfügen. Es sind die jeweils geltenden Interoperabilitäts- und Sicherheitsstandards der Informationstechnik gemäß § 3 Absatz 1 des Vertrags über die Errichtung des IT-Planungsrats und über die Grundlagen der Zusammenarbeit beim Einsatz der Informationstechnologie in den Verwaltungen von Bund und Ländern vom 1. April 2010 zu verwenden.

(6) Der Auftraggeber kann im Vergabeverfahren die Verwendung elektronischer Mittel, die nicht allgemein verfügbar sind (alternative elektronische Mittel), verlangen, wenn er

1. Unternehmen während des gesamten Vergabeverfahrens unter einer Internetadresse einen unentgeltlichen, uneingeschränkten, vollständigen und direkten Zugang zu diesen alternativen elektronischen Mitteln gewährt.
2. diese alternativen elektronischen Mittel selbst verwendet.

(7) Der Auftraggeber kann für die Vergabe von Bauleistungen und für Wettbewerbe die Nutzung elektronischer Mittel im Rahmen der Bauwerksdatenmodellierung verlangen. Sofern die verlangten elektronischen Mittel für die Bauwerksdatenmodellierung nicht allgemein verfügbar sind, bietet der Auftraggeber einen alternativen Zugang zu ihnen gemäß Absatz 6 an.

Schrifttum: *Eschenbruch/Leupertz*, BIM und Recht, Köln 2016.

Übersicht

	Rn.
A. Allgemeines	1
B. Anforderungen an elektronische Mittel	2

A. Allgemeines

1   § 11a definiert die Anforderungen, die elektronische Mittel erfüllen müssen, wenn der Auftraggeber elektronisch kommuniziert und dabei elektronische Mittel einsetzt oder deren Einsatz vorgibt. Inhaltlich entspricht die Vorschrift weitgehend den §§ 10, 11 und 12 VgV, die wiederum die Vorgaben von Art. 22 der RL 2014/24/EU in nationales Recht umsetzen. Die Absätze 1–5 legen die konkreten Anforderungen im Einzelnen fest. Absatz 6 ist eine Sondervorschrift und eröffnet die Möglichkeit, auch „alternative" elektronische Mittel einzusetzen. Absatz 7 schließlich betrifft den Sonderfall einer Nutzung elektronischer Mittel für die Bauwerksdatenmodellierung.

B. Anforderungen an elektronische Mittel

2   Aufbauend auf der Vorgabe eines „barrierefreien" Zugangs in § 11 VOB/A verlangt § 11a Abs. 1 konsequenterweise, dass auch die bei der Durchführung eines Vergabeverfahrens einzusetzenden elektronischen Mittel keinerlei Zugangshürden beinhalten: gefordert ist eine diskriminierungsfreie (mit der gesonderten Erwähnung des Behindertengleichstellungsgesetzes), allgemeine Verfügbarkeit für jedermann. Dies betrifft sowohl Hard- als auch Software. Damit ist jede am Markt frei verfügbare Standardlösung zugelassen; unzulässig sind demgegenüber z. B. Sonderkonfigurationen, die besondere Programme oder besondere EDV-Fähigkeiten erfordern, die außerhalb üblicher Standards liegen und deshalb nur für einen eingeschränkten Kreis von Nutzern verwendbar sind.

3   Nach Abs. 2 der Vorschrift muss der Auftraggeber den Schutz (Unversehrtheit, Vertraulichkeit und Echtheit) der Daten beim Senden, Empfangen, Weiterleiten und Speichern in einem Vergabeverfahren dadurch gewährleisten, dass er ausschließlich entsprechend geeignete elektronische Mittel einsetzt.[1]

4   Gegenüber den Unternehmen hat er nach Abs. 3 eine entsprechende technische Transparenz dadurch herzustellen, dass er ihnen alle notwendigen Informationen über die in einem Vergabeverfahren verwendeten elektronischen Mittel (Nr. 1), die technischen Parameter zur Einreichung von Teilnahmeanträgen, Angeboten mithilfe elektronischer Mittel (Nr. 2) und verwendeten Verschlüsselungs- und Zeiterfassungsverfahren (Nr. 3) zur Verfügung stellen muss.

5   Abs. 4 knüpft zunächst an § 11 Abs. 5 Satz 1 VOB/A an und verpflichtet den Auftraggeber, das erforderliche Sicherheitsniveau für die elektronischen Mittel festzulegen. Dabei muss der Auftraggeber also prüfen, ob die spezifische Ausschreibung Standard-Anforderungen stellt oder nach Sonderlösungen verlangt. Der Katalog in Satz 2 enthält detaillierte Vorgaben für die technische Leistungsfähigkeit derjenigen elektronischen Mittel, die der Auftraggeber für den Empfang von Angeboten und Teilnahmeanträgen verwendet; der Sache nach sind die Ziff. 1–7 eine Auflistung derjenigen Kriterien, die im Anhang IV der RL 2014/24/EU genannt sind und als solche selbsterklärend. Am „Übermittlungsrisiko" auf Seiten des Bieters ändert sich dadurch nichts. Allerdings muss der Auftraggeber seinerseits auch auf kurzfristig auftretende technische Probleme in seiner Sphäre sowie darauf gestützte Rügen der Bieter zeitgerecht reagieren.[2]

6   Die Regelung in Abs. 5 versucht der Tatsache gerecht zu werden, dass im Bund und in den Ländern sowie den Kommunen und Landkreisen aktuell sicherlich nicht weniger als 30 unterschiedliche Ausschreibungs- und Vergabeplattformen existieren, die sich beinahe naturgemäß in ihren Zugängen und ihrem jeweiligen technischen Layout beträchtlich unterscheiden.[3] Bund und Länder versuchen, dies über die in Bezug genommen Abkommen bzw. Verträge anwenderfreundlich zu harmonisieren. Über den Verweis hierauf sollen einheitliche Standards umgesetzt werden.

---

[1] Kritisch insoweit für den Bereich der VgV *Müller* in KKMPP, VgV, § 11 Rn. 21 ff.
[2] VK Baden Württemberg, B. v. 30.12.2016 – 1 VK 51/16.
[3] Vgl. *Müller* in KKMPP, VgV, § 10 Rn. 12 ff.

Will der Auftraggeber elektronische Mittel außerhalb dieser Standard-Lösungen einsetzen und dies den Bietern vorgeben, setzt dies nach Abs. 6 voraus, dass er solche „alternativen elektronischen Mittel" den Bietern während des gesamten Vergabeverfahrens unentgeltlich, uneingeschränkt, vollständig und direkt zugänglich macht und diese alternativen Mittel auch selbst verwendet. Denkbare Anwendungsfälle sind sowohl besonders schützenswerte Daten, die mit frei verfügbaren Standard-Lösungen nicht adäquat geschützt werden können oder auch technisch speziell verarbeitete und gespeicherte Daten, die mit Standard-Programmen nicht bearbeitet werden können.

Absatz 7 schließlich öffnet den Anwendungsbereich der Vorschrift für elektronische Mittel zur Ver- und Bearbeitung von Daten für die Bauwerksmodellierung (BIM – building information modeling system).[4]

§ 12 Bekanntmachung, Versand der Vergabeunterlagen

(1) 1. Öffentliche Ausschreibungen sind bekannt zu machen, z. B. in Tageszeitungen, amtlichen Veröffentlichungsblättern oder auf Internetportalen; sie können auch auf www.bund.de veröffentlicht werden.
2. Diese Bekanntmachungen sollen folgende Angaben enthalten:
a) Name, Anschrift, Telefon-, Telefaxnummer sowie E-Mailadresse des Auftraggebers (Vergabestelle),
b) gewähltes Vergabeverfahren,
c) gegebenenfalls Auftragsvergabe auf elektronischem Wege und Verfahren der Ver- und Entschlüsselung
d) Art des Auftrags,
e) Ort der Ausführung,
f) Art und Umfang der Leistung,
g) Angaben über den Zweck der baulichen Anlage oder des Auftrags, wenn auch Planungsleistungen gefordert werden,
h) falls die bauliche Anlage oder der Auftrag in mehrere Lose aufgeteilt ist, Art und Umfang der einzelnen Lose und Möglichkeit, Angebot für eines, mehrere oder alle Lose einzureichen,
i) Zeitpunkt, bis zu dem die Bauleistungen beendet werden sollen oder Dauer des Bauleistungsauftrags; sofern möglich, Zeitpunkt, zu dem die Bauleistungen begonnen werden sollen,
j) gegebenenfalls Angaben nach § 8 Abs. 2 Nr. 3 zur Zulässigkeit von Nebenangeboten,
k) Name und Anschrift, Telefon- und Telefaxnummer, E-Mail-Adresse der Stelle, bei der die Vergabeunterlagen und zusätzliche Unterlagen angefordert und eingesehen werden können,
l) gegebenenfalls Höhe und Bedingungen für die Zahlung des Betrags, der für die Unterlagen zu entrichten ist,
m) bei Teilnahmeantrag: Frist für den Eingang der Anträge auf Teilnahme, Anschrift, an die diese Anträge zu richten sind, Tag, an dem die Aufforderungen zur Angebotsabgabe spätestens abgesandt werden,
n) Frist für den Eingang der Angebote,
o) Anschrift, an die die Angebote zu richten sind, gegebenenfalls auch Anschrift, an die Angebote elektronisch zu übermitteln sind,
p) Sprache, in der die Angebote abgefasst sein müssen,
q) Datum, Uhrzeit und Ort des Eröffnungstermins sowie Angabe, welche Personen bei der Eröffnung der Angebote anwesend sein dürfen,
r) gegebenenfalls geforderte Sicherheiten,
s) wesentliche Finanzierungs- und Zahlungsbedingungen und/oder Hinweise auf die maßgeblichen Vorschriften, in denen sie enthalten sind,
t) gegebenenfalls Rechtsform, die die Bietergemeinschaft nach der Auftragsvergabe haben muss,

---

[4] Umfassend zum rechtlichen und technischen Kontext *Eschenbruch/Leupertz*, BIM und Recht, Köln 2016, passim.

u) verlangte Nachweise für die Beurteilung der Eignung des Bewerbers oder Bieters,
v) Bindefrist,
w) Name und Anschrift der Stelle, an die sich der Bewerber oder Bieter zur Nachprüfung behaupteter Verstöße gegen Vergabebestimmungen wenden kann.

(2) 1. Bei Beschränkten Ausschreibungen nach Öffentlichem Teilnahmewettbewerb sind die Unternehmer durch Bekanntmachungen, z. B. in Tageszeitungen, amtlichen Veröffentlichungsblättern oder auf Internetportalen, aufzufordern, ihre Teilnahme am Wettbewerb zu beantragen.
2. Diese Bekanntmachungen sollen die Angaben gemäß § 12 Abs. 1 Nummer 2 enthalten.

(3) Anträge auf Teilnahme sind auch dann zu berücksichtigen, wenn sie durch Telefax oder in sonstiger Weise elektronisch übermittelt werden, sofern die sonstigen Teilnahmebedingungen erfüllt sind.

Übersicht

	Rn.
A. Allgemeines	1
B. Bekanntmachung bei öffentlicher Ausschreibung (§ 12 Abs. 1)	5
I. Veröffentlichung	7
II. Inhalt	9
1. Angaben zum Auftraggeber/Vergabestelle (a)	11
2. Vergabeverfahren (b)	12
3. Elektronische Auftragsvergabe (c)	13
4. Art des Auftrags (d)	14
5. Ausführungsort (e)	15
6. Art und Umfang der Leistung (f)	16
7. Zweck der baulichen Anlage (g)	17
8. Losweise Vergabe (h)	18
9. Ausführungsfristen (i)	19
10. Änderungsvorschläge und Nebenangebote (j)	20
11. Stelle für Einsicht und Abgabe der Vergabeunterlagen (k)	21
12. Entschädigung (l)	22
13. Antragsfrist ua bei Teilnahmeanträgen (m)	23
14. Angebotsfrist (n)	24
15. Angebotsannahmestelle/Elektronische Angebotsübermittlung (o)	25
16. Angebotssprache (p)	26
17. Eröffnungstermin und dort zugelassene Teilnehmer (q)	27
18. Sicherheiten (r)	28
19. Finanzierungsbedingungen (s)	29
20. Bietergemeinschaften (t)	30
21. Eignungsnachweise (u)	31
22. Bindefrist(v)	32
23. Nachprüfungsstelle (w)	33
C. Bekanntmachung bei Beschränkter Ausschreibung nach Öffentlichem Teilnahmewettbewerb (§ 12 Abs. 2 VOB/A)	34
I. Veröffentlichung der Bekanntmachung (Nr. 1)	35
II. Inhalt der Bekanntmachung (Nr. 2)	36
D. Anträge auf Teilnahme (§ 12 Abs. 3 VOB/A)	37

A. Allgemeines

1 § 12 VOB/A bestimmt jetzt zusammen mit § 12a die formellen Anforderungen, die der Auftraggeber bei der Bekanntmachung einer Ausschreibung und dem Versand der Vergabeunterlagen einhalten muss. Die Neufassung beinhaltet damit die früheren Absätze 1 – 3, wurde dort nur minimal an veränderte Begrifflichkeiten (Bindefrist) angepasst und blieb inhaltlich ansonsten unverändert. Abs. 1 behandelt die Formerfordernisse bei der Öffentlichen Ausschreibung, Abs. 2 diejenigen bei Beschränkter Ausschreibung nach Öffentlichem Teilnahmewettbewerb mit entsprechendem Verweis in Nr. 2. Abs. 3 enthält eine Klarstellungs- und Gleichbe-

handlungsregelung für eingehende Teilnahmeanträge und den Versand von Unterlagen an die Bewerber. Die bisherigen Abs. 4 – 7 wurden zu § 12a VOB/A.

Mit der Einhaltung dieser Regeln, die im Wesentlichen schon auf die frühere EU-Baukoordinierungsrichtlinie zurückgehen, soll eine möglichst hohe und einheitliche Publizität der in Bezug genommenen Ausschreibungsverfahren sichergestellt werden. Über diese Publizität sollen möglichst viele interessierte Bewerber veranlasst werden, sich um den ausgeschriebenen Auftrag zu bewerben. Hierzu müssen sie bei der Öffentlichen Ausschreibung (§ 3 Abs. 1 S. 1 VOB/A) und dem Offenen Verfahren (§ 3a Abs. 1 Nr. 1 VOB/A) die Vergabeunterlagen beim Auftraggeber anfordern. Demgegenüber stellen interessierte Bieter bei der Beschränkten Ausschreibung nach Öffentlichem Teilnahmewettbewerb nach § 3 Abs. 1 S. 2 VOB/A, beim Nichtoffenen Verfahren nach § 3a Abs. 1 Nr. 2 VOB/A und beim Verhandlungsverfahren nach öffentlicher Vergabebekanntmachung (§ 3a Abs. 1 Nr. 3 VOB/A) Teilnahmeanträge. Insofern verfolgt die Bekanntmachung einerseits den Zweck, möglichst viele potentielle Bieter von der Vergabeabsicht des Auftraggebers zu unterrichten. Sie dient zugleich dazu, dem Auftraggeber einen ersten Überblick über den möglichen Bieterkreis zu vermitteln.[1] 2

Systematisch bildet § 12 VOB/A die „erste Stufe" der Bekanntmachungspflichten im Bereich der nationalen Vergaben (Abschnitt 1 der VOB/A). Europaweite Ausschreibungen nach den Abschnitten 2 und 3 fordern demgegenüber eine erhöhte Publizität in Gestalt der dort (vgl. § 12 EU Abs. 1 VOB/A) ermöglichten Vorinformation. 3

§ 12 VOB/A hat – wie alle Bestimmungen über die Veröffentlichung von Vergabevorhaben – bieterschützende, die Diskriminierungsfreiheit sichernde Funktion.[2] Wie der Vergabeüberwachungsausschuss des Bundes schon in der Entscheidung „Rollbehälter" zutreffend entschieden hat, kann ihre Verletzung zur Rechtswidrigkeit des gesamten Vergabeverfahrens führen und betroffenen Bietern auch Schadensersatzansprüche gegenüber dem Auftraggeber vermitteln.[3] Weil Verstöße gegen § 12 allerdings regelmäßig schon aus der Bekanntmachung bzw. aus den Vergabeunterlagen erkennbar sind, ist es im Anwendungsbereich des GWB für die Zulässigkeit eines späteren, hierauf gestützten Nachprüfungsverfahrens erforderlich, dass der Bieter den Verstoß spätestens mit Ablauf der Frist zur Angebotsabgabe oder zur Bewerbung rügt (§ 160 Abs. 3 GWB).[4] 4

B. Bekanntmachung bei öffentlicher Ausschreibung (§ 12 Abs. 1)

Öffentliche Ausschreibungen im Sinne von § 3 Abs. 1 S. 1 VOB/A sind nach § 12 Abs. 1 bekannt zu machen. Bezeichnet der Auftraggeber ein „Offenes Verfahren" in den nationalen Publikationsorganen fehlerhaft als „Öffentliche Ausschreibung", kann dies bei verständiger Würdigung nicht zu Unklarheiten bei den Bewerbern über die Modalitäten der Ausschreibung führen und begründet deshalb weder einen Verstoß gegen das Transparenzgebot noch rechtfertigt es die Aufhebung einer Ausschreibung.[5] 5

Abs. 1 Nr. 1 regelt die zulässige Art und Weise der Veröffentlichung, Abs. 1 Nr. 2 dient in der Art einer „Checkliste"[6] dazu, den Mindestinhalt der Bekanntmachung zu definieren.[7] 6

I. Veröffentlichung

Die Formulierung, dass öffentliche Ausschreibungen „bekannt zu machen sind", macht unmissverständlich deutlich, dass diese Anordnung zwingend ist.[8] Hierzu stehen dem Auftraggeber eine Reihe von Publikationsorganen bzw. Medien zur Verfügung, die in § 12 Abs. 1 Nr. 1 nicht 7

---

[1] Zur Transparenz und Wettbewerbsförderung OLG Düsseldorf 9.3.2007 – Verg 5/07, BeckRS 2007, 17754 sowie VK Brandenburg 22.5.2008 – VK 11/08; zur Information für den Auftraggeber *Daub/Piel/Soergel*, VOB/A ErlZ A 17.4.
[2] BGH VergabeR 2009, 219; aus der Literatur schon *Portz* ZVgR 1998, 596 f.; FKZGM VOB/A § 12 Rn. 4; *Krohn* in Beck'scher VergR-Kommentar VOB/A § 12 Rn. 1.
[3] VÜA Bund. 2.8.1994 – 1 VÜ 1/94, IBR 1995, 196; vgl. auch - zu § 17 VOL/A aF – BayObLG NZBau 2003, 584.
[4] In diesem Sinne auch das Kammergericht NZBau 2003, 338 sowie VK Münster 18.1.2005 – VK 32/04.
[5] VK Schleswig-Holstein 5.8.2004 – VK-SH 19/04.
[6] Vgl. *Mertens* in FKZGM VOB/A § 12 Rn. 4; *Krohn* in Beck'scher VergR-Kommentar VOB/A § 12 Rn. 7.
[7] *Krohn* in Beck'scher VergR-Kommentar VOB/A § 12 Rn. 7.
[8] Herrschende Auffassung, vgl. nur *v. Wietersheim* in Ingenstau/Korbion VOB/A § 12 Rn. 3.

abschließend aufgeführt sind. Teilweise werden diese Vorgaben verwaltungsintern konkretisiert. So bestimmt zB das Vergabehandbuch des Bundes für seinen Anwendungsbereich, dass eine Veröffentlichung auf dem Internetportal der Bundesverwaltung[9] erfolgen muss.[10] Darüber hinaus sollten Ausschreibungen und Aufforderungen zu Teilnahmeanträgen „auch in Tageszeitungen oder Fachzeitschriften veröffentlicht werden, wenn dies zur Erfüllung des Ausschreibungszeck nötig ist".[11] Eine Veröffentlichung im Amtsblatt der Europäischen Gemeinschaften ist auch unterhalb der Schwellenwerte möglich.

8   Weil es Zweck der Bekanntmachung ist, einen möglichst breiten Kreis potentieller Bieter auf die ausgeschriebene bzw. zu realisierende Maßnahme aufmerksam zu machen, muss der Auftraggeber die Publikationsorgane so wählen, dass dieses Ziel möglichst optimal erreicht wird. Diese Voraussetzungen werden erfüllt, wenn das Ausschreibungsorgan die notwendige überregionale Breitenwirkung hat und einem unbeschränkten Kreis von Bewerbern ohne Schwierigkeiten zugänglich ist.[12] Hierzu zählen in allererster Linie das Internet, unverändert aber auch amtliche Veröffentlichungsblätter und private Submissionsanzeiger. Dabei muss das Publikationsorgan nicht gezielt einen in der Baubranche tätigen Personenkreis ansprechen.[13] Ebenso wenig wie die Veröffentlichung zB in einer nur lokal erscheinenden Tageszeitung (nahe liegender Verstoß gegen § 6 Abs. 1 Nr. 1 VOB/A; § 8 Nr. 1 S. 2 VOB/A aF) reicht es allerdings aus, ausschließlich über das Internet bekannt zu machen, weil damit eine Benachteiligung derjenigen Bieter verbunden wäre, die (immer) noch keinen direkten oder keinen permanenten Zugang zu diesem Medium haben oder pflegen.[14] Es ist aber nicht erforderlich, dass es sich bei dem Publikationsorgan um eine überregionale Tageszeitung mit meinungsbildender Funktion der Hauptredaktion handelt.[15]

II. Inhalt

9   Der „Informationskatalog" des § 12 Abs. 1 Nr. 2 VOB/A enthält im Wesentlichen diejenigen Angaben, die ein Bieter benötigt, um in einem ersten Überblick interessante von weniger interessanten Ausschreibungen heraus zu filtern.[16] Im Gegensatz zur Formulierung in § 12 Abs. 1 Nr. 1 bestimmt Nr. 2 lediglich, dass die Bekanntmachungen die genannten Angaben enthalten „sollen". Daraus folgt, dass nur die Informationen, die im atypischen Sonderfall für die Bieter entbehrlich sind, entfallen können. Dies sollte in der Bekanntmachung entsprechend klargestellt werden. Maßstab ist das objektive Informationsinteresse des anzusprechenden Bieterkreises.[17] Insofern ist der öffentliche Auftraggeber nicht verpflichtet, sämtliche Einzelheiten zB seiner Nachweisforderungen schon in der Bekanntmachung anzugeben. Es ist aber notwendig, dass der Auftraggeber schon in der Vergabebekanntmachung angibt, welche konkreten Nachweise er von den Bietern fordert.[18] Deshalb reicht – weder hier noch in der späteren Angebotsaufforderung – der bloße Hinweis auf die Mindestkriterien nach § 8 VOB/A (aF) nicht aus.[19]

10 Insgesamt müssen alle Angaben so eindeutig und widerspruchsfrei sein, dass ein verständiger Bieter ohne eigene Interpretation eindeutig erkennen kann, was ein öffentlicher Auftraggeber fordert.[20] Dies kann große Bedeutung auch für spätere Fragen zB eines Ausschlusses auf Grund fehlender Erklärungen haben.[21] Auslegungsmaßstab ist der objektive Empfängerhorizont, also das objektivierte Verständnis eines durchschnittlichen, von der betreffenden Ausschreibung an-

---

[9] Nähere Informationen: www.bund.de
[10] Vergabehandbuch des Bundes im Zuständigkeitsbereich der Finanzverwaltungen, RL zu 121–122 – Bekanntmachung Öffentliche Ausschreibung/Öffentlicher Teilnahmewettbewerb – Ziff. 1.1.
[11] Vergabehandbuch des Bundes im Zuständigkeitsbereich der Finanzverwaltungen, ebenda.
[12] *Krohn* in Beck'scher VergR-Kommentar VOB/A § 12 Rn. 6.
[13] OVG Nordrhein-Westfalen 24.6.2014 – 13 A 1607/13, BeckRS 2014, 52989.
[14] *Kratzenberg* NZBau 2000, 265.
[15] OVG Nordrhein-Westfalen 24.6.2014 – 13 A 1607/13, BeckRS 2014, 52989.
[16] Für die Eignungsnachweise vgl. OLG Düsseldorf 2.5.2007 – Verg 1/07, BeckRS 2007, 09198; OLG Frankfurt 15.7.2008 – 11 Verg 4/08, BeckRS 2008, 19490; VK Lüneburg 17.5.2011 – VgK – 10/2011, BeckRS 2011, 26949 sowie vom 17.6.2011 – VgK-17/2011.
[17] *Bauer* in HRRH VOB/A § 12 Rn. 11; unklar insoweit *Mertens* in FKZGM VOB/A § 12 Rn. 14.
[18] Vgl. OLG Koblenz 7.11.2007 – 1 Verg 6/07, BeckRS 2008, 08767.
[19] OLG Frankfurt 10.6.2008 – 11 Verg 3/08, BeckRS 2008, 20396.
[20] OLG Frankfurt 10.6.2008 – 11 Verg 3/08, BeckRS 2008, 20396.
[21] Dazu etwa VK Münster ZfBR 2004, 100 (L) sowie OLG Düsseldorf 16.11.2011 – Verg 60/11, BeckRS 2011, 27252 zu via Internetlink auf die Internetseite des Auftraggebers „bekannt gemachten" Mindestanforderungen.

gesprochenen Bieters. Unerheblich ist, wie der Auftraggeber seine Erklärung „in Wahrheit" gemeint hat oder im Nachhinein interpretiert sehen will. Hat der Auftraggeber in der Bekanntmachung bei den „Auftragsbedingungen" Eignungsnachweise verlangt, ist der Bieter verpflichtet, diese Eignungsnachweise mit dem Angebot mit dem Angebot vorzulegen.[22] Der Auftraggeber kann die Vorlage von Eignungsnachweisen auch bereits mit der Anforderung von Angebotsunterlagen verlangen, wenn er dies so in der Bekanntmachung publiziert.[23]

1. Angaben zum Auftraggeber/Vergabestelle (a). Zu nennen sind der vollständige Name, die genaue Anschrift sowie die Telefon- und Telefaxnummern nebst E-Mailadresse und etwaigen sonstigen Telekommunikationsanschlüssen des Auftraggebers, der im Klammerzusatz als „Vergabestelle" bezeichnet wird. Gemeint ist also diejenige Stelle, die als öffentlicher Auftraggeber fungiert und den Zuschlag erteilen will. Zusätzliche Informationen, wie zB die Angabe eines externen Ingenieurbüros, das den Auftraggeber während der Ausschreibung und ggf. während der Vertragsabwicklung unterstützt, sind zulässig, reichen allerdings isoliert nicht aus, weil daraus alleine die genaue Identität des Auftraggebers nicht hervorgeht.

2. Vergabeverfahren (b). Das vom Auftraggeber gewählte Vergabeverfahren – bei Bekanntmachungen nach § 12 Abs. 1 VOB/A also die Öffentliche Ausschreibung – ergibt sich regelmäßig schon aus der Überschrift der Bekanntmachung. Daraus ist für die Bieter ersichtlich, dass sie von einem potentiell unbegrenzten Konkurrentenkreis ausgehen müssen.

3. Elektronische Auftragsvergabe (c). Die Bekanntgabe von Einzelheiten zu einer elektronischen Auftragsvergabe und zum Verfahren der Ver- und Entschlüsselung ist nach § 12 Abs. 1 Nr. 1c) vorgesehen.

4. Art des Auftrags (d). Zur Art des Auftrages ist klarzustellen, welche konkrete baugewerbliche Tätigkeit bei der Ausführung gefordert sind (zB „Ausführung von Erdarbeiten" oder „Planung und Errichtung eines Verwaltungsgebäudes").

5. Ausführungsort (e). Die Angabe des Ortes (und ggf. Ortsteils), an dem die Bauleistung ausgeführt werden soll, ist schon deshalb wichtig, weil der Ausführungsort für nur lokal tätige Unternehmen ein entscheidendes Kriterium für die Bewerbung um Aufträge ist. Der überregional tätige Bieter dürfte diese Information in seiner Kostenkalkulation berücksichtigen.

6. Art und Umfang der Leistung (f). Die zur Art und zum Umfang der Leistung geschuldeten Angaben sollen dem Bieter eine Einschätzung darüber erlauben, ob sein Betrieb gewerke- und kapazitätsmäßig hierauf eingerichtet ist (Beispiel: „Grundhafte Erneuerung der BAB A 5, Hattenbacher Dreieck/Gambacher Kreuz, Abschnitt Grünberg-Nord, Betriebskilometer 421, 456-425, 996").[24] Für Verfahren im Anwendungsbereich der Vergabeverordnung schreibt deren § 14 vor, dass die Auftraggeber den Auftragsgegenstand nach dem Gemeinsamen Vokabular für öffentliche Aufträge (CPV = Common Procurement Vocabulary, zB unter www.simap.europa.eu abrufbar) beschreiben sollen.

7. Zweck der baulichen Anlage (g). Fordert der Auftraggeber auch zur Abgabe eines Angebotes über Planungsleistungen auf, muss er nach § 12 Abs. 1 Nr. 2 lit. g VOB/A nähere Angaben über den Zweck der baulichen Anlage bzw. des Bauauftrages mitteilen. Dies betrifft vor allem die Ausschreibung einer Leistungsbeschreibung mit Leistungsprogramm nach § 7 Abs. 8 VOB/A (§ 9 Nr. 10 VOB/A aF). Weil damit die wirtschaftlich, technisch, funktionell und gestalterisch beste Lösung der Bauaufgabe gefunden werden soll, müssen die potentiellen Bieter schon auf Grund der Bekanntmachung beurteilen können, ob sie angesichts dieses Anforderungsprofils über die hinreichende Eignung und das erforderliche Interesse an einem solchen Auftrag verfügen. Um den potentiellen Bietern insoweit eine hinreichende Beurteilungsgrundlage zu bieten, muss der Auftraggeber die – zwangsläufig knappe – Beschreibung der Bau- und Planungsaufgabe gleichwohl so konkret wie möglich fassen.[25]

---

[22] OLG Rostock 16.1.2008 – 17 Verg 3/07, VPRRS 2013, 0525 – zur fehlenden Differenzierung zwischen der Erfüllung von „Teilnahme-", und „Auftragsbedingungen".
[23] Vgl. OLG Celle 31.7.2008 – 13 Verg 3/08, BeckRS 2008, 16856.
[24] Vgl. auch VK Brandenburg 25.4.2003 – VK 21/03, IBRRS 2003, 3220.
[25] *v. Wietersheim* in Ingenstau/Korbion VOB/A § 12 Rn. 12.

18 **8. Losweise Vergabe (h).** Will der Auftraggeber eine losweise Vergabe vornehmen oder sich diese Möglichkeit auch nur vorbehalten, muss er dies in der Bekanntmachung verbindlich festlegen und mitteilen. Denn diese Information ist für den Bieter nicht nur kalkulationsrelevant (insbesondere bei einem möglichen Angebot für mehrere oder alle Lose), sondern grundsätzlich für die Frage von Bedeutung, ob er überhaupt die Verdingungsunterlagen anfordern will (wenn er nur an der Bietung für einzelne Lose interessiert ist). Für einen solchen Vorbehalt der losweisen Vergabe reicht die bloße Unterteilung in „Titel" nicht;[26] erforderlich ist vielmehr eine eindeutige und zweifelsfreie Klarstellung sowohl in der Bekanntmachung als auch in den Verdingungsunterlagen.[27]

19 **9. Ausführungsfristen (i).** Ungeachtet der sprachlich jetzt etwas ausführlicher gestalteten Thematik geht es inhaltlich nach wie vor um das Stichwort „Ausführungsfristen". Die Angabe der Ausführungsfristen soll die potentiellen Bieter in die Lage versetzen, sich kapazitätsgerecht um Aufträge bewerben zu können. Bei witterungsabhängigen Gewerken tritt das Kalkulationsmoment hinzu, weil unsichere Witterungsperioden kostenmäßig und bauzeitlich kalkulatorisch berücksichtigt werden müssen. Erforderlich ist also einerseits die Angabe des voraussichtlichen Baubeginns und andererseits die Länge der geplanten Bauzeit nebst etwaigen, schon zum Zeitpunkt der Bekanntmachung absehbaren Unterbrechungen (zwingende Unterbrechungen bei Arbeiten unter Betrieb wie zB Sperrzeiten bei Eisenbahnmaßnahmen oder Ferienreisezeiten bei Arbeiten an Hauptverkehrsadern). Aufgrund ihrer zentralen Bedeutung ist die Angabe der voraussichtlichen Ausführungszeit zwingend. Maßnahmen, bei denen der Auftraggeber selbst noch nicht weiß, welche ungefähre Bauzeit sie erfordern werden oder wann der Bieter zumindest in etwa mit den Leistungen beginnen soll, dürften noch nicht ausschreibungsreif sein. In diesem Falle reicht es dann auch nicht aus, wenn der Auftraggeber lediglich mitteilt, dass er zu Angaben über die Bauzeit noch nicht in der Lage sei, auch wenn der Wortlaut („sofern möglich") insoweit „offen" formuliert ist.

20 **10. Änderungsvorschläge und Nebenangebote (j).** Wie der systematische Verweis auf § 8 Abs. 2 Nr. 3 VOB/A zeigt, muss der Auftraggeber hierzu nur dann informieren, wenn er Änderungsvorschläge und/oder Nebenangebote nicht zulassen will. Informiert der Auftraggeber hierüber in der Bekanntmachung nicht, gelten Änderungsvorschläge und Nebenangebote als zugelassen. Da sich viele potentielle Bewerber mit ihrem technischen Know-how den „Amtsvorschlägen" häufig überlegen sehen und damit der Grad ihrer Wettbewerbschance oft von der Möglichkeit abhängt, Nebenangebote vorzulegen, steckt hierin gleichfalls eine von vielen Bietern beim Lesen der Bekanntmachung vorrangig gesuchte Information.

21 **11. Stelle für Einsicht und Abgabe der Vergabeunterlagen (k).** Der Auftraggeber muss in der Bekanntmachung auch die Stelle zweifelsfrei bezeichnen, bei der sowohl die Anforderung der Unterlagen als auch deren Einsichtnahme möglich ist. Letzteres ist deshalb von praktischer Bedeutung, weil vielfach Teile der Vergabeunterlagen nicht mit versandt werden, allerdings einsehbar sind. Die hierzu anzugebende „Stelle" kann auch ein Dritter, zB das vom Auftraggeber mit der Planung betraute Ingenieurbüro, sein.[28] Gleichfalls anzugeben sind digitale Zugangs- bzw. Einseh- und Anforderungsmöglichkeiten, falls zusätzlich vorhanden.

22 **12. Entschädigung (l).** Will der Auftraggeber für die Übersendung der Vergabeunterlagen ein Entgelt verlangen, so muss er auch dies in der Bekanntmachung einschließlich etwaiger Zahlungsmodalitäten (Kontoverbindung, Zahlungsmöglichkeiten/etwaige Vorauskasse etc) mitteilen. Unterlässt er eine solche Angabe, weckt er damit beim Bieter das schützenswerte Vertrauen darauf, dass Kosten nicht erhoben werden.[29]

23 **13. Antragsfrist ua bei Teilnahmeanträgen (m).** § 12 Abs. 1 Nr. 2m) VOB/A fasst die Angaben zu Abweichungen der Bekanntmachungsvorgaben von beschränkten Ausschreibun-

---

[26] Unverändert zutreffend: VOB-Stelle Sachsen-Anhalt, Fall 203 vom 17.10.1996 VÜA 2/97, IBR 1997, 490.
[27] Zur Auslegung eines Angebotes einer vertikalen Bietergemeinschaft bei vorbehaltener Fachlosvergabe vgl. OLG Koblenz NZBau 2001, 452.
[28] *Heiermann/Riedl/Rusam*, VOB/A § 12 Rn. 24; *Krohn* in Beck'scher VergR-Kommentar VOB/A § 12 Rn. 21.
[29] FKZGM VOB/A § 12 Rn. 26.

gen nach Öffentlichem Teilnahmewettbewerb zur Öffentlichen Ausschreibung zusammen. Unterschiede sind nur bei der Einsendefrist der Teilnahmeanträge und bei der Angabe des Tages, an dem die Aufforderungen zur Angebotsabgabe spätestens abgesandt werden, vorhanden.

Nach § 12 Abs. 1 Nr. 2m) VOB/A muss der Auftraggeber in der Bekanntmachung die Frist für den Eingang der Teilnahmeanträge angeben. Diese Frist bestimmt gleichzeitig den Zeitraum, innerhalb dessen der Bewerber die von ihm geforderten Eignungsnachweise (vgl. § 6 Abs. 3 VOB/A) beschaffen und dem Auftraggeber vorlegen muss. Fordert der Auftraggeber zu Teilnahmeanträgen im Nichtoffenen Verfahren auf, muss er die in § 10a Abs. 2 Nr. 1 VOB/A enthaltenen Bewerbungsfristen zwingend einhalten und diese in der Bekanntmachung angeben. Ansonsten ist die Frist nach § 10 VOB/A so ausreichend zu bemessen, dass sich alle potentiell interessierten Bewerber über Art und Umfang der auszuschreibenden Bauleistung hinreichend informieren und einen Teilnahmeantrag mit der erforderlichen Vollständigkeit stellen können.[30]

Mit der Angabe des Tages, an dem die Aufforderung zur Angebotsabgabe spätestens zu erfolgen hat, informiert der Auftraggeber interessierte Bewerber schon mit der Bekanntmachung über den Zeithorizont, in dem sie erfahren werden, ob ihr Teilnahmeantrag Erfolg hatte und sie demgemäß mit der Angebotsbearbeitung beginnen oder aber anderweitig disponieren können.

14. Angebotsfrist (n). Die nach § 12 Abs. 1 Nr. 2n) VOB/A anzugebende Angebotsfrist[31] ist für die Bieter vor allem für die Erarbeitung ihres eigenen „Angebotszeitplans" erforderlich.

15. Angebotsannahmestelle/Elektronische Angebotsübermittlung (o). Die Angabe der genauen Anschrift derjenigen Stelle, die die Angebote entgegennimmt, ist vor allem dann wichtig, wenn diese Stelle nicht mit der Auftraggeberanschrift (§ 12 Abs. 1 Nr. 2a) VOB/A) identisch ist (zB externes Ingenieurbüro). Lässt der Auftraggeber eine digitale Angebotsübermittlung zu, muss er auch die entsprechende e-mail bzw. Internet-Adresse angeben.

16. Angebotssprache (p). Die Verpflichtung, die Angebotssprache auch bei lediglich nationalen Vergaben anzugeben, resultiert aus Art. 13 Abs. 2b) der Baukoordinierungsrichtlinie bzw. einer fehlenden speziellen Regelung in § 12a VOB/A (§ 17a VOB/A aF).

17. Eröffnungstermin und dort zugelassene Teilnehmer (q). § 12 Abs. 1 Nr. 2q) VOB/A fasst die Regelungen zu Datum, Uhrzeit und konkretem Ort des Eröffnungstermins zusammen. Für den Bieter ist dies vor allem deshalb wichtig, um seine Teilnahme organisieren und sicherstellen zu können.

Nach § 14a Abs. 1 S. 1 VOB/A dürfen im Eröffnungstermin nur die Bieter und deren Bevollmächtigte anwesend sein. Darüber hinaus empfiehlt es sich, klarzustellen, dass ein etwaiger Nachweis der Bevollmächtigung zB nur über eine schriftliche Vollmacht etc geführt werden kann. Bieter, deren Angebote nicht oder nicht rechtzeitig zugegangen sind, haben kein Zutritts- bzw. Anwesenheitsrecht.[32] Dies gilt objektiv und unabhängig davon, ob der Auftraggeber dies gesondert angibt.

18. Sicherheiten (r). Die Angabe der vom Auftraggeber – ggf. in welcher Höhe – geforderte Sicherheiten ist für viele Bieter ein zentrales Ausgangskriterium für die Beantwortung der Frage, ob sie sich an der Vergabe beteiligen (können): Entscheidend ist dies nicht nur für die Kalkulation der entstehenden Kosten, entscheidend ist auch, ob der Bieter die geforderten Sicherheiten nach dem ihm zur Verfügung stehenden Avalrahmen aufbringen kann.

19. Finanzierungsbedingungen (s). Hierzu verweisen viele Bekanntmachungen standardmäßig auf § 16 VOB/B, was zulässig und ausreichend ist.[33] Bei abweichenden Finanzierungs- bzw. Zahlungsbedingungen, zB bei der Vereinbarung von Vorauszahlungen (vgl. § 16 Abs. 2 VOB/B), muss der Auftraggeber die konkret von ihm vorgesehen Bedingungen und Einzelheiten benennen.

---

[30] Vgl. v. Wietersheim in Ingenstau/Korbion VOB/A § 12 Rn. 19; → § 10 Rn. 20 ff.
[31] Zu deren Länge, Bemessung etc vgl. § 10 Abs. 1 VOB/A.
[32] Vgl. → VOB/A § 14 Rn. 3.
[33] Krohn in Beck'scher VergR-Kommentar VOB/A § 12 Rn. 32; Mertens in FKZGM VOB/A § 12 Rn. 35.

30 **20. Bietergemeinschaften (t).** § 12 Abs. 1 Nr. 2t) lässt zu, dass eine Bietergemeinschaft vor und nach der Auftragsvergabe ihre Rechtsform wechselt. Unverändert gilt, dass Bietergemeinschaften, die nach § 6 Abs. 1 Nr. 2 VOB/A Einzelbietern gleichzusetzen sind, wenn sie die Arbeiten im eigenen Betrieb oder in den Betrieben der Mitglieder ausführen, bis zur Auftragsvergabe üblicherweise eine Gesellschaft bürgerlichen Rechts (GbR) bilden. Diese Frage der Rechtsform ist aus Auftraggebersicht vor allem unter Haftungsgesichtspunkten von Bedeutung. Er wird also auch nach der Auftragsvergabe eine Rechtsform (wie zB GbR) bevorzugen, die ihm als möglichst leistungsfähiger und unkomplizierter (Gesamtschuldnerschaft der Mitglieder) in Anspruch zu nehmender Vertrags- und Haftungspartner gegenüber tritt. Ist in der Vergabebekanntmachung nichts anderes bestimmt,[34] reicht es im Regelfall aus, wenn Nachweise zur Fachkunde oder zur Leistungsfähigkeit (nur) für jeweils ein Mitglied der Bietergemeinschaft vorgelegt werden; die Zuverlässigkeit ist hingegen von jedem Mitglied der Bietergemeinschaft nachzuweisen.[35]

31 **21. Eignungsnachweise (u).** Nach den insoweit vom Auftraggeber schon mit der Bekanntmachung geschuldeten Informationen muss für jeden Bewerber und jeden Bieter zweifelsfrei feststehen, welche Eignungsnachweise der Auftraggeber von ihm verlangt.[36] Die interessierten Bewerber und Bieter sollen also schon mit den Informationen aus der Bekanntmachung einschätzen können, ob sie die geforderten Nachweise – ggf. bis zu welchem Zeitpunkt – werden vorlegen können, vgl. BGH 3.4.2012 – X ZR 130/10: Die Bieter müssen den Unterlagen deutlich und sicher entnehmen können, welche Erklärungen von ihnen wann abzugeben sind. Besondere Vorsicht ist geboten, wenn der Auftraggeber Mindestanforderungen an die Eignung lediglich durch eine Verlinkung auf seine eigene Internetseite „bekannt macht", da auch dies den Anforderungen an eine ordnungsgemäße Bekanntmachung genügen kann.[37] Adressat für die Vorlage der Eignungsnachweise ist der Bieter (oder Bewerber) selbst. Deshalb gibt es keine ungeschriebene Pflicht, auch für jeden Nachunternehmer jeden vom Bieter selbst geforderten Eignungsnachweis zu erbringen.[38] Aus der Vorschrift folgt zugleich, dass allein die Anforderung der Nachweise nach der Bekanntmachung rechtlich verbindlich ist; der Auftraggeber darf hiervon mithin später (zB in der Angebotsaufforderung oder später bei der Wertung) nicht mehr abweichen.[39]

32 **22. Bindefrist(v).** Diese Information ist für die potentiellen Bieter vor allem zur Kapazitätsplanung und Preiskalkulation erforderlich. Für Einzelheiten zu diesem Themenkomplex vgl. § 10 VOB/A.

33 **23. Nachprüfungsstelle (w).** Die Angabe der zuständigen Nachprüfungsstelle ist nach § 21 VOB/A zwingend.

C. Bekanntmachung bei Beschränkter Ausschreibung nach Öffentlichem Teilnahmewettbewerb (§ 12 Abs. 2 VOB/A)

34 Die in § 12 Abs. 2 VOB/A enthaltenen Regeln über die Bekanntmachung einer Beschränkten Ausschreibung nach Öffentlichem Teilnahmewettbewerb sind nunmehr bewusst und weitestgehend mit der Bekanntmachung einer Öffentlichen Ausschreibung nach § 12 Abs. 1 VOB/A synchronisiert (vgl. § 12 Abs. 2 Nr. 2), so dass zur Vermeidung von Wiederholungen weitgehend auf die obigen Ausführungen zu § 12 Abs. 1 VOB/A verwiesen werden kann. Der einzig signifikante Unterschied besteht darin, dass – neben der Bekanntmachung des Bauvorhabens – bei § 12 Abs. 2 VOB/A ein möglichst großer Kreis von Unternehmen dazu aufgerufen wird, ihre Teilnahme am Wettbewerb zu beantragen. Aus diesen Anträgen wählt der Auftrag-

---

[34] Vgl. für eine Ausschreibung nach der VOF VK Saarland 28.10.2010; ABR 2011, 1037 (nur online).
[35] OLG Naumburg IBR 2007, 387.
[36] VÜA Brandenburg IBR 1998, 280. Außerdem VK Bund IBR 2005, 1045.
[37] Vgl. OLG Düsseldorf 16.11.2011 – Verg 60/11, BeckRS 2011, 27252.
[38] VK Düsseldorf IBR 2007, 1355. Werden allerdings NU-Angaben gemacht, sind diese – auch wenn sie unzutreffend sind – dem Bieter selbst zuzurechnen: OLG Düsseldorf 16.11.2011 – Verg 60/11, BeckRS 2011, 27252.
[39] OLG Frankfurt 15.7.2008 – 11 Verg 4/08, BeckRS 2008, 19490; OLG Düsseldorf 12.3.2008 – Verg 56/07, BeckRS 2008, 21252.

I. Veröffentlichung der Bekanntmachung (Nr. 1)

Die Auswahl der vom Auftraggeber auch nach § 12 Abs. 2 Nr. 1 VOB/A einzusetzenden Bekanntmachungsorgane richtet sich nach denselben Kriterien wie bei § 12 Abs. 1 Nr. 1. Auf die dortige Kommentierung (→ Rn. 7 ff.) wird deshalb der Einfachheit halber verwiesen. 35

II. Inhalt der Bekanntmachung (Nr. 2)

§ 12 Abs. 2 Nr. 2 VOB/A verweist für die Bekanntmachung bei beschränkten Ausschreibungen nach öffentlichem Teilnahmewettbewerb auf den Katalog von Einzelangaben in § 12 Abs. 1 Nr. 2 VOB/A. Die Besonderheit dieses Verfahrens wird dort in lit. m berücksichtigt. 36

D. Anträge auf Teilnahme (§ 12 Abs. 3 VOB/A)

Ausgehend vom Normalfall in Gestalt eines schriftlichen Teilnahmeantrages erweitert § 12 Abs. 3 VOB/A die Möglichkeiten interessierter Bewerber, die Teilnahme am Wettbewerb auch über die anderen genannten (elektronischen) Medien zu beantragen. Insofern ist der Auftraggeber nicht nur zur Berücksichtigung solcher Art gestellter Anträge verpflichtet, sondern muss darüber hinaus auch die entsprechenden Zugangsmöglichkeiten schaffen, soweit er diese (insbesondere e-mail) in der Bekanntmachung angegeben hat. Da die Vorschrift einen telefonisch gestellten Antrag auch dann nicht zulässt, sofern die sonstigen Teilnahmebedingungen erfüllt sind, wird man einen persönlichen Teilnahmeantrag ebenfalls nicht akzeptieren können. Dies gilt auch vor dem Hintergrund, dass die VOB/A in den Formerfordernissen – offenbar bewusst – Wert auf die Dokumentationsfunktion eines per „Telefax oder in sonstiger Weise elektronisch übermittelten" Teilnahmeantrages legt. 37

§ 12a Versand der Vergabeunterlagen

(1) Soweit die Vergabeunterlagen nicht elektronisch im Sinne von § 11 Absatz 2 und 3 zur Verfügung gestellt werden, sind sie
   1. den Bewerbern unverzüglich in geeigneter Weise zu übermitteln,
   2. bei Beschränkter Ausschreibung und Freihändiger Vergabe an alle ausgewählten Bewerber am selben Tage abzusenden.
(2) Wenn von den für die Preisermittlung wesentlichen Unterlagen keine Vervielfältigungen abgegeben werden können, sind diese in ausreichender Weise zur Einsicht auszulegen.
(3) Die Namen der Bewerber, die Vergabeunterlagen erhalten oder eingesehen haben, sind geheim zu halten.
(4) Erbitten Bewerber zusätzliche sachdienliche Auskünfte über die Vergabeunterlagen, so sind diese Auskünfte allen Bewerbern unverzüglich in gleicher Weise zu erteilen.

Übersicht

	Rn.
A. Allgemeines	1
B. Übermittlung der Vergabeunterlagen (§ 12a Abs. 1 VOB/A)	2
I. Öffentliche Ausschreibung/Offenes Verfahren	2
II. Beschränkte Ausschreibung und Freihändige Vergabe	4, 5
C. Umfang der Unterlagen (§ 12a Abs. 2 VOB/A)	9
D. Geheimhaltung der Bewerber (§ 12a Abs. 3 VOB/A)	12
E. Auskünfte und Aufklärungen (§ 12a Abs. 4 VOB/A)	13
I. Auskunftspflicht	14
II. Aufklärungspflicht	17

Planker

A. Allgemeines

Die Formulierungen des § 12a VOB/A sind nahezu wortgleich aus dem § 12 Abs. 4 bis 7 aF. übernommen, womit sich auch die materielle Rechtslage nicht geändert hat.

B. Übermittlung der Vergabeunterlagen (§ 12a Abs. 1 VOB/A)

1 § 12a Abs. 1 VOB/A dient sowohl der Verfahrensbeschleunigung (Nr. 1) als auch der Gleichbehandlung der ausgewählten Bewerber bei Beschränkter Ausschreibung und bei Freihändiger Vergabe (Nr. 2). Beim nicht offenen Verfahren und Verhandlungsverfahren gilt § 12a EUVOB/A.

I. Öffentliche Ausschreibung/Offenes Verfahren

2 Bei der Öffentlichen Ausschreibung muss der Auftraggeber jedem Bewerber die Vergabeunterlagen sowohl unverzüglich als auch in geeigneter Weise übermitteln. Die Pflicht zur „unverzüglichen" Übermittlung knüpft systematisch an § 2 Abs. 5 an, wonach der Auftraggeber ohnehin erst ausschreiben soll, wenn alle Verdingungsunterlagen fertiggestellt sind. Inhaltlich sind dieselben Maßstäbe wie bei der „Unverzüglichkeit" nach § 121 BGB anzulegen.[1]

3 Das Erfordernis der „Übermittlung in geeigneter Weise" bedeutet bei der hier gemeinten „nicht-elektronischen" Bereitstellung, dass der Auftraggeber die Unterlagen von sich aus auf den Weg bringen muss. Demgemäß reicht es (im Gegensatz zum Fall des § 12a Abs. 2) nicht aus, die Unterlagen lediglich zur Abholung bereit zu stellen. Welche Art der Übermittlung der Auftraggeber wählt, bleibt ihm überlassen; sie muss lediglich geeignet sein. Auch wenn der klassische Postversand insoweit ein auslaufendes Modell sein dürfte, ist dies bei ihm grundsätzlich der Fall. Da der Auftraggeber jedoch generell darlegungs- und beweisbelastet für die „geeignete" Auswahl und den ordnungsgemäßen Versand in der von ihm gewählte Übermittlungsart ist, muss er auch beim nicht-elektronischen Versand für eine entsprechende Dokumentation sorgen.

II. Beschränkte Ausschreibung und Freihändige Vergabe

4, 5 § 12a Abs. 1 Nr. 2 VOB/A schreibt aus Gründen der Wettbewerbsgleichheit zwingend vor, dass die Vergabeunterlagen am selben Tag an alle ausgewählte Bewerber abgesandt werden, damit deren Wettbewerbschancen jedenfalls nicht aus Gründen beeinträchtigt werden, die in der Sphäre des Auftraggebers liegen.

6 Nutzt der Auftraggeber elektronische Medien zur Versendung der Vergabeunterlagen an die ausgewählten Bewerber, gilt sinngemäß dasselbe wie zur Versendung bei Öffentlicher Ausschreibung: Bewerber, die elektronisch kommunizieren, muss der Auftraggeber gleich behandeln und die Unterlagen dementsprechend zeitgleich versenden. Gegenüber Bewerbern, die nicht elektronisch kommunizieren, muss er die Unterlagen zeitgleich entweder – soweit sinnvoll möglich – vorab per Telefax, jedenfalls aber tagleich per Post versenden.

C. Umfang der Unterlagen (§ 12a Abs. 2 VOB/A)

7–9 § 12a Abs. 2 VOB/A ist wiederum zwingende Vorschrift und deshalb unbedingt verbindlich.[2] Die „für die Preisermittlung wesentlichen Unterlagen" sind die Verdingungs- bzw. Vertragsunterlagen im Sinne von § 8 Abs. 1 Nr. 1b) VOB/A.

10 Können von Bestandteilen der Verdingungsunterlagen keine Vervielfältigungen abgegeben werden, muss der Auftraggeber diese „in ausreichender Weise" zur Einsicht auslegen. Weil hierin eine Ausnahme von der grundsätzlichen Pflicht des Auftraggebers liegt, den Bietern/Bewerbern alle für die Preisermittlung wesentlichen Unterlagen zu „übermitteln", ist diese Möglichkeit auf Ausnahmefälle beschränkt.[3] Wann eine solche Ausnahme vorliegt, bestimmt sich nach objektiven

---

[1] Krohn in Beck'scher VergR-Kommentar VOB/A § 12 Rn. 49.
[2] Vgl. zB → VOB/A § 2 Rn. 80.
[3] Lausen in juris Praxiskommentar Vergaberecht VOB/A § 12 Rn. 57; so im Ergebnis auch Bauer in HRRH VOB/A § 12 Rn. 46; Franzius in Pünder/Schellenberg, Vergaberecht, VOB/A § 12 Rn. 67.

Kriterien.⁴ Hierzu zählen insbesondere die mit einer Vervielfältigung verbundenen und womöglich unverhältnismäßigen Kosten (Beispiel: Farbige Darstellungen oder übergroße Pläne) oder die mangelnde Versendungsfähigkeit von Probestücken bzw. Mustern. Kein Ausnahmetatbestand ist der mit Vervielfältigungen stets verbundene Zeit- und/oder Kostenaufwand.

Legt der Auftraggeber zulässigerweise Unterlagen bzw. Bestandteile der Verdingungsunterlagen aus, ist es ausreichend, wenn die Unterlagen von den Bewerbern während eines Zeitraumes von zumindest ca. 2 Wochen zu den üblichen Bürozeiten in den Räumen der Vergabestelle,⁵ dem von ihr beauftragten Ingenieurbüro oder am Ausführungsort (Ortsbesichtigung!) in einem Nachbarort eingesehen und geprüft werden können. Die Bewerber müssen dabei selbstverständlich die Gelegenheit bekommen, sich entsprechende Notizen vom Inhalt der ausgelegten Unterlagen zu fertigen. Falls sie sich darüber hinaus zB Ablichtungen fertigen wollen, darf ihnen dies insoweit nicht verwehrt werden, als der Zweck der Auslegung (gleichmäßige Information für alle Bieter/Bewerber) hierdurch nicht beeinträchtigt wird. **11**

D. Geheimhaltung der Bewerber (§ 12a Abs. 3 VOB/A)

Die in § 12a Abs. 3 VOB/A enthaltene Pflicht des Auftraggebers, die Identität der Bewerber geheim zu halten, die Vergabeunterlagen erhalten oder eingesehen haben, dient vor allem dem Schutz des Wettbewerbs. Ansonsten bestünde die (erleichterte) Möglichkeit wettbewerbsbeschränkender Absprachen zwischen den Bewerbern.⁶ **12**

E. Auskünfte und Aufklärungen (§ 12a Abs. 4 VOB/A)

§ 12a Abs. 4 VOB/A ist Ausdruck einerseits der Mitwirkungspflicht des Auftraggebers und andererseits des Gleichbehandlungs- und Transparenzgebotes. **13**

I. Auskunftspflicht

Nach § 12a Abs. 4 VOB/A ist der Auftraggeber zur unverzüglichen und gleich behandelnden Auskunftserteilung verpflichtet, wenn Unternehmen zusätzliche sachdienliche Auskünfte über die Vergabeunterlagen erbitten. Wie sich aus dem Wortlaut unmissverständlich ergibt, muss die Initiative hierzu von einem (oder mehreren) Unternehmen (=Bieter oder Bewerber) ausgehen. Schon mangels Regelungslücke – vgl. die Regelungen zu Inhalt und Fertigstellungszeitpunkt der Verdingungsunterlagen insbesondere in den §§ 7 und 2 Abs. 5 VOB/A – ist § 12a Abs. 4 VOB/A weder unmittelbare noch entsprechend anwendbare Rechtsgrundlage für „nachgeschobene" Informationen unmittelbar durch den Auftraggeber selbst.⁷ **14**

Der Sache dienlich sind alle Anfragen und Auskünfte, die objektiv im Zusammenhang mit der ausgeschriebenen Leistung und dem Verfahren stehen. In der Praxis betrifft dies typischerweise sowohl technische (Inhalt/Auslegung der Leistungsbeschreibung/Leistungsabgrenzung) als auch kaufmännisch/rechtliche Fragen (Zahlungsmodalitäten, Vertragsgestaltung, Vergabeverfahren, sonstige Vertragsbedingungen); dies ist weit auszulegen.⁸ Im Einzelfall kann ein unterbliebenes Auskunftsersuchen die spätere Berufung auf (vermeintlich) widersprüchliche Verdingungsunterlagen (im Vergabenachprüfungsverfahren) erschweren bzw. hindern.⁹ Hat der Auftraggeber in der Bekanntmachung keine bestimmte Form (zB die zu Dokumentationszwecken stets empfehlenswerte Schriftform) vorgeschrieben, sind Auskunftsersuchen formfrei möglich, können also mündlich, fernmündlich, schriftlich und auf elektronischem Wege gestellt werden. Umge- **15**

---

⁴ *Daub/Piel/Soergel*, VOB/A ErlZ A 17.121.
⁵ Vgl. *Daub/Piel/Soergel*, VOB/A ErlZ A 17.121.
⁶ Vgl. BGH NJW 1987, 1821 und OLG Düsseldorf BauR 1989, 195.
⁷ Zutreffend in diesem Sinne bereits *Daub/Piel/Soergel*, VOB/A ErlZ A 17.128 entgegen Dähne/Schelle, VOB von A–Z, S. 220.
⁸ Vgl. OLG Naumburg 23.7.2001 – 1 Verg 2/01, BeckRS 2001, 31024343. *Daub/Piel/Soergel*, VOB/A ErlZ A 17.129; *v. Wietersheim* in Ingenstau/Korbion VOB/A § 12a Rn. 16.
⁹ Vgl. OLG Naumburg 29.10.2001 – 1 Verg 11/01, BeckRS 2009, 13730– sowie VK Sachsen IBR 2002 (628 und 633) und 28.5.2003 – 1/SVK/046-03, Zur fehlenden Relevanz vorvertraglich vom Bieter (nicht) betriebener Aufklärung für die (spätere) Vertragsauslegung siehe allerdings BGH NZBau 2013, 695 und BGHZ 176, 23 (Rn. 38)

kehrt dasselbe gilt dann sinngemäß für die Beantwortung,[10] die der Auftraggeber aus den genannten Dokumentationsgründen allerdings immer schriftlich vornehmen sollte.[11]

16 Der Auskunftsanspruch des Bieters nach § 12a Abs. 4 VOB/A ist weder inhaltlich noch zeitlich abding- oder einschränkbar.[12] Auskünfte können deshalb zulässiger Weise bis unmittelbar vor Ablauf der Angebotsfrist erbeten und müssen sodann unverzüglich, also ohne schuldhaftes Zögern (vgl. § 121 BGB) erteilt werden. Auch vor diesem Hintergrund ist es für den einzelnen Bieter oft eine angebotsstrategische Frage, ob und wenn ja, zu welchem Zeitpunkt er welche Auskünfte vom Auftraggeber verlangt. Er muss dabei nicht nur etwaige „Nachfragepflichten",[13] sondern auch berücksichtigen, dass der Auftraggeber nach § 12a Abs. 4 aus Gründen der Gleichbehandlung, Transparenz und Nichtdiskriminierung verpflichtet ist, die gestellte Anfrage und die darauf gegebene Antwort allen Mitkonkurrenten unverzüglich zur Kenntnis zu geben. Aus diesen Informationen lassen sich dann möglicherweise Rückschlüsse auf die Angebotsstrategie des fragenden Bewerbers ableiten, die sich seine Mitkonkurrenten zu Nutze machen können.

II. Aufklärungspflicht

17 Obwohl eine – ggf. „wichtige" – Aufklärung, die der Auftraggeber gegenüber einem Bewerber über die geforderte Leistung oder die Grundlagen der Preisermittlung gibt, im neuen Wortlaut nicht mehr vorkommt, ist auch dieser Tatbestand vor allem aus Gründen der Transparenz und Chancengleichheit ebenfalls vom Anwendungsbereich des § 12a Abs. 4 erfasst. Der Auftraggeber muss deshalb auch eine solche Information unverzüglich allen anderen Bewerbern mitteilen. Dazu gehören alle Tatsachen, die geeignet sind, die Wettbewerbsposition eines Bewerbers zu verändern oder die ihm angebots- oder wettbewerbsrelevante Informationen über die geforderte Leistung oder die Grundlagen der Preisermittlung verschaffen können.[14] Dies kann im Einzelfall auch für solche „zusätzlichen" Informationen oder Klarstellungen gelten, die sich nach der subjektiven Sicht des Auftraggebers schon unmittelbar und zweifelsfrei aus der Ausschreibung ergeben. Weil aber nicht diese subjektive Sicht, sondern der objektivierte Empfängerhorizont auf Bieterseite für das Verständnis der Ausschreibung heranzuziehen ist,[15] muss grundsätzlich jede Anfrage aus dem Bieterkreis den Auftraggeber dazu veranlassen, Frage und Antwort auch an die übrigen Bieter bekannt zu geben. Ansonsten läuft er Gefahr, bei unterbliebender Weitergabe intransparent zu verfahren und die Chancengleichheit der Bieter zu beeinträchtigen. Weil daraus die Rechtswidrigkeit des Verfahrens und damit ggf. Schadensersatzansprüche benachteiligter Bieter folgen kann, sollte eine transparente Information an alle Bieter die Regel und die Nicht-Information immer nur die seltene Ausnahme sein.[16]

18 Fordern Bieter erst zu einem Zeitpunkt die Verdingungsunterlagen an, zu dem der Auftraggeber Mitbieter auf Anfrage hin schon informiert hat, ist der Auftraggeber selbstverständlich verpflichtet, diesen „Nachzüglern" die an die anderen Bieter bis zu diesem Zeitpunkt gegebenen Informationen mit den Vergabeunterlagen ebenfalls zugänglich zu machen.

§ 13 Form und Inhalt der Angebote

(1) **1. Der Auftraggeber legt fest, in welcher Form die Angebote einzureichen sind. Bis zum 18. Oktober 2018 sind schriftlich eingereichte Angebote zugelassen. Schriftlich eingereichte Angebote müssen unterzeichnet sein. Elektronisch übermittelte Angebote sind nach Wahl des Auftraggebers**

---

[10] OLG Düsseldorf BauR 1996, 98.
[11] Hat der Auftraggeber eine bestimmte Form (z. B. Textform) für Nachfragen festgelegt, ist eine mündl. Nachfrage per Telefon beim Auftraggeber nicht zulässig und eine gleichwohl mündlich erteilte Auskunft nicht bindend: VK Sachsen-Anhalt. B. v. 7.12.2016 – 1 VK LSA 27/16.
[12] Zu letzterem LG München I BauR 1992, 270 (L). Zu Auswirkungen unzureichender Auskünfte der Vergabestelle auf ein unvollständiges Hauptangebot und deren Folgen (kein darauf gestützter Angebotsausschluss) VK Baden-Württemberg IBR 2005, 622. Zur Pflicht der Beantwortung von Fragen kurz vor Ablauf der Angebotsfrist VK Bund, B. v. 28.1.2017 – VK 2-129/16.
[13] Vgl. VK Lüneburg 26.1.2005 – 203-VgK-56/2004, BeckRS 2005, 01686 zu angeblich unvollständigen Unterlagen zur Angebotsaufforderung.
[14] In diesem Sinne auch Daub/Piel/Soergel, VOB/A ErlZ A 17.138; *v. Wietersheim* in Ingenstau/Korbion, VOB/A § 12a Rn. 16.
[15] Einzelheiten VOB/A § 7.
[16] Zur Abgrenzung VK Sachsen, B. v. 24.8.2016 – 1/SVK/017-16.

- in Textform oder
- mit einer fortgeschrittenen elektronischen Signatur nach dem SigG und den Anforderungen des Auftraggebers
- mit einer qualifizierten elektronischen Signatur nach dem SigG

zu übermitteln
2. Die Auftraggeber haben die Datenintegrität und die Vertraulichkeit der Angebote auf geeignete Weise zu gewährleisten. Per Post oder direkt übermittelte Angebote sind in einem verschlossenen Umschlag einzureichen, als solche zu kennzeichnen und bis zum Ablauf der für die Einreichung vorgesehenen Frist unter Verschluss zu halten. Bei elektronisch übermittelten Angeboten ist dies durch entsprechende technische Lösungen nach den Anforderungen des Auftraggebers und durch Verschlüsselung sicherzustellen. Die Verschlüsselung muss bis zur Eröffnung des ersten Angebots aufrechterhalten bleiben.
3. Die Angebote müssen die geforderten Preise enthalten.
4. Die Angebote müssen die geforderten Erklärungen und Nachweise enthalten.
5. Änderungen an den Vergabeunterlagen sind unzulässig. Änderungen des Bieters an seinen Eintragungen müssen zweifelsfrei sein.
6. Bieter können für die Angebotsabgabe eine selbstgefertigte Abschrift oder Kurzfassung des Leistungsverzeichnisses benutzen, wenn sie den vom Auftraggeber verfassten Wortlaut des Leistungsverzeichnisses im Angebot als allein verbindlich anerkennen; Kurzfassungen müssen jedoch die Ordnungszahlen (Positionen) vollzählig, in der gleichen Reihenfolge und mit den gleichen Nummern wie in dem vom Auftraggeber verfassten Leistungsverzeichnis wiedergeben.
7. Muster und Proben der Bieter müssen als zum Angebot gehörig gekennzeichnet sein.

(2) Eine Leistung, die von den vorgesehenen technischen Spezifikationen nach § 7a Absatz 1 abweicht, kann angeboten werden, wenn sie mit dem geforderten Schutzniveau in Bezug auf Sicherheit, Gesundheit und Gebrauchstauglichkeit gleichwertig ist. Die Abweichung muss im Angebot eindeutig bezeichnet sein. Die Gleichwertigkeit ist mit dem Angebot nachzuweisen.

(3) Die Anzahl von Nebenangeboten ist an einer vom Auftraggeber in den Vergabeunterlagen bezeichneten Stelle aufzuführen. Etwaige Nebenangebote müssen auf besonderer Anlage gemacht und als solche deutlich gekennzeichnet werden.

(4) Soweit Preisnachlässe ohne Bedingungen gewährt werden, sind diese an einer vom Auftraggeber in den Vergabeunterlagen bezeichneten Stelle aufzuführen.

(5) Bietergemeinschaften haben die Mitglieder zu benennen sowie eines ihrer Mitglieder als bevollmächtigten Vertreter für den Abschluss und die Durchführung des Vertrages zu bezeichnen. Fehlt die Bezeichnung des bevollmächtigten Vertreters im Angebot, so ist sie vor der Zuschlagserteilung beizubringen.

(6) Der Auftraggeber hat die Anforderungen an den Inhalt der Angebote nach den Absätzen 1 bis 5 in die Vergabeunterlagen aufzunehmen.

Schrifttum: *Dähne,* Was sind „unzulässige Änderungen an den Verdingungsunterlagen" nach § 21 Nr. 1 Abs. 2 VOB/A?, VergabeR 2002, 224; *Freise,* Mischkalkulationen bei öffentlichen Aufträgen, NZBau 2005, 135; *Hennemann,* Notwehrrechte bei der Vergabe von Bauleistungen nach VOB/A, BauR 2001, 307; *Herig,* Mischkalkulation als Spekulation – Verwirrungen um Begriffe, BauR 2005, 1385; *Joussen,* Das Ende der ArGe als BGB-Gesellschaft?, BauR 1999, 1063; *Köster,* Mischkalkulation und Niedrigpreisangebote bei VOB/A-Ausschreibungen, BauR 2004, 1374; *Leinemann/Kirch,* Der Angriff auf die Kalkulationsfreiheit, VergabeR 2005, 563; *Malmendier,* Rechtliche Rahmenbedingungen der elektronischen Vergabe, VergabeR 2001, 178; *Marbach,* Nebenangebote und Änderungsvorschläge im Bauvergabe- und Vertragsrecht unter Berücksichtigung der VOB, Ausgabe 2000, BauR 2000, 1643 und Festschrift Vygen, S. 241; *Müller-Wrede,* Die Behandlung von Mischkalkulationen unter besonderer Berücksichtigung der Darlegungs- und Beweislast, NZBau 2006, 73 (dazu auch *Stemmer,* IBR 2006, 243); *Prahl,* Zur rechtsverbindlichen Unterschrift eines Vertreters im VOB/A-Wettbewerb, BauR 1998, 951; *Reuss,* Behandlung von Telefaxangeboten bei Prüfung und Wertung von Angeboten gem. VOB und VOL, BauR 1993, 338; *Rossnagel/Paul,* Die Form des Bieterangebots in der elektronischen Vergabe, NZBau 2007, 74; *Schweda,* Nebenangebot im Vergaberecht, VergabeR 2003, 268; *Stemmer* Mischkalkulationen sind unzulässig, sind spekulative Preisgestaltungen passé?, VergabeR 2004, 549; *Tietje,* Die Verfassungsmäßigkeit eines Tariftreueverlangens bei Bauauftragsvergabe, NZBau 2007, 23; *Weihrauch,* Unvollständige Angebote, VergabeR 2007, 430.

Übersicht

	Rn.
A. Allgemeines	1
B. Form und Inhalt der Angebote (Abs. 1)	2
I. Äußere Form der Angebote	2
1. Schriftlichkeit der Angebote und Unterzeichnung	4
2. Digitale Angebote mit digitaler Signatur	7
3. Preisangaben	12
4. (Sonstige) geforderte Erklärungen	15
5. Unzulässige Änderungen an den Vergabeunterlagen	17
6. Zweifelsfreie Änderungen an den Bewerber-Eintragungen	22
II. Selbst gefertigte Abschriften oder Kurzfassungen des Leistungsverzeichnisses	24
III. Muster und Proben	25
C. Abweichungen von den vorgesehenen Technischen Spezifikationen (Abs. 2)	27
I. Begriff der Technischen Spezifikationen	27
II. Angebotsvoraussetzungen bei Abweichungen von den Technischen Spezifikationen	30
D. Nebenangebote (Abs. 3)	32
I. Begriffsbestimmungen	32
II. Formelle Anforderungen	37
III. Rechtsfolgen bei Verstößen durch Bieter	39
E. Preisnachlässe ohne Bedingungen (Abs. 4)	41
F. Angebote von Bietergemeinschaften (Abs. 5)	43
I. Begriff	43
II. Voraussetzungen zur Angebotsabgabe	45
G. Aufnahme der Abs. 1–5 in die Vergabeunterlagen (Abs. 6)	49

A. Allgemeines

1 § 13 konkretisiert die Mitwirkung des in § 6 VOB/A definierten Bewerbers bei dem Verfahren, das zur Erteilung des Zuschlages und damit zum Vertragsabschluss über die Durchführung einer Bauleistung führen soll. Darin wird geregelt, welche Eintragungen in die vom Auftraggeber vorgefertigten Vergabe- und Vertragsunterlagen vorzunehmen sind, um daraus ein Angebot zu machen. Der maßgebliche Sinn und Zweck der umfangreichen Angebotsvorbereitungen durch den Auftraggeber liegt – neben der Spezifizierung des Leistungsinhalts – darin, dass alle Bewerber nur an den vorgegebenen Stellen ihre Angaben platzieren sollen, um so eine weitest gehende Vergleichbarkeit der Angebote vorzubereiten. Denn nur so ist es möglich, das annehmbarste bzw. wirtschaftlichste Angebot iSv § 16d Abs. 1 Nr. 3 zu ermitteln. Dieses Vorgehen entspricht den Grundsätzen der Wirtschaftlichkeit und Sparsamkeit als tragenden Prinzipien des Öffentlichen Haushaltsrechts. Ferner wird durch eine möglichst genaue Beschreibung und durch vollständige Bieterangaben Vertragssicherheit bewirkt und der Gefahr späterer Auslegungsdifferenzen begegnet.[1]

B. Form und Inhalt der Angebote (Abs. 1)

I. Äußere Form der Angebote

2 Nach den Regeln des § 13 vollzieht sich der entscheidende Schritt von der bloßen Verdingungsunterlage, die der Auftraggeber gefertigt hat, zum Angebot, das nur unter Mitwirkung des Bewerbers zustande kommen kann. Für die äußere Form kennt die VOB/A nunmehr nur noch im Unterschwellenbereich als alternative Möglichkeiten zwingend sowohl das schriftliche als auch das digitale Angebot.

---

[1] Thüringer OLG VergabeR 2007, 207 (Leitsatz 1). Negativbeispiel bei VK Bund 17.11.2014 – VK 2–77/14, IBR 2015, 89. Zum Auslegungserfordernis OLG Karlsruhe 25.7.2014 – 15 Verg 4/14, BeckRS 2015, 09191. Zur Risikoverteilung bei Unklarheiten OLG Schleswig IBR 2010, 607 sowie KG 21.11.2014 – Verg 22/13, BeckRS 2015, 00145.

Form und Inhalt der Angebote 3–6 § 13 VOB/A

Nach Abs. 1 Nr. 1 Satz 1 legt der Auftraggeber fest, in welcher Form die Angebote einzureichen sind.[2] Bis zum 18. Oktober 2018 müssen Angebote in schriftlicher Form immer zugelassen werden (Satz 2), was bedeutet, dass auch bei vorgegebener elektronischer Übermittlung beide Möglichkeiten nebeneinander bestehen. 3

1. Schriftlichkeit der Angebote und Unterzeichnung. Nach Abs. 1 Nr. 1 (Sätze 1–3) müssen die schriftlich eingereichten Angebote unterzeichnet sein. Es handelt sich hier um eine durch Rechtsgeschäft bestimmte Schriftform iSv § 127 BGB. Bis zur Fassung der VOB/A von 1996 fehlte diese Vorgabe, doch war auch damals schon von der Schriftlichkeit auszugehen, weil der Bewerber die (schriftlichen) Verdingungsunterlagen zu bearbeiten hatte und weil im Eröffnungstermin eine Verlesung erfolgen musste. Hierbei ist es ohne Belang, ob die Eintragungen handschriftlich (zB bei den Einheitspreisen, den Änderungssätzen von Lohngleitklauseln uä) erfolgen oder per Maschine bzw. Datenverarbeitung gemacht werden; sie müssen aber dokumentenecht sein.[3] Besonderheiten gelten nur hinsichtlich digitaler Angebote. 4

Von wesentlicher Bedeutung ist die Forderung nach einer Unterzeichnung, die sich mit den Anforderungen in § 127 Abs. 1 iVm § 126 Abs. 1 BGB deckt. Die VOB/A hat damit allerdings die strengen Anforderungen der früher (vor der Änderung 2000) geforderten „rechtsverbindlichen Unterschrift" abgeschwächt, weil lediglich noch eine „Unterzeichnung" verlangt wird.[4] Für diese gelten die allgemeinen Regeln und Grundsätze, die an jede Unterschrift gestellt werden müssen, nämlich 5

– räumlicher Abschluss der Erklärung – dies sollte im Normalfall durch die einschlägigen Verdingungsmuster stets als gegeben anzusehen sein,
– eigenhändige Unterzeichnung. Damit sind mechanische Mittel, wie zB Faksimile-Stempel, digitale Signaturen uä ausgeschlossen. Ebenso wenig reicht die fotokopierte Unterschrift aus, sei es als Telegramm oder als Telefax,[5]
– Vertretungsmacht des Unterzeichnenden, was insbesondere von Wichtigkeit ist, wenn die Firma des Bewerbers als Personengesellschaft oder als juristische Person des Privatrechts (AG, GmbH) geführt wird. Einzelheiten dazu siehe unten Nr. VI (→ Rn. 46).
– Erkennbarkeit als Schriftzeichen, wenn auch nicht unbedingt Lesbarkeit des Namens:[6] Die im Gesetz geregelte Namensunterschrift (§ 126 Abs. 1 BGB) verlangt diese jedenfalls auch nicht, doch müssen zumindest Andeutungen von Buchstaben erkennbar sein.[7] Die Unterzeichnung nur mit einem Handzeichen oder einer Paraphe genügt also regelmäßig nicht. Ein Firmenstempel ist nicht notwendig, er dient allenfalls der Identitätsbestimmung und kann deshalb im Gegensatz zur Unterschrift[8] regelmäßig noch nachgeholt werden.

Ob ein Schriftzug auch Unterschrift im Rechtssinne ist, unterliegt allein der gerichtlichen Beurteilung. Eine übereinstimmende Ansicht zwischen Auftraggeber und Bewerber darüber ist nicht bindend.[9] Sinn dieser Regelung ist, eine Richtigkeitsvermutung aufzustellen, der Auftraggeber also ohne triftigen Anlass keine Nachforschungen über die Berechtigung des Unterzeichnenden anstellen muss. In der Praxis darf der öffentliche Auftraggeber die „schwächeren" Anforderungen der VOB/A an eine (bloße) Unterzeichnung zB über Bewerbungsbedingungen zulässigerweise wieder „verschärfen", indem dort nämlich eine „rechtsverbindliche" Unterschrift gefordert wird.[10] In der Praxis der Vergabeüberwachungsausschüsse führte diese Regelung allerdings noch dazu, dass bei der Abgabe eines Angebotes durch einen Bevollmächtigten dessen Vertretungsvollmacht nachzuprüfen und bei fehlender Vertretungsmacht das Angebot auszuschließen war.[11] 6

---

[2] Dazu gehört auch, dass sie in allen Bestandteilen in deutscher Sprache abgefasst und dass die vom Auftraggeber übersandten Vordrucke verwendet werden müssen, VHB Bund, Formblatt 212, Ziff. 3.1 und 3.2.
[3] VHB Bund Formblatt 212 Ziff. 3.5.
[4] Vgl. dazu *Dittmann* in KMPP VOB/A § 13 Rn. 16.
[5] VÜA Bayern IBR 1999, 297; *Mertens* in FKZGM, VOB/A § 13 Rn. 2, EG § 13 Rn. 10.
[6] OLG Frankfurt/Main NJW 1993, 3079.
[7] BGH NJW 1987, 1334.
[8] VK Sachsen-Anhalt IBR 2000, 524 (Leitsatz 2).
[9] BGH NJW 1978, 1255.
[10] OLG Frankfurt 26.8.2008 – 11 Verg 8/08, BeckRS 2008, 25109.
[11] Vgl. OLG Frankfurt 20.7.2004 – 11 Verg 14/04, IBRRS 2005, 0272; nichts anders müsste dann auch aktuell gelten, wenn der Auftraggeber eine „rechtsverbindliche" Unterschrift fordert, siehe den Umkehrschluss bei OLG Karlsruhe IBR 2007, 1309.

7   **2. Digitale Angebote mit digitaler Signatur.** Der Auftraggeber kann mit digitaler Signatur iSd Signaturgesetzes versehene digitale Angebote zulassen, die verschlüsselt sein müssen. Dies sind Angebote, die auf elektronischem Weg eingereicht und nach Eingang in einem elektronischen Speichermedium aufbewahrt werden, so dass sie später nur mit DV-Geräten und DV-Programmen geöffnet und gelesen werden können.

8   Dies trägt der Nutzbarkeit neuer Medien auch bei der Erstellung von Angeboten Rechnung. Denn so gefertigte Angebote müssen den Strukturen des Vergaberechts (Transparenz des Verfahrens, aber Geheimhaltung des Angebotsinhalts) angepasst und in das Verfahren nach der VOB/A integriert werden. Näheres dazu regelt das Gesetz zur digitalen Signatur (SigG) vom 16.5.2001,[12] zuletzt geändert durch Art. 4 Abs. 111 des Gesetzes vom 7.8.2013,[13] ergänzt durch die nach § 24 SigG erlassene Signaturverordnung (SigV) vom 16.11.2001.[14] Dazu kommt außerdem noch das Gesetz zur Anpassung der Formvorschriften des Privatrechts an den modernen Rechtsgeschäftsverkehr vom 13.7.2001,[15] das eine administrative Grundlage für elektronische Unterschriften schaffen will. Insofern regelt das Signaturgesetz lediglich die Vergabe einzigartiger wie fälschungssicherer Signaturschlüssel unter behördlich kontrolliertem Ablauf, nicht jedoch die Änderung zivil- oder öffentlich-rechtlicher Schriftformerfordernisse.

9   Nach § 13 Abs. 1 Nr. 1 S. 4 VOB/A kann der Auftraggeber verlangen, dass elektronisch eingereichte Angebote entweder mit einer fortgeschrittenen elektronischen Signatur und nach seinen Anforderungen oder mit einer qualifizierten Signatur versehen werden. Nach § 2 Nr. 1 SigG sind „elektronische Signaturen" Daten in elektronischer Form, die anderen elektronischen Daten beigefügt oder logisch mit ihnen verknüpft sind und zur Authentifizierung dienen. Dies kann in fortgeschrittener oder in qualifizierter Form geschehen (§ 2 Nr. 2 und 3 SigG), dh mit einem immer höheren Sicherheitsgrad und erhöhter Prüfungsmöglichkeit bezüglich nachträglicher Veränderungen.[16] Um ein digitales Dokument verlässlich zu signieren, steht dem Nutzer ein individuelles Schlüsselpaar zur Verfügung, das sich aus einem privaten und einem passgenauen öffentlichen Schlüssel zusammensetzt. Der private Schlüssel ist geheim und auf einer Chipkarte so gespeichert, dass er nicht ausgelesen werden kann. Mit dem öffentlichen Schlüssel gelingt es jederzeit, Unverfälschtheit der Daten und Identität seines Inhabers festzustellen. Die weiteren Begriffsbestimmungen zu diesem Verfahren finden sich in § 2 SigG, wie zB Signaturschlüssel, Signaturprüfschlüssel, (qualifizierte) Zertifikate (§§ 3 und 4), Anbieter für Zertifizierungsdienste, Vergabe und Inhalt von qualifizierten Zertifikaten (§§ 5 und 7) usw.

10   Der Öffentliche Auftraggeber kann derartige Angebote zulassen, was vor allem die entsprechende technische Ausstattung bei ihm voraussetzt.[17] Zu bewältigen waren hier die vergaberechtlichen Erfordernisse
   Einreichung im verschlossenem Umschlag (§ 14 Abs. 1 S. 2 VOB/A)
   Kennzeichnung auf dem ungeöffneten Umschlag
   Verwahrung und Geheimhaltung (§ 14 Abs. 8 VOB/A)
   eigenhändige Unterschrift.
   Diesen wird bei elektronischen Angeboten dadurch Rechnung getragen, dass die Angebote verschlüsselt und mit elektronischer Signatur versehen sein müssen, die den Inhaber des Signaturschlüssels und die Unverfälschtheit der übermittelten Daten erkennen lässt (§ 2 Nr. 2–4 SigG). Die Verschlüsselung ist also gewissermaßen der virtuelle Umschlag des Angebotes.[18]

11   Die Zulassung digitaler Angebote erfolgt zweckmäßigerweise bereits mit der Bekanntmachung, § 12 Abs. 1 Nr. 1, Buchstabe k und o VOB/A.

12   **3. Preisangaben.** Die Bestimmung in § 13 Abs. 1 Nr. 3, im Angebot seien „die geforderten Preise" anzugeben, ist auch in der Neuregelung zunächst im Zusammenhang mit § 4 Abs. 3

---

[12] BGBl. I S. 876.
[13] BGBl. I S. 3154.
[14] BGBl. I S. 3074; zuletzt geändert durch Art. 2 Abs. 136 des G. v. 7.8.2013 (BGBl. I S. 3154).
[15] BGBl. I S. 1542.
[16] Zur Unzulänglichkeit der fortgeschrittenen Signatur im Hinblick auf Datensicherheit siehe *Rossnagel/Paul* NZBau 2007, 74 ff.
[17] Sie die Richtlinien Nr. 7 zum Formblatt 211 im VHB Bund, wonach auf eine elektronische Signatur grundsätzlich zu verzichten ist.
[18] Unverschlüsselt eingereichte elektronische Angebote sind zwingend auszuschließen: OLG Karlsruhe, B. v. 17.3.2017 – 15 Verg 2/17.

VOB/A zu sehen, wonach der Bieter bzw. Bewerber seine Preise in die Leistungsbeschreibung einzusetzen oder in anderer Weise anzugeben hat. Im Übrigen richtet sich dies nach der Art des Auftrages, wobei § 4 Abs. 1 VOB/A zwischen Einheitspreis- und Pauschalverträgen unterscheidet. Im erstgenannten Fall sind alle Einheitspreise einzutragen,[19] im letztgenannten – je nach Ausgestaltung durch den Auftraggeber – die Gesamtpauschale oder die vorgegebenen Einzelpauschalen. Dabei macht das bloße Einsetzen der Preise aus dem Angebot noch keinen „garantierten Kostenvoranschlag" iSd § 650 BGB, weil es an der erforderlichen Garantieerklärung fehlt.

Sprachlich klargestellt ist nunmehr, dass die Angabe der Preise eine „Muss"-Vorschrift ist. Das Fehlen auch nur eines einzigen Einheitspreises macht das Angebot grundsätzlich unvollständig im Sinne von § 16 Abs. 1 Nr. 3 VOB/A.[20] **13**

Setzt der Bewerber als Positionspreis „0" oder „-„ ein, so stellt dies ebenfalls eine Preisangabe dar,[21] das Angebot ist nicht unvollständig. Gleiches gilt bei Ausweisung eines negativen Preises,[22] wobei aber stets eine Aufklärung nach § 15 Abs. 1 erforderlich ist. Die beim Einheitspreis verschiedentlich eingetragene Angabe „enthalten" (dh in anderen Positionen) ist ebenfalls eine Preisangabe und keine Änderung an den Verdingungsunterlagen.[23] Sie ist gleichzeitig zumindest ein Indiz für eine vom Bieter vorgenommene „Mischkalkulation", die zum Ausschluss des Angebots führen kann.[24] Enthält es nämlich unvollständige (Unter-)Preise und hat der Bieter die tatsächlich kalkulierten Kosten in einer anderen Position mit „versteckt", liegt nach der Rechtsprechung des BGH[25] und des EuGH[26] keine vollständige Preisangabe vor; ein deshalb vom Auftraggeber vorgenommener Angebotsausschluss, für dessen Berechtigung allerdings der Auftraggeber im Regelfall darlegungs- und beweisbelastet ist, wäre nicht nur zulässig, sondern zwingend.[27]. Dies kann zB gelten, wenn der Bieter seine Bauleitungskosten in die Position „Baustelleneinrichtung" einrechnet und nicht auf alle anderen Positionen als Zuschlag umlegt.[28] Die Konsequenzen aus der Bildung sog Mischpositionen sind zwischenzeitlich auch in Nr. 3.6 (letzter Satz) der Bewerbungsbedingungen im VHB Bund, EVM 212/212 EU, ausdrücklich festgelegt. In der Praxis laufen diese Konsequenzen mittlerweile oftmals leer. Denn die Bieter sind nicht gehindert, „auffällige" Preise mit vergaberechtlich nicht sanktionierten Gründen (zB einem „Nachlass der Geschäftsleitung") zu motivieren.[29] Obwohl die Vergabestelle dem Bieter im Zuge der Angebotsaufklärung zulässigerweise aufgeben kann, seine interne Kalkulation offen zu legen und erforderlichenfalls zu erläutern,[30] gelingt es dem Auftraggeber dann zumeist nicht, eine solche (verlautbarte) Motivation zu widerlegen – was er jedoch müsste, weil die Darlegungs- und Beweislast für das Vorliegen einer Mischkalkulation bei ihm liegt.[31] Der bloße Umstand, dass der Bieter im Laufe eines Verhandlungsverfahrens ein überarbeitetes Angebot **14**

---

[19] BGH BauR 2005, 1620; OLG Jena IBR 2003, 629; siehe auch OLG Brandenburg IBR 2011, 654.
[20] Eine Ausnahme ließ das OLG Dresden (VergabeR 2002, 174) zur Vorgängernorm dann zu, wenn der fehlende Einheitspreis durch einfache Berechnung und ohne Manipulationsgefahr aus dem übrigen Zahlenwerk des Angebots ermittelt werden kann. Vgl. auch OLG Jena VergabeR 2003, 339. Kein Ausschluss auch bei lediglich fehlendem Eintrag des Gesamtpreises auf dem vorgesehenen Formblatt, wenn der Gesamtpreis nach dem Angebots-LV feststeht: LG Wiesbaden 20.12.2007 – 14 O 29/07 (nv), und OLG Frankfurt/Main 6.6.2008 – 11 U 20/08, (nv).
[21] VK Baden-Württemberg 23.4.2013 – 1 VK 09/13, IBRRS 2013, 2374.
[22] OLG Düsseldorf IBR 2011, 101; 2012, 36.
[23] AA BGH NJW 1998, 3634; vgl. aber → Rn. 20–23.
[24] ein Ausnahmefall liegt allerdings bei OLG München VergabeR 2005, 794 vor; siehe auch OLG Düsseldorf IBR 2012, 36.
[25] VergabeR 2004, 473 = BauR 2004, 1433 = NZBau 2004, 457; BauR 2005, 1620 = IBR 2005, 562; BayObLG VergabeR 2005, 121.
[26] 31.1.2005 – IBR 2005, 341.
[27] So BGH aaO, in Bestätigung von OLG Düsseldorf VergabeR 2004, 322 = NZBau 2004, 296 und unter Ablehnung von KG Berlin VergabeR 2004, 330 = NZBau 2004, 288; Bay ObLG VergabeR 2004, 343, Leitsatz 2; OLG Dresden VergabeR 2005, 641; OLG Jena NZBau 2006, 263 = VergabeR 2006, 358; OLG Koblenz NZBau 2006, 266.
[28] VK Baden-Württemberg IBR 2007, 448 und ZfVR 2010, 709; zu Kalkulationsvorgaben des Auftraggebers und deren Zulässigkeit Dicks in KMPP VOB/A § 13 Rn. 58 ff.
[29] → VOB/A § 15 Rn. 11; aus der Rechtsprechung etwa VK Rheinland-Pfalz, IBR 2011, 294.
[30] Vgl. KG 14.8.2012 – Verg 8/12, NZBau 2012, 717.
[31] Zur Darlegungs- und Beweislast zutreffend und in wünschenswerter Klarheit das VHB Bund in Ziff. 3.2 (3. Spiegelstrich) der Richtlinie zu 321. Aus der Rechtsprechung OLG Frankfurt 17.10.2005 – 11 Verg 8/05, IBR 2005, 702. AA OLG Düsseldorf 9.2.2009 – Verg 66/08, BeckRS 2009, 11172 und *Christiani* in Pünder/Schellenberg § 13 Rn. 46 aE.

abgibt, in dem eine Preisposition gegenüber seinem vorherigen Angebot höher und eine andere niedriger ausfällt, genügt noch nicht für die Annahme, dass eine unzulässige Mischkalkulation vorliegt.[32]

15 **4. (Sonstige) geforderte Erklärungen.** (Sonstige) geforderte Erklärungen können die verschiedensten, auf das Angebot bezogenen Inhalte haben und ergeben sich regelmäßig aus den vom Auftraggeber formulierten Verdingungsunterlagen.[33] Deren Inhalt unterliegt der Verhältnismäßigkeitskontrolle.[34] Aus ihnen muss sich hinreichend eindeutig ergeben, ob der Auftraggeber die jeweiligen Unterlagen „gefordert" hat.[35] Das ist durch Auslegung zu ermitteln, wobei der objektive Empfängerhorizont der potentiellen Bieter maßgeblich ist.[36] Nur wenn diese Auslegung ein „Fordern" bestimmter Unterlagen durch den Auftraggeber ergibt und das Fordern dieser Unterlagen die Bieter nicht unverhältnismäßig belastet, kann ihre Nichtvorlage zum Angebotsausschluss führen.[37] Den Auftraggeber trifft außerdem die Verpflichtung, die Vergabeunterlagen so präzise zu formulieren, dass die Bieter den Unterlagen zuverlässig entnehmen können, welche Erklärungen sie abzugeben haben. Kommt die Vergabestelle dieser Verpflichtung nicht nach, darf ein Angebot, dem die entsprechende Erklärung fehlt, nicht ohne weiteres ausgeschlossen werden.[38] Zu den „geforderten" Unterlagen kann zulässiger Weise auch die Urkalkulation des Bieters selbst gehören.[39] Die Urkalkulation von Nachunternehmern kann der Auftraggeber regelmäßig nicht (erst recht nicht formularmäßig) verlangen, weil für den Bieter allein die Preisangabe des Nachunternehmers seine „Preisermittlungsgrundlage" ist.[40] Die Benennung von Nachunternehmern schon mit der Angebotsabgabe belastet die Bieter in der Regel unverhältnismäßig;[41] folgerichtig verpflichtet das VHB Bund die Bieter zur konkreten Benennung von Nachunternehmern (einschließlich Verfügbarkeitsnachweis) erst auf konkretes Verlangen der Vergabestelle.

16 Auch nach der Neufassung macht das Fehlen bestimmter Angaben das Angebot unvollständig und führt – vorbehaltlich der jeweiligen Ausnahmeregelungen in § 16 ff. – zu seinem Ausschluss.[42] In diesem Zusammenhang wird stets zu prüfen sein, ob deren Nachreichen gegen den Wettbewerbsgrundsatz und das in § 15 Abs. 3 VOB/A festgeschriebene Nachverhandlungsverbot verstößt.[43]

17 **5. Unzulässige Änderungen an den Vergabeunterlagen.** § 13 Abs. 1 Nr. 5 S. 1 verbietet Änderungen an den vom Auftraggeber hergestellten Vergabeunterlagen (§ 8 Abs. 4–6 VOB/A). Verstöße hiergegen führen nach § 16 Abs. 1 Nr. 2 VOB/A zum Ausschluss des Angebotes.

18 Der Begriff „Änderungen an den Vergabeunterlagen" (nicht, wie früher oft falsch zitiert, der Verdingungsunterlagen) beinhaltet unmittelbare Eingriffe mit verfälschendem Ergebnis, teilweise auch mit manipulativer Zielsetzung (Streichungen, Hinzufügungen uä). Dazu zählt etwa das Fehlen einer LV-Position im Angebot.[44] Soweit § 13 Abs. 3 die Ausarbeitung von Nebenangeboten zulässt, werden dadurch die Vergabeunterlagen nicht „abgeändert".[45]

19 Die Unterscheidung zwischen diesen beiden Fällen kann in der Praxis Schwierigkeiten bereiten. So verstößt schon die auch nur irrtümliche Beigabe eigener Allgemeiner Geschäfts-

---

[32] KG 14.8.2012 – Verg 8/12, NZBau 2012, 717.
[33] OLG Brandenburg IBR 2003, 687 (Leitsatz 1); zu Hersteller- und Typ-/Fabrikatsangaben OLG Brandenburg IBR 2012, 160.
[34] BGH NZBau 2008, 592.
[35] Siehe dazu etwa VK Lüneburg IBR 2012, 39 und VK Sachsen 20.9.2011 – 1/SVK/0035-11, BeckRS 2011, 26962.
[36] BGH NZBau 2008, 592.
[37] BGH NZBau 2008, 592.
[38] BGH 3.4.2012 – X ZR 130/10, NZBau 2012, 513.
[39] Anders noch VK Bund VergabeR 2004, 365.
[40] → VOB/A § 15 Rn. 12.
[41] BGH NZBau 2008, 592.
[42] Angebotsausschluss erfolgt zB zwingend bei fehlendem Formblatt (seinerzeit) EFB-Preis 1a-d und 2, BGH VergabeR 2005, 617 = BauR 2005, 1618, anders noch OLG Celle NJW RR 1986, 98 = BauR 1986, 436.
[43] BayObLG IBR 2000, 103; OLG Bremen BauR 2001, 94; BayObLG VergabeR 2005, 130 (Leitsatz 3); VK Lüneburg IBR 2005, 238 und 392.
[44] VK Hessen IBR 2011, 104. Zur (gleichwohl) unzulässigen Änderung auch bei (vergaberechtswidriger) „verdeckter" Ausschreibung eines Leitfabrikates 1. VK Sachsen IBR 2011, 538.
[45] Zur Abgrenzung siehe etwa VK Lüneburg IBR 2011, 542.

bedingungen des Bewerbers zu seinem Angebot gegen § 13 Abs. 1 Nr. 5,[46] obgleich damit noch keine unmittelbare Einwirkung vorliegt. Gleiches gilt für Änderungen, die der Bieter im sog Begleitschreiben zum Angebot gemacht[47] oder gar erst im Rahmen der Angebotsaufklärung erwähnt hat.[48] Erst recht erfüllt die inhaltliche Abänderung einer Position[49] ebenso wie das Hinzufügen einer neuen Position oder gar die Herausnahme einzelner Blätter des Leistungsverzeichnisses[50] stets den Tatbestand einer unzulässigen Abänderung.

Wegen der zwingenden Rechtsfolge „Ausschluss des Angebotes" nach § 16 Abs. 1 Nr. 2 VOB/A verbietet es sich für den Auftraggeber, hierzu zB noch ein Bietergespräch zu führen und in diesem auf Klarstellung zu dringen, etwa dass der Bieter seine Allgemeinen Geschäftsbedingungen zurückziehen möge. Andererseits ist der Bieter nicht gehindert, dem Auftraggeber mitzuteilen, dass die Vergabeunterlagen aus seiner Sicht auslegungs- oder ergänzungsbedürftig seien. Je nach Zeitpunkt dieser Information kann nun der Auftraggeber eine Auffassung dazu allen Mitbewerbern zukommen lassen (§ 12a Abs. 4 VOB/A) oder überlegen, ob nicht gar eine Aufhebung der Ausschreibung nach § 17 Abs. 1 Nr. 2 VOB/A zu erfolgen hat. Eine Wertung von Änderungen als Nebenangebot kommt im Regelfall schon deshalb nicht in Betracht, weil die deutliche „Kennzeichnung als solches" fehlt.[51]

Wird eine solche unzulässige Änderung nicht bemerkt und wird sie deshalb zum Vertragsinhalt, kann dem Auftraggeber ein Schadensersatzanspruch aus § 282 in Verbindung mit §§ 311 Abs. 2, 241 Abs. 2 BGB zustehen,[52] weil der Bieter durch die Änderung gegen seine vorvertraglichen Pflichten verstoßen hat.

6. Zweifelsfreie Änderungen an den Bewerber-Eintragungen. § 13 Abs. 1 Nr. 5 S. 2 betrifft nur Änderungen des Bieters an den eigenen Angaben; diese sind grundsätzlich zulässig, müssen aber zweifelsfrei sein. Zeitlich gilt dies nur bis zum Ablauf der Angebotsfrist. Mit der Bindung an das Angebot sind Abänderungen ab diesem Zeitpunkt ausgeschlossen.

Will der Bieter zB einen anderen Preis anbieten, kann er den alten Preis überschreiben, muss aber den bereits eingetragenen Preis durchstreichen, damit seine Erklärung eindeutig ist.[53] Andernfalls hätte er zwei Preise genannt. Sein Angebot würde damit gegen § 13 Abs. 1 Nr. 5 verstoßen und wäre nach § 16 Abs. 1 Nr. 2 auszuschließen. Der Auftraggeber dürfte auch nicht erfragen, welcher Preis gelten soll (Verstoß gegen § 15 Abs. 3 VOB/A). Auch eine Auslegung gem. §§ 133, 157 BGB würde nicht zu einer eindeutigen Erklärung führen, weil ein so klarer Widerspruch nicht in die eine oder andere Richtung auslegungsfähig wäre. Zweifelhafte, mehrdeutige Angaben oder Änderungen können auch bei der Verwendung von Tipp-Ex[54] oder bei sauberem Überschreiben eines Korrekturbandes vorliegen.[55]

II. Selbst gefertigte Abschriften oder Kurzfassungen des Leistungsverzeichnisses

Nach § 13 Abs. 1 Nr. 6 können die Bieter für die Angebotsabgabe eine selbst gefertigte Abschrift oder stattdessen eine selbst gefertigte Kurzfassung des Leistungsverzeichnisses benutzen. Sie müssen aber schriftlich anerkennen, dass sie den vom Auftraggeber verfassten Wortlaut der Urschrift des Leistungsverzeichnisses als allein verbindlich anerkennen.[56] Ferner müssen die Kurzfassungen alle Ordnungszahlen vollzählig, in der gleichen Reihenfolge und mit den gleichen Nummern wie in dem vom Auftraggeber verfassten Leistungsverzeichnis wiedergeben. Dies gilt

---

[46] VK Lüneburg 11.3.2008 – VgK-05/2008, BeckRS 2008, 09131; differenzierend LG Saarbrücken 20.10.2009 – 4 O 450/09, IBRRS 2010, 1784.
[47] VK Brandenburg IBR 2006, 290 (Leitsatz 1).
[48] VK Bund IBR 2007, 394, was von Münchhausen aber in der Anmerkung zu Recht als „juristisch problematisch" kritisiert.
[49] OLG Düsseldorf IBR 2001, 75; VK Bund IBR 2001, 76; OLG Frankfurt IBR 2007, 512 (Leitsatz 1); differenzierend insoweit VK Südbayern IBR 2011, 1430.
[50] VK Südbayern IBR 1999, 509.
[51] Vgl. KG Berlin VergabeR 2001, 392 Leitsatz 2 (bedenklich aber Leitsatz 4).
[52] OLG Celle BauR 1995, 392.
[53] Ob der Bieter die Streichung auch mit seinem Namenszeichen bestätigen muss, ist bestritten, aber zu bejahen, weil so die erforderliche Eindeutigkeit herbeigeführt wird.
[54] VK Südbayern IBR 2005, 705; anschaulich auch VK Thüringen 19.1.2011 – 250–4002.20–5163/2010-014-J.
[55] Insoweit „positives" Beispiel bei OLG Schleswig VergabeR 2006, 940 = IBR 2006, 632.
[56] Beispielsfall bei OLG Schleswig IBR 2011, 295.

sinngemäß für geforderte Angaben wie Fabrikats- und Typenbezeichnungen.[57] Diese (in die Fassung von 1973 erstmals aufgenommene) Bestimmung lässt es zu, dass die Angebote auch im automatisierten Verfahren erstellt und ausgedruckt werden können. Sie bezieht sich vom Wortlaut her allein auf das Leistungsverzeichnis, die anderen Anforderungen an die Angebote nach § 13 bleiben davon unberührt.

III. Muster und Proben

25 Nach § 13 Abs. 1 Nr. 7 müssen Muster und Proben als zum Angebot gehörig gekennzeichnet sein. Die Vorschrift nimmt Bezug auf § 7b Abs. 2 VOB/A, wonach die Leistung erforderlichenfalls durch Probestücke darzustellen ist. Dies wird idR vom Auftraggeber vorgegeben, kommt aber in der Praxis selten vor, weil damit ein entschädigungspflichtiger Aufwand verbunden sein kann (§ 8b Abs. 2 Nr. 1 VOB/A).

26 Bei ungenügender Kennzeichnung erfolgt nicht zwangsläufig ein Angebotsausschluss, da diese Vorschrift in § 16 Abs. 1 Nr. 1 VOB/A nicht genannt ist. Muster und Proben dürfen auch noch nachträglich, zB zur Vorbereitung eines Aufklärungsgesprächs nach § 15 Abs. 1 VOB/A, verlangt werden, was insbesondere bei Nebenangeboten technischer Art von Bedeutung sein kann. Hat der Auftraggeber allerdings solche Muster unzweideutig schon mit der Angebotsabgabe gefordert, bleibt dies verbindlich. Deren Fehlen führt dann zum Angebotsausschluss als unvollständig (§ 16 Abs. 1 Nr. 2).

C. Abweichungen von den vorgesehenen Technischen Spezifikationen (Abs. 2)

I. Begriff der Technischen Spezifikationen

27 Nach Abs. 2 darf der Bieter eine Leistung, die von den vorgesehenen Technischen Spezifikationen (TS) abweicht, dann anbieten, wenn sie mit dem geforderten Schutzniveau in Bezug auf Sicherheit, Gesundheit und Gebrauchstauglichkeit gleichwertig ist.

28 Der Begriff der Technischen Spezifikation ergibt sich aus dem Anhang TS zur VOB/A, Nr. 1. Es handelt sich dabei um sämtliche, insbesondere in den Vergabeunterlagen enthaltenen, technischen Anforderungen an eine Bauleistung, ein Material, ein Erzeugnis oder eine Lieferung, mit deren Hilfe die Bauleistung, das Material, das Erzeugnis oder die Lieferung so bezeichnet werden können, dass sie ihren durch den Auftraggeber festgestellten Verwendungszweck erfüllen. Dazu gehören Qualitätsstufen, Umweltleistungsstufen, die Konzeption für alle Verwendungsarten (einschließlich des Zugangs von Behinderten) sowie Konformitätsbewertung, die Gebrauchstauglichkeit, Sicherheit oder Abmessungen, einschließlich Konformitätsbewertungsverfahren, Terminologie, Symbole, Versuchs- und Prüfmethoden, Verpackung, Kennzeichnung und Beschriftung sowie Produktionsprozesse und -methoden. Außerdem gehören dazu auch die Vorschriften für die Planung und die Berechnung von Bauwerken, die Bedingungen für die Prüfung, Inspektion und Abnahme von Bauwerken, die Konstruktionsmethoden oder -verfahren und alle anderen technischen Anforderungen, die der Auftraggeber für fertige Bauwerke oder dazu notwendige Materialien oder Teile durch allgemeine oder spezielle Vorschriften anzugeben in der Lage ist. Ausgeschlossen sind daher individuelle, auf das konkrete Vorhaben bezogene technische Vorgaben, wie zB eine Haltekonstruktion bei Glaselementen.[58]

29 Der Begriff TS findet sich auch in DIN 18 299 VOB/C, Nr. 2.3.4: „Stoffe und Bauteile, für die Technische Spezifikationen in der Leistungsbeschreibung nicht genannt sind, dürfen auch verwendet werden, wenn sie Normen, technischen Vorschriften oder sonstigen Bestimmungen anderer Staaten entsprechen, sofern das geforderte Schutzniveau in Bezug auf Sicherheit, Gesundheit und Gebrauchstauglichkeit gleichermaßen dauerhaft erreicht wird". Ferner sind die Technischen Spezifikationen von Bedeutung für die Anfertigung der Leistungsbeschreibung (§ 7a VOB/A).

---

[57] VK Bund VergabeR 2004, 365; VHB Bund, EVM (B) 212 EG Nr. 3.2 Abs. 2.
[58] OLG München VergabeR 2006, 119.

II. Angebotsvoraussetzungen bei Abweichungen von den Technischen Spezifikationen

Abweichungen von Technischen Spezifikationen liegen vor, wenn die Leistung anhand von allgemein formulierten, standardisierten technischen Vorgaben beschrieben ist und der Bieter sie ausdrücklich nicht einhalten will.[59] Solche Abweichungen sind nur zulässig, wenn
sie in dem oben beschriebenen Sinne gleichwertig sind,
im Angebot als solche eindeutig bezeichnet sind und
die Gleichwertigkeit mit dem Angebot nachgewiesen ist.

Da diese Voraussetzungen aber nicht in § 16 VOB/A als Ausschlussgrund genannt sind, ist ein Fehlen beim Eröffnungstermin für das Angebot unschädlich. Entsprechende Nachweise können noch nachgereicht werden.[60]

Die (gleichwertige) Abweichung von der Technischen Spezifikation ist kein – auf das konkrete Bauvorhaben bezogenes[61] – Nebenangebot, sondern stellt die vom Auftraggeber geforderte Bauleistung dar; das Angebot muss gewertet werden.[62]

D. Nebenangebote (Abs. 3)

I. Begriffsbestimmungen

Nach § 13 Abs. 3 sind Nebenangebote zahlenmäßig an einer vom Auftraggeber in den Vergabeunterlagen bezeichneten Stelle aufzuführen (Satz 1). Außerdem müssen sie auf besonderer Anlage gemacht und als solche deutlich gekennzeichnet sein (Satz 2); ist dies nicht erfolgt, können sie nach § 16 Abs. 1 Nr. 6 ausgeschlossen werden.

Ein „Nebenangebot" setzt eine Abweichung vom Hauptangebot voraus, das der Auftraggeber nach § 8 VOB/A vorformuliert hat. Begrifflich ist dies eine eigenständige Ausarbeitung des Bieters mit (technischem) Bezug auf das konkrete Bauvorhaben, mit der er sich einen Vorteil im Wettbewerb erhofft. Allerdings muss der Auftraggeber die Mindestvoraussetzungen erläutern, die Änderungsvorschläge erfüllen müssen, um gewertet zu werden. Diese europarechtliche Vorgabe hat der EuGH nachhaltig bekräftigt.[63] Dies wiederum hat berechtigte Kritik erfahren, weil dies dem Auftraggeber gewissermaßen eine Prognose für Nebenangebote abverlangt, indem sie von ihm eine Festlegung von Mindestkriterien fordert,[64] die sich nicht nur auf Förmlichkeiten beschränken dürfen, sondern auch leistungsbezogen und sachlich-technischer Art sein müssen.[65] Diesem Erfordernis der „Festlegung der Mindestvoraussetzungen" ist dann Rechnung getragen, wenn sich bereits durch den Ausschreibungszweck und die Auslegung der vom Auftraggeber verfassten Vertragsunterlagen erschließen.[66] Die Frage des „Ausschlusses abgemagerter Nebenangebote"[67] bleibt ungeachtet dessen von Bedeutung, dass nach Auffassung des BGH keine „Gleichwertigkeitsprüfung", sondern eine Wertung anhand der relevanten „Mindestanforderungen" stattzufinden hat.[68] Für den Schadensersatzprozess hat der BGH[69] klargestellt, dass die Beurteilung des Nachweises der Gleichwertigkeit durch die Vergabestelle nur eingeschränkt daraufhin überprüfbar ist, ob sie sich als „vertretbar" erweist.[70]

---

[59] OLG Düsseldorf NZBau 2005, 169.
[60] VK Bund IBR 2001, 76.
[61] Vgl. OLG München 28.7.2008 – Verg 10/08, NZBau 2008, 794 (Ls.).
[62] VHB Bund § 21 A Nr. 3.
[63] EuGH 16.10.2003 – C-421-01, NZBau 2004, 279 = VergabeR 2004, 50 – Traunfellner; ebenso BayObLG NZBau 2004, 626 = VergabeR 2004, 654; VK Köln IBR 2004, 716; OLG Rostock IBR 2005, 107.
[64] *Opitz* VergabeR 2004, 54 und Schulze-Hagen IBR 2005, 107.
[65] OLG Koblenz IBR 2006, 639; NZBau 2011, 58.
[66] VK Stuttgart NZBau 2004, 629; VK Schleswig-Holstein IBR 2005, 167 und 342; VK Bund IBR 2005, 168; VK Lüneburg IBR 2005, 279; BGH 7.1.2014 – X ZB 15/13, NZBau 2014, 185.
[67] → VOB/A § 16 Rn. 132 ff.; vgl. auch Thüringer OLG VergabeR 2004, 525 zu den sog k. o.-Kriterien.
[68] BGH 7.1.2014 – X ZB 15/13, NZBau 2014, 185. Zur Prüfung anhand des Maßstabes der Funktionalität OLG Koblenz, B. v. 25.8.2016 – 1 U 260/16.
[69] BGH NZBau 2011, 438; ähnlich OLG München NZBau 2011, 439.
[70] Zur Prüfung und Feststellung der Gleichwertigkeit von Nebenangeboten siehe zuvor noch OLG Koblenz NZBau 2011, 58 und 316.

34 Die Abweichung vom Hauptangebot kann technischer Art sein, zB andere Ausführungsmethoden oder andere Stoffe und Bauteile, oder sonstige Vertragsbestimmungen betreffen, zB Bauzeit oder Zahlungsmodalitäten.[71] Als Unterfall des Nebenangebotes galt bislang der Änderungsvorschlag, der im fachlichen Sprachgebrauch eine „Alternative technischer Art" bedeutet. Diese sprachliche Unterscheidung hatte aber keine inhaltliche Bedeutung, da die beiden Begriffe stets nebeneinander genannt und mit denselben Rechtsfolgen bedacht waren. Seit der Neufassung 2006 spricht die VOB/A daher nur noch von „Nebenangeboten".

35 Davon sind nach gegenwärtiger Rechtslage zu unterscheiden

Wahl- oder Alternativpositionen/-angebote: Diese hat der Auftraggeber selbst in den Vergabeunterlagen vorgegeben und sich für später die Entscheidung vorbehalten, ob die Grund- oder die Alternativposition ausgeführt wird.[72] In der Regel kommt es dem Auftraggeber auf den Angebotspreis an, so dass grundsätzlich bis zur Auftragserteilung die Wahl getroffen sein muss.

Eigene abweichende Entwürfe, die ein Bieter im Rahmen einer (teil-)funktionalen Ausschreibung (§ 7 Abs. 13–15 VOB/A) eingereicht hat.[73]

Unzulässige Änderungen an den Vergabeunterlagen (Nr. 1 Abs. 2). Ein solches Angebot darf auch nicht ersatzweise als Nebenangebot behandelt werden.[74]

Skonto: Eine unter Bedingungen vorgeschlagene Zahlungsvergünstigung, wobei der Auftraggeber stets selbst wählen kann, ob er davon Gebrauch macht oder nicht. Dadurch werden keine Vergabeunterlagen geändert,[75] so dass auch kein Nebenangebot vorliegen kann.

36 Die VOB/A ist jedenfalls im Unterschwellenbereich (differenzierend § 8 EU Abs. 2 Nr. 3 VOB/A) grundsätzlich „nebenangebotsfreundlich" konzipiert, weil hiermit eine Möglichkeit zur Innovation und zur Optimierung der Baudurchführung eingeräumt wird. Den Bietern soll Gelegenheit gegeben werden, sich mit dem Entwurf des Auftraggebers kritisch auseinander zu setzen und Verbesserungen vorzuschlagen, was auch ein „Mehr" an Wettbewerb bewirkt.[76] Folgerichtig muss der Auftraggeber die Nebenangebote prüfen und werten, außer er hat sie bereits in der Bekanntmachung (§ 12 Abs. 1 Nr. 2j) oder in den Vergabeunterlagen ausdrücklich ausgeschlossen (§ 8 Abs. 2 Nr. 3 VOB/A). Für EU-weite Ausschreibungen sind an die rechtmäßige Zulassung von Nebenangeboten engere Voraussetzungen geschaffen worden.[77]

II. Formelle Anforderungen

37 Nebenangebote müssen im Eröffnungstermin verlesen werden.[78] Das setzt voraus, dass der Submissionsleiter sie auch als solche erkennt. Deshalb waren sie schon bislang auf besonderer Anlage zu machen und als solche deutlich zu kennzeichnen. Nunmehr wurde dieses Erfordernis noch insofern verschärft, als sie „an einer vom Auftraggeber in den Vergabeunterlagen bezeichneten Stelle" aufgeführt werden müssen. Dies enthält auch eine Anweisung an den Auftraggeber, eine solche Stelle in den Unterlagen vorzusehen. Die Vorschrift hat den Zweck, dem Submissionsleiter die Arbeit zu erleichtern, indem er auf einen Blick die Anzahl der Nebenangebote feststellen und verlesen kann. Dies ist vor allem im Hinblick auf das Transparenzgebot (§ 97 Abs. 1 GWB) angezeigt.

38 Für die Praxis sieht etwa die jeweilige Nr. 5 der Bewerbungsbedingungen des VHB Bund im Formblatt 212/212 EU vor:

212

5 Nebenangebote

5.1 Soweit an Nebenangebote Mindestanforderungen gestellt sind, müssen diese erfüllt werden; im Übrigen müssen sie im Vergleich zur Leistungsbeschreibung qualitativ und quantitativ gleichwertig sein. Die Erfüllung der Mindestanforderungen bzw. die Gleichwertigkeit ist mit Angebotsabgabe nachzuweisen.

5.2 Der Bieter hat die in Nebenangeboten enthaltenen Leistungen eindeutig und erschöpfend zu beschreiben; die Gliederung des Leistungsverzeichnisses ist, soweit möglich, beizubehalten. Nebenangebote müssen alle Leistungen umfassen, die zu einer einwandfreien Ausführung der Bauleistung erforderlich sind.

---

[71] VK Nordbayern IBR 2005, 278 spricht insoweit von „kaufmännischen Nebenangeboten".
[72] Vgl. → VOB/A § 7 Rn. 29 ff.
[73] OLG Brandenburg VergabeR 2004, 69 Leitsatz 5 und 6.
[74] VK Bund IBR 2000, 4 (Leitsatz 1).
[75] *Dähne/Schelle* aaO, S. 1138, 1141.
[76] Vgl. auch die Einleitung bei *Schweda* VergabeR 2003, 268.
[77] Siehe Art. 24 EU-Vergaberichtlinie vom 31.3.2004 (2004/18/EG) und → Rn. 33.
[78] Vgl. → VOB/A § 14 Rn. 21.

Soweit der Bieter eine Leistung anbietet, deren Ausführung nicht in Allgemeinen Technischen Vertragsbedingungen oder in den Vergabeunterlagen geregelt ist, hat er im Angebot entsprechende Angaben über Ausführung und Beschaffenheit dieser Leistung zu machen.
5.3 Nebenangebote sind, soweit sie Teilleistungen (Positionen) des Leistungsverzeichnisses beeinflussen (ändern, ersetzen, entfallen lassen, zusätzlich erfordern), nach Mengenansätzen und Einzelpreisen aufzugliedern (auch bei Vergütung durch Pauschalsumme).
5.4 Nebenangebote, die den Nummern 5.1 bis 5.3 nicht entsprechen, werden von der Wertung ausgeschlossen.

212EG

5 Nebenangebote
5.1 Nebenangebote müssen sie die geforderten Mindestanforderungen erfüllen; dies ist mit Angebotsabgabe nachzuweisen.
5.2 Der Bieter hat die in Nebenangeboten enthaltenen Leistungen eindeutig und erschöpfend zu beschreiben; die Gliederung des Leistungsverzeichnisses ist, soweit möglich, beizubehalten.
Nebenangebote müssen alle Leistungen umfassen, die zu einer einwandfreien Ausführung der Bauleistung erforderlich sind.
Soweit der Bieter eine Leistung anbietet, deren Ausführung nicht in Allgemeinen Technischen Vertragsbedingungen oder in den Vergabeunterlagen geregelt ist, hat er im Angebot entsprechende Angaben über Ausführung und Beschaffenheit dieser Leistung zu machen.
5.3 Nebenangebote sind, soweit sie Teilleistungen (Positionen) des Leistungsverzeichnisses beeinflussen (ändern, ersetzen, entfallen lassen, zusätzlich erfordern), nach Mengenansätzen und Einzelpreisen aufzugliedern (auch bei Vergütung durch Pauschalsumme).
5.4 Nebenangebote, die den Nummern 5.1 bis 5.3 nicht entsprechen, werden von der Wertung ausgeschlossen.

Ein Angebot, das auf einer gesonderten Anlage deutlich gekennzeichnete Änderungen der Vergabeunterlagen enthält, ist grundsätzlich als Nebenangebot zu werten, wenn auch die og sonstigen Voraussetzungen der Zulässigkeit eingehalten sind.[79] Hat allerdings der Auftraggeber den Preis als einziges Zuschlagskriterium benannt, sollte bislang nach der Rechtsprechung jedenfalls im EU-Vergabeverfahren und wohl auch in nationalen Vergaben eine Wertung von Nebenangeboten unzulässig sein.[80] Ob diese Linie auch angesichts der nunmehrigen „Öffnung" in § 8 Abs. 2 Nr. 3 (Satz 2) VOB/A beibehalten werden kann, bleibt abzuwarten.

III. Rechtsfolgen bei Verstößen durch Bieter

Hält sich der Bieter nicht an die in Abs. 3 Satz 1 gestellte Forderung, führt dies nicht zwingend zum Ausschluss seines Nebenangebotes, weil diese (bloße Ordnungs-)Vorschrift in den Ausschlussgründen des § 16 Abs. 1 Nr. 1 (anders als Satz 2, siehe § 16 Abs. 1 Nr. 7)[81] nicht genannt ist. Selbst nicht verlesene Nebenangebote sind deshalb zu werten, wenn nur nachgewiesen ist, dass sie im Eröffnungstermin tatsächlich vorgelegen haben.[82] **39**

Auch Nebenangebote müssen mit einer Unterschrift versehen sein, um verbindlich zu sein.[83] Allerdings ist hier stets zu prüfen, ob nicht die Unterzeichnung des Hauptangebotes dieses Erfordernis mit abdeckt.[84] Andernfalls wäre das Nebenangebot vom weiteren Vergabeverfahren ausgeschlossen, was uU zur Unvollständigkeit des Gesamtangebotes – und damit zu seinem Ausschluss – führen kann. **40**

E. Preisnachlässe ohne Bedingungen (Abs. 4)

Nach Abs. 4 sind Preisnachlässe ohne Bedingungen, die der Bieter aus Wettbewerbsüberlegungen heraus gewährt, an einer vom Auftraggeber in den Vergabeunterlagen bezeichneten Stelle aufzuführen. An Preisnachlässen kommen generell in Frage
Nachlässe oder Abgebote ohne Bedingung, gleichgültig ob prozentual oder mit Festbetrag,[85] **41**

---

[79] OLG Düsseldorf VergabeR 2004, 371.
[80] BGH 7.1.2014 – X ZB 15/13.
[81] Vgl. → Rn. 32.
[82] OLG Nürnberg BauR 1997, 825 = IBR 1997, 317; *Dippel* in juris Praxiskommentar Vergaberecht VOB/A § 13 Rn. 48.
[83] *v. Wietersheim* in Ingenstau/Korbion VOB/A § 13 Rn. 31.
[84] In diesem Sinne BGH NZBau 2011, 438.
[85] Das VHB Bund gestattet in Ziff. 3.7 des Formblattes 212 nur Preisnachlässe, die als Prozentsatz auf die Abrechnungssumme gewährt werden.

Nachlässe unter einer Bedingung (zB prozentuale Preisminderung bei Übernahme mehrerer Lose)
Nachlässe, beschränkt auf Einzelpositionen[86]
Skonti (vgl. dazu → VOB/A § 14 Rn. 20).

42 Nur die erstgenannten Preisnachlässe fallen unter diese Bestimmung, die erstmals in die Fassung der VOB 2000 aufgenommen worden ist. Die Gründe hierfür decken sich mit denen des Abs. 3 (vgl. → Rn. 32 ff.). Andererseits unterscheidet sich diese Regelung von der über Nebenangebote ganz gravierend in ihrer Ausgestaltung als Muss-Vorschrift. Dies bedeutet nämlich, dass es sich hier um eine zwingende Voraussetzung handelt, deren Fehlen zur Unwirksamkeit dieses Teils des Angebots führt und somit dem Bieter einen Wettbewerbsnachteil bringt,[87] weil der Nachlass nicht gewertet werden darf.[88]

F. Angebote von Bietergemeinschaften (Abs. 5)

I. Begriff

43 Das Wort „Bietergemeinschaft" findet sich erstmals in der VOB 1992. Vorher lautete die Bezeichnung „Arbeitsgemeinschaften und andere gemeinschaftliche Bieter". Eine sachliche Änderung war mit diesem Wechsel in der Terminologie aber nicht verbunden.

44 Regelmäßig handelt es sich um eine Gesellschaft des bürgerlichen Rechts iSd §§ 705 BGB, weil sich eine Mehrzahl von Unternehmen – unabhängig in welcher Rechtsform sie betrieben werden – per Vertrag zusammengetan hat, um gemeinsam ein Bauvorhaben durchzuführen. Dieser Zusammenschluss erfüllt die gesetzliche Definition „Erreichung eines gemeinsamen Zweckes in der durch den Vertrag bestimmten Weise, insbesondere durch Leistung der vereinbarten Beiträge". Da dies oft unter kleineren oder mittelständischen Firmen geschieht, die sich auf diese Weise um einen Großauftrag bemühen, ist die Zulassung derartiger Gemeinschaften auch aus dem Grundsatz „Förderung mittelständischer Interessen" zulässig und geboten (§ 97 Abs. 4 GWB iVm § 5 Abs. 2 VOB/A).[89] Ein solcher Zusammenschluss kann vertikal (unter Fachfirmen für die einzelnen Spezialgewerke) oder horizontal (für Teillose) erfolgen. Im Übrigen ist es für die Wertung ohne Belang, ob sich die Bietergemeinschaft nur für die konkrete Ausschreibung zusammengefunden hat oder ob sie schon vorher auf Dauer begründet worden ist. Entsprechende Anforderungen des Auftraggebers in Bewerbungsunterlagen wären unzulässig.[90] Eine „Doppelbeteiligung" als Mitglied einer Bietergemeinschaft und als einzelner Bieter ist nur unter engen Voraussetzungen zulässig.[91]

II. Voraussetzungen zur Angebotsabgabe

45 Die Zulassung von Bietergemeinschaften zur Ausschreibung wird zwar unter bestimmten Voraussetzungen kontrovers diskutiert, begegnet aber im Ergebnis regelmäßig keinen wettbewerbsrechtlichen Bedenken,[92] außer wenn ihr auch „vorbefasste Mitglieder" angehören, dh die für den Auftraggeber schon bei der Vorbereitung der Ausschreibung tätig waren.[93] Gemeinschaftliche Angebote sind wie die von Einzelbietern zu behandeln. Für den Auftraggeber kann sich im Falle der Insolvenz eines Mitglieds die gemeinschaftliche Verbindung sogar als Vorteil erweisen, weil jeder Beteiligte zur Erfüllung insgesamt verpflichtet ist (§§ 421, 427 BGB). Bei Insolvenz vor Auftragsvergabe kann allerdings der Ausschluss der gesamten Bietergemeinschaft erfolgen.[94]

---

[86] OLG München VergabeR 2006, 933 (Leitsatz 2) = IBR 2006, 410.
[87] *Dähne/Schelle* aaO, S. 895; VK Leipzig NZBau 2003, 64 (Leitsatz 3).
[88] VHB Bund A § 21 Nr. 5; OLG Schleswig VergabeR 2006, 367 (Leitsatz 2), VK Thüringen IBR 2006, 637.
[89] Zur (Un-)Zulässigkeit von Bietergemeinschaften siehe etwa KG 24.10.2013 – Verg 11/13, NZBau 2013, 792 einerseits und OLG Düsseldorf 17.12.2014 – Verg 22/14, BeckRS 2015, 00626 sowie OLG Karlsruhe 5.11.2014 – 15 Verg 6/14, BeckRS 2015, 04323 andererseits.
[90] VK Arnsberg IBR 2003, 209.
[91] OLG Düsseldorf VergabeR 2003, 461 (Leitsatz 2) und 2005, 117; OLG Naumburg IBR 2005, 115; VK Brandenburg IBR 2006, 352 (VOL-Ausschreibung); VK Thüringen BR 2009, 669.
[92] Bei nichtoffenem Verfahren und beschränkter Ausschreibung werden Bietergemeinschaften, die sich erst nach Angebotsaufforderung gebildet haben, nicht zugelassen, siehe Formblatt 212 im VHB Bund Ziff. 6.2.
[93] OLG Düsseldorf IBR 2004, 88; VK Schleswig-Holstein IBR 2005, 50. Dieser Ausschlussgrund betrifft aber nicht Subunternehmer, die sich auch als Hauptanbieter an der Ausschreibung beteiligen, OLG Düsseldorf IBR 2006, 585.
[94] VK Nordbayern IBR 2003, 618.

Unabhängig davon müssen aber nunmehr im Angebot alle Mitglieder als solche benannt und **46** es muss ein Mitglied als bevollmächtigter Vertreter für Abschluss und Durchführung des Vertrages benannt sein (der sog federführende Gesellschafter, oftmals unterschieden in kaufmännischer und technischer Federführung). Dies entspricht der in § 714 BGB ausgesprochenen Befugnis zur Geschäftsführung durch einen Gesellschafter. Der Auftraggeber hat aus Gründen der Rechtssicherheit und -klarheit ein großes Interesse sowohl an der Identität der Zusammensetzung als auch an dieser Benennung des Befugten. Folgerichtig müssen nach den Bewerbungsbedingungen des VHB Bund- EVM 212/212 EU Bietergemeinschaften mit ihrem Angebot eine von allen Mitgliedern rechtsverbindlich unterschriebene (!) Erklärung abgeben,
– in der die Bildung einer Arbeitsgemeinschaft im Auftragsfall erklärt ist,
– in der alle Mitglieder aufgeführt sind und der für die Durchführung des Vertrages bevollmächtigte Vertreter bezeichnet ist,
– dass der bevollmächtigte Vertreter die Mitglieder gegenüber dem Auftraggeber rechtsverbindlich vertritt und
– dass alle Mitglieder als Gesamtschuldner haften.

Davon ist strikt zu trennen die primäre Behandlung des Angebotes nach der Submission, dh **47** die formelle Gültigkeitsprüfung: Bei einer Bietergemeinschaft ist die Unterschrift aller Mitglieder erforderlich. Hat nur ein Mitglied als Bevollmächtigter unterzeichnet, müssen die schriftlichen Ermächtigungen der anderen dem Angebot beigefügt sein.[95] Andernfalls ist das Angebot von der weiteren Prüfung und Wertung auszuschließen. Dasselbe gilt, wenn ein Mitglied handelsrechtlich noch nicht existent ist, zB sich erst im Stadium der Gründung befindet.[96]

Andererseits ist die fehlende Bezeichnung des Federführenden auch nach Submission noch **48** nachholbar (Abs. 5 Satz 2). Daraus folgt, dass es sich um eine bloße Ordnungsvorschrift ohne zwingenden Charakter handelt.[97] Ein Angebotsausschluss käme allenfalls aus anderen Gründen in Frage,[98] zB wenn daraus – etwa weil wiederholt geschehen – ein Mangel an Zuverlässigkeit abgeleitet werden könnte (§ 16 Abs. 2 Nr. 3 VOB/A). Ebenso ist § 15 Abs. 2 VOB/A analog anwendbar: Verweigert oder verzögert die Bietergemeinschaft unangemessen lange die Benennung, kann ihr Angebot unberücksichtigt bleiben.

G. Aufnahme der Abs. 1–5 in die Vergabeunterlagen (Abs. 6)

Nach Abs. 6 hat der Auftraggeber die Anforderungen an den Inhalt der Angebote nach den **49** Absätzen 1–5 in die Vergabeunterlagen aufzunehmen. Dies trägt dem Charakter der VOB/A (Abschnitt 1) als interne Verwaltungsrichtlinie Rechnung, die nach außen keine unmittelbare Rechtsverbindlichkeit besitzt, sondern rein behördenintern wirkt.[99] Nur so kann eine Bindung des Bewerbers/Bieters an die in der VOB/A enthaltenen Wettbewerbsbedingungen hergestellt werden. Ein Verstoß des Auftraggebers gegen solche vorvertraglichen Pflichten begründet seine Haftung nach den §§ 311 Abs. 2, 241 Abs. 2 in Verbindung mit §§ 280, 282 BGB.

Der Begriff „Vergabeunterlagen" ist in § 8 Abs. 1 VOB/A definiert;[100] man versteht darunter **50** das Anschreiben und die Vertragsunterlagen. Zweckmäßigerweise wird der öffentliche Auftraggeber die Anforderungen bereits in das Anschreiben (vgl. Formblätter 211/211 EU VHB Bund) aufnehmen, indem er die Bewerbungsbedingungen beifügt (vgl. Formblätter 212/212 EU VHB Bund) und sie den Bietern zuschickt.

---

[95] VÜA Sachsen-Anhalt IBR 1997, 5; VÜA Hessen IBR 1998, 325. Bestätigt durch VK Hessen 13.3.2012 – 69 d-VK-06/2012, BeckRS 2012, 13800 unter Bezugnahme ua auf OLG Frankfurt 15.7.2008 – 11 Verg 4/08. Siehe – mit etwas abweichendem Sachverhalt – auch OLG Frankfurt 15.7.2008 – (11 Verg 4/08), BeckRS 2008, 19490 und 4.6.2010 – (11 Verg 4/10), BeckRS 2011, 13495 sowie OLG Naumburg 13.10.2008 – (1 Verg 10/08), NZBau 2008, 788.
[96] VÜA Bayern IBR 1997, 93.
[97] Vgl. dazu auch OLG Dresden VergabeR 2004, 484 (Leitsatz 3) für einen VOL-Vertrag sowie VK Hessen 13.3.2012 – 69d-VK-06/2012, BeckRS 2012, 13800; *Dittmann* in KMPP VOB/A § 13 Rn. 132. Ebenso jetzt VK Sachsen-Anhalt, B. v. 27.1.2017 – 3 VK LSA 58/16.
[98] VK Niedersachsen IBR 2001, 328.
[99] BGH BauR 1992, 221 = ZfBR 1992, 67 für einen VOL-Vertrag. Diese Klassifizierung galt jedoch nicht für die (bisherigen) Abschnitte 2 und 3. Bei diesen handelt es sich um Verordnungsrecht, § 2 Satz 2 Vergabeverordnung (VgV).
[100] Auch → VOB/A § 8 Rn. 2 f.

§ 14 Öffnung der Angebote, Öffnungstermin bei ausschließlicher Zulassung elektronischer Angebote

(1) Sind nur elektronische Angebote zugelassen, wird die Öffnung der Angebote von mindestens zwei Vertretern des Auftraggebers gemeinsam an einem Termin (Öffnungstermin) unverzüglich nach Ablauf der Angebotsfrist durchgeführt. Bis zu diesem Termin sind die elektronischen Angebote zu kennzeichnen und verschlüsselt aufzubewahren.

(2) 1. Der Verhandlungsleiter stellt fest, ob die elektronischen Angebote verschlüsselt sind.
2. Die Angebote werden geöffnet und in allen wesentlichen Teilen im Öffnungstermin gekennzeichnet.
3. Muster und Proben der Bieter müssen im Termin zur Stelle sein.

(3) 1. Über den Öffnungstermin ist eine Niederschrift in elektronischer Form zu fertigen. Der Niederschrift ist eine Aufstellung mit folgenden Angaben beizufügen:
   a) Name und Anschrift der Bieter,
   b) die Endbeträge der Angebote oder einzelner Lose,
   c) Preisnachlässe ohne Bedingungen,
   d) Anzahl der jeweiligen Nebenangebote.
2. Sie ist von den beiden Vertretern des Auftraggebers zu unterschreiben oder mit einer Signatur nach § 13 Absatz 1 Nr. 1 zu versehen.

(4) Angebote, die zum Ablauf der Angebotsfrist nicht vorgelegen haben, sind in der Niederschrift oder in einem Nachtrag besonders aufzuführen. Die Eingangszeiten und die etwa bekannten Gründe, aus denen die Angebote nicht vorgelegen haben, sind zu vermerken.

(5) 1. Ein Angebot, das nachweislich vor Ablauf der Angebotsfrist dem Auftraggeber zugegangen war, aber aus vom Bieter nicht zu vertretenden Gründen dem Verhandlungsleiter nicht vorgelegen hat, ist wie ein rechtzeitig vorliegendes Angebot zu behandeln.
2. Den Bietern ist dieser Sachverhalt unverzüglich in Textform mitzuteilen. In die Mitteilung sind die Feststellung, ob die Angebote verschlüsselt waren, sowie die Angaben nach Absatz 3 Nummer 1 Buchstabe a bis d aufzunehmen.
3. Dieses Angebot ist mit allen Angaben in die Niederschrift oder in einen Nachtrag aufzunehmen. Im Übrigen gilt Absatz 4 Satz 2.

(6) Bei Ausschreibungen stellt der Auftraggeber den Bietern die in Absatz 3 Nummer 1 Buchstabe a bis d genannten Informationen unverzüglich elektronisch zur Verfügung. Den Bietern und ihren Bevollmächtigten ist die Einsicht in die Niederschrift und ihre Nachträge (Absätze 4 und 5 sowie 16c Absatz 3) zu gestatten.

(7) Die Niederschrift darf nicht veröffentlicht werden.

(8) Die Angebote und ihre Anlagen sind sorgfältig zu verwahren und geheim zu halten.

---

§ 14 VOB/A legt fest, wie die Öffnung der Angebote bei der sich immer stärker durchsetzenden elektronischen Vergabe stattzufinden hat. Die Vorschrift wurde erst mit der nochmaligen Überarbeitung der VOB/A im Juni 2016 eingefügt, lehnt sich inhaltlich aber sehr eng an § 14a VOB/A an. Dies zeigt sich auch daran, dass zahlreiche wörtliche Übereinstimmungen mit den Regelungen in § 14a VOB/A bestehen, soweit dort nämlich auch die Vorlage elektronischer Angebote (gemeinsam mit schriftlichen Angeboten) zulässig ist.

Der wesentliche Unterschied zwischen den beiden Vorschriften besteht darin, dass § 14 konsequent auf eine ausschließlich elektronische Angebotsabgabe zugeschnitten und formuliert ist. Deutlichste praktische Konsequenz hieraus ist, dass bei der hier behandelten ausschließlichen Zulässigkeit elektronischer Angebote kein „Eröffnungs"-, sondern lediglich ein „Öffnungstermin" stattfinden muss. Dieser Öffnungstermin ist nach Abs. 1 nicht öffentlich und wird ohne Bieter oder deren Bevollmächtigte durchgeführt. Diese Angebotsöffnung hat unverzüglich nach Ablauf der Angebotsfrist von mindestens 2 Vertretern des Auftraggebers in einem Termin gemeinsam stattzufinden.

Die übrigen Regelungen entsprechen inhaltlich ansonsten ganz weitgehend denjenigen Vorgaben, die § 14a VOB/A in seinem Anwendungsbereich für die Behandlung elektronischer Angebote formuliert. Hinzuweisen ist allerdings darauf, dass § 14 für alle Vergabeverfahren gilt, § 14a nur für Ausschreibungen; dies folgt auch aus einem Urteilsbeschluss aus Abs. 6.[1]
Im Übrigen wird auf die Kommentierung zu § 14a VOB/A verwiesen.

§ 14a Öffnung der Angebote, Eröffnungstermin bei Zulassung schriftlicher Angebote

(1) Sind schriftliche Angebote zugelassen, ist bei Ausschreibungen für die Öffnung und Verlesung (Eröffnung) der Angebote ein Eröffnungstermin abzuhalten, in dem nur die Bieter und ihre Bevollmächtigten zugegen sein dürfen. Bis zu diesem Termin sind die zugegangenen Angebote auf dem ungeöffneten Umschlag mit Eingangsvermerk zu versehen und unter Verschluss zu halten. Elektronische Angebote sind zu kennzeichnen und verschlüsselt aufzubewahren.

(2) Zur Eröffnung zuzulassen sind nur Angebote, die bis zum Ablauf der Angebotsfrist eingegangen sind.

(3) 1. Der Verhandlungsleiter stellt fest, ob der Verschluss der schriftlichen Angebote unversehrt ist und die elektronischen Angebote verschlüsselt sind.
2. Die Angebote werden geöffnet und in allen wesentlichen Teilen im Eröffnungstermin gekennzeichnet. Name und Anschrift der Bieter und die Endbeträge der Angebote oder einzelner Lose, sowie Preisnachlässe ohne Bedingungen werden verlesen. Weiteres aus dem Inhalt der Angebote soll nicht mitgeteilt werden.
3. Muster und Proben der Bieter müssen im Termin zur Stelle sein.

(4) 1. Über den Eröffnungstermin ist eine Niederschrift in Schriftform oder in elektronischer Form zu fertigen. Sie ist zu verlesen; in ihr ist zu vermerken, dass sie verlesen und als richtig anerkannt worden ist oder welche Einwendungen erhoben worden sind.
2. Sie ist vom Verhandlungsleiter zu unterschreiben oder mit einer Signatur nach § 13 Abs. 1 Nr. 1 zu versehen; die anwesenden Bieter und Bevollmächtigten sind berechtigt, mit zu unterzeichnen oder eine Signatur nach § 13 Abs. Nr. 1 anzubringen.

(5) Angebote, die zum Ablauf der Angebotsfrist nicht vorgelegen haben (Absatz 2), sind in der Niederschrift oder in einem Nachtrag besonders aufzuführen. Die Eingangszeiten und die etwa bekannten Gründe, aus denen die Angebote nicht vorgelegen haben, sind zu vermerken. Der Umschlag und andere Beweismittel sind aufzubewahren.

(6) 1. Ein Angebot, das nachweislich vor Ablauf der Angebotsfrist dem Auftraggeber zugegangen war, aber aus vom Bieter nicht zu vertretenden Gründen dem Verhandlungsleiter nicht vorgelegen hat, ist wie ein rechtzeitig vorliegendes Angebot zu behandeln.
2. Den Bietern ist dieser Sachverhalt unverzüglich in Textform mitzuteilen. In die Mitteilung sind die Feststellung, dass der Verschluss unversehrt war und die Angaben nach Absatz 3 Nr. 2 aufzunehmen.
3. Dieses Angebot ist mit allen Angaben in die Niederschrift oder in einen Nachtrag aufzunehmen. Im Übrigen gilt Absatz 5 Satz 2 und 3.

(7) Den Bietern und ihren Bevollmächtigten ist die Einsicht in die Niederschrift und ihre Nachträge (Absätze 5 und 6 sowie § 16c Abs. 3) zu gestatten; den Bietern sind nach Antragstellung die Namen der Bieter sowie die verlesenen und die nachgerechneten Endbeträge der Angebote sowie die Zahl ihrer Nebenangebote nach der rechnerischen Prüfung unverzüglich mitzuteilen.

(8) Die Niederschrift darf nicht veröffentlicht werden.

(9) Die Angebote und ihre Anlagen sind sorgfältig zu verwahren und geheim zu halten; dies gilt auch bei Freihändiger Vergabe.

Schrifttum: *Höfler,* Der Eröffnungstermin im Verfahren zur Vergabe öffentlicher Bauaufträge, ZfBR 2000/75; *Ax/Schneider,* Der Ablauf des Eröffnungstermins, BauR 2000, 1411.

---
[1] Ebenso *v. Wietersheim* in Ingenstau/Korbion VOB/A § 14 Rn. 1.

Übersicht

	Rn.
A. Allgemeines	1
B. Vorbereitung des Eröffnungstermins (Abs. 1 und 2)	2
I. Begriff	2
II. Kennzeichnung und Verschluss der Angebote	4
III. Zur Eröffnung zugelassene Angebote (Abs. 2)	9, 10
C. Das Verfahren im Eröffnungstermin (Abs. 3)	11
I. Angebotseröffnung und Verlesung	12
1. Prüfung der Unversehrtheit des Verschlusses (Nr. 1)	12
2. Öffnung, Kennzeichnung und Verlesung (Nr. 2)	15
II. Niederschrift über den Eröffnungstermin (Abs. 4–7)	24
1. Inhalt und rechtliche Bedeutung	24
2. Verspätete Angebote	26
3. Unschädliche Verspätung des Angebotes (Abs. 6)	27
4. Protokolleinsicht und Information der Bieter (Abs. 7)	30
D. Keine Veröffentlichung der Niederschrift	
E. Verwahrung und Geheimhaltung der Angebote (Abs. 9)	34
I. Rechtsgrundlagen	34
II. Sachlicher und zeitlicher Bereich	35
III. Persönliche Grenzen	36
IV. Rechtsfolgen	37

A. Allgemeines

1 Vorgängernorm von § 14a ist § 14 VOB/A 2012. Die Neufassung ist nach Abs. 1 Satz 1 dann anzuwenden, wenn der Auftraggeber zumindest auch die Abgabe schriftlicher Angebote zugelassen hat – dies ist absehbar ein „Auslaufmodell", weil nach dem 18.10.2018 schriftliche Angebote nicht mehr zugelassen werden müssen. Daneben ist der Anwendungsbereich (mit Ausnahme der Abs. 8 und 9) auf öffentliche und beschränkte Ausschreibungen begrenzt, wohingegen § 14 für alle Vergabeverfahren gilt. Der bei Ausschreibungen verbindlich vorgeschriebene Termin zur Öffnung und Verlesung der Angebote, auch Submissionstermin genannt, ist Ausdruck des Transparenzgebotes und war als solcher schon in Art. 2 der EU-Vergaberichtlinie vom 31.3.2004 (2004/18/EG) enthalten. Bei Freihändiger Vergabe bzw. im Verhandlungsverfahren findet ein solches Verfahren nicht statt (§ 3 Abs. 3 VOB/A).

B. Vorbereitung des Eröffnungstermins (Abs. 1 und 2)

I. Begriff

2 Nach Abs. 1 Satz 1 ist bei Ausschreibungen, in denen schriftliche Angebote zugelassen sind, für die Öffnung und Verlesung der Angebote ein Eröffnungstermin abzuhalten, in dem nur die Bieter und ihre Bevollmächtigten zugegen sein dürfen. Vom Wortlaut her ist damit der Zeitpunkt angesprochen, an dem die bis zum Ablauf der Angebotsfrist verschlossen eingereichten Angebote vor den Bietern oder deren Bevollmächtigten zu öffnen und zu verlesen und die sonstigen in § 14 aufgestellten Verfahrensregeln einzuhalten sind. Dies wird idR in den Räumen des öffentlichen Auftraggebers stattfinden, kann aber auch an anderer Stelle erfolgen, zB in den Geschäftsräumen eines eingeschalteten Planungs- bzw. Ingenieurbüros (vgl. etwa Anlage 12 zu §§ 43 Abs. 4, 45 Abs. 5 HOAI). Die Vorschrift ist sowohl zwingend als auch bieterschützend, dh ein Abweichen von ihr oder gar ein Unterlassen begründet stets einen Vergabeverstoß iSd § 97 Abs. 6 GWB.[1] Der Eröffnungstermin soll bereits in der Bekanntmachung benannt werden (§ 12 Abs. 1 Nr. 2q VOB/A), darf aber auch noch mit den Verdingungsunterlagen bekannt gegeben werden, wobei auch die Uhrzeit zu vermerken ist.[2] Auch wenn dieser Termin nach Ziff. 2.2 der Richtlinien zu Formblatt 313 des VHB Bund „unverzüglich nach Ablauf der Angebotsfrist, bei Ausschreibungen nach Abschnitt 1 der VOB/A pünktlich zu dem vorher festgelegten Termin, durchzuführen" ist, soll er nach der Rechtsprechung (nur) aus wichtigen

---

[1] Ebenso *Bauer* in Heiermann/Riedl VOB/A § 14 Rn. 2.
[2] VOB-Stelle Sachsen-Anhalt IBR 1996, 10.

Gründen verschoben werden können, zB bei unvollständig übersandten Unterlagen.[3] Weil dies nach der Neuregelung aber den für die Bindefrist zur Verfügung stehenden Zeitraum reduziert, wird der Auftraggeber im Einzelfall abzuwägen haben, ob er die damit verbundene Beeinträchtigung der übrigen Bieter in Kauf nehmen will.[4]

Teilnahmeberechtigt sind nur die Bieter oder deren Bevollmächtigte. Letzteres ist insbesondere von Bedeutung, wenn der Bieter eine Handelsgesellschaft oder eine juristische Person des Privatrechts ist, weil diese nur durch einen Vertreter handeln können. Bieter und/oder Bevollmächtigte müssen auf Verlangen des Auftraggebers ihre Legitimation nachweisen; andernfalls kann ihnen eine Teilnahme an der Submission verwehrt werden. Zum Kreis der Berechtigten zählen nur die Bieter, deren Angebot dem Auftraggeber rechtzeitig vorliegt. Alle anderen – also diejenigen, die entweder kein oder nur verspätet ein Angebot abgegeben haben – sind für den Auftraggeber nicht als „Bieter" existent und haben deshalb kein Teilnahmerecht. **3**

II. Kennzeichnung und Verschluss der Angebote

Nach Satz 2 müssen die Angebote schon beim Eingang auf dem ungeöffneten Umschlag mit einem Eingangsvermerk versehen werden und bis zur Submission unter Verschluss gehalten werden. Entsprechend sind die digitalen Angebote zu kennzeichnen und verschlüsselt aufzubewahren. Dazu sagt das VHB Bund unter Nr. 1 der Richtlinien zu Formblatt 313 (Satz 1): **4**

„Alle schriftlich zugegangenen Angebote sind auf dem Umschlag mit Datum und Uhrzeit des Eingangs zu kennzeichnen und unmittelbar, unverzüglich und ungeöffnet dem für die Verwahrung zuständigen Bediensteten zuzuleiten, der an der Vergabe nicht beteiligt sein darf."

Dieser Bedienstete hat auch dafür zu sorgen, dass die Angebote ungeöffnet bleiben und unter Verschluss gehalten werden, bis der Eröffnungstermin stattfindet. Das gilt sowohl für die direkt (zB durch Boten) als auch für die auf dem Postweg zugegangenen Angebote. Ausgenommen sind aber naturgemäß solche Angebote, die von Bietern zum Termin mitgebracht werden, was grundsätzlich zulässig ist. Hier wird in der Praxis oft so verfahren, dass sich der Überbringer beim amtlichen Eröffnungsleiter legitimiert, der dann äußerlich das Angebot (etwa durch Namenszeichen) kennzeichnet und es mit der nächsten fortlaufenden Nummer versieht, worauf es am weiteren Verfahren teilnimmt. **5**

Ferner sind schon an der Eingangsstelle die verschlossenen Angebote äußerlich zu kennzeichnen, wobei freigestellt ist, wie dies zu geschehen hat. Zweckmäßigerweise werden sie mit einem Stempel oder einem Aufkleber versehen, auf dem die Maßnahme, Vertragsnummer und das Submissionsdatum (einschließlich Uhrzeit) vermerkt sind. Vielfach stellt der Auftraggeber selbst entsprechende Angebotsaufkleber den Bietern zur Verfügung oder verlangt eine solche Kenntlichmachung bereits vom Bieter in den Bewerbungsbedingungen, was insbesondere im Rahmen des Abs. 6 „aus vom Bieter nicht zu vertretenden Gründen" bedeutsam werden kann. **6**

Für elektronische Angebote schreibt das VHB Bund vor, dass diese einen „Zeitstempel der e-Vergabeplattform aufweisen" müssen und elektronisch aufzubewahren sind. Beim Eröffnungstermin ist es dann wie ein „normales" Angebot zu entschlüsseln und zu verlesen (vgl. → Rn. 13). **7**

Hat der Auftraggeber ein Angebot versehentlich geöffnet, führt dies grundsätzlich nicht zum Ausschluss von der weiteren Behandlung oder gar zur Ausschreibungsaufhebung.[5] Es ist vielmehr zulässig, dieses Angebot sofort wieder zu verschließen und zu verwahren. Allerdings muss dann der Auftraggeber einen entsprechenden Vermerk auf dem Umschlag anbringen, der im Eröffnungstermin zu verlesen und auch ins Protokoll aufzunehmen ist. Dasselbe gilt, wenn ein Bieter sein Angebot unverschlossen eingereicht hat.[6] **8**

III. Zur Eröffnung zugelassene Angebote (Abs. 2)

Aufgrund der nunmehr alleinigen Relevanz der Angebotsfrist erfrischend klar und eindeutig ist Abs. 2, wonach – mit der Ausnahmeregelung nach Abs. 6 – nur bis zu deren Ablauf eingegangene Angebote zur Eröffnung zugelassen sind. **9, 10**

---

[3] OLG Düsseldorf IBR 2006, 218.
[4] Vgl. *v. Wietersheim* in Ingenstau/Korbion, VOB/A, § 14a Rn. 7.
[5] VOB-Stelle Sachsen-Anhalt IBR 1995, 501.
[6] *Bauer* in Heiermann/Riedl/Rusam VOB/A § 14 Rn. 7.

C. Das Verfahren im Eröffnungstermin (Abs. 3)

11   Der eigentliche Vorgang der Angebotseröffnung ist in Abs. 3 förmlich geregelt. Man unterscheidet hier zwischen dem Eröffnungsvorgang im engeren Sinne (Abs. 3) und seiner Protokollierung (Abs. 4 und 5), was beides dem Verhandlungsleiter obliegt. Zur personellen Besetzung legt das VHB Bund in Ziff. 2.2 der Richtlinien zu Formblatt 313 fest, dass stets zwei Vertreter des Auftraggebers zugegen sein sollen, die weder an der Bearbeitung der Vergabeunterlagen noch an der Vergabe oder der Vertragsabwicklung beteiligt sein sollen. Der Termin selbst ist von einem Bediensteten des Auftraggebers zu leiten, der eine Schriftführung als Unterstützung hinzuziehen soll. Auch diese Personen sollten an der Bearbeitung der Verdingungsunterlagen und der Vergabe (bisher) nicht beteiligt gewesen sein.

I. Angebotseröffnung und Verlesung

12   **1. Prüfung der Unversehrtheit des Verschlusses (Nr. 1).** Bevor der Verhandlungsleiter mit der Eröffnung und Verlesung beginnt, prüft er, ob der Verschluss eines jeden Angebots unversehrt ist und die elektronischen Angebote verschlüsselt sind (§ 14a Abs. 3 Nr. 1). Dieser Vorgang ist vorbereitender Bestandteil des Verfahrens.

13   Beides hat in Gegenwart der Bieter bzw. ihrer Bevollmächtigten zu geschehen. Ebenso ist festzustellen, dass alle eingegangenen Angebote ungeöffnet vorliegen.[7]

14   Sonstige Unregelmäßigkeiten, zB nicht ausreichend gekennzeichnete Umschläge, sind weder im Protokoll zu vermerken noch stehen sie einem Fortgang des Eröffnungsverfahrens entgegen.

15   **2. Öffnung, Kennzeichnung und Verlesung (Nr. 2).** Nach diesen Vorbereitungen öffnet der Verhandlungsleiter das erste Angebot. An eine Reihenfolge ist er dabei nicht gebunden.

16   Die VOB/A verlangt zu Recht ausdrücklich eine Kennzeichnung im Eröffnungstermin, was in der Praxis früher oft unter Hinweis auf mangelnde organisatorische Voraussetzungen abgelehnt und erst nachher, ohne dass die Bieter dabei waren, erledigt wurde. Damit wurde einer Entscheidung des VÜA Bund[8] Rechnung getragen, in der diese Praxis beanstandet und zu Recht als Vergabeverstoß bezeichnet worden war.

17   Die Kennzeichnung soll Fälschungen oder sonstige Manipulationen nach Möglichkeit verhindern; sie ist auch auf dem Hintergrund des Transparenzgebotes und des Wettbewerbsgrundsatzes zu sehen. In der Regel werden hierbei Lochstempel, Stanzapparate oÄ verwendet, zweckmäßigerweise mit Datumsanzeige. Dies ist zwar bei umfangreichen Verdingungsunterlagen problematisch, nunmehr aber gleichwohl zwingend vorgeschrieben. Andererseits ist eine gewisse Einschränkung aus der Formulierung „in allen wesentlichen Teilen" zu erkennen. Zu diesen zählen mit Sicherheit das Leistungsverzeichnis und alle Unterlagen, in denen sich vom Bieter geforderte Erklärungen befinden, einschließlich der Unterzeichnung (§ 13 Abs. 1 Nr. 1 Satz 3). Eine entsprechende Verwaltungsanweisung findet sich seit jeher im VHB Bund, Richtlinien zu 313, Ziff. 2.1:

„Im Eröffnungstermin sind die Angebote mit allen Anlagen oder auf geeignete Weise (z. B. durch Lochen oder bei digital übermittelten Angeboten durch geeignete Verschlüsselungsverfahren) so zu kennzeichnen, dass nachträgliche Änderungen oder Ergänzungen verhindert werden.

Als zu verlesende Einzelheiten verlangt die VOB/A:

18   – Name und Wohnort der Bieter. Das bedeutet, dass bei Bietergemeinschaften jedes Mitglied genannt werden muss, das auf dem Angebot aufgeführt ist. Die Bekanntgabe nur des Bevollmächtigten (Federführenden) genügt nicht.[9]

19   – Endbeträge der Angebote oder ihrer einzelnen Abschnitte. Nach diesem Wortlaut ist also stets die Bruttosumme, dh einschließlich Umsatzsteuer, bekannt zu geben. Was „einzelne Abschnitte" sind, ist bestritten, aber mit der hM[10] dürften darunter die einzelnen Fach- oder Teillose (§ 5 Abs. 2 VOB/A) zu verstehen sein, wenn der Auftraggeber eine losweise Vergabe vorgesehen hat. Ist dies nicht der Fall, ist wohl ein solches Verfahren zu zeitaufwändig, ganz abgesehen davon, dass es für die Bieter wenig aufschlussreich wäre, bloße Los- oder Gewerk-

---

[7] VHB Bund Richtlinien zu 313, Ziff. 2.2.
[8] ZfBR 1996, 219.
[9] BayObLG IBR 2001, 688 = VergabeR 2001, 438.
[10] Statt aller: *Heiermann/Riedl/Rusam*, VOB/A § 14 Rn. 23.

epreise zu erfahren. Außerdem könnte hier der Schutz von Betriebsgeheimnissen in Frage gestellt werden. Das Wort „oder" ist in diesem Zusammenhang als „und" zu verstehen, denn die Endbeträge sind stets bekannt zu geben. Dies gilt auch, wenn ein Gesamtangebot vorliegt, das nach Losen in Einzelpauschalen aufgeteilt wird.

– Nachlässe ohne Bedingungen. Auch wenn es sich beim Änderungssatz einer Lohngleitklausel, der dem Wettbewerb unterworfen ist, nicht um einen „Einzelpreis", sondern um einen das ganze Angebot betreffenden Umstand handelt,[11] ist er bei der Submission nach der Neufassung nicht mehr bekannt zu geben, da solche Preisbestandteile vom Wortlaut nicht erfasst sind. **20**

– Nebenangebote. Nach Abs. 3 Nr. 2 Satz 3 wird bekannt gegeben, ob und von wem Nebenangebote eingereicht sind. Diese Vorschrift ist zwar unverändert beibehalten, aber im Zusammenhang mit § 13 Abs. 3 VOB/A zu sehen (vgl. dort → § 13 Rn. 32). Nach dem Wortlaut ist nur zu verlesen, ob überhaupt Nebenangebote vorliegen und wer sie unterbreitet hat. Auch hierbei handelt es sich um eine Muss-Vorschrift.[12] Über den sonstigen Inhalt sind keine Angaben zu machen, insbesondere nicht über die Preise.[13] Ferner hat der Verhandlungsleiter die Gesamtzahl der Nebenangebote mitzuteilen, was nunmehr aus dem Zusammenhang dieser Vorschrift mit § 13 Abs. 3 S. 1 eindeutig geregelt ist. **21**

Indes handelt es sich hier nach hM um reine Ordnungsvorschriften, nicht um Wirksamkeitserfordernisse. So ist zwar das Nichtverlesen der Vorlage eines Nebenangebots formell ein Vergabeverstoß, führt aber nicht zu dessen Ausschluss von der anschließenden Prüfung und Wertung.[14] Allerdings muss zweifelsfrei feststehen (und dafür trägt der Bieter die Beweislast) dass das Nebenangebot im Submissionstermin rechtzeitig vorgelegen hat[15] und dass es zu diesem Zeitpunkt vollständig war, um eine sachgerechte Bewertung zu ermöglichen.[16] **22**

Nach Abs. 3 Nr. 3 müssen Muster und Proben im Termin zur Stelle sein. Dies gilt natürlich nur dann, wenn der Auftraggeber ausdrücklich solche verlangt hat. Gegebenenfalls sind sie aber Bestandteil des Angebots und damit allen einschlägigen Regeln unterworfen. Ihre Bedeutung liegt vor allem darin, dass mit ihrer Einreichung die „vereinbarten Beschaffenheit" nach § 13 Abs. 1 VOB/B festgelegt ist. In der Praxis hat diese Regelung aber nur geringe Bedeutung. **23**

II. Niederschrift über den Eröffnungstermin (Abs. 4–7)

1. Inhalt und rechtliche Bedeutung. In der Niederschrift sind alle wesentlichen Vorgänge über den Termin festzuhalten. Diese Angaben haben Beweisfunktion. Sind sie im Protokoll nicht enthalten, trägt der Auftraggeber die Beweislast für deren Vorliegen im Eröffnungstermin, zB für einen nicht verlesenen und protokollierten Nachlass oder ein Nebenangebot.[17] Nach dem VHB Bund (Formblatt 313) gehören dazu folgende Angaben: **24**

– Ort, Tag, Stunde, Minute der ersten Angebotseröffnung
– Anwesenheitsfeststellung, einschließlich Name und Wohnort
– Berechtigungsprüfung, Legitimation der Bieter
– Unversehrtheit der Umschläge
– Verschlüsselung digitaler Angebote
– Verlesene Endbeträge und ggf. Abschnittssummen
– Verlesene sonstige preisbeeinflussende Umstände
– Bekanntgabe von Nebenangeboten, auch nach Anzahl
– Verspätete Angebote, ggf. mit Begründung und Angaben zum „Verschulden"
– Einwände der Bieter
– Vermerk über Verlesung der Niederschrift
– Anerkennung als richtig durch die Bieter, Unterzeichnung
– Verhandlungsschluss (Uhrzeit)
– Unterschrift des Eröffnungsleiters
– Fakultative Unterzeichnung durch die Bieter.

---

[11] VÜA Bund WuW 1996, 146.
[12] VÜA Bund ZfBR 1996, 219.
[13] OLG Braunschweig IBR 1995, 372.
[14] VÜA Bayern IBR 1999, 101.
[15] OLG Nürnberg BauR 1997, 825.
[16] VÜA Schleswig-Holstein IBR 1999, 243.
[17] BGH BauR 2000, 254.

25 Eine Verpflichtung der Bieter zur Unterschrift unter das Protokoll besteht nicht, wohl aber eine Berechtigung. Folgerichtig bedeutet (k)eine Unterzeichnung auch keinen Verzicht auf ein Rüge- oder Beschwerderecht. Sie bestätigt lediglich eine Kenntnisnahme des Inhalts.

26 **2. Verspätete Angebote.** Eine rechtliche „Sonderbehandlung" erfahren die verspäteten Angebote, die bei Ablauf der Angebotsfrist nicht im Submissionsraum vorgelegen haben (Abs. 5), aber später noch eingetroffen sind. Sie werden in das Muster 313 des VHB Bund aufgenommen, ebenso alle Angebote, bei denen der Umschlag versehrt ist. Unter der Firmenangabe wird auch vermerkt, welche Besonderheit aufgetreten ist. Bei Verspätung werden außerdem Datum und Uhrzeit des Eingangs sowie eventuell schon bekannte Gründe dokumentiert. Hieraus kann uU auch geschlossen werden, ob der Sondertatbestand des Abs. 6 (vgl. → Rn. 27) vorliegt, bei dem das Angebot weiterhin im Wettbewerb bleiben darf. Aus Beweisgründen sind Umschlag und andere Beweismittel aufzubewahren (Abs. 5 Satz 3).

27 **3. Unschädliche Verspätung des Angebotes (Abs. 6).** Mit dieser Bestimmung ist ein Sondertatbestand für solche Angebote geschaffen worden, die dem Submissionsleiter im Termin zwar nicht vorlagen, dem Auftraggeber aber rechtzeitig bis zum Ablauf der Angebotsfrist zugegangen waren. Der Grund für die Verspätung muss allein vom Auftraggeber zu vertreten sein, zB wegen eines Organisationsverschuldens. Das Angebot muss zB zwischen Eingangsstelle und Submissionsraum abhanden gekommen sein, ohne dass der Bieter darauf in irgendeiner Weise Einfluss nehmen konnte. Voraussetzung ist aber stets der rechtzeitige Zugang beim Auftraggeber iSv § 130 Abs. 1 BGB.[18]

28 Ferner muss jedes Mitverschulden des Bieters an der Verspätung ausgeschlossen sein.[19] Ein solches wäre beispielsweise gegeben, wenn der Bieter es versäumt hätte, den Umschlag – wie vom Auftraggeber ggf. ausdrücklich verlangt – mit einem besonderen, ihm zur Verfügung gestellten Aufkleber zu versehen, aus dem hervorgeht, wann und wo die Submission stattfindet und dass es sich um ein Angebot handelt.[20]

29 Stellt der Auftraggeber aber fest, dass die Verzögerung von ihm selbst zu verantworten ist, muss er das Angebot wie ein rechtzeitig vorliegendes behandeln, dh prüfen und werten. Außerdem muss er allen anderen Bietern diesen Sachverhalt unverzüglich schriftlich mitteilen, einschließlich der Feststellung, dass der Verschluss unversehrt war, und der sonstigen bei der Submission zu verlesenden Einzelheiten (Nr. 2). Ferner ist das Angebot mit allen Angaben gem. Abs. 5 Satz 2 in die Niederschrift oder in einen Nachtrag aufzunehmen (Nr. 3).

30 **4. Protokolleinsicht und Information der Bieter (Abs. 7).** Den Bietern und ihren Bevollmächtigten ist zu gestatten, die Niederschrift einzusehen und sich über alle darin enthaltenen Angaben (Abs. 5, 6, § 16c Abs. 3) zu informieren. Dies ist eine Ausprägung des Transparenzgebotes und ferner für denjenigen Bieter von Bedeutung, der eine Vergabenachprüfung in die Wege leiten will. Andererseits darf aber die Niederschrift nicht veröffentlicht werden, was auf Grund der Geheimhaltungspflicht (Abs. 1 und 8) sachlich gerechtfertigt ist. Nicht ausdrücklich bestimmt ist, wie lange ein solches Einsichtsrecht besteht. Dies bemisst sich danach, wie lange ein Bieter ein berechtigtes Interesse daran hat. Will der Bieter einen Schadensersatzanspruch wegen unberechtigter Nichtberücksichtigung seines Angebots gerichtlich durchsetzen, muss ihm das Einsichtsrecht über einen entsprechend langen Zeitraum zustehen.

Weil der Bieter nicht mehr zur Antragsstellung gezwungen ist, muss der Auftraggeber, selbst wenn keiner der Bieter dies verlangt, Einsicht gewähren und die Unterlagen zur Verfügung stellen. Hiermit ist eine Stärkung der einzelnen Bieter erfolgt, ist nun der Auftraggeber doch qua Vorschrift zur Offenlegung verpflichtet. Mit dieser Verpflichtung ändert sich ggf. auch die Beweislast, muss nun der Auftraggeber darlegen, dass er die Daten zur Verfügung gestellt hat, entgegen der vorherigen Fassung, in der der Bieter den Nachweis eines ordnungsgemäß zugegangenen Antrags erbringen musste.

31 Absatz 7 Halbsatz 2 geht demgegenüber über ein bloßes Einsichtsrecht hinaus und gibt den Bietern einen Anspruch, nach Antragstellung die Namen der Bieter sowie die verlesenen und die nachgereichten Endbeträge der Angebote sowie der Zahl ihrer Nebenangebote nach der rech-

---

[18] VK Nordbayern IBR 2000, 587 (Leitsätze 2, 3). Bei der Festlegung einer bestimmten Uhrzeit räumt die Rechtsprechung insoweit keine Sekunde Karenz ein: VK Bund, B. v. 26.10.2016 – VK 1-92/16.
[19] OLG Düsseldorf IBR 2003, 214.
[20] VÜA Bayern Vergaberechts-Report 12/1999.

nerischen Prüfung zu erfahren. Im pflichtgemäßen Ermessen des Auftraggebers steht die Informationserteilung mithin allenfalls noch dann, wenn kein Antrag gestellt wird. Nach Antragstellung müssen jedoch sowohl die verlesenen als auch die nachgerechneten Endbeträge weitergegeben werden, dazu die Zahl der Nebenangebote nach deren rechnerischer Prüfung. Diese letzte Formulierung bezieht sich nur auf die Anzahl, nicht dagegen auf den Preis oder sonstige Inhalte; Abs. 3 Nr. 2 Satz 3 wird dadurch nicht erweitert, das Verbot sonstiger Bekanntgaben (Satz 4) gilt fort.[21]

Über die Form dieser Mitteilung gibt es keine besonderen Bestimmungen, doch orientiert sich diese an der Pflicht zur Geheimhaltung. Stellt der Auftraggeber die Angaben zur Verfügung, kann dies durch einen gesonderten, besonders gesicherten Datenraum geschehen, auf den nur die Bieter und auch nur eine befristete Zeit Zugriff haben. Die Mitteilung sollte also entweder nur schriftlich und im verschlossenen Umschlag oder elektronisch verschlüsselt erfolgen, zweckmäßigerweise mit einer entsprechenden Kennzeichnung als „vertraulich" oder „nur für den eigenen Gebrauch"; (fern)mündlichen Auskünften sind grundsätzlich zu vermeiden, weil dadurch die Vertraulichkeit nicht mehr gewahrt wäre. Dasselbe gilt für eine Mitteilung durch Telefax oÄ. 32

Wenn ein Bieter einen entsprechenden Antrag gestellt hat, muss die Mitteilung an ihn unverzüglich (dh ohne schuldhaftes Zögern, § 121 BGB) erfolgen. Das bedeutet zeitlich eine kurze Überlegungs- und Bearbeitungsfrist von etwa 1–3 Tagen und den Postweg. Da es sich hier um eine Muss-Bestimmung handelt, ist das früher in Satz 2 erwähnte „Kann-Recht" für den Fall einer förmlichen Antragstellung – eine erst mit der VOB 2000 neu eingeführte Regelung – nunmehr ausgeschlossen. 33

D. Keine Veröffentlichung der Niederschrift

Nach Abs. 8 (früher Abs. 7 letzter Satz) darf die Niederschrift nicht veröffentlicht werden, was im Sinne des Datenschutzes sinnvoll erscheint.

E. Verwahrung und Geheimhaltung der Angebote (Abs. 9)

I. Rechtsgrundlagen

Nach Abs. 9 sind Angebote und ihre Anlagen sorgfältig zu verwahren und geheim zu halten. Dies gilt selbst dann, wenn die Offenlegung durch eine Straftat, zB Beamtenbestechung nach § 332 StGB, veranlasst sein sollte.[22] Diese Vorschrift wird näher konkretisiert in Ziff. 3 der Richtlinien des VHB Bund zu 313: 34

> Die Angebote mit allen Anlagen sind geheim zu halten; das gilt für alle Vergabeverfahren. Sie dürfen nur den unmittelbar mit der Bearbeitung beauftragten Personen zugänglich gemacht werden. Dies gilt auch, wenn freiberuflich Tätige an der Prüfung und Wertung beteiligt werden.

II. Sachlicher und zeitlicher Bereich

Systematisch schließt die Regelung des Abs. 9 an das in Abs. 8 ausgesprochene Verbot, die Niederschrift zu veröffentlichen, an. Ergänzt und verschärft wird es noch hinsichtlich der genannten Unterlagen. Diese Verpflichtung ist ohne sachliche Begrenzung auferlegt, gilt also auch für verspätete oder aus anderen Gründen nicht in die Prüfung und Wertung gelangte Angebote. Dem Wortlaut nach fehlt es hierfür auch an einer zeitlichen Beschränkung, etwa auf die Dauer des Vergabeverfahrens oder der Durchführung der Maßnahme, des Abschlusses der Rechnungsprüfung oa. Soweit ein Bieter, der nicht zum Zuge gekommen ist, seine Entwürfe, Ausarbeitungen, Muster und Proben im Angebot oder innerhalb von 30 Kalendertagen nach Ablehnung desselben zurückverlangt hat, sind ihm diese zwar zurückzugeben (§ 19 Abs. 4 VOB/A). Für die anderen Unterlagen jedoch besteht weiter eine strikte Geheimhaltungs- und Verwahrungspflicht. Diese kann allenfalls durch verwaltungsintern festgelegte Aufbewahrungsfristen begrenzt sein, nach denen eine Aussonderung und Vernichtung zu erfolgen hat. 35

---

[21] VHB Bund Richtlinien zu 313, Ziff. 4.
[22] BGH DB 1995, 2261 = BB 1995, 2546.

III. Persönliche Grenzen

36 Der Begriff Geheimhaltung verbietet Auskünfte an Außenstehende,[23] zB nichtbeteiligte Unternehmer, Verbände, Innungen, Informationsdienste oder Submissionsanzeiger, aber auch beteiligte Planungs- bzw. Ingenieurbüros nach Abschluss der für die jeweilige Vergabe erbrachten Leistungen. Nicht betroffen sind dagegen die Teilnehmer am Wettbewerb in Bezug auf die nach § 19 Abs. 1 und 2 VOB/A zu erteilenden Auskünfte. Im verwaltungsinternen Betrieb gelten die og Beschränkungen nach dem VHB Bund (Ziff. 3 der Richtlinien zu 313). Die Abgrenzung zu Ansprüchen nach dem Informationsfreiheitsgesetz (IFG) erfolgt über den dortigen § 3 Nr. 6. Danach besteht kein Anspruch auf Informationszugang, wenn das Bekanntwerden der Information geeignet wäre, fiskalische Interessen des Bundes im Wirtschaftsverkehr zu beeinträchtigen.[24]

IV. Rechtsfolgen

37 Verletzt der Auftraggeber die ihm auferlegte Geheimhaltungspflicht und entsteht dadurch einem Bieter nachweislich ein Schaden, zB in der Vereitelung eines Auftrages[25] oder im Verlust eines gewerblichen Schutzrechts, so kann ein Ersatzanspruch auf der Grundlage der §§ 280, 282 in Verbindung mit §§ 311 Abs. 2, 241 Abs. 2 BGB gegeben sein.[26] Dem kann der Auftraggeber aber uU entgegenhalten, der Bieter trage gem. § 254 Abs. 2 BGB ein Mitverschulden, weil er auf diesen Umstand nicht eigens hingewiesen habe.[27]

§ 15 Aufklärung des Angebotsinhalts

(1) 1. Bei Ausschreibungen darf der Auftraggeber nach Öffnung der Angebote bis zur Zuschlagserteilung von einem Bieter nur Aufklärung verlangen, um sich über seine Eignung, insbesondere seine technische und wirtschaftliche Leistungsfähigkeit, das Angebot selbst, etwaige Nebenangebote, die geplante Art der Durchführung, etwaige Ursprungsorte oder Bezugsquellen von Stoffen oder Bauteilen und um sich über die Angemessenheit der Preise, wenn nötig durch Einsicht in die vorzulegenden Preisermittlungen (Kalkulationen) zu unterrichten.
2. Die Ergebnisse solcher Aufklärungen sind geheim zu halten. Sie sollen in Textform niedergelegt werden.

(2) Verweigert ein Bieter die geforderten Aufklärungen und Angaben oder lässt er die ihm gesetzte angemessene Frist unbeantwortet verstreichen, so kann sein Angebot unberücksichtigt bleiben.

(3) Verhandlungen, besonders über Änderung der Angebote oder Preise, sind unstatthaft, außer, wenn sie bei Nebenangeboten oder Angeboten aufgrund eines Leistungsprogramms nötig sind, um unumgängliche technische Änderungen geringen Umfangs und daraus sich ergebende Änderungen der Preise zu vereinbaren.

Schrifttum: Zielkow/Siegel „Zulassung von Nachverhandlungen im Vergabeverfahren?", NZBau 2005, 22.

Übersicht

	Rn.
A. Allgemeines	1
B. Das Aufklärungsgespräch im Einzelnen (Abs. 1 und 2)	3
I. Zeitpunkt und Inhalt (Abs. 1 Nr. 1)	3
1. „Eignung, insbesondere technische und wirtschaftliche Leistungsfähigkeit"	4
2. „Das Angebot selbst"	6
3. „Etwaige Nebenangebote"	7

---

[23] VHB Bund Ziff. 3 und 4 der Richtlinien zu 313.
[24] Dazu etwa VG Stuttgart IBR 2011, 1196.
[25] OLG Düsseldorf BauR 1989, 195.
[26] *Kratzenberg* in Ingenstau/Korbion, VOB/A § 14 Rn. 53.
[27] Vgl. → Rn. 35.

4. „Die geplante Art der Durchführung"	8
5. „Etwaige Ursprungsorte oder Bezugsquellen von Stoffen oder Bauteilen"	9
6. „Angemessenheit der Preise"	10
II. Verpflichtung des Auftraggebers zur Aufklärung	13
III. Geheimhaltung, Textform (Abs. 1 Nr. 2)	14
IV. Rechtsfolgen bei verweigerter oder nicht erfolgter Aufklärung (Abs. 2)	16
C. Unerlaubte Änderungs- und Preisverhandlungen (Abs. 3)	18
I. Änderungen des Angebotes	20
II. Änderungen der Preise	22
III. Ausnahmen vom Verhandlungsverbot	23
D. Freihändige Vergaben (§ 3 Abs. 3 VOB/A)	30

A. Allgemeines

Systematisch steht die nach § 15 zugelassene „Aufklärung des Angebotsinhalts" vor der Prüfung und Wertung der Angebote (§ 16), obwohl sich die Notwendigkeit zur Angebotsaufklärung in beiden Verfahrensabschnitten ergeben kann. Bis 1990 lautete die Überschrift noch „Verhandlungen mit Bietern", was aber im Hinblick auf das grundsätzliche Verhandlungsverbot in Abs. 3 zu Missverständnissen führte. Der Begriff „Verhandeln" bedeutet nämlich, dass auch eine gewisse Verfügungsmöglichkeit besteht, die § 15 zugunsten einer reinen Information jedoch gerade ausschließen will.¹ Dies wurde durch die zuletzt vorgenommene sprachliche Unterscheidung zwischen erlaubter „Aufklärung" in Abs. 1 Nr. 1 und nur ausnahmsweise erlaubter „Verhandlung" in Abs. 3 nochmals klargestellt. § 15 ist bieterschützend.² 1

Um eine Ausnahmeregelung handelt es sich, weil Angebote für Bauleistungen auf Grund des Wettbewerbsprinzips so auszugestalten sind, dass sie ohne weitere Mitwirkung der Bieter geprüft und gewertet werden können. Mit dem Eröffnungstermin ist der Wettbewerb und damit auch der Beitrag des Bieters grundsätzlich beendet. Deshalb ist auch die Wahrnehmung der Informationsmöglichkeit durch den Auftraggeber oft eine Gratwanderung zwischen bloßer Aufklärung und unzulässiger Preisverhandlung. Muss er sich letzteres – im Einzelfall – zu Recht vorwerfen lassen, liegt darin ein Vergabeverstoß mit allen sich daraus ergebenden Konsequenzen (insbesondere § 181 GWB), also auch einem Schadensersatzanspruch aus §§ 311 Abs. 2, 241 Abs. 2 in Verb. mit §§ 280, 282 BGB.³ 2

B. Das Aufklärungsgespräch im Einzelnen (Abs. 1 und 2)

I. Zeitpunkt und Inhalt (Abs. 1 Nr. 1)

Trotz grundsätzlicher Nichtbeteiligung der Bieter an der Prüfung und Wertung darf der Auftraggeber nach Angebotseröffnung bis zur Zuschlagserteilung von einem Bieter über das Angebot selbst und über angebotsbegleitende Umstände „Aufklärung verlangen", was schon nach dem Wortlaut auch ohne Berücksichtigung von Abs. 3 lediglich Informationseinholung bedeuten kann. Folgerichtig besteht, vorbehaltlich der Grenzen von Treu und Glauben, kein individueller Anspruch des Bieters auf ein Informationsgespräch.⁴ Was zulässigerweise erfragt werden darf, nennt Abs. 1 Nr. 1 im Einzelnen. 3

1. „Eignung, insbesondere technische und wirtschaftliche Leistungsfähigkeit". Diese Fragebefugnis dient nur der Ergänzung bereits abgegebener Erklärungen und der Ausräumung von Restzweifeln.⁵ Sie steht im Zusammenhang mit § 6a und § 16 Abs. 2 VOB/A, wo der Vergabegrundsatz „Bietereignung" (vgl. § 2 Abs. 1 VOB/A) ausführungsbezogen konkretisiert wird. In zeitlicher Hinsicht ist dieses Informationsrecht bei beschränkter Ausschreibung und bei freihändiger Vergabe eingeschränkt; bei diesen Vergabearten sind solche Überprüfungen bereits vor der Aufforderung zur Angebotsabgabe vorzunehmen (§ 6b Abs. 4 VOB/A). Eine Ausnahme gilt nur, wenn dem Auftraggeber nachträglich in § 6a Abs. 2 Nr. 5–9 VOB/A genannte Gründe bekannt werden. Das VHB Bund sagt hierzu ferner: 4

---

[1] VHB Bund, Ziff. 6 der Richtlinien zu 321: „Aufklärung ist nur zulässig, um Zweifel ... auszuräumen."
[2] *Zeise* in KMPP VOB/A § 15 Rn. 6.
[3] So auch *Horn* in juris Praxiskommentar, VOB/A § 15 Rn. 13.
[4] OLG Dresden VergabeR 2004, 92 (Leitsatz 4); VK Hannover IBR 2004, 718.
[5] OLG Saarbrücken IBR 2005, 49.

5 „Aufklärung ist nur zulässig, um Zweifel an der Fachkunde, Leistungsfähigkeit und Zuverlässigkeit des Bieters, an Einzelheiten des Angebots oder der Angemessenheit der Preise auszuräumen. Der Aufklärung dienen auch Erörterungen mit den Bietern über die Angaben in den Formblättern Preisermittlung 221 oder 222 und Aufgliederung der Einheitspreise 223. Bei Zweifeln an deren Schlüssigkeit oder Richtigkeit soll die Vergabestelle Klärung durch Einsichtnahme in die Urkalkulation herbeiführen und nötigenfalls die Berichtigung in den Formblättern verlangen. Wird durch die Nichtabgabe der Formblätter oder die Weigerung des Bieters, die in den Formblättern geforderten Einzelabgaben zu machen, eine ordnungsgemäße und zutreffende Wertung behindert oder vereitelt, ist das Angebot unberücksichtigt zu lassen. Dies gilt ebenso für alle sonstigen im Rahmen der Aufklärung geforderten Angaben oder Erklärungen"[6]

6 2. „Das Angebot selbst". Hierbei geht es um die Aufklärung von Zweifelsfragen, die sich aus den Bietererklärungen im Angebot ergeben. Die Bestimmung ist in engem Zusammenhang mit der technischen und wirtschaftlichen Prüfung (§ 16c VOB/A) zu sehen, insbesondere bei Nebenangeboten des Bieters. Gerade hier ist die Abgrenzung zur unzulässigen Preisverhandlung manchmal überaus schwierig. Wurde zB ein Skonto mit Frist und Prozentsatz angeboten, darf der Auftraggeber nicht erfragen, ob es sich separat auf alle Abschlagszahlungen und die Schlusszahlung bezieht oder nur bei pünktlicher Zahlung aller Rechnungen gilt. Denn der Bieter könnte seine Auskunft an dem ihm bereits bekannten Submissionsergebnis orientieren und so mit zwei Summen am Verfahren teilnehmen, also manipulieren.[7] Ebenso wenig darf der Auftraggeber nachgeschobene Erklärungen berücksichtigen, die den Angebotsinhalt modifizieren, da nur die Auslegung des bei Submission vorhandenen Textes zulässig ist.[8] Abhängig vom Einzelfall wird auch das zur Submission geforderte Formblatt Preisermittlung noch nachgereicht werden können.[9] „Unzulässige Änderungen an den Verdingungsunterlagen" bleiben aber unzulässig.[10] Unzulässig ist aus Gründen des Gleichbehandlungsgrundsatzes, wenn die Vergabestelle im Wege der „Aufklärung" die Abänderung von Eignungsnachweisen in die Wege leitet.[11]

7 3. „Etwaige Nebenangebote". Aufklärungsverhandlungen hierüber erhalten ihre besondere Berechtigung aus § 16d Abs. 3 VOB/A, dh der grundsätzlichen Verpflichtung des Auftraggebers zur Wertung. Da die Ausformulierung (anders als beim Hauptangebot) allein vom Bieter kommt, wird sich oft die Notwendigkeit einer Auslegung bzw. einer Aufklärung ergeben. Aber auch und gerade hier wird die Abgrenzung zum Nachverhandlungsverbot des Abs. 3 stets strikt zu beachten sein,[12] wobei allerdings unumgängliche geringe Änderungen in der Technik und im Preis zulässig sein können. Bei unklar formulierten Nebenangeboten, die ihre Ursache in einer fehlerhaften Leistungsbeschreibung des Auftraggebers haben, kann eine Aufklärung geradezu geboten sein.[13]

8 4. „Die geplante Art der Durchführung". Ausnahmsweise kann der Auftraggeber ein Interesse daran haben, auch hierzu Näheres zu erfragen. Denn zweckmäßigerweise sollte er dem Bieter nur das Leistungsziel vorschreiben, ihm es aber im Wesentlichen selbst überlassen, wie er als Fachmann den Werkerfolg auf wirtschaftlichstem Wege herbeiführt. Macht er dennoch Angaben über das „Wie", dann übernimmt er dafür auch das Beschreibungs- und das Interpretationsrisiko, während dem Bieter später als Auftragnehmer die sog Prüfungs- und Hinweispflicht nach § 4 Abs. 3 VOB/B obliegt. Zwingen äußere Umstände (zB das Fehlen von Zufahrtswegen, Bauen im Bestand, Koordinierungsprobleme, behördliche Auflagen usw) ausnahmsweise zur Vorgabe des Bauablaufes oder zur Notwendigkeit einer Bieterbefragung, ist diese Möglichkeit zwar eingeräumt, eine Preisänderung aber damit nicht erlaubt.

---

[6] VHB Bund Richtlinien zu 321, Ziff. 5.
[7] Bedenklich daher OLG Karlsruhe BauR 1999, 1928 = MDR 1999, 930; Noch, Vergaberecht kompakt, Rn. 401: Die „Aufklärung" darf dem Bieter nicht die Möglichkeit klarstellender Interpretationen seiner Angebotspreise eröffnen.
[8] VK Saarland IBR 2001, 221.
[9] BGH VergabeR 2005, 617; anders noch OLG Celle BauR 1986, 436 = NJW RR 1987, 98.
[10] VK Südbayern IBR 1999, 508; VK Nordbayern IBR 2001, 223.
[11] OLG München NZBau 2012, 460 ff.
[12] VK Sachsen IBR 2000, 403.
[13] OLG Celle IBR 2003, 570.

5. „Etwaige Ursprungsorte oder Bezugsquellen von Stoffen oder Bauteilen". Diese **9**
Informationsmöglichkeit steht vor allem im Zusammenhang mit § 7 Abs. 2 VOB/A, wonach der Auftraggeber ausnahmsweise bestimmte Erzeugnisse oder Verfahren unter den dort gegebenen Voraussetzungen in der Leistungsbeschreibung benennen darf.[14] Trägt der Bewerber ein Produkt als „gleichwertig" ein, das aber der Auftraggeber nicht kennt, muss es ihm gestattet sein, dazu nähere Erkundigungen einzuholen. Auch enthalten die Bauordnungen der Länder umfangreiche Bestimmungen über Bauprodukte und -arten (zB Artikel 11 BayBO), für deren Einhaltung auch der Bauherr verantwortlich ist. Und schließlich liegt es in seinem Interesse, sich über die Zuverlässigkeit des Lieferanten ein Bild zu machen, so dass die sachliche Berechtigung dieser Vorschrift genügend manifestiert ist. Bei einer Vielzahl unzureichender Fabrikatsangaben kann aber die Grenze einer zulässigen Aufklärung überschritten sein.[15]

6. „Angemessenheit der Preise". Nach § 2 Abs. 1 Nr. 1 VOB/A sind Bauleistungen an **10**
fachkundige, leistungsfähige und zuverlässige Unternehmer zu angemessenen Preisen zu vergeben. Deshalb muss sich der öffentliche Auftraggeber über die Angemessenheit informieren können und dürfen. Andererseits ist dies problematisch, weil es sich um Wettbewerbspreise handelt, in denen spezifische Bieterüberlegungen (zB Spekulation) ihren Niederschlag finden können. Deshalb darf der Auftraggeber von diesem Recht nur sparsam Gebrauch machen, idR nur bei Angeboten, die in die engere Wahl gekommen sind (§ 16d Abs. 1 Nr. 3 VOB/A). Grundsätzlich bemisst sich die preisliche Angemessenheit allein aus der Gesamtsumme.[16] Einheitspreise sind nur prüf- und aufklärungsbedürftig, wenn sie nicht nur vereinzelt, sondern in größerer Anzahl von Marktüblichkeit und Erfahrung abweichen.[17]

Zu diesem Zwecke darf der Auftraggeber – wenn nötig – Einsicht in die vorzulegenden **11**
Preisermittlungen (Kalkulationen) nehmen. Daraus folgt:

– Es besteht eine Verpflichtung des Bieters, die Einsichtnahme in die vorzulegenden Preisgrundlagen zu gestatten.
– Der Auftraggeber darf nur ausnahmsweise die Vorlage der Kalkulation fordern („wenn nötig"), dh er muss dafür triftige Gründe haben und sie dem Bieter auf Verlangen benennen. Dazu zählen zB der Verdacht auf einen Kalkulationsirrtum, einen spekulativen Preis bzw. eine Mischkalkulation[18] oder eine Preisabsprache. Motiviert der Bieter „auffällige" Preise mit vergaberechtlich nicht sanktionierten Gründen (zB einem „Nachlass der Geschäftsleitung"), obliegt es dem Auftraggeber, eine solche Begründung zu widerlegen, wenn er ihr nicht traut.

In diesem Zusammenhang gibt es zumindest zwei Sonderprobleme, die im Rahmen der **12**
Preisaufklärung oftmals eine Rolle spielen:

– Die nach VHB Bund mit einzureichenden Formblätter Preisermittlung 221, 222 und 223, in denen Angaben zur Kalkulation zu machen sind, dienen der Preisprüfung schon bei der Vergabe und können später bei der Ermittlung von Nachtragspreisen als Teil der Kalkulationsgrundlage herangezogen werden. Bei Zweifeln an deren Schlüssigkeit oder Richtigkeit darf der Auftraggeber umfassende Klärung verlangen und notfalls eine Berichtigung im Rahmen der in Leistungsverzeichnis angegebenen Preise vornehmen; sie darf aber nicht zur Korrektur einer nicht ordnungsgemäßen Preisermittlung führen.[19]
– Umstritten ist die Frage, ob der Auftraggeber die Kalkulationsunterlagen von Nachunternehmern, deren Einsatz schon jetzt feststeht (§ 4 Abs. 8 Nr. 1 S. 3 VOB/B), verlangen kann. Dies ist im Ergebnis nicht zulässig.[20] Denn „Kalkulationsgrundlage" des Bieters ist allein der vom Nachunternehmer angebotene Preis. Eine Kalkulationsgrundlage der Kalkulationsgrundlage gibt es aber schon rein begrifflich nicht. Der Auftraggeber muss diesen Preis als gegeben hinnehmen und kann allenfalls Auskunft über die Zusammensetzung des Haupt- bzw. Ge-

---

[14] VK Sachsen-Anhalt IBR 2000, 406.
[15] VK Hannover IBR 2004, 718.
[16] BGH BauR 1977, 52 (53), bestätigt durch BGH BauR 2004, 1433; VK Nordbayern IBR 2002, 34; BayObLG VergabeR 2001, 65.
[17] Zum Fall einer objektiv nicht erforderlichen Aufklärung OLG Naumburg 22.9.2005 – 1 Verg 8/05, BeckRS 2005, 11109.
[18] Vgl. dazu → VOB/A § 13 Rn. 14 und OLG Frankfurt NZBau 2006, 259; OLG Rostock NZBau 2006, 261; OLG Jena NZBau 2006, 263.
[19] VHB Bund Richtlinien zu 321, Ziff. 5.
[20] Ebenso im Ergebnis FKZGM VOB/A § 15 Rn. 1, EG VOB/A § 15 Rn. 55; auf „den vom Auftraggeber bestimmten Zeitpunkt" verweisend das VHB Bund im Formblatt 212 Nr. 4 letzter Satz.

neralunternehmer-Zuschlages verlangen. Hinzu kommt, dass in fast allen Fällen zu diesem Zeitpunkt eine vertragliche Bindung des Nachunternehmers noch gar nicht vorliegt,[21] da der Bieter nicht weiß, ob er den Auftrag überhaupt bekommt. Er ist allenfalls im Besitz eines Angebotes des Nachunternehmers. Daher wären solche Auskünfte für den Auftraggeber auch wertlos.

II. Verpflichtung des Auftraggebers zur Aufklärung

13 Grundsätzlich steht es im pflichtgemäßen Ermessen des Auftraggebers, ob er von der Informationsmöglichkeit Gebrauch macht. Der Passus „darf der Auftraggeber nur Aufklärung verlangen" räumt zwar ein Recht ein, zwingt aber nicht zu dessen Ausübung.[22] Dennoch kann sich dieses Ermessen zu einer Verpflichtung verdichten,[23] wenn die Ausschreibung sehr komplex ist, insbesondere durch die Einbindung finanztechnischer Abläufe und durch die gebotene Beurteilung steuerlicher Aspekte. Gleiches gilt, wenn der Auftraggeber einen Kalkulationsirrtum mit unzumutbaren Folgen für den Bieter erkennen muss[24] oder sich schon auf Grund der Preisangaben (0,01 EUR) der Verdacht aufdrängt, dass der Bieter Kosten durch eine „Mischkalkulation" auf andere Positionen umverteilt hat.[25] Denn die bloße Vermutung einer unzulässigen Kostenverteilung reicht für einen Angebotsausschluss nicht aus.[26] Bei dieser Obliegenheit des Auftraggebers kommt es nicht darauf an, ob der Ausgang des Gespräches vorhersehbar oder zur widerspruchsfreien Klärung geführt hätte.[27] Hat der Auftraggeber bei dieser Konstellation ein notwendiges Bietergespräch unterlassen oder gar abgelehnt, liegt darin ein Vergabeverstoß.

III. Geheimhaltung, Textform (Abs. 1 Nr. 2)

14 Nach Abs. 1 Nr. 2 sind die Verhandlungsergebnisse geheim zu halten, ferner sollen sie – nunmehr in Textform – niedergelegt werden. Das Geheimhaltungsgebot ist eine selbstverständliche Pflicht des Auftraggebers, was auch an anderen Stellen zum Ausdruck kommt, etwa in § 14 Abs. 8, Abs. 9 VOB/A. Somit verbietet es sich auch, sog Sammelgespräche mit mehreren Bietern gleichzeitig abzuhalten; vielmehr dürfen nur Einzelgespräche geführt werden.[28] Ein Verstoß gegen das Geheimhaltungsgebot durch den Auftraggeber wäre rechtlich als „Verschulden bei Vertragsabschluss" (§§ 311 Abs. 2, 241 Abs. 2 BGB) zu qualifizieren. Dem Bieter würde ggf. ein Ersatzanspruch für den ihm nachweislich daraus entstandenen Schaden zustehen (§§ 280, 282 BGB).

15 Die Protokollierung solcher Verhandlungen, die in der Praxis mündlich geführt werden, wird durch eine Soll-Bestimmung gefordert. Damit ist Niederschrift die Regel, der Auftraggeber darf nur in Ausnahmefällen davon Abstand nehmen, zB bei lediglich allgemeiner Unterrichtung ohne ausschlaggebende Bedeutung. Die Textform ist aber stets obligatorisch, wenn es sich um eine Ausnahme gem. Abs. 3 handelt und technische bzw. preisliche Änderungen geringen Umfangs vereinbart worden sind.[29]

IV. Rechtsfolgen bei verweigerter oder nicht erfolgter Aufklärung (Abs. 2)

16 Wenn der Bieter die nach Abs. 1 Nr. 1 geforderten Aufklärungen und Abgaben im Bietergespräch verweigert, kann sein Angebot unberücksichtigt bleiben. Dies gilt auch für den Fall, dass er die schriftliche Aufklärung zu seinem Preis (§ 16d Abs. 1 Nr. 2) nicht fristgemäß abgibt. Über den Wortlaut hinaus darf der Auftraggeber von dieser Möglichkeit auch dann Gebrauch

---

[21] Vgl. dazu → VOB/A § 21 Rn. 17 und VHB Bund Formblatt 212 Nr. 7 sowie OLG Brandenburg NZBau 2006, 126.
[22] OLG Naumburg VergabeR 2005, 789.
[23] In diesem Sinne auch OLG Düsseldorf 10.8.2011 – VII-Verg 34/11, BeckRS 2011, 20453 sowie OLG Karlsruhe 11.11.2011 – 15 Verg 11/11, BeckRS 2014, 14634.
[24] OLG Celle 20.2.2014 – 5 U 109/13, BeckRS 2014, 18475 – im Ergebnis bestätigt durch BGH 11.11.2014 – X ZR 32/14, NJW 2015, 1513.
[25] BGH VergabeR 2004, 477 = NZBau 2004, 457; OLG Rostock VergabeR 2004, 719 = NZBau 2005, 172; OLG Koblenz IBR 2005, 439; OLG Frankfurt VergabeR 2006, 126; zweifelhaft daher OLG Braunschweig IBR 2005, 275.
[26] OLG Schleswig VergabeR 2006, 367 (Leitsatz 3).
[27] VÜA Nordrhein-Westfalen IBR 1999, 296.
[28] Vgl. dazu auch → VOB/A § 14 Rn. 34 ff.
[29] *Bauer* in Heiermann/Riedl/Rusam VOB/A § 15 Rn. 21.

machen, wenn des Bieters Aufklärungsversuche unzureichend[30] oder unvollständig bzw. falsch sind. Damit ist ein weiterer Ausschlusstatbestand für Angebote geschaffen, der in § 16 Abs. 1, Abs. 2 VOB/A nicht erwähnt wird. Daraus folgt, dass die dortige Aufzählung nicht abschließend ist. Sie umfasst nur solche Gründe, die bis zum Beginn des Prüfungs- und Wertungsvorgangs entstanden und bekannt geworden sind.

Aufgrund der Formulierung als Kann-Bestimmung wird deren Ausübung in das pflichtgemäße **17** Ermessen des allein für die Entscheidung zuständigen Auftraggebers[31] gestellt, das nur eingeschränkt von den Nachprüfungsinstanzen kontrolliert werden kann.[32] Führt etwa die Nichtabgabe von Formblättern oder die Verweigerung anderer Angaben dazu, dass eine ordnungsgemäße Wertung behindert oder vereitelt wird, darf der Auftraggeber das Angebot unberücksichtigt lassen.[33] Kann er die nötigen Aufklärungen oder Angaben aber auf andere Weise erlangen, ist er nicht gezwungen, nur wegen unzulänglicher oder verweigerter Auskunft auf ein attraktives Angebot zu verzichten.[34] Dasselbe gilt, wenn sich die geforderten Angaben des Bieters als weniger wichtig für die Bewertung erweisen. Andererseits ist es zulässig, aus einer willkürlichen Auskunftsverweigerung des Bieters negative Rückschlüsse auf dessen persönliche Eignung (§ 16b VOB/A) zu ziehen. Der Auftraggeber kann für die Nachreichung solcher Erklärungen und Unterlagen eine angemessene Ausschlussfrist setzen, die er als solche aber deutlich kenntlich machen muss.[35] Die Angemessenheit der zu setzenden Frist richtet sich nach Inhalt und Umfang der geforderten Informationen und kann folglich von wenigen Tagen für kurze, einfach vorzulegende Unterlagen bis hin zu mehreren Wochen für die Vorlage umfangreicher Unterlagen reichen.

C. Unerlaubte Änderungs- und Preisverhandlungen (Abs. 3)

Der Schwerpunkt der Auslegung des § 15 liegt in der Abgrenzung zwischen der nach Abs. 1 **18** „zulässigen Aufklärung des Angebotsinhalts" und den nach Abs. 3 „unzulässigen Änderungs- und Preisverhandlungen". Davon hängt ua die Absicherung eines ordnungsgemäßen Wettbewerbs ab, der nicht nachträglich verfälscht oder in sonstiger Weise manipuliert werden darf. Der öffentlichen Hand (und den sonstigen VOB-Anwendern, insbesondere nach § 98 GWB) kommt insoweit Leitbildfunktion zu, zumal sie dabei einer gesetzlich normierten Verpflichtung (§§ 55 und 7 BHO, § 97 Abs. 1 GWB) unterliegen.

Maßgebliche Leitlinie ist, dass Bauaufträge nach § 2 Abs. 1 VOB/A nicht zu billigen, sondern **19** zu angemessenen Preisen zu vergeben sind und dass der Zuschlag auf das wirtschaftlichste Angebot erteilt werden muss (§ 127 GWB), dh nicht immer auf das niedrigste. Dabei sind Unterangebote auszuscheiden (§ 16d Abs. 1 Nr. 2) und auch in der Wertung ist der niedrigste Preis nicht allein entscheidend (§ 16d Abs. 1 Nr. 3 letzter Satz). Das macht die Zielsetzung der VOB/A deutlich, nicht nur für ein Vergabeverfahren ein optimales Ergebnis zu erreichen, sondern durch verantwortungsvolles, berechenbares Handeln eine dauerhafte und wirtschaftliche Bautätigkeit zu ermöglichen.

I. Änderungen des Angebotes

Das Angebot ist in seinem Inhalt unverändert zu belassen, der Auftrag muss dessen Spiegelbild **20** sein. Dies ist auch dann der Fall, wenn der Auftraggeber nur erlaubte Klarstellungen und Präzisierungen in den ihm vorliegenden Bietererklärungen gefordert hat, zB bezüglich technischer Modalitäten der Ausführung. So hat zB der VÜA Bund es für zulässig erachtet, wenn nachträglich eine dem AGB-Recht widersprechende Vertragsstrafenregelung geändert wird.[36] Andererseits wäre das Angebot inhaltlich verändert, wenn auf Grund des Bietergesprächs die Rechtspersönlichkeit des AN geändert wird, zB durch nachträgliche Zulassung einer Arbeitsgemeinschaft oder deren Erweiterung/Beschränkung,[37] die Leistung in Lose zerlegt und getrennt

---

[30] Vgl. den Sachverhalt in der Entscheidung VK Lüneburg 3.11.2011 – VgK-47/2011, BeckRS 2011, 29489.
[31] OLG Naumburg VergabeR 2005, 789 (Leitsatz 1).
[32] OLG Karlsruhe 11.11.2011 – 15 Verg 11/11, BeckRS 2014, 14634; VK Nordbayern IBR 2011, 357.
[33] VHB Bund § 15 A Abs. 4 (aF).
[34] OLG Brandenburg IBR 2003, 687.
[35] OLG Jena IBR 2003, 38.
[36] WuW 1995, 865 – nunmehr zumindest zweifelhaft.
[37] OLG Düsseldorf IBR 2005, 166.

vergeben wird,[38] nachträglich der Einsatz von Nachunternehmern gestattet wird, ohne dass die Voraussetzungen nach § 4 Abs. 8 Nr. 1 S. 3 VOB/B vorliegen,[39] die Leistung nach Art und Umfang geändert wird, zB durch Herausnehmen oder Hinzufügen einzelner Positionen,[40] die fehlende Unterschrift (§ 13 Abs. 1 Nr. 1 Satz 3 VOB/A) nachgeholt wird, der Bieter einzelne Angebotserklärungen zurückzieht (zB eigene AGB), bei Nachlässen eine damit verbundene Bedingung rückgängig gemacht oder geändert wird,[41] ein vom Bieter angebotenes Skonto inhaltlich ergänzt oder in seiner Auswirkung auf Abschlags- und Schlusszahlung abgefragt wird, uä.[42]

21   In solchen Fällen hat der Auftraggeber nur die Möglichkeit, ein derart unzulängliches Angebot auszuscheiden oder zu prüfen, ob ein Aufhebungsgrund iSv § 17 VOB/A besteht. Eine „Heilung" im Bietergespräch ist nicht möglich.[43] Der Auftraggeber darf also nur fragen, nicht aber gestalten.

II. Änderungen der Preise

22   Das Verhandlungsverbot gilt ebenso hinsichtlich der angebotenen (Einheits-)Preise. Diese sind auch insofern „Festpreise", als sie im Rahmen des Wettbewerbs von der Angebotseröffnung bis zum Zuschlag grundsätzlich unverändert bleiben müssen. Unzulässige Preisänderungen liegen beispielsweise vor, wenn der Auftraggeber in diesem Stadium

– einen an zweiter oder hinterer Stelle liegenden Bieter auf den ersten „herunter handelt", weil jener aus irgendwelchen Gründen nicht zum Zuge kommen soll,[44]
– fehlende Preisangaben ergänzt oder ergänzen lässt (auch in Alternativ- oder Eventualpositionen),[45]
– die Pauschalierung eines auf Einheitspreisen beruhenden Angebotes verlangt,[46]
– einer „Berichtigung" von „falschen" Preisen oder von Kalkulationsirrtümern zustimmt,[47]
– „fehlerhafte", aber anfechtbare Preise „nach Marktlage" berichtigt (aus irrealen 2.000 EUR werden 20,00 EUR),
– den (gesetzlichen) Umsatzsteuersatz einträgt,
– den erhöhten Änderungssatz einer Lohngleitklausel[48] (Pfennig- oder Cent-Klausel) an die Werte im Formblatt EFB-Preis anpasst,
– der nachträglichen Einfügung einer Materialpreis-Gleitklausel zustimmt, uÄ.

Zur zivilrechtlichen Beurteilung eines unter Verstoß gegen das Preisverhandlungsverbot zustande gekommenen Vertrags vgl. → VOB/B § 2 Rn. 68.

III. Ausnahmen vom Verhandlungsverbot

23   Dem Auftraggeber ist eine Änderungsverhandlung erlaubt, wenn die in Abs. 3 genannten Voraussetzungen gegeben sind. Dazu zählen nicht die Hauptangebote eines Einheitspreisvertrages. Zum Hauptangebot eines Pauschalvertrages darf der Auftraggeber nur dann verhandeln, wenn er auf einem Leistungsprogramm (§ 7c VOB/A) beruht. Das Verhandlungsverbot gilt auch für Stundenlohnverträge (§ 4 Abs. 2 VOB/A).

24   Änderungs- und Preisverhandlungen sind grundsätzlich denkbar bei Nebenangeboten sowie bei
– Angeboten auf Grund eines Leistungsprogramms (§ 7c VOB/A), bei dem der Bieter auch (planerische) Entwurfsaufgaben zu erfüllen hat.

25   Sinn und Zweck dieser Regelung ist klar: In diesen Fällen ist der Bieter so intensiv an der Angebotsausarbeitung beteiligt, dass sich bei der Prüfung und Wertung durch den Auftraggeber oft zwangsläufig Rückfragen ergeben. Diese berühren den Verantwortungsbereich des Bieters. Seine Erklärung kann sich uU als auslegungsbedürftig erweisen. Damit im Zusammenhang steht

---

[38] *Horn* in juris Praxiskommentar VOB/A § 15 Rn. 78.
[39] VK Nordbayern IBR 2001, 447.
[40] VK Brandenburg IBR 2000, 407; VK Baden-Württemberg IBR 2001, 137.
[41] OLG Nürnberg BauR 1997, 825; VK Sachsen IBR 2001, 41; OLG Düsseldorf IBR 2001, 75.
[42] *Leinemann*, Die Vergabe öffentlicher Aufträge, Rn. 1496.
[43] VK Nordbayern IBR 2001, 223.
[44] VK Baden-Württemberg IBR 2001, 228 (Leitsatz 1).
[45] BGH VergabeR 2003, = NZBau 2003, 406.
[46] OLG Celle BauR 1996, 860.
[47] BGH BauR 2002, 1082 = NZBau 2002, 344; OLG Düsseldorf VergabeR 2001, 226.
[48] Vgl. dazu *Dähne*, FS Vygen, 1999, 161 ff.

oft eine erforderliche Anpassung an die vom Auftraggeber gestellte Bauaufgabe in beschreibungsmäßiger wie preislicher Sicht. Diese Anpassung unterliegt engen Beschränkungen.[49] Es darf sich nämlich nur um
- unumgängliche technische Änderungen[50] handeln, was sich an der konkreten Maßnahme orientieren muss,
- die nur geringen Umfang[51] im Verhältnis zum Gesamtprojekt haben.[52]

Wegen der gebotenen restriktiven Auslegung ist unter „Maßnahme" bzw. „Projekt" lediglich das Nebenangebot zu verstehen, nicht die gesamte im Vertrag beschriebene Bauaufgabe. Ferner darf sich die Verhandlung nur auf bereits zur Submission vorgelegte Nebenangebote beziehen. Der erst im Bietergespräch gegebene Hinweis auf Einsparungsmöglichkeiten darf nicht Gegenstand solcher Verhandlungen werden, geschweige denn im Angebot zu Umformulierungen führen. Hier käme allenfalls eine Aufhebung der Ausschreibung gem. § 17 Abs. 1 Nr. 2 VOB/A in Betracht. **26**

Der Wortlaut „daraus sich ergebende Änderungen der Preise" weist darauf hin, dass es sich hier lediglich um eine Folgewirkung aus der „Änderung des Angebotes" handeln darf. Der umgekehrte Weg, dass der Auftraggeber zur Anpassung des Preises an seine verfügbaren Haushaltsmittel technische Änderungen – auch nicht geringfügiger Art – vornimmt oder verlangt, würde von § 15 Abs. 3 nicht gedeckt. **27**

Aufgrund der og Folgewirkung muss sich der „geringe Umfang" der unumgänglichen technischen Änderungen im neuen Preis fortsetzen. Auf Grund dessen ist es vergaberechtlich stets kritisch, wenn durch die Preisänderung auch die Bieterreihenfolge geändert und danach auf das geänderte Angebot der Zuschlag erteilt würde.[53] Dasselbe gilt, wenn das Angebot auf Grund dieser „Behandlung" auf eine hintere Stelle zurückfällt und deshalb nicht beauftragt wird. **28**

Da sich § 15 inhaltlich auf das Angebot selbst und auf unmittelbar angebotsabhängige Umstände bezieht, zählen dazu nicht andere Fälle, in denen Verhandlungen nach Angebotseröffnungen geführt werden. Hierzu zählen: **29**
- Verlängerung der Bindefrist (§ 10 Abs. 4 VOB/A), wenn sich die Prüfung und Wertung der Angebote verzögert. Hier wird in der Praxis bei den in die engere Wahl gelangten Bietern (§ 16d Abs. 1 Nr. 3 VOB/A) angefragt, ob eine Verlängerung der Bindefrist erklärt wird. Dies ist zulässig, soweit Wettbewerb und die Belange der anderen Bieter gewahrt werden.[54] Den Bietern steht es frei, zuzustimmen oder abzulehnen (und dadurch die Angebotsbindung zu lösen). Eine weitere Rechtfertigung erfährt dieses Ergebnis durch § 18 Abs. 2 VOB/A iVm § 150 Abs. 1 BGB, weil unter den dortigen Voraussetzungen auch eine verspätete Annahme zum Vertragsschluss führen kann.
- Fortbestehen der Angebotsbindung nach Aufhebung der Ausschreibung (§ 17 Abs. 1 VOB/A). In der Praxis fragen öffentliche Auftraggeber vor der Aufhebung oft den an erster Stelle liegenden Bieter, ob er sich auch nachher noch an sein Angebot gebunden hält. Dies ist vergaberechtlich sehr kritisch: durch die Aufhebung werden alle vorliegenden Angebote „kollektiv abgelehnt", was rechtsgeschäftlich zum Erlöschen der Angebote führt. Zwar könnte sich ein Bieter rechtsgeschäftlich erneut oder weiterhin wirksam an sein Angebot binden. Vergaberechtlich ist der Auftraggeber jedoch nach der Aufhebung grundsätzlich verpflichtet, ein neues Verfahren durchzuführen, es sei denn, er sieht von einer Durchführung der Maßnahme ganz ab. Dem würde es widersprechen, wenn ihm vor Bekanntmachung oder Angebotseinholung bereits verbindliche Angebote vorliegen. Daher ist diese Praxis unzulässig.[55]

D. Freihändige Vergaben (§ 3 Abs. 3 VOB/A)

Auf freihändige Vergaben ist § 15 – mit Ausnahme der Geheimhaltungspflicht nach Abs. 1 Nr. 2 Satz 1 – nicht anwendbar. Dies ergibt sich nach dem Wortlaut aus dem Begriff der **30**

---
[49] OLG Celle NZBau 2003, 232.
[50] Zum Begriff: *Noch*, Vergaberecht kompakt, Rn. 290.
[51] zum Begriff: *Noch*, aaO Rn. 291.
[52] VK Sachsen-Anhalt IBR 2001, 227.
[53] OLG Saarbrücken IBR 2006, 160.
[54] Zur grundsätzlichen Zulässigkeit siehe OLG München IBR 2007, 439 (für einen VOL-Vertrag) und *Stolz* Anmerkung zu BGH VergabeR 2003, 192.
[55] Ebenso *Bauer* in Heiermann/Riedl/Rusam VOB/A § 15 Rn. 48.

„Ausschreibungen" in Abs. 1 Nr. 1, der auf die „Öffentliche Ausschreibung" nach § 3 Abs. 1 und die „Beschränkte Ausschreibung" nach § 3 Abs. 2 VOB/A Bezug nimmt und ansonsten ein Stück weit auch aus der Natur der Sache. In § 15 EU ist dies durch die ausdrückliche Bezugnahme auf „offene und nicht offene" Verfahren (und gerade nicht auf Verhandlungsverfahren) klargestellt.

31   Demnach sind hier freie Verhandlungen mit der Einschränkung möglich, dass der öffentliche Auftraggeber dabei nicht gegen die allgemeinen Vergabegrundsätze nach § 97 GWB iVm § 2 VOB/A verstoßen darf.[56]

§ 16 Ausschluss von Angeboten

(1) **Auszuschließen sind:**
   1. Angebote, die bei Ablauf der Angebotsfrist nicht vorgelegen haben, ausgenommen Angebote nach § 14 Absatz 5 bzw. § 14a Absatz 6,
   2. Angebote, die den Bestimmungen des § 13 Absatz 1 Nummer 1, 2 und 5 nicht entsprechen,
   3. Angebote, die den Bestimmungen des § 13 Absatz 1 Nummer 3 nicht entsprechen; ausgenommen Angebote, bei denen lediglich in einer einzelnen unwesentlichen Position die Angabe des Preises fehlt und durch die Außerachtlassung dieser Position der Wettbewerb und die Wertungsreihenfolge, auch bei Wertung dieser Position mit dem höchsten Wettbewerbspreis, nicht beeinträchtigt werden,
   4. Angebote, bei denen der Bieter Erklärungen oder Nachweise, deren Vorlage sich der Auftraggeber vorbehalten hat, auf Anforderung nicht innerhalb einer angemessenen, nach dem Kalender bestimmten Frist vorgelegt hat. Satz 1 gilt für Teilnahmeanträge entsprechend,
   5. Angebote von Bietern, die in Bezug auf die Ausschreibung eine Abrede getroffen haben, die eine unzulässige Wettbewerbsbeschränkung darstellt,
   6. Nebenangebote, wenn der Auftraggeber in der Bekanntmachung oder in den Vergabeunterlagen erklärt hat, dass er diese nicht zulässt,
   7. Nebenangebote, die dem § 13 Absatz 3 Satz 2 nicht entsprechen,
   8. Angebote von Bietern, die im Vergabeverfahren vorsätzlich unzutreffende Erklärungen in Bezug auf ihre Fachkunde, Leistungsfähigkeit und Zuverlässigkeit abgegeben haben.

(2) Außerdem können Angebote von Bietern ausgeschlossen werden, wenn
   1. ein Insolvenzverfahren oder ein vergleichbares gesetzlich geregeltes Verfahren eröffnet oder die Eröffnung beantragt worden ist oder der Antrag mangels Masse abgelehnt wurde oder ein Insolvenzplan rechtskräftig bestätigt wurde,
   2. sich das Unternehmen in Liquidation befindet,
   3. nachweislich eine schwere Verfehlung begangen wurde, die die Zuverlässigkeit als Bewerber in Frage stellt,
   4. die Verpflichtung zur Zahlung von Steuern und Abgaben sowie der Beiträge zur gesetzlichen Sozialversicherung nicht ordnungsgemäß erfüllt wurde,
   5. sich das Unternehmen nicht bei der Berufsgenossenschaft angemeldet hat.

Schrifttum: *Benedict*, Sekundärzwecke im Vergabeverfahren; *Burgi*, Vergabefremde Zwecke und Verfassungsrecht, NZBau 2001, 64; *Baumann*, Endlich strafrechtliche Bekämpfung des Submissionsbetruges, NJW 1992, 1661; *Berstermann/Petersen*, Doppelbeteiligung, Chinese Walls, VergabeR 2006, 740; *Biermann*, Die „kreative" Angebotskalkulation: Mengenspekulation und ihre Auswirkungen auf Nachträge, Festschrift Vygen, S. 134; *Dähne*, Bieteransprüche bei Vergabeverstößen der öffentlichen Hand, Festschrift Soergel, S. 21; *Dähne*, Sekundärer Rechtsschutz gegen Vergabeverstöße, NZBau 2003, 489; *Diehl*, Schadensersatzansprüche und deren Nachweis bei Submissionsabsprachen, ZfBR 1994, 105; *Diemon-Wies/Graiche*, Vergabefremde Aspekte – Handhabung bei der Ausschreibung gem. § 97 IV GWB, NZBau 2009, 409; *Dreher*, Der Marktzutritt von Newcomern als Herausforderung für das Kartellvergaberecht, NZBau 2008, 545; *Drittler*, Schadensersatzanspruch aus c. i. c. bei nachgewiesenem Verstoß gegen §§ 25, 26 VOB/A, BauR 1994, 451; *Feber*, Schadensersatzansprüche aus c. i. c. bei VOB/A-Verstößen öffentlicher Auftraggeber, BauR 1989, 553; *Fett*, Rechtsschutz unterhalb der Schwellenwerte, VergabeR 2007, 298; *Frenz*, Soziale Vergabekriterien, NZBau

---

[56] Zweifelhaft daher VK Nordbayern IBR 2003, 571 und OLG Stuttgart IBR 2004, 160; zutreffend OLG Düsseldorf ZfBR 2012, 72.

Ausschluss von Angeboten   § 16 VOB/A

2007, 17; *Gesterkamp/Laumann*, Die Berücksichtigung allgemeinverbindlicher Tarifverträge bei der Vergabe öffentlicher Aufträge, VergabeR 2007, 477; *Gröning*, Spielräume für die Auftraggeber bei der Wertung von Angeboten, NZBau 2004, 86; *ders.*, Referenzen und andere Eignungsnachweise, VergabeR 2008, 721; *ders.*, Die VOB/A 2009 – ein erster Überblick, VergabeR 2009, 117; *ders.*, Ersatz des Vertrauensschadens ohne Vertrauen – zur Dogmatik des vergaberechtlichen Schadensersatzanspruchs auf das negative Interesse, Vergaberecht 2009, 839; *Heilfort/Zipfel*, Ermittlung terminlicher und monetärer Ansprüche des Bauunternehmers bei vom Auftraggeber zu vertretender Verzögerung der Zuschlagserteilung, VergabeR 2005, 38; *Herig*, Mischkalkulation als Spekulation – Verwirrungen um Begriffe, BauR 2005, 1385; *Joussen/Schranner*, Die wesentlichen Änderungen der VOB/A 2006, BauR 2006, 1038; *Kling*, Die Zulässigkeit vergabefremder Regelungen; *Köhler*, Rechtsfolgen fehlender oder fehlerhafter Preisangaben nach VOB/A und VOL/A, VergabeR 2002, 356; *Konrad*, Das Ende der sog. Spekulationsangebote bei öffentlichen Ausschreibungen nach der VOB/A, NZBau 2004, 524; *Kus*, Der Auftraggeber gibt die Spielregeln vor, NZBau 2004, 425; *Kus*, Losvergabe und Ausführungskriterien, NZBau 2009, 21; *Kues/Kirch*, Nebenangebote und Zuschlagskriterien: Das Offensichtliche (v)erkannt?, NZBau 2011, 335; *Leinemann/Kirch*, Der Angriff auf die Kalkulationsfreiheit – Die systematische Verdrehung der BGH-Entscheidung zur „Mischkalkulation", VergabeR 2005, 563; *Kirch/Leinemann*, Alles neu? Mindestlohnvorgaben und Eigenleistungsquoten nach der Vergaberechtsmodernisierung, Vergaberecht 2009, 414; *Macht/Städler*, Brennende Fragen des Vergaberechts – Immer Ärger mit der Eignung!, NZBau 2013, 14; *Mager* Richtiger Umgang mit Referenzen bei der Eignungsprüfung, NZBau 2013, 92; *Mohr*, Bedeutung der Betriebs- und Folgekosten bei der Wertung von Angeboten, BWGZ 2014, 908; *Müller-Wrede*, Örtliche Präsenz, Ortsnähe und Ortsansässigkeit als Wertungskriterien – eine Verletzung des Diskriminierungsverbotes?, VergabeR 2005, 32; *ders.*, Die Behandlung von Mischkalkulationen unter besonderer Berücksichtigung der Darlegungs- und Beweislast, NZBau 2006, 73; *ders*. Nachhaltige Beschaffung, VergabeR 2012, 416; *Niestedt/Hölzl*, Zurück aus der Zukunft? Verfassungsmäßigkeit der Primärrechtsschutzbeschränkung im Vergaberecht oberhalb bestimmter Schwellenwerte, NJW 2006, 3680; *Opitz*, Ermessen, Beurteilungsspielraum und Vertragsfreiheit bei Zuschlagserteilung nach § 97 Abs. 5 GWB, BauR 2000, 1564; *Pauly*, Ist der Ausschluss des Generalübernehmers vom Vergabeverfahren noch zu halten? VergabeR 2005, 313; *Prieß/Decker*, Die Beteiligung von Generalübernehmern in VOB-Vergabeverfahren – keine Frage der Schwellenwerte, VergabeR 2004, 159; *Prieß/Stein*, Wiederherstellung der Zuverlässigkeit durch Selbstreinigung, NZBau 2008, 230; *Raabe*, Der Nachunternehmer im Vergabeverfahren *Röwekamp/Faundrey*, Ein Schritt vor, ein Schritt zurück, NZBau 2011, 463- *Sauer/Hollands*, Mangelnder Rechtsschutz im Unterschwellenbereich, NZBau 2006, 763; *Sauer/Horváth*, Das nationale Wirtschaftlichkeitsgebot im Lichte der neuen EU-Vergaberichtlinie, EWeRK 2014, 210; *Scharf/Schütte*, Fehlende Angebotsunterlagen im Bau- und Dienstleistungsbereich, VergabeR 2005, 448; *Schäfer*, Öffentliche Belange im Auftragswesen und Europarecht; *Schelle*, Wertung von bedingten Angeboten, Bauwirtschaft 1986, 1493; *Schelle*, Wertung von Koppelungsangeboten, Bauverwaltung 1988, 278; *Schelle*, Wahlrecht (§§ 262 ff. BGB) und VOB, BauR 1989, 48; *Schelle*, Zur Problematik der Wertung von Spekulationsangeboten, Bauwirtschaft 1986, 1058; *Schnorbus*, Der Schadensersatzanspruch des Bieters bei fehlerhafter Vergabe öffentlicher Aufträge, BauR 1999, 77; *Schwabe*, Forderung nach sozialversicherunspflichtigem Personal in Vergabeverfahren?, NZBau 2013, 753; *Stemmer*, Vergabe und Vergütung bei misch- und auffällig hoch oder niedrig kalkulierten Einheitspreisen, ZfBR 2006, 128; *Stolz*, Die Behandlung von Niedrigpreisangeboten unter Berücksichtigung gemeinschaftsrechtlicher Vorgaben, VergabeR 2002, 219; *Stoye/Hoffman*, Nachunternehmerbenennung und Verpflichtungserklärung im Lichte der neuesten BGH-Rechtsprechung und der VOB/A 2009, VergabeR 2009, 569; *Sturmberg*, 1999 bis 2009 – 10 Jahre Bau-Vergaberecht – Explosion oberhalb, Stagnation unterhalb der „Schwellenwerte", BauR 2008, 1954; *Thormann*, Die Wertung von Spekulationsangeboten nach § 25 VOB/A, BauR 2000, 953; *von Bechtolsheim/Fichtner*, „Stolperstein Angemessenheitsprüfung", VergabeR 2005, 574; *Wagner/Steinkemper*, Bedingungen für die Berücksichtigung von Nebenangeboten und Änderungsvorschlägen, NZBau 2004, 253; *Willenbusch*, Die Verjährung der Schadensersatzansprüche nach § 125 und 126 GWB, VergabeR 2001, 377; *Wittjen*, Tariftreue am Ende?, ZfBR 2009, 30.

Übersicht

	Rn.
A. Allgemeines	1
B. Zwingende Gründe für einen Ausschluss des Angebots (§ 16 Abs. 1)	5
I. Verspätete Angebote (§ 16 Abs. 1 Nr. 1)	5
II. Angebote, die den Bestimmungen des § 13 Abs. 1 Nr. 1, 2 und 5 nicht entsprechen	6
1. Nicht unterzeichnete Angebote (§ 13 Abs. 1 Nr. 1 S. 2)	7
2. Anforderungen an elektronisch übermittelte Angebote (§ 13 Abs. 1 Nr. 1 S. 3, Nr. 2 S. 3, 4)	8
3. Änderungen an den Vergabeunterlagen (§ 13 Abs. 1 Nr. 5)	13
III. Die Behandlung unvollständiger Preisangaben (§ 13 Abs. 1 Nr. 3)	19
1. Allgemeines	19
2. Unterkosten- und Negativpreise	21
3. Die sog Mischkalkulation und Spekulationsangebote	23

4. Überprüfung und Korrektur der Preisangaben	26
5. Rechtsfolge	30
IV. Nicht vorgelegte Unterlagen (§ 16 Abs. 1 Nr. 4)	33
V. Angebote mit unzulässiger Absprache (§ 16 Abs. 1 Nr. 5)	34
VI. Nicht zugelassene und nicht ordnungsgemäße Nebenangebote (§ 16 Abs. 1 Nr. 6 und Nr. 7)	38
VII. Vorsätzlich falsche Erklärung zur Eignung (§ 16 Abs. 1 Nr. 8)	39
VIII. Rechtsfolgen bei Vorliegen eines zwingenden Ausschlussgrundes	40
C. Angebotsausschluss nach Ermessen (§ 16 Abs. 2)	41
I. Insolvenz oder vergleichbares gesetzlich geregeltes Verfahren (§ 16 Abs. 2 Nr. 1)	42
II. Unternehmen in Liquidation (§ 16 Abs. 2 Nr. 1)	44
III. Nachweislich schwere Verfehlungen des Bieters (§ 16 Abs. 2 Nr. 3)	45
IV. Nichtzahlung von Steuern, Abgaben und Sozialversicherungsbeiträgen (§ 16 Abs. 2 Nr. 4)	48
V. Nichtanmeldung bei der Berufsgenossenschaft (§ 16 Abs. 2 Nr. 5)	49

A. Allgemeines

1 Auch nach der Neufassung der VOB/A bilden die § 16 bis § 16d den Schwerpunkt des Prüfungs- und Wertungsverfahrens.[1] Die frühere Vorschrift des § 16 wurde auf nunmehr fünf Vorschriften verteilt, die die Bestimmungen zur **Prüfung und Wertung** enthalten. Gegenstand des § 16 sind die Regelungen zum Ausschluss von Angeboten. § 16a enthält die Regelungen betreffend die Nachforderung von Unterlagen. Die Vorschriften zur Eignungsprüfung finden sich in § 16c, während Gegenstand des § 16d die Regelungen zur Angebotswertung sind. Nach Ablauf der Angebotsfrist werden die Angebote im Rahmen einer **ersten Wertungsstufe** zunächst daraufhin überprüft, ob sie aus zwingenden Gründen oder auf Grund einer Ermessensentscheidung des Auftraggebers ausgeschlossen werden (§ 16 und § 16a). Ist der Kreis der in der Wertung verbleibenden Angebote auf diese Weise festgelegt worden, schließt sich die **Prüfung der Eignung** der Bieter an (§ 16b). Sodann erfolgt die unter Umständen recht komplexe rechnerische, technische und wirtschaftliche Prüfung mit dem Ziel der genauen **Feststellung und Festlegung des Angebotsinhalts** (§ 16c). Die eigentliche Wertung der Angebote unterteilt sich in zwei weitere Schritte: Zunächst werden die **Preise auf Angemessenheit beurteilt** (§ 16d Abs. 1 Nr. 1 und Nr. 2) und schließlich dasjenige **Angebot ermittelt, auf das der Zuschlag ergehen soll** (§ 16d Abs. 1 Nr. 3).

Es folgen sodann Sonderregelungen zur

– Wertung bei technischen Spezifikationen (§ 16d Abs. 2),
– Wertbarkeit von Nebenangeboten (§ 16d Abs. 3),
– Wertbarkeit von Preisnachlässen und Skonti (§ 16d Abs. 4)
– Anwendbarkeit auf freihändige Vergaben (§ 16d Abs. 5).

2 Die dargestellten Wertungsstufen sind grundsätzlich **voneinander zu trennen; die in § 16 bis § 16d festgelegte Reihenfolge ist einzuhalten,**[2] wobei bereits durch die Vorgängerfassung der Vorschrift im Unterschied zu den früheren Fassungen die Einheitlichkeit des Wertungsvorgangs herausgestellt wurde.[3] Ein Rückgang in frühere Stufen des Wertungsprozesses ist aber möglich: Werden in einem späteren Verfahrensabschnitt erstmals zwingende Ausschlussgründe bekannt[4] oder liegt bei den Ausschlussgründen nach Ermessen eine Ermessensreduzierung auf Null vor[5], darf das betreffende Angebot trotzdem noch ausgeschieden werden. Gleiches gilt, wenn sich nach der Durchführung der Eignungsprüfung und Bejahung der Eignung später durch neue Tatsachen Zweifel an der Eignung des Bieters ergeben. Auch in diesem Fall ist die Vergabestelle gehalten, erneut in die Prüfung der Eignung des betroffenen Bieters einzutreten.[6]

---

[1] Die Norm gilt für Bauvergaben im Unterschwellenwertbereich. Für Bauvergaben im Oberschwellenwertbereich ist § 16 EU VOB/A maßgeblich.
[2] *Vavra* in Ziekow/Völlink Vergaberecht, VOB/A § 16 Rn. 2.
[3] *von Wietersheim* in Ingenstau/Korbion VOB VOB/A § 16 Rn. 3.
[4] BGH 5.4.2008 – X ZR 129/06, NZBau 2008, 505; OLG Düsseldorf BauR 2003, 1784 und VergabeR 2003, 586; BayObLG IBR 2003, 628; OLG Dresden VergabeR 2004, 92.
[5] OLG München 22.11.2012 – Verg 22/12, NZBau 2013, 261.
[6] Vgl. OLG Düsseldorf VergabeR 2005, 374 (für ein VOL-Verfahren, in dem ein Bieter nach Angebotsabgabe und vor Zuschlagserteilung einen Betriebsteil veräußert hatte; hier war zu prüfen, ob das Unternehmen ohne diesen Betriebsteil noch leistungsfähig ist) sowie NZBau 2007, 61 (62).

§ 16 Abs. 1 und Abs. 2 legen abschließend fest, welche formellen und materiellen Mängel zu einem Ausschluss des Angebots führen, wobei Abs. 1 zwingende, Abs. 2 fakultative Ausschlussgründe nennt. Die Aufzählung der zwingenden Ausschlussgründe in § 16 Abs. 1 Nr. 1 ist abschließend. Der Auftraggeber darf in seinen Vergabeunterlagen keine weiteren zwingenden Ausschlussgründe einführen.[7] Auch einer erweiternden Auslegung oder analogen Anwendung sind die Ausschlussgründe nicht zugänglich.[8] § 16a befasst sich mit dem Problem fehlender Erklärungen oder Nachweise.

Bei der Überprüfung eines Angebots auf Ausschlussgründe handelt es sich um einen der eigentlichen Wertung vorgelagerten, diese vorbereitenden Akt, mit dem die zu wertenden Gegenstände verringert bzw. eingegrenzt werden. Die Aufzählung der in Abs. 1 und Abs. 2 genannten formellen und materiellen Mängel ist als alternativ anzusehen, jeder Mangel für sich berechtigt bereits zu einer Eliminierung des betreffenden Angebots.

Der Auftraggeber hat die Entscheidung über den Ausschluss des Angebots in einem Vergabevermerk (§ 20) zu dokumentieren. Schließt der Auftraggeber ein Angebot wegen des Vorliegens eines fakultativen Ausschlussgrundes aus, müssen die Ermessensbetätigung sowie die Ermessenserwägungen aus dem Vergabevermerk hervorgehen.

B. Zwingende Gründe für einen Ausschluss des Angebots (§ 16 Abs. 1)

I. Verspätete Angebote (§ 16 Abs. 1 Nr. 1)

Gemäß § 16 Abs. 1 Nr. 1 lit. a aF war ein Angebot, das dem Verhandlungsleiter im Eröffnungstermin bei Öffnung des ersten Angebots nicht vorlag, auszuschließen, es sei denn, es war dem Auftraggeber nachweislich vor Ablauf der Angebotsfrist zugegangen.

Nach der Neufassung ist nunmehr allein die vom Auftraggeber bekanntzumachende **Angebotsfrist** (§ 12 Abs. 1 Nr. 2 lit. n) maßgeblich. Angebote, die nicht fristgerecht beim Auftraggeber eingegangen sind, sind gemäß § 14 Abs. 4 S. 1 (elektronische Angebote) bzw. § 14a Abs. 2 (schriftliche Angebote) nicht zur Eröffnung zugelassen. Die Angebotsfrist kann auch vor Beginn des Eröffnungstermins ablaufen. Gemäß § 14 Abs. 4 und § 14a Abs. 5 sind Angebote, die zum Ablauf der Angebotsfrist nicht vorgelegen haben, in der Niederschrift oder in einem Nachtrag neben den Eingangszeiten und den etwa bekannten Gründen, aus denen die Angebote nicht vorgelegen haben, besonders aufzuführen. Auf die Vorlage beim Verhandlungsleiter kommt es demnach nicht an. Die Regelungen in § 14 Abs. 5 und § 14a Abs. 6 wonach ein Angebot, das nachweislich vor Ablauf der Angebotsfrist eingegangen ist, aber dem Verhandlungsleiter **aus vom Bieter nicht zu vertretenden Gründen** nicht vorgelegen hat, wie ein rechtzeitiges zu behandeln ist, ist missverständlich. Ein Angebot, das vor Ablauf der Angebotsfrist eingeht, ist grundsätzlich rechtzeitig, unabhängig davon, aus welchen Gründen es dem Verhandlungsleiter nicht vorgelegen hat.

Die Frist wird nur durch den Eingang des vollständigen Angebots gewahrt. Bei – auch nur teilweiser – Verspätung ist das Angebot zwingend auszuschließen. Eine nachträgliche Heilung, zB dadurch, dass alle im Eröffnungstermin anwesenden Bieter zustimmen, das Angebot in der Wertung zu belassen, ist nicht möglich.[9]

II. Angebote, die den Bestimmungen des § 13 Abs. 1 Nr. 1, 2 und 5 nicht entsprechen

Wie die Vorgängerregel enthält § 16 Abs. 1 Nr. 2 zwingende Ausschlussgründe bei formalen und inhaltlichen Abweichungen des Angebots von Vorgaben des § 13. Der maßgebliche Zeitpunkt für die Bewertung ist das Erscheinungsbild des Angebots bei Ablauf der Angebotsfrist.

1. Nicht unterzeichnete Angebote (§ 13 Abs. 1 Nr. 1 S. 2). Schon die VOB 2000 hatte bezüglich der Unterschrift die vorher bestehende Formstrenge gelockert, indem in § 21 Nr. 1 Abs. 1 S. 3 aF keine „rechtsverbindliche Unterschrift" mehr vorausgesetzt wurde. Fordert der Auftraggeber aber eine solche – wozu er berechtigt ist –, ist dieses Verlangen dahin-

---
[7] OLG Frankfurt am Main 24.7.2012 – 11 Verg 6/12, NZBau 2012, 726; Vavra in Ziekow/Völlink Vergaberecht, § 16 VOB/A, Rn. 3.
[8] *Summa* in jurisPK-VergabeR § 16 Rn. 16; OLG Düsseldorf 22.12.2010 – VII-Verg 33/10, ZfBR 2011, 204.
[9] VK Nordbayern IBR 2000, 587 (Leitsatz 1).

gehend zu verstehen, dass der Unterzeichner bei der Angebotsabgabe über die erforderliche Vertretungsmacht verfügen muss.[10] Für die gemäß § 13 Abs. 1 Nr. 1 S. 2 geforderte „Unterzeichnung" ist unabdingbar, dass ein Angebot eine eigenhändige Unterzeichnung enthält, welche die Gesamterklärung auch von ihrer Platzierung her voll trägt.[11] Fordert der Auftraggeber die Unterzeichnung an bestimmter Stelle und befindet sich die Unterschrift am falschen Ort, kommt es darauf an, ob sie den gesamten Angebotsinhalt abdeckt. So erfasst die ordnungsgemäße Unterzeichnung eines Hauptangebots auch zusätzlich eingereichte Nebenangebote, wenn die vom Auftraggeber festgelegten Anforderungen eingehalten werden.[12] Besteht Unklarheit, ob der Bieter den gesamten Angebotsinhalt rechtsverbindlich erklären will, führt dies zum Ausschluss des Angebots. Allerdings ist im Zweifel davon auszugehen, dass der Bieter ein wertungsfähiges Angebot abgeben will.[13] Ferner muss die Unterschrift als Schriftzug erkennbar sein. Bei Bietergemeinschaften ist die Unterschrift von sämtlichen Einzelunternehmern zu leisten. Hat nur ein Mitglied unterzeichnet, muss die Vollmachterteilung durch die anderen Mitglieder beigefügt sein.[14]

8   2. **Anforderungen an elektronisch übermittelte Angebote (§ 13 Abs. 1 Nr. 1 S. 3, Nr. 2 S. 3, 4).** Gemäß § 13 Abs. 1 Nr. 1 S. 1 legt der Auftraggeber fest, in welcher Form – **schriftlich oder digital** – die Angebote einzureichen sind. Für eine bis zum 18.10.2018 laufende **Übergangsfrist** ist das Wahlrecht jedoch dahingehend eingeschränkt, dass schriftliche Angebote immer zuzulassen sind. Bis zu diesem Stichtag können Auftraggeber nur elektronische, **dh auf elektronischem Wege eingereichte und nach Eingang in einem elektronischen Speichermedium aufzubewahrende Angebote** ausschließen. Nach dem Ablauf der Übergangsphase müssen nicht zugelassene schriftliche Angebote ausgeschlossen werden. Sind beide Angebotsformen zugelassen, muss sich der Bieter für eine Variante entscheiden. Ein wertungsfähiges Angebot liegt nicht vor, wenn der Bieter einen Teil der Angebotsunterlagen online und andere analog übermittelt.[15]

9   Werden elektronische Angebote zugelassen, räumt § 13 Abs. 1 Nr. 1 S. 3 dem Auftraggeber ein Wahlrecht ein. Er kann verlangen, dass die elektronisch eingereichten Angebote entweder in **Textform,** mit einer **fortgeschrittenen elektronischen oder einer qualifizierten elektronischen Signatur nach dem Gesetz über Rahmenbedingungen für elektronische Signaturen** versehen werden.

Elektronische Signaturen sind nach der Legaldefinition in § 2 Nr. 1 SigG Daten in elektronischer Form, die anderen elektronischen Daten beigefügt oder logisch mit ihnen verknüpft sind und zur Authentifizierung dienen. Eine **elektronische Signatur** wird mit einem sogenannten Signaturschlüssel (§ 2 Nr. 4 SigG), dh einem ausschließlich dem Absender bekannten und nur einmalig vergebenen Schlüssel erzeugt. Mit Hilfe des Signaturprüfschlüssels (§ 2 Nr. 4 SigG) kann der Auftraggeber die Echtheit der Signatur prüfen. In fortgeschrittener oder in qualifizierter Form (§ 2 Nr. 2 und 3 SigG) wird ein immer höherer Sicherheitsgrad und eine erhöhte Prüfungsmöglichkeit bezüglich nachträglicher Veränderungen erreicht.

10   Für eine **fortgeschrittene elektronische** Signatur muss diese gemäß § 2 Nr. 2 SigG mit einem einmaligen – geheimen – Signaturschlüssel, der dem Signaturersteller während der Signaturerstellung zur Verfügung stehen muss, und mit Mitteln, die unter seiner alleinigen Kontrolle stehen, erstellt worden sein. Zusätzlich muss der Signaturersteller bei Bedarf identifizierbar sein. Dies erfolgt entweder über den dem Signaturersteller zugewiesenen Prüfschlüssel oder gegebenenfalls mittels während der Signaturerstellung erfasster biometrischer Unterschriften.

Eine **qualifizierte elektronische** Signatur ist eine fortgeschrittene elektronische Signatur, die auf einem zum Zeitpunkt ihrer Erzeugung gültigen Zertifikat[16] beruht und mit einer sicheren Signaturerstellungseinheit[17] (SSEE) erstellt wurde. Der Signaturschlüssel darf dabei ausschließlich in der SSEE gespeichert und angewendet werden, und die Übereinstimmung der SSEE mit den Vorgaben des Signaturgesetzes muss durch eine anerkannte Stelle geprüft und bestätigt werden.

---

[10] BGH 20.11.2012 – X ZR 108/10, NZBau 2013, 180.
[11] VK Düsseldorf Vergaberechts-Report 2006, 36.
[12] BGH 23.3.2011 – X ZR 92/09, NZBau 2011, 438.
[13] OLG Frankfurt am Main 26.6.2012 – 11 Verg 12/11, ZfBR 2012, 706.
[14] *Bauer* in Heiermann/Riedl/Rusam VOB/A § 13 Rn. 60.
[15] *Summa* in jurisPK-VergabeR § 16 Rn. 21.
[16] Hierbei handelt es sich um die elektronische Bestätigung eines Zertifizierungsdienstanbieters im Sinne des § 2 Nr. 7, §§ 5, 7 SigG.
[17] Hard – oder Softwareeinrichtung im Sinne des § 2 Nr. 10 SigG.

Auch für qualifizierte elektronische Signaturen ist eine Prüfung und Bestätigung der Signaturanwendungskomponente, welche Signatursoftware, Treiber und Chipkartenleser umfasst, nicht zwingend vorgeschrieben, jedoch ist eine Herstellererklärung nötig, in der Konformität der Komponente zum SigG und zur SigV bestätigt wird. Bei qualifizierten elektronischen Signaturen wird zwischen nicht-akkreditierten Anbietern und Anbietern mit Akkreditierung durch die Bundesnetzagentur unterschieden, wobei ein Anbieter von Zertifikaten für qualifizierte elektronische Signaturen bestimmte Anforderungen hinsichtlich des von ihm betriebenen Rechenzentrums erfüllen muss.[18]

Gemäß § 126a BGB können nur Dokumente mit einer qualifizierten elektronischen Signatur gemäß § 2 Nr. 3 SigG als elektronische Form eine per Gesetz geforderte Schriftform auf Papier ersetzen.

Fehlt die vom Auftraggeber geforderte Form für die Signatur – so wenn der Bieter für die Signatur nicht die von der e-Vergabe-Plattform unterstützten und ausschließlich zu verwendenden Signaturprogramme, sondern seine eigene fortgeschrittene elektronische Signatur verwandt hat – führt dies nicht zwingend zum Ausschluss des Angebots. Dieses ist vielmehr nach den allgemeinen Grundsätzen gemäß §§ 133, 157 BGB auszulegen. Führt die Auslegung zu keinem zweifelsfreien Ergebnis, ist das Angebot auszuschließen. Die Signatur erfüllt – wie die Unterschrift bei schriftlichen Angeboten – eine Identitäts- und Authentizitätsfunktion, indem sie die Identität des Bieters erkennbar macht, diesem das Angebot zuordnet und mittels Verbindung von Angebotstext und Unterschrift die Integrität und Vollständigkeit seines Angebots in inhaltlicher Hinsicht gewährleistet. Entspricht die elektronische Signatur daher nicht den Anforderungen des öffentlichen Auftraggebers, begründet dies Zweifel, ob das Angebot dem Bieter zuzuordnen ist und ob der Bieter den Angebotsinhalt rechtsverbindlich erklären wollte. Erst wenn diese Zweifel nicht ausgeräumt werden können, ist das Angebot auszuschließen. Wird die elektronische Signatur an anderer als der hierfür vorgesehenen Platzierung erbracht, kommt es darauf an, ob die Signatur den gesamten Angebotsinhalt umfasst.[19] **11**

Die **Datenintegrität und Vertraulichkeit**, die sicherstellen sollen, dass Angebote nur in der Form, wie sie eingereicht worden sind, gewertet werden und der Inhalt der Angebote vor dem Eröffnungstermin nicht bekannt wird, werden bei einem schriftlichen Angebot durch die Einreichung eines verschlossenen Umschlags gewährleistet, bei der Übermittlung eines elektronischen Angebots gemäß § 13 Abs. 1 Nr. 2 S. 3 und 4 dagegen durch **Verschlüsselung** erreicht. Gemäß § 11 Abs. 1 Nr. 3 hat der Auftraggeber dafür Sorge zu tragen, dass den interessierten Unternehmen die für die elektronische Übermittlung einschließlich Verschlüsselung erforderlichen Informationen zugänglich sind. Im Eröffnungstermin hat der Verhandlungsleiter zu prüfen, ob die Verschlüsselung intakt ist (§ 14a Abs. 3 Nr. 1). **12**

Angebote, die in einem unverschlossenen Umschlag abgegeben werden, deren elektronische Signatur den gestellten Anforderungen nicht genügt, die nicht oder nicht ordnungsgemäß verschlüsselt übermittelt worden sind oder bei denen die Verschlüsselung zwischen Eingang und Eröffnungstermin aufgehoben worden ist, müssen nach dem eindeutigen Wortlaut der Norm zwingend ausgeschlossen werden. In Fällen, in denen die versehentliche Öffnung des Angebots oder Aufhebung der Sicherung nachweisbar nicht durch den Bieter, sondern auf Seiten des Auftraggebers verursacht worden ist, darf dies nicht zu einem vom Wortlaut der Vorschrift geforderten Angebotsausschluss führen, weil dem Bieter, der fehlerfrei agiert hat, die Chance auf den Zuschlag nicht genommen werden darf, sondern das Vergabeverfahren muss aufgehoben und in das Stadium vor Ablauf der Angebotsfrist zurückversetzt werden.[20]

3. Änderungen an den Vergabeunterlagen (§ 13 Abs. 1 Nr. 5). Der Regelungszweck des § 13 Abs. 1 Nr. 5 besteht zunächst darin, das Zustandekommen eines wirksamen Vertrags mit übereinstimmenden Willenserklärungen zu gewährleisten. Zudem soll durch diese Bestimmung die **Transparenz des Vergabeverfahrens und die Gleichbehandlung der Bieter** sichergestellt werden: Jeder Bieter darf nur anbieten, was der öffentliche Auftraggeber nachgefragt hat und sich nicht durch eine Abweichung von den Vergabeunterlagen einen Vorteil verschaffen. Ein transparentes, die Gleichbehandlung der Bieter respektierendes Vergabeverfahren kann nur **13**

---

[18] Dittmann in KMPP VOB/A § 13 Rn. 24 ff.; *Ellenberger* in Palandt BGB § 126a Rn. 3 ff.; *Rossnagel* NJW 2001, 1817; *Hähnchen* NJW 2001, 2831.
[19] OLG Düsseldorf, 13.4.2016 – VII-Verg 52/15; *Vavra* in Ziekow/Völlink Vergaberecht, VOB/A § 16 Rn. 5; *Summa* in jurisPK-VergabeR § 16 Rn. 23.
[20] *Summa* in jurisPK-VergabeR § 16 Rn. 37.

erreicht werden, wenn in jeder sich aus den Vergabeunterlagen ergebenden Hinsicht grundsätzlich ohne weiteres vergleichbare Angebote abgegeben werden.[21]

Diesem Regelungs- und Schutzzweck entspricht ein **weites Verständnis des Begriffs der „Änderung".** Eine solche liegt vor, wenn das Angebot von den Vergabeunterlagen abweicht, sofern darin inhaltlich etwas anderes angeboten wird als in den Vergabeunterlagen verlangt worden ist, mit anderen Worten immer dann, wenn Angebot und Nachfrage sich nicht decken.[22] Darunter fallen unmittelbare Einwirkungen aller Art auf den Originaltext, durch die dessen Erklärungsinhalt verändert wird.[23] Sie können im Entfernen von Unterlagen, in Streichungen oder Einfügungen im Text uä bestehen. Auch wenn auf der Rückseite des Begleitschreibens die AGB des Bieters abgedruckt sind und das Angebot nicht die ausdrückliche Erklärung enthält, dass es sich nur auf die vom Auftraggeber gestellten Vertragsbedingungen beschränke, liegt eine Änderung der Verdingungsunterlagen vor.[24]

14   Derartige Änderungen sind gemäß § 13 Abs. 1 Nr. 5 unzulässig und führen zwingend zum Ausschluss des Angebots. Der Bieter ist ohne Einschränkung an die in den Vergabeunterlagen konkretisierte Nachfrage des Auftraggebers gebunden. Er darf weder weniger noch mehr anbieten und die ausgeschriebene Leistung inhaltlich oder hinsichtlich der Modalitäten ihrer Erbringung nicht verändern. Auch wenn er seine Leistung unter besondere Bedingungen stellt, wird der ausgeschriebene Vertragsinhalt verändert.[25] Unzulässig sind somit **rechtliche, technische und zeitliche Änderungen sowie Abweichungen von vorgegebenen Kalkulationsgrundlagen.** Ob ein vom Bieter selbst verfasstes Leistungsverzeichnis ohne Anerkenntnis der Alleinverbindlichkeit des vom Auftraggeber erstellten Amtsvorschlages eine Änderung der Verdingungsunterlagen darstellt, ist fraglich.[26] Will der Auftraggeber es vermeiden, im Rahmen der Angebotswertung die Konformität selbst verfasster Leistungsverzeichnisse nachzuprüfen, sollte er die Verwendung des Original-Leistungsverzeichnisses ausdrücklich verlangen. Unerheblich ist, ob die Änderungen zentrale oder eher unwesentliche und untergeordnete Leistungen betreffen.[27] Es kommt auch nicht darauf an, ob die Abweichung eine wettbewerbliche Relevanz für das Wertungsergebnis haben kann.[28]

Allerdings ist eine **Auslegung von Angeboten als Mittel zur Behebung ihnen anhaftender Fehler oder Unvollständigkeiten nicht schlechthin** ausgeschlossen, sondern vom Auftraggeber als Mittel der Wahl anzuwenden, wenn die **Auslegung aus dem Angebot selbst** heraus – ohne Rückgriff auf anderweitige Umstände – unschwer möglich ist und zu einem **unzweifelhaften** Ergebnis führt. Ein genereller, ausnahmsloser Ausschluss jeder Auslegung wäre weder mit dem Verhältnismäßigkeitsgebot noch mit dem Grundsatz der Wirtschaftlichkeit der Beschaffung in Einklang zu bringen.[29]

15   Die Vergabeunterlagen sind gegebenenfalls aus der **objektiven Sicht eines verständigen und fachkundigen Bieters,** der mit der Erbringung der ausgeschriebenen Leistung vertraut ist, **auszulegen.**[30] Insbesondere angesichts der Regelung in § 16a, wonach das Fehlen geforderter Erklärungen und Nachweise nicht mehr automatisch den Angebotsausschluss zur Folge hat, muss der Bieter den Vergabeunterlagen klar entnehmen können, in welchen Fällen das Fehlen von Unterlagen zum Ausschluss führt.[31] Hält der Bieter Aussagen oder Anforderungen in den Ver-

---

[21] BGH 20.1.2009 – X ZR 113/07, BeckRS 2009, 06499 mwN.
[22] BGH VergabeR 2007, 73 (74) mwN; BayObLG 8.12.2004 – Verg 19/04, BeckRS 2005, 00742; OLG Düsseldorf 29.3.2006 – VII-Verg 77/05, BeckRS 2006, 06017; 9.6.2010 – VII-Verg 5/10, ZfBR 2010, 826 mit Anm. *Hänsel* IBR 2010, 517: keine Änderung der Vergabeunterlagen, wenn der vorgegebenen Gliederung Oberpunkte vorangestellt werden.
[23] Vgl. *von Wietersheim* in Ingenstau/Korbion VOB VOB/A § 16 Rn. 11; *Vavra* in Ziekow/Völlink Vergaberecht, VOB/A § 13 Rn. 13.
[24] OLG München VergabeR 2008, 580, aA OLG Celle 22.5.2008 – 13 Verg 1/08, BeckRS 2008, 10353, wonach keine unzulässige Änderung der Vergabeunterlagen vorliege, wenn sich kein Hinweis darauf finde, dass die auf der Rückseite des Anschreibens abgedruckten AGB gelten sollten.
[25] Vgl. BGH VergabeR 2002, 462 (464).
[26] Offengelassen von OLG Naumburg VergabeR 2005, 261.
[27] Vgl. OLG Koblenz VergabeR 2006, 392.
[28] Vgl. OLG Düsseldorf VergabeR 2005, 195.
[29] Vgl. EuG 10.12.2009 – T-195/08, BeckRS 2009, 71390.
[30] Vgl. OLG Düsseldorf 9.6.2004 – VII-Verg 20/04, BeckRS 2005, 03573.
[31] OLG Brandenburg 7.8.2012 – Verg W 5/12, ZfBR 2013, 103 wonach ein Hinweis in der Fußnote eines Formblattes nicht geeignet ist, dem Bieter hinreichend deutlich zu machen, dass im Falle der fehlenden Unterschrift bzw. Nichtvorlage des Formblattes dieses nicht nachforderbar ist und das Angebot deshalb auszuschließen ist.

gabeunterlagen für unklar oder auslegungsbedürftig, so muss er den Auftraggeber darauf hinweisen und eine Klärung herbeiführen. Dies gilt nicht, wenn die Mehrdeutigkeit für den Bieter nicht erkennbar war und er sie subjektiv auch nicht erkannt hat.[32] Eine Abänderung der Unterlagen in seinem Sinne darf er nicht vornehmen. Auch das Angebot einer qualitativ höherwertigen als der ausgeschriebenen Leistung stellt eine Abweichung vom Leistungsverzeichnis dar. Das gilt auch dann, wenn der Bieter aus einem früheren Verfahren die technischen Probleme der aktuellen Ausschreibung kennt.[33] Klarstellende Vermerke sind unschädlich, wenn dadurch die Vergabeunterlagen nicht verändert werden.[34]

Ob eine **Änderung an den Vergabeunterlagen** vorgenommen wurde, ist gegebenenfalls durch **Auslegung des Angebots aus der objektiven Sicht eines verständigen und branchenkundigen und mit der ausgeschriebenen Leistung vertrauten Empfängers** zu entscheiden.[35] **Aufklärungsgespräche** mit dem Ziel, etwaige Änderungen an den Vergabeunterlagen zu korrigieren, stellen unzulässige Nachverhandlungen dar.[36]

Will der Bieter ein abgeändertes Angebot abgeben, muss er ein **Nebenangebot unterbreiten**. Hat er Änderungen an den Vergabeunterlagen vorgenommen, kommt schon im Hinblick auf die in § 13 Abs. 3 S. 2 aufgestellten formalen Voraussetzungen an Nebenangebote, die deutlich als solche gekennzeichnet sein müssen, eine Umdeutung nicht in Betracht.[37]

Umstritten ist, ob ein Angebot, das den Vorgaben des **Leistungsverzeichnisses** nicht in sämtlichen Punkten entspricht, unter den Ausschlussgrund des Abs. 1 Nr. 2 iVm § 13 Abs. 1 Nr. 5 fällt[38] oder der Ausschluss aus § 16b Abs. 1 (§ 16 Abs. 2 Nr. 1 aF) folgt, da einem Bieter, der eine nicht dem Leistungsverzeichnis entsprechende Leistung anbietet, die notwendige Zuverlässigkeit und damit Eignung für den Auftrag fehle und der Auftraggeber, der insoweit keinerlei Ermessen habe, den Auftrag nicht an einen ungeeigneten Bieter erteilen dürfe.[39] Da für die Eignungsprüfung eigenständige Vorgaben gelten und sie der inhaltlichen Angebotsprüfung vorausgeht, sollten die Fragen der Wertungsfähigkeit des Angebots nicht mit der der Eignung des Bieters verknüpft werden.

Eine Änderung der Vergabeunterlagen liegt jedoch nicht vor, wenn der Bieter weniger Betriebsmittel einsetzt, als im Leistungsverzeichnis vorgesehen ist, insoweit jedoch kein Mindesteinsatz vorgeschrieben wird.[40] Eine zum Ausschluss des Angebots führende Änderung der Vergabeunterlagen liegt ebenfalls nicht vor, wenn der Auftraggeber wirksam auf Vorgaben in den Vergabeunterlagen verzichtet hat.[41] Ein entsprechender nachträglicher Verzicht ist grundsätzlich möglich. Der öffentliche Auftraggeber ist nicht verpflichtet, die Ausschreibung aufzuheben, wenn kein Angebot eingegangen ist, das den Ausschreibungsbedingungen entspricht (§ 17 Abs. 1 Nr. 1 VOB/A). Vielmehr darf der Auftraggeber auf Ausschreibungsbedingungen verzichten, wenn der Verzicht transparent und diskriminierungsfrei erfolgt.[42]

Wird eine vom Bieter vorgenommene **Änderung** der Vergabeunterlagen durch den Auftraggeber **nicht bemerkt** und erhält das Angebot den Zuschlag, dann gilt der Vertrag **wie abgeschlossen**, dh mit dem geänderten Inhalt. Allerdings kann der Auftraggeber den Vertrag kündigen, weil der Auftragnehmer eine schwere Verfehlung begangen hat, die zwar nicht in § 8 VOB/B genannt ist, aber zu einer analogen Anwendung dieser Vorschrift berechtigt. Außerdem hat der Auftraggeber einen Schadensersatzanspruch gemäß § 282 BGB wegen Verstoßes gegen §§ 311 Abs. 2, 241 Abs. 2 BGB.[43]

---

[32] OLG Frankfurt am Main 2.7.2012 – 11 Verg 6/12, BeckRS 2012, 17821.
[33] *Vavra* in Ziekow/Völlink Vergaberecht, VOB/A § 13 Rn. 18
[34] *Vavra* in Ziekow/Völlink Vergaberecht, VOB/A § 13 Rn. 11.
[35] BGH BauR 1998, 1249; BayObLG 25.9.2003 – Verg 14/03, IBR 2003, 688; OLG Düsseldorf 3.1.2005 – VII-Verg 82/04, IBR 2005, 1110; 27.9.2006 – VII-Verg 36/06.
[36] OLG Düsseldorf 28.7.2005 – VII-Verg 45/05, BeckRS 2005, 13564.
[37] Unter der Geltung der VOB in der Fassung vom 20.3.2006 wurde eine solche Umdeutung als dem Willen des betroffenen Bieters regelmäßig entsprechend bewertet und zugelassen, vgl. OLG Düsseldorf VergabeR 2005, 188 (192).
[38] so OLG Düsseldorf IBR 2007, 1298; 12.2.2013 – Verg 1/13; VII-OLG Brandenburg 30.1.2014 – Verg W 2/14, BeckRS 2014, 03979; OLG Frankfurt 26.5.2009 – 11 Verg 2/09, BeckRS 2009, 20158; VK Baden-Württemberg 20.3.2013 – 1 VK 5/13.
[39] So OLG München 10.11.2007 – Verg 13/07; 25.11.2013 – Verg 13/13, BeckRS 2014, 09708; 10.4.2014 – Verg 1/14.
[40] OLG Düsseldorf 31.10.2012 – Verg 17/12, BeckRS 2012, 24284.
[41] Vgl. dazu OLG Düsseldorf 27.5.2013 – VII-Verg 9/13 BeckRS 2013, 21181.
[42] OLG Düsseldorf 5.7.2007 – VII-Verg 12/07, BeckRS 2009, 05364.
[43] Vgl. *Bauer* in Heiermann/Riedl/Rusam VOB/A § 13 Rn. 39.

18 Auch das in § 13 Abs. 1 Nr. 5 S. 2 enthaltene Gebot, wonach Änderungen des Bieters an seinen **Eintragungen zweifelsfrei** sein müssen, steht mit dem Wettbewerbsgrundsatz nach § 97 Abs. 1 GWB in Zusammenhang. Änderungen des Bieters an den eigenen Angaben sind grundsätzlich bis zum Submissionstermin zulässig, dürfen aber keinen Raum für Zweifel am Aussagegehalt der geänderten Erklärung lassen. Nur eindeutige Angebote sind miteinander vergleichbar; jeder Zweifel und jede Mehrdeutigkeit des Inhalts muss ausgeschlossen sein. Andernfalls entsteht der Verdacht einer Vergabewillkür auf Seiten des Auftraggebers und das Angebot ist zwingend auszuschließen.

III. Die Behandlung unvollständiger Preisangaben (§ 13 Abs. 1 Nr. 3)

19 **1. Allgemeines.** Das Angebot muss gemäß § 13 Abs. 1 Nr. 3 die im Leistungsverzeichnis oder in den sonstigen Ausschreibungsunterlagen **zweifelsfrei** geforderten Preisangaben[44] enthalten. Die Eintragungen in den sogenannten Preisblättern stellen keine Preisangaben dar. Es handelt sich vielmehr um ein Instrument zur Preisprüfung; der Auftraggeber soll in die Lage versetzt werden, auffällig erscheinende Angebotspreise einer ersten Prüfung zu unterziehen und gegebenenfalls eine gezielte Aufklärung vorzunehmen.[45] Beim Einheitspreisvertrag sind alle Einheitspreise einzutragen,[46] beim Pauschalvertrag je nach Ausgestaltung die Gesamtpauschale oder/und die Einzelpauschalen. Der Preis ist vollständig und mit dem Betrag anzugeben, der für die betreffende Leistung tatsächlich kalkuliert worden ist und vom Bieter beansprucht wird. Allerdings kann der öffentliche Auftraggeber ein Angebot, in dem **geforderte Preisangaben fehlen,** im Wege der **Auslegung** um diese ergänzen und so die **Unvollständigkeit beheben,** wenn das sachliche Versäumnis leicht aufzuklären ist, die fehlende Angabe auf einer offenkundigen und unbedeutenden sachlichen Auslassung oder einem Irrtum beruht und der fehlende Preis für eine bestimmte Position **mit Sicherheit** aus einem für eine andere Position derselben Leistungsbeschreibung angegebenen Preis oder zumindest nach Einholung von Klarstellungen zum Inhalt dieses Angebots abgeleitet werden kann.[47] Ebenso kann es unschädlich sein, wenn der Bieter infolge einer Fehlinterpretation der Vergabeunterlagen anstelle der geforderten Summe eine andere Zahl eingetragen hat. Hier kann nach der am objektiven Erklärungswert auszurichtenden Auslegung der Erklärung die Angabe der richtig eingetragenen Einzelangaben maßgeblich sein.[48] Hat der Bieter einen eingetragenen Preis **versehentlich zu niedrig kalkuliert,** handelt es sich dennoch um eine richtige Preisangabe, ohne dass es auf die Gründe für den Irrtum ankommt.[49] Grundsätzlich hat ein solcher Kalkulationsirrtum auf die Verbindlichkeit und Wertungsfähigkeit des Angebots keinen Einfluss. Der Auftraggeber verstößt aber gegen seine **Pflicht zur Rücksichtnahme** auf die Interessen des anderen Teils (§ 241 Abs. 2 BGB), wenn er den Zuschlag auf ein Angebot erteilt, obwohl er weiß, dass dieses von einem **erheblichen Kalkulationsirrtum** beeinflusst war. Ein Verstoß gegen die Rücksichtnahmepflicht gemäß § 241 Abs. 2 BGB durch Erteilung des Zuschlags auf ein kalkulationsirrtumsbehaftetes Angebot liegt indes nicht bei jedem geringfügigen Kalkulationsirrtum, sondern erst dann vor, wenn dem Bieter aus Sicht eines verständigen öffentlichen Auftraggebers bei wirtschaftlicher Betrachtung **schlechterdings nicht mehr zugemutet** werden kann, sich mit dem irrig kalkulierten Preis als einer auch nur annähernd äquivalenten Gegenleistung für die zu erbringende Leistung zu begnügen.[50]

20 Die Preisangaben sind prinzipiell dort vorzunehmen, wo der Auftraggeber es vorgesehen hat. Allerdings fehlt eine Preisangabe nicht schon dann, wenn sie auf einem Preisblatt nicht exakt an der dafür vorgesehenen Stelle steht, sondern **geringfügig** nach oben, unten oder

---

[44] OLG Düsseldorf NZBau 2009, 63 (67); OLG Rostock VergabeR 2006, 374 (376).
[45] OLG Koblenz, 19.1.2015, – Verg 6/14; OLG Düsseldorf, 25.10.2013,- 22 U 21/23; OLG Celle, 25.5.2011, – 14 U 62/08.
[46] BGH NZBau 2003; VK Bund IBR 2005, 399, Leitsatz 2 (für einen VOL-Vertrag).
[47] Vgl. EuG 10.12.2009 – T-195/08, BeckRS 2009, 71390; OLG Düsseldorf 21.4.2010 – VII-Verg 53/09, ZfBR 2013, 282; so auch *Vavra* in Ziekow/Völlink Vergaberecht, VOB/A § 16 Rn. 9.
[48] OLG Frankfurt am Main 26.6.2012 – 11 Verg 12/11, ZfBR 2012, 706.
[49] Das gilt selbst dann, wenn sich aus der Urkalkulation ergibt, dass dem Bieter von seinem Lieferanten ein Sonderpreis nur für den Fall eines zeitnah zum Zuschlagstermin abgeschlossenen Liefervertrags eingeräumt wurde. Auch in diesem Fall hat der Bieter den Preis unbedingt angeboten, vgl. OLG Rostock 9.10.2013 – 17 Verg 6/13, R 2013, 766. Zu der Frage, ob die Sichtweise des OLG Rostock zur Folge hat, dass der Bieter bei verzögertem Baubeginn problemlos Mehrkosten beanspruchen kann, vgl. *Summa* in jurisPK-VergabeR § 16 Rn. 69 und *Leinemann* in ibr-online 2013, 766.
[50] BGH, 11.11.2014 – X ZR 32/14.

seitwärts verschoben ist, ohne dass dadurch ein **abweichender Sinnzusammenhang und Erklärungsinhalt möglich erschiene**.[51] Unvollständig ist ein Angebot dagegen, wenn die am dafür bestimmten Platz fehlende Preisangabe in der Urkalkulation zu finden ist.[52] Auch wenn die Preisangaben sich auf einem Datenträger befinden, fehlen sie im schriftlichen Angebot.[53]

Von einer unvollständigen Preisangabe kann mithin ausgegangen werden, wenn zumindest bezüglich einer **einzigen Ordnungsziffer** des Leistungsverzeichnisses kein Preis angegeben wird.[54] Ein Verstoß gegen § 13 Abs. 1 Nr. 3 liegt aber auch dann vor, wenn der angegebene Preis unzutreffend ist. Das ist der Fall, wenn auch nur für eine Position nicht der Betrag angegeben wird, der für die betreffende Leistung auf der Grundlage der Kalkulation tatsächlich beansprucht wird.[55] Unzutreffend ist die Kalkulation der Bauleiterkosten bei der Baustelleneinrichtung, diese sind vielmehr bei den Baustellengemeinkosten in Ansatz zu bringen.[56]

Die für die Richtigkeit und Vollständigkeit streitenden Gründe hat der betreffende Bieter im Sinne einer Obliegenheit dem Auftraggeber vorzutragen und zu belegen.[57] Derartige Darlegungen müssen nicht zwingend bereits mit dem Angebot erfolgen, sondern können auch im Rahmen einer Aufklärung über den Angebotsinhalt nachgeholt werden[58] (vgl. dazu die Erläuterungen zu → Rn. 26 ff.).

2. Unterkosten- und Negativpreise. Grundsätzlich ist auch die Angabe eines **Negativ-, Unterkosten** – oder eines unrealistischen 1, 0,1 oder 0,00 Euro -Preises nicht unzulässig[59] und indiziert nicht automatisch eine zwingend zum Ausschluss führende Unvollständigkeit.[60] Zwar können derartige Preisangaben einen Hinweis auf eine Kostenverlagerung und damit auf eine unzutreffende Angabe des tatsächlich verlangten Preises enthalten. Es können aber durchaus sachlich gerechtfertigte Gründe für **unterhalb des Marktpreises** liegende oder sogar Unterkostenpreise[61] bestehen. Plausibel ist zum Beispiel eine Fallgestaltung, bei der der Bodenaushub nach Auskunft des Bieters anderenorts eingesetzt oder günstig weiter veräußert werden kann.[62] Die Weitergabe von durch Vorlieferanten gewährten Gutschriften oder Boni an den Auftraggeber kann einen ungewöhnlich niedrigen Preisansatz ebenfalls sachlich rechtfertigen. Entstehen dem Bieter nach seiner Kalkulation für die Erbringung einer Leistung tatsächlich keine Kosten und will er solche auch nicht berechnen, so kann auch die Angabe eines **Null-Preises** vollständig und zutreffend sein.[63] Als – zulässiger – Ansatz eines Nullpreises ist auch die Preisangabe „enthalten in …" zu verstehen, es sei denn, darin liegt eine – unzulässige – Kostenverlagerung (dazu → Rn. 23).[64]

Auch bei einem **negativen Preis** fehlt es nicht an einer Preisangabe, so dass der Ausschluss des Angebots nicht darauf gestützt werden kann. Negative Preise sind ebenfalls Preise, so dass sie die

---

[51] OLG Dresden 16.3.2010 – WVerg 2/10, BeckRS 2010, 07154.
[52] OLG Brandenburg 1.11.2011 – Verg W 12/11, BeckRS 2011, 25289.
[53] *Summa* in jurisPK-VergabeR § 16 Rn. 57.
[54] Die abweichende Ansicht des OLG Naumburg NZBau 2006, 129, wonach die formale Angebotsprüfung sich darauf zu beschränken habe, ob der Bieter überhaupt Preisangaben gemacht habe und die inhaltliche Prüfung der Preisangaben auf Vollständigkeit nicht in der ersten sondern erst in der vierten Wertungsstufe durchzuführen sei, hat der BGH auf eine Vorlage des KG in der Entscheidung vom 18.5.2004, VergabeR 2004, 473, verworfen.
[55] OLG Düsseldorf, 16.3.2016 – VII-Verg 48/15.
[56] OLG München 10.11.2010 – Verg 19/10, NZBau 2011, 253.
[57] Vgl. *Dicks* in KMPP VOB/A § 16 Rn. 87 f.
[58] BGH VergabeR 2004, 473 (478); OLG Dresden VergabeR 2006, 793 (798); BayObLG NZBau 2004, 294 (296); aA wohl OLG Frankfurt VergabeR 2006, 382; 386 und Thüringer OLG VergabeR 2006, 358 (362).
[59] Vgl. OLG Düsseldorf VergabeR 2004, 322; 7.11.2012 – Verg 12/12; OLG Naumburg 29.1.2009 – Verg 10/08, mit Anm. BeckRS 2009, 06521; OLG München, 12.11.2010 – Verg 21/10, mit Anm. BeckRS 2010, 29116; OLG Karlsruhe 11.11.2011 – 15 Verg 11/11, mit Anm. BeckRS 2014, 14634; OLG Rostock VergabeR 2004, 719 ff. und VergabeR 2006, 374 ff., jeweils mit insoweit zustimmender Anm. von *Leinemann* allgemein und ausführlich zu dieser Problematik: *Leinemann/Kirch* VergabeR 2005, 563 ff.
[60] VK Bund IBR 2005, 394; Brandenburgisches OLG NZBau 2006, 126; OLG München IBR 2006, 411.
[61] Vgl. die den folgenden Entscheidungen zugrunde liegenden Fallgestaltungen: OLG Rostock VergabeR 2006, 374 (378); Brandenburgisches OLG VergabeR 2005, 770 (773); OLG Dresden VergabeR 2006, 793 (798).
[62] Vgl. OLG Rostock VergabeR 2004, 719.
[63] Vgl. OLG München VergabeR 2005, 794 (796); OLG Frankfurt Vergaberecht 2006, 382 (386).
[64] OLG München 6.12.2012 – Verg 25/12, mit Anm. BeckRS 2012, 25589.

an Preisangaben zu stellenden Voraussetzungen erfüllen.[65] Negative Preise sind eindeutig und ermöglichen einen unmittelbaren Vergleich der Angebote. Die **Nichtzulassung der Angabe negativer Preise** – mit der Folge, dass davon abweichende Angebote ausgeschlossen werden – durch den Auftraggeber ist **unwirksam**. Eine entsprechende Vorgabe wird durch die vergaberechtlichen Bestimmungen nicht gedeckt. Unter welchen Bedingungen Angebote nicht zu berücksichtigen sind, ist in der VOB/A abschließend geregelt. Dem Auftraggeber ist es untersagt, weitere Ausschlussgründe zu bestimmen. Von gesetzlich bestimmten Ausnahmen abgesehen, kann der Auftraggeber nicht den Preis oder die Kalkulationsgrundlage für die von ihm durch eine Leistungsposition näher beschriebene Teilleistung vorgeben. Er kann zwar erwarten, dass der Bieter die Leistungsposition zutreffend kalkuliert, das heißt, bei dieser Position sämtliche Leistungen berücksichtigt, die zu der betreffenden Leistungsposition gehören. Er kann aber keine Mindestpreise festsetzen und nicht die Kalkulation bestimmter Gewinnspannen verlangen. Das **Verbot der Angabe negativer Preise stellt eine unzulässige Festsetzung von Mindestpreisen** dar. Bei Arbeiten, bei deren Ausführung der Bieter vermögenswerte Güter erhält, kann und darf der Bieter dies bei seiner Kalkulation berücksichtigen, was zu negativen Preisen führen kann.[66]

23   **3. Die sog Mischkalkulation und Spekulationsangebote.** Eine typische Erscheinungsform unvollständiger Preisangaben bildet die sog **Mischkalkulation.** Dieser **sprachlich unpräzise** Begriff umschreibt den **Vorgang einer Kosten- oder Preisverlagerung.** Der Bieter weist dabei einer bestimmten Leistung nicht die dafür tatsächlich verlangte, sondern eine geringere Vergütung zu und legt Kostenfaktoren, die bei der Kalkulation tatsächlich anfallen, auf andere Positionen um.[67] Das Verfahren basiert auf der Bildung marktüblicher Preise, aus denen die Gesamtangebotssumme errechnet wird. Ein Kalkulator wertet sodann einzelne Positionen auf und korrespondierend dazu andere Positionen ab mit dem Ziel, die Gesamtangebotssumme senken zu können.

Das Angebot weist damit bei einem oder auch mehreren Einheitspreisen nicht den tatsächlich geforderten, sondern einen davon abweichenden Preis aus. Bereits durch diese **Preisverkürzung wird die Preisangabe unvollständig,** denn dem Auftraggeber wird nicht der für die Leistung tatsächlich in Rechnung gestellte Preis genannt. Deshalb ist bei der Verwendung des Begriffs „Mischkalkulation" Vorsicht geboten. Die durch den Begriff suggerierte Vorstellung, erst aus einer **miteinander korrespondierenden Auf- und Abpreisung,** nämlich einer Unter- oder Durchmischung von Preisen folge die Unvollständigkeit der Preisangabe, ist unzutreffend.

Die Unvollständigkeit der Preisangaben infolge einer „Mischkalkulation" ist somit nicht erst dann indiziert, wenn der Auftraggeber im Angebot auffällig hohe **und** auffällig niedrige Preise ausmacht.[68] Vielmehr kann bereits die Angabe **eines oder mehrerer auffällig hoher** Preise den Anlass für eine entsprechende Überprüfung des Angebots bilden. In diesem Fall steht zu vermuten, dass der Bieter andere Positionen abgepreist hat. Trifft die Vermutung zu, so ist nicht der zu hohe Preis fehlerhaft angegeben, denn diesen Preis will der Bieter tatsächlich verlangen. Vielmehr begründet die **ohne ausreichende sachliche Gründe erfolgte zu niedrige Preisangabe** die Fehlerhaftigkeit des Angebots.[69] Zur Feststellung der Unvollständigkeit ist es demnach nicht erforderlich, die Position aufzuspüren, in der die Kostenfaktoren durch „Aufpreisung" versteckt worden sind.[70] Vielmehr genügt eine einzige Position mit einem unzutreffend niedrigen Preis, um die Unvollständigkeit des Angebots zu begründen und seinen Ausschluss zu rechtfertigen.

---

[65] Vgl. dazu und zum Folgenden OLG Düsseldorf 22.12.2010 – VII-Verg 33/10, BeckRS 2011, 00779; *Weyand* ibr-online-Kommentar Vergaberecht, VOB/A § 16 Rn. 197, 198, 205.
[66] Siehe auch BGH 1.2.2005 – X ZB 27/04.
[67] Vgl. die insoweit maßgebliche Entscheidung des BGH VergabeR 2004, 473 mit Anm. von *Stolz;* sehr kritisch im Hinblick auf die Begrifflichkeit: *Leinemann/Kirch* VergabeR 2005, 563 ff.; zum Begriff und zur Vorgehensweise bei der Mischkalkulation: *Müller-Wrede* NZBau 2006, 73.
[68] Anderer Ansicht: *Müller-Wrede* NZBau 2006, 77; OLG Dresden VergabeR 2006, 233 (235 f.).
[69] Aus diesem Grund hat der BGH – VergabeR 2004, 473 (478) – einen Ausschluss derartiger Angebote auf der ersten Wertungsstufe gemäß § 25 Nr. 1 Abs. 1 lit. b iVm § 21 Nr. 1 Abs. 1 S. 3 VOB/A aF angenommen.
[70] OLG Düsseldorf 9.2.2009 – VII Verg 66/08, mit Anm. BeckRS 2009, 11172; OLG München 10.11.2010 – Verg 19/10, mit Anm. BeckRS 2010, 28579; *Dicks* in KMPP VOB/A § 16 Rn. 60; *Summa* in jurisPK-VergR § 16 Rn. 65; anderer Ansicht: OLG Frankfurt/Main VergabeR 2006, 126 (128); 382 ff.; OLG Dresden VergabeR 2005, 641 (642) und Brandenburgisches OLG VergabeR 2005, 770 (772).

Eine weitere Spielart der Mischkalkulation bilden sog **Spekulationsangebote**,[71] die insbesondere bei der Vergabe komplexer Aufträge mit umfangreich aufgegliederten Leistungsverzeichnissen in der **spekulativen Erwartung** unterbreitet werden, dass es bei der Durchführung des Auftrags zu **Änderungen des Leistungsumfangs** kommen werde. Bei Einheitspreisverträgen erfolgt die Berechnung der Vergütung wie auch einer nachträglichen Preisanpassung auf der Grundlage der Einheitspreise. Spekuliert er darauf oder erkennt der Bieter, dass Mengen- oder Massenangaben im Leistungsverzeichnis falsch kalkuliert worden sind, werden Teilleistungen, bei denen er mit Mehrleistungen – insbes. durch Mengenmehrung – rechnet, aufgepreist, andere, bei denen Minderleistungen erwartet werden, werden abgepreist. Durch diese bewusste Kostenverlagerung sollen im Ergebnis höhere Umsatzerlöse zu Lasten des Auftraggebers erzielt werden. Da in einem solchen Angebot für – mindestens – eine (Teil-)Leistung ein zu niedriger, dem tatsächlich verlangten nicht entsprechender Preis angegeben ist, ist das Angebot ausweislich der vorstehend erläuterten Maßstäbe unvollständig und fehlerhaft, ohne dass die Absicht einer Übervorteilung des Auftraggebers, die Motive des Bieters oder der spekulative Charakter des Angebots ermittelt werden müssen.[72] 24

Die Vornahme einer Mischkalkulation durch den Bieter mit der Konsequenz, dass ein oder mehrere Preise unrichtig zu niedrig ausgewiesen werden, kann auch nicht unter dem **Gesichtspunkt seiner Kalkulationsfreiheit gerechtfertigt** werden.[73] Anders als bei der Nachfrage durch private Auftraggeber haben Bauunternehmen im Rahmen eines Beschaffungsvorgangs der öffentlichen Hand einen Anspruch auf Wettbewerb, Transparenz und Gleichbehandlung. Nehmen Unternehmen diese im Vergleich zu einer Beschaffungsmaßnahme privater Auftraggeber privilegierte Behandlung in Anspruch, müssen sie sich zugleich dem vom Vergaberecht vorgegebenen Regime unterwerfen.[74] 25

Die Bewertung derartiger Angebote als unvollständig im Hinblick auf die geforderten Preisangaben und damit als vergaberechtswidrig ist auch **interessengerecht.** Zwar mag ein solches Vorgehen aus der Sicht vieler Unternehmen verständlich sein. Es widerspricht aber dem Zweck des Einheitspreisvertrages, eine interessengerechte Verteilung des Risikos von Mengenänderungen sicherzustellen.[75] Der durch den Einheitspreisvertrag erzielte Schutz des Auftragnehmers vor unvergüteten Zusatzleistungen verkehrt sich – insbesondere vor dem Hintergrund, dass der Auftragnehmer es im Einzelfall unter Umständen selbst in der Hand hat, Mengenänderungen herbeizuführen – in ein wirtschaftliches Risiko für den Auftraggeber.[76] Im Übrigen profitiert letztlich auch die Bauwirtschaft selbst nicht von der verbreiteten Praxis der Mischkalkulation, weil der Preiswettbewerb durch Preisverlagerungen und Spekulationen auf Nachträge eher verschärft wird.[77]

4. Überprüfung und Korrektur der Preisangaben. In eindeutigen Fällen – zum Beispiel bei erkennbar untersetzten Preisangaben von 0,00, 0,01 oder 1 Euro für die Erstellung eines Bauwerks im Wert von 100.000 Euro – kann der Auftraggeber Angebote mit unvollständigen Preisangaben ohne weiteres aus der Wertung ausscheiden. Allerdings sind Fallgestaltungen, in denen die Unvollständigkeit für den Auftraggeber klar erkennbar ist, in der Vergabepraxis selten, zumal selbst für Null-Preise sachlich gerechtfertigte Gründe streiten können. 26

In den für die Vergabepraxis **typischen Zweifelsfällen** können sich Indizien für eine unvollständige und damit unzutreffende Preisangabe aus der Erfahrung des Auftraggebers, insbesondere aus vergleichbaren früheren Ausschreibungen ebenso wie aus allgemein zugänglichen Kostenschätzungen ergeben.[78] Auch der Vergleich mit den Preisangeboten anderer Bieter kann Hinweise auf die Unvollständigkeit geben.[79]

---

[71] Vgl. dazu auch BGH 18.12.2008 – VII ZR 201/06, mit Anm. BeckRS 2009, 04306 wonach Preisspekulationen zu Verwerfungen bei der Beurteilung von Leistung und Vergütung führen und deswegen zu missbilligen sind.
[72] Vgl. *Müller-Wrede* NZBau 2006, 74; *Konrad* NZBau 2004, 524 (528).
[73] Anderer Ansicht: *Leinemann/Kirch* VergabeR 2005, 563; *Herig* BauR 2005, 1385 (1386 f.).
[74] Vgl. *Franke/Grünhagen* in FKZG VOB/A, 3. Auflage, § 25 Rn. 95; *Müller-Wrede* NZBau 2006, 76.
[75] Vgl. *Stemmer* ZfBR 2006, 128.
[76] Vgl. *Kaelble* VergabeR 2004, 359 in einer Anm. zu KG 15.3.2004.
[77] Vgl. *Müller-Wrede* NZBau 2006, 75.
[78] Es begründet noch nicht die Annahme einer Preisverlagerung, wenn der Bieter im Laufe des Verhandlungsverfahrens sein Angebot abändert, indem er Positionen höher und andere niedriger bepreist, KG 14.8.2012 – Verg 8/12, mit Anm. BeckRS 2012, 18411.
[79] Vgl. OLG Karlsruhe 27.7.2009 – 15 Verg 3/09, BeckRS 2010, 00882.

In **beiden Fällen kann** dem Bieter Gelegenheit zur Aufklärung (§ 15), dh zur Widerlegung der Feststellungen des Auftraggebers in – aus seiner Sicht – eindeutigen Fallgestaltungen bzw. zur Ausräumung von Zweifeln gegeben werden.[80] Obgleich gerade in Zweifelsfällen häufig Anlass für ein Aufklärungsgespräch bestehen wird, existieren eine rechtliche Verpflichtung des öffentlichen Auftraggebers und ein damit korrespondierender Anspruch des betroffenen Bieters auf eine solche Aufklärung nicht.[81] Grundsätzlich steht es im pflichtgemäßen Ermessen des Auftraggebers, ob er von der Gesprächsmöglichkeit Gebrauch macht. Dieses Ermessen kann sich allerdings in Einzelfällen zu einer Verpflichtung verdichten.[82]

27   Im Rahmen der Aufklärung sind vom Bieter **in sich schlüssige und auf Plausibilität hin überprüfbare Angaben zu der in Rede stehenden Preisangabe** zu verlangen. Der Bieter hat nachvollziehbar darzulegen, warum er bei der betreffenden Leistung den genannten Preis beansprucht.[83] Dazu wird der Bieter regelmäßig seine Kalkulationsgrundlagen vorzulegen und zu erläutern haben. Standardfloskeln, mit denen der Bieter die Auskömmlichkeit des Angebots oder den Verzicht auf die Vornahme von Mischkalkulationen versichert, dürften insoweit nicht genügen.[84] Verweigert der Bieter die Aufklärung, kann sein Angebot unberücksichtigt bleiben (§ 15 Abs. 2).

28   Gelingt es dem Bieter nicht, die nach den Umständen gerechtfertigte Annahme des Auftraggebers, es liege eine eindeutig unvollständige und damit unzutreffende Preisangabe vor, zu **widerlegen**, verfügt der Auftraggeber über die gesicherte Erkenntnis, dass die Preisangabe unrichtig ist.

Anders liegt der Fall, wenn Zweifel des Auftraggebers sich durch die Aufklärung weder erhärtet haben noch ausgeräumt werden konnten. Die Rechtsfrage, wer das **Risiko der Unerweislichkeit von Tatsachen** tragen muss, wird häufig unter dem Stichwort „Beweislast" erörtert. Dieser dem zivilprozessualen Beibringungsverfahren entlehnte Begriff trifft auf das Vergabeverfahren, in dem der Auftraggeber von Amts wegen Feststellungen zu treffen hat, nicht zu und sollte durch den Begriff der **objektiven Feststellungslast** ersetzt werden.[85]

Nach der wohl von der Mehrheit der Vergabesenate vertretenen Ansicht hat der öffentliche Auftraggeber den Nachteil der Nichterweislichkeit einer unvollständigen Preisangabe zu tragen.[86] Dem ist zuzustimmen: Ausgehend von dem Grundsatz, dass der öffentliche Auftraggeber **Ausschlussentscheidungen** immer nur auf der **Grundlage gesicherter Erkenntnisse** treffen darf,[87] muss auch für den Bereich der unvollständigen Preisangaben gelten, dass ein Ausschluss des Angebots nur gerechtfertigt ist, wenn die Preisangabe **nachweislich** unrichtig ist.

29   Von der Überprüfung einer Preisangabe auf ihre Unrichtigkeit ist die Frage zu unterscheiden, ob und unter welchen Voraussetzungen eine **versehentlich unrichtige Preisangabe nach Angebotsöffnung korrigiert** werden kann. Maßgeblich ist, dass eine **Klarstellung des Angebotsinhalts zulässig** ist, eine nachträgliche Änderung des Angebots durch das Einfügen eines neuen Preises dagegen unstatthaft ist. Von einer zulässigen Klarstellung des Angebotsinhalts ist auszugehen, wenn der tatsächlich gemeinte (richtige) Preis durch Auslegung des Angebotsinhalts gemäß §§ 133, 157 BGB zu ermitteln ist. Dabei muss sich im Hinblick auf die Angebotsklarheit und -vergleichbarkeit eindeutig und zweifelsfrei aus den Angebotsunterlagen ergeben, dass ein ganz bestimmter Einheitspreis gewollt war und dies muss für den Auftraggeber offenkundig und unschwer festzustellen sein. Sind Nachforschungen über das wirklich Gewollte beim Bieter erforderlich, liegen diese Voraussetzungen nicht vor, denn dann hätte es der Bieter in der Hand, den angebotenen Preis nachträglich gegen einen anderen auszutauschen.[88]

---

[80] Vgl. BGH VergabeR 2004, 473 (478); OLG Dresden VergabeR 2006, 793 (798); BayObLG NZBau 2004, 294 (296).
[81] Vgl. OLG Dresden VergabeR 2004, 92 (97).
[82] Vgl. OLG Schleswig VergabeR 2006, 367 (369); zu weiteren Einzelheiten vgl. *Planker* Kommentierung zu § 15 Rn. 13.
[83] So hatte der Bieter in einem von OLG Rostock – VergabeR 2004, 719 – zu entscheidenden Fall angegeben, kontaminierten Bodenaushub auf einer anderen Baustelle einbauen zu können.
[84] Vgl. dazu Brandenburgisches OLG NZBau 2006, 126.
[85] Vgl. Thüringer OLG VergabeR 2006, 358 (361) m. w. N; *Dicks* in KMPP VOB/A § 16 Rn. 92.
[86] So OLG Naumburg NZBau 2006, 129; Thüringer OLG NZBau 2006, 263 (265); OLG Frankfurt/Main VergabeR 2006, 126 (128); NZBau 2006, 259 (260); OLG Koblenz VergabeR 2005, 643 (644); OLG Rostock NZBau 2005, 261 (262). Für eine Feststellungs- und Beweislast des Bieters sprechen sich dagegen aus: OLG Rostock VergabeR 2006, 374 (378); Brandenburgisches OLG NZBau 2006, 126; OLG Dresden VergabeR 2005, 642.
[87] Dieses Verständnis basiert auf einem Urteil des BGH NJW 2001, 661, wonach für die Eignungsprüfung eine Berücksichtigung von Umständen ausgeschlossen ist, die nicht auf einer gesicherten Erkenntnis beruhen.
[88] OLG Düsseldorf, 16.3.2016 – VII-Verg 48/15.

Übernimmt der Bieter die von einem **Nachunternehmer** berechneten Preise und bezieht er diese im Rahmen seiner internen Kalkulation in sein Angebot ein, benennt er den von ihm tatsächlich beanspruchten Preis und zwar unabhängig davon, ob der Nachunternehmer bei dem dem Bieter unterbreiteten Angebot seinerseits vollständige Preise zugrunde gelegt hat.[89] Da der Nachunternehmer nicht am Vergabeverfahren beteiligt ist, unterliegt er nicht den dort geltenden Restriktionen. Somit trifft ihn nicht die Obliegenheit, vollständige und zutreffende Preise anzugeben. Übernimmt der Bieter dagegen unvollständige und damit unzutreffende Preisangaben des Nachunternehmers in **Kenntnis der Unvollständigkeit** in sein eigenes Angebot, sind auch seine eigenen Preisangaben unzutreffend.[90] Korrigiert er die Unvollständigkeit nicht durch den Ansatz der bislang unberücksichtigten Kostenanteile, macht er sich die unzutreffenden Angaben zu Eigen und weist die Preise des Nachunternehmers als eigene aus. Das gilt auch, wenn er ohne Änderung der Preisstruktur die Preise mit Aufschlägen versieht.

5. Rechtsfolge. Die Rechtsfolge des Fehlens oder der Unvollständigkeit geforderter Preisangaben im Sinne des § 13 Abs. 1 Nr. 3 ist gemäß § 16 Abs. 1 Nr. 3 **grundsätzlich der zwingende** Ausschluss der Angebote.[91] Dies betrifft Angebote, bei denen eine oder mehrere Preisangaben ganz oder an der vorgesehenen Stelle fehlen sowie Angebote, die bewusst unzutreffend kalkulierte Preisangaben enthalten, nicht dagegen Angebote, bei denen lediglich in einer unwesentlichen Position die Preisangabe fehlt und sich dies im Ergebnis auf den Bieterwettbewerb nicht auswirkt.

Voraussetzung der Wertbarkeit eines Angebots, dessen Preisangaben unvollständig sind, ist zunächst, dass nur bei einer **einzelnen unwesentlichen** Position die Preisangabe fehlt. Dabei erscheint die Beschränkung auf **eine** Position angesichts des erkennbar verfolgten Zieles, wirtschaftliche Angebote wegen unbedeutender formaler Nachlässigkeiten mit einem Ausschluss zu belegen, fragwürdig.[92] Insbesondere in Bauvergaben im Oberschwellenwertbereich mit regelmäßig umfangreichen Leistungsverzeichnissen fehlen in der Praxis nicht selten gleich mehrere Preisangaben, so dass die Neuregelung infolge der Beschränkung auf nur eine Preisangabe Gefahr läuft, ihr Ziel zu verfehlen.[93]

Unwesentlich ist eine Position, wenn sie in Ansehung des nachgefragten Leistungsgegenstandes sowie nach den Umständen der jeweiligen Ausschreibung für **die Leistungserbringung von untergeordneter Bedeutung** ist.[94] Eine Vermutung für die Wesentlichkeit besteht immer schon dann, wenn die betreffende Position einen erheblichen Teil des gesamten Leistungs- oder Auftragsvolumens ausmacht.[95] Dem Auftraggeber steht insoweit ein Beurteilungsspielraum zu, der von den Nachprüfungsinstanzen nur eingeschränkt überprüft werden kann.[96]

Für die Überprüfung, ob die betroffene Position die weiteren Voraussetzungen erfüllt, sieht die Norm ein **mehrstufiges Verfahren** vor: Zunächst darf durch die Außerachtlassung dieser Position der **Wettbewerb nicht beeinträchtigt** werden. Der Auftraggeber muss prognostizieren, ob die zutreffende Bewertung der Angebote bei Außerachtlassung dieser Leistungsposition noch möglich ist. Hat die betroffene Leistungsposition unmittelbare Auswirkungen auf die vom Auftraggeber aufgestellten Zuschlagskriterien, würde ihre Außerachtlassung den Wettbewerb insofern beeinträchtigen, als das wirtschaftlichste Angebot nicht mehr zuverlässig ermittelt werden könnte.

---

[89] Vgl. *Dicks* in KMPP VOB/A § 16 Rn. 70 mwN.
[90] Vgl. OLG Düsseldorf 26.7.2006 – VII-Verg 19/06, mit Anm. BeckRS 2007, 02775 für die vergleichbare Problematik bei einer VOL-Vergabe.
[91] Gegen einen zwingenden Ausschluss wohl KG 14.8.2012 – Verg 8/12, mit Anm. BeckRS 2012, 18411.
[92] So auch KG 13.5.2013 – Verg 10/12, mit Anm. BeckRS 2013, 10003.
[93] Vgl. auch *Dicks* in KMPP VOB/A § 16 Rn. 38; *Gröning*, VergabeR 2009, 117 (125); ebenfalls kritisch hinsichtlich der Sinnhaftigkeit der Regelung *Summa* in jurisPK-VergabeR VOB/A § 16 Rn. 100.
[94] Zu Recht hat OLG Brandenburg die Unwesentlichkeit für den Fall verneint, dass die fehlenden Position den Angebotspreis um 20 % erhöhen würde, 24.5.2011 – Verg W 8/11, mit Anm. BeckRS 2011, 20589.
[95] *von Wietersheim* in Ingenstau/Korbion VOB VOB/A § 16 Rn. 14 stellt in erster Linie auf eine Betrachtung unter „quantitativen, wertmäßigen Gesichtspunkten im Vergleich zur Gesamtleistung" ab. Nach anderer Auffassung wird dieses Tatbestandselement durch die übrigen Merkmale der Norm bereits erschöpfend definiert, so dass ihm keine selbständige Bedeutung zukommt, vgl. *Dicks* in KMPP VOB/A § 16 Rn. 38.; wohl auch *Gröning* VergabeR 2009, 117 (125).
[96] Zum Beurteilungsspielraum vgl.: OLG Düsseldorf 24.2.2004 – VII-Verg 88/04, BeckRS 2007, 03830; 22.9.2005 – VII-Verg 49 und 50/05, BeckRS 2005, 13566; 4.2.2009 – VII-Verg 65/08, mit Anm. BeckRS 2009, 29063.

Ist eine derartige Wettbewerbsrelevanz zu verneinen, hat der Auftraggeber in einem weiteren Schritt zu überprüfen, ob sowohl bei Außerachtlassung als auch bei Wertung dieser Position mit dem höchsten Angebotspreis die **Wertungsreihenfolge der Angebote unbeeinflusst** bleibt. Ändert sich die Reihenfolge der Angebotssummen bei einer dieser kumulativ durchzuführenden Vergleichsrechnungen, kommt der Position eine rechnerische Relevanz für die Wertung zu, die zum Ausschluss des Angebots zwingt.

Kann das Angebot dagegen in der Wertung verbleiben und soll es den Zuschlag erhalten, so darf dieser nur auf das inhaltlich unveränderte Angebot ergehen. Infolge des Verbots von Nachverhandlungen (§ 15 Abs. 3) darf das Angebot **im Vergabeverfahren** nicht um die fehlende Preisangabe ergänzt werden. Nach Zuschlagserteilung muss die Lücke durch Verhandlungen zwischen Auftraggeber und Bieter geschlossen werden. Können sie sich nicht einigen, ist mangels einer entgegenstehenden vergaberechtlichen Regelung auf § 632 Abs. 2 BGB zurückzugreifen und die Leistung im üblichen Rahmen zu vergüten.[97]

IV. Nicht vorgelegte Unterlagen (§ 16 Abs. 1 Nr. 4)

33 § 16 Abs. 1 Nr. 4 enthält einen weiteren zwingenden Ausschlussgrund für unvollständige Angebote. Legt der Bieter Erklärungen oder Nachweise, deren Vorlage sich der Auftraggeber **vorbehalten** hat, auf Anforderung nicht innerhalb einer angemessenen Frist vor, wird sein Angebot ausgeschlossen. Die Vorschrift bezieht sich auf die Regelung in § 6b Abs. 3 S. 1, wonach der Auftraggeber wählen kann, ob er die Vorlage von **Eignungsnachweisen** schon mit dem Angebot verlangt oder sich deren spätere Vorlage vorbehält. Macht ein Auftraggeber von dieser Option Gebrauch und fordert Eignungsunterlagen nach, hat er eine angemessene, nach dem Kalender bestimmte Frist zu setzen. Für die Angemessenheit sind Umfang und Inhalt des Nachforderungsbegehrens maßgeblich. Werden zahlreiche Nachweise nachgefordert, deren Beschaffung im Einzelfall einige Zeit in Anspruch nehmen kann – wie gegebenenfalls bei der Forderung nach der Vorlage von Referenzen – muss die Frist länger bemessen sein als bei der Forderung von schnell und unkompliziert zu beschaffenden Nachweisen. Grundsätzlich kommt eine Orientierung an der in § 16a genannten Frist von sechs Tagen in Betracht. Kommt der Bieter der Nachforderung innerhalb der **wirksam bestimmten Frist** nicht nach, ist sein Angebot zwingend auszuschließen.

Die Vorschrift des Satzes 2 ist verunglückt. Soweit dort eine entsprechende Anwendung des Satzes 1 auf Teilnahmeanträge angeordnet wird, steht dies im Widerspruch zu der Regelung des § 6b Abs. 3 S. 2, wonach der Auftraggeber bei einem Teilnahmewettbewerb die Vorlage der Nachweise **bereits mit dem Teilnahmeantrag** verlangen muss. Der Auftraggeber hat keine rechtliche Handhabe, sich bei einem Teilnahmewettbewerb eine spätere Anforderung von Eignungsnachweisen vorzubehalten, so dass der Verweis unverständlich ist.

V. Angebote mit unzulässiger Absprache (§ 16 Abs. 1 Nr. 5)

34 Nach § 16 Abs. 1 Nr. 4 sind Angebote von Bietern auszuschließen, die in Bezug auf die Ausschreibung eine Abrede getroffen haben, die eine unzulässige Wettbewerbsbeschränkung darstellt.[98] Die Grundlage für diese Bestimmung bildet § 2 Abs. 1 Nr. 2, wonach Wettbewerb stattfinden soll und wettbewerbsbeschränkende Verhaltensweisen zu bekämpfen sind. Dieser Rechtsgedanke findet auch sonst in der VOB seinen Niederschlag, zB in § 6 Abs. 1 (keine Beschränkung auf regionale oder ortsansässige Bieter) und § 8 Abs. 4 Nr. 1 VOB/B (Kündigung wegen wettbewerbsbeschränkender Absprachen).

Hier ist in erster Linie an eine **Preisabsprache** unter zwei oder mehreren Bewerbern zu denken, sei es für das Gesamtangebot, sei es nur in Teilbereichen, zB bei Einzelgewerken. Aber auch andere Absprachen können den Tatbestand erfüllen, etwa Verständigungen über

– Nichtbeteiligung am Wettbewerb, uU mit Abstandszahlungen,
– Lieferungsstopp und -beschränkungen mit Lieferanten,
– Dumpingpreise zwecks Verdrängung von Konkurrenten,
– Nichtabgabe von Nebenangeboten,
– unerlaubte Kartellbildung.

---

[97] *Dicks* in KMPP VOB/A § 16 Rn. 38; *Summa* in jurisPK-Vergaberecht § 16 Rn. 113.
[98] Vgl. zum Tatbestand der unzulässigen Abreden auch die ausführlichen und instruktiven Erläuterungen von *Grünhagen* in FKZG VOB/A 3. Aufl. § 16 Rn. 12 ff.

Die unzulässige Wettbewerbsbeschränkung muss bewusster und gewollter Inhalt der Abrede sein. Sie ist nicht schon dann anzunehmen, wenn Bieter bei unklaren und auslegungsbedürftigen Leistungsbeschreibungen gemeinsame Überlegungen anstellen. Zum Ausschluss führen ferner nur auf die Ausschreibung bezogene Verhaltensweisen. Nicht darunter fallen Abreden zur Abgabe eines gemeinsamen Angebots oder zur Bildung einer Arbeitsgemeinschaft.[99]

Der Begriff der wettbewerbsbeschränkenden Abrede im Sinne des § 16 Abs. 1 Nr. 5 ist mit **Blick auf den das gesamte Vergabeverfahren beherrschenden Wettbewerbsgrundsatz weit auszulegen.** Er ist nicht auf gesetzeswidriges Verhalten beschränkt, sondern umfasst auch alle sonstigen Verhaltensweisen, die mit dem vergaberechtlichen Wettbewerbsgebot unvereinbar sind.[100] Ein Verstoß führt zum Ausschluss aller betroffenen Angebote.

Wesentliches und unverzichtbares Merkmal einer Auftragsvergabe im Wettbewerb ist die **Gewährleistung eines Geheimwettbewerbs** zwischen den an der Ausschreibung teilnehmenden Bietern. Echter Wettbewerb zwischen den Bietern setzt voraus, dass jeder Bieter die ausgeschriebenen Leistungen in **Unkenntnis der Angebote und Kalkulation** seiner Mitbewerber anbietet.[101] Das Zustandekommen einer wettbewerbsbeschränkenden Absprache erfordert damit nicht eine ausdrückliche Verständigung zwischen zwei Unternehmen darüber, wer welche Leistung zu welchem Preis anbietet. Vielmehr ist sie in der Regel schon dann verwirklicht, wenn ein Angebot in Kenntnis der Bedingungen des Konkurrenzangebots erstellt wird.[102] Das Vertraulichkeitsgebot gewährleistet, dass der öffentliche Auftraggeber seiner gesetzlichen Pflicht zur wirtschaftlichen Beschaffung und die Ausschreibung damit ihrer Funktion als Auswahlverfahren zur Ermittlung des annehmbarsten Angebots gerecht werden können.[103] Gerade weil der einzelne Bieter nicht weiß, welche Konditionen der Konkurrent seiner Offerte zu Grunde legt, wird er, um seine Aussicht auf den Erhalt des Zuschlags zu steigern, bis an die Rentabilitätsgrenze seiner individuell berechneten Gewinnzone kalkulieren. Kennt ein Bieter Leistungsumfang und Preise seines Konkurrenten, muss er nicht mehr potentiell preisgünstigere Angebote unterbieten, sondern braucht sein Angebot nur noch an den ihm bekannten Bedingungen auszurichten.[104]

Hinsichtlich der Verteilung der **Darlegungs- und Beweislast** für den Verstoß gegen den Vertraulichkeitsgrundsatz gilt: Die Beweislast für die Kenntnis liegt grundsätzlich beim Auftraggeber. Dieser muss dem vom Ausschluss bedrohten Bieter Gelegenheit zur Widerlegung der Vermutung geben, dass die Angebote voneinander beeinflusst sind.[105] Ergibt sich aus den Umständen der Wettbewerbsbeteiligung oder angesichts eines ungewöhnlich hohen Grades an inhaltlicher Übereinstimmung zweier Angebote der Verdacht eines Verstoßes gegen den Geheimwettbewerb, müssen die Bieter im Rahmen der sie treffenden sekundären Darlegungslast plausible Gründe für die Übereinstimmung darlegen.[106]

Beteiligt sich ein Bieter im Rahmen eines Wettbewerbs als Einzelbieter und zugleich als Mitglied einer Bietergemeinschaft, kommt der Ausschluss wegen abgestimmter Angebote erst in Betracht, wenn den beteiligten Unternehmen Gelegenheit eingeräumt wurde, nachzuweisen, dass die Angebotserstellung unabhängig und unbeeinflusst erfolgt ist.[107] Auch bei **verbundenen Unternehmen im Sinne von §§ 15, 18 AktG** besteht keine unwiderlegbare Vermutung des Inhalts, dass ihre Angebote wegen der typischerweise bestehenden gesellschaftsrechtlichen, personellen und organisatorischen Verflechtungen stets voneinander beeinflusst worden sind. Vielmehr steht einem systematischen, zwingenden Ausschluss verbundener Unternehmen nicht nur das sich aus dem Wettbewerbsgrundsatz ergebende Interesse an der Beteiligung möglichst

---

[99] *von Wietersheim* in Ingenstau/Korbion VOB/A § 16 Rn. 21.
[100] Vgl. OLG Düsseldorf VergabeR 2007, 229 für die vergleichbare Problematik bei einer VOL/A-Vergabe.
[101] OLG Düsseldorf 11.5.2011 – VII-Verg 8/11, BeckRS 2011, 18633; 13.4.2011 – VII-Verg 4/11, mit Anm. BeckRS 2011, 08603; 27.7.2006 – VII-Verg 23/06, 16.9.2003 – VII-Verg 52/03, BeckRS 2004, 02041; Thüringer OLG VergabeR 2004, 520 (521); OLG München 17.1.2011 – Verg 2/11, BeckRS 2011, 01466; 11.8.2008 – Verg 16/08, BeckRS 2008, 17227.
[102] OLG Düsseldorf VergabeR 2007, 229; OLG Naumburg 2.8.2012 – 2 Verg 3/12, BeckRS 2012, 21447; vgl. zu diesem Fragenkreis auch *Berstermann/Petersen* VergabeR 2006, 740; *Prieß/Stein* NZBau 2008, 230.
[103] vgl. *Glahs* in Kapellmann/Messerschmidt VOB/A § 2 Rn. 46.
[104] OLG Düsseldorf 11.5.2011 – VII-Verg 8/11, BeckRS 2011, 18633 mwN.
[105] OLG Naumburg 2.8.2012 – 2 Verg 3/12, BeckRS 2012, 21447.
[106] OLG München VergabeR 2009, 61 (63).
[107] EuGH 23.12.2009 – C-376/08, NZBau 2010, 261 für den Fall einer Bauvergabe im Unterschwellenwertbereich bei grenzüberschreitendem Interesse.

vieler Bieter an einer Ausschreibung entgegen. Ein derartiger Automatismus verstieße zudem gegen den Grundsatz der Verhältnismäßigkeit, da verbundenen Unternehmen damit die Möglichkeit genommen würde, nachzuweisen, dass zwischen ihnen keine Gefahr einer Beeinträchtigung der Transparenz und Verfälschung des Wettbewerbs besteht.

Die bloße Feststellung der Verbundenheit zweier oder mehrerer sich um den Auftrag bewerbender Unternehmen berechtigt und verpflichtet die Vergabestelle somit noch nicht dazu, diese Unternehmen von dem Vergabeverfahren auszuschließen. Vielmehr hat die Vergabestelle, nachdem sie Kenntnis von der Verbundenheit erlangt hat, zu prüfen und zu würdigen, ob der Inhalt der von den verbundenen Unternehmen abgegebenen Angebote durch die **sich aus der Verbundenheit ergebenden Verflechtungen und Abhängigkeiten beeinflusst** worden ist, wobei die Feststellung eines wie auch immer gearteten Einflusses für den Ausschluss dieser Unternehmen genügt.[108]

37 Der Vermutungstatbestand greift aber nicht erst ein, wenn inhaltliche Übereinstimmungen in den Angeboten oder personelle, räumliche und infrastrukturelle Verflechtungen festgestellt werden können.[109] Ob derartige Verflechtungen oder auch eine abgestimmte Konzernstrategie im Einzelfall existieren, kann die Vergabestelle, die im Regelfall keine spezifischen Kenntnisse über Unternehmensinterna hat, weder anhand des Inhalts der Angebote noch sonstiger allgemein zugänglicher Informationen erkennen und beurteilen. Maßgeblich ist vielmehr, dass bei der Angebotslegung durch verbundene Unternehmen allein im Hinblick auf die zwischen ihnen durch die **Konzernverbundenheit bestehenden möglichen Schnittstellen und Berührungspunkte** eine im Vergleich zur Angebotslegung voneinander vollkommen unabhängiger Unternehmen **objektiv erhöhte Gefahr** von Verstößen gegen den Geheimhaltungswettbewerb durch abgestimmtes Verhalten besteht.

Ein Ausschluss der Angebote verbundener Unternehmen ist somit nicht erst dann gerechtfertigt, wenn der sichere Nachweis eines Wettbewerbsverstoßes durch den Auftraggeber erbracht ist. Vielmehr obliegt die **Widerlegung dieser Vermutung den betreffenden Unternehmen.** Abweichend von der üblichen Verteilung der Darlegungs- und Beweislast haben sie diejenigen **Umstände und Vorkehrungen** aufzuzeigen und nachzuweisen, die die **Unabhängigkeit und Vertraulichkeit der Angebotserstellung** gewährleisten. Der Grundsatz, dass der Auftraggeber den zum Angebotsausschluss führenden Sachverhalt sicher festzustellen und gegebenenfalls nachzuweisen hat, kann hier keine Geltung beanspruchen. Die Umstände und Vorkehrungen, die die Unabhängigkeit und Vertraulichkeit der Angebotserstellung trotz der Verbundenheit gewährleisten sollen, stammen ausschließlich aus der **Sphäre und dem Verantwortungsbereich der betroffenen Unternehmen,** so dass es geboten ist, ihnen den Darlegung und den Nachweis aufzubürden, dass infolge besonderer von ihnen veranlasster Umstände das Verhältnis der Unternehmen den Inhalt der Angebote nicht beeinflusst hat.

Wird eine gemeinsame Rechtsabteilung innerhalb eines Konzernverbundes im Rahmen eines Vergabeverfahren für beide sich am Wettbewerb beteiligenden Konzernunternehmen tätig, begründet dies für sich gesehen noch nicht die Vermutung eines Verstoßes gegen den Geheimwettbewerb, denn die Bearbeitung von Rechtsfragen beinhaltet nicht notwendigerweise die Prüfung und Bewertung von Kalkulationselementen.[110]

VI. Nicht zugelassene und nicht ordnungsgemäße Nebenangebote (§ 16 Abs. 1 Nr. 6 und Nr. 7)

38 Schon die Bekanntmachung soll Angaben zur Zulässigkeit von Nebenangeboten enthalten (§ 12 Abs. 1 Nr. 2j); spätestens in der Aufforderung zur Angebotsabgabe (§ 8 Abs. 2 Nr. 3) hat der Auftraggeber anzugeben, ob er Nebenangebote nicht (§ 8 Abs. 2 Nr. 3 lit. a) oder nur in Verbindung mit einem Hauptangebot zulässt (§ 8 Abs. 2 Nr. 3 lit. b). Die Nichtzulassung von Nebenangeboten kann auf Grund der geforderten Leistung veranlasst sein. Auch Gründe einer erleichterten Wertung können dafür ausschlaggebend sein.[111]

Enthalten die Bekanntmachung oder die Vergabeunterlagen **keine Angaben zur Zulässigkeit** von Nebenangeboten, sind diese im **Unterschwellenwertbereich grundsätzlich zugelassen.** Oberhalb der Schwellenwerte ist das nationale Vergaberecht im Hinblick auf Art. 45

---

[108] OLG Düsseldorf 13.4.2011 – VII-Verg 2/11, NZBau 2011, 371 und 11.5.2011, VII-Verg 8/11, BeckRS 2011, 18633. EuGH 19.5.2009 – C-538/07, NZBau 2009, 607 – Assitur.
[109] AA: *Verfürth* in KMPP VOL/A § 16 Rn. 140.
[110] OLG Düsseldorf 19.9.2011 – Verg 63/11, BeckRS 2011, 26032.
[111] VK Thüringen IBR 2007, 327 (mit Anm. *Asam*).

Abs. 1 S. 3 der am 17.4.2014 in Kraft getretenen Richtlinie 2014/24 EU dahingehend auszulegen, dass Nebenangebote grundsätzlich nicht zugelassen sind, es sei denn, der Auftraggeber hat in der Bekanntmachung ausdrücklich erklärt, dass Nebenangebote zugelassen sind. Ein trotz ausdrücklicher Nichtzulassung unterbreitetes Nebenangebot **muss** gem. § 16 Abs. 1 Nr. 6 ausgeschlossen werden, andernfalls könnte sich der betreffende Bieter einen unberechtigten Wettbewerbsvorteil verschaffen, indem er mit dem Nebenangebot eine von der nachgefragten Leistung abweichende und gegebenenfalls wirtschaftlichere Lösung anbietet, wohingegen andere Bieter im Vertrauen auf die inhaltlichen Vorgaben der Leistungsbeschreibung von der Unterbreitung möglicherweise noch wirtschaftlicherer Nebenangebote abgesehen haben. Will der Auftraggeber ein solches Angebot trotzdem zum Zuge kommen lassen, zB weil er erst jetzt die Rentabilität der mit dem Nebenangebot vorgeschlagenen Lösung erkennt, geht dies nur über eine Aufhebung der Ausschreibung gem. § 17 VOB/A und Neuausschreibung. Der Ausschluss trifft in gleicher Weise ein Nebenangebot, das entgegen der Bekanntmachung, wonach Nebenangebote nur in Verbindung mit einem Hauptangebot zugelassen sind, separat unterbreitet wird.[112]

Auch Nebenangebote, die den formalen Voraussetzungen des § 13 Abs. 3 S. 2 nicht entsprechen, sind gemäß § 16 Abs. 1 Nr. 7 zwingend von der Wertung auszuschließen. Die ordnungsgemäße Unterzeichnung eines Hauptangebots erfasst regelmäßig auch die mit eingereichten Nebenangebote, wenn die vom Auftraggeber ansonsten festgelegten und von der einschlägigen Vergabe- und Vertragsordnung hierfür vorgesehenen Anforderungen eingehalten sind.[113]

VII. Vorsätzlich falsche Erklärung zur Eignung (§ 16 Abs. 1 Nr. 8)

Bieter, die im Vergabeverfahren **vorsätzlich** unzutreffende Erklärungen in Bezug auf ihre **39** Fachkunde, Leistungsfähigkeit und Zuverlässigkeit abgegeben haben, sind – anders als noch unter der Geltung des § 25 in der Fassung der VOB/A 2009 – nicht mehr nur mit einem fakultativen Ausschluss ihres Angebots bedroht. Vorsätzlich falsche Angaben führen **zwingend zum Ausschluss des Angebots von der Wertung**. Falschangaben eines Nachunternehmers sind dem Bieter zuzurechnen. Dabei kommt es nicht darauf an, ob die Unwahrheit der Erklärung dem Bieter bekannt oder erkennbar gewesen ist. Dieser Umstand fällt allein in seine Risiko- und Verantwortungssphäre, nicht in die des Auftraggebers.[114] Praktische Bedeutung kann dieser Ausschlusstatbestand insbesondere im Zusammenhang mit vom Auftraggeber verlangten sog. Unbedenklichkeitserklärungen erlangen.[115] Vorsatz verlangt, dass die falschen Erklärungen gewollt und in voller Kenntnis der Fehlerhaftigkeit abgegeben werden. Fahrlässig erteilte Falschauskünfte genügen dem nicht, zB die irrtümliche Beifügung einer nicht mehr gültigen behördlichen oder gerichtlichen Bescheinigung. Ist der Nachweis eines vorsätzlichen Handelns schwierig oder gelingt er nicht, können Bieter, an deren Zuverlässigkeit Zweifel bestehen, auch noch im Rahmen der Eignungsprüfung ausgeschlossen werden. Erkennt der Auftraggeber die Unrichtigkeit von Eignungsangaben erst nach Auftragserteilung, kann auch eine **Anfechtung** der Zuschlagserklärung gem. § 123 BGB in Frage kommen.

VIII. Rechtsfolgen bei Vorliegen eines zwingenden Ausschlussgrundes

Liegen die Voraussetzungen eines in § 16 Abs. 1 genannten Ausschlussgrundes vor, ist das **40** Angebot grundsätzlich zwingend auszuschließen. Wehrt sich der betroffene Bieter in einem Nachprüfungsverfahren gegen den Ausschluss und stellt sich heraus, dass in einem **vor der Angebotsabgabe liegenden Stadium des Vergabeverfahrens ein Rechtsverstoß** begangen wurde, der zur (teilweisen) Aufhebung des Verfahrens zwingt, so ist der aus formalen Gründen an sich gebotene Ausschluss des Angebots **rechtlich unerheblich,** wenn der betroffene Bieter Gelegenheit erhalten muss, ein neues Angebot einzureichen und dabei den formalen Ausschlussgrund zu vermeiden.[116]

---
[112] Vgl. *Dicks* in KMPP VOB/A § 16 Rn. 116.
[113] BGH 23.3.2011 – X ZR 92/09, NZBau 2011, 438.
[114] OLG Düsseldorf 16.11.2011 – Verg 60/11, BeckRS 2011, 27252.
[115] Vgl. OLG Düsseldorf 9.6.2010 – VII-Verg 14/10, BeckRS 2010, 19463.
[116] Vgl. OLG Düsseldorf 21.5.2008 – VII-Verg 19/08, NZBau 2009, 67.

Hat ein Angebot zwingend aus der Wertung auszuscheiden, kann der weitere Fortgang des Vergabeverfahrens grundsätzlich weder die Interessen des betroffenen Bieters berühren noch kann er durch etwaige Vergaberechtsverstöße in seinen Rechten nach § 97 Abs. 6 GWB verletzt sein. Die vom Oberlandesgericht Düsseldorf in ständiger Rechtsprechung[117] zugelassene Ausnahme von diesem Rechtssatz für diejenigen Fallkonstellationen, in denen der Auftraggeber nicht nur das – auszuschließende – Angebot des Antragstellers, sondern auch das allein in der Wertung verbleibende Angebot des Beigeladenen sowie alle anderen in die Wertung gelangten Angebote hätte ausschließen und ein neues Vergabeverfahren durchführen müssen, an dem sich der Antragsteller hätte beteiligen und somit eine **zweite Chance auf den Zuschlag** hätte erhalten können, hat der Bundesgerichtshof auf eine Divergenzvorlage des Oberlandesgerichts Frankfurt im Ergebnis bestätigt.[118]

Während aber das Oberlandesgericht Düsseldorf darauf abgestellt hatte, dass das Gebot der Gleichbehandlung den öffentlichen Auftraggeber verpflichte, solche Angebote gleich zu behandeln, die **vergaberechtlich an demselben oder einem gleichartigen Mangel** litten, ist nach der Auffassung des Bundesgerichtshofs ein Nachprüfungsantrag bereits dann erfolgreich, wenn entweder das allein oder sämtliche noch in der Wertung verbleibenden Angebote aus welchem Grund auch immer **zwingend von der Wertung auszuschließen sind.** Seine insoweit strengere Rechtssprechungslinie hat der Vergabesenat des Oberlandesgerichts Düsseldorf sodann ausdrücklich aufgegeben.[119] Ein mit seinem eigenen Angebot ausgeschlossener Bieter kann den Nachprüfungsantrag demnach mit Erfolg auf die Verletzung des Gleichbehandlungsgrundsatzes stützen, wenn die Angebote der verbleibenden Bieter auf Grund gleicher oder unterschiedlicher Mängel jedenfalls zwingend ausgeschlossen werden müssten.[120]

C. Angebotsausschluss nach Ermessen (§ 16 Abs. 2)

41   Die Vorschrift des § 16 Abs. 2 gewährt dem Auftraggeber die Möglichkeit, Angebote von Bietern auszuschließen, die die Voraussetzungen eines in § 16 Abs. 2 Nr. 1 bis 5 genannten Falles erfüllen. Systematisch handelt es sich dabei um eine **vorgezogene,** auf die genannten Aspekte bezogene **Eignungsprüfung,** denn der Angebotsausschluss kann nur auf Umstände gegründet werden, die für die Beurteilung der Fachkunde, Leistungsfähigkeit und insbesondere der Zuverlässigkeit von Bedeutung sind. Ein Angebot kann nicht allein aufgrund der Erfüllung der typisierend genannten Tatbestandsmerkmale ausgeschlossen werden, auch schwere Verfehlungen führen nicht zu einem **automatischen Ausschluss** des Angebots.[121] Vielmehr ist im Einzelfall zu überprüfen, ob das betroffene Unternehmen dennoch genügend fachkundig, leistungsfähig und zuverlässig ist, um die Eignungsanforderungen zu erfüllen und ob es davon ausgehend die notwendigen Sicherheiten bietet, die vertraglichen Verpflichtungen zu erfüllen. Diese Prognoseentscheidung über den Ausschluss liegt im pflichtgemäßen Ermessen des Ausschreibenden. Allerdings kann dieses Ermessen sich so stark verdichten, dass die Ausschlussentscheidung zwingend zu treffen ist,[122] zB wenn der Unternehmer wegen Insolvenz bzw. Liquidation faktisch gar nicht mehr in der Lage ist, die Bauleistung zu erbringen. Dasselbe gilt, wenn durch seine Teilnahme der Wettbewerb gefährdet wäre. Für eine in diesem Zusammenhang gegebenenfalls erforderliche Aufklärung ist das Bietergespräch nach § 15 Abs. 1 besonders geeignet.

Das Ermessen des Auftraggebers ist eingeschränkt daraufhin überprüfbar, ob das vorgeschriebene Verfahren eingehalten und der Sachverhalt zutreffend ermittelt wurde, der Entscheidung sachwidrige Erwägungen zugrunde liegen oder ein Beurteilungsmaßstab nicht zutreffend angewandt wurde.[123]

---

[117] Vgl. OLG Düsseldorf VergabeR 2005, 485 ff.; 2006, 811 ff.
[118] BGH VergabeR 2007, 59.
[119] Vgl. die Entscheidung v. 12.3.2008, VII-Verg 56/07, VergabeR 2008, 671.
[120] Vgl. auch OLG Celle VergabeR 2009, 77 (81) mit insoweit zustimmender Anm. von *Opitz* VergabeR 2009, 85 (86).
[121] EuGH 13.12.2012 – C-465/11, NZBau 2013, 116,; OLG München 22.11.2012 – Verg 22/12, NZBau 2013, 261.
[122] OLG Dresden VergabeR 2004, 92; OLG Koblenz IBR 2006, 633.
[123] OLG Düsseldorf 6.5.2011 – Verg 26/11, BeckRS 2011, 18447; OLG München 5.10.2012 – Verg 15/12, BeckRS 2012, 21412.

I. Insolvenz oder vergleichbares gesetzlich geregeltes Verfahren (§ 16 Abs. 2 Nr. 1)

Gemäß § 16 Abs. 2 Nr. 1 ist der Ausschluss eines Angebots zulässig, wenn über das Vermögen des Bieters das Insolvenzverfahren oder ein vergleichbares, gesetzlich geregeltes Verfahren eröffnet oder die Eröffnung beantragt worden ist oder der Antrag mangels Masse abgelehnt wurde.[124] Unter einem vergleichbaren Verfahren sind hauptsächlich die in § 262 Aktiengesetz und § 60 GmbH-Gesetz genannten Auflösungsgründe zu verstehen.

Durch die Insolvenzordnung vom 5.10.1994 wurde der Begriff „Konkurs" durch „Insolvenz" abgelöst. Damit waren **auch materielle Änderungen** verknüpft, weil grundsätzlich der Fortbestand eines Unternehmens ermöglicht werden soll (§ 1 InsO). Das wirkt sich auch auf das Ermessen des Auftraggebers aus, der über den Ausschluss eines Unternehmens zu entscheiden hat, das bereits während des Vergabeverfahrens insolvent wird. Die Vorschrift des § 16 Abs. 2 Nr. 1 erlaubt es dem öffentlichen Auftraggeber nicht, einen Bieter allein auf Grund einer durch die Eröffnung eines Insolvenzverfahrens eingetretenen abstrakten Gefährdungslage auszuschließen, ohne eine **gezielte und konkrete Überprüfung seiner Eignung trotz eingeleiteten Insolvenzverfahrens** vorzunehmen. Bei der Beurteilung der wirtschaftlichen Leistungsfähigkeit eines Bieters gibt es keine dahingehende Vermutung, dass nach Eröffnung eines Insolvenzverfahrens der Bieter finanziell nicht leistungsfähig ist. Der Auftraggeber darf sein Ermessen nicht generalisierend betätigen, sondern hat in **jedem Einzelfall** zu prüfen, ob das **betroffene Unternehmen trotz Vorliegens der dort genannten Voraussetzungen genügend fachkundig, leistungsfähig und zuverlässig** ist, um die Eignungsanforderungen zu erfüllen und ob es die notwendigen Sicherheiten bietet, die vertraglichen Verpflichtungen zu erfüllen.[125] Bei der Subsumtion unter die Tatbestandsmerkmale hat der Auftraggeber einen Beurteilungsspielraum, da eine in die Zukunft gerichtete Prognoseentscheidung zu treffen ist.[126] Die Ausschlussentscheidung trifft der Auftraggeber schließlich nach pflichtgemäßem Ermessen. Sowohl die Betätigung des Beurteilungsspielraums als auch die Ermessensausübung unterliegen der Kontrolle der Nachprüfungsinstanzen. Eine insolvenzbedingte Leistungsunfähigkeit des Nachunternehmers ist dem Hauptunternehmer zuzurechnen.[127]

Die Vorschrift findet keine Anwendung, wenn aus einer **Bietergemeinschaft** ein Mitglied wegen Insolvenz ausscheidet.[128] Bestand die Bietergemeinschaft aus mindestens drei Mitgliedern, besteht sie nach dem Ausscheiden eines Mitglieds fort. Allerdings wird der Auftraggeber die Eignung, insbesondere die Leistungsfähigkeit der Bietergemeinschaft im Hinblick auf die geänderte Situation zu überprüfen haben. Bestand die Bietergemeinschaft nur aus zwei Mitgliedern, führt das insolvenzbedingte Ausscheiden hingegen zum Wegfall des Bieters, da dieser in seiner ursprünglichen Gestalt nicht mehr existiert. Eine Zuschlagserteilung an das verbleibende Unternehmen kommt nicht in Betracht, weil dieses als Einzelunternehmen kein Angebot unterbreitet hat.

II. Unternehmen in Liquidation (§ 16 Abs. 2 Nr. 1)

Auch hier ist auf die og §§ 262 AktG, 60 GmbHG zu verweisen, in denen die Liquidation eines Unternehmens aufgeführt ist. Eine völlige Betriebsaufgabe lässt den Schluss zu, dass damit auch keine Leistungsfähigkeit mehr vorhanden ist, so dass der Auftraggeber ein derartiges Angebot grundsätzlich ablehnen darf.

In diesem Zusammenhang wird oft die Frage akut, ob bei Geschäftsübernahme nach Angebotseröffnung, jedoch vor Auftragserteilung, der übernehmende Betrieb am Ausschreibungsverfahren teilnehmen darf. Dies hängt stets von der Art der „Übernahme" ab. Grundsätzlich muss der Auftrag **ohne jede Abänderung** auf das Angebot erteilt werden. Dieses Änderungsverbot erfasst auch die Person des Bieters. Wenn also die Übernahme unter Firmenfortführung

---

[124] Vgl. dazu auch die entsprechende Kommentierung von *Glahs* zu § 6a.
[125] Vgl. OLG Düsseldorf 5.12.2006 – VII-Verg 56/06 NZBau 2007, 668,; 2.5.2012 – II-Verg 68/11, NZBau 2012, 596; OLG Schleswig 30.5.2012 – 1 Verg 2/12, BeckRS 2012, 11885; OLG Celle 18.2.2013 – 13 Verg 1/13, IBR 2013, 369; *Schranner* in Ingenstau/Korbion VOB/A § 6a Rn. 21 f.; *Mertens* in FKZG VOB/A 3. Aufl. § 6a Rn. 42; *Bauer* in Heiermann/Riedl/Rusam VOB/A § 16 Rn. 56.
[126] Vgl. zum Beurteilungsspielraum OLG Düsseldorf 24.2.2004 – VII-Verg 88/04, BeckRS 9998, 26435; 22.9.2005 – VII-Verg 49 und 50/05, BeckRS 2005, 13565; 4.2.2009 – Verg 65/08, BeckRS 2009, 29063.
[127] OLG Schleswig 30.5.2012 – 1 Verg 2/12, BeckRS 2012, 11885.
[128] *Summa* in jurisPK-VergabeR § 16 Rn. 172, 173.

(§§ 17 ff. HGB) stattfindet, hat dies im Ausschreibungsverfahren keine Auswirkungen. Ändert sich dagegen der Name oder tritt dadurch gar ein anderer Bieter in den Wettbewerb ein, muss das Angebot des Betreffenden ausgeschieden werden.[129]

III. Nachweislich schwere Verfehlungen des Bieters (§ 16 Abs. 2 Nr. 3)

45 Einen Ausschlussgrund stellt es auch dar, wenn ein Bieter nachweislich eine schwere Verfehlung begangen hat, die seine Zuverlässigkeit als Bewerber in Frage stellt. Der Begriff der „schweren Verfehlung" stellt einen unbestimmten tatbestandlichen Rechtsbegriff dar, bei dessen Ausfüllung dem Auftraggeber ein Beurteilungsspielraum zusteht.[130] Eine solche schwere Verfehlung ist in der Regel bei einer auf den **geschäftlichen Verkehr bezogenen strafrechtlichen Verurteilung** gegeben.[131] Aber auch **unlautere Verhaltensweisen,** die nicht zu einer strafrechtlichen Verurteilung geführt haben und **schwerwiegende Rechtsverstöße gegen Normen, die grundlegende Prinzipien des Vergaberechts** schützen, können eine solche Verfehlung darstellen. Dazu zählen neben den im Besonderen Teil des Strafgesetzbuchs aufgeführten Eigentums- und Vermögensdelikten insbesondere Bestechung, Vorteilsgewährung[132] und Urkundenfälschung, Verstöße gegen das GWB, die Beteiligung an Preisabsprachen oder Absprachen über die Nichtabgabe von Angeboten, Verstöße gegen das Gesetz zur Bekämpfung von Schwarzarbeit und gegen arbeitsrechtliche Bestimmungen betreffend die illegale Beschäftigung und Vermittlung ausländischer Arbeitskräfte.

Dagegen stellen fahrlässige Vertragsverletzungen ebenso wie kleinere Ausführungsmängel bei früheren Baumaßnahmen[133] regelmäßig keine schweren Verfehlungen dar. Auch wiederholte zivilrechtliche Auseinandersetzungen mit einem Bieter in der Vergangenheit rechtfertigen einen Ausschluss nicht.[134]

46 Die Verfehlung muss **schwer** sein und die **Zuverlässigkeit des Bieters in Frage** stellen. Der Auftraggeber muss im Rahmen seiner Prüfung eine Zukunftsprognose anstellen und prüfen, ob der Bieter auf Grund seines Verhaltens nicht mehr die Gewähr bietet, die nachgefragte Bauleistung in der geforderten Weise zu erbringen. Dabei ist zu berücksichtigen, ob der Bieter selbst **glaubwürdige und Erfolg versprechende Maßnahmen** ergriffen hat, um in der Vergangenheit vorgekommene Rechtsverletzungen für die Zukunft auszuschließen.[135] Fraglich ist in diesem Zusammenhang insbesondere, ob die Zuverlässigkeit eines bietenden Unternehmens noch in Frage steht, wenn diejenigen Mitarbeiter, die die Verfehlung begangen haben, nicht mehr tätig sind oder nur einzelnen Mitarbeitern ein Fehlverhalten vorgeworfen kann. Der Auftraggeber muss in jedem Einzelfall prüfen, ob das Fehlverhalten der einzelnen Mitarbeiter dem Unternehmen zugerechnet werden kann und ob der entsprechende Mitarbeiter von den maßgeblichen Aufgaben inzwischen entbunden ist.

Für den Bereich der Oberschwellenwertvergaben enthält § 6f ausdrückliche Regelungen zur Selbstreinigung. Danach darf ein Unternehmen sich wieder an einem Vergabeverfahren beteiligen, wenn es nachweist, dass es die entsprechenden Selbstreinigungsmaßnahmen ergriffen ha.t[136]

47 Der Bieter muss die schwere Verfehlung **nachweislich** begangen haben. Für den Nachweis ist nicht erforderlich, dass wegen der Verfehlung bereits eine **rechtskräftige Verurteilung oder ein bestandskräftiger Verwaltungsakt** ergangen ist. Es genügt, wenn der konkrete und greifbare Verdacht besteht, zB bei Erlass eines Haftbefehls.[137] Bloße Verdächtigungen und Vorwürfe reichen aber nicht aus. Es müssen mindestens konkrete, belastbare Anhaltspunkte zum Beispiel in Form von Aufzeichnungen, Belegen oder sonstigen Urkunden vorliegen, die sich aus seriösen Quellen ergeben.[138]

---

[129] Nach anderer Auffassung kommt eine Auftragserteilung schon dann in Betracht, wenn das Unternehmen in seiner Rechtspersönlichkeit aufrechterhalten bleibt, vgl. *Bauer* in Heiermann/Riedl/Rusam VOB/A § 16 Rn. 58.
[130] Zum folgenden *Glahs* Kommentierung zu § 6 Rn. 46, 59.
[131] *Glahs* aaO Rn. 46, 59.
[132] Vgl. OLG Saarbrücken NZBau 2004, 346.
[133] Vgl. OLG Stuttgart IBR 2003, 496.
[134] Vgl. OLG Celle BauR 2000, 1326.
[135] Vgl. OLG Düsseldorf 9.6.2010 – Verg 14/10, BeckRS 2010, 19463 sowie dazu und zum folgenden die entsprechende Kommentierung zu § 6 Rn. 46, 59.
[136] Vgl. die entsprechende Kommentierung zu § 6f EU.
[137] OLG München 22.11.2012 – Verg 22/12, NZBau 2013, 261.
[138] OLG Düsseldorf 9.4.2003 – Verg 43/02, NZBau 2003, 578.

IV. Nichtzahlung von Steuern, Abgaben und Sozialversicherungsbeiträgen (§ 16 Abs. 2 Nr. 4)

Im Zusammenhang mit diesem Ausschlussgrund ist vor allem auf die teilweise geübte Vergabepraxis zu verweisen, dass öffentliche Auftraggeber sog steuerliche oder sonstige **Unbedenklichkeitsbescheinigungen** verlangen.[139] Ist das nicht der Fall, bestehen sie zumeist auf einer bloßen Erklärung, dass der Bieter seinen diesbezüglichen Pflichten nachgekommen ist. In diesen Fällen wird nicht verlangt, dass der Bieter seine Steuern und Abgaben tatsächlich vollständig entrichtet hat; auch eine ordnungsgemäße Stundung oder Aussetzung der Vollziehung entspricht diesem Erfordernis. Andererseits darf das Finanzamt eine solche Bescheinigung nur ausstellen, wenn die steuerlichen Verhältnisse des Unternehmers geordnet sind, nicht aber als Gegenleistung für die gleichzeitige Abtretung des Vergütungsanspruchs.[140] 48

Der Auftraggeber ist auf Grund dieser Bestimmung nicht verpflichtet, im Vergabeverfahren diese Tatsachen eigens zu überprüfen. Er ist nicht verlängerter Arm der Steuerverwaltung, sondern wird nur in dieser Richtung tätig, wenn Verdachtsmomente auftreten.

V. Nichtanmeldung bei der Berufsgenossenschaft (§ 16 Abs. 2 Nr. 5)

Dieser Ausschlussgrund[141] steht ebenfalls mit der persönlichen Zuverlässigkeit des Bieters im Zusammenhang. Die Verpflichtung eines Unternehmers, sich bei der Berufsgenossenschaft anzumelden, beruht auf der Reichsversicherungsordnung (RVO) und geschieht vor allem im Interesse der Arbeitnehmer (Unfallschutz und -Verhütung). Sie ist im Bauauftrag nach VOB/B sogar als **vertragliche Nebenpflicht** ausgestaltet (§ 4 Abs. 2 Nr. 2 S. 1 VOB/B), dh der Auftragnehmer schuldet dies dem Auftraggeber und hat bei Nichterfüllung mit Schadensersatzansprüchen oder gar mit Kündigung zu rechnen. 49

§ 16a Nachforderung von Unterlagen

Fehlen in einem Angebot geforderte Erklärungen oder Nachweise und wird das Angebot nicht entsprechend § 16 Abs. 1 oder 2 ausgeschlossen, verlangt der Auftraggeber die fehlenden Erklärungen oder Nachweise nach. Diese sind spätestens innerhalb von 6 Kalendertagen nach Aufforderung durch den Auftraggeber vorzulegen. Die Frist beginnt am Tag nach der Absendung der Aufforderung durch den Auftraggeber. Werden die Erklärungen oder Nachweise nicht innerhalb der Frist vorgelegt, ist das Angebot auszuschließen.

Schrifttum: Vgl. die Nachweise bei § 16 VOB/A.

Übersicht

	Rn.
A. Allgemeines	1
B. Anwendungsbereich	5
I. Begriff der Erklärungen und Nachweise	5
II. Gegenstand der Prüfung	8
C. Nachforderung durch den Auftraggeber	9
I. fehlende Unterlagen	9
II. Aufforderung	14
III. Frist	16
IV. Einzelfälle	18
1. Bietergemeinschaften	18
2. Nachunternehmererklärungen	19

---

[139] Vgl. OLG Düsseldorf 22.12.2010 – VII-Verg 56/10, mit Anm. BeckRS 2011, 01615 zu der Frage, ob die Vorlage der Kopie einer vom Auftraggeber verlangten Bescheinigung der Steuerbehörde ausreicht.
[140] BGH NJW 1985, 1825.
[141] Zu den Einzelheiten vgl. auch *Glahs* § 6a Rn. 23.

A. Allgemeines

1 Die dem früheren § 16 Abs. 1 Nr. 3 VO entsprechende Regelung des § 16a betrifft das in der Rechts- und Vergabepraxis vermutlich häufig auftretende Problem, dass vom Auftraggeber geforderte Erklärungen und Nachweise im Angebot fehlen. Sie knüpft an § 13 Abs. 1 Nr. 4 an und sieht einen zwingenden Angebotsausschluss nur dann vor, wenn der Bieter auch die obligatorische Gelegenheit zur Vervollständigung seines Angebots versäumt.

Fehlen **mit dem Angebot vorzulegende** (vgl. dazu Rn. 3) Erklärungen und Nachweise und ist das Angebot nicht entsprechend § 16 Nr. 1 oder 2 bereits aus anderen Gründen von der Wertung ausgeschlossen, ist der Auftraggeber verpflichtet, die fehlenden Unterlagen nachzufordern. Nur wenn diese nicht spätestens innerhalb von sechs Kalendertagen nach Aufforderung durch den Auftraggeber vorgelegt werden, ist das Angebot zwingend auszuschließen. Für Unterlagen, deren spätere Anforderung sich der Auftraggeber **vorbehalten** hat, trifft § 16 Abs. 1 Nr. 4 eine gesonderte Regelung (vgl. die Kommentierung zu § 16, Rn. 33).

2 Durch die Obliegenheit zur Nachforderung soll die unter der früheren Rechtslage geltende und gelegentlich als **unbillig empfundene**[1] Konsequenz vermieden werden, dass Bieter wegen zwar vermeidbarer, angesichts der in zahlreichen Vergabeverfahren geforderten Vielzahl von Erklärungen aber entschuldbarer und unter Umständen auch geringfügiger formaler Fehler und Versäumnisse endgültig aus dem Wettbewerb ausgeschlossen werden. Bis zum Erlass der nunmehr geltenden Regelung bestand eine Korrekturmöglichkeit für solche Fehler nicht: Zwar konnten fehlende Unterlagen bis zum Ende der Angebotsfrist nachgereicht werden. Die spätere Ergänzung eines unvollständigen Angebots nach Aufforderung durch den Auftraggeber stellte aber eine unzulässige Nachverhandlung dar. Die Möglichkeit, fehlende Erklärungen und Nachweise nachzureichen, führt dazu, dass der Kreis der in der Wertung verbleibenden Angebote größer bleibt. Damit dient die Regelung im Ergebnis sowohl den Interessen der Bieter wie der Auftraggeber als auch dem öffentlichen Interesse an der Gewährleistung eines lebhaften Wettbewerbs bei Bauvergaben.

3 Die Vorschrift gilt nur für mit dem Angebot vorzulegende Erklärungen und Nachweise und nicht auch für solche, deren erstmalige Anforderung **nach Angebotsabgabe** sich der Auftraggeber vorbehalten hatte und die innerhalb einer dem Bieter wirksam gesetzten Frist nicht eingereicht wurden.[2] Gegen die Ausdehnung der Nachforderungspflicht auf ohnehin schon gesondert nachgeforderte Erklärungen sprechen der Wortlaut und die ratio der Norm. § 16a knüpft an § 13 Abs. 1 Nr. 4 VOB/A an, gilt also nur für „geforderte" Erklärungen und Nachweise, die zwingend mit dem Angebot vorzulegen sind.[3] Sind Unterlagen erst später auf Verlangen vorzulegen und versäumt ein Bieter die ihm gesetzte Vorlagefrist, ist die von § 16a in den Blick genommene Interessenlage nicht gegeben. Im Unterschied zu der Situation bei Unterbreitung eines Angebots, in der in einem knapp bemessenen Zeitraum neben der Kalkulation der Leistung eine Vielzahl von Nachweisen und Erklärungen zusammen gestellt werden muss, so dass es in der Praxis häufig zu Versäumnissen kommt, gibt es bei der Versäumung einer gesonderten Frist zur Vorlage eines Nachweises keinen rechtfertigen Grund, dem Bieter eine weitere Frist zu setzen.

4 Eine **analoge Anwendung der Regelung auch auf den Teilnahmewettbewerb** ist angesichts des mit der Neufassung erklärtermaßen verfolgten Ziels zu befürworten.[4] Für die Annahme, dass eine solche Erstreckung auf Teilnehmeranträge gewollt war, spricht zudem die missglückte – Fassung des § 16 Abs. 1 Nr. 4 S. 2. Zwar ergibt die dort angeordnete Ausdehnung der Regelung des § 16 Abs. 1 Nr. 4 S. 1 auf Teilnahmeanträge keinen Sinn, weil gemäß § 6b Abs. 3 S. 3 der Auftraggeber bei einem Teilnahmewettbewerb die Vorlage der Nachweise **bereits mit dem Teilnahmeantrag** verlangen muss. Jedoch lässt diese Bestimmung vermuten, dass eine Nachforderungsmöglichkeit auch für Teilnahmeanträge gewollt war und infolge eines redaktionellen Versehens nicht in den passenden Regelungszusammenhang gestellt wurde.

---

[1] Vgl. OLG Celle VergabeR 2002, 176; BayObLG VergabeR 2001, 402; 2002, 76; 2002, 182 (184).; OLG Saarbrücken NZBau 2004, 117.
[2] Vgl. OLG Düsseldorf, 17.2.12016 – VII-Verg 37/14; 21.10.2015 – VII-Verg 35/15; OLG Koblenz. 19.1.2015 – Verg 6/14; OLG Naumburg, 23.2.2012 – 2 Verg 15/11; aA OLG Dresden 17.1.2014 – Verg 7/13, OLG Celle, 16.6.2011, – 13 Verg 3/11 und OLG Frankfurt, 21.2.2012 – 11 Verg 11/11.
[3] So auch *Dittmann* in KMPP VOB/A § 16 Rn. 150; *Summa* in jurisPK-VergabeR VOB/A § 16a Rn. 6.
[4] So auch *Stoye-Hoffmann* VergabeR 2009, 569 (581), aA *Summa* in jurisPK-VergabeR § 16a Rn. 8.

B. Anwendungsbereich

I. Begriff der Erklärungen und Nachweise

Der Begriff der Erklärungen und Nachweise ist nach dem Zweck der Norm denkbar weit zu 5 verstehen.[5] Zu den Erklärungen und Nachweisen im Sinne des § 16a zählen sämtliche **angebots-, leistungs- und eignungsbezogene**[6] **Angaben und Erklärungen des Bieters ebenso wie die nicht von ihm, sondern von dritten Personen sowie privaten und öffentlichen Institutionen auszustellenden Erklärungen oder Bestätigungen.** Darunter fallen vom Auftraggeber für Haupt- und Nebenangebote[7] geforderte Angaben zur Zahl und Qualifikation der Mitarbeiter, zur Betriebsgröße sowie zur sachlichen und technischen Ausstattung, Hersteller-Typ- und Produktangaben, Produktdatenblätter, Zertifizierungen, technische Nachweise, Entsorgungsnachweise sowie steuerliche und sonstige Unbedenklichkeitsbescheinigungen, Beschäftigungsnachweise, Referenzen, Eintragung in die Handwerksrolle uä.

Zahl und Inhalt der geforderten Erklärungen und Nachweise bestimmt der Auftraggeber, der allerdings erwägen sollte, ob und inwieweit die Forderung nach einer Vielzahl von Erklärungen zweckmäßig ist. Im Einzelfall besteht durchaus die Gefahr, dass der Wettbewerb durch eine besonders hohe Anzahl geforderter Erklärungen verengt werden kann, so dass eine Beschränkung auf den zur Wertung erforderlichen Umfang empfehlenswert ist. Der dem Auftraggeber zustehende Beurteilungsspielraum, welche angebots- und eignungsbezogenen Erklärungen und Nachweise er verlangt, ist von den Vergabenachprüfungsinstanzen lediglich in beschränktem Umfang zu kontrollieren.[8]

Ein Bieter ist nur insoweit verpflichtet, seinem Angebot Erklärungen und Nachweise bei- 6 zufügen, wie der öffentliche Auftraggeber dies **wirksam gefordert hat.** Die Anforderung muss im Hinblick auf Art, Umfang, Inhalt und Zeitpunkt der vorzulegenden Erklärungen eindeutig und unmissverständlich sein. Gegebenenfalls ist sie aus der Sicht eines verständigen, fachkundigen und mit der Ausschreibung vertrauten Bieters auszulegen.[9] Sie darf nicht gegen gesetzliche Vorgaben verstoßen,[10] willkürlich, diskriminierend oder vergabefremd sein.[11] Verlangt der Auftraggeber Erklärungen zu vergabefremden Aspekten, obliegt es dem Bieter, ihn auf die Unzulässigkeit hinzuweisen.[12] Werden Erklärungen gefordert, die der Bieter rechtmäßigerweise nicht abgeben kann, kann ihr Fehlen nicht zum Ausschluss des Angebots führen. Auch Angebote, die eine für Bieter **unzumutbare Vorgabe** nicht erfüllen, dürfen nicht ausgeschlossen werden.[13] Der Rahmen des Zumutbaren dürfte überschritten sein, wenn eine wettbewerbliche Relevanz offensichtlich ausgeschlossen ist.[14]

Ein Ausschluss scheidet ferner aus, wenn die Ausschreibungsbedingungen eine technisch unmögliche Leistung oder die Vorlage von Nachweisen verlangen, die kein Bieter rechtzeitig vorlegen oder nur unter unverhältnismäßigen Schwierigkeiten beschaffen kann.[15] Auch wenn die vom Auftraggeber verlangte Rücksendung der ergänzenden Vertragsbedingungen mit dem Angebot unterbleibt, kann das betreffende Angebot nicht ausgeschlossen werden, wenn der Rücksendung kein eigenständiger rechtsgeschäftlicher Erklärungswert zukommt.[16] Hat der Auftraggeber den ihm zustehenden Beurteilungsspielraum bei der Auswahl und Festlegung der vorzulegenden Erklärungen und Nachweise überschritten, kann der Ausschluss eines Angebots nicht darauf gestützt werden, dass die geforderten Angaben im Angebot fehlen.

---

[5] Vgl. OLG Düsseldorf, 21.10.2015 – VII-Verg 35/15; *Dittmann* in KMPP VOB/A, § 13, Rn. 67 ff. 69 m. w. N.; *Dittmann* in KMPP VOB/A, § 13, Rn. 67 ff. 69 m. w. N.
[6] So auch *Summa* in jurisPK-VergabeR, § 16a, Rn. 169.
[7] Vgl. OLG Naumburg 23.2.2012 – 2 Verg 15/11, BeckRS 2012, 05985.
[8] Vgl. zum Beurteilungsspielraum OLG Düsseldorf 24.2.2004 – VII-Verg 88/04, NZBau 2005, 535; 22.9.2005 – VII-Verg 49 und 50/05; 4.2.2009 – VII-Verg 65/08, BeckRS 2009, 29063.
[9] OLG München 12.10.2012 – Verg 16/12, BeckRS 2012, 21236; OLG Düsseldorf 9.12.2009 – VII-Verg 37/09, BeckRS 2010, 05178.
[10] OLG Frankfurt/Main VergabeR 2005, 384 (389).
[11] Vgl. *Dittmann* in KMPP VOB/A § 16 Rn. 153.
[12] *Vavra* in Ziekow/Völlink Vergaberecht, VOB/A § 13 Rn. 13.
[13] Vgl. BGH NZBau 2003, 293.
[14] *Vavra* in Ziekow/Völlink Vergaberecht, VOB/A § 16 Rn. 24.
[15] Vgl. BGH NZBau 2006, 797 und NZBau 2006, 800; *Dittmann* in KMPP VOB/A § 16 Rn. 224 f.
[16] Vgl. OLG Düsseldorf 25.6.2008 – VII-Verg 22/08, NZBau 2009, 71.

7 Die vom Bieter vorzulegenden Nachweise und Erklärungen müssen in **klarer und eindeutiger Weise bezeichnet** werden,[17] wobei der Erklärungsinhalt von Vergabeunterlagen anhand der für die Auslegung von Willenserklärungen geltenden Grundsätze zu ermitteln ist, so dass die objektive Sicht eines verständigen, fachkundigen und mit Ausschreibungen vertrauten Bieters maßgeblich ist. Es ist Sache des Auftraggebers, auf eine eindeutige und transparente Formulierung der Forderungen zu achten.[18] Sind die Vergabeunterlagen unklar und hat der Auftraggeber dies zu verantworten, darf ein Ausschluss des Angebots von der Wertung nicht auf die Unvollständigkeit gestützt werden, wobei etwaige Zweifel zu Lasten des Auftraggebers gehen.[19] Die vom Auftraggeber an die **Qualität der Nachweise gestellten Anforderungen** müssen für den Bieter eindeutig erkennbar sein. So muss deutlich werden, ob die Vorlage von Originaldokumenten erforderlich ist oder ob Kopien genügen. Verlangt der Auftraggeber die Vorlage einer gültigen, von einer Behörde oder einem Amt ausgestellten Bescheinigung, nimmt er in der Regel auf die Gültigkeitsvoraussetzungen der ausstellenden Stelle Bezug und erhebt diese zum Maßstab.[20] Verlangt der Auftraggeber Referenzen, muss aus den Vergabeunterlagen eindeutig hervorgehen, ob eine einfache Referenzliste genügt oder ob konkrete Ansprechpartner genannt werden sollen, eine genaue Beschreibung des Referenzobjektes vorzunehmen ist oder gar die Vorlage von Bestätigungen der früheren Auftragnehmer gefordert wird.[21]

Die Formulierung „folgende Nachweise **sollen** mit der Angabe des Angebots eingereicht werden", lässt hinreichend deutlich erkennen, dass den Bietern zur Vermeidung eines zwingenden Angebotsausschlusses eine Vorlage mit dem Angebot **obliegt** und sich nicht nur positiv auf die Bewertung auswirkt.[22]

II. Gegenstand der Prüfung

8 Im Rahmen der Überprüfung des Angebots auf Vollständigkeit findet der erste formale Teil der zweigliedrigen Eignungsprüfung statt, nämlich die Prüfung, ob die vom Auftraggeber geforderten Erklärungen und Nachweise zu den von ihm festgelegten Eignungskriterien mit dem Angebot beigebracht wurden. Die in der zweiten Wertungsstufe vorzunehmende Eignungsprüfung bezieht sich dagegen darauf, ob der Bieter die Eignungsanforderungen des Auftraggebers materiell erfüllt.

C. Nachforderung durch den Auftraggeber

I. fehlende Unterlagen

9 Von einem Fehlen im Sinne des § 16a ist auszugehen, wenn **wirksam geforderte Erklärungen oder Nachweise gar nicht vorgelegt** wurden, **unvollständig** sind oder sonst nicht den wirksamen und eindeutigen Anforderungen des öffentlichen Auftraggebers entsprechen.[23] Die Vorschrift erfasst nur Abweichungen formaler Art. Im Rahmen der Prüfung, ob die Angebote formal vollständig sind, findet eine materiell-rechtliche Prüfung der mit dem Angebot vorgelegten Unterlagen nicht statt. Eine Nachforderungspflicht des Auftraggebers besteht im Hinblick auf **körperlich vorhandene** Erklärungen oder Nachweise nur, wenn sie in formaler Hinsicht von den Forderungen abweichen.[24]

---

[17] Vgl. OLG Frankfurt 21.2.2012 – 11 Verg 11/11, BeckRS 2012, 16589 für einen Fall, in dem nicht in § 6 Abs. 3 lit. h aufgeführte Bescheinigungen für Zuwendungen an Stiftungen verlangt wurden.

[18] So hat das OLG Naumburg 4.9.2008 – Verg 4/08, ZfBR 2009, 292 entschieden, dass der Bieter in der Form der Darstellung eines geforderten Bauzeitenplans frei ist, wenn keine bestimmten Vorgaben gestellt worden sind.

[19] OLG Düsseldorf 17.7.2013 – VII-Verg 10/13, BeckRS 2013, 19903; OLG München 12.10.2012 – Verg 16/12, IBR 2012, 725.

[20] Vgl. OLG Düsseldorf 17.3.2011 – VII-Verg 56/10, BeckRS 2013, 12285.

[21] Vgl. *Noch* in Müller-Wrede VOL/A, 2. Auflage, § 25 Rn. 177 f.

[22] Vgl. OLG Düsseldorf VergabeR 2008, 105 (107).

[23] OLG Düsseldorf 17.12.2012 – VII-Verg 47/12, BeckRS 2013, 03317; 12.9.2012 – VII-Verg 108/11, NZBau 2013, 61;17.3.2011, VII-Verg 56/10, BeckRS 2013, 12285; 9.5.2011 – VII-Verg 40/11; OLG München 12.11.2012 – Verg 23/12, BeckRS 2012, 23578; 15.3.2012 – Verg 2/12, NZBau 2012, 460; OLG Koblenz 30.3.2012 – 1 Verg 1/12, BeckRS 2012, 08234;*Dittmann* in KMPP VOB/A § 16 Rn. 157.

[24] OLG Düsseldorf 17.3.2011 – VII-Verg 56/10, BeckRS 2013, 12285.

Auch wenn Erklärungen nur **in unleserlicher Form**[25] vorhanden sind oder der Auftraggeber 10 sie nicht zur Kenntnis nehmen kann, so wenn der Bieter eine vorzulegende Bilanz in einem versiegelten Umschlag eingereicht und diesen mit dem Zusatz versehen hat, dass er nur in seiner Anwesenheit geöffnet werden dürfe,[26] ist von einem Fehlen auszugehen.

Sind geforderte Angaben **unklar oder widersprüchlich** und kann der Auftraggeber die für die 11 Beurteilung und Bewertung des Angebots erforderlichen Informationen nicht ohne weiteres entnehmen, sind die vorgelegten Erklärungen und Nachweise gemäß § 133 BGB aus der Sicht eines objektiven und fachkundigen Empfängers **auszulegen,** um festzustellen, ob der Erklärungsinhalt der Anforderung zugrunde liegenden Informationsbedarf des Auftraggebers genügt. Der öffentliche Auftraggeber darf Angebote wegen widersprüchlicher Angaben nicht ohne Weiteres von der Wertung ausnehmen, ohne das von einem Ausschluss bedrohte Bieterunternehmen zuvor zu einer **Aufklärung über den Inhalt des Angebots** aufgefordert und ihm Gelegenheit gegeben zu haben, den Tatbestand der Widersprüchlichkeit nachvollziehbar auszuräumen.[27]

Entspricht ein geforderter Nachweis oder eine Erklärung den materiellen Vorgaben des 12 Auftraggebers nicht, weil der Bieter ersichtlich nicht in der Lage ist, diese Vorgaben zu erfüllen, beruht die Unvollständigkeit oder das Fehlen nicht auf einem **versehentlichen und durch Nachforderung korrigierbaren Unterlassen,** so dass eine Nachforderungspflicht des Auftraggebers nicht besteht.[28] Hat der Auftraggeber beispielsweise Angaben zum Umsatz für die letzten drei zurückliegenden Geschäftsjahre gefordert und erstrecken sich die Auskünfte des Bieters nur auf zwei Jahre, scheidet eine Nachforderung der fehlenden Erklärung aus, wenn der Bieter wegen des offenkundig kürzeren Zeitraums, in dem er auf dem Markt tätig ist, eine solche Erklärung nicht abgeben kann. In diesem Fall kommt auch nicht ein Ausschluss wegen Fehlens einer eignungsbezogenen Erklärung auf der ersten Wertungsstufe, sondern gegebenenfalls wegen nicht nachgewiesener Eignung auf der zweiten Wertungsstufe in Betracht. Ist dagegen erkennbar, dass die Angaben versehentlich unterblieben, dem Bieter aber möglich sind, handelt es sich um eine unvollständige, die Nachforderungspflicht begründende Erklärung.

Sollte die Eignungsprüfung vergaberechtswidrig auf eine bestimmte Anzahl an Referenzen beschränkt werden, darf der betroffene Bieter „bessere" Referenzen nachreichen, die der Auftraggeber auch werten muss. Hier handelt es sich nicht um eine unzulässige inhaltliche Aufbesserung des Angebots, denn die rechtswidrige Beschränkung auf eine bestimmte Anzahl bindet den Bieter nicht.[29]

Gegenstand der im Rahmen der ersten Wertungsstufe veranlassten Prüfung auf Vollständigkeit 13 ist **nicht die inhaltliche Kontrolle,** ob die Angaben und Auskünfte des Bieters den materiellen Vorgaben des Auftraggebers entsprechen. Es ist somit nicht zu untersuchen, ob die vom Bieter genannten Referenzobjekte mit den ausgeschriebenen Leistungen vergleichbar sind oder ob ausweislich der Bieterangaben die Mindestanforderungen, zum Beispiel an die Betriebsgröße, die Anzahl der Mitarbeiter oder den Umsatz eingehalten werden. Auch wenn das nicht der Fall ist, ist die Erklärung des Bieters nicht unvollständig und dieser deswegen zur Nachbesserung aufzufordern.

II. Aufforderung

Der Auftraggeber ist nach dem eindeutigen Wortlaut der Norm nunmehr verpflichtet, 14 fehlende Erklärungen und Nachweise zum Angebot nachzufordern und den betroffenen Bietern

---

[25] Vgl. OLG Düsseldorf 16.1.2006 – VII-Verg 92/05, BeckRS 2006, 02916(für die vergleichbare Problematik bei einer VOL-Vergabe).
[26] Vgl. OLG Düsseldorf 1.2.2006 – VII-Verg 83/05, BeckRS 2006, 02267(ebenfalls für eine VOL-Vergabe).
[27] Thüringer OLG VergabeR 2002, 256; BayObLG VergabeR 2004, 736; OLG Naumburg NZBau 2006, 58; OLG Düsseldorf 5.4.2006 – VII-Verg 3/06, 23.1.2008 – VII-Verg 36/07-, 21.10.2015, – VII-Verg 35/15.
[28] OLG Düsseldorf 17.12.2012 – VII-Verg 47/12, BeckRS 2013, 03317; 12.9.2012 – VII-Verg 108/11, NZBau 2013, 61; OLG München 12.11.2012 – Verg 23/12, BeckRS 2012, 23578; 15.3.2012 – Verg 2/12, NZBau 2012, 460; Dittmann in KMPP VOB/A § 16 Rn. 158; Macht/Städtler NZBau 2013, 14 (16); Mager NZBau 2013, 92 (94); anders wohl OLG Dresden 17.1.2014 – Verg 7/13, BeckRS 2014, 18013 wonach die Vorschrift es auch ermögliche, inhaltliche Unzulänglichkeiten aufzugreifen, die in ihrer Qualität einem formellen Mangel gleichkommen, was auf fehlende Typen- und Fabrikatangaben ebenso zutreffe wie auf fehlende Bestätigungen zu Referenzen.
[29] OLG Düsseldorf 12.9.2012 – VII-Verg 109/11, BeckRS 2012, 57035; Dittmann in KMPP VOB/A § 16 Rn. 158.

eine **Chance auf Vervollständigung des Angebots** einzuräumen, soweit das Angebot nicht aus anderen Gründen ausgeschlossen werden muss.[30] Dies gilt auch dann, wenn in einem Angebot mehrere Erklärungen oder bei mehreren Angeboten unterschiedliche Erklärungen fehlen.[31] Der Auftraggeber muss aus Transparenz- und Gleichbehandlungsgründen von allen Bietern sämtliche der ursprünglich geforderten Unterlagen nachfordern, weil ansonsten die Gefahr der Manipulation des Wertungsergebnisses besteht.[32]

15 Ein pauschaler Hinweis, dass die geforderten Unterlagen nachzureichen seien, reicht nicht aus. Vielmehr muss ein **verständiger Bieter der Nachforderung eindeutig** entnehmen können, ob die geforderte Erklärung körperlich fehlt oder ob es einer körperlich durchaus vorhandenen und dem Angebot beigefügten Erklärung bzw. einem Nachweis an einer geforderten **formal-inhaltlichen Qualität** mangelt. Um dem Bieter eine realistische Chance auf Nachbesserung zu ermöglichen – wie es dem Zweck des § 16a entspricht –, bedarf es der präzisen und konkreten Aufklärung darüber, was der Auftraggeber vermisst.[33]

III. Frist

16 Die Frist, innerhalb derer der Bieter sein Angebot um die fehlende Erklärung vervollständigen kann, ist mit sechs Kalendertagen, gerechnet nicht erst ab Zugang, sondern bereits ab dem Tag nach der Absendung der Aufforderung durch den Auftraggeber, knapp bemessen. Der Fristbeginn kann auch auf einen Samstag, Sonntag oder Feiertag fallen.

Da die Regelung auf „Kalendertage" abstellt, ist fraglich, ob das Fristende auch auf einen Wochenend- oder einen Feiertag fallen kann. Für die Annahme, dass genau das gewollt war, spricht zwar der Wortlaut: Auch bei Samstagen, Sonntagen und Feiertragen handelt es sich um Kalendertage. Unter Hinweis auf den traditionellen Schutz der Wochenend- und Feiertagsruhe wird aber zu Recht eine analoge Anwendung der § 31 Abs. 3 S. 1 VwVfG, § 193 BGB befürwortet.[34]

Der Auftraggeber ist nach dem Wortlaut **nicht verpflichtet, auf diese Frist hinzuweisen.** Bei Versäumung der Frist ist das Angebot zwingend auszuschließen, eine Verlängerung der Frist kommt nicht in Betracht.[35] Auf die Wettbewerbsrelevanz der geforderten Erklärung kommt es insoweit nicht an.

17 Der Auftraggeber darf die gesetzlich festgelegte Frist nicht verlängern.[36] Tut er es dennoch und reicht der Bieter die fehlenden Unterlagen innerhalb der verlängerten Frist, aber nach Ablauf der 6 Kalendertage ein, kann sein Angebot im Ergebnis nicht ausgeschlossen werden. Der Auftraggeber wäre infolge seines eigenen Fehlers vielmehr verpflichtet, das Verfahren in das Stadium vor Nachforderung der Unterlagen zurückzuversetzen und nochmals mit der gesetzlich vorgesehenen Frist nachzufordern.

IV. Einzelfälle

18 **1. Bietergemeinschaften.** Bewirbt sich eine Bietergemeinschaft, so hat sie mit ihrem Angebot die vom Auftraggeber geforderten **Zuverlässigkeitsnachweise** für jedes Mitglied vorzulegen. Wird die Vorlage von die **Fachkunde und Leistungsfähigkeit** betreffenden Nachweisen verlangt, reicht es in der Regel aus, dass die geforderten Nachweise für **ein** Mitglied der Bietergemeinschaft vorgelegt werden.[37] Es ist Sinn und Zweck der Eingehung einer Bietergemeinschaft, dass Fachkunde und Leistungsfähigkeit von ihren Mitgliedern eingebracht und dieser zugerechnet werden. Ebenso liegt der Vereinbarung einer Bietergemeinschaft die Vor-

---

[30] OLG Düsseldorf 10.8.2011 – VII-Verg 66/11, BeckRS 2011, 20453.
[31] *Dittmann* in KMPP VOB/A § 16 Rn. 158; *von Wietersheim* in Ingenstau/Korbion VOB VOB/A § 16a Rn. 2.
[32] OLG Düsseldorf 12.9.2012 – VII-Verg 108/11, NZBau 2013, 61; OLG Celle 16.6.2011 – 13 Verg 3/11, BeckRS 2012, 04599; *Dittmann* in KMPP VOB/A § 16 Rn. 162; *Röwekamp/Fandrey* NZBau 2011, 463 f.
[33] OLG Düsseldorf 17.3.2011 – VII-Verg 56/10, BeckRS 2013, 12285.
[34] *Summa* in jurisPK-VergabeR § 16a Rn. 63; *Dittmann* in KMPP VOB/A § 16 Rn. 160.
[35] *Dittmann* in KMPP VOB/A § 16 Rn. 165; *Vavra* in Ziekow/Völlink Vergaberecht, VOB/A § 16 Rn. 29.
[36] VK Südbayern, 15.5.2015 – Z§-3-3194-1-05-01/15; *Summa* in jurisPK-VergabeR § 16a Rn. 52.
[37] Vgl. das Urteil des EuGH 18.7.2007 – C-399/05, wonach es genügt, dass ein Mitglied einer Bietergemeinschaft leistungsfähig ist.

stellung ihrer Mitglieder zugrunde, dass die Gemeinschaft über die Kapazitäten der einzelnen Mitglieder verfügen kann. Eines gesonderten Nachweises bedarf es insoweit nicht.

2. Nachunternehmererklärungen. Zu den für den Auftraggeber für die Überprüfung der Eignung relevanten Angaben gehören auch solche zu Art und Umfang eines vom Bieter geplanten Einsatzes anderer Unternehmen sowie deren Benennung. Der Auftragnehmer kann sich bei der **Erfüllung der Bauleistung der Fähigkeiten anderer Unternehmen** bedienen. Die kontrovers diskutierte Rechtsfrage, ob auch sogenannte **Generalübernehmer,** also solche Unternehmen, die die Bauleistung vollständig in die Hände anderer Unternehmen legen und selbst über keine sachlichen und personellen Mittel zur Auftragsdurchführung verfügen, zur Vergabe zuzulassen sind,[38] ist im Anschluss an mehrere Entscheidungen des EuGH[39] und in Umsetzung der europäischen Vorgaben[40] nunmehr dahingehend zu entscheiden, dass für die Vergabe von Bauleistungen oberhalb der Schwellenwerte auf das sogenannte Eigenleistungserfordernis verzichtet wird. Der Bieter kann zur Leistungserbringung **vollständig auf andere Unternehmen zurückgreifen und muss nicht einmal über einen Kern eigener Leistungsfähigkeit verfügen.** 19

Aus dem Umstand, dass der deutsche Normgeber die Rechtsprechung des EuGH zur Berufung auf die Leistungsfähigkeit Dritter ausschließlich in Vorschriften (vgl. § 6 Abs. 8 VOB/A-EG aF und § 6d EU VOB nF) umgesetzt hat, die oberhalb der Schwellenwerte zur Anwendung kommen, wird zum Teil der Schluss gezogen, dass für **Vergaben unterhalb der Schwellenwerte** das Selbstausführungsgebot weiterhin gelte.[41] Dem ist nicht zuzustimmen: Auch außerhalb des Anwendungsbereichs der europäischen Vergaberichtlinie 2014/24/EU ergeben sich nach der Rechtsprechung des EuGH vergaberechtliche Anforderungen aus dem primären Gemeinschaftsrecht, nämlich aus den Grundsätzen des freien Warenverkehrs, der Niederlassungsfreiheit, der Dienstleistungsfreiheit sowie den Grundsätzen der Nichtdiskriminierung und Gleichbehandlung. Daraus hat der EuGH in einer Reihe von Entscheidungen grundlegende Anforderungen auch für Vergabeverfahren außerhalb des Anwendungsbereichs der gemeinschaftsrechtlichen Vergaberichtlinien abgeleitet.[42] Im Sinne von Mindeststandards sind danach auch bei Unterschwellenwertvergaben die mit der Dienstleistungsfreiheit zusammenhängenden gemeinschaftsrechtlichen Prinzipien, nämlich die **Gebote der Gleichbehandlung (Nichtdiskriminierung aus Gründen der Staatsangehörigkeit) und der eine Gleichbehandlung erst ermöglichenden Transparenz** zu beachten, jedenfalls wenn eine **Binnenmarktrelevanz,** mithin eine grenzüberschreitende Bedeutung der in Rede stehenden Auftragsvergabe anzunehmen ist. 20

Das Selbstausführungsgebot kann sich als indirekte Diskriminierung von Wirtschaftsteilnehmern aus anderen Mitgliedsstaaten darstellen. Diese könnten daran gehindert werden, in dem jeweiligen Markt dadurch Fuß zu fassen, dass sie sich in besonderer Weise auf Nachunternehmer berufen, zum Beispiel auch auf lokale Nachunternehmer, um Kostennachteile aus der größeren Entfernung zum Leistungsort auszugleichen. Ein genereller Ausschluss von Generalübernehmern ist demnach jedenfalls im Bereich der grenzüberschreitenden Unterschwellenwertvergaben mit den Vorgaben des europäischen Rechts nicht vereinbar.[43]

Der auch in § 6d Abs. 1 EU VOB/A verwandte Begriff des „anderen Unternehmens" erfasst alle Unternehmen, auf deren personelle oder technische Kapazitäten der Bieter bei der Auftragserfüllung zugreifen wird, unabhängig von der Verbindung zum Unternehmen des Bieters. Unterauftragnehmer sind auch diejenigen Unternehmen, die der Nachauftragnehmer bei der Ausführung ihm übertragener Teilleistungen seinerseits tätig werden lassen will (Nachunterneh- 21

---

[38] Vgl. OLG Düsseldorf NZBau 2001, 106 und OLG Saarbrücken VergabeR 2004, 731 (733 f.).
[39] EuGH 14.4.2004 – C-389/92, Slg. 1994, 1289 (1306 f.) – Ballast Nedam Groep I; 10.12.1997 – C-5/97, Slg. 1997, 7557 (7561 f.) – Ballast Nedam Groep II; 2.12.1999 – C-176/98, Slg. 1999, 8607 (8638) – Holst Italia; 18.3.2004 – C-314/01; Slg. 2004, (2549–2600 f.) – Siemens AG Österreich, ARGE Telekom & Partner.
[40] Art. 47 Abs. 2 und 3, Art. 48 Abs. 3 und 4 der VKR 2004/18/EG.
[41] *Schranner* in Ingenstau/Korbion VOB/A § 2 Rn. 5.
[42] Vgl. EuGH 13.11.2007 – C-507/03, NZBau 2008, 71 – An Post; 13.10.2005 – C-458/03, NZBau 2005, 644 – Parking Brixen; 21.7.2005 – C-231/03, NZBau 2005, 592 (593) – Coname; 18.6.2002 – C 92/00, Slg. 2002, S. I-5553 – Hospital Ingenieure; 7.12.2000 – C-324/98, NZBau 2001, 148 (151) – Teleaustria.
[43] Vgl. *Raabe* S. 23; auch *Hausmann* in KMPP VOL/A § 7 Rn. 116 ff., *Pauly* VergabeR 2005, 313 (317) und *Prieß/Decker* VergabeR 2004, 159 ff. (für konzernverbundene Nachunternehmen) sprechen sich für eine Gleichbehandlung der Unterschwellenwertvergaben aus.

mer zweiter Stufe).[44] Andere Unternehmen können sowohl **selbstständige als auch konzernangehörige Unternehmen** sein.[45] Abzugrenzen ist der arbeitsteilige Einsatz eines anderen Unternehmens im Rahmen der Auftragserfüllung von bloßen **Hilfsleistungen**.[46]

22   Im Hinblick auf die vom Bieter beizubringenden Angaben und Nachweise zum beabsichtigten Einsatz von Nachunternehmern gilt zunächst, dass die Vergabeunterlagen insoweit eindeutig sein müssen. Aus ihnen muss klar und unmissverständlich hervorgehen, was den Bietern in Bezug auf die die Nachunternehmer betreffenden Erklärungen und Eignungsnachweise obliegt.[47] Es ist zwischen der **Angabe, dass und welche Leistungsteile an den Nachunternehmer** vergeben werden sollen, der **Benennung der vorgesehenen Nachunternehmer** und der **Vorlage entsprechender Verpflichtungserklärungen** sowie der **Vorlage von Eignungsnachweisen zu differenzieren:**

Unproblematisch ist die in § 8 Abs. 2 Nr. 2 vorgesehene Forderung des Auftraggebers, der Bieter solle bereits mit dem Angebot die Leistungen angeben, die von Nachunternehmern ausgeführt werden sollen.

23   Im Hinblick auf die Fragestellung, **wann** der Bieter nachweisen muss, dass er tatsächlich in der Lage ist, die Kapazitäten dritter Unternehmen zu nutzen, sieht § 6d EU Abs. 3 vor, dass der Auftraggeber von den in der engeren Wahl befindlichen Bietern den Nachweis darüber fordert, dass ihnen die erforderlichen Mittel zur Verfügung stehen, indem sie beispielsweise entsprechende Verpflichtungserklärungen dieser Unternehmen vorlegen. Der öffentliche Auftraggeber, der prognostizieren muss, ob der Bieter zur Auftragsdurchführung in der Lage sein wird, muss demnach **vor der Entscheidung über den Zuschlag** von den in die engere Wahl gelangten Bietern – dh im Rahmen der vierten Wertungsstufe – entsprechende Nachweise, die regelmäßig in Form von Verpflichtungserklärungen erbracht werden können, verlangen.

24   Fraglich bleibt, ob der öffentliche Auftraggeber die Vorlage derartiger Nachweise auch bereits mit dem Angebot fordern kann. Bisher bestand in der Rechtsprechung der Vergabesenate Einigkeit darüber, dass der öffentliche Auftraggeber Angaben zu den vorgesehenen Nachunternehmern und entsprechende Verpflichtungserklärungen schon mit der Vorlage des Angebots fordern kann. Erhebt der Auftraggeber in klarer und deutlicher Form eine ausdrückliche Forderung nach Benennung von dritten Unternehmen und der Vorlage von Verfügbarkeitsnachweisen **mit dem Angebot,** so sollte das Fehlen entsprechender Erklärungen und Nachweisen zwingend den Ausschluss des Angebots zur Folge haben.[48] Danach hat der Bieter, der sich bei der Ausführung des Auftrags der Mittel anderer Unternehmen bedienen will, im Prinzip sogar von sich aus mit dem Angebot durch **Vorlage entsprechender Verpflichtungserklärungen der vorgesehenen und damit zugleich namentlich benannten Nachunternehmer nachzuweisen,** dass er bei der Auftragsdurchführung über jene Mittel verfügen wird.[49] Diese Verpflichtung wird daraus hergeleitet, dass der Bieter die ausgeschriebene Leistung mit eigenen Mitteln nicht erbringen kann.[50]

25   Die Zulässigkeit der Forderung, schon mit der Angebotsabgabe **verbindlich** mitzuteilen, welche Nachunternehmer Bieter bei der Ausführung einschalten wollen und damit zwangsläufig auch die Forderung, **Verpflichtungserklärungen** dieser Nachunternehmer vorzulegen, wird durch die Gründe der Entscheidung des Bundesgerichtshofs vom 10.6.2008 in Zweifel gezogen.[51]

---

[44] Zu der Frage, auf wen Verpflichtungserklärungen von Nachunternehmern der zweiten Stufe (Sub-Subunternehmer) ausgestellt sein müssen vgl. Brandenburgisches OLG 19.2.2008 – Verg W 22/07.

[45] OLG München 15.3.2012 – Verg 2/12, NZBau 2012, 460; OLG Frankfurt/Main 12.2011 – 11 Verg 8/11; OLG Düsseldorf VergabeR 2008, 948.

[46] Vgl. OLG Naumburg 4.9.2008 – Verg 4/08, BeckRS 2009, 05152: Im Rahmen der ausgeschriebenen Straßenbauleistungen war auch die Position „Autowäsche" der durch die Staubemissionen betroffenen Ausstellungsfahrzeuge der an der Strecke liegenden Autohäuser vorgesehen.

[47] BGH 3.4.2012 – X ZR 130/10, NZBau 2012, 513; OLG München 9.8.2012 – Verg 10/12, BeckRS 2012, 20301.

[48] Vgl. dazu OLG Düsseldorf VergabeR 2008, 948 mwN.

[49] Vgl. OLG Düsseldorf 12.12.2007 – VII-34/07, NZBau 2008, 138 und IBR 2007, 89.

[50] OLG Düsseldorf 12.12.2007 – VII-Verg 34/07, NZBau 2008, 138 und NZBau 2001, 106 (110); OLG Saarbrücken VergabeR 2004, 731 (734); OLG Frankfurt/Main NZBau 2003, 636 (637).

[51] VergabeR 2008, 782 ff.; Die Entscheidung problematisiert in einem obiter dictum ausdrücklich nur die Zumutbarkeit der Benennung von Nachunternehmern und nicht die Vorlage von Verpflichtungserklärungen. Beide Angaben stehen aber in einem unmittelbaren Zusammenhang: Ist bereits die Benennung unzumutbar, muss zwangsläufig auch die Vorlage entsprechender Verpflichtungserklärungen unterbleiben. Eine substantiierte und nicht nur ins Blaue hinein erfolgende Benennung ist dagegen nicht möglich, ohne dass der Bieter sich vergewissert, ob der vorgesehene Nachunternehmer leistungsbereit ist.

Während es danach ausdrücklich als zumutbar angesehen wird, dass die Bieter bereits in ihrem Angebot Auskunft darüber geben, ob für bestimmte Leistungsteile die Einschaltung eines Nachunternehmers vorgesehen ist, wird die Zumutbarkeit einer verbindlichen Benennung der Nachunternehmer in diesem Stadium des Verfahrens in Frage gestellt. Um dazu wahrheitsgemäße Erklärungen abgeben zu können, müssten sich die Bieter die Ausführung der fraglichen Leistungen von den jeweils ins Auge gefassten Nachunternehmern bindend zusagen lassen. Angesichts des Umstandes, dass der Zuschlag nur auf **ein** Angebot ergehen könne, stehe die mit dieser Handhabung verbundene **Belastung in der Regel nicht in einem angemessenen Verhältnis zu den Vorteilen für die Auftraggeber,** da diese dadurch lediglich den zusätzlichen organisatorischen und zeitlichen Aufwand ersparten, die vorgesehenen Nachunternehmer zu gegebener Zeit nach Angebotsöffnung von einem engeren Kreis an Bietern zu erfragen.

Das Oberlandesgericht München hat in seiner Entscheidung vom 22.1.2009 (Verg 26/08) die Unzumutbarkeit der Benennung von Nachunternehmern und die Vorlage entsprechender Verpflichtungserklärungen darauf zurückgeführt, dass es einem Bieter, der sich regelmäßig und auch für **überschneidende Zeiträume** an Ausschreibungen beteilige, häufig gar **nicht möglich sei, Verpflichtungserklärungen** zu beschaffen. Da die Nachunternehmer den Bietern in der Regel ein durch die Zuschlagserteilung aufschiebend bedingtes bindendes Angebot unterbreiteten und ein solches Angebot nicht gegenüber mehreren oder gar allen am Verfahren beteiligten Bietern oder in mehreren Vergabeverfahren abgeben könnten, bestehe die Gefahr, dass ein Bieter jedenfalls von auf dem Markt führenden oder starken Nachunternehmern keine Verpflichtungserklärung erhalten und somit auch nicht als Nachunternehmer benennen könne. In dieser Situation sei der Bieter entweder gezwungen, rechtlich verbindliche Erklärungen vorzuspiegeln oder auf bewährte Vertragspartner zu verzichten und auf andere Nachunternehmer auszuweichen. **26**

Ob die Anforderung, Nachunternehmer bereits im Angebot zu benennen, zumutbar ist, hängt im **Einzelfall** davon ab, ob für den Bieter die Benennung von zur Auftragsdurchführung bereiten Nachunternehmen tatsächlich schwierig ist und ob ein berechtigtes Interesse des öffentlichen Auftraggebers an der Benennung der potentiellen Nachunternehmer besteht, das sich vor allem aus **der besonderen Dringlichkeit** der Vergabe oder den spezifischen Anforderungen der ausgeschriebenen Leistungen ergeben kann.[52]

Um dem öffentlichen Auftraggeber die Überprüfung der Eignung der Nachunternehmer zu ermöglichen, ist deren Benennung, die Vorlage entsprechender Verpflichtungserklärungen sowie der geforderten Eignungsnachweise spätestens bis zu dem Zeitpunkt vorzunehmen, in dem die Zuschlagsentscheidung getroffen werden soll. Dann ist es dem Bieter zuzumuten, sich um eine verbindliche Zusage des Nachunternehmers zu bemühen, der vor dem Hintergrund, dass aller Voraussicht nach der Bieter den Zuschlag und er den Unterauftrag erhalten wird, zu einer realistischen Kalkulation und Zusage in der Lage sein wird. Die Forderung des öffentlichen Auftraggebers, **mit dem Angebot** Nachunternehmer zu benennen, Verpflichtungserklärungen und Eignungsnachweise vorzulegen, ist im Hinblick auf die Zumutbarkeit für den Bieter somit sorgfältig zu untersuchen. Nur wenn diese zu bejahen ist, führt das Fehlen entsprechender Erklärungen oder Nachweise erst zu einer Nachforderung durch den Auftraggeber und im Falle der Nicht – oder nicht rechtzeitigen Vorlage zum Ausschluss des Angebots. **27**

§ 16b Eignung

(1) **Bei öffentlicher Ausschreibung ist zunächst die Eignung der Bieter zu prüfen. Dabei sind an Hand der vorgelegten Nachweise die Angebote der Bieter auszuwählen, deren Eignung die für die Erfüllung der vertraglichen Verpflichtungen notwendigen Sicherheiten bietet; dies bedeutet, dass sie die erforderliche Fachkunde, Leistungsfähigkeit und Zuverlässigkeit besitzen und über ausreichende technische und wirtschaftliche Mittel verfügen.**

(2) **Bei beschränkter Ausschreibung und freihändiger Vergabe sind nur Umstände zu berücksichtigen, die nach Aufforderung zur Angebotsabgabe Zweifel an der Eignung des Bieters begründen (vgl. § 6b Absatz 4).**

Schrifttum: Vgl. die Nachweise bei § 16 VOB/A.

---

[52] Vgl. BGH 3.4.2012 – X ZR 130/10, ZfBR 2012, 600.

Übersicht

	Rn.
A. Allgemeines	1
B. Auswahl und Bekanntgabe der Eignungsnachweise	6
I. Anforderungen an die Auswahl	6
II. Anforderungen an die Bekanntgabe	14
C. Materielle Eignungsprüfung	18
I. Allgemeines	18
II. Eignungsmerkmale	22
1. Fachkunde	22
2. Leistungsfähigkeit	23
3. Zuverlässigkeit	24
III. Maßgeblicher Zeitpunkt für die Prüfung und Bejahung der Eignung	25
IV. Mehr an Eignung	28

A. Allgemeines

1 Gemäß § 2 Abs. 1 Nr. 1 werden Aufträge nur an fachkundige, leistungsfähige und zuverlässige Unternehmen vergeben. Die im Rahmen der zweiten Wertungsstufe stattfindende Prüfung der Eignung dient dazu, diejenigen **Unternehmen zu ermitteln, die zur Erbringung der konkret nachgefragten Bauleistung nach Fachkunde, Leistungsfähigkeit und Zuverlässigkeit** generell in Betracht kommen und die unzureichend qualifizierten Bieter auszuscheiden.[1] Aus dem in § 97 Abs. 2 GWB ausdrücklich festgelegten Gebot der Gleichbehandlung ergibt sich, dass der öffentliche Auftraggeber die Überprüfung eines Bieters auf seine Eignung auch im Interesse der anderen am Auftrag interessierten Unternehmen vornehmen muss. Die Eignungsprüfung ist eine unternehmensbezogene Untersuchung, ob ein Unternehmen nach seiner personellen, finanziellen und technischen Ausstattung in der Lage sein wird, den Auftrag auszuführen.[2]

2 In der zweiten Wertungsstufe findet die materielle Eignungsprüfung statt. Die formelle Prüfung der Eignung, dh die Überprüfung des Angebots darauf hin, ob die geforderten Erklärungen und Nachweise zur Eignung vorliegen, soll bereits in der ersten Wertungsstufe, in der das Vorliegen von Ausschlussgründen untersucht wird, abgeschlossen sein. Bei der Eignungsprüfung muss der Auftraggeber alle Umstände, die für die Bewertung der Eignung von Bedeutung sind, aufklären. Werden objektiv unmöglich zu erbringende Leistungen angeboten oder bestehen angesichts der personellen, technischen und finanziellen Ausstattung begründete Zweifel, dass der Bieter die von ihm konkretisierten Leistungsbestandteile ordnungsgemäß ausführen kann, so ist er wegen fehlender Leistungsfähigkeit als ungeeignet anzusehen und sein Angebot auszuschließen. Umstände, die nicht auf eigener gesicherter Erkenntnis beruhen, dürfen bei der Bewertung nicht berücksichtigt werden.[3]

3 Eine wesentliche Vereinfachung der – formellen – Eignungsprüfung wird durch die sog **Präqualifizierung** erreicht. Gemäß § 6b Abs. 1 kann der Nachweis der Eignung mit der vom Auftraggeber direkt abrufbaren Eintragung in die allgemein zugängliche Liste des Vereins für die Präqualifikation von Bauunternehmen eV (Präqualifikationsverzeichnis) erfolgen. Die Bedeutung dieses Vorgehens nimmt zu:[4] Durch Erlasse vom 17.1.2008 (B15–01082-102/11) und vom 2.6.2008 hat der Bund für die Bereiche Hochbau – sowie Straßen- und Brückenbau angeordnet, dass bei Vergaben im Wege der beschränkten Ausschreibung ohne öffentlichen Teilnahmewettbewerb und im Verfahren der freihändigen Vergabe grundsätzlich nur Unternehmen zur Beteiligung aufgefordert werden, die in dem Präqualifikationsverzeichnis eingetragen sind.

4 Hinsichtlich des **Prüfungszeitpunktes** ist gemäß § 16b zwischen den Vergabearten zu unterscheiden. Bei der **öffentlichen Ausschreibung** geht die Prüfung der Eignung der Bieter

---

[1] Vgl. BGH 8.9.1998 – X ZR 109/96, NJW 1998, 3644; 15.4.2008 – X ZR 109/96, NJW 1998, 3644.
[2] *Bauer* in Heiermann/Riedl/Rusam VOB/A § 16 Rn. 88; *Grünhagen* in FKZG VOB/A 3. Aufl. § 16b Rn. 3 ff.; *Weyand* ibr-online-Kommentar Vergaberecht, VOB/A § 16 Rn. 600; OLG Düsseldorf 2.12.2009 – VII-Verg 39/09, NZBau 2010, 333 und 6.5.2011 – VII-Verg 26/11, BeckRS 2011, 18447.
[3] Vgl. BGH BauR 2000, 254; OLG Düsseldorf IBR 2003, 693; OLG Saarbrücken IBR 2004, 162; KG 27.11.2008 – 2 Verg 4/08, BeckRS 2009, 00113; OLG München 5.10.2012 – Verg 15/12, BeckRS 2012, 21412.
[4] *Sturmberg* BauR 2008, 1954 (1962).

der Ermittlung des Angebotsinhalts und der weiteren Wertung der Angebote grundsätzlich voraus (Abs. 1).

Bei der **Beschränkten Ausschreibung mit öffentlichem Teilnahmewettbewerb sowie im Verhandlungsverfahren** findet die Eignungsprüfung nach der formalen Prüfung der Teilnahmeanträge in dem vorgeschalteten Teilnahmewettbewerb statt.[5]

Bei **beschränkter Ausschreibung und Freihändiger Vergabe** ist gemäß § 6b Abs. 4 die Eignung der Bewerber **vor der Aufforderung zur Angebotsabgabe** zu prüfen. Der öffentliche Auftraggeber darf gemäß § 16b Abs. 2 darauf nur zurückkommen, wenn ihm nachträglich Tatsachen bekannt werden, die Zweifel an der Bietereignung begründen (Abs. 2).

Allerdings ist der Auftraggeber an die Bejahung der Eignung nicht in jedem Fall gebunden. Ergeben sich **nach der Durchführung der Eignungsprüfung auf Grund neuer oder erst dann bekannt gewordener Umstände Zweifel an der Eignung** eines Bieters, hat der Auftraggeber erneut in die Prüfung der Eignung einzutreten.[6] Auch wenn nach Durchführung der Eignungsprüfung ein zwingender Ausschlussgrund bekannt wird, darf der Auftraggeber das Angebot noch ausschließen. Hat der Auftraggeber einen Bieter für geeignet befunden, kann er bei einer öffentlichen Ausschreibung auch bei unveränderter Sachlage in einer späteren Phase der Prüfung und Wertung der Angebote nochmals eine Eignungsprüfung durchführen und die Eignung verneinen. Dieses hat der Bundesgerichtshof ausdrücklich festgestellt.[7] Die für die beschränkte Ausschreibung und Freihändige Vergabe geltende Regelung des Abs. 2, wonach im Rahmen der Angebotswertung nur noch solche die Eignung betreffenden Umstände berücksichtigt werden, die nach Aufforderung zur Angebotsabgabe Zweifel an der Eignung des Bieters begründen, gilt für die öffentliche Ausschreibung nicht.[8] Eine Bindung ergibt sich ausweislich der Ausführungen des Bundesgerichtshofs auch nicht aus den Bestimmungen über die Prüfung und Wertung der Angebote. Danach soll durch die Anordnung der schrittweisen Prüfung einer Vermischung der Prüfungsgegenstände vorgebeugt, der Wertungsprozess jedoch nicht in rechtlich unabhängige Abschnitte aufgeteilt werden, deren Durchlaufen dem betreffenden Bieter eine Rechtsposition verschafft, die einer nachträglichen abweichenden Beurteilung der Eignung entgegensteht. Der Bundesgerichtshof weist allerdings ausdrücklich darauf hin, dass Anlass bestehe, die nachträgliche Verneinung der Eignung – insbesondere wenn der betreffende Bieter ein Nachprüfungsverfahren angestrengt hat – besonders kritisch daraufhin zu prüfen, ob sie auf sachfremden Erwägungen beruht.

B. Auswahl und Bekanntgabe der Eignungsnachweise

I. Anforderungen an die Auswahl

Grundsätzlich obliegt dem Auftraggeber die Entscheidung, welche Anforderungen er zur ordnungsgemäßen Durchführung der ausgeschriebenen Leistungen an den Auftragnehmer stellt, dh welche Eignungskriterien er aufstellt und welche Erklärungen bzw. Nachweise er von den Bietern verlangt.[9] Die Vergabenachprüfungsinstanzen haben den dem Auftraggeber bei der Festlegung und Gewichtung der für maßgebend erachteten Eignungsmerkmale zustehenden **Beurteilungsspielraum lediglich in beschränktem Umfang zu kontrollieren.** Ebenso wie für die angebotsbezogenen Erklärungen und Nachweise gilt aber auch hier, dass die Forderung nach Vorlage bestimmter eignungsbezogener Erklärungen und Nachweise nur rechtlich verbindlich ist, soweit sie eindeutig ist und nicht gegen gesetzliche Vorgaben verstößt, diskriminierend, willkürlich oder vergabefremd ist. Dies gilt auch für vom Auftraggeber aufgestellte Mindestanforderungen an die Eignung.[10]

---

[5] Vgl. OLG Düsseldorf 9.6.2010 – VII-Verg 14/10, OLG München, 15.9.2015 – Verg 3/15. NZBau 2015, 711.

[6] OLG Düsseldorf 9.6.2010 – VII-Verg 14/10, BeckRS 2010, 19463.

[7] BGH 7.1.2014 – X ZB 15/13, NZBau 2014, 185, anders OLG Frankfurt 24.2.2009 – 11 Verg 19/08, ZfBR 2009, 394 mwN.

[8] Vgl. dazu und zum Folgenden BGH 7.1.2014 – X ZB 15/13, NZBau 2014, 185.

[9] Vgl. OLG Koblenz 13.6.2012; OLG Düsseldorf 21.12.2011 – VII-Verg 74/11, NZBau 2012, 321; 1 Verg 2/12, ZfBR 2012, 616; 25.10.2011 – VII-Verg 86/11; 16.5.2011 – VII-Verg 44/11, BeckRS 2011, 18448 und 27.10.2010 – VII-Verg 47/10, BeckRS 2010, 27621; OLG Karlsruhe 22.7.2011 – 15 Verg 8/11, BeckRS 2015, 12265; OLG München 31.8.2010 – Verg 12/10, BeckRS 2010, 21117.

[10] EuGH 18.10.2012 – C-218/11.

7 Gemäß § 6a Abs. 2 ist der Auftraggeber berechtigt, mit dem Angebot Nachweise oder Eigenerklärungen über die Ausführungen von Bauleistungen und anderen, mit den zu vergebenden vergleichbaren Leistungen sowie die damit erzielten Umsätze des Unternehmens in den letzten drei Geschäftsjahren (Nr. 1 und 2),[11] zur Zahl der in diesem Zeitraum jahresdurchschnittlich Beschäftigen (Nr. 3) und zur Eintragung in das Berufsregister (Nr. 4) zu verlangen. Zudem kann er Nachweise oder Erklärungen zu etwaigen Insolvenz- und Liquidationsverfahren (Nr. 5 und 6) fordern sowie dazu, dass nachweislich keine schwere, die Zuverlässigkeit in Frage stellende Verfehlung begangen (Nr. 7), die Verpflichtung zur Zahlung von Steuern, Abgaben und Sozialversicherungsbeiträgen ordnungsgemäß erfüllt wurde (Nr. 8) und das Unternehmen bei der Berufsgenossenschaft angemeldet ist (Nr. 9). Die in § 6a Abs. 2 Nr. 3 vorgesehenen Angaben dienen der Einschätzung der Fachkunde und Leistungsfähigkeit des Bieters. Die in § 6a Abs. 2 Nr. 5 bis 9 genannten Gesichtspunkte sind für die Beurteilung der Leistungsfähigkeit und der Zuverlässigkeit von Bedeutung.[12]

Gemäß § 6a Abs. 4 kann der Auftraggeber bei stichhaltigen Gründen andere, ihm **geeignet erscheinende Nachweise** der wirtschaftlichen und finanziellen Leistungsfähigkeit zulassen. Es hängt von den konkreten Umständen des Einzelfalles ab, welche Nachweise verlangt werden können. So kann zum Beispiel die Angabe des Gesamtumsatzes von Interesse sein, um auszuschließen, dass überproportional hohe Umsätze im Bereich der vergleichbaren Leistungen zu einem verzerrten Bild der Leistungsfähigkeit des Bieters führen.

8 Der Auskunft betreffend die Umsätze (§ 6a Abs. 2 Nr. 1) kommt nicht nur für die Beurteilung der **wirtschaftlich-finanziellen Leistungsfähigkeit** Bedeutung zu. Vielmehr lässt der Umstand, dass ein Bieter mit Vorhaben, die mit der ausgeschriebenen Leistung vergleichbar sind, Umsätze in einer bestimmten Größenordnung erzielt hat, durchaus einen ersten Hinweis und Rückschluss auf seine Fähigkeit zu, die ausgeschriebenen Leistungen erfolgreich zu erfüllen. Dementsprechend ist die Forderung nach einem Mindestumsatz prinzipiell zulässig. Allerdings gilt auch hier, dass die Anforderung dem Auftragsgegenstand angemessen und verhältnismäßig sowie geeignet sein muss, die Leistungsfähigkeit des Bieters zu beurteilen.[13] Für den Bereich der Oberschwellenwertvergaben sieht Art. 58 Abs. 3 der am 17.4.2014 in Kraft getretenen Richtlinie 2014/24 EU die Forderung nach einem Mindestumsatz zwar als zulässig an, ordnet jedoch an, dass dieser in der Regel höchstens das Zweifache des Umsatzes des auszuschreibenden Auftrages betragen und nur in besonderen Ausnahmefällen ein höherer Umsatz gefordert werden dürfe.

Während in der ersten Wertungsstufe das Angebot nur daraufhin kontrolliert wird, ob entsprechende Umsatzangaben vorhanden sind, erfolgt in der zweiten Stufe die inhaltliche Bewertung der vorgelegten Nachweise, nämlich die Überprüfung, ob die ausgewiesenen Umsätze mit vergleichbaren Objekten erzielt worden sind.

9 Eine fundierte Bewertung und Beurteilung der Fachkunde des Bieters sollen die in § 6a Abs. 2 Nr. 2 angesprochenen Referenzen ermöglichen. Damit ist die **Angabe von Referenzobjekten** gemeint, die der Auftraggeber im Rahmen der materiellen Eignungsprüfung auf der zweiten Wertungsstufe auswerten darf. Vor dem Hintergrund des Grundsatzes der Gleichbehandlung erscheint die Forderung von Referenzen nicht unproblematisch, da sog Newcomern der Nachweis der Fachkunde erschwert bzw. sogar unmöglich gemacht wird.[14] Einerseits besteht ein **berechtigtes Interesse des Auftraggebers** daran, die Wahrscheinlichkeit einer ordnungsgemäßen Ausführung des Auftrags anhand des Nachweises vergleichbarer Leistungen des Bieters prognostizieren zu können; andererseits ist die mit überspannten Anforderungen insbesondere an die Erfahrung der Bieter zwangsläufig verbundene **Verkleinerung des Bieterkreises** regelmäßig nicht im Interesse des Auftraggebers, da eine große Angebotsauswahl erfahrungsgemäß

---

[11] Die Forderung nach Angabe der Umsätze in den letzten drei Geschäftsjahren ist nicht als Forderung nach mindestens dreijähriger Geschäftstätigkeit auszulegen, vgl. OLG Koblenz 21.9.2012 – 1 Verg 5/12, NZBau 2013, 63; OLG München 9.8.2012 – Verg 10/12, BeckRS 2012, 20301.

[12] Die Forderung nach Vorlage eines unbeschränkten Gewerbezentralregisterauszuges ist unzulässig. § 150 Abs. 4 GewO sieht die Erteilung einer unbeschränkten Auskunft aus dem Gewerbezentralregister ausschließlich für die Betroffenen vor. Den Vergabestellen gesteht § 150a Abs. 1 Nr. 4 GewO dagegen nur eine beschränkte Registerauskunft über strafrechtliche Verurteilungen oder bestimmte Bußgeldentscheidungen zu. Der öffentliche Auftraggeber, der sich ein Mehr an Information zu beschaffen sucht, indem er von den Bietern zum Nachweis ihrer Zuverlässigkeit die Vorlage einer unbeschränkten Registerauskunft fordert, handelt vergaberechtswidrig. Vgl. dazu *Kühnen* NZBau 2007, 762 und OLG Düsseldorf 13.8.2008 – VII-Verg 43/07, BeckRS 2009, 05992(zur VOL/A).

[13] Vgl. EuGH 18.10.2012 – C-218/11.

[14] Ausführlich zu der Problematik des Marktzutritts von „Newcomern": *Dreher* NZBau 2008, 545 ff.

wirtschaftlichere Ergebnisse zeitigt. Bei der Auswahl und Festlegung der Kriterien zur Fachkunde hat der Auftraggeber somit abzuwägen zwischen dem Bedürfnis nach einer hohen Wahrscheinlichkeit für eine ordnungsgemäße Ausführung und einer größeren Auswahl in Frage kommender Angebote.[15] Die Forderung, Referenzen betreffend die Erbringung vergleichbarer Leistungen vorzulegen, ist grundsätzlich nicht zu beanstanden.[16] Vergleichbarkeit ist gegeben, wenn die Referenzleistung der ausgeschriebenen Leistung soweit ähnlich ist, dass sie einen belastbaren Rückschluss auf die Leistungsfähigkeit des Bieters für die ausgeschriebene Leistung ermöglicht.[17] Unzulässig ist jedoch die Beschränkung der Anzahl der in der Eignungsprüfung zu berücksichtigenden Referenzen. Sie verstößt gegen vergaberechtliche Grundsätze, insbesondere gegen den Wettbewerbsgrundsatz aus § 97 Abs. 1 GWB.[18]

10 Weisen die **ausgeschriebenen Bauleistungen einen besonderen Schwierigkeitsgrad oder Besonderheiten** auf, ist es gerechtfertigt, dass der öffentliche Auftraggeber bei der Eignungsprüfung einer fachgerechten und reibungslosen Bauausführung und den Gesichtspunkten der Gefahrenabwehr sowie der Vermeidung von Folgeschäden besonderen Rang einräumt und überdurchschnittlich hohe und strenge Anforderungen sowohl an die Fachkunde, als auch an die Leistungsfähigkeit und Zuverlässigkeit stellt.[19] Auch wenn damit zwangsläufig der Marktzutritt für neu gegründete Unternehmen erschwert wird, kann von den Bietern verlangt werden, Referenzen anzuführen, die sich auf bereits in der Vergangenheit erbrachte Bauleistungen oder erstellte Bauobjekte beziehen, die unter vergleichbar schwierigen Bedingungen erbracht worden sind, weil nur dadurch eine qualitative Vergleichbarkeit hergestellt wird, die die Feststellung ermöglicht, ob die Erwartung (Prognose) der zuverlässigen Ausführung der Gewerke durch den Bieter berechtigt ist.[20] Je größer, anspruchsvoller und komplexer das Bauvorhaben ist, desto höher ist das Interesse des Auftraggebers an einem erfahrenen Bauunternehmer.[21]

11 Fehlen Angaben zu Referenzobjekten und werden diese auch nicht nach Aufforderung durch den Auftraggeber gemäß § 16 Abs. 2 Nr. 3 nachgereicht, ist das Angebot auf der ersten Wertungsstufe auszuschließen. Die Auswertung der Referenzen, insbesondere die Überprüfung der Referenzobjekte auf Vergleichbarkeit mit den ausgeschriebenen Leistungen findet dagegen erst im Rahmen der materiellen Eignungsprüfung auf der zweiten Wertungsstufe statt.

12 Fordert der Auftraggeber die Vorlage von Referenzen, dürfen die Bieter unter Offenlegung der Arbeitsteilung und Angabe des eigenen Arbeitsanteils auch solche Objekte benennen, die sie in Arbeitsgemeinschaft mit anderen Unternehmen ausgeführt haben.[22]

Die Auskunftspflichten sowohl hinsichtlich der vom Bieter erzielten Umsätze als auch hinsichtlich der Referenzobjekte erstrecken sich gemäß § 6a Abs. 2 Nr. 2 und 3 auf einen Zeitraum von drei Jahren. Eine restriktive Verständnis der Regelung in dem Sinne, dass dieser Zeitraum grundsätzlich abgedeckt werden muss, damit ein Bieter als geeignet gelten kann, widerspricht dem Wettbewerbsgedanken, so dass der Schwerpunkt der Regelung eher dahingehend zu verstehen ist, dass sie dem Auftraggeber eine zeitliche Grenze für die Einbeziehung von Vergleichsumsätzen und – objekten zieht.

13 Insbesondere im Hinblick auf die Fachkunde kann der Auftraggeber zudem auf den konkreten Auftrag bezogene **zusätzliche Angaben,** zum Beispiel den Nachweis besonderer Fortbildungs- und Qualifizierungsmaßnahmen oder besonderer Qualifikationen verlangen (§ 6a Abs. 3).[23] Durch das Erfordernis der Auftragsbezogenheit wird klargestellt, dass weitere Erklärungen und/oder Nachweise nur gefordert werden dürfen, soweit es durch den Gegenstand des Auftrags gerechtfertigt ist. Die geforderten Erklärungen und Nachweise müssen über die Eignung der Bieter zur Durchführung des Auftrags tatsächlich Aufschluss geben können.

---

[15] Vgl. OLG, München 19.1.2010 – Verg 1/10, BeckRS 2010, 02592; OLG Frankfurt/Main NZBau 2007, 468 f.
[16] OLG Koblenz 13.6.2012 – 1 Verg 2/12, ZfBR 2012, 616; OLG Düsseldorf 17.12.2012 – VII-Verg 47/12, BeckRS 2013, 03317.
[17] OLG München 12.11.2012 – Verg 23/12, BeckRS 2012, 23578.
[18] OLG Düsseldorf 12.9.2012 – VII-Verg 108/11, NZBau 2013, 61.
[19] Vgl. OLG München 8.6.2010 – Verg 8/10, BeckRS 2010, 15768; OLG Düsseldorf 25.2.2004 – Verg 77/03, ZfBR 2004, 506 und 26.1.2005 – Verg 45/04, ZfBR 2005, 410 zum Ausbau des Teltow-Kanals.
[20] Vgl. auch die Entscheidung des OLG Düsseldorf 2.1.2006 – VII-Verg 93/05, BeckRS 2006, 02917 der die Räumung von Kampfmitteln (VOL-Vergabe) zugrunde lag.
[21] *Gröning* VergabeR 2008, 721 (727).
[22] Dazu und zum folgenden *Gröning* VergabeR 2008, 721 ff., mit weiteren Einzelheiten zu diesem Problemkreis.
[23] Vgl. dazu *Bauer* in Heiermann/Riedl/Rusam VOB/A § 6 Rn. 102 f.

II. Anforderungen an die Bekanntgabe

14 Welche Eignungsnachweise der Bieter zu welchem Zeitpunkt vorlegen muss, bestimmt sich nach der Festlegung in der Bekanntmachung und den Vergabeunterlagen.

Bereits in der **Vergabebekanntmachung** soll der Auftraggeber gemäß § 12 Abs. 1 Nr. 2 lit. u angeben, welche Nachweise für die Beurteilung der Eignung des Bieters vorzulegen sind. Die Vergabebekanntmachung muss die vorzulegenden Unterlagen selbst bezeichnen und darf sich nicht damit begnügen, auf die Vergabeunterlagen zu verweisen; letztere können die Angaben in der Vergabebekanntmachung lediglich in bestimmten Umfang konkretisieren.[24] Die Anforderung muss eindeutig sein, so dass ein verständiger Bieter erkennen kann, was der Auftraggeber verlangt. Die Angaben des Auftraggebers sind jedoch der Auslegung zugänglich, wobei der objektive Empfängerhorizont eines fachkundigen und mit dem Ausschreibungsgegenstand vertrauten Bieters maßgeblich ist.[25] **Die Aufforderung zur Angebotsabgabe** muss gemäß § 8 Abs. 2 Nr. 1 alle Angaben nach § 12 Abs. 1 Nr. 2 enthalten, die für den Entschluss zur Abgabe eines Angebots notwendig sind. Bei öffentlicher Ausschreibung ist gemäß § 6 Abs. 3 S. 1 mit der Aufforderung zur Angebotsabgabe darüber hinaus festzulegen, welche Nachweise **mit dem Angebot** verlangt werden und bei welchen Nachweisen sich der Auftraggeber eine **spätere Anforderung** vorbehält. Dagegen ist bei Beschränkter Ausschreibung nach öffentlichem Teilnahmewettbewerb zu verlangen, dass die Nachweise bereits mit dem Teilnahmeantrag vorzulegen sind (§ 6 Abs. 3 S. 2).

15 Danach muss der Auftraggeber im offenen Verfahren im Zusammenhang mit der Aufforderung zur Angebotsabgabe entscheiden und den Bietern diese Entscheidung mitteilen, ob und gegebenenfalls welche Eignungsnachweise **mit dem Angebot beizubringen sind** und bei welchen Nachweisen auf eine Vorlage verzichtet wird und vorbehalten bleibt, diese zu gegebener Zeit nachzufordern.[26] Dabei ist die **Bindung des Auftraggebers** an die Festlegung von Eignungsanforderungen und – nachweisen in der Vergabebekanntmachung zu beachten. Die von ihm in der Vergabebekanntmachung angegebenen Erfordernisse darf der Auftraggeber mit der Aufforderung zur Angebotsabgabe präzisieren und konkretisieren, in der Sache aber nicht abändern oder ergänzen.[27] Keinesfalls darf er über die bereits eindeutig in der Bekanntmachung verlangten Nachweise hinausgehen. Unklarheiten gehen zu seinen Lasten.[28]

16 Bereits zum Zeitpunkt der Erstellung der **Vergabebekanntmachung** muss der Auftraggeber sich somit darüber klar geworden sein, ob und welche **Kriterien er für die Beurteilung der Eignung aufstellen,** wie er diese gegebenenfalls **gewichten** und welche diesbezüglichen **Nachweise** er von den Bietern verlangen will.[29] Dadurch erhöhen sich die Transparenz des Vergabeverfahrens und die Chancengleichheit für die Bieter. Jeder Interessent kann frühzeitig abschätzen, ob er die Forderungen des Auftraggebers überhaupt erfüllen kann und von einer Anforderung der Angebotsunterlagen absehen, wenn er erkennt, dass ihm dieses nicht möglich sein wird. Zudem kann er die Zeit auch nutzen, um gegebenenfalls Nachweise und Unterlagen zu beschaffen.

---

[24] OLG Düsseldorf 6.2.2013 – VII-Verg 32/12, BeckRS 2013, 03174; 5.12.2012 – VII-Verg 29/12, BeckRS 2013, 02606 und 28.11.2012 – VII-Verg 8/12, NZBau 2013, 258.

[25] OLG des Landes Sachsen-Anhalt 29.10.2013 – 2 Verg 3/13.

[26] OLG Düsseldorf 12.9.2012 – VII-Verg 108/11, NZBau 2013, 61; 15.8.2011 – VII-Verg 71/11, BeckRS 2011, 23806; 23.6.2010 – VII-Verg 18/10, ZfBR 2010, 823; 4.6.2008 – VII-21/08; 12.12.2007 – VII-Verg 34/07, BeckRS 2008, 02955; IBR 2007, 89; VergabeR 2008, 671 (für eine VOL-Vergabe); Thüringer OLG 21.9.2009 – 9 Verg 7/09, BeckRS 2009, 86482.

[27] OLG Düsseldorf 12.9.2012 – VII-Verg 108/11, NZBau 2013, 61; 15.8.2011 – VII-Verg 71/11, BeckRS 2011, 23806; 23.6.2010 – VII-Verg 18/10, ZfBR 2010, 823; 4.6.2008 – VII-21/08; 12.12.2007 – VII-Verg 34/07, BeckRS 2008, 02955; 28.6.2006 – VII-Verg 18/06; OLG Jena 21.9.2009 – 9 Verg 7/09, BeckRS 2009, 86482.

[28] BGH 3.4.2012 – X ZR 130/10, NZBau 2012, 513; OLG Düsseldorf 26.3.2012 – VII-Verg 4/12, BeckRS 2012, 11206; aA wohl OLG Schleswig 22.5.2006 – 1 Verg 5/06, NZBau 2007, 257 wonach detailliertere Nachweise, im Streitfall ein in der Bekanntmachung nicht genannter Gewerbezentralregisterauszug, gefordert werden können, wenn für deren Erfüllung kein größerer Zeitbedarf erforderlich ist.

[29] OLG Düsseldorf 4.6.2008 – VI-Verg 21/08, BeckRS 2009, 05989; OLG Jena 21.9.2009 – 9 Verg 7/09, BeckRS 2009, 86482; *Schranner* in Ingenstau/Korbion VOB VOB/A § 6 Rn. 135; *Summa* in jurisPK-VergabeR VOB/A § 16b Rn. 21; aA: OLG Schleswig 22.5.2006 – 1 Verg 5/06, NZBau 2007, 257; offen gelassen von OLG München VergabeR 2009, 65 (69).

Die in der Vergabebekanntmachung getroffene Festlegung, wonach bestimmte Eignungsnach- 17
weise von den Bietern **mit dem Angebot** beizubringen sind, darf der Auftraggeber dagegen im
Rahmen der Aufforderung zur Angebotsabgabe ändern, von einer Forderung ganz oder teilweise
abrücken und sich vorbehalten, **Eignungsnachweise nachzufordern.** Eine Bindung des Auftraggebers an die von ihm in der Bekanntmachung aufgestellten Anforderungen besteht nur
insoweit, als er von den dort festgelegten Kriterien und den dazu benannten Nachweisen **inhaltlich nicht abweichen,** diese nicht ändern oder erweitern darf. Hinsichtlich der Bestimmung
des Zeitpunkts, in dem die Eignung mit Hilfe der festgelegten Unterlagen nachzuweisen ist, ist
der Auftraggeber hingegen frei. Vorfestlegungen in der Bekanntmachung sind insoweit nicht
verbindlich.[30]

C. Materielle Eignungsprüfung

I. Allgemeines

Im Rahmen der materiellen Eignungsprüfung prüft der Auftraggeber anhand der von ihm 18
aufgestellten und bekannt gegebenen Kriterien, ob ein Bieter über die in § 16b Abs. 1 zur
Umschreibung der Eignung genannten Merkmale der **Fachkunde, Leistungsfähigkeit und
Zuverlässigkeit** verfügt. Insoweit steht ihm ein **Beurteilungsspielraum** zu, der von den
Nachprüfungsinstanzen nur daraufhin überprüft werden kann, ob der Auftraggeber die von ihm
selbst aufgestellten Vorgaben beachtet, das vorgeschriebene Verfahren eingehalten, den zugrunde
gelegten Sachverhalt zutreffend und vollständig ermittelt, keine sachwidrigen Erwägungen
angestellt und nicht gegen allgemeine Bewertungsgrundsätze verstoßen hat.[31] An die **aufgestellten und bekannt gemachten Kriterien sowie deren Gewichtung ist der Auftraggeber
im Rahmen der Eignungsprüfung gebunden.** Es ist vergaberechtswidrig, wenn der Auftraggeber im Nachhinein auf die Einhaltung bestimmter Anforderungen verzichtet oder die Gewichtung verschiebt. Nicht bekannt gemachte Eignungskriterien dürfen nicht herangezogen
werden. Der Auftraggeber ist bei seiner Entscheidung nicht an die Beurteilung anderer öffentlicher Stellen gebunden, sondern hat eine eigenständige Prüfung durchzuführen.[32]

Beabsichtigt ein Bieter, Nachunternehmer einzusetzen, so ist deren Fachkunde, Leistungsfähigkeit und Zuverlässigkeit anhand der vom Auftraggeber geforderten und vom Bieter für den
Nachunternehmer geforderten Eignungsnachweise zu überprüfen (vgl. auch die Kommentierung zu § 16a Rn. 19 ff.).

Eignungsentscheidungen, bei denen dem Auftraggeber eine Einschätzungsprärogative zu- 19
kommt, dürfen grundsätzlich nur auf der Grundlage gesicherter Erkenntnisse ergehen.[33]
Allerdings sind die **Anforderungen an den Grad der Erkenntnissicherheit** nicht nur an
den vergaberechtlichen Grundsätzen der Transparenz und Diskriminierungsfreiheit, sondern
auch am **Interesse des öffentlichen Auftraggebers an einer zügigen Umsetzung von
Beschaffungsabsichten und einem raschen Abschluss von Vergabeverfahren** zu messen.[34]
Dem öffentlichen Auftraggeber kommt insoweit zu Gute, dass sich aus dem auch im Vergaberecht geltenden Grundsatz von Treu und Glauben **Zumutbarkeitsgrenzen** für Überprüfungsund Kontrollpflichten ergeben.[35] In dem durch die Beteiligung an einer Ausschreibung gemäß
§§ 311 Abs. 2, 241 Abs. 2 BGB begründeten Schuldverhältnis sind im Rahmen der Eignungsprüfung die Belange der anderen am Auftrag interessierten Unternehmen nur im Rahmen des
Zumutbaren zu berücksichtigen. Die Grenzen der Zumutbarkeit werden durch den **kurzen
Zeitraum,** in dem die Entscheidung über die Auftragsvergabe zu treffen ist, sowie durch die
begrenzten Ressourcen und administrativen Möglichkeiten des öffentlichen Auftrag-

---

[30] OLG Düsseldorf 12.12.2007 – VII-Verg 34/07, BeckRS 2008, 02955.
[31] Vgl. OLG München 5.10.2012 – Verg 15/12, BeckRS 2012, 21412; OLG Düsseldorf 24.2.2004 – VII-Verg 88/04, NZBau 2005, 535; 22.9.2005 – VII-Verg 49 und 50/05; 4.2.2009 – VII-Verg 65/08, BeckRS 2009, 29063; 9.6.2010 – VII-Verg 14/10, BeckRS 2010, 19463; 6.5.2011 – VII-Verg 26/11, BeckRS 2011, 18447; KG 27.11.2008 – 2 Verg 4/08, BeckRS 2009, 00113; OLG Schleswig OLGR 2008, 493 (496).
[32] OLG Düsseldorf 10.8.2011 – Verg 34/11, BeckRS 2011, 20453.
[33] vgl. BGH 26.10.1999 – X ZR 30/98, NJW 2000, 661; OLG Düsseldorf 4.2.2009 – VII-Verg 65/08, BeckRS 2009, 29063; 24.5.2007 – Verg 12/07, ZfBR 2008, 79; OLG München 5.10.2012 – Verg 15/12, BeckRS 2012, 21412; KG 27.11.2008 – 2 Verg 4/08, BeckRS 2009, 00113.
[34] OLG Düsseldorf 12.12.2009 – VII-Verg 39/09, NZBau 2010, 333 – Berliner Stadtschloss mit Anm. *Mertens* IBR 2010, 219; *Prieß/Hölzl* NZBau 2010, 354; *Horn* VergabeR 2010, 499.
[35] Vgl. *Scharen* GRUR 2009, 345 (347 ff.).

gebers, weitere Überprüfungen vorzunehmen, bestimmt. Für die Entscheidung, ob ein Bewerber oder ein Bieter auf Grund der von ihm vorgelegten Nachweise und Erklärungen als geeignet bzw. ungeeignet zu beurteilen ist, ist demnach nicht erforderlich, dass der öffentliche Auftraggeber sämtliche in Betracht kommenden Erkenntnisquellen ausschöpft, um die gemachten Angaben zu verifizieren. Vielmehr darf er seine Entscheidung auf eine **methodisch vertretbar erarbeitete, befriedigende Erkenntnislage** stützen und von einer Überprüfung von Eigenerklärungen absehen, wenn und soweit sich keine objektiv begründeten, konkreten Zweifel an der Richtigkeit ergeben. Nur in diesem Fall ist er gehalten, weitere Nachforschungen anzustellen und gegebenenfalls von neuem in die Eignungsprüfung einzutreten. Ansonsten ist die Entscheidung des öffentlichen Auftraggebers über die Eignung eines Bewerbers (oder Bieters) bereits dann hinzunehmen, wenn sie unter **Berücksichtigung der schon bei Aufstellung der Prognose aufgrund zumutbarer Aufklärung gewonnenen Erkenntnisse (noch) vertretbar** erscheint.

20 Wichtige Anhaltspunkte für die Beurteilung der Eignung können sich aus dem **bisherigen Verhalten** des Bieters ergeben:[36] Neben der Frage, ob dieser seinen **gesetzlichen Verpflichtungen** – auch zur Entrichtung von Steuern und sonstigen Abgaben – nachgekommen ist, ist insbesondere die **Abwicklung und Durchführung früherer Aufträge** als auch das **Verhalten im Vergabeverfahren** selbst von Interesse.[37] Der öffentliche Auftraggeber überschreitet den ihm zustehenden Beurteilungsspielraum nicht durch sachwidrige Erwägungen, wenn er bei der Beurteilung der Eignung auf **Erfahrungen** zurückgreift, die er mit dem betreffenden Unternehmen bei der Abwicklung eines früheren Auftrags gemacht hat, insbesondere dann, wenn sich daraus vertragliche Verfehlungen ergeben haben.[38] Die Eignungsmerkmale der Fachkunde, Leistungsfähigkeit und Zuverlässigkeit dürfen – sollen sie aussagekräftig bewertet werden – nicht auf Grund einer bloßen Momentaufnahme im Rahmen eines laufenden Vergabeverfahrens beurteilt werden, wenn der Auftraggeber sich nicht dem Vorwurf aussetzen will, seiner Eignungsbewertung einen unvollständigen Sachverhalt zugrunde gelegt zu haben.[39] Dabei kann unredliches Verhalten, zB absichtliche Additionsfehler im Angebot,[40] kein Hinweis auf erkannte Beschreibungsfehler des Auftraggebers,[41] mangelhafte Mitarbeit bei der Aufklärung einer schweren Verfehlung[42] zur Verneinung der Zuverlässigkeit führen.

21 **Schlechte Erfahrungen** aus vorangegangenen Vorhaben mit einem sich erneut beteiligenden Bieter berechtigen jedoch nicht ohne weiteres zum Ausschluss.[43] Die Verhältnisse des Bieters können sich inzwischen in einer Weise verändert haben – durch Auswechselung oder Ausbau des Personals, andere Organisations- und Überwachungsstrukturen etc –, dass konkrete Zweifel an der aktuellen Eignung nicht (mehr) bestehen.[44] Umgekehrt wäre es ebenfalls eine sachfremde Erwägung, einen Bieter allein deshalb für geeignet oder für geeigneter als die Mitbewerber zu halten, weil man in der Vergangenheit gute Erfahrungen mit ihm gemacht hat und ihn als „bekannt und bewährt" ansieht.

II. Eignungsmerkmale

22 **1. Fachkunde.** Ein Bieter verfügt über die erforderliche **Fachkunde,** wenn er über die für die Vorbereitung und Ausführung der jeweiligen Leistung notwendigen Kenntnisse, Erfahrungen und Fertigkeiten verfügt. Die Beurteilung erfolgt objektbezogen: die Fachkunde muss den

---

[36] Art. 57 Abs. 4g der Richtlinie 2014/24 EU sieht für den Bereich der Oberschwellenwertvergaben nunmehr erstmals ausdrücklich einen Ausschluss von Unternehmen vor, die bei früheren Aufträgen durch Schlechtleistungen aufgefallen sind.
[37] Vgl. OLG Brandenburg 3.2.2004 – Verg W 9/03, IBRRS 2004, 0554; OLG Düsseldorf 28.8.2001 – Verg 27/01, IBRRS 2003, 0285 (zur VOL/A); OLG Stuttgart BauR 2003, 1420.
[38] OLG Düsseldorf 25.7.2012 – VII-Verg 27/12, BeckRS 2012, 23819; OLG München 5.10.2012 – Verg 15/12, BeckRS 2012, 21412; 1.7.2013 – Verg 8/13, BeckRS 2013, 11807; OLG Brandenburg 14.9.2010 – Verg W 8/10, BeckRS 2012, 21412.
[39] OLG Düsseldorf 4.2.2009 – VII-Verg 65/08, BeckRS 2009, 29063.
[40] Vgl. OLG Düsseldorf 4.2.2009 – VII-Verg 65/08, BeckRS 2009, 29063.
[41] Vgl. OLG Düsseldorf BauR 1994, 240.
[42] Vgl. OLG Düsseldorf IBR 2005, 616.
[43] OLG München 5.10.2012 – Verg 15712; 1.7.2013 – Verg 8/13, BeckRS 2013, 11807; OLG Brandenburg, 14.9.2010 – Verg W 8/10, BeckRS 2012, 21412; OLG Frankfurt 24.2.2009 – 11 Verg 19/08, ZfBR 2009, 394.
[44] Zur Wiederherstellung der Zuverlässigkeit durch Selbstreinigung vgl. Brandenburgisches OLG NZBau 2008, 277.

speziellen Anforderungen der zu vergebenden Leistungen genügen.[45] Bei schwierigen Leistungen wird häufig gefordert, dass der Bieter bereits nach Art und Umfang vergleichbare Leistungen ausgeführt hat.[46] Diesem Nachweis dienen Referenzen oder auch die Eintragung in die Handwerksrolle für die beschriebenen Arbeiten.[47]

2. Leistungsfähigkeit. **Leistungsfähigkeit** setzt die personellen, kaufmännischen, technischen und finanziellen Mittel voraus, die notwendig sind, um den Auftrag ausführen zu können. Die Grenzen zwischen den beiden Prüfungspunkten Fachkunde und Leistungsfähigkeit sind oft fließend.

Leistungsfähig ist der Bieter, der über das für die fach- und fristgerechte Ausführung notwendige Personal und Gerät verfügt und die Erfüllung seiner Verbindlichkeiten erwarten lässt. Bei dieser Feststellung hat sich die Prüfung darauf zu konzentrieren, ob der Bieterbetrieb technisch, organisatorisch und finanziell so ausgestattet ist, dass eine **fach- und fristgerechte Ausführung** erwartet werden darf. Es genügt, dass der Bieter sich die erforderlichen sachlichen und personellen Mittel bis zur Auftragsdurchführung verschaffen kann. Der Bieter muss nicht alles vorhalten und von ihm kann insbesondere nicht erwartet werden, dass er in Erwartung des Zuschlags die Mittel beschafft, dh Gerätschaften anschafft und Personal einstellt.[48]

3. Zuverlässigkeit. Als **zuverlässig** ist ein Bieter anzusehen, wenn er die Gewähr für eine sorgfältige und ordnungsgemäße, den öffentlich-rechtlichen und technischen Normen entsprechende Bauausführung zum vereinbarten Termin bietet.[49] Dieses Kriterium löst sich von der engen Betriebsbezogenheit und schließt weitergehende Merkmale mit ein, darf sich aber andererseits nicht auf Fakten ausdehnen, die mit dem Betrieb und der Bauaufgabe nichts mehr zu tun haben. Vom Wortsinn her sind hier personenbezogene Eigenschaften angesprochen, so dass teilweise Überschneidungen mit dem Nachweis der Fachkunde auftreten können. Grundsätzlich steht die Zuverlässigkeit des Bieters in Frage, wenn die unter § 16 Abs. 1 Nr. 5 bis 8 und in Abs. 2 genannten Tatbestände erfüllt sind und das Angebot nicht bereits aus diesem Grund ausgeschlossen worden ist.

III. Maßgeblicher Zeitpunkt für die Prüfung und Bejahung der Eignung

Die Eignung eines Bieters muss im **Zeitpunkt der Vergabeentscheidung** geklärt sein und zu diesem Zeitpunkt bejaht werden können.[50] Der Auftraggeber darf keine Auftragsvergabe an einen Bieter befürworten, der auf Grund gesicherter Erkenntnisse nicht fachkundig und/oder nicht leistungsfähig oder aus rechtlichen Gründen gehindert ist, die vertraglichen Verpflichtungen zu erfüllen. Der Auftraggeber kann bestimmen und muss aus Gründen der Transparenz den Bietern hinreichend deutlich bekannt geben, zu welchem Zeitpunkt eine bestimmte Eignungsanforderung erfüllt und nachgewiesen werden muss. So kann der Auftraggeber schon in der Bekanntmachung und spätestens in der Aufforderung zur Abgabe eines Angebots verlangen, dass die geforderten Eigenschaften bereits zum Zeitpunkt der Abgabe des Angebots vorliegen und auch nachgewiesen werden. Enthalten die Vergabeunterlagen eine eindeutige diesbezügliche Anforderung nicht, muss der Bieter den geforderten Nachweis erst auf Verlangen des Auftraggebers und damit zu einem späteren Zeitpunkt innerhalb der Frist zwischen Abgabe des Angebots und Zuschlagsentscheidung führen.[51] Das gilt nicht nur, wenn der Auftraggeber das Vorhandensein des nachzuweisenden Eignungsmerkmals zum Zeitpunkt der Angebotsabgabe nicht verlangt, sondern selbst für den Fall, dass es sich auch ohne ausdrückliche Festlegung in den Vergabeunterlagen auf Grund der Art der ausgeschriebenen Leistung von selbst versteht, dass die Bieter die dafür vorauszusetzende **Befähigung bereits im Zeitpunkt der Abgabe des Angebots aufweisen** müssen. Verlangt der Auftraggeber den Nachweis dieser Eigenschaften nicht

---

[45] *Bauer* in Heiermann/Riedl/Rusam VOB/A § 16 Rn. 90.
[46] Vgl. dazu OLG München 12.11.20112 – Verg 23/12, BeckRS 2012, 23578 wonach „vergleichbare" nicht „gleiche" Leistung bedeutet.
[47] BayObLG NZBau 2003, 633; OLG Düsseldorf IBR 2007, 151; OLG München 18.7.2008 – Verg 13/08, BeckRS 2008, 20532.
[48] OLG München 17.1.2013 – Verg 30/12, BeckRS 2013, 01364.
[49] *Bauer* in *Heiermann/Riedl/Rusam* VOB/A § 16 Rn. 94.
[50] OLG Düsseldorf 19.9.2002 – VII-Verg 41/02, BeckRS 9998, 04354; NZBau 2007, 461; Brandenburgisches OLG NZBau 2008, 277; OLG München VergabeR 2009, 65.
[51] Vgl. OLG München 21.8.2008 – Verg 13/08, BeckRS 2008, 20532 für den Nachweis der Eintragung in die Handwerksrolle.

ausdrücklich bereits mit der Einreichung des Angebots, ist er erst auf Verlangen, dh zu einem späteren Zeitpunkt zwischen Angebotseinreichung und Zuschlag zu führen.

26   Bei **nachträglich bekannt gewordenen** Tatsachen, die Zweifel an der Eignung eines Bieters begründen, ist der Auftraggeber nicht nur berechtigt, sondern verpflichtet, diesen nachzugehen und die getroffene Entscheidung gegebenenfalls zu korrigieren. Insoweit gilt nichts anderes als in den Fällen sich erst nachträglich herausstellender oder zuvor übersehener zwingender Ausschlussgründe. Umgekehrt gilt, dass zunächst begründete Zweifel an der Eignung auch durch später eintretende Umstände ausgeräumt werden können.[52] Treten nach Durchführung der Eignungsprüfung Umstände ein, die objektive Zweifel an der Eignung des Bieters begründen – zum Beispiel angesichts der Veräußerung eines Betriebsteils aufkommende Zweifel am Fortbestand der sachlichen, personellen und technischen Leistungsfähigkeit – ist es Sache des Bieters, diese Umstände unaufgefordert und unverzüglich gegenüber dem Auftragnehmer darzulegen und die sich ergebenden Zweifel an seiner Eignung auszuräumen.[53] Letzter möglicher Zeitpunkt für eine Bewertung der Eignung ist die letzte mündliche Verhandlung in einem Nachprüfungsverfahren.[54]

27   Von der Frage, wann das Ergebnis der Eignungsprüfung vorliegen muss, ist die Frage zu unterscheiden, zu welchem **Zeitpunkt in der Person eines Bieters die Eigenschaften gegeben** sein müssen, die ihn geeignet erscheinen lassen, die ausgeschriebenen Leistungen vertragsgemäß zu erbringen.

Die Voraussetzungen der Leistungsfähigkeit eines Bieters – zum Beispiel sachliche und personelle Mittel – müssen grundsätzlich erst zum **Zeitpunkt des Auftragsbeginns** erfüllt sein, da er ansonsten gegebenenfalls zu unnötigen Investitionen gezwungen ist.[55] Maßgeblich ist, dass der Auftraggeber bei der Vergabeentscheidung davon ausgehen kann, dass der Bieter im Zeitpunkt der Auftragsdurchführung leistungsfähig ist. Bei der anzustellenden Prognose ist darauf abzustellen, ob der Bieter zum Zeitpunkt der Angebotsabgabe plausibel darlegen kann, über die erforderlichen Mittel bis zum Auftragsbeginn zu verfügen. Zudem ist zu berücksichtigen, ob die Beschaffung der erforderlichen Mittel nach der voraussichtlichen Marktlage möglich sein wird.[56]

IV. Mehr an Eignung

28   Bei der öffentlichen Ausschreibung ist die **Priorität der Eignungsprüfung** vor der sachlichen Wertung durch die Formulierung „zunächst" dokumentiert. Ist die Eignung des Bieters grundsätzlich bejaht, darf sie nicht später unter dem Gesichtspunkt der Wirtschaftlichkeit wieder aberkannt werden.

Im Rahmen der **Eignungsprüfung ist vom Auftraggeber somit eine eindeutige Festlegung** gefordert, welche Bieter als geeignet gelten. Sie dient dagegen nicht der Ermittlung qualitativer Unterschiede zwischen den einzelnen Bewerbern.[57] Grundsätzlich verbietet es sich, unterschiedliche Eignungsgrade der Bieter festzustellen, also Eignungsranglisten zu erstellen und diese bei der Entscheidung über den Zuschlag im Rahmen der Wirtschaftlichkeitsprüfung (vierte Wertungsstufe) in der Weise zu berücksichtigen, dass dem Angebot eines für geeignet befundenen Bieters dasjenige eines Mitbewerbers wegen dessen höher eingeschätzter Eignung vorgezogen wird.[58]

29   Die auch in der Systematik der Vorschriften des § 122 Abs. 1 und des § 127 GWB zum Ausdruck kommende grundsätzliche Trennung zwischen Eignungs- und Wirtschaftlichkeitsbzw. Zuschlagsprüfung und damit die Trennung von Eignungs- und Wirtschaftlichkeits- bzw. Zuschlagskriterien beruht auf den **sachlichen und qualitativen Unterschieden** der jeweils vorzunehmenden Prüfungen. Während es sich bei der Eignungsprüfung um eine unternehmensbezogene Untersuchung handelt, ob ein Unternehmen nach seiner personellen, sachlichen und finanziellen Ausstattung zur Ausführung des Auftrags in der Lage sein wird, bezieht sich die Wirtschaftlichkeitsprüfung auf Eigenschaften der Angebote, nicht der Bieter. Die Trennung der

---

[52] *Vavra* in Ziekow/Völlink Vergaberecht, VOB/A § 16 Rn. 31c.
[53] Vgl. OLG Düsseldorf VergabeR 2005, 374 (376 f.) (für eine VOL-Vergabe).
[54] OLG München 22.11.2012 – Verg 22/12, NZBau 2013, 261.
[55] OLG Düsseldorf 20.10.2008 – VII-Verg 41/08, NZBau 2009, 63; OLG Schleswig 8.5.2007 – 1 Verg 2/07, BeckRS 2008, 07858; OLG München 17.1.2013 – Verg 30/12, BeckRS 2013, 01364.
[56] *Diehr* in Reidt/Stickler/Glahs Vergaberecht, § 97 Rn. 71.
[57] Vgl. *Gröning* NZBau 2003, 86 (90).
[58] Vgl. BGH BauR 1998, 1246; NZBau 2008, 505 (506); OLG Düsseldorf 17.2.2010 – VII-Verg 42/09; OLG München 30.4.2010 – Verg 5/10, NJW-Spezial 2010, 365.

Eignungs- und Wirtschaftlichkeitsprüfung hat zur Folge, dass bei der Ermittlung des wirtschaftlichsten Angebots nur Faktoren berücksichtigt werden dürfen, die mit dem Gegenstand des Auftrags in Zusammenhang stehen. Infolgedessen ist eine **nochmalige Anwendung von Eignungskriterien im Rahmen der Wirtschaftlichkeitsprüfung** in der Regel ausgeschlossen.

Das darauf basierende Verbot, kein „**Mehr an Eignung**" zu berücksichtigen, ergab sich bislang auch aus den Vorgaben des europäischen Rechts. Aus Art. 44 Abs. 1 VKR 2004/18/EG folgte, dass die Vergabe des Auftrags nach Prüfung der Eignung erfolgt. Die grundsätzlich zu beachtende inhaltliche Trennung der Eignungs- und Zuschlagsprüfung entsprach zudem der ständigen Rechtsprechung des EuGH.[59] Im Rahmen einer Vorabentscheidung nach Art. 234 EG[60] hat der EuGH darüber hinausgehend ausgeführt, dass Kriterien, die im Wesentlichen mit der Beurteilung der fachlichen Eignung der Bieter zusammenhängen bzw. sich in erster Linie auf diese beziehen, nicht als Zuschlagskriterien verwendet werden dürfen. Umstände wie die Erfahrung der Bieter, ihre personelle und technische Ausstattung sowie ihre Fähigkeit, den Auftrag zum vorgesehenen Zeitpunkt ausführen zu können, haben demnach bei der Zuschlagsentscheidung unberücksichtigt zu bleiben. **Danach können Kriterien ihrer Natur nach entweder nur Eignungs- oder nur Wertungs- bzw. Zuschlagskriterien** bilden.

Eine solche Ausschließlichkeit der Einordnung von Kriterien hatte der EuGH allerdings in einer früheren Entscheidung nicht angenommen: In dem Urteil vom 28.3.1995[61] hatte er die Vergabestelle vielmehr für berechtigt gehalten, beim Abschluss von Dauerverträgen[62] im Rahmen der Zuschlagsentscheidung zu berücksichtigen, ob die Bieter fähig sind, die Zuverlässigkeit und Kontinuität der Versorgung sicherzustellen. Dabei handelt es sich zweifelsfrei um ein eignungsbezogenes Kriterium.

Unter Bezugnahme auf dieses letztgenannte Urteil des EuGH hatte das Oberlandesgericht Düsseldorf in zwei Entscheidungen[63] darauf hingewiesen, dass ungeachtet der in dem Urteil vom 24.1.2008 aufgestellten Vergabegrundsätze von den EG-Vergaberichtlinien nicht gefordert sei, **graduelle Eignungsunterschiede zwischen den Bietern bei der Bestimmung des wirtschaftlichsten Angebots in jedem Fall unberücksichtigt zu lassen**. Es bestehe ein anerkennenswertes Bedürfnis der Auftraggeber, in Vergaben, die besondere Anforderungen an die Ausführung stellen, den Auftrag nicht schon einem im Rahmen der Eignungsprüfung ermittelten, generell geeigneten, sondern mit Rücksicht auf die besonderen Anforderungen nur einem **besonderes erfahrenen, fachkundigen und/oder zuverlässigen** Auftragnehmer zu erteilen. Die Vergabepraxis lehre, dass es graduelle Eignungsunterschiede hinsichtlich der Gewissheit einer ordnungsgemäßen Ausführung des Auftrags durchaus gebe. Solche Unterschiede nicht zu berücksichtigen sei im Hinblick auf das angestrebte Ergebnis geradezu kontraproduktiv. Die in Art. 53 Abs. 1 VKR 2004/18/EG und in den nationalen Verdingungsordnungen nicht abschließend aufgezählten Zuschlagskriterien ließen bei einer an der Wirtschaftlichkeit ausgerichteten Angebotswertung Abstufungen nach dem Grad der unternehmensindividuellen Eignung zu.

Der vom Oberlandesgericht Düsseldorf in den Blick genommenen Lösung, die graduell verschiedene Eignung durch die Formulierung von strikt auftragsbezogenen Eignungsmerkmalen als Zuschlagskriterien zu berücksichtigen, erteilte der Bundesgerichtshof durch die Entscheidung vom 15.4.2008 indes eine Absage.[64] Danach konnte dem berechtigten Anliegen der Auftraggeber, eine besondere Eignung der Bewerber zu berücksichtigen, ausschließlich durch die **Wahl des Vergabeverfahrens** Rechnung getragen werden. Auch die Rechtsprechung des EuGH war insoweit eindeutig.[65]

Das bislang strikte Verbot, im Rahmen der Zuschlagsprüfung „kein Mehr an Eignung" zu berücksichtigen, wird durch die **neue Bestimmung in Art. 67 Abs. 2b der Richtlinie 2014/24 EU** aufgehoben und durch eine Regelung ersetzt, die dem praktischen Bedürfnis des Auftraggebers Rechnung trägt, den Auftrag nicht nur einem generell geeigneten Bieter, sondern mit Rücksicht auf die besonderen Anforderungen, die die Ausführung stellt, nur einem besonders

---

[59] Vgl. 20.9.1998 – 31/87, Slg. 1988, 4653 – Beentjes.
[60] 24.1.2008 – C-532/06, NZBau 2008, 262 ff. Rn. 26–30 – Lianakis mwN.
[61] C-324/93, EuZW 1995, 369 – Evans Medical.
[62] In dem der Entscheidung zugrunde liegenden Sachverhalt handelte es sich um die Lieferung von Suchtstoffen für medizinische Zwecke.
[63] Vgl. OLG Düsseldorf VergabeR 2008, 956 (959 f.) in einem obiter dictum sowie 21.5.2008 – Verg 19/08, NZBau 2009, 67 in einem Hinweis für das teilweise zu wiederholende Vergabeverfahren, jeweils mwN.
[64] VergabeR 2008, 641.
[65] Vgl. 12.11.2009 – C-199/07, 24.1.2008, C-532/06 „Lianakis", 9.10.2014, C-641/13.

erfahrenen, fachkundigen und oder zuverlässigen Auftragnehmer zu übertragen.[66] Bereits in seiner Entscheidung vom 26.3.2015 (Rs. C-60 1/13) hatte der EuGH – unter Hinweis darauf, dass die Regelung in Art. 67 Abs. 2b RL 2014/24/EU noch nicht in Kraft getreten sei – die Bewertung des konkret für den dort streitgegenständlichen Auftrag vorgesehenen Personals und dessen Erfahrungen ausdrücklich für zulässig gehalten und ausgeführt, dass in diesem Fall die Qualifikation und Erfahrung des Personals den für Zuschlagskriterien stets erforderlichen Auftragsbezug aufwiesen.

34 Die Umsetzung im nationalen Recht erfolgt für den Bereich der Oberschwellenwertvergaben durch § 16d EU Abs. 2 Nr. 2 lit. b). Danach ist die Berücksichtigung der Organisation, Qualifikation und Erfahrung des einzusetzenden Personals zulässig, wenn die Qualität des einzusetzenden Personals erheblichen Einfluss auf das Niveau der Auftragsdurchführung haben kann. Damit wird jedenfalls im Bereich der Oberschwellenwertvergaben die **strenge Trennung von Eignungs- und Zuschlagskriterien durchbrochen.** Dies muss letztlich auch im Bereich der Unterschwellenwertvergaben gelten. Dort strengere Maßstäbe an die Notwendigkeit der Trennung von Eignungs- und Zuschlagskriterien anzulegen als im Bereich der Oberschwellenwertvergaben, erscheint wenig sinnvoll.

§ 16c Prüfung

(1) **Die nicht ausgeschlossenen Angebote geeigneter Bieter sind auf die Einhaltung der gestellten Anforderungen, insbesondere in rechnerischer, technischer und wirtschaftlicher Hinsicht zu prüfen.**
(2) 1. **Entspricht der Gesamtbetrag einer Ordnungszahl (Position) nicht dem Ergebnis der Multiplikation von Mengenansatz und Einheitspreis, so ist der Einheitspreis maßgebend.**
  2. **Bei Vergabe für eine Pauschalsumme gilt diese ohne Rücksicht auf etwa angegebene Einzelpreise.**
  3. **Nummern 1 und 2 gelten auch bei Freihändiger Vergabe.**
(3) **Die aufgrund der Prüfung festgestellten Angebotsendsummen sind in der Niederschrift über den Eröffnungstermin zu vermerken.**

Schrifttum: Vgl. die Nachweise bei § 16 VOB/A.

Übersicht

	Rn.
A. Allgemeines	1
B. Das Prüfungsverfahren im Einzelnen	4
I. Die rechnerische Prüfung	5
1. rechnerische Prüfung im Einheitspreisvertrag	6
2. Rechnerische Prüfung im Pauschalvertrag	12
II. Die technische Prüfung	13
III. Die wirtschaftliche Prüfung	17
IV. Geltung auch bei freihändiger Vergabe	19
V. Eintragung der geprüften Endsummen in die Niederschrift	20

A. Allgemeines

1 Die §§ 15 und 16 ff. VOB/A sind ein einheitliches, stufenweise fortschreitendes Verfahren nach Abschluss des Eröffnungstermins. Der an die VOB/A gebundene Auftraggeber muss die eröffneten Angebote
– **prüfen,** dh ihren genauen Inhalt feststellen (§ 16c) und
– **werten,** dh über die geprüfte Angebotssumme hinaus anhand formeller, persönlicher und sachlicher Kriterien ihren wirtschaftlichen Wert ermitteln (§ 16d),
– **aufklären,** wobei er im persönlichen Gespräch mit den Bietern den Inhalt hinterfragen darf (§ 15).

---

[66] Vgl. den der Entscheidung des OLG Düsseldorf 25.2.2004 – Verg 77/03, ZfBR 2004, 506 und 26.1.2005 – Verg 45/04, ZfBR 2005, 410 zugrundeliegenden Sachverhalt des Ausbaus des Teltow-Kanals.

Erst dann wird klar, welches Angebot für ihn das annehmbarste ist, auf das er den Zuschlag erteilen darf (§ 18 VOB/A). In der Praxis sind die Grenzen zwischen Prüfung und Wertung oft fließend, dh beide Vorgänge werden meist zusammen erledigt. Von der Bedeutung her liegt aber in diesem Verfahren, neben der Aufstellung der Verdingungsunterlagen §§ 7–9 VOB/A, die Hauptaufgabe des Auftraggebers, weil hier die maßgebenden Entscheidungen über den Fortgang der Baumaßnahme getroffen werden müssen.

Diejenigen Angebote, die gemäß den §§ 16, 16a VOB/A ausgeschlossen wurden oder von als ungeeignet befundenen Bietern stammen, werden ungeprüft ausgeschieden.

Während die Verortung der Abs. 3–5 innerhalb des § 16 aF als systematisch missglückt angesehen wurde,[1] wird durch die Neuregelung auch in systematischer Hinsicht verdeutlicht, dass es sich um eine der Vorbereitung der eigentlichen Angebotswertung dienende Prüfung und nicht um eine eigenständige weitere Wertungsstufe handelt. Dies folgt auch aus den entsprechenden Erläuterungen im VHB Bund.[2] **2**

Grundsätzlich berührt ein **Kalkulationsirrtum des Bieters die Wertungsfähigkeit seines Angebots nicht.** Auch berechtigt ein solcher Fehler weder zum Rücktritt noch zur Anfechtung des Angebots. Wird dem Erklärungsempfänger lediglich das Ergebnis einer Berechnung, nicht aber die Kalkulation mitgeteilt, so stellen Berechnungsfehler grundsätzlich einen unerheblichen Motivirrtum dar.[3] Allerdings kann es im Einzelfall eine unzulässige Rechtsausübung gem. § 241 Abs. 2 BGB darstellen, wenn der Auftraggeber ein Vertragsangebot annimmt und auf Durchführung des Vertrages besteht, obwohl er im Zeitpunkt des Vertragsschlusses wusste oder sich treuwidrig der Kenntnisnahme entzogen hat, dass das Angebot auf einem Kalkulationsirrtum des Erklärenden beruht. Indes genügt allein die positive Kenntnis vom einem Kalkulationsirrtum des Erklärenden für die Annahme einer unzulässigen Rechtsausübung nicht, denn der Auftraggeber ist nicht durch Rücksichtnahmepflicht gehindert, auch bei einem noch so geringen Kalkulationsirrtum von dem Zuschlag auf das erkennbar fehlerbehaftete Angebot abzusehen. Ein Pflichtenverstoß liegt erst dann vor, wenn dem Bieter aus Sicht eines verständigen öffentlichen Auftraggebers bei wirtschaftlicher **Betrachtung und unter Berücksichtigung der konkreten Umstände des Einzelfalles nicht zugemutet** werden kann, sich mit dem irrig kalkulierten Preis als einer auch nur annähernd äquivalenten Gegenleistung für die zu erbringende Bau-, Liefer- oder Dienstleistung zu begnügen.[4] **3**

B. Das Prüfungsverfahren im Einzelnen

Hinsichtlich der Einzelprüfungen sind entsprechend der Vorgängerregelung auch in der Neufassung formal drei Abschnitte vorgesehen, die **zeitlich aufeinander** folgen. **4**

I. Die rechnerische Prüfung

Alle eingegangenen Angebote, die formell in Ordnung sind, müssen als nächstes rechnerisch geprüft werden. Ziel dieser Prüfung ist die Ermittlung der genauen Angebotssumme. Denn bis zu diesem Zeitpunkt gibt es lediglich die allein vom Bieter ermittelte **Submissionssumme,** die nach § 14a Abs. 3 Nr. 2 VOB/A (§ 14 Abs. 3 Nr. 2 VOB/A aF) zu verlesen war. Ist aber dem Bieter ein Rechenfehler unterlaufen, muss dieser richtig gestellt werden und der geänderte Endbetrag ist in die Niederschrift über den Eröffnungstermin einzutragen (Abs. 3). Dies führt nicht selten zu einer **Änderung der Bieterreihenfolge.** **5**

1. rechnerische Prüfung im Einheitspreisvertrag. Die Prüfpflicht des Auftraggebers erlangt ihre Hauptbedeutung im Einheitspreisvertrag, weil dort zumeist ein umfangreiches Rechenwerk zu erbringen ist und Fehler deshalb sehr häufig auftreten. Das „Nachrechnen" umfasst sowohl die Ermittlung des Positionspreises durch Multiplikation (Menge oder Vordersatz x Einheitspreis), als auch der Gewerkesummen und/oder des Gesamtpreises durch Addition der Positionspreise. Rechen- und Übertragungsfehler des Bieters sind dabei zu **berichtigen.** **6**

Da die Nachrechnung eine **vorvertragliche Pflicht** des an die VOB/A gebundenen Auftraggebers ist, wird dadurch auch seine **(Mit-)Verantwortung** und **Haftung** begründet. Übersieht **7**

---
[1] Dicks in KMPP VOB/A § 16 Rn. 212.
[2] Erläuterungen zu 321, Ziff. 2.
[3] BGH BauR 1998, 1089.
[4] BGH Urt. v.11.11.2014, X ZR 32/14; OLG Brandenburg Urt. v. 17.3.2016, 12 U 76/15.

er nämlich einen solchen Rechenfehler des Bieters und erteilt er ihm deshalb als dem vermeintlich preisgünstigsten den Auftrag, kann er später mit keinem Schadensersatz aus §§ 280, 282 in Verbindung mit §§ 311 Abs. 2 und 241 Abs. 2 BGB aufrechnen, wenn der Auftragnehmer seine Vergütung nach den tatsächlich ausgeführten Leistungen (§ 2 Abs. 2 VOB/B) geltend macht).[5] Andererseits riskiert der Bieter einen Angebotsausschluss wegen persönlicher Unzuverlässigkeit (§ 16 Abs. 2 Nr. 3 VOB/A) wenn er seine Preise durch **bewusste** Additionsfehler erhöht (und der Auftraggeber dies bei der rechnerischen Prüfung aufdeckt).[6]

8   Eine wichtige Auslegungsvorschrift, die bei Widersprüchen zur Anwendung kommt, findet sich in Abs. 2 Nr. 1, wo die absolute **Priorität des Einheitspreises** festgelegt wird. Von der rechtlichen Bedeutung her handelt es sich um eine inhaltliche Ausgestaltung und **Einschränkung des § 133 BGB,**[7] wonach bei Willenserklärungen der wirkliche Wille zu erforschen und nicht an dem buchstäblichen Sinne des Ausdrucks zu haften ist. Der öffentliche Auftraggeber hat aber durch Verwaltungsrichtlinien intern seine Auslegungspraxis von vornherein strikt festgelegt. Danach gilt § 16c Abs. 2 Nr. 1 vor § 133 BGB und darf deshalb nicht mit dessen Hilfe ausgehöhlt oder gar ins Gegenteil verkehrt werden.

9   Diese Gefahr ist vor allem dann gegeben, wenn der Einheitspreis „falsch" ist, weil er von der Realität abweicht oder offensichtlich auf einem Irrtum beruht.[8] **Beispiel:** In der Position für Bewehrungsstahl ist ein Kilogramm-Preis von 1.000,– Euro eingetragen, während der Gesamtpreis für 3.000 kg marktgerecht mit 3.000,– Euro angegeben wird. Zwar ist hier jedem Fachkundigen klar, dass der Einheitspreis irrtümlich pro Tonne anstatt pro Kilogramm ausgeworfen wurde, was sich durch die Angabe des realistischen Gesamtpreises bestätigt. Dennoch ist hier keine Korrektur über § 133 BGB möglich, sondern allein die Auslegungsregel des Abs. 2 Nr. 1 für den zweifelsfrei ausgewiesenen Einheitspreis maßgebend. Der Positionspreis wäre daher auf 3.000.000 Euro zu „korrigieren".

10 Auch in besonderen Fallkonstellationen, so bei offensichtlicher, sofort erkennbarer Fehlerhaftigkeit, die auch ohne Manipulationsvorwurf behoben werden könnte, ist ein Absehen von dieser Bestimmung nicht zu befürworten. Insoweit ist maßgeblich:

– Der **Wettbewerbsgrundsatz** im Vergaberecht (§ 97 Abs. 1 GWB iVm § 55 BHO) verlangt aus Gründen der **Gleichbehandlung** eine ausnahmslose Beachtung der formellen Regelungen.

– Auch durch noch so enge Ausnahmen kann der Eindruck einer **Auftraggeber-Manipulation,** dh einer wettbewerbswidrigen Verhaltensweise nach § 2 Abs. 1 Nr. 2 S. 2 VOB/A erweckt werden, was aber absolut vermieden werden muss.

11 Im **Ergebnis wird deshalb § 133 BGB** durch § 16c Abs. 2 Nr. 1 so **eingeengt,** dass nur noch der Wortlaut, dh die zweifelsfreie Angabe des Einheitspreises, für den Inhalt der Willenserklärung maßgebend ist. Eine **Korrektur des Einheitspreises** durch die Anwendung **sonstiger Auslegungskriterien,** wie zB den Positionspreis oder gar den (außervertragliche) Marktpreis, ist unzulässig.[9] § 16c Abs. 2 Nr. 2 VOB/A enthält eine eindeutige und transparente Lösung, die Manipulationen und Missbrauch wirksam ausschließt. Jedem Bieter ist es möglich, sich darauf einstellen und besondere Sorgfalt bei der Angabe des Einheitspreises aufzuwenden.[10] Nur dann, wenn sich aus dem Angebot offensichtlich und für den Auftraggeber ohne Weiteres erkennbar ergibt, dass ein bestimmter Einheitspreis gewollt war, ist die Korrektur des Einheitspreises entsprechend dem erkennbar und eindeutig Gewollten zulässig.[11] Zudem kann der Auftraggeber eine Klarstellung vornehmen, wenn sich Widersprüche in der Preisangabe selbst befinden. Werden hier Übertragungsfehler vom Langtext in die Kurzfassung festgestellt, darf der Einheitspreis aus dem verbindlichen Langtext übernommen werden.[12]

12 **2. Rechnerische Prüfung im Pauschalvertrag.** Bei Vergabe für eine Pauschalsumme gilt diese ohne Rücksicht auf etwa angegebene Einzelpreise (Abs. 2 Nr. 2). Damit ist die rechnerische **Prüfung auf ein Minimum beschränkt.** Sie findet allenfalls statt, wenn mehrere Einzel-

---

[5] BGH BauR 1973, 186 = NJW 1973, 752.
[6] BGH BauR 1994, 98 = ZfBR 1994, 69.
[7] *Verfürth* in KMPP VOB/A § 16 Rn. 227 f.
[8] Vgl. auch LG Köln IBR 2005, 509.
[9] OLG München Beschl. v. 10.12.2009, Verg 16/09.
[10] Vgl. *Summa* in jurisPK-VergabeR § 16c Rn. 15.
[11] OLG München Beschl. v. 29.7.2010, Verg 9/10.
[12] VOB-Stelle Niedersachsen IBR 1994, 404.

pauschalen gefordert und genannt sind, die zu einem Gesamtbetrag aufaddiert werden sollen. Dann ist allein dieser Rechenvorgang nachprüfbar. Handelt es sich dagegen um einen pauschalierten Einheitspreisvertrag, so ist ausschließlich die dafür ausgeworfene Endsumme maßgebend. Eine Überprüfung anhand der in den einzelnen Positionen angegebenen Preise auf ihre Richtigkeit oder gar eine Berichtigung des Gesamtbetrages auf Grund dieser Einzelangaben findet nicht statt. Eine Ausnahme kann sich allenfalls im Rahmen der Wertung ergeben, wenn der Verdacht auf ein Unterangebot besteht (§ 16d Abs. 1 Nr. 1) und der Auftraggeber für seine Annahme nach weiteren Argumenten sucht.

II. Die technische Prüfung

Anhand der technischen Prüfung ist festzustellen, ob das Angebot den **technischen Erfordernissen** entspricht, insbesondere im Hinblick auf die Gebrauchsfähigkeit. Dazu gehört die Übereinstimmung mit den **anerkannten Regeln der Technik**[13] und mit den vereinbarten **besonderen DIN-Normen,** die zum Bestandteil der Verdingungsunterlagen nach § 8a Abs. 2–4 iVm § 7 VOB/A gemacht worden sind. Eine Wertung ist damit noch nicht verbunden. Diese erfolgt erst im nächsten Schritt (§ 16d VOB/A).

Gegenstand dieser Prüfung sind nur die vom Bieter gemachten Angaben. Soweit der Auftraggeber dabei auch technische Mängel in den von ihm vorgegebenen Verdingungsunterlagen entdeckt, wäre dies allenfalls nach § 17 Abs. 1 VOB/A (Aufhebung der Ausschreibung) zu beurteilen. Demgemäß kommen für die technische Prüfung im og Sinne nur in Betracht
– vom Bieter angegebene und als gleichwertig bezeichnete Erzeugnisse oder Verfahren, die der Auftraggeber zulässigerweise verlangt hat,[14]
– vom Bieter ausgearbeitete Nebenangebote, die der Auftraggeber entweder gewünscht oder zumindest nicht ausdrücklich ausgeschlossen hat, und
– Angebote auf Grund einer Leistungsbeschreibung mit Leistungsprogramm (§ 7c).

Wie diese Prüfung im Einzelnen vor sich geht, ist im VHB-Bund Ausgabe 2008, Stand April 2016 (Richtlinien zu 321, 3.2) wie folgt definiert:

„Es ist zu prüfen, ob das Angebot die in der Leistungsbeschreibung gestellten technischen Anforderungen – insbesondere mit den angebotenen Produkten und Verfahren – erfüllt.
Der Nachweis, dass eine angebotene Leistung den geforderten Merkmalen entspricht, kann durch geeignete Bescheinigungen wie die Vorlage eines Prüfberichts, eines Testberichts oder eines Zertifikates einer akkreditierten Konformitätsbewertungsstelle vom Bieter geführt werden. Konformitätsbewertungsstellen bescheinigen die Übereinstimmung eines Produktes (Konformität) mit den festgelegten Anforderungen, z. B. CE-Kennzeichnungen oder GS-Zeichen. Bekannte private Konformitätsbewertungsstellen in Deutschland sind z. B. die Technischen Überwachungsvereine (TÜV) und der Deutsche Kraftfahrzeug-Überwachungsverein (DEKRA).
Staatliche Stellen sind z. B. die Physikalisch-Technische Bundesanstalt (PTB) und die Bundesanstalt für Materialforschung und -prüfung (BAM).
Angebote über Leistungen mit von der Leistungsbeschreibung abweichenden Spezifikationen sind als Hauptangebot daraufhin zu prüfen, ob sie mit dem geforderten Schutzniveau in Bezug auf Sicherheit, Gesundheit und Gebrauchstauglichkeit gleichwertig sind und die Gleichwertigkeit nachgewiesen ist.
Sofern die Vorlage von bestimmten Gütezeichen gefordert ist und der Bieter sich erfolgreich darauf beruft, dass er keine Möglichkeit hatte, diese vorzulegen, ist zu prüfen, ob die Erfüllung der gestellten Anforderungen in anderer Weise nachgewiesen ist. Bei Vergabeverfahren nach dem 2. Abschnitt ist außerdem die Erfüllung spezifischer umweltbezogener, sozialer oder sonstiger Merkmale zu prüfen.
Bei Nebenangeboten ist zu prüfen, ob der angebotene Leistungsinhalt qualitativ und quantitativ den Anforderungen der Leistungsbeschreibung entspricht bzw. in EU-Verfahren die Mindestanforderungen erfüllt.
Angebote, die den gestellten Anforderungen nicht genügen, sind auszuschließen."

Dabei ist es selbstverständlich, dass die **Grundsätze und Maßstäbe,** nach denen diese Prüfung durchgeführt wird, innerhalb einer Ausschreibung **einheitlich** sein müssen. Dies ergibt sich aus dem Grundsatz auf Gleichbehandlung nach **§ 97 Abs. 2 GWB,** bzw. **§ 2 Abs. 2 VOB/A.**

---
[13] Vgl. VOB/B §§ 4 Nr. 2 Abs. 1 (→ Rn. 54–56) und 13 Nr. 1 (→ Rn. 28).
[14] VK Bremen IBR 2007, 43.

III. Die wirtschaftliche Prüfung

17   Da nach § 127 GWB der Zuschlag auf das wirtschaftlichste Angebot zu erteilen ist, kommt gerade dieser Prüfung (wie auch der späteren Wertung) besondere Bedeutung zu. Sie hat zum Inhalt herauszufinden, welche preis- und sonstigen kostenmäßigen Gesichtspunkte im Angebot enthalten sind, die später in der Wertung eine ausschlaggebende Rolle spielen könnten. Somit erstreckt sie sich auf technische wie auch auf nichttechnische Faktoren, welche die **Wirtschaftlichkeit** der fertiggestellten **Baumaßnahme** betreffen. Beispielhaft sind hierfür zu erwähnen

- Höhe der angebotenen Preise im Vergleich zu Erfahrungswerten oder zu früheren Angebotspreisen,
- auffällig von anderen Angeboten abweichende Einheitspreise,
- Spekulationspreise,
- Verdacht auf Preisabsprachen[15]
- Verlagerung von Kostenanteilen in andere Positionen[16]
- Auswirkungen von Alternativ- und Eventualpositionen,
- Höhe und Bedingungen für Preisnachlässe[17]
- Realisierungsmöglichkeiten für Skontoangebote[18]
- Auswirkungen einer Lohngleitklausel bezüglich Änderungssatz,[19]
- Auswirkungen einer Stoffpreisgleitklausel,
- Nebenangebote nichttechnischer Art (Zahlungspläne, Terminänderungen, Teilpauschalen),
- Nebenangebote technischer Art bezüglich Qualität, Haltbarkeit, Wartungsfreundlichkeit, Nutzungsart usw,
- mögliche Folgekosten nach Investitionen.[20]

18   Diese wie auch die sonstigen in Abs. 1 genannten Prüfungen können oft nur mit Hilfe von Sachverständigen durchgeführt werden. Dabei ist darauf zu achten, dass hier keine Interessenkonflikte auftreten, wenn der Sachverständige, auch nur mittelbar, an der Vergabe beteiligt sein sollte.[21]

IV. Geltung auch bei freihändiger Vergabe

19   Ein solcher Hinweis war hier **zur Klarstellung** notwendig, weil für freihändige Vergaben kein Eröffnungstermin stattfindet (§ 3 Abs. 3). Erst im Prüfungs- und Wertungsverfahren werden die drei Vergabearten wieder einheitlich weiter behandelt (vgl. auch § 16d Abs. 5 VOB/A).

V. Eintragung der geprüften Endsummen in die Niederschrift

20   Nach Abs. 3 sind auch die auf Grund der Prüfung festgestellten Angebotsendsummen in die Niederschrift einzutragen, zweckmäßigerweise farblich oder anderweitig erkennbar abgesetzt. Zwar zählt deren Ermittlung bereits zum internen Prüfungsvorgang, sie unterliegen gleichwohl aber noch einer gewissen **Publizität,** was sicherlich wegen des **Transparenzgebots** in § 97 Abs. 1 S. 1 GWB berechtigt ist. Folgerichtig besteht auch hinsichtlich dieser nachgerechneten Summen für die Bieter das **Recht auf Einsicht** (§ 14a Abs. 7 VOB/A).

§ 16d Prüfung und Wertung der Angebote

(1) 1. Auf ein Angebot mit einem unangemessen hohen oder niedrigen Preis darf der Zuschlag nicht erteilt werden.
    2. Erscheint ein Angebotspreis unangemessen niedrig und ist anhand vorliegender Unterlagen über die Preisermittlung die Angemessenheit nicht zu beurteilen, ist in Textform vom Bieter Aufklärung über die Ermittlung der Preise für die

---

[15] VHB Bund § 23 A Nr. 3 (aF).
[16] Sog Mischkalkulation. Vgl. BGH VergabeR 2004, 473 = BauR 2004, 13433 (Leitsatz 2) und die Ausführungen unter → VOB/A § 13 Rn. 14.
[17] VOB-Stelle Sachsen-Anhalt IBR 1998, 188.
[18] Dies kommt aber nur in Frage, wenn Skonti nicht ganz von der Wertung ausgeschlossen sind, VHB Bund EVM (B) BwB/E Nr. 3.4 Abs. 4.
[19] Dähne FS Vygen, (168–170); *Augustin/Stemmer* BauR 2000, 1802.
[20] Vgl. dazu *Mohr* BWGZ 2014, 908 ff.
[21] *Heiermann/Riedl/Rusam* VOB/A § 7 Rn. 8, 9.

Gesamtleistung oder für Teilleistungen zu verlangen, ggf. unter Festlegung einer zumutbaren Antwortfrist. Bei der Beurteilung der Angemessenheit sind die Wirtschaftlichkeit des Bauverfahrens, die gewählten technischen Lösungen oder sonstige günstige Ausführungsbedingungen zu berücksichtigen.
3. In die engere Wahl kommen nur solche Angebote, die unter Berücksichtigung rationellen Baubetriebs und sparsamer Wirtschaftsführung eine einwandfreie Ausführung einschließlich Haftung für Mängelansprüche erwarten lassen. Unter diesen Angeboten soll der Zuschlag auf das Angebot erteilt werden, das unter Berücksichtigung aller Gesichtspunkte, wie z. B. Qualität, Preis, technischer Wert, Ästhetik, Zweckmäßigkeit, Umwelteigenschaften, Betriebs- und Folgekosten, Rentabilität, Kundendienst und technische Hilfe oder Ausführungsfrist als das wirtschaftlichste erscheint. Der niedrigste Angebotspreis allein ist nicht entscheidend.

(2) Ein Angebot nach § 13 Absatz 2 ist wie ein Hauptangebot zu werten.

(3) Nebenangebote sind zu werten, es sei denn, der Auftraggeber hat sie in der Bekanntmachung oder in den Vergabeunterlagen nicht zugelassen.

(4) Preisnachlässe ohne Bedingung sind nicht zu werten, wenn sie nicht an der vom Auftraggeber nach § 13 Absatz 4 bezeichneten Stelle aufgeführt sind. Unaufgefordert angebotene Preisnachlässe mit Bedingungen für die Zahlungsfrist (Skonto) werden bei der Wertung der Angebote nicht berücksichtigt.

(5) Die Bestimmungen von Absatz 1 und § 16b gelten auch bei Freihändiger Vergabe. Die Absätze 2 bis 4, § 16 Absatz 1 und § 6 Absatz 2 sind entsprechend auch bei Freihändiger Vergabe anzuwenden.

Schrifttum: Vgl. die Nachweise bei § 16 VOB/A.

Übersicht

	Rn.
A. Wertung	1
I. Allgemeines	1
II. Preisprüfung (Abs. 1 Nr. 1, 2)	2
1. Überblick	2
2. Unangemessen hoher Angebotspreis	4
3. Unangemessen niedriger Angebotspreis	7
4. Rechtsfolgen	11
III. Ermittlung des wirtschaftlichsten Angebots (Abs. 1 Nr. 3)	16
1. Überblick	16
2. Auswahl und Gewichtung der Zuschlagskriterien	19
a) Niedrigster Preis als Zuschlagskriterium	19
b) Anforderungen an die Auswahl	23
c) Trennung von Eignungs- und Zuschlagskriterien	25
d) Rechtsfolgen bei vergaberechtswidriger Auswahl	27
e) Gewichtung der Zuschlagskriterien	28
3. Anforderungen an die Bekanntmachung der Zuschlagskriterien, ihrer Gewichtung und der Wertungsmethode	29
a) Allgemeines	29
b) Umfang der Bekanntmachungspflicht	33
4. Einzelne Unterkriterien	38
IV. Angebote mit abweichenden Technischen Spezifikationen (Abs. 2)	46
V. Nebenangebote (Abs. 3)	48
1. Allgemeines	48
2. Zulassung von Nebenangeboten	51
3. Mindestanforderungen an Nebenangebote	54
4. Prüfung und Wertung von Nebenangeboten	62
VI. Wertung von Preisnachlässen (Abs. 4)	69
VII. Anwendung von § 16 bei freihändiger Vergabe (Abs. 5)	71
B. Übersicht über die Rechtsschutzmöglichkeiten des Bieters bei fehlerhafter Prüfung und Wertung seines Angebots	73
I. Primärrechtsschutz	73
1. Oberschwellenwertvergaben	73
2. Unterschwellenwertvergaben	75

VOB/A § 16d 1–3

II. Sekundärrechtsschutz 79
  1. Schadensersatz gemäß § 181 S. 1 GWB 79
  2. Schadensersatzanspruch aus §§ 280 Abs. 1, 311 Abs. 2, 241 Abs. 2 BGB .. 81

A. Wertung

I. Allgemeines

1 § 16d enthält die zuvor in § 16 Abs. 6 bis 9 geregelten Prüfungs- und Wertungsschritte. Auch nach der Neufassung unterfällt die eigentliche Wertung der Angebote in zwei Schritte (vormals: dritte und vierte Wertungsstufe). Zunächst muss der Auftraggeber prüfen, ob Leistung und Gegenleistung in einem angemessenen Verhältnis zueinander stehen und über ungewöhnlich niedrig erscheinende Preise aufklären. Beide Maßnahmen dienen der Feststellung, ob ein unangemessen hoher oder niedriger Preis vorliegt. Ist das zu bejahen, muss das betreffende Angebot aus der Wertung ausgeschieden werden (Abs. 1 Nr. 1). Im Rahmen des zweiten Schrittes ist das **wirtschaftlichste Angebot** zu ermitteln. Hier können auch andere Faktoren als die Preiskomponenten eine Rolle spielen (Abs. 1 Nr. 3 S. 2) und sogar den Ausschlag geben (Abs. 1 Nr. 3 Satz 3).

II. Preisprüfung (Abs. 1 Nr. 1, 2)

2 **1. Überblick.** Zweck der in Abs. 1 Nr. 1 und 2 angeordneten Prüfung **ist in erster Linie der Schutz des Auftraggebers vor ruinösen Angeboten, die auf Grund ihres zu niedrigen Preises keine ordentliche Ausführung einschließlich Gewährleistung erwarten lassen.**[1] Daneben sollen auch alle anderen Mitbieter, die auskömmliche Preise ermittelt und eingereicht haben und damit der Wettbewerb an sich geschützt werden. Zu der Frage, ob die anderen Bieter einen subjektiven Anspruch auf Ausschluss eines solchen „Unterkostenangebotes" haben, vgl. die Erläuterungen zu → Rn. 9. Die Vorschrift dient nicht dem Schutz des Bieters vor sich selbst. Bieter können nicht wegen Unauskömmlichkeit den Ausschluss ihres eigenen Angebots verlangen.[2]

Es kommt nicht darauf an, ob sich ein Bieter den zu niedrigen Preis „leisten" kann oder ob er deshalb mit seinem Unternehmen in wirtschaftliche Schwierigkeiten gerät. Ausschlaggebend ist allein, dass der **Gesamtpreis**[3] nachweislich **unauskömmlich ist.**

3 In der Vergabepraxis sind wichtige **Hilfsmittel** für die Preisprüfung der **Preisspiegel,** den ein Auftraggeber regelmäßig anfertigen wird, sowie **die im VHB enthaltenen Formblätter 221 bis 223.**

Der Preisspiegel enthält eine synoptische Gegenüberstellung aller oder nur der in die engere Wahl gelangten Angebote. Dabei sind idR die Hauptpositionen nebeneinander aufgeführt und zwar mit dem Einheits- und dem Gesamtpreis. Durch farbliche Kennzeichnung werden Höchst- und Niedrigstpreise hervorgehoben, so dass im Vergleich festgestellt werden kann, wo sich sog Ausreißer befinden oder wo in etwa der Mittelpreis zu suchen ist. Schon damit vermag der Auftraggeber eine Abwägung der Angebote untereinander vorzunehmen, insbesondere auch im Hinblick auf spekulative Preise.

Die im VHB enthaltenen Formblätter 221 und 222 weisen den Angebotspreis insgesamt, aufgelöst in die Kalkulationsbestandteile aus, Formblatt 223 gibt die Aufgliederung wichtiger Einheitspreise wieder.[4] Diese Formblätter werden zwar **nicht Vertragsbestandteil,** vom Auftraggeber zur Angebotseröffnung aber regelmäßig gefordert. In diesem Fall führt ihr Fehlen zwingend zum Ausschluss des Angebots, was auf dem Formblatt auch ausdrücklich vermerkt ist.[5] Anhand der dort gemachten Einzelangaben ist es möglich, den Preis/die Preise nachzuvollziehen, sowohl im Hinblick auf die Gesamtangemessenheit als auch auf die Angemessenheit einzelner Positionen. Bei Zweifeln an der Angemessenheit sind die Einzelansätze zu vergleichen

---

[1] So auch *von Wietersheim* in Ingenstau/Korbion VOB VOB/A § 16d Rn. 7; *Vavra* in Ziekow/Völlink, Vergaberecht, VOB/A § 16 Rn. 44; *Dicks* in KMPP VOB/A § 16 Rn. 239; OLG Düsseldorf 29.9.2008 – VII-Verg 50/08, BeckRS 2009, 04982.
[2] BGH NJW 1980, 180; 1985, 1466; 2001, 3718; VK Bund IBR 2001, 224 und VergabeR 2004, 365; OLG Frankfurt/Main IBR 2007, 39; VK Baden-Württemberg IBR 2007, 213; OLG Stuttgart IBR 2007, 445; *von Wietersheim* in Ingenstau/Korbion VOB VOB/A § 16d Rn. 7.
[3] Vgl. *Dicks* in KMPP VOB/A § 16 Rn. 240; OLG Düsseldorf NZBau 2000, 155 (157); BayObLG NZBau 2003, 105 (107); 342 (344); 2004, 294 f.
[4] Im Anwendungsbereich des VHB: Richtlinien zu 321, Ziff. 4 zur Beurteilung der Preise.
[5] Vgl. BGH VergabeR 2005, 617.

und unter verschiedenen Gesichtspunkten objekt- und betriebsbezogen zu untersuchen. Die Prüfung der Lohnkosten hat zB zu berücksichtigen, ob der Zeitansatz pro Leistungseinheit bzw. die Gesamtstundenzahl den bautechnisch erforderlichen Ansätzen entsprechen. Bei den Stoffkosten muss der Auftraggeber darauf achten, ob sie den üblichen Ansätzen entsprechen. Die ausgewiesenen Gemeinkosten der Baustelle müssen ausreichende Ansätze für alle gesetzlich, technisch und betriebswirtschaftlich notwendigen Aufwendungen enthalten. Ein Angebot, das diese Anforderungen nicht erfüllt, begründet die Vermutung, dass der Bieter nicht in der Lage sein wird, seine Leistung vertragsgerecht zu erbringen.

2. Unangemessen hoher Angebotspreis. Sog **Überangebote** spielen in der Praxis der Bauvergaben kaum eine Rolle, da die wirtschaftliche Lage in der Baubranche überhöhte Angebote in der Regel nicht zulässt, diese sich also von selbst erledigen, indem sie nicht zum Zuge kommen. Die Frage des Umgangs mit solchen Angeboten kann aber Bedeutung erlangen, wenn die preislich angemessenen Angebote wegen Formfehlern oder sonstiger Mängel ausgeschieden werden mussten und nur noch „unangemessen hohe Angebote" im Wettbewerb verblieben sind.[6] Ein unangemessen hoher Preis liegt vor, wenn der angebotene den üblichen Marktpreis oder einen aus vorangegangenen Ausschreibungen bekannten Preis bei weitem übersteigt. Diese Voraussetzung ist erfüllt, wenn der Abstand zu den Angeboten anderer Bieter erheblich ist. Insoweit ist die von der Rechtsprechung für die Feststellung unangemessen niedriger Angebote befürwortete Aufgreifschwelle von 20 % in Anwendung zu bringen.[7]

Bei ungewöhnlich hohen Angeboten ist der Auftraggeber **nicht zu einer Überprüfung des Preises verpflichtet.** Nach dem eindeutigen Wortlaut der Vorschrift bezieht sich die Überprüfungspflicht nur auf ungewöhnlich niedrige Angebote. Da der Normgeber den Wortlaut auch im Zuge der erneuten Umgestaltung und Neufassung der VOB/A nicht verändert hat, kann davon ausgegangen werden, dass diese Beschränkung seinem Willen entspricht. Ist der angebotene Preis für die Leistung unangemessen hoch, ist das Angebot gemäß § 16d Abs. 1 Nr. 1 auszuschließen.

Gegen die Annahme, dass der Auftraggeber auch vor dem Ausschluss eines unangemessen hohen Angebots über die den Preis tragenden Gründe aufklären muss, spricht zudem der Sinn und Zweck der Prüfung besonders niedriger Angebote. Nur in diesem Bereich besteht Veranlassung, den Auftraggeber davor zu schützen, dass der Bieter infolge unangemessen niedriger Preise bei der Auftragsdurchführung in wirtschaftliche Schwierigkeiten gerät und den Auftrag nicht oder nicht ordnungsgemäß ausführt.

Bewertet der Auftraggeber **sämtliche Angebote als unangemessen hoch,** können sie alle ausgeschlossen werden. Auch in diesem Fall bedarf es einer vorherigen Aufklärung nicht. Bei fortbestehender Beschaffungsabsicht muss das Vergabeverfahren aufgehoben und die Leistung neu ausgeschrieben werden. Insoweit ist aber zu beachten, dass eine ungerechtfertigte Aufhebung Schadensersatzansprüche begründen kann. Eine **vergaberechtskonforme Aufhebung** setzt voraus, dass die Angebote die vertretbar geschätzten Kosten erheblich überschreiten. Wann eine solche Überschreitung anzunehmen ist, lässt sich nicht durch allgemeinverbindliche Werte oder in Prozentsätzen festlegen, sondern ist auf der Grundlage einer alle Umstände des Einzelfalls einbeziehenden Interessenabwägung vorzunehmen. Dabei ist einerseits zu berücksichtigen, dass dem öffentlichen Auftraggeber nicht das Risiko einer deutlich überhöhten Preisbildung weit jenseits einer vertretbaren Schätzung der Auftragswerte zugewiesen werden kann und andererseits das Institut der Aufhebung des Vergabeverfahrens nicht zu einem für die Vergabestellen latent verfügbaren Instrument zur Korrektur der in öffentlichen Ausschreibungen erzielten Ergebnisse geraten darf.[8]

3. Unangemessen niedriger Angebotspreis. Gemäß § 16d Abs. 1 Nr. 2 S. 1 besteht bei **Verdacht eines unangemessen niedrigen Angebots eine Prüfungs- und Aufklärungspflicht des Auftraggebers.** Dabei kommt es aber nicht auf einzelne Einheitspreise an, die erheblich differieren können, maßgeblich ist allein die **Gesamtsumme.**[9] Die Prüfungspflicht des Auftraggebers entsteht, wenn der Eindruck erweckt wird, dass der Angebotspreis im Ver-

---

[6] Vgl. OLG München VergabeR 2006, 802 ff. (zu einer VOL-Vergabe).
[7] Vgl. *Vavra* in Ziekow/Völlink, Vergaberecht, VOB/A § 16 Rn. 45.
[8] BGH 20.11.2012, X ZR 108/10; 12.6.2001, X ZR 150/99.
[9] BayObLG IBR 2001, 40; ZfBR 2004, 95; OLG Dresden VergabeR 2003, 64; OLG Naumburg 7.5.2002 – 1 Verg 19/01, ZfBR 2002, 618; *von Wietersheim* in Ingenstau/Korbion VOB VOB/A § 16d Rn. 8; *Vavra* in Ziekow/Völlink, Vergaberecht, VOB/A § 16 Rn. 47.

hältnis zur Leistung ungewöhnlich niedrig ist. Der Eindruck oder Verdacht eines ungewöhnlich niedrigen Preises kann sich bereits auf der **Grundlage von Erfahrungswerten** des Auftraggebers ergeben.

Ein Missverhältnis zwischen Preis und Leistung zeigt sich mit Hilfe des Preisspiegels zudem häufig schon auf den ersten vergleichenden Blick der Angebote. Im **Gesamtvergleich** der Preise dürfen auch die auf früheren Wertungsstufen ausgeschlossenen Angebote berücksichtigt werden, es sei denn, dass der Ausschlussgrund von kalkulationserheblicher Bedeutung war und sich auf die Preisbildung ausgewirkt hat oder haben kann.[10]

8   Allerdings indiziert ein **erheblicher Abstand des preisgünstigsten zum nächstgünstigen** Angebot für sich allein noch nicht, dass das geringere Angebot unangemessen niedrig ist.[11]

In diesem Zusammenhang stellt sich häufig die Frage, ob und ab wann ein prozentualer Abstand vom günstigsten zum nächstfolgenden Bieter das offenbare Missverhältnis „prima facie" indiziert. Soweit in der Rechtsprechung der Vergabesenate bestimmte Prozentbeträge genannt werden, mit denen der Abstand des vom Ausschluss bedrohten Angebots zum nächsten Angebot bemessen wird, kann es sich nur um die Festlegung einer **Aufgreifschwelle** handeln, deren Erreichen dem Auftraggeber **Veranlassung** gibt, den Angebotspreis zu überprüfen.[12]

Ein **automatischer, ohne eingehende Überprüfung** durch den Auftraggeber erfolgender Ausschluss eines den Schwellenwert erreichenden Angebots ist im Bereich der Oberschwellenwertvergaben dagegen nach der Rechtsprechung des EuGH europarechtswidrig. In der Entscheidung vom 27.11.2001 zu Art. 30 Richtlinie 93/37/EWG (Baukoordinierungsrichtlinie)[13] hat der EuGH ausgeführt, dass die mit Hilfe eines feststehenden rechnerischen Schwellenwerts erfolgende Ermittlung ungewöhnlich niedriger Angebote den Bietern die Möglichkeit nimmt, nachzuweisen, dass diese Angebote seriös kalkuliert sind. In dem Urteil vom 15.5.2008[14] wird ebenfalls betont, dass ein Angebot nicht schon deswegen als ungewöhnlich niedrig ausgeschlossen werden kann, weil es das nächsthöhere um einen bestimmten Prozentsatz unterschreitet. Vielmehr ist dem Bieter zuvor Gelegenheit zu geben, diese Differenz zu erläutern.

9   Im Unterschwellenwertbereich ist ein automatischer Ausschluss gleichfalls unzulässig, weil ein solches Vorgehen dem Zweck zuwiderliefe, die Entwicklung von Wettbewerb zu fördern. Auch **erhebliche Preisunterschiede zwischen den Angeboten können wettbewerblich veranlasst** sein.[15] So kann es durchaus im Interesse eines Bieters liegen, eine nur geringe oder gar keine Gewinnmarge zu kalkulieren, um in angespannter Lage zumindest seine Position am Markt zu erhalten bzw. sich Zugang zu einem neuen Markt zu schaffen oder Deckungsbeiträge zu den Betriebskosten zu erwirtschaften. Auch können Preisunterschiede ihre Ursache in unterschiedlich effizient gestalteten Produktionstechniken, Arbeitsabläufen etc haben. Im Rahmen der den Auftraggeber treffenden Aufklärungspflicht besteht für den Bieter Gelegenheit, die Gründe für ihre Preisgestaltung zu erläutern. Diese Aufklärungspflicht gilt unabhängig von den jeweiligen Gegebenheiten des spezifischen Marktes, auch dann, wenn ein innovativer, inhomogener Beschaffungsmarkt betroffen ist, der – noch – kein festes Preisgefüge aufweist.[16]

Selbst wenn in Einzelfällen erhebliche Preisunterschiede unbedenklich sein können, ist die Annahme einer übereinstimmenden **Aufgreifschwelle** zur Begründung einer einheitlichen Vergabepraxis aber sinnvoll.[17] **In der Rechtsprechung der Vergabesenate wird mehrheitlich eine Nachfrage – und Aufklärungspflicht bei einer Abweichung von mehr als 20 % angenommen.**[18] Eine geringere Abweichung von nur 10 % ist dagegen im Regelfall nicht

---

[10] Vgl. *Dicks* in KMPP VOB/A § 16 Rn. 241; OLG München VergabeR 2006, 802 (807f.) mit zust. Anm. von *Noch* VergabeR 2006, 808 (809).

[11] Insoweit handelt es sich um einen in der Rechtsprechung der Vergabesenate geklärten Rechtssatz. Vgl. dazu Thüringer OLG NZBau 2000, 349 (352) (Preisunterschied 18,4%); OLG Düsseldorf NZBau 2000, 155 (157) (14%); BayObLG NZBau 2003, 105 (107) (21,35%) und VergabeR 2004, 743 (745) (29%); OLG Celle VergabeR 2004, 397 (405) (35%).

[12] Vgl. dazu und zum folgenden *Dicks* in KMPP VOB/A § 16 Rn. 241 ff.

[13] C-285 und 286/99, NZBau 2002, 101.

[14] C-147/06 und 148/06, EuZW 2008, 469 – zu einem Bauauftrag unterhalb des Schwellenwertes.

[15] Vgl. OLG Düsseldorf 25.4.2012 – VII-Verg 61/11, ZfBR 2012, 613.

[16] *Noch* in Müller-Wrede VOL/A EG § 19 Rn. 178; OLG Naumburg VergabeR 2004, 387 (ebenfalls für eine VOL-Vergabe).

[17] Vgl. *Dicks* in KMPP VOB/A § 16 Rn. 243 f.

[18] Vgl. OLG Celle 17.11.2011 – 13 Verg 6/11, BeckRS 2011, 26616,; Thüringer OLG BauR 2000, 396; BayObLG VergabeR 2004, 743; OLG Frankfurt/Main 30.3.2004 – 11 Verg 4/04, BeckRS 2004, 06462; OLG Düsseldorf 25.4.2012 – VII-Verg 61/11, BeckRS 2012, 12846; 23.3.2005 – VII-Verg 77/04, BeckRS 2005, 04430.

geeignet, das Vorliegen eines unangemessenen niedrigen Angebots zu indizieren.[19] Allerdings sehen die Vergabegesetze einiger Bundesländer niedrigere Aufgreifschwellen von 10% vor.[20] Auch ohne eine landesgesetzlich vorgegebene Eingriffsschwelle ist es dem öffentlichen Auftraggeber nicht verwehrt, im Einzelfall bei geringeren Abständen als 20% eine Prüfung vorzunehmen, wenn diese Maßnahme auf sachlichen und nachvollziehbaren Erwägungen beruht.[21]

Besteht der **Verdacht eines unangemessen niedrigen Preises,** ist der Auftraggeber gem. **10** § 16d Abs. 1 Nr. 2 verpflichtet, dem Bieter Gelegenheit zu geben, seine Preisgestaltung zu erläutern und darzulegen, dass er zur ordnungsgemäßen Erbringung des Auftrags in der Lage ist. Den Bieter trifft eine Obliegenheit, bei der Aufklärung mitzuwirken. Die Ausführungen des Bieters müssen in sich schlüssig, nachvollziehbar und plausibel sein. Ihm obliegt es, gegebenenfalls im Wege der sekundären Darlegungslast diejenigen Kalkulationsgrundlagen vorzutragen, die die Unangemessenheit des angebotenen Preises entkräften. Insbesondere können detaillierte Wirtschaftsprüfertestate geeignet sein, den Nachweis der Auskömmlichkeit eines Angebots zu führen und ein Missverhältnis zwischen Preis und Leistung auszuschließen.[22] Zur Darlegung und ggf. zur Vorlage geeigneter Belege hat ihm der Auftraggeber eine angemessene Frist zu setzen. Im Hinblick auf den vom öffentlichen Auftraggeber anzustellenden Prüfungsaufwand gilt, dass dieser angesichts des vergaberechtlich bezweckten, möglichst raschen Abschlusses des Vergabeverfahrens sowie unter Berücksichtigung der in nicht unbegrenztem Umfang zu Gebote stehenden verwaltungsmäßigen und finanziellen Ressourcen auf ein zumutbares Maß beschränkt ist.[23]

Die Pflicht des Auftraggebers, unangemessen niedrig erscheinende Angebote zu überprüfen, hat zugunsten desjenigen Bieters, dessen Angebot ohne oder nach nur unzureichender Prüfung von der Wertung ausgeschlossen oder vom Ausschluss bedroht ist, **bieterschützenden Charakter** (vgl. dazu Rn. 12f.) Kommt der Auftraggeber dieser Verpflichtung nicht oder nur unzureichend nach, kann der betroffene Bieter im Nachprüfungsverfahren durchsetzen, dass das Vergabeverfahren in die Phase der Angebotswertung zurückversetzt wird, in der der Auftraggeber die Prüfung nachholen kann. Eine solche Zurückversetzung des Vergabeverfahrens kann nur unterbleiben, wenn der Auftraggeber die Aufklärung während des laufenden Nachprüfungsverfahrens nachgeholt hat und die gewonnenen Erkenntnisse noch verwertet werden können.[24]

4. Rechtsfolgen. Erweist sich der Gesamtpreis des betreffenden Angebots als ungewöhnlich **11** hoch oder niedrig, darf auf das Angebot ein Zuschlag nicht erteilt werden (§ 16d Abs. 1 Nr. 1). Fraglich ist, ob das betreffende Angebot aus der Wertung genommen werden muss, wenn trotz Aufklärung und hinreichender Mitwirkung des Bieters an der Aufklärung **Zweifel an der Angemessenheit** des Preises bleiben. Die Rechtsfrage, wer bei der Angebotswertung das Risiko der Unerweislichkeit von Tatsachen tragen muss, wird häufig unter dem Stichwort „Beweislast" im Zusammenhang mit dem Problem der unvollständigen Preisangaben erörtert (vgl. die Erläuterungen zu § 16→ Rn. 28). Die Rechtsprechung der Vergabesenate zu dieser Frage ist uneinheitlich: Mehrheitlich wird die Auffassung vertreten, dass im Zweifelsfall der Auftraggeber die **Feststellungslast** trägt.[25] Die gegenteilige Ansicht[26] steht im Widerspruch zu dem Grundsatz, dass der öffentliche Auftraggeber Ausschlussentscheidungen nur auf gesicherter Tatsachenerkenntnis treffen darf.[27]

---

[19] *Dicks* in KMPP VOB/A § 16 Rn. 243; *Summa* in jurisPK-VergabeR VOB/A § 16d Rn. 29; dieser Größenordnung zustimmend wohl auch *Grünhagen* in FKZG VOB/A 3. Aufl. § 16d EU Rn. 32.

[20] § 3 Berliner Ausschreibungs- und Vergabegesetz; § 7 Abs. 2 Brandenburgisches Vergabegesetz; § 14 Abs. 2 Bremisches Tariftreue- und Vergabegesetz; § 6 Hamburgisches Vergabegesetz; § 14 Abs. 2 Landesvergabegesetz Sachsen-Anhalt; § 14 Abs. 2 Thüringer Vergabegesetz.

[21] OLG Düsseldorf 30.4.2014 – VII-Verg 41/13, BeckRS 2014, 09478.

[22] OLG Düsseldorf 17.2.2016 – VII-Verg 28/15.

[23] OLG Düsseldorf 2.12.2009 – VII-Verg 39/09; 21.10.2015 – VII-Verg 28/14; 17.2.2016 – VII-Verg 28/15.

[24] Vgl. OLG Düsseldorf 12.3.2003 – Verg 49/02, 17.2.2016, VII-Verg 28/15, BeckRS 2016, 09777 und *Dicks* in KMPP VOB/A § 16 Rn. 247.

[25] Vgl. OLG Naumburg NZBau 2006, 129; OLG Frankfurt/Main VergabeR 2006, 126 (128); NZBau 2006, 259 (260); OLG Koblenz VergabeR 2005, 643 (644) (jeweils für den gleich zu beurteilenden Fall unvollständiger Preisangaben).

[26] OLG Rostock VergabeR 2006, 374 (378); Brandenburgisches OLG NZBau 2006, 126; OLG Dresden NZBau VergabeR 2005, 641 (642); *Müller-Wrede* NZBau 2006, 73 (77 f.).

[27] So ausdrücklich die Rechtsprechung des BGH zum Ausschluss eines Bieters wegen ungenügender Eignung, deren maßgebliche Aussagen zu den Anforderungen an die Tatsachengrundlage allgemein gültig und auf die hier in Rede stehende Fallgestaltung übertragbar sind, vgl. NJW 2001, 661.

12 Während der bieterschützende Charakter der in Abs. 1 Nr. 2 geregelten Prüfungspflicht für den vom Ausschluss bedrohten Bieter bejaht wird, ist die davon zu unterscheidende Frage, ob **andere Bieter im Nachprüfungsverfahren den Ausschluss eines zu niedrigen Konkurrenzangebotes** erreichen können, umstritten.

Zum Teil wird unter Hinweis auf die Auswirkungen unangemessen niedriger Angebote auf den Wettbewerb und konkurrierende Bieter, die vom Markt verdrängt werden könnten, argumentiert, dass die durch ein solches Angebot in ihren Zuschlagschancen beeinträchtigten Bieter grundsätzlich die Möglichkeit haben müssen, die Unauskömmlichkeit im Nachprüfungsverfahren zu beanstanden.[28]

Die gegenteilige Ansicht hält den primären Schutzzweck der Norm für maßgebend. § 16d Abs. 1 Nr. 1 dient **in erster Linie dem Interesse des Auftraggebers,** der davor geschützt werden soll, Verträge mit Bietern einzugehen, die infolge einer unauskömmlichen Preiskalkulation in die Gefahr geraten, ihren Leistungspflichten nicht nachzukommen.[29] Da die Bezuschlagung eines solchen Angebots aber automatisch Reflexwirkungen zu Lasten der Mitbieter hat, entfaltet die Bestimmung nach übereinstimmender Ansicht bieterschützenden Charakter jedenfalls dann, wenn der Grund für den unangemessen niedrigen Preis nicht wettbewerblicher Natur ist, sondern das Angebot zur **gezielten und planmäßigen Verdrängung** von Wettbewerbern abgegeben worden ist oder zumindest die Gefahr begründet, dass bestimmte Mitbewerber dauerhaft vom Markt verdrängt – und nicht nur von der in Rede stehenden Vergabe ausgeschlossen – werden könnten.[30]

13 Danach hängt der Bieterschutz allerdings von engen und in der Praxis regelmäßig nur schwer nachweisbaren Voraussetzungen ab. Einem betroffenen Bieter wird der Nachweis der Verdrängungsabsicht kaum gelingen. Zum Teil wird vorgeschlagen, dieses Problem durch die Anwendung eines Vermutungssatzes zu lösen, wonach Niedrigpreisangebote immer die Gefahr bieten, dass die Preise unter Verstoß gegen den Wettbewerbsgrundsatz in Form eines korrekten und fairen Konkurrenzkampfes zustande gekommen sind, mit der Folge, dass die Vorschrift praktisch uneingeschränkt bieterschützend wirkt.[31] Zum Teil wird ein uneingeschränkter Bieterschutz unter Hinweis auf die über Art. 3 GG vermittelte Bindung der öffentlichen Auftraggeber an die VOB/A[32] und die daraus folgende „quasi normative" Außenwirkung befürwortet: Da die Bieter die Beachtung der Vorschriften der Vergabeordnungen beanspruchen und durchsetzen könnten, sei es folgerichtig, den Vorschriften über die Preisprüfung uneingeschränkten Bieterschutz zuzuerkennen.[33]

14 Wird ein Unterangebot vom Auftraggeber nicht erkannt und ausgeschlossen, kann sich die Frage stellen, ob der Bieter sein als zu niedrig erkanntes Angebot nach Submission wegen **Irrtums anfechten** kann. Dies ist nicht einheitlich zu beantworten, sondern richtet sich vor allem nach der Art des Irrtums (§ 119 Abs. 1 BGB). Vorweg sei aber darauf verwiesen, dass eine **erfolgreiche Anfechtung der Preiserklärung immer zum Ausschluss des Angebots** führt, weil dieses dadurch unvollständig wird (§ 142 Abs. 1 BGB). Der Bieter kann nicht mit dem durch die Anfechtung beabsichtigten Erklärungsinhalt am Vergabeverfahren teilnehmen. Im Übrigen ist wie folgt zu differenzieren:
– Ein sog **Erklärungsirrtum** (§ 119 Abs. 1 Alt. 2 BGB), dh ein Irrtum in der Erklärungshandlung liegt vor, wenn der äußere Erklärungstatbestand nicht dem Willen des Erklärenden

---

[28] *Kulartz* in Daub/Eberstein VOL/A, 5. Aufl. § 25 Rn. 41; *Noch* in Müller-Wrede VOL/A, 2. Aufl., § 25 Rn. 463; OLG Celle 18.12.2003 – Verg 22/03, BeckRS 2004, 00591; OLG Jena 22.12.1999 – 6 Verg 3/99, NZBau 2000, 349 im Ergebnis wohl auch *Vavra* in Ziekow/Völlink, VOB/A § 16 Rn. 46; offengelassen von OLG München 11.5.2007 – Verg 4/07, ZfBR 2007, 599.
[29] Vgl. OLG Düsseldorf VergabeR 2001, 128 mit zustimmender Anm. von *Schranner* VergabeR 2001, 130;, 12.10.2005 – VII Verg 37/05, BeckRS 2006, 00038; 28.9.2006 – VII-Verg 49/06; 29.9.2008 – VII-Verg 50/08, BeckRS 2009, 04982; 25.2.2009 – VII-Verg 6/09; 31.10.2012 – VII-Verg 17/12 NZBau 2013, 333; OLG Koblenz 26.10.2005 – 1 Verg 4/05, IBR 2006, 164; so auch OLG Schleswig NZBau 2004, 405, das die Möglichkeit verneint, im Wege des Sekundärrechtsschutzes Schadensersatz wegen der Bezuschlagung eines unangemessen niedrigen Angebots zu erhalten; *Grünhagen* in FKZG VOB/A 3. Aufl. § 16 EU Rn. 34; *Summa* in jurisPK-VergabeR VOB/A § 16d Rn. 10.
[30] Vgl. OLG Düsseldorf NZBau 2002, 627; BayObLG NZBau 2003, 105 (107); VergabeR 2004, 743 (745) (in Abkehr von der früheren Rechtsprechung, wonach keinerlei Bieterschutz bestand); OLG Celle VergabeR 2004, 397 (405) (für eine VOL-Vergabe, in Abkehr von der früheren, einen umfassenden Bieterschutz bejahenden Haltung); OLG Koblenz VergabeR 2006, 392 (401 f.) (ebenfalls für eine VOL-Vergabe).
[31] So *Vavra* in Ziekow/Völlink, Vergaberecht, VOB/A § 16 Rn. 46.
[32] BVerfG 13.6.2006 – 1 BvR 1160/03, NJW 2006, 3701.
[33] *Dicks* in KMPP VOB/A § 16 Rn. 255.

entspricht. Typische Fälle sind das Versprechen und Verschreiben. Hat der Bieter sich beim Einsetzen des Preises somit **nachweislich** verschrieben bzw. vertippt (Eingabefehler), ist die Anfechtung grundsätzlich zulässig, vorausgesetzt sie erfolgt **unverzüglich** iSv § 121 BGB.
- Bei einem sog **Inhaltsirrtum,** dh einem Irrtum über den Erklärungsinhalt (§ 119 Abs. 1 Alt. 1 BGB) entspricht dagegen der äußere Tatbestand der Erklärung dem Willen des Erklärenden. Dieser erklärt genau das, was er erklären will, irrt dabei aber über die Bedeutung oder die Tragweite seiner Erklärung. Nach dem Gegenstand des Irrtums sind verschiedene Arten des Inhaltsirrtums zu unterscheiden:
- Für das Vergabeverfahren relevant ist insbesondere der sog Berechnungs- oder Kalkulationsirrtum. Ein interner oder **verdeckter Kalkulationsirrtum** liegt vor, wenn dem Geschäftsgegner lediglich das Ergebnis der Berechnung, nicht aber die Kalkulation mitgeteilt worden ist. Berechnungsfehler, die zur Fehlerhaftigkeit des mitgeteilten Berechnungsergebnisses führen, stellen einen unerheblichen Motivirrtum dar und berechtigen nicht zur Anfechtung.[34] Auch wenn der Bieter sich nicht verrechnet, sondern bei der Preisermittlung geirrt und deshalb seine Vergütung zu niedrig kalkuliert hat, etwa durch Nichtbeachtung kalkulatorischer Elemente, Unterpreise beim Material oder einen zu geringen Stundenansatz, berechtigt der Kalkulationsirrtum nicht zur Anfechtung.
- Der sogenannte **offene oder externe Kalkulationsirrtum,** bei dem die fehlerhafte Kalkulation in dem Angebot offengelegt ist, begründet ebenfalls kein Anfechtungsrecht. Dieser ist als erweiterter Motivirrtum anzusehen und deshalb entgegen früherer Auffassung nicht anfechtbar.[35] Ob und inwieweit ein solcher Irrtum nach anderen Rechtsgrundsätzen korrigiert werden kann, hängt von den Umständen des Einzelfalles ab.

So kann die Auslegung (§§ 133, 157 BGB) ergeben, dass die Parteien als Preis nicht den ziffernmäßig genannten Endbetrag, sondern stattdessen die unrichtig addierten Einzelbeträge, den Tageskurs oder eine bestimmte Methode der Preisbemessung vereinbart haben. In diesen Fallkonstellationen ist die Angabe des unrichtigen Preises lediglich eine unschädliche falsa demonstratio.

Ist dagegen der ziffernmäßig genannte Betrag als Preis vereinbart worden, sind die Grundsätze über das Fehlen der Geschäftsgrundlage anzuwenden, wenn die Preisangabe auf einem gemeinsamen Irrtum der Parteien beruht. Bei einem offenen Kalkulationsfehler, der auf dem Irrtum der anbietenden Partei beruht, ist eine Anpassung aber nur geboten, wenn der andere Teil sich die unrichtige Kalkulation so weit zu eigen gemacht hat, dass eine Verweigerung der Anpassung gegen das aus § 242 BGB abzuleitende Verbot des widersprüchlichen Verhaltens verstoßen würde.

Zudem kann ein Kalkulationsirrtum in **Ausnahmefällen den Einwand des Rechtsmiss-** **15 brauchs** begründen. Im Falle des verdeckten oder internen Kalkulationsirrtums handelt der Erklärungsempfänger, der von dem Irrtum weiß oder sich der Kenntnisnahme treuwidrig entzieht, rechtsmissbräuchlich, wenn er auf Vertragsdurchführung besteht, obwohl er bereits bei Vertragsschluss erkannt hat, dass die Erfüllung für den Anbietenden schlechterdings unzumutbar ist.[36] Unzumutbarkeit ist dann zu bejahen, wenn der Kalkulationsirrtum zu einem so niedrigen (Gesamt-)Preis geführt hat, dass ein **erhebliches Ungleichgewicht** zwischen Leistung und Gegenleistung besteht.[37] Die Prüfung der Zumutbarkeit ist am Rechtsinstitut der „Störung der Geschäftsgrundlage" nach § 313 BGB und der damit verbundenen „Opfergrenze" auszurichten.

Bei einem sich aufdrängenden, schwerwiegenden Kalkulationsirrtum besteht zudem eine Prüfungs- und Hinweispflicht des Vertragspartners. Eine Verletzung dieser Pflicht löst aber nur dann einen Schadensersatzanspruch aus, wenn wegen der unzumutbaren Folgen des Irrtums ohnehin ein Loslösungsrecht über § 242 BGB besteht, so dass dieser Verpflichtung keine eigenständige praktische Bedeutung zukommt.[38]

Die dargestellten Grundsätze müssen auch für den offenen Kalkulationsirrtum gelten.[39] Auch hier rechtfertigt weder bloße Erkennbarkeit noch Kenntnis die Anwendung des § 242 BGB. Liegen aber die genannten, weiteren Voraussetzungen vor, besteht sowohl eine Hinweispflicht des Vertragspartners wie ein Lösungsrecht des Anbietenden.

---

[34] Allg. Meinung, vgl. statt aller BGHZ 139, 177; BGH NJW 2002, 2312 mwN.
[35] *Ellenberger* in Palandt BGB § 119 Rn. 19 unter Hinweis auf BGHZ 139, 177 = BauR 1998, 1089.
[36] BGH 11.11.2014, VIX ZR 32/14; 7.7.1998, X ZR 17/97.
[37] OLG Düsseldorf IBR 1996, 107; LG Siegen BauR 1985, 213.
[38] *Medicus* EWiR 1998, 871.
[39] *Ellenberger* in Palandt BGB § 119 Rn. 19.

III. Ermittlung des wirtschaftlichsten Angebots (Abs. 1 Nr. 3)

16 **1. Überblick.** Im letzten Schritt findet die eigentliche Auswahl des zu bezuschlagenden Angebots statt. Dabei sollen gem. § 16d Abs. 1 Nr. 3 S. 1 nur noch solche Angebote in die engere Wahl kommen, die unter Berücksichtigung rationellen Baubetriebs und sparsamer Wirtschaftsführung eine einwandfreie Ausführung einschließlich Gewährleistung erwarten lassen. Das Ziel des Angebotsvergleichs ist die Ermittlung des wirtschaftlichsten Angebots (S. 2). Indem § 16d Abs. 1 Nr. 3 S. 2 ausdrücklich auf das „wirtschaftlichste" und nicht auf das „günstigste" Angebot abstellt, wird deutlich, dass die Zuschlagsentscheidung nicht zwingend vom Angebotspreis abhängt. Denkbar ist somit auch, dass sich das Angebot mit dem höchsten Preis durchsetzt, wenn es sich als das mit dem besten Preis-Leistungs-Verhältnis erweist.

17 Bei der Festlegung des anzuwendenden Verfahrens der Wertung kommt dem öffentlichen Auftraggeber ein prinzipiell weiter und von den Vergabenachprüfungsinstanzen nur eingeschränkt kontrollierbarer Gestaltungsspielraum zu. Die die Modalitäten betreffenden Festlegungen des Auftraggebers müssen nur transparent, diskriminierungsfrei und nach den Umständen vertretbar sein. Sie dürfen nicht außerhalb allgemein anerkannter Bewertungsgrundsätze und zwingender rechtlicher Vorgaben liegen.[40] Beim Wertungsvorgang steht dem Auftraggeber ebenso wie bei der Prüfung der Eignung ein Beurteilungsspielraum zu, der nur darauf hin kontrolliert werden kann, ob er die bekannt gemachten Kriterien angewandt, das von ihm vorgesehene Verfahren eingehalten, einen zutreffend ermittelten Sachverhalt zugrunde gelegt, sachgerechte Erwägungen angestellt und einen zutreffenden Beurteilungsmaßstab angewandt hat. Zu der Frage, ob und inwieweit die Wertung durch ein sogenanntes **Schulnotensystem** zulässig ist, vgl. die Ausführungen zu Rn. 36. Im Hinblick auf die anzulegende Prüfungstiefe gilt – wiederum vergleichbar zur Eignungsprüfung –, dass der Maßstab sich nicht nur an den Grundsätzen der Transparenz und Diskriminierungsfreiheit, sondern auch an dem Interesse des Auftraggebers an einer zügigen Umsetzung von Beschaffungsabsichten und einem raschen Abschluss des Vergabeverfahrens zu orientieren hat (vgl. auch Rn. 9).[41]

18 Im letzten Wertungsschritt findet keine erneute Eignungsprüfung statt. Im Rahmen der **Eignungsprüfung ist vom Auftraggeber eine eindeutige Festlegung** gefordert, welche Bieter als geeignet gelten. Alle Bieter, die die Eignungsprüfung bestanden haben und für geeignet befunden sind, befinden sich bei Eintritt in die letzte Wertungsphase in derselben Ausgangsposition. Die auch in der Systematik der Vorschriften des § 122 Abs. 1 und § 127 GWB zum Ausdruck kommende grundsätzliche Trennung zwischen Eignungs- und Wirtschaftlichkeits- bzw. Zuschlagsprüfung und damit die Trennung von Eignungs- und Wirtschaftlichkeits- bzw. Zuschlagskriterien beruht auf den **sachlichen und qualitativen Unterschieden der jeweils vorzunehmenden Prüfungen.** Während es sich bei der Eignungsprüfung um eine unternehmensbezogene Untersuchung handelt, ob ein Unternehmen nach seiner personellen, sachlichen und finanziellen Ausstattung zur Ausführung des Auftrags in der Lage sein wird, bezieht sich die Wirtschaftlichkeitsprüfung auf Eigenschaften der Angebote, nicht der Bieter. Die Trennung der Eignungs- und Wirtschaftlichkeitsprüfung hat zur Folge, dass bei der Ermittlung des wirtschaftlichsten Angebots nur Faktoren berücksichtigt werden dürfen, die mit dem Gegenstand des Auftrags in Zusammenhang stehen. Infolgedessen ist eine **nochmalige Anwendung von Eignungskriterien im Rahmen der Wirtschaftlichkeitsprüfung** in der Regel ausgeschlossen (vgl. dazu Rn. 24).

19 **2. Auswahl und Gewichtung der Zuschlagskriterien. a) Niedrigster Preis als Zuschlagskriterium.** Fraglich ist, ob eine Angebotsbewertung mit dem Preis als alleiniges Zuschlagskriterium nach nationalem Recht bei Vergaben unterhalb des Schwellenwerts möglich ist. Unter den in die engere Wahl gelangten Angeboten soll gemäß § 16d Abs. 1 Nr. 3 S. 2 der Zuschlag auf das **wirtschaftlichste Angebot** erteilt werden. Der **niedrigste Angebotspreis** allein ist nach S. 3 nicht entscheidend. Trotz dieser Formulierung ist jedoch insbesondere mit Blick auf die Rechtslage im Bereich der Oberschwellenwertvergaben ein reiner Preiswettbewerb grundsätzlich nicht ausgeschlossen. Dies entspricht auch der Vorschrift des § 8 Abs. 2 Nr. 3 S. 2 VOB/A, wonach Nebenangebote zugelassen werden können, wenn der Preis alleiniges Zuschlagskriterium ist und aus der sich somit ergibt, dass auch im Unterschwellenbereich ein reiner

---

[40] OLG Düsseldorf 7.7.2010 – VII-Verg 22/10, BeckRS 2011, 01655.
[41] OLG Düsseldorf 5.7.2012 – VII-Verg 13/12, BeckRS 2012, 23823.

Preiswettbewerb möglich sein soll.[42] Angesichts dessen ist die noch in der Vorauflage vertretene gegenteilige Rechtsauffassung nicht mehr aufrecht zu erhalten.

Während Art. 53 Abs. 1 der Vergabekoordinierungsrichtlinie 2004/18/EG den öffentlichen **20** Auftraggeber **bei Oberschwellenwertvergaben** ausdrücklich ermächtigte, sich für eines der beiden Zuschlagskriterien – niedrigster Preis oder wirtschaftlichstes Angebot – zu entscheiden, sieht Art. 67 Abs. 1 der neuen Vergaberichtlinie 2014/24/EU vor, dass Auftraggeber den Zuschlag stets auf der Grundlage des wirtschaftlich günstigsten Angebotes zu erteilen haben. Trotz dieses Wortlauts ist auch unter der **aktuellen Richtlinie eine reine Preiswertung indes nicht grundsätzlich ausgeschlossen**.[43] In Art. 67 Abs. 2 sind der „Preis" bzw. die „Kosten" als eigenständige Gesichtspunkte neben dem „Preis-Leistungsverhältnis" aufgeführt. Bereits nach dem Wortlaut der Regelung ist eine **Berücksichtigung qualitativer Kriterien somit nicht zwingend**. Zudem sieht Art. 67 Abs. 2 S. 4 die Befugnis der Mitgliedsstaaten vor, den „Preis" als alleiniges Zuschlagskriterium auszuschließen. Eine solche Ermächtigung liefe jedoch ins Leere, wenn der gleiche Regelungsinhalt bereits mit der Grundaussage des Absatzes 2 S. 1 erreicht würde. Art. 67 Abs. 5 sieht schließlich vor, dass der Auftraggeber bekannt gibt, wie er die einzelnen Kriterien gewichtet, um das wirtschaftlich günstigste Angebot zu ermitteln, es sei denn, dass dieses allein auf der Grundlage des Preises ermittelt wird. Auch daraus folgt, dass die Festsetzung des Preises als alleinigen Zuschlagskriteriums möglich ist. In Erwägungsgrund Nr. 90 stellt der Richtliniengeber schließlich ausdrücklich klar, dass eine solche Bewertung des wirtschaftlich günstigsten Angebots auch allein auf der Grundlage entweder des Preises oder der Kostenwirksamkeit durchgeführt werden könnte. Danach ist auch unter der Geltung des Art. 67 der RL 2014/24/EU im Bereich der Oberschwellenwertvergaben ein reiner Preiswettbewerb weiterhin grundsätzlich möglich.

Auch nach der Neufassung des GWB stellt die **Wirtschaftlichkeit des Angebots** den Maß- **21** stab für die Auswahl des für den Zuschlag vorgesehenen Angebots dar, § 127 Abs. 1 S. 1 GWB. Der Begriff der Wirtschaftlichkeit wird durch den weiteren Begriff des „Preis-Leistungsverhältnisses" erläutert (Abs. 1 S. 3). Aus S. 4 folgt, dass entweder der Preis oder die vom Auftraggeber als maßgeblich erachteten Kosten – z. B. Lebenszykluskosten – **stets**[44] zu berücksichtigen sind, während qualitative, umweltbezogene oder soziale Aspekte berücksichtigt werden **können**. Während danach die alleinige Berücksichtigung preis- bzw. kostenfremder Zuschlagskriterien nicht möglich ist, darf der öffentliche Auftraggeber ein preis- oder kostenbezogenes Kriterium als einziges Zuschlagskriterium auswählen.[45] Dies belegen auch die Gesetzesmaterialien, wonach es „auf der Grundlage des besten Preis-Leistungsverhältnisses auch künftig zulässig ist, den Zuschlag allein auf das preislich günstigste Angebot zu erteilen".[46]

Für welches Kriterium sich der Auftraggeber entscheidet, hängt sowohl bei Vergaben oberhalb **22** als auch unterhalb des Schwellenwerts maßgeblich von den **konkreten Umständen und Besonderheiten** des Auftrags ab. Bedarf es angesichts des Beschaffungsgegenstandes zur Ermittlung des besten Angebots der Anlegung eines **mehrere Kriterien umfassenden Wertungsschemas,** hat der öffentliche Auftraggeber eine Bewertung der Wirtschaftlichkeit, dh des Verhältnisses von Preis und Leistung unter **Zuhilfenahme verschiedener Unterkriterien vorzunehmen.** Dagegen kann sich nach den konkreten Umständen der Ausschreibung und unter Berücksichtigung der **haushaltsrechtlichen Pflicht** des Auftraggebers, öffentliche Mittel höchstmöglich sparsam und effektiv einzusetzen, auch der Preis als das bestgeeignete Zuschlagskriterium erweisen.[47] Ob sich der Preis als das bestgeeignete Zuschlagskriterium darstellt, ist von den Vergabenachprüfungsinstanzen zu überprüfen.

Eine Auftragsvergabe allein nach dem Preis[48] kann insbesondere in Vergabefällen gerechtfertigt sein, bei denen es um die **Beschaffung standardisierter Gegenstände** mit einem **geringen**

---

[42] So auch *Summa* in jurisPK-VergabeR § 16d Rn 68.
[43] Vgl. dazu *Sauer/Horváth* EWerk 2014, 210 (221).
[44] So auch die Gesetzesmaterialien: BR-Drs. 367/15, S. 132, wonach Preis oder Kosten bei der Angebotswertung zwingend berücksichtigt werden.
[45] *Wiedemann* in K/K/P/P GWB, § 127 Rdn. 28; aA *Grünhagen* in FKZG VOB/A 3. Aufl. § 16d EU Rn. 91.
[46] BR-Drs. 367/15, S. 132.
[47] Vgl. *Opitz* VergabeR 2004, 54; *Dreher* in Dreher/Stockmann KartellvergabeR § 97 Rn. 219; dass es sich insoweit um Ausnahmefälle handelt, bezweifeln *Byok/Brieskorn* in ihrer Anm. zum Beschluss des OLG Düsseldorf VergabeR 2008, 110 (112).
[48] Zu den Vorteilen und Risiken sowie zur Durchführung einer Preiswertung ausführlich *Wiedemann* in KMPP VOB/A § 16 Rn. 295 ff.

Grad an Komplexität geht. Auch bei einer **konstruktiven Leistungsbeschreibung** mit einem Leistungsverzeichnis, in das die Bieter nur noch die Preise eintragen müssen, kann der Preis das einzige Zuschlagskriterium bilden. Anderen Zuschlagskriterien neben dem Preis käme kein eigenständiger Wert mehr zu; sie würden als Scheinkriterien dem vergaberechtlichen Transparenzgebot widersprechen.[49]

23   **b) Anforderungen an die Auswahl.** Im Unterschwellenwertbereich bedarf es nicht in jedem Fall der Festlegung von Kriterien zur Ermittlung des wirtschaftlichsten Angebots. Vielmehr hängt es von den Umständen des Einzelfalles, insbesondere vom Gegenstand des ausgeschriebenen Auftrags und der Detailliertheit des Leistungsverzeichnisses ab, ob und inwieweit die **vorherige Festsetzung von Wertungskriterien** erforderlich ist. Lässt sich **objektiv bestimmen und ist für die Bieter offenkundig**, welche der in § 16d Abs. 1 Nr. 3 Satz 2 aufgeführten Wertungskriterien nach den gesamten Umständen insbesondere nach Art des zu beschaffenden Gegenstands zur Ermittlung des wirtschaftlichsten Angebots in Betracht kommen, und besteht damit keine Gefahr einer intransparenten Vergabeentscheidung, ist die vorherige Festsetzung nicht geboten. Etwas anderes gilt hingegen, wenn ohne ausdrücklich formulierte Wertungskriterien das wirtschaftlichste Angebot nicht nach transparenten und willkürfreien Gesichtspunkten bestimmt werden kann.[50]

24   Die das Wirtschaftlichkeitskriterium ausfüllenden Unterkriterien sind in § 16d Abs. 1 Nr. 3 S. 2 nicht abschließend aufgezählt. Bei der **Auswahl und Gewichtung der Zuschlagskriterien** sowie der **Unterkriterien** steht dem Auftraggeber in den Grenzen der Vorgaben des Vergaberechts eine **Bewertungsfreiheit** zu.[51] Zu beachten sind die wesentlichen Grundsätze der **Gleichbehandlung, Transparenz und des Diskriminierungsverbots:** Die Kriterien müssen hinreichend bestimmt sein und eine transparente, nichtdiskriminierende und nach gleichen Maßstäben erfolgende Zuschlagsentscheidung ermöglichen. Zudem müssen sie in Zusammenhang mit dem Auftragsgegenstand stehen. Unzulässig sind damit insbesondere Kriterien, die auf ein Verhalten des Bieters im Vergabeverfahren abstellen.[52] Vergaberechtswidrig ist auch ein Zuschlagskriterium, dem nur eine Alibifunktion zukommt, weil der Auftraggeber tatsächlich eine reine Preiswertung durchführen will. Entscheidet sich der Auftraggeber, den Zuschlag auf das wirtschaftlichste und nicht auf das preisgünstige Angebot zu erteilen, muss er sich an den festgelegten Wertungskriterien festhalten lassen. Ein Zuschlagskriterium, das faktisch keinen Einfluss auf die Wertungsreihenfolge hat, ist unzulässig.[53] Die Zuschlagskriterien sind zwingend zu gewichten.[54] Die Gewichtung muss nicht in starren Prozentsätzen erfolgen. Zulässig sind auch Margen, deren größte Bandbreite angemessen sein muss.[55]

25   **c) Trennung von Eignungs- und Zuschlagskriterien.** Bislang galt das Verbot, im Rahmen der Angebotswertung und Zuschlagsentscheidung ein „Mehr an Eignung" zu berücksichtigen (vgl. die Kommentierung zu § 16b, Rn. 28 ff.), so dass zwischen Eignungs- und Zuschlagskriterien strikt zu trennen war. Umstände wie die Erfahrung der Bieter, ihre personelle und technische Ausstattung sowie ihre Fähigkeit, den Auftrag zum vorgesehenen Zeitpunkt ausführen zu können, mussten daher bei der Zuschlagsentscheidung unberücksichtigt zu bleiben. Kriterien konnten ihrer Natur nach entweder **nur Eignungs- oder nur Wertungs- bzw. Zuschlagskriterien** bilden.

26   Die bislang **strikte Trennung zwischen Zuschlags- und Eignungskriterien** wird durch die neue Bestimmung in Art. 67 Abs. 2b der Richtlinie 2014/24 EU aufgehoben und durch eine Regelung ersetzt, die einem praktischen Bedürfnis nach Berücksichtigung der persönlichen Fähigkeiten und Erfahrungen des Auftragnehmers Rechnung trägt. Danach ist die Berücksichtigung der Organisation, Qualifikation und Erfahrung des einzusetzenden Personals zulässig, wenn die Qualität des einzusetzenden Personals erheblichen Einfluss auf das Niveau der Auftragsdurchführung haben kann. Im nationalen Recht wird diese Vorgabe durch § 16d EU Abs. 2 Nr. 2 lit. b) umgesetzt. Soweit die bislang geltende strenge Trennung von Eignungs- und Zuschlags-

---

[49] Vgl. *Byok/Brieskorn* VergabeR 2008, 110 (113) Bl. 113.
[50] BGH 10.5.2016 – X ZR 66/15.
[51] Vgl. *Dreher* in Dreher/Stockmann, KartellvergabeR § 97 Rn. 223.
[52] OLG Düsseldorf 21.5.2012 – VII-Verg 3/12, BeckRS 2012, 15472.
[53] OLG Düsseldorf 27.11.2013 – VII-Verg 20/13, NZBau 2014, 121 für das mit 5 % neben dem Preis mit 95 % gewichtete Kriterium der Einhaltung eines vorgegebenen Terminplans.
[54] Vgl. EuGH 12.12.2002 – C-470/99, NZBau 2003, 162 – Universale-Bau; Art. 53 Abs. 2 VKR, Art. 55 Abs. 2 SKR.
[55] Vgl. *Dreher* in Dreher/Stockmann KartellvergabeR § 97 Rn. 217.

kriterien im Bereich der Oberschwellenwertvergaben durchbrochen wird, sollte diese Maßgabe auch auf Unterschwellenwertvergaben Anwendung finden. Dort strengere Maßstäbe an die Notwendigkeit der Trennung von Eignungs- und Zuschlagskriterien anzulegen als im Bereich der Oberschwellenwertvergaben, erscheint wenig sinnvoll.

d) Rechtsfolgen bei vergaberechtswidriger Auswahl. Die Festlegung unzulässiger Zuschlagskriterien hat zur Folge, dass der Auftraggeber auf der Grundlage der fehlerhaften Vergabeunterlagen keinen Zuschlag erteilen darf. Das Vergabeverfahren ist zumindest ab der Angebotsaufforderung zu wiederholen und den Bietern ist Gelegenheit zu geben, entsprechend der überarbeiteten, mit vergaberechtskonformen Kriterien versehenen Angebotsaufforderung neue Angebote einzureichen.[56] Soweit der Bundesgerichtshof im Rahmen eines Schadensersatzprozesses im Hinblick auf ein unzulässiges, die Wirtschaftlichkeit betreffendes Zuschlagskriterium angenommen hat, dass für die Zuschlagsentscheidung des Auftraggebers dann allein der Angebotspreis maßgeblich sei, kann dieser Auffassung nicht generell beigepflichtet werden. Es ist Sache des Auftraggebers, die Zuschlagskriterien festzulegen. Sollten sie – teilweise – unzulässig sein, steht es ihm frei, neue Kriterien zu entwickeln oder die übrigen Zuschlagskriterien – ggf. unter abweichender Gewichtung – zu verwenden. In jedem Fall muss den Bietern Gelegenheit gegeben werden, sich auf die geänderte Situation einzustellen und neue Angebote zu unterbreiten. Dass ein Bieter sein Angebot auf das – nunmehr als unzulässig erkannte – Zuschlagskriterium zu Lasten des Zuschlagskriteriums „Preis" ausgerichtet hat und bei einem alleinigen Zuschlagskriterium „Preis" ein anderes Angebot eingereicht hätte, wird im Regelfall **nicht auszuschließen sein.**[57]

e) Gewichtung der Zuschlagskriterien. Hat der Auftraggeber mindestens zwei Zuschlagskriterien festgelegt, muss er diese gewichten, d. h. er muss jedem Kriterium einen Wert im Verhältnis zu den anderen Kriterien zuweisen. Hier sind unterschiedliche methodische Vorgehensweisen möglich. So kann der Auftraggeber mit Hilfe eines **Scoring-Modells** jedem Zuschlagskriterium einen prozentualen Stellenwert zuweisen und für die Ausfüllung eine Punktespanne vorsehen.[58] Indes werden durch dieses Modell die **relativen Preisabstände** zwischen den Angeboten **nicht abgebildet,** so dass regelmäßig eine **lineare Interpolation** vorgenommen wird, bei der die Preise sämtlicher Angebote – beginnend mit dem niedrigsten Angebot, das die Höchstpunktzahl erreicht und endend mit dem höchsten Angebot – relativ zueinander auf einer Punkteskala eingeordnet werden. Zulässig ist auch die Ermittlung der Rangfolge der Angebote mittels einer – einfachen oder erweiterten – Richtwertmethode. Dabei wird der bei den weiteren Zuschlagskriterien erworbene Gesamtpunktwert durch den Preis geteilt und entweder dasjenige Angebot bezuschlagt, dass den absolut höchsten Quotienten erreicht oder sich innerhalb eines zuvor festgelegten Korridors unterhalb des höchsten Quotienten bewegt und ein gleichfalls zuvor festgelegtes Zuschlagskriterium am besten erfüllt.

Ist eine **Gewichtung objektiv nicht möglich,** darf der Auftraggeber bei Oberschwellenwertvergaben gemäß Art. 67 Abs. 5 UA 3 der Richtlinie 2014/248/EG von einer Gewichtung absehen und hat die Kriterien in absteigender Reihenfolge anzugeben. Dies gilt auch im Bereich der Unterschwellenwertvergaben.

3. Anforderungen an die Bekanntmachung der Zuschlagskriterien, ihrer Gewichtung und der Wertungsmethode. a) Allgemeines. Die in Art. 67 Abs. 5 UA 1 der Vergabekoordinierungsrichtlinie 2014/24/EU enthaltene Anforderung, die **Zuschlagskriterien und ihre Gewichtung** bekannt zu geben, wird durch §§ 16d EU Abs. 2 Nr. 2 S. 1 richtlinienkonform umgesetzt. Danach dürfen bei **Oberschwellenwertvergaben** nur solche Zuschlagskriterien und deren Gewichtung berücksichtigt werden, die in der Auftragsbekanntmachung oder in den Vergabeunterlagen genannt sind. Eine entsprechende Vorschrift existiert für den Bereich der **Unterschwellenwertvergaben** nicht. Dennoch ist eine Bekanntgabepflicht **auch bei Auftragsvergaben unterhalb des Schwellenwertes** grundsätzlich zu bejahen.

Der EuGH hat in einer Reihe von Entscheidungen[59] betont, dass dem Vergaberechtsregime nicht unterliegende öffentliche Aufträge in keinem rechts- und rechtsschutzfreien Raum ver-

---

[56] OLG Düsseldorf 24.3.2010 – VII-Verg 58/09, NZBau 2010, 649; 14.1.2009 – VII-Verg 59/08, NZBau 2009, 398.
[57] Vgl. OLG Düsseldorf 24.3.2010 – VII-Verg 58/09, NZBau 2010, 649.
[58] Siehe zum Folgenden *Summa* in jurisPK-VergabeR, VOB/A § 16d Rn. 77 ff.
[59] 20.10.2005 – C264/03, VergabeR 2006, 54 – Kommission/Frz. Republik; 21.7.2005 – C-231/03, NZBau 205, 592 (593) – Coname; 13.10.2005 – C-458/03, NZBau 2005, 644 (647) – Parking Brixen; 7.12.2000 – C-324/98, NZBau 2001, 148 (151) – Teleaustria.

geben werden, sondern die allgemeinen **gemeinschaftsrechtlichen Grundsätze** dafür verbindlich sind. Der EuGH hat dies den Grundfreiheiten des EG-Vertrags entnommen, namentlich der Freiheit des Dienstleistungsverkehrs (Art. 49 EG). Im Sinne von Mindeststandards sind danach auch bei Vergaben unterhalb des Schwellenwertes die mit der Dienstleistungsfreiheit zusammenhängenden gemeinschaftsrechtlichen Prinzipien, nämlich die **Gebote der Gleichbehandlung (Nichtdiskriminierung aus Gründen der Staatsangehörigkeit) und der daraus folgenden und die Gleichbehandlung erst ermöglichenden Transparenz** zu beachten, jedenfalls wenn die **Binnenmarktrelevanz,** mithin eine grenzüberschreitende Bedeutung der in Rede stehenden Auftragsvergabe anzunehmen ist.

31 Auch wenn eine Binnenmarktrelevanz nicht besteht, ergibt sich aus den allgemeinen vergaberechtlichen **Geboten der Gleichbehandlung und Transparenz** die grundsätzliche Verpflichtung des Auftraggebers zur Bekanntgabe der maßgeblichen Zuschlagskriterien und ihrer Gewichtung. Es ist ein Gebot der Rechtsstaatlichkeit, das die Vorhersehbarkeit und Transparenz staatlichen Handelns umfasst, dass bei sämtlichen Auftragsvergaben oberhalb und unterhalb der Schwellenwerte – und zwar auch dann, wenn diese keine Binnenmarktrelevanz aufweisen – der Zuschlag grundsätzlich nur anhand der zuvor bekannt gegebenen und eindeutig formulierten Kriterien ergeht. Wird die Bekanntgabe von Zuschlagskriterien versäumt, ist im Regelfall ein Schluss auf ein bestimmtes Zuschlagskriterium nicht möglich. Dies gilt erst Recht, wenn in der Bekanntmachung die Zuschlagserteilung auf das wirtschaftlich günstigste Angebot in Bezug auf die in den Ausschreibungsunterlagen aufgeführten Kriterien angekündigt wird.[60]

32 Soweit der Bundesgerichtshof in seiner Entscheidung vom 10.5.2016 (X ZR 66/15) ausgeführt hat, dass es bei **Unterschwellenwertvergaben nicht in jedem Fall der Festlegung und Bekanntmachung von Kriterien zur Ermittlung des wirtschaftlichsten Angebots bedürfe,** sondern es sich vielfach objektiv bestimmen lasse, welche der in Abs. 1 Nr. 3 Satz 2 aufgeführten Wertungskriterien in Betracht kämen und deshalb keine Gefahr einer intransparenten Vergabeentscheidung bestehe, erscheint zumindest zweifelhaft, ob dies bei Bauvergaben tatsächlich auf viele Fälle zutrifft. Der vom Bundesgerichtshof entschiedene Fall betraf den Abbruch einer Industriebrache mit Ausführung von Abbruchleistungen, Recycling des Abbruchguts und Geländeauffüllung. Sind durch ein detailliertes Leistungsverzeichnis im Einzelnen vorgezeichnete Bauleistungen Gegenstand des Vergabeverfahrens, mag für den sachkundigen Bieter im Einzelfall auf der Hand liegen, dass der Preis das einzige Zuschlagskriterium ist und weitere, sich auf die Ausführung des Auftrags beziehende Kriterien für den Zuschlag nicht maßgeblich sein sollen.

Jedenfalls gilt auch vor dem Hintergrund dieser neuen Rechtsprechung, dass der Auftraggeber die Zuschlagskriterien und deren Gewichtung bekannt zu geben hat, wenn das wirtschaftlichste Angebot ohne ausdrücklich festgelegte und bekannt gegebene Kriterien nicht **transparent und willkürfrei** ermittelt werden kann. Es hängt danach von den Umständen des Einzelfalles, insbesondere vom Gegenstand des ausgeschriebenen Auftrags und der Detailliertheit des Leistungsverzeichnisses ab, ob und inwieweit es hiernach der vorherigen Festsetzung und Bekanntgabe von Wertungskriterien bedarf. Dass sich eine Bekanntgabepflicht ergibt, wenn die Festsetzung von Wertungskriterien erforderlich ist, hat der Bundesgerichtshof ausdrücklich und unter Bestätigung seiner früheren Rechtsprechung auch in dieser Entscheidung bejaht.

33 **b) Umfang der Bekanntmachungspflicht.** Die Bekanntmachungspflicht erstreckt sich nicht nur auf die Zuschlagskriterien als solche, sondern der öffentliche Auftraggeber muss den Bietern auch die zur Ausfüllung eines Zuschlagskriteriums aufgestellten **Unterkriterien und deren Gewichtung** sowie ggf. auch die weiteren Unterkriterien, die der inhaltlichen Ausfüllung und Konkretisierung der auf der ersten Ebene gewählten Unterkriterien dienen sowie deren Gewichtung, wie sie oft in einer sog Bewertungsmatrix enthalten sind, mitteilen, um so die Transparenz des Verfahrens und die Chancengleichheit der Bieter zu gewährleisten.[61]

34 Dies gilt nicht nur für im Voraus, dh vor Veröffentlichung der Bekanntmachung und Versendung der Verdingungsunterlagen, sondern auch für nach diesem Zeitpunkt vom Auftraggeber

---

[60] Vgl. OLG Düsseldorf, 28.1.2015 – 31/14.
[61] Vgl. EuGH 12.12.2002 – C-479/99, NZBau 2003, 162 – Universale – Bau; und 24.11.2005 – C-331/04, VergabeR 2006, 201 – ATI EAC; OLG Düsseldorf 23.1.2008 – V-II Verg 31/07, BeckRS 2008, 13108; 9.4.2008 – VII-Verg 2/08, NJW-Spezial 2008, 302; VergabeR 2008, 956 ff. mit Anm. von *Noch* VergabeR 2008, 961 ff.; 21.5.2008 – VII-Verg 19/08, NZBau 2009, 67; 22.12.2010 – VII-Verg 40/10, BeckRS 2011, 01658; OLG München 19.3.2009 – Verg 2/09, NZBau 2009, 341.

aufgestellte Unterkriterien.⁶² Das Urteil des EuGH vom 12.12.2002,⁶³ wonach der Auftraggeber, die **im Voraus aufgestellten Regeln für die Gewichtung der Zuschlagskriterien** bekannt zu machen habe, sowie die Entscheidung des Oberlandesgerichts Düsseldorf vom 16.2.2005,⁶⁴ wonach der Auftraggeber verpflichtet sei, **zu den Zuschlagskriterien im Voraus festgelegte Unterkriterien und deren Gewichtung** bekannt zu geben, sind gelegentlich von den Auftraggebern dahingehend missverstanden worden, dass **nachträglich aufgestellte** Unterkriterien sowie deren Gewichtung von der Bekanntgabepflicht ausgenommen seien.

In der Entscheidung vom 14.1.2008⁶⁵ hat der EuGH noch einmal betont, dass die Bekanntgabepflicht auch für die nachträgliche Festlegung von Unterkriterien und deren Gewichtung gilt, dies jedenfalls dann, wenn sich die Kenntnis davon auf den Inhalt der Angebote auswirkt. Das Unterlassen einer Bekanntgabe nachträglich festgelegter (Unter-)kriterien und Gewichtungskoeffizienten ist seiner Art nach regelmäßig geeignet, die Leistungs- und Angebotsmöglichkeiten der Bieter nachteilig zu beeinflussen. Die Bieter können ihr Angebot weder an den Erwartungen des Auftraggebers hinsichtlich der ausgeschriebenen Leistung noch an den genauen Bewertungsvorstellungen des Auftraggebers ausrichten. Sie werden dadurch gehindert, ein unter allen Umständen vergleichbares sowie das annehmbarste Angebot abzugeben. Dabei hat der Antragsteller im Vergabenachprüfungsverfahren nicht darzulegen, welches konkrete, chancenreichere Angebot er eingereicht hätte, wenn ihm die (Unter-)kriterien und die Gewichtung bekannt gewesen wären.⁶⁶

Die **nachträgliche Aufstellung, Ausfüllung und Gewichtung** von Zuschlagskriterien **35** verstößt damit nicht per se gegen die EU-Vergaberechtlinien, unterliegt aber **engen Zulässigkeitsgrenzen.** Die Festlegung von Unterkriterien nach Öffnung der Angebote ist unzulässig.⁶⁷

Die bekannt gemachten Kriterien dürfen nicht durch die nachträglich gebildeten oder gewichteten Unterkriterien geändert werden. Es muss ferner auszuschließen sein, dass das nachträgliche Aufstellen und Gewichten der Unterkriterien den Inhalt der Angebote hätte beeinflussen können, wenn die Kriterien und deren Gewichtung schon vor Erstellung der Angebote bekannt gemacht worden wären. Schließlich darf das nachträgliche Vorgehen auch nicht dazu geeignet sein, Bieter zu diskriminieren.⁶⁸

Zweifelhaft ist, inwieweit **Bewertungsmaßstäbe und Methoden** im Voraus festgelegt und **36** den Bietern bekannt zu geben sind. Insbesondere steht die Zulässigkeit einer Wertung durch ein sogenanntes **Schulnotensystem,** zum Beispiel durch die Vergabe von 0 bis 10 Punkten für die festgelegten Wertungs- bzw. Unterkriterien, in Rede. Das OLG Düsseldorf hält ein reines Schulnotensystem aufgrund völliger Intransparenz und Unbestimmtheit der Bewertungsmaßstäbe sowohl im Oberschwellenwertbereich als auch – wegen der Gleichheit des Prüfungsmaßstabs – bei Unterschwellenwertvergaben für vergaberechtswidrig. Der Senat kritisiert, dass das **reine und durch keine Unterkriterien konkretisierte Schulnotensystem** die Angebotswertung einem ungebundenen und freien Ermessen des Auftraggebers überlasse und **willkürliche Bewertungen** gestatte. Zulässig ist danach hingegen eine Verwendung des Schulnotensystems, wenn dieses eine weitere Aufgliederung erfährt und dadurch Anhaltspunkte vorgegeben werden, anhand derer Bieter den bei den jeweiligen Notenstufen geforderten Erfüllungsgrad sowie erkennen können, worauf der Auftraggeber Wert legt.⁶⁹ Danach umfasst die Festlegungs- und Bekanntmachungspflicht des öffentlichen Auftraggebers auch die **hinter der Wertungsmethodik liegenden und diese ausfüllenden Wertungsmaßstäbe.**

Soweit der EuGH in seiner Entscheidung vom 14.7.2016 (C-6/15) im scheinbaren Gegensatz **37** dazu ausführt, dass der öffentliche Auftraggeber nicht verpflichtet sei, den potenziellen Bietern in der Auftragsbekanntmachung oder in den entsprechenden Verdingungsunterlagen die Bewer-

---

⁶² EuGH 14.1.2008 – C-532, VergabeR 2008, 496 – Lianakis; OLG München NZBau 2008, 574 (für eine VOF-Vergabe); OLG Düsseldorf VergabeR 2008, 865 f., Thüringer OLG VergabeR 2007, 522 (525); OLG München 19.3.2009 – Verg 2/09.
⁶³ C – 479/99, NZBau 2003, 162 – Universale Bau.
⁶⁴ VergabeR 2005, 364 f.
⁶⁵ C-532, VergabeR 2008, 496 – Lianakis sowie bereits in der Entscheidung vom 24.11.2005 – C-331/04, VergabeR 2006, 202 – ATI EAC.
⁶⁶ Vgl. OLG Düsseldorf 22.12.2010 – VII-Verg 40/10, BeckRS 2011, 01658 mwN.
⁶⁷ OLG Frankfurt 28.5.2013 – 11 Verg 6/13, BeckRS 2013, 10982.
⁶⁸ Vgl. zu den Grenzen der Bekanntgabepflicht: OLG Düsseldorf 30.7.2009 – VII-Verg 10/09, BeckRS 2009, 29056.
⁶⁹ OLG Düsseldorf 16.12.2015 – VII-Verg 25/15; 15.6.2016 – VII-Verg 49/15, 2.11.2016 – VII-Verg 25/16.

tungsmethode, die er zur konkreten Bewertung und Einstufung der Angebote anwenden werde, zur Kenntnis zu bringen, gilt dies nur, soweit diese Methode **keine Veränderung der Zuschlagskriterien oder ihrer Gewichtung** bewirken kann. Insoweit hat der EuGH verdeutlicht, dass die Bewertungsmethode, anhand derer der öffentliche Auftraggeber die Angebote konkret bewertet und einstuft, grundsätzlich nicht nach der Öffnung der Angebote durch den öffentlichen Auftraggeber festgelegt werden darf. Nur wenn die Festlegung der Bewertungsmethode vor der Öffnung nicht möglich war, darf der öffentliche Auftraggeber sie im Nachhinein festlegen. Ob diese Rechtsprechung der „Schulnotenrechtsprechung" des OLG Düsseldorf somit tatsächlich entgegensteht, ist fraglich. In den vom OLG Düsseldorf entschiedenen Sachverhalten hatten die Auftraggeber die Gewichtung durch Schulnoten vorgesehen. In diesen Fällen besteht das vom EuGH anerkannte Bedürfnis, im Nachhinein eine Bewertungsmethode festzulegen, wenn dies vor Öffnung der Angebote gar nicht möglich ist, indes nicht, denn die Festlegung des nach der Vorstellung des Auftraggebers bei den jeweiligen Notenstufen geforderten Erfüllungsgrads wäre durchaus möglich gewesen.

38   **4. Einzelne Unterkriterien.** § 16d Abs. 3 Nr. 3 S. 2 zählt zulässige Zuschlagskriterien auf. Berücksichtigung finden können danach allgemeine Gesichtspunkte wie Qualität und Ästhetik, finanzielle Aspekte wie der Preis, Betriebs- und Folgekosten, Rentabilität, Servicekriterien wie Kundendienst und technische Hilfe, aber auch Umwelteigenschaften und Ausführungsfrist. Die Aufzählung ist beispielhaft und nicht abschließend.[70]

39   Das Kriterium der **Qualität** ermöglicht dem Auftraggeber, insbesondere auch im Zusammenhang mit den weiteren Kriterien Ästhetik und Funktionalität, spezifische, auch überdurchschnittliche und besondere Anforderungen an die Güte und Beschaffenheit einer Bauleistung aufzustellen und bei der Wertung zu berücksichtigen.

40   Der **Preis** ist notwendiger Bestandteil der Wirtschaftlichkeit. Die Aufstellung und Gewichtung von Zuschlagskriterien, in der der Preis keine oder nur eine marginale Rolle spielt, kann gegen das Wirtschaftlichkeitsgebot verstoßen.[71] Der Preis ist beim Zuschlagskriterium des wirtschaftlichsten Angebots vom Auftraggeber in ein angemessenes Verhältnis zu den übrigen Wertungskriterien zu bringen. Zu den neben dem eigentlichen Preis für die angebotene Leistung ebenfalls berücksichtigungsfähigen Faktoren zählen auch die **Betriebs- und Folgekosten**.[72] Diese umfassen die über die Herstellungskosten hinausgehenden Wartungs- und notwendigen Erhaltungskosten. Im Wesentlichen sind dadurch auch die gesondert genannten Kriterien Kundendienst und technische Hilfe erfasst.

Es ist auch in diesem Zusammenhang zu beachten, dass nur direkt auf den Bauauftrag bezogene Gesichtspunkte berücksichtigungsfähig sind, darüber hinausgehende wirtschaftliche Gründe dagegen außer Betracht bleiben müssen. So kann zB der ortsansässige, teurere Bieter nicht deswegen als günstiger gewertet werden, weil hier einheimische Arbeitsplätze gesichert und gemeindliche Steuereinnahmen erhöht werden.

41   Der Gesichtspunkt des **technischen Wertes** wird insbesondere bei funktionalen Leistungsbeschreibungen, bei denen der Bieter einen Lösungsvorschlag entwickeln und anbieten soll, relevant. Zu überprüfen ist die im Angebot vorgeschlagene Ausführungsweise im Vergleich zu den Lösungsvorschlägen der anderen Bieter.

42   Das Kriterium der **Ästhetik** wird zusammen mit funktionsbedingten Aspekten vor allem bei solchen Vorhaben zum Einsatz kommen, in denen die Angebote der Bieter auch gestalterische, künstlerische und konzeptionelle Vorschläge enthalten sollen. Hier wird die sehr subjektiv geprägte Bewertung, welche Lösung der Bauaufgabe in gestalterischer, konzeptioneller und funktioneller Hinsicht vorzugswürdig ist, häufig von Gremien vorgenommen, um den subjektiven Gehalt zu relativieren. In Einzelfällen ist das Kriterium der Ästhetik aber durchaus objektivierbar. Das ist zum Beispiel der Fall, wenn eine vorgeschlagene Lösung mit der vorhandenen Ausstattung oder Umgebung harmoniert.

---

[70] Vgl. *von Wietersheim* in Ingenstau/Korbion VOB VOB/A § 16d Rn. 15.

[71] Für eine VOL-Vergabe hat das OLG Dresden NZBau 2001, 459, entschieden, dass ein Wertungsanteil von 30% nicht unterschritten werden dürfe; für eine Übertragung dieser Größenordnung auch auf Bauvergaben: *von Wietersheim* in Ingenstau/Korbion VOB VOB/A § 16d Rn. 19; ablehnend OLG Düsseldorf VergabeR 2002, 267 (ebenfalls für eine VOL-Vergabe); vgl. auch OLG Düsseldorf 21.5.2012 – VII-Verg 3/12, BeckRS 2012, 15472.

[72] Vgl. zur Bedeutung der Betriebs- und Folgekosten bei der Angebotswertung ausführlich *Mohr* BWGZ 2014, 908 ff.

Mit dem Kriterium der **Zweckmäßigkeit** kann der Auftraggeber von der objektiven Beschaffenheit des Bauvorhabens zu unterscheidende individuelle und subjektive Wertungskriterien, wie zum Beispiel Benutzerfreundlichkeit für Besucher und Personal aufstellen. Allerdings darf insoweit kein unscharfes Oberkriterium entstehen. **43**

Bei dem Kriterium der **Umwelteigenschaften** ist zu beachten, dass Anforderungen an die Umweltverträglichkeit der angebotenen Leistung bereits auf der Grundlage der Rechtsprechung des EuGH[73] im Sinne von Mindestanforderungen oder K. o. – Kriterien zum Gegenstand der Leistungsbeschreibung gemacht werden können, so zum Beispiel die Forderung des Auftraggebers nach dem Einsatz bestimmter, auf ihre Umweltverträglichkeit geprüfter Materialien oder die Forderung, dass der Energiebedarf des zu errichtenden Gebäudes bestimmte Verbrauchsgrenzen nicht überschreitet. Insoweit handelt es sich aber nicht um Zuschlagskriterien, sondern um Kriterien, die den Gegenstand des Leistungswettbewerbs bilden.[74] Indem in § 16 Abs. 3 Nr. 3 S. 2 Umwelteigenschaften auch als potentielles Kriterium zur Bestimmung des wirtschaftlichsten Angebots genannt werden, können umweltbezogene Aspekte, zu denen insbesondere Gesichtspunkte des Klimaschutzes und der Energieeffizienz gehören, auch auf der **Ebene der Zuschlagsentscheidung** relevant werden: So kann zum Beispiel bei einer offenen Leistungsbeschreibung, die vom Bieter den Einsatz bestimmter umweltfreundlicher Produkte nicht fordert, das Angebot derartiger Materialien im Rahmen der Wertung berücksichtigt werden. Auch bei einer funktionalen Leistungsbeschreibung kann eine im Vergleich der Angebote umweltfreundlichere und verbrauchsärmere Lösung bevorzugt werden. Dabei ist das im Sinne einer Umweltverträglichkeit zu verstehende Kriterium der Umwelteigenschaften weit auszulegen, insbesondere erscheint auch die Berücksichtigung umweltgerechter und nachhaltiger Produktions- und Transportverfahren möglich.[75] **44**

Das Kriterium der **Ausführungsfrist** kann dann Bedeutung erlangen, wenn der Auftraggeber nicht bereits in den Verdingungsunterlagen die Einhaltung bestimmter Ausführungsfristen festgelegt hat. Ist eine solche Festlegung nicht erfolgt bzw. will der Auftraggeber bei der Wertung eine schnellere Leistungserbringung honorieren, ist den Bietern aber bekannt zu geben, dass und inwieweit kürzere Ausführungszeiträume zu einer Besserstellung bei der Bewertung führen. **45**

IV. Angebote mit abweichenden Technischen Spezifikationen (Abs. 2)

Ein Angebot nach § 13 Abs. 2, das von den **vorgesehenen technischen Spezifikationen nach § 7a Abs. 1 abweicht, ist gemäß § 16d Abs. 2 wie ein Hauptangebot** zu werten:[76] Es gilt nicht als Nebenangebot (vgl. dazu die Erläuterungen unter → Rn. 47 ff.), weil es keine abweichende Lösung vorschlägt, sondern nur von technischen Spezifikationen abweicht. **46**

Den Bietern ist gestattet, ein derartiges Angebot einzureichen, wenn die angebotene Leistung mit dem geforderten Schutzniveau in Bezug auf Sicherheit, Gesundheit und Gebrauchstauglichkeit gleichwertig ist (§ 13 Abs. 2 S. 1, vgl. dazu die Kommentierung von Planker zu § 13). Die Abweichung muss eindeutig bezeichnet und die Gleichwertigkeit mit dem Angebot nachgewiesen sein (§ 13 Abs. 2 S. 2 und 3).

Bei der Prüfung und Wertung muss der Auftraggeber feststellen, ob diese Voraussetzungen vorliegen. Fehlt es an den formellen Voraussetzungen, dh hat der Bieter die Abweichungen nicht bezeichnet und/oder keine Nachweise für die Gleichwertigkeit erbracht, ist die Rechtsfolge umstritten: Nach einer Auffassung führt ein Verstoß gegen die Formvorschriften des § 13 Abs. 2 bereits deswegen nicht zwingend zum Ausschluss, weil er in § 16 Abs. 1 nicht als zwingender Ausschlussgrund genannt ist. Danach handelt es sich bei der Regelung des § 13 Abs. 2 ihrem Sinn nach um eine bloße **Ordnungsvorschrift**. Die daraus erwachsenen Verpflichtungen könnten auch im Bietergespräch noch nachgeholt werden, wenn damit keine Manipulationsmöglichkeit verbunden ist.[77] Nach anderer Auffassung fallen auch die Bezeichnung der Abweichungen und der Gleichwertigkeitsnachweis unter **§ 16d Abs. 1 Nr. 3** mit der Folge, dass der öffentliche Auftraggeber den Bieter aufzufordern hat, diese nachzuholen bzw. nachzureichen.[78] **47**

---

[73] 17.9.2002 – C-515/99, VergabeR 2002, 593 – Concordia Bus Finland; und 4.12.2003 – C-448/01, VergabeR 2004, 36 – Wienstrom.
[74] Vgl. dazu *Noch* in Müller-Wrede VOL/A, 2. Aufl., § 25 Rn. 348.
[75] Vgl. OLG Düsseldorf ZfBR 2003, 721.
[76] Vgl. OLG Koblenz 2.2.2011 – 1 Verg 1/11.
[77] *Planker* in Kapellmann/Messerschmidt § 13 Rn. 30.
[78] *Dittmann* in KMPP VOB/A § 16 Rn. 408.

Im Rahmen der Wertung ist sodann zu untersuchen, ob die Gleichwertigkeit der angebotenen Leistung mit dem geforderten Schutzniveau besteht. Ist das nicht der Fall, muss das Angebot ausgeschlossen werden.

V. Nebenangebote (Abs. 3)

48 1. **Allgemeines.** Die Regelung in § 16d Abs. 3 ordnet die Wertung von Nebenangeboten an, es sei denn, der Auftraggeber hat solche in der Bekanntmachung oder in den Vergabeunterlagen nicht zugelassen.

Ein Nebenangebot liegt vor, wenn Gegenstand des Angebots ein von der in den Ausschreibungsunterlagen vorgesehenen Leistung in **technischer, wirtschaftlicher oder rechtlicher Hinsicht abweichender Bietervorschlag** ist,[79] gleichviel ob ein körperlicher Eingriff in die Vergabeunterlagen (Streichungen, Einfügungen, Herausnahme oder Hinzufügung von Seiten) oder inhaltliche Änderungen vorgenommen wurden, wichtige oder unwichtige Leistungsvorgaben betroffen sind oder die Änderung Einfluss auf das Wettbewerbsergebnis hat. Unbedingte oder bedingte Preisnachlässe sind keine Nebenangebote im Rechtssinne.[80]

Synonyma stellen die Begriffe „Änderungs- oder Alternativvorschläge", „Änderungen der Vergabeunterlagen" sowie „Varianten" dar. Angebote, die von der Leistungsbeschreibung bzw. dem Leistungsverzeichnis abweichen, sind grundsätzlich – wegen Änderung an den Vergabeunterlagen – auszuschließen, es sei denn, es handelt sich um Abweichungen von technischen Spezifikationen (kein Fall eines Nebenangebots, sondern prinzipiell zugelassen, vgl. § 7a Abs. 6, 7; § 13 Abs. 2, § 16d Abs. 2) oder um den Fall einer **vergaberechtskonformen Zulassung von Nebenangeboten.**

49 Entscheidend für die Bewertung als Nebenangebot ist **nicht die Bezeichnung,** sondern die Abweichung der angebotenen Leistung von der Leistungsbeschreibung. Wird das ausgeschriebene Leitfabrikat angeboten, liegt keine von der Leistungsbeschreibung abweichende Leistung und damit auch dann kein Nebenangebot vor, wenn es als solches bezeichnet wird.[81] Sieht die Leistungsbeschreibung das Angebot eines gleichwertigen Produkts ausdrücklich vor und will der Bieter erkennbar ein gleichwertiges Produkt anbieten, dh wird im Angebot die **Gleichwertigkeit des angebotenen mit dem Leitfabrikat behauptet,** weicht das Angebot ebenfalls nicht von der Leistungsbeschreibung ab. Es liegt ein Hauptangebot und kein Nebenangebot vor. Die rechtliche Einordnung des Angebots hängt nicht davon ab, ob die inhaltliche Anforderung der Gleichwertigkeit zum Leitfabrikat tatsächlich eingehalten wird. Maßgeblich ist nur, dass die Leistung ausweislich der Darlegung im Angebot den Vorgaben des Leistungsverzeichnisses entspricht. Diese Grundsätze gelten auch, wenn zugleich **ein weiteres Hauptangebot unterbreitet** wird.

50 Der Bieter ist nämlich nicht gehindert, mehrere Hauptangebote zu platzieren.[82] Für die Abgabe mehrerer Hauptangebote mit unterschiedlichen technischen Lösungen kann ein Bedürfnis bestehen. Der Bieter kann aus vertretbaren Gründen im Unklaren darüber sein, ob die von ihm angebotene Leistung vom Auftraggeber als „gleichwertig" angesehen werden wird. Auch das Gleichbehandlungs- und Transparenzgebot stehen dem nicht entgegen. Der Inhalt des jeweiligen Angebots ist klar. Der Auftraggeber ist gehalten, die unterschiedlichen Angebote – wie auch die unterschiedlichen Angebote unterschiedlicher Bieter – anhand der Ausschluss- und Zuschlagskriterien zu bewerten.

51 2. **Zulassung von Nebenangeboten.** Bereits in der **Bekanntmachung** einer Öffentlichen Ausschreibung sollen gemäß § 12 Abs. 1 Nr. 2 lit. j **Angaben zur Zulässigkeit** von Nebenangeboten erfolgen. Spätestens mit der Aufforderung zur Angebotsabgabe hat der öffentliche Auftraggeber anzugeben, ob er Nebenangebote nicht (§ 8 Abs. 2 Nr. 3 lit. a) oder ausnahmsweise nur in Verbindung mit einem Hauptangebot zulässt (§ 8 Abs. 2 Nr. 3 lit. b). Enthalten weder die Bekanntmachung noch das Aufforderungsschreiben einen ausdrücklichen Ausschluss oder eine Beschränkung so gilt für Vergaben **unterhalb der Schwellenwerte,** dass Nebenangebote zugelassen sind.

---

[79] Vgl. OLG Düsseldorf 1.10.2012 – VII-Verg 34/12, NJW-Spezial 2012, 750; 2.11.2011 – VII-Verg 22/11, NZBau 2012, 194; 9.3.2011 – VII-Verg 52/10, BeckRS 2011, 08605; OLG Jena 21.9.2009 – 9 Verg 7/09, BeckRS 2009, 86482.
[80] OLG Jena 21.9.2009 – 9 Verg 7/09, OLG Jena 21.9.2009 – 9 Verg 7/09.
[81] Vgl. dazu und zum Folgenden: OLG Düsseldorf 9.3.2011 – VII-Verg 52/10, BeckRS 2011, 08605.
[82] OLG Düsseldorf 23.3.2010 – VII-Verg 61/09; 9.3.2011 – VII-Verg 52/10, BeckRS 2011, 08605.

Dagegen bestimmt Art. 45 Abs. 1 der Richtlinie 2014/24/EU, dass der öffentliche Auftraggeber bereits in der Bekanntmachung oder in der Aufforderung zur Interessensbetätigung angeben **muss**, ob Nebenangebote (dort als Varianten bezeichnet) zulässig, verlangt oder unzulässig sind. Fehlt eine solche Angabe, sind Nebenangebote nicht zugelassen. Diesen Vorgaben entspricht § 8 EU Abs. 3.

Demnach ist bei Vergaben **oberhalb der Schwellenwerte** eine **positive Zulassung** durch den Auftraggeber erforderlich. Fehlt eine solche, sind Nebenangebote nicht zugelassen. **Unterhalb der Schwellenwerte** sind Nebenangebote grundsätzlich zulässig.

Für Vergaben im **Oberschwellenwertbereich** war lange umstritten, ob die Zulassung und Wertung von Nebenangeboten auch dann vergaberechtskonform ist, wenn **einziges Zuschlagskriterium der Preis** sein soll. Der Bundesgerichtshof[83] hatte auf Vorlage des Oberlandesgerichts Jena (16.9.2013 – 9 Verg 3/13, BeckRS 2013, 16683) die seit der Entscheidung des Oberlandesgerichts Schleswig vom 15.4.2011 (1 Verg 10/10, NZBau 2011, 375) bestehende Divergenz der oberlandesgerichtlichen Rechtsprechung zur Zulässigkeit von Nebenangeboten in Fällen, in denen der „niedrigste Preis" das alleinige Zuschlagskriterium bildet,[84] dahingehend aufgelöst, dass Nebenangebote grundsätzlich unzulässig seien, wenn alleiniges Zuschlagskriterium der „niedrigste Preis" sein soll, und dies aus dem Wettbewerbsgrundsatz nach § 97 Abs. 2 GWB aF und dem Wirtschaftlichkeitsgebot nach § 97 Abs. 5 GWB aF abgeleitet. Dies sollte nach umstrittener Ansicht auch für Vergaben unterhalb des Schwellenwertes gelten (vgl. die Ausführungen in der Vorauflage, § 16 Rn. 152 f.)

Daran kann angesichts der für den Unterschwellenwertbereich in § 8 Abs. 2 Nr. 3 S. 2 und für den Oberschwellenwertbereich in § 8 EU Abs. 2 Nr. 3 S. 6 ausdrücklich enthaltenen Erlaubnis, Nebenangebote auch dann zuzulassen, wenn der Preis das einzige Zuschlagskriterium ist, nicht festgehalten werden.

3. Mindestanforderungen an Nebenangebote. Bei Vergaben **oberhalb der Schwellenwerte** hat der öffentliche Auftraggeber Mindestanforderungen an Nebenangebote zu formulieren und Nebenangebote, die diesen Mindestanforderungen nicht genügen, auszuschließen. Art. 45 Abs. 2 2 der Richtlinie 2014/24 schreibt dem öffentlichen Auftraggeber, der Nebenangebote – ausdrücklich – zulassen oder verlangen will, vor, in den Auftragsunterlagen die **inhaltlichen Mindestanforderungen** zu erläutern, die diese Nebenangebote erfüllen müssen. Gemäß Art. 45 Abs. 3 werden nur Nebenangebote berücksichtigt, die die verlangten Mindestbedingungen erfüllen.

Die Regelungen des Art. 45 Abs. 2 und Abs. 3 werden durch § 16 EU Nr. 5 umgesetzt. Bereits in seinem auf eine österreichische Vorlage hin ergangenen Urteil vom 16.10.2003[85] hatte der EuGH in diesem Sinne entschieden und Auftraggeber für verpflichtet gehalten, die inhaltlichen (materiellen) Mindestanforderungen an Nebenangebote zu erläutern.

Für **Bauvergabeverfahren unterhalb des maßgeblichen Schwellenwertes** ist die Festlegung und Bekanntgabe von Mindestanforderungen dagegen nicht ausdrücklich vorgesehen. Zum Teil wird daraus geschlossen, dass der Auftraggeber im Bereich der Unterschwellenwertvergaben somit auf die Formulierung von Mindestanforderungen verzichten könne und stattdessen zu prüfen habe, ob ein zugelassenes Nebenangebot mit der ausgeschriebenen Hauptleistung qualitativ und quantitativ gleichwertig ist.[86]

Allerdings hat der EuGH in einer Reihe von Entscheidungen[87] betont, dass dem Vergaberechtsregime nicht unterliegende öffentliche Aufträge in keinem rechts- und rechtsschutzfreien Raum vergeben werden, sondern die allgemeinen **gemeinschaftsrechtlichen Grundsätze** dafür verbindlich sind. Der EuGH hat dies den Grundfreiheiten des EG-Vertrags entnommen, namentlich der Freiheit des Dienstleistungsverkehrs (Art. 49 EG). Im Sinne von Mindeststandards sind danach auch bei Vergaben unterhalb des Schwellenwertes die mit der Dienstleistungs-

---

[83] BGH 15.1.2014 – X ZB 15/13, BeckRS 2014, 04359.
[84] OLG Düsseldorf 18.10.2010 – VII-Verg 39/10, NZBau 2011, 57; 7.1.2010, 23.3.2010 – VII-Verg 61/09 und 9.3.2011 – VII-Verg 52/10, BeckRS 2011, 08605; vgl. auch *Eggert*, Europäisches Vergaberecht, Rn. 1258; *Vavra* in Ziekow/Völlink, Vergaberecht, VOB/A § 16 Rn. 59; *Kues/Kirch* NZBau 2011, 335 ff.
[85] C-421/01, veröffentlicht in NZBau 2004, 279 ff. und VergabeR 2004, 50 ff. – Traunfellner.
[86] Vgl. VK Thüringen, 7.4.2016, 250–4002-2784/2016-N-002-SON; *Summa* in jurisPK-VergabeR, VOB/A § 16d Rn. 112.
[87] 20.10.2005 – C-264/03, VergabeR 2006, 54 – Kommission/Frz. Republik; 21.7.2005 – C-231/03, NZBau 2005, 592 (593) – Coname; 13.10.2005 – C-458/03, NZBau 2005, 644 (647) – Parking Brixen; 7.12.2000 – C-324/98, NZBau 2001, 148 (151) – Teleaustria.

freiheit zusammenhängenden gemeinschaftsrechtlichen Prinzipien, nämlich die **Gebote der Gleichbehandlung (Nichtdiskriminierung aus Gründen der Staatsangehörigkeit) und der daraus folgenden und die Gleichbehandlung erst ermöglichenden Transparenz** jedenfalls dann zu beachten, wenn eine **Binnenmarktrelevanz,** mithin eine grenzüberschreitende Bedeutung der in Rede stehenden Auftragsvergabe anzunehmen ist.

56   Auch bei **Auftragsvergaben ohne Binnenmarktrelevanz** haben die öffentlichen Auftraggeber bei ihrem Handeln die **Gleichheitssatz zugrunde liegende Gerechtigkeitsvorstellung** zu beachten.[88] Es ist ihnen deshalb verwehrt, das Verfahren oder die Kriterien der Vergabe willkürlich zu bestimmen. Nach Auffassung des Bundesgerichtshofs[89] ist indes die Angabe von Mindestanforderungen bei Auftragsvergaben unterhalb der Schwellenwerte nicht erforderlich, wenn die Ausführungsvarianten in den Vergabeunterlagen eindeutig und erschöpfend beschrieben werden und alle Leistungen umfassen, die für eine einwandfreie Ausführung notwendig sind.

57   Werden Mindestanforderungen für die Wertung von Nebenangeboten nicht bekannt gegeben, besteht die Gefahr der Ungleichbehandlung und Benachteiligung von Bietern. Ihr kann wirksam und sicher durch Festlegung und Bekanntgabe von Mindestanforderungen begegnet werden, so dass dieses Vorgehen unabhängig von der Binnenmarktrelevanz für alle Vergabeverfahren grundsätzlich jedenfalls zu empfehlen ist. Die Angabe inhaltlicher Mindestanforderungen in den Ausschreibungsbedingungen ist regelmäßig der sicherste Weg, Transparenz und damit die Gleichbehandlung der Angebote sicherzustellen.

58   Die Verpflichtung des Bieters, die Gleichwertigkeit seines Nebenangebots mit der im Hauptangebot offerierten Leistung nachzuweisen, wird desto überflüssiger, je detaillierter der Auftraggeber die Mindestanforderungen für Nebenangebote beschreibt. Die in der Vergabepraxis vielfachen Auseinandersetzungen über das **Gelingen des Gleichwertigkeitsnachweises** als Folge der fehlenden Trennschärfe des Begriffs der Gleichwertigkeit werden dadurch vermieden. Je strengere Anforderungen allerdings an den inhaltlichen Gehalt und den Detaillierungsgrad gestellt werden, desto mehr drohen **wettbewerbliche Zielsetzungen,** insbesondere der Zweck, die **Innovationskraft der Bieter zu fördern,** in den Hintergrund zu treten. Muss der Auftraggeber zwecks Auswahl und Aufstellung der Mindestanforderungen die mit den Nebenangeboten erwarteten alternativen Lösungsmöglichkeiten antizipieren, wozu er mangels eigenen Knowhows kaum besser in Lage sein wird als die Wettbewerber selbst, würde das innovative Potenzial der Anbieterseite nicht vollständig ausgeschöpft.
Eine relativ „offene" Zulassung von Nebenangeboten hat dagegen den Vorteil, dass Bieter alternative Lösungen vorschlagen, an die der Auftraggeber selber nicht gedacht hat und sich mittels effizienter, kostengünstigerer und innovativer Nebenangebote von Mitbewerbern absetzen können.[90]

59   In dem **Spannungsfeld** zwischen dem Ziel, die praktische Erfahrung, den technischen Sachverstand und das Innovationspotenzial der Unternehmen zur Erzielung des bestmöglichen Ausschreibungsergebnisses zu nutzen und dem Bedürfnis, durch **Mindestanforderungen Transparenz und Gleichbehandlung** zu gewährleisten, gelten für den Bereich der Oberschwellenwertvergaben in der höchstrichterlichen sowie der Rechtsprechung der Vergabesenate erkennbare **Leitlinien,** die auch auf die Festlegung und Bekanntgabe von Mindestanforderungen in Unterschwellenwertvergaben zu übertragen sind:
Nach der Rechtsprechung des Bundesgerichtshofs[91] hängt der an Mindestanforderungen für Nebenangebote zu stellende Detaillierungsgrad von den Gesamtumständen des Einzelfalls ab, insbesondere von der Komplexität des Vergabegegenstandes. Erforderlich, aber auch ausreichend ist es danach, dass den Bietern allgemein der Standard und die wesentlichen Merkmale verdeutlicht werden, die eine Alternativausführung aus Sicht des Auftraggebers aufweisen muss.

60   Mindestanforderungen können nicht aus den **ausdrücklich nur für Hauptangebote aufgestellten Anforderungen abgeleitet** werden. Entsprächen die Mindestanforderungen für Nebenangebote denen für Hauptangebote, gäbe es keine Nebenangebote, denn für diese ist

---

[88] Vgl. BverfG NZBau 2006, 791 ff.; BVerwG NZBau 2007, 389 ff.
[89] BGH 30.8.2011 – X ZR 55/10, NZBau 2012, 46 mit zustimmender Anmerkung von *Müller-Wrede* VergabeR 2012, 30 f; 10.5.2016, X ZR 66/15.
[90] Vgl. dazu auch *Wagner/Steinkemper* NZBau 2004, 253; *Opitz* Anm. zum Urt. des EuGH 16.10.2003 – C-421/01, VergabeR 2004, 54.
[91] BGH 15.1.2014 – X ZB 15/13, BeckRS 2014, 04359.

typisch, dass sie von der nachgefragten Leistung abweichen.⁹² Zugleich wird teilweise vertreten, dass die in einer Leistungsbeschreibung eindeutig bestimmten **K. o.-Kriterien oder Mindestbedingungen** für die Hauptangebote auch für Nebenangebote gelten, dh auch die Nebenangebote in der Regel diese Mindestanforderungen erfüllen müssen.⁹³ Zudem wird es für ausreichend gehalten, wenn der Auftraggeber aus den für Hauptangebote geltenden Bedingungen eine **inhaltliche Auswahl** für die von Nebenangeboten zu erfüllenden Mindestanforderungen trifft.⁹⁴ Die Mindestanforderungen sollen grundsätzlich nicht auf die Beschreibung rein formaler Kriterien beschränkt werden können, sondern **leistungsbezogene, sachlich-technische Vorgaben** enthalten,⁹⁵ wobei die Bezugnahme auf Regelwerke als ausreichende Angabe sachlich-technischer Mindestbedingungen angesehen wird, wenn diese einen für jeden vergleichbaren Auftrag geltenden Qualitätsstandard darstellen.⁹⁶

Den genannten Anforderungen können – abhängig von den Umständen des Einzelfalls – insbesondere **funktional aufgestellte** Mindestanforderungen entsprechen: Der öffentliche Auftraggeber sollte sich über seine **Erwartungen an die ausgeschriebene Leistung** im Klaren und damit in der Lage sein, diese Erwartungen in Form funktionaler Bedingungen für Nebenangebote zu formulieren. 61

Eine weitere Möglichkeit könnte die Festlegung von Mindestanforderungen durch eine negative Abgrenzung darstellen.⁹⁷

4. Prüfung und Wertung von Nebenangeboten. Nebenangebote, die bei Unterschwellenwertvergaben entgegen der ausdrücklichen Nichtzulassung bzw. bei Vergaben oberhalb des Schwellenwertes ohne ausdrückliche Zulassung eingereicht worden sind, werden ebenso wie nicht als solche bezeichnete oder nicht auf besonderer Anlage gemachte Nebenangebote bereits auf der ersten Wertungsstufe ausgeschlossen (§ 16 Abs. 1 Nr. 7, vgl. die entsprechende Kommentierung zu § 16 Rn. 38 ff.). Zudem sind sie ebenso wie Hauptangebote zwingend auszuschließen, wenn einer der sonstigen in § 16 Abs. 1 genannten Ausschlussgründe vorliegt und unterliegen unter den Voraussetzungen des § 16 Abs. 2 einem fakultativen Ausschluss. 62

Sodann überprüft der Auftraggeber, ob das Nebenangebot die bekannt gemachten Mindestanforderungen erfüllt. An diese ist der Auftraggeber gebunden. Ein **nachträglicher Verzicht** wäre mit den Geboten der **Transparenz des Vergabeverfahrens und der Gleichbehandlung der Bieter** unvereinbar.⁹⁸ Dem Bieter obliegt es, die Einhaltung der Mindestanforderungen durch das Nebenangebot darzulegen. Ebenso wie bei Hauptangeboten ist auch bei Nebenangeboten die Eignung des Bieters zu prüfen.

Sofern die Mindestanforderungen erfüllt sind und die Eignung zu bejahen ist, ist das Nebenangebot wie ein Hauptangebot anhand der in der **Bekanntmachung bzw. in der Aufforderung zur Angebotsabgabe genannten Zuschlagskriterien** zu werten. Grundsätzlich sind die für die Hauptangebote bekannt gemachten Zuschlagskriterien und ihre Gewichtung auch bei der Wertung von Nebenangeboten anzuwenden. Zu der Frage, ob eine Verpflichtung zur Festlegung und Bekanntgabe von Zuschlagskriterien besteht, vgl. die Ausführungen unter Rn. 32. Eine Ausnahme kann sich aber dann ergeben, wenn die Anwendung bestimmter Kriterien auf das Nebenangebot keinen Sinn macht, weil dieses – unter Einhaltung der Mindestbedingungen – grundlegende Änderungen oder Abweichungen enthält. Der Auftraggeber kann für die mit einem Nebenangebot verbundenen Änderungen – den Bietern ebenfalls bekannt zu gebende – Abschläge bei der Wertung vorsehen.⁹⁹ 63

---

⁹² So das BayObLG in einer Eilentscheidung nach § 118 Abs. 1 S. 3 GWB NZBau 2004, 626; der Entscheidung zustimmend auch OLG Rostock IBR 2005, 107; OLG Düsseldorf 7.1.2005 – VII-Verg 106/04, BeckRS 2005, 33211; OLG Schleswig VergabeR 2005, 357 (361 f.); OLG München VergabeR 2006, 119 (124).
⁹³ OLG Jena 18.3.2004 – 6 Verg 1/04, BeckRS 2004 30471723.
⁹⁴ Vgl. OLG Düsseldorf 22.8.2007 – VII-Verg 20/07, BeckRS 2008, 20982; NZBau 2008, 201 (204); zustimmend *Gnittke/Hattig* in Müller-Wrede VOL/A EG § 9 Rn. 81.
⁹⁵ OLG Koblenz NZBau 2006, 600, Brandenburgisches OLG 20.3.2007 – Verg W 12/06, BeckRS 2007, 65199.
⁹⁶ Vgl. Brandenburgisches OLG 29.7.2008 – Verg W 10/08, für die Bezugnahme auf die RiZ-ING.
⁹⁷ Vgl. VK Münster 21.12.2005 – VK 25/05, ZfBR 2006, 284.
⁹⁸ Vgl. OLG Düsseldorf VergabeR 2005, 483 (für eine VOL-Vergabe).
⁹⁹ Vgl. OLG Düsseldorf NZBau 2008, 201 (204 f.).

64 Bei Nebenangeboten, die den aufgestellten Mindestanforderungen genügen, ist keine **darüber hinausgehende allgemeine Gleichwertigkeitsprüfung** vorzunehmen, dh es ist nicht gesondert zu prüfen, ob das Nebenangebot mit der ausgeschriebenen Hauptleistung qualitativ und quantitativ gleichwertig ist und ob die alternativ angebotene Leistung den Vertragszweck unter allen technischen und wirtschaftlichen Gesichtspunkten ebenso erfüllt und für seinen Bedarf ebenso geeignet ist.[100] Eine solche Gleichwertigkeitsprüfung war nach dem bisherigen Rechtsverständnis, dh bis die europäischen Vorgaben jedenfalls im Bereich der Vergaben oberhalb des Schwellenwertes die Aufstellung von Mindestanforderungen verlangten, erforderlich, um diejenigen Nebenangebote herauszufiltern, die die vierte Wertungsstufe in direkter Konkurrenz zu den Hauptangeboten durchlaufen sollten.

65 Sowohl für Vergaben oberhalb des Schwellenwertes als auch für den Bereich der Unterschwellenwertvergaben ist die **Erforderlichkeit einer allgemeinen Gleichwertigkeitsprüfung** zu verneinen.[101]

Da der Auftraggeber mit einem Nebenangebot das Beschaffungsziel mittels anderer – auch anderer technischer – Lösungen erreichen möchte, ist bereits fraglich, worauf sich das allgemeine Gleichwertigkeitserfordernis konkret beziehen soll. So ist ein Nebenangebot, dass andere technische Vorgaben und gegebenenfalls auch geringere technische Anforderungen erfüllen soll als der Amtsvorschlag, diesem in qualitativer Hinsicht gerade **nicht gleichwertig,** auch wenn das Beschaffungsinteresse des Auftraggebers durch ein solches Nebenangebot wegen der damit möglicherweise zugleich verbundenen Vorteile vollauf und in gleicher Weise befriedigt wird. Steht aber schon nicht fest, woran die Gleichwertigkeit des Nebenangebots gemessen wird und werden den Bietern der Maßstab sowie die Kriterien einer Gleichwertigkeitsüberprüfung auch nicht bekannt gegeben, ist die Besorgnis begründet, dass der Auftraggeber im Rahmen einer solchen allgemeinen Prüfung gegen das **Transparenz – und Gleichbehandlungsgebot** verstößt.

66 Diesen der Gleichwertigkeitsprüfung immanenten Gefahren begegnen **für den Bereich der Oberschwellenwertvergaben** die europäischen Rechtsvorgaben und deren Umsetzung durch § 16d EU Nr. 5. Durch die Aufstellung der Mindestanforderungen hat der Auftraggeber in einer die Gebote der Transparenz und Gleichbehandlung berücksichtigenden Weise festgelegt, unter welchen Voraussetzungen er die Gleichwertigkeit von Neben- und Hauptangeboten in dem Sinne annehmen möchte, dass ein solches Nebenangebot im Vergleich zu den Hauptangeboten auf seine Wirtschaftlichkeit hin geprüft werden kann. Die **Funktion der nach bisherigem Rechtsverständnis erforderlichen Gleichwertigkeitsprüfung** wird damit durch die **Aufstellung und Prüfung der Mindestanforderungen** übernommen. Diejenigen Leistungsmerkmale, die ein Nebenangebot erfüllen und nach denen es wie ein Hauptangebot gewertet werden soll, ergeben sich dann unmittelbar aus den vom Auftraggeber aufgestellten Mindestanforderungen.[102]

67 Auch wenn für **Unterschwellenwertvergaben** Mindestanforderungen an Nebenangebote nicht zwingend sind, besteht die Gefahr, dass eine Gleichwertigkeitsprüfung, für die es keinerlei im Voraus festgelegte Bezugspunkte gibt, den vergaberechtlichen Transparenz – und Gleichbehandlungsgeboten nicht entspricht. Der Auftraggeber, der keine Mindestanforderungen festgelegt und Nebenangebote nicht ausgeschlossen hat, muss im Regelfall somit Zuschlagskriterien festlegen, die eine Überprüfung der Nebenangebote auf ihren technisch-funktionellen und sonstigen Wert im Vergleich und Verhältnis zum Amtsvorschlag ermöglichen. Etwas anderes gilt nach der höchstrichterlichen Rechtsprechung[103] nur dann, wenn es sich im Einzelfall objektiv bestimmen lässt, welche der in Abs. 1 Nr. 3 Satz 2 aufgeführten Wertungskriterien in Betracht kommen und deshalb keine Gefahr einer intransparenten Vergabeentscheidung besteht (vgl. Rn. 32).

---

[100] Zur Gleichwertigkeitsprüfung vgl. *von Wietersheim* in Ingenstau/Korbion VOB VOB/A § 16d Rn. 34; OLG Koblenz VergabeR 2003, 72 (74); BayObLG VergabeR 2003, 207 (215).
[101] So auch BGH 15.1.2014 – X ZB 15/13; OLG Koblenz 26.7.2010 – 1 Verg 6/10, NZBau 2011, 58; *Dittmann* in KMPP VOB/A § 16 Rn. 417; 153; an dem Erfordernis einer allgemeinen Gleichwertigkeitsprüfung für den Unterschwellenwertbereich hält dagegen *Vavra* in Ziekow/Völlink, Vergaberecht, § 16 Rn. 62, fest.
[102] So auch *Vavra* in Ziekow/Völlink Vergaberecht, § 16 Rn. 62; anderer Auffassung: OLG Frankfurt 26.6.2012 – 11 Verg 12/11, ZfBR 2012, 706; Brandenburgisches OLG 29.7.2008 – Verg W 10/08, BeckRS 2008, 15856 wonach die Erfüllung der vom Auftraggeber aufgestellten Mindestanforderungen die Gleichwertigkeitsprüfung nicht ersetzt, sondern erst ermöglicht.
[103] BGH 10.5.2016, X ZR 66/15.

Das bedeutet aber nicht, dass der Prüfung der Gleichwertigkeit nunmehr keinerlei Bedeutung **68** mehr zukommt. Vielmehr spielt sie weiterhin eine Rolle in Fallgestaltungen, in denen der Auftraggeber im Rahmen der Mindestanforderungen – **konkrete** – **Gleichwertigkeitserfordernisse** im Hinblick auf Nebenangebote aufstellt, dh verlangt, dass Nebenangebote in bestimmten Beziehungen dieselben Anforderungen erfüllen wie sie an Hauptangebote gerichtet sind.[104]

Auch bei **funktionalen Mindestanforderungen** des Auftraggebers, die sich aus seinen Erwartungen an das Ergebnis oder bestimmte Eigenschaften der zu erbringenden Leistung ergeben, ist im Rahmen der **Funktionalitätsprüfung in der Sache eine Gleichwertigkeitsprüfung** vorzunehmen. Sieht der Amtsvorschlag bei einem zu errichtenden Gebäude den Einsatz und die Verwendung bestimmter Materialien zur Erfüllung von Wärme- und Schallschutzzielen vor und hat der Auftraggeber als Mindestanforderung für Nebenangebote die Erreichung derselben Wärme- und Schallschutzziele festgelegt, so kommt es darauf an, ob das Nebenangebot diese Vorgaben genauso erfüllt wie der Amtsvorschlag. Insoweit obliegt es dem Bieter, die konkret und spezifisch geforderte Gleichwertigkeit des Nebenangebots mit dem Amtsvorschlag nachzuweisen.

VI. Wertung von Preisnachlässen (Abs. 4)

Aus der Bestimmung in § 16 Abs. 4 S. 1, wonach Preisnachlässe ohne Bedingungen nicht zu **69** werten sind, wenn sie nicht an der vom Auftraggeber nach § 13 Abs. 4 bezeichneten Stelle aufgeführt sind, folgt, dass Preisnachlässe **grundsätzlich zulässig**, jedoch einer Wertung nur zugänglich sind, wenn sie an der vorgesehenen Stelle eingetragen sind. Mit einem Preisnachlass ohne Bedingung gewährt ein Bieter einem Auftraggeber in der Regel einen **prozentualen Nachlass** der Angebotssumme. Um die Transparenz des Vergabeverfahrens sicherzustellen und Manipulationsmöglichkeiten vorzubeugen, sollen derartige Preisnachlässe gemäß § 13 Abs. 4 VOB/A an einer vom Auftraggeber bezeichneten Stelle aufgeführt werden. Die Vorschrift enthält eine für den Auftraggeber verbindliche, **zwingende Ausschlussregelung**.[105] Preisnachlässe, die nicht an der in den Verdingungsunterlagen festgelegten Stelle aufgeführt sind, sind selbst dann von der Wertung auszuschließen, wenn sie inhaltlich den gestellten Anforderungen entsprechen und für den Ausschreibenden und die Konkurrenten des Bieters zu erkennen sind.

Preisnachlässe mit Bedingungen für die Zahlungsfrist (Skonti) werden gemäß S. 2 bei der **70** Wertung nur gewertet, wenn der Auftraggeber die Bieter aufgefordert hat, derartige Preisnachlässe zu unterbreiten. Dadurch sollen Transparenz und Gleichbehandlung der Bieter gewährleistet werden, denn nur bei einer Aufforderung durch den Auftraggeber ist für alle Bieter erkennbar, dass Skontoabzüge in die Wertung einfließen. Allerdings führen unaufgefordert angebotene Skonti nicht zum Ausschluss des Angebots. Der Bieter muss die Voraussetzungen, unter denen der Preisnachlass gewährt werden soll, eindeutig und unmissverständlich bezeichnen. Der Nachlass darf nur von Handlungen des Auftraggebers abhängig gemacht werden. Weitere Wertungsvoraussetzung ist, dass die Bedingung – regelmäßig die Zahlungsfrist – vom Auftraggeber realistischerweise erfüllt werden kann.[106] Bei Zweifeln muss die Angebotssumme ohne den Nachlass in die Wertung einbezogen werden.

VII. Anwendung von § 16 bei freihändiger Vergabe (Abs. 5)

§ 16d und § 16b sind auf öffentliche und beschränkte Ausschreibungen zugeschnitten, so dass **71** deren Geltung für Freihändige Vergaben einer ausdrücklichen Sonderregelung bedarf, damit die Grundsätze des Wettbewerbs, der Gleichbehandlung und der Transparenz Anwendung finden können.[107] Hier unterscheidet die Norm zwischen direkter und entsprechender Anwendung: **Abs. 1 (Wertung) und § 16b (Eignung) gelten direkt.** Allerdings besteht bei der Eignungsprüfung eine dem Wesen der Freihändigen Vergabe entsprechende Besonderheit: Da gemäß § 6b Abs. 4 zur Angebotsabgabe nur Unternehmen aufgefordert werden, deren Eignung der Auftraggeber vor der Aufforderung zur Angebotsabgabe geprüft und bejaht hat, findet eine

---

[104] Vgl. auch *Dittmann* in KMPP VOB/A § 16 Rn. 418.
[105] Vgl. BHG 20.1.2009 – X ZR 113/07, für ein von einer kirchlichen Stiftung durchgeführtes Vergabeverfahren, für das die Geltung der Vorschriften der VOB/A bestimmt worden war; so auch *Dicks/Dittmann* in KMPP VOB/A § 16 Rn. 425; → § 13 Rn. 123.
[106] BGH 11.3.2008 – X ZR 134/05, NZBau 2008, 459.
[107] Vgl. OLG Stuttgart VergabeR 2004, 384; VK Sachsen IBR 2005, 398.

Überprüfung der Eignung nach Maßgabe des § 6a Abs. 2 nur bei nachträglich aufgetretenen Gesichtspunkten statt, die Zweifel an der Eignung begründen. Die Wertung der Angebote vollzieht sich nach den Grundsätzen, wie sie auch für eine Vergabe nach öffentlicher Ausschreibung gelten.

Da die Geltung des § 16a nicht angeordnet ist, ist fraglich, ob unvollständige Angebote ausgeschlossen werden müssen[108] oder der Bieter aufzufordern ist, fehlende Erklärungen und Nachweise nachzureichen. Obgleich auch bei freihändigen Vergabeverfahren sowohl das Gebot der Gleichbehandlung als auch der Grundsatz der Transparenz es gebieten, Angebote auszuschließen, die geforderte Erklärungen/Nachweise nicht enthalten, fehlt es nach der aktuellen Rechtslage an einem entsprechenden Ausschlusstatbestand.[109]

72 **Die Abs. 2 bis 4, § 16 Abs. 1 und § 6 Abs. 2 sind nur entsprechend** heranzuziehen. Damit finden die Vorschriften betreffend die Gleichstellung von Angeboten mit abweichenden technischen Spezifikationen sowie die Regelungen betreffend Nebenangebote, die Bestimmungen zu Preisnachlässen sowie zur Gleichsetzung von Bietergemeinschaften mit Einzelbietern Anwendung, wobei den Besonderheiten der Freihändigen Vergabe Rechnung zu tragen ist.

B. Übersicht über die Rechtsschutzmöglichkeiten des Bieters bei fehlerhafter Prüfung und Wertung seines Angebots

I. Primärrechtsschutz

73 **1. Oberschwellenwertvergaben.** Trifft der Auftraggeber in einem Vergabeverfahren über einen Bauauftrag, dessen Betrag den maßgeblichen Schwellenwert (derzeit 5.225.000 Euro für Bauleistungen)[110] erreicht oder überschreitet, im Rahmen der Prüfung und Wertung der Angebote **rechtsfehlerhafte Entscheidungen,** können die Bieter diese im Wege des Primärrechtsschutzes überprüfen lassen. Für derartige Oberschwellenwertvergaben sind die allgemeinen Grundsätze der Vergabe in § 97 GWB festgelegt. § 97 Abs. 6 GWB räumt den am Vergabeverfahren beteiligten Bietern ein **subjektives Recht auf Einhaltung der Bestimmungen über das Vergabeverfahren ein.** Die Regelungen in den **§ 16 ff.** sind **bieterschützend** im Sinne des § 97 Abs. 6 GWB.[111] Einen Anspruch auf Erteilung des Zuschlags hat der Bieter wegen des fehlenden Kontrahierungszwangs allerdings grundsätzlich nicht,[112] es sei denn, die Zuschlagserteilung bildet die einzige Möglichkeit, das Verfahren vergaberechtskonform zum Abschluss zu bringen.[113]

74 Für die Durchsetzung sehen die §§ 155 ff. GWB ein besonderes Nachprüfungsverfahren vor. Zur Nachprüfung sind zunächst die Vergabekammern berufen. Das Nachprüfungsverfahren wird durch Antrag eingeleitet, zu dem gemäß § 160 GWB jedes Unternehmen befugt ist, das ein Interesse an dem Auftrag hat und eine Verletzung in seinen Rechten nach § 97 Abs. 6 GWB geltend macht, durch die ihm ein Schaden entstanden ist oder zu entstehen droht.[114]

Nach Zustellung des Antrags darf der Auftraggeber gemäß § 169 Abs. 1 GWB grundsätzlich den Zuschlag vor einer Entscheidung der Vergabekammer und dem Ablauf der zweiwöchigen Beschwerdefrist des § 172 Abs. 1 GWB nicht erteilen. Einen bereits erteilten Zuschlag kann die Vergabekammer gemäß § 168 Abs. 2 S. 1 GWB nicht aufheben. Um der Gefahr zu begegnen, dass der Nachprüfungsantrag zu spät kommt, sieht § 134 GWB vor, dass die unterlegenen Bieter spätestens 15 Tage vor dem Vertragsschluss, der mit dem Zuschlag in einem Akt zusammenfällt, über den Namen des für den Zuschlag vorgesehenen Bieters und den Grund für die Nicht-

---

[108] So für die frühere Rechtslage anerkannt, vgl. OLG Brandenburg 19.1.2009 – Verg W 2/09, ZfBR 2009, 390; OLG Naumburg 8.9.2005 – 1 Verg 10/05, ZfBR 2005, 844; OLG Düsseldorf 18.7.2005 – VII-Verg 39/05, BeckRS 2005, 13563.
[109] So auch *Dittmann* in KMPP VOB/A § 16 Rn. 306.
[110] Die EU-Schwellenwerte werden von der Kommission alle zwei Jahre geprüft und durch Verordnung geändert. Gemäß § 288 Abs. 2 des Vertrages über die Arbeitsweise der Europäischen Union ist die Verordnung verbindlich und gilt unmittelbar in jedem Mitgliedstaat. § 2 Abs. 1 VgV verweist auf die jeweils angepasste Verordnung der EU.
[111] Vgl. *Vavra* in Ziekow/Völlink, Vergaberecht, § 16 Rn. 67.
[112] OLG München 31.10.2012 – Verg 19/12, BeckRS 2012, 22638.
[113] Vgl. *Vavra* in Ziekow/Völlink, Vergaberecht, § 16 Rn. 66.
[114] Zu den Voraussetzungen der Antragsbefugnis vgl. OLG Düsseldorf 8.12.2008 – VII-Verg 55/08, BeckRS 2009, 06214; 4.2.2009 – VII-Verg 70/08, ZfBR 2013, 289 und 9.2.2009 – VII-Verg 66/08, BeckRS 2009, 11172.

berücksichtigung ihres Angebots informiert werden. Ein vor Fristablauf oder ohne Bieterinformation geschlossener Vertrag ist nichtig.

Gegen die Entscheidung der Vergabekammer ist gemäß § 171 GWB die sofortige Beschwerde zum Oberlandesgericht eröffnet. Die sofortige Beschwerde entfaltet gemäß § 173 GWB aufschiebende Wirkung.

2. Unterschwellenwertvergaben. Im Hinblick auf Auftragsvergaben, die den maßgeblichen Schwellenwert nicht erreichen, ist der **Primärrechtsschutz des GWB ausgeschlossen.** Dieser Ausschluss ist **verfassungsrechtlich nicht zu beanstanden. Es verletzt nicht den Gleichheitssatz** (Art. 3 GG), dass der Gesetzgeber den Rechtsschutz gegen Vergabeentscheidungen unterhalb der Schwellenwerte anders gestaltet hat als den gegen Vergabeentscheidungen, die die Schwellenwerte übersteigen.[115] Der Bieter wird dadurch weder in seinem Anspruch auf effektiven Rechtsschutz aus Art. 19 Abs. 4 GG noch in seinem Anspruch auf Gleichbehandlung verletzt. Angesichts des vom Gesetzgeber gewollten Ausschlusses des Primärrechtsschutzes nach dem GWB kommt auch eine **analoge Anwendung dieser Vorschriften nicht in Betracht.** Insoweit fehlt es an einer planwidrigen, im Wege der Analogie zu schließenden Regelungslücke.[116]

Ob und unter welchen Umständen ein unterlegener Bieter bei Vergaben außerhalb des Anwendungsbereich der §§ 97ff. GWB **Primärrechtsschutz vor den Zivilgerichten**[117] erlangen kann, ist in Rechtsprechung und Literatur umstritten. Zum Teil wird – gestützt auf die Vorschriften der Art. 3 Abs. 1 GG[118] oder § 3 Abs. 1, § 8 Abs. 1 UWG[119] – angenommen, dass ein Unterlassungsanspruch Willkür oder ein bewusst diskriminierendes Verhalten des Auftraggebers voraussetze.[120] Demgegenüber werden in Teilen der Rechtsprechung unterlegenen Bietern auch weitergehende Unterlassungsansprüche zuerkannt und auf § 241 Abs. 2, § 311 Abs. 2, § 280 Abs. 1 iVm § 249 Abs. 1 S. 1 BGB[121] sowie auf § 823 Abs. 2 BGB in Verbindung mit dem Gleichbehandlungs- und Transparenzgebot gestützt.[122] Der letztgenannten Auffassung ist zuzustimmen.[123] Auch aus § 241 Abs. 2, § 311 Abs. 2 BGB können sich Unterlassungsansprüche des (potentiellen) Bieters gegen den Auftraggeber ergeben. Durch eine Ausschreibung, in der der Auftraggeber die Einhaltung bestimmter Regeln bei der Vergabe – insbesondere der VOB/A– verspricht, kommt ein schuldrechtliches (vorvertragliches) Verhältnis zwischen dem Auftraggeber und dem interessierten Unternehmen mit diesen Regeln zustande.[124] Das gilt auch bei einem privaten Auftraggeber.[125]

Für die grundsätzliche Anerkennung eines Unterlassungsanspruchs sprechen auch europarechtliche Gründe. Nach ständiger Rechtsprechung des EuGH sind auch außerhalb des Anwendungsbereichs der Richtlinien 2004/17/EG und 2004/18/EG (heute 2014/24/EU) bei der Vergabe von Aufträgen durch öffentliche Auftraggeber auf der Grundlage der Warenverkehrs- und Dienstleistungsfreiheit der Gleichbehandlungsgrundsatz, das Verbot der Diskriminierung aus Gründen der Staatsangehörigkeit und das Transparenzgebot zu wahren.[126] Dies erfordert einen effektiven Rechtsschutz,[127] zu dem jedenfalls dann, wenn – wie das deutsche Recht – das nationale Recht einen Unterlassungstitel gegen die öffentliche Hand grundsätzlich kennt, auch der Primärrechtsschutz gehört.

---

[115] BVerfG NJW 2006, 871 ff.
[116] OLG Hamm VergabeR 2008, 682 ff.
[117] Die Frage, ob der Rechtsweg zu den ordentlichen Gerichten oder der Verwaltungsrechtsweg eröffnet ist, ist durch den Beschluss des BVerwG NZBau 2007, 389, nunmehr beantwortet.
[118] Vgl. BVerwG NZBau 2007, 389.
[119] Vgl. BGH NZBau 2008, 664 = VergabeR 2008, 925.
[120] Vgl. die Überlegungen des BVerfG NZBau 2006, 791, VergabeR 2008, 924; LG Düsseldorf NZBau 2009, 142 mwN (für den Fall der Aufhebung eines Vergabeverfahrens).
[121] Vgl. Thüringer OLG VergabeR 2009, 524.
[122] Vgl. LG Frankfurt NZBau 2008, 599 = VergabeR 2008, 513.
[123] Vgl. dazu und zum folgenden: OLG Düsseldorf 13.1.2010 – 27 U 1/09, BeckRS 2010, 02050.
[124] Vgl. *Zeiss* in Dieblich/v. Wietersheim/Zeiss, Vergabe- und Vertragsrecht, 4. Aufl. 2012, S. 391. *Gröning* VergabeR 2009, 839.
[125] Vgl. BGH NJW-RR 2006, 963 = NZBau 2006, 1140 = VergabeR 2006, 963.
[126] 10.9.2009 – C-206/08, NZBau 2009, 729 Rn. 44 – Eurawasser, 15.10.2009 – C-196/08, NZBau 2009, 804 Rn. 46 ff. – Acoset, für Dienstleistungskonzessionen, 23.12.2009 – C-376/09 Rn. 21 ff., 31 ff. – Serrantoni und Consorzio stabile edili, für einen Unterschwellenauftrag.
[127] Vgl. *Sauer/Hollands* NZBau 2006, 763 und *Niestedt/Hölzl* NJW 2006, 3680 jeweils unter Hinweis auf EuGH 25.7.2002 – Rs. C-50/00, NJW 2002, 2935 Rn. 39 – Unión de Pequenos Agricultores.

Dabei ist hinsichtlich des Rechtsschutzes nicht zu differenzieren zwischen Aufträgen mit und ohne Binnenmarktrelevanz sowie inländischen und ausländischen Bietern (die sich auf die Warenverkehrs- und Dienstleistungsfreiheit berufen können). Die maßgeblichen nationalen Vorschriften geben für eine derartige Unterscheidung nichts her.

78 Bei dem Erlass von Unterlassungsverfügungen sind allerdings die Grenzen einzuhalten, die auch bei den Vergabeverfahren im Anwendungsbereich der §§ 97 ff. GWB der Einwirkung auf die Willensbildung und das Verfahren des Auftraggebers gesetzt sind. So ist das ausschließliche Bestimmungsrecht des Auftraggebers zu berücksichtigen, ob, wann und mit welchem Inhalt er einen Auftrag erteilen will. Auch bei dem Angriff gegen die Aufhebung eines Vergabeverfahrens bestehen Grenzen.

Da es unterhalb der Schwellenwerte keinen der Regelung des § 169 GWB entsprechenden gesetzlichen Zuschlagsstopp gibt, der Bieter in Ermangelung einer Vorabinformation über die beabsichtigte Zuschlagserteilung oftmals nicht oder nicht rechtzeitig von dem geplanten Zuschlag erfährt und ein bereits erteilter Zuschlag und der damit verbundene Vertragsschluss nicht aufgehoben werden können, leidet der Rechtsschutz bei den Unterschwellenwertvergaben allerdings an einem erheblichen Effektivitätsmangel.

II. Sekundärrechtsschutz

79 **1. Schadensersatz gemäß § 181 S. 1 GWB.** Im Bereich der Oberschwellenwertvergaben besteht neben dem Primärrechtsschutz die Möglichkeit, gemäß § 181 S. 1 GWB den **Ersatz des Vertrauensschadens** geltend zu machen.[128] Der Anspruch ist vor dem ordentlichen Gericht geltend zu machen. Hat insoweit ein Beschwerdeverfahren vor der Vergabekammer stattgefunden, ist das ordentliche Gericht an die bestandskräftige Entscheidung dieses Gremiums gebunden (§ 179 GWB).

Unternehmen, die sich an Ausschreibungen beteiligen, investieren regelmäßig hohe Aufwendungen in die Angebotserstellung. Nach § 181 S. 1 GWB kann ein Bieter **Schadensersatz für die Kosten der Vorbereitung seines Angebots oder der Teilnahme an einem Vergabeverfahren** verlangen, wenn der Auftraggeber gegen eine den Schutz von Bietern bezweckende Vorschrift verstoßen hat und der Bieter ohne diesen Verstoß eine echte Chance gehabt hätte, den Auftrag zu erhalten, die aber durch den Rechtsverstoß beeinträchtigt wurde.[129] Mit dem Attribut „echt" bringt das Gesetz zum Ausdruck, dass das Angebot besonders qualifizierte Aussichten auf die Zuschlagserteilung hätte haben müssen. Dafür ist nicht ausreichend, dass das fragliche Angebot in die engere Wahl gelangt wäre. Bei der engeren Wahl handelt es sich um eine Vorsichtung, die keinen Rückschluss darauf zulässt, ob jedes darin einbezogene Angebot große Aussichten auf den Zuschlag hat. Die Zugehörigkeit zu einer nahe zusammenliegenden Spitzengruppe ist wenig aussagekräftig dafür, ob die vom Gesetz vorausgesetzten Aussichten auf den Zuschlag tatsächlich bestehen. Dass ein Angebot eine **echte Chance auf den Zuschlag** gehabt hätte, kann vielmehr erst dann angenommen werden, wenn der **Auftraggeber darauf im Rahmen des ihm zustehenden Wertungsspielraums den Zuschlag hätte erteilen dürfen.**[130] Ob diese Voraussetzung erfüllt ist, ist im Einzelfall unter Berücksichtigung der für die Auftragserteilung vorgesehenen Wertungskriterien und deren Gewichtung, zu denen der öffentliche Auftraggeber ggf. nach den Grundsätzen der sekundären Darlegungslast vorzutragen hat, zu prüfen.

80 Die Haftung des Auftraggebers aus § 181 S. 1 GWB setzt kein Verschulden voraus.[131] Der **Wortlaut der Norm und der Blick auf die Entstehungsgeschichte zeigen, dass der Gesetzgeber eine verschuldensunabhängige spezialgesetzliche Regelung** schaffen wollte. Die vom Gesetzgeber gewählte Formulierung entspricht mit Blick auf die Verschuldensunabhängigkeit derjenigen in gesetzlichen Bestimmungen, in denen eine solche Haftungsverschärfung

---

[128] Zu den Einzelheiten vgl. *Verfürth* in K/K/P/P, GWB-Vergaberecht § 181 Rn. 1 ff.: *Kullack* in Heiermann/Riedl/Rusam VOB GWB § 126 Rn. 3 ff. sowie *Franßen* in Byok/Jaeger, Vergaberecht, GWB § 126 Rn. 9 ff.

[129] BGH NZBau 2010, 387; VergabeR 2008, 219 ff. mit Anm. von *Kraus* NZBau 2007, 727; 2007, 523 VergabeR 2008, 226 ff.

[130] *Losch* in Ziekow/Völlink, Vergaberecht, § 126 Rn. 20.

[131] BGH VergabeR 2008, 219 (227); *Franßen* in Byok/Jaeger, Vergaberecht, *Losch* in Ziekow/Völlink, Vergaberecht, § 126 Rn. 27; *Verfürth* in Kulartz/Kus/Porz § 126 Rn. 24 f.; *Kullack* in Heiermann/Riedl/Rusam VOB GWB § 126 Rn. 3; *Marx* in Beck'scher VOB-Kommentar VOB/A, GWB § 126 Rn. 2; *Boesen* VergabeR GWB § 126 Rn. 6; aA *Stockmann* in Dreher/Stockmann KartellvergabeR § 126 Rn. 9.

2. Schadensersatzanspruch aus §§ 280 Abs. 1, 311 Abs. 2, 241 Abs. 2 BGB. Durch 81
§ 181 S. 2 GWB stellt das Gesetz deklaratorisch klar, dass der im Vergabeverfahren benachteiligte Bieter **nicht auf die Geltendmachung des negativen Interesses beschränkt** ist.
Während der Anspruch aus § 181 S. 1 GWB allein auf den Ersatz des Vertrauensschadens gerichtet ist, kann sich sowohl bei Ober- wie bei Unterschwellenwertvergaben aus **§§ 280 Abs. 1, 311 Abs. 2, 241 Abs. 2 BGB** (culpa in contrahendo) auch ein Anspruch des übergangenen Bieters auf Ersatz seines **entgangenen Gewinns** ergeben.[133] Zudem kann aus §§ 280 Abs. 1, 311 Abs. 2, 241 Abs. 2 BGB **auch das negative Interesse** – der Vertrauensschaden – verlangt werden. Im Hinblick auf den Ersatz des Vertrauensschadens ist diese Anspruchsgrundlage somit neben § 181 S. 1 GWB anwendbar.
Im Bereich der öffentlichen Auftragsvergabe kommt durch eine **Ausschreibung und die Beteiligung des Bieters am Ausschreibungsverfahren ein vorvertragliches Vertrauensverhältnis mit Sorgfalts- und Schutzpflichten** zustande. Eine rechtswidrige Pflichtverletzung liegt vor, wenn der Auftraggeber die Vorschriften der VOB/A nicht einhält und dadurch das berechtigte Vertrauen des Bieters enttäuscht.[134] Dieses gilt nicht nur dann, wenn diese Vorschriften gemäß § 1a VgV anzuwenden sind, sondern auch, wenn auf der Grundlage der VOB/A ausgeschrieben worden ist.[135]
Seine bisherige Rechtsprechung, wonach der Anspruch wegen culpa in contrahendo ein 82
zusätzliches Vertrauenselement aufseiten des Bieters voraussetzt,[136] dh der Bieter nur Schadensersatz verlangen konnte, wenn er sich ohne Vertrauen auf die Rechtmäßigkeit des Vergabeverfahrens daran nicht oder nicht so wie geschehen beteiligt hätte, hat der **Bundesgerichtshof nunmehr ausdrücklich aufgegeben.**[137]
Der Anspruch aus culpa in contrahendo setzte – anders als der nach § 181 GWB – nach der bisherigen nationalen Vergaberechtsprechung **Verschulden** voraus. Diese Auffassung ist nach der Entscheidung des **EuGH vom 30.9.2009,**[138] wonach die Richtlinie 89/665/EWG des Rates vom 21.12.1989 in der durch die Richtlinie 92/50/EWG des Rates vom 18.6.1992 geänderten Fassung dahin auszulegen ist, dass sie einer nationalen Regelung entgegensteht, die den Schadensersatzanspruch wegen Verstoßes gegen Vergaberecht von dessen Schuldhaftigkeit abhängig macht, wohl nicht mehr aufrechtzuerhalten.[139]
Regelmäßig kommt ein Anspruch aus culpa in contrahendo allein für den Bieter in Betracht, 83
der ohne die geltend gemachte Pflichtverletzung den Zuschlag hätte erhalten müssen.[140] Dieser Grundsatz gilt aber nicht ausnahmslos. Insbesondere bei ungerechtfertigter Aufhebung des Vergabeverfahrens kann auch einem Bieter, der den Zuschlag nicht erhalten hätte, ein Anspruch auf Erstattung der Kosten für die Teilnahme am Vergabeverfahren zustehen, wenn er sich ohne Vertrauen auf die Rechtmäßigkeit des Vergabeverfahrens daran nicht oder nicht so wie geschehen, beteiligt hätte.[141]
Ersatz des entgangenen Gewinns kann ein übergangener Bieter jedoch nur dann erhalten, wenn er ohne den Verstoß und bei auch ansonsten ordnungsgemäßer Vergabe den Zuschlag erhalten hätte.[142] Steht fest, dass dem übergangenen Bieter der Zuschlag erteilt worden wäre oder aus Rechtsgründen hätte erteilt werden müssen, ist ihm ein Schaden in Höhe des durch die nicht erfolgte Auftragserteilung entgangenen Gewinns entstanden (Erfüllungsinteresse).

---

[132] BGH Vergabe 2008, 219 (222).
[133] Zu den Einzelheiten vgl. *Verfürth* in K/K/P/P, GWB-Vergaberecht § 181 Rn. 40 ff.; *Kullack* in Heiermann/Riedl/Rusam VOB GWB § 126 Rn. 7 ff. und *Franßen* in Byok/Jaeger Vergaberecht GWB § 126 Rn. 38 ff.
[134] Vgl. BGH NZBau 2007, 523 (525); OLG Zweibrücken 24.1.2008 – 6 U 25/06, ZfBR 2009, 202 – Unterschwellenwertvergabe.
[135] Vgl. BGH 20.1.2009 – X ZR 113/07, NZBau 2009, 262; BGH VergabeR 2008, 641 (642); NJW-RR 2006, 963 (964).
[136] Vgl. 8.9.1998 – X ZR 99/96, NJW 1998, 3640; 27.11.2007 – X ZR 18/07, ZfBR 2008, 299.
[137] 9.6.2011 – X ZR 143/10, ZfBR 2012, 61.
[138] EuGH C-314/09 (Strabag).
[139] Vgl. zu den Einzelheiten *Franßen* in Byok/Jaeger Vergaberecht GWB § 126 Rn. 60b ff.
[140] BGH 26.1.2010 – X ZR 86/08, NZBau 2010, 387.
[141] BGH VergabeR 2008, 219 (223 f.); NZBau 2007, 727.
[142] StRspr: BGH NZBau 2007, 523 (525); VergabeR 2007, 73; 2004, 604; NZBau 2003, 168; NJW 2004, 2165.

VOB/A § 17

§ 17 Aufhebung der Ausschreibung

(1) Die Ausschreibung kann aufgehoben werden, wenn:
 1. kein Angebot eingegangen ist, das den Ausschreibungsbedingungen entspricht,
 2. die Vergabeunterlagen grundlegend geändert werden müssen,
 3. andere schwerwiegende Gründe bestehen.
(2) Die Bewerber und Bieter sind von der Aufhebung der Ausschreibung unter Angabe der Gründe, ggf. über die Absicht, ein neues Vergabeverfahren einzuleiten, unverzüglich in Textform zu unterrichten.

Schrifttum: *Benedict,* Anmerkungen zur Entscheidung des OLG Düsseldorf vom 26.6.2013 (Verg 2/13) VergabeR 2014, 250 ff.; *Burbulla,* Aufhebung der Ausschreibung und Vergabenachprüfungsverfahren, ZfBR 2009, 134; *Conrad,* Der Rechtsschutz gegen die Aufhebung eines Vergabeverfahrens bei Fortfall des Vergabewillens, NZBau 2007, 287; *Dähne,* Bieteransprüche bei Vergabeverstößen der öffentlichen Hand, FS *Soergel,* 1993, 21; *Dähne,* Schadensersatz wegen unberechtigter Aufhebung einer Ausschreibung nach § 26 Nr. 1 VOB/A, VergabeR 2004, 32; *Dieck-Bogatzke,* Probleme der Aufhebung der Ausschreibung, Vergaberecht 2008, 392; *Drittler,* Schadensersatzanspruch aus c. i. c. bei nachgewiesenem Verstoß gegen §§ 25, 26 VOB/A, BauR 1994, 451; *Feber,* Schadensersatzansprüche aus c. i. c. bei VOB/A-Verstößen öffentlicher Auftraggeber, BauR 1989, 553; *Gnittke/Michels,* Aufhebung der Aufhebung einer Ausschreibung durch die Vergabekammer? VergabeR 2002, 571; *Gröning,* Ersatz des Vertrauensschadens ohne Vertrauen?, GRUR 2009, 266; *Herrmann,* Begrenzung der Aufhebungsbedürftigkeit vergaberechtswidriger Verträge, VergabeR 2009, 249; *H/H/K/W,* Vergaberecht, Gesamtkommentar zum Recht der öffentlichen Auftragsvergabe, 2013; *Hölzl/Friton,* Anmerkungen zu einer Entscheidung des OLG Celle, Beschluss vom 13.1.2011 (13 Verg 15/10), VergabeR 2011, 536 ff.; *Hübner,* Die Aufhebung der Ausschreibung – Gegenstand des Nachprüfungsverfahrens? VergabeR 2002, 429; *Jasper/Pooth,* Rechtsschutz gegen die Aufhebung einer Ausschreibung, NZBau 2003, 261; *Lampe-Helbig/Zeit,* Die Anwendung der zivilrechtlichen Haftung aus culpa in contrahendo auf die Vergabe von Bauleistungen nach VOB/A durch die öffentliche Hand, BauR 1988, 659; *Mantler,* Die Nachprüfung der Aufhebung, VergabeR 2003, 119; *Meier,* Primärrechtsschutz bei der Aufhebung einer Ausschreibung, NZBau 2003, 137; *Müller-Wrede/Schade,* Anspruch ausgeschlossener Bieter auf Nachprüfung, VergabeR 2005, 460; *Popescu,* Vergaberechtliche Schadensersatzhaftung für defizitäre Aufhebung öffentlicher Ausschreibungen, ZfBR 2013, 648 ff.; *Reidt/Stickler/Glahs,* Vergaberecht, 3. Auflage, 2011; *Scharen,* Aufhebung der Ausschreibung und Vergaberechtsschutz, NZBau 2003, 585; *Schelle,* Schadensersatzanspruch wegen rechtswidriger Aufhebung einer Ausschreibung, BauR 1999,1233; *Schelle,* Aufhebung einer rechtswidrigen Aufhebung einer Ausschreibung?, BauR 2000, 1664; *Stern,* Angebotswertung und Vergabe nach VOB/A, Bauwirtschaft 1986, 90.

Übersicht

	Rn.
I. Allgemeines	1
II. Anwendungsbereich	4
III. Rechtmäßige Aufhebung des Verfahrens trotz Nichtvorliegens der Voraussetzungen des § 17 VOB/A?	6
IV. Die Aufhebungsgründe nach Abs. 1 Nr. 1–3 VOB/A	12
1. Allgemeine Voraussetzungen	12
2. Kein den Ausschreibungsbedingungen entsprechendes Angebot eingegangen (Nr. 1)	13
3. Zwingende grundlegende Änderung der Vergabeunterlagen (Nr. 2)	15
4. Andere schwerwiegende Gründe (Abs. 1 Nr. 3)	18
a) Gemeinsame Voraussetzungen	18
b) Einzelne schwerwiegende Gründe	19
V. Zurückversetzung des Verfahrens in die Zeit vor Ablauf der Angebotsfrist als Teilaufhebung	21
VI. Ermessensentscheidung	22
VII. Benachrichtigung der Bieter (Abs. 2)	23
VIII. Primärrechtsschutz gegen die Aufhebung der Ausschreibung	26
IX. Anhang: Schadensersatzanspruch der Bieter bei unberechtigter Aufhebung einer Ausschreibung	27
1. Rechtsgrundlagen	27
2. Einzelvoraussetzungen des Ersatzanspruches nach §§ 311 Abs. 2 und 241 Abs. 2 BGB	29
a) Pflichtwidriges Verhalten des Auftraggebers	29
b) Anspruchsinhaber	33
c) Rechtmäßiges Alternativverhalten	34
3. Grundlagen der Schadensberechnung	35

I. Allgemeines

Normalerweise endet die in der VOB/A geregelte Ausschreibung mit der **Zuschlagertei-** **1** **lung**.[1] Diese entspricht dem zivilrechtlichen Abschluss des Vertrages gemäß §§ 145 ff. BGB.[2] § 17 VOB/A regelt den Fall, dass der Auftraggeber das Verfahren nicht durch Zuschlagerteilung beenden will, sondern den Zuschlag gerade nicht mehr erteilen will. § 17 VOB/A verpflichtet den Auftraggeber nicht zur Aufhebung[3], sondern beinhaltet lediglich das Gebot, ein Vergabeverfahren nur aus den dort genannten Gründen aufzuheben.[4]

Ein Vergabeverfahren kann nur entweder durch Zuschlagerteilung oder durch Aufhebung **2** **beendet werden**, eine andere Art der Beendigung gibt es nicht, insbesondere kein „stillschweigendes Auslaufen" nach Ende der Zuschlag- und Bindefrist.

Die Aufhebung einer Ausschreibung kann – ebenso wie ein unzulässiger Ausschluss eines **3** Angebots – zu **Schadensersatzansprüchen** des oder der Bieter führen.[5]

II. Anwendungsbereich

Inhaltlich gelten die Vorgaben des § 17 VOB/A für Auftragsvergaben **oberhalb und unter-** **4** **halb der Schwellenwerte**, weil § 17 EG VOB/A und § 17 gleichlautend sind. § 17 VOB/A regelt die Aufhebung des Vergabeverfahrens nur für Ausschreibungen, d. h. für die Öffentliche und Beschränkte Ausschreibung bzw. das Offene und Nichtoffene Verfahren.

Eine Regelung zur Aufhebung des Vergabeverfahrens bei **freihändiger Vergabe** und bei **5** **Verhandlungsverfahren** regeln § 17 und § 17 EG VOB/A nicht, der allerdings vernünftige und willkürfreie Gründe ausreichen lässt.[6] Dies ist überraschend, weil bei einem Verhandlungsverfahren mit Vergabebekanntmachung, aber auch bei einem Verhandlungsverfahren ohne Bekanntmachung und bei der freihändigen Vergabe ein formelles Verfahren durchgeführt wird. Grund dürfte sein, dass die Verdingungsausschüsse kein Bedürfnis sahen, auch bei diesen Verfahrensarten die Aufhebung der Ausschreibung zu regeln, weil sie die Verfahren für weitgehend formlos und damit für ohnehin aufhebbar hielten. Richtig ist dies nicht, weil sich auch bei den Verhandlungsverfahren eine Vielzahl von Bietern beteiligen können und weil auch bei einem Verhandlungsverfahren ohne Bekanntmachung und bei der freihändigen Vergabe bestimmt werden muss, dass und wie das Verfahren beendet wird. Es ist kein sachlicher Grund ersichtlich, warum § 17 VOB/A bei freihändigen Vergaben und § 17 EG VOB/A bei Verhandlungsverfahren nicht analog angewendet werden sollen. Darüber hinaus gibt es keinen Grund, Bieter bei einem Verhandlungsverfahren oder einer freihändigen Vergabe weniger zu schützen als bei der öffentlichen oder beschränkten Ausschreibung. Deshalb § 17 VOB/A bzw. sind die dort niedergelegten Grundsätze bei der freihändigen Vergabe und dem Verhandlungsverfahren entsprechend anzuwenden.[7] Deshalb gelten § 17 VOB/A bzw. die dort niedergelegten Grundsätze entsprechend.[8]

III. Rechtmäßige Aufhebung des Verfahrens trotz Nichtvorliegens der Voraussetzungen des § 17 VOB/A?

Es war lange umstritten, ob eine Aufhebung auch dann rechtmäßig erfolgen kann, wenn die **6** **Voraussetzung des § 17 VOB/A nicht erfüllt** sind bzw. ob es eine „rechtmäßige" Aufhebung

---

[1] VK Südbayern 24.8.2010 – Z3-3-3194-1-31-05/10, juris.
[2] Die sog Zweistufentheorie, die den Vergabebeschluss als öffentlich rechtlichen Akt vom Zuschlag als privatem Rechtsgeschäft trennen und daher einen Rechtsschutz durch die Verwaltungsgerichte eröffnen wollte (z. B. VG Neustadt VergabeR 2006, 351 (2. Ls.); OVG Bautzen VergabeR 2006, 348, 348 f.), hat das BVerwG VergabeR 2007, 337 (340), abgelehnt; siehe auch dazu den Rspr.-Überblick in IBR 2006, 68.
[3] OLG Celle IBR 2010, 518; OLG Düsseldorf IBR 2010, 292.
[4] BGH VergabeR 2010, 210 (216); NZBau 2003, 293 (294); OLG Düsseldorf 16.12.2009 – Verg 32/09, IBR 2010, 292 insoweit nicht abgedruckt in IBR 2010, 292.
[5] → § 17 Rn. 27 ff.
[6] *Portz* in Ingenstau/Korbion VOB VOB/A § 17 Rn. 12 ff.; *Wagner* in H/H/K/W, Vergaberecht, VOB/A § 17 Rn. 6.
[7] OLG Celle IBR 2011, 154; VK Bund 31.8.2009 – VK 1–152/09, juris; *Portz* in Ingenstau/Korbin VOB § 17 Rn. 12 ff.
[8] OLG Celle IBR 2011, 154; VK Bund 31.8.2009 – VK 1 – 152/09, juris; *Portz* in KKPP VOB/A VOB/ A Rn. 12 f.; *Franke/Kollewe* in FKZGM VOB Kommentar, 4. Auflage, 2011, VOB/A § 17 Rn. 5; *Dieck-Bogatzke* VergabeR 2008, 392 (393).

eines Vergabeverfahrens trotz Nichtvorliegens der Voraussetzungen des § 17 VOB/A geben kann. Die Rechtsprechung hatte schon früh anerkannt, dass der Auftraggeber nicht schlechthin zur Auftragserteilung gezwungen werden kann[9] und dass Bieter keinen durchsetzbaren Anspruch auf Erteilung des Zuschlags haben.[10] Zunächst erkannte die Rechts, dass jedenfalls dann die Zuschlagerteilung nicht erzwungen und auch kein Schadensersatz gerichtet auf entgangenen Gewinn geltend gemacht werden kann, wenn der Auftraggeber von der Auftragsvergabe endgültig absieht, also den ausgeschriebenen Beschaffungsbedarf nicht mehr decken will.[11]

7   Der **BGH** hat nunmehr ausdrücklich anerkannt, dass ein Vergabeverfahren auch dann rechtmäßig aufgehoben werden kann, wenn die Voraussetzungen des § 17 VOB/A nicht erfüllt sind.[12] Zwar komme eine gem. § 17 VOB/A rechtmäßige Aufhebung nicht in Betracht, wenn der Aufhebungsgrund durch ein Fehlverhalten des Auftraggebers (unabhängig von einem Verschulden) verursacht worden sei. Denn ein zur Aufhebung der Ausschreibung Anlass gebendes Fehlverhalten des Auftraggebers genüge schon deshalb nicht, weil dieser es anderenfalls in der Hand hätte, nach freier Entscheidung durch Verstöße gegen das Vergaberecht den bei der Vergabe öffentlicher Aufträge bestehenden Bindungen zu entgehen.[13] Deshalb führen von dem Auftraggeber herbeigeführte Vergabeverstöße, selbst wenn sie zur Folge haben, dass das Vergabeverfahren nicht mehr rechtmäßig durch Zuschlagserteilung beendet werden kann, nicht dazu, dass ein schwerwiegender Grund im Sinne von § 17 VOB/A vorliegt. Die Aufhebung bleibt in diesem Fall im Sinne von § 17 VOB/A rechtswidrig. Dies bedeutet aber nicht, dass der öffentliche Auftraggeber daran gehindert wäre, das Vergabeverfahren dennoch aufzuheben. Denn die Verneinung eines schwerwiegenden Grundes zur Aufhebung der Ausschreibung im Sinne von § 17 VOB/A präjudiziert nicht die Frage, ob und inwieweit das Vergabeverfahren fortgesetzt werden durfte oder musste.[14] Nach Ansicht des BGH müssen Bieter die **Aufhebung** des Vergabeverfahrens, **von engen Ausnahmen abgesehen,** nicht nur dann **hinnehmen,** wenn sie von § 17 VOB/A gedeckt ist, sondern auch dann, wenn dafür kein in der VOB/A anerkannter Aufhebungsgrund vorliegt.[15] Dies folgt daraus, dass die Bieter zwar einen Anspruch darauf haben, dass der Auftraggeber die Bestimmungen über das Vergabeverfahren einhält, aber nicht darauf, dass er den Auftrag auch erteilt und demgemäß die Vergabestelle das Vergabeverfahren mit der Erteilung des Zuschlags abschließt.[16] Auch ohne Vorliegen der Voraussetzungen des § 17 VOB/A ist die Aufhebung deshalb hinzunehmen, wenn der öffentliche Auftraggeber diese Möglichkeit nicht in rechtlich zu missbilligender Weise dazu einsetzt, durch die Aufhebung die formale Voraussetzungen dafür zu schaffen, den Auftrag außerhalb des eingeleiteten Vergabeverfahrens an einen bestimmten Bieter oder unter andere Voraussetzungen bzw. einem anderen Bieterkreis vergeben zu können. An einer solchen rechtlich zu missbilligenden Weise fehlt es, wenn der Auftraggeber das Vergabeverfahren aus sachgerechten Gründen aufheben will, um dann den Auftrag umgehend erneut zu vergeben, aber nicht unter manipulativ Umständen, sondern in einem offenen, auch den bisherigen Bietern erneut eröffneten Wettbewerb.

8   Folge dieser Rechtsprechung ist, dass in weitem Umfang die Aufhebung von Vergabeverfahren möglich ist, obwohl § 17 VOB/A nicht erfüllt ist. Es bestehen insbesondere folgende **Fallgruppen, in denen die Aufhebung rechtmäßig ist:** Der Auftraggeber will die Leistung endgültig nicht mehr beschaffen. Der Auftraggeber kann das Vergabeverfahren ohne Aufhebung nicht mehr rechtmäßig durch Zuschlagerteilung beenden, weil es zu Vergabeverstößen gekommen ist. Der Auftraggeber will das Vergabeverfahren aus anderen sachgerechten Gründen aufheben, um dann den Auftrag umgehend erneut zu vergeben, aber nicht unter manipulativen Umständen und nicht um in anderer Weise einzelne Bieter zu diskriminieren.

Die insoweit **rechtmäßige, aber nicht von § 17 VOB/A gedeckte Aufhebung** führt allerdings nur dazu, dass weder die Fortsetzung des Vergabeverfahrens erzwungen noch Scha-

---

[9] BGH VergabeR 2003, 163 (165); OLG Düsseldorf 8.7.2009 – VII-Verg 13/09, juris vgl. auch: *Jasper/Pooth* NZBau 2003, 261 mwN (Fußnote 3).
[10] BGH NJW 1998, 3636 (3638); KG Berlin VergabeR 2003, 180 (182); VK Südbayern 29.7.2009 – Z3-3-3194-1-27-05/09, juris.
[11] BGH NJW 1998, 3640 ff.; *Glahs* in Reidt/Stickler/Glahs, Vergaberecht, § 126 Rn. 56 ff.
[12] BGH 20.3.2014 – X ZB 18/13, IBR 2014, 292; vgl. auch: VK Bund 11.8.2014 – VK 1 – 54/14, IBR 2014, 748; vgl. auch: *Wagner* in H/H/K/W, Vergaberecht, § 17 Rn. 8, 9.
[13] BGH 20.3.2014 – X ZB 18/13, IBR 2014, 292.
[14] BGH 20.3.2014 – X ZB 18/13, IBR 2014, 292.
[15] BGH 20.3.2014 – X ZB 18/13, IBR 2014, 292.
[16] BGH 20.3.2014 – X ZB 18/13, IBR 2014, 292; BGH VergabeR 2003/163.

densersatz gerichtet auf entgangenen Gewinn geltend gemacht werden kann, sie führt aber nicht dazu, dass keinerlei Schadensersatz geltend gemacht werden kann, vielmehr können wegen der Nichteinhaltung von § 17 VOB/A Schadensersatzansprüche gerichtet auf das negative Interesse bestehen.

Trotz dieser Einschränkung hat die Rechtsprechung des BGH, es den öffentlichen Auftraggebern sehr viel einfacher gemacht, Vergabeverfahren aufzuheben, auch wenn der Grund für die Aufhebung von ihnen verursacht oder mit-verursacht worden ist. Künftig wird deshalb auch die Auslegung des § 17 VOB/A von weniger Bedeutung sein, so dass bei einer Neuauflage der VOB/A die Aufhebungsgründe weiter formuliert werden sollten. 9

Dogmatisch ist die Rechtsprechung nicht überzeugend, weil formuliert wird, die Aufhebung der Ausschreibung sei rechtswidrig, müsse aber hingenommen werden. Dieses Verständnis ist jedoch unbefriedigend, weil sich öffentliche Stellen rechtmäßig verhalten müssen, so dass es ihnen öffentlich-rechtlich verboten bliebe, die Ausschreibung aufzuheben, obwohl sachgerechte Gründe für die Aufhebung vorliegen. Richtiger ist es deshalb, zwischen einer rechtmäßigen Aufhebung, die nicht von § 17 VOB/A gedeckt ist, und einer rechtmäßigen Aufhebung gem. § 17 VOB/A zu unterscheiden, so dass Auftraggeber in beiden Fällen berechtigt sind, die Ausschreibung aufzuheben. Auch im Übrigen überzeugt die Begründung dogmatisch nicht. Denn auch wenn eine Aufhebung rechtmäßig gemäß § 17 VOB/A erfolgt, muss dies nicht bedeuten, dass Bietern keine Schadensersatzansprüche zustehen können. Es wird nicht ausreichend zwischen dem Verhalten, das den Auftraggeber später zur Aufhebung des Vergabeverfahrens zwingt, und der Aufhebung selbst unterschieden. Im Ergebnis kann kein Zweifel daran bestehen, dass ein öffentlicher Auftraggeber die Ausschreibung aufheben muss, wenn er in einem Nachprüfungsverfahren durch die Vergabekammer zur Aufhebung der Ausschreibung verpflichtet wird. Entscheidend dafür, dass in einem solchen Fall das Vergabeverfahren aufgehoben werden kann, ist aber nicht die Entscheidung der Vergabekammer, sondern der Umstand, dass nur so ein rechtmäßiges Verfahren gesichert und durchgeführt werden kann. Kann der Auftraggeber durch die Vergabekammer verpflichtet werden, die Ausschreibung aufzuheben, so muss er auch außerhalb eines Nachprüfungsverfahrens bzw. im Hinblick auf eine Rüge eines Bieters berechtigt sein, das Verfahren aufzuheben. 10

Dieses Ergebnis lässt sich ohne Weiteres auch ohne Schaffung eines „weiteren Aufhebungsgrundes" außerhalb von § 17 VOB/A durch Auslegung von § 17 VOB/A erreichen. Schon nach ihrem **Wortlaut** verlangen § 17 Abs. 1 Nr. 2 und § 17 Abs. 1 Nr. 3 VOB/A nicht, dass die Aufhebung nur dann erfolgen kann, wenn sie durch den öffentlichen Auftraggeber unverschuldet ist.[17] Auch der Sinn und Zweck verlangt eine solche Auslegung nicht, vielmehr ist das Gegenteil der Fall. Es muss aus vorgenannten Gründen auch die Möglichkeit zur Aufhebung bestehen, wenn der öffentliche Auftraggeber den Aufhebungsgrund schuldhaft herbeigeführt hat. Dies allein damit zu begründen, dass kein Anspruch auf Zuschlagsteilung bestehe, ist unzureichend. Denn es geht nicht nur darum zu verhindern, dass die Bieter die Fortführung des Verfahrens erreichen können, sondern auch darum, eine **Handlungsanweisung** für den Auftraggeber zu schaffen. Eine solche besteht außerhalb von 17 VOB/A nicht. Es ist deshalb nicht einzusehen, dass kein anderer schwerwiegender Grund vorliegen soll oder dass kein Bedürfnis nach einer grundlegenden Änderung der Vergabeunterlagen bestehen kann, wenn dies auf einem schuldhaften Verhalten des Auftraggebers beruht. Ergebnis dieser Auslegung von § 17 VOB/A ist auch nicht, dass Bietern keine Schadensersatzansprüche zustehen können. Denn die Pflichtverletzung liegt dann nicht in der Aufhebung, sondern in dem vorherigen Vergabeverstoß, der zur Aufhebung geführt hat. Wegen dieses Vergabeverstoßes können Schadensersatzansprüche bestehen. 11

IV. Die Aufhebungsgründe nach Abs. 1 Nr. 1–3 VOB/A

1. Allgemeine Voraussetzungen. Aus dem Verhältnis von Beendigung des Verfahrens durch Zuschlagsteilung und Aufhebung als Regel-Ausnahme-Verhältnis nach der VOB/A ergibt sich, dass die unter Abs. 1 Nr. 1–3 aufgeführten Gründe abschließend[18] und restriktiv auszulegen sind.[19] 12

---

[17] Vgl. *Portz* in Ingenstau/Korbion, VOB Kommentar, VOB/A § 17 Rn. 32.
[18] OLG Düsseldorf BauR 1986, 107 (108); VK Thüringen 12.4.2010 – 250–4003.20–728/2010-007-EF, juris.
[19] OLG Celle 13.1.2011 – 13 Verg 15/10, IBR 2011, 154 insoweit nicht abgedruckt in IBR 2011, 154; OLG Celle IBR 2010, 518; OLG Celle IBR 2010, 518.

Die Darlegungs- und Beweislast für das Vorliegen eines Aufhebungsgrundes gemäß § 17 VOB/A trifft den Auftraggeber.[20]

13 **2. Kein den Ausschreibungsbedingungen entsprechendes Angebot eingegangen (Nr. 1).** Die Ausschreibung kann aufgehoben werden, wenn kein den Ausschreibungsbedingungen entsprechendes Angebot eingegangen ist. Der in Abs. 1 Nr. 1 genannte Aufhebungsgrund bezieht sich vorwiegend, aber nicht nur auf die in § 16 Abs. 1 VOB/A aufgezählten formellen Gründe zum Ausschluss eines Angebotes, die **einzeln** vorliegen **oder kumulativ** zusammentreffen können. Zu den „Ausschreibungsbedingungen" in diesem Sinne sollen nicht nur die von der Vergabestelle in der Bekanntmachung und/oder den Vergabeunterlagen aufgestellten Anforderungen, sondern auch alle zwingenden Vorgaben, welche sich unmittelbar aus der VOB/A ergeben, gehören.[21] Nicht den Ausschreibungsbedingungen entsprechend bedeutet, dass kein Angebot die vierte Wertungsstufe erreicht, so dass kein zuschlagsfähiges Angebot mehr vorliegt.[22] Mithin müssen in diesem Fall alle eingegangenen Angebote gemäß § 16 Abs. 1 (Wertungsstufe 1),[23] § 16 Abs. 2 (Wertungsstufe 2 – Eignung) oder Wertungsstufe 3 (unangemessen hoher oder niedriger Preis)[24] ausgeschlossen werden. Die Aufhebung kommt aber nur in Betracht, wenn alle Angebote betroffen sind; entspricht nur ein Angebot den Ausschreibungsbedingungen, muss der Auftraggeber in die Prüfung und Wertung eintreten. Er kann sich in diesem Falle auch nicht darauf berufen, wegen der geringen Anzahl wertbarer Angebote sei kein Vergleich möglich und das Verfahren müsse aufgehoben werden.

14 Ob der Aufhebungsgrund gemäß § 17 Abs. 1 Nr. 1 VOB/A vorliegt, lässt sich insbesondere dann, wenn Angebote wegen eines unangemessen hohen oder niedrigen Preises ausgeschlossen werden sollen, häufig nicht einfach beantworten. Bei Angeboten mit unangemessen hohen Preisen ist Voraussetzung für eine rechtmäßige Aufhebung der Ausschreibung nach § 17 Abs. 1 Nr. 1 VOB/A, dass der Angebotspreis im Sinn von § 16 Abs. 6 VOB/A ausgeschlossen werden kann. Dies ist nicht der Fall, wenn die Abweichung zwischen der (internen) Kalkulation des Auftraggebers und den tatsächlich eingegangenen Angeboten darauf beruht, dass der Auftraggeber die erwarteten Angebotspreise vorab nicht sachgerecht berechnet hat und deshalb schuldhaft einen zu niedrigen Preisansatz und damit eine zu niedrige Finanzierung zugrunde gelegt hat.[25] Fehlende Haushaltsmittel, die nicht darauf beruhen, dass die Angebotspreise unangemessen hoch sind, sondern auf einer fehlerhaften Schätzung, können die Auftraggeber allenfalls gemäß § 17 Abs. 1 Nr. 2 oder 3 VOB/A zur Aufhebung der Ausschreibung berechtigen. In diesen Fällen können aber Schadensersatzansprüche der Bieter gegen die Vergabestelle bestehen. Diese ergeben sich daraus, dass die Teilnehmer an einer Ausschreibung erwarten dürfen, dass der Auftraggeber vor der Ausschreibung die vorhandenen Finanzmittel sorgfältig geprüft hat und dass das Verfahren grundsätzlich mit der Zuschlagserteilung endet.[26]

15 **3. Zwingende grundlegende Änderung der Vergabeunterlagen (Nr. 2).** Der in Abs. 1 Nr. 2 genannte Grund für eine Aufhebung der gesamten Ausschreibung liegt unstreitig dann vor, wenn er auf Tatsachen gestützt wird, die erst **nach Versendung** der Vergabeunterlagen eingetreten oder dem Auftraggeber bekannt geworden sind, ohne dass seine vorherige Unkenntnis auf mangelhafter Vorbereitung beruhte.[27] Die Rechtsprechung geht nahezu einhellig davon aus, dass die Aufhebung gemäß Abs. 1 Nr. 2 (und auch Nr. 3) voraussetzt, dass der Auftraggeber bei Beginn des Verfahrens das Vorhandensein oder den nachträglichen Eintritt des maßgeblichen Umstandes nicht erwartet hat.[28]

---

[20] OLG Köln 18.6.2010 – 19 U 98/09, IBR 2011, 322; OLG Karlsruhe ZfBR 2010, 196 (197); OLG Düsseldorf. 3.1.2005 – VII-Verg 72/04, NZBau 2005, 415 insoweit nicht abgedruckt in NZBau 2005, 415; VK Thüringen 12.4.2010 – 250–4003.20–728/2010-007-EF, juris.
[21] Offen gelassen: OLG Karlsruhe ZfBR 2010, 196 (197).
[22] VK Thüringen 12.4.2010 – 250–4003.20–728/2010-007-EF, juris.
[23] VÜA Bayern IBR 2000, 108;. VK Südbayern IBR 2000, 255 ff. (255 und 258) (in beiden Fällen wurde aber eine Unvollständigkeit abgelehnt und die Aufhebung für rechtswidrig erklärt); VÜA Schleswig-Holstein IBR 1999, 353.
[24] Offen gelassen: OLG Karlsruhe ZfBR 2010, 196 (197).
[25] BGH NJW 1998, 3636 (3638); *Portz* in Ingenstau/Korbion, VOB, 17. Auflage, 2010, VOB/A § 17 Rn. 22.
[26] BGH NZBau 2003, 168; NJW 1998, 3636 (3637).
[27] OLG Köln 18.6.2010 – 19 U 98/09, IBR 2011, 322; zu den Fällen mangelhafter Vorbereitung des Vergabeverfahrens unter → § 17 Rn. 16 ff.
[28] Vgl. *Dieck-Bogatzke* VergabeR 2008, 392 (393); zu den Zweifeln an dieser Rechtsprechung → § 17 Rn. 16 ff.

Ferner lässt der Wortlaut von § 17 VOB/A erkennen, dass es sich um **Tatbestände von** 16
einigem Gewicht handeln muss, denn nur solche können zu einer grundlegenden Änderung
der Unterlagen, etwa der Leistungsbeschreibung, Anlass geben.[29] Die grundlegende Änderung
der Vergabeunterlagen ist dann erforderlich, wenn die Durchführung des Auftrags wegen einer
im Nachhinein aufgetretenen Schwierigkeit nicht mehr möglich ist oder für den Auftraggeber
und/oder Unternehmer mit unzumutbaren und/oder rechtswidrigen Bedingungen verbunden
ist.[30] Entscheidend für die grundlegende Änderung der Verdingungsunterlagen ist, dass eine
Korrektur und damit verbunden eine Anpassung der Angebote gerade nicht mehr in Betracht
kommt, wobei zu berücksichtigen ist, dass nach der Wertung der §§ 1 Abs. 1, 2 Abs. 5 und 6
VOB/B es dem Auftraggeber ausdrücklich überlassen bleibt, Änderungen des Bauentwurfs
anzuordnen.[31] Für Änderungen kleineren Ausmaßes böte sich lediglich die Möglichkeit nach
§ 12 Abs. 7 VOB/A an. Danach sind allen Bietern unverzüglich nähere Aufklärungen über die
geforderte Leistung zu erteilen, wenn sich später eine solche Notwendigkeit herausstellt.[32]

Natürlich ist hier stets die Abgrenzung zwischen grundlegenden und geringen Änderungen 17
problematisch. Dies ist am Einzelfall zu prüfen, wobei finanzielle Auswirkungen sicherlich eine
wichtige Rolle spielen,[33] aber auch andere Gesichtspunkte, wie Wechsel des Materials, geänderte
technische oder zeitliche Ausführungsmodalitäten u. Ä. von Bedeutung sein können. Als **Aufhebungsgründe** nach Abs. 1 Nr. 2 kommen beispielsweise folgende Fälle in Frage: nachträgliche Mittelkürzung durch die finanzierende Stelle und damit verbundene Umplanungen (sog
abgespeckte Maßnahmen), später ergangene, nicht voraussehbare Bauverbote, Auflagen (Wärmeschutz), gesetzliche Baubeschränkungen u. ä. erforderliche Neukonzeption einer Maßnahme
wegen Änderung der allgemein anerkannten Regeln der Technik, neue Erkenntnisse aufgrund
eines Bodengutachtens, sofern der Auftraggeber nicht schon vorher das Gutachten hätte in
Auftrag geben müssen, um dem Vorwurf einer voreiligen Ausschreibung zu entgehen, neue
Nutzerwünsche wegen geänderter äußerer Voraussetzungen. **Beispiel:** Wegen eines plötzlich
höheren Verkehrsaufkommens muss eine Straße aufwendiger und schneller ausgebaut werden.

4. Andere schwerwiegende Gründe (Abs. 1 Nr. 3). a) Gemeinsame Voraussetzungen.
Abs. 1 Nr. 3 gestattet eine Aufhebung der Ausschreibung, „wenn andere schwerwiegende 18
Gründe bestehen", verwendet hier also einen unbestimmten Rechtsbegriff zur näheren Definition der Voraussetzungen. „Schwerwiegend" bedeutet, dass nicht jeder Grund zu einer Aufhebung
geeignet ist, sondern dass bei der Prüfung ein strenger Maßstab anzulegen ist.[34] Die Rechtsprechung geht außerdem nahezu einhellig davon aus, dass die Aufhebung gemäß Abs. 1 Nr. 3
(und auch Nr. 2) voraussetzt, dass der Auftraggeber bei Beginn des Verfahrens das Vorhandensein
oder den nachträglichen Eintritt der maßgeblichen Umstände nicht erwartet hat[35] bzw. ihn nicht
schuldhaft herbeigeführt hat. Nach ihrer Funktion können die Aufhebungsgründe des § 17
Abs. 1 Nr. 3 VOB/A nur eingreifen, wenn die Gründe erst nach Beginn der Ausschreibung
eingetreten sind oder dem Ausschreibenden jedenfalls vorher nicht bekannt sein konnten.[36] Dem
tritt das OLG Schleswig[37] entgegen, nach dem die Frage der Kenntnis und des Entstehungszeitpunktes des schwerwiegenden Mangels einer Ausschreibung allein unter dem Gesichtspunkt der
Schadensersatzpflicht erheblich sei. Es könne selbst dann ein schwerwiegender Grund vorliegen,
wenn die Aufhebungsgründe aus der Sphäre des Ausschreibenden herrühren oder auf seinem
Verschulden beruhen.

b) Einzelne schwerwiegende Gründe. Die Feststellung eines schwerwiegenden Grundes 19
erfordert eine Interessenabwägung, für die die jeweiligen Verhältnisse des Einzelfalls maß-

---

[29] BayObLG VergabeR 2005, 349 (354); VK Hessen IBR 2005, 441 (für einen VOL-Vertrag).
[30] OLG Köln 18.6.2010 – 19 U 98/09, IBR 2011, 322.
[31] Vgl. OLG Köln 18.6.2010 – 19 U 98/09, IBR 2011, 322.
[32] Vgl. *Schubert* in Willenbruch/Wieddekind, Vergaberecht, 2. Auflage, 2011, VOB/A § 12 Rn. 42 f.
[33] *Fett* in Willenbruch/Wieddekind, Vergaberecht, 2. Auflage, 2011, VOB/A § 17 Rn. 7; vgl. auch *Portz*
in Ingenstau/Korbion VOB VOB/A § 17 Rn. 26.
[34] OLG Düsseldorf NZBau 2005, 354 (5. Ls.); VK Münster 28.5.2010 – VK 4/10, juris.
[35] Vgl. *Dieck-Bogatzke* VergabeR 2008, 392 (393); zu den Zweifeln an dieser Rechtsprechung: → § 17
Rn. 11 ff.
[36] BGH VergabeR 2003, 163 (164); NJW 1998, 3640 (3641) mwN; BGH BauR 1998, 1232 (1234); (zu
§ 26 Nr. 1 lit. c VOB/A 2006) OLG Celle 13.2.2011 – 13 Verg 15/10, IBR 2011, 154 insoweit nicht
abgedruckt in IBR 2011, 154; OLG Düsseldorf 8.7.2009 – VII-Verg 13/09, juris; VK Münster 28.5.2010 –
VK 4/10, juris.
[37] OLG Schleswig 9.3.2010 – 1 Verg 4/09, juris.

geblich sind.[38] Ob der Auftraggeber den schwerwiegenden Mangel zu vertreten hat ist dabei allein unter dem Gesichtspunkt der Schadensersatzpflicht erheblich, denn der Auftraggeber, der den Aufhebungsgrund zu vertreten hat, macht sich gegenüber dem Unternehmer schadensersatzpflichtig, der durch die Beteiligung am Angebotsverfahren erhebliche Aufwendungen getätigt hat.[39] Welche Tatsachen als schwerwiegende Gründe in Frage kommen könnten, haben Praxis und Rechtsprechung im Einzelnen herausgearbeitet. Hier wären insbesondere zu nennen: Einwirkungen von außen, z. B. politische oder militärische Entwicklungen, die zum Wegfall des Bedarfs führen,[40] in den Angeboten selbst enthaltene Gründe, die zwar jeweils für sich nicht schwerwiegend sind, aber zusammengefasst zu einer Unmöglichkeit der Wertung führen können, mangelnde Eignung (§ 16 Abs. 2 VOB/A) aller in die engere Wahl gelangter Bieter, z. B. fehlende Fachkunde oder nicht nachgewiesene Leistungsfähigkeit, Monopolstellung eines Bieters für ein spezielles Baumaterial (hier: Naturstein als Fassadenverkleidung),[41] unklare, § 7 VOB/A widersprechende Leistungsbeschreibung,[42] Widerspruch zwischen Plänen und sonstiger Leistungsbeschreibung,[43] begründeter Verdacht auf illegale Preisabsprache,[44] aufgrund von Vergabeverzögerungen gravierende Änderungen der Preisermittlungsgrundlagen,[45] die Verdingungsunterlagen widersprechen dem Prinzip der Produktneutralität,[46] Zulassung von Nebenangeboten bei gleichzeitiger Festlegung des alleinigen Zuschlagskriteriums Preis;[47] Versäumnis, den Auftrag trotz offensichtlicher Überschreitung des Schwellenwerts EU-weit auszuschreiben,[48] wenn die Bieter schon bei ersten Angebotskalkulationen hätten erkennen können und müssen, dass der Schwellenwert deutlich überschritten wird,[49] keines der eingegangenen Angebote weist einen angemessenen Preis im Sinne des § 16 Abs. 6 Nr. 1 VOB/A auf.[50]

20 Der weitaus häufigste Fall, bei dem diese Aufhebungsvorschrift bemüht wird, ist die in der Regel bei Angebotseröffnung zu Tage tretende Tatsache, dass die **Finanzmittel nicht ausreichen** und das Vorhaben auch nicht zu dem angebotenen Mindestpreis verwirklicht werden kann. Ob solche Finanzierungsprobleme und -lücken eine Aufhebung des Ausschreibungsverfahrens rechtfertigen, kann nur differenziert beantwortet werden:

§ 17 Abs. 1 Nr. 3 ist erfüllt, wenn die Finanzlücke auf bei der Einleitung des Vergabeverfahrens nicht vorausehbaren, die Finanzierung in mehr als nur unwesentlich berührenden Umständen beruht.[51] Liegt also die Kostenschätzung im marktgerechten Rahmen und geht kein adäquates Angebot ein, wäre eine Aufhebung nach Nr. 1c zulässig. Dagegen ist ein schwerwiegender Grund i. S. d. § 17 Abs. 1 Nr. 3 VOB/A 2009 nicht gegeben, wenn der Auftraggeber den Finanzbedarf in fahrlässiger Weise zu gering bemessen hat.[52]

Legt dagegen die Vergabestelle wegen knapper Haushaltsmittel einen zu niedrigen Preisansatz zu Grunde und gehen deshalb keine damit konformen Angebote ein, ist streitig, ob die Aufhebung rechtmäßig ist oder nicht.[53]

Der Auftraggeber kann die Aufhebung auch nicht dadurch zulässig machen, dass er „vorbehaltlich der Mittelbereitstellung" ausschreibt, weil dadurch das in § 16 VOB/A enthaltenes Prinzip „Ausschreibung erst nach Klärung aller Voraussetzungen" verletzt wird.[54]

---

[38] OLG Düsseldorf 3.1.2005 – Verg 72/04, juris insoweit nicht abgedruckt in NZBau 2005, 415; VK Schleswig-Holstein 8.10.2010 – VK-SH 13/10, IBR 2011, 40.
[39] VK Schleswig-Holstein 8.10.2010 – VK-SH 13/10, IBR 2011, 40.
[40] OLG Zweibrücken BauR 1995, 95 (96).
[41] VÜA Bund IBR 1997, 265.
[42] OLG Frankfurt ZfBR 2007, 709 (1. Ls.); OLG Dresden BauR 2000, 1582 (1. Ls.).
[43] VÜA Bayern IBR 1999, 352.
[44] VÜA Schleswig-Holstein IBR 1999, 353.
[45] BGH NZBau 2009, 370 (375).
[46] (Zu § 26 Nr. 1 lit. d VOL/A 2006) VK Brandenburg 18.1.2007 – 1 VK 41/06, juris.
[47] VK Schleswig-Holstein 8.10.2010 – VK-SH 13/10, IBR 2011, 40 (nicht bestandskräftig).
[48] OLG Koblenz NZBau 2003, 576 (4. Ls.); VK Rheinland-Pfalz 7.5.2007 – VK 10/07, juris, die in diesem Fall eine Ermessensreduzierung auf Null annimmt.
[49] OLG Koblenz NZBau 2003, 576 (4. Ls.).
[50] OLG Karlsruhe ZfBR 2010, 196 (1. Ls.).
[51] BGH NJW 1998, 3640 (2. Ls.).
[52] BGH NJW 1998, 3640 (3. Ls.); OLG Celle 13.2.2011 – 13 Verg 15/10, IBR 2011, 154 insoweit nicht abgedruckt in IBR 2011, 154.
[53] Vgl. VK Südbayern IBR 2004, 41 (für einen VOL-Vertrag); vgl. auch: VÜA Bund IBR 1997, 488.
[54] LG München IBR 1997, 135.

V. Zurückversetzung des Verfahrens in die Zeit vor Ablauf der Angebotsfrist als Teilaufhebung

Ergebnis von Nachprüfungsverfahren ist häufig, dass der öffentliche Auftraggeber nicht verpflichtet wird, das Vergabeverfahren aufzuheben, sondern nur verpflichtet wird, das Verfahren in den Zustand vor Begehung des Vergabefehlers, z. B. auch in den Zustand vor Ablauf der Angebotsfrist zurückversetzen. Auch außerhalb eines Nachprüfungsverfahrens kann bzw. muss der öffentliche Auftraggeber jeweils genau prüfen, ob es gegenüber der Aufhebung der Ausschreibung ein milderes Mittel zur Beseitigung etwaiger Vergabeverstöße gibt, hierzu gehört insbesondere die Fortführung des Vergabeverfahrens unter Beseitigung des Vergabeverstoßes.[55]

21

Streng genommen sieht die VOB/A auch für ein solches Vorgehen keine Handlungsanweisung für den Auftraggeber vor. Auch insoweit ist es dogmatisch möglich und zutreffend, § 17 VOB/A insoweit analog heranzuziehen oder mindestens die von der Rechtsprechung entwickelten Grundsätze entsprechend anzuwenden.[56]

VI. Ermessensentscheidung

Bei § 17 VOB/A handelt es sich um eine **Kann-Bestimmung,** die Aufhebung ist also in das pflichtgemäße Ermessen des Auftraggebers gestellt.[57] Die Entscheidung darüber, ob ein Vergabeverfahren aufgehoben wird, kann dementsprechend auch nur eingeschränkt, das heißt insbesondere im Hinblick auf ihre Angemessenheit, überprüft werden.[58] Dies gilt allerdings nur für die Rechtsfolgenseite, bei den Aufhebungsvoraussetzungen besteht kein Beurteilungsspielraum, vielmehr sind die Voraussetzungen durch ein Gericht oder eine Vergabekammer voll überprüfbar.[59] In Betracht kommt allenfalls die Einräumung eines Beurteilungsspielraums bei der Beurteilung der Angemessenheit.[60]

22

Der Auftraggeber ist gemäß § 17 VOB/A grundsätzlich nicht gezwungen, die Ausschreibung zu aufzuheben.[61] Je nach Fallkonstellation kann sich sein pflichtgemäßes Ermessen auf ein „Muss" reduzieren, wenn die Voraussetzungen für einen Zuschlag nicht vorliegen,[62] z. B. kein den Ausschreibungsbedingungen entsprechendes Angebot eingegangen ist. Das Recht, eine Ausschreibung aufzuheben, konkretisiert sich im Wege der Ermessensreduzierung ebenfalls dann auf Null zu einer Pflicht, wenn der Aufhebungsgrund nach § 17 Abs. 1 Nr. 1–3 VOB/A gleichzeitig einen Verstoß gegen andere Vorschriften der VOB/A darstellt und der Zuschlag schon deshalb rechtswidrig wäre und die Rechtswidrigkeit nur dadurch beseitigt werden kann, dass die Ausschreibung aufgehoben wird.[63]

Umgekehrt kann das pflichtgemäße Ermessen auch dahin reduziert sein, dass nicht die Aufhebung der Ausschreibung insgesamt, sondern nur die Zurückversetzung des Verfahrens in die Zeit vor Begehung des Vergabeverstoßes zulässig ist. Dies kann z. B. der Fall sein, wenn der Teilnahmewettbewerb bei einer beschränkten Ausschreibung ordnungsgemäß durchgeführt wurde, dann aber im Rahmen der Angebotsabgabe Vergabefehler entstanden sind.

VII. Benachrichtigung der Bieter (Abs. 2)

Der Auftraggeber ist verpflichtet, die Bieter, auf Verlangen auch die Bewerber an einem Teilnahmewettbewerb nach § 3 Abs. 1 VOB/A, von der Aufhebung der Ausschreibung unter Angabe der Gründe, ggf. über die Absicht, ein neues Vergabeverfahren einzuleiten, unverzüglich zu unterrichten. Der in § 26 Nr. 2 S. 2 VOB/A 2006 enthaltene Regelung, wonach die Unterrichtung auf Antrag der Bewerber oder Bieter schriftlich erfolgt, ist in § 17 VOB/A 2009 nicht

23

---

[55] *Diek-Bogatzke* VergabeR 2008, 392 (402).
[56] Vgl. → § 17 Rn. 6 ff.
[57] OLG München 23.12.2010 – Verg 21/10, IBR 2011, 237; OLG Dresden VergabeR 2003, 64 (3. Ls.).
[58] OLG Celle IBR 2010, 518; OLG Karlsruhe ZfBR 2010, 196 (197).
[59] OLG Karlsruhe ZfBR 2010, 196 (197).
[60] OLG Karlsruhe ZfBR 2010, 196 (197).
[61] VK Münster 28.5.2010 – VK 4/10, juris.
[62] *Dähne/Schelle* VOB von A–Z, 1985, S. 173.
[63] VK Südbayern 24.8.2010 – Z3-3-3194-1-31-05/10, juris; VK Südbayern 29.7.2009 – Z3-3-3194-1-27-05/09, juris; *Jasper* in Beckscher VOB Kommentar / Teil A § 26 Rn. 46.

mehr enthalten. Vielmehr ist nunmehr die Unterrichtung in Textform vorgesehen, ohne dass es hierzu eines Antrags bedarf.

24 Der Begriff „unverzüglich" ist nach § 121 BGB zu definieren und bedeutet „ohne schuldhaftes Zögern". Diese vom BGH[64] zu § 2 Nr. 8 Abs. 2 S. 2 VOB/B a. F. gemachte Aussage ist auch auf diese Vorschrift übertragbar, wie überhaupt allgemein davon ausgegangen werden darf, dass in der VOB/B benutzte Rechtsbegriffe nach BGB-Verständnis **auszulegen** sind.

25 Die Bekanntgabe der Gründe hat in konkreter Form zu geschehen; keinesfalls genügt es, lediglich den VOB-Text zu wiederholen. Dabei ist andererseits aber auch der in der VOB/A angesprochene **Grundsatz der Geheimhaltung** zu beachten, der es verbietet, Einzelheiten mitzuteilen, deren Veröffentlichung Interna der beteiligten Firmen offenbart, die eigentlich intern bleiben sollen. Meist genügt eine **stichwortartige Angabe** in anonymisierter Form, wie z. B. preislich unvollständige oder nicht rechtsverbindlich unterschriebene Angebote (für Nr. 1), nachträgliche Planänderungen wegen Nutzerwünschen; neues Bodengutachten; Änderung der allgemein anerkannten Regeln der Technik (für Nr. 2), Änderung des Bedarfs, unklare und nicht wertbare Angebote, unzureichende Finanzierung trotz sorgfältiger Kostenermittlung, unerwartete Preissteigerungen, neue wirtschaftliche Erkenntnisse, die im Einzelnen genannt werden (für Nr. 3).

VIII. Primärrechtsschutz gegen die Aufhebung der Ausschreibung

26 Ursprünglich war streitig, ob nach Aufhebung des Vergabeverfahrens in einem Nachprüfungsverfahren überprüft werden kann, ob die Aufhebung der Ausschreibung rechtmäßig war. Das Problem wurde in der Rechtsprechung zuerst höchst kontrovers behandelt,[65] ehe es durch das Urteil des EuGH vom 18.6.2002[66] und vom 2.6.2005[67] endgültig zugunsten einer Überprüfbarkeit und der damit verbundenen Rückgängigmachung der Aufhebung geklärt wurde. Dieser Rechtsauffassung sind nun auch der BGH und die Oberlandesgerichte gefolgt.[68] Künftig können sogar die Vergabestellen selbst ihre unzulässige Aufhebung revidieren und das Verfahren fortsetzen.[69]

Allerdings hat die Rechtsprechung damit nicht gesagt, dass mit der „Aufhebung der Aufhebung" ein öffentlicher Auftraggeber automatisch zu einem Zuschlag gezwungen wäre; es steht ihm weiterhin frei, auf den Auftrag zu verzichten,[70] wenn auch u. U. mit der Verpflichtung, den Bietern als Schadensersatz das negative Interesse zu vergüten.[71] Daraus folgt, der Nachprüfungsantrag, mit dem die Aufhebung der Ausschreibung überprüft werden soll, ist zulässig, wenn der Auftraggeber den Auftrag im Ergebnis – ggf. nach Einleitung eines neuen Vergabeverfahrens – noch vergeben will. Der Nachprüfungsantrag ist jedoch unzulässig, wenn der Auftraggeber endgültig erklärt, er werde den Auftrag nicht mehr vergeben. Da kein Anspruch auf Zuschlagerteilung besteht, ist der Nachprüfungsantrag dann unzulässig, selbst wenn die Aufhebung der Ausschreibung rechtswidrig war.[72]

Darüber hinaus kann die Fortsetzung des Vergabeverfahrens auch dann nicht verlangt werden, wenn ein sachlich gerechtfertigter Grund zur Aufhebung des Verfahrens bestand.[73] Nach der hier vertretenen Ansicht ergibt sich daraus schon daraus, dass die Aufhebung selbst gemäß § 17 VOB/A dann rechtmäßig ist, auch wenn vorher Vergabeverstöße begangen wurden. Nach der gegenteiligen Ansicht, bei der es eine zulässige Aufhebung außerhalb von § 17 VOB/A gibt, folgt dies aus allgemeinen rechtlichen Erwägungen.[74]

---

[64] BGH NJW-RR 1994, 1108 (1109).
[65] Für die Zulässigkeit eines Nachprüfungsantrags, nachdem die Ausschreibung aufgehoben wurde: VK Bund IBR 2000, 102; Gegen die Zulässigkeit: OLG Düsseldorf IBR 2000, 251 (Diese Auffassung hat das OLG Düsseldorf aber mit Beschluss vom 19.11.2003 – Verg 59/03, ZfBR 2004, 202 (203) ausdrücklich aufgegeben); OLG Naumburg IBR 2000, 253.
[66] EuGH 18.6.2002 – C-92/00, NZBau 2002, 458 – Hospital Ingenieure.
[67] EuGH 2.6.2005 – C-15/04, NZBau 2005, 472 – Koppensteiner.
[68] BGH VergabeR 2003, 313 (Ls.); KG Berlin VergabeR 2003, 180 (3. Ls.); OLG Koblenz VergabeR 2004, 244 (2. Ls.).
[69] OLG Bremen VergabeR 2003, 175 (1. Ls.).
[70] BGH VergabeR 2004, 480 (482); *Jasper/Pooth* NZBau 2003, 261 (264).
[71] → Rn. 31.
[72] → § 17 Rn. 6 ff.
[73] *Dieck-Bogatzke* VergabeR 2008, 392 (396) und → § 17 Rn. 6 ff.
[74] → § 17 Rn. 6 ff.; *Dieck-Bogatzke* VergabeR 2008, 392 (396 f.).

IX. Anhang: Schadensersatzanspruch der Bieter bei unberechtigter Aufhebung einer Ausschreibung

1. Rechtsgrundlagen. Genau wie die vergabewidrige Ausscheidung von submittierten Angeboten wegen falscher Prüfung und/oder Wertung durch den Auftraggeber kann auch die nicht von der VOB/A gedeckte Aufhebung einer Ausschreibung, also die **kollektive Ablehnung** aller eingereichten Angebote, einen schadensbegründenden Vorgang darstellen. Denn zumindest der an erster Stelle liegende Bieter durfte sich begründete Hoffnung machen, er werde den Bauauftrag erhalten und mit Gewinn zu Ende führen.

Das Verhalten des öffentlichen Auftraggebers, der von der Aufhebungsmöglichkeit gem. § 17 VOB/A Gebrauch macht, unterliegt gleichermaßen einer **vergaberechtlichen Kontrolle** wie die Prüfung und Wertung der Angebote nach § 16 VOB/A. Stets hat das Ausschreibungsverfahren zum Ziel, den Auftrag zu erteilen; nur in Ausnahmefällen kann es aus ganz bestimmten Gründen zu einer Aufhebung kommen. Deshalb kann die fehlerhafte Aufhebung eines Verfahrens zum Schadensersatz führen.[75]

Folge eines zu Unrecht aufgehobenen Ausschreibungsverfahrens ist in der Regel, dass das Verfahren ab dem Zeitpunkt, zu welchem es abgebrochen worden ist, fortzuführen ist, um den rechtmäßigen Zustand wieder herzustellen.[76] Doch ist diese Rechtsfolge in zweierlei Hinsicht begrenzt: zum einen hat nur derjenige Bieter einen Anspruch auf Fortführung des Verfahrens, bei welchem durch die Aufhebung der Ausschreibung ein Schaden eingetreten ist oder ein Schaden droht, zum anderen unterliegt der öffentliche Auftraggeber keinem Kontrahierungszwang.[77]

Rechtsgrundlage für etwaige Schadensersatzansprüche können § 126 GWB für Auftragsvergaben oberhalb der Schwellenwerte und §§ 311 Abs. 2, 241 Abs. 2 i. V. m. §§ 280, 282 BGB, die oberhalb und unterhalb der Schwellenwerte gelten. Die Schadensersatzansprüche stehen eigenständig neben den sonstigen Rechtsschutzmöglichkeiten, etwa der Beschwerde nach den §§ 102 ff. GWB oder der fachlichen Überprüfung durch eine vorgesetzte Dienststelle. Schadensersatzansprüche sind vor den ordentlichen Gerichten einklagbar (vgl. §§ 104 Abs. 2 S. 2, 124 Abs. 1 und 126 BGB). Wegen der Einzelheiten zu den Schadensersatzansprüchen sei auf die Kommentierung im Anhang zu § 16 verwiesen. Nachfolgende Ausführungen beschränken sich auf Schadensersatzansprüche gemäß §§ 311 Abs. 2 und 241 Abs. 2 BGB im Falle einer Aufhebung des Verfahrens.

2. Einzelvoraussetzungen des Ersatzanspruches nach §§ 311 Abs. 2 und 241 Abs. 2 BGB. a) Pflichtwidriges Verhalten des Auftraggebers. Ein Fehlverhalten des öffentlichen Auftraggebers bei der Aufhebung einer Ausschreibung kann systematisch unter **zwei Kategorien** eingeordnet werden:

In der **ersten** Fallkonstellation ist die Aufhebung rechtswidrig, ein Fall von § 17 VOB/A liegt nicht vor. Der Auftraggeber bejaht z. B. zu Unrecht das Vorliegen eines der in Abs. 1 Nr. 1–3 genannten Gründen, weil er dessen Voraussetzungen nicht mit der gebotenen Sorgfalt (§ 276 BGB) ermittelt hat. Das wäre beispielsweise der Fall, wenn er alle in die engere Wahl gelangten Angebote für unvollständig bzw. unheilbar fehlerhaft hält, ohne zu merken, dass dies bei dem einen oder anderen nicht der Fall ist. Das wäre auch der Fall, wenn er nachträglich Änderungen an der Planung vornehmen muss (Nr. 2), die sich aber bei genauer Prüfung als nicht bedeutend erweisen.[78]

In der **zweiten** Fallkonstellation kann die Aufhebung auf § 17 VOB/A gestützt werden, oder es liegt zumindest ein sachlicher Grund außerhalb von § 17 VOB/A vor.[79] Der Auftraggeber hat aber den Grund, der dann zur Aufhebung führt, schuldhaft verursacht. **Beispiel:** Ein Auftraggeber sieht sich zur Aufhebung gezwungen, weil er nachträglich seine eigene Leistungsbeschreibung und sonstige Vertragsbedingungen als lückenhaft und VOB-widrig ansieht.[80] **Oder:** Die Kosten sind zwar richtig geschätzt, doch infolge einer späteren „Mittel-

---

[75] → § 16 Rn. 166 ff.
[76] OLG München 23.12.2010 – Verg 21/10, IBR 2011, 237; (für den Fall einer Scheinaufhebung) OLG München VergabeR 2005, 802 (807).
[77] OLG München 23.12.2010 – Verg 21/10, IBR 2011, 237.
[78] OLG Düsseldorf BauR 1986, 107 (1. Ls.).
[79] Vgl. zur unterschiedlichen dogmatischen Einordnung: → § 17 Rn. 6 ff.
[80] OLG Nürnberg NJW 1986, 437.

umschichtung" ist der nötige Betrag haushaltsmäßig nicht mehr verfügbar. Deshalb muss aufgehoben werden.

32 In beiden Fällen hat der Auftraggeber eine Pflichtverletzung begangen; diese ist aber nicht identisch. Im ersten Fall liegt die Pflichtverletzung in der Aufhebung selbst, im zweiten Fall liegt die Pflichtverletzung nicht in der Aufhebung, sondern in einem früheren Verfahrensstadion. Dennoch können in beiden Fällen Schadensersatzansprüche geltend gemacht werden. Allerdings ist nach zutreffender Ansicht die **Höhe des Schadensersatzanspruchs unterschiedlich.** Bei der rechtswidrigen Aufhebung und späterer Vergabe desselben Auftrags kann ein Schadensersatzanspruch gerichtet auf entgangenen Gewinn bestehen. Bei der rechtmäßigen Aufhebung mit einem vorhergehenden Vergabeverstoß bzw. bei einer zwar nicht von § 17 VOB/A gedeckten, aber dennoch sachlich begründeten Aufhebung kann nach richtiger Ansicht nur ein Schadensersatzanspruch gerichtet auf die nutzlosen Aufwendungen der Angebotserstellung geltend gemacht werden.[81]

33 **b) Anspruchsinhaber.** Zur **Person des Geschädigten** wird auf die Kommentierung im Anhang zu § 16 verwiesen: Nach ständiger Rechtsprechung[82] kann nur der Bieter mit dem wirtschaftlichsten Angebot einen Schaden in Folge der Nichtbeauftragung erlitten haben, wogegen alle Mitbieter auch bei ordnungsgemäßer Durchführung des Verfahrens ohne Auftrag geblieben wären und keinerlei Kostenausgleich erlangt hätten, daher auch nicht geschädigt sein können.[83] Außerdem ist der Ersatzanspruch nur dann begründet, wenn das Angebot des Berechtigten keinen formellen oder inhaltlichen Mangel aufweist, der einen Ausschlussgrund darstellt, z. B. als Unterangebot oder als unvollständig zu qualifizieren wäre.[84]

34 **c) Rechtmäßiges Alternativverhalten.** Der **Einwand des rechtmäßigen Alternativverhaltens** durch den Auftraggeber ist bei § 17 Abs. 1 von geringerer Bedeutung als bei der ungerechtfertigten Ausscheidung des wirtschaftlichsten Angebotes, weil hier bereits eine wirksame, wenn auch fehlerhafte Aufhebung stattgefunden hat. Dies war bei den beiden einschlägigen BGH-Entscheidungen aber gerade nicht der Fall.[85] In sinngemäßer Anwendung der dort entwickelten Rechtsgrundsätze wird man sagen müssen, dass der Auftraggeber bei der gerichtlichen Überprüfung, ob die Aufhebung aus § 17 VOB/A berechtigt war, noch weitere Gründe „nachschieben" kann, die für eine Aufhebung vorlagen, ihm aber damals noch nicht bekannt waren.

35 **3. Grundlagen der Schadensberechnung.** Es wird auf die Ausführungen im Anhang zu § 16 VOB/A Bezug genommen: Auch hier gilt der Grundsatz, dass sich der Schadensersatzanspruch, der sich aus §§ 280, 282 und § 311 Abs. 2 in Verbindung mit § 241 Abs. 2 BGB gründet, regelmäßig auf den **Vertrauensschaden** beschränkt, das sog negative Interesse. Der Berechtigte ist so zu stellen, als habe er nicht an der Ausschreibung teilgenommen und sich so alle damit verbundenen Aufwendungen erspart, insbesondere die Kosten für die Angebotsbearbeitung durch einen Kalkulator. Im Gegensatz zu dem Verstoß des Auftraggebers gegen § 16 VOB/A und der deshalb bewirkten Angebotsübergehung wird sich der Bieter bei fehlerhafter Ausschreibungsaufhebung meistens mit dem negativen Interesse begnügen müssen, weil der weitergehende Anspruch auf **Ersatz des entgangenen Gewinns,** das positive Interesse, grundsätzlich voraussetzt, dass der ausgeschriebene Auftrag auch tatsächlich erteilt und ausgeführt worden ist.[86] Häufig unklar ist, wann der ausgeschriebene und der tatsächlich vergebene Auftrag noch identisch sind. Nach Ansicht des BGH sind sie identisch, wenn es sich wirtschaftlich noch um denselben Auftrag handelt.[87] Schwierig ist diese Abgrenzung, wenn der Auftrag nur bzgl. einzelner Aspekte, insbesondere bei einer Reduzierung des Auftragsgegenstandes noch vergeben wird.

36 Ist der dann tatsächlich vergebene Auftrag mit dem ursprünglich ausgeschriebenen Auftrag in diesem Sinne noch identisch, kann der Schadensersatzanspruch ausnahmsweise auf das positive Interesse, den entgangenen Gewinn gerichtet sein.[88] Dies ist z. B. in den Fällen gegeben, in

---

[81] → § 17 Rn. 35 zur Höhe des Schadensersatzes.
[82] BGH NJW 1981, 1673; BauR 1984, 631 (Ls.).
[83] Zuletzt BGH VergabeR 2004, 480 (481 f.); OLG München 23.12.2010 – Verg 21/10, IBR 2011, 237; vgl. dazu kritisch: *Dähne* VergabeR 2004, 32 (34).
[84] BayObLG IBR 2001, 691; OLG Köln NJW-RR 1999, 316 (Ls.); OLG Düsseldorf BauR 1983, 377.
[85] Vgl. BGH NJW 1993, 520; NJW-RR 1997, 1106.
[86] BGH VergabeR 2004, 480 (481 f.); NJW 1998, 3636 (2. Ls.); OLG Schleswig IBR 2001, 441; aA: OLG Düsseldorf VergabeR 2002, 326, dessen Begründung aber nicht überzeugt.
[87] BGH BauR 2004, 166 (167); VergabeR 2003, 163 (165 f.); NJE 1998, 3640 (3644).
[88] *Glahs* in Reidt/Stickler/Glahs § 126 Rn. 62.

denen der Auftraggeber später erneut eine öffentliche Ausschreibung über dieses Baulos durchführt,[89] bzw. in denen er nach Aufhebung einer öffentlichen Ausschreibung eine beschränkte Ausschreibung oder eine freihändige Vergabe vornimmt.

Gerade in diesen Fällen spielt dann die Frage, ob die Aufhebung rechtmäßig war bzw. ob ein sachlicher Grund zur Aufhebung bestand, eine wesentliche Rolle.[90] Entgangener Gewinn kann m. E. nicht geltend gemacht werden, wenn die Aufhebung rechtmäßig war, auch wenn sie durch einen früheren Vergabeverstoß des Auftraggebers erforderlich wurde, oder wenn – folgt man der hier vertretenen Ansicht zur rechtmäßigen Aufhebung auch bei Verschulden des Auftraggebers nicht – ein sachlicher Grund zur Aufhebung bestand.[91] Dies gilt dann unabhängig davon, ob der Auftrag später noch vergeben wurde. 37

Liegt ein solcher Ausnahmefall, in dem der Bieter Anspruch auf Ersatz des positiven Interesses geltend machen kann, vor, so kommen als **mögliche Schadensposten** in Betracht: entgangener kalkulatorischer Gewinn, Wagnis (als Bestandteil des Gewinns) und (anteilige) Allgemeine Geschäftskosten. 38

§ 18 Zuschlag

(1) **Der Zuschlag ist möglichst bald, mindestens aber so rechtzeitig zu erteilen, dass dem Bieter die Erklärung noch vor Ablauf der Bindefrist (§ 10 Absatz 4 bis 6) zugeht.**
(2) **Werden Erweiterungen, Einschränkungen oder Änderungen vorgenommen oder wird der Zuschlag verspätet erteilt, so ist der Bieter bei Erteilung des Zuschlags aufzufordern, sich unverzüglich über die Annahme zu erklären.**

Schrifttum: *Erdl,* Das neue Vergaberecht: Zuschlagsverbot und Folgen des Ablaufs der Zuschlags- und Bindefrist, VergR Nr. 3/1998, 37; *Gröning,* Das deutsche Vergaberecht nach dem Urteil des EuGH vom 28. Oktober 1999 – Alcatel Austria AG ua, WRP 2000, 49; *Höfler,* Die Bedeutung des Zuschlags- und Bindefrist für das Vergabeverfahren nach der VOB/A, BauR 2000, 963; *Hormann,* Zur Rechtsnatur des Vergaberechts, VergabeR 2007, 431; *Horn,* Verstoß gegen Ausschreibungspflichten: Festgestellte Gemeinschaftsrechtswidrigkeit und Rechtsfolgen für die abgeschlossenen Verträge, VergabeR 2006, 667; *Martin-Ehlers,* Die Unterscheidung zwischen Zuschlag und Vertragsschluss im europäischen Vergaberecht, EuZW 2000, 101; *Reidt,* Das Verhältnis von Zuschlag und Auftrag im Vergaberecht – Gemeinschafts- oder verfassungsrechtlich bedenklich?, BauR 2000, 22; *Zuleeg,* Zweistufige Rechtsverhältnisse bei der Vergabe öffentlicher Aufträge?, NJW 1962, 2231.

Übersicht

	Rn.
A. Allgemeines	1
I. Regelungsgegenstand	1
II. Verhältnis von Zuschlagserteilung und Vertragsschluss	5
III. Kein Anspruch auf Erteilung des Zuschlags	10
IV. Anwendungsbereich	11
B. Zeitpunkt der Zuschlagserteilung (§ 18 Abs. 1 VOB/A)	12
I. Zweck der Regelung	12
II. Ablauf der Bindefrist	13
C. Vertragsschluss	16
I. Zuschlagserteilung ohne Abänderungen	16
1. Zuschlagserteilung	17
a) Annahme des Angebots	17
b) Zuschlag auf das eingereichte Angebot	19
c) Form des Bauvertrags	20
d) Stellvertretung	27
2. Kaufmännisches Bestätigungsschreiben	29
3. Sonstige Bestimmungen/Nichtigkeit/Auslegung	32
II. § 18 Abs. 2 VOB/A: Zuschlagserteilung unter Abänderungen	37
III. § 18 Abs. 2 VOB/A: Verspätete Zuschlagserteilung	40

---

[89] BGH NJW 1998, 3640 (3644) wo an das OLG zurück verwiesen wurde, um zu prüfen, ob die erneute Ausschreibung das identische Los betraf.
[90] → § 17 Rn. 6 ff.
[91] → § 17 Rn. 6 ff.

A. Allgemeines

I. Regelungsgegenstand

1 § 18 VOB/A regelt den **Zuschlag auf das erfolgreiche Angebot**. Mit dem Zuschlag nimmt der Auftraggeber das Angebot des Auftragnehmers an und schließt den Bauvertrag ab (vgl. → Rn. 5 ff.). Außerhalb des Vergaberechts verwendet das Zivilrecht den Begriff „Zuschlag"als Synonym für die Angebotsannahme nur vereinzelt (zB § 156 BGB bei der Versteigerung).[1]

2 § 18 VOB/A vereinigt verschiedene Regelungen. § 18 Abs. 1 VOB/A ist eine **vergabeverfahrensrechtliche Vorschrift,** die den Auftraggeber verpflichtet, den Zuschlag möglichst bald, jedenfalls vor Ablauf der Bindefrist zu erteilen. § 18 Abs. 2 VOB/A hingegen entspricht § 150 BGB und enthält **Regelungen zur zivilrechtlichen Wirksamkeit** des Vertragsschlusses im Fall einer Annahme unter Erweiterungen, Einschränkungen oder Änderungen sowie einer verspäteten Annahme.

3 Mit der Zuschlagserteilung endet das Vergabeverfahren. Nach Zuschlagserteilung kommen nur noch Schadensersatzansprüche (Sekundärrechtsschutz) nicht berücksichtigter Bewerber und Bieter in Betracht.

4 § 18 VOB/A entspricht **§ 28 VOB/A 2006.** Allerdings entfiel mit Einführung der VOB 2009 § 28 Nr. 2 Abs. 1 VOB/A 2006, wonach der Vertrag mit der rechtzeitigen Zuschlagserteilung ohne Abänderungen auch dann zustande kam, wenn spätere urkundliche Festlegung vorgesehen war. Ergänzend wurde § 29 VOB/A 2006 komplett gestrichen. Diese Regelung sah vor, dass eine Urkunde über den Vertrag nur ausnahmsweise auszustellen war. Beide Bestimmungen entsprechen den allgemeinen zivilrechtlichen Regelungen und sind daher unnötig. § 28 Nr. 2 Abs. 2 VOB/A 2006 wurde zu § 18 Abs. 2 VOB/A.

II. Verhältnis von Zuschlagserteilung und Vertragsschluss

5 **Umstritten** ist die Frage, ob Zuschlagserteilung und Vertragsabschluss (Annahme des Angebots) zusammenfallen oder ob es sich um zwei getrennte Vorgänge handelt. Andere Rechtsordnungen sehen für die Vergabe eine Zweistufigkeit vor. In dem sog. **dualistischen oder romanischen System** fallen Zuschlag und Vertragsschluss begrifflich und zeitlich auseinander.[2] In diesem Modell kann Primärrechtsschutz durch Rechtsschutz gegen die Zuschlagsentscheidung gewährt werden, ohne dass sich der betroffene Bieter dem Einwand ausgesetzt sieht, es sei bereits ein wirksamer Vertrag geschlossen. Das dualistische System ähnelt der Auffassung im bundesdeutschen Subventionsrecht, nach der über das „Ob" und das „Wie" einer Subvention in zwei Stufen entschieden wird.[3]

6 Es wird die Auffassung vertreten, dass auch im deutschen Vergaberecht das dualistische System Anwendung finde. Demnach bilden Zuschlag und Vertragsabschluss zwei Stufen. Die erste Stufe, der Zuschlag, entscheide über das „Ob" der Vergabe und sei dem **öffentlichen Recht** zuzuordnen. Die zweite Stufe („Wie") bilde der Vertragsabschluss (Annahme des Angebots).[4] Zur Begründung wird ausgeführt, dass den Bietern die Möglichkeit eingeräumt werden müsse, vergaberechtliche Entscheidungen gerichtlich auf Verstöße gegen Grundrechte der Bieter überprüfen zu lassen (Art. 19 Abs. 4 S. 1 GG). Effektiver Rechtsschutz sei nur gewährleistet, wenn zwischen Zuschlag und Vertragsabschluss unterschieden werde. Die staatliche Entscheidung, durch die subjektive Rechte verletzt werden könnten, dürfe nicht mit deren Vollzug (Vertragsabschluss durch Zuschlag) verbunden werden, wenn hierdurch vollendete Tatsachen geschaffen würden. Die erste Stufe (Entscheidung über die Zuschlagserteilung) unterliege öffentlich-rechtlichen Bindungen. Für ihre Überprüfung sei der Rechtsweg zu den Verwaltungsgerichten gegeben.[5]

---

[1] *Reichling/von Wietersheim* in Ingenstau/Korbion VOB/A § 18 Rn. 1; *Bauer* in Heiermann/Riedl/Rusam VOB/A § 18 Rn. 2.

[2] *Brinker* NZBau 2000, 174.

[3] *Ipsen* DVBl. 1956, 602; *Ramsauer* in Kopp/Ramsauer VwVfG § 35 Rn. 44, 78.

[4] *Hermes* JZ 1997, 909, 915; *Hormann* VergabeR 2007, 431; *Kopp* BayVBl. 1980, 609; *Pernice/Kadelbach* DVBl. 1996, 1100, 1106; *Triantafyllou* NVwZ 1994, 943, 946.

[5] OVG Rheinland-Pfalz VergabeR 2005, 478; OVG Nordrhein-Westfalen VergabeR 2006, 86; OVG Sachsen VergabeR 2006, 348; OVG Nordrhein-Westfalen NZBau 2006, 531; VG Neustadt a. d. W. VergabeR 2006, 78; VG Neustadt a. d. W. VergabeR 2006, 351; *Bungenberg* WuW 2005, 899; *Prieß/Hölzl* NZBau 2005, 367.

Die herrschende Auffassung geht hingegen zutreffend davon aus, dass die Beschaffung von Waren und Dienstleistungen durch die öffentliche Hand einen **fiskalischen Vorgang** darstellt[6] und die Zuschlagserteilung dem **Zivilrecht** unterliegt,[7] soweit es sich nicht ausnahmsweise um einen öffentlich-rechtlichen Vertrag handelt.[8] Die Entscheidung des Auftraggebers, welchem Bieter der Auftrag erteilt werden soll, und der Abschluss des Bauvertrags stellen einen Akt dar.[9] Eine Aufteilung des Vergabeverfahrens in einen öffentlich-rechtlichen und einen privatrechtlichen Teil ist **abzulehnen**. Die Trennung erscheint gekünstelt. Ein einheitlicher Vorgang wird fiktiv in zwei Handlungen aufgespalten.[10] Zweifellos unterliegt der Auftraggeber im Vergabeverfahren öffentlich-rechtlichen Bindungen. Gegenüber dem Auftragnehmer werden jedoch keine unmittelbaren öffentlichen Zwecke verfolgt. Auftraggeber und Auftragnehmer stehen sich nicht in einem Über- und Unterordnungsverhältnis gegenüber. Nur mittelbar dient die Beschaffung von Waren und Dienstleistungen durch die öffentliche Hand auch öffentlichen Zwecken.[11] 7

Insbesondere aber ist die Aufspaltung des Vergabeverfahrens in zwei Stufen zur Gewährung eines effektiven Rechtsschutzes nicht nötig. Hierbei wird die Prämisse, dass auch in Vergabeverfahren unterhalb der Schwellenwerte subjektive Ansprüche der Bieter auf Einhaltung der vergaberechtlichen Bestimmungen bestehen können, nicht in Frage gestellt (vgl. → Einl. Rn. 31 ff.).[12] Der Schutz solcher subjektiver Rechte macht jedoch nicht die Trennung zwischen Zuschlag und Vertragsabschluss erforderlich. Für Vergabeverfahren **oberhalb der Schwellenwerte** zeigen dies die Regelungen in § 134 und § 135 GWB, mit denen der deutsche Gesetzgeber der Forderung des Art. 2a Abs. 2 Rechtsmittelrichtlinie (RL 89/665/EWG) nach Gewährleistung effektiven Rechtsschutzes[13] entsprochen hat ohne das dualistische bzw. romanische System zu übernehmen. Zwar fallen Zuschlagserteilung und Vertragsschluss nach wie vor zusammen, der Auftraggeber ist aber nach § 134 GWB verpflichtet, die Bieter, deren Angebote nicht berücksichtigt werden sollen, vorab zu informieren. Ein unter Verletzung dieser Bestimmung geschlossener Vertrag ist unwirksam (§ 135 Abs. 1 Nr. 1 GWB). Auf diese Weise ist ausreichender Primärrechtsschutz gewährleistet, ohne dass es eines zweistufigen Systems bedürfte. 8

Unterhalb der Schwellenwerte kann Rechtsschutz durch den Erlass einer einstweiligen Verfügung erlangt werden. Die Frage des Rechtswegs spielt hierbei keine Rolle.[14] Soweit die Zivilgerichte fiskalisches Handeln der öffentlichen Hand überprüfen, haben sie die existierenden Bindungen an die Grundrechte und sonstige öffentlich-rechtliche Vorschriften zu beachten.[15] Verfassungsrechtlich bedarf es für Vergabeverfahren unterhalb der Schwellenwerte einer § 134 GWB entsprechenden Hinweispflicht nicht (→ VOB/A § 19 Rn. 3). 9

III. Kein Anspruch auf Erteilung des Zuschlags

Es besteht **kein Anspruch auf Erteilung des Zuschlags**.[16] Zwar kann die Ausschreibung nach § 17 Abs. 1 VOB/A nur unter bestimmten Voraussetzungen aufgehoben werden. Hebt der Auftraggeber die Ausschreibung aus einem anderen als den dort genannten Gründen auf, kann er 10

---

[6] BVerfGE 116, 135 = VergabeR 2006, 871; BGHZ 97, 312 (316 f.); Reidt/Stickler/Glahs/*Reidt* Vor §§ 97–101b Rn. 7.
[7] BVerwG VergabeR 2007, 337.
[8] *Reidt* in Reidt/Stickler/Glahs Vor §§ 97–101b Rn. 14 ff.
[9] *Byok* in Byok/Jaeger § 114 Rn. 16; *Bauer* in Heiermann/Riedl/Rusam VOB/A § 18 Rn. 3, 6; *Dreher* in Immenga/Mestmäcker § 114 Rn. 33; *Reichling/von Wietersheim* in Ingenstau/Korbion VOB/A § 18 Rn. 2; *Reidt* in Reidt/Stickler/Glahs Vor §§ 97–101b Rn. 8.
[10] *Ruthig* NZBau 2005, 497 (500); *Tomerius/Kiser* VergabeR 2005, 551 (559); *Irmer* VergabeR 2006, 159 (165).
[11] BVerfGE 116, 135 = VergabeR 2006, 871; BVerwG VergabeR 2007, 337; *Reidt* in Reidt/Stickler/Glahs Vor §§ 97–101b Rn. 7; *Losch* VergabeR 2006, 298 (306 f.).
[12] BVerfGE 116, 135 = VergabeR 2006, 871.
[13] EuGH 28.10.1999 – C-81/98, ECLI:EU:C:1999:534 = NZBau 2000, 33 Rn. 43 – Alcatel Austria; vgl. zu dieser Entscheidung *Boesen* ZIP 1999, 1942; *Brinker* JZ 2000, 462; *ders.* NZBau 2000, 174; *Dreher* NZBau 2001, 244 (245); *Erdl* BauR 1999, 1341; *Gröning* WRP 2000, 49; *Hausmann* EuZW 1999, 762; *Jaeger* EWS 1999, 14; *Kus* NJW 2000, 544.
[14] *Pietzcker* NJW 2005, 2881 (2884); *Tomerius/Kiser* VergabeR 2005, 551 (560).
[15] BVerwG NVwZ 1991, 59; *Reidt* in Reidt/Stickler/Glahs Vor §§ 97–101b Rn. 9; *Tomerius/Kiser* VergabeR 2005, 551 (557); *Irmer* VergabeR 2006, 159 (166).
[16] BGH VergabeR 2003, 163 (165); 2003, 313 (317); OLG Celle VergabeR 2003, 455 (456); OLG München VergabeR 2005, 802 (804); OLG Düsseldorf VergabeR 2011, 519 (523); *Reichling/von Wietersheim* in Ingenstau/Korbion VOB/A § 18 Rn. 5.

zur Leistung von Schadensersatz verpflichtet sein (→ VOB/A § 17 Rn. 27 ff.). Auch sind die Bieter in Vergabeverfahren oberhalb der Schwellenwerte berechtigt, die Rechtmäßigkeit der Aufhebung durch die Vergabekammer überprüfen zu lassen.[17] Die Vergabekammer kann den Auftraggeber jedoch nicht zur Zuschlagserteilung verpflichten, wenn er nicht mehr beabsichtigt, einen Vertrag abzuschließen.[18]

IV. Anwendungsbereich

11   § 18 VOB/A gilt auch für die **Freihändige Vergabe**. Dies ergibt sich mittelbar aus § 10 Abs. 6 VOB/A, der die Regelungen über die Bindefrist auch auf die Freihändige Vergabe erstreckt.[19]

B. Zeitpunkt der Zuschlagserteilung (§ 18 Abs. 1 VOB/A)

I. Zweck der Regelung

12   Nach § 18 Abs. 1 VOB/A ist der Zuschlag **möglichst bald zu erteilen.** Zumindest muss er vor Ablauf der Bindefrist zugehen, die gem. § 10 Abs. 4 S. 3 VOB/A regelmäßig nicht mehr als 30 Kalendertage beträgt. Die Vorschrift dient der Beschleunigung des Vergabeverfahrens und soll dem erfolgreichen Bieter ermöglichen, sich alsbald auf die Erfüllung des Vertrages vorzubereiten.

II. Ablauf der Bindefrist

13   Der Zuschlag muss dem Bieter **vor Ablauf der Bindefrist** zugehen. Die Bindefrist (§ 10 Abs. 4 S. 1 VOB/A) ergibt sich aus den Vergabeunterlagen. Das Ende der Bindefrist ist dort durch Angabe des Kalendertages zu bezeichnen (§ 10 Abs. 4 S. 4 VOB/A). Während der Bindefrist sind die Bieter an ihre Angebote gebunden (§ 10 Abs. 4 S. 1 VOB/A). Die Forderung, dem Bieter die Erklärung über den Zuschlag noch vor Ablauf der Bindefrist zu erteilen, schützt den Auftraggeber davor, den Zuschlag auf ein Angebot zu erteilen, an das der Bieter nicht mehr gebunden ist (§ 148 BGB).

14   Maßgeblich für die Beurteilung, ob der Zuschlag rechtzeitig erteilt worden ist, ist der **Zeitpunkt des Zugangs** bei dem erfolgreichen Bieter. Erst mit dem Zugang wird der Zuschlag wirksam (vgl. → Rn. 17). Die an die Zuschlagserteilung geknüpften Rechtsfolgen (Vertragsabschluss, Unzulässigkeit eines Nachprüfungsantrags) treten erst mit Zugang ein. Die Folgen eines **nicht rechtzeitigen Zuschlages** regelt § 18 Abs. 2 VOB/A (→ Rn. 40 ff.).

15   Die **Bindefrist kann verlängert** werden, wenn allen noch in Betracht kommenden Bietern die Möglichkeit gegeben wird, der Verlängerung zuzustimmen. Zu den Einzelheiten vgl. → VOB/A § 10 Rn. 29 ff.

C. Vertragsschluss

I. Zuschlagserteilung ohne Abänderungen

16   Das Zustandekommen des Vertrags richtet sich nach den allgemeinen Regelungen des BGB über den Vertragsschluss und dessen Wirksamkeit.

17   **1. Zuschlagserteilung. a) Annahme des Angebots.** Mit der Erteilung des Zuschlags erklärt der öffentliche Auftraggeber die Annahme des Angebots des erfolgreichen Bieters. Diese Annahmeerklärung ist eine empfangsbedürftige Willenserklärung. Sie wird erst in dem Zeitpunkt wirksam, in welchem sie dem Bieter zugeht (§ 130 Abs. 1 S. 1 BGB).[20] Zugegangen ist

---

[17] EuGH 18.6.2002 – C-92/00, ECLI:EU:C:2002:379 = VergabeR 2002, 361 – Hospital Ingeniere; BGH VergabeR 2003, 313.
[18] EuGH 16.9.1999 – C-27/98, ECLI:EU:C:1999:420 = NZBau 2000, 153 – Metalmeccania; EuGH 11.12.2014 – C-440/13, ECLI:EU:C:2014:2435 = NZBau 2015, 109 – Croce Amica One Italia; BGH NJW 1998, 3640 (3643); VergabeR 2003, 163 (165); 2003, 313 (316); OLG München VergabeR 2005, 802 (804).
[19] *Bauer* in Heiermann/Riedl/Rusam VOB/A § 18 Rn. 22; *Reichling/von Wietersheim* in Ingenstau/Korbion VOB/A § 18 Rn. 10.
[20] BGHZ 158, 43 = BGH VergabeR 2004, 201 (203); OLG Jena VergabeR 2004, 106 (111); BayObLG VergabeR 2005, 126 (127).

eine Willenserklärung erst, wenn sie so in den Bereich des Empfängers gelangt ist, dass dieser die Möglichkeit hat, vom Inhalt der Erklärung Kenntnis zu nehmen und damit zu rechnen ist, dass er tatsächlich Kenntnis erlangen wird.[21] Zu den Einzelheiten wird auf die Kommentierung zu § 130 BGB verwiesen.[22] Der Zuschlag ist nur wirksam, wenn er mit **Rechtsbindungswillen** erklärt wird und sein **Inhalt feststeht.** Bei der Mitteilung, der Zuschlag werde erteilt, die einzelnen Bestandteile des Auftrags würden im Nachgang übermittelt, handelt es sich nicht um eine wirksame Annahmeerklärung.[23]

Die **Beweislast** für den rechtzeitigen Zugang des Zuschlags trägt der Auftraggeber. 18

b) Zuschlag auf das eingereichte Angebot. Der Zuschlag wird auf das eingereichte 19 Angebot erteilt. Dessen Inhalt ist nach **§§ 133, 157 BGB** zu ermitteln. Dabei ist auf die Sicht eines verständigen Auftraggebers unter Berücksichtigung des Gebots eines transparenten Wettbewerbs unter Gleichbehandlung der Bieter abzustellen.[24] Im Rahmen der Auslegung ist im Zweifel davon auszugehen, dass sowohl der Auftraggeber wie der Bieter die vergaberechtlichen Bestimmungen einhalten wollte, so dass die Regelungen der Vergabeunterlagen bzw. des Angebots dahin gehend auszulegen sind, dass sie mit den vergaberechtlichen Vorgaben übereinstimmen.[25] Weicht ein Angebot jedoch offensichtlich von den Vergabeunterlagen ab und nimmt der Auftraggeber dieses ohne Rückfrage an, so kommt der Vertrag mit dem Inhalt zustande, den das Angebot hatte, auch wenn hierin ein Verstoß gegen § 13 Abs. 1 Nr. 5 S. 1 VOB/A liegt.[26] Rechtlich unbeachtlich ist es, wenn der Auftragnehmer vor Erhalt des Zuschlags mitteilt, er könne den Auftrag nicht annehmen, etwa weil seine Kapazitäten bereits ausgeschöpft seien. Denn während der Bindefrist ist der Bieter an sein Angebot gebunden (§ 10 Abs. 4 S. 1 VOB/A). Innerhalb dieser Frist kann die Annahme erfolgen (§ 148 BGB). Weigert sich der Bieter ernsthaft und endgültig, sich an seinem bindenden Angebot festhalten zu lassen und veranlasst er den Auftraggeber dadurch, das Angebot nicht anzunehmen, macht er sich schadensersatzpflichtig.[27]

c) Form des Bauvertrags. Der Bauvertrag kann **formfrei** geschlossen werden. Der Zu- 20 schlag nach § 18 Abs. 1 VOB/A kann daher auch mündlich erklärt werden. Aus Gründen der Klarheit und der Beweissicherheit empfiehlt es sich regelmäßig dennoch, den Zuschlag schriftlich zu erteilen.[28] Das VHB 2008 hält hierfür das **Formblatt 338** bereit.

Nach Art. 2 Abs. 1 Nr. 5 VKR (RL 2014/24/EU) zählen nur **schriftliche Verträge zu den** 21 **„Öffentlichen Aufträgen"** im Sinne der VKR. Diese Bestimmung beinhaltet ein europarechtliches Schriftformerfordernis für alle öffentlichen Aufträge und somit auch für Bauverträge. Vielmehr enthält § 103 Abs. 1 GWB, der die Anwendbarkeit des Kartellvergaberechts regelt, keine Einschränkung auf schriftliche Verträge. Hierdurch wird dem Umstand Rechnung getragen, dass in Deutschland öffentliche Aufträge auch formfrei abgeschlossen werden können.[29]

Abweichendes gilt, wenn die **Schriftform gesetzlich** vorgesehen ist. Dann ist der Vertrag 22 nur wirksam, wenn der Vertragsinhalt in einer schriftlichen, von den Parteien unterschriebenen Urkunde festgehalten wird (§ 126 Abs. 1 BGB). Gesetzliche Schriftformerfordernisse bestehen für Bauverträge regelmäßig nicht. Gesetzliche Schriftform kommt nur ein Betracht, wenn der Bauvertrag mit anderen vertraglichen Abreden, etwa einem Wohnraummietvertrag mit einer Laufzeit von mehr als einem Jahr (§ 550 BGB), verbunden wird.

Oftmals sehen die **Vergabeunterlagen ein Schriftformerfordernis** vor. In diesem Fall 23 findet § 127 BGB Anwendung. § 127 Abs. 2 S. 1 BGB lässt, abweichend von § 126 BGB, die telekommunikative Übermittlung oder einen Briefwechsel zwischen den Parteien genügen. Dieser kann aus dem schriftlichen Angebot und dem schriftlichen Zuschlag bestehen.

---

[21] BGHZ 67, 271 (275); BGH NJW 1980, 990; 1983, 929 (930); Palandt/*Ellenberger* BGB § 130 Rn. 5.
[22] *Ellenberger* in Palandt BGB, § 130 Rn. 6ff.; *Einsele* in MüKoBGB § 130 Rn. 16ff.; Soergel/*Hefermehl* BGB § 130 Rn. 9ff.
[23] OLG Düsseldorf VergabeR 2001, 226 (227f.).
[24] BayObLG VergabeR 2002, 644; OLG Frankfurt a. M. ZfBR 2009, 285.
[25] BGHZ 124, 64; BGH VergabeR 2009, 595 (598); BGH NZBau 2013, 428.
[26] OLG Köln BauR 1995, 435 (Leitsatz); *Reichling/von Wietersheim* in Ingenstau/Korbion VOB/A § 18 Rn. 26ff.
[27] BGH BauR 2006, 514; zur Frage, ob der Auftraggeber den Auftragnehmer an ein Angebot festhalten kann, wenn ein offensichtlicher und erheblicher **Kalkulationsirrtum** vorliegt: BGH BauR 2015, 479.
[28] BGH NJW 1967, 2004 (2005); BauR 1975, 274.
[29] BayObLG VergabeR 2001, 55 (58); OLG Düsseldorf VergabeR 2012, 35 (39); *Ganske* in Reidt/Stickler/Glahs/ § 99 Rn. 65.

24 Die allgemeinen Vorschriften über die **notarielle Beurkundung** von Rechtsgeschäften finden auf den Bauvertrag Anwendung. Daher bedarf ein Bauvertrag, durch den sich ein Teil verpflichtet, das Eigentum an einem Grundstück (§ 311b BGB)[30] oder ein Erbbaurecht (§ 11 Abs. 2 ErbbauRG) zu übertragen oder zu erwerben, der notariellen Beurkundung. Notarielle Beurkundung ist auch erforderlich, wenn der Bauvertrag mit der Übertragung von GmbH-Anteilen verbunden wird (§ 15 Abs. 3 und 4 GmbHG).

25 **Kommunalrechtliche Vorschriften** sehen oftmals vor, dass bestimmte Verträge der Schriftform bedürfen (vgl. § 64 Abs. 1 GO NW). Diese Bestimmungen sind **keine Formvorschriften**. Denn den Landesgesetzgebern fehlt nach Art. 55 EGBGB die Zuständigkeit für den Erlass von zivilrechtlichen Formvorschriften. Die Vorschriften sind vielmehr Regelungen der Vertretungsmacht. Werden Verträge unter Verstoß gegen derartige Vorschriften geschlossen, sind sie nicht nach § 125 S. 1 BGB nichtig, sondern nach § 177 Abs. 1 BGB schwebend unwirksam.[31]

26 Ein Rechtsgeschäft, das nicht der **gesetzlich vorgeschriebenen Form** (Schriftform oder notarielle Beurkundung) entspricht, ist nichtig (§ 125 S. 1 BGB). Der Mangel der **durch Rechtsgeschäft bestimmten Form** hat nur im Zweifel die Nichtigkeit des Rechtsgeschäfts zur Folge (§ 125 S. 2 BGB). Sehen die Vergabeunterlagen eine schriftliche Zuschlagserteilung vor, erfolgt die Zuschlagserteilung aber mündlich, so hat dies nur dann die Nichtigkeit des Bauvertrages zur Folge, wenn die vereinbarte Schriftform Wirksamkeitsvoraussetzung für den Vertrag sein sollte. Soll die Formvorschrift lediglich der Beweissicherung oder der Klarstellung dienen, so ist der Bauvertrag auch bei Nichteinhaltung der Form wirksam.[32] Regelmäßig dient die in den Vergabeunterlagen vorgesehene Schriftform Beweiszwecken. Ein Verstoß gegen diese Regelung hat daher nicht die Nichtigkeit des Vertrages zur Folge (so ehemals § 28 Nr. 2 Abs. 1 VOB/A 2006).

27 **d) Stellvertretung.** Der Auftraggeber kann sich bei der Erteilung des Zuschlags rechtsgeschäftlich vertreten lassen. Für die Bevollmächtigung gelten die allgemeinen Regeln (§§ 164 ff. BGB). Es muss also eine eigene Willenserklärung in fremdem Namen im Rahmen der Vertretungsmacht abgegeben werden. Zu den Einzelheiten wird auf die Kommentierungen zu §§ 164 ff. BGB verwiesen.[33]

28 Der **Architekt** ist nicht kraft seiner Stellung Bevollmächtigter des Auftraggebers und kann daher ohne Bevollmächtigung für diesen keine Bauverträge wirksam abschließen.[34] Die Vorschriften über die Schriftform, wie sie vielfach in Gemeindeordnungen zu finden sind (vgl. § 64 GO NW), sind Regelungen über die Vertretungsmacht (→ Rn. 25).

29 **2. Kaufmännisches Bestätigungsschreiben.** Umstritten ist, ob die Grundsätze über das **kaufmännische Bestätigungsschreiben** im Bereich der Bauvergabe Anwendung finden. Nach der Rechtsprechung kommt ein Vertrag durch kaufmännisches Bestätigungsschreiben zustande, wenn zwei Parteien im kaufmännischen Geschäftsverkehr in Vertragsverhandlungen eintreten, eine der Parteien das Ergebnis eines nach ihrer Auffassung geschlossenen Vertrages fixiert, und die andere Partei nicht unverzüglich widerspricht. In diesem Fall kommt der Vertrag mit dem Inhalt des Bestätigungsschreibens zustande.[35] Diese Grundsätze finden nicht nur auf Kaufleute Anwendung, sondern auch auf solche Personen, die sich am Geschäftsleben wie ein Kaufmann beteiligen.[36]

30 In den **formalisierten Ausschreibungsverfahren** ist für die Anwendung der Grundsätze über das kaufmännische Bestätigungsschreiben kein Raum. Der Auftraggeber hat die Leistung erschöpfend zu beschreiben (§ 7 Abs. 1 Nr. 1 VOB/A). § 15 VOB/A regelt die rechtlichen Grenzen möglicher Nachverhandlungen. Diese Grenzen drohten umgangen zu werden, wenn eine abweichende Vertragsgestaltung durch kaufmännisches Bestätigungsschreiben zugelassen würde.[37]

---

[30] Hierzu etwa BGH BauR 2010, 1754.
[31] BGHZ 97, 224 (238); BGH NJW 1982, 1036; OLG Schleswig NZBau 2000, 96; *Ellenberger* in Palandt BGB, § 125 Rn. 15.
[32] *Ellenberger* in Palandt BGB, § 125 Rn. 17; *Einsele* in MüKoBGB BGB § 125 Rn. 69.
[33] *Ellenberger* in Palandt BGB § 164 Rn. 1 ff.; *Soergel/Leptien* BGB § 164 Rn. 1 ff.; *Schramm* in MüKoBGB BGB § 164 Rn. 1 ff.
[34] BGH NJW 1960, 859; BB 1963, 111; *Reichling/von Wietersheim* in Ingenstau/Korbion VOB/A § 18 Rn. 37.
[35] Zu den Einzelheiten siehe MüKoBGB/*Busche* BGB § 147 Rn. 9 ff.; *Ellenberger* in Palandt BGB § 147 Rn. 8 ff.; *Soergel/Wolf* BGB § 147 Rn. 27 ff.; *Baumbach/Hopt* HGB § 346 Rn. 16 ff.
[36] BGHZ 11, 1 (3); 40, 45 (47); BGH NJW 1975, 1358; 1987, 1940 (1941).
[37] F/K/Z/G/M VOB/A § 18 EU Rn. 9.

In **Ausnahmefällen** kann das kaufmännische Bestätigungsschreiben auch in Vergabeverfahren 31
Bedeutung erlangen. Die Grundsätze über das kaufmännische Bestätigungsschreiben können bei
der freihändigen Vergabe eingreifen, weil es hier an einem formalisierten Verfahren fehlt.[38] Im
Verhandlungsverfahren darf der Zuschlag erst nach Unterrichtung der nicht berücksichtigten
Bieter gemäß § 134 GWB erteilt werden. Bevor diese Mitteilung versandt wurde, kann ein
Bieter grundsätzlich nicht davon ausgehen, dass der Auftraggeber bereit ist, einen Zuschlag zu
erteilen. Die Bestätigung eines mündlich erteilten Auftrags im Wege eines kaufmännischen
Bestätigungsschreibens scheidet im Verhandlungsverfahren somit in der Regel aus. Hingegen
können die Grundsätze über das kaufmännische Bestätigungsschreiben Anwendung finden bei
Nachtragsverhandlungen während der Bauabwicklung, wie sie von § 2 Abs. 3, 5, 6 VOB/B
zugelassen werden.[39]

3. Sonstige Bestimmungen/Nichtigkeit/Auslegung. Der Bauvertrag ist ein zivilrecht- 32
licher Vertrag (→ Rn. 5 ff.). Daher gelten neben den genannten Regelungen auch die **übrigen
Bestimmungen des BGB** hinsichtlich des Vertragsschlusses und der Wirksamkeit von Verträgen für den Bauvertrag.

Nichtig ist der Bauvertrag, wenn er gegen ein **gesetzliches Verbot** verstößt (§ 134 BGB). 33
Die vergaberechtlichen Bestimmungen des 4. Teils des GWB, der VgV und der VOB/A sind
keine gesetzlichen Verbotsnormen im Sinne des § 134 BGB. Der Umstand allein, dass in dem
Vergabeverfahren **gegen vergaberechtliche Vorschriften verstoßen** wurde, führt somit nicht
zur Rechtswidrigkeit des Zuschlags oder zur Nichtigkeit des Bauvertrags.[40] Dies ergibt sich in
Vergabeverfahren oberhalb der Schwellenwerte aus § 168 Abs. 2 S. 1 GWB, wonach auch der
rechtswidrige Zuschlag nicht aufgehoben werden kann. Diese Regelung entspricht den europarechtlichen Vorgaben. Art. 2 Abs. 7 2.UA RMR (RL 89/665/EWG) sieht ausdrücklich vor,
dass die Mitgliedstaaten die Möglichkeit haben, die Rechte der nicht berücksichtigten Bewerber
und Bieter nach Zuschlagserteilung auf Schadensersatzansprüche zu beschränken. Verstößt ein
öffentlicher Auftraggeber gegen vergaberechtliche Vorschriften, kann die Kommission gegen den
Mitgliedstaat, in dem der öffentliche Auftraggeber seinen Sitz hat, ein **Vertragsverletzungsverfahren nach Art. 258 AEUV** einleiten. Im Falle einer Verurteilung durch den EuGH hat
der Mitgliedstaat die Maßnahmen zu ergreifen, die sich aus dem Urteil des Gerichtshofs ergeben
(Art. 260 Abs. 1 AEUV).[41] Aus dieser Vorschrift ist keine allgemeine Regel abzuleiten, dass
Verträge, die gegen europarechtliche Vergaberechtsvorschriften verstoßen, ex tunc nichtig sind.
Allerdings muss der verurteilte Mitgliedstaat für die Aufhebung des Vertrags ex nunc Sorge
tragen.[42] Um die effektive Durchsetzung des Europarechts zu gewährleisten, steht dem Auftraggeber ein außerordentliches Kündigungsrecht zu (§ 133 Abs. 1 Nr. 3 GWB). Ungeklärt ist
bislang, ob der EuGH seine Rechtsprechung zu Art. 260 AEUV auf Fälle der de-facto-Vergabe
beschränkt oder auf alle Verstöße gegen vergaberechtliche Vorschriften des Europarechts ausdehnen wird.[43]

Gesetzliche Verbote im Sinne des § 134 BGB stellen die Zuschlagsverbote nach **§ 169 Abs. 1** 34
GWB, § 173 Abs. 1 S. 1 GWB und § 173 Abs. 3 GWB dar.[44] Daneben ist ein Vertrag
nichtig, der unter Verstoß gegen **§ 134 Abs. 1 GWB** (§ 135 Abs. 1 Nr. 1 GWB) oder im Wege
der **de-facto-Vergabe** (§ 135 Abs. 1 Nr. 2 GWB) geschlossen wurde, soweit die Voraussetzungen des § 135 Abs. 2 GWB vorliegen.

Handelt der Auftraggeber in bewusster Missachtung des Vergaberechts, obwohl er weiß, dass 35
der vergebene Auftrag dem Vergaberecht unterliegt oder verschließt er sich dieser Erkenntnis
mutwillig, und wirkt er überdies kollusiv mit dem Auftragnehmer zusammen, kann der Bauvertrag wegen Verstoßes gegen die **guten Sitten** nichtig sein (§ 138 Abs. 1 BGB).[45] Nach
Auffassung des OLG Brandenburg soll auch ohne kollusives Zusammenwirken der Parteien

---

[38] *Bauer* in Heiermann/Riedl/Rusam VOB/A § 18 Rn. 15.
[39] *Bauer* in Heiermann/Riedl/Rusam VOB/A § 18 Rn. 15.
[40] BGH VergabeR 2001, 71 (75 f.); 2005, 328 (331 f.); OLG Schleswig NZBau 2000, 100 (101); OLG Düsseldorf VergabeR 2004, 216 (219); OLG Celle VergabeR 2005, 809 (811).
[41] EuGH 18.11.2004 – C-126/03, ECLI:EU:C:2004:728 = VergabeR 2005, 57 Rn. 26.
[42] EuGH 18.7.2007 – C-503/04, ECLI:EU:C:2007:432 = VergabeR 2007, 597.
[43] *Jennert/Räuchle* NZBau 2007, 555 (557).
[44] KKPP/*Kus* in KKPP § 169 Rn. 25; KKPP/*Ulbrich* § 173 Rn. 2; *Reidt* in Reidt/Stickler/Glahs § 115 Rn. 31 und § 118 Rn. 30.
[45] BGH VergabeR 2001, 71 (76); OLG Schleswig NZBau 2000, 100 (101); OLG Düsseldorf VergabeR 2005, 343 (347); OLG Celle VergabeR 2005, 809 (811); OLG Saarbrücken VergabeR 2016, 796.

Sittenwidrigkeit vorliegen, wenn der Auftraggeber mehrfach und drastisch gegen vergaberechtliche Vorschriften verstoßen hat und der spätere Auftragnehmer hiervon zumindest Kenntnis hatte.[46]

36 Weitere Nichtigkeitsgründe können sich aus **Dissens** ergeben (§§ 154, 155 BGB). Voraussetzung für einen Vertragsabschluss ist zunächst ein wirksames und vollständiges Angebot. Wird das **Angebot unter Vorbehalt** abgegeben, liegt ein zwingender Ausschlussgrund vor. Wird der Zuschlag auf ein derartiges Angebot erteilt, kommt kein wirksamer Vertrag zustande. Ein **unvollständiges oder unklares Angebot** muss ebenfalls regelmäßig ausgeschlossen werden (§ 16 Abs. 1 Nr. 2 und 3 i. V. m. § 13 Abs. 1 Nr. 3 und 5 VOB/A sowie § 16a VOB/A). Unter Umständen ist eine Aufklärung des Angebotsinhalts nach § 15 VOB/A zulässig. Wird der Zuschlag auf ein unvollständiges oder unklares Angebot erteilt, kann ein offener oder versteckter Dissens vorliegen, der zur Nichtigkeit des Vertragsabschlusses führen kann.[47] Enthält das Angebot alle Punkte, über die sich die Parteien einigen wollten (§ 154 Abs. 1 BGB) oder ist anzunehmen, dass die Parteien den Vertrag auch ohne eine Bestimmung über einen Punkt geschlossen hätten, über den sie sich nicht geeinigt haben (§ 155 BGB), liegt ein wirksamer Vertrag vor. Sein Inhalt ist ggf. durch Auslegung (§§ 133, 157 BGB) zu ermitteln.

II. § 18 Abs. 2 VOB/A: Zuschlagserteilung unter Abänderungen

37 Wird der Zuschlag **mit Erweiterungen, Einschränkungen oder Änderungen** vorgenommen, so ist der Bieter nach § 18 Abs. 2 VOB/A bei Erteilung des Zuschlags aufzufordern, sich unverzüglich über die Annahme zu erklären. Der Zuschlag auf ein durch den Auftraggeber verändertes Angebot ist damit in Übereinstimmung mit § 150 Abs. 2 BGB die Ablehnung des Angebots des Bieters verbunden mit einem neuen Angebot. Die Annahme durch den Bieter muss innerhalb der Frist des § 147 Abs. 2 BGB erfolgen, also während der Zeit, in der unter gewöhnlichen Umständen mit einer Antwort gerechnet werden kann. Schweigt der Bieter, kommt ein Vertragsschluss nicht zustande.[48] In der Aufnahme der Bauarbeiten kann aber die konkludente Zustimmung zu dem angebotenen Vertragsschluss liegen.[49]

38 Die Begriffe Erweiterungen, Einschränkungen oder Änderungen sind **weit auszulegen.** Schon geringfügige Änderungen führen dazu, dass die Zuschlagserteilung keinen Vertragsschluss bewirkt.[50] Grenzen für die Zulässigkeit von Erweiterungen, Einschränkungen und Änderungen ergeben sich aus dem **Nachverhandlungsverbot** des § 15 VOB/A. Verstößt der Auftraggeber gegen das Nachverhandlungsverbot und nimmt der Auftragnehmer die Erweiterungen, Einschränkungen oder Änderungen des Auftraggebers an, liegt trotz allem ein wirksamer Vertragsschluss vor. Der Vertrag kommt mit dem unzulässigerweise verhandelten Inhalt zustande.[51] Allerdings ist grundsätzlich davon auszugehen, dass der Auftraggeber nicht beabsichtigt, gegen das Nachverhandlungsverbot zu verstoßen. Kommt sein Wille, von dem Angebot des Bieters abzuweichen, nicht klar zum Ausdruck, kommt der Vertrag mit dem Inhalt des Angebots zustande.[52] Andererseits darf der Auftraggeber – unabhängig davon, ob eine öffentliche Vergabe durchgeführt wurde – damit rechnen, dass ein Bieter seinen Willen, die Vergabeunterlagen zu ändern, unzweideutig zum Ausdruck bringt. Schiebt der Bieter dem Auftraggeber abweichende Regelungen unter, liegt nach Treu und Glauben kein abweichendes Angebot vor. Im Fall der Zuschlagserteilung kommt der Vertrag mit dem von dem Auftraggeber formulierten Inhalt zustande.[53]

39 Nach der **Rechtsprechung** liegt ein modifizierter Zuschlag mit der Rechtsfolge des § 18 Abs. 2 VOB/A vor, wenn der Auftraggeber den Zuschlag mit einer Bitte um Skontogewährung erteilt.[54] Haben die Vergabeunterlagen keine Ausführungsfristen bestimmt, sieht der Auftraggeber solche Fristen aber bei Zuschlagserteilung vor, so handelt es sich um einen Zuschlag mit Erweiterungen und Änderungen nach § 18 Abs. 2 VOB/A.[55] Es fehlt dagegen an einer Ände-

---

[46] OLG Brandenburg NZBau 2016, 184.
[47] OLG Jena VergabeR 2004, 106 (110).
[48] *Reichling/von Wietersheim* in Ingenstau/Korbion VOB/A § 18 Rn. 26.
[49] *Bauer* in Heiermann/Riedl/Rusam VOB/A § 18 Rn. 16.
[50] KG ZfBR 2011, 715 (717).
[51] BGH VergabeR 2013, 212; 215 f.; OLG Jena BauR 2008, 1452.
[52] BGH VergabeR 2009, 595 (599); BGH NZBau 2010, 628 (630).
[53] BGH BauR 2014, 1303.
[54] OLG Hamm BauR 1992, 779.
[55] OLG München IBR 1995, 369.

rung der Angebots, wenn sich der Auftraggeber für einzelne, im Angebot zulässigerweise (dazu § 7 Abs. 1 Nr. 4 VOB/A) vorbehaltene Wahl- oder Bedarfspositionen entscheidet.[56]

III. § 18 Abs. 2 VOB/A: Verspätete Zuschlagserteilung

§ 18 Abs. 2 VOB/A regelt weiterhin die Rechtsfolgen einer **verspäteten Erteilung des** 40 **Zuschlags**. Wird der Zuschlag nach Ablauf der Bindefrist erteilt, ist der Bieter an sein Angebot nicht mehr gebunden (§ 10 Abs. 4 S. 1 VOB/A). Sein Angebot auf Vertragsschluss ist damit nach § 146 BGB erloschen.[57] Ein Vertragsschluss kann durch die Zuschlagserteilung nicht mehr zustande kommen. Die verspätete Annahme gilt vielmehr als neuer Antrag auf Abschluss eines Vertrages (§ 150 Abs. 1 BGB).[58]

Für die Rechtzeitigkeit der Zuschlagserteilung kommt es auf den **Zugang der Erklärung** bei 41 dem erfolgreichen Bieter an (→ Rn. 17). Ist die verspätet zugegangene Annahmeerklärung aber dergestalt **abgesendet** worden, dass sie bei regelmäßiger Beförderung dem Bieter rechtzeitig zugegangen sein würde und musste der Bieter dies erkennen, so hat der erfolgreiche Bieter die Verspätung dem Auftraggeber unverzüglich nach dem Empfang der Erklärung anzuzeigen (§ 149 S. 1 BGB). Verzögert der Bieter die Absendung der Anzeige, so gilt die Zuschlagserteilung als nicht verspätet (§ 149 S. 2 BGB).

Eine **verspätete Zuschlagserteilung** gilt nach § 150 Abs. 1 BGB als **neues Angebot** des 42 Auftraggebers. Dieses Angebot kann der Bieter innerhalb der Frist des § 147 Abs. 2 BGB annehmen, also bis zu dem Zeitpunkt, in welchem der Auftraggeber den Eingang der Antwort unter regelmäßigen Umständen erwarten darf.[59] Zur Bedeutung eines Schweigens des Bieters und zur konkludenten Annahme vgl. → Rn. 37. Eine Verpflichtung des Bieters, die Annahme des Angebots des Auftraggebers zu erklären, existiert nach Ablauf der Bindefrist jedoch nicht.

Die Regelung in § 18 Abs. 2 VOB/A hat zur Folge, dass der Ablauf der Bindefrist allein das 43 Vergabeverfahren nicht beendet. Der Zuschlag kann auch nach Fristablauf erteilt werden.[60] Die Beendigung tritt erst dann ein, wenn feststeht, dass mit keinem Bieter ein Vertrag zustande kommen wird.[61] Andererseits ist der Auftraggeber nach Ablauf der Bindefrist nicht verpflichtet, die Bieter zu fragen, ob sie an ihren Angeboten festhalten. Er kann stattdessen die Ausschreibung aufheben.[62] Zu den Folgen einer **verspäteten oder verzögerten Zuschlagserteilung** auf den **Inhalt des Vertrags**, insbesondere die **angebotenen Fristen** vgl. → VOB/A § 10 Rn. 33.

§ 19 Nicht berücksichtigte Bewerbungen und Angebote

(1) **Bieter, deren Angebote ausgeschlossen worden sind (§ 16) und solche, deren Angebote nicht in die engere Wahl kommen, sollen unverzüglich unterrichtet werden. Die übrigen Bieter sind zu unterrichten, sobald der Zuschlag erteilt worden ist.**

(2) **Auf Verlangen sind den nicht berücksichtigten Bewerbern oder Bietern innerhalb einer Frist von 15 Kalendertagen nach Eingang ihres in Textform gestellten Antrags die Gründe für die Nichtberücksichtigung ihrer Bewerbung oder ihres Angebots in Textform mitzuteilen, den Bietern auch die Merkmale und Vorteile des Angebots des erfolgreichen Bieters sowie dessen Name.**

(3) **Nicht berücksichtigte Angebote und Ausarbeitungen der Bieter dürfen nicht für eine neue Vergabe oder für andere Zwecke benutzt werden.**

(4) **Entwürfe, Ausarbeitungen, Muster und Proben zu nicht berücksichtigten Angeboten sind zurückzugeben, wenn dies im Angebot oder innerhalb von 30 Kalendertagen nach Ablehnung des Angebots verlangt wird.**

(5) **Der Auftraggeber informiert fortlaufend Unternehmen auf Internetportalen oder in seinem Beschafferprofil über beabsichtige Beschränkte Ausschreibungen nach § 3a Absatz 2 Nummer 1 ab einem voraussichtlichen Auftragswert von 25 000 € ohne Umsatzsteuer.**

---

[56] *Reichling/von Wietersheim* in Ingenstau/Korbion VOB/A § 18 Rn. 29.
[57] OLG Jena VergabeR 2007, 118.
[58] OLG Rostock BauR 1998, 336 (337).
[59] *Bauer* in Heiermann/Riedl/Rusam VOB/A § 18 Rn. 20.
[60] OLG Dresden VergabeR 2012, 214 (216); OLG Düsseldorf ZfBR 2013, 289.
[61] BayObLG VergabeR 2002, 63 (66).
[62] OLG Frankfurt a. M. VergabeR 2003, 725 (729).

Diese Informationen müssen folgende Angaben enthalten:
1. Name, Anschrift, Telefon-, Telefaxnummer und E-Mailadresse des Auftraggebers,
2. Auftragsgegenstand,
3. Ort der Ausführung,
4. Art und voraussichtlicher Umfang der Leistung,
5. voraussichtlicher Zeitraum der Ausführung.

Schrifttum: *Macht/Städler,* Die Informationspflichten des öffentlichen Auftraggebers für ausgeschiedene Bewerber – Sinn oder Unsinn?, NZBau 2012, 143; *Nestler,* Der Schutz nichturheberrechtsfähiger Bauzeichnungen, BauR 1994, 589; *Zirkel,* Schadenersatz auf Grund der Übernahme einer guten Idee?, VergabeR 2006, 321.

Übersicht

	Rn.
A. Allgemeines	1
I. Einführung	1
II. Rechtspolitische und rechtliche Bedenken	3
B. Mitteilungspflichten (§ 19 Abs. 1 VOB/A)	4
I. Vor dem Zuschlag (§ 19 Abs. 1 S. 1 VOB/A)	4
II. Nach dem Zuschlag (§ 19 Abs. 1 S. 2 VOB/A)	10
III. Auf Verlangen (§ 19 Abs. 2 VOB/A)	11
1. Personenkreis und Inhalt	12
a) Bewerber	12
b) Bieter	14
2. Form	17
3. Frist	18
IV. Fehlerfolgen	20
V. Weiter gehende Informationsansprüche	22
C. Weitere Verwendung der Angebotsunterlagen	23
I. Verbot anderweitiger Nutzung (§ 19 Abs. 3 VOB/A)	23
II. Rückgabepflicht (§ 19 Abs. 4 VOB/A)	27
D. Ex-ante-Transparenz für Beschränkte Ausschreibung (§ 19 Abs. 5 VOB/A)	30

A. Allgemeines

I. Einführung

1 § 19 Abs. 1 und Abs. 2 VOB/A regeln die **Informationspflichten des Auftraggebers** gegenüber den nicht berücksichtigten Bietern und Bewerbern. Unverzüglich sollen Bieter, deren Angebote ausgeschlossen worden sind und solche, deren Angebote nicht in die engere Wahl kommen, unterrichtet werden. Die übrigen Bieter, deren Angebote keine Berücksichtigung gefunden haben, sind zu unterrichten, sobald der Zuschlag erteilt ist (§ 19 Abs. 1 VOB/A). Auf Verlangen erhalten Bewerber und Bieter nach § 19 Abs. 2 VOB/A Informationen über die Gründe für die Nichtberücksichtigung ihrer Bewerbung oder ihres Angebots, die Bieter erfahren zudem die Merkmale und Vorteile des Angebots des erfolgreichen Bieters sowie dessen Namen. Dadurch sollen die Unternehmen davor geschützt werden, die notwendigen Kapazitäten für den jeweiligen Auftrag unnötig lange vorzuhalten.[1] § 19 Abs. 3 und Abs. 4 VOB/A regeln den **Umgang mit nicht berücksichtigten Angeboten und Ausarbeitungen.** Diese sind den Bietern zurückzugeben. Schließlich bestimmt § 19 Abs. 5 VOB/A eine **ex-ante-Transparenz** für beabsichtige beschränkte Ausschreibungen ab einem voraussichtlichen Auftragswert von 25.000,00 EUR ohne Umsatzsteuer.

2 § 19 VOB/A entspricht weitest gehend **§ 27 VOB/A 2006.** § 19 Abs. 1 und Abs. 2 VOB/A wurden durch die **VOB/A 2009** teilweise neu gefasst, § 19 Abs. 5 VOB/A erstmalig eingeführt.

---

[1] *Baumann* in FKZGM VOB/A § 19 Rn. 2; *Reichling/Portz* in Ingenstau/Korbion VOB/A § 19 Rn. 4, 5.

II. Rechtspolitische und rechtliche Bedenken

§ 19 Abs. 1 und Abs. 2 VOB/A haben **nicht das Ziel, effektiven Rechtsschutz zu gewähren**.[2] Unterhalb der Schwellenwerte werden die nicht berücksichtigten Bieter, soweit sie nicht bereits ausgeschlossen wurden oder nicht in die engere Wahl gekommen sind, erst nach Erteilung des Zuschlages informiert. Primärrechtsschutz gegen die Vergabeentscheidung können die erst *ex post* informierten Bieter nicht erlangen, da das Vergabeverfahren mit dem wirksamen Zuschlag beendet worden ist (zum Bestehen subjektiver Rechte der Bieter unterhalb der Schwellenwerte: → Einl. Rn. 31 ff.). Die Stellung der Bieter ist damit **unterhalb der Schwellenwerte deutlich schwächer als oberhalb jener Werte**. Während oberhalb der Schwellenwerte die Pflicht zur Vorabinformation über die beabsichtigte Auftragserteilung nach § 134 GWB die Bieter in die Lage versetzt, in allen Fällen die Rechtsschutzmöglichkeiten des Kartellvergaberechts auszuschöpfen, hängt die Möglichkeit der Bieter bei Aufträgen unterhalb der Schwellenwerte eine einstweilige Verfügung zu beantragen, davon ab, ob sie von der beabsichtigten Zuschlagserteilung an ein anderes Unternehmen rechtzeitig Kenntnis erlangen. Unterhalb der Schwellenwerte ist eine Vorabinformationspflicht **verfassungsrechtlich nicht geboten**. Anders als etwa beamtenrechtliche Konkurrentenklagen, für welche eine rechtzeitige Information unterlegener Bewerber erforderlich ist,[3] berührt das öffentliche Beschaffungswesen nicht den persönlichen Lebensweg der Bieter, sondern lediglich ihre finanziellen Interessen. Unter Abwägung der Vorteile, die ein effektiver Primärrechtsschutz für Unternehmen bringt, mit den Nachteilen für die zügige Ausführung der Maßnahme und die entstehende Rechtsunsicherheit für den erfolgreichen Bieter, ist es gerechtfertigt, unterhalb der Schwellenwerte von einer Vorabinformationspflicht abzusehen.[4] Ungeklärt ist, inwieweit das europäische Primärrecht, soweit es auf Vergabeverfahren unterhalb der Schwellenwerte unmittelbare Anwendung findet, eine Vorabinformation zur Gewährung effektiven Rechtsschutzes erfordert.[5] In einigen **Bundesländern** existieren Regelungen, die eine Vorabinformation auch in Verfahren unterhalb der Schwellenwerte zwingend vorsehen.[6] Diese Bestimmungen untersagen es dem Auftraggeber, den Zuschlag vor Versendung einer entsprechenden Information und gegebenenfalls einer Entscheidung der zuständigen Behörde über die Rechtmäßigkeit des Vergabeverfahrens zu erteilen. Es ist zweifelhaft, ob ein Verstoß gegen diese Verpflichtung zur Unwirksamkeit des Zuschlags führt.[7] Die bestehenden Landesgesetze ordnen diese Unwirksamkeit nicht ausdrücklich an. Dem Landesgesetzgeber könnte die Zuständigkeit für eine solche Norm fehlen, da es sich um eine Vorschrift des bürgerlichen Rechts im Sinne des Art. 74 Abs. 1 Nr. 1 GG handelt und der Bundesgesetzgeber auf dem Gebiet des bürgerlichen Rechts von seiner Gesetzgebungskompetenz umfassend Gebrauch gemacht hat (Art. 72 Abs. 1 GG).

B. Mitteilungspflichten (§ 19 Abs. 1 VOB/A)

I. Vor dem Zuschlag (§ 19 Abs. 1 S. 1 VOB/A)

Nach **§ 19 Abs. 1 S. 1 VOB/A** sollen Bieter, deren Angebote nach § 16 VOB/A ausgeschlossen worden sind und solche, deren Angebote nicht in die engere Wahl kommen, unverzüglich unterrichtet werden. Die Informationspflicht besteht nur gegenüber Bietern, nicht

---

[2] *Reichling/Portz* in Ingenstau/Korbion VOB/A § 19 Rn. 5.
[3] BVerfG NJW 1990, 501.
[4] BVerfGE 116, 135 = VergabeR 2006, 871 (879 ff.); OLG Dresden VergabeR 2006, 774; OLG Brandenburg VergabeR 2008, 294; für die Dienstleistungskonzession BGH NZBau 2012, 248; **anderer Auffassung** im Zusammenhang mit dem Rechtsschutz bei der Vergabe einer Dienstleistungskonzession OVG Berlin-Brandenburg ZfBR 2011, 803 (805); zur Entscheidung des BVerfG vgl. *Braun* VergabeR 2006, 17; *Braun* NZBau 2008, 160; *Frenz* VergabeR 2007, 1; *Kallerhoff* NZBau 2008, 97; *Niestedt/Hölzl* NJW 2006, 3680; *Pietzcker* ZfBR 2007, 131; *Sauer/Hollands* NZBau 2006, 763.
[5] *Braun* VergabeR 2006, 17; *Braun* NZBau 2008, 160; *Frenz* VergabeR 2007, 1; *Sauer/Hollands* NZBau 2006, 763; bejahend OLG Saarbrücken VergabeR 2014, 484.
[6] § 12 Abs. 1 VgV M-V, § 8 *SächsVergabeG*, § 19 LVG LSA, § 19 ThürVgG, vgl. auch die Ermächtigung in § 20 Abs. 4 S. 3 HVTG.
[7] Bejahend 3. VK Sachsen-Anhalt 6.9.2013 – 3VK LSA 35/13; verneinend: LG Rostock ZfBR 2016, 302.

jedoch gegenüber Bewerbern.[8] Bieter ist derjenige, der ein Angebot im Vergabeverfahren abgegeben hat.[9]

5 Hinsichtlich der **Ausschlussgründe** verweist § 19 Abs. 1 S. 1 VOB/A auf **§ 16 VOB/A**. Diese Regelung knüpft überwiegend an formelle Tatbestände an – etwa: verspätete Angebotsabgabe, Änderung an den Vergabeunterlagen. In Bezug genommen werden sowohl die **zwingend auszuschließenden Bieter** nach Abs. 1 als auch die **fakultativ ausgeschlossenen Bieter** nach § 16 Abs. 2 VOB/A. § 16 VOB/A betrifft die erste Wertungsstufe (formale Angebotsprüfung) (dazu → VOB/A § 3 Rn. 10).

6 Nach § 19 Abs. 1 S. 1 VOB/A sind auch solche Bieter zu informieren, deren Angebote **nicht in die engere Wahl** kommen. Hierbei handelt es sich um Angebote, die nicht die vierte Wertungsstufe erreichen, also in der zweiten oder dritten Wertungsstufe ausscheiden. Nicht in die engere Wahl kommen also solche Bieter, die nicht geeignet sind (§ 16b VOB/A), deren Angebot einen unangemessen hohen oder niedrigen Preis aufweist (§ 16d Abs. 1 Nr. 1, 2 VOB/A) oder die keine einwandfreie Ausführung einschließlich Haftung für Mängelansprüche erwarten lassen (§ 16d Abs. 1 Nr. 3 S. 1 VOB/A).[10] Zu unterrichten sind auch Bieter, die nach § 16a S. 4 VOB/A ausgeschlossen werden.

7 Anders als § 19 Abs. 2 VOB/A („Textform") kennt § 19 Abs. 1 VOB/A **keine Formvorschrift.** Dennoch empfiehlt sich aus Gründen der Nachweisbarkeit eine Mitteilung in Textform (§ 126b BGB). Das VHB 2008 hält hierzu Formblatt 332 bereit. Die Form der Übermittlung von Informationen ist von dem Auftraggeber in der Bekanntmachung oder den Vergabeunterlagen anzugeben (§ 11 Abs. 1 S. 1 VOB/A).

8 Während die Information nach § 27 Nr. 1 S. 1 VOB/A 2006 „sobald wie möglich" zu erteilen war, sind die Bieter nunmehr **unverzüglich** zu unterrichten. Dies bedeutet nach § 121 Abs. 1 S. 1 BGB „ohne schuldhaftes Zögern". Es spricht vieles dafür, § 19 EU Abs. 4 S. 1 VOB/A analog anzuwenden. Danach muss die Information spätestens innerhalb von 15 Kalendertagen erfolgen.

9 Es ist ausreichend, wenn die Bieter über ihren Ausschluss informiert werden. Der Auftraggeber ist nicht verpflichtet, über die **Gründe für die Nichtberücksichtigung** zu unterrichten. Die Mitteilung von Gründen ist allerdings sinnvoll und auf Verlangen des Bieters nachzuholen (§ 19 Abs. 2 VOB/A).

II. Nach dem Zuschlag (§ 19 Abs. 1 S. 2 VOB/A)

10 Nach § 19 Abs. 1 S. 2 VOB/A sind die **übrigen Bieter** zu unterrichten, sobald der Zuschlag erteilt worden ist. Während § 19 Abs. 1 S. 1 VOB/A eine Soll-Vorschrift ist, von der in atypischen Fällen abgewichen werden kann, ist der Auftraggeber zur Benachrichtigung nach § 19 Abs. 1 S. 2 VOB/A verpflichtet. Nach § 19 Abs. 1 S. 2 VOB/A sind die Bieter zu benachrichtigen, deren Angebot nicht ausgeschlossen worden sind und die letzte Wertungsstufe erreicht haben. Die Benachrichtigung erfolgt **nach Erteilung des Zuschlags**. Ist die Wertung zügig erfolgt, können die Benachrichtigungen nach § 19 Abs. 1 S. 1 und S. 2 VOB/A gleichzeitig versandt werden.[11] Dabei soll nach dem VHB 2008 einheitlich das Formblatt 332 verwandt werden. Es ist ausreichend, wenn dem Bieter mitgeteilt wird, dass er den Zuschlag nicht erhalten hat (zu den Gründen → Rn. 1). Eine Begründung ist sinnvoll, aber nicht erforderlich. Zur Form der Mitteilung vgl. → Rn. 7. Hinsichtlich des **Zeitpunkts** sieht § 19 Abs. 1 S. 2 VOB/A nicht vor, dass der Auftraggeber „unverzüglich" handeln muss. Da die Bieter ein Interesse daran haben zu erfahren, ob sie den Zuschlag erhalten, ist der Auftraggeber jedoch zu einer möglichst umgehenden Unterrichtung verpflichtet.

III. Auf Verlangen (§ 19 Abs. 2 VOB/A)

11 Weiter gehende Informationspflichten regelt § 19 Abs. 2 VOB/A. Danach sind den Bewerbern oder Bietern die **Gründe für die Nichtberücksichtigung** ihrer Bewerbung oder ihres Angebots mitzuteilen. Die Bieter werden darüber hinaus über die Merkmale und Vorzüge des

---

[8] Baumann in FKZGM VOB/A § 19 Rn. 5; Reichling/Portz in Ingenstau/Korbion, VOB/A § 19 Rn. 6.
[9] Baumann in FKZGM VOB/A § 19 Rn. 5; vgl. auch → VOB/A § 3 Rn. 11.
[10] Jasper/Soudry in Dreher/Motzke, VOB/A § 19 Rn. 11; Bauer in Heiermann/Riedl/Rusam, VOB/A § 19 Rn. 4; Reichling/Portz in Ingenstau/Korbion, VOB/A § 19 Rn. 8.
[11] Bauer in Heiermann/Riedl/Rusam, VOB/A § 19 Rn. 5.

1. Personenkreis und Inhalt. a) Bewerber. Den Bewerbern sind die **Gründe für die** 12 **Nichtberücksichtigung ihrer Bewerbung** mitzuteilen. Gemeint sind damit diejenigen Gründe, die den Auftraggeber veranlasst haben, den Bewerber nicht zur Abgabe eines Angebots aufzufordern. Gründe, einen Bewerber nicht zur Angebotsabgabe aufzufordern, sind insbesondere unvollständige Teilnahmeanträge oder das Fehlen der erforderlichen Fachkunde, Leistungsfähigkeit und Zuverlässigkeit (§ 6b Abs. 4 VOB/A). Ein weiterer Grund, einen Bewerber nicht zur Angebotsabgabe aufzufordern, ist die Beschränkung der Zahl der zu beteiligenden Bieter nach § 3b Abs. 2 VOB/A. Informationen zu dem erfolgreichen Bieter sind nicht zu erteilen (*e contrario* § 19 Abs. 2 letzter Halbsatz VOB/A).[12]

Nach dem VHB 2008 sind die Gründe der Nichtberücksichtigung mit dem Formblatt 336 13 mitzuteilen. Die Information beschränkt sich auf die Mitteilung der Nichtberücksichtigung sowie einen allgemeinen Hinweis auf den Grund hierfür. Diese **Mitteilung in allgemeiner Form** ist ausreichend.[13] Dass eine kurze Mitteilung genügt, hat die Rechtsprechung auch für den Bereich oberhalb der vergaberechtlichen Schwellenwerte anerkannt (vgl. → EU VOB/A § 19 Rn. 14). Wenn aber schon für die Benachrichtigung nach § 134 GWB eine knappe, formularmäßige Begründung ausreichend ist, so muss dies für § 19 Abs. 2 VOB/A erst recht gelten, da die Vorschrift nicht auf die Ermöglichung von Primärrechtsschutz zielt.

b) Bieter. Die Bieter sind über die **Gründe für die Nichtberücksichtigung ihres Ange-** 14 **botes** in Kenntnis zu setzen. Gründe für die Nichtberücksichtigung können der (zwingende) Ausschluss nach § 16 Abs. 1 VOB/A, der (fakultative) Ausschluss nach § 16 Abs. 2 VOB/A, der Ausschluss nach § 16a S. 4 VOB/A, die fehlende Fachkunde, Leistungsfähigkeit oder Zuverlässigkeit (§ 16b Abs. 1 VOB/A) oder ein unangemessen hoher oder niedriger Preis (§ 16d Abs. 1 Nr. 1 VOB/A) sein. Ebenso wird ein Bieter nicht berücksichtigt, wenn sein Angebot nicht das wirtschaftlichste ist, weil es beispielsweise in preislicher, technischer oder gestalterischer Hinsicht hinter dem besten Angebot zurücksteht (§ 16d Abs. 1 Nr. 3 S. 2 VOB/A).[14] Im letzt genannten Fall genügt nicht die Mitteilung, dass wirtschaftlichere Angebote vorlagen. Der Bieter muss knapp darüber informiert werden, hinsichtlich welcher Zuschlagskriterien sein Angebot gegenüber dem Bestplatzierten zurück bleibt.[15]

Die Information nach § 19 Abs. 2 VOB/A darf sich **nur auf das Angebot des jeweils** 15 **informierten Bieters** beziehen. Die Mitteilung von Informationen über die Angebote anderer Bieter ist dem Auftraggeber regelmäßig untersagt. Denn die Angebote und ihre Anlagen sind geheim zu halten (§ 14 Abs. 9 VOB/A). Mitzuteilen sind den Bietern allerdings – anders als Bewerbern – die **Merkmale und Vorteile** des Angebots des erfolgreichen Bieters sowie dessen **Name**. Bei den „Merkmalen und Vorzügen" handelt es sich um diejenigen Zuschlagskriterien, die den Ausschlag für die Wertungsreihenfolge in der Wertungsstufe gegeben haben. Die Informationspflicht beschränkt sich auf die in § 19 Abs. 2 VOB/A genannten Angaben. Weiter gehende Bestandteile des Angebots des erfolgreichen Bieters, etwa der Preis, dürfen nicht mitgeteilt werden.[16] Steht der erfolgreiche Bieter im Zeitpunkt der Beantwortung der Anfrage eines Bieters noch nicht fest, müssen die entsprechenden Informationen sobald wie möglich nachgereicht werden.[17]

Nach dem VHB 2008 sind den nicht berücksichtigten Bietern gem. § 19 Abs. 2 VOB/A auf 16 Verlangen die Gründe der Nichtberücksichtigung ihrer Angebote mit Formblatt 335 mitzuteilen. Diese **Mitteilung mittels Formular** ist ausreichend (vgl. → Rn. 13).

2. Form. Die Mitteilung nach § 19 Abs. 2 VOB/A erfolgt auf einen in Textform gestellten 17 Antrag. Die Information ist ebenfalls in **Textform** zu erteilen. Die Definition der Textform findet sich in § 126b BGB. Danach muss die Erklärung in einer Urkunde oder auf andere zur dauerhaften Wiedergabe in Schriftzeichen geeignete Weise abgegeben, die Person des Erklärenden genannt und der Abschluss der Erklärung durch Nachbildung der Namensunterschrift oder

---

[12] *Reichling/Portz* in Ingenstau/Korbion, VOB/A § 19 Rn. 17.
[13] *Jasper/Soudry* in Dreher/Motzke, VOB/A § 19 Rn. 14.
[14] *Bauer* in Heiermann/Riedl/Rusam, VOB/A § 19 Rn. 12.
[15] *Jasper/Soudry* in Dreher/Motzke, VOB/A § 19 Rn. 18.
[16] VG Neustadt/Weinstraße VergabeR 2006, 78 (80).
[17] *Reichling/Portz* in Ingenstau/Korbion, VOB/A § 19 Rn. 10.

anders erkennbar gemacht werden. Der Auftraggeber kann sich somit auch moderner Kommunikationsmittel (Telefax, E-Mail) bedienen.[18] Die Form der Übermittlung von Informationen ist von dem Auftraggeber in der Bekanntmachung oder den Vergabeunterlagen anzugeben (§ 11 Abs. 1 S. 1 VOB/A).

18   3. **Frist.** Eine Frist **für den Antrag** des Bieters besteht nicht. Allerdings ist ein Antrag unzulässig, wenn ein schutzwürdiges Interesse des Bieters nicht mehr zu erkennen ist oder der Auftraggeber mit einem solchen Antrag nicht mehr rechnen musste. Ein solcher Fall wird regelmäßig gegeben sein, wenn nach der Mitteilung über den erteilten Zuschlag ein halbes Jahr vergangen ist. Danach tritt in der Regel Verwirkung ein;[19] eine feste Zeitgrenze ist damit indes nicht festgelegt.

19   Der **Auftraggeber** hat die Gründe für die Nichtberücksichtigung 15 Kalendertage nach Eingang des Antrags mitzuteilen. Fristbeginn ist der Tag nach Eingang des Antrags bei dem Auftraggeber (§ 187 Abs. 1 BGB).[20] Die Frist beginnt auch, wenn zu diesem Zeitpunkt der Zuschlag noch nicht erteilt ist.[21] Da der Auftraggeber zu diesem Zeitpunkt weder die Merkmale und Vorteile des Angebots des erfolgreichen Bieters noch dessen Namen mitteilen kann, muss er dies nach Abschluss der Angebotsauswertung nachholen (vgl. → Rn. 15). Ausreichend ist die **Absendung** einer schriftlichen Mitteilung in dem Zeitraum von 15 Kalendertagen.[22] Dies ergibt sich aus dem Wortlaut ("mitzuteilen").

IV. Fehlerfolgen

20   Ein **Verstoß gegen § 19 Abs. 1 oder Abs. 2 VOB/A** lässt die Wirksamkeit des Vertrages zwischen Auftraggeber und Auftragnehmer unberührt. Eine mit § 134 GWB vergleichbare Vorschrift existiert für Vergaben unterhalb der Schwellenwerte nicht (vgl. → Rn. 3).

21   Dem betroffenen Bieter oder Bewerber kann einen Anspruch auf **Schadensersatz wegen eines Verschuldens bei Vertragsverhandlung** (§§ 311 Abs. 2, 241 Abs. 2, 280 Abs. 1 BGB) zustehen, wenn die Benachrichtigungspflicht verletzt wird. Es ist immerhin vorstellbar, dass ein Bieter wegen der fehlenden Benachrichtigung einen Schaden erleidet, weil er sich nach wie vor an sein Angebot gebunden glaubt (§ 10 Abs. 4 S. 1 VOB/A) und deshalb Vorhaltekosten geltend machen kann. Ein Schaden ist auch denkbar, wenn sich ein Bieter mangels Absage des Auftraggebers nicht um einen anderen Auftrag bemüht, den er nach der Struktur und der Kapazität seines Betriebes hätte ausführen können.[23] In einem solchen Fall wird die Kausalität allerdings regelmäßig kaum darzulegen und zu beweisen sein.

V. Weiter gehende Informationsansprüche

22   Bezüglich der Informationsansprüche der Bewerber und Bieter im laufenden Vergabeverfahren dürften § 19 Abs. 1 und Abs. 2 VOB/A bzw. § 14 Abs. 1 und Abs. 7 VOB/A Ansprüchen nach dem **Informationsfreiheitsgesetz (IFG)** des Bundes bzw. der entsprechenden Bestimmungen der Länder und Kommunen vorgehen, soweit es um Details der Angebote und der Bieter geht.[24] Im Übrigen und in Bezug auf Informationsrechte Dritter kommen Ansprüche nach dem IFG in Betracht.[25] Es muss jedoch stets abgewogen werden, ob schützenswerte Belange eine Verweigerung oder Beschränkung des Informationsrechts erfordern.[26] Im Vergabenachprüfungsverfahren oberhalb der Schwellenwerte wird das Recht zur Akteneinsicht in § 165 GWB und §§ 175 Abs. 2, 72 GWB geregelt.

---

[18] *Ellenberger* in Palandt BGB § 126b Rn. 3.
[19] Ähnlich: *Reichling/Portz* in Ingenstau/Korbion, VOB/A § 19 Rn. 19.
[20] *Reichling/Portz* in Ingenstau/Korbion, VOB/A § 19 Rn. 19.
[21] Anderer Ansicht VG Neustadt/Weinstraße VergabeR 2006, 78 (80), wonach in diesem Fall die Frist erst mit der Mitteilung nach § 19 Abs. 1 S. 2 VOB/A beginnt.
[22] *Baumann* in FKZGM VOB/A § 19 Rn. 26; *Reichling/Portz* in Ingenstau/Korbion, VOB/A § 19 Rn. 19.
[23] *Reichling/Portz* in Ingenstau/Korbion VOB/A § 19 Rn. 11
[24] Zur Frage, ob Internetportalen, die Informationen über öffentliche Ausschreibungen sammeln, ein Auskunftsanspruch nach §§ 9a, 55 Abs. 3 Rundfunkstaatsvertrag (RStV) zusteht: VGH Mannheim NJW 2014, 2667; zum Anspruch auf Überlassung von Bekanntmachungstexten: BVerwG ZfBR 2016, 820.
[25] VG Schleswig-Holstein 31.8.2004 – 6 A 245/02.
[26] Zu dem Verhältnis zwischen VOB/A und IFG: *Glahs* NZBau 2014, 75.

C. Weitere Verwendung der Angebotsunterlagen

I. Verbot anderweitiger Nutzung (§ 19 Abs. 3 VOB/A)

§ 19 Abs. 3 VOB/A verbietet die Benutzung **nicht berücksichtigter Angebote oder Ausarbeitungen der Bieter** für eine neue Vergabe oder für andere Zwecke. Die Vorschrift schließt an § 8b Abs. 3 VOB/A an. Danach darf der Auftraggeber Angebotsunterlagen und die in den Angeboten enthaltenen eigenen Vorschläge eines Bieters nur für die Prüfung und Wertung der Angebote verwenden. Der Schutzbereich beider Vorschriften ist identisch, aber zeitlich unterschiedlich.[27] Das Benutzungsverbot ist umfassend. Es gilt auch für Nebenangebote.[28] Es erfasst neue Vergabeverfahren, auch solche im Verhandlungsverfahren, ebenso wie jede sonstige Form der Nutzung, ohne dass es auf die Eigentumsverhältnisse an den Angeboten ankäme. Seine Begründung findet das Benutzungsverbot letztlich in § 2 Abs. 4 VOB/A, wonach Vergabeverfahren für vergabefremde Zwecke unzulässig sind. Diese Zwecksetzung von Vergabeverfahren beschränkt das Nutzungsrecht an den eingegangenen Angeboten und Ausarbeitungen. Für das **Verhandlungsverfahren** und den **Wettbewerblichen Dialog** existierten in § 3b EU Abs. 3 Nr. 9 S. 5 und § 3b EU Abs. 4 Nr. 4 S. 3 VOB/A eigenständige Regelungen, welche die Weiterleitung von Informationen untersagen.

§ 19 Abs. 3 VOB/A ist **disponibel**.[29] § 8b Abs. 3 S. 2 VOB/A gestattet dem Auftraggeber eine Verwendung der Angebotsunterlagen und der Angebote über die Prüfung und Wertung der Angebote hinaus, wenn eine vorherige schriftliche Vereinbarung vorliegt. Der Bieter ist zudem nicht gehindert, nach Rücksendung seiner Angebote und Ausarbeitungen diese dem Auftraggeber außerhalb eines Vergabeverfahrens zur Verfügung zu stellen. Die Vereinbarung zwischen Auftraggeber und Bieter muss **ausdrücklich** geschlossen werden. Eine bloße Regelung in den Vergabeunterlagen ist wegen Verstoßes gegen § 307 Abs. 1 BGB nichtig.[30] Da sich die Bestimmungen der Vergabeunterlagen, die sich auf die Angebotsabgabe beziehen, anders als etwa ein beigefügter Vertragsentwurf (hierzu → VOB/B § 2 Rn. 51), stets an eine Vielzahl von Bietern richten, stellen sie Allgemeine Geschäftsbedingungen dar.

§ 19 Abs. 3 VOB/A lässt die sonstigen **zivilrechtlichen** Rechte an den Angeboten und Ausarbeitungen unberührt. Der Auftraggeber wird durch die Übersendung der Angebote und Ausarbeitungen nicht zivilrechtlicher Eigentümer dieser Unterlagen, da es an einer Übereignung fehlt. Auch etwaige Urheberrechte bleiben bestehen.

Verstößt der Auftraggeber gegen § 19 Abs. 3 VOB/A, kann er sich wegen Verschuldens bei Vertragsverhandlungen (§§ 311 Abs. 2, 241 Abs. 2, 280 Abs. 1 BGB) schadensersatzpflichtig machen.[31] Daneben können deliktische Ansprüche treten (§§ 823, 826 BGB) sowie Ansprüche aus ungerechtfertigter Bereicherung nach §§ 812 ff. BGB. Schließlich kommen Ansprüche auf Herausgabe des Erlangten nach §§ 687 Abs. 2 S. 1, 681 S. 2, 667 BGB wegen unechter Geschäftsführung ohne Auftrag in Betracht. Auch sondergesetzliche Ansprüche sind zu prüfen. Diese können sich entweder aus § 9, § 17 Abs. 2, § 3 UWG wegen der Verletzung von Geschäfts- oder Betriebsgeheimnissen oder aus § 97 Abs. 2 UrhG ergeben.[32]

II. Rückgabepflicht (§ 19 Abs. 4 VOB/A)

Nach § 19 Abs. 4 VOB/A sind Entwürfe, Ausarbeitungen, Muster und Proben zu nicht berücksichtigten Angeboten zurückzugeben. Der **Umfang** dieser Rückgabepflicht erstreckt sich insbesondere auf die eingereichten Entwürfe, Pläne, Zeichnungen, statische Berechnungen, Mengenberechnungen oder andere Unterlagen, die der Bieter mit seinem Angebot eingereicht hat (vgl. § 8b Abs. 2 Nr. 1 S. 2 VOB/A). Zieht der Bieter sein Angebot bis zum Ablauf der Angebotsfrist nach § 10 Abs. 2 VOB/A zurück, findet § 19 Abs. 4 VOB/A analoge Anwen-

---

[27] *Zirkel* VergabeR 2006, 321 (324).
[28] OLG Düsseldorf BauR 1986, 107.
[29] *Bauer* in Heiermann/Riedl/Rusam, VOB/A § 19 Rn. 16; *Reichling/Portz* in Ingenstau/Korbion, VOB/A § 19 Rn. 22.
[30] *Bauer* in Heiermann/Riedl/Rusam, VOB/A § 19 Rn. 16; *Reichling/Portz* in Ingenstau/Korbion VOB/A § 19 Rn. 22.
[31] *Zirkel* VergabeR 2006, 321.
[32] *Baumann* in FKZGM VOB/A § 19 Rn. 39; *Bauer* in Heiermann/Riedl/Rusam, VOB/A § 19 Rn. 18 f.; zum Verhältnis zwischen Ansprüchen aus cic und § 97 Abs. 1 UrhG vgl. OLG München VergabeR 2006, 423 sowie *Zirkel* VergabeR 2006, 321.

dung.³³ Voraussetzung für die Anwendung des § 19 Abs. 4 VOB/A ist ein Herausgabeanspruch des Bieters. Dieser ergibt sich insbesondere aus Eigentum (§ 985 BGB) oder aus einem verwahrungsähnlichen Rechtsverhältnis (§ 695 S. 1 BGB) und liegt daher regelmäßig vor.

28 § 19 Abs. 4 VOB/A fordert die Rückgabe nur, wenn dies im Angebot oder innerhalb einer **Frist von 30 Kalendertagen** nach Ablehnung des Angebots **verlangt** wird. Da sich der Herausgabeanspruch jedoch nach dem materiellen Recht richtet, geht es zu weit, § 19 Abs. 4 VOB/A als Ausschlussfrist anzusehen. Der Auftraggeber kann ein Rückgabeverlangen nicht mit der Begründung ablehnen, der Antrag sei verspätet.³⁴ Das Verstreichen der Frist des § 19 Abs. 4 VOB/A lässt zudem das Verbot, die nicht berücksichtigten Angebote und Ausarbeitungen für eine neue Vergabe oder für andere Zwecke zu benutzen (§ 19 Abs. 3 VOB/A), unberührt. Denn für eine solche anderweitige Nutzung ist nach § 8b Abs. 3 S. 2 VOB/A eine *vorherige* schriftliche Vereinbarung notwendig (→ Rn. 24). Der Ablauf der Frist des § 19 Abs. 4 VOB/A führt damit lediglich zu einem Sinken der Sorgfaltsanforderungen an die Verwahrung nach § 690 BGB, da der Auftraggeber mit einer Rückforderung der Entwürfe und Ausarbeitungen nicht mehr rechnen muss.

29 Die **Kosten für die Rücksendung** trägt nach § 697 BGB der Bieter, wenn nicht etwas anderes vereinbart ist.³⁵

D. Ex-ante-Transparenz für Beschränkte Ausschreibung (§ 19 Abs. 5 VOB/A)

30 § 19 Abs. 5 wurde erstmals durch die VOB/A 2009 eingeführt. Danach informieren Auftraggeber fortlaufend Unternehmen auf **Internetportalen** oder in ihren **Beschafferprofilen** über beabsichtigte **Beschränkte Ausschreibungen** nach § 3a Abs. 2 Nr. 1 VOB/A ab einem voraussichtlichen Auftragswert von 25.000,00 EUR ohne Umsatzsteuer. Die Vorschrift ergänzt gemeinsam mit § 20 Abs. 3 Nr. 1 VOB/A, der eine ex-post-Transparenz für Beschränkte Ausschreibungen ohne Teilnahmewettbewerb für Auftragswerte über 25.000,00 EUR ohne Umsatzsteuer normiert, § 3a Abs. 2 Nr. 1 VOB/A, wonach unterhalb bestimmter Auftragswerte anstelle einer Öffentlichen eine Beschränkte Ausschreibung stattfinden kann. § 19 Abs. 5 VOB/A soll einen Ausgleich dafür schaffen, dass die Beschränkte Ausschreibung ohne Teilnahmewettbewerb und damit ohne öffentliche Beteiligung durchgeführt wird. Gleichzeitig soll der Rechtsprechung des Europäischen Gerichtshofs Rechnung getragen werden, der zu Folge auch bei Vergaben unterhalb der Schwellenwerte die Anwendung des **europäischen Primärrechts** ein transparentes Verfahren erforderlich machen kann.³⁶ Durch die Information auf Internetportalen oder Beschafferprofilen werden interessierte Unternehmen in die Lage versetzt, gegenüber dem Auftraggeber ihr Interesse an einer Teilnahme an der Beschränkten Ausschreibung zu bekunden. Unter Beachtung der Regelung des § 3b Abs. 3 VOB/A kann der Auftraggeber diese Unternehmen beteiligen. Ein Anspruch auf Beteiligung besteht nicht.³⁷

31 Die Informationspflicht gilt ab einem voraussichtlichen Auftragswert von 25.000,00 EUR ohne Umsatzsteuer. Auch wenn die VgV auf Vergaben unterhalb der Schwellenwerte keine Anwendung findet, kann zur Ermittlung des Auftragswerts § 3 VgV analog herangezogen werden. Anders als in § 3a Abs. 2 Nr. 1 VOB/A gilt dieser Wert für alle Gewerke einheitlich. Zur Information der Unternehmen verwendet der Auftraggeber Internetportale³⁸ oder Beschafferprofile (§ 37 Abs. 4 VgV). Einzelheiten der zu veröffentlichen Informationen regelt § 19 Abs. 5 S. 2 VOB/A. Danach müssen folgende Angaben enthalten sein: (1) Name, Anschrift, Telefon-, Telefaxnummer und Emailadresse des Auftraggebers, (2) Auftragsgegenstand, (3) Ort der Ausführung, (4) Art und voraussichtlicher Umfang der Leistung und (5) voraussichtlicher Zeitraum der Ausführung.

---

³³ *Baumann* in FKZGM VOB/A § 19 Rn. 31.
³⁴ Zutreffend *Baumann* in FKZGM VOB/A § 19 Rn. 30; *Bauer* in Heiermann/Riedl/Rusam, VOB/A § 19 Rn. 20; im Ergebnis zustimmend *Reichling/Portz* in Ingenstau/Korbion, VOB/A § 19 Rn. 23.
³⁵ *Reichling/Portz* in Ingenstau/Korbion, VOB/A § 19 Rn. 25.
³⁶ EuGH 3.12.2001 – C-59/00, ECLI:EU:C:2001:654 – Vestergaard; EuGH 20.10.2005 – C-264/03, ECLI:EU:C:2005:620 = VergabeR 2006, 54; EuGH 18.12.2007 – C-220/06, ECLI:EU:C:2007:815 = VergabeR 2008, 196 – APERMC.
³⁷ *Reichling/Portz* in Ingenstau/Korbion, VOB/A § 19 Rn. 28.
³⁸ Hierzu *Rossnagel/Paul* VergabeR 2007, 313.

Anders als zunächst vorgesehen, und in Abweichung von der ex-post-Transparenzpflicht nach § 20 Abs. 3 VOB/A, findet § 19 Abs. 5 VOB/A auf **freihändige Vergaben keine Anwendung**. 32

§ 20 Dokumentation

(1) Das Vergabeverfahren ist zeitnah so zu dokumentieren, dass die einzelnen Stufen des Verfahrens, die einzelnen Maßnahmen, die maßgebenden Feststellungen sowie die Begründung der einzelnen Entscheidungen in Textform festgehalten werden. Diese Dokumentation muss mindestens enthalten:
1. Name und Anschrift des Auftraggebers,
2. Art und Umfang der Leistung,
3. Wert des Auftrags,
4. Namen der berücksichtigten Bewerber oder Bieter und die Gründe für ihre Auswahl,
5. Namen der nicht berücksichtigten Bewerber oder Bieter und die Gründe für die Ablehnung,
6. Gründe für die Ablehnung von ungewöhnlich niedrigen Angeboten,
7. Name des Auftragnehmers und Gründe für die Erteilung des Zuschlags auf sein Angebot,
8. Anteil der beabsichtigten Weitergabe an Nachunternehmen, soweit bekannt,
9. bei Beschränkter Ausschreibung, Freihändiger Vergabe Gründe für die Wahl des jeweiligen Verfahrens,
10. gegebenenfalls die Gründe, aus denen der Auftraggeber auf die Vergabe eines Auftrags verzichtet hat.

Der Auftraggeber trifft geeignete Maßnahmen, um den Ablauf der mit elektronischen Mitteln durchgeführten Vergabeverfahren zu dokumentieren.

(2) Wird auf die Vorlage zusätzlich zum Angebot verlangter Unterlagen und Nachweise verzichtet, ist dies im Vergabevermerk zu begründen.

(3) Nach Zuschlagserteilung hat der Auftraggeber auf geeignete Weise, z. B. auf Internetportalen oder im Beschafferprofil, zu informieren, wenn bei
1. Beschränkten Ausschreibungen ohne Teilnahmewettbewerb der Auftragswert 25 000 Euro ohne Umsatzsteuer
2. Freihändigen Vergaben der Auftragswert 15 000 Euro ohne Umsatzsteuer übersteigt. Diese Informationen werden 6 Monate vorgehalten und müssen folgende Angaben enthalten:
   a) Name, Anschrift, Telefon-, Faxnummer und Emailadresse des Auftraggebers,
   b) gewähltes Vergabeverfahren,
   c) Auftragsgegenstand,
   d) Ort der Ausführung,
   e) Name des beauftragten Unternehmens.

Übersicht

	Rn.
A. Allgemeines	1
B. Bedeutung der Dokumentation	4
C. Mögliche Folgen einer unzureichenden Dokumentation	6
D. Inhalt der Dokumentation	11
I. Inhaltliche Anforderungen (Abs. 1)	11
1. Ausführliche und zeitnahe Dokumentation des gesamten Verfahrens gem. Abs. 1 Satz 1	11
2. Mindestanforderungen gem. Abs. 1 S. 2 Nr. 1 – Nr. 10	16
II. Verzicht auf bestimmte Nachweise (Abs. 2)	28
III. Besonderheiten für Beschränkte Ausschreibungen und Freihändige Vergaben (Abs. 3)	29

A. Allgemeines

1 In § 20 VOB/A[1] findet das Transparenzgebot seine wesentliche Ausgestaltung.[2] Danach hat der Auftraggeber das – weitgehend intern ablaufende – Vergabeverfahren so zu dokumentieren, dass die einzelnen Entscheidungen von außen überprüft und nachvollzogen werden können, und zwar sowohl von Bewerbern, als auch von Gerichten, Vergabenachprüfungsstellen, Dienstaufsichts- und Rechnungsprüfungsbehörden, Zuwendungsgebern sowie der EU-Kommission. Damit dient die Regelung, die auf einen Vorschlag des Bundesrechnungshofs zurückgeht, zum einen der sparsamen und wirtschaftlichen Mittelverwendung sowie der Korruptionsvermeidung.[3] Zum anderen ist sie Voraussetzungen für einen effektiven Rechtsschutz. Die Bieter haben deshalb ein **subjektives Recht** auf eine Dokumentation nach den Vorgaben von § 20 VOB/A.

2 Die Dokumentationspflicht ist in der Neufassung der VOB/A 2009 für alle Vergaben zusammengefasst und in § 20 VOB/A 2009 neu geregelt worden. Der darin verwendete Begriff „Dokumentation" ist weitergehend als der zuvor verwendete Begriff „Vergabevermerk". Diese Begriffswahl unterstreicht die Bedeutung der Regelung und weist auf den erforderlichen Umfang des Dokumentationserfordernisses hin: Die Dokumentation soll mehr enthalten als einen „Vermerk" über die „Vergabe". Vielmehr sind die einzelnen Stufen des Verfahrens, die einzelnen Maßnahmen, die maßgebenden Feststellungen sowie die Begründung der einzelnen Entscheidungen in Textform zeitnah festzuhalten. Außerdem verdeutlicht der Begriff der Dokumentation die hinter der Zusammenführung der §§ 30 und 30a VOB/A 2006 stehende Absicht: Das Dokumentationserfordernis greift nunmehr für alle Vergaben, also auch für solche unterhalb des jeweils gültigen Schwellenwertes, um den ordnungsgemäßen Ablauf sämtlicher Verfahren zu sichern.[4]

3 In der VOB/A 2012 wurde die Dokumentation unterhalb der Schwellenwerte (1. Abschnitt) und oberhalb der Schwellenwerte (2. Abschnitt) wieder getrennt geregelt. Der einzige inhaltliche Unterschied bestand allerdings in der Regelung des § 20 Abs. 3 VOB/A zur Dokumentation von beschränkten Ausschreibungen oberhalb eines Netto-Auftragswerts von 25.000,00 EUR und freihändigen Vergaben oberhalb eines Netto-Auftragswerts von 15.000,00 EUR, die ohne Teilnahmewettbewerb durchgeführt werden dürfen. Für diese Vergaben schreibt Abs. 3 eine Dokumentation nach Zuschlagserteilung vor, deren Zweck es ist, die Transparenz des Vergabeverfahrens auch für diesen Zeitraum zu sichern. In diesen Fällen soll die Dokumentation Aufschluss darüber geben, wie viele Aufträge unter Anwendung der in Abs. 3 genannten Verfahrensarten (die von Aufsichtsbehörden als Abweichungen vom Standardverfahren der Offenen Ausschreibung oft kritisch gesehen werden) vergeben werden und ob bestimmte Auftragnehmer bei Vergaben häufiger erfolgreich sind als andere.[5]

3a In die VOB/A 2016 ist § 20 unverändert übernommen worden. § 20 EU VOB/A wurde dagegen geändert und verweist nur noch auf § 8 VgV.

B. Bedeutung der Dokumentation

4 Die Bedeutung der Dokumentation ist, gerade auch vor dem Hintergrund der Ausdehnung ihres Anwendungsbereiches, nicht zu unterschätzen. Die Pflicht des Auftraggebers zur Erstellung einer den Anforderungen des § 20 Abs. 1, Abs. 2 VOB/A genügenden Dokumentation folgt aus den für das Vergaberecht grundlegenden Geboten der Transparenz[6] und Gleichbehandlung[7]. Die Dokumentation dient daher, neben der Sicherstellung der Nachprüfbarkeit für die Rechnungs-

---

[1] Die Bestimmungen zur Dokumentation finden sich für Vergaben oberhalb der EU-Schwellenwerte in § 8 VgV, auf den in § 20 EU VOB/A verwiesen wird.

[2] Dh auch ohne diese Sonderregelung besteht nach dem Transparenzgebot sowie den Grundsätzen ordnungsgemäßen Verwaltungshandelns eine Pflicht zur Dokumentation der wesentlichen Entscheidungen und Feststellungen; vgl. dazu VK Hessen 29.5.2002 – 69d VK-15/2002, VPRRS 2013, 1571; *Dippel* in Heiermann/Zeiss, juris Praxiskommentar Vergaberecht 4. Aufl., VOB/A § 20 Rn. 2.

[3] Materialsammlung zur Änderung der VOB/A, Stand 16.9.2008, Ziffer 71 § 20 Abs. 1.

[4] Materialsammlung zur Änderung der VOB/A, Stand 16.9.2008, Ziffer 71 § 20 Abs. 1.

[5] Materialsammlung zur Änderung der VOB/A, Stand 16.9.2008, Ziffer 72 § 20 Abs. 3.

[6] OLG Brandenburg NZBau 2000, 39; OLG Düsseldorf NZBau 2004, 461; OLG Naumburg VergabeR 2007, 125; VK Saarland 23.4.2007 – 3 VK 03/2007, IBRRS 2007, 5067.

[7] *Fett* in Willenbruch/Wieddekind, Vergaberecht 3. Aufl., Los 8 VOB/A § 20 Rn. 1.

prüfungsbehörden, vor allem auch dem Schutz des Bieters.[8] Dieser hat ein subjektives Recht auf deren Erstellung entsprechend den Maßgaben der VOB/A.[9]

Allerdings sollte der Auftraggeber nicht zuletzt im eigenen Interesse besonderen Wert auf die Erstellung einer ordnungsgemäßen Dokumentation legen, da er sich durch eine unzureichende, etwa lückenhafte Dokumentation des Vergabeverfahrens in einem möglichen Rechtsschutzverfahren[10] (unnötig) angreifbar macht. Die Dokumentation ist oft ein wichtiges Beweismittel in solchen Verfahren.[11] Die Vergabekammern und -senate (oberhalb der Schwellenwerte) bzw. die Zivilgerichte (unterhalb der Schwellenwerte) können die Unterlagen zur Prüfung der Rechtmäßigkeit einer Beschwerde anfordern (vgl. § 110 Abs. 2 GWB). Diese Möglichkeit haben auch die Vergabeprüfstellen sowie die Dienstaufsichts- und Rechnungsprüfungsbehörden, um die Entscheidungen der Vergabestellen nachzuprüfen.[12] Die Dokumentation kann ebenfalls in etwaigen zivilrechtlichen Schadensersatzprozessen als Beweismittel verwendet werden.[13]

C. Mögliche Folgen einer unzureichenden Dokumentation

Ein nur unzureichend dokumentiertes Vergabeverfahren kann für den Auftraggeber weitreichende Folgen bis hin zur Aufhebung des gesamten Vergabeverfahrens haben. Durch die Rechtsprechung wurde die Bedeutung der Dokumentation im Rahmen der früheren §§ 30, 30a VOB/A 2009 bereits deutlich herausgearbeitet und bestätigt.[14] Diese Entscheidungen sind grundsätzlich auf den § 20 VOB/A übertragbar, da mit seiner Einführung eine Ausdehnung des Anwendungsbereiches und eben keine Einschränkung der bisherigen Regelung erfolgte.

Kann der Auftraggeber lediglich eine unvollständige Dokumentation vorlegen, so begründet dies eine Beweiserleichterung zu Gunsten des Antragstellers eines Nachprüfungsverfahrens (oberhalb der Schwellenwerte) bzw. Einstweiligen Verfügungsverfahrens (unterhalb der Schwellenwerte).[15] Sind bestimmte Angaben, die mündlich vorgetragen werden, nicht in der Vergabeakte dokumentiert, so kann der Dokumentation sogar negative Beweiskraft zukommen.[16] Weist die Dokumentation Mängel auf, kann dies dazu führen, dass das Vergabeverfahren ab dem Zeitpunkt, in dem sie mangelbehaftet ist, wiederholt werden muss.[17] Sofern dies nicht möglich ist, haben eine Aufhebung des gesamten Verfahrens und eine neue Ausschreibung zu erfolgen.[18]

Voraussetzung für eine teilweise Wiederholung des Vergabeverfahrens oder seine Aufhebung insgesamt ist allerdings, dass sich die in der Dokumentation enthaltenen Mängel gerade auch auf die Rechtsstellung des beschwerdeführenden Bieters im Vergabeverfahren nachteilig ausgewirkt haben; es muss also eine Kausalität zwischen den Fehlern und den nachteiligen Auswirkungen bestehen.[19] Begründet wird dieses Erfordernis damit, dass die Dokumentationspflichten kein

---

[8] BayObLG ZfBR 2001, 45; OLG Düsseldorf NZBau 2004, 461; VK Saarland 23.4.2007 – 3 VK 03/2007, IBRRS 2007, 5067; *Düsterdick* in Ingenstau/Korbion VOB 20. Aufl., VOB/A § 20 Rn. 2, 28.
[9] OLG Brandenburg NZBau 2000, 39; *Düsterdick* in Ingenstau/Korbion VOB 20. Aufl., VOB/A § 20 Rn. 2, 28; *Bauer* in Heiermann/Riedl/Rusam VOB/A § 20 Rn. 3.
[10] Oberhalb der Schwellenwerte: Nachprüfungsverfahren vor der Vergabekammer; unterhalb der Schwellenwerte; Einstweiliges Verfügungsverfahren vor dem Landgericht.
[11] Ebenso *Bauer* in Heiermann/Riedl/Rusam VOB/A § 20 Rn. 3.
[12] VK Thüringen 8.11.2000 – 360–4002.20–041/00-G-S; VK Südbayern 17.7.2001 – 120.3–3194-1-23-06/01; *Düsterdick* in Ingenstau/Korbion, VOB 20. Aufl., VOB/A § 20 Rn. 3; *Bauer* in Heiermann/Riedl/Rusam, VOB/A § 20 Rn. 3.
[13] Ähnlich: *Düsterdick* in Ingenstau/Korbion, VOB 18. Aufl., VOB/A § 20 Rn. 2, 28 sowie VOB/A EG § 20 Rn. 11.
[14] So zB OLG Brandenburg NZBau 2000, 39; OLG Düsseldorf NZBau 2004, 461; VergabeR 2004, 511; OLG Celle 3.3.2005 – 13 Verg 21/04, BeckRS 2005, 03607; OLG Naumburg VergabeR 2007, 125; 2009, 210; OLG Thüringen NZBau 2006, 735.
[15] OLG Naumburg VergabeR 2007, 125.
[16] OLG Thüringen NZBau 2006, 735; OLG Naumburg VergabeR 2007, 125.
[17] OLG Düsseldorf NZBau 2004, 461; OLG Celle 3.3.2005 – 13 Verg 21/04, BeckRS 2005, 03607; OLG Naumburg VergabeR 2009, 210; *Düsterdick* in Ingenstau/Korbion VOB 20. Aufl., VOB/A § 20 Rn. 16 f.; enger nun BGH VergabeR 2011, 452, der ausführt, dass es mit dem Beschleunigungsgrundsatz in Vergabeverfahren nicht vereinbar sei, bei Mängeln der Dokumentation im Vergaberecht generell und unabhängig von deren Gewicht und Stellenwert von einer Berücksichtigung im Nachprüfungsverfahren abzusehen und stattdessen eine Wiederholung der betroffenen Abschnitte des Vergabeverfahrens anzuordnen.
[18] OLG Dresden NZBau 2004, 574.
[19] OLG Düsseldorf NZBau 2004, 461; OLG Dresden NZBau 2004, 574; VK Schleswig-Holstein 8.11.2007 – VK-SH 22/07; *Düsterdick* in Ingenstau/Korbion VOB 20. Aufl., VOB/A § 20 Rn. 20.

Selbstzweck seien.[20] Die Darlegungs- und Beweislast für diese Kausalität liegt beim Bieter.[21] Dieser hat nachzuweisen, dass ihm durch den Vergaberechtsverstoß, also die unterlassene Dokumentation, ein Schaden entstanden ist oder zu entstehen droht.[22] Andernfalls fehlt dem Bieter insoweit die Antragsbefugnis (vgl. § 160 Abs. 2 S. 1 und 2 GWB).[23]

9 Wegen der besonderen Bedeutung der Dokumentation zur Gewährleistung von Transparenz, Gleichbehandlung und Wettbewerb im Vergabeverfahren sowie zur Korruptionsbekämpfung, kommt eine **Heilung** von Dokumentationsmängeln grundsätzlich nicht in Betracht, soweit Maßnahmen/Feststellungen/Entscheidungen im Sinne von § 20 Abs. 1 und 2 VOB/A überhaupt nicht dokumentiert worden sind.[24] Soweit es um das „Ob" der Dokumentation geht, ist eine Heilung grundsätzlich ausgeschlossen. Auch können Mängel der Dokumentation nicht durch einen gegenteiligen Zeugenbeweis in der mündlichen Verhandlung ausgeglichen werden, da diese Möglichkeit erhebliches Manipulationspotential bergen würde.[25] Zudem soll ein Ratsbeschluss die Dokumentation nicht ersetzen können, da dort wesentliche Teile der Entscheidungsfindung nicht enthalten seien.[26]

10 Dagegen ist eine Heilung von Dokumentationsmängeln im Einzelfall möglich, soweit es um das „Wie" der Dokumentation geht. Gemeint ist die nachträgliche Ergänzung einer unzureichenden Begründung mit Umständen oder Gesichtspunkten, mit denen die sachliche Richtigkeit einer angefochtenen Vergabeentscheidung nachträglich verteidigt werden soll. In diesen Fällen ist abzuwägen zwischen dem Sinn und Zweck der Dokumentation, durch die zeitnahe Führung des Vergabevermerks die Transparenz des Vergabeverfahrens zu schützen und Manipulationsmöglichkeiten entgegenzuwirken[27], auf der einen Seite und dem vergaberechtlichen Beschleunigungsgrundsatz (vgl. § 163 Abs. 1 S. 4 GWB) auf der anderen Seite. Danach wird eine Heilung solcher Dokumentationsmängel regelmäßig ausgeschlossen sein, wenn zu besorgen ist, dass die Berücksichtigung der nachgeschobenen Dokumentation lediglich im Nachprüfungsverfahren (oberhalb der Schwellenwerte) bzw. Einstweiligen Verfügungsverfahrens (unterhalb der Schwellenwerte) nicht ausreichen könnte, um eine wettbewerbskonforme Auftragserteilung zu gewährleisten.[28] Sofern eine Entscheidung nicht mehr rekonstruiert und die Begründung im Nachhinein nicht mehr nachvollzogen werden kann, kommt eine Heilung ebenfalls nicht in Betracht.[29]

D. Inhalt der Dokumentation

I. Inhaltliche Anforderungen (Abs. 1)

11 **1. Ausführliche und zeitnahe Dokumentation des gesamten Verfahrens gem. Abs. 1 Satz 1.** Nach § 20 Abs. 1 S. 1 VOB/A ist das Vergabeverfahren zeitnah so zu dokumentieren, dass die einzelnen Stufen des Verfahrens, die einzelnen Maßnahmen, die maßgebenden Feststellungen sowie die Begründung der einzelnen Entscheidungen in Textform festgehalten werden.

12 § 20 Abs. 1 S. 1 VOB/A gibt vor, dass das Vergabeverfahren zeitnah zu dokumentieren ist. Der Begriff **„zeitnah"** wird in der Norm nicht konkretisiert; auch die Gerichte verwenden ihn, ohne ihn zu definieren oder positiv festzustellen, wann diesem Erfordernis genügt wird. Das

---

[20] OLG Dresden NZBau 2004, 574.
[21] VK Schleswig-Holstein 7.8.2002 – VK-SH 09/02; VK Schleswig-Holstein 8.11.2007 – VK-SH 22/07.
[22] VK Schleswig-Holstein 7.8.2002 – VK-SH 09/02; 7.5.2008 – VK-SH 05/08.
[23] Ebenso *Mentzinis* in Pünder/Schellenberg Vergaberecht, VOB/A 2. Aufl. § 20 Rn. 9.
[24] BGH VergabeR 2011, 452; OLG Düsseldorf NZBau 2004, 461; VergabeR 2004, 511; 1. VK Sachsen-Anhalt 25.4.2006 – 1 VK LVwA 08/06; *Düsterdick* in Ingenstau/Korbion VOB 20. Aufl., VOB/A § 20 Rn. 16.
[25] OLG Thüringen NZBau 2006, 735.
[26] VK Nordbayern 10.10.2002 – 320.VK-3194-28/02; VK Arnsberg 29.1.2002 – VK 1–25/2002.
[27] Thüringer OLG VergabeR 2010, 96 (100). Demensprechend lässt das OLG Naumburg eine Heilung nur zu, wenn zeitnah erstellte Unterlagen nachträglich nur zusammengestellt werden; die nachträgliche Erstellung von Unterlagen ist dagegen unzulässig, weil die Unterlagen dann nicht zeitnah erstellt worden sind (OLG Naumburg VergabeR 2013, 55).
[28] BGH VergabeR 2011, 452; OLG Düsseldorf NZBau 2010, 582 (unter Verweis auf die gesetzgeberische Wertung in § 114 GWB a. F. = § 168 GWB); OLG München VergabeR 2010, 992 (1006). **AA** OLG Celle IBR 2010, 226, das wegen der Manipulationsgefahr eine Heilung von Dokumentationsmängeln grundsätzlich ausschließt.
[29] OLG Bremen VergabeR 2005, 537 (544); VK Bund 2.11.2006 – VK 3–117/06; *Dippel* in Heiermann/Zeiss juris Praxiskommentar Vergaberecht 4. Aufl., VOB/A § 20 Rn. 22.

Wort gibt rein begrifflich gesehen wohl mehr Zeit als ein „unverzüglich", dessen Verwendung ein Handeln ohne jedes schuldhafte Zögern verlangt.[30] Diese Überlegung ist vor dem Hintergrund sachgerecht, dass bei den Neufassungen der VOB/A 2009 und der VOB/A 2012 anderenfalls vermutlich der inhaltlich klar umgrenzte und in zahlreichen Gesetzen anzutreffende Begriff „unverzüglich" Verwendung gefunden hätte. Negativ wird der Begriff „zeitnah" zT dahingehend abgegrenzt, dass eine Vorlage nach Abschluss des Verfahrens und damit nach Zuschlagserteilung dieser Vorgabe regelmäßig nicht genüge.[31] Denn dann sei es für ein Vorgehen des unterlegenen Bieters im Rechtsschutzverfahren zu spät, da ein bereits erteilter Zuschlag nicht aufgehoben werden könne (vgl. § 168 Abs. 2 GWB) und dem unterlegenen Bieter dann allenfalls eine Klage auf Schadensersatz bleibe. Zudem soll eine erst zwei Monate nach der Entscheidung erfolgte Dokumentation nicht mehr zeitnah im Sinne der Vorschrift sein[32]. Gegen dieses relativ weite Verständnis spricht allerdings der Wortlaut von § 20 Abs. 1 VOB/A, der eine fortlaufende Dokumentation fordert. Dadurch soll eine spätere Manipulation ausgeschlossen werden.[33] Hinzu kommt, dass Vergabeverstöße, die sich in den zu dokumentierenden Maßnahmen und Entscheidungen manifestieren, nach grundsätzlich unverzüglich gerügt werden sollen.[34] Im Zeitpunkt der Rüge sollte die entsprechende Maßnahme oder Entscheidung jedoch bereits dokumentiert sein (müssen).[35] Das heißt: Eine Entscheidung ist dann nicht mehr zeitnah dokumentiert, wenn dem betroffenen Bieter/Bewerber (in zeitlicher Hinsicht) die Rüge obliegt. Damit nähert sich das Kriterium der „Zeitnähe" an das Kriterium der „Unverzüglichkeit" an, wobei hier für die Bemessung der „Unverzüglichkeit" die Frist von 10 Kalendertagen aus § 160 Abs. 3 Nr. 1 GWB herangezogen werden kann.

Die Frist von 10 Kalendertagen ist allerdings nur Anhaltspunkt, nicht feste Grenze. Eine starre Grenze, bei deren Überschreiten das Erfordernis zur zeitnahen Dokumentation nicht erfüllt ist, wäre wenig zweckmäßig und in der Praxis schwer handhabbar. Nach dem Zweck der Vorschrift bietet es sich vielmehr an, den Inhalt des Begriffs „zeitnah" für den jeweiligen Einzelfall zu bestimmen. Für den Auftraggeber empfiehlt sich „Je eher, desto besser", um hinsichtlich möglicher Rügen keine Angriffsfläche zu bieten. Damit ein effizienter Rechtsschutz der Bieter gewährleistet wird, diese also insbesondere die Möglichkeit erhalten, (scheinbare) Unregelmäßigkeiten bereits während des laufenden Verfahrens zu rügen, muss die Dokumentation zudem fortlaufend weitergeschrieben werden und die wesentlichen Zwischenentscheidungen (insbesondere die Stufen des Vergabeverfahrens) enthalten.[36]

Die Dokumentation muss zunächst einen zeitlichen Ablaufplan enthalten, um die geplanten verschiedenen **Stufen des Verfahrens** zu verdeutlichen. Chronologisch zu dokumentieren ist jedenfalls der Zeitraum ab der Bekanntmachung der Ausschreibung bis zum endgültigen Zuschlag oder der Aufhebung des Verfahrens, samt aller wichtiger Zwischenentscheidungen.[37] In zeitlicher Hinsicht ergeben sich unterhalb der Schwellenwerte Besonderheiten nach § 20 Abs. 3 VOB/A für die genannten Fälle von Beschränkten Ausschreibungen ohne Teilnahmewettbewerb und Freihändigen Vergaben.

Der Begriff der **Maßnahmen** erfasst alle Umstände, auf deren Grundlage die Vergabeentscheidung getroffen wird, also etwa die Auswahl der Verfahrensart, die Aufteilung in Lose, die Festlegung und Gewichtung der Bewertungskriterien sowie die Kommunikation mit den Bietern.[38] Das heißt, dass auch Maßnahmen vor der Bekanntmachung, also die Schätzung des

---

[30] So jedenfalls *Düsterdick* in Ingenstau/Korbion VOB 20. Aufl., VOB/A § 20 Rn. 6.
[31] VK Südbayern 17.7.2001 – 120.3–3194-1-23-06/01.
[32] *Düsterdick* in Ingenstau/Korbion VOB 20. Aufl., VOB/A § 20 Rn. 6.
[33] OLG Celle IBR 2010, 226.
[34] In § 107 Abs. 3 Nr. 1 GWB a. F. war die Pflicht zur unverzüglichen Rüge erkannter Vergabeverstöße normiert. Der EuGH sah den Begriff der Unverzüglichkeit aber als zu unbestimmt an. Die Länge einer Ausschlussfrist sei für den Betroffenen nicht vorhersehbar, wenn bzw. weil sie in das Ermessen des zuständigen Gerichts gestellt wird (EuGH 28.1.2010 – C-456/08 Rn. 75). Dieser Rechtsprechung Rechnung tragend wurde in § 160 Abs. 3 Nr. 1 GWB n. F. eine Rügefrist von 10 Kalendertagen normiert.
[35] Ähnlich *Hänsel* in Ziekow/Völlink Vergaberecht, 2. Aufl., VOB/A § 20 Rn. 2.
[36] OLG Düsseldorf NZBau 2004, 462; VK Thüringen 8.11.2000 – 360-4002.20–041/00-G-S; VK Südbayern 17.7.2001 – 120.3–3194-1-23-06/01.
[37] *Zeise* in KMPP VOB/A § 20 Rn. 10; die zwingend zu erfassenden Zwischenschritte sind in S. 2 der Regelung aufgeführt. Eine weitere Hilfestellung bietet das Vergabehandbuch des Bundes in den Richtlinien 100 und Nr. 5 sowie die Arbeitshilfe zum Erstellen des Vergabevermerks unter http://www.bmvbs.de/Anlage/original_1100899/VHB-2008-Arbeitshilfe-zum-Erstellen-von-Vergabevermerken.pdf.
[38] *Zeise* in KMPP VOB/A § 20 Rn. 11.

Auftragswerts, die Wahl des Vergabeverfahrens, die Feststellung des Beschaffungsbedarfs, etc zur ordnungsgemäßen Dokumentation gehören. Das ergibt sich auch aus der Auflistung der Mindestinhalte in Abs. 1 Satz 2.[39] Entsprechend dem Zweck der Regelung sollte das Augenmerk auf die Dokumentation der Vorgänge gerichtet werden, die für die Nachprüfungsstellen / Gerichte und die Bieter wesentlich sind, allem voran also auf die Angebotswertung[40] und den Ausschluss von Unternehmen.[41] Dies sind **Entscheidungen** im Sinne der Vorschrift[42], die zum Mindestinhalt der Dokumentation nach Abs. 1 S. 2 gehören und deren Bedeutung durch die explizite Nennung in § 20 Abs. 1 S. 2 VOB/A verdeutlicht wird. Dabei gilt: Je größer der Entscheidungsspielraum der Vergabestelle ist, desto ausführlicher müssen die Entscheidung und der ihr zugrunde liegende Sachverhalt dokumentiert werden. Umgekehrt ist eine detailreiche Begründung einer Entscheidung entbehrlich, wenn kein Beurteilungs- bzw. Ermessensspielraum besteht. Das trifft in der Regel auf die Prüfung der Einhaltung der formalen und inhaltlichen Bedingungen der Vergabeunterlagen sowie der formalen Eignung der Bieter zu, oder ebenso auf den Fall der Wertung des Angebots, wenn als Zuschlagskriterium lediglich der Preis genannt worden ist.[43] Die Aufnahme der **Feststellungen** des Auftraggebers in die Dokumentation unterstreicht schließlich, dass auch interne Wertungen, die als solche keine unmittelbare Rechts- und Außenwirkung haben, festgehalten werden müssen.

15 Wohl um etwaigen Auslegungsschwierigkeiten schon durch den Wortlaut der Vorschrift zu begegnen, ist nunmehr ausdrücklich geregelt, dass die Dokumentation in **Textform** niedergelegt werden muss. Folgerichtig spricht auch § 163 Abs. 2 GWB von einer „Vergabeakte", welche die Dokumentation enthält. Voraussetzung für die Einhaltung der Textform ist aber nicht notwendigerweise ein zusammenhängender Vergabevermerk. Ausreichend ist, wenn der förmliche Verfahrensablauf sowie die einzelnen Maßnahmen laufend dokumentiert und chronologisch aus der Vergabeakte ersichtlich sind.[44] Fortlaufende Seitenzahlen muss die Vergabeakte nicht haben.[45] Aus Gründen der Beweissicherung sollten die Dokumentation bzw. die jeweils erstellten (Teil) Vermerke zudem Datum[46] und Unterschrift enthalten.[47] Die Person des Erklärenden und Unterzeichners muss genannt werden. Dabei ist zu beachten, dass die Pflicht zur Dokumentation nicht delegierbar ist, sie muss also vom Auftraggeber selbst erfüllt werden.[48] Sofern die Vermerke diese Daten nicht enthalten, kommt ihnen nicht die Qualität einer Urkunde zu[49], was den Beweiswert erheblich schwächt.

16 **2. Mindestanforderungen gem. Abs. 1 S. 2 Nr. 1 – Nr. 10.** Der S. 2 des § 20 Abs. 1 VOB/A zählt die inhaltlichen Mindestanforderungen der Dokumentation auf.

Die Dokumentation muss jedenfalls folgende Angaben enthalten:

1. Name und Anschrift des Auftraggebers,
2. Art und Umfang der Leistung,
3. Wert des Auftrags,
4. Namen der berücksichtigten Bewerber oder Bieter und Gründe für ihre Auswahl,
5. Namen der nicht berücksichtigten Bewerber oder Bieter und die Gründe für die Ablehnung,
6. Gründe für die Ablehnung von ungewöhnlich niedrigen Angeboten,
7. Name des Auftragnehmers und Gründe für die Erteilung des Zuschlags auf sein Angebot,
8. Anteil der beabsichtigten Weitergabe an Nachunternehmen, soweit bekannt,
9. bei Beschränkter Ausschreibung und Freihändiger Vergabe (unterhalb der Schwellenwerte) bzw. bei nichtoffenem Verfahren, Verhandlungsverfahren und wettbewerblichem Dialog (oberhalb der Schwellenwerte) die Gründe für die Wahl des jeweiligen Verfahrens,

---

[39] Im Ergebnis ebenso OLG Düsseldorf 17.3.2004 – Verg 1/04 = NZBau 2004, 461; *Zeise* in KMPP VOB/A § 20 Rn. 11.
[40] OLG Düsseldorf VergabeR 2004, 232; *Fett* in Willenbruch/Wieddekind Vergaberecht 3. Aufl., VOB/A § 20 Rn. 7.
[41] VK Hessen 29.5.2002 – 69d VK-15/2002.
[42] *Zeise* in KMPP VOB/A § 20 Rn. 13.
[43] VK Sachsen 8.7.2014 – 1/SVK/020-14.
[44] Vgl. OLG München VergabeR 2014, 52.
[45] OLG Celle 11.6.2015 – 13 Verg 4/15.
[46] *Zeise* in KMPP VOB/A § 20 Rn. 8.
[47] OLG Bremen VergabeR 2005, 537; VK Saarland 23.4.2007 – 3 VK 02/2007, 3 VK 03/2007; *Fett* in Willenbruch/Wieddekind Vergaberecht 3. Aufl., VOB/A § 20 Rn. 9.
[48] *Dippel* in Heiermann/Zeiss juris Praxiskommentar Vergaberecht 4. Aufl., VOB/A § 20 Rn. 9.
[49] VK Saarland 23.4.2007 – VK 02/2007, 3 VK 03/2007.

10. gegebenenfalls die Gründe, aus denen der Auftraggeber auf die Vergabe eines Auftrags verzichtet hat.

Zu den Mindestanforderungen gehören also zunächst der **Name und die Anschrift des** **Auftraggebers** sowie die Art und der Umfang der Leistung. Diese Informationen sind ebenfalls Bestandteil der Bekanntmachung gemäß § 12 Abs. 1 Nr. 2a) und f) VOB/A[50], die als solche erforderlicher Bestandteil der Vergabeakte ist. Diese Informationen müssen allerdings gesondert in der Dokumentation aufgeführt werden; die bloße Aufnahme der Bekanntmachung in die Dokumentation genügt nicht. Denn hierdurch würde nur der bekannt gemachte Auftraggeber dokumentiert, nicht aber der eventuell hiervon abweichende richtige Auftraggeber. Vorsorglich ist außerdem klarzustellen, dass hier nicht die Vergabestelle, sondern der eigentliche Auftraggeber zu nennen ist.

Weiter festzuhalten ist der **Wert des Auftrags.** Damit ist der im Sinne von § 3 VgV geschätzte Auftragswert gemeint. Grundsätzlich steht dem Auftraggeber bei der Ermittlung des Auftragswertes allerdings ein Beurteilungsspielraum zu, der nur eingeschränkt überprüfbar ist. Wurde der Sachverhalt zutreffend und vollständig ermittelt, sachliche Erwägungen zugrunde gelegt, der Beurteilungsmaßstab zutreffend angewandt und das vorgeschriebene Verfahren eingehalten, ist von der vorgenommenen Schätzung auszugehen. Daran orientiert sich auch der Begründungsaufwand des Auftraggebers: Insbesondere muss dieser weder jedes Detail seiner Überlegungen festhalten, noch muss er mit sachverständiger Hilfe vorab eine detaillierte Kostenschätzung in Form einer Preiskalkulation für alle Einzelpositionen der Leistungsbeschreibung vornehmen. Eine solche Anforderung würde den zumutbaren Rahmen eines Vergabeverfahrens sprengen.[51] Der geschätzte Auftragswert ist allerdings dann (näher) zu begründen, wenn objektiv Zweifel bestehen können, ob der – ordnungsgemäß geschätzte – Auftragswert oberhalb oder unterhalb der Schwellenwerte im Sinne von § 106 GWB liegt. Das ist in der Regel der Fall, wenn der geschätzte Wert nah an den Schwellenwert heranreicht.[52]

Ferner sind die **Namen der berücksichtigten Bewerber oder Bieter** und die Gründe für ihre Auswahl zu nennen. Entsprechend müssen auch die **Namen der nicht berücksichtigten Bewerber oder Bieter** und die Gründe ihrer Nichtberücksichtigung festgehalten werden. Die Wahl des Plurals „Gründe" stellt klar, dass die Berücksichtigung bzw. die Nichtberücksichtigung umfassend zu begründen ist. In der Praxis hat sich bewährt, die Auswahl von Bewerbern und Bietern sowie die Wertung der Angebote anhand einer Matrix vorzunehmen und zu dokumentieren. Des weiteren zeigt die Einbeziehung der „Bewerber", dass alle Auswahlentscheidungen im Verlauf eines Vergabeverfahrens zu dokumentieren sind. Bei Durchführung eines Teilnahmewettbewerbs muss der Auftraggeber mithin festhalten, welche Bewerber er aus welchen Gründen zur Abgabe eines Angebots aufgefordert hat und welche nicht.[53] Entsprechend ist nach Angebotsabgabe das weitere Schicksal der Bieter im Vergabeverfahren bis zur Erteilung des Zuschlags zu dokumentieren. Besondere Erwähnung findet in § 20 Abs. 1 S. 2 Nr. 6 VOB/B die Nichtberücksichtigung eines Bieters durch Ablehnung seines **ungewöhnlich niedrigen Angebots.** Grund dafür ist, dass ein niedriger Angebotspreis als solcher keinen Ausschluss des Angebots begründen. Vor dem Hintergrund der Kalkulationsfreiheit der Bieter darf ein Angebot nur wegen eines ungewöhnlich niedrigen Angebotspreises ausgeschlossen werden, wenn der Auftraggeber den Preis für unauskömmlich hält und deshalb die Leistungsfähigkeit des Bieters in Frage steht. Hierfür bedarf es einer sorgfältigen Abwägung und Begründung.

Des weiteren ist der Anteil der beabsichtigten **Weitergabe an Nachunternehmer** zu dokumentieren.

Schließlich sind die Gründe für die **Wahl des jeweiligen Vergabeverfahrens** festzuhalten, sofern nicht das Regelverfahren, also die Öffentliche Ausschreibung unterhalb der Schwellenwerte, gewählt wird. Die Wahl des Vergabeverfahrens hat erhebliche Bedeutung. Das og Regelverfahren gibt die strengsten Vorgaben an Auftraggeber und Bieter vor und sichert dadurch in besonderem Maße die vergaberechtlichen Grundsätze (Wettbewerb, Gleichbehandlung und Transparenz).

---

[50] Oberhalb der Schwellenwerte: § 12 EG Abs. 2 und 3 VOB/A.
[51] OLG München 11.4.2013 – Verg 3/13.
[52] VK Bund 27.5.2014 – VK 2-31/14 = IBR 2014, 495; VK Südbayern 16.12.2014 – Z3-3-3194-1-43-09/14.
[53] Zur Dokumentation der Wertungsentscheidung eines Gremiums im Planerwettbewerb (nach der damals anzuwenden VOF) vgl. OLG München 25.9.2014 – Verg 9/14, ZfBR 2015, 195 = IBR 2014, 693.

VOB/A § 20 22–26   VOB Teil A

22   Letztlich muss der Auftraggeber dokumentieren, aus welchen Gründen er gegebenenfalls auf die Vergabe des Auftrags verzichtet und die **Ausschreibung aufhebt**. Die Aufhebung ist nur unter den in § 17 VOB/A genannten Voraussetzungen zulässig. Das Vorliegen dieser Voraussetzungen muss hinreichend begründet werden.

23   Neben diesen Mindestangaben sind ua die Entscheidung über die konkrete **Losaufteilung** im Vergabeverfahren[54] sowie über das Ergebnis eines **Aufklärungsgesprächs**[55] wichtige zu dokumentierende Maßnahmen und Entscheidungen. Bei freihändigen Vergaben ist auf die Erstellung von Gesprächsprotokollen großer Wert zu legen; sie sind den Beteiligten zur Kenntnis zu geben, verbunden mit der Möglichkeit, die Dokumentation zu korrigieren oder zu ergänzen mit eigener Darstellung.[56]

24   Bezüglich der aufgeführten Anforderungen an die Dokumentation gilt, dass ihre Darstellung möglichst **konkret und übersichtlich**[57] sein sollte. Die Gerichte formulieren dazu, dass die in dem Vergabevermerk enthaltenen Angaben und die in ihm mitgeteilten Gründe für getroffene Entscheidungen so detailliert sein müssen, dass sie für einen mit der Sachlage des jeweiligen Vergabeverfahrens vertrauten Leser nachvollziehbar sind.[58] Die unterlegenen Bieter müssen durch die Dokumentation in die Lage versetzt werden, sich davon zu überzeugen, dass die Entscheidung für die im Wettbewerb verbliebenen Bieter auf Grund sachgerechter und ermessensfehlerfreier Erwägungen getroffen wurde.[59] Diese Vorgaben missachtet die Vergabestelle beispielsweise dann, wenn lediglich die Entscheidungen der formellen und wirtschaftlichen Prüfung der Angebote, ohne die Wertung der Angebote anhand der veröffentlichten und damit wesentlichen Zuschlagskriterien wiedergegeben wird.[60] Eine solche Dokumentation verschleiere mehr als sie preisgebe, was als gravierender Verstoß gegen das Vergaberecht angesehen wird.[61] Wichtig ist dementsprechend gerade die Begründung der einzelnen Entscheidungen, was auf Grund des Wortlautes der Regelung, insbesondere der Nr. 4–7, auch deutlich wird. Der Auftraggeber hat also alle die Entscheidung tragenden Tatsachen und Überlegungen vollständig, wahrheitsgemäß und verständlich mitzuteilen.[62] Des Weiteren gilt, dass sich die Ausführlichkeit der Dokumentation an der Wichtigkeit der jeweiligen Entscheidung zu orientieren hat.[63] Außerdem sind die Anforderungen an die Dokumentation von Entscheidungen, für die der Auftraggeber einen Beurteilungs- oder Ermessensspielraum hat, höher als an die Dokumentation von gebundenen Entscheidungen.[64]

25   Zu beachten ist schließlich, dass die vergaberechtlichen Entscheidungen vom Auftraggeber getroffen werden müssen. Wenn sich der Auftraggeber für die Entscheidungsfindung der **Beratung eines Dritten** bedient, darf sich die Dokumentation nicht auf die Übernahme des Entscheidungsvorschlags beschränken. Vielmehr muss aus der Dokumentation eindeutig erkennbar sein, ob und inwieweit Vorschläge von Dritten bei der Entscheidung berücksichtigt wurden.[65] Andernfalls ist daraus der Rückschluss zu ziehen, dass die Entscheidung nicht vom Auftraggeber, sondern von dem Dritten getroffen wurde mit der Folge, dass sie gegen das Gebot der Letztverantwortlichkeit des Auftraggebers verstößt und vergaberechtswidrig ist.[66]

26   Die **Verwendung des Vergabe- und Vertragshandbuches des Bundes** (VHB) wurde von den Vergabekammern Lüneburg und Saarland als Anzeichen dafür gewertet, dass die Dokumentation vollständig und ordnungsgemäß ist, sofern die vorgegebenen Rubriken sorgfältig ausgefüllt

---

[54] Vgl. *Zeise* in KMPP VOB/A § 20 Rn. 28 mwN.
[55] Vgl. *Zeise* in KMPP VOB/A § 20 Rn. 29 f. mwN.
[56] VK Arnsberg 1.9.2004 – VK 2 – 16/2004; VK Mecklenburg-Vorpommern 5.9.2013 – 2 VK – 12/13.
[57] Auf das Erfordernis der Übersichtlichkeit hat etwa die Vergabekammer Thüringen hingewiesen, 8.11.2000 – 360–4002.20–041/00-G-S.
[58] OLG Brandenburg NZBau 2000, 39; BayObLG ZfBR 2001, 65; OLG Düsseldorf NZBau 2004, 461; 1. VK Sachsen-Anhalt 25.4.2006 – 1 VK LVwA 08/06.
[59] OLG Brandenburg NZBau 2000, 39; OLG Düsseldorf VergabeR 2004, 232; *Bauer* in Heiermann/Riedl/Rusam VOB/A § 20 Rn. 3.
[60] Beispiel nach 1. VK Sachsen-Anhalt 25.4.2006 – 1 VK LVwA 08/06.
[61] 1. VK Sachsen-Anhalt 25.4.2006 – 1 VK LVwA 08/06; ebenso VK Saarland 23.6.2006 – 1 VK 06/2005.
[62] OLG Düsseldorf VergabeR 2004, 232.
[63] OLG Frankfurt 23.1.2007 – 11 Verg. 11/06, BeckRS 2011, 00198.
[64] Zutreffend: *Zeise* in KMPP VOB/A § 20 Rn. 31 ff.
[65] OLG München IBR 2009, 723; VK Südbayern IBR 2009, 1123.
[66] VK Südbayern 19.1.2009 – Z3-3-3194-1-39-11/08; VK Lüneburg 11.1.2005 – 203-VgK-55/2004; *Zeise* in KMPP VOB/A § 20 Rn. 34. **AA** wohl *Dippel* in Heiermann/Zeiss, juris Praxiskommentar Vergaberecht 4. Aufl., VOB/A § 20 Rn. 9.

würden.[67] Darüber hinaus wird zT aber auch bei der Verwendung des VHB verlangt und geprüft, dass die Begründung der wesentlichen Entscheidungen im Vergabeverfahren so ausführlich gefasst sein muss, dass sie eine Nachprüfung ermöglicht.[68] Ob sich andere Gerichte dieser Einschätzung anschließen, bleibt abzuwarten. Zuzustimmen ist den Vergabekammern insoweit, als das VHB zumindest eine Hilfestellung für die Erstellung der Dokumentation geben kann.

Hat sich der öffentliche Auftraggeber für die **elektronische Durchführung** des Vergabeverfahrens entschieden, so hat er gemäß § 20 Abs. 1 S. 3 VOB/A geeignete Maßnahmen zur Dokumentation zu treffen. Der Inhalt der Regelung ergibt sich im Zusammenspiel mit § 13 Abs. 1 Nr. 1 und Nr. 2 VOB/A. Der Auftraggeber muss für die Vertraulichkeit und die Verschlüsselung auch der elektronisch abgegebenen Angebote bis zur Öffnung des ersten Angebotes Sorge tragen. In der Dokumentation hat er darzulegen, auf welche Weise er diesen Anforderungen nachgekommen ist.[69] In der Regel wird der Auftraggeber dazu die sog elektronische Signatur verwenden, wobei die sog fortgeschrittene Signatur im Sinne von § 2 Nr. 2 des Signaturgesetzes ausreichend sein dürfte.[70] 27

II. Verzicht auf bestimmte Nachweise (Abs. 2)

§ 20 Abs. 2 VOB/A sieht vor, dass der Auftraggeber einen Verzicht auf zusätzlich zum Angebot verlangte Unterlagen und Nachweise[71] im Vergabevermerk zu begründen hat. Die praktische Relevanz dieser Regelung ist jedoch gering. Diese Regelung war eingeführt worden, weil nach den Regelungen der VOB/A 2006 das Fehlen von geforderten Unterlagen und Nachweisen grundsätzlich zum Ausschluss desselben führte, dieser Ausschluss aber in Einzelfällen als unverhältnismäßig erachtet wurde, so dass dem Auftraggeber die Möglichkeit zur Nachforderung oder zum Verzicht auf diese Unterlagen eingeräumt wurde. Weil ein solcher Verzicht bei einem Bieter zu einer Verletzung des Gleichbehandlungsgrundsatzes im Verhältnis zu anderen Bietern führen konnte, war er nur in Ausnahmefällen zulässig[72], die deshalb dokumentiert werden mussten. Die VOB/A regelt indes seit der Fassung 2009 in § 16 Abs. 1 Nr. 3 und seit der Fassung 2016 in § 16a den Fall fehlender geforderter Erklärungen und Nachweise. Diese Erklärungen und Nachweise verlangt der Auftraggeber nach. Werden die Erklärungen oder Nachweise nicht innerhalb der hierfür gesetzten Frist vorgelegt, ist das Angebot auszuschließen. Die Möglichkeit eines Verzichts auf Nachweise sieht § 16a VOB/A nicht vor. Wenn aber der nachträgliche Verzicht auf ursprünglich geforderte Unterlagen und Nachweise nicht zulässig ist, muss er auch nicht begründet werden. 28

III. Besonderheiten für Beschränkte Ausschreibungen und Freihändige Vergaben (Abs. 3)

§ 20 Abs. 3 VOB/A dehnt die Verpflichtung zur Dokumentation um den Zeitraum von sechs Monaten nach Zuschlagserteilung aus. Die Regelung greift nur für Beschränkte Ausschreibungen ohne vorangegangenen Teilnahmewettbewerb und Freihändige Vergaben und auch nur dann, wenn der Auftragswert 25.000 bzw. 15.000 EUR überschreitet. Für die Berechnung der Auftragswerte können die Grundsätze des § 3 VgV herangezogen werden. Der Zweck der Vorschrift ist wiederum die Sicherung der Transparenz des Vergabeverfahrens, die bei beschränkten Ausschreibungen und freihändigen Vergaben gefährdeter ist als bei der öffentlichen Ausschreibung, und als Pendant die Vermeidung der mit jenen Verfahren einhergehenden latenten Marktabschottungs- sowie Manipulations- und Korruptionsgefahr. Hierfür wird ein Bedürfnis in Fällen gesehen, in denen Aufträge ohne vorherige Bekanntmachung am Markt, sondern nach unmittelbarer Anfrage bei einem Kreis interessierter Unternehmen vergeben werden. Die Dokumentation soll in den genannten Fällen insbesondere darüber Aufschluss geben, wie viele 29

---

[67] VK Lüneburg 6.12.2004 – 203-VgK-50/2004; VK Saarland 23.4.2007 – 3 VK 02/2007, 3 VK 03/2007.
[68] VK Lüneburg 6.12.2004 – 203-VgK-50/2004.
[69] *Bauer* in Heiermann/Riedl/Rusam VOB/A § 20 Rn. 11.
[70] Zutreffend: *Dippel* in Heiermann/Zeiss, juris Praxiskommentar Vergaberecht 4. Aufl., VOB/A § 20 Rn. 20.
[71] Zur früheren Regelung in § 30 VOB/A wurde vertreten, dass von ihr vor allem die Unterlagen und Nachweise erfasst seien, die die persönliche Eignung der Bieter belegen *Portz* in Ingenstau/Korbion VOB 16. Aufl., VOB/A § 30 Rn. 22; *Rusam* in Heiermann/Riedl/Rusam 12. Aufl., VOB/A § 30 Rn. 5; *Fett* in *Willenbruch/Bischoff*, Vergaberecht, VOB/A § 30 Rn. 35.
[72] *Rusam* in Heiermann/Riedl/Rusam 12. Auflage, VOB/A § 30 Rn. 6.

Aufträge unter Anwendung der in Abs. 3 genannten Verfahrensarten vergeben werden und ob bestimmte Auftragnehmer bei Vergaben häufiger erfolgreich sind als andere.[73]

Die Information muss auf geeignete Weise, zum Beispiel auf Internetportalen oder im Beschafferprofil, erfolgen und sechs Monate vorgehalten werden.

Innerhalb welcher Frist die Informationen erfolgen soll, regelt § 20 Abs. 3 VOB/A nicht. In Anlehnung an § 18 EU Abs. 4 VOB/A erscheint eine Information binnen 30 Kalendertage nach Auftragserteilung hinreichend.

§ 21 Nachprüfungsstellen

In der Bekanntmachung und den Vergabeunterlagen sind die Nachprüfungsstellen mit Anschrift anzugeben, an die sich der Bewerber oder Bieter zur Nachprüfung behaupteter Verstöße gegen die Vergabebestimmungen wenden kann.

Schrifttum: *Antweiler,* Chance des Primärrechtsschutzes unterhalb der Schwellenwerte, Vergaberecht 2008, 352;; *Braun,* Europarechtlicher Vergaberechtsschutz unterhalb der Schwellenwerte, Vergaberecht 2007, 17; *Frenz,* Unterschwellenwertvergaben, Vergaberecht 2007, 1; *Grams,* Glaubhaftmachung des Anordnungsanspruches im Einstweiligen Verfügungsverfahren bei unterschwelligen Vergaben, Vergaberecht 2008; *Heiermann/Riedl/Rusam,* VOB, 13. Auflage, 2013; *Latotzky/Janß,* Der Bieter im Vergaberecht bei geringwertigen Auftragswerten: Ein fortdauerndes „Rechtsschutz-Präkariat"?, VergabeR 2007, 438; *Spießhofer/Sellmann,* Rechtsschutz im „Unterschwellenbereich" – Zur begrenzten Tragweite der Entscheidung des Bundesverfassungsgerichts, Vergaberecht 2007, 159.

Übersicht

	Rn.
I. Allgemeines	1
II. Primärrechtsschutz unterhalb der Schwellenwerte	2
1. Anrufen der zuständigen Fach- oder Rechtsaufsichtsbehörde	2
2. Antrag auf Erlass einer Einstweiligen Verfügung vor den ordentlichen Gerichten	3
III. Nachprüfstellen	4
IV. Bekanntmachung der Nachprüfstellen	5
V. Befugnisse	6

I. Allgemeines

1 § 21 VOB/A dient den Interessen der Bewerber bzw. Bieter, weil diese darüber zu informieren sind, an wen sie sich wenden können, wenn es im Vergabeverfahren zu Vergabeverstößen gekommen ist. § 21 VOB/A ist auf Vergaben unterhalb der Schwellenwerte beschränkt, für Auftragsvergaben oberhalb der Schwellenwerte gilt § 21 EU VOB/A. Die Regelung in § 21 VOB/A ist überraschend. Denn nach traditionellem deutschem Verständnis für Auftragsvergaben unterhalb der Schwellenwerte haben Bieter unterhalb der Schwellenwerte keine subjektiven Rechte auf Einhaltung der Vergabevorschriften bzw. Einschreiten der Aufsichtsbehörde, wenn eine nicht VOB-gerechte Vergabe beanstandet wird.[1] Es ist deshalb überraschend, wenn im Interesse der Bieter die Stelle genannt werden muss, bei der eine Gegenvorstellung möglich ist.

Hat der Auftraggeber bei einer Vergabe unterhalb der Schwellenwerte irrtümlich angegeben, der Bieter könne zur Nachprüfung des Verfahrens die Vergabekammer anrufen, begründet dies nicht deren Zuständigkeit. Denn der gesetzlich eingeräumte Rechtsweg wird nicht durch bloße fehlerhafte Benennung in einer Rechtsmittelbelehrung eröffnet.[2]

II. Primärrechtsschutz unterhalb der Schwellenwerte

2 **1. Anrufen der zuständigen Fach- oder Rechtsaufsichtsbehörde.** Ruft ein Bieter oder Bewerber die Fach- bzw. Rechtsaufsichtsbehörde der Vergabestelle an, handelt es sich nicht um ein förmliches Rechtsschutzverfahren zugunsten des Bieters. Der Bieter hat kein subjektives Recht darauf, dass die Rechtsaufsichtsbehörden oder Fachaufsichtsbehörden gegenüber der Ver-

---

[73] Materialsammlung zur Änderung der VOB/A, Stand 16.9.2008, Ziffer 72 § 20 Abs. 3.
[1] im Einzelnen die Kommentierung zu → § 2 Rn. 6 ff.
[2] OLG München VergabeR 2006, 238 (241); OLG Stuttgart NZBau 200, 340; VK Brandenburg 11.3.2009 – VK 7/09.

gabestelle einschreiten. Selbst wenn der Ansicht gefolgt wird, es bestünden subjektive Rechte der Bieter (siehe sogleich), so besteht kein subjektives Recht gegenüber der Rechtsaufsichtsbehörde einzuschreiten. Effektiver Rechtsschutz wird den Bietern durch diese Möglichkeit also nicht gewährt.

Dennoch ist die Anrufung der Aufsichtsstelle ein praktischer und im Ergebnis auch erfolgversprechender Weg für den Bieter. Denn häufig fordern die Nachprüfstellen die Vergabestelle auf, von der Zuschlagserteilung bis zum Abschluss ihrer Prüfung abzusehen, woran sich die Vergabestelle dann ganz überwiegend auch halten. Die Aufsichtsstelle prüft, wenn auch allein objektiv-rechtlich, ob ein Verstoß gegen die Vergabebestimmungen vorliegt oder nicht. Stellt sie einen Vergabeverstoß fest, fordert sie die Vergabestelle zur Korrektur des Vergabevorstoßes auf, ggf. kann sie die Korrektur auch im Wege der Ersatzvornahme selbst durchführen.

2. Antrag auf Erlass einer Einstweiligen Verfügung vor den ordentlichen Gerichten. 3
In den letzten Jahren war streitig, ob die Zivilgerichte oder Verwaltungsgerichte zuständig sind, die Auftragsvergabe unterhalb der Schwellenwerte zu überprüfen. Einige Oberverwaltungsgerichte bejahten ihre Zuständigkeit[3] andere verneinen sie und verwiesen den Rechtsstreit an die Zivilgerichte[4]. Inzwischen hat das BVerwG den Streit entschieden und festgestellt, dass grundsätzlich der Rechtsweg zu den Zivilgerichten und nicht zu den Verwaltungsgerichten eröffnet sei, weil die zu schließenden Verträge regelmäßig dem Zivilrecht unterlägen und weil traditionell das Handeln der öffentlichen Hand im Beschaffungsbereich zivilrechtlich geprägt sei[5].

Von der Frage, welche Gerichte zur Gewährung von Primärrechtsschutz unterhalb der Schwellenwerte zuständig sind, ist die Frage zu unterscheiden, ob den Bietern unterhalb der Schwellenwerte ein subjektives Recht auf Einhaltung der Vergabevorschriften zusteht. Nur wenn dem Bieter ein solches subjektives Recht zusteht, kann ein Antrag auf Erlass einer Einstweiligen Verfügung erfolgreich sein. Ob und in welchem Umfang subjektive Rechte der Bieter bestehen, ist eine der derzeit streitigsten Fragen im Vergaberecht unterhalb der Schwellenwerte[6]. Die Rechtsprechung ist noch sehr uneinheitlich[7]. Allerdings haben mehr und mehr Zivilgerichte inzwischen die Möglichkeit eröffnet, unterhalb der Schwellenwerte Rechtsschutz zu erlangen, indem sie das Bestehen subjektiver Rechte der Bieter anerkannt haben.

III. Nachprüfstellen

Bei Auftragsvergaben unterhalb der Schwellenwerte ist die Nachprüfstelle grundsätzlich die 4 Fach- bzw. Rechtsaufsichtsbehörde des Auftraggebers.[8] Sind Vergabestellen des Bundes oder der Länder betroffen, sind daher die vorgesetzten Dienststellen die Rechts- und Fachaufsichtsbehörden. Fachaufsichtsbehörden sind bei den Vergabestellen des Bundes und der Länder die vorgesetzten Dienststellen. Bei kommunalen Auftraggebern sind Nachprüfungsstellen die kommunalen Aufsichtsbehörden. Dies sind bei kreisfreien Städten und Kreisen grundsätzlich die Bezirksregierungen, falls solche in den einzelnen Bundesländern existieren, sonst die Landesregierung. Bei sonstigen Körperschaften, Anstalten und Stiftungen, also juristische Personen des öffentlichen Rechts, ist die vorgesetzte Stelle Nachprüfungsstelle.

---

[3] OVG Münster VergabeR 2007, 196 (Leitsatz); OVG Koblenz DÖV 2007, 39; OVG Bautzen NZBau 2006, 393; OVG Koblenz ZfBR 2005, 590 (591); OVG Münster NVwZ-RR 2006, 223; so auch: VG Neustadt VergabeR 2006, 351 (352).

[4] OVG Lüneburg NZBau 2006, 670 (Leitsatz); OVG Schleswig NZBau 2000, 216 (Leitsatz); OVG Berlin-Brandenburg DVBl 2006, 1250 (1251); VGH Mannheim 30.10.2006 – 6 S 1522/06.

[5] BVerwG NZBau 2007, 389 (390).

[6] Zu den möglichen Anknüpfungspunkten für ein subjektives Recht → § 6 Rn. 5 ff. sowie *Heiermann/Bauer* in Ingenstau/Korbion VOB § 21 Rn. 9 ff.

[7] **Einen Primärrechtsschutz verneinend:** OLG Oldenburg VergabeR 2008, 995; LG Potsdam 4.11.2007 – 2 O 412/07 (aA Nachinstanz OLG Brandenburg VergabeR 2008, 294 (295)); (auf ein Vorsatz- und Willkürverbot beschränkt) LG Bad Kreuznach NZBau 2007, 471 (472); **bejahend:** OLG Düsseldorf VergabeR 2010, 531 (1. Ls. und 532 f.); OLG Jena VergabeR 2009, 524 (526); OLG Düsseldorf ZfBR 2009, 530; OLG Brandenburg VergabeR 2009, 530 (531); 2008, 294 (295); LG Oldenburg Urt. v. 6.5.201 1 O 986/10; LG Frankfurt/M NZBau 2008, 599 (601 f.); so wohl auch OLG Schleswig 9.4.2010 – 1 U 27/10, juris, insoweit nicht abgedruckt in IBR 2010, 351; offen gelassen: OLG Brandenburg NZBau 2008, 735 (736); OLG Naumburg 29.4.2008 – 1 W 14/08, juris, insoweit nicht abgedruckt in IBR 2008, 672; OLG Dresden VergabeR 2006, 774.

[8] *Mertens* in FKZG VOB Kommentar, 4. Auflage, 2011, VOB/A § 21 Rn. 4; *Heiermann/Bauer* in Ingenstau/Korbion VOB § 21 Rn. 3; *Faber* DÖV 1995, 403 (407).

IV. Bekanntmachung der Nachprüfstellen

5   In der Bekanntmachung und den Vergabeunterlagen sind die Nachprüfstellen mit Anschrift anzugeben, an die sich der Bewerber oder Bieter zur Nachprüfung behaupteter Verstöße gegen die Vergabevorschriften wenden kann.

Diese Anweisung der VOB/A an den öffentlichen Auftraggeber betrifft vor allem den Inhalt der Vergabeunterlagen und der Ausschreibungsbekanntmachung. Im letztgenannten Fall muss sowohl beim Teilnahmeantrag für den Wettbewerb als auch bei der Bekanntgabe, dass die Unterlagen angefordert werden können, mitgeteilt werden, welche Nachprüfungsstellen zuständig sind, falls der Bewerber oder die Bieter sich beschweren will. Zusätzlich ist die Anschrift der Nachprüfungsstelle zu benennen. An welcher Stelle diese Angaben zu machen sind, wurde zwar nicht ausdrücklich geregelt, doch ergibt sich dies aus der Natur der Sache. Bei Bekanntmachung gemäß § 12 VOB/A erfolgt sie im Text, der in den Tageszeitungen, amtlichen Veröffentlichungsblättern oder Fachzeitschriften einzurücken ist. Hinsichtlich der Vergabeunterlagen ist vorgesehen, diese Information in das Schreiben zur Aufforderung zur Angebotsabgabe aufzunehmen.

V. Befugnisse

6   Die Nachprüfungsstelle stellt den zugrunde liegenden Sachverhalt fest und prüft, ob Vergabeverstöße begangen worden sind. Wenn sie einen Vergaberechtsverstoß feststellt, kann sie im Rahmen der Kontrolle alle geeigneten Maßnahmen treffen. Sie kann Beanstandungen gegenüber der Vergabestelle aussprechen, das Vergabeverfahren einstweilen aussetzen, einzelne Vergabeentscheidungen aufheben oder das Verfahren in einen früheren Verfahrensstand zurückversetzen[9].

Ist allerdings vor Einschreiten der Aufsichtsstelle der Zuschlag bereits erteilt, kann auch die Nachprüfstelle an dem einmal erteilten Zuschlag nichts mehr ändern.

§ 22 Änderungen während der Vertragslaufzeit

Vertragsänderungen nach den Bestimmungen der VOB/B erfordern kein neues Vergabeverfahren; ausgenommen davon sind Vertragsänderungen nach § 1 Abs. 4 S. 2 VOB/B.

Übersicht

	Rn.
A. Allgemeines	1
B. Vertragsänderungen nach der VOB/B ohne neues Vergabeverfahren	3
C. Ausschreibungspflichtige Vertragsänderungen nach § 1 Abs. 4 S. 2 VOB/B	5
D. Auftragnehmerwechsel	6

A. Allgemeines

1   § 22 VOB/A ist in die VOB/A 2016 erstmals aufgenommen worden. Dies beruht darauf, dass sich oberhalb der EU-Schwellenwerte eine umfangreiche Rechtsprechung dazu entwickelt hat, wann wesentliche Vertragsänderungen als neuer vergabepflichtiger Vorgang eingestuft werden. Diese Rechtsprechung oberhalb der EU-Schwellenwerte ist nunmehr eingegangen in § 22 EU VOB/A.

2   Durch die Rechtsprechung oberhalb der EU-Schwellenwerte stellte sich mehr und mehr auch unterhalb der EU-Schwellenwerte die Frage, welche Vertragsänderungen, insbesondere welche Nachträge zu einem Bauauftrag vergaberechtlich irrelevant sind und welche Nachträge nicht ohne erneutes Vergabeverfahren beauftragt werden können. Gerade für die Auftraggeber, die durch das Zuwendungsrecht gehalten sind, die vergaberechtlichen Bestimmungen einzuhalten, ist die Regelungen in § 22 VOB/A zu begrüßen.

---

[9] Reichling/Portz in Ingenstau/Korbion VOB VOB/A § 21 Rn. 5 f.; Heiermann/Bauer in Heiermann/Riedl/Rusam, Handkommentar zur VOB, § 21 Rn. 5.

B. Vertragsänderungen nach der VOB/B ohne neues Vergabeverfahren

In der vergaberechtlichen Rechtsprechung und Literatur war und ist oberhalb der EU-Schwellenwerte streitig, ob Vertragsänderungen nach den Bestimmungen der VOB/B stets ohne neues Vergabeverfahren zulässig sind oder ob es sich trotz der Änderungsmöglichkeit, die die VOB/B gibt, um wesentliche Änderungen handelt, nicht ohne neues Vergabeverfahren vereinbart werden können. 3

Jedenfalls unterhalb der EU-Schwellenwerte ist nun erfreulicherweise festgelegt, dass es keines neuen Vergabeverfahrens bedarf, wenn Vertragsänderungen aufgrund der Ausübung der Leistungsbestimmungsrechte nach § 1 Abs. 3 VOB/B (Änderungen des Bauentwurfs) und § 1 Abs. 4 VOB/B (Zusätzliche erforderliche Leistungen) und damit einhergehende Änderungen der Vergütungsabreden, betrifft. 4

C. Ausschreibungspflichtige Vertragsänderungen nach § 1 Abs. 4 S. 2 VOB/B

Dagegen stellen zusätzliche Leistungen im Sinn von § 1 Abs. 4 S. 2 VOB/B Vertragsänderungen dar, die nicht ohne erneutes Vergabeverfahren vereinbart werden können. Bei § 1 Abs. 4 S. 2 VOB/B handelt es sich um Leistungen, die nicht durch eine Änderung des Bauentwurfs veranlasst und auch nicht für die Ausführung der vertraglich vereinbarten Leistungen erforderlich sind, aber vom Auftraggeber dennoch gewünscht werden. 5

D. Auftragnehmerwechsel

Anders als § 22 EU VOB/A enthält § 22 VOB/A keine Regelung dazu, was gilt, wenn sich der Auftragnehmer ändert. Zwar mag fraglich sein, ob insoweit eine analoge Anwendung des § 22 EU Abs. 2 S. 1 Nr. 4 VOB/A in Betracht kommt, weil bei der Neuregelung des § 22 VOB/A bewusst darauf verzichtet worden ist, die deutlich umfangreicheren Regelungen des EU-Rechts zu übernehmen, dennoch können die Grundsätze in § 22 EU Abs. 2 S. 1 Nr. 4 VOB/A herangezogen werden, weil sie gesetzlich normieren, welche Änderungen als unwesentlich angesehen werden. Dass unwesentliche Änderungen jedoch nicht dazu zwingen sollen, ein neues Vergabeverfahren durchzuführen, müsste aus allgemeinen Grundsätzen, wie dem Verhältnismäßigkeitsgrundsatz folgen, und deshalb auch unterhalb der EU-Schwellenwerte gelten. Daraus folgt, dass die Grundsätze des § 22 EU VOB/A unterhalb der Schwellenwerte nicht herangezogen werden können, um eine wesentliche Änderung Verpflichtung zur Neuausschreibung zu begründen, dass aber umgekehrt die Grundsätze sehr wohl berücksichtigt werden können, um bei Zweifelsfragen klarzustellen, dass es jedenfalls in diesem Fall keiner Neuausschreibung bedarf. 6

§ 23 Baukonzessionen

(1) **Eine Baukonzession ist ein Vertrag über die Durchführung eines Bauauftrages, bei dem die Gegenleistung für die Bauarbeiten statt in einem Entgelt in dem befristeten Recht auf Nutzung der baulichen Anlage, gegebenenfalls zuzüglich der Zahlung eines Preises besteht.**
(2) **Für die Vergabe von Baukonzessionen sind die §§ 1 bis 22 sinngemäß anzuwenden.**

Schrifttum: *Amelung/Dörn*, Anmerkung zu OLG Düsseldorf, Beschluss vom 13.6.2007, VII Verg 2/07 („Städtebauvertrag"), VergabeR 2007, 644; *Arndt*, Die Privatfinanzierung von Bundesfernstraßen, Hamburg 1998; *Bloeck*, Private Public Partnerships und kommunale Zusammenarbeit, KommunalPraxis-spezial 2006, 57; *Bornheim*, Public Private Partnership – Praxisprobleme aus rechtlicher Sicht, BauR 2009, 567; *Burgi*, BauGB-Verträge und Vergaberecht, NVwZ 2008, 929; *Burgi*, Vergaberechtliche Probleme der Privatfinanzierung von Fernstraßen, DVBl. 2007, 649; *Burgi*, Die Vergabe von Dienstleistungskonzessionen: Verfahren, Vergabekriterien, Rechtsschutz, NZBau 2005, 610; *Büllesfeld*, Investitionen nach den Konjunkturpaketen I und II: Effizienzsteigerung durch ÖPP?, KommJur 2009, 161; *Byok*, Durchbruch für das A-Modell im Fernstraßenausbau?, NZBau 2005, 241; *Byok/Jansen*, Durchbruch für das A-Modell im Fernstraßenausbau?, NZBau 2005, 241; *Christiani*, Vergabe einer Baukonzession im Verhandlungsverfahren, IBR 2004, 534;

Diederichs, Wirtschaftlichkeitsuntersuchungen bei PPP-Projekten, NZBau 2009, 547; *Diemon/Wies,* Vergabe von Konzessionen – Überblick über die neuen Regelungen im GWB-Entwurf, VergabeR 2016, 162; *Drömann/Tegtbauer,* Rechtsfragen der Mautgebühren nach dem Gesetz über den Bau und die Finanzierung von Bundesstraßen durch Private, NVwZ 2004, 296; *Enderle/Rehs,* Von der Ahlhorn-Rechtsprechung zur Ahlhorn-Klausel, NVwZ 2009, 413; *Gartz,* Das Ende der Ahlhorn-Rechtsprechung, NZBau 2010, 293; *Goedel,* Sonderrisiken bei Bau- und Anlagenverträgen (Teil II) Ansprüche auf Fristverlängerung und Mehrvergütung, Betriebs-Berater. Beilage 20, 1991, 19; *Goldbrunner,* Das neue Recht der Konzessionsvergabe, VergabeR 2016, 365; *Greb/Rolshoven,* Die „Ahlhorn"-Linie – Grundstücksverkauf, Planungs- und Vergaberecht, NZBau 2008, 163; *Greim,* Ausschreibungspflichten beim kooperativen Städtebau nach dem „Helmut Müller"-Urteil des EuGH, ZfBR 2011, 126; *Gröning,* Der Begriff der Dienstleistungskonzession, Rechtsschutz und Rechtsweg, VergabeR 2002, 24; *Große Hündfeld,* Städtebaurecht einerseits – Vergaberecht andererseits, BauR 2010, 1504; *Hattig/Ruhland,* Die Rechtsfigur der Dienstleistungskonzession, NZBau 2005, 626; *Hertwig,* Vergaberecht und staatliche (Grundstücks–)Verkäufe, NZBau 2011, 9; *Hertwig,* Grundstücksgeschäfte und Vergaberecht nach der Entscheidung des EuGH zu „Bad Wildeshausen", VergabeR 2010, 554; *Hertwig/Oynhausen,* Grundstücksgeschäfte der öffentlichen Hand im Blickwinkel des Vergaberechts, KommJur 2008, 121; *Höfler,* Vergaberechtliche Anforderungen an die Ausschreibung von Baukonzessionen, WuW 2000, 136; *Horn,* Vergaberechtliche Rahmenbedingungen bei Verkehrsinfrastrukturprojekten im Fernstraßenbau, ZfBR 2004, 665; *Horn,* Ausschreibungspflichten bei Grundstücksgeschäften der öffentlichen Hand, VergabeR 2008, 158; *Jacob/Kochendörfer,* Effizienzgewinne bei privatwirtschaftlicher Realisierung von Infrastrukturvorhaben, 2002; *Jacob/Kochendörfer,* Private Finanzierung öffentlicher Bauinvestitionen – ein EU–Vergleich, 2000; *Jaeger,* Public Private Partnership und Vergaberecht, NZBau 2001, 6; *Jarass,* Kehrtwende im Vergaberecht?, VergabeR 2010, 562; *Kade,* Schafft die GWB-Novelle 2008 Rechtssicherheit nach den vergaberechtlichen Entscheidungen des OLG Düsseldorf?, ZfBR 2009, 440; *Köster,* Die Veräußerung kommunaler Liegenschaften unter Begründung einer Bauverpflichtung im Schatten des Vergaberechts, BauR 2008, 930; *Kühling,* Künftige vergaberechtliche Anforderungen an kommunale Immobiliengeschäfte, NVwZ 2010, 1257; *Kulartz/Niebuhr,* Sachlicher Anwendungsbereich und wesentliche Grundsätze des materiellen GWB-Vergaberechts, OLG Brandenburg, „Flughafen Berlin-Schönefeld" und Folgen, NZBau 2000, 6; *Kunkel/Weigelt,* Anwendbarkeit des Rechts der Allgemeinen Geschäftsbedingungen auf Öffentlich-Private-Partnerschaften (ÖPP), NJW 2007, 2433; *Kus,* Anmerkung zu OLG Bremen, Beschluss vom 13.3.2008, Verg 5/07 („Windpark") VergabeR 2008, 563; *Littwin/Schöne,* Public Private Partnership im öffentlichen Hochbau, Stuttgart 2006; *Metz,* Ist die Baugenehmigung eine ausschreibungspflichtige Baukonzession? Featuring OLG Düsseldorf, BauR 2009, 454; *Losch,* Die Konzession im Lichte der Rechtsprechung – ein stetiger Wandel, VergabeR 2010, 163; *Mestwerdt/Stanko,* Die Übertragung des Betriebsrisikos bei der Konzessionierung, VergabeR 2017, 348; *Meyer-Hofmann/Riemenschneider/Weihrauch* (Hrsg.), Public Private Partnership – Gestaltung von Leistungsbeschreibung, Finanzierung, Ausschreibung und Verträgen in der Praxis, 2005; *Müller,* Öffentlich-rechtliche Dienstleistungskonzessionen künftig ein Beschaffungsvorgang?, NVwZ 2016, 266; *Nicklisch* (Hrsg.), Komplexe Langzeitverträge für neue Technologien und neue Projekte, 2002; *Nicklisch* (Hrsg.), Partnerschaftliche Infrastrukturprojekte, Schriftenreihe Technologie und Recht, Band 16, 1996; *Nicklisch* (Hrsg.), Rechtsfragen privatfinanzierter Projekte – Nationale und internationale BOT-Projekte, Schriftenreihe Technologie und Recht, Band 14, 1994; *Noch,* Die Abgrenzung öffentlicher Bauaufträge von den Liefer- und Dienstleistungsaufträgen, BauR 1998, 941; *Otting,* Städtebauliche Verträge und der EuGH – Was bleibt von „Ahlhorn"?, NJW 2010, 2167; *Pabst,* Verfassungsrechtliche Grenzen der Privatisierung im Fernstraßenbau, 1997; *Pietzcker,* Grundstücksverkäufe, städtebauliche Verträge und Vergaberecht, NZBau 2008, 293; *Portz,* Anwendung des Vergaberechts bei kommunalen Grundstücksverkäufen und städtebaulichen Verträgen, BWGZ 2008, 461; *Regler,* Anmerkung zu EuGH, Urt.v.25.3.2010, Rs. C-451/08, DNotZ 2010, 537; *Reidt,* Grundstücksveräußerungen und städtebauliche Verträge außerhalb des Kartellvergaberechts – Welche Spielräume verbleiben noch für Kommunen?, VergabeR 2008, 11; *Reidt,* Städtebaulicher Vertrag und Durchführungsvertrag im Lichte der aktuellen Rechtsentwicklung, BauR 2008, 1541; *Reidt,* Grundstücksveräußerungen der öffentlichen Hand und städtebauliche Verträge als ausschreibungspflichtige Baukonzession?, BauR 2007, 1664; *Reidt,* Rechtsfragen im Zusammenhang mit der Vergabe von Baukonzessionen, Nord ÖR 1999, 435; *Reidt,* Verfassungsrechtliche Aspekte der Mautfinanzierung von Fernstraßen, NVwZ 1996, 1156; *Reidt/Stickler,* Das Fernstraßenbauprivatfinanzierungsgesetz und der Baukonzessionsvertrag – Das „Pilotprojekt" der Warnow-Querung in Rostock, Teil 1, BauR 1997, 241; Teil 2, BauR 1997, 365; *Roth,* Die Risikoverteilung bei öffentlich privaten Partnerschaften (ÖPP) aus vergaberechtlicher Sicht, NZBau 2006, 84; *Roth,* Erstes Betreibermodell für den privaten Ausbau und Betrieb von Autobahnen in Deutschland, NVwZ 2003, 1056; *Scheibel,* Projektfinanzierung: BOT- und Konzessionsgesetzgebung, RIW 1996, 373; *Schneevogl,* PPP: Welcher Streitwert bei der Vergabe von Baukonzessionen?, IBR 2004, 164; *Schröder,* Das Konzessionsvergabeverfahren nach der RL 2014/23/EU, NZBau 2015, 351; *Schultz,* Ausschreibungspflicht für kommunale Grundstücksverträge, NZBau 2009, 18; *Schwenker/Heinze,* Vergaberechtliche Aspekte der Modernisierung von Fußballstadien, VergabeR 2001, 96; *Siebel/Röver/Knütel,* Rechtshandbuch Projektfinanzierung und PPP, 2. Aufl. Köln-München 2008; *Sieben* Ausschreibungspflicht städtebaulicher Verträge – Zu den Auswirkungen der sog. Ahlhorn-Rechtsprechung des OLG Düsseldorf, BauR 2008, 1233; *Siegel,* Das neue Konzessionsvergaberecht, NVwZ 2016, 1672; *Stickler,* Das Aufbürden ungewöhnlicher Wagnisse i. S. des § 9 Nr. 2 VOB/A bei der Baukonzession, BauR 2003, 1105; *Tettinger,* Grundlinien des Konzessionsvertragsrechts, DVBl. 1991, 786; *Thomas,* Die Privatfinanzierung von Bundesfernstraßen, Frankfurt/Main 1997; *Tugendreich,* Vergabe der ÖPP-Ausschreibungsleistungen, NZBau 2007, 769; *Uechtritz,* Mautfinanzierung des Alpaufstiegs

– Einstieg in die Nutzerfinanzierung des Fernstraßenbaus, VBlBW 2002, 317; *Vetter/Bergmann,* Anmerkung zum Urteil des EuGH vom 25.3.2010 – C-451/08 („Helmut Müller"), NVwZ 2010, 569; *Vetter/Bergmann,* Investorenwettbewerbe und Vergaberecht – Eine kritische Auseinandersetzung mit der Ahlhorn-Entscheidung des OLG Düsseldorf, NVwZ 2008, 133; *Weber/Schäfer/Hausmann,* Praxishandbuch Public Private Partnership, 2006; *Willenbruch,* Anmerkung zum Beschluss des OLG Brandenburg vom 30.5.2008, Aktenzeichen Verg W 5/08, VergabeR 2009, 476; *Wirth,* Geschuldetes Bau-Soll bei Globalpauschalvertrag und Baukonzessionsvertrag, BauR 2003, 1909; *Wolf,* Ausschreibungspflichten bei Selbstvornahme und Interkommunaler Zusammenarbeit, VergabeR 2011, 26; *Wolter,* BOT im Bauwesen, 2003; *Ziekow,* Städtebauliche Verträge zwischen Bauauftrag und Baukonzession, DVBl 2008, 137; *Ziekow,* Die vergaberechtliche Bewertung von Grundstücksveräußerungen durch die öffentliche Hand – Vom Flughafen auf den Kirmesplatz?, VergabeR 2008, 151.

Übersicht

	Rn.
A. Überblick	1
B. Erörterung	11
I. Die Baukonzession (§ 23 Abs. 1 VOB/A)	11
1. Definition	11
2. Rechtsnatur	13
3. Voraussetzungen	16
a) Bauauftrag	16
b) Vertrag	21
c) Beteiligte	25
d) Recht auf Nutzung der baulichen Anlage als Gegenleistung	28
e) Zuzahlung	35
f) Befristung des Nutzungsrechts	38
4. Abgrenzungsfragen	42
a) Abgrenzung Baukonzessionsvergabe ober- und unterhalb der Schwellenwerte	43
b) Abgrenzung Baukonzession und öffentlicher Bauauftrag	46
c) Abgrenzung Baukonzession und Dienstleistungskonzession	54
5. Vergabe von Unterkonzessionen	58
II. Vergabevorschriften für die Vergabe von Baukonzessionen	59
1. Anwendung der Basisparagraphen (§§ 1 bis 22 VOB/A) gemäß § 23 Abs. 2 VOB/A	59
2. Anwendung der VOB/B	68
3. Anwendung des Primären Gemeinschaftsrechts	72
4. Anwendung landesrechtlicher Regelungen	73
III. Rechtsschutz	74
1. Primärrechtsschutz	74
2. Sekundärrechtsschutz	79

A. Überblick

§ 23 VOB/A wurde – seinerzeit als § 32 VOB/A 1990 – mit der Ausgabe 1990 eingeführt. **1** Die Bestimmung geht im Kern zurück auf die Änderungsrichtlinie zur BKR[1] vom 18.7.1989. Im Zuge der Neufassung der VOB vom 31.7.2009 wurde der Baukonzessionsbegriff, ohne inhaltliche Änderungen, in § 22 VOB/A 2009 neu verortet[2]. Durch die Vergaberechtsreform 2016 erfuhr der Abschnitt 1 der VOB/A, der den Baukonzessionsbegriff enthält, erneut geringfügige Änderungen[3]. Der neu geschaffene § 23 VOB/A entspricht im Wesentlichen dem bisherigen § 22 VOB/A a. F.

Die Baukonzession zählt – ebenso wie die Dienstleistungskonzession – zu den Konzessionen **2** im Sinne des Vergaberechts. Für den Bereich **oberhalb der EU–Schwellenwerte** wurde der allgemeine Begriff des Konzessionsvertrages im Zuge des Vergaberechtsmodernisierungsgesetzes vom 17.2.2016[4] – und in Umsetzung von Art. 5 Nr. 1 der Richtlinie 2014/23/EU über

---
[1] Baukoordinierungsrichtlinie (Richtlinie 93/37/EWG des Rates v. 14.6.1993 zur Koordinierung der Verfahren zur Vergabe öffentlicher Bauaufträge, ABl. L 199 v. 9.8.1993, S. 54).
[2] Vgl. Bundesanzeiger BAnz. Nr. 155a vom 15.10.2009, S. 3549ff.
[3] Vgl. Bundesanzeiger BAnz AT 19.1.2016 B3.
[4] BGBl. I, S. 203ff.

die Konzessionsvergabe vom 26.2.2014[5] – in § 105 GWB legaldefiniert, allerdings nicht eigenständig, sondern jeweils für seine beiden Unterformen, d. h. der Bau- und der Dienstleistungskonzession (vgl. § 105 Abs. 1 Nr. 1 und Nr. 2 GWB). **§ 105 Abs. 1 Nr. 1 GWB definiert den Begriff der Baukonzession** – weitgehend identisch zu § 23 Abs. 1 VOB/A – als einen entgeltlichen Vertrag, mit dem ein oder mehrere Konzessionsgeber ein oder mehrere Unternehmen mit der Erbringung von Bauleistungen betrauen, wobei die Gegenleistung entweder allein in dem Recht zur Nutzung des Bauwerks oder in diesem Recht zuzüglich einer Zahlung besteht. Sind die Definitionsmerkmale gemäß § 105 Abs. 1 GWB erfüllt, so kommen für die Konzessionsvergabe oberhalb der Schwellenwerte nicht die Verfahrensvorschriften für Bau- oder Dienstleistungsaufträge zur Anwendung. Vielmehr unterliegt die Vergabe von Bau- und Dienstleistungskonzessionen den im Zuge der Vergaberechtsreform 2016 – in Umsetzung der Richtlinie 2014/23/EU – neu geschaffenen – und weniger streng formalisierten – **Verfahrensvorschriften der §§ 148 ff. GWB und der KonzVgV**[6]. Die §§ 148 ff. GWB nehmen hierbei eine grobe Vorzeichnung des Konzessionsauswahlverfahrens vor, die KonzVgV konkretisiert diese durch weitere, bei der Konzessionsvergabe einzuhaltende Verfahrensregelungen[7]. Sofern die Baukonzessionen gegenüber den Dienstleistungskonzessionen Besonderheiten aufweisen, wird dem auf Ebene der KonzVgV Rechnung getragen, die auf der Grundlage des GWB erlassen wurde[8]. Dies stellt eine Abkehr von der bisherigen Rechtslage dar, nach denen Baukonzessionen einen Spezialfall des öffentlichen Bauauftrags darstellten und bei Erreichen des EU-Schwellenwerts die Baukonzessionen auf der Ebene des GWB den gleichen Bestimmungen wie die öffentlichen Bauaufträge unterworfen waren, und gemäß § 22 EG Abs. 2 VOB/A a. F. für das Vergabeverfahren (mit bestimmten Ausnahmevorbehalten nur) die Vorschriften der §§ 1 bis 21 des 1. Abschnitts der VOB/A a. F. sinngemäß anzuwenden waren[9].

3   Für den Bereich **unterhalb der EU-Schwellenwerte** wird der Begriff der Baukonzession – weitgehend inhaltsgleich zu § 105 Abs. 1 Nr. 1 GWB – **in § 23 Abs. 1 VOB/A legaldefiniert.** Soweit § 105 Abs. 1 Nr. 1 GWB dabei – anders als § 23 Abs. 1 VOB/A – das Kriterium der Befristung nicht (explizit) beinhaltet, ist zu berücksichtigen, dass gemäß § 3 Abs. 1 Satz 1 KonzVgV die Laufzeit von Konzessionen beschränkt ist, so dass das Merkmal der Befristung (ausführlich dazu noch unter Rdn. 38 ff.) gleichermaßen im Bereich ober- und unterhalb der Schwellenwerte besteht. Anders als im Bereich oberhalb der Schwellenwerte stellt die Baukonzession im Bereich unterhalb der Schwellenwerte – nach wie vor – einen **Spezialfall des Bauauftrags** dar[10], für den § 23 Abs. 2 VOB/A die **sinngemäße Anwendung der §§ 1 bis 22 VOB/A** anordnet.

4   Während die Baukonzessionen unterhalb der Schwellenwerte ausdrücklich in § 23 VOB/A geregelt werden, existieren für **Dienstleistungskonzessionen unterhalb der Schwellenwerte** – zumindest bislang – noch keine Regelungen, und zwar weder auf bundes- noch auf landesrechtlicher Ebene. Auf bundesrechtlicher Ebene wurden solche insbesondere auch nicht im Rahmen der neuen Unterschwellenvergabeordnung (UVgO)[11] geschaffen. Auf Länderebene steht indes zu erwarten, dass zumindest teilweise Regelungen in die Landesvergabegesetze mit

---

[5] Vgl. BT-Drs. 18/6281, S. 75.
[6] Siehe zur ausführlichen Darstellung der Konzessionsvergabe auch *Goldbrunner* VergabeR 2016, 365 ff. Dort erfolgt eine detailreiche Auseinandersetzung mit den im Rahmen der Konzessionsvergabe zu beachtenden Anforderungen der §§ 148 ff und der KonzVgV.
[7] *Goldbrunner* VergabeR 2016, 365.
[8] *Braun* in Müller-Wrede, Kommentar zum GWB-Vergaberecht, § 105 Rdn. 119.
[9] Vgl. zum neuen Recht der Konzessionsvergabe nach dem GWB etwa *Braun* in Müller-Wrede, Kommentar zum GWB-Vergaberecht, § 105; *Dicks* in K/K/P/P, Kommentar zum GWB-Vergaberecht, § 105; *Ganske* in Reidt/Stickler/Glahs, Vergaberecht, 4. Aufl. 2017, § 105 GWB; *Diemon-Wies* VergabeR 2016, 162; *Goldbrunner* VergabeR 2016, 365; *Siegel* NVwZ 2016, 1672.
[10] *Dicks* in KMPP Kommentar zur VOB/A, § 22 Rdn. 1.
[11] Verfahrensordnung für die Vergabe öffentlicher Liefer- und Dienstleistungsaufträge unterhalb der EU-Schwellenwerte (Unterschwellenvergabeordnung – UVgO), BAnz AT v. 7.2.2017 B1. Zu beachten ist, dass die UVgO lediglich eine Verfahrensverordnung und keine Rechtsverordnung ist, so dass sie noch nicht allein mit der Bekanntmachung im Bundesanzeiger in Kraft getreten ist. Sie wird vielmehr erst durch die Neufassung der Allgemeinen Verwaltungsvorschriften zu § 55 BHO bzw. für die Länder durch die entsprechenden landesrechtlichen Regelungen in Kraft gesetzt (sog. Einführungserlasse). Nach ihrer jeweiligen Inkraftsetzung durch entsprechende Anwendungsbefehle gelten die Vorschriften der UVgO für die Vergabe von Liefer- und Dienstleistungsaufträgen unterhalb der Schwellenwerte gemäß § 106 GWB. Siehe ferner auch die Erläuterungen zur UVgO, BAnz AT v. 7.2.2017 B2.

aufgenommen werden[12]. Gleichwohl kann auch ihre Vergabe nicht ohne rechtliche Bindungen erfolgen[13].

Bereits aus dem bislang Gesagten ergibt sich daher deutlich die Notwendigkeit, die Baukonzession im Sinne von § 23 VOB/A in mehrfacher Hinsicht abzugrenzen. So ist zunächst danach zu differenzieren, ob es sich um eine (Bau-)Konzessionsvergabe im Bereich **ober- oder unterhalb der Schwellenwerte** handelt. Ferner muss die **Baukonzession** zum einen **gegenüber dem öffentlichen Bauauftrag** und zum anderen **gegenüber der Dienstleistungskonzession** abgegrenzt werden. Gerade die letztgenannte Abgrenzung kann im Einzelfall, insbesondere bei gemischten Verträgen, auf Schwierigkeiten stoßen (ausführlich dazu noch unter Rdn. 55 ff.).

Wesenstypisch und begriffsbestimmend für die Baukonzession ist, dass der Baukonzessionär das Finanzierungs-, Betriebs- sowie allgemein das **wirtschaftliche Risiko** bzw. zumindest einen nicht unerheblichen Anteil davon trägt[14]. Dieser übernimmt also die Leistungserbringung auf eigenes Finanzierungsrisiko und weiter das Risiko der Nutzung der baulichen Anlage; er ist somit also den Unwägbarkeiten des Marktes ausgesetzt[15]. In Anbetracht der engen Haushaltslage von Bund, Ländern und Gemeinden, die es immer schwieriger macht, öffentliche Bauwerke über die öffentlichen Haushalte zu finanzieren, ist dies von besonderem und stets hohem Interesse. Wenn die Mittel für den Straßenbau, Brückenbau, für andere Verkehrswege, öffentliche Gebäude etc. nicht vorhanden sind, müsste grundsätzlich zu Lasten der Allgemeinheit auf die notwendigen Maßnahmen, sogar auf notwendige Infrastrukturmaßnahmen (wie etwa Kanalbaumaßnahmen) gänzlich verzichtet werden. Jedenfalls aber müssten eine Reihe von Bauvorhaben wohl langfristig verschoben werden. Über die Baukonzession besteht jedoch grundsätzlich die Möglichkeit der vorläufig privaten Finanzierung der für notwendig erachteten öffentlichen Bauwerke, was zu einer nachhaltigen und auch dauerhaften Entlastung der öffentlichen Haushalte führen kann, verbunden mit dem potentiellen Vorteil der beschleunigten Realisierung der Bauwerke[16]. Der Vollständigkeit halber ist in diesem Zusammenhang als weiteres Modell einer langfristigen, vertraglich geregelten Zusammenarbeit zwischen öffentlicher Hand und Privatwirtschaft zur Erfüllung öffentlicher Aufgaben der – ebenso abstrakte wie unscharfe – Begriff Public Private Partnership („PPP") zu nennen[17]. Unter diesen Begriff fallen vielfältige Möglichkeiten, auch zur Realisierung von Bauten. Im Wesentlichen ist auch hier vorgesehen, dass der Vertragspartner die Immobilie bereitstellt und betreibt. Solche Projekte können mitunter auch als Baukonzession realisiert werden.

Die Notwendigkeit der angesprochenen Finanzierungsmöglichkeit (vgl. Rdn. 6) wurde infolge der Wiedervereinigung in den 1990er Jahren wieder erkannt. Deutschland wurde zum wichtigsten Transitland in Europa mit entsprechend hohen Anforderungen an die Verkehrsinfrastruktur. Dies führte zu der Einführung des sog. Konzessionsmodells, mit dem zwölf Straßenbauprojekte realisiert wurden. Die Baumaßnahmen und Finanzierung wurden von privater Seite übernommen, wobei im Gegenzug durch den Bund die Kosten über einen Zeitraum von 15 Jahren bezahlt wurden[18]. Das Modell wurde nicht weiter verfolgt, weil gut 50% des Finanzierungsvolumens auf Finanzierungskosten entfielen, im Ergebnis also doch eine nach-

---

[12] Vgl. *Braun* in Müller-Wrede, Kommentar zum GWB-Vergaberecht, § 105 Rdn. 109.
[13] Vgl. zu den insoweit zu beachtenden Anforderungen *Ganske* in Reidt/Stickler/Glahs, Vergaberecht, 4. Aufl. 2017, § 105 GWB, Rdn. 90 ff., insb. 94 ff.; sowie *Braun* in Müller-Wrede, Kommentar zum GWB-Vergaberecht, § 105 Rdn. 107 ff.
[14] EuGH Urt. v. 10.11.2011 – Rs. C-348/10, VergabeR 2012, 164 ff., Rdn. 48 ff. – Norma-A; EuGH Urt. v. 10.9.2009 – Rs. C-206/08, VergabeR 2010, 48, 54, Rdn. 67 ff. – WAZV Gotha/Eurawasser; Generalanwalt beim EuGH, Schlussanträge v. 1.3.2005 – Rs. C-458/03, IBR 2005, 338; *Dicks* in KMPP Kommentar zur VOB/A, § 22 Rdn. 2; *Düsterdiek* in Ingenstau/Korbion, VOB/A Teile A und B, § 23 VOB/A Rdn. 1 (a. E.); *Dicks* in KMPP Kommentar zur VOB/A, § 22 Rdn. 2.
[15] EuGH Urt. v. 10.9.2009 – Rs. C-206/08, VergabeR 2010, 48, 54, Rdn. 67 ff. – WAZV Gotha/Eurawasser; EuGH Urt. v. 10.11.2011 – Rs. C-348/10, VergabeR 2012, 164 ff., Rdn. 48 ff. – Norma-A; VK Südbayern, Beschl. v. 14.7.2010 – Z3-3-3194-1-29-05/10; VK Lüneburg Beschl. v. 16.10.2008 – VgK 30/2008; *Düsterdiek* in Ingenstau/Korbion, VOB/A Teile A und B, § 23 VOB/A Rdn. 60 ff.; *Reidt/Stickler* in Beck'scher VOB-Kommentar, § 22 VOB/A Rdn. 51 ff.; *Stoye* in FKZGM VOB-Kommentar, § 23 VOB/A Rdn. 10 f. und 12 ff.; *Höfler* WuW 2000, 136, 139.
[16] *Düsterdiek* in Ingenstau/Korbion, VOB/A Teile A und B, § 23 VOB/A Rdn. 46.
[17] Auch als „Öffentlich-private Partnerschaft" („ÖPP") bezeichnet; Vgl. auch *Ganske* in Reidt/Stickler/Glahs, Vergaberecht, 4. Aufl. 2017, § 103 Rdn. 169 sowie zu den vielgestaltigen Varianten und Unterfällen die Darstellung bei *Eschenbruch* in K/K/P/P, Kommentar zum GWB-Vergaberecht, § 103 Rdn. 503 ff.
[18] *Siebel/Klemm*, Handbuch Projekte und Projektfinanzierung, S. 35.

haltige Belastung des öffentlichen Haushalts eintrat[19]. Durch das Gesetz über den Bau und die Finanzierung von Bundesfernstraßen durch Private (Fernstraßenbauprivatfinanzierungsgesetz bzw. FStrPrivFinG)[20] wurde für private Investoren die Möglichkeit geschaffen, zur Finanzierung der Investitionskosten Mautgebühren zu erheben. Durch dieses Gesetz sollten Brücken-, Tunnel-, und Gebirgspassprojekte privat finanziert werden. Die praktische Bedeutung dieses Gesetzes ist, gemessen an der Anzahl der Projekte, gering. Tatsächlich realisiert wurden bislang nur zwei Projekte. So wurde zum einen der Warnowtunnel in Rostock realisiert. Der Konzessionsvertrag wurde am 25.7.1996 auf der Grundlage einer beschränkten Ausschreibung nach öffentlichem Teilnehmerwettbewerb geschlossen. Das Planfeststellungsverfahren wurde Ende 1999 abgeschlossen. Die Investitionssumme belief sich auf rund 220 Mio. Euro. Eröffnet wurde der Warnowtunnel am 12.9.2003[21]. Zum anderen wurde der Herrentunnel in Lübeck realisiert. Die öffentlichen Mittel hätten für das dringend sanierungsbedürftige Projekt nur die Realisierung einer neuen Klappbrücke ermöglicht. Durch die Baukonzession konnte ein moderner Tunnel mit einem Investitionsvolumen von rund 188 Mio. Euro und einer Konzessionsdauer von 30 Jahren realisiert werden. Der Tunnel wurde am 26.8.2005 in Betrieb genommen[22]. Bei beiden Modellen verhält es sich aber nicht so, dass die Realisierung auf Grund nur privatrechtlicher Investitionen erfolgte. Der Bund beteiligte sich bei dem Herrentunnel Lübeck mit rund 88 Mio. Euro. Bei dem Projekt Warnowquerung wurden Kredite durch die Kreditanstalt für Wiederaufbau (KfW) und die Europäische Investitionsbank (EIB) gegeben[23]. Derzeit errichten der Bund und das Land Bremen auf Grundlage des FStrPrivFinG eine Weserquerung am vierten Bauabschnitt der A 281 als bundesweit erstes F-Modell (ausführlich dazu noch unter Rdn. 9) auf Bundesautobahnen[24]. Die PPP-Eignung der Projekte Albaufstieg der A 8 zwischen Mühlhausen und Hohenstadt und Elbquerung der A 20 zwischen Drochtersen und Glückstadt und Kreuz Kehdingen wird untersucht[25].

8   Das Thema PPP[26] bleibt auch auf bundespolitischer Ebene aktuell. Im November 2008 wurde unter der Federführung des Bundesministeriums der Finanzen (BMF) sowie des damaligen Bundesministeriums für Verkehr, Bau und Stadtentwicklung (BMVBS) als Aktiengesellschaft unter Beteiligung Privater die „ÖPP Deutschland AG" gegründet, aus der durch formwechselnde Umwandlung die „PD – Berater der öffentlichen Hand GmbH" (PD GmbH) entstanden ist. Durch die PD GmbH wird das Ziel verfolgt, PPP-Initiativen zu stärken und zu fördern. Dazu berät die Gesellschaft öffentliche Auftraggeber. Solche öffentlichen Auftraggeber, die an der Gesellschaft beteiligt sind, können die PD GmbH im Wege der In-House-Vergabe ohne weitere Ausschreibung beauftragen (vgl. § 108 Abs. 4 GWB). Zwar wurden zwischenzeitlich auch ernstliche Zweifel daran geäußert, ob PPP-Projekte im Straßenbau überhaupt wirtschaftlich sein können[27]. Der Bund hat nach Bekunden der Bundesregierung mit seinen bisherigen ÖPP-Projekten im Betrieb jedoch überwiegend gute Erfahrungen gemacht[28]. Bis zum November 2014 wurden bundesweit – soweit ersichtlich – 197 PPP-Projekte im Hoch- und Straßenbau mit

---

[19] Dies ergibt sich aus einer Stellungnahme des Bundesrechnungshofes („Bemerkungen des Bundesrechnungshofes 1995 zur Haushalts- und Wirtschaftsführung"), BT-Drs. 13/2600, S. 58, Ziff. 18.1.
[20] BGBl. 1994 I, S. 2243, neugefasst durch Bekanntmachung v. 6.1.2006, BGBl. I S. 49.
[21] Zu diesem Projekt ausführlich *Reidt/Stickler* BauR 1997, 241 ff., 365 ff. und www.warnowquerung.de.
[22] Dazu ausführlich *Reidt* Nord ÖR 1999, 435, 436 ff. und www.herrentunnel.de.
[23] *Siebel/Klemm*, Handbuch Projekte und Projektfinanzierung, S. 36.
[24] www.landesportal-bremen.de; www.bvwp-projekte.de/strasse/A281-G10-HB/A281-G10-HB.html#h1?_grunddaten.
[25] Vgl. *Düsterdiek* in Ingenstau/Korbion, VOB/A Teile A und B, § 23 VOB/A Rdn. 56.
[26] Vgl. hierzu u. a. auch *Leinemann,* Die Vergabe öffentlicher Aufträge, Rdn. 204 ff.
[27] Vgl. Gutachten des Bundesbeauftragten für Wirtschaftlichkeit in der Verwaltung zu Wirtschaftlichkeitsuntersuchungen bei Öffentlich Privaten Partnerschaften (ÖPP) im Bundesfernstraßenbau v. 24.9.2013, Gz. V3-2013-0144, abrufbar unter https://www.bundesrechnungshof.de/de/veroeffentlichungen/gutachten-berichte-bwv/berichte/sammlung/2013-bwv-gutachten-wirtschaftlichkeitsuntersuchungen-bei-oeffentlich-privaten-partnerschaften-oepp-im-bundesfernstrassenbau; sowie die Mitteilung der Bundesvereinigung Mittelständischer Bauunternehmen (BMVB), Vergabeblog.de v. 22.3.2017, Nr. 30216 („ÖPP sind mittelstandsfeindlich").
[28] Vgl. Bericht der Bundesregierung über ÖPP-Projekte im Betrieb v. 26.11.2015, BT-Drs. 18/6898, S. 4, wo es heißt: „Der Bund hat mit den bisherigen ÖPP-Projekten im Betrieb überwiegend gute Erfahrungen gemacht und die Projekterwartungen werden erfüllt. Die ÖPP-Projekte des Bundes zeichnen sich durch eine hohe Termin- und Kostentreue aus. Die bauliche Qualität befindet sich auf einem hohen Niveau. Die bei ÖPP erwarteten Wirtschaftlichkeitsvorteile haben sich weitgehend bestätigt. Auch die Flexibilität der vertraglichen Gestaltung im Hinblick auf die langfristige Bindung wurde positiv beurteilt."

Baukonzessionen 9 § 23 VOB/A

Gesamtinvestitionen von ca. 8,4 Mrd. Euro unter Vertrag genommen. Weitere Projekte befinden sich in Vorbereitung und Ausschreibung[29]. Wie die nachfolgende Auflistung einer Auswahl aktueller bzw. in jüngerer Zeit realisierter Projekte verdeutlicht, ist das Investitionsvolumen (vermerkt in den Klammern) beträchtlich und lässt erwarten, dass die öffentliche Hand zunehmend Infrastrukturprojekte, Schulen, Sportstätten, Verwaltungsgebäude etc. über PPP-Modelle realisieren wird:

Elbphilharmonie in Hamburg (866 Mio. Euro)[30]
Bundesministerium für Bildung und Forschung in Berlin (ca. 115 Mio. Euro)[31]
Landtag in Potsdam (119,6 Mio. Euro)[32]
Zentrales Justiz- und Verwaltungszentrum Wiesbaden (125 Mio. Euro)[33]
Justizvollzugsanstalt in Burg (512 Mio. Euro)[34]
Justizvollzugsanstalt München-Stadelheim (27,6 Mio. Euro)[35]
Klinikgebäude des Universitätsklinikum Köln (75 Mio. Euro)[36]
Westdeutsches Protonentherapiezentrum Essen (WPE) (mehr als 300 Mio. Euro)[37]
Hochtaunus-Kliniken (196,1 Euro)[38]
Hubschraubertrainingssimulatoren in Bückeburg, Holzdorf und Fassberg (245 Mio. Euro)[39]
Hochschulcampus „Neue Mitte Garching" in München (50 Mio. Euro)[40]
Schulen in Frankfurt (106 Mio. Euro)[41]
Schulen in Nürnberg (63,3 Mio. Euro)[42]
Fürst-Wrede-Kaserne (161 Mio. Euro)[43]
Behördenzentrum Heidelberg (40 Mio. Euro)[44]
Bundesautobahn A8 I (AS Augsburg-West – AD München-Allach (316 Mio. Euro)[45]
Bundesautobahn A1 Hamburg – Bremen (ca. 650 Mio. Euro bis Ende 2012)[46]
Bundesautobahn A4 Waltershausen – Herleshausen (550 Mio. Euro)[47]
Parkhaus an der Universitätsklinik Düsseldorf (30 Mio. Euro)[48]
Oversum Vital Resort Winterberg (30 Mio. Euro)[49]
Misburger Bad Hannover (26 Mio. Euro)[50]
Oktopus Bad Siegburg (20 Mio. Euro)[51]
Thermal- und Freizeitbad in Fürth (33 Mio. Euro)[52]
Thermalbad in Wiesbaden (19 Mio. Euro)[53]
Offshore Terminal Bremerhaven (180 Mio. Euro)[54]

Dabei geht die Tendenz der öffentlichen Hand dahin, anstelle der Einbringung öffentlicher Mittel (sog. **F-Modell**) andere Modelle zu entwickeln, in denen keine öffentlichen Gelder zur Verfügung gestellt werden müssen. Durch die Einführung der Lkw-Maut eröffnet sich z.B. die Möglichkeit, die Sanierung und Erweiterung des Bundesfernstraßennetzes dergestalt zu realisie-

---

[29] Vgl. *Düsterdiek* in Ingenstau/Korbion, VOB/A Teile A und B, § 23 VOB/A Rdn. 55.
[30] www.elbphilharmonie.de.
[31] www.oepp-plattform.de.
[32] www.oepp-plattform.de.
[33] www.oepp-plattform.de.
[34] www.sachsen-anhalt.de.
[35] www.oepp-plattform.de.
[36] www.oepp-plattform.de.
[37] www.oepp-plattform.de.
[38] www.oepp-plattform.de.
[39] www.oepp-plattform.de.
[40] www.oepp-plattform.de.
[41] www.oepp-plattform.de.
[42] www.oepp-plattform.de.
[43] www.oepp-plattform.de.
[44] www.oepp-plattform.de.
[45] www.oepp-plattform.de.
[46] www.A1-mobil.de.
[47] www.hochtief-concessions.de/concessions/40.jhtml.
[48] www.parking.bilfinger.de; www.projektdatenbank.de.
[49] www.oversum.de; www.ppp-projektdatenbank.de
[50] www.optisporthealthclub.de/misburgerbad.
[51] www.oktopus-siegburg.de.
[52] www.oepp-plattform.de.
[53] www.oepp-plattform.de.
[54] http://www.bremenports.de.

ren, dass der Vertragspartner den notwendigen Ausbau zweispuriger Autobahnen auf dreispurige komplett auf eigene Kosten vornimmt und im Gegenzug auf dem betroffenen Teilstück insgesamt die Mautgebühren erhält (sog. **A-Modell**)[55]. Basierend auf der Struktur des A-Modells werden aktuell zudem diverse Projekte als sog. Verfügbarkeitsmodelle konzipiert **(V-Modell)**. Hierbei nimmt der private Betreiber für einen bestimmten Streckenabschnitt Planungs-, Bau-, Betriebs- und Erhaltungsaufgaben wahr. Er trägt dabei die Investitions- und Betreiberrisiken und erhält als Gegenleistung ein feststehendes regelmäßiges Entgelt (etwa 85 %). Der restliche Teil der Vergütung wird in Abhängigkeit der Verfügbarkeit und der Vermeidung von Beeinträchtigungen durch Qualitätsmängel geleistet. Beim V-Modell trägt der Auftragnehmer also nicht mehr unmittelbar das Verkehrsmengenrisiko. Vielmehr erhält er eine verkehrsmengenunabhängige Vergütung. Während der Bauphase kann zusätzlich eine Anschubfinanzierung geleistet werden. Bei dem sog. V-Modell handelt es sich um einen Bauvertrag mit einem verfügbarkeitsabhängigen Entgelt. Die Laufzeit beträgt in der Regel 20 bis 30 Jahre[56]. Um die kurzfristige Realisierung von solchen wie weiteren PPP-Modellen zu fördern, setzte das Bundesministerium für Verkehr, Bau und Stadtentwicklung im Jahr 2004 eine „PPP-Task Force" ein, die neben dem „PPP-Handbuch" weitere Leitfäden und Handbücher veröffentlichte. Die Aufgaben der „PPP-Taskforce" wurden im März 2009 durch die ÖPP Deutschland AG übernommen, welche – inzwischen in der Form der PD GmbH (siehe auch Rdn. 7) – Grundlagenarbeiten zur weiteren Verbesserung der Rahmenbedingungen erarbeitet und hiermit einhergehend für die Begleitung der PPP-Projekte des Bundes zuständig ist. Die Grundlagenarbeit der ÖPP Deutschland AG beinhaltet die Erarbeitung von Standards, den Wissenstransfer sowie die Erschließung neuer Sektoren. Im Zuge bereits abgeschlossener Grundlagenarbeiten wurden beispielsweise Marktauswertungen für den IT- und Dienstleistungsbereich oder den Betrieb von Sportstätten durchgeführt. Darüber hinaus wird die Grundlagenarbeit in allen drei genannten Bereichen, d. h. Erarbeitung von Standards, Wissenstransfer und Erschließung neuer Sektoren, vorangetrieben, was eine weitere Konkretisierung der Rahmenbedingungen erwarten lässt.

10   Auf der anderen Seite ist indes stets zu beachten, dass letztlich die Nutzer der Bauwerke, also die Bürger, die Finanzierung leisten sollen (etwa über Nutzungsgebühren, Maut etc.). Aufgrund der dem Konzessionär eingeräumten Nutzungsmöglichkeit und der von dem Konzessionär übernommenen Risiken und Chancen der Finanzierung der Maßnahme durch Dritte wird das besondere Spannungsverhältnis aufgezeigt, so dass sich die Annahme verbietet, die Vergabe einer Baukonzession biete stets Vorteile gegenüber anderen Finanzierungsmodellen (wie etwa dem Leasing).

B. Erörterung

I. Die Baukonzession (§ 23 Abs. 1 VOB/A)

11   **1. Definition.** Gemäß § 23 Abs. 1 VOB/A sind Baukonzessionen **Bauaufträge** zwischen einem Auftraggeber und einem Unternehmen, bei denen die **Gegenleistung** für die Bauarbeiten statt in einer Vergütung in dem **befristeten Recht auf Nutzung der baulichen Anlage, gegebenenfalls zuzüglich der Zahlung eines Preises,** besteht. Aus der Definition wird deutlich, dass die Baukonzession – wie gesagt (vgl. Rdn. 3) – einen Spezialfall des Bauauftrags darstellt, der letztlich alle Merkmale dieser Auftragsart aufweisen muss und sich allein dadurch vom Bauauftrag abgrenzt, dass der Auftraggeber dem Auftragnehmer als Gegenleistung für die erbrachten (Bau-)Leistungen keine Vergütung (Entgelt) zahlt, sondern ihm statt dessen das Recht zur Nutzung der baulichen Anlage (Bauwerk) überträgt, ggf. zuzüglich der Zahlung eines Preises („Draufzahlung", vgl. Rdn. 35 ff.)[57]. Der Begriff **Bauaufträge** in § 23 Abs. 1 VOB/A meint Bauaufträge im Sinne des § 1 EU Abs. 1 VOB/A bzw. des § 103 Abs. 3 GWB bzw. deckt sich mit den dortigen Begriffsverständnissen (vgl. Rdn. 16).

---

[55] Siehe hierzu auch *Wieddekind* in Willenbruch/Wieddekind, Vergaberecht, § 22 VOB/A Rdn. 5; *Byok/Jansen* NZBau 2005, 241 ff.

[56] Näher zum Ganzen *Hermann* in Ziekow/Völlink, Vergaberecht, Vor § 22 VOB/A Rdn. 12 a., der als Beispiele die Ausschreibungen der DEGES betreffend die BAB 9 und die BAB 7 Nord nennt. Siehe ferner in diesem Zusammenhang auch http://www.bmvi.de/SharedDocs/DE/Artikel/StB/oepp-geschaeftsmodelle-v-modell.html?nn=36122.

[57] *Dicks* in KMPP Kommentar zur VOB/A, § 22 Rdn. 1.

Durch den Verweis auf die (sinngemäß anzuwendenden) §§ 1 bis 22 VOB/A in § 23 Abs. 2 **12** VOB/A wird deutlich, welche Vorgaben der öffentliche Auftraggeber bei der Vergabe einer Baukonzession einhalten muss (vgl. zu diesbezüglichen Einzelheiten auch noch Rdn. 59 ff.). Daraus folgt, dass der Konzessionsvertrag durch den Auftraggeber in der Ausschreibungsphase zumindest in den wesentlichen Eckpunkten vorgegeben werden muss. Behörden sind damit befasst, Musterkonzessionsverträge zu entwickeln, um eine möglichst einheitliche Handhabung sicherzustellen. Für Maßnahmen nach dem Fernstraßenbauprivatfinanzierungsgesetz (FStrPriv-FinG) hat das Bundesministerium für Verkehr, Bau und Stadtentwicklung (BMVBS) ein Gutachten nebst Erläuterungsbericht zu einem Musterkonzessionsvertrag, eine Mustermautverordnung sowie Ausschreibungs- und Verdingungsunterlagen erstellt und veröffentlicht[58]. Um den Bundesländern eine allgemeine Ausgangsbasis für die weitere Durchführung von Projekten gemäß dem FStrPrivFinG zu geben, wurden durch die Gutachtergruppe die Grundlagen für die vergabe- und vertragsrechtlichen Erfordernisse von Betreibermodellen nach dem FStrPrivFinG erarbeitet, wobei Regelungen und Muster zur Ausschreibung und Vergabe, zu Aufbau und Gestaltung eines Musterkonzessionsvertrages als Bestandteil der Verdingungsunterlagen sowie zum Aufbau und der Gestaltung einer Mustermautverordnung erstellt wurden. Auf dieser Grundlage sollen Ausschreibungen und Vergaben durchgeführt und Konzessionsverträge für Betreibermodelle in Deutschland abgeschlossen werden können[59].

2. Rechtsnatur. Die Rechtsnatur der Baukonzession hängt vom Vertragsgegenstand ab und **13** davon, ob dieser dem öffentlichen oder dem bürgerlichen Recht zuzurechnen ist[60]. In aller Regel ist die Rechtsnatur des Baukonzessionsvertrages eine **zivilrechtliche** Gestattung zur Nutzung der baulichen Anlage durch den Konzessionär. Diese Gestattung ist die Gegenleistung des Auftraggebers zu der vom Konzessionär übernommenen Verpflichtung zur Herstellung der baulichen Anlage. Es handelt sich regelmäßig also nicht etwa um eine hoheitliche, d. h. öffentlich-rechtliche Erlaubnis (Zulassung). Etwas anderes kann jedoch dann gelten, wenn die Konzession mit der Einräumung hoheitlicher Befugnisse (z. B. in Form einer Beleihung) einhergeht[61]. In solchen Fällen kann eine öffentlich-rechtliche Natur gegeben sein[62]. Dies kommt beispielsweise für Betreibermodelle in Form des sog. F-Modells (vgl. Rdn. 9) in Betracht, bei denen auf der Grundlage von § 15 FStrG i. V. m. dem FStrPrivFinG Bau, Unterhaltung, Betrieb und Finanzierung auf einen privaten Betreiber übertragen werden, einschließlich der Befugnis zur Einziehung der von den Straßenbenutzern zu entrichtenden Mautgebühren[63]. In der Praxis erweist sich die Abgrenzung oftmals als schwierig, da die in Rede stehenden Verträge sowohl zivilrechtliche (Bau, Unterhaltung, Betrieb) als auch öffentlich-rechtliche (etwa Übertragung von Hoheitsbefugnissen) Regelungsgegenstände enthalten. Um einen Vertrag als öffentlich-rechtlich qualifizieren zu können, genügt indes allein der Umstand, dass durch ihn im Allgemeininteresse liegende Aufgaben erfüllt werden sollen, nicht aus. Denn weder die Motivation noch das angestrebte Ziel der Aufgabenerfüllung bestimmen maßgeblich die Rechtsnatur,

---

[58] *Limberger/Kirchhoff/Wolfers/Häuser/Landgraf/Tomas/Knoll/Ditter/Stappert/Moutty*, Gutachten und Erläuterungsbericht zu einem Musterkonzessionsvertrag, einer Mustermautverordnung und Ausschreibungs- und Verdingungsunterlagen nach dem Fernstraßenbauprivatfinanzierungsgesetz, in: Schriftenreihe Forschung, Straßenbau und Straßenverkehrstechnik (2001), Heft 822.
[59] Bislang wurden etwa in Bayern (AllMbl Nr. 2/2015 v. 27.2.2015, S. 67) und Baden-Württemberg Musterkonzessionsverträge für Strom und Gas veröffentlicht. Der Musterkonzessionsvertrag Baden-Württemberg war dabei bereits Gegenstand gerichtlicher Entscheidungen, vgl. BGH Urt. v. 7.10.2014 – EnZR 86/13, NZBau 2015, 115 sowie in der Vorinstanz OLG München Urt. v. 26.9.2013 – U 3589/12 Kart, ZNER 2014, 90 ff.
[60] BVerwG Urt. v. 11.2.1993 – 4 C 18/91, BVerwGE 92, 56, 64; *Herrmann* in Ziekow/Völlink, Vergaberecht, § 22 VOB/A Rdn. 5.
[61] *Herrmann* in Ziekow/Völlink, Vergaberecht, § 22 VOB/A Rdn. 5, nachdem eine öffentlich-rechtliche Rechtsnatur insbesondere für Betreibermodelle in Form des sog. F-Modells, bei denen auf Grundlage von § 15 FStrG i. V. m. FStrPrivFinG Bau, Unterhaltung, Betrieb und Finanzierung einschließlich der Befugnis zur Einziehung von Mautgebühren auf einen privaten Betreiber übertragen werden, in Betracht kommt.
[62] Vgl. BGH, Beschl. v. 23.1.2012 – X ZB 5/11, VergabeR 2012, 440 ff.; *Herrmann* in Ziekow/Völlink, Vergaberecht, § 22 VOB/A Rdn. 5.
[63] Vgl. *Ganske* in *Reidt/Stickler/Glahs*, Vergaberecht, 4. Aufl. 2017, § 103 Rdn. 17; *Herrmann* in Ziekow/Völlink, Vergaberecht, § 22 VOB/A Rdn. 5. Anders verhält es sich dagegen mit den Betreibermodellen in Form des sog. A-Modells. Diese stellen regelmäßig einen privat-rechtlichen Vertrag dar, zumal sie auch nicht mit einer (anteiligen) Übertragung der Straßenbaulast einhergehen.

sondern die dafür gewählte (Rechts-)Form der Umsetzung[64]. Demzufolge ist die Baukonzession – zumindest im Regelfall – insgesamt als **privatrechtlicher** Vertrag einzuordnen[65]. Der Baukonzessionsvertrag hat dabei jedoch nur **werkvertragsähnlichen** Charakter[66]. Denn während § 631 BGB für den Werkvertrag ausdrücklich die Verpflichtung des Bestellers zur Entrichtung einer **Vergütung** vorsieht, erhält der Konzessionär für die Übernahme seiner Verpflichtungen keine **Vergütung,** sondern als Gegenleistung die **Berechtigung zur Nutzung der baulichen Anlage,** gegebenenfalls zuzüglich einer **Zuzahlung**[67].

14 Ebenfalls privatrechtlich ausgestaltet ist die Phase der Nutzung der baulichen Anlage durch den Konzessionär. Letzterer wird für die öffentliche Hand insoweit regelmäßig als Verwaltungshelfer auf der Grundlage eines privatrechtlichen Vertrages tätig. Dies gilt auch dann, wenn zur Refinanzierung der Maßnahme nicht private Entgelte von den jeweiligen Nutzern vereinnahmt, sondern hoheitliche Gebühren festgesetzt werden oder dem Konzessionär die Befugnis eingeräumt wird, öffentlich-rechtliche Abgaben zu erheben[68]. Zu beachten ist jedoch, dass dann, wenn die Refinanzierung über Gebühren erfolgen soll, entsprechende gesetzliche Ermächtigungsgrundlagen bestehen müssen (siehe auch Rdn. 32 f.)[69].

15 Unter dem Blickwinkel des Vergaberechts kommt es – zumindest was das Vergabeverfahren als solches betrifft – auf die privat- oder öffentlich-rechtliche Einordnung des Vertrages indes nicht an. Vergaberechtlich betrachtet sind für die Baukonzession im Bereich unterhalb der Schwellenwerte (vgl. zum Bereich oberhalb der Schwellenwerte Rdn. 2) bei Vorliegen der Definitionsvoraussetzungen gemäß § 23 Abs. 1 VOB/A – so oder so – die §§ 1 bis 22 VOB/A sinngemäß anzuwenden. Unterschiede können sich jedoch hinsichtlich des Rechtsschutzes und des dafür eröffneten Rechtsweges ergeben (vgl. dazu noch unter Rdn. 75 ff.).

16 **3. Voraussetzungen. a) Bauauftrag.** § 23 Abs. 1 VOB/A beschreibt die Baukonzession als einen speziellen Vertrag über die Durchführung eines **Bauauftrags.** Der Begriff des Bauauftrags ist ein solcher des Kartellvergaberechts und wird lediglich dort in § 1 EU Abs. 1 VOB/A und § 103 Abs. 3 GWB legaldefiniert. Der sachliche Anwendungsbereich des 1. Abschnitts der VOB wird hingegen in § 1 VOB/A durch die Verwendung des Begriffs „Bauleistungen" geregelt. Im Ergebnis bestehen zwischen den Begriffen allerdings keine (erheblichen) inhaltlichen Unterschiede, sondern werden diese weitgehend synonym verwendet[70] (vgl. dazu vertiefend § 1 VOB/A Rdn. 3), so dass, was die Wesensmerkmale eines Bauauftrags betrifft, auf die Kommentierung zu § 1 EU Abs. 1 VOB/A verwiesen werden kann[71].

17 Da die Baukonzession – abgesehen davon, dass das Entgelt funktionell durch die Übertragung des Nutzungsrechts ersetzt wird[72] – ansonsten alle weiteren Voraussetzungen eines öffentlichen Bauauftrags erfüllen muss, muss sie insbesondere auch einen hinreichenden **Beschaffungsbezug** aufweisen. Diesbezüglich hat der **EuGH** in der Rechtssache **„Helmut Müller GmbH"** am 25.3.2010 entschieden, dass der öffentliche Auftrag-/Konzessionsgeber ein **eigenes wirtschaftliches Interesse** an der geforderten Leistung haben muss[73]. Dieses wirtschaftliche Interesse ist dann gegeben, wenn die zu erbringende Bauleistung dem Auftraggeber **unmittelbar wirtschaftlich zugute kommt**[74]. Dies kann insbesondere dann angenommen werden, wenn der Konzessionsgeber Eigentum an den Bauwerken oder einen Rechtstitel zur Sicherung einer öffentlichen Zweckbestimmung der Bauleistung erwirbt, er wirtschaftliche Vorteile aus deren Nutzung oder Veräußerung ziehen kann oder Risiken für den Fall eines wirtschaftlichen Fehl-

---

[64] BVerwG Urt. v. 11.2.1993 – 4 C 18/91, BVerwGE 92, 56, 64; *Herrmann* in Ziekow/Völlink, Vergaberecht, § 22 VOB/A Rdn. 5.
[65] *Reidt/Stickler* BauR 1997, 365 f.
[66] *Düsterdiek* in Ingenstau/Korbion, VOB Teile A und B, § 23 VOB/A Rdn. 71; *Reidt/Stickler* in Beck'scher VOB-Kommentar, § 22 VOB/A Rdn. 62.
[67] *Düsterdiek* in Ingenstau/Korbion, VOB Teile A und B, § 23 VOB/A Rdn. 71 ff.
[68] *Reidt/Stickler* BauR 1997, 365 f.
[69] Vgl. OLG Düsseldorf Beschl. v. 19.10.2011 – VII-Verg 51/11; *Reidt/Stickler* BauR 1997, 365 f.
[70] Vgl. *Marx* in KMPP Kommentar zur VOB/A, § 1 Rdn. 32; *Klein/Franke* in FKZGM VOB-Kommentar, § 1 VOB/A Rdn. 1 f; *Stoye*, in: FKZGM VOB-Kommentar, § 23 VOB/A Rdn. 4.
[71] Vgl. ferner auch die Kommentierungen zu § 103 Abs. 3 GWB, beispielsweise bei *Ganske* in Reidt/Stickler/Glahs, Vergaberecht, 4. Aufl. 2017, § 103 Rdn. 70 ff.
[72] Vgl. OLG Düsseldorf Beschl. v. 2.10.2008 – Verg 25/08, NZBau 2008, 727, 732, *Stoye* in FKZGM VOB-Kommentar, § 23 VOB/A Rdn. 3.
[73] EuGH Urt. v. 25.3.2010 – Rs. C-451/08; VergabeR 2010, 441, 446, Rdn. 49 – Helmut Müller GmbH; *Diemon-Wies* VergabeR 2016, 162, 163.
[74] EuGH Urt. v. 25.3.2010 – Rs. C-451/08; VergabeR 2010, 441, 446, Rdn. 50 – Helmut Müller GmbH.

schlags übernommen hat[75]. Dabei muss **die Bauleistung nicht zwangsläufig in einem gegenständlichen oder körperlichen Sinn für den Konzessionsgeber beschafft werden**[76]. Es genügt, dass der öffentliche Auftraggeber wirtschaftliche Vorteile aus der zukünftigen Nutzung oder Veräußerung des Bauwerks ziehen kann[77].

Einen solchen unmittelbaren wirtschaftlichen Vorteil verneint hat die VK Schleswig-Holstein für den Fall eines Investorenprojektes auf teilweise eigenen Grundstücken, bei dem die betroffenen Kommune keinerlei Investitionsrisiko trug und der gezogene Nutzen sich allein auf die **Bereitstellung öffentlicher Parkflächen** erschöpfte, wobei – nach Ansicht der Vergabekammer – zusätzlich ins Gewicht fiel, dass die Parkplätze nicht gebührenpflichtig waren und die betroffene Kommune dadurch auch keine Einnahmen generieren konnte[78]. Im Einklang hiermit haben auch das OLG Düsseldorf[79] und das OLG Schleswig[80] festgestellt, dass Parkplätze nur dann ein unmittelbares wirtschaftliches Interesse auslösen, sofern sie dem Allgemeinheit oder dem öffentlichen Auftraggeber selbst dienen. Erforderlich ist also, dass ein Bauwerk (Parkplatz) entweder vom öffentlichen Auftraggeber selbst oder aufgrund eines Rechtstitels von der Öffentlichkeit, zum Beispiel als öffentlich gewidmetes Parkhaus, genutzt wird. Sind Parkplätze dagegen zu einem rein privaten Gebrauch durch die Nutzer des zu errichtenden Bauwerks bestimmt, liegt keine öffentliche Zweckbestimmung vor. Eine rein faktische Nutzung durch private Dritte oder die Vermietung an Private begründet hingegen keine öffentliche Zweckbestimmung der Parkplätze[81]. Darüber hinaus hat das OLG Düsseldorf darauf hingewiesen, dass auch die **Begründung von Gehrechten zugunsten der Öffentlichkeit** grundsätzlich nicht in den Anwendungsbereich von § 103 Abs. 3 fällt, weil es diesbezüglich regelmäßig bereits an der Errichtung eines Bauwerks fehlt[82].

Praxisrelevant ist in diesem Zusammenhang häufig auch die Frage, wann von einer finanziellen Beteiligung des öffentlichen Auftraggebers an der Erstellung eines Bauwerks auszugehen ist. Dies ist unzweifelhaft immer dann der Fall, wenn sich der öffentliche Auftraggeber **vollständig oder jedenfalls zum Teil finanziell an der Erstellung des Bauwerks beteiligt**[83]. Darüber hinaus wird man dies insbesondere aber auch in den Fällen annehmen müssen, in denen der öffentliche Auftraggeber bei der Veräußerung des Grundstücks einen **Kaufpreisnachlass** gewährt oder das betroffene **Grundstück unter Marktwert veräußert**. Denn eine Reduzierung des – dem Marktwert entsprechenden – Kaufpreises stellt faktisch einen Zuschuss zur baulichen Realisierung einer Maßnahme dar und muss damit im Ergebnis als finanzielle Beteiligung an der Realisierung des Bauwerks betrachtet werden[84]. Hierauf haben insbesondere auch das OLG Düsseldorf[85] und das OLG Schleswig[86] hingewiesen, wobei das OLG Schleswig einen Grundstücksverkauf zu einem Preis von ca. 3 % unter dem von einem Gutachterausschuss festgestellten Verkehrswert noch als Verkauf zum Marktwert angesehen hat[87]. Etwas anderes gilt nach Entscheidungen des OLG Brandenburg und des OLG München in Fällen der **Veräußerung von Grundstücken im Rahmen der Wohnraumförderung ohne weitergehende Verpflichtungen des Erwerbers**[88].

---

[75] EuGH Urt. v. 25.3.2010 – Rs. C-451/08; VergabeR 2010, 441, 446, Rdn. 50 ff. – Helmut Müller GmbH; OLG Schleswig Beschl. v. 15.3.2013 – 1 Verg 4/12, NZBau 2013, 453.
[76] EuGH Urt. v. 25.3.2010 – Rs. C-451/08; VergabeR 2010, 441, 447, Rdn. 54, 58 – Helmut Müller GmbH; *Dicks* in K/K/P/P, Kommentar zum GWB-Vergaberecht, § 105 Rdn. 9.
[77] EuGH Urt. v. 25.3.2010 – Rs. C-451/08; VergabeR 2010, 441, 447, Rdn. 52 – Helmut Müller GmbH.
[78] VK Schleswig-Holstein Beschl. v. 17.8.2012 – SH-17/12.
[79] OLG Düsseldorf Beschl. v. 9.6.2010 – VII-Verg 9/10, NZBau 2010, 580 ff.
[80] OLG Schleswig Beschl. v. 15.3.2013 – 1 Verg 4/12, NZBau 2013, 453 ff.
[81] OLG Düsseldorf Beschl. v. 9.6.2010 – VII-Verg 9/10, NZBau 2010, 580 ff.; sowie *Düsterdiek* in Ingenstau/Korbion, VOB Teile A und B, § 23 VOB/A Rdn. 18.
[82] OLG Düsseldorf Beschl. v. 9.6.2010 – VII-Verg 9/10, NZBau 2010, 580 ff.; sowie *Düsterdiek* in Ingenstau/Korbion, VOB Teile A und B, § 23 VOB/A Rdn. 18.
[83] *Düsterdiek* in Ingenstau/Korbion, VOB Teile A und B, § 23 VOB/A Rdn. 20.
[84] Vgl. *Greim* ZfBR 2011, 126, 128; *Haak* VergabeR 2011, 315, 355; *Hertwig* NZBau 2011, 9, 10; *Düsterdiek* in Ingenstau/Korbion, VOB Teile A und B, § 23 VOB/A Rdn. 20.
[85] OLG Düsseldorf Beschl. v. 9.6.2010 – VII-Verg 9/10, NZBau 2010, 580 ff.
[86] OLG Schleswig Beschl. v. 15.3.2013 – 1 Verg 4/12, NZBau 2013, 453 ff.
[87] Vgl. OLG Schleswig Beschl. v. 15.3.2013 – 1 Verg 4/12, NZBau 2013, 453 ff.; sowie *Düsterdiek* in Ingenstau/Korbion, VOB Teile A und B, § 23 VOB/A Rdn. 21.
[88] Vgl. OLG Brandenburg Beschl. v. 24.4.2012 – 6 W 149/11, VergabeR 2012, 922 ff.; OLG München Beschl. v. 27.9.2011 – Verg 15/11, NZBau 2012, 134 ff.

20 Darüber hinaus ist die **Eingehung einer einklagbaren Bau- oder Realisierungsverpflichtung** erforderlich[89]. Auch dies hat der **EuGH** in der Entscheidung „Helmut Müller GmbH" vom 25.3.2010 klargestellt und ausdrücklich darauf hingewiesen, dass der Auftragnehmer direkt oder indirekt die Verpflichtung zur Erbringung der Bauleistungen, die Gegenstand des Auftrags sind, übernehmen muss, und es sich insoweit um eine nach den im nationalen Recht geregelten Modalitäten einklagbare Verpflichtung handeln muss[90]. Demzufolge ist eine **vollstreckbare Bauverpflichtung** erforderlich. **Schlichte Rücktritts- oder Wiederverkaufsrechte sind nicht ausreichend,** um eine einklagbare Bauverpflichtung im Sinne der EuGH-Rechtsprechung zu begründen[91]. Denn hierdurch wird keine über eine mögliche Rückabwicklung hinausgehende Verpflichtung eingegangen, so dass von einer eigenständigen Verpflichtung zur Erbringung einer Bauleistung nicht die Rede sein kann[92]. **Problematisch** erweisen sich in diesem Kontext jedoch solche Rückabwicklungsregelungen, die den Auftragnehmer (zusätzlich) belasten, sei es in Form einer ausdrücklich vereinbarten **Vertragsstrafenregelung** oder sei es in Form einer für den Käufer **unvollständigen Rückabwicklung,** weil er z. B. nur Teile des von ihm bezahlten Kaufpreises zurückbekommt[93]. In derartigen Fällen liegt es nahe, von einer faktischen Bauverpflichtung zu sprechen[94], so dass es insoweit – zumindest aus Gründen der Vorsorge – zu empfehlen ist, von der Anwendbarkeit des Vergaberechts auszugehen[95]. Als **ebenfalls problematisch** kann sich in diesem Zusammenhang auch die Behandlung von **Durchführungsverträgen mit Durchführungspflicht gemäß § 12 Abs. 1 und 6 BauGB** erweisen. Das **OLG Schleswig** hat insoweit eine einklagbare Bauverpflichtung mit der Begründung verneint, dass es zwar möglich sei, im Falle von Leistungsstörungen eine Ersatzvornahme vertraglich zu vereinbaren. Bei „lebensnaher Betrachtung" sei allerdings davon auszugehen, dass es zur Ersatzvornahme nicht komme, da die Kommune entsprechend der „Soll-Vorschrift" des § 12 Abs. 6 BauGB eher den Bebauungsplan aufheben werde. Eine Einklagbarkeit sei somit nicht gegeben. Dies solle auch dann gelten, wenn für den Fall von Leistungsstörungen die Ersatzvornahme vertraglich vereinbart und zur Absicherung der Durchführung eine (hohe) Sicherheit zu leisten ist[96]. Die Entscheidung des OLG Schleswig ist jedoch, insbesondere hinsichtlich ihrer Verallgemeinerungsfähigkeit, mit einer gewissen Vorsicht zu genießen. Grundsätzlich ist es nämlich durchaus kritisch zu bewerten, wenn im Rahmen eines Grundstücksgeschäfts eine nicht in § 12 BauGB vorgesehene Berechtigung zur Ersatzvornahme vereinbart wird. Wenn der Auftraggeber das Bauprojekt tatsächlich realisiert sehen möchte, wird er bei Leistungsstörungen nämlich regelmäßig nichts anderes als die Berechtigung zur Ersatzvornahme einklagen (vgl. § 887 ZPO). Vertraglich vorgesehene Ersatzvornahmerechte können daher eine starke Indizwirkung dahingehend haben, dass die Parteien im Ergebnis eine einklagbare Bauverpflichtung im Sinne der EuGH-Rechtsprechung vereinbaren wollen[97]. Wenn zur Realisierung des Vorhabens ferner auf eine sehr hohe Sicherheit zurückgegriffen werden kann, erscheint es zudem keineswegs „lebensfremd", dass die Kommune im Zweifelsfall – sei es ganz oder teilweise – den Weg der Ersatzvornahme wählt[98].

21 b) Vertrag. Eine Baukonzession im Sinne von § 23 Abs. 1 VOB/A setzt ausweislich des Wortlautes der Bestimmung überdies einen **Vertrag** voraus. Ein Vertrag ist die von zwei oder

---

[89] Vgl. EuGH Urt. v. 25.3.2010 – Rs. C-451/08, VergabeR 2010, 441, 447, Rdn. 59–63 – Helmut Müller GmbH. Ähnlich auch bereits die Schlussanträge des Generalanwalts *Mengozzi* v. 17.11.2009 in der Rs. C-451/08, Rdn. 80. Ebenso VK Darmstadt Beschl. v. 4.9.2008 – 69d-VK-30/08, NZBau 2008, 795; VK Darmstadt Beschl. v. 19.12.2007 – 69d-VK-06/2008, NZBau 2008, 339 f.

[90] Vgl. EuGH Urt. v. 25.3.2010 – Rs. C-451/08, VergabeR 2010, 441, 447, Rdn. 59–63 – Helmut Müller GmbH. Ähnlich auch bereits die Schlussanträge des Generalanwalts *Mengozzi* v. 17.11.2009 in der Rs. C-451/08, Rdn. 80.

[91] Vgl. VK Mecklenburg-Vorpommern Beschl. v. 27.10.2011 – 3 VK 4/11, IBR 2012 2582; VK Baden-Württemberg Beschl. v. 12.1.2011 – 1 VK 67/10, IBR 2011, 1404; VK Darmstadt Beschl. v. 5.3.2008 – 69d-VK-06/2008, NZBau 2008, 339 ff.; *Gartz* NZBau 2010, 293, 296; *Hertwig* NZBau 2011, 9, 14; *Düsterdiek* in Ingenstau/Korbion, VOB Teile A und B, § 23 VOB/A Rdn. 19 und 25.

[92] So *Hertwig* NZBau 2011, 9, 14; zustimmend *Düsterdiek* in Ingenstau/Korbion, VOB Teile A und B, § 23 VOB/A Rdn. 19.

[93] *Hertwig* NZBau 2011, 9, 14.

[94] Vgl. *Terwiesche* Der Bauverwaltungsprozess, 2012, Rdn. 449; *Hertwig* NZBau 2011, 9, 14; *Düsterdiek* in Ingenstau/Korbion, VOB Teile A und B, § 23 VOB/A Rdn. 19.

[95] So auch *Düsterdiek* in Ingenstau/Korbion, VOB Teile A und B, § 23 VOB/A Rdn. 19.

[96] OLG Schleswig Beschl. v. 15.3.2013 – 1 Verg 4/12, NZBau 2013, 453 ff.

[97] Vgl. hierzu auch OLG Köln Beschl. v. 4.10.2011 – 16 W 29/11, BeckRS 2012, 09191.

[98] So *Hahn* IBR 2013, 1143.

mehreren Personen erklärte Willensübereinstimmung über die Herbeiführung eines rechtlichen Erfolges und setzt übereinstimmende Willenserklärungen der betroffenen Rechtssubjekte voraus[99]. Da § 23 Abs. 1 VOB/A von einer „Gegenleistung" spricht, muss der Vertrag zudem **gegenseitig** sein, also beide Vertragsparteien zur Leistung und Gegenleistung verpflichten. Die Erfüllung dieses Kriteriums geht jedoch bereits mit der wesenstypischen und notwendigen Übertragung (zumindest eines wesentlichen Teils) des Nutzungsrisikos einher. Eine (Bau-)Konzession ist folglich ausgeschlossen bei einseitigen Verträgen, die nur einer Partei eine Leistungspflicht auferlegen, etwa dem Auftragnehmer eine Baupflicht, während die andere Partei ausschließlich Rechte aus dem Vertrag zieht. Charakteristisch für einen Vertrag ist schließlich auch die grundsätzliche rechtliche Gleichordnung der Vertragsparteien und der Grundsatz der Vertragsfreiheit, was die Existenz eines gewissen (Mindest-)Maßes an Spielraum für den Auftragnehmer bei der Ausgestaltung der Auftragsbedingungen bedingt[100] (vgl. hierzu auch noch Rdn. 22).

An einem (Konzessions-)**Vertrag fehlt** es, **wenn der Konzessionsgeber lediglich durch** 22 **einseitigen Verwaltungsakt die Konzession hoheitlich verfügt.** Ein Verwaltungsakt ist jede Verfügung, Entscheidung oder andere hoheitliche Maßnahme, die eine Behörde zur Regelung eines Einzelfalls auf dem Gebiet des öffentlichen Rechts trifft und die auf unmittelbare Rechtswirkung nach außen gerichtet ist (vgl. § 35 Satz 1 VwVfG). Nach überwiegendem nationalen und auch europäischen Verständnis liegt in diesem Fall mangels Vertragsschluss kein Konzessionsvertrag vor[101]. So hat insbesondere auch das **BVerwG** festgestellt, dass bei einer Konkretisierung einer gesetzlich bestehenden Leistungspflicht durch Verwaltungsakt der Anwendungsbereich des Vergaberechts nicht eröffnet ist[102]. Ferner geht auch der **BGH** in seiner Rechtsprechung davon aus, dass eine Entscheidung, die im Vergaberechtsweg nachgeprüft werden kann, nur vorliegt, wenn ein Auftrag und damit eine vertragliche Gestaltung gegeben ist[103]. In auslegungsbedürftigen (Grenz-)Fällen ist eine „Vereinbarung" dann als konzessionsausschließender Verwaltungsakt zu charakterisieren, wenn dem Auftragnehmer kein Spielraum bei der Ausgestaltung der Auftragsbedingungen eingeräumt ist und sich die Beauftragung in einer Gesamtschau als hoheitlicher, einseitiger Akt darstellt[104]. Etwas anderes gilt jedoch wiederum dann, wenn ein Vertrag rechtsmissbräuchlich in die Gestalt eines Verwaltungsakts gekleidet wurde[105].

Irrelevant für die Begriffsdefinition des § 23 Abs. 1 VOB/A ist hingegen die konkrete 23 **Rechtsnatur des Vertrages** (vgl. Rdn. 13 und 15).

Wesentliche Regelungsinhalte typischer Konzessionsverträge können – neben der Ver- 24 pflichtung zur Erbringung einer Bauleistung sowie der Nutzungsrechteübertragung – sein:
– Übertragung der Erlaubnis und Pflicht auf einen privaten Unternehmer zur Errichtung einer baulichen Anlage oder einer anderen Bauleistung (ggf. einschließlich Erhaltungs- und Betriebspflicht);

---

[99] *Ellenberger* in Palandt, Bürgerliches Gesetzbuch, 76. Aufl. 2017, Einf. v. § 145 Rdn. 1.; *Bork* in Staudinger, Kommentar zum Bürgerlichen Gesetzbuch, Neubearbeitung 2015, Vorbem. zu §§ 145–156 Rdn. 2.
[100] Vgl. EuGH Urt. v. 18.12.2007 – Rs. C-220/06, NJW 2008, 633, Rdn. 51 und 54; Urt. v. 12.7.2001 – Rs. C-399/98, Slg. 2001, I-5409, NZBau 2001, 512, 515f., Rdn. 71 – Teatro alla Bicocca; OVG Magdeburg Urt. v. 22.2.2012 – 3 L 259/10.
[101] Vgl. EuGH Urt. v. 18.12.2007 – Rs. C-220/06, NJW 2008, 633, Rdn. 51 und 54; EuGH Urt. v. 12.7.2001 – Rs. C-399/98, Slg. 2001, I-5409, NZBau 2001, 512, 515f., Rdn. 71 – Teatro alla Bicocca; BVerwG Beschl. v. 18.10.2007 – 7 B 33.7, NVwZ 2008, 694ff.; OVG Magdeburg v. 22.2.2012 – 3 L 259/ 10; BGH Beschl. v. 12.6.2001 – X ZB 10/01, DÖV 2001, 1006f. = WuW/E Verg. 481 (2001); *Burgi* NZBau 2002, 57, 62; *Endler* NZBau 2002, 125, 129; *Ganske* in Reidt/Stickler/Glahs, Vergaberecht, 4. Aufl. 2017, § 103 Rdn. 9ff. und § 105 Rdn. 18; *Eschenbruch* in KKPP Kommentar zum GWB-Vergaberecht, § 103 Rdn. 62; *Frenz*, Handbuch Europarecht, Band 3, Beihilfe- und Vergaberecht, S. 636, Rdn. 2077ff.; *Zeiss*, DVBl. 2003, 435, 436. Allerdings vertreten die EU-Kommission und Stimmen in der Literatur die Ansicht, dass ausnahmsweise auch einseitige (Verwaltungs-)Akte vergaberechtlich relevant sein können, wenn unter **funktionaler Sichtweise** das Vorgehen als Vertrag einzustufen ist. Denn handeln die Beteiligten den Verwaltungsaktinhalt vertragsähnlich aus, soll kein Grund bestehen, das Vergaberecht nicht anzuwenden. Daher sei für jeden Beschaffungsverwaltungsakt zu prüfen, ob nicht ein verdeckter Vertrag vorliege. Vgl. Grünbuch zu öffentlich-privaten Partnerschaften und den gemeinschaftlichen Rechtsvorschriften für öffentliche Aufträge und Konzessionen v. 30.4.2004, KOM (2004) 327 endgültig, Rdn. 57; *Koenig/Harratsch* NJW 2003, 2637, 2639; *Wilke* ZfBR 2004, 141, 142; *Ruhland/Burgi* VergabeR 2005, 1 ff.
[102] BVerwG Beschl. v. 18.10.2007 – 7 B 33.07, NVwZ 2008, 694 ff.
[103] BGH Beschl. v. 1.2.2005 – X ZB 27/04, VergabeR 2010, 799, Rdn. 13.
[104] EuGH Urt. v. 18.12.2007 – Rs. C-220/06, NJW 2008, 633, Rdn. 51; *Braun* in Müller-Wrede, Kommentar zum GWB-Vergaberecht, § 105 Rdn. 21 ff.
[105] *Braun* in Müller-Wrede, Kommentar zum GWB-Vergaberecht, § 105 Rdn. 22.

– Sicherstellung der Projektfinanzierung, bestehend aus der Vorfinanzierung der Bauleistung und laufender Sicherstellung von zur Verfügung stehendem Kapital für Erhaltung und Betrieb durch den privaten Unternehmer; Patronat für oder Eintrittsrechte des/der Finanzierer(s) im Krisenfall;
– Übertragung von Planung, Ausführung und Betrieb des Projekts auf den privaten Unternehmer während der Konzessionsdauer, einschließlich der Planung, Verantwortung und Baugrundrisiken;
– Bestimmung des Konzessionszeitraums einschließlich eventueller Verlängerungen oder Verkürzungen, Kündigung- oder Eintrittsrechte bzw. -pflichten für Krisensituationen sowie
– Regelungen zur Übergabe des Projektes ggf. mit einer Definition von dabei einzuhaltenden Zustandsparametern und Erhaltungszuständen nach Ablauf der Konzessionszeit[106].

Darüber hinaus kommen als Regelungsinhalte Detailfragen im Zusammenhang mit Wartung, Instandhaltung und Verkehrssicherung sowie Freistellungsbestimmungen, Vertragsstrafen, Eintrittsrechte oder Befugnisse zur Erhebung von Benutzungsentgelten etc. in Betracht[107].

25 **c) Beteiligte.** Vertragspartner der Baukonzession sind der Konzessionsgeber und der Konzessionsnehmer.

26 **Konzessionsgeber** muss – wie beim öffentlichen Bauauftrag auch – ein **öffentlicher Auftraggeber** bzw. eine sonstige Stelle sein, die kraft einer von ihr zu beachtenden rechtlichen Bestimmung oder u. U. im Einzelfall aufgrund eines Zuwendungsbescheides zur Beachtung des 1. Abschnitts der VOB/A verpflichtet ist. Der Konzessionsgeber muss auf Seiten der Güternachfrage am Markt auftreten, mithin also als Beschaffer[108]. Dementsprechend muss die Vergabe einer Konzession – wie bereits oben unter Rdn. 17 ff. dargestellt – insbesondere auch einen **Beschaffungsbezug** aufweisen.

27 Der **Konzessionsnehmer** muss ein **Unternehmen** sein. Der vergaberechtliche Begriff des Unternehmens ist indes nicht deckungsgleich mit dem im Sinne von § 14 BGB. Vielmehr gilt ein grundsätzlich weit auszulegender, sog. **funktionaler Unternehmensbegriff.** Hierunter fallen alle Rechtsträger, gleichgültig welcher Rechtsform, die sich wirtschaftlich betätigen[109]. Für die Unternehmenseigenschaft kommt es nicht auf eine Gewinnerzielungsabsicht an[110]. Maßgeblich ist vielmehr allein die Marktbezogenheit der Tätigkeit. Dies bedeutet, dass die Betätigung auf einem Markt erfolgt, auf dem andere gewerbliche Unternehmen typischerweise ihre Leistungen anzubieten pflegen und damit zu diesen ein Wettbewerbsverhältnis entsteht[111]. Zu denken ist insoweit zunächst an das Bauunternehmen, das die bauliche Anlage selbst errichtet. In der Regel werden Projektentwickler, Finanzierungskonsortien etc. die Baukonzessionen nehmen, da allein diese in der Lage sein werden, die Vorfinanzierungskosten zu sichern, so dass im Regelfall die eigentlichen Bauleistungen durch Vergabe entsprechender Bauaufträge an Dritte erbracht werden. Art und Umfang der Vergabe von Bauaufträgen an Dritte sollten in dem Vertrag möglichst umfassend geregelt werden[112].

28 **d) Recht auf Nutzung der baulichen Anlage als Gegenleistung.** Kennzeichen einer Baukonzession gemäß § 23 Abs. 1 VOB/A – und gleichsam Abgrenzungskriterium gegenüber dem Bauauftrag – ist, dass die vom Konzessionsgeber zu erbringende Gegenleistung für die vom Konzessionär ausgeführten Bauarbeiten, also das „funktionale Entgelt", nicht in der Zahlung einer Vergütung, sondern in der **Übertragung eines befristeten Rechts auf Nutzung der**

---

[106] So *Herrmann* in Ziekow/Völlink, Vergaberecht, § 22 VOB/A Rdn. 7.
[107] So *Herrmann* in Ziekow/Völlink, Vergaberecht, § 22 VOB/A Rdn. 8.
[108] OLG Düsseldorf Beschl. v. 28.4.2004 – Verg 2/04, NZBau 2004, 400, 401; BayObLG Beschl. v. 27.2.2003 – Verg 1/03, VergabeR 2003, 329, 331; BayObLG Beschl. v. 4.2.2002 – Verg 1/02, VergabeR 2002, 305, 306; sowie ferner auch *Boesen* Vergaberecht, § 99 Rdn. 11; *Eschenbruch* in K/K/P/P, Kommentar zum GWB-Vergaberecht, § 103 Rdn. 10; *Ganske* in Reidt/Stickler/Glahs, Vergaberecht, 4. Aufl. 2017, § 103 Rdn. 18; *Hailbonner* in Byok/Jaeger, Kommentar zum Vergaberecht, § 99 Rdn. 7; *Rosenkötter/Fritz* NZBau 2007, 559 f.
[109] OLG Naumburg Beschl. v. 3.11.2005 – 1 Verg 9/05, NZBau 2006, 58, 60; OLG Frankfurt/Main Beschl. v. 7.9.2004 – 11 Verg 11/04, VergabeR 2005, 80, 85; OLG Düsseldorf Beschl. v. 5.5.2004 – Verg 78/03, NZBau 2004, 398, 399; sowie *Ganske* in Reidt/Stickler/Glahs, Vergaberecht, 4. Aufl. 2017, § 103 Rdn. 46 f. m. w. N.
[110] BGH Urt. v. 3.7.2008 – I ZR 145/05, BGHZ 177, 150, 156.
[111] BGH Urt. v. 3.7.2008 – I ZR 145/05, BGHZ 177, 150, 156; OLG Frankfurt/Main Beschl. v. 7.9.2004 – 11 Verg 11/04, VergabeR 2005, 80, 85; OLG Düsseldorf Beschl. v. 5.5.2004 – Verg 78/03, NZBau 2004, 398, 399; OLG Naumburg Beschl. v. 3.11.2005 – 1 Verg 9/05, NZBau 2006, 58, 60.
[112] Vgl. dazu für den Bereich oberhalb der Schwellenwerte § 33 KonzVgV.

baulichen Anlage vom Konzessionsgeber auf den Konzessionär liegt[113]. Der Baukonzessionär trägt daher neben dem ihm originär obliegenden **Baurisiko** auch das **Nutzungsrisiko**, mithin also solche Unwägbarkeiten, die mit der Verwaltung und der Inanspruchnahme einer Einrichtung üblicherweise verbunden sind[114]. Dies folgt letztlich aus dem entgeltersetzenden Charakter der Übertragung des Nutzungsrechts. Nicht notwendig ist es dabei, dass der Auftrag-/Konzessionsgeber keinerlei Nutzungsrisiko trägt. Auch steht es dem Umstand, dass der Baukonzessionär das wirtschaftliche Risiko trägt, dass seine Leistungen am Markt nicht nachgefragt werden, nicht entgegen, dass der Auftraggeber dem Baukonzessionär zusätzlich zu der Übertragung des Nutzungsrechts ein Entgelt zahlt (sog. „Draufzahlung") – so wie dies § 23 Abs. 1 VOB/A auch ausdrücklich vorsieht. Solange bei dem Baukonzessionär ein nicht unwesentliches wirtschaftliches Risiko verbleibt, liegt trotz allem eine Baukonzession vor (siehe hierzu auch Rdn. 35 ff. und 46 ff.)[115].

An der Verschaffung eines Nutzungsrechtes – und damit an dem entgeltersetzenden Charakter des Vertrages – fehlt es, wenn der Investor sein Eigentum nicht von der öffentlichen Hand, sondern aus eigenem Eigentum bzw. eigenen (eigentumsähnlichen) Rechten oder einem privaten Dritten ableitet. Denn dann beruht die Nutzungsmöglichkeit, die ihm auch die Refinanzierung seiner Baukosten ermöglicht, ausschließlich auf privatem Eigentum[116]. Erwirbt der Investor das Grundstück vom öffentlichen Auftraggeber ist dies zwar grundsätzlich anders, allerdings ist dann zu beachten, dass durch den Verkauf des Baugrundstücks dem Baukonzessionär regelmäßig ein unbefristetes Nutzungsrecht eingeräumt wird, was sowohl nach dem Wortlaut des § 23 Abs. 1 VOB/A als auch nach Rechtsprechung des EuGH[117] dazu führt, dass eine Baukonzession nicht gegeben ist[118] (s. hierzu auch noch unter Rdn. 39). Solange also ein Wirtschaftsteilnehmer über das Recht auf Nutzung eines Grundstücks verfügt, das in seinem Eigentum steht, kann ihm grundsätzlich[119] keine Konzession über die Nutzung des Grundstücks erteilt werden[120].

---

[113] Vgl. hierzu auch EuGH Urt. v. 14.11.2013 – Rs. C-221/12, NZBau 2014, 53, 55; EuGH Urt. v. 13.10.2005 – Rs. C-485/03, Slg. I-08585, NZBau 2005, 644, 647, Rdn. 40 – Parking Brixen; OLG Düsseldorf Beschl. v. 2.10.2008 – Verg 25/08, NZBau 2008, 727, 732; OLG Düsseldorf Beschl. v. 6.2.2008 – Verg 37/07, NZBau 2008, 271, 274; OLG Düsseldorf Beschl. v. 12.12.2007 – Verg 30/07, NZBau 2008, 138, 141; OLG Karlsruhe Beschl. v. 13.6.2008 – 15 Verg 3/08, NZBau 2008, 537, 539; VK Arnsberg Beschl. v. 27.10.2003 – VK 2–22/2003; VK Lüneburg Beschl. v. 12.11.2003 – 203-VgK-27/2003; VK Niedersachsen Beschl. v. 16.10.2008 -VgK-30/2008; *Burgi* NVwZ 2008, 929, 933.
[114] Vgl. EuGH Urt. v. 13.10.2005 – Rs. C-458/03, NZBau 2005, 644, 647, Rdn. 40 – Parking Brixen; OLG Düsseldorf Beschl. v. 2.10.2008 – Verg 25/08, NZBau 2008, 727, 732; OLG Düsseldorf Beschl. v. 6.2.2008 – Verg 37/07, NZBau 2008, 271, 274; OLG Düsseldorf Beschl. v. 12.12.2007 – Verg 30/07, NZBau 2008, 138, 141 – Wuppertal-Vohwinkel; VK Lüneburg Beschl. v. 12.11.2003 – 203-VgK-27/2003; *Burgi* NVwZ 2008, 929, 933.
[115] *Boesen* Vergaberecht, § 99 Rdn. 32; *Prieß* in Jestaedt/Kemper/Marx/Prieß, Das Recht der Auftragsvergabe, S. 80; *Höfler* WuW 2000, 136, 139.
[116] Vgl. *Ganske* in Reidt/Stickler/Glahs, Vergaberecht, 4. Aufl. 2017, § 103 Rdn. 9 ff. und § 105 Rdn. 50; ebenso *Braun*, in: Müller-Wrede, Kommentar zum GWB-Vergaberecht, § 105 Rdn. 31; *Kulartz/Schilder/Duikers* in Deutscher Städte- und Gemeindebund (Hrsg.), Kommunale Immobiliengeschäfte und Ausschreibungspflicht, Stand: April 2008, S. 14; Städtetag NRW (Hrsg.), Kommunale Grundstücksgeschäfte und Vergaberecht, Stand: Februar 2008, S. 27. Indirekt bestätigt wird dies auch durch die Entscheidung VK Hessen Beschl. v. 5.3.2008 – 69d-VK-06/2008, die zwischen dem (ggf. dem Investor von dem öffentlichen Auftraggeber übertragenen) Recht zur Nutzung des Grundstücks und dem Recht zur Nutzung der errichteten Bauwerks unterscheidet. Die VK Hessen weist insoweit darauf hin, dass das Recht zur Nutzung des von dem Investor errichteten Bauwerks allein aus dessen Eigentum am Bauwerk folgt.
[117] EuGH Urt. v. 25.3.2010 – Rs. C-451/08, NVwZ 2010, 565, 568, Rdn. 71 ff. – Helmut Müller GmbH.
[118] *Ganske* in Reidt/Stickler/Glahs, Vergaberecht, 4. Aufl. 2017, § 103 Rdn. 9 ff. und § 105 Rdn. 50.
[119] Vgl. in diesem Zusammenhang allerdings auch *Dicks* in KMPP Kommentar zur VOB/A, § 22 Rdn. 4, der die Frage aufwirft, ob eine Baukonzession trotz Eigentumsübertragung am Baugrundstück auf den Auftragnehmer im Einzelfall nicht doch anzunehmen sein könnte, wenn dieser nach Ablauf einer bestimmten oder bestimmbaren Frist zu einer Rückübertragung des Eigentums auf den öffentlichen Auftraggeber verpflichtet ist.
[120] Vgl. EuGH Urt. v. 25.3.2010 – Rs. C-451/08, NVwZ 2010, 565, 568, Rdn. 71 ff. – Helmut Müller GmbH; sowie insb. auch *Dicks* in K/K/P/P, Kommentar zum GWB-Vergaberecht, § 105 Rdn. 22. Ähnlich auch *Düsterdiek* in Ingenstau/Korbion, VOB Teile A und B, § 23 VOB/A Rdn. 2 unter Verweis auf *Kade* ZfBR 2009, 440, 442, nach dem die vollständige Verwertung einer Sache nicht mehr als Nutzung definiert werden könne.

30 Als problematisch erweisen sich in diesem Zusammenhang insbesondere auch solche Fallgestaltungen, in denen dem Auftragnehmer ein **Erbbaurecht** eingeräumt wird. So hatte sich beispielsweise das **OLG München** in einer Entscheidung vom 5.4.2012[121] mit einer Fallgestaltung auseinanderzusetzen, in der eine Kommune Eigentümerin eines Grundstücks war, auf dem ein Investor ein Bauvorhaben nach den Vorstellungen der Kommune, aber auf eigene Kosten, realisieren und auf eigenes Risiko wirtschaftlich verwerten sollte. Das Grundstück wurde dabei jedoch nicht an den Investor veräußert. Die Kommune hat dem Investor vielmehr ein auf 30 Jahre befristetes Erbbaurecht eingeräumt. Das OLG München hat insoweit das Vorliegen einer Baukonzession angenommen, da der Investor zur Verwirklichung des Bauvorhabens sowie zur Einräumung bestimmter Nutzungsrechte zugunsten der öffentlichen Hand verpflichtet sei; die Gegenleistung bestünde in der Zurverfügungstellung des Grundstücks im Wege des Erbbaurechts und der Einräumung der Nutzung für 30 Jahre. Schließlich trage der Investor auch alleine das Nutzungsrisiko. Die Entscheidung des OLG München erscheint auf den ersten Blick plausibel, offenbart bei näherer Betrachtung allerdings verschiedene Angriffs-/Kritikpunkte, auf die *Summa*[122] hingewiesen hat: Zu bedenken sei nämlich – so *Summa* –, dass nach §§ 1 Abs. 1 Satz 1, 12 Abs. 1 Satz 1, Abs. 3 ErbbauRG das vom Erbbauberechtigten errichtete Bauwerk wesentlicher Bestandteil des Erbbaurechts ist/wird, und nicht des Grundstücks. Das Erbbaurecht stellt ein dem Eigentum vergleichbares dingliches Recht dar. Beginnt der Auftragnehmer mit den Bauarbeiten, wachse ihm daher selbst als Erbbauberechtigtem das originäre Nutzungsrecht an dem Bauwerk zu. Der Auftraggeber erwerbe hingegen überhaupt kein Nutzungsrecht, das er dem Investor als Gegenleistung übertragen könnte, wie dies für die Begründung einer Baukonzession nach der Rechtsprechung des EuGH erforderlich wäre[123]. Der Investor und Erbbauberechtigte errichte das Bauwerk mithin auf eigene Rechnung ohne hierfür vom Grundstückseigentümer etwas zu erhalten. Folglich trete bei dem Grundstückseigentümer auch kein Einnahmeausfall infolge einer Übertragung eines an sich ihm zustehenden Nutzungsrechtes ein. Der Erbbauberechtigte baue also nicht, wie es für die Annahme einer Baukonzession notwendig wäre, „auf Rechnung des Staates", denn der öffentliche Auftraggeber erlangt erstmals nach dem Erlöschen des Erbbaurechts ein Nutzungsrecht an dem Bauwerk (vgl. § 12 Abs. 3 ErbbauRG). Vor diesem Hintergrund scheide daher eine Baukonzession aus und es könne allenfalls ein öffentlicher Bauauftrag vorliegen[124]. Diesbezüglich dürfte u. a. maßgeblich sein, ob der erst in der (fernen) Zukunft liegende Eigentumsübergang (vgl. § 12 Abs. 3 ErbbauRG) für ein unmittelbares wirtschaftliches Interesse des Auftraggebers am Bauwerk ausreichend ist, was mit guten Argumenten in Zweifel gezogen werden könnte, und ob in der Entschädigung nach § 27 Abs. 1 ErbbauRG ein Entgelt liegt[125].

31 Da es grundsätzlich erforderlich ist, dass der öffentliche Auftraggeber im Rahmen seiner Zuständigkeit tätig wird, muss sich die Nutzung der baulichen Anlage im Rahmen des vorgesehenen öffentlichen Zwecks halten. Soweit dies nicht durch einschlägige gesetzliche Regelungen sichergestellt ist, sind entsprechende Vereinbarungen im Konzessionsvertrag notwendig. Eine Berechtigung des Konzessionärs, die ihm eingeräumte Nutzung zu ändern, etwa aus

---

[121] OLG München Beschl. v. 5.4.2012 – Verg 3/12, VergabeR 2012, 634; vorhergehend VK Südbayern Beschl. v. 14.7.2010 – Z3–3-3194-1-29-05/10.

[122] *Summa* VPR 2015, 2680; *ders.*, Die Konzession im Sinne des Vergaberechts – das geheimnisvolle Wesen, Vortrag v. 15.12.2016 auf dem Vergaberechtsforum West des vhw in Köln, 14./15.12.2016; Folien-Präsentation im Seminarskript, S. 109, 115 ff.

[123] Vgl. EuGH Urt. v. 25.3.2010 – Rs. C-451-08, VergabeR 2010, 441 ff., Rdn. 71 f. – Helmut Müller GmbH.

[124] Aus den genannten Gründen ebenso skeptisch bezüglich der Einstufung als Baukonzession *Losch* VergabeR 2013, 839, 850.

[125] *Summa* VPR 2015, 2680; *ders.*, Die Konzession im Sinne des Vergaberechts – das geheimnisvolle Wesen, Vortrag v. 15.12.2016 auf dem Vergaberechtsforum West des vhw in Köln, 14./15.12.2016; Folien-Präsentation im Seminarskript, S. 109, 115 ff. Siehe in diesem Zusammenhang auch *Düsterdiek* in Ingenstau/Korbion, VOB Teile A und B, § 23 VOB/A Rdn. 15, wonach es im Falle der Einräumung eines Erbbaurechts (als Alternative zum Grundstücksverkauf) fraglich sei, ob von einem „unmittelbaren wirtschaftlichen Interesse" des öffentlichen Auftraggebers ausgegangen werden könne. Hierfür spreche zwar, dass sich der öffentliche Auftraggeber auf diese Weise regelmäßig einen langfristigen Rückgriff auf das jeweilige Grundstück sichert. Im Ergebnis sei jedoch zu berücksichtigen, dass der Erbbauzins wirtschaftlich dem Kaufpreis im Falle eines Grundstücksverkaufs entspricht. Da sich ein Erbbauzins ebenso wie ein Grundstückspreis an der vorausgesetzten Bebauungsmöglichkeit orientiert, führe dies nicht zu einem relevanten wirtschaftlichen Interesse des öffentlichen Auftraggebers. Das wirtschaftliche Interesse sei lediglich mittelbar, vermittelt durch die Werterhöhung des Grundstücks (vgl. *Otting* NJW 2010, 2167, 2169).

wirtschaftlichen Gründen, besteht nicht. Der Konzessionär soll allein das Entgelt aus der **Nutzung der baulichen Anlage** erhalten[126].

Das erfolgt in der Regel durch die **Erhebung von Entgelten** gegenüber **den Nutzern** der 32 baulichen Anlage. Dies kann beispielsweise die Erhebung einer Maut für die Nutzung von Straßen, Autobahnen oder Tunnelanlagen oder die Erhebung von Parkentgelten für ein Parkhaus sein[127]. Grundsätzlich handelt es sich dabei um **private Entgelte; öffentlich-rechtliche Gebühren** dürfen nur dann erhoben werden, wenn hierfür eine entsprechende **gesetzliche Ermächtigungsgrundlage** besteht[128] (vgl. auch Rdn. 14). Die rechtlichen Rahmenbedingungen für die entsprechende Gebührenerhebung ergeben sich für den Bereich der Finanzierung von Fernstraßen bereits auf der Grundlage des Fernstraßenbauprivatfinanzierungsgesetzes (FStrPrivFinG)[129]. § 3 Abs. 3 FStrPrivFinG ist Ermächtigungsgrundlage für den Erlass einer Rechtsverordnung, die ermöglichen soll, dass der Konzessionär einen angemessenen Gewinn erwirtschaften kann. Auf dieser Grundlage wird der Konzessionär als Beliehener tätig (Mautgebühren). In diesen Fällen besteht also schon die Besonderheit, dass die Festlegung der Höhe der Gebühren durch Rechtsverordnung erfolgt. In anderen Fällen besteht Verhandlungsspielraum zwischen Konzessionsgeber und Konzessionsnehmer.

Fehlt es an einer gesetzlichen Ermächtigungsgrundlage, kommen – wie gesagt – nur private 33 Nutzungsentgelte in Betracht, die zwischen Konzessionsgeber und Konzessionsnehmer zu vereinbaren sind. Zu denken ist hier an die Festlegung bestimmter Entgelte über bestimmte Zeiträume, an die Ausgestaltung von Zustimmungsvorbehalten durch den Auftraggeber, an Nachverhandlungen und Wertsicherungsklauseln etc.

Über welchen Zeitraum dem Konzessionär die Nutzung der baulichen Anlage überlassen 34 werden soll/muss, ist – mit Ausnahme dessen, dass dies nicht unbefristet geschehen kann – nicht geregelt. Der Zeitraum ist deshalb in der Ausschreibung bereits festzulegen, da dieser Zeitraum natürlich für die Kalkulationen von Bedeutung ist. Je nach Umfang der Maßnahme und den Investitionskosten sollten die Zeiträume für Baukonzessionen zwischen 10 und 50 Jahren liegen. **Zu regeln sind schließlich die weiteren Folgen der Beendigung des Konzessionszeitraums. Dies gilt vor allem dann, wenn nach dem Ablauf die bauliche Anlage weiter bestimmungsgemäß genutzt werden kann.**

e) **Zuzahlung.** Von der Übertragung des Nutzungsrechts als Gegenleistung unberührt bleibt 35 die Möglichkeit einer **Zuzahlung** durch den Konzessionsgeber (**„Draufzahlung"**). So sieht § 23 Abs. 1 VOB/A ausdrücklich vor, dass die Rechtsübertragung „gegebenenfalls zuzüglich der Zahlung eines Preises" erfolgt. Der Begriff der Zuzahlung ist dabei weit zu verstehen; er umfasst jede **geldwerte Zuwendung**[130]. Die Möglichkeit der Zuzahlung darf allerdings nur zusätzlich zu der Übertragung des Rechts auf Nutzung oder Verwertung erfolgen. Sie darf ferner nur Zuschusscharakter haben, z. B. in Form eines **Investitionskostenzuschusses** oder einer **Anschubfinanzierung**[131]. Von einem Zuschuss kann daher nicht mehr ausgegangen werden, wenn die Zahlung die überwiegende Einnahmequelle des Auftragnehmers ist. Letztlich dürfen die Zahlungen des Auftraggebers den Konzessionär nicht von dem für die Konzession wesenstypischen wirtschaftlichen Risiko freistellen[132]. Wenn die zusätzliche Vergütung oder (Aufwands-)Entschädigung daher ein solches Gewicht erreicht, dass ihr bei wertender Betrachtung kein bloßer Zuschusscharakter mehr beigemessen werden kann, liegt keine Konzession, sondern ein öffentlicher Auftrag vor[133].

Wo insoweit genau die **Grenze** liegt bzw. in welchem **Verhältnis** die **Zuzahlung** zu dem 36 **Gesamtvolumen** stehen darf, lässt sich jedoch wegen der Unterschiedlichkeit der möglichen Fallgestaltungen ebenso wenig einheitlich durch eine rechnerische Quote festlegen, wie sich auch sonst eine schematische Lösung verbietet. Es bedarf auch insoweit stets einer alle Umstände des Einzelfalls einbeziehenden Gesamtbetrachtung[134], und zwar vor dem Hintergrund des

---

[126] *Reidt/Stickler* in Beck'scher VOB-Kommentar, § 22 VOB/A Rdn. 36.
[127] Vgl. hierzu auch *Braun* in Müller-Wrede, Kommentar zum GWB-Vergaberecht, § 105 Rdn. 32.
[128] *Ganske* in Reidt/Stickler/Glahs, Vergaberecht, 4. Aufl. 2017, § 103 Rdn. 9 ff. und § 105 Rdn. 46; ebenso *Braun* in Müller-Wrede, Kommentar zum GWB-Vergaberecht, § 105 Rdn. 32.
[129] BGBl. 1994 I, S. 2243.
[130] BGH Beschl. v. 8.2.2011 – X ZB 4/10, NZBau 2011, 175, 180 – Abellio Rail.
[131] Ähnlich *Dicks* in K/K/P/P, Kommentar zum GWB-Vergaberecht, § 105 Rdn. 19.
[132] *Dicks* in KMPP Kommentar zur VOB/A, § 22 Rdn. 6.
[133] BGH Beschl. v. 8.2.2011 – X ZB 4/10, NZBau 2011, 175, 180 – Abellio Rail.
[134] BGH Beschl. v. 8.2.2011 – X ZB 4/10, NZBau 2011, 175, 181 – Abellio Rail.

Grundsatzes, dass, solange bei dem Konzessionär ein nicht unwesentliches wirtschaftliches Risiko verbleibt, eine Konzession vorliegt[135]. Zu berücksichtigen sind insoweit beispielsweise die von dem Konzessionär übernommenen Risiken, der vereinbarte Zeitraum, etwaige Gestaltungsmöglichkeiten bei der Nutzung der Leistung. Die Rechtsprechung hat sich mit dieser Problematik in unterschiedlichen Fallgestaltungen befasst. Nach einer Entscheidung des **OLG Schleswig** soll eine Überschreitung der Zuzahlung von mehr als **20 %** der Baukosten nicht als Vergütung, sondern noch als Zuzahlung angesehen werden können, wenn der Konzessionär noch einen bedeutenden Teil der Risiken, die mit der Nutzung verbunden sind, trägt[136]. Danach kann also auch bei einer „beträchtlichen" Zuzahlung das wirtschaftliche Risiko des Konzessionärs noch so groß sein, dass sich eine Einordnung als Baukonzession rechtfertigt[137]. Der **BGH** ging bei Zuwendungen in Höhe von **64 %** der bei Vertragsdurchführung anfallenden Gesamtkosten nicht mehr vom Vorliegen einer Dienstleistungskonzession aus, sondern von einem Dienstleistungsauftrag[138]. Im Falle von Zuwendungen in Höhe von **ca. 40 %** der Gesamtkosten der Vertragsausführung (zuzüglich eines angemessenen Gewinns) ging das **OLG Düsseldorf** hingegen noch von einer Dienstleistungskonzession aus[139]. Es verwies dabei auf eine vorangegangene Entscheidung, in der es die Annahme eines Dienstleistungsauftrags als umso naheliegender einstufte, je mehr der Auftraggeber mehr als 50 % der Kosten abdeckt[140]. Der **BGH** hat überdies darauf hingewiesen, dass die Prüfung, ob die für eine Konzession charakteristische Übernahme zumindest eines wesentlichen Teils des Betriebsrisikos vorliegt, eine **Gesamtbetrachtung aller Umstände des Einzelfalls** einschließlich der für den Vertragsgegenstand maßgeblichen Marktbedingungen und der gesamten vertraglichen Vereinbarungen erfordert. Ist neben dem Nutzungsrecht eine Zuzahlung vorgesehen, kann die Einordnung als Konzession auch davon abhängen, ob die Zuzahlung bloßen Zuschusscharakter hat oder die aus dem Nutzungsrecht möglichen Einkünfte als alleiniges Entgelt bei weitem keine äquivalente Gegenleistung darstellen[141].

37   Kann zum maßgeblichen Zeitpunkt der Ausschreibung keine sichere Aussage **(Ex-ante-Prognose)** über die wirtschaftliche Risikoverteilung zwischen Auftrag-/Konzessionsgeber und Auftrag-/Konzessionsnehmer getroffen werden, und besteht deshalb die Möglichkeit, dass das wirtschaftliche Risiko in nennenswertem Umfang beim Auftraggeber verbleibt, ist **im Zweifel** davon auszugehen, dass ein **öffentlicher Bauauftrag** vorliegt und keine Baukonzession im Sinne von § 23 VOB/A[142] (vgl. dazu auch Rdn. 53).

38   f) **Befristung des Nutzungsrechts.** Nach dem **Wortlaut von § 23 Abs. 1 VOB/A verlangt** eine Baukonzession **die Einräumung eines befristeten Rechts auf Nutzung** der baulichen Anlage. Die Beschränkung der Baukonzessionslaufzeit dient dem Ausgleich widerstreitender Interessen. Die sich gegenüberstehenden Interessen sind zum einen das Interesse des Vergaberechts an einer nicht allzu langen Laufzeit, damit der Markt nicht abgeschottet und – wie in der EuGH-Entscheidung „Helmut Müller GmbH" dargelegt[143] – dadurch der Wettbewerb nicht eingeschränkt wird. Eine Behinderung des freien Dienstleistungsverkehrs und der Niederlassungsfreiheit sollen durch die Beschränkung der Befristung vermieden werden. Dem steht das Interesse des Konzessionärs an langen Laufzeiten gegenüber, um seine Investitionen zu amortisieren und eine Rendite des eingesetzten Kapitals zu erzielen.

39   Aus dem Erfordernis der Einräumung eines befristeten Nutzungsrechts folgt, dass die **vollständige Übertragung des Eigentums** vom öffentlichen Auftraggeber auf den vermeintlichen Konzessionär einer Konzessionsvergabe entgegensteht, da in diesem Fall gerade keine Befristung

---

[135] *Boesen* Vergaberecht, § 99 Rdn. 32; *Reidt/Stickler* in Beck'scher VOB-Kommentar, § 22 VOB/A Rdn. 50; *Stoye* in FKZGM VOB-Kommentar, § 23 VOB/A Rdn. 14 f.; *Prieß* in Jestaedt/Kemper/Marx/ Prieß, Das Recht der Auftragsvergabe, S. 80; *Höfler* WuW 2000, 136, 139.
[136] OLG Schleswig Beschl. v. 6.7.1999 – 6 U Kart 22/99, NZBau 2000, 100, 102.
[137] OLG Schleswig Beschl. v. 6.7.1999 – 6 U Kart 22/99, NZBau 2000, 100, 102.
[138] BGH Beschl. v. 8.2.2011 – X ZB 4/10, NZBau 2011, 175, 181 – Abellio Rail.
[139] OLG Düsseldorf Beschl. v. 2.3.2011, VII-Verg 48/10, NZBau 2011, 244, 248 f.; *Ruhland* in Gabriel/ Krohn/Neun, Handbuch des Vergaberechts, § 5 Rdn. 47; *zustimmend Prieß* NZBau 2002, 539, 545.
[140] OLG Düsseldorf Beschl. v. 21.7.2010 – VII-Verg 19/10, NZBau 2010, 582, 586.
[141] BGH Beschl. v. 8.2.2011 – X ZB 4/10, VergabeR 2011, 452, 459.
[142] Vgl. OLG München Beschl. v. 21.5.2008 – Verg 5/08, VergabeR 2008, 845 ff.; sowie mit weiteren (potentiellen) Praxisbeispielen auch *Düsterdiek* in Ingenstau/Korbion, VOB Teile A und B, § 23 VOB/A Rdn. 64.
[143] EuGH Urt. v. 25.3.2010 – Rs. C-451/08; VergabeR 2010, 441, 448, Rdn. 79 – Helmut Müller GmbH.

der Nutzung vorgesehen ist (vgl. hierzu auch Rdn. 28). Schon in der Rechtssache „Helmut Müller GmbH" entschied der EuGH in diesem Sinne und bejahte die Notwendigkeit des Erfordernisses einer Befristung der Laufzeit des Nutzungsrechts. Für die Annahme einer Befristung sprächen laut EuGH gewichtige Gründe, insbesondere die Aufrechterhaltung des Wettbewerbs. Die nationale Rechtsprechung, insbesondere das OLG Düsseldorf, vertrat jedenfalls bis zum Jahr 2010 hingegen die Auffassung, dass es hierauf nicht ankomme. Die jüngere nationale Rechtsprechung folgt nunmehr dem EuGH[144].

Es ist zwingend erforderlich, im Konzessionsvertrag die **Dauer der Befristung** und die anschließende Verwendung zu regeln, um sicherzustellen, dass die bauliche Anlage nach Ablauf der Befristung entsprechend ihrer Zweckbestimmung weiter genutzt und betrieben werden kann. Hinsichtlich der Festlegung der Dauer der Befristung gibt es dabei keine starren und abstrakt generellen Vorgaben. Vielmehr besteht eine Abhängigkeit von den tatsächlichen Umständen des Einzelfalls. Insbesondere zu berücksichtigen sind insoweit der Umfang, die Dauer und die Kosten der Bauarbeiten sowie das Amortisationsinteresse des Konzessionärs[145]. **40**

Die häufig jahrelange Laufzeit von Baukonzessionen birgt für Auftraggeber und Konzessionär gleichermaßen wirtschaftliche Risiken. Um einen fairen Ausgleich der widerstreitenden Interessen zu bewirken, dürfte es oftmals geboten sein, im Hinblick auf die vom Konzessionsgeber zu erbringende Gegenleistung **Gleitklauseln** zu vereinbaren, die sich nach bestimmten, im Vorhinein festgelegten Richtlinien bzw. Indizes richten[146]. Dadurch wird der Konzessionär in die Lage versetzt, wesentliche Änderungen zum Anlass für eine Anpassung einer etwaigen Vergütung (vgl. Rdn. 35 ff.) oder der Ausgestaltung der Nutzungsrechte zu nehmen. Ferner kann es geboten sein, spezielle **Kündigungsrechte** zu vereinbaren, die neben die oftmals nicht ausreichenden Kündigungsregelungen für Bauerrichtungen treten[147]. Aus Sicht des Konzessionsgebers kann es sinnvoll sein, in dem Konzessionsvertrag ein **Ablösungs- oder Rückkaufrecht** zu vereinbaren, für den Fall der Verbesserung der Finanzsituation des jeweiligen Haushalts oder falls neue ordnungspolitische Entschlüsse gefasst werden[148]. **41**

4. Abgrenzungsfragen. Wie bereits eingangs gesagt (vgl. Rdn. 5), stellen sich bei der Behandlung von Baukonzessionen diverse Abgrenzungsfragen[149]. So ist zunächst danach zu differenzieren, ob es sich um eine (Bau-)Konzessionsvergabe im Bereich **ober- oder unterhalb der Schwellenwerte** handelt. Ferner muss die **Baukonzession** zum einen **gegenüber dem öffentlichen Bauauftrag** und zum anderen **gegenüber der Dienstleistungskonzession** abgegrenzt werden. Gerade die letztgenannte Abgrenzung kann im Einzelfall, insbesondere bei gemischten Verträgen, auf Schwierigkeiten stoßen. **42**

a) Abgrenzung Baukonzessionsvergabe ober- und unterhalb der Schwellenwerte. Die Notwendigkeit der Abgrenzung, ob sich die Baukonzessionsvergabe in dem Bereich ober- oder unterhalb der EU-Schwellenwerte abspielt, ergibt sich bereits daraus, dass in beiden Bereichen unterschiedliche Rechtsregime auf die Konzessionsvergabe Anwendung finden (vgl. hierzu auch bereits Rdn. 2). Während unterhalb der EU-Schwellenwerte für Baukonzessionen gemäß § 23 Abs. 1 VOB/A nach § 23 Abs. 2 VOB/A die §§ 1 bis 22 VOB/A sinngemäß anzuwenden sind, unterfallen die Baukonzessionen im Sinne von § 105 Abs. 1 Nr. 1 GWB, d. h. **43**

---

[144] Das Merkmal der Befristung fand erst im Wege der Vergaberechtsreform 2009 Eingang in die Baukonzessionsbegriffe des GWB und der VOB/A. Bis zu diesem Zeitpunkt war in Literatur und Rechtsprechung umstritten, ob das Vorliegen einer Baukonzession vorraussetzt, dass das Nutzungsrecht dem Konzessionär lediglich befristet übertragen wird. In der Literatur wurde dies überwiegend bejaht (vgl. etwa *Pietzcker* NZBau 2008, 293, 297; *Vetter/Bergmann* NVwZ 2008, 133, 137 f.). Die nationale Rechtsprechung, insbesondere das OLG Düsseldorf, vertrat jedenfalls bis zum Jahr 2010 hingegen die Auffassung, dass es unerheblich sei, ob die Nutzung durch einen einmaligen Vorgang wie die Veräußerung oder über eine längere Zeit – wie z. B. über eine Vermietung oder Verpachtung – erfolge, vgl. insb. OLG Düsseldorf Beschl. v. 2.10.2008 – Verg 25/08, NZBau 2008, 727, 732. Auf die Vorlage des OLG Düsseldorf entschied letztlich der EuGH Urt. v. 25.3.2010 – Rs. C-451/08; VergabeR 2010, 441, 448, Rdn. 79 – Helmut Müller GmbH, in der beschriebenen Weise.
[145] So auch *Dicks* in KMPP Kommentar zur VOB/A, § 22 Rdn. 5.
[146] Vgl. *Düsterdiek* in Ingenstau/Korbion, VOB/A Teile A und B, § 23 VOB/A Rdn. 74.
[147] Vgl. *Düsterdiek* in Ingenstau/Korbion, VOB/A Teile A und B, § 23 VOB/A Rdn. 74.
[148] Vgl. *Reidt/Stickler* in Beck'scher VOB-Kommentar, § 22 Rdn. 46.
[149] Vgl. in diesem Zusammenhang auch das Grünbuch der EU-Kommission zu Öffentlich-Privaten Partnerschaften und den gemeinschaftlichen Rechtsvorschriften für öffentliche Aufträge und Konzessionen v. 30.4.2004. KOM (2004) 37 endg., S. 3 f.

oberhalb der EU-Schwellenwerte, den Verfahrensvorschriften der §§ 148 ff. GWB und der KonzVgV[150]. Darüber hinaus kann die Vergabe von Baukonzessionen unterhalb der EU Schwellenwerte auch nicht im Wege eines vergaberechtlichen Nachprüfungsverfahrens im Sinne der §§ 155 ff. GWB überprüft werden (vgl. Rdn. 74 ff.).

44 Der für Baukonzessionen maßgebliche EU-Schwellenwert gemäß **Art. 1 Abs. 1 i. V. m. Art. 8 Abs. 1 der Richtlinie 2014/23/EU und § 106 Abs. 2 Nr. 4 GWB** beträgt derzeit[151] – wie für Bauaufträge – 5.225.000 Euro[152]. **§ 2 KonzVgV** enthält spezielle Regelungen zur Berechnung des für die Konzessionsvergabe relevanten Schwellenwerts. § 2 KonzVgV setzt Art. 8 der Richtlinie 2014/23/EU um[153]. Nach § 2 Abs. 1 KonzVgV ist der Vertragswert nach einer objektiven Methode zu berechnen, die in den Vergabeunterlagen anzugeben ist. § 2 Abs. 2 Satz 1 KonzVgV stellt klar, dass die Auswahl der Berechnungsmethode nicht mit der Absicht erfolgen darf, die Anwendung des 4. Teils des GWB zu umgehen. In dieser Absicht darf eine Konzession ebenso nicht aufgeteilt werden, es sei denn, dafür liegen objektive Gründe vor (§ 2 Abs. 2 Satz 2 KonzVgV). Nach § 2 Abs. 3 KonzVgV ist bei der Berechnung des geschätzten Vertragswerts von dem voraussichtlichen Gesamtumsatz ohne Umsatzsteuer auszugehen, den der Konzessionsnehmer während der Vertragslaufzeit als Gegenleistung erzielt[154]. § 2 Abs. 4 KonzVgV zählt verschiedene Faktoren auf, die der Konzessionsgeber dabei unter Umständen zu berücksichtigen hat. Maßgeblicher Zeitpunkt für die Berechnung des geschätzten Vertragswerts ist der Zeitpunkt, zu dem die Konzessionsbekanntmachung abgesendet oder das Vergabeverfahren auf sonstige Weise eingeleitet wird (§ 2 Abs. 5 Satz 1 KonzVgV). Davon abweichend ist der Zeitpunkt des Zuschlags maßgeblich, wenn der Vertragswert zum Zeitpunkt der Zuschlagserteilung den zum Zeitpunkt der Bekanntmachung bzw. Einleitung geschätzten Wert um mehr als 20 % übersteigt. Im Fall der Losvergabe ist der geschätzte Gesamtwert aller Lose zu berücksichtigen (vgl. § 2 Abs. 6 KonzVgV).

45 Wird der (jeweils) maßgebliche EU-Schwellenwert erreicht oder überschritten, findet das sog. GWB-Vergaberecht (einschließlich der KonzVgV) Anwendung. Wird der einschlägige Schwellenwert nicht erreicht, ist primär das einschlägige Haushaltsrecht, und damit letztlich § 23 VOB/A anzuwenden. Eine europaweite Ausschreibung ist in diesem Fall nicht erforderlich, selbst wenn im Einzelfall eine sog. Binnenmarktrelevanz vorliegt (vgl. insoweit Rdn. 72).

46 **b) Abgrenzung Baukonzession und öffentlicher Bauauftrag.** Die Notwendigkeit der **Abgrenzung der Baukonzession von einem öffentlichen Bauauftrag** ergibt sich daraus, dass aufgrund des Anwendungsbefehls des § 23 Abs. 2 VOB/A der 1. Abschnitt der VOB/A (§§ 1 bis 22 VOB/A) bei der Vergabe von Baukonzessionen lediglich sinngemäß und damit modifiziert zur Anwendung gebracht werden, während diese Bestimmungen für öffentliche Bauaufträge unmittelbar und uneingeschränkt gelten. Insofern kommen für die Vergabe von Baukonzessionen einerseits und öffentlichen Bauaufträgen andererseits folglich unterschiedliche Rechtsregime zur Anwendung. Das Rechtsregime, das § 23 Abs. 2 VOB/A für die Baukonzessionen konkret zur Anwendung bringt, wird unter Rdn. 59 ff. noch näher beschrieben.

47 Die Abgrenzung der Baukonzession vom öffentlichen Bauauftrag reduziert sich in Anbetracht des Umstandes, dass die Baukonzession von einem öffentlichen Bauauftrag nur insoweit abweicht, als das Merkmal der Entgeltlichkeit durch das Merkmal der Übertragung des Nutzungsrechts, gegebenenfalls zuzüglich einer „Draufzahlung", ersetzt wird (vgl. Rdn. 6, 11 f. und 17)[155], auf

---

[150] Siehe zur ausführlichen Darstellung der Konzessionsvergabe auch *Goldbrunner* VergabeR 2016, 365 ff. Dort erfolgt eine detailreiche Auseinandersetzung mit den im Rahmen der Konzessionsvergabe zu beachtenden Anforderungen der §§ 148 ff und der KonzVgV.

[151] Der Schwellenwert wird von der Kommission gemäß Art. 9 Abs. 1 der Richtlinie 2014/23/EU alle zwei Jahre überprüft und erforderlichenfalls angepasst. Das Bundesministerium für Wirtschaft und Energie gibt den geltenden Schwellenwert gemäß § 106 Abs. 3 unverzüglich, nach Veröffentlichung im Amtsblatt der EU, im Bundesanzeiger bekannt.

[152] Vgl. die Delegierte Verordnung (EU) 2015/2171 der Kommission v. 24.11.2015 zur Änderung der Richtlinie 2014/25/EU des Europäischen Parlaments und des Rates im Hinblick auf die Schwellenwerte für Auftragsvergabeverfahren.

[153] Vgl. auch Erwägungsgrund 23 der Richtlinie 2014/23/EU; sowie *Dicks* in KKPP Kommentar zum GWB-Vergaberecht, § 105 Rdn. 23.

[154] Ausführlich hierzu sowie insbesondere auch zur (umstrittenen) Frage, ob lediglich der Umsatz maßgeblich ist, der im Synallagma zu den konzessionsgegenständlichen Leistungen steht, *Stoye* in FKZGM VOB-Kommentar, § 23 VOB/A Rdn. 22 f.

[155] OLG Düsseldorf Beschl. v. 2.10.2008 – VII-Verg 25/08, NZBau 2008, 727, 732; BayObLG Beschl. v. 19.10.2000 – Verg 9/00, NZBau 2002, 108; VK Münster Beschl. v. 26.9.2007 – VK 17/07.

die bereits oben angesprochenen Fragen, ob das wirtschaftliche Risiko bzw. ein nicht unerheblicher Anteil davon durch den Unternehmer übernommen wird bzw. ob im Falle einer „Draufzahlung" diese dazu führt, dass der Auftragnehmer/Konzessionär nicht mehr ganz oder zum überwiegenden Teil das Risiko dafür trägt, dass die bauliche Anlage von den potentiellen Nutzern nicht in dem kalkulierten Umfang in Anspruch genommen wird. Insoweit kommt es auf eine wertende Betrachtung unter Einbeziehung aller Umstände des Einzelfalls an (siehe hierzu bereits oben unter Rdn. 28 ff. und 35 ff.).

Der **Übergang des wirtschaftlichen Risikos** auf den Konzessionär ist mithin das entscheidende **Abgrenzungsmerkmal** zwischen einem Bauauftrag und einer Baukonzession. Die **Prüfung**, ob das wirtschaftliche Risiko übergegangen ist, erfolgt **zweistufig**. Auf erster Stufe ist das abstrakt bestehende (Amortisations-)Risiko zu ermitteln, welches der Auftraggeber zu tragen hätte, wenn er die Bauleistung selbst erbringen würde[156]. In Betracht kommen hierbei u. a. Planungsrisiken, Insolvenzrisiken, Beitreibungsrisiken oder Verwertungsrisiken[157]. Auf zweiter Stufe ist zu untersuchen, in welchem Umfang dieses (Amortisations-) Risiko auf den Auftragnehmer/Konzessionär übergeht; sodann erfolgt die Bewertung, inwieweit der wesentliche Teil des bestehenden Risikos auf den Auftragnehmer/Konzessionär übertragen wurde[158]. 48

Das Amortisationsrisiko kann sich beispielsweise daraus ergeben, dass der Konzessionär mit seinen Vergütungsansprüchen ausfällt, seine Leistung nicht bzw. nicht in dem erhofften Maße in Anspruch genommen wird, die Konkurrenz anderer Wirtschaftsteilnehmer zu stark ist oder die Ausgaben nicht vollständig gedeckt werden[159]. Nicht ausschlaggebend sind hingegen solche Risiken, die sich aus einer mangelhaften Betriebsführung bzw. aus Beurteilungsfehlern des Wirtschaftsteilnehmers ergeben sowie im Zusammenhang mit vertraglichen Ausfällen des Wirtschaftsteilnehmers oder Fällen höherer Gewalt stehen[160]. Solche Risiken sind jedem Vertrag immanent und stellen daher kein spezifisches Betriebsrisiko dar[161]. Nach Ansicht des **BGH** kommt es hierbei stets auf eine **Gesamtbetrachtung aller Umstände des Einzelfalls** einschließlich der für den Vertragsgegenstand maßgeblichen Marktbedingungen und der gesamten vertraglichen Vereinbarungen an[162]. 49

An einem notwendigen **Übergang des Betriebsrisikos** fehlt es u. a. **im Falle eines garantierten Ausgleichs für eine Investition und der im Rahmen der Vertragsdurchführung anfallenden Kosten**[163]. 50

In Fällen, in denen das vorhandene Betriebsrisiko aufgrund öffentlich-rechtlicher Vorgaben, wie z. B. **Anschluss- und Benutzungszwänge** oder gesetzlich vorgegebene Preiskalkulationen auf der Grundlage des Kostendeckungsprinzips, erheblich reduziert und nicht mit dem für einen auf dem freien Markt tätigen Anbieter bestehenden Risiko vergleichbar ist, kann der Konzessionär gleichwohl den wesentlichen Teil des Risikos tragen[164]. Dass das Betriebsrisiko des Auftraggebers „erheblich eingeschränkt" ist, steht einer Konzession nach der Rechtsprechung des EuGH nicht zwingend entgegen, sofern auch hier zumindest ein wesentlicher Teil des – beschränkten – Risikos übertragen wird[165]. Demzufolge kommt es – quantitativ betrachtet – für die Beurteilung der Risikofrage nicht auf die (absolute) Höhe des übernommenen Risikos an, sondern vielmehr auf die quotale Verteilung zwischen Konzessionsgeber und Konzessionär. Von Bedeutung ist mithin, dass der Konzessionär zu einem maßgeblichen Teil dasjenige Risiko übernimmt, dem sich der Konzessionsgeber ausgesetzt sähe, wenn er die in Rede stehende Leistung selbst 51

---

[156] Vgl. *Diemon-Wies* VergabeR 2016, 162, 164; *Goldbrunner* VergabeR 2016, 365, 367.
[157] Vgl. *Diemon-Wies* VergabeR 2016, 162, 164.
[158] Vgl. *Diemon-Wies* VergabeR 2016, 162, 164; *Goldbrunner* VergabeR 2016, 365, 367.
[159] Vgl. *Braun* in Müller-Wrede, Kommentar zum GWB-Vergaberecht, § 105 Rdn. 57.
[160] So *Braun* in Müller-Wrede, Kommentar zum GWB-Vergaberecht, § 105 Rdn. 57 unter Verweis auf EuGH Urt. v. 10.11.2011 – Rs. C-348/10, VergabeR 2012, 164, Rdn. 48 m. w. N. – Norma-A; EuGH Urt. v. 10.3.2011 – Rs. C-274/09 – Rettungsdienst Stadler, Rdn. 38; *Kraus* VergabeR 2012, 164, 171.
[161] *Braun* in Müller-Wrede, Kommentar zum GWB-Vergaberecht, § 105 Rdn. 58.
[162] BGH Beschl. v. 8.2.2011 – X ZB 4/10, VergabeR 2011, 452, 459.
[163] Vgl. Erwägungsgrund 19 der Richtlinie 2014/23/EU; *Braun* in Müller-Wrede, Kommentar zum GWB-Vergaberecht, § 105 Rdn. 67.
[164] Vgl. EuGH Urt. v. 6.4.2006 – Rs. C-410/04, Slg. I-03303, NZBau 2006/ 326 ff. – ANAV; EuGH Urt. v. 18.7.2007 – Rs. C-382/05, Slg. I-06657, VergabeR 2007, 604 ff. – Kommission/Italien; EuGH Urt. v. 10.11.2011 – Rs. C-348/10, NZBau 2012, 183, 184 f. – Norma-A; OLG Jena Beschl. v. 8.5.2008 – 9 Verg 2/08, VergabeR 2008, 653, 658.
[165] EuGH Urt. v. 10.9.2009 – Rs. C-206/08, NZBau 2009, 729, 733, Rdn. 77 – WAZV Gotha/Eurawasser.

erbringen würde¹⁶⁶. Folglich ist es unschädlich, wenn dem Konzessionär bloß ein beschränktes Amortisationsrisiko übertragen wird, weil bereits das Risiko des Konzessionsgebers begrenzt ist (z. B. aufgrund eines Anschluss- und Benutzungszwanges)¹⁶⁷.

52 Die nach der Begriffsdefinition des § 23 Abs. 1 VOB/A zulässige **"Draufzahlung"** steht – wie bereits oben unter Rdn. 35 ff. dargelegt – ebenfalls nicht zwingend entgegen. Erforderlich ist aber, dass der Konzessionär, trotz der Zuzahlung durch den Konzessionsgeber, das wirtschaftliche Risiko ganz oder zu einem erheblichen Teil trägt¹⁶⁸. Denn Zahlungen des Auftraggebers dürfen den Konzessionär nicht von dem für die Konzession wesenstypischen wirtschaftlichen Risiko freistellen¹⁶⁹. Wenn die "Draufzahlung" daher ein solches Gewicht hat, dass ihr bei wertender Betrachtung kein bloßer Zuschusscharakter mehr beigemessen werden kann, liegt keine Baukonzession, sondern ein öffentlicher Bauauftrag vor. Wann eine Zuzahlung im vorgenannten Sinne im Vordergrund steht und überwiegt, lässt sich jedoch wegen der Unterschiedlichkeit der möglichen Fallgestaltungen ebenso wenig einheitlich durch eine rechnerische Quote festlegen, wie sich auch sonst eine schematische Lösung verbietet. Es bedarf auch insoweit stets einer alle **Umstände des Einzelfalls** einbeziehenden **Gesamtbetrachtung**¹⁷⁰ (s. hierzu bereits Rdn. 36 und 49). Entscheidend bleibt letztlich stets die Zuweisung des vorhandenen Nutzungsrisikos. Im Gegensatz zum öffentlichen Bauauftrag, bei dem lediglich ein Teil des Risikos der Erstellung der baulichen Anlage zu Lasten des Auftragnehmers gehen kann, trägt der Baukonzessionär das Risiko der Armotisation seiner Investitionen bzw. zumindest eines wesentlichen Teils davon. Dieses – so nur bei der Konzession vorhandene – "wirtschaftliche Risiko" ist eng mit den Erträgen verbunden, die der Konzessionär aus der Nutzung seiner Bauleistung erzielen kann, und stellt das zentrale Unterscheidungsmerkmal zum öffentlichen Bauauftrag dar¹⁷¹. So liegt beispielsweise bei der Errichtung von Windenergieanlagen ein öffentlicher Bauauftrag vor, wenn der Auftragnehmer in einem entgeltlichen Vertrag zur Ausführung von Bauleistungen verpflichtet wird und der öffentliche Auftraggeber selbst Eigentümer der zu errichtenden Windenergieanlagen werden soll oder davon wirtschaftlich profitiert. In Abgrenzung hierzu kommt eine Baukonzession in Betracht, wenn das Betriebsrisiko beim Auftragnehmer (Windenergieinvestor) liegt, weil dieser zur Errichtung des Windparks auf öffentlichem Grund verpflichtet wird, im Gegenzug dafür aber "nur" die Einspeisevergütung erhält und dem öffentlichen Auftrag-/Konzessionsgeber eine (Grundstücks-)Pacht zu zahlen hat¹⁷².

53 Kann bei Beginn der Ausschreibung noch nicht (sicher) vorhergesehen werden, ob im Ergebnis ein Konzessionsvertrag vorliegt, z. B. weil zu diesem Zeitpunkt noch nicht zu ermitteln ist, ob der Konzessionär das Risiko der Unternehmung zu tragen hat, finden die für die Vergabe von Bauaufträgen einschlägigen Bestimmungen Anwendung¹⁷³ (vgl. dazu bereits Rdn. 37).

54 **c) Abgrenzung Baukonzession und Dienstleistungskonzession.** Schließlich ist die Baukonzession von der Dienstleistungskonzession abzugrenzen. Die Notwendigkeit dessen ergibt sich abermals daraus, dass für die Vergabe von Baukonzessionen einerseits und Dienstleistungskonzessionen andererseits im Bereich unterhalb der Schwellenwerte sehr unterschiedliche Rechtsregime anzuwenden sind. Denn während Baukonzessionen unterhalb der Schwellenwerte ausdrücklich in § 23 VOB/A geregelt werden, existieren für Dienstleistungskonzessionen unterhalb der Schwellenwerte bislang noch keine Regelungen, und zwar weder bundes- noch landesrechtlich. Entsprechende Regelungen wurden insbesondere auch nicht im Rahmen der Unterschwel-

---

¹⁶⁶ EuGH Urt. v. 10.9.2009, Rs. C-206/08, NZBau 2009, 729, 733, Rdn. 70 ff. – WAZW Gotha/Eurawasser; *Braun* in Müller-Wrede, Kommentar zum GWB-Vergaberecht, § 105 Rdn. 58.
¹⁶⁷ So *Braun* in Müller-Wrede, Kommentar zum GWB-Vergaberecht, § 105 Rdn. 58; *Ziekow* in Ziekow/Völlink, Vergaberecht, § 99 Rdn. 196b; Mestwerdt/Stanko, VergabeR 2017, 348, 356.
¹⁶⁸ OLG Koblenz Beschl. v. 25.3.2015 – Verg 11/14, NZBau 2015, 577, 579; *Höfler* WuW 2000, 136, 139; *Ganske* in Reidt/Stickler/Glahs, Vergaberecht, 4. Aufl. 2017, § 105 GWB, Rdn. 76; *Prieß* in Jestaedt/Kemper/Marx/Prieß, Das Recht der Auftragsvergabe, S. 80; *Reidt/Stickler* in Beck'scher VOB-Kommentar, § 32 VOB/A Rdn. 28; *Stoye* in FKZG VOB-Kommentar, § 23 VOB/A Rdn. 12 ff.
¹⁶⁹ *Dicks* in KMPP Kommentar zur VOB/A, § 22 Rdn. 6.
¹⁷⁰ BGH Beschl. v. 8.2.2011 – X ZB 4/10, NZBau 2011, 175, 181 – Abellio Rail.
¹⁷¹ So m. w. N. auch *Stoye* in FKZGM VOB-Kommentar, § 23 VOB/A Rdn. 15.
¹⁷² So m. w. N. *Frey* NVwZ 2016, 1200, 1202.
¹⁷³ Vgl. OLG München Beschl. v. 21.5.2008 – Verg 5/08, VergabeR 2008, 845 ff. sowie mit weiteren (potentiellen) Praxisbeispielen auch *Düsterdiek* in Ingenstau/Korbion, VOB Teile A und B, § 23 VOB/A Rdn. 64. Siehe ferner auch *Ruhland* in Gabriel/Krohn/Neun, Handbuch des Vergaberechts, 1. Aufl. 2014, §§ 5 Rdn. 15; sowie (für den Bereich der Dienstleistungskonzessionen) KG Berlin Beschl. v. 16.9.2013 – Verg 4/13, NZBau 2014, 62.

lenvergabeordnung (UVgO)[174] geschaffen. Auf Länderebene steht indes zu erwarten, dass zumindest teilweise Regelungen in die Landesvergabegesetze mit aufgenommen werden[175] (vgl. hierzu auch bereits Rdn. 4). Gleichwohl erfolgt auch ihre Vergabe zwar nicht ohne rechtliche Bindungen[176], allerdings bestehen erhebliche Unterschiede zu dem Rechtsregime, das nach dem Anwendungsbefehl des § 23 Abs. 2 VOB/A für Baukonzessionen gilt (vgl. vertiefend Rdn. 44 ff.).

Für die Abgrenzung der Bau- von der Dienstleistungskonzession kommt es maßgeblich darauf **55** an, ob der Konzessionär Bauleistungen übernimmt, die unter § 1 VOB/A fallen würden[177]. In allen anderen Fällen liegt eine Dienstleistungskonzession vor, weil der Begriff der Dienstleistung gegenüber dem der Bauleistung subsidiär ist (vgl. bislang § 1 Satz 2 VOL/A sowie § 1 Abs. 1 UVgO i. V. m. § 103 Abs. 2 und 4 GWB). Die Abgrenzung kann im Einzelfall, insbesondere bei gemischten Verträgen, auf Schwierigkeiten stoßen[178]. Sind die Elemente der Baukonzession und der Dienstleistungskonzession objektiv trennbar, so ist auf jedes Element das jeweils einschlägige Rechtsregime anzuwenden[179]. Sind die verschiedenen Teile, aus denen sich der Vertrag zusammensetzt, dagegen nicht objektiv voneinander zu trennen, stellen sich mitunter kompliziertere Abgrenzungsfragen mit den – zumindest in Grenzfällen – bekannten, nicht unerheblichen Abgrenzungsschwierigkeiten[180].

Nach der Judikatur, insbesondere des EuGH, soll, wenn ein Vertrag zugleich Elemente eines **56** öffentlichen Bauauftrags und Elemente eines öffentlichen Dienst- oder Lieferauftrags aufweist, der **Hauptgegenstand des Vertrages** maßgeblich sein (sog. **Schwerpunkttheorie**)[181]. Allerdings hat der EuGH seine Rechtsprechung zwischenzeitlich dahingehend ergänzt, dass im Rahmen einer wertenden Betrachtung auf die wesentlichen, vorrangigen Verpflichtungen abzustellen ist, die den Auftrag prägen – mit der Folge, dass eine Abgrenzung jedenfalls nicht allein rein formell bzw. quantitativ anhand der Wertanteile der in Rede stehenden Einzelleistungen vorgenommen werden kann. Diese stellen vielmehr nur ein Kriterium neben anderen dar[182]. Eine Bauleistung kann daher insbesondere auch dann vorliegen, wenn sie weniger als 50 % des Gesamtauftragsvolumens ausmacht[183]. Demzufolge kommt es auf eine **rechtliche und/oder wirtschaftliche Gesamtbetrachtung** an[184].

In diese Richtung weisen auch zahlreiche Entscheidungen der nationalen Spruchkörper, in **57** denen ebenfalls darauf abgestellt wird, **wo bei einer an einem objektivierten Maßstab auszurichtenden wertenden Betrachtung nach dem Willen der Vertragsbeteiligten der rechtliche und wirtschaftliche Schwerpunkt des Vertrages liegt**[185]. Danach soll beispiels-

---

[174] Verfahrensordnung für die Vergabe öffentlicher Liefer- und Dienstleistungsaufträge unterhalb der EU-Schwellenwerte (Unterschwellenvergabeordnung – UVgO), BAnz AT v. 7.2.2017 B1; nebst Erläuterungen, BAnz AT v. 7.2.2017 B2. Siehe hierzu auch oben Fn. 11.
[175] Vgl. *Braun* in Müller-Wrede, Kommentar zum GWB-Vergaberecht, § 105 Rdn. 109.
[176] Vgl. zu den insoweit zu beachtenden Anforderungen *Ganske* in Reidt/Stickler/Glahs, Vergaberecht, 4. Aufl. 2017, § 105 GWB, Rdn. 90 ff., insb. 94 ff.; sowie *Braun* in Müller-Wrede, Kommentar zum GWB-Vergaberecht, § 105 Rdn. 107 ff.
[177] *Ganske* in Reidt/Stickler/Glahs, Vergaberecht, § 103 Rdn. 126 ff.; *Reidt/Stickler* in Beck'scher VOB-Kommentar, § 22 VOB/A Rdn. 10.
[178] *Wegener* in Pünder/Schellenberg, Vergaberecht, § 22 VOB/A Rdn. 8.
[179] EuGH Urt. v. 5.12.1989 – Rs. C-3/88, NVwZ 1991, 356, Rdn. 19; *Prieß/Stein* VergabeR 2014, 499, 502; *Stoye* in FKZGM VOB-Kommentar, § 23 VOB/A Rdn. 18.
[180] *Prieß/Stein* VergabeR 2014, 499, 502.
[181] EuGH Urt. v. 26.5.2011 – Rs. C-306/08, VergabeR 2011, 693, 700 f., Rdn. 90 f.; EuGH Urt. v. 29.10.2009 – Rs. C-536/07, NZBau 2009, 792, 796, Rdn. 56 – Köln Messe; EuGH Urt. v. 18.1.2007 – Rs. C-220/05, NZBau 2007, 185, 188, Rdn. 37 – Stadt Roanne; vgl. auch 19. Erwägungsgrund der Richtlinie 2004/18/EG; so auch *Heiermann/Bauer* in Heiermann/Riedl/Rusam, Handkommentar zur VOB Teile A und B, § 22 VOB/A Rdn. 15; *Stoye* in FKZGM VOB-Kommentar, § 23 VOB/A Rdn. 18 f.
[182] EuGH Urt. v. 21.2.2008 – Rs. C-412/04, NVwZ 2008, 397 ff., Rdn. 49; *Dicks* in KMPP Kommentar zur VOB/A, § 22 Rdn. 8.
[183] EuGH Urt. v. 21.2.2008 – Rs. C-412/04, VergabeR 2008, 501, 506, Rdn. 51 – Kommission/Italien sowie dazu *Röwekamp* in KKPP Kommentar zum GWB-Vergaberecht, § 110 Rdn. 4.
[184] EuGH Urt. v. 21.2.2008 – Rs. C-412/04, NVwZ 2008, 397 ff., Rdn. 49 ff.; *Dicks* in KMPP Kommentar zur VOB/A, § 22 Rdn. 8.
[185] Vgl. bspw. OLG Karlsruhe Beschl. v. 6.2.2013 – 15 Verg 11/12, VergabeR 2013, 570 ff. (soweit einzelne Teile des gemischten Vertrages ein untrennbares Ganzes darstellen); OLG Brandenburg Beschl. v. 30.5.2008 – Verg W 5/08, VergabeR 2009, 468 ff.; OLG Düsseldorf Beschl. v. 18.10.2006 – VII-Verg 35/06, VergabeR 2007, 200, 202; OLG Düsseldorf Beschl. v.12.3.2003 – Verg 49/02, CuR 2004, 26 ff.; VK Baden-Württemberg Beschl. v. 19.10.2012 – 1 VK 35/12; VK Bund Beschl. v. 30.10.2009 – VK 2–180/09; VK Bund Beschl. v. 31.7.2006 – VK 2–65/06.

weise bei Konzessionsverträgen, die sowohl Regelungen zum Bau als auch zum Betrieb einer Tank- und Rastanlage enthalten, der Schwerpunkt auf der Dienstleistung liegen, so dass im Ergebnis eine Dienstleistungskonzession vorliegt[186]. Dies gilt erst recht dann, wenn es vordergründig um die Nutzung eines bestehenden Bauwerks geht und Bauleistungen, etwa zur Instandhaltung des Bauwerks, nur von untergeordneter Bedeutung sind[187].

58 **5. Vergabe von Unterkonzessionen.** Die **Vergabe von Unterkonzessionen** wird in § 23 VOB/A – und auch in anderen Vorschriften der VOB/A – nicht geregelt[188]. Ob sie gleichwohl den Vorgaben des § 23 VOB/A unterliegt, ist umstritten[189]. Teilweise wird dies unter Hinweis darauf verneint, dass sich die Zulässigkeit der Unterkonzessionsvergabe einzig und allein nach dem primären Unionsrecht richte[190]. Dies würde indes – zumindest in bestimmten Fallkonstellationen – nicht sachgerecht erscheinende Umgehungsmöglichkeiten eröffnen[191]. Daher wird man richtigerweise wohl davon ausgehen müssen, dass jedenfalls dann, wenn der Konzessionär/Unterkonzessionsgeber den Vorgaben gemäß § 23 VOB/A unterliegt, weil er entweder selbst ein klassischer öffentlicher Auftraggeber ist, oder weil dies im Konzessionsvertrag vorgeschrieben wird, auch die Vergabe der Unterkonzession § 23 VOB/A zu entsprechen hat[192]. In allen anderen Fällen ist der Unterauftrag als eine Nachunternehmervergabe zu werten, die der Genehmigung des öffentlichen Auftraggebers/(Haupt-)Konzessionsgebers bedarf, vgl. **§ 4 Abs. 8 VOB/B**. Hierdurch behält der öffentlich Auftraggeber/(Haupt-)Konzessionsgeber eine hinreichende Einflussmöglichkeit, um die Grundsätze des § 23 VOB/A auch im nachgeordneten Vertragsverhältnis einzufordern[193].

II. Vergabevorschriften für die Vergabe von Baukonzessionen

59 **1. Anwendung der Basisparagraphen (§§ 1 bis 22 VOB/A) gemäß § 23 Abs. 2 VOB/A.** Gemäß § 23 Abs. 2 VOB/A sind für die Vergabe von Baukonzessionen die **§§ 1 bis 22 VOB/A sinngemäß anzuwenden.** Damit wird die Rechtslage für die Vergabe von Baukonzessionen unterhalb der EU-Schwellenwerte (mehr oder weniger) eindeutig geregelt.

60 Die für den klassischen Bauvertrag konzipierten Bestimmungen der VOB/A können zwangsläufig auf Grund der Besonderheiten bei der öffentlichen Baukonzession nicht in vollem Umfang angewendet werden. Allerdings bedeutet dies nicht, dass der Auftraggeber bei der Vergabe der Baukonzessionen und der Aushandlung der Bedingungen völlig frei wäre. Durch den Verweis auf die sinngemäße Anwendung der §§ 1 bis 22 VOB/A wird sichergestellt, dass das Verfahren sich so weit als möglich nach dem richtet, was für den klassischen Bauvertrag geregelt wird. Mit anderen Worten: Die Vorschriften des 1. Abschnitts der VOB/A, die auf den Vertragscharakter der Baukonzession passen, sind anzuwenden, die übrigen nicht[194].

61 Soweit es danach für die Frage der Anwendung bzw. Nichtanwendung der §§ 1 bis 22 VOB/A entscheidend auf den Rechtscharakter der Baukonzession ankommt, erweist sich in diesem Zusammenhang die Mitteilung der Kommission zu Auslegungsfragen im Bereich der Konzessionen im Gemeinschaftsrecht[195] als Einstieg hilfreich, in der es heißt, dass

---

[186] Vgl. OLG Karlsruhe Beschl. v. 6.2.2013 – 15 Verg 11/12, VergabeR 2013, 570 ff.; VK Baden-Württemberg Beschl. v. 19.10.2012 – 1 VK 35/12.
[187] OLG Brandenburg Beschl. v. 30.5.2008 – Verg W 5/08, VergabeR 2009, 468 ff. Siehe hierzu auch die Anmerkung von *Willenbruch* VergabeR 2009, 476 ff.
[188] Im Kartellvergaberecht oberhalb der Schwellenwerte wird der besondere Fall der Vergabe von Teilen der Konzession vom Konzessionär an Unterauftragnehmer in § 33 KonzVgV geregelt.
[189] Bejahend *Höfler* WuW 2000, 136, 142 f.; ablehnend *Prieß* in Jestaedt/Kemper/Marx/Prieß, Das Recht der Auftragsvergabe, S. 68 f.
[190] *Prieß,* Handbuch des Europäischen Vergaberechts, S. 135 f.; *Egger,* Europäisches Vergaberecht, 1. Aufl. 2008, Rdn. 517; *Kulartz* in KMPP Kommentar zur VOB/A, § 22 EG Rdn. 3 (a. E.).
[191] Vgl. *Düsterdiek* in Ingenstau/Korbion, VOB/A Teile A und B, § 23 VOB/A Rdn. 77; *Heiermann/Bauer* in Heiermann/Riedl/Rusam, Handkommentar zur VOB Teile A und B, § 22 VOB/A Rdn. 20.
[192] Vgl. *Herrmann* in Ziekow/Völlink, Vergaberecht, § 22 VOB/A Rdn. 9; *Heiermann/Bauer* in Heiermann/Riedl/Rusam, Handkommentar zur VOB Teile A und B, § 22 VOB/A Rdn. 20.
[193] Vgl. *Herrmann* in Ziekow/Völlink, Vergaberecht, § 22 VOB/A Rdn. 9; *Düsterdiek* in Ingenstau/Korbion, VOB/A Teile A und B, § 23 VOB/A Rdn. 77.
[194] *Heiermann/Bauer* in Heiermann/Riedl/Rusam, Handkommentar zur VOB Teile A und B, § 22 VOB/A Rdn. 18 f.; *Stoye* in FKZGM VOB-Kommentar, § 23 VOB/A Rdn. 26; *Wieddekind* in Willenbruch/Wieddekind, Vergaberecht, § 22 VOB/A Rdn. 4.
[195] ABl. C 121 v. 29.4.2000.

„[...] das wichtigste Erkennungsmerkmal der Baukonzession darin besteht, daß als Gegenleistung für die Arbeiten das Recht zur Nutzung des Bauwerks gewährt wird [...]"[196].
Das Nutzungsrecht erlaubt dem Konzessionär also, von den Nutzern des Bauwerks während eines bestimmten Zeitraums eine Vergütung zu verlangen (z. B. im Wege von Benutzungs- oder sonstigen Gebühren). Die Dauer der Konzession stellt somit für die Entlohnung des Konzessionärs ein wesentliches Element dar. Er erhält seine Entlohnung nicht direkt vom öffentlichen Auftraggeber, sondern wird von diesem ermächtigt, die Erträge, die aus der Nutzung des Bauwerks erzielt werden, einzubehalten [...].
Mit dem Nutzungsrecht wird auch die Verantwortung für die Nutzung übertragen. Diese Verantwortung bezieht sich sowohl auf die technischen und finanziellen Aspekte als auch auf die Verwaltung des Werks. So obliegt es z. B. dem Konzessionär, die notwendigen Investitionen durchzuführen, damit das Werk den Benutzern ordnungsgemäß zur Verfügung gestellt werden kann. Er trägt auch das Risiko der Amortisation des Werks. Der Konzessionär trägt überdies nicht nur die Risiken, die mit der Errichtung verbunden sind, sondern auch jene Risiken, die sich aus der Natur der Verwaltung und der Auslastung des Bauwerks ergeben [...].
Aus all diesen Überlegungen ergibt sich, daß bei einer Baukonzession die sich aus der Natur der Nutzung ergebenden Risiken dem Konzessionär übertragen werden [...]"[197].

Der deutlichste Unterschied zu dem klassischen Bauvertrag ist, dass der Konzessionsnehmer (abgesehen von der möglichen Zuzahlung) **keine Vergütung**, sondern anstelle dessen die Berechtigung zur Nutzung der baulichen Anlage als Gegenleistung für die Bauarbeiten erhält (vgl. § 23 Abs. 1 VOB/A). **Deshalb gelten insbesondere nicht die Paragraphen, die sich mit der Vergütung des Anbieters befassen.** Dazu gehören die §§ 4, 9d und 16c Abs. 2 und Abs. 3 VOB/A[198]. 62

Die besondere Risikolage legt zudem auch Auswirkungen auf die **Verfahrensart** nahe. Zwar gelten für die Art der Vergabe sowie für die Auswahl der Vergabeverfahren unterhalb der EU–Schwellenwerte grundsätzlich **§ 3 und § 3a VOB/A** uneingeschränkt[199]. Allerdings dürfte jedenfalls die Verfahrensart der öffentlichen Ausschreibung (§§ 3 Abs. 1, 3a Abs. 1 VOB/A), von einfach gelagerten Fällen einmal abgesehen, grundsätzlich nicht geeignet sein, das „beste" Ergebnis hervorzubringen, weil in dieser Verfahrensart weder die Möglichkeit einer intensiven Vorprüfung und Vorauswahl der Bieter hinsichtlich ihrer Leistungsfähigkeit, Fachkunde und Zuverlässigkeit besteht[200], noch über die technischen und finanziellen Aspekte der Baukonzession näher verhandelt werden kann[201]. Als geeignete Vergabeverfahren werden daher oftmals nur die beschränkte Ausschreibung nach öffentlichem Teilnahmewettbewerb (§§ 3 Abs. 2 Alt. 2, 3a Abs. 3 VOB/A) oder die freihändige Vergabe (§§ 3 Abs. 3, 3a Abs. 4 VOB/A) mit vorgeschaltetem Teilnahmewettbewerb in Betracht kommen[202]. Von Bedeutung ist in diesem Zusammenhang auch der Hinweis der EU–Kommission, dass der Konzessionsgeber das geeignetste Vergabeverfahren, insbesondere nach den Besonderheiten des betroffenen Sektors, und die Anforderungen, die die Bewerber während der verschiedenen Verfahrensstadien erfüllen müssen, frei bestimmen kann[203]. 63

---

[196] Ziffer 2.1.1 der Mitteilung der Kommission zu Auslegungsfragen im Bereich der Konzessionen im Gemeinschaftsrecht, ABl. C 121 v. 29.4.2000, S. 2.
[197] Ziffer 2.1.2 der Mitteilung der Kommission zu Auslegungsfragen im Bereich der Konzessionen im Gemeinschaftsrecht, ABl. C 121 v. 29.4.2000, S. 2.
[198] *Reidt/Stickler* in Beck'scher VOB-Kommentar, § 32 VOB/A Rdn. 61; *Reidt/Stickler* BauR 1997, 241, 247; *Herrmann* in Ziekow/Völlink, Vergaberecht, § 22 VOB/A Rdn. 11; *Düsterdiek* in Ingenstau/Korbion, VOB Teile A und B, § 23 VOB/A Rdn. 78; *Braun* in Müller-Wrede, Kommentar zum GWB-Vergaberecht, § 105 Rdn. 120.
[199] *Herrmann* in Ziekow/Völlink, Vergaberecht, § 22 VOB/A Rdn. 12.
[200] Vgl. zu diesem Gesichtspunkt *Düsterdiek* in Ingenstau/Korbion, VOB Teile A und B, § 23 VOB/A Rdn. 80.
[201] Vgl. zu diesem Gesichtspunkt *Kulartz* in KMPP Kommentar zur VOB/A, § 22 Rdn. 11.
[202] Ähnlich *Burgi* DVBl. 2007, 649, 655 f.; *Düsterdiek* in Ingenstau/Korbion, VOB Teile A und B, § 23 VOB/A Rdn. 80; *Kulartz* in KMPP Kommentar zur VOB/A, § 22 Rdn. 11; *Stoye* in FKZGM VOB-Kommentar, § 23 VOB/A Rdn. 28.
[203] Vgl. Ziffer 3.1.1 der Mitteilung der Kommission zu Auslegungsfragen im Bereich der Konzessionen im Gemeinschaftsrecht, ABl. C 121 v. 29.4.2000, S. 6, in der zugleich aber auch darauf hingewiesen wird, dass die Wahl der Konzessionäre gleichwohl auf objektiver Grundlage erfolgen muss und dass die Verfahrensbestimmungen sowie die zu Beginn festgelegten grundlegenden Anforderungen eingehalten werden müssen. Siehe hierzu auch *Kulartz* in KMPP Kommentar zur VOB/A, § 22 Rdn. 11.

64 Da es sich bei Baukonzessionen grundsätzlich um Maßnahmen von erheblicher Bedeutung handelt und dem Konzessionär die Nutzung der baulichen Anlage in aller Regel langfristig eingeräumt wird, der Konzessionär in diesem Rahmen zudem oft auch als Beliehener tätig wird, kommt dem Grundsatz gemäß **§ 2 Abs. 1 Nr. 1 VOB/A,** wonach Bauleistungen an **fachkundige, leistungsfähige und zuverlässige Unternehmen** zu vergeben sind, besondere Bedeutung zu und dürften regelmäßig entsprechend hohe Anforderungen an die Leistungsfähigkeit und Zuverlässigkeit der Bieter geboten sein[204]. Dagegen kann auf das ebenfalls in § 2 Abs. 1 Nr. 1 VOB/A aufgeführte Kriterium des angemessenen Preises nicht abgestellt werden[205].

65 Das **Gebot der eindeutigen und erschöpfenden Leistungsbeschreibung** des **§ 7 Abs. 1 Nr. 1 VOB/A** ist in sinngemäß modifizierter Form zu beachten. Ungeachtet des Umstandes, dass für die Baukonzession regelmäßig wohl nur eine funktionale Leistungsbeschreibung gemäß § 7c VOB/A in Betracht kommen wird[206], ist insoweit in erster Linie zu beachten, dass die Bedeutung der Leistungsbeschreibung für die Kalkulation der Preise entfällt. Aus diesem Grund erlangt jedenfalls § 7 Abs. 1 Nr. 2 VOB/A für Baukonzessionen keine Bedeutung[207]. Abgesehen hiervon bedarf es aber gleichwohl – und allein schon vor dem Hintergrund der zentralen Vergaberechtsgrundsätze (fairer Wettbewerb, Transparenz und Gleichbehandlung) – einer Leistungs- bzw. Aufgabenbeschreibung, die die Voraussetzung dafür schafft, dass die Bieter ihre Angebote unter den gleichen Bedingungen erstellen können und bei der Wertung vergleichbare Angebote vorliegen. Dementsprechend müssen alle zur Kennzeichnung der Leistungen und Pflichten notwendigen Parameter bekannt gegeben und so präzise wie möglich beschrieben werden[208]. Zu Recht wird in diesem Zusammenhang oftmals einschränkend darauf hingewiesen, dass es insbesondere in Ansehung der langen Konzessionslaufzeiten von 10 bis 30 Jahren schwierig ist, alle denkbaren vertragsrelevanten Elemente im Vorfeld auszumachen und hinreichend genau zu spezifizieren[209]. Vor diesem Hintergrund erweist es sich zum einen als von besonderer Bedeutung, dass zumindest die insoweit existierenden Erfahrungen und Erfahrungswerte in der Leistungs- bzw. Aufgabenbeschreibung angegeben werden, um einen entsprechenden Orientierungspunkt zu bieten[210]. Zum anderen gewinnen sog. Revisionsklauseln besondere Bedeutung, welche die Umstände und Bedingungen, unter denen die Vertragsbeziehungen angepasst werden können, präzise darlegen sollten. Allerdings müssen diese Klauseln auch immer so klar formuliert sein, dass die Wirtschaftsteilnehmer sie in der Phase der Partnerauswahl gleich auslegen können[211].

66 Umstritten ist, ob bzw. inwieweit **§ 7 Abs. 1 Nr. 3 VOB/A,** wonach dem Auftragnehmer kein **ungewöhnliches Wagnis** für Umstände aufgebürdet werden darf, auf die er keinen Einfluss hat, für die Baukonzession Geltung beanspruchen kann. Zum Teil wird die Anwendbarkeit des § 7 Abs. 1 Nr. 3 VOB/A auf die Vergabe von Baukonzessionen verneint. Begründet wird dies damit, dass dem Konzessionär mit dem Nutzungsrecht regelmäßig alle sich aus der Natur der jeweiligen Nutzung ergebenden Risiken sowie die Verantwortung für alle technischen und finanziellen Aspekte der Errichtung des Bauwerks übertragen werden[212]. Dennoch erscheint ein völliger Ausschluss dieser Bestimmung nicht sachgerecht. Denn es versteht sich von selbst, dass der Konzessionsnehmer nur die Risiken übernehmen muss, die im Rahmen der Konzession auch übergehen sollen[213]. Letzterem sind indes Grenzen gesetzt. Insbesondere vor dem Hintergrund, dass die Angebote vergleichbar sein müssen, bedarf es daher einer Ausgestaltung der Leistungs- bzw. Aufgabenbeschreibung, die es sicher stellt, dass

---

[204] Ähnlich *Kulartz* in KMPP Kommentar zur VOB/A, § 22 Rdn. 12; ferner auch *Heiermann/Bauer* in Heiermann/Riedl/Rusam, Handkommentar zur VOB Teile A und B, § 22 VOB/A Rdn. 19.
[205] *Heiermann/Bauer* in Heiermann/Riedl/Rusam, Handkommentar zur VOB Teile A und B, § 22 VOB/A Rdn. 18; *Kulartz* in KMPP Kommentar zur VOB/A, § 22 Rdn. 12; *Reidt/Stickler* BauR 1997, 241, 247.
[206] *Kulartz* in KMPP Kommentar zur VOB/A, § 22 Rdn. 16 m. w. N.
[207] *Kulartz* in KMPP Kommentar zur VOB/A, § 22 Rdn. 14.
[208] Ebenso *Kulartz* in KMPP Kommentar zur VOB/A, § 22 Rdn. 14.
[209] Vgl. insb. *Kulartz* in KMPP Kommentar zur VOB/A, § 22 Rdn. 14.
[210] *Kulartz* in KMPP Kommentar zur VOB/A, § 22 Rdn. 14.
[211] Vgl. Grünbuch der EU–Kommission v. 30.4.2004 (KOM/2004/327, endg.) Rdn. 47; *Kulartz* in KMPP Kommentar zur VOB/A, § 22 Rdn. 14.
[212] Vgl. *Düsterdiek* in Ingenstau/Korbion, VOB Teile A und B, § 23 VOB/A Rdn. 78; *Braun* in Müller-Wrede, Kommentar zum GWB-Vergaberecht, § 105 Rdn. 121; ihnen mit Einschränkungen zustimmend *Kulartz* in KMPP Kommentar zur VOB/A, § 22 Rdn. 15.
[213] So auch *Kulartz* in KMPP Kommentar zur VOB/A, § 22 Rdn. 15.

alle Interessenten von einer gleichen Grundlage ausgehen können und auch nur die Risiken übernehmen, die im Rahmen der Konzession übergehen sollen. Folglich kommt § 7 Abs. 1 Nr. 3 VOB/A auch bei der Vergabe von Baukonzessionen zur Anwendung, allerdings in gegenüber der Ausschreibung eines öffentlichen Bauauftrags sinngemäß eingeschränkter Weise[214]. Grenzen können sich hier u. U. auch aus dem Recht der Allgemeinen Geschäftsbedingungen (AGB) ergeben[215].

Schließlich sind insbesondere auch die Vorschriften über eine ordnungsgemäße Bekanntmachung (§ 12 VOB/A), über eine ordnungsgemäße Prüfung und Wertung der Angebote (§ 16 VOB/A) und eine ordnungsgemäße Dokumentation (§ 20 VOB/A) sinngemäß anzuwenden, da diese die Einhaltung des Wettbewerbs-, Gleichbehandlungs- und Transparenzgebots gewährleisten und daher – zur Sicherstellung der Einhaltung dieser zentralen Prinzipien des Vergaberechts – auch bei der Vergabe von Baukonzessionen zu beachten sind[216]. **67**

2. Anwendung der VOB/B. Auch § 8a Abs. 1 VOB/A ist bei der Baukonzession sinngemäß anzuwenden. Damit ist bestimmt, dass die Vergabeunterlagen die Geltung der VOB/B vorzusehen haben[217]. Auch für die VOB/B kommt jedoch zwangsläufig – teilweise – nur eine sinngemäße Anwendung in Betracht. Zum einen gelten die Vorschriften nicht, die sich mit der **Vergütung** des Auftragnehmers befassen, §§ 2, 14, 15 und 16 VOB/B[218]. Weiterhin sind für die Baukonzession – in aller Regel[219] – nicht die Möglichkeiten der frühzeitigen Beendigung des Bauvertrages geeignet (§§ 4 Abs. 7, 5 Abs. 4 und 6 Abs. 7 VOB/B). Weiter kann auch das einfache Kündigungsrecht des Auftraggebers (§ 8 Abs. 1 Nr. 1 VOB/B) mit der Folge der grundsätzlichen Vergütungsverpflichtung des Auftraggebers nicht gelten. **68**

Zusammenfassend bleibt mithin festzuhalten, dass sich die Anwendung der VOB/B nur auf die Teile des Konzessionsvertrages erstrecken kann, die die Errichtung der baulichen Anlage als solche regeln. Für die Dauer der Nutzung der baulichen Anlage durch den Konzessionsnehmer (in der Regel ab Fertigstellung der Anlage) enthält die VOB/B keine Regelungen, die sinngemäß Anwendung finden können. Entsprechende (Endschafts–)Modalitäten sind daher gesondert festzulegen[220]. **69**

Damit zeigt sich auch die Problematik der Wirksamkeit der Regelungen in der VOB/B, da diese zwangsläufig nicht „als Ganzes" vereinbart werden können[221]. So hat der **BGH** mit Urteil vom 22.1.2004 festgestellt, dass jede vertragliche Abweichung von der VOB/B dazu führt, dass diese nicht als Ganzes vereinbart ist, und zwar unabhängig davon, welches Gewicht der Eingriff hat[222]. In der Folge unterliegen einzelne Regelungen der VOB/B lediglich dann nicht der Inhaltskontrolle Allgemeiner Geschäftsbedingungen, wenn der Verwender die VOB/A als Ganzes ohne jegliche Abänderung vereinbart hat. Umgekehrt bedeutet dies, dass die Inhaltskontrolle selbst dann eröffnet ist, wenn nur geringfügige inhaltliche Abweichungen von der VOB/B vorliegen, und zwar unabhängig davon, ob das Vertragswerk andere Regelungen zur Kompensa- **70**

---

[214] So auch *Heiermann/Bauer* in Heiermann/Riedl/Rusam, Handkommentar zu VOB Teile A und B, § 22 VOB/A Rdn. 18; *Wieddekind* in Willenbruch/Wieddekind, Vergaberecht, § 22 VOB/A Rdn. 4.
[215] KG Berlin Urt. v. 10.9.2012 – 23 U 161/11, NZBau 2012, 766.
[216] Vgl. *Düsterdiek* in: Ingenstau/Korbion, VOB Teile A und B, § 23 VOB/A Rdn. 81; *Herrmann* in Ziekow/Völlink, Vergaberecht, § 22 VOB/A Rdn. 12; *Stoye* in FKZGM VOB-Kommentar, § 23 VOB/A Rdn. 44.
[217] *Reidt/Stickler* BauR 1997, 365, 366.
[218] Ebenso *Kulartz* in KMPP Kommentar zur VOB/A, § 22 Rdn. 17.
[219] Vgl. insoweit *Herrmann* in Ziekow/Völlink, Vergaberecht, § 22 VOB/A Rdn. 15, der darauf hinweist, dass aber jedenfalls dann, wenn der Konzessionär aus in eigener Verantwortung liegenden Gründen mit der Fertigstellung oder der Weiterarbeit an einem für die Konzession wesentlichen Bauwerk in Verzug gerät, dem Konzessionsgeber die Möglichkeit verbleiben müsse, nach vorheriger Fristsetzung außerordentlich kündigen zu können.
[220] So auch *Kulartz* in KMPP Kommentar zur VOB/A, § 22 Rdn. 17; *Wieddekind* in Willenbruch/Wieddekind, Vergaberecht, § 22 VOB/A Rdn. 4.
[221] Vgl. dazu auch allgemein VOB/B Einleitung Rdn. 75 ff.
[222] BGH Urt. v. 22.1.2004 – VII ZR 419/02, NZBau 2004, 267 ff. Etwas anderes gilt nach der Rechtsprechung des BGH Urt. v. 24.7.2008 – VII ZR 55/07, NZBau 2008, 640 ff., in solchen Fällen, in denen die VOB/B als Ganzes gegenüber privaten Verbrauchern vereinbart wird. Hierzu hat der BGH festgestellt, dass einzelne Klauseln der VOB/B bei Verträgen mit Verbrauchern gerichtlich überprüft werden können. Da bei der Erstellung der VOB/B keine Interessenvertreter der Verbraucher beteiligt waren, könne die VOB/B nämlich im Hinblick auf die Berücksichtigung von Verbraucherinteressen nicht als ausgewogenes Regelwerk angesehen werden. Näher zum Ganzen *Düsterdiek* in Ingenstau/Korbion, VOB Teile A und B, § 23 VOB/A Rdn. 76.

tion des strukturell nachteiligen Eingriffs in die VOB/B enthält[223]. Da die Besonderheiten der Baukonzession es voraussetzen, dass Vorschriften der VOB/B entweder überhaupt nicht oder nur modifiziert gelten können, stellt sich die Problematik der Wirksamkeit der VOB/B grundsätzlich. Allerdings werden in aller Regel die Vertragspartner die notwendigen Abweichungen individuell ausgehandelt haben, so dass die §§ 305 ff. BGB aus diesem Grund regelmäßig nicht zur Anwendung kommen.

71 In anderen Fällen ist zu prüfen, ob die jeweilige Abweichung von der VOB/B durch die Besonderheiten der Konzession bedingt ist. In diesen Fällen ist es auf Grund der Verpflichtung der ausschreibenden Stelle zur Vereinbarung der VOB/B richtig, die (teilweise) geltenden oder modifizierten Regelungen als mit den §§ 305 ff. BGB in Einklang stehend zu behandeln. Dies gilt insbesondere dann, wenn die Verträge, wie z. B. im Falle der fernstraßenbezogenen Betreibermodelle, auf Musterkonzessionsverträgen beruhen und folglich generell als Allgemeine Geschäftsbedingungen (AGB) zu werten sein dürften[224].

72 **3. Anwendung des Primären Gemeinschaftsrechts.** Ferner ist darauf hinzuweisen, dass die Auftraggeber bei der Vergabe von Baukonzessionen (auch) unterhalb der EU–Schwellenwerte nach der Rechtsprechung des EuGH[225] – bei Vorliegen eines grenzüberschreitenden Bezugs bzw. einer sog. Binnenmarktrelevanz[226] – dazu verpflichtet sind, die Grundfreiheiten des AEUV sowie das allgemeine Diskriminierungsverbot gemäß Art. 18 AEUV zu beachten. Die sich hieraus im Einzelnen ergebenden (grundlegenden) Anforderungen[227], die sich u. a. auch der **„Mitteilung der Kommission zu Auslegungsfragen in Bezug auf das Gemeinschaftsrecht, das für die Vergabe öffentlicher Aufträge gilt, die nicht oder nur teilweise unter die Vergaberichtlinien fallen" vom 24.7.2006**[228] entnehmen lassen, werden allerdings auch durch die (sinngemäß angewendeten) Bestimmungen der §§ 1 bis 22 VOB/A widergespiegelt[229], so dass dem Primären Gemeinschaftsrecht insoweit keine eigenständige praktische Bedeutung zukommt. Die sinngemäß angewendeten §§ 1 bis 22 VOB/A gehen dabei sogar noch deutlich über die gemeinschaftsrechtlichen Vorgaben hinaus[230].

73 **4. Anwendung landesrechtlicher Regelungen.** Schließlich ist zu beachten, dass einige Landesgesetze die VOB/A für Baukonzessionsvergaben unterhalb der Schwellenwerte für anwendbar erklären[231]. (Auch) Insofern müssen in den jeweiligen Ländern die Konzessionsvergaben durch diejenigen Stellen, die in den subjektiven Anwendungsbereich des jeweiligen Landesgesetzes fallen, den Vorgaben der VOB/A entsprechen[232].

III. Rechtsschutz

74 **1. Primärrechtsschutz.** Die Vergabe von Baukonzessionen unterhalb der EU–Schwellenwerte kann nicht im Wege eines vergaberechtlichen Nachprüfungsverfahrens im Sinne der §§ 155 ff. GWB überprüft werden, denn im Bereich unterhalb der EU–Schwellenwerte besteht

---

[223] *Düsterdiek* in Ingenstau/Korbion, VOB Teile A und B, § 23 VOB/A Rdn. 75.
[224] *Herrmann* in Ziekow/Völlink, Vergaberecht, § 22 VOB/A Rdn. 16; sowie ferner *Kunkel/Weigelt* NJW 2007, 2433; KG Berlin Urt. v. 10.9.2012 – 23 U 161/11, NZBau 2012, 766.
[225] EuGH Urt. v. 6.10.2016 – Rs. C-318/15, NZBau 2016, 781 ff. – Tecnoedi Construzioni; EuGH. Urt. v. 13.11.2008 – Rs. C-324/07, NZBau 2011, 239 ff.; EuGH Urt. v. 13.10.2005 – Rs. C-485/03, NZBau 2005, 644, 647, Rdn. 40 – Parking Brixen; EuGH Urt. v. 21.7.2005 – Rs. C-231/03, NZBau 2005, 592, 539, Rdn. 16 ff. – Coname; EuGH Urt. v. 7.12.2000 – Rs. C-324/98, NZBau 2001, 148, 151, Rdn. 60 f. – Telaustria.
[226] Vgl. zum Begriff der Binnenmarktrelevanz EuGH Urt. v. 6.10.2016 – Rs. C-318/15 – Tecnoedi Construzioni, NZBau 2016, 781; EuGH Urt. v. 16.4.2015 – Rs. C-278/14, NZBau 2015, 383 ff. – SC Enterprise Focused Solutions; EuGH Urt. v. 15.5.2008 – Rs. C-147/06, ZfBR 2008, 511; sowie *Deling* NZBau 2011, 725 ff.; *dies.* NZBau 2012, 17 ff.; *Diehr* VergabeR 2009, 719 ff.; *Vavra* VergabeR 2013, 384 ff.
[227] Vgl. hierzu *Ganske* in Reidt/Stickler/Glahs, Vergaberecht, 4. Aufl. 2017, § 103 Rdn. 160 f. und § 105 GWB, Rdn. 96.
[228] ABl. C 179/2 v. 1.8.2006, S. 2. Siehe ferner auch EuG v. 20.5.2010 – Rs. T-258/06.
[229] So auch *Kulartz* in KMPP Kommentar zur VOB/A, § 22 Rdn. 9.
[230] So auch *Kulartz* in KMPP Kommentar zur VOB/A, § 22 EG Rdn. 7.
[231] Siehe § 6 Abs. 1 Bremisches TtVG, §§ 2a Abs. 1 HmbVgG, § 1 Abs. 4 HVgG, § 2 Abs. 1 Nr. 2 VgG M-V, § 3 Abs. 2 NTVergG, § 1 Abs. 2 und § 6 Abs. 2 Nr. 3 SächsVergabeG, § 1 Abs. 2 LVG LSA, § 1 Abs. 2 ThürVgV.
[232] *Braun* in Müller-Wrede, Kommentar zum GWB-Vergaberecht, § 105 Rdn. 123.

diese Rechtsschutzmöglichkeit – zumindest gegenwärtig (noch)[233] – nicht, mit der Folge, dass insbesondere auch kein Zuschlagsverbot im Sinne des § 169 Abs. 1 GWB erwirkt werden kann.

Welcher Rechtsweg für Streitigkeiten betreffend den primären Rechtsschutz bei der Vergabe von Baukonzessionen unterhalb der Schwellenwerte statt dessen eröffnet ist, richtet sich nach der Rechtsnatur, also der Frage, ob das streitige Rechtsverhältnis dem öffentlichen oder dem zivilen Recht zuzuordnen ist[234] (vgl. dazu Rdn. 13 ff.). Dies ist für jeden Einzelfall gesondert zu prüfen.

Im Regelfall – aber nicht zwingend (vgl. Rdn. 75) – wird der Rechtsschutz vor der **ordentlichen Gerichtsbarkeit** zu suchen sein. Ein auf primären Rechtsschutz zielender Antrag kann in diesem Fall regelmäßig nur auf einen entsprechenden Unterlassungsanspruch gemäß **§§ 1004, 823 Abs. 2 BGB i. V. m. Art. 3 Abs. 1 GG** gestützt werden. Zumindest nach Teilen der Rechtsprechung genügt dabei jedoch nicht bereits jede Verletzung von Vergabevorschriften, um einen Verstoß gegen den Gleichheitssatz des Art. 3 Abs. 1 GG zu begründen. Vielmehr soll es erforderlich sein, dass der öffentliche Auftraggeber willkürlich, d. h. ohne sachlich rechtfertigenden Grund, Vergabevorschriften verletzt und dem Bieter durch die Verletzung ein Schaden droht[235]. Darüber hinaus ist zu beachten, dass auch, wenn die **Rügepflicht** gemäß § 160 GWB im Vergaberecht unterhalb der Schwellenwerte – mangels Eröffnung des Anwendungsbereichs des GWB – nicht gilt, von einigen Gerichten gleichwohl gefordert wird, dass vor der Beantragung gerichtlichen Eilrechtsschutzes auch im Unterschwellenbereich eine Rüge gegenüber der Vergabestelle erhoben worden sein muss. Zwar sei das Rügeerfordernis gemäß § 160 GWB im Unterschwellenbereich nicht direkt anwendbar. Allerdings erwachse für den Antragsteller die Pflicht, auch in einem Verfahren unterhalb der Schwellenwerte behauptete vergaberechtliche Verstöße rechtzeitig zu rügen[236]. Als rechtsdogmatische Anknüpfungspunkte dienen der Rechtsprechung insoweit das **Eilrechtsschutzbedürfnis**[237] und das **vorvertragliche Vertrauensverhältnis**[238]. In der Literatur wird dies zwar – nicht zuletzt mit Blick auf Art. 19 Abs. 4 GG – mit guten Gründen sehr kritisch gesehen[239]. Unterbleibt die Rüge durch den Bieter, besteht allerdings die Gefahr, dass das zuständige Gericht den Antrag auf Eilrechtsschutz aus diesem Grund für unzulässig erachtet. Überdies besteht auch – was den sekundären Rechtsschutz betrifft (vgl. Rdn. 79 f.) – das Risiko der Annahme eines schadensersatzanspruchskürzenden Mitverschuldens im Sinne von **§ 254 BGB**.

Wenn und soweit das streitige Rechtsverhältnis dagegen (ausnahmsweise) dem öffentlichen Recht zuzuordnen ist, mit der Folge, dass Rechtsschutz vor den **Verwaltungsgerichten** zu suchen ist, kommt – als Primärrechtsschutz – regelmäßig ein Antrag gemäß **§ 123 VwGO** in Betracht[240].

Schließlich ist zu beachten, dass es in einigen Bundesländern ausdrückliche **Regelungen zum (primären) Rechtsschutz auf landesrechtlicher Ebene** gibt. So haben **Thüringen und Sachsen-Anhalt** sich für weitgehend gleichlautende ausdrückliche Regelungen zum Rechtsschutz unterhalb der Schwellenwerte entschieden (vgl. § 19 ThürVgG, § 19 LVG LSA) und

---

[233] Die Koalitionsvereinbarung von CDU, CSU und FDP v. 15.6.2010 sah vor, auch im Bereich der Unterschwellenvergaben „einen wirksamen Rechtsschutz" einzuführen. Auf der Grundlage eines Diskussionspapiers des Bundesministeriums für Wirtschaft (BMWi) v. 15.6.2010 wurde die Ausdehnung des Rechtsschutzes diskutiert. Heftige Kritik erfuhr sie insbesondere von den kommunalen Spitzenverbänden, die vor allem auf die Gefahren einer zusätzlichen Bürokratisierung sowie von Investitionsverzögerungen hinwiesen. Hingegen forderte die mittelständische Bauwirtschaft sehr massiv einen effektiven Rechtsschutz unterhalb der Schwellenwerte, und zwar in einer Form, wie er oberhalb der Schwellenwerte existiert. Die Diskussion gebar aber nie einen Gesetzesentwurf. In der Zeit der großen Koalition gab es keinen vergleichbaren Vorstoß.
[234] *Braun* in Müller-Wrede, Kommentar zum GWB-Vergaberecht, § 105 Rdn. 126; *Ganske* in Reidt/Stickler/Glahs, Vergaberecht, 4. Aufl. 2017, § 105 GWB Rdn. 97.
[235] Vgl. OLG Hamm Urt. v. 2.12.2008 – 4 U 190/07, insoweit nicht abgedruckt in NZBau 2009, 344; OLG Schleswig Urt. v. 6.7.1999 – 6 U Kart 22/99, BauR 2000, 1046, 1048; LG Kleve Urt. v. 16.7.2009 – 1 O 212/09; LG Frankfurt/Oder Urt. v. 14.11.2007 – 13 O 360/07, VergabeR 2008, 132, 135; LG Cottbus Urt. v. 24.10.2007 – 5 O 99/07, VergabeR 2008, 123, 127 f. Siehe zum Ganzen auch *Ganske* in Reidt/Stickler/Glahs, Vergaberecht, 4. Aufl. 2017, § 105 GWB Rdn. 98.
[236] Vgl. OLG Düsseldorf Beschl. v. 9.1.2013 – VII-Verg 26/12, NZBau 2013, 120 ff.; LG Berlin Beschl. v. 5.12.2011 – 52 O 254/11, IBR 2012, 98; LG Wiesbaden Beschl. v. 12.7.2012 – 4 O 17/12, ZfBR 2013, 104.
[237] Vgl. LG Berlin Beschl. v. 5.12.2011 – 52 O 254/11, IBR 2012, 98; LG Wiesbaden Beschl. v. 12.7.2012 – 4 O 17/12, ZfBR 2013, 104; LG Bielefeld Urt. v. 27.2.2014 – 1 O 23/14, VergabeR 2014, 832 ff.
[238] Vgl. OLG Düsseldorf Beschl. v. 9.1.2013 – VII-Verg 26/12, NZBau 2013, 120 ff.
[239] Vgl. bspw. *Kermel/Herten-Koch* RdE 2013, 255 ff.
[240] *Ganske* in Reidt/Stickler/Glahs, Vergaberecht, 4. Aufl. 2017, § 105 GWB Rdn. 99.

dabei explizit die Vergabekammer für zuständig erklärt (§ 19 Abs. 3 ThürVgG, § 19 Abs. 3 LVG LSA). In beiden Bundesländern steht der Rechtsweg zu den Vergabekammern aber nur offen, wenn der voraussichtliche Gesamtauftragswert bei Bauleistungen 150.000,00 Euro übersteigt (§ 19 Abs. 4 ThürVgG, § 19 Abs. 4 LVG LSA). In Sachsen gibt es für Beschaffungen unterhalb der Schwellenwerte ein verwaltungsinternes „Nachprüfungsverfahren" (§ 8 Abs. 2 SächsVergG), wobei es allerdings ausdrücklich keinen Anspruch auf Tätigwerden der „Nachprüfungsbehörde" gibt (§ 8 Abs. 2 Satz 3 SächsVergG). Nachprüfungsbehörde ist die Aufsichtsbehörde, bei kreisangehörigen Gemeinden und Zweckverbänden die Landesdirektion Sachsen (§ 8 Abs. 2 Satz 4 SächsVergG)[241].

79 **2. Sekundärrechtsschutz.** Verletzt der Auftraggeber die ihm aus § 23 VOB/A obliegenden Pflichten, kann er sich schadensersatzpflichtig machen. Als Anspruchsgrundlage kommt dabei insbesondere eine **Verletzung vorvertraglicher Pflichten gemäß § 311 Abs. 2 i. V. m. §§ 241 Abs. 2 und 280 ff. BGB** in Betracht[242].

80 Daneben können auch **Amtshaftungsansprüche gemäß § 839 BGB i. V. m. Art. 34 Satz 1 GG** in Betracht kommen. Derartige Ansprüche können in entsprechend gelagerten Fällen u. U. auch zugunsten einer Kommune gegeben sein, beispielsweise wenn die Rechtsaufsichtsbehörde ein vom Landesrechnungshof als unwirtschaftlich eingeschätztes Investorenmodell genehmigt[243]. Denn die kommunale Rechtsaufsicht kann Amtspflichten der Aufsichtsbehörde auch gegenüber der zu beaufsichtigenden Kommune als einem geschützten Dritten begründen. Schutzpflichten der Aufsicht gegenüber den Kommunen können dabei auch bei begünstigenden Maßnahmen bestehen, also solchen, die von der Kommune selbst angestrebt werden, etwa bei der Genehmigung eines von der Kommune abgeschlossenen Rechtsgeschäfts. Verletzungen dieser Pflichten können Amts- oder Staatshaftungsansprüche der Gemeinde gegen die Aufsichtsbehörde auslösen[244].

---

[241] *Ganske* in Reidt/Stickler/Glahs, Vergaberecht, 4. Aufl. 2017, § 105 GWB Rdn. 101.
[242] Vgl. hierzu auch *Düsterdiek* in Ingenstau/Korbion, VOB Teile A und B, § 23 VOB/A Rdn. 83; *Ganske* in Reidt/Stickler/Glahs, Vergaberecht, 4. Aufl. 2017, § 105 GWB Rdn. 100.
[243] BGH Urt. v. 12.12.2002 – III ZR 201/01, NJW 2003, 1318, 1319; *Herrmann* in Ziekow/Völlink, Vergaberecht, § 22 VOB/A Rdn. 23.
[244] BGH Urt. v. 12.12.2002 – III ZR 201/01, NJW 2003, 1318, 1319.

Abschnitt 2. Vergabebestimmungen im Anwendungsbereich der Richtlinie 2014/24/EU[1] (VOB/A-EU)

§ 1 EU Anwendungsbereich

(1) Bauaufträge sind Verträge über die Ausführung oder die gleichzeitige Planung und Ausführung
1. eines Bauvorhabens oder eines Bauwerks für einen öffentlichen Auftraggeber, das
   a) Ergebnis von Tief- oder Hochbauarbeiten ist und
   b) eine wirtschaftliche oder technische Funktion erfüllen soll oder
2. einer dem öffentlichen Auftraggeber unmittelbar wirtschaftlich zugutekommenden Bauleistung, die Dritte gemäß den vom öffentlichen Auftraggeber genannten Erfordernissen erbringen, wobei der öffentliche Auftraggeber einen entscheidenden Einfluss auf die Art und die Planung des Vorhabens hat.

(2) **Die Bestimmungen dieses Abschnittes sind von öffentlichen Auftraggebern im Sinne von § 99 GWB für Bauaufträge anzuwenden, bei denen der geschätzte Gesamtauftragswert der Baumaßnahme oder des Bauwerkes (alle Bauaufträge für eine sbauliche Anlage) mindestens dem im § 106 GWB geregelten Schwellenwert für Bauaufträge ohne Umsatzsteuer entspricht. Die Schätzung des Auftragwerts ist gemäß § 3 VgV vorzunehmen.**

Schrifttum: *Dreher*, Der Anwendungsbereich des Kartellvergaberechts, DB 1998, 2579; *Kulartz/Niebuhr*, Anwendungsbereich und wesentliche Grundsätze des materiellen GWB-Vergaberechts, NZBau 2000, 6; *Loewenich*, Die Schwellenwerte im Lichte des Verfassungsrechts, ZVgR 1999, 34; *Mader*, Entwicklungslinien in der neueren EuGH-Rechtsprechung zum materiellen Recht im öffentlichen Auftragswesen, EuZW 1999, 331.

Übersicht

	Rn.
I. Rechtsgrundlagen für die Anwendung der EU-Paragraphen	1
II. § 1 Abs. 1 EU VOB/A – Bauaufträge	2
III. § 1 Abs. 2 EU VOB/A – Auftraggeber im Sinne von § 99 GWB	6
1. Auftraggeber im Sinne von § 99 GWB	6
2. Andere juristische Personen des öffentlichen und des privaten Rechts gemäß § 99 Nr. 2 GWB	11
a) Selbstständige Rechtspersönlichkeit	12
b) Gründungszweck: Erfüllung einer im Allgemeininteresse liegenden Aufgabe nichtgewerblicher Art	14
c) Beherrschung durch einen klassischen staatlichen Auftraggeber	16
3. Verbände gemäß § 99 Nr. 3 GWB	20
4. Öffentlich subventionierte Auftraggeber gemäß § 99 Nr. 4 GWB	21
IV. § 1 Abs. 2 Satz 1 EU VOB/A – Schwellenwerte	23
1. § 1 Abs. 2 Satz 1 EU VOB/A – Gesamtauftragswert der Baumaßnahme	24
V. Umgehungsverbot	29

I. Rechtsgrundlagen für die Anwendung der EU-Paragraphen

Die Verpflichtung zur Einhaltung dessen, was in den sogenannten EU-Paragraphen geregelt ist, entstammt der Richtlinie 2014/24/EU. In Umsetzung dieser Richtlinie findet der zweite Abschnitt der VOB/A Anwendung, wenn kumulativ folgende Voraussetzungen erfüllt sind: **1**

Gemäß § 1 Abs. 1 EU VOB/A muss ein Bauauftrag vorliegen, der
von einem öffentlichen Auftraggeber gemäß § 1 Abs. 2 Satz 1 EU VOB/A vergeben wurde

---

[1] **Amtl. Anm.:** Richtlinie 2014/24/EU des Europäischen Parlaments und des Rates vom 26. Februar 2014 über die öffentliche Auftragsvergabe und zur Aufhebung der Richtlinie 2004/18/EG (ABl. L 94 vom 28.3.2014, S. 65).

und
dessen geschätzter Gesamtauftragswert gemäß § 1 Abs. 2 Satz 1 Halbs. 2 EU VOB/A mindestens dem in § 106 GWB geregelten Schwellenwert für Bauaufträge ohne Umsatzsteuer entspricht, wobei für die Schätzung des Auftragswertes auf § 3 VgV verwiesen wird.

Damit greifen die Regelungen der §§ 97 ff. GWB sowie die gemäß § 2 VgV anzuwendenden Regelungen in Abschnitt 1, 2 Unterabschnitt 2 VgV mit den Regelungen des 2. Abschnitts der VOB/A ineinander, die zusammen mit den ergänzend heranzuziehenden Europäischen Richtlinienvorschriften die Vergabe von Bauaufträgen im europäischen Wettbewerb regeln.[1] Eine übersichtliche Gestaltung des Vergaberechts sieht anders aus. Wegen des Gebots der richtlinienkonformen Auslegung ist es erforderlich, den 2. Abschnitt der VOB/A GWB-konform und damit letztlich richtlinienkonform auszulegen, weshalb der Begriff des Bauauftrages (§ 103 Abs. 3 GWB) wie der des öffentlichen Auftraggebers (§ 99 GWB) im Sinne dieser gesetzlich vorrangigen Regelungen auszulegen ist.[2]

II. § 1 Abs. 1 EU VOB/A – Bauaufträge

2   Die Anwendungsverpflichtung der EU-Paragraphen gilt nur für **Bauaufträge,** bei denen der geschätzte Gesamtauftragswert der Baumaßnahme mindestens dem Gegenwert von derzeit **5.225.000,00 €** – ohne Umsatzsteuer entspricht.

3   Die Definition dessen, was als Bauaufträge zu gelten hat, findet sich in § 1 Abs. 1 EU VOB/A, wonach als Bauaufträge diejenigen Verträge gelten, die entweder die Ausführung oder die gleichzeitige Planung und Ausführung eines Bauvorhabens oder eines Bauwerks, das Ergebnis von Tief- oder Hochbauarbeiten ist und eine wirtschaftliche oder technische Funktion erfüllen soll, zum Gegenstand haben oder eine dem öffentlichen Auftraggeber unmittelbar wirtschaftlich zugute kommenden Bauleistung, die Dritte gemäß den vom Auftraggeber genannten Erfordernissen erbringen, betreffen. Wie oben bereits ausgeführt muss der Begriff des Bauauftrages im Lichte der höherrangigen Norm des § 103 GWB ausgelegt werden, deren § 103 Abs. 3 GWB den Bauauftrag als eine Variante des öffentlichen Auftrages definiert. Mit anderen Worten, was gemäß § 103 Abs. 3 GWB als Bauauftrag zu bewerten ist, fällt damit auch unter die Bauaufträge in § 1 EU VOB/A, der inhaltlich deckungsgleich auszulegen ist.[3]

4   Wir erlauben uns deshalb, zur vertiefenden Befassung mit der Definition der Bauaufträge auf die einschlägige Kommentarliteratur zu § 103 GWB zu verweisen.[4] Soweit es in § 103 Abs. 3 Satz 1 Nr. 1 GWB lautet, dass Bauaufträge Verträge über die Ausführung oder die gleichzeitige Planung und Ausführung von Bauleistungen im Zusammenhang mit einer der Tätigkeiten sind, die im Anhang II der Richtlinie 2014/24/EU genannt sind, ist festzustellen, dass § 1 Abs. 1 EU VOB/A eine analoge Regelung nicht enthält. Diese „Lücke" ist aufgrund der europarechtskonformen Auslegung von § 1 Abs. 1 EU VOB/A durch erweiternde Auslegung des Regelungsgehaltes in § 103 Abs. 3 Satz 1 Nr. 1 GWB zu schließen.[5] Ob das allerdings zwingend dazu führt, dass jede Leistung, die im Zusammenhang mit den im Anhang II der Richtlinie 2014/24/EU genannten Tätigkeiten die Bejahung eines Bauauftrages zur Folge hat[6] darf mit Hinweis auf die Erwägungsgründe zur Richtlinie 2014/24/EU bezweifelt werden[7].

5   Während § 1 Abs. 1 Nr. 1 EU VOB/A deckungsgleich mit § 103 Abs. 3 Satz 1 GWB auszulegen ist, entspricht die Regelung in § 1 Abs. 1 Nr. 2 EU VOB/A inhaltsgleich der höherrangigen Vorschrift in § 103 Abs. 3 Satz 2 GWB. Mit der Vorschrift in § 103 Abs. 3 Satz 2 GWB verfolgte der Gesetzgeber die Absicht, den durch das OLG Düsseldorf[8] extensiv ausgelegten Begriff des öffentlichen Bauauftrages bei kommunalen Grundstücksgeschäften wieder einzuzuengen. Diese restriktive Auslegung hat der EuGH mittlerweile bestätigt[9]

---

[1] Vgl. *Klein* in FKZGM VOB/A § 1 EU Rdn. 3.
[2] So zutreffend *Klein* in FKZGM VOB/A § 1 EU Rdn. 6.
[3] *Klein* in FKZGM VOB/A § 1 EU Rdn. 6.
[4] *Eschenbruch* in KKPP VOB/A § 1 EU Rdn 391 ff. m. w. N.
[5] *Klein* in FKZGM VOB/A § 1 EU Rdn. 17.
[6] *Eschenbruch* in KKPP GWB § 103 Rdn. 394.
[7] Vgl. *Klein* in FKZGM VOB/A § 1 EU Rdn. 19 ff. mit Zitat aus Erwägungsgrund 8 zur Richtlinie 2014/24/EU.
[8] Vgl. OLG Düsseldorf NZBau 2007, 530 (Ahlhorn) und die nachfolgend hierzu ergangenen Entscheidungen des OLG Düsseldorf, NZBau 2008, 139; NZBau 2008, 271.
[9] EuGH, NJW 2010, 2189 („Helmut Müller").

III. § 1 Abs. 2 EU VOB/A – Auftraggeber im Sinne von § 99 GWB

1. Auftraggeber im Sinne von § 99 GWB. § 99 GWB, auf den § 1 Abs. 2 EU VOB/ 6
A wegen der Legaldefinition des öffentlichen Auftraggebers für Bauaufträge verweist, entspricht im Grundsatz Inhalt und Struktur des vormaligen § 98 GWB. Für die vormals in § 98 GWB genannten Sektorenauftraggeber, die nunmehr in § 100 GWB geregelt sind, gilt bei der Vergabe von öffentlichen Bauaufträgen gemäß § 1 Abs. 1 SektVO die Sektorenverordnung.

§ 99 Nr. 1 GWB definiert als öffentliche Auftraggeber zunächst die Gebietskörperschaften 7 sowie deren Sondervermögen. Zu den **Gebietskörperschaften** gehören der Bund, die Länder, die Landkreise und die Gemeinden sowie Selbstverwaltungseinheiten auf Landes- und Kommunalebene, die als öffentlich-rechtliche Körperschaft konstituiert sind.[10] Unbeachtlich ist, wie die Gebietskörperschaft auftritt, ob sie sich durch ihre Behörden oder durch Dritte vertreten lässt.[11]

Nicht unter die Gebietskörperschaften, wohl aber unter deren **Sondervermögen,** fallen die 8 Eigenbetriebe der Gebietskörperschaften und sonstige Einheiten dieser Körperschaften, sowie kommunale nicht rechtsfähige Stiftungen, denen alle gemein ist, dass es sich um nicht rechtsfähige dekonzentrierte Verwaltungsstellen handelt, die haushaltsrechtlich und organisatorisch verselbstständigt sind.[12] Der auf der Grundlage von § 99 GWB verpflichtete öffentliche Auftraggeber ist damit nicht der unselbstständige Eigenbetrieb, sondern die dahinter stehende Gebietskörperschaft.[13]

Werden Eigenbetriebe mehrerer Gebietskörperschaften verwaltungsorganisatorisch in **Kon-** 9 **sortien** zusammengefasst, ohne dass sie rechtlich verselbstständigt werden, bleibt es bei der unselbstständigen Verwaltungseinheit, die wiederum den Gebietskörperschaften zugerechnet werden muss, auf die § 99 Nr. 1 GWB Anwendung findet.[14]

Interkommunale Kooperationen sind dem Vergaberecht dann unterworfen, wenn im Rahmen 9 dieser Kooperationen eine Gebietskörperschaft als Nachfragerin in den Wettbewerb um öffentliche Aufträge eintritt. Beispiel: Zwei benachbarte Gemeinden schließen eine Vereinbarung ab, wonach die der einen Gemeinde obliegenden Abfallentsorgungsaufgaben von der Nachbargemeinde entgeltlich übernommen werden. In diesem Fall handelt es sich nicht um einen reinen verwaltungsinternen Vorgang, sondern um eine vergabepflichtige Dienstleistung, da die Nachbargemeinde mit der Erbringung von Entsorgungsaufgaben außerhalb ihres eigenen Gemeindegebietes ihren eigenen hoheitlichen Zuständigkeitsbereich verlässt und entgeltliche Leistungen am Markt anbietet. Die die Abfallentsorgungsaufgaben übertragende Gemeinde ist damit Auftraggeberin nach § 99 Nr. 1 GWB; die Nachbargemeinde ist mit Bezug auf die von ihr durchzuführenden Aufgaben als Unternehmen anzusehen.[15]

Die Auftraggeberschaft einer Gebietskörperschaft nach § 99 Nr. 1 GWB ist auch dann zu bejahen, wenn sie mit einer Einrichtung einen entgeltlichen Vertrag beabsichtigt abzuschließen, die rechtlich selbstständig organisiert ist und über die die Gebietskörperschaft keine den eigenen Dienststellen vergleichbare Kontrollmacht besitzt. Sobald ein Privatunternehmen (sei es auch nur mit 1 %) am Gesellschaftskapital dieses rechtlich selbstständigen Rechtssubjektes beteiligt ist, kann es nicht mehr als Teil eines öffentlichen Auftraggebers angesehen werden, so dass entgeltliche Verträge, die die Gebietskörperschaft beabsichtigt mit diesem Rechtssubjekt abzuschließen, keine vergaberechtsfreien **Inhouse-Geschäfte** darstellen, sondern als Auftragsvergabe dem Vergaberecht unterliegen.[16]

Die **Deutsche Bundesbahn** sowie die **Deutsche Bundespost** zählten bis zu ihrer Privatisie- 10 rung zu den Sondervermögen des Bundes.[17] Nach § 99 Nr. 1 GWB kommt eine Ausschreibungspflicht jetzt nur noch in Betracht, soweit das Bundeseisenbahnvermögen, welches nur noch begrenzte Aufgaben im Verwaltungsbereich hat, auf dem ihm zugewiesenen engen Aufgaben-

---

[10] *Werner* in Byok/Jaeger GWB, § 98 a. F. Rdn. 17; *Eschenbruch* in KKPP GWB § 99 Rdn. 8 ff.
[11] *Werner* in Byok/Jaeger GWB, § 98 a. F. Rdn. 19.
[12] *Werner* in Byok/Jaeger GWB, § 98 a. F. Rdn. 20; *Dreher* in Immenga/Mestäcker GWB, § 98 Rdn. 11.
[13] *Werner* in Byok/Jaeger GWB, § 98 a. F. Rdn. 21; *Eschenbruch* in KKPP GWB § 99 Rdn. 18.
[14] *Werner* in Byok/Jaeger GWB, § 98 a. F. Rdn. 22.
[15] So OLG Düsseldorf Beschl. v. 5.5.2004, Verg 78/03, WuW/E Verg. 960/961.
[16] EuGH Urt. v. 10.11.2005, Rs. C-29/05; EuGH Urt. v. 11.1.2005, Rs. C-26/03; *Werner* in Boyk/Jaeger GWB, § 99 a. F. Rdn. 8 ff.
[17] *Werner* in Byok/Jaeger GWB, § 98 a. F. Rdn. 24.

bereich tätig wird.[18] Der gesamte unternehmerische Bereich, der der Deutschen Bahn AG obliegt und die infolge ihrer Sonderfinanzierung begründete Sonderposition führen allerdings dazu, dass die Kategorien des § 99 Nr. 2 GWB erfüllt sind.[19]

11   2. Andere juristische Personen des öffentlichen und des privaten Rechts gemäß § 99 Nr. 2 GWB. Nach § 99 Nr. 2 GWB gehören juristische Personen des öffentlichen und des privaten Rechts, die nicht bereits unter § 99 Nr. 1 GWB zu subsumieren sind, dann zu den öffentlichen Auftraggebern, wenn ihr Gründungszweck im Allgemeininteresse liegende Aufgaben nicht gewerblicher Art umfasst und sie von Stellen nach § 99 Nr. 1 oder 3 überwiegend finanziert oder durch einen der klassischen staatlichen Auftraggeber beherrscht werden, was eine besondere Staatsgebundenheit zur Folge hat.[20] § 99 Nr. 2 GWB, der im Wesentlichen dem bisherigen § 98 Nr. 2 GWB entspricht, enthält nunmehr in Umsetzung der Richtlinie 2014/24/EU in § 99 Nr. 2 Abs. 2 GWB den weiteren Beherrschungstatbestand der „Ausübung der Aufsicht über die Leitung", der bislang in § 98 Nr. 2 Satz 2 GWB nicht enthalten war. § 99 Nr. 2 GWB ist Ausdruck der Wandlung vom institutionellen zum **funktionellen Auftraggeberbegriff,** mit dem das Ziel verfolgt wird, auch in privatrechtlicher Form durchgeführte staatliche Aufgaben dem Vergaberecht zu unterwerfen, um auf diese Weise den zunehmenden Privatisierungstendenzen erfolgreich begegnen zu können.[21]

12   a) **Selbstständige Rechtspersönlichkeit.** Dadurch, dass § 99 Nr. 2 GWB eine juristische Person des öffentlichen oder des privaten Rechts verlangt, wird dem Kriterium der selbstständigen Rechtspersönlichkeit Rechnung getragen. In Anhang III der Koordinierungsrichtlinie sind beispielhaft die juristischen Personen des öffentlichen und des privaten Rechts aufgezählt. Danach sind in Deutschland als „Einrichtungen des öffentlichen und des privaten Rechts" anzusehen:

Juristische Personen des öffentlichen Rechts
Die bundes-, landes- und gemeindeunmittelbaren Körperschaften, Anstalten und Stiftungen des öffentlichen Rechts, insbesondere in folgenden Bereichen:
Körperschaften
– Wissenschaftliche Hochschulen und verfasste Studentenschaften,
– Berufsständische Vereinigungen (Rechtsanwalts-, Notar-, Steuerberater-, Wirtschaftsprüfer-, Architekten-, Ärzte- und Apothekerkammern),
– Wirtschaftsvereinigungen (Landwirtschafts-, Handwerks-, Industrie- und Handelskammern, Handwerksinnungen, Handwerkerschaften),
– Sozialversicherungen (Krankenkasse, Unfall- und Rentenversicherungsträger),
– Kassenärztliche Vereinigungen,
– Genossenschaften und Verbände.

Anstalten und Stiftungen
Die der staatlichen Kontrolle unterliegenden und im Allgemeininteresse tätig werdenden Einrichtungen nichtgewerblicher Art, insbesondere in folgenden Bereichen:
– Rechtsfähige Bundesanstalten,
– Versorgungsanstalten und Studentenhilfswerke,
– Kultur-, Wohlfahrts- und Hilfsstiftungen.

Juristische Personen des Privatrechts
Die der staatlichen Kontrolle unterliegenden und im Allgemeininteresse tätig werdenden Einrichtungen nichtgewerblicher Art, einschließlich der kommunalen Versorgungsunternehmen:
– Gesundheitswesen (Krankenhäuser, Kurmittelbetriebe, medizinische Forschungseinrichtungen, Untersuchungs- und Tierkörperbeseitigungsanstalten),
– Kultur (öffentliche Bühnen, Orchester, Museen, Bibliotheken, Archive, zoologische und botanische Gärten),
– Soziales (Kindergärten, Kindertagesheime, Erholungseinrichtungen, Kinder- und Jugendheime, Freizeiteinrichtungen, Gemeinschafts- und Bürgerhäuser, Frauenhäuser, Altersheime, Obdachlosenunterkünfte),

---

[18] *Werner* in Byok/Jaeger GWB § 98 a. F. Rdn. 24; vgl. auch *Dreher* in Immenga/Mestäcker GWB a. F., § 98 Rdn. 62.
[19] *Werner* in Byok/Jaeger GWB, § 98 a. F. Rdn. 146.
[20] *Dreher* DB 1998, 2579.
[21] *Werner* in Byok/Jaeger GWB, § 98 a. F. Rdn. 26.

– Sport (Schwimmbäder, Sportanlagen und -einrichtungen),
– Sicherheit (Feuerwehren, Rettungsdienste),
– Bildung (Umschulungs-, Aus-, Fort- und Weiterbildungseinrichtungen, Volkshochschulen),
– Wissenschaft, Forschung und Entwicklung (Großforschungseinrichtungen, wissenschaftliche Gesellschaften und Vereine, Wissenschaftsförderung),
– Entsorgung (Straßenreinigung, Abfall- und Abwasserbeseitigung),
– Bauwesen und Wohnungswirtschaft (Stadtplanung, Stadtentwicklung, Wohnungsunternehmen, Wohnraumvermittlung),
– Wirtschaft (Wirtschaftsförderungsgesellschaften),
– Friedhofs- und Bestattungswesen,
– Zusammenarbeit mit den Entwicklungsländern (Finanzierung, technische Zusammenarbeit, Entwicklungshilfe, Ausbildung).

Den Einzelkriterien des § 99 Nr. 2 GWB kommt neben dieser beispielhaften Aufzählung besondere Bedeutung zu, weil einzelfallbezogen zu prüfen ist,

„ob ein Auftraggeber privaten Rechts zu dem besonderen Zweck gegründet wurde, im Allgemeininteresse liegende Aufgaben nichtgewerblicher Art zu erfüllen."[22]

Wegen der gebotenen weiten Auslegung wird man auch bei der unechten Vor-GmbH bzw. **13** Vorgründungsgesellschaft im Ergebnis von einer eigenen Rechtspersönlichkeit zur Bejahung dieses Tatbestandsmerkmals in § 99 Nr. 2 GWB ausgehen, da ansonsten der Umgehung des Vergaberechts „Tür und Tor geöffnet" wären.[23] Das Gleiche gilt in Bezug auf BGB-Gesellschaften oder einer Europäischen Wirtschaftlichen Vereinigung, zumal der Bundesgerichtshof in seinem Urteil vom 29.1.2001[24] entschieden hat, dass die BGB-Gesellschaft eine eigene Rechtsfähigkeit besitzt, soweit sie durch Teilnahme am Rechtsverkehr eigene Rechte und Pflichten begründet. Sie ist damit der OHG vergleichbar, die zwar ebenfalls keine eigene Rechtspersönlichkeit besitzt, jedoch ebenso von § 99 GWB erfasst wird.[25]

b) Gründungszweck: Erfüllung einer im Allgemeininteresse liegenden Aufgabe **14** **nichtgewerblicher Art.** Gemäß dem in der Satzung dokumentierten Gründungszweck der selbstständigen Rechtsperson muss diese ursprünglich zum Zwecke der Durchführung im Allgemeininteresse dienender Aufgabe gegründet worden sein. Ohne Einfluss auf die Subsumtion unter § 99 Nr. 2 GWB ist es in diesem Zusammenhang, wenn trotz des in der Satzung dokumentierten auf das Allgemeininteresse ausgerichteten Gründungszwecks eine hiervon abweichende Tätigkeit im Einzelfall ausgeübt wird.[26] Erhält die selbstständige Rechtspersönlichkeit durch **nachträgliche Zweckbestimmung** eine der Durchführung im Allgemeininteresse dienende Zwecksetzung, so fällt sie ab diesem Zeitpunkt ebenfalls unter § 99 Nr. 2 GWB.[27]

Im **Allgemeininteresse** liegende Aufgaben verfolgt eine selbstständige Rechtspersönlichkeit **15** dann, wenn die wahrgenommenen Aufgaben eng mit der öffentlichen Ordnung und dem institutionellen Funktionieren des Staates verknüpft sind.[28] Es reicht dabei aus, dass der Auftraggeber **auch** aber nicht zwingend ausschließlich, im Allgemeininteresse liegenden Aufgaben nicht gewerblicher Art zu erfüllen hat.[29] Das Tatbestandsmerkmal der **Nichtgewerblichkeit** dient nach der Rechtsprechung des Europäischen Gerichtshofs als konkretisierendes Merkmal für die Verfolgung von Allgemeininteressen.[30] Das Merkmal der Nichtgewerblichkeit ist meist dann erfüllt, wenn die von der selbstständigen Rechtspersönlichkeit verfolgte Tätigkeit nicht der Absicht der Gewinnerzielung dient.[31] An der Absicht der Gewinnerzielung mangelt es regelmäßig dann, wenn das betreffende Unternehmen nicht demselben Wettbewerbsdruck wie ein

---

[22] Begründung des Regierungsentwurfes zum Vergaberechtsänderungsgesetz, BT-Drs. 13/9340, 15.
[23] So bereits *Dreher* DB 1998, 2579 f.
[24] BGHZ 146, 341.
[25] *Werner* in Byok/Jaeger GWB, § 98 a. F. Rdn. 39.
[26] EuGH Rs. C/44–96, *Mannesmann/Strohal*, Slg. 1998, I–73; *Werner* in Byok/Jaeger GWB, § 98 a. F. Rdn. 44.
[27] *Werner* in Byok/Jaeger GWB, § 98 a. F. Rdn. 42; *Klein* in FKZGM VOB/A § 1 EU Rdn. 53; *Dreher* in Immenga/Mestäcker GWB, § 98 a. F. Rdn. 47.
[28] *Mader* EuZW 1999, 331.
[29] EuGH Rs. C/44–99, *Mannesmann/Strohal*, Slg. 1998/I–73.
[30] EuGH Rs. C/44–99, *Mannesmann/Strohal*, Slg. 1998/I–73.
[31] *Werner* in Byok/Jaeger GWB, § 98 a. F. Rdn. 58.

Privatunternehmen ausgesetzt ist und es somit eine staatlich herbeigeführte Sonderstellung inne hat.[32]

16   **c) Beherrschung durch einen klassischen staatlichen Auftraggeber.** § 99 Nr. 2 GWB verlangt schließlich zur Annahme eines öffentlichen Auftraggebers, dass die selbstständige Rechtspersönlichkeit durch den klassischen staatlichen Auftraggeber, der unter § 99 Nr. 1 oder 3 GWB fällt, überwiegend finanziert wird oder durch Leitung und Aufsicht über die Rechtsperson deren Handeln beherrscht.

17   Eine **überwiegende Finanzierung** liegt vor, wenn die betreffende Rechtspersönlichkeit von den vorgenannten öffentlichen Auftraggebern zu mehr als 50 % finanziert wird, wobei es egal ist, auf welche Weise die Finanzierung erfolgt, sei es durch direkte Bereitstellung von Geldern oder mittelbare Beteiligung durch Aktien oder die Bereitstellung von anderen Material- und/oder Sachleistungen.[33] Die überwiegende Finanzierung muss sich aber auf die selbstständige Rechtspersönlichkeit als solche und nicht lediglich auf einzelne staatliche Aufgaben beziehen.[34]

18   Eine **staatliche Beherrschung** bzw. **staatliche Leitung** ist nach dem Gesetzestext in § 99 Nr. 2 GWB dann anzunehmen, wenn der öffentliche Auftraggeber nach § 99 Nr. 1 oder 3 GWB die Aufsicht über ihre Leitung ausübt oder mehr als die Hälfte der Mitglieder eines ihrer zur Geschäftsführung oder zur Aufsicht bestimmten Organe bestimmt haben. Entsprechend einer **richtlinienkonformen weiten Auslegung** der vergaberechtlichen Vorschriften reicht es, dass ein öffentlicher Auftraggeber die selbstständige Rechtspersönlichkeit mitbeherrscht. Der Regelungszweck des § 99 Nr. 2 GWB lässt bereits die Möglichkeit einer beherrschenden Einflussnahme genügen, weshalb ein Rückgriff auf den Beherrschungsbegriff des § 17 AktG geboten ist.[35] Von einem mitbeherrschenden öffentlichen Auftraggeber, der den Gesamtbetrieb des privatrechtlichen Unternehmens „**infiziert**", wird man dann sprechen müssen, wenn dieser die Möglichkeit hat, gegen Entscheidungen, die wesentlich für das strategische Wirtschaftsverhalten des Unternehmens sind, ein „Veto" einzulegen, z. B. wegen etwaiger Zustimmungserfordernisse zum Budget.[36]

19   Nach der Entscheidungspraxis des Vergabeüberwachungsausschusses des Bundes gehören die **Deutsche Post AG**[37] und die **Bundesanstalt für vereinigungsbedingte Sonderaufgaben**[38] zu den öffentlichen Auftraggebern gemäß § 99 Nr. 2 GWB.

20   **3. Verbände gemäß § 99 Nr. 3 GWB.** In § 99 Nr. 3 GWB heißt es, dass Verbände, deren Mitglieder unter § 99 Nr. 1 oder 2 GWB fallen, als öffentliche Auftraggeber zu qualifizieren sind. Damit kommen Verbände der Gebietskörperschaften sowie der juristischen Personen des öffentlichen und des privaten Rechts in Betracht, sofern diese Verbände Aufgaben erfüllen, die ihre Mitglieder als öffentliche Auftraggeber wahrzunehmen haben. Auf die Rechtsform des jeweiligen Verbandes kommt es nicht an.

Zu Verbänden im Sinne des § 99 Nr. 3 GWB zählen z. B. Kommunal-, Schul-, Zweck-, Caritas-, Arbeitgeberverbände und -gewerkschaften.[39]

21   **4. Öffentlich subventionierte Auftraggeber gemäß § 99 Nr. 4 GWB.** § 99 Nr. 4 GWB regelt, dass natürliche oder juristische Personen des privaten Rechts, die von öffentlichen Auftraggebern gemäß § 99 Nr. 1 bis 3 GWB Mittel erhalten, mit denen sie die in § 99 Nr. 4 GWB im Einzelnen aufgeführten Baumaßnahmen (Tiefbaumaßnahmen, Errichtung von Krankenhäusern, Sport-, Erholungs- oder Freizeiteinrichtungen, Schul-, Hochschul- oder Verwaltungsgebäuden oder damit in Verbindung stehende Dienstleistungen und Auslobungsverfahren) zu mehr als 50 % subventioniert werden, zu den öffentlichen Auftraggebern zu zählen sind. Bei der Ermittlung der Finanzierungshöhe ist auf die Gesamtprojektkosten aller Subventionen oder

---

[32] EuGH BFI Holding/Gemeente Arnheim, Slg. 1998/I, 6821, Tz. 32.
[33] *Werner* in Byok/Jaeger GWB, § 98 a. F. Rdn. 64.
[34] *Dreher* DB 1998, 2579; *Werner* in Byok/Jaeger GWB, § 98 a. F. Rdn. 65.
[35] VÜA Bund WuW Entsch. VergAB 27 „Kraftwerkskomponenten"; *Werner* in Byok/Jaeger GWB, § 98 a. F. Rdn. 68, 70.; kritisch: *Dreher* DB 1998, 2579; a. A. *Boesen* GWB, § 98 a. F. Rdn. 68.
[36] *Werner* in Byok/Jaeger GWB, § 98 a. F. Rdn. 70.
[37] VÜA Bund vom 24.4.1998, 1 VÜ 15/98; ebenso *Dreher* in Immenga/Mestäcker GWB, § 98 a. F. Rdn. 49.
[38] VÜA Bund WuW/E, VergAB 27 „Kraftwerkskomponenten"; *Dreher* in Immenga/Mestäcker GWB, § 98 a. F. Rdn. 120.
[39] *Werner* in Byok/Jaeger GWB, § 98 a. F. Rdn. 83.

subventionsähnlichen Mittel abzustellen.⁴⁰ Die Auftraggebereigenschaft ist hier also jeweils vorhabenbezogen zu prüfen. Sie ist abhängig neben der vorerwähnten mehr als 50%-igen vorhabenbezogenen Finanzierung davon, dass die im Gesetz aufgezählten Bauvorhaben ausgeführt werden. Für andere Bauvorhaben, wie z. B. Museen oder Opernhäuser gilt § 99 Nr. 4 GWB also nicht.⁴¹

§ 99 Nr. 4 GWB kann gem. der Bürgschaftsmitteilung der EU vom 11.3.2000 zu § 98 Nr. 5 a. F. GWB auch auf eine indirekte Subventionierung durch Bürgschaften und Garantien Anwendung finden.⁴² **22**

IV. § 1 Abs. 2 Satz 1 EU VOB/A – Schwellenwerte

§ 1 Abs. 2 Satz 1 EU VOB/A bestimmt die Anwendung der EU-Paragraphen für die dort genannten öffentlichen Auftraggeber bei Bauaufträgen, deren geschätzter Gesamtauftragswert der Baumaßnahme bzw. des Bauwerks, d. h. aller Bauaufträge für eine bauliche Anlage, mindestens dem Schwellenwert gemäß § 106 GWB ohne Umsatzsteuer entspricht.⁴³ Wird dieser **Schwellenwert** unterschritten, so gelten lediglich die Regelungen des Abschnitts 1 der VOB/A. **23**

1. § 1 Abs. 2 Satz 1 EU VOB/A – Gesamtauftragswert der Baumaßnahme. Unter Gesamtauftragswert einer Baumaßnahme ist der summierte Gegenwert aller Bauaufträge einschließlich etwaiger Prämien oder Zahlungen an Bewerber oder Bieter für eine bauliche Anlage zu verstehen, wie sich dies auch bereits aus § 3 Abs. 1 der VgV ergibt.⁴⁴ **24**

Gemäß § 3 Abs. 5 VgV umfasst der Gesamtauftragswert auch den geschätzten Wert der vom Auftraggeber beigestellten Stoffe, Bauteile und Leistungen. Unabhängig davon, ob der Auftraggeber Baustoffe, Baumaschinen und/oder Dienstleistungen bereitstellt oder ein von ihm beauftragter Dritter, ist deren Gegenwert bei dem Gesamtauftragswert zu berücksichtigen. Wie sich aus § 1 Abs. 1 EU VOB/A ergibt, gehören zu den Bauaufträgen Planungsleistungen nur dann, wenn Sie gleichzeitig mit der Bauausführung vergeben werden. Folglich sind die Planungskosten dann, wenn die Planung separat vergeben wird, nicht zum Gesamtauftragswert zu zählen.⁴⁵ Ebenfalls nicht zum Gesamtauftragswert zählen der Grundstückswert und die sonstigen Nebenkosten.⁴⁶ **25**

Ausgehend von der Einleitung des ersten Vergabeverfahrens für den Gesamtauftrag ist sachlich der Auftragswert für solche Leistungen zu berücksichtigen, die der Auftraggeber im Rahmen des Gesamtauftrages bereits **konkret** ins Auge gefasst hat, wobei nicht notwendig ist, dass die Durchführung bereits im Detail ausgeformt ist. Im Ergebnis kommt es demzufolge auf den Gesamtauftragswert zum **Zeitpunkt der Einleitung des ersten Vergabeverfahrens** an, in dem Maße wie deren sachlicher Umfang bei der Vergabe schon konkret absehbar ist. **26**

Räumlich sind vom Gesamtauftragswert alle Teile des Bauwerks zu berücksichtigen. Dabei ist auf den wirtschaftlich-funktionalen Zusammenhang abzustellen. Problematisch sind die Fälle, in denen eine Baumaßnahme im Zusammenhang mit Erschließungsmaßnahmen durchgeführt wird. Kommt der Erschließungsmaßnahme z. B. einer Straße neben dem Hochbauwerk eine eigene Funktion zu, weil von dieser Straße aus auch andere Grundstücke zugleich erschlossen werden, so stellt sie eine eigenständige bauliche Anlage dar und ist bei der Hochbaumaßnahme nicht wertmäßig mit zu berücksichtigen. Gleiches gilt, wenn eine Erschließungsmaßnahme in einzelne in sich abgeschlossene Bauabschnitte unterteilt wird, es sei denn, diese Aufteilung erfolgt nur zum Zwecke der Umgehung der Anwendungsverpflichtung der EU-Paragraphen. **27**

Die Wertberechnung des Gesamtauftrages der Baumaßnahme hat nach dem ausdrücklichen Wortlaut des § 1 Abs. 2 Satz 2 EU VOB/A durch Schätzung zu erfolgen (vgl. auch § 3 Abs. 1 VgV). Hierbei ist nicht auf den tatsächlichen Wert, sondern auf den Verkehrswert, also den Marktpreis abzustellen.⁴⁷ Die Schätzung als Prognose des künftigen Auftragswertes muss zum **28**

---

⁴⁰ EuGH NZBau 2001, 281.
⁴¹ *Werner* in Byok/Jaeger GWB, § 98 a. F. Rdn. 102; aA wohl *Eschenbruch* in KKPP GWB § 99 Rdn. 333.
⁴² *Dreher* in Immenga/Mestäcker GWB, § 98 a. F. Rdn. 98; *Eschenbruch* in KKPP GWB § 99 Rdn. 311.
⁴³ Vgl. oben unter Rdn. 3.
⁴⁴ *Klein* in FKZGM VOB/A § 1 EU Rdn. 91.
⁴⁵ *Bauer* in Heiermann/Riedl/Rusam VOB/A § 1 EG Rdn. 64; *Klein* in FKZGM VOB/A § 1 EU Rdn. 91.
⁴⁶ *Bauer* in Heiermann/Riedel/Rusam VOB/A § 1 EG Rdn. 63.
⁴⁷ *Baldringer* in Lampe/Helbig/Jagenburg VOB/A EG, Rdn. 15; *Bauer* in Heiermann/Riedl/Rusam VOB/A § 1 EG Rdn. 65.

Zwecke der Vermeidung eines Missbrauchs nach objektiv richtigen, die wesentlichen Erkenntisquellen ausschöpfenden, Erkenntnismöglichkeiten erfolgen.[48] Alle für den Auftraggeber verfügbaren Berechnungsgrundlagen sind heranzuziehen und mit der gebotenen Sorgfalt zu prüfen.[49]

V. Umgehungsverbot

29   In § 3 Abs. 2 VgV ist geregelt, dass eine bauliche Anlage für die Schwellenermittlung nicht in der Absicht aufgeteilt werden darf, sie der Anwendung der EU-Paragraphen zu entziehen. Durch dieses Umgehungsverbot soll verhindert werden, dass der öffentliche Auftraggeber eine sachlich nicht indizierte, d. h. künstliche Aufteilung einer Baumaßnahme in zeitlicher und/oder technischer Hinsicht vornimmt, in der Absicht, die Schwellenwerte zu unterschreiten.

30   Die Regelung verlangt eine Umgehungsabsicht. Diese setzt das Bewusstsein und den Willen des öffentlichen Auftraggebers voraus, die Anwendung der EU-Paragraphen zu umgehen. Die Umgehungsabsicht muss jedoch nicht alleiniger Zweck der Aufteilung sein. Es reicht aus, dass er diese Absicht mitverfolgt.

31   Ist die Aufteilung der Baumaßnahme aus sachlich nachvollziehbaren Gründen indiziert, weil beispielsweise für die Gesamtbaumaßnahme das Geld noch nicht zur Verfügung steht, so liegt kein Verstoß gegen das Umgehungsverbot vor. Hat der öffentliche Auftraggeber in vorwerfbarer Art und Weise die Mengen der ausgeschriebenen Leistung fehlerhaft ermittelt ohne damit zugleich die Absicht zu verfolgen, auf diese Weise der Anwendung der EU-Paragraphen zu entgehen, so ist das Umgehungsverbot ebenfalls nicht anzuwenden.

§ 2 EU Grundsätze

(1) **Öffentliche Aufträge werden im Wettbewerb und im Wege transparenter Verfahren vergeben. Dabei werden die Grundsätze der Wirtschaftlichkeit und der Verhältnismäßigkeit gewahrt. Wettbewerbsbeschränkende und unlautere Verhaltensweisen sind zu bekämpfen.**

(2) **Die Teilnehmer an einem Vergabeverfahren sind gleich zu behandeln, es sei denn, eine Ungleichbehandlung ist aufgrund des GWB ausdrücklich geboten oder gestattet.**

(3) **Öffentliche Aufträge werden an fachkundige und leistungsfähige (geeignete) Unternehmen vergeben, die nicht nach § 6e EU ausgeschlossen worden sind.**

(4) **Mehrere öffentliche Auftraggeber können vereinbaren, einen bestimmten Auftrag gemeinsam zu vergeben. Es gilt § 4 VgV.**

(5) **Die Regelungen darüber, wann natürliche Personen bei Entscheidungen in einem Vergabeverfahren für einen öffentlichen Aufraggeber als voreingenommen gelten und an einem Vergabeverfahren nicht mitwirken dürfen, richten sich nach § 6 VgV.**

(6) **Öffentliche Auftraggeber, Bewerber, Bieter und Auftragnehmer wahren die Vertraulichkeit aller Informationen und Unterlagen nach Maßgabe dieser Vergabeordnung oder anderer Rechtsvorschriften.**

(7) **Vor der Einleitung eines Vergabeverfahrens kann der öffentliche Auftraggeber Marktkonsultationen zur Vorbereitung der Auftragsvergabe und zur Unterrichtung der Unternehmer über seine Pläne zur Auftragsvergabe und die Anforderungen an den Auftrag durchführen. Die Durchführung von Vergabeverfahren zum Zwecke der Markterkundung ist unzulässig.**

(8) **Der öffentliche Auftraggeber soll erst dann ausschreiben, wenn alle Vergabeunterlagen fertig gestellt sind und wenn innerhalb der angegebenen Fristen mit der Ausführung begonnen werden kann.**

(9) **Es ist anzustreben, die Aufträge so zu erteilen, dass die ganzjährige Bautätigkeit gefördert wird.**

---

[48] *Lowenich* ZVgR 1999, 34.
[49] BGH ZVgR 1998, 567.

Übersicht

	Rn.
A. Allgemeines	1
B. Vergaberechtliche Generalklausel	2
C. Gemeinsame Auftragsvergabe durch mehrere Auftraggeber (Abs. 4)	3
D. Voreingenommene Personen (Abs. 5)	5
E. Vertraulichkeit (Abs. 6)	6
F. Möglichkeiten zur Markterkundung (Abs. 7)	7
G. Frühester Beginn des Vergabeverfahrens	10
H. Forderung einer ganzjährigen Bautätigkeit	11

A. Allgemeines

§ 2 EU VOB/A gilt für Auftragsvergaben oberhalb der EU-Schwellenwerte. Er entspricht 1 inhaltlich weitgehend § 2 VOB/A. Dies gilt nicht nur für § 2 EU Abs. 7, 8 und 9, die weitgehend wortgleich mit § 2 VOB/A sind, sondern auch für § 2 EU Abs. 1, 2 und 3 VOB/A, die sich zwar in Nuancen unterscheiden, aber letztlich die selben Grundregeln festlegen. Dagegen enthalten § 2 EU VOB/A Abs. 4, 5 und 6 Regelungen, die unterhalb der EU-Schwellenwerte in § 2 VOB/A nicht ausdrücklich vorgesehen sind.

B. Vergaberechtliche Generalklausel

§ 2 EU VOB/A stellt – wie auch § 2 VOB/A unterhalb der Schwellenwerte – die vergaberechtliche Generalklausel der VOB dar und verpflichtet den Auftraggeber zur Einhaltung der vergaberechtlichen Grundprinzipien, und zwar dem Wettbewerbsprinzip, dem Gleichbehandlungsprinzip, dem Eignungsprinzip sowie dem Grundsatz der Wirtschaftlichkeit und Verhältnismäßigkeit. Diese Grundsätze finden sich auch im § 2 VOB/A, auf deren Kommentierung verwiesen wird.

C. Gemeinsame Auftragsvergabe durch mehrere Auftraggeber (Abs. 4)

§ 2 EU VOB/A stellt – wie auch § 2 VOB/A unterhalb der Schwellenwerte – die vergaberechtliche Generalklausel der VOB dar und verpflichtet den Auftraggeber zur Einhaltung der vergaberechtlichen Grundprinzipien, und zwar dem Wettbewerbsprinzip, dem Gleichbehandlungsprinzip, dem Eignungsprinzip sowie dem Grundsatz der Wirtschaftlichkeit und Verhältnismäßigkeit. Diese Grundsätze finden sich auch im § 2 VOB/A, auf deren Kommentierung verwiesen wird.

§ 2 EU Abs. 4 bestimmt, dass Auftraggeber vereinbaren können, einen bestimmten Auftrag 4 gemeinsam zu vergeben und verweist auf § 4 VgV. Auch ein Zusammenfluss öffentlicher Auftraggeber, um bestimmte Beschaffungen gemeinsam durchzuführen, muss sich an den Grenzen des Kartellrechts messen lassen und ist nur zulässig, wenn darin kein Kartellrechtsverstoß liegt.[1] Allerdings werden Kartellrechtsverstöße auf Auftraggeberseite in Vergabenachprüfungsverfahren nicht überprüft oder festgestellt.

D. Voreingenommene Personen (Abs. 5)

Auch § 2 EU Abs. 5 enthält nur einen Verweis auf § 6 VgV der gem. § 2 VgV ohnehin für 5 Bauvergaben gilt. Es handelt sich um die Regelung, die ursprünglich in § 16 VgV a.f. enthalten waren und durch die vermieden werden soll, dass ein Interessenkonflikt dadurch entsteht, dass auch auf Auftraggeberseite eine Person beteiligt ist, dass die auch Interessen eines der Bieter zu beachten hat oder bei der dies jedenfalls nicht auszuschließen ist.

---

[1] *Fandrey* in KKMPP VgV, 2017, § 4 Rn. 2; *Schranner* in Ingenstau/Korbion, VOB, 20. Auflage 2017, § 2 EU Rn. 15, siehe auch *Baudis*, VergabeR 2016, 425.

E. Vertraulichkeit (Abs. 6)

6 § 2 EU Abs. 6 verpflichtet den Auftraggeber, Bewerber, Bieter und Auftragnehmer zur Wahrung der Vertraulichkeit aller Information und Unterlagen nach Maßgabe der VOB/A sowie anderer Rechtsvorschriften. Ergänzt wird Abs. 6 durch § 5 VgV, der auch für Bauvergaben unmittelbar gilt.

F. Möglichkeiten zur Markterkundung (Abs. 7)

7 § 2 Abs. 7 letzter Satz EU VOB/A entspricht § 2 Abs. 4 VOB/A. Die Durchführung von Vergabeverfahren zum Zwecke der Markterkundung ist unzulässig. Der Bieter darf darauf vertrauen, dass er nur dann zur Abgabe eines Angebotes aufgefordert wird, wenn auch eine Aussicht besteht, dass auf dieses Angebot der Zuschlag erteilt wird. Unzulässig ist es damit, dass der Auftraggeber ohne konkrete Vergabeabsicht eine Verfahren nur zu dem Zweck durchführt, sich Informationen über eine möglicherweise später auszuschreibende Leistung, über Ausführungsvarianten uä zu beschaffen, um erst dann seinen Beschaffungsbedarf zu definieren und den Vertragsschluss vorzubereiten.[2] Unzulässig ist jede Form von Scheinausschreibung.

8 Dagegen ist es zulässig, Markterkundung vor Einleitung eines Vergabeverfahrens durchzuführen, soweit nur deutlich zum Ausdruck gebracht wird, dass es sich nur um eine Markterkundung handelt.[3] Dies stellt § 2 Abs. 7 Satz SAtz 1 EU VOB/A ausdrücklich klar.

9 Deshalb sind Parallelausschreibung, PPP-Ausschreibungen und Vergabeverfahren zur Betriebsführung von Anlagen, bei denen die Zuschlagerteilung von einem Regiekostenvergleich abhängig gemacht wird, nicht unproblematisch. Bei all diesen Formen behält sich der Auftraggeber vor, den Zuschlag nicht zu erteilen, wenn ein bestimmtes Ergebnis am Markt erzielt wird.[4] Dennoch sind solche Verfahren in der Praxis üblich und werden jedenfalls dann nicht beanstandet, wenn der Auftraggeber in den Vergabeunterlagen klar und unmissverständlich auf diese Sachverhalte hinweist. Unzulässig ist es allerdings, zwar offenzulegen, dass die Vergabe unterbleibt, wenn die Regiekosten überschritten werden, aber die Regiekosten nicht offenzulegen. Der Auftraggeber hat kein berechtigtes Interesse daran, diese Grenze zu verschweigen.

G. Frühester Beginn des Vergabeverfahrens

10 § 2 Abs. 8 EU VOB/A entspricht § 2 Abs. 5 VOB/A. Mit einem Vergabeverfahren darf erst begonnen werden, wenn alle Vergabeunterlagen fertig gestellt wurden und wenn innerhalb der angegebenen Fristen mit der Ausführung begonnen werden kann.[5]

H. Forderung einer ganzjährigen Bautätigkeit

11 § 2 Abs. 9 EU VOB/A entspricht § 2 Abs. 3 VOB/A. § 2 Abs. 9 EU VOB/A ist ein Programmsatz, aus dem keine unmittelbaren rechtlichen Verpflichtungen folgen. Die Vorschrift hält den Auftraggeber an, die Aufträge möglichst so zu erteilen, dass eine ganzjährige Bautätigkeit gefördert wird.

§ 3 EU Arten der Vergabe

(1) **Die Vergabe von öffentlichen Aufträgen erfolgt im offenen Verfahren, im nicht offenen Verfahren, im Verhandlungsverfahren, im wettbewerblichen Dialog oder in der Innovationspartnerschaft.**

---

[2] *Völlink/Ziekow* Vergaberecht, VOB/A § 2 Rn. 26; *Vavra* in KMPP VOB § 2 Rn. 38.
[3] OLG Dresden 23.4.2009 – WVerg 11/08, IBRRS 2009, 1948; *Schranner* in Ingenstau/Korbion VOB/ § 2 Rn. 82.
[4] Vgl. *Vavra* in KMPP VOB § 2 Rn. 38; *Schranner* in Ingenstau/Korbion VOB/A § 2 Rn. 103.
[5] Vgl. OLG Düsseldorf VergabeR 2014, 401; *Vavra* in KMPP VOB § 2 Rn. 40; *Bauer* in Heiermann/Riedl/Rusam VOB § 2 Rn. 56 ff.

1. **Das offene Verfahren** ist ein Verfahren, in dem der öffentliche Auftraggeber eine unbeschränkte Anzahl von Unternehmen öffentlich zur Abgabe von Angeboten auffordert.
2. **Das nicht offene Verfahren** ist ein Verfahren, bei dem der öffentliche Auftraggeber nach vorheriger öffentlicher Aufforderung zur Teilnahme eine beschränkte Anzahl von Unternehmen nach objektiven, transparenten und nichtdiskriminierenden Kriterien auswählt (Teilnahmewettbewerb), die er zur Abgabe von Angeboten auffordert.
3. **Das Verhandlungsverfahren** ist ein Verfahren, bei dem sich der öffentliche Auftraggeber mit oder ohne Teilnahmewettbewerb an ausgewählte Unternehmen wendet, um mit einem oder mehreren dieser Unternehmen über die Angebote zu verhandeln.
4. **Der wettbewerbliche Dialog** ist ein Verfahren zur Vergabe öffentlicher Aufträge mit dem Ziel der Ermittlung und Festlegung der Mittel, mit denen die Bedürfnisse des öffentlichen Auftraggebers am besten erfüllt werden können.
5. **Die Innovationspartnerschaft** ist ein Verfahren zur Entwicklung innovativer, noch nicht auf dem Markt verfügbarer Bauleistungen und zum anschließenden Erwerb der daraus hervorgehenden Leistungen.

Schrifttum: *Freitag*, „Wettbewerblicher Dialog";Vorschlag für eine neue Form des Verhandlungsverfahrens, NZBau 2000, 551; *Heiermann*, Der Wettbewerbliche Dialog, ZfBR 2005, 766; *Horn*, Nichtoffenes Verfahren: Auswahlkriterien und Beurteilungsspielraum, VergabeR 2005, 537: *Jasper*, EuGH; Unzulässige Auftragsvergabe im Verhandlungsverfahren, WiB 1996, 915; *Knauff*, Im wettbewerblichen Dialog zur Puplic Private Partnership?, NZBau 2005, 249; *Knauff*, Neues europäisches Vergabeverfahrensrecht: Der wettbewerbliche Dialog, VergabeR 2004, 287; *Kus*, Die richtige Verfahrensart bei PPP-Modellen, insbesondere Verhandlungsverfahren und wettbewerblicher Dialog, VergabeR 2006, 851; *Lindner*, Das Verhandlungsverfahren und seine praktische Anwendung, RPA 2001, 215; *Ollmann*, Wettbewerblicher Dialog eingeführt, VergabeR 2005, 685; *Opitz*, Wie funktioniert der wettbewerbliche Dialog?; Rechtliche und praktische Probleme, VergabeR 2006, 451; *Otting/Olgemöller*, Innovation und Bürgerbeteiligung im Wettbewerblichen Dialog, NVwZ 2011, 1225; *Paetzold*, Der wettbewerbliche Dialog, ZVgR 2000, 191; *Pooth*, Investorenwettbewerb für die Kombination von privaten und öffentlichen Bauprojekten, VergabeR 2006, 608; *Pünder/Franzius*, Auftragsvergabe im wettbewerblichen Dialog, ZfBR 2006, 20; *Rechten*, Wettbewerblicher Dialog Anwendungsbereich, Verfahrensregeln, in: forum vergabe 2000, Badenweiler Gespräche, 143; *Schröder*, Voraussetzungen, Strukturen und Verfahrensabläufe des Wettbewerblichen Dialogs in der Vergabepraxis, NZBau 2007, 216; *Schwabe*, Wettbewerblicher Dialog, Verhandlungsverfahren, Interessenbekundungsverfahren 2009; *Temer*, Zur weiteren Diskussion Europaweite Ausschreibungspflicht nach Wegfall eines Auftragnehmers?, VergabeR 2003, 136; *Tschäpe*, Zur Anzahl der Teilnehmer während des Verhandlungsverfahrens, ZfBR 2014, 538; *Werner/Freitag*, „Wettbewerblicher Dialog" –Vorschlag für eine neue Form des Verhandlungsverfahrens, NZBau 2000, 551; *Zourek*, Wettbewerblicher Dialog Anwendungsbereich, Verfahrensregeln, in forum vergabe 2000, Badenweiler Gespräche, 153 ff.; vgl. im Übrigen die Literaturangaben bei § 3 VOB/A.

Übersicht

	Rn.
A. Einführung/Änderungen	1
B. Die einzelnen Vergabearten	3
I. Offenes Verfahren (§ 3 EU Nr. 1 VOB/A)	4
II. Nicht offenes Verfahren (§ 3 EU Nr. 2 VOB/A)	5
III. Verhandlungsverfahren (§ 3 EU Nr. 3 VOB/A)	6
IV. Wettbewerblicher Dialog (§ 3 EU Nr. 4 VOB/A)	7
V. Innovationspartnerschaft (§ 3 EU Nr. 5 VOB/A)	8

A. Einführung/Änderungen

§ 3 EU VOB/A greift die Terminologie der Art. 26 ff. VKR (RL 2014/24/EU) auf und regelt **die Vergabearten** der Bauauftragsvergabe im offenen Verfahren (s. auch § 119 Abs. 3 GWB), im nicht offenen Verfahren (§ 119 Abs. 4 GWB), im Verhandlungsverfahren (§ 119 Abs. 5 GWB), im wettbewerblichen Dialog (§ 101 Abs. 6 GWB) und im Wege der Innovationspartnerschaft (§ 119 Abs. 7 GWB). 1

Die Regelungen des § 3 EU VOB/A fanden sich bisher in § 3 EG Abs. 1 VOB/A 2012. Die Innovationspartnerschaft wurde erstmals durch die VOB/A 2016 eingeführt. 2

B. Die einzelnen Vergabearten

3   § 3 EU VOB/A folgt in der **Definition der einzelnen Vergabearten** weitest gehend § 119 GWB. Die Aufzählung der Vergabearten in § 119 GWB bzw. § 3 EU VOB/A ist **abschließend**. Die Auftraggeber können keine anderen Vergabearten anwenden.[1]

I. Offenes Verfahren (§ 3 EU Nr. 1 VOB/A)

4   Das offene Verfahren (§ 119 Abs. 3 GWB/§ 3 EU Nr. 1 VOB/A) ist ein Verfahren, in dem der öffentliche Auftraggeber eine unbeschränkte Anzahl von Unternehmen öffentlich zur Abgabe von Angeboten auffordert. Die Zulässigkeitsvoraussetzungen des offenen Verfahrens sind in § 3a EU Abs. 1 S. 1 VOB/A geregelt, der Ablauf in § 3b EU Abs. 1 VOB/A.

II. Nicht offenes Verfahren (§ 3 EU Nr. 2 VOB/A)

5   Das nicht offene Verfahren (§ 119 Abs. 4 GWB/§ 3 EU Nr. 2 VOB/A) ist ein Verfahren, bei dem der öffentliche Auftraggeber nach vorheriger öffentlicher Aufforderung zur Teilnahme eine beschränkte Anzahl von Unternehmen nach objektiven, transparenten und nichtdiskriminierenden Kriterien auswählt (Teilnahmewettbewerb), die er zur Abgabe von Angeboten auffordert. Die Zulässigkeitsvoraussetzungen des nicht offenen Verfahrens sind in § 3a EU Abs. 1 S. 1 VOB/A geregelt, der Ablauf in § 3b EU Abs. 2 VOB/A.

III. Verhandlungsverfahren (§ 3 EU Nr. 3 VOB/A)

6   Das Verhandlungsverfahren (§ 119 Abs. 5 GWB/§ 3 EU Nr. 3 VOB/A) ist ein Verfahren, bei dem sich der öffentliche Auftraggeber mit oder ohne Teilnahmewettbewerb an ausgewählte Unternehmen wendet, um mit einem oder mehreren dieser Unternehmen über die Angebote zu verhandeln. Die Zulässigkeitsvoraussetzungen des Verhandlungsverfahrens sind in § 3a EU Abs. 2 und Abs. 3 VOB/A geregelt, der Ablauf in § 3b EU Abs. 3 VOB/A.

IV. Wettbewerblicher Dialog (§ 3 EU Nr. 4 VOB/A)

7   Der wettbewerbliche Dialog (§ 119 Abs. 6 GWB/§ 3 EU Nr. 4 VOB/A) ist ein Verfahren zur Vergabe öffentlicher Aufträge mit dem Ziel der Ermittlung und Festlegung der Mittel, mit denen die Bedürfnisse des öffentlichen Auftraggebers am besten erfüllt werden können. Die Zulässigkeitsvoraussetzungen des wettbewerblichen Dialogs sind in § 3a EU Abs. 4 VOB/A geregelt, der Ablauf in § 3b EU Abs. 4 VOB/A.

V. Innovationspartnerschaft (§ 3 EU Nr. 5 VOB/A)

8   Die Innovationspartnerschaft (§ 119 Abs. 7 GWB/§ 3 EU Nr. 5 VOB/A) ist ein Verfahren zur Entwicklung innovativer, noch nicht auf dem Markt verfügbarer Bauleistungen und zum anschließenden Erwerb der daraus hervorgehenden Leistungen. Die Zulässigkeitsvoraussetzungen der Innovationspartnerschaft sind in § 3a EU Abs. 5 VOB/A geregelt, der Ablauf in § 3b EU Abs. 5 VOB/A.

§ 3a EU Zulässigkeitsvoraussetzungen

(1) Dem öffentlichen Auftraggeber stehen nach seiner Wahl das offene und das nicht offene Verfahren zur Verfügung. Die anderen Verfahrensarten stehen nur zur Verfügung, soweit dies durch gesetzliche Bestimmungen oder nach den Absätzen 2 bis 5 gestattet ist.

(2) Das Verhandlungsverfahren mit Teilnahmewettbewerb ist zulässig,
  1. wenn mindestens eines der folgenden Kriterien erfüllt ist:
     a) die Bedürfnisse des öffentlichen Auftraggebers können nicht ohne die Anpassung bereits verfügbarer Lösungen erfüllt werden;
     b) der Auftrag umfasst konzeptionelle oder innovative Lösungen;

---

[1] EuGH 10.12.2009 – C-299/08, ECLI:EU:C:2009:769 = NZBau 2010, 191 Rn. 29.

c) der Auftrag kann aufgrund konkreter Umstände, die mit der Art, der Komplexität oder dem rechtlichen oder finanziellen Rahmen oder den damit einhergehenden Risiken zusammenhängen, nicht ohne vorherige Verhandlungen vergeben werden;
   d) die technischen Spezifikationen können von dem öffentlichen Auftraggeber nicht mit ausreichender Genauigkeit unter Verweis auf eine Norm, eine europäische technische Bewertung (ETA), eine gemeinsame technische Spezifikation oder technische Referenzen im Sinne des Anhangs TS Nummern 2 bis 5 der Richtlinie 2014/24/EU erstellt werden.
2. wenn ein offenes Verfahren oder nicht offenes Verfahren wegen nicht ordnungsgemäßer oder nicht annehmbarer Angebote aufgehoben wurde. Nicht ordnungsgemäß sind insbesondere Angebote, die nicht den Vergabeunterlagen entsprechen, nicht fristegerecht eingegangen sind, nachweislich auf kollusiven Absprachen oder Korruption beruhen oder nach Einschätzung des öffentlichen Auftraggebers ungewöhnlich niedrig sind. Unannehmbar sind insbesondere Angebote von Bietern, die nicht über die erforderlichen Qualifikationen verfügen und Angebote, deren Preis das vor Einleitung des Vergabeverfahrens festgelegte und schriftlich dokumentierte Budget des öffentlichen Auftraggebers übersteigt.

(3) Das Verhandlungsverfahren ohne Teilnahmewettbewerb ist zulässig,
 1. wenn bei einem offenen Verfahren oder bei einem nicht offenen Verfahren
    a) keine ordnungsgemäßen oder nur unannehmbare Angebote abgegeben worden sind und
    b) in das Verhandlungsverfahren alle – und nur die – Bieter aus dem vorausgegangenen Verfahren einbezogen werden, die fachkundig und leistungsfähig (geeignet) sind und die nicht nach § 6e EU ausgeschlossen worden sind.
 2. wenn bei einem offenen Verfahren oder bei einem nicht offenen Verfahren
    a) keine Angebote oder keine Teilnahmeanträge abgegeben worden sind oder
    b) nur Angebote oder Teilnahmeanträge solcher Bewerber oder Bieter abgegeben worden sind, die nicht fachkundig oder leistungsfähig (geeignet) sind oder die nach § 6e EU ausgeschlossen worden sind oder
    c) nur solche Angebote abgegeben worden sind, die den in den Vergabeunterlagen genannten Bedingungen nicht entsprechen,
    und die ursprünglichen Vertragsunterlagen nicht grundlegend geändert werden. Der Europäischen Kommission wird auf Anforderung ein Bericht vorgelegt.
 3. wenn die Leistungen aus einem der folgenden Gründe nur von einem bestimmten Unternehmen erbracht werden können:
    a) Erschaffung oder Erwerb eines einzigartigen Kunstwerks oder einer einzigartigen künstlerischen Leistung als Ziel der Auftragsvergabe;
    b) nicht vorhandener Wettbewerb aus technischen Gründen;
    c) Schutz von ausschließlichen Rechten, einschließlich der Rechte des geistigen Eigentums.
    Die in Buchstabe a und b festgelegten Ausnahmen gelten nur dann, wenn es keine vernünftige Alternative oder Ersatzlösung gibt und der mangelnde Wettbewerb nicht das Ergebnis einer künstlichen Einschränkung der Auftragsvergabeparameter ist.
 4. wenn wegen der äußersten Dringlichkeit der Leistung aus zwingenden Gründen infolge von Ereignissen, die der öffentliche Auftraggeber nicht verursacht hat und nicht voraussehen konnte, die in § 10a EU, § 10b EU und § 10c EU Absatz 1 vorgeschriebenen Fristen nicht eingehalten werden können.
 5. wenn gleichartige Bauleistungen wiederholt werden, die durch denselben öffentlichen Auftraggeber an den Auftragnehmer vergeben werden, der den ursprünglichen Auftrag erhalten hat, und wenn sie einem Grundentwurf entsprechen und dieser Gegenstand des ursprünglichen Auftrags war, der in Einklang mit § 3a EU vergeben wurde. Der Umfang der nachfolgenden Bauleistungen und die Bedingungen, unter denen sie vergeben werden, sind im ursprünglichen Projekt anzugeben. Die Möglichkeit, dieses Verfahren anzuwenden, muss bereits bei der Auftragsbekanntmachung der Ausschreibung für das erste Vorhaben angegeben werden; der für die Fortsetzung der Bauarbeiten in Aussicht gestellte Gesamt-

auftragswert wird vom öffentlichen Auftraggeber bei der Anwendung von § 3 VgV berücksichtigt. Dieses Verfahren darf jedoch nur innerhalb von drei Jahren nach Abschluss des ersten Auftrags angewandt werden.
(4) Der wettbewerbliche Dialog ist unter den Voraussetzungen des Absatzes 2 zulässig.
(5) Der öffentliche Auftraggeber kann für die Vergabe eines öffentlichen Auftrags eine Innovationspartnerschaft mit dem Ziel der Entwicklung einer innovativen Leistung und deren anschließenden Erwerb eingehen. Der Beschaffungsbedarf, der der Innovationspartnerschaft zugrunde liegt, darf nicht durch auf dem Markt bereits verfügbare Bauleistungen befriedigt werden können.

Schrifttum: Siehe § 3 EU VOB/A.

Übersicht

	Rn.
A. Einführung/Änderungen	1
B. Zulässigkeit der einzelnen Vergabearten	4
I. Offenes Verfahren und nicht offenes Verfahren (§ 3a EU Abs. 1 S. 1 VOB/A)	5
II. Verhandlungsverfahren mit Teilnahmewettbewerb (§ 3a EU Abs. 2 VOB/A)	8
1. § 3a EU Abs. 2 Nr. 1 lit. a VOB/A: Anpassung bereits verfügbarer Leistungen	12
2. § 3a EU Abs. 2 Nr. 1 lit. b VOB/A: Konzeptionelle oder innovative Lösungen	13
3. § 3a EU Abs. 2 Nr. 1 lit. c VOB/A: Art, Komplexität, rechtlicher oder finanzieller Rahmen	14
4. § 3a EU Abs. 2 Nr. 1 lit. d VOB/A: Technische Spezifikationen	19
5. § 3a EU Abs. 2 Nr. 2 VOB/A: Fehlen ordnungsgemäßer oder annehmbarer Angebote	23
a) Voraussetzungen	24
b) Durchführung	29
c) Abgrenzung zu § 3a EU Abs. 3 Nr. 1 VOB/A	30
d) Abgrenzung zu § 3a EU Abs. 3 Nr. 2 VOB/A	31
III. Verhandlungsverfahren ohne Teilnahmewettbewerb (§ 3a EU Abs. 3 VOB/A)	32
1. § 3a EU Abs. 3 Nr. 1 VOB/A: Keine ordnungsgemäßen oder nur unannehmbare Angebote	33
2. § 3a EU Abs. 3 Nr. 2 VOB/A: Fehlende oder auszuschließende Angebote	38
3. § 3a EU Abs. 3 Nr. 3 VOB/A: Nur ein bestimmter Auftragnehmer kommt in Betracht	46
4. § 3a EU Abs. 3 Nr. 4 VOB/A: Dringlichkeit der Leistung	51
5. § 3a EU Abs. 3 Nr. 5 VOB/A: Wiederholende Vergabe	59
6. § 3 EG Abs. 5 Nr. 5 VOB/A 2012: Zusätzliche Leistungen	65
IV. Wettbewerblicher Dialog (§ 3a EU Abs. 4 VOB/A)	66
V. Innovationspartnerschaft (§ 3a EU Abs. 5 VOB/A)	68
C. Fehlerfolgen	69
I. Primärer Rechtsschutz	69
II. Sekundärer Rechtsschutz	70

A. Einführung/Änderungen

1 Während § 3 EU VOB/A die einzelnen Vergabearten nennt und kurz beschreibt, regelt § 3a EU VOB/A die Zulässigkeitsvoraussetzungen der Vergabearten. Das offene und das nicht offene Verfahren stehen dem öffentlichen Auftraggeber nach seiner Wahl zur Verfügung (§ 3a EU Abs. 1 S. 1 VOB/A). Die übrigen Vergabearten sind nur zulässig, wenn dies durch gesetzliche Bestimmungen oder § 3a EU Abs. 2 bis 5 VOB/A gestattet ist (§ 3a EU Abs. 1 S. 2 VOB/A). Die Voraussetzungen für das Verhandlungsverfahren mit Teilnahmewettbewerb und den wettbewerblichen Dialog sind identisch (§ 3a EU Abs. 2 und 4 VOB/A). Eigene Zulässigkeitsvoraussetzungen gelten für das Verhandlungsverfahren ohne Teilnahmewettbewerb (§ 3a EU Abs. 3 VOB/A) und die Innovationspartnerschaft (§ 3a EU Abs. 5 VOB/A).

2 § 3a EU VOB/A beruht auf § 3 EG Abs. 2 bis Abs. 7 VOB/A 2012, wobei sich alle bisherigen Regelungen, welche den Verfahrensverlauf betrafen, nunmehr in § 3b EU VOB/A

finden. Inhaltlich erfolgten gegenüber der VOB/A 2012 einige **wesentliche Änderungen**. So besteht nunmehr erstmalig (in Übereinstimmung mit der VKR – RL 2014/24/EU und ihrer Vorgängerin) ein **Wahlrecht** des öffentlichen Auftraggebers zwischen dem offenen und dem nicht offenen Verfahren (§ 3a EU Abs. 1 S. 1 VOB/A) (vgl. → EU VOB/A § 3a Rn. 5 ff.). Die bisherigen einschränkenden Zulässigkeitsvoraussetzungen für das nicht offene Verfahren (§ 3 EG Abs. 3 VOB/A 2012) sind komplett entfallen. Der **wettbewerbliche Dialog** ist unter den gleichen Voraussetzungen zulässig wie das Verhandlungsverfahren mit Teilnahmewettbewerb (§ 3a EU Abs. 4 und Abs. 2 VOB/A). Die Zulässigkeitsvoraussetzungen für diese beiden Vergabearten wurden zusammengefasst und erweitert. Der Zugang zu dem Verhandlungsverfahren ohne Teilnahmewettbewerb blieb hingegen weitest gehend unverändert (§ 3a EU Abs. 3 VOB/A). Die Innovationspartnerschaft wurde erstmals mit der VOB/A 2016 eingeführt, ihre in § 3a EU Abs. 5 VOB/A geregelten Zulässigkeitsvoraussetzungen hatten daher in der VOB/A 2012 keine Vorläufervorschrift.

In den vergangenen 16 Jahren wurde § 3a EU VOB/A mehrfach neu sortiert, ohne dass in vielen Fällen hiermit substantielle Änderungen verbunden waren. So hat etwa die Vorschrift, die ein Verhandlungsverfahren bei besonderer Dringlichkeit zulässt, folgende „Geschichte": 3

– § 3a Nr. 5 lit. d VOB/A 2002
– § 3a Nr. 6 lit. d VOB/A 2006
– § 3a Abs. 6 Nr. 4 VOB/A 2009
– § 3 EG Abs. 5 Nr. 4 VOB/A 2012
– § 3a EU Abs. 3 Nr. 4 VOB/A 2016.

Dieser ständige Wechsel erschwert die Anwendung der VOB/A und insbesondere das Arbeiten mit älteren Gerichtsentscheidungen erheblich, ohne dass hiermit irgendwelche Vorteile verbunden wären. Es bleibt nur zu hoffen, dass künftige Ausgaben der VOB/A die Nummerierung der Paragraphen nicht erneut anfassen.

B. Zulässigkeit der einzelnen Vergabearten

§ 3a EU VOB/A regelt die Zulässigkeit der einzelnen Vergabearten. Anders als bis zur VOB/A 2012 weicht das Regelungssystem teilweise nicht unerheblich von § 3a VOB/A ab. 4

I. Offenes Verfahren und nicht offenes Verfahren (§ 3a EU Abs. 1 S. 1 VOB/A)

Dem öffentlichen Auftraggeber stehen nach seiner **Wahl** das offene und das nicht offene Verfahren zur Verfügung (§ 119 Abs. 2 S. 1 GWB/§ 3a EU Abs. 1 S. 1 VOB/A). Dies entspricht Art. 26 Abs. 2 VKR (RL 2014/24/EU). Eine entsprechende Regelung findet sich für die Vergabe von Liefer- und Dienstleistungsaufträgen unterhalb der Schwelle in § 8 Abs. 1 UVgO. Diese Wahlmöglichkeit zwischen dem offenen und dem nicht offenen Verfahren fand sich bereits in den Vorgängerregelungen der heutigen VKR. Bis zur VOB/A 2012 einschließlich wurde sie im deutschen Recht nicht umgesetzt. Vielmehr bestand – entsprechend den noch heute geltenden Regelungen des 1. Abschnitts der VOB/A (§ 3a Abs. 1 VOB/A) – ein Hierarchieverhältnis zwischen dem offenen und dem nicht offenen Verfahren. Demnach musste grundsätzlich das offene Verfahren Anwendung finden (§ 3 EG Abs. 2 VOB/A 2012), das nicht offene Verfahren war nur bei Vorliegen bestimmter Bedingungen zulässig (§ 3 EG Abs. 3 VOB/A 2012). Es wurde allgemein angenommen, dass diese Verschärfung der Zugangsvoraussetzungen gegenüber den europarechtlichen Vorschriften zulässig war. 5

Art. 26 Abs. 2 VKR (RL 2014/24/EU) bestimmt nunmehr, dass die Mitgliedstaaten vorschreiben, dass die öffentlichen Auftraggeber offene oder nicht offene Verfahren nach Maßgabe dieser Richtlinie anwenden können. Dies spricht dafür, dass das Europäische Recht nunmehr eine **Einschränkung der Zulässigkeit** des nicht offenen Verfahrens **nicht mehr gestattet**. Unabhängig davon hatte sich die Bundesregierung vorgenommen, europäische Vorschriften zukünftig in der Regel ohne zusätzliche Verschärfungen umzusetzen. Dies hat dazu geführt, dass dem öffentlichen Auftraggeber oberhalb der Schwellenwerte nunmehr die freie Wahl zwischen dem offenen und dem nicht offenen Verfahren zusteht. Diese Änderung der Zulässigkeitsvoraussetzungen des nicht offenen Verfahrens ist zu begrüßen. Das nicht offene Verfahren bietet gegenüber dem offenen Verfahren den Vorteil, dass weniger Angebote eingehen und daher der Prüfungsaufwand des öffentlichen Auftraggebers geringer ist. Zugleich steigt die Chance der 6

Bieter, die den nicht unerheblichen Aufwand für die Abgabe eines Angebots betreiben, auf Zuschlagserteilung. Negativ ist, dass die Beschränkung der Zahl der Angebote dazu führen kann, dass Unternehmen, die möglicherweise das wirtschaftlichste Angebot abgegeben hätten, keine Chance hierzu erhalten. Weiterhin nimmt das nicht offene Verfahren gegenüber dem offenen Verfahren einen längeren Zeitraum in Anspruch, da der Angebotsabgabe zwingend ein Teilnahmewettbewerb vorausgehen muss. Künftig ist es Aufgabe des öffentlichen Auftraggebers, die Vor- und Nachteile beider Verfahren abzuwägen und zu entscheiden, welche Vergabeart zur Anwendung gelangt. Aufgrund der genannten Nachteile, die mit einem nicht offenen Verfahren verbunden sein können, ist nicht zu erwarten, dass das offene Verfahren in der Praxis künftig durch das nicht offene Verfahren ersetzt wird.

7   Der öffentliche Auftraggeber kann zwischen dem offenen und dem nicht offenen Verfahren **frei wählen**.[1] Wie sich mittelbar aus § 20 EU VOB/A iVm § 8 Abs. 2 Nr. 6 und 7 VgV ergibt, muss diese Entscheidung nicht begründet werden. Die Wahl einer der beiden Vergabearten verletzt die Bieter nicht in ihren subjektiven Rechten. Die Wahl des öffentlichen Auftraggebers ist daher durch die Vergabenachprüfungsinstanzen nicht überprüfbar. Die Auffassung, dass auch nach der neuen Rechtslage ein Vorrang des offenen Verfahrens fortexistiert[2], ist mit dem Wortlaut des Art. 26 Abs. 2 VKR (RL 2014/24/EU) nicht vereinbar und widerspricht im Übrigen der klaren Absicht des Gesetzgebers, die mit der Änderung des § 119 Abs. 2 S. 1 GWB verfolgt wurde.

II. Verhandlungsverfahren mit Teilnahmewettbewerb (§ 3a EU Abs. 2 VOB/A)

8   Bis zur VOB/A 2012 war das Verhandlungsverfahren mit Teilnahmewettbewerb nur **unter engen Voraussetzungen** zulässig. Diese Vergabeart stand nur zur Verfügung, wenn ein offenes oder nicht offenes Verfahren wegen nicht annehmbarer Angebote aufgehoben wurde, Bauvorhaben nur zu Forschungs-, Versuchs- oder Entwicklungszwecken durchgeführt wurden oder wenn die Leistung ausnahmsweise nach Art und Umfang oder wegen der damit verbundenen Wagnisse nicht eindeutig beschrieben werden konnte (§ 3 EG Abs. 4 VOB/A 2012). Da es sich um eine Ausnahmevorschrift handelte, wurden die Zulässigkeitsvoraussetzungen von der Rechtsprechung eng ausgelegt und nur ausnahmsweise anerkannt. Durch die VOB/A 2016 wurde die Zulässigkeit des Verhandlungsverfahrens mit Teilnahmewettbewerb **erheblich erweitert**. Zwar finden sich in der neuen Vorschrift auch die bisherigen Zulässigkeitstatbestände wieder. Ergänzend ist das Verhandlungsverfahren mit Teilnahmewettbewerb auch unter den Voraussetzungen zulässig, an deren Vorliegen bisher die Zulässigkeit des wettbewerblichen Dialogs geknüpft war. Darüber hinaus wurden neue Zulässigkeitstatbestände geschaffen, die in vielen Fällen einen oder mehrere **unbestimmte Rechtsbegriffe** aufweisen. Gegenüber der bisherigen Rechtslage ist der Anwendungsbereich des Verhandlungsverfahrens mit Teilnahmewettbewerb somit nicht unerheblich ausgedehnt.

9   Grundlage für die erweiterte Zulässigkeit des Verhandlungsverfahrens mit Teilnahmewettbewerb ist Art. 26 Abs. 4 VKR (RL 2014/24/EU), dem § 3a EU Abs. 2 VOB/A weitestgehend entspricht. Der 42. Erwägungsgrund der Richtlinie erklärt hierzu, dass es für öffentliche Auftraggeber äußerst wichtig sei, über zusätzliche Flexibilität zu verfügen, um ein Vergabeverfahren auszuwählen, das Verhandlungen vorsieht. Eine stärkere Anwendung dieser Verfahren werde wahrscheinlich dazu beitragen, den grenzüberschreitenden Handel zu fördern, da die Bewertung gezeigt habe, dass bei Aufträgen, die im Wege des Verhandlungsverfahrens mit vorheriger Veröffentlichung einer Bekanntmachung vergeben werden, die Erfolgsquote von grenzüberschreitenden Angeboten besonders hoch sei. Diese Aussage überrascht, da es nahegelegen hätte, dass Bieter aus anderen Mitgliedstaaten vor Verhandlungen mit öffentlichen Auftraggebern aufgrund der bestehenden Sprachschwierigkeiten eher zurückschrecken. Erfahrungsgemäß finden diese Verhandlungen regelmäßig in der jeweiligen Landessprache des öffentlichen Auftraggebers und nicht etwa auf Englisch statt. Die Ausführungen des 42. Erwägungsgrunds zeigen jedoch, dass die Neufassung der Zulässigkeitsvoraussetzungen des Verhandlungsverfahrens mit Teilnahmewettbewerb mit der Absicht erfolgte, dessen Anwendungsbereich zu erweitern. Der Richtliniengeber verspricht sich hiervon positive Auswirkungen auf den grenzüberschreitenden Handel.

---

[1] *Kulartz* in KKPP GWB § 119 Rn. 6.
[2] *Stolz* in Ingenstau/Korbion, VOB/A § 3a EU Rn. 7.

Im Hinblick auf § 3 EG Abs. 4 VOB/A 2012 war die Rechtsprechung davon ausgegangen, 10
dass diese Vorschrift als **Ausnahmeregelung** eng auszulegen sei.³ Zwar handelt es sich auch bei
§ 3a EU Abs. 2 VOB/A um eine Ausnahmevorschrift, deren Voraussetzungen teilweise durch
unbestimmte Rechtsbegriffe definiert werden. Der 42. Erwägungsgrund der Richtlinie legt
nahe, dass dies bewusst erfolgte, um die Durchführungen von Verhandlungsverfahren mit Teilnahmewettbewerb zu erleichtern. Dies spricht dafür, an die Zulassungsvoraussetzungen keine zu
hohen Anforderungen zu stellen.

Der öffentliche Auftraggeber muss die Gründe, die die Anwendung eines Verhandlungsverfahrens mit Teilnahmewettbewerb rechtfertigen, im Vergabevermerk **dokumentieren** (§ 20 EU 11
iVm § 8 Abs. 2 Nr. 6 VgV). Die Gründe für die Zulässigkeit eines Verhandlungsverfahrens
müssen objektiv vorliegen. Der öffentliche Auftraggeber kann sich nachträglich auch auf Gründe
stützen, die weder in der Bekanntmachung noch in der Vergabeakte angesprochen sind.⁴

1. § 3a EU Abs. 2 Nr. 1 lit. a VOB/A: Anpassung bereits verfügbarer Leistungen. Das 12
Verhandlungsverfahren mit Teilnahmewettbewerb ist zulässig, wenn die **Bedürfnisse** des öffentlichen Auftraggebers nicht ohne die **Anpassung** bereits verfügbarer Lösungen erfüllt werden
können (§ 3a EU Abs. 2 Nr. 1 lit. a VOB/A). Die VOB/A 2012 enthielt keine vergleichbare
Regelung. Die Vorschrift greift ein, wenn am Markt bereits Lösungen existieren, welche die
Bedürfnisse des öffentlichen Auftraggebers teilweise erfüllen, jedoch an dessen spezielle Anforderungen angepasst werden müssen. Nach dem 43. Erwägungsgrund S. 2 der VKR (RL 2014/24/
EU) kommt diese Regelung insbesondere bei der Vergabe von Dienstleistungen oder Lieferungen zur Anwendung. Nach S. 3 des 43. Erwägungsgrunds sind solche Anpassungen vor allem bei
komplexen Anschaffungen, beispielsweise für besonders hoch entwickelte Waren, geistige
Dienstleistungen wie etwa bestimmte Beratungs-, Architekten- oder Ingenieurleistungen oder
Großprojekten der Informations- und Kommunikationstechnologie notwendig. Das Gleiche gilt
nach S. des 43. Erwägungsgrunds der Richtlinie für konzeptionelle Arbeiten, die unter § 3a EU
Abs. 2 Nr. 1 lit. b VOB/A fallen. Die Richtlinie nimmt insofern keine scharfe Abgrenzung
zwischen den einzelnen Alternativen vor. Im Bereich der Vergabe von Bauleistungen dürfte § 3a
EU Abs. 2 Nr. 1 lit. a VOB/A nicht selten in Betracht kommen. Zu denken ist beispielsweise an
die Beschaffung von **technischen Anlagen** in Forschungsbauten, die als wesentlicher Gebäudebestandteil Gegenstand der Bauarbeiten sind. Wenn solche technische Geräte für die Bedürfnisse
des öffentlichen Auftraggebers weiterentwickelt werden müssen, kommt ein Verhandlungsverfahren mit Teilnahmewettbewerb in Betracht.

2. § 3a EU Abs. 2 Nr. 1 lit. b VOB/A: Konzeptionelle oder innovative Lösungen. § 3a 13
EU Abs. 2 Nr. 1 lit. b VOB/A lässt das Verhandlungsverfahren mit Teilnahmewettbewerb zu,
wenn der Auftrag **konzeptionelle oder innovative Lösungen** umfasst. Auch diese Vorschrift
hat in der VOB/A 2012 keine unmittelbare Entsprechung. S. 1 des 43. Erwägungsgrunds VKR
(RL 2014/24/EU) erklärt, dass diese Ausnahmeregelung insbesondere auf Bauleistungen Anwendung finden kann, ohne dies näher zu erläutern. Wie bereits ausgeführt, nennt S. 3 des 43.
Erwägungsgrunds der Richtlinie als möglichen Anwendungsbereich – ebenso wie für die Regelung des § 3a EU Abs. 2 Nr. 1 lit. a VOB/A – vor allem komplexe Anschaffungen, wie beispielsweise besonders hoch entwickelte Waren, geistige Dienstleistungen, wie etwa bestimmte Beratungs-, Architekten- oder Ingenieurdienstleistungen oder Großprojekte der Informations- und
Kommunikationstechnologie. Als „**Innovation**" definiert Art. 2 Nr. 22 der Richtlinie die Realisierung von neuen oder deutlich verbesserten Waren, Dienstleistungen oder Verfahren einschließlich – aber nicht beschränkt auf – Produktions-, Bau- oder Konstruktionsverfahren, eine neue
Vermarktungsmethode oder ein neues Organisationsverfahren in Bezug auf Geschäftspraxis,
Abläufe am Arbeitsplatz oder externe Beziehungen, u. a. mit dem Ziel, zur Bewältigung gesellschaftlicher Herausforderungen beizutragen oder die Strategie Europa 2020 für intelligentes,
nachhaltiges und integratives Wachstum zu unterstützen. All diese Ausführungen sind wenig
konkret und eröffnen erhebliche Auslegungsschwierigkeiten. Es handelt sich um eine Aneinanderreihung **unbestimmter Rechtsbegriffe**. In Bezug auf Bauleistungen kommen konzeptionelle oder innovative Lösungen insbesondere dann in Betracht, wenn neue Verfahren Anwendung

---

³ EuGH 18.5.1995 – C 57/94, ECLI:EU:C:1995:150 Rn. 23; 18.11.2004 – C-126/03, ECLI:EU:
C:2004:728 = VergabeR 2005, 57 Rn. 23; EuGH 15.10.2009 – C-275/08, ECLI:EU:C:2009:632 = VergabeR 2010, 57 Rn. 55.

⁴ OLG Dresden 21.9.2016 – Verg 5/16 für das Verhandlungsverfahren ohne Teilnahmewettbewerb.

finden sollen, die noch nicht erprobt bzw für das konkrete Bauvorhaben erstmalig entwickelt werden. Das Gleiche gilt für Großprojekte. S. 7 des 42. Erwägungsgrunds der Richtlinie spricht insoweit von großen, integrierten Verkehrsinfrastrukturprojekten. Auch Projekte, bei denen Bauleistungen mit neuen, innovativen Finanzierungsmethoden verbunden werden, fallen unter diese Ausnahmevorschrift, wobei in solchen Fällen ebenso § 3a EU Abs. 2 Nr. 1 lit. c VOB/A in Betracht kommt. Diese Voraussetzung trifft oftmals auf **ÖPP-(Öffentlich-Private-Partnerschaft)Projekte** zu.

14   **3. § 3a EU Abs. 2 Nr. 1 lit. c VOB/A: Art, Komplexität, rechtlicher oder finanzieller Rahmen.** Das Verhandlungsverfahren mit Teilnahmewettbewerb ist zulässig, wenn der Auftrag aufgrund konkreter Umstände, die mit der **Art**, der **Komplexität** oder **dem rechtlichen oder finanziellen Rahmen** oder den damit einhergehenden Risiken zusammenhängen, nicht ohne vorherige Verhandlungen vergeben werden kann (§ 3a EU Abs. 2 Nr. 1 lit. c VOB/A). Diese Voraussetzungen stimmen teilweise mit § 3 EG Abs. 7 Nr. 1 VOB/A 2012 überein, der die Zulässigkeit des wettbewerblichen Dialogs regelte.

15   S. 5 des 42. Erwägungsgrunds der VKR (RL 2014/24/EU) führt hierzu aus, dass sich der wettbewerbliche Dialog in Fällen als nützlich erwiesen hat, in denen öffentliche Auftraggeber nicht in der Lage sind, die Mittel zur Befriedigung ihres Bedarfs zu definieren oder zu beurteilen, was der Markt an technischen, finanziellen oder rechtlichen Lösungen zu bieten hat. Während nach der bisherigen Rechtslage Voraussetzung für die Zulässigkeit des wettbewerblichen Dialogs war, dass der Auftraggeber **objektiv** nicht in der Lage ist, die technischen Mittel oder die rechtlichen oder finanziellen Bedingungen des Vorhabens anzugeben, genügt es nunmehr, dass **konkrete Umstände** dafür vorliegen, dass der Auftrag **nicht ohne vorherige Verhandlungen** vergeben werden kann. Dies setzt voraus, dass der öffentliche Auftraggeber nicht in der Lage ist, wenigstens eine zumindest funktionale **Leistungsbeschreibung** (§§ 7 EU bis 7c EU VOB/A) zu erstellen.[5] Dabei kommt es nicht darauf an, dass eine den Anforderungen der VOB/A genügende Leistungsbeschreibung objektiv unmöglich ist. Zum einen ist eine objektive Unmöglichkeit der Erstellung einer funktionalen Leistungsbeschreibung gemäß § 7c EU VOB/A kaum denkbar. Wenn dies tatsächlich objektiv unmöglich wäre, dürfte eine Lösungsfindung im Wege des Verhandlungsverfahrens mit Teilnahmewettbewerb ebenfalls unmöglich sein. Vielmehr genügt es, dass konkrete Umstände dafür vorliegen, dass Verhandlungen erfolgen müssen. Es ist also eine Situation gemeint, in welcher der Auftraggeber mit zumutbarem Aufwand nicht in der Lage ist, die Leistung zu beschreiben. Bei der Beurteilung der subjektiven Unmöglichkeit ist nicht allein auf die Ressourcen des Auftraggebers selbst abzustellen. Denn die wenigsten Auftraggeber sind beispielsweise in der Lage, Bauleistungen ohne Beratung durch externe Fachleute (zB geotechnische Gutachter) hinreichend genau zu beschreiben.

16   Die Voraussetzungen des Verhandlungsverfahrens mit Teilnahmewettbewerb werden oft nur für einige **Leistungsteile** vorliegen. Grundsätzlich dürfen nur diese Teile im Verhandlungsverfahren mit Teilnahmewettbewerb vergeben werden. Das Verhandlungsverfahren kann aber zusätzliche Leistungsteile umfassen, wenn die Voraussetzungen für eine zusammengefasste Vergabe vorliegen, zB nach § 5 EU Abs. 2 Nr. 1 S. 2 VOB/A.[6] Bei ÖPP-Projekten wird dies regelmäßig für alle Leistungen gelten, da sie eine wirtschaftliche Einheit bilden und zusammen zu vergeben sind.

17   Die konkreten Umstände, die dazu führen, dass der Auftrag nicht ohne vorherige Verhandlungen vergeben werden kann, können sich aus der **Art** oder der **Komplexität** des Auftrags ergeben. Beide Begriffe sind nicht klar voneinander abgrenzbar und gehen ineinander über. Die Komplexität kann sich auf die **technischen Aspekte** des Vorhabens, einschließlich des Bauablaufs, beziehen. Die Komplexität kann sich zum einen daraus ergeben, dass der öffentliche Auftraggeber die technischen Mittel nicht **spezifizieren** kann, die zur Erreichung des vorgeschriebenen Ziels zu verwenden sind. Zum anderen kann die Komplexität darin bestehen, dass der Auftraggeber nicht bestimmen kann, welche der in Frage kommenden Lösungen seinen Bedürfnissen **am besten** gerecht wird.

18   Die „konkreten Umstände" können sich auch aus dem **rechtlichen oder finanziellen Rahmen** des Projekts ergeben. Dieser Begriff ist weit auszulegen und umfasst **alle rechtlichen und wirtschaftlichen Aspekte** des Vorhabens. Der Richtliniengeber hatte hier vor allem

---

[5] *Pünder/Franzius* ZfBR 2006, 20 (21).
[6] Ähnlich *Hausmann* in K/M/P/P, VOB/A § 3a Rn. 48, der auf die Gesamtkonstellation des Auftrags abstellt.

Vorhaben mit einer komplex strukturierten Finanzierung im Blick, deren finanzielle und rechtliche Konstruktion nicht im Voraus festgeschrieben werden kann.[7] Zu denken ist an öffentlich-private Partnerschaften. Schließlich können die mit der Art, der Komplexität oder den rechtlichen oder finanziellen Rahmen **einhergehenden Risiken** das Verhandlungsverfahren mit Teilnahmewettbewerb rechtfertigen. Diesem Tatbestandsmerkmal dürfte keine eigenständige Bedeutung zukommen. Es unterstreicht lediglich, dass die Zulässigkeitsvoraussetzungen „offen" formuliert sind und dem Auftraggeber ein **Beurteilungsspielraum** hinsichtlich der Frage zusteht, ob die Voraussetzungen des § 3a EU Abs. 2 Nr. 1 lit. c VOB/A vorliegen.

4. § 3a EU Abs. 2 Nr. 1 lit. d VOB/A: Technische Spezifikationen. Das Verhandlungsverfahren mit Teilnahmewettbewerb ist zulässig, wenn die technischen Spezifikationen von dem Auftraggeber nicht mit ausreichender Genauigkeit unter Verweis auf eine Norm, eine europäische technische Bewertung (ETA), eine gemeinsame technische Spezifikation oder technische Referenzen iSd Anhangs TS Nr. 2 bis 5 der Richtlinie 2014/24/EU erstellt werden können (§ 3a EU Abs. 2 Nr. 1 lit. d VOB/A). Diese Regelung ist mit § 3 EG Abs. 4 Nr. 3 VOB/A 2012 vergleichbar, der das Verhandlungsverfahren mit Teilnahmewettbewerb zuließ, wenn die Leistung im Ausnahmefall nach Art und Umfang oder wegen der damit verbundenen Wagnisse nicht eindeutig und so erschöpfend beschrieben werden konnte, dass eine einwandfreie Preisermittlung zur Vereinbarung einer festen Vergütung möglich war. Die Neufassung der Vorschrift basiert auf Art. 26 Abs. 4 lit. a iv VKR (RL 2014/24/EU). Inhaltlich unterscheiden sich beide Regelungen trotz des unterschiedlichen Wortlauts nicht wesentlich. **19**

§ 3a EU Abs. 2 Nr. 1 lit. d VOB/A nimmt auf § 7a EU Abs. 2 Nr. 1 VOB/A Bezug. Danach ist die Leistung unter Bezugnahme auf die in **Anhang TS** definierten technischen Spezifikationen zu beschreiben. Alternativ eröffnet § 7a EU Abs. 2 Nr. 2 VOB/A die Möglichkeit, die Leistung in Form von **Leistungs- oder Funktionsanforderungen** zu beschreiben, die so genau zu fassen sind, dass sie dem Unternehmen ein klares Bild vom Auftragsgegenstand vermitteln und dem Auftraggeber die Erteilung des Zuschlags ermöglichen. Nachdem § 3a EU Abs. 2 Nr. 1 lit. d VOB/A diese zweite Möglichkeit nicht erwähnt, könnte angenommen werden, dass ein Verhandlungsverfahren mit Teilnahmewettbewerb stets dann zulässig ist, wenn der öffentliche Auftraggeber die Leistung nach § 7a EU Abs. 2 Nr. 2 VOB/A in Form von Leistungs- oder Funktionsanforderungen beschreibt. Dies ist jedoch unzutreffend. Auch eine Ausschreibung in Form von Leistungs- oder Funktionsanforderungen stellt eine eindeutige und erschöpfende Leistungsbeschreibung iSd § 7 EU Abs. 1 Nr. 1 VOB/A dar. Der Anwendungsbereich des Verhandlungsverfahrens mit Teilnahmewettbewerb ist nur dann eröffnet, wenn auch die Voraussetzungen des § 7a EU Abs. 2 Nr. 2 VOB/A nicht vorliegen, weil es nicht möglich ist, den Unternehmen ein klares Bild vom Auftragsgegenstand zu vermitteln und so dem Auftraggeber die Erteilung des Zuschlags zu ermöglichen.[8] § 3a EU Abs. 2 Nr. 1 lit. d VOB/A entspricht somit im Wesentlichen den bisherigen Regelungen in § 3 EG Abs. 4 Nr. 3 VOB/A 2012 und § 3a Abs. 4 Nr. 3 VOB/A (dazu → VOB/A § 3a Rn. 68 ff.). Geschützt werden sollen einerseits die Bieter vor den mit einer unklaren Leistung verbundenen Wagnissen (§ 7 EU Abs. 1 Nr. 3 VOB/A). Andererseits sollen die Bieter **und** der Auftraggeber vor einer unzureichenden Preisvereinbarung geschützt werden. Kann die Leistung nicht eindeutig und erschöpfend beschrieben werden, ist damit nicht zu erwarten, dass vergleichbare Angebote eingehen, so dass nur die Möglichkeit des Verhandlungsverfahrens verbleibt.[9] **20**

Wie bei § 3a Abs. 4 Nr. 3 VOB/A sind **Anwendungsfälle** insbesondere komplexe und innovative Bauvorhaben. Es liegt daher eine Überschneidung mit § 3a EU Abs. 2 Nr. 1 lit. b VOB/A vor. § 3a EU Abs. 2 Nr. 1 lit. d VOB/A erfasst auch Fälle, in denen der Leistungsumfang – etwa hinsichtlich bestehender Mängelhaftungsansprüche – **nicht übersehbar** ist. Dies kann der Fall sein, wenn ein Bauunternehmer einspringt, nachdem der ursprüngliche Auftragnehmer den Auftrag wegen Insolvenz nicht zu Ende führen konnte (dazu → VOB/A § 3a Rn. 41). **21**

Der Maßstab für die Beschreibbarkeit der Leistung ist **objektiv** zu bestimmen. Der Auftraggeber hat alles ihm Zumutbare zu tun, um die Leistung eindeutig und erschöpfend zu beschreiben.[10] Die Anforderungen dürfen aber nicht überspannt werden. Der Vorteil des Verhandlungs- **22**

---

[7] ErwG 42 S. 7 VKR.
[8] *Stolz* in Ingenstau/Korbion VOB/A EU § 3a Rn. 23.
[9] *Stolz* in Ingenstau/Korbion VOB/A EU § 3a Rn. 23.
[10] OLG Naumburg NZBau 2003, 628.

verfahrens besteht darin, dass die Bieter ihr know-how einbringen können. In vielen Fällen ist es nicht sinnvoll, wenn der Auftraggeber im Vorfeld einer Ausschreibung versucht, sich dieses know-how durch die Einholung von Sachverständigengutachten selbst zu verschaffen. Dann muss es bei Abwägen der Grundsätze des Vergaberechts (§ 97 Abs. 1 und 2 GWB) mit dem zumutbaren Aufwand des Auftraggebers möglich sein, ein Verhandlungsverfahren durchzuführen.

23 **5. § 3a EU Abs. 2 Nr. 2 VOB/A: Fehlen ordnungsgemäßer oder annehmbarer Angebote.** Das Verhandlungsverfahren mit Teilnahmewettbewerb ist nach § 3a EU Abs. 2 Nr. 2 VOB/A zulässig, wenn ein offenes Verfahren oder nicht offenes Verfahren wegen nicht ordnungsgemäßer oder nicht annehmbarer Angebote aufgehoben wurde. Die Vorschrift entspricht Art. 26 Abs. 4 lit. b S. 1 VKR (RL 2014/24/EU).

24 a) **Voraussetzungen.** Es dürfen keine ordnungsgemäßen oder keine annehmbare Angebote abgegeben worden sein. Nicht **ordnungsgemäß** sind insbesondere Angebote, die nicht den Vergabeunterlagen entsprechen, nicht fristgerecht eingegangen sind, nachweislich auf kollusiven Absprachen oder Korruption beruhen oder nach Einschätzung des öffentlichen Auftraggebers ungewöhnlich niedrig sind (§ 3a EU Abs. 2 Nr. 2 S. 2 VOB/A). Angebote, die nicht den Vergabeunterlagen entsprechen, sind nach § 13 EU Abs. 1 Nr. 5 S. 2 iVm § 16 EU Nr. 2 VOB/A auszuschließen. Der Ausschluss nicht fristgerechter Angebote richtet sich nach § 16 EU Nr. 1 VOB/A. Das Verbot kollusiver Absprachen oder Korruption beruhender Angebote ergibt sich aus § 6e EU Abs. 6 Nr. 4 und § 6 EU Abs. 1 VOB/A. Schließlich sind ungewöhnlich niedrige Angebote nach § 16d EU Abs. 1 Nr. 1 S. 1 VOB/A auszuschließen.

25 § 3a EU Abs. 2 Nr. 2 S. 3 VOB/A definiert **unannehmbare Angebote** als Angebote von Bietern, die nicht über die erforderlichen Qualifikationen verfügen und Angebote, deren Preis das vor Einleitung des Vergabeverfahrens festgelegte und schriftlich dokumentierte Budget des öffentlichen Auftraggebers übersteigt. Die erforderlichen Qualifikationen beziehen sich auf die Eignung des Bieters (§ 6 EU und § 16b EU VOB/A). Wird das von dem Auftraggeber festgelegte und schriftlich dokumentierte Budget überschritten, kommt ein Ausschluss nach § 16d Abs. 1 Nr. 1 S. 1 VOB/A wegen eines unangemessenen hohen Preises in Betracht.[11]

26 Die in § 3a Abs. 2 Nr. 2 S. 2 und S. 3 VOB/A genannten Gründen sind **nicht abschließend.** Dies ergibt sich daraus, dass jeweils das Wort „insbesondere" den Aufzählungen der Aufhebungsgründe vorangestellt wird. Ein Verhandlungsverfahren mit Teilnahmewettbewerb ist somit auch dann zulässig, wenn die Aufhebung aus einem anderen schwerwiegenden Grund erfolgt, der mit den in § 3a EU Abs. 2 Nr. 2 S. 2 und S. 3 VOB/A genannten Gründen vergleichbar ist. Dies trifft nicht auf alle der in § 17 EU Abs. 1 VOB/A genannten Alternativen zu. Voraussetzung für die Anwendbarkeit des § 3a EU Abs. 2 Nr. 2 VOB/A ist stets, dass die eingereichten Angebote Grund für die Aufhebung sind. Liegt der Aufhebungsgrund in der Sphäre des Auftraggebers, etwa weil er die Leistung nicht hinreichend beschrieben oder den Sachverhalt unzureichend ermittelt hat, ist ein Übergang in das Verhandlungsverfahren mit Teilnahmewettbewerb nicht zulässig.[12] Nach Auffassung des OLG Naumburg kann sich ein Bieter nicht auf die Unzulässigkeit des Verhandlungsverfahrens mit der Begründung berufen, das vorherige Vergabeverfahren hätte nicht aufgehoben werden dürfen, wenn er nicht zuvor die Aufhebung gem. § 160 Abs. 3 GWB gerügt hatte.[13]

27 Das offene Verfahren oder das nicht offene Verfahren muss formell **aufgehoben** worden sein; ein formloser Wechsel in das Verhandlungsverfahren ist nicht möglich.[14] Weiterhin muss die Aufhebung wirksam sein. Das Verhandlungsverfahren stellt ein neues, eigenständiges Vergabeverfahren dar.[15] Die Aufhebung setzt voraus, dass **alle** Angebote einem Ausschließungsgrund unterliegen. Liegt auch nur ein wertbares Angebot vor, scheidet ein Übergang in das Verhandlungsverfahren aus. Denkbar ist, dass der Auftraggeber eine Öffentliche Ausschreibung oder eine Beschränkte Ausschreibung durchführte, die mangels annehmbarer Angebote aufgehoben wird. Aufgrund der eingereichten, nicht annehmbaren Angebote kann der Auftraggeber zu der Erkenntnis gelangen, dass der maßgebliche Schwellenwert entgegen seiner ursprünglichen Annahme erreicht oder überschritten wird, auf die Vergabe also der 2. Abschnitt der VOB/A

---

[11] Zur Aufhebung der Ausschreibung in diesem Fall: OLG Celle VergabeR 2016, 514.
[12] OLG Dresden VergabeR 2002, 142 (145).
[13] OLG Naumburg VergabeR 2009, 91 (93).
[14] OLG Jena VergabeR 2005, 492 (501).
[15] OLG Naumburg VergabeR 2012, 93 (98).

Anwendung findet. In diesem Fall kann der Auftraggeber nicht nach § 3a EU Abs. 2 Nr. 2 VOB/A vorgehen. Zwar hatte eine Ausschreibung stattgefunden, diese wurde jedoch nicht europaweit bekannt gegeben. Auf dieser Grundlage ist der Übergang in ein Verhandlungsverfahren ausgeschlossen.

Die Vorgängervorschrift des § 3 EG Abs. 4 Nr. 1 VOB/A 2012 setzte weiterhin voraus, dass 28 die Vertragsunterlagen nicht grundlegend geändert wurden. Diese Bedingung kennt § 3a EU Abs. 2 Nr. 2 VOB/A (anders als § 3a EU Abs. 3 Nr. 2 VOB/A) nicht mehr.

b) Durchführung. Hinsichtlich der Bieter, die sich an dem vorangegangenen, aufgehobenen 29 Verfahren beteiligt hatten, steht es dem Auftraggeber frei, entweder vollständige neue Angebote anzufordern oder die Bieter lediglich aufzufordern, ihre Angebote aus dem vorhergehenden Verfahren zu ergänzen.[16]

c) Abgrenzung zu § 3a EU Abs. 3 Nr. 1 VOB/A. § 3a EU Abs. 3 Nr. 1 VOB/A gestattet 30 dem Auftraggeber die Durchführung eines Verhandlungsverfahrens **ohne Teilnahmewettbewerb**, wenn keine ordnungsgemäßen oder keine annehmbaren Angebote abgegeben worden sind und in das Verhandlungsverfahren alle – und nur die – Bieter aus dem vorangegangenen Verfahren einbezogen werden, die fachkundig und leistungsfähig (geeignet) sind und nicht nach § 6e EU VOB/A ausgeschlossen worden sind. Einer erneuten Auftragsbekanntmachung bedarf es in diesem Fall nicht, weil alle Bieter, die sich bisher an dem Verfahren auf die Auftragsbekanntmachung beteiligt hatten, in das Verhandlungsverfahren einbezogen werden. Liegen die Voraussetzungen des § 3a EU Abs. 3 Nr. 1 VOB/A vor, genießt der Auftraggeber zwischen den Verfahren nach § 3a EU Abs. 2 Nr. 2 VOB/A und § 3a EU Abs. 3 Nr. 1 VOB/A Wahlfreiheit.

d) Abgrenzung zu § 3a EU Abs. 3 Nr. 2 VOB/A. § 3a EU Abs. 3 Nr. 2 VOB/A gestattet 31 das Verhandlungsverfahren ohne Teilnahmewettbewerb, wenn bei einem offenen Verfahren oder nicht offenen Verfahren keine Angebote oder keine Teilnahmeanträge abgegeben worden sind, oder alle Angebote oder Teilnahmeanträge aus bestimmten Gründen ausgeschlossen worden sind und die ursprünglichen Vertragsunterlagen nicht grundlegend geändert werden. Bei Vorliegen dieser Voraussetzungen hat der Auftraggeber ein Wahlrecht zwischen den Verfahren nach § 3a EU Abs. 2 Nr. 2 VOB/A und § 3a EU Abs. 3 Nr. 2 VOB/A. Gehen hingegen ein oder mehrere Angebote ein, die sämtlich aus anderen als den in § 3a EU Abs. 3 Nr. 2 VOB/A genannten Gründen ausgeschlossen werden oder sollen die Vertragsunterlagen grundlegend geändert werden, kommt nur ein Verhandlungsverfahren nach § 3a EU Abs. 2 Nr. 2 VOB/A oder § 3a EU Abs. 3 Nr. 1 VOB/A in Betracht.

III. Verhandlungsverfahren ohne Teilnahmewettbewerb (§ 3a EU Abs. 3 VOB/A)

§ 3a EU Abs. 3 VOB/A regelt in Anlehnung an Art. 26 Abs. 4 lit b S. 2 und Art. 32 VKR 32 (RL 2014/24/EU) **abschließend** die **Zulässigkeit eines Verhandlungsverfahrens ohne Teilnahmewettbewerb**.[17] Die in § 3a EU Abs. 3 Nr. 1–5 VOB/A aufgeführten Tatbestandsmerkmale müssen objektiv vorliegen. Der 50. Erwägungsgrund der VKR (RL 2014/24/EU) führt aus, dass Verhandlungsverfahren ohne vorherige Veröffentlichung aufgrund ihrer negativen Auswirkungen auf den Wettbewerb nur unter sehr außergewöhnlichen Umständen zur Anwendung kommen sollten. Als Ausnahmeregelung ist die Vorschrift daher eng auszulegen.[18] Die **Beweislast** für das Vorliegen eines Ausnahmefalls nach § 3a EU Abs. 3 VOB/A trägt der Auftraggeber.[19] Der öffentliche Auftraggeber muss die Gründe, die die Anwendung eines Verhandlungsverfahrens ohne Teilnahmewettbewerb rechtfertigen, im Vergabevermerk **dokumentieren** (§ 20 EU iVm § 8 Abs. 2 Nr. 7 VgV). Die Gründe für die Zulässigkeit eines Verhand-

---

[16] OLG Düsseldorf VergabeR 2006, 929.
[17] EuGH 13.1.2005 – C-84/03, ECLI:EU:C:2005:14 = VergabeR 2005, 176 Rn. 47; EuGH 7.9.2016 – C-549/14, ECLI:EU:C:2016:634 Rn. 35 – Frogne.
[18] EuGH 10.4.2003 – C-20/01 und C-28/01, ECLI:EU:C:2003:220 = NZBau 2003, 393 Rn. 58 – Braunschweig; EuGH 18.11.2004 – C-126/03, ECLI:EU:C:2004:728 = VergabeR 2005, 57 Rn. 23; EuGH 13.1.2005 – C-84/03, ECLI:EU:C:2005:14 = VergabeR 2005, 176 Rn. 48; EuGH 2.6.2005 – C-394/02, ECLI:EU:C:2005:336 = VergabeR 2005, 467 Rn. 33.
[19] EuGH 18.5.1995 – C 57/94, ECLI:EU:C:1995:150 Rn. 24; 28.3.1996 – C-318/94, ECLI:EU:C:1996:149 Rn. 13; 10.4.2003 – C-20/01 und C-28/01, ECLI:EU:C:2003:220 = NZBau 2003, 393 Rn. 58 – Braunschweig; EuGH 18.11.2004 – C-126/03, ECLI:EU:C:2004:728 = VergabeR 2005, 57 Rn. 23; EuGH 2.6.2005 – C-394/02, ECLI:EU:C:2005:336 = VergabeR 2005, 467 Rn. 33.

lungsverfahrens müssen objektiv vorliegen. Der öffentliche Auftraggeber kann sich nachträglich auch auf Gründe stützen, die weder in der Bekanntmachung noch in der Vergabeakte angesprochen sind.[20]

33   **1. § 3a EU Abs. 3 Nr. 1 VOB/A: Keine ordnungsgemäßen oder nur unannehmbare Angebote.** § 3a EU Abs. 3 Nr. 1 VOB/A gestattet im Anschluss an Art. 26 Abs. 4 lit. b S. 2 VKR (RL 2014/24/EU) das Verhandlungsverfahren ohne öffentliche Vergabebekanntmachung, wenn bei einem offenen Verfahren oder nicht offenen Verfahren (a) keine ordnungsgemäßen oder nur unannehmbare Angebote abgegeben worden sind und (b) in das Verhandlungsverfahren alle – und nur die – Bieter aus dem vorausgegangenen Verfahren einbezogen werden, die fachkundig und leistungsfähig (geeignet) sind und die nicht nach § 6e EU VOB/A ausgeschlossen worden sind. Die Regelung stellt einen Unterfall des § 3a EU Abs. 2 Nr. 2 VOB/A dar. Die Voraussetzungen „bei einem offenen Verfahren oder einem nicht offenen Verfahren" sowie lit. a (keine ordnungsgemäßen oder nur unannehmbare Angebote) **entsprechen denjenigen des § 3a EU Abs. 2 Nr. 2 VOB/A.** Die Definition der „nicht ordnungsgemäßen oder unannehmbaren Angebote" findet sich in § 3a EU Abs. 2 Nr. 2 S. 2 und S. 3 VOB/A.

34   Unter den Voraussetzungen des § 3a EU Abs. 2 Nr. 2 VOB/A ist ein Verhandlungsverfahren **mit Teilnahmewettbewerb** zulässig. Von dem Teilnahmewettbewerb kann der Auftraggeber absehen, wenn er **alle – und nur die – Bieter** aus dem vorangegangenen Verfahren einbezieht, die fachkundig und leistungsfähig (geeignet) sind und die nicht nach § 6e EU VOB/A ausgeschlossen worden sind. Diese Formulierung wiederholt den Wortlaut des § 6 EU Abs. 1 VOB/A. Auf die dortigen Ausführungen wird verwiesen. Art. 26 Abs. 4 lit. b S. 2 VKR (RL 2014/24/EU) nennt als zusätzliche Voraussetzung, dass die Bieter, die zur Angebotsabgabe aufgefordert werden, in dem vorherigen Verfahren Angebote abgegeben haben müssen, die den **formalen Anforderungen** des Vergabeverfahrens genügten. Mit den „formalen Anforderungen" ist die erste Prüfungsstufe (→ VOB/A § 3 Rn. 8) angesprochen. Dies entspricht dem Ablauf der Angebotswertung. Angebote, die formale Fehler aufweisen, scheiden aus und werden nicht auf die Eignung der Bieter (2. Wertungsstufe) geprüft. In das Verhandlungsverfahren sind demnach nur Angebote einzubeziehen, die im Erstverfahren weder in der ersten Wertungsstufe (formale Prüfung) noch in der zweiten Wertungsstufe (Eignungsprüfung) ausgeschlossen wurden.[21] Das **Zusammenspiel** zwischen § 3a EU Abs. 3 Nr. 1 lit. a und lit. b VOB/A führt dazu, dass ein Verhandlungsverfahren ohne Teilnahmewettbewerb nicht in allen Fällen möglich ist, in denen die Voraussetzungen des § 3a EU Abs. 3 Nr. 1 lit. a VOB/A vorliegen. Wenn beispielsweise nur Angebote eingegangen sind, die wegen fehlender Qualifikationen der Bieter oder Bewerber als unannehmbar ausgeschlossen werden, existieren keine geeigneten Bieter, die in das Verhandlungsverfahren ohne Teilnahmewettbewerb einbezogen werden könnten. Die Anwendung des § 3a EU Abs. 3 Nr. 1 VOB/A scheidet in diesen Fällen aus.

35   In das Verhandlungsverfahren müssen **alle** Bieter einbezogen werden, die die in § 3a EU Abs. 3 Nr. 1 lit. b VOB/A genannten Voraussetzungen erfüllen. Die **Einbeziehung anderer Bieter** ist unzulässig.[22] § 3a EU Abs. 3 Nr. 1 lit. b VOB/A spricht ausdrücklich davon, dass „nur" die Bieter einbezogen werden dürfen, die geeignet sind. Dies trifft nur auf solche Bieter zu, die sich an dem Erstverfahren beteiligt hatten. Beabsichtigt der Auftraggeber, den Bieterkreis zu erweitern, muss er aus Gründen der Gleichbehandlung eine Vergabebekanntmachung veröffentlichen. Sind lediglich Angebote eingegangen, die auf der ersten Wertungsstufe auszuschließen sind, kann § 3a EU Abs. 3 Nr. 2 VOB/A eingreifen.

36   Der Auftraggeber ist nach Einholung der Angebote aller Bieter berechtigt, die **Nachverhandlungen mit dem günstigsten Bieter** zu beginnen und auf diesen zu beschränken.[23] § 3b EU Abs. 3 Nr. 3 VOB/A gilt für das Verhandlungsverfahren ohne Teilnahmewettbewerb nicht. Mit Einholung aller Angebote hat der Auftraggeber den Bieterkreis des vorhergehenden Verfahrens „ausgeschöpft". Bei den Nachverhandlungen darf er wie sonst auch in Verhandlungsverfahren zwischen den Bietern unter Beachtung des Wirtschaftlichkeitsgrundsatzes wählen.

37   Die bisherige weitere Voraussetzung, wonach die ursprünglichen Vergabeunterlagen nicht wesentlich geändert werden dürfen, sieht § 3a EU Abs. 3 Nr. 1 VOB/A in Übereinstimmung mit Art. 26 Abs. 4 lit. b VKR (RL 2014/24/EU) nicht mehr vor (→ Rn. 28).

---

[20] OLG Dresden 21.9.2016 – Verg 5/16.
[21] OLG Bremen VergabeR 2007, 517 (520); OLG Naumburg VergabeR 2009, 91 (93 f.); *Schwabe* S. 126.
[22] OLG Bremen VergabeR 2007, 517 (520).
[23] VÜA Bund WuW 1998, 427 = WuW/E Verg 55.

2. § 3a EU Abs. 3 Nr. 2 VOB/A: Fehlende oder auszuschließende Angebote.
§ 3a EU Abs. 3 Nr. 2 VOB/A gestattet in Entsprechung zu Art. 32 Abs. 2 lit. a VKR (RL 38 2014/24/EU) die Durchführung eines Verhandlungsverfahrens ohne Teilnahmewettbewerb, wenn bei einem offenen Verfahren oder bei einem nicht offenen Verfahren (a) keine Angebote oder keine Teilnahmeanträge abgegeben worden sind oder (b) nur Angebote oder Teilnahmeanträge solcher Bewerber oder Bieter abgegeben worden sind, die nicht fachkundig oder leistungsfähig (geeignet) sind oder die nach § 6e EU VOB/A ausgeschlossen worden sind oder (c) nur solche Angebote abgegeben worden sind, die den in den Vergabeunterlagen genannten Bedingungen nicht entsprechen und die ursprünglichen Vertragsunterlagen nicht grundlegend geändert werden.

Die **erste Alternative** für die Anwendbarkeit der Vorschrift besteht darin, dass keine Angebo- 39 te oder keine Teilnahmeanträge abgeben worden sind (§ 3a EU Abs. 3 Nr. 2 lit. a VOB/A). Zur Abgabe von Teilnahmeanträgen wird auf der ersten Stufe des nicht offenen Verfahrens aufgefordert, zur Abgabe von Angeboten im offenen Verfahren und auf der zweiten Stufe des nicht offenen Verfahrens.

Alternativ ist ein Verhandlungsverfahren ohne Teilnahmewettbewerb zulässig, wenn nur An- 40 gebote oder Teilnahmeanträge solcher Bewerber oder Bieter abgegeben worden sind, die nicht fachkundig oder leistungsfähig (**geeignet**) sind oder die nach § 6e EU VOB/A ausgeschlossen worden sind. Die Vorschrift ist identisch mit § 3a EU Abs. 3 Nr. 1 lit. b VOB/A und wiederholt den Wortlaut des § 6 EU Abs. 1 VOB/A. Sie findet Anwendung, wenn zwar Angebote oder Teilnahmeanträge eingehen, jedoch kein Bieter oder Bewerber geeignet ist. Insoweit besteht eine Diskrepanz zu dem Wortlaut der Richtlinie. Art. 32 Abs. 2 lit. a VKR (RL 2014/24/EU) spricht davon, dass „keine geeigneten Angebote oder ... keine geeigneten Teilnahmeanträge abgegeben worden sind". Ein **Teilnahmeantrag** gilt dabei nach Art. 32 Abs. 2 lit. a UA 2 S. 2 VKR (RL 2014/24/EU) als ungeeignet, wenn der Wirtschaftsteilnehmer gem. Art. 57 ausgeschlossen wird oder ausgeschlossen werden kann, oder wenn er die vom öffentlichen Auftraggeber gem. Art. 58 genannten Eignungskriterien nicht erfüllt. Hiermit wird auf die Eignung iSd § 3a EU Abs. 3 Nr. 2 lit. b VOB/A abgestellt. Ein **Angebot** gilt nach der Richtlinie hingegen als ungeeignet, wenn es irrelevant für den Auftrag ist, dh wesentliche Abänderung den in den Auftragsunterlagen genannten Bedürfnissen und Anforderungen des öffentlichen Auftraggebers offensichtlich nicht entsprechen kann (Art. 32 Abs. 2 lit. a UA 2 S. 1 VKR (RL 2014/24/EU). Demnach greift Art. 32 Abs. 2 lit. a VKR nicht ein, wenn zwar Angebote eingehen, die Eignung der Bieter jedoch verneint werden muss. Es ist unklar, warum die Richtlinie hinsichtlich der Teilnahmeanträge auf die Eignung der Bieter abstellt, im Hinblick auf Angebote jedoch nicht. Es spricht vieles dafür, dass eine unbeabsichtigte Regelungslücke vorliegt. Diese wird in § 3a EU Abs. 3 Nr. 2 lit. b VOB/A zutreffend dahin gehend geschlossen, dass die Vorschrift auch dann anwendbar ist, wenn nur Angebote von ungeeigneten Bietern eingehen.

Die **dritte Alternative** liegt vor, wenn nur solche Angebote abgegeben worden sind, die den 41 in den Vergabeunterlagen genannten Bedingungen nicht entsprechen (§ 3a EU Abs. 3 Nr. 2 lit. c VOB/A). Dies ist nach Art. 32 Abs. 2 lit. a UA 2 S. 1 VKR (RL 2014/24/EU) der Fall, wenn das Angebot irrelevant für den Auftrag ist, dh wesentliche Abänderung den in den Auftragsunterlagen genannten Bedürfnissen und Anforderungen des öffentlichen Auftraggebers offensichtlich nicht entsprechen kann. Es handelt sich um Angebote, die eine Änderung der Vergabeunterlagen enthalten (§ 13 EU Abs. 1 Nr. 5 S. 2 VOB/A). Diese Alternative geht auf Rechtsprechung des Europäischen Gerichtshofs zurück.[24]

In allen drei der genannten Fällen muss hinzutreten, dass die Vertragsunterlagen **nicht grund-** 42 **legend geändert** werden. Denn anderenfalls besteht zumindest die Möglichkeit, dass eine erneute Ausschreibung im offenen oder nicht offenen Verfahren zu annehmbaren Angeboten führt. Eine Änderung der Vertragsunterlagen ist insbesondere dann grundlegend, wenn der potentielle Bieterkreis ein anderer ist.[25] Die **Vertragsunterlagen** sind nach § 8 EU Abs. 1 Nr. 2 VOB/A Bestandteil der Vergabeunterlagen. Sie bestehen aus der Leistungsbeschreibung nach § 7 EU bis § 7c EU VOB/A sowie den Angaben nach § 8a EU VOB/A. Daher können sowohl Änderungen der Leistungsbeschreibung als auch Änderungen der rechtlichen Rahmenbedingungen, insbesondere der Allgemeinen Technischen Vertragsbedingungen (ATV), der Besonderen Vertragsbedingungen (BVB), der Zusätzlichen Vertragsbedingungen (ZVB) und der Zusätzlichen

---

[24] So zu Art. 20 Abs. 2 lit. a RL 93/38/EWG: EuGH 4.6.2009 – C-250/07, ECLI:EU:C:2009:338 = VergabeR 2009, 763 Rn. 40 ff.
[25] EuGH 4.6.2009 – C-250/07, ECLI:EU:C:2009:338 = VergabeR 2009, 763.

Technischen Vertragsbedingungen (ZTV) eine Änderung der Vertragsunterlagen darstellen.[26] Ob eine Änderung grundlegend ist, bestimmt sich nach den konkreten Umständen des Einzelfalls. **Beispiele:** Die Änderung des Finanzierungskonzeptes (Bauauftrag statt Baukonzession) ist eine grundlegende Änderung der Vertragsunterlagen und berechtigt daher nicht zum Übergang zum Verhandlungsverfahren ohne Teilnahmewettbewerb;[27] das Gleiche gilt für eine Änderung der Zuschlagskriterien.[28]

43 Die Frage, ob eine grundlegende Änderung der Vertragsunterlagen vorliegt, ist nicht nach den Maßstäben des **§ 17 EU Abs. 1 Nr. 2 VOB/A** zu bestimmen.[29] Dies ergibt sich aus den **unterschiedlichen Schutzzwecken** der Normen. Wegen des Ausnahmecharakters des § 3a EU Abs. 3 Nr. 2 VOB/A sind an das Vorliegen einer grundlegenden Änderung der Vertragsunterlagen geringe Anforderungen zu stellen, um dem Vorrang des offenen und des nicht offenen Verfahrens Rechnung zu tragen. Dagegen sind bei § 17 EU Abs. 1 Nr. 2 VOB/A hohe Anforderungen – etwa im Sinne des Vorliegens von Gründen einigen Gewichts[30] – zu stellen, da die grundlegende Änderung der Vergabeunterlagen den anderen „schwer wiegenden Gründen" nach § 17 EU Abs. 1 Nr. 3 VOB/A entsprechen muss. Die Frage, **ob eine grundlegende Änderung der Vertragsunterlagen** vorliegt, ist eine **Rechtsfrage** und unterliegt voller gerichtlicher Überprüfung.

44 Anders als § 3a EU Abs. 3 Nr. 1 gestattet § 3a EU Abs. 3 Nr. 2 VOB/A die Durchführung des Verhandlungsverfahrens ohne Teilnahmewettbewerb auch dann, wenn **nicht alle Bieter** aus dem vorhergehenden Verfahren **einbezogen** werden.[31] Ein Anspruch der Bieter des vorangegangenen Verfahrens auf Einbeziehung besteht nicht.[32] Der Auftraggeber kann auch Unternehmen einbeziehen, die sich an dem aufgehobenen Erstverfahren nicht beteiligt haben.

45 Geht der öffentliche Auftraggeber nach § 3a EU Abs. 3 Nr. 2 VOB/A vor, legt er auf Anforderung der Europäischen Kommission einen Bericht vor (§ 3a EU Abs. 3 Nr. 2 S. 2 VOB/A).

46 **3. § 3a EU Abs. 3 Nr. 3 VOB/A: Nur ein bestimmter Auftragnehmer kommt in Betracht.** Wenn Leistungen aus einem der folgenden Gründe nur von einem bestimmten Unternehmen ausgeführt werden können, ist ein Verhandlungsverfahren ohne Teilnahmewettbewerb zulässig: (a) Erschaffung oder Erwerb eines einzigartigen Kunstwerks oder einer einzigartigen künstlerischen Leistung als Ziel der Auftragsvergabe; (b) nicht vorhandener Wettbewerb aus technischen Gründen; (c) Schutz von ausschließlichen Rechten, einschließlich der Rechte des geistigen Eigentums (§ 3a EU Abs. 3 Nr. 3 VOB/A). Dies entspricht Art. 32 Abs. 2 lit. b VKR (RL 2014/24/EU).

47 Für das Vorliegen **künstlerischer Gründe** (§ 3a EU Abs. 3 Nr. 3 lit. a VOB/A) genügt eine bloße geschmackliche Präferenz nicht.[33] Vielmehr müssen objektive Tatsachen bestehen. Es handelt sich um einen eng begrenzten Ausnahmetatbestand. Er kann vorliegen, wenn nur ein Künstler in der Lage ist, ein bestimmtes Verfahren anzuwenden oder zwingend die „Handschrift" eines Künstlers erkennbar sein muss. Die Erschaffung oder der Erwerb eines einzigartigen Kunstwerks oder einer einzigartigen künstlerischen Leistung muss gerade das Ziel der Auftragsvergabe sein. Nach dem 50. Erwägungsgrund der VKR (RL 2014/24/EU) geht es um Kunstwerke, bei denen der einzigartige Charakter und Wert des Kunstgegenstands selbst untrennbar an die Identität des Künstlers gebunden ist. Hinzutreten muss das Vorliegen der Voraussetzungen des § 3a EU Abs. 3 Nr. 3 S. 2 VOB/A (→ Rn. 50).

48 **Technische Gründe** (§ 3a EU Abs. 3 Nr. 3 lit. b VOB/A) liegen vor, wenn zwingend besondere Befähigungen oder spezielle Ausrüstungen zur Leistungserbringung erforderlich sind, über die nur ein Unternehmen verfügt.[34] Diese können sich auch aus technischen Umweltschutzanforderungen ergeben.[35] Allein die Nähe eines Auftragnehmers zum Ort der Leistungs-

---

[26] *Stolz* in Ingenstau/Korbion VOB/A EU § 3a Rn. 28, 37.
[27] VK Berlin IBR 2000, 401.
[28] OLG Brandenburg VergabeR 2005, 660 (665).
[29] Dazu *Müller-Wrede/Kaelble*, VOL/A EG § 3 Rn. 64 ff.
[30] → VOB/A § 17 Rn. 16.
[31] OLG Naumburg VergabeR 2009, 91 (93).
[32] OLG Jena VergabeR 2005, 492 (501); *Müller-Wrede/Schade* VergabeR 2005, 460 (462).
[33] *Stolz* in Ingenstau/Korbion VOB/A EU § 3a Rn. 48.
[34] 50. Erwägungsgrund VKR (RL 2014/24/EU). *Stolz* in Ingenstau/Korbion VOB/A EU § 3a Rn. 47.
[35] EuGH 10.4.2003 – C-20/01 und C-28/01, ECLI:EU:C:2003:220 = NZBau 2003, 393 Rn. 61 – Braunschweig zu Art. 11 Abs. 3 lit. b RL 92/50/EWG.

erbringung ist nicht ausreichend (§ 6 EU Abs. 3 Nr. 1 VOB/A).[36] Unzulässig ist das Verhandlungsverfahren mit der Begründung, es sei eine Betriebsstätte des Auftragnehmers in der Nähe des Leistungsorts erforderlich, die nur ein Unternehmen unterhalte. Es ist nicht auszuschließen, dass andere Unternehmen im Fall der Auftragserteilung bereit sind, eine derartige Betriebsstätte zu gründen.[37] Eine solche Forderung kann in den Vertragsunterlagen aufgestellt werden, wenn dies zur Auftragsdurchführung erforderlich ist. Auch im Fall des Vorliegens technischer Gründe müssen zusätzlich die Anforderungen des § 3a EU Abs. 3 Nr. 3 S. 2 VOB/A erfüllt sein (→ Rn. 50).

Ausschließlichkeitsrechte (§ 3a EU Abs. 3 Nr. 3 lit. c VOB/A) können Warenzeichen, **49** Vertriebslizenzen, Patente, Urheberrechte und sonstige gewerbliche Schutzrechte darstellen. Auch das Eigentum an einem Grundstück[38] oder schuldrechtliche Ansprüche[39] (zB das Vorkaufsrecht auf ein Grundstück) können ein solches ausschließliches Recht sein. Allein die Existenz eines Patents bedeutet nicht zwingend, dass die Leistung nur von einem Anbieter erbracht werden kann. Stehen mehrere Anbieter der patentierten Leistung zur Verfügung, scheidet die Durchführung eines Verhandlungsverfahrens nach § 3a EU Abs. 3 Nr. 3 VOB/A aus.[40]

Im Rahmen der Grenzen des § 7 EU und § 7a EU VOB/A obliegt es dem Auftraggeber, den **50 Vertragsgegenstand zu bestimmen.**[41] Entscheidet er sich aus sachlich nachvollziehbaren Gründen für die Beschaffung einer Leistung, die nur ein Unternehmen erbringen kann, ist der Anwendungsbereich des § 3a EU Abs. 3 Nr. 3 VOB/A eröffnet.[42] Nicht ausreichend ist es nach dem Wortlaut des § 3a EU Abs. 3 Nr. 3 VOB/A, wenn **zwei Bieter** in Betracht kommen.[43] Die Vorschrift ist nur anwendbar, wenn bereits vor der Auftragsvergabe die Person des Auftragnehmers feststeht, ein Wettbewerb also von vornherein ausscheidet. Ob nur ein Unternehmen in Betracht kommt, muss der Auftraggeber durch eine ernsthafte Nachforschung auf europäischer Ebene prüfen.[44] Dementsprechend regelt § 3a EU Abs. 3 Nr. 3 S. 2 VOB/A, dass die in lit. a und b festgelegten Ausnahmen nur dann gelten, wenn es keine vernünftige Alternative oder Ersatzlösung gibt und der mangelnde Wettbewerb nicht das Ergebnis einer künstlichen Einschränkung der Auftragsvergabeparameter ist.

4. § 3a EU Abs. 3 Nr. 4 VOB/A: Dringlichkeit der Leistung. § 3a EU Abs. 3 Nr. 4 **51** VOB/A gestattet entsprechend Art. 32 Abs. 2 lit. c VKR (RL 2014/24/EU) die Durchführung eines Verhandlungsverfahrens ohne öffentliche Vergabebekanntmachung, wenn wegen der äußersten Dringlichkeit der Leistung aus zwingenden Gründen infolge von Ereignissen, die der öffentliche Auftraggeber nicht verursacht hat und nicht voraussehen konnte, die in § 10a EU, § 10b EU und § 10c EU Abs. 1 VOB/A vorgeschriebenen Fristen nicht eingehalten werden können. Die Vorschrift ähnelt damit § 3a Abs. 4 Nr. 2 VOB/A und § 3a Abs. 2 Nr. 3 VOB/A, ist aber durch den Bezug auf die maßgeblichen Fristen der einzelnen Vergabearten hinsichtlich des Grades der Dringlichkeit präziser.

Bei der Feststellung der Eilbedürftigkeit steht dem öffentlichen Auftraggeber ein **Beurtei- 52 lungsspielraum** zu, dessen Ausübung nur eingeschränkt nachprüfbar ist.[45] Die **Dringlichkeit** muss **objektiv** gegeben sein. An das Vorliegen von Dringlichkeit werden hohe Anforderungen

---

[36] EuGH 10.4.2003 – C-20/01 und C-28/01, ECLI:EU:C:2003:220 = NZBau 2003, 393 Rn. 66 – Braunschweig zu Art. 11 Abs. 3 lit. b RL 92/50/EWG.
[37] OLG Düsseldorf VergabeR 2002, 665 (667); zur Zulässigkeit der Ortsnähe als Wertungskriterium vgl. *Müller-Wrede* VergabeR 2005, 32; vgl. hierzu auch EuGH 27.10.2005 – C-234/03, ECLI:EU:C:2005:644 = VergabeR 2006, 63 Rn. 41 ff. – Contse und EuGH 22.10.2015 – C-552/13, ECLI:EU:C:2015:713 – Grupo Hospitalario Quirón.
[38] *Ganske* BauR 2008, 1987 (1994); vgl. für den Bereich der VOL/A: das Eigentum an einem Rohrleitungsnetz kann ein Ausschließlichkeitsrecht darstellen OLG Frankfurt a. M. VergabeR 2012, 47 (56).
[39] Offen gelassen von: EuGH 14.9.2004 – C-385/02, ECLI:EU:C:2004:552 = VergabeR 2004, 710 Rn. 23.
[40] OLG Düsseldorf VergabeR 2009, 173.
[41] OLG Koblenz VergabeR 2002, 617 (626 f.); OLG Düsseldorf VergabeR 2012, 846; 12.2.2014 – VII-Verg 29/13.
[42] OLG Düsseldorf VergabeR 2005, 513; OLG Düsseldorf VergabeR 2013, 744; OLG Jena ZfBR 2015, 404.
[43] OLG Frankfurt a. M. VergabeR 2008, 275 (279).
[44] EuGH 15.10.2009 – C-275/08, ECLI:EU:C:2009:632 = VergabeR 2010, 57 zu Art. 6 Abs. 3 lit. c RL 93/36/EWG; OLG Düsseldorf ZfBR 2012, 392; *Prieß/Hölzl* NZBau 2008, 563 (566); beispielhaft: OLG Düsseldorf VergabeR 2015, 241.
[45] OLG Düsseldorf VergabeR 2015, 664.

gestellt: Die Erledigung der Bauleistung darf nach den Umständen des Einzelfalles keinen Aufschub dulden, zu denken ist an akute Gefahrensituationen oder Katastrophenfälle. Diese Voraussetzungen liegen insbesondere vor, wenn Gefahr für Leben oder Gesundheit droht, aber auch, wenn zu befürchten ist, dass der von dem Auftraggeber verfolgte Zweck bei längerem Abwarten nicht erreicht werden kann.[46] Die Gefahr des Verlusts von Fördermitteln soll keine Dringlichkeit begründen, denn Dringlichkeit soll nicht vorliegen, wenn die Folgen der verspäteten Beschaffung wirtschaftlich abgefedert werden können.[47] Dies ist jedoch – entsprechende finanzielle Mittel vorausgesetzt – fast stets der Fall. Es muss daher unterschieden werden. Die Gefahr des Verlusts von Fördermitteln rechtfertigt kein Verhandlungsverfahren, wenn die Dringlichkeit dem Auftraggeber zuzuschreiben ist, etwa weil er die Mittel zu spät beantragt. Anderenfalls vermag der drohende Verfall von Fördermitteln die Dringlichkeit zu begründen, beispielsweise wenn nach unverschuldeter Aufhebung der Ausschreibung eine Neuausschreibung die Bauzeit derart verschieben würde, dass Fördermittel verfallen würden.

53   Der **Bezug auf die Fristen des § 10a EU, § 10b EU und § 10c EU Abs. 1 VOB/A** qualifiziert die Dringlichkeit der Leistung. Beim offenen Verfahren beträgt die Angebotsfrist mindestens 35 Kalendertage. Sie kann unter bestimmten Voraussetzungen verkürzt werden, darf aber auch im Fall der Dringlichkeit 15 Kalendertage nicht unterschreiten (§ 10a EU Abs. 3 VOB/A). Beim nicht offenen Verfahren beträgt die Teilnahmefrist mindestens 30 Kalendertage, sie kann im Fall der Dringlichkeit auf 15 Kalendertage verkürzt werden. Die Angebotsfrist beträgt mindestens 30 Kalendertage, aus Gründen der Dringlichkeit kann sie bis auf 10 Kalendertage reduziert werden (§ 10b EU Abs. 5 Nr. 2 VOB/A). Beim Verhandlungsverfahren mit Teilnahmewettbewerb gelten die Fristen des nicht offenen Verfahrens (§ 10c EU Abs. 1 VOB/A). Die äußerste Dringlichkeit des § 3 EU Abs. 3 Nr. 4 VOB/A kann also nur dann gegeben sein, wenn selbst die Ausschöpfung aller Verkürzungsmöglichkeiten nach § 10 EU bis 10c EU VOB/A objektiv nicht ausreicht. Die Rechtsprechung nimmt nur in Ausnahmefällen Dringlichkeit an.[48]

54   Die Dringlichkeit darf vom Auftraggeber **weder verursacht** worden **noch vorausgesehen** worden sein, sie darf ihm also nicht zuzuschreiben sein (vgl. Art. 32 Abs. 2 lit. c VKR – RL 2014/24/EU) sein. Dies soll verhindern, dass ein Fehlverhalten des Auftraggebers den Weg zu einem Verhandlungsverfahren ohne Teilnahmewettbewerb eröffnet (vgl. zu einem ähnlichen Gedanken § 3a EU Abs. 2 Nr. 2 VOB/A → Rn. 26). Ein Verschulden des Auftraggebers ist nicht erforderlich.[49] Voraussehbar sind alle Umstände, die bei einer sorgfältigen Risikoabwägung oder Berücksichtigung der aktuellen Situation und deren möglicher Fortentwicklung nach allgemeiner Lebensführung eintreten können.[50] Übernimmt der Auftraggeber eine Aufgabe von einer anderen öffentlichen Stelle, muss er sich deren Mitwirken an eingetretenen Verzögerungen zuschreiben lassen.[51] An der Verursachung und der Voraussehbarkeit fehlt es etwa bei witterungsbedingten Beschädigungen, Sturm- oder Brandschäden oder anderen Katastrophenfällen. Die Insolvenz eines Auftragnehmers *kann* unvoraussehbar sein, wenn die Arbeiten zunächst termingerecht ausgeführt und danach plötzlich und „völlig überraschend" eingestellt werden.[52] Nicht vom Auftraggeber verursacht ist es, wenn eine **Ausschreibung aufgehoben** wurde, weil alle Angebote zwingend ausgeschlossen werden mussten. Ein Verhandlungsverfahren ohne Teilnahmewettbewerb kommt aber nicht in Betracht, wenn der Auftraggeber das Scheitern der Ausschreibung verursacht hat, etwa weil die Ausschreibungsunterlagen die Erstellung eines annehmbaren Angebots nicht zuließen.

55   **Voraussehbar** ist eine Dringlichkeit auf Grund von Verzögerungen, die sich bei behördlichen Genehmigungsverfahren ergeben können. Es ist Sache des Auftraggebers, rechtzeitig zu planen und etwaig notwendige Genehmigungen zu beantragen. In einem Planfeststellungsverfahren ist es voraussehbar, dass eine Behörde, deren Zustimmung zu einem Vorhaben erforderlich ist, bis zum Ablauf der Einwendungsfrist Einwendungen aus Gründen erhebt, zu deren Geltendma-

---

[46] OLG Naumburg VergabeR 2014, 787 (794); OLG Celle VergabeR 2015, 60 (64).
[47] OLG Naumburg VergabeR 2014, 787 (793).
[48] EuGH 18.3.1992 – C-24/91, ECLI:EU:C:1992:134 Rn. 13 ff.; 2.8.1993 – C-107/92, ECLI:EU:C:1993:344; für den Fall einer Lieferung EuGH 3.5.1994 – C-328/92, ECLI:EU:C:1994:178 Rn. 18; 18.11.2004 – C-126/03, ECLI:EU:C:2004:728 = VergabeR 2005, 57.
[49] OLG Frankfurt a. M. VergabeR 2014, 547 (553).
[50] OLG Celle VergabeR 2015, 60 (66).
[51] OLG Frankfurt a. M. VergabeR 2014, 547 (553).
[52] VK Bund 29.6.2005 – VK3–52/05; VÜA Bayern IBR 1999, 561; Baumann in FKZGM VOB/A EU § 3a Rn. 67.

chung sie berechtigt ist.⁵³ Selbst die Dringlichkeit bei saisonal auftretenden Gefahren (Lawinengefahr) soll vorhersehbar sein.⁵⁴

Nur **ausnahmsweise** kann ein Verhandlungsverfahren ohne Teilnahmewettbewerb zulässig **56** sein, obwohl die Gründe für die Dringlichkeit in der Sphäre des Auftraggebers liegen oder voraussehbar waren. Voraussetzung hierfür ist, dass es sich um Leistungen der dem Auftraggeber verpflichtend zugewiesenen Daseinsvorsorge handelt und diese nur für einen gewissen Zeitraum vergeben werden, um die Zwischenzeit bis zur Durchführung einer Ausschreibung zu überbrücken.⁵⁵ Soweit einer solchen **„Interimsvergabe"** ein nicht durch Zuschlagserteilung beendetes Vergabeverfahren vorausging, müssen die an diesem Verfahren beteiligten Bieter an der Interimsvergabe beteiligt werden.⁵⁶

Die Ereignisse, auf die sich der Auftraggeber beruft, müssen für die Dringlichkeit der Leistung **57 kausal** gewesen sein.⁵⁷ Haben andere Ereignisse, die der Auftraggeber verursacht hat oder voraussehen konnte, zur Dringlichkeit geführt, scheidet ein Verhandlungsverfahren ohne Teilnahmewettbewerb nach § 3a EU Abs. 3 Nr. 4 VOB/A aus.

Gemäß § 134 Abs. 3 S. 1 GWB entfällt im Fall der Durchführung eines Verhandlungsver- **58** fahrens ohne Teilnahmewettbewerb nach § 3a EU Abs. 3 Nr. 4 VOB/A die Verpflichtung zur **Vorabinformation** der nicht berücksichtigten Bewerber und Bieter.

5. § 3a EU Abs. 3 Nr. 5 VOB/A: Wiederholende Vergabe. § 3a EU Abs. 3 Nr. 5 VOB/ **59** A geht auf Art. 32 Abs. 5 VKR (RL 2014/24/EU) zurück. Nach dieser Vorschrift ist das Verhandlungsverfahren ohne Teilnahmewettbewerb zulässig, wenn gleichartige Bauleistungen wiederholt werden, die durch denselben öffentlichen Auftraggeber an den Auftragnehmer vergeben werden, der den ursprünglichen Auftrag erhalten hat, wenn sie einem Grundentwurf entsprechen und dieser Gegenstand des ursprünglichen Auftrags war, der in Einklang mit § 3a EU VOB/A vergeben wurde. Der Umfang der nachfolgenden Bauleistungen und die Bedingungen, unter denen sie vergaben werden, sind im ursprünglichen Projekt anzugeben. Die Möglichkeit, dieses Verfahren anzuwenden, muss bereits bei der Auftragsbekanntmachung der Ausschreibung für das erste Vorhaben angegeben werden; der für die Fortsetzung der Bauarbeiten in Aussicht gestellte Gesamtauftragswert wird vom öffentlichen Auftraggeber bei der Anwendung von § 3 VgV berücksichtigt. Dieses Verfahren darf jedoch nur innerhalb von drei Jahren nach Abschluss des ersten Auftrags angewandt werden.

Die Bauleistungen müssen **gleichartig** sein mit den Leistungen, die Gegenstand des ursprüng- **60** lichen Auftrags waren. Identität im Sinne eines „sklavischen Nachbaus" ist nicht gefordert („Grundentwurf").⁵⁸ Geringere technische oder nutzungsbezogene Änderungen schließen die Vergabe in einem Verhandlungsverfahren ohne Teilnahmewettbewerb nicht aus. Ob eine gleichartige Bauleistung vorliegt, ist nach den Zwecken des Vergaberechts zu bestimmen. § 3a EU Abs. 3 Nr. 5 VOB/A kann Anwendung finden, wenn ausgeschlossen erscheint, dass ein anderer Bieter in einem neuen Ausschreibungsverfahren den Zuschlag erhalten würde, die Änderungen sich also auf den Wettbewerb nicht auswirken. In diesem Fall ist dem Wettbewerbsgedanken durch die erste Ausschreibung genügt. Ausgeschlossen ist ein Vorgehen nach § 3a EU Abs. 3 Nr. 5 VOB/A dagegen jedenfalls immer dann, wenn die Änderungen „grundlegend" im Sinne von § 3a EU Abs. 3 Nr. 2 VOB/A sind (→ Rn. 42 f.). Der Anwendungsbereich des § 3a EU Abs. 3 Nr. 5 VOB/A auf Bauleistungen dürfte eher gering sein. Zu denken ist etwa an die Errichtung weit gehend identischer Reihenhäuser oder standardisierter industrieller Anlagen.

Der Grundentwurf muss **Gegenstand des ursprünglichen Auftrags** gewesen sein. Dieser **61** muss in einem Verfahren nach § 3a EU VOB/A vergeben worden sein. Entsprechend Art. 32 Abs. 5 VKR (RL 2014/24/EU) kommen hierfür alle in § 3a EU VOB/A genannten Vergabearten in Betracht.

---

⁵³ EuGH 28.3.1996 – C-318/94, ECLI:EU:C:1996:149 Rn. 19; kritisch zu dieser Entscheidung *Schabel/Zellmeier-Neunteufel* VergabeR 2001, 79.
⁵⁴ EuGH 2.8.1993 – C-107/92, ECLI:EU:C:1993:344.
⁵⁵ OLG Dresden VergabeR 2008, 567 (571); OLG München VergabeR 2013, 750 (759); so wohl auch OLG Düsseldorf ZfBR 2004, 202 (205) und OLG Hamburg VergabeR 2009, 97; *Stumpf/Götz* VergabeR 2016, 561; kritisch *Marx/Hölzl* NZBau 2010, 535.
⁵⁶ OLG Dresden VergabeR 2008, 567 (571); OLG Hamburg VergabeR 2009, 97; OLG Frankfurt a. M. VergabeR 2014, 547 (533).
⁵⁷ EuGH 2.8.1993 – C-107/92, ECLI:EU:C:1993:344 Rn. 12; 28.3.1996 – C-318/94, ECLI:EU: C:1996:149 Rn. 14; 2.6.2005 – C-394/02, ECLI:EU:C:2005:336 = VergabeR 2005, 467 Rn. 40.
⁵⁸ *Stolz* in Ingenstau/Korbion, VOB/A EU § 3a Rn. 54.

62 Der Umfang der nachfolgenden Bauleistungen und die Bedingungen, unter denen sie vergeben werden, sind **im ursprünglichen Projekt anzugeben** (§ 3a EU Abs. 3 Nr. 5 S. 2 VOB/A). Diese Bestimmung hat sich in der bisherigen Fassung der VOB/A nicht gefunden. Sie besagt, dass der öffentliche Auftraggeber nicht nur die Möglichkeit, gleichartige Bauleistungen zu beauftragen, in der Auftragsbekanntmachung anzugeben hat (§ 3a EU Abs. 3 Nr. 5 S. 3 VOB/A). Vielmehr muss er in dem „ursprünglichen Projekt" (hiermit sind die Vergabeunterlagen angesprochen) angeben, in welchem Umfang er sich die Beauftragung gleichartiger Bauleistungen vorbehält und die Bedingungen mitzuteilen, unter denen sie vergeben werden. Dies soll den Bietern ermöglichen, besser beurteilen zu können, wie wahrscheinlich die Beauftragung gleichartiger Bauleistungen sein wird.

63 Der Auftraggeber muss in der Bekanntmachung der Ausschreibung für das erste Vorhaben auf die Möglichkeit einer wiederholenden Vergabe nach § 3a EU Abs. 3 Nr. 5 VOB/A **hingewiesen** haben. Beschließt der Auftraggeber erst nach Durchführung der ersten Ausschreibung, eine „wiederholende" Vergabe vorzunehmen, so kann er sich auf § 3a EU Abs. 3 Nr. 5 VOB/A nicht berufen. Die Notwendigkeit eines Hinweises hat zwei Funktionen: Die Bieter erkennen die Möglichkeit einer wiederholenden Vergabe und erhalten so Klarheit über den wirtschaftlichen Umfang des Auftrags. Zugleich ist der Auftraggeber gezwungen, sich bereits bei der ersten Ausschreibung zu entscheiden, ob er eventuell eine wiederholende Beauftragung nach § 3a EU Abs. 3 Nr. 5 VOB/A durchführen will. Dieser Zwang besteht für den Auftraggeber auch deshalb, weil bei einer ins Auge gefassten wiederholenden Beauftragung der Schwellenwert nach § 106 GWB für den in Aussicht genommenen Gesamtauftragswert zu berechnen ist (§ 3a EU Abs. 3 Nr. 5 S. 3 VOB/A).

64 Zeitlich ist das Verfahren nach § 3a EU Abs. 3 Nr. 5 VOB/A auf drei Jahre beschränkt (§3a EU Abs. 3 Nr. 5 S. 4 VOB/A). Maßgeblicher Zeitpunkt für den **Fristbeginn ist die Auftragserteilung bzw. der Zuschlag,** nicht der Abschluss der Bauarbeiten des ersten Auftrags.[59] Dies belegen die weiteren Fassungen des Art. 32 Abs. 5 VKR (RL 2014/24/EU) („the conclusion of the original contract"; „la conclusion du marché initial"). Abzustellen ist allein auf den ersten Abschluss, ein „wiederholender" Abschluss nach § 3a EU Abs. 3 Nr. 5 VOB/A setzt die Frist nicht erneut in Lauf. So wird sichergestellt, dass der Auftrag nach drei Jahren erneut im Wettbewerb vergeben werden muss.

65 **6. § 3 EG Abs. 5 Nr. 5 VOB/A 2012: Zusätzliche Leistungen.** § 3 EG Abs. 5 Nr. 5 VOB/A 2012 sah die Zulässigkeit des Verhandlungsverfahrens ohne Teilnahmewettbewerb unter bestimmten weiteren Voraussetzungen vor, wenn zusätzliche Leistungen vergeben wurden, die weder in dem der Vergabe zugrunde liegenden Entwurf noch im ursprünglich geschlossenen Vertrag vorgesehen waren. Diese Fälle werden nunmehr als Auftragsänderungen behandelt, bei denen unter bestimmten Voraussetzungen von einem neuen Vergabeverfahren abgesehen werden kann (§ 132 Abs. 2 Nr. 2 und 3 GWB / § 22 EU Abs. Nr. 2 und 3 VOB/A).

IV. Wettbewerblicher Dialog (§ 3a EU Abs. 4 VOB/A)

66 Der wettbewerbliche Dialog ist unter **den Voraussetzungen des Absatzes 2 zulässig** (§ 3a EU Abs. 4 VOB/A). Auch insoweit hat – ebenso wie beim Verhandlungsverfahren mit Teilnahmewettbewerb – eine nicht unerhebliche Änderung der Zulässigkeitsvoraussetzungen gegenüber der bisherigen Rechtslage stattgefunden. Nach § 3 EG Abs. 7 Nr. 1 VOB/A 2012 war der wettbewerbliche Dialog (in Übereinstimmung mit Art. 29 Abs. 1 RL 2004/18/EG) zulässig, wenn der Auftraggeber objektiv nicht in der Lage war, die technischen Mittel anzugeben, mit denen seine Bedürfnisse und Anforderungen erfüllt werden können oder die rechtlichen oder finanziellen Bedingungen des Vorhabens anzugeben. Diese Voraussetzungen überschnitten sich teilweise mit der Zulässigkeit des Verhandlungsverfahrens mit Teilnahmewettbewerb. Nunmehr enthält § 3a EU Abs. 2 Nr. 1 lit c VOB/A, der die Zulässigkeit des Verhandlungsverfahrens mit Teilnahmewettbewerb regelt, eine Bestimmung, die an die bisherigen Zulässigkeitsvoraussetzungen des wettbewerblichen Dialogs angepasst ist. Der Anwendungsbereich des wettbewerblichen Dialogs wurde darüber hinaus erheblich erweitert, da auch alle weiteren Gründe, welche die Zulässigkeit des Verhandlungsverfahrens mit Teilnahmewettbewerb begründen, zugleich einen wettbewerblichen Dialog zulassen.

---

[59] EuGH 14.9.2004 – C-385/02, ECLI:EU:C:2004:552 = VergabeR 2004, 710 Rn. 34.

Wenn die Voraussetzungen des § 3a EU Abs. 2 VOB/A vorliegen, kann der Auftraggeber **frei** 67
zwischen dem Verhandlungsverfahren mit Teilnahmewettbewerb und dem wettbewerblichen
Dialog **wählen**. Er muss zwar die Umstände dokumentieren, welche die Anwendung eines
dieser beiden Verfahren rechtfertigen, jedoch nicht erläutern, warum seine Wahl auf das Verhandlungsverfahren mit Teilnahmewettbewerb bzw. den wettbewerblichen Dialog entfallen ist
(§ 20 EU VOB/A iVm § 8 Abs. 2 Nr. 6 VgV). Die Wahl des öffentlichen Auftraggebers
zwischen dem Verhandlungsverfahren mit Teilnahmewettbewerb und dem wettbewerblichen
Dialog ist nicht durch die Vergabenachprüfungsinstanzen nachprüfbar.

V. Innovationspartnerschaft (§ 3a EU Abs. 5 VOB/A)

Siehe dazu auch § 3 EU Rn. 8. 68

C. Fehlerfolgen

I. Primärer Rechtsschutz

§ 3a EU VOB/A ist Bieter schützend.[60] Die Unternehmen haben nach § 97 Abs. 6 GWB 69
einen Anspruch darauf, dass der Auftraggeber die richtige Vergabeart wählt. Diesen Anspruch
können die Unternehmen im Wege des primären **Vergaberechtsschutzes** nach den §§ 155 ff.
GWB geltend machen. Ein Nachprüfungsantrag ist aber nur zulässig, wenn der Bieter schlüssig
darlegt, durch die Wahl der Vergabeart in seinen Chancen auf Erteilung des Zuschlags beeinträchtigt worden zu sein.[61] Dies ist etwa der Fall, wenn der Auftraggeber zu Unrecht ein
Verhandlungsverfahren durchführt. Dem Bieter droht in diesem Fall ein Schaden gem. § 160
Abs. 2 S. 2 GWB, da die Gefahr besteht, dass sein Angebot im Rahmen der Verhandlungen von
Mitbewerbern unterboten wird.[62] Offen gelassen hat der BGH die Frage, ob dies auch gilt, wenn
an Stelle einer europaweiten lediglich eine nationale Ausschreibung erfolgt.[63] Die oberlandesgerichtliche Rechtsprechung verneint dies, solange sich der Antragsteller an der Ausschreibung
beteiligen konnte, er also Kenntnis von ihr nehmen konnte.[64] Demnach kann bei unterbliebener
europaweiter Bekanntmachung ausländischen Unternehmen ein Schaden entstehen. Nachdem
seit Inkrafttreten der VOB/A 2016 wesentliche Unterschiede hinsichtlich der Zulässigkeit der
Vergabearten oberhalb und unterhalb der Schwellenwerte bestehen, erscheint es kritisch, wenn
der Auftraggeber anstelle der Regelungen des 1. Abschnitts der VOB/A freiwillig nach dem
2. Abschnitt ausschreibt. Wenn dies dazu führt, dass eine weniger strenge Vergabeart anwendbar
ist, als nach den Bestimmungen des 1. Abschnitts, dürfte hierin ein Vergaberechtsverstoß liegen.
Da sich die Wahl der Vergabeart und damit auch ein hierin liegender Vergabefehler bereits aus
der Bekanntmachung ergibt, ist bei der Obliegenheit zur Rüge § 160 Abs. 3 S. 1 Nr. 2 GWB
zu beachten. Die Rüge ist spätestens bis zum Ablauf der in der Bekanntmachung benannten
Frist zur Angebotsabgabe oder zur Bewerbung gegenüber dem Auftraggeber zu erheben.[65] Hat
der Auftraggeber eine Vergabeart des § 3a VOB/A gewählt, obwohl der maßgebliche Schwellenwert überschritten ist, kann ein Bieter wegen vermeintlichen Vergaberechtsverstößen ein Nachprüfungsverfahren einleiten. Er ist hiermit nicht nach § 160 Abs. 3 GWB präkludiert, selbst
wenn das Überschreiten des Schwellenwerts auf Grund der Bekanntmachung erkennbar war und
der Bieter die Nichtanwendung der für Vergaben oberhalb der Schwellenwerte maßgeblichen
Vorschriften nicht unverzüglich rügte.[66]

II. Sekundärer Rechtsschutz

Hinsichtlich möglicher sekundärer **Schadensersatzansprüche** nach Abschluss des Vergabe- 70
verfahrens und weiterer Fehlerfolgen gilt das zu § 3 VOB/A Gesagte (vgl. → VOB/A § 3a Rn. 54).

---

[60] OLG Düsseldorf BauR 1999, 751 (759); KG NZBau 2003, 338.
[61] OLG Düsseldorf VergabeR 2002, 607 (609).
[62] BGH VergabeR 2010, 210 (213 f.).
[63] BGH VergabeR 2010, 210 (214); hierzu KG VergabeR 2003, 50, OLG Koblenz VergabeR 2009, 682.
[64] OLG Düsseldorf VergabeR 2011, 78 (80); OLG Jena VergabeR 2011, 96 (99); einen Schaden eher bejahend: OLG München ZfBR 2016, 705.
[65] OLG Stuttgart NZBau 2000, 301 (303); KG NZBau 2003, 338; das KG hält die Zulässigkeitsvoraussetzungen des Verhandlungsverfahrens für so unübersichtlich, dass ein Verstoß hiergegen für die Bieter nicht erkennbar sei (KG VergabeR 2015, 204).
[66] EuGH 11.10.2007 – C-241/06, ECLI:EU:C:2007:597 = VergabeR 2008, 61 – Lämmerzahl.

§ 3b EU Ablauf der Verfahren

(1) ¹Bei einem offenen Verfahren wird eine unbeschränkte Anzahl von Unternehmen öffentlich zur Abgabe von Angeboten aufgefordert. ²Jedes interessierte Unternehmen kann ein Angebot abgeben.

(2) 1. Bei einem nicht offenen Verfahren wird im Rahmen eines Teilnahmewettbewerbs eine unbeschränkte Anzahl von Unternehmen öffentlich zur Abgabe von Teilnahmeanträgen aufgefordert. Jedes interessierte Unternehmen kann einen Teilnahmeantrag abgeben. Mit dem Teilnahmeantrag übermitteln die Unternehmen die vom öffentlichen Auftraggeber geforderten Informationen für die Prüfung der Eignung und das Nichtvorliegen von Ausschlussgründen.
2. Nur diejenigen Unternehmen, die vom öffentlichen Auftraggeber infolge einer Bewertung der übermittelten Information dazu aufgefordert werden, können ein Angebot einreichen.
3. Der öffentliche Auftraggeber kann die Zahl geeigneter Bewerber, die zur Angebotsabgabe aufgefordert werden, begrenzen. Dazu gibt der öffentliche Auftraggeber in der Auftragsbekanntmachung oder der Aufforderung zur Interessensbestätigung die von ihm vorgesehenen objektiven und nicht diskriminierenden Eignungskriterien für die Begrenzung der Zahl, die vorgesehene Mindestzahl und gegebenenfalls auch die Höchstzahl der einzuladenden Bewerber an. Die vorgesehene Mindestzahl der einzuladenden Bewerber darf nicht niedriger als fünf sein. In jedem Fall muss die Zahl der eingeladenen Bewerber ausreichend hoch sein, dass ein echter Wettbewerb gewährleistet ist. Sofern geeignete Bewerber in ausreichender Zahl zur Verfügung stehen, lädt der öffentliche Auftraggeber von diesen eine Anzahl ein, die nicht niedriger als die festgelegte Mindestzahl ist. Sofern die Zahl geeigneter Bewerber unter der Mindestzahl liegt, darf der öffentliche Auftraggeber das Verfahren ausschließlich mit diesem oder diesen geeigneten Bewerber(n) fortführen.

(3) 1. Bei einem Verhandlungsverfahren mit Teilnahmewettbewerb wird im Rahmen des Teilnahmewettbewerbs eine unbeschränkte Anzahl von Unternehmen öffentlich zur Abgabe von Teilnahmeanträgen aufgefordert. Jedes interessierte Unternehmen kann einen Teilnahmeantrag abgeben. Mit dem Teilnahmeantrag übermitteln die Unternehmen die vom öffentlichen Auftraggeber geforderten Informationen für die Prüfung der Eignung und das Nichtvorliegen von Ausschlussgründen.
2. Nur diejenigen Unternehmen, die vom öffentlichen Auftraggeber infolge einer Bewertung der übermittelten Informationen dazu aufgefordert werden, können ein Erstangebot übermitteln, das die Grundlage für die späteren Verhandlungen bildet.
3. Im Übrigen gilt Absatz 2 Nummer 3 mit der Maßgabe, dass die in der Auftragsbekanntmachung oder der Aufforderung zur Interessensbestätigung anzugebende Mindestzahl nicht niedriger als drei sein darf.
4. Bei einem Verhandlungsverfahren ohne Teilnahmewettbewerb erfolgt keine öffentliche Aufforderung zur Teilnahme.
5. Die Mindestanforderungen und die Zuschlagskriterien sind nicht Gegenstand von Verhandlungen.
6. Der öffentliche Auftraggeber verhandelt mit den Bietern über die von ihnen eingereichten Erstangebote und alle Folgeangebote, mit Ausnahme der endgültigen Angebote, mit dem Ziel, die Angebote inhaltlich zu verbessern.
7. Der öffentliche Auftraggeber kann öffentliche Aufträge auf der Grundlage der Erstangebote vergeben, ohne in Verhandlungen einzutreten, wenn er in der Auftragsbekanntmachung oder in der Aufforderung zur Interessensbestätigung darauf hingewiesen hat, dass er sich diese Möglichkeit vorbehält.
8. Der öffentliche Auftraggeber kann vorsehen, dass das Verhandlungsverfahren in verschiedenen aufeinander folgenden Phasen abgewickelt wird, um so die Zahl der Angebote, über die verhandelt wird, oder die zu erörternden Lösungen anhand der vorgegebenen Zuschlagskriterien zu verringern. Wenn der öffent-

liche Auftraggeber dies vorsieht, gibt er dies in der Auftragsbekanntmachung, der Aufforderung zur Interessensbestätigung oder in den Vergabeunterlagen an. In der Schlussphase des Verfahrens müssen so viele Angebote vorliegen, dass ein echter Wettbewerb gewährleistet ist, sofern eine ausreichende Anzahl von geeigneten Bietern vorhanden ist.

9. Der öffentliche Auftraggeber stellt sicher, dass alle Bieter bei den Verhandlungen gleich behandelt werden. Insbesondere enthält er sich jeder diskriminierenden Weitergabe von Informationen, durch die bestimmte Bieter gegenüber anderen begünstigt werden könnten. Er unterrichtet alle Bieter, deren Angebote nicht gemäß Nummer 8 ausgeschieden wurden, schriftlich über etwaige Änderungen der Leistungsbeschreibung, insbesondere der technischen Anforderungen oder anderer Bestandteile der Vergabeunterlagen, die nicht die Festlegung der Mindestanforderungen betreffen. Im Anschluss an solche Änderungen gewährt der öffentliche Auftraggeber den Bietern ausreichend Zeit, um ihre Angebote zu ändern und gegebenenfalls überarbeitete Angebote einzureichen. Der öffentliche Auftraggeber darf vertrauliche Informationen eines an den Verhandlungen teilnehmenden Bieters nicht ohne dessen Zustimmung an die anderen Teilnehmer weitergeben. Eine solche Zustimmung darf nicht allgemein erteilt werden, sondern wird nur in Bezug auf die beabsichtigte Mitteilung bestimmter Informationen erteilt.

10. Beabsichtigt der öffentliche Auftraggeber, die Verhandlungen abzuschließen, so unterrichtet er die verbleibenden Bieter und legt eine einheitliche Frist für die Einreichung neuer oder überarbeiteter Angebote fest. Er vergewissert sich, dass die endgültigen Angebote den Mindestanforderungen entsprechen und erteilt den Zuschlag.

(4) 1. Beim wettbewerblichen Dialog fordert der öffentliche Auftraggeber eine unbeschränkte Anzahl von Unternehmen im Rahmen eines Teilnahmewettbewerbs öffentlich zur Abgabe von Teilnahmeanträgen auf. Jedes interessierte Unternehmen kann einen Teilnahmeantrag abgeben. Mit dem Teilnahmeantrag übermitteln die Unternehmen die vom öffentlichen Auftraggeber geforderten Informationen für die Prüfung der Eignung und das Nichtvorliegen von Ausschlussgründen.

2. Nur diejenigen Unternehmen, die vom öffentlichen Auftraggeber infolge einer Bewertung der übermittelten Informationen dazu aufgefordert werden, können in den Dialog mit dem öffentlichen Auftraggeber eintreten. Im Übrigen gilt Absatz 2 Nummer 3 mit der Maßgabe, dass die in der Auftragsbekanntmachung anzugebende Mindestzahl nicht niedriger als drei sein darf.

3. In der Auftragsbekanntmachung oder den Vergabeunterlagen zur Durchführung eines wettbewerblichen Dialogs beschreibt der öffentliche Auftraggeber seine Bedürfnisse und Anforderungen an die zu beschaffende Leistung. Gleichzeitig erläutert und definiert er die hierbei zugrunde gelegten Zuschlagskriterien und legt einen vorläufigen Zeitrahmen für Verhandlungen fest.

4. Der öffentliche Auftraggeber eröffnet mit den ausgewählten Unternehmen einen Dialog, in dem er ermittelt und festlegt, wie seine Bedürfnisse am besten erfüllt werden können. Dabei kann er mit den ausgewählten Unternehmen alle Einzelheiten des Auftrages erörtern. Er sorgt dafür, dass alle Unternehmen bei dem Dialog gleich behandelt werden, gibt Lösungsvorschläge oder vertrauliche Informationen eines Unternehmens nicht ohne dessen Zustimmung an die anderen Unternehmen weiter und verwendet diese nur im Rahmen des Vergabeverfahrens.

5. Der öffentliche Auftraggeber kann vorsehen, dass der Dialog in verschiedenen aufeinander folgenden Phasen geführt wird, sofern der öffentliche Auftraggeber darauf in der Auftragsbekanntmachung oder in den Vergabeunterlagen hingewiesen hat. In jeder Dialogphase kann die Zahl der zu erörternden Lösungen anhand der vorgegebenen Zuschlagskriterien verringert werden. Der öffentliche Auftraggeber hat die Unternehmen zu informieren, wenn deren Lösungen nicht für die folgende Dialogphase vorgesehen sind. In der Schlussphase müssen noch so viele Lösungen vorliegen, dass ein echter Wettbewerb gewähr-

leistet ist, sofern ursprünglich eine ausreichende Anzahl von Lösungen oder geeigneten Bietern vorhanden war.
6. Der öffentliche Auftraggeber schließt den Dialog ab, wenn
   a) eine Lösung gefunden worden ist, die seine Bedürfnisse und Anforderungen erfüllt, oder
   b) erkennbar ist, dass keine Lösung gefunden werden kann.
   Der öffentliche Auftraggeber informiert die Unternehmen über den Abschluss des Dialogs.
7. Im Fall von Nummer 6 Buchstabe a fordert der öffentliche Auftraggeber die Unternehmen auf, auf der Grundlage der eingereichten und in der Dialogphase näher ausgeführten Lösungen ihr endgültiges Angebot vorzulegen. Die Angebote müssen alle Einzelheiten enthalten, die zur Ausführung des Projekts erforderlich sind. Der öffentliche Auftraggeber kann Klarstellungen und Ergänzungen zu diesen Angeboten verlangen. Diese Klarstellungen oder Ergänzungen dürfen nicht dazu führen, dass grundlegende Elemente des Angebots oder der Auftragsbekanntmachung geändert werden, der Wettbewerb verzerrt wird oder andere am Verfahren beteiligte Unternehmen diskriminiert werden.
8. Der öffentliche Auftraggeber bewertet die Angebote anhand der in der Auftragsbekanntmachung oder in der Beschreibung festgelegten Zuschlagskriterien. Der öffentliche Auftraggeber kann mit dem Unternehmen, dessen Angebot als das wirtschaftlichste ermittelt wurde, mit dem Ziel Verhandlungen führen, um im Angebot enthaltene finanzielle Zusagen oder andere Bedingungen zu bestätigen, die in den Auftragsbedingungen abschließend festgelegt werden. Dies darf nicht dazu führen, dass wesentliche Bestandteile des Angebots oder des öffentlichen Auftrags einschließlich der in der Auftragsbekanntmachung oder der Beschreibung festgelegten Bedürfnisse und Anforderungen grundlegend geändert werden, und dass der Wettbewerb verzerrt wird oder andere am Verfahren beteiligte Unternehmen diskriminiert werden.
9. Verlangt der öffentliche Auftraggeber, dass die am wettbewerblichen Dialog teilnehmenden Unternehmen Entwürfe, Pläne, Zeichnungen, Berechnungen oder andere Unterlagen ausarbeiten, muss er einheitlich allen Unternehmen, die die geforderten Unterlagen rechtzeitig vorgelegt haben, eine angemessene Kostenerstattung gewähren.

(5) 1. Bei einer Innovationspartnerschaft beschreibt der öffentliche Auftraggeber in der Auftragsbekanntmachung oder den Vergabeunterlagen die Nachfrage nach der innovativen Bauleistung. Dabei ist anzugeben, welche Elemente dieser Beschreibung Mindestanforderungen darstellen. Es sind Eignungskriterien vorzugeben, die die Fähigkeiten der Unternehmen auf dem Gebiet der Forschung und Entwicklung sowie die Ausarbeitung und Umsetzung innovativer Lösungen betreffen. Die bereitgestellten Informationen müssen so genau sein, dass die Unternehmen Art und Umfang der geforderten Lösung erkennen und entscheiden können, ob sie eine Teilnahme an dem Verfahren beantragen.
2. Der öffentliche Auftraggeber fordert eine unbeschränkte Anzahl von Unternehmen im Rahmen eines Teilnahmewettbewerbs öffentlich zur Abgabe von Teilnahmeanträgen auf. Jedes interessierte Unternehmen kann einen Teilnahmeantrag abgeben. Mit dem Teilnahmeantrag übermitteln die Unternehmen die vom öffentlichen Auftraggeber geforderten Informationen für die Prüfung der Eignung und das Nichtvorliegen von Ausschlussgründen.
3. Nur diejenigen Unternehmen, die vom öffentlichen Auftraggeber infolge einer Bewertung der übermittelten Informationen dazu aufgefordert werden, können ein Angebot in Form von Forschungs- und Innovationsprojekten einreichen. Im Übrigen gilt Absatz 2 Nummer 3 mit der Maßgabe, dass die in der Auftragsbekanntmachung anzugebende Mindestzahl nicht niedriger als drei sein darf.
4. Der öffentliche Auftraggeber verhandelt mit den Bietern über die von ihnen eingereichten Erstangebote und alle Folgeangebote, mit Ausnahme der endgül-

tigen Angebote, mit dem Ziel, die Angebote inhaltlich zu verbessern. Dabei darf über den gesamten Auftragsinhalt verhandelt werden mit Ausnahme der vom öffentlichen Auftraggeber in den Vergabeunterlagen festgelegten Mindestanforderungen und Zuschlagskriterien. Sofern der öffentliche Auftraggeber in der Auftragsbekanntmachung oder in den Vergabeunterlagen darauf hingewiesen hat, kann er die Verhandlungen in verschiedenen aufeinander folgenden Phasen abwickeln, um so die Zahl der Angebote, über die verhandelt wird, anhand der vorgegebenen Zuschlagskriterien zu verringern.

5. Der öffentliche Auftraggeber trägt dafür Sorge, dass alle Bieter bei den Verhandlungen gleich behandelt werden. Insbesondere enthält er sich jeder diskriminierenden Weitergabe von Informationen, durch die bestimmte Bieter gegenüber anderen begünstigt werden könnten. Er unterrichtet alle Bieter, deren Angebote gemäß Nummer 4 Satz 3 nicht ausgeschieden wurden, in Textform über etwaige Änderungen der Anforderungen und sonstigen Informationen in den Vergabeunterlagen, die nicht die Festlegung der Mindestanforderungen betreffen. Im Anschluss an solche Änderungen gewährt der öffentliche Auftraggeber den Bietern ausreichend Zeit, um ihre Angebote zu ändern und gegebenenfalls überarbeitete Angebote einzureichen. Der öffentliche Auftraggeber darf vertrauliche Informationen eines an den Verhandlungen teilnehmenden Bieters nicht ohne dessen Zustimmung an die anderen Teilnehmer weitergeben. Eine solche Zustimmung darf nicht allgemein, sondern nur in Bezug auf die beabsichtigte Mitteilung bestimmter Informationen erteilt werden. Der öffentliche Auftraggeber muss in den Vergabeunterlagen die zum Schutz des geistigen Eigentums geltenden Vorkehrungen festlegen.

6. Die Innovationspartnerschaft wird durch Zuschlag auf Angebote eines oder mehrerer Bieter eingegangen. Eine Erteilung des Zuschlags allein auf der Grundlage des niedrigsten Preises oder der niedrigsten Kosten ist ausgeschlossen. Der öffentliche Auftraggeber kann die Innovationspartnerschaft mit einem Partner oder mit mehreren Partnern, die getrennte Forschungs- und Entwicklungstätigkeiten durchführen, eingehen.

7. Die Innovationspartnerschaft wird entsprechend dem Forschungs- und Innovationsprozess in zwei aufeinander folgenden Phasen strukturiert:

    a) iner Forschungs- und Entwicklungsphase, die die Herstellung von Prototypen oder die Entwicklung der Bauleistung umfasst, und

    b) einer Leistungsphase, in der die aus der Partnerschaft hervorgegangene Leistung erbracht wird.

    Die Phasen sind durch die Festlegung von Zwischenzielen zu untergliedern, bei deren Erreichen die Zahlung der Vergütung in angemessenen Teilbeträgen vereinbart wird. Der öffentliche Auftraggeber stellt sicher, dass die Struktur der Partnerschaft und insbesondere die Dauer und der Wert der einzelnen Phasen den Innovationsgrad der vorgeschlagenen Lösung und der Abfolge der Forschungs- und Innovationstätigkeiten widerspiegeln. Der geschätzte Wert der Bauleistung darf in Bezug auf die für ihre Entwicklung erforderlichen Investitionen nicht unverhältnismäßig sein.

8. Auf der Grundlage der Zwischenziele kann der öffentliche Auftraggeber am Ende jedes Entwicklungsabschnitts entscheiden, ob er die Innovationspartnerschaft beendet oder, im Fall einer Innovationspartnerschaft mit mehreren Partnern, die Zahl der Partner durch die Kündigung einzelner Verträge reduziert, sofern der öffentliche Auftraggeber in der Auftragsbekanntmachung oder in den Vergabeunterlagen darauf hingewiesen hat, dass diese Möglichkeiten bestehen und unter welchen Umständen davon Gebrauch gemacht werden kann.

9. Nach Abschluss der Forschungs- und Entwicklungsphase ist der öffentliche Auftraggeber zum anschließenden Erwerb der innovativen Leistung nur dann verpflichtet, wenn das bei Eingehung der Innovationspartnerschaft festgelegte Leistungsniveau und die Kostenobergrenze eingehalten werden.

Schrifttum: Siehe § 3 EU VOB/A.

Übersicht

	Rn.
A. Einführung/Änderungen	1
B. Ablauf der Verfahren	3
I. Offenes Verfahren (§ 3b EU Abs. 1 VOB/A)	3
II. Nicht offenes Verfahren (§ 3b EU Abs. 2 VOB/A)	6
1. Teilnahmewettbewerb	6
2. Angebotsabgabe	12
3. Weitere Bestimmungen	13
III. Verhandlungsverfahren (§ 3b EU Abs. 3 VOB/A)	14
1. Überblick	14
2. Verhandlungsverfahren mit Teilnahmewettbewerb (§ 3b EU Abs. 3 Nr. 1–3 VOB/A)	16
3. Verhandlungsverfahren ohne Teilnahmewettbewerb (§ 3b EU Abs. 3 Nr. 4 VOB/A)	18
4. Gemeinsame Vorschriften für das Verhandlungsverfahren mit und ohne Teilnahmewettbewerb (§ 3b EU Abs. 3 Nr. 5–10 VOB/A)	19
a) Eignungsprüfung	19
b) Verhandlungen (§ 3b EU Abs. 3 Nr. 6 VOB/A)	20
c) Mindestanforderungen und Zuschlagskriterien (§ 3b EU Abs. 3 Nr. 5 VOB/A)	22
d) Zuschlag auf Erstangebot (§ 3b EU Abs. 3 Nr. 7 VOB/A)	24
e) Gliederung in Phasen (§ 3b EU Abs. 3 Nr. 8 VOB/A)	25
f) Gleichbehandlung (§ 3b EU Abs. 3 Nr. 9 VOB/A)	26
g) Abschluss der Verhandlungen (§ 3b EU Abs. 3 Nr. 10 VOB/A)	27
h) Sonstige Regelungen	29
C. Wettbewerblicher Dialog (§ 3 EU Abs. 4 VOB/A)	31
I. Einführung	31
1. Entstehung und Ziel des Wettbewerblichen Dialogs	31
2. Zulässigkeitsvoraussetzungen des Wettbewerblichen Dialogs	32
II. Verfahrensablauf	33
1. Bekanntmachung und Vergabeunterlagen	34
a) Allgemeine Anforderungen	35
b) Bedürfnisse und Anforderungen	36
c) Informationen für den Teilnahmewettbewerb	37
d) Informationen zum Strukturierung des Dialogs	38
e) Informationen zur Angebotswertung	39
2. Teilnahmewettbewerb und Auswahlphase	40
3. Dialogphase	41
a) Ziel des Dialogs	41
b) Ablauf des Dialogs	42
c) Abgestufter Dialog	43
d) Verfahrensgrundsätze (va Vertraulichkeit)	44
4. Angebotsphase	45
5. Wertungsphase	46
6. Kostenerstattung für Bewerber	47
III. Berücksichtigung mittelständischer Interessen	48
IV. Besonderheiten bei ÖPP-Vergaben und Dienstleistungskonzessionen	49

A. Einführung/Änderungen

1 § 3b EU VOB/A regelt den Ablauf der verschiedenen Vergabearten.

2 Die Vorschrift findet sich erstmals in der VOB/A 2016. Sie führt Teile der §§ 3 EG und 6 EG VOB/A 2012 zusammen.

B. Ablauf der Verfahren

I. Offenes Verfahren (§ 3b EU Abs. 1 VOB/A)

3 Das offene Verfahren (§ 119 Abs. 3 GWB/§ 3 EU Nr. 1 VOB/A) ist ein Verfahren, bei dem der öffentliche Auftraggeber eine unbeschränkte Anzahl von Unternehmen öffentlich zur Ab-

gabe von Angeboten auffordert. Der Ablauf eines offenen Verfahrens entspricht weitest gehend der Öffentlichen Ausschreibung (→ VOB/A § 3 Rn. 6 ff.). Der wesentliche Unterschied besteht darin, dass die Auftragsbekanntmachung, die das offene Verfahren einleitet, zwingend in europaweit zu veröffentlichen ist (§ 12 EU Abs. 3 Nr. 1 VOB/A).

§ 3b EU Abs. 1 Nr. 1 S. 2 VOB/A bestimmt, dass **jedes interessierte Unternehmen** ein Angebot abgeben kann. Die bisherige Regelung, wonach die Unterlagen an alle Bewerber abzugeben sind, ist entfallen. Eine Abgabe ist im Regelfall, bei dem die Vergabeunterlagen elektronisch zur Verfügung gestellt werden (§ 11 EU Abs. 3 VOB/A), nicht nötig. Im Übrigen ist die Verpflichtung, die Vergabeunterlagen an alle Bewerber abzugeben, zwangsläufige Folgen davon, dass jedes Unternehmen ein Angebot einreichen kann. Hinsichtlich der Regelungen über die Teilnehmer am Wettbewerb gilt beim offenen Verfahren nichts anderes als bei einer öffentlichen Ausschreibung unterhalb der Schwellenwerte. 4

Ein Unternehmen kann ein Angebot unabhängig davon abgeben, ob ihm die Vergabeunterlagen von dem Auftraggeber ausgehändigt worden sind oder von einem anderen Unternehmen, das diese Unterlagen weitergeleitet hat, soweit sie nicht ohnehin elektronisch abrufbar sind. Für den Zugang zu den Vergabeunterlagen darf der öffentliche Auftraggeber keine Registrierung verlangen (§ 9 Abs. 3 S. 2 VgV). 5

II. Nicht offenes Verfahren (§ 3b EU Abs. 2 VOB/A)

1. Teilnahmewettbewerb. Das nicht offenen Verfahren (§ 119 Abs. 4 GWB/§ 3 EU Nr. 2 VOB/A) ist ein Verfahren, bei dem der öffentliche Auftraggeber nach vorheriger Aufforderung zur Teilnahme eine beschränkte Anzahl von Unternehmen nach objektiven, transparenten und nichtdiskriminierenden Kriterien auswählt (Teilnahmewettbewerb), die er zur Abgabe von Angeboten auffordert. Diese Verfahrensart steht gleichsam zwischen dem offenen Verfahren und dem Verhandlungsverfahren. 6

Das nicht offene Verfahren stellt sich als **zweistufiges Verfahren** dar. Es beginnt mit einem Teilnahmewettbewerb, in dem eine unbeschränkte Anzahl von Unternehmen öffentlich zur Abgabe von Teilnahmeanträgen aufgefordert wird (§ 3b EU Abs. 2 Nr. 1 S. 1 VOB/A). Der Teilnahmewettbewerb wird durch eine **Auftragsbekanntmachung** gemäß § 12 EU Abs. 3 Nr. 1 VOB/A eingeleitet. Der Teilnahmewettbewerb ist **Teil des Vergabeverfahrens** und unterliegt bieterschützenden Bestimmungen.[1] Das Vergabeverfahren beginnt mit dem Teilnahmewettbewerb.[2] Insoweit gleicht die Einleitung des nicht offenen Verfahrens dem offenen Verfahren. Allerdings wird nicht zur Abgabe von Angeboten, sondern zur Einreichung von Teilnahmeanträgen aufgefordert. Jedes interessierte Unternehmen kann einen Teilnahmeantrag abgeben (§ 3b EU Abs. 2 Nr. 1 S. 2 VOB/A). Auch insoweit besteht eine Parallele zum offenen Verfahren, bei dem allerdings jedes Unternehmen ein Angebot einreichen kann (→ Rn. 4). Mit dem Teilnahmeantrag übermitteln die Unternehmen die vom öffentlichen Auftraggeber geforderten Informationen für die Prüfung der Eignung und das Nichtvorliegen von Ausschlussgründen (§ 3b EU Abs. 2 Nr. 1 S. 3 VOB/A). Der Teilnahmewettbewerb dient somit der **Auswahl geeigneter Bieter** (2. Wertungsstufe) (vgl. → VOB/A § 3 Rn. 10). Die Informationen, welche die Bewerber einreichen müssen, ergeben sich aus der Auftragsbekanntmachung. Näheres regelt insbesondere § 6a EU VOB/A. 7

Auf der ersten Stufe ist das nicht offene Verfahren wie das offene Verfahren in Bezug auf die Teilnehmer **unbegrenzt**. Jedes Unternehmen kann sich beteiligen. Der Unterschied zwischen beiden Verfahren besteht darin, dass im offenen Verfahren jedes Unternehmen zugleich ein Angebot einreichen kann. Beim nicht offenen Verfahren ist hingegen lediglich die Teilnahme an dem Teilnahmewettbewerb unbegrenzt. Ein Angebot kann nur einreichen, wer hierzu von dem öffentlichen Auftraggeber aufgefordert wird (§ 3b EU Abs. 2 Nr. 2 VOB/A). 8

Nach § 3b EU Abs. 2 Nr. 3 S. 1 VOB/A kann der öffentliche Auftraggeber die Zahl geeigneter Bewerber, die zur Angebotsabgabe aufgefordert werden, **begrenzen**. Von dieser Möglichkeit machen die Auftraggeber regelmäßig Gebrauch. Der Vorteil des nicht offenen Verfahrens gegenüber dem offenen Verfahren liegt gerade darin, die Zahl der eingehenden Angebote und damit den Prüfungsaufwand des Auftraggebers zu verringern. Voraussetzung für eine Aufforderung zur Angebotsabgabe nach durchgeführtem Teilnahmewettbewerb ist, dass der aufgeforderte Bewerber **geeignet** ist. Im Teilnahmewettbewerb wird daher zunächst die Eignung geprüft. Anders als bei dem offenen Verfahren kann sich die Notwendigkeit ergeben, aus mehreren 9

---

[1] OLG Brandenburg VergabeR 2003, 168 (169) zum Verhandlungsverfahren.
[2] OLG Düsseldorf NZBau 2003, 349 (350 f.) zum Verhandlungsverfahren.

geeigneten Bewerbern die **am besten geeigneten Unternehmen** auszuwählen. Dies erfolgt auf Grundlage der sogenannten **Eignungskriterien**. Diese gibt der öffentliche Auftraggeber in der Auftragsbekanntmachung oder der Aufforderung zur Interessenbestätigung an. Es muss sich um objektive und nicht diskriminierende Kriterien für die Begrenzung der Zahl, die vorgesehene Mindestzahl und gegebenenfalls auch die Höchstzahl der einzuladenden Bewerber handeln (§ 3b EU Abs. 2 Nr. 3 S. 2 VOB/A). Da die VOB/A den Begriff „Eignungskriterien" verwendet, ergibt sich, dass diese Kriterien sich allein auf die Eignung der Bewerber beziehen dürfen. Kriterien der ersten Prüfungsstufe (→ VOB/A § 3 Rn. 8) dürfen keine Rolle spielen. Werden diese Kriterien nicht erfüllt, muss der Teilnahmeantrag vom weiteren Verfahren ausgeschlossen werden. Typische Auswahlkriterien sind Unterschiede in der finanziellen Leistungsfähigkeit, den vorgelegten Referenzen, besondere Fachkunde und ähnliches.

10   Auch bei Eignung eines Bewerbers besteht kein Rechtsanspruch auf Aufforderung zur Angebotsabgabe, allerdings auf ermessenfehlerfreie Auswahl der Bewerber, die aufgefordert werden anhand der Eignungskriterien.[3] Zur Auswahl → VOB/A § 3 Rn. 15 ff. Der Auftraggeber hat bei der Auswahl die Grundsätze der Gleichbehandlung und der Transparenz zu beachten.[4]

11   Wie sich aus § 3b EU Abs. 2 Nr. 3 S. 2 VOB/A ergibt, kann der Auftraggeber sowohl eine Mindestzahl wie eine Höchstzahl festlegen. Die vorgesehene **Mindestzahl** darf nicht niedriger als **fünf** sein (§ 3b EU Abs. 2 Nr. 3 S. 3 VOB/A). Steht die entsprechende Mindestzahl an geeigneten Bewerbern zur Verfügung, lädt der öffentliche Auftraggeber von diesen eine Anzahl ein, die nicht niedriger als die festgelegte Mindestzahl ist (§ 3b EU Abs. 2 Nr. 3 S. 5 VOB/A). Schon bisher bestand Einigkeit darüber, dass die Mindestzahl unterschritten werden kann, wenn die Zahl geeigneter Bewerber nicht erreicht wird.[5] Dies ist nunmehr in § 3b EU Abs. 2 Nr. 3 S. 6 VOB/A ausdrücklich geregelt. Allerdings muss die Zahl der eingeladenen Bewerber ausreichend hoch sein, dass ein echter Wettbewerb gewährleistet ist (§ 3b EU Abs. 2 Nr. 3 S. 4 VOB/A). Wird die festgelegte Mindestzahl erreicht, dürfte diese Vorschrift kaum eine Rolle spielen. Wenn fünf geeignete Bewerber zur Angebotsabgabe aufgefordert werden, dürfte ein echter Wettbewerb stets gewährleistet sein. Bedeutung kann die Vorschrift erlangen, wenn weniger als fünf geeignete Bewerbungen eingehen. Der EuGH hatte entschieden, dass die Regelung des österreichischen Bundesvergabegesetzes, wonach eine Ausschreibung aufgehoben werden kann, wenn **nur ein geeigneter Bieter** übrig bleibt, richtlinienkonform ist.[6] Daraus ist allerdings nicht zu folgern, dass in einer derartigen Konstellation ein nicht offenes Verfahren ausgeschlossen ist. Auch bei Eingang nur eines Teilnahmeantrags kann ein nicht offenes Verfahren durchgeführt werden, wenn nicht zu erwarten ist, dass im Falle der Aufhebung des Verfahrens ein größerer Bieterkreis angesprochen werden könnte. Gibt der Auftraggeber keine **Höchstzahl** an, ist er trotz allem nicht verpflichtet, alle geeigneten Bewerber zur Angebotsabgabe aufzufordern.[7] Umstritten ist, ob der öffentliche Auftraggeber die in der Bekanntmachung angegebene Höchstzahl überschreiten kann oder gar muss, wenn mehrere gleich geeignete Bewerbungen vorliegen. Die wohl herrschende Meinung verneint dies.[8]

12   **2. Angebotsabgabe.** Die **zweite Stufe** des nicht offenen Verfahrens ist in § 3b EU VOB/A nicht näher geregelt. Auf dieser Stufe findet die Abgabe und Wertung der Angebote statt. Insoweit gelten keine wesentlichen Unterschiede zu der Abgabe und Wertung der Angebote im offenen Verfahren.

13   **3. Weitere Bestimmungen.** Besonders hingewiesen sei auf: § 4b EU Abs. 2 VOB/A (elektronische Auktion), § 6b EU Abs. 2 Nr. 3 VOB/A (Vorlage von Nachweisen), § 9c EU Abs. 1 S. 3 VOB/A (Verzicht auf Sicherheiten), § 10b EU VOB/A (Fristen), § 12 EU Abs. 2 Nr. 1 VOB/A (Aufruf zum Wettbewerb), § 12a EU Abs. 1 Nr. 3 VOB/A (Information der ausgewählten Bewerber), § 14 EU Abs. 6 VOB/A (Information über Öffnungstermin), § 15 EU Abs. 1 Nr. 1 VOB/A (Aufklärung des Angebotsinhalts), § 15 EU Abs. 3 VOB/A (Verhandlungsverbot) und § 16b EU Abs. 3 VOB/A (erneute Eignungsprüfung).

---

[3] BayObLG VergabeR 2005, 523 (534).
[4] EuGH 12.12.2002 – Rs. C-470/99, ECLI:EU:C:2002:746 – Tz. 93 – „Universale Bau".
[5] Für das Verhandlungsverfahren: EuGH 15.10.2009 – Rs. C-138/08, ECLI:EU:C:2009:627 – Tz. 42 – „Hochtief".
[6] EuGH 16.9.1999 – Rs. C-27/98, ECLI:EU:C:1999:420 – „Metalmeccanica".
[7] BayObLG VergabeR 2005, 532 (534).
[8] OLG München VergabeR 2014, 456.

III. Verhandlungsverfahren (§ 3b EU Abs. 3 VOB/A)

1. Überblick. Das Verhandlungsverfahren (§ 119 Abs. 5 GWB/§ 3 EU Nr. 3 VOB/A) ist ein Verfahren, bei dem sich der öffentliche Auftraggeber mit oder ohne Teilnahmewettbewerb an ausgewählte Unternehmen wendet, um mit einem oder mehreren dieser Unternehmen über die Angebote zu verhandeln. Der Ablauf des Verhandlungsverfahrens ist in § 3b EU Abs. 3 VOB/A sehr viel detaillierter dargestellt als in den Vorgängerfassungen der VOB/A 2016. Grund hierfür ist, dass Art. 29 VKR (RL 2014/24/EU) das Verhandlungsverfahren ebenfalls **umfangreicher reglementiert** als die früheren Vergaberichtlinien. Dies führt dazu, dass das Verhandlungsverfahren mit Teilnahmewettbewerb einerseits unter vereinfachten Voraussetzungen zur Verfügung steht (→ EU VOB/A § 3a Rn. 8 ff.), andererseits der öffentliche Auftraggeber bei Durchführung des Verhandlungsverfahrens nur noch über beschränkte Gestaltungsspielräume verfügt. In diesem Zusammenhang ist darauf hinzuweisen, dass das Verhandlungsverfahren mit Teilnahmewettbewerb in zahlreichen Fassungen der Richtlinie 2014/24/EU – anders als das Verhandlungsverfahren ohne Teilnahmewettbewerb – seinen Namen gewechselt hat.[9] Das ist ein Hinweis darauf, dass der Richtliniengeber letztlich eine neue Vergabeart schaffen wollte, die nur teilweise mit dem bisherigen „Verhandlungsverfahren" identisch ist.

§ 3 EU Nr. 3 und § 3b Abs. 3 VOB/A unterscheiden zwischen dem Verhandlungsverfahren **mit und ohne Teilnahmewettbewerb**. In beiden Fällen findet ein **zweistufiges Verfahren** statt.[10] Die erste Stufe umfasst die Auswahl der Bieter, mit denen verhandelt wird. Zu der zweiten Stufe zählen die Verhandlungen und die Zuschlagserteilung.

2. Verhandlungsverfahren mit Teilnahmewettbewerb (§ 3b EU Abs. 3 Nr. 1–3 VOB/A). Diese Art des Verhandlungsverfahrens beginnt mit einem **Teilwettbewerb**. Regelungen hierzu finden sich in § 3b EU Abs. 3 Nr. 1 bis 3 VOB/A. Die Bestimmungen entsprechen weitestgehend wortgleich den Regelungen über den Teilnahmewettbewerb im nicht offenen Verfahren (§ 3b EU Abs. 2 Nr. 1 und Nr. 2 VOB/A). Auf die entsprechende Kommentierung kann verwiesen werden (→ Rn. 7 ff.). So entsprechen § 3b EU Abs. 3 Nr. 1 und Nr. 2 VOB/A wörtlich § 3b Abs. 2 Nr. 1 und Nr. 2 VOB/A. Der einzige Unterschied besteht darin, dass nach Auswahl der Bieter diese aufgefordert werden, ein Erstangebot zu übermitteln, das Grundlage für die späteren Verhandlungen bildet (§ 3b EU Abs. 3 Nr. 2 VOB/A). § 3b Abs. 3 Nr. 3 VOB/A verweist auf § 3b EU Abs. 2 Nr. 3 VOB/A mit der Maßgabe, dass die in der Auftragsbekanntmachung oder der Aufforderung zur Interessenbestätigung angegebene Mindestzahl nicht **niedriger als drei** sein darf. Im Übrigen kann auf die Kommentierung zu § 3b EU Abs. 2 Nr. 3 VOB/A verwiesen werden (→ Rn. 9 ff.).

Auch beim Verhandlungsverfahren mit Teilnahmewettbewerb ist der Teilnahmewettbewerb Teil des Vergabeverfahrens und unterliegt bieterschützenden Vorschriften.[11] Das Vergabeverfahren beginnt mit dem Teilnahmewettbewerb.[12]

3. Verhandlungsverfahren ohne Teilnahmewettbewerb (§ 3b EU Abs. 3 Nr. 4 VOB/A). Beim Verhandlungsverfahren ohne Teilnahmewettbewerb erfolgt hingegen **keine öffentliche Aufforderung zur Teilnahme** (§ 3b EU Abs. 3 Nr. 4 VOB/A). Dieses Verfahren ist daher weniger transparent als alle anderen Vergabearten und lediglich unter engen Voraussetzungen zulässig (§ 3a EU Abs. 3 VOB/A). Der öffentliche Auftraggeber wendet sich an Unternehmen, deren Eignung er auf Grund vorangegangener aktueller Ausschreibungen oder sonstiger Kenntnis verlässlich beurteilen kann. Ist ihm dies nicht möglich, hat er die Unternehmer zunächst aufzufordern, ihre Eignung nachzuweisen. Hierfür kann er nur die in § 6a EU VOB/A genannten Unterlagen fordern. Auch im Verhandlungsverfahren ohne Teilnahmewettbewerb findet somit eine Prüfung der Eignung der Bewerber statt. Der Unterschied zum Verhandlungsverfahren mit Teilnahmewettbewerb besteht darin, dass die Ansprache der Bewerber ohne transparenten Teilnahmewettbewerb in einem nicht formalisierten Verfahren stattfindet. Anders als bei allen übrigen Vergabearten haben nicht alle Unternehmen die Möglichkeit, einen Teilnahmeantrag oder gar ein Angebot einzureichen.

---

[9] Z. B. im Englischen: jetzt „competitive procedure with negotiation" statt „negotiated procedure with prior publication"; im Französischen: „procédure concurrentielle avec négociation" statt „procédure négociée avec publication".
[10] OLG Düsseldorf VergabeR 2006, 929 (930).
[11] OLG Brandenburg VergabeR 2003, 168 (169); 2007, 235 (240).
[12] OLG Düsseldorf NZBau 2003, 349 (350 f.).

19 **4. Gemeinsame Vorschriften für das Verhandlungsverfahren mit und ohne Teilnahmewettbewerb (§ 3b EU Abs. 3 Nr. 5–10 VOB/A). a) Eignungsprüfung.** Sowohl im Verhandlungsverfahren mit wie im Verfahren ohne Teilnahmewettbewerb findet in der ersten Stufe die **Prüfung der Eignung** der Bewerber statt. Dies ergibt sich aus § 6b EU Abs. 2 Nr. 3 S. 2 VOB/A, wonach nur geeignete Bieter zu Verhandlungen aufgefordert werden dürfen.

20 **b) Verhandlungen (§ 3b EU Abs. 3 Nr. 6 VOB/A).** Das Verhandlungsverfahren bietet öffentlichen Auftraggebern den Vorteil, über das Angebot und die Preise[13] **verhandeln** zu können. § 15 EU VOB/A findet keine Anwendung. Zudem sind die öffentlichen Auftraggeber nicht gezwungen, Art und Umfang der Leistung vor Beginn der Ausschreibung genau zu beschreiben.[14] **Ziel der Verhandlungen** ist es, die Angebote inhaltlich zu verbessern (§ 3b EU Abs. 3 Nr. 6 VOB/A). **Gegenstand** der Verhandlungen sind die Erstangebote (→ Rn. 24) und alle Folgeangebote, mit der Ausnahme der endgültigen Angebote (→ Rn. 27). Den Inhalt der Verhandlungen gibt der öffentliche Auftraggeber vor. Die Bieter sind nicht berechtigt, unaufgefordert Verbesserungen ihres Angebots anzubieten.[15]

21 Das Nichteingreifen des Verhandlungsverbots gibt dem Auftraggeber einen gewissen Spielraum, **Bieter** während des Verhandlungsverfahrens **zu wechseln.** Nach Auffassung des OLG Düsseldorf ist dies zulässig, wenn der Wechsel transparent erfolgt.[16] Der Entscheidung des OLG Düsseldorf lag der Fall einer Verschmelzung zugrunde. Hier ist der Wechsel unproblematisch zulässig. Entgegen dem OLG Düsseldorf spricht vieles dafür, dies auch bei Durchführung eines offenen oder nicht offenen Verfahrens anzunehmen. Im Übrigen ist aber Zurückhaltung geboten. Insbesondere dürfen im Verhandlungsverfahren mit Teilnahmewettbewerb nur solche Unternehmen zu Verhandlungen aufgefordert werden, die sich an dem Teilnahmewettbewerb beteiligt haben (§ 3b EU Abs. 3 Nr. 2 VOB/A).

c) Mindestanforderungen und Zuschlagskriterien (§ 3b EU Abs. 3 Nr. 5 VOB/A).
22 Der Verhandlungsspielraum ist allerdings nicht unbegrenzt. Es darf nicht eine völlig andere, als die angekündigte Leistung vergeben werden.[17] Optimierungen des Leistungsinhalts im Lauf der Verhandlungen sind zulässig, sie müssen sich jedoch im Rahmen des ursprünglichen Leistungsziels bewegen, das durch die von dem Auftraggeber vorgegebenen Unterlagen definiert ist. § 3b EU Abs. 3 Nr. 5 VOB/A sieht nunmehr vor, dass die Mindestanforderungen und die Zuschlagskriterien nicht Gegenstand von Verhandlungen sind. Die **Zuschlagskriterien** sind in § 16d EU Abs. 2 VOB/A geregelt. Sie bestimmen, wie das wirtschaftlichste Angebot, auf welches der Zuschlag erteilt werden soll, ermittelt wird. Die Zuschlagskriterien dürfen im Verlauf des Verhandlungsverfahrens nicht geändert werden. Die Bieter müssen von Beginn des Verfahrens an wissen, auf was es dem öffentlichen Auftraggeber ankommt. Würde der öffentliche Auftraggeber die Zuschlagskriterien im Laufe des Verhandlungsverfahrens ändern, wären die bis dahin eingereichten Angebote nicht mehr relevant. Dies ist insbesondere dann nicht akzeptabel, wenn Verhandlungen in Phasen (→ Rn. 25) stattfinden und bereits Bieter von den Verhandlungen ausgeschlossen wurden. Aber auch wenn dies nicht der Fall war, schließt § 3b EU Abs. 3 Nr. 5 VOB/A eine Änderung der Zuschlagskriterien aus.

23 Weiterhin sind **Mindestanforderungen** des öffentlichen Auftraggebers von Verhandlungen ausgeschlossen.[18] Das Verhandlungsverfahren ist ein weniger förmliches als das offene oder das nicht offene Verfahren. Dem Auftraggeber steht es frei, neben den Anforderungen der VOB/A zusätzliche formalisierende Elemente einzuführen. Er kann sich selbst an bestimmte Formen und Fristen binden, ist hierzu jedoch nicht verpflichtet. Wenn der Auftraggeber Vorgaben („Mindestanforderungen") setzt, ist er hieran gebunden. Dies gilt sowohl für Vorgaben im Hinblick auf den Ablauf des Verfahrens[19] wie an den Inhalt der Angebote. Der Gleichbehandlungsgrundsatz gebietet, Bieter, die solche Vorgaben nicht einhalten, vom weiteren Verfahren

---

[13] OLG Frankfurt a. M. VergabeR 2001, 299 (302); OLG Celle VergabeR 2002, 299 (301); OLG Dresden VergabeR 2006, 249 (255); OLG Düsseldorf VergabeR 2006, 929 (930).
[14] OLG Celle VergabeR 2002, 299 (301).
[15] OLG Dresden ZfBR 2015, 90.
[16] OLG Düsseldorf VergabeR 2012, 227 (232).
[17] OLG Celle VergabeR 2002, 299 (301); OLG Dresden VergabeR 2004, 225 (229); BayObLG VergabeR 2005, 74 (77); OLG Dresden VergabeR 2006, 249 (255).
[18] EuGH 5.12.2013 – C-561/12, ECLI:EU:C:2013:793 = VergabeR 2014, 395 – Nordecon.
[19] OLG Düsseldorf VergabeR 2016, 74 (78).

auszuschließen.[20] Allerdings dürfte die durch § 16a EU VOB/A eröffnete Möglichkeit, fehlende Erklärungen oder Nachweise nachzufordern, auch im Verhandlungsverfahren bestehen.[21] Auch an den Inhalt der Angebote kann der Auftraggeber Anforderungen stellen. Diese kann er als zwingend oder als unverbindlichen Vorschlag kennzeichnen. Der Bundesgerichtshof[22] hatte vor Einführung des § 3b EU Abs. 3 Nr. 5 VOB/A entschieden, dass Vorgaben der Vergabeunterlagen ohne **ausdrücklichen, anders lautenden Hinweis** im Verhandlungsverfahren grundsätzlich zwingend seien. Es erscheint zweifelhaft, ob dies mit § 3b EU Abs. 3 Nr. 5 VOB/A vereinbar ist, wonach die Zulässigkeit von Verhandlungen die Regel ist, die nur für den Fall der Mindestanforderungen und der Zuschlagskriterien durchbrochen wird. Es spricht vieles dafür, dass Mindestanforderungen nur dann vorliegen, wenn sie ausdrücklich als solche bezeichnet sind oder sich auf andere Weise aus den Vergabeunterlagen ergibt, dass es sich um zwingende Vorgaben handelt. Weiterhin war es nach Auffassung des Bundesgerichtshofs gestattet, **Vorgaben zu ändern**, wenn dies transparent und diskriminierungsfrei gegenüber allen Bietern erfolgt.[23] Dies ist im Hinblick auf Mindestanforderungen ausgeschlossen. Demnach ist die Auffassung, ein Architekt, der im Verhandlungsverfahren ein Angebot **unterhalb der Mindestsätze der HOAI** abgegeben hat, habe stets einen Anspruch auf Nachverhandlungen,[24] abzulehnen.[25] Wenn die Einhaltung der Vorschriften der HOAI als Mindestanforderung definiert ist, muss ein hiergegen verstoßendes Angebot zwingend ausgeschlossen werden.[26] Beabsichtigt der Auftraggeber, Mindestanforderungen zu ändern, muss er das Verfahren aufheben oder jedenfalls in den Stand vor dem etwaigen Ausschluss von Bietern zurückversetzen.[27]

d) Zuschlag auf Erstangebot (§ 3b EU Abs. 3 Nr. 7 VOB/A). Bis zur Einführung der VOB/A 2016 war strittig, ob der öffentliche Auftraggeber unter Beachtung des Gleichbehandlungsgrundsatzes insgesamt von Verhandlungen absehen und unmittelbar den Zuschlag erteilen konnte, wenn annahmereife Angebote vorlagen.[28] Diese Frage ist nunmehr in § 3b EU Abs. 3 Nr. 7 VOB/A geregelt. Danach kann der öffentliche Auftraggeber Aufträge auf Grundlage der Erstangebote vergeben, **ohne in Verhandlungen einzutreten**, wenn er in der Auftragsbekanntmachung oder in der Aufforderung zur Interessensbestätigung (§ 12a EU Abs. 1 Nr. 3 VOB/A) darauf hingewiesen hat, dass er sich diese Möglichkeit vorbehält. Voraussetzung ist somit, dass die Absicht, den Zuschlag ohne Verhandlungen zu erteilen, **transparent** angekündigt wird und tatsächlich annahmereife Angebote vorliegen. Liegen diese Voraussetzungen nicht vor, haben die Bieter einen Anspruch auf Verhandlungen. Behält sich der Auftraggeber vor, den Zuschlag auf die Erstangebote zu erteilen, setzt dies zwangsläufig voraus, dass diese verbindlich sind. Für alle anderen Fälle regelt die VOB/A nicht, ob es zulässig ist, von den Bietern zunächst die Abgabe **indikativer Angebote** zu verlangen. Es handelt sich hierbei um Angebote, die nicht verbindlich, also einer Zuschlagserteilung nicht zugänglich sind. Das Einreichen indikativer Angebote ist beispielsweise sinnvoll, um für den Fall, dass die Angebote ausnahmsweise notarieller Form bedürfen (§ 311b BGB), zu verhindern, dass die Bieter im Laufe der Verhandlungen wiederholt Notargebühren aufwenden müssen. Aber auch wenn der Auftragsgegenstand noch nicht abschließend feststeht, kann es sich anbieten, zunächst indikative Angebote zu fordern, die im Laufe der Verhandlungen präzisiert werden und verbindlich einzureichen sind. Soweit sich der Auftraggeber nicht vorbehält, den Zuschlag auf die Erstangebote zu erteilen, bestehen keine Bedenken dagegen, dass er zunächst zur Abgabe indikativer Angebote auffordert.[29]

e) Gliederung in Phasen (§ 3b EU Abs. 3 Nr. 8 VOB/A). Zulässig ist es, die Verhandlungen in verschiedene **Phasen** zu gliedern und sukzessive auf immer weniger Bieter zu

---

[20] EuG 28.11.2002 – T-40/01, ECLI:EU:T:2002:288 – Scan Office Design; OLG Düsseldorf VergabeR 2002, 169 (170); OLG Frankfurt a. M. VergabeR 2004, 754 (760); BayObLG VergabeR 2005, 74 (76); aA *Stolz* in Ingenstau/Korbion, EU VOB/A § 3b Rn. 41.
[21] OLG Naumburg VergabeR 2012, 93 (104).
[22] BGH VergabeR 2007, 73 (75).
[23] BGH VergabeR 2007, 73 (75); *Müller-Wrede* VergabeR 2010, 754 (757 ff.).
[24] OLG Frankfurt a. M. VergabeR 2006, 382 (389); OLG Brandenburg VergabeR 2008, 978.
[25] *Kratzenberg/Wönicker* NZBau 2008, 491.
[26] Zu der Möglichkeit des Auftraggebers, die Honorarzone nach der HOAI vorzugeben: OLG Koblenz VergabeR 2014, 475.
[27] *Stolz* in Ingenstau/Korbion, EU VOB/A § 3b Rn. 36.
[28] Verneinend: VK-Baden-Württemberg 14.10.2011 – 1 VK 51/11 und 53/11, bejahend: OLG Dresden ZfBR 2015, 90.
[29] *Stolz* in Ingenstau/Korbion, EU VOB/A § 3b Rn. 41.

beschränken (§ 3b EU Abs. 3 Nr. 8 S. 1 VOB/A).[30] Voraussetzung ist, dass auf die Absicht, das Verhandlungsverfahren in Phasen zu gliedern, in der Auftragsbekanntmachung, der Aufforderung zur Interessenbestätigung oder in den Vergabeunterlagen hingewiesen wurde (§ 3b EU Abs. 3 Nr. 8 S. 2 VOB/A).[31] Die Auswahl der Bieter, mit denen die Verhandlungen fortgesetzt werden, erfolgt anhand der Zuschlagskriterien (§ 3b EU Abs. 3 Nr. 8 S. 1 VOB/A). Es scheiden die jeweils weniger wirtschaftlichen Angebote aus. Auch in der letzten Phase müssen noch so viele Angebote vorliegen, dass ein Wettbewerb gewährleistet ist (§ 3b EU Abs. 3 Nr. 8 S. 3 VOB/A). Die Verhandlungen dürfen nicht vorschnell auf einen Bieter beschränkt werden. Detailverhandlungen mit dem Bestplatzierten dürfen die Reihenfolge der Angebotsbewertung nicht in Frage stellen.[32]

26   f) **Gleichbehandlung (§ 3b EU Abs. 3 Nr. 9 VOB/A).** Die Durchführung des Verhandlungsverfahrens stellt den Auftraggeber materiell nicht von den Anforderungen des Vergaberechts frei. Insbesondere gelten die **allgemeinen Grundsätze des Vergaberechts** (Wettbewerb, Transparenz, Gleichbehandlung) nach § 97 Abs. 1 und 2 GWB.[33] Der Auftraggeber muss alle Bieter gleichbehandeln. Einen besonderen Ausfluss des Gleichbehandlungsgrundsatzes regelt § 3b EU Abs. 3 Nr. 9 S. 1 VOB/A. Danach stellt der öffentliche Auftraggeber sicher, dass alle Bieter bei den Verhandlungen gleich behandelt werden. Insbesondere enthält er sich jeder **diskriminierenden Weitergabe von Informationen,** durch die bestimmte Bieter gegenüber anderen begünstigt werden könnten. Die Folgen, die sich aus diesem Gebot ergeben, sind in § 3b EU Abs. 3 Nr. 9 VOB/A detailliert geregelt. Danach unterrichtet der öffentliche Auftraggeber alle Bieter, deren Angebote nicht gemäß Nr. 8 ausgeschieden wurden, schriftlich über etwaige Änderungen der Leistungsbeschreibung, insbesondere der technischen Anforderungen oder anderer Bestandteile der Vergabeunterlagen, die nicht die Festlegung der Mindestanforderungen betreffen.[34] Im Anschluss an solche Änderungen gewährt der öffentliche Auftraggeber den Bietern ausreichend Zeit, um ihre Angebote zu ändern und gegebenenfalls überarbeitete Angebote einzureichen. Der öffentliche Auftraggeber darf **vertrauliche Informationen** eines an den Verhandlungen teilnehmenden Bieters nicht ohne dessen Zustimmung an die anderen Teilnehmer weitergeben. Eine solche Zustimmung darf nicht allgemein erteilt werden, sondern wird nur in Bezug auf die beabsichtigte Mitteilung bestimmte Informationen erteilt.

27   g) **Abschluss der Verhandlungen (§ 3b EU Abs. 3 Nr. 10 VOB/A).** Erstmalig in der VOB/A 2016 findet sich die Regelung des § 3b EU Abs. 3 Nr. 10 VOB/A. Danach unterrichtet der öffentliche Auftraggeber, der beabsichtigt, die Verhandlungen abzuschließen, die verbleibenden Bieter und legt eine einheitliche Frist für die Einreichung neuer oder überarbeiteter Angebote fest. Die Bieter sollen wissen, wann die Verhandlungen abgeschlossen werden. Dies liegt zweifellos im Interesse der Bieter, nicht aber unbedingt im Interesse des öffentlichen Auftraggebers. Solange der öffentliche Auftraggeber nicht den Abschluss der Verhandlungen ankündigt, besteht die Gefahr, dass die Bieter noch nicht optimale Angebotskonditionen bieten, sondern hoffen, auch mit weniger wirtschaftlichen Angeboten zum Ziel zu gelangen. Nach der Rechtsprechung vor Inkrafttreten des § 3b EU Abs. 3 Nr. 10 VOB/A wurde die Auffassung vertreten, dass ein Auftraggeber, der eine Verhandlungsrunde als die letzte angekündigt hatte, unter Wahrung des Transparenz- und Gleichbehandlungsgebots weitere Runden anschließen kann.[35] Auch wenn der Wortlaut des § 3b EU Abs. 3 Nr. 10 VOB/A ein anderes Ergebnis nahelegt, spricht vieles dafür, diese Rechtsprechung auch künftig anzuwenden. Wenn unvollständige Angebote eingehen, neue Fragen auftreten oder neue Umstände bekannt werden, muss der öffentliche Auftraggeber die Möglichkeit haben, eine als beendet erklärte Verhandlung wieder aufzunehmen, solange dies transparent und diskriminierungsfrei erfolgt.

28   Nach Eingang der endgültigen Angebote vergewissert sich der öffentliche Auftraggeber, dass diese den Mindestanforderungen entsprechen und erteilt den Zuschlag (§ 3b EU Abs. 3 Nr. 10 S. 2 VOB/A).

---

[30] OLG Frankfurt a. M. VergabeR 2001, 299 (302); OLG Celle VergabeR 2002, 299 (301); *Kramer* NZBau 2005, 138 (140).
[31] OLG Düsseldorf VergabeR 2007, 635 (642).
[32] *Kramer* NZBau 2005, 138 (140).
[33] OLG Celle VergabeR 2002, 299 (301); BayObLG VergabeR 2003, 186 (189); OLG München VergabeR 2005, 802 (805).
[34] BGH VergabeR 2007, 73 (75).
[35] KG NZBau 2013, 533.

h) Sonstige Regelungen. Die VOB/A trifft für das Verhandlungsverfahren eine Reihe 29 weiterer Regelungen. Hingewiesen sei auf: § 4b EU Abs. 2 VOB/A (elektronische Auktion), § 6b EU Abs. 2 Nr. 3 VOB/A (Vorlage von Nachweisen), § 8b EU Abs. 1 Nr. 2 VOB/A (Kosten für die Angebotserstellung), § 9c EU Abs. 1 S. 3 VOB/A (Verzicht auf Sicherheiten), § 10c EU VOB/A (Fristen), § 12 EU Abs. 2 Nr. 1 VOB/A (Aufruf zum Wettbewerb), § 12a EU Abs. 1 Nr. 3 VOB/A (Information der ausgewählten Bewerber), § 16b EU Abs. 3 VOB/A (erneute Eignungsprüfung), § 16d EU Abs. 5 VOB/A (Wertung) und § 19 EU Abs. 3 VOB/A (Information der unterlegenen Bieter).

Weiterhin gelten im Verhandlungsverfahren mit und ohne Teilnahmewettbewerb die Bestim- 30 mungen des GWB, insbesondere § 134 GWB[36] (beachte aber § 134 Abs. 3 S. 1 GWB für Verhandlungsverfahren ohne vorherige Bekanntmachung wegen besonderer Dringlichkeit). § 160 Abs. 3 Nr. 3 GWB findet auch im Verhandlungsverfahren ohne Teilnahmewettbewerb Anwendung.[37]

C. Wettbewerblicher Dialog (§ 3b EU Abs. 4 VOB/A)

I. Einführung

1. Entstehung und Ziel des Wettbewerblichen Dialogs. Die Regelung zum Wettbewerb- 31 lichen Dialog wurde im Jahre 2006 im Zuge der Umsetzung der Vergabekoordinierungsrichtlinie[38] als neues Vergabeverfahren in die VOB/A aufgenommen. Bis dahin ging die Vergabepraxis von der Prämisse aus, dass die Beschreibung des Leistungsgegenstands grundsätzlich Sache des Auftraggebers ist. Die Möglichkeit der Bieter, an der Beschreibung mitzuwirken, war nur begrenzt, etwa durch Abgabe von Nebenangeboten oder durch Modifikation des Leistungsgegenstands im Verhandlungsverfahren, möglich. Es zeigte sich aber, dass bei besonders komplexen und innovativen Vorhaben der Auftraggeber häufig nicht über das erforderliche Wissen verfügt, um seinen Bedarf und damit den Leistungsgegenstand hinreichend genau zu ermitteln. Dies gilt insbesondere bei technisch komplexen Vorhaben sowie bei ÖPP-Modellen mit komplizierten rechtlichen und finanziellen Strukturen. Die Förderung von ÖPP-Projekten ist ein erklärtes Ziel der Gemeinschaft.[39] Deshalb hatte die Europäische Kommission in die VKR den Wettbewerblichen Dialog als neues Verfahren aufgenommen, bei dem der Auftraggeber den **Leistungsgegenstand erst im Laufe des Verfahrens und gemeinsam mit den Bewerbern**[40] **festlegt** und zugleich ein möglichst hohes Maß an Wettbewerb zwischen den Bewerbern gewährleistet ist.[41]

Ursprünglich sollten mit der Einführung des Wettbewerblichen Dialogs die bisherige Hierarchie der Vergabeverfahren sowie die strengen Anwendungsvoraussetzungen des Verhandlungsverfahrens unberührt bleiben. Der europäische Gesetzgeber wollte mit anderen Worten ein gegenüber dem offenen und nichtoffenen Verfahren flexibleres Verfahren für besonders komplexe Aufträge einführen, für das das Verhandlungsverfahren nicht eröffnet war. Hierdurch war der Anwendungsbereich des Wettbewerblichen Dialogs freilich stark eingeschränkt. Folge war, dass – nach einer anfänglichen Euphorie – von diesem neuen Vergabeverfahren (jedenfalls in Deutschland) praktisch kaum Gebrauch gemacht wurde. Mit der Vergaberechtsreform 2016, in

---

[36] OLG Dresden VergabeR 2002, 142 (144); OLG Düsseldorf VergabeR 2005, 508 (509); OLG Karlsruhe NZBau 2007, 395 (397).
[37] OLG Naumburg VergabeR 2012, 93 (99); OLG Brandenburg VergabeR 2012, 110 (115).
[38] Vorschlag für eine Richtlinie des Europäischen Parlaments und des Rates über die Koordinierung der Verfahren zur Vergabe öffentlicher Lieferaufträge, Dienstleistungsaufträge und Bauaufträge, KOM (2000), 275 endg. vom 11.7.2000. Diese Richtlinie wurde als Richtlinie 2004/18/EG des Europäischen Parlaments und des Rates vom 31.3.2004 über die Koordinierung der Verfahren zur Vergabe öffentlicher Bauaufträge, Lieferaufträge und Dienstleistungsaufträge im ABl. 2004 L 134, S. 114, vom 30.4.2004 bekannt gemacht.
[39] *Europäische Kommission,* Mitteilung zu öffentlich-privaten Partnerschaften und den gemeinschaftlichen Rechtsvorschriften für das öffentliche Beschaffungswesen und Konzessionen, KOM(2005), 569 endg. vom 15.11.2005; *dies.,* Grünbuch zu öffentlich-privaten Partnerschaften und den gemeinschaftlichen Rechtsvorschriften für öffentliche Aufträge und Konzessionen, KOM(2004), 327 endg. vom 30.4.2004; hierzu *Koman* ZfBR 2004, 763; *Knauff* NZBau 2005, 249 (253).
[40] Art. 1 Abs. 2 lit. d Ziff. 8 VKR sieht vor, dass die Teilnehmer eines Wettbewerblichen Dialogs als Bewerber und nicht als Bieter bezeichnet werden.
[41] Vgl. auch den Erwägungsgrund 42 Richtlinie 2014/24/EU sowie Dokument CC/2005/04_rev1 vom 5.10.2005, veröffentlicht unter www.europa.eu.

dessen Zuge die – die VKR ersetzende – Richtlinie 2014/EU/EU umgesetzt wurde, hat der Wettbewerbliche Dialog eine Renaissance erfahren. Denn der Wettbewerbliche Dialog wurde in der Verfahrenshierarchie **dem Verhandlungsverfahren gleichgesetzt**, was insbesondere dadurch zum Ausdruck kommt, dass ein Verhandlungsverfahren mit Teilnahmewettbewerb und ein Wettbewerblicher Dialog dieselben, in § 3a EU Abs. 2 und 4 VOB/A normierten Zulässigkeitsvoraussetzungen haben. Öffentliche Auftraggeber können nunmehr frei zwischen beiden Verfahrensarten wählen. Hierdurch sollen öffentliche Auftraggeber ermutigt werden, neben dem Verhandlungsverfahren mit Teilnahmewettbewerb auch von dem Wettbewerblichen Dialog stärker Gebrauch zu machen.[42]

Die Bestimmungen der Richtlinie 2014/24/EU sind zur **Auslegung** der nachfolgend beschriebenen deutschen Regelungen heranzuziehen.[43] Außerdem hat die Europäische Kommission zu dem Verfahren des Wettbewerblichen Dialogs Erläuterungen veröffentlicht[44], die ebenfalls zur Auslegung herangezogen werden können.[45]

Der Wettbewerbliche Dialog ist der Vergabe öffentlicher Aufträge oberhalb der Schwellenwerte vorbehalten. Weder der 1. Abschnitt der VOB/A noch die UVgO[46] sehen diese Verfahrensart vor. Das Bundesministerium für Wirtschaft und Energie hat dies wie folgt begründet: Im Unterschied zum Verhandlungsverfahren im Oberschwellenbereich, bei dem in Verhandlungen nur eingestiegen werden darf, wenn die Unternehmen ihre Erstangebote vorgelegt haben, sei der Auftraggeber im Unterschwellenbereich flexibler: Hier dürfe er auch unmittelbar Verhandlungen beginnen, auch wenn er keine Erstangebote eingefordert hat. Inhaltlich decke die Verhandlungsvergabe somit im Unterschwellenbereich auch die Verfahrensart des Wettbewerblichen Dialogs (aus der Oberschwelle) ab, bei dem auch ohne vorherige Einreichung eines Angebots verhandelt werden dürfe.[47]

32 **2. Zulässigkeitsvoraussetzungen des Wettbewerblichen Dialogs.** Gemäß § 3a EU Abs. 4 VOB/A ist der Wettbewerbliche Dialog unter denselben Voraussetzungen wie das Verhandlungsverfahren mit Teilnahmewettbewerb zulässig. Diese sind in § 3a EU Abs. 2 VOB/A normiert. Hiernach gibt es zwei Anwendungsfälle: Entweder ist der zu vergebende Auftrag komplex und erfordert deshalb einen Wettbewerblichen Dialog, oder ein vorangegangenes offenes oder nicht offenes Vergabeverfahren musste wegen nicht ordnungsgemäßer oder nicht annehmbarer Angebote aufgehoben werden.

Der Wettbewerbliche Dialog ist nach § 3a EU Abs. 2 Nr. 1, Abs. 4 VOB/A zulässig, wenn mindestens eines der folgenden Kriterien erfüllt ist:

• Die Bedürfnisse des öffentlichen Auftraggebers können nicht ohne die Anpassung bereits verfügbarer Lösungen erfüllt werden.
• Der Auftrag umfasst konzeptionelle oder innovative Lösungen.
• Der Auftrag kann aufgrund konkreter Umstände, die mit der Art, der Komplexität oder dem rechtlichen oder finanziellen Rahmen oder den damit einhergehenden Risiken zusammenhängen, nicht ohne vorherige Verhandlungen vergeben werden.
• Die technischen Spezifikationen können von dem öffentlichen Auftraggeber nicht mit ausreichender Genauigkeit unter Verweis auf eine Norm, eine europäische technische Bewertung (ETA), eine gemeinsame technische Spezifikation oder technische Referenzen im Sinne des Anhangs TS Nr. 2–5 der Richtlinie 2014/24/EU erstellt werden.

Für Einzelheiten wird auf die Kommentierung zu § 3a EU Abs. 2 Nr. 1 VOB A verwiesen.

---

[42] Erwägungsgrund 42 Richtlinie 2014/24/EU.
[43] So auch *Pünder/Franzius* ZfBR 2006, 20 (21); grundsätzlich zur Pflicht zur richtlinienkonformen Auslegung des mitgliedstaatlichen Umsetzungsrechts EuGH Rs. 14/83, Slg. 1984, 1891 Rn. 15 – von Colson und Kamann/Land NRW, seither stRspr.
[44] Dokument CC/2005/04_rev1 vom 5.10.2005, veröffentlicht unter www.europa.eu.
[45] Hierbei ist zu beachten, dass die VKR zwar wie alle EU-Richtlinien auf einen Vorschlag der Europäischen Kommission zurückgeht, aber vom Rat und vom Europäischen Parlament beschlossen wurde. Die nachträgliche Erläuterung der Europäischen Kommission ist daher keine amtliche Begründung des Normgebers, sondern nur eine rechtlich nicht bindende Stellungnahme eines der beteiligten Organe.
[46] Bekanntmachung der Verfahrensordnung für die Vergabe öffentlicher Liefer- und Dienstleistungsaufträge unterhalb der EU-Schwellenwerte (Unterschwellenvergabeordnung – UVgO) Stand 5.1.2017.
[47] Erläuterungen des Bundesministeriums für Wirtschaft und Energie zur Verfahrensordnung für die Vergabe öffentlicher Liefer- und Dienstleistungsaufträge unterhalb der EU-Schwellenwerte (Unterschwellenvergabeordnung (UVgO) – Ausgabe 2017) Stand 5.1.2017.

Nach § 3a EU Abs. 2 Nr. 2 Abs. 4 VOB A ist der wettbewerbliche Dialog zulässig, wenn ein offenes oder nicht offenes Verfahren wegen nicht ordnungsgemäßer oder nicht annehmbarer Angebote aufgehoben wurde. Nicht ordnungsgemäß sind insbesondere Angebote, die nicht den Vergabeunterlagen entsprechen, nicht fristgerecht eingegangen sind, nachweislich auf kollusiven Absprachen oder Korruption beruhen oder nach Einschätzung des öffentlichen Auftraggebers ungewöhnlich niedrig sind. Unannehmbar sind insbesondere Angebote von Bietern, die nicht über die erforderlichen Qualifikationen verfügen und Angebote, deren Preis das vor Einleitung des Vergabeverfahrens festgelegte und schriftlich dokumentierte Budget des öffentlichen Auftraggebers übersteigt. Für Einzelheiten wird auf die Kommentierung zu § 3a EU Abs. 2 Nr. 2 VOB A verwiesen.

II. Verfahrensablauf

Der Wettbewerbliche Dialog ist ein dreistufiges Vergabeverfahren. Nach Bekanntmachung des Beschaffungsvorhabens im Amtsblatt der Europäischen Union findet auf erster Stufe ein Teilnahmewettbewerb statt. In dem Teilnahmewettbewerb werden diejenigen Bewerber ermittelt, die als geeignet für die Erbringung der Leistungen anzusehen sind und zur Abgabe von Lösungsvorschlägen aufgefordert werden sollen. Dem schließt sich auf zweiter Stufe ein Dialog zwischen Auftraggeber und den ausgewählten Unternehmen an, in dem alle Einzelheiten des Auftrags erörtert werden können. Ziel des Dialogs ist die Erarbeitung von Lösungsvorschlägen zur Erfüllung der auftraggeberseitigen Bedürfnisse durch die ausgewählten Unternehmen. Auf der Grundlage dieser Lösungsvorschläge geben die Unternehmen auf der dritten Stufe ihre (endgültigen) Angebote ab, von denen der Auftraggeber das wirtschaftlichste auswählt. Nach Information der erfolglosen Bieter gemäß § 134 GWB über ihre Nichtberücksichtigung endet der wettbewerbliche Dialog mit der Zuschlagserteilung. 33

1. Bekanntmachung und Vergabeunterlagen. Vorgaben für die Bekanntmachung und die Vergabeunterlagen finden sich in § 3b EU Abs. 4 Nr. 1 und Nr. 3 VOB/A. 34

a) Allgemeine Anforderungen. Nach § 3b EU Abs. 4 Nr. 3 VOB A beschreibt der öffentliche Auftraggeber in der Auftragsbekanntmachung oder den Vergabeunterlagen seine **Bedürfnisse und Anforderungen** an die zu beschaffende Leistung. Gleichzeitig erläutert und definiert er die hierbei zu Grunde gelegten **Zuschlagskriterien** und legt einen vorläufigen **Zeitrahmen für Verhandlungen** fest. 35

Das Verfahren des Wettbewerblichen Dialogs beginnt mit der Veröffentlichung der Bekanntmachung gemäß § 3b EU Abs. 4 Nr. 3 VOB/A. Dem steht nicht entgegen, dass die Bekanntmachung erstmals in Nr. 3 des § 3b EU Abs. 4 VOB/A und damit nach den Vorschriften über den Teilnahmewettbewerb in Nr. 1 und Nr. 2 erwähnt wird. Insbesondere folgt aus dieser Systematik nicht, dass eine Bekanntmachung erst nach Abschluss des Teilnahmewettbewerbs erfolgen müsse (was auch widersinnig wäre und der Aufforderung in Nr. 1, eine unbeschränkte Anzahl von Unternehmen zum Teilnahmewettbewerb aufzufordern, zuwider liefe). Dass der DVA die Bekanntmachung erst in Nr. 3 und nicht – wie in der Parallelvorschrift des § 18 VgV – in Nr. 1 geregelt hat, lässt sich nur wie folgt erklären: § 3b EU Abs. 4 VOB/A normiert keine Mindestanforderungen an die Bekanntmachung. Zwar muss der öffentliche Bieter zur Ansprache potentieller interessierter Unternehmen und zur Ermöglichung eines Wettbewerbs seine Bedürfnisse und Anforderungen an die zu beschaffende Leistung beschreiben. Ihm ist es gemäß § 3b Abs. 4 Nr. 3 VOB/A jedoch freigestellt, ob er diese Beschreibung bereits in der Bekanntmachung oder erst in den Vergabeunterlagen vornimmt. Letztere musste der öffentliche Auftraggeber bis zur Vergaberechtsreform 2016 erst nach Abschluss des Teilnahmewettbewerbs veröffentlichen. Das hatte der DVA vermutlich im Hinterkopf, als er die Anforderungen an Bekanntmachung oder Vergabeunterlagen in Nr. 3 regelte. Dabei hat er jedoch übersehen, dass aus § 11 EU Abs. 3 VOB/A zu schlussfolgern ist[48], dass die Vergabeunterlagen bereits im Zeitpunkt der Bekanntmachung erstellt worden sein und den Bietern über eine elektronische Adresse zur Verfügung gestellt werden müssen. Daraus folgt: Das Verfahren des Wettbewerb-

---

[48] Nach § 11 EU Abs. 3 VOB A gibt der öffentliche Auftraggeber in der Auftragsbekanntmachung eine elektronische Adresse an, unter der die Vergabeunterlagen unentgeltlich, uneingeschränkt, vollständig und direkt abgerufen werden können. Unter Bezugnahme von Art. 53 Abs. 1 der Richtlinie 2014/24/EU ist diese Regelung dahingehend zu verstehen, dass die Vergabeunterlagen vom Tag der Veröffentlichung der Bekanntmachung an von allen interessierten Personen abgerufen werden können.

VOB/A-EU § 3b EU 36   VOB Teil A

lichen Dialogs beginnt mit der Veröffentlichung einer Bekanntmachung. Zeitgleich mit der Bekanntmachung müssen die Vergabeunterlagen erstellt und abrufbar sein. Die Regelung von Bekanntmachung und Vergabeunterlagen erst in Nr. 3 des § 3b EU Abs. 4 VOB A ist deshalb systematisch falsch.

Ob und inwieweit der öffentliche Auftraggeber seine Bedürfnisse und Anforderungen, die Zuschlagskriterien und den vorläufigen Zeitrahmen für Verhandlungen **in der Bekanntmachung oder in den Vergabeunterlagen** beschreibt, ist ihm freigestellt. Die Gebote von Gleichbehandlung und vor allem Transparenz muss er freilich beachten. Empfehlenswert ist es, bereits in die Bekanntmachung die relevanten Informationen aufzunehmen, damit die Unternehmen in der Lage sind, eine sachgerechte Entscheidung über die Beteiligung am Verfahren zu treffen. Das betrifft insbesondere die Bedürfnisse und Anforderungen des Auftraggebers an die zu beschaffende Leistung. Selbst wenn der öffentliche Auftraggeber seine Bedürfnisse und Anforderungen in den Vergabeunterlagen beschreibt, sollte er insoweit in der Bekanntmachung jedenfalls eine Kurzbeschreibung der Bedürfnisse und Anforderungen vorsehen.

Neben den Anforderungen aus § 3b EU Abs. 4 Nr. 3 VOB/A an die Bekanntmachung (und/oder die Vergabeunterlagen) ergeben sich weitere Anforderungen an die Bekanntmachung aus Nr. 1 und Nr. 2. Danach müssen die Bewerber mit dem Teilnahmeantrag die vom öffentlichen Auftraggeber geforderten Informationen für die Prüfung der **Eignung** und das Nichtvorliegen von Ausschlussgründen übermitteln. Damit sind Mindestanforderungen an die Eignung gemeint.

Zugleich sollte der Auftraggeber die für ihn wesentlichen Eckpunkte der zu beschaffenden Leistung als **Ausschlusskriterien** festlegen. Der Leistungsgegenstand wird im Wettbewerblichen Dialog weitgehend durch die dem Auftraggeber wissensmäßig überlegenen Bewerber festgelegt. Dies birgt die Gefahr, dass dem Auftraggeber nur Leistungen angeboten werden, die zwar seine Bedürfnisse erfüllen, aber in wesentlichen Punkten für ihn nachteilig sind, zB bei der Haftung der Auftragnehmer.[49] Um zu verhindern, dass solche Angebote abgegeben werden und uU bezuschlagt werden müssen, sollten die wesentlichen Anforderungen als Ausschlusskriterien definiert werden.

Im Übrigen hat die Bekanntmachung **nach Maßgabe des § 12 EU Abs. 3 Nr. 2 VOB/A** zu erfolgen, das heißt: Sie muss insbesondere mit den von der Europäischen Kommission festgelegten Standardformularen[50] erfolgen und die nach Anhang V Teil C der Richtlinie 2014/24/EU erforderlichen Informationen beinhalten. Sie muss darüber hinaus eine Aufforderung zum Teilnahmewettbewerb enthalten und unter Berücksichtigung von § 12 EU Abs. 3 Nr. 2–5 VOB/A veröffentlicht werden. Die Bewerbungsfrist hat gemäß § 10d EU VOB/A mindestens 30 Tage zu betragen. Fristverkürzungsmöglichkeiten sieht § 10d EU VOB/A nicht vor.

Der öffentliche Auftraggeber ist im Hinblick auf die Grundsätze der Transparenz und Gleichbehandlung grundsätzlich an die Angaben in der Bekanntmachung gebunden. Soweit er nachträglich feststellt, dass diese Angaben seinen sachlich begründeten Anforderungen nicht entsprechen, ist er berechtigt ist, anstelle einer Aufhebung des Vergabeverfahrens und Neueinleitung mit einer überarbeiteten Bekanntmachung die bereits veröffentlichte **Bekanntmachung nachträglich abzuändern**. Maßgebliche Voraussetzung für eine solche nachträgliche Änderung ist, dass die Änderung der Bekanntmachung nicht so wesentlich ist, dass ein Unternehmen, das sich auf der Grundlage der ursprünglichen Bekanntmachung gegen eine Teilnahme am Vergabeverfahren entschieden hat, sich in Kenntnis der geänderten Bekanntmachung nicht für eine Teilnahme entscheiden würde. Die nachträgliche Änderung darf also keine Auswirkungen auf den Interessenten-und Teilnehmerkreis haben. Sonst wäre eine neue Bekanntmachung erforderlich. Für Einzelheiten wird auf die Kommentierung von § 17 EU VOB/A verwiesen.

Auf folgende Inhalte von Bekanntmachung und Vergabeunterlagen ist besonders einzugehen:

36   **b) Bedürfnisse und Anforderungen.** Entweder die Bekanntmachung oder die Vergabeunterlagen müssen nach der spezifischen Regelung des Abs. 4 Nr. 3 die **Bedürfnisse und Anforderungen** des Auftraggebers aufzeigen. Bedürfnis meint die vom Auftraggeber zu erfüllende (öffentliche) Aufgabe, mit anderen Worten: den Beschaffungsgegenstand. Die Anforderungen betreffen die notwendigen Eigenschaften des künftigen Auftragnehmers und/oder des gesuchten Lösungsvorschlags (einschließlich Rahmenbedingungen wie Finanzierung).

---

[49] *Opitz* VergabeR 2006, 451 (460).
[50] Zu finden im Anhang II der Verordnung (EG) Nr. 1564/2005, veröffentlicht unter http://simap.europa.eu/.

Die Beschreibung der Bedürfnisse und Anforderungen (im Folgenden auch nur „Beschreibung" genannt) entspricht damit in ihrer Funktion der Leistungsbeschreibung im Sinne von § 121 GWB und § 7 EU VOB/A. Sie kann aber weniger detailliert und präskriptiv sein und weniger Vorgaben enthalten, da die Beschreibung des Leistungsgegenstands erst in der Dialogphase durch die Bewerber und den Auftraggeber gemeinsam erfolgt.[51] Dies wird auch aus der Verwendung des allgemeinen Begriffs „Anforderungen" deutlich. Das bedeutet jedoch nicht, dass die Beschreibung entbehrlich wäre. Ebenso wie in den klassischen Vergabeverfahren eine Leistungsbeschreibung erstellt werden muss, hat der Auftraggeber für den Wettbewerblichen Dialog eine Beschreibung anzufertigen.

Anders als bei einer funktionalen Leistungsbeschreibung nach § 7c EU VOB/A muss die Beschreibung kein Leistungsprogramm mit Beschreibung der Bauaufgabe enthalten. Sie kann aber für Leistungsbereiche, deren Inhalte bereits feststehen und nicht erst im Dialog ermittelt werden sollen, konkrete Anforderungen enthalten. Dies gilt insbesondere für technisch weniger komplexe Vorhaben, bei denen allein die rechtliche oder wirtschaftliche Komplexität den Wettbewerblichen Dialog rechtfertigt (zB ÖPP-Vorhaben), oder umgekehrt.[52]

Für den Auftraggeber empfiehlt es sich dennoch, zur Verringerung des Risikos von Nachprüfungsverfahren bereits in der Bekanntmachung bzw. der Beschreibung möglichst **umfassende Sachverhaltsangaben** zu veröffentlichen. Dies gilt insbesondere für die Umstände, die die Vergabe im Wettbewerblichen Dialog rechtfertigen. Auch der wesentliche Verfahrensablauf sollte den Bewerbern möglichst früh mitgeteilt werden. Hierdurch kann der Auftraggeber erreichen, dass Bewerber vermeintliche Rechtsverstöße bereits in einem frühen Verfahrensstadium rügen müssen oder andernfalls einen Nachprüfungsantrag nicht hierauf stützen können. Zudem sind Fehler in einem frühen Verfahrensstadium erfahrungsgemäß leichter zu beheben.

Die Beschreibung ist ihrem Inhalt nach keine Leistungsbeschreibung, so dass nach dem Wortlaut des **§ 7 EU Abs. 1–3 VOB/A** die dort festgelegten allgemeinen Regeln für sie nicht unmittelbar gelten. Diese Regeln konkretisieren aber weitgehend lediglich die allgemeinen vergaberechtlichen Grundsätze der Gleichbehandlung, der Transparenz und des Wettbewerbs, die auch für den Wettbewerblichen Dialog gelten.[53] Daher sind die allgemeinen Regeln analog anzuwenden, soweit sie auf den Wettbewerblichen Dialog übertragbar sind. Im Einzelnen:

– Die Gebote der **eindeutigen** und möglichst **erschöpfenden** Beschreibung des § 7 EU Abs. 1 Nr. 1 VOB/A[54] gelten für die Beschreibung insoweit, als Leistungen beschrieben werden, deren Inhalt bereits weitgehend feststeht.[55] Leistungen, die erst im Dialog mit den Bewerbern ermittelt werden sollen, kann der Auftraggeber nicht eindeutig und erschöpfend beschreiben.
– Das allgemeine Verbot des § 7 EU Abs. 1 Nr. 3 VOB/A, dem Auftragnehmer ein **ungewöhnliches Wagnis** aufzubürden,[56] gilt im Wettbewerblichen Dialog grundsätzlich analog. Hier ist aber zu beachten, dass im Wettbewerblichen Dialog das Planungsrisiko zulässigerweise weitgehend auf die Bewerber übertragen wird. Hinzu kommt, dass die besonders komplexen Vorhaben, für die der Wettbewerbliche Dialog statthaft ist, in aller Regel mit besonderen Risiken verbunden sind, die zulässigerweise auf die Bewerber übertragen werden können. Dies gilt insbesondere für die Übertragung von Einnahmerisiken im Rahmen von ÖPP-Modellen, zB von Verkehrsmengenrisiken bei ÖPP-Modellen im Fernstraßenbau.
– Zahlreiche **preisbeeinflussende Umstände** iSd § 7 EU Abs. 1 Nr. 2 VOB/A[57] wird der Auftraggeber auch dann angeben können, wenn er keine Leistungsbeschreibung erstellen kann und daher einen Wettbewerblichen Dialog durchführt. ZB hindert die wirtschaftliche Komplexität eines ÖPP-Projekts den Auftraggeber nicht daran, die Bodenverhältnisse des Baugeländes anzugeben. § 7 EU Abs. 1 Nr. 6 VOB/A ist daher analog anzuwenden.
– Die Pflichten des Auftraggebers aus § 7 EU Abs. 1 Nr. 5 u. 7 VOB/A **(Zweck und Beanspruchung der Leistung, Baustellenverhältnisse, Abschnitt 0 ATV)**[58] gelten grundsätzlich unabhängig von der Verfahrensart und sind daher auf den Wettbewerblichen Dialog

---

[51] *Europäische Kommission* Erläuterungen zum Wettbewerblichen Dialog, Dokument CC/2005/04_rev1 vom 5.10.2005, Fn. 9.
[52] So auch *Opitz* VergabeR 2006, 451 (452).
[53] ErwG 39 VKR.
[54] Siehe Kommentierung zu → § 7 Rn. 8 ff.
[55] Siehe Kommentierung zu → § 7 Rn. 34.
[56] Siehe Kommentierung zu → § 7 Rn. 21 ff.
[57] Siehe Kommentierung zu → § 7 Rn. 30 ff.
[58] Siehe Kommentierung zu → § 7 Rn. 36 ff.

analog anzuwenden, soweit der Auftraggeber sie trotz seines eingeschränkten Wissens über die zu beschaffende Leistung erfüllen kann.

Neben Angaben zum Sachverhalt kann die Beschreibung auch rechtliche/verwaltungstechnische/vertragliche Bestimmungen enthalten, die unter anderem die Grundlage für den Ablauf des Verfahrens und die Ausarbeitung der Angebote bilden.

Dem Auftraggeber ist es nach den Transparenz- und Wettbewerbsgrundsätzen untersagt, **grundlegende Elemente** der Bekanntmachung oder der Beschreibung im Laufe des Verfahrens zu ändern oder dem letztlich ausgewählten Bewerber neue wesentliche Elemente aufzuerlegen.[59] Diese Pflicht reicht nicht so weit wie die für die anderen Verfahrensarten geltende Pflicht zur Wahrung der Identität des Beschaffungsgegenstands, da sie sich nur auf „grundlegende" Elemente bezieht. Dies sind zB die Zulässigkeit von Nebenangeboten und die an sie zu stellenden Mindestanforderungen, die Aufteilung in Lose, der Einsatz von Unterauftragnehmern, Eventualpositionen und die Zuschlagskriterien.[60] Die Beschreibung des Leistungsgegenstandes sollte der Auftraggeber daher so formulieren, dass er Änderungsvorschläge der Bewerber in der Dialogphase aufgreifen kann, ohne sich dem Vorwurf auszusetzen, er ändere grundlegende Elemente.

37 **c) Informationen für den Teilnahmewettbewerb.** Nach § 3b EU Abs. 4 Nr. 1 VOB/A fordert der öffentliche Auftraggeber beim Wettbewerblichen Dialog eine unbeschränkte Anzahl von Unternehmen im Rahmen eines Teilnahmewettbewerbs öffentlich zur Abgabe von Teilnahmeanträgen auf. Mit dem Teilnahmeantrag müssen die Unternehmen die vom öffentlichen Auftraggeber geforderten Informationen für die Prüfung der Eignung und das Nichtvorliegen von Ausschlussgründen übermitteln. Die Bekanntmachung muss folglich zum einen die **Aufforderung zur Abgabe von Teilnahmeanträgen** beinhalten. Zum anderen muss der öffentliche Auftraggeber in der Bekanntmachung darlegen, welche Informationen er von den Bewerbern für die Prüfung der Eignung und das Nichtvorliegen von Ausschlussgründen fordert. Das setzt außerdem voraus, dass der öffentliche Auftraggeber in der Bekanntmachung die Eignungskriterien und etwaige Ausschlussgründe festgelegt.

Der Teilnahmewettbewerb (1. Stufe) dient der Auswahl derjenigen Bewerber, mit denen auf 2. Stufe der Wettbewerbliche Dialog geführt werden soll. Die Auswahl trifft der öffentliche Auftraggeber auf der Grundlage der bekannt gemachten Eignungskriterien und Ausschlussgründe unter Berücksichtigung der vergaberechtlichen Grundsätze, insbesondere der Gebote von Gleichbehandlung und Transparenz. Das zeigt § 3b EU Abs. 4 Nr. 2 S. 1 VOB A, wonach nur diejenigen Unternehmen, die vom öffentlichen Auftraggeber infolge einer Bewertung der übermittelten Informationen – für die Prüfung der Eignung und das Nichtvorliegen von Ausschlussgründen gemäß § 3b EU Abs. 4 Nr. 1 S. 3 – dazu aufgefordert werden, in den Dialog mit dem öffentlichen Auftraggeber eintreten. Die Eignung und das Nichtvorliegen von Ausschlussgründen sind damit Voraussetzung für die Teilnahme am Wettbewerblichen Dialog und mithin Prüfungsgegenstand im Teilnahmewettbewerb.

In diesem Zusammenhang ist klarzustellen, dass **Bieter- bzw. Bewerbergemeinschaften** nicht vom Wettbewerblichen Dialog ausgeschlossen sind. Die ausschließliche Verwendung des Begriffs „Unternehmen" in § 3b EU Abs. 4 VOB/A ist nicht als Ausschlusskriterium im Hinblick auf Bietergemeinschaften zu verstehen.

Die maßgeblichen **Ausschlussgründe** finden sich in § 6e EU VOB/A. Die dort normierten Ausschlussgründe sind auftrags- und verfahrensunabhängig und gelten deshalb auch für den Wettbewerblichen Dialog. Auf die Kommentierung von § 6e EU VOB/A wird an dieser Stelle verwiesen. Neben den in § 6e EU VOB/A ausdrücklich genannten Ausschlussgründen hat der öffentliche Auftraggeber bei der Eignungsprüfung auch andere gesetzliche Ausschlussgründe zu berücksichtigen. Zwar findet sich in § 6e EU VOB/A nicht mehr der noch in § 6 EG Abs. 4 VOB/A enthaltene Hinweis darauf, dass die Ausschlusstatbestände nicht exklusiv sind, sondern ein Bewerber auch wegen anderer gesetzliche Ausschlussgründe vom Wettbewerb ferngehalten werden muss. Diesen Hinweis enthält jedoch die höherrangige Bestimmung des §§ 124 Abs. 2 GWB, die bei Auftragsvergaben nach Abschnitt 2 der VOB/A und damit auch beim Wettbewerblichen Dialog zu beachten ist. Dort sind ausdrücklich genannt: § 21 des Arbeitnehmer-Entsendegesetzes, § 98c des Aufenthaltsgesetzes, § 19 des Mindestlohngesetzes und § 21 des

---

[59] ErwG 31 VKR, siehe auch § 3a Abs. 4 Nr. 5 S. 5 und Nr. 6 S. 3 VOB/A; *Frenz* in Willenbruch/Wieddekind Vergaberecht 3. Aufl., Los 1 GWB § 97 Rn. 12.
[60] *Europäische Kommission* Erläuterungen zum Wettbewerblichen Dialog, Dokument CC/2005/04_rev1 vom 5.10.2005, Ziff. 3.1, Fn. 14; zur Änderung der Gewichtung der Zuschlagskriterien → Rn. 39.

Schwarzarbeitsbekämpfungsgesetzes. § 3b EU Abs. 4 VOB/A schließt nicht aus, dass der öffentliche Auftraggeber darüber hinaus weitere, auf das konkrete Vergabeverfahren zugeschnittene Ausschlussgründe festgelegt, soweit er dabei die vergaberechtlichen Grundsätze, insbesondere Wettbewerb, Gleichbehandlung und Transparenz, beachtet. Die in der VOB/A normierten sowie die weiteren gesetzlichen Ausschlussgründe müssen in der Bekanntmachung nicht im Einzelnen beschrieben werden, wohl aber etwaige auf das konkrete Vergabeverfahren zugeschnittene, weitere Ausschlussgründe (zu den Informationen zum Nachweis des Nichtvorliegens von Ausschlussgründen vgl. Rn. 40).

Während die Ausschlussgründe weitestgehend in der VOB/A und dem GWB normiert sind, müssen die **Eignungskriterien und Eignungsnachweise** vom öffentlichen Auftraggeber in der Bekanntmachung ausdrücklich benannt werden. Dabei muss der öffentliche Auftraggeber die Vorgaben aus § 6 EU bis § 6d EU VOB/A beachten, so dass hier auf die entsprechende Kommentierung verwiesen werden kann. Allerdings hat der Auftraggeber bei der Festlegung der Eignungskriterien einen weiteren Spielraum[61] als in den „klassischen Vergabeverfahren".[62] Das hat folgenden Hintergrund: Nach § 6 EU Abs. 2 VOB/A soll die Eignungsprüfung die ordnungsgemäße Ausführung des öffentlichen Auftrags dadurch sicherstellen, dass der Bewerber vorab seine Befähigung und Erlaubnis zur Berufsausübung, seine wirtschaftliche und finanzielle Leistungsfähigkeit sowie seine technische und berufliche Leistungsfähigkeit nachzuweisen hat. Der Auftragsgegenstand wird jedoch regelmäßig erst in der Dialogphase konkretisiert. So kann beispielsweise im Zeitpunkt der Bekanntmachung das Bedürfnis des Auftraggebers, eine durch einen Fluss unterbrochene Straße zu verbinden, feststehen und erst im Dialog zu klären sein, ob dafür eine Brücke oder eine Untertunnelung des Flusses „besser" ist. In diesem Fall ist also noch unklar, ob die Eignung für einen Brücken-Auftrag oder für einen Tunnel-Auftrag geprüft werden muss. Folgende **Lösungsmöglichkeiten** sind denkbar:

— In seiner Bewerbung muss der Bewerber die aus seiner Sicht für die Erfüllung der Bedürfnisse des Auftraggebers geeigneten Auftragsarbeiten aufzeigen und seine Eignung dafür nachweisen.
— Soweit möglich, kann auch der Auftraggeber die denkbaren Auftragsarbeiten angeben. Der Bewerber kann dann seine Eignung für eine oder mehrere denkbare Auftragsarbeiten nachweisen.[63]
— Die Eignung ist dann auf diese Auftragsarbeiten beschränkt, soweit sie vorliegt. Entscheidet sich der Auftraggeber in der Dialogphase für andere Auftragsarbeiten, ist der Bewerber mangels Eignung auszuschließen. Die Entscheidung für andere Auftragsarbeiten darf jedoch nicht willkürlich erfolgen. Die Gründe für diese Entscheidung müssen deshalb dokumentiert werden.
— Der Auftraggeber fragt nur „allgemeine Eignungskriterien" (zum Beispiel Kriterien im Sinne von § 6a EU Nr. 1, Nr. 2a) und b), Nr. 3b) – i) VOB/A) und keine „auftragsbezogenen Eignungskriterien" ab. Im Teilnahmewettbewerb findet danach keine abschließende Eignungsprüfung, sondern lediglich eine vorläufige Eignungsprüfung statt.

Diese Abweichungen von den Eignungsprüfvorgaben für die klassischen Vergabe stehen in Einklang mit den europarechtlichen Vorgaben in Art. 30 Abs. 1 der Richtlinie 2014/24/EU. Danach muss der öffentliche Auftraggeber eine „qualitative Auswahl treffen", mit welchen Unternehmen er einen Dialog eröffnet. Eine auch begriffliche Inbezugnahme der Regelungen zur Eignungsprüfung erfolgt in der Richtlinie nicht. Das zeigt, dass der öffentliche Auftraggeber bei der Eignungsprüfung freier ist als in den klassischen Vergabeverfahren.

Den Nachweis der Eignung, d. h. der Erfüllung der Eignungskriterien und des Nichtvorliegens von Ausschlussgründen, kann der Bewerber gemäß § 6b EU VOB/A durch Eintragung in die allgemein zugängliche Liste des Vereins für die Präqualifikation von Bauunternehmen e. V. (**Präqualifikationsverzeichnis**) oder durch Vorlage von Einzelnachweisen führen. Insoweit kann der öffentliche Auftraggeber in der Bekanntmachung vorsehen, dass für einzelne Angaben zunächst **Eigenerklärungen** ausreichend sind, die nur, wenn er in die engere Wahl kommt mit ihm ein Dialog geführt werden soll, durch entsprechende Bescheinigungen der zuständigen Stellen bestätigt werden müssen.

Da der Dialog für den Auftraggeber und auch für die Bewerber mit einigem Aufwand verbunden ist, räumt § 3b EU Abs. 4 Nr. 2 S. 2 VOB/A in Verbindung mit § 3b EU Abs. 2

---

[61] Ebenso *Fritz* VergabeR 2008, 379 (383).
[62] Offenes Verfahren, Nichtoffenes Verfahren und Verhandlungsverfahren.
[63] So wohl *Hausmann* in KMPP VOB/A, 1. Aufl. 2010, § 3a Rn. 57.

Nr. 3 VOB/A dem Auftraggeber die Möglichkeit ein, die Anzahl der geeigneten Bewerber, mit denen er in einen Dialog eintritt, zu begrenzen, d. h. nur mit einer **Auswahl geeigneter Bewerber** den Dialog zu führen. Dazu hat der öffentliche Auftraggeber in der Bekanntmachung die von ihm vorgesehenen objektiven und nicht diskriminierenden Eignungskriterien für die Begrenzung der Zahl, die vorgesehene Mindestzahl und gegebenenfalls auch die Höchstzahl der Bewerber, mit denen der Dialog geführt werden soll, anzugeben. Die Mindestzahl muss, was § 3b EU Abs. 4 Nr. 3 VOB/A klargestellt, mindestens drei betragen.

Zur Auswahl derjenigen geeigneten Bewerber, mit denen ein Dialog geführt werden soll, kann der öffentliche Auftraggeber Kriterien heranziehen, die er bereits zum Nachweis der Eignung gefordert hat, oder neue Kriterien festlegen, die den vergaberechtlichen Grundsätzen entsprechen, das heißt insbesondere durch den Auftragsgegenstand gerechtfertigt sein und zu diesem in einem angemessenen Verhältnis stehen müssen. In jedem Fall muss aus der Bekanntmachung unmissverständlich für die Bewerber erkennbar sein, welche Kriterien für die Auswahl unter den geeigneten Bewerbern maßgeblich sind und welche zur Beurteilung der Bewerber nach diesen Kriterien erforderlichen Erklärungen und Nachweise vorgelegt werden müssen.

Eine Verpflichtung zur **Gewichtung** der Auswahlkriterien besteht nicht. Vielmehr genügt es, wenn sich aus der Bekanntmachung hinreichend deutlich ergibt, unter welchen Voraussetzungen Bewerber als besonders geeignet angesehen werden, so dass sich die Bewerber darauf einstellen können und die Gelegenheit haben, mit ihrem Teilnahmeantrag aussagekräftige und wertungsfähige Informationen hinsichtlich der Auswahlgesichtspunkte zu übermitteln. Soweit der Auftraggeber hingegen eine Gewichtung der Auswahlkriterien vorsieht, muss er auch diese Gewichtung in der Bekanntmachung mitteilen.

Für Einzelheiten zum Teilnahmewettbewerb, insbesondere zur Auswahl unter den geeigneten Bewerbern, wird auf die Kommentierung zu § 3b EU Abs. 2 Nr. 3 VOB/A verwiesen.

38 **d) Informationen zum Strukturierung des Dialogs.** Ferner müssen die Bekanntmachung oder die Vergabeunterlagen Informationen über die Ausgestaltung der Dialogphase (2. Stufe) enthalten. Dazu gehört zum einen der in § 3b EU Abs. 3 S. 2 VOB/A ausdrücklich genannte vorläufige **Zeitplan** für Verhandlungen. Zum anderen gehört dazu die Strukturierung des Dialogs. Aus demselben Grund, der den Auftraggeber zur Begrenzung der Bewerberanzahl im Teilnahmewettbewerb gemäß § 3b EU Abs. 4 Nr. 2 S. 2 VOB/A berechtigt, darf der Auftraggeber nach § 3b EU Abs. 4 Nr. 5 VOB/A in der Dialogphase die Zahl der Lösungen (nicht notwendigerweise auch die Zahl der Bewerber) auf Grundlage der in der Bekanntmachung oder in den Vergabeunterlagen angegebenen Zuschlagskriterien sukzessive verringern **(abgestufter Dialog).** Dazu muss der öffentliche Auftraggeber in der Bekanntmachung oder in den Vergabeunterlagen angeben, dass ein abgestufter Dialog geführt werden soll und nach welchen Maßgaben die Zahl der Lösungen verringert wird. Anzugeben ist unter anderem auch, ob eine Verringerung in der ersten Dialogphase vor oder nach der Verhandlung über die Lösungsvorschläge erfolgt. Fehlen entsprechender Angaben zum abgestuften Dialog, müssen alle Unternehmen bis zum Abschluss des Dialogs an allen Dialogphasen beteiligt werden.

39 **e) Informationen zur Angebotswertung.** Auf der 3. Stufe erfolgt die Angebotswertung auf Grund der in der Bekanntmachung oder in den Vergabeunterlagen festgelegten **Zuschlagskriterien**. Missverständlich ist insoweit die Formulierung von § 3b EU Abs. 4 Nr. 8 S. 1 VOB A, wonach der öffentliche Auftraggeber die Angebote „*anhand der in der Auftragsbekanntmachung oder in der Beschreibung festgelegten Zuschlagskriterien*" bewertet. Der Begriff der Beschreibung stammt aus der VOB/A 2012. Dort wurde er als Äquivalent für die Leistungsbeschreibung im wettbewerblichen Dialog verwendet. Insbesondere waren in der Beschreibung (oder bereits in der Bekanntmachung) die Anforderungen und Bedürfnisse an die zu beschaffende Leistung zu beschreiben. Dies muss der öffentliche Auftraggeber gemäß § 3b EU Abs. 4 Nr. 3 VOB A in der Bekanntmachung oder in den Vergabeunterlagen vornehmen. Offensichtlich hat der DVA bei der Überarbeitung der Regelungen zum Wettbewerblichen Dialog in § 3b EU Abs. 4 Nr. 8 S. 1 VOB A schlicht vergessen, die Terminologie anzupassen und den Begriff der Beschreibung durch den Begriff der Vergabeunterlagen zu ersetzen.

Der Auftraggeber hat somit in der Bekanntmachung oder in den Vergabeunterlagen Zuschlagskriterien zu definieren, anhand derer das „wirtschaftlichste Angebot" ausgewählt werden kann. Wenngleich sich § 3b EU Abs. 4 Nr. 3 VOB/A dazu nicht äußert, hat der Auftraggeber außerdem bereits die **Gewichtung** der Kriterien anzugeben. Wenn der Auftraggeber aus nachvollziehbaren Gründen die Gewichtung der Kriterien nicht angeben kann, darf er sich in der Bekanntmachung und in den Vergabeunterlagen darauf beschränken, die Kriterien in der absteigenden Reihenfolge ihrer Bedeutung anzugeben.[64] Dies ist bei den komplexen Aufträgen, die im Wettbewerblichen Dialog vergeben werden dürfen, nicht selten der Fall.[65] Die Transparenz- und Gleichbehandlungsgrundsätze verpflichten den Auftraggeber aber, die Gewichtung jedenfalls vor Abgabe zu wertender Angebote mitzuteilen.[66] Wenn ein abgestufter Dialog iSd Nr. 5 durchgeführt wird, sind die Zuschlagskriterien auch die Kriterien, die über das Vorrücken eines Bewerbers in die nächste Dialogphase entscheiden (Nr. 5 Satz 1)[67], so dass deren Gewichtung vor der entscheidenden Dialogphase bekanntgegeben werden müssen.

Wenn der Auftraggeber die Gewichtung jeweils rechtzeitig mitteilt, dürfte es zulässig sein, die Gewichtung während der Dialogphase zu verändern, sofern dies nicht zu einer gezielten Benachteiligung einzelner Bewerber führt.[68] Unter diesen Voraussetzungen dürfte während der Dialogphase auch die Präzisierung der Zuschlagskriterien durch Unterkriterien zulässig sein.[69] Ziel des Wettbewerblichen Dialogs ist, dass der Auftraggeber zusätzliches Wissen erwirbt, das ihm eine zielgenauere und damit wirtschaftlichere Vergabe ermöglicht. Die Änderung der Gewichtung und die Festlegung von Unterkriterien sind erforderlich, damit der Auftraggeber während der Dialogphase gewonnenes Wissen zur Optimierung der Zuschlagskriterien einsetzen und so wirtschaftlicher vergeben kann. Bindet man den Auftraggeber im Sinne der zu den herkömmlichen Vergabeverfahren ergangenen Rechtsprechung zu strikt an seine vor Verfahrensbeginn festgelegten Wertungskriterien, ist er uU gezwungen, sehenden Auges ein Angebot zu bezuschlagen, das nach seinem neuen Kenntnisstand nicht das wirtschaftlichste ist. Dies widerspräche dem Ziel der Richtlinien- und Gesetzgeber bei der Einführung des Wettbewerblichen Dialogs, auch für besonders komplexe Vorhaben eine möglichst wirtschaftliche Vergabe zu erreichen. Den Interessen der Bieter ist durch die strikte Beachtung des Transparenz- und des Gleichbehandlungsgrundsatzes Rechnung zu tragen.

Aus Sicht des Auftraggebers bedeutet dies für die praktische Durchführung eines Wettbewerblichen Dialogs folgendes: Die Formulierung der Zuschlagskriterien für Wettbewerbliche Dialoge ist für den Auftraggeber schwierig, da den Angeboten sehr unterschiedliche Lösungsansätze zugrunde liegen können.[70] Auftraggeber werden am Ende der Dialogphase häufig keine Vergabeunterlagen erstellen, auf die die Bewerber ihre Angebote einheitlich auszurichten haben. Stattdessen können sie auf den (oft heterogenen) Dialogstand verweisen. Dies führt zu einer erheblichen Streuung der Angebote, was den Vergleich und damit die Wertung erschwert. Dies sollte der Auftraggeber bereits bei der Festlegung der Zuschlagskriterien berücksichtigen, indem er sie zunächst eher offen formuliert und im Laufe des Dialogs durch Unterkriterien präzisiert. Die Gewichtung der einzelnen Kriterien kann er im Laufe des Dialogs verändern. Mit Blick auf das Transparenzgebot sollte sich der Auftraggeber beides in der Bekanntmachung oder der Beschreibung vorbehalten.

Dem Auftraggeber ist es untersagt, grundlegende Elemente der Bekanntmachung oder der Beschreibung im Laufe des Verfahrens zu ändern oder dem letztlich ausgewählten Bewerber neue wesentliche Elemente aufzuerlegen.[71]

---

[64] Art. 40 Abs. 5 lit. e, Art. 53 Abs. 2, ErwG 46 Abs. 2 und Anhang VII Teil A Nr. 23 VKR; *Schneider* in Handbuch des Vergaberechts § 11 Rn. 29a; *Werner* in Byok/Jaeger Kommentar zum Vergaberecht 3. Aufl., GWB § 101 Rn. 68.

[65] So auch OLG Celle NZBau 2013, 795; *Europäische Kommission* Erläuterungen zum Wettbewerblichen Dialog, Dokument CC/2005/04_rev1 vom 5.10.2005, Ziff. 3.1.; *Heiermann* ZfBR 2005, 766 (771). Dennoch muss die Frage, ob Zuschlagskriterien von der Reihenfolge ihrer Bedeutung angegeben werden können, im Einzelfall geprüft und die Antwort begründet sowie im Vergabevermerk dokumentiert werden.

[66] So auch OLG Celle NZBau 2013, 795. Vgl. für das Verhandlungsverfahren VK Bund 6.7.2005 – VK 1–53/05; ähnlich *Heiermann* ZfBR 2005, 766 (771).

[67] **AA** *Klimisch/Ebrecht* NZBau 2011, 203 (206) sowie *Werner* in Byok/Jaeger Kommentar zum Vergaberecht 3. Aufl., GWB § 101 Rn. 71, die es für zulässig halten, für das Abschichten von Lösungsvorschlägen im Rahmen der Zuschlagskriterien spezifische Unterkriterien zu bilden.

[68] So auch OLG Celle VergabeR 2014, 31; *Opitz* VergabeR 2006, 451 (462); **aA** wohl *Europäische Kommission* Erläuterungen zum Wettbewerblichen Dialog, Dokument CC/2005/04_rev1 vom 5.10.2005, Ziff. 3.1, Fn. 14 sowie *Klimisch/Ebrecht* NZBau 2011, 203 (206); *Werner* in Byok/Jaeger Kommentar zum Vergaberecht 3. Aufl., GWB § 101 Rn. 69, 71.

[69] *Kus* VergabeR 2006, 851, unter Verweis auf EuGH 24.11.2005 – C-331/04, NZBau 2006, 193 – ATI La Linea; **aA** *Paetzold* ZVgR 2000, 191 (193); *Werner/Freitag* NZBau 2000, 551 (552).

[70] So auch *Schröder* NZBau 2007, 216.

[71] → Rn. 35.

40 2. Teilnahmewettbewerb und Auswahlphase. Der Teilnahmewettbewerb dient der Auswahl der Bewerber, mit denen der öffentliche Auftraggeber in einen Dialog eintreten will. Er stellt die erste Phase des wettbewerblichen Dialogs dar. Nach Ablauf der Bewerbungsfrist wählt der Auftraggeber auf Grundlage der eingereichten Teilnahmeanträge die Unternehmen aus, mit denen er einen Dialog eröffnet.

Dazu stellt der öffentliche Auftraggeber zunächst fest, welche Teilnahmeanträge innerhalb der in der Bekanntmachung angegebenen Frist – die **Bewerbungsfrist** hat gemäß § 10d EU VOB/A mindestens 30 Tage zu betragen – eingereicht worden sind. Denn der Auftraggeber ist mit Blick auf die Gebote von Wettbewerb und Gleichbehandlung an die bekannt gemachte einsende Frist gebunden. Teilnahmeanträge, die nicht fristgerecht eingereicht worden sind, sind zwingend auszuschließen. Das Übersendungsrisiko liegt beim Bewerber.

Sodann prüft der öffentliche Auftraggeber die rechtzeitig eingegangenen Teilnahmeanträge auf ihre **Vollständigkeit**. Fehlende, unvollständige oder fehlerhafte Unterlagen und Nachweise muss der öffentliche Auftraggeber gemäß § 16a EU VOB/A nachverlangen. Dazu muss er dem Bewerber, dessen Teilnahmeantrag unvollständig oder fehlerhaft im vorgenannten Sinne ist, eine Frist von sechs Kalendertagen setzen. Werden die Erklärungen oder Nachweise nicht innerhalb dieser Frist vorgelegt, ist der Bewerber vom weiteren Verfahren auszuschließen.

Im nächsten Schritt prüft der öffentliche Auftraggeber das Nichtvorliegen der in § 6e EU VOB/A genannten **Ausschlussgründe**, der weiteren, in § 124 GWB genannten gesetzlichen Ausschlussgründe sowie etwaiger vom Auftraggeber für das konkrete Vergabeverfahren selbst bestimmter Ausschlussgründe. Dabei berücksichtigt er auch eine vom Bewerber nachgewiesene Selbstreinigung im Sinne von § 6f EU VOB/A.

Auf der Grundlage der in der Bekanntmachung festgelegten Eignungskriterien und Eignungsnachweise stellt der öffentliche Auftraggeber die Eignung derjenigen Bewerber, deren Teilnahmeantrag nicht aus den vorgenannten Gründen auszuschließen ist, fest. Dabei ist die in § 6b EU VOB/A zu Gunsten der Bewerber geregelte **Nachweisführung** zu beachten: Danach kann der Bewerber den Nachweis seiner Eignung (und auch den Nachweis über das Nichtvorliegen von Ausschlussgründen) durch Eintragung in die allgemein zugängliche Liste des Vereins für die Präqualifikation von Bauunternehmen e. V. (Präqualifikationsverzeichnis) oder durch Vorlage von Einzelnachweisen führen. Soweit der Auftraggeber in der Bekanntmachung vorgesehen hat, dass für einzelne Angaben zunächst Eigenerklärungen ausreichend sind, und die Bewerber dementsprechend nur Eigenerklärungen vorgelegt haben, kann er, wenn dies zur angemessenen Durchführung des Verfahrens erforderlich ist, jederzeit die Bewerber auffordern, sämtliche oder einen Teil der Eigenerklärungen durch entsprechende Bescheinigungen der zuständigen Stelle zu bestätigen (§ 6b EU Abs. 2 Nr. 1 VOB/A). Spätestens nach Abschluss der Eignungsprüfung fordert der öffentliche Auftraggeber zur Verifizierung seines Ergebnisses diejenigen Bewerber, die er als – gegebenenfalls besonders – geeignet bewertet hat und mit denen er einen Dialog eröffnen will, auf, ihre Eigenerklärungen durch einschlägige Nachweise unverzüglich zu belegen. Diese Nachweise muss der öffentliche Auftraggeber überprüfen.

Nach Feststellung der geeigneten Bieter kann der Auftraggeber die **Anzahl der Bewerber,** mit denen er den Dialog führen möchte, **begrenzen,** wenn er dies in der Bekanntmachung angegeben hat.[72] Daneben müssen dafür in der Bekanntmachung die Mindest- und Höchstzahl der Bewerber, mit denen der Dialog geführt werden soll, sowie objektive nichtdiskriminierende auftragsbezogene Kriterien angegeben worden sein, auf deren Grundlage die Begrenzung erfolgt. Dabei können die zur Auswahl der geeigneten Bewerber festgelegten Kriterien solche sein, die ebenfalls zum Nachweis der Eignung gefordert wurden, oder davon abweichende neue Kriterien, die den vergaberechtlichen Grundsätzen entsprechen, das heißt insbesondere durch den Auftragsgegenstand gerechtfertigt sein und zu diesem in einem angemessenen Verhältnis stehen müssen. Allerdings muss der Auftraggeber bei der Begrenzung sicherstellen, dass ein Wettbewerb gewährleistet ist. § 3b EU Abs. 4 Nr. 3 VOB/A gibt deshalb vor, dass bei einer hinreichenden Anzahl geeigneter Bewerber mindestens drei Bewerbern zum Dialog aufgefordert werden müssen. Eine Unterschreitung der Mindestbewerberzahl soll nur dann statthaft sein, wenn weniger als drei Unternehmen die geforderte Eignung nachweisen können.[73] Falls verschiedene Auftragsarbeiten denkbar sind (Beispiel: Eine durch einen Fluß getrennte Straße soll entweder mittels Tunnel oder mittels Brücke verbunden werden), muss für jede der Auftragsarbeiten ein

---

[72] § 8a Abs. 4 und 6 VOB/A; Art. 44 Abs. 3 UAbs. 1 VKR.
[73] *Stolz* in Ingenstau/Korbion VOB 20. Aufl., VOB/A EU § 3b Rn. 12, 59.

Wettbewerb gewährleistet sein. Im Beispielsfall wären also drei geeignete Brückenbauer und drei geeignete Tunnelbauer auszuwählen.

An die nicht ausgewählten Bewerber sind **Absageschreiben** zu versenden. Grundsätzlich besteht **kein Anspruch auf Teilnahme** an der Dialogphase. Der Beurteilungsspielraum des Auftraggebers bei der Auswahl der Teilnehmer ist nur eingeschränkt überprüfbar.

Anschließend fordert der Auftraggeber die ausgewählten Bewerber durch zeit- und inhaltsgleiche Schreiben zum Dialog auf. Inhaltliche Anforderungen an dieses **Aufforderungsschreiben** enthält die VOB/A nicht. Die Anforderungen an das Anschreiben iSv § 8 EU Abs. 1 Nr. 1 VOB/A können nicht entsprechend herangezogen werden, weil diese der Lösungsoffenheit im Zeitpunkt des Dialogbeginns nicht gerecht werden. Beispielsweise kann der Bewerber noch nicht die in § 8 EU Abs. 2 Nr. 2 VOB/A verlangten Angaben zu Nachunternehmern machen. Damit besteht eine Regelungslücke, die auch durch die Richtlinie 2014/24/EU nicht gefüllt werden kann, die keine spezifischen Regelungen zur Aufforderung (mehr) enthält. Deshalb ist zur Auslegung auf die Anforderungen an das Aufforderungsschreiben in Art. 40 VKR zurückzugreifen. Nach dessen Abs. 5 muss die Aufforderung zur Teilnahme am Dialog folgende Mindestangaben[74] enthalten:

– Einen Hinweis auf die veröffentlichte Bekanntmachung.
– Den Termin und den Ort des Beginns der Dialogphase sowie die verwendete(n) Sprache(n).
– Die Gewichtung der Zuschlagskriterien oder ggf. die absteigende Reihenfolge der Bedeutung dieser Kriterien, soweit sie zulässigerweise nicht in der Bekanntmachung oder in den Vergabeunterlagen enthalten sind.

Beabsichtigt der öffentliche Auftraggeber, den Dialog mit der Einreichung schriftlicher Lösungsvorschläge zu beginnen, muss das Aufforderungsschreiben außerdem Form, Ort und Frist für die Einreichung der schriftlichen Lösungsvorschläge angeben.[75]

Für den Auftraggeber empfiehlt sich folgende **Vorgehensweise:**

(1) Prüfung der Mindestanforderungen (Ausschlusskriterien) und Ausschluss der diese nicht erfüllenden Bewerber
(2) Prüfung der Auswahl- bzw. Eignungskriterien (allgemeine Eignungsprüfung)
(3) Erstellung einer Rangliste der Bewerber auf Grundlage der objektiven, nicht diskriminierenden und (soweit möglich) auftragsbezogenen Kriterien (qualifizierte Eignungsprüfung)
(4) Versand der Aufforderung zum Dialog an die vorher festgelegte Anzahl von Bewerbern, Versand der Absageschreiben an die restlichen Bewerber

3. Dialogphase. a) Ziel des Dialogs. Mit den ausgewählten Bewerbern eröffnet der Auftraggeber einen Dialog. Ziel der Dialogphase ist die Feststellung, wie die Bedürfnisse und Anforderungen des Auftraggebers am besten erfüllt werden können, und die dementsprechende inhaltliche Konzeptionierung des Auftrags. Im Ergebnis müssen gemeinsam[76] diejenigen Informationen ermittelt werden, die für die Erstellung von Vergabeunterlagen, insbesondere einer Leistungsbeschreibung, notwendig sind. Hierin liegt ein wesentlicher Unterschied zu den drei klassischen Verfahren, bei denen der Auftraggeber die Projektklärung weitgehend alleine zu leisten hat. Der Auftraggeber ermittelt im Austausch mit den Bewerbern, wie seine Bedürfnisse am besten erfüllt werden können. Hierbei ist es zulässig und gewollt, dass der Auftraggeber Anregungen der Bewerber aufnimmt und den **Beschaffungsgegenstand modifiziert.** Insbesondere bei ÖPP-Vorhaben schlagen die Bewerber häufig eine optimierte Risikoverteilung vor, die einen niedrigeren Gesamtpreis ermöglicht. Auf solche Anregungen kann der Auftraggeber stärker eingehen als in den herkömmlichen Verfahren, da er im wettbewerblichen Dialog nicht streng die Identität des Vergabegegenstands wahren[77] muss, sondern nur an die grundlegenden Elemente der Bekanntmachung und der Beschreibung gebunden ist. Dabei hat der Auftraggeber die vergaberechtlichen Grundsätze, insbesondere Transparenz auf der

---

[74] Die weiteren, in der VKR genannten Mindestangaben, nämlich die Bezeichnung der ggf. beizufügenden Unterlagen entweder zum Beleg der vom Bewerber abgegebenen nachprüfbaren Erklärungen zur Eignung oder als Ergänzung dieser Auskünfte und zum anderen sind bereits im Teilnahmewettbewerb zu fordern.
[75] *Hausmann* in KMPP VOB/A 1. Auf. 2010, § 3a Rn. 64; aA *Knauff* VergabeR 2004, 287 (292); *Schröder* NZBau 2007, 216 (221).
[76] Gemeinsam meint zwischen dem Auftraggeber und dem jeweiligen Bewerber in einem „getrennten" Dialog. Ein „gemeinsamer" Dialog zwischen dem Auftraggeber und allen Bewerbern kann nur bei Zustimmung aller Bewerber und Vorliegen sachlicher Gründe durchgeführt werden (vgl. dazu → Rn. 54 f.).
[77] Vgl. OLG Dresden 3.12.2003 – WVerg 15/03, NZBau 2005, 118.

einen und Geheimschutz auf der anderen Seite zu berücksichtigen. Dem entspricht, dass die bekannt gemachten Mindestanforderungen und Zuschlagskriterien nicht geändert werden dürfen.[78]

Der Auftraggeber kann mit den Bewerbern gemäß Nr. 4 Satz 2 „alle Einzelheiten des Auftrags erörtern". Die Regelung ist so auszulegen, dass sich der Dialog „auch auf wirtschaftliche (Preis, Kosten, Einkünfte usw.) oder rechtliche Aspekte (Risikoverteilung und -begrenzung, Garantien, mögliche Schaffung von „Zweckgesellschaften" (Special Purpose Vehicles) usw.) erstreckt".[79] Der Auftraggeber kann den Bewerbern daher jedenfalls sein **Budget** erläutern und mitteilen, wie er die Unter- oder Überschreitung des Budgets werten wird.[80] Zudem kann er in der Dialogphase die Gewichtung des Preiskriteriums verändern und es durch Unterkriterien präzisieren.[81] Die Frage, ob in der Dialogphase förmliche Preisverhandlungen zulässig sind, ist daher theoretisch. In der Angebots- und in der Wertungsphase sind – anders als im Verhandlungsverfahren – keine Preisverhandlungen zulässig.

Bewerber können parallel mehrere Lösungsvorschläge unterbreiten, die uU andere **Lösungswege** verfolgen[82], sofern der Auftraggeber diese Möglichkeit nicht in der Bekanntmachung oder (spätestens) in der Aufforderung zur Teilnahme am Dialog ausgeschlossen hat. Die Grundsätze von Transparenz und Gleichbehandlung sprechen aber dafür, dass der Auftraggeber die Zulassung oder Nichtzulassung mehrerer Lösungsvorschläge ausdrücklich regelt. Der Auftraggeber ist indes nicht verpflichtet, die von den Bewerbern vorgeschlagenen Lösungen zur Konvergenz zu bringen. Dies wäre ihm auf Grund seiner Vertraulichkeitspflicht[83] auch kaum möglich. Er kann mit den einzelnen Bewerbern unterschiedliche Lösungswege verfolgen, solange er sich nicht widersprüchlich äußert, da dies dem Gleichbehandlungsgebot widerspräche. Wenn der Auftraggeber mehrere Lösungswege erkunden möchte, die Bewerber aber alle auf eine ähnliche Lösung zusteuern, darf der Auftraggeber daher nicht einige Bewerber in eine andere Richtung lenken als den Rest der Bewerber. In diesem Fall hat er alle Bewerber einheitlich aufzufordern, auch andere Lösungswege zu beschreiten. Es steht den Bewerbern frei, ob sie hierauf eingehen.

42 **b) Ablauf des Dialogs.** Um den Dialog zu strukturieren, bietet es sich an, dass der Auftraggeber die Bewerber zur Abgabe von schriftlichen **Lösungsvorschläge** auffordert.[84] Diese abzugebenden Erstvorschläge sind nicht abschließend. Der Auftraggeber kann auf dieser Grundlage nicht den Dialog abschließen, sondern diskutiert sie mit den Bewerbern, um seine Bedürfnisse und die Angebote der Bewerber soweit als möglich zur Deckung zu bringen. Die strengen formalen Anforderungen der Rechtsprechung zu Angeboten im Verhandlungsverfahren, zB mit Blick auf die Vollständigkeit, dürfen nicht ohne weiteres auf die in der Dialogphase abzugebenden Lösungsvorschläge übertragen werden. Der Auftraggeber sollte seinerseits die formalen Anforderungen auf das absolut Notwendige begrenzen, um zu verhindern, dass inhaltlich interessante Lösungsvorschläge auf Grund formaler Fehler (zB Unvollständigkeit in unwesentlichen Punkten) auszuschließen sind.

Es ist zulässig, wenn der Auftraggeber die Einreichung der Lösungsvorschläge in Form **indikativer Angebote** verlangt. Sofern ein abgestufter Dialog geführt werden soll, ist die Einreichung indikativer Angebote für die vorzunehmenden Zwischenwertungen sogar erforderlich (→ Rn. 43), muss also spätestens in denjenigen Dialogphasen, in denen die Zahl der Lösungen verringert werden soll, gefordert werden. Zwar wird in der Richtlinie – und auch in der VOB/A – in der Dialogphase ausschließlich von Lösungen bzw. Lösungsvorschlägen und gerade nicht von Angeboten gesprochen. Erst nach der Dialogphase werden die Bewerber danach aufgefordert, Angebote einzureichen. Ein nach og Maßgaben erstelltes indikatives Angebot unterscheidet sich jedoch nicht wesentlich von einem Lösungsvorschlag. Darauf weist auch die Kommission in ihren Erläuterungen hin und führt aus, dass die schriftlichen Lösungsvorschläge unter Umständen in Form von Angeboten vorzulegen seien, die aber nicht alle zur

---

[78] Die Änderung der Gewichtung der Zuschlagskriterien sowie die Präzisierung durch Unterkriterien ist allerdings nachträglich zulässig (vgl. → Rn. 30).

[79] *Europäische Kommission* Erläuterungen zum Wettbewerblichen Dialog, Dokument CC/2005/04_rev1 vom 5.10.2005, Ziff. 3.2; *Frenz* in *Willenbruch/Wieddekind* Vergaberecht 3. Aufl., Los GWB § 97 Rn. 161; *Schneider* in Handbuch des Vergaberechts § 11 Rn. 33.

[80] *Kus* VergabeR 2006, 851; weiter *Knauff* VergabeR 2004, 287 (293).

[81] → Rn. 39.

[82] *Europäische Kommission* Erläuterungen zum Wettbewerblichen Dialog, Dokument CC/2005/04_rev1 vom 5.10.2005, Fn. 30.

[83] → Rn. 44.

[84] Dies ist im Falle eines abgestuften Dialogs (siehe hierzu cc)) sogar erforderlich.

Ausführung des Projekts erforderlichen Einzelheiten enthalten müssten. Denn in der Richtlinie würde nicht festgelegt, ob man diese Unterlagen als „vorläufiges Lösungskonzept", „Projektentwurf", „Angebot" oder etwas anderes bezeichne.[85] Hinzu kommt, dass nach § 3b EU Abs. 4 Nr. 7 S. 1 VOB/A die Bieter in der Angebotsphase „ihr endgültiges Angebot vorzulegen" haben. Das indiziert, dass die Bieter davor – also noch in der Dialogphase – bereits nicht endgültige (indikative) Angebote vorgelegt haben.

Wie im Verhandlungsverfahren kann der Auftraggeber mangels gesetzlicher Vorgaben den verfahrensmäßigen Ablauf und die Fristen der Dialogphase weitgehend frei festlegen.[86] Folgender **Verfahrensablauf**[87] hat sich bewährt: Zu Beginn führt der Auftraggeber mit den Bewerbern getrennte Eröffnungsgespräche, in denen er anhand der Beschreibung seine Vorstellungen erläutert und Fragen der Bewerber beantwortet. Wie im Verhandlungsverfahren hat er zur Wahrung des Transparenzgebots den Bewerbern den Ablauf des weiteren Verfahrens mitzuteilen.[88] Dazu bietet es sich an, einen (den mit der Bekanntmachung oder den Vergabeunterlagen veröffentlichten vorläufigen Zeitrahmen möglichst berücksichtigenden) **Ablaufplan** zu erstellen und den Bewerbern auszuhändigen. Er enthält ua eine Frist, innerhalb derer die Bewerber einen ersten schriftlichen Lösungsvorschlag bzw. ein erstes indikatives Angebot vorzulegen haben, der bzw. das sie dem Auftraggeber im Rahmen einer Präsentation erläutern. Der Auftraggeber diskutiert mit den einzelnen Bewerbern ihre Lösungsvorschläge, um sie leistungs- und kostenseitig für seine Bedürfnisse zu optimieren. Er modifiziert ggf. seine Anforderungen, wenn er aus der Diskussion neue Erkenntnisse erhält. Der Abgabe des Lösungsvorschlags kann eine Präsentation der Zwischenergebnisse der Dialogteilnehmer vorgeschaltet werden. Dies gibt dem Auftraggeber die Möglichkeit, auf die Abgabe von Lösungsvorschlägen hinzuwirken, die seinen Bedürfnissen möglichst weitgehend entsprechen.

c) Abgestufter Dialog. Die Dialogphase kann nach Nr. 5 als **abgestufter Dialog** gestaltet werden, in dessen Verlauf die Zahl der Lösungen (nicht notwendigerweise der Bewerber[89]) sukzessive verringert wird. Bewerber können mehrere Lösungen anbieten. Diese Lösungen können sich grundlegend voneinander unterscheiden. Bei einem abgestuften Dialog verringert der Auftraggeber die Zahl der Lösungen und damit in der Regel auch die Zahl der Bewerber, die weiter am Dialog teilnehmen. Dies hat anhand der zuvor mitgeteilten Zuschlagskriterien und Gewichtung zu erfolgen.[90] Es findet mit anderen Worten eine Zwischenwertung statt. Ein Ausschluss aus anderen Gründen verstieße gegen das Transparenzgebot und wäre daher unzulässig. Dabei stellt sich folgendes Problem: Ein Kriterium für die Bestimmung des wirtschaftlichsten Angebots – und damit ein Zuschlagskriterium – wird in aller Regel der Preis sein. Der Preis ist jedoch regelmäßig erst Bestandteil eines Angebots, nicht aber eines Lösungsvorschlags. Eine (Zwischen-)Wertung anhand der Zuschlagskriterien setzt damit die Abgabe eines (zumindest indikativen) Angebots voraus, das alle für eine Wertung anhand der Zuschlagskriterien erforderlichen Informationen enthält.[91] Darauf müssen die Bewerber vor Abgabe spätestens in der Aufforderung zur Teilnahme am Dialog ausdrücklich hingewiesen werden.

Der Auftraggeber hat die Ausschlussentscheidung im Rahmen seiner Dokumentationspflicht im Vergabevermerk sorgfältig zu begründen und dem Bewerber mitzuteilen. Diese **Mitteilungspflicht** besteht auch dann, wenn der Ausschluss nur eines von mehreren (indikativen) Angeboten des Unternehmens betrifft, der Auftraggeber also mit diesem Unternehmen (über andere indikative Angebote) im Dialog bleibt. Die Mitteilung muss unverzüglich, schriftlich sowie mit nachvollziehbarer Begründung erfolgen. Eine Vorabinformation iSd § 134 GWB ist in diesem

---

[85] *Europäische Kommission* Erläuterungen zum Wettbewerblichen Dialog, Dokument CC/2005/04_rev1 vom 5.10.2005, Ziff. 3.2.1.
[86] So auch *Pünder/Franzius* ZfBR 2006, 20 (23).
[87] Hierzu anhand eines konkreten Falles *Kus* VergabeR 2006, 851 (855 ff.).
[88] *Pünder/Franzius* ZfBR 2006, 20 (23).
[89] OLG Brandenburg NZBau 2009, 734; *Klimisch/Ebrecht* NZBau 2011, 203, 307. Wenn nur einer von mehreren Lösungsvorschlägen eines Bewerbers ausgeschlossen wird, kann der am Verfahren weiter beteiligte Bewerber dennoch im Hinblick auf den ausgeschlossenen Lösungsvorschlag Rechtsschutz nachsuchen; vgl. *Werner* in Byok/Jaeger Kommentar zum Vergaberecht 3. Aufl., GWB § 101 Rn. 71.
[90] Zu Zuschlagskriterien, Unterkriterien und Gewichtung → Rn. 30.
[91] Damit wird zugleich die Forderung der Kommission in ihren Erläuterungen erfüllt, dass die (Zwischen-)Wertung anhand der Zuschlagskriterien auf Grundlage eines (zumindest) schriftlich ausgearbeiteten Lösungsvorschlags erfolgen muss; vgl. *Europäische Kommission* Erläuterungen zum Wettbewerblichen Dialog, Dokument CC/2005/04_rev1 vom 5.10.2005, Ziff. 3.2.1.

Verfahrensstadium noch nicht erforderlich[92], muss aber auch gegenüber den bereits in der Dialogphase ausgeschlossenen Unternehmen vor Zuschlagserteilung erfolgen.

Nach Nr. 5 Satz 3 müssen auch in der Schlussphase des Dialogs noch so viele Lösungsvorschläge bzw. indikative Angebote vorliegen, dass ein echter **Wettbewerb gewährleistet** ist, sofern ursprünglich eine ausreichende Anzahl von Lösungen oder geeigneten Bietern vorhanden war. Unter dieser Voraussetzung darf der Auftraggeber die Zahl der Bewerber also auch in der Schlussphase des Dialogs nicht auf weniger als zwei reduzieren[93]. Ein Dialog mit nur einem Bewerber ist grundsätzlich nicht zulässig.[94] Eine Ausnahme hiervon ist denkbar, wenn aufgrund der Zuschlagskriterien nur eine Lösung und ein geeigneter Bewerber übrig bleibt. Das zeigt auch Nr. 6a, wonach der Dialog abgeschlossen wird, wenn (mindestens, → Rn. 45) eine Lösung gefunden wurde, die die Bedürfnissen und Anforderungen erfüllt. Der DVA selbst geht mithin davon aus, dass der Abschluss der Dialogphase mit nur einem Lösungsvorschlag möglich ist.

Ein abgestufter Dialog kann dazu führen, dass Bewerber ihr erstes indikatives Angebot für den Auftraggeber besonders attraktiv gestalten, um in die zweite Dialogphase vorzurücken. Dort geben sie dann ein überarbeitetes zweites indikatives Angebot ab, das leistungsmäßig oder preislich **unattraktiver** ist als ihr Vorangebot und als Angebote von Bewerbern, die nicht in die zweite Dialogphase vorgerückt sind. Dies führt dazu, dass der Auftraggeber schlussendlich bei der Zuschlagserteilung nicht zwischen den wirtschaftlichsten Angeboten wählen kann, was dem gesetzgeberischen Ziel einer möglichst wirtschaftlichen Vergabe im fairen Wettbewerb widerspricht. Das Verhalten des Bewerbers widerspricht auch Nr. 7 Satz 1, wonach die Bewerber ihr endgültiges Angebot „auf der Grundlage der eingereichten und in der Dialogphase näher ausgeführten Lösungen" vorzulegen haben.

Dieser Konstruktionsfehler des abgestuften Dialogs kann behoben werden, wenn man dem Auftraggeber das Recht zuerkennt, einen vorgerückten Bewerber durch einen nach der ersten Dialogphase ausgeschiedenen Bewerber zu ersetzten, wenn das spätere Angebot des vorgerückten Bewerbers unwirtschaftlicher ist als Angebot des ausgeschiedenen Bewerbers. **Nachzurücken** hat der ausgeschiedene Bewerber mit dem wirtschaftlichsten Angebot. Beim Vergleich der Angebote des vorgerückten und des ausgeschiedenen Bewerbers ist aber zu berücksichtigen, dass die Angebote aus unterschiedlichen Dialogphasen stammen. Der Vergleich und damit ein Nachrücken sind aus Gleichbehandlungsgründen nur möglich, wenn die Angebote in ihrer Detaillierung etc vergleichbar sind. Das Instrument des Nachrückens entspricht den vergaberechtlichen Wettbewerbs- und Wirtschaftlichkeitsgrundsätzen (§ 97 Abs. 1 GWB). Nr. 5 steht nicht entgegen: Die in Satz 1 vorgesehene Verringerung der Zahl der Bewerber erfolgt. Satz 3 spricht davon, dass Lösungen „nicht für die nächste Dialogphase vorgesehen" werden, nicht hingegen von einem endgültigen Ausscheiden aus dem Verfahren. Satz 4 fordert einen echten Wettbewerb in der Schlussphase. Dies wird durch das Auswechseln unwirtschaftlich anbietender Bewerber erreicht. Für die Zulässigkeit des Nachrückens spricht schließlich, dass ein öffentlicher Auftraggeber durch das haushaltsrechtliche Wirtschaftlichkeitsgebot gehalten ist zu verhindern, dass er sich am Ende der Dialogphase vor die Wahl gestellt sieht, entweder mit einer Lösung in die Angebotsphase zu gehen, die nicht die wirtschaftlichste ist, oder das Verfahren aufzuheben. Das Transparenzgebot erfordert allerdings, dass sich der Auftraggeber die Möglichkeit des Nachrückens vor Beginn der Dialogphase ausdrücklich **vorbehalten** muss, spätestens im Ablaufplan.[95]

Im weiteren Verlauf der Dialogphase erörtert der Auftraggeber mit den (verbliebenen) Bewerbern weitere Optimierungen und fordert sie ggf. zur Abgabe weiterer indikativer Angebote auf. Nach Nr. 6 hat er die Dialogphase für **abgeschlossen** zu erklären, wenn *„eine Lösung gefunden worden ist, die seine Bedürfnisse erfüllt, oder erkennbar ist, dass keine Lösung gefunden werden kann"*. Der Wortlaut deutet darauf hin, dass hier ein objektiver Maßstab anzulegen ist, so dass dem Auftraggeber kein Beurteilungsspielraum zusteht. Das Zusammenspiel mit Nr. 7 S. 1, der von mehreren Lösungen spricht, dem Vertraulichkeitsgrundsatz gemäß Nr. 4 S. 3 (→ Rn. 44) und dem in Nr. 5 S. 4 zum Ausdruck kommenden Wettbewerbsgrundsatz zeigt außerdem, dass Nr. 6a so zu verstehen ist, dass der Dialog abzuschließen ist, wenn **mindestens** eine Lösung gefunden worden

---

[92] OLG Koblenz 21.4.2009 – 1 Verg 2/09 = ZfBR 2010, 104.
[93] Ebenso *Haak/Preißinger* in Willenbruch/Wieddekind Vergaberecht 3. Aufl., Los 3 GWB § 101 Rn. 13.
[94] So auch *Opitz* VergabeR 2006, 451 (459); **anders** *Europäische Kommission* Erläuterungen zum Wettbewerblichen Dialog, Dokument CC/2005/04_rev1 vom 5.10.2005, Ziff. 3.2.1; ihre Erläuterungen sind jedoch rechtlich unverbindlich (insbes. keine amtliche Begründung der VKR) und können den insoweit klaren Inhalt des Art. 44 Abs. 4 VKR nicht ändern; ähnlich wie die Europäische Kommission *Pünder/Franzius* ZfBR 2006, 20 (23).
[95] → Rn. 44.

ist. Der öffentliche Auftraggeber darf den Dialog daher nicht bereits beenden, wenn eine Lösung, die seine Bedürfnisse und Anforderungen erfüllt, gefunden ist, sich weitere aussichtsreiche Lösungen aber noch im Dialog befinden. Zur Sicherstellung eines Wettbewerbs muss er dann den Dialog noch weiterführen. Befinden sich dagegen keine weiteren aussichtsreichen Lösungsvorschläge im Dialog, kann dieser beendet werden, sobald zumindest eine Lösung gefunden wurde.

Während des gesamten Dialogs haben die Bewerber die Möglichkeit, **Fragen** an den Auftraggeber zu richten. Er hat darauf zu achten, durch seine Antworten keine Angebotsinhalte anderer Bewerber preis zu geben. Fragen, die nur für einen Bewerber relevant sind, weil sie sich auf spezifische Elemente seines Lösungsvorschlags beziehen, beantwortet der Auftraggeber daher nur gegenüber diesem Bewerber. Alle anderen Fragen beantwortet er in Form von Bewerberinformationen zeit- und inhaltsgleich gegenüber allen Bewerbern.

Die (abgestufte) Dialogphase kann wie folgt gegliedert werden, wobei die Gespräche mit jedem Bewerber getrennt zu führen sind:
(1) Eröffnungsgespräche mit Erläuterung der Beschreibung und des Verfahrensablaufs (Ablaufplan) durch den Auftraggeber, Fragen der Bewerber
(2) Präsentation der Zwischenergebnisse durch die Bewerber und Diskussion mit dem Auftraggeber
(3) Abgabe und ggf. Erläuterung der ersten indikativen Angebote durch die Bewerber
(4) Wertung der indikativen Angebote, Auswahl der obsiegenden Bewerber, Einladungsschreiben zur nächsten Dialogphase und Absageschreiben
(5) Eröffnungsbesprechung mit Diskussion des jeweiligen indikativen Angebots aus der ersten Dialogphase
(6) Präsentation der Zwischenergebnisse durch die Bewerber und Diskussion mit dem Auftraggeber
(7) Abgabe und ggf. Erläuterung der zweiten indikativen Angebote durch die Bewerber
(8) Auswahl der geeigneten Lösung(en) durch den Auftraggeber
(9) Erklärung der Dialogphase für abgeschlossen, Aufforderung zur Angebotsabgabe

d) Verfahrensgrundsätze (va Vertraulichkeit). Der Auftraggeber kann den verfahrensmäßigen Ablauf und die Fristen wie im Verhandlungsverfahren frei festlegen,[96] hat aber die vergaberechtlichen Grundsätze des § 97 GWB zu beachten, insbesondere das Gebot der **Gleichbehandlung,** dem nach Nr. 4 Satz 3 besondere Bedeutung zukommt. Insbesondere hat er Informationen allen Bewerbern zeit- und inhaltsgleich zur Verfügung zu stellen. Er muss den Dialog mit allen Bewerbern gleich intensiv führen. Diese Pflichten entsprechen denen des Verhandlungsverfahrens, dies gilt auch hinsichtlich der **Dokumentationspflicht.**

Der Gleichbehandlungsgrundsatz verpflichtet den Auftraggeber allerdings nicht, durch Gewährung einer besonders langen Überarbeitungsfrist wettbewerbliche Nachteile desjenigen Bieters auszugleichen, der eine Lösung vorgeschlagen hat, die nicht weiterverfolgt wird.[97] Das wirft die Frage auf, ob den Teilnehmern gestattet werden darf oder muss, im Dialog nicht nur ihren ursprünglich eingereichten Lösungsvorschlag zu überarbeiten, sondern auch **neue Lösungsvorschläge** einzureichen. Gesetzliche Vorgaben gibt es hierzu nicht. Jedenfalls muss aus Gründen der Transparenz und Gleichbehandlung hierauf in der Bekanntmachung oder in der Aufforderung zur Teilnahme am Dialog hingewiesen werden. In praktischer Hinsicht steht diese Frage im Zusammenhang mit der Entscheidung, ob den Bietern überhaupt die Einreichung mehrerer Lösungsvorschläge gestattet werden soll oder nicht. Wenn der Auftraggeber die Einreichung mehrerer Lösungsvorschläge am Beginn des Dialogs zulässt, das Nachreichen von Lösungsvorschlägen aber nicht, läuft er Gefahr, dass Teilnehmer vorsorglich verschiedene Lösungsvorschläge von Anfang an einreichen. Diese Situation hätte nur Nachteile. Der Dialog würde „aufgeblasen" und die Bieter mit unnötigen Kosten belastet. Diese Argumente sprechen dafür, neue Lösungsvorschläge während der Dialogphase zuzulassen, zumal dadurch der Wettbewerb gefördert wird. Freilich muss in diesem Zusammenhang das Vertraulichkeitsgebot beachtet werden. Der Auftraggeber darf die Teilnehmer, die Lösungsvorschläge nachreichen, jedenfalls nicht durch die Weitergabe vertraulicher Informationen anderer Bieter unterstützen. In jedem Fall müssen alle Bieter gleichbehandelt werden, das heißt: Wenn, dann müssen alle Bieter berechtigt sein, Lösungs-

---

[96] *Pünder/Franzius* ZfBR 2006, 20 (23).
[97] OLG Brandenburg 7.5.2011 – Verg W 6/09, NZBau 2009, 734 (736); **kritisch** dazu *Mösinger* NZBau 2009, 695 (696).

vorschläge nachzureichen. Außerdem muss aus praktischer Sicht ein Zeitpunkt festgelegt werden, ab dem keine neuen Lösungsvorschläge eingereicht werden können. Dieser Zeitpunkt kann weder in der Bekanntmachung noch in der Aufforderung zur Teilnahme am Dialog bereits festgelegt werden, sondern muss – ähnlich wie die Aufforderung zur Abgabe des endgültigen Angebots im Verhandlungsverfahren – den Bewerbern rechtzeitig mitgeteilt werden.

Besondere Bedeutung kommt der Wahrung der **Vertraulichkeit** durch den Auftraggeber zu.[98] Nach Nr. 4 Satz 3 darf er vertrauliche Informationen eines Bewerbers, insbesondere Lösungsvorschläge oder Angebotsinhalte, nicht an andere Bewerber weitergeben oder für andere Zwecke als das Vergabeverfahren verwenden. Das erste Verbot der direkten oder indirekten Weitergabe von Lösungsvorschlägen oder Angebotsinhalten an andere Bewerber ist für das Gelingen des Wettbewerblichen Dialogs von zentraler Bedeutung. Bewerber bringen ihr Know-how und ihre Kreativität nur dann in den Dialog ein, wenn sie davon ausgehen können, dass ihnen dies einen Wettbewerbsvorsprung vor den anderen Bewerbern verschafft. Der Auftraggeber hat den Dialog mit den einzelnen Bewerbern daher strikt getrennt zu führen. Die Gespräche sollten dokumentiert werden, um dem Vortrag der Geheimschutzverletzung entgegen wirken zu können.[99] Sollte der Auftraggeber seine Vertraulichkeitspflicht verletzen, können den Bewerbern Schadensersatzansprüche aus culpa in contrahendo zustehen. Die teilweise vorgetragenen Bedenken über die Erfüllung dieser Pflicht zur Vertraulichkeit in der Praxis überzeugen aus vorgenannten Gründen nicht.[100] Die Vergabestelle wird sich regelmäßig nicht dem Risiko eines Schadensersatzprozesses aussetzen wollen.

Im Einzelfall ist hierbei die Abgrenzung zwischen dem Vertraulichkeitsgebot und dem Gleichbehandlungsgrundsatz schwierig. Das betrifft insbesondere die Frage, inwieweit Themen, die mit einem Dialogteilnehmer diskutiert worden sind, auch anderen Teilnehmern rechtzeitig bekanntgemacht werden müssen. Hierbei muss der Auftraggeber – im Zweifel zugunsten des Vertraulichkeitsgebots – abwägen, welche Informationen angebots- bzw. lösungsspezifisch und deshalb vertraulich sind und welche Informationen allen Bietern zur Verfügung gestellt werden dürfen.[101] Diese Entscheidung nebst Begründung ist zu dokumentieren. Die Überlassung der Protokolle über alle Verhandlungsgespräche an alle Bieter unter Beachtung des Vertraulichkeitsgrundsatzes erscheint vor diesem Hintergrund nicht praktikabel.[102] Vielmehr sollten diejenigen Informationen, die an alle Bieter verteilt werden dürfen und (dann auch) müssen, ähnlich der Beantwortung von Bieterfragen bekanntgemacht werden.

Nach Nr. 4 S. 3 können die Bewerber **zustimmen,** dass der Auftraggeber ihre Lösungsvorschläge und vertraulichen Informationen den anderen Bewerbern zur Verfügung stellt. Dies ist unter dem Gesichtspunkt des kartell- und vergaberechtlich gebotenen Schutzes des Geheimwettbewerbs[103] (§§ 1, 97 Abs. 1 GWB und Art. 81 Abs. 1 EGV) problematisch. Die Zustimmungsmöglichkeit ist daher einschränkend dahingehend auszulegen, dass der Auftraggeber die Zustimmung nur wirksam einholen kann, wenn dies durch sachliche Gründe gerechtfertigt ist, die den Verlust an Wettbewerb zwischen den Bewerbern ausgleichen. Daher wäre es unzulässig, wenn der Auftraggeber die Teilnahme am Dialog von der generellen Zustimmung zur Weitergabe vertraulicher Angaben abhängig machte.[104] Hierfür spricht auch die Formulierung des Art. 30 Abs. 3 UAbs. 2 der Richtlinie 2014/24/EU, nach der die Zustimmung des bereits „teilnehmenden Bewerbers" erforderlich ist.[105] Außerdem verweist Art. 30 Abs. 3 UAbs. 1 der Richtlinie

---

[98] Vgl. *Europäische Kommission* Mitteilung zu öffentlich-privaten Partnerschaften und den gemeinschaftlichen Rechtsvorschriften für das öffentliche Beschaffungswesen und Konzessionen, KOM(2005) 569 endg. vom 15.11.2005, Ziff. 2.2; *Werner/Freitag* NZBau 2000, 551 (552).
[99] *Kus/Kallmayer,* Neues Verfahren – neue Chancen, BehördenSpiegel 11.2006, 28.
[100] So etwa *Dreher* in Immenga/Mestmäcker Wettbewerbsrecht – GWB 4. Aufl., GWB § 101 Rn. 39.
[101] Ebenso: *Werner* in Byok/Jaeger Kommentar zum Vergaberecht 3. Aufl., GWB § 101 Rn. 73; *Schneider* in Handbuch des Vergaberechts § 11 Rn. 42, 44. **AA** *Hausmann* in KMPP VOB/A 1. Aufl. 2010, § 3a Rn. 69, der alle Bestandteile eines Lösungsvorschlags für vertraulich hält.
[102] So aber *Klimisch/Ebrecht* NZBau 2011, 203 (207).
[103] Hierzu *Kus* in Kulartz/Kus/Portz GWB-Vergaberecht 2. Aufl., GWB § 97 Rn. 12. Der Wettbewerb ist ein Gemeingut, in dessen Verletzung der Auftraggeber und die Auftragnehmer nicht wirksam einwilligen können, da es nicht zu ihrer Disposition steht.
[104] So auch ohne Begründung *Europäische Kommission* Erläuterungen zum Wettbewerblichen Dialog, Dokument CC/2005/04_rev1 vom 5.10.2005, Fn. 22. Wie hier *Klimisch/Ebrecht* NZBau 2011, 203 (207).
[105] Das darin zum Ausdruck kommende Vertraulichkeitsgebot wurde erst eingeführt, nachdem Kritik am ursprünglichen Kommissionsvorschlag laut geworden war, der vorsah, dass der Auftraggeber mit Beendigung des Dialogs auf der Grundlage der vorgetragenen Lösungskonzepte endgültige (einheitliche) Vergabeunterlagen mit den technischen Anforderungen für die Auftragsausführung erstellt.

2014/24/EU auf die Auswahl der Bewerber „nach den einschlägigen Bestimmungen der Art. 56 bis 66", die keine Zustimmung zur Informationsweitergabe vorsehen.[106] Folgerichtig sieht § 3b EU Abs. 4 Nr. 7 VOB/A vor, dass die Angebote nicht auf Grundlage einer (aus einer oder mehreren Bieterlösungen vom Auftraggeber konzipierten) Leistungsbeschreibung, sondern auf Grundlage der jeweiligen Bieterlösungen erstellt werden. Soweit eine Zustimmung zur Weitergabe von Informationen zulässig ist, kann der Dialogteilnehmer die Zustimmung jederzeit widerrufen.[107] Ferner kann sich die Zustimmung nach der eindeutigen Formulierung des Nr. 4 S. 3 nur auf die Weitergabe von Informationen „an die anderen Unternehmen" (Bewerber) beziehen, nicht auf die Verwendung dieser Informationen durch den Auftraggeber außerhalb des Vergabeverfahrens.[108] Hierunter fällt auch die Verwendung vertraulicher Informationen in einem neuen Vergabeverfahren nach ordnungsgemäßer Aufhebung des Wettbewerblichen Dialogs.[109] Die Bewerber sollen davor geschützt werden, vom Auftraggeber in der entscheidenden Phase des Verfahrens unter Druck gesetzt zu werden, der vergütungsfreien Nutzung ihres Know-hows außerhalb des Vergabeverfahrens zuzustimmen.

Neben der vergaberechtlichen Vertraulichkeitspflicht ist das **Immaterialgüterrecht** zu beachten, insbesondere der Schutz des **Urheberrechts.** Auch wenn Bewerber der Weitergabe vertraulicher Informationen zustimmen, ist die urheberrechtliche Situation gesondert zu prüfen. Wenn der Auftraggeber die Zustimmung der Bewerber zur Weitergabe von Informationen einholt, sollte er zugleich eine urheberrechtliche Vereinbarung mit den Bewerbern schließen.[110]

4. Angebotsphase. Sofern im Dialog eine oder mehrere Lösungen gefunden worden sind, welche die Bedürfnisse des Auftraggebers erfüllen, fordert dieser diejenigen Unternehmen, mit denen er die oben genannten Lösungsvorschläge erarbeitet hat, zur Abgabe eines endgültigen bindenden Angebots auf der Grundlage dieser Lösungen auf. Wenn ein geeigneter Bieter unterschiedliche Lösungsvorschläge erarbeitet hat, von denen nur eines die Bedürfnisse des Auftraggebers erfüllt, muss dieser in der Aufforderung zur Angebotsabgabe klarstellen, dass nur auf Grundlage dieses Lösungsvorschlags ein Angebot einzureichen ist. Wenn mehrere unterschiedliche Lösungsvorschläge eines Bieters die Bedürfnisse des Auftraggebers erfüllen und er zur Vorlage eines Angebots für jeden Lösungsvorschlag aufgefordert wird, darf er für jeden unterschiedlichen Lösungsvorschlag ein Hauptangebot abgeben. Die Angebotsphase ähnelt stark einem nichtoffenen Verfahren. Der Auftraggeber fordert die verbliebenen Bewerber unter Setzung einer angemessenen Frist[111] zur Abgabe endgültiger Angebote auf. Die Aufforderung muss schriftlich[112] sowie zeit- und inhaltsgleich gegenüber allen verbliebenen Bewerbern erfolgen. Die Angebote sind „auf der Grundlage der eingereichten und in der Dialogphase näher ausgeführten Lösungen" vorzulegen, dh sie sind aus den zuvor abgegebenen Lösungsvorschlägen oder indikativen Angeboten unter Berücksichtigung der Stellungnahmen des Auftraggebers zu entwickeln.[113] Der Auftraggeber muss seine ursprüngliche „Beschreibung" (→ Rn. 36) grundsätzlich nicht fortschreiben und hieraus **Vergabeunterlagen** erstellen. Sofern er keine neuen Vorgaben gibt, ist es ausreichend, wenn er auf die letzten Lösungsvorschläge oder indikativen Angebote und den protokollierten Stand des Dialogs Bezug nimmt.[114] So vermeidet er auch die Schwierigkeit, Vergabeunterlagen (nun mit Leistungsbeschreibung) erstellen zu müssen, ohne Lösungsansätze einzelner Bewerber offenbaren zu dürfen. Es muss allerdings sichergestellt sein, dass alle Bewerber über den gleichen Wissensstand verfügen. Wenn hier Zweifel bestehen, sollte der Auftraggeber den rechtssichereren wenn auch aufwendigeren Weg wählen und Vergabe-

---

[106] *Opitz* VergabeR 2006, 451 (458), der zudem zu Recht auf die Entstehungsgeschichte des Art. 29 VKR verweist, hierzu auch *Werner/Freitag* NZBau 2000, 551.
[107] *Klimisch/Ebrecht* NZBau 2011, 206 (207).
[108] **AA** für § 6a Abs. 3 VgV *Pünder/Franzius* ZfBR 2006, 20 (25).
[109] *Klimisch/Ebrecht* NZBau 2011, 206 (207); *Ganske* in Reidt/Stickler/Glahs Vergaberecht 3. Aufl., GWB § 101 Rn. 29.
[110] *Ollmann* VergabeR 2005, 685 (689).
[111] *Pünder/Franzius* ZfBR 2006, 20 (23), gehen in entsprechender Anwendung des Art. 38 Abs. 8 VKR von einer Mindestfrist von 10 Tagen aus. Entscheidendes Kriterium dürfte aber sein, dass die Frist ausreichend bemessen ist, um unter dem Gesichtspunkt der Gleichbehandlung allen Bewerbern die Angebotserstellung zu ermöglichen.
[112] *Pünder* in Schellenberg/Pünder Vergaberecht, 2. Aufl., GWB § 101 Rn. 67.
[113] Zur Problematik des Abweichens von vorherigen indikativen Angeboten zu Lasten des Auftraggebers → Rn. 43.
[114] So auch die *Europäische Kommission* Erläuterungen zum Wettbewerblichen Dialog, Dokument CC/2005/04_rev1 vom 5.10.2005, Ziff. 3.3.

unterlagen erstellen. Dies hat auch den Vorteil, dass die Angebote inhaltlich ähnlicher ausfallen und daher einfacher zu werten sind.

Die Angebote müssen nach Nr. 7 Satz 2 „alle zur Ausführung des Projekts erforderlichen Einzelheiten" enthalten, dh mit Blick auf ihre **Vollständigkeit** und Eindeutigkeit den Ansprüchen genügen, die auch in den anderen Vergabeverfahren an bezuschlagungsfähige Angebote gestellt werden.[115] Damit wird zum einen ein weiterer Ausschlussgrund geschaffen, und zwar vor dem Hintergrund, dass in diesem Fall nicht der öffentliche Auftraggeber, sondern der Bieter faktisch die Leistungsbeschreibung erstellt hat. Zum anderen stellt sich die Frage, ob damit Mehrvergütungsansprüche wegen zusätzlicher Leistungen ausgeschlossen werden. Damit würde dem Unternehmen, das den Auftrag erhält, jedoch ein zu großes Risiko aufgebürdet. Der Lösungsvorschlag wird von dem Unternehmen zusammen mit dem öffentlichen Auftraggeber erarbeitet. Eine solche Bestimmung wäre außerdem eine unwirksame Allgemeine Geschäftsbedingung. Gleichwohl muss sichergestellt werden, dass das Angebot alle Einzelheiten enthält, die der Bieter im Zeitpunkt der Angebotsabgabe für erforderlich halten musste. Da der Auftraggeber bei der Erstellung der Beschreibung seiner Bedürfnisse und Anforderungen iSv Nr. 3 S. 1 soweit möglich alle Anforderungen, die an eine Leistungsbeschreibung nach § 7 EU VOB/A gestellt werden, einzuhalten hat (vgl. → Rn. 36), sind jedenfalls solche Bausoll-Bauist-Abweichungen mehrvergütungspflichtig, die auf eine nicht ordnungsgemäße Beschreibung zurückzuführen sind. Im Übrigen haben Auftraggeber und Bewerber in der Dialogphase die Möglichkeit, die Risikoverteilung vertraglich zu regeln.

Die Angebote sind nach Maßgabe von § 14 EU VOB/A zu öffnen, sorgfältig zu verwahren und geheim zu halten.

Nach Angebotsöffnung kann der Auftraggeber **Klarstellungen und Ergänzungen des Angebotsinhalts** verlangen[116]. Durch „Klarstellungen" sollen mögliche weitere Verständnismöglichkeiten einer Aussage ausgeschlossen werden. Hintergrund der Ergänzungsmöglichkeit ist, dass das Angebot nicht auf einer auftraggeberseits erstellten Leistungsbeschreibung, sondern auf einem auftragnehmerseitigen Lösungsvorschlag erstellt wurde. Wenngleich der Lösungsvorschlag zusammen mit dem öffentlichen Auftraggeber in der Dialogphase erarbeitet worden ist, können Unklarheiten auftreten bzw. Ergänzungsbedarf bestehen. Ergänzung sind deshalb (nur) zur Vervollständigung des Angebots zulässig. Allerdings dürfen Ergänzungen – ebenso wie Klarstellungen – nach Nr. 7 Satz 4 keine Änderungen der grundlegenden Elemente des Angebots oder der Bekanntmachung zur Folge haben, nicht den Wettbewerb verzerren oder diskriminierend gegenüber anderen am Verfahren beteiligten Unternehmen wirken. Im Gegensatz zur Vorgängerregelung in Nr. 7 S. 5 VOB/A 2012 führt gemäß Nr. 7 S. 4 VOB/A 2016 allerdings nicht schon die Möglichkeit der grundlegenden Änderung, der Wettbewerbsverfälschung oder der Diskriminierung zu einem Klarstellungs- und Ergänzungsverbot. Vielmehr muss eine grundlegenden Änderung, der Wettbewerbsverfälschung oder der Diskriminierung als Folge einer Klarstellung oder Ergänzung klar erkennbar sein, um das Verbot auszulösen. Trotzdem hat der Auftraggeber hat im Sinne einer **Feinabstimmung**[117] nur einen geringen Spielraum, um den Inhalt der Angebote zu beeinflussen. Anders als im Verhandlungsverfahren sind insbesondere Preisverhandlungen unzulässig. Der Hauptanwendungsfall einer Angebotsergänzung dürfte das Beibringen von Genehmigungen oder Bestätigungen Dritter (zB Banken, Versicherungen) sein, die Bewerber aus Zeit- oder Kostengründen sinnvoller Weise erst einholen können, wenn sie wissen, dass sie den Zuschlag erhalten werden.[118] Kann der wertungsmäßig führende Bewerber eine Zusage nicht erfüllen, hat der Auftraggeber die Möglichkeit, den nächstplatzierten Bewerber zu bezuschlagen.[119]

Der Wettbewerbliche Dialog **scheitert,** wenn in der Dialogphase keine Lösung gefunden werden kann, die den Bedürfnissen des Auftraggebers entspricht. Nr. 6b geht als lex specialis § 17 EU VOB/A vor. Der Auftraggeber kann das Scheitern einseitig feststellen und muss die Bewerber hierüber lediglich „informieren", ohne an die Voraussetzungen des § 17 EU VOB/A gebunden zu sein. Falls zwar eine Lösung gefunden wurde, aber kein annehmbares Angebot eingegangen ist, gilt Nr. 6b nicht, so dass eine Aufhebung nur unter den Voraussetzungen des § 17 EU VOB/A rechtmäßig möglich ist.

---

[115] Insbesondere § 13 EG, § 16 EG VOB/A; zu den geringeren Anforderungen an indikative Angebote → Rn. 42.
[116] *Pünder* in Schellenberg/Pünder Vergaberecht, 2. Aufl., GWB § 101 Rn. 69.
[117] Die VKR differenziert dagegen zwischen Ergänzung und Feinabstimmung.
[118] *Europäische Kommission* Erläuterungen zum Wettbewerblichen Dialog, Dokument CC/2005/04_rev1 vom 5.10.2005, Ziff. 3.3.
[119] *Opitz* VergabeR 2006, 451 (456).

5. Wertungsphase. Die Wertungsphase entspricht der Schlussphase eines nichtoffenen Verfahrens. Soweit die Eignungsprüfung bereits vor der Dialogphase abschließend durchgeführt werden konnte[120], ist diese nicht erneut erforderlich. Der Auftraggeber hat das wirtschaftlichste Angebot auszuwählen. Er wertet die Angebote auf Grund der Zuschlagskriterien, die er in der Bekanntmachung und/oder den Vergabeunterlagen festgelegt hat, sowie der ggf. später festgelegten Unterkriterien und Gewichtung.[121] Wenn der Auftraggeber am Ende der Dialogphase keine Vergabeunterlagen erstellt hat, sondern nur auf den Dialogstand verwiesen hat, können die Angebote inhaltlich erheblich voneinander abweichen, was die Wertung erschweren kann. 46

Verhandlungen zwischen dem Auftraggeber und dem Bewerber sind nur eingeschränkt zulässig. Sie dürfen nur mit demjenigen Unternehmen, dessen Angebot als das wirtschaftlichste ermittelt wurde, und mit dem Ziel geführt werden, um im Angebot enthaltene finanzielle Zusagen oder andere Bedingungen zu bestätigen, die in den Auftragsbedingungen abschließend festgelegt werden. Hierin liegt ein wesentlicher und aus Sicht des Auftraggebers nachteiliger Unterschied zum Verhandlungsverfahren. Der Auftraggeber darf den führenden Bieter[122] zwar auffordern, Einzelheiten des Angebots näher zu erläutern oder im Angebot enthaltene Zusagen zu bestätigen. Dies darf aber nicht dazu führen, dass wesentliche Aspekte des Angebots oder des öffentlichen Auftrags einschließlich der in der Bekanntmachung oder der Beschreibung festgelegten Bedürfnisse und Anforderungen grundlegend geändert werden, dass der Wettbewerb verzerrt wird oder dass andere Bewerber diskriminiert werden. Entscheidend ist, dass es im Ergebnis nicht zu einer Wettbewerbsbeschränkung oder Diskriminierung kommt. Dies gibt dem Auftraggeber die Möglichkeit zur inhaltlichen Endabstimmung des zu bezuschlagenden Angebots. Die wesentlichen (dh wertungsrelevanten) Sachverhalte müssen jedoch unverändert bleiben. Auch darf der Auftraggeber dem ausgewählten Bieter keine neuen wesentlichen Vertragsinhalte auferlegen. Die Endabstimmung kann in der Wartefrist des § 134 GWB stattfinden.

Soweit Unklarheiten im Angebot sich im Wege der Endabstimmung zulässiger Weise beseitigen lassen, führen sie daher nicht zum Ausschluss des Angebots. Der öffentliche Auftraggeber ist verpflichtet, durch Angebotsaufklärung auf eine solche Beseitigung von Unklarheiten hinzuwirken.

Mit Zusagen iSv Nr. 8 S. 2 sind nicht die (in der Regel wertungsrelevanten und daher nicht mehr veränderbaren) vertraglichen Zusagen der Bewerber gemeint, sondern die Zusagen Dritter, insbesondere von Kreditinstituten.[123] Bei ÖPP-Projekten sind Kreditinstitute erfahrungsgemäß erst in einem späten Verfahrensstadium bereit, verbindliche Finanzierungszusagen abzugeben, da sie ihre Mittel nicht während der gesamten Verfahrensdauer binden möchten. Zudem müssen die Kreditinstitute vor einer verbindlichen Finanzierungszusage eine umfassende Prüfung des Auftrags durchführen, wodurch die (möglicherweise fruchtlosen) Angebotskosten in die Höhe getrieben würden. Auf der anderen Seite darf sich der Bieter hierdurch nicht ohne weiteres von einem (möglicherweise spekulativen) endgültigen Angebot lösen können. Die ursprüngliche (unverbindliche) Zusage darf deshalb nicht willkürlich nachträglich versagt werden. Das muss, weil es sich um Zusagen von Dritten, also Vertragspartnern des Bieters, handelt, der Bieter durch entsprechende vertragliche Vereinbarungen mit dem Dritten sicherstellen. Der Auftraggeber sollte sich entsprechende Vereinbarungen nachweisen lassen.

Denkbar ist daneben die Aufforderung an den Bieter, vor Zuschlagserteilung bestimmte Genehmigungen vorzulegen, zum Beispiel Planungsfreigaben oder fusionskontrollrechtliche Freigaben.[124]

Die Wertungsphase und der Wettbewerbliche Dialog enden wie die herkömmlichen Vergabeverfahren mit dem Zuschlag gemäß § 18 EU VOB/A. Zuvor müssen die nicht berücksichtigten Bieter gemäß § 134 Abs. 1 GWB vor der Zuschlagserteilung vorab informiert werden.

6. Kostenerstattung für Bewerber. Die Angebotserstellung erfordert in aller Regel die Ausarbeitung umfangreicher Unterlagen (Entwürfe, Pläne, Zeichnungen, Berechnungen oder andere Unterlagen). Anders als Art. 30 Abs. 8 der Richtlinie 2014/24/EU, der nur die Möglichkeit einer Vergütung für die Bewerber vorsieht, verpflichtet Nr. 9 den Auftraggeber, allen Bewerbern, die die geforderten Unterlagen rechtzeitig (und damit für das Verfahren relevant) 47

---

[120] Vgl. dazu → Rn. 40.
[121] → Rn. 39.
[122] Andere Bieter dürfen zu diesem Zeitpunkt nicht mehr einbezogen werden.
[123] *Europäische Kommission*, ebd.
[124] *Klimisch/Ebrecht* NZBau 2011, 203 (208).

vorgelegt haben, eine einheitliche und angemessene Kostenerstattung zu gewähren. Es handelt sich um eine Aufwandsentschädigung ohne Gewinnanteil.[125] Die Kostenerstattung erfolgt einheitlich, dh für alle Bewerber in gleicher Höhe, und damit nicht nach individuellem Arbeitsaufwand.[126] Auch hier gilt das Gebot der Gleichbehandlung. Eine detaillierte Kostenabrechnung mit jedem einzelnen Bewerber[127] würde zudem einen zum Erstattungsbetrag unverhältnismäßigen Aufwand bedeuten. Bei einem abgestuften Dialog ist daher auch die Kostenerstattung abzustufen, da früher ausgeschiedenen Bewerbern grundsätzlich geringerer Aufwand entsteht. Dem obsiegenden Bewerber steht keine Kostenerstattung zu, da er eine Vergütung aus dem Auftrag erhält.

Erforderlich ist aber, dass die Unternehmen die geforderte Unterlage rechtzeitig vorgelegt haben. Der Auftraggeber muss also eine einheitliche Frist für die Vorlage dieser Unterlagen setzen. Außerdem hat er darauf hinzuweisen, dass bei nicht rechtzeitiger Vorlage keine Kosten erstattet werden.

Für die Höhe der Erstattung sind die Kosten zugrunde zu legen, die den Bewerbern durch die Erstellung der Unterlagen iSd Nr. 9 entstehen. Die übrigen Kosten für die Angebotserstellung und Teilnahme am Verfahren werden nicht erstattet.[128] Für die Festlegung der Höhe der Erstattung bietet sich eine Kostenerstattung nach Maßgabe der in Architekturwettbewerben geübten Praxis an.[129] Dabei wird regelmäßig ein Betrag in Höhe der geschätzten Ersparnisse infolge der bereits erbrachten Planungsleistungen nach einem festgelegten Schlüssel unter den Wettbewerbern aufgeteilt. Die Erstattung kann aber auch unter den Sätzen der HOAI liegen, da diese auch Gewinn enthalten.[130] Es sind nur die Kosten zu berücksichtigen, die den Bewerbern durch ihre eigene Tätigkeit entstehen, nicht die Kosten für die Unterstützung durch Dritte, da diese den Gewinn der Dritten enthalten. Wenn Bewerber solche Unterstützung benötigen, zB durch Sonderfachleute, haben sie die Möglichkeit, mit ihnen Bietergemeinschaften zu bilden und sie so am Akquisitionsrisiko zu beteiligen.

Zur Streitvermeidung sollte die Höhe der Vergütung den Bewerbern frühzeitig verbindlich mitgeteilt werden, spätestens bei der Aufforderung zum Dialog. Der Auftraggeber kann die Teilnahme am Dialog davon abhängig machen, dass die (in der Höhe angemessene) Vergütung akzeptiert wird.[131] Ein späterer Rechtsstreit über die Höhe des Aufwendungsersatzes ist vor den ordentlichen Gerichten auszutragen.[132]

Den Bewerbern steht auch im Fall des Scheiterns des Dialogs iSv Nr. 6b ein Kostenerstattungsanspruch nach Nr. 7 zu.

III. Berücksichtigung mittelständischer Interessen

48 Mittelständische Bewerber stehen dem Wettbewerblichen Dialog gelegentlich mit der Begründung kritisch gegenüber, der Aufwand in der Dialogphase sei so groß, dass Großunternehmen einen Vorteil gegenüber kleineren Bewerbern hätten. Hiergegen wird von Auftraggeberseite argumentiert, der Aufwand sei nicht größer als bei einem Verhandlungsverfahren mit funktionaler Leistungsbeschreibung. Unabhängig davon ist richtig, dass dem Gebot der Mittelstandsfreundlichkeit des § 97 Abs. 4 GWB auch im Wettbewerblichen Dialog Rechnung zu tragen ist. Bei komplexen Leistungen hängen die Gestaltungen der einzelnen Leistungsteile in der Regel so stark voneinander ab, dass eine Vergabe in Teil- oder Fachlosen gemäß § 5 EU Abs. 2 Nr 1 VOB/A nicht in Betracht kommt. Mittelständischen Interessen kann aber Rechnung getragen werden, indem neben Arbeitsgemeinschaften, deren Mitglieder dem Auftraggeber gesamtschuldnerisch haften, Konsortien zugelassen werden, in denen jeder Konsorte dem Auftraggeber nur **teilschuldnerisch** haftet. Falls der Auftraggeber dies nicht wünscht, können Haftungseinheiten gebildet werden, zB für die Bereiche Planung und Bauausführung, innerhalb derer gesamtschuldnerisch gehaftet wird. Dies erleichtert mittelständischen Unternehmen, insbesondere

---

[125] *Pünder* in Pünder/Schellenberg Vergaberecht, 2. Aufl., GWB § 101 Rn. 71.
[126] **AA** *Pünder* in Pünder/Schellenberg Vergaberecht, 2. Aufl., GWB § 101 Rn. 71 Fußnote 259 mwN.
[127] Dies fordert *Ollmann* VergabeR 2005, 685 (689).
[128] Restriktiver: *Klimisch/Ebrecht* NZBau 2011, 203 (208), die nur Kosten für „kreative Leistungen wie etwa für die funktionalen Elemente einer funktionalen Ausschreibung" für erstattungsfähig halten.
[129] Zur Vergütung von im Wettbewerblichen Dialog erbrachten Planungsleistungen nach der VgV 2016 vgl. *Motzke* NZBau 2016, 603.
[130] *Kus* VergabeR 2006, 851 (861); ähnlich *Schröder* NZBau 2007, 216 (224); **aA** *Ollmann* VergabeR 2005, 685 (689).
[131] *Opitz* VergabeR 2006, 451 (454).
[132] OLG Brandenburg NZBau 2009, 734; *Klimisch/Ebrecht* NZBau 2011, 203 (208).

Planungsbüros, die Bewerbung um Projekte, deren Gesamtvolumen die Deckungssumme der regelmäßig vom Auftraggeber geforderten Haftpflichtversicherung übersteigt. Mittelständischen Interessen ist auch durch eine angemessene **Kostenerstattung** nach Nr. 9 Rechnung zu tragen. Schließlich ist für mittelständische Unternehmen grundsätzlich die Durchführung eines abgestuften Dialogs günstig, da dies den Aufwand der Bewerber[133] insgesamt reduziert.

IV. Besonderheiten bei ÖPP-Vergaben und Dienstleistungskonzessionen

ÖPP-Strukturen sind für die öffentliche Hand nur sinnvoll, wenn die Parameter Risikoverteilung, Sicherung des öffentlichen Einflusses und Haushaltsentlastung so gewählt werden, dass sich gegenüber einer klassischen Beschaffung insgesamt eine Entlastung ergibt. Die öffentliche Hand kann erfahrungsgemäß im Vorhinein oft nicht mit Sicherheit einschätzen, welche Projektgestaltung marktfähig ist. Die genannten Parameter sind daher im Dialog mit den Beteiligten festzulegen. Dies zu ermöglichen ist aus Sicht des Gesetzgebers eine wesentliche Funktion des Wettbewerblichen Dialogs.[134] 49

Wenn der Auftraggeber wesentliche wirtschaftliche Risiken auf den Auftragnehmer überträgt und neben Bauleistungen in erheblichem Umfang auch Dienstleistungen erbracht werden sollen, zB in der Betriebsphase eines Projekts, kann eine Dienstleistungskonzession vorliegen.[135] Häufig ergibt sich erst in den Verhandlungen mit den Bewerbern, welche wirtschaftlichen Risiken übertragen (Abgrenzung Konzession/Auftrag) und in welchem Umfang Dienstleistungen erbracht werden sollen (Abgrenzung Bau/Dienstleistung). Dies kann dazu führen, dass ein ursprünglich als Dienstleistungskonzession konzipiertes Vorhaben sich zu einer Baukonzession oder einem Bau- oder Dienstleistungsauftrag entwickelt. Vor der Vergaberechtsreform 2016 war dies von Bedeutung, weil die Dienstleistungskonzession nur eingeschränkt dem Vergaberecht unterlag. Seit der Vergaberechtsreform 2016 unterliegt die Erteilung von Dienstleistungskonzessionen jedoch uneingeschränkt dem Vergaberecht.[136] Rechtliche Grundlage ist neben dem 4. Teil des GWB die KonzVgV[137]. Das Problem der vergaberechtlich richtigen Einordnung des Beschaffungsvorgangs ist dadurch entschärft.[138]

§ 4 EU Vertragsarten

(1) Bauaufträge sind so zu vergeben, dass die Vergütung nach Leistung bemessen wird (Leistungsvertrag),
und zwar:
1. in der Regel zu Einheitspreisen für technisch und wirtschaftlich einheitliche Teilleistungen, deren Menge nach Maß, Gewicht oder Stückzahl vom Auftraggeber in den Vertragsunterlagen anzugeben ist (Einheitspreisvertrag),
2. in geeigneten Fällen für eine Pauschalsumme, wenn die Leistung nach Ausführungsart und Umfang genau bestimmt ist und mit einer Änderung bei der Ausführung nicht zu rechnen ist (Pauschalvertrag).

---

[133] Vgl. *Europäische Kommission*, Mitteilung zu öffentlich-privaten Partnerschaften und den gemeinschaftlichen Rechtsvorschriften für das öffentliche Beschaffungswesen und Konzessionen, KOM(2005) 569 endg. vom 15.11.2005, Ziff. 2.2.

[134] Vgl. *Europäische Kommission* ebd.; *dies.*, Grünbuch zu öffentlich-privaten Partnerschaften und den gemeinschaftlichen Rechtsvorschriften für die öffentliche Aufträge und Konzessionen, KOM(2004), 327 endg. vom 30.4.2004, Ziff. 13, 25 f.; hierzu *Koman* ZfBR 2004, 763; *Knauff* NZBau 2005, 249 (253); *Drömann* NZBau 2007, 751 ff.; *Müller/Brauser-Jung* NVwZ 2007, 884 ff.

[135] *Europäische Kommission*, Grünbuch zu öffentlich-privaten Partnerschaften und den gemeinschaftlichen Rechtsvorschriften für öffentliche Aufträge und Konzessionen, KOM(2004), 327 endg. vom 30.4.2004, Ziff. 21 ff., 28 ff.

[136] Auch für die Erteilung von Dienstleistungskonzessionen gelten aber die Grundsätze der Gleichbehandlung, Transparenz und des Wettbewerbs, die sich unmittelbar aus dem EU-Primärrecht ergeben, siehe insbes. EuGH 7.12.2000 – Rs. C-324/98, NZBau 2001, 148 (150 f.) – Telaustria; 21.7.2005 – C-321/03, NZBau 2005, 592 (593) – Co. Na. Me.; 13.10.2005 – C-458/03, NZBau 2005, 644 – Parking Brixen. Vgl. hierzu zuletzt BGH 23.1.2012 – X ZB 5/11, NZBau 2012, 248; EuGH 10.3.2011 – C-274/09, NZBau 2011, 239 (Rettungsdienste).

[137] Konzessionsvergabeverordnung vom 12. April 2016 (BGBl. I S. 624, 683).

[138] Vgl. dazu noch *Europäische Kommission* Erläuterungen zum Wettbewerblichen Dialog, Dokument CC/2005/04_rev1 vom 5.10.2005, Ziff. 2.3; *Kus* VergabeR 2006, 851 (854).

(2) Abweichend von Absatz 1 können Bauaufträge geringeren Umfangs, die überwiegend Lohnkosten verursachen, im Stundenlohn vergeben werden (Stundenlohnvertrag).
(3) Das Angebotsverfahren ist darauf abzustellen, dass der Bieter die Preise, die er für seine Leistungen fordert, in die Leistungsbeschreibung einzusetzen oder in anderer Weise im Angebot abzugeben hat.
(4) Das Auf- und Abgebotsverfahren, bei dem vom Auftraggeber angegebene Preise dem Auf- und Abgebot der Bieter unterstellt werden, soll nur ausnahmsweise bei regelmäßig wiederkehrenden Unterhaltungsarbeiten, deren Umfang möglichst zu umgrenzen ist, angewandt werden.

§ 4 EU VOB/A gilt nur für Auftragsvergaben oberhalb der Schwellenwerte, weil es sich um eine Regelung in Abschnitt 2 handelt. Aufgrund der geänderten Regelungstechnik im Abschnitt 2 der VOB/A wiederholt § 4 EU VOB/A den Wortlaut von § 4 VOB/A im Abschnitt 1. Materiell-rechtlich bestehen keine Unterschiede zu § 4 VOB/A. Auf die **Kommentierung zu § 4 VOB/A** wird insoweit verwiesen.

§ 4a EU Rahmenvereinbarungen

(1) Der Abschluss einer Rahmenvereinbarung erfolgt im Rahmen einer nach dieser Vergabeordnung anwendbaren Verfahrensart. Das in Aussicht genommene Auftragsvolumen ist so genau wie möglich zu ermitteln und bekannt zu geben, braucht aber nicht abschließend festgelegt zu werden. Eine Rahmenvereinbarung darf nicht missbräuchlich oder in einer Art angewendet werden, die den Wettbewerb behindert, einschränkt oder verfälscht.
(2) Auf einer Rahmenvereinbarung beruhende Einzelaufträge werden nach den Kriterien dieses Absatzes und der Absätze 3 bis 5 vergeben. Die Einzelauftragsvergabe erfolgt ausschließlich zwischen den in der Auftragsbekanntmachung oder der Aufforderung zur Interessensbestätigung genannten öffentlichen Auftraggebern und denjenigen Unternehmen, die zum Zeitpunkt des Abschlusses des Einzelauftrags Vertragspartei der Rahmenvereinbarung sind. Dabei dürfen keine wesentlichen Änderungen an den Bedingungen der Rahmenvereinbarung vorgenommen werden.
(3) Wird eine Rahmenvereinbarung mit nur einem Unternehmen geschlossen, so werden die auf dieser Rahmenvereinbarung beruhenden Einzelaufträge entsprechend den Bedingungen der Rahmenvereinbarung vergeben. Für die Vergabe der Einzelaufträge kann der öffentliche Auftraggeber das an der Rahmenvereinbarung beteiligte Unternehmen in Textform auffordern, sein Angebot erforderlichenfalls zu vervollständigen.
(4) Wird eine Rahmenvereinbarung mit mehr als einem Unternehmen geschlossen, werden die Einzelaufträge wie folgt vergeben:
1. gemäß den Bedingungen der Rahmenvereinbarung ohne erneutes Vergabeverfahren, wenn in der Rahmenvereinbarung alle Bedingungen für die Erbringung der Bauleistung sowie die objektiven Bedingungen für die Auswahl der Unternehmen festgelegt sind, die sie als Partei der Rahmenvereinbarung ausführen werden; die letztgenannten Bedingungen sind in der Auftragsbekanntmachung oder den Vergabeunterlagen für die Rahmenvereinbarung zu nennen;
2. wenn in der Rahmenvereinbarung alle Bedingungen für die Erbringung der Bauleistung festgelegt sind, teilweise ohne erneutes Vergabeverfahren gemäß Nummer 1 und teilweise mit erneutem Vergabeverfahren zwischen den Unternehmen, die Partei der Rahmenvereinbarung sind, gemäß Nummer 3, wenn diese Möglichkeit in der Auftragsbekanntmachung oder den Vergabeunterlagen für die Rahmenvereinbarung durch den öffentlichen Auftraggeber festgelegt ist; die Entscheidung, ob bestimmte Bauleistungen nach erneutem Vergabeverfahren oder direkt entsprechend den Bedingungen der Rahmenvereinbarung beschafft werden sollen, wird nach objektiven Kriterien getroffen, die in der Auftragsbekanntmachung oder den Vergabeunterlagen für die Rahmenvereinbarung festgelegt sind; in der Auftragsbekanntmachung oder den Vergabeunterlagen ist außerdem festzulegen, welche Bedingungen einem erneuten Vergabe-

verfahren unterliegen können; diese Möglichkeiten gelten auch für jedes Los einer Rahmenvereinbarung, für das alle Bedingungen für die Erbringung der Bauleistung in der Rahmenvereinbarung festgelegt sind, ungeachtet dessen, ob alle Bedingungen für die Erbringung einer Bauleistung für andere Lose festgelegt wurden; oder
3. sofern nicht alle Bedingungen zur Erbringung der Bauleistung in der Rahmenvereinbarung festgelegt sind, mittels eines erneuten Vergabeverfahrens zwischen den Unternehmen, die Parteien der Rahmenvereinbarung sind.

(5) Die in Absatz 4 Nummer 2 und 3 genannten Vergabeverfahren beruhen auf denselben Bedingungen wie der Abschluss der Rahmenvereinbarung und erforderlichenfalls auf genauer formulierten Bedingungen sowie gegebenenfalls auf weiteren Bedingungen, die in der Auftragsbekanntmachung oder den Vergabeunterlagen für die Rahmenvereinbarung in Übereinstimmung mit dem folgenden Verfahren genannt werden:
1. vor Vergabe jedes Einzelauftrags konsultiert der öffentliche Auftraggeber in Textform die Unternehmen, die in der Lage sind, den Auftrag auszuführen;
2. der öffentliche Auftraggeber setzt eine ausreichende Frist für die Abgabe der Angebote für jeden Einzelauftrag fest; dabei berücksichtigt er unter anderem die Komplexität des Auftragsgegenstands und die für die Übermittlung der Angebote erforderliche Zeit;
3. die Angebote sind in Textform einzureichen und dürfen bis zum Ablauf der Einreichungsfrist nicht geöffnet werden;
4. der öffentliche Auftraggeber vergibt die Einzelaufträge an den Bieter, der auf der Grundlage der in der Auftragsbekanntmachung oder den Vergabeunterlagen für die Rahmenvereinbarung genannten Zuschlagskriterien das jeweils wirtschaftlichste Angebot vorgelegt hat.

(6) Die Laufzeit einer Rahmenvereinbarung darf höchstens vier Jahre betragen, es sei denn, es liegt ein im Gegenstand der Rahmenvereinbarung begründeter Sonderfall vor.

Übersicht

	Rn.
A. Allgemeines	1
B. Begriff der Rahmenvereinbarung	2
C. Voraussetzungen zum Abschluss einer Rahmenvereinbarung	6
D. Verfahren zum Abschluss einer Rahmenvereinbarung	8
E. Laufzeit	9
F. Exklusivität der Rahmenvereinbarung	10

A. Allgemeines

Die VOB/A sah **bislang** keine ausdrückliche Regelung zum Abschluss von Rahmenvereinbarungen vor. Deshalb bestand in Literatur und Rechtsprechung Unsicherheit, ob Rahmenvereinbarungen im Baubereich zulässig sind. Die Vergabekammer Sachsen war der Ansicht, dass Rahmenvereinbarungen im Bereich der VOF aF sowie im Bereich der VOB/A aF nicht zulässig seien.[1] Nunmehr sieht die VOB/A oberhalb und unterhalb der EU-Schwellenwerte ausdrücklich vor, dass Rahmenvereinbarungen zulässig sind. 1

B. Begriff der Rahmenvereinbarung

Rahmenvereinbarungen sind Aufträge, die ein oder mehrere Auftraggeber an ein oder mehrere Unternehmen vergeben, um die Bedingungen für Einzelaufträge, die während eines bestimmten Zeitraums vergeben werden sollen, festzulegen. Die Definition entspricht der Definition der 2

[1] VK Sachsen 25.1.2008 1/SVK/088-07, IBR 2008, 240; dem folgend: *Poschmann* in Müller-Wrede VOL/A EG § 4 Rn. 19; *Haak* in Willenbruch/Wieddekind, Vergaberecht, VOL/A EG § 4 Rn. 5.

Rahmenvereinbarung, die schon früher für Dienstleistungs- und Lieferaufträge in der VOL/A aF enthalten war. Zur Abgrenzung zwischen einem öffentlichen Auftrag und einer Rahmenvereinbarung kann deshalb auch auf die frühere Rechtsprechung zu Rahmenvereinbarungen zurückgegriffen werden.

3 § 4a EU VOB/A unterscheidet zwischen Rahmenvereinbarungen, die nur mit einem Unternehmen getroffen werden, und Rahmenvereinbarungen, die mit mehreren Unternehmen getroffen werden. Bei einer Rahmenvereinbarung mit mehreren Unternehmen kann die Rahmenvereinbarung so ausgestaltet sein, dass sich schon aus der Rahmenvereinbarung ergibt, mit welchem Unternehmen die Einzelaufträge jeweils zu schließen sind. Die Rahmenvereinbarung kann aber auch so gestaltet sein, dass im Anschluss an den Abschluss der Rahmenvereinbarung noch eine weitere Wettbewerbsentscheidung erforderlich ist, und zwar zwischen den Unternehmen, mit denen die Rahmenvereinbarung geschlossen worden ist. Es wird dann eine weitere Wettbewerbsentscheidung erforderlich.

C. Voraussetzungen zum Abschluss einer Rahmenvereinbarung

4 Die VOB/A nennt keine besonderen Voraussetzungen, die vorliegen müssen, damit eine Rahmenvereinbarung geschlossen werden kann. Festgelegt ist nur, dass die Rahmenvereinbarung nicht missbräuchlich und nicht in einer Art angewendet werden darf, die den Wettbewerb behindert, einschränkt oder verfälscht. Die ausdrückliche Regelung, dass ein Missbrauchsverbot besteht, ist sinnvoll, weil die mit einer Rahmenvereinbarung verbundene Flexibilität Spielraum für einen denkbaren Missbrauch durch den öffentlichen Auftraggeber eröffnet. So kann insbesondere der Abschluss einer Rahmenvereinbarung ohne Abnahmeverpflichtung oder ohne Regelungen über den Zeitpunkt und Umfang der konkreten Einzelleistungen dem Bieter erhebliche kalkulatorische Wagnisse überbürden und dem Auftraggeber als ein flexibles Mittel der Markterkundung dienen. Dies soll das Missbrauchsverbot verhindern.

5 Aus dem Missbrauchsverbot folgt, dass der öffentliche Auftraggeber eine Rahmenvereinbarung nicht ohne sachlichen Grund und nicht allein deshalb abschließen darf, weil er dem Auftragnehmer Wagnisse überbürden möchte. Ein Missbrauch kann darin liegen, dass die Vereinbarung faktisch allein der Markterkundung dient oder dem Auftragnehmer unzumutbare kalkulatorische Wagnisse aufbürdet.[2]

D. Verfahren zum Abschluss einer Rahmenvereinbarung

6 Das Verfahren zum Abschluss einer Rahmenvereinbarung richtet sich nach den allgemeinen Regeln der §§ 97 ff. GWB, VgV und 1 EU ff. VOB/A.

7, 8 Auch für eine Rahmenvereinbarung gelten deshalb § 7 VOB/A mit dem Gebot der eindeutigen und erschöpfenden Leistungsbeschreibung sowie dem Verbot ungewöhnlicher Wagnisse. Allerdings sind bei der Feststellung, wann die Leistungsbeschreibung eindeutig ist und wann ungewöhnliche Wagnisse überbürdet werden, die Besonderheiten einer Rahmenvereinbarung zu berücksichtigen. Dies kann zu einem großzügigeren Maßstab führen.[3] Darüber hinaus stellt § 4a EU VOB/A in Abs. 1 klar, dass der Auftraggeber verpflichtet ist, dass in Aussicht genommene Auftragsvolumen so genau wie möglich zu ermitteln und bekannt zu geben, dh er kann sich den Aufwand einer konkreten Schätzung seines Bedarfs nicht entziehen.

E. Laufzeit

9 Grundsätzlich darf die Laufzeit einer Rahmenvereinbarung vier Jahre nicht überschreiten. Etwas anderes gilt nur, wenn ein im Gegenstand der Rahmenvereinbarung begründeter Ausnahmefall vorliegt. Dies kann insbesondere der Fall sein, wenn der Auftragnehmer erhebliche Investitionen tätigen muss, sodass ein angemessener Preis nur erzielt werden kann, wenn die Vertragslaufzeit ausreicht, um die von dem Auftragnehmer getätigten Investitionen zu amortisieren.[4] Geschlafen

---

[2] Vgl. *Zeise* in KKMPP VgV, 2017 § 21 Rn. 25 ff.
[3] OLG Düsseldorf 30.11.2009 – Verg 43/09, IBRRS 2013, 0789.
[4] Vgl. *Zeise* in KKMPP VgV, 2017 § 21 Rn. 62 ff.

F. Exklusivität der Rahmenvereinbarung

§ 4a EU VOB/A enthält – anders als § 4 VOL/A 2012 aF – kein ausdrückliches Verbot zum Abschluss mehrerer, konkurrierender Rahmenvereinbarungen. 10

Wegen des Missbrauchsverbot und des Transparenzgrundsatz dürfte allerdings auch unterhalb der Schwellenwerte ein Verbot der Vergabe konkurrierender Rahmenvereinbarungen bestehen. Dagegen ist es streitig, ob der Auftraggeber bei Bestehen einer Rahmenvereinbarung auch gehindert ist, im Einzelfall Einzelaufträge außerhalb der Rahmenvereinbarung zu schließen.[5]

Unabhängig davon, ob von einem generellen Verbot ausgegangen wird, ist der Abschluss von weiteren Einzelaufträgen jedenfalls dann untersagt, wenn sich der Auftraggeber in der Rahmenvereinbarung selbst verpflichtet hat, seinen gesamten Bedarf ausschließlich im Rahmen der Rahmenvereinbarung zu beschaffen. 11

§ 4b EU Besondere Instrumente und Methoden

(1) **Der öffentliche Auftraggeber kann unter den Voraussetzungen der § 22 bis 24 VgV für die Beschaffung marktüblicher Leistungen ein dynamisches Beschaffungssystem nutzen.**

(2) **Der öffentliche Auftraggeber kann im Rahmen eines offenen, eines nicht offenen oder eines Verhandlungsverfahrens vor der Zuschlagserteilung eine elektronische Auktion durchführen, sofern die Voraussetzungen der § 25 und 26 VgV vorliegen.**

(3) **Ist der Rückgriff auf elektronische Kommunikationsmittel vorgeschrieben, kann der öffentliche Auftraggeber festlegen, dass die Angebote in Form eines elektronischen Katalogs einzureichen sind oder einen elektronischen Katalog beinhalten müssen. Das Verfahren richtet sich nach § 27 VgV.**

A. Allgemeines

§ 4b EU VOB/A ist auf die Art. 34 ff. der Richtlinie 2014/24/EU zurückzuführen und verweist seinerseits auf die detaillierten Regelungen der § 22 bis 27 VgV, durch die die Richtlinienbestimmungen in deutsches Recht umgesetzt worden sind. 1

§ 4b VOB/A beschränkt sich darauf zu bestimmen, dass die besonderen Instrumente und Methoden auch bei Bauvergaben angewendet werden dürfen, im Übrigen verweist die Bestimmung nur auf die detaillierten Regelung der §§ 22 ff. VgV.[1] 2

§ 5 EU Einheitliche Vergabe, Vergabe nach Losen

(1) **Bauaufträge sollen so vergeben werden, dass eine einheitliche Ausführung und zweifelsfreie umfassende Haftung für Mängelansprüche erreicht wird; sie sollen daher in der Regel mit den zur Leistung gehörigen Lieferungen vergeben werden.**

(2) 1. **Mittelständische Interessen sind bei der Vergabe öffentlicher Aufträge vornehmlich zu berücksichtigen. Leistungen sind in der Menge aufgeteilt (Teillose) und getrennt nach Art oder Fachgebiet (Fachlose) zu vergeben. Mehrere Teil- oder Fachlose dürfen zusammen vergeben werden, wenn wirtschaftliche oder technische Gründe dies erfordern. Wird ein Unternehmen, das nicht öffentlicher Auftraggeber ist, mit der Wahrnehmung oder Durchführung einer öffentlichen Aufgabe betraut, verpflichtet der öffentliche Auftraggeber das Unternehmen, sofern es Unteraufträge an Dritte vergibt, nach den Sätzen 1 bis 3 zu verfahren.**

2. **Weicht der öffentliche Auftraggeber vom Gebot der Losaufteilung ab, begründet er dies im Vergabevermerk.**

3. **Der öffentliche Auftraggeber gibt in der Auftragsbekanntmachung oder in der Aufforderung zur Interessensbestätigung an, ob Angebote nur für ein Los oder für mehrere oder alle Lose eingereicht werden können.**

---

[5] Vgl. *Zeise* in KKMPP VgV, 2017 § 21 Rn. 23 ff.
[1] Vgl. auch *Braun*, VergabeR 2016, 179 ff.; Schranner in Ingenstau/Korbion, VOB, 20. Auflage, § 4b EU Rn. 1 ff.

Der öffentliche Auftraggeber kann die Zahl der Lose beschränken, für die ein einzelner Bieter einen Zuschlag erhalten kann. Dies gilt auch dann, wenn ein Bieter Angebote für mehrere oder alle Lose einreichen darf. Diese Begrenzung ist nur zulässig, sofern der öffentliche Auftraggeber die Höchstzahl der Lose pro Bieter in der Auftragsbekanntmachung oder in der Aufforderung zur Interessensbestätigung angegeben hat. Für den Fall, dass ein einzelner Bieter nach Anwendung der Zuschlagskriterien eine größere Zahl an Losen als die zuvor festgelegte Höchstzahl erhalten würde, legt der öffentliche Auftraggeber in den Vergabeunterlagen objektive und nichtdiskriminierende Regeln für die Erteilung des Zuschlags fest.

In Fällen, in denen ein einziger Bieter den Zuschlag für mehr als ein Los erhalten kann, kann der öffentliche Auftraggeber Aufträge über mehrere oder alle Lose vergeben, wenn er in der Auftragsbekanntmachung oder in der Aufforderung zur Interessensbestätigung angegeben hat, dass er sich diese Möglichkeit vorbehält und die Lose oder Losgruppen angibt, die kombiniert werden können.

Schrifttum: Siehe § 5 VOB/A.

Übersicht

	Rn.
A. Einführung	1
I. Regelungszweck	1
II. Europarechtliche und verfassungsrechtliche Würdigung	3
B. Gebot der einheitlichen Vergabe (§ 5 EU Abs. 1 VOB/A)	7
C. Die Vergabe nach Teil- und Fachlosen (§ 5 EU Abs. 2 Nr. 1 VOB/A)	8
I. Berücksichtigung mittelständischer Interessen (§ 97 Abs. 4 S. 1 GWB / § 5 EU Abs. 2 Nr. 1 S. 1 VOB/A)	9
II. Losvergabe (§ 97 Abs. 3 S. 2 GWB / § 5 EU Abs. 2 Nr. 1 S. 2 VOB/A)	13
III. Gesamtvergabe (§ 97 Abs. 4 S. 3 GWB / § 5 EU Abs. 2 Nr. 1 S. 3 VOB/A)	14
IV. Schwellenwerte	16
V. Betrauung mit öffentlichen Aufgaben (§ 97 Abs. 4 S. 4 GWB / § 5 EU Abs. 2 Nr. 1 S. 4 VOB/A)	17
VI. Dokumentation (§ 5 EU Abs. 2 Nr. 2 VOB/A)	24
VII. Loslimitierung (§ 5 EU Abs. 2 Nr. 3 VOB/A)	25
1. Überblick	25
2. Angebotslimitierung (§ 5 EU Abs. 2 Nr. 3 S. 1 VOB/A)	26
3. Zuschlagslimitierung (§ 5 EU Abs. 2 Nr. 3 S. 2 bis 6 VOB/A)	27
4. Loskombination (§ 5 EU Abs. 2 Nr. 3 S. 7 VOB/A)	29
D. Fehlerfolgen	30

A. Einführung

I. Regelungszweck

1 Ungeachtet der bestehenden Unterschiede im Wortlaut, entspricht der Regelungszweck des § 5 EU Abs. 1 und Abs. 2 Nr. 1 Satz 2 und 3 VOB/A demjenigen des § 5 VOB/A. Auf die entsprechenden Ausführungen (→ VOB/A § 5 Rn. 1 und 2) wird verwiesen.

2 Bis zur VOB/A 2006 einschließlich enthielt der 2. Abschnitt der VOB/A keine dem jetzigen § 5 EU VOB/A vergleichbare Vorschrift. Mit der VOB/A 2009 wurde § 5a eingeführt. Dieser besagte, dass § 5 Abs. 2 VOB/A nicht galt. Hierdurch wurde klargestellt, dass sich die Zulässigkeit der Losvergabe oberhalb der Schwellenwerte unmittelbar aus § 97 Abs. 3 GWB (jetzt § 97 Abs. 4 GWB) ergab. § 5 EU Abs. 2 Nr. 1 VOB/A 2016 **wiederholt** nunmehr wörtlich **die gesetzlichen Regelungen** des § 97 Abs. 4 GWB. Dies hat den Vorteil, dass § 5 EU VOB/A bezüglich seines Regelungsgehalts § 5 VOB/A entspricht, führt aber zu dem Nachteil, dass bei einer Änderung des § 97 Abs. 4 GWB eine Anpassung des § 5 EU Abs. 2 Nr. 1 VOB/A erforderlich wird, welche wiederum erst nach einer Änderung der Verweisvorschrift in § 2 VgV wirksam werden kann. Es wäre zu begrüßen, wenn auf bloße Wiederholungen des Gesetzeswortlauts in der VOB/A verzichtet werden würde. Durch die

VOB/A 2016 wurde § 5 EG Abs. 2 VOB/A zu § 5 EU Abs. 2 Nr. 1 VOB/A. Neu angefügt wurden § 5 EU Abs. 2 Nr. 2 und 3 VOB/A. Die Regelungen zur Losvergabe beruhen auf Art. 46 VKR (RL 2014/24/EU).

II. Europarechtliche und verfassungsrechtliche Würdigung

Nach § 97 Abs. 4 S. 1 GWB und § 5 EU Abs. 2 Nr. 1 S. 1 VOB/A sind mittelständische Interessen bei der Vergabe öffentlicher Aufträge vornehmlich zu berücksichtigen. Leistungen sind in der Menge aufgeteilt (Teillose) und getrennt nach Art oder Fachgebiet (Fachlose) zu vergeben. Mehrere Teil- oder Fachlose dürfen zusammen vergeben werden, wenn wirtschaftliche oder technische Gründe dies erfordern (§ 97 Abs. 4 S. 2 und 3 GWB; § 5 EU Abs. 2 Nr. 1 S. 2 und 3 VOB/A).

Die **Vereinbarkeit des Gebots der Mittelstandsförderung mit Art. 53 Abs. 1 VKR** (RL 2004/18/EG) war bezweifelt worden.[1] Nunmehr regelt die VKR (RL 2014/24/EU) in Art. 46 ausdrücklich die Zulässigkeit der Losvergabe. Nach Art. 46 Abs. 1 UA 1 VKR können die öffentlichen Auftraggeber einen Auftrag in Form mehrerer Lose vergeben sowie Größe und Gegenstand der Lose bestimmen. Weiter heißt es in Art. 46 Abs. 4 VKR, dass die Mitgliedstaaten die Vergabe von Aufträgen in Form von getrennten Losen unter Bedingungen vorschreiben können, die gemäß ihren nationalen Rechtsvorschriften und unter Beachtung des Unionsrechts zu bestimmen sind. Der 78. Erwägungsgrund der VKR erläutert hierzu, dass die Vergabe in Losen die Beteiligung von KMU an Vergabeverfahren erleichtern soll. Von dieser Möglichkeit hat die Bundesrepublik Deutschland in § 97 Abs. 4 S. 2 und 3 GWB / § 5 EU Abs. 2 Nr. 1 S. 2 und 3 VOB/A Gebrauch gemacht. Danach ist die Vergabe in Losen grundsätzlich vorgeschrieben und kann nur unter bestimmten Voraussetzungen unterbleiben. Gegen die europarechtliche Zulässigkeit dieser Regelung bestehen im Hinblick auf die Neuregelung in Art. 46 VKR (RL 2014/24/EU) keine Bedenken.

Durch das **Gesetz zur Modernisierung des Vergaberechts** vom 20.4.2009[2] wurde die Mittelstandsklausel in § 97 Abs. 4 GWB **verschärft**. Während es ursprünglich hieß, dass mittelständische Interessen **vornehmlich durch Teilung der Aufträge** in Fach- und Teillose angemessen zu berücksichtigen seien, fordert § 97 Abs. 4 S. 1 GWB nunmehr, dass mittelständische Interessen **bei der Vergabe** öffentlicher Aufträge **vornehmlich** zu berücksichtigen seien. Die in § 97 Abs. 4 S. 2 GWB vorgeschriebene Aufteilung in Lose erscheint lediglich als eine Möglichkeit, dem Ziel des Satz 1 gerecht zu werden. Dies könnte dahin gehend verstanden werden, dass mittelständische Unternehmen während des gesamten Vergabeverfahrens, also etwa auch bei Auswahl des wirtschaftlichsten Angebots, zu bevorzugen sind. Eine derartige Auslegung würde allerdings erheblichen europa- wie verfassungsrechtlichen Bedenken unterliegen.[3] Jedoch fordert auch die Neuregelung des § 97 Abs. 4 S. 1 GWB nicht die umfassende vergaberechtliche Bevorzugung des Mittelstands. Bei Satz 1 handelt es sich um einen Obersatz, der durch die nachfolgenden Sätze der Vorschrift konkretisiert wird. Primäres Ziel der Neuregelung ist die Durchsetzung der Losvergabe.[4] Die Norm kann nicht dahin gehend verstanden werden, dass sie die Vergabegrundsätze, insbesondere den Grundsatz des Wettbewerbs, insgesamt zugunsten des Mittelstands aufheben will.[5]

Auch aus **verfassungsrechtlicher Sicht** bestehen keine Bedenken gegen die Regelung des § 97 Abs. 4 GWB / § 5 EU Abs. 2 Nr. 1 VOB/A. Die Förderung des Mittelstandes[6] ist ein legitimes wirtschaftspolitisches Ziel, das den Gesetzgeber berechtigt, zugunsten kleiner und mittlerer Unternehmen den Zuschnitt der zu vergebenden Lose zu regeln.[7]

---

[1] Vgl. zu dieser Diskussion: *Dreher* NZBau 2005, 427; *Antweiler* VergabeR 2006, 637 (642 ff.); zur Zulässigkeit des Ziels, Mittelstandsunternehmen die Beteiligung an öffentlichen Aufträgen zu erleichtern: EuGH 15.3.2012 – C-574/10, ECLI:EU:C:2012:145 = VergabeR 2012, 593 Rn. 47; OLG Düsseldorf VergabeR 2005, 107 (109).
[2] BGBl. I S. 790.
[3] *Werner* VergabeR 2009, 262.
[4] BGH VergabeR 2011, 452 (462); so auch die Begründung zum Entwurf des Gesetzes zur Modernisierung des Vergaberechts: BT-Drs. 16/10, 117.
[5] *Kus* NZBau 2009, 21 (22).
[6] Vgl. BVerfG NJW 1961, 2011 (2015).
[7] *Faßbender* NZBau 2010, 529 (533).

B. Gebot der einheitlichen Vergabe (§ 5 EU Abs. 1 VOB/A)

7   Identisch mit § 5 Abs. 1 VOB/A. Es wird lediglich von „Bauaufträgen" an Stelle von „Bauleistungen" gesprochen.

C. Die Vergabe nach Teil- und Fachlosen (§ 5 EU Abs. 2 Nr. 1 VOB/A)

8   § 5 EU Abs. 2 Nr. 1 VOB/A regelt die Vergabe von Teil- oder Fachlosen. Die Vorschrift wiederholt § 97 Abs. 4 GWB.

**I. Berücksichtigung mittelständischer Interessen
(§ 97 Abs. 4 S. 1 GWB / § 5 EU Abs. 2 Nr. 1 S. 1 VOB/A)**

9   Mittelständische Interessen sind bei der Vergabe öffentlicher Aufträge vornehmlich zu berücksichtigen (§ 97 Abs. 4 S. 1 GWB / § 5 EU Abs. 2 Nr. 1 S. 1 VOB/A). Diese Regelung findet im 1. Abschnitt der VOB/A keine Entsprechung.

10 Bei dieser Bestimmung handelt es sich um einen **Obersatz**. Sie besagt einerseits, dass sich der Schutz mittelständischer Interessen nicht in der Verpflichtung zur losweisen Vergabe erschöpft. Andererseits stellt die losweise Vergabe nach wie vor den wichtigsten Aspekt der Mittelstandsförderung im Vergaberecht dar.[8] Neben der Losvergabe finden sich im Vergaberecht mehrere Bestimmungen, die zumindest auch dem Schutz des Mittelstands dienen. Hierzu zählt beispielsweise das Verbot, Bietergemeinschaften von der Bewerbung um den Auftrag auszuschließen (§ 6 EU Abs. 2 Nr. 2 VOB/A),[9] und das Recht eines Bieters, sich zur Erfüllung eines Auftrages der Kapazitäten anderer Unternehmen zu bedienen (§ 6d EU VOB/A).

11 Auch über diese Bestimmungen hinaus ist der Auftraggeber berechtigt, den **Belangen des Mittelstands** Rechnung zu tragen. Dies kann etwa bei der Festsetzung der Angebotsfristen (§ 10 EU VOB/A) oder der Festlegung der Eignungsnachweise geschehen. Gerade die Forderung, Referenzen über die Durchführung von Großprojekten oder einen sehr hohen Umsatz nachzuweisen, kann mittelständische Bewerber von dem Vergabeverfahren ausschließen.

12 Andererseits berechtigt § 97 Abs. 4 S. 1 GWB den Auftraggeber nicht, **Großunternehmen zu benachteiligen**.[10] Bei der Erstellung der Vergabeunterlagen hat der Auftraggeber die allgemeinen vergaberechtlichen Grundsätze zu beachten und darf diese nicht mit der Absicht, mittelständische Unternehmen zu fördern, verletzen. So darf der Vorrang der Vergabe nach Fach- und Teillosen nicht etwa dazu benutzt werden, ortsansässige Unternehmen zu bevorzugen. Eine solche Vergabepraxis verletzt § 97 Abs. 1 und 2 GWB. Die Ausschreibung regionaler Produkte kann zudem gegen das Verbot produktneutraler Ausschreibungen nach § 7 EU Abs. 2 VOB/A verstoßen.[11] Auch die Auftragserteilung an ein kleines oder mittelständisches Unternehmen, obwohl dieses nicht das wirtschaftlichste Angebot abgegeben hat, bleibt unzulässig.[12]

II. Losvergabe (§ 97 Abs. 3 S. 2 GWB / § 5 EU Abs. 2 Nr. 1 S. 2 VOB/A)

13 Leistungen sind in der Menge aufgeteilt **(Teillose)** und getrennt nach Art oder Fachgebiet **(Fachlose)** zu vergeben (§ 97 Abs. 4 S. 2 GWB / § 5 EU Abs. 2 Nr. 1 S. 2 VOB/A). Diese Regelung entspricht § 5 Abs. 2 S. 1 VOB/A. Es wird auf die Kommentierung zu → VOB/A § 5 Rn. 15–23 verwiesen.

**III. Gesamtvergabe
(§ 97 Abs. 4 S. 3 GWB / § 5 EU Abs. 2 Nr. 1 S. 3 VOB/A)**

14 § 97 Abs. 4 S. 3 GWB / § 5 EU Abs. 2 Nr. 1 S. 3 VOB/A gestattet, mehrere Teil- oder Fachlose zusammen zu vergeben, wenn wirtschaftliche oder technische Gründe dies erfordern.

---

[8] *Diehr* in Reidt/Stickler/Glahs/ § 97 Rn. 51.
[9] OLG Celle VergabeR 2016, 502 (506).
[10] OLG Düsseldorf NZBau 2004, 688; *Kus* in KKPP GWB § 97 Rn. 152; *Diehr* in Reidt/Stickler/Glahs § 97 Rn. 52.
[11] (Fn. nicht belegt).
[12] *Bauer* in Heiermann/Riedl/Rusam VOB/A EG § 5 Rn. 28, 29; zu der früheren Rechtslage: BGH BauR 1999, 736 (740).

Nach § 5 Abs. 2 S. 2 VOB/A kann hingegen aus wirtschaftlichen oder technischen Gründen auf eine Aufteilung oder Trennung verzichtet werden. Der Wortlaut des 1. Abschnitts ist weniger streng. Er räumt dem Auftraggeber ein Ermessen („kann") für eine Gesamtvergabe ein. Im 2. Abschnitt ist eine Gesamtvergabe hingegen nur zulässig, wenn wirtschaftliche oder technische Gründe dies „erfordern". Die Voraussetzungen der Gesamtvergabe wiederum sind in beiden Abschnitten identisch. Es muss sich um technische oder wirtschaftliche Gründe handeln.

In der Praxis dürfte sich die unterschiedliche Formulierung **kaum auswirken.** Es kann daher auf die Kommentierung zu → VOB/A § 5 Rn. 24–33 verwiesen werden. 15

IV. Schwellenwerte

Für die Vergabe von Teil- und Fachlosen gelten die besonderen Schwellenwerte des § 3 Abs. 9 VgV (→ VgV § 3 Rn. 59 ff.). 16

V. Betrauung mit öffentlichen Aufgaben (§ 97 Abs. 4 S. 4 GWB / § 5 EU Abs. 2 Nr. 1 S. 4 VOB/A)

Keine Entsprechung im 1. Abschnitt findet § 97 Abs. 4 S. 4 GWB / § 5 EU Abs. 2 Nr. 1 S. 4 VOB/A. Dieser fordert, dass der Auftraggeber ein Unternehmen, das nicht öffentlicher Auftraggeber ist und mit der Wahrnehmung oder Durchführung einer öffentlichen Aufgabe betraut wird, verpflichtet, nach den Sätzen 1–3 zu verfahren, sofern es **Unteraufträge an Dritte vergibt.** Die Vorschrift wurde aufgrund eines Vorschlags des Ausschusses für Wirtschaft und Technologie in das Gesetz aufgenommen. Nach der Gesetzesbegründung hat sie zum Ziel, eine mittelstandsfreundliche Auftragsvergabe auch im Rahmen einer **Öffentlich-Privaten-Zusammenarbeit** (public private partnership – PPP) sicher zu stellen.[13] Diese Absicht kommt im Gesetzeswortlaut nicht oder allenfalls ansatzweise zum Ausdruck. 17

Voraussetzung ist zunächst, dass ein öffentlicher Auftraggeber ein Unternehmen beauftragt, das **nicht** seinerseits **öffentlicher Auftraggeber** im Sinne des § 99 GWB ist. Soweit es sich bei dem Auftragnehmer um einen öffentlichen Auftraggeber handelt, ist eine ergänzende Regelung nicht erforderlich. Der öffentliche Auftraggeber ist bei der Vergabe von Unter-Bauaufträgen bereits nach § 97 Abs. 4 S. 2 GWB verpflichtet, Lose zu bilden. Die Verpflichtung des § 97 Abs. 4 S. 4 GWB gilt somit für private Auftragnehmer. 18

Der Auftragnehmer muss von dem öffentlichen Auftraggeber mit der Wahrnehmung oder Durchführung einer öffentlichen Aufgabe **betraut** werden. Der Begriff der „Betrauung" wird im Gesetz nicht definiert. Letztlich ist hierunter jede Form der Übertragung einer öffentlichen Aufgabe zu verstehen, sei es in Form des Abschlusses eines Vertrags, durch Gesetz, Verwaltungsakt oder auf sonstige Weise. 19

Ebenso fehlt eine Definition des Begriffs der **„öffentlichen Aufgabe".** Da auch das fiskalische Handeln der öffentlichen Hand in aller Regel einer öffentlichen Aufgabe dient, kann die Bestimmung dahin gehend verstanden werden, dass sie auf jeden Auftragnehmer Anwendung findet, der einen öffentlichen Auftrag im Sinne des § 103 Abs. 1 GWB erhalten hat.[14] Dies entspricht jedoch nicht der Gesetzesbegründung. Die Vorschrift ist unglücklich formuliert. Ziel kann es nicht sein, dass etwa Auftragnehmer, die von einem öffentlichen Auftraggeber mit Losen eines Bauauftrags beauftragt wurden, ihrerseits verpflichtet sind, bei der Beauftragung von Subunternehmern eine (nochmalige) Losaufteilung vorzunehmen. Vielmehr geht es darum, eine Losaufteilung auf Ebene des Bauunternehmens sicherzustellen, wenn der Auftraggeber hierzu nicht in der Lage war.[15] Zu denken ist an Aufträge, bei denen der Auftraggeber Planung und Bauausführung an einen Auftragnehmer vergibt oder an die Vergabe auf Grundlage einer funktionalen Ausschreibung (§ 7c EU VOB/A). In diesen Fällen ist es dem Auftraggeber nicht möglich, eine Losaufteilung vorzunehmen, da der konkrete Umfang der Baumaßnahme im Zeitpunkt der Zuschlagserteilung noch nicht feststeht (→ VOB/A § 5 Rn. 31). Erst wenn das beauftragte Unternehmen die Planungsleistungen abgeschlossen hat, können die durchzuführenden Baumaßnahmen im Einzelnen festgelegt werden. Bedient sich der Auftragnehmer für die Durchführung dieser Bauarbeiten eines Subunternehmers, soll eine Losaufteilung stattfinden. 20

---
[13] BT-Drs. 16/11428, 33.
[14] *Antweiler* in Dreher/Motzke § 97 Abs. 3 Rn. 37.
[15] *Diehr* in Reidt/Stickler/Glahs § 97 Rn. 59; für eine einschränkende Auslegung auch *Fehling* in Pünder/Schellenberg § 97 Rn. 105.

Nach dem Sinn der Gesetzesbegründung findet § 97 Abs. 4 S. 4 GWB auf solche Fälle Anwendung. Der Gesetzeswortlaut gibt dies jedoch nicht wieder. Weder der Begriff der „öffentlichen Aufgabe" noch des „Betrauens" helfen insoweit weiter.

21 Wenn die vorgenannten Voraussetzungen vorliegen, verpflichtet der öffentliche Auftraggeber den Auftragnehmer, nach Sätzen 1–3 des § 97 Abs. 4 GWB zu verfahren, folglich Bauleistungen, die an Subunternehmer vergeben werden, in Teil- und Fachlose aufzuteilen und mittelständische Interessen zu beachten. Diese **Verpflichtung muss Teil des Vertrags werden,** den der öffentliche Auftraggeber mit dem Auftragnehmer schließt.[16] Fehlt es hieran, ist der Auftragnehmer nicht zur Losaufteilung verpflichtet. § 97 Abs. 4 S. 4 GWB / § 5 EU Abs. 2 Nr. 1 S. 4 VOB/A richtet sich nicht unmittelbar an den Auftragnehmer.

22 Bei den in der Gesetzesbegründung angesprochenen **PPP-Projekten** handelt es sich regelmäßig um komplexe und umfangreiche Vorgaben, die nur von wenigen, meist Großunternehmen durchgeführt werden können. Mittelständische Unternehmen können sich allenfalls als Partner einer Bietergemeinschaft unmittelbar um diese Aufträge bewerben. Die Pflicht des Auftragnehmers, bei der Vergabe von Bauleistungen an Subunternehmer Teil- und Fachlose zu bilden, soll die Beteiligung des Mittelstands zumindest auf dieser Ebene ermöglichen. Es erscheint fraglich, ob diese Regelung erforderlich ist. Auch ohne vertragliche Verpflichtung beauftragen Unternehmen der Bauindustrie in aller Regel Bauarbeiten aufgeteilt nach verschiedenen Gewerken an eine Vielzahl von Subunternehmern, sodass das gesetzgeberische Ziel ohnehin erreicht wird.

23 Die Verpflichtung des Auftragnehmers beschränkt sich darauf, bei der Beauftragung von Subunternehmern Lose zu bilden. Hingegen ist der Auftragnehmer nicht gehalten, bei der Vergabe die Vorschriften der VOB/A anzuwenden, soweit er nicht kraft Gesetzes öffentlicher Auftraggeber ist (§ 99 GWB).

VI. Dokumentation (§ 5 EU Abs. 2 Nr. 2 VOB/A)

24 Weicht der öffentliche Auftraggeber vom Gebot der Losaufteilung ab, begründet er dies im Vergabevermerk (§ 5 EU Abs. 2 Nr. 2 VOB/A). Grundlage dieser Vorschrift ist Art. 46 Abs. 1 UA 2 VKR (RL 2014/24/EU), wonach die öffentlichen Auftraggeber in den Vergabeunterlagen oder dem Vergabevermerk die wichtigsten Gründe für die Entscheidung angeben, keine Unterteilung in Lose vorzunehmen. Diese Verpflichtung ergibt sich bereits aus § 8 Abs. 2 Nr. 11 VgV, der auch für die Bauvergabe gilt (§ 2 VgV und § 20 EU VOB/A).

VII. Loslimitierung (§ 5 EU Abs. 2 Nr. 3 VOB/A)

25 1. **Überblick.** § 5 EU Abs. 2 Nr. 3 VOB/A enthält erstmals Vorschriften über die Loslimitierung. Der 1. Abschnitt der VOB/A regelt diesen Sachverhalt nicht. Schon bisher wurde die Loslimitierung für zulässig erachtet (→ VOB/A § 5 Rn. 37). § 5 EU Abs. 2 Nr. 3 VOB/A basiert auf der ebenfalls neu geschaffenen Regelung des Art. 46 Abs. 2 und 3 VKR (RL 2014/24/EU). Die Vorschrift kennt sowohl eine Limitierung der Angebote auf Lose (§ 5 EU Abs. 2 Nr. 3 S. 1 VOB/A) wie die Limitierung des Zuschlags für mehrere Lose (§ 5 EU Abs. 2 Nr. 3 S 2 ff. VOB/A). Beide Möglichkeiten können miteinander kombiniert werden.

26 2. **Angebotslimitierung (§ 5 EU Abs. 2 Nr. 3 S. 1 VOB/A).** Der Auftraggeber kann vorgeben, dass Angebote nur für ein Los oder für mehrere oder alle Lose eingereicht werden können (§ 5 EU Abs. 2 Nr. 3 S. 1 VOB/A). Auf diese Weise wird der Wettbewerb beschränkt. Größere Unternehmen, die in der Lage wären, sämtliche Lose parallel auszuführen, werden daran gehindert, Angebote für sämtliche Lose abzugeben. Dies erhöht mittelbar die Erfolgsaussichten kleinerer Unternehmen, die aus Kapazitätsgründen nicht bereit sind, sich um sämtliche Lose zu bewerben. Es steht dem öffentlichen Auftraggeber frei, ob er von der Möglichkeit der Angebotslimitierung Gebrauch macht. Die Gründe hierfür muss er nicht dokumentieren. Einzige Voraussetzung ist, dass die Angebotslimitierung in der Auftragsbekanntmachung oder in der Aufforderung zur Interessenbestätigung (§ 12a EU Abs. 1 Nr. 3 2. Hs. VOB/A) angegeben wird.

---

[16] OLG Celle VergabeR 2017, 49 (53 f.).

3. Zuschlagslimitierung (§ 5 EU Abs. 2 Nr. 3 S. 2 bis 6 VOB/A). Daneben kann der 27 öffentliche Auftraggeber die Zahl der Lose beschränken, für die ein einzelner Bieter einen Zuschlag erhalten kann (§ 5 EU Abs. 2 Nr. 3 S. 2 VOB/A). Grundlage dieser Regelung ist Art. 46 Abs. 2 UA 2 VKR (RL 2014/24/EU). Die Zuschlagslimitierung kann mit der Angebotslimitierung verbunden werden (§ 5 EU Abs. 2 Nr. 3 S. 3 VOB/A). So kann der öffentliche Auftraggeber, der zehn Lose ausschreibt, beispielsweise vorgeben, dass Unternehmen höchsten für fünf Lose Angebote abgeben können, ihnen der Zuschlag jedoch höchstens für drei Lose erteilt werden wird. Der Eingriff in den Wettbewerb wirkt hier schwerer, als bei der Angebotslimitierung, da der Fall eintreten kann, dass ein Unternehmen für ein oder mehrere Lose nicht den Auftrag erhält, obwohl es hierfür das wirtschaftlichste Angebot abgegeben hatte. In diesem Fall hilft eine Wertung der Angebote allein anhand der bekannt gemachten Zuschlagskriterien nicht weiter. Der Auftraggeber muss daher zusätzliche Kriterien bekannt machen, die angeben, wie die Erteilung des Zuschlags zu erfolgen hat, wenn ein einzelner Bieter nach Anwendung der Zuschlagskriterien eine größere Zahl an Losen, als die zuvor festgelegte Höchstzahl, erhalten würde (§ 5 EU Abs. 2 Nr. 3 S. 6 VOB/A). Es kann sich hierbei zwangsläufig nicht um die Zuschlagskriterien oder Unterkriterien hierzu handeln. Denkbar ist beispielsweise, dass der Auftraggeber bestimmt, dass der betroffene Bieter den Zuschlag auf die Lose mit den jeweils höchsten Angebotspreisen erhält oder der Zuschlag nach einer vorab festgelegten Reihenfolge erfolgt. Es muss sich um objektive und nicht diskriminierende Regelungen handeln.

Die Zuschlagslimitierung ist in der Auftragsbekanntmachung oder der Aufforderung zur 28 Interessenbestätigung anzugeben (§ 5 EU Abs. 2 Nr. 3 S. 5 VOB/A); die Regeln für die Erteilung des Zuschlags in den Vergabeunterlagen (§ 5 EU Abs. 2 Nr. 3 S. 6 VOB/A).

4. Loskombination (§ 5 EU Abs. 2 Nr. 3 S. 7 VOB/A). Nach § 5 EU Abs. 2 Nr. 3 S. 7 29 VOB/A kann der öffentliche Auftraggeber in Fällen, in denen ein einziger Bieter den Zuschlag für mehr als ein Los erhalten kann, Aufträge über mehrere oder alle Lose vergeben. Grundlage für diese Regelung ist Art. 46 Abs. 3 VKR (RL 2014/24/EU). Hier erfolgt der Zuschlag an einen Bieter, der für ein bestimmtes Los nicht das wirtschaftlichste Angebot abgegeben hat. Die Vorschrift ist daher als kritisch anzusehen. Sie soll einer Loszersplitterung entgegenwirken. Dieses Ziel kann jedoch bereits bei Bildung der Lose Berücksichtigung finden (→ VOB/A § 5 Rn. 24). Die Loskombination führt im Ergebnis dazu, dass die Bildung von Losen nachträglich wieder rückgängig gemacht wird. Den Zuschlag erhält derjenige Bieter, der im Hinblick auf das kombinierte Los das wirtschaftlichste Angebot abgegeben hat. Um zu verhindern, dass der Auftraggeber durch nachträgliche Loskombinationen unliebige Bieter von der Zuschlagserteilung ausschließt, setzt die Loskombination voraus, dass sich der Auftraggeber diese Möglichkeit in der Auftragsbekanntmachung oder in der Aufforderung zur Interessenbestätigung (§ 12a EU Abs. 1 Nr. 3 2. Hs. VOB/A) vorbehalten und die Lose oder Losgruppen angegeben hat, die kombiniert werden können. Dem Auftraggeber steht ein Beurteilungsspielraum zu, ob er von dieser Möglichkeit Gebrauch macht. Aufgrund der einschneidenden Folgen, welche die Loskombination für den Wettbewerb haben kann, müssen hierfür objektive, nachvollziehbare Gründe vorliegen.

D. Fehlerfolgen

§ 5 EU Abs. 1 VOB/A kommt **keine bieterschützende Wirkung** zu. Die Vorschrift dient 30 dem Interesse des Auftraggebers an einem reibungslosen Bauablauf, nicht dem Schutz des Bieters.[17] Hingegen ist § 97 Abs. 4 GWB / **§ 5 EU Abs. 2 Nr. 1 VOB/A bieterschützend** im Sinne von § 97 Abs. 6 GWB. Bei Vergaben oberhalb der Schwellenwerte kann ein Bieter ein Nachprüfungsverfahren einleiten mit der Begründung, dass die notwendige Aufteilung in Teil- oder Fachlose nicht erfolgt und ihm deshalb die Beteiligung an dem Vergabeverfahren unmöglich gemacht worden sei.[18] Die Rechtsprechung war zunächst davon ausgegangen, dass sich nur mittelständische Unternehmen auf einen Verstoß gegen § 97 Abs. 4 GWB berufen können.[19]

---

[17] KG VergabeR 2016, 111 (114).
[18] BGH VergabeR 2011, 452 (461); VK Bund VergabeR 2001, 143 (144 f.); OLG Düsseldorf VergabeR 2005, 107 (110); *Faßbender* NZBau 2010, 529 (534).
[19] So für den Zuschnitt der Lose nach § 5 Nr. 1 S. 1 VOL/A 2006: OLG Düsseldorf VergabeR 2005, 107 (110); für § 4 Nr. 3 VOB/A aF offen gelassen: OLG Düsseldorf IBR 2008, 233.

Der BGH ist dieser Auffassung nicht gefolgt.[20] § 97 Abs. 4 S. 1 GWB stelle lediglich einen Obersatz dar, der den Geltungsbereich des Satzes 2 nicht auf Unternehmen einer bestimmten Größe einschränke. Allerdings stellt sich die Frage, ob ein Unternehmen, das in der Lage ist, den Gesamtauftrag auszuführen, durch eine fehlende Loseinteilung in seinem Interesse an der Auftragserteilung verletzt sein kann und über die Antragsbefugnis nach § 160 Abs. 2 GWB verfügt. Für die Antragsbefugnis kommt es demnach nicht darauf an, ob der Antragsteller zu dem Mittelstand[21] zählt, sondern, ob ihn der Zuschnitt des Auftragsumfangs von der Angebotsabgabe ausschließt. Auch in diesem Fall kann der Antragsteller jedoch nicht verlangen, dass die Lose auf seine Kapazitäten zugeschnitten werden (→ VOB/A § 5 Rn. 24).

31 Beruft sich ein Unternehmen darauf, dass ihm die Durchführung des Gesamtauftrags auf Grund der fehlenden oder fehlerhaften Einteilung in Lose nicht möglich war, liegt Antragsbefugnis nach § 160 Abs. 2 GWB vor, auch wenn kein Angebot abgegeben wurde.[22] Der Antragsteller muss nicht ein beabsichtigtes Angebot für ein Los vorlegen, welches noch nicht ausgeschrieben wurde. Allerdings muss er darlegen, dass er geeignet ist, das Los, das der Auftraggeber ausschreiben soll, tatsächlich auszuführen.[23]

32 Falls die bauliche Anlage oder der Auftrag in mehrere Lose aufgeteilt ist, ist bereits in der Bekanntmachung hierauf hinzuweisen. Ergibt sich der Verstoß gegen § 97 Abs. 4 GWB demnach bereits aus der Bekanntmachung, hat der Bieter nach **§ 160 Abs. 3 Nr. 2 GWB** diesen **spätestens bis zum Ablauf der in der Bekanntmachung benannten Frist zur Angebotsabgabe** oder zur Bewerbung gegenüber dem Auftraggeber zu rügen. Genügt er dieser Rügepflicht nicht, ist ein Nachprüfungsantrag unzulässig.[24]

33 Im Übrigen vergleiche zu den Fehlerfolgen → VOB/A § 5 Rn. 39 f.

§ 6 EU Teilnehmer am Wettbewerb

(1) **Öffentliche Aufträge werden an fachkundige und leistungsfähige (geeignete) Unternehmen vergeben, die nicht nach § 6e EU ausgeschlossen worden sind.**
(2) **Ein Unternehmen ist geeignet, wenn es die durch den öffentlichen Auftraggeber im Einzelnen zur ordnungsgemäßen Ausführung des öffentlichen Auftrags festgelegten Kriterien (Eignungskriterien) erfüllt. Die Eignungskriterien dürfen ausschließlich Folgendes betreffen:**
   1. **Befähigung und Erlaubnis zur Berufsausübung,**
   2. **wirtschaftliche und finanzielle Leistungsfähigkeit,**
   3. **technische und berufliche Leistungsfähigkeit.**
   Die Eignungskriterien müssen mit dem Auftragsgegenstand in Verbindung und zu diesem in einem angemessenen Verhältnis stehen.
(3) 1. **Der Wettbewerb darf nicht auf Unternehmen beschränkt werden, die in bestimmten Regionen oder Orten ansässig sind.**
   2. **Bewerber- und Bietergemeinschaften sind Einzelbewerbern und -bietern gleichzusetzen. Für den Fall der Auftragserteilung kann der öffentliche Auftraggeber verlangen, dass eine Bietergemeinschaft eine bestimmte Rechtsform annimmt, sofern dies für die ordnungsgemäße Durchführung des Auftrages notwendig ist.**
   3. **Der öffentliche Auftraggeber kann das Recht zur Teilnahme an dem Vergabeverfahren unter den Voraussetzungen des § 118 GWB beschränken.**
   4. **Hat ein Bewerber oder Bieter oder ein mit ihm in Verbindung stehendes Unternehmen vor Einleitung des Vergabeverfahrens den öffentlichen Auftraggeber beraten oder sonst unterstützt, so ergreift der öffentliche Auftraggeber angemessene Maßnahmen, um sicherzustellen, dass der Wettbewerb durch die Teilnahme dieses Bieters oder Bewerbers nicht verfälscht wird.**
   Der betreffende Bewerber oder Bieter wird vom Verfahren nur dann ausgeschlossen, wenn keine andere Möglichkeit besteht, den Grundsatz der Gleichbehand-

---

[20] BGH VergabeR 2011, 452 (462).
[21] Zur Definition des Mittelstands vgl. Empfehlung der EG-Kommission 2003/361/EG vom 6.5.2003, ABl. L 124, S. 36, Anhang Art. 2.
[22] OLG Düsseldorf VergabeR 2005, 107 (108); OLG Karlsruhe VergabeR 2011, 722 (725).
[23] OLG Brandenburg VergabeR 2009, 652 (656).
[24] KG BauR 2000, 1620.

lung zu gewährleisten. Vor einem solchen Ausschluss gibt der öffentliche Auftraggeber den Bewerbern oder Bietern die Möglichkeit, nachzuweisen, dass ihre Beteiligung an der Vorbereitung des Vergabeverfahrens den Wettbewerb nicht verzerren kann. Die ergriffenen Maßnahmen werden im Vergabevermerk dokumentiert.

Schrifttum: Siehe das Schrifttum zu § 6.

Übersicht

	Rn.
A. Allgemeines	1
I. Anwendungsbereich	1
II. Inhalt des § 6 EU und Übereinstimmung mit anderen Vorschriften	2
B. Eignung der Teilnehmer	4
I. Eignung und Eignungskriterien	4
II. Eignungsnachweise und Mindestbedingungen	5
III. Eignungsprüfung	6
C. Teilnehmer am Wettbewerb	7
I. Keine Beschränkung auf Unternehmen aus bestimmten Regionen	7
II. Bietergemeinschaft	8
III. Kein Selbstausführungsgebot/Zurechnung der Eignung Dritter	9
IV. Bestimmten Auftragnehmern vorbehaltene öffentliche Aufträge (Abs. 3 Nr. 3)	10
V. Vorbefasste Bieter (Abs. 3 Nr. 4)	11

A. Allgemeines

I. Anwendungsbereich

§ 6 EU ist Teil des Abschnitts 2 der VOB/A. Die Vorschrift gilt nur, wenn es sich um eine Vergabe oberhalb der **EU-Schwellenwerte** und außerhalb des Sektorenbereichs handelt. § 6 EU wird ergänzt durch die §§ 6a bis f EU. **1**

II. Inhalt des § 6 EU und Übereinstimmung mit anderen Vorschriften

§ 6 EU ist die Grundnorm zur Bestimmung, wer sich als Teilnehmer an einem Vergabeverfahren beteiligen kann. § 6 EU wird ergänzt durch die §§ 6a bis f EU. **2**

§ 6 EU Abs. 1 und Abs. 2 stimmen wörtlich mit §§ 122 Abs. 1 und 2 GWB überein. § 6 EU Abs. 3 Nr. 1 stimmt mit § 6 Abs. 1 VOB/A überein. **3**

B. Eignung der Teilnehmer

I. Eignung und Eignungskriterien

§ 6 EU Abs. 1 VOB/A bestimmt, dass öffentliche Aufträge an fachkundige und leistungsfähige Unternehmen vergeben, die nicht nach § 6e EU ausgeschlossen worden sind. Damit ergänzt § 6 EU § 122 Abs. 1 GWB sowie § 2 EU Abs. 3 VOB/A. Inhaltlich entspricht § 6 EU Abs. 1 der Vorgängerbestimmung in § 6 EG VOB/A 2012. Allerdings wird der Begriff der Zuverlässigkeit nicht mehr verwendet. Die Zuverlässigkeit muss auch nicht mehr ausdrücklich festgestellt werden, vielmehr kommt es darauf an, dass kein Ausschluss wegen eines der in § 6e EU VOB/A in die Einzelnen aufgeführten Gründen vorliegt. **4**

II. Eignungsnachweise und Mindestbedingungen

Der öffentliche Auftraggeber kann Mindestbedingungen festlegen, die erfüllt sein müssen, damit die Eignung eines Bieters bejaht werden kann. Dies ist jedoch nur zulässig, wenn das **5**

Eignungskriterium mit dem Auftragsgegenstand in Verbindung steht und wenn das Kriterium sowie die festgelegte Mindestbedingung angemessen i. S. v. § 6 EU Abs. 2 sind.[1]

III. Eignungsprüfung

6   Geeignet ist ein Unternehmen, wenn es die durch den öffentlichen Auftraggeber im Einzelnen zur ordnungsgemäßen Ausführung des öffentlichen Auftrags festgelegten Kriterien erfüllt. Die Eignungsprüfung ist in der VOB/A nur bezüglich einzelner Aspekte geregelt. Im Ergebnis der Eignungsprüfung muss der Auftraggeber feststellen, dass das Unternehmen die durch den Auftraggeber festgelegten Eignungskriterien erfüllt und keine Ausschlussgründe vorliegen.[2]

C. Teilnehmer am Wettbewerb

I. Keine Beschränkung auf Unternehmen aus bestimmten Regionen

7   Die in § 6 Abs. 1 VOB/A enthaltene Regelung, dass der Wettbewerb nicht auf Unternehmen in bestimmten Regionen beschränkt werden darf, gilt natürlich und erst recht oberhalb der Schwellenwerte.[3]

II. Bietergemeinschaft

8   Gemäß § 6 EU Abs. 3 Nr. 2 darf der Auftraggeber nur für den Fall der Auftragserteilung verlangen, dass die Bietergemeinschaft eine bestimmte Rechtsform annimmt, und nur dann, wenn es für die ordnungsgemäße Durchführung des Auftrages notwendig ist. Im Umkehrschluss folgt daraus, dass Bietergemeinschaften ebenso zu behandeln sind wie Einzelbieter und nicht ausgeschlossen oder benachteiligt werden dürfen, weil sie sich als Bietergemeinschaft beteiligen (vgl. § 6 EU Abs. 3 Nr. 2 VOB/A). § 6 Abs. 1 Nr. 2 VOB/A gilt entsprechend, allerdings mit der Maßgabe, dass der Zusatz „wenn sie die Arbeiten im eigenen Betrieb oder in den Betrieben der Mitglieder ausführen" nicht gilt. Denn das dort niedergelegte Selbstausführungsgebot gilt oberhalb der Schwellenwerte gemäß § 6 EU nicht.[4]

III. Kein Selbstausführungsgebot/Zurechnung der Eignung Dritter

9   § 6 EU übernimmt die Regelungen in § 6 Abs. 2 und 3 nicht und verzichtet auf den Zusatz „die sich gewerbsmäßig mit der Ausführung von Leistungen der ausgeschriebenen Art befassen". § 6d EU bestimmt ausdrücklich, dass sich ein Bieter bei der Erfüllung eines Auftrags der Fähigkeiten anderer Unternehmen bedienen kann. Hieraus folgt, dass auch ein Unternehmen zum Wettbewerb zugelassen werden muss, das sich selbst nicht gewerbsmäßig mit der Ausführung von Leistungen der ausgeschriebenen Art befasst. Oberhalb der Schwellenwerte gilt das Gebot der Selbstausführung nicht mehr.[5]

IV. Bestimmten Auftragnehmern vorbehaltene öffentliche Aufträge (Abs. 3 Nr. 3)

10   § 6 EU Abs. 3 Nr. 3 VOB/A erlaubt es Auftraggebern das Recht zur Teilnahme an einem Vergabeverfahren auf bestimmte, sozialen Aspekten verpflichtete Unternehmen zu beschränken, wenn die Voraussetzungen des § 118 GWB eingehalten werden. Danach kann das Recht zur Teilnahme auf Werkstätten für Menschen mit Behinderungen sowie Unternehmen vorbehalten werden, deren Hauptzweck die soziale und berufliche Integration von Menschen mit Behinderungen oder von benachteiligten Personen ist, wobei Voraussetzung ist, dass mindestens 30% der in diesen Werkstätten oder Unternehmen beschäftigten Menschen mit Behinderung oder Benachteiligte Personen sind. § 118 GWB und § 6 EU Abs. 3 Nr. 3 VOB/A setzen Artikel 20 Abs. 1 der Richtlinie 2014/24/EU um.

---

[1] Siehe Kommentierung zu → § 6 Rn. 6 ff.
[2] Siehe Kommentierung zu → § 6b Rn. 9 ff.
[3] Siehe Kommentierung zu → § 6 Rn. 14 ff.
[4] Vgl. → § 6 Rn. 19, 21 f.
[5] *Pauly* VergabeR 2005, 312 (318); *Prieß/Becker* VergabeR 2004, 159 (166); *Kullack/Kerner* ZfBR 2003, 443 (446).

V. Vorbefasste Bieter (Abs. 3 Nr. 4)

§ 6 EU Abs. 3 Nr. bestimmt, dass bei der Projektantenstellung eines Bieters oder Bewerbers 11
der Auftraggeber sicherstellen muss, dass der Wettbewerb durch die Teilnahme des Bieters oder
Bewerbers nicht verfälscht wird.

Vorbefasste Bieter bzw. Projektanten sind Unternehmen, die für den Auftraggeber Vor- 12
arbeiten für ein Bauvorhaben geleistet haben und sich dann an der Ausschreibung für die
Bauleistung beteiligen.[6] Dies ist insbesondere problematisch, wenn der Projektant die Ausführungsplanung erstellt und die Verdingungsunterlagen ausgearbeitet hat[7]. Denn wegen der Kenntnis der Einzelheiten des Projektes hat der Projektant nahezu zwangsläufig gegenüber den anderen
Bewerbern einen **Informationsvorsprung**[8]. Wenn das vorbefasste Unternehmen nicht an der
Erstellung der Vergabeunterlagen selbst beteiligt war, lässt sich die Frage, ob das Unternehmen
als „**Projektant**" einzustufen ist, schwerer beantworten. § 6 EU Abs. 3 Nr. 4 stellt nur darauf
ab, ob ein Bieter oder Bewerber vor Einleitung des Vergabeverfahrens den Auftraggeber beraten
oder sonst unterstützt hat. Diese sehr weite Formulierung ist aber einschränkend dahin auszulegen, dass die für den Auftraggeber erbrachte Leistung in einem unmittelbaren Bezug zu dem
Ausschreibungsgegenstand stehen muss.[9] Denn das vorherige Auftrags- und Beratungsverhältnis
zwischen dem Auftraggeber und dem Bieter ist nach dem Sinn und Zweck der Vorschrift die
entscheidende Voraussetzung, um einen Informationsvorsprung als „wettbewerbswidrig" anzusehen. Ohne die Einschränkung, dass der Wettbewerbsvorteil aus einem Auftragsverhältnis zu dem
Auftraggeber stammen muss, müsste jeder Wettbewerbsvorteil eines Bieters ausgeglichen werden.
Es müssten somit auch Wettbewerbsvorteile oder Informationsvorsprünge ausgeglichen werden,
die durch ein besonderes Know How bestehen oder dadurch, dass der Bieter schon für drei
Nachbargemeinden entsprechend tätig war. Auch dies sind Informationsvorsprünge, die dann
ausgeglichen werden müssten. Es liegt auf der Hand, dass die Ausschlusstatbestände ohne die
Einschränkung, dass der Vorteil aus einem Auftragsverhältnis zum Auftraggeber stammen muss,
uferlos und zweckwidrig würden und das Vergaberecht dies nicht verlangt. Deshalb liegt kein
auszugleichender „Projektantenstatus" vor, wenn der Bieter seine vertieften Informationen aufgrund eines früheren Auftrags mit einem vergleichbaren Gegenstand erlangt hat.[10]

Oberhalb der Schwellenwerte ist ein genereller Ausschluss eines Bieters, der Projektant ist, 13
unzulässig. Der EuGH hat mit Urteil vom 3.3.2005 entschieden, dass ein mit Vorarbeiten für
Bauleistungen, Lieferungen oder Dienstleistungen hinsichtlich eines öffentlichen Auftrags durch
den öffentlichen Auftraggeber betrautes Unternehmen grundsätzlich zur Einreichung eines Teilnahmeantrags bzw. eines Angebotes zuzulassen sei, dass aber ein Ausschluss des Unternehmens
erforderlich sei, wenn es ihm nicht möglich sei zu beweisen, dass nach den Umständen des
Einzelfalls die von dem Unternehmen erworbene Erfahrung den Wettbewerb nicht hat verfälschen können.[11] Der deutsche Gesetzgeber hat aus der Entscheidung für Auftragsvergaben
oberhalb der Schwellenwerte die Konsequenzen gezogen. § 6 EU Abs. 3 Nr. 4 bestimmt, dass
ein Projektant nicht generell vom Vergabeverfahren ausgeschlossen werden kann, vielmehr der
Auftraggeber sicherstellen muss, dass der Wettbewerb durch die Teilnahme des Bieters oder
Bewerbers nicht verfälscht wird.

Der Informationsvorsprung des Projektanten muss ausgeglichen werden, indem alle Informa- 14
tionen, die der Projektant hat und die für die Auftragsvergabe von Bedeutung sein können, auch
den anderen Bietern zugänglich gemacht werden.[12] Ein Ausschluss kann daher allenfalls als
einzelfallabhängige ultima ratio in Betracht kommen.[13]

Die Gefahr einer Wettbewerbsverzerrung ist dann besonders groß, wenn der Projektant an 15
den Vorarbeiten für die Ausschreibung, insbesondere bei der Erstellung der Vergabeunterlagen

---

[6] Siehe Kommentierung zu → § 6 Rn. 27 ff.
[7] Vgl. OLG Düsseldorf VergabeR 2004, 236 (237); OLG Jena VergabeR 2003, 577 (578).
[8] OLG München 10.2.2011 – Verg 24/10, juris.
[9] OLG München 10.2.2011 – Verg 24/10, juris; VK Hessen 12.2.2008 – 69d-VK-01/2008, ibr online.
[10] So: *Ollmann* VergabeR 2005, 685 (692); vgl. auch: *Voppel/Osenbrück/Bubert* VOF, 2. Aufl., 2008, § 4 Rn. 34.
[11] EuGH 3.3.2005 – C-34/03, NZBau 2005, 351, 1. Leitsatz und 353 (Rn. 36) – Fabricom.
[12] OLG München 10.2.2011 – Verg 24/10, juris; OLG Brandenburg 22.5.2007 – Verg W 13/06, juris, insoweit nicht abgedruckt in IBR 2007, 390; OLG Düsseldorf NZBau 2006, 466 (468); VK Bund 16.7.2010 – VK 3 – 66/10, juris; VK Bund 10.7.2002 – VK 2–34/02, ibr online; vgl. auch die amtliche Gesetzes-begründung zum ÖPP-Beschleunigungsgesetz, BT-Drs. 15/5668, 12, linke Spalte.
[13] VK Nordbayern 1.12.2010 – 21. VK-3194-38/10, juris; VK Sachsen 26.6.2009 – 1/SVK/024-09, juris.

mitgewirkt hat. Hier bestehen an die Kompensation des wettbewerbsverzerrenden Informationsvorsprungs besondere Anforderungen. Das Vorliegen eines wettbewerbsverzerrenden Informationsvorsprungs kann hingegen regelmäßig ausgeglichen werden, wenn der Projektant lediglich an den Planungs- und Entwurfsarbeiten oder Machbarkeitsstudien im Vorfeld der eigentlichen Vergabe beteiligt war. Hier kann ein Informationsvorsprung in der Regel dadurch ausgeglichen werden, dass der Auftraggeber die gewonnenen Erkenntnisse in den Vergabeunterlagen allen Bietern zugänglich macht und diese so abfasst, dass alle Bieter im Wettbewerb um den Auftrag gleiche Chancen haben.

16 Schließlich muss bei der Beteiligung eines Projektanten am Vergabeverfahren auch im Übrigen sorgfältig geprüft werden, ob es im Vergabeverfahren zu Abweichungen, Auffälligkeiten und Unregelmäßigkeiten gekommen ist, die darauf schließen lassen, dass doch eine Wettbewerbsverzerrung vorliegt.

§ 6a EU Eignungsnachweise

Der öffentliche Auftraggeber kann Unternehmen nur die in den Nummern 1 bis 3 genannten Anforderungen an die Teilnahme auferlegen.
1. Zum Nachweis der Befähigung und Erlaubnis zur Berufsausübung kann der öffentliche Auftraggeber die Eintragung in das Berufs- oder Handelsregister oder der Handwerksrolle ihres Sitzes oder Wohnsitzes verlangen.
2. Zum Nachweis der wirtschaftlichen und finanziellen Leistungsfähigkeit kann der öffentliche Auftraggeber verlangen:
   a) die Vorlage entsprechender Bankerklärungen oder gegebenenfalls den Nachweis einer entsprechenden Berufshaftpflichtversicherung.
   b) die Vorlage von Jahresabschlüssen, falls deren Veröffentlichung in dem Land, in dem das Unternehmen ansässig ist, gesetzlich vorgeschrieben ist.
   Zusätzlich können weitere Informationen, zum Beispiel über das Verhältnis zwischen Vermögen und Verbindlichkeiten in den Jahresabschlüssen, verlangt werden. Die Methoden und Kriterien für die Berücksichtigung weiterer Informationen müssen in den Vergabeunterlagen spezifiziert werden; sie müssen transparent, objektiv und nichtdiskriminierend sein.
   c) eine Erklärung über den Umsatz des Unternehmens jeweils bezogen auf die letzten drei abgeschlossenen Geschäftsjahre, soweit er Bauleistungen und andere Leistungen betrifft, die mit der zu vergebenden Leistung vergleichbar sind, unter Einschluss des Anteils bei gemeinsam mit anderen Unternehmen ausgeführten Aufträgen.
   Der öffentliche Auftraggeber kann von den Unternehmen insbesondere verlangen, einen bestimmten Mindestjahresumsatz, einschließlich eines Mindestumsatzes in dem vom Auftrag abgedeckten Bereich nachzuweisen. Der geforderte Mindestjahresumsatz darf das Zweifache des geschätzten Auftragswerts nur in hinreichend begründeten Fällen übersteigen. Die Gründe sind in den Vergabeunterlagen oder in dem Vergabevermerk gemäß § 20EU anzugeben.
   Ist ein Auftrag in Lose unterteilt, finden diese Regelungen auf jedes einzelne Los Anwendung. Der öffentliche Auftraggeber kann jedoch den Mindestjahresumsatz, der von Unternehmen verlangt wird, unter Bezugnahme auf eine Gruppe von Losen in dem Fall festlegen, dass der erfolgreiche Bieter den Zuschlag für mehrere Lose erhält, die gleichzeitig auszuführen sind.
   Sind auf einer Rahmenvereinbarung basierende Aufträge infolge eines erneuten Aufrufs zum Wettbewerb zu vergeben, wird der Höchstjahresumsatz aufgrund des erwarteten maximalen Umfangs spezifischer Aufträge berechnet, die gleichzeitig ausgeführt werden, oder – wenn dieser nicht bekannt ist – aufgrund des geschätzten Werts der Rahmenvereinbarung. Bei dynamischen Beschaffungssystemen wird der Höchstjahresumsatz auf der Basis des erwarteten Höchstumfangs konkreter Aufträge berechnet, die nach diesem System vergeben werden sollen.
   Der öffentliche Auftraggeber wird andere ihm geeignet erscheinende Nachweise der wirtschaftlichen und finanziellen Leistungsfähigkeit zulassen, wenn er feststellt, dass stichhaltige Gründe dafür bestehen.

3. Zum Nachweis der beruflichen und technischen Leistungsfähigkeit kann der öffentliche Auftraggeber je nach Art, Menge oder Umfang oder Verwendungszweck der ausgeschriebenen Leistung verlangen:
   a) Angaben über die Ausführung von Leistungen in den letzten bis zu fünf abgeschlossenen Kalenderjahren, die mit der zu vergebenden Leistung vergleichbar sind, wobei für die wichtigsten Bauleistungen Bescheinigungen über die ordnungsgemäße Ausführung und das Ergebnis beizufügen sind. Um einen ausreichenden Wettbewerb sicherzustellen, kann der öffentliche Auftraggeber darauf hinweisen, dass er auch einschlägige Bauleistungen berücksichtigen werde, die mehr als fünf Jahre zurückliegen;
   b) Angabe der technischen Fachkräfte oder der technischen Stellen, unabhängig davon, ob sie seinem Unternehmen angehören oder nicht, und zwar insbesondere derjenigen, die mit der Qualitätskontrolle beauftragt sind, und derjenigen, über die der Unternehmer für die Errichtung des Bauwerks verfügt;
   c) die Beschreibung der technischen Ausrüstung und Maßnahmen des Unternehmens zur Qualitätssicherung und seiner Untersuchungs- und Forschungsmöglichkeiten;
   d) Angabe des Lieferkettenmanagement- und -überwachungssystems, das dem Unternehmen zur Vertragserfüllung zur Verfügung steht;
   e) Studiennachweise und Bescheinigungen über die berufliche Befähigung des Dienstleisters oder Unternehmers und/oder der Führungskräfte des Unternehmens, sofern sie nicht als Zuschlagskriterium bewertet werden;
   f) Angabe der Umweltmanagementmaßnahmen, die der Unternehmer während der Auftragsausführung anwenden kann;
   g) Angaben über die Zahl der in den letzten drei abgeschlossenen Kalenderjahren jahresdurchschnittlich beschäftigten Arbeitskräfte, gegliedert nach Lohngruppen mit gesondert ausgewiesenem technischen Leitungspersonal;
   h) eine Erklärung, aus der hervorgeht, über welche Ausstattung, welche Geräte und welche technische Ausrüstung das Unternehmen für die Ausführung des Auftrags verfügt;
   i) Angabe, welche Teile des Auftrags der Unternehmer unter Umständen als Unteraufträge zu vergeben beabsichtigt.

Übersicht

	Rn.
A. Allgemeines	1
B. Abschließender Katalog von Eignungsnachweisen	2
C. Zulässige Eignungsnachweise und Mindestbedingungen	4
D. Nachweis über die Befähigung und Erlaubnis zur Berufsausübung	9
E. Nachweis der wirtschaftlichen und finanziellen Leistungsfähigkeit	10
F. Nachweis der beruflichen und technischen Leistungsfähigkeit	14

A. Allgemeines

§ 6a EU VOB/A setzt Artikel 58 Abs. 2 bis 4 der Richtlinie 2014/24/EU um. Die § 6a EU VOB/A entsprechende Regelung für Liefer- und Dienstleistungen findet sich in §§ 44, 45 und 46 VgV. **1**

B. Abschließender Katalog von Eignungsnachweisen

§ 6a EU VOB/A stellt klar, dass der öffentliche Auftraggeber ausschließlich die in § 6a EU VOB/A genannten Anforderungen als Eignungsnachweise verlangen kann. Der Katalog ist abschließend. Allerdings sieht § 6a EU VOB/A für die Nachweise zur wirtschaftlichen und finanziellen Leistungsfähigkeit in Nr. 2 selbst vor, dass zum Nachweis der finanziellen und wirtschaftlichen Leistungsfähigkeit auch weitere Informationen verlangt werden können. Ab- **2** schließend ist der Katalog aber bezüglich der Nachweise zur Befähigung und Erlaubnis zur Berufsausübung sowie der beruflichen und technischen Leistungsfähigkeit.

3   Der Auftraggeber ist jedoch nur berechtigt, nicht aber verpflichtet, stets alle in § 6a EU VOB/A angesprochenen Eignungsnachweise zur Eignungsprüfung vorzusehen.[1] Es liegt in seinem Beurteilungsspielraum, welche Eignungsnachweise er fordert.

C. Zulässige Eignungsnachweise und Mindestbedingungen

4   Auch für die in § 6a EU genannten Eignungskriterien gilt § 6 EU Abs. 2, d. h. die Eignungskriterien müssen im Hinblick auf den konkreten Auftragsgegenstand mit diesem in Verbindung stehen und zu diesem in einem angemessenen Verhältnis stehen.

5   Der Auftraggeber kann die in § 6a EU genannten Nachweise verlangen, ohne das damit zwangsläufig verbunden ist, dass Unternehmen die entsprechende Nachweise nicht beibringen können, zwingend vom Vergabeverfahren auszuschließen sind. Es ist jeweils danach zu unterscheiden, ob der Auftraggeber in Verbindung mit dem geforderten Eignungsnachweis eine Mindestbedingung festgesetzt hat.[2] Um Missverständnisse und Auslegungsschwierigkeiten zu vermeiden, sollte der Auftraggeber in der Bekanntmachung und den Vergabeunterlagen jeweils deutlich unterscheiden, ob er nur Auskunft über bestimmten Erklärungen/Nachweise verlangt oder ob ein zwingender Ausschlussgrund vorliegt, wenn der Bieter den Nachweis nicht führen kann. Das Muster für die Bekanntmachung im Amtsblatt der EU sieht hierfür gesonderte Rubriken vor: „gegebenenfalls geforderte Mindeststandards".

6   Während der Beurteilungsspielraum des Auftraggebers bei der Frage, zu welchen Aspekten er Aufklärung fordert, um dann die Eignung ohne Festlegung von Mindestbedingungen prüfen zu können, ist sein Beurteilungsspielraum bei der Festlegung von Mindestbedingungen enger, weil die Festlegung einer Mindestbedingung erheblich weiter in den Wettbewerb eingreift.

7   Eine ausdrückliche Regelung für eine Mindestbedingung findet sich nunmehr in § 6a EU Abs. 2 lit. c). Dort ist bestimmt, dass der Auftraggeber einen bestimmten Mindestjahresumsatz, einschließlich eines Mindestumsatzes in dem vom Auftrag abgedeckten Bereich verlangen kann, allerdings in der Regel nur in Höhe des 2-fachen des geschätzten Auftragswerts.

8   Auch dann, wenn bezüglich der Referenzen eine Mindestbedingung festgelegt wird, muss diese Festlegung im Hinblick auf den konkreten Auftragsgegenstand angemessen sein.

D. Nachweis über die Befähigung und Erlaubnis zur Berufsausübung

9   Als Nachweis der Befähigung und Erlaubnis zur Berufsausübung kann der Auftraggeber nur die Eintragung in das Berufs- oder Handelsregister oder die Handwerksrolle an dem Sitz oder Wohnsitz des Bieters verlangen. Für die Mitgliedstaaten der EU sind die einschlägigen Berufs- und Handelsregister bzw. Bescheinigungen oder Erklärungen über die Berufsausübung im Anhang XI der Richtlinie 2014/24/EU enthalten.

E. Nachweis der wirtschaftlichen und finanziellen Leistungsfähigkeit

10   Zum Nachweis der wirtschaftlichen und finanziellen Leistungsfähigkeit kann der Auftraggeber die Vorlage „entsprechender" Bankerklärungen oder die Vorlage von Jahresabschlüssen verlangen, allerdings nur, wenn deren Veröffentlichung am Sitz des Bieters gesetzlich vorgeschrieben ist. Mit dem Begriff „entsprechender" ist gemeint, dass der Auftraggeber Bankerklärungen verlangen kann, die Aussagen zur finanziellen und wirtschaftlichen Leistungsfähigkeit des Bieters enthalten.

11   Darüber hinaus kann der Auftraggeber den Nachweis einer Berufshaftpflichtversicherung verlangen. Die Vergabekammern und -senate haben in der Vergangenheit teils die Ansicht vertreten, der Nachweis einer Berufshaftpflichtversicherung mit einer bestimmten Mindestdeckungssumme, könne nicht verlangt werden, vielmehr können nur die Versicherung verlangt werden, das eine entsprechende Versicherung im Fall der Zuschlagserteilung abgeschlossen wird. Jedenfalls

---

[1] vgl. Gründung der Bundesregierung DrS 87/16 zu § 45 VgV; *Schranner* in Ingenstau/Korbion, VOB 20. Auflage 2017, § 6a Rn. 1
[2] Siehe § 6a Rn. 6 ff.

nach dem Wortlaut von § 6a EU VOB/A kann nunmehr der Nachweis, d. h. das Bestehen einer Berufshaftpflichtversicherung verlangt werden. Da eine „entsprechende Berufshaftpflichtversicherung", d. h. eine solche, die die wirtschaftliche und finanzielle Leistungsfähigkeit im Hinblick auf den Auftrag belegt, verlangt werden kann, ist es auch zulässig, bestimmte Mindestdeckungssummen vorzugeben.

Weiter kann der Auftraggeber eine Erklärung über den Umsatz des Unternehmens, jeweils bezogen auf die letzten drei abgeschlossenen Geschäftsjahre, soweit er Bauleistungen und andere Leistungen betrifft, die mit der zu vergebenden Leistung vergleichbar sind. Anders als bislang sieht § 6a EU VOB/A also nicht mehr vor, dass eine Erklärung über den Gesamtumsatz verlangt werden kann, sondern nur über den Umsatz mit vergleichbaren Leistungen. Allerdings wird aus der Regelung, dass der Auftraggeber auch weitere Informationen, z. B. über das Verhältnis zwischen Vermögen und Verbindlichkeiten in den Jahresabschlüssen, verlangen kann, zu folgern sein, dass er auch den Gesamtumsatz des Unternehmens abfragen kann. Dafür spricht auch, dass die Regelung zum Mindestjahresumsatz ausdrücklich vorsieht, es könne ein bestimmter Mindestjahresumsatz, einschließlich eines Mindestumsatzes in dem vom Auftrag abgedeckten Bereich, verlangt werden. Zu den Möglichkeiten und Grenzen des Mindestumsatzes siehe Rn. 7. 12

Schließlich stellt § 6a EU Nr. 2 klar, dass der öffentliche Auftraggeber auch andere ihm geeignet erscheinenden Nachweise zulassen muss, wenn er feststellt, dass stichhaltige Gründe dafür bestehen, dass der Nachweis nicht geführt werden konnte. 13

F. Nachweis der beruflichen und technischen Leistungsfähigkeit

Die Nachweise, die der Auftraggeber gemäß § 6a EU Nr. 3 verlangen kann, sind abschließend festgelegt. Andere Nachweise darf der Auftraggeber nicht verlangen. 14

Die Vorgabe in lit. a) erlaubt es Angaben über die Ausführung von Leistungen, die mit der zu vergebenden Leistung vergleichbar sind, in den letzten bis zu 5 abgeschlossenen Kalenderjahren zu verlangen, wobei aus Gründen des Wettbewerbs auch Referenzen berücksichtigt werden können, die mehr als 5 Jahre zurückliegen. Der Auftraggeber kann weiter verlangen, dass für die wichtigsten Bauleistungen Bescheinigungen über die ordnungsgemäße Ausführung und das Ergebnis vorzulegen sind. Auch hinsichtlich der Angabe von Referenzen ist zu beachten, dass in der Auftragsbekanntmachung und den Vergabeunterlagen klargestellt werden muss, ob es sich bei den Anforderungen um Mindestbedingung zur Bejahung der Eignung handelt oder nicht (Rn. 4 ff.). 15

Während sich die Regelung in lit. a) auf Referenzen des Unternehmens bezieht, bezieht sich der Nachweis in lit. e) auf Studiennachweise, Bescheinigungen über die berufliche Befähigung des Dienstleisters oder Unternehmers und/oder der Führungskräfte des Unternehmens, sofern diese nicht als Zuschlagskriterium berücksichtigt werden sollen. 16

§ 6b EU Mittel der Nachweisführung, Verfahren

(1) ¹Der Nachweis, auch über das Nichtvorliegen von Ausschlussgründen nach § 6eEU, kann wie folgt geführt werden:
1. durch die vom öffentlichen Auftraggeber direkt abrufbare Eintragung in die allgemein zugängliche Liste des Vereins für die Präqualifikation von Bauunternehmen e. V. (Präqualifikationsverzeichnis). Die im Präqualifikationsverzeichnis hinterlegten Angaben werden nicht ohne Begründung in Zweifel gezogen. Hinsichtlich der Zahlung von Steuern und Abgaben sowie der Sozialversicherungsbeiträge kann grundsätzlich eine zusätzliche Bescheinigung verlangt werden.
Die Eintragung in ein gleichwertiges Verzeichnis anderer Mitgliedstaaten ist als Nachweis ebenso zugelassen.
2. durch Vorlage von Einzelnachweisen. Der öffentliche Auftraggeber kann vorsehen, dass für einzelne Angaben Eigenerklärungen ausreichend sind. Eigenerklärungen, die als vorläufiger Nachweis dienen, sind von den Bietern, deren Angebote in die engere Wahl kommen, durch entsprechende Bescheinigungen der zuständigen Stellen zu bestätigen.
²Der öffentliche Auftraggeber akzeptiert als vorläufigen Nachweis auch eine Einheitliche Europäische Eigenerklärung (EEE).

(2) 1. Wenn dies zur angemessenen Durchführung des Verfahrens erforderlich ist, kann der öffentliche Auftraggeber Bewerber und Bieter, die eine Eigenerklärung abgegeben haben, jederzeit während des Verfahrens auffordern, sämtliche oder einen Teil der Nachweise beizubringen.
2. Beim offenen Verfahren fordert der öffentliche Auftraggeber vor Zuschlagserteilung den Bieter, an den er den Auftrag vergeben will und der bislang nur eine Eigenerklärung als vorläufigen Nachweis vorgelegt hat, auf, die einschlägigen Nachweise unverzüglich beizubringen und prüft diese.
3. Beim nicht offenen Verfahren, beim Verhandlungsverfahren sowie beim wettbewerblichen Dialog und bei der Innovationspartnerschaft fordert der öffentliche Auftraggeber die in Frage kommenden Bewerber auf, ihre Eigenerklärungen durch einschlägige Nachweise unverzüglich zu belegen und prüft diese. Dabei sind die Bewerber auszuwählen, deren Eignung die für die Erfüllung der vertraglichen Verpflichtungen notwendige Sicherheit bietet.
4. Der öffentliche Auftraggeber greift auf das Informationssystem e-Certis zurück und verlangt in erster Linie jene Arten von Bescheinigungen und dokumentarischen Nachweisen, die von e-Certis abgedeckt sind.

(3) Unternehmen müssen keine Nachweise vorlegen,
– sofern und soweit die Zuschlag erteilende Stelle diese direkt über eine gebührenfreie nationale Datenbank in einem Mitgliedstaat erhalten kann, oder
– wenn die Zuschlag erteilende Stelle bereits im Besitz dieser Nachweise ist.

Übersicht

	Rn.
A. Allgemeines	1
B. Nachweis der Eignung und des Fehlens von Ausschlussgründen durch Präqualifikation	2
C. Nachweis der Eignung durch Einzelnachweise	5
D. Nachweis durch die Einheitliche Europäische Eigenerklärung	8
E. Zeitpunkt zur Vorlage der Nachweise	10
F. E-Certis	14
G. Entbindung von der Pflicht zur Vorlage	15
H. Die Eignungsprüfung	16

A. Allgemeines

1 § 6b EU VOB/A ergänzt § 122 Abs. 4 GWB. Dort ist geregelt, dass die Eignungskriterien in der Auftragsbekanntmachung, der Vorinformation oder der Aufforderung zur Interessensbestätigung aufzuführen sind. Obwohl in den Mustern zur Bekanntmachung im Amtsblatt der EU die Möglichkeit eingeräumt wird, anstelle der Angabe der Eignungskriterien in der Bekanntmachung auf die Vergabeunterlagen zu verweisen, folgt aus § 122 Abs. 4 GWB, dass die Eignungskriterien unverändert in der Bekanntmachung selbst angegeben werden müssen und nicht erst in den Vergabeunterlagen. Etwas anderes gilt nur, wenn der öffentliche Auftraggeber ein nichtoffenes Verfahren oder ein Verhandlungsverfahren mit Vorinformation und Aufforderung zur Interessenbekundung durchführt. Nur dann genügt es, die Eignungsanforderungen nur in der Aufforderung zur Interessensbestätigung aufzuführen.

B. Nachweis der Eignung und des Fehlens von Ausschlussgründen durch Präqualifikation

2 Die Präqualifikation ist eine vorgelagerte und von einer konkreten Auftragsvergabe losgelöste Prüfung eines Unternehmens hinsichtlich seiner Eignung, d. h. seiner Fachkunde und Leistungsfähigkeit sowie des Fehlens von Ausschlussgründen.[1]
3 Die Präqualifikation soll für Bieter und Auftraggeber den Aufwand bei der Zusammenstellung der erforderlichen Eignungsnachweise sowie bei der Prüfung der Eignung reduzieren. Auch

---
[1] Siehe § 6b VOB/A Rn. 4.

wenn dies gelungen ist, stellen sich eine Vielzahl von Rechtsfragen über das Verhältnis von Präqualifikation und Eignungsprüfung. So ist u. a. nicht eindeutig, in welchem Verhältnis die abstrakte Eignungsprüfung der Präqualifikation zu der konkreten Eignungsprüfung in dem jeweiligen Vergabeverfahren steht.[2] So hat die VK Nordbayern u. a. die Ansicht vertreten, dass die Präqualifikation eines Unternehmens nicht in einem Vergabeverfahren „aberkannt" werden könne, mithin sei das Unternehmen präqualifiziert und geeignet, obwohl die Präqualifkationsvoraussetzungen zweifelsfrei nicht mehr vorlagen.[3] Die Entscheidung der VK Nordbayern vom 13.4.2016 ist allerdings überholt. Jedenfalls für Auftragsvergaben oberhalb der EU-Schwellenwerte stellt § 6b EU VOB/A klar, dass die im Präqualifikationsverzeichnis hinterlegten Angaben bei einem begründeten Anlass in Zweifel gezogen und überprüft werden können, mithin als nicht ausreichend angesehen werden können. Darüber hinaus bestimmt § 6b EU VOB/A, dass jedenfalls die Angaben hinsichtlich der Zahlung von Steuern und Abgaben sowie der Sozialversicherungsbeiträge überprüft werden können bzw. eine zusätzliche Bescheinigung verlangt werden kann, obwohl auch dies im Rahmen der Präqualifikation überprüft wird.

§ 6b EU VOB/ A stellt schließlich klar, dass der Auftraggeber gleichwertige Verzeichnisse anderer Mitgliedstaaten als Nachweis ausreichen lassen muss. **4**

C. Nachweis der Eignung durch Einzelnachweise

Die Bieter sind jedoch nicht gezwungen, ihre Eignung durch Präqualifikation nachzuweisen, **5** vielmehr können sie stattdessen ihre Eignung auch durch die Vorlage von Einzelnachweisen nachweisen. Insbesondere dann, wenn der Auftraggeber Eignungsnachweise im Sinn von § 6a EU VOB/A fordert, die nicht durch die Präqualifikation nachgewiesen werden können, weil z. B. besondere Anforderungen im Hinblick auf die konkret zu vergebenden Leistungen gefordert wurden, müssen alle Bieter ohnehin neben dem Präqualifikationsnachweis weitere Einzelnachweise vorlegen.

Der öffentliche Auftraggeber kann vorsehen, dass für alle oder einzelne geforderte Nachweise **6** zur Eignung Eigenerklärungen ausreichen.

Dabei kann er sowohl bestimmen, dass die Eigenerklärung als endgültiger Nachweis ausreicht, **7** er kann aber auch bestimmen, dass sie nur als vorläufiger Nachweis dienen soll (§ 6b EU Abs. 1 Nr. 2).[4] Handelt es sich bei den Eigenerklärungen nur um vorläufige Nachweise muss der Auftraggeber von Bietern, deren Angebote in die engere Wahl kommen, sich entsprechende Bescheinigungen der zuständigen Stellen vorlegen lassen.

D. Nachweis durch die Einheitliche Europäische Eigenerklärung

Die einheitliche europäische Eigenerklärung basiert auf Art. 59 der Richtlinie 2014/24/ EU **8** und soll den Bietern ebenfalls den Nachweis der Eignung erleichtern. Der Auftraggeber muss die einheitliche europäische Eigenerklärung als vorläufigen Eignungsbeleg akzeptieren, auch wenn er sie in der Bekanntmachung oder den Vergabeunterlagen nicht ausdrücklich erwähnt.[5]

Soweit in § 6b EU VOB/A festgehalten wird, der öffentliche Auftraggeber akzeptiere als **9** vorläufigen Nachweis auch eine einheitliche europäische Eigenerklärung folgt daraus nicht, dass er stets gezwungen ist, die Erklärung nur als vorläufigen Nachweis zu akzeptieren mit der Folge, so dass von Bietern, deren Angebote in die engere Wahl kommen, stets die entsprechenden Bescheinigungen der zuständigen Stellen verlangt werden müssen. Hat der Auftraggeber vielmehr in den Vergabeunterlagen klargestellt, dass er bestimmte Eigenerklärungen als Eignungsnachweise genügen lässt, ohne entsprechende Bescheinigungen zu verlangen, genügt auch eine einheitliche europäische Eigenerklärung dieser Vorgabe, so dass sie ausreicht. Aus § 6b EU Abs. 1 Nr. 2 am Ende folgt nur, dass der öffentliche Auftraggeber keine Wahl hat, eine einheitliche europäische Eigenklärung jedenfalls als vorläufigen Nachweis zu akzeptieren.

---

[2] Vgl. VK Nordbayern 21.6.2016, 21. VK – 3194-08/16, IBR 2016 599; VK Nordbayern 13.4.2016, 21. VK – 3194-05/16, IBR 2016 537

[3] vgl. VK Nordbayern 21.6.2016, 21. VK – 3194-08/16, IBR 2016 599; VK Nordbayern 13.4.2016, 21. VK – 3194-05/16, IBR 2016 537

[4] Sowohl *Schranner* in Ingenstrau/Korbion VOB, 20. Auflage 2017, § 6b EU Rn. 3

[5] *Schranner* in Ingenstrau/Korbion VOB, 20. Auflage 2017, § 6b EU Rn. 4

E. Zeitpunkt zur Vorlage der Nachweise

10 § 6b EU Abs. 2 befasst sich nicht mit der Frage, ob der Bieter bestimmte Eignungsnachweise, sei es in Form von Bescheinigungen, sei es in Form von Eigenerklärungen bereits mit Angebotsabgabe oder nur auf besondere Anforderungen vorlegen muss. Es steht dem Auftraggeber frei, festzulegen, dass bestimmte Eignungsnachweise nur auf Anforderung vorzulegen sind.

11 § 6b EU Abs. 2 Nr. 1 VOB/A erlaubt dem Auftraggeber jedoch von Bewerbern und Bietern, die Eigenerklärungen vorgelegt haben, jederzeit während des Verfahrens verlangen, die zusätzlichen Nachweise beibringen.

12 Weiter bestimmt Abs. 2, dass der Auftraggeber beim offenen Verfahren vor Zuschlagserteilung dem Bieter, an den er den Auftrag vergeben will und der bislang nur eine Eigenerklärung als vorläufigen Nachweis vorgelegt hat, aufzufordern, den einschlägigen Nachweis unverzüglich beizubringen und zu prüfen.

13 Beim nicht-offenen Verfahren, beim Verhandlungsverfahren sowie beim wettbewerblichen Dialog und der Innovationspartnerschaft gilt dasselbe im Hinblick auf die Bewerber, die ausgewählt und zur Angebotsabgabe aufgefordert werden sollen.

F. E-Certis

14 E-Certis ist ein Informationssystem über Bescheinigungen und sonstige Nachweise, die bei Vergabeverfahren u. a. in den Mitgliedsstaaten der EU i. d. R. zur Vorlage verlangt werden. Es ermöglicht Unternehmen zu ermitteln, welche Erklärungen, Dokumente und Bescheinigungen sie benötigen, wenn sie sich um einen Auftrag in einem anderen EU-Mitgliedstaat bewerben. Dem Auftraggeber erleichtert E-Certis die Prüfung, ob die eingereichten Nachweise gleichwertig sind.

G. Entbindung von der Pflicht zur Vorlage

15 § 6b EU Abs. 3 enthält eine Erleichterung für die Bieter. Die Unternehmen sind von der Vorlage der Nachweise entbunden, wenn der Auftraggeber die erforderlichen Informationen entweder direkt über eine gebührenfreie nationale Datenbank in einem Mitgliedstaat erhalten kann oder wenn der Auftraggeber bereits im Besitz der Nachweise des Unternehmens ist.

H. Die Eignungsprüfung

16 Die Eignungsprüfung ist auch im Abschnitt 2 VOB/A nur bezüglich einzelner Aspekte geregelt. Siehe hierzu § 6b Rn. 9 ff.

§ 6c EU Qualitätssicherung und Umweltmanagement

(1) ¹Verlangt der öffentliche Auftraggeber zum Nachweis dafür, dass Bewerber oder Bieter bestimmte Normen der Qualitätssicherung erfüllen, die Vorlage von Bescheinigungen unabhängiger Stellen, so bezieht sich der öffentliche Auftraggeber auf Qualitätssicherungssysteme, die
1. den einschlägigen europäischen Normen genügen und
2. von akkreditierten Stellen zertifiziert sind.
²Der öffentliche Auftraggeber erkennt auch gleichwertige Bescheinigungen von akkreditierten Stellen aus anderen Staaten an. ³Konnte ein Unternehmen aus Gründen, die es nicht zu vertreten hat, die betreffenden Bescheinigungen nicht innerhalb der einschlägigen Fristen einholen, so muss der öffentliche Auftraggeber auch andere Unterlagen über gleichwertige Qualitätssicherungssysteme anerkennen, sofern das Unternehmen nachweist, dass die vorgeschlagenen Qualitätssicherungsmaßnahmen den geforderten Qualitätssicherungsnormen entsprechen.

(2) ¹Verlangt der öffentliche Auftraggeber zum Nachweis dafür, dass Bewerber oder Bieter bestimmte Systeme oder Normen des Umweltmanagements erfüllen, die

Vorlage von Bescheinigungen unabhängiger Stellen, so bezieht sich der öffentliche Auftraggeber
1. entweder auf das Gemeinschaftssystem für das Umweltmanagement und die Umweltbetriebsprüfung (EMAS) der Europäischen Union oder
2. auf andere nach Artikel 45 der Verordnung (EG) 1221/2009 anerkannte Umweltmanagementsysteme oder
3. auf andere Normen für das Umweltmanagement, die auf den einschlägigen europäischen oder internationalen Normen beruhen und von akkreditierten Stellen zertifiziert sind.

²Der öffentliche Auftraggeber erkennt auch gleichwertige Bescheinigungen von Stellen in anderen Staaten an. ³Hatte ein Unternehmen aus Gründen, die ihm nicht zugerechnet werden können, nachweislich keinen Zugang zu den betreffenden Bescheinigungen oder aus Gründen, die es nicht zu vertreten hat, keine Möglichkeit, diese innerhalb der einschlägigen Fristen zu erlangen, so muss der öffentliche Auftraggeber auch andere Nachweise über gleichwertige Umweltmanagementmaßnahmen anerkennen, sofern das Unternehmen nachweist, dass diese Maßnahmen mit denen, die nach dem geltenden System oder den geltenden Normen für das Umweltmanagement erforderlich sind, gleichwertig sind.

Übersicht

	Rn.
A. Allgemeines	1
B. Umweltmanagement und Qualitätsmanagement als Eignungskriterien	4
C. Nachweise unabhängiger Stellen betr. das Qualitätsmanagement	8
D. Nachweise unabhängiger Stellen betr. ein Umweltmanagementsystem	10

A. Allgemeines

Die Vorschrift dient der Umsetzung des Art. 62 der Richtlinie 2014/24/EU. Abs. 1 befasst sich mit dem Nachweis bestimmter Qualitätssicherungsmaßnahmen bzw. der Zertifizierung solcher Maßnahmen. Abs. 2 bezieht sich auf bestimmte Systeme oder Normen des Umweltmanagements. **1**

§ 6c EU befasst sich mit dem Verlangen von Nachweisen des Qualitäts- bzw. Umweltmanagements und setzt Art. 62 Der Richtlinie 2014/24/EU um. Eine entsprechende Regelung fand sich zuvor in § 6 EG ABs. 9 VOB/A 2012 sowie in Art. 49 und 50 der Richtlinie 2004/18/EG. Sie erlauben nun ausdrücklich, Zertifikate unabhängiger Stellen zum Nachweis entsprechender Systeme zu verlangen. Es wird jedoch auch klargestellt, dass zu den geforderten Bescheinigungen gleichwertige Bescheinigungen von Stellen in anderen Mitgliedsstaaten und anstelle des Zertifikats andere Nachweise über gleichwertige Maßnahmen anzuerkennen sind. **2**

Eine § 6c EU VOB/A entsprechende Regelung findet sich in § 49 VgV. **3**

B. Umweltmanagement und Qualitätsmanagement als Eignungskriterien

§ 6 EG Abs. 9 VOB/A 2012 sah vor, dass ein Zertifikat über ein Umweltmanagementsystem nicht für das Unternehmen als Ganzes und für die Vergangenheit verlangt werden konnte, sondern nur zum Nachweis, welche Maßnahmen der Auftragnehmer bei der Ausführung des Auftrags anwenden will und kann. Nur hierauf durften sich die Nachweise beziehen. **4**

§ 6 EG Abs. 9 VOB/A 2012 sah hinsichtlich der Angaben zu Qualitätsmanagementsystemen – anders als bei Umweltmanagementsystemen – vor, dass der Nachweis des Bestehens und der Anwendung solcher Systeme nicht nur für den konkreten Auftrag verlangt werden kann, sondern dass der Nachweis für das Unternehmen als Ganzes verlangt werden kann. **5**

§ 6c EU VOB/A unterscheidet nicht mehr, ob der Nachweis nur für die Auftragsausführung oder für das Unternehmen als Ganzes verlangt werden kann. Inhaltlich ist es aber so wie schon in der VOB/A 2012. Denn § 6c EU VOB/A wird durch § 6a EU VOB/A ergänzt. Dort ist nunmehr in § 6a EU Nr. 3 lit. f geregelt, dass Nachweise und Angaben zu Umweltmanagementmaßnahmen nur verlangt werden können, soweit der Unternehmer diese während der Auftrags- **6** ausführung anwenden soll. Hinsichtlich der Qualitätsmanagementsysteme ist – wie schon in der Vergangenheit – vorgesehen, dass Angaben zu den vom Unternehmen durchgeführten Maßnahmen zur Qualitätssicherung abgefragt werden können (§ 6a EU Nr. 3 lit. c).

7 Verlangt der Auftraggeber Nachweise über ein bestehendes Zertifikat zum Umweltmanagement oder zur Qualitätssicherung, handelt es sich um Eignungskriterien. Daraus folgt, dass bestimmte Umweltmanagementverfahren bzw. -standards nicht stets als Eignungskriterium gefordert werden dürfen, sondern nur in den Fällen, in denen derartige Verfahren bzw. Standards durch den Ausschreibungsgegenstand gerechtfertigt sind (vgl. § 6 Abs. 2 EU VOB/A). Umweltmanagementverfahren und -standards sollen insbesondere dann berücksichtigt bzw. gefordert werden, wenn der zu vergebende Auftrag die Herstellung von Produkten oder die Erbringung von Dienstleistungen mit erhöhten Umweltgefahren oder -auswirkungen betrifft und die umweltrelevanten Tätigkeiten mehr sind als nur eine Hilfstätigkeit zur Erbringung der Hauptleistung bzw. wenn sie das Gesamtbild der Leistungen mitprägen.[1]

C. Nachweise unabhängiger Stellen betr. das Qualitätsmanagement

8 Macht der Auftraggeber die Eignung von der Erfüllung bestimmter Normen der Qualitätssicherung abhängig und verlangt entsprechende Nachweise unabhängiger Stellen, dann muss er sich auf solche Qualitätssicherungssysteme beziehen, die den einschlägigen europäischen Normen entsprechen und von akkreditierten Stellen zertifiziert worden sind. Gleichgestellt sind Bescheinigungen von akkreditierten Stellen aus anderen Staaten, sofern sie gleichwertig sind. Ein Qualitätssicherungssystem wird etwa in der DIN EN 9000 ff. in Form mehrerer ISO-Normen beschrieben, Es werden Mindestanforderungen an ein Qualitätsmanagementsystem festgelegt, in denen die Organisation genügen muss.

9 Der Auftraggeber muss auch andere Unterlagen über gleichwertige Qualitätssicherungssysteme anerkennen, sofern das Unternehmen zum einen nachweist, dass die vorgeschlagene Qualitätssicherungsmaßnahme den geforderten Anforderungen entspricht, und zum anderen nachweist, dass das Unternehmen aus Gründen, die es nicht zu vertreten hat, die Bescheinigung nicht innerhalb der einschlägigen Frist einbringen konnte.

D. Nachweise unabhängiger Stellen betr. ein Umweltmanagementsystem

10 Ein Umweltmanagementsystem betrifft die Organisation des Unternehmens im Hinblick auf die Erfüllung formulierter Umweltziele. Dies gilt insbesondere für das sog. EMAS („Eco Management ad Audit Scheme"). Hierbei handelt es sich um ein europäisches Umweltmanagementsystem, das auf der Verordnung (EG) 1221/2009 beruht und in der Bundesrepublik Deutschland auch im Umweltauditgesetz geregelt ist. Anhand der EMAS-Zertifizierung wird nachgewiesen, dass der Bieter die Umwelteinwirkungen seines Handelns kennt, geschultes Personal einsetzt, Leitlinien für Handlungs- und Entscheidungsabläufe sowie die technische Ausrüstung bereit hält, um auf Umweltauswirkungen zu reagieren. Eine EMAS-Eintragung setzt folgende Kernverpflichtungen voraus: Erfüllung aller relevanten Umweltschutzvorschriften, Vermeidung von Umweltbelastungen sowie kontinuierliche Verbesserung der Umweltleistung. Ein unabhängiger Gutachter überprüft regelmäßig, ob die Organisation das System wirksam umsetzt und die erklärte Zielsetzung einhält. Zusätzlich setzt eine EMAS-Zertifizierung voraus, dass keine Verstöße der Organisation gegen Umweltvorschriften festgestellt wurden.[2] Ähnliches gilt z. B. für eine Zertifizierung nach der DIN EN ISO 14.001. Eine solche setzt – ebenso wie eine EMAS-Zertifizierung – voraus, dass das Unternehmen die Umweltauswirkungen seines Handelns feststellt und ein Umweltmanagementsystem entwirft. Die DIN EN ISO 14.001 verlangt dabei – anders als EMAS – keine Einbindung öffentlicher Stellen in die Zertifizierung.

---

[1] Hinweise des Bundesministeriums für Umwelt, Naturschutz- und Reaktorsicherheit zu den rechtlichen Möglichkeiten der Berücksichtigung der Teilnahme von Organisationen am Europäischen Gemeinschaftssystem für das Umweltmanagement und die Umweltprüfung (EMAS) bei der öffentlichen Vergabe vom 17.8.2004, Seite 5.

[2] Vgl. zum ganzen *Hausmann/von Hoff* in KMPP VOB/A, § 6 EG Rdn. 107 ff.; *Schranner* in Ingenstau/Korbion, VOB/A, § 6 EG Rdn. 46.

§ 6d EU Kapazitäten anderer Unternehmen

(1) ¹Ein Bewerber oder Bieter kann sich zum Nachweis seiner Eignung auf andere Unternehmen stützen – ungeachtet des rechtlichen Charakters der zwischen ihm und diesen Unternehmen bestehenden Verbindungen (Eignungsleihe). ²In diesem Fall weist er dem öffentlichen Auftraggeber gegenüber nach, dass ihm die erforderlichen Kapazitäten zur Verfügung stehen werden, indem er beispielsweise die diesbezüglichen verpflichtenden Zusagen dieser Unternehmen vorlegt. ³Eine Inanspruchnahme der Kapazitäten anderer Unternehmen für die berufliche Befähigung (§ 6aEU Absatz 1 Nummer 3 Buchstabe e) oder die berufliche Erfahrung (§ 6aEU Absatz 1 Nummer 3 Buchstaben a und b) ist nur möglich, wenn diese Unternehmen die Arbeiten ausführen, für die diese Kapazitäten benötigt werden. ⁴Der öffentliche Auftraggeber hat zu überprüfen, ob diese Unternehmen die entsprechenden Anforderungen an die Eignung gemäß § 6aEU erfüllen und ob Ausschlussgründe gemäß § 6eEU vorliegen. ⁵Der öffentliche Auftraggeber schreibt vor, dass der Bieter ein Unternehmen, das eine einschlägige Eignungsanforderung nicht erfüllt oder bei dem Ausschlussgründe gemäß § 6eEU Absatz 1 bis 5 vorliegen, zu ersetzen hat. ⁶Der öffentliche Auftraggeber kann vorschreiben, dass der Bieter ein Unternehmen, bei dem Ausschlussgründe gemäß § 6eEU Absatz 6 vorliegen, ersetzt.
(2) Nimmt ein Bewerber oder Bieter im Hinblick auf die Kriterien für die wirtschaftliche und finanzielle Leistungsfähigkeit die Kapazitäten anderer Unternehmen in Anspruch, so kann der öffentliche Auftraggeber vorschreiben, dass Bewerber oder Bieter und diese Unternehmen gemeinsam für die Auftragsausführung haften.
(3) Werden die Kapazitäten anderer Unternehmen gemäß Absatz 1 in Anspruch genommen, so muss die Nachweisführung entsprechend § 6bEU auch für diese Unternehmen erfolgen.
(4) Der öffentliche Auftraggeber kann vorschreiben, dass bestimmte kritische Aufgaben direkt vom Bieter selbst oder – wenn der Bieter einer Bietergemeinschaft angehört – von einem Mitglied der Bietergemeinschaft ausgeführt werden.

Übersicht

	Rn.
A. Allgemeines	1
B. Berufung auf die Kapazitäten Dritter/Kein Selbstausführungsgebot	2
C. Eignungsleihe bezüglich der wirtschaftlichen und finanziellen Leistungsfähigkeit	5
D. Austausch von Nachunternehmern auf Verlangen des Auftraggebers	6
E. Aufforderung, den Nachunternehmer zu benennen	8
F. Austausch von Nachunternehmern zwischen Angebotsabgabe und Zuschlagerteilung	13
G. Austausch von Nachunternehmern nach Abschluss des Teilnahmewettbewerbs	16

A. Allgemeines

§ 6d EU VOB/A führt die Regelung des § 6 EG Abs. 8 VOB/A 2012 fort und basiert auf Art. 63 der Richtlinie 2014/24/EU. Gegenüber der VOB/A 2012 enthält die Regelung jedoch Abweichungen. Zum einen sieht § 6d EU Abs. 4 vor, dass bei „bestimmten kritischen Aufgaben" vorgeschrieben werden kann, dass der Auftragnehmer die Leistungen nicht durch Nachunternehmer, sondern selbst durchführen muss. Zum anderen stellt § 6d EU VOB/A klar, dass die Inanspruchnahme der Kapazitäten bzw. Eignung anderer Unternehmen für die Kriterien „berufliche Befähigung" sowie „berufliche Erfahrung" nur möglich ist, wenn der Nachunternehmer die Arbeiten ausführen soll, für die diese Kapazitäten benötigt werden. Damit ist die entgegenstehende Rechtsprechung des OLG Düsseldorf[1] zur Eignungsleihe obsolet.

---

[1] OLG Düsseldorf 30.6.2010, Verg 13/10, beckonline

B. Berufung auf die Kapazitäten Dritter/Kein Selbstausführungsgebot

2 Oberhalb der Schwellenwerte fehlt eine § 6 Abs. 3 VOB/A entsprechende Vorschrift. § 6d EU VOB/A sieht vielmehr vor, dass sich ein Unternehmen grundsätzlich auf die Kapazitäten Dritter berufen kann. Hieraus folgt, dass auch ein Unternehmen zum Wettbewerb zugelassen werden muss, das sich selbst nicht gewerbsmäßig mit der Ausführung von Leistungen der ausgeschriebenen Art befasst. Oberhalb der Schwellenwerte gilt das Gebot der Selbstausführung nicht.[2]

3 Zur Absicherung des Auftraggebers bestimmt § 6d EU Abs. 1, das der Unternehmer in diesem Fall dem Auftraggeber nachweisen muss, dass ihm die erforderlichen Mittel zur Verfügung stehen, indem er beispielsweise eine entsprechende Verpflichtungserklärung dieser Unternehmen vorlegt.[3]

4 Allerdings schränkt § 6d EU VOB/A die Möglichkeit, sich auf die Kapazitäten Dritter zu berufen, in zweierlei Hinsicht ein. Der Auftraggeber kann verlangen, dass bestimmte kritische Aufgaben vom Bieter selbst oder von einem Mitglied der Bietergemeinschaft durchgeführt werden, sodass insoweit der Einsatz von Nachunternehmern ausgeschlossen ist. Bei der Einschätzung, was „bestimmte kritische Aufgaben" sind, steht dem Auftraggeber ein Beurteilungs- und Ermessensspielraum zu, der von Gerichten und Vergabekammern nur eingeschränkt überprüft werden kann.[4] Eingeschränkt gegenüber der VOB/A 2012 ist die Möglichkeit, sich auf Nachunternehmen zu berufen, auch bei der Eignungsleihe im Hinblick auf die berufliche Erfahrung bzw. berufliche Befähigung. Insoweit ist die Eignungsleihe nämlich nur möglich ist, wenn der Nachunternehmer die entsprechenden Leistungen auch tatsächlich ausführen soll. Die Rechtsprechung, die die Eignungsleihe erlaubte, ohne dass der Dritte die Leistung auch erbringt[5], ist auf die Rechtslage seit April 2016 nicht mehr übertragbar.

C. Eignungsleihe bezüglich der wirtschaftlichen und finanziellen Leistungsfähigkeit

5 Will sich ein Unternehmen zum Nachweis seiner wirtschaftlichen und finanziellen Leistungsfähigkeit auf die Kapazitäten anderer berufen, kann der Auftraggeber vorschreiben, dass der Bewerber oder Bieter und diese Unternehmen gemeinsam für die Auftragsausführung haften.

D. Austausch von Nachunternehmern auf Verlangen des Auftraggebers

6 § 6d EU Abs. 1 am Ende bestimmt, dass der öffentliche Auftraggeber vorzuschreiben hat, dass ein Bieter einen Nachunternehmer ersetzt, wenn der Nachunternehmer die einschlägigen Eignungsanforderungen nicht erfüllt oder bei ihm Ausschlussgründe gemäß § 6e EU Abs. 1 bis 5 vorliegen. Weiter wird bestimmt, dass der öffentliche Auftraggeber den Austausch vorschreiben kann, nicht muss, wenn bei dem Nachunternehmer Ausschlussgründe gemäß § 6e EU Abs. 6 vorliegen.

7 Fraglich ist, ob die Verpflichtung zum Ersatz eines Nachunternehmers oder jedenfalls die Möglichkeit zum Ersatz eines Nachunternehmers auch besteht, wenn bei einem offenen und nicht-offenen Verfahren der Dritte als Nachunternehmer in dem Angebot namentlich anzugeben war. In der Literatur wird vertreten, dass – ebenso wie nach alter Rechtslage – ein Ersatz dann nicht möglich ist, weil darin eine nachträgliche Änderung des Angebotes liege.[6] Diese Ansicht ist zutreffend, weil anderenfalls ein Wertungswiderspruch hinsichtlich der eigenen fehlenden Eignung, bei der eine Angebotskorrektur nicht möglich ist, zu der fehlenden Eignung der Nachunternehmer gegeben wäre.

---

[2] *Pauly* VergabeR 2005, 312 (318); *Prieß/Becker* VergabeR 2004, 159 (166); *Kullack/Kerner* ZfBR 2003, 443 (446), *Hausmann/von Hoff* in KMPP VOB/A EG § 6 Rn. 95 ff.; *Bauer* in Heyermann/Riedl/Rusam VOB EG § 6 Rn. 30.

[3] → § 6 Rn. 64.

[4] *Stoye/Brugger* Vergaberecht 2015, 647; *Schranner* in Ingenstrauß/Korbion, VOB, 20. Auflage 2017, § 6d EU Rn. 11

[5] vgl. OLG Düsseldorf 30.6.2010, Verg 13/10 IBR 2011, 109.

[6] *Schranner* in Ingenstau/Korbion, VOB 20. Auflage 2017, § 6d EU Rn. 6

E. Aufforderung, den Nachunternehmer zu benennen

Gemäß § 6a EU Nr. 3 lit. i) kann der Auftraggeber nur eine Angabe dazu verlangen, welche **8** Teile des Auftrags der Unternehmer unter Umständen als Unteraufträge zu vergeben beabsichtigt. Eine namentliche Benennung sieht § 6a EU nicht vor.

Allerdings wird die Regelung durch § 8 EU Abs. 2 Nr. 2 ergänzt. Dort ist – anders als in § 8 **9** EG Abs. 2 Nr. 2 VOB/A 2012 – geregelt, dass der Auftraggeber die Bieter auffordern kann, in seinem Angebot die Leistungen, die er im Wege von Unteraufträgen an Dritte zu vergeben gedenkt, sowie die ggf. vorgeschlagenen Unterauftragnehmer mit Namen und Kontaktdaten anzugeben. Mithin können jedenfalls im Angebot entsprechende Angaben grundsätzlich verlangt werden.

Hinsichtlich der Regelung in § 8 EU Abs. 2 Nr. 2 VOB/A ist allerdings folgendes zu **10** beachten: Während die Vergabekammern und Vergabesenate auf Basis der VOB/A 2012 überwiegend der Ansicht waren, dass von den Bietern im Angebot eine Erklärung dazu verlangt werden kann, welche Leistungen an Nachunternehmer vergeben werden sollen und welche Nachunternehmer eingesetzt werden sollen, hat der BGH in einem obiter dictum festgehalten, dass die Forderung einer verbindlichen Mitteilung, welche Nachunternehmer eingeschaltet werden sollen, unzumutbar sein könne und dann nicht verlangt werden dürfe.[7] Diese Rechtsprechung gilt fort. Hat der Auftraggeber ein berechtigtes Interesse den Nachunternehmer zu kennen, kann er verlangen, dass die Nachunternehmer namentlich benannt werden.

Fraglich ist, ob der Auftraggeber auch bei einem vorgeschalteten Teilnahmewettbewerb ver- **11** langen kann, dass ihm die Nachunternehmer namentlich benannt werden. Der Wortlaut von § 6a EU Nr. 3 lit. i) spricht dagegen, weil die Regelung abschließend ist und nur verlangt werden kann, anzugeben, ob und inwieweit beabsichtigt ist Nachunternehmer einzuschalten.[8]

Allerdings muss der Bieter von sich aus eine Verpflichtungserklärung o. ä. beibringen, wenn er **12** sich zum Nachweis seiner Eignung auf den Nachunternehmer berufen muss, weil er selbst nicht über die erforderliche Fachkunde verfügt. Deshalb kann der Auftraggeber in dem Vergabeunterlagen jedenfalls auf § 6d EU VOB/A verweisen und klarstellen, dass der Bewerber den Nachunternehmer benennen und eine Verpflichtungserklärung des Nachunternehmers beibringen muss, wenn nur so die Eignung des Bieters geprüft werden kann. Damit bleibt nur die Frage zu klären, ob und wann es zur Prüfung der Eignung eines Bewerbers erforderlich ist, den Nachunternehmer zu kennen. Dies ist immer dann der Fall, wenn bestimmte Eignungsanforderungen gestellt werden, die der Bewerber selbst nicht erfüllt. Denn dann muss er gemäß § 6d Abs. 1 EU VOB/A den Nachunternehmer benennen. Es ist u. E. aber auch dann der Fall, wenn der Bewerber die Eignungsanforderungen erfüllt, aber angibt, dass er eine wesentliche Leistung ggf. durch einen Nachunternehmer erfüllen lassen will. Denn dann folgt im Umkehrschluss, dass die Eignung nur bejaht werden kann, wenn auch der Nachunternehmer geeignet ist.[9]

F. Austausch von Nachunternehmern zwischen Angebotsabgabe und Zuschlagerteilung

Nach der Auffassung des OLG Bremen hat der Austausch eines benannten Nachunternehmers **13** vor Erteilung des Zuschlages folgenlos zu bleiben. Das Nachunternehmerverzeichnis werde kein bindender Bestandteil des Angebotes. Zudem könne kein Bieter ohne Aussicht auf Erteilung des Zuschlags konkrete Verhandlungen mit Nachunternehmern führen.[10] Für die Zulässigkeit eines Wechsels lässt sich nach dem neuen Recht anführen, dass ein Ausschluss eines Bieters auch in den Fällen nicht erfolgen darf, wenn sich der zuerst benannte Nachunternehmer als unzuverlässig erweist. Gem. § 6d Abs. 1 S. 5 und S. 6 EU VOB/A ist der Bieter vielmehr aufzufordern, einen anderen Nachunternehmer zu benennen. Weiterhin kann auf die Rechtsprechung des EuGH zum Austausch eines Nachunternehmers nach Vertragsschluss verwiesen werden. In der Ent-

---

[7] BGH 10.6.2008 X ZR 78/07, VergabeR 2008 782; *Schranner* in Ingenstau/Korbion VOB, 20. Auflage 2017, § 2 VOB/A Rn. 14
[8] So wohl *Schranner* in Ingenstau/Korbion, VOB, 17. Auflage, 2017
[9] Vgl. zur alten Rechtslage: OLG Düsseldorf,, Beschluss vom 16.11.2011 – Verg 69/11, IBR 2012, 158.
[10] OLG Bremen, Beschluss vom 20.7.2000, Az.: Verg 1/00, BauR 2001, 94 (97); so wohl auch: *Ritze/Seidl* in Pünder/Schellenberg, Vergaberecht, 2. Auflage, 2015, § 8 VOB/A Rn. 21 ff.; *Frank Roth* NZBau 2005, 316

scheidung „Wall" hat der EuGH in Bezug auf eine Dienstleistungskonzession entschieden, ein Wechsel des Nachunternehmers sei grundsätzlich zulässig. Lediglich in Ausnahmefällen würde eine Änderung eines der wesentlichen Bestandteile des Konzessionsvertrags vorliegen, die zur Neuausschreibungspflicht des Auftrages führe. Dies sei insbesondere dann der Fall, wenn die Heranziehung eines Nachunternehmers anstelle eines anderen unter Berücksichtigung der besonderen Merkmale der betreffenden Leistung ein ausschlaggebendes Element für den Abschluss des Vertrags gewesen ist.[11] Hieran anknüpfend hat das OLG Frankfurt entschieden, grundsätzlich komme dem Nachunternehmer gegenüber dem Bieter eine nachgeordnete Rolle zu. Vertragliche Rechte und Pflichten würden allein zwischen Auftraggeber und Bieter begründet. Der vom Bieter angekündigte Nachunternehmer könne folglich grundsätzlich mit Zustimmung des Auftraggebers ausgewechselt werden.[12]

14   Das OLG Düsseldorf sieht einen Bieter dagegen mit Ablauf der Angebotsabgabefrist an den in seinem Angebot benannten Nachunternehmer gebunden. Ein Wechsel des Nachunternehmers stelle dann eine unzulässige Änderung des Angebotes dar. Auch eine nachträgliche Veränderung des Eigenleistungsanteils des Bieters sei nicht gestattet.[13] An diese Rechtsprechung knüpfen auch Stimmen in der Literatur an, die in dem nachträglichen Austausch eines namentlich bereits benannten Nachunternehmers eine gem. §§ 15 Abs. 1 Nr. 1, 16 VOB/A unzulässige Änderung des Angebotes sehen. Die Benennung eines bestimmten Nachunternehmers durch den Bieter dürfe nicht anders behandelt werden, als die Nennung bestimmter Produkte, die der Bieter einzusetzen beabsichtigt oder bestimmter Verfahren, die er anwenden will.[14] Die Entscheidungen des OLG Düsseldorf betrafen das offene Verfahren.

15   Diese unterschiedlichen Rechtsansichten bleiben trotz der Regelungen zum Ersatz der Nachunternehmer in § 6d EU von Bedeutung.[15]

G. Austausch von Nachunternehmern nach Abschluss des Teilnahmewettbewerbs

16   Vorstehende Überlegungen und unterschiedlichen Rechtsansichten können auf Verfahren mit Teilnahmewettbewerb übertragen werden. In Verfahren mit Teilnahmewettbewerb werden zwar erst in der Angebotsphase verbindliche Angebote eingereicht. Aber die Eignungsprüfung erfolgt bereits im Teilnahmewettbewerb. Hat die Benennung des Nachunternehmers Einfluss auf die Eignungsprüfung oder die Auswahl der Bieter ist eine vergleichbare Situation gegeben wie bei der Angebotsabgabe. Dies rechtfertigt es, die Rechtsprechung des OLG Düsseldorf auf den Teilnahmewettbewerb zu übertragen. Für diese Einschätzung spricht auch § 6b Abs. 2 Nr. 3 EU VOB/A. Gemäß dieser Bestimmung sind die in Betracht kommenden Bieter beim Verhandlungsverfahren dazu aufzufordern, unverzüglich durch einschlägige Nachweise ihre Eignung zu belegen. Der öffentliche Auftraggeber hat diese Nachweise zu prüfen. Diese Regelung gilt gem. § 6d Abs. 3 EU VOB/A auch für Nachunternehmer, auf deren Qualifikationen sich der Bieter zum Nachweis seiner Eignung beruft. In diesem Zusammenhang erfolgt dann auch die Prüfung der Zuverlässigkeit der Nachunternehmer nach § 6d Abs. 1 S. 4 und 5 EU VOB/A. Die EU VOB/A sieht somit im Falle der Eignungsleihe von Nachunternehmern zwingend eine Eignungsüberprüfung vor Abschluss des Teilnahmewettbewerbs vor.[16]

§ 6e EU Ausschlussgründe

(1) **Der öffentliche Auftraggeber schließt ein Unternehmen zu jedem Zeitpunkt des Vergabeverfahrens von der Teilnahme aus, wenn er Kenntnis davon hat, dass eine Person, deren Verhalten nach Absatz 3 dem Unternehmen zuzurechnen ist, rechtskräftig verurteilt worden ist nach:**

---

[11] EuGH, Urt. v. 13.4.2010, Rs.: C-91/08, Rn. 38 ff., juris.
[12] OLG Frankfurt, Urt. v. 29.0.2013, Az.: 11 U 33/12, Rn. 46, juris.
[13] OLG Düsseldorf, Beschluss vom 16.11.2011, Az.: VII-Verg 60/11, Rn. 33, juris; Beschluss vom 28.4.2008, Az.: VII-Verg 1/08, Rn. 56, juris; Beschluss vom 5.5.2004, Az.: Verg 10/04, Rn. 7, juris.
[14] *Schranner* in Ingenstau/Korbion 20. Aufl., § 6d EU VOB/A, Rn. 6; *Opitz* in Dreher/Motzke, Beck'scher Vergaberechtskommentar, 2. Aufl., § 16 VOB/A Rn. 224.
[15] *Schranner* in Ingenstau/Korbion, 20. Aufl., § 6d EU VOB/A, Rn. 6.
[16] so wohl auch: *Ritzek/Seidl* in Pünder/Schellenberg, Vergaberecht, 2. Auflage, 2015, § 8 VOB/A Rn. 21 ff.

1. § 129 des Strafgesetzbuchs (StGB) (Bildung krimineller Vereinigungen), § 129a StGB (Bildung terroristischer Vereinigungen) oder § 129b StGB (kriminelle und terroristische Vereinigungen im Ausland),
2. § 89c StGB (Terrorismusfinanzierung) oder wegen der Teilnahme an einer solchen Tat oder wegen der Bereitstellung oder Sammlung finanzieller Mittel in Kenntnis dessen, dass diese finanziellen Mittel ganz oder teilweise dazu verwendet werden oder verwendet werden sollen, eine Tat nach § 89a Absatz 2 Nummer 2 StGB zu begehen,
3. § 261 StGB (Geldwäsche; Verschleierung unrechtmäßig erlangter Vermögenswerte),
4. § 263 StGB (Betrug), soweit sich die Straftat gegen den Haushalt der Europäischen Union oder gegen Haushalte richtet, die von der Europäischen Union oder in ihrem Auftrag verwaltet werden,
5. § 264 StGB (Subventionsbetrug), soweit sich die Straftat gegen den Haushalt der Europäischen Union oder gegen Haushalte richtet, die von der Europäischen Union oder in ihrem Auftrag verwaltet werden,
6. § 299 StGB (Bestechlichkeit und Bestechung im geschäftlichen Verkehr),
7. § 108e StGB (Bestechlichkeit und Bestechung von Mandatsträgern),
8. den §§ 333 und 334 StGB (Vorteilsgewährung und Bestechung), jeweils auch in Verbindung mit § 335a StGB (Ausländische und internationale Bedienstete),
9. Artikel 2 § 2 des Gesetzes zur Bekämpfung internationaler Bestechung (Bestechung ausländischer Abgeordneter im Zusammenhang mit internationalem Geschäftsverkehr),
10. den §§ 232 und 233 StGB (Menschenhandel) oder § 233a StGB (Förderung des Menschenhandels).

(2) Einer Verurteilung oder der Festsetzung einer Geldbuße im Sinne des Absatzes 1 stehen eine Verurteilung oder die Festsetzung einer Geldbuße nach den vergleichbaren Vorschriften anderer Staaten gleich.

(3) Das Verhalten einer rechtskräftig verurteilten Person ist einem Unternehmen zuzurechnen, wenn diese Person als für die Leitung des Unternehmens Verantwortlicher gehandelt hat; dazu gehört auch die Überwachung der Geschäftsführung oder die sonstige Ausübung von Kontrollbefugnissen in leitender Stellung.

(4) ¹Der öffentliche Auftraggeber schließt ein Unternehmen von der Teilnahme an einem Vergabeverfahren aus, wenn
1. das Unternehmen seinen Verpflichtungen zur Zahlung von Steuern, Abgaben und Beiträgen zur Sozialversicherung nicht nachgekommen ist und dies durch eine rechtskräftige Gerichts- oder bestandskräftige Verwaltungsentscheidung festgestellt wurde, oder
2. der öffentliche Auftraggeber auf sonstige geeignete Weise die Verletzung einer Verpflichtung nach Nummer 1 nachweisen kann.

²Satz 1 findet keine Anwendung, wenn das Unternehmen seinen Verpflichtungen dadurch nachgekommen ist, dass es die Zahlung vorgenommen oder sich zur Zahlung der Steuern, Abgaben und Beiträge zur Sozialversicherung einschließlich Zinsen, Säumnis- und Strafzuschlägen verpflichtet hat.

(5) ¹Von einem Ausschluss nach Absatz 1 kann abgesehen werden, wenn dies aus zwingenden Gründen des öffentlichen Interesses geboten ist. ²Von einem Ausschluss nach Absatz 4 Satz 1 kann abgesehen werden, wenn dies aus zwingenden Gründen des öffentlichen Interesses geboten ist oder ein Ausschluss offensichtlich unverhältnismäßig wäre. ³§ 6f EU Absatz 1 und 2 bleiben unberührt.

(6) Der öffentliche Auftraggeber kann unter Berücksichtigung des Grundsatzes der Verhältnismäßigkeit ein Unternehmen zu jedem Zeitpunkt des Vergabeverfahrens von der Teilnahme an einem Vergabeverfahren ausschließen, wenn
1. das Unternehmen bei der Ausführung öffentlicher Aufträge nachweislich gegen geltende umwelt-, sozial- und arbeitsrechtliche Verpflichtungen verstoßen hat,
2. das Unternehmen zahlungsunfähig ist, über das Vermögen des Unternehmens ein Insolvenzverfahren oder ein vergleichbares Verfahren beantragt oder eröffnet worden ist, die Eröffnung eines solchen Verfahrens mangels Masse abge-

lehnt worden ist, sich das Unternehmen im Verfahren der Liquidation befindet oder seine Tätigkeit eingestellt hat,
3. das Unternehmen im Rahmen der beruflichen Tätigkeit nachweislich eine schwere Verfehlung begangen hat, durch die die Integrität des Unternehmens infrage gestellt wird; § 6eEU Absatz 3 ist entsprechend anzuwenden,
4. der öffentliche Auftraggeber über hinreichende Anhaltspunkte dafür verfügt, dass das Unternehmen Vereinbarungen mit anderen Unternehmen getroffen hat, die eine Verhinderung, Einschränkung oder Verfälschung des Wettbewerbs bezwecken oder bewirken,
5. ein Interessenkonflikt bei der Durchführung des Vergabeverfahrens besteht, der die Unparteilichkeit und Unabhängigkeit einer für den öffentlichen Auftraggeber tätigen Person bei der Durchführung des Vergabeverfahrens beeinträchtigen könnte und der durch andere, weniger einschneidende Maßnahmen nicht wirksam beseitigt werden kann,
6. eine Wettbewerbsverzerrung daraus resultiert, dass das Unternehmen bereits in die Vorbereitung des Vergabeverfahrens einbezogen war, und diese Wettbewerbsverzerrung nicht durch andere, weniger einschneidende Maßnahmen beseitigt werden kann,
7. das Unternehmen eine wesentliche Anforderung bei der Ausführung eines früheren öffentlichen Auftrags erheblich oder fortdauernd mangelhaft erfüllt hat und dies zu einer vorzeitigen Beendigung, zu Schadensersatz oder zu einer vergleichbaren Rechtsfolge geführt hat,
8. das Unternehmen in Bezug auf Ausschlussgründe oder Eignungskriterien eine schwerwiegende Täuschung begangen, Auskünfte zurückgehalten hat oder nicht in der Lage ist, die erforderlichen Nachweise zu übermitteln oder
9. das Unternehmen
   a) versucht hat, die Entscheidungsfindung des öffentlichen Auftraggebers in unzulässiger Weise zu beeinflussen,
   b) versucht hat, vertrauliche Informationen zu erhalten, durch die es unzulässige Vorteile beim Vergabeverfahren erlangen könnte, oder
   c) fahrlässig oder vorsätzlich irreführende Informationen übermittelt hat, die die Vergabeentscheidung des öffentlichen Auftraggebers erheblich beeinflussen könnten oder versucht hat, solche Informationen zu übermitteln.

Übersicht

	Rn.
A. Allgemeines	1
B. Ausschluss vom Wettbewerb wegen des Begehens einer Straftat (Abs. 1 bis 3)	3
I. Rechtskräftige Verurteilung wegen einer der in § 6e EU VOB/A genannten Straftatbestände durch eine Person, deren Verhalten dem Unternehmen zurechenbar ist	4
1. Rechtskräftige Verurteilung	4
2. Zurechnung der Verfehlung	8
II. Geldbuße gegen das Unternehmen gemäß § 30 OWiG	12
III. Kenntnis des Auftraggebers	14
IV. Ausnahme von der Ausschlussfolge/Zeitraum des Ausschlusses	15
V. Verstoß gegen andere Straftatbestände/keine rechtskräftige Verurteilung	16
C. Ausschluss vom Wettbewerb wegen der Nichtzahlung von Steuern und Sozialversicherungsbeiträgen (Abs. 4)	17
D. Ausschluss vom Wettbewerb gemäß Abs. 6 (fakultative Ausschlussgründe)	19
I. Verstoß gegen umwelt-, sozial- und arbeitsrechtliche Vorschriften (Abs. 6 Nr. 1)	21
II. Zahlungsunfähigkeit, Insolvenz oder Liquidation (Abs. 6 Nr. 2)	24
III. Schwere Verfehlung (Abs. 6 Nr. 3)	26
IV. Wettbewerbsbeschränkende Vereinbarungen	30
V. Fehlende Unparteilichkeit	35
VI. Projektanten	36
VII. Schlechtleistung in der Vergangenheit	42
VIII. Täuschungen betreffend Ausschlussgründen oder Eignungskriterien	45
IX. Sonstige Tatbestände	46
X. Verhältnis zu § 124 GWB und andere Ausschlussgründe	47

A. Allgemeines

§ 6e EU VOB/A setzt Art. 57 der Richtlinie 2014/24/EU in deutsches Recht um. § 6e **1** Abs. 1 bis 5 EU VOB/A entsprechen nahezu wortgleich § 123 GWB. § 6e Abs. 6 EU VOB/A entspricht § 124 GWB.

Die **§§ 123, 124 und 125 GWB** gelten auch für Bauvergaben und gehen als höherrangiges **2** Recht der VgV und der VOB/A vor. Bei Widersprüchen gehen die §§ 123 ff. GWB vor.

B. Ausschluss vom Wettbewerb wegen des Begehens einer Straftat (Abs. 1 bis 3)

Gemäß § 6 Abs. 1 EU VOB/A müssen Unternehmen bei Auftragsvergaben oberhalb der EU- **3** Schwellenwerte **zwingend ausgeschlossen werden**, wenn eine Person, deren Verhalten dem Unternehmen zuzurechnen ist, bestimmte Straftaten begangen hat. Hierin liegt eine Verschärfung gegenüber § 6a VOB/A (Abschnitt 1). § 6a VOB/A enthält keinen zwingenden Ausschlusstatbestand. Vielmehr muss bei der Begehung einer Straftat geprüft werden, ob das Unternehmen wegen des Verstoßes unzuverlässig ist (vgl. § 6a VOB/A).

I. Rechtskräftige Verurteilung wegen einer der in § 6e EU VOB/A genannten Straftatbestände durch eine Person, deren Verhalten dem Unternehmen zurechenbar ist

1. Rechtskräftige Verurteilung. Ein zwingender Ausschlussgrund besteht, wenn die Person, **4** deren Verhalten dem Unternehmen zuzurechnen ist, **rechtskräftig** verurteilt worden ist. Dem steht ein rechtskräftiger Strafbefehl gleich.[1] Wenn nur ein Ermittlungsverfahren geführt wird oder ein Urteil noch nicht rechtskräftig ist, greift § 6e Abs. 1 EU VOB/A nicht. § 6e Abs. 1 EU VOB/A greift auch nicht, wenn das Strafverfahren gemäß § 153a StPO eingestellt wird. In diesem Fall, kommt nur ein Ausschluss nach § 6e Abs. 6 EU VOB/A in Betracht.[2]

Die Verurteilung muss wegen eines der in § 6e EU VOB/A genannten **Straftatbestände 5** erfolgt sein.

Die Straftatbestände des **Betruges und des Subventionsbetruges** fallen nur unter § 6 EU **6** Abs. 1, wenn sie gegen den Haushalt der EU bzw. gegen Haushalte gerichtet sind, die von der EU oder in ihrem Auftrag verwaltet werden. Straftaten, die sich ausschließlich gegen nationale Haushalte richten, werden nicht erfasst, so dass es bei §§ 6e Abs. 6 Nr. 3 VOB/A bleibt.

Einem Verstoß gegen diese Vorschriften gleichgesetzt sind Verstöße gegen entsprechende **7** Strafnormen anderer Staaten, wobei es selbstverständlich dabei bleibt, dass dann, wenn es nur um Straftaten geht, die sich gegen den EU-Haushalt richten müssen, auch nur solche ausländischen Straftatbestände in Betracht kommen (§ 6e Abs. 2 EU VOB/A).

2. Zurechnung der Verfehlung. Während in der VOB/A 2012 nicht ausdrücklich vorgese- **8** hen war, dass es eines Zusammenhangs bedarf zwischen der strafbaren Handlung und der beruflichen Tätigkeit, sieht § 6e Abs. 3 EU VOB/A nun vor, dass ein Verhalten nur dann zuzurechnen ist, wenn die Person „als für die Leitung des Unternehmens Verantwortlicher **gehandelt hat**". Nach der Gesetzesbegründung soll diese Formulierung dazu dienen, dass Straftaten einer Person dem Unternehmen nur dann zurechenbar sind, wenn die Straftaten einen Unternehmensbezug aufweisen. Eine ausschließlich im **privaten Zusammenhang** stehende Straftat der Person soll nicht zu einem zwingenden Ausschluss führen.[3]

Das Verhalten einer Person ist dem Unternehmen zurechenbar, wenn die Person als für die **9** Leitung des Unternehmens Verantwortlicher gehandelt hat, wozu auch die Überwachung der Geschäftsführung oder die sonstige Ausübung von Kontrollbefugnissen in leitender Stellung gehört (Abs. 3).

---

[1] *Mertens* in FKZGM VOB Kommentar, § 6a Rn. 9; *Müller-Wrede*, VOL/A Kommentar, EG § 6 Rn. 30.
[2] *Hausmann/von Hoff* in KMPP VOB/A EG § 6 Rn. 32; *Mertens* in FKZGM VOB Kommentar, § 6a Rn. 9.
[3] Gesetzesbegründung zu § 123 GWB: BT-DrS. 18/6281, S. 103; *Hausmann/von Hoff* in KKPP GWB, § 123 Rn 27.

10 Für die Leitung des Unternehmens verantwortlich sind die gesetzlichen Vertreter des Unternehmens, also insbesondere Vorstände, Geschäftsführer, geschäftsführende Gesellschafter etc. Im Übrigen ist unklar, wer für die Führung der Geschäfte verantwortlich handelnde Person ist. Am ehesten wird man auf die Rechtsprechung und Kommentierung zu § 14 StGB sowie §§ 9, 30 OWiG zurückgreifen können. Dort werden gesetzlichen Vertretern die Personen gleichgestellt, die beauftragt sind, den Betrieb ganz oder teilweise zu leiten, oder ausdrücklich beauftragt sind, in eigener Verantwortung Aufgaben wahrzunehmen, die dem Inhaber des Betriebes obliegen.[4]

11 Nach der VOB/A 2012 war das Verhalten einer Person dem Unternehmen auch zuzurechnen, wenn ein **Aufsichts- oder Organisationsverschulden i. S. v. § 130 OWiG** vorlag, d. h., wenn der Inhaber eines Betriebes oder Unternehmens vorsätzlich oder fahrlässig die Aufsichtsmaßnahmen unterlassen hat, die erforderlich waren, um in dem Betrieb oder Unternehmen Zuwiderhandlungen gegen Pflichten zu verhindern, die den Inhaber als solchen treffen und deren Verletzung mit Strafe oder Geldbuße bedroht ist, vorausgesetzt, dass eine solche Zuwiderhandlung begangen wird, die durch gehörige Aufsicht verhindert oder wesentlich erschwert worden wäre. Hierzu gehörte auch die Bestellung, sorgfältige Auswahl und Überwachung von Aufsichtspersonen.[5] Dies sieht § 6e EU VOB/A nicht mehr vor. Eine Zurechnung von Aufsicht – oder Organisationsverschulden findet nicht mehr statt. Eine Zurechnung erfolgt nur, wenn die Person, deren Verhalten dem Unternehmen zuzurechnen ist, rechtskräftig wegen einer Straftat im Sinne des Paragrafen 6e EU VBA verurteilt worden ist.[6]

II. Geldbuße gegen das Unternehmen gemäß § 30 OWiG

12 § 6e EU VOB/A sieht nicht vor, dass ein zwingender Ausschlussgrund auch dann besteht, wenn gegen ein Unternehmen wegen einer Katalogstraftat eine Geldbuße gemäß § 30 OWiG rechtskräftig festgesetzt worden ist. Dagegen bestimmt § 123 GWB ausdrücklich, dass ein Ausschlussgrund auch vorliegt, wenn gegen das Unternehmen eine Geldbuße nach § 30 OWiG festgesetzt worden ist. Da § 123 GWB auch für Bauvergaben gilt und als höherrangiges Recht der VgV sowie VOB/A vorgeht, gilt auch bei Bauvergaben, dass ein zwingender Ausschlussgrund besteht, wenn eine entsprechende Geldbuße rechtskräftig festgesetzt worden ist.

13 Ein Ausschlussgrund folgt allerdings nur daraus, dass die rechtskräftige Festsetzung einer Geldbuße des Unternehmens tatbestandlich an die Verwirklichung einer der Katalogtaten anknüpft, so dass ein Aufsicht- und Organisationsverschulden nach § 130 OWiG auch in diesem Fall keinen zwingenden Ausschlussgrund begründet.[7]

III. Kenntnis des Auftraggebers

14 Der Auftraggeber muss Kenntnis von der rechtskräftigen Verurteilung oder Geldbuße haben. Zum Teil wird die Ansicht vertreten, dass hierzu positive Kenntnis erforderlich sei; ein bloßer Verdacht sei nicht ausreichend.[8] Den Auftraggeber treffe grundsätzlich auch keine Nachforschungspflicht.[9] Eine solche könne aber bei konkreten Anhaltspunkten für das Vorliegen einer Katalogtat bestehen oder sich aus spezialgesetzlichen Informations- und Abfragepflichten (wie z. B. den landesrechtlichen Vorschriften über die Einrichtung von Korruptionsregistern) ergeben.[10]

IV. Ausnahme von der Ausschlussfolge/Zeitraum des Ausschlusses

15 Gemäß § 6 EU Abs. 5 kann von einem Ausschluss gemäß Abs. 1 nur abgesehen werden, wenn zwingende Gründe des öffentlichen Interesses vorliegen. Zwingende Gründe des öffentlichen Interesses setzen voraus, dass die sachgerechte Vergabe des Auftrags anders nicht möglich ist.[11]

---

[4] *Hausmann/von Hoff* in KMPP VOB/A EG § 6 Rn. 43, 44.
[5] *Hausmann/von Hoff* in KMPP VOB/A EG § 6 Rn. 47 ff.
[6] *Hausmann/von Hoff* in KKPP GWB, § 123 Rn 30 f.
[7] *Hausmann/von Hoff* in KKPP GWB, § 123 Rn 37.
[8] *Hausmann/von Hoff* in KMPP VOB/A EG § 6 Rn. 56 ff.; *Hausmann/von Hoff* in KMPP VOL/A EG § 6 Rn. 68.
[9] *Mertens* in FKZGM VOB Kommentar, VOB/A § 6a Rn. 5; *Hausmann/von Hoff* in KMPP VOB/A EG § 6 Rn. 56; *Müller-Wrede*, VOL/A Kommentar, EG § 6 Rn. 32.
[10] *Hausmann/von Hoff* in KMPP VOB/A Kommentar, EG § 6 Rn. 57; *Müller-Wrede*, VOL/A Kommentar, EG § 6 Rn. 32.
[11] *Müller-Wrede*, VOL/A Kommentar, EG § 6 Rn. 40.

V. Verstoß gegen andere Straftatbestände/keine rechtskräftige Verurteilung

Neben den zwingenden Ausschlussgründen des § 6e EU Abs. 1 können sich fakultative Ausschlussgründe aus § 6e Abs. 6 EU VOB/A ergeben. Ein Bieter kann danach auch wegen einer schweren Verfehlung, die seine Zuverlässigkeit in Frage stellt, vom weiteren Verfahren ausgeschlossen werden. Bei diesen möglichen Ausschlussgründen bleibt es z. B., wenn ein Verstoß gegen eine nicht im Katalog von § 6e Abs. 1 EU VOB/A genannte Straftat vorliegt (z. B. Betrug gegenüber einem kommunalen Haushalt) oder wenn noch keine rechtskräftige Verurteilung vorliegt.[12]

C. Ausschluss vom Wettbewerb wegen der Nichtzahlung von Steuern und Sozialversicherungsbeiträgen (Abs. 4)

Durch die VOB/A 2016 neu aufgenommen wurde Abs. 4. Danach liegt ein zwingender Ausschlussgrund auch dann vor, wenn das Unternehmen seinen Verpflichtungen zur Zahlung von Steuern oder Beiträgen zur Sozialversicherung nicht nachgekommen ist und wenn dies entweder durch eine rechtskräftige Gerichts- oder bestandskräftige Verwaltungsentscheidung festgestellt wurde. Der Ausschlussgrund besteht aber selbst dann, wenn keine rechtskräftige Gerichts- bzw. bestandskräftige Verwaltungsentscheidung vorliegt, der Auftraggeber den Verstoß aber in sonstiger Weise nachweisen kann.

neben der Nichtzahlung von Steuern wird auch die Nichtzahlung von Abgaben erfasst. Abgaben sind Gebühren und Beiträge, die im Hinblick auf besondere Gegenleistungen zu entrichten sind. Zu den Verpflichtungen zur Zahlung von Beiträgen zur Sozialversicherung gehören die folgenden gesetzlichen Versicherungen: Krankenversicherung, Unfall- und Rentenversicherung, Pflegeversicherung sowie Arbeitslosenversicherung.

Der Ausschluss Grund entfällt jedoch, wenn das Unternehmen seinen Verpflichtungen dadurch nachgekommen ist, dass es die Zahlung vorgenommen oder sich zur Zahlung der Steuern, Abgaben und Beiträge zur Sozialversicherung einschließlich Zinsen, Säumnis – und Strafzuschlägen verpflichtet hat (Abs. 4 letzter Satz). Abs. 4 letzter Satz ist für den in Abs. 4 vorgesehenen Ausschlussgrund eine spezielle Regelung zur Selbstreinigung, die § 125 GWB bzw. § 6 f EU VOB/A vorgeht, sodass ein Ausschluss von dann unterbleiben muss, wenn die Voraussetzungen von Abs. 4 letzter Satz eingehalten sind.

D. Ausschluss vom Wettbewerb gemäß Abs. 6 (fakultative Ausschlussgründe)

Abs. 6 ist neu in die VOB/A 2016 aufgenommen worden und entspricht § 124 GWB. § 6e Abs. 6 sieht keinen zwingenden Ausschluss vor, sondern stellt den Ausschluss als Kannbestimmung in das Ermessen des Auftraggebers. Es handelt sich um fakultative Ausschlussgründe.

Zur Ausübung des **Ermessens** muss der Auftraggeber eine Prognose anstellen und unter Abwägung der Schwere des Verstoßes sowie der Interessen der Beteiligten entscheiden, ob das Unternehmen ausgeschlossen wird. Die Vergabestelle hat danach zu beurteilen, ob das Fehlverhalten geeignet ist, die Zuverlässigkeit des Unternehmens in Zweifel zu ziehen und ob ein Ausschluss geboten und erforderlich ist.[13] Nach der Gesetzesbegründung zur Parallelvorschrift des § 124 GWB sollen insbesondere kleinere Unregelmäßigkeiten nur in Ausnahmefällen zu einem Ausschluss führen, soweit sie nicht wiederholt auftreten.[14]

I. Verstoß gegen umwelt-, sozial- und arbeitsrechtliche Vorschriften (Abs. 6 Nr. 1)

Nach Nr. 1 liegt ein fakultativer Ausschlussgrund vor, wenn das Unternehmen bei der Ausführung öffentlicher Aufträge gegen geltende umwelt-, sozial- und arbeitsrechtliche Verpflichtungen verstoßen hat.

---

[12] Siehe hierzu die Kommentierung zu § 2.
[13] OLG Frankfurt Beschluss vom 20.7.2004, Az.: 11 Verg 6/04, Rn. 34 ff., juris.
[14] BR-Drs. 367-15, S. 123; Erwägungsgrund Nr. 101 der RL 2014/24/EU.

22 das Unternehmen muss bei der Ausführung eines öffentlichen Auftrags gegen die Verpflichtungen verstoßen haben. Ein fakultativer Ausschlussgrund liegt dagegen nicht vor, wenn das Unternehmen außerhalb eines öffentlichen Auftrags gegen solche Bestimmungen verstoßen hat. Ein Ausschluss kommt dann nur in Betracht, wenn einer der anderen Ausschlusstatbestände, wie zum Beispiel Abs. 4, unmittelbar eingreift.

23 Zu den umwelt-, sozial- und arbeitsrechtlichen Verpflichtungen gehören unter anderem Verpflichtungen aus EU-rechtlichen und nationalen Rechtsvorschriften, aus Tarifverträgen oder den in Anhang X der Richtlinie 2014/24/EU aufgeführten internationalen Bestimmungen. Zu diesen gehören u. a. die ILO-Kernarbeitsnormen, das Wiener Übereinkommen zum Schutz der Ozonschicht, das Basler Übereinkommen über die Kontrolle der grenzüberschreitenden Verbringung gefährlicher Abfälle. Daneben werden – insbesondere nach deutschem Verständnis – auch Zahlungsverpflichtungen an tarifvertragliche Sozialkassen erfasst.[15]

II. Zahlungsunfähigkeit, Insolvenz oder Liquidation (Abs. 6 Nr. 2)

24 Ein fakultative Ausschlussgrund liegt vor, wenn ein Unternehmen zahlungsunfähig ist, wenn es insolvent ist, wenn vergleichbare Verfahren eingeleitet wurden oder sich das Unternehmen in Liquidation befindet. Hintergrund ist, dass solche Tatbestände mindestens Zweifel daran begründen, ob das Unternehmen leistungsfähig ist.

25 Allerdings ist es in Insolvenzfällen oder Fällen einer Liquidation keineswegs zwingend, dass dem Unternehmen wegen dieses Tatbestandes die Leistungsfähigkeit fehlt. Deshalb muss der Auftraggeber bei der Ermessensausübung sorgfältig abwägen, ob Risiken im Hinblick auf die Leistungserbringung oder ordnungsgemäße Ausführung des Auftrags bestehen.

III. Schwere Verfehlung (Abs. 6 Nr. 3)

26 Gemäß Abs. 6 Nr. 3 liegt ein fakultative Ausschlussgrund vor, wenn das Unternehmen im Rahmen seiner beruflichen Tätigkeit nachweislich eine schwere Verfehlung begangen hat, durch die die Integrität des Unternehmens infrage gestellt wird. Hinsichtlich der Zurechnung des Verhaltens von natürlichen Personen verweist die Vorschrift auf Abs. 3.

27 Zugerechnet wird also das Verhalten von Personen, die als für die Leitung des Unternehmens Verantwortlicher gehandelt haben, wozu auch die Überwachung der Geschäftsführung oder die sonstige Ausübung von Kontrollbefugnissen in leitender Stellung gehört.[16]

28 Eine schwere Verfehlung kommt bei der Verletzung gesetzlicher oder vertraglicher Verpflichtungen in Betracht, die eine solche Intensität und Schwere aufweisen, dass der öffentliche Auftraggeber berechtigterweise an der Integrität des Unternehmens zweifeln darf.[17] Eine besondere Schwere der Verfehlung liegt vor, wenn diese schuldhaft begangen wurde und erhebliche Auswirkungen hat. Bei der Beurteilung steht der Vergabestelle ein gerichtlich nur eingeschränkt nachprüfbarer Spielraum zu.[18]

Nach der Gesetzesbegründung zu § 124 GWB kommt ein Ausschluss von Unternehmen insbesondere bei Sanktionierungen wegen Straftaten in Betracht, die nicht unter den Wortlaut der zwingenden Ausschlussgründe nach § 6e Abs. 1 EU VOB/A fallen. Nach der Rechtsprechung können aber auch Verstöße gegen das OWiG eine schwerwiegende Verfehlung begründen. Es kommt entscheidend auf die Intensität und Schwere der Verfehlung an und welche Schlüsse sich hinsichtlich der Gesetzestreue des Unternehmens aus dem Fehlverhalten ergeben.[19] Ein Ausschluss kann dabei bereits im Vorfeld einer rechtskräftigen Sanktionierung erfolgen, wenn die Vergabestelle Nachweise vorliegen hat, die ein strafrechtlich relevantes Fehlverhalten begründen und auf einer gesicherten Erkenntnisgrundlage beruhen.[20]

29 Durch die schwere Verfehlung muss die Integrität des Unternehmens infrage gestellt sein. Die festgestellte Verfehlung muss geeignet sein, die Zuverlässigkeit des Unternehmens in Bezug auf den

---

[15] *Hausmann/von Hoff* in KKPP GWB, § 124 Rn 6 ff.
[16] Rn. 8 ff.
[17] Vgl. die Gesetzesbegründung zu § 124, BR-Drs. 367-15, S. 120.
[18] OLG München Beschluss vom 21.5.2010, Az.: Verg 02/10, Rn. 166, juris; OLG Frankfurt, Beschluss vom 20.7.2004, Az.: 11 Verg 6/04, Rn. 59, juris; vgl. auch *Müller-Wrede*, VOL/A, 4. Aufl., § 6 EG, Rn. 69 ff., m. w. N.
[19] BR-Drs. 367-15, S. 120; VK Bund, Beschluss vom 29.2.2016, Az.: VK 1 – 138/15, Rn. 69, juris.
[20] OLG München, Beschluss vom 22.11.2012, Az.: Verg 22/12, Rn. 40, juris; VK Bund, Beschluss vom 29.2.2016, Az.: VK 1 – 138/15, Rn. 69, juris; *Werner* in Willenbruch/Wieddekind Vergaberecht, 3. Aufl., § 6 VOL/A, Rn. 13; siehe auch Erwägungsgrund Nr. 101 der RL 2014/24/EU.

konkret zu vergebenden Auftrag in Zweifel zu ziehen. Die Vergabestelle muss insoweit eine Prognoseentscheidung auf der Grundlage des Fehlverhaltens treffen, ob eine ordnungsgemäße Aufgabenerfüllung des Unternehmens erwartet werden kann. Ist die Vergabestelle dagegen davon überzeugt, dass sich das Fehlverhalten nicht wiederholen wird, darf ein Ausschluss nicht erfolgen.[21]

IV. Wettbewerbsbeschränkende Vereinbarungen

Eine vergleichbare Regelung fand sich bislang in § 16 Abs. 1 Nr. 1 lit. d) VOB/A 2012. Danach waren Angebote von Bietern auszuschließen, die in Bezug auf die konkrete Ausschreibung eine unzulässige wettbewerbsbeschränkende Vereinbarung getroffen hatten. § 6e stellt anders als die Regelung in der VOB/A 2012 nicht mehr darauf ab, dass die wettbewerbsbeschränkende Vereinbarung in dem konkreten Vergabeverfahren oder überhaupt in einem öffentlichen Vergabeverfahren begangen wurden. Vielmehr greift der Tatbestand auch, wenn das Unternehmen Vereinbarungen mit anderen Unternehmen getroffen hat, die eine Verhinderung, Einschränkung oder Verfälschung des Wettbewerbs bezwecken oder bewirken, bzw. wenn hinreichende Anhaltspunkte für ein solches Verhalten vorliegen.

Zu den unzulässigen Absprachen gehören neben Preisabsprachen auch folgende Tatbestände: Vereinbarungen über die Nichtbeteiligung am Wettbewerb. Dies kann u. U. auch bei dem rechtswidrigen Eingehen einer Bietergemeinschaft der Fall sein; Lieferstopp oder Lieferbeschränkungen durch Lieferanten; Dumpingpreise zwecks Verdrängung von Konkurrenz, sonstige unerlaubte Kartellbildungen.[22]

Darüber hinaus wurde von der Rechtsprechung bislang allgemein angenommen, dass unter den Tatbestand der wettbewerbsbeschränkende Vereinbarung auch der Fall gehört, dass der Grundsatz des Geheimwettbewerbs nicht eingehalten wird.[23]

Aus Sicht des OLG Düsseldorf, dem sich andere Vergabesenate und –kammern angeschlossen haben, ist wesentliches und unverzichtbares Kennzeichen einer Auftragsvergabe im Wettbewerb die Gewährleistung eines Geheimwettbewerbs zwischen den an der Ausschreibung teilnehmenden Bietern. Nur dann, wenn jeder Bieter die ausgeschriebene Leistung in Unkenntnis der Angebote, Angebotsgrundlagen und Angebotskalkulation seiner Mitbewerber um den Zuschlag anbietet, ist ein echter Bieterwettbewerb möglich.[24] Diese Rechtsprechung hat sich inzwischen allgemein durchgesetzt, und zwar auch dann, wenn es um die Abgabe von Angeboten verschiedener Konzerngesellschaften geht.

Diese Rechtsprechung kann unter zwei Aspekten allerdings kritisch betrachtet werden. Zum einen subsumiert die Rechtsprechung den Verstoß gegen den Geheimwettbewerb unter das Tatbestandsmerkmal der wettbewerbsbeschränkende Vereinbarung, obwohl dem Vorgehen eine Vereinbarung auch in einem weiten Sinne nicht zu Grunde liegt. Zum anderen soll ein Verstoß gegen den Geheimwettbewerb auch vorliegen, wenn verschiedene Konzerngesellschaften sich an dem Wettbewerb beteiligen, obwohl für Konzerngesellschaften häufig kein Verbot von Wettbewerbsabsprachen zu treffen, weil dies aus der Natur des Konzerns folgt.

V. Fehlende Unparteilichkeit

nach dieser Regelung kann ein Unternehmen ausgeschlossen werden, wenn bei der Durchführung des Vergabeverfahrens ein Interessenkonflikt entsteht, der die Unabhängigkeit einer für den öffentlichen Auftraggeber tätigen Person beeinträchtigen könnte und der durch andere, weniger einschneidende Maßnahmen nicht wirksam beseitigt werden kann. Es lässt sich nur schwer vorstellen, dass dieser Ausschlussgrund in der Praxis verwirklicht wird, weil der öffentliche Auftraggeber in aller Regel die Möglichkeit haben wird, die Person, die die Unabhängigkeit der Entscheidung gefährdet, in dem Vergabeverfahren nicht zu beteiligen.

VI. Projektanten

§ 6 EG Abs. 7 bestimmt, dass bei der Projektantenstellung eines Bieters oder Bewerbers der Auftraggeber sicherstellen muss, dass der Wettbewerb durch die Teilnahme des Bieters oder Bewerbers nicht verfälscht wird.

---

[21] OLG München, Beschluss vom 22.11.2012, Az.: Verg 22/12, Rn. 39 ff., juris; *Braun* in Gabriel/Krohn/Neun Handbuch des Vergaberechts, § 14 Rn. 29.
[22] Siehe auch § 2 Rn. 25 ff.
[23] OLG Düsseldorf, Beschluss vom 6.6.2012 – VII-Verg 14/12, BeckRS 2012, 23824
[24] OLG Düsseldorf Beschl. v. 16.9.2003 – Verg 52/03, BeckRS 2004, 2041, beck-online

37 Vorbefasste Bieter bzw. Projektanten sind Unternehmen, die für den Auftraggeber Vorarbeiten für ein Bauvorhaben geleistet haben und sich dann an der Ausschreibung für die Bauleistung beteiligen.[25] Dies ist insbesondere problematisch, wenn der Projektant die Ausführungsplanung erstellt und die Verdingungsunterlagen ausgearbeitet hat[26]. Denn wegen der Kenntnis der Einzelheiten des Projektes hat der Projektant nahezu zwangsläufig gegenüber den anderen Bewerbern einen Informationsvorsprung[27]. Wenn das vorbefasste Unternehmen nicht an der Erstellung der Vergabeunterlagen selbst beteiligt war, lässt sich die Frage, ob das Unternehmen als „Projektant" einzustufen ist, schwerer beantworten. § 6 EG Abs. 7 stellt nur darauf ab, ob ein Bieter oder Bewerber vor Einleitung des Vergabeverfahrens den Auftraggeber beraten oder sonst unterstützt hat. Diese sehr weite Formulierung ist aber einschränkend dahin auszulegen, dass die für den Auftraggeber erbrachte Leistung in einem unmittelbaren Bezug zu dem Ausschreibungsgegenstand stehen muss.[28] Denn das vorherige Auftrags- und Beratungsverhältnis zwischen dem Auftraggeber und dem Bieter ist nach dem Sinn und Zweck der Vorschrift die entscheidende Voraussetzung, um einen Informationsvorsprung als „wettbewerbswidrig" anzusehen. Ohne die Einschränkung, dass der Wettbewerbsvorteil aus einem Auftragsverhältnis zu dem Auftraggeber stammen muss, müsste jeder Wettbewerbsvorteil eines Bieters ausgeglichen werden. Es müssten somit auch Wettbewerbsvorteile oder Informationsvorsprünge ausgeglichen werden, die durch ein besonderes Know How bestehen oder dadurch, dass der Bieter schon für drei Nachbargemeinden entsprechend tätig war. Auch dies sind Informationsvorsprünge, die dann ausgeglichen werden müssten. Es liegt auf der Hand, dass die Ausschlusstatbestände ohne die Einschränkung, dass der Vorteil aus einem Auftragsverhältnis zum Auftraggeber stammen muss, uferlos und zweckwidrig würden und das Vergaberecht dies nicht verlangt. Deshalb liegt kein auszugleichender „Projektantenstatus" vor, wenn der Bieter seine vertieften Informationen aufgrund eines früheren Auftrags mit einem vergleichbaren Gegenstand erlangt hat.[29]

38 **Oberhalb der Schwellenwerte** ist ein genereller Ausschluss eines Bieters, der Projektant ist, unzulässig. Der EuGH hat mit Urteil vom 3.3.2005 entschieden, dass ein mit Vorarbeiten für Bauleistungen, Lieferungen oder Dienstleistungen hinsichtlich eines öffentlichen Auftrags durch den öffentlichen Auftraggeber betrautes Unternehmen grundsätzlich zur Einreichung eines Teilnahmeantrags bzw. eines Angebotes zuzulassen sei, dass aber ein Ausschluss des Unternehmens erforderlich sei, wenn es ihm nicht möglich sei zu beweisen, dass nach den Umständen des Einzelfalls die von dem Unternehmen erworbene Erfahrung den Wettbewerb nicht verfälschen können.[30] Der deutsche Gesetzgeber hat aus der Entscheidung für Auftragsvergaben oberhalb der Schwellenwerte die Konsequenzen gezogen. § 16 VgV und § 6 EG Abs. 7 bestimmen, dass ein Projektant nicht generell vom Vergabeverfahren ausgeschlossen werden kann, vielmehr der Auftraggeber sicherstellen muss, dass der Wettbewerb durch die Teilnahme des Bieters oder Bewerbers nicht verfälscht wird.

39 Der Informationsvorsprung des Projektanten muss ausgeglichen werden, indem alle Informationen, die der Projektant hat und die für die Auftragsvergabe von Bedeutung sein können, auch den anderen Bietern zugänglich gemacht werden.[31] Ein Ausschluss kann daher allenfalls als einzelfallabhängige ultima ratio in Betracht kommen.[32]

40 Die Gefahr einer Wettbewerbsverzerrung ist dann besonders groß, wenn der Projektant an den Vorarbeiten für die Ausschreibung, insbesondere bei der Erstellung der Vergabeunterlagen mitgewirkt hat. Hier bestehen an die Kompensation des wettbewerbsverzerrenden Informationsvorsprungs besondere Anforderungen. Das Vorliegen eines wettbewerbsverzerrenden Informati-

---

[25] Siehe Kommentierung zu → § 6 Rn. 27 ff.
[26] Vgl. OLG Düsseldorf VergabeR 2004, 236 (237); OLG Jena VergabeR 2003, 577 (578); *Müller-Wrede* VOL/A EG § 6 Rn. 85 ff.
[27] OLG München 10.2.2011 – Verg 24/10, juris.
[28] OLG München 10.2.2011 – Verg 24/10, juris; VK Hessen 12.2.2008 – 69d-VK-01/2008, juris; *Hausmann/von Hoff* in KMPP VOB/A EG § 6 Rn. 88.
[29] So *Ollmann* VergabeR 2005, 685 (692); vgl. auch *Voppel/Osenbrück/Bubert*, VOF, 2. Aufl., 2008, § 4 Rn. 34.
[30] EuGH 3.3.2005 C-34/03, NZBau 2005, 351, 1. Leitsatz und 353 (Rn. 36) – Fabricom.
[31] OLG München 10.2.2011 Verg 24/10, juris; OLG Brandenburg 22.5.2007 Verg W 13/06, juris, insoweit nicht abgedruckt in IBR 2007, 390; OLG Düsseldorf NZBau 2006, 466 (468); VK Bund 16.7.2010 VK 3 – 66/10, juris; VK Bund 10.7.2002 VK 2–34/02, juris; *Vavra* in KMPP Kommentar zur VOL/A, § 2 Rn. 17; vgl. auch die amtliche Gesetzesbegründung zum ÖPP-Beschleunigungsgesetz, BT-Drs. 15/5668, 12, linke Spalte.
[32] VK Nordbayern 1.12.2010, 21. VK-3194-38/10, juris; VK Sachsen 26.6.2009, 1/SVK/024-09, juris.

onsvorsprungs kann hingegen regelmäßig ausgeglichen werden, wenn der Projektant lediglich an den Planungs- und Entwurfsarbeiten oder Machbarkeitsstudien im Vorfeld der eigentlichen Vergabe beteiligt war. Hier kann ein Informationsvorsprung in der Regel dadurch ausgeglichen werden, dass der Auftraggeber die gewonnenen Erkenntnisse in den Vergabeunterlagen allen Bietern zugänglich macht und diese so abfasst, dass alle Bieter im Wettbewerb um den Auftrag gleiche Chancen haben.

Schließlich muss bei der Beteiligung eines Projektanten am Vergabeverfahren auch im Übrigen sorgfältig geprüft werden, ob es im Vergabeverfahren zu Abweichungen, Auffälligkeiten und Unregelmäßigkeiten gekommen ist, die darauf schließen lassen, dass doch eine Wettbewerbsverzerrung vorliegt. 41

VII. Schlechtleistung in der Vergangenheit

Die Regelung in Abs. 6 Nr. 7 wiederholt den schon in § 124 Abs. 1 Nr. 7 GWB niedergelegten Tatbestand. Der Ausschlussgrund ist durch die VOB/A 2016 neu eingeführt worden. Nach der Gesetzesbegründung zu § 124 Abs. 1 Nr. 7 GWB liegt der Tatbestand vor, wenn im Rahmen der Ausführung eines früheren öffentlichen Auftrags oder Konzessionsvertrags das Unternehmen eine wesentliche Anforderung erheblich oder fortdauernd mangelhaft erfüllt hat und dies auch zu einer vorzeitigen Beendigung, zu Schadensersatz oder einer vergleichbaren Rechtsfolge geführt hat. Nicht erforderlich ist, dass es sich um Aufträge des das Vergabeverfahren durchführenden Auftraggebers handelt.[33] 42

In der Gesetzesbegründung zu § 124 GWB neue Fassung heißt es: „Es handelt sich hier nicht nur um ein Beurteilungsermessen des öffentlichen Auftraggebers hinsichtlich des Vorliegens des Ausschlussgrundes, sondern auch um einen Ermessensspielraum hinsichtlich des „Ob" des Ausschlusses, dann wenn der fakultative Ausschlussgrund nachweislich vorliegt." Weiter heißt es zu Nr. 7: „Erforderlich ist hier – ebenso wie bei den anderen fakultativen Ausschlussgründen – eine Prognoseentscheidung dahingehend, ob von dem Unternehmen trotz der festgestellten früheren Schlechtleistung im Hinblick auf die Zukunft zu erwarten ist, dass es den nunmehr zu vergebenden öffentlichen Auftrag gesetzestreu, ordnungsgemäß und sorgfältig ausführt."[34] 43

Bei der Auslegung der Bestimmung stellt sich insbesondere die Frage, welche Anforderungen an den Nachweis der vorzeitigen Beendigung des Vertrages oder eine Schadensersatzanspruchs gestellt werden können. Jedenfalls nicht ausreichend ist es, wenn der Auftraggeber nur Nachweis dafür, dass die von ihm ausgesprochene Kündigung nicht ohne völlig greifbaren Anlass oder erkennbar rechtsmissbräuchlich er folgte.[35] Andererseits ist es auch nicht erforderlich, dass der Auftraggeber sich in einem Zivilprozess nachweist, dass die Kündigung wirksam erfolgt ist.[36] Zutreffend dürfte es sein ähnliche Anforderungen zu stellen wie in § 124 Abs. 1 Nr. 3 GWB. Danach reicht es aus, wenn der Auftraggeber Indiztatsachen vorbringt, die von einigem Gewicht sind und auf gesicherten Erkenntnissen aus seriösen Quellen basieren und die Entscheidung des Auftraggebers zum Ausschluss des Bieters als nachvollziehbar erscheinen lassen.[37] 44

VIII. Täuschungen betreffend Ausschlussgründen oder Eignungskriterien

Nach Abs. 6 Nr. 8 kann ein Unternehmen auch ausgeschlossen werden, wenn das Unternehmen im Hinblick auf Ausschlussgründe oder Eignungskriterien eine schwerwiegende, d. h. wohl eine vorsätzliche Täuschung begangen hat, wenn es Auskünfte zurückgehalten hat oder sonst nicht in der Lage ist, die erforderlichen Nachweise zu übermitteln. 45

IX. Sonstige Tatbestände

Abs. 6 Nr. 9 enthält noch weitere Ausschlussgründe, die im weiteren Sinne ebenfalls auf dem Verbot unlauterer Verhaltensweisen des Bieters beruhen. Diese Ausschlussgründe beziehen sich allerdings auf ein Fehlverhalten, das unmittelbar auf das in Rede stehende Vergabeverfahren bezogen ist. 46

---

[33] *Schranner* in Ingenstau/Korbion, VOB, 20. Auflage, § 6e EU Rn. 20.
[34] BT-DrS. 18/6281 zu § 124 GWB.
[35] OLG Celle, Beschluss vom 9.1.2017 – 13 Verg 9/16, juris; vgl. auch: VK Nordbayern, Beschluss vom 13.1.2017 – 21.VK-3194-38/16, juris; VK Bund, b v 18.11.2016, 2-103/16, juris.
[36] OLG Celle, Beschluss vom 9.1.2017 – 13 Verg 9/16, juris.
[37] OLG Celle, Beschluss vom 9.1.2017 – 13 Verg 9/16, juris.

X. Verhältnis zu § 124 GWB und andere Ausschlussgründe

47 § 6e ist § 124 GWB nachgebildet, wobei § 124 GWB als höherrangiges Recht § 6e EU VOB/A vorgeht. Dies ist u. a. von Bedeutung, weil § 124 Abs. 2 GWB – anders als § 6e EU VOB/A – ausdrücklich weitere Gesetze nennt, auf die ein Ausschluss gestützt werden kann. Dies gilt auch in Bau-Vergabeverfahren. Genannt werden § 21 Arbeitnehmer-Entsendegesetz, § 98c Aufenthaltsgesetz, § 19 Mindestlohngesetz und § 21 Schwarzarbeitsbekämpfungsgesetz.

§ 6f EU Selbstreinigung

(1) **Der öffentliche Auftraggeber schließt ein Unternehmen, bei dem ein Ausschlussgrund nach § 6e EU vorliegt, nicht von der Teilnahme an dem Vergabeverfahren aus, wenn das Unternehmen nachgewiesen hat, dass es**
  1. für jeden durch eine Straftat oder ein Fehlverhalten verursachten Schaden einen Ausgleich gezahlt oder sich zur Zahlung eines Ausgleichs verpflichtet hat,
  2. die Tatsachen und Umstände, die mit der Straftat oder dem Fehlverhalten und dem dadurch verursachten Schaden in Zusammenhang stehen, durch eine aktive Zusammenarbeit mit den Ermittlungsbehörden und dem öffentlichen Auftraggeber umfassend geklärt hat und
  3. konkrete technische, organisatorische und personelle Maßnahmen ergriffen hat, die geeignet sind, weitere Straftaten oder weiteres Fehlverhalten zu vermeiden.

  § 6e EU Absatz 4 Satz 2 bleibt unberührt.

(2) Der öffentliche Auftraggeber bewertet die von dem Unternehmen ergriffenen Selbstreinigungsmaßnahmen im Hinblick auf ihre Bedeutung für den zu vergebenden öffentlichen Auftrag; dabei berücksichtigt er die Schwere und die besonderen Umstände der Straftat oder des Fehlverhaltens. Erachtet der öffentliche Auftraggeber die Selbstreinigungsmaßnahmen des Unternehmens als unzureichend, so begründet er diese Entscheidung gegenüber dem Unternehmen.

(3) Wenn ein Unternehmen, bei dem ein Ausschlussgrund vorliegt, keine oder keine ausreichenden Selbstreinigungsmaßnahmen nach Absatz 1 ergreift, darf es
  1. bei Vorliegen eines Ausschlussgrundes nach § 6e EU Absatz 1 bis 4 höchstens für einen Zeitraum von fünf Jahren ab dem Tag der rechtskräftigen Verurteilung von der Teilnahme an Vergabeverfahren ausgeschlossen werden,
  2. bei Vorliegen eines Ausschlussgrundes nach § 6e EU Absatz 6 höchstens für einen Zeitraum von drei Jahren ab dem betreffenden Ereignis von der Teilnahme an Vergabeverfahren ausgeschlossen werden.

Übersicht

	Rn.
A. Allgemeines	1
B. Bundesweites Wettbewerbsregister	5
C. Nachweis der Selbstreinigung	6
D. Zulässiger Zeitraum für Ausschlüsse	11

A. Allgemeines

1 § 6f setzt den schon früher in Rechtsprechung und Literatur anerkannten Grundsatz, dass ein Unternehmen trotz Ausschlussgründen dann nicht von dem Vergabeverfahren ausgeschlossen werden muss, wenn eine Selbstreinigung erfolgt ist, in Gesetzesrecht um.

2 Wenn eine ausreichende Selbstreinigung stattgefunden hat, muss der Ausschluss sowohl bei zwingenden Ausschlussgründen als auch bei fakultativen Ausschlussgründen unterbleiben.

3 Eine vereinfachte und § 6 f EU vorgehende Regelung zur Selbstreinigung ist § 6e EU Abs. 4 Satz 2. Hat ein Unternehmen seine Verpflichtung zur Zahlung von Steuern, Abgaben und Beiträgen zur Sozialversicherung nicht erfüllt, muss ein Ausschluss schon unterbleiben, wenn die Voraussetzungen des § 6e EU Abs. 4 Satz 2 erfüllt sind.

§ 6 f EU wiederholt für die VOB/A eine Regelung, die schon im GWB enthalten ist, und **4** zwar § 125 und § 126 GWB. Hinsichtlich der Auslegung von § 6 f EU VOB/A kann auf die Literatur und Rechtsprechung zu § 125 GWB zurückgegriffen werden.

B. Bundesweites Wettbewerbsregister

Die Bundesregierung hat im April 2017 beschlossen, ein bundesweites Wettbewerbsregister **5** einzuführen, in dem registriert wird, ob ein Unternehmen Wirtschaftsdelikte oder andere schwere Straftaten begangen hat. Bislang bestehen solche Register nur auf Länderebene, was die Überprüfung von Bietern und Bewerber auf schwerwiegende Rechtsverstöße erschwert. Die Überprüfung wird künftig einfacher. Das Register soll dem Bundeskartellamt angegliedert werden.

C. Nachweis der Selbstreinigung

Die Selbstreinigung setzt voraus, dass die Voraussetzungen in § 6 f EU Abs. 1 Nr. 1 bis 3 **6** kumulativ erfüllt werden müssen. Der Bieter muss sich verpflichten, für jeden durch die Straftat oder das Fehlverhalten verursachten Schaden einen Ausgleich zu zahlen. Er muss durch eine aktive Zusammenarbeit mit den Ermittlungsbehörden und den öffentlichen Auftraggebern die Tatsachen und Umstände, die im Zusammenhang mit dem Fehlverhalten stehen, umfassend aufklären. Er muss schließlich konkrete technische, organisatorische und personelle Maßnahmen ergreifen, die geeignet sind, weitere Straftaten oder weiteres Fehlverhalten zu vermeiden.

Ist die Schadensersatzforderung zwar dem Grunde nach unstreitig, nicht aber der Höhe nach, **7** kann das Tatbestandsmerkmal auch dadurch erfüllt werden, dass das Unternehmen seine Verpflichtung zu Schadensersatzleistung dem Grunde nach anerkennt und gegebenenfalls ein Mindestschaden der Höhe nach. Ähnliches gilt, wenn offen ist, ob überhaupt ein Schaden entstanden ist, wem ein Schaden entstanden ist und in welcher Höhe ein Schaden entstanden ist. Auch dann muss es ausreichen, wenn das Unternehmen dem Grunde nach anerkennt, berechtigte Schadensersatzansprüche Dritter zu erfüllen.[1]

Daneben muss das Unternehmen an der Aufklärung des Sachverhalts fördernd mitgewirkt **8** haben. Dazu gehört es, dass sich das Unternehmen aktiv, ernsthaft und erkennbar um eine umfassende Sachverhaltsaufklärung bemüht.[2]

Schließlich muss das Unternehmen technische, organisatorische und personelle Maßnahmen **9** ergriffen haben, die geeignet sind, weitere Straftaten oder weiteres Fehlverhalten in der Zukunft zu vermeiden.[3]

Schließlich hat der Auftraggeber gemäß Abs. 2 die von dem Unternehmen ergriffenen Maß- **10** nahmen daraufhin zu bewerten, ob eine ausreichende Selbstreinigung stattgefunden hat. Erachtet der Auftraggeber die Maßnahmen als unzureichend, so muss er diese Entscheidung gegenüber dem Unternehmen begründen. Darüber hinaus wird der Auftraggeber stets prüfen müssen, ob er vor dem zu begründenden Ausschluss gehalten ist, dem Unternehmen im Rahmen einer Aufklärung gemäß § 15 EU VOB/A die Möglichkeit zu geben, darzulegen, dass die Selbstreinigungsmaßnahmen doch ausreichend waren.

D. Zulässiger Zeitraum für Ausschlüsse

§ 6 f EU sieht zeitliche Obergrenzen für den Ausschluss von Unternehmen vor. Da es sich um **11** Höchstzeiträume handelt, liegt es im Ermessen des Auftraggebers, ob er während der gesamten Dauer das Unternehmen ausschließen will oder ob er von kürzeren Zeiträumen ausgehen will. Die Ermessensentscheidung des Auftraggebers setzt voraus, dass er sich mit der Schwere des Verstoßes, den gegensätzlichen Interessen sowie damit auseinandersetzt, ob der Ausschluss in einem angemessenen Verhältnis zur Schwere des Verstoßes steht.

---

[1] Vgl. zu § 125 GWB: BT-DrS. 18/6281, S. 108; *Schranner* in Ingenstau/Korbion, VOB, 20. Auflage, 2017, § 6 f EU Rn. 9; *Prieß/Simonis* in KKPP GWB § 125 Rn. 24 ff..

[2] Vgl. zu § 125 GWB: BT-DrS. 18/6281, S. 108; *Schranner* in Ingenstau/Korbion, VOB, 20. Auflage, 2017, § 6 f EU Rn. 10; *Prieß/Simonis* in KKPP GWB § 125 Rn. 30 ff.

[3] Vgl. zu § 125 GWB: BT-DrS. 18/6281, S. 108; *Schranner* in Ingenstau/Korbion, VOB, 20. Auflage, 2017, § 6 f EU Rn. 11; *Prieß/Simonis* in KKPP, GWB § 125 Rn. 36 ff.

12 Bei Vorliegen eines Ausschlussgrundes nach § 6e EU Abs. 1 bis 4 darf ein Ausschluss höchstens für einen Zeitraum von fünf Jahren ab dem Tag der rechtskräftigen Verurteilung erfolgen. Bei Vorliegen eines Ausschlussgrundes nach § 6e EU Abs. 6 darf ein Ausschluss höchstens für einen Zeitraum von drei Jahren, und zwar gerechnet ab dem betreffenden Ereignis erfolgen.

§ 7 EU Leistungsbeschreibung

(1) 1. Die Leistung ist eindeutig und so erschöpfend zu beschreiben, dass alle Bewerber die Beschreibung im gleichen Sinne verstehen müssen und ihre Preise sicher und ohne umfangreiche Vorarbeiten berechnen können.
2. Um eine einwandfreie Preisermittlung zu ermöglichen, sind alle sie beeinflussenden Umstände festzustellen und in den Vergabeunterlagen anzugeben.
3. Dem Auftragnehmer darf kein ungewöhnliches Wagnis aufgebürdet werden für Umstände und Ereignisse, auf die er keinen Einfluss hat und deren Einwirkung auf die Preise und Fristen er nicht im Voraus schätzen kann.
4. Bedarfspositionen sind grundsätzlich nicht in die Leistungsbeschreibung aufzunehmen. Angehängte Stundenlohnarbeiten dürfen nur in dem unbedingt erforderlichen Umfang in die Leistungsbeschreibung aufgenommen werden.
5. Erforderlichenfalls sind auch der Zweck und die vorgesehene Beanspruchung der fertigen Leistung anzugeben.
6. Die für die Ausführung der Leistung wesentlichen Verhältnisse der Baustelle, z. B. Boden- und Wasserverhältnisse, sind so zu beschreiben, dass der Bewerber ihre Auswirkungen auf die bauliche Anlage und die Bauausführung hinreichend beurteilen kann.
7. Die „Hinweise für das Aufstellen der Leistungsbeschreibung" in Abschnitt 0 der Allgemeinen Technischen Vertragsbedingungen für Bauleistungen, DIN 18299 ff., sind zu beachten.

(2) Soweit es nicht durch den Auftragsgegenstand gerechtfertigt ist, darf in technischen Spezifikationen nicht auf eine bestimmte Produktion oder Herkunft oder ein besonderes Verfahren, das die von einem bestimmten Unternehmen bereitgestellten Produkte charakterisiert, oder auf Marken, Patente, Typen oder einen bestimmten Ursprung oder eine bestimmte Produktion verwiesen werden, wenn dadurch bestimmte Unternehmen oder bestimmte Produkte begünstigt oder ausgeschlossen werden. Solche Verweise sind jedoch ausnahmsweise zulässig, wenn der Auftragsgegenstand nicht hinreichend genau und allgemein verständlich beschrieben werden kann; solche Verweise sind mit dem Zusatz „oder gleichwertig" zu versehen.

(3) Bei der Beschreibung der Leistung sind die verkehrsüblichen Bezeichnungen zu beachten.

1 Der Text entspricht § 7 VOB/A, jedoch mit drei Abweichungen:
Laut § 7 EU Abs. 1 Nr. 1 müssen alle Bewerber die Beschreibung im gleichen Sinn verstehen, laut § 7 VOB/A müsse alle Unternehmen die Beschreibung im gleichen Sinn verstehen. Man bewundert die Feinfühligkeit der Wortwahl, ein Unterschied ist es nicht. Im Übrigen müsste es richtig heißt, dass alle Bewerber oder Unternehmen die Ausschreibung in demselben Sinn verstehen.

2 § 7 EU Abs. 2 beginnt:

„Soweit es nicht durch den Auftragsgegenstand gerechtfertigt ist, darf ..."

§ 7 Abs. 2 verbannt dagegen die Ausnahmen an den Schluss, es sei denn, dies ist durch den Auftragsgegenstand gerechtfertigt. In Abs. 2 Satz 2 bei § 7 EU VOB/A und der letzte Satz in § 7 Abs. 2 VOB/A sind wieder identisch.
Auch hier gibt es keine inhaltlichen Unterschiede.

3 Ansonsten entspricht § 7 EU VOB/A wörtlich § 7 VOB/A. Wir verweisen auf die dortige Kommentierung.

§ 7a EU Technische Spezifikationen, Testberichte, Zertifizierungen, Gütezeichen

(1) 1. Die technischen Anforderungen (Spezifikationen – siehe Anhang TS Nummer 1) an den Auftragsgegenstand müssen allen Unternehmen gleichermaßen zugänglich sein.
2. Die geforderten Merkmale können sich auch auf den spezifischen Prozess oder die spezifische Methode zur Produktion beziehungsweise Erbringung der angeforderten Leistungen oder auf einen spezifischen Prozess eines anderen Lebenszyklus-Stadiums davon beziehen, auch wenn derartige Faktoren nicht materielle Bestandteile von ihnen sind, sofern sie in Verbindung mit dem Auftragsgegenstand stehen und zu dessen Wert und Zielen verhältnismäßig sind.
3. In den technischen Spezifikationen kann angegeben werden, ob Rechte des geistigen Eigentums übertragen werden müssen.
4. Bei jeglicher Beschaffung, die zur Nutzung durch natürliche Personen – ganz gleich, ob durch die Allgemeinheit oder das Personal des öffentlichen Auftraggebers – vorgesehen ist, werden die technischen Spezifikationen – außer in ordnungsgemäß begründeten Fällen – so erstellt, dass die Kriterien der Zugänglichkeit für Personen mit Behinderungen oder der Konzeption für alle Nutzer berücksichtigt werden.
5. Werden verpflichtende Zugänglichkeitserfordernisse mit einem Rechtsakt der Europäischen Union erlassen, so müssen die technischen Spezifikationen, soweit die Kriterien der Zugänglichkeit für Personen mit Behinderungen oder der Konzeption für alle Nutzer betroffen sind, darauf Bezug nehmen.

(2) Die technischen Spezifikationen sind in den Vergabeunterlagen zu formulieren:
1. entweder unter Bezugnahme auf die in Anhang TS definierten technischen Spezifikationen in der Rangfolge
   a) nationale Normen, mit denen europäische Normen umgesetzt werden,
   b) europäische technische Bewertungen,
   c) gemeinsame technische Spezifikationen,
   d) internationale Normen und andere technische Bezugssysteme, die von den europäischen Normungsgremien erarbeitet wurden oder,
   e) falls solche Normen und Spezifikationen fehlen, nationale Normen, nationale technische Zulassungen oder nationale technische Spezifikationen für die Planung, Berechnung und Ausführung von Bauleistungen und den Einsatz von Produkten.
   Jede Bezugnahme ist mit dem Zusatz „oder gleichwertig" zu versehen;
2. oder in Form von Leistungs- oder Funktionsanforderungen, die so genau zu fassen sind, dass sie den Unternehmen ein klares Bild vom Auftragsgegenstand vermitteln und dem Auftraggeber die Erteilung des Zuschlags ermöglichen;
3. oder in Kombination von Nummer 1 und Nummer 2, das heißt
   a) in Form von Leistungs- oder Funktionsanforderungen unter Bezugnahme auf die Spezifikationen gemäß Nummer 1 als Mittel zur Vermutung der Konformität mit diesen Leistungs- oder Funktionsanforderungen,
   b) oder mit Bezugnahme auf die Spezifikationen gemäß Nummer 1 hinsichtlich bestimmter Merkmale und mit Bezugnahme auf die Leistungs- oder Funktionsanforderungen gemäß Nummer 2 hinsichtlich anderer Merkmale.

(3) 1. Verweist der öffentliche Auftraggeber in der Leistungsbeschreibung auf die in Absatz 2 Nummer 1 genannten Spezifikationen, so darf er ein Angebot nicht mit der Begründung ablehnen, die angebotene Leistung entspräche nicht den herangezogenen Spezifikationen, sofern der Bieter in seinem Angebot dem öffentlichen Auftraggeber nachweist, dass die von ihm vorgeschlagenen Lösungen den Anforderungen der technischen Spezifikation, auf die Bezug genommen wurde, gleichermaßen entsprechen. Als geeignetes Mittel kann ein Prüfbericht oder eine Zertifizierung einer akkreditierten Konformitätsbewertungsstelle gelten.

2. Eine Konformitätsbewertungsstelle im Sinne dieses Absatzes muss gemäß der Verordnung (EG) Nr. 765/2008 des Europäischen Parlaments und des Rates akkreditiert sein.
3. Der öffentliche Auftraggeber akzeptiert auch andere geeignete Nachweise, wie beispielsweise eine technische Beschreibung des Herstellers, wenn
   a) das betreffende Unternehmen keinen Zugang zu den genannten Zertifikaten oder Prüfberichten hatte oder
   b) das betreffende Unternehmen keine Möglichkeit hatte, diese Zertifikate oder Prüfberichte innerhalb der einschlägigen Fristen einzuholen, sofern das betreffende Unternehmen den fehlenden Zugang nicht zu verantworten hat
   c) und sofern es anhand dieser Nachweise die Erfüllung der festgelegten Anforderungen belegt.

(4) Legt der öffentliche Auftraggeber die technischen Spezifikationen in Form von Leistungs- oder Funktionsanforderungen fest, so darf er ein Angebot, das einer nationalen Norm entspricht, mit der eine europäische Norm umgesetzt wird, oder einer europäischen technischen Zulassung, einer gemeinsamen technischen Spezifikation, einer internationalen Norm oder einem technischen Bezugssystem, das von den europäischen Normungsgremien erarbeitet wurde, entspricht, nicht zurückweisen, wenn diese Spezifikationen die geforderten Leistungs- oder Funktionsanforderungen betreffen. Der Bieter muss in seinem Angebot mit geeigneten Mitteln dem öffentlichen Auftraggeber nachweisen, dass die der Norm entsprechende jeweilige Leistung den Leistungs- oder Funktionsanforderungen des öffentlichen Auftraggebers entspricht. Als geeignetes Mittel kann eine technische Beschreibung des Herstellers oder ein Prüfbericht einer Konformitätsbewertungsstelle gelten.

(5) 1. Zum Nachweis dafür, dass eine Bauleistung bestimmten, in der Leistungsbeschreibung geforderten Merkmalen entspricht, kann der öffentliche Auftraggeber die Vorlage von Bescheinigungen, insbesondere Testberichten oder Zertifizierungen einer Konformitätsbewertungsstelle verlangen. Wird die Vorlage einer Bescheinigung einer bestimmten Konformitätsbewertungsstelle verlangt, hat der öffentliche Auftraggeber auch Bescheinigungen gleichwertiger anderer Konformitätsbewertungsstellen zu akzeptieren.
2. Der öffentliche Auftraggeber akzeptiert auch andere als die in Nummer 1 genannten geeigneten Nachweise, insbesondere ein technisches Dossier des Herstellers, wenn das Unternehmen keinen Zugang zu den in Nummer 1 genannten Bescheinigungen oder keine Möglichkeit hatte, diese innerhalb der einschlägigen Fristen einzuholen, sofern das Unternehmen den fehlenden Zugang nicht zu vertreten hat. In diesen Fällen hat das Unternehmen durch die vorgelegten Nachweise zu belegen, dass die von ihm zu erbringende Leistung die vom öffentlichen Auftraggeber angegebenen spezifischen Anforderungen erfüllt.
3. Eine Konformitätsbewertungsstelle ist eine Stelle, die gemäß der Verordnung (EG) Nr. 765/2008 des Europäischen Parlaments und des Rates vom 9. Juli 2008 über die Vorschriften für die Akkreditierung und Marktüberwachung im Zusammenhang mit der Vermarktung von Produkten und zur Aufhebung der Verordnung (EWG) Nr. 339/93 des Rates (ABl. L 218 vom 13.8.2008, S. 30) akkreditiert ist und Konformitätsbewertungstätigkeiten durchführt.

(6) 1. Der öffentliche Auftraggeber kann für Leistungen mit spezifischen umweltbezogenen, sozialen oder sonstigen Merkmalen in den technischen Spezifikationen, den Zuschlagskriterien oder den Ausführungsbedingungen ein bestimmtes Gütezeichen als Nachweis dafür verlangen, dass die Leistungen den geforderten Merkmalen entsprechen, sofern alle nachfolgend genannten Bedingungen erfüllt sind:
   a) die Gütezeichen-Anforderungen betreffen lediglich Kriterien, die mit dem Auftragsgegenstand in Verbindung stehen und für die Bestimmung der Merkmale des Auftragsgegenstandes geeignet sind;
   b) die Gütezeichen-Anforderungen basieren auf objektiv nachprüfbaren und nichtdiskriminierenden Kriterien;

c) die Gütezeichen werden im Rahmen eines offenen und transparenten Verfahrens eingeführt, an dem alle relevanten interessierten Kreise – wie z. B. staatliche Stellen, Verbraucher, Sozialpartner, Hersteller, Händler und Nichtregierungsorganisationen – teilnehmen können;
d) die Gütezeichen sind für alle Betroffenen zugänglich;
e) die Anforderungen an die Gütezeichen werden von einem Dritten festgelegt, auf den der Unternehmer, der das Gütezeichen beantragt, keinen maßgeblichen Einfluss ausüben kann.
2. Für den Fall, dass die Leistung nicht allen Anforderungen des Gütezeichens entsprechen muss, hat der öffentliche Auftraggeber die betreffenden Anforderungen anzugeben.
3. Der öffentliche Auftraggeber akzeptiert andere Gütezeichen, die gleichwertige Anforderungen an die Leistung stellen.
4. Hatte ein Unternehmen aus Gründen, die ihm nicht zugerechnet werden können, nachweislich keine Möglichkeit, das vom öffentlichen Auftraggeber angegebene oder ein gleichwertiges Gütezeichen innerhalb der einschlägigen Fristen zu erlangen, so muss der öffentliche Auftraggeber andere geeignete Nachweise akzeptieren, sofern das Unternehmen nachweist, dass die von ihm zu erbringende Leistung die Anforderungen des geforderten Gütezeichens oder die vom öffentlichen Auftraggeber angegebenen spezifischen Anforderungen erfüllt.

Schrifttum *Reuber,* Die neue VOB/A, VergR 2016, 339.

Im Gegensatz zu § 7 VOB/A umfasst die Überschrift zu § 7a EU VOB/A nicht nur „Technische Spezifikationen, sondern auch Testberichte, Zertifizierungen und Gütezeichen", die es im Anwendungsbereich von § 7 VOB/A nicht gibt. 1
Die Technischen Spezifikationen entsprechen denen zu § 7 VOB/A.
Die Regelungen in § 7a EU Abs. 1 Nr. 2 bis 5 finden sich nur in § 7a EU, sie sind europarechtlich bedingt. Sie sind aus sich heraus verständlich. 2
Die Abs. 2, 3, 4 und 5 stimmen bis auf wenige Ausnahmen wörtlich mit § 7a VOB/A überein: 3
Gemäß § 7a EU Abs. 3 Nr. 1 kann als „geeignetes Mittel ein Prüfbericht oder eine Zertifizierung einer akkreditierten Konformitätsbewertungsstelle gelten". § 7a VOB/A sieht gemäß seinem Anwendungsbereich als geeignetes Mittel (nur) den Prüfbericht „einer anerkannten Stelle" vor; die in § 7a Abs. 3 und Abs. 4 vorgesehene technische Beschreibung eines Herstellers muss gemäß § 7a Abs. 3 Nr. 3, wenn diese den dort genannten Anforderungen entspricht.
Was eine Konformitätsbewertungsstelle ist, ergibt sich aus § 7a EU Abs. 5 Nr. 3.
§ 7a Abs. 5 VOB/A regelt, dass der Auftraggeber der Umwelteigenschaften in Form von 4 Leistungs- oder Funktionsanfragen ausschreibt, bestimmte Spezifikationen verlangen darf.
§ 7a EU Abs. 6 führt ein, dass der Auftraggeber ein bestimmtes Gütezeichen als Nachweis 5 spezifischer umweltbezogener, sozialer oder sonstiger Merkmale verlangen darf. Die bisherige Regelung in § 7 EG Abs. 7 VOB/A a. F. bezog sich nur auf Umweltzeichen. Die Verwendung ist zulässig, wenn der Erwerb nach den näher bestimmten Bedingungen möglich ist. Nicht verwendbar sind Gütezeichen, die nicht in einem transparenten Verfahren erteilt und für alle Betroffenen zugänglich sind, die also in einer Gruppe von Unternehmern im „closed shop" vergeben werden.[1]
Ein Auftraggeber, der ein bestimmtes Gütezeichen verlangt, muss auch andere Gütezeichen akzeptieren, die gleichwertige Anforderungen stellen (§ 7a EU Abs. 6 Nr. 3).

§ 7b EU Leistungsbeschreibung mit Leistungsverzeichnis

(1) Die Leistung ist in der Regel durch eine allgemeine Darstellung der Bauaufgabe (Baubeschreibung) und ein in Teilleistungen gegliedertes Leistungsverzeichnis zu beschreiben.
(2) ¹Erforderlichenfalls ist die Leistung auch zeichnerisch oder durch Probestücke darzustellen oder anders zu erklären, z. B. durch Hinweise auf ähnliche Leistungen, durch Mengen- oder statische Berechnungen. ²Zeichnungen und Proben, die für die Ausführung maßgebend sein sollen, sind eindeutig zu bezeichnen.

---

[1] *Reuber* VergabeR 2016, 339.

VOB/A-EU § 8 EU

(3) Leistungen, die nach den Vertragsbedingungen, den Technischen Vertragsbedingungen oder der gewerblichen Verkehrssitte zu der geforderten Leistung gehören (§ 2 Absatz 1 VOB/B), brauchen nicht besonders aufgeführt zu werden.

(4) Im Leistungsverzeichnis ist die Leistung derart aufzugliedern, dass unter einer Ordnungszahl (Position) nur solche Leistungen aufgenommen werden, die nach ihrer technischen Beschaffenheit und für die Preisbildung als in sich gleichartig anzusehen sind. Ungleichartige Leistungen sollen unter einer Ordnungszahl (Sammelposition) nur zusammengefasst werden, wenn eine Teilleistung gegenüber einer anderen für die Bildung eines Durchschnittspreises ohne nennenswerten Einfluss ist.

Der Text stimmt wörtlich mit § 7b VOB/A überein. Wir verweisen auf die dortige Kommentierung.

§ 7c EU Leistungsbeschreibung mit Leistungsprogramm

(1) Wenn es nach Abwägen aller Umstände zweckmäßig ist, abweichend von § 7bEU Absatz 1 zusammen mit der Bauausführung auch den Entwurf für die Leistung dem Wettbewerb zu unterstellen, um die technisch, wirtschaftlich und gestalterisch beste sowie funktionsgerechteste Lösung der Bauaufgabe zu ermitteln, kann die Leistung durch ein Leistungsprogramm dargestellt werden.

(2) 1. Das Leistungsprogramm umfasst eine Beschreibung der Bauaufgabe, aus der die Unternehmen alle für die Entwurfsbearbeitung und ihr Angebot maßgebenden Bedingungen und Umstände erkennen können und in der sowohl der Zweck der fertigen Leistung als auch die an sie gestellten technischen, wirtschaftlichen, gestalterischen und funktionsbedingten Anforderungen angegeben sind, sowie gegebenenfalls ein Musterleistungsverzeichnis, in dem die Mengenangaben ganz oder teilweise offengelassen sind.
2. § 7bEU Absätze 2 bis 4 gelten sinngemäß.

(3) 1. Von dem Bieter ist ein Angebot zu verlangen, das außer der Ausführung der Leistung den Entwurf nebst eingehender Erläuterung und eine Darstellung der Bauausführung sowie eine eingehende und zweckmäßig gegliederte Beschreibung der Leistung – gegebenenfalls mit Mengen- und Preisangaben für Teile der Leistung – umfasst. Bei Beschreibung der Leistung mit Mengen- und Preisangaben ist vom Bieter zu verlangen, dass er
2. die Vollständigkeit seiner Angaben, insbesondere die von ihm selbst ermittelten Mengen, entweder ohne Einschränkung oder im Rahmen einer in den Vergabeunterlagen anzugebenden Mengentoleranz vertritt, und
3. etwaige Annahmen, zu denen er in besonderen Fällen gezwungen ist, weil zum Zeitpunkt der Angebotsabgabe einzelne Teilleistungen nach Art und Menge noch nicht bestimmt werden können (z. B. Aushub-, Abbruch- oder Wasserhaltungsarbeiten) – erforderlichenfalls anhand von Plänen und Mengenermittlungen – begründet.

Der Text stimmt wörtlich mit § 7c VOB/A überein, lediglich die Wortwahl in Abs. 3 ist leicht verändert. Wir verweisen auf die dortige Kommentierung.

§ 8 EU Vergabeunterlagen

(1) Die Vergabeunterlagen bestehen aus
1. dem Anschreiben (Aufforderung zur Angebotsabgabe), gegebenenfalls Teilnahmebedingungen (Absatz 2) und
2. den Vertragsunterlagen (§ 8a EU und §§ 7 EU bis 7c EU).

(2) 1. Das Anschreiben muss die nach Anhang V Teil C der Richtlinie 2014/24/EU geforderten Informationen enthalten, die außer den Vertragsunterlagen für den Entschluss zur Abgabe eines Angebots notwendig sind, sofern sie nicht bereits veröffentlicht wurden.

2. In den Vergabeunterlagen kann der öffentliche Auftraggeber den Bieter auffordern, in seinem Angebot die Leistungen, die er im Wege von Unteraufträgen an Dritte zu vergeben gedenkt, sowie die gegebenenfalls vorgeschlagenen Unterauftragnehmer mit Namen, gesetzlichen Vertretern und Kontaktdaten anzugeben.
3. Der öffentliche Auftraggeber kann Nebenangebote in der Auftragsbekanntmachung oder in der Aufforderung zur Interessensbestätigung zulassen oder vorschreiben. Fehlt eine entsprechende Angabe, sind keine Nebenangebote zugelassen. Nebenangebote müssen mit dem Auftragsgegenstand in Verbindung stehen. Hat der öffentliche Auftraggeber in der Auftragsbekanntmachung oder in der Aufforderung zur Interessensbestätigung Nebenangebote zugelassen oder vorgeschrieben, hat er anzugeben,
   a) in welcher Art und Weise Nebenangebote einzureichen sind, insbesondere, ob er Nebenangebote ausnahmsweise nur in Verbindung mit einem Hauptangebot zulässt,
   b) die Mindestanforderungen an Nebenangebote.
   Die Zuschlagskriterien sind so festzulegen, dass sie sowohl auf Hauptangebote als auch auf Nebenangebote anwendbar sind. Es ist auch zulässig, dass der Preis das einzige Zuschlagskriterium ist.
   Von Bietern, die eine Leistung anbieten, deren Ausführung nicht in Allgemeinen Technischen Vertragsbedingungen oder in den Vergabeunterlagen geregelt ist, sind im Angebot entsprechende Angaben über Ausführung und Beschaffenheit dieser Leistung zu verlangen.
4. Öffentliche Auftraggeber, die ständig Bauaufträge vergeben, sollen die Erfordernisse, die die Unternehmen bei der Bearbeitung ihrer Angebote beachten müssen, in den Teilnahmebedingungen zusammenfassen und dem Anschreiben beifügen.

Übersicht

	Rn.
I. Einführung	1
1. Vergleich mit § 8 VOB/A	1
2. Entwicklung des § 8 EU	2
II. Vergabeunterlagen: Zusätzlich erforderliche Angaben im Anschreiben (Abs. 2 Nr. 1)	7
III. Nachunternehmer (Abs. 2 Nr. 2)	9
IV. Anforderungen für Nebenangebote (Abs. 2 Nr. 3)	11
1. Notwendigkeit der ausdrücklichen Zulassung von Nebenangeboten	11
2. Angabe von Mindestanforderungen	14
3. Nebenangebote auch bei reiner Preiswertung	20
V. Folgen bei Verstößen gegen § 8 EU	23

I. Einführung

1. Vergleich mit § 8 VOB/A. § 8 EU und § 8 VOB/A sind in großen Teilen identisch. Inhaltliche Unterschiede bestehen zum einen zum notwendigen Inhalt des Anschreibens in § 8 EU Abs. 2. § 8 EU Abs. 2 Nr. 1 verweist wegen der Notwendigkeit der Angaben im Anschreibens auf die Anhang V Teil C der Richtlinie 2014/24/EU enthaltene Liste der in der Auftragsbekanntmachung aufzuführenden Angaben. Diese Liste es länger als der Katalog in § 12 Abs. 1 VOB/A. Die generelle Vorgabe, alle nicht in der Auftragsbekanntmachungen bereits enthaltenen notwendigen Angaben im Anschreiben nachzuholen, ist gleich. Der Regelungsinhalt § 8 EU Abs. 2 Nr. 3 enthält modifizierte Vorgaben zu Nebenangeboten. Anders als nach § 8 Abs. 2 Nr. 3 VOB/A sind Nebenangebote nicht grundsätzlich zugelassen, soweit sie nicht ausgeschlossen sind, sondern nur bei ausdrücklicher Zulassung. Diese Regelung ist mit der VOB/A 2016 auch dahingehend erweitert worden, dass der Auftraggeber – anders als nach dem Basisparagrafen – Nebenangebote auch zwingend vorschreiben kann. Wie bisher sieht § 8 EU Abs. 2 Nr. 3 abweichend von § 8 VOB/A vor, dass der Auftraggeber, den Nebenangebote zulässt oder vorschreibt die Mindestanforderungen an Nebenangebote anzugeben und damit zuvor auch aufzustellen hat. Die Kommentierung von § 8 EU kann sich demgemäß auf die Unterschiede in Abs. 2 beschränken und im Übrigen auf die Kommentierung zu § 8 VOB/A verweisen.

2 **2. Entwicklung des § 8 EU.** Mit dem **Ergänzungsband 1990 II** wollte der DVA die Anforderung der Baukoordinierungsrichtlinie (BKR) durch die Schaffung der a-Paragrafen umsetzen. Der Anforderungskatalog des § 10a VOB/A 1990 war allerdings unsystematisch und sinnwidrig. Die drei zusätzlichen Vorgaben im Vergleich zu § 10 VOB/A 1990 (Wertungskriterien, Sprache, Hinweis auf Bekanntmachung) entsprachen Art. 13 Abs. 2 lit. b) c) u. e.) BKR. Artikel 13 Abs. 2 BKR stellte allerdings Anforderungen nur für das Anschreiben im nichtoffenen Verfahren und dem Verhandlungsverfahren auf. Diese Einschränkung des Anwendungsbereichs der BKR hatte § 10a VOB/A 1990 allerdings lediglich für die dritte Angabe, den Hinweis auf die Bekanntmachung, übernommen. Konsequenterweise hätte man entweder das offene Verfahren von diesen Anforderung insgesamt ausnehmen müssen oder, weil man die Anforderungen generell als sinnvoll erachtet, insgesamt für alle Vergabearten einheitlich aufstellen sollen, wie dies bei § 10b Nr. 1 lit. c) VOB/A 1992 geschehen war. Eine vergleichbare Inkonsequenz galt für die Angaben von Mindestanforderungen für Änderungsvorschläge. Insoweit bestimmte Art. 19 Abs. 2 BKR bzw. Art. 34 Abs. 3 der Sektorenrichtlinie, dass die Mindestanforderungen an Änderungsvorschläge in den Verdingungsunterlagen/Auftragsunterlagen erläutert werden müssen. Diese Vorgabe war allerdings nicht als Gebot, sondern nur als Möglichkeit übernommen worden, und das auch nur im Rahmen der erst mit Ausgabe 1992 geschaffenen dritten Abschnitts, nicht aber im zweiten Abschnitt.

3 Mit der **Umsetzung der Vergabekoordinierungsrichtlinie** (VKR) durch das Sofortpaket ist § 10a **VOB/A 2006** um die vergessene Vorgabe der Nennung der Mindestanforderungen für Änderungsvorschläge nachgebessert worden. Des Weiteren ist § 10a VOB/A 2006 um die verschärften Anforderungen zur Angabe der Gewichtung von Wertungskriterien sowie um zusätzliche Angaben für die neuen bzw. modifizierten Vergabearten (wettbewerblicher Dialog) ergänzt worden. Die fehlende Systematik für die Aufteilung von Angaben zwischen Bekanntmachung und Anschreiben bestand fort. Anders als bei Art. 13 Abs. 2 BKR galten nun die Anforderungen des Art. 40 Abs. 5 VKR für alle Vergabearten. Der DVA hatte bei der Novellierung auch übersehen, dass seine Begrenzung des Hinweiserfordernisses auf die Bekanntmachung in lit. c) nur für nichtoffenes und Verhandlungsverfahren überholt und nicht richtlinienkonform war.

4 Nicht wirklich einleuchten wollte es auch, warum nach nationalem Recht (§ 10 Nr. 5 VOB/A 2006) auch wenig bedeutsame Angaben der Bekanntmachung in dem Anschreiben zwingend wiederholt werden mussten, z. B. über zum Eröffnungstermin zugelassene Personen, während oberhalb der Schwellenwerte – entsprechend den europäischen Vorgaben – die Wertungskriterien nur alternativ in Bekanntmachung oder Anschreiben angegeben werden mussten. Der fehlende Zwang zur Wiederholung sollte nach der Richtlinie durch einen Verweis in dem Anschreiben auf die Bekanntmachung kompensiert werden soll. Für das offene Verfahren sah § 10a VOB/A 2006 – anders als § 10b VOB/A 2006 – einen derartigen Verweis allerdings gar nicht vor. Offensichtlich waren die Überarbeitungen in den Abschnitten von unterschiedlichen Bearbeitern mit unterschiedlicher Sorgfalt vorgenommen worden. So war die gleich lautende Regelung von Art. 39 Abs. 2 der Vergabekoordinierungsrichtlinie und Art. 46 Abs. 2 der Sektorenrichtlinie durch das Sofortpaket zur Anpassung der VOB/A nur in § 10b VOB/A 2006 – wie bereits ursprünglich in § 7 Nr. 2 Abs. 2 SKR – aufgenommen worden ist, nicht aber in § 10a VOB/A 2006.

5 Mit § 8a **VOB/A 2009** hat sich der DVA die Verantwortung für die korrekte Umsetzung der vollständigen Anforderungen im Anschreiben durch einen Verweis auf die Richtlinie zu entledigen versucht. Nun wurden die Anforderungen an den Inhalt des Anschreibens nur mit einem Verweis auf das damalige Standardformular zur Auftragsbekanntmachung geregelt. Der Anwender sollte nun selbst heraussuchen, welche Angaben in dem Anschreiben europarechtlich zusätzlich zu den Vorgaben der Basisparagrafen geboten wart. Um ihm es dabei nicht zu einfach zu machen, wurde er ein wenig in die Irre geführt. Denn die Vorgaben sollte er bloß anhand des Standardformblatts für die **Bekanntmachung** herausfinden, obwohl es doch in § 8a VOB/A 2009 um die zusätzlichen Vorgaben für das **Anschreiben** ging. Die neue Regelungssystematik führte auch dazu, dass das erst mit der VOB/A 2006 nachgebesserte Erfordernis der Angabe von **Mindestanforderungen für Nebenangebote** 2009 wieder – europarechtswidrig – im 2. Abschnitt entfallen ist.[1]

---

[1] Näher 3. Aufl. § 8a VOB/A Rn. 7.

Mit der **Ausgabe 2012** wurde der Verweis auf die neuen Formulare der damaligen Verordnung (EG) Nummer 842/2011 angepasst. Vor allem ist der Fehler hinsichtlich der Mindestanforderungen durch § 8 Abs. 2 Nr. 3b) EG wieder korrigiert worden und die Notwendigkeit von Angaben zu Mindestanforderungen an Nebenangebote ausdrücklich in die Regelung selbst aufgeführt worden. 6

Mit der **Ausgabe 2016** erfolgte die Anpassung an die Richtlinie 2014/24/EU. Wie die Basisparagraphen ist auch die bisherige Vorschrift des § 8 EG zur Verbesserung der Übersichtlichkeit in drei eigenständige Paragraphen §§ 8 – 8c EU aufgegliedert worden. Inhaltliche Änderungen haben sich hierdurch mit Ausnahme der Streichung des bisherigen § 8 Abs. 7 EG zur Kostenerstattung für Vergabeunterlagen nicht ergeben. Hinzu kommen zwei Ergänzungen in § 8 EU Abs. 2 Nr. 3 in Bezug auf die Nebenangebote. Diese können nunmehr sogar vorgeschrieben werden. Außerdem ist auch hier klargestellt, dass Nebenangebote auch zulässig sind, wenn der Preis das einzige Zuschlagskriterium ist. 6a

II. Vergabeunterlagen: Zusätzlich erforderliche Angaben im Anschreiben (Abs. 2 Nr. 1)

Abs. 1 unterscheidet wie § 8 Abs 1 VOB/A zwischen Vergabeunterlagen und Vertragsunterlagen. In Abs. 2 werden dann parallel zu § 8 Abs. 2 VOB/A die Anforderungen an das Anschreiben aufgestellt. Im Unterschwellenbereich muss das Anschreiben alle Angaben enthalten, die für die Bekanntmachung in § 12 Abs. 1 Nr. 2 VOB/A vorgeschrieben sind, soweit sie nicht bereits veröffentlicht wurden. Parallel hierzu schreibt § 8a EU vor, dass das Anschreiben alle nach der Richtlinie 2014/24/EU für die Auftragsbekanntmachung erforderlichen Angaben enthalten muss, soweit sie nicht bereits veröffentlicht wurden. Die grundsätzlichen Anforderungen an das Anschreiben sind also gleich, allerdings unterscheidet sich der in Bezug genommene Anforderungskatalog für die Bekanntmachung. Im Regelfall müssten alle Angaben bereits mit der Auftragsbekanntmachung erfolgt sein; sie müssen dann in dem Anschreiben nicht noch einmal wiederholt werden. Vermieden werden sollte eine partielle Wiederholung relevanter Angaben, da sie zu Missverständnissen führen kann. Sind Angaben in einer Bekanntmachung vergessen worden, waren sie unrichtig oder unvollständig oder haben sie sich geändert, müssen sie (korrigiert) in das Anschreiben aufgenommen werden. Das kann z. B. dann der Fall sein, wenn der Auftraggeber von der Möglichkeit Gebrauch gemacht hat die Vorinformation als Aufruf zum Wettbewerb verwenden und diese noch nicht alle Informationen enthielt. 7

Die Liste im Anhang V Teil C enthält insgesamt eine Auflistung von 30 aufzuführenden Angaben und ist – auch wegen der Unterpunkte – deutlich umfangreicher als der Katalog für die Unterschwellenvergaben des § 12 Abs. 1 Nr. 2 VOB/A. Viele Angaben folgen aus der Natur der Sache und müssen deshalb bei Unterschwellenvergaben und Oberschwellenvergaben gleichermaßen berücksichtigt werden. Diese werden bei §§ 8 und 12 VOB/A im Einzelnen erläutert; hierauf kann verwiesen werden. Darüber hinaus enthält Anhang V Teil C einige zusätzliche europäische Anforderungen, wie die Angabe von CPV-Codes, NUTS-Codes oder Angaben zu EU finanzierte Vorhaben. Diese Angaben sind aus sich heraus verständlich. Besondere Probleme können eigentlich nicht entstehen, da auch im Anschreiben nur kurze Angaben erwartet werden. Denn die entsprechenden Formulare für die Auftragsbekanntmachung sehen für die Angaben nur begrenzten Raum vor. 8

III. Nachunternehmer (Abs. 2 Nr. 2)

Nach Abs. 2 Nr. 2 kann der Auftraggeber die Bieter auffordern, in ihrem Angebot die Leistungen anzugeben, die sie an Nachunternehmer zu vergeben beabsichtigen. Mit der VOB 2016 ist klargestellt, dass der Auftraggeber auch Namen, gesetzliche Vertreter und Kontaktdaten des Nachunternehmers auffordern kann. Nach den Richtlinien zum Vergabehandbuch ist es sinnvoll und in der Regel ausreichend, die Benennung der Nachunternehmer nur von den Bietern zu fordern, deren Angebote in die engere Wahl kommen.[2] 9

Wenn der Bieter sich zum Nachweis seiner Eignung auf andere Unternehmen stützt, muss er auch nachweisen, dass er auf die Fähigkeiten und Kapazitäten im Falle des Auftrages zugreifen kann, § 6d EU. Es bleibt die Frage, welche Angaben zu Nachunternehmern auch außerhalb der 10

---

[2] Ziff. 5 der Richtlinie zu 211 des VHB.

Eignungsleihe der Auftraggeber bereits mit dem Anschreiben zusätzlich abfordern darf. Insoweit muss auf die Kommentierung zu § 8 VOB/A verwiesen werden.

IV. Anforderungen für Nebenangebote (Abs. 2 Nr. 3)

11   **1. Notwendigkeit der ausdrücklichen Zulassung von Nebenangeboten.** Anders als im Unterschwellenbereich müssen Nebenangebote ausdrücklich zugelassen werden und können nunmehr sogar verbindlich vorgeschrieben werden. Nicht zugelassene oder vorgeschriebene Nebenangebote können nicht gewertet werden. Das steht in einem gewissen Spannungsverhältnis zur generellen Erwünschtheit von Nebenangeboten. Im Erwägungsgrund 48 der Richtlinie 2014/24/EU heißt es, dass „aufgrund der Bedeutung von Innovationen… die öffentlichen Auftraggeber aufgefordert werden, so oft wie möglich Varianten zuzulassen." Eine Pflicht des öffentlichen Auftraggebers, Nebenangebote zuzulassen oder vorzuschreiben folgt hieraus aber nicht. Es verbleibt die allgemeine Verpflichtung des Auftraggebers, in der Leistungsbeschreibung nicht auf bestimmte Produktion oder ein bestimmtes Verfahren abzustellen, dass Erzeugnisse oder Leistungen eines bestimmten Unternehmens kennzeichnet (§ 31 Abs. 6 VgV).

12   Lässt der Auftraggeber Nebenangebote zu oder schreibt er sie vor, so hat er nach Abs. 2 Nr. 3 lit. a) anzugeben, in welcher Art und Weise Nebenangebote einzureichen sind. Insbesondere hatte anzugeben, wenn er Nebenangebote nur in Verbindung mit dem Hauptangebot zulässt. Hieraus folgt, dass ohne die entsprechende Vorgabe der Einreichung auch eines Hauptangebotes isolierte Nebenangebote grundsätzlich zulässig sind.

13   Zur Art und Weise der Einreichung von Nebenangeboten bestimmt bereits § 13 EU Abs. 3 VOB/A das etwaige Nebenangebote auf besonderer Anlage zu erstellen sind und als solche deutlich gekennzeichnet werden sollen. Das kann der Auftraggeber wiederholen. Soweit der weitere Vorgaben für die Nebenangebote machen will, muss er diese im Anschreiben aufnehmen. Das betrifft z. B. Vorgaben zur Begründung des Nebenangebots oder zum Vergleich mit den Anforderungen der Hauptleistung.

14   **2. Angabe von Mindestanforderungen.** Mit der Zulassung oder Vorgabe von Nebenangeboten geht nach Abs. 2 Nr. 3 lit. b) auch die Verpflichtung einher, **Mindestanforderungen für Nebenangebote** anzugeben. Weiter ist nunmehr klargestellt worden, dass Nebenangebote auch dann zulässig sind, wenn der Preis das einzige Zuschlagskriterium ist.

15   Durch die bloße Anforderung zu Angabe von Mindestanforderungen wird aber nicht geregelt, **wie konkret** die **„Angabe von Mindestanforderungen"** erfolgen muss. Weder die Richtlinien noch die VgV schreiben einen bestimmten Detaillierungsgrad vor. Die Anforderungen können deshalb nur nach Sinn und Zweck ermittelt werden. Die Vorgabe, Mindestanforderungen für Nebenangebote aufzustellen, hatte er EuGH im Urteil vom 16.10.2003 „Traunfellner" schon für die BKR festgeschrieben. Ein Öffentlicher Auftraggeber, der Nebenangebote/Änderungsvorschläge nicht ausgeschlossen hat, ist verpflichtet, in den Verdingungsunterlagen die Mindestanforderungen zu erläutern: *„Denn nur eine Erläuterung in den Verdingungsunterlagen ermöglicht den Bietern in gleicher Weise die Kenntnis von den Mindestanforderungen, die ihre Änderungsvorschläge erfüllen müssen, um vom Auftraggeber berücksichtigt werden zu können. Es geht dabei um eine Verpflichtung zur Transparenz, die die Beachtung des Grundsatzes der Gleichbehandlung der Bieter gewährleisten soll, der bei jedem von der Richtlinie erfassten Vergabeverfahren für Aufträge einzuhalten ist."*[3] Die Ausschreibung, die Gegenstand des EuGH-Urteils war, ließ Alternativangebote zu, ohne ausdrücklich Festlegungen in Bezug auf technische Mindestanforderungen für Alternativangebote zu treffen. Es hieß darin lediglich, dass Alternativangebote nur angenommen würden, wenn zusätzlich ein vollständiges ausschreibungskonformes Leistungsverzeichnis (Hauptangebot) ausgefüllt worden sei. In der Ausschreibung wurde nicht festgelegt, dass Alternativangebote eine der Amtsvariante gleichwertige Leistungserbringung sicherstellen müssen. Die Verdingungsunterlagen beschränkten sich vielmehr auf einen **Verweis** auf eine Vorschrift des österreichischen Bundesvergabegesetzes. Der EuGH sah bereits in dem Verweis auf nicht beigefügte Vorschriften einen Richtlinienverstoß und hat entschieden, dass ein öffentlicher Auftraggeber Änderungsvorschläge (auch dann, wenn sie nicht von ihm ausgeschlossen wurden) grundsätzlich nicht berücksichtigen darf, wenn er entgegen der Anforderung der Richtlinie in den Verdingungsunterlagen selbst keine Angaben zu Mindestanforderungen gemacht hat. Art 45 der Richtlinie 2014/24/EU bestimmt deshalb wie bereits früher Art. 24 Abs. 3 VKR unmissverständlich:

---

[3] EuGH NZBau 2004, 279.

"Lassen die öffentlichen Auftraggeber Varianten zu, so nennen sie in den Verdingungsunterlagen die Mindestanforderungen, die Varianten erfüllen müssen, und geben an in welcher Art und Weise sie einzureichen sind." Hieran knüpft § 8 EU Abs. 2 Nr. 3 an.

Die Richtlinien gehen nicht von einem hohen Detaillierungsgrad, sondern offenbar von **eher abstrakt gehaltenen Hinweisen** aus. Nach Art. 24 Abs. 4 VKR durften Auftraggeber zugelassene Änderungsvorschläge nicht allein deshalb zurückweisen, wenn sie zur Umwandlung eines Dienstleistungsauftrages in einen Lieferauftrag führen würde. Das wäre bei sehr spezifizierten Vorgaben für Nebenangebote gar nicht möglich. Auch der deutsche Verordnungsgeber ging zunächst in seinem ersten Umsetzungsversuch von eher allgemeinen Hinweisen aus. In dem auf Grund der vorgezogenen Neuwahl 2005 gestoppten Entwurf einer neuen Vergabeverordnung (Stand 18.3.2005) hieß es: *"Die Auftraggeber sollen in der Regel zuzulassen, dass Unternehmen von der Leistungs- oder Aufgabenbeschreibung abweichende Angebote (Nebenangebote) abgeben. Dazu müssen die Auftraggeber in der Bekanntmachung Mindestanforderungen angeben."* Schon wegen des verbindlich vorgegebenen geringen Raums der Bekanntmachung insgesamt (650 Worte) kann eine solche Vorgabe nur geringe Anforderungen an die Spezifikation von Mindestanforderungen stellen Das **Vergabehandbuch** geht grundsätzlich davon aus, dass die Mindestanforderungen durch transparente Angaben in der Baubeschreibung, funktionale Anmerkungen in der Leistungsbeschreibung oder durch das Formblatt EVM Erg EG Neb 247 angeben werden.[4] Die Praxistauglichkeit des Formblatt EVM Erg EG Neb 247 muss allerdings bezweifelt werden. Ein Zwang zur Benutzung würde nur dazu führen, dass Nebenangebote faktisch weitgehend ausgeschlossen werden. Diesen Weg ebnet das Anschreiben EVM (B) A EG 211 EG bereits dadurch, dass nach dessen Ziff. 5.2 Nebenangebote nur noch für enumerativ aufgezählte Teilleistungen zugelassen werden sollen. Das ist letztlich nichts anderes als eine Kapitulation vor angeblichen europäischen Vorgaben; für Vergaben unterhalb der Schwellenwerte geht das VHB davon aus, dass die bloß abstrakte Vorgabe der qualitativen und quantitativen Gleichwertigkeit ausreichend ist.[5]

Die Frage der Detaillierung ist weiter umstritten und nicht abschließend geklärt.[6] Diese Frage wird auch im Rahmen der Kommentierung zu § 16d VOB/A ausführlich behandelt. Es liegt eine zwischenzeitlich kaum noch zu übersehende Fülle von Entscheidungen und Stellungnahmen vor,[7] Fest steht, dass die früheren allgemeinen Gleichwertigkeitsanforderungen in den Bewerbungsbedingungen der Vergabehandbücher nicht mehr ausreichen.[8] Weit darüber hinausgehend werden teilweise technische Mindestanforderungen gefordert, ohne dass diese allerdings bislang positiv konkretisiert worden wären. Derartige Anforderungen würden streng genommen letztlich dazu führen, dass entgegen dem Grundsatz der Richtlinien und der VOB/A Nebenangebote praktisch ausgeschlossen würden. Dem lässt sich auch nicht mit dem Hinweis begegnen, die europäischen Richtlinien würden nicht primär auf Praktikabilität achten, sondern wollten vorrangig Transparenz und Gleichbehandlung sichern.[9] Im Erwägungsgrund 29 zur VKR hieß es, dass Spezifikationen erlauben sollen, den Wettbewerb zu öffnen und *"es möglich sein muss, Angebote einzureichen, die die Vielfalt technischer Lösungsmöglichkeiten widerspiegeln."* Da der Auftraggeber die mit den Nebenangeboten vorgeschlagenen Ausführungsvarianten wegen der „Vielfalt der Lösungsmöglichkeiten" nicht kennt und kennen kann, kann er für diese schlechterdings nicht vergleichbare Anforderungen stellen wie im Leistungsverzeichnis für den Amtsentwurf.[10] Ein „Positivkatalog" ist deshalb ebenso wenig geboten wie ein „Schattenleistungsverzeichnis".[11] Das erfordert auch nicht der Zweck dieser Pflichtangabe. Der Bieter soll durch die Angabe von Mindestanforderungen beurteilen können, welche Nebenangebote zulässig und wettbewerbsfähig sind. Das wäre zwar bereits mit einer generellen Gleichwertigkeitsanforderung möglich. Das Problem eines undifferenzierten Gleichwertigkeitserfordernisses ist

---

[4] Vgl. Richtlinie zu § 9a VOB/A und Erlassschreiben vom 31.1.2006 – B 15-O1080-114 – S. 5.
[5] Erlassschreiben vom 31.1.2006 – B 15-O1080-114 – S. 5.
[6] *Luber* ZfBR 2014, 448.
[7] Vgl. BGH NZBau 2014, 185; näher § 16 Rn. 153 ff.; eingehend *Schalk* Handbuch Nebenangebote, Rn. 302–390; *Dicks* VergabeR 2012, 318 ff; *Frister* VergabeR 2011, 295, 304 f.
[8] Ausdrücklich VK Brandenburg, Beschluss vom 28.2.2005 – K2/05, IBRRS 2005, 2858; BayObLG NZBau 2004, 626; OLG München ZfBR 2005, 722; OLG Rostock, v. 24.11.2004 – 17 Verg 6/04, IBRRS 2004, 3906; OLG Düsseldorf VergabeR 2005, 483.
[9] OLG Koblenz, ZfBR 2006, 813.
[10] VK Baden-Württemberg, NZBau 2004, 629; VK Lüneburg, v. 11.1.2005, 203-VgK-55/2004, IBRRS 2005, 0335; VK Schleswig-Holstein, v. 3.11.2004, VK-SH 28/04, BeckRS 2004, 10545.
[11] VK Lüneburg, v. 22.3.2006 – VgK-05/2006, IBRRS 2006, 0968; *Willenbruch/Bischoff/Raufeisen* 1. Aufl. VOB/A § 10a Rn. 28

aber, dass es im Gegenteil zu streng ist und den Wettbewerb nicht fördert. Eine alternativ wegen des günstigeren Preises angebotene abweichende Leistung wird nicht in jeder Hinsicht mit der ausgeschriebenen Leistung gleichwertig oder besser sein, sondern in aller Regel nur insgesamt gewertet gleichwertig oder besser sein. Für diese Fälle muss der Auftraggeber deshalb angeben, auf welche Eigenschaften es ihm ankommt. Das kann sich aber bereits aus der Leistungsbeschreibung ergeben, mit der der Auftraggeber für den Bieter erkennbar die für ihn wesentlichen Leistungsmerkmale bezeichnet.[12] Abweichungen in Bezug auf andere Merkmale sind dann unschädlich.

17a Die Anforderung von konkreten technischen Mindestanforderungen lässt sich auch nicht damit begründen, dass nur so Transparenz und die Gleichbehandlung aller Bieter gewährleistet werden könne; diese Ziele sollen vorrangig vor dem Nebenangebote möglichst zulassenden Wettbewerbsgrundsatz sein.[13] Der BGH hat zur Unterschwellenvergabe bereits festgestellt, dass fehlende sachlich-technische Anforderungen für Nebenangebote Transparenz und Gleichbehandlung nicht beeinträchtigen.[14] Ausdrücklich weist der BGH darauf hin, dass eine strenge Verpflichtung auch eine wettbewerbsverengende Wirkung entfalten kann, da der Auftraggeber regelmäßig nur in der Lage sein wird, einen Bruchteil der objektiv möglichen Alternativausführungen konkret in den Vergabeunterlagen anzusprechen.

18 Richtigerweise müssen die Mindestanforderungen deshalb nicht in einem Anforderungskatalog explizit aufgelistet werden, sondern es reicht aus, dass sich diese durch Auslegung der Verdingungsunterlagen erschließen bzw. den Anforderungen der Leistungsbeschreibung zu entnehmen sind.[15] Dementsprechend wird dem Auftraggeber auch eine offene Festlegung der Mindestanforderungen empfohlen.[16] Bei umfangreichen Anforderungen in der Leistungsbeschreibung soll auch der allgemeine Hinweis „*Der Änderungsvorschlag/das Nebenangebot muss den Konstruktionsprinzipien und den vom Auftraggeber vorgesehenen Planungsvorgaben entsprechen*" genügen, wenn für einen verständigen Bieter **erkennbar** ist, **welchen baulichen und konstruktiven Anforderungen ein Nebenangebot zu entsprechen hat.**[17] Funktionale Anforderungen reichen idR aus.[18] Gleiches gilt, wenn bestimmt wird, dass die Qualitätsstandards für Hauptangebote von Nebenangeboten nicht unterschritten werden dürfen und dass bei Erreichung dieser Qualitätsstandards von der Leistungsbeschreibung abweichende, und gegebenenfalls günstigere Lösungen zulässig sind.[19] Inhaltliche Mindestbedingungen können auch dadurch ausreichend **umschrieben werden,** dass der Auftraggeber einige Vorgaben des Leistungsverzeichnisses – wie bei Natursteinarbeiten an einer Fassade z. B. Traglast, Abdeckung Baufeld, Baustellenbedingungen – als Mindestanforderungen für Nebenangebote benannt werden.[20] Hieraus ergibt sich, dass nicht jedes Detail vorgegeben werden muss, sondern der Rahmen, so dass vergleichbare Angebote und ein fairer Wettbewerb möglich ist. Die **Bezugnahme auf einzuhaltende technische Regelwerke** reicht ebenfalls als Anforderung von Mindestbedingungen aus.[21] **Konkrete positive Mindestanforderungen** werden nur da erforderlich, wo diese nicht schon aus dem Zusammenhang der Verdingungsunterlagen bestimmbar sind. Bei einer detaillierten Beschreibung der Leistung kann der Bieter häufig auch ohne ausdrückliche Festlegung von Mindestanforderungen erkennen, wie sein Nebenangebot mindestens beschaffen sein muss, um als objektiv gleichwertig angesehen werden zu können. Ansonsten müssen Mindestanforderungen z. B. durch funktionale Anforderungen aufgestellt werden. Bei einer funktionalen Ausschreibung ist eine Bestimmung konkreter Mindestanforderungen innerhalb des ausgeschriebenen Leistungsziels gar nicht erforderlich, da alle die Ziele erreichende Angebote Hauptangebote

---

[12] BayObLG, v. 29.4.2002- Verg 10/02, VergabeR 2002, 504; VK Lüneburg, v. 22.3.2006, VgK 05/06, IBR 2006, 346.
[13] OLG Brandenburg, v. 20.3.2007 – Verg W 12/06, BeckRS 2007, 65199; OLG Koblenz ZfBR 2006, 813.
[14] BGH NZBau 2012, 46 Rn. 17.
[15] So etwa OLG Schleswig ZfBR 2005, 313; VK Lüneburg, Beschluss vom 22.3.2006 – VgK 05/06; VK Bund, v. 14.12.2004 -VK2–208/04, IBR 2005, 168; VKBund v. 20.8.2008 – VK 1–108/08, IBRRS 2009, 0088; Raufeisen in *Ax/Schneider/Bischoff* Vergaberecht 2006, § 15 VgV Rn. 30 ff.
[16] *Dicks* in KKMPP § 35 VgV Rn. 11; *Frister* VergabeR 2011, 295, 304.
[17] OLG Düsseldorf, Beschluss v. 23.12.2009- VII-Verg 30/09; VK Bund, Beschluss vom 20.8.2008 -VK 1 – 108/08, IBRRS 2009, 0088; VK Bund v. 14.7.2005 – VK 1–50/05 (www.bundeskartellamt.de); *Dicks* in KKMPP § 35 VgV Rn. 11; *Schalk* Handbuch Nebenangebote, Rn. 364.
[18] *Dicks* in KKMPP § 35 VgV Rn. 11.
[19] OLG Düsseldorf IBR 2010, 409.
[20] OLG Düsseldorf ZfBR 2009, 102.
[21] OLG München IBR 2009, 103; OLG Brandenburg VergabeR 2009, 222.

sind. Hier gibt es jedoch häufig zusätzliche nicht funktionale Festlegungen in der Leistungsbeschreibung, die wie detaillierte Leistungsbestimmungen auf ihren Festlegungsgehalt untersucht werden müssen. Kommen grundsätzlich unterschiedliche Lösungsmöglichkeiten in Betracht, müssen den Bieter die Mindestanforderungen in der Regel wiederum funktional deutlich gemacht werden. Dabei werden die Angaben immer relativ abstrakt bleiben dürfen, da weder der Auftraggeber kraft Gesetzes Prophet sein muss noch wirtschaftliche Lösungen vergaberechtlich ausgeschlossen werden sollen, weil sie nur ein Bieter, nicht aber der Auftraggeber erkannt hat. Immer ist darauf zu achten, dass die Mindestbedingungen sachgerechte und nicht diskriminierende Anforderungen an die zu erbringende Leistung stellen.

Sollen **nichttechnischen Nebenangeboten** zugelassen werden, sind in jedem Fall konkrete Mindestanforderungen aufzustellen, da hier zur Auslegung weder die Leistungsbeschreibung noch Gleichwertigkeit oder technische Regelungen herangezogen werden können.[22]   **19**

3. Nebenangebote auch bei reiner Preiswertung. Abs. 3 lit. b) bestimmt außerdem – ebenso wie die Parallelregelung des § 8 VOB/A –, dass die Zulassung von Nebenangeboten auch möglich ist, wenn der Preis das einzige Zuschlagskriterium sein soll. Diese Regelung ist Konsequenz der entsprechenden Vorgabe in § 35 Abs. 2 Satz 3 VgV, die wiederum berücksichtigt, dass Art. 45 der Richtlinie 2014/24/EU anders als Art. 24 der Richtlinie 2004/8/EG die Zulassung von Varianten nicht mehr an das Kriterium des wirtschaftlich günstigsten Angebots knüpft. Mit dieser Neuregelung hat die VgV der Entscheidung des BGH vom 7.1.2014 den Boden entzogen. Dort hatte der BGH noch entschieden, dass im Oberschwellenbereich Nebenangebote grundsätzlich nicht zugelassen und gewertet werden dürfen, wenn der Preis als alleiniges Zuschlagskriterium vorgesehen ist.[23] Das bedeutet aber andererseits nicht, dass in jedem Falle bei der Zulassung von Nebenangeboten eine reine Preiswertung zulässig ist. Nach § 127 Abs. 1 GWB soll der Zuschlag auf das wirtschaftlichste Angebot erteilt werden zur Ermittlung des besten Preis-Leistung-Verhältnisses können neben dem Preis auch qualitative, umweltbezogene oder soziale Aspekte berücksichtigt werden. In der Begründung zum Referentenentwurf heißt es insoweit: „*Zwar ist es auf der Grundlage des besten Preis-Leistungsverhältnisses auch künftig zulässig, den Zuschlag allein auf das preislich günstigste Angebot zu erteilen. Der öffentliche Auftraggeber wird jedoch – insbesondere bei der Beschaffung von nicht marktüblichen, nicht standardisierten Leistung – seine Vergabeentscheidung in der Regel auf weitere Zuschlagskriterien wie z. B. Qualität, Zweckmäßigkeit, technischer Wert, Lieferfrist oder Ausführungsdauer stützen*"[24] Vor diesem Hintergrund des §§ 127 Abs. 1 GWB muss die Befugnis zur Zulassung von Nebenangeboten bei reiner Preiswertung ausgelegt werden. Die reine Preiswertung muss weiterhin den Zuschlag auf das wirtschaftlichste Angebot sicherstellen. Insoweit hat der BGH für den Unterschwellenbereich festgestellt, dass die Regelungen von § 35 VgV und § 8 EU VOB/A nicht von der Beachtung des gesetzlichen Grundsatzes des § 127 GWB entbinden, dass der Zuschlag auf das wirtschaftlichste Angebot erteilt wird und sich das wirtschaftlichste Angebot nach dem besten Preis-Leistungs-Verhältnis bestimmt. Nur wenn dies nach dem Gegenstand des Auftrags und der Gesamtheit der Vergabeunterlagen erreicht werden könne, dürfe der Preis einziges Zuschlagskriterium sein. Andernfalls würde das Ziel der Ausschreibung verfehlt, durch Wettbewerb das effizienteste und damit für den Auftraggeber kostengünstigste Angebot hervorzubringen.[25]   **20**

Die Regelungen in § 8 EU VOB/A darf also nicht als Freifahrtschein missverstanden werden. Der Gesetzgeber wollte sicherstellen, dass Nebenangebote grundsätzlich auch bei einer reinen Preiswertung möglich bleiben. Denn immerhin handelt es sich hierbei um das verbreitete Zuschlagskriterium.[26] Sie ist aber nur in denjenigen Fällen möglich, bei denen trotz Nebenangeboten die reine Preiswertung den Zuschlag auf das wirtschaftlichste Angebot ermöglicht. Das Vergabehandbuch versucht das dadurch sicherzustellen, dass dann, wenn der Preis als einziges Zuschlagskriterium ist, über die Mindestanforderungen an Nebenangebote sichergestellt werden soll, dass Nebenangebote qualitativ nicht hinter der Leistungsbeschreibung zurückbleiben.[27] Ansonsten droht die Gefahr von so genannten „Abmarkungsangeboten".   **21**

Im Übrigen bestimmt das Vergabehandbuch auch, dass bei der Festlegung weiterer Zuschlagskriterien über den Preis hinaus berücksichtigt werden muss, dass sie sowohl auf Haupt- als auch   **22**

---

[22] VK Brandenburg, ZfBR 2006, 393; VK Nordbayern IBR 2005, 237.
[23] BGH NZBau 2014, 185; vgl. zur Problematik auch *Conrad* ZfBR 2014, 342 ff.
[24] BT-Drucks 18/6281 S. 111 f.
[25] BGH NZBau 2016, 576 Rn. 10.
[26] *Dicks* in KKMPP § 35 VgV Rn. 31 ff.
[27] Vergabehandbuch RL zu 111 Ziff. 4.2..; RL zu 211 EU Ziff. 2

auf Nebenangebote angewendet werden können.[28] Stellt der Auftraggeber nachträglich fest, dass seine Wertungsmatrix Nebenangebote nicht erfasst, hat er die Möglichkeit das Verfahren in den Stand vor Aufforderung zur Angebotsabgabe zurück zu versetzen.[29]

V. Folgen bei Verstößen gegen § 8 EU

23 Die Vorgaben von § 8 EU sind vergabeverfahrensrechtlicher Art und bieterschützend.[30]

24 Werden **Wertungskriterien** gar nicht angegeben, so muss der Zuschlag auf das Angebot mit dem niedrigsten Preis erfolgen, sofern der Auftraggeber nicht zur Aufhebung berechtigt ist.[31] Werden dem Gegenüber vergaberechtswidrige Zuschlagskriterien angegeben, so muss das Vergabeverfahren aufgehoben werden. Es ist nicht möglich, lediglich das vergaberechtswidrige Kriterium zu streichen und die Vergabeentscheidung auf die übrigen Kriterien zu stützen, da dies auf eine Änderung bekannt gemachter Zuschlagskriterien hinausliefe.[32]

25 Vergisst der Auftraggeber vorzugeben, dass die Angebote in deutscher **Sprache** abzufassen sind, muss er auch fremdsprachige Angebote akzeptieren.

26 Teilt der Auftraggeber seine **Absicht,** Verhandlungen in **mehreren Phasen** abzuwickeln, nicht mit, so muss er jedenfalls vor jeglicher Abschichtung den Bietern die Möglichkeit zu geänderten Angeboten geben. Demgegenüber erfordert der Bieterschutz es nicht, dass der Auftraggeber bis zum Zuschlag Parallelverhandlungen mit allen Bietern führt. Denn die Bieter haben lediglich einen Anspruch auf Transparenz, nicht aber einen Anspruch auf Teilnahme am Verhandlungsverfahren bis zum Ende.

27 Hat der Auftraggeber **Nebenangebote** zugelassen, aber keine ausreichenden **Mindestanforderungen** im Anschreiben oder den Verdingungsunterlagen genannt, so können Nebenangebote nicht gewertet werden.[33] Bieter, die Nebenangebote angeben möchten, müssen die fehlenden Nennungen von Mindestkriterien vor dem Ablauf der Angebotsfrist rügen.[34] anschließend lässt sich eine Wertung nicht mehr erreichen, sondern lediglich eine nicht Wertung aller Nebenangebote.[35]

§ 8a EU Allgemeine, Besondere und Zusätzliche Vertragsbedingungen

(1) ¹In den Vergabeunterlagen ist vorzuschreiben, dass die Allgemeinen Vertragsbedingungen für die Ausführung von Bauleistungen (VOB/B) und die Allgemeinen Technischen Vertragsbedingungen für Bauleistungen (VOB/C) Bestandteile des Vertrags werden. ²Das gilt auch für etwaige Zusätzliche Vertragsbedingungen und etwaige Zusätzliche Technische Vertragsbedingungen, soweit sie Bestandteile des Vertrags werden sollen.

(2) 1. Die Allgemeinen Vertragsbedingungen bleiben grundsätzlich unverändert. Sie können von öffentlichen Auftraggebern, die ständig Bauaufträge vergeben, für die bei ihnen allgemein gegebenen Verhältnisse durch Zusätzliche Vertragsbedingungen ergänzt werden. Diese dürfen den Allgemeinen Vertragsbedingungen nicht widersprechen.

2. Für die Erfordernisse des Einzelfalles sind die Allgemeinen Vertragsbedingungen und etwaige Zusätzliche Vertragsbedingungen durch Besondere Vertragsbedingungen zu ergänzen. In diesen sollen sich Abweichungen von den Allgemeinen Vertragsbedingungen auf die Fälle beschränken, in denen dort besondere Vereinbarungen ausdrücklich vorgesehen sind und auch nur soweit es die Eigenart der Leistung und ihre Ausführung erfordern.

---

[28] Vergabehandbuch RL zu 111 Ziff. 4.2.
[29] BGH NZBau 2006, 800; OLG Düsseldorf NZBau 2016, 235, 247 Rn. 166.
[30] Vgl. näher → VOB/A § 8 Rn. 60.
[31] EuGH NZBau 2004, 279; KG VergabeR 2003, 84.
[32] EuGH IBR 2004, 84.
[33] EuGH NZBau 2004, 279; OLG München VergabeR 2011, 212; OLG Brandenburg, Beschluss v. 29.7.2008 – Verg W 10/08, BeckRS 2008, 15856; OLG München VergabeR 2006, 119; BayObLG VergabeR 2004, 654.
[34] OLG Celle VergabeR 2010, 669 mit abl. Anm. Gulich; OLG Düsseldorf, Urteil vom 7.1.2005 – Verg 106/04; OLG München VergabeR 2006, 119.
[35] OLG Celle BeckRS 2010, 04938.

(3) ¹Die Allgemeinen Technischen Vertragsbedingungen bleiben grundsätzlich unverändert. ²Sie können von öffentlichen Auftraggebern, die ständig Bauaufträge vergeben, für die bei ihnen allgemein gegebenen Verhältnisse durch Zusätzliche Technische Vertragsbedingungen ergänzt werden. ³Für die Erfordernisse des Einzelfalles sind Ergänzungen und Änderungen in der Leistungsbeschreibung festzulegen.

(4) 1. In den Zusätzlichen Vertragsbedingungen oder in den Besonderen Vertragsbedingungen sollen, soweit erforderlich, folgende Punkte geregelt werden:
   a) Unterlagen (§ 8bEU Absatz 2; § 3 Absatz 5 und 6 VOB/B),
   b) Benutzung von Lager- und Arbeitsplätzen, Zufahrtswegen, Anschlussgleisen, Wasser- und Energieanschlüssen (§ 4 Absatz 4 VOB/B),
   c) Weitervergabe an Nachunternehmen (§ 4 Absatz 8 VOB/B),
   d) Ausführungsfristen (§ 9EU; § 5 VOB/B),
   e) Haftung (§ 10 Absatz 2 VOB/B),
   f) Vertragsstrafen und Beschleunigungsvergütungen (§ 9aEU; § 11 VOB/B),
   g) Abnahme (§ 12 VOB/B),
   h) Vertragsart (§§ 4EU, 4a EU), Abrechnung (§ 14 VOB/B),
   i) Stundenlohnarbeiten (§ 15 VOB/B),
   j) Zahlungen, Vorauszahlungen (§ 16 VOB/B),
   k) Sicherheitsleistung (§ 9cEU; § 17 VOB/B),
   l) Gerichtsstand (§ 18 Absatz 1 VOB/B),
   m) Lohn- und Gehaltsnebenkosten,
   n) Änderung der Vertragspreise (§ 9dEU).
2. Im Einzelfall erforderliche besondere Vereinbarungen über die Mängelansprüche sowie deren Verjährung (§ 9bEU; § 13 Absatz 1, 4 und 7 VOB/B) und über die Verteilung der Gefahr bei Schäden, die durch Hochwasser, Sturmfluten, Grundwasser, Wind, Schnee, Eis und dergleichen entstehen können (§ 7 VOB/B), sind in den Besonderen Vertragsbedingungen zu treffen. Sind für bestimmte Bauleistungen gleichgelagerte Voraussetzungen im Sinne von § 9b EU gegeben, so dürfen die besonderen Vereinbarungen auch in Zusätzlichen Technischen Vertragsbedingungen vorgesehen werden.

I. Erläuterung

§ 8a EU enthält wie die entsprechende Regelung der Basisparagrafen (§ 8a VOB/A) nähere Vorgaben für die Vertragsgestaltung, indem die weiteren Vertragsunterlagen eines Bauvertrages neben der Leistungsbeschreibung geregelt werden. **1**

§ 8a EU entspricht inhaltlich sowohl der Vorgängerregelung in § 8a Abs. 3–6 VOB/A 2012 wie auch der aktuellen Parallelregelung des § 8a VOB/A. Redaktionelle Unterschiede ergeben sich allein auf den unterschiedlichen Verweisungen und der abweichenden Terminologie des zweiten Abschnitts. **2**

Eine eigenständige Kommentierung erübrigt sich damit. Es kann auf die Kommentierung von § 8a VOB/A vollumfänglich verwiesen werden. **3**

§ 8b EU Kosten- und Vertrauensregelung, Schiedsverfahren

(1) 1. Für die Bearbeitung des Angebotes wird keine Entschädigung gewährt. Verlangt jedoch der öffentliche Auftraggeber, dass das Unternehmen Entwürfe, Pläne, Zeichnungen, statische Berechnungen, Mengenberechnungen oder andere Unterlagen ausarbeitet, insbesondere in den Fällen des § 7c EU, so ist einheitlich für alle Bieter in der Ausschreibung eine angemessene Entschädigung festzusetzen. Diese Entschädigung steht jedem Bieter zu, der ein der Ausschreibung entsprechendes Angebot mit den geforderten Unterlagen rechtzeitig eingereicht hat.
2. Diese Grundsätze gelten für Verhandlungsverfahren, wettbewerbliche Dialoge und Innovationspartnerschaften entsprechend.

(2) ¹Der öffentliche Auftraggeber darf Angebotsunterlagen und die in den Angeboten enthaltenen eigenen Vorschläge eines Bieters nur für die Prüfung und Wertung der Angebote (§§ 16c EU und 16d EU) verwenden. ²Eine darüber hinausgehende Verwendung bedarf der vorherigen schriftlichen Vereinbarung.

(3) Sollen Streitigkeiten aus dem Vertrag unter Ausschluss des ordentlichen Rechtsweges im schiedsrichterlichen Verfahren ausgetragen werden, so ist es in besonderer, nur das Schiedsverfahren betreffender Urkunde zu vereinbaren, soweit nicht § 1031 Absatz 2 ZPO auch eine andere Form der Vereinbarung zulässt.

I. Erläuterung

1 § 8b EU enthält wie die entsprechende Regelung der Basisparagrafen (§ 8b VOB/A) nähere Vorgaben für die Vertragsgestaltung, indem die weiteren Vertragsunterlagen eines Bauvertrages neben der Leistungsbeschreibung geregelt werden.

§ 8a EU entspricht inhaltlich sowohl der Vorgängerregelung in § 8a Abs. 3–6 VOB/A 2012 wie auch der aktuellen Parallelregelung des §§ 8a VOB/A. Redaktionelle Unterschiede ergeben sich allein auf den unterschiedlichen Verweisungen und der abweichenden Terminologie des zweiten Abschnitts.

Eine eigenständige Kommentierung erübrigt sich damit. Es kann auf die Kommentierung von § 8a VOB/A vollumfänglich verwiesen werden.

§ 9 EU Einzelne Vertragsbedingungen, Ausführungsfristen

(1) 1. Die Ausführungsfristen sind ausreichend zu bemessen; Jahreszeit, Arbeitsbedingungen und etwaige besondere Schwierigkeiten sind zu berücksichtigen. Für die Bauvorbereitung ist dem Auftragnehmer genügend Zeit zu gewähren.
2. Außergewöhnlich kurze Fristen sind nur bei besonderer Dringlichkeit vorzusehen.
3. Soll vereinbart werden, dass mit der Ausführung erst nach Aufforderung zu beginnen ist (§ 5 Absatz 2 VOB/B), so muss die Frist, innerhalb derer die Aufforderung ausgesprochen werden kann, unter billiger Berücksichtigung der für die Ausführung maßgebenden Verhältnisse zumutbar sein; sie ist in den Vergabeunterlagen festzulegen.
(2) 1. Wenn es ein erhebliches Interesse des öffentlichen Auftraggebers erfordert, sind Einzelfristen für in sich abgeschlossene Teile der Leistung zu bestimmen.
2. Wird ein Bauzeitenplan aufgestellt, damit die Leistungen aller Unternehmen sicher ineinander greifen, so sollen nur die für den Fortgang der Gesamtarbeit besonders wichtigen Einzelfristen als vertraglich verbindliche Fristen (Vertragsfristen) bezeichnet werden.
(3) Ist für die Einhaltung von Ausführungsfristen die Übergabe von Zeichnungen oder anderen Unterlagen wichtig, so soll hierfür ebenfalls eine Frist festgelegt werden.
(4) Der öffentliche Auftraggeber darf in den Vertragsunterlagen eine Pauschalierung des Verzugsschadens (§ 5 Absatz 4 VOB/B) vorsehen; sie soll fünf Prozent der Auftragssumme nicht überschreiten. Der Nachweis eines geringeren Schadens ist zuzulassen.

Die Vorschrift ist nahezu wortgleich mit § 9 VOB/A, so dass auf die dortige Kommentierung verwiesen wird.

§ 9a EU Vertragsstrafen, Beschleunigungsvergütung

Die Vorschrift ist nahezu wortgleich mit § 9a VOB/A, so dass auf die dortige Kommentierung verwiesen wird.

§ 9b EU Verjährung der Mängelansprüche

[1]Andere Verjährungsfristen als nach § 13 Absatz 4 VOB/B sollen nur vorgesehen werden, wenn dies wegen der Eigenart der Leistung erforderlich ist. [2]In solchen Fällen sind alle Umstände gegeneinander abzuwägen, insbesondere, wann etwaige Mängel wahrscheinlich erkennbar werden und wieweit die Mängelursachen noch nachgewie-

sen werden können, aber auch die Wirkung auf die Preise und die Notwendigkeit einer billigen Bemessung der Verjährungsfristen für Mängelansprüche.

Die Vorschrift ist inhaltsgleich mit § 9b VOB/A, so dass auf die dortige Kommentierung verwiesen werden kann.

§ 9c EU Sicherheitsleistung

(1) ¹Auf Sicherheitsleistung soll ganz oder teilweise verzichtet werden, wenn Mängel der Leistung voraussichtlich nicht eintreten. ²Unterschreitet die Auftragssumme 250 000 Euro ohne Umsatzsteuer, ist auf Sicherheitsleistung für die Vertragserfüllung und in der Regel auf Sicherheitsleistung für die Mängelansprüche zu verzichten. ³Bei nicht offenen Verfahren sowie bei Verhandlungsverfahren und wettbewerblichen Dialogen sollen Sicherheitsleistungen in der Regel nicht verlangt werden.

(2) ¹Die Sicherheit soll nicht höher bemessen und ihre Rückgabe nicht für einen späteren Zeitpunkt vorgesehen werden, als nötig ist, um den öffentlichen Auftraggeber vor Schaden zu bewahren. ²Die Sicherheit für die Erfüllung sämtlicher Verpflichtungen aus dem Vertrag soll fünf Prozent der Auftragssumme nicht überschreiten. ³Die Sicherheit für Mängelansprüche soll drei Prozent der Abrechnungssumme nicht überschreiten.

Die Regelung ist weitgehend inhaltsgleich mit § 9c VOB Teil A. Es wird deshalb auf diese Kommentierung verwiesen.

§ 9d EU Änderung der Vergütung

Die Vorschrift ist nahezu wortgleich mit § 9d VOB/A, so dass auf die dortige Kommentierung verwiesen wird.

§ 10 EU Fristen

(1) Bei der Festsetzung der Fristen für den Eingang der Angebote (Angebotsfrist) und der Anträge auf Teilnahme (Teilnahmefrist) berücksichtigt der Auftraggeber die Komplexität des Auftrags und die Zeit, die für die Ausarbeitung der Angebote erforderlich ist (Angemessenheit). Die Angemessenheit der Frist prüft der Auftraggeber in jedem Einzelfall gesondert. Die nachfolgend genannten Mindestfristen stehen unter dem Vorbehalt der Angemessenheit.

(2) Falls die Angebote nur nach einer Ortsbesichtigung oder Einsichtnahme in nicht übersandte Unterlagen erstellt werden können, sind längere Fristen als die Mindestfristen festzulegen, damit alle Unternehmen von allen Informationen, die für die Erstellung des Angebotes erforderlich sind, Kenntnis nehmen können.

Übersicht

	Rn.
A. Allgemeines	1
B. Angemessene Fristberechnung (Abs. 1)	2
C. Besonders zu berücksichtigende Umstände (Abs. 2)	3

A. Allgemeines

§ 10 EG enthält die generelle Anweisung an den Auftraggeber, die Länge der von ihm für die Angebots- und Antragsbearbeitung zu bemessenden Fristen sachbezogen zu prüfen und sodann angemessen festzulegen (Abs. 1 Satz 1); die Vorschrift entspricht inhaltlich im Wesentlichen § 10 Abs. 1, Abs. 2 VOB/A. Diese Prüfung und Festlegung hat einzelfallbezogen zu erfolgen (Satz 2). Das Angemessenheitserfordernis bestimmt auch, ob die in den §§ 10a EU – 10d EU VOB/A genannten Mindestfristen im jeweiligen Einzelfall zulässig vorgegeben werden können (Satz 3). Ebenso wie im Unterschwellenbereich (§ 10 VOB/A) sind besondere Zeitkomponenten wie die Durchführung einer Ortsbesichtigung oder die Einsicht in nicht übersandte Unterlagen fristverlängernd zu berücksichtigen (Abs. 2).

B. Angemessene Fristberechnung (Abs. 1)

2   Die Anweisung zur Bemessung angemessener Fristen ist nach Abs. 1 für den Auftraggeber zwingend. Sie dient der Herstellung eines möglichst weitgehenden Wettbewerbes, indem so vielen Unternehmen wie möglich die Chance eingeräumt werden soll, sich auf der Grundlage sorgfältig ausgearbeiteter Angebote an den Vergabeverfahren zu beteiligen. Weil es gleichzeitig das Interesse des Auftraggebers ist, solche Angebote möglichst kurzfristig zu bekommen, muss er diese beiden Interessen durch die Bemessung angemessener Fristen ausgleichen.[1] Damit schützt die Vorschrift gleichzeitig Bieterinteressen.

Neben dem recht holzschnittartigen Begriff der „Komplexität des Auftrages" hat der Auftraggeber bei seiner Fristbemessung auch diejenigen Aspekte in seine Überlegungen mit einzubeziehen, die in der Kommentierung zu § 10 Abs. 1 VOB/A bereits erörtert worden sind und auf die aus Vereinfachungsgründen deshalb verwiesen wird.[2] Dass die Prüfung anhand des konkreten Einzelfalles stattzufinden hat (Abs. 1 Satz 2) sollte ebenso selbstverständlich sein wie der Vorbehalt der Angemessenheit in Abs. 1 Satz 3 in Bezug auf die in den §§ 10a EU – 10d EU VOB/A genannten Mindestfristen.

C. Besonders zu berücksichtigende Umstände (Abs. 2)

3   Auch wenn es auf der Hand liegt, dass die Durchführung einer Ortsbesichtigung oder die Einsichtnahme in nicht mitübersandten Unterlagen zusätzliche Bearbeitungszeit erfordert, werden diese Umstände als Gründe für die Bemessung längerer Zeiträume als den Mindestfristen in Abs. 2 gesondert erwähnt; es versteht sich ebenso von selbst, dass alle damit zusammenhängenden Zeiten (Terminabstimmung, Fahrtzeiten etc.) zu berücksichtigen sind.

§ 10a EU Fristen im offenen Verfahren

(1) **Beim offenen Verfahren beträgt die Angebotsfrist mindestens 35 Kalendertage, gerechnet vom Tag nach Absendung der Auftragsbekanntmachung.**
(2) **Die Angebotsfrist kann auf 15 Kalendertage, gerechnet vom Tag nach Absendung der Auftragsbekanntmachung, verkürzt werden. Voraussetzung dafür ist, dass eine Vorinformation nach dem vorgeschriebenem Muster gemäß § 12 EG Absatz 1 Nummer 3 mindestens 35 Kalendertage, höchstens aber 12 Monate vor dem Tag der Absendung der Auftragsbekanntmachung an das Amt für Veröffentlichungen der Europäischen Union abgesandt wurde. Diese Vorinformation muss mindestens die im Muster einer Auftragsbekanntmachung nach Anhang V Teil C der Richtlinie 2014/24/EU für das offene Verfahren geforderten Angaben enthalten, soweit diese Informationen zum Zeitpunkt der Absendung der Vorinformation vorlagen.**
(3) **Für den Fall, dass eine vom öffentlichen Auftraggeber hinreichend begründete Dringlichkeit die Einhaltung der Frist nach Absatz 1 unmöglich macht, kann der öffentliche Auftraggeber eine Frist festlegen, die 15 Kalendertage, gerechnet vom Tag nach Absendung der Auftragsbekanntmachung, nicht überschreiten darf.**
(4) **Die Angebotsfrist nach Absatz 1 kann um fünf Kalendertage verkürzt werden, wenn die elektronische Übermittlung der Angebote gemäß § 11 EU Absatz 4 akzeptiert wird.**
(5) **Kann ein unentgeltlicher, uneingeschränkter und vollständiger direkter Zugang aus den in § 11b EU genannten Gründen zu bestimmten Vergabeunterlagen nicht angeboten werden, so kann in der Auftragsbekanntmachung angegeben werden, dass die betreffenden Vergabeunterlagen im Einklang mit § 11b EU Absatz 1 nicht**

---

[1] Vgl. *v. Wietersheim* in Ingenstau/Korbion § 10 EU VOB/A Rn. 2.
[2] S. § 10 Abs. 1 VOB/A Rn. 8 f.

elektronisch, sondern durch andere Mittel übermittelt werden, bzw. welche Maßnahmen zum Schutz der Vertraulichkeit der Informationen gefordert werden und wie auf die betreffenden Dokumente zugegriffen werden kann. In einem derartigen Fall wird die Angebotsfrist um fünf Kalendertage verlängert, außer im Fall einer hinreichend begründeten Dringlichkeit gemäß Absatz 3.

(6) In den folgenden Fällen verlängert der öffentliche Auftraggeber die Fristen für den Eingang der Angebote, sodass alle betroffenen Unternehmen Kenntnis aller Informationen haben können, die für die Erstellung des Angebotes erforderlich sind:
1. wenn rechtzeitig angeforderte Zusatzinformationen nicht spätestens sechs Kalendertage vor Ablauf der Angebotsfrist allen Unternehmen in gleicher Weise zur Verfügung gestellt werden können. Bei beschleunigten Verfahren (Dringlichkeit) im Sinne von Absatz 3 beträgt dieser Zeitraum vier Kalendertage;
2. wenn in den Vergabeunterlagen wesentliche Abänderungen vorgenommen werden.

Die Fristverlängerung muss in angemessenem Verhältnis zur Bedeutung der Information oder Änderung stehen. Wurden die Zusatzinformationen entweder nicht rechtzeitig angefordert oder ist ihre Bedeutung für die Erstellung zulässiger Angebote unerheblich, so ist der öffentliche Auftraggeber nicht verpflichtet, die Fristen zu verlängern.

(7) Bis zum Ablauf der Angebotsfrist können Angebote in Textform zurückgezogen werden.

(8) Der öffentliche Auftraggeber bestimmt in angemessener Frist, innerhalb der die Bieter an ihre Angebote gebunden sind (Bindefrist). Diese soll so kurz wie möglich und nicht länger bemessen werden, als der öffentliche Auftraggeber für eine zügige Prüfung und Wertung der Angebote (§§ 16 EU bis 16d EU) benötigt. Die Bindefrist beträgt regelmäßig 60 Kalendertage. In begründeten Fällen kann der öffentliche Auftraggeber eine längere Frist festlegen. Das Ende der Bindefrist ist durch Angabe des Kalendertages zu bezeichnen.

(9) Die Bindefrist beginnt mit dem Ablauf der Angebotsfrist.

Übersicht

	Rn.
A. Allgemeines	1
B. Fristen beim Offenen Verfahren	3
I. Verkürzungsmöglichkeit (Abs. 2, Abs. 3 und Abs. 4)	4
II. Verlängerung (Abs. 5 und Abs. 6)	9

A. Allgemeines

Systematisch baut die Vorschrift auf § 10 EU Abs. 1, Abs. 2 VOB/A auf und regelt Einzelheiten zu den dort enthaltenen, generellen Fristbestimmungen für das offene Verfahren. Abs. 1 behandelt die Mindest-Angebotsfrist im Offenen Verfahren. Abs. 2 ermöglicht bei der form- und fristgerechten Erteilung einer Vorinformation eine Fristverkürzung auf bis zu 15 Kalendertage. Abs. 3 räumt bei hinreichend begründeter Dringlichkeit eine Fristverkürzung ebenfalls auf 15 Kalendertage ein. Die Akzeptanz elektronischer Übermittlung der Angebote prämiert Abs. 4 mit (weiteren) fünf Kalendertagen Fristverkürzungsmöglichkeit. Abs. 5 regelt das Vorgehen bei Alternativen zur elektronischen Übermittlung bestimmter Vergabeunterlagen, Abs. 6 enthält zwingende Fristverlängerungstatbestände. Die Absätze 7, 8 und 9 entsprechen inhaltlich den einschlägigen Regelungen in § 10 VOB/A für den Unterschwellenbereich. Ebenso wie die Basisvorschrift des § 10 EU VOB/A hat auch § 10a EU bieterschützende Funktion.[1] **1**

Entsprechend den im Vergabehandbuch des Bundes (im Zuständigkeitsbereich der Finanzverwaltungen, Ausgabe 2008, Stand 08/2016) enthaltenen Hinweisen sei auf die nachstehend auszugsweise wiedergegebene Übersicht über die regelmäßige Länge der Angebots- und Bewerbungsfristen sowie deren Verkürzungsmöglichkeit verwiesen: **2**

---

[1] Vgl. 2. VK Bund 17.4.2003 – VK 2–16/03; *Reidt* in Beck'scher VergR-Kommentar VOB/A EG § 10 Rn. 4.

VOB/A-EU § 10a EU 3 VOB Teil A

Abschnitt 1 VOB/A	
BewerbungsfristAbschnitt1VOB/A	Beschränkte Ausschreibungen und ggf. freihändige Vergaben
	angemessen

Abschnitt 2 VOB/A				
Teilnahmefrist gerechnet vom Tag nach Absendung der Bekanntmachung bzw. der Aufforderung zur Interessensbestätigung[2]		nicht offenes Verfahren	Verhandlungsverfahren	wettbewerbl. Dialog / Innovationspartnerschaft
Regelverfahren	Mindestfrist	30	30	30
beschleunigtes Verfahren (aufgrund Dringlichkeit)	Mindestfrist	15	15	

Abschnitt 3 VOB/A				
Bewerbungsfrist gerechnet vom Tag nach Absendung der Bekanntmachung		nicht offenes Verfahren	Verhandlungsverfahren	wettbewerbl. Dialog
Regelverfahren	Mindestfrist	37	37	37
	bei elektronischer Bekanntmachung	30	30	30
beschleunigtes Verfahren (aufgrund Dringlichkeit)	Mindestfrist	15	15	
	bei elektronischer Bekanntmachung und direktem freien Zugang zu den Vergabeunterlagen	10	10	

Ergänzend und im Einzelnen gelten die folgenden Erläuterungen:

B. Fristen beim Offenen Verfahren

3   Für das Offene Verfahren ordnet § 10a EU Abs. 1 Nr. 1 VOB/A eine Mindest-Angebotsfrist von 35 Kalendertagen, gerechnet vom Tage nach Absendung der Bekanntmachung[3] an. Diese Frist kann nach Abs. 2, Abs. 3 und Abs. 4 verkürzt und muss unter den Voraussetzungen von Abs. 5 und Abs. 6 verlängert werden.

---

[2] Vorinformation als Aufruf zum Wettbewerb und Aufforderung zur Interessensbestätigung kann nur in nicht offenen Verfahren oder Verhandlungsverfahren und nur von subzentralen öffentlichen Auftraggebern genutzt werden, siehe Richtlinien 123 EU.

[3] Zur Begründung vgl. Art. 3 Abs. 1 der Verordnung (EWG, Euratom) des Rates Nr. 1182/71 vom 3.6.1971 (ABl. 1970 C 51, S. 25); ebenso *Reidt* in Beck'scher VergR-Kommentar VOB/A EG § 10 Rn. 7 und *Mertens* in FKZGM VOB/A EG § 10 Rn. 13 mit Fn. 7; anderer Ansicht *v. Wietersheim* in Ingenstau/Korbion VOB/A EG § 10 Rn. 4, der auf § 187 Abs. 1 BGB abstellt.

I. Verkürzungsmöglichkeit (Abs. 2, Abs. 3 und Abs. 4)

Die Verkürzungsmöglichkeit nach Abs. 2 besteht dann, wenn der Auftraggeber eine Vor- 4
information nach § 12 EG Abs. 1 Nr. 3 unter Verwendung des dort vorgeschriebenen Musters mindestens 35 Kalendertage, höchstens aber 12 Monate vor dem Zeitpunkt der Absendung der Auftragsbekanntmachung an das Amt für Veröffentlichungen der Europäischen Union abgesandt hat, wenn diese Vorinformation die im Muster (Muster einer Auftragsbekanntmachung für das Offene Verfahren) geforderten Angaben enthält und wenn diese Informationen zum Zeitpunkt der Absendung der Bekanntmachung auch verfügbar sind. Diese drei Voraussetzungen müssen kumulativ vorliegen.

Die letztere Voraussetzung, also die Verfügbarkeit der geforderten Informationen zum Zeit- 5
punkt der Absendung der Bekanntmachung, ist (schon) dann erfüllt, wenn und soweit diese Informationen zum genannten Zeitpunkt vorliegen. Konnte also der Auftraggeber bestimmte, an sich vorgesehene Informationen deshalb noch nicht weitergeben, weil ihm dies aus objektiven Gründen noch nicht möglich war, ist dies unschädlich.[4]

Die hiernach verkürzte Frist darf nicht kürzer als 15 Kalendertage bemessen sein. In jedem Fall 6
muss die Frist für die Interessenten ausreichen, um ordnungsgemäße Angebote einreichen zu können.[5] Dabei stellt die bloße Veröffentlichung einer Vorinformation noch keine automatische Begründung für die Reduzierung der Angebotsfrist dar. Vielmehr muss diese vom Auftraggeber stets im Einzelfall auf ihre Angemessenheit überprüft werden.[6] Dies wird in der Praxis häufig weder von den Auftraggebern hinreichend bedacht noch von den Bietern entsprechend gerügt.[7]

Dahinter steht ein interessenorientiertes Verhalten: Der Auftraggeber will so schnell wie 7
möglich aussagekräftige Angebote vorgelegt bekommen, übersieht dabei allerdings leicht, dass eine zu kurze Angebotsbearbeitungszeit regelmäßig eher teurere als günstigere Angebote produziert. Ein nicht gründlich durchzukalkulierendes Angebot wird „in der (Zeit-)Not" häufig mit entsprechenden Risikozuschlägen belegt. Die Bieter wiederum sind zumindest in Zeiten zurückhaltender Investitionen der öffentlichen Hand und damit einer gehender Auftragsknappheit oft gezwungen, den Wettbewerb mitzugehen und dabei auch die engen zeitlichen Bedingungen zu akzeptieren, die ihnen bei der Bemessung der Angebotsbearbeitungsfrist gestellt werden. In Zeiten guter Konjunktur wiederum bieten viele Unternehmen auf Ausschreibungen mit (zu) kurzen Angebotsfristen nicht.

Nach Abs. 3 darf in Ausnahmefällen, in denen eine hinreichend begründete Dringlichkeit 8
dazu geführt hat, dass die in Abs. 1 genannten Fristen nicht eingehalten werden können, eine Fristverkürzung auf mindestens 15 Tage vorgenommen werden. Zweck dieser Regelung ist, den öffentlichen Auftraggeber in Fällen besonderer Dringlichkeit (z. B. Reparatur eines Dammes nach Bruch durch Hochwasser) nicht unnötig lange warten zu lassen. Es soll die Handlungsfähigkeit der öffentlichen Hand nicht aus rein fiskalischen Gründen beschränkt werden.

Nach Abs. 4 wiederum kann die Angebotsfrist nach Abs. 1 um 5 Kalendertage verkürzt werden, wenn der Auftraggeber die elektronische Übermittlung der Angebote akzeptiert – eine nachvollziehbare „Prämie" für die e-Vergabe und die damit einhergehenden zeitlichen und administrativen Vorteile sowohl auf Bieter- als auch auf Auftraggeberseite.

II. Verlängerung (Abs. 5 und Abs. 6)

Ebenso wichtig wie die Voraussetzungen der Verkürzungsmöglichkeiten von Angebotsfristen 9
ist die zwingende Anordnung ihrer Verlängerung nach § 10a EU Abs. 5 und 6 VOB/A. In dem mit der Fassung 2016 neu formulierten Abs. 5 wird zum Schutz der Bieter festgelegt, dass sowohl die Mindest-Angebotsfrist von 35 Kalendertagen (Abs. 1) als auch die nach Abs. 2 verkürzbare Frist (15 Kalendertage) um fünf Kalendertage zu verlängern sind, wenn der Auftraggeber zu bestimmten Vergabeunterlagen keinen unentgeltlichen, uneingeschränkten oder vollständig direkten Zugang aus den in § 11b EU genannten Gründen anbieten kann. In diesem Fall hat er dies in der Auftragsbekanntmachung ebenso anzugeben wie die alternativen Mittel hierzu, die sowohl für die Übermittlung als auch zum Schutz der Vertraulichkeit einzusetzen sind und wie die Bieter auf die betreffenden Dokumente zugreifen können. Allerdings steht eine solcherart

---

[4] Vgl. v. Wietersheim in Ingenstau/Korbion VOB/A § 10a Rn. 5.
[5] ZB Baumann in Lampe-Helbig/Jagenburg/Baldringer Rn. 165 f.
[6] VK Sachsen ZfBR 2003, 302.
[7] Vgl. hierzu die Entscheidung VK Sachsen ZfBR 2002, 94 (L).

ausgelöste Verlängerung unter dem Vorbehalt, dass kein Fall der Dringlichkeit nach Abs. 3 vorliegt.

Zwei weitere „Verlängerungstatbestände" enthält Abs. 6, nämlich für den Fall, dass 1. rechtzeitig angeforderte Zusatzinformationen nicht spätestens sechs Kalendertage (bei Dringlichkeit im Sinne von Abs. 3: vier Kalendertage) vor Ablauf der Angebotsfrist allen Unternehmen in gleicher Weise zur Verfügung gestellt werden können oder 2. an den Vergabeunterlagen wesentliche Änderungen vorgenommen werden. Wann ein solcherart „wesentliche" Änderung vorliegt, sagt die Vorschrift nicht; zumindest nach dem Wortlaut ist dies ein Grad an Änderung, der noch unterhalb der „grundlegenden Änderung" im Sinne von § 17 EU Abs. 1 Nr. 2 VOB/A liegt. Zu denken ist also z. B. an geänderte Ausführungsfristen oder einen Wechsel bei anzubietenden Stoffen oder Bauteilen.

Satz 2 der Vorschrift unterstellt das konkrete Maß der Fristverlängerung dem Angemessenheitsgrundsatz (siehe § 10 Abs. 1 VOB/A).

Satz 3 schließlich versucht, einer weit verbreiteten Unsitte bei der Formulierung von Nachfragen durch Bieter und – vor allem – deren Zeitpunkt entgegen zu wirken, indem die Vorschrift den Auftraggeber von einer Fristverlängerung entpflichtet, wenn entweder die Zusatzinformationen vom Bieter nicht rechtzeitig angefordert wurden oder wenn sie nicht erheblich für die Erstellung zulässiger Angebote ist. Beides bestimmt sich objektiv, wobei die Darlegungslast hierfür beim Auftraggeber liegen dürfte, wenn er sich auf eine deshalb entfallende Pflicht zur Fristverlängerung beruft.

Abs. 7 entspricht § 10 Abs. 2 VOB/A; auf die dortige Kommentierung wird verwiesen.

Abs. 8 entspricht im Wesentlichen § 10 Abs. 3 VOB/A. Der signifikante Unterschied besteht darin, dass der Auftraggeber im Anwendungsbereich oberhalb der Schwellenwerte regelmäßig eine Bindefrist von 60 Kalendertagen (gegenüber 30 Kalendertagen) bestimmen darf, die in begründeten Fällen auch noch länger bemessen werden kann. Dass die 60-Tages-Frist bei EU-weiten Bauvergaben inhaltlich begründet sein kann, steht schon aufgrund der dort regelmäßig erforderlichen innerbehördlichen Abstimmungs- und Prüfprozeduren (auch zwischen der jeweiligen Landesbehörde und dem Bund z. B. bei Straßenbauprojekten) grundsätzlich außer Zweifel. Vor diesem Hintergrund erscheint diese Festlegung auch unter AGB-Gesichtspunkten nicht von vornherein unangemessen. Jede (deutlich) längere) Bindefristbestimmung unterliegt allerdings dem Erfordernis einer konkreten Begründung im Einzelfall. Dabei reicht allein die „Gefahr" eines bloß möglicherweise zu durchlaufenden Nachprüfungsverfahrens nicht als Begründung aus, weil dessen Dauer ohnehin nicht sicher zu prognostizieren ist und der Auftraggeber stets nur aus konkreten, nicht jedoch aus „Verdachts"-Gründen längere Fristen bestimmen darf.

Abs. 9 entspricht § 10 Abs. 5 VOB/A; auf die dortige Kommentierung wird verwiesen.

§ 10b EU Fristen im nicht offenen Verfahren

(1) **Beim nicht offenen Verfahren beträgt die Teilnahmefrist mindestens 30 Kalendertage, gerechnet vom Tag nach Absendung der Auftragsbekanntmachung oder der Aufforderung zur Interessensbestätigung.**

(2) **Die Angebotsfrist beträgt mindestens 30 Kalendertage, gerechnet vom Tag nach Absendung der Aufforderung zur Angebotsabgabe.**

(3) **Die Angebotsfrist nach Absatz 2 kann auf 10 Kalendertage, gerechnet vom Tag nach Absendung der Bekanntmachung, verkürzt werden. Voraussetzung dafür ist, dass eine Vorinformation nach dem vorgeschriebenen Muster gemäß § 12 EU Absatz 1 Nummer 3 mindestens 35 Kalendertage, höchstens aber zwölf Monate vor Absendung der Bekanntmachung des Auftrages an das Amt für Veröffentlichungen der Europäischen Union abgesandt wurde. Diese Vorinformation muss mindestens die im Muster einer Auftragsbekanntmachung nach Anhang V Teil C der Richtlinie 2014/24/EU für das nicht offene Verfahren geforderten Angaben enthalten, soweit diese Informationen zum Zeitpunkt der Absendung der Vorinformation vorlagen.**

(4) **Die Angebotsfrist nach Absatz 2 kann um weitere fünf Kalendertage verkürzt werden, wenn die elektronische Übermittlung der Angebote gemäß § 11 EU Absatz 4 akzeptiert wird.**

(5) **Aus Gründen der Dringlichkeit kann**
  1.) **die Teilnahmefrist auf mindestens 15 Kalendertage, gerechnet vom Tag nach Absendung der Auftragsbekanntmachung,**

2.) die Angebotsfrist auf mindestens 15 Kalendertage, gerechnet vom Tag nach Absendung der Aufforderung zur Angebotsabgabe
verkürzt werden.
(6) In den folgenden Fällen verlängert der öffentliche Auftraggeber die Fristen für den Eingang der Angebote, sodass alle betroffenen Unternehmen Kenntnis aller Informationen haben können, die für die Erstellung des Angebotes erforderlich sind:
1. wenn rechtzeitig angeforderte Zusatzinformationen nicht spätestens sechs Kalendertage vor Ablauf der Angebotsfrist allen Unternehmen in gleicher Weise zur Verfügung gestellt werden können. Bei beschleunigten Verfahren (Dringlichkeit) im Sinne von Absatz 3 beträgt dieser Zeitraum vier Kalendertage;
2. wenn in den Vergabeunterlagen wesentliche Abänderungen vorgenommen werden.
Die Fristverlängerung muss in angemessenem Verhältnis zur Bedeutung der Information oder Änderung stehen. Wurden die Zusatzinformationen entweder nicht rechtzeitig angefordert oder ist ihre Bedeutung für die Erstellung zulässiger Angebote unerheblich, so ist der öffentliche Auftraggeber nicht verpflichtet, die Fristen zu verlängern.
(7) Bis zum Ablauf der Angebotsfrist können Angebote in Textform zurückgezogen werden.
(8) Der öffentliche Auftraggeber bestimmt eine angemessene Frist, innerhalb der die Bieter an ihre Angebote gebunden sind (Bindefrist). Diese soll so kurz wie möglich und nicht länger bemessen werden, als der öffentliche Auftraggeber für eine zügige Prüfung und Wertung der Angebote (§§ 16 EU bis 16d EU) benötigt. Die Bindefrist beträgt regelmäßig 60 Kalendertage. In begründeten Fällen kann der öffentliche Auftraggeber eine längere Frist festlegen. Das Ende der Bindefrist ist durch Angabe des Kalendertages zu bezeichnen.
(9) Die Bindefrist beginnt mit Ablauf der Angebotsfrist.

§ 10b EU ist das Pendant zu § 10a EU für das nicht offene Verfahren. Folgerichtig sind die Vorschriften ganz überwiegend wortgleich und ansonsten in den Abweichungen selbsterklärend. Auf die Kommentierung zu § 10a EU VOB/A wird deshalb verwiesen.

§ 10c EU Fristen im Verhandlungsverfahren

(1) Beim Verhandlungsverfahren mit öffentlicher Vergabebekanntmachung ist entsprechend § 10 EU und § 10b EU zu verfahren.
(2) Beim Verhandlungsverfahren ohne Teilnahmewettbewerb ist auch bei Dringlichkeit für die Bearbeitung und Einreichung der Angebote eine ausreichende Angebotsfrist nicht unter 10 Kalendertagen vorzusehen. Dabei ist insbesondere der zusätzliche Aufwand für die Besichtigung von Baustellen oder die Beschaffung von Unterlagen für die Angebotsbearbeitung zu berücksichtigen. Es ist entsprechend § 10b EU Absatz 7 bis 9 zu verfahren.

Zum Verhandlungsverfahren mit Vergabebekanntmachung (vgl. § 3 EU Nr. 3 VOB/A) verweist § 10c EU Abs. 1 auf die in §§ 10a und 10b EU genannten Fristen. Hier gilt also eine „normale" Mindest-Bewerbungsfrist von 30 Kalendertagen, die bei elektronischer Bekanntmachung bzw. aus Gründen der Dringlichkeit auf bis zu 15 Kalendertage verkürzt werden kann.
Für das Verhandlungsverfahren ohne öffentliche Vergabebekanntmachung (§ 3 EU Nr. 3 VOB/A) gilt aufgrund des entsprechenden Verweises die Vorschrift des § 10b EU Abs. 7 bis 9 entsprechend.

§ 10d EU Fristen im wettbewerblichen Dialog und bei der Innovationspartnerschaft

Beim Wettbewerblichen Dialog und bei einer Innovationspartnerschaft beträgt die Teilnahmefrist mindestens 30 Kalendertage, gerechnet vom Tag nach Absendung der Auftragsbekanntmachung. § 10b EU Absatz 7 bis 9 gelten entsprechend.

Zum Wettbewerblichen Dialog (§ 3 EU Nr. 4 VOB/A) sowie zur Innovationspartnerschaft (§ 3 EU Nr. 5 VOB/A) verweist § 10d EU auf § 10b EU Abs. 7 bis 9. Wegen der ansonsten unterbliebenen Verweise scheidet eine Verkürzungsmöglichkeit – auch aus Gründen der Dringlichkeit – aus. Umgekehrt haben die Bieter auch keinen ausdrücklich normierten Anspruch auf eine Verlängerung. Eine solche steht vielmehr im pflichtgemäßen Ermessen des Auftraggebers.

§ 11 EU Grundsätze der Informationsübermittlung

(1) Für das Senden, Empfangen, Weiterleiten und Speichern von Daten in einem Vergabeverfahren verwenden der öffentliche Auftraggeber und die Unternehmen grundsätzlich Geräte und Programme für die elektronische Datenübermittlung (elektronische Mittel).

(2) Auftragsbekanntmachungen, Vorinformationen nach § 12 EU Absatz 1 oder Absatz 2, Vergabebekanntmachungen und Bekanntmachungen über Auftragsänderungen (Bekanntmachungen) sind dem Amt für Veröffentlichungen der Europäischen Union mit elektronischen Mitteln zu übermitteln. Der öffentliche Auftraggeber muss den Tag der Absendung nachweisen

(3) Der öffentliche Auftraggeber gibt in der Auftragsbekanntmachung oder der Aufforderung zur Interessensbestätigung eine elektronische Adresse an, unter der die Vergabeunterlagen unentgeltlich, uneingeschränkt, vollständig und direkt abgerufen werden können.

(4) Die Unternehmen übermitteln ihre Angebote, Teilnahmeanträge, Interessensbekundungen und Interessensbestätigungen in Textform mithilfe elektronischer Mittel.

(5) Der öffentliche Auftraggeber prüft im Einzelfall, ob zu übermittelnde Daten erhöhte Anforderungen an die Sicherheit stellen. Soweit es erforderlich ist, kann der öffentliche Auftraggeber verlangen, dass Angebote, Teilnahmeanträge, Interessensbestätigungen und Interessensbekundungen mit einer fortgeschrittenen elektronischen Signatur gemäß § 2 Nummer 2 des Gesetzes über Rahmenbedingungen für elektronische Signaturen oder mit einer qualifizierten elektronischen Signatur gemäß § 2 Nummer 3 des Gesetzes über Rahmenbedingungen für elektronische Signaturen versehen werden.

(6) Der öffentliche Auftraggeber kann von jedem Unternehmen die Angabe einer eindeutigen Unternehmensbezeichnung sowei einer elektronischen Adresse verlangen (Registrierung). Für den Zugang zur Auftragsbekanntmachung und zu den Vergabeunterlagen darf der öffentliche Auftraggeber keine Registrierung verlangen. Eine freiwillige Registrierung ist zulässig.

(7) Die Kommunikation in einem Vergabeverfahren kann mündlich erfolgen, wenn sie nicht die Vergabeunterlagen, die Teilnahmeanträge, die Interessensbestätigungen oder die Angebote betrifft und wenn sie ausreichend und in geeigneter Weise dokumentiert wird.

Übersicht

	Rn.
A. Grundsatz: elektronische Kommunikation im Vergabeverfahren (Abs. 1)	1
B. Elektronische Kommunikation mit dem Amt für Veröffentlichungen (Abs. 2)	2
C. Absätze 3 – 7: Vorbild Unterschwellenregelung	3

A. Grundsatz: elektronische Kommunikation im Vergabeverfahren (Abs. 1)

1   Im neu eingefügten Abs. 1 der Vorschrift wird – entsprechend § 97 Abs. 5 GWB, der Art. 22 Abs. 1 S. 1 der RL 2014/24/EU umsetzt – der Grundsatz der elektronischen Vergabe festgelegt. Ausweislich der Fußnote zu Abs. 1 bedeutet „Grundsatz" hier, dass die ausschließliche e-Vergabe Übergangsfristen unterliegt: zentrale Beschaffungsstellen (siehe § 120 Abs. 4 S. 1 GWB) sind ab dem 19.4.2017 und alle anderen Auftraggeber ab dem 19.10.2018 hierzu verpflichtet. Praktisch heißt dies, dass die Datenverarbeitung in einem Vergabeverfahren ausschließlich durch Hard-

und Software für die elektronische Datenübermittlung zu erfolgen hat. Korrespondierendes höherrangiges Recht sind die §§ 9 ff. VgV

B. Elektronische Kommunikation mit dem Amt für Veröffentlichungen (Abs. 2)

Keine Übergangsfristen und keine Ausnahme gibt es von der in Abs. 2 festgelegten Pflicht, die dort genannten Bekanntmachungen dem Amt für Veröffentlichungen ausschließlich elektronisch zu übermitteln. **2**

C. Absätze 3 – 7: Vorbild Unterschwellenregelung

In seinen Absätzen 3 bis 6 entspricht § 11 EU VOB/A inhaltlich § 11 Abs. 3 bis 6 VOB/A. Auf die dortige Kommentierung wird deshalb verwiesen. Sinngemäß dasselbe gilt für Abs. 7, der inhaltlich § 11 Abs. 1 S. 3 VOB/A entspricht. **3**

§ 11a EU Anforderungen an elektronische Mittel

(1) Elektronische Mittel und deren technische Merkmale müssen allgemein verfügbar, nichtdiskriminierend und mit allgemein verbreiteten Geräten und Programmen der Informations- und Kommunikationstechnologie kompatibel sein. Sie dürfen den Zugang von Unternehmen zum Vergabeverfahren nicht einschränken. Der öffentliche Auftraggeber gewährleistet die barrierefreie Ausgestaltung der elektronischen Mittel nach den §§ 4 und 11 des Behindertengleichstellungsgesetzes (BGG) vom 27. April 2002 (BGBl. I S. 1467, 1468) in der jeweils gültigen Fassung.

(2) Der öffentliche Auftraggeber verwendet für das Senden, Empfangen, Weiterleiten und Speichern von Daten in einem Vergabeverfahren ausschließlich solche elektronischen Mittel, die die Unversehrtheit, die Vertraulichkeit und die Echtheit der Daten gewährleisten.

(3) Der öffentliche Auftraggeber muss den Unternehmen alle notwendigen Informationen zur Verfügung stellen über
 1. die in einem Vergabeverfahren verwendeten elektronischen Mittel
 2. die technischen Parameter zur Einreichung von Teilnahmeanträgen, Angeboten mithilfe elektronischer Mittel und
 3. verwendete Verschlüsselungs- und Zeiterfassungsverfahren.

(4) Der öffentliche Auftraggeber legt das erforderliche Sicherheitsniveau für die elektronischen Mittel fest. Elektronische Mittel, die vom Auftraggeber für den Empfang von Angeboten und Teilnahmeanträgen verwendet werden, müssen gewährleisten, dass
 1. die Uhrzeit und der Tag des Datenempfangs genau zu bestimmen sind,
 2. kein vorfristiger Zugriff auf die empfangenen Daten möglich ist,
 3. der Termin für den erstmaligen Zugriff auf die empfangenen Daten nur von den Berechtigten festgelegt oder geändert werden kann,
 4. nur die Berechtigten Zugriff auf die empfangenen Daten oder auf einen Teil derselben haben,
 5. nur die Berechtigten nach dem festgesetzten Zeitpunkt Dritten Zugriff auf die empfangenen Daten oder auf einen Teil derselben einräumen dürfen,
 6. empfangene Daten nicht an Unberechtigte übermittelt werden und
 7. Verstöße oder versuchte Verstöße gegen die Anforderungen gemäß den Nummern 1 bis 6 eindeutig festgestellt werden können.

(5) Die elektronischen Mittel, die von dem öffentlichen Auftraggeber für den Empfang von Angeboten und Teilnahmeanträgen genutzt werden, müssen über eine einheitliche Datenaustauschschnittstelle verfügen. Es sind die jeweils geltenden Interoperabilitäts- und Sicherheitsstandards der Informationstechnik gemäß § 3 Absatz 1 des Vertrags über die Errichtung des IT-Planungsrats und über die Grundlagen der Zusammenarbeit beim Einsatz der Informationstechnologie in den Verwaltungen von Bund und Ländern vom 1. April 2010 zu verwenden.

(6) Der öffentliche Auftraggeber kann im Vergabeverfahren die Verwendung elektronischer Mittel, die nicht allgemein verfügbar sind (alternative, elektronische Mittel), verlangen, wenn er
1. Unternehmen während des gesamten Vergabeverfahrens unter einer Internetadresse einen unentgeltlichen, uneingeschränkten, vollständigen und direkten Zugang zu diesen alternativen, elektronischen Mitteln gewährt.
2. diese alternativen, elektronischen Mittel selbst verwendet.
(7) Der öffentliche Auftraggeber kann für die Vergabe von Bauleistungen und für Wettbewerbe die Nutzung elektronischer Mittel im Rahmen der Bauwerksdatenmodellierung verlangen. Sofern die verlangten elektronischen Mittel für die Bauwerksdatenmodellierung nicht allgemein verfügbar sind, bietet der Auftraggeber einen alternativen Zugang zu ihnen gemäß Absatz 6 an.

§ 11a EU entspricht vollumfänglich § 11a VOB/A. Es wird daher auf die dortige Kommentierung verwiesen.

§ 12 EU Vorinformation, Auftragsbekanntmachung

(1) 1. Die Absicht einer geplanten Auftragsvergabe kann mittels einer Vorinformation bekannt gegeben werden, die die wesentlichen Merkmale des beabsichtigten Bauauftrages erhält.
2. Eine Vorinformation ist nur dann verpflichtend, wenn der öffentliche Auftraggeber von der Möglichkeit einer Verkürzung der Angebotsfrist gemäß § 10a EU Absatz 2 oder § 10b EU Absatz 3 Gebrauch machen möchte.
3. Die Vorinformation ist nach den von der Europäischen Kommission festgelegten Standardformlaren zu erstellen und enthält die Informationen nach Anhang V Teil B der Richtlinie 2014/24/EU.
4. Nach Genehmigung der Planung ist die Vorinformation sobald wie möglich dem Amt für Veröffentlichungen der Europäischen Union[1] zu übermitteln oder im Beschafferprofil zu veröffentlichen; in diesem Fall ist dem Amt für Veröffentlichungen der Europäischen Union zuvor auf elektronischem Weg die Veröffentlichung mit den von der Europäischen Kommission festgelegten Standardformularen zu melden. Dabei ist der Tag der Übermittlung anzugeben. Die Vorinformation kann außerdem in Tageszeitungen, amtlichen Veröffentlichungsblättern oder Internetportalen veröffentlicht werden.
(2) 1. Bei nicht offenen Verfahren und Verhandlungsverfahren kann ein subzentraler öffentlicher Auftraggeber eine Vorinformation als Aufruf zum Wettbewerb bekannt geben, sofern die Vorabinformation sämtliche folgenden Bedingungen erfüllt:
   a) sie bezieht sich eigens auf den Gegenstand des zu vergebenen Auftrags;
   b) sie muss den Hinweis enthalten, dass dieser Auftrag im nicht offenen Verfahren oder im Verhandlungsverfahren ohne spätere Veröffentlichung eines Aufrufs zum Wettbewerb vergeben wird, sowie die Aufforderung an die interessierten Unternehmen, ihr Interesse mitzuteilen;
   c) sie muss darüber hinaus die Informationen nach Anhang V Teil B Abschnitt I und die Informationen nach Anhang V Teil B Abschnitt II der Richtlinie 2014/24/EU enthalten;
   d) sie muss spätestens 35 Kalendertage und frühestens zwölf Monate vor dem Zeitpunkt der Absendung der Aufforderung zur Interessensbestätigung an das Amt für Veröffentlichungen der Europäischen Union zur Veröffentlichung übermittelt worden sein.
   Derartige Vorinformationen werden nicht in einem Beschafferprofil veröffentlicht. Allerdings kann gegebenenfalls die zusätzliche Veröffentlichung auf nationaler Ebene gemäß Absatz 3 Nummer 5 in einem Beschafferprofil erfolgen.
2. Die Regelungen des Abs. 3 Nummer 3 bis 5 gelten entsprechend.
3. Subzentrale öffentliche Auftraggeber sind alle öffentlichen Auftraggeber mit Ausnahme der obersten Bundesbehörden

---

[1] 2, rue Mercier, L-2985 Luxemburg 1.

(3) 1. Die Unternehmen sind durch Auftragsbekanntmachung aufzufordern, am Wettbewerb teilzunehmen. Dies gilt für alle Arten der Vergabe nach § 3 EU, ausgenommen Verhandlungsverfahren ohne Teilnahmewettbewerb und Verfahren, bei denen eine Vorinformation als Aufruf zum Wettbewerb nach Absatz 2 durchgeführt wurde.
2. Die Auftragsbekanntgabe erfolgt mit den von der Europäischen Kommission festgelegten Standardformularen und enthält die Informationen nach Anhang V Teil C der Richtlinie 2014/24/EU. Dabei sind zu allen Nummern Angaben zu machen; die Texte des Formulars sind nicht zu wiederholen. Die Auftragsbekanntmachung ist dem Amt für Veröffentlichungen der Europäischen Union elektronisch zu übermitteln.
3. Die Auftragsübermittlung wird unentgeltlich fünf Tage nach ihrer Übermittlung in der Originalsprache veröffentlicht. Eine Zusammenfassung der wichtigsten Angaben wird in den übrigen Amtssprachen der Europäischen Union veröffentlicht; der Wortlaut der Originalsprache ist verbindlich.
4. Der öffentliche Auftraggeber muss den Tag der Absendung der Auftragsbekanntmachung nachweisen können. Das Amt für Veröffentlichungen der Europäischen Union stellt dem öffentlichen Auftraggeber eine Bestätigung des Erhalts der Auftragsbekanntmachung und der Veröffentlichung der übermittelten Informationen aus, in denen der Tag dieser Veröffentlichung angegeben ist. Diese Bestätigung dient als Nachweis der Veröffentlichung.
5. Die Auftragsbekanntmachung kann zusätzlich im Inland veröffentlicht werden, beispielsweise in Tageszeitungen, amtlichen Veröffentlichungsblättern oder Internetportalen, sie kann auch auf www.bund.de veröffentlicht werden. Sie darf nur die Angaben enthalten, die dem Amt für Veröffentlichungen der Europäischen Union übermittelt wurden, und muss auf den Tag der Übermittlung hinweisen. Sie darf nicht vor der Veröffentlichung durch dieses Amt veröffentlicht werden. Die Veröffentlichung auf nationaler Ebene kann jedoch in jedem Fall erfolgen, wenn der öffentliche Auftraggeber nicht innerhalb von 48 Stunden nach Bestätigung des Eingangs der Auftragsbekanntmachung gemäß Nummer 4 über die Veröffentlichung unterrichtet wurde.

Schrifttum: *Europäische Kommission* (Hrsg.), Leitfaden zu den Gemeinschaftsvorschriften für die Vergabe von öffentlichen Bauaufträgen, Luxemburg 1997; *Daub/Eberstein*, Kommentar zur VOL/A, 5. Aufl. 2000; *Daub/Piel/Soergel*, Kommentar zur VOB, Teil A, 1981; *Dähne/Schelle*, VOB von A-Z, 3. Aufl. 2001; *Dreher*, Vergaberechtsschutz unterhalb der Schwellenwerte, NZBau 2002, 419; *Jestaedt/Kemper/Marx/Prieß*, Das Recht der Auftragsvergabe, 1999; *Lampe-Helbig/Jagenburg/Baldringer*, Handbuch der Bauvergabe, 3. Aufl. 2014; *Kulartz/Kus/Portz*, Kommentar zum GWB-Vergaberecht 4. Aufl. 2016; *Leinemann*, Die Vergabe öffentlicher Aufträge, 6. Aufl. 2016.

Übersicht

	Rn.
A. Allgemeines	1
B. Vorinformation (Abs. 1)	2
C. Veröffentlichung einer Vorinformation als Aufruf zum Wettbewerb (Abs. 2)	3
D. Auftragsbekanntmachung	4

A. Allgemeines

Die bislang umfassend in § 12 EG VOB/A verorteten Regelungen zu Bekanntmachungen sowie zur Bereitstellung und zum Versand bzw. zur Übermittlung der Vergabeunterlagen wurden nunmehr auf § 12 EU und § 12a EU VOB/A verteilt. § 12 EU VOB/A enthält ausschließlich Regelungen zur Bekanntmachung. Abs. 1 behandelt die Vorinformation. Abs. 2 richtet sich an die subzentralen öffentlichen Auftraggeber (definiert in Nr. 3 der Vorschrift) und eröffnet für die Auftraggeber die jetzt neu geschaffene Möglichkeit, eine Vorinformation als Aufruf zum Wettbewerb zu veröffentlichen. Abs. 3 gibt vor, wie mit Auftragsbekanntmachungen umzugehen ist. 1

B. Vorinformation (Abs. 1)

2   Mit der Vorinformation kann der Auftraggeber frühzeitig bekanntgeben, dass er eine Auftragsvergabe vorhat. Voraussetzung hierfür ist nach Nr. 1, dass er in der Vorinformation (bzw. im hierfür vorgesehenen Formular) die wesentlichen Merkmale des beabsichtigten Bauauftrages benennt. Damit sollen potenzielle Interessenten dafür sensibilisiert und darauf aufmerksam gemacht werden, dass eine entsprechende Ausschreibung zur Veröffentlichung ansteht. Die Vorschrift korrespondiert mit § 38 VgV.
 Zur Bekanntmachung einer Vorinformation besteht keine Pflicht (Nr. 2). Sie ist aber Voraussetzung dafür, die Angebotsfrist nach § 10a EU Abs. 3 oder § 10b EU Abs. 3 verkürzen zu dürfen.
 Welche genauen Informationen die Vorinformation zu enthalten hat, ergibt sich aus Anhang V Teil B der Richtlinie 2014/24/EU; diese Informationen müssen über die von der Europäischen Kommission festgelegten bzw. vorgegebenen Standardformulare verarbeitet werden (Nr. 3). Wenn der Auftraggeber eine Vorinformation bekannt machen will, muss er dies unverzüglich nach Genehmigung der Planung veranlassen. Er kann die Vorinformation dann (Nr. 4) entweder dem Amt für Veröffentlichungen der Europäischen Union übermitteln oder sie in seinem eigenen Beschafferprofil veröffentlichen. Macht er von letzterer Möglichkeit Gebrauch, muss er dem Amt für Veröffentlichungen vorher elektronisch die Ankündigung dieser Veröffentlichung mit den vorgegebenen Standardformularen melden und den Tag der Übermittlung angeben. Daneben kann er die Vorinformation auch in Tageszeitungen, amtlichen Veröffentlichungsblättern oder Internetportalen veröffentlichen (Nr. 4 letzter Satz). Wie sich aus dem Terminus „Genehmigung der Planung" ergibt, muss die für das jeweilige Vorhaben erforderliche öffentlich-rechtliche Planung genehmigt worden sein. Die Rechtsprechung verlangt in diesem Zusammenhang, dass diese Genehmigung(en) bestandskräftig sind.[2]

C. Veröffentlichung einer Vorinformation als Aufruf zum Wettbewerb (Abs. 2)

3   Das Privileg, eine Vorinformation als Aufruf zum Wettbewerb bekannt zu machen, ist nach Nr. 1 S. 1 nur subzentralen öffentlichen Auftraggebern vorbehalten; dies sind alle öffentlichen Auftraggeber mit Ausnahme der obersten Bundesbehörden (Abs. 2 Nr. 3). Als Privileg erscheint dies deshalb, weil der Auftraggeber damit eine weitere Bekanntmachung und damit gleichzeitig den Ablauf einer weiteren, hierdurch ausgelösten Frist vermeidet. Nach § 12a EU Abs. 1 Nr. 1 S. 2 VOB/A muss er auch erst mit der Aufforderung zur Interessensbestätigung die Internet-Adresse veröffentlichen, über die die Vergabeunterlagen abrufbar sind.[3]
 Weitere Zulässigkeitsvoraussetzung für die Veröffentlichung einer Vorinformation als Aufruf zum Wettbewerb ist, dass die in den Buchstaben a) – b) von Abs. 2 Nr. 1 genannten Bedingungen kumulativ erfüllt sind. Auch in der Gesamtschau mit den hierzu vorgegebenen Standardformularen sind diese Voraussetzungen ganz weitgehend selbsterklärend. Dies gilt auch für den Zeitraum von mindestens 35 Kalendertagen und höchstens 12 Monaten, der zwischen der Absendung der Aufforderung zur Interessensbestätigung und der Übermittlung der Vorinformation an das Amt für Veröffentlichungen liegen muss.
 Abs. 2 Nr. 2 verweist auf die entsprechende Geltung des Abs. 3 Nr. 3 – 5.

D. Auftragsbekanntmachung

4   Mit Ausnahme von Verhandlungsverfahren ohne Teilnahmewettbewerb und solchen Verfahren, bei denen eine Vorinformation als Aufruf zum Wettbewerb nach § 12 EU Abs. 2 VOB/A durchgeführt wurde, ist der Auftraggeber verpflichtet, den Wettbewerb mittels Bekanntmachung zu eröffnen (Nr. 1). Aus dem Verweis in Nr. 1 S. 2 (am Ende) auf die Durchführung einer Vorinformation als Aufruf zum Wettbewerb „nach Abs. 2" ergibt sich, dass die hierdurch ermöglichte Privilegierung dieses Verfahrens nur dann eintritt, wenn der Auftraggeber zuvor objektiv alle Bedingungen erfüllt hat, die Abs. 2 an die Veröffentlichung einer Vorinformation

---
[2] Vgl. OLG Düsseldorf Beschl. v. 27.11.2013 – VII-Verg 20/13
[3] Vgl. *v. Wietersheim* in Ingenstau/Korbion VOB/A § 12 EU, Rn. 6.

als Aufruf zum Wettbewerb stellt. Erfüllt der Auftraggeber diese Bedingungen nicht (in Gänze), muss er nach Abs. 3 regulär bekanntmachen.[4] Ansonsten begeht er einen Vergabeverstoß.

Abs. 3 Nr. 2 verweist auf die Pflicht zur Verwendung der in www.simap.ted.europa.eu hierfür bereitgestellten Formulare und deren elektronischer Übermittlung.

Die in Abs. 3 Nr. 3 genannte Veröffentlichungsfrist von 5 Kalendertagen nach der Übermittlung der Auftragsbekanntmachung ist eine abstrakt-standardisierte Frist, die mit dem Zeitpunkt der tatsächlichen Veröffentlichung nicht übereinstimmen muss und deren Wiederholung in § 12 EU Abs. 3 Nr. 3 lediglich der Information der Auftraggeber und Bieter dient. Mithin berechnet der Auftraggeber Angebots- und Bindefristen von dem Zeitpunkt an, zu dem er die Bekanntmachung absendet, weil er nur diesen Zeitpunkt selbst steuern kann. Konsequenterweise knüpfen sowohl die Fristberechnungen in Artikel 20 ff. der RL 2014/24/EU als auch der §§ 10 EU ff. VOB/A an die elektronische Absendung an.

Diesen Tag der Absendung der Auftragsbekanntmachung muss der öffentliche Auftraggeber nach Nr. 4 nachweisen können; hierfür bekommt er von Amt für Veröffentlichungen eine Eingangsbestätigung der Auftragsbekanntmachung und der Veröffentlichung der übermittelten Informationen, die auch den Tag der Veröffentlichung benennt (Satz 2) und zugleich als Nachweis der Veröffentlichung dient (Satz 3), mithin ebenfalls in den Vergabevermerk gehört.

Abs. 3 Nr. 5 stellt klar, dass die Auftragsbekanntmachung zusätzlich auch im „Inland" (=Bundesrepublik Deutschland) veröffentlich werden kann. Um dabei mögliche Wettbewerbsverzerrungen bzw. ungleiche Bieterchancen zu vermeiden, dürfen die Veröffentlichungen im Inland nur diejenigen Angaben enthalten, die auch dem Amt für Veröffentlichungen übermittelt werden sind. Außerdem muss der Auftraggeber auf den Tag der Übermittlung an das Amt für Veröffentlichungen hinweisen, sich also „1:1" an den Inhalt derjenigen Bekanntmachung halten, die er dem Amt für Veröffentlichungen zuvor übermittelt hat. In zeitlicher Hinsicht dürfen inländische Veröffentlichungen nicht vor der EU-weiten Veröffentlichung erscheinen (Nr. 5 S. 3). Nach S. 4 gilt diese Vorgabe aber dann nicht, wenn der öffentliche Auftraggeber nicht innerhalb von 48 Stunden nach Bestätigung des Eingangs der Auftragsbekanntmachung (Nr. 4) über die Veröffentlichung unterrichtet wurde. In der Praxis bedeutet dies, dass der Auftraggeber ab dem Zeitpunkt der Bestätigung des Eingangs der Auftragsbekanntmachung eine Frist von 48 Stunden abzuwarten hat; liegt ihm dann noch keine Unterrichtung über die Veröffentlichung nach Nr. 4 S. 2 (letzter Halbsatz) vor, darf er ohne Rücksicht hierauf auch inländisch veröffentlichen.[5]

§ 12a EU Versand der Vergabeunterlagen

(1) 1. **Die Vergabeunterlagen werden ab dem Tag der Veröffentlichung einer Auftragsbekanntmachung gemäß § 12 EU Absatz 3 oder dem Tag der Aufforderung zur Interessensbestätigung gemäß Nummer 3 unentgeltlich mit uneingeschränktem und vollständigem direkten Zugang anhand elektronischer Mittel angeboten. Die Auftragsbekanntmachung oder die Aufforderung zur Interessensbestätigung muss die Internet-Adresse, über die diese Vergabeunterlagen abrufbar sind, enthalten.**
2. **Diese Verpflichtung entfällt in den Fällen nach § 11b EU Absatz 1.**
3. **Bei nicht offenen Verfahren, Verhandlungsverfahren, wettbewerblichen Dialogen und Innovationspartnerschaften werden alle ausgewählten Bewerber gleichzeitig in Textform aufgefordert, am Wettbewerb teilzunehmen oder wenn eine Vorinformation als Aufruf zum Wettbewerb gemäß § 12 EU Absatz 2 genutzt wurde, zu einer Interessenbestätigung aufgefordert.**
   Die Aufforderungen enthalten einen Verweis auf die elektronische Adresse, über die die Vergabeunterlagen direkt elektronisch zur Verfügung gestellt werden.
   Bei den in Nummer 2 genannten Gründen sind den Aufforderungen die Vergabeunterlagen beizufügen, soweit sie nicht bereits auf andere Art und Weise zur Verfügung gestellt wurden.
(2) **Die Namen der Unternehmen, die Vergabeunterlagen erhalten oder eingesehen haben, sind geheim zu halten.**
(3) **Rechtzeitig beantragte Auskünfte über die Vergabeunterlagen sind spätestens sechs Kalendertage vor Ablauf der Angebotsfrist allen Bewerbern in gleicher Weise**

---

[4] *v. Wietersheim* in Ingenstau/Korbion, a. a. O., § 12 EU, Rn. 10.
[5] Siehe dazu auch § 40 VgV.

zu erteilen. Bei beschleunigten Verhandlungsverfahren nach § 10a EU Absatz 2 sowie § 10b EU Absatz 5 beträgt diese Frist vier Kalendertage.

Übersicht

	Rn.
A. Allgemeines	1
B. Grundsätzliche elektronische Bereitstellung der Vergabeunterlagen (Abs. 1)	2
C. Geheimhaltungspflicht	3
D. Auskünfte	4

A. Allgemeines

1 § 12a EU VOB/A legt in zeitlicher, inhaltlicher und technischer Hinsicht fest, wie der Auftraggeber den Interessenten die Vergabeunterlagen zugänglich zu machen hat (Abs. 1); dabei ist konsequenterweise die E-Vergabe das Maß der Dinge. Abs. 2 entspricht der Vorschrift des § 12a Abs. 3 VOB/A. Abs. 3 korrespondiert mit § 10a EU Abs. 6.

B. Grundsätzliche elektronische Bereitstellung der Vergabeunterlagen (Abs. 1)

2 § 12a EU Abs. 1 schreibt – unter Verweis auf § 12 EU Abs. 3 sowie auf die nachfolgende Nr. 3 – vor, dass der Auftraggeber die Vergabeunterlagen ab dem Tag der Veröffentlichung der Auftragsbekanntmachung unentgeltlich sowie mit einem uneingeschränkten und vollständigen direkten Zugang elektronisch anbieten muss. Dies korrespondiert mit den Vorgaben in § 41 VgV und den §§ 11 ff. EU (Verwendung von und Anforderungen an die Verwendung elektronischer Mittel). Formal erfüllt der Auftraggeber diese Anforderungen, indem er in der Auftragsbekanntmachung die Internet-Adresse angibt, über die die Vergabeunterlagen abrufbar sind. Inhaltlich erfüllt er die Anforderungen, indem diese Vergabeunterlagen dem entsprechen, was § 8 EU VOB/A definiert. Aufgrund der Pflicht zur Herstellung eines „vollständigen" Zuganges sind Auslassungen nicht erlaubt. Sinngemäß dasselbe gilt, wenn der Auftraggeber eine Vorinformation als Aufruf zum Wettbewerb (§ 12 EU Abs. 2 VOB/A) genutzt und zu einer Interessensbestätigung aufgefordert hat – der relevante (und für ihn grundsätzlich vorteilhafte) Unterschied besteht allerdings darin, dass der Auftraggeber in diesem Fall den Download nur denjenigen Unternehmen ermöglichen muss, die ihm ihr Interesse am Auftrag mitgeteilt haben, auch wenn sich an den inhaltlichen Anforderungen an die Bereitstellung selbst hieran nichts ändert.

In den Ausnahmefällen, für die § 11b EU Abs. 3 VOB/A einen Dispens von der Verwendung elektronischer Mittel für Einreichung von Angeboten erteilt, entfällt nach § 12a EU Abs. 1 Nr. 2 die Verpflichtung zur elektronischen Bereitstellung. Für die in Nr. 3 genannten Verfahrensarten (nicht offenes Verfahren, Verhandlungsverfahren, wettbewerblicher Dialog und Innovationspartnerschaft) muss die Aufforderung zur Teilnahme am Wettbewerb in Textform erfolgen und gleichzeitig an alle ausgewählten Bewerber erfolgen. Im Falle einer Vorinformation als Aufruf zum Wettbewerb (§ 12 EU Abs. 2 VOB/A) sind alle ausgewählten Bewerber gleichzeitig in Textform zu einer Interessensbestätigung aufzufordern.

C. Geheimhaltungspflicht

3 Die Pflicht zur Geheimhaltung der Namen derjenigen Unternehmen, die Vergabeunterlagen erhalten oder eingesehen haben (Abs. 2) entspricht der Vorgabe in § 12a Abs. 3 VOB/A; auf die dortige Kommentierung wird aus Vereinfachungsgründen verwiesen.

D. Auskünfte

4 Die Regelung zur Erteilung von Auskünften wurde in den Verweisen an die neu gefassten Vorschriften angepasst.

Schon § 12 EG Abs. 5 VOB/A aF verpflichtete den Auftraggeber nicht nur im offenen Verfahren, sondern bei sämtlichen Vergabeverfahren im Anwendungsbereich der Vorschrift zur pünktlichen Erledigung von Auskünften, die von den Bewerbern rechtzeitig verlangt werden. Im Vergleich zu § 12a Abs. 4 VOB/A, mit dem die Regelung vom Grundgedanken her übereinstimmt, ist die Erledigungsfrist präzisiert, weil Auskünfte nicht später als 6 Kalendertage bzw. – bei nicht offenen Verfahren und beschleunigten Verfahren nach § 10a EU Abs. 2 und § 10b EU Abs. 5 VOB/A – 4 Kalendertage vor Ablauf der Angebotsfrist erteilt werden dürfen. Damit kann auch das Auskunftsersuchen selbst nur dann rechtzeitig gestellt sein, wenn es vor Ablauf der Auskunftsfrist beim Auftraggeber eingeht. Weil die Fristen auch hier nach den §§ 187 ff. BGB bestimmt werden[1] und bei einer Fristberechnung nach Tagen nur in vollen Tagen gerechnet wird,[2] endet die Auskunftsfrist vor dem Beginn des 4. Tages, der dem Ende der Angebotsfrist vorangeht. Dieser Tag ist kein voller Tag im Sinne der Fristenbestimmung und deshalb nicht mit zu rechnen.

Beispiel:[3] Die Angebotsfrist endet am Dienstag, dem 21.2.2017. Weil dieser 21. 2. nicht mitzählt, sind die 6 (bzw. 4) Kalendertage ab dem 20. 2. zurückzurechnen: Zu erteilen ist die Auskunft damit bei 6 Kalendertagen bis zum 14.2.2017, 24.00 Uhr und bei 4 Kalendertagen bis zum 16.2.2017, 24.00 Uhr. Für diese „Erteilung" reicht es nicht aus, dass der Auftraggeber die Auskunft lediglich versandt hat, weil „Erteilung" schon begrifflich beinhaltet, dass die Auskunft auch zugegangen[4] ist.

Kommt der Auftraggeber der Pflicht zur rechtzeitigen Auskunftserteilung trotz fristgerechter **5** (=„rechtzeitiger", also bei ordnungsgemäßer Angebotsbearbeitung nicht ohne Not hinausgezögerter) Aufforderung durch den/die Bewerber nicht nach, ist er unter den Voraussetzungen von § 10a EU Abs. 6, § 10b EU Abs. 6 VOB/A verpflichtet, die Angebotsfrist angemessen zu verlängern. Fristgerecht bzw. rechtzeitig ist die Aufforderung, wenn sie vor dem Ende der Auskunftspflicht (6 bzw. 4 Kalendertage vor dem Tag des Eröffnungstermins) gestellt worden ist; gegebenenfalls kann der Auftraggeber sie ja „aus dem Stand" (und dann noch innerhalb der Frist) beantworten. Auch komplexere Auskunftsersuchen können bei Eingang vor Ablauf der Auskunftsfrist noch fristgerecht sein, verpflichten bei entsprechend späterer Beantwortung den Auftraggeber allerdings zur Fristverlängerung. Die Frage der Angemessenheit einer solchen Fristverlängerung richtet sich nach den Umständen des Einzelfalles. Allerdings sollte die Fristverlängerung für alle Bieter nicht unter dem Zeitraum liegen, um den der Auftraggeber die Auskunftsfrist überschritten hat.

Gibt der Auftraggeber keinen konkreten Termin für die späteste Anforderung der Vergabeunterlagen an und lässt er damit – vergaberechtswidrig – die Anforderung bis kurz vor dem dem Ende der Angebotsfrist zu, verstößt er zugleich gegen die generelle Verpflichtung aus § 12a EU Abs. 3 VOB/A, wonach er rechtzeitig beantragte Auskünfte über die Vergabeunterlagen spätestens 6 Kalendertage vor Ablauf der Angebotsfrist zu erteilen hat.[5]

§ 13 EU Form und Inhalt der Angebote

(1) **1. Der öffentliche Auftraggeber legt unter Berücksichtigung von § 11 EU fest, in welcher Form die Angebote einzureichen sind. Schriftliche Angebote müssen unterzeichnet sein. Elektronisch übermittelte Angebote sind nach Wahl des Auftraggebers mit einer fortgeschrittenen elektronischen Signatur gemäß § 2 Nr. 2 SigG oder mit einer qualifizierten elektronischen Signatur gemäß § 2 Nr. 3 SigG zu versehen, sofern der öffentliche Auftraggeber dies in Einzelfällen entsprechend § 11 EU verlangt.**

2. Der öffentliche Auftraggeber hat die Datenintegrität und die Vertraulichkeit der Angebote gemäß § 11a EU Abs. 2 zu gewährleisten. Per Post oder direkt übermittelte Angebote sind in einem verschlossenen Umschlag einzureichen, als solche zu kennzeichnen und bis zum Ablauf der für die Einreichung vorgesehenen Frist unter Verschluss zu halten. Bei elektronisch übermittelten Angeboten ist dies durch entsprechende technische Lösungen nach den Anforderungen des

---

[1] *Mertens* in FKZGM VOB/A EG § 12 Rn. 12.
[2] *Ellenberger* in Palandt BGB § 187 Rn. 1; *Grothe* in MüKoBGB § 187 Rn. 1.
[3] Vgl. auch VK Sachsen 24.4.2008 – 1/SVK/015-08.
[4] aA *Krohn* in Beck'scher VergR-Kommentar VOB/A, § 12a Rn. 65, ebenso *v. Wietersheim*, in Ingenstau/Korbion VOB/A § 12a EU Rn. 21.
[5] VK Sachsen ZfBR 2003, 302.

öffentlichen Auftraggebers und durch Verschlüsselung sicherzustellen. Die Verschlüsselung muss bis zur Öffnung des ersten Angebots aufrechterhalten bleiben.
3. Die Angebote müssen die geforderten Preise enthalten.
4. Die Angebote müssen die geforderten Erklärungen und Nachweise enthalten.
5. Das Angebot ist auf der Grundlage der Vergabeunterlagen zu erstellen. Änderungen an den Vergabeunterlagen sind unzulässig. Änderungen des Bieters an seinen Eintragungen müssen zweifelsfrei sein.
6. Bieter können für die Angebotsabgabe eine selbstgefertigte Abschrift oder Kurzfassung des Leistungsverzeichnisses benutzen, wenn sie den vom öffentlichen Auftraggeber verfassten Wortlaut des Leistungsverzeichnisses im Angebot als allein verbindlich anerkennen; Kurzfassungen müssen jedoch die Ordnungszahlen (Positionen) vollzählig, in der gleichen Reihenfolge und mit den gleichen Nummern wie in dem vom öffentlichen Auftraggeber verfassten Leistungsverzeichnis, wiedergeben.
7. Muster und Proben der Bieter müssen als zum Angebot gehörig gekennzeichnet sein.

(2) Eine Leistung, die von den vorgesehenen technischen Spezifikationen nach § 7a EU Abs. 1 Nr. 1 abweicht, kann angeboten werden, wenn sie mit dem geforderten Schutzniveau in Bezug auf Sicherheit, Gesundheit und Gebrauchstauglichkeit gleichwertig ist. Die Abweichung muss im Angebot eindeutig bezeichnet sein. Die Gleichwertigkeit ist mit dem Angebot nachzuweisen.

(3) Die Anzahl von Nebenangeboten ist an einer vom öffentlichen Auftraggeber in den Vergabeunterlagen bezeichneten Stelle aufzuführen. Etwaige Nebenangebote müssen auf besonderer Anlage erstellt und als solche deutlich gekennzeichnet werden.

(4) Soweit Preisnachlässe ohne Bedingungen gewährt werden, sind diese an einer vom öffentlichen Auftraggeber in den Vergabeunterlagen bezeichneten Stelle aufzuführen.

(5) Bietergemeinschaften haben die Mitglieder zu benennen sowie eines ihrer Mitglieder als bevollmächtigten Vertreter für den Abschluss und die Durchführung des Vertrags zu bezeichnen. Fehlt die Bezeichnung des bevollmächtigten Vertreters im Angebot, so ist sie vor der Zuschlagserteilung beizubringen.

(6) Der öffentliche Auftraggeber hat die Anforderungen an den Inhalt der Angebote nach den Absätzen 1 -5 in die Vergabeunterlagen aufzunehmen.

Anmerkung:
§ 13 EU ist mit Ausnahme der Streichung von Abs. 1 Nr. 1 Satz 2 nahezu wortgleich mit der „Basisvorschrift" des § 13 VOB/A. Die Norm schreibt im Oberschwellenbereich nicht vor, dass (wie im Anwendungsbereich von § 13 VOB/A) schriftliche Angebote (bis zum 18.10.2018) immer zuzulassen sind, sondern eröffnet dem öffentlichen Auftraggeber unter Bezugnahme auf § 11 EU VOB/A ein Wahlrecht zwischen schriftlicher und elektronischer Angebotseinholung (§ 13 Abs. 1 Nr. 1 S. 1). Die Bieter sind an seine Entscheidung gebunden. Den „höherrangigen" Rahmen geben die §§ 53 ff. VgV.

Soweit § 13 EU Abs. 1 Nr. 5 Satz 1 VOB/A nunmehr vorschreibt, dass das Angebot auf der Grundlage der Vergabeunterlagen zu erstellen ist, dürfte darin lediglich eine (eher selbstverständliche) Klarstellung liegen.[1] Zu den technischen Spezifikationen gilt neben § 7a EU Abs. 1 Nr. 1 VOB/A §§ 32 ff. VgV.

Im Übrigen wird auf die Kommentierung zu § 13 VOB/A sowie – in Bezug auf Nebenangebote – auf § 35 VgV und in Bezug auf Bietegemeinschaften auf § 43 VgV verwiesen.

§ 14 Öffnung der Angebote, Öffnungstermin bei ausschließlicher Zulassung elektronischer Angebote

(1) **Die Öffnung der Angebote wird von mindestens zwei Vertretern des öffentlichen Auftraggebers gemeinsam an einem Termin (Öffnungstermin) unverzüglich nach**

---

[1] Vgl. auch *v. Wietersheim* in Ingenstau/Korbion, § 13 EU Rn. 3.

Ablauf der Angebotsfrist durchgeführt. Bis zu diesem Termin sin die elektronischen Angebote zu kennzeichnen und verschlüsselt aufzubewahren. Per Post oder direkt zugegangene Angebote sind auf dem ungeöffneten Umschlag mit Eingangsvermerk zu versehen und unter Verschluss zu halten.

(2) 1. Der Verhandlungsleiter stellt fest, ob der Verschluss der schriftlichen Angebote unversehrt ist und die elektronischen Angebote verschlüsselt sind.
2. Die Angebote werden geöffnet und in allen wesentlichen Teilen im Eröffnungstermin gekennzeichnet.
3. Muster und Proben der Bieter müssen im Termin zur Stelle sein.

(3) 1. Über den Öffnungstermin ist eine Niederschrift in elektronischer Form zu fertigen. Der Niederschrift ist eine Aufstellung mit folgenden Angaben beizufügen:
   a) Name und Anschrift der Bieter
   b) die Endbeträge der Angebote oder einzelnen Lose,
   c) Preisnachlässe ohne Bedingungen
   d) Anzahl der jeweiligen Nebenangebote.
2. Sie ist vom Verhandlungsleiter zu unterschreiben oder mit einer Signatur nach § 13 EU Absatz 1 Nummer 1 zu versehen.

(4) Angebote, die bis zum Ablauf der Angebotsfrist nicht vorgelegen haben, sind in der Niederschrift oder in einem Nachtrag besonders aufzuführen. Die Eingangszeiten und die etwa bekannten Gründe, aus denen die Angebote nicht vorgelegen haben, sind zu vermerken. Der Umschlag und andere Beweismittel sind aufzubewahren.

(5) 1. Ein Angebot, das nachweislich vor Ablauf der Angebotsfrist dem öffentlichen Auftraggeber zugegangen war, aber aus vom Bieter nicht zu vertretenden Gründen dem Verhandlungsleiter nicht vorgelegt hat, ist wie ein rechtzeitig vorliegendes Angebot zu behandeln.
2. Den Bietern ist dieser Sachverhalt unverzüglich in Textform mitzuteilen. In die Mitteilung sind die Feststellung, dass bei schriftlichen Angeboten der Verschluss unversehrt war oder bei elektronischen Angeboten diese verschlüsselt waren und die Angaben nach Absatz 3 Nr. 1 Buchstabe a bis d aufzunehmen.
3. Dieses Angebot ist mit allen Angaben in die Niederschrift oder in einen Nachtrag aufzunehmen. Im Übrigen gilt Absatz 4 Satz 2 und 3.

(6) In offenen und nicht offenen Verfahren stellt der Auftraggeber den Bietern die in Absatz 3 Nummer 1 Buchstabe a bis d genannten Informationen unverzüglich elektronisch zur Verfügung. Den Bietern und ihren Bevollmächtigten ist die Einsicht in die Niederschrift und ihre Nachträge (Absätze 4 und 5 sowie § 16c EU Abs. 3) zu gestatten.

(7) Die Niederschrift darf nicht veröffentlicht werden.

(8) Die Angebote und ihre Anlagen sind sorgfältig zu verwahren und geheim zu halten.

Anmerkung:
Die Vorschrift ist im Wesentlichen wort- und inhaltsgleich mit den §§ 14, 14a VOB/A. Der wesentliche inhaltliche Unterschied liegt darin, dass im Geltungsbereich von § 14 EU VOB/A kein öffentlicher Submissionstermin mehr vorgeschrieben ist. Dies drückt sich auch in dem neuen Terminus des „Öffnungs-„ (anstatt Eröffnungs-)termins aus; daraus ergibt sich, dass es lediglich um die Öffnung der Angebote, nicht jedoch um die bieteröffentliche Bekanntgabe der jeweiligen Angebotsinhalte geht. Diese Öffnung ist – wie nach § 14 Abs. 1 Satz 1 VOB/A auch – nach Abs. 1 Satz 1 von zwei Vertretern des Auftraggebers gemeinsam vorzunehmen.
Im Übrigen wird auf die Kommentierung der §§ 14, 14a VOB/A verwiesen.

§ 15 EG Aufklärung des Angebotsinhalts

(1) 1. Im offenen und nicht offenen Verfahren darf der öffentliche Auftraggeber nach Öffnung der Angebote bis zur Zuschlagserteilung von einem Bieter nur Aufklärung verlangen, um sich über seine Eignung, insbesondere seine technische und wirtschaftliche Leistungsfähigkeit, das Angebot selbst, etwaige Nebenange-

bote, die geplante Art der Durchführung, etwaige Ursprungsorte oder Bezugsquellen von Stoffen oder Bauteilen und über die Angemessenheit der Preise, wenn nötig durch Einsicht in die vorzulegenden Preisermittlungen (Kalkulationen) zu unterrichten.
2. Die Ergebnisse solcher Aufklärungen sind geheim zu halten. Sie sollen in Textform niedergelegt werden.

(2) Verweigert ein Bieter die geforderten Aufklärungen und Angaben oder lässt er die ihm gesetzte angemessene Frist unbeantwortet verstreichen, so ist sein Angebot auszuschließen.

(3) Verhandlungen in offenen und nicht offenen Verfahren, besonders über Änderung der Angebote oder Preise, sind unstatthaft, außer wenn sie bei Nebenangeboten oder Angeboten aufgrund eines Leistungsprogramms nötig sind, um unumgängliche technische Änderungen geringen Umfangs und daraus sich ergebende Änderungen der Preise zu vereinbaren.

(4) Der öffentliche Auftraggeber darf nach § 8c EU Absatz 3 übermittelte Informationen überprüfen und hierzu ergänzende Erläuterungen von den Bietern fordern.

Anmerkung:
Die Vorschrift ist bis auf den zusätzlichen Absatz 4 identisch mit § 15 Abschnitt 1. Auf die dortige Kommentierung wird deshalb insoweit verwiesen. Daneben korrespondiert die Vorschrift mit § 60 VgV.

In Absatz 4 wiederum geht es um Angaben zum Energieverbrauch sowie zu einer Analyse minimierter Lebenszykluskosten bzw. um die Ergebnisse einer Methode zur Überprüfung der Wirtschaftlichkeit nach § 8c EU Abs. 3 VOB/A, die der Auftraggeber nach dieser Vorschrift unter den dort genannten Voraussetzungen von den Bietern verlangen und zu denen er nach § 15 EU Abs. 4 VOB/A nach entsprechender Überprüfung ergänzende Informationen fordern kann; eine thematisch weiterführende Regelung enthält § 59 VgV.

§ 16 EU Ausschluss von Angeboten

Auszuschließen sind:
1. Angebote, die bei Ablauf der Angebotsfrist nicht vorgelegen haben, ausgenommen Angebote nach § 14 EU Absatz 5,
2. Angebote, die den Bestimmungen des § 13 EU Absatz 1 Nummern 1, 2 und 5 nicht entsprechen,
3. Angebote, die den Bestimmungen des § 13 EU Absatz 1 Nummer 3 nicht entsprechen; ausgenommen solche Angebote, bei denen lediglich in einer einzelnen unwesentlichen Position die Angabe des Preises fehlt und durch die Außerachtlassung dieser Position der Wettbewerb und die Wertungsreihenfolge, auch bei Wertung dieser Position mit dem höchsten Wettbewerbspreis, nicht beeinträchtigt werden,
4. Angebote, bei denen der Bieter Erklärungen oder Nachweise, deren Vorlage sich der öffentliche Auftraggeber vorbehalten hat, auf Anforderung nicht innerhalb einer angemessenen, nach dem Kalender bestimmten Frist vorgelegt hat. Satz 1 gilt für Teilnahmeanträge entsprechend,
5. nicht zugelassene Nebenangebote sowie Nebenangebote, die den Mindestanforderungen nicht entsprechen,
6. Nebenangebote, die dem § 13 EU Absatz 3 Satz 2 nicht entsprechen.

Schrifttum: Vgl. die Nachweise bei § 16 VOB/A.

Übersicht

	Rn.
I. Allgemeines	1
II. Nebenangebote	2

I. Allgemeines

Am 18.4.2016 sind das neue Vergaberecht und damit auch die überarbeitete VOB/A in Kraft getreten. Während die Basisparagraphen der VOB/A nicht bzw. nicht maßgeblich geändert worden sind, sondern nur redaktionelle Anpassungen erfahren haben, sind durch die Umsetzung zwingender europäischer Vorgaben **die den Bereich der Oberschwellenwertvergaben betreffenden Regelungen der VOB/A EU erheblich modifiziert worden.** 1

§ 16 EU enthält abschließende Sondervorschriften für die Prüfung und Wertung von Angeboten in Vergabeverfahren zur Beschaffung von Bauleistungen, deren geschätzter Auftragswert die maßgeblichen Schwellenwert erreichen bzw. überschreiten (derzeit 5.225.000 Euro für Bauleistungen[1]). Die bisher in § 16 EG VOB/A enthaltenen Regelungen sind – ebenso wie in der VOB/A – nunmehr auf fünf Vorschriften verteilt. § 16 EU entspricht in Aufbau und Struktur weitgehend der Vorschrift des § 16. Allerdings enthält § 16 EU keine Vorschriften zu fakultativen Ausschlussgründen, wie sie in § 16 Abs. 2 geregelt sind. Diese finden sich nunmehr ebenso wie die nach der Vorgängervorschrift des § 16 EG Abs. 1 Nr. 1 lit. d) und g) zwingenden Ausschlussgründe in § 6e EU Abs. 4 bis 6. § 16 EU VOB/A regelt den Ausschluss von Angeboten aufgrund von Mängeln des Angebots, nicht wegen des Verhaltens oder bestimmter Eigenschaften der Bieter.

Die folgenden Ausführungen konzentrieren sich auf die inhaltlich abweichenden bzw. über den Regelungsgehalt des § 16 hinausgehenden Bestimmungen des § 16 EU. Hinsichtlich der mit § 16 sachlich übereinstimmenden Regelungen wird auf die dortige Kommentierung Bezug genommen, die sich auch mit den die Oberschwellenwertvergaben betreffenden spezifischen Fragestellungen befasst.

II. Nebenangebote

Die Regelung in **Nr. 5** knüpft an die Bestimmung des Art. 45 VKR der Richtlinie 2014/24/EU sowie an die in dem Urteil des EuGH vom 16.10.2003[2] aufgestellten Rechtsgrundsätze an, wonach der Auftraggeber **Nebenangebote** ausdrücklich zulassen sowie Mindestanforderungen festlegen und bekannt machen muss 2

Art. 45 Abs. 1 der Richtlinie 2014/24/EU bestimmt, dass der öffentliche Auftraggeber bereits in der Bekanntmachung oder der Aufforderung zur Interessensbestätigung darauf hinweisen muss, ob er Varianten zulassen oder verlangen will oder nicht. Fehlt eine solche Angabe, sind Nebenangebote nicht zugelassen. Während unterhalb der Schwellenwerte Nebenangebote grundsätzlich zulässig sind, ist bei Vergaben oberhalb der Schwellenwerte eine positive Zulassung durch den Auftraggeber erforderlich (vgl. die Ausführungen in → Rn. 38 ff. der Kommentierung zu § 16). Dementsprechend bestimmt § 8 EU Abs. 1 Nr. 3, dass Nebenangebote ausdrücklich zugelassen werden müssen und ordnet § 16 EU Abs. 5 **den Ausschluss nicht zugelassener Nebenangebote** an.

Art. 45 Abs. 2 der Richtlinie schreibt dem öffentlichen Auftraggeber, der Nebenangebote zulassen will, vor, in den Auftragsunterlagen die inhaltlichen Mindestanforderungen zu erläutern, die diese Nebenangebote erfüllen müssen. Gemäß Art. 45 Abs. 3 werden nur Nebenangebote berücksichtigt, die verlangten Mindestbedingungen erfüllen.

Die Regelungen des Art. 45 sind vom Verdingungsordnungsgeber in § 16 EU Nr. 5 (zuvor § 16 EG Abs. 1 Nr. 1 lit. f) aufgegriffen und umgesetzt worden. Bereits in seinem auf eine österreichische Vorlage hin ergangenem Urteil vom 16.10.2003[3] hatte der EuGH entschieden, dass ein Auftraggeber in den Verdingungsunterlagen die inhaltlichen (materiellen) Mindestanforderungen an Nebenangebote zu erläutern hat.

Angesichts der Regelung in Art. 24 in der Richtlinie 2004/18/EG, wonach für Aufträge, die nach dem Kriterium des **wirtschaftlich günstigsten Angebots** vergeben werden, Varianten zugelassen werden können, war für Vergaben im Oberschwellenwertbereich umstritten, ob die Zulassung und Wertung von Nebenangeboten auch dann vergaberechtskonform ist, wenn **ein-** 3

---
[1] Die EU-Schwellenwerte werden von der Kommission alle zwei Jahre geprüft und durch Verordnung geändert. Gemäß § 288 Abs. 2 des Vertrages über die Arbeitsweise der Europäischen Union ist die Verordnung verbindlich und gilt unmittelbar in jedem Mitgliedstaat. § 2 Abs. 1 VgV verweist auf die jeweils angepasste Verordnung der EU.
[2] C-421/01, NZBau 2004, 279 und VergabeR 2004, 50 Traunfellner.
[3] C-421/01, NZBau 2004, 279 und VergabeR 2004, 50 Traunfellner.

ziges **Zuschlagskriterium der Preis** sein soll. Der Bundesgerichtshof hatte auf Vorlage des Oberlandesgerichts Jena (16.9.2013 – 9 Verg 3/13, BeckRS 2013, 16683) die seit der Entscheidung des Oberlandesgerichts Schleswig vom 15.4.2011 (1 Verg 10/10, BeckRS 2011, 11797) bestehende Divergenz der oberlandesgerichtlichen Rechtsprechung zur Zulässigkeit von Nebenangeboten in Fällen, in denen der „niedrigste Preis" das alleinige Zuschlagskriterium bildet[4], aufgelöst.[5] Bereits aus dem nationalen Wettbewerbsgrundsatz nach § 97 Abs. 2 GWB aF und dem Wirtschaftlichkeitsgebot nach § 97 Abs. 5 GWB aF leitete der Bundesgerichtshof ab, dass Nebenangebote grundsätzlich unzulässig sind, wenn alleiniges Zuschlagskriterium der „niedrigste Preis" sein soll. Im **Unterschied zu dieser Rechtsprechung** lässt § 8 EU Abs. 2 Nr. 3 S. 6 nunmehr ausdrücklich zu, dass Nebenangebote auch dann zugelassen werden, wenn der **Preis das einzige Zuschlagskriterium** ist.

4 Zu der Frage, welche Anforderungen im Einzelnen an die Formulierung und Beschreibung von Mindestanforderungen für Nebenangebote zu stellen sind, wird auf die Ausführungen zu → § 16d Rn. 53 ff. Bezug genommen. Fehlt es an hinreichend bestimmten Mindestanforderungen, ist eine vergaberechtskonforme Wertung der Nebenangebote nicht möglich und diese müssen außer Betracht bleiben.[6]

Nebenangebote, die bei Vergaben oberhalb des Schwellenwertes **ohne ausdrückliche Zulassung** eingereicht worden sind, werden ebenso wie **nicht als solche bezeichnete** oder **nicht auf besonderer Anlage gemachte Nebenangebote** bereits auf der ersten Wertungsstufe ausgeschlossen (§ 16 EU Nr. 5). Zudem sind sie ebenso wie Hauptangebote zwingend auszuschließen, wenn einer der sonstigen in § 16 EU genannten Ausschlussgründe vorliegt.

Sodann überprüft der Auftraggeber, ob das Nebenangebot die **bekannt gemachten Mindestanforderungen** erfüllt. An diese ist der Auftraggeber **gebunden.** Ein nachträglicher Verzicht wäre mit den Geboten der Transparenz des Vergabeverfahrens und der Gleichbehandlung der Bieter unvereinbar (vgl. die Kommentierung zu → § 16d Rn. 54).[7] Dem Bieter obliegt es, die Einhaltung der Mindestanforderungen durch das Nebenangebot darzulegen. Ebenso wie bei Hauptangeboten ist auch bei Nebenangeboten die Eignung des Bieters zu prüfen.

Sofern die Mindestanforderungen erfüllt sind und die Eignung zu bejahen ist, ist das Nebenangebot wie ein Hauptangebot anhand der in der Bekanntmachung bzw. in der Aufforderung zur Angebotsabgaben genannten Zuschlagskriterien zu werten. Eine darüber hinausgehende allgemeine Gleichwertigkeitsprüfung ist nicht durchzuführen (vgl. dazu die entsprechenden Ausführungen zu → § 16d Rn. 58 ff.).

§ 16a EU Nachforderung von Unterlagen

Fehlen geforderte Erklärungen oder Nachweise und wird das Angebot nicht entsprechend § 16 EU Nummern 1 und 2 ausgeschlossen, verlangt der öffentliche Auftraggeber die fehlenden Erklärungen oder Nachweise nach. Diese sind spätestens innerhalb von sechs Kalendertagen nach Aufforderung durch den öffentlichen Auftraggeber vorzulegen. Die Frist beginnt am Tag nach der Absendung der Aufforderung durch den öffentlichen Auftraggeber. Werden die Erklärungen oder Nachweise nicht innerhalb der Frist vorgelegt, ist das Angebot auszuschließen.

§ 16A EU entspricht inhaltlich der Vorschrift des § 16a, so dass vollumfänglich auf die Kommentierung zu § 16a verwiesen werden kann. Die Unterschiede sind rein redaktioneller Natur. Während § 16a nur vom „Auftraggeber" spricht, ist in § 16a EU durchgängig die Rede vom „öffentlichen Auftraggeber". Gemeint ist dasselbe. Auch die unterschiedliche Formulierung in Satz 1 – „und" in § 16a EU, „oder" in § 16a – bezeichnet keinen Unterschied in der Sache.

---

[4] OLG Düsseldorf 18.10.2010 VII-Verg 39/10, BeckRS 2010, 28570; 7.1.2010, 23.3.2010 VII-Verg 61/09 und 9.3.2011 VII-Verg 52/10; vgl. auch *Eggert* Europäisches Vergaberecht, Rn. 1258; *Vavra* in Ziekow/Völlink Vergaberecht, VOB/A § 16 Rn. 59; *Kues/Kirch* NZBau 2011, 335 ff.

[5] BGH 7.1.2014 X ZB 15/13, BeckRS 2014, 02188.

[6] *Herrmann* in Ziekow/Völlink Vergaberecht, VOB/A-EG § 16 Rn. 7.

[7] Vgl. OLG Düsseldorf VergabeR 2005, 483.

§ 16b EU Eignung

(1) Beim offenen Verfahren ist die Eignung der Bieter zu prüfen. Dabei sind anhand der vorgelegten Nachweise die Angebote der Bieter auszuwählen, deren Eignung die für die Erfüllung der vertraglichen Verpflichtungen notwendigen Sicherheiten bietet; dies bedeutet, dass sie die erforderliche Fachkunde und Leistungsfähigkeit besitzen, keine Ausschlussgründe gemäß § 6e EU vorliegen und sie über ausreichende technische und wirtschaftliche Mittel verfügen.

(2) Abweichend von Absatz 1 können die Angebote zuerst geprüft werden, sofern sichergestellt ist, dass die anschließende Prüfung des Nichtvorliegens von Ausschlussgründen und der Einhaltung der Eignungsanforderungen unparteiisch und transparent erfolgt.

(3) Beim nicht offenen Verfahren, Verhandlungsverfahren, und bei einer Innovationspartnerschaft beim wettbewerblichen Dialog sind nur Umstände zu berücksichtigen, die nach Aufforderung zur Angebotsabgabe Zweifel an der Eignung des Bieters begründen (vgl. § 6b EU Absatz 2 Nummer 3).

Übersicht

	Rn.
I. Überblick	1
II. Eignungsprüfung	2

I. Überblick

§ 16b EU regelt die Durchführung der Eignungsprüfung. Die Vorschrift enthält **Unterschiede und Erweiterungen** sowohl im Vergleich zu der Vorgängerregelung des § 16 EG Abs. 2 als auch im Vergleich zu der für den Unterschwellenwertbereich geltenden Vorschrift des § 16b. Neu geregelt ist in Abs. 2, dass die Reihenfolge der Wertungsstufen nicht zwingend einzuhalten ist. Zudem stellt Abs. 1 im Unterschied zu § 16b Abs. 1 nicht auf die „Zuverlässigkeit" als Eignungsmerkmal ab, sondern verweist auf die Ausschlussgründe des § 6e. Die folgenden Ausführungen konzentrieren sich auf die inhaltlich abweichenden bzw. über den Regelungsgehalt des § 16b hinausgehenden Bestimmungen des § 16b EU. Hinsichtlich der mit § 16b sachlich übereinstimmenden Regelungen wird auf die dortige Kommentierung Bezug genommen, die sich auch mit den für Oberschwellenwertvergaben relevanten Fragestellungen befasst. 1

II. Eignungsprüfung

§ 16b EU Abs. 1 gibt vor, wie die Eignung von Bietern im offenen Verfahren zu prüfen ist. Während nach § 16b Abs. 1 die Zuverlässigkeit des Bieters zu prüfen ist, wird in § 16b EU Abs. 1 die Prüfung der zuvor mit den Kriterien der Zuverlässigkeit und der Gesetzestreue bezeichneten Anforderungen nunmehr durch die Prüfung ersetzt, ob einer der in **§ 6e enthaltenen Ausschlussgründe** vorliegt (insoweit wird auf die entsprechenden Erläuterungen in der Kommentierung zu § 6e EU verwiesen). Dies entspricht der Systematik des neugefassten GWB, vgl. §§ 123, 124 GWB. 2

Fordert der Auftraggeber gemäß § 6a EU Nr. 2 lit. c) als Eignungsnachweis den Nachweis eines bestimmten Mindestjahresumsatzes, darf der geforderte **Mindestumsatz das Zweifache des geschätzten Auftragswertes nur in hinreichend begründeten Fällen** übersteigen. Auch im Hinblick auf die Nachweise der beruflichen und technischen Leistungsfähigkeit enthält § 6a EU Nr. 3 Neuerungen. So muss ein öffentlicher Auftraggeber als vorläufigen Eignungsnachweis die **einheitliche europäische Eigenerklärung** akzeptieren, § 6b EU Abs. 1. Vor Erteilung des Zuschlags hat der Auftraggeber sich die einschlägigen Nachweise vorlegen zu lassen und diese zu prüfen. Zu den Einzelheiten wird auf die Kommentierung der einschlägigen Vorschriften verweisen. 3

§ 6d enthält **neue Regelungen zur Eignungsleihe**, bei denen ein Bieter sich zum Nachweis seiner Eignung auf die Kapazitäten anderer Unternehmen stützen möchte. Danach ist eine Eignungsleihe nur noch möglich, wenn der Nachunternehmer tatsächlich für die Auftragsdurchführung eingesetzt wird und der Bieter eine verpflichtende Zusage des Nachunternehmers vorlegt. Gemäß § 6d EU Abs. 2 kann der Auftraggeber eine gemeinsame Haftung vorschreiben 4 und bestimmen, dass bestimmte Aufgaben vom Bieter selbst ausgeführt werden. Auch insoweit wird wegen der Einzelheiten auf die Kommentierung zu § 6d EU verwiesen.

5   In Umsetzung der Vorgabe des Art. 56 Abs. 2 der Richtlinie 2014/24/EU ermöglicht es § 16b EU Abs. 2 dem Auftraggeber, die Angebote **vor der Prüfung der Eignung auf ihre Wirtschaftlichkeit** hin zu untersuchen. Insbesondere in Verfahren mit zahlreichen Angeboten und einer reinen Preiswertung kann diese Prüfungsreihenfolge zu einer Beschleunigung des Verfahrens erheblich beitragen. Auch bei einer aufwendigen Eignungsprüfung kann es sich anbieten, nur die günstigsten, in die engere Wahl gelangten Angebote einer solchen zu unterziehen. Dass die Umkehrung der Prüfungsreihenfolge nur erfolgen darf, wenn eine unparteiische und transparente Prüfung der Eignung und des Nichtvorliegens von Ausschlussgründen gewährleistet ist, wird in der Vorschrift ausdrücklich klargestellt.

6   Der Auftraggeber ist an die Bejahung der Eignung nicht in jedem Fall gebunden. Ergeben sich nach der Durchführung der Eignungsprüfung auf Grund **neuer oder erst dann bekannt gewordener Umstände Zweifel an der Eignung** eines Bieters, hat der Auftraggeber erneut in die Prüfung der Eignung einzutreten.[1] Auch wenn nach Durchführung der Eignungsprüfung ein zwingender Ausschlussgrund bekannt wird, darf der Auftraggeber das Angebot noch ausschließen (vgl. auch → Rn. 25 ff. der Kommentierung zu § 16b). Hat der Auftraggeber einen Bieter für geeignet befunden, kann er **beim offenen Verfahren** auch bei unveränderter Sachlage in einer späteren Phase der Prüfung und Wertung der Angebote nochmals eine Eignungsprüfung durchführen und die Eignung verneinen. Dieses hat der Bundesgerichtshof ausdrücklich festgestellt.[2] Danach gilt die abweichende Regelung in § 16 EG Abs. 2 Nr. 2 VOB/A (ersetzt durch § 16 EU Abs. 3) nur für die Vergabearten des nicht offenen Verfahrens, des Verhandlungsverfahrens sowie des wettbewerblichen Dialogs, bei denen der Auftraggeber die Eignung der Bewerber vor Einbeziehung in den Wettbewerb prüft. Durch die Prüfung der Eignung vor Einbeziehung in der Wettbewerb wird ein Vertrauenstatbestand des Inhalts begründet, dass der mit der Erstellung der Angebote und Teilnahme am Wettbewerb entstandene Aufwand nicht nachträglich dadurch nutzlos wird, dass der Auftraggeber bei gleicher tatsächlicher Grundlage die Eignung abweichend bewertet.

7   Ebenso wie § 16b Abs. 2 es für die Beschränkte Ausschreibung und die Freihändige Vergabe vorsieht, bestimmt § 16b EU Abs. 3 beim nicht offenen Verfahren, Verhandlungsverfahren, wettbewerblichen Dialog und der Innovationspartnerschaft, dass infolge der bereits durchgeführten Auswahl der Bieter nur noch Umstände zu berücksichtigen sind, die nach Aufforderung zur Angebotsabgabe entstanden oder bekannt geworden sind. Über den Regelungsgehalt der Basisvorschrift hinausgehend erstreckt § 16b EU Abs. 3 diese Anordnung auch auf die Innovationspartnerschaft (§ 119 Abs. 7 SWB).

§ 16c EU Prüfung

(1) **Die nicht ausgeschlossenen Angebote geeigneter Bieter sind auf die Einhaltung der gestellten Anforderungen, insbesondere in rechnerischer, technischer und wirtschaftlicher Hinsicht zu prüfen. Als Nachweis für die Erfüllung spezifischer umweltbezogener, sozialer oder sonstiger Merkmale der zu vergebenden Leistung sind Bescheinigungen, insbesondere Gütezeichen, Testberichte, Konformitätserklärungen und Zertifizierungen, welche die in § 7a EU genannten Bedingungen erfüllen, zugelassen.**

(2) 1. **Entspricht der Gesamtbetrag einer Ordnungszahl (Position) nicht dem Ergebnis der Multiplikation von Mengenansatz und Einheitspreis, so ist der Einheitspreis maßgebend.**

   2. **Bei Vergabe für eine Pauschalsumme gilt diese ohne Rücksicht auf etwa angegebene Einzelpreise.**

(3) **Die aufgrund der Prüfung festgestellten Angebotsendsummen sind in der Niederschrift über den Eröffnungstermin zu vermerken.**

§ 16c EU regelt die Prüfung der nicht ausgeschlossenen Angebote und entspricht im Wesentlichen der Vorgängervorschrift des § 16 EG Abs. 3 bis 5 sowie der Regelung in § 16c, so dass auf die entsprechenden Erläuterungen verwiesen werden kann.

---

[1] OLG Düsseldorf 9.6.2010 VII-Verg 14/10, BeckRS 2010, 19463.
[2] BGH 7.1.2014 X ZB 15/13, NZBau 2014, 185, anders OLG Frankfurt 24.2.2009 11 Verg 19/08, ZfBR 2009, 394 mwN.

Während die Vorgängerregelung jedoch nur die rechnerische, technische und wirtschaftliche Überprüfung vorsah, ist ausweislich des neu gefassten Abs. 1 S. 1 die Einhaltung der Anforderungen, **insbesondere in rechnerischer, technischer und wirtschaftlicher Hinsicht** erforderlich. Diese erweiterte Prüfung steht im Zusammenhang mit Satz 2, der die Nachweisführung für vom Auftraggeber gestellte spezifische **umweltbezogene, soziale oder sonstige Anforderungen** regelt.

Hat der Auftraggeber diesbezügliche Anforderungen gestellt, ist deren Einhaltung zu prüfen. Der Bieter kann den entsprechenden Nachweis durch die Vorlage der in Satz 2 genannten Unterlagen führen. Zu den Anforderungen des § 7a wird auf die dortige Kommentierung Bezug genommen.

§ 16d EU Wertung

(1) 1. Auf ein Angebot mit einem unangemessen hohen oder niedrigen Preis oder mit unangemessen hohen oder niedrigen Kosten darf der Zuschlag nicht erteilt werden. Insbesondere lehnt der öffentliche Auftraggeber ein Angebot ab, das unangemessen niedrig ist, weil es den geltenden umwelt-, sozial- und arbeitsrechtlichen Anforderungen nicht genügt.
2. Erscheint ein Angebotspreis unangemessen niedrig und ist anhand vorliegender Unterlagen über die Preisermittlung die Angemessenheit nicht zu beurteilen, ist vor Ablehnung des Angebots vom Bieter in Textform Aufklärung über die Ermittlung der Preise oder Kosten für die Gesamtleistung oder für Teilleistungen zu verlangen, gegebenenfalls unter Festlegung einer zumutbaren Antwortfrist. Bei der Beurteilung der Angemessenheit prüft der öffentliche Auftraggeber – in Rücksprache mit dem Bieter – die betreffende Zusammensetzung und berücksichtigt dabei die gelieferten Nachweise.
3. Sind Angebote auf Grund einer staatlichen Hilfe ungewöhnlich niedrig, ist dies nur dann ein Grund sie zurückzuweisen, wenn der Bieter nicht nachweisen kann, dass die betreffende Beihilfe rechtmäßig gewährt wurde. Für diesen Nachweis hat der Auftraggeber dem Bieter eine ausreichende Frist zu gewähren. Öffentliche Auftraggeber, die trotz entsprechender Nachweise des Bieters ein Angebot zurückweisen, müssen die Kommission der Europäischen Union darüber unterrichten.
4. In die engere Wahl kommen nur solche Angebote, die unter Berücksichtigung rationellen Baubetriebs und sparsamer Wirtschaftsführung eine einwandfreie Ausführung einschließlich Haftung für Mängelansprüche erwarten lassen.

(2) 1. Der Zuschlag wird auf das wirtschaftlichste Angebot erteilt. Grundlage dafür ist eine Bewertung des öffentlichen Auftraggebers, ob und inwieweit das Angebot die vorgegebenen Zuschlagskriterien erfüllt. Das wirtschaftlichste Angebot bestimmt sich nach dem besten Preis-Leistungs-Verhältnis. Zu dessen Ermittlung können neben dem Preis oder den Kosten auch qualitative, umweltbezogene oder soziale Aspekte berücksichtigt werden.
2. Es dürfen nur Zuschlagskriterien und deren Gewichtung berücksichtigt werden, die in der Auftragsbekanntmachung oder in den Vergabeunterlagen genannt sind. Zuschlagskriterien können insbesondere sein:
   a) Qualität einschließlich technischer Wert, Ästhetik, Zweckmäßigkeit, Zugänglichkeit, Design für alle, soziale, umweltbezogene und innovative Eigenschaften;
   b) Organisation, Qualifikation und Erfahrung des mit der Ausführung des Auftrags betrauten Personals, wenn die Qualität des eingesetzten Personals erheblichen Einfluss auf das Niveau der Auftragsausführung haben kann, oder
   c) Kundendienst und technische Hilfe sowie Ausführungsfrist. Die Zuschlagskriterien müssen mit dem Auftragsgegenstand in Verbindung stehen. Zuschlagskriterien stehen mit dem Auftragsgegenstand in Verbindung, wenn sie sich in irgendeiner Hinsicht und in irgendeinem Lebenszyklus-Stadium auf diesen beziehen, auch wenn derartige Faktoren sich nicht auf die materiellen Eigenschaften des Auftragsgegenstandes auswirken.
3. Die Zuschlagskriterien müssen so festgelegt und bestimmt sein, dass die Möglichkeit eines wirksamen Wettbewerbs gewährleistet wird, der Zuschlag nicht

willkürlich erteilt werden kann und eine wirksame Überprüfung möglich ist, ob und inwieweit die Angebote die Zuschlagskriterien erfüllen.
4. Es können auch Festpreise oder Festkosten vorgegeben werden, so dass der Wettbewerb nur über die Qualität stattfindet.
5. Die Lebenszykluskostenrechnung umfasst die folgenden Kosten ganz oder teilweise:
   a) von dem öffentlichen Auftraggeber oder anderen Nutzern getragene Kosten, insbesondere Anschaffungskosten, Nutzungskosten, Wartungskosten, sowie Kosten am Ende der Nutzungsdauer (wie Abholungs- und Recyclingkosten);
   b) Kosten, die durch die externen Effekte der Umweltbelastung entstehen, die mit der Leistung während ihres Lebenszyklus in Verbindung stehen, sofern ihr Geldwert bestimmt und geprüft werden kann; solche Kosten können Kosten der Emission von Treibhausgasen und anderen Schadstoffen sowie sonstige Kosten für die Eindämmung des Klimawandels umfassen.
6. Bewertet der öffentliche Auftraggeber den Lebenszykluskostenansatz, hat er in der Auftragsbekanntmachung oder in den Vergabeunterlagen die vom Unternehmen bereitzustellenden Daten und die Methode zur Ermittlung der Lebenszykluskosten zu benennen. Die Methode zur Bewertung der externen Umweltkosten muss
   a) auf objektiv nachprüfbaren und nichtdiskriminierenden Kriterien beruhen,
   b) für alle interessierten Parteien zugänglich sein und
   c) gewährleisten, dass sich die geforderten Daten von den Unternehmen mit vertretbarem Aufwand bereitstellen lassen.
7. Für den Fall, dass eine gemeinsame Methode zur Berechnung der Lebenszykluskosten durch einen Rechtsakt der Europäischen Union verbindlich vorgeschrieben wird, findet diese gemeinsame Methode bei der Bewertung der Lebenszykluskosten Anwendung.

(3) Ein Angebot nach § 13 EU Absatz 2 ist wie ein Hauptangebot zu werten.

(4) Preisnachlässe ohne Bedingung sind nicht zu werten, wenn sie nicht an der vom öffentlichen Auftraggeber nach § 13 EU Absatz 4 bezeichneten Stelle aufgeführt sind. Unaufgefordert angebotene Preisnachlässe mit Bedingungen für die Zahlungsfrist (Skonti) werden bei der Wertung der Angebote nicht berücksichtigt.

(5) Die Bestimmungen der Absätze 1 und 2 sowie der §§ 16b EU, 16c EU Absatz 2 gelten auch bei Verhandlungsverfahren, wettbewerblichen Dialogen und Innovationspartnerschaften. Die Absätze 3 und 4 sowie die §§ 16 EU, 16c EU Absatz 1 sind entsprechend auch bei Verhandlungsverfahren, wettbewerblichen Dialogen und Innovationspartnerschaften anzuwenden.

Übersicht

	Rn.
I. Allgemeines	1
II. Preisprüfung (Abs. 1 Nr. 1 bis 3)	3
III. Ermittlung des wirtschaftlichsten Angebots (Abs. 2)	7
1. Überblick	7
2. Auswahl und Gewichtung der Zuschlagskriterien	8
3. Anforderungen an die Bekanntmachung	16
4. Einzelne Unterkriterien	21
IV. Nebenangebote: Zulassung und Mindestanforderungen	26

I. Allgemeines

1 § 16d EU enthält die maßgeblichen Bestimmungen für die Prüfung der Angemessenheit des Preises bzw. der Kosten sowie für die Auswahl des für den Zuschlag vorgesehenen Angebots und ersetzt im Wesentlichen die Vorschrift des § 16 EG Abs. 6 bis 11. Die Neufassung setzt Art. 67, 68 und 69 der Richtlinie 2014/24/EU in nationales Recht um. Im Vergleich zu der Vorgängerregelung und auch zu der für den Unterschwellenwertbereich geltenden Regelung des § 16d ist sie deutlich **erweitert und modifiziert**.

Auch nach der Neufassung unterfällt die eigentliche Wertung der Angebote in zwei Schritte (vormals: dritte und vierte Wertungsstufe). Zunächst muss der Auftraggeber **prüfen, ob Leistung und Gegenleistung in einem angemessenen Verhältnis** zueinander stehen und gegebenenfalls über ungewöhnlich niedrig erscheinende Preise, gegebenenfalls auch auf Grund einer staatlichen Beihilfe, **aufklären**. Beide Maßnahmen dienen der Feststellung, ob ein unangemessen hoher oder niedriger Preis vorliegt. Ist das zu bejahen, muss das betreffende Angebot aus der Wertung ausgeschieden werden (Abs. 1 Nr. 1). Im Rahmen des zweiten Schrittes ist das **wirtschaftlichste Angebot** zu ermitteln. Die Zuschlagskriterien sind überarbeitet und erweitert worden.

Die folgenden Ausführungen konzentrieren sich auf die von § 16d abweichenden bzw. über den dortigen Regelungsgehalt hinausgehenden Bestimmungen des § 16d EU. Hinsichtlich der mit § 16d sachlich übereinstimmenden Regelungen wird auf die dortige Kommentierung Bezug genommen, die sich auch mit den für Vergaben im Oberschwellenwertbereich relevanten Fragestellungen befasst.

II. Preisprüfung (Abs. 1 Nr. 1 bis 3)

Neu ist, dass die Prüfung der Angemessenheit nicht nur den **Preis, sondern auch die Kosten** umfassen und der Auftraggeber ein Angebot ablehnen muss, das unangemessen niedrig ist, weil es den **geltenden umwelt-, sozial- und arbeitsrechtlichen Anforderungen nicht genügt**. Damit knüpft die Regelung in § 16d EU Abs. 1 Nr. 1 zum einen an die Bestimmung des Art. 67 Abs. 2 der Richtlinie 2014/24/EU an, die ausdrücklich eine Bewertung auch der Kosten fordert, zum anderen an Art. 69, der die Behandlung ungewöhnlich niedriger Angebote regelt.

Der Preis bildet das unmittelbar für eine Leistung zu entrichtende Entgelt, während der Begriff der Kosten sowohl die beim **Auftraggeber anfallenden Kosten**, z. B. in Form von Folge-, Energie- und Wartungskosten, als auch **nicht unmittelbar beim Auftraggeber anfallende Kosten** erfasst, z. B. in Gestalt von Kosten für Umweltbelastungen. Diese Kosten sind gleichfalls auf ihre Angemessenheit hin zu überprüfen. Allerdings werden die Kosten für den Auftraggeber – jedenfalls, wenn sie nicht bei ihm anfallen – nicht ohne weiteres erkennbar und berechenbar sein. Bestehen konkrete Anhaltspunkte für eine Unangemessenheit und Anlass für eine Prüfung, hat der Bieter auf eine entsprechende Aufforderung durch den Auftraggeber diese Kosten darzulegen. Auch in § 16d Abs. 1 Nr. 2, Abs 2 Nr. 1 und 4 werden neben dem Preis die Kosten genannt.

Der Auftraggeber hat ein Angebot auch dann auszuschließen, wenn der **niedrige Angebotspreis bzw. die niedrigen Kosten darauf beruhen, dass es die geltenden umwelt-, sozial- und arbeitsrechtlichen Anforderungen nicht erfüllt**. Jedoch hat der Auftraggeber – wie auch bei sonstigen ungewöhnlich niedrig erscheinenden Angeboten – dem Bieter Gelegenheit zur Aufklärung und Erläuterung zu geben, vgl. § 16d EU Abs. 1 Nr. 2. Soweit § 16d EU Abs. 1 Nr. 2 – anders als § 16d Abs. 1 Nr. 2 – vorsieht, dass vom Bieter **vor Ablehnung** des Angebots Aufklärung zu verlangen ist, handelt es sich um eine Klarstellung. Da die Aufklärung dazu dient, dem Auftraggeber Klarheit über die Wertungsfähigkeit des Angebots zu vermitteln, muss sie zwingend vor der Ablehnung stattfinden. Soweit die Vorschrift darüber hinaus anordnet, dass der Auftraggeber in Rücksprache mit dem Bieter die betreffende Zusammensetzung prüft und dabei die gelieferten Nachweise berücksichtigt, hat der Verordnungsgeber eine offenere Formulierung gewählt als in § 16d und die Bedeutung des Austausches zwischen Auftraggeber und Bieter betont.

§ 16d EU Abs. 1 Nr. 3 enthält einen **Sondertatbestand für ungewöhnlich niedrige** Angebote. Der Begriff des „ungewöhnlich niedrigen Angebots" entspricht inhaltlich dem in § 16d Abs. 1 Nr. 1 und Nr. 2 verwandten Begriffs des „unangemessen niedrigen Angebots". Ist ein Angebot auf Grund einer staatlichen Beihilfe ungewöhnlich niedrig, kann es allein aus diesem Grund nur zurückgewiesen werden, wenn der Bieter die Rechtmäßigkeit der Beihilfe nicht nachweisen kann. Unter Beihilfe sind alle dem Bieter gewährten geldwerten Vergünstigungen zu verstehen, die diesem aus den unterschiedlichsten Gründen von Staats wegen zur Verfügung stehen. Dazu zählen ua die Förderung strukturschwacher Regionen und Vorteilsausgleiche, Hilfen aus dem Strukturfonds der EU sowie nationale Beihilfen in Form von Subventionen.[1]

---

[1] *von Wiertersheim* in Ingenstau/Korbion VOB/A § 16d EU Rn. 9.

Für die Rechtmäßigkeit der Beihilfe trägt der Bieter die **Darlegungs- und Beweislast**. Der Nachweis kann durch einen Auszug aus dem Amtsblatt der EU oder durch Vorlage einer Bestätigung der Kommission geführt werden. Wird der Nachweis nicht erbracht, steht der Ausschluss im Ermessen des Auftraggebers. Dieser hat im Falle des Ausschlusses die Kommission in Kenntnis zu setzen.

III. Ermittlung des wirtschaftlichsten Angebots (Abs. 2)

7   **1. Überblick.** Gemäß § 16d EU Abs. 2 Nr. 1 ist der Zuschlag auf das **wirtschaftlichste Angebot** zu erteilen. Im Unterschied zu § 16d wird der Begriff der „Wirtschaftlichkeit" durch den weiteren Begriff des **„Preis-Leistungs-Verhältnisses"** erläutert. Aus Satz 4 ergibt sich, dass darunter ein Verhältnis zu verstehen ist, bei dem auf der einen Seite der „Preis" oder die „Kosten" und auf der anderen Seite die mit der Beschaffung verfolgten Zwecke stehen. Sowohl der Begriff der „Wirtschaftlichkeit" als auch die Begriffe „Preis" und „Kosten" waren ursprünglich ausschließlich in einem **einzelwirtschaftlichen Sinne auf den konkreten Beschaffungsvorgang** bezogen.[2] Indem § 16d EU Abs. 2 – in Umsetzung des Art. 68 der Richtlinie 2014/24/EU – es dem Auftraggeber überlässt, nicht nur Preise bzw. Preisnachlässe sowie interne Kosten zu berücksichtigen, sondern in Form von Lebenszykluskosten und fiktiven finanziellen Bewertungen für Umweltbelastungen auch externe Kosten, wird deutlich, dass der Wirtschaftlichkeitsbegriff sich von dem auch dem früheren § 97 Abs. 1 S. 2 GWB aF zugrunde liegenden einzelwirtschaftlichen Verständnis entfernt und gesamtwirtschaftliche Aspekte einbezieht. Dies wird auch an dem im Verhältnis zur Vorgängerregelung und zu § 16d **deutlich erweiterten Katalog der Zuschlagskriterien** deutlich, der nunmehr auch solche **nichtpreislichen** Zuschlagskriterien umfasst, die nicht im Sinne eines einzelwirtschaftlichen Verständnisses einen konkreten Nutzen zugunsten des Auftraggebers entfalten, sondern darüberhinausgehend anderen, gesamtwirtschaftlichen bzw. gesellschaftspolitischen Zielsetzungen dienen.[3]

8   **2. Auswahl und Gewichtung der Zuschlagskriterien.** Der öffentliche Auftraggeber ist an die in § 16d EU Abs. 2 genannten Zuschlagskriterien nicht gebunden, sondern darf diese in den Grenzen der Sachgerechtigkeit, Diskriminierungsfreiheit und Auftragsbezogenheit **frei bestimmen**. Es handelt sich schon ausweislich des Wortlauts des Abs. 2 Nr. 2 nicht um eine abschließende Aufzählung.

Die Regelung in Nr. 3 stellt **inhaltliche Anforderungen** an die Auswahl von Kriterien und Unterkriterien durch den Auftraggeber. Danach müssen die Zuschlagskriterien so gestaltet sein, dass sie die Möglichkeit eines **wirksamen Wettbewerbs gewährleisten**, einen **willkürlichen Zuschlag verhindern** und eine **wirksame Überprüfung der Erfüllung der Zuschlagskriterien ermöglichen**. Die Beachtung der Grundsätze der Gleichbehandlung, Transparenz und des Diskriminierungsverbots erfordert insbesondere, dass die Kriterien hinreichend bestimmt sind.

9   Zulässig ist es insbesondere, als **einziges Zuschlagskriterium den Preis** festzulegen. Während Art. 53 Abs. 1 der Vergabekoordinierungsrichtlinie 2004/18/EG den öffentlichen Auftraggeber **bei Oberschwellenwertvergaben** ausdrücklich ermächtigte, sich für eines der beiden Zuschlagskriterien – niedrigster Preis oder wirtschaftlichstes Angebot – zu entscheiden, sieht Art. 67 Abs. 1 der neuen Vergaberichtlinie 2014/24/EU vor, dass Auftraggeber den **Zuschlag stets auf der Grundlage des wirtschaftlich günstigsten Angebotes** zu erteilen haben. Trotz dieses Wortlauts steht Art. 67 Abs. 1 der Zulässigkeit einer reinen Preiswertung nicht entgegen.[4] In Art. 67 Abs. 2 sind der „Preis" bzw. die „Kosten" als eigenständige Gesichtspunkte neben dem „Preis-Leistungsverhältnis" aufgeführt. Bereits nach dem Wortlaut der Regelung ist **eine Berücksichtigung qualitativer Kriterien somit nicht zwingend**. Zudem sieht Art. 67 Abs. 2 S. 4 die Befugnis der Mitgliedstaaten vor, den „Preis" als alleiniges Zuschlagskriterium auszuschließen. Eine solche Ermächtigung liefe jedoch ins Leere, wenn der gleiche Regelungsinhalt bereits mit der Grundaussage des Absatzes 2 S. 1 erreicht würde. Art. 67 Abs. 5 sieht schließlich vor, dass der Auftraggeber bekannt gibt, wie er die einzelnen Kriterien gewichtet, um das wirtschaftlich günstigste Angebot zu ermitteln, es sei denn, dass dieses allein auf der Grundlage des Preises ermittelt wird. Auch daraus folgt, dass die Festsetzung des Preises als einziges Zuschlagskriterium möglich ist. In Erwägungsgrund Nr. 90 stellt der Richtliniengeber schließ-

---
[2] Vgl. *Wiedemann* in KKPP GWB § 127 Rn. 25.
[3] Vgl. *Wiedemann* in KKPP GWB § 127 Rn. 26.
[4] Vgl. dazu *Sauer/Horváth* EWerk 2014, 210 (221).

lich ausdrücklich klar, dass „eine solche Bewertung des wirtschaftlich günstigsten Angebots auch allein auf der Grundlage entweder des Preises oder der Kostenwirksamkeit" durchgeführt werden könnte. Danach ist auch unter der Geltung des Art. 67 der RL 2014/24/EU ein reiner Preiswettbewerb weiterhin grundsätzlich möglich.

Auch nach der Neufassung des GWB stellt die **Wirtschaftlichkeit des** Angebots weiterhin den Maßstab für die Auswahl des für den Zuschlag vorgesehenen Angebots dar, § 127 Abs. 1 S. 1. Aus S. 4 folgt, dass entweder der Preis oder die vom Auftraggeber als maßgeblich erachteten Kosten – z. B. Lebenszykluskosten – **stets**[5] zu berücksichtigen sind, während qualitative, umweltbezogene und soziale Aspekte berücksichtigt werden **können**. Während danach die alleinige Berücksichtigung preis- bzw. kostenfremder Zuschlagskriterien nicht möglich ist, darf der öffentliche Auftraggeber ein preis- oder kostenbezogenes Kriterium als einziges Zuschlagskriterium auswählen.[6] Dies belegen auch die Gesetzesmaterialien, wonach es „auf der Grundlage des besten Preis-Leistungsverhältnisses auch künftig zulässig ist, den Zuschlag allein auf das preislich günstigste Angebot zu erteilen".[7] **10**

Für welches **Kriterium** sich der Auftraggeber entscheidet, hängt maßgeblich von den **konkreten Umständen und Besonderheiten** des Auftrags ab. Bedarf es angesichts des **Beschaffungsgegenstandes zur Ermittlung des besten Angebots der Anlegung eines mehrere Kriterien umfassenden Wertungsschemas**, hat der öffentliche Auftraggeber eine Bewertung der Wirtschaftlichkeit, dh des Verhältnisses von Preis und Leistung unter **Zuhilfenahme verschiedener Unterkriterien vorzunehmen**. Dagegen kann sich nach den konkreten Umständen der Ausschreibung und unter Berücksichtigung der **haushaltsrechtlichen Pflicht** des Auftraggebers, öffentliche Mittel höchstmöglich sparsam und effektiv einzusetzen, auch der Preis als das bestgeeignete Zuschlagskriterium erweisen.[8] Ob der Preis das bestgeeignete Zuschlagskriterium darstellt, ist von den Vergabenachprüfungsinstanzen zu überprüfen. **11**

Eine Auftragsvergabe allein nach dem Preis[9] kann insbesondere in Vergabefällen gerechtfertigt sein, bei denen es um die **Beschaffung standardisierter Gegenstände** mit einem **geringen Grad an Komplexität** geht. Auch bei einer **konstruktiven Leistungsbeschreibung** mit einem Leistungsverzeichnis, in das die Bieter nur noch die Preise eintragen müssen, kann der Preis das einzige Zuschlagskriterium bilden. Anderen Zuschlagskriterien neben dem Preis käme kein eigenständiger Wert mehr zu; sie würden als Scheinkriterien dem vergaberechtlichen Transparenzgebot widersprechen.[10]

In § 16d EU Abs. 2 Nr. 4 ist nunmehr ausdrücklich vorgesehen, dass **Festpreise oder Festkosten** vorgegeben werden können und der Wettbewerb nur über die Qualität stattfindet. Ein solches Vorgehen kann sich zB anbieten, wenn der Auftraggeber nur über ein bestimmtes Budget verfügt. Die Zuschlagskriterien müssen bei dieser Gestaltungsmöglichkeit so formuliert werden, dass sie die Bewertung der qualitativen Unterschiede der Angebote ermöglichen. **12**

§ 16d EU Abs. 2 Nr. 5 legt fest, wie der Auftraggeber **Lebenszykluskosten, d. h. die über den reinen Anschaffungspreis hinausgehenden Gesamtkosten**, die über den Nutzungszeitraum eines Produkts anfallen, im Rahmen der Wertung berücksichtigen kann. Will der Auftraggeber Lebenszykluskosten berücksichtigen, sind gemäß § 16d EU Abs. 2 Nr. 6 die vom Unternehmer bereitzustellenden Daten sowie die Ermittlungsmethode bekannt zu geben. § 16d EU Abs. 2 Nr. 6 nennt zudem inhaltliche Anforderungen an die Bewertungsmethode. **13**

Bereits aus der Funktion der Zuschlagskriterien, einen Vergleich der Angebote zu ermöglichen, folgt, dass sie auf den Gegenstand des Auftrags bezogen sein müssen. Dies wird ausdrücklich auch in Abs. 2 Nr. 2 lit. c gefordert. Ein solcher Zusammenhang besteht danach nicht nur dann, wenn sich die Zuschlagskriterien auf Merkmale oder Eigenschaften der Leistung selbst beziehen. Vielmehr ist es für diese Verbindung ausreichend, wenn sie sich in **irgendeiner Hinsicht und in irgendeinem Lebenszyklus-Stadium auf den Auftragsgegenstand beziehen**, auch wenn sich derartige Faktoren nicht auf dessen materielle Eigenschaften auswirken. **14**

---

[5] so auch die Gesetzesmaterialien: BR-Drs. 367/15, S. 132, wonach Preis oder Kosten bei der Angebotswertung zwingend berücksichtigt werden.
[6] *Wiedemann* in KKPP GWB § 127 Rdn. 28; aA *Grünhagen* in F/Z/G/M VOB/A § 16d EU Rn. 91.
[7] BR-Drs. 367/15, S. 132.
[8] Vgl. *Opitz* VergabeR 2004, 54; *Dreher* in Dreher/Stockmann Kartellvergabe § 97 Rn. 219; dass es sich insoweit um Ausnahmefälle handelt, bezweifeln *Byok/Brieskorn* in ihrer Anm. zum Beschluss des OLG Düsseldorf VergabeR 2008, 110 (112).
[9] Zu den Vorteilen und Risiken sowie zur Durchführung einer Preiswertung ausführlich *Wiedemann* in K/MP/P VOB/A § 16 Rn. 295 ff.
[10] Vgl. *Byok/Brieskorn*, VergabeR 2008, 110(113).

Damit wird auch die Bestimmung von Zuschlagskriterien ermöglicht, die keinen unmittelbaren Auftragsbezug aufweisen, sondern **gesamtwirtschaftlichen oder gesellschaftspolitischen** Zielsetzungen dienen. Dies schließt zB die Berücksichtigung solcher Faktoren wie die Erzeugung von Produkten in energieeffizienten oder nachhaltigen Produktionsprozessen ein.[11]

15   Hat der Auftraggeber mindestens zwei Zuschlagskriterien festgelegt, muss er diese gewichten, d. h. er muss jedem Kriterium einen Wert im Verhältnis zu den anderen Kriterien zuweisen. Hier sind unterschiedliche methodische Vorgehensweisen möglich. So kann der Auftraggeber mit Hilfe eines **Scoring-Modells** jedem Zuschlagskriterium einen prozentualen Stellenwert zuweisen und für die Ausfüllung eine Punktespanne vorsehen.[12] Indes werden durch dieses Modell die **relativen Preisabstände** zwischen den Angeboten **nicht abgebildet**, so dass regelmäßig eine **lineare Interpolation** vorgenommen wird, bei der die Preise sämtlicher Angebote – beginnend mit dem niedrigsten Angebot, das die Höchstpunktzahl erreicht und endend mit höchsten Angebot – relativ zueinander auf einer Punkteskala eingeordnet werden. Zulässig ist auch die Ermittlung der Rangfolge der Angebote mittels einer – einfachen oder erweiterten – Richtwertmethode. Dabei wird der bei den weiteren Zuschlagskriterien erworbene Gesamtpunktwert durch den Preis geteilt und entweder dasjenige Angebot bezuschlagt, dass den absolut höchsten Quotienten erreicht oder sich innerhalb eines zuvor festgelegten Korridors unterhalb des höchsten Quotienten bewegt und ein gleichfalls zuvor festgelegtes Zuschlagskriterium am besten erfüllt. Ist eine **Gewichtung objektiv nicht möglich,** darf der Auftraggeber gemäß Art. 67 Abs. 5 UA 3 der Richtlinie 2014/248/EG von einer Gewichtung absehen und hat die Kriterien in absteigender Reihenfolge anzugeben.

16   **3. Anforderungen an die Bekanntmachung.** Gemäß § 16 EU Abs. 2 Nr. 2 S. 1 dürfen nur Kriterien berücksichtigt werden, die in der Auftragsbekanntmachung oder in den Vergabeunterlagen bekannt gemacht worden sind. Der Auftraggeber ist aber nach Art. 67 Abs. 5 der Richtlinie 2014/24/EU und der maßgeblichen Rechtsprechung des EuGH[13] nicht nur verpflichtet, die **Zuschlagskriterien** und deren **Gewichtung** sondern darüber hinaus auch die zur inhaltlichen Ausfüllung herangezogenen **Unterkriterien** und deren Gewichtung sowie gegebenenfalls die zur Konkretisierung der Unterkriterien aufgestellten **weiteren Kriterien,** die der inhaltlichen Ausfüllung und Konkretisierung der auf der ersten Ebene gewählten Unterkriterien dienen sowie deren Gewichtung, wie sie oft in einer sog Bewertungsmatrix enthalten sind, mitzuteilen, um so die Transparenz des Verfahrens und die Chancengleichheit der Bieter zu gewährleisten.[14]

17   Dies gilt nicht nur für im Voraus, dh vor Veröffentlichung der Bekanntmachung und Versendung der Verdingungsunterlagen, sondern auch für nach diesem Zeitpunkt vom Auftraggeber aufgestellte Unterkriterien.[15] Das Urteil des EuGH vom 12.12.2002,[16] wonach der Auftraggeber, die **im Voraus aufgestellten Regeln für die Gewichtung der Zuschlagskriterien** bekannt zu machen habe, sowie die Entscheidung des Oberlandesgerichts Düsseldorf vom 16.2.2005,[17] wonach der Auftraggeber verpflichtet sei, **zu den Zuschlagskriterien im Voraus festgelegte Unterkriterien und deren Gewichtung** bekannt zu geben, sind gelegentlich von den Auftraggebern dahingehend missverstanden worden, dass **nachträglich aufgestellte** Unterkriterien sowie deren Gewichtung von der Bekanntgabepflicht ausgenommen seien.
In der Entscheidung vom 14.1.2008[18] hat der EuGH noch einmal betont, dass die Bekanntgabepflicht auch für die nachträgliche Festlegung von Unterkriterien und deren Gewichtung gilt,

---

[11] vgl. *Wiedemann* in KKPP GWB § 127 Rn. 61.
[12] Siehe zum Folgenden *Summa* in jurisPK-VergabeR, VOB/A § 16d Rn. 77 ff.
[13] Vgl. EuGH 12.12.2002 – C-479/99, VergabeR 2003, 141 – Universale Bau und 24.11.2005 – C – 331/04, VergabeR 2006, 201 – ATI EAC SrL.
[14] Vgl. EuGH 12.12.2002 – C-479/99, NZBau 2003, 162 – Universale – Bau; und 24.11.2005 – C-331/04, VergabeR 2006, 201 – ATI EAC; OLG Düsseldorf 23.1.2008 – V-II Verg 31/07, BeckRS 2008, 13108; 9.4.2008 – VII-Verg 2/08, NJW-Spezial 2008, 302; VergabeR 2008, 956 ff. mit Anm. von *Noch* VergabeR 2008, 961 ff.; OLG Düsseldorf 21.5.2008 – VII-Verg 19/08, NZBau 2009, 67; 22.12.2010 – VII-Verg 40/10, BeckRS 2011, 01658; OLG München 19.3.2009 – Verg 2/09, NZBau 2009, 341.
[15] EuGH 14.1.2008 – C-532, VergabeR 2008, 496 – Lianakis; OLG München NZBau 2008, 574 (für eine VOF-Vergabe); OLG Düsseldorf VergabeR 2008, 865 f., Thüringer OLG VergabeR 2007, 522 (525); OLG München 19.3.2009, Verg 2/09.
[16] C – 479/99, NZBau 2003, 162 – Universale Bau.
[17] VergabeR 2005, 364 f.
[18] C-532, VergabeR 2008, 496 – *Lianakis* sowie bereits in der Entscheidung vom 24.11.2005 – C-331/04, VergabeR 2006, 202 – ATI EAC.

dies jedenfalls dann, wenn sich die Kenntnis davon auf den Inhalt der Angebote auswirkt. Das Unterlassen einer Bekanntgabe nachträglich festgelegter (Unter-)kriterien und Gewichtungskoeffizienten ist seiner Art nach regelmäßig geeignet, die Leistungs- und Angebotsmöglichkeiten der Bieter nachteilig zu beeinflussen. Die Bieter können ihr Angebot weder an den Erwartungen des Auftraggebers hinsichtlich der ausgeschriebenen Leistung noch an den genauen Bewertungsvorstellungen des Auftraggebers ausrichten. Sie werden dadurch gehindert, ein unter allen Umständen vergleichbares sowie das annehmbarste Angebot abzugeben. Dabei hat der Antragsteller im Vergabenachprüfungsverfahren nicht darzulegen, welches konkrete, chancenreichere Angebot er eingereicht hätte, wenn ihm die (Unter-)kriterien und die Gewichtung bekannt gewesen wären.[19]

Die **nachträgliche Aufstellung, Ausfüllung und Gewichtung** von Zuschlagskriterien verstößt damit nicht per se gegen die EU-Vergaberechtlinien, unterliegt aber **engen Zulässigkeitsgrenzen**. Die Festlegung von Unterkriterien nach Öffnung der Angebote ist unzulässig.[20]

Die bekannt gemachten Kriterien dürfen nicht durch die nachträglich gebildeten oder gewichteten Unterkriterien geändert werden. Es muss ferner auszuschließen sein, dass das nachträgliche Aufstellen und Gewichten der Unterkriterien den Inhalt der Angebote hätte beeinflussen können, wenn die Kriterien und deren Gewichtung schon vor Erstellung der Angebote bekannt gemacht worden wären. Schließlich darf das nachträgliche Vorgehen auch nicht dazu geeignet sein, Bieter zu diskriminieren.[21]

Zweifelhaft ist, inwieweit **Bewertungsmaßstäbe und Methoden** im Voraus festgelegt und den Bietern bekannt zu geben sind. Insbesondere steht die Zulässigkeit einer Wertung durch ein sogenanntes **Schulnotensystem**, zum Beispiel durch die Vergabe von 0 bis 10 Punkten für die festgelegten Wertungs- bzw. Unterkriterien, in Rede. Das OLG Düsseldorf hält ein reines Schulnotensystem aufgrund völliger Intransparenz und Unbestimmtheit der Bewertungsmaßstäbe sowohl im Oberschwellenwertbereich als auch – wegen der Gleichheit des Prüfungsmaßstabs – bei Unterschwellenwertvergaben für vergaberechtswidrig. Der Senat kritisiert, dass das **reine und durch keine Unterkriterien konkretisierte Schulnotensystem** die Angebotswertung einem ungebundenen und freien Ermessen des Auftraggebers überlasse und **willkürliche Bewertungen** gestatte. Zulässig ist danach hingegen eine Verwendung des Schulnotensystems, wenn dieses eine weitere Aufgliederung erfährt und dadurch Anhaltspunkte vorgegeben werden, anhand derer Bieter den bei den jeweiligen Notenstufen geforderten Erfüllungsgrad sowie erkennen können, worauf der Auftraggeber Wert legt.[22] Danach umfasst die **Festlegungs- und Bekanntmachungspflicht des öffentlichen Auftraggebers auch die hinter der Wertungsmethodik liegenden und diese ausfüllenden Wertungsmaßstäbe**.

Soweit der EuGH in seiner Entscheidung vom 14.7.2016 (C-6/15) im scheinbaren Gegensatz dazu ausführt, dass der öffentliche Auftraggeber nicht verpflichtet sei, den potenziellen Bietern in der Auftragsbekanntmachung oder in den entsprechenden Verdingungsunterlagen die Bewertungsmethode, die er zur konkreten Bewertung und Einstufung der Angebote anwenden werde, zur Kenntnis zu bringen, gilt dies nur, soweit diese Methode **keine Veränderung der Zuschlagskriterien oder ihrer Gewichtung** bewirken kann. Insoweit hat der EuGH verdeutlicht, dass die Bewertungsmethode, anhand derer der öffentliche Auftraggeber die Angebote konkret bewertet und einstuft, grundsätzlich nicht nach der Öffnung der Angebote durch den öffentlichen Auftraggeber festgelegt werden darf. Nur wenn die Festlegung der Bewertungsmethode vor der Öffnung nicht möglich war, darf der öffentliche Auftraggeber sie im Nachhinein festlegen. Ob diese Rechtsprechung der „Schulnotenrechtsprechung" des OLG Düsseldorf somit tatsächlich entgegensteht, ist fraglich. In den vom OLG Düsseldorf entschiedenen Sachverhalten hatten die Auftraggeber die Gewichtung durch Schulnoten vorgesehen. In diesen Fällen besteht das vom EuGH anerkannte Bedürfnis, im **Nachhinein eine Bewertungsmethode** festzulegen, wenn dies vor Öffnung der Angebote gar nicht möglich ist, indes nicht, denn die Festlegung des nach der Vorstellung des Auftraggebers bei den jeweiligen Notenstufen geforderten Erfüllungsgrads wäre durchaus möglich gewesen.

---

[19] Vgl. OLG Düsseldorf 22.12.2010 – VII-Verg 40/10, BeckRS 2011, 01658 mwN.
[20] OLG Frankfurt 28.5.2013 – 11 Verg 6/13, BeckRS 2013, 10982.
[21] Vgl. zu den Grenzen der Bekanntgabepflicht: OLG Düsseldorf 30.7.2009 – VII-Verg 10/09, BeckRS 2009, 29056.
[22] OLG Düsseldorf 16.12.2015, VII-Verg 25/15; 15.6.2016, VII-Verg 49/15, 2.11.2016, VII-Verg 25/16.

21 **4. Einzelne Unterkriterien.** Über die auch in § 16d genannten Kriterien hinaus (vgl. die entsprechende Kommentierung zu § 16d, Rn. 38 ff.) enthält § 16d EU Abs. 2 Nr. 2 weitere zulässige Zuschlagskriterien. Danach können neben Qualität, technischem Wert und Ästhetik, Preis, Zweckmäßigkeit, Ausführungsfrist, Betriebs- und Folgekosten[23], Rentabilität, Servicekriterien wie Kundendienst und technische Hilfe sowie Umwelteigenschaften und Ausführungsfrist auch **Zugänglichkeit, Design für alle sowie soziale und innovative Eigenschaften** Zuschlagskriterien bilden.

22 **Zugänglichkeit** meint dabei in erster Linie die Zugänglichkeit eines Gebäudes für Menschen mit Behinderungen. Damit wird der Bezug zu Art. 9 Abs. 1 der UN-Behindertenrechtskonvention hergestellt, der unmittelbare Wirkung für die nationale Rechtsordnung zukommt und die auch für das Unionsrecht maßgeblich ist. Danach haben die Vertragsstaaten geeignete Maßnahmen zu treffen, um für Menschen mit Behinderungen **gleichberechtigten Zugang zu Wohngebäuden und öffentlichen Räumen** zu gewährleisten.

23 Der Begriff des **„Designs für alle"** bezeichnet ein Konzept für die Planung und Gestaltung von Produkten, Dienstleistungen und Infrastrukturen, mit dem Ziel, allen Menschen deren Nutzung ohne individuelle Anpassung oder besondere Assistenz zu ermöglichen. Damit werden Lösungen angestrebt, die besonders gebrauchsfreundlich und auch von Menschen, die aufgrund einer Behinderung oder ihres Alters unter Einschränkungen leiden, benutzt werden können.[24]

24 Auch die Berücksichtigung **sozialer, umweltbezogener und innovativer Aspekte** bei der Auswahl und Gestaltung von Zuschlagskriterien ist ausdrücklich zulässig. **Soziale Aspekte** können sich an den Interessen und Bedürfnissen einzelner Nutzergruppen orientieren, zB wie die Kriterien der Zugänglichkeit und des Designs für alle die Barrierefreiheit oder die Benutzerfreundlichkeit betreffen. Es können damit aber auch gesamtwirtschaftliche oder gesellschaftspolitische Zielsetzungen in den Blick genommen werden, wie die Beschäftigung bestimmter Arbeitnehmergruppen bzw. die Förderung sozialer Anliegen durch die Bieter. Die Berücksichtigung von **Umwelteigenschaften** erlaubt es gleichfalls**,** neben unmittelbar leistungsbezogenen, sich auf die materiellen Eigenschaften des Auftragsgegenstandes beziehenden Aspekten, wie zB der Energieeffizienz, die Erfüllung darüberhinausgehender Anliegen zu einem Zuschlagskriterium zu erheben. Dazu zählen insbesondere Gesichtspunkte des Klimaschutzes und der Nachhaltigkeit: So kann das Angebot umweltfreundlicher, nachhaltig produzierter Materialien im Rahmen der Wertung berücksichtigt werden oder es kann eine im Vergleich der Angebote umweltfreundlichere und verbrauchsärmere Lösung bevorzugt werden. Auch die Berücksichtigung umweltgerechter und nachhaltiger Produktions- und Transportverfahren ist möglich.[25] Des Weiteren können auch **innovative Eigenschaften** Zuschlagskriterien bilden. In diesem Zusammenhang ist insbesondere an den Einsatz neuartiger Techniken oder Verfahrensabläufe zu denken.

25 Soweit § 16d EU Abs. 2 Nr. 2 lit. b vorsieht, dass die **Organisation, Qualifikation und Erfahrung** des mit der Ausführung des Auftrags betrauten Personals ein Zuschlagskriterium bilden kann, wenn **die Qualität erheblichen Einfluss auf das Niveau der Auftragsdurchführung** haben kann, wird dadurch die bislang **strikte Trennung zwischen Zuschlags- und Eignungskriterien** aufgehoben und durch eine Regelung ersetzt, die einem praktischen Bedürfnis nach Berücksichtigung der persönlichen Fähigkeiten und Erfahrungen des Auftragnehmers Rechnung trägt.

IV. Nebenangebote: Zulassung und Mindestanforderungen

26 Art. 45 Abs. 1 der Richtlinie 2014/24/EU bestimmt, dass Auftraggeber in der Bekanntmachung oder der Aufforderung zur Interessensbestätigung darauf hinweisen, ob sie Varianten zulassen oder verlangen oder nicht. Fehlt eine solche Angabe, sind Nebenangebote nicht zugelassen. Während unterhalb der Schwellenwerte Nebenangebote grundsätzlich zulässig sind, ist bei Vergaben oberhalb der Schwellenwerte eine positive Zulassung durch den Auftraggeber erforderlich. Dementsprechend ordnet § 16 EU Nr. 5 **den Ausschluss nicht zugelassener**

---

[23] Vgl. zur Bedeutung der Betriebs- und Folgekosten bei der Angebotswertung ausführlich *Mohr* BWGZ 2014, 908 ff.
[24] Vgl. Bundesministerium für Arbeit und Soziales BMAS (Hrsg.), Unser Weg in eine inklusive Gesellschaft. Der Nationale Aktionsplan der Bundesregierung zur Umsetzung der UN-Behindertenrechtskonvention, Rostock 2011
[25] Vgl. OLG Düsseldorf ZfBR 2003, 721.

Nebenangebote an. Nebenangebote, die ohne ausdrückliche Zulassung eingereicht worden sind, werden ebenso wie nicht als solche bezeichnete oder nicht auf besonderer Anlage gemachte Nebenangebote bereits auf der ersten Wertungsstufe ausgeschlossen (§ 16 EU Nr. 5). Zudem sind sie ebenso wie Hauptangebote auszuschließen, wenn einer der sonstigen zwingenden oder fakultativen Ausschlussgründe vorliegt.

Bei Vergaben **oberhalb der Schwellenwerte** hat der öffentliche Auftraggeber Mindestanforderungen an Nebenangebote zu formulieren und Nebenangebote, die diesen Mindestanforderungen nicht genügen, auszuschließen. Art. 45 Abs. 2 der Richtlinie 2014/24 schreibt dem öffentlichen Auftraggeber, der Nebenangebote – ausdrücklich – zulassen oder verlangen will, vor, in den Auftragsunterlagen die **inhaltlichen Mindestanforderungen** zu erläutern, die diese Nebenangebote erfüllen müssen. Gemäß Art. 45 Abs. 3 werden nur Nebenangebote berücksichtigt, die die verlangten Mindestbedingungen erfüllen. Die Regelungen des Art. 45 Abs. 2 und Abs. 3 werden durch § 16 EU Nr. 5 umgesetzt. Bereits in seinem auf eine österreichische Vorlage hin ergangenen Urteil vom 16.10.2003[26] hatte der EuGH in diesem Sinne entschieden und Auftraggeber für verpflichtet gehalten, die inhaltlichen (materiellen) Mindestanforderungen an Nebenangebote zu erläutern. 27

Zu der Frage, welche Anforderungen im Einzelnen an die Formulierung und Beschreibung von Mindestanforderungen für Nebenangebote zu stellen sind, wird auf die Ausführungen zu → § 16d Rn. 53 ff. Bezug genommen. Fehlt es an hinreichend bestimmten Mindestanforderungen, ist eine vergaberechtskonforme Wertung der Nebenangebote nicht möglich und diese müssen außer Betracht bleiben.[27]

An die **bekannt gemachten Mindestanforderungen** ist der Auftraggeber **gebunden**. Ein nachträglicher Verzicht wäre mit den Geboten der Transparenz des Vergabeverfahrens und der Gleichbehandlung der Bieter unvereinbar.[28] Dem Bieter obliegt es, die Einhaltung der Mindestanforderungen durch das Nebenangebot darzulegen. Ebenso wie bei Hauptangeboten ist auch bei Nebenangeboten die Eignung des Bieters zu prüfen. Sofern die Mindestanforderungen erfüllt sind und die Eignung zu bejahen ist, ist das Nebenangebot wie ein Hauptangebot anhand der in der Bekanntmachung bzw. in der Aufforderung zur Angebotsabgabe genannten Zuschlagskriterien zu werten. Eine darüber hinausgehende allgemeine Gleichwertigkeitsprüfung ist nicht durchzuführen (vgl. dazu die entsprechenden Ausführungen zu § 16d Rn. 56 ff.). 28

Für Vergaben im **Oberschwellenwertbereich** war lange umstritten, ob die Zulassung und Wertung von Nebenangeboten auch dann vergaberechtskonform ist, wenn **einziges Zuschlagskriterium der Preis** sein soll. Der Bundesgerichtshof[29] hatte auf Vorlage des Oberlandesgerichts Jena (16.9.2013, 9 Verg 3/13) die seit der Entscheidung des Oberlandesgerichts Schleswig vom 15.4.2011 (1 Verg 10/10) bestehende Divergenz der oberlandesgerichtlichen Rechtsprechung zur Zulässigkeit von Nebenangeboten in Fällen, in denen der „niedrigste Preis" das alleinige Zuschlagskriterium bildet,[30] dahingehend aufgelöst, dass Nebenangebote grundsätzlich unzulässig seien, wenn alleiniges Zuschlagskriterium der „niedrigste Preis" sein soll, und dies aus dem Wettbewerbsgrundsatz nach § 97 Abs. 2 GWB aF und dem Wirtschaftlichkeitsgebot nach § 97 Abs. 5 GWB aF abgeleitet. Dies sollte nach umstrittener Ansicht auch für Vergaben unterhalb des Schwellenwertes gelten (vgl. die Ausführungen in der Vorauflage, § 16 Rn. 152 f.) Daran kann angesichts der in § 8 EU Abs. 2 Nr. 3 S. 6 ausdrücklich enthaltenen Erlaubnis, Nebenangebote auch dann zuzulassen, wenn der Preis das einzige Zuschlagskriterium ist, nicht festgehalten werden. 29

§ 17 EU Aufhebung der Ausschreibung

(1) Die Ausschreibung kann aufgehoben werden, wenn:
 1. kein Angebot eingegangen ist, das den Ausschreibungsbedingungen entspricht,
 2. die Vergabeunterlagen grundlegend geändert werden müssen,
 3. andere schwer wiegende Gründe bestehen.

---

[26] C-421/01, veröffentlicht in NZBau 2004, 279 ff. und VergabeR 2004, 50 ff.; *Traunfellner*.
[27] *Herrmann* in Ziekow/Völlink Vergaberecht, VOB/A-EG § 16 Rn. 7.
[28] Vgl. OLG Düsseldorf VergabeR 2005, 483.
[29] BGH 15.1.2014 – X ZB 15/13.
[30] OLG Düsseldorf 18.10.2010 – VII-Verg 39/10, NZBau 2011, 57; 7.1.2010, 23.3.2010 – VII-Verg 61/09 und 9.3.2011, VII-Verg 52/10, BeckRS 2011, 08605; vgl. auch *Eggert* Europäisches Vergaberecht, Rn. 1258; *Vavra* in Ziekow/Völlink Vergaberecht, VOB/A § 16 Rn. 59; *Kues/Kirch* NZBau 2011, 335 ff.

(2) 1. Die Bewerber und Bieter sind von der Aufhebung der Ausschreibung unter Angabe der Gründe, gegebenenfalls über die Absicht, ein neues Vergabeverfahren einzuleiten, unverzüglich in Textform zu unterrichten.
2. Dabei kann der Auftraggeber bestimmte Informationen zurückhalten, wenn die Weitergabe
   a) den Gesetzesvollzug behindern,
   b) dem öffentlichen Interesse zuwiderlaufen,
   c) die berechtigten geschäftlichen Interessen von öffentlichen oder privaten Unternehmen schädigen oder
   d) den fairen Wettbewerb beeinträchtigen würde.

Übersicht

	Rn.
I. Anwendungsbereich und Inhalt	1
II. Zurückhaltung bestimmter Informationen	2

I. Anwendungsbereich und Inhalt

1 § 17 EU gilt nur für Auftragsvergaben oberhalb der EU-Schwellenwerte, weil es sich um eine Regelung in Abschnitt 2 handelt. Aufgrund der geänderten Regelungstechnik im Abschnitt 2 der VOB/A wiederholen § 17 EU Abs. 1 und Abs. 2 Nr. 1 den Wortlaut von § 17 VOB/A im Abschnitt 1. Auf die **Kommentierung zu § 17** VOB/A wird insoweit verwiesen.

II. Zurückhaltung bestimmter Informationen

2 Nach § 17 EU Abs. 2 Nr. 2 kann der Auftraggeber bestimmte Informationen zurückhalten, wenn die Weitergabe den Gesetzesvollzug vereiteln würde oder sonst nicht im öffentlichen Interesse läge oder die berechtigten Geschäftsinteressen von Unternehmen oder den fairen Wettbewerb beeinträchtigen würde. Auch hier steht dem Auftraggeber ein Beurteilungsspielraum zu. Er muss sorgfältig abwägen, ob und welche Interessen durch die Weitergabe der Information berührt werden und wie diese gegeneinander abzugrenzen sind. Häufig wird sich die Frage stellen, ob die Weitergabe bestimmter Informationen die berechtigten Geschäftsinteressen anderer Unternehmen beeinträchtigen. Hier kann es aus Gründen der Wahrung des ordnungsgemäßen Wettbewerbs sowie der Wahrung von Betriebs- oder Geschäftsgeheimnissen angezeigt sein, diese Informationen nicht weiterzuleiten. Dies gilt insbesondere für die detaillierten Gründe für das Vorliegen nicht ordnungsgemäßer anderer Angebote oder auch für Kalkulationen, Produktions- und Verfahrensabläufe, Marktstrategien und Ähnliches.[1]

§ 18 EU Zuschlag

(1) Der Zuschlag ist möglichst bald, mindestens aber so rechtzeitig zu erteilen, dass dem Bieter die Erklärung noch vor Ablauf der Bindefrist zugeht.
(2) Werden Erweiterungen, Einschränkungen oder Änderungen vorgenommen oder wird der Zuschlag verspätet erteilt, so ist der Bieter bei Erteilung des Zuschlags aufzufordern, sich unverzüglich über die Annahme zu erklären.
(3) 1. Die Erteilung eines Bauauftrags ist bekannt zu machen.
2. Die Vergabebekanntmachung erfolgt mit den von der Europäischen Kommission festgelegten Standardformularen und enthält die Informationen nach Anhang V Teil D der Richtlinie 2014/24/EU.
3. Aufgrund einer Rahmenvereinbarung vergebene Einzelaufträge werden nicht bekannt gemacht.
4. Erfolgte eine Vorinformation auf Aufruf zum Wettbewerb nach § 12 EU Absatz 2 und soll keine weitere Auftragsvergabe während des Zeitraums, der von der Vorinformation abgedeckt ist, vorgenommen werden, so enthält die Vergabebekanntmachung einen entsprechenden Hinweis.

---

[1] *Glahs*, Akteneinsicht- und Informationsfreiheitsansprüche im Vergabe- und im Nachprüfungsverfahren, NZBau 2014, 74 (75–80).

5. Nicht in die Vergabebekanntmachung aufzunehmen sind Angaben, deren Veröffentlichung
   a) den Gesetzesvollzug behindern,
   b) dem öffentlichen Interesse zuwiderlaufen,
   c) die berechtigten geschäftlichen Interessen öffentlicher oder privater Unternehmen schädigen oder
   d) den fairen Wettbewerb beeinträchtigen würden.

(4) Die Vergabebekanntmachung ist dem Amt für Veröffentlichungen der Europäischen Union in kürzester Frist – spätestens 30 Kalendertage nach Auftragserteilung – elektronisch zu übermitteln.

Übersicht

	Rn.
A. Allgemeines	1
I. Grundlagen/Änderungen	1
II. Regelungszweck	4
B. Zuschlagserteilung	5
C. Vergabebekanntmachung	6
I. Voraussetzungen (§ 18 EU Abs. 3 Nr. 1 VOB/A)	6
II. Inhaltliche Anforderungen an die Vergabebekanntmachung (§ 18 EU Abs. 3 Nr. 2 VOB/A)	8
III. Rahmenvereinbarungen (§ 18 EU Abs. 3 Nr. 3 VOB/A)	9
IV. Vorformation (§ 18 EU Abs. 3 Nr. 4 VOB/A)	11
V. Bekanntmachungsfrist (§ 18 EU Abs. 4 VOB/A)	12
D. Veröffentlichung	13
I. Veröffentlichungspflicht	13
II. Ausnahmen von der Veröffentlichungspflicht (§ 18 EU Abs. 3 Nr. 5 VOB/A)	14
1. Regelungszweck	14
2. Einzelne Ausnahmen	16
a) § 18 EU Abs. 3 Nr. 5 lit. a und lit. b VOB/A	17
b) § 18 EU Abs. 3 Nr. 5 lit. c VOB/A	18
c) § 18 EU Abs. 3 Nr. 5 lit. d VOB/A	19
E. Rechtsfolgen bei Verstößen gegen die Veröffentlichungspflicht	20

A. Allgemeines

I. Grundlagen/Änderungen

§ 18 EU Abs. 1 und 2 VOB/A entsprechen § 18 Abs. 1 und 2 VOB/A. § 18 EU Abs. 3 und 4 VOB/A beruhen auf Art. 50 VKR (RL 2014/24/EU). Sie regeln die Bekanntmachung der Auftragserteilung (Vergabebekanntmachung). Diese Vergabebekanntmachung soll die **wesentlichen Informationen** über die Bedingungen enthalten, zu denen der Auftrag vergeben wurde. 1

Der **Anwendungsbereich** der § 18 EU Abs. 3 und 4 VOB/A ist auf Vergaben oberhalb der Schwellenwerte beschränkt. Für Vergaben unterhalb der Schwellenwerte findet sich eine Bekanntmachungspflicht für bestimmte Aufträge in § 20 Abs. 3 VOB/A. 2

§ 18 EU Abs. 3 und 4 VOB/A entspricht weitest gehend § 18a VOB/A 2009. Die Vorgängervorschrift war **§ 28a VOB/A 2006**. 3

II. Regelungszweck

§ 18 EU Abs. 3 und 4 VOB/A dient dem Ziel der Vergaberichtlinie, Transparenz innerhalb des Vergabeverfahrens zu schaffen. Die Verpflichtung zur Nachinformation über die Auftragserteilung gewährleistet eine *ex-post*-**Transparenz**. Die Bekanntmachung der Auftragserteilung soll sicher stellen, dass die interessierten Unternehmen sich über den Fortgang und Abschluss des Vergabeverfahrens informieren und überprüfen können, ob ihre Rechte hinreichend gewahrt wurden. Zugleich soll sich die Kommission ein Bild über Ablauf und Ergebnis der Vergabeverfahren verschaffen können. Sofern bei der Veröffentlichung bestimmter Angaben auf die berechtigten geschäftlichen Interessen öffentlicher oder privater Unternehmen bzw. den freien Wettbewerb Rücksicht zu nehmen ist, kommt dieser Bestimmung drittschützender Charakter 4 im Sinne von § 97 Abs. 6 GWB zu. Zu Recht wird in Frage gestellt, ob eine ex-post-Veröffentlichung tatsächlich geeignet ist, die angestrebten Ziele zu verwirklichen oder im Hinblick auf die Vorabinformationspflicht des § 134 GWB nicht lediglich zu unnötiger Bürokratie führt.[1]

B. Zuschlagserteilung

5   § 18 EU Abs. 1 und 2 VOB/A ist mit § 18 Abs. 1 und 2 VOB/A identisch. Mit der Zuschlagserteilung endet das Vergabeverfahren. Ein vergaberechtliches **Nachprüfungsverfahren ist unzulässig,** wenn der Zuschlag vor Einleitung des Nachprüfungsverfahrens wirksam erteilt wurde.[2] Für die Zulässigkeit eines Nachprüfungsverfahrens kann es also auf die zivilrechtliche Unwirksamkeit eines Vertrages des Auftraggebers mit einem konkurrierenden Bieter ankommen.[3] Der wirksam erteilte Zuschlag kann auch von der Vergabekammer nicht mehr aufgehoben werden (§ 168 Abs. 2 S. 1 GWB). Nach Zuschlagserteilung kommen nur noch Schadensersatzansprüche (Sekundärrechtsschutz) nicht berücksichtigter Bewerber und Bieter in Betracht.

C. Vergabebekanntmachung

I. Voraussetzungen (§ 18 EU Abs. 3 Nr. 1 VOB/A)

6   Nach § 18 EU Abs. 3 Nr. 1 VOB/A ist die Erteilung eines Bauauftrages bekannt zu machen. Dies bezieht sich auf alle Bauaufträge i. S. d. § 103 Abs. 3 GWB / § 1 EU Abs. 1 VOB/A, auf welche der 2. Abschnitt der VOB/A Anwendung findet. Die Frage, durch welche Vergabeart (§ 3 EU VOB/A) die Vergabe erfolgte, spielt keine Rolle.

7   Das Vergabeverfahren muss zur Erteilung des Auftrags geführt haben. Im Falle der **Aufhebung** existiert keine Bekanntmachungsverpflichtung, lediglich die Bewerber und Bieter sind zu unterrichten (§ 17 EU Abs. 2 VOB/A). Die insoweit ursprünglich in § 26a Nr. 3 VOB/A aF vorgesehene Mitteilungspflicht wurde bereits durch die VOB/A 2006 aufgehoben.

II. Inhaltliche Anforderungen an die Vergabebekanntmachung (§ 18 EU Abs. 3 Nr. 2 VOB/A)

8   Hinsichtlich Form und Inhalt der Vergabebekanntmachung verweist § 18 EU Abs. 3 Nr. 2 VOB/A seit Inkrafttreten der VOB/A 2016 auf Anhang V Teil D der VKR (2014/24/EU) und die auf dieser Grundlage von der Europäischen Kommission festgelegten Standardformulare. Ausgangspunkt dieser Regelung ist Art. 50 Abs. 1 UA 2 VKR (2014/24/EU). Dort ist vorgesehen, dass die Vergabebekanntmachung die Informationen nach Anhang V Teil D der Richtlinie zu enthalten hat. Dieser Anhang gibt den Inhalt der Bekanntmachung sehr detailliert vor. Art. 51 Abs. 1 UA 2 VKR wiederum bestimmt, dass die Kommission auf Grundlage der in Anlage V enthaltenen Informationen Standardformulare festlegt. Das Verfahren für diese Festlegung bestimmt sich nach Art. 4 VO (EU) Nr. 182/2011 (Art. 51 Abs. 1 UA 2 S. 2 i. V. m. Art. 89 Abs. 2 VKR – 2014/24/EU). Die gegenwärtig geltenden Standardformulare für Vergabebekanntmachung finden sich in der VO (EU) 2015/1986 v. 11.11.2015[4] und sind elektronisch über das Portal TED abrufbar.[5] Die in dem Standardformular genannten Angaben sind „zwingend und unbedingt".[6]

III. Rahmenvereinbarungen (§ 18 EU Abs. 3 Nr. 3 VOB/A)

9   Die VOB/A 2016 enthält erstmals Regelungen über die Vergabe von Rahmenvereinbarungen (§ 4a EU VOB/A). Die Auftragserteilung auf Grundlage einer Rahmenvereinbarung erfolgt in zwei Schritten. Der erste Schritt stellt die Vergabe der Rahmenvereinbarung dar. Diese bedarf einer öffentlichen Ausschreibung (§ 4a EU Abs. 1 S. 1 VOB/A). Der Abschluss einer Rahmen-

---

[1] *Reichling/von Wietersheim* in Ingenstau/Korbion, VOB/A EU § 18 Rn. 35.
[2] BGHZ 146, 202 = VergabeR 2001, 71 (72 f.).
[3] OLG Jena BauR 2000, 1611; OLG Düsseldorf VergabeR 2002, 404 (409 f.); KG VergabeR 2005, 236.
[4] ABl., 2015 L 296, S. 1.
[5] http://ted.europa.eu
[6] EuGH 24.1.1995 – C-359/93, ECLI:EU:C:1995:14 Rn. 20.

vereinbarung ist durch eine Vergabebekanntmachung bekannt zu machen. Dies ergibt sich nicht unmittelbar aus § 18 EU Abs. 3 Nr. 1 VOB/A, da dieser eine Vergabebekanntmachung lediglich für die Erteilung eines Bauauftrages vorsieht. Eine Rahmenvereinbarung stellt jedoch keinen Bauauftrag dar (vgl. die Regelungen in § 103 Abs. 3 einerseits und § 103 Abs. 5 GWB andererseits). Die Verpflichtung, den Abschluss einer Rahmenvereinbarung durch eine Vergabebekanntmachung bekannt zu machen, ergibt sich allerdings aus Art. 50 Abs. 1 VKR (2014/24/EU). § 18 EU Abs. 3 Nr. 1 VOB/A muss richtlinienkonform dahin gehend ausgelegt werden, dass er auch Rahmenvereinbarungen umfasst.

Nach Abschluss der Rahmenvereinbarung erfolgt auf deren Grundlage der Abschluss von Einzelaufträgen (§ 4a EU Abs. 3 und 4 VOB/A). § 18 EU Abs. 3 Nr. 3 VOB/A bestimmt in Übereinstimmung mit Art. 50 Abs. 2 UA 2 S. 1 VKR (2014/24/EU), dass der Abschluss dieser Einzelaufträge keiner erneuten Vergabebekanntmachung bedarf. Dies ist konsequent, da bereits der Abschluss der Rahmenvereinbarung bekannt gemacht wurde und sich der Wettbewerb bezüglich der Einzelaufträge auf diejenigen Wirtschaftsteilnehmer bezieht, die Partei der Rahmenvereinbarung geworden sind.

IV. Vorformation (§ 18 EU Abs. 3 Nr. 4 VOB/A)

Erfolgt eine Vorinformation als Aufruf zum Wettbewerb nach § 12 EU Abs. 2 VOB/A und soll keine weitere Auftragsvergabe während des Zeitraums, der von der Vorinformation abgedeckt ist, vorgenommen werden, so enthält die Vergabebekanntmachung einen entsprechenden Hinweis (§ 18 EU Abs. 3 Nr. 4 VOB/A). Grundlage dieser Regelung ist Art. 50 Abs. 2 UA 1 VKR (2014/24/EU). Durch den Hinweis, dass keine weitere Auftragsvergabe während des vorgesehenen Zeitraums erfolgt, teilt der Auftraggeber den interessierten Kreisen mit, dass der durch die Vorinformation eingeleitete Vergabevorgang abgeschlossen ist.

V. Bekanntmachungsfrist (§ 18 EU Abs. 4 VOB/A)

§ 18 EU Abs. 4 VOB/A sieht vor, dass die Vergabebekanntmachung dem Amt für Veröffentlichungen der Europäischen Union in kürzester Frist – spätestens 30 Kalendertage nach Auftragserteilung – elektronisch zu übermitteln ist. Diese Regelung beruht auf Art. 50 Abs. 1 UA 1 VKR (2014/24/EU). Für die **Berechnung der Frist** gilt VO (EWG, EURATOM) Nr. 1182/71 des Rates vom 3.6.1971,[7] was aus dem 106. Erwägungsgrund zur VKR (2014/24/EU) folgt. Die Darlegungs- und Beweislast für die rechtzeitige Übermittlung trägt der Auftraggeber.[8]

D. Veröffentlichung

I. Veröffentlichungspflicht

Die Vergabebekanntmachung wird gemäß Art. 51 Abs. 2 VKR (2014/24/EU) von dem Amt für Veröffentlichungen der Europäischen Union **veröffentlicht.** Die Veröffentlichung erfolgt im Supplement des Amtsblatts. Die **Kosten der Veröffentlichung** trägt die Europäische Union (Art. 51 Abs. 2 S. 3 VKR – RL 2014/24/EU).

II. Ausnahmen von der Veröffentlichungspflicht (§ 18 EU Abs. 3 Nr. 5 VOB/A)

1. Regelungszweck. § 18 EU Abs. 3 Nr. 5 VOB/A enthält vier abschließend aufgezählte Ausnahmeregelungen von der grundsätzlich bestehenden Bekanntmachungspflicht im Sinne des § 18 EU Abs. 3 Nr. 1 VOB/A. Sinn und Zweck dieser Ausnahmetatbestände ist es, im Einzelfall einen sinnvollen Ausgleich zwischen dem Informationsinteresse der Beteiligten (Publizitätsinteresse) auf der einen und dem **Schutz berechtigter Geheimhaltungsinteressen** auf der anderen Seite zu erreichen.[9] Nach dem Wortlaut des § 18 EU Abs. 3 Nr. 5 VOB/A entfällt bei Eingreifen eines der Ausnahmetatbestände die **Bekanntmachungspflicht** des Auftraggebers. Ein Vergleich mit dem Wortlaut des Art. 50 Abs. 4 VKR (RL 2014/24/EU) zeigt allerdings, dass die Verpflichtung zur Bekanntgabe aller Angaben gegenüber der Kommission unberührt

---

[7] ABl. 1971 L 124, S. 1.
[8] *Reichling/von Wietersheim* in Ingenstau/Korbion VOB/A EU § 18 Rn. 31.
[9] *Mertens* in FKZGM VOB/A EU § 18 Rn. 26.

bleibt. Lediglich von der **Veröffentlichung** bestimmter Angaben im Amtsblatt ist abzusehen. Der Auftraggeber muss der Kommission mitteilen, welche Angaben nicht zur Veröffentlichung bestimmt sind. Dabei obliegt die Entscheidung, ob ein entsprechender Ausnahmetatbestand eingreift und welche Angaben den übrigen Bietern vorenthalten werden sollen, allein dem Auftraggeber. Sofern tatsächlich einer der in § 18 EU Abs. 3 Nr. 5 VOB/A normierten Ausnahmen vorliegt, trifft den Auftraggeber die Verpflichtung, für ein Unterbleiben der Veröffentlichung Sorge zu tragen. In der Praxis spielt diese Unterscheidung keine Rolle. Die allgemeine Handhabung geht dahin, Angaben, die nicht veröffentlicht werden sollen, der Kommission nicht mitzuteilen. Die Gründe der Nichtveröffentlichung sind in der Dokumentation nach § 20 EU VOB/A anzugeben, um die Entscheidungen nachvollziehbar festzuhalten. Auch wenn der Wortlaut des § 18 EU Abs. 3 Nr. 5 VOB/A selbst keine Begründungspflicht für das Nichtveröffentlichen bestimmter Angaben regelt, so empfiehlt sich dennoch ein kurzer Hinweis darauf, dass aus einem der in den Ausnahmetatbeständen genannten Gründen von der Veröffentlichung abgesehen wurde.[10] Eine § 18 EU Abs. 3 Nr. 5 VOB/A vergleichbare Regelung findet sich in § 17 EU Abs. 2 Nr. 2 VOB/A.

15 Im Nachprüfungsverfahren können die Beteiligten die Akten bei der Vergabekammer nach § 165 Abs. 1 GWB einsehen. Bei diesem **Akteneinsichtsrecht** droht in weit größerem Maße als bei der Veröffentlichung nach § 18 EU Abs. 4 VOB/A die Verletzung von Geschäfts- und Betriebsgeheimnissen. Die Auseinandersetzungen um den Ausgleich zwischen transparentem Vergabeverfahren und berechtigten Geheimhaltungsinteressen finden daher vorrangig in Zusammenhang mit § 165 GWB statt. Zu Art. 41 Abs. 3 VKR (RL 2004/18/EG) hat der Europäische Gerichtshof entschieden, dass die Nachprüfungsinstanz die praktische Wirksamkeit der in dieser Vorschrift verbürgten Vertraulichkeit sicher zu stellen hat.[11]

16 **2. Einzelne Ausnahmen.** Im Einzelnen sieht § 18 EU Abs. 3 Nr. 5 VOB/A folgende Gründe, die eine Nichtveröffentlichung von Informationen rechtfertigen, vor:

17 **a) § 18 EU Abs. 3 Nr. 5 lit. a und lit. b VOB/A.** Nach § 18 EU Abs. 3 Nr. 5 lit. a und lit. b VOB/A sind Angaben, deren Veröffentlichung den **Gesetzesvollzug behindern oder dem öffentlichen Interesse zuwiderlaufen,** nicht zu veröffentlichen. Bei den Angaben, die den Gesetzesvollzug behindern, handelt es sich um solche, deren Weitergabe ein Gesetz verbietet (so zB § 17 UWG).[12] Der Begriff des öffentlichen Interesses ist demgegenüber weiter und umfasst nicht nur solche Informationen, die ausdrücklich auf Grund eines Gesetzes geheim zu halten sind. Das Eingreifen jener Ausnahmeregelung ist etwa bei militärischen oder sonstigen der allgemeinen Geheimhaltung unterliegenden Bauten, beispielsweise solcher der Bundes- oder Landespolizei, denkbar.

18 **b) § 18 EU Abs. 3 Nr. 5 lit. c VOB/A.** Sofern die Angaben **die berechtigten geschäftlichen Interessen öffentlicher oder privater Unternehmen** schädigen, ist nach § 18 EU Abs. 3 Nr. 5 lit. c VOB/A ebenfalls von ihrer Veröffentlichung abzusehen. Dabei handelt es sich regelmäßig um Betriebs- oder Geschäftsgeheimnisse.[13] Dieser Ausnahmetatbestand greift etwa dann ein, wenn die Nennung des Auftragnehmers in Verbindung mit der Beschreibung der Leistung und dem Preis Folgerungen auf die Kalkulation, Bezugsquellen oder Marktstrategien des Auftragnehmers zulassen, die diesem bei späteren Vergaben möglicherweise Wettbewerbsnachteile einbringen.

19 **c) § 18 EU Abs. 3 Nr. 5 lit. d VOB/A.** Nach § 18 EU Abs. 3 Nr. 5 lit. d VOB/A darf die Veröffentlichung keine Angaben, die den **fairen Wettbewerb beeinträchtigen** würden, enthalten. Angaben, die geeignet sind, die Wettbewerbssituation auf dem relevanten Baumarkt zu beeinflussen, müssen unterbleiben, da die mit der Veröffentlichung bezweckte Markttransparenz keinesfalls einzelnen Unternehmen Wettbewerbsvorteile bei künftigen Vergaben verschaffen soll. Nach dem Wortlaut dieser Vorschrift genügt bereits eine Beeinträchtigung des fairen Wettbewerbs. Daher greift die Ausnahmeregelung des § 18 EU Abs. 3 Nr. 5 lit. d VOB/A nicht erst dann ein, wenn konkrete Gesetzesverstöße, wie etwa gegen das GWB oder UWG, vorliegen.[14]

---

[10] *Bauer* in Heiermann/Riedl/Rusam, VOB/A EG § 18 Rn. 26; *Reichling/von Wietersheim* in Ingenstau/Korbion, VOB/A EU § 18 Rn. 20.
[11] EuGH 14.2.2008 – C-450/06, ECLI:EU:C:2008:91 = VergabeR 2008, 487 – Varec.
[12] *Mertens* in FKZGM VOB/A EU § 18 Rn. 28.
[13] *Mertens* in FKZGM VOB/A EU § 18 Rn. 29.
[14] *Reichling/von Wietersheim* in Ingenstau/Korbion, VOB/A EU § 18 Rn. 25.

Vielmehr kann bereits bei Beeinträchtigungen unterhalb der Schwelle von Gesetzesverletzungen eine Ausnahme von der Veröffentlichungspflicht aus Gründen der Sicherung eines fairen Wettbewerbs geboten sein.

E. Rechtsfolgen bei Verstößen gegen die Veröffentlichungspflicht

Die Pflicht zur Bekanntmachung nach § 18 EU Abs. 3 Nr. 1 VOB/A ist **nicht Bieter** **20** **schützend.** Ihr Unterlassen löst keine Schadensersatzansprüche aus.[15] Nach § 18 EU Abs. 3 Nr. 5 VOB/A sind bei der Veröffentlichung die berechtigten geschäftlichen Interessen öffentlicher oder privater Unternehmen bzw. der faire Wettbewerb zwischen den Unternehmen zu berücksichtigen. In diesen Fällen dient § 18 EU Abs. 3 VOB/A auch den schutzwürdigen Belangen der Bieter. Bieter können die Beachtung ihrer Interessen deshalb gegebenenfalls **in einem Nachprüfungsverfahren** erzwingen, soweit sie das Unterlassen der Veröffentlichung fordern (§ 156 Abs. 2 GWB). Ein derartiger Antrag dürfte entgegen den allgemeinen Verfahrensgrundsätzen[16] auch dann noch zulässig sein, wenn das Vergabeverfahren bereits durch Zuschlagserteilung beendet wurde, da nicht die Fortsetzung des Vergabeverfahrens, sondern allein die Unterlassung der auf den Zuschlag folgenden Veröffentlichung begehrt wird.[17] Antragsteller wird regelmäßig der erfolgreiche Bieter sein.

Bei einem Verstoß gegen die Pflicht zur Rücksichtnahme auf die berechtigten geschäftlichen **21** Interessen der Unternehmen bzw. den freien Wettbewerb kann der Auftraggeber gegebenenfalls aus einem vorvertraglichen Schuldverhältnis im Sinne des § 311 Abs. 2 BGB zum Schadensersatz verpflichtet sein.

§ 19 EU Nicht berücksichtigte Bewerbungen und Angebote

(1) Bewerber, deren Bewerbung abgelehnt wurde, sowie Bieter, deren Angebote ausgeschlossen worden sind (§ 16 EU) und solche, deren Angebote nicht in die engere Wahl kommen, sollen unverzüglich unterrichtet werden.

(2) Der öffentliche Auftraggeber hat die betroffenen Bieter, deren Angebote nicht berücksichtigt werden sollen,
1. über den Namen des Unternehmens, dessen Angebot angenommen werden soll,
2. über die Gründe der vorgesehenen Nichtberücksichtigung ihres Angebots und
3. über den frühesten Zeitpunkt des Vertragsschlusses
unverzüglich in Textform zu informieren.
Dies gilt auch für Bewerber, denen keine Information nach Absatz 1 über die Ablehnung ihrer Bewerbung zur Verfügung gestellt wurde, bevor die Mitteilung über die Zuschlagserteilung an die betroffenen Bieter ergangen ist.
Ein Vertrag darf erst 15 Kalendertage nach Absendung der Information nach den Sätzen 1 und 2 geschlossen werden. Wird die Information per Telefax oder auf elektronischem Weg versendet, verkürzt sich die Frist auf zehn Kalendertage. Die Frist beginnt am Tag nach Absendung der Information durch den Auftraggeber; auf den Tag des Zugangs beim betroffenen Bewerber oder Bieter kommt es nicht an.

(3) Die Informationspflicht nach Absatz 2 entfällt in den Fällen, in denen das Verhandlungsverfahren ohne Teilnahmewettbewerb wegen besonderer Dringlichkeit gerechtfertigt ist.

(4) Auf Verlangen des Bewerbers oder Bieters unterrichtet der öffentliche Auftraggeber in Textform so schnell wie möglich, spätestens jedoch innerhalb einer Frist von 15 Kalendertagen nach Eingang des Antrags,
1. jeden nicht erfolgreichen Bewerber über die Gründe für die Ablehnung seines Teilnahmeantrags;
2. jeden Bieter, der ein ordnungsgemäßes Angebot eingereicht hat, über die Merkmale und relativen Vorteile des ausgewählten Angebots sowie über den Namen des erfolgreichen Bieters oder der Parteien der Rahmenvereinbarung;

---

[15] OLG Jena 16.1.2002 – 6 Verg 7/01, zu § 17 VOF; LG Leipzig VergabeR 2007, 417 (420).
[16] Hierzu BGHZ 146, 202 = BGH VergabeR 2001, 71 (72).
[17] *Anderer Ansicht: Reichling/von Wietersheim* in Ingenstau/Korbion, VOB/A EU § 18 Rn. 35.

3. jeden Bieter, der ein ordnungsgemäßes Angebot eingereicht hat, über den Verlauf und die Fortschritte der Verhandlungen und des Dialogs mit den Bietern. § 17 EU Absatz 2 Nummer 2 gilt entsprechend.

(5) Nicht berücksichtige Angebote und Ausarbeitungen der Bieter dürfen nicht für eine neue Vergabe oder für andere Zwecke benutzt werden.

(6) Entwürfe, Ausarbeitungen, Muster und Proben zu nicht berücksichtigten Angeboten sind zurückzugeben, wenn dies im Angebot oder innerhalb von 30 Kalendertagen nach Ablehnung des Angebots verlangt wird.

Schrifttum: *Adam,* Zuschlag, Vertragsschluss und europäisches Vergaberecht: Anmerkung zum „Alcatel Austria"-Urteil des EuGH, WuW 2000, 260; *Brinker* Anm. zu EuGH v. 28.10.1999 – Rs. C-81/98, JZ 2000, 462 – *ders.* Vorabinformation der Bieter oder Zweistufentheorie im Vergaberecht?, NZBau 2000, 169; *Erdl* Neues Vergaberecht – Effektiver Rechtsschutz und Vorab-Informationspflicht des Auftraggebers: Zu den jüngsten Entwicklungen nach den Entscheidungen VK Bund, Euro-Münzplättchen II und EuGH, Rs. C-81/98, Alcatel Austria AG (Ökopunkte System), BauR 1999, 1341; *Glahs* Akteneinsichts- und Informationsfreiheitsansprüche im Vergabe- und Nachprüfungsverfahren, NZBau 2014, 75; *Gröning* Das deutsche Vergaberecht nach dem Urteil des EuGH vom 28.10.1999; Alcatel Austria u. a., WRP 2000, 49; *Malmendier* Vergaberecht, quo vadis?; Ausblicke nach der „Alcatel-Entscheidung" des EuGH und der „Flughafen-Entscheidung" des OLG Brandenburg, DVBl. 2000, 963; *Spießhofer/Lang* Der neue Anspruch auf Information im Vergaberecht, ZIP 2000, 46.

Übersicht

	Rn.
A. Allgemeines/Änderungen	1
B. Ausgeschlossene Bewerber und Bieter (§ 19 EU Abs. 1 VOB/A)	3
C. Informations- und Wartepflicht (§ 19 EU Abs. 2 und 3 VOB/A/ § 134 GWB)	4
I. Überblick	4
II. Verfahrensarten	8
III. Adressat	10
IV. Inhalt der Information	13
V. Zeitpunkt der Information, nochmalige Information	18
VI. Form der Information	20
VII. Wartefrist	21
1. Fristdauer (§ 134 Abs. 2 S. 1 und 2 GWB / § 19 EU Abs. 2 S. 3 und 4 VOB/A)	22
2. Fristbeginn und -ende (§ 134 Abs. 2 S. 3 GWB / § 19 EU Abs. 2 S. 5 VOB/A)	23
VIII. Ausnahmen von der Informationspflicht (§ 134 Abs. 3 S. 1 GWB / § 19 EU Abs. 3 VOB/A)	25
IX. Unwirksamkeit	26
X. De-facto-Vergabe	28
D. Weitere Informationen auf Verlangen (§ 19 EU Abs. 4 VOB/A)	29
I. Informationspflichten gegenüber Bewerbern (§ 19 EU Abs. 4 Nr. 1 VOB/A)	30
II. Informationspflichten gegenüber Bietern (§ 19 EU Abs. 4 Nr. 2 und Nr. 3 VOB/A)	34
III. § 19 EU Abs. 4 S. 2 VOB/A: Schutz von Geheimhaltungsinteressen	37
IV. Verhältnis zu § 134 Abs. 1 GWB	39
V. Fehlerfolgen	41
E. Verbot anderweitiger Nutzung (§ 19 EU Abs. 5 VOB/A)	42
F. Rückgabepflicht (§ 19 EU Abs. 6 VOB/A)	43

A. Allgemeines/Änderungen

1 § 19 EU VOB/A regelt die **Informationspflichten des öffentlichen Auftraggebers** bei Vergaben **oberhalb der Schwellenwerte.** § 19 Abs. 5 VOB/A findet im 2. Abschnitt keine Entsprechung, da § 3 EU VOB/A ein nicht offenes Verfahren ohne öffentlichen Teilnahmewettbewerb nicht kennt. § 19 EU VOB/A beruht auf Art. 55 VKR (RL 2014/24/EU) sowie Art. 2a RMR (RL 89/665/EWG)[1]. § 19 EU Abs. 2 und 3 VOB/A **wiederholt** die gesetzliche **Regelung aus § 134 GWB.** Dies hat den Vorteil, dass die bestehenden Informationspflichten

---

[1] Vgl. zur Rechtslage vor in Kraft treten des Art. 2a Abs. 2 RL 89/665/EWG: → Rn. 5.

erstmalig in einer Vorschrift zusammengefasst sind. Andererseits erfordern künftige Änderungen des Gesetzestextes eine Anpassung der VOB/A, die wiederum erst nach Änderung des Verweises in § 2 VgV wirksam werden wird. Da Neufassungen der VOB/A sowie der VgV in der Vergangenheit oft längere Zeit in Anspruch nahmen, ist zu befürchten, dass zukünftig bei Änderungen des § 134 GWB über einige Zeit der Wortlaut des Gesetzes von demjenigen der VOB/A abweichen wird. Zu bevorzugen wäre, auf Wiederholungen von Gesetzestexten in der VOB/A zu verzichten.

Vorgängervorschrift des § 19 EG VOB/A war § 27a **VOB/A 2006.** 2

B. Ausgeschlossene Bewerber und Bieter (§ 19 EU Abs. 1 VOB/A)

§ 19 EU Abs. 1 VOB/A entspricht § 19 Abs. 1 S. 1 VOB/A. Allerdings wird die Informationspflicht in § 19 EU Abs. 1 VOB/A auf **Bewerber** ausgedehnt, deren Bewerbung abgelehnt wurde. Diese sind ebenfalls unverzüglich zu unterrichten. Von Bedeutung ist dies insbesondere im nicht offenen Verfahren und im Verhandlungsverfahren. Hier erfolgt die Prüfung der Teilnahmeanträge zu einem Zeitpunkt, in dem noch keine Angebote vorliegen. Zwischen dem Ausschluss eines Bewerbers und dem Abschluss des Vergabeverfahrens kann ein längerer Zeitraum liegen. Ausgeschlossene Bewerber sollen jedoch unverzüglich nach ihrem Ausschluss und nicht erst am Ende des Verfahrens informiert werden. Eine § 19 Abs. 1 S. 2 VOB/A vergleichbare Regelung fehlt in § 19 EU Abs. 1 VOB/A. Sie betrifft Bieter, die in der 4. Wertungsstufe ausscheiden. Diese Bieter sind ausschließlich nach § 19 EU Abs. 2 VOB/A zu informieren. 3

C. Informations- und Wartepflicht (§ 19 EU Abs. 2 und 3 VOB/A/ § 134 GWB)

I. Überblick

§ 19 EU Abs. 2 und 3 VOB/A wiederholt die gesetzliche Regelung des § 134 GWB (ehemals § 13 VgV, danach § 101a GWB aF). Zu den Vor- und Nachteilen der Wiederholung gesetzlicher Regelungen in der VOB/A vgl. → Rn. 1. § 134 GWB / § 19 EU Abs. 2 und 3 VOB/A basiert auf Art. 2a und 2b RMR (RL 89/665/EWG). 4

Bei Inkrafttreten des Vergaberechtsänderungsgesetzes[2] am 1.1.1999 sah der 4. Teil des GWB keine Informationspflicht des Auftraggebers vor Zuschlagserteilung vor. Allerdings regelte § 114 Abs. 2 S. 1 GWB aF (heute § 168 Abs. 2 S. 1 GWB) schon zum damaligen Zeitpunkt, dass ein bereits erteilter Zuschlag nicht mehr aufgehoben werden konnte. Dies führte dazu, dass Auftraggeber nach der Prüfung der Angebote den Zuschlag erteilten und die Bieter, deren Angebote nicht berücksichtigt wurden, erst im Anschluss unterrichteten. Diese Bieter hatten keine Möglichkeit, die Vergabekammer anzurufen, da der Zuschlag von der Vergabekammer nicht mehr aufgehoben werden konnte (nunmehr § 168 Abs. 2 S. 1 GWB). Letztlich lief damit die Forderung des Art. 1 Abs. 1 RMR (RL 89/665/EWG), wonach Entscheidungen der öffentlichen Auftraggeber wirksam und möglichst rasch auf Verstöße gegen das Gemeinschaftsrecht nachprüfbar sein müssen, leer. Durch den 4. Teil des GWB wurde zwar ein Nachprüfungsverfahren geschaffen, die Bieter hatten jedoch in vielen Fällen keine Möglichkeit, die bestehenden Rechtsschutzmöglichkeiten tatsächlich in Anspruch zu nehmen. Diese Rechtslage wurde zunächst von der Vergabekammer des Bundes[3] kritisiert. Nach ihrer Auffassung folgt aus Art. 19 Abs. 4 und 20 Abs. 3 GG die Verpflichtung des Auftraggebers, die Bieter rechtzeitig vor Zuschlagserteilung davon zu unterrichten, dass ihr Angebot keine Berücksichtigung finden soll, um ihnen die Möglichkeit zu eröffnen, die Vergabekammer anzurufen. Vor diesem Hintergrund legte die Vergabekammer § 27a VOL/A aF dahin gehend aus, dass der Auftraggeber die nicht berücksichtigten Bieter so rechtzeitig von ihrer nach Abschluss der Wertung feststehenden Nichtberücksichtigung unterrichten müsse, dass Bieter, die nach der Information über ihre Nichtberücksichtigung unverzüglich von ihrem Antragsrecht nach § 27a VOL/A aF Gebrauch machten, von den Gründen für ihre Nichtberücksichtigung und von dem Namen des Bieters, der den Zuschlag erhalten sollte, noch zehn Tage vor Zuschlagserteilung Kenntnis erlangen konnten. Im zeitlichen Nachgang hierzu entschied der EuGH, dass die Mitgliedstaaten aufgrund der Richt- 5

---
[2] Vergaberechtsänderungsgesetz vom 28.8.1998, BGBl. I S. 2512.
[3] 1. VK Bund NZBau 2000, 53.

linie 89/665/EWG verpflichtet sind, die dem Vertragsschluss vorangehende Entscheidung des Auftraggebers darüber, mit welchem Bieter eines Vergabeverfahrens er den Vertrag schließt, in jedem Fall einem Nachprüfungsverfahren zugänglich zu machen, in dem der Antragsteller die Aufhebung der Entscheidung erwirken kann, wenn die Voraussetzungen hierfür erfüllt sind.[4]

6   Die Umsetzung dieser Rechtsprechung erfolgte mit Wirkung zum 1.2.2001 zunächst durch § 13 VgV, der eine Informationspflicht 14 Kalendertage vor Zuschlagserteilung vorsah. Ein unter Verstoß gegen diese Verpflichtung abgeschlossener Vertrag war nichtig (§ 13 S. 4 VgV aF). Durch Richtlinie 2007/66/EG[5] wurden die Rechtsmittelrichtlinien 89/665/EWG und 92/13/EWG geändert. Art. 2a RL 89/665/EWG sieht nunmehr ausdrücklich eine Informations- und Wartepflicht vor Zuschlagserteilung vor. Durch das Vergaberechtsmodernisierungsgesetz[6] wurde § 13 VgV aufgehoben und die an die neue Richtlinie angepassten Regelungen in §§ 101a, 101b GWB aF (nunmehr §§ 134, 135 GWB) übernommen. Bei zahlreichen Änderungen im Detail ist der Kern der Bestimmung unverändert geblieben. Der Auftraggeber ist verpflichtet, die nicht berücksichtigten Bieter innerhalb einer bestimmten Frist vor Zuschlagserteilung zu unterrichten (§ 134 Abs. 1 GWB). Verstößt er gegen diese Pflicht oder erteilt er den Zuschlag vor Fristablauf, ist der Vertrag unwirksam (§ 135 Abs. 1 Nr. 1 GWB). Der Wortlaut des § 134 GWB wird in § 19 EU Abs. 2 und 3 VOB/A wiederholt. Die Rechtsfolge (Unwirksamkeit) findet sich lediglich in § 135 Abs. 1 Nr. 1 GWB, von ihrer Aufnahme in die VOB/A wurde abgesehen.

7   **Zweck der Informationspflicht** ist es, einem unterlegenen Bewerber oder Bieter zu ermöglichen, die Frage der Gültigkeit der Zuschlagsentscheidung rechtzeitig durch die Vergabenachprüfungsinstanzen prüfen zu lassen.[7]

II. Verfahrensarten

8   Die Informationspflicht des § 134 Abs. 1 GWB / § 19 EU Abs. 2 VOB/A gilt für **alle Vergaben** von Bauaufträgen nach § 103 Abs. 3 GWB. Auf die Vergabeart kommt es nicht an. So findet § 19 EU Abs. 2 VOB/A auch auf Verhandlungsverfahren mit und ohne öffentlicher Vergabebekanntmachung Anwendung.[8] Eine Ausnahme lässt § 134 Abs. 3 S. 1 GWB / § 19 EU Abs. 3 VOB/A nur für Verhandlungsverfahren bei Vorliegen besonderer Dringlichkeit zu (dazu → Rn. 25). § 134 Abs. 1 GWB gilt über den Anwendungsbereich der VOB/A hinaus für alle öffentliche Aufträge im Sinne des § 103 Abs. 1 GWB, für Sektorenauftraggeber (§ 142 GWB), für die Vergabe von verteidigungs- oder sicherheitsspezifischen öffentlichen Aufträgen (§ 147 GWB, mit der Besonderheit des § 134 Abs. 3 S. 2 GWB) und für die Vergabe von Konzessionen (§ 154 Nr. 4 GWB). Schließlich ist der Anwendungsbereich der Vorschrift eröffnet, wenn ein Vergabeverfahren nach dem 4. Teil des GWB erforderlich war, der Auftraggeber stattdessen aber lediglich ein Vergabefahren nach dem 1. Abschnitt der VOB/A bzw. der VOL/A durchführt.[9] Findet hingegen keinerlei Vergabeverfahren statt, kann ein Fall des § 135 Abs. 1 Nr. 2 GWB vorliegen.

9   Keine Informationspflicht nach § 134 GWB besteht, wenn das Vergabeverfahren nicht durch Zuschlagserteilung endet.[10] Im Fall der **Aufhebung** der Ausschreibung sind die Bewerber und Bieter nach § 17 EU Abs. 2 Nr. 1 VOB/A zu unterrichten.

III. Adressat

10   Adressat der Informationspflicht sind zunächst **Bieter,** deren Angebote nicht berücksichtigt werden sollen (§ 134 Abs. 1 S. 1 GWB / § 19 EU Abs. 2 S. 1 VOB/A). Bieter ist jedes Unternehmen, das dem Auftraggeber ein Angebot unterbreitet hat.[11] Es kommt nicht darauf an, ob das Angebot formal fehlerfrei oder rechtzeitig eingereicht wurde.[12] Bieter kann ausnahmsweise auch sein, wer rechtswidrig **vom Vergabeverfahren ausgeschlossen** wurde und aus diesem Grund kein Angebot abgeben konnte.[13] Bei längerfristigen Vergabeverfahren, insbeson-

---

[4] EuGH 28.10.1999 – C-81/98, ECLI:EU:C:1999:534 = NZBau 2000, 33 Rn. 43 – Alcatel Austria.
[5] Richtlinie vom 11.12.2007, ABl. L 335, S. 31.
[6] Gesetz v. 20.4.2009, BGBl. I S. 790.
[7] BGH VergabeR 2005, 339 (341); OLG Brandenburg VergabeR 2012, 866 (870).
[8] *Mentzinis* in Pünder/Schellenberg, § 101a Rn. 14.
[9] OLG München VergabeR 2013, 477 (481).
[10] OLG Frankfurt a. M. VergabeR 2013, 943.
[11] OLG Koblenz VergabeR 2002, 617 (621); *Maimann* in KKPP GWB § 134 Rn. 12.
[12] OLG Naumburg VergabeR 2009, 933 (936 f.): *Glahs* in Reidt/Stickler/Glahs, § 101a Rn. 15.
[13] OLG Düsseldorf VergabeR 2012, 72 (77); *Mentzinis* in Pünder/Schellenberg, § 101a Rn. 6.

dere bei Verhandlungsverfahren, die in mehreren Phasen durchgeführt werden (§ 3b EU Abs. 3 Nr. 8 S. 1 VOB/A), ist es möglich, dass Bieter bereits lange vor der Entscheidung, welches Angebot den Zuschlag erhalten soll, endgültig vom Verfahren ausgeschlossen werden. Diese Bieter sind nach § 19 EU Abs. 1 VOB/A unverzüglich zu unterrichten. Nach dem Wortlaut des § 134 Abs. 1 S. 1 GWB / § 19 EU Abs. 2 S. 1 VOB/A müssen diese Bieter trotz allem nochmals eine Information vor Zuschlagserteilung erhalten. Hier weicht der Gesetzeswortlaut von den Vorgaben des Art. 2a Abs. 2 UA. 2 RL 89/665/EWG ab. Danach besteht die Informationspflicht nur gegenüber denjenigen Bietern, die noch nicht endgültig ausgeschlossen wurden. Ein Ausschluss ist nach der Richtlinie endgültig, wenn er den betroffenen Bietern mitgeteilt wurde und entweder von einer unabhängigen Nachprüfungsstelle als rechtmäßig anerkannt wurde oder keinem Nachprüfungsverfahren mehr unterzogen werden kann. Diese Einschränkung wurde in § 134 Abs. 1 S. 1 GWB nicht übernommen. Es dürfte kaum möglich sein, den Inhalt der Richtlinie im Wege der Auslegung in § 134 Abs. 1 S. 1 GWB „hinzulesen", da der Gesetzgeber in Abs. 1 Satz 2 im Blick auf Bewerber ausdrücklich klarstellt, dass diese nicht zu informieren sind, wenn sie bereits zuvor über ihren Ausschluss unterrichtet wurden. Wenn der Gesetzgeber diesen Zusatz nur auf Bewerber, nicht auch auf Bieter bezieht, kann dies nicht durch Auslegung korrigiert werden. Europarechtlich dürften gegen die Ausdehnung des Kreises der zu informierenden Unternehmen keine Bedenken bestehen. Somit existiert die Informationspflicht auch dann, wenn der betroffene Bieter bereits zuvor von dem Vergabeverfahren ausgeschlossen wurde.[14]

In umfangreichen Verhandlungsverfahren werden die Teilnehmer in den ersten Runden oftmals aufgefordert, „indikative", **nicht bindende Angebote** abzugeben. Hiermit wird klargestellt, dass diese Angebote aufgrund ihres noch nicht abschließenden Inhalts oder mangels der erforderlichen Form (zB § 311b BGB) noch nicht den Zuschlag erhalten können. Auch Bieter, die lediglich ein solches indikatives Angebot abgegeben haben, unterfallen dem Anwendungsbereich des § 134 Abs. 1 S. 1 GWB.[15] 11

§ 134 Abs. 1 S. 2 GWB / § 19 EU Abs. 2 S. 2 VOB/A erweitert die Informationspflicht auf **Bewerber.** Dies sind Unternehmer, die sich an einem Vergabeverfahren beteiligen, jedoch noch kein Angebot abgegeben haben. Zu den Bewerbern zählen insbesondere Unternehmen, die sich an einem Teilnahmewettbewerb eines nicht offenen Verfahrens oder eines Verhandlungsverfahrens beteiligen. Anders als im Falle von Bietern, besteht die Informationspflicht gegenüber Bewerbern nur insoweit, als diesen noch keine Information über die Ablehnung ihrer Bewerbung zur Verfügung gestellt wurde, bevor die Mitteilung über die Zuschlagserteilung an die betroffenen Bieter ergangen ist. Einem Bewerber, der nach Abschluss des Teilnahmewettbewerbs die Mitteilung erhalten hat, dass er nicht zur Angebotsabgabe aufgefordert wird (§ 19 EU Abs. 1 VOB/A), muss somit keine weitere Information nach § 134 Abs. 1 S. 1 GWB zugesandt werden. Diese Regelung entspricht Art. 2a Abs. 2 UA. 3 RL 89/665/EWG. 12

IV. Inhalt der Information

Der Inhalt der Information des Auftraggebers ergibt sich aus § 134 Abs. 1 S. 1 GWB / § 19 EU Abs. 2 S. 1 VOB/A. Die Information muss den **Namen des Unternehmens** enthalten, dessen Angebot angenommen werden soll. Der Name muss so eindeutig angegeben werden, dass der nicht berücksichtigte Bewerber oder Bieter prüfen kann, ob gegen die Person des Unternehmens, welches den Zuschlag erhalten soll, vergaberechtliche Bedenken bestehen. Grundsätzlich ist daher der volle Name einer natürlichen Person bzw. die vollständige Firma einer juristischen Person anzugeben. Weitere, die Identität des Unternehmens bestimmende Zusätze (Geburtsdatum, Handelsregisternummer, Sitz) sind unter Umständen sinnvoll, jedoch nicht erforderlich. Geringfügige Verkürzungen oder Änderungen des Namens bzw. der Firma sind unbeachtlich, solange die Identität des erfolgreichen Bieters zweifelsfrei feststellbar ist.[16] Besondere Vorsicht ist daher insbesondere bei Konzernen erforderlich, denen eine Vielzahl von Unternehmen mit ähnlicher Firma angehört. Ist in diesen Fällen die Person des erfolgreichen Bieters nicht hinreichend erkennbar, liegt ein Verstoß gegen § 134 Abs. 1 S. 1 GWB vor. 13

Anzugeben sind die **Gründe der vorgesehenen Nichtberücksichtigung** des Angebots des informierten Unternehmens. Dies bezieht sich ausschließlich auf das Angebot des Adressaten der 14

---

[14] **Anderer Ansicht** *Maimann* in KKPP GWB § 134 Rn. 14; *Glahs* in Reidt/Stickler/Glahs, § 101a Rn. 15.

[15] VK Schleswig-Holstein 14.5.2008 – VK-SH 06/08.

[16] *Maimann* in KKPP GWB § 134 Rn. 24; *Glahs* in Reidt/Stickler/Glahs, § 101a Rn. 25.

Information. Informationen über den Inhalt des Angebots des erfolgreichen Bieters oder anderer Mitbewerber sind nicht erforderlich und können einen Verstoß gegen Betriebs- und Geschäftsgeheimnisse darstellen. Das Unternehmen muss der Information entnehmen können, mit welcher Begründung ein Ausschluss erfolgte, bzw. warum sein Angebot nicht das wirtschaftlichste war. An den Inhalt der Information sind allerdings nur geringe Anforderungen zu stellen.[17] Die Unwirksamkeitsfolge des § 135 Abs. 1 Nr. 1 GWB soll, wenn eine Informationserteilung durch den Auftraggeber erfolgte, nur im Ausnahmefall eingreifen. Jedoch genügt der Hinweis, das Angebot sei nicht das „wirtschaftlichste" nicht.[18] Der Auftraggeber muss zumindest angeben, aufgrund welches oder welcher Wertungskriterien das Angebot nicht als das wirtschaftlichste beurteilt wurde.

15 Schließlich muss der Auftraggeber den **frühestens Zeitpunkt des Vertragsschlusses** angeben. Dies soll dem Bieter die Möglichkeit geben, rechtzeitig die Vergabekammer anzurufen. Der früheste Zeitpunkt der Zuschlagserteilung ergibt sich aus § 134 Abs. 2 GWB (dazu → Rn. 21 ff.). Wird ein zu früher Zeitpunkt angegeben, ist die Mitteilung fehlerhaft und löst nicht die Frist des § 134 Abs. 2 S. 1 oder 2 GWB aus. Der Zuschlag darf in diesen Fällen folglich auch nach Ablauf dieser Fristen nicht erteilt werden. In der Praxis tritt öfters der Fall auf, dass der Auftraggeber nicht den frühestens Zeitpunkt der Zuschlagserteilung, sondern ein späteres Datum benennt. Der Grund kann darin liegen, dass der Auftraggeber Unsicherheiten über den Zeitpunkt der Versendung der Information ausschließen will, eine Zuschlagserteilung innerhalb der gesetzlichen Fristen aus organisatorischen Gründen ausscheidet oder der Auftraggeber sich bei Bestimmung der Frist schlicht verrechnet hat. Es könnte argumentiert werden, dass der Zuschlag in diesen Fällen trotz allem nach Ablauf der Frist des § 134 Abs. 2 S. 1 oder 2 GWB erteilt werden kann, da der Bieter unschwer in der Lage ist, das Ende der Frist selbst zu berechnen. Damit wäre jedoch die Verpflichtung des Auftraggebers, den frühesten Zeitpunkt der Zuschlagserteilung zu nennen, funktionslos. Wenn der Auftraggeber, aus welchen Gründen auch immer, einen späteren, als den frühestmöglichen Zeitpunkt der Zuschlagserteilung nennt, ist er hieran gebunden. Die informierten Unternehmen dürfen sich auf die Mitteilung des Auftraggebers verlassen. Ein vor dem angegebenen Termin erteilter Zuschlag ist unwirksam.[19]

16 Entspricht die Information des Auftraggebers nicht den vorstehend genannten (Mindest-)Vorgaben, liegt **keine wirksame Mitteilung** vor. Dies hat zur Folge, dass die Fristen des § 134 Abs. 2 S. 1 und 2 GWB / § 19 EU Abs. 2. S. 3 und 4 VOB/A nicht zu laufen beginnen. Wird der Zuschlag nach Ablauf dieser Fristen erteilt, ist er unwirksam (§ 135 Abs. 1 Nr. 1 GWB).[20] Diese Unwirksamkeit kann nur nach § 135 Abs. 2 GWB geltend gemacht werden.

17 Wie bereits ausgeführt (→ Rn. 14), sind an den Inhalt der Information insgesamt **geringe Anforderungen** zu stellen. Durch Erhalt der Information ist der Bieter gewarnt und in der Regel in der Lage, über die Einleitung eines Nachprüfungsverfahrens zu entscheiden. Die gravierende Folge der Unwirksamkeit eines trotz Versendung einer (unzureichenden) Information erteilten Zuschlags soll auf Ausnahmefälle beschränkt sein. Voraussetzung ist jedoch, dass das Unternehmen aufgrund der Mitteilung tatsächlich in der Lage ist, sich über die Person des erfolgreichen Bieters, die Gründe der Nichtberücksichtigung und den Zeitpunkt der Zuschlagserteilung ein zuverlässiges Bild zu machen. Fehlt es an diesen Anforderungen, setzt die Information die Wartefrist des § 134 Abs. 2 S. 1 und 2 GWB nicht in Lauf.

V. Zeitpunkt der Information, nochmalige Information

18 Der Auftraggeber hat die Information **unverzüglich** zu erteilen (§ 134 Abs. 1 S. 1 GWB / § 19 EU Abs. 2 S. 1 VOB/A), dies bedeutet, ohne schuldhaftes Zögern (§ 121 Abs. 1 S. 1 BGB). Durch diese Vorgabe wird das Vergabeverfahren beschleunigt. Die nicht berücksichtigten Bieter sollen so schnell wie möglich Klarheit über das Ergebnis der Ausschreibung erhalten. Verzögert der Auftraggeber die Versendung der Mitteilung, führt dies nicht zu deren Unwirksamkeit. Die Wartefrist des § 134 Abs. 2 S. 1 und 2 GWB wird auch durch eine verspätet versandte Mitteilung in Gang gesetzt.

---

[17] OLG Düsseldorf VergabeR 2001, 429; BayObLG VergabeR 2002, 383; OLG Koblenz VergabeR 2002, 384; OLG Jena VergabeR 2005, 521 (523); OLG München NZBau 2012, 456; *Glahs* in Reidt/Stickler/Glahs, § 101a Rn. 27.
[18] *Maimann* in KKPP GWB § 134 Rn. 28.
[19] **Anderer Ansicht** *Glahs* in Reidt/Stickler/Glahs, § 101a Rn. 26, wonach die Angabe eines späteren Zeitpunkts unzulässig ist und die Wartefrist nicht auslöst.
[20] OLG Koblenz VergabeR 2013, 90.

Wird der Inhalt einer bereits erteilten Information unrichtig, etwa weil der Auftraggeber seine **19** Vergabeabsicht ändert, muss eine neue Information erteilt werden. Dies ist beispielsweise der Fall, wenn die Wertung der Angebote aufgrund der Entscheidung einer Vergabekammer wiederholt werden muss. Gibt die Vergabekammer dem Auftraggeber die erneute Prüfung der Angebote auf und kommt er zu dem Ergebnis, dass der Zuschlag an den Bieter erteilt werden soll, der bereits mit der ersten Information benannt worden war, muss die Information nach § 134 Abs. 1 GWB ebenfalls erneut versandt werden.[21] Die übrigen Bieter haben einen Anspruch zu erfahren, dass die erneute Prüfung abgeschlossen wurde und zu welchem Ergebnis der Auftraggeber gelangt ist, um die neue Entscheidung gegebenenfalls von der Vergabekammer überprüfen lassen zu können.

VI. Form der Information

Die Information hat in **Textform** zu erfolgen (§ 134 Abs. 1 S. 1 GWB / § 19 EU Abs. 2 S. 1 **20** VOB/A). Die Definition der Textform findet sich in § 126b BGB. Zulässig ist somit eine Übersendung in Schriftform (§ 126 Abs. 1 BGB), aber auch per Telefax oder E-Mail. Das Vergabehandbuch des Bundes Ausgabe 2008 sieht für die Information Formblatt 334 vor. Eine telefonische Information genügt nicht.[22]

VII. Wartefrist

Der Zuschlag darf erst nach Ablauf einer **Wartefrist** nach Versendung der Information erteilt **21** werden. Wird der Vertrag bereits vor Fristablauf abgeschlossen, ist er unwirksam (§ 135 Abs. 1 Nr. 1 GWB). Die Wartefrist beträgt je nach der Form der Übermittlung der Information 15 bzw. 10 Kalendertage (§ 134 Abs. 2 S. 1 und 2 GWB / § 19 EU Abs. 2 S. 3 und 4 VOB/A).

1. Fristdauer (§ 134 Abs. 2 S. 1 und 2 GWB / § 19 EU Abs. 2 S. 3 und 4 VOB/A). Die Frist beträgt regelmäßig 15 Kalendertage (§ 134 Abs. 2 S. 1 GWB). Erfolgt die Versendung **22** der Information per Telefax oder auf elektronischem Weg (zB E-Mail) verkürzt sich die Frist auf zehn Kalendertage (§ 134 Abs. 2 S. 2 GWB).

2. Fristbeginn und -ende (§ 134 Abs. 2 S. 3 GWB / § 19 EU Abs. 2 S. 5 VOB/A). Die **23** Frist beginnt am Tag nach der Absendung der Information durch den Auftraggeber; auf den Tag des Zugangs beim betroffenen Bieter und Bewerber kommt es nicht an (§ 134 Abs. 2 S. 3 GWB / § 19 EU Abs. 2 S. 5 VOB/A). Der Tag der Versendung des Informationsschreibens wird nicht mitgezählt. Die Frist beginnt am darauffolgenden Tag um 0.00 Uhr. Sie endet mit Ablauf des 15. bzw. 10. Tages 24.00 Uhr. Der Zuschlag kann somit frühestens am 16. bzw. 11. Tag 0.00 Uhr erteilt werden. Auch nach Ablauf der Wartefrist ist die Zuschlagserteilung unzulässig und ein trotz allem erteilter Zuschlag nichtig, wenn ein Bieter zwischenzeitlich die Vergabekammer angerufen und diese den Auftraggeber in Textform über den Antrag auf Nachprüfung informiert hat (§ 169 Abs. 1 GWB iVm § 134 BGB). Endet die Wartefrist an einem **Freitag, Samstag oder vor einem gesetzlichen Feiertag,** kann der Zuschlag am darauffolgenden Tag erteilt werden. § 193 BGB findet keine Anwendung, da es nicht darum geht, innerhalb einer Frist eine Willenserklärung abzugeben oder eine Leistung zu bewirken.[23] Erfolgt die Versendung der Information an die Bieter an unterschiedlichen Tagen, endet gegenüber jedem Bieter die Wartefrist individuell. Ist die Wartefrist gegenüber einem Bieter abgelaufen, kann er den nach Ablauf dieser Frist erteilten Zuschlag nicht mit der Begründung angreifen, die Frist wäre gegenüber einem Mitbewerber noch nicht beendet[24] (hierzu näher → Rn. 27). zur Möglichkeit des Auftraggebers, eine **längere Frist** anzugeben, siehe Rn. 15.

Nach dem Gesetzeswortlaut kommt es für den Beginn der Frist nicht auf den Tag des Zugangs **24** beim betroffenen Bieter oder Bewerber an (§ 134 Abs. 2 S. 3 Hs. 2 GWB / § 19 EU Abs. 2 S. 5 Hs. 2 VOB/A). Verzögert sich etwa die Übermittlung der Mitteilung durch die Post, verkürzt sich zulasten des Bieters die Reaktionsfrist. Gegen diese Regelung bestehen keine verfassungsrechtlichen Bedenken.[25] Umstritten ist die Rechtslage für den Fall, dass dem Bieter oder

---

[21] *Glahs* in Reidt/Stickler/Glahs, § 101a Rn. 33.
[22] OLG München ZfBR 2016, 705 (709).
[23] *Glahs* in Reidt/Stickler/Glahs, § 101a Rn. 30.
[24] OLG Jena VergabeR 2003, 600; *Maimann* in KKPP GWB § 134 Rn. 39 ff.
[25] BGH VergabeR 2004, 201.

Bewerber die **Mitteilung innerhalb der Wartefrist nicht zugeht** und der Zuschlag vor Zugang der Mitteilung erteilt wird. Es wird die Auffassung vertreten, dass der Zuschlag in diesen Fällen wirksam ist. Zur Begründung wird auf den Gesetzeswortlaut abgestellt, der den Fristbeginn bewusst vom Zeitpunkt des Zugangs entkoppelt.[26] Dieses Ergebnis verstößt jedoch gegen die Intention der Rechtsmittelrichtlinie, wonach die Mitgliedsstaaten effektiven Rechtsschutz zu gewährleisten haben (Art. 1 Abs. 1 UA. 3 RL 89/665/EWG). Kann der Zuschlag erteilt werden, obwohl der Bieter keine Information über die Ablehnung seines Angebots erhalten hat, ist er jeder Rechtsschutzmöglichkeit beraubt (§ 168 Abs. 2 S. 1 GWB). Ihm bleibt lediglich die Möglichkeit, Schadensersatzansprüche zu stellen. Dies ist mit der Forderung nach einem effektiven Rechtsschutz nicht vereinbar. Eine Auslegung des § 134 Abs. 2 S. 3 GWB, wonach eine Zuschlagserteilung auch dann nicht mehr angefochten werden kann, wenn zwar eine Information an den Bieter versandt wurde, diese jedoch nicht zugegangen ist, würde gegen Europarecht verstoßen.[27] Die sich hieraus ergebenden Konsequenzen sind unklar. Eine Verkürzung der Wartefrist durch Übermittlungsverzögerungen hat der Bieter grundsätzlich hinzunehmen. Dies entspricht auch der Vorgabe des Art. 2a Abs. 2 RL 89/665/EWG. Auch hier wird für den Beginn der Wartefrist auf die Absendung der Information abgestellt. Um effektiven Rechtsschutz zu gewährleisten, muss dem Bieter jedoch eine Mindestfrist zwischen Zugang der Information und dem Zeitpunkt des Zuschlags zustehen. Diese Frist muss so ausgestaltet sein, dass er den Inhalt der Information zur Kenntnis nehmen, rechtlich prüfen und einen Vergabenachprüfungsantrag vorbereiten und einreichen kann.[28] Eine Frist von wenigen Stunden oder einem Tag ist hierzu unzureichend. Wie lange diese Frist bemessen sein muss, ergibt sich weder aus der Rechtsmittelrichtlinie noch dem GWB. Sinnvoll wäre zweifellos eine gesetzliche Regelung auf europäischer oder nationaler Ebene.

VIII. Ausnahmen von der Informationspflicht (§ 134 Abs. 3 S. 1 GWB / § 19 EU Abs. 3 VOB/A)

25 Die Informationspflicht entfällt nach § 134 Abs. 3 S. 1 GWB / § 19 EU Abs. 3 VOB/A in Fällen, in denen das Verhandlungsverfahren ohne Teilnahmewettbewerb wegen **besonderer Dringlichkeit** gerechtfertigt ist. Hiermit wird § 3a EU Abs. 3 Nr. 4 VOB/A angesprochen. Wenn ausnahmsweise die besondere Dringlichkeit ein Verhandlungsverfahren rechtfertigt, soll nicht durch die vorherige Information der unterlegenen Bieter Zeit verloren werden. Ihre Grundlage findet diese Bestimmung in Art. 2b lit. a RL 89/665/EWG. Danach könnte sogar in allen Fällen, in denen auf die vorherige Veröffentlichung einer Bekanntmachung verzichtet werden kann, eine Information der nicht berücksichtigten Bieter und Bewerber unterbleiben. Die Beschränkung dieser Ausnahmeregel in § 134 Abs. 3 S. 1 GWB auf Fälle der besonderen Dringlichkeit ist europarechtlich unbedenklich. Führt der Auftraggeber ein Verhandlungsverfahren ohne Teilnahmewettbewerb durch, da aus seiner Sicht besondere Dringlichkeit vorliegt und erteilt er daraufhin den Zuschlag ohne vorherige Information nach § 134 GWB, ist der Zuschlag unwirksam, wenn die Voraussetzungen eines Verhandlungsverfahrens ohne Teilnahmewettbewerb nicht vorlagen und dies ein Antragsteller nach § 135 Abs. 2 GWB geltend macht.[29] Die Ausnahmeregelung des § 134 Abs. 3 S. 2 GWB findet nur auf die Vergabe von **verteidigungs- oder sicherheitsspezifischen öffentlichen Aufträgen** Anwendung und wird daher folgerichtig in § 19 EU VOB/A nicht wiederholt.

IX. Unwirksamkeit

26 Verstößt der Auftraggeber gegen § 134 GWB, ist der trotz allem erteilte Zuschlag **unwirksam**. Diese Rechtsfolge findet sich nicht in der VOB/A, sondern ausschließlich in § 135 Abs. 1 Nr. 1 GWB, der auf Art. 2d Abs. 1 lit. b RL 89/665/EWG beruht. Die Unwirksamkeit setzt voraus, dass der Auftraggeber keine Information versendet, die Information nicht den gesetzli-

---

[26] *Kühnen* in Byok/Jaeger § 101a Rn. 24.
[27] VK Thüringen 18.7.2012 – 250–4004-9055/2012-E-002-HBN; *Dreher* in Dreher/Motzke, § 101a Rn. 68; *Glahs* in Reidt/Stickler/Glahs § 101a Rn. 32; *Maimann* KKPP GWB § 134 Rn. 44; *Dreher/Hoffmann* NZBau 2009, 216 (218).
[28] So auch OLG Düsseldorf VergabeR 2015, 473 in dem Fall, dass die Information an Gründonnerstag versandt wurde und dem Bieter daher erst nach den Osterfeiertagen zuging; vgl. auch OLG Düsseldorf VergabeR 2017, 90.
[29] OLG Celle NZBau 2014, 784; OLG Düsseldorf VergabeR 2015, 664.

chen Anforderungen entspricht (→ Rn. 13 ff.) oder der Zuschlag vor Ablauf der Wartefrist erteilt wird.

Die Unwirksamkeit im Sinne des § 135 Abs. 1 Nr. 1 GWB entspricht nicht der Nichtigkeit des BGB. Die Nichtigkeit wirkt für und gegen alle und bedarf keiner Geltendmachung.[30] Ein **Berufen auf die Unwirksamkeit** nach § 135 Abs. 1 Nr. 1 GWB ist hingegen erst dann möglich, **wenn sie in einem Nachprüfungsverfahren** festgestellt worden ist. Sie tritt in diesem Fall allerdings ex-tunc ein. Das Nachprüfungsverfahren muss innerhalb der Fristen des § 135 Abs. 2 GWB eingeleitet werden. Erst wenn eine Entscheidung im Nachprüfungsverfahren vorliegt, wirkt die Unwirksamkeit für und gegen jedermann.[31] Bis zu diesem Zeitpunkt dient § 135 Abs. 1 Nr. 1 iVm Abs. 2 GWB allein dem Zweck, einem Unternehmen, das in seinen subjektiven Rechten nach § 97 Abs. 6 GWB verletzt sein kann, den Rechtsweg vor die Vergabekammer zu eröffnen.[32] Ein Unternehmen, das nicht **antragsbefugt** im Sinne des § 160 Abs. 2 GWB ist, kann die Unwirksamkeit des Vertrags im Vergabenachprüfungsverfahren nicht erfolgreich geltend machen.[33] Das Gleiche gilt für den Bieter, auf dessen Angebot der Zuschlag erteilt wurde.[34] Ein Unternehmen, demgegenüber die Wartefrist abgelaufen ist, kann nicht geltend machen, dass anderen Unternehmen keine Information nach § 134 Abs. 1 GWB zugesandt wurde.[35] Da der Zweck der Unwirksamkeit darin besteht, den unterlegenen Bietern den Weg zu den Vergabenachprüfungsinstanzen zu eröffnen, genügt ein Verstoß gegen die Informationspflicht des § 134 GWB allein nicht, um einem Vergabenachprüfungsantrag zum Erfolg zu verhelfen. Solange kein weiterer Vergaberechtsverstoß vorliegt, der den Antragsteller in seinen subjektiven Rechten verletzt, ist sein Nachprüfungsantrag zurückzuweisen. Die Unwirksamkeit der Zuschlagserteilung ermöglicht den Nachprüfungsinstanzen lediglich, die Frage des Vorliegens einer Rechtsverletzung zu prüfen.[36]

X. De-facto-Vergabe

Eine De-facto-Vergabe liegt vor, wenn ein öffentlicher Auftraggeber einen Auftrag erteilt, ohne seine Pflicht, diesen zuvor öffentlich auszuschreiben, zu beachten. Unter Geltung des § 13 VgV wurde diskutiert, ob diese Vorschrift auf De-facto-Vergaben analog angewendet werden könne und zu deren Nichtigkeit führt. Die Unwirksamkeit der De-facto-Vergabe ergibt sich nunmehr aus § 135 Abs. 1 Nr. 2 iVm Abs. 2 GWB. Diese Vorschrift beruht auf Art. 2d Abs. 1 lit. a RL 89/665/EWG.

D. Weitere Informationen auf Verlangen (§ 19 EU Abs. 4 VOB/A)

In Übereinstimmung mit Art. 55 VKR (RL 2014/24/EG) begründet § 19 EU Abs. 4 VOB/A weitergehende Informationspflichten des Auftraggebers gegenüber den Bietern und Bewerbern.

I. Informationspflichten gegenüber Bewerbern (§ 19 EU Abs. 4 Nr. 1 VOB/A)

§ 19 EU Abs. 4 Nr. 1 VOB/A verpflichtet den Auftraggeber, den nicht erfolgreichen Bewerbern auf Verlangen so schnell wie möglich, spätestens jedoch innerhalb einer Frist von 15 Kalendertagen nach Eingang ihres Antrags über die **Gründe für die Ablehnung** ihres Teilnahmeantrags zu unterrichten. Die Vorschrift ist fast wortgleich mit § 19 Abs. 2 VOB/A, auf den hinsichtlich der Einzelheiten verwiesen werden kann.

Anders als die bisherigen Ausgaben der VOB/A, sieht § 19 EU Abs. 4 VOB/A jetzt ausdrücklich vor, dass die Information durch den Auftraggeber **in Textform** (§ 126b BGB) zu erfolgen hat.

---

[30] BGHZ 107, 268; *Ellenberger* in Palandt, Überbl. vor § 104 Rn. 27.
[31] *Glahs* in Reidt/Stickler/Glahs, § 101b Rn. 18.
[32] *Maimann* in KKPP GWB § 135 Rn. 1; *Glahs* in Reidt/Stickler/Glahs, § 101b Rn. 16.
[33] OLG Dresden VergabeR 2002, 138; OLG Naumburg VergabeR 2013, 218 (226); OLG München VergabeR 2013, 477 (482).
[34] BGH VergabeR 2005, 339.
[35] OLG Jena VergabeR 2003, 600.
[36] OLG München VergabeR 2011, 762 (770); OLG Karlsruhe 9.10.2012 – 15 Verg 12/11.

32 Hinsichtlich des **Inhalts der Mitteilung** wird auf → VOB/A § 19 Rn. 12 f. verwiesen. Insoweit ist § 19 EU Abs. 4 S. 2 VOB/A zu beachten.

33 Eine **Frist für das Auskunftsersuchen** der Bewerber existiert nicht. Der Auskunftsanspruch kann jedoch verwirkt werden (→ VOB/A § 19 Rn. 18). Die **Mitteilungsfrist** des § 19 Abs. 2 VOB/A wird insoweit verschärft, als die Mitteilung nach § 19 EU Abs. 4 VOB/A **so schnell wie möglich**, spätestens aber innerhalb von 15 Kalendertagen zu erfolgen hat. Für die Berechnung der Frist gilt VO (EWG, EURATOM) Nr. 1182/71 des Rates vom 3.6.1971.[37] Dies ergibt sich aus dem 106. Erwägungsgrund zur VKR (RL 2014/24/EU). Danach **beginnt die Frist** am Tag nach dem Eingang des Auskunftsersuchens (Art. 3 Abs. 1 2. UA VO (EWG, EURATOM) Nr. 1182/71). Innerhalb der Frist ist der Bewerber „zu unterrichten". Dies schließt den Zugang der Information bei dem Bewerber ein.

II. Informationspflichten gegenüber Bietern (§ 19 EU Abs. 4 Nr. 2 und Nr. 3 VOB/A)

34 Die Unterrichtungspflichten des Auftraggebers gegenüber Bietern, die ein **ordnungsgemäßes Angebot** eingereicht haben, ergeben sich aus § 19 EU Abs. 4 Nr. 2 und Nr. 3 VOB/A. Voraussetzung für diese Pflicht ist ein ordnungsgemäßes Angebot. Bewerber werden nicht erfasst. Nicht ordnungsgemäße Angebote sind solche, die in den ersten Wertungsstufe (formale Prüfung), der zweiten Wertungsstufe (Eignungsprüfung) oder der dritten Wertungsstufe (unangemessene Preise) ausscheiden.[38] Ordnungsgemäß sind somit Angebote, die in die vierte Wertungsstufe gelangen. Zu den Wertungsstufen → VOB/A § 3 Rn. 10. Bei Vorliegen eines ordnungsgemäßen Angebots ist der Bieter über die **Merkmale und relativen Vorteile** des ausgewählten Angebots sowie den **Namen** des erfolgreichen Bieters oder der Parteien der Rahmenvereinbarung zu unterrichten (§ 19 EU Abs. 4 Nr. 2 VOB/A). Bei den „Merkmalen und relativen Vorteilen" handelt es sich um diejenigen Zuschlagskriterien, die den Ausschlag für die Wertungsreihenfolge in der vierten Wertungsstufe gegeben haben (vgl. → VOB/A § 19 Rn. 15). Erfolgt der Ausschluss eines Angebots, weil es den vorgegebenen technischen Spezifikationen (§ 7a EU VOB/A) nicht entspricht, hat der Auftraggeber auch die Gründe für diese Entscheidung mitzuteilen. Dies ergibt sich aus Art. 55 Abs. 2 lit. b VKR (RL 2014/24/EU).

35 Neu in die VOB/A 2016 aufgenommen wurde die Regelung des § 19 EU Abs. 4 Nr. 3 VOB/A. Danach hat der Auftraggeber Bieter, die ein ordnungsgemäßes Angebot eingereicht haben, auf Verlangen über den **Verlauf** und **die Fortschritte** der Verhandlungen und des Dialogs mit den Bietern zu unterrichten. Diese Vorschrift beruht auf Art. 55 Abs. 2 lit. d) VKR (RL 2014/24/EU). Diese Regelung findet Anwendung, wenn ein Verhandlungsverfahren (§ 3 EU Nr. 3 VOB/A) oder ein wettbewerblicher Dialog (§ 3 EU Nr. 4 VOB/A) durchgeführt wurde. Die Information soll den betroffenen Bieter in die Lage versetzen zu überprüfen, ob die Verhandlungen bzw. der Dialog entsprechend den bekannt gegebenen Vorgaben durchgeführt wurde.

36 Im Übrigen ist hinsichtlich der Unterrichtung der Bieter auf → Rn. 31 bis 33 zu verweisen.

III. § 19 EU Abs. 4 S. 2 VOB/A: Schutz von Geheimhaltungsinteressen

37 § 19 EU Abs. 4 S. 2 VOB/A verweist auf § 17 EU Abs. 2 Nr. 2 VOB/A. Danach wird zur Berücksichtigung der **Geheimhaltungsinteressen** des erfolgreichen Bieters die Mitteilungspflicht in Übereinstimmung mit Art. 55 Abs. 3 VKR (RL 2014/24/EU) in sachlicher Hinsicht beschränkt. Der Auftraggeber kann die in § 19 EU Abs. 4 Nr. 1 bis Nr. 3 VOB/A genannten Informationen über die Auftragsvergabe zurückhalten, wenn die Weitergabe den Gesetzesvollzug behindern würde, dem öffentlichen Interesse zuwiderliefe, die berechtigten geschäftlichen Interessen von öffentlichen oder privaten Unternehmen schädigen oder den fairen Wettbewerb beeinträchtigen würde. Hinsichtlich der Einzelheiten wird auf → EU VOB/A § 18 Rn. 14 ff. verwiesen.

38 Im Nachprüfungsverfahren können die Beteiligten die Akten bei der Vergabekammer nach § 165 Abs. 1 GWB einsehen. Bei diesem **Akteneinsichtsrecht** droht in weit größerem Maße als bei der Mitteilung nach § 19 EU Abs. 4 VOB/A die Verletzung von Geschäfts- und Betriebsgeheimnissen. Die Auseinandersetzungen um den Ausgleich zwischen transparentem Vergabe-

---

[37] ABl. 1971 L 124, S. 1.
[38] *Reichling/Portz* in Ingenstau/Korbion, VOB/A EU § 19 Rn. 41, der allerdings die 3. Wertungsstufe nicht erwähnt.

IV. Verhältnis zu § 134 Abs. 1 GWB

Wegen der **Pflicht zur Information nach § 134 Abs. 1 GWB / § 19 EU Abs. 2 VOB/A** kommt der Mitteilungspflicht aus § 19 EU Abs. 4 VOB/A nur eingeschränkte Bedeutung zu. Die Informationen, auf deren Mitteilung der **Bieter** gemäß § 19 EU Abs. 4 Nr. 2 VOB/A einen Anspruch hat, muss er nach § 134 Abs. 1 GWB unaufgefordert vor Zuschlagserteilung erhalten. Eigenständige Bedeutung hat § 19 EU Abs. 4 VOB/A einerseits für **Bewerber,** die von § 134 Abs. 1 GWB nur erfasst werden, wenn ihnen vor Absendung der Mitteilung der Information nach § 134 Abs. 1 GWB an die Bieter keine Ablehnung ihrer Bewerbung zur Verfügung gestellt wurde (§ 134 Abs. 1 S. 2 GWB). Andererseits können Bieter, deren Angebote frühzeitig ausgeschlossen wurden, ihr Auskunftsersuchen zu einem Zeitpunkt stellen, in dem **die Information nach § 134 Abs. 1 GWB noch nicht versandt** wurde. Derartige Ersuchen sind spätestens innerhalb der 15-Tagesfrist des § 19 EU Abs. 4 VOB/A zu beantworten. Dies befreit den Auftraggeber nicht von der Verpflichtung, dem Bieter eine weitere Mitteilung nach § 134 Abs. 1 GWB zukommen zu lassen, sobald feststeht, wer den Zuschlag erhalten soll.[40] Schließlich sind die Informationen, welche der Bieter nach § 19 EU Abs. 4 Nr. 3 VOB/A auf Verlangen zu erhalten hat, nicht Bestandteil der Mitteilung nach § 134 Abs. 1 GWB.

Wird trotz der Information nach § 134 Abs. 1 GWB eine zusätzliche Auskunft verlangt, muss der Auftraggeber prüfen, ob er seinen Mitteilungspflichten nach § 134 Abs. 1 GWB und § 19 EU Abs. 4 VOB/A vollständig nachgekommen ist und unter Umständen fehlende Informationen nachreichen. Ein Schreiben, in dem der Auftraggeber nach einer unzureichenden Vorabinformation nach § 134 Abs. 1 GWB aufgefordert wird, Gründe für die Ablehnung des abgegebenen Angebotes sowie Merkmale und Vorteile des erfolgreichen Angebotes zu nennen, kann ein Rügeschreiben nach § 160 Abs. 3 S. 1 GWB darstellen.[41] Erforderlich ist hierfür jedoch, dass die Absicht, Fehler des Vergabeverfahrens rügen zu wollen, eindeutig zum Ausdruck kommt.

V. Fehlerfolgen

Zu den **Fehlerfolgen** bei Unterlassen der gebotenen Mitteilung nach § 19 EU Abs. 4 VOB/A wird auf § 19 VOB/A verwiesen (→ VOB/A § 19 Rn. 20 f.). § 135 Abs. 1 Nr. 1 GWB findet auf Verstöße gegen § 19 EU Abs. 4 VOB/A keine Anwendung.

E. Verbot anderweitiger Nutzung (§ 19 EU Abs. 5 VOB/A)

§ 19 EU Abs. 5 VOB/A entspricht § 19 Abs. 3 VOB/A.

F. Rückgabepflicht (§ 19 EU Abs. 6 VOB/A)

§ 19 EU Abs. 6 VOB/A entspricht § 19 Abs. 4 VOB/A.

§ 20 EU Dokumentation

Das Vergabeverfahren ist gemäß § 8 VgV zu dokumentieren.

Es wird auf die Kommentierung zu § 8 VgV verwiesen.

---

[39] EuGH 14.2.2008 – C-450/06, ECLI:EU:C:2008:91 = VergabeR 2008, 487 – Varec.
[40] Vgl. BGH VergabeR 2005, 339 (341).
[41] KG VergabeR 2002, 235 (237 f.).

§ 21 EU VOB/A Nachprüfungsbehörden

In der Bekanntmachung und den Vergabeunterlagen ist die Nachprüfungsbehörde mit Anschrift anzugeben, an die sich der Bewerber oder Bieter zur Nachprüfung behaupteter Verstöße gegen die Vergabebestimmungen wenden kann.

Übersicht

	Rn.
I. Allgemeines	1
II. Einzelfragen zur Angabe der Nachprüfungsbehörden	2
1. Inhalt der Angaben	2
2. Ort der Angabe	4
3. Übersicht zu den aktuell zuständigen Vergabekammern beim Bund und in den einzelnen Bundesländern	6
4. Folgen fehlerhafter Angaben	7

I. Allgemeines

1 § 21 EG VOB/A befindet sich im Abschnitt 2 der VOB/A, die Regelung ist also anwendbar bei Auftragsvergaben oberhalb der Schwellenwerte und außerhalb des Sektorenbereichs. § 21 EG VOB/A hat denselben Zweck wie § 21 VOB/A, nämlich den Bietern und Bewerbern eine Information über die Behörde zu geben, die zur Nachprüfung der Vergabe kraft Gesetzes berufen sind. Zur Gewährung effektiven Rechtsschutzes sind solche Regelungen notwendig, weil die Frist, innerhalb derer ein Nachprüfungsantrag gestellt werden muss, sehr kurz ist und es manchmal umfangreicher Recherchen bedürfte, um festzustellen, welches die zuständige Vergabekammer ist. Durch eine unrichtige Angabe zu der zuständigen Vergabekammer oder Nachprüfungsstelle wird allerdings die Zuständigkeit nicht begründet, so dass das Risiko von Fehlern – abgesehen von Schadensersatzansprüchen – beim Bieter verbleibt[1].

II. Einzelfragen zur Angabe der Nachprüfungsbehörden

2 **1. Inhalt der Angaben.** § 21 EU unterscheidet sich trotz des beinahe identischen Wortlautes ganz wesentlich von § 21 VOB/A. Während § 21 VOB/A auf die Rechtsaufsichts- und Fachaufsichtsbehörden verweist, also Stellen benennt, auf deren Einschreiten der Bieter kein subjektives Recht hat, verweist § 21 EU VOB/A auf die Vergabekammern. Die in § 21 EU VOB/A genannten Nachprüfungsbehörden sind also die für das Rechtsschutzverfahren oberhalb der Schwellenwerte gemäß § 156 GWB zuständigen Vergabekammern. Hier sind also die Nachprüfungsbehörden anzugeben, bei denen effektiver Rechtsschutz und die Durchsetzung subjektiver Rechte erreicht werden kann.

3 Anzugeben ist die zuständige Vergabekammer sowie deren Anschrift. Welche Vergabekammer zuständig ist, richtet sich nach der Person des Auftraggebers. Im Einzelfall kann es schwierig sein zu bestimmen, welche Vergabekammer zuständig ist. Schwierig sind solche Entscheidungen insbesondere dann, wenn es sich um juristische Personen handelt, deren Gesellschafter bzw. Träger teils dem Bund und teils den Ländern zuzuordnen sind. Bei Maßnahmen der Bundesrepublik Deutschland und der ihr nachgeordneten Dienststellen ist die die Vergabekammer Bund, die beim Bundeskartellamt in Bonn eingerichtet ist, bei Bauvorhaben der Länder und der Bezirke, Kreise und Gemeinden sind es die Vergabekammern der Länder. Bei sonstigen juristischen Personen des öffentlichen Rechts (Körperschaften, Anstalten) ist die Zuständigkeit zersplittert und zum Teil im Einzelnen geregelt. Oft hat der Bieter kaum eine eigene Möglichkeit zu überprüfen, ob die genannte Vergabekammer zuständig ist.

4 **2. Ort der Angabe.** Die Benennung der Nachprüfungsbehörden erfolgt nach dem Wortlaut der Bestimmung in der Vergabebekanntmachung und den Vergabeunterlagen.

5 Welche Vergabekammer zuständig ist, richtet sich nach der Person des Auftraggebers. Bei Maßnahmen der Bundesrepublik Deutschland und der ihr nachgeordneten Dienststellen ist dies die VK Bund (§ 159 GWB), die beim Bundeskartellamt in Bonn eingerichtet ist, bei Bauvorhaben der Länder, wie auch der Bezirke, Kreise und Gemeinden, die VK des jeweiligen Landes. Bei sonstigen juristischen Personen des öffentlichen Rechts (Körperschaften, Anstalten) ist die Zuständigkeit sehr zersplittert und zum Teil speziell geregelt.

---

[1] vgl. auch *Leinemann* Das neue Vergaberecht, Rn. 697.

VOB/A Nachprüfungsbehörden　　　　　　　6 § 21 EU VOB/A-EU

3. **Übersicht zu den aktuell zuständigen Vergabekammern beim Bund und in den 6 einzelnen Bundesländern. Bund**
- **Zwei Vergabekammern**
  eingerichtet beim Bundeskartellamt in Bonn
  Villemombler Str. 76, 53123 Bonn
  Tel.: 0228/9499-0 (Zentrale), -421 (1. Kammer), -561 (2. Kammer), -578 (3. Kammer)
  Fax: 0228/9499-163
  Internet: www.bundeskartellamt.de
  E-Mail: info@bundeskartellamt.bund.de
- **Baden-Württemberg**
  Vergabekammer Baden-Württemberg beim Regierungspräsidium Karlsruhe
  Postanschrift: Vergabekammer Baden-Württemberg, Regierungspräsidium Karlsruhe, 76247 Karlsruhe
  Hausanschrift: Karl-Friedrich-Straße 17, 76133 Karlsruhe
  Tel.: 0721/926–4049, -3112, Fax: 0721/926–3985
  Internet: www.rp.baden-wuerttemberg.de
  E-Mail: vergabekammer@rpk.bwl.de
- **Bayern**
  Vergabekammer Südbayern
  bei der Regierung Oberbayern
  Postanschrift: Regierung von Oberbayern, Sachgebiet – Vergabekammer Südbayern, 80534 München
  Hausanschrift: Maximilianstraße 39, 80538 München
  Tel.: 089/2176–2411 (Geschäftsstelle), Fax: 089/2176–2847
  Internet: www.regierung.oberbayern.bayern.de
  E-Mail: vergabekammer.suedbayern@reg-ob.bayern.de
  Zuständig für: Regierungsbezirke Oberbayern, Niederbayern und Schwaben
- **Vergabekammer Nordbayern**
  bei der Regierung von Mittelfranken
  Postanschrift: Postfach 606, 91511 Ansbach
  Hausanschrift: Promenade 27, 91522 Ansbach
  Tel.: 0981/531277 (Geschäftsstelle); Fax: 0981/531837
  Internet: www.regierung.mittelfranken.bayern.de
  E-Mail: vergabekammer.nordbayern@reg-mfr.bayern.de
  Zuständig für: Regierungsbezirke Oberpfalz, Oberfranken, Mittelfranken und Unterfranken
- **Berlin**
  Vergabekammer des Landes Berlin
  Martin-Luther-Straße 105, 10825 Berlin
  Tel.: 030/9013-8316 (Geschäftsstelle), Fax: 030/9013-7613
  Internet: www.berlin.de
  www.berlin.de/vergabeservice/index
  E-Mail: matthias.bogenschneider@senwtf.berlin.de
  　　　　　romy.roscher@senwtf.berlin.de
  　　　　　poststelle@senwtf.berlin.de
- **Brandenburg**
  Vergabekammer des Landes Brandenburg beim Ministerium für Wirtschaft
  Heinrich-Mann-Allee 107, 14473 Potsdam
  Tel.: 0331/866–1719 (Geschäftsstelle), Fax: 0331/866–1652
  Internet: www.mwe.brandenburg.de
  E-Mail: jana.dombrowski@mw.brandenburg.de
- **Bremen**
  Vergabekammer der Freien Hansestadt Bremen beim Senator für Bau, Umwelt und Verkehr
  Contrescarpe 72
  28195 Bremen
  Tel.: 0421/361–6704 (Geschäftsstelle), Fax: 0421/496 -6704
  Internet: www.bauumwelt.bremen.de E-mail: vergabekammer@bau.bremen.de

Glahs

- **Hamburg**
  Vergabekammer bei der Behörde für Stadtentwicklung und Umwelt
  Neuenfelder Straße 19
  21109 Hamburg
  Tel.: 040/42840-0, -2441, -3093
  Fax: 040/42840-2496, -2039, eFax: 040/427940048
  E-mail: vergabekammer@bsu.hamburg.de
  Zuständig für: VOB/A und VOF-Vergaben an Architekten, Ingenieure, Stadtplaner und Bausachverständige
  Vergabekammer bei der Finanzbehörde Hamburg
  Postanschrift: Postfach 301741, 20306 Hamburg
  Hausanschrift: Rödingsmarkt 2, 20459 Hamburg
  Tel.: 040/42823-1448, -1816, -1491, Fax: 040/42823-2020
  Internet: www.fhh.hamburg.de
  E-Mail: dieter.carmesin@fb.hamburg.de
  Zuständig für: VOL/A und die übrigen VOF-Vergaben
- **Hessen**
  Vergabekammer des Landes Hessen bei dem Regierungspräsidium Darmstadt
  Postanschrift: 64278 Darmstadt
  Hausanschrift: Wilhelminenstraße 1–3
  64283 Darmstadt
  Telefon: 06151 / 12 -6601 (Geschäftsstelle)
  Telefax: 06151/ 12 -5816
  Internet: www.rp-darmstadt.hessen.de
  E-Mail: karin.heiderstaedt@rpda.hessen.de
- **Mecklenburg-Vorpommern**
  Vergabekammer bei dem Wirtschaftsministerium Mecklenburg-Vorpommern
  Postanschrift: 19048 Schwerin
  Hausanschrift: Johannes-Stelling-Straße 14
  19053 Schwerin
  Telefon: 0385 / 588 -5160 (Geschäftsstelle)
  Telefax: 0385 / 588 -4855817
  Internet: http://www.regierung-mv.de
  E-Mail: vergabekammer@wm.mv-regierung.de
- **Niedersachsen**
  Vergabekammer beim Niedersächsischen Ministerium für Wirtschaft, Arbeit und Verkehr
  Regierungsvertretung Lüneburg
  Auf der Hude 2
  21339 Lüneburg
  Telefon: 04131 / 15 -1334, -1335, -1336
  Telefax: 04131 / 15 -2943
  Internet: www.mi.niedersachsen.de
  E-Mail: vergabekammer@mw.niedersachsen.de
- **Nordrhein-Westfalen**
  Vergabekammer bei der Bezirksregierung Arnsberg
  zusammengelegt mit der VK Münster und VK Detmold zur mit Sitz in Münster
  Vergabekammer bei der Bezirksregierung Detmold
  zusammengelegt mit der VK Münster und VK Arnsberg zur Westfalenkammer mit Sitz in Münster
  Vergabekammer bei der Bezirksregierung Münster
  zusammengelegt mit der VK Detmold und VK Arnsberg zur Westfalenkammer mit Sitz in Münster
  Vergabekammer bei der Bezirksregierung Düsseldorf
  zusammengelegt mit der VK Köln zur Rheinlandkammer mit Sitz in Köln
  Vergabekammer bei der Bezirksregierung Köln
  zusammengelegt mit der VK Düsseldorf zur Rheinlandkammer mit Sitz in Köln

Westfalenkammer
Albrecht-Thaer-Straße 9
48147 Münster Telefon: 0251 / 411 -1529 (Geschäftsstelle) bzw. -1691 (Vorsitzende)
Telefax: 0251 / 411 -2165
Zuständig für: Regierungsbezirke Münster, Detmold, Arnsberg
Vergabekammer Rheinland bei der Bezirksregierung Köln
Postanschrift: Zeughausstraße 2–10, 50667 Köln
Telefon: 0221 / 147 -3116 (Geschäftsstelle)
Telefax: 0221 / 147 -2889
Zuständig für: Regierungsbezirke Köln und Düsseldorf
- **Rheinland-Pfalz**
  Vergabekammern Rheinland-Pfalz beim Ministerium für Wirtschaft, Verkehr, Landwirtschaft und Weinbau
  Geschäftsstelle
  Postanschrift: Postfach 3269, 55022 Mainz
  Hausanschrift: Stiftsstraße 9, 55116 Mainz
  Telefon: 06131 / 16 -2234 (Geschäftsstelle)
  Telefax: 06131 / 16 -2113
  Internet: www.mwkel.rlp.de
  E-Mail: vergabekammer.rlp@mwkel.rlp.de
- **Saarland**
  Vergabekammer des Saarlandes beim Ministerium für Wirtschaft und Wissenschaft des Saarlandes
  Geschäftsstelle
  Franz-Josef-Röder-Straße 17
  66119 Saarbrücken
  Telefon: 0681 / 501 -4994 (Geschäftsstelle)
  Telefax: 0681 / 501 -3506
  Internet: www.saarland.de
  E-Mail: vergabekammern@wirtschaft.saarland.de
- **Sachsen**
  1. Vergabekammer des Freistaates Sachsen bei der Landesdirektion Leipzig
  Geschäftsstelle
  Postanschrift: Postfach 101364, 04013 Leipzig
  Hausanschrift: Braustraße 2, 04107 Leipzig – Südvorstadt Telefon: 0341 / 977 -3800 (Geschäftsstelle)
  Telefax: 0341 / 977 -1049
  Internet: www.ldl.sachsen.de
  E-Mail: wiltrud.kadenbach@lds.sachsen.de
- **Sachsen-Anhalt**
  Vergabekammern beim Landesverwaltungsamt
  Ernst-Kamieth-Straße 2
  06112 Halle (Saale)
  Geschäftsstelle der Vergabekammer 1
  Frau Schäfer
  Telefon: 0345 / 514 -1529
  Telefax: 0345 / 514 -1115
  E-Mail: Angela.Schaefer@lvwa.sachsen-anhalt.de
  Geschäftsstelle der Vergabekammer 2
  Frau Ueberfeldt
  Telefon: 0345 / 514 -1536
  Telefax: 0345 / 514 -1115
  E-Mail: Viola.Ueberfeldt@lvwa.sachsen-anhalt.de
  Internet: www.sachsen-anhalt.de

VOB/A-EU § 22 EU

- **Schleswig-Holstein**
  Vergabekammer Schleswig-Holstein
  im Ministerium für Wissenschaft, Wirtschaft und Verkehr
  Düsternbrooker Weg 94
  24105 Kiel
  Telefon: 0431 / 988 -4640 (Geschäftsstelle)
  Telefax: 0431 / 988 -4702
  Internet: www.schleswig-holstein.de
  E-Mail: vergabekammer@wimi.landsh.de
- **Thüringen**
  Vergabekammer Thüringen beim Thüringer Landesverwaltungsamt
  Postanschrift: Postfach 2249, 99403 Weimar
  Hausanschrift: Weimarplatz 4, 99423 Weimar
  Telefon: 0361 / 3773 -7276 (Referatsleiter)
  Telefax: 0361 / 3773 -9354
  Internet: www.thueringen.de
  E-Mail: vergabekammer@tlvwa.thueringen.de

7 **4. Folgen fehlerhafter Angaben.** Hat der öffentliche Auftraggeber eine örtlich oder sachlich unzuständige Vergabekammer benannt, führt dies nicht dazu, dass deren Zuständigkeit dadurch begründet wird. Sie ist vielmehr berechtigt und verpflichtet, die Beschwerde an die (örtlich oder sachlich) zuständige Vergabekammer zu verweisen oder als unzulässig abzuweisen, wenn sie beispielsweise gar nicht statthaft ist, weil bei der Gesamtmaßnahme der Schwellenwert nicht erreicht wird. Allerdings ist hier zu erwägen, dem Beschwerdeführer wegen dieser Falschauskunft einen Anspruch auf Schadensersatz aus § 311 Abs. 2 und § 241 Abs. 2 BGB in Verbindung mit § 282 BGB einzuräumen, vorausgesetzt, ihm ist durch die unzutreffende Angabe nachweisbar ein Schaden entstanden. Einschlägige Rechtsprechung dazu liegt leider noch nicht vor.

§ 22 EU VOB/A Auftragsänderungen während der Vertragslaufzeit

(1) Wesentliche Änderungen eines öffentlichen Auftrags während der Vertragslaufzeit erfordern ein neues Vergabeverfahren.
Wesentlich sind Änderungen, die dazu führen, dass sich der öffentliche Auftrag erheblich von dem ursprünglich vergebenen öffentlichen Auftrag unterscheidet. Eine wesentliche Änderung liegt insbesondere vor, wenn
1. mit der Änderung Bedingungen eingeführt werden, die, wenn sie für das ursprüngliche Vergabeverfahren gegolten hätten,
   a) die Zulassung anderer Bewerber oder Bieter ermöglicht hätten,
   b) die Annahme eines anderen Angebots ermöglicht hätten oder
   c) das Interesse weiterer Teilnehmer am Vergabeverfahren geweckt hätten,
2. mit der Änderung das wirtschaftliche Gleichgewicht des öffentlichen Auftrags zugunsten des Auftragnehmers in einer Weise verschoben wird, die im ursprünglichen Auftrag nicht vorgesehen war,
3. mit der Änderung der Umfang des öffentlichen Auftrags erheblich ausgeweitet wird oder
4. ein neuer Auftragnehmer den Auftragnehmer in anderen als den in Absatz 2 Nummer 4 vorgesehenen Fällen ersetzt.

(2) Unbeschadet des Absatzes 1 ist die Änderung eines öffentlichen Auftrags ohne Durchführung eines neuen Vergabeverfahrens zulässig, wenn
1. in den ursprünglichen Vergabeunterlagen klare, genaue und eindeutig formulierte Überprüfungsklauseln oder Optionen vorgesehen sind, die Angaben zu Art, Umfang und Voraussetzungen möglicher Auftragsänderungen enthalten, und sich aufgrund der Änderung der Gesamtcharakter des Auftrags nicht verändert,
2. zusätzliche Liefer-, Bau- oder Dienstleistungen erforderlich geworden sind, die nicht in den ursprünglichen Vergabeunterlagen vorgesehen waren, und ein Wechsel des Auftragnehmers

a) aus wirtschaftlichen oder technischen Gründen nicht erfolgen kann und
b) mit erheblichen Schwierigkeiten oder beträchtlichen Zusatzkosten für den öffentlichen Auftraggeber verbunden wäre,
3. die Änderung aufgrund von Umständen erforderlich geworden ist, die der öffentliche Auftraggeber im Rahmen seiner Sorgfaltspflicht nicht vorhersehen konnte und sich aufgrund der Änderung der Gesamtcharakter des Auftrags nicht verändert oder
4. ein neuer Auftragnehmer den bisherigen Auftragnehmer ersetzt
   a) aufgrund einer Überprüfungsklausel im Sinne von Nummer 1,
   b) aufgrund der Tatsache, dass ein anderes Unternehmen, das die ursprünglich festgelegten Anforderungen an die Eignung erfüllt, im Zuge einer Unternehmensumstrukturierung, wie zum Beispiel durch Übernahme, Zusammenschluss, Erwerb oder Insolvenz, ganz oder teilweise an die Stelle des ursprünglichen Auftragnehmers tritt, sofern dies keine weiteren wesentlichen Änderungen im Sinne des Absatzes 1 zur Folge hat, oder
   c) aufgrund der Tatsache, dass der öffentliche Auftraggeber selbst die Verpflichtungen des Hauptauftragnehmers gegenüber seinen Unterauftragnehmern übernimmt.

In den Fällen der Nummer 2 und 3 darf der Preis um nicht mehr als 50 Prozent des Werts des ursprünglichen Auftrags erhöht werden. Bei mehreren aufeinander folgenden Änderungen des Auftrags gilt diese Beschränkung für den Wert jeder einzelnen Änderung, sofern die Änderungen nicht mit dem Ziel vorgenommen werden, die Vorschriften dieses Teils zu umgehen.

Übersicht

	Rn.
A. Allgemeines	1
B. Materialien zu Art. 72 der Richtlinie 2014/24/EU sowie zu § 132 GWB	5
C. Die Generalklausel (Abs. 1)	7
I. Begriff der Vertragsänderung	10
II. Leistungsanordnungsrechte gemäß §§ 1 Abs. 3 und 4 Satz 1 VOB/B	13
III. Wesentliche Änderung	21
IV. Beispielkatalog wesentlicher Änderungen	22
D. Katalog der zulässigen Vertragsänderungen (Abs. 2 und 3)	29
I. Zulässige Änderungen gemäß Abs. 2	31
II. Zulässige Änderungen gemäß Abs. 3	38
E. Die Bekanntmachungspflicht und Rechtsfolgen wesentlicher Änderungen	39

A. Allgemeines

§ 22 EU VOB/A verbietet es Auftraggebern, öffentliche Aufträge ohne erneutes Vergabeverfahren wesentlich zu ändern. **1**

Die Vorschrift entspricht wörtlich § 132 GWB. Sie setzt Artikel 72 der Richtlinie 2014/24/EU in nationales Recht um und basiert auf der sogenannten Pressetextentscheidung des EuGH[1]. **2**

Die Regelung ist von wesentlicher praktischer Bedeutung, weil es bei Bauaufträgen einerseits und bei längerfristigen Verträgen andererseits häufig, wenn nicht in der Regel erforderlich wird, die Verträge den später entstehenden tatsächlichen Gegebenheiten anzupassen. Deshalb kann auch von den Anordnungsrechten nach § 1 Abs. 3 und Abs. 4 Satz 1 VOB/B nur Gebrauch gemacht werden, wenn sie keine wesentlichen Änderungen im Sinn des § 22 EU VOB/A sind. **3**

§ 22 EU muss selbst dann eingehalten und beachtet werden, wenn im Hinblick auf einen öffentlichen Auftrag ein Vergleich geschlossen werden soll.[2] **4**

---
[1] EuGH 19.6.2008 C-454/06, NZBau 2008, 518 f.
[2] EuGH 14.11.2013, C-221/12, juris; BGH 8.2.2011, X ZB 4/10, juris.

B. Materialien zu Art. 72 der Richtlinie 2014/24/EU sowie zu § 132 GWB

5 § 22 EU VOB/A beruht auf Art. 72 der Richtlinie 2014/24/EU, so dass zur Auslegung der Vorschrift die Richtlinie und insbesondere die Erwägungsgründe 107 bis 111 herangezogen werden können.

6 § 22 EU VOB/A wiederholt außerdem den Wortlaut des § 132 GWB, der ohnehin als höherrangiges Recht vorgehen würde, so dass § 22 EU VOB/A ebenso auszulegen ist wie § 132 GWB. Deshalb kann zur Auslegung auch auf die Gesetzesbegründung zu § 132 GWB zurückgegriffen werden. Die Gesetzesbegründung zu § 132 GWB enthält zur Auslegung der Vorschrift folgende Hinweise:[3]

„Der neue § 132 enthält erstmals klare Vorgaben, wann Auftragsänderungen während der Vertragslaufzeit ein neues Vergabeverfahren erfordern. Die Vorschrift dient der Umsetzung von Artikel 72 der Richtlinie 2014/24/EU. Bislang basierten die Vorgaben dazu auf den durch die Rechtsprechung des EuGH entwickelten Grundsätzen zu Auftragsänderungen (insb. EuGH, Urteil vom 19. Juni 2008, C-454/06, „Pressetext").

Zu Absatz 1

Absatz 1 dient der Umsetzung von Artikel 72 Absatz 5 der Richtlinie 2014/24/EU. Im Grundsatz stellt Absatz 1 klar, dass wesentliche Änderungen eines öffentlichen Auftrags während dessen Vertragslaufzeit ein neues Vergabeverfahren erfordern. Wesentlich sind Änderungen grundsätzlich dann, wenn sich der Auftrag infolge der Änderung während der Vertragslaufzeit erheblich von dem ursprünglich vergebenen Auftrag unterscheidet. Dies betrifft insbesondere Änderungen, die den Umfang und die inhaltliche Ausgestaltung der gegenseitigen Rechte und Pflichten der Parteien einschließlich der Zuweisung der Rechte des geistigen Eigentums betreffen. Derartige Änderungen sind Ausdruck der Absicht der Parteien, wesentliche Bedingungen des betreffenden Auftrags neu zu verhandeln. Die Nummern 1 bis 4 zählen beispielhaft auf, in welchen Fällen eine wesentliche Änderung im Sinne von Absatz 1 vorliegt.

Zu Absatz 2

Absatz 2 dient der Umsetzung von Artikel 72 Absatz 1 der Richtlinie 2014/24/EU und zählt die Fälle auf, in denen eine Änderung des ursprünglichen Vertrags zulässig ist und zwar unabhängig davon, ob es sich um eine wesentliche Änderung im Sinne des Absatz 1 handelt oder nicht.

Zu Nummer 1

Eine Änderung ist nach Absatz 2 Nummer 1 dann zulässig, wenn in den ursprünglichen Vergabeunterlagen klare, präzise und eindeutig formulierte Überprüfungsklauseln enthalten sind, die Angaben zu Art, Umfang und Voraussetzungen für eine Änderung des Vertrags enthalten. Dies betrifft zum Beispiel Preisüberprüfungsklauseln. Entsprechende Klauseln sollen öffentlichen Auftraggebern keinen unbegrenzten Ermessensspielraum einräumen. Dabei gibt es aber – anders als bei den erlaubten Vertragsänderungen der Nummern 2 und 3 – keine pauschale Obergrenze in Höhe von 50 Prozent des ursprünglichen Auftragswertes. Entscheidend ist vielmehr, dass sich durch Änderungen im Sinne der Nummer 1 der Gesamtcharakter des Auftrags nicht ändert.

Zu Nummer 2

Absatz 2 Nummer 2 dient der Umsetzung von Artikel 72 Absatz 1 Buchstabe b der Richtlinie 2014/24/EU und betrifft Situationen, in denen öffentliche Auftraggeber zusätzliche Liefer-, Bau- oder Dienstleistungen benötigen. In diesen Fällen kann eine Änderung des ursprünglichen Auftrags ohne neues Vergabeverfahren gerechtfertigt sein, insbesondere wenn die zusätzlichen Lieferungen entweder als Teilersatz oder zur Erweiterung bestehender Dienstleistungen, Lieferungen oder Einrichtungen bestimmt sind. Voraussetzung dafür ist, dass ein Wechsel des Lieferanten aus wirtschaftlichen oder technischen Gründen nicht erfolgen kann und mit erheblichen Schwierigkeiten oder beträchtlichen Zusatzkosten für den Auftraggeber verbunden wäre. Dies betrifft zum Beispiel den Fall, dass der öffentliche Auftraggeber Material, Bau- oder Dienstleistungen mit unterschiedlichen technischen Merkmalen erwerben müsste und dies eine Unvereinbarkeit oder unverhältnismäßige technische Schwierigkeiten bei Gebrauch und Instandhaltung mit sich bringen würde. Für erlaubte Änderungen nach Absatz 2 Nummer 2 gilt – wie auch für Änderungen nach Nummer 3 – eine pauschale Obergrenze. Der Wert der Änderung darf hierbei nicht mehr als 50 Prozent des ursprünglichen Auftragswertes betragen.

Zu Nummer 3

Absatz 2 Nummer 3 betrifft Fälle, in denen öffentliche Auftraggeber mit externen Umständen konfrontiert werden, die sie zum Zeitpunkt der Zuschlagserteilung nicht absehen konnten. Dies kann ins-

---

[3] BT Drs. 18/6281 zu § 132 GWB.

besondere dann der Fall sein, wenn sich die Ausführung des Auftrags über einen längeren Zeitraum erstreckt. *Absatz 2 Nummer 3* setzt Artikel 72 Absatz 1 Buchstabe c der Richtlinie 2014/24/EU um und ermöglicht dem Auftraggeber ein gewisses Maß an Flexibilität, um den Auftrag an diese Gegebenheiten anzupassen, ohne ein neues Vergabeverfahren einleiten zu müssen. „Unvorhersehbare Umstände" sind Umstände, die auch bei einer nach vernünftigem Ermessen sorgfältigen Vorbereitung der ursprünglichen Zuschlagserteilung durch den öffentlichen Auftraggeber unter Berücksichtigung der zur Verfügung stehenden Mittel, der Art und Merkmale des spezifischen Projekts, der bewährten Praxis und der Notwendigkeit, ein angemessenes Verhältnis zwischen den bei der Vorbereitung der Zuschlagserteilung eingesetzten Ressourcen und dem absehbaren Nutzen zu gewährleisten, nicht hätten vorausgesagt werden können. Voraussetzung ist allerdings, dass sich mit der Änderung nicht der Gesamtcharakter des gesamten Auftrags ändert, indem beispielsweise die zu beschaffenden Liefer-, Bau- oder Dienstleistungen durch andersartige Leistungen ersetzt werden oder indem sich die Art der Beschaffung grundlegend ändert. Wie bei den Änderungen nach Nummer 2 darf auch in den Fällen von Nummer 3 der Wert der Änderung nicht mehr als 50 Prozent des ursprünglichen Auftragswertes betragen.

Zu Nummer 4
Absatz 2 Nummer 4 dient der Umsetzung von Artikel 72 Absatz 1 Buchstabe d der Richtlinie 2014/24/EU. Damit soll dem erfolgreichen Bieter die Möglichkeit eingeräumt werden, während der Ausführung des Auftrags gewisse interne strukturelle Veränderungen (Wechsel des Auftragnehmers) zu vollziehen, ohne dass deswegen ein neues Vergabeverfahren durchgeführt werden muss. Dies betrifft zum Beispiel rein interne Umstrukturierungen, Übernahmen,
Zusammenschlüsse, Unternehmenskäufe oder Insolvenzen.

Zu Absatz 3
Absatz 3 dient der Umsetzung von Artikel 72 Absatz 2 der Richtlinie 2014/24/EU. Absatz 3 führt eine de-minimis-Grenze für Auftragsänderungen während der Vertragslaufzeit ein, wonach geringfügige Änderungen des Auftragswerts bis zu einer bestimmten Höhe grundsätzlich zulässig sind, ohne dass ein neues Vergabeverfahren durchgeführt werden muss. Voraussetzung ist nach Absatz dabei, dass der Wert der Änderung den entsprechenden Schwellenwert nach § 106 nicht übersteigt und zusätzlich bei Liefer- und Dienstleistungsaufträgen nicht mehr als 10 Prozent und bei Bauaufträgen nicht mehr als 15 Prozent des ursprünglichen Auftragswertes beträgt. Sofern die Auftragsänderungen eine dieser Grenzen übersteigt, ist eine Änderung ohne erneutes Vergabeverfahren nur zulässig, wenn die übrigen Voraussetzungen des § 132 erfüllt sind.

Zu Absatz 4
Absatz 4 dient der Umsetzung von Artikel 72 Absatz 3 der Richtlinie 2014/24/EU.

Zu Absatz 5
Absatz 5 dient der Umsetzung von Artikel 72 Absatz 1 Unterabsatz 3 der Richtlinie 2014/24/EU."

C. Die Generalklausel (Abs. 1)

Der Obersatz zu § 22 EU findet sich in Abs. 1 Satz 1 und besagt: Wesentliche Änderungen eines öffentlichen Auftrags während der Vertragslaufzeit erfordern ein neues Vergabeverfahren. 7

Die weiteren Regelungen in § 22 EU befassen sich mit der Frage, wann eine Änderung wesentlich ist. Den Obersatz dafür, was wesentlich ist, enthält § 22 EU Abs. 1 Satz 2. Dieser bestimmt, dass wesentliche Änderungen sind, die dazu führen, dass sich der öffentliche Auftrag erheblich von dem ursprünglich vergebenen öffentlichen Auftrag unterscheidet. 8

§ 22 EU Abs. 1 S. 3 sowie Abs. 2 und Abs. 3 wiederum konkretisieren den Begriff der Wesentlichkeit für einzelne Konstellationen. 9

I. Begriff der Vertragsänderung

Aus § 22 EU Abs. 1 Satz 1 folgt, dass eine „Änderung" vorliegen muss. Damit stellt sich die Frage, ob eine Änderung dann vorliegt, wenn sich der Vertrag kraft Gesetzes (z. B. wegen Wegfall der Geschäftsgrundlage) oder durch eine einseitige Erklärung ändert, oder ob eine Änderung des Vertrags nur vorliegt, wenn es zum Eintritt der Rechtsfolge zweier übereinstimmender Willenserklärungen bedarf.[4] 10

Zutreffend ist, dass eine Änderung die sich kraft Gesetzes oder kraft eines einseitigen Rechts vollzieht, keine Änderung des Vertrags im Sinn des § 22 EU VOB/A ist. Denn in diesen Fällen wird der Vertrag nicht geändert, sondern es tritt nur eine Rechtsfolge zutage, die dem Vertrag 11

---
[4] Die Frage ist umstritten. Siehe unter Rn. 13 ff.

schon bei Vertragsschluss immanent war.[5] So ist es auch bei der Nichtkündigung eines Vertrages.[6]

12 Dieser Auslegung widersprechen die Regelung in Abs. 2 Nr. 1 (Überprüfungsklausel und Optionen) sowie Abs. 2 Nr. 4 (Ersetzen des Auftragnehmers) nicht. Die Regelungen werden nicht überflüssig, wenn eine Änderung ohnehin nur Änderungen erfasst, die zwei übereinstimmende Willenserklärungen voraussetzen. Die Regelung in Abs. 2 Nr. 1 wird nicht überflüssig. Zum einen können Verträge Optionen und Überprüfungsklauseln enthalten, bei denen die Parteien verhandeln und sich einigen müssen. Dies ist bei Öffnungsklauseln in Verträgen der Fall. Für diese hat Abs. 2 Nr. 1 einen Anwendungsfall. Zum anderen lässt sich ein einklagbares, einseitiges Recht, das nicht klar, genau und eindeutig formuliert ist und/oder keine Angaben zu Art, Umfang und Voraussetzungen der Änderungen enthält, kaum vorstellen, weil damit eine Partei ein unüberschaubares Risiko eingehen müsste, was in aller Regel nicht der Fall. Insoweit stellt Abs. 2 Nr. 1 nur klar, das die Ausübung von Optionen, die faktisch nicht einseitig durchsetzbar sind, sondern der Zustimmung des Vertragspartners bedürfen, materiell zweier übereinstimmender Willenserklärungen bedürfen. Ebenso ist es bei der Regelung in Abs. 2 Nr. 4, weil sich auch hier eine Vielzahl von Konstellationen bilden lassen, bei denen die Ersetzung des Auftragnehmers nur erfolgen kann, wenn die beiden Parteien zustimmen.

II. Leistungsanordnungsrechte gemäß §§ 1 Abs. 3 und 4 Satz 1 VOB/B

13 Umstritten ist, ob die Leistungsanordnungsrechte gemäß §§ 1 Abs. 3 und 4 Satz 1 VOB/B Vertragsänderungen i. S. v. Abs. 1 sind und ob es sich um klare und eindeutige Optionen i. S. v. Abs. 2 Nr. 1 handelt.[7] Dagegen stellt § 1 Abs. 4 Satz 2 VOB/B eine Änderung dar, weil diese Vereinbarung nur mit Zustimmung des Auftragnehmers vereinbart werden kann. Es kommt deshalb darauf an, ob die Beauftragung solcher zusätzlichen Leistungen i. S. v. § 22 EU VOB/A erheblich ist.

14 Anders als § 22 VOB/A (Abschnitt 1) stellt § 22 EU VOB/A nicht klar, dass Vertragsänderungen nach den Bestimmungen der VOB/B mit Ausnahme der Änderung gem. § 1 Abs. 4 S. 2 VOB/B kein neues Vergabeverfahren verlangen.

15 Es stellt sich die Frage, ob oberhalb der EU-Schwellenwerte Anordnungsrechte nach § 1 Abs. 3 und Abs. 4 Satz 1 VOB/B stets ohne neues Vergabeverfahren zulässig sind, weil es sich entweder schon um keine Vertragsänderung i. S. v. Absatz 1 handelt, sondern um ein einseitiges, durchsetzbares Anordnungsrecht oder weil es sich um Regelungen handelt, die eine klare, genaue und eindeutig formulierte Option im Sinn von § 22 EU Abs. 2 Nr. 1 VOB/A enthalten.

16 Preisanpassungen wegen Mengenabweichungen nach § 2 Abs. 3 VOB/B sind in jedem Fall ohne erneutes Vergabeverfahren zulässig und stellen keine wesentliche Änderung im Sinn des § 22 EU VOB/A dar. Dies gilt schon deshalb, weil die Preisanpassungsmöglichkeit einem Einheitspreisvertrag immanent ist und die Anpassung ohne entsprechende Willenserklärung aus nur einer Partei wirksam wird.[8] Folgt man dem nicht, stellt die in einem Einheitspreisvertrag vorgesehene Preisanpassung jedenfalls eine Überprüfungsklausel im Sinn von § 22 EU Abs. 2 Nr. 1 VOB/A dar. Die Regelung zu Preisanpassungen gemäß § 2 Abs. 3 VOB/B ist (auch) eine klare, genaue und eindeutig formulierte Überprüfungsklausel.

17 Umstritten ist die Einordnung der Leistungsanordnungsrechte gemäß § 1 Abs. 3 und Abs. 4 VOB/B. Teils wird die Ansicht vertreten, die Leistungsanordnungsrechte in § 1 Abs. 3 und Abs. 4 VOB/B seien klare, genaue und eindeutig formulierte Optionen i. S. d. § 22 EU VOB/A Nr. 1.[9] Allerdings sehen *Stoye/Pauka* die Grenze erreicht, wenn durch die Anordnung ein komplett geändertes Bauvorhaben erstellt werden soll, dass mit den vertraglichen Bauvorhaben nicht mehr übereinstimmt, oder wenn die Änderung so erheblich ist, dass die vereinbarten Preisermittlungsgrundlagen nicht mehr auf die geänderte Leistung anwendbar sind. Nach der Gegenansicht sind die Leistungsanordnungsrechte in § 1 Abs. 3 und Abs. 4 VOB/B nicht

---

[5] *Stoye/Pauka* in FKZGM, VOB, 6. Auflage 2017, § 22 EU Rn. 7.

[6] OLG Celle, 4.5.2001, 13 Verg 5/00, juris; OLG Düsseldorf, 22.2.2012, VII Verg 87/11, juris.

[7] Vgl. *Eschenbruch* in KKPP GWB-Vergaberecht, 4. Auflage 2016, § 132 Rn. 89; *Stoye/Pauka* in FKZGM VOB, 6. Auflage 2017, § 22 EU Rn. 35 zu § 1 Abs. 3 VOB/B (ohne Hinweis auf § 1 Abs. 4 VOB/B); a. A. *Stolz* in Ingenstau/Korbion VOB, 20. Auflage 2017, § 22 EU Rn. 27; *Krohn* NZBau 2008, 619, 625..

[8] *Stolz* in Ingenstau/Korbion VOB 20. Auflage, 2017, § 22 EU Rn. 28; *Krohn* NZBau 2008, 619, 625; *Stoye/Brugger* VergabeR 2011, 803, 807.

[9] *Eschenbruch* in KKPP GWB-Vergaberecht, 4. Auflage 2016, § 132 Rn. 89; *Stoye/Pauka* in FKZGM VOB, 6. Auflage 2017, § 22 EU Rn. 35 zu § 1 Abs. 3 VOB/B (ohne Hinweis auf § 1 Abs. 4 VOB/B)

ausreichend bestimmt, so dass nach dieser Ansicht § 22 EU Abs. 2 Nr. 1 VOB/A nicht stets greift, vielmehr jeweils im Einzelfall überprüft werden muss, ob die konkrete Leistungsanordnung zu einer wesentlichen Änderung führt oder nicht.[10] *Stolz* weist darauf hin, dass für diese Auslegung auch die unterschiedliche Formulierung in § 22 EU und § 22 VOB/A spreche.

Zutreffend ist, dass die Leistungsanordnungsrechte gemäß § 1 Abs. 3 und Abs. 4 VOB/B schon keine Änderung i. S. v. § 22 EU Abs. 1 VOB/A sind, so dass es nicht darauf ankommt, ob die Option hinreichend eindeutig i. S. v. Abs. 2 Nr. 1 ist. Darüber hinaus sind die Leistungsanordnungsrechte hinreichend bestimmt. Denn zum einen steht fest, welche Anordnungen erteilt werden können. Zum anderen steht fest, wie der Vertrag und insbesondere die Vergütung im Hinblick auf die Leistungsanordnung zu ändern sind. Damit sind die Regelungen hinreichend bestimmt. Zwar können durch das Leistungsanordnungsrecht auch wesentliche Änderungen des Bauentwurfs angeordnet werden. Das ändert aber nichts daran, dass sich der öffentliche Auftrag nicht erheblich ändert, weil er diese Möglichkeit schon bei Zuschlagerteilung vorsah. 18

Die unterschiedlichen Rechtsansichten in der Literatur werden bestehen bleiben, bis entsprechende Konstellationen in gerichtlichen Entscheidungen entscheidungsrelevant werden. Besonders sorgfältig und kritisch muss sich der Auftraggeber mit den unterschiedlichen Rechtsansichten auseinandersetzen, wenn er im Rahmen des Bauvorhabens Zuwendungen erhält. Denn ein Verstoß gegen § 132 GWB bzw. § 22 EU VOB/A stellt einen schweren Vergabeverstoß dar, der i. d. R. zur Rückforderung der Zuwendung führt. 19

In der Mehrzahl der Fälle dürfte allerdings eine Anordnung zur Änderung des Bauentwurfs – auch ohne ausdrückliche Freistellung gem. Abs. 2 Nr. 1 – keine wesentliche Änderung im Sinn des § 22 EU Abs. 1 sein, weil die Änderung des Bauentwurfs eben nicht dazu führt, dass sich der öffentliche Auftrag erheblich von dem ursprünglich vergebenen öffentlichen Auftrag unterscheidet. 20

III. Wesentliche Änderung

Wesentlich sind Änderungen, die dazu führen, dass sich der öffentliche Auftrag erheblich von dem ursprünglich vergebenen öffentlichen Auftrag unterscheidet. Abs. 1 Satz 2 stellt klar, dass eine Änderung wesentlich ist, wenn sie dazu führt, dass sich der Auftrag erheblich von dem ursprünglich vergebenen Auftrag unterscheidet. Wann ein Unterschied erheblich ist, muss wiederum in einem Vergleich zu den in Abs. 1 Satz 3 genannten Regelbeispielen, die nicht abschließend sind, bestimmt werden. 21

IV. Beispielkatalog wesentlicher Änderungen

§ 22 EU Abs. 1 Satz 3 Nr. 1 bis 4 setzt die bislang ergangene Rechtsprechung des EuGH zu wesentlichen Änderungen in Gesetzesrecht um.[11] 22

Abs. 1 Satz 3 Nr. 1 behandelt den Fall, dass nachträglich Bedingungen eingeführt werden, die das Ergebnis des Vergabeverfahrens verändert haben könnten, weil zum Beispiel ursprünglich festgesetzten Mindestbedingungen nicht mehr erfüllt werden müssen. 23

Abs. 1 Satz 3 Nr. 2 regelt den Fall, dass das wirtschaftliche Gleichgewicht des Vertrages zu Gunsten des Auftragnehmers verändert wird, mit anderen Worten, wenn die dem Auftragnehmer gewährte Gegenleistung erhöht wird, dass ihm ein vertraglicher Anspruch auf Erhöhung oder Anpassung der Vergütung zusteht. Dagegen sind Änderungen des wirtschaftlichen Gleichgewichts zu Lasten des Auftragnehmers keine wesentliche Änderung. Es kann durchaus Fälle geben, in denen der Auftragnehmer bereit ist, das wirtschaftliche Gleichgewicht des Vertrages zu seinen Lasten zu verändern. Dies ist häufig der Fall, wenn dem öffentlichen Auftraggeber ein Recht zur Kündigung des Vertrags zusteht und der Auftragnehmer durch sein Entgegenkommen bei der Vergütung erreichen will, dass der Auftraggeber auf die Kündigung verzichtet. Isoliert betrachtet, ist weder der Verzicht auf die Kündigung eine wesentliche Änderung im Sinn des § 22 EU VOB/A noch ist die Änderung des wirtschaftlichen Gleichgewichts zu Lasten des Auftragnehmers eine wesentliche Änderung. Dennoch ist zu prüfen und nicht auszuschließen, dass die Kombination aus Veränderung des wirtschaftlichen Gleichgewichts zu Lasten des Auftragnehmers und Nichtkündigung als Ganzes betrachtet eine wesentliche Änderung des Vertrags sein können. 24

---

[10] *Stolz* in Ingenstau/Korbion, VOB, 20. Auflage 2017, § 22 EU Rn. 27.
[11] EuGH 19.6.2008 C-454/06, NZBau 2008, 518 f.

25 Gem. Abs. 1 Satz 3 Nr. 3 sind auch erhebliche Ausweitungen des Umfangs des öffentlichen Auftrags eine wesentliche Änderung. Hier kann als Anhaltspunkt dafür, wenn die Auftragsausweitung wesentlich ist, Abs. 3 als ein Indiz angesehen werden, ab welcher Schwelle Auftragserweiterungen als wesentlich angesehen werden. Unschädlich ist es gem. Abs. 3 wenn der Wert der Änderung, also auch der Ausweitung des Auftrags, EU-Schwellenwert sowie 15 % des ursprünglichen Auftragswertes nicht überschreitet.

26 Abs. 1 Satz 3 Nr. 4 bestimmt, dass es eine wesentliche Änderung des Auftrags darstellt, wenn ein Auftragnehmerwechsel stattfindet, ohne dass die Voraussetzungen des Abs. 2 Satz 2 Nr. 4 vorliegen. Nach der hier vertretenen Ansicht liegt eine wesentliche Änderung durch den Wechsel des Auftragnehmers nur vor, wenn der Auftraggeber an der Änderung mitwirken muss, nicht aber, wenn sie sich z. B. im Wege einer Gesamtrechtsnachfolge kraft Gesetzes vollzieht. Diese Frage wird in Rechtsprechung und Literatur allerdings teils anders beantwortet.[12]

27 Allgemeine Ansicht ist es, dass kein Auftragnehmerwechsel vorliegt, wenn zwar eine gesellschaftsrechtliche Umstrukturierung vorgenommen wird, die Identität der juristischen Person aber unberührt bleibt. Dies ist z.B. der Fall, wenn eine formwechselnde Umwandlung vorgenommen wird. Allgemeine Ansicht ist es auch, dass eine Änderung im Gesellschafterbestand juristischer Personen während der Vertragslaufzeit grundsätzlich unerheblich ist.[13] Dagegen soll der Wechsel im Mitgliederbestand einer Gesellschaft bürgerlichen Rechts ein im Sinn von § 22 EU Abs. 1 S. 3 Nr. 4 VOB/A relevante Änderung sein.[14] Zwar räumt Stolz ein, dass auch eine BGB-Gesellschaft teilrechtsfähig ist, sodass Wechsel im Mitgliederbestand der BGB-Gesellschaft nicht an den Auftragnehmer ändert. Er meint jedoch, es sei zu berücksichtigen, dass bei einer BGB-Gesellschaft sämtliche Gesellschafter persönlich haften würden. Diese Ansicht übersieht aber, dass § 22 EU VOB/A allein darauf abstellt, dass der Auftragnehmerwechsel vorliegt, ob die für den Auftragnehmer Haftenden weg sind Mithin ist auch der Wechsel im Mitgliederbestand einer BGB-Gesellschaft kein Fall des § 22 EU Abs. 1 S. 3 Nr. 4 VOB/A.

28 Nach wohlherrschender Ansicht wird aber jedenfalls ein Auftragnehmerwechsel im Sinn des § 22 EU VOB/A dann bejaht, wenn durch eine Umwandlung oder Gesamtrechtsnachfolge eine andere natürliche oder juristische Person Auftragnehmer wird.[15] Dies ist z. B. der Fall wenn bei einer zweigliedrigen BGB-Gesellschaft ein Gesellschafter wegen Insolvenz oder aus anderen Gründen aus der BGB-Gesellschaft ausscheidet und aufgrund des Gesellschaftsvertrags das Vermögen der BGB-Gesellschaft im Wege der Anwachsung dem verbliebenen Gesellschafter zufällt oder wenn der Auftragnehmer auf eine andere Gesellschaft verschmolzen wird. Nach der hier vertretenen Ansicht liegt in diesem Fall keine Änderung des Vertrages vor, weil der öffentliche Auftraggeber eine Willenserklärung abgeben muss, mithin keine Änderung des Vertrages erfolgt.

D. Katalog der zulässigen Vertragsänderungen (Abs. 2 und 3)

29 Abs. 2 und 3 enthalten Regelungen, die Änderungen ohne erneutes Vergabeverfahren zulassen, unabhängig davon, ob die Voraussetzungen des Abs. 1 (Vorliegen einer unwesentlichen Änderung) erfüllt sind oder nicht.

30 Gem. Abs. 2 Nr. 1 sind Änderungen ohne neues Vergabeverfahren zulässig, wenn schon in dem Ausgangsvertrag eine klare, genaue und eindeutige Regelung oder Option enthalten ist, die die nun vollzogene Änderung erlaubt. Da einseitige Optionen – und Anordnungsrechte, die so bestimmt sind, dass sie eine Vertragspartei einseitig erzwingen kann, schon keine Änderung im Sinn von Abs. 1 Satz 1 sind, geht es in Abs. 2 Nr. 1 „nur noch" um Überprüfungsklauseln oder Optionsrechte, die die Änderung von der Zustimmung beider Vertragsparteien abhängig machen. Sollte die Zustimmung beider Vertragsparteien voraussetzende Option erlauben die Änderung des Vertrags nur, wenn die zweiseitig auszuübende Option im Ausgangsvertrag bereits klar, genau und eindeutig formuliert worden ist. Handelt es sich dagegen um eine „Öffnungsklausel", die unbestimmt ist bzw. bei der die Zuschlagserteilung nicht erkennbar war, worauf sie sich später beziehen wird, ist eine solche Änderung nicht generell freigestellt. Vielmehr kommt es dann darauf an, ob die Voraussetzungen des Abs. 1 erfüllt sind oder nicht.

---

[12] *Schranner* in Ingenstau/Korbion VOB, 20. Auflage 2017, § 22 EU Rn. 19 mwN
[13] *Stolz* in Ingenstau/Korbion VOB, 20. Auflage 2017, § 22 EU Rn. 19; *Eschenbruch* in KKPP GWB-Vergaberecht, 4. Auflage 2016, § 132 Rn. 70
[14] *Stolz* in Ingenstau/Korbion VOB, 20. Auflage 2017, § 22 EU Rn. 19
[15] vgl. *Stolz* in Ingenstau/Korbion Rn. 19

I. Zulässige Änderungen gemäß Abs. 2

Abs. 2 Nr. 2 erlaubt die Beauftragung zusätzlicher Leistungen, wenn folgende Voraussetzungen erfüllt sind: Die zusätzlichen Leistungen, die nicht in den ursprünglichen Vergabeunterlagen vorgesehen waren, müssen erforderlich geworden sein. Die Regelung in Abs. 2 Nr. 2 greift deshalb nicht, wenn zusätzliche Leistungen beauftragt werden sollen, die schon bei Zuschlagserteilung des Ausgangsvertrags erforderlich waren und bewusst nicht beauftragt worden sind. Fraglich ist, ob Leistungen im Sinn der Bestimmung erforderlich sind, wenn sie zwar objektiv schon bei Vertragsschluss erforderlich waren, wenn der Auftraggeber dies aber subjektiv nicht erkannt hat. Dafür dass das Tatbestandsmerkmal der Erforderlichkeit auch erfüllt ist, wenn der Auftraggeber subjektiv nicht erkannt hat, dass er die zusätzlichen Leistungen benötigen wird, sich der unterschiedliche Wortlaut von Abs. 2 Nr. 2 und Abs. 2 Nr. 3. Denn nur in Nr. 3 ist Tatbestandsmerkmal, dass der Auftraggeber die Erforderlichkeit der Änderung nicht vorhersehen konnte. Mithin werden zusätzliche Leistungen auch dann erforderlich, wenn der Auftraggeber die Notwendigkeit zur Beauftragung dieser Leistungen nicht erkannt hat. 31

Werden zusätzliche Leistungen erforderlich, können diese an den ursprünglichen Auftragnehmer beauftragt werden, wenn ein Wechsel des Auftragnehmers aus wirtschaftlichen oder technischen Gründen nicht erfolgen kann und der Wechsel mit erheblichen Schwierigkeiten oder beträchtlichen Zusatzkosten für den öffentlichen Auftraggeber verbunden wäre. Die Formulierung in Abs. 2 Nr. 2 lit. a und lit. b ist nicht geglückt, weil sie mit „und" verbunden sind, sich nach dem reinen Wortlaut aber gegenseitig ausschließen. Es ist deshalb umstritten, ob die Voraussetzung, dass ein Wechsel des Auftragnehmers aus wirtschaftlichen oder technischen Gründen nicht erfolgen kann, dahin zu verstehen ist, dass der Wechsel des Auftragnehmers unmöglich sein muss oder ob es ausreicht, dass der Wechsel des Auftragnehmers zu unverhältnismäßigen technischen oder wirtschaftlichen Schwierigkeiten führen würde. Zutreffend ist es, dass der Ausnahmetatbestand schon darin greift, wenn ein Wechsel des Auftragnehmers aus wirtschaftlichen oder technischen Gründen für den Auftraggeber unzumutbar ist und mit erheblichen Schwierigkeiten oder beträchtlichen Zusatzkosten verbunden wäre. 32

Die zusätzlichen Leistungen dürfen höchstens 50% des Werts des ursprünglichen Auftrags betragen. 33

Während sich Abs. 2 Nr. 2 mit zusätzlichen Leistungen beschäftigt, geht es in Abs. 2 Nr. 3 um eine Änderung der geschuldeten Leistungen. Auch Leistungsänderungen sind nur zulässig, wenn sie aufgrund von Umständen erforderlich geworden sind, die der öffentliche Auftraggeber im Rahmen seiner Sorgfaltspflicht nicht vorhersehen konnte und sich aufgrund der Änderung der Gesamtcharakter des Auftrags nicht verändert. Eine Änderung, die an Abs. 2 Nr. 3 zu messen wäre, liegt überhaupt nur vor, wenn kein einseitiges Recht zur Anordnung von Leistungsänderungen begründet worden ist. Fehlt es an einem solchen einseitigen Leistungsanordnungsrecht, kann die Änderung – unabhängig davon, ob sie wesentlich ist oder nicht – angeordnet werden, wenn sie nach Abschluss des Ausgangsvertrags erforderlich geworden ist, ohne dass der öffentliche Auftraggeber bei Abschluss des Vertrags vorhersehen konnte, dass er diese Leistung ändern muss, und sich aufgrund der Änderung der Gesamtcharakter des Auftrags nicht ändert. Auch bei Abs. 3 ist es so, dass die Änderung höchstens den Wertanteil von 50% des Werts des ursprünglichen Auftrags ausmachen darf. 34

Schließlich erlaubt Abs. 2 Nr. 4 unter bestimmten Voraussetzungen, dass der bisherige Auftragnehmer durch einen Dritten ersetzt wird. Insbesondere an der Regelung in Abs. 2 Nr. 4 lit. b bestand ein besonderes Interesse, weil anderenfalls der den Unternehmen die ihnen eingeräumten Möglichkeiten zur Umstrukturierung des Unternehmers unmöglich gemacht worden wären, weil und soweit dies dazu geführt hätte, dass eine wesentliche Änderung des ursprünglichen Auftrags vorliegt. Nach der hier vertretenen Ansicht bedarf es des Rückgriffs auf Abs. 2 Nr. 4 nicht, wenn der Auftragnehmerwechsel kraft Gesetzes im Wege der Gesamtrechtsnachfolge erfolgt, ohne dass es zweier übereinstimmender Willenserklärungen bedarf. Mithin liegt in der Fallkonstellation, dass Auftragnehmer eine BGB-Gesellschaft aus zwei Gesellschaftern ist, und dass ein Gesellschafter durch Insolvenz aus der Gesellschaft ausscheidet und das Vermögen dem Mitgesellschafter anwächst, schon keine Änderung des Auftrags, weil auch diese weitere Entwicklung schon in dem Ausgangsvertrag angelegt ist. 35

Abs. 2 Nr. 4 hat dann nur Bedeutung für die Fälle, in denen der Wechsel des Auftragnehmers nur mit Zustimmung des öffentlichen Auftraggebers möglich ist. Die hier vertretene Ansicht allerdings umstritten. Auch der EuGH hat in der Vergangenheit angedeutet, dass er auch in 36

Fällen der Gesamtrechtsnachfolge bzw. Umstrukturierungen nach dem Umwandlungsgesetz eine wesentliche Änderung annehmen wolle, auch wenn der öffentliche Auftraggeber die Umstrukturierung nicht verhindern konnte.

37 Ein Auftragnehmerwechsel ist gem. Abs. 2 Nr. 4 lit. b ohne neues Vergabeverfahren zulässig, wenn der neue Auftragnehmer die ursprünglich festgelegten Anforderungen an die Eignung erfüllt und wenn der Auftragnehmerwechsel im Zuge einer Unternehmensumstrukturierung erfolgt.[16]

II. Zulässige Änderungen gemäß Abs. 3

38 Abs. 3 enthält eine sogenannte De-minimis-Regelung. Danach sind Änderungen öffentlicher Aufträge neue Vergabeverfahren zulässig, wenn sich der Gesamtcharakter des Auftrag nicht ändert und der Wert der Änderung weder den Schwellenwert gem. § 106 GWB übersteigt, noch 15% des ursprünglichen Auftragswerts.

E. Die Bekanntmachungspflicht und Rechtsfolgen wesentlicher Änderungen

39 Änderungen nach Abs. 2 Nr. 2 und 3 müssen im Amtsblatt der EU bekannt gemacht werden (Abs. 5).

40 Wird eine wesentliche Änderung unter Verstoß gegen § 22 EU VOB/A vereinbart, kann dagegen gem. § 135 GWB ein Nachprüfungsverfahren eingeleitet werden, weil es sich um eine „de-facto-Vergabe" handelt. Darüber hinaus besteht gem. § 133 GWB ein außerordentliches Kündigungsrecht des Auftraggebers. Trotz dieses außerordentlichen Kündigungsrechts können dem Auftragnehmer aber wegen der vorzeitigen Beendigung des Vertrags Schadensersatzansprüche zustehen, wie sich aus § 133 Abs. 3 GWB ergibt.

§ 23 EU Übergangsregelung

Zentrale Beschaffungsstellen können bis zum 18. April 2017, andere öffentliche Auftraggeber bis um 18. Oktober 2018, abweichend von § 11 EU Absatz 4 die Übermittlung der Angebote, Teilnahmeanträge und Interessensbestätigungen auch auf dem Postweg, anderem geeigneten Weg, Telefax oder durch die Kombination dieser Mittel verlangen. Dasselbe gilt für sonstige Kommunikation im Sinne von § 11 EU Absatz 1, soweit sie nicht die Übermittlung von Bekanntmachungen und die Bereitstellung der Vergabeunterlagen betrifft.

Schrifttum: *Braun*, Elektronische Vergaben, VergabeR 2016, 179; *Carstens*, Modernisierung des Vergaberechts – nicht ohne Barrierefreiheit, ZRP 2015, 141; *Herten-Koch/Demmel*, Informations- und Schutzpflichten bei der elektronischen Vergabe, NZBau 2002, 482; *Höfler*, Die elektronische Vergabe öffentlicher Aufträge, NZBau 2000, 449; *Müller*, Elektronische Vergabe ante portas, Übersicht über aktuelle und zukünftige Rechtsfragen, NJW 2004, 1768; *Oberndörfer/Lehmann*, Die neuen EU-Vergaberichtlinien: Wesentliche Änderungen und Vorwirkungen, BB 2015, 1027; *Roßnagel/Paul*, Die Form des Bieterangebots in der elektronischen Vergabe, NZBau 2007, 74; *Schäfer*, Perspektive der eVergabe, NZBau 2015, 131; *Wankmüller/Zielke*, Demnächst: Pflicht zur E-Vergabe – Chancen und mögliche Stolperfallen, VergabeR 2015, 273.

Übersicht

	Rn.
A. Überblick	1
B. Die einzelnen Übergangsregelungen	3
I. Die Übermittlung von Angeboten, Teilnahmeanträgen und Interessensbestätigungen (§ 23 EU Satz 1 VOB/A)	3
II. Sonstige Kommunikation (§ 23 EU Satz 2 VOB/A)	7

---

[16] *Zieckow* Vergaberecht 2016, 278 ff.

A. Überblick

§ 23 EU VOB/A bietet öffentlichen Auftraggebern die Möglichkeit, bei der Einführung der elektronischen Vergabe **Übergangsphasen** zu schaffen. § 23 EU VOB/A setzt damit Art. 90 Abs. 2 der Richtlinie 2014/24/EU um und entspricht im Wesentlichen § 81 VgV.

Nach § 11 EU VOB/A sind Bauvergaben, deren Gesamtauftragswert den EU-Schwellenwert des § 106 GWB erreichen oder überschreiten, unter Einsatz elektronischer Mittel durchzuführen (sog. elektronische Vergabe oder e-Vergabe[1]). Nach § 11 EU Abs. 4 VOB/A müssen Unternehmen ihre Angebote, Teilnahmeanträge, Interessenbekundungen und Interessenbestätigungen in Textform mithilfe elektronischer Mittel übermitteln[2]. Diese Vorschriften sind seit dem 12.4.2016 von allen öffentlichen Auftraggebern im Bereich des Kartellvergaberechts zu beachten[3]. Der europäische Gesetzgeber hat den Mitgliedsstaaten in Art. 90 Abs. 2 der Richtlinie 2014/24/EU jedoch die Möglichkeit eingeräumt, die Einführung der ausschließlichen elektronischen Kommunikation aufzuschieben. Erst nach dem Ablauf der so geschaffenen Übergangsphasen sind alle öffentlichen Auftraggeber zur elektronischen Kommunikation im Sinne von § 11 EU VOB/A verpflichtet[4]. Damit trägt der europäische Gesetzgeber dem von den öffentlichen Auftraggebern zu tragenden sachlichen und persönlichen Aufwand Rechnung, der mit der Einführung der elektronischen Vergabe einhergeht.

B. Die einzelnen Übergangsregelungen

I. Die Übermittlung von Angeboten, Teilnahmeanträgen und Interessenbestätigungen (§ 23 EU Satz 1 VOB/A)

Gemäß **§ 23 EU Satz 1 VOB/A** können öffentliche Auftraggeber bis zum **18.4.2017** bzw. **18.10.2018** (zu den Fristen noch vertiefend unter Rdn. 5), abweichend von § 11 EU Abs. 4 VOB/A, die Übermittlung der **Angebote, Teilnahmeanträge und Interessensbestätigungen** auch auf dem **Postweg, anderem geeigneten Weg, Telefax oder durch die Kombination dieser Mittel** verlangen. Die Vorschrift eröffnet dem öffentlichen Auftraggeber dadurch – in Umsetzung von Art. 90 Abs. 2 UA 3 der Richtlinie 2014/24/EU – in doppelter Hinsicht ein **Wahlrecht**. Einerseits kann der öffentliche Auftraggeber wählen, **ob** er von der Möglichkeit Gebrauch macht, die Kommunikation auf dem nicht-elektronischen Weg durchzuführen (zu der Art der Ausübung des Wahlrechts siehe Rdn. 4). Tut er dies nicht, bleibt es bei der gesetzlichen Regel des § 11 Abs. 4 EU VOB/A, so dass der Informationsaustausch unter Einsatz elektronischer Mittel erfolgen muss. Mit anderen Worten kann der öffentliche Auftraggeber bis zum Ablauf der einschlägigen Frist die nicht-elektronische Kommunikationsform wählen, er muss es aber nicht. Andererseits kann der öffentliche Auftraggeber wählen, **welchen** der Kommunikationswege bzw. welche Kombination aus diesen er nutzen möchte.

§ 23 EU Satz 1 VOB/A setzt voraus, dass der öffentliche Auftraggeber, wenn er von § 11 EU Abs. 4 VOB/A abweichen möchte, die nicht-elektronische Übermittlung **verlangen**, also positiv fordern muss. Es bietet sich insofern an, dass der öffentliche Auftraggeber in der Bekanntmachung oder in den Vergabeunterlagen angibt, auf welchem Weg die Kommunikation erfolgen soll (vgl. § 11 EU Abs. 1 VOB/A).

§ 23 EU VOB/A sieht eine **gestaffelte Übergangsfrist** vor[5]. **Zentrale Beschaffungsstellen** können bis zum **18.4.2017**, **andere öffentliche Auftraggeber** bis zum **18.10.2018** die Übermittlung auf nicht-elektronischem Weg verlangen. Der Begriff der **zentralen Beschaffungsstelle** ist in § 120 Abs. 4 GWB legaldefiniert. Danach ist eine zentrale Beschaffungsstelle ein öffentlicher Auftraggeber, der für andere öffentliche Auftraggeber dauerhaft Liefer- und Dienstleistungen beschafft, öffentliche Aufträge vergibt oder Rahmenvereinbarungen abschließt

---

[1] Vgl. den Überblick über die elektronische Vergabe von *Braun* VergabeR 2016, 179 ff.
[2] Wegen der Einzelheiten zu § 11 EU VOB/A wird auf die dortige Kommentierung verwiesen.
[3] Die Rechtslage wurde durch die Verordnung zur Modernisierung des Vergaberechts, die am 12.4.2016 in Kraft getreten ist, in Kraft gesetzt (vgl. BGBl. I, S. 624).
[4] Vgl. hierzu auch *von Wietersheim* in Ingenstau/Korbion VOB/A Teile A und B, § 23 EU VOB/A Rdn. 1.
[5] Vgl. insoweit auch *von Wietersheim* in Ingenstau/Korbion VOB/A Teile A und B, § 23 EU VOB/A Rdn. 3 f.

(zentrale Beschaffungstätigkeit)[6]. Der Grund für die verkürzte Übergangsfrist gegenüber anderen öffentlichen Auftraggebern liegt ausweislich des Erwägungsgrundes 72 der Richtlinie 2014/24/EU darin, dass „elektronische Kommunikationsmittel [...] in besonderem Maße für die Unterstützung zentralisierter Beschaffungsverfahren und –instrumente geeignet [sind], da sie die Möglichkeit bieten, Daten weiterzuverwenden und automatisch zu verarbeiten und Informations- und Transaktionskosten möglichst gering zu halten. Die Verwendung entsprechender elektronischer Kommunikationsmittel sollte daher – in einem ersten Schritt – für zentrale Beschaffungsstellen verpflichtend gemacht werden, was auch einer Konvergenz der Praxis innerhalb der Union förderlich sein dürfte." Nach Erwägungsgrund 72 der Richtlinie 2014/24/EU sollte nach einer Übergangszeit von 30 Monaten eine allgemeine Verpflichtung zur Nutzung elektronischer Kommunikationsmittel in sämtlichen Beschaffungsverfahren folgen. Mit dem 18.10.2018 endet die Frist für **andere öffentliche Auftraggeber** jedoch bereits 18 Monaten später.

6   Schließlich ist auffällig, dass der Wortlaut von § 23 EU Satz 1 VOB/A lediglich die Übermittlung von Angeboten, Teilnahmeanträgen und Interessenbestätigungen erfasst. Hingegen werden **Interessenbekundungen**, die ebenfalls von dem in Bezug genommenen § 11 EU Abs. 4 VOB/A erfasst sind, nicht genannt[7]. Daraus könnte im Umkehrschluss gefolgert werden, dass der Anwendungsbereich von § 23 EU Satz 1 VOB/A die Übermittlung von Interessenbekundungen nicht einschließt und diese zwingend elektronisch übermittelt werden müssten. Eine solche Betrachtungsweise erscheint jedoch nicht überzeugend. Es drängt sich vielmehr der Eindruck auf, dass es sich um ein redaktionelles Versehen handelt und der Anwendungsbereich von § 23 EU Satz 1 VOB/A auch die Übersendung von Interessenbekundungen erfasst. Dafür spricht zum einen, dass Art. 90 Abs. 2 UA 3 der Richtlinie 2014/24/EU vorsieht, dass öffentliche Auftraggeber „für alle Mitteilungen und für den gesamten Informationsaustausch" zwischen den genannten Kommunikationsmitteln wählen können. Es erfolgt im Richtlinientext somit keine Differenzierung zwischen der Übermittlung von Interessenbekundungen und den übrigen Unterlagen. Zum anderen besteht – soweit ersichtlich – auch kein sachlicher Grund für eine derartige Ungleichbehandlung, insbesondere mit Blick auf die fast deckungsgleichen Begriffe der Interessenbestätigung und –bekundung.

II. Sonstige Kommunikation (§ 23 EU Satz 2 VOB/A)

7   **§ 23 EU Satz 2 VOB/A** erweitert den sachlichen Anwendungsbereich von § 23 EU Satz 1 VOB/A auf sonstige Kommunikation im Sinne von § 11 EU Abs. 1 VOB/A, soweit sie nicht die Übermittlung von Bekanntmachungen und die Bereitstellung der Vergabeunterlagen betrifft. Das heißt, dass der öffentliche Auftraggeber neben der Übermittlung der Angebote, Teilnahmeanträge und Interessenbestätigungen verlangen kann, dass auch das Senden, Empfangen, Weiterleiten und Speichern von Daten in einem Vergabeverfahren – abgesehen von den genannten Ausnahmen – unter Verwendung der in § 23 EU Satz 1 VOB/A genannten Kommunikationswegen erfolgen soll.

---

[6] Vgl. zum Begriff, zur Funktion und zu den Wesensmerkmalen der zentralen Beschaffungsstelle u.a. *Amelung* in Müller-Wrede, Kommentar zum GWB-Vergaberecht § 120 Rdn. 32 ff.; *Hölzl* in KKPP Kommentar zum GWB-Vergaberecht, § 120 Rdn. 48 ff.

[7] § 11 Abs. 4 EU VOB/A enthält in der Amtlichen Anmerkung in Fußnote 2 ebenfalls nur „die Übermittlung der Angebote, Teilnahmeanträge und Interessensbestätigungen".

2. Teil. Vergabeverordnung

Verordnung über die Vergabe öffentlicher Aufträge vom 12. April 2016, (BGBl. I 2016, S. 624) zuletzt geändert durch Art. 5 eIDAS-Durchführungsgesetz vom 18.7.2017 (BGBl. I S. 2745)

§ 1 Gegenstand und Anwendungsbereich

(1) Diese Verordnung trifft nähere Bestimmungen über das einzuhaltende Verfahren bei der dem Teil 4 des Gesetzes gegen Wettbewerbsbeschränkungen unterliegenden Vergabe von öffentlichen Aufträgen und bei der Ausrichtung von Wettbewerben durch den öffentlichen Auftraggeber.

(2) Diese Verordnung ist nicht anzuwenden auf
1. die Vergabe von öffentlichen Aufträgen und die Ausrichtung von Wettbewerben durch Sektorenauftraggeber zum Zwecke der Ausübung einer Sektorentätigkeit,
2. die Vergabe von verteidigungs- oder sicherheitsspezifischen öffentlichen Aufträgen und
3. die Vergabe von Konzessionen durch Konzessionsgeber.

Übersicht

	Rn.
A. Bedeutung und Entstehungsgeschichte	1
I. Bedeutung	1
II. Entstehungsgeschichte	3
B. Regelungsbereich	14
C. Anwendungsbereich	17
I. Persönlicher Anwendungsbereich	18
II. Sachlicher Anwendungsbereich	22
1. Schwellenwert	23
2. Öffentlicher Auftrag	28
3. Rahmenvereinbarungen	36
4. Wettbewerbe	37
III. Ausnahmetatbestände	39
1. Abgrenzung zu anderen Vergabeverordnungen	39
a) Sektorenverordnung (SektVO)	40
b) Vergabeverordnung Verteidigung und Sicherheit (VSVgV)	43
c) Konzessionsvergabeverordnung	44
2. Ausnahmen vom 4. Teil des GWB	45

A. Bedeutung und Entstehungsgeschichte

I. Bedeutung

Die Vergabeverordnung trat zum 1.2.2001 in Kraft, wurde am 11.2.2003 neu bekanntgemacht **1** und wurde zuletzt geändert durch die siebte Änderungsverordnung vom 15.10.2013.[1] Sie bildete zusammen mit dem 4. Teil des Gesetzes gegen Wettbewerbsbeschränkungen (GWB), der zum 29.9.2009 in Kraft getretenen Verordnung über die Vergabe von Aufträgen im Bereich des Verkehrs, der Trinkwasserversorgung und der Energieversorgung (Sektorenverordnung – SektVO), der zum 19.7.2012 in Kraft getretenen sog Vergabeverordnung Verteidigung und Sicherheit (VSVgV) und den sogenannten Vergabe- und Vertragsordnungen[2] das bundesdeutsche Vergabe-

---
[1] BGBl. 2001 I S. 110, neu bekannt gemacht am 11.2.2003 (BGBl. 2003 I S. 169), zuletzt geändert durch Art. 1 der Verordnung vom 15.10.2013 (BGBl. 2013 I S. 3854).
[2] 5. Vergabe- und Vertragsordnung für Bauleistungen (VOB), Vergabe- und Vertragsordnung für Leistungen (VOL) und Vergabeordnung für freiberufliche Leistungen (VOF). Die frühere Bezeichnung „Verdingungsordnung" wurde durch die Bezeichnung „Vergabe- und Vertragsordnung" ersetzt.

recht oberhalb der EU-Schwellenwerte. Inhaltlich regelte die VgV zuletzt im Wesentlichen die Auftragswertschätzung, die Vorgaben zur energieeffizienten Beschaffung sowie die Voraussetzungen zum Ausschluss bestimmter Personen. Im Übrigen diente sie als Scharnier zu den Vergabe- und Vertragsordnungen, die dadurch Rechtsverbindlichkeit erhielten.

2 Mit der Vergaberechtsreform 2016[3] hat die VgV einen erheblichen Bedeutungszuwachs erfahren. Nachdem die Vergabe- und Vertragsordnungen für Liefer- und Dienstleistungen oberhalb der EU-Schwellenwerte entfallen sind, beinhaltet die VgV künftig die vollständigen Verfahrensregeln für diese Vergaben. Lediglich für Bauvergaben im Oberschwellenbereich dient sie weiterhin als Scharnier zur VOB/A-EU. Das deutsche Vergaberecht besteht damit im Wesentlichen aus dem überarbeiteten 4. Teil des GWB[4], der neuen VgV[5], der überarbeiteten VOB/A[6], den ebenfalls überarbeiteten SektVO[7] und VSVgV[8] sowie der neuen KonzVgV[9].

II. Entstehungsgeschichte

3 Als **Vergaberecht** wird die Gesamtheit der Normen bezeichnet, die ein Träger öffentlicher Verwaltung bei der Beschaffung von sachlichen Mitteln und Leistungen, die er zur Erfüllung von Verwaltungsaufgaben benötigt, zu beachten hat.[10] Bezogen auf Bauaufträge meint Vergaberecht damit die bei der Beschaffung entgeltlicher Bauleistungen zu beachtenden Regeln und Vorschriften. Diese Regeln und Vorschriften betreffen die Anbahnung und den Abschluss eines Vertrags, zum Beispiel die Anforderung an eine Bekanntmachung des Auftrags, an einzuhaltende Fristen oder an die Zulassung und Wertung von Angeboten.

4 Ursprünglich war das deutsche Vergaberecht als Teil des Haushaltsrechts in dem Haushaltsgrundsätzegesetz (HGrG) sowie den Bundes- und Landeshaushaltsordnungen bzw. den Gemeindehaushaltsverordnungen geregelt. Diese Regelungen dienten allein dem haushaltsrechtlichen Ziel, die ökonomische Verwendung von Haushaltsmitteln zu sichern. Die Teilnehmer eines Vergabeverfahrens sollten daraus keine eigenen Rechte ableiten können. Diese **„haushaltsrechtliche Lösung"** stand indes den Zielen der Europäischen Gemeinschaft (EG) entgegen, die Marktfreiheiten zu stärken und den Binnenmarkt auszubauen. Die EG erließ zu diesen Zwecken bereits Anfang der 1970er Jahre Richtlinien über die Koordinierung der Verfahren zur Vergabe öffentlicher Bauaufträge[11] und öffentlicher Lieferaufträge[12], die durch Regelungen für Aufträge ab einem bestimmten Auftragswert (Schwellenwert) sowie durch Begründung eigener subjektiver Rechte der Verfahrensteilnehmer einen Vergabewettbewerb sicherstellen sollten. Beide Richtlinien wurden zu Beginn der 1990er Jahre grundlegend geändert und konkretisiert[13] sowie durch die Dienstleistungsrichtlinie[14] – welche die Geltung des Vergaberechts auf die Vergabe von Dienstleistungsaufträgen oberhalb bestimmter Schwellenwerte erweiterte – und die Sektorenrichtlinie[15] – die Vergaben öffentlicher Auftraggeber (§ 98 Nr. 1–4 GWB) im Bereich der Wasser-, Energie- und Verkehrsversorgung den Vergaberechtsregeln unterwarf – ergänzt.

---

[3] Gesetz zur Modernisierung des Vergaberechts (Vergaberechtsmodernisierungsgesetz – VerGModG) vom 17.2.2016 (BGBl. I Nr. 8 vom 23.2.2016); Verordnung zur Modernisierung des Vergaberechts (Vergaberechtsmodernisierungsverordnung – VerGModVO) vom 12.4.2016 (BGBl. I Nr. 16 vom 14.4.2016).
[4] Gesetz gegen Wettbewerbsbeschränkungen in der Fassung der Bekanntmachung vom 26. Juni 2013 (BGBl. I S. 1750, 3245), das zuletzt durch Artikel 5 des Gesetzes vom 13. Oktober 2016 (BGBl. I S. 2258) geändert worden ist.
[5] Vergabeverordnung vom 12. April 2016 (BGBl. I S. 624).
[6] Vergabe- und Vertragsordnung für Bauleistungen Teil A, Fassung 2016, bekannt gemacht am 1. Juli 2016 (BAnz AT 1.7.2016 B4).
[7] Sektorenverordnung vom 12. April 2016 (BGBl. I S. 624, 657).
[8] Vergabeverordnung Verteidigung und Sicherheit vom 12. Juli 2012 (BGBl. I S. 1509), die zuletzt durch Artikel 5 der Verordnung vom 12. April 2016 (BGBl. I S. 624) geändert worden ist.
[9] Konzessionsvergabeverordnung vom 12. April 2016 (BGBl. I S. 624, 683).
[10] BVerfG 13.6.2006 – 1 BvR 1160/03, NZBau 2006, 791.
[11] Richtlinie 71/305/EWG des Rates vom 26.7.1971, abgedr. in ABl. 1971 L 185, S. 5.
[12] Richtlinie 77/62/EWG des Rates vom 21.12.1976, abgedr. in ABl. 1977 L 13, S. 1.
[13] Richtlinie 93/37/EWG des Rates vom 14.6.1993 über die Koordinierung der Verfahren zur Vergabe öffentlicher Bauaufträge, abgedr. in ABl. 1993 L 199, S. 54; Richtlinie 93/36/EWG des Rates vom 14.6.1993 über die Koordinierung der Verfahren zur Vergabe öffentlicher Lieferaufträge, abgedr. in ABl. 1993 L 199, S. 1.
[14] Richtlinie 92/50/EWG des Rates vom 18.6.1992 über die Koordinierung der Verfahren zur Vergabe öffentlicher Dienstleistungsaufträge, abgedr. in ABl. 1992 L 209, S. 1.
[15] Richtlinie 90/531/EWG des Rates vom 17.9.1990 über die Auftragsvergabe durch Auftraggeber im Bereich der Wasser-, Energie- und Verkehrsunternehmen sowie im Telekommunikationssektor, abgedr. in ABl. 1990 L 297, S. 1.

Nach mehreren Vertragsverletzungsverfahrens sowie auf außenpolitischen Druck hin verabschiedete der Deutsche Bundestag am 29.5.1998 in Erfüllung seiner aus Art. 248 EG aF[16] folgenden Verpflichtung zur Umsetzung der europäischen Vergaberichtlinien zur Änderung der Koordinierungsrichtlinie[17] und Sektorenrichtlinie[18] das Gesetz zur Änderung der Rechtsgrundlagen für die Vergabe öffentlicher Aufträge (**Vergaberechtsänderungsgesetz** – VgRÄG). Mit diesem VgRÄG wurde in einem neuen 4. Teil des GWB das Recht für die Vergabe der öffentlichen Aufträge geregelt, deren Auftragswerte die durch die EG festgelegten Schwellenwerte erreichen oder übersteigen. 5

Nähere Bestimmungen über das Vergabeverfahren, insbesondere über die Bekanntmachung, den Ablauf, über die Auswahl und Prüfung der Unternehmen und Angebote sowie über den Abschluss des Vertrags enthielt der 4. Teil des GWB nicht. Stattdessen wurde in §§ 97 Abs. 6, 127 GWB die Bundesregierung ermächtigt, durch Rechtsverordnung mit Zustimmung des Bundesrats solche Bestimmungen zu treffen. Auf der Grundlage dieser Ermächtigung erließ die Bundesregierung die **Vergabeverordnung vom 11.2.2003**[19]. Die Vergabeverordnung ersetzte die auf der Grundlage von § 57a Haushaltsgrundsätzegesetz (HGrG) erlassene Vergabeverordnung vom 22.2.1994[20], die im Anschluss an die rechtsschutzbezogene Auslegung des europäischen Vergaberechts durch den EuGH[21] keinen Bestand mehr haben konnte und durch das am 1.1.1999 in Kraft getretenen Vergaberechtsänderungsgesetz (VgRÄG) hinfällig geworden war. Diese Vergabeverordnung vom 11.2.2003 (VgV) regelte neben den Schwellenwerten und den Grundsätzen zur Schätzung der Auftragswerte einzelne Fragen des Vergabeverfahrens und verwies im Übrigen auf die jeweiligen Vergabe- und Vertragsordnungen (VOB/A, VOL/A und VOF). Durch diese starren Verweisungen erlangten die Vergabe- und Vertragsordnungen die Qualität eines verbindlichen Außenrechts. Diese Systematik des deutschen Vergaberechts wurde (und wird) als **Kaskadenprinzip** bezeichnet, in dem der VgV eine „Scharnierfunktion"[22] zu den Vergabe- und Vertragsordnungen zukam. 6

Die Vergabeverordnung wurde in der Folge mehrfach geändert worden. Eine **wesentliche Änderung** erfolgte durch das am 24.4.2009 in Kraft getretene Gesetz zur Modernisierung des Vergaberechts[23]. Der Gesetzgeber setzte hierdurch weitere Regelungen der EG-Vergaberichtlinien 2004/17/EG (sog Sektorenkoordinierungsrichtlinie-SKR), 2004/18/EG (sog Vergabekoordinierungsrichtlinie-VKR) und 2007/66/EG (sog Rechtsmittelrichtlinie-RML)[24] um. Der 4. Teil des Gesetzes gegen Wettbewerbsbeschränkungen (GWB) wurde ergänzt und geändert; gleichzeitig wurden die §§ 6 Abs. 1 S. 2, 8–11, 13, 18, 19, 20, 21 und 22 VgV aF aufgehoben und in das GWB aufgenommen. 7

Durch Art. 2 der „Verordnung zur Neuregelung der für die Vergabe im Bereich des Verkehrs, der Trinkwasserversorgung und der Energieversorgung anzuwendenden Regeln" wurden die sog. **Sektorenvergaben** komplett aus dem Regelungsbereich der VgV herausgenommen worden. Für diese Vergaben fanden sich eigene Regelungen in der zum 29.9.2009 in Kraft getretenen Verordnung über die Vergabe von Aufträgen im Bereich des Verkehrs, der Trinkwasserversorgung und der Energieversorgung (Sektorenverordnung – SektVO). Folgerichtig wurden die speziellen Regelungen für Sektorenvergaben in § 7 VgV aF mit Wirkung zum 29.9.2009 gestrichen. 8

---

[16] Die Pflicht zur Umsetzung von Richtlinien ist heute in Art. 288 Abs. 3 AEUV normiert. Das ist der Vertrag über die Arbeitsweise der Europäischen Union in der Fassung des am 1.12.2009 in Kraft getretenen Vertrags von Lissabon (ABl. 2008 C 115, S. 47).
[17] Richtlinie 97/52/EG des Europäischen Parlaments und des Rates vom 13.10.1997 zur Änderung der Richtlinie 92/52/EWG, 93/36/EWG und 93/37/EWG über die Koordinierung der Verfahren zur Vergabe öffentlicher Dienstleistungs-, Liefer- und Bauaufträge (ABl. L 328, S. 1).
[18] Richtlinie 98/4/EG des Europäischen Parlaments und des Rates vom 16.2.1998 zur Änderung der Richtlinie 93/38/EWG zur Koordinierung der Auftragsvergabe durch Auftraggeber im Bereich der Wasser- und Energie- und Verkehrsversorgung sowie im Telekommunikationssektor (ABl. L 101, S. 1).
[19] BGBl. 2003 I S. 169.
[20] BGBl. 1994 I S. 321, geändert durch die erste Verordnung zur Änderung der Vergabeverordnung vom 29.9.1997.
[21] 11.8.1995 – C-433/93, Slg. 1995,-I. 2311 ff. – Kommission/Deutschland.
[22] So in der Begründung zur damaligen VgV in BR-Drs. 40/10, 15.
[23] BGBl. 2009 I S. 790 (797).
[24] Richtlinie 2007/66/EG des Europäischen Parlaments und des Rates vom 11.12.2007 zur Änderung der Richtlinien 89/665/EWG und 92/13/EWG des Rates im Hinblick auf die Verbesserung der Wirksamkeit der Nachprüfungsverfahren bezüglich der Vergabe öffentlicher Aufträge, ABl. 2007 L 335, S. 31.

9 Außerdem entzog die Bundesregierung durch die Vergabeverordnung Verteidigung und Sicherheit (VSVgV) die sicherheits- und verteidigungsrelevanten öffentlichen Aufträge dem Regelungsbereich der VgV und unterstellte diese dem Regelungsbereich der VSVgV (§ 2 VSVgV).

10 Eine weitere Änderung der VgV erfolgte durch die Verordnung vom 9.5.2011 (BGBl. I S. 800) sowie durch Art. 3 des Gesetzes vom 7.12.2011 (BGBl. I S. 2570). Damit wurden ua die EU-Energieeffizienzrichtlinie[25] sowie die EU-Richtlinie 2010/30/EU über die Angabe des Verbrauchs an Energie und anderen Ressourcen durch energieverbrauchsrelevante Produkte mittels einheitlicher Etiketten und Produktinformationen (ABl. 2010 L 153, S. 1) umgesetzt. Danach muss bei der Beschaffung energieverbrauchsrelevanter Waren, technischer Geräte oder Ausrüstungen die Energieeffizienz berücksichtigt werden.

11 Mit der Änderung der VgV vom 15.10.2013 hat die Bundesregierung eine dynamische Verweisung auf die in Artikel 7 der Richtlinie 2004/18/EG (Vergabekoordinierungsrichtlinie – VKR)[26] in der jeweils geltenden Fassung festgelegten europäischen **Schwellenwerte** aufgenommen. Außerdem durften seit dem Inkrafttreten dieser Änderung bei der Vergabe von Liefer- und Dienstleistungsaufträgen (§ 4 VgV a. F.) und bei der Vergabe freiberuflicher Leistungen (§ 5 VgV a. F.) die Organisation, die Qualifikation und die Erfahrung des bei der Durchführung des betreffenden Auftrags eingesetzten Personals unter bestimmten Voraussetzungen bei der Ermittlung des wirtschaftlichsten Angebots berücksichtigt werden.

12 Die Entstehungsgeschichte der VgV zeigt, dass die praktische Bedeutung der VgV seit der sog Modernisierung des Vergaberechts im Jahr 2009 abgenommen hatte.[27] Zahlreiche wesentliche Vorschriften, beispielsweise zur Informationspflicht vor Zuschlagserteilung (§ 13 VgV aF), sind in das GWB überführt worden. Für die Sektorentätigkeiten wurde eine eigene SektVO erlassen. Vor diesem Hintergrund schien zuletzt die Zukunft der VgV in Frage zu stehen. Auf der anderen Seite hat Umsetzung der Energieeffizienzrichtlinie in der VgV[28] die Bedeutung derselben erhöht. Zugleich hat der Verordnungsgeber mit der SektVO gezeigt, dass alle näheren Bestimmungen über die Vergabe von Aufträgen auch in einer Verordnung zusammengefasst werden können und ein Kaskadenprinzip, das ohnehin seit seiner Einführung in der Kritik stand[29], entbehrlich ist. Denn in der SektVO wurde nicht auf die Vergabe- und Vertragsordnungen verwiesen, sondern die SektVO enthielt unter der Regelungsebene des GWB abschließend die vergaberechtlichen Bestimmungen für sämtliche Vergaben (Bau-, Liefer- und Dienstleistungsaufträge) im Sektorenbereich. Vor dem Hintergrund der immer wieder aufkeimenden (vor allem baurechtlichen) Kritik an der VOB und den (früheren) Bestrebungen nach einer Zusammenfassung der auf drei Regelungsebenen verteilten vergaberechtlichen Regelungen in möglichst einem „Vergabegesetz", war eine erneute Bedeutungszunahme der VgV, insbesondere eine Zusammenfassung vergaberechtlicher Bestimmungen für alle Aufträge unterhalb des GWB in einer Vergabeverordnung, nicht ausgeschlossen.

13 Nachdem der Europäische Gesetzgeber im April 2014 mit dem sog Paket zur Modernisierung des europäischen Vergaberechts ein vollständig überarbeitetes Regelwerk für die Vergabe öffentlicher Aufträge und Konzessionen vorgelegt hatte, das bis zum 18.4.2016 in deutsches Recht umzusetzen war, haben sich die Befürworter einer Konzentration der Vergabeverfahrensregeln in möglichst einem Regelwerk zu einem guten Teil durchgesetzt. Im Zuge der Umsetzung der neuen Richtlinien, nämlich der Richtlinie über die öffentliche Auftragsvergabe[30], der Richtlinie über die Vergabe von Aufträgen in den Bereichen Wasser-, Energie- und Verkehrsversorgung sowie der Postdienste (Sektoren)[31] und der Richtlinie über die Vergabe von Kon-

---

[25] Richtlinie 2006/32/EG des Europäischen Parlaments und des Rates vom 5.4.2006 über Endenergieeffizienz und Energiedienstleistungen und zur Aufhebung der Richtlinie 93/76/EWG des Rates, ABl. 2006 L 114, S. 64.

[26] Richtlinie 2004/18/EG (Vergabekoordinierungsrichtlinie – VKR) des Europäischen Parlaments und des Rates vom 31.3.2004 über die Koordinierung der Verfahren zur Vergabe öffentlicher Bauaufträge, Lieferaufträge und Dienstleistungsaufträge (ABl. 2004 L 134, S. 114, 2004 L 351, S. 44).

[27] Ebenso *Alexander* in Pünder/Schellenberg Vergaberecht, 2. Aufl., VgV § 1 Rn. 7.

[28] Die Regelungen wurden im Rahmen der Vergaberechtsreform von den §§ 4–6 VgV a. F. für Bauvergaben in den § 8c EU VOB/A verschoben.

[29] *Kau* EuZW 2005, 492 ff.; *Höfler/Bert* NJW 2000, 3310 (3316). Gegen die Eingliederung in das GWB *Dreher* NVwZ 1997, 343 (344 f.); *Malmendier* DVBl 2000, 963 (967).

[30] Richtlinie 2014/24/EU des Europäischen Parlaments und des Rates vom 26.2.2014 über die öffentliche Auftragsvergabe und zur Aufhebung der Richtlinie 2004/18/EG (ABl. 2014 L 94, S. 65).

[31] Richtlinie 2014/25/EU des Europäischen Parlaments und des Rates vom 26.2.2014. über die Vergabe von Aufträgen durch Auftraggeber im Bereich der Wasser-, Energie- und Verkehrsversorgung sowie der Postdienste und zur Aufhebung der Richtlinie 2004/17/EG (ABl. 2014 L 94, S. 243).

zessionen[32], in deutsches Recht, wurden die Regelungen der VOL/A für Oberschwellenvergaben sowie die Regelungen der VOF in die VgV übergeführt[33]. Das Vergaberecht für Liefer- und Dienstleistungen sowie für freiberufliche Leistungen ist seitdem ausschließlich in dem GWB sowie den einschlägigen Verordnungen VgV, SektVO und VSVgV geregelt. Nur für die Vergabe von Bauleistungen ist über § 2 VgV weiterhin die VOB/A-EU anwendbar.

B. Regelungsbereich

Die Vergabeverordnung (VgV) trifft nähere Bestimmungen über das einzuhaltende Verfahren bei der dem Teil 4 des Gesetzes gegen Wettbewerbsbeschränkungen (GWB) unterliegenden Vergabe von öffentlichen Aufträgen und bei der Ausrichtung von Wettbewerben durch den öffentlichen Auftraggeber. (§ 1 VgV). Ihre Ermächtigungsgrundlage findet sich in § 113 GWB. **14**

Für die Vergabe von **Liefer- und Dienstleistungen** im Anwendungsbereich des Teil 4 des GWB enthält die VgV nunmehr sämtliche relevanten Verfahrensregeln. Umfasst ist das komplette Vergabeverfahren, beginnend von der Vorbereitung (u. a. Markterkundung, Erstellung der Vergabeunterlagen einschließlich der Leistungsbeschreibung, Festlegung der Eignungs- und Zuschlagskriterien sowie Wahl der zulässigen Verfahrensart) über die Veröffentlichung, den Eingang der Teilnahmeanträge und Angebote bis hin zu deren Auswertung und der Zuschlagserteilung selbst. **15**

Für die Vergabe von **Bauleistungen** im Anwendungsbereich des Teil 4 des GWB hat der deutsche Gesetzgeber hingegen an der VOB/A grundsätzlich festgehalten. Für die Vergabe von Bauleistungen sind lediglich Abschnitt 1 und Abschnitt 2, Unterabschnitt 2 der VgV anzuwenden. Im Übrigen verweist § 2 VgV auf Teil A Abschnitt 2 der Vergabe- und Vertragsordnung für Bauleistungen (VOB) in der Fassung der Bekanntmachung vom 19.1.2016 (BAnz AT 19.1.2016 B3). Darin sind die für die Vergabe von Bauleistungen relevanten Verfahrensregeln enthalten. **16**

C. Anwendungsbereich

Die VgV trifft nähere Bestimmungen über das einzuhaltende Verfahren bei der dem Teil 4 des Gesetzes gegen Wettbewerbsbeschränkungen unterliegenden Vergabe von öffentlichen Aufträgen und bei der Ausrichtung von Wettbewerben durch den öffentlichen Auftraggeber. Nicht anwendbar ist sie auf die Vergabe von Sektorenaufträgen, von verteidigungs- oder sicherheitsspezifischen Aufträgen sowie von Konzessionen. **17**

I. Persönlicher Anwendungsbereich

Der Adressat der VgV wird in § 1 ausdrücklich genannt: Der **öffentliche Auftraggeber** muss die in der VgV normierten näheren Bestimmungen über das Vergabeverfahren einhalten. Durch die Inbezugnahme des 4. Teil des GWB wird klargestellt, dass damit der öffentliche Auftraggeber im Sinne von § 99 GWB gemeint ist. **18**

Wer **öffentlicher Auftraggeber** ist, bestimmt die enumerative und abschließende Aufzählung in **§ 99 GWB**. Es fallen hierunter Gebietskörperschaften, deren Sondervermögen und die aus ihnen bestehenden Verbände (§ 99 Nr. 1 und 3 GWB). Ebenso gehören hierzu alle anderen juristischen Personen des öffentlichen und des privaten Rechts, die zu dem besonderen Zweck gegründet worden sind, im Allgemeininteresse liegende Aufgaben nicht gewerblicher Art zu erfüllen, wenn Gebietskörperschaften sie überwiegend finanzieren oder über ihre Leitung die Aufsicht ausüben, sowie deren Verbände (§ 99 Nr. 2 und 3 GWB). Öffentliche Auftraggeber sind ferner staatlich subventionierte natürliche oder juristische Personen des privaten Rechts sowie juristische Personen des öffentlichen Rechts, soweit sie nicht unter § 99 Nr. 2 GWB fallen. Voraussetzung ist aber, dass sie für Tiefbaumaßnahmen, für die Errichtung von Krankenhäusern, Sport-, Erholungs- oder Freizeiteinrichtungen, Schul- Hochschul- oder Verwaltungsgebäude von Stellen, die unter § 99 Nr. 1 – 3 GWB fallen, Mittel erhalten, mit denen diese Vorhaben zu mehr als 50 % subventioniert werden (§ 99 Nr. 4 GWB). **19**

---

[32] Richtlinie 2014/23/EU des Europäischen Parlaments und des Rates vom 26.2.2014 über die Konzessionsvergabe (ABl. 2014 L 94, S. 1).
[33] Eckpunktepapier des Bundeswirtschaftsministeriums vom 18.11.2014.

20 Abzugrenzen ist der zuletzt genannte öffentliche Auftraggeber im Sinne von § 99 Abs. 4 GWB von demjenigen Auftraggeber, der das Vergaberecht aufgrund einer **Zuwendung**[34] anzuwenden hat. Dieser wird durch den Zuwendungsbescheid – genauer gesagt: in der Regel durch die Nebenbestimmungen zum Zuwendungsbescheid (ANBest), die als Auflage im Sinne des § 36 Abs. 2 Nr. 4 VwVfG zum Zuwendungsbescheid gelten, – zur Anwendung des Vergaberechts verpflichtet. Öffentlicher Auftraggeber im Sinne von § 99 GWB wird der Zuwendungsempfänger durch den Bescheid allerdings nicht, sondern lediglich zur Anwendung des Vergaberechts verpflichtet. In der Praxis kommt es allerdings immer wieder vor, dass ein öffentlicher Auftraggeber im Sinne von § 99 Nr. 1 – 3 GWB zugleich Zuwendungsempfänger ist und deshalb sowohl über den 4. Teil des GWB als auch über den Zuwendungsbescheid zur Anwendung des Vergaberechts verpflichtet ist. Allerdings verpflichtet der 4. Teil des GWB zur Anwendung des Oberschwellenvergaberechts (z. B. 2. Abschnitt der VOB/A), der Zuwendungsbescheid oftmals hingegen nur zur Anwendung des Unterschwellenvergaberechts (z. B. 1. Abschnitt der VOB/A). In diesem Fall muss der öffentliche Auftraggeber, der zugleich Zuwendungsempfänger ist, das strengere Oberschwellenvergaberecht anwenden. Dessen Verpflichtung zur Oberschwellenvergabe wird durch den Zuwendungsbescheid nicht aufgehoben.

21 Nicht unter § 99 GWB fallende Auftraggeber sind nicht vom persönlichen Anwendungsbereich der VgV erfasst. Für diese Auftraggeber kann eine andere Vergabeverordnung (z. B. SektVO, KonzVO oder VSVgV) einschlägig sein oder aber eben gar kein Vergaberegime zur Anwendung kommen.

II. Sachlicher Anwendungsbereich

22 Sachlich ist die VgV anzuwenden auf die dem Teil 4 des Gesetzes gegen Wettbewerbsbeschränkungen unterliegenden Vergaben von öffentlichen Aufträgen und bei der Ausrichtung von Wettbewerben.

23 **1. Schwellenwert.** Nach § 106 Abs. 1 GWB gilt der 4. Teil des GWB für die Vergabe von öffentlichen Aufträgen sowie die Ausrichtung von Wettbewerben, deren geschätzter Auftrags- oder Vertragswert ohne Umsatzsteuer die jeweils festgelegten Schwellenwerte erreicht oder überschreitet. Der jeweilige Schwellenwert ergibt sich für öffentliche Aufträge und Wettbewerbe, die von den hier maßgeblichen öffentlichen Auftraggebern vergeben werden, aus Art. 4 der Richtlinie 2014/24/EU in der jeweils geltenden Fassung. Das Bundesministerium für Wirtschaft und Energie gibt die geltenden Schwellenwerte unverzüglich, nachdem sie im Amtsblatt der EU veröffentlich worden sind, im Bundesanzeiger bekannt.

24 In dem Zeitraum vom 1.1.2010 bis zum 31.12.2011 betrug der europäische Schwellenwert für öffentliche Bauaufträge 4.845.000 Euro, im Zeitraum zwischen dem 1.1.2012 bis zum 31.12.2013 5.000.000 Euro und in dem Zeitraum vom 1.1.2014 bis zum 31.12.2015 5.186.000 EUR. Seit dem 1.1.2016 beträgt der europäische **Schwellenwert für öffentliche Bauaufträge 5.225.000 EUR.**[35]

25 Die Kommission hat die Schwellenwerte demnach in den vergangenen Jahren kontinuierlich angehoben. Eine Begründung dafür findet sich in Art. 6 der EU-Vergaberichtlinie 2014/24/EU.[36] Danach überprüft die Kommission alle zwei Jahre ab dem 30. Juni 2013 die Schwellenwerte und setzt diese unter Einbeziehung des Beratenden Ausschusses für das öffentliche Auftragswesen jeweils zum Beginn des Folgejahres neu fest. Grundlage dieser Prüfung ist das WTO-Beschaffungsübereinkommen. Darin sind die Schwellenwerte in Sonderziehungsrechten ausgedrückt. Die Kommission prüft alle zwei Jahre den Gegenwert in Euro und passt die in Art. 4 der Richtlinie 2014/24/EU (in Euro angegebenen) Schwellenwerte ggf. an.

Demgemäß findet die nächste Prüfung und ggf. Neufestsetzung des Schwellenwerts zum 1.1.2018 statt. Zumindest bis dahin gilt für öffentliche Bauaufträge der Schwellenwert von 5.225.000 EUR.

---

[34] Eine Zuwendung ist die „Leistung an Stellen außerhalb der Verwaltung des Bundes oder des Landes zur Erfüllung bestimmter Zwecke" (§ 14 HGrG).

[35] Delegierte Verordnung (EU) 2015/2170 der Kommission vom 24. November 2015 zur Änderung der Richtlinie 2014/24/EU des Europäischen Parlaments und des Rates im Hinblick auf die Schwellenwerte für Auftragsvergabeverfahren.

[36] Richtlinie 2014/24/EU des Europäischen Parlaments und des Rates vom 26. Februar 2014 über die öffentliche Auftragsvergabe und zur Aufhebung der Richtlinie 2004/18/EG.

Werden „Bauleistungen", deren geschätzter Netto-Gesamtauftragswert den Schwellenwert 26
zumindest erreicht, nach Losen getrennt voneinander vergeben, enthält § 3 Abs. 9 VgV eine
gesonderte Regelung. Der Schwellenwert beträgt dann für das Einzellos **1 Mio. EUR** oder bei
Losen unterhalb von 1 Mio. EUR deren addierter Wert ab 20 % des Gesamtwertes aller Lose
(siehe hierzu die Kommentierung zu § 3 Abs. 9 VgV).

Die Schwellenwerte für **Liefer-**[37] **und Dienstleistungsaufträge**[38] sind ebenfalls Art. 4 der 27
Richtlinie 2014/24/EU zu entnehmen. Mit Wirkung zum 1.1.2016 hat die Europäische Kommission die Schwellenwerte in Art. 4 der Richtlinie 2014/24/EU angepasst. Die danach geltenden Schwellenwerte betragen 135.000,00 EUR für Liefer- und Dienstleistungsaufträge der Obersten und Oberen Bundesbehörden sowie vergleichbarer Bundeseinrichtungen und 209.000,00 EUR für sonstige Liefer- und Dienstleistungsaufträge.

2. Öffentlicher Auftrag. Sachlich ist die VgV auf die dem Teil 4 des Gesetzes gegen Wett- 28
bewerbsbeschränkungen unterliegende Vergabe öffentlicher Aufträge anzuwenden. Damit ist
klargestellt, dass es sich um öffentliche Aufträge im Sinne von **§ 103 Abs. 1 GWB** handeln
muss. Hiernach sind öffentliche Aufträge entgeltliche Verträge u. a. zwischen öffentlichen Auftraggebern und Unternehmen über die Beschaffung von Leistungen, die die Lieferung von
Waren, die Ausführung von Bauleistungen oder die Erbringung von Dienstleistungen zum
Gegenstand haben.

Der **Entgeltbegriff** ist weit auszulegen. Er umfasst jeden vom Auftragnehmer für seine 29
Leistung erlangten geldwerten Vorteil. Folgerichtig zählen auch Konzessionen, also die Baukonzession (§ 105 Abs. 1 Nr. 1 GWB) und die Dienstleistungskonzession (§ 105 Abs. 1 Nr. 2
GWB) zu den entgeltlichen Verträgen. Die entgeltliche Gegenleistung besteht – am Beispiel der
Baukonzession – entweder allein in dem Recht zur Nutzung des Bauwerks oder in diesem Recht
zuzüglich einer Zahlung. Konzessionen werden allerdings nach einer eigenen Vergabeverordnung – der Konzessionsvergabeverordnung – vergeben und sind gemäß § 1 Abs. 2 Nr. 3 VgV
vom Anwendungsbereich der VgV ausgeschlossen.

Die **Rechtsnatur des Vertrags** ist unerheblich. Der öffentliche Auftrag kann also ein pri- 30
vatrechtlicher oder ein öffentlich-rechtlicher Vertrag sein.[39] Im Ausnahmefall kann sogar ein
Verwaltungsakt einen öffentlichen Auftrag darstellen.[40]

Auch die **zivilrechtliche Einordnung** eines Vertrags als Werkvertrag, Werklieferungsvertrag, 31
Dienstvertrag oder Kaufvertrag im Sinne des BGB ist für die Frage, ob ein öffentlicher Auftrag
vorliegt, unbeachtlich.

Die Abgrenzung zwischen Aufträgen, welche die Ausführung von Bauleistungen zum Gegen- 32
stand haben (Bauaufträge) und Aufträgen, welche die Lieferung von Waren (Lieferaufträge) oder
die Erbringung von Dienstleistungen (Dienstleistungsaufträge) zum Gegenstand haben, ist für die
Feststellung des Anwendungsbereichs der VgV unbeachtlich. Alle drei Auftragsarten unterfallen
dem Begriff des öffentlichen Auftrags im Sinne von § 103 Abs. 1 GWB und damit dem
Anwendungsbereich der VgV gemäß deren § 1 Abs. 1. Bedeutung erlangt diese Abgrenzung erst
innerhalb des Anwendungsbereichs der VgV für die Frage, ob für die Vergabe des Auftrags die
Verfahrensregelungen der VgV oder – über § 2 VgV – die Verfahrensregelungen des 2. Abschnitt
der VOB/A heranzuziehen sind. Für die Abgrenzung von Bauaufträgen zu Lieferaufträgen und
Dienstleistungsaufträge wird deshalb auf die Kommentierung von § 2 VgV verwiesen und an
dieser Stelle lediglich zusammengefasst:

Bauaufträge sind zum einen Verträge über die Ausführung oder die gleichzeitige Planung 33
und Ausführung eines Bauvorhabens oder eines Bauwerks für einen öffentlichen Auftraggeber,

---

[37] **Lieferaufträge** sind Verträge zur Beschaffung von Waren, die insbesondere Kauf oder Ratenkauf oder Leasing, Miet- oder Pachtverhältnisse mit oder ohne Kaufoption betreffen. Die Verträge können auch Nebenleistungen umfassen (§ 103 Abs. 2 GWB). **Gemischte Bau- und Lieferaufträge** sind, wenn das Verlegen und Anbringen im Vergleich zur Lieferleistung nur eine untergeordnete Tätigkeit darstellt, Lieferaufträge (vgl. → § 2 Rn. ...).
[38] Als **Dienstleistungsaufträge** gelten die Verträge über die Erbringung von Leistungen, die keine Bauaufträge und keine Lieferaufträge sind (vgl. § 103 Abs. 4 GWB). Ein öffentlicher Auftrag, der sowohl den Einkauf von Waren als auch die Beschaffung von Dienstleistungen zum Gegenstand hat, gilt als Dienstleistungsauftrag, wenn der Wert der Dienstleistung den Wert der Waren übersteigt. Als Dienstleistungsauftrag gilt ein Auftrag auch, wenn neben Dienstleistungen Bauleistungen zu erbringen sind, sofern diese im Verhältnis zum Hauptgegenstand Nebenarbeiten sind.
[39] EuGH NZBau 2001, 512.
[40] BGH 1.12.2008 – X ZB 31/08.

das Ergebnis von Tief- oder Hochbauarbeiten ist und eine wirtschaftliche oder technische Funktion erfüllen soll (§ 1 EU Abs. 1 Nr. 1 VOB/A). Zum anderen sind dies Verträge über die Ausführung oder die gleichzeitige Planung und Ausführung einer dem öffentlichen Auftraggeber unmittelbar wirtschaftlich zugutekommenden Bauleistung, die Dritte gemäß den vom öffentlichen Auftraggeber genannten Erfordernissen erbringen, wobei der öffentliche Auftraggeber einen entscheidenden Einfluss auf die Art und die Planung des Vorhabens hat (§ 1 EU Abs. 1 Nr. 2 VOB A).

34   **Lieferaufträge** sind Verträge zur Beschaffung von Waren, die insbesondere Kauf oder Raten Kauf oder Leasing, Mietverhältnisse oder Pachtverhältnisse mit oder ohne Kaufoption betreffen (§ 103 Abs. 2 GWB).

35   Als **Dienstleistungsaufträge** gelten schließlich diejenigen Verträge über die Erbringung von Leistungen, die weder als Bauauftrag noch als Lieferauftrag zu qualifizieren sind.

36   **3. Rahmenvereinbarungen.** Rahmenvereinbarungen sind Vereinbarungen zwischen einem oder mehreren öffentlichen Auftraggebern und einem oder mehreren Unternehmen, die dazu dienen, die Bedingungen für die öffentlichen Aufträge, die während eines bestimmten Zeitraums vergeben werden sollen, festzulegen (§ 103 Abs. 5 S. 1 GWB). Diese Vereinbarungen sind nach Auffassung des Gesetzgebers keine öffentlichen Aufträge. Das folgt im Umkehrschluss aus § 103 Abs. 5 S. 2 GWB, in dem geregelt wird, dass für die Vergabe von Rahmenvereinbarungen grundsätzlich dieselben Vorschriften wie für die Vergabe entsprechender öffentlicher Aufträge gelten. Dieser Regelung hätte es nicht bedurft, wenn der Gesetzgeber die Rahmenvereinbarungen als öffentliche Aufträge angesehen hätte.

Der Anwendungsbereich der VgV ist nach § 1 beschränkt auf die Vergabe von öffentlichen Aufträgen und die Ausrichtung von Wettbewerben. Die Vergabe von Rahmenvereinbarungen ist nicht erfasst. Durch § 103 Abs. 5 S. 2 GWB wird jedoch klargestellt, dass für die Vergabe von Rahmenvereinbarungen grundsätzlich dieselben Vorschriften wie für die Vergabe entsprechender öffentlicher Aufträge gelten sollen. Es liegt deshalb nahe, dass der Ausschluss der Rahmenvereinbarungen vom Anwendungsbereich der VgV eine planwidrige Regelungslücke darstellt und die Erweiterung des Anwendungsbereichs der VgV auf diese Vereinbarungen dem Willen des Gesetzgebers entspräche. Deshalb ist § 1 VgV i. V. m. § 103 Abs. 5 S. 2 GWB dahingehend auszulegen, dass auch Rahmenvereinbarungen vom sachlichen Anwendungsbereich der VgV umfasst sind.[41]

37   **4. Wettbewerbe.** Neben der Vergabe öffentlicher Aufträge umfasst der sachliche Anwendungsbereich der VgV ausdrücklich auch die Ausrichtung von Wettbewerben durch öffentliche Auftraggeber. Wenngleich sich die Inbezugnahme des 4. Teils des GWB in § 1 VgV systematisch nur auf das Tatbestandsmerkmal der Vergabe von öffentlichen Aufträgen und nicht auf das Tatbestandsmerkmal der Ausrichtung von Wettbewerben bezieht, ist für die Bestimmung dieses Tatbestandsmerkmals § 103 Abs. 6 GWB heranzuziehen. Wettbewerbe sind danach Auslobungsverfahren, die dem Auftraggeber aufgrund vergleichender Beurteilung durch ein Preisgericht mit oder ohne Verteilung von Preisen zu einem Plan oder einer Planung verhelfen sollen.

38   Nachdem die VOF und die VOL/A durch die Vergaberechtsreform 2016 im Oberschwellenbereich abgeschafft worden sind, sind die bis dahin dort normierten Regelungen zu Wettbewerben in die VgV aufgenommen worden. In der neuen VgV sind die Wettbewerbe im Abschnitt 5 geregelt. Für bestimmte Architekten- und Ingenieurleistungen finden sich in Abschnitt 6 ergänzende Vorschriften.

III. Ausnahmetatbestände

39   **1. Abgrenzung zu anderen Vergabeverordnungen.** In § 1 Abs. 2 VgV sind ausdrücklich Ausnahmen vom sachlichen Anwendungsbereich der VgV geregelt. Die Vergabe folgender öffentlicher Aufträge erfolgt oberhalb der Schwellenwerte nicht über die VgV, sondern über gesonderte Vergabeverordnungen:

40   **a) Sektorenverordnung (SektVO).** Auf die Vergabe von öffentlichen Aufträgen und die Ausrichtung von Wettbewerben durch **Sektorenauftraggeber** zum Zweck der Ausübung einer Sektorentätigkeit ist nicht die VgV, sondern die Verordnung über die Vergabe von öffentlichen Aufträgen im Bereich des Verkehrs, der Trinkwasserversorgung und der Energieversorgung

---

[41] Ebenso *Müller* in KKMPP VgV § 1 Rn. 34.

(Sektorenverordnung – SektVO[42]) anwendbar. Sektorenauftraggeber sind gemäß § 100 Abs. 1 GWB zum einen öffentliche Auftraggeber gemäß § 99 Nr. 1–3 GWB, die eine Sektorentätigkeit ausüben. Zum anderen zählen zu den Sektorenauftraggebern natürliche oder juristische Personen des privaten Rechts, die eine Sektorentätigkeit ausüben, wenn entweder diese Tätigkeit auf der Grundlage von besonderen oder ausschließlichen Rechten ausgeübt wird, die von einer zuständigen Behörde gewährt wurden, oder wenn öffentliche Auftraggeber gemäß § 99 Nr. 1–3 GWB auf diese Personen einzeln oder gemeinsam einen beherrschenden Einfluss ausüben können.

Maßgebliches Kriterium für den Ausschluss der Anwendbarkeit der VgV ist für beide Gruppen **41** der Sektorenauftraggeber – die öffentlichen Auftraggeber und die natürlichen oder juristischen Personen des privaten Rechts – die Ausübung einer **Sektorentätigkeit**. Entscheidend für den Ausschluss der VgV (und zugleich für die Anwendbarkeit der SektVO) ist damit der Auftragsgegenstand. Dieser muss im Zusammenhang mit Tätigkeiten auf dem Gebiet der Trinkwasser- oder Energieversorgung oder des Verkehrs stehen. Detailliert sind die einzelnen Sektorentätigkeiten in § 102 GWB beschrieben, auf den an dieser Stelle verwiesen wird.

Daraus folgt: Wenn ein Sektorenauftraggeber einen öffentlichen Auftrag zum Zweck der **42** Ausübung einer Sektorentätigkeit vergeben will, ist die VgV nicht anwendbar, und zwar auch dann nicht, wenn der für die Anwendung der SektVO einschlägige Schwellenwert nicht erreicht wird und deshalb keine der deutschen Vergabeverordnungen (weder die VgV noch die Sekt VO) einschlägig ist. Dieser Fall kann bei Dienst- oder Lieferaufträgen eintreten, bei denen der einschlägige Schwellenwert für die Anwendung des Sektorenvergaberechts (insbesondere der SektVO) seit dem 1.1.2016 bei 418.000 € liegt, wohingegen der einschlägige Schwellenwert für die Anwendung des klassischen Vergaberechts (insbesondere der VgV) seit dem 1.1.2016 bei 209.000 € festgelegt wurde. Die VgV ist mit anderen Worten **kein Auffangtatbestand** für öffentliche Aufträge, die ein Sektorenauftraggeber zum Zwecke der Ausübung einer Sektorentätigkeit vergeben will und deren geschätztes Auftragsvolumen unterhalb der für die Anwendung des Sektorenvergaberechts einschlägigen Schwellenwerte liegt.

b) Vergabeverordnung Verteidigung und Sicherheit (VSVgV). § 1 Abs. 2 Nr. 2 VgV **43** schließt verteidigungs- und sicherheitsspezifische öffentliche Aufträge im Sinne von § 104 GWB vom Anwendungsbereich der VgV aus. Diese unterfallen der zum 19.7.2012 in Kraft getretenen sog Vergabeverordnung Verteidigung und Sicherheit (VSVgV[43]). Damit wurde die **EG Verteidigungsvergaberichtlinie**[44] in das deutsche Recht umgesetzt.

Diese Verteidigungsvergaberichtlinie enthält einen vergaberechtlichen Regelungsrahmen für die Beschaffung von Bau-, Liefer- und Dienstleistungen in den Bereichen Verteidigung und Sicherheit. Auch derartige Beschaffungsvorhaben sollen in einem transparenten, diskriminierungsfreien und wettbewerblichen Vergabeverfahren realisiert werden, allerdings unter Berücksichtigung der Besonderheiten des Sicherheits- und Verteidigungssektors. Dazu gehören insbesondere die Sicherheit sensibler Informationen sowie die Versorgungssicherheit.

Die **VSVgV** eröffnet – anstelle der VgV- bzw. der SektVO – den Einstieg in das materielle Vergaberecht bei verteidigungs- und sicherheitsrelevanten Aufträgen. Die VSVgV enthält – nach dem Vorbild der SektVO – für Liefer- und Dienstleistungsaufträge abschließende Vergaberechtsregelungen, verweist also nicht auf die VOL/A und VOF. Für Bauaufträge ist dagegen ein § 2 VgV entsprechender Verweis auf spezielle Regelungen für die Vergabe von Bauaufträgen in den Bereichen Sicherheit und Verteidigung vorgesehen, die in dem 3. Abschnitt der VOB/A zusammengefasst sind.

c) Konzessionsvergabeverordnung. Schließlich ist auch die Vergabe von Konzessionen **44** durch Konzessionsgeber (§ 101 GWB) vom Anwendungsbereich der VgV ausgeschlossen. Vergaberechtlich relevant ist die Baukonzession (§ 105 Abs. 1 Nr. 1 GWB) und die Dienstleistungskonzession (§ 105 Abs. 1 Nr. 2 GWB). Das wesentliche Kriterium für die Einordnung als Konzession ist, dass die jeweilige Gegenleistung, die der öffentliche Auftraggeber erbringt, entweder allein in dem Recht zur Nutzung des Bauwerks bzw. zur Verwertung der Dienst-

---

[42] Sektorenverordnung vom 12. April 2016 (BGBl. I S. 624, 657).
[43] Vergabeverordnung Verteidigung und Sicherheit vom 12. Juli 2012 (BGBl. I S. 1509), die zuletzt durch Artikel 5 der Verordnung vom 12. April 2016 (BGBl. I S. 624) geändert worden ist.
[44] Richtlinie 2009/81/EG des Europäischen Parlaments und des Rates vom 13.7.2009 über die Koordinierung der Verfahren zur Vergabe bestimmter Bau-, Liefer- und Dienstleistungsaufträge in den Bereichen Verteidigung und Sicherheit und zur Änderung der Richtlinien 2004/17/EG und 2004/18/EG (ABl. 2009 L 216, S. 76).

leistung oder in diesem Recht zuzüglich einer Zahlung besteht, und dass damit das Betriebsrisiko für die Nutzung des Bauwerks oder für die Verwertung der Dienstleistung auf den Konzessionsnehmer übergeht.

Bei der Vergabe von Konzessionen durch Konzessionsgeber ist mithin nicht die VgV, sondern die Verordnung über die Vergabe von Konzessionen (Konzessionsvergabeverordnung – KonzVgV[45]) anzuwenden. Deren Anwendungsbereich ist eröffnet ab Erreichen des seit dem 1.1.2016 geltenden Schwellenwert von 5.228.000 €.

45 **2. Ausnahmen vom 4. Teil des GWB.** Der Anwendungsbereich der VgV umfasst die dem Teil 4 des Gesetzes gegen Wettbewerbsbeschränkungen unterliegenden Vergabe von öffentlichen Aufträgen und die Ausrichtung von Wettbewerben durch den öffentlichen Auftraggeber. Soweit Auftragsvergaben und Wettbewerbe nicht dem Teil 4 des GWB unterfallen, unterfallen sie folgerichtig auch nicht dem Anwendungsbereich der VgV. Damit sind für die Feststellung des Anwendungsbereichs der VgV auch die in den **§ 107, § 108, § 109 und § 116 GWB** normierten Ausnahmetatbestände für den 4. Teil des GWB zu beachten.

§ 2 Vergabe von Bauaufträgen

Für die Vergabe von Bauaufträgen sind Abschnitt 1 und Abschnitt 2, Unterabschnitt 2 anzuwenden. Im Übrigen ist Teil A Abschnitt 2 der Vergabe- und Vertragsordnung für Bauleistungen in der Fassung der Bekanntmachung vom 19. Januar 2016 (BAnz AT 19.1.2016 B3) anzuwenden.

Übersicht

	Rn.
A. Bedeutung und Entstehungsgeschichte	1
B. Vergabe von Bauaufträgen	5
I. Anwendungsbereich der VgV	5
II. Bauauftrag	6
1. Bauleistung	12
2. Bauwerk	15
3. Ausführung einer Bauleistung oder eines Bauwerks für den öffentlichen Auftraggeber	19
4. Gleichzeitige Planung und Ausführung einer Bauleistung oder Bauwerks für den öffentlichen Auftraggeber	20
5. Für den Öffentlichen Auftraggeber	21
6. Ausführung einer dem Auftraggeber unmittelbar wirtschaftlich zugutekommenden Bauleistung durch Dritte gemäß den vom Auftraggeber genannten Erfordernissen	22
7. Baukonzessionen	26
III. Abgrenzungen zu Dienstleistungs- und Lieferaufträgen	28
1. Lieferaufträgen	28
2. Dienstleistungsaufträge	30
3. Architekten- und Ingenieurleistungen	33
4. Gemischte Verträge	34

A. Bedeutung und Entstehungsgeschichte

1 § 2 VgV bestimmt, welche Regelungen für die Vergabe von Bauaufträgen, die in den Anwendungsbereich der VgV fallen, anzuwenden sind: Vorrangig sind Abschnitt 1 und Abschnitt 2, Unterabschnitt 2 der VgV anzuwenden, im Übrigen Abschnitt 2 der Vergabe- und Vertragsordnung für Bauleistungen (VOB A) in der Fassung der Bekanntmachung vom 19.1.2016.

2 Insoweit hat die VgV ihre Scharnierfunktion beibehalten. Zuletzt diente die VgV in der Fassung vor der Vergaberechtsreform 2016 in erster Linie dazu, durch Verweis auf die einschlägigen Vergabe- und Vertragsordnungen für Bauleistungen (VOB), freiberufliche Leistungen (VOF) und Leistungen (VOL) deren Anwendbarkeit zu regeln. Durch die starre Verweisung in der VgV erlangten diese Vergabe- und Vertragsordnungen die Qualität eines verbindlichen

---
[45] Konzessionsvergabeverordnung vom 12. April 2016 (BGBl. I S. 624, 683).

Außenrechts. Diese Systematik des deutschen Vergaberechts wurde als Kaskadenprinzip bezeichnet, in dem der VgV die Scharnierfunktion zu den Vergabe- und Vertragsordnungen zukam.[1] Dieses Kaskadenprinzip stand allerdings seit seiner Einführung wegen seiner Unübersichtlichkeit in der Kritik[2]. Nachdem der Europäische Gesetzgeber im April 2014 mit dem sog Paket zur Modernisierung des europäischen Vergaberechts ein vollständig überarbeitetes Regelwerk für die Vergabe öffentlicher Aufträge und Konzessionen vorgelegt hat, das bis zum 18.4.2016 in deutsches Recht umzusetzen war, haben sich die Befürworter einer Konzentration der Vergabeverfahrensregeln in möglichst einem Regelwerk zu einem guten Teil durchgesetzt. Im Zuge der Umsetzung der neuen Richtlinien, nämlich der Richtlinie über die öffentliche Auftragsvergabe[3], der Richtlinie über die Vergabe von Aufträgen in den Bereichen Wasser-, Energie- und Verkehrsversorgung sowie der Postdienste (Sektoren)[4] und der Richtlinie über die Vergabe von Konzessionen[5], in deutsches Recht wurden die Regelungen der VOL/A für Oberschwellenvergaben sowie die Regelungen der VOF in die VgV übergeführt. Das Vergaberecht für Liefer- und Dienstleistungen sowie für freiberufliche Leistungen ist seitdem im Oberschwellenbereich ausschließlich in dem GWB sowie den einschlägigen Verordnungen VgV[6], SektVO[7] und VSVgV[8] geregelt. Nur für die Vergabe von Bauleistungen ist über § 2 VgV weiterhin die VOB/A-EU[9] anwendbar. Darüber hinaus ist in allen Fällen der 4. Teil des GWB[10] anwendbar.

Über die starre Verweisung in § 2 VgV erlangt Abschnitt 2 der VOB/A (VOB/A-EU) die Qualität eines verbindlichen Außenrechts für die Vergabe von Bauaufträgen, die in den Anwendungsbereich der VgV fallen. Deren Rechtsgrundlage findet sich wiederum in § 103 S. 1 GWB. Der Anwendungsbefehl für die VOB/A-EU folgt dementsprechend aus § 103 S. 1 GWB iVm § 2 VgV. Im Anwendungsbereich der VgV muss also bei der Vergabe von Bauaufträgen neben Abschnitt 1 und Abschnitt 2, Unterabschnitt 2 der VgV die VOB/A-EU angewendet werden.

Der Verweis auf die VOB/A ist statisch mit der Folge, dass eine neue Fassung der VOB erst nach entsprechender Anpassung der Verweisung in § 2 VgV Anwendung findet. Zwar kann sich der Auftraggeber freiwillig an eine neue VOB binden. Ein Anspruch des Bieters auf Einhaltung der Bestimmungen einer neuen VOB, der über § 97 Abs. 6 GWB dem kartellvergaberechtlichen Rechtsschutz unterliegt, besteht jedoch nicht. Denn nach § 97 Abs. 6 GWB haben die Unternehmen nur einen Anspruch darauf, dass der Auftraggeber die Bestimmungen über das Vergabeverfahren einhält. Die Bestimmungen über das Vergabeverfahren für Bauaufträge sind im 4. Teil des GWB, über § 103 S. 1 GWB in der VgV und über die dortige Verweisungen in der VOB/A-EU geregelt. Nur eine Verletzung dieser auf § 97 Abs. 6 GWB zurückzuführender Rechte kann gemäß § 160 Abs. 2 Satz 1 GWB Gegenstand eines Vergabenachprüfungsverfahrens sein.[11]

---

[1] So in der Begründung zur VgV in BR-Drs. 40/10, 15.
[2] *Kau* EuZW 2005, 492 ff.; *Höfler/Bert* NJW 2000, 3310 (3316). Gegen die Eingliederung in das GWB *Dreher* NVwZ 1997, 343 (344 f.); *Malmendier* DVBl 2000, 963 (967).
[3] Richtlinie 2014/24/EU des Europäischen Parlaments und des Rates vom 26.2.2014 über die öffentliche Auftragsvergabe und zur Aufhebung der Richtlinie 2004/18/EG (ABl. 2014 L 94, S. 65).
[4] RICHTLINIE 2014/25/EU des Europäischen Parlaments und des Rates vom 26.2.2014. über die Vergabe von Aufträgen durch Auftraggeber im Bereich der Wasser-, Energie- und Verkehrsversorgung sowie der Postdienste und zur Aufhebung der Richtlinie 2004/17/EG (ABl. 2014 L 94, S. 243).
[5] RICHTLINIE 2014/23/EU des Europäischen Parlaments und des Rates vom 26.2.2014 über die Konzessionsvergabe (ABl. 2014 L 94, S. 1).
[6] Vergabeverordnung vom 12. April 2016 (BGBl. I S. 624).
[7] Sektorenverordnung vom 12. April 2016 (BGBl. I S. 624, 657).
[8] Sektorenverordnung Verteidigung und Sicherheit vom 12. Juli 2012 (BGBl. I S. 1509), die zuletzt durch Artikel 5 der Verordnung vom 12. April 2016 (BGBl. I S. 624) geändert worden ist.
[9] Vergabe- und Vertragsordnung für Bauleistungen Teil A, Fassung 2016, bekannt gemacht am 1. Juli 2016 (BAnz AT 1.7.2016 B4).
[10] Gesetz gegen Wettbewerbsbeschränkungen in der Fassung der Bekanntmachung vom 26. Juni 2013 (BGBl. I S. 1750, 3245), das zuletzt durch Artikel 5 des Gesetzes vom 13. Oktober 2016 (BGBl. I S. 2258) geändert worden ist.
[11] Die Einhaltung der VOB 2012 konnte bis zur Anpassung des § 6 Abs. 1 VgV durch Art. 1 der Verordnung vom 12.7.2012 (BGBl. I 2012, S. 1508) nur unter dem Gesichtspunkt der Selbstbindung der Verwaltung verlangt und auf dem Zivilrechtsweg vor den ordentlichen Gerichten durchgesetzt werden (vgl. dazu die Kommentierung zu § 3 VgV Rdn. 14 f.).

B. Vergabe von Bauaufträgen

I. Anwendungsbereich der VgV

5   Aus der systematischen Stellung der Verweisung in § 2 VgV folgt, dass Abschnitt 1 und Abschnitt 2, Unterabschnitt 2 der VgV sowie die VOB/A-EU nur anzuwenden sind auf die Vergabe von Bauaufträgen, die in den Anwendungsbereich der VgV fallen. Der Anwendungsbereich der VgV ist in deren § 1 Abs. 1 geregelt. Die VgV ist danach anzuwenden bei den dem Teil 4 des Gesetzes gegen Wettbewerbsbeschränkungen unterliegenden Vergaben von öffentlichen Aufträgen und bei der Ausrichtung von Wettbewerben durch den öffentlichen Auftraggeber. Für Einzelheiten wird auf die Kommentierung von § 1 VgV verwiesen.

II. Bauauftrag

6   Die VgV enthält keine Regelung dazu, wann der zu vergebende Auftrag als Bauauftrag einzustufen ist. Es ist daher auf die Definition des § 103 Abs. 3 GWB zurückzugreifen, die gegenüber der früheren Definition in § 99 Abs. 3 GWB durch die Vergaberechtsreform eine neue Fassung erhalten hat. Bauaufträge sind danach Verträge über die Ausführung oder die gleichzeitige Planung und Ausführung

- entweder von **Bauleistungen** im Zusammenhang mit einer der in Anhang II der Richtlinie 2014/24/EU und Anhang I der Richtlinie 2014/24/EU genannten Tätigkeiten oder
- eines **Bauwerkes** für den öffentlichen Auftraggeber, das Ergebnis von Tief- oder Hochbauarbeiten ist und eine wirtschaftliche oder technische Funktion erfüllen soll.

Darüber hinaus liegt ein Bauauftrag auch vor, wenn ein Dritter eine Bauleistungen gemäß den vom öffentlichen Auftraggeber genannten Erfordernissen erbringt, die Bauleistung dem Auftraggeber unmittelbar wirtschaftlich zugutekommt und dieser einen entscheidenden Einfluss auf die Art und Planung der Bauleistung hat.

7   Der Gesetzgeber hat also bei der Definition des Bauauftrags in § 103 Abs. 3 GWB entsprechend dem Richtlinientext und wie bereits in § 99 Abs. 3 GWB a.F. drei Alternativen vorgesehen. Der Alternative 1 liegt ein **tätigkeitsbezogener** Ansatz zugrunde. Danach wird ein Auftrag als Bauauftrag qualifiziert, wenn eine der in Anlage II der Richtlinie 2014/24/EU abschließend aufgeführten Bauleistungen auszuführen oder gleichzeitig zu planen und auszuführen ist. Die Alternative 2 verfolgt einen **erfolgsbezogenen** Ansatz:: Ein Bauvertrag setzt danach die Ausführung oder die gleichzeitige Planung und Ausführung eines Bauwerks voraus. In der 3. Alternative (Erbringung der Bauleistung durch Dritte) wird nunmehr entsprechend Art. 2 Abs. 1 Nr. 6c der Richtlinie 2014/24/EU klargestellt, dass ein Bauvertrag nicht voraussetzt, dass der öffentliche Auftraggeber Bauherr ist und/oder später die Sachherrschaft über das Bauwerk erlangt. Vielmehr genügt es, wenn die Bauleistung dem öffentlichen Auftraggeber unmittelbar wirtschaftlich zugutekommt und wenn dieser Maßnahmen getroffen hat, um die Art des Vorhabens festzulegen, oder zumindest einen entscheidenden Einfluss auf dessen Planung haben musste.

8   Der Gesetzgeber verfolgt mit seiner Definition des Bauauftrags in § 103 Abs. 3 GWB damit einen ganzheitlichen Ansatz, der demjenigen in Art. 2 Abs. 1 Nr. 6 der Richtlinie 2014/24/EU entspricht, der mit dem neu gefassten § 103 Abs. 3 GWB umgesetzt werden sollte.[12] Dahinter steht der Gedanke, möglichst umfassend den Bauauftrag zu definieren. Diesen Ansatz hat auch der DVA[13] bei der Definition der Bauleistung in § 1 VOB A gewählt. Bauleistungen sind danach Arbeiten jeder Art, durch die eine bauliche Anlage hergestellt, instandgehalten, geändert oder beseitigt wird. Daraus folgt, dass der Begriff des Bauauftrags nach dem Willen des Gesetzgebers **weit auszulegen** ist.

9   Dem entspricht, dass die **rechtliche Qualifizierung** des Vertrags durch die Parteien unerheblich ist.[14] Auch auf die **zivilrechtliche Einordnung** des Vertrags als Werkvertrag, Werklieferungsvertrag oder gegebenenfalls sogar als Dienstleistung- oder Kaufvertrag kommt es nicht an.[15] Unerheblich ist auch, ob ein zu erstellender oder zu liefernder Gegenstand wesentlicher Bestandteil eines Gebäudes wird. Ist die Lieferung und Montage eines Zubehörteils zur Herbeiführung

---
[12] BT-Drucks. 18/6281 S. 74.
[13] Deutscher Vergabe- und Vertragsausschuss für Bauleistungen.
[14] EuGH 29.10.2009 – C-536/07, NZBau 2009, 792.
[15] OLG Dresden VergabeR 2005,258; OLG Düsseldorf NZBau 2001,106.

des Funktionsfähigkeit eines Bauwerks erforderlich, ist der zugrunde liegende Auftrag ein Bauauftrag iSv § 103 Abs. 3 GWB.[16]

Die Begriffsbestimmung des öffentlichen Bauauftrags in § 103 Abs. 3 GWB entspricht damit **10** im Wesentlichen derjenigen in Art. 2 Abs. 1 Nr. 6 der Richtlinie 2014/24/EU. Unterschiede gibt es aber im Detail. Ein offensichtlicher Unterschied besteht in der Schriftlichkeit, die Voraussetzung für einen Bauauftrag iSd Art. 2 Abs. 1 Nr. 5, 6 der Richtlinie 2014/24/EU ist, nach der Definition in § 103 Abs. 1, 3 GWB jedoch nicht vorausgesetzt wird.[17] Diese Unterschiede sind unter europarechtlichen Gesichtspunkten zulässig, solange und soweit dadurch der Anwendungsbereich des europäischen Vergaberechts nicht eingeschränkt wird.[18]

Ist anhand des Wortlauts des § 103 Abs. 3 GWB im konkreten Einzelfall nicht eindeutig zu **11** klären, ob ein Bauauftrag in diesem Sinne vorliegt, ist die Vorschrift richtlinienkonform auszulegen. Die in § 103 Abs. 3 GWB enthaltene Definition des öffentlichen Bauauftrags beruht auf der Begriffsbestimmung in Artikel 1a) und c) der Baukoordinierungsrichtlinie (BKR) und Artikel 2 Abs. 6) der Richtlinie 2014/24/EU, in dem die Definition der BKR weitgehend übernommen wurde. Diese ist durch § 103 Abs. 3 GWB in das deutsche Recht umgesetzt worden. Eröffnen sich daher bei der Anwendung von § 103 Abs. 3 GWB Auslegungsspielräume, ist vorrangig auf den Inhalt und die Zielsetzung der Richtlinie 2014/24/EU und die hierzu ergangene Rechtsprechung des EuGH zurückzugreifen. Sofern sich kein Widerspruch zur Richtlinie ergibt, kann zur Auslegung ergänzend auch § 1 EU Abs. 1 VOB/A herangezogen werden.[19] Dort sind Bauleistungen als Arbeiten jeder Art definiert, durch die eine bauliche Anlage hergestellt, instandgehalten, geändert oder beseitigt wird.[20] Ein Rückgriff auf § 1 EU Abs. 1 VOB/A bietet sich in diesem Fall an, weil die mit der Ausgabe Juli 1990 eingeführte umfassende Neudefinition der Bauleistung zu dem Zweck erfolgt ist, eine Angleichung an die in der BKR erfassten Bauleistungen zu erreichen.

1. Bauleistung. Ein Vertrag über die Ausführung oder die gleichzeitige Planung und Aus- **12** führung von Bauleistungen im Zusammenhang mit einer der in Anhang II der Richtlinie 2014/24/EU abschließend[21] genannten Tätigkeiten ist ein Bauauftrag. Anhang II umfasst ein Verzeichnis der Berufstätigkeiten im „Baugewerbe" entsprechend dem Verzeichnis der wirtschaftlichen Tätigkeiten der Europäischen Gemeinschaft. Es enthält umfangreiche Tätigkeitsbeschreibungen und ist unterteilt nach „Vorbereitenden Baustellenarbeiten", „Hoch- und Tiefbau", „Bauinstallation", „Sonstigem Ausbau" und der „Vermietung von Baumaschinen und -geräten mit Bedienungspersonal".

Die dort aufgeführten Bauleistungen sind in der Praxis für die Abgrenzung von Bau- und **13** Lieferaufträgen entscheidend. Schon heute zieht die Rechtsprechung vielfach den bisherigen Anhang I der Richtlinie 2004/18/EG (entspricht dem Anhang II der Richtlinie 2014/24/EU) zur Abgrenzung zwischen Bau- und Lieferaufträgen heran.[22] Wenn die in diesem Anhang aufgeführten Tätigkeiten Hauptgegenstand des Vertrages sind, kann sich der Vertrag auch auf Leistungen anderer Art, namentlich auf Lieferungen, beziehen, ohne deswegen den Charakter als Bauauftrag einzubüßen.

Der Anhang II der Richtlinie lautet (gekürzt um die Spalte, in der die CPV Referenznum- **14** mern angegeben sind):

Abteilung	Gruppe	Klasse	Beschreibung	Anmerkungen
45			Baugewerbe	Diese Abteilung umfasst: Neubau, Renovierung und gewöhnliche Instandsetzung
	45.1		Vorbereitende Baustellenarbeiten	

---

[16] OLG Jena VergabeR 2003, 98; *Marx* in KKMPP VgV § 2 Rn. 32.
[17] OLG Düsseldorf NZBau 2012, 50; BayObLG VergabR 2001, 55; *Hailbronner* in Byok/Jaeger, Kommentar zum Vergaberecht, 3. Aufl. 2011, GWB § 99 Rn. 59 ff.
[18] *Hailbronner* in Byok/Jaeger, Kommentar zum Vergaberecht, 3. Aufl. 2011, GWB § 99 Rn. 61.
[19] Bay ObLG NZBau 2000, 594; Bay ObLG VergabR 2002, 662 (663) – Deutsches Museum; Thüringer OLG VergabeR 2003, 98 (99); *Hailbronner* in Byok/Jaeger Kommentar zum Vergaberecht 3. Aufl., GWB § 99 Rn. 78; **aA** *Waldner* VergabeR 2002, 664; wohl auch Thüringer OLG VergabeR 2003, 97.
[20] Vgl. die Kommentierung zu § 1 VOB/A.
[21] BT-Drucks. 18/6281 S. 74.
[22] OLG Düsseldorf 30.4.2014 – VII-Verg 35/13.

Abteilung	Gruppe	Klasse	Beschreibung	Anmerkungen
		45.11	Abbruch von Gebäuden, Erdbewegungsarbeiten	Diese Klasse umfasst: – Abbruch von Gebäuden und anderen Bauwerken – aufräumen von Baustellen – Ausschachtung, Erdauffüllung, Einebnung und Sanierung von Baugelände, Grabenaushub, Felsabbau, Sprengen usw. – Erschließung von Lagerstätten, – auffahren von Grubenbauen, ab Räumung des Deckgebirges und andere aus- und Vorrichtungsarbeiten Diese Klasse umfasst ferner: – Baustellenentwässerung – Entwässerung von land- und forstwirtschaftlichen Flächen
		45.12	Test- und Suchbohrung	Diese Klasse umfasst: – Test-, Such- und Kernbohrung für bauliche, geophysikalische, geologische oder ähnliche Zwecke Diese Klasse umfasst nicht: – Erdöl- und Erdgasbohrungen zu Förderzwecken (s. 11.20), – Brunnenbau (s. 45.25), – Schachtbau (s. 45.25), – Exploration von Erdöl- und Erdgasfeldern, geophysikalische, geologische und seismische Messungen (s. 74.20)
	45.2		Hoch- und Tiefbau	
		45.21	Hochbau, Brücken- und Tunnelbau u. Ä..	Diese Klasse umfasst: – Errichtung von Gebäuden aller Art, Errichtung von Brücken, Tunneln u. Ä. – Brücken (einschließlich für Hochstraßen), Viadukte, Tunnel und Unterführungen – Rohrfernleitungen, Fernmelde- und Energieübertragungsleitungen – städtische Rohrleitungs- und Kabelnetze – dazugehörige Arbeiten – Herstellung von Fertigteilbauten aus Beton auf der Baustelle Diese Klasse umfasst nicht: – Erbringung von Dienstleistungen bei der Erdöl- und Erdgasförderung (s. 11.20) – Errichtung vollständiger Fertigteilbauten aus selbst gefertigten Teilen, soweit nicht aus Beton (s. Abteilungen 20, 26 und 28) – Bau von Sportplätzen, Stadien, Schwimmbädern, Sporthallen und anderen Sportanlagen (ohne Gebäude) (s. 45.23) – Bauinstallation (s. 45.3) – sonstiges Baugewerbe (s. 45.4) – Tätigkeiten von Architektur- und Ingenieurbüros (s. 74.20) – Projektleitung (s. 74.20)
		45.22	Dachdeckerei, Abdichtung und Zimmerei	Diese Klasse umfasst: – Errichtung von Dächern – Dachdeckung – Abdichtung gegen Wasser und Feuchtigkeit

Abteilung	Gruppe	Klasse	Beschreibung	Anmerkungen
		45.23	Straßenbau und Eisenbahnoberbau	Diese Klasse umfasst: – Bau von Autobahnen, Straßen und Wegen – Bau von Bahnverkehrsstrecken – Bau von Rollbahnen – Bau von Sportplätzen, Stadien, Schwimmbädern, Tennis- und Golfplätzen (ohne Gebäude) – Markierung von Fahrbahnen und Parkplätzen Diese Klasse umfasst nicht: – Vorbereitende Erdbewegungen (s. 45.11)
		45.24	Wasserbau	Diese Klasse umfasst: – Bau von: – Wasserstraßen, Häfen (einschließlich Jachthäfen), Flussbauten, Schleusen usw. – Talsperren und Deichen – Nassbaggerei – Unterwasserarbeiten
		45.25	Spezialbau und sonstiger Tiefbau	Diese Klasse umfasst: – spezielle Tätigkeiten im Hoch- und Tiefbau, die besondere Fachkenntnisse beziehungsweise Ausrüstungen erfordern – Herstellen von Fundamenten einschließlich Pfahlgründung – Brunnen- und Schachtbau – Montage von fremdbezogenen Stahlelementen – Eisenbiegerei – Mauer- und Pflasterarbeiten – Auf- und Abbau von Gerüsten und beweglichen Arbeitsbühnen einschließlich deren Vermietung – Schornstein-, Feuerungs- und Industrieofenbau Diese Klasse umfasst nicht: – Vermietung von Gerüsten ohne Auf- und Abbau (s. 71.32)
	45.3		Bauinstallation	
		45.31	Elektroinstallation	Diese Klasse umfasst: Installation oder Einbau von: – elektrischen Leitungen und Armaturen – Kommunikationssystemen – Elektroheizungen – Rundfunk- und Fernsehantennen (für Wohngebäude) – Feuermeldeanlagen – Einbruchsicherungen – Aufzügen und Rolltreppen – Blitzableitern usw. in Gebäuden und anderen Bauwerken
		45.32	Dämmung gegen Kälte, Wärme, Schall und Erschütterung	Diese Klasse umfasst: – Dämmung gegen Kälte, Wärme, Schall und Erschütterung in Gebäuden und anderen Bauwerken Diese Klasse umfasst nicht: – Abdichtung gegen Wasser und Feuchtigkeit (s. 45.22)

Abteilung	Gruppe	Klasse	Beschreibung	Anmerkungen
		45.33	Klempnerei, Gas-, Wasser-, Heizungs- und Lüftungsinstallation	Diese Klasse umfasst: – Installation oder Einbau von: – Sanitäranlagen sowie Ausführung von Klempnerarbeiten – Gasarmaturen – Geräten und Leitungen für Heizungs-, Lüftungs-, Kühl- und Klimaanlagen – Sprinkleranlagen Diese Klasse umfasst nicht: – Installation von Elektroheizungen (s. 45.31)
		45.34	Sonstige Bauinstallation	Diese Klasse umfasst: – Installation von Beleuchtungs- und Signalanlagen für Straßen, Eisenbahnen, Flughäfen und Häfen – Installation von Ausrüstungen und Befestigungselementen a. n. g. in Gebäuden und anderen Bauwerken
	45.4		Sonstiger Ausbau	
		45.41	Anbringen von Stuckaturen, Gipser und Verputzerei	Diese Klasse umfasst: – Stuck-, Gips- und Verputzarbeiten einschließlich damit verbundener Lattenschalung in und an Gebäuden und anderen Bauwerken
		45.42	Bautischlerei und –schlosserei	Diese Klasse umfasst: – Einbau von fremdbezogenen Türen, Toren, Fenstern, Rahmen und Zargen, Einbauküchen, Treppen, Ladeneinrichtungen u. Ä. aus Holz oder anderem Material – Einbau von Decken, Wandvertäfelungen, beweglichen Trennwänden u. Ä. Innenausbauarbeiten Diese Klasse umfasst nicht: – Verlegen von Parkett- und anderen Holzböden (s. 45.43)
		45.43	Fußboden-, Fliesen- und Plattenlegerei, Raumausstattung	Diese Klasse umfasst: – Verlegen von: – Fußboden- und Wandfliesen oder -platten aus Keramik, Beton oder Stein, – Parkett- und anderen Holzböden, Teppichen und Bodenbelägen aus Linoleum, – auch aus Kautschuk oder Kunststoff – Terrazzo-, Marmor-, Granit- oder Schiefer-Boden- oder Wandbelägen, – Tapeten
		45.44	Maler- und Glasergewerbe	Diese Klasse umfasst: – Innen- und Außenanstrich von Gebäuden – Anstrich von Hoch- und Tiefbauten, – Ausführung von Glaserarbeiten einschließlich Einbau von Glasverkleidungen, Spiegeln usw. Diese Klasse umfasst nicht: – Fenstereinbau (s. 45.42)

Abteilung	Gruppe	Klasse	Beschreibung	Anmerkungen
		45.45	Sonstiger Ausbau a. n. g.	Diese Klasse umfasst: – Einbau von Swimmingpools – Fassadenreinigung – Sonstige Baufertigstellung und Ausbauarbeiten a. n. g. Diese Klasse umfasst nicht: – Innenreinigung von Gebäuden und anderen Bauwerken (s. 74.70)
	45.5		Vermietung von Baumaschinen und -geräten mit Bedienungspersonal	
		45.50	Vermietung von Baumaschinen und -geräten mit Bedienungspersonal	Diese Klasse umfasst nicht: – Vermietung von Baumaschinen und -geräten ohne Bedienungspersonal (s. 71.32)

2. Bauwerk. Ebenfalls als Bauvertrag zu qualifizieren ist ein Vertrag über die Ausführung oder die gleichzeitige Planung und Ausführung eines **Bauwerkes** für den öffentlichen Auftraggeber, das Ergebnis von Tief- oder Hochbauarbeiten ist und eine wirtschaftliche oder technische Funktion erfüllen soll. Der Begriff des Bauwerks ist im GWB nicht definiert. Eine Definition findet sich hingegen in Art. 2 Abs. 1 Nr. 7 der Richtlinie 2014/24/EU, die mit der Vergaberechtsreform „eins zu eins" in deutsches Recht umgesetzt werden sollte. Ein „Bauwerk" ist danach „das Ergebnis einer Gesamtheit von Hoch- oder Tiefbauarbeiten, das seinem Wesen nach eine wirtschaftliche oder technische Funktion erfüllen soll". Diese Definition entspricht derjenigen in früheren Regelwerken, insbesondere in Art. 1c BKR und Art. 1 Abs. 2b S. 2 VKR. 15

Diese europarechtliche Bauwerk-Definition ist auch in § 103 Abs. 3 GWB enthalten, allerdings nicht als Definition des Begriffs „Bauwerk". Vielmehr ist § 103 Abs. 3 GWB so zu verstehen, dass „die Ergebnisse von Tief- oder Hochbauarbeiten, die eine wirtschaftliche oder technische Funktion erfüllen sollen" lediglich eine bestimmte Gruppe von Bauwerken darstellt. In den Anwendungsbereich der 4. Teils des GWB und der VgV soll nach dem Wortlaut von § 103 Abs. 3 GWB nicht jedes Bauwerk fallen, sondern nur ein solches Bauwerk, „das Ergebnis von Tief- oder Hochbauarbeiten ist und eine wirtschaftliche oder technische Funktion erfüllen soll." Wollte man das anders sehen und das Bauwerk iSv Art. 1 Abs. 2b S. 2 VKR auslegen, lautete diese Norm sinngemäß (und zirkelschlüssig): Bauaufträge sind Verträge über die Ausführung oder die gleichzeitige Planung und Ausführung eines Bauwerkes für den öffentlichen Auftraggeber, das ein Bauwerk ist. Im Ergebnis kommt es auf diese dogmatische Frage allerdings nicht an. In den Anwendungsbereich des 4. Teils des GWB und der VgV fallen gemäß § 103 Abs. 3 GWB in Übereinstimmung mit der Richtlinie 2014/24/EU nur Bauwerke (die das Ergebnis von Tief- oder Hochbauarbeiten sind und eine wirtschaftliche oder technische Funktion erfüllen sollen). 16

Der Begriff des Bauwerks ist damit objektbezogen. Das Ergebnis voneinander verschiedener Arbeiten kann dann als Bauwerk eingestuft werden mit der Folge, dass diese Arbeiten als Bauleistungen zu qualifizieren sind, wenn Tief- oder Hochbauarbeiten[23] den Hauptgegenstand des Vertrags bilden und entweder dieselbe wirtschaftliche oder dieselbe technische Funktion erfüllt ist.[24] Die wirtschaftliche oder technische Funktion ist dabei im Zusammenhang mit dem Aufgabengebiet des öffentlichen Auftraggebers zu sehen. Sie betrifft Neubauten und Gebäude mit spezifischen Nutzungszwecken, wie zB Krankenhäuser und technische Anlagen, in denen Installationen durchgeführt werden, die auf Grund ihrer zwingenden Zugehörigkeit zu dem Funktionszusammenhang des Gebäudes als Bauwerk bzw. zum Bauwerk gehörig anzusehen sind. 17

Nach Maßgabe dieser Voraussetzungen sind Lieferung und Montage von Maschinen sowie sonstiger Anlagen grundsätzlich als Bauleistung einzuordnen, wenn sie für ein funktionsfähiges Bauwerk erforderlich sind. Ein etwaiger hoher Lieferanteil steht der Einordnung als Bauleistung 18

---

[23] Für die Frage, welche Leistungen Hoch- oder Tiefbauarbeiten sind, kann auf Anhang I der VKR zurückgegriffen werden.
[24] EuG 29.5.2013 – T-384/10, NZBau 2013, 648. Daneben ist der zeitliche und örtliche Zusammenhang der Arbeiten ein weiterer Aspekt; vgl. EuGH 5.10.2000 – C-16/98, NZBau 2001, 275; EuG 29.5.2013 – T-384/10, NZBau 2013, 648.

nicht entgegen. Wenn dagegen einzelne Maßnahmen eigenständige Zwecke in wirtschaftlicher oder technischer Hinsicht erfüllen und zeitlich getrennt voneinander realisiert werden, ist ein Funktionszusammenhang regelmäßig nicht mehr gegeben. Letztlich muss aber das Vorliegen eines Funktionszusammenhangs einer Leistung mit der Errichtung eines Bauwerks, der zur Einordnung als Bauleistung führt, im Einzelfall geprüft werden.[25] Das Thüringer OLG hat Lieferung und Einbau von Dampfsterilisatoren und Wasserstoffperoxydgeneratoren in diesem Sinne als Bauauftrag qualifiziert, weil der Neubau ohne die Geräte nicht zu dem vorgesehenen Zweck genutzt werden konnte. Das BayObLG hat die Sanierung und Erneuerung einer Brandmeldeanlage für ein öffentliches Gebäude und auch die Wartung und Störungsbeseitigung an Lichtsignalanlagen als Bauauftrag gewertet.

19 **3. Ausführung einer Bauleistung oder eines Bauwerks für den öffentlichen Auftraggeber.** Unter den Begriff der **Ausführung** eines Bauvorhabens fallen außer der Errichtung auch die Wiederinstandsetzung, Renovierung und Ausbesserung. Das wird in Anhang II zur Richtlinie 2014/24/EU klargestellt. Danach umfasst das Baugewerbe „Neubau, Renovierung und gewöhnliche Instandhaltung". In welcher Einsatzform die Leistung ausgeführt wird, insbesondere ob ein Auftraggeber Bauaufgaben an einen oder mehrere Wirtschaftsteilnehmer überträgt, ist nicht entscheidend.[26] Unwesentlich ist auch, ob der Wirtschaftsteilnehmer die Leistungen selbst ausführt oder durch einen Nachunternehmer ausführen lässt.[27] Dementsprechend muss der Wirtschaftsteilnehmer die Leistungen auch nicht mit eigenen Mitteln erbringen können.[28]

20 **4. Gleichzeitige Planung und Ausführung einer Bauleistung oder Bauwerks für den öffentlichen Auftraggeber.** Ein öffentlicher Bauauftrag liegt auch dann vor, wenn der Vertrag **die gleichzeitige Planung und Ausführung** eines Bauvorhabens oder Bauwerks für den öffentlichen Auftraggeber zum Gegenstand hat. Planungsleistungen können alle Architekten- und Ingenieurleistungen im Zusammenhang mit einem Bauvorhaben sein. Hierzu gehören insbesondere sämtliche Objekt- und Fachplanungsleistungen (insbes. nach der HOAI), aber auch darüber hinausgehende Leistungen wie etwa Fassadenplanung.[29] Eine Vorgabe, dass Ausführungs- und Planungsleistungen gemeinsam vergeben werden, enthält die Richtlinie 2014/24/EU nicht.[30]

Nur **gleichzeitig** mit der Ausführung vergebene Planungsleistungen können als öffentlicher Bauauftrag einzustufen sein. Dies bedeutet, dass die Beauftragung mit reinen Planungsleistungen, wie es etwa bei Architekten- und Ingenieurverträgen der Fall ist, keinen Bauauftrag im Sinne von § 103 Abs. 3 GWB und damit auch von § 2 VgV darstellt.

21 **5. Für den Öffentlichen Auftraggeber.** Durch das Gesetz zur Modernisierung des Vergaberechts hat der Gesetzgeber klargestellt, dass die Ausführung des Bauvorhabens oder Bauwerks **„für den öffentlichen Auftraggeber"** erfolgen muss. Die Textergänzung soll den Beschaffungscharakter eines Bauauftrages hervorheben und verdeutlichen, dass die Bauleistung dem öffentlichen Auftraggeber unmittelbar wirtschaftlich zugutekommen soll und die Verwirklichung einer von dem Planungsträger angestrebten städtebaulichen Entwicklung allein nicht als einzukaufende Leistung ausreicht. Der Gesetzgeber fühlte sich zu dieser Klarstellung durch die Rechtsprechung des Oberlandesgerichts Düsseldorf zur Ausschreibungspflicht von Grundstücksverkäufen der öffentlichen Hand im Rahmen von Investorenprojekten veranlasst.[31]

**6. Ausführung einer dem Auftraggeber unmittelbar wirtschaftlich zugutekommen-
22 den Bauleistung durch Dritte gemäß den vom Auftraggeber genannten Erfordernissen.** Der 2 Satz von § 103 Abs. 3 GWB erweitert den Begriff des öffentlichen Bauauftrags auf den Fall, dass Bauleistungen durch Dritte gemäß den vom öffentlichen Auftraggeber genannten Erfordernissen erbracht werden. Durch diese Regelung ist **Art. 1 letzter Hs. BKR** in nationales Recht umgesetzt worden, „wonach die Erbringung von Bauleistungen durch Dritte, gleichgül-

---

[25] Einen aktuellen Überblick über die Rechtsprechung bietet bspw. *Eschenbruch* in Kulartz/Kus/Portz, GWB-Vergaberecht, 3. Aufl. 2014, § 99 Rn. 483 ff.
[26] EuGH NZBau 2001, 275; *Eschenbruch* in Kulartz/Kus/Portz, GWB-Vergaberecht, 3. Aufl. 2014, § 99 Rn. 468.
[27] EuGH NZBau 2007, 185.
[28] EuGH NZBau 2000, 149; 2007, 185.
[29] *Eschenbruch* in Kulartz/Kus/Portz, GWB-Vergaberecht, 3. Aufl. 2014, § 99 Rn. 489 ff.
[30] Erwägungsgrund 19 der VKR.
[31] OLG Düsseldorf NZBau 2007, 530.

tig, mit welchen Mitteln, gemäß den vom öffentlichen Auftraggeber genannten Erfordernissen", als öffentlicher Bauauftrag gilt. Von dieser Vorschrift ist auch der **mittelbare Erwerb von Bauleistungen** durch den öffentlichen Auftraggeber erfasst. Es fallen hierunter insbesondere auch Bauträger-, Leasing- oder Generalübernehmerverträge sowie Mietkauf- und Public- Private-Partnership-Verträge.[32]

Es ist nicht erforderlich, dass die Bauleistung in einem gegenständlich oder körperlich zu 23 verstehenden Sinne für den öffentlichen Auftraggeber beschafft wird. Ausreichend, aber auch erforderlich ist[33], dass ihm die Leistung **unmittelbar wirtschaftlich zugutekommt**.[34] Grundstücksveräußerungen ohne beschaffungsrechtlichen Bezug sind damit kein öffentlicher Bauauftrag.

Nach dem Verständnis des EuGH ergibt sich die Voraussetzung, dass die Leistung dem Auftraggeber unmittelbar wirtschaftlich zugutekommen muss, bereits aus der für das Vorliegen eines öffentlichen Auftrags erforderlichen Entgeltlichkeit.[35]

Der Auftraggeber muss schließlich **Erfordernisse an die Bauleistung** gestellt und genannt 24 haben. Das ist der Fall, wenn er Maßnahmen ergriffen hat, um die Merkmale der Bauleistung zu definieren oder zumindest einen entscheidenden Einfluss auf ihre Konzeption auszuüben. Dafür reicht es nicht aus, wenn der Auftraggeber lediglich die Planung des Auftragnehmers auf Einhaltung der gesetzlichen Bestimmungen und städtebaulichen Zielsetzungen überprüft.[36] Er muss vielmehr eigene bauliche Anforderungen definieren, die – und das ist nach Auffassung des EuGH der Vergleichsmaßstab – über die üblichen Vorgaben eines Mieters an den Ausbau hinausgehen.[37]

Ob der Auftragnehmer das Bauvorhaben ganz oder zum Teil mit eigenen Mitteln durchführt 25 oder dessen Durchführung mit anderen Mitteln sicherstellt, ist – wie in Erwägungsgrund 9 der Richtlinie 2014/24/EU klargestellt wird – unerheblich für die Einstufung der entsprechenden Bauleistung als Bauauftrag, solange der Auftragnehmer eine direkte oder indirekte rechtswirksame Verpflichtung zur Gewährleistung der Erbringung der Bauleistungen übernimmt.

7. Baukonzessionen. Baukonzessionen sind Verträge, die von öffentlichen Bauaufträgen nur 26 insoweit abweichen, als die Gegenleistung für die Bauleistungen ausschließlich in dem Recht zur Nutzung des Bauwerks oder in diesem Recht zuzüglich der Zahlung eines Preises besteht (vgl. § 105 Abs. 1 Nr. 1 GWB). Der Unterschied zu den öffentlichen Bauaufträgen liegt also ausschließlich in der Gegenleistung.[38] Deshalb wurden Baukonzessionsverträge bislang nach europäischem wie deutschem Vergaberecht wie Bauaufträge behandelt oder sogar als solche angesehen. Mit der Vergaberechtsreform 2016 wurde für Konzessionen indes ein eigenes Vergaberegime geschaffen. Nach § 1 Abs. 3 VgV fällt die Vergabe von Konzessionen durch Konzessionsgeber nicht (mehr) in den Anwendungsbereich der VgV.

Bei der Vergabe von Konzessionen durch Konzessionsgeber ist seit dem 18.4.2016 die Ver- 27 ordnung über die Vergabe von Konzessionen (Konzessionsvergabeverordnung – KonzVgV[39]) anzuwenden. Deren Anwendungsbereich ist eröffnet ab Erreichen des seit dem 1.1.2016 geltenden Schwellenwert von 5.225.000 €. Für die Vergabe von Baukonzessionen wird dort nicht auf die VOB/A-EU verwiesen. Vielmehr umfasst die KonzVgV – zusammen mit dem 4. Teil des GWB – abschließend die für die Vergabe von Baukonzessionen anzuwendenden Regelungen. Lediglich für die Vergabe von Unteraufträgen durch den Konzessionsnehmer sieht § 33 Abs. 3 KonzVgV vor, dass dieser, wenn Gegenstand der Unteraufträge die Erbringung von Bauleistungen iSd § 103 Abs. 3 GWB ist, in der Regel die VOB/B und die VOB/C zum Vertragsgegenstand machen muss.

---

[32] Weitere Einzelheiten: *Eschenbruch* in Kulartz/Kus/Portz, GWB-Vergaberecht, 3. Aufl. 2014, § 99 Rn. 495; zum sog Betreibermodell: *Roth* NVwZ 2003, 1056; *Byok/Jansen* NZBau 2005, 241.
[33] Vgl. → Rn. 31.
[34] EuGH vom 25.2.2010 – C-451/08 = NZBau 2010, 321.
[35] EuGH vom 15.7.2010 – C-271/08 = VergabeR 2010, 931; *Eschenbruch* in Kulartz/Kus/Portz, GWB-Vergaberecht, 3. Aufl. 2014, § 99 Rn. 185. Entgeltlichkeit setzt eine Gewinnerzielungsabsicht nicht voraus, so dass Kostenerstattungsverträge ebenfalls entgeltlich sind, vgl. EuGH 13.6.2013 – C-386/11 = NZBau 2013, 522.
[36] EuGH vom 25.2.2010 – C-451/08 = NZBau 2010, 321.
[37] EuGH vom 29.10.2009 – C-536/07 = NZBau 2009, 792.
[38] Vgl. auch die Mitteilung der Kommission zu Auslegungsfragen im Bereich Konzessionen im Gemeinschaftsrecht im EG-Amtsblatt Nr. c 121 v. 29.4.2000.
[39] Konzessionsvergabeverordnung vom 12. April 2016 (BGBl. I S. 624, 683).

III. Abgrenzungen zu Dienstleistungs- und Lieferaufträgen

28 **1. Lieferaufträgen.** Die Abgrenzung des Bauauftrags zum Lieferauftrag wird in der Praxis anhand des Anhangs II der Richtlinie 2014/24/EU vorgenommen. Ein Auftrag soll danach als öffentlicher Bauauftrag gelten, wenn er speziell die Ausführung der in Anhang II aufgeführten Tätigkeiten zum Gegenstand hat, und zwar auch dann, wenn er sich auf andere Leistungen erstreckt, die für die Ausführung dieser Tätigkeiten erforderlich sind. Die in Anhang II der Richtlinie aufgeführten Bauleistungen sind damit in der Praxis für die Abgrenzung von Bau- und Lieferaufträgen entscheidend. Schon heute zieht die Rechtsprechung vielfach den bisherigen Anhang I der Richtlinie 2004/18/EG (entspricht dem Anhang II der Richtlinie 2014/24/EU) zur Abgrenzung zwischen Bau- und Lieferaufträgen heran.[40] Wenn die in diesem Anhang aufgeführten Tätigkeiten Hauptgegenstand des Vertrages sind, kann sich der Vertrag auch auf Leistungen anderer Art, namentlich auf Lieferungen, beziehen, ohne deswegen den Charakter als Bauauftrag einzubüßen.

29 Die Übereinstimmung mit einer in Anhang II der Richtlinie 2014/24/EU genannten Tätigkeit stellt damit ein sehr starkes Indiz für das Vorliegen eines Bauauftrags dar. Das inhaltliche Abgrenzungskriterium ist, ob das auf die Baustelle gelieferte Bauteil für die Funktion des Gebäudes nach der Verkehrsanschauung oder nach dem Verständnis der Baubeteiligten erforderlich ist.[41] Vor allem dann, wenn die Sache dauerhaft mit der baulichen Anlage verbunden ist und ein enger Funktionszusammenhang mit der Herstellung, Instandhaltung oder Beseitigung der baulichen Anlage vorliegt, ist im Zweifel von einem Bauauftrag auszugehen.[42] Die Lieferung von Einrichtungsgegenständen, die als Massenware beschafft werden und für deren Einbau keine speziellen baulichen Vorleistungen erforderlich sind, stellt dagegen keinen Bauauftrag dar.[43] Dasselbe gilt, wenn Gegenstände nicht im zeitlichen Zusammenhang mit der Fertigstellung der baulichen Anlage beschafft werden und deren Einbau keine baulichen Änderungen erforderlich macht[44] oder wenn die Einbautätigkeit im Verhältnis zur Lieferung von völlig untergeordneter Bedeutung ist.[45] § 1a Abs. 2 VOB/A a. F., der für gemischte Bau- und Lieferaufträge auch dann die Anwendbarkeit der VOB/A – und damit implizit das Vorliegen eines Bauauftrags – vorgab, wenn das Verlegen und Anbringen im Vergleich zur Lieferleistung nur eine untergeordnete Tätigkeit darstellt, wurde in der VOB/A 2012 ersatzlos gestrichen (und auch in der VOB/A 2016 nicht wieder aufgenommen). Ausweislich der Begründung des Deutschen Vergabe- und Vertragsausschusses für Bauleistungen (DVA) zur VOB/A 2012 sollte für die Abgrenzung von Bau- und Lieferaufträgen auf § 99 GWB a. F. (d. h. § 103 GWB) bzw., da das GWB hierzu keine Regelung enthält, auf Art. 1 Abs. 2c) VKR abgestellt werden.[46] Danach sind solche Aufträge, bei denen das Verlegen und Anbringen im Vergleich zur Lieferleistung nur eine untergeordnete Tätigkeit darstellt, Lieferaufträge. Diese Regelung wurde in der Richtlinie 2014/24/EU nicht aufgenommen. Allerdings werden Verlegetätigkeiten in Anhang II der Richtlinie als Bauleistungen bezeichnet.

30 **2. Dienstleistungsaufträge.** Die Abgrenzung des Dienstleistungsauftrags zum Bauauftrag erfolgt negativ. Das hat seine Grundlage in der gesetzlichen Definition des Dienstleistungsauftrags in § 103 Abs. 4 GWB. Als Dienstleistungsaufträge gelten danach die Verträge über die Erbringung von Leistungen, die keine Lieferaufträge und keine Bauaufträge sind. Der Dienstleistungsauftrag hat also die Funktion eines Auffangtatbestands.

31 Ähnlich wie zu Lieferaufträgen erfolgt auch die Abgrenzung des Bauauftrags zu Dienstleistungsaufträgen. In der Praxis wird hierzu auf Anhang II der Richtlinie 2014/24/EU abgestellt. Ein Auftrag soll dann als öffentlicher Bauauftrag gelten, wenn er speziell die Ausführung der in Anhang II aufgeführten Tätigkeiten zum Gegenstand hat, und zwar auch dann, wenn er sich auf andere Leistungen erstreckt, die für die Ausführung dieser Tätigkeiten erforderlich sind.

32 Öffentliche Dienstleistungsaufträge, bspw. im Bereich der Grundstücksverwaltung, können Bauleistungen umfassen. Sofern diese Bauleistungen jedoch nur Nebenarbeiten im Verhältnis

---

[40] OLG Düsseldorf 30.4.2014 – VII-Verg 35/13.
[41] *Marx* in KKMPP VgV § 2 VgV Rn. 48.
[42] *Eschenbruch* in KKPP GWB, 4. Aufl. 2016, § 103 Rn. 426 f.
[43] *Eschenbruch,* a. a. O. Rn. 428.
[44] *Eschenbruch,* a. a. O. Rn. 428.
[45] *Marx* in KKMPP VgV § 2 VgV Rn. 48.
[46] BAnz. 2011 182a, S. 5.

zum Hauptgegenstand des Vertrags darstellen und nur eine mögliche Folge oder eine Ergänzung des letzteren sind, führt der Umstand, dass der Vertrag diese Bauleistungen umfasst, nicht eine Einordnung des Vertrags als öffentlicher Bauauftrag.

3. Architekten- und Ingenieurleistungen. Leistungen der Planung, Bauüberwachung und Projektsteuerung sind, soweit sie zusammen mit den Bauleistungen vergeben werden („im Paket") untergeordneter Teil derselben. Die im Paket vergebenen Leistungen stellen mithin einen Bauauftrag dar. Werden Planungs-, Bauüberwachungs- und Projektsteuerungsleistungen hingegen getrennt von den Bauleistungen vergeben, handelt es sich um Dienstleistungsaufträge. Diese fallen in den Anwendungsbereich von Abschnitt 6 der VgV. 33

4. Gemischte Verträge. Eine spezielle Regelung für leistungsgemischte Verträge, die also verschiedene Leistungen wie Liefer-, Bau- oder Dienstleistungen zum Gegenstand haben, enthält § 110 GWB. Die Vergabe erfolgt danach nach denjenigen Vorschriften, denen der Hauptgegenstand des Auftrags zuzuordnen ist. Für die Bestimmung des Hauptgegenstand bei Abgrenzung von Dienstleistungen und Lieferleistungen ist nach § 110 Abs. 2 GWB der geschätzte Wert der jeweiligen Leistung heranzuziehen. Für die jeweilige Abgrenzung dieser Leistungen zur Bauleistungen gilt das nicht. Insoweit ist eine wertende Betrachtung vorzunehmen, ob der Dienstleistungs- bzw. Lieferanteil oder aber der Bauleistungsteil überwiegt. Bei Wartungsverträgen dürfte regelmäßig der Leistungsanteil den Bauleistungsanteil überwiegen.[47] Beim Wärmeliefercontracting ist von einem überwiegen des Dienstleistungsanteils auszugehen.[48] 34

§ 3 Schätzung des Auftragswerts

(1) Bei der Schätzung des Auftragswerts ist vom voraussichtlichen Gesamtwert der vorgesehenen Leistung ohne Umsatzsteuer auszugehen. Zudem sind etwaige Optionen oder Vertragsverlängerungen zu berücksichtigen. Sieht der öffentliche Auftraggeber Prämien oder Zahlungen an den Bewerber oder Bieter vor, sind diese zu berücksichtigen.

(2) Die Wahl der Methode zur Berechnung des geschätzten Auftragswert darf nicht in der Absicht erfolgen, die Anwendung der Bestimmungen des Teils 4 des Gesetzes gegen Wettbewerbsbeschränkungen oder dieser Verordnung zu umgehen. Eine Auftragsvergabe darf nicht so unterteilt werden, dass sie nicht in den Anwendungsbereich der Bestimmungen des Gesetzes gegen Wettbewerbsbeschränkungen oder dieser Verordnung fällt, es sei denn, es liegen objektive Gründe dafür vor, etwa wenn eine eigenständige Organisationseinheit selbstständig für ihre Auftragsvergabe oder bestimmte Kategorien der Auftragsvergabe zuständig ist.

(3) Maßgeblicher Zeitpunkt für die Schätzung des Auftragswerts ist der Tag, an dem die Auftragsbekanntmachung abgesendet wird oder das Vergabeverfahren auf sonstige Weise eingeleitet wird.

(4) Der Wert einer Rahmenvereinbarung oder eines dynamischen Beschaffungssystems wird auf der Grundlage des geschätzten Gesamtwertes aller Einzelaufträge berechnet, die während der gesamten Laufzeit einer Rahmenvereinbarung oder eines dynamischen Beschaffungssystems geplant sind.

(5) Der zu berücksichtigende Wert im Falle einer Innovationspartnerschaft entspricht dem geschätzten Gesamtwert der Forschungs- und Entwicklungstätigkeiten, die während sämtlicher Phasen der geplanten Partnerschaft stattfinden sollen, sowie der Bau-, Liefer- oder Dienstleistungen, die zu entwickeln und am Ende der geplanten Partnerschaft zu beschaffen sind.

(6) Bei der Schätzung des Auftragswerts von Bauleistungen ist neben dem Auftragswert der Bauaufträge der geschätzte Gesamtwert aller Liefer- und Dienstleistungen zu berücksichtigen, die für die Ausführung der Bauleistungen erforderlich sind und vom öffentlichen Auftraggeber zur Verfügung gestellt werden. Die Möglichkeit des öffentlichen Auftraggebers, Aufträge für die Planung und die Ausführung von Bauleistungen entweder getrennt oder gemeinsam zu vergeben, bleibt unberührt.

---

[47] *Eschenbruch,* a. a. O. Rn. 473.
[48] *Eschenbruch,* a. a. O. Rn. 473.

(7) Kann das beabsichtigte Bauvorhaben oder die vorgesehene Erbringung einer Dienstleistung zu einem Auftrag führen, der in mehreren Losen vergeben wird, ist der geschätzte Gesamtwert aller Lose zugrunde zu legen. Bei Planungsleistungen gilt dies nur für Lose über gleichartige Leistungen. Erreicht oder überschreitet der geschätzte Gesamtwert den maßgeblichen Schwellenwert, gilt diese Verordnung für die Vergabe jedes Loses.

(8) Kann ein Vorhaben zum Zweck des Erwerbs gleichartiger Lieferungen zu einem Auftrag führen, der in mehreren Losen vergeben wird, ist der geschätzte Gesamtwert aller Lose zugrunde zu legen.

(9) Der öffentliche Auftraggeber kann bei der Vergabe einzelner Lose von Absatz 7 Satz 3 sowie Absatz 8 abweichen, wenn der geschätzte Nettowert des betreffenden Loses bei Liefer- und Dienstleistungen unter 80.000 Euro und bei Bauleistungen unter 1.000.000 Euro liegt und die Summe der Nettowerte dieser Lose 20 Prozent des Gesamtwertes aller Lose nicht übersteigt.

(10) Bei regelmäßig wiederkehrenden Aufträgen oder Daueraufträgen über Liefer- oder Dienstleistungen sowie bei Liefer- oder Dienstleistungsaufträgen, die innerhalb eines bestimmten Zeitraums verlängert werden sollen, ist der Auftragswert zu schätzen
1. auf der Grundlage des tatsächlichen Gesamtwertes entsprechender aufeinanderfolgender Aufträge aus dem vorangegangenen Haushaltsjahr oder Geschäftsjahr; dabei sind voraussichtliche Änderungen bei Mengen oder Kosten möglichst zu berücksichtigen, die während der zwölf Monate zu erwarten sind, die auf den ursprünglichen Auftrag folgen, oder
2. auf der Grundlage des geschätzten Gesamtwertes aufeinander folgender Aufträge, die während der auf die erste Lieferung folgenden zwölf Monate oder während des auf die erste Lieferung folgenden Haushaltsjahres oder Geschäftsjahres, wenn dieses länger als zwölf Monate ist, vergeben werden.

(11) Bei Aufträgen über Liefer- oder Dienstleistungen, für die kein Gesamtpreis angegeben wird, ist Berechnungsgrundlage für den geschätzten Auftragswert
1. Bei zeitlich begrenzten Aufträgen mit einer Laufzeit von bis zu 48 Monaten der Gesamtwert für die Laufzeit dieser Aufträge, und
2. Bei Aufträgen mit unbestimmter Laufzeit oder mit einer Laufzeit von mehr als 48 Monaten der 48-fache Monatswert.

(12) Bei einem Planungswettbewerb nach § 69, der zu einem Dienstleistungsauftrag führen soll, ist der Wert des Dienstleistungsauftrags zu schätzen zuzüglich etwaiger Preisgelder und Zahlungen an die Teilnehmer. Bei allen übrigen Planungswettbewerben entspricht der Auftragswert der Summe der Preisgelder und Zahlungen an die Teilnehmer einschließlich des Werts des Dienstleistungsauftrags, der vergeben werden könnte, soweit der öffentliche Auftraggeber diese Vergabe in der Wettbewerbsbekanntmachung des Planungswettbewerbs nicht ausschließt.

Übersicht

	Rn.
A. Einführung	1
I. Grundlagen	1
II. Bedeutung	7
1. Aufträge bei Erreichen oder Überschreiten des Schwellenwertes	8
2. Aufträge unterhalb der Schwellenwerte	11
a) Keine Anwendung des materiellen Kartellvergaberechts	11
b) Kein Zugang zum Nachprüfungsverfahren	14
3. Rechtfertigung der Zweiteilung	20
B. Schätzung des Auftragswertes	21
I. Grundlagen der Schätzung	21
1. Schätzung des Gesamtwerts der vorgesehenen Leistung (§ 3 Abs. 1 VgV)	22
2. Zeitpunkt der Schätzung (§ 3 Abs. 3 VgV)	28
3. Fehler bei der Schätzung	33
4. Umgehungsverbot (§ 3 Abs. 2 VgV)	38
5. Optionsrechte oder Vertragsverlängerungen (§ 3 Abs. 1 S. 2 VgV)	45

II. Besonderheiten 48
    1. Bauaufträge (§ 3 Abs. 6 VgV) 49
    2. Schwellen- und Auftragswert bei Losen (§ 3 Abs. 7–9 VgV) 57
        a) Vergabe eines Bauauftrags nach Losen 59
        b) Vergabe eines Liefer- und Dienstleistungsauftrags nach Losen 69
        c) Kündigung des Bauauftrags 71
        d) Teilaufhebung der Ausschreibung 72
    3. Liefer- und Dienstleistungsaufträge (§ 3 Abs. 11–12 VgV) 73
    4. Planungswettbewerbe (§ 3 Abs. 12 VgV) 75
    5. Innovationspartnerschaft (§ 3 Abs. 5 VgV) 76
    6. Rahmenvereinbarungen und dynamische elektronische Verfahren (§ 3 Abs. 4 VgV) 77

A. Einführung

I. Grundlagen

Nach § 106 Abs. 1 GWB[1] gilt der 4. Teil des GWB nur für solche öffentlichen Aufträge, **1** deren geschätzter Auftrags- oder Vertragswert ohne Umsatzsteuer die jeweils festgelegten Schwellenwerte erreicht oder überschreitet. Woraus sich der Schwellenwert ergibt, regelt § 106 Abs. 2 GWB. Danach ergibt sich der jeweilige Schwellenwert für öffentliche Aufträge, die von öffentlichen Auftraggebern vergeben werden, aus Art. 4 der Richtlinie 2014/24/EU in der jeweils geltenden Fassung. Das Erreichen oder Überschreiten des Schwellenwertes ist also Voraussetzung für die Anwendbarkeit des 4. Teils des GWB und gemäß § 1 Abs. 1 VgV auch für die (übrigen) Regelungen der VgV sowie – über § 2 VgV – der VOB/A-EU, mit anderen Worten: für die **Anwendbarkeit des Kartellvergaberechts**.

Ob die Regelungen des Kartellvergaberechts anwendbar sind, hängt davon ab, ob der Netto- **2** Auftragswert den einschlägigen Schwellenwert zumindest erreicht. Maßgebend ist allerdings nicht der tatsächliche objektive Auftragswert, sondern der vom Auftraggeber ordnungsgemäß **geschätzte Netto-Auftragswert**.

Für die Anwendbarkeit des Kartellvergaberechts ist die Normierung der Schwellenwerte in **3** § 106 Abs. 1 GWB **abschließend**. Regelungen in den Vergabe- und Vertragsordnungen, die sich ebenfalls mit den Schwellenwerten befassen (zB § 1 EU Abs. 2 VOB/A), sind deshalb für die Bestimmung des Anwendungsbereichs des Kartellvergaberechts nicht ergänzend oder modifizierend heranzuziehen.[2]

§ 106 Abs. 2 GWB verweist für die Bestimmung der Schwellenwerte dynamisch auf Art. 4 **4** der Richtlinie 2014/24/EU in der jeweils geltenden Fassung. Zu beachten ist dabei, dass der Richtlinientext in Art. 4 die im Zeitpunkt der Veröffentlichung dieser Richtlinie geltenden Schwellenwerte enthält. Nach Art. 6 der Richtlinie 2014/24/EU ist die Kommission jedoch berechtigt und verpflichtet, die in Art. 4 genannten Schwellenwerte alle zwei Jahre ab dem 30.6.2013 auf Übereinstimmung mit dem Übereinkommen über das öffentliche Beschaffungswesen (Government Procurement Agreement, „GPA") der Welthandelsorganisation zu prüfen und sie erforderlichenfalls nach den weiteren Maßgaben von Art. 6 neu festzusetzen.[3] Die Kommission veröffentlicht die neu festgesetzten Schwellenwerte im Amtsblatt der Europäischen Union zu Beginn des Monats November, der auf die Neufestsetzung folgt. Nach § 106 Abs. 3 GWB gibt das Bundesministerium für Wirtschaft und Energie die geltenden Schwellenwerte unverzüglich, nachdem sie im Amtsblatt der Europäischen Union veröffentlicht worden sind, im

---

[1] Gesetz gegen Wettbewerbsbeschränkungen in der Fassung der Bekanntmachung vom 26. Juni 2013 (BGBl. I S. 1750, 3245), das zuletzt durch Artikel 5 des Gesetzes vom 13. Oktober 2016 (BGBl. I S. 2258) geändert worden ist.
[2] BayObLG VergabeR 2002, 662 (663); *Kühnen* in Byok/Jaeger Vergaberecht 3. Aufl., VgV § 2 Rn. 12. In dem theoretischen Fall, dass die in § 1 EU VOB/A geregelten Anwendungsvoraussetzungen, nicht aber die Voraussetzungen für die Anwendung des Kartellvergaberechts vorliegen, ist dann ausschließlich der 2. Abschnitt der VOB/A anzuwenden (vgl. *Lausen* in Blaufuß/Heiermann/Zeiss juris PraxisKommentar Vergaberecht 3. Aufl., VgV § 2 Rn. 32).
[3] Die EU-Richtlinien setzen ihrerseits das General Procurement Agreement (GPA) um, dem die Europäische Union mit Wirkung zum 1.1.1996 beigetreten ist und das Schwellenwerte in „Sonderziehungsrechten" (SZR) angibt. Um Kursschwankungen zwischen SZR und Euro, in dem die Schwellenwerte in den EU-Richtlinien angegeben sind, auszugleichen, werden diese von der Kommission alle zwei Jahre überprüft und ggf. angepasst. Siehe dazu die Regelung in Art. 6 der Richtlinie 2014/24/EU.

Bundesanzeiger bekannt. Das bedeutet: Die geltenden Schwellenwerte können nicht dem seit Veröffentlichung der Richtlinie 2014/24/EU unveränderten Richtlinientext in Art. 4 entnommen werden, sondern es sind die von der Kommission ab dem 1.1.2014 im Zweijahresrhythmus geprüften und ggf. neu festgesetzten sowie veröffentlichten Schwellenwerte maßgebend.

5   Die seit dem 1.1.2016 **geltenden Schwellenwerte** betragen[4]
- 135.000,00 EUR für Liefer- und Dienstleistungsaufträge der Obersten und Oberen Bundesbehörden sowie vergleichbarer Bundeseinrichtungen
- 418.000,00 EUR für Liefer- und Dienstleistungsaufträge im Sektorenbereich
- 418.000,00 EUR für Liefer- und Dienstleistungsaufträge im Bereich Verteidigung und Sicherheit
- 209.000,00 EUR für sonstige Liefer- und Dienstleistungsaufträge
- 5.225.000,00 EUR für Bauleistungen.

6   § 3 Abs. 7 – 9 VgV enthalten Sonderregelungen für die **Losvergabe**. Damit werden Art. 5 Abs. 8 -10 der Richtlinie 2014/24/EU umgesetzt. Hiernach gelten für Lose eigene Schwellenwerte. Wird ein öffentlicher Bauauftrag in mehreren Losen vergeben, ist der geschätzte Gesamtwert aller Lose zugrunde zu legen. Erreicht oder überschreitet dieser Gesamtwert den für Bauleistungen gültigen Schwellenwert (mindestens bis zum 31.12.2017: 5.225.000 €) müssen grundsätzlich alle Lose nach dem 4. Teil des GWB, also nach dem Kartellvergaberecht, vergeben werden. Allerdings kann der öffentliche Auftraggeber einzelne Lose außerhalb des Anwendungsbereichs des Kartellvergaberechts vergeben, wenn der geschätzte Nettowert des betreffenden Loses bei Bauleistungen unter 1.000.000 € liegt und die Summe der Nettowerte dieser Lose 20 % des Gesamtwertes aller Lose nicht übersteigt.

II. Bedeutung

7   Durch die Festlegung der Schwellenwerte kommt es zu einer Zweiteilung des deutschen Vergaberechts. Vom Erreichen des Schwellenwertes hängt ab, welche Vorschriften der Auftraggeber bei der Vergabe des öffentlichen Auftrages zu beachten hat und welche Rechtsschutzmöglichkeiten den Unternehmen zustehen, die sich um den öffentlichen Auftrag bewerben.

8   **1. Aufträge bei Erreichen oder Überschreiten des Schwellenwertes.** Erreicht oder überschreitet der geschätzte Wert eines öffentlichen Auftrags den maßgeblichen Schwellenwert, ist für die Vergabe öffentlicher Aufträge gemäß § 106 Abs. 1 GWB der 4. Teil des GWB anzuwenden. Hierdurch wird gemäß § 1 Abs. 1 VgV der Anwendungsbereich der VgV eröffnet, die wiederum für die Vergabe von Bauaufträgen auf Teil A Abschnitt 2 der VOB/A verweist. Hiernach ist insbesondere eine europaweite Ausschreibung des Auftrages erforderlich.

9   Innerhalb des Anwendungsbereichs des 4. Teils des GWB, der VgV sowie der VOB/A-EU – neben dem Erreichen oder Überschreiten des Schwellenwerts müssen auch die sonstigen persönlichen und sachlichen Voraussetzungen der §§ 98 ff. GWB vorliegen[5] – wird überdies die Möglichkeit eröffnet, das Vergabeverfahren in einem Nachprüfungsverfahren überprüfen zu lassen. Unternehmen, die sich um einen öffentlichen Auftrag iSv § 103 GWB bewerben, haben gemäß § 97 Abs. 6 GWB einen subjektiven Rechtsanspruch darauf, dass der Auftraggeber die Bestimmungen über das Vergabeverfahren einhält. Nicht nur aus den allgemeinen Grundsätzen des Vergaberechts, zu denen etwa der Gleichbehandlungsgrundsatz und das Transparenzgebot gehören, sondern auch aus VgV und VOB/A-EU ergeben sich subjektive Rechte der Bieter, die der öffentliche Auftraggeber bei der Vergabe zu beachten hat. Zur Wahrung dieser Rechte kann ein Bieter unter bestimmten Voraussetzungen die Durchführung eines Nachprüfungsverfahrens anstrengen. Dies verschafft ihm die Möglichkeit, in das noch nicht beendete Vergabeverfahren mit dem Ziel einzugreifen, den Rechtsfehler vor der Zuschlagserteilung zu korrigieren und damit die eigenen Chancen auf die Zuschlagserteilung zu wahren (**sog Primärrechtsschutz**). Das vergaberechtliche Nachprüfungsverfahren ist in §§ 155 ff. GWB geregelt. Dort ist eine

---

[4] Vgl. die Delegierte Verordnung (EU) 2015/2170 der Kommission vom 24. November 2015 zur Änderung der Richtlinie 2014/24/EU des Europäischen Parlaments und des Rates im Hinblick auf die Schwellenwerte für Auftragsvergabeverfahren, die Delegierte Verordnung (EU) 2015/2171 der Kommission vom 24. November 2015 zur Änderung der Richtlinie 2014/25/EU des Europäischen Parlaments und des Rates im Hinblick auf die Schwellenwerte für Auftragsvergabeverfahren sowie die Delegierte Verordnung (EU) 2015/2172 der Kommission vom 24. November 2015 zur Änderung der Richtlinie 2014/23/EU des Europäischen Parlaments und des Rates im Hinblick auf die Schwellenwerte für Auftragsvergabeverfahren.
[5] Vgl. die Kommentierung zu § 1 VgV.

Nachprüfung des Vergabeverfahrens durch die Vergabekammern vorgesehen. Gegen Entscheidungen der Vergabekammern ist die sofortige Beschwerde zulässig, über die das Oberlandesgericht zu entscheiden hat. Da Primärrechtsschutz aus Gründen der Rechtssicherheit gemäß § 168 Abs. 2 S. 1 GWB nur bis zur Zuschlagserteilung gewährt wird, stellt § 134 GWB sicher, dass alle Bieter und Bewerber über die beabsichtigte Zuschlagserteilung vorab informiert werden und dadurch rechtzeitig einen Vergabenachprüfungsantrag einreichen können.[6] Die Information des Auftraggebers über diesen Antrag durch die Vergabekammer hat sodann ein Zuschlagsverbot zur Folge (§ 169 Abs. 1 GWB), das für die Dauer des gesamten Nachprüfungsverfahrens vor der Vergabekammer und darüber hinaus bis zum Ablauf der zweiwöchigen Beschwerdefrist des § 172 Abs. 1 GWB gilt. Im Beschwerdeverfahren verlängert sich das Zuschlagsverbot gemäß § 173 Abs. 1 S. 1 GWB bis zwei Wochen nach Ablauf der Beschwerdefrist. Danach gerät das Zuschlagsverbot automatisch zum Fortfall, es sei denn, der Beschwerdeführer beantragt mit Erfolg der Verlängerung der aufschiebenden Wirkung der Beschwerde bis zur abschließenden Entscheidung über seinen Rechtsbehelf (§ 173 Abs. 1 S. 3 GWB).

10 Ist das Vergabeverfahren hingegen durch wirksame Zuschlagserteilung beendet, hat der nicht zum Zuge gekommene Bieter keine Chancen mehr, den Auftrag zu erhalten (Ausnahme: § 135 GWB). Er hat dann lediglich die Möglichkeit, den Auftraggeber vor den Zivilgerichten auf Schadensersatz in Anspruch zu nehmen **(sog Sekundärrechtsschutz).** Über die kartellvergaberechtliche Anspruchsgrundlage des § 180 GWB kann Ersatz der nutzlos getätigten Aufwendungen („negatives Interesse") verlangt werden. Darüber hinaus kommt im Einzelfall über zivilrechtliche[7] oder kartellrechtliche[8] Anspruchsnormen ein Ersatz auch des entgangenen Gewinns („positives Interesse") in Betracht.[9]

11 **2. Aufträge unterhalb der Schwellenwerte. a) Keine Anwendung des materiellen Kartellvergaberechts.** Auf öffentliche Aufträge, deren Wert den maßgeblichen Schwellenwert nicht erreicht, sind die Vorschriften der VgV und die Regelungen des 4. Teils des GWB über das Vergabeverfahren und das Nachprüfungsverfahren weder unmittelbar noch entsprechend anwendbar.[10] Dies bedeutet, dass mangels Verweis über § 2 VgV die VOB/A-EU keine Anwendung findet. Bei der Vergabe öffentlicher Aufträge unterhalb der Schwellenwerte ist **das Kartellvergaberechtsregime nicht eröffnet,** das auf der Richtlinie 2014/24/EU beruhende materielle Vergaberecht gilt also nicht.

12 Die Vergabe eines öffentlichen Auftrags unterhalb der Schwellenwerte erfolgt indes nicht im rechtsfreien Raum.[11] Neben den ersten Abschnitten der VOL/A und VOB/A, die aufgrund haushaltsrechtlicher Bestimmungen[12] anwendbar sind, muss die Vergabe den Grundsätzen der wirtschaftlichen und sparsamen Haushaltsführung genügen.

13 Zudem erfordern **binnenmarktrelevante öffentliche Aufträge** unterhalb der Schwellenwerte nach dem europäischen Primärrecht sowie dem Vertrag über die Arbeitsweise der Europäischen Kommission (AEUV) eine hinreichend zugängliche Bekanntmachung der Auftragsvergabe, die diskriminierungsfreie Beschreibung des Auftragsgegenstands, den gleichen Zugang für Wirtschaftsteilnehmer aus allen Mitgliedstaaten, angemessene Fristen sowie einen transparenten und objektiven Ansatz.[13] Ob eine Binnenmarktrelevanz, dh ein grenzüberschreitendes

---

[6] Hierzu grundlegend *Schneider,* Primärrechtsschutz nach Zuschlagserteilung bei einer Vergabe öffentlicher Aufträge.

[7] §§ 311 Abs. 2, 241 Abs. 2, 280 Abs. 1 BGB („culpa in contrahendo"), § 823 Abs. 1 BGB („Eingriff in den eingerichteten und ausgeübten Gewerbebetrieb"), § 823 Abs. 2 BGB iVm einer bieterschützenden Vergabebestimmung und § 826 BGB.

[8] § 33 Abs. 1 und 3 GWB und § 20 GWB.

[9] Vgl. *Heuvels* NZBau 2005, 570 (572).

[10] Ebenso *Kühnen* in Byok/Jaeger Vergaberecht 3. Aufl., VgV § 2 Rn. 7 mit der zutreffenden Begründung, dass die bewusste Entscheidung des Gesetzgebers für die Beibehaltung der haushaltsrechtlichen Lösung unterhalb der Schwellenwerte eine Analogie ausschließt.

[11] So ausdrücklich LG Oldenburg 6.5.2010 – 1 O 717/10.

[12] Diese Verweise auf die ersten Abschnitte der VOB/A und VOL/A finden sich (regelmäßig) in den Verwaltungsvorschriften (VV) zu den §§ 55 Bundeshaushaltsordnung (BHO), Landeshaushaltsordnung (LHO) und Gemeindehaushaltsverordnungen (GemHVO).

[13] EuGH 23.12.2009 – C-376/08, NZBau 2010, 261; EuG NZBau 2010, 510 sowie jüngst EuGH 10.3.2011 – C-274/09, NZBau 2011, 239. Diese Entscheidung betrifft Dienstleistungskonzessionen. Diese unterfallen nicht dem Kartellvergaberecht. Auf Unterschwellenvergaben, die ebenfalls nicht dem Kartellvergaberecht unterliegen, dürfte die Entscheidung des EuGH – bei Binnenmarktrelevanz – entsprechend heranzuziehen sein.

Interesse, besteht, ist in Anlehnung an die Mitteilung der Kommission (ABl. 2006 C 179, S. 2 ff.) auf Grundlage einer Prognose zu beurteilen, nämlich: ob der Auftrag nach den konkreten Marktverhältnissen, dh mit Blick auf die angesprochenen Branchenkreise und ihre Bereitschaft, Aufträge ggf. in Anbetracht ihres Volumens und des Orts der Auftragsausführung auch grenzüberschreitend auszuführen, auch für ausländische Anbieter interessant sein könnte.[14]

14 **b) Kein Zugang zum Nachprüfungsverfahren.** Zum anderen sind die gerichtlichen Rechtsschutzmöglichkeiten im Vergleich zu den Vergaben bei Erreichen oder Überschreiten des Schwellenwerts eingeschränkt. Bei der Vergabe öffentlicher Aufträge unterhalb der Schwellenwerte ist das Kartellvergaberechtsregime nicht eröffnet und deshalb das in §§ 155 ff. GWB geregelte **Nachprüfungsverfahren nicht statthaft.** Das an dem Auftrag interessierte Unternehmen hat vor der Zuschlagserteilung daher keine Möglichkeit, im Wege eines Nachprüfungsverfahrens Primärrechtsschutz zu erlangen.[15] Das hat der BGH mit Beschluss vom 23.1.2012 bestätigt.[16]

15 Der Weg zu den Nachprüfungsinstanzen der §§ 155 ff. GWB wird nicht allein dadurch eröffnet, dass der öffentliche Auftraggeber einen Auftrag, dessen geschätzter Auftragswert unterhalb des maßgeblichen Schwellenwerts liegt, **europaweit ausgeschrieben** hat.[17] Entscheidend für die Anwendbarkeit der §§ 97 ff. GWB und die Bestimmungen der VgV ist nach dem klaren Wortlaut von § 106 Abs. 1 GWB und § 1 Abs. 1 VgV, dass der geschätzte Netto-Auftragswert den Schwellenwert erreicht oder übersteigt, nicht jedoch, dass der öffentliche Auftraggeber den Auftrag europaweit durch Bekanntmachung im EU-Amtsblatt ausgeschrieben und sich auch in materieller Hinsicht an die für eine europaweite Ausschreibung geltenden Verfahrensbestimmungen gehalten hat. Weder eine Selbstbindung der Vergabestelle noch der Grundsatz der Meistbegünstigung vermag hieran etwas zu ändern.[18]

16 Allerdings schließen die – nicht anwendbaren – §§ 160 ff. GWB einen (Primär-)Rechtsschutz unterhalb der Schwellenwerte nicht aus.[19] Auf welchem Weg solcher Rechtsschutz nachgesucht werden kann, hängt davon ab, ob der zu vergebende Auftrag dem öffentlichen Recht oder dem Privatrecht zuzuordnen ist. Erfolgt die **Vergabe durch einen privatrechtlichen Vertrag,** sind die ordentlichen Gerichte zuständig, erfolgt sie dagegen in Formen des öffentlichen Rechts, insbesondere also durch öffentlich-rechtlichen Vertrag, ist der Weg zu den Verwaltungsgerichten eröffnet.[20] Die in der Vergangenheit kontrovers diskutierte Frage, ob die dem Vergaberecht unterfallenden „öffentlichen" Aufträge in Formen des öffentlichen Rechts geschlossen werden und deshalb für Unterschwellenvergaben grundsätzlich der Rechtsweg zu den Verwaltungsgerichten eröffnet ist[21], ist durch eine Entscheidung des BVerwG beantwortet worden.[22] Danach

---

[14] BGH 30.8.2011 – X ZR 55/10, NZBau 2012, 46 (der in Anlehnung an § 2 Nr. 6 VgV herangezogene Auftragswert von 1 Million Euro rechtfertigt keine Vermutung einer Binnenmarktrelevanz).
[15] So die **hM:** BGH 23.1.2012 – X ZB 5/11, NZBau 2012, 248; OLG München 30.6.2011 – Verg 5/09, NZBau 2011. 505; Saarländisches OLG VergabeR 2003, 429 (432 f.) – BAB 8; OLG Stuttgart NZBau 2002, 395; OLG Stuttgart VergabeR 2002, 374 – Weinbergmauer – mit kritischer Anmerkung *Prieß,* 377 ff.; *Hailbronner* in Byok/Jaeger Kommentar zum Vergaberecht 3. Aufl., § 100 Rn. 544; vgl. auch *Dreher* NZBau 2002, 419; *Freitag* NZBau 2002, 204 ff.
[16] BGH 23.1.2012 – X ZB 5/11, NZBau 2012, 248.
[17] OLG Düsseldorf IBR 2004, 637; OLG Stuttgart VergabeR 2003, 101 (102 f.) – Kreiskrankenhaus Tuttlingen; Schleswig-Holsteinisches OLG OLGR Schleswig 2004, 381 (382); LG Oldenburg 6.5.2010 – 1 O 717/10; *Lausen* in Blaufuß/Heiermann/Zeiss juris PraxisKommentar Vergaberecht 3. Aufl., VgV § 1 Rn. 10; *Hübner* VergabeR 2003, 103.
[18] Ebenso *Alexander* in Pünder/Schellenberg Vergaberecht, 2. Aufl., VgV § 2 Rn. 7; **aA** VK Brandenburg 14.6.2007 – 1 VK 17/07; VK Schleswig-Holstein 5.7.2007 – VK-SH 13/07 für den Fall, dass bei einer Vergabe unterhalb der Schwellenwerte eine (bei unterstelltem Übersteigen der Schwellenwerte zuständige) Vergabekammer angegeben worden ist.
[19] LG Heilbronn NZBau 2002, 239; *Köster* NZBau 2006, 540 ff.; *Kühnen* in Byok/Jaeger Vergaberecht 3. Aufl., VgV § 2 Rn. 8.
[20] BGH 23.1.2012 – X ZB 5/11, NZBau 2012, 248.
[21] **Zustimmend:** Sächsisches OVG VergabeR 2006, 348 – Verkehrszeichen II; OVG Rheinland-Pfalz VergabeR 2005, 478 – Lenkwaffen II; OVG Nordrhein-Westfalen WuW/E Verg 1147 – Unterschwellenvergabe; VG Neustadt VergabeR 2006, 351 – Flughafen Ramstein; *Niestedt/Hellrigel* VergabeR 2005, 479; *Prieß/Hölzl* NZBau 2005, 367; *Bungenberg* WuW 2005, 899; *Tomerius/Kiser* VergabeR 2005, 551; **ablehnend:** VG Leipzig WuW/E Verg 1149 – Außenanlage; VG Postdam NZBau 2006, 68; VG Gelsenkirchen WuW/E Verg 1129; *Ruthig* NZBau 2005, 497; *Heuvels* NZBau 2005, 570; *Losch* VergabeR 2006, 298.
[22] BVerwG NZBau 2007, 2275; ausführlich dazu: *Kallerhoff* NZBau 2008, 97; siehe auch *Braun* NZBau 2008, 160.

tritt ein öffentlicher Auftraggeber bei der Vergabe öffentlicher Aufträge am Markt als Nachfrager zur Deckung seines Bedarfs an bestimmten Gütern oder Dienstleistungen auf und agiert insoweit wie jeder andere Marktteilnehmer. Dass die Bedarfsdeckung der Wahrnehmung öffentlicher Aufgaben diene und der Staat bei der Auftragsvergabe öffentlich-rechtlichen Bindungen unterliege, mache die Vergabe eines öffentlichen Auftrags nicht zu einer öffentlich-rechtlichen Angelegenheit. Grundsätzlich ist deshalb für den Rechtsschutz im Unterschwellenbereich der ordentliche Rechtsweg eröffnet.

Zweifel an der **Verfassungsmäßigkeit der unterschiedlichen Rechtsschutzmöglichkeiten** bei der Vergabe von Aufträgen, die den Schwellenwert erreichen oder übersteigen, und solchen, die unterhalb des Schwellenwertes liegen[23], hat das BVerfG zurückgewiesen.[24] Diese Entscheidung ist richtig, soweit und solange unterhalb der Schwellenwerte effektiver Rechtsschutz auf einem anderen Rechtsweg erlangt werden kann. Sinnvoll ist diese Aufteilung des Vergabe-Rechtsschutzes auf drei Rechtswege freilich nicht.[25]

Sofern der zu vergebende Auftrag damit in der Regel dem Privatrecht zuzuordnen ist, kann der Bieter in dem Fall, dass der Netto-Auftragswert des zu vergebenden öffentlichen Auftrages unterhalb der Schwellenwerte liegt, entsprechenden **Primärrechtsschutz** vor den ordentlichen Gerichten nachsuchen. Er kann im einstweiligen Verfügungsverfahren gemäß §§ 935 ff. ZPO die Unterlassung der beabsichtigten Auftragserteilung an einen Konkurrenten geltend machen.[26] Ein entsprechender Verfügungsanspruch kann sich aus den §§ 311 Abs. 2, 241, 280 Abs. 1 BGB oder auch aus den §§ 1004, 823 BGB iVm Art. 3 GG ergeben, wenn der Auftraggeber gegen Regeln, die er bei der Auftragsvergabe einzuhalten versprochen hat, verstößt und dies zu einer Beeinträchtigung der Chancen des Bieters führen kann. Im Grundsatz ist ein darauf gestützter Vergabe-Rechtsschutz unterhalb der Schwellenwerte mittlerweile anerkannt. Die Ausgestaltung des Rechtsschutzes im Einzelnen ist dagegen noch streitig. Vielfach wird eine Rügeobliegenheit des Rechtsschutzsuchenden entsprechend § 160 Abs. 3 GWB gefordert. Dass der Antragsteller eine (echte) Chance auf den Zuschlag hat, ist dagegen nicht erforderlich. Weiterhin wird – zu Recht – vertreten, dass das angerufene Gericht berechtigt und verpflichtet ist, mittels einer „Zwischenverfügung" bzw. einem „Hängebeschluss" ein einstweiliges Zuschlagsverbot gegenüber dem Auftraggeber auszusprechen. Insgesamt nähert sich der Unterschwellen-Rechtsschutz damit dem Rechtsschutz oberhalb der Schwellenwerte an. Damit er ähnlich effektiv ist, müsste aber auch unterhalb der Schwellenwerte eine Vorabinformationspflicht existieren. Ebenso wie dem Bieter unterhalb der Schwellenwerte eine Rüge obliegt, sobald er einen Vergabeverstoß erkannt hat, ist der Auftraggeber deshalb zur Vorabinformation verpflichtet.

In der Rechtsprechung wurde außerdem ein Anspruch auf Einhaltung der Vergabe- und Vertragsordnungen unter dem Gesichtspunkt der Grundrechtsbindung öffentlicher Auftraggeber sowie der Selbstbindung der Verwaltung über Art. 3 GG anerkannt.[27] Die Voraussetzungen anderer Anspruchsgrundlagen, zB lauterkeitsrechtlicher Ansprüche nach §§ 3 und 8 UWG, kartellrechtlicher Ansprüche nach §§ 33 Abs. 1 und 3, 19, 20 GWB und zivilrechtlicher Ansprüche nach § 823 Abs. 1 und 2 BGB, liegen regelmäßig nicht vor.[28]

Sekundärrechtsschutz erhält der Bieter über die §§ 311 Abs. 2, 241 Abs. 2, 280 Abs. 1 BGB („culpa in contrahendo"). Denn mit Ausschreibung eines Auftrags entsteht zwischen Auftraggeber und Bieter/Bewerber ein vorvertragliches Schuldverhältnis, aus dem Rücksichtnahme- und Sorgfaltspflichten für beide Parteien resultieren. Der Auftraggeber hat danach die Leitgedanken des Vergaberechts zu beachten, dh er darf ua keine Bewerber diskriminieren[29] oder die Ausschreibung grundlos aufheben.[30] Darüber hinaus ist der Auftraggeber zur Einhaltung der einschlägigen Vergabe- und Vertragsordnung verpflichtet, soweit er sich dieser Vergabe- und

---

[23] So Krist VergabeR 2003, 434; Dreher NZBau 2002, 419; Irmer VergabeR 2006, 308.
[24] BVerfG NJW 2006, 3701.
[25] So ausdrücklich OLG München 30.6.2011 – Verg 5/09, NZBau 2011, 505.
[26] OLG Brandenburg NZBau 2008, 207.
[27] LG Cottbus NZBau 2008, 207 (208); aA Kühnen in Byok/Jaeger Vergaberecht 3. Aufl., VgV § 2 Rn. 8 mit Verweis darauf, dass die Fiskalgeltung der Grundrechte nicht bestehe, wenn die Öffentliche Hand mit den Mitteln des Privatrechts unmittelbar öffentliche Zwecke verfolgt oder öffentliche Aufgaben erfüllt. Zum Ganzen auch Braun NZBau 2008, 160 ff.
[28] Vgl. hierzu Kühnen in Byok/Jaeger Vergaberecht 3. Aufl., VgV § 2 Rn. 8.
[29] BGH NJW 1985, 1466; OLG Düsseldorf NJW-RR 1990, 1046 (1047); Kühnen in Byok/Jaeger Vergaberecht 3. Aufl., VgV § 2 Rn. 9.
[30] BGHZ 139, 259; BGH NJW 2000, 661; 2001, 3698; Kühnen in Byok/Jaeger Vergaberecht 2. Aufl., VgV § 2 Rn. 9.

Vertragsordnung ausdrücklich unterworfen und ihr damit Außenwirkung verliehen hat.[31] Verletzt der Auftraggeber diese Verhaltenspflichten, kann der Bewerber/Bieter die nutzlos getätigten Aufwendungen, dh die Angebotserstellungskosten, als „negatives Interesse" ersetzt verlangen. Im Einzelfall erstreckt sich der Ersatzanspruch auf den entgangenen Gewinn („positives Interesse"), wenn der Kläger nachweisen kann, dass er den Zuschlag hätte erhalten müssen.[32] Daneben kann im Einzelfall auch ein Ersatz des negativen Interesses nach den og lauterkeits-, kartell- und zivilrechtlichen Ansprüchen in Betracht kommen.[33]

20 **3. Rechtfertigung der Zweiteilung.** Die Zweiteilung des Vergaberechts durch die Schwellenwerte ist auf die europarechtlichen Vorgaben zurückzuführen. Denn die Richtlinien, die in das deutsche Recht umgesetzt wurden, legen diese Schwellenwerte fest und gelten nur bei Erreichen oder Übersteigen dieser Schwellenwerte. Hintergrund ist, dass das europäische Vergaberecht die Öffnung eines grenzüberschreitenden Binnenmarktes zum Ziel hat. Bei Aufträgen mit einem geringen Auftragswert besteht in der Regel keine Aussicht auf einen grenzüberschreitenden Handel. Deshalb besteht aus europäischer Sicht ein Bedürfnis für vergaberechtliche Regeln grundsätzlich[34] nur oberhalb der Schwellenwerte. Obwohl der deutsche Gesetzgeber an diese europäische Zweiteilung nicht gebunden war, hat er die europäischen Richtlinien auch nur für Aufträge oberhalb der Schwellenwerte umgesetzt. Denn der Aufwand einer EU-weiten Ausschreibung stünde unterhalb der Schwellenwerte meist in keinem Verhältnis zum Auftragswert.[35]

Zweifel an der Verfassungsmäßigkeit dieser Zweiteilung und der daraus resultierenden unterschiedlichen Rechtsschutzmöglichkeiten[36] sind vom Bundesverfassungsgericht zurückgewiesen worden.[37] Danach verstößt die unterschiedliche Ausgestaltung der Rechte und Rechtsschutzmöglichkeiten oberhalb und unterhalb der Schwellenwerte weder gegen Art. 3 Abs. 1 GG noch gegen Art. 20 Abs. 3 GG.[38] Der Gesetzgeber sei davon ausgegangen, dass der Ertrag an Wirtschaftlichkeit, der mit den kartellvergaberechtlichen Regelungen zu erzielen sei, mit dem Auftragswert steige. Vor diesem Hintergrund sei es verfassungsrechtlich nicht zu beanstanden, die kartellvergaberechtlichen Regelungen, die ua strengere Vorgaben für die Verfahren enthielten sowie einen Primärrechtsschutz gewährleisteten und damit für Auftraggeber wie für Bieter und Bewerber einen zeitlichen und finanziellen Mehraufwand zur Folge hätten, Aufträgen ab einem bestimmten Schwellenwert vorzubehalten. Zu Ende gedacht bedeutet das: Der Auftraggeber ist nur dann an strengere Verfahrensregeln gebunden und der Bieter erhält nur dann die Möglichkeit, die Einhaltung dieser Regeln im Wege des Primärrechtsschutzes zu überprüfen, wenn bei Einhaltung dieser Regeln die Angebote so viel wirtschaftlicher sind, dass dieser wirtschaftliche Mehr-Ertrag den mit den strengeren Verfahrensregeln verbundenen Mehr-Aufwand wirtschaftlich rechtfertigt.

Die offene verfassungsrechtliche Kritik an der Zweiteilung des Vergaberechts ist mit der Entscheidung des BVerfG verstummt. Die Eröffnung eines (ausnahmsweisen) Primärrechtsschutzes unterhalb der Schwellenwerte und die Vorgabe, die vergaberechtlichen Grundsätze (Wettbewerb, Gleichbehandlung und Transparenz) auch unterhalb der Schwellenwerte zu beachten, indizieren jedoch Zweifel an der Verfassungsmäßigkeit der Zweiteilung des Vergaberechts, jedenfalls im Hinblick auf den unterschiedlichen Rechtsschutz. In Österreich beispielsweise sieht das Bundesvergabegesetz 2002 ein einheitliches Rechtsschutzsystem oberhalb und unterhalb der Schwellenwerte vor, nachdem die Zweiteilung des vergaberechtlichen Rechtsschutzes als rechtswidrig beanstandet worden war.[39]

---

[31] OLG Jena NZBau 2009, 208; *Kühnen* in Byok/Jaeger Vergaberecht 2. Aufl., VgV § 2 Rn. 9.
[32] BGH NZBau 2005, 709; *Dähne* NZBau 2003, 489 (490); *Dietlein/Fandrey* in Byok/Jaeger Vergaberecht 3. Aufl., Einl. Rn. 128 f.
[33] Vgl. Fn. 28.
[34] Sofern ausnahmsweise Unterschwellen-Aufträge eine Binnenmarktrelevanz haben, finden die Richtlinien auf diese Aufträge Anwendung (EuGH 20.5.2010 – T-258/06, NZBau 2010, 510; EuGH 15.5.2008 – C-147/06, NZBau 2008, 453). Dann müssen auch die nationalen Regelungen für die Oberschwellen-Vergabe auf diese Aufträge Anwendung finden.
[35] *Otting* in Bechtold GWB 5. Aufl., § 100 Rn. 1.
[36] So *Krist* VergabeR 2003, 434; *Dreher* NZBau 2002, 419; *Irmer* VergabeR 2006, 308.
[37] BVerfG NZBau 2006, 791.
[38] Vgl. dazu ausführlicher *Lausen* in Blaufuß/Heiermann/Zeiss juris PraxisKommentar Vergaberecht 3. Aufl., VgV § 1 Rn. 16 ff.
[39] ÖVerfGH 30.11.2000 – G 110/99 und G 111/99; ÖVerfGH 9.10.2001 – G10/01; vgl. auch *Alexander* in Pünder/Schellenberg Vergaberecht, 2. Aufl., VgV § 2 Rn. 12.

B. Schätzung des Auftragswertes

I. Grundlagen der Schätzung

Die **Grundlagen der Schätzung** kommen in **§ 3 Abs. 1, 2 und 3 VgV** zum Ausdruck. Während § 3 Abs. 1 VgV vorsieht, dass die Bestimmung des Auftragswertes auf der Grundlage des geschätzten Gesamtwerts der Leistung ohne Umsatzsteuer zu erfolgen hat, regelt § 3 Abs. 3 VgV den maßgeblichen Zeitpunkt für die Schätzung. § 3 Abs. 2 VgV enthält das Verbot, die Schätzwerte zu manipulieren. 21

1. Schätzung des Gesamtwerts der vorgesehenen Leistung (§ 3 Abs. 1 VgV). Nach § 3 Abs. 1 VgV ist bei der Schätzung des Auftragswertes von dem **voraussichtlichen Gesamtwert** für die vorgesehene Leistung **ohne Berücksichtigung der Umsatzsteuer** auszugehen. Sieht der öffentliche Auftraggeber Prämien oder Zahlungen an Bewerber oder Bieter vor, sind diese bei der Berechnung ebenso zu berücksichtigen wie etwaige Optionen oder Vertragsverlängerungen. 22

Ausgangspunkt für die ordnungsgemäße Schätzung ist damit die Festlegung der vorgesehenen Leistung. Denn erst auf dieser Grundlage kann die Vergütung geschätzt werden. Folgerichtig muss der Auftraggeber die zu beschaffenden, also die erforderlichen Leistungen und Mengen, die Schätzungsgrundlage sind, realistisch ermitteln. Eine ordnungsgemäße Schätzung liegt nicht vor, wenn Änderungen der ausgeschriebenen Mengen oder das Erfordernis zusätzlicher Leistungen (neben den ausgeschriebenen Leistungen) bereits im Zeitpunkt der Einleitung des Vergabeverfahrens gemäß § 3 Abs. 3 VgV von einem umsichtigen und sachkundigen öffentlichen Auftraggeber erkannt werden mussten.[40] 23

Bei der Schätzung sind alle ermittelten erforderlichen Leistungen und Mengen zugrunde zu legen. Gleichfalls bei der Wertermittlung zu berücksichtigen sind **sog Bedarfs- oder Eventualpositionen** im Sinne von **§ 7 EU Abs. 1 Nr. 4 VOB/A**, die Leistungen ausweisen, von denen bei der Fertigstellung der Ausschreibungsunterlagen noch nicht feststeht, ob ein Auftrag erteilt wird oder nicht.[41] Hierfür spricht, dass der Bieter auch für diese Positionen ein verbindliches Angebot abgibt, an das er bei Zuschlagserteilung gebunden ist, so dass die Vergabestelle wie bei einem Optionsrecht nachträglich durch einseitige Erklärung die ausgeschriebenen Bedarfsposition in Auftrag geben kann. 24

Für diese – ordnungsgemäß ermittelte – vorgesehene Leistung muss der öffentliche Auftraggeber eigenverantwortlich nach rein objektiven Kriterien den voraussichtlichen Gesamtwert schätzen.[42] Das ist die Gesamtvergütung und die Summe aller anfallenden Kosten für die vom öffentlichen Auftraggeber angestrebte Leistung. Nicht nur vom öffentlichen Auftraggeber zu leistende Zahlungen, sondern auch Zahlungen Dritter sind zu berücksichtigen.[43] Einzubeziehen sind auch Prämien für die Beteiligung am Vergabeverfahren oder Zahlungen an Bieter oder Bewerber, die den Auftrag nicht erhalten, soweit sie ausgelobt sind und anfallen. Darüber hinaus sind Optionen oder Vertragsverlängerungen zu berücksichtigen.[44] 25

Der so geschätzte Gesamtwert soll den Kosten entsprechen, die ein umsichtiger und sachkundiger öffentlicher Auftraggeber nach sorgfältiger Prüfung des relevanten Marktsegments auf dem Boden einer betriebswirtschaftlichen Finanzplanung für die Durchführung des beabsichtigten Auftrages veranschlagen würde.[45] Maßgebend ist insoweit der Verkehrs- oder Marktwert, zu dem eine bestimmte Leistung am Markt zu erhalten ist.[46] Bei der Schätzung kann der öffentliche 26

---

[40] OLG Karlsruhe VergabeR 2010, 685 (692 f.); *Kühnen* in Byok/Jaeger Kommentar zum Vergaberecht 3. Aufl., VgV § 3 Rn. 4.
[41] BayObLG VergabeR 2002, 657 (658) – Schlaflabor II; ebenso *Kühnen* in Byok/Jaeger Kommentar zum Vergaberecht 3. Aufl., VgV § 3 Rn. 1504.
[42] OLG Düsseldorf VergabeR 2002, 665 (666) – Abschleppdienst; Brandenburgisches OLG ZfBR 2003, 205; Brandenburgisches OLG VergabeR 2007, 248 (250) – Arbeiterwohnheim; *Kühnen* in Byok/Jaeger Kommentar zum Vergaberecht 3. Aufl., VgV § 3 Rn. 4.
[43] EuGH NZBau 2007, 185.
[44] Vgl. Rn. 45.
[45] OLG Düsseldorf VergabeR 2002, 665 (666) – Abschleppdienst; OLG Koblenz WuW/E Verg 470, 472 – Hochwasserschutz; OLG Celle VergabeR 2007, 808 (809 f.) – Optionskommune; *Kühnen* in Byok/Jaeger Kommentar zum Vergaberecht 3. Aufl., VgV § 3 Rn. 4.
[46] *Glahs* in Reidt/Stickler/Glahs, Vergaberecht 3. Aufl., VgV § 3 Rn. 6; OLG Naumburg 4.10.2007 – 1 Verg 7/07, ZfBR 2008, 86 – Schülerbeförderung.

Auftraggeber insbesondere auf Preisspiegel und andere Hilfsmittel zurückgreifen.[47] Auch darf er eigene Erfahrungen, zB aus vorangegangenen Ausschreibungen gleicher Leistungen, in die Schätzung einfließen lassen. Wenn er die Leistungen bislang „freihändig" beschafft hat und nunmehr im offenen Verfahren ausschreibt, muss er allerdings das niedrigere Preisniveau berücksichtigen, das (idealerweise) Folge des durch das offene Verfahren entstehenden Wettbewerbs ist.[48] Keine ordnungsgemäße Schätzung liegt vor, wenn der öffentliche Auftraggeber seiner Schätzung lediglich einen telefonisch erfragten Angebotspreis zu Grunde legt.[49]

27 Die Schätzung muss auf einer realistischen, seriösen und nachvollziehbaren Prognose beruhen. Je näher die geschätzte Gesamtvergütung dem maßgeblichen Schwellenwert kommt, desto strengere Anforderungen sind an diese Prognose zu stellen.[50] Dabei muss der Auftraggeber alle (insbes. wertbildenden) Umstände berücksichtigen, die in dem Zeitraum zwischen Absendung der Bekanntmachung (oder sonstiger Verfahrenseinleitung) gemäß § 3 Abs. 3 VgV bis zur Fertigstellung bzw. vollständigen Erbringung der zu vergebenden Leistung aller Voraussicht nach eintreten werden.[51] Anzuführen sind in diesem Zusammenhang voraussichtliche Preissteigerungen, die den Auftraggeber zur Ausschreibung einer Lohn- oder Materialpreisgleitung gemäß § 9d EU VOB/A veranlasst haben. Übertriebene Anforderungen sollen an die Schätzung jedoch nicht gestellt werden.[52]

28 **2. Zeitpunkt der Schätzung (§ 3 Abs. 3 VgV).** § 3 Abs. 3 VgV bestimmt den Zeitpunkt, wann der öffentliche Auftraggeber den Auftragswert zu schätzen hat. Maßgeblicher Zeitpunkt ist der **Tag der Absendung der Bekanntmachung** der beabsichtigten Auftragsvergabe (Alt. 1) **oder** die **sonstige Einleitung des Vergabeverfahrens** (Alt. 2). Denn in diesem Zeitpunkt muss der öffentliche Auftraggeber wissen, ob der zu vergebende Auftrag den Schwellenwert zumindest erreicht und deshalb europaweit bekannt gemacht werden muss oder ob eine nationale Unterschwellen-Vergabe durchgeführt werden kann.

29 § 3 Abs. 3 Alt. 1 VgV stellt auf die förmliche Einleitung des Vergabeverfahrens durch die Absendung der Bekanntmachung ab. Diese Regelung betrifft alle Arten der Vergabe, ausgenommen Verhandlungsverfahren ohne Teilnahmewettbewerb und nicht offene sowie Verhandlungsverfahren, bei denen eine Vorinformation als Aufruf zum Wettbewerb durchgeführt wurde (§ 37 Abs. 1 VgV, § 12 EU Abs. 3 Nr. 1 VOB/A). Sie betrifft also sämtliche offene Verfahren sowie in der Regel nicht offene Verfahren und Verhandlungsverfahren nach Öffentlichem Teilnahmewettbewerb.

30 In allen übrigen Fällen ist nach § 3 Abs. 3 Alt. 2 VgV die materielle Einleitung des Vergabeverfahrens der für die Schätzung maßgebliche Zeitpunkt. Ein konkretes Vergabeverfahren ist (materiell) eingeleitet im Sinne von § 3 Abs. 3 Alt. 2 VgV, wenn der öffentliche Auftraggeber sich zur Deckung eines akuten Bedarfs oder eines zukünftigen Bedarfs, dessen Deckung er aber schon in der Gegenwart vorbereiten und organisieren will, zur Beschaffung von Waren, Bau- und Dienstleistungen von einem Dritten entschlossen hat und beginnt, mit organisatorischen und/oder planerischen Schritten zu regeln, auf welche Weise (insbesondere mit welcher Vergabeart) und mit welchen gegenständlichen Leistungsanforderungen das Beschaffungsvorhaben eingeleitet und durchgeführt und wie die Person oder der Personenkreis des oder der Leistenden ermittelt und ausgewählt werden soll – dies alles mit dem ins Auge gefassten Ziel, dass am Ende dieser organisatorischen Schritte ein Vertragsschluss steht.[53] Abzugrenzen von der Einleitung eines Vergabeverfahrens sind deshalb bloße Markterkundungen oder Marktbeobachtungen des öffentlichen Auftraggebers.

31 Sofern ein **Gesamtauftrag in mehreren Losen** getrennt voneinander ausgeschrieben werden soll, ist für die Schätzung des Auftragswerts sowie des Werts der einzelnen Lose auf den

---

[47] Brandenburgisches OLG IBR 2002, 677.
[48] Das OLG Karlsruhe VergabeR 2010, 685 (695) hält einen Abschlag von 15% für angemessen. Vgl. auch BGH vom 27.11.2007 – X ZR 18/07, ZfBR 2008, 299.
[49] OLG Düsseldorf VergabeR 2002, 665 (666) – Abschleppdienst.
[50] OLG Karlsruhe VergabeR 2010, 685 (693).
[51] OLG Karlsruhe VergabeR 2010, 685 (692 f.).
[52] Brandenburgisches OLG ZfBR 2003, 205; BayObLG VergabeR 2002, 657 – Schlaflabor II.
[53] OLG Düsseldorf NZBau 2001, 696 (699); Thüringer OLG VergabeR 2001, 52 (54); Bay ObLG NZBau 2002, 397; OLG Frankfurt NZBau 2004, 692 (693); *Kühnen* in Byok/Jaeger Kommentar zum Vergaberecht 3. Aufl., VgV § 3 Rn. 3. **AA** *Lausen* in Heiermann/Zeiss juris PraxisKommentar Vergaberecht 4. Aufl., VgV § 3 Rn. 89 f., der den materiellen Verfahrensbeginn erst im Zeitpunkt der Absendung der ersten Aufforderung zur Angebotsabgabe sieht.

Zeitpunkt der Einleitung des ersten Vergabeverfahrens abzustellen. Denn vor der ersten Vergabe muss der Auftraggeber bereits abschließend entscheiden (können), ob der Gesamtauftragswert den Schwellenwert zumindest erreicht, welche Lose (bei Bauaufträgen über einem Schwellenwert von 1 Millionen Euro) europaweit ausgeschrieben werden müssen und welche Lose in welches Kontingent eingeordnet werden können.[54]

Die Vergabestelle hat den geschätzten Auftragswert in einem Vergabevermerk[55] zu dokumentieren, so dass in einem Nachprüfungsverfahren die Schätzung des Auftragswertes auf ihre Richtigkeit überprüft werden kann. Dafür muss aus der Dokumentation erkennbar sein, inwieweit der Auftraggeber die zu beschaffende Leistung vor der Schätzung festgelegt hat und auf welchen Grundlagen die Schätzung beruht.[56] Die Anforderungen an die Genauigkeit der Wertermittlung und **Dokumentation** steigen, je mehr sich der Auftragswert dem Schwellenwert annähert.[57] Die schriftliche Niederlegung der Schätzung in dem Vergabevermerk muss zeitnah erfolgen.[58] Spätester Zeitpunkt für die Erstellung des Vermerks ist insoweit die Bekanntgabe oder sonstige Verfahrenseinleitung.[59]

3. Fehler bei der Schätzung. Die Höhe des Auftragswerts entscheidet über die Anwendbarkeit des Kartellvergaberechts. Damit kommt dem Auftragswert erhebliche Bedeutung zu. Weil der Auftragswert im Vorhinein nicht mit Sicherheit ermittelt werden kann, ist auf einen – ordnungsgemäß – geschätzten Auftragswert abzustellen. Das bedeutet: Der – ordnungsgemäß – geschätzte Auftragswert entscheidet abschließend über die Anwendbarkeit des Kartellvergaberechts. Ob die eingegangenen Angebote – und damit der tatsächliche Auftragswert – oberhalb oder unterhalb des einschlägigen Schwellenwerts liegen, ist unerheblich.[60]

Sind dem öffentlichen Auftraggeber bei der Schätzung des Auftragswertes in tatsächlicher oder rechtlicher Hinsicht Fehler unterlaufen oder ist eine Kostenschätzung unterblieben, liegt kein ordnungsgemäß geschätzter Auftragswert vor, der über die Anwendbarkeit des Kartellvergaberechts entscheidet. Wird ein Nachprüfungsverfahren eingeleitet, so haben die Nachprüfungsinstanzen bei der **von Amts wegen** vorzunehmenden Prüfung, ob das Kartellvergaberechtsregime einschließlich des Nachprüfungsverfahrens durch Erreichen der Schwellenwerte überhaupt eröffnet ist, eine eigene Wertermittlung durchzuführen.[61] Dabei können die Preise der auf die Ausschreibung eingegangenen Angebote, insbesondere des Angebots, auf das der Zuschlag erteilt werden soll, in die Schätzung einfließen.[62] Auch die Nachprüfungsorgane müssen bei ihrer Wertermittlung auf den nach § 3 Abs. 3 VgV maßgeblichen Zeitpunkt der Verfahrenseinleitung abstellen.

Zu beachten ist jedoch, dass dem Auftraggeber bei der Schätzung des Auftragswerts ein Beurteilungsspielraum zusteht. Dieser Spielraum ist im Fall einer unterbliebenen Schätzung überschritten. Unternimmt der Auftraggeber dagegen eine Schätzung, die aber fehlerhaft ist, müssen diese Fehler erheblich sein, damit sie das Urteil einer nicht-ordnungsgemäßen Schätzung rechtfertigen. Das folgt im Umkehrschluss aus § 3 Abs. 2 VgV, wonach absichtliche Schätzungsfehler verboten sind. Wenn der Verordnungsgeber jeden unabsichtlichen Fehler verbieten wollte, hätte er nicht (nur) jeden absichtlichen Fehler ausdrücklich verboten.

Hat der Auftraggeber infolge einer fehlerhaften Schätzung des Auftragswertes den Auftrag europaweit ausgeschrieben, obwohl bei zutreffender Schätzung der maßgebliche Schwellenwert nicht erreicht worden wäre, wird hierdurch der Rechtsweg zu den Vergabekammern nicht eröffnet. Allein maßgebend für die Anwendbarkeit der §§ 97 ff. GWB ist gemäß § 106 Abs. 1

---

[54] Siehe Fn. 4.
[55] Siehe § 20 EU VOB/A i. V. m. § 8 VgV.
[56] OLG Celle VergabeR 2007, 808 (810); OLG Hamburg 26.6.2009 – Verg 3/05; *Lausen* in Heiermann/Zeiss juris PraxisKommentar Vergaberecht 4. Aufl., VgV § 3 Rn. 97 ff.
[57] Vgl. VK Bund 27.5.2014 – VK 2-31/14 = IBR 2014, 495. **AA** OLG Celle VergabeR 2007, 808 (810) – Optionskommune.
[58] → VOB/A § 20 Rn. 12.
[59] **AA** Schleswig-Holsteinisches OLG OLGR 2004, 381 f., das den Zeitpunkt der Vorabinformation gemäß § 134 GWB als spätesten Zeitpunkt ansieht.
[60] *Kühnen* in Byok/Jaeger Kommentar zum Vergaberecht 3. Aufl., VgV § 3 Rn. 5; *Glahs* in Reidt/Stickler/Glahs Vergaberecht 3. Aufl., VgV § 3 Rn. 8; *Müller-Wrede* in Ingenstau/Korbion VOB Teil A und B 16. Aufl., VgV § 3 Rn. 12.
[61] OLG München VergabeR 2013, 807; Schleswig-Holsteinisches OLG OLGR Schleswig 2004, 381 f.; OLG Düsseldorf IBR 2003, 567 (Leitsatz); Brandenburgisches OLG VergabeR 2007, 248 (251) – Arbeiterwohnheim; OLG Celle OLGR Celle 2009, 738; OLG Karlsruhe VergabeR 2009, 200.
[62] OLG Celle OLGR Celle 2009, 738.

GWB, ob der (rechtsfehlerfrei) geschätzte Auftragswert den Schwellenwert erreicht, und nicht, ob eine europaweite Ausschreibung vorgenommen worden ist.[63] Dementsprechend ist das vergaberechtliche Nachprüfungsverfahren auch im umgekehrten Fall eröffnet, wenn der öffentliche Auftraggeber auf Grund einer fehlerhaften Berechnung des Schwellenwerts von einer europaweiten Ausschreibung abgesehen hat, obwohl der Schwellenwert bei richtiger Schätzung überschritten ist.[64]

37 Zu unterscheiden von der fehlerhaften Berechnung des Schwellenwertes durch den öffentlichen Auftraggeber ist der Fall, dass sich der bei Einleitung des Vergabeverfahrens **ordnungsgemäß** geschätzte Auftragswert im Laufe des Vergabeverfahrens als unzutreffend herausstellt und entgegen der Schätzung oberhalb oder unterhalb der Schwellenwerte liegt. In diesem Fall ist allein der geschätzte Auftragswert maßgeblich, er bestimmt, welche Vergabevorschriften anzuwenden sind.[65]

38 **4. Umgehungsverbot (§ 3 Abs. 2 VgV).** In § 3 Abs. 2 VgV werden die Grundsätze einer ordnungsgemäßen Schätzung des Auftragswertes in der Weise konkretisiert, dass eine Manipulation des Auftragswertes mit dem Ziel einer bewussten Umgehung der vergaberechtlichen Bestimmungen ausdrücklich verboten wird. Nach **§ 3 Abs. 2 VgV** darf der Auftraggeber den Auftragswert nicht in der Absicht schätzen oder aufteilen, die Auftragsvergabe dem Geltungsbereich des Vergaberechts, dh des vergaberechtlichen Nachprüfungsverfahrens und der Regelungen in 4. Teils des GWB, der VgV sowie der VOB/A-EU, zu entziehen (**sog Umgehungsverbot**).

39 Eine in Umgehungsabsicht erfolgte Schätzung des Auftragswertes (**§ 3 Abs. 2 S. 1 VgV**) ist anzunehmen, wenn der Auftragswert entgegen der Schätzung des Auftraggebers oberhalb des maßgeblichen Schwellenwertes liegt und keine objektiven und nachvollziehbaren Gründe dafür ersichtlich sind, warum der Auftraggeber die Kosten insgesamt oder für einzelne Positionen so niedrig kalkuliert hat. Ein Verstoß gegen § 3 Abs. 2 S. 1 VgV liegt darüber hinaus vor, wenn der öffentliche Auftraggeber eine bestimmte Methode zur Berechnung des geschätzten Auftragswerts wählt, von der er weiß, dass nur diese Methode zu einem voraussichtlichen Auftragswert führt, der unterhalb des maßgeblichen Schwellenwerts liegt. ZB: Der Auftraggeber schätzt den Gesamtwert des Auftrags anhand der Ergebnisse früherer Vergabeverfahren, obwohl er weiß, dass sich die Preise zwischenzeitlich erhöht haben oder dass in diesen Vergabeverfahren ein außergewöhnlicher Preiskampf stattfand. Die in § 3 Abs. 2 S. 1 VgV ausdrücklich genannte Wahl der Methode zur Berechnung des geschätzten Auftragswerts ist nur eine Möglichkeit zur Umgehung des Vergaberechts im Sinne dieser Vorschrift. Das in § 3 Abs. 2 S. 1 VgV enthaltene Umgehungsverbot betrifft aber auch alle anderen Fälle der in Umgehungsabsicht erfolgten Auftragswertschätzung.

40 Ein Verstoß gegen das Aufteilungsverbot (**§ 3 Abs. 2 S. 2 VgV**) liegt vor, wenn die Auftragswerte zusammengehörender Aufträge nicht zusammengerechnet werden oder ein einheitlicher Auftrag sachwidrig in mehrere unterhalb der Schwellenwerte liegende Aufträge aufgeteilt wird. Nur dann liegt nach der Ausnahmevorschrift des § 3 Abs. 2 S. 2 HS. 2 VgV keine Umgehung vor, wenn objektive Gründe die Aufteilung rechtfertigen. Die Bedeutung dieser Ausnahme ist unter Rückgriff auf die Entscheidung „Autalhalle" des EuGH (Urt. v. 15.3.2012 – C-574/10) zu bestimmen. Nach dieser Entscheidung ist eine Aufteilung jedenfalls nicht gerechtfertigt, wenn die Leistung, die aufgeteilt wird, unter funktionellen Gesichtspunkten einen einheitlichen Charakter aufweist. Im Rahmen dieser funktionellen Betrachtungsweise sind organisatorische, inhaltliche, wirtschaftliche sowie technische Zusammenhänge zu berücksichtigen. Anhand dieser

---

[63] OLG Stuttgart VergabeR 2003, 101 (102 f.); missverständlich OLG Brandenburg NJOZ 2004, 2759 (2761).

[64] OLG Düsseldorf CuR 2004, 26 f.; BayObLG 29.4.2003 – 5 Verg 4/02; ebenso Schleswig-Holsteinisches OLG OLGR 2004, 381 f., das deutlich darauf abstellt, dass das Überschreiten des maßgeblichen Schwellenwertes eine jederzeit von Amts wegen zu prüfende Anwendungsvoraussetzung des vergaberechtlichen Nachprüfungs- und Beschwerdeverfahrens ist und diese Prüfung unbeeinflusst von dem Verhalten der Verfahrensbeteiligten, insbesondere der Geltendmachung ihres Rügerechts aus § 107 GWB, ist; **aA** OLG Brandenburg NJOZ 2004, 2759 (2761), das eine Eröffnung des Nachprüfungsverfahrens ablehnt, wenn sich der Bieter treuwidrig verhält und daher nicht schutzwürdig ist. Richtigerweise handelt es sich hierbei aber nicht um eine Frage der Anwendbarkeit des Vergaberechtsregimes, sondern, wenn es anwendbar ist, ob der Nachprüfungsantrag gemäß § 160 Abs. 3 GWB unzulässig ist.

[65] *Müller-Wrede* in Ingenstau/Korbion VOB Teil A und B 16. Aufl., VgV § 3 Rn. 12; *Glahs* in Reidt/Stickler/Glahs Vergaberecht 3. Aufl., VgV § 3 Rn. 5.

Kriterien ist zu bestimmen, ob Teilaufträge untereinander auf solch eine Weise verbunden sind, dass sie als ein einheitlicher Auftrag anzusehen sind. Die Werte derart miteinander verknüpfter Leistungen sind zusammenzurechnen, obgleich sie möglicherweise konsekutiv erbracht werden. Wechselt beispielsweise der Gegenstand von Architektenleistungen in den verschiedenen Abschnitten eines Bauvorhabens und betrifft zunächst das Tragwerk eines Gebäudes sowie in der Folge das Dach, führt dies allein nicht zu einer Änderung des Inhalts und der Natur der Leistungen. Es kann somit ein einheitlicher Dienstleistungsauftrag vorliegen, dessen Gesamtwert für die Frage der Anwendbarkeit dieser Verordnung maßgeblich ist.[66]

Bei **Bauaufträgen** ist daher eine unzulässige Aufteilung der Auftragswerte anzunehmen, wenn **41** der Auftragswert mehrerer Einzelaufträge eines einheitlichen Bauvorhabens oder Bauwerkes[67] nicht zusammengerechnet wird und die Aufteilung der baulichen Anlage nicht durch objektive Gründe gerechtfertigt ist.[68] Gleiches gilt, wenn zwei öffentliche Auftraggeber zunächst ihr Beschaffungsvorhaben koordinieren und Angebote für den gemeinsamen Bedarf einholen, weil die benötigte Leistung aus technischen oder anderen Gründen von demselben Anbieter beschafft werden soll, sie sich dann aber unmittelbar vor der Auftragsvergabe für gesonderte Verträge entschließen. In diesem Fall müssen die Auftraggeber eine nachvollziehbare Erklärung dafür geben, aus welchem Grund dies geschehen ist.[69]

Bei der Vergabe von **Liefer- und Dienstleistungsaufträgen** ist die Grenze zu einer unzuläs- **42** sigen Aufteilung des Auftrages überschritten, wenn die Aufteilung des Auftrages sachwidrig ist. Dies gilt deshalb, weil dem Auftraggeber grundsätzlich ein weiter Ermessensspielraum zusteht, wie er sein Beschaffungsvorhaben umsetzen will. Es ist daher nicht zu beanstanden, wenn der Auftraggeber eine kurze Vertragslaufzeit wählt, weil er damit dem Modellcharakter seines Projekts Rechnung tragen will.[70] Anders verhält es sich hingegen, wenn der Auftraggeber die Vertragslaufzeit nachträglich ohne objektiven und nachvollziehbaren Grund verkürzt, obwohl er im Vorfeld des Vergabeverfahrens eine längere Vertragslaufzeit für geboten erachtet hat[71], oder wenn er über einen Teil des Auftrages zum Zwecke der Umgehung des Vergaberechtes in kollusivem Zusammenwirken mit einem Dritten ein sog Strohmanngeschäft abschließt.[72] Gleiches gilt, wenn zwei öffentliche Auftraggeber zum Zwecke der Unterschreitung des maßgeblichen Schwellenwerts die Beschaffungsmaßnahme dergestalt aufteilen, dass der eine Auftraggeber die vom anderen zu seiner Bedarfsdeckung benötigten Leistungen zum Teil im eigenen Namen beschafft, um sie sodann an diesen weitergeben zu können.[73] Überdies ist ein in diesem Fall erteilter Auftrag, wenn er in kollusivem Zusammenwirken mit dem Auftragnehmer geschlossen wird, regelmäßig wegen Verstoßes gegen die guten Sitten (§ 138 Abs. 1 BGB) nichtig.[74]

Nach dem Wortlaut von § 3 Abs. 2 VgV setzt nur der Verbotstatbestand des S. 1 (Schätzung **43** des Auftragswerts) eindeutig eine Umgehungsabsicht voraus. Aus der Formulierung des Verbotstatbestands des S. 2 („darf nicht so unterteilt werden, dass") lässt sich allerdings entnehmen, dass auch hierfür eine **Umgehungsabsicht** vorauszusetzen ist. Diese Auslegung entspricht dem Willen des Verordnungsgebers, der in der Gesetzesbegründung zu § 3 Abs. 2 S. 2 VgV erläutert hat, „dass die Aufteilung eines Auftrages nicht in der Absicht erfolgen darf, den Auftrag dem Anwendungsbereich der Verordnung zu entziehen".

Rechtsfolge eines Verstoßes gegen § 3 Abs. 2 VgV ist, dass – in Ermangelung eines ord- **44** nungsgemäß geschätzten Werts – die Vergabenachprüfungsorgane den Auftragswert ermitteln, der über die Anwendbarkeit des Kartellvergaberechts entscheidet. Erhebliche Bedeutung hat diese Rechtsfolge insbesondere für die Aufteilung des Auftrags (§ 3 Abs. 2 Fall 2 VgV). Denn

---

[66] So die Begründung des Referentenentwurfs der neuen VgV (Stand 15.11.2015).
[67] In der deutschen Rechtsprechung ist als **Bauvorhaben** jedes Vorhaben anzusehen, eine bauliche Anlage (ein Bauwerk) zu errichten oder zu ändern. Bauliche Anlagen (**Bauwerke**) sind mit dem Erdboden verbundene oder auf ihm ruhende, aus Bauprodukten hergestellte Anlagen. Vgl. dazu OLG Düsseldorf 30.4.2014 – Verg 35/13 = NZBau 2014, 589 sowie zur Frage, wann ein Bauvorhaben bzw. Bauwerk einheitlich ist → VgV § 2 Rn.18.
[68] Brandenburgisches OLG IBR 2002, 677.
[69] OLG Celle VergabeR 2007, 808 (810 f.) – Optionskommune.
[70] OLG Düsseldorf IBR 2003, 567.
[71] OLG Düsseldorf VergabeR 2002, 665 (666 f.) – Abschleppdienst; OLG Frankfurt NZBau 2004, 692 (694).
[72] OLG Düsseldorf VergabeR 2005, 343 (345) – geographisches Informationssystem.
[73] OLG Düsseldorf VergabeR 2005, 343 (345) – geographisches Informationssystem.
[74] OLG Düsseldorf VergabeR 2005, 343 (345) – geographisches Informationssystem – mit zustimmender Anm. von *Greb*.

die aufgeteilten Aufträge werden so behandelt, als ob ihre Werte jeweils den maßgeblichen Schwellenwert überschreiten, so dass Kartellvergaberecht anwendbar ist.[75]

45 **5. Optionsrechte oder Vertragsverlängerungen (§ 3 Abs. 1 S. 2 VgV).** Enthält der zu vergebende Auftrag **Optionsrechte** oder **Vertragsverlängerungen,** so ist der Auftragswert gemäß **§ 3 Abs. 1 S. 2 VgV** unter Einbeziehung des Wertes der Optionsrechte oder Vertragsverlängerungen zu schätzen. Diese Regelung gilt für alle öffentlichen Aufträge, also auch Bauaufträge.[76]

46 Was **Optionsrechte** im Sinne von § 3 Abs. 1 S. 2 VgV sind, lässt sich weder der Vergabeverordnung noch den Vergaberichtlinien[77] oder den Vergabe- und Vertragsordnungen entnehmen. In der Rechtsprechung besteht aber Einigkeit, dass zur Begriffsklärung auf das nationale Recht zurückzugreifen und unter einer Option das Recht zu verstehen ist, durch einseitige Erklärung einen Vertrag zustande zu bringen oder die Vertragslaufzeit zu verlängern.[78]

47 Hiervon zu unterscheiden ist die vertraglich vorgesehene Möglichkeit, bei entsprechendem Beschaffungsbedarf des Auftraggebers eine **Verlängerung der Vertragslaufzeit** zu vereinbaren. Auch der Wert von Vertragsverlängerungen ist bei Schätzung des Auftragswertes zu berücksichtigen.

Zu den nach § 3 Abs. 1 S. 2 VgV zu berücksichtigenden Vertragsverlängerungen gehören auch solche, die dadurch bewirkt werden, dass keine der Vertragsparteien nach Ablauf der Grund-Vertragslaufzeit von dem vertraglich eingeräumten Kündigungsrecht Gebrauch macht.[79] Der Wortlaut der Vorschrift lässt ein solches Verständnis zu, da lediglich an eine Vertragsverlängerung angeknüpft wird, ohne weitere Bedingungen zu stellen oder konkrete Sachverhalte von der Regelung auszunehmen. Es entspricht überdies dem wirtschaftlichen Interesse des Auftragnehmers, das darauf abzielt, den Auftrag für den gesamten avisierten Zeitraum zu erhalten. Verlängert sich der Vertrag danach immer wieder stillschweigend, ohne dass eine zeitliche Begrenzung vorgesehen ist, ist der Wert der Verlängerung in Ansehung von § 3 Abs. 11 Nr. 2 VgV zu ermitteln. Andernfalls, also bei einem bestimmten Verlängerungszeitraum, ist dieser Zeitraum Grundlage für die Wertermittlung[80], es sei denn, dass er länger als 48 Monate währt. In diesem Fall ist wiederum in Ansehung von § 3 Abs. 11 Nr. 2 VgV der Wert auf Grundlage einer fiktiven 48monatigen Vertragslaufzeit zu ermitteln.

II. Besonderheiten

48 In § 3 Abs. 4–12 VgV sind besondere Fallkonstellationen geregelt, die sich nach der Art des zu vergebenden Auftrages und der Vertragsgestaltung unterscheiden. **§ 3 Abs. 6 VgV** betrifft den Auftragswert von Bauleistungen für den Fall, dass auch der Auftraggeber Lieferungen zur Verfügung stellt. **§ 3 Abs. 12 VgV** regelt die Schätzung des Auftragswerts bei Planungswettbewerben, **§ 3 Abs. 5 VgV** bei Innovationspartnerschaften. **§ 3 Abs. 10–11 VgV** enthalten spezielle Regelungen für Liefer- und Dienstleistungsaufträge. Ferner finden sich Regelungen für die Berechnung des Auftragswertes bei Rahmenvereinbarungen und dynamischen elektronischen Verfahren **(§ 3 Abs. 4 VgV)** sowie bei losweiser Vergabe **(§ 3 Abs. 7–9 VgV).**

49 **1. Bauaufträge (§ 3 Abs. 6 VgV).** Bei der Schätzung des Auftragswerts von **Bauleistungen** ist neben dem Auftragswert der Bauaufträge der geschätzte Gesamtwert aller Liefer- und Dienstleistungen zu berücksichtigen, die für die Ausführung der Bauleistungen erforderlich sind und vom öffentlichen Auftraggeber zur Verfügung gestellt werden. Zur Ermittlung des Auftragswertes sind also die **geschätzten Gesamtkosten** für die **komplette Baumaßnahme** bzw. für das **insgesamt zu errichtende Bauwerk** zu Grunde zu legen. Der Gesamtauftragswert errechnet sich aus der Summe aller für die Erstellung der baulichen Anlage erforderlichen Leis-

---

[75] OLG Düsseldorf VergabeR 2002, 665 (666); OLG Frankfurt VergabeR 2005, 80; *Kühnen* in Byok/Jaeger Kommentar zum Vergaberecht 3. Aufl., VgV § 3 Rn. 6.
[76] Die ursprüngliche Regelung in § 3 Abs. 6 VgV bezog sich nur auf Liefer- und Dienstleistungsaufträge, wurde aber auf Bauaufträge entsprechend angewendet.
[77] Vgl. Art. 5 Abs. 5 Lieferkoordinierungsrichtlinie und Art. 7 Abs. 7 Dienstleistungskoordinierungsrichtlinie.
[78] BayObLG VergabeR 2002, 657 (658) – Schlaflabor II; OLG Stuttgart NZBau 2002, 292 (293); ebenso OLG Düsseldorf 27.11.2003 – VII-Verg 63/03 im Rahmen einer Beschwerde gegen die Gebührenfestsetzung; aA wohl *Goede* VergabeR 2002, 660.
[79] OLG München 13.8.2008 – Verg 8/08.
[80] OLG München 13.8.2008 – Verg 8/08.

tungen und deren voraussichtlichen Kosten.[81] Maßgebend hierfür ist die **Perspektive des potentiellen Bieters.**[82] Es sind deshalb nicht nur die entgeltliche Gegenleistung des öffentlichen Auftraggebers, sondern auch etwaige Zahlungen Dritter zu berücksichtigen. Ebenfalls sind solche Leistungen einzubeziehen, die der künftige Auftragnehmer im Rahmen einer sog Selbst- oder Ersatzvornahme des Auftraggebers als „Ersatzunternehmen" durchführt, deren Kosten also der Auftraggeber von einem Dritten ersetzt verlangen kann.[83]

50 Bei mehreren Einzelaufträgen sind die jeweiligen Auftragswerte zusammenzurechnen, wenn sie zu einem einheitlichen Bauwerk gehören. Voraussetzung hierfür ist ein **funktionaler Zusammenhang** zwischen den Einzelaufträgen in technischer oder wirtschaftlicher Hinsicht, wie aus der Definition des Bauwerks in Art. 1 Abs. 2b) VKR und § 103 Abs. 3 GWB folgt.[84] Weitere Anhaltspunkte für die Annahme eines einheitlichen Bauwerks sind, dass ein und derselbe Auftraggeber die Einzelaufträge vergibt, dass diese Aufträge von einem einzigen Unternehmen ausgeführt werden könnten, dass sich die Bekanntmachungen dieser Einzelaufträge ähneln, dass diese Aufträge zeitgleich ausgeschrieben werden oder in einem einheitlichen geografischen Gebiet auszuführen sind.[85] Andererseits sind komplexe Bauvorhaben, die in gestuften Entscheidungsverfahren beschlossen werden und in verschiedenen Phasen realisiert werden, zumindest dann nicht als ein Gesamtbauwerk anzusehen, wenn die unterschiedlichen baulichen Anlagen ohne Beeinträchtigung ihrer Vollständigkeit und Benutzbarkeit auch getrennt voneinander errichtet werden können.[86]

51 Nach Maßgabe dieser Voraussetzungen ist beispielsweise ein funktionaler Zusammenhang zwischen der Erweiterung eines Gebäudes und der Modernisierung der Brandschutztechnik einerseits und der später ausgeschriebenen Sanierung der Mess-, Steuer- und Regeltechnik andererseits verneint worden und bei der Berechnung des Schwellenwertes unberücksichtigt geblieben, weil ein zwingender technischer und praktischer Zusammenhang nicht bestehe.[87] Gleiches gilt für einzelne Bauabschnitte einer Entlastungsstraße, wenn jeder Bauabschnitt für sich in verkehrstechnischer Hinsicht eine sachgerechte Nutzung durch die Verkehrsteilnehmer ermöglicht, so dass bei der Ermittlung der Schwellenwerte auf den Wert des jeweiligen Bauabschnitts abzustellen und eine Addition der Werte nicht vorzunehmen ist.[88] Auch wenn einzelne Maßnahmen über eine längere Bauzeit ausgeführt werden sollen und abschnittsweise finanziert werden, kann es sich um selbständige Bauwerke handeln.[89]

52 Bei der Schätzung des Auftragswertes sind alle **zur Herstellung der baulichen Anlage** voraussichtlich anfallenden Kosten zu berücksichtigen. Anhaltspunkte hierfür ergeben sich aus der **DIN 276**, welche die Kosten für Hochbauten aufgliedert.[90] Auch die Baustelleneinrichtungskosten sind für den Auftragswert maßgebend.[91]

53 Nicht zu berücksichtigen sind die Kosten des Baugrundstücks, Kosten der Erschließung des Grundstücks, Kosten beweglicher Ausstattungs- und Einrichtungsgegenstände sowie einmalige Abgaben und Baunebenkosten.[92] Kosten für **Architekten-, Ingenieur- und Statikerleistungen** bleiben daher in der Regel bei der Schätzung des Auftragswertes unberücksichtigt. Etwas anderes gilt lediglich dann, wenn sie ausnahmsweise zusammen mit der Bauleistung ausgeschrieben worden sind und zwischen ihnen ein funktionaler Zusammenhang besteht. Das steht in Einklang mit der Begründung von § 3 Abs. 6 VgV. Danach sind nur solche Dienstleistungen bei der Schätzung des Auftragswerts von Bauleistungen zu berücksichtigen, „die unmittelbar für die Errichtung des Bauwerkes erforderlich sind. Es sind nur in diesem Zusammenhang stehende Dienstleistungen gemeint. Die Vorschrift bezweckt nämlich nicht, eine gemeinsame Vergabe von Bau- und Planungsleistungen vorzuschreiben."

---

[81] OLG Celle IBR 2003, 37.
[82] Vgl. EuGH NZBau 2007, 185 (189) – Stadt Roanne.
[83] OLG Karlsruhe VergabeR 2010, 685 (692 f.).
[84] EuGH 25.3.2010 – C-451/08 = NZBau 2010, 321; EuGH 5.10.2000 – WuW/E, Verg 377, 379 f. – Sydev; Brandenburgisches OLG IBR 2002, 677.
[85] EuG 11.7.2013 – T-358/08; KG Berlin 17.10.2013 – Verg 9/13 = VergabeR 2014, 229.
[86] KG Berlin 17.10.2013 – Verg 9/13 = VergabeR 2014, 229.
[87] OLG Celle IBR 2000, 430.
[88] Brandenburgisches OLG IBR 2002, 677.
[89] VK Arnsberg April 2002 – VK 1–05/2002; VK Düsseldorf 14.8.2006 – VK – 32/2006 – B.
[90] Vgl. *Lausen* in Heiermann/Zeiss juris PraxisKommentar Vergaberecht 4. Aufl., VgV § 3 Rn. 67 ff.
[91] *Rusam/Weyand*, in: Heiermann/Rusam/Riedl, VOB, 11. Aufl. 2008, § 1a Rn. 12, 13.
[92] OLG Celle IBR 2003, 37; OLG Stuttgart VergabeR 2003, 101 (102) – Kreiskrankenhaus Tuttlingen; *Bauer* in Heiermann/Riedl/Rusam VOB 13. Aufl., VOB/A EG § 1 Rn. 63.

54 Auch Kosten für Verwaltungsleistungen des Auftraggebers bei der Vorbereitung und Durchführung des Bauvorhabens sowie Kosten für die Bauversicherung und Finanzierungskosten bleiben bei der Schätzung außer Betracht.

55 § 3 Abs. 6 VgV enthält eine besondere Regelung für die Schätzung des Auftragswertes bei der Vergabe von Bauleistungen, wenn nicht alle für die Baumaßnahme erforderlichen Lieferungen und Dienstleistungen vom Auftragnehmer beschafft werden sollen, sondern teilweise vom öffentlichen Auftraggeber zur Verfügung gestellt werden. Für diesen Fall sieht § 3 Abs. 6 VgV vor, dass auch der Wert dieser Lieferungen und Dienstleistungen bei der Schätzung des Auftragswertes zu berücksichtigen ist. Als Lieferleistungen des Auftraggebers kommen bereitgestellte Stoffe und Bauteile in Betracht. Darüber hinaus sind seit der Neufassung der Regelung im Rahmen der Vergaberechtsreform 2016 auch Dienstleistungen bei der Wertschätzung nach § 3 Abs. 6 VgV zu berücksichtigen.[93] Nicht erforderlich ist, dass der Auftraggeber selbst diese Leistungen bereitstellt. Die Bereitstellung durch Dritte im Auftrag des öffentlichen Auftraggebers genügt.

56 Der Hinweis in § 3 Abs. 6 S. 2 VgV auf die Möglichkeit des öffentlichen Auftraggebers, Aufträge für die Planung und die Ausführung von Bauleistungen entweder getrennt oder gemeinsam zu vergeben, soll lediglich der Klarstellung dienen.[94] Diese Möglichkeit soll also nicht durch S. 1, der suggeriert, dass Planungsleistungen vom öffentlichen Auftraggeber zur Verfügung gestellt (also getrennt vergeben) werden, eingeschränkt werden.

57 **2. Schwellen- und Auftragswert bei Losen (§ 3 Abs. 7–9 VgV).** In § 3 Abs. 7–9 VgV werden die Regelungen über den Schwellen- und Auftragswert bei Losen abschließend zusammengefasst. Für die Vergabe eines **Bau- oder Dienstleistungsauftrages** nach Losen bestimmt **§ 3 Abs. 7 S. 1 VgV**, dass bei der Schätzung des Auftragswertes alle Lose berücksichtigt und zusammengerechnet werden müssen. Eine Sonderregelung gilt nach Abs. 8 für **Lieferaufträge.** Der Wert der einzelnen Lose ist danach nur dann zusammenzurechnen, wenn sie sich über gleichartige Lieferungen verhalten. Entsprechendes gilt nach Abs. 7 Satz 2 für die Vergabe von **Planungsleistungen.** Auch bei Planungsleistungen gilt der Grundsatz, dass bei der Auftragswertschätzung alle Lose zu berücksichtigen sind, nur für Lose über gleichartige Leistungen.

58 Werden für ein Bauwerk mehrere **Planungsleistungen** notwendig, die (üblicherweise) von unterschiedlichen (Fach-) Planern erbracht werden, stellt sich die Frage, ob die verschiedenen Leistungen gleichartig sind und deshalb bei der Auftragswertschätzung zusammengerechnet werden müssen oder nicht.[95] Nach der VK Hessen sind (Dienst-)Leistungen gleichartig, die in einem funktionalen, räumlichen und zeitlichen Zusammenhang stehen.[96] Inhaltlich unterschiedliche Planungsleistungen, die für ein Bauwerk erbracht werden, dürften danach regelmäßig gleichartig sein. Die „Art" von Planungsleistungen wird jedoch richtigerweise bestimmt durch den geforderten Inhalt, also zum einen durch die mit der Leistung zu verfolgenden Ziele und zum anderen durch die Methode zur Erreichung dieser Ziele. Insofern unterscheiden sich die (Fach-)Planungsleistungen von Architekten, Tragwerksplanern, Haustechnikern, etc. Denn diese (Fach-)Planer haben sich zu unterschiedlichen konkret zu erfüllenden werkvertraglichen Erfolgen verpflichtet und erbringen ihre Leistungen auch auf unterschiedliche Weise. Demnach sind (Fach-)Planungsleistungen für ein Bauwerk nicht „gleichartig" im Sinne des Wortlauts des § 3 Abs. 7 S. 2 VgV.

Zu beachten ist, dass der deutsche Gesetzgeber mit der Regelung, dass nur gleichartige Planungslose bei der Auftragswertschätzung zusammenzurechnen seien, von den Vorgaben der Richtlinie 2014/24/EU abgewichen ist. Diese enthält die Beschränkung auf gleichartige Lose nicht für Planungsleistungen, sondern ausschließlich für Lieferleistungen. Jedenfalls dann, wenn die „Gleichartigkeit von Planungsleistungen" in dem hier vertretenen Sinne ausgelegt wird, erkennt die Europäische Kommission dann in § 3 Abs. 7 S. 2 VgV einen Verstoß gegen Europäisches Vergaberecht und hat dieserhalb ein Vertragsverletzungsverfahren gegen die Bundesrepublik Deutschland eingeleitet.[97] Solange hierüber noch nicht entschieden ist, kann die hier vertretene Auslegung von § 3 Abs. 7 S. 2 VgV als europarechtskonform angesehen werden.

---

[93] Die Vorgängerregelung in § 3 Abs. 5 VgV a. F. war ausdrücklich auf Lieferleistungen beschränkt; vgl. dazu *Lausen* in Heiermann/Zeiss juris PraxisKommentar Vergaberecht 4. Aufl., VgV § 3 Rn. 73.
[94] Ebenso *Marx*, in: KKMPP VgV § 3 Rn. 28.
[95] Vgl. *Matuschak* NZBau 2016, 613.
[96] VK Hessen, B. v. 15.2.2013 – Az.: 69d VK – 50/2012.
[97] „Freibad Elze", vgl. dazu *Matuschak* NZBau 2016, 613.

a) Vergabe eines Bauauftrags nach Losen. § 3 Abs. 9 VgV enthält eine besondere Schwellenwertregelung für die **Vergabe eines Bauauftrages nach Losen**. Eine Vergabe nach Losen kommt vor allem bei der Verwirklichung eines Gesamtobjektes in Betracht. Hierfür sind in der Regel umfangreiche Bauleistungen unterschiedlicher Art erforderlich, so dass es sich anbietet, die Bauleistungen zu teilen und mehrere Aufträge (Lose) an verschiedene ausführende Unternehmen zu vergeben. Voraussetzung für die Einordnung als Los ist allerdings, dass zwischen diesen Bauleistungen ein technischer Zusammenhang besteht, so dass einzelne Leistungen ohne die übrigen keine sinnvolle Funktion erfüllen können[98]; andernfalls liegen Einzelaufträge vor, die separat ausgeschrieben werden müssen. Für die Schwellenwertregelung des § 3 Abs. 9 VgV ist dabei ohne Bedeutung, ob die Vergabe gemäß § 5 EU Abs. 2 VOB/A nach Teillosen (bei umfangreichen Bauleistungen) oder nach Fachlosen (bei Bauleistungen verschiedener Handwerkszweige) erfolgen soll. Die Vorschrift umfasst beide Lose. Für die Anwendbarkeit von § 3 Abs. 9 VgV ist aber erforderlich, dass der Netto-**Gesamtauftragswert** der Baumaßnahme, dh der Auftragswert aller Lose zusammengerechnet, den Schwellenwert erreicht oder überschreitet.[99] Dies folgt aus dem Verweis auf § 3 Abs. 7 S. 3 VgV. 59

Erreicht oder übersteigt der Netto-Gesamtauftragswert den Schwellenwert, erweitert § 3 Abs. 9 VgV den maßgeblichen Schwellenwert in zwei Fällen:

Aus § 3 Abs. 9 VgV ergibt sich ein Schwellenwert für das **einzelne Los von 1 Millionen Euro**. Ist dieser Schwellenwert erreicht, richtet sich das Vergabeverfahren für dieses Los gemäß § 2 VgV im Wesentlichen nach dem Abschnitt 2 VOB/A. Das heißt: Alle Einzellose, deren vom Auftraggeber nach § 3 Abs. 1–3 und 7 VgV geschätzter Netto-Auftragswert den Schwellenwert von 1 Millionen Euro zumindest erreicht, unterfallen dem Anwendungsbereich der VgV und damit dem Kartellvergaberecht. 60

Für Lose, deren Auftragswert unterhalb von 1 Million Euro liegt, bestimmt § 3 Abs. 9 VgV einen weiteren Schwellenwert in Höhe von **20 % des Gesamtwertes aller Lose**. Das bedeutet: Einzellose mit einem Auftragswert unterhalb von 1 Million Euro sind bis zu einem addierten Wert von 20 % des Gesamtauftragswerts „kartellvergaberechtsfrei", alle darüber hinausgehenden Einzellose unterfallen dem Kartellvergaberecht. Nur auf diese Einzellose sind somit die Vergabevorschriften über die europaweite Ausschreibung (Abschnitt 2 VOB/A) und die Vorschriften über das vergaberechtliche Nachprüfungsverfahren auf die Vergabe dieser Einzellose anwendbar. 61

Diese vorgenannte Bagatellklausel des § 3 Abs. 9 VgV eröffnet dem Auftraggeber damit die Möglichkeit, Einzellose (unter 1. Mio. Euro) kartellvergaberechtsfrei auszuschreiben, soweit deren addierte Auftragswerte unterhalb von 20 % des Gesamtauftragswertes liegen. Hintergrund ist, dass kleinere Lose regelmäßig nur für nationale Bieter von Interesse sind und deshalb europaweite Ausschreibung nicht für jedes Einzellos erforderlich sein soll. Umgekehrt bedeutet dies aber auch, dass zumindest ein Kontingent von 80 % des Gesamtauftragswertes dem Vergaberecht unterfällt. Die Einzellose eines Gesamtauftrags sind mithin aufzuteilen in das kartellvergaberechtsfreie 20 %-Kontingent und das dem Kartellvergaberecht unterfallende 80 %-Kontingent, zu dem jedenfalls alle Einzellose mit einem Auftragswert über 1 Millionen Euro gehören. 62

Maßgeblicher Zeitpunkt für die Schätzung des Auftragswerts sowie des Werts der einzelnen Lose ist der Zeitpunkt der Einleitung des ersten Vergabeverfahrens (§ 3 Abs. 3 VgV). 63

Von der **Zuordnung der Lose** zu den Kontingenten des § 3 Abs. 9 VgV hängt die Anwendbarkeit des Kartellvergaberechts und damit insbesondere die Art des Vergabeverfahrens und die Statthaftigkeit eines vergaberechtlichen Nachprüfungsverfahrens ab. 64

Der Auftraggeber entscheidet frei, welche Lose unterhalb von 1 Million Euro er dem jeweiligen Kontingent zuordnet. Bei sukzessiver Ausschreibung und Losvergabe muss er **keine** zeitliche Reihenfolge einhalten. Eine Verpflichtung, zunächst alle Aufträge anhand des Abschnitts 2 VOB/A zu vergeben, bis mindestens 80 % des Gesamtauftragswertes erreicht sind, besteht nicht.[100] Der Auftraggeber darf vielmehr auch am Anfang des Bauvorhabens stehende Gewerke national ausschreiben, wenn die betreffenden Einzellose einen geschätzten Auftragswert von weniger als 1 Million Euro haben und das 20 %-Kontingent noch nicht ausgeschöpft ist. 65

---

[98] VK Schleswig-Holstein 30.8.2006 – VK-SH20/06; *Lausen* in Heiermann/Zeiss juris PraxisKommentar Vergaberecht 4. Aufl., VgV § 2 Rn. 26.
[99] VK Brandenburg 15.6.2004 – VK 18/04.
[100] BayObLG VergabeR 2002, 61 (62) – Brandmeldeanlage; BayObLG VergabeR 2002, 63 (66) – Stiftungskrankenhaus; *Kühnen* in Byok/Jaeger Kommentar zum Vergaberecht 3. Aufl., VgV § 2 Rn. 17; *Waldner* VergabeR 2001, 405.

66 Die Zuordnung eines Einzelloses zum 20%-Kontingent kann – und sollte aus Gründen der Transparenz – ausdrücklich im Rahmen einer **sog Festlegungsliste** erfolgen. Eine gesetzliche Verpflichtung hierzu besteht nicht.[101] Die Zuordnung kann sich aber auch konkludent aus den besonderen Umständen des Vergabeverfahrens, insbesondere aus dem gewählten Ausschreibungsverfahren sowie den Angaben in der Bekanntmachung und in den Vergabeunterlagen über die Vergabeart ergeben. So ist eine europaweite Bekanntmachung ein Indiz für die Zuordnung des ausgeschriebenen Einzelloses zum 80%-Kontingent, eine nationale Bekanntmachung hingegen für die Zuordnung zum 20%-Kontingent.[102] Erfolgt allerdings im Rahmen eines Gesamtauftrags, der den maßgeblichen Schwellenwert nach § 106 GWB nicht erreicht, die Ausschreibung eines Loses trotzdem europaweit im offenen Verfahren, bindet diese Entscheidung den Auftraggeber nicht hinsichtlich der Wahl des Vergabeverfahrens für weitere Lose.[103] Der Hinweis des Auftraggebers auf ein (angeblich statthaftes) Nachprüfungsverfahren ist keine eindeutige Zuordnung zum 20%-Kontingent.[104] Ordnet der Auftraggeber daher ein Einzellos unter 1 Million Euro in einer Festlegungsliste dem 20%-Kontingent zu und schreibt das betreffende Los sodann auch national aus, ist die Angabe in der Vergabebekanntmachung, dass zur Nachprüfung von Vergaberechtsverstößen die Vergabekammer zuständig sei, nur ein fehlerhafter Hinweis auf einen nicht vorhandenen Rechtsweg, durch den das Nachprüfungsverfahren nicht eröffnet wird.[105] Auch die an die Bieter versandte Mitteilung über die beabsichtigte Zuschlagserteilung gemäß § 134 GWB stellt für sich genommen kein aussagekräftiges Indiz für die Zuordnung dar.[106]

67 Ergibt sich anhand dieser Kriterien eine eindeutige Zuordnung oder hat der Auftraggeber selbst zB in einer Festlegungsliste eine Zuordnung vorgenommen, kann der öffentliche Auftraggeber hiervon nachträglich nicht mehr abrücken, da die Wirkung dieser Festlegung in einer **Selbstbindung** der Verwaltung besteht.[107] Ergibt sich daraus keine eindeutige Zuordnung, ist im Zweifel von einer Zuweisung zum 80%-Kontingent auszugehen mit der Folge, dass das Kartellvergaberecht anwendbar ist.[108]

68 Der Auftraggeber ist verpflichtet, die Zuordnung der Losvergaben zu den beiden Kontingenten des § 3 Abs. 9 VgV im Vergabevermerk[109] zu dokumentieren, so dass im Nachprüfungsverfahren kontrolliert werden kann, ob bei der Aufschlüsselung die Bestimmung des § 3 Abs. 9 VgV eingehalten worden ist.[110]

69 **b) Vergabe eines Liefer- und Dienstleistungsauftrags nach Losen.** Für die Vergabe eines Dienstleistungsauftrags nach Losen sowie für die Vergabe eines Lieferauftrags nach gleichartigen Losen gelten die Ausführungen zu der Vergabe eines Bauauftrags nach Losen entsprechend. Der Schwellenwert für das **einzelne Los** beträgt gemäß § 3 Abs. 9 VgV – anders als bei Bauaufträgen – allerdings nicht 1 Millionen Euro, sondern lediglich **80.000,00 €**. Ist dieser Schwellenwert erreicht, richtet sich das Vergabeverfahren für dieses Los also nach der VgV.

70 Bei der Vergabe von **Planungsleistungen** für ein Bauwerk kann mit Blick auf § 3 Abs. 6, 7 VgV die Frage aufgeworfen werden, ob nicht Planungsleistungen bei der Schätzung des Auftragswerts für Bauleistungen zu berücksichtigen und demzufolge Planungsleistungen als Fachlose

---

[101] Ähnlich *Lausen* in Heiermann/Zeiss juris PraxisKommentar Vergaberecht 4. Aufl., VgV § 2 Rn. 41, der eine Zuordnungsliste als „wünschenswert" bezeichnet.

[102] VK Schleswig-Holstein 13.12.2004 – VK-SH 33/04 = IBR 2005, 1036; **aA** *Waldner* VergabeR 2001, 405 (406), der eine europaweite Ausschreibung allein ohne Hinzutreten weiterer Umstände, zB einem Verweis auf die Zuständigkeit der Vergabekammer in der Bekanntmachung, für eine Zuordnung zum 80%-Kontingent nicht für ausreichend hält, weil die europaweite Ausschreibung auch allein dem Zweck dienen könne, freiwillig einen möglichst breiten Wettbewerb sicherzustellen. Dieses Argument ist theoretisch richtig; in der Praxis wird der das Vergabeverfahren meist verkomplizierende breite Wettbewerb jedoch regelmäßig nicht freiwillig gewährleistet. Deshalb ist die europaweite Ausschreibung richtigerweise ein Indiz für die Zuordnung zum 80%-Kontingent.

[103] OLG Celle OLGR Celle 2009, 738.

[104] BayObLG VergabeR 2002, 510 (512).

[105] BayObLG VergabeR 2002, 510 (512).

[106] BayObLG VergabeR 2002, 510 (513).

[107] BayObLG VergabeR 2001, 402 (404); BayObLG VergabeR 2002, 63 (66) – Stiftungskrankenhaus; BayObLG VergabeR 2002, 510; **aA** KG BauR 2000, 1620; offen gelassen: OLG Koblenz VergabeR 2003, 567 (569 f.) – Mess- und Regeltechnik.

[108] VK Schleswig-Holstein 31.1.2006 – VK-SH 33/05; *Lausen* in Heiermann/Zeiss juris PraxisKommentar Vergaberecht 4. Aufl., VgV § 2 Rn. 37 f.; **aA** wohl *Alexander* in Pünder/Schellenberg Vergaberecht, 2. Aufl., VgV § 3 Rn. 71 mit Verweis auf BayObLG VergabeR 2002, 510 (512).

[109] Vgl. § 20 EU VOB/A i. V. m. § 8 VgV..

[110] *Lausen* in Heiermann/Zeiss juris PraxisKommentar Vergaberecht 4. Aufl., VgV § 2 Rn. 40 f.

einer Bauausschreibung anzusehen sind. Zum einen sind jedoch Planungsleistungen, soweit sie nicht zusammen mit der Bauleistung vergeben werden (gemeinsame Vergabe), nicht als Lose einer Bauleistung anzusehen. Zum anderen regelt § 3 Abs. 7 S. 2 VgV, dass bei Planungsleistungen nur die Werte gleichartiger Leistungen zusammenzurechnen sind. Diese Regelung indiziert, dass der Gesetzgeber zwischen der Bauaufgabe und der Planungsaufgabe differenziert und nur davon ausgeht, dass es verschiedene Lose einer Planungsleistung geben kann, nicht aber, dass Planungsleistungen Lose eines Bauauftrages sein können.

c) Kündigung des Bauauftrags. Wird ein Bauauftrag, der den maßgeblichen EU-Schwellenwert des § 106 Abs. 2 Nr. 1 GWB erreicht oder überschreitet, während der Bauausführung vom Auftraggeber gekündigt und liegen die noch nicht ausgeführten Bauleistungen unterhalb des Schwellenwertes, liegt kein Fall von § 3 Abs. 7–9 VgV vor.[111] Vielmehr kann der Auftraggeber nach der Kündigung ein anderes Unternehmen mit den Restarbeiten beauftragen, ohne dass eine europaweite Ausschreibung nach Abschnitt 2 VOB/A erforderlich ist. Denn in dem nach § 5 EU Abs. 2 Nr. 1 S. 2 VOB/A maßgeblichen Zeitpunkt der Vergabe hat der Auftraggeber weder den ursprünglichen (jetzt gekündigten) Auftrag noch den neuen Auftrag über die Restarbeiten in Lose aufgeteilt.[112] Der Auftraggeber steht hier nicht anders, als wenn sich sein Beschaffungsbedarf von Anfang an nur auf die in Rede stehenden (Rest-)Arbeiten beschränkt hätte.[113] 71

d) Teilaufhebung der Ausschreibung. Eine teilweise Aufhebung der Ausschreibung durch Streichung einzelner Lose mit der Folge, dass der ursprünglich oberhalb der Schwellenwerte liegende Gesamtauftragswert diese nicht mehr erreicht, hat keine Auswirkung auf die Anwendbarkeit des Kartellvergaberechts und die vorgenommene Zuordnung der Lose zu den Kontingenten. Während bei der Kündigung und Neuvergabe des Bauauftrags ein neuer Auftrag ausgeschrieben wird, führt der Auftraggeber im Fall der Teilaufhebung die ursprüngliche Vergabe in reduziertem Umfang fort. Ob eine Vergabe nach dem Kartellvergaberecht zu erfolgen hat, bestimmt sich gemäß § 3 Abs. 3 VgV nach dem im Zeitpunkt der Absendung der Bekanntmachung ordnungsgemäß geschätzten Auftragswert. Eine spätere Reduzierung des Auftrags(werts) hat demzufolge keine Auswirkungen.[114] 72

3. Liefer- und Dienstleistungsaufträge (§ 3 Abs. 11–12 VgV). § 3 Abs. 11 Nr. 1 VgV bestimmt für **zeitlich begrenzte** Liefer- und Dienstleistungsaufträge (Laufzeit von bis zu 48 Monaten), für die **kein Gesamtpreis** angegeben wird, dass bei der Schätzung des Auftragswertes der Gesamtwert für die Laufzeit des Vertrages zu Grunde zu legen ist. Für **unbefristete Verträge** oder bei einer Vertragsdauer von mehr als 48 Monaten ergibt sich der für die Schwellenwertberechnung zu ermittelnde Vertragswert aus der monatlichen Zahlung multipliziert mit 48 (§ 3 Abs. 11 Nr. 2 VgV). 73

Im Umkehrschluss zu § 3 Abs. 11 VgV ist in den Fällen, in denen die Bieter einen Gesamtpreis ihrer während der (notwendigerweise bestimmten) Vertragszeit zu erbringen Leistungen angeben, dieser Gesamtpreis Grundlage für die Schätzung.

Für regelmäßige Aufträge, für Daueraufträge über Lieferungen oder Dienstleistungen und für Liefer- oder Dienstleistungsaufträge, die innerhalb eines bestimmten Zeitraums verlängert werden sollen, enthält **§ 3 Abs. 10 VgV** eine weitere Regelung. Danach ist der Auftragswert zu schätzen entweder anhand des Gesamtauftragswerts entsprechender Aufträge über ähnliche Lieferungen oder Dienstleistungen aus dem vorangegangenen Haushaltsjahr oder Geschäftsjahr unter Berücksichtigung von Mengen- oder Kostenänderungen, die während der ersten zwölf Monate nach dem ursprünglichen Auftrag zu erwarten sind, **oder** anhand des geschätzten Gesamtauftragswerts entsprechender Aufträge über Lieferungen, die während der auf die erste Lieferung folgenden zwölf Monate oder während des auf die erste Lieferung folgenden Haushaltsjahres oder Geschäftsjahres, wenn dieses länger als zwölf Monate ist, vergeben werden. Die erste Alternative für eine Schätzung beruht also auf Erfahrungswerten aus dem letzten Haushalts- 74

---

[111] AA *Heindl* VergabeR 2002, 127 (128 ff.); *Terner* VergabeR 2003, 136 (138), die eine analoge Anwendung von § 2 Nr. 6 VgV a. F. (entspricht § 3 Abs. 7–9 VgV) befürworten. Dagegen mit zutreffender Begründung *Kühnen* in Byok/Jaeger Kommentar zum Vergaberecht 3. Aufl., VgV § 2 Rn. 19.
[112] Aus diesem Grund überzeugt auch die Auffassung von *Wieddekind* in Willenbruch/Wieddekind Vergaberecht 3. Aufl., Los 2 VgV § 2 Rn. 26 nicht, die § 2 Nr. 6 VgV a. F. (entspricht § 3 Abs. 7–9 VgV) anwenden will, wenn zwischen den bis zur Kündigung erbrachten Leistungen und dem Auftrag über die Restleistungen ein „enger Zusammenhang" besteht.
[113] *Kühnen* in Byok/Jaeger Kommentar zum Vergaberecht 3. Aufl., VgV § 2 Rn. 19.
[114] *Kühnen* in Byok/Jaeger Kommentar zum Vergaberecht 3. Aufl., VgV § 2 Rn. 20.

jahr unter Berücksichtigung voraussichtlicher zukünftiger Änderungen. Die zweite Alternative für eine Schätzung basiert ausschließlich auf erwarteten zukünftigen Auftragswerten. Der Umstand, dass der Wortlaut von Abs. 10 Nr. 2 nur von Lieferungen spricht, bedeutet nicht, dass diese zweite Alternative nur Lieferaufträgen vorbehalten sei. Sie kann auch bei Dienstleistungsaufträgen angewendet werden.

75 **4. Planungswettbewerbe (§ 3 Abs. 12 VgV).** **§ 3 Abs. 12 S. 1 VgV** betrifft Planungswettbewerbe nach § 69 VgV, die zu einem Dienstleistungsauftrag führen sollen. Maßgebend ist danach der Wert des Dienstleistungsauftrags zuzüglich etwaiger Preisgelder und Zahlungen. Bei allen übrigen Auslobungsverfahren sind für die Schätzung alle Preisgelder sowie sonstigen Zahlungen an Teilnehmer und der Wert des Dienstleistungsauftrags zu berücksichtigen, soweit der Auftraggeber die Vergabe des Dienstleistungsauftrags nicht in der Bekanntmachung des Auslobungsverfahrens ausgeschlossen hat.

76 **5. Innovationspartnerschaft (§ 3 Abs. 5 VgV).** Die Innovationspartnerschaft ist ein neues, erst im Zuge der Vergaberechtsreform 2016 im deutschen Recht normiertes Vergabeverfahren.[115] Das Ziel der Partnerschaft ist die Entwicklung innovativer, noch nicht auf dem Markt verfügbarer Leistungen und der anschließende Erwerb der daraus hervorgehenden Leistungen. Folgerichtig bestimmt § 3 Abs. 5 VgV, dass bei einer Innovationspartnerschaft für die Auftragswertschätzung der Gesamtwert aller anfallenden Forschungs- und Entwicklungstätigkeiten einzubeziehen ist und alle Bau-, Liefer- und Dienstleistungen zu berücksichtigen sind, die eventuell zu entwickeln und am Ende der Partnerschaft zu beschaffen sind.

77 **6. Rahmenvereinbarungen und dynamische elektronische Verfahren (§ 3 Abs. 4 VgV).** § 3 Abs. 4 VgV enthält eine Regelung für die Bestimmung des Auftragswertes von Rahmenvereinbarungen und dynamischen elektronischen Verfahren. Nach **§ 3 Abs. 4 VgV** ist der Wert auf der Grundlage des geschätzten Höchstwertes aller für den Geltungszeitraum der Vereinbarung geplanten Aufträge zu berechnen.

78 Eine **Rahmenvereinbarung** ist eine Vereinbarung zwischen einem oder mehreren öffentlichen Auftraggebern und einem oder mehreren Wirtschaftsteilnehmern, die zum Ziel hat, die Bedingungen für Aufträge, die im Laufe eines bestimmten Zeitraum vergeben werden sollen, festzulegen, insbesondere in Bezug auf den Preis und gegebenenfalls die in Aussicht genommene Menge.[116] Sie ist somit dadurch gekennzeichnet, dass einzelne Vertragsbestandteile noch bewusst unbestimmt sind.[117] Dies gilt vor allem für den konkreten Umfang der zu beschaffenden Leistung und gegebenenfalls auch für den genauen Zeitpunkt des Abrufs. Zwar hat der öffentliche Auftraggeber den Beschaffungsbedarf vor Einleitung eines Vergabeverfahrens mit der gebotenen Sorgfalt zu ermitteln und zu planen, welche Einzelaufträge auf der Grundlage der beabsichtigten Rahmenvereinbarung über welche Leistungen geschlossen werden sollen. Insbesondere wegen der zumeist langfristigen Laufzeit der Rahmenvereinbarung können etwaige Veränderungen des Auftragsvolumens aber nur bedingt vorhergesehen und berücksichtigt werden. Das einer Rahmenvereinbarung zu Grunde zu legende Auftragsvolumen ist daher anhand von Vergleichswerten aus der Vergangenheit (Referenzmengen) zu bestimmen oder muss geschätzt werden, wobei die relevanten Grundlagen im zumutbaren Rahmen unter Ausschöpfung aller Erkenntnisquellen vollständig zu erheben und sachgerecht auszuwerten sind.[118] Ausgehend von dem so ermittelten Auftragsumfang der Rahmenvereinbarung ist für die Ermittlung des Schwellenwertes nach § 3 Abs. 4 VgV der Höchstwert der geschätzten Gesamtvergütung aller Einzelaufträge zu Grunde zu legen. Hierbei ist die in etwa vorauszusehende Entwicklung der Preise während der Laufzeit der Rahmenvereinbarung zu berücksichtigen.[119]

79 Diese Ausführungen gelten entsprechend für ein **dynamisches Beschaffungssystem.** Hierunter ist ein zeitlich befristetes ausschließlich elektronisches offenes Vergabeverfahren zur Beschaffung marktüblicher Leistungen zu verstehen, bei denen die allgemein auf dem Markt verfügbaren Spezifikationen den Anforderungen des Auftraggebers genügen (§ 23 VgV).

80 Bündeln **mehrere Auftraggeber** ihren Beschaffungsbedarf an Bauleistungen und schreiben sie gemeinsam einen einheitlich zu vergebenden Rahmenvertrag aus, ist für die Bemessung des

---

[115] Vgl die Kommentierung zu § 3b EU Abs. 5 VOB/A.
[116] Vgl. auch § 21 VgV sowie § 4a EU VOB/A.
[117] Vgl. insgesamt zur Rahmenvereinbarung bei der Vergabe öffentlicher Aufträge *Graef* NZBau 2005, 561.
[118] OLG Düsseldorf BauR 2005, 238 (Leitsatz).
[119] *Müller-Wrede* in Ingenstau/Korbion VOB Teil A und B 16. Aufl., VgV § 3 Rn. 14.

Auftragswertes auf diesen gebündelten Bedarf an Bauleistungen abzustellen und gegenüber **jedem Auftraggeber der volle Auftragswert** des in Aussicht genommenen Rahmenvertrags in Ansatz zu bringen.[120]

§ 4 Gelegentliche gemeinsame Auftragsvergabe; zentrale Beschaffung

(1) Mehrere öffentliche Auftraggeber können vereinbaren, bestimmte öffentliche Aufträge gemeinsam zu vergeben. Dies gilt auch für die Auftragsvergabe gemeinsam mit öffentlichen Auftraggebern aus anderen Mitgliedstaaten der Europäischen Union. Die Möglichkeiten zur Nutzung von zentralen Beschaffungsstellen bleiben unberührt.
(2) Soweit das Vergabeverfahren im Namen und im Auftrag aller öffentlichen Auftraggeber insgesamt gemeinsam durchgeführt wird, sind diese für die Einhaltung der Bestimmungen über das Vergabeverfahren gemeinsam verantwortlich. Das gilt auch, wenn ein öffentlicher Auftraggeber das Verfahren in seinem Namen und im Auftrag der anderen öffentlichen Auftraggeber allein ausführt. Bei nur teilweiser gemeinsamer Durchführung sind die öffentlichen Auftraggeber nur für jene Teile gemeinsam verantwortlich, die gemeinsam durchgeführt wurden. Wird ein Auftrag durch öffentliche Auftraggeber aus verschiedenen Mitgliedstaaten der Europäischen Union gemeinsam vergeben, legen diese die Zuständigkeiten und die anwendbaren Bestimmungen des nationalen Rechts durch Vereinbarung fest und geben das in den Vergabeunterlagen an.
(3) Die Bundesregierung kann für Dienststellen des Bundes in geeigneten Bereichen allgemeine Verwaltungsvorschriften über die Einrichtung und die Nutzung zentraler Beschaffungsstellen sowie die durch die zentralen Beschaffungsstellen bereitzustellenden Beschaffungsdienstleistungen erlassen.

Nicht kommentiert.

§ 5 Wahrung der Vertraulichkeit

(1) Sofern in dieser Verordnung oder anderen Rechtsvorschriften nichts anderes bestimmt ist, darf der öffentliche Auftraggeber keine von den Unternehmen übermittelten und von diesen als vertraulich gekennzeichneten Informationen weitergeben. Dazu gehören insbesondere Betriebs- und Geschäftsgeheimnisse und die vertraulichen Aspekte der Angebote einschließlich ihrer Anlagen.
(2) Bei der gesamten Kommunikation sowie beim Austausch der Speicherung von Informationen muss der öffentliche Auftraggeber die Integrität der Daten und die Vertraulichkeit der Interessenbekundungen, Interessensbestätigungen, Teilnahmeanträge und Angebote einschließlich ihrer Anlagen gewährleisten. Die Interessensbekundungen, Interessensbestätigungen, Teilnahmeanträge und Angebote einschließlich ihrer Anlagen sowie die Dokumentation über Öffnung und Wertung der Teilnahmeanträge und Angebote sind auch nach Abschluss des Vergabeverfahrens vertraulich zu behandeln.
(3) Der öffentliche Auftraggeber kann Unternehmen Anforderungen vorschreiben, die auf den Schutz der Vertraulichkeit der Informationen im Rahmen des Vergabeverfahrens abzielen. Hierzu gehört insbesondere die Abgabe einer Verschwiegenheitserklärung.

Übersicht

	Rn.
A. Grundlagen und Zweck	1
B. Grundsatz der Vertraulichkeit (§ 5 Abs. 1 VgV)	4
C. Sicherstellung von Datenintegrität und Vertraulichkeit	12
D. Vertraulichkeitsanforderungen an Unternehmen	18

---
[120] OLG Düsseldorf VergabeR 2003, 87 (88) – Rahmenvereinbarung.

A. Grundlagen und Zweck

1   Die Wahrung der Vertraulichkeit ist Voraussetzung für die Durchführung ordnungsgemäßer Vergabeverfahren und für die Effektivität des Vergaberechts. Verstöße gegen die Vertraulichkeit gefährden den Wettbewerb, verstoßen gegen die Gleichbehandlung und reduzieren die Attraktivität von Vergabeverfahren. Die Wahrung der Vertraulichkeit ist deshalb ein **wesentlicher Grundsatz** des Vergaberechts.

2   Folgerichtig ist dieser Grundsatz in den EU-Vergaberichtlinien implementiert. Diese Regelungen werden mit § 5 VgV in deutsches Recht umgesetzt. **§ 5 Abs. 1 VgV** dient der Umsetzung von Art. 21 Abs. 1 der Richtlinie 2014/24/EU. Mit dieser Regelung wird der öffentliche Auftraggeber zur Wahrung der Vertraulichkeit verpflichtet. Mit **§ 5 Abs. 2 S. 1 VgV** wird Art. 22 Abs. 3 S. 1 der Richtlinie 2014/24/EU umgesetzt. Hiernach ist der öffentliche Auftraggeber verpflichtet, bei der gesamten Kommunikation und beim Austausch und der Speicherung von Informationen die Vertraulichkeit zu wahren. **§ 5 Abs. 2 S. 2 VgV** führt die bisherige Regelung von § 17 EG Abs. 3 VOB/A und § 17 EG Abs. 3 VOL/A fort, wonach auch nach Abschluss des Vergabeverfahrens die Vertraulichkeit zu wahren ist. **§ 5 Abs. 3 S. 1 VgV** setzt schließlich Art. 21 Abs. 2 der Richtlinie 2014/24/EU um. Hiernach ist der öffentliche Auftraggeber berechtigt, den Unternehmen, die sich am Vergabeverfahren beteiligen, Maßnahmen vorzuschreiben, mit denen die Vertraulichkeit gewährleistet werden soll. Ausdrücklich genannt wird die Möglichkeit, von den Unternehmen die Abgabe einer Verschwiegenheitserklärung zu verlangen.

3   § 5 VgV findet sich im ersten Abschnitt der VgV. Die Regelung ist damit nicht nur für die Vergabe von Liefer- und Dienstleistungsaufträgen, sondern gemäß § 2 VgV auch für die Vergabe von Bauaufträgen anzuwenden. Daneben enthält der 2. Abschnitt der VOB/A, der die für die Vergabe von Bauaufträgen relevanten Verfahrensregelungen beinhaltet, Sonderregelungen zur Wahrung der Vertraulichkeit in § 2 EU Abs. 6, § 3b EU Abs. 3 Nr. 9 und § 11a EU Abs. 2 VOB/A. Diese sind neben der Regelung von § 5 VgV bei Bauvergaben zu berücksichtigen.

B. Grundsatz der Vertraulichkeit (§ 5 Abs. 1 VgV)

4   Soweit aus der VgV oder anderen Rechtsvorschriften sich nichts anderes ergibt, darf der öffentliche Auftraggeber keine von einem Unternehmen in einem Vergabeverfahren übermittelten Informationen weitergeben, soweit das Unternehmen diese Informationen als vertraulich gekennzeichnet hat. Jedes Unternehmen, das sich an einem Vergabeverfahren beteiligt, ist deshalb gehalten, die aus seiner Sicht vertraulichen Informationen entsprechend zu kennzeichnen.

5   Das Gebot der Vertraulichkeit geht allerdings darüber hinaus. Die Vertraulichkeit ist, wie ausgeführt, Voraussetzung für ein wettbewerbliches und faires Vergabeverfahren. Der öffentliche Auftraggeber ist deshalb über den Wortlaut der Regelung in § 5 Abs. 1 VgV hinaus verpflichtet, die ihm von einem Unternehmen im Vergabeverfahren übermittelten Informationen auch dann vertraulich zu behandeln und nicht weiterzugeben, wenn diese nicht ausdrücklich als vertraulich gekennzeichnet worden sind, der öffentliche Auftraggeber gleichwohl davon ausgehen muss, dass das Unternehmen ein berechtigtes Interesse an der Geheimhaltung dieser Informationen hat. Das gilt selbst dann, wenn der öffentliche Auftraggeber in den Vergabeunterlagen ausdrücklich darauf hingewiesen hat, dass vertrauliche Informationen von den Unternehmen entsprechend zu kennzeichnen sind.[1]

6   Zu den Informationen, die in der Regel von den Unternehmen als vertraulich zu kennzeichnen und von den öffentlichen Auftraggebern auch ohne solchen Hinweis geheim zu halten sind, gehören insbesondere **Betriebs- und Geschäftsgeheimnisse** (§ 5 Abs. 1 S. 2 Alt. 1 VgV). Hierunter sind alle auf ein Unternehmen bezogene Tatsachen, Umstände und Vorgänge zu verstehen, die nicht offenkundig, sondern nur einem eng begrenzten Personenkreis bekannt sind, und die nach dem bekundeten, auf wirtschaftlichen Interessen beruhenden Willen des Unternehmens bzw. Unternehmensinhabers geheim gehalten werden sollen.[2] Maßgebliches Kriterium eines Betriebs- oder Geschäftsgeheimnisses ist dessen Wettbewerbsrelevanz. Zu den

---

[1] Ebenso *Röwekamp* in KKMPP, VgV, 1. Aufl. 2017, § 5 Rn. 11.
[2] BGH NJW 2009, 1420.

Betriebs- und Geschäftsgeheimnissen können deshalb Umsätze, Ertragslagen, Kundenlisten, Bezugsquellen, Kalkulationsunterlagen oder Patente und Patentanmeldungen gehören.

Unter Betriebsgeheimnis wird das technische Wissen im weitesten Sinne verstanden, wohingegen das Geschäftsgeheimnis das kaufmännische Wissen umfasst.[3]

Neben den Betriebs- und Geschäftsgeheimnissen nennt § 5 Abs. 1 S. 2 Alt. 2 VgV die vertraulichen Aspekte der Angebote einschließlich ihrer Anlagen als Informationen, die nicht weitergegeben werden dürfen. Beide Alternativen in § 5 Abs. 1 S. 2 VgV überschneiden sich. Vertrauliche Aspekte der Angebote sind in erster Linie die Preise. Soweit das jeweilige Vergabeverfahren Abweichungen von den Vergabeunterlagen zulässt (insbesondere Verhandlungsverfahren, wettbewerblicher Dialog und Innovationspartnerschaft), sind grundsätzlich alle von den Vergabeunterlagen abweichenden Angebotsbestandteile und Angebotsinhalte vertraulich zu behandeln. Das gilt auch für den Inhalt technischer und kaufmännischer Nebenangebote. Vertraulich zu behandelnde Anlagen von Angeboten sind beispielsweise die regelmäßig abzugebende Angebotskalkulation, Terminpläne und Nachunternehmerlisten.

Die Aufzählung in § 5 Abs. 1 S. 2 VgV ist nicht abschließend. Das wird durch die Formulierung „insbesondere" klargestellt. So sind beispielsweise nicht nur vertrauliche Aspekte der Angebote, sondern auch der Teilnahmeanträge geheim zu halten.

Die grundsätzliche Verpflichtung des öffentlichen Auftraggebers zur Vertraulichkeit kann gemäß § 5 Abs. 1 S. 1 VgV durch andere Regelungen in der VgV eingeschränkt sein. Hierzu gehören die Regelungen zur Bekanntmachung der erfolgten Auftragsvergabe (§ 39 VgV) sowie zur Benachrichtigung der nicht berücksichtigten Bewerber und Bieter (§ 62 VgV). Für die Vergabe von Bauaufträgen sind diese Regelungen allerdings nicht anwendbar.

Nach § 5 Abs. 1 S. 1 VgV kann der Vertraulichkeitsgrundsatz auch durch Regelungen in anderen Rechtsvorschriften eingeschränkt sein. Die zu Grunde liegende Richtlinie 2014/24/EU verweist hierzu ausdrücklich auf das Presserecht sowie das Informationsfreiheitsrecht. Einschränkende Regelungen finden sich aber auch in den § 39 VgV und § 62 VgV entsprechenden Regelungen im 2. Abschnitt der VOB A, nämlich in § 12 EU VOB/A und in § 19 EU VOB/A.[4]

C. Sicherstellung von Datenintegrität und Vertraulichkeit

§ 5 Abs. 2 S. 1 VgV verpflichtet den öffentlichen Auftraggeber, bei der gesamten Kommunikation sowie beim Austausch und der Speicherung von Informationen die Integrität der Daten und die Vertraulichkeit der Interessensbekundungen, Interessensbestätigungen, Teilnahmeanträge und Angebote einschließlich Anlagen zu gewährleisten. Kommunikation umfasst das Senden, Empfangen, Weiterleiten und Speichern von Daten in einem Vergabeverfahren. Sie kann ausnahmsweise mündlich erfolgen, wenn sie nicht die Vergabeunterlagen, die Teilnahmeanträge, die Interessensbestätigungen oder die Angebote betrifft und wenn sie ausreichend und in geeigneter Weise dokumentiert wird (§ 9 Abs. 2 VgV). Grundsätzlich soll der öffentliche Auftraggeber die Kommunikation jedoch mit elektronischen Mitteln führen (§ 9 Abs. 1 VgV).

Dabei muss er zum einen die Datenintegrität, d. h. die Unversehrtheit, Vertraulichkeit und Echtheit (§ 11 Abs. 2 VgV) der gesendeten, empfangenen, weitergeleiteten und gespeicherten Daten, sicherstellen. Die Daten müssen vollständig und unverändert bleiben.

Zum anderen muss der öffentliche Auftraggeber die Vertraulichkeit der ihm übermittelten Interessensbekundungen, Interessensbestätigungen, Teilnahmeanträge und Angebote einschließlich ihrer Anlagen gewährleisten.

Abschnitt 1, Unterabschnitt 2 der VgV, der gemäß § 2 VgV auch bei der Vergabe von Bauaufträgen Anwendung findet, enthält darüber hinaus gesonderte Regelungen für die Kommunikation in Vergabeverfahren. Darunter befinden sich auch Sonderregelungen, welche die Datenintegrität sowie die Vertraulichkeit sicherstellen sollen. So muss der öffentliche Auftraggeber bei der Verwendung elektronischer Mittel unter anderem gemäß § 10 Abs. 1 VgV gewährleisten, dass

- kein vorfristiger Zugriff auf empfangene Daten möglich ist.
- der Termin für den erstmaligen Zugriff auf empfangene Daten nur von den Berechtigten festgelegt oder geändert werden kann.

---

[3] Vgl. OLG Hamm 16.12.2015 – I-11 U 5.
[4] Vgl. dazu *Röwekamp* in KKMPP, VgV, 1. Aufl. 2017, § 5 Rn. 11.

- nur die berechtigten Zugriff auf die empfangenen Daten oder auf einen Teil derselben haben.
- nur die Berechtigten nach dem festgesetzten Zeitpunkt Dritten Zugriff auf die empfangenen Daten oder auf einen Teil derselben einräumen dürfen.
- empfangene Daten nicht an unberechtigte übermittelt werden.
- Verstöße oder versuchte Verstöße gegen die Anforderungen gemäß Nr. 1–6 eindeutig festgestellt werden können.

16 § 5 Abs. 2 S. 2 VgV erstreckt die Verpflichtung des öffentlichen Auftraggebers, Interessensbekundungen, Interessensbestätigungen, Teilnahmeanträge und Angebote einschließlich ihrer Anlagen vertraulich zu behandeln, auf den Zeitraum **nach Abschluss des Vergabeverfahrens.** Darüber hinaus müssen in diesem Zeitraum auch die Dokumentation über die Öffnung und die Wertung der Teilnahmeanträge und Angebote vertraulich behandelt werden. Nach dem Wortlaut der Norm ist die Vertraulichkeitsverpflichtung zeitlich nicht begrenzt. Hieran ändert auch die Regelung des § 8 Abs. 4 VgV nichts. Danach sind die Dokumentation, der Vergabevermerk sowie die Angebote, die Teilnahmeanträge, die Interessensbekundungen, die Interessensbestätigungen und ihre jeweiligen Anlagen bis zum Ende der Laufzeit des Vertrags, mindestens jedoch für drei Jahre ab dem Tag der Zuschlagserteilung, aufzubewahren. Nach Ablauf dieser Aufbewahrungspflicht dürfen diese Daten also vernichtet werden. Die Vertraulichkeitspflicht endet damit jedoch nicht. Denn Vertraulichkeit bedeutet nicht nur, dass bestimmte Unterlagen nicht weitergegeben werden (das ist nach deren Vernichtung nicht mehr möglich), sondern dass auch die entsprechenden Inhalte geheim bleiben. Auch nach Ablauf der Aufbewahrungsfrist und Vernichtung der ihm im Vergabeverfahren übermittelten Unterlagen darf der öffentliche Auftraggeber deren Inhalte also nicht preisgeben. Die Vernichtung selbst muss entsprechend dem Vertraulichkeitsgebot so erfolgen, dass Unbefugte von deren Inhalt keine Kenntnis nehmen können.

17 Bei schuldhafter Verletzung des Vertraulichkeitsgrundsatzes haftet der öffentliche Auftraggeber dem Unternehmen auf Ersatz des ihm hieraus entstandenen Schadens.

D. Vertraulichkeitsanforderungen an Unternehmen

18 Nach § 5 Abs. 3 VgV darf der öffentliche Auftraggeber den Unternehmen, die sich am Vergabeverfahren beteiligen, Anforderungen vorschreiben, die auf den Schutz der Vertraulichkeit der Informationen im Rahmen des Vergabeverfahrens abzielen. Nach der europarechtlichen Vorgaben in Art. 21 Abs. 2 der Richtlinie 2014/24/EU soll durch solche Anforderungen die Vertraulichkeit der vom Auftraggeber im Rahmen des Vergabeverfahrens zur Verfügung gestellten Informationen sichergestellt werden. Diese Einschränkung hat der deutsche Gesetzgeber jedoch nicht übernommen, was europarechtlich nicht zu beanstanden ist. Die Anforderungen, die der öffentliche Auftraggeber nach § 5 Abs. 3 VgV vorschreiben darf, können deshalb sowohl dem Schutz der Vertraulichkeit von Informationen des Auftraggebers, als auch demjenigen von Informationen Dritter dienen. Das kann beispielsweise in einem wettbewerblichen Dialog erforderlich werden, wenn mit Zustimmung der Dialogteilnehmer Informationen an Dritte weitergegeben werden.[5]

19 Als eine Anforderung, die der öffentliche Auftraggeber vorschreiben darf, nennt § 5 Abs. 3 S. 2 VgV beispielhaft die Forderung nach Abgabe einer Verschwiegenheitserklärung. Der öffentliche Auftraggeber darf die Zurverfügungstellung von Informationen im Vergabeverfahren von der Abgabe einer solchen Erklärung abhängig machen.

20 Soweit die Vergabeunterlagen geheimhaltungsbedürftige Informationen enthalten, ist der öffentliche Auftraggeber über § 5 Abs. 3 S. 1 VgV berechtigt, im Falle der Durchführung eines zweistufigen Vergabeverfahrens mit Teilnahmewettbewerb nur denjenigen Bewerbern Zugang zu den geheimhaltungsbedürftigen Teilen der Vergabeunterlagen zu verschaffen, die zur Abgabe eines Angebots aufgefordert werden.[6]

21 Sofern der Auftraggeber Maßnahmen zum Schutz der Vertraulichkeit von Informationen im Sinne von § 5 Abs. 3 VgV für erforderlich hält, muss er in der Auftragsbekanntmachung oder in der Aufforderung zur Interessensbestätigungen angeben, welche Maßnahmen er anwendet und wie auf die Vergabeunterlagen zurückgegriffen werden kann. In diesem Fall wird die Angebots-

---

[5] **AA** wohl *Röwekamp* in KKMPP, VgV, 1. Aufl. 2017, § 5 Rn. 11.
[6] Ebenso *Röwekamp* in KKMPP, VgV, 1. Aufl. 2017, § 5 Rn. 11.

frist um fünf Kalendertage verlängert, sofern nicht ein Fall hinreichend begründeter Dringlichkeit gemäß § 10a EU Abs. 3 oder § 10b EU Abs. 5 VOB A vorliegt.

§ 6 Vermeidung von Interessenkonflikten

(1) Organmitglieder oder Mitarbeiter des öffentlichen Auftraggebers oder eines im Namen des öffentlichen Auftraggebers handelnden Beschaffungsdienstleisters, bei denen ein Interessenkonflikt besteht, dürfen in einem Vergabeverfahren nicht mitwirken.

(2) Ein Interessenkonflikt besteht für Personen, die an der Durchführung des Vergabeverfahrens beteiligt sind oder Einfluss auf den Ausgang eines Vergabeverfahrens nehmen können und die ein direktes oder indirektes finanzielles, wirtschaftliches oder persönliches Interesse haben, das ihre Unparteilichkeit und Unabhängigkeit im Rahmen des Vergabeverfahrens beeinträchtigen könnte.

(3) Es wird vermutet, dass ein Interessenkonflikt besteht, wenn die in Abs. 1 genannten Personen
1. Bewerber oder Bieter sind,
2. einen Bewerber oder Bieter beraten oder sonst unterstützen oder als gesetzliche Vertreter oder nur in dem Vergabeverfahren vertreten,
3. beschäftigt oder tätig sind
   a) bei einem Bewerber oder Bieter gegen Entgelt oder bei ihm als Mitglied des Vorstandes, Aufsichtsrates oder gleichartigen Organs oder
   b) für ein in das Vergabeverfahren eingeschaltetes Unternehmen, wenn dieses Unternehmen zugleich geschäftliche Beziehungen zum öffentlichen Auftraggeber und zum Bewerber oder Bieter hat.

(4) Die Vermutung des Absatzes 3 gilt auch für Personen, deren Angehörige die Voraussetzungen nach Absatz 3 Nummer 1 bis 3 erfüllen. Angehörige sind Verlobte, der Ehegatte, Lebenspartner, Verwandte und Verschwägerte gerader Linie, Geschwister, Kinder der Geschwister, Ehegatten und Lebenspartner der Geschwister und Geschwister der Ehegatten und Lebenspartner, Geschwister der Eltern sowie Pflegeeltern und Pflegekinder.

Übersicht

	Rn.
A. Allgemeines	1
I. Regelungsinhalt der Vorschrift	1
1. Anwendungsbereich in persönlicher und zeitlicher Hinsicht	9
2. Kein Bewerbungsverbot	16
II. Praktische Bedeutung	17
B. Tatbestand des § 6 VgV	18
I. Auftraggeberseite	18
1. Organmitglieder	19
2. Mitarbeiter des Auftraggebers	21
3. Mitarbeiter eines Beschaffungsdienstleisters	22
4. Sonderfälle	25
II. Mitwirkung im Vergabeverfahren	28
1. Begriff des Vergabeverfahrens	29
2. Begriff der Mitwirkung	30
3. Darlegungs- und Feststellungslast	32
III. Vorliegen eines Interessenkonflikts	34
IV. Vermutung eines Interessenkonflikts	38
1. § 6 Abs. 3 Nr. 1 VgV	39
2. § 6 Abs. 3 Nr. 2 VgV	40
3. § 6 Abs. 3 Nr. 3 lit. a) VgV	44
4. § 6 Abs. 3 Nr. 3 lit. b) VgV	47
V. Erstreckung des Mitwirkungsverbots auf Angehörige	54
VI. Widerlegung der Vermutung eines Interessenkonflikts	55
C. Rechtsfolgen eines Verstoßes	60

A. Allgemeines

I. Regelungsinhalt der Vorschrift

1 § 6 VgV dient zum einen der Umsetzung des Artikels 24 der Richtlinie 2014/24/EU und greift zum anderen die bisherige Regelung des § 16 der VgV a. F. auf. Trotz einiger inhaltlicher und struktureller Änderungen entfernt sich die Vorschrift des § 6 VgV damit nicht zu weit von der Vorschrift des §§ 16 VgV a. F. Die umfangreiche Kasuistik und die Literatur zu § 16 VgV a. F. kann deshalb für die Auslegung von § 6 VgV herangezogen werden.[1]

Die Vorschrift regelt – als Ausfluss des Gleichbehandlungsgrundsatzes (§ 97 Abs. 2 GWB) – die Neutralitätspflicht des öffentlichen Auftraggebers bei der Durchführung von Vergabeverfahren. Danach ist sicherzustellen, dass für den Auftraggeber nur unvoreingenommene Personen tätig werden, deren Interessen mit denen auf Bieter-/Bewerberseite nicht verknüpft sind.[2] Voreingenommenen Personen, bei denen also ein Interessenkonflikt besteht, wird dagegen von vornherein die Mitwirkung an Entscheidungen in einem Vergabeverfahren untersagt. Dadurch wird einer potentiellen Ungleichbehandlung vorgebeugt. Die Neutralitätspflicht setzt damit früher an als das Gleichbehandlungsgebot i. e. S., das eine konkrete Ungleichbehandlung ohne rechtfertigenden Grund verbietet.[3]

2 Grob zusammengefasst untersagt die Vorschrift des § 6 VgV dem öffentlichen Auftraggeber, solche Personen an Entscheidungen in einem Vergabeverfahren mitwirken zu lassen, deren Unparteilichkeit und Unabhängigkeit auf Grund ihrer (beruflichen, wirtschaftlichen oder familiären) Nähe zu einem Bieter oder Bewerber beeinträchtigt sein kann. Hierzu bestimmt § 6 Abs. 1 VgV zunächst das grundsätzliche Verbot einer Mitwirkung an Vergabeverfahren im Falle eines Interessenkonflikts. In Abs. 2 wird beschrieben, wann ein Interessenkonflikt gegeben ist, der ein Mitwirkungsverbot begründet. In den Abs. 3 und 4 werden gesetzliche Vermutungen aufgestellt, unter welchen Umständen bei den in Abs. 1 genannten Personen ein Interessenkonflikt vorliegt.

3 Im Gegensatz zum bisherigen Recht knüpft das in § 6 normierte Mitwirkungsverbot nicht automatisch an die Bieter- und Bewerberstellung an. § 16 VgV a. F. differenzierte zwischen denjenigen Personen, deren Voreingenommenheit unwiderlegbar vermutet wurde (z. B. Bieter und Bewerber) und die deshalb ohne weitere Einzelfallprüfung von einer Mitwirkung am Vergabeverfahren ausgeschlossen waren (§ 16 Abs. 1 Nr. 1 und 2 VgV a. F.), und denjenigen Personen, deren Voreingenommenheit nur widerlegbar vermutet wurde und für die dem öffentlichen Auftraggeber der Nachweis offen stand, dass im konkreten Fall kein Interessenkonflikt bestand (§ 16 Abs. 1 Nr. 3 VgV a.F.). Nach der Neuregelung in § 6 Abs. 3 VgV kann die Vermutung eines Interessenkonflikts in allen Fällen und bei allen Personen widerlegt werden.

Tatbestandsvoraussetzung ist damit nicht eine bestimmte Stellung oder Funktion, sondern das tatsächliche Vorliegen eines Interessenkonflikts. Ein solcher besteht für eine Person, die an der Durchführung des Vergabeverfahrens beteiligt ist oder Einfluss auf den Ausgang eines Vergabeverfahrens nehmen kann, wenn diese ein direktes oder indirektes finanzielles, wirtschaftliches oder persönliches Interesse hat, das ihre Unparteilichkeit und Unabhängigkeit im Rahmen des Vergabeverfahrens beeinträchtigen könnte. Mit dieser unbestimmten Tatbestandsvoraussetzung wird der Anwendungsbereich des § 6 VgV gegenüber demjenigen des § 16 VgV a. F. erweitert. Es genügt ein „persönliches Interesse", von dem man annehmen „könnte", dass es die Unabhängigkeit beeinträchtigt und das auch lediglich „indirekt" sein muss.[4]

4 Damit unterscheidet sich die vergaberechtliche Neutralitätspflicht nach § 6 VgV von der verwaltungsverfahrensrechtlichen Neutralitätspflicht nach § 20 VwVfG, nach der bestimmte Personen, z. B. Verfahrensbeteiligte, wegen einer unwiderlegbaren Vermutung eines Interessenskonflikts a priori ausgeschlossen sind. Auf diese Norm war vereinzelt zurückgegriffen worden,

---

[1] So schon im Hinblick auf die europäische Vorgabe *Sturhahn* in Pünder/Schellenberg Vergaberecht, 2. Aufl., VgV § 16 Rdn. 3.
[2] VK Bund, Beschluss vom 1.8.2008 – VK 2–88/08; VK Lüneburg, Beschluss vom 6.9.2004 – 203-VgK 39/2004; VK Lüneburg, Beschluss vom 14.6.2005 – VgK-22/2005.
[3] Vgl. dazu *Sturhahn* in Pünder/Schellenberg Vergaberecht, 2. Aufl., VgV § 16 Rdn. 1. In diesem Zusammenhang ist zu berücksichtigen, dass eine konkrete Ungleichbehandlung von einem (darlegungs- und beweispflichtigen) Bieter in der Regel nicht belegt werden kann. Mit dem präventiven Mitwirkungsverbot wird ein objektiver und belegbarer „Vergabeverstoß" normiert.
[4] So schon *Sturhahn* in Pünder/Schellenberg Vergaberecht, 2. Aufl., VgV § 16 Rdn. 6.

solange die Neutralitätspflicht noch nicht im Vergaberecht normiert war.[5] Den formalen und inhaltlichen Bedenken gegen diesen Rückgriff[6] wurde mit der Regelung des § 16 VgV – und nunmehr mit § 6 VgV – Rechnung getragen.[7] Zur Auslegung des § 6 VgV kann allerdings auf die zu § 20 VwVfG ergangene Rechtsprechung zurückgegriffen werden.[8]

Neben § 6 VgV gilt außerdem § 97 Abs. 2 GWB. Dieser ist in der Normenhierarchie gegenüber § 6 VgV höherrangig. Im Einzelfall ist deshalb zu prüfen, ob ein Interessenkonflikt, der von § 6 VgV nicht erfasst wird, möglicherweise gegen § 97 Abs. 2 GWB verstößt.[9]

Für Bauvergaben oberhalb der EU-Schwellenwerte verweist § 2 EU Abs. 5 VOB/A hinsichtlich der Regelung, wann natürliche Personen bei Entscheidungen in einem Vergabeverfahren für einen öffentlichen Auftraggeber wegen eines Interessenkonflikts nicht mitwirken dürfen, auf die Regelung des § 6 VgV. Dieser Verweis ist deklaratorisch. Gemäß § 2 VgV gelten für die Vergabe von Bauaufträgen oberhalb der EU-Schwellenwerte neben dem zweiten Abschnitt der VOB/A u. a. auch Abschnitt 1 der VgV, der § 6 VgV enthält.

Gegenüber der Vorschrift des § 4 Abs. 2 RPW, die ebenfalls den Ausschluss von Personen regelt, ist § 6 VgV vorrangig.[10]

Die Neutralitätspflicht des Auftraggebers führt daneben zu der sogenannten **Projektantenproblematik**, die jedoch **nicht Gegenstand von § 6 VgV** ist, sondern in § 7 VgV geregelt wird.[11] Projektanten sind Bieter oder Bewerber, die vor Einleitung des Vergabeverfahrens den Auftraggeber beraten oder sonst unterstützt haben und die deshalb als **Bieter oder Bewerber** an dem Vergabeverfahren nicht teilnehmen dürfen, wenn nicht sichergestellt ist, dass der Wettbewerb hierdurch nicht verfälscht wird. **Ausgeschlossene Personen** im Sinne des § 6 VgV sind dagegen Auftraggeber (einschließlich Beauftragte und Mitarbeiter desselben), die zugleich Bieter/Bewerber sind oder ein Näheverhältnis zu einem Bieter/Bewerber haben und deshalb **als Auftraggeber** nicht an dem Vergabeverfahren teilnehmen dürfen. Die Behandlung von Projektanten ist – neben § 7 VgV – für die Vergabe von Bauaufträgen auch in § 6 EU Abs. 3 Nr. 4 VOB/A.

1. Anwendungsbereich in persönlicher und zeitlicher Hinsicht. Normadressat des § 6 VgV ist **ausschließlich der öffentliche Auftraggeber**. Ihm alleine wird die Verpflichtung auferlegt, die betreffenden Personen von einer Mitwirkung im Vergabeverfahren fernzuhalten. Allerdings können die Folgen eines Interessenkonflikts ausnahmsweise auch den Bieter treffen. Gemäß § 124 Abs. 1 Nr. 5 GWB kann der öffentliche Auftraggeber unter Berücksichtigung des Grundsatzes der Verhältnismäßigkeit ein Unternehmen zu jedem Zeitpunkt des Vergabeverfahrens von der Teilnahme an diesem Verfahren ausschließen, wenn ein Interessenkonflikt bei der Durchführung des Vergabeverfahrens besteht, der die Unparteilichkeit und Unabhängigkeit einer für den öffentlichen Auftraggeber tätigen Person bei der Durchführung des Vergabeverfahrens beeinträchtigen könnte und der durch andere, weniger einschneidende Maßnahmen nicht wirksam beseitigt werden kann.

Mitwirkungsverbote, die sich unmittelbar an ein **Unternehmen** richten, können sich aus § 124 Abs. 1 Nr. 5 GWB[12] sowie aus § 124 Abs. 1 Nr. 6 GWB, § 7 VgV und § 2 EU Abs. 5 VOB/A („Projektantenproblematik") ergeben.

Nach seinem Wortlaut erfasst § 6 VgV alleine voreingenommene **natürliche Personen**. Für die Anwendbarkeit der Norm genügt es deshalb nicht, wenn sich die widerstreitenden Interessen in einer organisatorischen Einheit (wie z. B. in einem Konzernverbund) treffen. § 6 VgV kommt mithin bei solchen Personen nicht zur Anwendung, die lediglich in einer Nähebeziehung zu einem konzernverbundenen Unternehmen des Bieters oder Bewerbers stehen.[13]

Das Mitwirkungsverbot gilt für das **Vergabeverfahren** und damit für die Dauer dieses Vergabeverfahrens. Während ein Vergabeverfahren in formeller wie in materieller Hinsicht im selben

---

[5] OLG Brandenburg NZBau 2000, 30 ff.
[6] Vgl. OLG Stuttgart NZBau 2000, 301 ff.
[7] Vgl. dazu *Sturhahn* in Pünder/Schellenberg Vergaberecht, 2. Aufl., VgV § 16 Rdn. 1; *Kratzenberg* NZBau 2001, 119, 121; *Quilisch/Fietz* NZBau 2001, 540 ff.
[8] Ebenso *Ganske* in Reidt/Stickler/Glahs Vergaberecht 3. Aufl., VgV § 16 Rdn. 3.
[9] Vgl. *Röwekamp* in KKMPP, VgV, 1. Aufl. 2017, § 6 Rn. 8.
[10] OLG München NZBau 2013, 661; VK Sachsen, Beschluss vom 5.5.2014 – 1/SVK/010-14 = IBR 2014, 685.
[11] Vgl. dazu die Kommentierung zu § 7 VgV.
[12] Vgl. dazu *Röwekamp* in KKMPP VgV, 1. Aufl. 2017, § 6 Rn. 12.
[13] VK Sachsen, Beschluss vom 26.6.2009 – 1/SVK/024/09 = IBR 2009, 664.

Zeitpunkt endet, nämlich mit Zuschlagserteilung oder rechtsbeständiger Aufhebung bzw. Einstellung des Verfahrens[14], unterscheidet sich der **Beginn des Vergabeverfahrens** in materieller und formeller Hinsicht. Formell beginnt ein Vergabeverfahren mit Absendung der Bekanntmachung (vgl. § 3 Abs. 3 VgV), in materieller Hinsicht mit den organisatorischen und planerischen Schritten zur Umsetzung eines Beschaffungsvorhabens.[15] In diesem Zeitraum zwischen formellem und materiellem Beginn des Vergabeverfahrens trifft der Auftraggeber wesentliche Entscheidungen, beispielsweise über die Verfahrensart und den Inhalt der Vergabeunterlagen, so dass die Frage von Bedeutung ist, ob das Mitwirkungsverbot erst ab formellem Verfahrensbeginn oder schon ab materiellem Verfahrensbeginn gilt.

Im Hinblick auf die Relevanz der Entscheidungen vor dem formellen Verfahrensbeginn sowie die grundsätzliche Neutralitätsverpflichtung des Auftraggebers spricht viel dafür, das Mitwirkungsverbot auf den materiellen Verfahrensbeginn zu erstrecken.[16] Auch verfängt das zur Vorgängervorschrift in § 16 VgV a. F. vorgebrachte Gegenargument, dass sich das Mitwirkungsverbot nur an Bieter oder Bewerber (oder zu diesen nahestehenden Personen) richte, für die Neuregelung in § 6 VgV nicht mehr. In der vergaberechtlichen Terminologie wird ein am Auftrag interessiertes Unternehmen Bewerber, wenn es sich aktiv und offenkundig um einen Auftrag bemüht, beispielsweise durch Anfordern der Vergabeunterlagen im offenen Verfahren[17] oder durch die Stellung des Teilnahmeantrags im nichtoffenen und im Verhandlungsverfahren. Durch Abgabe eines Angebots wird der Bewerber schließlich zum Bieter.[18] Durch die Beschränkung des Mitwirkungsverbots auf Personen, die zumindest den Bewerberstatus innehaben, wurde in § 16 VgV a. F. der Beginn des Mitwirkungsverbots auf den Zeitpunkt der Anforderungen der Vergabeunterlagen im offenen Verfahren[19] sowie der Abgabe des Teilnahmeantrags im nichtoffenen Verfahren sowie im Verhandlungsverfahren nach hinten verschoben.[20] § 6 VgV erstreckt das Mitwirkungsverbot demgegenüber über Bieter und Bewerber (sowie diesen nahestehende Personen) hinaus auf alle am Vergabeverfahren beteiligten Personen, so dass aus dem Bieter- und Bewerberstatus kein zeitlicher Rahmen hergeleitet werden kann. Indes zeigt die Regelung des § 7 VgV, dass die Beteiligung (späterer) Bieter und Bewerber an der Vorbereitung eines Vergabeverfahrens nicht grundsätzlich verboten ist. Der Gesetzgeber differenziert mithin zwischen der Verfahrensvorbereitung und dem Verfahren selbst. Mit § 7 VgV wird Art. 41 der Richtlinie 2014/24/EU umgesetzt. Aus der Richtlinie ergibt sich eindeutig, dass der europäische Gesetzgeber bspw. die Markterkundung dem Stadium der Verfahrensvorbereitung zuordnet. Eine Markterkundung setzt in aller Regelung eine Beschaffungsentscheidung voraus und erfolgt somit nach dem materiellen Beginn eines Vergabeverfahrens. Der gesetzgeberische Wille ist daher offenbar dahin, dass das Mitwirkungsverbot wegen Interessenkonflikten erst für das Stadium nach dem formalen Beginn eines Vergabeverfahrens gilt. Das führt dazu, dass der zeitliche Beginn des Anwendungsbereichs von § 6 VgV eindeutig bestimmbar und die Schnittstelle zwischen § 6 VgV (Vergabeverfahren) und § 7 VgV (Vergabevorbereitung) transparent ist. Das Mitwirkungsverbot nach § 6 VgV kann also erst nach dem förmlichen Beginn eines Vergabeverfahrens eintreten.

---

[14] Das ist aus § 160 Abs. 2 Satz 1 GWB abzuleiten.
[15] Vgl. die Kommentierung zu § 3 Abs. 3 VgV.
[16] Ebenso VK Bund, Beschluss vom 24.4.2012 – VK 2-169/11. **AA** die wohl überwiegende Auffassung, vgl. dazu *Röwekamp* in KKMPP VgV, 1. Aufl. 2017, § 6 Rn. 11 m. w. N.
[17] Soweit Vergabeunterlagen nicht angefordert, sondern von der Homepage der Vergabestelle heruntergeladen werden, dürfte auf die Angebotsabgabe als erste offenkundige Tätigkeit abzustellen sein.
[18] OLG Koblenz NZBau 2002, 699, 700; *Schröder* NVwZ 2004, 168, 169; *Schneider* Primärrechtsschutz nach Zuschlagserteilung bei einer Vergabe öffentlicher Aufträge S. 189 f.; **aA** *Hoffmann* NZBau 2008, 749, 750, wonach „Bieter" jeder sein soll, der zum einen ein Interesse am Auftrag und zum anderen einen entsprechenden Schaden hat.
[19] Auf den Zeitpunkt der Angebotsabgabe ist nicht abzustellen, weil auch im offenen Verfahren ein Bewerberstatus (infolge des Anforderns der Vergabeunterlagen) dem Bieterstatus (infolge Angebotsabgabe) vorangeht.
[20] Vgl. OLG Koblenz NZBau 2002, 699, 700; Thüringer OLG NZBau 2003, 624; *Müller* in Byok/Jaeger Kommentar zum Vergaberecht 3. Aufl., VgV § 16 Rdn. 28; *Ganske* in Reidt/Stickler/Glahs Vergaberecht 3. Aufl., VgV § 16 Rdn. 9; *Voppel* VergabeR 2003, 580; *Erdl* VergabeR 2002, 629, 630; **aA** OLG Hamburg NZBau 2003, 172; wohl auch VK Bund 24.4.2012 – VK 2-169/11. **Zu weitgehend** *Erdl* VergabeR 2002, 629, 630, die bei einem Offenen Verfahren mit einem voraussichtlich kleinen und überschaubaren Bieterkreis auch alle Maßnahmen und Entscheidungen des Auftraggebers einbeziehen will, die zeitlich vor der Angebotsabgabe liegen.

Vorbereitungsmaßnahmen, die nach alledem von § 6 VgV nicht erfasst werden, können 12 im Einzelfall allerdings auf eine Verletzung des Wettbewerbsgrundsatzes (§ 97 Abs. 1 GWB) und des Gleichbehandlungsgebots (§ 97 Abs. 2 GWB) zu untersuchen sein. Die Beteiligung von späteren Bietern oder Bewerbern sowie von diesen nahestehenden Personen an den in Rede stehenden Vorbereitungsmaßnahmen kann zum Beispiel auf Grund von daraus resultierenden Informationsvorsprüngen zu relevanten **Wettbewerbsverzerrungen** führen.

Daneben ist zu beachten, dass nicht selten bereits im Zeitpunkt der Planung einer Beschaffung 13 spätere Bieter und Bewerber bereits feststehen, z. B. weil der Anbietermarkt begrenzt ist und deshalb mit dem Angebot eines jeden Marktanbieters zu rechnen ist, so dass auch schon vor der förmlichen Einleitung eines Vergabeverfahrens bzw. vor dem Eintritt von Bietern und Bewerbern in das Verfahren Personen voreingenommen sein können. Relevant ist in diesen Fällen allerdings nur ein konkreter Verstoß gegen den Wettbewerbs- oder Gleichbehandlungsgrundsatz. Das heißt: Die bloße Beteiligung einer in diesem Sinne voreingenommenen Person an einer Vorbereitungsmaßnahme, also die potentielle Ungleichbehandlung, ist außerhalb des Anwendungsbereichs des § 6 VgV nicht verboten. Anders ausgedrückt: Außerhalb des § 6 VgV gibt es keinen vorbeugenden Schutz vor potentiellen Ungleichbehandlungen, sondern nur gegen konkrete eingetretene Ungleichbehandlungen.

Gleichwohl sollten öffentlichen Auftraggeber wie potentielle Bewerber und Bieter eine 14 etwaige Mitwirkung an der Vorbereitung eines Vergabeverfahrens sorgfältig abwägen. Wenn hierdurch eine Wettbewerbsverzerrung in dem späteren Vergabeverfahren droht, sieht § 124 Abs. 1 GWB als ultima ratio den Ausschluss des vorbefassten Unternehmens vor.[21]

Das **Mitwirkungsverbot** endet spätestens mit dem rechtsgültigen Abschluss des Vergabe- 15 verfahrens, in der Regel also mit der **rechtsgültigen** Zuschlagserteilung oder der **rechtsbeständigen** Aufhebung des Vergabeverfahrens.[22] Weil das Mitwirkungsverbot gemäß § 6 Abs. 1 VgV an das Bestehen eines Interessenkonflikts gebunden ist, ist ein früheres Ende des Mitwirkungsverbots denkbar, wenn der Interessenkonflikt entfallen ist.

2. Kein Bewerbungsverbot. § 6 VgV enthält weder **ein Bewerbungsverbot** für den 16 betreffenden Bieter oder Bewerber[23] noch einen Ausschlussgrund für Teilnahmeanträge oder Angebote.[24] § 6 VgV untersagt voreingenommenen Personen die Mitwirkung am Vergabeverfahren als Auftraggeber, nicht aber als Bieter. Ihre Missachtung zieht deshalb – anders als dies etwa der Fall ist, wenn ein Projektant am Vergabeverfahren teilnimmt – zwar die Fehlerhaftigkeit des Vergabeverfahrens, nicht aber den zwingenden Angebotsausschluss nach sich.[25]

Auch ist der betreffende Bieter nicht verpflichtet, von sich aus den Auftraggeber auf den u. U. erforderlichen Ausschluss einer Person von dem Vergabeverfahren hinzuweisen. Eine solche Verpflichtung folgt weder aus § 160 Abs. 3 GWB noch aus den vorvertraglichen Hinweispflichten.[26]

II. Praktische Bedeutung

§ 6 VgV hat eine große praktische Bedeutung, die sich nicht nur an den zahlreichen ver- 17 gaberechtlichen Entscheidungen zu dieser Norm, sondern auch an dem auf Auftraggeberseite mittlerweile erkannten Bedarf an organisatorischen Vorkehrungen wiederspiegelt, mit denen die zu einem Mitwirkungsverbot führenden Interessenkollisionen vermieden werden können. Besonderes Augenmerk gilt zum einen dem Aufbau privatrechtlicher Konzernstrukturen. Wenn Tochtergesellschaften potentielle Auftragnehmer der Muttergesellschaft (als öffentlicher Auftraggeber) sind, führen personelle Verflechtungen der Gesellschaften zu Interessenkonflikten. Zum anderen birgt die Hinzuziehung von Beratern Konfliktpotential, wenn diese zugleich geschäftliche Beziehungen zu Bietern haben.

---

[21] Vgl die Kommentierung von § 7 VgV.
[22] *Ganske* in Reidt/Stickler/Glahs Vergaberecht 3. Aufl., VgV § 16 Rdn. 10.
[23] Thüringer OLG VergabeR 2003, 577, 578 f. mit Anm. v. *Voppel*. **AA** ohne nähere Begründung dagegen Thüringer OLG, Beschluss vom 20.6.2005 – 9 Verg 3/05.
[24] VK Bund 1.8.2008 – VK 2-88/08; VK Nordbayern 27.6.2008 – 21.VK-3194-23/08.
[25] Ebenso *Ganske* in Reidt/Stickler/Glahs Vergaberecht 3. Aufl., VgV § 16 Rdn. 5.
[26] OLG München NZBau 2013, 661.

B. Tatbestand des § 6 VgV

I. Auftraggeberseite

18 § 6 Abs. 1 1. Halbsatz VgV zählt abschließend die Funktionen auf, die auf Auftraggeberseite zu einem Mitwirkungsverbot führen können. Bezugsperson ist dabei der öffentliche Auftraggeber, also der in der Bekanntmachung und den Vergabeunterlagen benannte zukünftige Vertragspartner. Dieser ist nicht notwendigerweise mit der Vergabestelle identisch, die das Vergabeverfahren durchführt. Die Vergabestelle ist in diesen Fällen jedoch ein im Namen des Auftraggebers handelnder Beschaffungsdienstleister, so dass sie bzw. ihre Mitarbeiter ebenfalls dem Mitwirkungsverbot unterfallen.

19 **1. Organmitglieder.** Das Mitwirkungsverbot umfasst zunächst **Organmitglieder** des öffentlichen Auftraggebers. Gemeint sind damit natürliche Personen, die fest in die Organisation des öffentlichen Auftraggebers eingebunden sind. Ob es sich um Leitungs-, Aufsichts-, Willensbildungs- oder Beratungsorgane handelt, ist unerheblich. Ist der Auftraggeber privatrechtlich organisiert, zählen zu jenem Personenkreis beispielsweise Vorstände, Geschäftsführer, Aufsichtsräte, die Mitglieder der Gesellschafter- und Hauptversammlungen einschließlich der Kleinaktionäre. Bei Personengesellschaften[27] ist darauf abzustellen, ob die Gesellschafter in einer organähnlichen Funktion tätig sind. Handelt es sich bei dem öffentlichen Auftraggeber um eine juristische Person des öffentlichen Rechts, unterfallen dem Begriff des Organmitglieds u.a. Regierungs- und Parlamentsmitglieder, Gemeinderäte, Landräte, Magistrate und Bürgermeister.[28]

20 Falls das Organmitglied keine natürliche Person, sondern seinerseits eine juristische Person ist, muss das Mitwirkungsverbot auf diejenigen natürlichen Personen erstreckt werden, die ihrerseits Organmitglieder dieser juristischen Person sind. Diese Erweiterung ist vom Wortlaut des § 6 VgV gedeckt.[29]

21 **2. Mitarbeiter des Auftraggebers.** Als von der Mitwirkung im Vergabeverfahren ausgeschlossene Personen kommen darüber hinaus die **Mitarbeiter des öffentlichen Auftraggebers** in Betracht. Dieser Personenkreis ist dadurch gekennzeichnet, dass er auf Grund eines zum Auftraggeber bestehenden Rechtsverhältnisses (typischerweise eines Beamten- oder Anstellungsverhältnisses) für diesen tätig ist. Auf Art und Umfang der Tätigkeit kommt es nicht an, so dass auch Teilzeitkräfte und freie Mitarbeiter unter den Rechtsbegriff des Mitarbeiters zu subsumieren sind.[30] Auch eine Entgeltlichkeit ist im Umkehrschluss zu § 6 Abs. 3 Nr. 3 VgV keine Voraussetzung für einen Mitarbeiterstatus.[31] Unerheblich ist auch, ob die Personen weisungsgebunden sind oder nicht.[32]

22 **3. Mitarbeiter eines Beschaffungsdienstleisters.** Als dritte Personengruppe kann das Mitwirkungsverbot Mitarbeiter eines **Beschaffungsdienstleisters,** der im Namen des öffentlichen Auftraggebers handelt, treffen. Diese Fallgruppe, d.h. sowohl der Begriff des Beschaffungsdienstleisters, als auch der Begriff des Mitarbeiters eines solchen, ist weit auszulegen. Beschaffungsdienstleister ist, wer einen öffentlichen Auftraggeber im Zusammenhang mit der Vorbereitung und Durchführung eines Vergabeverfahrens berät. Dazu gehören beispielsweise Rechtsanwälte, Steuerberater, Unternehmensberater, Ingenieure und Architekten.[33] Beschaffungsdienstleister des Auftraggebers ist auch das vom Auftraggeber ausgewählte und bestimmte Preisgericht.[34] Beschaffungsdienstleister eines öffentlichen Auftraggebers ist auch eine selbständige **Vergabestelle,** die für den Auftraggeber das Vergabeverfahren durchführt. Mitarbeiter der Vergabestelle unterfallen dem Mitwirkungsverbot.

---

[27] Auch eine Personengesellschaft kann öffentlicher Auftraggeber sein; vgl. dazu OLG Düsseldorf 6.7.2005 – Verg 22/05; OLG Celle 14.9.2006 – 13 Verg 3/06 = VergabeR 2007, 86; *Eschenbruch* in KKPP GWB-Vergaberecht, 4. Aufl. 2016, § 99 Rd. 35 und § 100 Rn. 40 ff.
[28] Vgl. zu allem: *Müller* in Byok/Jaeger Kommentar zum Vergaberecht 3. Aufl., VgV § 16 Rdn. 21; *Sturhahn* in Pünder/Schellenberg Vergaberecht, 2. Aufl., VgV2. Aufl., § 16 Rdn. 9.
[29] Im Ergebnis ebenso *Sturhahn* in Pünder/Schellenberg Vergaberecht, 2. Aufl., VgV § 16 Rdn. 9.
[30] Vgl. *Müller* in Byok/Jaeger Kommentar zum Vergaberecht 3. Aufl., VgV § 16 Rdn. 22 m.w.N.
[31] *Sturhahn* in Pünder/Schellenberg Vergaberecht, 2. Aufl., VgV § 16 Rdn. 10.
[32] VK Bund, Beschluss vom 24.4.2012 – VK 2–169/11.
[33] Vgl. *Müller* in Byok/Jaeger Kommentar zum Vergaberecht 3. Aufl., VgV § 16 Rdn. 23 m.w.N.
[34] OLG München NZBau 2013, 661; VK Sachsen, Beschluss vom 5.5.2014 – 1/SVK/010-14 = IBR 2014, 685.

Ein Dienst- bzw. Dienstleistungsvertrag ist keine Voraussetzung für die Qualifikation als 23
„Beschaffungsdienstleister", vielmehr genügt jeder Vertrag, aufgrund dessen eine Person im
Interesse des Auftraggebers für diesen tätig werden kann (also beispielsweise auch ein als Werkvertrag einzuordnender Planervertrag). Ebenso wenig ist die (Un-)Entgeltlichkeit Kriterium für
eine Beschaffungsdienstleistung im Sinne von § 6 Abs. 1 VgV.[35]

Der Mitarbeiter eines Beschaffungsdienstleisters gehört ebenso wie der Mitarbeiter des Auf- 24
traggebers zum Personenkreis, der einem Mitwirkungsverbot unterliegen kann. Der Begriff des
Mitarbeiters muss weit ausgelegt werden. Gemeint sind diejenigen natürlichen Personen, die im
Rahmen der Beschaffungsdienstleistung tätig werden. Setzt der öffentliche Auftraggeber ein nur
aus einem Inhaber bestehendes Planungsbüro als Beschaffungsdienstleister ein, ist der dann tätige
Inhaber „Mitarbeiter". Ist Beschaffungsdienstleister des öffentlichen Auftraggebers keine natürliche, sondern eine juristische Person, gehören nach Sinn und Zweck des § 6 VgV zu den
Mitarbeitern auch die Organmitglieder des Dienstleisters. Denn sie sind diejenigen natürlichen
Personen, die im Rahmen einer Beauftragung für den öffentlichen Auftraggeber tätig werden.[36]
Bloße Anteilseigner der beauftragten juristischen Person werden demgegenüber von § 6 VgV
nicht erfasst, weil sie nicht für den Auftraggeber tätig werden.[37]

4. Sonderfälle. Beauftragt der Beschaffungsdienstleister seinerseits einen Dritten, ihn bei 25
der Beschaffungsdienstleistung zu unterstützen (**„Unterbeauftragten"**), unterfällt dieser nach
dem Wortlaut des § 6 Abs. 1 VgV keinem Mitwirkungsverbot. Das heißt: Wenn nicht der
öffentliche Auftraggeber, sondern die Vergabestelle ein Beratungsunternehmen beauftragt, das
zugleich geschäftliche Beziehungen zu einem Bieter führt, wäre die Mitwirkung dieses
Beratungsunternehmens nicht untersagt. Auf diese Weise könnte das Mitwirkungsverbot des
§ 6 VgV ohne weiteres umgangen werden. Sinn und Zweck des § 6 Abs. 1 VgV gebieten
deshalb eine Erweiterung des Mitwirkungsverbots im Wege der Auslegung auch auf Unterbeauftragte.[38]

Bei einer **Auftraggebergemeinschaft** wird ein Mitwirkungsverbot bereits dann ausgelöst, 26
wenn die natürliche Person bei einem der Auftraggeber eine der in § 6 Abs. 1 1. Halbsatz VgV
genannten Funktionen innehat. Gleiches gilt bei **verbundenen Unternehmen auf Auftraggeberseite**, das heißt: Eine natürliche Person, die bei einem mit dem Auftraggeber verbundenen
Unternehmen eine Funktion im Sinne von § 6 Abs. 1 1. Halbsatz innehat, darf im Fall eines
Interessenkonflikts an Entscheidungen im Vergabeverfahren nicht mitwirken. Denn das verbundene Unternehmen, das den Auftraggeber mit eigenen Mitarbeitern im Vergabeverfahren
unterstützt, ist als Beschaffungsdienstleister anzusehen, so dass dessen Mitarbeiter unter § 6
Abs. 1 1. Halbsatz Var. 3 VgV fallen. Auf eine in der Literatur diskutierte Anwendung von § 36
Abs. 2 GWB kommt es daher nicht an.[39]

Im Falle einer **mittelbaren Stellvertretung** auf Auftraggeberseite kommt es nicht darauf an, 27
ob die natürliche Person bei dem Stellvertreter oder dem Vertretenen eine Funktion im Sinne
von § 6 Abs. 1 1. Halbsatz VgV innehat und welcher von beiden Vertragspartner wird, weil die
Person stets (jedenfalls) als Mitarbeiter einer Beauftragten unter das Mitwirkungsverbot des § 6
Abs. 1 VgV fällt.

II. Mitwirkung im Vergabeverfahren

§ 6 Abs. 1 VgV verbietet, dass eine der vorstehend beschriebenen Personen im Fall eines 28
Interessenkonflikts für den Auftraggeber in einem Vergabeverfahren mitwirkt. Während sich das
Mitwirkungsverbot des § 16 VgV a. F. noch auf Entscheidungen in einem Vergabeverfahren
beschränkte, ist nach § 6 Abs. 1 F. jede Mitwirkung in einem Vergabeverfahren untersagt.

1. Begriff des Vergabeverfahrens. In **zeitlicher Hinsicht** ist damit der Zeitraum zwischen 29
dem formellen Beginn des Vergabeverfahrens bis zu dessen rechtsbeständigem Abschluss ge-

---

[35] Ebenso *Müller* in Byok/Jaeger Kommentar zum Vergaberecht 3. Aufl., VgV § 16 Rdn. 23.
[36] Ebenso: *Müller* in Byok/Jaeger Kommentar zum Vergaberecht 3. Aufl., VgV § 16 Rdn. 24 m. w. N.
Kritisch *Sturhahn* in Pünder/Schellenberg Vergaberecht, VgV § 16 Rdn. 8, der jedenfalls für die frühere
Rechtslage Organmitglieder von Beauftragten nicht vom Wortlaut des § 16 VgV gedeckt sieht und daher eine
analoge Anwendung von § 16 VgV für erforderlich hält.
[37] Zutreffend: *Müller-Wrede* in Ingenstau/Korbion VOB Teile A und B 15. Aufl., § 16 VgV Rdn. 5.
[38] Ebenso *Sturhahn* in Pünder/Schellenberg Vergaberecht, 2. Aufl., VgV § 16 Rdn. 11.
[39] Vgl. zum Ganzen *Sturhahn* in Pünder/Schellenberg Vergaberecht, 2. Aufl., VgV § 16 Rdn. 12.

meint. Das Vergabeverfahren beginnt formell mit der Auftragsbekanntmachung und endet typischerweise durch rechtswirksame Zuschlagserteilung oder rechtsbeständige Aufhebung der Ausschreibung.

30 **2. Begriff der Mitwirkung.** § 6 Abs. 1 VgV verlangt die Mitwirkung in einem Vergabeverfahren. Erfasst wird ausschließlich ein **aktives Tätigwerden** für den Auftraggeber. Die bloße Informationserteilung fällt deshalb nicht in den Geltungsbereich der Vorschrift.[40] Wenn die dem Mitwirkungsverbot unterliegende Person zwar Sitzungen im Rahmen des Vergabeverfahrens beiwohnt, sich an der Sitzung aber nicht aktiv beteiligt und ihre bloße Anwesenheit auch keinen Einfluss auf Sitzung und Sitzungsergebnisse hat, unterfällt dies nicht dem Verbot.[41]

31 Mitwirken ist jedwedes Tätigwerden für den Auftraggeber, das sich auf den weiteren Verlauf des Vergabeverfahrens auswirkt. Ob sich die Mitwirkungshandlung unmittelbar auf zu treffende Entscheidung selbst (etwa über den Ausschluss eines Angebots, die Angebotswertung oder die Aufhebung der Ausschreibung) oder nur auf deren Vorbereitung bezieht oder ob Einfluss auf verfahrensbeteiligte Mitarbeiter des Auftraggebers genommen wird, spielt für die Geltung des § 6 VgV keine Rolle.[42] Denn in allen Fällen wird die Meinungsbildung des öffentlichen Auftraggebers über das Verfahren oder die in ihm zu treffenden Sachentscheidungen beeinflusst.[43] Eine kausale Verknüpfung zwischen der Mitwirkung einer ausgeschlossenen Person und einer konkreten Ungleichbehandlung eines Bieters ist also nicht erforderlich.[44]

32 **3. Darlegungs- und Feststellungslast.** Im Vergabenachprüfungsverfahren liegt die **Darlegungs- und Feststellungslast** dafür, dass eine Person im Sinne von § 6 Abs. 1 1. Halbsatz VgV in einem Vergabeverfahren mitgewirkt hat, beim Bieter oder Bewerber, der einen Verstoß gegen § 6 VgV rügt.[45] Da er regelmäßig allerdings keinen genauen Einblick in die Verfahrensabläufe bei der Vergabestelle besitzt, wird es im Allgemeinen genügen, wenn er anhand von Indizien zumindest die ernsthafte Möglichkeit einer unstatthaften Mitwirkung betreffender Personen aufzeigt. Dies muss insbesondere dann genügen, wenn der betreffende Sachverhalt in den Vergabeakten nicht oder nur unzureichend dokumentiert ist, so dass der Antragsteller des Nachprüfungsverfahrens mit Hilfe des Akteneinsichtsrechts nach § 165 Abs. 1 GWB keinen sicheren Aufschluss gewinnen kann. Es ist dann Sache des öffentlichen Auftraggebers, den vorgetragenen Indizien entgegen zu treten und die wahren Vorgänge im Einzelnen darzulegen. Jenen Geschehensablauf hat der Bieter oder Bewerber sodann zu widerlegen.

33 Liegen **Dokumentationsmängel** vor, kann im Übrigen auch darauf alleine ein Nachprüfungsbegehren gestützt werden. Denn § 20 EU VOB/A und § 8 VgV sind bieterschützende Vorschriften im Sinne von § 97 Abs. 6 GWB.[46]

III. Vorliegen eines Interessenkonflikts

34 Das Mitwirkungsverbot des § 6 Abs. 1 VgV trifft nur solche Organmitglieder, Mitarbeiter des öffentlichen Auftraggebers oder Mitarbeiter eines im Namen des öffentlichen Auftraggebers handelnden Beschaffungsdienstleisters, bei denen ein Interessenkonflikt besteht. Ein Interessenkonflikt besteht gemäß § 6 Abs. 2 VgV für Personen, die auf Seiten des Auftraggebers an der Durchführung des Vergabeverfahrens beteiligt sind oder Einfluss auf den Ausgang eines Vergabeverfahrens nehmen können und die ein direktes oder indirektes finanzielles, wirtschaftliches oder persönliches Interesse haben, das ihre Unparteilichkeit und Unabhängigkeit im Rahmen des Vergabeverfahrens beeinträchtigen könnte.

35 Ein Interessenkonflikt im Sinne von § 6 Abs. 2 VgV kann damit nur solche Personen betreffen, die an der Durchführung des Vergabeverfahrens beteiligt sind oder Einfluss auf den Ausgang eines Vergabeverfahrens nehmen können. Diese Voraussetzung dürften in aller Regel

---

[40] OLG Düsseldorf, Beschluss vom 9.4.2003 – Verg 66/02 Umdruck S. 22; *Müller* in Byok/Jaeger Kommentar zum Vergaberecht 3. Aufl., VgV § 16 Rdn. 26 m. w. N.; *Ganske* in Reidt/Stickler/Glahs Vergaberecht 3. Aufl., VgV § 16 Rdn. 7.

[41] Ebenso: *Müller* in Byok/Jaeger Kommentar zum Vergaberecht 3. Aufl., VgV § 16 Rdn. 27.

[42] Vgl. *Müller* in Byok/Jaeger Kommentar zum Vergaberecht 3. Aufl., VgV § 16 Rdn. 26. Das OLG Koblenz VergabeR 2002, 617, 623 sieht auch in der Prüfung und **Beantwortung einer Rüge** eine Entscheidung und damit erst recht eine Mitwirkung, weil über eine (Nicht-)Abhilfe entschieden wird.

[43] Vgl. BayObLG NZBau 2000, 259.

[44] *Ganske* in Reidt/Stickler/Glahs Vergaberecht 3. Aufl., VgV § 16 Rdn. 7.

[45] Ebenso: *Müller-Wrede* in Ingenstau/Korbion VOB Teile A und B 15. Aufl., § 6 VgV Rdn. 7.

[46] Siehe hierzu die Kommentierung zu § 20 EU VOB/A i. V. m. § 8 VgV.

sämtliche „Organmitglieder oder Mitarbeiter des öffentlichen Auftraggebers oder eines im Namen des öffentlichen Auftraggebers handelnden Beschaffungsdienstleisters" (§ 6 Abs. 1 VgV) erfüllen. Denn das „Einfluss nehmen können" ist nicht rechtlich, sondern faktisch zu verstehen. Ein Interessenkonflikt kann also bei jeder Person bestehen, die rein tatsächlich auf den Ausgang eines Vergabeverfahrens Einfluss nehmen kann (und nicht nur bei einer Person, die rechtlich Einfluss nehmen darf).

Zweite Voraussetzung für einen Interessenkonflikt ist, dass die Person, die an der Durchführung des Vergabeverfahrens beteiligt ist oder Einfluss auf dessen Ausgang nehmen kann, ein direktes oder indirektes finanzielles, wirtschaftliches oder persönliches Interesse hat, das ihre Unparteilichkeit und Unabhängigkeit im Rahmen des Vergabeverfahrens beeinträchtigen könnte. § 6 Abs. 2 VgV geht danach zunächst von der Unparteilichkeit und Unabhängigkeit der in einem Vergabeverfahren mitwirkenden Personen aus. Nur dann, wenn diese Personen ein so erhebliches direktes oder indirektes finanzielles, wirtschaftliches oder persönliches Interesse haben, das ihre Unparteilichkeit und Unabhängigkeit beeinträchtigen kann, liegt ein Interessenkonflikt vor. Das bedeutet, dass nicht jedes finanzielle, wirtschaftliche oder persönliche Interesse zu einem Interessenkonflikt führt. Vielmehr muss eine Gesamtabwägung aller Umstände des Einzelfalls erfolgen. Dabei sind die gesetzlichen Wertungen, die den Vermutungstatbeständen von § 6 Abs. 3 und Abs. 4 VgV zu Grunde liegen, zu berücksichtigen. 36

Bei der Gesamtabwägung sind beispielsweise folgende Aspekte zu berücksichtigen: 37
- Intensität des eigenen wirtschaftlichen Interesses am wirtschaftlichen Wohlergehen des Bewerbers oder Bieters
- das Maß, in dem die betreffende Person dem Bieter oder Bewerber verpflichtet ist
- Art und Umfang einer persönlichen oder geschäftlichen Nähebeziehung zu einem Bewerber oder Bieter
- Intensität des inhaltlichen oder personellen Zusammenhangs zwischen der Tätigkeit und dem Vergabeverfahren
- Berufs- und standesrechtliche Regelungen zur Vermeidung von Interessenkonflikten
- freiwillige unternehmensbezogene Maßnahmen zur Vermeidung von Interessenkonflikten

IV. Vermutung eines Interessenkonflikts

Nicht zuletzt wegen der Unbestimmtheit der Definition des Interessenkonflikts in § 6 Abs. 2 VgV, die sich einer Vielzahl unbestimmter Rechtsbegriffe bedient, kommt den Vermutungstatbeständen des § 6 Abs. 3 und Abs. 4 VgV erhebliche praktische Bedeutung zu. Dort wird geregelt, unter welchen Voraussetzungen bei den in § 6 Abs. 1 VgV benannten Personen ein Interessenkonflikt zu vermuten ist. Im Gegensatz zur Vorgängerregelung in § 16 Abs. 1 VgV a. F. sind gesetzlichen Vermutungen in § 6 Abs. 3 und Abs. 4 VgV widerlegbar. 38

1. § 6 Abs. 3 Nr. 1 VgV. Ein Interessenkonflikt wird zunächst bei denjenigen Personen vermutet, die selbst – d.h. als natürliche Person[47] – als Bieter oder Bewerber an dem Vergabeverfahren teilnehmen. Bieter ist, wer ein Angebot eingereicht hat; Bewerber ist, wer sich aktiv und offenkundig um einen Auftrag bemüht, indem er sich beispielsweise in einem Nichtoffenen Verfahren oder im Verhandlungsverfahren um die Teilnahme am Vergabeverfahren beworben hat. Bei diesen Personen wird eine mit der Neutralitätspflicht des Auftraggebers unvereinbare Voreingenommenheit widerlegbar vermutet. 39

2. § 6 Abs. 3 Nr. 2 VgV. Ein Interessenkonflikt wird auch bei denjenigen Personen widerlegbar vermutet, die sowohl für den Auftraggeber in einem Vergabeverfahren mitwirken, als auch zugleich einen Bieter oder Bewerber **beraten** oder **unterstützen**. Typischerweise handelt es sich bei diesem Personenkreis um Freiberufler.[48] Ob sie ihre Tätigkeit für den Bieter oder Bewerber entgeltlich oder unentgeltlich erbringen, ist für die Anwendbarkeit des § 6 VgV ohne Bedeutung. Als Unterstützungsleistung genügt jedes unmittelbar fördernde Tätigwerden für den 40

---

[47] Ist Bieter oder Bewerber eine juristische Person, werden ihre Vertretungsorgane von § 6 Abs. 3 Nr. 2 3. Alt. VgV erfasst. Dasselbe gilt, wenn eine Gesellschaft bürgerlichen Rechts oder eine Personengesellschaft Bieter oder Bewerber ist. § 6 Abs. 3 Nr. 2 1. Alt. VgV erfasst damit in erster Linie Einzelkaufleute und Freiberufler.
[48] Eine selbständige Tätigkeit (als Freiberufler) ist aber Voraussetzung. Auch Tätigkeiten von Bediensteten des Auftraggebers, die in amtlicher Eigenschaft einen Bieter unterstützen, fallen unter diese Vorschrift (ebenso *Sturhahn* in Pünder/Schellenberg Vergaberecht, 2. Aufl., VgV § 16 Rdn. 19; **a. A.** *Ganske* in Reidt/Stickler/Glahs Vergaberecht 3. Aufl., VgV § 16 Rdn. 23).

Bieter oder Bewerber.[49] Die Äußerung zugunsten eines Bieters in einem Zeitungsinterview genügt dafür nicht[50], die Zurverfügungstellung erheblicher Kapazitäten für den Auftrag durch einen Nachunternehmer kann dagegen eine unmittelbare Förderung sein.[51] Die Beratungsleistung ist lediglich ein Anwendungsfall der in Betracht kommenden Unterstützungshandlungen.

41 Im Zusammenhang mit der Vorgängerregelung in § 16 Abs. 1 Nr. 2 VgV war streitig ist, ob sich die Beratungs- und Unterstützungsleistung auf das **konkrete Vergabeverfahren** beziehen muss.[52] Dieser Streit dürfte sich mit der Neuregelung in § 6 Abs. 3 Nr. 2 VgV erledigt haben. Die wesentlichen Argumente, die dafür sprachen, dass sich die Beratungs- und Unterstützungsleistung auf das konkrete Verfahren beziehen muss, lagen im Wortlaut der Vorgängernorm. Denn das Mitwirkungsverbot traf danach Personen „soweit sie **in diesem Verfahren** einen Bieter beraten oder sonst unterstützen." (§ 16 Abs. 1 Nr. 2 VgV a. F.). Damit war eine Unterstützung in dem konkreten Vergabeverfahren erforderlich. Dieser Wortlaut konnte auch nicht rein zeitlich in dem Sinne verstanden werden, dass nur eine Unterstützung „während dieses Verfahrens" erforderlich sei. Diese auf die Unterstützung im konkreten Vergabeverfahren abzielende Formulierung enthält § 6 Abs. 3 VgV nicht. Deshalb ist ein Näheverhältnis unmittelbar zum Bieter oder Bewerber ausreichend, wenn und solange dieses im Zeitpunkt der maßgeblichen Mitwirkungshandlung noch andauert.[53] Maßgebend ist also nicht die Unterstützung in dem konkreten Vergabeverfahren, sondern das durch eine grundsätzliche Unterstützung des Bieters/Bewerbers begründete Näheverhältnis zu diesem. Dementsprechend kann das Mitwirkungsverbot fortbestehen, wenn die Beratungs- oder Unterstützungsleistung lediglich für die Dauer des Vergabeverfahrens unterbrochen wird. Denn das aus der Beratungs- und Unterstützungstätigkeit resultierende Näheverhältnis kann in diesem Fall unverändert fortwirken. Gleiches gilt, wenn die gesetzliche Vertretung des Bieters oder Bewerbers bloß für die Dauer des Vergabeverfahrens aufgegeben wird. Anders ist hingegen der Fall zu beurteilen, dass die Beratungstätigkeit oder die Vertretung des Bieters oder Bewerbers im Zeitpunkt der Mitwirkung im Vergabeverfahren endgültig und ernsthaft aufgegeben worden ist.

42 Die Vermutung des § 6 Abs. 3 Nr. 2 VgV gilt ferner für die **gesetzlichen Vertreter** des Bieters oder Bewerbers. Das sind beispielsweise die Vorstandsmitglieder einer AG (§ 78 AktG) oder die Geschäftsführer einer GmbH (§ 35 GmbHG). Der Vermutungstatbestand erstreckt sich außerdem auf diejenigen, die den Bieter oder Bewerber in dem Vergabeverfahren[54] **(rechtsgeschäftlich) vertreten.** Nach dem Normzweck des § 6 Abs. 3 Nr. 2 VgV ist es ohne Belang, ob diese rechtsgeschäftliche Vertretung ausschließlich in jenem Vergabeverfahren stattfindet oder ob die betreffende Person den Bieter oder Bewerber darüber hinaus auch in weiteren Vergabeverfahren vertritt.

43 Sämtlichen Varianten des § 6 Abs. 3 Nr. 2 VgV ist gemein, dass das **Näheverhältnis unmittelbar zum Bieter oder Bewerber** – und nicht bloß zu einem mit ihm gesellschaftsrechtlich verbundenen Unternehmen[55] – bestehen muss. Das beschriebene Näheverhältnis muss überdies **im Zeitpunkt der** zur Beurteilung stehenden **Mitwirkungshandlung** noch **fortdauern.**[56]

44 **3. § 6 Abs. 3 Nr. 3 lit. a) VgV.** § 6 Abs. 3 Nr. 3 lit. a) VgV regelt den Fall der **Doppelmandate.** Ein Interessenkonflikt wird danach vermutet bei Personen, die beim Bieter oder Bewerber entweder entgeltlich beschäftigt sind oder seinem Vorstand, Aufsichtsrat oder einem gleichartigen Organ angehören.

---

[49] Teilweise wird eine „mit der Beratung vergleichbare Intensität" der Unterstützungsleistung gefordert (*Lux* in *Müller-Wrede*, VOL/A, § 6 Rdn. 59; *Sturhahn* in Pünder/Schellenberg Vergaberecht, 2. Aufl., VgV § 16 Rdn. 18), wobei unklar bleibt, welche Intensität eine Beratung im Sinne des § 6 Abs. 3 Nr. 2 VgV haben muss).
[50] OLG Celle, Beschluss vom 9.4.2009 – 13 Verg 7/08 = NZBau 2009, 394.
[51] Ebenso *Sturhahn* in Pünder/Schellenberg Vergaberecht, 2. Aufl., VgV § 16 Rdn. 18. Zu der Frage, ob die Tätigkeit von PPP-Kompetenzzentren als sonstige Unterstützung einzustufen ist, vgl. *Drömann/Finke* NZBau 2006, 79, 81.
[52] Dagegen OLG Celle, Beschluss vom 9.4.2009 – 13 Verg 7/08, NZBau 2009, 394; *Müller* in Byok/Jaeger Kommentar zum Vergaberecht 3. Aufl., VgV § 16 Rdn. 33 m. w. N; wohl auch *Ganske* in Reidt/Stickler/Glahs Vergaberecht 3. Aufl., VgV § 16 Rdn. 31.
[53] *Müller* in Byok/Jaeger Kommentar zum Vergaberecht 3. Aufl., VgV § 16 Rdn. 32.
[54] Ebenso: *Müller* in Byok/Jaeger Kommentar zum Vergaberecht 3. Aufl., VgV § 16 Rdn. 36.
[55] *Ganske* in Reidt/Stickler/Glahs Vergaberecht 3. Aufl., VgV § 16 Rdn. 20.
[56] *Müller* in Byok/Jaeger Kommentar zum Vergaberecht 3. Aufl., VgV § 16 Rdn. 32.

Unter den Begriff der **entgeltlich Beschäftigten** fallen typischerweise Anstellungsverhältnisse. Auf den Umfang (Voll- oder Teilzeitarbeit) und die Art der ausgeübten Tätigkeit kommt es ebenso wenig an wie auf die Position und Funktion, welche die betreffende Person im Unternehmen des Bieters oder Bewerbers innehat.[57] Zwingende Voraussetzung ist allerdings, dass für die Tätigkeit ein **Entgelt** gezahlt wird. Erforderlich ist überdies, dass das **Beschäftigungsverhältnis** noch **im Zeitpunkt der** zur Beurteilung stehenden **Mitwirkungshandlung besteht**. Dem steht der Fall gleich, dass das Beschäftigungsverhältnis lediglich für die Dauer des Vergabeverfahrens unterbrochen wird. Dann wird nämlich in aller Regel die Interessenverbundenheit, an die § 6 Abs. 3 Nr. 3 lit. a) VgV die Vermutung anknüpft, fortwirken.[58] 45

Die Vermutung des § 6 Abs. 3 Nr. 3 lit. a) VgV gilt außerdem für Personen, die dem Vorstand, Aufsichtsrat oder einem gleichartigen Organ eines Bieters oder Bewerbers angehören. Gleichartig sind diejenigen Unternehmensorgane, die – wie Vorstand oder Aufsichtsrat – eine **Leitungs- oder Kontrollaufgabe** wahrnehmen. Damit fallen bloß beratende Beiräte[59] ebenso aus dem Anwendungsbereich der Vorschrift heraus wie nicht im operativen Geschäft tätige Minderheitsgesellschafter.[60] Nicht erfasst werden ferner Personen, die lediglich dem Leitungs- oder Kontrollorgan eines **konzernverbundenen Unternehmens** des Bieters oder Bewerbers angehören.[61] Die Organmitgliedschaft muss im Zeitpunkt der **Mitwirkungshandlung bestehen** oder darf allenfalls für die Dauer des Vergabeverfahrens **unterbrochen** sein.[62] Insoweit gelten die vorstehenden Ausführungen zum Beschäftigungsverhältnis sinngemäß. 46

4. § 6 Abs. 3 Nr. 3 lit. b) VgV. § 6 Abs. 3 Nr. 3 lit. b) VgV normiert die Fallgruppe der **Doppelberatungen.** Erfasst werden diejenigen Personen, die für ein Unternehmen tätig sind, das sowohl geschäftliche Beziehungen zum öffentlichen Auftraggeber als auch zu einem Bieter oder Bewerber unterhält. 47

Unter den Vermutungstatbestand fallen in erster Linie Freiberufler, d. h. Rechtsanwälte, Steuerberater, Unternehmensberater, Architekten und Ingenieure. In Abgrenzung zu § 6 Abs. 3 Nr. 2 VgV erfasst § 6 Abs. 3 Nr. 3 lit. b) VgV den Fall, dass die Mitwirkungshandlung im Vergabeverfahren und die Beratungstätigkeit für die Bieter- oder Bewerberseite nicht von ein- und derselben Person vorgenommen wird, sondern **Personenverschiedenheit** in dem Sinne besteht, dass die eine Person des Beratungsunternehmens an Entscheidungen im Vergabeverfahren beteiligt wird und eine andere Person derselben Beratungsfirma für einen Bieter oder Bewerber tätig ist. Ziel des § 6 Abs. 3 Nr. 3 lit. b) VgV ist es zu verhindern, dass es innerhalb des sowohl auf Auftraggeberseite als auch auf Bieter- oder Bewerberseite tätigen Unternehmens zu einem Austausch wettbewerblich relevanter Informationen kommt, die dem betreffenden Bieter oder Bewerber gegenüber seinen Konkurrenten einen Wettbewerbsvorsprung vermitteln können. 48

Dieses Risiko sah der Verordnungsgeber, wenn die Person zugleich **geschäftliche Beziehungen** zum Auftraggeber und zum Bieter/Bewerber hat. Der Begriff der „geschäftlichen Beziehung" setzt dabei eine gewisse Dauerhaftigkeit und Intensität voraus. Neben klassischen Austauschverträgen kommen im Einzelfall (ex lege verbotene und damit nichtige) Kartellabsprachen, vorvertragliche Schuldverhältnisse (letter of intent) oder auch gemeinsame, in der Sache mit- 49

---

[57] *Müller* in Byok/Jaeger Kommentar zum Vergaberecht 3. Aufl., VgV § 16 Rdn. 38 m. w. N.; *Ganske* in Reidt/Stickler/Glahs Vergaberecht 3. Aufl., VgV § 16 Rdn. 26.
[58] Ebenso: *Müller-Wrede* in Ingenstau/Korbion VOB Teile A und B 15. Aufl., § 16 VgV Rdn. 9 a. E.
[59] *Ganske* in Reidt/Stickler/Glahs Vergaberecht 3. Aufl., VgV § 16 Rdn. 27; *Müller* in Byok/Jaeger Kommentar zum Vergaberecht 3. Aufl., VgV § 16 Rdn. 39. Die beratenden Beiräte unterfallen auch nicht unter § 6 Abs. 3 Nr. 2 VgV; für organschaftliche Beziehungen zum Bieter enthält § 6 Abs. 3 Nr. 2 VgV eine abschließende Regelung (vgl. dazu *Sturhahn* in Pünder/Schellenberg Vergaberecht, 2. Aufl., VgV § 16 Rdn. 23; **a. A.** OLG Celle, Beschluss vom 9.4.2009 – 13 Verg 7/08 =. NZBau 2009, 394).
[60] *Müller-Wrede* in Ingenstau/Korbion VOB Teile A und B 15. Aufl., § 16 VgV Rdn. 9; **a. A.** für Beteiligungen an einer GmbH *Ganske* in Reidt/Stickler/Glahs Vergaberecht 3. Aufl., VgV § 16 Rdn. 29 mit dem Argument, dass die Gesellschafterversammlung die Geschäftsführung gemäß § 46 Nr. 6 GmbHG überwache und ihr gemäß § 37 Abs. 1 GMBHG Weisungen erteilen könne.
[61] *Müller-Wrede* in Ingenstau/Korbion VOB Teile A und B 15. Aufl., § 16 VgV Rdn. 9; *Müller* in Byok/Jaeger Kommentar zum Vergaberecht 2. Aufl., § 16 VgV Rdn. 1672; OLG Düsseldorf, Beschluss vom 9.4.2003, Verg 66/02 Umdruck S. 24, für den Fall eines nicht beherrschten Drittunternehmens. **A. A.** *Sturhahn* in Pünder/Schellenberg Vergaberecht, 2. Aufl., VgV § 16 Rdn. 31, der über eine analoge Anwendung von § 36 Abs. 2 GWB das verbundene Unternehmen dem Bieter „gleichsetzt". Ebenfalls für eine analoge Anwendung von § 36 Abs. 2 GWB im Vergaberecht *Behrens* NZBau 2006, 752, 754.
[62] Ebenso: *Müller-Wrede* in Ingenstau/Korbion VOB Teile A und B 15. Aufl., § 16 VgV Rdn. 9.

einander verzahnte bzw. sich ergänzende Leistungserbringungen gegenüber Dritten in Betracht.[63] Die Einholung eines Honorarangebots bei einem Ingenieurbüro begründet keine geschäftliche Beziehung[64], ebenso wenig ein einzelnes abgeschlossenes Beratungsmandat. Bei einem einzelnen noch laufenden Beratungsmandat liegt hingegen eine geschäftliche Beziehung im Sinne des § 6 Abs. 3 Nr. 3b) VgV vor.[65]

50 **Gesellschaftsrechtliche Beteiligungsverhältnisse** sind als solche noch keine geschäftlichen Beziehungen im Sinne von § 6 Abs. 3 Nr. 3 lit. b) VgV.[66] Unter § 6 Abs. 3 Nr. 3 lit. b) VgV fällt es deshalb nicht ohne weiteres, wenn lediglich konzernverbundene Unternehmen auf Auftraggeberseite und Bieter- oder Bewerberseite agieren. In diesen Fällen kann aber der vergaberechtliche Grundsatz der Gleichbehandlung (§ 97 Abs. 2 GWB) verletzt sein.[67] Außerdem ist stets zu prüfen, ob über das bloße gesellschaftsrechtliche Beteiligungsverhältnis hinaus eine geschäftliche Beziehung entstanden ist.

51 Ähnlich liegt es, wenn sich ein bei der Vergabe nicht mitwirkender Mitarbeiter des Auftraggebers mit einem eigenen Angebot an der Ausschreibung beteiligt. Jener Mitarbeiter ist keine ausgeschlossene Person im Sinne von § 6 VgV; soweit er vermöge seiner Beschäftigung beim öffentlichen Auftraggeber in Bezug auf den Ausschreibungsgegenstand oder die Kalkulationsgrundlage über besondere Kenntnisse verfügt, kann der Auftraggeber den damit verbundenen Wettbewerbsvorteil dadurch ausgleichen, dass er die übrigen Bieter rechtzeitig vor Angebotsabgabe entsprechend unterrichtet.[68]

52 Ebenso wie bei den Beratungsleistungen im Sinne von § 6 Abs. 3 Nr. 2 VgV stellt sich auch hier die Frage, ob die Unterstützungsleistungen in dem **konkreten Vergabeverfahren** erbracht werden müssen. Hierzu wird auf die Kommentierung zu Abs. 3 Nr. 2 verwiesen. Eine Unterstützung im konkreten Vergabeverfahren ist mithin nicht erforderlich.

53 Davon zu trennen ist die geschäftliche Beziehung, die auch außerhalb des in Rede stehenden Vergabeverfahrens bestehen kann.[69] Ob im Rahmen der geschäftlichen Beziehungen das Beratungsunternehmen für den Bieter oder Bewerber oder umgekehrt der Bieter oder Bewerber für das Beratungsunternehmen tätig ist, spielt für die Anwendbarkeit der Vorschrift keine Rolle.[70] Die zu einer Doppelberatung führenden Geschäftsbeziehungen müssen freilich im **Zeitpunkt der Mitwirkungshandlung** noch **bestehen** oder dürfen **allenfalls** vorübergehend **unterbrochen** sein.[71]

V. Erstreckung des Mitwirkungsverbots auf Angehörige

54 § 6 Abs. 4 VgV erweitert das Mitwirkungsverbot auf Personen, deren Angehörige unter die Fallgruppen des § 6 Abs. 3 Nr. 1 bis 3 VgV zu subsumieren sind. Der Begriff des Angehörigen im Sinne von § 6 Abs. 4 VgV wird in Satz 2 der Vorschrift abschließend definiert.[72]

---

[63] VK Bund – Beschluss vom 24.4.2012 – VK 2–169/11.
[64] VK Hessen, Beschluss vom 16.7.2004 – 69d-VK-39/2004.
[65] Zurückhaltender: *Sturhahn* in Pünder/Schellenberg Vergaberecht, 2. Aufl., VgV § 16 Rdn. 25 („kann reichen").
[66] Eine Konzernverbundenheit zweier Bieter verstößt dementsprechend auch nicht gegen den Grundsatz des Geheimwettbewerbs (VK Bund, Beschluss vom 17.12.2010 – VK 2–119/10). In diese Richtung auch OLG Celle, Beschluss vom 8.9.2011 – 13 Verg 4/11 = IBR 2012, 286, das eine geschäftliche Beziehung in dem Fall abgelehnt hat, dass eine Rechtsanwaltskanzlei einerseits den Auftraggeber und andererseits einen Konzern, in den ein Bieter eingegliedert ist, berät und die Kanzlei keine unmittelbare Beratungstätigkeit für den Bieter ausübt. *Müller-Wrede* in Ingenstau/Korbion VOB Teile A und B 15. Aufl., § 16 VgV Rdn. 10; **a. A.** *Müller* in Byok/Jaeger Kommentar zum Vergaberecht 3. Aufl., VgV § 16 Rdn. 42; *Lange* NZBau 2008, 422, 423; *Maurer* Das Mitwirkungsverbot gemäß § 16 Vergabeverordnung (VgV), S. 170; *Sturhahn* in Pünder/Schellenberg Vergaberecht, 2. Aufl., VgV § 16 Rdn. 25.
[67] Ebenso: *Müller-Wrede* in Ingenstau/Korbion VOB Teile A und B 15. Aufl., § 16 VgV Rdn. 10.
[68] OLG Brandenburg, VergabeR 2008, 242, 248.
[69] *Müller* in Byok/Jaeger Kommentar zum Vergaberecht 3. Aufl., VgV § 16 Rdn. 42; *Ganske* in Reidt/Stickler/Glahs Vergaberecht 3. Aufl., VgV § 16 Rdn. 35; **a. A.:** Thüringer OLG NZBau 2005, 476, 481 mit der Begründung, dass der bloß beratend hinzugezogene Rechtsanwalt nicht in verantwortlicher Funktion bei Entscheidungen mitwirke, die allein der Auftraggeber zu treffen und zu verantworten habe.
[70] Zutreffend: *Ganske* in Reidt/Stickler/Glahs Vergaberecht 3. Aufl., VgV § 16 Rdn. 35.
[71] *Ganske* in Reidt/Stickler/Glahs Vergaberecht 3. Aufl., VgV § 16 Rdn. 35; wohl auch 2. VK Bund, B. v. 24.4.2012 – Az.: VK 2 – 169/11.
[72] Vgl. dazu näher *Sturhahn* in Pünder/Schellenberg Vergaberecht, 2. Aufl., VgV § 16 Rdn. 30.

VI. Widerlegung der Vermutung eines Interessenkonflikts

Liegen die tatbestandlichen Voraussetzungen des § 6 Abs. 3 Nr. 1–3 lit. b) VgV vor, knüpft sich daran die **widerlegbare** Vermutung des Bestehens eines Interessenkonflikts bei den in § 6 Abs. 1 VgV genannten Personen. Es ist Sache des öffentlichen Auftraggebers, diese Vermutung auszuräumen, indem er nachweist, dass trotz des bestehenden Näheverhältnisses im konkreten Fall[73] entweder kein Interessenkonflikt besteht oder sich die die Vermutung auslösende Eigenschaft der Person nicht auf die Entscheidungen im Vergabeverfahren ausgewirkt haben. Während im Falle eines behaupteten Verstoßes gegen § 6 VgV der Bieter die tatbestandlichen Voraussetzungen darlegen muss, trifft also den Auftraggeber die Darlegungs- und Beweislast für das Fehlen eines Interessenkonflikts bzw. die fehlende Kausalität.[74] 55

Der Nachweis, dass eine Person, die zwar **Bieter oder Bewerber** oder aber beim Bieter oder Bewerber beschäftigt ist oder einem seiner Leitungs- oder Kontrollorgane angehört, gleichwohl aber nicht in einen **Interessenkonflikt** gerät, wenn sie zugleich für den öffentlichen Auftraggeber in einem Vergabeverfahren mitwirken soll, ist schwer vorstellbar. Bei verständiger und lebensnaher Würdigung wird ein Beschäftigter bzw. ein Organmitglied eines Bieters oder Bewerbers – und erst recht der Bieter und Bewerber selbst – schon im eigenen Interesse am Erhalt seines Arbeitsplatzes bzw. seiner Leitungs- oder Kontrollfunktion geneigt sein, bei der Mitwirkung im Vergabeverfahren (auch) die Belange „seines" Unternehmens mit zu berücksichtigen. Diese mehr oder weniger natürliche Verbundenheit zum „eigenen" Betrieb wird sich im Allgemeinen nicht ausräumen lassen.[75] Für die Widerlegung der Vermutung ist dabei zu fordern, dass auf Grund der besonderen Umstände des Falles eine Interessenkollision mit **hinreichender Sicherheit** ausgeschlossen werden kann.[76] Zu weitgehend ist die Ansicht von *Müller*[77], der zur Widerlegung der Vermutung genügen lassen will, dass der Auftraggeber alles ihm Mögliche oder Zumutbare zur Eliminierung eines Interessenkonflikts getan hat. Dagegen ist einzuwenden, dass es bei der Widerlegung des Vermutungstatbestands nicht um eine Frage der Vorwerfbarkeit oder Verantwortlichkeit des Auftraggebers, sondern ausschließlich um die Feststellung geht, dass trotz der Nähebeziehung eine Voreingenommenheit ausnahmsweise nicht besteht. Das kann alleine auf Grund eines objektiven Maßstabes (und nicht nach dem subjektiven Leistungsvermögen des jeweiligen Auftraggebers), das im Übrigen von Auftraggeber zu Auftraggeber ganz verschieden sein kann, beantwortet werden. Sind die Anstrengungen und Vorkehrungen des Auftraggebers objektiv betrachtet unzureichend, um eine Interessenkollision zu verhindern, hat es bei der Vermutung der Voreingenommenheit zu verbleiben. Der Umstand, dass sich der Auftraggeber im Rahmen seiner Möglichkeiten bemüht hat, einen Interessenkonflikt zu verhindern, kann nicht zu einem anderen Ergebnis führen. Eine schriftliche **Erklärung der Unvoreingenommenheit** durch die im Vergabeverfahren mitwirkende Person reicht zur Widerlegung der Vermutung keinesfalls aus.[78] 56

Eine Interessenkollision bei **Beratern oder Unterstützern** von Bietern und Bewerbern im Sinne von § 6 Abs. 3 Nr. 2 VgV sowie bei **Geschäftspartnern** im Sinne von § 6 Abs. 3 Nr. 3 lit. b) VgV kann in erster Linie durch **organisatorische Vorkehrungen** (sog. chinese walls) vermieden werden.[79] Es handelt sich dabei um Maßnahmen, die unabhängige Vertraulichkeitsbereiche schaffen und gewährleisten, dass diejenigen Personen des Unternehmens, die für den Bieter oder Bewerber mit dem Vergabeverfahren befasst sind, keinen Zugang zu vergaberelevanten Unterlagen und Informationen des Auftraggebers haben. Die Vergabekammer des Bundes verlangt darüber hinaus, dass die Tatsachen, die zu Interessenkonflikten führen können, also i. d. R. die Geschäftsbeziehung als solche, bedingt durch die organisatorischen Vorkehrungen nur 57

---

[73] So VK Bund, Beschluss vom 20.5.2005 – VK 2–30/05.
[74] OLG Jena NZBau 2003, 624, 625; *Ganske* in Reidt/Stickler/Glahs Vergaberecht 3. Aufl., VgV § 16 Rdn. 40; **a. A.** *Kirch* ZfBR 2004, 679, 773 m. w. N.
[75] Ähnlich: *Ganske* in Reidt/Stickler/Glahs Vergaberecht 3. Aufl., VgV § 16 Rdn. 44.
[76] Zutreffend: *Ganske* in Reidt/Stickler/Glahs Vergaberecht 3. Aufl., VgV § 16 Rdn. 43; ähnlich *Berrisch/Nehl* WuW 2001, 944, 949; vgl. auch *Gröning* WRP 2001, 1, 7.
[77] *Müller* in Byok/Jaeger Kommentar zum Vergaberecht 2. Aufl., VgV § 16 Rdn. 52; ebenso wohl *Ganske* in Reidt/Stickler/Glahs Vergaberecht 3. Aufl., VgV § 16 Rdn. 6 und 39.
[78] Zutreffend: *Müller-Wrede* in Ingenstau/Korbion VOB Teile A und B 15. Aufl., § 16 VgV Rdn. 13.
[79] Dass derartige Vorkehrungen (Chinese Walls) eine Interessenkollision bzw. eine Auswirkung ausschließen (können), ist noch nicht richterlich bestätigt (offengelassen von OLG Frankfurt, Beschlüsse vom 11.5.2005 – 11 Verg 8/04 und 11 Verg 9/04 und 11 Verg 10/04). Allerdings hatte der Verordnungsgeber ausdrücklich auf die Möglichkeit derartiger Vorkehrungen hingewiesen (BR-Drs. 455/00 S. 20).

in den jeweils hierfür vorgesehenen internen Geschäfts- und Vertrauensbereichen bekannt werden können.[80] Um diese Anforderungen einzuhalten, müsste z. B. ein Beratungsunternehmen Geschäftspartner nicht nur extern (öffentlich), sondern auch intern jedenfalls vor solchen Mitarbeitern geheim halten, die (auch) öffentliche Auftraggeber beraten (können), welche wiederum potentielle Auftraggeber dieser Geschäftspartner sind. Im Ansatz ist die Auffassung der Vergabekammer des Bundes richtig, dass eine Voreingenommenheit nur dann ausgeschlossen ist, wenn die zu Interessenkonflikten führenden Tatsachen geheim bleiben. Wenn der für den öffentlichen Auftraggeber tätige Mitarbeiter mit den geschäftlichen Beziehungen „seines" Unternehmens zum Bieter oder Bewerber nichts zu tun hat und durch organisatorische Maßnahmen überdies gewährleistet ist, dass ein Austausch vergaberechtlich relevanter Informationen nicht stattfindet, dürfte ein Interessenkonflikt in der – hier maßgeblichen – Person dieses Mitarbeiters jedoch im Regelfall ausgeschlossen sein.[81] Erreicht werden kann dieses Ziel etwa durch die funktionale oder räumliche Trennung von Arbeitsbereichen, ferner durch Zutrittsbeschränkungen oder durch die Beschränkung des Zugangs zu den vergaberelevanten Daten.[82] Vorgeschlagen werden daneben entsprechende vergaberechtliche Mitarbeiterschulungen, die Einrichtung einer Compliance-Abteilung oder die Einholung von Negativerklärungen mit einer freiwilligen Neutralitätsverpflichtung.[83] Welche Vorkehrungen ausreichen, um einen Interessenkonflikt mit hinreichender Sicherheit auszuschließen, entzieht sich einer generellen Beurteilung und ist stets eine Frage des konkreten Einzelfalles. Darüber hinaus kann ein Interessenkonflikt dann als ausgeschlossen gelten, wenn der für den öffentlichen Auftraggeber tätige Mitarbeiter mit den geschäftlichen Beziehungen „seines" Unternehmens zum Bieter oder Bewerber nichts zu tun hat und durch organisatorische Maßnahmen überdies gewährleistet ist, dass ein Austausch vergaberechtlich relevanter Informationen nicht stattfindet.[84]

58 Aus den vorstehenden Erwägungen dürfte gleichermaßen der Nachweis des Auftraggebers, dass sich die die Vermutung des § 6 Abs. 3 VgV auslösende Eigenschaft **nicht** auf die Entscheidungen im Vergabeverfahren **ausgewirkt** hat, lediglich in Ausnahmefällen in Frage kommen.[85] Eine Kausalität zwischen der die Vermutung auslösenden Eigenschaft und den Entscheidungen im Vergabeverfahren wird man oftmals nur bei rechtlich **gebundenen Entscheidungen** verneinen können, bei denen der Auftraggeber weder über einen Beurteilungsspielraum noch über ein Ermessen verfügt. Alleine in diesen Fällen lässt sich ausschließen, dass die Mitwirkung der voreingenommenen Person einen Einfluss auf das Vergabeverfahren und die unter ihrer Beteiligung getroffenen Entscheidungen gehabt hat.[86] Zu denken ist etwa an den zwingenden Ausschluss eines Angebots, das von den Vorgaben der Vergabeunterlagen abweicht (§§ 16 EU Nr. 2, 13 EU Abs. 1 Nr. 5 VOB/A) oder das die geforderten Erklärungen trotz nochmaliger Aufforderung mit Nachfristsetzung durch den Auftraggeber nach § 16a EU VOB/A nicht enthält. Nicht hierunter fällt demgegenüber der Ausschluss eines Bieters wegen fehlender Fachkunde, Leistungsfähigkeit oder Zuverlässigkeit (§ 16b EU VOB/A). Denn der Auftraggeber verfügt in Bezug auf die unbestimmten Rechtsbegriffe der „Fachkunde", „Leistungsfähigkeit" und „Zuverlässigkeit" über einen im Vergabenachprüfungsverfahren nur eingeschränkt kontrollierbaren Beurteilungsspielraum. Bei **mehrheitlich zu treffenden Entscheidungen** kann eine fehlende Auswirkung nicht allein dadurch nachgewiesen werden, dass sich die Mehrheitsverhältnisse bei Nichtberücksichtigung der Stimme der voreingenommenen Person nicht erheblich geändert hätten. Denn es kann nicht ausgeschlossen werden, dass der Voreingenommene in den vorangegangenen Beratungen mehrere Stimmberechtigte und damit die Entscheidung über den rechnerischen Wert seiner Stimme hinaus beeinflusst hat. An einer Auswirkung wird es dagegen fehlen, wenn die voreingenommene Person überstimmt worden ist.[87]

---

[80] VK Bund 24.4.2012 – VK 2–169/11.
[81] *Ganske* in Reidt/Stickler/Glahs Vergaberecht 3. Aufl., VgV § 16 Rdn. 47.
[82] Vgl. *Müller-Wrede* in Ingenstau/Korbion VOB Teile A und B 15. Aufl., § 16 VgV Rdn. 13; *Müller* in Byok/Jaeger Kommentar zum Vergaberecht 3. Aufl., VgV § 16 Rdn. 52 ff. m. w. N.; *Ganske* in Reidt/Stickler/Glahs Vergaberecht 3. Aufl., VgV § 16 Rdn. 47; vgl. auch OLG Frankfurt NZBau 2004, 567, 569/570 m. w. N.
[83] Vgl. *Kleinert/Göres* KommJur 2006, 361, 364; **zu recht kritisch** dazu *Ganske* in Reidt/Stickler/Glahs Vergaberecht 3. Aufl., VgV § 16 Rdn. 47.
[84] *Ganske* in Reidt/Stickler/Glahs Vergaberecht 3. Aufl., VgV § 16 Rdn. 47.
[85] Zutreffend: *Ganske* in Reidt/Stickler/Glahs Vergaberecht 3. Aufl., VgV § 16 Rdn. 47.
[86] Vgl. auch OLG Frankfurt a. M. NZBau 2004, 567, 570, das mit dieser Erwägung allerdings schon die Antragsbefugnis im Sinne von § 160 Abs. 2 GWB verneint.
[87] Ebenso *Sturhahn* in Pünder/Schellenberg Vergaberecht, 2. Aufl., VgV § 16 Rdn. 28.

Zur Widerlegung eines Interessenkonflikts und/oder einer Auswirkung auf die Vergabeent- **59** scheidung ist eine umfassende und ordnungsgemäße **Dokumentation** unerlässlich (vgl. § 20 EU VOB/A § 8 VgV). Dafür muss der Auftraggeber zeitnah die Tatsachen und Umstände aktenkundig machen, aus denen er die Widerlegung der Vermutung eines Interessenkonflikts herleitet. Hierzu gehören nicht nur der Entscheidungsvorgang, also wer wann und in welcher Weise an Entscheidungen mitgewirkt hat, sondern auch vorbeugende Maßnahmen, Dienstanweisungen, Zuständigkeits- und Vertretungsregelungen etc. Das gilt für alle Fälle des § 6 Abs. 3 VgV.

C. Rechtsfolgen eines Verstoßes

§ 6 VgV hat **bieterschützende Wirkung.** Unter den im Kartellvergaberecht normierten **60** Zulässigkeitsvoraussetzungen (insbesondere § 160 Abs. 2 und 3 GWB)[88] kann deshalb jeder Bieter oder Bewerber – nach einer entsprechenden vergeblichen Rüge[89] – die Beachtung und Einhaltung des Mitwirkungsverbot des § 6 VgV zur Überprüfung der Vergabenachprüfungsinstanzen stellen. Von Amts wegen (§ 163 GWB) muss eine Nachprüfungsinstanz die mögliche Fehlbesetzung des Preisgerichts nicht berücksichtigen.[90] Liegt ein Verstoß vor, ist die fehlerbehaftete Entscheidung unter Ausschluss der voreingenommenen Person neu zu treffen und das Verfahren ab diesem Verfahrensstadium zu wiederholen.[91] Vergabekammer und/oder Vergabesenat können eine dahingehende Anordnung treffen; daneben bleibt dem Auftraggeber die Möglichkeit, den Vergabefehler schon während des laufenden Nachprüfungsverfahrens selbst zu heilen und die betroffene Entscheidung fehlerfrei neu zu treffen.[92] Dadurch tritt – sofern nicht noch weitere Vergabefehler geltend gemacht werden – eine Erledigung des Vergabenachprüfungsverfahrens im Sinne von §§ 168 Abs. 2 Satz 2, 177 Satz 3 und 4 GWB ein.

Da § 6 VgV **kein gesetzliches Verbot** im Sinne von § 134 BGB normiert, berührt die **61** Mitwirkung ausgeschlossener Personen nicht die Rechtswirksamkeit einer Zuschlagserteilung.[93]

§ 7 Mitwirkung an der Vorbereitung des Vergabeverfahrens

(1) **Hat ein Unternehmen oder ein mit ihm in Verbindung stehendes Unternehmen den öffentlichen Auftraggeber beraten oder war auf andere Art und Weise an der Vorbereitung des Vergabeverfahrens beteiligt (vorbefasstes Unternehmen), so ergreift der öffentliche Auftraggeber angemessene Maßnahmen, um sicherzustellen, dass der Wettbewerb durch die Teilnahme dieses Unternehmens nicht verzerrt wird.**
(2) **Die Maßnahmen nach Absatz 1 umfassen insbesondere die Unterrichtung der anderen am Vergabeverfahren teilnehmenden Unternehmen in Bezug auf die einschlägigen Informationen, die im Zusammenhang mit der Einbeziehung des vorbefassten Unternehmens in der Vorbereitung des Vergabeverfahrens ausgetauscht wurden oder daraus resultieren, und die Festlegung angemessener Fristen für den Eingang der Angebote und Teilnahmeanträge.**
(3) **Vor einem Ausschluss nach § 124 Absatz 1 Nummer 6 des Gesetzes gegen Wettbewerbsbeschränkungen ist dem vorbefassten Unternehmen die Möglichkeit zu geben nachzuweisen, dass seine Beteiligung an der Vorbereitung des Vergabeverfahrens den Wettbewerb nicht verzerren kann.**

§ 7 VgV trifft Regelungen zur sogenannten Projektantenproblematik. Darunter wird der Konflikt verstanden, der entstehen kann, wenn ein Unternehmen, das den Auftraggeber bei der Vorbereitung eines Vergabeverfahrens unterstützt hat und auf dessen Unterstützung der Auftrag-

---

[88] Zum (drohenden) Schaden im Falle eines Verstoßes gegen § 16 VgV a. F. vgl. *Sturhahn* in Pünder/Schellenberg Vergaberecht, 2. Aufl., VgV § 16 Rdn. 37 sowie *Drömann/Finke* NZBau 2006, 79, 82.
[89] OLG München NZBau 2013, 661.
[90] OLG München NZBau 2013, 661.
[91] OLG Koblenz VergabeR 2002, 617, 623; *Müller* in Byok/Jaeger Kommentar zum Vergaberecht 3. Aufl., VgV § 16 Rdn. 68; *Ganske* in Reidt/Stickler/Glahs Vergaberecht 3. Aufl. VgV § 16 Rdn. 57; *Müller-Wrede* in Ingenstau/Korbion VOB Teile A und B 15. Aufl., § 16 VgV Rdn. 14. **AA** OLG Hamburg ZfBR 2003, 186, 187, das eine Aufhebung der Ausschreibung für geboten hält.
[92] OLG Koblenz VergabeR 2002, 617, 623.
[93] Zutreffend: *Ganske* in Reidt/Stickler/Glahs Vergaberecht 3. Aufl., VgV § 16 Rdn. 58.

geber möglicherweise sogar angewiesen war, sich später an diesem Vergabeverfahren als Bewerber oder Bieter beteiligen möchte. Im Hinblick auf einen fairen und chancengleichen Wettbewerb ist diese spätere Teilnahme des vorbefassten Bewerbers oder Bieters an dem Vergabeverfahren problematisch. Auf der anderen Seite resultiert nicht aus jeder Vorbefassung automatisch ein Wettbewerbsvorteil. Ein grundsätzlicher Ausschluss vorbefasster Unternehmen wäre deshalb nicht nur nicht sachgerecht, sondern würde praktisch die Motivation von Unternehmen, öffentliche Auftraggeber in der Vergabevorbereitung zu unterstützen, erheblich reduzieren, was sich wiederum auf die Qualität der Vergabeverfahren auswirken kann.

§ 7 Abs. 1 VgV trägt diesem Umstand dadurch Rechnung, dass der Ausschluss des vorbefassten Unternehmens von dem Vergabeverfahren nur ultima ratio ist. Vorrangig muss der öffentliche Auftraggeber angemessene Maßnahmen ergreifen, um sicherzustellen, dass der Wettbewerb durch die Teilnahme des vorbefassten Unternehmens nicht verzerrt wird. Welche Maßnahmen dafür in Betracht kommen, regelt beispielhaft § 7 Abs. 2 VgV. In jedem Fall muss der öffentliche Auftraggeber vor einem etwaigen Ausschluss des vorbefassten Unternehmens gemäß § 7 Abs. 3 VgV diesem die Möglichkeit geben nachzuweisen, dass seine Beteiligung an der Vorbereitung des Vergabeverfahrens den Wettbewerb nicht verzerren kann.

Die Projektantenproblematik ist für die Vergabe von Bauaufträgen auch in § 6 EU Abs. 3 Nr. 4 VOB/A geregelt. Diese Norm enthält lediglich – anders als § 7 Abs. 2 VgV – keine beispielhafte Angabe von Maßnahmen zur Sicherstellung eines unverfälschten Wettbewerbs. Im Übrigen sind § 7 VgV und § 6 EU Abs. 3 Nr. 4 VOB/A inhaltsgleich. Deshalb wird an dieser Stelle auf die Kommentierung von § 6 EU Abs. 3 Nr. 4 VOB/A verwiesen.

§ 8 Dokumentation und Vergabevermerk

(1) **Der öffentliche Auftraggeber dokumentiert das Vergabeverfahren von Beginn an fortlaufend in Textform nach § 126b des Bürgerlichen Gesetzbuchs, soweit dies für die Begründung von Entscheidungen auf jeder Stufe des Vergabeverfahrens erforderlich ist. Dazu gehört z. B. die Dokumentation der Kommunikation mit Unternehmen und interner Beratungen, der Vorbereitung der Auftragsbekanntmachung und der Vergabeunterlagen, der Öffnung der Angebote, Teilnahmeanträge und Interessensbestätigungen, der Verhandlungen und der Dialoge mit den teilnehmenden Unternehmen sowie der Gründe für Auswahlentscheidungen und den Zuschlag.**

(2) **Der öffentliche Auftraggeber fertigt über jedes Vergabeverfahren einen Vermerk in Textform nach § 126b des Bürgerlichen Gesetzbuchs an. Dieser Vergabevermerk umfasst mindestens Folgendes:**
 1. **den Namen und die Anschrift des öffentlichen Auftraggebers sowie Gegenstand und Wert des Auftrags, der Rahmenvereinbarung oder des dynamischen Beschaffungssystems**
 2. **die Namen der berücksichtigten Bewerber oder Bieter und die Gründe für ihre Auswahl,**
 3. **die nicht berücksichtigten Angebote und Teilnahmeanträge sowie die Namen der nicht berücksichtigten Bewerber oder Bieter und die Gründe für ihre Nichtberücksichtigung**
 4. **die Gründe für die Ablehnung von Angeboten, die für ungewöhnlich niedrig befunden wurden,**
 5. **den Namen des erfolgreichen Bieters und die Gründe für die Auswahl seines Angebots sowie, falls bekannt, den Anteil am Auftrag oder an der Rahmenvereinbarung, den der Zuschlagsempfänger an Dritte weiterzugeben beabsichtigt, und gegebenenfalls, soweit zu jenem Zeitpunkt bekannt, den Namen der Unterauftragnehmer des Hauptauftragnehmers,**
 6. **bei Verhandlungsverfahren und gewerblichen Dialogen die in § 14 Absatz 3 genannten Umstände, die die Anwendung dieser Verfahren rechtfertigen,**
 7. **bei Verhandlungsverfahren ohne vorherigen Teilnahmewettbewerb die in § 14 Absatz 4 genannten Umstände, die die Anwendung dieses Verfahrens rechtfertigen,**
 8. **gegebenenfalls die Gründe, aus denen der öffentliche Auftraggeber auf die Vergabe eines Auftrags, den Abschluss einer Rahmenvereinbarung oder die Einrichtung eines dynamischen Beschaffungssystems verzichtet hat,**

9. gegebenenfalls die Gründe, aus denen andere als elektronische Mittel für die Einreichung der Angebote verwendet wurden,
10. gegebenenfalls Angaben zu aufgedeckten Interessenkonflikten und getroffenen Abhilfemaßnahmen,
11. gegebenenfalls die Gründe, aufgrund derer mehrere Teil- oder Fachlose zusammen vergeben wurden, und
12. Gegebenenfalls die Gründe für die Nichtangabe der Gewichtung von Zuschlagskriterien.

(3) Der Vergabevermerk ist nicht erforderlich für Aufträge auf der Grundlage von Rahmenvereinbarungen, sofern diese gemäß § 21 Absatz 3 oder gemäß § 21 Absatz 4 Nummer 1 geschlossen wurden. Soweit die Vergabebekanntmachung die geforderten Informationen enthält, kann sich der öffentliche Auftraggeber auf diese beziehen.

(4) Die Dokumentation, der Vergabevermerk sowie die Angebote, die Teilnahmeanträge, die Interessensbekundungen, die Interessensbestätigungen und ihre Anlagen sind bis zum Ende der Laufzeit des Vertrags oder der Rahmenvereinbarung aufzubewahren, mindestens jedoch für drei Jahre ab dem Tag des Zuschlags. Gleiches gilt für Kopien aller abgeschlossenen Verträge, die mindestens folgenden Auftragswert haben:
1. 1000000 Euro im Falle von Liefer- oder Dienstleistungsaufträgen,
2. 10.000.000 € im Falle von Bauaufträgen.

(5) Der Vergabevermerk oder dessen Hauptelemente sowie die abgeschlossenen Verträge sind der europäischen Kommission sowie den zuständigen Aufsichts- oder Prüfbehörden auf deren Anforderung hin zu übermitteln.

(6) § 5 bleibt unberührt.

Übersicht

	Rn.
A. Allgemeines	1
B. Bedeutung der Dokumentation	5
C. Mögliche Folgen einer unzureichenden Dokumentation	7
D. Inhalt der Dokumentation	12
I. Ausführliche und zeitnahe Dokumentation des gesamten Verfahrens gem. Abs. 1 Satz 1	12
II. Mindestanforderungen gem. Abs. 1 S. 2, Abs. 2 VgV	23
E. Vergabevermerk	38
F. Aufbewahrungspflichten	42

A. Allgemeines

In § 8 VgV findet das Transparenzgebot seine wesentliche Ausgestaltung.[1] Danach hat der Auftraggeber das – weitgehend intern ablaufende – Vergabeverfahren so zu dokumentieren, dass die einzelnen Entscheidungen von außen überprüft und nachvollzogen werden können, und zwar sowohl von Bewerbern, als auch von Vergabenachprüfungsstellen, Dienstaufsichts- und Rechnungsprüfungsbehörden, Zuwendungsgebern sowie der EU-Kommission. Damit dient die Regelung, die auf einen Vorschlag des Bundesrechnungshofs zurückgeht, zum einen der sparsamen und wirtschaftlichen Mittelverwendung sowie der Korruptionsvermeidung.[2] Zum anderen ist sie Voraussetzungen für einen effektiven Rechtsschutz. Die Bieter haben deshalb ein **subjektives Recht** auf eine Dokumentation nach den Vorgaben von § 8 VgV. 1

§ 8 VgV setzt Art. 84 der Richtlinie 2014/24/EU um. In Übereinstimmung mit den Vorgaben des Artikel 84 der Richtlinie 2014/24/EU wird nunmehr zwischen der von Beginn des Vergabeverfahrens an bestehenden Pflicht zur fortlaufenden Dokumentation und der Pflicht zur 2

---

[1] Dh auch ohne diese Sonderregelung besteht nach dem Transparenzgebot sowie den Grundsätzen ordnungsgemäßen Verwaltungshandelns eine Pflicht zur Dokumentation der wesentlichen Entscheidungen und Feststellungen; vgl. dazu VK Hessen 29.5.2002 – 69d VK-15/2002; *Dippel* in Heiermann/Zeiss juris Praxiskommentar Vergaberecht 4. Aufl., VOB/A § 20 Rn. 2.

[2] Materialsammlung zur Änderung der VOB/A, Stand 16.9.2008, Ziffer 71 § 20 Abs. 1.

Erstellung eines Vergabevermerks (spätestens) nach Abschluss des Vergabeverfahrens unterschieden. Die Dokumentationspflicht ist übergreifend; eine Teilmenge davon bildet der Vergabevermerk. Die Dokumentation selbst soll mehr enthalten als einen „Vermerk über die „Vergabe". Vielmehr sind die einzelnen Stufen des Verfahrens, die einzelnen Maßnahmen, die maßgebenden Feststellungen sowie die Begründung der einzelnen Entscheidungen in Textform zeitnah und fortlaufend festzuhalten. § 8 Abs. 1 VgV enthält eine beispielhafte Aufzählung von Informationen und Ereignissen, die zu dokumentieren sind.

3   Ausfluss der Dokumentation ist der Vergabevermerk, den der öffentliche Auftraggeber in Textform anzufertigen hat. Die Mindestinhalte werden in § 8 Abs. 2 VgV genannt. Dokumentation und Vergabevermerk sowie Angebote, Teilnahmeanträge, Interessensbekundungen, Interessensbestätigungen und ihre jeweiligen Anlagen müssen vom Auftraggeber auch nach Abschluss des Vergabeverfahrens aufbewahrt werden. Einzelheiten regeln § 8 Abs. 4 und Abs. 5 VgV. Eine Ausnahme von der Pflicht, einen Vergabevermerk zu erstellen, regelt schließlich § 8 Abs. 3 VgV für Aufträge, die auf der Grundlage von Rahmenvereinbarungen gemäß § 21 Abs. 3 oder § 21 Abs. 4 Nr. 1 VgV geschlossen werden.

4   Für die Vergabe von Bauaufträgen oberhalb der EU-Schwellenwerte enthält § 8 VgV die maßgeblichen Regelungen zur Dokumentation und zur Erstellung des Vergabevermerks. Der 2. Abschnitt der VOB/A enthält dazu keine speziellen Regelungen, sondern verweist in § 20 EU VOB/A auf die Regelung von § 8 VgV. Für die Vergabe von Bauaufträgen unterhalb der EU-Schwellenwerte enthält der 1. Abschnitt der VOB/A demgegenüber eine eigene Regelung zur Dokumentation. Der wesentliche inhaltliche Unterschied besteht in der Regelung des § 20 Abs. 3 VOB/A zur Dokumentation von beschränkten Ausschreibungen oberhalb eines Netto-Auftragswerts von 25.000,00 EUR und freihändigen Vergaben oberhalb eines Netto-Auftragswerts von 15.000,00 EUR, die ohne Teilnahmewettbewerb durchgeführt werden dürfen. Für diese Vergaben schreibt Abs. 3 eine Dokumentation nach Zuschlagserteilung vor, deren Zweck es ist, die Transparenz des Vergabeverfahrens auch für diesen Zeitraum zu sichern. In diesen Fällen soll die Dokumentation Aufschluss darüber geben, wie viele Aufträge unter Anwendung der in Abs. 3 genannten Verfahrensarten (die von Aufsichtsbehörden als Abweichungen vom Standardverfahren der Offenen Ausschreibung oft kritisch gesehen werden) vergeben werden und ob bestimmte Auftragnehmer bei Vergaben häufiger erfolgreich sind als andere.[3]

B. Bedeutung der Dokumentation

5   Die Bedeutung der Dokumentation ist, gerade auch vor dem Hintergrund der Ausdehnung ihres Anwendungsbereiches, nicht zu unterschätzen. Die Pflicht des Auftraggebers zur Erstellung einer den Anforderungen des § 8 VgV genügenden Dokumentation folgt aus den für das Vergaberecht grundlegenden Geboten der Transparenz[4] und Gleichbehandlung[5]. Die Dokumentation dient daher, neben der Sicherstellung der Nachprüfbarkeit für die Rechnungsprüfungsbehörden, vor allem auch dem Schutz des Bieters.[6] Dieser hat ein subjektives Recht auf deren Erstellung entsprechend den Maßgaben von § 8 VgV.[7]

6   Allerdings sollte der Auftraggeber nicht zuletzt im eigenen Interesse besonderen Wert auf die Erstellung einer ordnungsgemäßen Dokumentation legen, da er sich durch eine unzureichende, etwa lückenhafte Dokumentation des Vergabeverfahrens in einem möglichen Nachprüfungsverfahren (unnötig) angreifbar macht. Die Dokumentation ist oft ein wichtiges Beweismittel im Nachprüfungsverfahren.[8] Die Vergabekammern und -senate können die Unterlagen zur Prüfung der Rechtmäßigkeit einer Beschwerde anfordern, § 163 Abs. 2 GWB. Diese Möglichkeit haben auch die Vergabeprüfstellen sowie die Dienstaufsichts- und Rechnungsprüfungsbehörden, um

---

[3] Materialsammlung zur Änderung der VOB/A, Stand 16.9.2008, Ziffer 72 § 20 Abs. 3.
[4] OLG Brandenburg NZBau 2000, 39; OLG Düsseldorf NZBau 2004, 461; OLG Naumburg VergabeR 2007, 125; VK Saarland 23.4.2007 – 3 VK 02/2007, 3 VK 03/2007.
[5] *Fett* in Willenbruch/Wieddekind Vergaberecht 3. Aufl., Los 8 VOB/A § 20 Rn. 1.
[6] BayObLG ZfBR 2001, 45; OLG Düsseldorf NZBau 2004, 461; VK Saarland 23.4.2007 – 3 VK 02/2007, 3 VK 03/2007; *Düsterdick* in *Ingenstau/Korbion* VOB 20. Aufl., VOB/A § 20 Rn. 5, 28.
[7] OLG Brandenburg NZBau 2000, 39; *Düsterdick* in *Ingenstau/Korbion* VOB 20. Aufl., VOB/A § 20 Rn. 5, 28 sowie EU § 20 Rn. 14; *Bauer* in *Heiermann/Riedl/Rusam* VOB/A § 20 Rn. 3.
[8] Ebenso *Bauer* in *Heiermann/Riedl/Rusam* VOB/A § 20 Rn. 3.

die Entscheidungen der Vergabestellen nachzuprüfen.⁹ Die Dokumentation kann ebenfalls in etwaigen zivilrechtlichen Schadensersatzprozessen als Beweismittel verwendet werden.¹⁰

C. Mögliche Folgen einer unzureichenden Dokumentation

Ein nur unzureichend dokumentiertes Vergabeverfahren kann für den Auftraggeber weitreichende Folgen bis hin zur Aufhebung des gesamten Vergabeverfahrens haben. Durch die Rechtsprechung wurde die Bedeutung der Dokumentation im Rahmen der früheren §§ 30, 30a VOB/A 2009 bereits deutlich herausgearbeitet und bestätigt.¹¹ Diese Entscheidungen sind grundsätzlich auf den § 8 VgV übertragbar, da mit seiner Einführung eine Ausdehnung des Anwendungsbereiches und eben keine Einschränkung der bisherigen Regelung erfolgte. **7**

Kann der Auftraggeber lediglich eine unvollständige Dokumentation vorlegen, so begründet dies eine Beweiserleichterung zu Gunsten des Beschwerdeführers eines Nachprüfungsverfahrens.¹² Sind bestimmte Angaben, die mündlich vorgetragen werden, nicht in der Vergabeakte dokumentiert, so kann der Dokumentation sogar negative Beweiskraft zukommen.¹³ Weist die Dokumentation Mängel auf, kann dies dazu führen, dass das Vergabeverfahren ab dem Zeitpunkt, in dem sie mangelbehaftet ist, wiederholt werden muss.¹⁴ Sofern dies nicht möglich ist, haben eine Aufhebung des gesamten Verfahrens und eine neue Ausschreibung zu erfolgen.¹⁵ **8**

Voraussetzung für eine teilweise Wiederholung des Vergabeverfahrens oder seine Aufhebung insgesamt ist allerdings, dass sich die in der Dokumentation enthaltenen Mängel gerade auch auf die Rechtsstellung des beschwerdeführenden Bieters im Vergabeverfahren nachteilig ausgewirkt haben; es muss also eine Kausalität zwischen den Fehlern und den nachteiligen Auswirkungen bestehen.¹⁶ Begründet wird dieses Erfordernis damit, dass die Dokumentationspflichten kein Selbstzweck seien.¹⁷ Die Darlegungs- und Beweislast für diese Kausalität liegt beim Bieter.¹⁸ Dieser hat nachzuweisen, dass ihm durch den Vergaberechtsverstoß, also die unterlassene Dokumentation, ein Schaden entstanden ist oder zu entstehen droht.¹⁹ Andernfalls fehlt dem Bieter insoweit die Antragsbefugnis für einen Nachprüfungsantrag (§ 160 Abs. 2 S. 1 und 2 GWB).²⁰ **9**

Wegen der besonderen Bedeutung der Dokumentation zur Gewährleistung von Transparenz, Gleichbehandlung und Wettbewerb im Vergabeverfahren sowie zur Korruptionsbekämpfung, kommt eine **Heilung** von Dokumentationsmängeln grundsätzlich nicht in Betracht, soweit Entscheidungen im Sinne von § 8 VgV überhaupt nicht dokumentiert worden sind.²¹ Soweit es also um das „Ob" der Dokumentation geht, ist eine Heilung grundsätzlich ausgeschlossen. Auch können Mängel der Dokumentation nicht durch einen gegenteiligen Zeugenbeweis in der mündlichen Verhandlung ausgeglichen werden, da diese Möglichkeit erhebliches Manipulations- **10**

---

⁹ VK Thüringen 8.11.2000 – 360–4002.20–041/00-G-S; VK Südbayern 17.7.2001 – 120.3-3194-1-23-06/01; *Düsterdick* in *Ingenstau/Korbion* VOB 20. Aufl., VOB/A § 20 Rn. 3; Bauer in Heiermann/Riedl/Rusam VOB/A § 20 Rn. 3.

¹⁰ Ähnlich: *Düsterdick* in Ingenstau/Korbion VOB 20. Aufl., VOB/A § 20 Rn. 5, 28 sowie § 20 EU Rn. 4 und 14.

¹¹ So zB OLG Brandenburg NZBau 2000, 39; OLG Düsseldorf NZBau 2004, 461; VergabeR 2004, 511; OLG Celle 3.3.2005 – 13 Verg 21/04; OLG Naumburg VergabeR 2007, 125; 2009, 210; OLG Thüringen NZBau 2006, 735.

¹² OLG Naumburg VergabeR 2007, 125.

¹³ OLG Thüringen NZBau 2006, 735; OLG Naumburg VergabeR 2007, 125.

¹⁴ OLG Düsseldorf NZBau 2004, 461; OLG Celle 3.3.2005 – 13 Verg 21/04; OLG Naumburg VergabeR 2009, 210; *Düsterdick* in Ingenstau/Korbion VOB 20. Aufl., VOB/A § 20 Rn. 16 f. und EU § 20 Rn. 12; enger nun BGH VergabeR 2011, 452, der ausführt, dass es mit dem Beschleunigungsgrundsatz in Vergabeverfahren nicht vereinbar sei, bei Mängeln der Dokumentation im Vergaberecht generell und unabhängig von deren Gewicht und Stellenwert von einer Berücksichtigung im Nachprüfungsverfahren abzusehen und stattdessen eine Wiederholung des betroffenen Abschnitts des Vergabeverfahrens anzuordnen.

¹⁵ OLG Dresden NZBau 2004, 574.

¹⁶ OLG Düsseldorf NZBau 2004, 461; OLG Dresden NZBau 2004, 574; VK Schleswig-Holstein 8.11.2007 – VK-SH 22/07; *Düsterdick* in Ingenstau/Korbion VOB 20. Aufl., VOB/A § 20 EU Rn. 11 f.

¹⁷ OLG Dresden NZBau 2004, 574.

¹⁸ VK Schleswig-Holstein 7.8.2002 – VK-SH 09/02; VK Schleswig-Holstein 8.11.2007 – VK-SH 22/07.

¹⁹ VK Schleswig-Holstein 7.8.2002 – VK-SH 09/02; 7.5.2008 – VK-SH 05/08.

²⁰ Ebenso *Mentzinis* in Pünder/Schellenberg Vergaberecht, 2. Aufl., VOB/A § 20 Rn. 9.

²¹ BGH VergabeR 2011, 452; OLG Düsseldorf NZBau 2004, 461; VergabeR 2004, 511; 1. VK Sachsen-Anhalt 25.4.2006 – 1 VK LVwA 08/06; *Düsterdick* in Ingenstau/Korbion VOB 20. Aufl., VOB/A § 20 Rn. 16 f, und § 20 EU Rn. 12.

potential bergen würde.[22] Zudem soll ein Ratsbeschluss die Dokumentation nicht ersetzen können, da dort wesentliche Teile der Entscheidungsfindung nicht enthalten seien.[23]

11 Dagegen ist eine Heilung von Dokumentationsmängeln im Einzelfall möglich, soweit es um das „Wie" der Dokumentation geht. Gemeint ist die nachträgliche Ergänzung einer unzureichenden Begründung mit Umständen oder Gesichtspunkten, mit denen die sachliche Richtigkeit einer angefochtenen Vergabeentscheidung nachträglich verteidigt werden soll. In diesen Fällen ist abzuwägen zwischen dem Sinn und Zweck der Dokumentation, durch die zeitnahe Führung des Vergabevermerks die Transparenz des Vergabeverfahrens zu schützen und Manipulationsmöglichkeiten entgegenzuwirken[24], auf der einen Seite und dem vergaberechtlichen Beschleunigungsgrundsatz (§ 163 Abs. 1 S. 4 GWB) auf der anderen Seite. Danach wird eine Heilung solcher Dokumentationsmängel regelmäßig ausgeschlossen sein, wenn zu besorgen ist, dass die Berücksichtigung der nachgeschobenen Dokumentation lediglich im Nachprüfungsverfahren nicht ausreichen könnte, um eine wettbewerbskonforme Auftragserteilung zu gewährleisten.[25] Sofern eine Entscheidung nicht mehr rekonstruiert und die Begründung im Nachhinein nicht mehr nachvollzogen werden kann, kommt eine Heilung ebenfalls nicht in Betracht.[26]

D. Inhalt der Dokumentation

I. Ausführliche und zeitnahe Dokumentation des gesamten Verfahrens gem. Abs. 1 Satz 1

12 Nach § 8 Abs. 1 S. 1 VgV ist das Vergabeverfahren von Beginn an in Textform nach § 126b BGB fortlaufend zu dokumentieren, soweit dies für die Begründung von Entscheidungen auf jeder Stufe des Vergabeverfahrens erforderlich ist.

13 § 8 Abs. 1 S. 1 VgV gibt vor, dass das Vergabeverfahren **fortlaufend** zu dokumentieren ist. In der Dokumentation müssen also die wesentlichen Schritte und Entscheidungen gemäß dem Gang des Vergabeverfahrens chronologisch niedergelegt werden. Hierdurch soll eine spätere Manipulation ausgeschlossen werden.[27] In der Regel genügt es, wenn der relevante Sachverhalt unter seinem Datum dokumentiert wird. Im Einzelfall, z. B. bei der Öffnung der Angebote, kann aber auch der genaue Zeitpunkt, also die Uhrzeit, entscheidend sein, so dass diese festgehalten werden muss.

14 Das Vergabeverfahren muss **von Beginn an** dokumentiert werden. Darunter ist nicht der formelle Beginn eines Vergabeverfahrens zu verstehen, also der Versand der Auftragsbekanntmachung, sondern der materielle Beginn. Ein konkretes Vergabeverfahren ist materiell eingeleitet, wenn der öffentliche Auftraggeber sich zur Deckung eines akuten Bedarfs oder eines zukünftigen Bedarfs, dessen Deckung er aber schon in der Gegenwart vorbereiten und organisieren will, zur Beschaffung von Waren, Bau- und Dienstleistungen von einem Dritten entschlossen hat und beginnt, mit organisatorischen und, oder planerischen Schritten zu regeln, auf welche Weise (insbesondere mit welcher Vergabeart) und mit welchen gegenständlichen Leistungsanforderungen das Beschaffungsvorhaben eingeleitet und durchgeführt wird und wie die Person oder der Personenkreis des oder der Leistenden ermittelt und ausgelöst gewählt werden soll. Dass nicht auf den formellen Beginn abzustellen ist, ergibt sich auch aus § 8 Abs. 1 S. 2 VgV. Danach ist unter anderem die Vorbereitung der Auftragsbekanntmachung und der Vergabeunterlagen zu dokumentieren.

15 Eine fortlaufende Dokumentation setzt voraus, dass die relevanten Sachverhalte **zeitnah** dokumentiert werden. Eine zeitnahe Dokumentation wurde in § 20 EG VOB/A, also der für Oberschwellen-Bauvergaben relevanten Vorgängerregelung, ausdrücklich gefordert, ist als For-

---

[22] OLG Thüringen NZBau 2006, 735.
[23] VK Nordbayern 10.10.2002 – 320.VK-3194-28/02; VK Arnsberg 29.1.2002 – VK 1-25/2002.
[24] Thüringer OLG VergabeR 2010, 96 (100). Demensprechend lässt das OLG Naumburg eine Heilung nur zu, wenn zeitnah erstellte Unterlagen nachträglich nur zusammengestellt werden; die nachträgliche Erstellung von Unterlagen sei dagegen unzulässig, weil die Unterlagen dann nicht zeitnah erstellt worden sind (OLG Naumburg VergabeR 2013, 55).
[25] BGH VergabeR 2011, 452; OLG Düsseldorf NZBau 2010, 582 (unter Verweis auf die gesetzgeberische Wertung in § 114 GWB); OLG München VergabeR 2010, 992 (1006). **AA** OLG Celle IBR 2010, 226, das wegen der Manipulationsgefahr eine Heilung von Dokumentationsmängeln grundsätzlich ausschließt.
[26] OLG Bremen VergabeR 2005, 537 (544); VK Bund 2.11.2006 – VK 3-117/06; *Dippel* in Heiermann/Zeiss juris Praxiskommentar Vergaberecht 4. Aufl., VOB/A § 20 Rn. 22.
[27] OLG Celle IBR 2010, 226.

derung aber auch § 8 Abs. 1 VgV immanent. Für die Bestimmung des Begriffs der Zeitnähe kann deshalb auf die zu § 20 EG VOB/A vertretenen Auffassungen zurückgegriffen werden.

Zeitnah räumt dem öffentlichen Auftraggeber begrifflich gesehen mehr Zeit als ein „unverzüglich", dessen Verwendung ein Handeln ohne jedes schuldhafte Zögern verlangt.[28] Negativ wurde der Begriff „zeitnah" zT dahingehend abgegrenzt, dass eine Vorlage nach Abschluss des Verfahrens und damit nach Zuschlagserteilung dieser Vorgabe regelmäßig nicht genüge.[29] Denn dann sei es für ein Vorgehen des unterlegenen Bieters im Nachprüfungsverfahren zu spät, da ein bereits erteilter Zuschlag gemäß § 168 Abs. 2 GWB nicht aufgehoben werden könne und dem unterlegenen Bieter dann allenfalls eine Klage auf Schadensersatz bleibe. Zudem soll eine erst zwei Monate nach der Entscheidung erfolgte Dokumentation nicht mehr zeitnah im Sinne der Vorschrift sein[30]. Gegen dieses relativ weite Verständnis spricht nunmehr allerdings der Wortlaut von § 8 Abs. 1 VgV, der eine fortlaufende Dokumentation fordert. Hinzu kommt, dass Vergabeverstöße, die sich in den zu dokumentierenden Maßnahmen und Entscheidungen manifestieren, grundsätzlich unverzüglich gerügt werden sollen.[31] Im Zeitpunkt der Rüge sollte die entsprechende Maßnahme oder Entscheidung jedoch bereits dokumentiert sein (müssen).[32] Das heißt: Eine Entscheidung ist dann nicht mehr zeitnah dokumentiert, wenn dem betroffenen Bieter/Bewerber (in zeitlicher Hinsicht) die Rüge obliegt. Damit nähert sich das Kriterium der „Zeitnähe" an das Kriterium der „Unverzüglichkeit" an, wobei hier für die Bemessung der „Unverzüglichkeit" die Frist von 10 Kalendertagen aus § 160 Abs. 3 Nr. 1 GWB herangezogen werden kann.

Die Frist von 10 Kalendertagen ist allerdings nur Anhaltspunkt, nicht feste Grenze. Eine starre Grenze, bei deren Überschreiten das Erfordernis zur zeitnahen Dokumentation nicht erfüllt ist, wäre wenig zweckmäßig und in der Praxis schwer handhabbar. Nach dem Zweck der Vorschrift bietet es sich vielmehr an, den Inhalt des Begriffs „zeitnah" für den jeweiligen Einzelfall zu bestimmen. Für den Auftraggeber empfiehlt sich: „Je eher, desto besser", um hinsichtlich möglicher Nachprüfungsverfahren keine Angriffsfläche zu bieten. Damit ein effizienter Rechtsschutz der Bieter gewährleistet wird, diese also insbesondere die Möglichkeit erhalten, (scheinbare) Unregelmäßigkeiten bereits während des laufenden Verfahrens zu rügen, muss die Dokumentation zudem fortlaufend weitergeschrieben werden und die wesentlichen Zwischenentscheidungen (insbesondere die Stufen des Vergabeverfahrens) enthalten.[33]

Die Dokumentation muss einen zeitlichen Ablaufplan enthalten, um die geplanten verschiedenen **Stufen des Verfahrens** zu verdeutlichen. Chronologisch zu dokumentieren ist jedenfalls der Zeitraum ab dem Beginn des Vergabeverfahrens bis zum endgültigen Zuschlag oder der Aufhebung des Verfahrens, samt aller wichtiger Zwischenentscheidungen.[34] Dazu gehören zumindest der Teilnahmewettbewerb, die gesamte Korrespondenz mit den Bietern, die formelle und materielle Angebotsprüfung, aber auch Aufklärungsmaßnahmen sowie Präsentationen und Musterung in Verhandlungsverfahren oder dem wettbewerblichen Dialog.

Zu dokumentieren ist das Vergabeverfahren, soweit dies für die Begründung von Entscheidungen auf jeder Stufe des Verfahrens erforderlich ist. Entsprechend dem Zweck der Regelung sollte das Augenmerk auf die Dokumentation der Vorgänge gerichtet werden, die für die Nachprüfungsstellen und die Bieter wesentlich sind, allem voran also auf die Angebotswertung[35] und den Ausschluss von Unternehmen.[36] Dies sind **Entscheidungen** im Sinne der Vorschrift[37], die zum

---

[28] So jedenfalls *Düsterdick* in Ingenstau/Korbion VOB 20. Aufl., VOB/A § 20 Rn. 6.
[29] VK Südbayern 17.7.2001 – 120.3–3194-1-23-06/01.
[30] *Düsterdick* in Ingenstau/Korbion VOB 20. Aufl., VOB/A § 20 Rn. 6.
[31] In § 107 Abs. 3 Nr. 1 GWB a. F. war die Pflicht zur unverzüglichen Rüge erkannter Vergabeverstöße normiert. Der EuGH sah den Begriff der Unverzüglichkeit aber als zu unbestimmt an. Die Länge einer Ausschlussfrist sei für den Betroffenen nicht vorhersehbar, wenn bzw. weil sie in das Ermessen des zuständigen Gerichts gestellt wird (EuGH 28.1.2010 – C-456/08 Rn. 75). Dieser Rechtsprechung Rechnung tragend wurde in § 160 Abs. 3 Nr. 1 GWB n. F. eine Rügefrist von 10 Kalendertagen normiert.
[32] Ähnlich *Hänsel* in Ziekow/Völlink Vergaberecht, 2. Aufl., VOB/A § 20 Rn. 2.
[33] OLG Düsseldorf NZBau 2004, 462; VK Thüringen 8.11.2000 – 360-4002.20-041/00-G-S; VK Südbayern 17.7.2001 – 120.3–3194-1-23-06/01.
[34] *Zeise* in K/M/P/P VOB § 20 Rn. 10; die zwingend zu erfassenden Zwischenschritte sind in S. 2 der Regelung aufgeführt. Eine weitere Hilfestellung bietet das Vergabehandbuch des Bundes in den Richtlinien 100 und Nr. 5 sowie die Arbeitshilfe zum Erstellen des Vergabevermerks unter http://www.bmvbs.de/Anlage/original_1100899/VHB-2008-Arbeitshilfe-zum-Erstellen-von-Vergabevermerken.pdf.
[35] OLG Düsseldorf VergabeR 2004, 232; *Fett* in Willenbruch/Wieddekind Vergaberecht 3. Aufl., VOB/A § 20 Rn. 7.
[36] VK Hessen 29.5.2002 – 69d VK-15/2002.
[37] *Zeise* in K/M/P/P VOB § 20 Rn. 13.

Mindestinhalt der Dokumentation nach Abs. 1 S. 2 gehören. Dabei gilt: Je größer der Entscheidungsspielraum der Vergabestelle ist, desto ausführlicher müssen die Entscheidung und der ihr zugrunde liegende Sachverhalt dokumentiert werden. Umgekehrt ist eine detailreiche Begründung einer Entscheidung entbehrlich, wenn kein Beurteilungs- bzw. Ermessensspielraum besteht. Das trifft in der Regel auf die Prüfung der Einhaltung der formalen und inhaltlichen Bedingungen der Vergabeunterlagen sowie der formalen Eignung der Bieter zu, oder ebenso auf den Fall der Wertung des Angebots, wenn als Zuschlagskriterium lediglich der Preis genannt worden ist.[38]

18 Jede Entscheidung im Vergabeverfahren ist zu begründen. Die Vorgabe in § 8 Abs. 1 S. 1 VgV, das Vergabeverfahren zu dokumentieren, soweit dies für die Begründung von Entscheidungen erforderlich ist, ist keine Einschränkung des „ob", sondern nur des „wie". Die Erforderlichkeit bezieht sich also nur auf den Umfang der dokumentierten Begründung einer Entscheidung. Die Entscheidung, ein Angebot wegen eines zwingenden formalen Ausschlussgrundes von dem Vergabeverfahren auszuschließen, bedarf beispielsweise in der Regel nur einer kurzen Begründung. Eine Zuschlagsentscheidung, die auch auf qualitativen Zuschlagskriterien beruht, muss demgegenüber in der Regel umfangreich begründet werden.

19 Bezüglich der unter § 8 Abs. 1 S. 2, Abs. 2 VgV aufgeführten Anforderungen an die Dokumentation gilt, dass ihre Darstellung möglichst **konkret und übersichtlich**[39] sein sollte. Die Gerichte formulieren dazu, dass die in dem Vergabevermerk enthaltenen Angaben und die in ihm mitgeteilten Gründe für getroffene Entscheidungen so detailliert sein müssen, dass sie für einen mit der Sachlage des jeweiligen Vergabeverfahrens vertrauten Leser nachvollziehbar sind.[40] Die unterlegenen Bieter müssen durch die Dokumentation in die Lage versetzt werden, sich davon zu überzeugen, dass die Entscheidung für die im Wettbewerb verbliebenen Bieter auf Grund sachgerechter und ermessensfehlerfreier Erwägungen getroffen wurde.[41] Diese Vorgaben missachtet die Vergabestelle beispielsweise dann, wenn lediglich die Entscheidungen der formellen und wirtschaftlichen Prüfung der Angebote, ohne die Wertung der Angebote anhand der veröffentlichten und damit wesentlichen Zuschlagskriterien wiedergegeben wird.[42] Eine solche Dokumentation verschleiere mehr als sie preisgebe, was als gravierender Verstoß gegen das Vergaberecht angesehen wird.[43] Wichtig ist dementsprechend gerade die Begründung der einzelnen Entscheidungen, was auf Grund des Wortlautes der Regelung, insbesondere der Nr. 4–7, auch deutlich wird. Der Auftraggeber hat also alle die Entscheidung tragenden Tatsachen und Überlegungen vollständig, wahrheitsgemäß und verständlich mitzuteilen.[44] Des Weiteren gilt, dass sich die Ausführlichkeit der Dokumentation an der Wichtigkeit der jeweiligen Entscheidung zu orientieren hat.[45] Außerdem sind die Anforderungen an die Dokumentation von Entscheidungen, für die der Auftraggeber einen Beurteilungs- oder Ermessensspielraum hat, höher als an die Dokumentation von gebundenen Entscheidungen.[46]

20 Zu beachten ist schließlich, dass die vergaberechtlichen Entscheidungen vom Auftraggeber getroffen werden müssen. Wenn sich der Auftraggeber für die Entscheidungsfindung der **Beratung eines Dritten** bedient, darf sich die Dokumentation nicht auf die Übernahme des Entscheidungsvorschlags beschränken. Vielmehr muss aus der Dokumentation eindeutig erkennbar sein, ob und inwieweit Vorschläge von Dritten bei der Entscheidung berücksichtigt wurden.[47] Andernfalls ist daraus der Rückschluss zu ziehen, dass die Entscheidung nicht vom Auftraggeber, sondern von dem Dritten getroffen wurde mit der Folge, dass sie gegen das Gebot der Letztverantwortlichkeit des Auftraggebers verstößt und vergaberechtswidrig ist.[48]

---

[38] VK Sachsen 8.7.2014 – Az.: 1/SVK/020-14.
[39] Auf das Erfordernis der Übersichtlichkeit hat etwa die Vergabekammer Thüringen hingewiesen, 8.11.2000 – 360-4002.20–041/00-G-S.
[40] OLG Brandenburg NZBau 2000, 39; BayObLG ZfBR 2001, 65; OLG Düsseldorf NZBau 2004, 461; 1. VK Sachsen-Anhalt 25.4.2006 – 1 VK LVwA 08/06.
[41] OLG Brandenburg NZBau 2000, 39; OLG Düsseldorf VergabeR 2004, 232; *Bauer* in Heiermann/Riedl/Rusam VOB/A § 20 Rn. 3.
[42] Beispiel nach 1. VK Sachsen-Anhalt 25.4.2006 – 1 VK LVwA 08/06.
[43] 1. VK Sachsen-Anhalt 25.4.2006 – 1 VK LVwA 08/06; ebenso VK Saarland 23.6.2006 – 1 VK 06/2005.
[44] OLG Düsseldorf VergabeR 2004, 232.
[45] OLG Frankfurt 23.1.2007 – 11 Verg. 11/06.
[46] Zutreffend: *Zeise* in K/M/P/P VOB/A § 20 Rn. 31 ff.
[47] OLG München IBR 2009, 723; VK Südbayern IBR 2009, 1123.
[48] VK Südbayern 19.1.2009 – Z3-3-3194-1-39-11/08; VK Lüneburg 11.1.2005 – 203-VgK-55/2004; *Zeise* in K/M/P/P VOB/A § 20 Rn. 34. **AA** wohl *Dippel* in Heiermann/Zeiss juris Praxiskommentar Vergaberecht 4. Aufl., VOB/A § 20 Rn. 9.

Die **Verwendung des Vergabe- und Vertragshandbuches des Bundes** (VHB) wurde von den Vergabekammern Lüneburg und Saarland als Anzeichen dafür gewertet, dass die Dokumentation vollständig und ordnungsgemäß ist, sofern die vorgegebenen Rubriken sorgfältig ausgefüllt würden.[49] Darüber hinaus wird zT aber auch bei der Verwendung des VHB verlangt und geprüft, dass die Begründung der wesentlichen Entscheidungen im Vergabeverfahren so ausführlich gefasst sein muss, dass sie eine Nachprüfung ermöglicht.[50] Ob sich andere Gerichte dieser Einschätzung anschließen, bleibt abzuwarten. Zuzustimmen ist den Vergabekammern insoweit, als das VHB zumindest eine Hilfestellung für die Erstellung der Dokumentation geben kann.

Wohl um etwaigen Auslegungsschwierigkeiten ist schon durch den Wortlaut der Vorschrift zu begegnen, ist nunmehr ausdrücklich geregelt, dass die Dokumentation in **Textform** niedergelegt werden muss. Folgerichtig spricht § 163 Abs. 2 GWB von einer „Vergabeakte", welche die Dokumentation enthält. Voraussetzung für die Einhaltung der Textform ist aber nicht notwendigerweise ein zusammenhängender Vergabevermerk. Ausreichend ist, wenn der förmliche Verfahrensablauf sowie die einzelnen Maßnahmen laufend dokumentiert und chronologisch aus der Vergabeakte ersichtlich sind.[51] Fortlaufende Seitenzahlen muss die Vergabeakte nicht haben.[52] Aus Gründen der Beweissicherung sollten die Dokumentation bzw. die jeweils erstellten (Teil)Vermerke zudem Datum[53] und Unterschrift enthalten.[54] Die Person des Erklärenden und Unterzeichners muss genannt werden. Dabei ist zu beachten, dass die Pflicht zur Dokumentation nicht delegierbar ist, sie muss also vom Auftraggeber selbst erfüllt werden.[55] Sofern die Vermerke diese Daten nicht enthalten, kommt ihnen nicht die Qualität einer Urkunde zu[56], was den Beweiswert erheblich schwächt.

II. Mindestanforderungen gem. Abs. 1 S. 2, Abs. 2 VgV

Nach § 8 Abs. 1 S. 2 VgV gehören zu einer ordnungsgemäßen Dokumentation zum Beispiel die Dokumentation der Kommunikation mit Unternehmen und internen Beratungen, der Vorbereitung der Auftragsbekanntmachung und der Vergabeunterlagen, der Öffnung der Angebote, Teilnahmeanträge und Interessensbestätigungen, der Verhandlungen und der Dialoge mit den teilnehmenden Unternehmen sowie der Gründe für Auswahlentscheidungen und den Zuschlag.

Damit werden beispielhaft, also nicht abschließend, die zu dokumentierenden Sachverhalte in einem Vergabeverfahren genannt. Es handelt sich um Mindestinhalte einer ordnungsgemäßen Dokumentation, soweit die betreffenden Sachverhalte eingetreten sind (d. h. ein Dialog mit dem teilnehmenden Unternehmen ist freilich nur zu dokumentieren, wenn er auch stattgefunden hat) und soweit dies für die Begründung von Entscheidungen erforderlich ist (d. h. eine interne Beratung ist nur zu dokumentieren, wenn sie eine Entscheidung vorbereitet hat).

In § 8 Abs. 2 VgV sind sodann die Mindestinhalte des Vergabevermerks geregelt. Der Vergabevermerk ist Ausfluss und Untermenge der Dokumentation. Daraus folgt, dass die Mindestinhalte des Vergabevermerks zugleich Mindestinhalte der Dokumentation sein müssen.

Dokumentation und Vergabevermerk müssen jedenfalls folgende Angaben enthalten:
1. den Namen und die Anschrift des öffentlichen Auftraggebers sowie Gegenstand und Wert des Auftrags, der Rahmenvereinbarung oder des dynamischen Beschaffungssystems,
2. die Namen der berücksichtigten Bewerber oder Bieter und die Gründe für ihre Auswahl,
3. die nicht berücksichtigten Angebote und Teilnahmeanträge sowie die Namen der nicht berücksichtigten Bewerber oder Bieter und die Gründe für ihre Nichtberücksichtigung,
4. die Gründe für die Ablehnung von Angeboten, die für ungewöhnlich niedrig befunden wurden,

---

[49] VK Lüneburg 6.12.2004 – 203-VgK-50/2004; VK Saarland 23.4.2007 – 3 VK 02/2007, 3 VK 03/2007.
[50] VK Lüneburg 6.12.2004 – 203-VgK-50/2004.
[51] Vgl. OLG München VergabeR 2014, 52.
[52] OLG Celle 11.6.2015 – 13 Verg 4/15:
[53] *Zeise* in K/M/P/P VOB § 20 Rn. 8.
[54] OLG Bremen VergabeR 2005, 537; VK Saarland 23.4.2007 – 3 VK 02/2007, 3 VK 03/2007; *Fett* in Willenbruch/Wieddekind Vergaberecht 3. Aufl., VOB/A § 20 Rn. 9.
[55] *Dippel* in Heiermann/Zeiss juris Praxiskommentar Vergaberecht 4. Aufl., VOB/A § 20 Rn. 9.
[56] VK Saarland 23.4.2007 – VK 02/2007, 3 VK 03/2007.

5. den Namen des erfolgreichen Bieters und die Gründe für die Auswahl seines Angebots sowie, falls bekannt, den Anteil am Auftrag oder an der Rahmenvereinbarung, den der Zuschlagsempfänger an Dritte weiterzugeben beabsichtigt, und gegebenenfalls, soweit zu jenem Zeitpunkt bekannt, den Namen der Unterauftragnehmer des Hauptauftragnehmers,
6. bei Verhandlungsverfahren und gewerblichen Dialogen die in § 14 Absatz 3 genannten Umstände, die die Anwendung dieser Verfahren rechtfertigen,
7. bei Verhandlungsverfahren ohne vorherigen Teilnahmewettbewerb die in § 14 Absatz 4 genannten Umstände, die die Anwendung dieses Verfahrens rechtfertigen,
8. gegebenenfalls die Gründe, aus denen der öffentliche Auftraggeber auf die Vergabe eines Auftrags, den Abschluss einer Rahmenvereinbarung oder die Einrichtung eines dynamischen Beschaffungssystems verzichtet hat,
9. gegebenenfalls die Gründe, aus denen andere als elektronische Mittel für die Einreichung der Angebote verwendet wurden,
10. gegebenenfalls Angaben zu aufgedeckten Interessenkonflikten und getroffenen Abhilfemaßnahmen,
11. gegebenenfalls die Gründe, aufgrund derer mehrere Teil- oder Fachlose zusammen vergeben wurden, und
12. gegebenenfalls die Gründe für die Nichtangabe der Gewichtung von Zuschlagskriterien.

27 Zu den Mindestanforderungen gehören also zunächst der **Name und die Anschrift des öffentlichen Auftraggebers** sowie die Gegenstand des Auftrags. Diese Informationen sind ebenfalls Bestandteil der Bekanntmachung gemäß § 12 EU Abs. 3 Nr. 2 VOB/A, die als solche erforderlicher Bestandteil der Vergabeakte ist. Entsprechend § 8 Abs. 3 S. 2 VgV dürfte ein Verweis auf die Bekanntmachung insoweit genügen; eine gesonderte Beschreibung der Informationen, die in der zur Vergabeakte genommenen Bekanntmachung bereits enthalten sind, erscheint nicht erforderlich.

28 Weiter festzuhalten ist der **Wert des Auftrags.** Damit ist der im Sinne von § 3 VgV geschätzte Auftragswert gemeint. Grundsätzlich steht dem Auftraggeber bei der Ermittlung des Auftragswertes ein Beurteilungsspielraum zu, der nur eingeschränkt überprüfbar ist. Wurde der Sachverhalt zutreffend und vollständig ermittelt, sachliche Erwägungen zugrunde gelegt, der Beurteilungsmaßstab zutreffend angewandt und das vorgeschriebene Verfahren eingehalten, ist von der vorgenommenen Schätzung auszugehen. Daran orientiert sich auch der Begründungsaufwand des Auftraggebers: Insbesondere muss dieser weder jedes Detail seiner Überlegungen festhalten, noch muss er mit sachverständiger Hilfe vorab eine detaillierte Kostenschätzung in Form einer Preiskalkulation für alle Einzelpositionen der Leistungsbeschreibung vornehmen. Eine solche Anforderung würde den zumutbaren Rahmen eines Vergabeverfahrens sprengen.[57] Der geschätzte Auftragswert ist allerdings dann (näher) zu begründen, wenn objektiv Zweifel bestehen können, ob der – ordnungsgemäß geschätzte – Auftragswert oberhalb oder unterhalb der Schwellenwerte im Sinne von § 106 GWB liegt. Das ist in der Regel der Fall, wenn der geschätzte Wert nah an den Schwellenwerten heranreicht.[58]

29 Ferner sind die **Namen der berücksichtigten Bewerber oder Bieter** und die Gründe für ihre Auswahl zu nennen. Entsprechend müssen auch die **nicht berücksichtigten Angebote und Teilnahmeanträge** sowie die **Namen der nicht berücksichtigten Bewerber oder Bieter** und die Gründe ihrer Nichtberücksichtigung festgehalten werden. Die Wahl des Plurals „Gründe" stellt klar, dass die Berücksichtigung bzw. die Nichtberücksichtigung umfassend zu begründen ist. In der Praxis hat sich jedenfalls für die Angebotswertung bewährt, die Auswahl von Bewerbern und Bietern sowie die Wertung (der Angebote) anhand einer Matrix vorzunehmen und zu dokumentieren. Des Weiteren zeigt die Einbeziehung der „Bewerber", dass alle Auswahlentscheidungen im Verlauf eines Vergabeverfahrens zu dokumentieren sind. Bei Durchführung eines Teilnahmewettbewerbs muss der Auftraggeber mithin festhalten, welche Bewerber er aus welchen Gründen zur Abgabe eines Angebots aufgefordert hat und welche nicht.[59] Entsprechend ist nach Angebotsabgabe das weitere Schicksal der Bieter im Vergabeverfahren bis zur Erteilung des Zuschlags zu dokumentieren. Besondere Erwähnung findet in § 8 Abs. 2 S. 2 Nr. 5 VOB/B die Nichtberücksichtigung eines Bieters durch Ablehnung seines **ungewöhnlich**

---

[57] OLG München 11.4.2013 – Verg 3/13.
[58] VK Bund 27.5.2014 – VK 2-31/14, ZfBR 2014, 823 = IBR 2014, 495; VK Südbayern, 16.12.2014 – Z3-3-3194-1-43-09/14.
[59] Zur Dokumentation der Wertungsentscheidung eines Gremiums im Planungswettbewerb vgl. OLG München 25.9.2014 – Verg 9/14, VergabeR 2015, 93 = IBR 2014, 693.

niedrigen Angebots. Grund dafür ist, dass ein niedriger Angebotspreis als solcher keinen Ausschluss des Angebots begründet. Vor dem Hintergrund der Kalkulationsfreiheit der Bieter darf ein Angebot nur wegen eines ungewöhnlich niedrigen Angebotspreises ausgeschlossen werden, wenn der Auftraggeber den Preis für unauskömmlich hält und deshalb die Leistungsfähigkeit des Bieters in Frage steht. Hierfür bedarf es einer sorgfältigen Abwägung und Begründung.

Des Weiteren sind der Anteil der beabsichtigten **Weitergabe an Nachunternehmer** sowie, soweit zu jenem Zeitpunkt bekannt, die Namen der Nachunternehmer zu dokumentieren. 30

Außerdem sind die Gründe für die **Wahl des jeweiligen Vergabeverfahrens** festzuhalten, sofern nicht die Regelverfahren, also das offene Verfahren und das nicht offene Verfahren oberhalb der Schwellenwerte und die Öffentliche Ausschreibung unterhalb der Schwellenwerte, gewählt werden. Die Wahl des Vergabeverfahrens hat erhebliche Bedeutung. Die og Regelverfahren geben die strengsten Vorgaben an Auftraggeber und Bieter vor und sichern dadurch in besonderem Maße die vergaberechtlichen Grundsätze (Wettbewerb, Gleichbehandlung und Transparenz). 31

Schließlich muss der Auftraggeber dokumentieren, aus welchen Gründen er gegebenenfalls auf die Vergabe des Auftrags verzichtet und die **Ausschreibung aufhebt.** Die Aufhebung ist – bei Planungsvergaben – nur unter den in § 17 EU VOB/A genannten Voraussetzungen zulässig. Das Vorliegen dieser Voraussetzungen muss hinreichend begründet werden. 32

Daneben muss der Auftraggeber in der Dokumentation begründen, wenn **andere als elektronische Mittel** für die Einreichung verwendet wurden. Diese Mindestanforderung ist vor dem Hintergrund zu sehen, dass nach § 9 Abs. 1 und 2 VgV für das Senden, Empfangen, Weiterleiten und Speichern von Daten in einem Vergabeverfahren grundsätzlich elektronische Mittel zu verwenden sind. 33

Auch eventuell aufgedeckte Interessenkonflikte und hierzu getroffene Abhilfemaßnahmen sind zu dokumentieren. 34

Darüber hinaus sind ua die Entscheidung über die konkrete **Losaufteilung** im Vergabeverfahren festzuhalten.[60] Durch die Losaufteilung wird der infrage kommende Bieterkreis beeinflusst. Es handelt sich deshalb um eine relevante Entscheidung im Vergabeverfahren. Der öffentliche Auftraggeber muss insbesondere dokumentieren, dass er das Interesse kleiner und mittelständischer Unternehmen an der Ausschreibung bei der Festlegung, ob und gegebenenfalls inwieweit Lose gebildet werden, berücksichtigt hat (§ 97 Abs. 4 S. 1 GWB). Die Entscheidung über die Losaufteilung ist auch dann in die Dokumentation zu einem bestimmten Vergabeverfahren aufzunehmen, wenn die Aufteilung einheitlich für eine Vielzahl von Vergaben vor der förmlichen Einleitung dieses Vergabeverfahrens festgelegt wurde.[61] 35

Letztlich müssen auch die Gründe für die Nichtangabe der Gewichtung von Zuschlagskriterien in der Dokumentation angegeben werden. Hierbei handelt es sich um einen Ausnahmefall. In aller Regel muss die Gewichtung von Zuschlagskriterien in den Vergabeunterlagen angegeben werden, damit zum einen die Bieter ihr Angebot darauf ausrichten können und damit zum anderen sichergestellt ist, dass der Auftraggeber die Gewichtung der Zuschlagskriterien nicht nach Angebotsöffnung so festlegen kann, dass das von ihm präferierte Angebot als das wirtschaftlichste erscheint. Als absoluter Ausnahmefall muss deshalb die Nichtangabe der Gewichtung von Zuschlagskriterien besonders begründet werden. 36

Bei den beschriebenen, unter § 8 Abs. 2 S. 2 VgV genannten Mindestinhalten handelt es sich nicht um eine abschließende Aufzählung. Das zeigt sich bereits daran, dass in der VgV selbst über § 8 Abs. 2 S. 2 VgV hinausgehende Dokumentationspflichten geregelt sind. Beispielsweise muß gemäß § 56 Abs. 5 VgV die Entscheidung des öffentlichen Auftraggebers zur Nachforderung fehlender oder vom Bieter zu korrigierende Unterlagen dokumentiert werden (anders § 16a EU VOB/A, der eine Nachforderungspflicht regelt). 37

E. Vergabevermerk

§ 8 Abs. 2 regelt die Pflicht des öffentlichen Auftraggebers, über jedes Vergabeverfahren einen Vergabevermerk anzufertigen. Mit der Vorschrift wird Artikel 84 Absatz 1 Unterabsatz 1 der Richtlinie 2014/24/EU umgesetzt. Der Begriff „Vergabevermerk" entspricht der Terminologie 38

---

[60] Vgl. *Zeise* in K/M/P/P VOB/A § 20 Rn. 28 mwN.
[61] OLG Düsseldorf 17.3.2004 – Verg 1/04.

der Richtlinie 2014/24/EU. Der Vergabevermerk speist sich aus der Dokumentation, ist also inhaltlich eine Untermenge derselben.

39 Während die Dokumentation fortlaufend und zeitnah erstellt werden muss, kann der Vergabevermerk auch erst nach Abschluss des Vergabeverfahrens und Veröffentlichung der Vergabebekanntmachung angefertigt werden. Das hat der Gesetzgeber in der Begründung der Vergabeverordnung klargestellt.[62]

40 Nach Maßgabe des Absatz 3 S. 2 können sich öffentliche Auftraggeber in dem Vergabevermerk auf die Vergabebekanntmachung beziehen. In dem Vergabevermerk müssen also die in der Vergabebekanntmachung enthaltenen Informationen nicht nochmals gesondert aufgeführt werden. Der Vergabevermerk ist – ebenso wie die Dokumentation – in Textform zu erstellen. Der Vergabevermerk muss den im Vergabevermerk vorgegebenen Mindestinhalt entweder direkt aufführen oder die entsprechenden Inhalte durch Bezugnahme auf beigefügte Anlagen kenntlich machen.

41 Der Vergabevermerk oder zumindest dessen Hauptelemente sowie die abgeschlossenen Verträge sind vom öffentlichen Auftraggeber der Europäischen Kommission sowie den zuständigen Aufsichts- oder Prüfbehörden auf deren Anforderung hin zu übermitteln (§ 8 Abs. 5 VgV).

F. Aufbewahrungspflichten

42 § 8 Abs. 4 VgV regelt in Umsetzung von Artikel 84 Absatz 2 Satz 3 der Richtlinie 2014/24/EU, dass die Dokumentation mindestens drei Jahre ab dem Tag der Vergabe des Auftrags aufzubewahren ist. Die Aufbewahrungspflicht wird auch auf den Vergabevermerk, die Angebote, die Teilnahmeanträge, die Interessensbekundungen, die Interessensbestätigungen und ihre Anlagen erstreckt. Dabei handelt es sich um eine Mindestfrist. Überschreitet die Laufzeit des Vertrages oder der Rahmenvereinbarung drei Jahre, ist eine längere Aufbewahrung angezeigt.

43 Für den gleichen Zeitraum müssen Kopien aller abgeschlossenen Verträge aufbewahrt werden, die mindestens den folgenden Auftragswert haben:

- 1.000.000 Euro im Falle von Liefer- oder Dienstleistungsaufträgen,
- 10.000.000 Euro im Falle von Bauaufträgen.

Eine entsprechend gesicherte elektronische Datei gilt als Kopie im Sinne von § 8 Abs. 4 S. 2 VgV.

§ 9 Grundsätze der Kommunikation

(1) **Für das Senden, Empfangen, Weiterleiten und Speichern von Daten in einem Vergabeverfahren verwenden der öffentliche Auftraggeber und die Unternehmen grundsätzlich Geräte und Programme für die elektronische Datenübermittlung (elektronische Mittel).**

(2) **Die Kommunikation in einem Vergabeverfahren kann mündlich erfolgen, wenn sie nicht die Vergabeunterlagen, die Teilnahmeanträge, die Interessensbestätigungen oder die Angebote betrifft und wenn sie ausreichend und in geeigneter Weise dokumentiert wird.**

(3) **Der öffentliche Auftraggeber kann von jedem Unternehmen die Angabe einer eindeutigen Unternehmensbezeichnung sowie einer elektronischen Adresse verlangen (Registrierung). Für den Zugang zur Auftragsbekanntmachung und zu den Vergabeunterlagen darf der öffentliche Auftraggeber keine Registrierung verlangen; eine freiwillige Registrierung ist zulässig.**

§ 9 Abs. 1 VgV ist wortgleich mit § 11 EU Abs. 1 VOB/A. Dasselbe gilt für § 9 Abs. 2 VgV und § 11 EU Abs. 7 VOB/A. § 9 Abs. 3 VgV entspricht schließlich § 11 EU Abs. 6 VOB/A. An dieser Stelle wird deshalb auf die Kommentierungen zu den entsprechenden Regelungen in der EU-VOB/A verwiesen.

---

[62] BR-Drucks. 87/16 S. 162.

§ 10 Anforderungen an die verwendeten elektronischen Mittel

(1) Der öffentliche Auftraggeber liegt das erforderliche Sicherheitsniveau für die elektronischen Mittel fest. Elektronische Mittel, die von dem öffentlichen Auftraggeber für den Empfang von Angeboten, Teilnahmeanträge und Interessensbestätigungen sowie von Plänen und Entwürfen für Planungswettbewerbe verwendet werden, müssen gewährleisten, dass
1. die Uhrzeit und der Tag des Datenempfängers genau zu bestimmen sind,
2. kein vorfristiger Zugriff auf die empfangenen Daten möglich ist,
3. der Termin für den erstmaligen Zugriff auf die empfangenen Daten nur von den Berechtigten festgelegt oder geändert werden kann,
4. nur die berechtigten Zugriff auf die empfangenen Daten oder auf einen Teil derselben haben,
5. nur die Berechtigten nach dem festgesetzten Zeitpunkt Dritten Zugriff auf die empfangenen Daten oder auf einen Teil derselben einräumen dürfen,
6. empfangenen Daten nicht an unberechtigte übermittelt werden und
7. Verstöße oder versuchte Verstöße gegen die Anforderungen gemäß Nr. 1–6 eindeutig festgestellt werden können.

(2) Die elektronischen Mittel, die von dem öffentlichen Auftraggeber für den Empfang von Angeboten, Teilnahmeanträgen und Interessensbestätigungen sowie von Plänen und Entwürfen für Planungswettbewerbe genutzt werden, müssen über eine einheitliche Datenaustauschschnittstelle verfügen. Es sind die jeweils geltenden Interoperabilitäts- und Sicherheitsstandards der Informationstechnik gemäß § 3 Absatz. 1 des Vertrags über die Errichtung des IT Planungsrats und über die Grundlagen der Zusammenarbeit beim Einsatz der Informationstechnologie in den Verwaltungen von Bund und Ländern vom 1. April 2010 zu verwenden.

§ 10 Abs. 1 und 2 VgV sind wortgleich mit § 11a EU Abs. 4 und 5 VOB/A. An dieser Stelle wird deshalb auf die Kommentierungen zu den entsprechenden Regelungen in der EU-VOB/A verwiesen.

§ 11 Anforderungen an den Einsatz elektronischer Mittel im Vergabeverfahren

(1) Elektronische Mittel und deren technische Merkmale müssen allgemein verfügbar, nichtdiskriminierend und mit allgemein verbreiteten Geräten und Programmen der Informations- und Kommunikationstechnologie kompatibel sein. Sie dürfen den Zugang von Unternehmen zum Vergabeverfahren nicht einschränken. Der öffentliche Auftraggeber gewährleistet die barrierefreie Ausgestaltung der elektronischen Mittel nach den §§ 4 und 11 des Gesetzes zur Gleichstellung behinderter Menschen vom 27. April 2002 (BGBl. I Seite 1467, 1468) in der jeweils geltenden Fassung.

(2) Der öffentliche Auftraggeber verwendet für das Senden, Empfangen, Weiterleiten und Speichern von Daten in einem Vergabeverfahren ausschließlich solche elektronischen Mittel, die die Unversehrtheit, die Vertraulichkeit und die Echtheit der Daten gewährleisten.

(3) Der öffentliche Auftraggeber muss den Unternehmen alle notwendigen Informationen zur Verfügung stellen über
1. die in einem Vergabeverfahren verwendeten elektronischen Mittel,
2. die technischen Parameter zur Einreichung von Teilnahmeanträgen, Angeboten und Interessensbestätigungen mithilfe elektronischer Mittel und
3. verwendete Verschlüsselungs- und Zeiterfassungsverfahren.

§ 11 Abs. 1–3 VgV sind wortgleich mit § 11a EU Abs. 1–3 VOB/A. An dieser Stelle wird deshalb auf die Kommentierungen zu den entsprechenden Regelungen in der EU-VOB/A verwiesen.

§ 12 Einsatz alternativer elektronischer Mittel bei der Kommunikation

(1) Der öffentliche Auftraggeber kann im Vergabeverfahren die Verwendung elektronischer Mittel, die nicht allgemein verfügbar sind (alternative elektronische Mittel) verlangen, wenn er
   1. Unternehmen während des gesamten Vergabeverfahrens unter einer Internetadresse einen unentgeltlichen, uneingeschränkten, vollständigen und direkten Zugang zu diesen Alternativen elektronischen Mitteln gewährt und
   2. Diese Alternativen elektronischen Mittel selbst verwendet.

(2) Der öffentliche Auftraggeber kann im Rahmen der Vergabe von Bauleistungen und für Wettbewerbe die Nutzung elektronischer Mittel für die Bauwerksdatenmodellierung verlangen. Sofern die verlangten elektronischen Mittel für die Bauwerksdatenmodellierung nicht allgemein verfügbar sind, bietet der öffentliche Auftraggeber einen alternativen Zugang zu ihnen gemäß Abs. 1 an.

§ 12 Abs. 1 und 2 VgV sind wortgleich mit § 11a EU Abs. 6 und 7 VOB/A. An dieser Stelle wird deshalb auf die Kommentierungen zu den entsprechenden Regelungen in der EU-VOB/A verwiesen.

§ 13 Allgemeine Verwaltungsvorschriften

Die Bundesregierung kann mit Zustimmung des Bundesrates allgemeine Verwaltungsvorschriften über die zu verwendenden elektronischen Mittel (Basisdienste für die elektronische Auftragsvergabe) sowie über die einzuhaltenden technischen Standards erlassen.

Nicht kommentiert.

Abschnitt 2. Vergabeverfahren

Unterabschnitt 1 Verfahrensarten

(§§ 14 – 27 VgV sind nicht kommentiert)

Unterabschnitt 2
Besondere Methoden und Instrumente in Vergabeverfahren

§ 21 Rahmenvereinbarungen

(1) Der Abschluss einer Rahmenvereinbarung erfolgt im Wege einer nach dieser Verordnung anwendbaren Verfahrensart. Das in Aussicht genommene Auftragsvolumen ist so genau wie möglich zu ermitteln und bekannt zu geben, braucht aber nicht abschließend festgelegt zu werden. Eine Rahmenvereinbarung darf nicht missbräuchlich oder in einer Art angewendet werden, die den Wettbewerb behindert, einschränkt oder verfälscht.

(2) Auf einer Rahmenvereinbarung beruhende Einzelaufträge werden nach den Kriterien dieses Absatzes und der Absätze 3 bis 5 vergeben. Die Einzelauftragsvergabe erfolgt ausschließlich zwischen den in der Auftragsbekanntmachung oder der Aufforderung zur Interessensbestätigung genannten öffentlichen Auftraggebern und denjenigen Unternehmen, die zum Zeitpunkt des Abschlusses des Einzelauftrags Vertragspartei der Rahmenvereinbarung sind. Dabei dürfen keine wesentlichen Änderungen an den Bedingungen der Rahmenvereinbarung vorgenommen werden.

(3) Wird eine Rahmenvereinbarung mit nur einem Unternehmen geschlossen, so werden die auf dieser Rahmenvereinbarung beruhenden Einzelaufträge entsprechend den Bedingungen der Rahmenvereinbarung vergeben. Für die Vergabe der Einzelaufträge kann der öffentliche Auftraggeber das an der Rahmenvereinbarung beteiligte Unternehmen in Textform nach § 126b des Bürgerlichen Gesetzbuchs auffordern, sein Angebot erforderlichenfalls zu vervollständigen.

(4) Wird eine Rahmenvereinbarung mit mehr als einem Unternehmen geschlossen, werden die Einzelaufträge wie folgt vergeben:
1. gemäß den Bedingungen der Rahmenvereinbarung ohne erneutes Vergabeverfahren, wenn in der Rahmenvereinbarung alle Bedingungen für die Erbringung der Leistung sowie die objektiven Bedingungen für die Auswahl der Unternehmen festgelegt sind, die sie als Partei der Rahmenvereinbarung ausführen werden; die letztgenannten Bedingungen sind in der Auftragsbekanntmachung oder den Vergabeunterlagen für die Rahmenvereinbarung zu nennen;
2. wenn in der Rahmenvereinbarung alle Bedingungen für die Erbringung der Leistung festgelegt sind, teilweise ohne erneutes Vergabeverfahren gemäß Nummer 1 und teilweise mit erneutem Vergabeverfahren zwischen den Unternehmen, die Partei der Rahmenvereinbarung sind, gemäß Nummer 3, wenn diese Möglichkeit in der Auftragsbekanntmachung oder den Vergabeunterlagen für die Rahmenvereinbarung durch die öffentlichen Auftraggeber festgelegt ist; die Entscheidung, ob bestimmte Liefer- oder Dienstleistungen nach erneutem Vergabeverfahren oder direkt entsprechend den Bedingungen der Rahmenvereinbarung beschafft werden sollen, wird nach objektiven Kriterien getroffen, die in der Auftragsbekanntmachung oder den Vergabeunterlagen für die Rahmenvereinbarung festgelegt sind; in der Auftragsbekanntmachung oder den Vergabeunterlagen ist außerdem festzulegen, welche Bedingungen einem erneuten Vergabeverfahren unterliegen können; diese Möglichkeiten gelten auch für jedes Los einer Rahmenvereinbarung, für das alle Bedingungen für die Erbringung der Leistung in der Rahmenvereinbarung festgelegt sind, ungeachtet dessen, ob alle Bedingungen für die Erbringung einer Leistung für andere Lose festgelegt wurden; oder

3. sofern nicht alle Bedingungen zur Erbringung der Leistung in der Rahmenvereinbarung festgelegt sind, mittels eines erneuten Vergabeverfahrens zwischen den Unternehmen, die Parteien der Rahmenvereinbarung sind.

(5) Die in Absatz 4 Nummer 2 und 3 genannten Vergabeverfahren beruhen auf denselben Bedingungen wie der Abschluss der Rahmenvereinbarung und erforderlichenfalls auf genauer formulierten Bedingungen sowie gegebenenfalls auf weiteren Bedingungen, die in der Auftragsbekanntmachung oder den Vergabeunterlagen für die Rahmenvereinbarung in Übereinstimmung mit dem folgenden Verfahren genannt werden:
1. vor Vergabe jedes Einzelauftrags konsultiert der öffentliche Auftraggeber in Textform nach § 126b des Bürgerlichen Gesetzbuchs die Unternehmen, die in der Lage sind, den Auftrag auszuführen,
2. der öffentliche Auftraggeber setzt eine ausreichende Frist für die Abgabe der Angebote für jeden Einzelauftrag fest; dabei berücksichtigt er unter anderem die Komplexität des Auftragsgegenstands und die für die Übermittlung der Angebote erforderliche Zeit,
3. die Angebote sind in Textform nach § 126b des Bürgerlichen Gesetzbuchs einzureichen und dürfen bis zum Ablauf der Einreichungsfrist nicht geöffnet werden,
4. der öffentliche Auftraggeber vergibt die Einzelaufträge an den Bieter, der auf der Grundlage der in der Auftragsbekanntmachung oder den Vergabeunterlagen für die Rahmenvereinbarung genannten Zuschlagskriterien das jeweils wirtschaftlichste Angebot vorgelegt hat.

(6) Die Laufzeit einer Rahmenvereinbarung darf höchstens vier Jahre betragen, es sei denn, es liegt ein im Gegenstand der Rahmenvereinbarung begründeter Sonderfall vor.

§ 21 VgV entspricht der Regelung der Rahmenvereinbarungen in § 4a EU VOB/A. An dieser Stelle wird deshalb auf die Kommentierungen zu den entsprechenden Regelungen in der EU-VOB/A verwiesen.

§ 22 Grundsätze für den Betrieb dynamischer Beschaffungssysteme

(1) Der öffentliche Auftraggeber kann für die Beschaffung marktüblicher Leistungen ein dynamisches Beschaffungssystem nutzen.

(2) Bei der Auftragsvergabe über ein dynamisches Beschaffungssystem befolgt der öffentliche Auftraggeber die Vorschriften für das nicht offene Verfahren.

(3) Ein dynamisches Beschaffungssystem wird ausschließlich mithilfe elektronischer Mittel eingerichtet und betrieben. §§ 11 und 12 finden Anwendung.

(4) Ein dynamisches Beschaffungssystem steht den gesamten Zeitraum seiner Einrichtung allen Bietern offen, die die im jeweiligen Vergabeverfahren festgelegten Eignungskriterien erfüllen. Die Zahl der zum dynamischen Beschaffungssystem zugelassenen Bewerber darauf nicht begrenzt werden.

(5) Der Zugang zu einem dynamischen Beschaffungssystem ist für alle Unternehmen kostenlos.

Nicht Kommentiert.

§ 23 Betrieb eines dynamischen Beschaffungssystems

(1) Der öffentliche Auftraggeber gibt in der Auftragsbekanntmachung an, dass er ein dynamisches Beschaffungssystem nutzt und für welchen Zeitraum es betrieben wird.

(2) Der öffentliche Auftraggeber informiert die Europäische Kommission wie folgt über eine Änderung der Gültigkeitsdauer:
1. Wird die Gültigkeitsdauer ohne Einstellung des dynamischen Beschaffungssystems geändert, ist das Muster gemäß Anhang II der Durchführungsverordnung (EU) 2015/1986 der Kommission vom 11. November 2015 zur Einführung von Standardformularen für die Veröffentlichung von Vergabebekanntmachungen

für öffentliche Aufträge und zur Aufhebung der Durchführungsverordnung (EU) Nr. 842/2011 (ABl. L 296 vom 12.11.2015, S. 1) in der jeweils geltenden Fassung zu verwenden.
2. Wird das dynamische Beschaffungssystem eingestellt, ist das Muster gemäß Anhang III der Durchführungsverordnung (EU) 2015/1986 zu verwenden.
(3) In den Vergabeunterlagen sind mindestens die Art und die geschätzte Menge der zu beschaffenden Leistung sowie alle erforderlichen Daten des dynamischen Beschaffungssystems anzugeben.
(4) In den Vergabeunterlagen ist anzugeben, ob ein dynamisches Beschaffungssystem in Kategorien von Leistungen untergliedert wurde. Gegebenenfalls sind die objektiven Merkmale jeder Kategorie anzugeben.
(5) Hat ein öffentlicher Auftraggeber ein dynamisches Beschaffungssystem in Kategorien von Leistungen untergliedert, legt er für jede Kategorie die Eignungskriterien gesondert fest.
(6) § 16 Absatz 4 und § 51 Absatz 1 finden mit der Maßgabe Anwendung, dass die zugelassenen Bewerber für jede einzelne, über ein dynamisches Beschaffungssystem stattfindende Auftragsvergabe gesondert zur Angebotsabgabe aufzufordern sind. Wurde ein dynamisches Beschaffungssystem in Kategorien von Leistungen untergliedert, werden jeweils alle für die einem konkreten Auftrag entsprechende Kategorie zugelassenen Bewerber aufgefordert, ein Angebot zu unterbreiten.

Nicht kommentiert.

§ 24 Fristen beim Betrieb dynamischer Beschaffungssysteme

(1) Abweichend von § 16 gelten bei der Nutzung eines dynamischen Beschaffungssystems die Bestimmungen der Absätze 2 bis 5.
(2) Die Mindestfrist für den Eingang der Teilnahmeanträge beträgt 30 Tage, gerechnet ab dem Tag nach der Absendung der Auftragsbekanntmachung, oder im Falle einer Vorinformation nach § 38 Absatz 4 nach der Absendung der Aufforderung zur Interessensbestätigung. Sobald die Aufforderung zur Angebotsabgabe für die erste einzelne Auftragsvergabe im Rahmen eines dynamischen Beschaffungssystems abgesandt worden ist, gelten keine weiteren Fristen für den Eingang der Teilnahmeanträge.
(3) Der öffentliche Auftraggeber bewertet den Antrag eines Unternehmens auf Teilnahme an einem dynamischen Beschaffungssystem unter Zugrundelegung der Eignungskriterien innerhalb von zehn Arbeitstagen nach dessen Eingang. In begründeten Einzelfällen, insbesondere wenn Unterlagen geprüft werden müssen oder um auf sonstige Art und Weise zu überprüfen, ob die Eignungskriterien erfüllt sind, kann die Frist auf 15 Arbeitstage verlängert werden. Wurde die Aufforderung zur Angebotsabgabe für die erste einzelne Auftragsvergabe im Rahmen eines dynamischen Beschaffungssystems noch nicht versandt, kann der öffentliche Auftraggeber die Frist verlängern, sofern während der verlängerten Frist keine Aufforderung zur Angebotsabgabe versandt wird. Die Fristverlängerung ist in den Vergabeunterlagen anzugeben. Jedes Unternehmen wird unverzüglich darüber informiert, ob es zur Teilnahme an einem dynamischen Beschaffungssystem zugelassen wurde oder nicht.
(4) Die Frist für den Eingang der Angebote beträgt mindestens zehn Tage, gerechnet ab dem Tag nach der Absendung der Aufforderung zur Angebotsabgabe. § 16 Absatz 6 findet Anwendung.
(5) Der öffentliche Auftraggeber kann von den zu einem dynamischen Beschaffungssystem zugelassenen Bewerbern jederzeit verlangen, innerhalb von fünf Arbeitstagen nach Übermittlung der Aufforderung zur Angebotsabgabe eine erneute und aktualisierte Einheitliche Europäische Eigenerklärung nach § 48 Absatz 3 einzureichen. § 48 Absatz 3 bis 6 findet Anwendung.

Nicht kommentiert.

§ 25 Grundsätze für die Durchführung elektronischer Auktionen

(1) Der öffentliche Auftraggeber kann im Rahmen eines offenen, eines nicht offenen oder eines Verhandlungsverfahrens vor der Zuschlagserteilung eine elektronische Auktion durchführen, sofern der Inhalt der Vergabeunterlagen hinreichend präzise beschrieben und die Leistung mithilfe automatischer Bewertungsmethoden eingestuft werden kann. Geistig-schöpferische Leistungen können nicht Gegenstand elektronischer Auktionen sein. Der elektronischen Auktion hat eine vollständige erste Bewertung aller Angebote anhand der Zuschlagskriterien und der jeweils dafür festgelegten Gewichtung vorauszugehen. Die Sätze 1 und 2 gelten entsprechend bei einem erneuten Vergabeverfahren zwischen den Parteien einer Rahmenvereinbarung nach § 21 und bei einem erneuten Vergabeverfahren während der Laufzeit eines dynamischen Beschaffungssystems nach § 22. Eine elektronische Auktion kann mehrere, aufeinanderfolgende Phasen umfassen.

(2) Im Rahmen der elektronischen Auktion werden die Angebote mittels festgelegter Methoden elektronisch bewertet und automatisch in eine Rangfolge gebracht. Die sich schrittweise wiederholende, elektronische Bewertung der Angebote beruht auf
1. neuen, nach unten korrigierten Preisen, wenn der Zuschlag allein aufgrund des Preises erfolgt, oder
2. neuen, nach unten korrigierten Preisen oder neuen, auf bestimmte Angebotskomponenten abstellenden Werten, wenn das Angebot mit dem besten Preis-Leistungs-Verhältnis oder, bei Verwendung eines Kosten-Wirksamkeits-Ansatzes, mit den niedrigsten Kosten den Zuschlag erhält.

(3) Die Bewertungsmethoden werden mittels einer mathematischen Formel definiert und in der Aufforderung zur Teilnahme an der elektronischen Auktion bekanntgemacht. Wird der Zuschlag nicht allein aufgrund des Preises erteilt, muss aus der mathematischen Formel auch die Gewichtung aller Angebotskomponenten nach Absatz 2 Nummer 2 hervorgehen. Sind Nebenangebote zugelassen, ist für diese ebenfalls eine mathematische Formel bekanntzumachen.

(4) Angebotskomponenten nach Absatz 2 Nummer 2 müssen numerisch oder prozentual beschrieben werden.

Nicht kommentiert.

§ 26 Durchführung elektronischer Auktionen

(1) Der öffentliche Auftraggeber kündigt in der Auftragsbekanntmachung oder in der Aufforderung zur Interessensbestätigung an, dass er eine elektronische Auktion durchführt.

(2) Die Vergabeunterlagen müssen mindestens folgende Angaben enthalten:
1. alle Angebotskomponenten, deren Werte Grundlage der automatischen Neureihung der Angebote sein werden,
2. gegebenenfalls die Obergrenzen der Werte nach Nummer 1, wie sie sich aus den technischen Spezifikationen ergeben,
3. eine Auflistung aller Daten, die den Bietern während der elektronischen Auktion zur Verfügung gestellt werden,
4. den Termin, an dem die Daten nach Nummer 3 den Bietern zur Verfügung gestellt werden,
5. alle für den Ablauf der elektronischen Auktion relevanten Daten und
6. die Bedingungen, unter denen die Bieter während der elektronischen Auktion Gebote abgeben können, insbesondere die Mindestabstände zwischen den der automatischen Neureihung der Angebote zugrunde liegenden Preisen oder Werten.

(3) Der öffentliche Auftraggeber fordert alle Bieter, die zulässige Angebote unterbreitet haben, gleichzeitig zur Teilnahme an der elektronischen Auktion auf. Ab dem genannten Zeitpunkt ist die Internetverbindung gemäß den in der Aufforderung zur Teilnahme an der elektronischen Auktion genannten Anweisungen zu nutzen. Der Aufforderung zur Teilnahme an der elektronischen Auktion ist jeweils das

Ergebnis der vollständigen Bewertung des betreffenden Angebots nach § 25 Absatz 1 Satz 3 beizufügen.

(4) Eine elektronische Auktion darf frühestens zwei Arbeitstage nach der Versendung der Aufforderung zur Teilnahme gemäß Absatz 3 beginnen.

(5) Der öffentliche Auftraggeber teilt allen Bietern im Laufe einer jeden Phase der elektronischen Auktion unverzüglich zumindest den jeweiligen Rang ihres Angebots innerhalb der Reihenfolge aller Angebote mit. Er kann den Bietern weitere Daten nach Absatz 2 Nummer 3 zur Verfügung stellen. Die Identität der Bieter darf in keiner Phase einer elektronischen Auktion offengelegt werden.

(6) Der Zeitpunkt des Beginns und des Abschlusses einer jeden Phase ist in der Aufforderung zur Teilnahme an einer elektronischen Auktion ebenso anzugeben wie gegebenenfalls die Zeit, die jeweils nach Eingang der letzten neuen Preise oder Werte nach § 25 Absatz 2 Satz 2 Nummer 1 und 2 vergangen sein muss, bevor eine Phase einer elektronischen Auktion abgeschlossen wird.

(7) Eine elektronische Auktion wird abgeschlossen, wenn
1. der vorher festgelegte und in der Aufforderung zur Teilnahme an einer elektronischen Auktion bekanntgemachte Zeitpunkt erreicht ist,
2. von den Bietern keine neuen Preise oder Werte nach § 25 Absatz 2 Satz 2 Nummer 1 und 2 mitgeteilt werden, die die Anforderungen an Mindestabstände nach Absatz 2 Nummer 6 erfüllen, und die vor Beginn einer elektronischen Auktion bekanntgemachte Zeit, die zwischen dem Eingang der letzten neuen Preise oder Werte und dem Abschluss der elektronischen Auktion vergangen sein muss, abgelaufen ist oder
3. die letzte Phase einer elektronischen Auktion abgeschlossen ist.

(8) Der Zuschlag wird nach Abschluss einer elektronischen Auktion entsprechend ihrem Ergebnis mitgeteilt.

Nicht kommentiert.

§ 27 Elektronische Kataloge

(1) Der öffentliche Auftraggeber kann festlegen, dass Angebote in Form eines elektronischen Katalogs einzureichen sind oder einen elektronischen Katalog beinhalten müssen. Angeboten, die in Form eines elektronischen Katalogs eingereicht werden, können weitere Unterlagen beigefügt werden.

(2) Akzeptiert der öffentliche Auftraggeber Angebote in Form eines elektronischen Katalogs oder schreibt der öffentliche Auftraggeber vor, dass Angebote in Form eines elektronischen Katalogs einzureichen sind, so weist er in der Auftragsbekanntmachung oder in der Aufforderung zur Interessensbestätigung darauf hin.

(3) Schließt der öffentliche Auftraggeber mit einem oder mehreren Unternehmen eine Rahmenvereinbarung im Anschluss an die Einreichung der Angebote in Form eines elektronischen Katalogs, kann er vorschreiben, dass ein erneutes Vergabeverfahren für Einzelaufträge auf der Grundlage aktualisierter elektronischer Kataloge erfolgt, indem er
1. die Bieter auffordert, ihre elektronischen Kataloge an die Anforderungen des zu vergebenden Einzelauftrages anzupassen und erneut einzureichen, oder
2. die Bieter informiert, dass sie den bereits eingereichten elektronischen Katalogen zu einem bestimmten Zeitpunkt die Daten entnehmen, die erforderlich sind, um Angebote zu erstellen, die den Anforderungen des zu vergebenden Einzelauftrags entsprechen; dieses Verfahren ist in der Auftragsbekanntmachung oder den Vergabeunterlagen für den Abschluss einer Rahmenvereinbarung anzukündigen; der Bieter kann diese Methode der Datenerhebung ablehnen.

(4) Hat der öffentliche Auftraggeber gemäß Absatz 3 Nummer 2 bereits eingereichten elektronischen Katalogen selbstständig Daten zur Angebotserstellung entnommen, legt er jedem Bieter die gesammelten Daten vor der Erteilung des Zuschlags vor, sodass dieser die Möglichkeit zum Einspruch oder zur Bestätigung hat, dass das Angebot keine materiellen Fehler enthält.

Nicht kommentiert.

3. Teil. Teil B. Allgemeine Vertragsbedingungen für die Ausführung von Bauleistungen

Ausgabe 2016
In der Fassung der Bekanntmachung vom 7. Januar 2016 (BAnz. AT 19.1.2016 B3 mit Berichtigung in BAnz AT 1.4.2016 B1)

Einleitung

Schrifttum: *Ahlers*, Die Auswirkungen der Schuldrechtsmodernisierung auf die Freistellung der VOB/B von der Inhaltskontrolle unter Mitberücksichtigung der Richtlinie 93/13 EWG, 2006; *Anker/Zumschlinge*, Die „VOB/B als Ganzes" eine unpraktikable Rechtsfigur? BauR 1995, 323; *Appelhagen*, Neuerung in der Verdingungsordnung für Bauleistungen, BB 1974, 343; *Baier*, Europäische Verbraucherverträge und missbräuchliche Klauseln, 2004; *von Bernuth*, Die Bindung des AGB-Verwenders an unwirksame Klauseln-Grund und Grenzen BB 1999, 1284; *Brandner/Ulmer*, EG-Richtlinie über missbräuchliche Klauseln in Verbraucherverträgen BB 1991, 701; *Bartsch*, Die rechtlichen Auswirkungen der Gestaltung ergänzender Vertragsbedingungen auf die VOB/B ZfBR 1984, S. 1; *Bultmann*, Änderungen des AGBG aufgrund der Richtlinie über missbräuchliche Klauseln in Verbraucherverträgen? VuR 1994, S. 137; *Bunte*, Die Begrenzung des Kompensationseinwandes bei der richterlichen Vertragskontrolle, Festschrift Korbion 1986, S. 17; *Bunte*, Das Verhältnis der VOB zum AGB-Gesetz, BB 1983, 732; *Chitty*, Chitty on Contracts, 28. Aufl. 1999; *Damm*, Europäisches Verbrauchervertragsrecht und AGB-Recht, JZ 1994, 161; *Dammann/Ruzik*, Vereinbarung der VOB/B ohne inhaltliche Abweichungen i. S. des § 310 I 3 BGB, NZBau 2013, 265; *Dederichs*, Die Methodik des EuGH 2004; *Deckers*, Unwirksame VOB/B-Klauseln im Verbrauchervertrag, NZBau 2008, 627; *Denzinger*, Die Auswirkungen des AGB-Gesetzes auf die Verdingungsordnung für Bauleistungen unter Berücksichtigung des § 5 AGB-Gesetz BB 1981, 1123; *Enders*, VOB/B- und BGB-Bauvertrag im Vergleich, 1986; *Eplinius*, Der Bauvertrag, 2. Aufl. 1936 und 3. Aufl. 1940; *Flach*, Zur Anwendbarkeit des § 9 AGB-Gesetz auf die VOB/B, NJW 1984, 156; *Frey*, Wie ändert sich das AGB-Gesetz?, ZIP 1993, 572; *Frikell*, Mögliche Auswirkungen in der Schuldrechtsreform auf die Rechtsprechung zur „VOB als Ganzes", BauR 2002, 671; *Geck*, Die Transparenz der VOB/B für den Verbraucher, ZfBR 2008, 436; *Grabitz/Hilf*, Das Recht der Europäischen Union, Kommentar, Stand Februar 2002; *Heiermann*, VOB/B 2002, Baumarkt + Bauwirtschaft 2002, Heft 10, S. 22; *Heinrichs, Helmut*, Die EG-Richtinie über missbräuchliche Klauseln in Verbraucherverträgen, NJW 1993, 817; *Heinrichs, Helmut*, Die Entwicklung des Rechts der Allgemeinen Geschäftsbedingungen im Jahre 1998, NJW 1999, 1596; *Heinrich, Susanne*, Abschied von der 2jährigen Gewährleistung gem. § 13 Nr. 4 Abs. 1 VOB/B?, 1998; *Hoff*, Die VOB/B 2000 und das AGB-Gesetz – Der Anfang vom Ende der Privilegierung?, BauR 2001, 1654; *Hüffer*, Leistungsstörungen durch Gläubigerhandeln, 1976; *Joussen*, Die Privilegierung der VOB nach dem Schuldrechtsmodernisierungsgesetz, BauR 2002, 1759; *Joussen/Schranner*, VOB 2000: Die beschlossenen Änderungen der VOB/B, BauR 2000, 334; *Joussen*, Die Privilegierung der VOB nach dem Schuldrechtsmodernisierungsgesetz, BauR 2002, 1759; *Kapnopoulou*, Das Recht der missbräuchlichen Klauseln in der Europäischen Union, 1997; *Kiesel*, Die VOB 2002 – Änderungen, Würdigung AGB-Problematik, NJW 2002, 2064; *Kniffka*, Ist die VO/B eine sichere Grundlage für Nachträge? BauR 2012, 411; *Koch*, Schadensersatz für Baumängel gem. § 13 Nr. 7 VOB/B unter besonderer Berücksichtigung des AGB-Gesetzes, 2000; *Konerding*, Die Regelung der vorbehaltlosen Annahme der Schlußzahlung in § 16 Nr. 3 Abs. II VOB/B 1979, 1983; *Korbion*, Neufassung der Verdingungsordnung für Bauleistungen (VOB), DB 1974, 77; *Kraus*, Das Ende der AGB-rechtlichen Privilegierung der VOB/B, NJW 1998, 1126; *Kratzenberg*, Der Beschluss des DVA-Hauptausschusses zur Neuherausgabe der VOB 2002 (Teile A und B), NZBau 2002, 177; *Kratzenberg*, Die neue VOB 2002 (Teile A und B), VOBaktuell, Heft 1/2002, S. 3; *Kraus*, Die VOB/B – Ein nachbesserungsbedürftiges Werk, BauR 1997, Beilage zu Heft 4, 1; *Kraus/Sienz*, Der Deutsche Verdingungsausschuss für Bauleistungen (DVA): Bremse der VOB/B?, BauR 2000, S. 631; *Kretschmann*, Hindern Schuldrechtsreform und nachträgliche Änderungen der VOB/B deren Privilegierung?, Jahrbuch BauR 2005, 109; *Kuckuk*, Die Ausgewogenheit der Vertragsordnung für Bauleistungen (VOB/B), 2006; *Kuffer*, Hat die Privilegierung der VOB/B wieter Bestand?, NZBau 2009, S. 73; *Kutschker*, Die VOB/B, das AGB-Gesetz und die EG-Richtlinie über missbräuchliche Klauseln in Verbraucherverträgen, BauR 1994, 415; *Kutschker*, Die Gesamtabwägung der VOB/B nach dem AGB-Gesetz und EG-Verbraucherschutzrichtlinie, 1998; *Kutschker*, Richterliche Befugnisse zur Einschränkung des § 23 Abs. 2 Nr. 5 AGBG und der bisherigen Gesamtabwägungsrechtsprechung bei Änderung der VOB/B durch den Verdingungsausschluss?, BauR 1999, 454; *Lampe-Helbig*, Die Verdingungsordnung für Bauleistungen (VOB) und der Bauvertrag, Festschrift Korbion 1986, 249; *Lenkeit*, Das modernisierte Verjährungsrecht, BauR 2002, 196; *Locher*, Die VOB und das Gesetz zur Regelung des Rechts der Allgemeinen Geschäftsbedingungen, BauR 1977, 221; *Löwe*, Anmerkung zu BGH ZIP 1995, 1098 in ZIP 1995, 1273; *Leupertz*, Zur Rechtsnatur der VOB – Die Bestimmungen der VOB/B „als Ganzes" sind keine Allgemeinen Geschäftsbedingungen, Jahrbuch BauR 2004, 43; *Losert,* Die Änderung der VOB/B in der Ausgabe Juli 1990, ZfBR 1991, 7; *Mayer,* Das „Verbot" der geltungserhaltenden Reduktion und seine Durchbrechungen, 2000; *Mehrings,* Einbeziehung der VOB in den Bauträgervertrag NJW 1998, 3457; *Micklitz,* AGB-Gesetz und EG-Richtlinie über missbräuchliche Vertragsklauseln in Verbraucherverträgen, ZEuP 1993, 522; *Micklitz,* Unvereinbarkeit von VOB/B und Klauselrichtlinie, ZfIR 2004, 613; *Möllers,* Europäische Richtlinie zum Bürgerlichen Recht, JZ 2002, 121; *Motzke,* Der Geltungsverlust der VOB/B-Überlegungen zur Einschränkung einer isolierten Klauselkontrolle bei Abweichung von der VOB/B, NZBau 2009, 579; *Mühlhaus,* Die Umsetzung der Klauselrichtlinie und ihre Auswirkung auf den Binnenmarkt, 2005; *Oberhauser,* Bauvertragsrecht im Umbruch, 1999; *Oberhauser,* „Verdient" die VOB/B 2002 die Privilegierung durch das BGB 2002, Jahrbuch BauR 2003, 3; *Pauly,* Die Privilegierung der VOB/B nach dem Schuldrechtsmodernisierungsgesetz, MDR 2003, S. 124; *Paschke/Iliopoulos,* Europäisches Privatrecht, Bd. 15, Deutsches und Internationales Wirtschaftsrecht, 1998; *Peters, Frank,* Das Baurecht im modernisierten Schuldrecht, NZBau 2002, 113; *Peters, Wolfgang,* Der deutsche Verdingungsausschuss für Bauleistungen (DVA)-Motor oder Bremse der VOB? Jahrbuch Baurecht 2000, 52; *Piekenbrock/Schulze,* Die Grenzen richtlinienkonformer Auslegung – Autonomes Richterrecht oder horizontale Drittwirkung, WM 2002, 521; *Quack,* Gilt die kurze VOB-Verjährung noch für Verbraucherverträge?, BauR 1997, 24; *Quack,* VOB/B als Ganzes und Modernisierung des Schuldrechts, ZfBR 2002, 429; *Recken,* Streitfragen zur Einwirkung des AGBG auf das Bauvertragsrecht, BauR 1978, 417; *Reich,* Zur Umsetzung der EG-Richtlinie über missbräuchliche Vertragsklauseln in Verbraucherverträgen 93/13/EWG vom 5.4.1993 in deutsches Recht – Kritische Bemerkungen zum Referentenentwurf (RefE) des BMJ, VuR 1995, S. 1; *Schenke,* Kann der Verwender sich auf die unwirksame Einbeziehung der VOB/B berufen?, BauR 2011, 26; *Schlünder,* Die VOB in der heutigen Beratungs- und Prozesspraxis, BauR 1998, 1123; *Schmidt,* VOB-Credo des Gesetzgebers? ZfBR 1984, 57 f.; *Schmidt,* Die dynamische Verweisung des Forderungssicherungsgesetzes auf die VOB/B und ihre verfassungsrechtliche Bewertung, ZfBR 2009, S. 113; *Schmidt-Salzer,* Transformation der EG-Richtlinie über missbräuchliche Klauseln in Verbraucherverträge vom 5.4.1993 in deutsches Recht und AGB-Gesetz: Einzelfragen, BB 1995, 1493; *Schott,* Die ADSp als „Ganzes" und das AGB-Gesetz in Festschrift *Piper,* 1996, 1027; *Schubert,* Zur Entstehung der VOB (Teile A und B) 1926, Festschrift Korbion 1986, 389; *Schwenker,* Die VOB/B 2002, DAB 2002, Heft 8, S. 42; *Schwenker/Heinze,* Die VOB/B 2002, BauR 2002, 1143; *Schwenker/Wessel,* Der Anfang vom Ende der VOB/B? Anmerkung zu BGH vom 24-07-2008 – VII ZR 55/07 – ZfBR 2008, S 670; *Siegburg,* Zum AGB-Charakter der VOB/B und deren Privilegierung durch das AGB-Gesetz, BauR 1993, 9; *Seifert,* Die AGB-rechtliche Privilegierung der VOB/B unter Beschuss, NZBau 2007, S. 563; *Stoffels,* Gesetzlich nicht geregelte Schuldverträge, 2001; *Tempel,* Ist die VOB/B noch zeitgemäß?, NZBau 2002, 465; *Thode,* Aktuelle höchstrichterliche Rechtsprechung zur Sicherungsabrede in Bauverträgen, ZfBR 2002, 4; *Tomic,* § 13 Nr. 4 Abs. 2 VOB/B – Eine „tickende Zeitbombe"?, BauR 2001, 14; *Volmer,* Warum das Gesetz zur Beschleunigung fälliger Zahlungen fällige Zahlungen nicht beschleunigt, ZfIR 2000, 421; *Voppel,* Die AGB-rechtliche Bewertung der VOB/B nach dem neuen Schuldrecht, NZBau 2003, 6; *Werner,* Die neue VOB/B 2002: Bauindustrie erreicht deutliche Verbesserungen, Baumarkt + Bauwirtschaft 2002, Heft 8, S. 24 – *von Westphalen,* AGB-Richtlinie und AGB-Gesetz, EWS 1993, 161; *von Westphalen,* VOB-Vertrag und AGB-Gesetz, ZfBR 1985, 252; *Weyer,* Die Privilegierung der VOB/B: Eine – nur vorerst? – entschärfte Zeitbombe, BauR 2002, 857; *Weyers,* Typendifferenzierung im Werkvertragsrecht, AcP 1982 (1982), 60; *Wolfensberger,* „Die VOB/B als Ganzes" aus Sicht des AGBG, BauR 1995, 779; *Zeidler,* Die Gesamtprivilegierung der Vergabe- und Vertragsordnung für Bauleistungen Teil B auf dem Prüfstand, 2008.

Übersicht

	Rn.
I. Grundlagen und Zielrichtungen der VOB/B	1
II. Entwicklung der VOB/B	5
1. Die verschiedenen Fassungen	6
2. Änderungen der einzelnen Paragraphen	14
III. Rechtsnatur der VOB/B	38
IV. Verhältnis VOB/B zum BGB-Werkvertragsrecht	42
V. Verhältnis der VOB/B zu den §§ 305 ff. BGB	44
1. VOB/B als Allgemeine Geschäftsbedingungen	44
2. Privilegierung der VOB/B	47
a) gesetzliche Privilegierung in § 310 BGB	47
b) Entwicklung der Privilegierung	48
c) Zulässigkeit erweiterter Kompensation auch für die VOB/B vor 2009	51
d) Vorteile der Kompensationslösung	62
e) VOB/B und Verbraucherschutzrichtlinie	68
f) Einbeziehung der VOB/B als Ganzes	75
3. Einbeziehung der VOB/B in den Vertrag	82
a) Gegenüber Unternehmern	82
b) Gegenüber Verbrauchern	84

c) Berufung auf fehlende Einbeziehung 89
d) Nachträgliche Einbeziehung 90
e) Einbeziehung in Zusatzaufträge 91
f) Einbezogene Fassung der VOB/B 95
4. Verwender der VOB/B 101
5. Besonderheiten der Auslegung und Inhaltskontrolle der VOB/B 107

I. Grundlagen und Zielrichtungen der VOB/B

Die VOB ist eine sog. Verdingungsordnung, also eine Regelung zur Vergabe ("Verdingen") **1** von Aufträgen. Verdingungsbestimmungen gab es spätestens seit dem Beginn des 18. Jahrhunderts.[1] Das strukturelle Machtgefälle zwischen öffentlichen Auftraggebern und Auftragnehmern hatte aber im 19. Jahrhundert zur Oktroyierung standardisierter Vertragsbedingungen durch öffentliche Auftraggeber geführt, die den Auftragnehmer ganz erheblich benachteiligten[2], zB durch langjährige unverzinsliche Sicherheitsleistungen, weitreichende einseitige Änderungsvorbehalte, Verzicht auf Abschlagszahlungen, Schlussrechnungserstellungen durch die Behörde mit rigiden Ausschlussfristen, bis zu 30-jährige Gewährleistungsfristen, Streitentscheidung durch die vorgesetzte Behörde ohne weitere Rechtsschutzmöglichkeit etc.[3] Die Entwicklung der Wirtschafts- und Berufsverbände sowie Gewerkschaften einerseits und die Aufgabe einer bloßen Fiskalorientierung zu Gunsten einer gewerblichen Wirtschaftspolitik andererseits führten zu Reformbestrebungen für das Verdingungsrecht.[4] Die preußischen „Allgemeine Bedingungen, betreffend die Vergabe von Leistungen und Lieferungen bei den Hochbauten der Staatsverwaltung" waren ausgewogener und wurden weiter reformiert.[5] Nach Inkrafttreten des BGB kam es auch hier zu einer Rechtseinheitlichkeitsbewegung der zersplitterten Verdingungswesens.[6] Ein Vorstoß zu einer einheitlichen **gesetzlichen Regelung** des Verdingungswesens **scheiterte.** Der Reichstag beschloss jedoch 1921, einen Sachverständigenausschuss mit der Ausarbeitung einer einheitlichen, auch für die Länder verbindlichen Verdingungsordnung zu beauftragen. Der hierauf unter Geschäftsführung des Reichsfinanzministeriums gebildete Reichsverdingungsausschuss (RVA), dem Vertreter der öffentlichen Hände, der Bauindustrie, des Handwerks, Gewerkschaften und der Architekten- und Ingenieurverbände angehörten[7], arbeitete die VOB aus, die am 6.5.1926 von der Vollversammlung gebilligt und anschließend durch Reich, Länder und Gemeinden jeweils **als Dienstvorschrift** für ihre Bereiche eingeführt wurde.[8] Das Besondere der VOB ist die Spezifizierung und Beschränkung auf Bauleistungen. Die früheren Verdingungsordnungen galten auch für sonstige Leistungen. Für dies wurde 1932 die VOL geschaffen.

Auch wenn sich der Auftrag an den RVA auf eine öffentliche Verdingungsordnung bezog und **2** private Bauherren im RVA nicht vertreten waren, wollte der RVA mit der VOB/B einen **Standard für alle Bauverträge** schaffen.[9] Die Regelung sollte neben den Behördenbelangen auch die Wirtschaftsbelange berücksichtigen und wurde wohl von den Beteiligten als eine gerechte und für alle annehmbare Lösung betrachtet.[10] Diese Ausrichtung behielt auch der an die Stelle des RVA getretene Deutsche Verdingungsausschuss für Bauleistungen (DVA)[11] bei, der sich die Erarbeitung und Weiterentwicklung von Grundsätzen zur einheitlichen Gestaltung des gesamten Bauvertragswesens zum Ziel gesetzt hat.[12] Er hat sich 2000 in Deutscher Vergabe- und Vertragsausschuss für Bauleistungen (DVA) umbenannt.[13]

---

[1] *Konerding* S. 12 f. mwN.
[2] *Schubert* FS Korbion, 389 f. (393); NWJS Einl. Rn. 23.
[3] *Endres* S. 22 ff. mwN; *Schubert* FS Korbion, 1986, 389 (406 ff.).
[4] Diese betrafen natürlich auch die Vergabebedingungen wie die Ablösung des Mindestpreissystems durch den annehmbaren oder gerechten Preis, vgl. *Schubert* FS Korbion, 1986, 389 (394).
[5] *Konerding* S. 18 f. und *Jagenburg* BauR 1989, 17, auch zu den Kölner Bedingungen für die Bewerbung um Arbeiten und Lieferungen.
[6] *Endres* S. 23 ff.
[7] Vgl. eingehend *Schubert* FS Korbion, 1986, 389 (395 ff.) mwN.
[8] *Schubert* FS Korbion, 1986, 389 (403) und Fn. 80.
[9] NWJS Einl. Rn. 25; *Endres* S. 31.
[10] *Konerding* S. 36; *Weber* NJW 1958, 1710 (1711).
[11] Dazu *Lampe-Helbig* FS Korbion, 249 ff.; *Peters* Jahrbuch BauR 2000, 52 (54 ff.).
[12] *Nicklisch/Weick*, 3. Aufl., Einl. Rn. 26.
[13] Vgl. Satzung unter www.bmub.bund.de; zur Vorfassung vgl. *Peters* Jahrbuch BauR 2000, 52 (61 f.).

3 Von den zurzeit 81 Mitgliedern vertreten zwei private Auftraggeber.[14] Die Mehrheit bilden Vertreter aus dem Bereich aller wichtigen öffentlichen Auftraggeber. Hinzu kommen Verbände der Bauwirtschaft sowie als nicht stimmberechtigte außerordentliche Mitglieder die Bundesarchitektenkammer, der Verband beratender Ingenieure, die Industriegewerkschaft Bauen-Agrar-Umwelt, der Bundesrechnungshof sowie verschiedene Normungsinstitute und sonstige Betroffene.[15] Das Ziel des DVA ist nach seinem Selbstverständnis ein die Interessen der Parteien ausgewogen berücksichtigendes Vertragswerk.[16]

4 Der Aufgabe zur Weiterentwicklung kommt der DVA allerdings nur begrenzt nach. Auch wenn im Gegensatz zu dem früher geltende Einstimmigkeitsprinzip[17], heute Beschlüsse im Vorstand aber mit ¾ Mehrheit möglich sind[18], führt das satzungsmäßige Ziel, dass für Beschlussfassung des Vorstandes Einstimmigkeit anzustreben ist, und das allgemeine Beharrungsvermögen führen dazu, dass der DVA nicht gestaltet, sondern nur auf zwingenden Anpassungsbedarf reagiert.[19] Beispielhaft ist das Scheitern der beabsichtigten Novellierung 2006. Zunächst hatte der Hauptausschuss Allgemeines weitreichende Änderungen erarbeitet, insbesondere die Zusammenfassung von geänderten und zusätzlichen Leistungen sowie die Erweiterung des Anordnungsrechts auf Bauzeitanordnungen sowie eine Verkürzung der Schlusszahlungsfristen beim Pauschalvertrag. Diese scheiterten jedoch in der Schlussabstimmung vom 27.6.2000.[20] Verabschiedet wurden dann im Wesentlichen lediglich redaktionelle Änderungen.

4a Der DVA kann sich weder von überholten und praktisch nicht relevanten Regelungen wie § 16 Abs. 3 VOB/B trennen, die evident einer Einzelklauselkontrolle nicht standhalten können, noch dazu entscheiden, die vielfach angemahnte Transparenz der Regelungen zu verbessern.[21] Er gefährdet damit seinen Zweck, einen rechtssicheren und praktikablen Musterbauvertrag zu gewährleisten. Es ist kein gutes Omen für den Bestand der VOB/B-Regelungen, wenn der frühere Vorsitzende des BGH-Baurechtssenats mit Bezug auf Transparenzanforderungen feststellt, dass die VOB/B in einer ihrer Kernbereiche, dem Vergütungsrecht, „eine Vielzahl von schlechten, undurchdachten und widersprüchlichen Formulierungen" enthält.[22] Trotz dieser Kritik hat der DVA auch bei der aktuellen Neufassung keinerlei Überarbeitung des Teils B vorgenommen.

II. Entwicklung der VOB/B

5 Die Kenntnis der einzelnen Änderungen der VOB/B ist einerseits notwendig, weil auch heute noch aufgrund lang andauernder Auseinandersetzungen die Fassungen 1992, 1996, 1998 oder 2000 anwendbar sein können. Andererseits ist die Kenntnis der Entwicklung der VOB/B erforderlich oder jedenfalls hilfreich, um ältere Entscheidungen zutreffend werten zu können und noch tradierte überholte Meinungsstreite nachzuvollziehen. Deshalb sollen zunächst chronologisch die wesentlichen Entwicklungsschritte aufgezeigt und anschließend auf die inhaltlich relevanten Änderungen der einzelnen Paragraphen und ihre Auswirkungen eingegangen werden.

6 1. Die verschiedenen Fassungen. Die VOB wurde 1926 veröffentlicht und blieb hinsichtlich der Teile A und B bis 1952 unverändert.[23] Die VOB/B 1926 bereits aus 18 Paragraphen. Diese enthielten jedoch wesentlich weniger und weniger ausdifferenzierte Regelungen. So beschränkte sich § 2 Nr. 4 VOB/B 1926 auf den allgemeinen Hinweis, dass bei Leistungsänderung oder Zusatzleistungen die Vergütung vor Ausführung vereinbart werden solle. Die Kalkulationsgrundlagen für die Zusatzvergütung waren nicht geregelt. Dem entsprach es, dass auch § 1 VOB/B 1926 nicht zwischen Leistungsänderung und Zusatzleistungen unter-

---

[14] GdW Bundesverband deutscher Wohnungsunternehmen eV und Zentralverband der Deutschen Haus-, Wohnungs- und Grundeigentümer eV – Haus & Grund Deutschland –. Verbraucherinteressen dürften darüber hinaus auch das Verbraucherschutzministerium vertreten; weiterführend *Leupertz* Jahrbuch BauR 2004, 43. 66.
[15] Vgl. Anlage zur Satzung. Die Mitgliederliste ist auch im Internet (→ Fn. 10) hinterlegt.
[16] BGH NZBau 2008, 640.
[17] Vgl. *Lampe-Helbig* FS Korbion, 1986, 249 (250 f.); *Peters* Jahrbuch BauR 2000, 52 (56 f.).
[18] § 15 Abs. 3 der Satzung.
[19] Vgl. auch die Kritik von *Kraus/Sienz* BauR 2000, 631 ff.
[20] Vgl. Beschl. d. Hauptausschusses Allgemeines des DVA v. 17.5.2006 einerseits und Beschl. v. 27.6.2006 andererseits, zB bei ibr-online.de/ibrmateralien.
[21] Vgl. dazu *Kniffka* in Kniffka Einführung Rn. 59; *Kuffer* NZBau 2009, 73 (78).
[22] *Kniffka* BauR 2012, 411 (420).
[23] Kommentierung bei *Eplinius*, passim.

schied.²⁴ § 2 VOB/B 1926 bestand nur aus fünf Ziffern, § 3 gar aus drei Ziffern. Andere Vorschriften entsprachen demgegenüber schon weitgehend ihrer heutigen Ausgestaltung.

Nach dem 2. Weltkrieg übernahm der Deutsche Verdingungsausschuss für Bauleistungen die notwendigen Reformen unter Berücksichtigung der Erfahrungen und Kritik der Praxis. Die **Neu**fassung 1952 stellt gegenüber der Fassung 1926 den größten Sprung in der Entwicklung der VOB/B mit zahlreichen Änderungen und vor allen auch Erweiterungen dar.²⁵ Das Leistungsänderungsrecht wurde in § 1 Nr. 3 und 4 ausdifferenziert, der Mechanismus der Fortschreibung der Vertragspreise eingeführt. Viele Vorschriften wurden deutlich detaillierter. VOB/B 1952 enthielt sogar in § 19 eine 1973 wieder aufgehobene Bestimmung über Beurkundungskosten

Die Neufassung 1965 betraf nur die VOB/C. Die **Fassung 1973** stellt wiederum eine eher umfangreiche Überarbeitung dar, die zahlreiche Vorschriften erfasste.²⁶ Dabei wurden viele Bestimmungen aber nur der Rechtsentwicklung angepasst. Wesentliche sachliche Änderungen erfolgten vor allem in § 2 Nr. 7, § 15, § 16 und § 17.²⁷

1979 mussten Anpassungen an das AGB-Gesetz und das neue Umsatzsteuergesetz erfolgen, die die §§ 6 Nr. 6, 14 Nr. 1, 16 Nr. 1 Abs. 1 sowie § 17 Nr. 6 Abs. 1 betrafen.

Die **Fassung 1988** beschränkte sich ganz überwiegend auf redaktionelle Änderungen aufgrund der Einführung der DIN 18299 und der Umbenennung in Allgemeine Technische Vertragsbedingungen. Die **Ausgabe 1990** enthielt vor allem Änderungen der VOB/A aufgrund der Änderungsrichtlinie zur Baukoordinierungsrichtlinie. Die Änderung von §§ 16 und 17 VOB/B waren eher geringfügig.

Die **Fassung 1992** war bedingt durch die Sektorenrichtlinie. Die Änderungen in Teil B von § 3 Nr. 6 und § 7 Nr. 2 und 3 VOB/B waren eher Anpassungen und Klarstellungen. Demgegenüber enthielt der **Ergänzungsband 1996** durchaus sachliche Änderungen durch die Verkürzung der Verjährungsfrist für maschinelle Anlagen in § 13 Nr. 4 sowie durch die Öffnung des § 2 Nr. 8. Der **Ergänzungsband 1998** beschränkte sich demgegenüber auf eine unwesentliche Ergänzung des § 17 Nr. 2.

Umfangreicher war die Veränderung durch die **Fassung 2000**, mit der § 2 Nr. 8 Abs. 2; § 4 Nr. 8 iVm § 8 Nr. 3, § 4 Nr. 10 iVm § 12 Nr. 2 lit. b, § 6 Nr. 2 Abs. 1 lit. a, § 7 Nr. 1, § 8 Nr. 2 Abs. 1, § 12 Nr. 5 Abs. 1 und § 16 Nr. 5 Abs. 3 geändert worden sind. Die inhaltliche Tragweite hielt sich allerdings in Grenzen, da auch diese Änderungen weitgehend redaktioneller Art waren bzw. dem Stand der Rechtsprechung nachfolgten. Erwähnenswert ist vor allem die deutliche Anhebung des Zinssatzes in § 16 Nr. 5 Abs. 3.

Die **Fassung 2002** weist zwar ebenfalls umfangreiche Änderungen auf. Die meisten Änderungen sind wie die **Umbenennung** der VOB in **Vergabe- und Vertragsordnung für Bauleistungen** aber entweder wiederum nur redaktioneller Natur (§ 10 Nr. 2 Abs. 2, § 12 Nr. 5 Abs. 2, § 13 Nr. 3 (hier aber mit Änderung der Beweislast), § 16 Nr. 1 Abs. 4, § 16 Nr. 3 Abs. 1, § 17 Nr. 1) oder dienen der Anpassung an das Schuldrechtsmodernisierungsgesetz (§ 13 Nr. 1–7, § 16 Nr. 1 Abs. 3, § 16 Nr. 2 Abs. 1, § 18 Nr. 2).

Als bedeutendste Änderung und Abkehr von der VOB-Tradition ist die Verlängerung der Verjährungsfrist für Mängelansprüche auf vier Jahre bzw. zwei Jahre für maschinelle bzw. elektrotechnische Anlagen in § 13 Nr. 4 hervorzuheben.²⁸ Begünstigt wird der Auftragnehmer demgegenüber durch die nochmalige Erhöhung der Verzugszinshöhe in § 16 Nr. 5 Abs. 3. Verschärft worden sind auch die Voraussetzungen für die Zahlung an Dritte in § 16 Nr. 6; die Bürgschaft auf erstes Anfordern ist als Sicherheit in § 17 Nr. 4 nunmehr ausdrücklich ausgeschlossen.

Die **Neuausgabe 2006** enthält wiederum im Wesentlichen nur redaktionelle Änderungen, nachdem die Reform der §§ 1 Nr. 3, 4, § 2 Nr. 5, 6 gescheitert ist (vgl. dazu → Rn. 4). So sind Abkürzungen und Klarstellungen aufgenommen worden (Überschrift, § 1 Nr. 1 S. 2, § 4 Nr. 8 Abs. 2), in § 13 Nr. 4 S. 1 wurde eine redaktionelle Anpassung an die Schuldrechtsmodernisierung nachgeholt, in § 16 Nr. 1 Abs. 1 wird die Möglichkeit von Zahlungsplänen nun erwähnt, in § 16 Nr. 3 Abs. 5 aus Gründen der Transparenz der Fristbeginn ausdrücklich geregelt und in § 16 Nr. 5 Abs. 5 die Voraussetzungen für die Einstellung der Arbeiten klargestellt. Außerdem wurde die Rechtsentwicklung im VOB/B-Text nachgezeichnet. So erfolgte in § 6 Nr. 6 S. 3

---

²⁴ Vgl. → VOB/B § 1 Rn. 62.
²⁵ Kommentierung bei *Hereth/Ludwig/Naschold*, VOB/B, passim.
²⁶ Kommentierung bei *Ingenstau/Korbion*, 7. Aufl., passim.
²⁷ Vgl. dazu insbesondere *Appelhagen* BB 1974, 343 (344 f.); *Korbion* DB 1974, 77 (79 ff.).
²⁸ Eine Gewährleistungssicherheit soll allerdings in der Regel nach zwei Jahren zurückgegeben werden, § 17 Nr. 8 VOB/B.

VOB/B Einleitung 13b–17

ein Hinweis auf § 642 BGB[29], wurde der Ausschluss von Einwendungen gegen die Prüffähigkeit der Schlussrechnung nach Ablauf der Prüfungsfrist in § 16 Nr. 3 Abs. 1 aufgenommen[30], wurden die Anforderungen an das Sperrkonto als „Und-Konto" in § 17 Nr. 5 S. 1 verdeutlicht[31] und die Bemessungsgrundlage für die Berechnung des Sicherungseinbehaltes an die Änderung des § 13b UStG angepasst. Geringfügige materielle Änderungen sieht lediglich § 8 Nr. 2 vor, wonach nunmehr auch ein zulässiger Insolvenzantrages des Auftraggebers oder eines Gläubigers das Kündigungsrecht auslöst. Schließlich erwähnt § 18 Nr. 3 die Möglichkeit eines baubegleitenden Schlichtungsverfahrens.

13b Die **Fassung 2009** enthält keine inhaltlichen Änderungen. Es erfolgte nur eine Umstellung der Gliederungssystematik gemäß den Änderungen in Teil A. Die bisherigen Nummern heißen nun Absätze und deren bisherige Absätze heißen nun Nummern. Das führt im Text zu geringfügigen Änderungen bei den Bezugnahmen auf andere Regelungen der VOB/B.

13c Die **Ausgabe 2012** enthält eine Verschärfung der Zahlungs- und Verzugsregelungen in § 16 VOB/B, um sie der Zahlungsverzugsrichtlinie und § 286 BGB anzupassen. Die Regelprüffrist für die Schlussrechnung ist auf 30 Tage verkürzt worden. In § 16 Abs. 5 Nr. 3 VOB/B ist geregelt worden, dass Zahlungsverzug 30 Tage nach Zugang der Rechnung eintritt.

13d Die **Ausgabe 2016** enthält im Teil B nur geringfügige Änderungen veranlasst durch die Umsetzung von EU-Richtlinien. Die Kündigungsrechte des Auftraggebers bei unzulässigen Wettbewerbsbeschränkungen sind in § 8 Abs. 4 und 5 neu gefasst. Die Angabepflicht zu Nachunternehmer nach § 4 Abs. 8 Nr. 3 hat nunmehr unaufgefordert bis zum Leistungsbeginn zu erfolgen und erstreckt sich auf Nach-Nachunternehmer.[32] Schließlich werden §§ 4 Abs. 7, 5 Abs. 4 und 8 Abs. 3 redaktionell geändert und nunmehr statt „entziehen" von „kündigen" des Auftrags gesprochen.

14 **2. Änderungen der einzelnen Paragraphen.** Im Folgenden sollen nun die wichtigsten Änderungen in den einzelnen Paragraphen dargestellt werden. Dabei bleiben die erheblichen Änderungen zwischen der VOB 1926 und der VOB 1952 unberücksichtigt, da die Ausgangsregelungen der VOB 1926 aufgrund ihrer generell geringeren Bedeutung[33] und der nur wenigen veröffentlichten Entscheidungen heute keine praktischen Auswirkungen mehr haben. Sie sind nur noch von rechtshistorischem Interesse. Demgegenüber wirken einige zwischenzeitlich auch länger zurückliegende Altfassungen der VOB/B durch unreflektierte Bezugnahme auf ältere Entscheidungen und nicht aktualisierte Literatur immer noch nach. Die Regelungen der VOB/B in den Altfassungen werden entsprechend dem für sie geltenden Gliederungssystem (Nr./Abs.) zitiert.

15 § 1 VOB/B ist inhaltlich seit 1952 unverändert geblieben.[34]

16 § 2 VOB/B hat 1973 zwei Änderungen erfahren. Nr. 3 Abs. 2 ist klarstellend ergänzt worden. Besonders hinzuweisen ist aber darauf, dass mit § 2 Nr. 7 **erstmals eine Regelung zum Pauschalvertrag** geschaffen worden ist. Bis dahin ist der Pauschalvertrag von der VOB/B fast ignoriert worden. Eine Anpassung des Pauschalpreises konnte nur nach § 242 BGB gefordert werden. Folge war eine sehr restriktive Rechtsprechung zur Anpassung des Pauschalpreises bei geänderten Leistungen. Soweit der BGH in früherer Zeit auch bei weggefallenen oder neu hinzugekommenen Leistungen erhebliche Mengenänderungen als Voraussetzung für eine Preisanpassung forderte[35], ist dies durch den früheren § 2 Nr. 7 Abs. 1 S. 4 heute eindeutig überholt.[36] Zur klarstellenden Hervorhebung ist mit der Novelle 2006 ein eigenständiger Absatz (§ 2 Nr. 7 Abs. 2) geschaffen worden. Die immer noch anzutreffende Zitierung von Rechtsprechung vor 1973 ist deshalb unter Geltung neuerer Fassungen wenig hilfreich.

17 § 2 Nr. 8 ist 1996 durch die Anfügung des Abs. 3 entscheidend erweitert worden. Davor galt § 2 Nr. 8 als abschließende Regelung, die **Ansprüche aus GoA** und § 812 ff. BGB ausschloss.[37] Die Vergütungspflichten notwendiger zusätzlicher Leistungen ist damit heute auch trotz Nichterfüllung der Tatbestandsmerkmale des § 2 Nr. 5 und 6 (Anordnung, Ankündigung) bzw. des

---

[29] Umsetzung BGH NZBau 2004, 432.
[30] Umsetzung BGH NJW-RR 2004, 445 = BauR 2004, 316; BGH NZBau 2005, 40.
[31] Dazu LG Leipzig BauR 2001, 1990.
[32] Umsetzung Art. 71 Abs. 5 der Richtlinie 2014/24/EU
[33] Vgl. *Korbion* DB 1974, 77.
[34] 1988 wurde die Terminologie angepasst.
[35] Vgl. BGH BauR 1972, 118.
[36] Vgl. näher → VOB/B § 2 Rn. 292 f.; BGH NZBau 2002, 669.
[37] Vgl. BGH NJW 1991, 1812 = BauR 1991, 331.

§ 2 Nr. 8 Abs. 2 (Anzeige, Anerkennung) der Regelfall. Die früheren Auseinandersetzungen zur Abgrenzung der einzelnen Tatbestände haben hierdurch ganz erheblich an praktischer Relevanz verloren. Hinzu kommt, dass der BGH seit 1996[38] auch das Ankündigungserfordernis des § 2 Nr. 6 sehr restriktiv auslegt.[39]

In **§ 3 VOB/B** ist Nr. 6 1992 um die Abs. 2 und 3 erweitert worden, die die Nutzungsrechte an den vom Auftragnehmer erstellten Unterlagen auf DV-Programme erstrecken.

In **§ 4 VOB/B** ist neben einigen redaktionellen Änderungen durch die VOB 2000 in Nr. 8 ein Kündigungsrecht für den Fall unberechtigten Nachunternehmereinsatzes eingefügt worden. Die Kündigungsvoraussetzungen brauchen deshalb nicht mehr durch eine Fristsetzung zur Eigenleistung geschaffen werden.[40] Weiterhin ist als neue Nr. 10 die Regelung über die technische Teilabnahme aus dem bisherigen § 12 Nr. 2b übernommen worden.

§ 5 VOB/B ist weitgehend unverändert geblieben. Das Auskunftsrecht des Auftragnehmers über den voraussichtlichen Ausführungsbeginn in § 5 Nr. 2 ist 1973 eingeführt worden.

Wesentlicher sind die Änderungen des heutigen **§ 6 Nr. 6 VOB/B**. Nach dem ursprünglichen § 6 Nr. 4 Abs. 2 VOB/B 1952 beschränkte sich der Schadensersatzanspruch bei Behinderung auf den unmittelbaren Schaden. Zur Klarstellung des Anwendungsbereiches wurde diese Regelung 1973 als eigenständige Nr. 6 formuliert und die Beschränkung auf den nie genau definierten unmittelbaren Schaden gestrichen.[41] Das AGB-Gesetz machte es dann 1979 notwendig, diese Haftungsbeschränkungen auf Fälle einfacher Fahrlässigkeit zu beschränken.[42] Mit der Novelle 2006 wurde Nr. 6 um den klarstellenden Hinweis auf § 642 BGB in Satz 2 ergänzt.[43]

Die Nr. 2 und 3 des **§ 7 VOB/B** sind 1992 in die VOB aufgenommen worden. Der früher umstrittene Umfang der ganz oder teilweise ausgeführten Leistungen[44] ist damit in Übernahme der bisherigen BGH-Rechtsprechung[45] klargestellt worden. Die in § 7 Nr. 2 VOB/B 1952 enthaltene Verpflichtung des Auftragnehmers, das Bauwerk auf Verlangen gegen Feuer zu versichern, ist mit der VOB/B 1973 entfallen.

§ 8 VOB/B hat nur einige im Wesentlichen redaktionelle Änderungen erfahren. Die heutigen Nr. 6 und 7 waren ursprünglich die Abs. 4 und 5 der Nr. 3.

Die Kündigungsrechte des Auftragnehmers in **§ 9 VOB/B** sind 1973 auf alle Fälle des Schuldnerverzuges ausgedehnt worden (Nr. 1 lit. b). Anderseits ist die Kündigung von einer vorherigen Kündigungsandrohung abhängig gemacht worden und damit der Regelung des § 5 Nr. 4 angepasst worden.[46]

§ 10 und **§ 11 VOB/B** sind seit 1952 inhaltlich unverändert geblieben.

Das gilt auch für **§ 12 VOB/B**. Hier sind lediglich die Regelungen über die technische Teilabnahme aus § 12 Nr. 2 lit. b in § 4 Nr. 10 verschoben worden. Mit der VOB 2002 wurde bloß klargestellt, dass die Abnahme durch Ingebrauchnahme nach § 12 Nr. 2 Abs. 2 nur möglich ist, wenn keine Partei eine Abnahme verlangt.

Besondere Relevanz haben die Änderungen des **§ 13 VOB/B**. Die kurze zweijährige **Gewährleistungsfrist** für Bauwerksarbeiten war bereits Inhalt der VOB 1926.[47] Dass bis zur Novelle 2002 auch noch Holzerkrankungen in § 13 Nr. 4 ausdrücklich erwähnt waren, hat den einfachen Hintergrund, dass hierfür zunächst eine verlängerte dreijährige Frist galt und der Änderungen nur widerwillig vornehmende DVA bei der Gleichstellung der Verjährungsfrist 1952 auf nunmehr überflüssige Bestandteile nicht verzichten wollte. Die verkürzte Verjährungsfrist für maschinelle und elektrotechnische/elektrische Anlagen in § 13 Nr. 4 Abs. 2 ist 1996 in die VOB aufgenommen worden und hatte – soweit ersichtlich – weniger praktische als rechtliche Folgen. Sie hat die Diskussion um die Privilegierung der VOB/B erneut ausgelöst.[48]

Mit der **Fassung 2002** ist die Verjährungsfrist für Mängelansprüche bei Bauwerksarbeiten nunmehr auf vier Jahre erhöht und damit der BGB-Regelung angenähert worden. Die zuvor geltende erhebliche Verkürzung lebt allerdings noch fort in der gerade deswegen begründeten

---

[38] BGH NJW 1996, 2158 = BauR 1996, 542; BGH NZBau 2002, 152 = BauR 2002, 312.
[39] Dazu näher → VOB/B § 2 Rn. 200.
[40] *Joussen/Schranner* BauR 2000, 334 (335).
[41] *Daub/Piel/Soergel/Steffani* ErlZ B 6.91.
[42] *Vygen* in Ingenstau/Korbion VOB/B Einl. Rn. 17.
[43] Umsetzung von BGH IBR 2004, 413.
[44] Vgl. dazu *Rüßmann* in Beck'scher VOB-Kommentar § 7 Rn. 3.
[45] BGH BauR 1973, 110.
[46] *Korbion* DB 1974, 78 (79).
[47] Zur Geschichte vgl. insbesondere *Schubert* FS Korbion, 1986, 389 (406 f.); *Heinrich* S. 7 ff.
[48] Vgl. *Heinrich*, passim; *Kraus* NJW 1998, 1126 f.; *Schlünder* BauR 1998, 1123.

restriktiven Rechtsprechung zur wirksamen Einbeziehung der VOB/B in den Bauvertrag, zur Nichtprivilegierung der isolierten Vereinbarung des § 13, zur Nichtanwendung der VOB/B auf Planungsverträge und zur immer strenger werdenden Rechtsprechung zur Einbeziehung der VOB/B als Ganzes.

29 Mit der **Novelle 2002** erfolgte darüber hinaus eine Anpassung des § 13 an das Schuldrechtsmodernisierungsgesetz. Neben der Neudefinition des Mangels in Nr. 1 wurde § 13 Nr. 3 so umformuliert, dass bei Mängeln aus dem Bereich des Auftraggebers der Auftragnehmer nicht mehr grundsätzlich frei wird, außer er hat keinen Hinweis gegeben, sondern dass er auch bei fehlerhaften Auftraggebervorgaben im Grundsatz haftet, soweit er sich nicht exkulpieren kann. Der Schadensersatzanspruch des § 13 Nr. 7 wurde insbesondere im Hinblick auf § 309 Nr. 7a BGB erweitert.

29a Mit der **Novelle 2006** wurde in § 13 Nr. 4 Abs. 1 S. 1 der Begriff „Arbeiten an einem Grundstück" der neuen Terminologie des BGB nach der Schuldrechtsmodernisierung angepasst. § 13 Nr. 4 Abs. 2 erhielt eine Klarstellung dahingehend, dass die verkürzte Verjährung für maschinelle und elektrotechnische/elektronische Anlagen nur für die Teile gilt, bei denen die Wartung Einfluss auf Sicherheit und Funktionsfähigkeit hat. Darüber hinaus ist im letzten Halbsatz klargestellt worden, dass die verkürzte Frist auch dann gilt, wenn für die übrigen Leistungen eine andere Verjährungsfrist vereinbart worden ist.

30 In **§ 14 Nr. 1 VOB/B** wurde mit der VOB 1973 die Verpflichtung zur prüffähigen Abrechnung verbal stärker betont, sachlich handelt es sich allerdings im Wesentlichen um einen Nachvollzug der bisherigen Rechtsprechung.[49]

31 **§ 15 VOB/B** wurde durch die Fassung 1973 umfangreich geändert. Aufgrund der Änderungen des Baupreisrechts, des Umsatzsteuerrechts und neuer tarifvertraglicher Vereinbarungen wurde die Bestimmung über die Ermittlung nicht vereinbarter Stundensätze in § 15 Nr. 1 und 2 neu geregelt und zusammengefasst (bisher § 15 Nr. 1–4 VOB/B 1952). Die Frist zur Einreichung der Stundenzettel ist von zwei auf vier Wochen verlängert worden. Die Abrechnungsart bei Zweifeln über den Umfang der Stundenlohnleistungen ist geändert worden. Anstelle der ursprünglichen Bestimmung einer Ersatzvergütung nach Einheitspreisen oder Pauschalpreisen ist die heutige Regelung über aufwandsangemessenen Stundenlohn getreten, weil die Bestimmung eines Einheits- oder Pauschalpreises früher häufig an der fehlenden Bezugsgröße scheiterte.[50]

32 In **§ 16 VOB/B** sind einige Regelungen im Laufe der Zeit sogar mehrfach geändert worden. Die Möglichkeit von Zahlungsplänen ist in § 16 Nr. 1 Abs. 1 durch die Neufassung 2006 aufgenommen worden. Die **Abschlagszahlungsfähigkeit** von angelieferten Bauteilen ist in Nr. 1 Abs. 1 entsprechend der Neuregelung in § 7 Nr. 2 und 3 durch die VOB 1973 enger gefasst worden. Eine eigenständige Regelung über Vorauszahlungen ist als Nr. 2 aufgenommen worden.

33 Die **Zahlungsfrist** für Abschlagszahlungen ist von ursprünglich grundsätzlich sechs Werktagen (VOB 1952) auf generell zwölf Werktage (VOB 1973) und dann auf achtzehn Werktage (VOB 1990) auf Verlangen der öffentlichen Auftragnehmer verlängert worden.[51] Der **Ausschluss formeller Einwendungen** gegen die Prüfbarkeit der Schlussrechnung nach Ablauf der Prüffrist ist 2006 – in Nachvollzug der Rechtsprechung des BGH[52] - in § 16 Nr. 3 aufgenommen worden.

34 Mit der VOB 2012 tritt Verzug alternativ zur Nachfrist auch 30 Tage nach Zugang der jeweiligen Rechnung ein. Die Voraussetzungen für den Eintritt der **Ausschlusswirkung einer Schlusszahlung** sind sukzessive erhöht worden.[53] Deren Abschaffung wurde 1970 diskutiert.[54] Mit der VOB 1973 ist aber nur klargestellt worden, dass die Schlusszahlung als solche zu bezeichnen ist.[55] Außerdem sind die Fristen verlängert worden. Die ursprüngliche Pflicht zum unverzüglichen Vorbehalt einschließlich Begründung innerhalb von zwölf Werktagen ist auf die heutigen Fristen verlängert worden. Die Pflicht zur schriftlichen Unterrichtung über die Schlusszahlung einschließlich des Hinweises auf die Ausschlusswirkung ist durch den Ergänzungsband II 1990 eingeführt worden, um den strengeren Anforderungen der Rechtsprechung zu genügen.

---

[49] Vgl. dazu Ingenstau/Korbion VOB/B, 5. Aufl., § 14 Rn. 3 ff.
[50] *Appelhagen* BB 1974, 343 (346).
[51] *Losert* ZfBR 1991, 7.
[52] BGH NZBau 2005, 40.
[53] Hierzu eingehend *Konerding* S. 33 ff.
[54] *Konerding* S. 39 f.
[55] So bereits bei *Hereth/Ludwig/Naschold* VOB/B Ez. 16.40.

Wesentlich für den Auftragnehmer ist insbesondere, dass die **Verzugszinssätze** erheblich 35
erhöht worden sind, nämlich von 1 % über dem Lombardsatz (VOB 1952) auf 5 % über der
Spitzenrefinanzierungsfazilität (VOB 2000), dann auf 8 % bzw. nun 9 % über dem Basiszinssatz,
soweit der Auftraggeber nicht Verbraucher ist. Die **Voraussetzungen für eine Drittzahlung**
in § 16 Nr. 6 sind mit der Fassung 2002 wegen der von der BGH-Rechtsprechung angemeldeten Bedenken verschärft worden.

§ **17 VOB/B** ist 1973 durch eine Beschränkung auf die tatsächlich üblichen Sicherheiten 36
entschlackt und teilweise neu formuliert worden.[56] Hier wurden weitere Anpassungen 1988,
1990 und 1998, auch aufgrund europarechtlicher Vorgaben, notwendig, die aber das Verhältnis
zwischen den Bauvertragsparteien nicht verändert haben. Eine wesentliche Änderung durch die
Fassung 2002 ist das **Verbot der Bürgschaft auf erstes Anfordern**.[57] Hiermit reagiert der
DVA auf die immer strenger werdende Rechtsprechung zur Zulässigkeit entsprechender formularmäßiger Sicherungsabreden[58], die auch 2002 zu einer Fülle von Entscheidungen geführt hat.[59]
2006 erfolgten nachrangige Änderungen durch die Klarstellung der Bemessungsgrundlage (brutto oder netto in den Fällen des § 13b UstG) bei der Berechnung des Sicherungseinbehalts sowie
der Anforderungen an das Sperrkonto als „Und-Konto".[60]

Die Änderungen des § **18 VOB/B** durch Fristverlängerung (1973 und 2002), durch Klar- 37
stellung der Verjährungshemmung (2002) sowie die Öffnung für baubegleitende Streitschlichtungsverfahren in § 18 Nr. 3 (2006), haben eher geringe praktische Relevanz.

III. Rechtsnatur der VOB/B

Wie bereits die offizielle Bezeichnung „Allgemeine **Vertragsbedingungen** für die Ausfüh- 38
rung von Bauleistungen" zeigt, handelt es sich um standardisierte Vertragsbedingungen. Der
Geltungsgrund der VOB/B ist allein rechtsgeschäftlicher Natur. Die VOB/B wird für die
Bauvertragsparteien nur verbindlich, falls ihre Geltung **vertraglich vereinbart** wird.[61] Als
vorformulierte Standardbedingung handelt es sich zugleich um **Allgemeine Geschäftsbedingungen** (vgl. → Rn. 44 ff.). Das ist heute unumstritten[62] und ergibt sich auch aus der gesetzlichen Einordnung in § 310 Abs. 1 S. 3 BGB.

Die VOB/B hat – im Gegensatz zur VOB/A – **keine Rechtsnormqualität**.[63] Eine solche 39
erhält sie auch nicht durch die Bezugnahme in § 8 Abs. 3 VOB/A.[64] Obwohl das eigentlich in
Anbetracht der Rechts- und Gesetzeslage völlig zweifelsfrei sein sollte, muss es wegen immer
wieder vorkommender Fehlvorstellungen ausdrücklich betont werden. So hat das Kammergericht noch 2001 vom „Gesetzgeber" der VOB gesprochen und hat die VOB/B als Rechtsnorm
behandelt.[65]

Die VOB/B ist und war **kein Gewohnheitsrecht**. Vereinzelte Versuche, ihre Geltung als 40
Gewohnheitsrecht zu begründen, sind lange überholt.[66] **Ebenso wenig** lässt sich eine Geltung
der VOB/B als **Handelsbrauch** im Sinne des § 346 HGB bzw. gegenüber Nicht-Kaufleuten als
Verkehrssitte konstruieren.[67] Die engen Voraussetzungen hierfür sind nicht erfüllt. Die Quote
der Bauverträge, denen die VOB/B nicht zugrunde gelegt wird, beträgt – allerdings nach bloßen
Schätzungen – zumindest 20 bis 30 %, teilweise mehr[68]. Damit wäre die für die Feststellung eines

---

[56] *Korbion* DB 1977, 78 (80).
[57] Umsatzsteuerrechtliche Regelungen hatten zwischenzeitlich (1973 bis 1979) Auswirkungen auf die Höhe des Sicherungseinbehalts bei Zahlungen; vgl. dazu *Daub/Piel/Soergel/Steffani* VOB/B ErlZ B 16.17 und 17.37.
[58] Vgl. dazu *Thode* ZfBR 2002, 4 ff. mwN.
[59] Vgl. nur BGH NZBau 2002, 494 = BauR 2002, 1239; BGH NZBau 2002, 151 = BauR 2002, 463; BGH NZBau 2002, 493 = BauR 2002, 1392.
[60] Umsetzung von LG Leipzig BauR 2001, 1990.
[61] BGH *Schäfer/Finnern*, Z 2.51 Bl. 1.
[62] Vgl. nur BGH NZBau 2008, 640 mwN. *Vygen* in Ingenstau/Korbion Einl. Rn. 37 f.
[63] BGH BauR 1997, 1027; NJW 1992, 827 = BauR 1992, 221 (zur VOB/A).
[64] *Motzke* in Beck'scher VOB-Kommentar Einl. I Rn. 9.
[65] KG BauR 2001, 1591.
[66] Vgl. dazu nur *Oberhauser* S. 23; *Endres* S. 7 jeweils mwN.
[67] So aber *Heiermann/Linke* S. 39; wohl auch LG Düsseldorf, *Schäfer/Finnern* Z. 2.0 Bl. 7.
[68] In der Regel wird auf eine Schätzung *Weicks* Bezug genommen, die von einer Quote von 70 bis 80 % ausgeht, so zB *Kutschker* Gesamtabwägung S. 140; *Koch* S. 26, Fn. 66; *Oberhauser* S. 24, Fn. 153. Vgl. auch Änderungsantrag im Rahmen der SchMoG, wo von 25 % bei „Häuslebauverträgen" ausgegangen wird, BT-Drs. 14/7080, 4.

Handelsbrauchs notwendige Untergrenze von 75% nicht erreicht.[69] Auch fehlt es an der hierfür notwendigen längeren Übung, zum einen, weil die VOB/B regelmäßig nur zum Teil erheblich modifiziert den Bauverträgen zugrunde gelegt wird, andererseits weil die VOB/B selbst, insbesondere in letzter Zeit, immer wieder geändert wurde.[70] Im Übrigen müsste die VOB/B als Verkehrssitte nicht erst aufgrund ihrer Vereinbarung, sondern auch ohne besondere Vereinbarung freiwillig befolgt werden. Die bloße ständige Wiederholung von Abschlüssen von Verträgen unter Zugrundelegung eines durchformulierten Klauselwerks ist noch keine tatsächliche Befolgungsübung, sondern in erster Linie Ausdruck eines stets aufs Neue artikulierten rechtsgeschäftlichen Verpflichtungswillens[71], wie ihn § 8 Abs. 3 VOB/A selbst zum Ausdruck bringt. Branchenüblichkeit allein reicht für die Beachtlichkeit Allgemeiner Geschäftsbedingungen nicht aus.[72]

41 Nicht verwirren lassen darf man sich dadurch, dass die VOB/B **als DIN 1961 veröffentlicht** wird. Dennoch handelt es sich um keine technische Regel. Nach der Grundnorm DIN 820 T1 Normungsarbeit dürfen vertragliche Bestimmungen eigentlich gar nicht Gegenstand einer Norm sein. Die Veröffentlichung als DIN diente allein dazu, einerseits die VOB/B als autorisierten und **zitierbaren Text** erscheinen zu lassen und sollte andererseits das Urheberrecht wahren.[73] Denn amtliche Werke wie Dienstvorschriften und Erlasse sind nach § 5 Urheberrechtsgesetz[74] urheberrechtsfrei. Ob die Veröffentlichung als DIN der VOB/B den amtlichen Charakter nimmt, ist allerdings streitig[75] und dürfte zu verneinen sein, nachdem der BGH auch beim Vergabehandbuch allein darauf abgestellt hat, ob ein Werk nach dem Willen des Hoheitsträgers die Verwaltungspraxis bestimmen soll.[76]

IV. Verhältnis VOB/B zum BGB-Werkvertragsrecht

42 Die VOB/B ist ein bereitliegendes Vertragsmuster für einen allgemein verwendbaren Bauvertrag. Das Bedürfnis für einen solchen Standardvertrag beruht vor allem auf den sehr abstrakten Regelungen des gesetzlichen Werkvertragsrechts, das die unterschiedlichsten Arten von Werkverträgen erfasst – von der Schuhreparatur über die Gutachtenerstellung bis zum Bauvorhaben –[77], nicht aber auf die **speziellen Bedürfnisse des Bauvertrages** zugeschnitten ist. Denn der BGB-Gesetzgeber hat sich bei der Konzeption mehr an der handwerklichen Herstellung oder Bearbeitung orientiert, die dem Typus des punktuellen Austauschvertrages entspricht. Besondere Regelungen über das Zusammenwirken der Parteien während der Herstellungsphase hat der Gesetzgeber deshalb als entbehrlich angesehen.[78] Das gesetzliche Werkvertragsrecht enthielt nur an wenigen Stellen auf Bauvorhaben zugeschnittene Bestimmungen (§§ 638, 648 BGB a.F.). Diese Lücken sollte und will die VOB/B schließen, indem sie insbesondere die Modalitäten während der Erstellung der Bauleistung regelt (vgl. § 1–6), aber auch spezifizierte Regelungen zu Abrechnungen und Zahlungen (vgl. § 14–16) sowie weitere Sondervorschriften enthält. Auch wenn zwischenzeitlich weitere auf Bauvorhaben zugeschnittene Regelungen in das BGB aufgenommen wurden (vgl. §§ 632a, 641a, 648a BGB a.F.), bzw. aktuell auch der Bauvertrag als solches in § 650 a-h BGB normiert wurde, wird die Herstellungsphase und die Bauzeit im BGB kaum geregelt.[79]

43 Die Regelungen der VOB/B sollen zunächst die nicht ausreichenden **gesetzlichen Regelungen ergänzen** und konkretisieren. Dabei verweist die VOB/B mehrfach auf die gesetzlichen Vorschriften. zB in §§ 2 Abs. 8 Nr. 3, 9 Abs. 1 lit. a., 9 Abs. 3, 11 Abs. 1, 17 Abs. 1, oder nimmt sie in Bezug, zB in §§ 2 Abs. 7, 8 Abs. 1 Nr. 2, 10 Abs. 1. Darüber hinaus enthält die VOB/B aber auch zahlreiche Bestimmungen, die **gesetzlichen Regelungen** durch eigenständige Lösungen abändern und **verdrängen**, wie zB § 2 Abs. 3, 5 und 6, § 7 oder § 13.

---

[69] *Valder* TransportR 2004, Sonderbeilage 3/2004 S. XLIV
[70] Vgl. *Vygen* in Ingenstau/Korbion VOB/B Einl. Rn. 40; NWJS VOB/B Einl. Rn. 7; *Motzke* in Beck'scher VOB-Kommentar Einl. I Rn. 46; näher *Kutschker* Gesamtabwägung S. 140 mwN.
[71] Vgl. *Stoffels* S. 302 mwN.
[72] BGH NJW 2014, 1296 f.
[73] Vgl. *Lampe-Helbig* FS Korbion, 1986, 249 (252).
[74] Ebenso § 16 LUG (1901).
[75] Vgl. *Fromm/Nordemann* UrhG § 5 Rn. 1.
[76] BGH NJW 2006, 3644; der BGH hat die Frage hinsichtlich der VOB/B aber offen gelassen.
[77] Vgl. *Weyers* AcP 182, 60 ff.
[78] *Motive* Bd. 2 S. 470; *Hüffer* S. 34.
[79] Vgl. zu Entwicklung *Kniffka* in Kniffka Einführung Rn. 3 ff.; vgl. die Vorschlägen des Instituts für Baurecht Freiburg BauR 1999, 699, NZBau 2001, 183, BauR Sonderheft 4/2002.

Wegen des Verhältnisses der Einzelbestimmungen zu den gesetzlichen Vorschriften ist auf deren Kommentierung zu verweisen. Soweit die VOB/B und die im Wege der Bezugnahme in § 1 Abs. 1 ebenfalls Vertragsbestandteil gewordene VOB/C keine vorrangige Regelungen enthalten, bleiben die gesetzlichen Vorschriften anwendbar.

V. Verhältnis der VOB/B zu den §§ 305 ff. BGB

1. VOB/B als Allgemeine Geschäftsbedingungen. Aufgrund der Regelungen in § 310 Abs. 1 S. 3 BGB bzw. § 308 Nr. 5, § 309 Nr. 8b BGB aF (§ 23 Abs. 2 Nr. 5 AGBG) kann nicht zweifelhaft sein, dass die Bedingungen der VOB/B Allgemeine Geschäftsbedingungen im Sinne des § 305 BGB sind. Das entspricht heute fast **allgemeiner Meinung**.[80] 44

Weder der Umstand, dass im DVA Auftraggeber und Auftragnehmer vertreten sind und Beschlüsse grundsätzlich einvernehmlich gefasst werden sollen (vgl. → Rn. 4), noch die behauptete Ausgewogenheit oder gar die unterstellte Ersatzrechtsfunktion können an dieser formalen Einordnung etwas ändern. Die VOB/B erfüllt zweifelsohne die Tatbestandsmerkmale des § 305 Abs. 1 BGB. Auch Klauselwerke, die unter Beteiligung beider Vertragsseiten erstellt worden sind, unterfallen einer Inhaltskontrolle[81]; diese Beteiligung, die im Übrigen nicht zwingend die Ausgewogenheit gewährleistet[82], ändert an der Tatbestandsmäßigkeit nichts. Für die VOB/B kommt hinzu, dass sie vom Gesetzgeber ausdrücklich als Allgemeine Geschäftsbedingung eingeordnet wurde. Bis zur Ergänzung des § 310 Abs. 1 BGB durch das Forderungssicherungsgesetz waren nur zwei Regelungen der VOB/B von Einzelklauselverboten befreit, dh die VOB/B ist vom sonstigen Anwendungsbereich früher des AGBG bzw. nunmehr der §§ 305 ff. BGB gerade nicht ausgenommen worden.[83] Auch die neu gefasste Privilegierung (→ Rn. 47) bestätigt die Einordnung als Allgemeine Geschäftsbedingung und begrenzt lediglich im Fall der unveränderten Verwendung gegenüber Unternehmern die Einzelklauselkontrolle. 45

Es handelt sich bei der VOB/B um ein von dritter Seite (DVA) vorgefertigtes Klauselwerk, das für eine vielfache Verwendung bestimmt ist; es fällt damit zwingend unter die AGB-Regelungen und zwar auch dann, wenn der konkrete Verwender auf die VOB/B nur ein einziges Mal zurückgreifen wollte.[84] 46

Die gemeinsame Gestaltung der VOB/B durch Vertreter der beteiligten Interessengruppen im DVA ändern zwar nichts an deren tatbestandlicher Einordnung als Allgemeine Geschäftsbedingung, führt aber dazu, dass sie mit einseitig aufgestellten „normalen AGB" **nicht „auf eine Stufe gestellt"**[85] wird, sondern dass bei der Bestimmung des Verwenders (→ Rn. 101 ff.), der Auslegung (→ Rn. 107 ff.) und vor allem der ABG-Kontrolle (→ Rn. 47 ff.) Besonderheiten gelten bzw. geltend gemacht werden. 46a

2. Privilegierung der VOB/B. a) gesetzliche Privilegierung in § 310 BGB. Die Frage der **AGB-rechtlichen Inhaltskontrolle** der VOB/B-Regelungen gehörte zu den besonders stark diskutierten Fragen.[86] Mit Inkrafttreten des § 310 Abs. 1 S. 3 BGB durch das Forderungssicherungsgesetz am 1.1.2009 ist insoweit eine weitgehende Klärung eingetreten. Danach unterliegen die VOB/B-Regelungen bei der Verwendung gegenüber Verbrauchern im vollem Umfange der Inhaltskontrolle gemäß §§ 307 ff. BGB, während eine Inhaltskontrolle gegenüber 47

---

[80] BGH NJW 1983, 816 = BauR 1983, 161; BGH BauR 1997, 1027; NZBau 2004, 267 = BauR 2004, 665; *Vygen* in Ingenstau/Korbion Einl. Rn. 38; *Ganten* in Beck'scher VOB-Kommentar Einl. II Rn. 5; NWJS VOB/B Einl. Rn. 7; **anderer Ansicht** zuletzt *Siegburg* BauR 1993, 9 ff. und neuerdings *Leupertz* Jahrbuch BauR 2004, 43 ff., der die unveränderte VOB/B aufgrund teleologischer Reduktion des § 305 BGB als eine nicht den §§ 305 ff. unterfallende Vertragsordnung sui generis einordnet, sie im Fall von Modifikationen allerdings der AGB-Kontrolle unterwirft.
[81] *Kutschker* Gesamtabwägung S. 101 f. mwN.
[82] Vgl. *Flach* NJW 1984, 157.
[83] Gegen ein Übermaß der Aussagekraft dieser Regelungen aber *Leupertz* Jahrbuch BauR 2004, 43 (55) 60.
[84] BGH NJW 1991, 843.
[85] So die Formulierung in BGHZ 55, 198 und BGH NJW 1983, 816.
[86] Vgl. nur für die Zeit ab der Schuldrechtsmodernisierung: *Quack* ZfBR 2002, 429; *Lenkeit* BauR 2002, 223; *Frikell* BauR 2002, 671; *Weyer* BauR 2002, 857; *Schwenker/Heinze* BauR 2002, 1143; *Preussner* BauR 2002, 426; *Joussen* BauR 2002, 1759; *Peters* NZBau 2002, 114; *Tempel* NZBau 2002, 465; *Kratzenberg* NZBau 2002, 178; *Pauly* MDR 2003, 124; *Voppel* NZBau 2003, 6; *Oberhauser* Jahrbuch BauR 2003, 3 ff.; *Gebauer* BauR 2004, 1843; *Micklitz* ZfBR 2004, 613; *Gehlen* NZBau 2004, 313; *Hartung* NJW 2004, 2139; *Leuperz* Jahrbuch BauR 2004, 43; *Kretschmann* BauR 2005, 615 und Jahrbuch BauR 2005, 109 ff.; umfassend *Ahlers* S. 1 ff.

Unternehmen und gleichgestellten Personen nicht stattfindet, wenn die VOB/B ohne inhaltliche Abweichungen insgesamt einbezogen wird. Bei **inhaltlichen Abweichungen** unterliegen die einzelnen Regelungen der VOB/B einer ganz normalen **isolierten Klauselkontrolle** nach den §§ 307 ff. BGB.

Diese gesetzliche Privilegierung der VOB/B als Ganzes ist das Ergebnis einer längeren Rechtsprechungsentwicklung. Der BGH hatte nach Inkrafttreten des AGBG 1977 beginnend mit einer Entscheidung 1982[87] von einer Einzelklauselkontrolle der VOB/B-Regelungen abgesehen, falls die VOB/B „ohne ins Gewicht fallende Einschränkungen", dh „als Ganzes", bzw. „im Kern" zur Vertragsgrundlage des Bauvertrages gemacht wurde. Nach dieser Rechtsprechung enthält die VOB/B einen auf die Besonderheiten des Bauvertragsrechts abgestimmten, **im Ganzen einigermaßen ausgewogenen** Ausgleich der beiderseitigen Interessen. Sie könne mit einseitigen AGB nicht auf eine Stufe gestellt werden. Bei einer Vereinbarung der VOB/B als Ganzes wäre es verfehlt, einzelne Bestimmungen einer Inhaltskontrolle zu entziehen, weil ansonsten der durch das **Zusammenwirken sämtlicher Vorschriften** erstrebte billige Interessenausgleich gestört werde.[88]

47a Die Berechtigung und die Voraussetzungen dieser außergesetzlichen Privilegierung waren in der Folgezeit, insbesondere nach der Schuldrechtsmodernisierung 2002 sehr umstritten. Diese Streitfrage hatte allerdings ihre praktische Relevanz weitgehend verloren, nachdem der BGH[89] sich 2004 der Auffassung angeschlossen hat, dass jede vertragliche Abweichung von der VOB/B zum Verlust der Privilegierung führt (vgl. dazu näher Rd. 75 ff.). Da in der Baupraxis fast immer Änderungen an der VOB/B im Text selbst oder durch materiell vorgehende Regelungen erfolgen, ist damit faktisch bei jedem Bauvertrag die isolierte Inhaltskontrolle der einzelnen Klauseln der VOB/B eröffnet.[90] Die dogmatische Streitfrage der Gesamtprivilegierung betrifft nur noch einen eher theoretischen Fall einer unveränderten Einbeziehung. Dennoch wurde in der Literatur auch in der Folgezeit die aufwändige Diskussion mit verfassungsrechtlichen und europarechtlichen Argumenten um Grundlagen und Zulässigkeit der Privilegierung fortgeführt.

47b Diese Grundlagendiskussion hat durch die Entscheidung des BGH vom 24.7.2008[91] sowie durch die Ergänzung des § 310 BGB durch das Forderungssicherungsgesetz einen teilweisen Abschluss gefunden. Der BGH hat unter teilweiser Aufgabe seiner bisherigen Rechtsprechung im Vorgriff auf die angekündigte Neuregelung des FoSiG eine AGB-rechtliche **Privilegierung der VOB/B gegenüber Verbrauchern verneint.** Eine Privilegierung könne dann gerechtfertigt sein, wenn gewährleistet ist, dass die Vertragspartner, denen gegenüber die VOB/B verwendet wird, durch ihre Interessenvertretungen im Vergabe- und Vertragsausschuss vertreten sind und ausreichend Gelegenheit haben, sich in eine ausgewogene, den Bedürfnissen der Bauvertragsparteien entsprechende Gestaltung der VOB/B einzubringen. Das sei bei Verbrauchern, die aus Unerfahrenheit die Reichweite der VOB/B-Regelungen häufig nicht einschätzen können und deshalb besonders schutzbedürftig seien, nicht gewährleistet; sie seien nicht durch Interessenvertreter im DVA vertreten.[92] Das hat der Gesetzgeber bestätigt, indem er eine neu gefasste Privilegierung in § 310 Abs. 1 S. 3 BGB aufgenommen und auf Verträge gegenüber **Unternehmern** beschränkt hat.

47c Im Mittelpunkt der Erörterung steht nun die Frage, welche Regelungen gegenüber Verbrauchern oder Unternehmern einer **Einzelkontrolle** nicht standhalten können.[93] Dabei werden allerdings häufig die Besonderheiten bei der Auslegung und Kontrolle der VOB/B (→ Rn. 107 ff.) unberücksichtigt gelassen und relativ apodiktisch die Unwirksamkeit von Regelungen geltend gemacht, deren Wirksamkeit der BGH bereits bestätigt hat. Auch ist es wenig

---

[87] BGH NJW 1983, 816 (818).
[88] Grundlegend BGH NJW 1983, 816 = BauR 1983, 161; BGHZ 96, 129 = BauR 1986, 89; BGH NJW 88, 55 = BauR 1987, 694; BGH BauR 1991, 331 = NJW 1991, 1812; BGH (10. ZS) BauR 2002, 775; NZBau 2004, 267 = BauR 2004, 668.
[89] BGH NZBau 2004, 267 = BauR 2004, 668; BGH NZBau 2004, 385.
[90] Interessante, nicht aber immer stimmige Überlegungen zu den wirtschaftlichen Auswirkungen bei *Sudermeier/Meinen* BrBp 2005, 235 ff.
[91] BGH NZBau 2008, 640; vgl. dazu *Kuffer* NZBau 2009, 73 ff.
[92] BGH NJW 2008, 640 (641); vgl. dazu ua *Thode* in jurisPR-PrivBauR 11/2008, Anm. 1; *Schwenker/Wessel* ZfBR 2008, 754.
[93] Vgl. zB *Kaiser*, Das neue Forderungssicherungsgesetz, S. 60 ff.; *Deckers* Forderungssicherungsgesetz S. 14 ff.; *Korbion/Locher/Sienz* AGB S. 52 ff.; *Kuckuk* Ausgewogenheit S. 51 ff.; *Althaus/Heindl*, Der öffentliche Bauauftrag, Rn. 137 ff. *Deckers* NZBau 2008, 627 ff.; *Geck* ZfBR 2008, 436 ff.; *Ingendoh/Berger* ZfIR 2008, 691 ff.

überzeugend, Regelungen, die den Verwendungsgegner begünstigen, ebenso an einer Klauselkontrolle scheitern lassen zu wollen, wie zB die Rangfolgeregelung des § 1 Abs. 3 VOB/B mit der Begründung, Widersprüche zwischen den Vertragsunterlagen müssten zu Lasten des Verwenders gehen,[94] maW die Vermeidung von Widersprüchen für rechtlich anstößig zu erklären. Ob und welche VOB/B-Regelungen einer Einzelklauselkontrolle standhalten können bzw. nicht, wird jeweils im Rahmen deren Kommentierung erörtert.

In **zeitlicher Hinsicht** betrifft die Entscheidung des BGH vom 24.7.2008 einen Fall vor Inkrafttreten der Schuldrechtsmodernisierung. Sie hat die Privilegierung für Verbraucher mit Rückwirkung beseitigt, da ein entsprechender Vertrauensschutz nicht besteht. Für die Verwendung gegenüber Unternehmern wird die Privilegierung **bis zur Schuldrechtsmodernisierung** bestätigt. Welche Rechtslage gegenüber Unternehmern ab dem 1.1.2002 gilt, hat der BGH ausdrücklich **offen** gelassen (vgl. → Rn. 47f). **Ab dem 1.1.2009** gilt im Unternehmensbereich die begrenzte **gesetzliche Privilegierung** in § 310 Abs. 1 BGB, wenn die VOB/B in den Vertrag „in der jeweils zum Vertragsschluss geltenden Fassung ohne inhaltliche Abweichung insgesamt einbezogen ist". Damit ist die Rechtsprechung des BGH zur Schädlichkeit jeder inhaltlichen Abweichung, unabhängig von ihrem Gewicht (vgl. dazu näher Rd. 75 ff.) in Bezug auf Verträge gegenüber Unternehmern Gesetz geworden. **47d**

Durch § 310 Abs. 1 S. 3 BGB ist auch die bislang umstrittene Frage einer statischen oder **dynamischen Verweisung** auf die VOB/B (vgl. → Rn. 62 f.) geklärt. Die Privilegierung gilt für die „jeweils zum Zeitpunkt des Vertragsschlusses geltende(n) Fassung". Die hiergegen erhobenen verfassungsrechtlichen Bedenken sind unbegründet.[95] Auch eine sog konstitutive dynamische Fremdverweisung ist verfassungsrechtlich grundsätzlich zulässig.[96] Auch die Befürchtung, dem DVA würden durch eine dynamische Verweisung unzulässige Regelungsspielräume bei der zukünftigen Gestaltung der VOB/B eingeräumt,[97] ist unbegründet. Denn trotz Privilegierung bleibt durch die Gerichte weiterhin die Frage **kontrollfähig,** ob die **VOB/B als Ganzes** auch künftig einen einigermaßen ausgewogenen Ausgleich der Interessen enthält.[98] Der DVA erhält also gerade keinen Freibrief. **47e**

Die Privilegierung in § 310 Abs. 1 S. 3 BGB bezieht sich „auf eine Inhaltskontrolle einzelner Bestimmungen". Dem Wortlaut nach bleibt eine **Inhaltskontrolle der VOB/B als Ganzes** möglich.[99] Diese Frage kann sich allerdings ernsthaft erst stellen, wenn signifikante Abweichungen gegenüber der Ausgabe 2006, die der gesetzlichen Wertung des §§ 310 Abs. 1 S. 3 BGB zugrundelag, eintreten. **47f**

Zum Verständnis der Gesetzesänderung und der BGH-Entscheidungen ist es notwendig, die Entwicklung der juristischen Diskussion aufzuzeigen. Die Ergebnisse der Diskussion behalten über ihren unmittelbaren Gegenstand hinaus Bedeutung für das Verständnis der VOB/B und für die Ermittlung des zutreffenden Maßstabes für die Inhaltskontrolle der Einzelklauseln. Sie sind unmittelbar relevant für die noch nicht höchstrichterlich entschiedene Frage der Privilegierung gegenüber Unternehmern in der Zeit vom 1.1.2002 bis zum 31.12.2008. Aus der Begründung der BGH-Entscheidung vom 24.7.2008 lässt sich allerdings, worauf der damalige stellv. Vorsitzende des VII. Zivilsenats selbst hinweist, entnehmen, dass der BGH auch für diesen Zeitraum an der Privilegierung gegenüber Unternehmern festhalten wird.[100] **47g**

b) Entwicklung der Privilegierung. Diese Privilegierung der VOB/B als Ganzes wurde auch vor ihrer ausdrücklichen Regelung in § 310 Abs. 1 BGB von einer Literaturauffassung bereits aus dem früheren § 23 Abs. 2 Nr. 5 AGBG als mittelbare gesetzliche Privilegierung abgeleitet.[101] § 23 Abs. 2 Nr. 5 AGBG bestimmte aber lediglich, dass zwei Klauselverbote, nämlich die des § 10 Nr. 5 und des § 11 Nr. 10 lit. f AGBG, für Leistungen, für die die VOB/B Vertragsgrundlage ist, nicht anwendbar sind. Der BGH hat bei genauem Studium seiner Entscheidung die Privilegierung nicht auf § 23 Nr. 2 Abs. 5 AGBG gestützt, sondern im Anschluss **48**

---

[94] *Deckers* Forderungssicherungsgesetz S. 17 f.
[95] Vgl., zuletzt *Zeidler,* Die Gesamtprivilegierung auf dem Prüfstand, S. 35 f., 53.
[96] Eingehend und überzeugend *Schmidt* ZfBR 2009, 113 ff., der allerdings Bedenken in Bezug auf die nicht im Baugewerbe tätigen Unternehmer hat, die im DVA nicht repräsentiert sind.
[97] So aber *Schmidt* ZfBR 2009, 113 (119).
[98] Vgl. Begründung der Bundesregierung BT-Drs. 16/511, 32; Beschlussempfehlung BT-Drs. 16/9787, 18; *Kuffer* NZBau 2009, 73 (78).
[99] NJWS VOB/B Einl. Rn. 56.
[100] *Kuffer* NZBau 2009, 73 (78).
[101] Vgl. zB *Locher* in Ingenstau/Korbion, 15. Aufl., Anhang 1 Rn. 64, 65; *Kutschker* BauR 1999, 454 (455), jeweils mwN.

an Ausführungen von *Glanzmann*[102], die vor Inkrafttreten des AGBG geschrieben worden waren, mit einer **Gesamtabwägung** begründet und lediglich ergänzend angemerkt, dass § 23 Abs. 2 Nr. 5 AGBG „auf der gleichen Erwägung" beruhe.[103]

49 Aus § 23 Abs. 2 Nr. 5 AGBG ließ sich eine gesetzliche Privilegierung der VOB/B als Ganzes nicht ableiten, da sie weder vom Wortlaut, noch der Gesetzesbegründung noch vom Gesetzeszweck gedeckt war. Das ist mehrfach überzeugend dargelegt worden.[104] § 23 Abs. 2 Nr. 5 AGBG ging mit der Schuldrechtsmodernisierung in die zwischenzeitlich durch das Forderungssicherungsgesetz wieder gestrichenen Zusätze in § 308 Nr. 5 und § 309 Nr. 8b) BGB aF auf. Die damit verbundene Umformulierung hatte die Privilegierungsdebatte erneut angefacht.[105] Anlass war auch der Widerspruch zwischen der Gesetzesbegründung, die an der bisherigen Privilegierungsrechtsprechung nichts ändern wollte[106], und der Systematik der gesetzlichen Neuregelung, die aufgrund der gesetzestechnischen Zuordnung zu den zwei Einzelklauselverboten einer Gesamtprivilegierung entgegen stand. Wirklich zwingende neue Argumente ließen sich aus dieser missglückten gesetzlichen Neuregelung allerdings für keine Ansicht herleiten.[107] Auf der einen Seite konnte nicht wegen der „Weisheit des Gesetzgebers" der Einzelzuordnung eine gesetzliche Entscheidung gegen die Privilegierung entnommen werden.[108] Das wäre ein nicht möglicher Schluss vom Sollen auf das Sein, der noch verwegener ist, nachdem der Gesetzgeber in letzter Zeit – es sei nur an das Gesetz zur Beschleunigung fälliger Zahlungen erinnert, bei dem dem Gesetzgeber Grundlagenfehler attestiert werden konnten, die man schon Jurastudenten mittleren Semesters nicht mehr durchgehen ließe[109], – eindrucksvoll bewiesen hat, dass er nicht immer übersieht, was er veranlasst. Hinzu kommt, dass erst bei der Novellierung des AGBG 1996 zur Anpassung an die Verbraucherschutzrichtlinie der Gesetzgeber § 23 AGBG bewusst unverändert gelassen hat. Da die unterstellte gesetzliche Weisheit nicht nur für einen Augenblick gelten kann, hätte der Gesetzgeber damit die Privilegierung der VOB/B gesetzlich bestätigt, da er ansonsten § 23 Abs. 2 Nr. 5 AGBG entweder hätte ändern oder sogar ganz streichen müssen, falls sie, wie teilweise angenommen[110], durch die kurz vorher erfolgte Änderung der VOB/B einschließlich Verkürzung der Verjährungsfrist für maschinelle Anlagen überholt gewesen wäre. Die spätestens damit erfolgte gesetzliche Privilegierung der VOB/B als Ganzes wäre aber nicht durch eine bloß als redaktionell bezeichnete Neufassung stillschweigend aufgehoben worden. Auf der anderen Seite kann der Gesetzesbegründung der §§ 308 Nr. 5, 309 Nr. 8b) BGB aF nicht eine inzidente gesetzliche Privilegierung der VOB/B als Ganzes entnommen werden.[111] Abgesehen von der grundsätzlichen Frage nach der Bedeutung der Gesetzesbegründung für dessen Auslegung ist festzustellen, dass in der Gesetzesbegründung ein Privilegierungswille gar nicht eindeutig zum Ausdruck gekommen ist. Die grundlegende Entscheidung des BGH vom 16.12.1982[112] wird gerade nicht in Bezug genommen; der Gesetzgeber verweist ausschließlich auf Entscheidungen, die die Verjährungsfrist des § 13 VOB/B einer Inhaltskontrolle unterziehen, weil sie entweder isoliert vereinbart wurde oder jedenfalls die VOB/B nicht als Ganzes dem Vertrag zugrunde lag. Allerdings nimmt die Gesetzesbegründung auch auf Ausführungen von *Soergel* Bezug, der die VOB/B als Ganzes einer Inhaltskontrolle entziehen will.[113] In der Begründung zur Ergänzung des § 310 Abs. 1 BGB hat die Ministerialbürokratie zwar noch einmal geltend gemacht, dass ein Fortbestand der Privilegierung gemäß der BGH-Rechtsprechung, die der Gesetzgeber glaubte zu kennen und zu billigen, auch im Rahmen der Schuldrechtsmodernisierung beabsichtigt war.[114] Diese Absicht ist aber nicht Gesetz geworden. Der bloß negative

---

[102] *Glanzmann* in RGRK BGB vor § 631 Rn. 14.
[103] BGH NJW 1983, 816 = BauR 1983, 161; zutreffend insoweit *Weyer* BauR 2002, 857 (859 f.); *Joussen* BauR 2002, 1759 (1765).
[104] Vgl. nur *Oberhauser* S. 39 ff.; *Koch* S. 41 ff. jeweils mwN.
[105] Vgl. *Hoff* BauR 2001, 1654 und alle in Fn. 80 zitierten.
[106] BT-Drs. 14/1640, 154; noch einmal wiederholt in der Begründung zur Ergänzung des § 310 BGB, vgl. BT-Drs. 16/511, 32 vgl. auch *Pauly* MDR 2003, 124 (126).
[107] So auch *Frikell* BauR 2002, 671 (674); *Gebauer* BauR 2004, 1843 (1845).
[108] So aber *Quack* ZfBR 2002, 428; tendenziell *Schwenker/Heinze* BauR 2002, 1143 (1145).
[109] *Volmer* ZfIR 2000, 421 (422).
[110] Vgl. zB *Kraus* NJW 1998, 1126 ff.; *Schlünder* BauR 1998, 1123; **anderer Ansicht:** zB *Tomic* BauR 2001, 14 ff. mwN.
[111] So aber *Weyer* BauR 2002, 857 (860); *Joussen* BauR 2003, 1759 (1763); *Pauly* MDR 2003, 124 (126); *Kretschmann* BauR 2005, 615 (617); wie hier zB *Ahlers* S. 68 ff., 80 f. mwN.
[112] BGH NJW 1983, 816 = BauR 1983, 161.
[113] *Soergel* in MüKoBGB, 3. Aufl., vor § 631 Rn. 43 f.
[114] Begründung der Bundesregierung BT-Drs. 16/511, 31 f.; Beschlussempfehlung BT-Drs. 16/9787, 18.

Umstand, dass sich eine „Beschränkung der Privilegierung dem Willen des Gesetzgebers nicht entnehmen lässt",[115] kann nicht dazu führen dass eine bislang nicht vorhandene und auch von der Rechtsprechung des BGH nicht anerkannte gesetzliche Privilegierung geschaffen wird.

Da Wortlaut und Systematik sowohl von § 23 Abs. 2 Nr. 5 AGBG als auch von §§ 308 Nr. 5, 309 Nr. 8b) BGB aF für eine auf zwei Einzelklauselverbote beschränkte Privilegierung sprachen, stützten sich die Befürworter einer gesetzlichen Gesamtprivilegierung der VOB/B auf teleologische Erwägungen. Es macht in der Tat wenig Sinn, nur zwei Einzelklauseln unter der Voraussetzung zu privilegieren, dass die VOB/B als Ganzes in den Vertrag einbezogen wird, wenn zugleich ohne Gesamtprivilegierung die VOB/B diese materiell-rechtlich gar nicht als Ganzes in den Vertrag einbezogen werden kann, da anerkanntermaßen auch andere Vorschriften einer isolierten Klauselkontrolle nicht standhalten.[116] Diese Ungereimtheit ließ sich allerdings nicht einfach mittels einer tatsächlich nicht erfolgten gesetzlichen Gesamtprivilegierung der VOB/B auflösen. Denn umgekehrt hätte eine gesetzliche Gesamtprivilegierung der VOB/B die Einzelregelungen der §§ 308 Nr. 5, 309 Nr. 8b) BGB aF ihrerseits ersichtlich überflüssig gemacht. **50**

Auch wenn sich den §§ 308 Nr. 5, 309 Nr. 8b) BGB aF keine gesetzliche Gesamtprivilegierung der VOB/B entnehmen ließ, so ergibt sich hieraus jedoch, dass die VOB/B mit sonstigen Allgemeinen Geschäftsbedingungen nicht vollständig auf die gleiche Stufe gestellt wird. Bereits dieser Einzelprivilegierung konnte entnommen werden, dass im Falle der VOB/B eine weitergehende Kompensation zwischen Vor- und Nachteilen eines Bedingungswerkes zugelassen wird.[117] Das führt zur ebenfalls streitigen Frage der Zulässigkeit erweiterter Kompensation (vgl. → Rn. 51 ff.) bei kollektiv ausgehandelten Bedingungswerken. **50a**

Um die aufgezeigten Ungereimtheiten und Streitfragen zu erledigen, hat der DVA sich in der Folgezeit um eine ausdrückliche gesetzliche Privilegierung der gesamten VOB/B bemüht.[118] Er hat vorgeschlagen, anstelle der Einzelklauselprivilegierung die ohne inhaltliche Abweichung vereinbarte VOB/B von einer Einzelklauselkontrolle gemäß §§ 307 Abs. 1 und 2 BGB auszunehmen.[119] Die Privilegierung sollte damit auf die gesamte VOB/B erweitert werden, andererseits durch die Zuordnung zu § 307 BGB nicht mehr für Verträge gegenüber Verbrauchern, da die Einzelklauselverbote der §§ 308 f. BGB unberührt blieben. Das ist dann durch die Ergänzung des § 310 Abs. 1 BGB Gesetz geworden. **50b**

c) Zulässigkeit erweiterter Kompensation auch für die VOB/B vor 2009. Die gesetzliche Neuregelung in § 310 Abs. 1 S. 3 BGB findet ihre Rechtfertigung im dem Gedanken einer erweiterten Kompensation bei der Angemessenheitsprüfung. Es soll keine individuelle Klauselkontrolle erfolgen, wohl aber die Prüfung der Angemessenheit der VOB/B als Ganzes.[120] Da der Gesetzgeber mit der Neufassung ausdrücklich lediglich „aus Klarstellungsgründen" eine (vorhandene) Privilegierung „festschreiben" will,[121] bestätigt er damit die Zulässigkeit erweiterter Kompensation und damit die Möglichkeit zur Privilegierung der VOB/B auch bereits vor Inkrafttreten des Forderungssicherungsgesetzes zum 1.1.2009. **51**

Isoliert betrachtet unangemessen belastende Allgemeine Geschäftsbedingungen können einer Klauselkontrolle dennoch standhalten, wenn der Nachteil der Regelung durch den Vorteil einer anderen Regelung ausgeglichen wird. Art und Umfang zulässiger Kompensation von Nachteilen einer Klausel mit Vorteilen anderer Klauseln sind noch nicht vollständig geklärt. Einen Ausgleich von Belastungen einer Klausel durch Vorteile anderer Klauseln hat der BGH bislang im Ergebnis lediglich bejaht, wenn die Klauseln in einem sachlichen Zusammenhang stehen.[122] Diese allgemein anerkannte so genannte konkrete oder zweckkongruente[123] Kompensation setzt voraus, dass die gewährten Vorteile bei der typischen Vertragsabwicklung einen **gleichwertigen Ausgleich** für die Klauselnachteile darstellen[124], zB Kompensation einer Haftungsbeschränkung durch Versicherungsschutz. Nach herrschender Meinung soll die Gleichwertigkeit des Ausgleichs **51a**

---

[115] BT-Drs. 16/511, 32.
[116] Vgl. dazu *Bunte* BB 1983, 732 (735); *Kniffka/Quack* FS 50 Jahre BGH, 2000, 17; *Kretschmann* BauR 2005, 615 (617).
[117] Insoweit übereinstimmend *Kretschmann* BauR 2005, 615 (621).
[118] So Arbeitsprogramm des Hauptausschusses Allgemeines für 2004/2005.
[119] Vgl. dazu *Kretschmann* BauR 2005, 615 ff.; *Ahlers* S. 188 ff.
[120] Begründung der Bundesregierung BT-Drs. 16/511, 31, 32.; Beschlussempfehlung BT-Drs. 16/9787, 18.
[121] Begründung der Bundesregierung BT-Drs. 16/511, 32.
[122] BGH NJW 1982, 644; BGH NJW 1991, 1886; *Heinrichs* NJW 1993, 1817 (1820); *Oberhauser* S. 42.
[123] So insbes. *Bunte* FS Korbion, 17 (21 ff.).
[124] *Wolf* in Wolf/Lindacher/Pfeiffer BGB § 307 Rn. 215 ff. mwN.

VOB/B Einleitung 52–55

Voraussetzung und damit zugleich auch die Grenze zulässiger Kompensation sein.[125] Der BGH selbst hat allerdings die Grenzen für eine mögliche Kompensation ausdrücklich offen gelassen.[126]

52 Ausdrücklich großzügiger ist der BGH bei **kollektiv ausgehandelten** und als ausgewogen angesehenen Allgemeinen Geschäftsbedingungen vorgegangen. So hat der BGH zu den ebenfalls unter Mitwirkung der beteiligten Wirtschaftskreise zustande gekommenen Allgemeinen Deutschen Spediteur-Bedingungen (ADSp) festgestellt:

> „Die einzelne Klausel kann nicht isoliert am Gerechtigkeitsgehalt einer einzelnen Norm des dispositiven Rechts gemessen werden; vielmehr ist die beiderseitige Interessenlage im Zusammenhang mit dem Gesamtgefüge der Allgemeinen Deutschen Spediteur-Bedingungen zu werten."[127]

Mit dem Wegfall der Schadensversicherung zum 1.1.2003 dürfte zwar die tatsächliche Grundlage für die bisherige Bewertung der ADSp entfallen sein,[128] nicht aber der rechtliche Ausgangspunkt.[129] Schließlich hat der BGH den Kompensationsgedanken auch auf die AGNB angewandt.[130]

53 Dieser weitergehende Kompensationsgedanke liegt auch der Rechtsprechung zur Gesamtprivilegierung der VOB/B zugrunde.[131] Denn der für den Bauherren früher wesentlichste Nachteil, die kurze Verjährung, erhielt anerkanntermaßen durch die Möglichkeit zur Verjährungsunterbrechung bzw. -hemmung durch Mängelanzeige keinen gleichwertigen kongruenten Ausgleich. Gerade deshalb ist die Privilegierung ja auch in der Literatur heftig kritisiert worden. Dem Bauherrn, der durch die kurze Verjährung getroffen ist, nütze der Hinweis auf andere Vorteile der VOB/B wie Schlusszahlungserklärung oder längere Prüfungspflichten wenig, insbesondere wenn er hiervon keinen Gebrauch gemacht habe.[132] Die Gesamtausgewogenheit der VOB/B „als Ganzes" ergab und ergibt sich damit nur über eine so genannte **inkongruente oder weite Kompensation**.

54 Die inkongruente Kompensation wird zwar grundsätzlich als mit dem Schutzweck der §§ 305 ff. BGB unvereinbar angesehen.[133] Diese teleologische Argumentation greift allerdings nur für einseitig vorformulierte AGB, nicht aber für kollektiv ausgehandelte und weit verbreitete Bedingungswerke wie die VOB/B.[134] Die Rechtssicherheit wird nicht vermindert, sondern gesteigert, wenn der Verwender ein kollektiv ausgehandeltes und verbreitetes Bedingungswerk einem Vertrag zugrunde legt.[135] Auch wenn sich den §§ 308 Nr. 5, 309 Nr. 8b) BGB aF keine Gesamtprivilegierung der VOB/B entnehmen ließe, so **setzen diese Vorschriften eine erweiterte Kompensation zwingend als zulässig voraus.** Die Verkürzung der gesetzlichen Verjährung von 5 Jahren auf 2 Jahre nach den früheren Fassungen der VOB/B, die den gesetzlichen Privilegierungstatbeständen zugrunde lagen, lässt sich mit einer nur zweckkongruenten Kompensation keinesfalls rechtfertigen.[136] Die Erleichterung der bisherigen Unterbrechung und des nunmehrigen Neubeginns der Verjährung stellt eindeutig keinen angemessenen Ausgleich für eine Verkürzung der Verjährungsfrist von 5 auf 2 Jahre dar, die der Privilegierung des § 309 Nr. 8b BGB noch zugrunde liegt. Dennoch hatte der Gesetzgeber diese verkürzte Verjährungsfrist privilegiert, und zwar auch mit dem allgemeinen Hinweis, dass „die VOB zum Teil die Stellung des Kunden stärkt".[137] Noch eindeutiger wird dies bei der Privilegierung von Erklärungsfiktionen. Hier gibt es gar keine zweckkongruenten Vorteile, die als Ausgleich herangezogen werden könnten.[138]

55 Grund und Rechtfertigung der §§ 308 Nr. 5, 309 Nr. 8b BGB aF wie bereits des § 23 Nr. 2 Abs. 5 AGBG war damit eine Kompensation, die über die engen Grenzen der zweckkongruen-

---

[125] Staudinger/*Coester* BGB § 307 Rn. 125 ff. mwN.
[126] BGH NJW 1996, 389.
[127] BGHZ 127, 275 (281); vgl. näher *Schott* FS Piper S. 1027 ff.
[128] *Heuer* TranspR 2003, 1 (2); vgl. auch BGH NJW 2003, 1397.
[129] *Valder*, Sonderbeilage zum TranspR 3/2004, S. XLII.
[130] BGH NJW 1995, 2224; vgl. dazu aber auch *Heinrichs* NJW 1996, 1341.
[131] Vgl. nur *Bunte* FS Korbion, 1986, 17 f. (25 f.); *Coester* in Staudinger BGB § 307 Rn. 128; *Wolf/Horn/Lindacher* AGBG § 23 Rn. 249; *Oberhauser* S. 42 f. und zuletzt KG NZBau 2007, 584.
[132] Vgl. dazu *Oberhauser* S. 43; *Koch* S. 39 f.; *Flach* NJW 1984, 156 (157).
[133] Vgl. *Coester* in Staudinger BGB § 307 Rn. 125 ff. und eingehend *Kutschker* Gesamtabwägung S. 36 ff., 45 ff.
[134] Ebenso *Dammann* in Wolf/Lindacher/Pfeiffer Klauseln Rn. V 424.
[135] *Dammann* in Wolf/Lindacher/Pfeiffer Klauseln Rn. V 424.
[136] Vgl. zB *Bunte* FS Korbion, 1986, 17 (25 f.); *Heinrich* S. 126 f.; *Wolf/Horn/Lindacher* AGBG § 23 Rn. 243.
[137] BT-Ducks 7/5422, S. 14 zu § 23 Abs. 2 Nr. 5 AGBG.
[138] *Kutschker* Gesamtabwägung S. 125; *v. Westphalen* ZfBR 1985, 252 (259).

ten Kompensation hinausgehen muss. Grenzen und Maßstäbe hat das Gesetz nicht genannt, nachdem der Gesetzgeber sich hierzu offensichtlich auch keinerlei konkrete Vorstellungen gemacht hat.[139] Der Gesetzgeber ist allerdings eindeutig sowohl hinsichtlich der VOB/B 1973 wie auch der VOB/B 2000 von einer Ausgewogenheit *„durch einen insgesamt angemessenen Interessenausgleich"*[140] zwischen den Vertragsparteien ausgegangen[141], wie *Ahlers* in einer aktuellen umfassenden Untersuchung erneut bestätigt hat.[142]

Diese **spezielle gesetzliche Wertung** hat jedenfalls in Bezug auf die VOB/B **Vorrang** vor 56
den allgemeinen Erwägungen für eine nur begrenzte zulässige Kompensation bei einseitig gestellten Allgemeinen Geschäftsbedingungen. Die VOB/B und damit im Wege der Analogie auch andere vergleichbare, beidseitig ausgehandelte und als ausgewogen angesehene Bedingungswerke sind gegenüber den sonstigen Allgemeinen Geschäftsbedingungen durch eine weitergehende Zulassung der Kompensation bevorzugt. Eine gesetzliche Privilegierung der Gesamtklauselwerke ist damit aber ebenso wenig verbunden wie eine schrankenlose Zulassung der Kompensation. Die Risiken der inkongruenten Kompensation für den Verwendungsgegner erfordern, dass isoliert betrachtet unangemessene Regelungen möglichst durch Vorteile aufgewogen werden, die mit der Klausel verbundene konkrete Benachteiligung tatsächlich ausgleichen, was in der Regel eine Zweckkongruenz notwendig macht. Ist eine kongruente Kompensation aber nicht oder aufgrund der Bedürfnisse des speziellen Geschäfts nicht ausreichend möglich, wie es zB gerade bei einer Verjährungsverkürzung der Fall ist, kann eine Kompensation auch durch nicht unmittelbar damit im sachlichen Zusammenhang stehende Vorteile geschaffen werden. Der Hinweis, dass dann im konkreten Einzelfall nicht tatsächlich ein Ausgleich für die Klauselbelastung erfolgen muss, weil begünstigende Regelungen nicht relevant werden, kann die Unangemessenheit einer belastenden Regelung nicht begründen. Es liegt bei der wechselseitigen Übernahme von Risiken in der Natur der Sache, dass sich die Risiken einzeln, dh bei den Vertragsparteien getrennt, verwirklichen können. Eine ausgewogene Risikoverteilung wird nicht deshalb nachträglich unangemessen, weil sich die Risiken nur bei einer Partei verwirklicht haben. Zu prüfen ist allein, ob die Verteilung angemessen war.[143] Entscheidend ist, wie bei der Klauselkontrolle allgemein, nicht die einzelne Vertragsdurchführung, sondern ein abstrakt-genereller Maßstab.[144]

Hiergegen kann nicht eingewandt werden, hierdurch würde den Gerichten ein zu weiter, die 57
Rechtssicherheit beeinträchtigender Ermessensspielraum zugebilligt werden.[145] Der Rechtsprechung wird hier keine größere Aufgabe zugemutet als zB bei der ihr obliegenden Aufgabe einer Vertragsüberprüfung nach § 138 BGB. Maßgeblich ist hier ebenfalls eine **„Gesamtwürdigung" aller „vertraglich festgelegten Leistungen und Gegenleistungen** sowie sonstigen Regelungen, insbesondere auch der AGB".[146]

Dass eine derartige Gesamtwürdigung grundsätzlich zulässig und geboten ist, zeigt sich auch 58
daran, dass genau der gleiche Prüfungsumfang von § 19 Abs. 4 GWB gefordert wird. Zur Kontrolle missbräuchlicher Geschäftsbedingungen marktbeherrschender Unternehmen ist eine **Gesamtbetrachtung** von Preis und Geschäftsbedingungen notwendig, wobei gerade nicht auf die ungünstigen Wirkungen einzelner Klauseln abgestellt werden darf, sondern die Geschäftsbedingungen in ihrer Gesamtheit bewertet werden müssen.[147] Die Richtigkeit dieser Argumentation ist durch die neue Privilegierung nach § 310 Abs. 1 BGB bestätigt worden. Auch hier legt der Gesetzgeber den Gerichten eine Angemessenheitskontrolle der VOB/B als Ganzes auf.[148]

---

[139] So auch *Heinrich* S. 126 zu § 23 Nr. 2 Abs. 5 AGBG.
[140] BT-Drs. 14/6040, 154.
[141] Vgl. nur *Kutschker* Gesamtabwägung S. 104 mwN.
[142] *Ahlers* S. 87 ff., 103 f.
[143] Wie hier *Ahlers* S. 50 f.; **anderer Ansicht** *Oberhauser* S. 43 und *Kuckuk* S. 39 f., die aber verkennen, dass eine Klausel nicht deshalb „konkret unbillig" ist, weil sie im konkreten Fall zu einem Nachteil führt.
[144] Vgl. nur *Ulmer/Brandner/Hensen* AGBG § 9 Rn. 78 ff. mwN.
[145] So aber *Oberhauser* S. 43; *Heinrich* S. 51; *Kuckuk* S. 39; sie kehren damit die Ausführungen von *Bunte* (FS Korbion, 1986, 17 f. (26)), die sich gerade nicht gegen die Privilegierung der VOB/B richten, sondern eine weite Kompensation im Rahmen des § 23 Abs. 2 Nr. 5 AGBG anerkennen und sich nur dagegen wenden, diese „Ausnahme" durch Zulassung eines generellen Kompensationseinwandes auf andere AGB zu übertragen gegen die VOB/B. Wie hier auch *Kretschmann* Jahrbuch BauR 2005, 109 (145 f.)
[146] BGH NJW 1980, 445; vgl. auch BGHZ 80, 157; *Soergel/Hefermehl* § 138 Rn. 96.
[147] BGH WM 1985, 490.
[148] Vgl. Begründung der Bundesregierung BT-Drs. 16/511, 32; Beschlussempfehlung BT-Drs. 16/9787, 18; *Kuffer* NZBau 2009, 73 (78).

59 Tatsächlich wird der Rechtsprechung auch gar kein Ermessensspielraum eingeräumt.[149] Das wäre dann der Fall, wenn die Gerichte die angemessene Kompensation selbst bestimmen sollten. Hier erfolgt die Kompensation jedoch durch die beteiligten Wirtschaftskreise, die die Bedingungen und damit die Kompensation aushandeln. Zivilrechtlich müssen sich die Vertragsparteien deren Gedanken und Erklärungen allerdings nicht zurechnen lassen. Das Gericht prüft im Anwendungsfall, ob ein Verwendungsgegner durch die von ihm selbst nicht ausgehandelten Regelungen unangemessen benachteiligt wird. Dass hier Wertungsspielräume verbleiben, liegt bei einer Wertungswissenschaft in der Natur der Sache, geht aber nicht über diejenigen bei anderen unbestimmten Rechtsbegriffen hinaus.

60 Natürlich ist die isolierte Bewertung einer einzelnen Klausel am dispositiven Gesetzesrecht einfacher und dürfte deshalb von den Gerichten auch bevorzugt werden. Das begrenzt allerdings nicht a priori den Kompensationseinwand wegen einer angeblich sonst eintretenden Überforderung des Richters.[150] Der mit einer weiten Kompensationsprüfung verbundene Aufwand rechtfertigt es mit, den Kompensationseinwand bei einseitig aufgestellten AGB auf zweckkongruente Klauseln zu begrenzen. Eine bei einer weitergehenden Kompensation zu erreichende höhere Einzelfallgerechtigkeit würde durch die erheblich gesteigerte Rechtsunsicherheit erkauft.[151]

61 Anders ist die Situation allerdings bei den wenigen kollektiv ausgehandelten Bedingungswerken, die außerdem seit Jahren bekannt und regelmäßig ausführlich kommentiert sind. Hier ermöglicht eine weitergehende Kompensation eine Vertragsgestaltung in Anpassung an die spezielleren Bedürfnisse des jeweiligen Marktes. Gerade die Bedeutung und Verbreitung der VOB/B wie auch der ADSp belegen, dass die gesetzlichen Regelungen allein für die jeweiligen Lebenssachverhalte nicht ausreichend sind und damit auch nicht als ausschließlicher Maßstab für eine Einzelklauselkontrolle herangezogen werden können. Zwar kann, wie der BGH im Rahmen der kartellrechtlichen Missbrauchskontrolle ausgeführt hat, die wertende Gesamtbetrachtung im Einzelfall schwierig sein. Zutreffend stellt er aber fest:

> *„Diese Schwierigkeiten können aber nicht den Anlass dafür bilden, die gebotene Gesamtbetrachtung zu vernachlässigen."*[152]

62 **d) Vorteile der Kompensationslösung.** Die beschränkte Besserstellung der VOB/B über eine erweiterte Kompensation macht viele umstrittene Fragen praktisch obsolet. Für die vor 2009 „als Ganzes" vereinbarte VOB/B kommt es nicht darauf an, ob §§ 308 Nr. 5, 309 Nr. 8b BGB aF eine dynamische Verweisung enthielten, wie die Gesetzesbegründung annimmt[153], oder nur eine statische, für die verfassungsrechtliche Gründe geltend gemacht werden.[154] Denn auch hinsichtlich der privilegierten Einzelklauseln bedeutet die bisherige gesetzliche Regelung nur, dass im Rahmen der Inhaltskontrolle die beiden Klauselverbote der §§ 308 Nr. 5, 309 Nr. 8b BGB nF nicht anwendbar sind. Der Gesetzgeber ist zwar von einer grundsätzlichen Zulässigkeit der hiervon betroffenen VOB/B-Klauseln ausgegangen. Aber auch das ist nicht Gesetz geworden.[155] Soweit § 23 Abs. 2 AGBG nur Ausnahmen von bestimmten oder speziellen Klauselverboten vorsah und dies in § 309 Nr. 8, Nr. 9 und § 310 Abs. 2 BGB aF übernommen wurde, führt das nicht dazu, dass die privilegierten Klauseln überhaupt keiner Inhaltskontrolle mehr unterliegen. Die Befreiung beschränkte sich eindeutig nur auf die speziellen Klauselverbote, so dass grundsätzlich auch die ausdrücklich **privilegierten Klauseln** einer **Inhaltskontrolle nach § 307 Abs. 2 BGB** (§ 9 AGBG) unterfielen.[156] Dabei müssen die für die Ausnahme von speziellen Klauselverboten maßgebenden Gründe allerdings bei einer generellen Inhaltskontrolle nach § 307 BGB berücksichtigt werden, um nicht die gesetzliche Wertung zu konterkarieren.[157]

---

[149] Ebenso *Kretschmann* Jahrbuch BauR 2005, 109 (145).
[150] So *Bunte* FS Korbion, 1986, 17 (22 f.), allerdings allgemein in Bezug auf AGB.
[151] So auch *Dammann* in Wolf/Lindacher/Pfeiffer Klauseln Rn. V 424.
[152] BGH WM 1985, 490 (492).
[153] BT-Drs. 14/6040, 154; ebenso *Tomic* BauR 2001, 14 (21 f.); *Joussen* BauR 2002, 1759 (1766).
[154] Vgl. eingehend *Kretschmann* Jahrbuch BauR 2005, 109 (131 ff.); *Hoff* BauR 2001, 1654 (1656 f.); *Lenkeit* BauR 2002, 196 (223); *Schwenker/Heinze* BauR 2002, 1143, 1145; *Voppel* NZBau 2003, 6 (8).
[155] So auch ausdrücklich BGH NZBau 2008, 640.
[156] *Coester* in Staudinger BGB § 307 Rn. 15; *Schlosser* in Staudinger, 13. Aufl., AGBG § 23 Rn. 23; *Wolf/Horn/Lindacher*, 4. Aufl., AGBG § 23 Rn. 12, 141.
[157] *Brandner/Ulmer/Hensen* AGBG § 23 Rn. 33; vgl. auch BGH NJW 1997, 739 zum Verhältnis von §§ 10, 11 AGBG zu § 9 AGBG.

Die Privilegierung des § 13 Nr. 4 VOB/B kann deshalb für die privilegierte Fassung nicht über § 307 Nr. 2 BGB (§ 9 AGBG) wieder aufgehoben werden.[158]

Wird aber der Inhalt der VOB/B geändert, so kann die gesetzliche Wertung im Rahmen des § 307 BGB nicht mehr absolut verbindlich sein. Denn dann liegt ein **Wandel der Normsituation** vor, der bei der Auslegung zu berücksichtigen ist.[159] Insoweit ist die gesetzliche Wertung der §§ 308 Abs. 5, 309 Abs. 8b BGB einerseits, nämlich formell, statisch, da sie in Bezug auf eine bestimmte Fassung der VOB/B erfolgte, andererseits aber auch, nämlich materiell, dynamisch, da sie auch bei veränderter Normsituation grundsätzlich fortwirkt, soweit ihre Grundlage nicht völlig entfallen ist.[160] In ihrem Umfang legt sie den Maßstab für die AGB-Kontrolle fest[161], ohne damit eine Zulässigkeit der Einzelklauseln im Rahmen des § 307 Abs. 2 BGB bei geänderter Normsituation verbindlich vorzugeben.

Das gilt auch für die übrigen, nicht privilegierten Bedingungen der VOB/B. Eine gesetzliche Privilegierung der VOB/B als Ganzes gibt es (noch) nicht. Allerdings lässt sich den Regelungen des § 23 Abs. 2 Nr. 5 AGBG bzw. §§ 308 Nr. 5, 309 Nr. 8b BGB wie auch den Gesetzesbegründungen entnehmen, dass der Gesetzgeber die VOB/B in den damals geltenden Fassungen im Ganzen für einigermaßen ausgewogen hielt. Ansonsten wäre eine Privilegierung von Einzelklauseln rechtssystematisch gar nicht möglich gewesen. Diese im Gesetz selbst zum Ausdruck gekommene Wertung ist fortzuschreiben und nicht durch eine (vollständig) eigene des entscheidenden Gerichtes zu ersetzen.

Die allgemeinen Erwägungen gegen die generelle Zulassung einer weiten Kompensation greifen gegenüber von beiden Marktseiten ausgehandelten und weit verbreiteten Musterverträgen nicht. Entscheidend ist in Bezug auf die VOB/B, dass die gesetzliche Einzelprivilegierung die weite Kompensation zwingend voraussetzt. Wenn die weite Kompensation die besonders belastende Verjährungsverkürzung des § 13 Abs. 4 VOB/B in den Fassungen vor 2002 rechtfertigen kann und zu einer Befreiung von einem Einzelklauselverbot ohne Wertungsmöglichkeit führt, muss das erst recht hinsichtlich sonstiger VOB/B-Klauseln im Rahmen der allgemeinen Inhaltskontrolle nach § 307 Abs. 2 BGB gelten. Denn diese Vorschrift erlaubt schon vom Wortlaut eine **Berücksichtigung des Gesamtvertrages** im Rahmen der Inhaltskontrolle.[162]

Die hier vorgeschlagene weite Kompensation für die VOB/B vor 2009 unterscheidet sich von der Gesamtprivilegierung der VOB/B schon im Ausgangspunkt. **Die Lehre von der Gesamtprivilegierung negiert den Einzelklauselansatz** der §§ 305 ff. BGB. Es wird nicht die einzelne Klausel geprüft. Die VOB/B soll insgesamt einer Inhaltskontrolle entzogen sein, weil sie ein insgesamt ausgewogenes Klauselwerk ist. Die Unvereinbarkeit mit der Systematik der AGB-Regelungen vor Inkrafttreten der gesetzlichen Privilegierung zeigt sich schon bei der Frage, was gelten soll, wenn die VOB/B, wie vielfach geltend gemacht wird, kein ausgewogenes Klauselwerk mehr ist. Soll dann das Klauselwerk insgesamt – was folgerichtig wäre – unwirksam sein, das heißt auch einschließlich der AGB-rechtlich unbedenklichen Teile?

Demgegenüber ändert die weite Kompensation nichts an der Einzelklauselkontrolle. Soweit die Regelungen der VOB/B nicht ausdrücklich privilegiert sind wie früher § 12 Nr. 5 und § 13 Nr. 4 VOB/B und nun die gesamte VOB/B, unterfallen sie jeweils der Inhaltskontrolle. Die Besonderheit gegenüber „normalen" AGB besteht lediglich darin, dass Nachteile, die mit der zu überprüfenden Klausel verbunden sind, auch durch inkongruente Vorteile, die andere Bestimmungen der VOB/B gewähren, ausgeglichen werden können. Das ermöglicht es insbesondere, einzelne besonders nachteilhafte Klauseln, wie zB § 16 Abs. 3 Nr. 2, für unzulässig zu erklären, ohne andere VOB/B-Regelungen den Boden zu entziehen, die einer abstrakten isolierten Inhaltskontrolle nicht standhalten können, die aber unter Berücksichtigung des Gesamtklauselwerks als angemessen anzusehen sind.[163]

---

[158] *Heinrich* S. 141, 143; *Oberhauser* S. 37 f.; *Locher* BauR 1977, 221 (223); **anderer Ansicht:** *Recken* BauR 1978, 417 (420) und heute wieder *Gebauer* BauR 2004, 1843 (1850); *Kniffka* ibr-online-Kommentar vor § 631 Rn. 37.

[159] Vgl. *Larenz,* Methodenlehre der Rechtswissenschaft, S. 350 f.; ebenso jetzt *Kretschmann* BauR 2005, 615 (620).

[160] *Larenz,* Methodenlehre der Rechtswissenschaft, S. 351.

[161] Ebenso – allerdings in Bezug auf die Privilegierung – *Kretschmann* BauR 2005, 615 (621).

[162] Vgl. zur Stufung der Kompensationsgrenzen bei der Inhaltskontrolle auch *Kutschker* Gesamtabwägung S. 50 ff. mwN.

[163] Heute werden gegen zahlreiche Regelungen AGB-rechtliche Bedenken erhoben, vgl. Überblick bei *Oberhauser* S. 55 f. mwN.

68 **e) VOB/B und Verbraucherschutzrichtlinie.** Streitig ist, ob und welche Auswirkungen die Verbraucherschutzrichtlinie[164] auf jegliche Privilegierung von AGB, also nicht nur eine Gesamtprivilegierung der VOB/B hat. Für die Zeit bis zum 1.1.2009 wird geltend gemacht, dass die Zulassung der Verjährungsverkürzung durch § 309 Nr. 8b) BGB aF gegen den zwingenden Inhalt der Richtlinie verstoßen habe.[165] Weitergehend wird vorgeschlagen, mittels richtlinienkonformer Auslegung oder unmittelbarer Anwendung der Verbraucherschutzrichtlinie deren angeblichen Inhalt in VOB-Verträgen mit Verbrauchern Geltung zu verschaffen, dh die Ausnahmeregelung des § 309 Nr. 8b)BGB aF zu ignorieren.[166] Eine richtlinienkonforme Auslegung gegen den Gesetzeswortlaut ist allerdings grundsätzlich nicht möglich.[167] Da die Privilegierung in § 309 Nr. 8b) BGB a.F ausdrücklich nur für Verbraucherverträge gilt, scheidet eine Auslegung contra legem aus.[168]

69 Ein unmittelbarer Anwendungsvorrang der Richtlinie ist nicht möglich, da umsetzungsbedürftige Richtlinien nach der Rechtsprechung des EuGH keine Direktwirkung in Privatrechtsbeziehungen haben.[169] Läge ein Richtlinienverstoß vor, hätte der Verbraucher ggf. Amtshaftungsansprüche.[170] Die Kommission könnte ein Vertragsverletzungsverfahren nach Art. 234 EGV einleiten.

70 Diese Fragen können aber dahingestellt bleiben, denn tatsächlich hielt sich die gesetzgeberische Entscheidung innerhalb der von der Richtlinie gezogenen (relativ weiten) Grenzen.[171] Diese Frage war auch intensiv in dem Unterlassungsklageverfahren des Bundesverbandes der Verbraucherzentralen gegen den DVA problematisiert worden. Das LG Berlin[172] und das KG[173] haben zu Recht einen Verstoß verneint, der BGH hat die Frage offengelassen.[174] Zunächst ist zu betonen, dass die **Richtlinie keinen strengeren Maßstab** als die §§ 307 ff. BGB aufstellt.[175] Auch ergibt sich nicht aus dem **Klauselanhang,** dass einige Klauseln per se unwirksam sind.[176] Der Klauselanhang der Richtlinie ist schon nicht zwingend, sondern hat nur **Hinweischarakter** für die Klauselkontrolle nach Art. 3 der Richtlinie.[177] Vor allem kann ein Klauselanhang als Mustersammlung naturgemäß nur Regelfälle darstellen, nicht aber zB Fälle einer weiten Kompensation.

71 Eine derartige Indizwirkung kommt nach dem Klauselanhang 1b) auch nicht jeder Beschränkung der Mängelrechte zu, sondern erst einer „ungebührlichen" Einschränkung. Es lässt sich nicht feststellen, dass die Privilegierung des § 309 Nr. 8b) BGB aF hiermit unvereinbar ist. Das liegt vor allem daran, dass es einen einheitlichen europäischen Beurteilungsmaßstab nicht gibt. Die Klauselkontrolle der Richtlinie ist insoweit nur relativ, da sie für die Bewertung der Unangemessenheit auf – durchaus unterschiedliche – nationale Rechtsordnungen zurückverweist.[178] Besonders deutlich wird dies durch Art. 1 Abs. 2 der Richtlinie, der Klauseln, die auf bindendem oder dispositivem Gesetzesrecht beruhen, von vornherein kontrollfrei stellt und damit die inhaltliche Prärogative der Mitgliedsstaaten bei der Ausgestaltung der Vertragsrechtsordnung bestätigt.[179]

---

[164] Richtlinie 93/13/EWG des Rates vom 5.4.1993 über missbräuchliche Klauseln in Verbraucherverträgen, abgedruckt zB NJW 1993, 1838.
[165] *Wolf/Horn/Lindacher* AGBG § 23 Rn. 248; *Ulmer/Brandner/Hensen* AGBG § 23 Rn. 60; *Kraus* BauR 1997, Beilage zu Heft 4, S. 10; *Schlünder* BauR 1998, 1123 f.
[166] *Heinrichs* NJW 1999, 1596 (1604); einschränkend aber *Heinrichs* in Palandt § 309 Rn. 72; wohl auch *Quack* BauR 1997, 24 (25 f.); *Lenkeit* BauR 2002, 196 (222), hält § 309 Nr. 8b BGB für unwirksam.
[167] Vgl. nur *Piekenbrock/Schulze* WM 2002, 521 (523 f.) mwN.
[168] *Ulmer/Brandner/Hensen* AGBG § 23 Rn. 30.
[169] EuGH v. 26.2.1986 – Rs 152/84, Slg. 1986, 723 = NJW 1986, 2178; v. 22.2.1990 – Rs C-221/08, Slg. I 1990, 495 = NJW 1991, 1409; v. 14.7.1994 – Rs C-91/92, Slg. I 1994, 3345 = JZ 1995, 149.
[170] Dazu *Wolf* in Grabitz/Hilf, III, A 1, Rn. 32 mwN.
[171] So auch *Schlosser* in Staudinger, 13. Aufl., § 23 Rn. 1b, 36; *Basedow* in MüKoBGB AGBG § 24 Rn. 18; *Ganten* in Beck'scher VOB-Kommentar Einl. II. Rn. 87; *Tomic* BauR 2001, 14 (26); *Heinrich* Abschied S. 161 f.; *Kutschker* BauR 1994, 417 (424), offen lassend in Gesamtabwägung, S. 198, 202; *Bultmann* VuR 1994, 137 (143); *Pauly* MDR 2003, 124 (126 f.); *Joussen* BauR 2002, 1759 (1776).
[172] LG Berlin NZBau 2006, 182.
[173] KG NZBau 2007, 584; vgl. dazu aber auch *Seifert* NZBau 2007, 563.
[174] BGH NZBau 2008, 640.
[175] *Damm* JZ 1994, 161 (172) mwN; *v. Westphalen* EWS 93, 161 (164).
[176] So *Seifert* NZBau 2007, 563 (567).
[177] EuGH EuZW 2002, 465; *Wolf* in Wolf/Lindacher/Pfeiffer Anh. RL Art. 1 Rn. 16, Art. 3 Rn. 31; *Pfeiffer* in Grabitz/Hilf, III, A. 5, Vorb. Rn. 8.
[178] *Pfeiffer* in Grabitz/Hilf, III, A. 5, Vorb. Rn. 37.
[179] *Pfeiffer* in Grabitz/Hilf, III, A 5, Art. 1 Rn. 23.

Zwingend sind demgegenüber Art. 3 und 4 der Richtlinie. Aber auch sie stellen keinen **72** strengeren Maßstab als § 307 Abs. 2 BGB auf. Nach Art. 3 Abs. 1 der Richtlinie ist eine Klausel missbräuchlich, wenn sie entgegen dem Gebot von Treu und Glauben ein erhebliches und ungerechtfertigtes Missverhältnis der vertraglichen Rechte und Pflichten verursacht. Durch die kumulative Voraussetzungen des erheblichen Missverhältnisses sowie zusätzlich eines hierdurch bewirkten Verstoßes gegen Treu und Glauben ist die Kontrolldichte eher geringer.[180] Hinzu kommt, dass die Richtlinie **autonom europäisch auszulegen** ist[181] und andere Mitgliedsländer an das Vorliegen eines Missbrauchs hohe oder zumindest höhere Anforderungen stellen.[182]

Vor allem ist es aber nicht richtig, dass der § 309 Nr. 8b) BGB aF zugrunde liegende weite **73** Kompensationsgedanke gegen die Richtlinie verstoße.[183] Im Gegenteil lässt die Verbraucherschutzrichtlinie schon bei „normalen" AGB durch die Berücksichtigung „*aller anderer Klauseln desselben Vertrages*" eine **Gesamtkompensation in Art. 4 Abs. 1** ausdrücklich zu.[184] In diesem Sinne war die Regelung zunächst auch in Deutschland weitgehend verstanden worden[185] und ist gerade deshalb kritisiert worden.[186] Da das Ergebnis nicht gewünscht war, setzte anschließend eine Renationalisierung[187] des Art. 4 ein, in dem das Verbot einer weiten Kompensation des AGBG in Art. 4 der Richtlinie hineingelesen und dieser entgegen seinem Wortlaut eingeschränkt wurde.[188] Mit dem zugleich betonten Gebot autonomer Auslegung der Richtlinie ist das offensichtlich unvereinbar. Tatsächlich zeigt sich, dass andere Mitgliedsländer Art. 4 Abs. 1 entsprechend seines Wortsinnes verstehen. So bestimmen Art. L 132-1 Abs. 5 Code de la Consommation sowie 6 (1) The Unfair Terms in Consumer Contracts Regulation jeweils ausdrücklich, dass bei der Bewertung alle anderen Klauseln des Vertrages sowie eines anderen Vertrages, wenn die Verträge juristisch voneinander abhängen, zu berücksichtigen sind.[189] Bestätigt wird die durch die von der Europäischen Kommission 1999 organisierten Konferenz zur Bewertung der Richtlinie und ihrer Umsetzung.[190] Der Ergebnisbericht des Workshop 3, der sich mit der Auslegung und Anwendung der Art. 3 und 4 beschäftigt, geht eindeutig von einer inhaltlich nicht eingeschränkten Kompensation aus.[191]

Diese europa-rechtlichen Gründe für die Zulässigkeit einer weitergehenden Kompensation **73a** werden von der Gegenauffassung nicht zur Kenntnis genommen. Beispielhaft ist das Gutachten von *Micklitz*, das er im Auftrag der Verbraucherzentrale Bundesverbandes eV zur Vereinbarung der VOB/B mit europäischem Recht erstellt hat.[192] Während er früher selbst davon ausgegangen war, dass der Wortlaut des Art. 4 eine weite Kompensation zulässt[193], nimmt er nunmehr den

---

[180] Ebenso *Pfeiffer* in Grabitz/Hilf, III, A 5, Vorb. Rn. 28.
[181] *Wolf* in Wolf/Lindacher/Pfeiffer Anh. RL Art. 1 Rn. 18; *Pfeiffer* in Grabitz/Hilf, III, A 5, Vorb. Rn. 20.
[182] Eine Durchsicht der EG-Datenbank über missbräuchliche Klauseln (CLAB) ergibt, dass zB spanische Gericht einen Missbrauch schon dann verneinen, wenn der Klauselgegner den Klauselinhalt positiv kannte und er andere Anbieter hätte wählen können.
[183] So aber *Quack* ZfBR 2002, 428 (429); *Tempel* NZBau 2002, 465 (468); *Seifert* NZBau 2007, 563 (567); *Wolf* in Wolf/Lindacher/Pfeiffer Anh. RL Art. 4 Rn. 8.
[184] Die gegenteilige Wortlautauslegung von *Tempel* ist schlicht falsch. Die Worte „von **dem** die Klausel abhängt" beziehen sich auf den ander**en** Vertrag, der zusätzlich im Rahmen der Gesamtabwägung berücksichtigt werden soll, eindeutig aber nicht auf „all**er** anderer Kauseln". Im Übrigen hat *Schmidt-Salzer* BB 1995, 1493 (1495), nachgewiesen, dass die deutsche Fassung sprachlich falsch ist und dass der andere Vertrag nicht von der beanstandeten Klausel, sondern von dem Gesamtvertrag abhängig sein kann (ebenso *Pfeiffer* in Grabitz/Hilf, III, A 5, Art. 4 Rn. 18).
[185] *Frey* ZIP 1993, 572 (575); *Micklitz* ZEuP 1993, 522 (527); *Ahlers* S. 47.
[186] *Brandner/Ulmer* BB 1991, 701 (707) (zum Entwurf); *Heinrichs* NJW 1993, 1817 (1820); *Damm* JZ 1994, 161 (172f.).
[187] Zur Renationalisierung vgl. *Möllers* JZ 2002, 121 (123); *Reich* VuR 1995, 1 ff.
[188] So zB *Wolf* in Wolf/Lindacher/Pfeiffer Anh. RL Art. 4 Rn. 8; *Pfeiffer* in Grabitz/Hilf III, A 5, Art. 4 Rn. 16.
[189] *Baier* S. 181 f.; *Mühlhaus* S. 95 f.; ähnlich die Rechtslage in Italien; vgl. *Baier* S. 125; Dementsprechend werden in England alle Vertragsbedingungen einschließlich des Preises berücksichtigt, vgl. *Chitty on Contracts*, Anm. 15–042; The Office of Fair Trading, Unfair Contract Terms Guidance, Februar 2001, Annex A 8.
[190] The Directive on „Unfair Terms", five years later – Evaluation and further perspectives, Konferenz vom 1. bis 3.6.1999.
[191] Bericht S. 141, www.europa.eu.int/comm/dgs/health/consumer/events/event29_en.html.
[192] Gutachten v. 1.4.2004, ua bei ibr-online/ibrmaterialien; vgl. auch *Micklitz* ZflR 2004, 613.
[193] So heißt es bei *Micklitz* ZEuP 1993, 522 (527): „Nach Art. 4 (1) sollen bei der Prüfung der Missbräuchlichkeit einer Klausel alle anderen Klauseln desselben Vertrages, von dem die Klausel abhängt, berücksichtigt werden. Die Interessenabwägung soll nicht einzelfallbezogen, sondern vertragsbezogen erfolgen. Kompensation ungünstiger durch günstige Klauseln soll möglich sein. Insoweit musste die deutsche Seite

entgegengesetzten Standpunkt ein.[194] Ein wichtiger Teil der Literatur, die dem gewünschten Ergebnis nicht zustimmt, wird schlicht übergangen. Die Auslegung nur nach Systematik und Telos sind vom deutschen AGB-Recht und den Auftraggeber-Interessen geleitet. Die grammatikalische Auslegung ist für den EuGH Ausgangspunkt der Richtlinieninterpretation und für diese von grundlegender Bedeutung.[195] Diese muss zwar nicht immer zu brauchbaren Ergebnissen führen, da der Wortlaut unterschiedlicher Sprachen wegen deren Gleichrangigkeit zu berücksichtigen ist. Im konkreten Fall heißt es jedoch im Klauseltext aller Sprachen, dass „alle anderen Klauseln" des Vertrages zu berücksichtigen sind, was eindeutig etwas anderes ist, als lediglich die Berücksichtigung der (wenigen) zweckkongruenter Klauseln. Eine Auslegung, wonach die Worte „alle anderen" schlicht gegenstandslos werden, widerspricht der Methodik des EuGH.[196] Die Wortlautauslegung ist anhand der Systematik zu überprüfen. Eine entgegenstehende Systematik lässt sich allerdings nicht feststellen.[197] Letztlich soll das gewünschte Ziel durch eine teleologische Auslegung erreicht werden. Hierzu wird in die Richtlinie aber ein größerer Schutzweck hineingelegt, als diese selbst beabsichtigt. Die Richtlinie bezweckt lediglich einen Mindeststandard, der deutlich hinter dem Schutzniveau der §§ 305 ff. BGB zurückbleibt.[198]

74 Da Art. 4 Abs. 1 der Richtlinie eine weite Kompensation grundsätzlich zulässt[199], kann auch insoweit die Privilegierung der VOB/B kein Verstoß gegen die Richtlinie bedeuten. Mit der hier vorgeschlagenen weiten Kompensation wird also für die VOB/B nur das umgesetzt, was die Richtlinie generell im Rahmen der Klauselkontrolle zulässt. Der Gesetzgeber musste diese gegenüber dem AGBG weniger strengen Maßstab nicht umsetzen[200]; er durfte es jedoch, auch beschränkt auf die VOB/B.[201]

75 **f) Einbeziehung der VOB/B als Ganzes.** Die AGB-rechtlichen Privilegierungen der VOB/B setzten immer voraus, dass die VOB/B als Ganzes in den Vertrag einbezogen einbezogen war. § 23 Abs. 2 Nr. 5 AGBG sprach davon, dass die VOB/B die „Vertragsgrundlage" ist. Die Nachfolgeregelungen in §§ 308 Nr. 5, 309 Nr. 8b BGB aF galten nur, wenn die VOB „*insgesamt*" einbezogen wurde. Diese Änderung der sprachlichen Fassung sollte inhaltlich keine Veränderung bewirken.[202] Sie hat nur gesetzlich klargestellt, was schon der Rechtsprechung zu § 23 Abs. 2 Nr. 5 AGBG entsprach,[203] nämlich dass die isolierte Vereinbarung allein der Abnahmeregelung oder der Gewährleistungsregelung keinesfalls von der Privilegierung gedeckt ist.[204] Die Voraussetzungen der Rechtsprechung für eine Anwendung dieser Privilegierung haben sich im Laufe der Zeit gewandelt und stetig verschärft. Ergebnis war die neueren Rechtsprechung des BGH, wonach **jegliche Abweichung von der VOB/B unabhängig von ihrem Gewicht** (vgl. → Rn. 77 ff.) zu einem Verlust der Privilegierung führt. Die VOB/B ist dann nicht mehr „insgesamt" einbezogen. Das bringt heute § 310 Abs. 1 S. 3 BGB bei der Verwendung gegenüber Unternehmen etc durch die gesteigerte Anforderung „*ohne inhaltliche Abweichung insgesamt*" zum Ausdruck. Damit ist heute die Einzelklauselkontrolle auch eröffnet, wenn nur geringe inhaltliche Abweichungen von der VOB/B vorliegen und wenn die Abweichungen möglicherweise durch andere Regelungen wieder ausgeglichen werden.

76 Demgegenüber hatte die ältere Rechtsprechung des BGH zu § 23 Abs. 2 Nr. 5 AGBG noch darauf abgestellt, ob **Änderungen in dem Kernbereich** durch eine ins Gewicht fallende Einschränkung die Ausgewogenheit der VOB/B aufheben, so dass die Privilegierung dann nicht

---

offensichtlich dem Druck der anderen Vertragsstaaten weichen, die sich eine Kontrolle missbräuchlicher Klauseln nur im Komplex des gesamten Vertrages denken konnten."
[194] *Micklitz* ZflR 2004, 613 (620).
[195] *Dederichs* S. 78 f. mwN.
[196] *Dederichs* S. 64 mwN.
[197] *Ahlers* S. 47 ff. mwN.
[198] Im Ergebnis ebenso *Ahlers* S. 50 ff. mwN.
[199] Ebenso neben den bereits Genannten zB KG NZBau 2007, 584 (vom BGH in der Revisionsentscheidung offen gelassen); *Gabers* in Paschke/Iliopoulos, Europäisches Privatrecht, Bd. 15, S. 139; *Kapnopoulou* S. 135; *Micklitz* EuZP 1993, 522 (527).
[200] Insoweit zutreffend: *Heinrichs* NJW 1993, 1817 (1820).
[201] Ein Verstoß gegen Art. 3 wird zwar manchmal pauschal behauptet (zuletzt *Tempel* NZBau 2002, 465 (468)). Eine schlüssige Begründung hierfür ist nicht ersichtlich.
[202] BT-Drs. 14/1640, 154.
[203] BGH BauR 86, 89; 1987, 439; NJW-RR 1989, 85 = BauR 1989, 77.
[204] Vgl. eingehend *Sienz* in Ingenstau/Korbion VOB/A § 9 Rn. 204 ff.; **anderer Ansicht** noch zB *Recken* BauR 1978, 418 f.; *Heiermann* DB 1977, 1733 (1737); *Schmidt* ZfBR 1984, 57.

mehr greifen soll.²⁰⁵ Während teilweise dafür plädiert wird, diese Schwelle nicht zu niedrig anzusetzen²⁰⁶, hatte der BGH im Laufe der Zeit trotz verbaler Beibehaltung seiner Kriterien faktisch bereits relativ geringfügige Einschränkungen ausreichen lassen, um eine Einbeziehung der VOB/B als Ganzes zu verneinen und damit die Inhaltskontrolle insbesondere bei § 13 Nr. 4 aF zu eröffnen.²⁰⁷ Diese Rechtsprechungstendenz musste sich noch verstärken, nachdem der Begriff „insgesamt" in §§ 308 Nr. 5, 309 Nr. 8b BGB a.F höhere Anforderungen stellte als das frühere Tatbestandsmerkmal „Vertragsgrundlage". Bei enger Wortlautauslegung musste bereits damals **jede Änderung der VOB/B zum Verlust der Privilegierung** führen. Denn werden Regelungen der VOB/B individuell und durch vorgehende Allgemeine Geschäftsbedingungen wie BVB oder ZVB geändert, so ist sie bei enger Wortauslegung nicht mehr insgesamt vereinbart. Die geänderten VOB/B-Bestimmungen werden nämlich dann materiell-rechtlich gar nicht Vertragsbestandteil²⁰⁸, und zwar auch nicht als Ersatzregelung.²⁰⁹

Der Gesetzgeber der §§ 308 Nr. 5, 309 Nr. 8b BGB aF hatte zwar „insgesamt" nur in der relativen Bedeutung von „alles in allem"²¹⁰ verstanden, da er unter Bezugnahme auf die bisherige BGH-Rechtsprechung in der Gesetzesbegründung forderte, dass die VOB/B „ohne ins Gewicht fallende Einschränkungen übernommen" werde.²¹¹ Das war allerdings mit dem vom EuGH betonten Prinzip der Verbraucherschutzrichtlinie der Gewährung genau umschriebener Ansprüche, die den Begünstigten in die Lage versetzen, von seinen Rechten Kenntnis zu erlangen, um sie geltend machen zu können²¹², nicht zu vereinbaren. Denn die BGH-Rechtsprechung war einzelfallbezogen, ohne einen subsumtionsfähigen Obersatz für andere Rechtsfälle zu bieten.²¹³ Dies führte zu einer Rechtsunsicherheit, die eigentlich durch die Figur der Privilegierung der VOB/B als Ganzes gerade vermieden werden sollte.²¹⁴ Die gebotene **richtlinienkonforme Auslegung** des nationalen Rechts, die auch gegen die Vorstellungen des Gesetzgebers erfolgen kann und ggf. erfolgen muss²¹⁵, gebietet es deshalb, **„insgesamt" eng auszulegen**, so dass die **Privilegierung die uneingeschränkte Anwendung der VOB/B voraussetzt**.²¹⁶ Dieser auch hier vertretenen Auffassung hat sich der BGH 2004 angeschlossen.²¹⁷ Da sich für die Kernbereichslehre keine greifbaren Kriterien finden ließen, wann eine von der VOB/B abweichende Regelung in deren Kernbereich eingreift, erfordern die Rechtssicherheit und Transparenz, dass **jede vertragliche Abweichung** zu Lasten des Verwendungsgegners von der VOB/B dazu führt, dass diese **nicht mehr als Ganzes vereinbart** ist. Der BGH betont, dass es nicht darauf ankommt, welches Gewicht der Eingriff hat.²¹⁸ Eine Abweichung wäre auch dann schädlich, wenn sie möglicherweise durch andere Regelungen wieder ausgeglichen wird.²¹⁹ Damit muss sich jeder Verwender der VOB/B darüber klar sein, dass jegliche Änderungen, die nicht ausschließlich günstig für den Vertragspartner sind, zur isolierten Klauselkontrolle der VOB/B-Regelungen führen. Entweder nimmt er die Unwirksamkeit einiger ihn begünstigenden Regelungen hin, zB des Schlusszahlungseinwandes für den Auftraggeber, oder er muss die ihn begünstigenden VOB/B-Regelungen auf ein vertretbares Maß abändern, die einer isolierten Klauselkontrolle nicht standhalten können.

---

²⁰⁵ Vgl. zur Entwicklung der Rechtsprechung *Heinrich* S. 95 ff. mwN.
²⁰⁶ *Ganten* in Beck'scher VOB-Kommentar Einl. II VOB/B Rn. 45 f.; *Locher* in Ingenstau/Korbion, 15. Aufl., Anhang 1 Rn. 74.
²⁰⁷ So die Eigeneinschätzung von *Kniffka/Quack* FS 50 Jahre BGH, 2000, 17 (25) und von *Thode/Quack* Skript Bauvertrag und AGB, Mai 2002, S. 15; vgl. auch *Heinrich* S. 118. Zu den Fällen, in denen Eingriffe in den Kernbereich angenommen wurden, vgl. insbesondere die Zusammenstellungen bei *Oberhauser* S. 47 ff., *Kienmoser* S. 33 f., Werner/Pastor Bauprozess Rn. 1020 und *Siegburg* Gewährleistung Rn. 202.
²⁰⁸ Vgl. näher → VOB/B § 1 Rn. 27 f. mwN.
²⁰⁹ Vgl. näher → VOB/B § 1 Rn. 47.
²¹⁰ Vgl. *Duden,* Das große Wörterbuch der Deutschen Sprache, Bd. 5.
²¹¹ Vgl. BT Drucks 14/6040, 154.
²¹² EuGH NJW 2001, 2244; EuZW 2002, 465.
²¹³ Das räumen *Thode* und *Quack* in ihrem Skript Bauvertrag und AGB, Stand Mai 2002, S. 15, ausdrücklich ein.
²¹⁴ *Kniffka/Quack* FS 50 Jahre BGH, 2000, 17 (24 f.); *Oberhauser* S. 45 f.
²¹⁵ BGH BGHR 2002, 595.
²¹⁶ Dafür bereits *Kniffka/Quack* FS 50 Jahre BGH, 2000, 17 (25) zu § 23 Abs. 2 Nr. 5 AGBG.
²¹⁷ BGH NZBau 2004, 267 = BauR 2004, 668; BGH NZBau 2004, 385; OLG Sachsen-Anhalt BauR 2006, 849; vgl. dazu auch *Hartung* NJW 2004, 2139; *Gehlen* NZBau 2004, 313; *Ingendoh* BTR 2004, 115; *Schmitz* ZfIR 2004, 283; *Kuckuk* S. 121 ff.
²¹⁸ BGH NZBau 2004, 267 = BauR 2004, 668.
²¹⁹ BGH NZBau 2007, 581.

77a Änderungen der VOB/B Regelungen zu Lasten der anderen Vertragsseite sind damit immer schädlich. Das gilt bereits für den vertraglichen Ausschluss der fiktiven Abnahme durch Vorgabe einer förmlichen Abnahme,[220] auch wenn nach der VOB/B jede Partei auf einer förmliche Abnahme bestehen kann. Eine Abweichung ist die Vorgabe der Schriftform für Nachtragsankündigungen[221] oder der Aufschub des Vorbehalts der Vertragsstrafe bis zur Schlusszahlung. Die bloße Vereinbarung eines Pauschalvertrages ist keine Abweichung von der VOB/B; die Vorgabe einer sog Komplettheitsklausel (→ VOB/B § 2 Rn. 244) weicht demgegenüber von § 2 Abs. 6 und 7 VOB/B ab. Da die VOB/B in § 1 Abs. 2 die Einbeziehung der VOB/C vorsieht, dürfte die Streichung oder Einschränkung dieser Verweisung dazu führen, dass die VOB/B nicht mehr insgesamt dem Vertrag zugrunde gelegt wird.[222] Andererseits dürfte nicht jede Änderung der Vertragsregelungen in der VOB/C (vgl. → VOB/B § 1 Rn. 19 ff.) durch die Leistungsbeschreibung oder ZTV die Privilegierung hindern, da ja nach § 310 BGB nur die VOB/B insgesamt einzubeziehen ist und hierdurch die Ausgewogenheit der VOB/B nicht berührt wird. Ob das auch bei Änderungen zugunsten des Verwendungsgegners gilt, ist fraglich.[223]

78 Entsprechend der bisherigen Rechtsprechung kommt es für den Verlust der Privilegierung nicht darauf an, **ob die abändernden Klauseln** ihrerseits überhaupt **wirksam** sind.[224] Dies ist nicht nur nach Sinn und Zweck des AGB-Rechts geboten, sondern ergibt sich auch daraus, dass die Subsidiärgeltung der VOB/B als Ersatzregelung nicht formularvertraglich vereinbart werden kann.[225] Unmaßgeblich ist auch, **ob** die Änderung durch **Individualvereinbarung** erfolgt.[226] Der der Privilegierung zugrunde liegende Kompensationsgedanke kann bei (nachteiligen) Änderungen nicht durchgreifen, unabhängig davon, ob die Änderung formularmäßig oder individualvertraglich erfolgt.[227]

79 Vom BGH noch nicht entschieden ist die Frage, ob die Privilegierung auch entfällt, wenn die VOB/B selbst eine **Öffnungsklausel für Änderungen** -auch Änderungsvorbehalte genannt – enthält („soweit nichts anderes vereinbart ist").[228] Erörtert wird die Frage insbesondere im Zusammenhang mit der **Verlängerung der Gewährleistungsfrist.** Hier ging die früher herrschende Meinung zur Kernbereichslehre davon aus, dass keine Änderung der VOB/B vorliegt, sondern lediglich die Ausnutzung einer vorgesehenen Dispositionsmöglichkeit, wenn die Verjährungsfristen im Rahmen des § 13 VOB/A im Regelfall bis zur gesetzlichen Verjährungsfrist verlängert werden.[229] Heute führt nach einer Auffassung auch die Nutzung von Öffnungsklauseln dazu, dass die jeweilige VOB/B-Regelung eine Abweichung erfährt.[230] Überwiegend wird aber weiter geltend gemacht, eine Änderung liege nicht vor, da die VOB/B-Regelung von vornherein nur subsidiär gelten solle und dieser Geltungsanspruch nicht berührt werde.[231] Diese formale Argumentation ist schon rechtstechnisch betrachtet nicht zutreffend. Ohne die vorgehende Abweichung würde die anders lautende VOB/B-Regelungen gelten. § 12 Abs. 5 spricht dementsprechend davon, dass „etwas anderes" vereinbart wird.[232] Insoweit unterscheiden sich die Änderungsvorbehalte von reinen Ergänzungen, wie der grundsätzlichen Vereinbarung einer Sicherheit nach § 17 Abs. 1 VOB/B oder eine besondere Festlegung der vertraglichen Beschaffenheit gemäß § 13 Nr. 1 VOB/B. Entscheidend gegen diesen formalen Ansatz spricht aber, dass die Ausgewogenheit einer Gesamtregelung sich nicht anhand formaler, sondern nur

---

[220] OLG Brandenburg IBR 2008, 514; OLG Hamm BauR 2009, 137 = IBR 2008, 731.
[221] OLG Düsseldorf BauR 2007, 1254.
[222] *Quack* ZfBR 2009, 211.
[223] Dafür *Damann/Ruzik* NZBau 2013, 265 (268).
[224] BGH BauR 1991, 210 = NJW-RR 1991, 534; BGH NJW 1995, 526 = BauR 1995, 234; BGH NZBau 2003, 150. **Anderer Ansicht:** *Bartsch* ZfBR 1984, 1 (3); *Anker/Zumschlinge* BauR 1995, 323 (329).
[225] Vgl. → VOB/B § 1 Rn. 47 mwN.
[226] Anders aber zB *Kutschker* Gesamtabwägung S. 22 mwN; *Motzke* NZBau 2009, 579 (582).
[227] *Damann/Ruzik* NZBau 2013, 265 (268); *Kniffka/Quack* FS 50 Jahre BGH, 2000, 17 (24); *Oberhauser* S. 47; *Locher* in Ingenstau/Korbion, 15. Aufl., Anhang 1, Rn. 77; *Heiermann/Riedl/Rusam* VOB/B § 1 Rn. 10.
[228] Vgl. *Oberhauser* S. 45; *Bartsch* ZfBR 1984, 1 (4 f.); *Hartung* NJW 2004, 2139 (2140 f.).
[229] OLG Hamm OLGR 1997, 62; OLG Koblenz OLGR 1997, 192; *Locher* in Ingenstau/Korbion, 15. Aufl., Anhang 1, Rn. 79 mwN; Voraufl. Rn. 79 zur Kernbereichslehre; **anderer Ansicht:** OLG München NJW-RR 1995, 130; OLG-RR 1986, 382 (unwirksam nach § 9 AGBG); stark einschränkend auch *Nicklisch/Weick* VOB/B, 3. Aufl., Einl. Rn. 58; **offen gelassen** BGH NJW 1989, 1602 = BauR 1989, 323.
[230] *Damann/Ruzik* NZBau 2013, 265; *Leinemann/Schoofs* § 1 Rn. 15.
[231] OLG Brandenburg v. 8.11.2007 – 12 U 30/07, BeckRS 2008, 09477; *Bröker* BauR 2009, 1916 (1917); vgl. auch *Kniffka* in Kniffka Einführung vor § 631 Rn. 61.
[232] *Damann/Ruzik* NZBau 2013, 265 (267).

materieller Kriterien feststellen lässt. Andere wollen für die Auswirkung solcher Änderungen darauf abstelle, ob diese Änderungen einvernehmlich erfolgt seien. Lässt sich der Vertragspartner auf die Abweichung ein, verbleibt es mit dessen Willen bei der Geltung der VOB/B im Übrigen; ansonsten würde der durch den konkreten Vertragsabschluss geschaffene Vertrauenstatbestand gestört.[233] Das Kriterium erscheint ebenfalls nicht tragfähig, da auch die Vereinbarung von AGB und damit auch jede Abweichung von der VOB/B nur einvernehmlich erfolgen kann. In § 8 Abs. 6 VOB/A ist sogar vorgesehen, dass solche Regelungen durch Zusätzliche Vertragsbedingungen, also AGB, erfolgen sollen.

79a Richtigerweise können auch Öffnungsklauseln kein pauschaler Freibrief für privilegierungsunschädliche Abweichungen sein.[234] Es wäre ersichtlich widersprüchlich, wenn außerhalb der Öffnungsklauseln auch ganz geringfügige Veränderungen bereits schaden, im Rahmen der Öffnungsklausel wesentlich bedeutendere Änderungen des Gesamtgefüges aber unberücksichtigt blieben. Der Gesetzgeber konnte nur die unabgeänderte Fassung der VOB/B bzw. mit denen in der VOB/A vorgesehenen Modifikationen bewerten. Änderungen, die hierüber hinausgehend Einfluss auf das Verhältnis der gegenseitigen Rechte und Pflichten haben, können bei der gesetzlichen Wertung schlechterdings nicht berücksichtigt worden sein. Sie führen deshalb zum Verlust der Privilegierung, wenn sie zu einem relevanten Nachteil des Verwendungsgegners führen.[235] Hierfür ist eine materielle Bewertung der jeweiligen Änderung notwendig und unvermeidbar. Die Notwendigkeit, unabhängig vom Wortlaut auf den Inhalt der Änderung abzustellen, ergibt sich aus der VOB selbst. Das Ausfüllen von Öffnungsklauseln in Bezug auf die Mängelrechte ist nach § 8 Abs. 6 Nr. 2 VOB/A den Besonderen Vertragsbedingungen vorbehalten, weil sie die VOB/B eben gerade nicht nur ergänzen und dann in Zusätzlichen Vertragsbedingungen, geregelt werden können, sondern von ihr – wie es in § 8 Abs. 4 Nr. 2 VOB/A heißt – abweichen.[236] Die VOB/B wäre nicht mehr „unverändert" im Sinne des § 8 Abs. 4 Nr. 1 S. 1 VOB/A. Die Schwierigkeit besteht darin, unschädliche Ergänzungen von nachteiligen Änderungen abzugrenzen. Die Systematik von § 8 Abs. 4 und 6 VOB/A hilft allein nicht weiter. So sind Regelungen über die Benutzung von Lagerplätzen oder von Medienanschlüssen in der Regel unschädliche Ergänzungen. Das sollte auch für eine Kostenerstattungspflicht der nach der VOB/B unentgeltlichen Beistellungen oder Umlageklausel für Energie- und Wasserverbrauch des Auftragnehmers gelten. Führt der Auftraggeber – überspitzt – für diese Beistellungen eine Umlagepauschale von 50 % oder gar 95 % ein, kann von einem unschädlichen Eingriff in die Gesamtausgewogenheit nicht mehr gesprochen werden. Die Forderung einer Sicherheit (§ 17 Abs. 1) und die Festlegung der Art der Sicherheit (§ 17 Abs. 2) sollten im Idealfall bzw. im Rahmen des § 9 Abs. 7 und 8 VOB/A nur unschädliche Ergänzungen der VOB/B sein. Dass aber eine zu hohe Sicherheit oder die Vorgabe einer bestimmten Art, zB bei einer Garantie auf erstes Anfordern, die Ausgewogenheit gefährdet, lässt sich in Anbetracht der AGB-Rechtsprechung zu diesen Fragen nicht bestreiten. Der Einfluss auf das Verhältnis der gegenseitigen Rechte und Pflichten wäre offensichtlich. Ein Verzicht auf die vertraglich vereinbarte Vergütung abzüglich ersparter Aufwendungen bei der Selbstübernahme (§ 2 Abs. 4) dürfte auch eine schädliche Änderung darstellen. Das gilt erst recht, wenn – wie nach § 2 Abs. 7 Nr. 3 eröffnet („wenn nichts anders vereinbart ist") – für einen Detailpauschalvertrag die Preisanpassung bei Leistungsänderungen von Teilpauschalen ausgeschlossen würde. Eine bloße Modifikation der Gestellungsfrist für die Sicherheit (§ 17 Abs. 7) oder der Frist für die Abnahme (§ 12 Abs. 1) dürfte demgegenüber vielfach unschädlich sein. Bei einer abweichenden Vereinbarung zur fiktiven Vereinbarung wird es darauf ankommen, ob nur die Frist von 6 zB auf 12 Werktage verlängert wird oder die andere Vereinbarung die fiktive Abnahme insgesamt abbedingt.[237]

79b Die Notwendigkeit der Abwägung im Einzelfall steht in einem Spannungsverhältnis zur früheren BGH-Rechtsprechung zur Privilegierung. Maßgeblicher Grund des BGH für die Aufgabe der auf den Einzelfall bezogenen Rechtsprechung zum Eingriff in den Kernbereich war die Erhöhung der Rechtssicherheit. Da es keine klaren Abgrenzungskriterien für wesentliche Änderungen des von der VOB/B bezweckten Interessenausgleichs gebe, erfordere das Trans-

---

[233] *Motzke* NZBau 2009, 579 (583); NWJS VOB/B Einl. Rn. 54.
[234] *Kandel* in BeckOK VOB/B § 16 Rn. 6; strenger *Damann/Ruzik* NZBau 2013, 265 (267).
[235] So auch OLG Hamm BauR 2009, 137 = IBR 2008, 731 für Ausschluss der fiktiven Abnahme und Verlängerung der Gewährleistungsfrist von 2 auf 4 Jahren nach VOB/B aF.
[236] Vgl. → VOB/A § 8 Rn. 75.
[237] Vgl. bereits BGH NJW 1983, 816 (818) im Zusammenhang mit der Kernbereichslehre.

parenzgebot eine Beschränkung der Privilegierung auf die unveränderte Vereinbarung der VOB/B.[238] Dieses Ziel lässt sich in Bezug auf Öffnungsklausel nur stringent durchhalten, wenn auch jede VOB/B-konforme Nutzung zur Abweichung von der VOB/B führt.[239] Rechttechnisch ist eine Öffnungsklausel letztlich nichts anderes als ein entbehrlicher Hinweis auf den ohnehin geltenden Vorrang der Änderungsabrede, nicht aber eine sachliche Rechtfertigung für eine Abweichung von der VOB/B. Sie unterscheidet sich von anderen Änderungen dadurch, dass diese Abweichung in der VOB/B selbst angelegt ist. Der Verlust der Privilegierung tritt deshalb ein, wenn das Gefüge der wechselseitigen Pflichten außerhalb des von der VOB hierfür vorgegebenen Rahmen verändert wird. Dieser Rahmen ergibt sich primär aus § 8 Abs. 4 und § 9 VOB/A. Darüber hinaus enthält auch die VOB/B ggf. speziellen Anforderungen, zB in § 10 Abs. 2 („im Einzelfall") oder in § 13 Abs. 7 Nr. 5 („begründeten Sonderfällen")[240]. zB durch Verlängerung der Gewährleistung, verändert wird;[241] unbeachtlich ist, ob die einzelne Veränderung isoliert gesehen angemessen ist, weil sie zB dem BGB entspricht.

80 Schließlich ist die VOB/B auch dann nicht insgesamt einbezogen, wenn sie reinen **Planungsverträgen** zugrunde gelegt wird. Denn die VOB/B bezieht sich, wie schon ihr Titel zeigt, auf Bauleistungen im Sinne des § 1 VOB/A. Auf eigenständige Planungsleistungen ist die VOB/B nicht zugeschnitten, so dass viele Vorschriften, obwohl in den Vertrag formell einbezogen, inhaltlich nicht oder nur bedingt zur Anwendung kommen können.[242] Die bloß formelle Vereinbarung der materiell teilweise leerlaufenden VOB/B erfüllt nicht die materiellen Voraussetzungen der Privilegierung.

80a Streitig ist, was bei kombinierten Bau- und Planungsverträgen mit einer eigenständigen Planungsverpflichtung gilt. Die heute gesetzliche Privilegierung gilt nach herrschender Meinung nur für Verträge über Bauleistungen, wobei unselbständige Planungsleistungen aber unschädlich seien sollen.[243] Bei kombinierten Verträgen soll eine privilegierte Einbeziehung der VOB/B insgesamt nur hinsichtlich des Bauleistungsteils möglich sein.[244] Hintergrund ist eine ältere Rechtsprechung des BGH, die den Auftraggeber als Verwendungsgegner der VOB/B vor der damals sehr kurzen 2-jährigen Gewährleistungsfrist der VOB/B schützen wollte.[245] Die VOB/B ist aber tatsächlich auch auf Verträge mit sog eigenständiger Planungsverpflichtung – wann das der Fall ist, bleibt schon sachlich unklar; planende Generalunternehmer sollen hierunter fallen – zugeschnitten, wie zB § 9 Abs. Abs. 15 und 16 VOB/A zeigen. Auch derartigen Verträgen hat ein öffentlicher Auftraggeber die VOB/B zugrundezulegen, wobei eine Beschränkung auf den Bauleistungsteil in der Literatur empfohlen wird[246], in der VOB/A selbst aber nicht erfolgt. Die Privilegierung des § 310 BGB greift auch in derartigen Fällen, da sie für alle „Verträge" gilt, in denen die VOB/B insgesamt einbezogen wird und die Regelungen der VOB/B auch auf den Planungsteil dieser Verträge anwendbar sind.[247] Diese Frage dürfte allerdings rein theoretisch bleiben, da Totalunternehmerverträge unter Einbeziehung der VOB/B „ohne inhaltliche Abweichung insgesamt" in der Praxis unbekannt sind.

81 Streitig war, ob die VOB/B dem Bauleistungsteil eines **Bauträgervertrages** insgesamt zugrunde gelegt werden kann.[248] Für die Privilegierung der VOB/B hat der Streit heute keine

---

[238] BGH NZBau 2004, 267 (nur für die Rechtslage vor dem Schuldrechtsmodernisierungsgesetz).
[239] So konsequent *Damann/Ruzik* NZBau 2013, 265 (267).
[240] Dazu → VOB/B § 10 Rn. 25 und → VOB/B § 13 Rn. 405.
[241] OLG Hamm BauR 2009, 137 = IBR 2008, 731; OLG Brandenburg IBR 2008, 320; OLG Dresden IBR 2008, 94; OLG Düsseldorf BauR 2007, 1254; LG Halle IBR 2006, 252; so wohl auch Schmitz ZfIR 2004, 283 (284); *Kuckuk* S. 124, der erstaunlicherweise sogar für den Verwendungsgegner günstige Änderungen für schädlich hält; **anderer Ansicht:** *Hartung* NJW 2004, 2139 (2141). Unverständlich und mit der BGH-Rechtsprechung unvereinbar OLG Celle BauR 2005, 1933, wonach Konkretisierungen, die die VOB/B „nicht entscheidend" abändern, keine Abweichungen von der VOB/B sein sollen. Geregelt wurde im konkreten Fall über die VOB/B hinaus, zB eine Bürgschaft auf erstes Anfordern für Abschlagzahlungen, eine Schadenspauschale für Kündigungen uam.
[242] BGH BauR 1987, 702.
[243] BGH BauR 1987, 702; *Kutschker* Gesamtabwägung S. 23; *Siegburg* Gewährleistung Rn. 203.
[244] NWJS Einleitung Rn. 59b.
[245] BGH BauR 1987, 702; OLG Düsseldorf NJW-RR 1991, 219.
[246] Vgl. zB *Rusam/Weyand* in Heiermann/Riedl/Rusam VOB/A § 1 Rn. 38.
[247] Eingehend *Miernik* NZBau 2004, 409 (414 ff.); **anderer Ansicht** BGH BauR 1996, 544 zu § 5 Abs. 4 VOB/B.
[248] **Dafür** Werner/Pastor Bauprozess Rn. 1017; *Ulmer/Brandner/Hensen* Anh. § 9-11 Rn. 905; der BGH hat gegen die Einbeziehung der VOB/B als Ganzes schon **Bedenken** geäußert: BGH BauR 1982, 496; NJW 1983, 453 = BauR 1983, 84.

Bedeutung mehr, nachdem diese gegenüber Verbrauchern (rückwirkend) entfallen ist. Diese Streitfrage war auch eher theoretischer Natur, da in einem Bauträgervertrag mit üblichen Bedingungen zahlreiche VOB/B-Vorschriften abbedungen werden, so dass eine Einbeziehung insgesamt nicht vorliegt.[249] Gerade deshalb wird heute weitergehend geltend gemacht, dass eine wirksame Einbeziehung der VOB/B nur auf den Bauleistungsteil wirksam nicht mögliche sei, da die VOB/B hierfür völlig ungeeignet sei und deshalb wegen der zahlreichen nicht anwendbaren Regelungen insgesamt zu einem intransparenten Vertragswerk führe.[250] Das dürfte in der Regel auch zutreffen, wird aber dank notarieller Vertragsgestaltung in der Regel auch nicht praktisch.

3. Einbeziehung der VOB/B in den Vertrag. a) Gegenüber Unternehmern. Gegenüber Unternehmern, dh gemäß § 14 BGB jeder Person oder Gesellschaft, die bei einem Abschluss eines Rechtsgeschäftes in Ausübung ihrer gewerblichen oder selbstständigen beruflichen Tätigkeiten handelt, oder der öffentlichen Hand, können AGB **formlos in den Vertrag einbezogen** werden, § 310 BGB. Die formalisierten Einbeziehungsvoraussetzungen des § 305 Abs. 2 BGB sind gegenüber diesen Vertragspartnern nicht anzuwenden, dh es ist weder ein bestimmter Hinweis noch gar die Überlassung des Bedingungstextes erforderlich.[251] Die notwendige rechtsgeschäftliche Einbeziehung kann formlos, auch konkludent, erfolgen, zB aufgrund einer ständigen Geschäftsbeziehung[252], hier auch mittels entsprechender Aufdrucke in Rechnungen, oder anderer konkludenter Verweisung.[253] Eine formose rechtsgeschäftliche Vereinbarung bleibt aber notwendig, da Branchenüblichkeit allein nicht ausreicht.[254] Da diese erleichterten Einbeziehungsvoraussetzungen heute nicht nur gegenüber dem Kaufmann nach dem HGB in der Fassung vor dem Handelsrechtsreformgesetz gelten, sondern gegenüber jedem Unternehmer iSd § 14 BGB, ist die gesamte Rechtsprechung zur erleichterten Einbeziehung der VOB/B gegenüber „im Baugewerbe Tätigen" obsolet.[255]

Nicht ausreichend ist das (einseitige) Einbeziehungsverlagen durch den Verwender; die andere Vertragspartei **muss der Einbeziehung** zumindest konkludent **zugestimmt** haben.[256]

b) Gegenüber Verbrauchern. Gegenüber Verbrauchern, dh gegenüber dem privaten Auftraggeber, ist nach § 305 Abs. 2 BGB ein **ausdrücklicher Hinweis** und die **Möglichkeit zur zumutbaren Kenntnisverschaffung** des vollen VOB/B-Textes Voraussetzung für die Einbeziehung. Der bloße Hinweis auf die VOB/B in einem Angebot des Auftragnehmers genügt also nicht.[257] Das gilt natürlich nur dann, wenn die Einbeziehung durch den Unternehmer gegenüber einem Verbraucher erfolgt. Legt der private Auftraggeber oder sein Architekt seiner Anfrage/Ausschreibung die VOB/B zugrunde, ist er Verwender. Die Einbeziehung ist ohne weitere Voraussetzung gem. den Ausführungen zu lit. a wirksam.[258] Unsicherheit besteht auch beim Erfordernis der Kenntnisnahmemöglichkeit. Sinn und Zweck des § 305 Abs. 2 BGB (§ 2 AGBG) erfordern, dass der Vertragspartner **bei Vertragsschluss** – oder vorher – die Möglichkeit hat, sich mit dem Inhalt der VOB/B vertraut zu machen.[259] Eine wirksame Einbeziehung ist deshalb **nicht** durch eine Klausel **erst im Vertrag** möglich, mit der der anderen Vertragspartei angeboten wird, den VOB-Text auf Wunsch (also anschließend) kostenlos zur Verfügung zu stellen.[260] Demgegenüber reicht es aus, wenn der Verwender in seinem Angebot oder sonst während der Vertragsverhandlungen, aber **rechtzeitig vor Vertragsabschluss** angeboten hat,

---

[249] So schon unter der Kernbereichslehre: *Mehrings* NJW 1998, 3457 (3458), *Siegburg* Gewährleistung Rn. 203.
[250] NWJS VOB/B Einl. Rn. 61 mwN
[251] BGH NZBau 2002, 28.
[252] BGH ZIP 1992, 404; OLG Stuttgart IBR 2014, 326.
[253] BGH WM 1991, 459.
[254] BGH NJW 2014, 1296 f. und → Rn. 40.
[255] Vgl. dazu BGH NJW 1983, 816 = BauR 1983, 161; sowie *Heinrich* S. 70 ff. mwN.
[256] *Wolf/Horn/Lindacher* AGBG § 2 Rn. 42 f. mwN.
[257] BGH NJW-RR 1999, 1246; OLG Nürnberg v. 27.11.2013 – 6 U 2521/09, BeckRS 2015, 20820.
[258] LG Kiel NZBau 2012, 512; unrichtig deshalb OLG Brandenburg IBR 2006, 1079, das erstaunlicherweise prüft, ob der einbeziehende Bauherr sachkundig durch den Architekten beraten wurde. Alle als Nachweis zitierten Entscheidungen betreffen eine vom Unternehmer gegenüber dem Verbraucher veranlassten Einbeziehung.
[259] BGH NJW 1990, 715 = BauR 1990, 205; OLG München BauR 1992, 70.
[260] BGH NJW-RR 1999, 1246 = BauR 1999, 1186.

den Text **kostenlos zur Verfügung** zu stellen.²⁶¹ Die Möglichkeit zur Einsichtnahme in den Geschäftsräumen reicht bei schriftlichem Vertragsabschluss nicht aus.²⁶²

85 Diese zeitliche Differenzierung wird gerne verkannt und der Rechtsprechung unterstellt, sie würde in jedem Fall die tatsächliche Aushändigung des Vertragstextes verlangen.²⁶³ Ein solches Erfordernis ließe sich bei allem Bemühen, die Einbeziehung der VOB/B gegenüber Verbrauchern wegen der bis zur Novelle 2002 extrem kurzen Verjährungsfrist zu erschweren, mit § 305 Abs. 2 BGB nicht vereinbaren.²⁶⁴ Mit der Novellierung des § 13 Nr. 4 aF VOB/B hat sich diese Frage weitgehend entschärft.

86 In keinem Fall reicht der Hinweis auf den käuflichen Erwerb des VOB-Textes²⁶⁵, auf die Möglichkeit der Einsichtnahme in den Geschäftsräumen des Verwenders, soweit diese nicht Ort des Vertragsschlusses sind²⁶⁶, oder die Überlassung eines gekürzten Textes, der zB nur die belastenden Regelungen enthält²⁶⁷, aus. Der an der Einbeziehung interessierte Auftragnehmer sollte deshalb seinem Angebot den vollständigen VOB/B-Text beifügen.²⁶⁸

87 Problematisch ist, ob die Möglichkeit zur Kenntnisverschaffung durch einen Verbraucher als Verwendungsgegner²⁶⁹ dann entbehrlich ist, wenn der private Auftraggeber bei den Vertragsverhandlungen einen **Architekten „eingeschaltet"** hat. Dies wird zum Teil generell angenommen.²⁷⁰ Richtigerweise muss man differenzieren: **Vertritt der Architekten** den Bauherrn **beim Vertragsabschluss**, so ist gemäß § 166 Abs. 1 BGB auf die Kenntnisse des Architekten abzustellen²⁷¹, so dass die Überlassung des Textes wegen dessen Kenntnis nicht notwendig ist. Das gilt auch dann, wenn der Architekt den Vertrag nur vorverhandelt hat, der Bauherr den Vertrag aber selbst unterschreibt. Denn auch das Wissen eines **Verhandlungsbevollmächtigten** wäre nach § 166 BGB zuzurechnen.²⁷²

88 Demgegenüber reicht die bloße Beauftragung eines Architekten für das Bauvorhaben allein allerdings nicht aus.²⁷³ Der Auftragnehmer darf nicht darauf vertrauen, dass der Architekt dem Auftraggeber die notwendigen Kenntnisse vermittelt. So ist es schon nicht richtig, dass der Architekt gegenüber dem Auftraggeber die Pflicht träfe, für eine wirksame Einbeziehung der VOB/B Sorge zu tragen.²⁷⁴ Entscheidend kommt hinzu, dass die Verantwortung für die wirksame Einbeziehung allein den Verwender trifft und die andere Vertragspartei nicht verpflichtet ist, sich selbst Kenntnis bei Dritten zu verschaffen.

89 **c) Berufung auf fehlende Einbeziehung.** Eine andere Frage ist, ob sich der **Verwender** auf die **nicht wirksame Einbeziehung** gemäß § 305 Abs. 2 BGB **berufen kann,** wenn die andere Vertragspartei Rechte aus der VOB/B zu ihren Gunsten herleitet. Rechtstechnisch ist das nicht unmittelbar zu begründen, da diese Regelungen ja gerade nicht in den Vertrag einbezogen wurden. Anderseits kann sich der Verwendungsgegner auch auf einbezogene unwirksame Regelungen berufen. Deswegen soll der Verwender sich auf die Unwirksamkeit der Einbeziehung nach Treu und Glauben unter dem Gesichtspunkt des venire contra factum proprium nicht berufen können, wenn die konkret anwendbaren Regelungen der VOB/B für den Verwendungsgegner günstiger wären als die gesetzlichen Regelungen, ihm also durch die Anwendung

---

²⁶¹ OLG Hamm BauR 1991, 260; *Ganten* in Beck'scher VOB-Kommentar Einl. II Rn. 25. **aA** *Sienz* in Ingenstau/Korbion VOB/A § 9 Rn. 176.
²⁶² OLG Naumburg BauR 2011, 1656.
²⁶³ So zB *Schlosser* in Staudinger BGB § 305 Rn. 146; *Heinrich* S. 74, jeweils mit Fehlzitaten.
²⁶⁴ *Wolf/Horn/Lindacher* AGBG § 23 Rn. 242 mwN.
²⁶⁵ Vgl. *Schlosser* in Staudinger BGB § 305 Rn. 145.
²⁶⁶ *Ganten* in Beck'scher VOB-Kommentar Einl. II Rn. 25.
²⁶⁷ BGH NJW-RR 1991, 727 = BauR 1991, 328.
²⁶⁸ Hierdurch wird allerdings die VOB/C noch nicht wirksam einbezogen, vgl. näher → VOB/B § 1 Rn. 20 ff.
²⁶⁹ Das verkennt OLG Brandenburg IBR 2006, 1079.
²⁷⁰ ZB generell für „Einschaltung" *Schlosser* in Staudinger BGB § 305 Rn. 146.
²⁷¹ OLG Saarbrücken IBR 2006, 1164; OLG Düsseldorf IBR 2005, 1126; vgl. allgemein BGH NJW 1985, 850; *Wolf/Horn/Lindacher* § 2 Rn. 4; zur VOB *Kniffka/Quack* FS 50 Jahre BGH, 2000, 17 (20); OLG Hamm OLGR 1998, 80; **unrichtig** aber zB *Heinrich* S. 78.
²⁷² *Schramm* in MüKoBGB § 166 Rn. 40 f.; im Ergebnis OLG Brandenburg NZBau 2001, 396 („Mitwirkung bei der Vertragsgestaltung"); OLG Brandenburg 18.1.2007 – 12 U 120/06, BeckRS 2009, 07312.
²⁷³ OLG Saarbrücken IBR 2006, 1164; vgl. auch OLG Hamm MDR 2016, 39; *Kniffka/Quack* FS 50 Jahre BGH I, 2000, 17 (22); missverständlich BGH NJW 1990, 715 = BauR 1990, 205, wo allgemein von dem durch einen Architekten beratenen Bauherrn gesprochen wird und OLG Brandenburg IBR 2006, 1079.
²⁷⁴ So aber *Locher* in Ingenstau/Korbion, 15. Aufl. Anhang 1, Rn. 43; *Heinrich* S. 79. Als Sachwalter des Bauherrn musste und muss der Architekt an der gesetzlichen Mängelregelung interessiert sein.

der gesetzlichen Vorschriften vermeintlich vereinbarte Rechte entzogen würden.[275] Denn die Regelungen der §§ 305 ff. BGB sind Schutzvorschriften zu Gunsten des Verbrauchers, auf die sich der Verwender, genauso wie bei der Inhaltskontrolle[276], nicht berufen kann.

d) Nachträgliche Einbeziehung. Selbstverständlich kann die VOB/B auch **nachträglich in den Vertrag einbezogen** werden. Dafür ist aber eine **rechtsgeschäftliche Vereinbarung** notwendig, bei der gegenüber Verbrauchern zum Änderungszeitpunkt die Voraussetzungen des § 305 Abs. 2 BGB vorliegen müssen.[277] Allein der Umstand, dass die andere Vertragspartei während der Vertragsabwicklung von einer wirksamen Einbeziehung ausgeht oder beide Prozessbevollmächtigte in einem Prozess meinen, die VOB/B sei anwendbar, führt noch nicht zu der für eine nachträgliche Einbeziehung in den Vertrag notwendigen Vertragsänderung.[278] 90

e) Einbeziehung in Zusatzaufträge. Problematisch kann die Einbeziehung der VOB/B in **Zusatz- oder Folgeaufträge** sein. Zur Klarstellung ist zunächst festzuhalten, dass geänderte oder zusätzliche Leistungen nach § 1 Abs. 3, 4 VOB/B lediglich Leistungsänderungen/-erweiterungen aufgrund des von der VOB/B selbst gewährten einseitigen Änderungsrechts sind. Da der Vertrag im Übrigen unverändert bleibt, stellt sich die Frage der Einbeziehung der VOB/B nicht. 91

Nicht durch das einseitige Änderungsrecht erfasst werden jedoch andere zusätzliche Leistungen im Sinne des § 1 Abs. 4 S. 2 VOB/B. Diese können nur mit Zustimmung des Auftragnehmers übertragen werden. Hier ist zu prüfen, ob die Parteien über diese zusätzliche Leistung einen neuen Vertrag schließen wollen oder lediglich den bestehenden Vertrag ergänzen wollen (→ VOB/B § 1 Rn. 117 f.). Bei der bloßen Ausweitung oder Ergänzung des bisherigen Vertrages gelten die einbezogenen AGB, hier die VOB/B, fort.[279] Beim Abschluss eines neuen selbstständigen Vertrages muss die VOB/B auch in diesen einbezogen werden, falls die Parteien nicht bereits vorab wirksam vereinbart haben, dass die VOB/B auch künftigen Verträge zugrunde zu legen ist. 92

Für die Einbeziehung ist wiederum danach zu unterscheiden, ob sie gegenüber Verbrauchern oder Unternehmern erfolgen soll. Gegenüber **Verbrauchern** müssen die formalisierten **Einbeziehungsvoraussetzungen** bei jedem neuen Vertrag **neu erfüllt** werden.[280] Erforderlich ist damit in jedem Fall der ausdrückliche Hinweis gemäß § 305 Abs. 2 Nr. 3 BGB. Eine konkludente Einbeziehung aufgrund laufender Geschäftsbeziehung oder gar wegen eines nur räumlichen oder zeitlichen Zusammenhanges mit dem Vorauftrag ist wegen des zwingenden Charakters[281] der Formvorschrift des § 305 Abs. 2 BGB nicht möglich.[282] Neben dem erneuten Hinweis muss die Möglichkeit zur zumutbaren Kenntnisverschaffung entweder fortbestehen, zB weil der Text überlassen wurde und noch vorhanden ist[283], oder muss sonst neu geschaffen werden.[284] 93

Gegenüber **Unternehmern** ist eine auch konkludente Einbeziehung der VOB/B möglich (vgl. → Rn. 82). Die Einbeziehung muss sich aber aus den konkreten Umständen mit einem entsprechenden Erklärungswert ergeben. Hierfür reicht der Umstand eines **bloßen Folgeauftrages nicht aus**[285], soweit nicht bereits eine laufende Geschäftsbeziehung entstanden ist.[286] Auch die zeitliche Nähe zwischen Erst- und Folgeauftrag allein reicht für eine konkludente Einbeziehung nicht aus.[287] Demgegenüber wird ein **zeitlicher und sachlicher Zusammenhang** mit dem Vorauftrag auch in Anbetracht der Verbreitung der VOB/B regelmäßig ebenso 94

---

[275] BGH NJW 1999, 3261; OLG Düsseldorf NJW-RR 1996, 1422; im Ergebnis OLG Hamm OLGR 1998, 207; *Wolf/Horn/Lindacher* AGBG § 2 Rn. 47; generalisierend OLG Celle BauR 2005, 1176 mit. abl. Anm. *Henkel*; vgl. auch *Schenke* BauR 2011, 26 ff.; **anderer Ansicht** *Henkel* ZGS 2003, 418 ff.
[276] BGH NJW 1987, 837 (838); BGH BauR 1998, 357 = NJW-RR 1998, 5.
[277] BGH NJW 1983, 816; 1984, 111 f.
[278] BGH BauR 1999, 1294; vgl. auch BGH NJW 1994, 2547; OLG Hamm OLGR 1998, 90; OLG München BauR 1992, 70; LG Bonn MDR 2000, 264; **anderer Ansicht** OLG Düsseldorf IBR 2012, 187 mit abl. Anm. *Sienz*.
[279] Vgl. nur *Ulmer/Brandner/Hensen* AGBG § 2 Rn. 59 mwN.
[280] BGH WM 1986, 1194; *Wolf/Horn/Lindacher* AGBG § 2 Rn. 20; *Brandner/Ulmer/Hensen* AGBG § 2 Rn. 59.
[281] *Wolf/Horn/Lindacher* AGBG § 2 Rn. 1; *Schlosser* in Staudinger § 305 BGB. Rn. 102.
[282] Anders möglicherweise, dann aber unrichtig OLG Düsseldorf BauR 1982, 587.
[283] *Wolf/Horn/Lindacher* § 2 Rn. 40.
[284] *Ulmer/Brandner/Hensen* AGBG § 2 Rn. 59.
[285] BGH NJW 1992, 1232; *Brandner/Ulmer/Hensen* AGBG § 2 Rn. 80a.
[286] Hierzu BGH NJW-RR 1991, 570.
[287] BGH NJW 1992, 1232.

von Rintelen

für eine stillschweigende Einbeziehung genügen[288] wie eine Bezugnahme auf den Vorauftrag. Die Einbeziehung kann – bei entsprechendem Erklärungswert – auch noch nachträglich erfolgen.

95 **f) Einbezogene Fassung der VOB/B.** Schwierig zu beantworten sein kann die Frage, welche Fassung der VOB/B in den Bauvertrag einbezogen worden ist, falls die Parteien, wie häufig, die Fassung nicht zB durch Hinzufügung der Jahreszahl konkret bezeichnen. Die Bestimmung der anzuwendenden Fassung erlangte mit der Neufassung 2002 erhebliche praktische Bedeutung, da die Verlängerung der Verjährungsfrist für Mängelansprüche und die Anhebung des Zinssatzes Auswirkungen auf die häufigsten streitigen Ansprüche eines Werkvertrages haben. Es entspricht allgemeiner Auffassung, dass ohne nähere Konkretisierung die **zur Zeit des Vertragsschlusses** „maßgebliche", „gültige" **oder „geltende" Fassung** einbezogen sein soll.[289] Dieses Abstellen auf ein „Gelten" hilft aber zunächst nur bei Verträgen mit der **öffentlichen Hand** weiter, da sich hier aufgrund der ursprünglich dienstrechtlichen und nunmehr für Vergaben oberhalb der Schwellenwerte verordnungsrechtlichen Vorgaben eine maßgebliche Fassung feststellen lässt. So setzte die Anwendung der **Neufassung 2002** der Abschnitte 2 bis 4 der VOB/A eine Änderung der Vergabeverordnung voraus, deren Inkrafttreten zum **15.2.2003** erfolgt ist.[290] Zur Wahrung der einheitlichen Geltung der Neufassung 2002 sind auch erst zu diesem Zeitpunkt die Anwendung des Abschnittes 1 der VOB/A und der VOB/B vorgeschrieben worden.[291] Diese Vorgaben haben zwar keine automatische Auswirkung auf die Einbeziehung der maßgeblichen Fassung der VOB/B, da die Einbeziehung auch in derartigen Fällen rechtsgeschäftlich erfolgt. Die Ausschreibungsunterlagen sind jedoch VOB/A-konform auszulegen. Da bis zum 14.2.2003 die VOB 2000 galt, die in § 10 Nr. 1 Abs. 2 VOB/A aF vorschrieb, den Teil B derselben Fassung einzubeziehen, ist aus der maßgeblichen Sicht der Bieter die bisherige Fassung der VOB/B den Bauverträgen zugrunde gelegt worden.[292] Für die **Ausgabe 2006** ist auf den Einführungserlass vom 30.10.2006 zur Anwendung ab dem **1.11.2006** abzustellen.[293] Die VOB/A war zwar bereits vorher am 20.3.2006 bekannt gemacht worden, die Anwendungsanordnung für den Teil A erfolgte jedoch erst mit dem Inkrafttreten der Vergabeverordnung.

96 Im Verhältnis zwischen **privaten Auftraggebern und Auftragnehmern** ist die Einbeziehung der VOB/B nicht vorgeschrieben. Vielmehr handelt es sich um bereit liegende Musterbedingungen, die dem jeweiligen Bauvertrag zugrunde gelegt werden können. Auch hier muss im Wege der Auslegung ermittelt werden, welche Fassung der VOB/B rechtsgeschäftlich einbezogen worden ist. Maßgeblicher Zeitpunkt für die Einbeziehung einer Neufassung wird hier regelmäßig nicht erst die öffentlich-rechtliche Anwendungsanordnung sein, sondern die frühere Bekanntmachung.[294] Die **VOB 2002** wurde vom Vorstand des DVA am 2.5.2002 beschlossen. Die (offizielle) Bekanntmachung im Bundesanzeiger erfolgte erst am 29.10.2002.[295] Die **VOB/B 2006** ist vom Hauptausschuss Allgemeines am 27.6.2006 beschlossen worden, vom Vorstand am 30.6.2006 freigegeben worden; die Bekanntmachung im Bundesanzeiger erfolgte am 18.10.2006.[296] Die **VOB/B 2009** wurde vom Vorstand am 25.11.2008 beschlossen worden, die Bekanntmachung vom 31.7.2009 wurde im Bundesanzeiger vom 15.10.2009 veröffentlicht. Die VOB/B 2012 enthält keine inhaltlichen Änderungen im Teil B. Die **VOB/B 2016** wurde am

---

[288] OLG Hamm NJW-RR 1987, 599; die Kritik von *Heiermann/Riedl/Rusam*, 10. Aufl., VOB/B § 1 Rn. 11 an dieser Entscheidung ist unberechtigt, da keine Anhaltspunkte für das Eingreifen des § 2 AGBG vorliegen.

[289] OLG Düsseldorf BauR 2007, 1254; KG NJW 1994, 2555; *Ingenstau/Korbion*, 13. Aufl., VOB/B Einl. Rn. 112.

[290] BGBl. 2003 I S. 168.

[291] *Krautzberger* im Vorwort zur Bekanntmachung, Anlage zum Bundesanzeiger vom 29.10.2002.

[292] Andererseits würde die vergaberechtlich unrichtige, aber zivilrechtlich ausdrücklich vereinbarte Fassung ebenso gelten, OLG Koblenz BauR 1999, 1026.

[293] Hinterlegt auf /www.bmvbs.de; vgl. auch Schreiben des BMVBS vom 4.9.2006 als Beilage zum Bekanntmachung im Bundesanzeiger 196a vom 18.10.2006.

[294] *Putzier* IBR 2005, 128 will auf die Kenntnis der Parteien von der Bekanntmachung abstellen. Entscheidend für die Wirksamkeit der Verweisung ist lediglich deren objektive Bestimmbarkeit, nicht die aktuelle Kenntnis der Parteien. Damit erledigen sich auch seine Bedenken gegen die Transparenz einer solchen Verweisung. Hinzu kommt, dass eine Neufassung nicht plötzlich die Baubeteiligten überrascht, sondern wegen der Arbeitsweise des DVA ein längerer Prozess ist.

[295] Bekanntmachung im Bundesanzeiger Nr. 202a vom 29.10.2002.

[296] Bekanntmachung im Bundesanzeiger Nr. 196a vom 18.10.2006.

19.1.2016 erstmals bekanntgemacht, sie wurde für die Verwaltung durch Erlass vom 7.4.2016 eingeführt.

Ab der **Bekanntmachung im Bundesanzeiger** wird jeweils die neue Fassung vereinbart. Das gilt jedenfalls, sofern die Parteien nur auf die jeweils „maßgebliche", „gültige" oder „geltende" Fassung abgestellt haben oder jede konkrete Bezeichnung der Fassung[297] unterlassen haben.[298] Denn nach § 17 Abs. 1 der Satzung des DVA bedarf die VOB/B der Veröffentlichung im Bundesanzeiger. „Gültig" oder „gelten" meint in diesem Zusammenhang also die aktuelle Empfehlung durch den DVA, die nach seinen Vorgaben durch Veröffentlichung erfolgt. Eine möglicherweise erst spätere vergaberechtliche Anwendungsvorgabe ist demgegenüber für die Vertragsparteien irrelevant. Andere wollen demgegenüber auf die Kenntnis der Parteien von der Neufassung abstellen.[299] Die vertragliche Einbeziehung der in Bezug genommenen VOB/B-Fassung wirkt aber unabhängig von einer positiver Kenntnis der Parteien. Der Gesetzgeber des Forderungssicherungsgesetzes stellt auf die „jeweils zum Zeitpunkt des Vertragsschlusses geltende Fassung" ab, was allerdings ebenfalls zu Schwierigkeiten führen kann, da es rechtsgeschäftlich für die Einbeziehung der VOB/B nicht auf den formellen Vertragsschluss ankommt, sondern auf das die VOB/B einbeziehende Vertragsangebot (vgl. → Rn. 98). Spätestens ab diesem Zeitpunkt wird die neue VOB/B auch einbezogen, falls die Parteien die jeweils „neueste" Fassung einbezogen haben. **96a**

Für die Zeit **zwischen Beschlussfassung und offizieller Bekanntmachung** im Bundesanzeiger kommt es auf die Umstände des Einzelfalls an. Wer die aktuelle oder **jeweils gültige Fassung** einbezieht, hat dem Vertrag noch die alte VOB/B zugrunde gelegt. Auch wenn es im Rahmen von Privatrechtsbeziehungen keine echte Gültigkeit der VOB gibt, kann hier im Wege der Auslegung nur auf die offizielle Bekanntmachung abgestellt werden.[300] Wer demgegenüber die **neueste Fassung** einbeziehen will, wird auch vor der Bekanntmachung im Bundesanzeiger die neue Fassung der VOB/B einbezogen haben, sobald die Neufassung beiden Vertragsparteien bekannt war oder hätte bekannt seien müssen.[301] Denn schon mit der Verabschiedung durch den DVA handelt es sich bei der VOB/B um die neueste Fassung. Wer den Superlativ „neueste" verwendet, kann nicht geltend machen, eine inhaltlich veraltete und deshalb gerade überarbeitete Fassung einbeziehen zu wollen.[302] Heute ist der geänderte Text auch vor der Veröffentlichung im Bundesanzeiger in der Regel schnell verbreitet und Gegenstand zahlreicher Abhandlungen[303], auch in Medien für den Baupraktiker.[304] Bei der VOB/B 2002 kam hinzu, dass die Veröffentlichung des bereits verabschiedeten Textes sich verzögert hat. So wurde vom Vorsitzenden des zuständigen Hauptausschusses Allgemeines des DVA die offizielle Bekanntmachung der vorab verbreiteten Neufassung im Bundesanzeiger schon für Mai 2002 angekündigt[305], später für Juli 2002.[306] Tatsächlich erfolgte sie am 29.10.2002. Auch bei Einbeziehung der „gültigen" Fassung kann bereits vor der Bekanntmachung die neue VOB/B einbezogen worden sein, falls die Parteien bereits von einer Bekanntmachung ausgegangen sind oder deren Notwendigkeit nicht kannten. **97**

---

[297] In diesen Fällen gilt auch die jeweils aktuelle Fassung, vgl. OLG Frankfurt OLGR 1998, 238; *Siegburg* Gewährleistung Rn. 169.
[298] *Losert* ZfBR 1991, 7 (8 f.).
[299] *Putzier* IBR 2005, 128; *Korbion* DM 1974, 77 (80), gewährte für die VOB 1973 eine zusätzliche Übergangsfrist nach Veröffentlichung bis zur Kenntnis.
[300] Die von *Korbion* DM 1974, 77 (80), gewährte Übergangsfrist beruhte auf einer 1973 wesentlich geringeren Publikationsdichte. Heute werden die Neufassungen lange vor Veröffentlichung im Bundesanzeiger verbreitet und diskutiert. Selbstverständlich geht der übereinstimmende Parteiwille auf die Einbeziehung einer Altfassung vor.
[301] Vgl. *Appelhagen* BB 1974, 343 zur VOB 1973.
[302] Allerdings werden die Begriffe in der Praxis auch synonym verwandt, vgl. OLG Köln IBR 2005, 128 wo im Leitsatz „neueste Fassung" steht, in der Begründung von jeweils gültigen Fassung gesprochen wird.
[303] Vgl. zur VOB/B 2002: *Kratzenberg* NZBau 2002, 177 (Heft 4); *Kiesel* NJW 2002, 2064 (Heft 29 v. 15.7.2002); *Heinze/Schwenker* BauR 2002, 1143 (Heft 8); *Tempel* NZBau 2002, 465 (Heft 9).
[304] Vgl. zur VOB/B 2002: zB *Kapellmann/Langen*, Einführung in die VOB/B, 11. Aufl. Mai 2002; *Kratzenberg* VOBaktuell, Heft 1/2002, S. 3; *Werner* Baumarkt + Bauwirtschaft 2002, Heft 8, S. 24; *Heiermann* Baumarkt + Bauwirtschaft 2002, Heft 10, S. 22; *Schwenker* DAB 2002, Heft 8, S. 42.
[305] *Kratzenberg* NZBau 2002, 177.
[306] *Kratzenberg* VOBaktuell, Heft 1/2002, 3; so auch *Werner* Baumarkt + Bauwirtschaft 2002, Heft 8, S. 24; *Kapellmann/Langen*, Einfügung in die VOB/B, 11. Aufl., Vorwort; *Kiesel* NJW 2002, 2064 („demnächst"); *Schwenker* DAB 2002, Heft 8, S. 42 („1. August").

98 Für die Abgrenzung ist – soweit kein gegenteiliger Parteiwille erkennbar ist – **nicht** auf den **Zeitpunkt des Vertragsschlusses** selbst abzustellen, sondern auf den **Zeitpunkt des vorausgegangenen Vertragsangebotes,** das den Hinweis auf die VOB/B enthält.[307] Denn jede Einbeziehung von Vertragsbedingungen muss sich auf eine bestimmte Fassung beziehen[308], wobei allerdings die Bezeichnung als „jeweils gültige Fassung" ausreicht.[309] Eine später erweiterte Kenntnismöglichkeit bzw. die spätere Bekanntmachung bis zum Vertragsschluss kann die im Angebot bereits festgelegte Fassung nicht automatisch austauschen. Auch der Hinweis auf die neuste Fassung gilt einer bestimmten (neuesten) Fassung, nicht aber der jeder neusten Fassung. Mit diesem Inhalt wird das Angebot angenommen.[310]

99 Weitergehende Schwierigkeiten entstehen dann, wenn der Bauvertrag wie üblich nicht durch die Annahme des ersten Angebotes zustande kommt, sondern erst nach **länger andauernden Verhandlungen.** Das ursprüngliche Angebot wird durch dessen Ablehnung hinfällig, so dass rechtlich jeweils neue Angebotserklärungen abgegeben werden. Auch die modifizierte Annahme ist nach § 150 Abs. 2 BGB eine Ablehnung, verbunden mit einem neuen Antrag.[311] Wird das letzte oder modifizierte Angebot angenommen, kommt der Vertrag aber dennoch im Sinne des ursprünglichen Angebotes zustanden, soweit die Abweichung hiervon nicht unzweideutig zum Ausdruck gebracht worden ist.[312] Deshalb ist zunächst die im ursprünglichen Angebot bestimmte Fassung festzustellen und dann in einem zweiten Schritt zu überprüfen, ob eventuell im Laufe der Verhandlungen hier eine Auswechslung durch die Neufassung erfolgt ist. Liegen hierfür keine Anhaltspunkte vor, verbleibt es bei der zunächst bestimmten Fassung.

100 Eindeutig ist demgegenüber, dass die Formulierung, wonach die VOB/B in der neuesten Fassung einbezogen sein soll, **keine dynamische Verweisung** für die Vertragslaufzeit ist, sondern nur auf die eine in den Vertrag einbezogene neueste Fassung abstellt.[313]

101 **4. Verwender der VOB/B.** Die Festlegung des Verwenders ist nicht nur auf die Prüfung der Einbeziehungsvoraussetzungen, sondern vor allem auch für die Frage der Inhaltskontrolle entscheidend. Denn die Inhaltskontrolle nach den §§ 307 ff. BGB greift immer nur **zu Gunsten der anderen Vertragspartei,** niemals zu Gunsten des Verwenders.[314] So kann der Bauunternehmer, der seinem Angebot die VOB/B in erheblich abgeänderter Form zugrunde gelegt hat, dem Schlusszahlungseinwand des Bauherrn die Unwirksamkeit des § 16 Abs. 3 VOB/B nicht entgegenhalten, während andererseits sein Auftraggeber die Unwirksamkeit der Verjährungsverkürzung des § 13 Abs. 4 geltend machen kann.

102 Verwender ist derjenige, auf dessen Veranlassung die Einbeziehung der VOB/B in den Vertrag zurückzuführen ist.[315] Um die VOB/B soweit wie möglich einer Inhaltskontrolle zu entziehen, wird geltend gemacht, dass in der Regel der **Wille beider Vertragsparteien** auf die Einbeziehung der VOB/B gerichtet sei.[316] Denn die herrschende Meinung geht davon aus, dass bei einem beiderseitigen Einbeziehungsvorschlag es gar keinen Verwender gibt und damit eine Inhaltskontrolle nicht stattfindet.[317] Das widerspricht der Rechtsprechung des BGH, wonach die annehmende Partei auch dann Verwender bleibt, wenn die anbietende Partei wegen deren ständigen Einbeziehungswunsch die AGB bereits ihrem Angebot zu Grunde legt.[318] Andere wollen demgegenüber beide Parteien als Verwender ansehen, und zwar jeweils in Bezug auf diejenigen Klauseln, die sie begünstigen.[319] Auch diese Auffassung hat der BGH aber mehrfach zu recht verworfen.[320]

---

[307] So richtig *Heiermann/Riedl/Rusam* Einl. Rn. 10; *Kaiser* Mängelhaftungsrecht Rn. 8.

[308] *Ulmer/Brandner/Hensen* AGBG § 2 Rn. 25; *Schlosser* in Staudinger BGB § 305 Rn. 107.

[309] BGH NJW 1983, 2301; *Ulmer/Brandner/Hensen* § 2 Rn. 25.

[310] KG NJW 1994, 2555; *Korbion* DB 1974, 77 (81).

[311] Zur Frage, wer den Verwender ist, vgl. → Rn. 103.

[312] BGH BauR 1983, 252.

[313] KG NJW 1994, 2555; OLG Bamberg VersR 1998, 883 zu AVB; *Korbion* DB 1974, 77 (81); *Werner/Pastor* Bauprozess Rn. 1005.

[314] BGH NJW 1987, 837; BauR 1998, 357; kritisch *von Bernuth* BB 1999, 1284 ff.

[315] BGHZ 126, 50; BGH NZBau 2004, 267 = BauR 2004, 668; *Schlosser* in Staudinger BGB § 305 Rn. 31.

[316] Vgl. zB NWJS VOB/B Einl. Rn. 55 f.; *Ganten* in Beck'scher VOB-Kommentar Einl. II Rn. 15.

[317] *Wolf/Horn/Lindacher* BGB § 305 Rn. 32; *Ulmer/Brandner/Hensen* BGB § 305 Rn. 29, jeweils mwN.

[318] BGH NZBau 2006, 383; BGH NJW 1997, 2043; OLG Frankfurt BauR 2007, 1053, jeweils zu eigenen ABG der anderen Vertragspartei.

[319] *V. Westphalen* ZfBR 1985, 252 (255); *Busche* in MüKoBGB § 631 Rn. 153.

[320] BGH NJW 2010, 1131 (1132); so bereits BGHZ 130, 50; BGH NJW 1987, 2043.

103–104 Einleitung VOB/B

Die Fallgruppe des beiderseitigen übereinstimmenden Einbeziehungswillens ist im rechtlichen **103** Ausgangspunkt unstreitig. Wollen beide Parteien die VOB/B einbeziehen, ist richtigerweise keine Partei Verwender.[321] Die Verwendereigenschaft kann auch nicht davon abhängig sein, wer dann zuerst den Vorschlag äußert. Ungeklärt sind allerdings die tatsächlichen Voraussetzungen für einen derartigen beiderseitigen Einbeziehungswillen. Denn ein bloßes Einverständnis des Vertragspartners reicht unstreitig nicht.[322] Einfach liegt der Fall, wenn der Architekt seiner Ausschreibung einen **unveränderten VOB-Vertrag** zugrunde legt und dies auch den Wünschen und der ständigen Praxis des Auftragnehmers im Rahmen seiner Angebote entspricht.[323] Gleiches gilt, wenn die Parteien den beiderseitigen Einbeziehungswillen ausdrücklich schriftlich bestätigen.[324] Tatsächlich handelt es sich bei einem derartigen völlig übereinstimmenden beidseitigen Einbeziehungsvorschlag der unveränderten VOB/B eher um ein theoretisches Lehrbeispiel. In der Praxis versuchen die Parteien, insbesondere Auftraggeber, in vorrangigen Vertragsbedingungen Abweichungen von der VOB/B zu ihren Gunsten zu erreichen. In einer älteren Entscheidung hatte der BGH in einem solchen Fall den Auftraggeber, der seinem Vertragswerk nachrangig die VOB/ einbezog, als alleinigen Verwender des Vertragswerks angesehen.[325]. Hieraus ist gefolgert worden, dass der beidseitige Einbeziehungswunsch darf nicht nur formell („die VOB/B"), sondern auch materiell übereinstimmen muss, dh beide Parteien müssen die VOB/B **gleichermaßen unverändert** in den Vertrag einbeziehen wollen.[326] In diesen Fällen stellt sich nach der herrschenden Meinung aufgrund der Gesamtprivilegierung das Verwenderproblem aber gar nicht.

Wünscht eine Partei allerdings – wie üblich – Veränderungen, so will sie die VOB/B gar nicht **103a** insgesamt und unverändert; die abgeänderten VOB/B-Regelungen werden durch die vorgehenden Modifikationen verdrängt und gar nicht Vertragsbestandteil.[327] Fraglich ist, ob dann noch ein übereinstimmender Einbeziehungswunsch besteht. In Bezug auf die VOB/B als Ganzes besteht er nicht. Allerdings erfolgt eine AGB-Kontrolle nicht in Bezug auf den ganzen Vertrag, sondern grundsätzlich jeweils klauselbezogen.[328] Die Dogmatik hierzu ist aber weitgehend ungeklärt. Regelungen, die keine Partei abändern will, wären nach diesen Grundsätzen beidseitig einbezogen. VOB/B-Regelungen, die eine Partei durch vorrangige Regelungen abbedungen hat, werden gar nicht Vertragsbestandteil. Trotz dieser **klauselbezogenen Betrachtung** bleibt eine Gesamtabwägung der Änderungen erforderlich. Sind die Änderungen erheblich, wird nur die VOB/B abändernde Partei Verwender.[329] Denn der Einbeziehungswille der anderen Partei bezog sich nicht auf eine Rest-VOB/B, womöglich überwiegend mit für sie nachteilige Bedingungen. Setzt man hier den Maßstab für einen Fortfall des Einbeziehungswillens wie bei der früheren Kernbereichslehre niedrig an, wird die Fallgruppe der beidseitigen Einbeziehung der VOB/B in der Praxis eher selten sein.

Liegt kein übereinstimmender Wille beider Parteien vor, kommt es für die Verwenderrolle **104** maßgeblich darauf an, **auf wessen Veranlassung** die VOB/B in den konkreten Vertrag einbezogen wurde. Das wird regelmäßig die Vertragspartei sein, die ein Einbeziehungsverlangen zuerst stellt. Schließt allerdings die andere Vertragspartei in der Regel Verträge nur unter Einbeziehung der bestimmten Allgemeinen Geschäftsbedingungen ab, so ist sie auch dann deren Verwenderin, wenn ihr Vertragspartner die Vertragsbedingungen nur im Hinblick auf dieses Verhalten – gewissermaßen im vorauseilenden Gehorsam – bereits in sein Angebot aufgenommen hat.[330] Macht die öffentliche Hand bei **Ausschreibungen** entsprechend dem Gebot des § 8 Abs. 3 VOB/A die VOB/B zum Teil der Verdingungsunterlagen, so liegt eindeutig ein Stellen im Sinne des § 305 BGB vor[331], wie schon dadurch zum Ausdruck kommt, dass jede Ver-

---

[321] KG BauR 2014, 115 Rn. 77; OLG Hamm v. 29.11.1991 – 26 U 70/91, BeckRS 1991, 31006092; vgl. BGH NJW 2010, 1131 (1132) „Mustervertrag Gebrauchtwagenkauf"; OLG Köln NJW 1994, 59.
[322] *Ulmer/Brandner/Hensen* BGB § 305 Rn. 29.
[323] *Wolfensberger* BauR 1995, 779 (780).
[324] KG BauR 2014, 115 Rn. 77.
[325] BGH BauR 1991, 84 = NJW RR 1991, 275.
[326] Vorauflage Rn. 103; ebenso *Locher* in Ingenstau/Korbion, 15. Aufl., Anhang 1, Rn. 38; *Heiermann/Riedl/Rusam* VOB/B § 1 Rn. 10; *Peters/Jacoby* in Staudinger vor § 631 Rn. 83.
[327] Vgl. näher → VOB/B § 1 Rn. 27 f. mwN; *Peters/Jacoby* in Staudinger vor § 631 Rn. 83.
[328] *Roloff* in Erman BGB § 305 Rn. 12: *Looschelders/Pohlmann*, VVG Kommentar Vorb. B Rn. 17 und Thiel r+s 2011, 1 (2), jeweils zu Makler-AVB
[329] So für AVB *Looschelders/Pohlmann*, VVG Kommentar Vorb. B Rn. 17; diese Wertung könnte auch BGH BauR 1991, 84 zugrunde liegen.
[330] BGH NZBau 2006, 383; BGH NJW 1997, 2043; OLG Frankfurt BauR 2007, 1053.
[331] OLG Frankfurt BauR 2007, 1053; *Locher* in Ingenstau/Korbion, 15. Aufl., Anhang 1 Rn. 51 mwN.

änderung der Verdingungsunterlagen durch den Bieter nach § 13 Abs. 1 Nr. 5 VOB/A unzulässig ist und zwingend zum Ausschluss aus der Wertung führt, § 25 Nr. 1 VOB/A. Das bloße Einverständnis der anderen Vertragsseite ist notwendige Voraussetzung für die Einbeziehung Allgemeiner Geschäftsbedingungen (§ 305 Abs. 2 BGB). Es nimmt einem Klauselwerk weder den Charakter als Allgemeine Geschäftsbedingungen noch ändert es etwas an dem „Stellen". Entsprechendes gilt, wenn der Auftragnehmer seinerseits in Erfüllung seiner Verpflichtung gem. § 4 Abs. 8 Nr. 2 VOB/B seinen Nachunternehmervergaben die VOB/B zugrunde legt.[332] Im Übrigen ist regelmäßig derjenige Verwender, der ein **Einbeziehungsverlagen zuerst aufstellt** und damit den Impuls zur Einbeziehung gegeben hat.[333] Das kann zwar im Einzelfall zu den beanstandeten zufälligen Ergebnissen führen, ist aber gegenüber dem Verwender letztlich gerechtfertigt. Wenn er ein Klauselwerk verwendet, das einer Inhaltskontrolle ganz oder teilweise nicht Stand hält, nimmt er das Unwirksamkeitsrisiko in Kauf. Dieses Risiko trifft ihn zweifelsohne zu Recht gegenüber allen, die von sich aus das Klauselwerk nicht einbeziehen wollten. Es trifft ihnen aber auch zu Recht gegenüber denjenigen, die einen nicht geäußerten eigenen Eigenbeziehungswunsch gehabt hätten. Wenn der Verwender den Einbeziehungswunsch nicht abwartet oder nicht auf eine einvernehmliche Einbeziehung hinwirkt, stellt er die Bedingungen; er will sie unabhängig von dem Wunsch der Gegenseite zur Vertragsgrundlage machen und muss deshalb, wie in den anderen Fällen auch, die Folgen tragen.

105 Die **Verwenderrolle wechselt während Vertragsverhandlungen nicht** allein dadurch, dass die andere Vertragsseite bei ihren Gegenangeboten die VOB/B als Vertragsgrundlage beibehält. Zwar ist ein Gegenangebot oder eine modifizierte Annahme rechtlich ein selbstständiges Angebot. Für die Zurechnung der Einbeziehung von Allgemeinen Geschäftsbedingungen kommt es aber nicht darauf an, welche Partei sie letztlich formell in den Vertragsabschluss eingeführt hat, sondern welche die tatsächliche Veranlassung zur Einbeziehung gegeben hat.[334]

106 Für möglicherweise „unaufklärbare" Fälle brauchen keine besonderen Grundsätze aufgestellt zu werden.[335] In **Verbraucherverträgen** gilt die VOB/B aufgrund der gesetzlichen Fiktion des § 310 Abs. 3 Nr. 1 BGB als vom Unternehmer gestellt, wenn sie nicht durch den Verbraucher selbst in dem Bauvertrag eingeführt wurde. Im Übrigen ist nach der **Beweislast** zu entscheiden. Derjenige, der sich auf die Unwirksamkeit einer Klausel beruft, muss beweisen, dass sie von der Gegenseite gestellt worden ist.[336] Die Unaufklärbarkeit geht dann zu seinen Lasten.

107 **5. Besonderheiten der Auslegung und Inhaltskontrolle der VOB/B.** Für Allgemeine Geschäftsbedingungen gilt trotz ihres ausschließlich vertraglichen Geltungsgrundes der Grundsatz der gesetzesförmigen Auslegung, dh sie werden unter Verzicht auf individuell-konkrete Momente objektiv ausgelegt. So ist gewährleistet, dass die Regelungen für alle Beteiligten und für alle Fälle gleichmäßig gehandhabt werden.[337] Diese Auslegung von Allgemeinen Geschäftsbedingungen erfolgt jedoch nicht unter gleicher Berücksichtigung der Interessen beider Parteien, sondern nach § 305c Abs. 2 BGB (§ 5 AGBG) im Zweifel **zu Lasten des Verwenders (Unklarheitsregel).** Bei der Auslegung verbleibende Zweifel gehen zu seinen Lasten, weil ihm insoweit die Formulierungsverantwortung trifft, dh die Pflicht für verständliche und eindeutige Klauseln zu sorgen. Das so genannte **Transparenzgebot,** vgl. nun § 307 Abs. 1 BGB, führt im Rahmen der Inhaltskontrolle sogar dazu, dass die bloße Intransparenz einer Klausel, unabhängig von der Benachteiligung des Vertragspartners, zur Unwirksamkeit führt.[338] Ergänzt werden Unklarheitsregeln und Transparenzgebot durch das so genannte **Restriktionsprinzip.**[339] Danach werden die Klauseln, die zum Nachteil des Verwenders vom dispositiven Recht abweichen,

---

[332] *Ganten* in Beck'scher VOB/Kommentar Einl. II Rn. 12.
[333] *Ulmer/Brandner/Hensen* Anh. §§ 9–11 Rn. 902; *Horn* in Wolf/Horn/Lindacher AGBG § 23 Rn. 241; *Schlosser* in Staudinger BGB § 305 Rn. 31; *Locher* in Ingenstau/Korbion, 15. Aufl., Anhang 1, Rn. 51; *Oberhauser* S. 31; **anderer Ansicht:** NWJS Einl. Rn. 55; *Lindacher* in Wolf/Horn/Lindacher AGBG § 6 Rn. 25.
[334] BGH NZBau 2006, 383; NJW 1997, 2043; OLG Stuttgart BauR 1989, 756; *Brandner/Ulmer/Hensen* AGBG § 1 Rn. 27.
[335] Dafür wohl *Wolf/Horn/Lindacher* § 23 Rn. 241.
[336] BGHZ 118, 229; 130, 50.
[337] *Wolf/Horn/Lindacher* AGBG § 5 Rn. 5 ff.
[338] BGH NJW 1996, 455; WM 1988, 1780: *Ulmer/Brandner/Hensen* AGBG § 9 Rn. 89.
[339] Ob das Restriktionsprinzip neben der Unklarheitsregel eine eigenständige Bedeutung hat, ist umstritten: dafür *Wolf/Horn/Lindacher* AGBG § 5 Rn. 37 ff.; dagegen *Ulmer/Brandner/Hensen* AGBG § 5 Rn. 37 ff., jeweils mwN.

eng ausgelegt.³⁴⁰ Schließlich ist heute auch im Individualprozess zunächst zu prüfen, ob eine Klausel auch bei der **kundenfeindlichsten Auslegung** noch der Inhaltskontrolle standhalten kann.³⁴¹

Diese allgemeinen für Allgemeine Geschäftsbedingungen geltenden Auslegungsregeln werden **auf die VOB/B faktisch nicht angewandt;** vielmehr erfolgt eine objektive oder neutrale Auslegung ohne Berücksichtigung der Transparenz und der Frage, wer im konkreten Fall Verwender der VOB/B ist.³⁴² Dieses mit allgemeinen AGB-rechtlichen Maximen nicht im Einklang stehende Vorgehen erklärt sich vor allem aus der geschichtlichen Entwicklung der VOB. Diese hatte als Dienstvorschrift halbamtlichen Charakter. Vor Inkrafttreten des AGBG wurde sie aufgrund der Beteiligung beider Vertragsseiten bei der Entstehung, ihres ausgewogenen Charakters und ihrer großen Verbreitung vereinzelt als Gewohnheitsrecht, manchmal als Handelsbrauch oder als Sonderrecht der Bauwirtschaft bezeichnet. Auch der BGH bestätigte die **Sonderrolle der VOB/B;** da die VOB/B nicht einseitig die Interessen einer Partei verfolge, könne sie nicht ohne weiteres mit einseitig gestellten Allgemeinen Geschäftsbedingungen auf eine Stufe gestellt werden.³⁴³ **108**

Die sich hieraus ergebene Auslegungstradition hat sich im Grundsatz auch nach Inkrafttreten des AGBG unverändert fortgesetzt. Unklarheitsregel und Restriktionsprinzip spielen bei der Auslegung der einzelnen Vorschriften keine Rolle.³⁴⁴ Etwas vermessen ist die Behauptung, die VOB/B enthalte gar keine Unklarheiten.³⁴⁵ Ehrlicher erscheint demgegenüber der Einwand von *Nicklisch/Weick,* diese Auslegungsregeln würden nicht auf die VOB/B passen. Eine unterschiedliche Auslegung würde deren Ausgewogenheit zerstören. Im Übrigen sei es nicht sinnvoll, einzelne Bestimmungen unterschiedlich auszulegen, je nachdem ob Auftraggeber oder Auftragnehmer Verwender der VOB/B sei.³⁴⁶ Diese Argumentation kann allerdings nur für die Fälle überzeugen, bei denen beide Seiten die VOB/B üblicherweise verwenden. Wenn beide Parteien die VOB/B regelmäßig einsetzen, gilt ihnen gegenüber das anerkannte oder herrschende Verständnis. In den Fällen bauunerfahrener Auftraggeber liegen die gesetzlichen Gründe für Unklarheitsregel und Restriktionsprinzip ebenso vor wie bei der Verwendung sonstiger Allgemeiner Geschäftsbedingungen. Das ist eindeutig bei der Verwendung gegenüber Verbrauchern, gilt aber auch bei der Verwendung gegenüber Unternehmern, die ihrerseits die VOB/B nicht verwenden. **109**

Die herrschende Meinung geht formell von der grundsätzlichen Anwendbarkeit des § 305c Abs. 2 BGB (§ 5 AGBG) auf die VOB/B aus³⁴⁷, zieht aber hieraus keine praktischen Konsequenzen. Der Hinweis des BGH, dass wenn eine bestimmte VOB/B- Regelung jahrzehntelang mit gleichbleibendem Verständnis ausgelegt wird, schon objektiv keine Mehrdeutigkeit vorliege³⁴⁸, erledigt nur Außenseitermeinungen. Hinzu kommt, dass entgegen verbreiteter unreflektierter Praxis³⁴⁹, ein Rückgriff auf § 305c Abs. 2 BGB nicht schon möglich ist, wenn Streit über die Auslegung einer Bedingung besteht, sondern nur wenn nach Ausschöpfung aller in Betracht kommenden Auslegungsmethoden **ein nicht behebbarer Zweifel** verbleibt.³⁵⁰ Während die häufig gebrauchte Formulierung zweier „rechtlich vertretbarer" Auffassungen aus Sicht der nicht gewählten Auffassung geradezu Anwendung der Unklarheitsregel drängt, betont der BGH, dass Auslegungsdifferenzen, also auch Meinungsstreite in Rechtsprechung und Literatur, noch nicht die Unklarheitsregel des § 305c BGB eröffnen, sondern deren Anwendung voraussetzt, dass keine der gefundenen Auslegungen den „klaren Vorrang" verdient.³⁵¹ Da der BGH der von ihm gewählten Auslegung der VOB/B-Vorschriften im Zweifel den „klaren Vorrang" einräumen wird, wird für die Anwendung der Unklarheitsregel in der Praxis wenig Raum verbleiben. Das **110**

---

³⁴⁰ BGH WM 1977, 1351; NJW 1979, 2148.
³⁴¹ BGH NJW 2008, 2172; 2008, 987; 2005, 987.
³⁴² *Motzke* in Beck'scher VOB-Kommentar Einl. Rn. 78, 85; *Oberhauser* S. 34.
³⁴³ BGH NJW 1971, 61.
³⁴⁴ *Siegburg* BauR 1993, 1 (15); *Koch* S. 72 f.; *Oberhauser* S. 33 f.
³⁴⁵ So *Bartsch* ZfBR 1984, 1 (2).
³⁴⁶ *Nicklisch/Weick* VOB/B, 3. Aufl., Einl. Rn. 57; *Heiermann/Riedl/Rusam* § 1 Rn. 26, falls die VOB/B als Ganzes vereinbart wird.
³⁴⁷ BGH BauR 1997, 1027 (wobei der Verwender erstaunlicherweise nicht einmal festgestellt wird); *Lindacher* in Wolf/Lindacher/Pfeiffer BGB § 305c Rn. 125; *Schlosser* in Staudinger BGB § 305c Rn. 106; *Denziger* BB 1981, 1123 (1124).
³⁴⁸ BGH NJW 1996, 1346.
³⁴⁹ Vgl. dazu *Lindacher* in Wolf/Lindacher/Pfeiffer BGB § 305c Rn. 129.
³⁵⁰ *Schlosser* in Staudinger BGB § 305c Rn. 106 mwN.
³⁵¹ BGH NJW 2002, 3232; NJW-RR 1995, 1303; vgl. auch BGH NZV 1996, 233.

erscheint bei Klauselwerken wie der VOB/B auch sachlich gerechtfertigt. Diese Klauselwerke sind so verbreitet und umfangreich erörtert, dass der Verwendungsgegner bei zumutbaren Anstrengungen[352] heute den Klauseln immer einen eindeutigen Sinn im Sinne der Rechtsprechung abgewinnen können wird. Damit verbleibt wenig Raum für praktische Auswirkungen von Unklarheitsregel bzw. Restriktionsprinzip.

110a Die Besonderheit bei der Anwendung der Unklarheitsregel zeigt sich aber im Rahmen der historischen Betrachtung. Vor der Entscheidung durch den BGH hätte zB die Streitfrage zur Rechtsnatur des Ankündigungserfordernisses in § 2 Abs. 6 VOB/B[353] beim Ansatz der üblichen Maßstäbe für die Auslegung einseitig aufgestellter AGB mittels der Unklarheitsregelung jeweils zu Lasten des Verwenders gelöst werden müssen. War der Auftraggeber Verwender und wäre deshalb zusätzlich das Restriktionsprinzip zu berücksichtigen gewesen, hätte die Regelung generell nicht als Anspruchsvoraussetzung ausgelegt werden können. War der Verwender demgegenüber Auftragnehmer, hätte das Ankündigungserfordernis als Anspruchsvoraussetzung ausgelegt werden müssen.

110b Das AGB-rechtliche Prinzip der Auslegung gegen den Verwender hätte in diesem Fall auch dazu führen müssen, dass die Regelung des § 2 Abs. 6 VOB/B bei einer Verwendung durch den Auftraggeber einer isolierten Inhaltskontrolle nicht hätte standhalten können. Auch im Individualprozess ist heute anerkannt, dass zunächst zu prüfen ist, ob die Auslegung bei kundenfeindlichster Auslegung noch einer Angemessenheitskontrolle standkalten kann.[354] Das wäre nach den eigenen Entscheidungsgründen des BGH aber nicht der Fall gewesen. Die Argumentation des BGH stimmt mit den allgemeinen Auslegungsgrundsätzen von ABG auch insoweit nicht voll überein, weil die VOB/B-Regelungen nicht primär juristisch, sondern nach dem typischen Verständnis redlicher Vertragsparteien der beteiligten Verkehrskreise auszulegen wären.[355] Das Ankündigungserfordernis wurde vor der BGH-Entscheidung aber überwiegend als Anspruchsvoraussetzung verstanden.

111 Ebenfalls festzustellen ist die Nichtanwendung des **Transparenzgebotes.** Zwar geht ein Teil der Kritik an der Transparenz der VOB/B-Regelungen ins Leere, weil einfach die Anforderungen an die Transparenz einseitig gestellter Geschäftsbedingungen gegenüber Verbrauchern verabsolutiert und einfach übertragen werden. Auch gegenüber Verbrauchern können AGB nicht immer so formuliert werden, dass ihnen „jedes eigene Nachdenken erspart bleibt".[356] Darüber hinausgehend erkennt die Rechtsprechung bei allgemein üblichen Handelsklauseln durchaus Besonderheiten an. Hier ist der allgemein anerkannte Inhalt maßgeblich, auch wenn er im Klauseltext nur unvollkommen zum Ausdruck gekommen ist.[357] Hinzu kommt, dass im gewerblichen Verkehr die Anforderungen an die Konkretisierung der Vertragsbestimmungen und die Verdeutlichung deren Rechtsfolgen deutlich geringer sind als bei Verbraucherverträgen.[358] Damit lässt sich eine Auslegung der VOB/B zumindest gegenüber bauerfahrenen Verwendungsgegnern im Sinne der herrschenden Meinung rechtfertigen, auch wenn diese Auslegung im Klauselwortlaut keinen oder nur einen unzureichenden Ausdruck gefunden hat. Der BGH betont, dass die Anforderungen an die Transparenz von VOB-Bestimmungen im kaufmännischen Verkehr mit Rücksicht auf die kaufmännische Erfahrung und die Maßgeblichkeit der Handelsbräuche niedriger anzusetzen sind.[359] Das kann und muss aber zu einer **unterschiedlichen Beurteilung** führen, je nachdem ob Verwendungsgegnern ein **Verbraucher oder Unternehmer** ist.[360] Gegenüber Verbrauchern erfordert das Transparenzgebot gem. Art. 5 der Verbraucherschutzrichtlinie, dass die Klauseln „*stets klar und verständlich abgefasst*" sind. Diese Anforderung aus Sicht des typischen privaten Durchschnittskunden wird vielfach nicht erfüllt, zB beim Kündigungserfordernis vor Eigennachbesserung bei § 4 Abs. 7 VOB/B. Wenn die VOB/B nicht klarer gefasst wird, wird sich eine gespaltene Auslegung und Transparenzkontrolle in Verbraucherverträgen nicht vermeiden lassen. Diese Differenzierung hat in der Rechtsprechung auch bereits

---

[352] *Lindacher* in Wolf/Lindacher/Pfeiffer BGB § 305c Rn. 124.
[353] Vgl. näher → VOB/B § 2 Rn. 198.
[354] BGH NJW 2008, 2172; 2008, 987; 2005, 987; vgl. bereits BGH NJW 1994, 1799; 1992, 1097.
[355] Vgl. nur *Brandner/Ulmer/Hensen* § 5 Rn. 14 mwN.
[356] BGH NJW 1990, 2383. Bei der Auslegung Allgemeiner Versicherungsbedingungen wird durchaus der Durchblick eines Fachmanns unterstellt, vgl. *Armbrüster* ZflR 2007, 409 und *Römer* NVersZ 1999, 97 (101).
[357] BGHZ 92, 936; BGH NJW 1996, 1407; *Ulmer/Brandner/Hensen* AGBG § 6 Rn. 15.
[358] BGH NJW 1996, 455; *Ulmer/Brandner/Hensen* AGBG § 9 Rn. 107.
[359] BGH NJW 1999, 942 = BauR 1999, 414 zu § 10 Nr. 2 VOB/B
[360] *Ulmer/Brandner/Hensen* AGBG § 5 Rn. 23; vgl. zB BGH NJW 2009, 3716 zur Auslegung einer Mietvertragsklausel.

ihren Niederschlag gefunden. So beschränkt der BGH seine korrigierende Auslegung des § 10 Abs. 2 Nr. 2 VOB/B ausdrücklich auf die Verwendung im kaufmännischen Verkehr.[361] Das hat aber noch keine besondere Auswirkung, da der Auftragnehmer immer Unternehmer sein wird.

Eine weitere Besonderheit gilt hinsichtlich der **geltungserhaltenden Reduktion.** Einseitig 112 aufgestellte Allgemeine Geschäftsbedingungen, die zu weit gefasst oder nicht hinreichend differenziert sind, dürfen nicht einschränkend ausgelegt werden, so dass sie in dieser eingeschränkten Auslegung einer Inhaltskontrolle gerade noch Stand halten können, so genanntes Verbot geltungserhaltender Reduktion.[362] Für den Bereich **kollektiv ausgehandelter Vertragsbedingungen** macht die Rechtsprechung hiervon jedoch ausdrücklich **Ausnahmen.** Der Schutzzweck der AGB-Regelungen, der in der Regel ein Verbot der geltungserhaltenden Reduktion einseitig aufgestellter AGB-Klauseln rechtfertige, greife nicht in gleicher Weise bei unter Mitwirkung der beteiligten Verkehrskreise zu Stande gekommenen fertig bereitliegenden Rechtsordnungen, weil diese als kollektiv ausgehandelte Vertragswerke nicht vorrangig Interessen der Verwender berücksichtigen, sondern einen im Ganzen ausgewogenen Ausgleich der beteiligten Interessen enthielten.[363] Nichts anderes hat der BGH mit seiner einschränkenden Auslegung zu § 2 Abs. 6 VOB/B getan, da er die Vorschrift entgegen den vom ihm ausgelegten Wortlaut maßgeblich eingeschränkt hat.[364] Eine geltungserhaltende Reduktion erfolgt auch, wenn der BGH die Einschränkung des § 10 Abs. 5 VOB/B in § 10 Abs. 2 Nr. 2 „hineinliest".[365]

Hiergegen ist im Schrifttum erhebliche Kritik erhoben worden.[366] Bei der Bewertung ist 113 jedoch zu beachten, dass der BGH das Verbot der geltungserhaltenden Reduktion für einseitig gestellte AGB zwar formell aufrechterhält, es in der Sache aber durch die Teilung von Klauseln auch gegen den Wortlaut und mittels ergänzender Vertragsauslegung beträchtlich gelockert hat.[367] Die formelle Einschränkung des Verbots geltungserhaltener Reduktion gegenüber kollektiv ausgehandelten Werken stellt deshalb keinen so großen Bruch dar, wie es den ersten Anschein haben mag. Im Übrigen kann die AGB-rechtlich noch nicht endgültig ausgetragene Streitfrage zur Reichweite des Verbotes der geltungserhaltenden Reduktion hier nicht im Rahmen der Erörterung seiner Anwendung auf die VOB/B geklärt werden. Zu kritisieren bleibt aber, dass die Entscheidungen, selbst wenn sie im Ergebnis zutreffend sind, eine klare und stringente Dogmatik vermissen lassen. Die Argumentation erscheint wechselhaft, teilweise, wie bei der Annahme der Teilbarkeit von Klauseln, fast willkürlich.[368] Die erforderliche Rechtssicherheit für die Beurteilung der Klauselwirksamkeit ist damit nicht gegeben. Gegenwärtig ist unabsehbar, welche Klauseln einer isolierten Inhaltskontrolle Stand halten und welche nicht.[369] Das ist in Anbetracht der Bedeutung und Verbreitung der VOB/B nicht hinnehmbar.

§ 1 Art und Umfang der Leistung

(1) **Die auszuführende Leistung wird nach Art und Umfang durch den Vertrag bestimmt. Als Bestandteil des Vertrags gelten auch die Allgemeinen Technischen Vertragsbedingungen für Bauleistungen (VOB/C).**
(2) **Bei Widersprüchen im Vertrag gelten nacheinander:**
   a) die Leistungsbeschreibung,
   b) die Besonderen Vertragsbedingungen,
   c) etwaige Zusätzliche Vertragsbedingungen,
   d) etwaige Zusätzliche Technische Vertragsbedingungen,
   e) die Allgemeinen Technischen Vertragsbedingungen für Bauleistungen,
   f) die Allgemeinen Vertragsbedingungen für die Ausführung von Bauleistungen.

---

[361] BGH NJW 1999, 942 = BauR 1999, 414.
[362] Vgl. nur *Ulmer/Brandner/Hensen* § 6 Rn. 14 ff. mwN.
[363] BGH NJW 1995, 3117 zu ADSp; BGHZ 129, 323 zu AGNB.
[364] BGH NJW 1996, 2158 = BauR 1998, 542; vgl. näher → VOB/B § 2 Rn. 200.
[365] BGH NJW 1999, 942 = BauR 1999, 414; vgl. näher → VOB/B § 10 Rn. 32, 64.
[366] *Löwe* ZIP 1995, 1273 f.; *Heinrichs* NJW 1996, 1381; *Ulmer/Brandner/Hensen* AGBG § 6 Rn. 15a.
[367] Vgl. *Mayer*, passim; *Basedow* in MüKoHGB vor § 1 Rn. 21.
[368] Vgl. BGH NJW 1984, 2816 einerseits und BGHR § 6 AGBG Nr. 1 andererseits; vgl. BGH WM 1990, 969; 1992, 391 einerseits und BGHZ 130, 19 andererseits.
[369] Vgl. zB *Kaiser*, Das neue Forderungssicherungsgesetz S. 60 ff.; *Deckers* Forderungssicherungsgesetz S. 14 ff.; *Korbion/Locher/Sienz* AGB S. 52 ff.; *Kuckuk* Ausgewogenheit S. 51 ff.; *Althaus/Heindl*, Der öffentliche Bauauftrag, Rn. 137 ff. *Deckers* NZBau 2008, 627 ff.; *Geck* ZfBR 2008, 436 ff.; *Ingendoh/Berger* ZfIR 2008, 691 ff.

VOB/B § 1

(3) Änderungen des Bauentwurfs anzuordnen, bleibt dem Auftraggeber vorbehalten.

(4) Nicht vereinbarte Leistungen, die zur Ausführung der vertraglichen Leistung erforderlich werden, hat der Auftragnehmer auf Verlangen des Auftraggebers mit auszuführen, außer wenn sein Betrieb auf derartige Leistungen nicht eingerichtet ist. Andere Leistungen können dem Auftragnehmer nur mit seiner Zustimmung übertragen werden.

Schrifttum: *Althaus,* Änderungen des Bauentwurfs und nicht vereinbarte Leistungen: Überlegungen zum Verhältnis von § 1 Nr. 3 VOB/B und Nr. 4 Satz 1 VOB/B, ZfBR 2007, 411; *Anker/Klingenfuß,* Kann das praktisch Erforderliche stets wirksam vereinbart werden?, BauR 2005, 1377; *Breyer,* Die Vergütung von „anderen Leistungen" nach § 1 Nr. 4 S. 2 VOB/B, BauR 1999, 459; *Breyer,* Ein Lösungsvorschlag zur Behandlung von Anordnungen des Auftraggebers zur Bauzeit, BauR 2006, 1222; *Bruns,* Schluss mit einseitigen Änderungen des Bauentwurfs nach § 1 Nr. 3 VOB/B?, ZfBR 2005, 525; *Clemm,* Anspruch des Auftragnehmers auf zusätzliche Vergütung bei kostenverursachenden lärmmindernden Baumaßnahmen, BauR 1989, 125; *von Craushaar,* Abgrenzungsprobleme im Vergütungsrecht der VOB/B bei der Vereinbarung von Einheitspreisen, BauR 1984, 311; *Enders,* Existenz und Umfang eines Änderungsrechtes des Bestellers beim BGB-Bauvertrag, BauR 1982, 535; *Egner,* Außerprozessuale Streiterledigung im Bauvertrag auf der Grundlage der VOB-Vertragsbestimmungen, 2000; *Festge,* Die anerkannten Regeln der Technik – ihre Bedeutung für den vertraglichen Leistungsumfang, die vertragliche Vergütung und die Gewährleistung, BauR 1990, 322; *Fricke,* Quomodo pacta sum servanda?, VersR 2000, 257; *Grauvogl,* Die VOB Teil C und der Bauvertrag, Jahrbuch, BauR 1998, 315 ff.; *Heiermann,* Der Pauschalvertrag im Bauwesen, BB 1975, 991; *Heiermann,* Wirksamkeit des Ausschlusses der Preisanpassungsmöglichkeit nach VOB durch Allgemeine Geschäftsbedingungen, NJW 1986, 2682; *Jagenburg,* Stand der Technik gestern, heute, morgen? Der für die anerkannten Regeln der Technik maßgebliche Zeitpunkt, Festschrift Korbion, 1986, 179; *Jansen,* Nullpositionen beim Einheitspreisvertrag, NZBau 2012, 345; *Kamanabrou,* Vertragliche Anpassungsklauseln, 2004; *Kaufmann,* Die Unwirksamkeit der Nachtragsklauseln der VOB/B nach §§ 305 ff. BGB, Jahrbuch BauR 2006, 35; *Keldungs,* Beschleunigungsvereinbarungen, Beschleunigungsanordnungen – Rechtsfolgen, BauR 2013, 1917; *Kimmich,* Beschleunigung von Bauabläufen und Anspruchsgrundlagen, BauR 2008, 263; *Kretschmann,* Der Vergütungsanspruch des Unternehmers für im Vertrag nicht vorgesehene Werkleistungen und dessen Ankündigung gegenüber dem Besteller, 2005; *Lederer,* Der funktionale Werkerfolg, 2016; *Leesmeister,* Die Beschleunigung der Bauausführung im Werkvertragsrecht 2014; *Lenzen,* Teilerhaltung AGBG-widriger VOB-Verträge, BauR 1985, 261; *Leupertz/Vygen,* Der Bauvertrag und sein gesetzliches Leitbild, Festschrift Franke 2009, 229; *Marbach,* Vergütungsansprüche aus Nachträgen – ihre Geltendmachung und Abwehr, ZfBR 1989, 2; *Mantscheff,* Die Bestimmung der VOB/C und ihre vertragsrechtliche Bedeutung, Festschrift Korbion 1986, 295; *Matusche-Beckmann,* Die Bedingungsanpassungsklausel – Zulässiges Instrument für den Fall der Unwirksamkeit Allgemeiner Versicherungsbedingungen?, BGH NJW 1998, 112; *Markus,* VOB/B-Novelle 2006 – Es bleibt dabei: Keine Anordnungsbefugnis des Auftraggebers zur Bauzeit, NZBau 2006, 537; *Matz,* Die Konkretisierung des Werks durch den Besteller, 2012; *von Minckwitz,* Zur AGB-Widrigkeit der §§ 1 Nr. 3 und 4 VOB/B im Lichte der Rechtsprechung zu § 315 BGB, BrBp 2005, 170; *Motzke,* Parameter für Zusatzvergütung bei zusätzlichen Leistungen – Eine Auseinandersetzung mit dem Urteil „Konsolträgergerüst" des BGH, NZBau 2002, 641; *Nicklisch,* Rechtsfragen des Subunternehmervertrages bei Bau- und Anlagenprojekten im In- und Auslandsgeschäft, NJW 1985, 2361; *Niemöller,* Der Mehrvergütungsanspruch für Bauzeitverlängerungen durch Leistungsänderungen und/oder Zusatzleistungen beim VOB/B-Vertrag, BauR 2006, 170; *Oberhauser,* Was darf der Auftraggeber nach § 1 Nr. 3 VOB/B anordnen?, Festschrift Ganten 2007, 189; *Oberhauser,* Preisfortschreibung als „Vergütungsmodell" für geänderte und zusätzliche Leistungen – sieht das die VOB/B wirklich vor?, BauR 2011, 1447; *Oberhauser,* Ungelöste Probleme im Zusammenhang mit der Anordnung einer Beschleunigung, Festschrift Englert 2014, 327; *Peters,* Weisungen des Bestellers nach VOB/B und BGB, NZBau 2012, 625; *Piel,* Zur Abgrenzung zwischen Leistungsänderung (§ 1 Nr. 3, § 2 Nr. 5 VOB/B) und Behinderung (§ 6 VOB/B), Festschrift Korbion, 1986, 349; *Quack,* Theorien zur Rechtsnatur von § 1 Nr. 3 und 4 VOB/B und ihre Auswirkungen auf die Nachtragsproblematik, ZfBR 2004, 107; *Quack,* Methodische Überlegungen zum Gegenstand der Inhaltskontrolle der Nachtragstatbestände der VOB/B (§ 1 Nr. 3 und 4, § 2 Nr. 5 und 6 VOB/B), Festschrift Ganten 2007, 211; *Quack,* Was ist eigentlich vereinbart, wenn die VOB/C nicht wirksam in den Vertrag einbezogen wurde?, ZfBR 2005, 731; *Quack,* Zur Zweckmäßigkeit (oder Unzweckmäßigkeit) eines verbreiteten Gestaltungsmittels für Bauverträge. Ansatzpunkte für Verbesserungen, BauR 1992, 18; *Rehbein,* Auftraggeberanordnung und Risikoverteilung beim Bauwerkvertrag und beim VOB-Vertrag, 2008; *Reichert,* Die heilige Kuh: Das Anordnungsrecht gem. § 1 Abs. 3 VOB/B und die Nachtragsvergütung gem. § 2 Abs. 5 VOB/B – AGB-rechtswidrig und unwirksam?, BauR 2015, 1549; v. *Rintelen,* Bestandskraft von Nachträgen bei Doppelbeauftragung und von Reparaturaufträgen trotz Mängelrechten, Festschrift Kapellmann, 2007, S. 373; *Roquette,* Vollständigkeitsklauseln: Abwälzung des Risikos unvollständiger oder unrichtiger Leistungsbeschreibungen auf den Auftragnehmer, NZBau 2001, 57; *Schelle,* Wahlrecht (§§ 262 ff. BGB) und VOB, BauR 1989, 48; *Schulze-Hagen,* Zur Anwendung der §§ 1 Nr. 3, 2 Nr. 5 VOB/B einerseits und §§ 1 Nr. 4, 2 Nr. 6 VOB/B andererseits, Festschrift Soergel, 1993, S. 259; *Thierau,* Anordnungen des Auftraggebers zur Bauzeit, Festschrift Quack 2009, S. 247 ff.; *Thode,* Nachträge wegen gestörten Bauablaufs im VOB/B-Vertrag, Eine kritische Bestandsaufnahme, ZfBR 2004,

214; *Thode,* Änderungsbefugnis des Bauherren in § 1 Nr. 3 VOB/B, BauR 2008, 155; *Ulbrich,* Leistungsbestimmungsrechte in einem künftigen deutschen Bauvertragsrecht vor dem Hintergrund, der Funktion und der Grenzen von § 1 Nr. 3 und Nr. 4 VOB/B, 2007; *Vogel/Vogel,* Die VOB/C und das AGB-Gesetz – terra incognita, BauR 2000, 345 ff.; *Voit,* Gedanken zum gesetzlichen Leitbild des Bauvertrages bei der AGB-Kontrolle, Festschrift Ganten 2007, 261; *Völkel,* Die Bedeutung der VOB/C bei der Bestimmung bauvertraglicher Leistungspflichten, 2005; *Vygen,* Leistungsänderung und Zusatzleistungen beim Pauschalvertrag, Festschrift Locher 1990, 263 ff.; *Vygen,* Rechtliche Probleme bei Ausschreibung, Vergabe und Abrechnung von Alternativ- und Eventualpositionen, BauR 1992, 135; *Vygen,* Leistungsverweigerungsrecht des Auftragnehmers bei Änderungen des Bauentwurfs gemäß § 1 Nr. 3 VOB/B oder Anordnung von zusätzlichen Leistungen gemäß § 1 Nr. 4 VOB/B?, BauR 2005, 431; *Vygen,* Bauablaufstörungen – Sachnachträge – Zeitnachträge, BauR 2006, 166; *Vygen,* Die VOB/B und ihre Zukunft bei zunehmender Bedeutung des Verbraucherschutzes, Festschrift Ganten 2007, 243; *Weyer,* Bauzeitverlängerung auf Grund von Änderungen des Bauentwurfs durch den Auftraggeber, BauR 1990, 138; *Weyer,* Die gefährdete Einrede aus § 16 Nr. 3 Abs. 2 S. 1 VOB/B, BauR 1984, 553; *Wirth/Würfele,* Bauzeitverzögerung: Mehrvergütung gemäß § 2 Nr. 5 VOB/B oder Schadensersatz gemäß § 6 Nr. 6 VOB/B?, Jahrbuch BauR 2006, 119; *Wirth/Würfele,* Änderungen der Bauzeit unterliegen dem Anordnungsrecht nach § 1 Nr. 3 VOB/B, BrBp 2005, 214; *von Westphalen,* VOB-Vertrag und AGB-Gesetz, ZfBR 1985, 252; *Zanner/Keller,* Das einseitige Anordnungsrecht des Auftraggebers zu Bauzeit und Bauablauf und seine Vergütungsfolgen, NZBau 2004, 353 ff.

Übersicht

	Rn.
A. Allgemeines	1
B. § 1 Abs. 1 – Bestimmung der Leistungspflicht	2
I. Grundsatz: Maßgeblichkeit des Vertrages	2
II. Die Vertragsunterlagen im Einzelnen	4
1. Festlegung der in den Vertrag einbezogenen Unterlagen	4
2. Beweisfragen	10
3. Begrenzung des Vertragsumfangs durch Schriftformklauseln?	13
III. Einbeziehung der VOB/C	17
1. Allgemeines	17
2. Notwendigkeit der Einbeziehung	19
3. Umfang der Einbeziehung	23
C. § 1 Abs. 2 – Widersprüche im Vertrag, Rangfolgeregelung	26
I. Sinn und Zweck der Regelung	26
II. Inhalt der Regelung	29
III. Abweichende Vereinbarungen und AGB-widrige Gestaltungen	35
IV. Auslegung der Vertragsunterlagen	41
V. Nachrangige Klausel als Ersatzregelung?	47
D. § 1 Abs. 3 – Bauentwurfsänderung	49
I. Allgemeines	49
II. Umfang des Änderungsrechts	51
1. Definition des Bauentwurfs	51
2. Keine Änderung des sonstigen Vertragsinhalts	52
3. Nur Bauinhaltsänderungen	53
4. Keine Bauumstandsänderung	54
5. Keine Bauzeitänderung	57
6. Abgrenzung zu § 1 Abs. 4 VOB/B	60
a) Das Verhältnis von § 1 Abs. 3 und § 1 Abs. 4 VOB/B	60
b) Allgemeine Abgrenzungskriterien	63
c) Fallgruppen	67
III. Grenzen des Anordnungsrechts	82
IV. Ausübung des Änderungsrechts	89
V. Überschreitung der Änderungsbefugnis	92
VI. Folgen des Änderungsrechts	95
1. Vergütungsrechtliche Folgen	95
2. Pflicht zur Ausführung	97
3. Änderung der Ausführungsfrist	98
4. Hinweispflichten	99
VII. AGB-Kontrolle, Abweichende Vertragsvereinbarungen	101
E. § 1 Abs. 4 – Zusätzliche Leistungen	104
I. Allgemeines	104
II. Erforderliche Zusatzleistungen (Abs. 4 S. 1)	105
1. Erforderlichkeit der Leistungen	106

    2. Einrichtung des Betriebes des Auftragnehmers auf die Zusatzleistungen 109
    3. Verlangen des Auftraggebers 112
    4. Folgen des Anordnungsrechts 114
  III. Andere zusätzliche Leistungen 115
  IV. AGB-Kontrolle, Abweichende Vertragsvereinbarungen 120

A. Allgemeines

1 § 1 regelt Art und Umfang der Leistungspflicht des Auftragnehmers. Die Vergütungspflicht des Auftraggebers ist demgegenüber in § 2 geregelt. Die in Verträgen üblicherweise vorangehenden Regelungen über den Vertragsgegenstand sind in allgemeinen Vertragsbedingungen, wie sie die VOB/B sind, weder möglich noch notwendig.

§ 1 definiert durch Verweis in Abs. 1 zunächst Art und Umfang der zu erbringenden Leistung, regelt in Abs. 2 die Auflösung möglicher Widersprüche zwischen einzelnen Vertragsbestandteilen und räumt in den Abs. 3 und 4 dem Auftraggeber das Recht ein, einseitig Leistungen zu ändern oder zusätzliche Leistungen zu verlangen. Während Abs. 1 überwiegend bloß klarstellende Bedeutung hat, die Regelungen in Abs. 2 sich weitestgehend aus allgemeinen Grundsätzen ergeben, liegt die eigentliche Bedeutung des § 1 in der Ermächtigung zu Leistungsänderung gemäß Abs. 3 und 4. Deren Bedeutung wird leicht verkannt, weil im Zentrum der Auseinandersetzung häufig die Vergütungsfolgen nach § 2 VOB/B stehen. § 2 Abs. 5 und 6 VOB/B regeln im Sinne einer Rechtsfolgenregelung[1] aber nur die Höhe der Vergütung für nach § 1 Abs. 3 und 4 angeordnete Leistungsänderungen. Der Vergütungsanspruch entsteht unmittelbar mit der wirksamen Ausübung des Leistungsbestimmungsrechts.[2]

B. § 1 Abs. 1 – Bestimmung der Leistungspflicht

I. Grundsatz: Maßgeblichkeit des Vertrages

2 Der in Abs. 1 S. 1 formulierte Grundsatz, wonach Art und Umfang der durch den Auftragnehmer auszuführende Leistung durch den Vertrag bestimmt wird, ist eine an sich nicht regelungsbedürftige Selbstverständlichkeit. Aus der Hervorhebung, dass Art und Umfang der Leistungspflicht des Auftragnehmers von dem Vertrag und damit von dem übereinstimmenden Willen der Parteien bestimmt wird folgt, wie Jansen zutreffend feststellt, dass die Leistungspflicht auch hierdurch begrenzt wird. Auch wenn der Vertrag auf die Herstellung eines mangelfreien und funktionsfähigen Werkes gerichtet ist, lässt sich der Umfang des Leistungs- und Vergütungssolls nicht durch den pauschalen Hinweis auf den funktionalen Herstellungsbegriff, sondern nur durch die *Auslegung des Vertrages* ermitteln.[3] Der Umfang einer vertraglichen Leistungspflicht kann sich nur aus dem Vertrag, ggf. einschließlich seiner Bestimmbarkeitsregelungen, ergeben. Wäre die Leistung nach dem Vertrag weder bestimmt noch bestimmbar, läge gar kein wirksamer Vertrag vor.[4] Satz 1 dient damit eher der sprachlichen Einleitung für S. 2, der die gesamte VOB/C in den Vertrag einbezieht. Gleichzeitig verdeutlicht S. 1 aber den Vertragsparteien, dass der Auftragnehmer alles auszuführen hat, was in den Vertragsunterlagen als Bestandteil der Leistung bestimmt wird, grundsätzlich aber auch nicht mehr. Was nicht Inhalt des Bauvertrages ist, wird damit auch nicht vom Auftragnehmer geschuldet.[5] Leistungsänderungen nach § 1 Abs. 3 und 4 VOB/B sind Ausnahmen von dem Grundsatz des vertraglich festgelegten Leistungsumfangs und haben unmittelbar vergütungsrechtliche Konsequenzen, § 2 Abs. 4–6 VOB/B.

3 Eventualpositionen/Bedarfspositionen (→ VOB/A § 4 Rn. 17, → § 7 Rn. 29) gehören erst dann zum vertraglichen Leistungsumfang, wenn die Bedingung, unter dem diese Leistungsverzeichnisposition steht auch eintritt.[6] Bedingung ist idR nicht der bloße Eintritt der „Eventual-Situation", sondern die Anordnung durch den Auftraggeber.[7] Bei **Alternativ-/Wahlpositionen** (→ VOB/A § 4 Rn. 14 ff.) muss der Auftraggeber in der Regel sein Wahlrecht gemäß §§ 262 ff.

---

[1] *Thode* ZfBR 2004, 214 (216).
[2] BGH NZBau 2004, 207.
[3] *Jansen* in Beck'scher VOB-Kommentar VOB/B § 1 Abs. 1 Rn. 4, 8.
[4] BGH NJW-RR 1990, 270 (271); vgl. näher → VOB/B § 2 Rn. 29.
[5] Zutreffend *Keldungs* in Ingenstau/Korbion VOB/B § 1 Abs. 1 Rn. 3.
[6] Vgl. *Vygen* BauR 1992, 135 (141).
[7] Vgl. näher → VOB/A § 4 Rn. 17 f.

BGB bis zur Auftragserteilung ausgeübt haben; die Leistung wäre dann bereits im Vertrag konkretisiert. Kann der Auftraggeber das Wahlrecht auf Grund vertraglicher Vorbehalte auch noch später ausüben[8], tritt durch die Ausschreibung eine rückwirkende Konzentration des Schuldverhältnisses auf die gewählte Leistung ein (§ 263 Abs. 2 BGB).
Zu deren vergaberechtlichen Zulässigkeit → VOB/A § 4 Rn. 15, 18 ff., → § 7 Rn. 29 ff.

II. Die Vertragsunterlagen im Einzelnen

1. Festlegung der in den Vertrag einbezogenen Unterlagen. Klarstellungsbedürftig im Einzelfall ist damit nicht der Vertrag als Grundlage der Leistungspflicht, sondern die Festlegung aller Bestandteile, aus denen der Vertrag sich zusammensetzt.[9] Gerade Bauverträge setzen sich, wie die Aufzählung in § 1 Abs. 2 VOB/B zeigt, aus einer Mehrzahl von Unterlagen (Leistungsbeschreibung und Pläne, Allgemeine, Zusätzliche und Besondere Vertragsbedingungen etc) zusammen. Hierzu kann § 1 als Allgemeine Geschäftsbedingung mit nur abstraktem Regelungsgehalt naturgemäß keine konkrete Aussage machen. Eine Klarstellung der Vertragsbestandteile dürfte bei einem ordnungsgemäßen Vergabeverfahren durch einen öffentlichen Auftraggeber auch nicht erforderlich sein, da die Vertragsunterlagen (§ 8 VOB/A) auch hinsichtlich der Vertragsbestandteile eindeutig und erschöpfend sein müssen.

Erfolgt der Vertragsabschluss nicht durch Zuschlag nach Vergabeverfahren, ergibt sich der Vertragsumfang aus der Vertragsurkunde bzw. aus dem Angebot, sofern dieses angenommen wurde, oder dem kaufmännischen Bestätigungsschreiben, einschließlich jeweils aller (wirksam) in Bezug genommenen weiteren Unterlagen.

Unterlagen außerhalb der Vertragsurkunde bzw. Angebot- und Annahmeschreiben müssen rechtswirksam in den Vertrag einbezogen worden sein. Empfehlenswert ist selbstverständlich immer eine eindeutige Regelung, zB durch Vertragsurkunde mit beigehefteten Anlagen oder klaren Bezugnahmen. Häufig werden Bauverträge allerdings auch nur mündlich oder aus einem Schriftwechsel heraus abgeschlossen. Die Bestimmung des Vertragsinhalts bzw. der zum Vertrag gehörenden Unterlagen kann dann im Einzelfall schwierig werden.

Zur Einbeziehung weiterer Bestandteile in den Vertrag reicht grundsätzlich ein **ausreichend bestimmter bzw. bestimmbarer Verweis** aus. Gegenüber Verbrauchern gilt das allerdings nur für Bestandteile, die die Leistung beschreiben sollen oder individuelle Vereinbarungen zum Gegenstand haben. Sollen demgegenüber gegenüber Verbrauchern weitere **AGB** in den Vertrag einbezogen werden, setzt deren Einbeziehung nach § 305 BGB nicht nur einen in der Regel ausdrücklichen Hinweises voraus, sondern zusätzlich muss dem Verbraucher die Möglichkeit verschafft werden, in zumutbarer Weise von ihrem Inhalt Kenntnis zu erlangen. Bei Bauverträgen bedeutet das in der Regel die **Überlassung der entsprechenden Unterlagen.**[10] Dass die andere Vertragsseite mit der Einbeziehung auch einverstanden sein muss, stellt keine Besonderheit dar, sondern gilt selbstverständlich für den gesamten Vertragsinhalt.

Diese erschwerten Einbeziehungsvoraussetzungen vorformulierter Vertragsbedingungen gelten aber nicht für Verträge mit der öffentlichen Hand (juristischen Personen oder öffentlich-rechtlichen Sondervermögen) oder gegenüber Unternehmern (§ 310 Abs. 1 BGB). Unternehmer in diesem Sinne sind alle juristischen und natürlichen Personen, die bei Abschluss des Vertrages in Ausübung ihrer gewerblichen oder selbstständigen beruflichen Tätigkeit handeln, § 14 BGB. Darunter fallen damit auch alle selbstständig baugewerblich Tätigen, unabhängig von ihrer Kaufmannseigenschaft.[11]

Ausgangspunkt für die Bestimmung des Vertragsinhaltes ist bei einem Zustandekommen durch Angebot und Annahme das letzte Angebot. Denn nach der Konzeption des BGB kann ein Angebot grundsätzlich nur unverändert, dh gewissermaßen mit einem einfachen „ja" angenommen werden. Eine „Annahme" unter Änderungen ist vertragsrechtlich keine Annahme, sondern eine Ablehnung des Angebotes – das damit rechtlich hinfällig wird –, verbunden mit einem neuen (Gegen)Angebot (§ 150 Abs. 2 BGB). Es ist dann zu prüfen, welche vorausgegangen Unterlagen von dem maßgeblichen Angebot in Bezug genommen und damit Vertragsinhalt werden.[12]

---

[8] Zur Zulässigkeit vgl. → VOB/A § 5 Rn. 14; **anderer Ansicht** *Vygen* BauR 1992, 135 (137 f.).
[9] Vgl. dazu näher → VOB/B § 2 Rn. 64 ff.
[10] BGH BauR 1999, 1186.
[11] Vgl. *Ulmer* in Ulmer/Brandner/Hensen BGB § 310 Rn. 19 ff.
[12] Vgl. auch → Einl. VOB/B Rn. 99.

9 Entgegen der gesetzlichen Grundkonzeption kommt der Vertrag aber häufig nicht durch aufeinander folgende Willenserklärungen von Angebot und Annahme zu Stande, sondern durch gleichzeitige Erklärungen, zB durch Errichtung einer Vertragsurkunde. Diese bestimmt dann durch ihren Inhalt einschließlich aller Verweise den Gesamtumfang des Vertrages.

Schwieriger als die Identifikation der einzelnen Bestandteile des Vertrages ist deren (ganzheitliche) Auslegung. Zur **Auslegung** der Vertragsunterlagen vgl. näher → Rn. 41 ff. und → VOB/B § 2 Rn. 64 ff.

10 **2. Beweisfragen.** Ist der Vertrag nur mündlich geschlossen, drohen später Auseinandersetzungen über den Vertragsinhalt. Dann wird der Auftragnehmer auf Grund seiner wahrscheinlichen Parteirolle im Prozess häufig den Kürzeren ziehen. Klagt er den Werklohn ein, muss er nicht nur dessen Höhe beweisen, sondern darüber hinaus auch noch den Umfang der zu erbringenden Leistungen. Das wird immer dann relevant, wenn der Besteller einen anderen, insbesondere vergrößerten vertraglich geschuldeten Leistungsumfang, einwendet.[13] Diese Gefahr droht erst recht bei der Vereinbarung eines Pauschalpreises. Hier muss der Auftragnehmer richtigerweise sowohl den Auftragsumfang beweisen, falls er für erbrachte Arbeiten Zusatzvergütung beansprucht, wie auch dann, falls er den vereinbarten Pauschalpreis beansprucht, der Besteller aber einwendet, nicht alle Leistungen seien erbracht.[14] Fordert demgegenüber der Besteller die Erfüllung des Vertrages, so ist nunmehr er für einen streitig weitergehenden Leistungsanspruch bzw. einer behaupteten vereinbarten höheren Gegenleistung beweisbelastet.[15]

11 Der Grundsatz ist, dass diejenige Partei, die sich für ihren Anspruch auf den Inhalt des Werkvertrages stützt, hierfür die Beweislast trägt.[16] Der Auftragnehmer trägt damit die Beweislast für den geforderten Preis oder die Abrechnungsart[17], der Auftraggeber für Vertragsstrafe[18], Sicherheitsleistung[19] oder zugesicherte Eigenschaften nach § 633 BGB Abs. 1 BGB aF[20] Streiten die Parteien darüber, ob bestimmte Unterlagen Teil des Vertrages geworden sind, ist die Partei beweisbelastet, die hieraus Rechte herleiten will.[21]

12 Die Beweisschwierigkeiten lassen sich durch einen schriftlichen Vertragsabschluss weitgehend vermeiden. Es besteht dann die Vermutung der Richtigkeit und Vollständigkeit der Vertragsunterlagen, so dass derjenige, der über den schriftlichen Vertragsinhalt hinausgehende Ansprüche geltend macht, diese beweisen muss. Hierbei handelt es sich allerdings nur um eine Vermutung, die – ohne dass der Beweis der Vereinbarung geführt werden muss – bereits durch den Nachweis entkräftet werden kann, dass neben dem schriftlichen Vertrag weitere Abreden getroffen worden sind.[22]

13 **3. Begrenzung des Vertragsumfangs durch Schriftformklauseln?** Wegen der aufgezeigten Beweisprobleme wird vielfach deshalb kautelarjuristisch versucht, nicht im Vertrag und in den Anlagen enthaltenen Abreden die Geltung durch Formvorschriften abzusprechen.

Vollständigkeitsklauseln („mündliche Nebenabreden wurden nicht getroffen") wiederholen im Ergebnis nur die ohnehin geltende Vollständigkeitsvermutung. Da sie die Rechtslage nicht ändern, sind sie AGB-rechtlich unproblematisch wirksam[23], gleichzeitig aber eigentlichen überflüssig.

14 Weiter greifen **Schriftformklauseln**.[24] Soweit die Auslegung ergibt, dass sie nur dem Zweck der Klarstellung und Beweiserleichterung dienen (so genannte **deklaratorische Schriftform**), bleibt eine dennoch getroffene mündliche Abrede wirksam. Dem sich auf die Abrede Berufenden bleibt damit der Nachweis der mündlichen Vereinbarung trotz Missachtung der Schriftform offen. Gemäß § 125 S. 2 BGB ist die Einhaltung der vereinbarten Schriftform im Zweifel **Wirksamkeitsvoraussetzung** (so genannte **konstitutive Schriftform**). Allerdings hindern

---

[13] *Rosenberg* Beweislast S. 319 f.; OLG Nürnberg NJW-RR 2002, 1099.
[14] Einzelheiten zur Beweislast → VOB/B § 2 Rn. 245, 276 mwN.
[15] *Rosenberg* Beweislast S. 321.
[16] BGH *Schäfer/Finnern* Z 2.223, Bl. 4; *Baumgärtel* Handbuch Beweislast § 631 Rn. 2.
[17] Näher → VOB/B § 2 Rn. 132–135.
[18] BGH NJW 1977, 897 = BauR 1977, 280.
[19] *Werner/Pastor* Bauprozess Rn. 1240.
[20] *Baumgärtel* Handbuch Beweislast § 633 Rn. 2 mwN.
[21] *Jansen* in Beck'scher VOB-Kommentar VOB/B § 1 Abs. 1 Rn. 25.
[22] BGH NJW 1996, 1541; NJW-RR 1986, 393.
[23] Vgl. BGHZ 79, 281; BGH NJW 1985, 623.
[24] Vgl. hierzu auch → VOB/B § 2 Rn. 208 ff.

auch derartige Klauseln nicht die Erweiterung des Vertrages durch mündliche Abreden. Die Parteien können die vereinbarte Form jederzeit und formlos wieder aufheben.[25] Wenn die Parteien die Verbindlichkeit des mündlich Abgesprochenen gewollt haben, was allerdings nur mit der gebotenen Zurückhaltung anzunehmen ist[26], folgt hieraus eine stillschweigende Aufhebung der Schriftform, und zwar auch dann, wenn die Parteien an den Formzwang gar nicht gedacht haben.[27] Eine wirksame Schriftformklausel hat allerdings erhebliche Auswirkung auf die Beweissituation. Haben die Parteien nämlich Schriftform vereinbart, ist im Zweifel gemäß § 154 BGB eine bindende Vereinbarung mit der mündlichen Übereinstimmung noch nicht erzielt. Die vereinbarte Schriftform kann auch kaufmännischen Bestätigungsschreiben entgegengesetzt werden.[28]

Um das zu verhindern, wird deshalb gerne für den Verzicht auf die Schriftform selbst wieder eine schriftliche Vereinbarung verlangt, sog **doppelte Schriftformklausel**. Erfolgt die Vereinbarung eines solchen erweiterten Formzwangs individuell, so wird hierdurch tatsächlich, zumindest nach Auffassung des BGH[29], die rechtsgeschäftliche Beziehung starr an die vereinbarte Form gebunden und der Vertragsinhalt auf das schriftlich Niedergelegte beschränkt. Durch AGB ist die Erweiterung des Formzwangs allerdings regelmäßig nicht möglich.[30] Eine vorformulierte Schriftformklausel kann schon wegen § 305b BGB den Vorrang der Individualvereinbarung nicht unterlaufen, ist im Übrigen aber auch grundsätzlich nach § 307 BGB unzulässig.[31]

Die Versuche der Begrenzung des Vertragsinhaltes auf die schriftlichen Vertragsunterlagen sind also in den meisten Fällen nur von beschränktem Erfolg. Einen etwas anderen Weg gehen die so genannten **Bestätigungsklauseln**. Sie verlangen für die wirksame Einbeziehung von Abreden die (schriftliche) Bestätigung des Vertragspartners oder einer bestimmten Betriebsstelle. Sie wollen verhindern, dass Vertragsregelungen durch hierzu nicht bevollmächtigte Personen geändert oder erweitert werden.[32] Als AGB sind sie in der Regel zulässig, wenn sie nur auf eine tatsächlich nicht vorhandene Vertretungsmacht des Handelnden hinweisen oder das Entstehen der Tatbestandsvoraussetzungen für eine Duldungs- oder Anscheinsvollmacht verhindern wollen; unwirksam sind sie, falls sie eine tatsächlich bestehende gesetzliche oder rechtsgeschäftliche (auch Innen-)Vollmacht des Handelnden begrenzen sollen.[33] Letztlich kann damit der Besteller unerwünschten Erweiterungen des Vertrages nur dadurch effektiv begegnen, dass er klare Zuständigkeiten regelt und auch für deren Einhaltung sorgt. Wenig sinnvoll ist demgegenüber, alle Maßnahmen nur sich oder einer bestimmten Stelle vorzubehalten. Dann braucht und darf der Auftragnehmer vor seiner oder deren Entscheidung nicht tätig zu werden. Solche Einschränkungen führen in der Praxis nur zu Behinderungen.

III. Einbeziehung der VOB/C

1. Allgemeines. Gemäß Abs. 1 S. 2 führt die Vereinbarung der VOB/B automatisch dazu, dass die Allgemeinen Technischen Vertragsbedingungen für Bauleistungen (= VOB/C) zum Vertragsinhalt gehören. Diese Bestimmung hat für den öffentlichen Auftraggeber **Auffangfunktion**. Denn nach § 8 Abs. 3 VOB/A sind die ATV sowieso (zwingend) ausdrücklich zum Bestandteil der Verdingungsunterlagen und damit des späteren Vertrages zu machen. Sind sie versehentlich nicht in die Verdingungsunterlagen aufgenommen worden oder nimmt außerhalb eines VOB/A-Vergabeverfahrens ein Vertrag, zB bei einer Subunternehmer-Vergabe, nur auf die VOB/B Bezug, erfolgt dann automatisch die Einbeziehung der VOB/C über Abs. 1 S. 2.

---

[25] BGHZ 66, 378 (380); vgl. auch *Soergel/Hefermehl* § 125 Rn. 33 mwN.
[26] BGHZ 66, 378 (381).
[27] BGHZ 71, 162 (164); BGH NJW 2006, 138; *Heinrichs* in Palandt BGB § 125 Rn. 14 mwN; **anderer Ansicht** *Eisele* in MüKoBGB § 125 Rn. 68.
[28] BGH NJW 1970, 2104; KG KGR 2006, 86 (87); *Schärtl* JA 2007, 567 (570).
[29] BGHZ 66, 378 (381 f.), offen gelassen in NJW-RR 91, 1289; BGH NJW 2006, 138; ebenso BAG NJW 2009, 316; *Eisele* in MüKoBGB § 125 Rn. 66; **anderer Ansicht** jedoch *Heinrichs* in Palandt (bis 63. Aufl.) § 125 Rn. 14; *Schlosser* in Staudinger BGB § 305b Rn. 40; *Hertel* in Staudinger § 125 Rn. 126; *Soergel/Hefermehl* § 125 Rn. 33.
[30] BGH NJW 1986, 3131; 2006, 138; *Schlosser* in Staudinger BGB § 305b Rn. 40; **anderer Ansicht** *Dammann* in Wolf/Lindacher/Pfeiffer Klauseln Rn. S. 101, 110.
[31] BGH NJW 1988, 2463; vgl. BAG NJW 2009, 316 mit Differenzierungen; *Lingemann/Gotham* NJW 2009, 268 ff.
[32] *Dammann* in Wolf/Lindacher/Pfeiffer, 5. Aufl., Klauseln Rn. S. 103.
[33] *Dammann* in Wolf/Lindacher/Pfeiffer Klauseln Rn. S. 104; *Schlosser* in Staudinger BGB § 305b Rn. 45 ff.

18 Der von der VOB verwandte Begriff „gelten" hat zu einigen Missverständnissen über den Rechtscharakter der **Einbeziehungsregelung** geführt. Häufig heißt es, es handele sich nicht um eine Fiktion, sondern um eine Auslegungsregel.[34] Beide Kategorien greifen von vornherein nicht ein. Solchen Formulierungen liegt ein überkommenes Verständnis der VOB/B zugrunde. Die VOB/B hat keinen irgendwie gearteten Gesetzescharakter, sondern ist als AGB rein vertraglicher Natur. Geltungsgrund für vertragliche Regelungen ist ausschließlich der Vertragswille der Parteien. In einem Vertrag ist eine Auslegungsregelung für eine unmittelbare Geltung beanspruchende Regelung aber obsolet. Denn mit einer vertraglichen Vereinbarung stellen die Parteien keinen von anderen geschaffenen Tatbestand fest, sondern schaffen ihn selbst unmittelbar.[35] Unter dem Deckmantel der „Auslegungsregelung" würde, auch wenn sie als solche formuliert wäre, nur unnötig kompliziert die vertragliche Vereinbarung selbst ausgedrückt. Eine Regelung mit dem Inhalt „Wir beziehen die VOB/B in den Vertrag ein und bestimmen weiter, dass unsere Erklärung dahin auszulegen ist, dass damit auch die VOB/C in den Vertrag einbezogen sein soll" besagt rechtsgeschäftlich nichts anderes als „wir beziehen die VOB/B und die VOB/C in den Vertrag ein". Eine gesetzliche Auslegungsregelung greift demgegenüber dann ein, wenn eine Parteierklärung zwar vorliegt, ihr Inhalt jedoch ungenau oder mehrdeutig ist. Die gesetzliche Auslegungsregel legt dann die maßgebliche Bedeutung der Parteierklärung fest.[36] Der Begriff „gelten" bringt deshalb nicht mehr als die vereinbarte Rechtsfolge zum Ausdruck. In diesem Sinne wird er in der VOB/B auch an deren Stellen verwandt, vgl. §§ 5 Abs. 1 S. 2, 6 Abs. 2 Nr. 2, 13 Abs. 2 VOB/B.

19 **2. Notwendigkeit der Einbeziehung.** Nach vor allem früher verbreiteter Auffassung soll die Einbeziehungsvereinbarung des Abs. 1 S. 2 gar nicht notwendig sein, da die ATV 18299 ff. entweder Teil der anerkannten Regeln der Technik seien, die der Auftragnehmer auch ohne besondere Vereinbarung zu beachten habe[37] oder sie werden als Handelsbrauch bzw. gewerbliche Verkehrssitte angesehen.[38] Die ständige Wiederholung von Abschlüssen von Verträgen unter Zugrundelegung eines durchformulierten Klauselwerks ist allerdings noch keine tatsächliche Befolgungsübung, die einen Handelsbrauch begründen könnte.[39] Das spricht auch gegen die Einordnung der ATV 18299 ff. insgesamt als gewerbliche Verkehrssitte.[40] Auf der anderen Seite ist zwar richtig, dass der Auftragnehmer ein „ordentliches Werk" schuldet, das diejenige Qualitätsstandards erfüllt, die bei zeitgleich fertig gestellten Bauwerken der gleichen Art üblich ist, vgl. nur § 633 Abs. 2 Nr. 2 BGB.[41] Damit muss das Werk auch ohne ausdrückliche Vereinbarung den anerkannten Regeln der Technik entsprechen.[42] Für den VOB-Vertrag ist dies in § 4 Abs. 2 Nr. 1 S. 2 und in § 13 Abs. 7 Nr. 2b noch einmal klargestellt, wo sich ausdrückliche Bezugnahmen auf die Allgemeinen Regeln der Technik finden. Allerdings ist die VOB/C **nicht identisch mit den Allgemeinen Regeln der Technik.** Bei den allgemeinen Regeln der Technik handelt es sich grundsätzlich um Anleitungen für handwerkliche und industrielle Verfahrensweisen zur Herstellung oder Verwendung ua von oder bei Bauwerken.[43] Viele Regelungen in den ATV DIN 18299 ff. dienen allerdings nicht als Handlungsanweisung zur Erreichung eines anderweitig bereits bestimmten Zieles, sondern dazu, ihrerseits (vertraglich) Ziele und Vorgaben zu setzen.[44] Sie dienen der Standardisierung und Vereinfachung bei Auftragsvergaben

---

[34] Vgl. NWJS VOB/B § 1 Rn. 11a; *Jagenburg/Jagenburg* in Beck'scher VOB-Kommentar, 2. Aufl., VOB/B § 1 Nr. 1 Rn. 8; *Leinemann/Schoofs*, 3. Aufl., VOB/B § 1 Rn. 11.

[35] Nicht begründen lässt sich der Charakter als Auslegungsregel damit, dass die Parteien frei seien, etwas anderes zu vereinbaren (so aber *Jagenburg/Jagenburg* in Beck'scher VOB-Kommentar, 2. Aufl., VOB/B § 1 Nr. 1 Rn. 8; NWJS VOB/B § 1 Rn. 12). Die Parteien können alle vertraglichen Regelungen und im Übrigen auch alle nicht zwingend gesetzlichen Regelungen abändern. Zutreffend jetzt *Jansen* in Beck'scher VOB-Kommentar VOB/B § 1 Abs. 1 Rn. 56.

[36] Vgl. *von Tuhr* Band 2 S. 186, *Oertmann* Rechtsordnung, S. 219 ff.

[37] Vgl. *Heiermann/Riedl/Rusam*, 10. Aufl., VOB/B § 1 Rn. 20, differenzierend aber → § 1 Rn. 23.

[38] OLG Saarbrücken BauR 2000, 1332; LG Düsseldorf *Schäfer/Finnern* Z 2.0 Bl. 7; *Heiermann/Linke* S. 39.

[39] Vgl. → VOB/B Einl. Rn. 40 f.; *Motzke* in Beck'scher VOB-Kommentar VOB/C Syst. IV. Rn. 36 f; *Jansen* in Beck'scher VOB-Kommentar VOB/B § 1 Abs. 1 Rn. 62; *Quack* ZfBR 2005, 731 f.; eingehend *Völkel*, Die Bedeutung der VOB/C, S. 9 ff. mwN.

[40] *V. Rintelen* in Messerschmidt/Voit Syst Teil H Rn. 51 ff.; eine andere Frage ist, ob einzelne Regelungen der baugewerblichen Verkehrssitte entsprechen.

[41] So schon zB BGH NJW 1998, 3707 = BauR 1998, 872.

[42] BGH BauR 1981, 577; *Peters* in Staudinger BGB § 633 Rn. 168.

[43] *Siegburg* Gewährleistung Rn. 801; *Motzke* in Beck'scher VOB-Kommentar VOB/C Syst. IV. Rn. 29.

[44] *Motzke* in Beck'scher VOB-Kommentar VOB/C Syst. IV. Rn. 8.

und entlasten den Auftraggeber von der Notwendigkeit bestimmter Festlegungen. So regelt die ATV DIN 18550 im Abschnitt 1 verschiedene Putzweisen. Die weitere Regelung, dass bei fehlender Festlegung des Bauherrn geriebener Putz zu erbringen ist, ist eine bloße vertragliche Auffangregelung zur Konkretisierung des Leistungsinhaltes,[45] nicht aber Teil der allgemeinen Regeln der Technik. Teil der Allgemeinen Regeln der Technik können nur die Qualitäts- und Ausführungsbestimmungen sein, die in den Abschnitten 2 und 3 der jeweiligen DIN enthalten sind.[46] Selbst diese müssen nicht den Allgemeinen Regeln der Technik entsprechen.[47] Eindeutig nicht zu den Allgemeinen Regeln der Technik gehören die Vergütungsregelungen unter Abs. 4 sowie die Abrechnungsvorschriften unter Abs. 5.[48] Diese Regelungen sind vertragsrechtlicher Natur und nur anwendbar, wenn ihre Geltung im konkreten Vertrag auch tatsächlich vereinbart wurde; genau das soll durch § 1 Abs. 1 S. 2 VOB/B geschehen.[49]

Die Regelungen insbesondere der Abschnitte 4 und 5 sind nicht nur vertragsrechtlicher Natur, sondern zugleich auch **Allgemeine Geschäftsbedingungen,** da sie für eine Vielzahl von Verträgen vorformuliert sind. Das sollte heute unstreitig sein.[50] Gleiches gilt aber auch für die Regelungen der übrigen Abschnitte. Zum einen enthalten auch sie Vertragsregelungen wie Benachrichtigungs- und Hinweispflichten, ergänzende Regelung zur Bausolldefinition, Festlegung von Standard-Bauumständen oder Regelungen zur Gewährleistung[51], die auf Grund der Rangfolgeregelung des § 1 Abs. 2 VOB/B auch noch Vorrang vor den Vertragsregelungen der VOB/B haben. Im Übrigen können auch technische Regelungen Vertragsklauseln sein und unterfallen dann dem Begriff der Allgemeinen Geschäftsbedingungen nach § 305 BGB.[52] **Gegenüber Unternehmern** ergeben sich hieraus keine Probleme für eine wirksame Einbeziehung. Da § 305 Abs. 2 BGB auf Unternehmer keine Anwendung findet (§ 310 BGB), genügt eine bestimmbare Bezugnahme, die durch § 1 Abs. 1 S. 2 VOB/B erfolgt.[53] Die Auffassung, der Hinweis auf die ATV insgesamt sei nicht konkret genug, falls der Unternehmer im relevanten Baubereich nicht bewandert sei, verkennt die rechtlichen Anforderungen an die objektivierte Bestimmbarkeit.[54] Eine Beifügung der einzubeziehenden Regelwerke ist nicht erforderlich.[55]

Anders sieht die Rechtslage **gegenüber Verbrauchern** aus. Eine wirksamen **Einbeziehung nach § 305 Abs. 2 BGB** setzt nicht nur einen ausdrücklichen Hinweis auf die ATV voraus, sondern auch die Möglichkeit zumutbarer Kenntnisnahme. Dann wird allerdings ein Bauunternehmer bei Verträgen gegenüber Verbrauchern nicht umhinkommen, diesen zur wirksamen Einbeziehung idR den Text zur Verfügung zu stellen.[56] Auch bei der Erfüllung dieser Voraussetzungen wird die Einbeziehung in Frage gestellt, da die ATV – auch wegen der globalen Verweisung – zu unübersichtlich seien.[57] Ein derartiges Generalverdikt ist aber weder rechtlich zulässig noch tatsächlich gerechtfertigt. Hierauf wird es in aller Regel nicht ankommen, da die entsprechenden DIN-Texte praktisch nie einem Verbraucher zur Verfügung gestellt werden.

Da gegenüber Verbrauchern damit die formellen Voraussetzungen für die Anwendung der ATV nicht erfüllt werden, die entsprechenden Regelungen jedoch in der Praxis als sachgerecht

---

[45] *Motzke* in Beck'scher VOB-Kommentar VOB/C Syst. IV. Rn. 9, 51 ff.
[46] *Mantscheff* FS Korbion, 1986, 295 (299 f.); *Kapellmann/Schiffers* Bd. 1 Rn. 130.
[47] Vgl. näher → VOB/B § 4 Rn. 56; zur Einreichung bei Widersprüchen → VOB/B § 1 Rn. 31a.
[48] BGH NZBau 2004, 500 = BauR 2004, 1438 zu Abschnitt 5; OLG Celle BauR 2003, 1040; *Grauvogl* Jahrbuch BauR 1998, 315 (325 ff.); *Vogel/Vogel* BauR 2000, 345 (346); *Jansen* in Beck'scher VOB-Kommentar VOB/B § 1 Abs. 1 Rn. 58.
[49] NWJS VOB/B § 1 Nr. 1 Rn. 12.
[50] OLG Köln BauR 1982, 170; OLG Düsseldorf BauR 1991, 659; NWJS VOB/B § 1 Rn. 12a; *Jagenburg/Jagenburg* in Beck'scher VOB-Kommentar VOB/B § 1 Nr. 1 Rn. 27; *Kapellmann/Schiffers* Bd. 1 Rn. 133, 146; *Korbion/Locher* Rn. 40; *Vogel/Vogel* BauR 2000, 345 (346) mwN.
[51] Vgl. eingehend *Motzke* in Beck'scher VOB-Kommentar VOB/C Syst III Rn. 39 ff.
[52] *Kuffer* in Beck'scher VOB-Kommentar VOB/C Syst VII Rn. 17 *Motzke* in Beck'scher VOB-Kommentar VOB/C Syst III Rn. 56 f.; *Moufang/Klein* Jahrbuch BauR 2004, 71 (77 f.).
[53] *Moufang/Klein* Jahrbuch BauR 2004, 71 (82 ff.).
[54] *Vogel* ZfBR 2004, 670 (671); *Vogel/Vogel* BauR 2000, 345 (346 f.). Die Bedenken von *Schwenker* EWiR 2002, 501 (502) und *Turner* ZfBR 2003, 511 (512) übersehen, dass § 305 Abs. 2 BGB auf Unternehmer gerade nicht anwendbar ist.
[55] BGH NZBau 2002, 28 = BauR 2001, 1897; *Leinemann/Schoofs* VOB/B § 1 Rn. 29.
[56] So auch *Ulmer/Brandner/Hensen* Anh. §§ 9–11 Rn. 901; *Cuypers* in Beck'scher VOB-Kommentar VOB/B § 14 Nr. 2 Rn. 38; *Leinemann/Schoofs* VOB/B § 1 Rn. 29; *Vogel/Vogel* BauR 2000, 345 (347); vgl. auch *Grauvogl* Jahrbuch BauR 1998, 315 (337 ff.).
[57] *Jansen* in Beck'scher VOB-Kommentar VOB/B § 1 Abs. 1 Rn. 65; *Vogel* ZfBR 2004, 670 (671); *Tempel* NZBau 2003, 465 (470).

angesehen werden, wird versucht, die sich zwingend aus § 305 BGB ergebenden Konsequenzen zu umgehen. Relevant wird dies vor allem bei den Gewerken, bei denen die Abrechnungsbestimmungen zur Vereinfachung der Abrechnung teilweise recht großzügige Pauschalierungen durch Übermessen zulassen, zB DIN 18350, Ziff. 5.1.6 oder DIN 18363, Ziff. 5.6.5. Allerdings ist keiner der aufgezeigten **Konstruktionsversuche** wirklich tragfähig:

22   Teilweise werden die ATV zur **gewerblichen Verkehrssitte** erklärt.[58] Als gewerbliche Verkehrssitte könnte sie allerdings allenfalls gegenüber den Unternehmen der beteiligten Verkehrskreise gelten[59], nicht gegenüber Verbrauchern. Einer **allgemeinen Verkehrssitte,** die nicht vorliegen dürfte, könnte wegen der vorrangigen Anforderungen des § 305 Abs. 2 BGB auch nur auslegende Bedeutung zukommen.[60] Andere sind der Auffassung, die ATV würden regelmäßig nicht von einer Vertragspartei gestellt, sondern **einvernehmlich** in den Vertrag **einbezogen.**[61] Für den hier allein interessierenden Fall der Einbeziehung in Verträge zwischen Unternehmer und Verbraucher ist das, jedenfalls falls letzterer nicht durch einen Architekten vertreten ist, schon lebensfremd. Die ATV werden in diesen Fällen ebenso wie die VOB/B durch den Unternehmer in den Vertrag einbezogen, das Einverständnis des Verbrauchers ändert hieran nichts, ist ja vielmehr Einbeziehungsvoraussetzungen nach § 305 BGB. Entscheidend kommt hinzu, dass nach § 310 Abs. 3 Nr. 1 BGB Drittbedingungen in Verbraucherverträge als vom Unternehmer gestellt gelten, sofern sie nicht vom Verbraucher in den Vertrag eingeführt wurden. Dies führt dazu, dass selbst falls beide Parteien die Einbeziehung veranlasst haben sollten, die Bedingungen als vom Unternehmer gestellt gelten.[62] Andere gehen offensichtlich davon aus, dass die Einbeziehungsvoraussetzungen des § 305 BGB dann auf die VOB/C nicht anwendbar sind, falls sie gemeinsam mit der VOB/B „als Ganzes" vereinbart wurde.[63] Gedanke ist wohl, dass die fehlende Klauselkontrolle bei der Vereinbarung der VOB/B als Ganzes auch die Einbeziehung der VOB/C erfassen soll. Die – rechtlich so nicht haltbare[64] – **Privilegierung** der VOB/B bezieht sich nach bisheriger Rechtsprechung allerdings nur auf die inhaltliche Klauselkontrolle, **nicht auf die Einbeziehung der VOB/B** in den Vertrag selbst. Müssen aber schon für die Einbeziehung der VOB/B die Voraussetzung des § 305 BGB erfüllt sein[65], so gilt dies erst recht für die im Wege der bloßen Staffelverweisung einbezogenen VOB/C. Ein bloßer Verweis – um mehr handelt es sich bei Abs. 1 S. 2 nicht – genügt für die Einbeziehung von Allgemeinen Geschäftsbedingungen gegenüber Verbrauchern nicht[66], auch nicht im Wege der Weiterverweisung.[67] Notwendig ist Gelegenheit zur Kenntnisnahme des vollen Textes.[68]

23   **3. Umfang der Einbeziehung.** Einbezogen werden nach dem klaren Wortlaut in den jeweiligen Vertrag die **VOB/C in ihrer Gesamtheit**[69] und nicht nur die jeweils für die vertragliche Leistung einschlägige ATV, gegenüber Verbrauchern allerdings nur soweit sie auch zugänglich gemacht wurden. Die Gesamteinbeziehung ist nicht nur aus Gründen der vertraglichen Klarheit sinnvoll, zB wenn Leistungen aus verschiedenen Leistungsbereichen vergeben werden, sondern auch im Hinblick auf die Vollständigkeit bei späteren Leistungsänderungen, wenn Nebenarbeiten aus anderen Gewerken zu erbringen sind, so zB wenn der Elektroinstallateur noch Beiputzarbeiten ausführt, um Schlitze oder Durchbrüche zu schließen.[70] Nicht von dem Verweis erfasst werden aber ATV, die nicht zur VOB/C gehören, sondern von anderen

---

[58] OLG Saabrücken BauR 2002, 1332; dagegen zu Recht *Quack* ZfBR 2005, 731 f.
[59] Auch gegenüber Unternehmern dürfte eine Einbeziehung auf diesem Weg scheitern, vgl. *Motzke* in Beck'scher VOB-Kommentar VOB/B Syst IV Rn. 36 ff.; zur Einbeziehung der VOB/B als Verkehrssitte vgl. → VOB/B Einl. Rn. 40.
[60] *Schlosser* in Staudinger BGB § 305 Rn. 187.
[61] *Nicklisch/Weick* VOB/B, 3. Aufl., § 1 Rn. 12a.
[62] *Wolf/Lindacher/Pfeiffer* § 310 Abs. 3 BGB Rn. 10, 16; *Ulmer/Brandner/Hensen* BGB § 310 Rn. 76.
[63] So wohl – aber unklar – *Jagenburg/Jagenburg* in Beck'scher VOB-Kommentar, 2. Aufl., VOB/B § 1 Nr. 1 Rn. 27; *Kuffer* in Heiermann/Riedl/Rusam VOB/B § 1 Rn. 82; wohl auch NWJS VOB/B § 1 Rn. 12a.
[64] Vgl. dazu → VOB/B Einleitung Rn. 47 ff.
[65] BGH BauR 1999, 1186 = NJW-RR 1999, 1246; BGH BauR 1990, 205.
[66] BGH BauR 1990, 205; 1994, 617 = NJW 1994, 2547.
[67] BGH BauR 1983, 161 = BGHZ 86, 135.
[68] BGH BauR 1991, 328 = NJW-RR 1991, 727; auch *Quack* ZfBR 2005, 731 f.
[69] BGH BauR 2006, 2040; *Daub/Piel/Soergel/Steffani* ErlZ. B 1.6; *Jansen* in Beck'scher VOB-Kommentar VOB/B § 1 Abs. 1 Rn. 66; *Leinemann/Schoofs* VOB/B § 1 Rn. 30; *Ingenstau/Korbion/Keldungs* VOB/B § 1 Abs. 1 Rn. 7.
[70] *Daub/Piel/Soergel/Steffani* ErlZ. 1.6.

Institutionen unter ähnlichen Namen veröffentlicht werden, wie zB die ATV-Abbrucharbeiten, die vom Deutschen Abbruchverband herausgegeben wird.[71]

Die Verweisung erfasst des Weiteren im Wege der **Staffelverweisung** auch die Regelwerke, auf die die Bestimmung des Teils C ihrerseits verweisen.[72] Da es sich in diesen Fällen in aller Regel um Allgemeine Regeln der Technik handelt, stellen sich dann die formellen Einbeziehungsvoraussetzungen des § 305 Abs. 2 BGB bei Verbraucherverträgen nicht. **24**

Die Einbeziehung erfasst die VOB/C in der im **Zeitpunkt des Vertragsschlusses maßgeblichen Fassung**.[73] Soweit die ATV zugleich Teil der Allgemeinen Regeln der Technik sind, kommt es im Hinblick auf Mängelansprüche, wie sich schon aus dem Wortlaut von § 13 Abs. 1 ergibt, auf den Stand der Allgemeinen Regeln der Technik zum Zeitpunkt der Abnahme an.[74] Der Auftragnehmer muss dann im Fall der Änderungen der ATV nach Vertragsschluss einen Hinweis nach § 4 Abs. 3 VOB/B erteilen und, soweit der Auftraggeber nicht auf die Einhaltung der Neuen-DIN-Standards verzichtet, die neuen, ggf. verschärften Vorgaben erfüllen. Mehraufwendungen wären nach § 2 Abs. 5 und 6 VOB/B vergütungspflichtig.[75] **25**

C. § 1 Abs. 2 – Widersprüche im Vertrag, Rangfolgeregelung

I. Sinn und Zweck der Regelung

Bauverträge bestehen häufig aus mehreren, nicht immer richtig aufeinander abgestimmten Bedingungswerken.[76] Das führt zu Schwierigkeiten bei der Bestimmung des konkreten Vertragsinhaltes. Das gilt leider auch für Verträge der öffentlichen Hand, die die Vorgaben des § 8 VOB/A im weiten Umfang nicht beachten. Würden die Besonderen Vertragsbedingungen (BVB) sich entsprechend § 8 Abs. 4 Nr. 2 VOB/A auf die Abweichung von der VOB/B in den dort ausdrücklich vorgesehenen Fällen (vgl. zB § 2 Abs. 2 u. 4, § 3 Abs. 6 VOB/B) beschränken und die Zusätzlichen Vertragsbedingungen (ZVB) gemäß § 8 Abs. 4 Nr. 1 VOB/A nicht der VOB/B widersprechen, wäre die Regelung des § 1 Abs. 2 VOB/B jedenfalls für den öffentlichen Auftraggeber weitestgehend obsolet. **26**

Die dennoch auftretenden Widersprüche sind einerseits durch **Auslegung nach den allgemeinen Grundsätzen** (→ VOB/B § 2 Rn. 90–129 und → Rn. 41 ff.) zu lösen, andererseits durch die **Rangregelung** des § 1 Abs. 2 VOB/B. Auslegung und Rangregelung greifen ineinander über, decken sich aber nicht. Es ist nicht richtig, § 1 Abs. 2 VOB/B nur als Auslegungsregelung zu bezeichnen und deren Charakter als Rangfolgeregelung mit der Begründung zu verneinen, im Zivilrecht seien alle Vertragsbestandteile grundsätzlich gleichwertig.[77] Diese Argumentation übersieht, dass eine Rangregelung schon dazu führen kann, dass **nachrangige Bedingungen, die im Widerspruch** zu vorrangigen Regelungen stehen, überhaupt **nicht materiell Inhalt des konkreten Vertrages** werden.[78] Bestimmt der Bauvertrag, dass die Gefahrtragung sich nach § 644 BGB richtet, so ist trotz Vereinbarung der VOB/B § 7 Abs. 1 nicht Vertragsbestandteil geworden, da die Preisgefahr beim zufälligen Untergang nur entweder dem Auftraggeber oder dem Auftragnehmer zugewiesen werden kann, nicht aber gleichzeitig beiden, auch nicht nacheinander.[79] Die verdrängte Regelung könnte logisch allenfalls als **Ersatzregelung** für den Fall der Unwirksamkeit der primär vereinbarten Regelung gedacht werden. So etwas ist bei genau entgegengesetzten Regelungen, wie zB § 644 BGB zu § 7 Abs. 1 VOB/B, gerade nicht gewollt. Es ist deshalb zunächst zu prüfen, ob eine Regelung in nachrangigen **27**

---

[71] *Daub/Piel/Soergel/Steffani* ErlZ. 1.6.
[72] *Daub/Piel/Soergel/Steffani* ErlZ. 1.6; *Kuffer* in Heiermann/Riedl/Rusam VOB/B § 1 Rn. 82.
[73] *Jansen* in Beck'scher VOB-Kommentar VOB/B § 1 Abs. 1 Rn. 67; *Kuffer* in Heiermann/Riedl/Rusam VOB/B § 1 Rn. 83; *Keldungs* in Ingenstau/Korbion VOB/B § 1 Abs. 1 Rn. 7.
[74] BGH BauR 1998, 872 mwN; *Festge* BauR 1990, 322 (323); **anderer Ansicht:** *Jagenburg* FS Korbion, 1986, 179 (186).
[75] Vgl. näher → VOB/B § 2 Rn. 30–32.
[76] Vgl. die Kritik von *Quack* BauR 1992, 18 (20 f.).
[77] So NWJS VOB/B § 1 Rn. 14; *Jagenburg/Jagenburg* in Beck'scher VOB-Kommentar, 2. Aufl., VOB/B § 1 Nr. 2 Rn. 5; vermittelnd *Messerschmidt/Voit/Voit* VOB/B § 1 Rn. 1.
[78] So jetzt *Jansen* in Beck'scher VOB-Kommentar VOB/B § 1 Abs. 2 Rn. 5.
[79] Auch BGH BauR 1986, 200 = NJW 1986, 924 geht davon aus, dass nachrangige widersprechende Bedingungen nicht Vertragsbestandteil werden. Nach BGH NJW 1990, 3197 ergibt sich aus dem Rangverhältnis, „welche Einzelbestimmungen letztlich dem Vertrag zu Grunde liegt".

Vertragsbestandteilen nicht durch widersprechende vorrangige Regelung (vollständig) abbedungen worden ist, was allerdings zugleich Auslegung sein wird.

28 Auch innerhalb der verbleibenden Regelungen werden vielfach Widersprüche auftreten, die dann primär im Wege der Auslegung geklärt werden müssen. Dabei ist zunächst der **Vertrag als „sinnhaftes Ganzes"** auszulegen[80], wobei die Rangfolgeklausel ihrerseits aber zu berücksichtigen ist. Auslegung und Rangklausel greifen hier ineinander über, wobei es grundsätzlich keinen generellen Vorrang gibt.[81] Aus einer vorrangigen unvollständigen Regelung lässt sich deshalb nicht ohne weiteres mittels des argumentum e contrario der Ausschluss des nicht Geregelten entnehmen, wenn hierzu in spezielleren nachrangigen Bedingungen Regelungen enthalten sind. Dabei bleibt die Auslegung immer eine Frage des Einzelfalls und der Wertung des Auslegenden, wie über die Instanzen sich widersprechenden Entscheidungen zur Auslegung von Widersprüchen in Bauvertragsbedingungen zeigen.[82] Vorrangig ist in jedem Fall die Auslegung der individuell vereinbarten Leistungsbeschreibung; ihr ggf. auch nur konkludenter Inhalt geht insbesondere abweichenden Festlegungen in nur nachrangig vereinbarten DIN-Vorschriften vor.[83]

II. Inhalt der Regelung

29 Zunächst ist hervorzuheben, dass § 1 Abs. 2 **keine Einbeziehungsregelung** im Sinne einer Staffelverweisung ist. § 1 Abs. 2 regelt keine Einbeziehung, sondern setzt die wirksame vertragliche Einbeziehung der dort genannten Regelwerke in die Vertragsunterlagen (vgl. § 8 Abs. 1 Nr. 2 VOB/A) oder den sonstigen Vergabeunterlagen voraus.

30 Besteht ein Vertrag durch wirksame Einbeziehung aus mehreren Bestandteilen, regelt § 1 Abs. 2 die **Auflösung von möglichen Widersprüchen** zwischen diesen Vertragsbestandteilen durch eine Rangfolgeregelung. Nach § 1 Abs. 2 gelten vorrangig die Leistungsbeschreibung und dann die Besonderen Vertragsbedingungen. Das sind gemäß § 8 Abs. 4 Nr. 2 VOB/A Abweichungen von der VOB/B auf Grund der Erfordernisse des konkreten Einzelfalles. Da es sich in beiden Fällen idealiter um Individualvereinbarungen handelt, entspricht deren Vorrang dem allgemeine Auslegungsprinzip des **Vorrangs der Individualvereinbarung;** denn die nachfolgend aufgeführten Bedingungen sind immer Allgemeine Geschäftsbedingungen. Häufig sind Besondere Vertragsbedingungen allerdings für mehrere Aufträge desselben Bauvorhabens oder gar eine Vielzahl von Bauvorhaben vorformuliert.[84] Es handelt sich dann auch um Allgemeine Geschäftsbedingungen, deren Vorrang sich in diesem Fall aus dem Spezialitätsprinzip ergibt.

31 Die an dritter Stelle aufgeführten Zusätzlichen Vertragsbedingungen sind die die speziellen Bedürfnisse eines Auftraggebers berücksichtigenden standardisierten Vertragsbedingungen, die bei dem an die VOB/A gebundenen Auftraggeber der VOB/B nicht widersprechen dürfen (§ 8 Abs. 4 Nr. 1 VOB/A).[85] Die Zusätzlichen Technischen Vertragsbedingungen enthalten nach § 10 Abs. 5 VOB/A Anpassungen bzw. Ergänzungen der Allgemeinen Vertragsbedingungen (VOB/C) im Hinblick auf die allgemeinen Verhältnisse des Auftraggebers.[86]

Diese spezielleren Allgemeinen Geschäftsbedingungen einer Partei gehen den für alle Verträge geltenden Regelungen der VOB/C und auch der an letzter Stelle aufgeführten VOB/B vor. Diese Reihenfolge folgt dabei dem **Spezialitätsgrundsatz.** Dabei geht die VOB/C der VOB/B vor, weil sie Konkretisierungen und Abweichungen von der VOB/B enthält.[87] So weichen die in den Abschnitten 5 geregelten Abrechnungsbestimmungen vielfach aus Vereinfachungsgründen von dem in § 14 VOB/B geregelten Grundsatz der Abrechnung nach tatsächlich erbrachter Leistung ab oder die einzelnen DIN enthalten besondere Mitwirkungspflichten.

31a Wegen dieser Reihenfolge könnte man annehmen, dass bei einem **Widerspruch zwischen der VOB/C und den Allgemeinen Regeln der Technik** erstere vorgeht.[88] Denn die All-

---

[80] BGH BauR 1991, 458 = NJW-RR 1991, 980; *Kuffer* in Heiermann/Riedl/Rusam VOB/B § 1 Rn. 84; *Quack* BauR 1992, 18 (19).
[81] Vgl. *Quack* BauR 1992, 18 (20 f.).
[82] Vgl. BGH BauR 1991, 458 = NJW-RR 1991, 980, wobei die Auslegung des BGH nicht plausibel erscheint (kritisch auch NWJS VOB/B § 1 Rn. 16a), sowie BGH BauR 1987, 445.
[83] BGH NZBau 2002, 324 = BauR 2002, 935; BGH NZBau 2002, 500 = BauR 2002, 1394; OLG Celle BauR 2003, 1040.
[84] Vgl. → VOB/A § 8 Rn. 71 und → VOB/B § 2 Rn. 75 f.
[85] Vgl. → VOB/A § 8 Rn. 75.
[86] Vgl. → VOB/A § 8 Rn. 78.
[87] *Jansen* in Beck'scher VOB-Kommentar VOB/B § 1 Abs. 2 Rn. 8; *Keldungs* in Ingenstau/Korbion VOB/B § 1 Abs. 2 Rn. 6.
[88] Vgl. *Motzke* in Beck'scher VOB-Kommentar VOB/C Einl. I Rn. 79 f.

Art und Umfang der Leistung   32–35 § 1 VOB/B

gemeinen Regeln der Technik wurden erst über § 4 Abs. 2 und § 13 Abs. 1 VOB/B in Vertrag einbezogen. Die herrschende Meinung verschafft demgegenüber den Allgemeinen Regeln der Technik generellen Vorrang; im Falle des Widerspruchs sollen die entsprechenden Regelungen der VOB/C entgegen § 1 Abs. 1 S. 2 VOB/B gar nicht erst Vertragsbestandteil werden.[89] Der Vorrang der Allgemeinen Regeln der Technik ergibt sich bereits daraus, dass die Verpflichtung zu deren Einhaltung sich im Wege der Auslegung aus der vorrangigen Bausollbeschreibung ergibt. Die Regelungen des § 4 Abs. 2 VOB/B ist mithin lediglich eine (nachrangige) Klarstellung des ohnehin Geltenden. Das zeigt sich zB daran, dass beim BGB-Bauvertrag auch ohne ausdrückliche Einbeziehung die Einhaltung der Allgemeinen Regeln der Technik Teil der Leistungsverpflichtung ist.[90]

Fraglich kann im Einzelfall sein, welchen Rang **unrichtig bezeichnete Vertragsbestandteile** haben, wenn also zB der Verwender seine Allgemeinen Geschäftsbedingungen entgegen der Terminologie der VOB BVB nennt. Hierzu wird vielfach die Auffassung vertreten, es käme für die Rangfolge ausschließlich auf die wahre Rechtsnatur an.[91] Richtig hieran ist, dass der Vorrang der Individualabrede sich durch eine bloße Falschbezeichnung nicht beseitigen lässt. Allerdings steht es den Parteien grundsätzlich frei, die Rangfolge des § 1 Abs. 2 VOB/B zu ändern, was indirekt auch durch Umetikettierungen geschehen kann.[92] Allgemeine Geschäftsbedingungen in den Vorbemerkungen des Leistungsverzeichnisses haben zwar den Rechtscharakter von Besonderen oder Zusätzlichen Vertragsbedingungen, aber wegen der Aufnahme in die Leistungsbeschreibung nicht deren Rangklasse, sondern gehen diesen wegen der Regelungen des Abs. 2 zunächst vor.[93] 32

Nicht unter die Rangregelung des § 1 Abs. 2 fällt das Verhältnis von **in der VOB/B selbst ausdrücklich vorgesehenen Abweichungen** („wenn nichts anderes vereinbart wird", vgl. zB § 2 Abs. 2, 4, 7 Nr. 2, § 4 Abs. 4, § 13 Abs. 1, § 14 Abs. 3, § 15 Abs. 3, § 17 Abs. 2, § 18 Abs. 1) zur VOB/B. Diese Abweichungen sollen zwar eigentlich in vorrangigen Regelungen erfolgen (vgl. § 8 Abs. 4 VOB/A), können aber in den Grenzen des § 305 BGB auch durch nachrangige Bedingungen erfolgen.[94] 33

Nicht ausdrücklich angesprochen sind in § 1 Abs. 2 **mündliche Abreden**. Wirksam vereinbart werden sie Teil der Leistungsbeschreibung oder der Besonderen Vertragsbedingungen.[95] Als nachträgliche Änderungen oder Ergänzungen werden sie bei Widersprüchen häufig dem übrigen Vertrag vorgehen. 34

III. Abweichende Vereinbarungen und AGB-widrige Gestaltungen

Die durch die VOB/B vorgegebene Reihenfolge als solche ist naturgemäß nicht zwingend.[96] Die der Reihenfolge des § 1 Abs. 2 zu Grunde liegenden Rechtsprinzipien führen dazu, dass **Abänderungen nur in Grenzen** möglich sind. Der **Vorrang der Individualabrede** kann schon wegen § 305b BGB nicht beseitigt werden.[97] Da vor dem Eingreifen der Rangregelung als 35

---

[89] *Oppler* in Ingenstau/Korbion VOB/B § 4 Abs. 2 Rn. 44; *Riedl/Mansfeld* in Heiermann/Riedl/Rusam VOB/B § 4 Rn. 38; *Siegburg* Gewährleistung Rn. 102; *Kaiser* ZfBR 1985, 1 (3).
[90] Vgl. *Peters* in Staudinger (2003) BGB § 633 Rn. 168 mwN; *Jansen* in Beck'scher VOB-Kommentar VOB/B § 1 Abs. 2 Rn. 9.
[91] So *Kuffer* in Heiermann/Riedl/Rusam VOB/B § 1 Rn. 95; NWJS VOB/B § 1 Rn. 19; *Quack* BauR 1992, 18 (22).
[92] Vgl. *Jagenburg/Jagenburg* in Beck'scher VOB-Kommentar, 2. Aufl., VOB/B § 1 Nr. 2 Rn. 7; enger wohl *Jansen* in Beck'scher VOB-Kommentar VOB/B § 1 Abs. 2 Rn. 11; äußerst zweifelhaft aber BGH BauR 1986, 202 = NJW-RR 1986, 825 wo formularmäßig AGB der Vorrang vor dem Angebot eingeräumt worden ist.
[93] **Anders** *Jansen* in Beck'scher VOB-Kommentar VOB/B § 1 Abs. 2 Rn. 11; wohl auch *Kuffer* in Heiermann/Riedl/Rusam VOB/B § 1 Rn. 28c; NWJS VOB/B § 1 Rn. 95. Der Einwand, es würde eine bewusste Höherstufung fehlen, verkennt, dass die AGB in der Leistungsbeschreibung spezieller als die in ZVB sind.
[94] Vgl. BGH BauR 1987, 445 = NJW-RR 1987, 851. Heißt es allerdings im vorrangigen GU-Vertrag, die Gewährleistung**frist** richte sich nach der VOB/B, so ist damit ein so eindeutiger Erklärungswert verbunden, dass die Gewährleistungsfrist in nachrangigen AVB nicht wirksam auf 5 Jahre festgelegt werden kann, anders aber BGH BauR 1991, 458 = NJW-RR 1991, 980.
[95] Vgl. *Daub/Piel/Soergel/Steffani* ErlZ. B 1.18.
[96] *Jansen* in Beck'scher VOB-Kommentar VOB/B § 1 Abs. 2 Rn. 10, 14; *Kuffer* in Heiermann/Riedl/Rusam VOB/B § 1 Rn. 95.
[97] Vgl. *Jansen* in Beck'scher VOB-Kommentar VOB/B § 1 Abs. 2 Rn. 14.

Kollisionsnorm der Versuch der Auslegung als sinnvolles Ganzes zu erfolgen hat[98], wird sich auch das **Spezialitätsprinzip** weitgehend durchsetzen.

36 Im Übrigen entspricht die richtig verstandene Rangfolge des § 1 Abs. 2 der Sachlogik und sollte deshalb nicht abgeändert werden. Die in der Praxis zu beobachtenden Änderungen erfolgen vielfach gedankenlos und führen nur zu erheblichen Auslegungsschwierigkeiten. So wird zum Teil den **gesetzlichen Bestimmungen des Werkvertrages Vorrang vor der VOB/B** eingeräumt. Das hat zur Folge, dass alle Bestimmungen der VOB, die dem gesetzlichen Werkvertragsrecht widersprechen, nicht Vertragsinhalt werden. Für den Auftraggeber hat das nicht nur zur Konsequenz, dass sich Mängelansprüche und Gefahrtragungen nach dem BGB richten; wegen mittelbaren Widerspruchs entfällt zB auch die Haftungsbeschränkung des § 6 Nr. 6 VOB/B.[99] Konsequenterweise müsste auch zB § 1 Abs. 3, 4 VOB/B, die als einseitige Änderungsvorbehalte dem Grundsatz der Vertragsverbindlichkeit widersprechen, oder § 2 Abs. 10 VOB/B wegen § 632 BGB bzw. § 16 Abs. 3 VOB/B wegen § 641 BGB nicht Vertragsinhalt werden. Da der Begriff des gesetzlichen Werkvertragsrecht wegen dessen Verzahnung und Abhängigkeit mit den allgemeinen Rechtsregeln darüber hinaus unscharf ist, es deshalb zwangsläufig zu Unklarheiten über den Vertragsinhalt kommt, müsste eine derartige Rangfolge in Allgemeinen Geschäftsbedingungen auch gegen das Transparenzgebot verstoßen.[100]

37 Wenig hilfreich ist es auch, wenn in der Baupraxis die **anerkannten Regeln der Technik** in die Rangfolgeregelung des Vertrages aufgenommen werden. Sie sind, wie die klarstellenden Verweise in § 4 Abs. 2 und § 13 Abs. 1 VOB/B zeigen, sowieso Vertragsbestandteil. Häufig werden die in der Rangfolge aufgenommenen anerkannten Regeln der Technik erst nach den DIN-Vorschriften aufgezählt, was dazu führt, dass möglicherweise überholte DIN-Vorschriften den aktuellen allgemeinen anerkannten Regeln der Technik vorgehen (vgl. auch → Rn. 31a).

38 Auch von einer Einbeziehung weiterer gestaffelter Allgemeiner Geschäftsbedingungen ist dringend abzuraten. Der BGH hat zwar die **Staffelverweisung** im Baurecht als üblich und im Allgemeinen als sachgerecht anerkannt.[101] Er hat allerdings betont, dass die Verwendung mehrerer Klauselwerke unzulässig wird, falls es zu unklaren Verhältnissen der konkurrierenden Regelungen führt.[102] Bei unklaren Rangverhältnissen wird keine der betroffenen Regelungen einbezogen.[103] Die Einbeziehung aller Regelungswerke nach § 1 Abs. 2 sollte die äußerste Grenze sein.[104] Die in der Praxis zu beobachtende Einbeziehung der verschiedensten allgemeinen Geschäftsbedingungen nach dem Motto „viel hilft viel"[105], führt durch die Vielzahl überflüssiger bzw. teilweise kollidierende Regelungen mit unklaren Inhalt zur **Intransparenz**.[106] Es ist nicht Aufgabe der anderen Vertragspartei, zusammengehörende oder im Widerspruch stehende Klauseln in einem unübersichtlichen Klauselwerk herauszufinden und nach Feststellung des Regelungsgehaltes zu prüfen, ob und inwieweit die Klauseln sich ergänzen oder ausschließen.[107] Das Transparenzgebot kann damit zum **Ausschluss ganzer nachrangiger Klauselwerke** führen.

39 Das Transparenzgebot kann auch den **Ausschluss einzelner Klauseln** bewirken, zB wenn Regelungen über den Umfang der zu erbringenden Leistungen oder Vertragsbedingungen in umfangreichen Verdingungsunterlagen **systematisch falsch** aufgeführt werden, so dass die andere Vertragspartei mit der Klausel an dieser Stelle nicht zu rechnen brauchte. Eine Einbeziehung der Klausel scheitert dann in der Regel – ohne dass es auf die inhaltliche Wirksamkeit der Klausel ankommt – an § 305c BGB. Diese Vorschrift schützt nicht nur vor solchen Klauseln, die als solche überraschend sind, sondern in Verbindung mit dem Transparenzgebot auch vor Klauseln, mit denen an dieser Stelle der Vertragsunterlagen nicht gerechnet zu werden brauchte.[108]

---

[98] BGH BauR 1991, 458 = NJW-RR 1991, 980.
[99] BGH WM 1977, 1453; BauR 1978, 139 = NJW 1978, 995.
[100] Vgl. dazu → Rn. 38, 39.
[101] BGH NJW BauR 1990, 718 = NJW 1990, 3197.
[102] BGH BauR 1990, 718 = NJW 1990, 3197; BGH NJW-RR 2006, 1350; OLG Zweibrücken BauR 1994, 509; OLG München NJW-RR 1988, 786.
[103] BGH NJW-RR 2006, 1350; *Jansen* in Beck'scher VOB-Kommentar VOB/B § 1 Abs. 2 Rn. 17.
[104] Vgl. *Lindacher* in Wolf/Lindacher/Pfeiffer BGB § 306 Rn. 25; noch enger *Ulmer* in Ulmer/Brandner/Hensen BGB § 305 Rn. 15a.
[105] Vgl. *Quack* BauR 1992, 18 (21).
[106] Vgl. OLG München NJW-RR 1988, 786.
[107] Vgl. BGHZ 86, 284 (296).
[108] BGH NJW 1993, 779; KG NJW-RR 2002, 490.

Dies führt zB dazu, dass **versteckte Klauseln** über die unentgeltliche Miterbringung weiterer 40
Nebenleistungen bzw. Besonderer Leistungen im Sinne der VOB/C häufig unwirksam sind.[109]
Verweist zB ein Vertrag allgemein auf die VOB/C als Vertragsgrundlage, so müssen Gerüste in
vielen Gewerken nur bis zu einer Höhe von 2 m als Nebenleistungen in die Preise einkalkuliert
werden. Ein hiervon abweichende Klausel, die in umfangreichen zusätzlichen technischen Vorschriften enthalten ist, wonach Gerüste bis zu 8 m unentgeltlich zur Verfügung gestellt werden
müssen, ist nach §§ 305c, 307 BGB unwirksam.[110] Ebenso überraschend ist es in der Regel,
wenn Vertragsstrafeversprechen in Vorbemerkung zu Leistungsverzeichnissen aufgenommen
werden. Diese sollen sich auf die technischen Erläuterungen zur Ausführung der Bauleistung
beschränken.[111]

IV. Auslegung der Vertragsunterlagen

Die Rangfolgeregelung löst nur einen Teil möglicher Widersprüche. Es ist bereits darauf 41
hingewiesen worden, dass Widersprüche zwischen einzelnen Vertragsbestimmungen nicht allein
durch die Rangfolgeregelung zu lösen sind. Vielmehr ist **vorrangig** zu versuchen, die Widersprüche **durch Auslegung** nach den allgemeinen Grundsätzen (§§ 133, 157 BGB) zu lösen.[112]
Die Widerspruchsregel begründet kein „Auslegungsverbot".[113] Insbesondere der Spezialitätsgrundsatz kann dazu führen, dass eine nachrangige konkrete Regelung im Einzelfall einer höherrangigen Generalklausel vorgeht. Der scheinbare Widerspruch wird durch Auslegung gelöst, so
dass § 1 Abs. 2 gar nicht eingreift. Es wäre schön, wenn die Regelung – wie andere Standardverträge – nicht so apodiktisch und damit missverständlich gefasst wäre.

Handelt es sich um gleichrangige Vertragsunterlagen greift die Rangfolgeregelung des § 1 41a
Abs. 2 von vornherein nicht ein. **Widersprüche innerhalb gleichrangiger Vertragsbestandteile** können nur durch die allgemeinen Auslegungsregeln geklärt werden. Das betrifft die in der
Praxis häufigen Widersprüche zwischen Baubeschreibung, Vorbemerkungen oder Positionstexte
des Leistungsverzeichnisses oder Plänen, die sämtlich zur ersten Rangklasse gehören.

Wegen der allgemeinen Auslegungsregelungen ist zunächst auf die Kommentierung zu §§ 133,
157 BGB zu verweisen. Hier kann nur auf einige spezielle Auslegungsprobleme von Bauverträgen eingegangen werden. Weiter wird zur Auslegung unklarer und widersprüchlicher Regelungen auch auf → VOB/B § 2 Rn. 90–129 hingewiesen.

Oberste Auslegungsgrundsatz ist die Ermittlung des wirklichen **gemeinsamen** Parteiwillens. 42
Nicht maßgeblich ist die Vorstellung einer Vertragspartei, insbesondere nicht die des Ausschreibenden oder des Klauselverwenders. Vielmehr sind die Vertragserklärungen jeweils so auszulegen, wie der durchschnittliche Empfänger sie verstehen darf. Maßstab ist bei Bauverträgen der
Verständnishorizont **aller** potentiellen Bieter[114], und zwar aus einer ex-ante-Sicht während der
Vertragsverhandlungen. Stellt sich zB beim Detail-Pauschalvertrag während der Bauausführung
nachträglich die Notwendigkeit nicht klar beschriebener Leistungen heraus, so ist nicht zu
fragen, ob man in Kenntnis der Notwendigkeit aus irgendwelchen nicht primär einschlägigen
Vertragsunterlagen dunkle Hinweise auf diese Einzelleistung finden kann, sondern ob der durchschnittliche Bieter unter den Bedingungen des Vergabeverfahrens diese Leistung als abgefragt
erkennen musste. Nur dann ist die Leistung wirksam angeboten und damit Teil des Vertragssolls.

Zwar sind sämtliche Bestandteile der Leistungsbeschreibung grundsätzlich gleichwertig und 43
gleichrangig.[115] Zu orientieren hat sich der Bieter aber zunächst an dem Teil der Leistungsbeschreibung, der die betreffende Leistung **konkret** beschreibt.[116] Die zum Verständnis erforderlichen Angaben haben deshalb **in rechter Weise und an geeigneter Stelle** im Leistungsverzeichnis zu stehen.[117] Was ohne Bezugnahme auf die konkrete Leistung irgendwo steht, ist in der
Regel nicht geeignet, das Vertragssoll zu bestimmen.

---

[109] Vgl. auch → VOB/B § 2 Rn. 61, 86.
[110] OLG Celle OLGR 1995, 21; vgl. auch OLG Düsseldorf NJW-RR 1997, 1378; → VOB/B § 2 Rn. 61.
[111] Vgl. VHB Nr. 2.2.2 zu § 9 VOB/A.
[112] *Quack* BauR 1992, 18 (19 ff.); FKZGM VOB/B § 1 Rn. 44; *Jansen* in Beck'scher VOB-Kommentar VOB/B § 1 Abs. 2 Rn. 2; ebenso für die Schweiz: *Gauch*, Der Werkvertrag 5. Auf. Rn. 305 f.
[113] *Quack* BauR 1992, 18 (19); *Gauch*, Der Werkvertrag 5. Auf. Rn. 306.
[114] BGH BauR 1993, 595 – Sonderfarben I; BauR 1994, 236; 1994, 625; Einzelheiten → VOB/B § 2 Rn. 110.
[115] Vgl. *Jagenburg/Jagenburg* in Beck'scher VOB-Kommentar, 2. Aufl., VOB/B § 1 Nr. 2 Rn. 12 mwN.
[116] BGH BauR 1999, 897.
[117] BGH BauR 1999, 987; *Kapellmann/Schiffers* Bd. 1 Rn. 199; *Roquette* NZBau 2001, 57 (63); Einzelheiten bei → VOB/B § 2 Rn. 103 f., 120.

44 Die Auslegung bleibt immer aber eine Frage des Einzelfalls. Die Frage, **ob den Zeichnungen ein Vorrang vor dem Leistungsverzeichnistext zukommt**[118] oder umgekehrt[119], lässt sich deshalb nicht abstrakt beantworten.[120] Rechtlich gesehen ist es unerheblich, ob eine Erklärung oder Vorgabe durch Zeichnungen oder in Textform erfolgt.[121] Maßgebend ist nicht die Form, sondern Zweck und Inhalt. Zeichnungen, die für die Ausführungen maßgebend sein sollen, sind nach § 7 Abs. 10 VOB/A eindeutig zu bezeichnen. Konkret in Bezug genommene Zeichnungen sind ggf. sogar besser geeignet, die geschuldete Leistung zu verdeutlichen und damit den Wortlaut der Leistungsbeschreibung zu ergänzen oder gar zu korrigieren.[122] Konkrete Detailpläne beschreiben die Leistung spezieller als Kopien aus Standardleistungsverzeichnistexten. Häufig werden in den Auseinandersetzungen zum Bausoll aber zur Begründung einer vom Positionstext abweichenden Auslegung auf Pläne Bezug genommen, die gar nicht zur Verdeutlichung der konkreten Leistung, sondern aus anderen Gründen dem Vertrag beilagen. Diese können dann den konkreten Leistungsverzeichnistext nicht überspielen. Der Bieter ist bei der Auslegung des Leistungsverzeichnisses im Rahmen der kurzen Angebotsphase nicht verpflichtet zu überprüfen, ob sich aus irgendwelchen Plänen oder Planungsdetails, die primär andere Leistungsteile betreffen, Widersprüche oder Ergänzungen zum konkreten Leistungsverzeichnistext oder den konkret in Bezug genommene Plänen ergeben.[123] Bei üblicher Ausschreibungspraxis ohne konkrete Bezugnahme auf Zeichnungen wird damit häufiger der Text vorrangig sein,[124] auch wenn das keine allgemeine Auslegungsregel ist.[125] Maßgebend bleiben die Umstände des konkreten Einzelfalls.

45 Bei der Auslegung des Leistungsverzeichnistextes gibt es zwar **keinen grundsätzlichen Vorrang vom Positionstext gegenüber den Vorbemerkungen**.[126] Maßgebend ist grundsätzlich die Ausführung, die die konkrete Leistung spezieller beschreibt. Das wird in der Regel der Positionstext sein[127], zumal wenn die Vorbemerkungen ohne Bezug auf die konkrete Leistung abstrakt und vorformuliert sind. Konkret das Bauvorhaben beschreibende Vorbemerkungen können andererseits aber dem Leistungsverzeichnistext vorgehen.[128]

46 Unsicherheit besteht in den Fällen angeblicher **unauflösbarer Widersprüche** zwischen gleichrangigen Vertragsbestandteilen. In der Praxis wird immer wieder der Rechtssatz aufgestellt, derartige Widersprüche gingen zu Lasten des Verfassers des Vertrages.[129] Einen Grundsatz der Auslegung von Individualvereinbarungen – wozu Leistungsbeschreibungen gehören – zu Lasten des Verfassers kennt das deutsche Recht aber nicht.[130] Umgekehrt gibt es erst recht keine Auslegungsregel, dass eine Auslegung zu Lasten des Unternehmers erfolgt, nur weil er Unklarheiten nicht aufgeklärt hat.[131] Verbleibende Widersprüche und Unklarheiten gehen bei Individualvereinbarungen in der Regel zu Lasten desjenigen, der aus einer Regelung Rechte herleiten will[132], nur bei AGB gemäß § 305c BGB zu Lasten des Verwenders.

46a Das Gericht kann sich der Aufgabe der ganzheitlichen Auslegung anhand aller Umstände nicht vorschnell durch angebliche Auslegungsregelungen entziehen. Fast immer lassen sich Widersprüche im Wege der Auslegung auflösen.[133] Das Ergebnis kann dann auch zu Lasten des Erstel-

---

[118] Dafür tendenziell *Jagenburg/Jagenburg* in Beck'scher VOB-Kommentar, 2. Aufl., VOB/B § 1 Nr. 3 Rn. 13.
[119] Dafür tendenziell *Daub/Piel/Soergel/Steffani* ErlZ. B 1.13.
[120] *Jansen* in Beck'scher VOB-Kommentar VOB/B § 1 Abs. 2 Rn. 24 f.; *Leinemann/Schoofs* VOB/B § 1 Rn. 37.
[121] OLG Oldenburg BauR 2011, 530 Rn. 45.
[122] *Kuffer* in Heiermann/Riedl/Rusam VOB/B § 1 Rn. 96.
[123] *Roquette* NZBau 2001, 57 (63) und → VOB/B § 2 Rn. 120.
[124] Vgl. → VOB/B § 2 Rn. 120.
[125] Entsprechende Auslegungsregelungen kennen aber viele ausländische Standardverträge, zB Pkt. 5.1.3 ÖNORM B 2110 für Österreich, Art. 21.1 SIA-Norm 118 für die Schweiz, jeweils über eine Rangfolgebestimmung, oder Ziff. 4 Abs. 2 lit. b UAV für die Niederlande (über eine Widerspruchsregelung) und bestätigen damit wohl auch ein generelles Verständnis der Baubeteiligten.
[126] BGH BauR 1999, 897; FKZGM VOB/B § 1 Rn. 51.
[127] Vgl. → VOB/B § 2 Rn. 103.
[128] BGH BauR 1999, 897.
[129] OLG Oldenburg BauR 2011, 530; OLG Koblenz NJW 2007, 2925.
[130] BGH VersR 1971, 172; *Jansen/v. Rintelen* in Kniffka § 631 Rn. 670; *Althaus* in Althaus/Heindl Teil 3 Rn. 50.
[131] BGH NZBau 2008, 437.
[132] Im Ergebnis OLG Düsseldorf BauR 1994, 764; *Kuffer* in Heiermann/Riedl/Rusam VOB/B § 1 Rn. 98.
[133] *Althaus* IBR 2007, 234; vgl. auch → § 2 Rn. 123.

lers gehen. Das gilt insbesondere in den Fällen, in denen eine Ausschreibung nach den Grundsätzen der VOB/A erfolgt. Weil der Bieter grundsätzlich eine VOB/A-konforme Ausschreibung erwarten darf, sind deren Vorgaben, insbesondere aus § 7 VOB/A, bei der Auslegung zu berücksichtigen. Etwaige Unklarheiten einer VOB/A-Ausschreibung sind deshalb im Zweifel so zu interpretieren, dass ein den Anforderungen der VOB/A entsprechendes Ergebnis erreicht wird.[134]

V. Nachrangige Klausel als Ersatzregelung?

Häufig enthalten die nach § 1 Abs. 2 der VOB/B vorgehenden Allgemeinen Geschäftsbedingungen des Verwenders unwirksame Vertragsklausel. Bedingt sich der Auftraggeber eine unwirksame Prüfungsfrist von vier Monaten für die Schlussrechnung in seinen Zusätzlichen Vertragsbedingungen (ZVB) aus, so stellt sich die Frage, ob nunmehr die Prüfungsfrist von zwei Monaten des § 16 Abs. 3 VOB/B gilt oder die Regelung des § 641 BGB. Hier wird insbesondere in der baurechtlichen Literatur die Auffassung vertreten, die **VOB/B würde als nachrangige Ersatzregelung** vor dem BGB eingreifen.[135] Dem liegt die Wertung zu Grunde, dass die VOB/B eine ausgewogene Regelung darstellt, während das gesetzliche Vertragsrecht für Bauverträge zu lückenhaft sei.[136] Die Gegenauffassung stellt darauf ab, dass nach § 306 Abs. 2 BGB (§ 6 ABGB aF) **an die Stelle der unwirksamen Regelungen** das **dispositive Gesetzesrecht** tritt.[137] Auch im AGB-Recht ist die Frage noch nicht endgültig geklärt. Richtigerweise wird man differenzieren müssen. Zuerst ist zu klären, ob die nachrangigen Klauseln überhaupt als Ersatzbedingung gewollt sind. Grundsätzlich wird die Vereinbarung abweichender vorrangiger Bedingungen den Ausschluss einer anderslautenden nachrangigen VOB-Regelung bedeuten.[138] Sie wird dann überhaupt nicht Vertragsbestandteil.[139] Nach § 306 Abs. 2 BGB gilt dann die gesetzliche Regelung. Etwas anders kommt nur dann in Betracht, wenn nachrangige Allgemeine Geschäftsbedingungen nach dem Vertrag[140] subsidiär ausdrücklich als Ersatzregelung vereinbart werden.[141] Eine bloß nachrangige Einbeziehung der VOB/B reicht hierfür aber nicht aus.[142] Gegen eine solche Gestaltung bestehen Wirksamkeitsbedenken, wenn sie ihrerseits formularmäßig erfolgen. Zwar ist § 306 BGB nicht zwingend.[143] Eine formularmäßige Abweichung von § 306 BGB sollte allerdings – wenn es den Klauselgegner schlechter stellt als nach dispositivem Recht – als Verstoß gegen § 307 Abs. 2 Nr. 1 BGB unwirksam sein.[144] Denn nach zutreffender Meinung[145] soll der Verwender aus Präventionsgründen das Unwirksamkeitsrisiko seiner Klausel

---

[134] BGH NJW 1997, 1577; 1999, 2432; OLG Celle IBR 2010, 667.
[135] Vgl. *Kleine-Möller/Merl* Handbuch § 4 Rn. 141; NWJS VOB/B § 1 Rn. 16b; *Lenzen* BauR 1985, 261 (263); *Weyer* BauR 1984, 553 (556); *Heimann/Linke* S. 90, die Auffassung vertreten, dass sogar für den Fall gelten soll, dass die VOB/B nicht Vertragsbestandteil ist, ist das offensichtlich unhaltbar.
[136] Vgl. NWJS VOB/B § 1 Rn. 16b; *Lenzen* BauR 1985, 261 (263).
[137] BGH NZBau 2004, 146 = BauR 2004, 488; *Basedow* in MüKoBGB § 306 Rn. 29; *Schmidt* in Ulmer/Brandner/Hensen BGB § 306 Rn. 40; *Motzke* in Graf von Westphalen AGB, Subunternehmervertrag Rn. 25; *Werner/Pastor* Bauprozess Rn. 1024; *Oberhauser* S. 64f., 68ff.; *von Westphalen* ZfBR 1985, 252 (263f.); so wohl auch BGH BauR 1986, 200 = NJW 1986, 924.
[138] So auch BGH BauR 2015, 1664 Rn. 56; BGH NZBau 2015, 359 Rn. 44; 2004, 146; ebenso BGH BauR 2002, 1392, 1393 und BGH BauR 2006, 106, 107, wonach die unwirksame Sicherungsabrede zur Gewährleistungssicherheit § 17 Abs. 6 VOB/B ausschließt und deshalb auch die nachrangige Einbeziehung der VOB/B leer läuft. Vgl. auch BGH NZBau 2005, 219 Rn. 31 und BGH BauR 2002, 463, 465: wenn bewusst von § 17 VOB/B abgewichen wird, schließt das eine Rückkehr zu der VOB/B-Regelung im Wege ergänzender Vertragsauslegung aus.
[139] BGH BauR 1986, 200 = NJW 1986, 924; OLG Celle NJW-RR 1997, 82 (in der Begründung teilweise falsch); OLG München NJW-RR 1988, 786.
[140] § 1 Nr. 2 ordnet keine Subsidiärgeltung an, da eine derartige Abänderung der VOB/B durch BVB oder ZVB nach § 10 VOB/A überhaupt nicht erfolgen dürfte, anders aber *Lenzen* BauR 1985, 261 (263).
[141] BGH NZBau 2004, 146; NJW-RR 2006, 1350.
[142] BGH BauR 2015, 1664 Rn. 56; BGH NZBau 2015, 359 Rn. 44.
[143] Insoweit zutreffend *Schlosser* in Staudinger BGB § 306 Rn. 16.
[144] BGH NZVersR 1999, 396; *Schmidt* in Ulmer/Brandner/Hensen BGB § 306 Rn. 40; BGH NZBau 2004, 146 erwägt eine Ersatzregelung, geht aber von einer Individualvereinbarung aus, da er weitere Feststellung des Berufungsgericht – zusätzlich zum schriftlichen Vertrag – für notwendig erachtet. BGH NJW-RR 2006, 1350 hält eine ausdrücklich gewollte Ersatzregelung wohl für möglich.
[145] *Schmidt* in Ulmer/Brandner/Hensen BGB § 306 Rn. 40; *Basedow* in MüKoBGB § 306 Rn. 29; *Matusche-Beckmann* NJW 1998, 112 (114); *Fell* ZIP 1987, 690 (692); **anderer Ansicht:** *Schlosser* in Staudinger BGB § 306 Rn. 17 mwN; vermittelnd *Lindacher* in Horn/Lindacher/Pfeiffer BGB § 306 Rn. 24, der auf die Kenntnis von der Unwirksamkeit der vorgesehenen Regelung abstellt.

tragen und nicht durch nachrangige Ersatzbedingungen auf den Vertragsgegner abwälzen können. Deshalb können nur für den Vertragsgegner günstige Klauseln subsidiär formularmäßig einbezogen werden, was aber aus tatsächlichen Gründen in der Regel nicht vereinbart sein wird.

48 Überdehnt der Bauherr im Beispielsfall die Prüfungsfrist für die Schlussrechnung, führt das gemäß § 641 BGB zur sofortigen Fälligkeit, nicht aber etwa zur zweimonatigen Prüfungsfrist des § 16 Abs. 2 VOB/B. Ein Rückgriff auf die VOB/B ist damit weder notwendig noch angezeigt.

D. § 1 Abs. 3 – Bauentwurfsänderung

I. Allgemeines

49 § 1 Abs. 3 gibt dem Auftraggeber das Recht, während der Durchführung der Baumaßnahme Änderungen des Bauentwurfes anzuordnen. § 1 Abs. 3 regelt das Leistungsbestimmungsrecht des Auftraggebers; die Vergütungsfolgen ergeben sich dann aus § 2 Abs. 5 VOB/B. Da § 2 Abs. 5 VOB/B die Vergütung auch ohne Vereinbarung der Vertragsparteien automatisch festlegt, reicht für die Leistungs- und Vertragsänderung die wirksame Ausübung des Leistungsbestimmungsrechts durch den Auftraggeber aus.

Bauvorhaben werden in der Regel individuell geplant. Der Planungsprozess erfolgt teilweise baubegleitend und begründet häufig nachträglichen Änderungsbedarf. Auch Nutzerbedarf oder –wünsche können sich während der Projektrealisierung verändern. Es ist deshalb in Bauverträgen zumindest **sinnvoll** wenn nicht **notwendig**, dass der Auftraggeber sich das Recht vorbehält, die Bauleistung nachträglich einseitig zu ändern. Standard-Bauverträge enthalten durchgehend entsprechende Regelungen, so zB das österreichische Pendant zur VOB/B, die ÖNORM B 2110 unter Pkt. 7, die Schweizer SIA 118 in Art. 84 oder die niederländischen UAV 2012 in §§ 35 f. Auch die internationalen Standardverträge sehen vergleichbare Regelungen vor.[146] Allerdings bestehen Unterschiede in Bezug auf Voraussetzungen und Reichweite.

49a Solche einseitigen Anordnungsrechte widersprechen nicht dem **vertraglichen Gleichordnungsverhältnis** zwischen Auftraggeber und Auftragnehmer, wie der Wortlaut (oder die Bezeichnung als „Weisungsrecht") suggerieren könnte.[147] Sie sind nur Folge des Umstandes, dass der Auftraggeber insbesondere als Eigentümer und Nutzer das zu errichtende Bauwerk bestimmen können soll. Aus § 649 BGB ergibt sich, dass der Auftragnehmer idR kein tatsächliches Interesse, jedenfalls kein rechtlich geschütztes Interesse auf die Realisierung des ursprünglichen Bauentwurfs hat. Seine Vergütungsinteressen bleiben – wie im Fall der Kündigung – voll gewahrt. § 2 Abs. 5 VOB/B stellt sicher, dass die Vergütung sich – automatisch – dem geänderten Leistungssoll anpasst.

49b Dogmatisch handelt es sich bei dem einseitigen Anordnungsrecht nach § 1 Abs. 3 VOB/B nicht unmittelbar um ein Leistungsbestimmungsrecht im Sinne des § 315 BGB, sondern um einen **Änderungsvorbehalt**,[148] der vertraglich dem Auftraggeber eingeräumt wird. Während das Leistungsbestimmungsrecht nach § 315 BGB der (erstmaligen) notwendigen Konkretisierung des Leistungsinhalts, ggf. auch bei nachträglichen Änderungen in Dauerschuldverhältnissen, dient, geht es bei dem Anordnungsrecht um die nachträgliche Änderung einer idR bereits ausreichend konkretisierten Leistung. Der Leistungsinhalt liegt beim Bauvertrag nach dem Ausgangspunkt der VOB (vgl. § 7 VOB/A) bei Vertragsabschluss regelmäßig fest. Sollte er nicht bzw. nicht hinreichend genau festliegen, zB bei Abschluss eines GU-Vertrages noch vor Erstellung der Ausführungsplanung, läge insoweit ein Fall unmittelbar des § 315 BGB vor. Diese hinreichend festgelegte Leistung soll aber wieder geändert werden. Ein solcher Änderungsvorbehalt ist ein dem Leistungsbestimmungsrecht vergleichbares Gestaltungsrecht, auf den die Regelungen der §§ 315 ff. BGB analog anwendbar sind,[149] allerdings mit Modifikationen. Die Ausübung eines derartigen Konkretisierungsrechts nach § 315 BGB ist verbindlich und unwiderruflich. Insbesondere verbraucht sich das Änderungsrecht des Auftraggebers nicht, jedenfalls nicht mit der erstmaligen Ausübung, sondern kann in der Regel **wiederholt ausgeübt** werden. Der Auftraggeber ist – im Gegensatz zum erstmaligen Leistungsbestimmungsrecht – an die einmal getroffene Leistungsänderung nicht gebunden, sondern kann – vorbehaltlich der ver-

---
[146] *Huse*, Understanding and Negotiating Turnkey and EPC Contracts, 3. Aufl. 2013, Rn. 17–01 ff.
[147] Zutreffend *Jansen* in Beck'scher VOB-Kommentar VOB/B § 1 Abs. 3 Rn. 2.
[148] Ebenso *Piel* FS Korbion, 1986, 349 f.; *Stoye/Brugger* VergabeR 2011, 803 (804); vgl. zum Änderungsvorbehalt allgemein *Gernhuber* Schuldverhältnis S. 642 ff.
[149] *Gernhuber* Schuldverhältnis S. 644.

gütungsrechtlichen Konsequenzen nach § 2 Abs. 5 VOB/B – die Leistung erneut ändern.[150] Das gilt auch für bereits ausgeführte Leistungen.[151] Die Grenzen des einseitigen Gestaltungsrechts ergeben sich nicht aus dem nur formellen Umstand einer bereits erfolgten Änderung, sondern bestimmen sich nach der Zumutbarkeit der ggf. wiederholten Änderung für den Auftragnehmer.

Dieses vertragliche Änderungsrecht stellt nach herrschender Dogmatik **einen wesentlichen** 50 **Unterschied zum** bislang **noch geltenden BGB-Werkvertrag** dar. Das Werkvertragsrecht kennt bislang, wie das Vertragsrecht allgemein, grundsätzlich kein einseitiges Änderungsrecht.[152] Für den Reisevertrag als Unterfall des Werkvertrages setzten Leistungsänderungen nach § 651a BGB ausdrücklich einen vertraglich vereinbarten Änderungsvorbehalt voraus. Ob und inwieweit der Auftraggeber unter diesem Umständen zu Weisungen berechtigt ist, ist für das gesetzliche Werkvertragsrecht unklar und umstritten. Zwar muss man auch ohne vertragliche Vereinbarung wie der VOB/B einen Auftragnehmer jedenfalls bei unvermeidbaren Planungsänderungen, insbesondere auf Grund nachträglicher Auflagen einer Behörde, im Wege ergänzender Vertragsauslegung (§ 157 BGB) als verpflichtet ansehen, die geänderte Leistung zu erbringen.[153] Diese Verpflichtung unterscheidet sich jedoch von ihrer Reichweite und auch rechtskonstruktiv von § 1 Abs. 3 VOB/B. Ein Anspruch auf Änderung des Leistungsinhalts auf Grund von Treu und Glauben wäre nur unter wesentlich strengeren rechtfertigenden Voraussetzungen möglich als für die Ausübung des vertraglich eingeräumten Anordnungsrechts nach § 1 Abs. 3 VOB/B; wesentlicher Inhalt von § 1 Abs. 3 ist es demgegenüber, dass für eine Bauentwurfsänderung kein besonderer Grund notwendig ist, sie also auch durch einen bloßen Willenswandel des Auftraggebers veranlasst sein darf.[154] Vor allem hat der Besteller beim BGB-Werkvertrag kein einseitig auszuübendes Änderungsrecht, sondern wegen des Konsensprinzips nur einen Anspruch auf Vertragsanpassung. Dessen Geltendmachung setzt zugleich das Angebot auf Vergütungsanpassung voraus. Der Auftragnehmer kann damit seine Zustimmung von dem Zustandekommen einer Vergütungsvereinbarung anhängig machen.[155] Durch die **Neuregelung des gesetzlichen Bauvertragsrechts** wird sich dieser Unterschied aber weitgehend erledigen. § 650b BGB-E sieht ein umfassendes einseitiges Änderungsrecht des Bestellers vor, das sowohl geänderte Leistungen wie auch zusätzliche Leistungen in einem einheitlichen Tatbestand erfasst. Es stellt gewissermaßen ein Kompromiss zwischen den bisher erforderlichen Änderungsvertrag und einem einseitiges Anordnungsrecht dar. Die Parteien müssen sich zunächst um einen Änderungsvertrag bemühen. Deshalb wird der Unternehmer verpflichtet, ein Angebot abzugeben, soweit er nicht aus betrieblichen Gründen gehindert ist, die Leistung ausführen. Erst wenn keine Änderungsvereinbarung zustande kommt, kann der Besteller nach § 650b Abs. 2 BGB einseitig die geänderte Leistung anordnen. Die Vergütungsanpassung bestimmt sich dann nach § 650c BGB auf Basis tatsächlicher Kosten und weicht damit von der Vergütungsanpassung nach § 2 Abs. 5 VOB/B erheblich ab.

Eine Leistungsänderungsanordnung ist eine **einseitige rechtsgestaltende Willenserklärung** 50a des Auftraggebers.[156] Durch die Ausübung eines vertraglichen Gestaltungsrechts will der Auftraggeber den Vertragsinhalt ändern. Das hat Bedeutung in mehreren Richtungen. Das bloße Einfordern der sowieso geschuldeten Leistung ist keine Änderungsanordnung nach § 1 Abs. 3. Das betrifft insbesondere die Anordnungen nach § 4 Abs. 1 oder die Auswahl bei Wahlpositionen.[157] Eine einseitige Gestaltung ist dem Auftraggeber nur im Rahmen des vertraglichen Änderungsvorbehalts rechtlich möglich. Anordnungen, die durch § 1 Abs. 3 oder 4 nicht gedeckt sind, sind

---

[150] Bei Dauerschuldverhältnissen gibt es so genannte Mutter-Gestaltungsrechte, die mehrfach ausgeübt werden können, zB das Direktionsrecht des Arbeitgebers, vgl. *Emmerich* in MüKoBGB § 311 Rn. 38 mwN; *Gottwald* in MüKoBGB § 315 Rn. 34. Das übersieht *Quack* ZfBR 2004, 107 (108). Auch § 650b BGB-E sieht keine Begrenzung vor.
[151] Bedenken zu Unrecht bei *Quack* ZfBR 2004, 107 (108), der übergeht, dass Korrekturnotwendigkeiten sich auch erst im Laufe der Bauausführung ergeben können. Wie hier BeckOK VOB/B/*Jaeger* § 1 Nr. 3 Rn. 2; *Matz*, Konkretisierungen, S. 39 f.; *Acker/Roquette* BauR 2010, 293 (300); *Oberhauser* BauR 2010, 308 (313 f.).
[152] Vgl. NWJS VOB/B § 1 Rn. 23; *Jansen/v.Rintelen* in Kniffka § 631 Rn. 691f; *Kretschmann* Vergütungsanspruch S. 9 f.; *v. Rintelen* in Messerschmidt/Voit Syst. Teil H Rn. 54 ff. **anderer Ansicht** Kapellmann/Schiffers Vergütung II Rn. 1003 ff. mwN.
[153] BGH BauR 1996, 378 (380); NWJS VOB/B § 1 Rn. 23; zweifelnd *Kuffer* in Heiermann/Riedl/Rusam VOB/B § 1 Rn. 104.
[154] *Vygen* Bauvertragsrecht, Rn. 769; *Kuffer* in Heiermann/Riedl/Rusam VOB/B § 1 Rn. 100.
[155] *V. Rintelen* in Messerschmidt/Voit Syst. Teil H Rn. 57 ff.
[156] BGH NZBau 2004, 207.
[157] Vgl. → § 4 Rn. 23 ff. und → § 2 Rn. 192.

schlicht unwirksam.¹⁵⁸ Sie können allerdings vom Auftragnehmer freiwillig befolgt werden. In diesen Fällen wird vielfach eine einvernehmliche Vertragsänderung durch konkludente Annahme des Änderungsangebots vorliegen.¹⁵⁹ Die Vergütung bestimmt sich dann mangels abweichender Feststellungen wie in den Fällen anderer zusätzlicher Leistungen nach § 1 Abs. 4 S. 2 nach § 2 Abs. 5 und 6 VOB/B.¹⁶⁰ Da es sich um eine rechtsgeschäftliche Gestaltungserklärung des Auftraggebers handelt, können Dritte sie nur bei entsprechender Vollmacht an dessen Stelle erklären.¹⁶¹ Tatsächliche Umstände wie geänderte Verhältnisse, Anordnungen von Behörden oder Prüfstatikern sind schon nach allgemeinen Rechtsgeschäftsgrundsätzen keine Gestaltungserklärungen des Auftraggebers. Nach dem maßgeblichen Verständnishorizont des Auftragnehmers werden allerdings in derartigen Fällen vielfach konkludente Anordnungen des Auftraggebers vorliegen, wenn er diese leistungsändernden Umstände kennt und in dieser Kenntnis die Fortsetzung der Arbeiten anordnet oder zulässt.¹⁶² Das gilt zB für Änderungsanordnungen des Bauherrn, wenn der Hauptunternehmer den Nachunternehmer zu den Gesprächen mit dem Bauherrn hinzu zieht.¹⁶³ Im Übrigen wird wegen der Ausübung des Anordnungsrechts auf → Rn. 89 ff. und → § 2 Rn. 190 ff. verwiesen.

50b Die Regelungen der VOB/B zum Anordnungsrecht sind **missglückt** und **reformbedürftig**.¹⁶⁴ Die Trennung zwischen Leistungsänderungen (§ 1 Abs. 3) und zusätzlichen Leistungen (§ 1 Abs. 4) mit unterschiedlichen Voraussetzungen und Begrenzungen führt schon wegen der Übergänglichkeiten und Abgrenzungsschwierigkeiten (dazu → Rn. 60 ff.) zu mehr Problemen als Nutzen. Der Begriff des Bauentwurfs, der Gegenstand des Änderungsrechts ist, ist nicht hinreichend konkret und führt zu erheblichen Streitfragen über die Reichweite des Anordnungsrechts in Bezug auf Bauumstände und Bauzeit. Voraussetzungen und Reichweite des Änderungsrechts sind ebenfalls nicht geregelt. Eine Überarbeitung und Zusammenführung der beiden Tatbestände gehört aktuell zum Arbeitsprogramm des DVA. Trotz dieser ersichtlich defizitären Regelung gibt es in der Praxis wenige Probleme. Da Nachträge für die Bauunternehmen idR – entgegen dem Prinzip des § 2 Abs. 5 VOB/B – relativ ertragsstärker sind, führen die Auftragnehmer auch Anordnungen freiwillig aus, die das Änderungsrecht überschreiten. Die Auseinandersetzung fokussiert sich dann auf die Vergütungsseite.

50c Klarzustellen bleibt, dass § 1 Abs. 3 nur leistungsändernde Anordnungen betrifft. Das bloße Einfordern der **von vornherein geschuldeten Leistung** ist offensichtlich keine Bauentwurfsänderung. Hierzu zählt auch die bloße Konkretisierung der Leistung, sofern sich der Auftraggeber das Recht zur Konkretisierung vorbehalten hat.¹⁶⁵ Verkennt der Auftraggeber den beauftragten Vertragsumfang und ordnet eine Leistung an, die bereits zum Inhalt des Vertrages gehört, so liegt eine sog **Doppelbeauftragung vor**. Sie führt, wenn kein Vergleich vorliegt, nicht zu einer Änderung der Vergütung. Vielmehr läuft das Gestaltungsrecht leer und die Vergütung bleibt unverändert.¹⁶⁶ Die Probleme liegen hier nicht in der Anwendung des § 1 Abs. 3, sondern in der Auslegung des Bausolls (vgl. → § 2 Rn. 29 ff., 90 ff.).

II. Umfang des Änderungsrechts

51 **1. Definition des Bauentwurfs.** Das Änderungsrecht nach § 1 Abs. 3 bezieht sich auf den **Bauentwurf**. Hiermit ist nicht der Bauentwurf im Sinne des § 19 Nr. 1b GOA bzw. die Entwurfsplanung nach § 33 Nr. 3 HOAI gemeint, wie früher gelegentlich geltend gemacht wurde. Eine entsprechende Bezugnahme scheitert schon daran, dass die VOB aus dem Jahre 1926 schlechterdings nicht auf die erst 1950 in Kraft getretene GOA bzw. auf die HOAI, die erstmals 1971 eingeführt wurde, Bezug genommen haben kann.¹⁶⁷ Zum anderen ergibt sich aus

---

[158] Vgl. näher → § 1 Rn. 92 f.
[159] *Althaus* in Althaus/Heindl Teil 3 Rn. 148; näher → § 1 Rn. 93.
[160] Vgl. → § 1 Rn. 117; *Althaus/Bartsch* in Althaus/Heindl Teil 4 Rn. 117; *Niemöller* BauR 2006, 170 (176).
[161] Vgl. → § 1 Rn. 90.
[162] Vgl. → § 2 Rn. 195; *Jansen/v. Rintelen* in Kniffka § 631 Rn. 873; *Schrader/Borm* BauR 2006, 1388 ff.
[163] OLG Saarbrücken NZBau 2011, 422.
[164] *Jansen* in Beck'scher VOB-Kommentar VOB/B § 1 Abs. 3 Rn. 3.
[165] OLG Düsseldorf NJW-RR 2003, 1324 (Peek & Cloppenburg); *Jansen* in Beck'scher VOB-Kommentar VOB/B § 1 Abs. 3 Rn. 49.
[166] BGH NZBau 2005, 453; 2011, 160; *Messerschmidt/Voit/v. Rintelen* BGB § 631 Rn. 54 ff.; *Jansen* in Beck'scher VOB-Kommentar VOB/B § 1 Abs. 3 Rn. 46 ff.; vertiefend *v. Rintelen* FS Kapellmann, 2007, 373 ff.
[167] *Endres* BauR 1982, 535 (536).

§ 7 VOB/A, dass Grundlage der Leistungsbeschreibung und damit Bauentwurf die Ausführungsplanung ist.[168] Im allgemeinen Sprachgebrauch bezeichnet „Entwurf" generell „Zeichnungen, nach denen man etwas ausführt".[169] Bauentwurf sind damit zunächst in jedem Fall alle zeichnerischen Darstellungen des geschuldeten Werkes. Da dieselbe Leistungsvorgabe mehr oder weniger gleichwertig zeichnerisch, schriftlich, mündlich oder gegenständlich ausgedrückt werden kann und von der Art der Darstellung die Änderungsbefugnis des Auftraggebers nicht abhängig gemacht werden kann[170], kann der Begriff nicht gegenständlich, sondern nur **funktional und damit weit ausgelegt** werden.[171] Bauentwurf im Sinne des § 1 Abs. 3 VOB/B ist damit die **Gesamtheit aller Vorgaben für die bautechnische Leistung** des Auftragnehmers, und zwar unabhängig von der Art der Verkörperung. Erfasst werden damit insbesondere die Leistungsbeschreibung einschließlich Baubeschreibung und Leistungsverzeichnissen, alle Pläne, Berechnungen, Muster und Proben, aber auch technische Regelungen und Anweisungen etc. Auch mündliche Anordnungen fallen hierunter.[172] Erfasst werden in diesen Vertragsunterlagen aber nur die Inhalte über die bautechnische Leistung. Das kann auch die Art und Weise der Durchführung betreffen,[173] muss aber von Änderungen der Bauumstände abgegrenzt werden, zu denen der Auftraggeber nicht berechtigt ist (→ Rn. 52 ff.).

2. Keine Änderung des sonstigen Vertragsinhalts. Abzugrenzen ist der Bauentwurf von **52** dem sonstigen Vertragsinhalt im Sinne der kommerziellen Bedingungen. Das Änderungsrecht des § 1 Abs. 3 bezieht sich ausschließlich auf die bautechnischen Vorgaben, nach dem Wortlaut eindeutig **nicht** auf eine **Änderung der Vertragsbestimmungen** wie Abrechnung oder Zahlungsmodalitäten, Regelungen über Gewährleistung, Sicherheiten, Vertragsstrafe etc.[174] Die Änderungsanordnung hat zwar Auswirkungen auf die Vergütung, da diese gemäß § 2 Abs. 5 VOB/B sich entsprechend anpasst. Das ist jedoch keine Änderung der Vertragsregelung, sondern Folge der unverändert geltenden Regelung in § 2 Abs. 5 VOB/B.

3. Nur Bauinhaltsänderungen. Das einseitige Änderungsrecht bezieht sich nur auf den **53** Bauentwurf und damit auf den **Bauinhalt**, nicht aber unmittelbar auf eine Änderung der **Bauumstände** und damit auch nicht auf eine Änderung der **Bauzeit** (dazu näher → Rn. 57 ff.). *Peters* hat das plastisch ausgedrückt: Das zu errichtende Haus bleibt auch dann noch dasselbe, wenn es zu einem späteren Zeitpunkt errichtet wird.[175] Ändern sich nur die Bauumstände, liegt keine Änderung des Bauentwurfs vor. Ausgeschlossen sind allerdings nur unmittelbare Bauumstands- oder Bauzeitänderungen, dh wenn der Auftraggeber das Leistungsziel selbst nicht verändert, sondern seine Änderungsanordnungen sich bei unveränderter Leistung allein auf Ausführungsart oder Bauzeit richten. Ordnet der Auftraggeber Bauinhaltsänderungen an, so können und dürfen diese auch Auswirkungen auf Ausführungsart und Ausführungszeit haben.[176] Dies wird sich vielfach gar nicht vermeiden lassen, auch wenn die Abgrenzung im Einzelfall schwierig sein kann. Ordnet der Auftraggeber größere Betonierabschnitte an, so betrifft das nicht allein die Bauumstände, sondern auch den Bauinhalt[177]. Zum Bauentwurf bzw. Bauinhalt gehören nach hM auch vertragliche Vorgaben zu Bauverfahren und anderen bautechnischen Arbeitsvorgaben.[178] Andere halten das bereits für eine AGB-rechtlich bedenkliche zu weite Auslegung.[179] Bei Auswirkungen auf Bauverfahren und Bauzeit ist jedenfalls zu überprüfen, ob

---

[168] *Weyer* BauR 1990, 138 (140).
[169] *Duden*, Das große Wörterbuch der deutschen Sprache, 3. Aufl. 1999, Band 3, S. 1054.
[170] Allgemeine Meinung, vgl. *Jansen* in Beck'scher VOB-Kommentar VOB/B § 1 Abs. 3 Rn. 23; *Keldungs* in Ingenstau/Korbion VOB/B § 1 Abs. 3 Rn. 3; NWJS VOB/B § 1 Rn. 25; *Kuffer* in Heiermann/Riedl/Rusam VOB/B § 1 Rn. 105.
[171] NWJS VOB/B § 1 Rn. 25; *Kuffer* in Heiermann/Riedl/Rusam VOB/B § 1 Rn. 105; *Stoye/Brugger* VergabeR 2011, 803 (805).
[172] *Kuffer* in Heiermann/Riedl/Rusam VOB/B § 1 Rn. 105.
[173] OLG Hamm v. 14.10.2016 – 12 U 67/15.
[174] Allgemeine Meinung, vgl. nur NWJS VOB/B § 1 Rn. 23; *Kuffer* in Heiermann/Riedl/Rusam VOB/B § 1 Rn. 106; abweichend nur *Egner*, Außerprozessuale Streiterledigung im Bauvertrag, S. 26, der die Rechtslage allerdings klar verkennt.
[175] *Peters* NZBau 2012, 615 (617).
[176] Vgl. auch *Armbrüster/Bickert* NZBau 2006, 153 (159), wobei Umfang und Grenze von bauzeitbezogenen Anordnungen aus bautechnischen Erfordernissen unklar bleibt.
[177] Vgl. VOB-Stelle Niedersachsen v. 14.12.2004, Fall 1412.
[178] *Kleine-Möller/Merl/Eichberger* § 11 Rn. 74, 86 mwN.
[179] *Althaus* in Althaus/Heindl Teil 3 Rn. 157 f.

die Änderungsanordnung wegen ihrer mittelbaren Auswirkungen für den Auftragnehmer noch zumutbar ist (vgl. → Rn. 82 ff.).

54 **4. Keine Bauumstandsänderung.** Das Änderungsrecht gilt **nicht** für vereinbarte **Bauumstände**.[180] Gemeint sind damit insbesondere Änderungen des vertraglich zugesagten Zugangs oder der Zufahrt zur Baustelle, des vorgesehenen Bauablaufs, Anordnung anderen Geräteeinsatzes etc.[181] Sie betreffen zwar im weiteren Sinne die bautechnische Seite, nicht aber den Bauentwurf iSv § 1 Abs. 3 VOB/B, der nur den Bauinhalt bestimmt. Sinn und Zweck und damit Inhalt des Änderungsrechts ist es, dem Auftraggeber die planerische Freiheit zu erhalten. Er soll berechtigt sein, seine Planung veränderten Gegebenheiten oder auch veränderten Vorstellungen anzupassen.[182] Werden Bauumstände auf Grund zwingender äußerer Vorgaben, zB zusätzliche Lärmschutzmaßnahmen auf Grund behördlicher Auflagen notwendig[183], läge es nahe, ein wegen der vergleichbaren Situation nicht bestreitbares Anpassungsbedürfnis unter § 1 Abs. 3 VOB/B zu fassen. Eine Gleichstellung von Bauumstand und Bauinhalt in § 1 Abs. 3 VOB/B kommt allerdings schon deshalb nicht in Betracht, weil das Änderungsrecht inhaltlich nicht von besonderen Erfordernissen abhängt. Der Auftraggeber kann Bauinhaltsänderungen grundsätzlich auch ohne objektiven Anlass anordnen. Der Auftragnehmer darf gestalterische Änderungen nicht zurückweisen, weil sie seiner Auffassung nach nicht erforderlich sind oder er gar den Geschmack des Auftraggebers nicht teilt. Was gebaut wird, ist Sache des Auftraggebers, nicht des Auftragnehmers.

55 Anders liegt es demgegenüber bei den Bauumständen. Der Bauablauf unterfällt grundsätzlich der **Disposition des Auftragnehmers**.[184] Es bestehen kein Anlass und keine Rechtfertigung, den Auftraggeber in diese vertraglichen Rechte des Auftragnehmers einseitig und willkürlich eingreifen zu lassen. Die Folgen geänderter Bauumstände lassen sich auch ohne Überdehnung des § 1 Abs. 3 VOB/B bewältigen. Die geänderten Bauumstände selbst begründen noch keine Anordnung.[185] Machen äußere Umstände zwingend Bauumstandsmodifikationen notwendig, kann der Auftraggeber die notwendige Leistungsänderung anordnen. In der Regel liegt zugleich auch eine Behinderung der vertraglich vorgesehenen Ausführung vor. Nach § 6 Abs. 3 VOB/B hat der Auftragnehmer „alles zu tun, was ihm billiger Weise zugemutet werden kann, um die Weiterführung der Arbeiten zu ermöglichen".[186] Das ergibt sich im Übrigen generell aus der Kooperationsverpflichtung. Der Unterschied zu dem einseitigen Änderungsrecht nach § 1 Abs. 3 VOB/B liegt darin, dass das Dispositionsrecht des Auftragnehmers grundsätzlich unberührt bleibt, weil die Art der Änderung nicht einseitig vom Auftraggeber vorgegeben werden kann. § 6 Abs. 3 VOB/B macht vielmehr unter ausgewogener Berücksichtigung der beiderseitigen Interessen Vorgaben für die Ausübung des Dispositionsrechts des Auftragnehmers und begründet für den Auftraggeber einen hierauf gerichteten Anspruch.[187] Liegen die Voraussetzungen des § 6 Abs. 3 VOB/B nicht vor, braucht der Auftragnehmer einen Eingriff in seinen Dispositionsbereich nicht zu akzeptieren. Ohne Einverständnis des Auftragnehmers kann der Auftraggeber zB Nachtarbeiten außerhalb seiner Betriebszeit nicht deshalb anordnen, weil er sich durch die vertraglichen Tätigkeiten stärker gestört fühlt, als er erwartet hatte.

56 Die Grenzen zwischen dem Dispositionsrecht des Auftragnehmers und dem Anordnungsrecht des Auftraggebers lässt sich allerdings nicht abstrakt und generell bestimmen, sondern nur auf Grund des jeweiligen Vertrages. Hat der Auftraggeber ein bestimmtes Verfahren oder bestimmte Hilfsmaßnahmen ausgeschrieben, gehören sie zum Bauentwurf und unterfallen seiner Änderungsbefugnis.[188] In der Praxis dürfte die Frage der Berechtigung zu Bauumstandsänderungen allerdings häufig nicht problematisch werden. Frei veranlasste Bauumstandsände-

---

[180] Kapellmann/Schiffers Vergütung I Rn. 787; *Thode* BauR 2008, 155 (158); **anderer Ansicht.** *Keldungs* in Ingenstau/Korbion § 1 Abs. 3 Rn. 3 ff.; *Jansen* in Beck'scher VOB-Kommentar VOB/B § 1 Abs. 3 Rn. 32 ff.
[181] Vgl. *Kapellmann/Schiffers* Vergütung I Rn. 787 mwN.
[182] OLG Düsseldorf NJW-RR 1988, 278 = BauR 1988, 485.
[183] Vgl. dazu *Clemm* BauR 1989, 125 ff.
[184] Vgl. *Ganten* in Beck'scher VOB-Kommentar VOB/B § 4 Nr. 2 Rn. 7 f.; *Motzke* in Beck'scher VOB-Kommentar VOB/B § 6 Nr. 4 Rn. 28; vgl. auch → VOB/B § 5 Rn. 78.
[185] OLG Düsseldorf BauR 2014, 700 (702).
[186] Vgl. → VOB/B § 6 Rn. 30 f.
[187] *Motzke* in Beck'scher VOB-Kommentar VOB/B § 6 Nr. 3 Rn. 10 f.
[188] *Voit* in Messerschmidt/Voit VOB/B § 1 Rn. 9.

Art und Umfang der Leistung 57 § 1 VOB/B

rungen werden selten sein. Bei durch äußere Vorgaben veranlassten Bauumstandsmodifikationen werden Alternativen häufig nicht in Betracht kommen, so dass der Auftragnehmer die vom Auftraggeber vorgegebene Änderung als sonstige Anordnung im Sinne des § 2 Abs. 5 VOB/B hinnimmt und die Mehraufwendungen entsprechend geltend macht. Zu dem streitigen Verhältnis dieser Ansprüche zu den Schadenersatzansprüchen wegen Behinderung vgl. → VOB/B § 6 Rn. 57 f.

5. Keine Bauzeitänderung. Das Änderungsrecht gemäß § 1 Abs. 3 VOB/B erfasst 57 **auch nicht die Bauzeit** als häufig wichtigsten Bauumstand mit Ausnahme der bereits erwähnten mittelbaren Bauzeitanordnungen (vgl. → Rn. 53).[189] Das wird nicht immer hinreichend deutlich herausgearbeitet, entsprach früher fast allgemeiner Meinung und ist trotz zwischenzeitlicher Anfechtungen auch heute noch herrschende Meinung.[190] Gegen diese Begrenzung von Bauentwurfsänderungen des § 1 Abs. 3 auf Bauinhaltsänderungen sind allerdings seit 2004 Einwände erhoben worden.[191] Das Anordnungsrecht umfasse die „Gesamtheit der vertraglichen Leistungsbestimmungen", zu der neben dem Bauinhalt auch die Bauumstände gehörten.[192] Gerade die Bauzeit sei ein wesentlicher Faktor bei der Bestimmung des geschuldeten Leistungserfolges, weshalb sie bei der weiten Auslegung noch unter dem Begriff des Bauentwurfs fallen.[193] Diese Auffassung hat in der Literatur Aufwind erhalten, nachdem Kniffka sie in der Erstbearbeitung seines Kommentars vertreten hatte.[194] Später hat er seine Auffassung etwas relativiert und darauf hingewiesen, dass die Diskussion in vielen Punkten überhöht und überflüssig ist.[195] Zwischenzeitlich haben allerdings wichtige Kommentatoren der VOB/B ihre Auffassung geändert und sich dieser Theorie angeschlossen.[196] Auf der anderen Seite wird vereinzelt völlig gegensätzlich geltend gemacht, dass Leistungsänderungsrecht nach § 1 Abs. 3 und Abs. 4 halte sich nur dann im Rahmen billigen Ermessen gemäß § 315 BGB, wenn die Leistungsänderung keine Auswirkungen auf die Bauzeit hätte.[197]

Im nachfolgenden wird die Frage eines bauzeitlichen Anordnungsrechts dem Grunde nach erörtert. Das soll aber nicht verdecken, dass die Auswirkungen des Meinungsstreits in der Praxis nicht ganz so grundlegend sind. Folgt der Auftragnehmer einer Beschleunigungsanordnung freiwillig, so richtet sich der Vergütungsanspruch bei Bestehen oder Nichtbestehen eines Anordnungsrechts nach ganz überwiegender Auffassung nach § 2 Abs. 5 VOB/B. Es geht hier also primär um die Frage, wann der Auftragnehmer grundsätzlich oder ohne Abschluss einer Vergütungsvereinbarung einer einseitigen Beschleunigungsanordnung nachkommen muss. Letzteres hängt vom Umfang der bauzeitlichen Anordnungsrechte ab. Deren Umfang wird von den Anhängern bauzeitlicher Anordnungsrechte aber recht unterschiedlich weit angenommen. Der wohl überwiegende Teil der Autoren will **Beschleunigungsanordnungen** nur zur Vermeidung oder Aufholung von Verzögerungen, nicht aber mit dem isolierten Ziel der Verkürzung der

---

[189] *Armbrüster/Bickert* NZBau 2006, 153 (159).
[190] *Kapellmann/Schiffers* Vergütung I Rn. 133, 287, 1333; *Althaus* in Beck'scher VOB-Kommentar VOB/B § 5 Abs. 1 Rn. 58; *Berger* in Beck'scher VOB-Kommentar VOB/B § 6 Abs. 1 Rn. 58, § 6 Abs. 3 Rn. 49 ff.; *Motzke* in Beck'scher VOB-Kommentar, 2. Aufl., VOB/B § 5 Nr. 1 Rn. 72, 77 f, § 6 Nr. 2 Rn. 52, und § 6 Nr. 4 Rn. 27 f.; *Jagenburg/Jagenburg* in Beck'scher VOB-Kommentar VOB/B, 2. Aufl. § 1 Nr. 3 Rn. 10 f., § 2 Nr. 5 Rn. 70; *Voit* in Messerschmidt/Voit VOB/B § 1 Rn. 6; *Leinemann/Schoofs* § 1 Rn. 54 ff., § 6 Rn. 69; *Kandel* in BeckOK § 2 Abs. 5 Rn. 32; *Vygen/Schubert/Lang* Bauverzögerung Rn. 176; *Kleine-Möller/Merl* Handbuch § 10 Rn. 455, 477; *Eichberger* in Kleine-Möller/Merl Handbuch § 11 Rn. 91 f.; *Althaus* in Althaus/Heindl Teil 3 Rn. 152, 217; *Rehbein* Auftraggeberanordnung S. 44 ff.; *Rehbein* in Glöckner/von Berg VOB/B § 1 Rn. 14 ff.; *Leesmeister* Beschleunigung S. 62 ff.; *Lederer*, Der funktionale Werkerfolg, S. 173; *Weyer* BauR 1990, 138 (143); *Vygen* FS Locher, 1990, 263 (273 f.); *Markus* NZBau 2006, 537 f.; *Armbrüster/Bickert* NZBau 2006, 153 (159); *Thode* BauR 2008, 155; *Kimmich* BauR 2008, 263 (265 f.); *Oberhauser* BauR Ganten, 2007, 189 (194 ff.) und FS Englert, 2014, 327 (330); *Oberhauser* BauR 2010, 308 (312 f.); *Thierau* FS Quack, 1991, 247 (256 f.); Unrichtig zB LG Stralsund IBR 2005, 464; unentschieden *Kuffer* in Heiermann/Riedl/Rusam VOB/B § 1 Rn. 106, 115.
[191] *Zanner/Keller* NZBau 2004, 353 ff.; *Kniffka* Online-Kommentar BGB, Stand 25.9.2009, § 631 Rn. 441 ff.); *Wirth/Würfele* BrBp 2005, 214 ff.; *Ingenstau/Korbion/Keldungs* § 1 Abs. 3 Rn. 7; wohl auch *Jaeger* in BeckOK VOB/B § 1 Nr. 3 Rn. 10.
[192] *Zanner/Keller* NZBau 2004, 353 (354).
[193] *Wirth/Würfele* BrBp 2005, 214 (217) und Jahrbuch BauR 2006, 119 (152 ff.).
[194] *Kniffka* Online-Kommentar BGB, Stand 29.5.2009, § 631 Rn. 444.
[195] *Kniffka* in Kniffka Einführung Rn. 59; vgl. auch *Kniffka/Koeble* Kompendium Teil 5 Rn. 112 ff.
[196] *Keldungs* in Ingenstau/Korbion § 1 Abs. 3 Rn. 7; *Jansen* in Beck'scher VOB-Kommentar VOB/B § 1 Abs. 3 Rn. 32 ff. und § 2 Abs. 5 Rn. 17; offen aber *Jansen/v. Rintelen* in Kniffka § 631 Rn. 844 ff.
[197] *Niemöller* BauR 2006, 170 (175).

vereinbarten Bauzeit oder nur im engen Rahmen zulassen.[198] Andere schlagen vor, Bauzeitänderungen als zusätzliche Leistungen einzuordnen, wobei die Anforderungen an das zusätzliche Tatbestandsmerkmal die Erforderlichkeit aber großzügig ausgelegt werden sollen.[199]

57a Diese vorgeschlagene Erweiterung des Bauentwurfsbegriffs des § 1 Abs. 3 bzw. des Begriffs zusätzlicher Leistungen iSv § 1 Abs. 4 VOB/B ist eine Reaktion auf die von Thode angestoßene Diskussion über das Verhältnis von Behinderungsschäden und Nachträgen.[200] Thode hat gerügt, dass es dogmatisch nicht stringent sei, wenn Anordnungen zur Bauzeit einerseits als rechtswidrig angesehen werden, sie andererseits dennoch Vergütungsansprüche zur Folge haben sollen.[201] Diesen Einwand versucht man nun dadurch zu begegnen, dass man das Anordnungsrecht auch auf die Bauzeit erstreckt, so dass Bauzeitanordnungen dem Bauherrn problemlos zu Nachträgen nach § 2 Abs. 5 u. Abs. 6 VOB/B führen. Gerechtfertigt wird dies mit teleologischen Argumenten. Es sei nicht ersichtlich, warum der Auftraggeber technische und gestalterische Änderungen machen dürfe, nicht aber Änderungen der zeitlichen und organisatorischen Komponenten anordnen dürfe.[202] Diese Argumentation überzeugt schon inhaltlich nicht, weil sie nur einseitig an den Interessen des Auftraggebers ausgerichtet ist. Der 3. **Deutsche Baugerichtstag** hat ein zeitliches Anordnungsrecht zur Bauzeitverkürzung ausdrücklich **nicht** in seine Empfehlungen für ein gesetzliches Bauvertragsrecht übernommen:

> „Die vorstehenden Erwägungen gelten nicht in gleicher Weise bei Anordnungen, die die vertragliche Bauzeit/Ausführungsfrist verkürzen, das heißt, mit denen der Besteller eine Beschleunigung der Bauausführung erreichen will. Solche Anordnungen, die nicht selten dadurch motiviert sein werden, anderweitig, insbesondere durch andere Baubeteiligte versäumte Zeit wieder aufzuholen, führen regelmäßig zu einem erheblichen Eingriff in die innerbetriebliche Organisation des Unternehmers mit unklaren Folgen für die Beurteilung seiner Erfolgsverpflichtung. Es erscheint nicht gerechtfertigt, ihn mit den sich hieraus ergebenden Risiken zu belasten, wenn er sich hierauf nicht einlassen will. Das gilt erst recht, weil die Gestattung von einseitigen Beschleunigungsanordnungen faktisch zu einer völligen Entwertung einer Ausführungsfristverlängerung führen würde, die der Unternehmer verlangen kann, wenn er wegen einer Anordnung des Bestellers zur technischen Bauausführung zeitlichen Mehraufwand betreiben muss."[203]

Nachdem es im Abschlussbericht der Arbeitsgruppe Bauvertragsrecht beim Bundesministerium der Justiz vom 18.3.2013 bei Vorliegen „Schwerwiegender Gründe" befürwortet wurde, hat sich der 5. Baugerichtstag 2014 erneut mit der Frage beschäftigt und mit deutlicher Mehrheit abgelehnt.[204] Wenn ein einseitiges Recht zur Bauzeitverkürzung nicht als angemessene Lösung dieses Interessengegensatzes für ein künftiges Bauvertragsrecht erachtet wird, fällt es schwer, es mit gegenteiliger Wertung als von redlichen Parteien gewollt im Wege ergänzender Auslegung – gegen den Wortlaut – in § 1 Abs. 3 hineinzulesen. Gegen eine solche erweiternde Auslegung spricht methodisch entscheidend, dass sie den Begriff des Bauentwurfes nicht nur zu weit auslegt, sondern völlig auslöst. Sie will nicht ermitteln, was nach der VOB/B-Regelung gilt, sondern versucht, ein auch noch sehr umstrittenes rechtspolitisches Ziel durchzusetzen.

57b Hier geht es aber nicht um Fragen von Rechtspolitik, sondern um die Auslegung einer Allgemeinen Geschäftsbedingung. Eine Subsumtion von Bauzeit unter die Bauentwurfsänderung nach § 1 Abs. 3 **überschreitet die für Allgemeine Geschäftsbedingungen zulässigen Auslegungsgrundsätze.**[205] Allgemeine Geschäftsbedingungen sind nach objektiven Maßstäben so auszulegen, wie sie die beteiligten Verkehrskreise verstehen können und müssen.[206] Bedeutung kommt dabei vor allem der Wortlaut der Klausel zu.[207] Ein gemeinsames Verständnis der Parteien wäre auch bei der Auslegung von Allgemeinen Geschäftsbedingungen zu berücksichtigen. Die Auffassung vom zeitlichen Anordnungsrecht versucht allerdings gar nicht, dass Ver-

---

[198] *Wirth/Würfele* Jahrbuch 2006, 119 (160 f.); *Jansen* in Beck'scher VOB-Kommentar VOB/B § 1 Abs. 3 Rn. 39 ff.
[199] *Breyer* BauR 2006, 1222 ff.
[200] *Thode* ZfBR 2004, 214 ff.
[201] *Thode* ZfBR 2004, 214 (219 ff.)
[202] *Zanner/Keller* NZBau 2004, 353 (355).
[203] Thesenpapier AK I des 3. Deutschen Baugerichtstages S. 16.
[204] Arbeitskreis I BauR 2014, 1545 ff.
[205] So auch *Leinemann/Schoofs* VOB/B § 1 Rn. 54; *Oberhauser* FS Englert, 2014, 327 (330); *Kniffka/Koeble* Kompendium Teil 5 Rn. 113; *Leesmeister* Beschleunigung S. 74.
[206] Vgl. nur BGH NZBau 2004, 500 = BauR 2004, 1438 mwN.
[207] *Lindacher* in Wolf/Lindacher/Pfeiffer BGB § 305c Rn. 107 mwN.

ständnis der beteiligten Verkehrskreise zu ermitteln, und zwar aus einfachem Grund: Ein dieser neuen Auslegung entsprechendes Verständnis kann sich auf Grund abweichender jahrzehntelanger Praxis gar nicht gebildet haben. Die Auffassung versucht deshalb, § 1 Abs. 3 VOB/B wie ein Gesetz auszulegen. Die Begrenzung des Begriffs Bauentwurf auf den Bauleistungsinhalt „sei nicht interessengerecht".[208] Der beim fehlenden einseitigen Recht bestehende Einigungszwang würde dem Auftragnehmer ein sachlich nicht gerechtfertigtes „Druckpotential" an die Hand geben.[209] Sinn und Zweck der VOB/B, einen möglichst störungsfreien Ablauf des Bauvorhabens zu ermöglichen, würde nicht erreicht, wenn das Anordnungsrecht die Bauzeiten nicht umfasste.[210] Diese Argumentation ist aus Sicht des Auftraggebers durchaus nachvollziehbar. Für ihn besteht ein Regelungsbedürfnis für Bauzeitanordnungen, wenn der Preis sich nach den Mehrkosten des Auftragnehmers und nicht nach dem vermiedenen Mehraufwand des Auftraggebers richten soll. Der Ansatz ist – selbst falls die Argumente zuträfen – methodisch aber unzureichend. Eine wirtschaftliche Betrachtungsweise führt zunächst nur zu Erkenntnissen in Bezug auf Sachverhalt und Interessengegensätze,[211] mit einer – unterstellten – bloßen Sachgerechtigkeit lässt sich eine Rechtsfolge aber rechtlich noch nicht begründen.[212] Dem stünde schon die negative Vertragsänderungsfreiheit des Werkunternehmers entgegen.

Entscheidend kommt hinzu, dass die Annahme der Sachgerechtigkeit auf einer **einseitigen Interessenbewertung** beruht (vgl. → Rn. 57a).[213] Hier soll mit subjektiven Wertungen Wortlaut und Auslegungspraxis von fast 80 Jahre beiseite gewichtet werden. Bei der Interessenabwägung wird auch übergangen, dass der Auftraggeber das Anordnungsrecht nur braucht, um seine **Verletzung von eigenen Pflichten oder Obliegenheiten** auszugleichen.[214] Hat der Auftragnehmer nämlich die Verzögerung zu vertreten, muss er von sich aus beschleunigen, und zwar bis zum möglichen Maximum.[215] Der Auftraggeber ordnet dann keine Beschleunigung an, sondern fordert nur ordnungsgemäße Vertragserfüllung. Hinzu kommt, dass Anordnungen nach § 1 Abs. 3 den Vertragsinhalt gestalten und deshalb auch grundsätzlich zu der werkvertraglichen Erfolgshaftung des Auftragnehmers führen (vgl. → Rn. 86), was bei Beschleunigungsanordnungen mit ungewissen Ausgang[216] zu einer Änderung der vertraglichen Risiken führt, die nicht mehr durch § 1 Abs. 3 gedeckt wäre. Gerade deshalb wollen Befürworter eine Vertragsstrafe für neue verkürzte Termine nicht gelten lassen.[217] Dann würde aber noch die Verzugshaftung gelten.[218] Sollte die Beschleunigungsanordnung keine Erfolgshaftung auslösen, wie einige annehmen,[219] hätte dasselbe Anordnungsrecht – alles wird ja angeblich vom Begriff des Bauentwurfs umfasst – unterschiedliche Rechtsfolgen, was methodisch eigentlich ausgeschlossen ist. Schließlich wird nicht berücksichtigt, dass die Durchsetzung von Bauzeitnachträgen in der Praxis aufgrund der – häufig auch aus prozesstaktischen Gründen – hohen Substantiierungsanforderungen der Rechtsprechung so schwer ist,[220] dass der Unternehmer zur Wahrung seiner berechtigten Vergütungsinteressen auf eine Preisvereinbarung bestehen muss.[221] Das gilt insbesondere in den Fällen, in denen der Erfolg ungewiss ist. Welche Vergütung soll der Arbeitnehmer bei Nichterreichen der verkürzten Termine erhalten? Wegen des Aufwandes für einen prüffähigen Nachtrag gemäß § 2 Abs. 5 wäre der Auftragnehmer idR zur Beschleunigung ohne vorherige Vergütungsvereinbarung gezwungen und müsste nachträglich ohne jede Verhandlungsmacht versuchen, seinem Geld hinterherzulaufen und einen de lege artis schwierig zu berechnenden Anspruch durchzusetzen. Ggf. muss er sogar noch einen Gutachter zur Anspruchsermittlung einschalten.

Methodisch muss dieser Auslegungsakrobatik weiter entgegengehalten werden, dass die Regelungen der VOB/B gar kein abgeschlossenes System bilden[222], sondern nur eine Sammlung

---

[208] *Kniffka* Online-Kommentar BGB, Stand 29.5.2009, § 631 Rn. 444.
[209] *Kniffka* Online-Kommentar BGB, Stand 29.5.2009, § 631 Rn. 444.
[210] *Wirth/Würfele* BRBP 2005, 214 (217).
[211] *Henckel* JZ 1995, 731.
[212] *Steckhan* FS Schnorr v. Carolsfeld, 1973, 463 (465).
[213] Ebenso *Leesmeister* Beschleunigung S.77.
[214] Vgl. *Tomic* BauR 2011, 1234 (1236 f.).
[215] OLG Hamm NZBau 2007, 709.
[216] Vgl. dazu OLG Köln NZBau 2006, 45 (46).
[217] *Zanner/Keller* NZBau 2004, 353 (357).
[218] *Oberhauser* FS Englert, 2014, 327 (336).
[219] Dafür *Oberhauser* FS Englert, 2014, 327 (337).
[220] OLG Köln IBR 2014, 257; KG BauR 2012, 951; OLG Brandenburg IBR 2011, 394.
[221] Vgl. Referat zum AK I von *Fuchs* BauR 2014, 1545 (1554 f.).
[222] Dies ausdrücklich anerkennend *Zanner/Keller* NZBau 2004, 353 (359); *Thode* BauR 2008, 155 (156), spricht von einer „ergebnisorientierten Scheinbegründung".

einzelner Regelungen in Ergänzung und Abweichung zum BGB, die VOB/B mithin nur rudimentär ist. Der Grundsatz, dass Verträge nicht einseitig geändert werden können, hat in der VOB/B in § 1 Abs. 3 und Abs. 4 zwei Ausnahmen erfahren. Diese beiden Änderungsvorbehalte wollen nicht alle Änderungsmöglichkeiten erfassen, wie sich bereits ergibt, dass § 2 Abs. 5 VOB/B auch noch „andere" Anordnungen kennt.[223] Erweitert man das Anordnungsrecht des § 1 Abs. 3 um Bauzeit und Bauumstände, verbleibt für die anderen Anordnungen im Sinne des § 2 Abs. 5 keinerlei Anwendungsbereich mehr. Eine Auslegung hat allerdings grundsätzlich so zu erfolgen, dass einzelne Teile einer Regelung nicht inhaltsleer werden.[224] Übersehen wird weiter, dass Verwender der VOB/B, gerade im öffentlichen Bereich, die Auftragsgeber sind. Die Auffassung führt zu einer eklatant **AGB-widrigen Auslegung zu Gunsten der AGB-Verwender;** unter Missachtung von Transparenzgebot und Restriktionsgebot wird das von anderen als bereits viel zu weitgehend angesehene Leistungsbestimmungsrecht des § 1 Abs. 3 über den Wortlaut – das Bauobjekt bleibt dasselbe, auch wenn es zu einem anderen Zeitpunkt errichtet wird[225] – erweitert, um dem Verwendungsgegner der AGB – aus Sicht der Autoren – missliebige Druckpotentiale zu nehmen. Das ist keine Auslegung, sondern ein Änderungsversuch.

57e   Dass es sich bei der angeblich möglichen weiten „Auslegung" gar nicht um eine Auslegung handelt, zeigt sich auch daran, dass der überwiegende Teil der Befürworter das bauzeitliche Anordnungsrecht deutlich enger zieht als das bauinhaltliche Änderungsrecht: Die unterschiedlichen Anforderungen würden eigentlich **unterschiedliche Tatbestandmerkmale** erfordern. Weiter schränken Befürworter auch noch die Erfolgshaftung ein (vgl. → Rn. 57c) und verändern damit die **Rechtsfolge** einer Anordnung. Damit würde diese Auffassung zu dem erstaunlichen Ergebnis führen, dass zwar die Bauzeit Teil des Bauentwurfs sein soll, also von § 1 Abs. 3 VOB/B erfasst wird, aber nur unter erschwerten Bedingungen und mit weniger weitreichenden Rechtsfolgen geändert werden kann. Das verdeutlicht, dass Bauzeit und Bauinhalt weder vom Wortlaut noch vom Inhalt gleichgesetzt werden können. Eine solche „Auslegung" ist bei Beachtung der anerkannten methodischen Prinzipien und insbesondere den Auslegungsgrundsätze von Allgemeinen Geschäftsbedingungen schlicht nicht möglich. Eine Harmonisierung mit den Auslegungsgrundsätzen für AGB wird aus gutem Grund in aller Regel[226] nicht versucht, sondern unabhängig vom Text des § 1 Abs. 3 VOB/B ein eigenständiges – ungeschriebenes – neues Regelungsprogramm für Bauzeitanordnungen – auch noch mit unterschiedlichen Inhalt – aufgestellt.

57f   Wenn das Anordnungsrecht auch die Bauzeit umfassen soll, bedarf es hierfür einer klaren vertraglichen Regelung, die zugleich die Grenzen der einseitigen Anordnungsbefugnis deutlich macht. Denn während sich das Anordnungsrecht hinsichtlich des Bauinhalts ohne weiteres damit rechtfertigen lässt, dass der Auftraggeber bestimmt, was gebaut wird[227], würde ein weites Bestimmungsrecht hinsichtlich Bauzeit und Bauumstände tief in die Dispositionsbefugnis des Auftragnehmers eingreifen.[228] Das spricht auch gegen den Vorschlag, Bauzeitanordnungen über § 1 Abs. 4 zu ermöglichen; auch könnte der Begriff der zusätzlichen Leistungen die meisten Fälle gar nicht erfassen: Wenn dieselbe Leistung nur in einem kürzeren Zeitraum erbracht werden soll, wird insgesamt nicht mehr geleistet.[229]

57g   Ein zeitliches Anordnungsrecht würde deshalb eine ausdrückliche Änderung des § 1 VOB/B voraussetzen. Eine entsprechende **Ergänzung der VOB/B** hatte der Deutsche Vergabe- und Vertragsausschuss für Bauleistung (DVA) **erwogen.**[230] Diese Erweiterung scheiterte jedoch bei

---

[223] Vgl. dazu → VOB/B § 2 Rn. 180 ff. Hierunter fallen gerade auch vom AN akzeptierte Bauzeitanordnungen, BGH NJW 1968, 1234; BGH 21.12.1970 – VII ZR 184/69, BeckRS 1970, 00204; OLG Hamm BauR 2013, 956.
[224] BGH NJW 2005, 2618; 1998, 2966.
[225] *Peters* NZBau 2012, 615 (617).
[226] Anders und vertiefend aber *Jansen* in Beck'scher VOB-Kommentar VOB/B § 1 Abs. 3 Rn. 33 ff., der bei seiner Argumentation aber übergeht, dass die gesetzliche Privilegierung der VOB/B in § 310 BGB eine solche Auslegung ebenso wenig rechtfertigen kann wie eine Übergehen der ABG-rechtlichen Anforderungen in anderen Fällen.
[227] Vgl. dazu näher → Rn. 101 ff.
[228] So auch *Oberhauser* BauR 2010, 308 (312).
[229] Wenn *Breyer* BauR 2006, 1222 (1226), ausführt, die Beschleunigungsanordnung sei immer die Anordnung einer Mehrleistung, weil der AN zB mehr Personal und Gerät zu verlängerten Einsatzzeiten vorhalten müsse, vergleicht er unzulässigerweise die Gesamtleistung der verkürzte Bauzeit mit bloß anteiligen Leistungen nach dem Vertragsterminplan. Mehrleistungen insgesamt fallen erst bei beschleunigungsbedingten Leistungsminderungen an.
[230] Vgl. dazu → Einleitung VOB/B Rn. 2 ff.

Art und Umfang der Leistung 57h, 57i § 1 VOB/B

der Beschlussfassung des Hauptausschusses Allgemeines vom 27.6.2006 mangels Zustimmung der Auftragnehmer-Organisationen.[231] Nach der aktuellen Fassung des Klauseltextes lässt sich ein Anordnungsrecht in Bezug auf die Bauzeit damit nicht begründen.

Sind in dem Vertrag Anfangstermine, Ausführungsfristen oder Endtermine vereinbart, kann der **Auftraggeber** diese **Termine deshalb nicht einseitig ändern** (→ VOB/B § 2 Rn. 33, → § 5 Rn. 54, → § 6 Rn. 30 f., 57).[232] Der Auftraggeber kann zwar die tatsächlich bestehenden Termine absagen.[233] Das wäre entweder eine Behinderung oder bei Vorliegen der Voraussetzungen eine andere Anordnung im Sinne des § 2 Abs. 5 VOB/B mit entsprechenden vergütungsrechtlichen Folgen. Denn in den Anwendungsbereich des § 2 Abs. 5 VOB/B fallen nicht nur die verbindlichen Planungsänderungen nach § 1 Abs. 3 VOB/B, sondern alle vom Auftragnehmer tatsächlich befolgten Anordnungen des Auftraggebers, die die geschuldete Leistung in anderer Weise abändern.[234] Hierzu kann auch eine Änderung der Bauzeit gehören.[235] Vor allem kann der Auftraggeber aber die **Bauzeit nicht verkürzen** oder – wie es in der Praxis häufiger geschieht – eine verbindliche Beschleunigungsanordnung erteilen. Anlass sind in der Regel vom Auftraggeber oder ihm zurechenbaren Dritten verursachte Verzögerungen oder bauzeitverlängernde Leistungsmehrungen. Diese stellen Behinderungen dar und führen nach § 6 Abs. 4 VOB/B zu einer entsprechenden Verlängerung der Ausführungsfrist. Will oder muss der Auftraggeber die ursprüngliche – nunmehr vertragsrechtlich überholte – Frist einhalten, muss er mit dem Auftragnehmer den überholten Termin oder einen anderen kürzeren Termin neu **vereinbaren**. Da die Einigung über die im Gegenzug zu zahlende Beschleunigungsvergütung häufig nur schwer, in der Regel jedenfalls nicht schnell genug erfolgt, versucht der Auftraggeber die Einhaltung eines verkürzten Termins durch eine **Beschleunigungsanordnung** sicherzustellen; die Einigung über die Vergütung soll erst anschließend erfolgen. Hierzu fehlt ihm jedoch ohne besondere vertragliche Ermächtigung das Recht.[236] Weder § 1 Abs. 3 noch § 4 Abs. 4 VOB/B räumen dem Auftraggeber die Kompetenz ein, einen verstärkten Personaleinsatz anzuordnen.[237] Der Auftragnehmer kann die einseitige Anordnung zurückweisen. Er verhält sich, wenn er „normal" weiterarbeitet, vertragsgerecht, kommt insbesondere nicht in Verzug.[238]

Eine **Beschleunigungspflicht** kommt nur in Ausnahmefällen in Betracht. Aus Treu und Glauben kann der Auftraggeber wie bei Änderungen im BGB-Werkvertrag einen vertraglichen Anpassungsanspruch – nicht ein einseitiges Anordnungsrecht[239] – haben.[240] Die Verweigerung einer Anpassung der Leistungszeit zu angemessenen Bedingungen durch den Auftragnehmer kann im Einzelfall rechtsmissbräuchlich sein.[241] Er wird einem Anpassungsverlangen zustimmen müssen, wenn das Beschleunigungsbedürfnis des Auftraggebers das Dispositionsrecht des Auftragnehmers deutlich überwiegt, er die notwendigen Kapazitäten zur Verfügung hat und die angebotene Vergütung angemessen ist. Gerade letzter Aspekt wird in der Baupraxis gerne verkannt. Der Auftragnehmer muss seinen Mehrvergütungsanspruch nicht von sich aus vollständig nachweisen; vielmehr muss derjenige, der eine Vertragsanpassung begehrt, seinerseits ein zur Annahme verpflichtendes Anpassungsangebot unterbreiten. Dieser allgemeine Grundsatz[242]

---

[231] Dazu näher *Markus* NZBau 2006, 537 f.
[232] So auch *Kniffka/Koeble* Kompendium Teil 5 Rn. 113. Andere wollen hier eine gewisse Relativierung zulassen. Änderungen im üblichen Rahmen sollen durch § 1 Abs. 3 gedeckt sein, vgl. *Jansen* in Beck'scher VOB-Kommentar VOB/B § 1 Abs. 3 Rn. 38; *Keldungs* BauR 2013, 1917 (1920).
[233] *Motzke* in Beck'scher VOB-Kommentar VOB/B § 5 Rn. 78.
[234] Kapellmann/Schiffers Vergütung I Rn. 787; *Kniffka/Koeble* Kompendium Teil 6 Rn. 114; *Weyer* BauR 1990, 138 (143).
[235] BGH NJW 1968, 1234; OLG Düsseldorf BauR 1996, 115 (116); *Peters* NZBau 2012, 615 (617); weitere Einzelheiten bei → VOB/B § 6 Rn. 57, → § 2 Rn. 185; vgl. auch *Weyer* BauR 1990, 138 (143) mwN.
[236] Vgl. näher → VOB/B § 6 Rn. 30 ff., 57; NWJS VOB/B § 1 Rn. 26; *Jagenburg/Jagenburg* in Beck'scher VOB-Kommentar, 2. Aufl., VOB/B § 1 Nr. 3 Rn. 10; anders nun *Jansen* in Beck'scher VOB-Kommentar VOB/B § 1 Abs. 3 Rn. 39 f.
[237] Vgl. → VOB/B § 6 Rn. 31; *Motzke* in Beck'scher VOB-Kommentar VOB/B § 6 Nr. 4 Rn. 28; anderer Ansicht jetzt *Leesmeister* Beschleunigung S. 105 ff.
[238] *Weyer* BauR 1990, 138 (143).
[239] Dafür aber die Gegenauffassung, vgl. *Jansen* in Beck'scher VOB-Kommentar VOB/B § 1 Abs. 3 Rn. 39 f.; *Keldungs* BauR 2013, 1917 (1920).
[240] *Kniffka/Koeble* Kompendium Teil 5 Rn. 114; vgl. näher *v. Rintelen* in Messerschmidt/Voit Syst.Teil H Rn. 54 ff.; *Glöckner* BauR 2008, 152 (154).
[241] *V. Rintelen* in Messerschmidt/Voit Syst.Teil H Rn. 59; *Voit* in Messerschmidt/Voit VOB/B § 1 Rn. 6.
[242] Vgl. *Kniffka* Online-Kommentar BGB, Stand 29.5.2009, § 631 Anm. 3.6.4.2.2.4.3.1 = Rn. 624 ff.

gilt auch im Werkvertragsrecht; mit einer bloßen Beschleunigungsanordnung ist es mangels einseitigen Änderungsvorbehalts nicht getan. Die Kooperationspflicht verpflichtet allerdings den Auftragnehmer, seinen Standpunkt konstruktiv darzulegen und zu begründen.

58 Eine **unechte „Beschleunigungspflicht"** kann sich aus § 6 Abs. 3 VOB/B ergeben, der den Auftragnehmer zu Anpassungsmaßnahmen **nach Behinderungen** verpflichtet. Aber auch diese Vorschrift verpflichtet nicht zu Leistungserweiterungen durch erhöhten Kapazitäteneinsatz.[243] Etwas anderes gilt selbstverständlich, falls der Auftragnehmer die Leistungsverzögerung zu vertreten hat.[244] Der Auftragnehmer bleibt dann nach § 5 Abs. 1 VOB/B verpflichtet, die weiterhin gültigen Fristen einzuhalten. Der Auftraggeber kann Abhilfeverlangen nach § 5 Abs. 3 VOB/B stellen und auch schadenersatzrechtlich (§ 6 Abs. 6 VOB/B) fordern, dass die eingetretene Verzögerung wieder aufgeholt wird.

Schwierigkeiten bestehen dann, wenn unklar ist, wer die Bauverzögerung bzw. ggf. in welchem Umfang verursacht hat. Hier kann dem Auftragnehmer wegen erheblichen Risiken nur geraten werden, zunächst zu beschleunigen und die Klärung der Verursachung dem Vergütungsverfahren/-prozess vorzubehalten.[245]

59 Von der Beschleunigungsanordnung durch Kapazitätserhöhung sind faktische oder unechte **Beschleunigungsmaßnahmen** zu unterscheiden, die den **Bauinhalt ändern** und dadurch tatsächlich zu einer **Bauzeitverkürzung** führen, zB durch Einsatz schnelltrocknenden Estrichs oder von Fertigteilen etc.[246] Derartige Änderungen der Bautechnik fallen unter die Anordnungsrechte nach § 1 Abs. 3 und 4 VOB/B.[247] Fraglich ist, ob damit die vertraglich festgelegte Bauzeit automatisch verkürzt wird (vgl. dazu → Rn. 98). Nach herrschender Meinung kann hiermit jedenfalls eine eingetretene Behinderung nach § 6 Abs. 3 VOB/B abgebaut werden.[248] Gleichen Effekt kann eine Teilkündigung bzw. Anordnung einer Minderleistung haben.[249]

Einfluss auf die Bauzeit haben auch **Ausführungsmethode** und **Geräteeinsatz.** Hierauf gerichtete Änderungsanordnungen zur Verkürzung der Bauzeit fallen, wie dargelegt, **nicht** unter § 1 Abs. 3 und 4 VOB/B. Im Fall von Behinderung kann Anspruchsgrundlage für Anpassungsmaßnahmen wiederum nur § 6 Abs. 3 VOB/B in den dort vorgegebenen Grenzen sein.[250]

60 6. Abgrenzung zu § 1 Abs. 4 VOB/B. a) Das Verhältnis von § 1 Abs. 3 und § 1 Abs. 4 VOB/B. § 1 Abs. 3 VOB/B schränkt das Anordnungsrecht des Auftraggebers für Änderungsleistungen nicht näher ein. Hinsichtlich der so genannten Zusatzleistung („nicht vereinbarte Leistungen") heißt es demgegenüber in § 1 Abs. 4 VOB/B, dass sie vom Auftraggeber nur verlangt werden können, soweit sie zur Ausführung der vertraglichen Leistungen **erforderlich** werden **und** der Betrieb des Auftragnehmers auf derartige Leistungen auch eingerichtet ist. Betrachtet man die Regelungen des Abs. 3 und Abs. 4 im Zusammenhang, müsste das Änderungsrecht nach Abs. 3 eigentlich durch die Regelung in Abs. 4 stark eingeschränkt werden. Denn es ist nicht einzusehen, dass Bauentwurfsänderungen ohne jede Einschränkung zulässig sein sollen, dh auch zu ggf. sehr umfangreichen Leistungserweiterungen quantitativer wie qualitativer Art führen dürfen, während auch kleinste Zusatzleistungen, die bei der Ausschreibung vergessen wurden, vom Auftragnehmer verweigert werden dürfen, soweit sie nicht zur mangelfreien Herstellung gerade des Gewerkes des Auftragnehmers (zwingend) erforderlich sind.

61 Es läge deshalb nahe, den Widerspruch zwischen dem Wortlaut der beiden Regelungen dadurch zu harmonisieren, dass Abs. 3 nur Änderungen umfasst, die zwar das vertraglich geschuldete Leistungsergebnis abändern, aber der Art nach mit den beauftragten Teilleistungen erbracht werden können. Führt demgegenüber die Änderung zur Notwendigkeit der Erbringung von Leistungen, die in dem Vertrag nicht vorgesehen waren, würde Abs. 4 als Spezialregelung eingreifen und insoweit zusätzliche Erfordernisse für die Verbindlichkeit der Leistungsänderung/-erweiterung aufstellen. Ein derartiger Ansatz zur Neudefinition und damit Einschrän-

---

[243] Vgl. → VOB/B § 6 Rn. 30; *Motzke* in Beck'scher VOB-Kommentar VOB/B § 6 Nr. 3 Rn. 20 ff., 32 ff.

[244] *Motzke* in Beck'scher VOB-Kommentar VOB/B § 6 Nr. 3 Rn. 34 mwN.

[245] Vgl. *Kapellmann/Schiffers* Vergütung I Rn. 1466 ff.

[246] Vgl. näher *Leesmeister* Beschleunigung S. 50 ff.

[247] *Motzke* in Beck'scher VOB-Kommentar VOB/B § 6 Nr. 4 Rn. 29; *Oberhauser* FS Englert, 2014, 327 (333).

[248] Für eine „Terminbilanz" *Kapellmann/Schiffers* Vergütung I Rn. 566; *Vygen/Schubert/Lang* Rn. 144.

[249] *Leesmeister* Beschleunigung S. 51.

[250] *Kapellmann/Schiffers* Vergütung I Rn. 1458; *Oberhauser* FS Englert, 2014, 327 (333).

kung insbes. des Abs. 3 ist jüngerer Zeit geltend gemacht worden.[251] Als positive Nebenfolge wird hervorgehoben, dass hierdurch zugleich die AGB-rechtlichen Bedenken gegen § 1 Abs. 3 VOB/B sich erledigen würden.[252] Der Ansatz hat sich zu recht nicht durchgesetzt.[253] Eine derartig einschränkende Auslegung würde dazu führen, dass Abs. 3 gewissermaßen nur noch angeordnete Mengenverschiebungen („Änderung der Geometrie") erfassen würde[254], demgegenüber schon jede Materialabweichung zu Abs. 4 führen müsste. Die Anordnung anderer Fliesen wäre nicht mehr möglich, da die neuen Fliesen weder zu den vereinbarten Leistungen gehören, noch wäre die neue Art Fliesen für die mängelfreie Herstellung „erforderlich". Dies kann schon vom Ergebnis nicht zutreffen, weil hierdurch die sich in der Baupraxis üblicherweise ergebenden Modifikationen, die durch die Änderungsvorbehalte geregelt werden sollen, tatsächlich ungeregelt blieben. Das Argument, der öffentliche Auftraggeber brauche ein weites Änderungsrecht nicht, da die Ausführungsplanung vor Vergabe abgeschlossen sein soll,[255] verkennt den Sinn von Vertragsregelungen und Änderungsvorbehalten. Diese regeln nicht einen gar nicht regelungsbedürftigen Idealfall, sondern sollen vielmehr übliche Konfliktlagen vertraglich abbilden. Der Hinweis auf die Möglichkeit der Teilkündigung und eines neu zu verhandelnden Zweitauftrages[256] stellt keine Lösung der sich dann auftuenden Probleme dar.

Auch können diese Kriterien das Abgrenzungsproblem nicht lösen. Wendet man sie stringent an, werden durch § 1 Abs. 3 nur noch angeordnete Mengenänderungen erfasst. Das scheint selbst den Befürwortern zu eng. Leistungsänderungen sollen nur vorliegen, wenn das Leistungsverzeichnis nur geringfügig oder unwesentlich geändert werde. Keine Leistungsänderung soll mehr vorliegen, falls Geräte oder Materialart geändert werden müssten.[257] Auch erhebliche Leistungserweiterungen sollen nicht erfasst werden.[258] Wann eine grundlegende Änderung vorliegt, die unter § 1 Abs. 4 fällt, ist begrifflich nicht begründbar. Die Anwendung des § 1 wird durch eine solche Abgrenzung nicht erleichtert, sondern unnötig verkompliziert. **61a**

Bei den angeblichen „manifesten methodischen Fehlern"[259], die von dieser Auffassung der herrschenden Meinung unterstellt werden, wird übergangen, dass die VOB/B kein geschlossenes und widerspruchsfreies Gesamtwerk ist. Deren Auslegung hat auch nicht mit dem alleinigen Ziel zu erfolgen, Widersprüche zu vermeiden. Natürlich lassen sich Widersprüche einfach beseitigen, wenn man zwei Regelungen, die sich überschneiden, radikal in ihren Anwendungsbereichen beschneidet. Die Vermeidung von Widersprüchen ist aber nur **ein** Auslegungsaspekt. Auslegungsdifferenzen beruhen doch gerade darauf, dass im konkreten Fall nicht alle Auslegungsgrundsätze in die gleiche Richtung weisen. Die Auslegung ist dann nicht Ergebnis rein deduktiver Erkenntnis, sondern einer wertenden Abwägung. Maßstab bei der Auslegung Allgemeiner Geschäftsbedingungen ist auch nicht der systemorientierte Jurist, sondern der durchschnittliche Baubeteiligte. Ausgangspunkt der Auslegung ist deshalb anerkanntermaßen zunächst der Wortlaut. § 1 Abs. 3 VOB/B würde dann aber entgegen seinem weiten – uneingeschränkten – Wortlaut nur noch einen ganz kleinen Ausschnitt möglicher Bauentwurfsänderungen erfassen. Eine solche enge Auslegung würde außerdem in Widerspruch zu § 2 Abs. 5 VOB/B geraten. Diese Vorschrift geht davon aus, dass Änderungen des Bauentwurfs gerade auch zu Leistungen führen können, für die noch kein Preis im Vertrag vereinbart wurde, sondern dieser erst auf Grund einer Mehr- und Minderkostenberechnung zu ermitteln ist.[260] **Bauentwurfsänderungen können damit zu im Vertrag nicht vorgesehenen Leistungen führen.** **61b**

§ 1 Abs. 3 und Abs. 4 VOB/B stehen nicht in einem logischen Ausschließlichkeitsverhältnis, sondern grundsätzlich nebeneinander. Dies wird auch durch die historische Entwicklung der **62**

---

[251] *Althaus* ZfBR 2007, 411 (414); *Thode* BauR 2008, 155 (158 f.); *Althaus* in Althaus/Heindl Teil 3 Rn. 160 f.
[252] *Althaus* ZfBR 2007, 411 (414); *Thode* BauR 2008, 155 (158); ähnlich *Duve/Rach* BauR 2010, 1842 (1849 ff.).
[253] Ablehnend zB *Jansen* in Beck'scher VOB-Kommentar VOB/B § 1 Abs. 3 Rn. 64; *Voit* in Messerschmidt/Voit VOB/B § 1 Rn. 16.
[254] So ausdrücklich *Althaus* ZfBR 2007, 411 (414). Diese fallen unstreitig nicht unter § 2 Abs. 3, vgl. → VOB/B § 2 Rn. 144.
[255] *Althaus* in Althaus/Heindl Teil 3 Rn. 162.
[256] Dafür *Althaus* ZfBR 2007, 411 (414).
[257] So *Duve/Rach* BauR 2010, 1842 (1849 ff.).
[258] *Althaus* in Althaus/Heindl Teil 3 Rn. 167.
[259] So *Thode* BauR 2008, 155 (158).
[260] *Messerschmidt/Voit/Voit* VOB/B § 1 Rn. 16; **anderer Ansicht** *Althaus* in Althaus/Heindl Teil 3 Rn. 161.

Vorschrift belegt. In der VOB-Fassung 1926 war die Befugnis zur Leistungsänderung im Abs. 1 Abs. 3 zusammengefasst:

> *„Änderungen des Bauentwurfs anzuordnen, bleibt dem Auftraggeber vorbehalten; Leistungen, die im Vertrag nicht vorgesehen sind, können dem Auftragnehmer nur mit seiner Zustimmung übertragen werden."*

§ 1 Nr. 2 S. 2 VOB/B 1926 machte alle Zusatzleistungen – unabhängig von deren Erforderlichkeit – von der Zustimmung des Auftraggebers abhängig. Dies wurde durchaus zunächst als Grenze auch des Anordnungsrechts verstanden[261] und zum Anlass genommen, Erweiterungen des einseitigen Anordnungsrechts zu fordern.[262] Mit der Neufassung 1952 wurden dann die Änderungsrechte in der noch heute geltenden Fassung in zwei getrennte Regelungen aufgespalten und damit eindeutig inhaltlich getrennt. Soweit für eine eingeschränkte Auslegung des § 1 Abs. 3 auf die ursprüngliche Einheitlichkeit der Regelungen abgestellt wird,[263] wird übersehen, dass die historische Entwicklung bei der Auslegung Allgemeiner Geschäftsbedingungen nicht maßgeblich ist.[264] Ausgangspunkt der Auslegung sind zwei eigenständige, in getrennten Absätzen enthaltene Regelungen.

63 b) **Allgemeine Abgrenzungskriterien.** Da § 1 Abs. 3 und Abs. 4 VOB/B einerseits wie auch § 2 Abs. 5 und Abs. 6 VOB/B andererseits sich in den tatbestandlichen Voraussetzungen und/oder Rechtsfolgen unterscheiden, ist eine Abgrenzung zwischen einer Änderung des Bauentwurfs und einer Anordnung nicht vereinbarter Leistungen notwendig. Diese Abgrenzungsfragen werden in der Regel erst eingehend im Rahmen des Verhältnisses von § 2 Abs. 5 und Abs. 6 erörtert. Die dort gemachten Ausführungen können allerdings auf die Abgrenzung zwischen § 1 Abs. 3 und Abs. 4 nicht uneingeschränkt übertragen werden. Denn **die Tatbestände der § 2 Abs. 5 und 6 sind jeweils weiter.** So regelt § 2 Abs. 5 nicht nur die Folgen einer Bauentwurfsänderung, sondern auch die „anderer Anordnungen"[265]; darüber hinaus erfassen beide Vergütungsregelungen nach herrschender Meinung nicht nur Änderungen, die berechtigtermaßen nach § 1 Abs. 3 oder Abs. 4 verlangt wurden, sondern auch Fälle der freiwillig befolgten Überschreitung der Anordnungsrechte. Kommt der Auftragnehmer einer durch ein Anordnungsrecht nicht gedeckten Anordnung nach, zB in den bereits oben angesprochen Fällen der Bauzeitenänderung oder bei Ausführung gar nicht erforderlicher Zusatzleistungen, bestimmen sich die Vergütungsfolgen ebenfalls nach § 2 Abs. 5 und Abs. 6.[266]

64 Vor allem werden aber dort zur Abgrenzung von Zweifelsfällen Kriterien genannt, die sich maßgeblich an den Rechtsfolgen von § 2 Abs. 5 und Abs. 6 VOB/B orientieren, insbesondere also ob ein Ankündigungserfordernis als sachdienlich angesehen wird[267] oder wie die geänderten Preise zu ermitteln sind.[268] Bei § 1 Abs. 3 und Abs. 4 VOB/B geht es sich jedoch ausschließlich um die Abgrenzung der einseitigen Abänderungsrechte des Auftraggebers und damit um die Feststellung, ob eine entsprechende Anordnung für den Auftragnehmer verbindlich ist oder nicht. Diese Frage interessiert wiederum im Rahmen der Erörterung zu § 2 Abs. 5 oder Abs. 6 nicht mehr, da diese Tatbestände erst eingreifen, wenn der Auftragnehmer der Anordnung – unabhängig davon, ob sie berechtigt war – **tatsächlich** nachgekommen ist.

65 Das bedeutet andererseits nicht, dass die zu § 2 Abs. 5 und Abs. 6 genannten Abgrenzungskriterien unbeachtlich sind. Da § 1 Abs. 3 und Abs. 4 mit § 2 Abs. 5 und Abs. 6 in einem Sachzusammenhang stehen, müssen die Abgrenzungskriterien auch aufeinander abgestimmt werden. Es ist allerdings rechtssystematisch und auslegungstechnisch verfehlt, allein bzw. ganz maßgeblich die Reichweite der einseitigen Änderungsrechte von den Ankündigungserfordernissen oder anderen Rechtsfolgen der Vergütungsregelung her zu bestimmen. Auch wenn die

---

[261] *Eplinius*, Der Bauvertrag, 2. Aufl. 1936, S. 57.
[262] *Eplinius*, Der Bauvertrag, 3. Aufl., 1940, S. 93, 222.
[263] So aber *Althaus* ZfBR 2007, 411 (413).
[264] BGH NJW 2003, 139; VersR 2000, 1090 (1091) mwN.
[265] Vgl. → VOB/B § 2 Rn. 33, 181; **anderer Ansicht** *Schulze-Hagen* FS Soergel, 1993, 259 (263 f.), der § 1 Abs. 3 zur Harmonisierung mit § 2 Abs. 5 um „andere Anordnungen" einfach ergänzt.
[266] Vgl. → VOB/B § 2 Rn. 33, 181; OLG Hamm BauR 2013, 956 Rn. 55 f.; *Kapellmann/Schiffers* Vergütung I Rn. 787; *Kleine-Möller/Merl* Handbuch § 10 Rn. 480; *Kuffer* in Heiermann/Riedl/Rusam VOB/B § 31 Rn. 115, § 2 Rn. 158; NWJS VOB/B § 2 Rn. 6; *Keldungs* in Ingenstau/Korbion VOB/B § 2 Abs. 6 Rn. 8; zum umgekehrten Fall vgl. KG IBR 2009, 7; **anderer Ansicht** *Daub/Piel/Soergel/Steffani* ErlZ B 2.103, 2.115; *Thode* ZfBR 2004, 214 (225).
[267] So zB *von Craushaar* BauR 1984, 311 (314 ff.).
[268] So zB *Kapellmann/Schiffers* Vergütung I Rn. 816 ff.

§ 1 Abs. 3 und Abs. 4 in der praktischen Relevanz hinter § 2 Abs. 5 und Abs. 6 zurückstehen, bleiben sie der gedankliche und damit der **systematische Ausgangspunkt**. § 2 Abs. 5 und Abs. 6 regeln „lediglich" deren vergütungsrechtliche Konsequenzen.[269]

Die nachfolgend erörterten Fallgruppen werden des Weiteren zeigen, dass eine exakte a priori Abgrenzung der beiden Fallgruppen nicht möglich ist. Dies ist eine Folge des Umstandes, dass das Tatbestandsmerkmal „Bauentwurfsänderung" kein abstrakt-allgemeiner Begriff ist, der eine eindeutige begriffslogische Subsumtion ermöglicht, sondern ein so genannter **Typusbegriff**. Typusbegriffe, wie zB auch „Arbeitnehmer" oder „Verrichtungsgehilfe", sind nicht begriffsjuristisch gebildet, sondern dem tatsächlichen Leben entlehnt. Der Typus wird deshalb bestimmt durch verschiedene Merkmale, die jeweils in unterschiedlicher, nicht generell festzulegender Stärke zutreffen können[270], wobei die schwächere Ausprägung eines Umstandes durch einen anderen kompensiert werden kann. Die begriffsjuristische Argumentation, eine Änderung des Bauentwurfs liege immer dann vor, wenn eine Zusatzleistung auf die bisherige Leistung in irgendeiner Form zurückwirke und diese ändere, ist deshalb zur Abgrenzung ungeeignet. Vielmehr müssen in nicht eindeutigen Fällen die Merkmale, die für eine Bauentwurfsänderung charakteristisch sind, im Einzelfall denjenigen gegenübergestellt werden, die eine Zusatzleistung ausmachen, und gegeneinander abgewogen werden. **66**

c) Fallgruppen. Über die einfach gelagerten Fälle sind die Abgrenzungskriterien für die komplexeren Fallgruppen herauszuarbeiten. **67**

aa) Vergessene Leistungen. Wird eine nach dem Vertrag bislang nicht geschuldete Leistung zusätzlich verlangt, ohne dass die vertraglich vorgesehene Leistung hierdurch verändert wird, so liegt eine **Zusatzleistung** im Sinne der §§ 1 Abs. 4, 2 Abs. 6 VOB/B vor. Klassischer Beispielsfall sind in der Leistungsbeschreibung schlicht vergessene Leistungen wie eine fehlende Verfugung oder Abdichtung bzw. vergessene Zwischenschritte wie eine Planumstellung. Auf diese Fälle will eine Meinung den Anwendungsbereich des § 1 Abs. 4 (zu Unrecht) verengen.[271] **68**

bb) Angeordnete Mengenverschiebung. Klar ist auf der anderen Seite, dass Planungsänderungen, die die Art der Leistungen nicht betreffen, sondern nur Mengenverschiebungen zur Folge haben, zB eine geänderte Raumaufteilung etc, ein **Fall des § 1 Abs. 3 VOB/B** sind.[272] **69**

cc) Angeordnete Mengenmehrungen. Nicht mehr ganz so eindeutig ist die Zuordnung bereits bei angeordneten Mengenmehrungen. Führt die Änderungsanordnung lediglich zu einer quantitativen Mehrung, ohne dass die Art der vertraglich vorgesehenen Leistung hierdurch verändert wird, zB bei bloßer Anordnung der Vergrößerung einer geplanten Hofpflasterfläche, liegt ein Fall des §§ 1 Abs. 4, 2 Abs. 6 VOB/B vor.[273] Die zu § 2 Abs. 5/6 vertretene Auffassung, § 2 Abs. 5 gehe § 2 Abs. 6 als Spezialregelung vor, wenn die Leistungen auch eine Änderung der Grundlage des Preises zur Folge habe[274], ist schon als solche nicht zutreffend[275], kann im Übrigen auch aus systematischen Gründen für die Abgrenzung zwischen § 1 Abs. 3 und Abs. 4 keine Geltung beanspruchen. Gleiches gilt für die Argumentation von Craushaars, § 2 Abs. 5 sei anzuwenden, da das Ankündigungserfordernis des § 2 Abs. 6 in derartigen Fällen nicht passe; der Bauherr müsse bei jeder Mengenüberschreitung damit rechnen, diese zusätzlich zu vergüten.[276] **70**

Die **reine angeordnete Mengenmehrung ohne relevante Auswirkung** auf die nach dem Vertrag auszuführende Leistung ist notwendigerweise eine Zusatzleistung. Die bloße Ergänzung der Leistung kann rechtssystematisch keine Bauentwurfsänderung im Sinne des § 1 Abs. 3 sein. Denn da es für den Bauentwurf auf die Art der Darstellung der Leistungsvorgaben nicht ankommt, würde ansonsten wohl jede Zusatzleistung zugleich eine Bauentwurfsänderung sein.[277] **71**

---

[269] Ähnlich *Schulze-Hagen* FS Soergel, 1993, 259 (271).
[270] *Larenz* Methodenlehre S. 465.
[271] So zB NWJS VOB/B § 1 Nr. 31.
[272] *von Craushaar* BauR 1984, 311 (323).
[273] Vgl. → VOB/B § 2 Rn. 183, 187.
[274] So NWJS VOB/B § 2 Rn. 73a.
[275] Vgl. näher → VOB/B § 2 Rn. 182 und *Kapellmann/Schiffers* Vergütung I Rn. 792.
[276] *Von Craushaar* BauR 1984, 311 (317 f.); diese Argumentation überzeugt auch nicht. Beim EP-Vertrag kann eine Ankündigungspflicht bestehen, falls über die mengenbedingte Preiserhöhung hinaus zusätzliche Preisauswirkungen bestehen, zB durch erhöhte Kosten wie bei tieferem Mehraushub.
[277] Die genau gegensätzliche Argumentation von *Englert/Grauvogl/Maurer* Handbuch Baugrund Rn. 290, übersieht, dass § 2 Nr. 5 nicht auf Mengenmehrungen beschränkt ist, von einem Leerlaufen der Vorschrift nicht die Rede sein kann. Wie hier *Jansen* in Beck'scher VOB-Kommentar VOB/B § 1 Abs. 3 Rn. 66.

Auch der Paradefall des § 1 Abs. 4 S. 1 VOB/B, die vergessene Leistung, wäre meist eine Bauentwurfsänderung. Ist zB eine Dämmschicht vergessen worden, so wird bei Erkennen des Fehlers der Bauentwurf geändert. Denn die Dämmschicht kommt jetzt an die Stelle, wo nach dem Plan eine andere Leistung, zB ein Estrich, vorgesehen war. Würde man die Berücksichtigung der zusätzlichen Leistung in der Planung bereits als Bauentwurfsänderung ausreichen lassen, verbliebe für § 1 Abs. 4 S. 1, § 2 Abs. 6 VOB/B kein bzw. kein sinnvoller Anwendungsbereich mehr. Auch Sinn und Zweck der Anordnungsrechtsbeschränkung spricht für eine Einordnung unter § 1 Abs. 4. Bauentwurfsänderungen soll der Auftraggeber relativ frei bestimmen können. Die ohne Änderung einhergehende Auftragserweiterung ist dem Auftragnehmer demgegenüber nur zuzumuten, falls sie auch erforderlich ist. „Willkürliche" Leistungserweiterungen, wozu insbesondere auch Mengenmehrungen gehören, bedürften also der Zustimmung des Auftragnehmers.

72 Problematisch sind allerdings die vielfach erörterten **Mehraushubsfälle,** in denen der Auftraggeber nachträglich eine größere Ausschachtungstiefe anordnet als vertraglich vorgesehen, zB 3 m statt 0,5 m. Einige gehen davon aus, dass der Aushub bis 0,5 m eine unveränderte Leistung sei, so dass es sich bei dem tieferen Aushub um eine reine Mehrleistung handele.[278] Andere betonen, dass der Aushub eine einheitliche Leistung sei, die insgesamt geändert werde.[279] Meines Erachtens gilt: Wird die Leistung wie bisher ausgeführt, liegt hinsichtlich des Mehraushubes eindeutig eine reine Zusatzleistung nach §§ 1 Abs. 4, 2 Abs. 6 VOB/B vor. Muss der Auftragnehmer wegen der Tieferschachtung schwereres Gerät (Mobilbagger statt Minibagger) einsetzen, so könnte man zwar wegen dieser Rückwirkung auf die vertragliche Leistung insgesamt eine geänderte Leistung annehmen. Insbesondere kalkulatorisch scheint dann § 2 Abs. 5 einschlägiger, wenn die ursprünglich geplante Aushubleistung und die geänderte Leistung tatsächlich nicht getrennt ausgeführt werden. Hier läge es nahe für die Leistung insgesamt einen neuen Einheitspreis zu bilden.[280] Für die Abgrenzung zwischen den § 1 Abs. 3 und Abs. 4 ist allerdings nicht die Art der Vergütungsberechnung maßgebend, sondern die Frage der Ausführungspflicht. Danach steht die Mehrung als Zusatzleistung wertungsmäßig so deutlich im Vordergrund, dass eine andere Einordnung als bei einer bloßen Verlängerung oder Verbreiterung des Grabens nicht gerechtfertigt ist. Dafür spricht auch, dass die Rückwirkung auf die Vertrag geschuldete Leistung gar nicht bauinhalts- sondern nur bauausführungsbedingt ist. Die Ausführungsmethode unterfällt aber zunächst dem Dispositionsrecht des Auftragnehmers. Auch kalkulatorisch lässt sich der Fall bei von vornherein verändertem Geräteeinsatz sachgerecht lösen. Für den Aushub bis 0,5 m verändert sich auf Grund des Einsatzes schwereren Geräts als „andere Anordnung" der Preis gemäß § 2 Abs. 5; die Vergütung der Zusatzleistung bestimmt sich anschließend allein nach § 2 Abs. 6.[281]

73 dd) **Aufwandserhöhungen.** Hierbei geht es insbesondere um die **Baugrund- und Grundwasserfälle.**[282] Charakteristisch ist, dass der Leistungsumfang im Sinne des Leistungserfolges unverändert bleibt, auf Grund geänderter Verhältnisse zur Erreichung des Leistungszieles jedoch erhöhter Aufwand gegenüber dem vertraglich vorgesehenen Aufwand erforderlich ist, zB bei schwereren Bodenklassen oder vermehrtem Grundwasseranfall (→ VOB/B § 2 Rn. 186). Die Abgrenzung zwischen geänderter Leistung und Zusatzleistung kann nur im Einzelfall erfolgen und durchaus schwierig sein.[283] Die Einzelheiten brauchen an dieser Stelle nicht erörtert zu werden, zumal die für diese Fälle genannten Abgrenzungskriterien hier nicht weiterführend sind. Soweit eine Anordnung des Auftraggebers vorliegt, die allerdings in solchen Fällen auch gerne fehlt[284], ist die Verpflichtung zu Mehrleistungen wegen der in jedem Fall vorliegenden Erforderlichkeit unproblematisch.

---

[278] Kapellmann/Schiffers Vergütung I Rn. 796; *Lange* Baugrundhaftung S. 84 f.
[279] OLG Düsseldorf BauR 1991, 219; vgl. auch OLG Stuttgart *Schäfer/Finnern* Z.2.310 Bl. 15; *Schulze-Hagen* FS Soergel, 1993, 259 (270).
[280] Vgl. *Schulze-Hagen* FS Soergel, 1993, 259 (270).
[281] Ebenso *Jansen* in Beck'scher VOB-Kommentar/ VOB/B § 1 Abs. 3 Rn. 70; vgl. auch → VOB/B § 2 Rn. 183. Die Änderung des Preises für die Vertragsleistung durch den Einsatz schwereren Geräts ist natürlich nur dann gerechtfertigt, wenn der entsprechenden Preiserhöhung auch eine entsprechende Ersparnis bei der Zusatzleistung durch Fortfall der ansonsten entstehenden Kosten für den Gerätewechsel gegenübersteht.
[282] Vgl. zB BGH *Schäfer-Finnern* Z.2.300 Bl. 12; OLG Köln BauR 1980, 368 mit Anmerkung *Hofmann*.
[283] Vgl. *Kapellmann/Schiffers* Vergütung I Rn. 789 ff.; *Lange* Baugrundhaftung S. 102 ff.; *Englert/Grauvogl/Maurer* Handbuch Baugrund Rn. 311 ff.
[284] *Von Craushaar* BauR 1980, 311 (318 f.).

ee) Anstatt-Leistungen. Dies ist der klassische Fall der Bauentwurfsänderung, da der Begriff 74
ja nicht auf reine Mengenverschiebungen (Grundrissänderungen) begrenzt ist, sondern auch, wie
§ 2 Abs. 5 zeigt, geänderte Leistungen erfasst. Art und Umfang der Änderung wird durch den
Wortlaut nicht begrenzt. Dieser erfasst neben ganz geringfügigen Modifikationen des vertraglichen Leistungsinhalts auch eine weit reichende Umgestaltung des Projektes.²⁸⁵ Denn der
Begriff der Änderung besagt nur, dass die vertraglich vereinbarte Leistung nun anders ausgeführt
werden soll.²⁸⁶

Hieraus wird **teilweise** gefolgert, dass **jede Anstatt-Leistung** immer **ein Fall der §§ 1** 75
Abs. 3, 2 Abs. 5 sei.²⁸⁷ Begründung und Ergebnis sind abzulehnen. Es ist bereits dargelegt
worden, dass eine reine begriffliche Unterscheidung wegen des Typuscharakters des Begriffs
nicht möglich ist. Im Ergebnis würde diese Begriffsargumentation dazu führen, dass auch
angeordnete reine Mengenmehrungen, wie die Erhöhung eines Fliesenspiegels von 2 m auf 2,5
m eine geänderte Leistung wäre.²⁸⁸ Tatsächlich handelt es sich um eine reine Auftragserweiterung, die nach Wortlaut sowie Sinn und Zweck § 1 Abs. 4 unterfällt.

Andere wollen **qualitative Kriterien** verwenden: Eine Bauentwurfsänderung läge vor, wenn 76
Inhalt und Umfang der ursprünglich vereinbarten Leistung im Wesentlichen gewahrt bleibe,
während eine erhebliche Umgestaltung²⁸⁹ oder eine gänzlich außerhalb des bisherigen Vertragsumfanges liegende Leistungsanforderung²⁹⁰ nicht mehr erfasst seien. Diese Kriterien sind für die
Praxis schlicht ungeeignet.²⁹¹

Schließlich wird die Abgrenzung zwischen § 2 Abs. 5 und Abs. 6 maßgeblich davon abhängig 77
gemacht, ob die ursprüngliche und die geänderte Leistung noch **kalkulatorisch vergleichbar**
sind, dh für die Nachtragskalkulation noch sinnvolle Anhaltspunkte (im Sinne einer analogen
Fortschreibung) im alten Preis enthalten sind (→ VOB/B § 2 Rn. 184).²⁹² Richtig an diesem
Ansatz ist, dass das Fehlen vergleichbarer Kostenelemente zwischen alter und neuer Leistung ein
Indiz für eine Zusatzleistung im Sinne des Abs. 4 sein kann. Die Abgrenzung zwischen dem
weiten Änderungsrecht des § 1 Abs. 3 und der engen Anordnungsbefugnis des § 1 Abs. 4 für
Zusatzleistungen muss aber vordringlich nach Sinn und Zweck dieser Bestimmungen erfolgen.²⁹³

Ausgangspunkt für die Abgrenzung von § 1 Abs. 3 und 4 ist deshalb, dass **Anstatt-Leis-** 78
tungen entsprechend dem weiten Wortlaut des Abs. 3 **grundsätzlich als Bauentwurfsänderung einzuordnen** sind. Hierfür spricht nicht zuletzt die Flexibilität dieses Ansatzes. Denn es ist
methodisch ohne weiteres zulässig, das weite Anordnungsrecht des Abs. 3 einschränkend auszulegen und mit Hilfe des § 315 BGB inhaltlich zu begrenzen (vgl. → Rn. 82 ff.). Demgegenüber wäre eine Erweiterung des Anordnungsrechts für Zusätzliche Leistungen über den Wortlaut
des Abs. 4 hinaus nur sehr begrenzt möglich²⁹⁴, zumal es sich rechtlich um eine Allgemeine
Geschäftsbedingung handelt. Allerdings erfordert der Begriff der Bauentwurfsänderung schon
auf der Tatbestandsebene zwei Einschränkungen:

(1) in **quantitativer** Hinsicht: Die geänderte Leistung ist **„im Kern" eine Zusatzleistung.**
Das ist jedenfalls dann der Fall, wenn die Änderung der bisherigen Leistung sich gewissermaßen
auf die Einpassung der Zusatzleistung in die bisherige Planung beschränkt. Der Bauentwurf wird
– möglicherweise sogar erheblich – geändert, falls ein Gebäude um ein Stockwerk erhöht wird.

---

²⁸⁵ *Keldungs* in Ingenstau/Korbion VOB/B § 1 Nr. 3 Rn. 11 mwN; *Jansen* in Beck'scher VOB-Kommentar VOB/B § 1 Abs. 3 Rn. 71.
²⁸⁶ *Jagenburg/Jagenburg* in Beck'scher VOB-Kommentar, 2. Aufl., VOB/B § 1 Nr. 3 Rn. 13.
²⁸⁷ *Keldungs* in Ingenstau/Korbion VOB/B § 2 Abs. 5 Rn. 8; *Heiermann/Riedl/Rusam* VOB/B 10. Aufl.
§ 2 Rn. 135 mit unzutreffender Spezialitätsargumentation; im Ergebnis ebenso *Schulze-Hagen* FS Soergel,
1993, 259 (269 ff.).
²⁸⁸ So *Schulze-Hagen* FS Soergel, 1993, 259 (279).
²⁸⁹ So *Kuffer* in Heiermann/Riedl/Rusam VOB/B § 1 Rn. 106.
²⁹⁰ OLG Nürnberg NZBau 2001, 518.
²⁹¹ Vgl. → VOB/B § 2 Rn. 184; *Kapellmann/Schiffers* Vergütung I Rn. 815; *Schulze-Hagen* FS Soergel,
1993, 259 (264); *Jagenburg/Jagenburg* in Beck'scher VOB-Kommentar VOB/B 2. Aufl. § 1 Nr. 3 Rn. 15 f.
²⁹² *Kapellmann/Schiffers* Vergütung I Rn. 814, 816 ff.; *Kleine-Möller/Merl* Handbuch § 10 Rn. 450; *Lange*
Baugrundhaftung S. 76, 96 ff.; *Englert/Grauvogl/Maurer* Handbuch Baugrund Rn. 327.
²⁹³ Der methodische Ausgangspunkt als solches ist unbestritten, vgl. NWJS VOB/B § 1 Rn. 73a; *von
Craushaar* BauR 1984, 311 (314); die meisten Autoren stützen sich jedoch ausschließlich auf Erwägungen zu
§ 2 Nr. 5 und Nr. 6.
²⁹⁴ Der Begriff der Erforderlichkeit ist im Recht belegt und bedeutet objektiv notwendig, vgl. zu §§ 227,
228 *Heinrichs* in Palandt § 227 Rn. 7, § 228 Rn. 7; zu baulichen Änderungserfordernissen vgl. § 554 Abs. 1 BGB
(weiter demgegenüber § 554 Abs. 2) subjektiv zB: §§ 670, 693, 970 BGB: „für erforderlich halten dürfte".

Während die möglicherweise erforderliche Ertüchtigung der Untergeschosse eine geänderte Leistung im Sinne des § 1 Abs. 3 VOB/B wäre, kann die Bauleistung für das zusätzliche Geschoss systematisch und teleologisch nur als Zusatzleistung im Sinne des Abs. 4 eingeordnet werden. Maßgeblich ist hier eine wertende Betrachtung. Die Bauentwurfsänderung darf grundsätzlich auch zu Mehrleistungen führen.[295] Voraussetzung ist jedoch, dass die Mehrleistung Konsequenz der Umgestaltung des bisher Geplanten sind. Ist demgegenüber die Mehrleistung das Primäre, dh wird die Planung über das bisherige Ziel hinaus erweitert und ist die Änderung nicht notwendig, nur völlig nachrangig oder bloße Folge der Erweiterung, so liegt insoweit eine Zusatzleistung vor.[296] Abgrenzungsschwierigkeiten im Einzelnen lassen sich nicht vermeiden. Im Zweifel ist eine Änderungsleistung anzunehmen.[297]

79 (2) in **qualitativer** Hinsicht: Eine Bauentwurfsänderung liegt auch dann nicht mehr vor, wenn der Bauentwurf nicht nur geändert, sondern **vollständig neu überplant** wird.[298] Das ist allerdings nicht schon dann anzunehmen, wenn die Ausführungsart sich erheblich ändert, also zB anstelle einer Holztreppe eine Stahltreppe oder eine Betontreppe errichtet werden soll oder anstelle einer Mauerwand eine Betonwand.[299] Die Neuplanung ist ein Grenzfall, der voraussetzt, dass das bisherige Planungsziel aufgegeben und durch ein neues ersetzt wird. Ob dies der Fall ist, hängt vor allem von der Art der Abweichung und den Umfang des betroffenen Leistungsteiles ab. Abzustellen ist dabei nicht auf die Gesamtbaumaßnahme, sondern nur auf die **Auswirkung auf den vertraglichen Leistungsbereich**.[300] Im Rahmen einer schlüsselfertigen GU-Leistung sind selbst funktionelle Neuplanungen, soweit sie nur einen Teilbereich betreffen, häufig nur eine Bauentwurfsänderung. Sind verschiedene Treppen in Auftrag gegeben, so kann der Wechsel von einer Holztreppe zu einer Stahltreppe sogar eine bloße Mengenverschiebung sein. Ist hingegen gegenüber einem Schreiner eine einzelne Holztreppe in Auftrag gegeben worden, so wäre eine Umplanung in eine Betontreppe trotz Funktionsgleichheit eine Neuplanung des gesamten vertraglichen Leistungsumfangs.

80 Hiergegen wird eingewandt, dies sei kein geeignetes Abgrenzungskriterium, weil die Abgrenzung dann von den „Zufälligkeiten des jeweiligen Auftragsumfang" abhinge.[301] Der Einwand verkennt, dass sich der Begriff des Bauentwurfs nur auf die Leistungen des Auftragnehmers beziehen kann.[302] Das führt völlig zu Recht dazu, dass der GU eine ihm gegenüber berechtigte Änderung, zB die Änderung einer Teppichbodenfläche in Natursteinbelag, nicht an den Teppichbodenverleger durchreichen kann.

81 Bei einer funktionalen Neuplanung wird die bisherige Leistung nicht mehr bloß geändert, sondern das bisherige Planungsziel aufgegeben, dh in Wahrheit wird der Vertrag insoweit teilgekündigt; mit dem neuen Bauentwurf wird dann eine bislang nicht vereinbarte Leistung als Zusatzleistung beauftragt.[303] Das wäre zB dann der Fall, wenn die gartenmäßig geplanten Außenanlagen nunmehr in einen Garagenhof „umgeplant" werden, anstelle einer Hoffläche ein Schwimmbad entstehen soll oder eine Dachterrasse sich zu einem Penthouse auswächst.

III. Grenzen des Anordnungsrechts

82 Die Einordnung einer Änderungsanordnung als Bauentwurfsänderung bedeutet noch nicht, dass die Anordnung in jedem Fall zulässig ist. Zwar enthält der Wortlaut insoweit keine ein-

---

[295] Unklar *Jagenburg/Jagenburg* in Beck'scher VOB-Kommentar, 2. Aufl., VOB/B § 1 Nr. 3 Rn. 13, wonach Mehrleistungen zulässig sind, die Leistung selbst aber nicht erweitert werden darf, bzw. *Kuffer* in Heiermann/Riedl/Rusam VOB/B § 1 Rn. 31b, wonach Mehrleistungen bei gleich bleibender Leistung (?) zulässig sind.
[296] Ähnlich *Jagenburg/Jagenburg* in Beck'scher VOB-Kommentar, 2. Aufl., VOB/B § 1 Nr. 4 Rn. 13.
[297] *Kapellmann/Schiffers* Vergütung I Rn. 822.
[298] Allgemeine Meinung, vgl. nur *Jansen* in Beck'scher VOB-Kommentar VOB/B § 1 Abs. 3 Rn. 80 mwN.
[299] Vgl. zu den Beispielen auch *von Craushaar* BauR 1984, 311 (313); *Kapellmann/Schiffers* Vergütung I Rn. 813, 823.
[300] *Schulze-Hagen* FS Soergel, 1993, 259 (265, 272); *Daub/Piel/Soergel/Steffani* ErlZ. B 2.113.; *Nicklisch* NJW 1985, 2361 (2367); **aA** *Duve/Rach* BauR 2010, 1842 (1846).
[301] *Jagenburg/Jagenburg* in Beck'scher VOB-Kommentar VOB/B 2. Aufl. § 1 Nr. 3 Rn. 19; anders *Jansen* in Beck'scher VOB-Kommentar VOB/B § 1 Abs. 3 Rn. 79.
[302] *Kuffer* in Heiermann/Riedl/Rusam VOB/B § 1 Rn. 112, 129; ebenso auch *Jagenburg/Jagenburg* in Beck'scher VOB-Kommentar, 2. Aufl., VOB/B § 1 Nr. 3 Rn. 9.
[303] *Daub/Piel/Soergel/Steffani* ErlZ B 1.26; *Kapellmann/Schiffers* Vergütung I Rn. 812.

schränkenden Voraussetzungen. Dennoch entspricht es ganz herrschender Meinung, dass das Änderungsrecht nicht unbegrenzt ist.[304] Ein unbegrenztes Änderungsrecht würde einer isolierten Klauselkontrolle nicht standhalten (vgl. → Rn. 101 f.). Die Begrenzung des Anordnungsrechts braucht allerdings nicht in AGB-rechtlich zweifelhafter Weise durch teleologische Reduktion zu erfolgen. Vielmehr ergeben sich die **Grenzen der Änderungsbefugnis aus § 315 BGB**.[305] Die Änderungsanordnung ist deshalb nur verbindlich, wenn sie auch der Billigkeit entspricht. Die Anwendbarkeit des § 315 BGB ergibt sich daraus, dass diese Vorschrift nicht nur ursprüngliche Leistungsbestimmungen erfasst, sondern auch vertragliche Anpassungsklauseln und Änderungsvorbehalte.[306]

Ausgangspunkt für die Bestimmung der Billigkeitsgrenzen ist **Sinn und Zweck des Änderungsrechts**. Bauvorhaben werden geprägt durch eine „Spannung zwischen Planung und Realität".[307] Bei praktisch jedem Bauvorhaben ändert sich der Leistungsinhalt zwischen Vertragsabschluss und Abnahme.[308] § 1 Abs. 3 räumt deshalb dem Auftraggeber nicht nur ein Änderungsrecht bei veränderten Umständen oder nachträglich erkannten Erfordernissen ein, sondern will dem Auftraggeber darüber hinaus auch die Gestaltungsfreiheit sichern, das Bauvorhaben bei geänderten Bedürfnissen oder geänderten Wünschen im gewissen Rahmen zu verändern.[309] Derartige Änderungen sind dem Auftragnehmer zumutbar, da er bei Bauvorhaben mit der Möglichkeit entsprechender Änderungen rechnet[310] und er alle Mehrleistungen auch über § 2 Abs. 5 VOB/B vergütet erhält. 83

Im Rahmen dieser Zweckbestimmung sind die Grenzen des einseitigen Änderungsrechts durch Abwägung der **beiderseitigen Interessen** zu ermitteln.[311] Ein einseitiges Abstellen auf die Interessen des Auftragnehmers[312] widerspricht nicht nur eindeutig den allgemeinen Rechtsgrundsätzen zu § 242 BGB und insbesondere zu § 315 BGB, wonach alle wesentlichen Umstände und die Interessen beider Seiten angemessen berücksichtigt werden müssen[313], sondern auch Sinn und Zweck des § 1 Abs. 3 VOB/B, der gerade dem Auftraggeber ein Recht einräumen will.[314] 84

Im Rahmen der Abwägung ist bei Änderungen in **qualitativer Hinsicht** zunächst im Rahmen der Billigkeitsprüfung gem. § 315 BGB die Wertung des § 1 Abs. 4 zu berücksichtigen, wonach der Auftragnehmer nicht verpflichtet ist, Leistungen auszuführen, auf die sein Betrieb nicht eingerichtet ist.[315] Grundlegend geänderte Anstatt-Leistungen sind dem Auftragnehmer damit nicht mehr zumutbar, falls sie seinen **Fachbereich verlassen,** und zwar auch dann nicht, 85

---

[304] OLG Hamm BauR 2001, 1594; *Keldungs* in Ingenstau/Korbion VOB/B § 1 Abs. 3 Rn. 11; *Jansen* in Beck'scher VOB-Kommentar VOB/B § 1 Abs. 3 Rn. 80 ff.; *Kuffer* in Heiermann/Riedl/Rusam VOB/B § 1 Rn. 108; *Leinemann/Schoofs* VOB/B § 1 Rn. 58, 71; *Althaus* in Althaus/Heindl Teil 3 Rn. 165; **anderer Ansicht:** FKZGM VOB/B § 1 Rn. 61. Anders auch die Anregung von *Quack* ZfBR 2004, 107 (109), der Entwurfsänderungen auf die Fehlerkorrektur begrenzen will; vgl. auch *Quack* FS Ganten, 2007, 211 (215 f.).
[305] Ebenso NWJS VOB/B § 1 Rn. 30a; *Jansen* in Beck'scher VOB-Kommentar VOB/B § 1 Abs. 3 Rn. 21 f.; *Voit* in Messerschmidt/Voit § 1 VOB/B Rn. 4; *Peters* NZBau 2012, 615 (619); *Acker/Roquette* BauR 2010, 293 (300); jetzt auch *Kuffer* in Heiermann/Riedl/Rusam VOB/B § 1 Rn. 108; *Keldungs* in Ingenstau/Korbion VOB/B § 1 Abs. 3 Rn. 11.
[306] Vgl. nur *Rieble* in Staudinger BGB § 315 Rn. 111; *Ulmer/Brandner/Hensen* § 10 Nr. 4 Rn. 4; unrichtig deshalb *Heiermann/Riedl/Rusam* VOB/B 10. Aufl. § 1 Rn. 31.
[307] So NWJS VOB/B § 1 Rn. 24; ebenso BGH NJW 1996, 1346 = BauR 1996, 378.
[308] *Schulze-Hagen* FS Soergel, 1993, 259.
[309] OLG Düsseldorf NJW-RR 1988, 278 = BauR 1988, 485; *Jagenburg/Jagenburg* in Beck'scher VOB-Kommentar, 2. Aufl., VOB/B § 1 Nr. 3 Rn. 3; *Schulze-Hagen* FS Soergel, 1993, 259 (263); *Wirth/Würfele* Jahrbuch BauR 2006, 119 (158 f.).
[310] Zutreffend OLG Hamburg Recht 1911, Nr. 1537.
[311] *Jansen* in Beck'scher VOB-Kommentar VOB/B § 1 Abs. 3 Rn. 83.; NWJS VOB/B § 1 Rn. 28; *Endres* BauR 1982, 535 (536); *Wirth/Würfele* Jahrbuch BauR 2006, 119 (158 f.).
[312] So aber *Keldungs* in Ingenstau/Korbion VOB/B § 1 Nr. 3 Rn. 11; *Anker/Klingenfuß* BauR 2005, 1377 ff.; *Bruns* ZfBR 2005, 525 ff.; tendenziell auch *Heiermann/Riedl/Rusam* VOB/B 10. Aufl. § 1 Rn. 31c.
[313] BGHZ 41, 271 (279); *Rieble* in Staudinger BGB § 315 Rn. 122 ff. mwN.
[314] *Weyer* BauR 1990, 138 (141 f.).
[315] Allgemeine Meinung: OLG Hamm BauR 2001, 1594; *Schulze-Hagen* FS Soergel, 1993, 259 (265); *Peters* NZBau 2012, 615 (617); *Kuffer* in Heiermann/Riedl/Rusam VOB/B § 1 Rn. 108, 35; *Jansen* in Beck'scher VOB-Kommentar VOB/B § 1 Abs. 3 Rn. 88 f.; das ergibt sich auch aus § 4 Nr. 8, vgl. *Daub/Piel/Soergel/Steffani* ErlZ B 1.25. Ein unmittelbares „Hineinlesen" des § 1 Abs. 4 ist entgegen *Bruns* ZfBR 2005, 525 (526), nicht nötig.

wenn sie bautechnisch erforderlich werden.[316] Anordnungen, die gegen gesetzliche oder behördliche Bestimmungen verstoßen, braucht und darf er nicht ausführen.[317]

86   Zu berücksichtigen sind aber auch **mittelbare Auswirkungen** auf den sonstigen Vertragsinhalt. Den Auftragnehmer trifft eine Erfolgspflicht. Änderungen vertraglich vorgesehener einfacher Arbeiten in risikobehaftete Ausführungen sind deshalb nicht ohne weiteres zumutbar, insbesondere dann nicht, wenn der Auftragnehmer auch noch für die zunächst problemlos erscheinende Arbeiten längere Gewährleistungsfristen übernommen haben sollte.

87   Bei Änderungen in **quantitativer Hinsicht** hat der Auftragnehmer bautechnisch erforderliche Änderungen in der Regel auszuführen, da er nach § 1 Abs. 4 erforderliche Zusatzleistungen ausführen muss. Zur betrieblichen Einrichtung gehört aber auch die personelle Ausstattung (vgl. → Rn. 111). Einen änderungsbedingt erheblichen Mehraufwand kann der Auftragnehmer deshalb verweigern, soweit ihm die zur Erledigung **notwendigen Kapazitäten fehlen**. Überstunden sind dem Auftragnehmer im gesetzlich zulässigen Rahmen zuzumuten, eine verlängerte Ausführungsfrist dagegen nicht, falls er durch Anschlussaufträge gebunden ist. Der Auftragnehmer darf sich bei seinen Kapazitätsplanungen auf den vertraglich vereinbarten und voraussehbaren Leistungsumfang verlassen.[318] Im Übrigen ist der Grund der Mehrleistung mit den nachteiligen Auswirkungen für den Auftragnehmer abzuwägen. Beliebige Änderungswünsche sind eher unzumutbar. Je sachlich gebotener eine Änderung ist, desto höher wird die Unzumutbarkeitsschwelle steigen.[319] Die bloße Störung des Bauablaufes führt wegen der Kompensation der Mehraufwendungen über § 2 Abs. 5 noch nicht zur Unzumutbarkeit. Gegebenenfalls muss der Auftragnehmer auch eine Vielzahl von Änderungen hinnehmen.[320]

88   Die Vergütungsansprüche spielen demgegenüber regelmäßig keine maßgebliche Rolle bei der Abwägung. Sie sind über § 2 Abs. 5 VOB/B gesichert. Dass die Vergütung „ohne besondere Verzögerung" vereinbart wird[321], ist regelmäßig kein Zumutbarkeitskriterium für die Anordnungsberechtigung. Das Zustandekommen einer Vereinbarung hängt in der Regel von beiden Parteien ab und wäre ggf. nur als (temporäres) Leistungsverweigerungsrecht zu berücksichtigen (→ VOB/B § 2 Rn. 205 ff.). Auch falls der Auftragnehmer den Auftrag als so genannten Füllauftrag zu nicht kostendeckenden Preisen übernommen haben sollte, rechtfertigt das keine Einschränkung des Anordnungsrechts selbst. Vielmehr ist im Einzelfall zu prüfen, ob der Auftragnehmer noch an den vertraglichen Preis gebunden ist.[322]

IV. Ausübung des Änderungsrechts

89   Die Änderungsbefugnis ist durch einseitige **empfangsbedürftige Willenserklärungen** auszuüben. Als einseitige Gestaltungserklärung muss sie einen hinreichend bestimmbaren Inhalt haben. Die Anforderungen lassen sich nicht abstrakt vorgeben, sondern hängen von Einzelfall ab, ua auch davon, wer die Planung zu erbringen hat.[323] Die Wirksamkeit der Leistungsänderung setzt aber bei auftraggeberseitiger Planung nicht voraus, dass zugleich eine ausführbare Planung vorgelegt wird.[324]

89a Die Anordnungserklärung bedarf **keiner Form**. Die Anordnung kann deshalb auch konkludent durch schlüssiges Verhalten erfolgen.[325] Ist im Vertrag Schriftform vorgesehen, so gilt sie als konkludent abbedungen, falls der Auftraggeber die Verbindlichkeit seiner einseitigen Anordnung will und der Auftragnehmer dies akzeptiert (vgl. → Rn. 14). Bei größeren Leistungsänderungen sind vor allem die in Schriftformgebote gekleideten kommunal-rechtlichen Vertretungserfordernisse zu berücksichtigen. Diese gelten in der Regel für alle Geschäfte, die über die laufende Verwaltung hinausgehen.[326] Werden sie nicht beachtet, ist nicht erst die Preisver-

---

[316] Viel zu eng aber und nur auf Grund des Kündigungssachverhalts verständlich OLG Köln, *Schäfer/Finnern/Hochstein* § 8 VOB/B (1973) Nr. 4, wonach angeblich die Änderung von Bitumendickbeschichtung zu Abdichtungsbahnen „praktisch ein neues Bauwerk" sein soll.
[317] OLG Hamm BauR 2001, 1594.
[318] *Schulze-Hagen* FS Soergel, 1993, 259 (265).
[319] *Schulze-Hagen* FS Soergel, 1993, 259 (265); *Endres* BauR 1982, 535 (536).
[320] BGH BauR 1997, 300; enger *Schulze-Hagen* FS Soergel, 1993, 259 (265).
[321] So noch *Keldungs* in Ingenstau/Korbion, 16. Aufl., VOB/B § 1 Nr. 3 Rn. 9.
[322] Dazu → VOB/B § 2 Rn. 214–216.
[323] *Jansen* in Beck'scher VOB-Kommentar VOB/B § 1 Abs. 3 Rn. 16 ff.
[324] Ohne Planung als AG-seitiger Mitwirkung kann und braucht der AN die Leistung aber nicht auszuführen, vgl. *Jansen* in Beck'scher VOB-Kommentar VOB/B § 1 Abs. 3 Rn. 17.
[325] Vgl. → VOB/B § 2 Rn. 194 ff.
[326] Vgl. ausführlich *Kapellmann/Schiffers* Vergütung I Rn. 893 ff.

Art und Umfang der Leistung 90, 90a § 1 VOB/B

einbarung nach § 2 Abs. 5 unwirksam, sondern schon die mündliche Leistungsänderung.[327] Der Auftragnehmer darf die Änderungsleistung nicht ausführen. Vergütungsansprüche für dennoch ausgeführte Leistung können sich nur aus § 2 Abs. 8 VOB/B bzw. aus Geschäftsführung ohne Auftrag oder § 812 BGB ergeben.

Ausübungsbefugt ist der **Auftraggeber**, seine gesetzlichen oder rechtsgeschäftlichen Vertreter.[328] Mehrere Auftraggeber sind grundsätzlich nur gemeinsam berechtigt, den Leistungsinhalt zu verändern. Auch bei Teileigentum dürften die einzelnen Eigentümer hinsichtlich ihres Teils nicht allein zur Änderung berechtigt sein[329], da die automatisch eintretenden vergütungsrechtlichen Folgen nach § 2 Abs. 5 VOB/B ohne besondere Absprache alle Auftraggeber als Gesamtschuldner treffen. Hier dürften in aller Regel selbstständige Zusatzaufträge erforderlich werden. **„Anordnungen" von Dritten**, insbesondere von Behörden oder des Prüfingenieurs verändern nicht den Leistungsinhalt, sondern bedürfen einer ggf. konkludenten rechtsgeschäftlichen Umsetzung durch den Auftraggeber oder seiner Vertreter.[330] Diese kann antizipiert im Vertrag erfolgen, z.B. wenn dem Auftragnehmer vorgegeben wird, auch Weisungen Dritter zu folgen.[331] Das ist von den Fällen zu unterscheiden, in dem künftige Vorgaben Dritter, wie zB der Inhalt einer künftigen Baugenehmigung oder behördliche Auflagen, unmittelbar den Inhalt der vom Vertragspreis abgegoltenen vertraglichen Leistungspflicht gemacht werden. Hier wird zwar auch der tatsächliche Leistungsumfang geändert, allerdings nicht der Vertrag. Die Leistungen sind von Anfang an dynamisch beschrieben worden.[332] Da eine solche Beschreibung der Leistungspflicht für den Auftragnehmer eine nur schwer kalkulierbare Risikoübernahme ist, die eine antizipierte Abgeltung mit Verzichtscharakter ist, ist an die Feststellungen solcher Abgeltungsvereinbarungen hohe Anforderungen zu stellen.[333] Dafür reicht es nicht aus, dass zB die Baugenehmigung zum (i.d.R. vorrangigen) Vertragsinhalt gemacht wird.[334] Auch rein tatsächliche Abweichungen der vorgefundenen Verhältnisse von den dem Vertrag zugrunde liegenden Verhältnissen sind noch keine Anordnung. Sind die Bodenverhältnisse eines Baugrundgutachtens Teil des Leistungsinhalts, so ist die faktische Abweichung noch keine Leistungsänderung iSd § 1 Abs. 3, sondern erst das Festhalten des Auftraggebers an der Ausführung.[335]

Der **Architekt** oder Ingenieur ist nicht kraft Amtes zu rechtsgeschäftlichen Änderungsanordnungen bevollmächtigt. Die Vorlage bloß geänderter Pläne durch den Architekten stellt deshalb noch keine Anordnung des Auftraggebers dar. Die bloße Veranlassung der geänderten Leistungen durch den Architekten/Ingenieur löst nicht Änderungsanordnung mit Vergütungsfolgen aus.[336] Der Architekt ist zu leistungsändernden Anordnungen in der Regel nur in Fällen der Gefahr im Verzuge bzw. kleiner und baulich erforderlicher Änderungen berechtigt; im Übrigen setzt eine Zurechnung gegenüber dem Auftraggeber voraus, dass ihm ggf. konkludent Vollmacht eingeräumt wurde.[337] Es besteht keine Vermutung, dass der Architekt die Vollmacht besitzt, den Bauvertrag zu ändern oder Zusatzleistungen anzuordnen.[338] Die Befugnis, Stundennachweise abzuzeichnen, beinhaltet nicht die Vollmacht, diese Arbeiten auch zu beauftragen.[339] In der Praxis wird eine erteilte Vollmacht tendenziell eng ausgelegt.[340] Zu prüfen bleibt, ob die Voraussetzungen für eine Anscheins- oder Duldungsvollmacht vorliegen. Für eine Anscheinsvollmacht reicht es aus, dass der Auftragnehmer annehmen dürfe, der Auftraggeber kenne und dulde das Auftreten des Architekten als sein Vertreter und dass der Auftraggeber seinerseits das Verhalten des Architekten bei verkehrsüblicher Sorgfalt hätte erkennen können; eine positive Kenntnis ist

---

[327] BGH NZBau 2004, 207 = BauR 2004, 495; BGH BauR 1974, 273; *Kapellmann/Schiffers* Vergütung I Rn. 898.
[328] BGH NZBau 2004, 207 = BauR 2004, 495; BGH BauR 1994, 760; ausführlich *Kapellmann/Schiffers* Vergütung I Rn. 904 ff.
[329] Anders *Kuffer* in Heiermann/Riedl/Rusam VOB/B § 1 Rn. 110, der die Vergütungsseite ausblendet.
[330] BGH NZBau 2004, 612; vgl. OLG Celle BauR 2006, 845.
[331] OLG Naumburg NZBau 2011, 750.
[332] OLG Dresden NZBau 2015, 624; vgl. BGH v. 23.10.1969 – VII ZR 149/67, BeckRS 1969, 31174162.
[333] BGH NZBau 2008, 437 „Bistroküche".
[334] *Jansen/v. Rintelen* in Kniffka § 631 Rn. 987.
[335] BGH NZBau 2009, 707 Rn. 80; KG IBR 2012, 10.
[336] BGH NZBau 2004, 146; *Leinemann/Schoofs* VOB/B § 1 Rn. 62.
[337] *Jansen* in Beck'scher VOB-Kommentar VOB vor § 2 Rn. 24 ff., 32.;; vgl. BGH NJW-RR 2001, 520.
[338] BGH NZBau 2004, 31 = BauR 2003, 1892.
[339] BGH BauR 1994, 760.
[340] KG IBR 2014, 409 mwN.

nicht erforderlich.³⁴¹ Bei erforderlicher Leistung wird sich der Vergütungsanspruch idR auch ohne wirksame Anordnung aus § 2 Abs. 8 VOB/B ergeben. Zu beachten bleibt, dass im Übrigen vom Architekten/Ingenieur ohne Vollmacht veranlasste Leistungsänderungen zu einer vertragswidrigen, jedenfalls vertragslosen Leistung führen.³⁴²

91 **Zu erklären** ist die Änderungsanordnung gegenüber dem Auftragnehmer oder seinen Vertretern; allerdings reicht, was leicht übersehen wird, eine Erklärung gegenüber **Empfangsbevollmächtigten** des Auftragnehmers, wozu auch der „für die Leitung der Ausführung bestellte Vertreter" gemäß § 4 Abs. 1 Nr. 3 gehört³⁴³ oder auch gegenüber bloßen **Empfangsboten** ausreicht. Die weit verbreitete Auffassung, der für die Leitung der Ausführung bestellte Vertreter sei ohne besondere Vollmacht nicht der richtige Adressat³⁴⁴, widerspricht allgemeinen Rechtsgrundsätzen zum Zugang von Willenserklärungen. Der Bauunternehmer ist Kaufmann im Sinne des § 1 HGB. Im Handelsverkehr gelten schon die Angestellten am Telefon als zur Entgegennahme von Erklärungen bevollmächtigt.³⁴⁵ Warum der „als Vertreter" des Auftragnehmers für die Leitung der Arbeiten Bestellte nicht einmal Empfangsbevollmächtigter für die Anordnung betreffend der von ihm zu leitenden Ausführungen sein soll, ist nicht einzusehen. Im Übrigen läuft die Gegenauffassung schon deshalb leer, weil der zur Leitung bestellte Vertreter in jedem Fall Empfangs**bote** wäre³⁴⁶, was schon bei einer Putzfrau angenommen wird.³⁴⁷ Die Erklärung gilt dann gegenüber dem Auftragnehmer als abgegeben, wenn mit der Weiterleitung gerechnet werden durfte. Das Risiko, dass die Erklärung gar nicht oder falsch weitergeleitet wird, trifft den Auftragnehmer als Empfänger.³⁴⁸

91a Die vertraglich vereinbarten Leistungen können auch **einvernehmlich** geändert werden. Die Leistungsänderung beruht dann nicht auf dem einseitigen Gestaltungsrecht nach § 1 Abs. 3, sondern auf einer **Vertragsänderung**. Die an das Gestaltungsrecht des Auftraggebers anknüpfende Rechtsfolgenregelung des § 2 Abs. 5 VOB/B findet nicht unmittelbar Anwendung. Treffen die Parteien bei einer Vertragsänderung keine Vereinbarung über die Vergütung, wird sie in der Regel nach § 2 Abs. 5 VOB/B analog zu bestimmen sein (vgl. → Rn. 118). Von einem Änderungsvertrag wird man nur selten ausgehen können. Die bloße Hinnahme oder gar Anregung einer Leistungsänderung durch den Auftragnehmer reicht nicht aus, um eine Änderung vom vertraglich festgelegten Leistungsänderungsverfahren anzunehmen. Eine Vertragsänderung kann aber anzunehmen sein, wenn die Parteien gemeinsam die Leistungsausführung ganz grundlegend ändern.³⁴⁹ Eine noch in mancher Hinsicht ungeklärte Zwitterstellung nehmen die sog **gemeinsamen Festlegungen** der Parteien ein. Verschiedene DIN der VOB/C sehen bei geänderten Verhältnissen, unvorhergesehenen Ereignissen etc im Sinne einer verstärkten Kooperation ausdrücklich vor, dass zusätzliche oder geänderte Leistungen gemeinsam festzulegen sind.³⁵⁰ Diese gemeinsam festgelegten Maßnahmen sind dann besondere Leistungen.³⁵¹ Beschränkt sich die gemeinsame Festlegung auf die Maßnahme ohne die Vergütung zu regeln, bestimmt sich die Vergütung nach dem Gesamtzusammenhang von VOB/B und VOB/C nach § 2 Abs. 5 und 6 VOB/B. Das würde ja auch dann gelten, wenn der Auftraggeber mangels Einigung die Leistung nach § 1 Abs. 3 oder 4 anordnet.³⁵²

V. Überschreitung der Änderungsbefugnis

92 Überschreitet der Auftraggeber die aufgezeigten Grenzen, ist das Änderungsverlangen unbillig, so ist es für den Auftragnehmer **unverbindlich**.³⁵³ Der ursprüngliche Vertragsinhalt bleibt

---

³⁴¹ OLG Dresden IBR 2012, 130.
³⁴² BGH NZBau 2002, 571; KG BauR 2008, 357; zur Frage des § 254 BGB BGH NZBau 2005, 400.
³⁴³ Zutreffend *Keldungs* in Ingenstau/Korbion VOB/B § 1 Abs. 3 Rn. 22; *Jansen* in Beck'scher VOB-Kommentar VOB/B § 1 Abs. 3 Rn. 14.
³⁴⁴ NWJS VOB/B § 1 Rn. 30a; *Weyer* BauR 1990, 138 (139 f.); wohl auch *Kuffer* in Heiermann/Riedl/Rusam VOB/B § 1 Rn. 109.
³⁴⁵ RGZ 102, 296; *Baumbach/Hopt* HGB § 54 Rn. 5; vgl. auch BGH NJW 2002, 1041.
³⁴⁶ Vgl. BGH NJW 2002, 1565 = BauR 2002, 945 zum Mitarbeiter, der Telefonate entgegennimmt.
³⁴⁷ Vgl. dazu *Heinrichs* in Palandt BGB § 130 Rn. 9.
³⁴⁸ *Heinrichs* in Palandt BGB § 130 Rn. 9 mwN.
³⁴⁹ Vgl. OLG Karlsruhe IBR 2012, 189.
³⁵⁰ *Motzke* in Beck'scher VOB-Kommentar VOB/C Syst. III Rn. 48 ff.
³⁵¹ Vgl. zB DIN 18300 Abschnitt 3.5.3 iVm 4.2.1; DIN 18459 Abschnitt 3.3.2.
³⁵² *Englert/Grauvogel/Katzenbach* in Beck'scher VOB-Kommentar VOB/C DIN 18299 Rn. 120; *Eberhard/Lambert/Langenecker/Mesch* in Beck'scher VOB-Kommentar VOB/C DIN 18459 Rn. 66.
³⁵³ *Heinrichs* in Palandt BGB § 315 Rn. 16; *Kuffer* in Heiermann/Riedl/Rusam VOB/B § 1 Rn. 114.

unverändert. Der Auftragnehmer hat nicht lediglich ein Leistungsverweigerungsrecht.[354] Die häufig erörterte Frage, ob ein Leistungsverweigerungs- oder Zurückbehaltungsrecht in AGB ausgeschlossen werden kann[355], geht ins Leere. Ein derartiger Ausschluss greift nur in Fällen, in denen eine Leistung grundsätzlich geschuldet ist, deren Durchsetzung jedoch dauerhaft oder zumindest zeitweilig durch Gegenrechte verhindert werden soll. Der Auftragnehmer braucht einer die Befugnis überschreitende Anordnung schlicht deshalb nicht nachzukommen, weil die Änderungsanordnung ohne vertragliche Grundlage den vertraglichen Leistungsinhalt nicht ändert, der Auftragnehmer eine derartige Leistung mithin überhaupt nicht schuldet.[356] Das gilt auch im Fall der Überschreitung der Billigkeitsgrenzen nach § 315 BGB. Diese führt nicht zu einer „vorläufigen Verbindlichkeit", sondern nach § 315 Abs. 3 BGB zur Unverbindlichkeit für den Auftragnehmer.[357] Ansonsten würde der Auftraggeber durch sein rechtswidriges Verhalten seine Rechte erweitern können.[358]

Ein unberechtigtes Änderungsverlangen steht auch **nicht** einer **Kündigung** oder Teilkündigung des unveränderten Vertrages gleich.[359] Eine Kündigung kann dem Auftraggeber schon deshalb nicht unterstellt werden, da der Auftragnehmer ja auch frei ist, einer zu weitreichenden Änderungsanordnung nachzukommen. Ein derartiges Verlangen enthält deshalb nur das Angebot auf eine jederzeit mögliche einvernehmliche Änderung des Vertrages. Lehnt der Auftragnehmer eine derartige Vertragsänderung ab, muss sich der Auftraggeber mit dem Auftragnehmer einigen bzw. im Fall der Nichteinigung entscheiden, ob er die Leistung teilkündigt und neu vergibt oder eine weniger weitreichende und deshalb noch zumutbare Änderung wählt. Sein Änderungsrecht ist durch die unwirksame Ausübung – ebenso im Fall der wirksamen Ausübung (vgl. → Rn. 49) – nicht verbraucht.[360] Eine Bestimmung durch Urteil nach § 315 Abs. 3 S. 2 BGB kommt in der Regel nicht in Betracht. Das Bestimmungsrecht durch das Gericht dient dazu, die von einer Vertragspartei herbeizuführende Konkretisierung des noch nicht ausreichend bestimmten Vertragsinhaltes zu ersetzen. Sie passt bei Änderungsvorbehalten, auf die § 315 BGB erst im Wege der Analogie Anwendung findet, nicht. Hinzu kommt, dass bei Leistungsbestimmungsrechten, die auch nach freiem Belieben ausgeübt werden dürfen, eine Leistungsbestimmung durch das Gericht mangels Bestimmungsmaßstabes gar nicht erfolgen kann.[361] In solchen Fällen ist das Gericht auf die Feststellung der Unwirksamkeit der unbilligen Bestimmung beschränkt.[362] Überschreitet die anordnungsberechtigte Vertragspartei ihre Befugnisse, wird die andere Vertragspartei durch die Unverbindlichkeit der Bestimmung ausreichend geschützt. Es bleibt dann beim bisherigen Vertragsinhalt, der dem Willen beider Parteien entsprach.

Die Überschreitung des Änderungsrechts durch den Auftraggeber berechtigt auf der anderen Seite auch den Auftragnehmer nicht zu einer Kündigung. Hierfür besteht auf Grund der Unverbindlichkeit kein Bedürfnis.[363] Kündigungs- bzw. Teilkündigungsrechte nach § 9 Abs. 1a VOB/B können erst entstehen, wenn der Auftraggeber auf die unberechtigte Anordnung besteht und dem Auftragnehmer die Ausführung der vertraglich vereinbarten Leistung untersagt.[364]

Überschreitet der Auftraggeber sein Anordnungsrecht, führt der Auftragnehmer die Leistung gleichwohl aus, steht dem Auftragnehmer auch eine Vergütung entsprechend § 2 Abs. 5 BGB zu. In der Hinnahme und Ausführung der nicht einseitig verbindlichen Änderungsanordnung wird in der Regel eine konkludente Vertragsänderung liegen (vgl. dazu → Rn. 91a).[365] Das

---

[354] So die hL, vgl. *Leinemann/Schoofs* VOB/B § 1 Rn. 66 mwN.
[355] Vgl. *Kuffer* in Heiermann/Riedl/Rusam VOB/B § 1 Rn. 114; *Jansen* in Beck'scher VOB-Kommentar VOB/B § 1 Abs. 3 Rn. 94; *Keldungs* in Ingenstau/Korbion VOB/B § 1 Abs. 3 Rn. 19.
[356] *Jagenburg/Jagenburg* in Beck'scher VOB-Kommentar, 2. Aufl., VOB/B § 1 Abs. 3 Rn. 66.
[357] *Niemöller* BauR 2006, 170 (176).
[358] *Würdiger* in MüKoBGB § 315 Rn. 44; *Rieble* in Staudinger § 315 BGB Rn. 418; *Niemöller* BauR 2006, 170 (176); **anderer Ansicht** zB *Gernhuber*, Das Schuldverhältnis S. 289 f.
[359] **Anderer Ansicht:** *Keldungs* in Ingenstau/Korbion VOB/B § 1 Abs. 3 Rn. 20; im Ergebnis wie hier *Jansen* in Beck'scher VOB-Kommentar VOB/B § 1 Abs. 3 Rn. 95.
[360] Die Grundsätze über den Verbrauch des originären Bestimmungsrechtes (vgl. *Rieble* in Staudinger BGB § 315 Rn. 254) passen nicht.
[361] *Wolf* in Soergel § 315 Rn. 50; *Rieble* in Staudinger BGB § 315 Rn. 16 f.
[362] *Rieble* in Staudinger BGB § 315 Rn. 16 f.
[363] Vgl. BGH LM Nr. 11 zu § 315 BGB; *Heinrichs* in Palandt BGB § 315 Rn. 16.
[364] *Kuffer* in Heiermann/Riedl/Rusam VOB/B § 1 Rn. 114; *Jagenburg/Jagenburg* in Beck'scher VOB-Kommentar VOB/B § 1 Nr. 3 Rn. 67.
[365] *Jansen* in Beck'scher VOB-Kommentar § 1 Abs. 3 Rn. 43; *Voit* in Messerschmidt/Voit VOB/B § 1 Rn. 15.

gleiche Ergebnis tritt ein, wenn man die eigentlich unberechtigte Leistungsänderung als „andere Anordnung" im Sinne des § 2 Abs. 5 VOB/B einordnet.[366]

VI. Folgen des Änderungsrechts

95 **1. Vergütungsrechtliche Folgen.** Eine Änderungsanordnung des Auftraggebers führt zu einer entsprechenden Veränderung des Leistungsinhalts und damit zu Preisanpassungsansprüchen, in der Regel des Auftragnehmers, gemäß § 2 Abs. 5 (vgl. näher → VOB/B § 2 Rn. 180 ff.). Das gilt auch für den Pauschalvertrag.[367] Ein Streit darüber, ob der Leistungsinhalt durch eine Anordnung nach § 1 Abs. 3 oder 4 VOB/B geändert wurde, kann zum Inhalt einer Feststellungsklage gemacht werden.[368]

96 Fraglich ist, ob auch die ersatzlose Herausnahme von Leistungen in Form des angeordneten **Wegfalls von Leistungen** als Bauentwurfsänderung im Sinne des § 1 Abs. 3 mit der Folge der Preisanpassung nach § 2 Abs. 5 eingeordnet werden kann. Der nicht angeordnete Wegfall von Leistungspositionen, zB aufgrund fehlerhafter Planung oder Ausschreibung, richtet sich nach der neuen BGH-Rechtsprechung nach § 2 Abs. 3 VOB/B.[369] Die Inanspruchnahme des Rechts zur Bauentwurfsänderung wäre für die Anordnung des Wegfalls von Leistungen nicht erforderlich, da der Auftraggeber schon nach § 649 BGB, § 8 Abs. 1 VOB/B zur Teilkündigung berechtigt ist. Sofern eine **Teilkündigung** tatsächlich vorliegt, ist § 8 Abs. 1 bzw. bei Selbstübernahme § 2 Abs. 4 als „lex specialis" vorrangig.[370] Die Frage stellt sich vielmehr aus Sicht des Auftragnehmers, weil die Kündigung nach § 8 Abs. 5 VOB/B zur Wirksamkeit der Schriftform bedarf und diese nicht nur häufig in der Praxis vergessen, sondern vom Auftraggeber auch teilweise bewusst in der Hoffnung unterlassen wird, so weiteren Ansprüchen des Auftragnehmers auf Kündigungsentschädigung nach § 649 S. 2 BGB zu entgehen. Werden die beim Auftragnehmer gestrichenen Leistungen durch Dritte erbracht, stehen dem Auftragnehmer auch bei nicht formgerecht ausgesprochener Kündigung Schadenersatzansprüche wegen Unmöglichkeit (§ 326 Abs. 2 BGB) zu, die wirtschaftlich zum gleichen Ergebnis wie § 8 Abs. 1 Nr. 2 VOB/B führen.[371] Fällt die Leistung jedoch einfach weg, zB bei Sparmaßnahmen, so wird sie in vielen Fällen deshalb noch nicht unmöglich, sondern könnte nachgeholt werden. Will der Auftragnehmer sich bei fehlender Teilkündigung durch den Auftraggeber seinen Anspruch auf die Vergütung abzüglich ersparter Aufwendungen erhalten, kann er den Auftraggeber wegen des (Nicht-)Abrufs der Leistung in Annahmeverzug bringen und anschließend den Vertrag nach § 9 Abs. 1a VOB/B schriftlich (teil-)kündigen. Auch diese formellen Voraussetzungen werden häufig nicht eingehalten. In diesen Fällen besteht ein Bedürfnis, dem Auftragnehmer zu helfen. Keine rechtlich überzeugende Lösung ist die Annahme einer konkludenten Teilkündigung des Auftraggebers, ohne das Schriftformerfordernis auch nur anzusprechen.[372] Stattdessen bietet es sich an, auch den **angeordneten Wegfall von Leistungen als Bauentwurfsänderung** nach § 1 Abs. 3 VOB/B anzusehen und den Anspruch auf § 2 Abs. 5 VOB/B zu stützen.[373] Die Preisanpassung nach § 2 Abs. 5 VOB/B würde ebenso wie bei § 8 Abs. 1 Nr. 2 VOB/B[374] dazu führen, dass dem Auftragnehmer sein Gewinn, seine Deckungsbeiträge sowie sein Vergütungsanteil für bereits veranlassten Aufwand erhalten blieben. Eine solche Anspruchsbegründung ist möglich, da die VOB/B keinen absoluten Vorrang der Kündigungsregelungen kennt. So ist auch die Selbstübernahme nach § 2 Abs. 4 VOB/B faktisch eine Teilkündigung, ohne dass es einer schriftlichen Kündigungserklärung bedarf. Dem Auftraggeber bleibt die Wahl zwischen § 8 Abs. 1 und § 2 Abs. 4. Dann kann § 8 Abs. 1 aber auch keine Exklusivität gegenüber § 1 Abs. 3 beanspruchen.

---

[366] OLG Hamm BauR 2013, 956; OLG Naumburg BauR 2012, 255 (258); *Kniffka/Koeble* Kompendium 5 Teil Rn. 104; *Jansen* in Beck'scher VOB-Kommentar § 2 Abs. 5 Rn. 59; vgl. näher → § 2 Rn. 181.
[367] Vgl. → VOB/B § 2 Rn. 292.
[368] BGH NZBau 2015, 229 (230).
[369] BGH NZBau 2012, 226; vgl. näher → § 2 Rn. 153.
[370] Im Ergebnis OLG Oldenburg NZBau 2000, 520 = BauR 2000, 897; *Kapellmann/Schiffers* Vergütung I Rn. 808; *Marbach* ZfBR 1989, 2 (5).
[371] *Kapellmann/Schiffers* Vergütung II Rn. 1311; *Keldungs* in Ingenstau/Korbion VOB/B § 2 Nr. 4 Rn. 7; *Putzier* Pauschalpreisvertrag Rn. 444.
[372] So zB OLG Düsseldorf BauR 2001, 803; OLG Oldenburg NZBau 2000, 520 = BauR 2000, 897; vgl. dazu → VOB/B § 8 Rn. 13.
[373] So *Jagenburg/Jagenburg* in Beck'scher VOB-Kommentar, 2. Aufl., VOB/B § 1 Nr. 3 Rn. 32 f.; *Jansen* in Beck'scher VOB-Kommentar § 1 Abs. 3 Rn. 98 für entbehrliche Leistungen; **anderer Ansicht:** *Keldungs* in Ingenstau/Korbion VOB/B § 2 Abs. 4 Rn. 3; *Kuffer* in Heiermann/Riedl/Rusam VOB/B § 1 Rn. 34.
[374] Vgl. dazu → VOB/B § 8 Rn. 13, 22.

Liegt eine Teilkündigung nicht vor, so kann der Auftragnehmer seinen Anspruch wegen Leistungsänderung auf § 2 Abs. 5 stützen.

2. Pflicht zur Ausführung. Da der Auftraggeber lediglich von seiner vertraglichen Befugnis auf Leistungsänderung Gebrauch macht, muss der Auftragnehmer die geänderte Leistung auch ausführen.[375] Der Auftragnehmer ist allerdings zur **Leistungsverweigerung** berechtigt, wenn der Auftraggeber eine Vergütung des Mehraufwandes endgültig verweigert.[376] Zur Frage, wann bei Nichtzustandekommen eine Einigung über die Vergütung ein Leistungsverweigerungsrecht besteht vgl. näher → VOB/B § 2 Rn. 205 ff. **97**

3. Änderung der Ausführungsfrist. Leistungsänderungen, die zu **Mehrleistungen** führen, berechtigen den Auftragnehmer gemäß § 6 Abs. 2 VOB/B ggf. zu einer **Verlängerung der Ausführungsfrist**. Voraussetzung ist jedoch, dass die Bauzeitverlängerung dem Auftraggeber nach § 6 Abs. 1 VOB/B angezeigt wird, falls nicht auf Grund des Umfangs der Änderung die Bauzeitverlängerung für den Auftraggeber offenkundig war.[377] Die Verlängerung erfolgt dann grundsätzlich automatisch um die angemessene zusätzliche Ausführungsfrist. **98**

Kaum erörtert wird die Frage, ob **Minderleistungen** umgekehrt zu einer **Verkürzung der Ausführungszeit** führen. Das ist in Anbetracht der Verknüpfung von Bauzeit, Bauleistung und Kosten aber nur folgerichtig. Wenn Mehrleistungen zu einer Verlängerung der Bauzeit führen, müssen auch Minderleistungen zu einer Verkürzung der Bauzeit führen können. Denn auch bei Mehr- oder Mindermengen nach § 2 Abs. 3 VOB/B soll im Rahmen einer „Terminbilanz" Mehrzeitbedarf und Minderzeitbedarf ausgeglichen werden.[378] Dem liegt der gemeinsame Gedanke zugrunde, dass der Unternehmer das vertraglich vorgesehenen Ressourcen und damit das Leistungstempo grundsätzlich beibehalten darf. Behinderungen darf der Auftraggeber ebenfalls durch Bauänderungen aufzufangen versuchen, zB durch den Einsatz teurer, aber schneller bindender Mittel.[379] Diese Terminwirkung kann sich aber nicht auf eine Kompensation beschränken.[380] Denn auch eine Teilkündigung kann zu einer Verkürzung der Bauzeit führen, zB wenn nach dem Terminplan zuletzt zu errichtende Bauteile wegen baurechtlicher Probleme gar nicht ausgeführt werden. Dann muss konsequenterweise eine baurelevante Minderleistung auch zu einer Änderung der Ausführungsfrist führen können, zumal sich Minderleistungsanordnung und Teilkündigungen vielfach nur schwer voneinander abgrenzen lassen.[381] Hätten die Parteien keine konkreten Termine vereinbart, würde sich die angemessene Leistungszeit nach § 271 BGB mit der Reduzierung der zu erbringenden Leistung auch verändern. Das Anordnungsrecht nach § 1 Abs. 3 gilt zwar nicht für die sonstigen vertraglichen Regelungen einschließlich der Leistungszeit. Das betrifft aber zunächst nur die vereinbarte Leistungszeit für die ursprüngliche Vertragsleistung, nicht aber die anteilige Reduzierung der Leistungszeit bei Reduzierung der Vertragsleistung. **98a**

Hieraus folgt aber nicht, dass jede Leistungskürzung zu einer Terminverkürzung führen würde. So kann das – wie bei Leistungsmehrungen – von vornherein nur für Arbeiten auf dem kritischen Weg gelten. Auch muss die terminverkürzende Wirkung sich unmittelbar aus dem Wegfall der Leistung ergeben. Der Auftragnehmer ist idR nicht zu terminlichen Umdispositionen gezwungen, um erst hierdurch eine Bauzeitverkürzung zu erreichen.[382] Wenn die Terminplanung aber zB als letzte Leistung noch die Errichtung einer Garage vorsieht und diese Leistung entfällt, muss der Auftragnehmer die übrigen Leistungen, auch wenn insoweit keine verbindlichen Zwischenfristen vereinbart wurden, innerhalb des bisherigen Terminplans erstellen und kann nicht die entfallene Leistung als zusätzlichen Zeitpuffer verbuchen. **98b**

---

[375] Selbstverständlich steht ihm auch kein Kündigungsrecht zu, vgl. BGH BauR 1997, 300.

[376] BGH NZBau 2004, 612 = BauR 2004, 1613; OLG Düsseldorf BauR 2002, 484; *Kuffer* ZfBR 2004, 110 (116).

[377] Vgl. näher → VOB/B § 6 Rn. 13 mwN; **anderer Ansicht:** *Piel* FS Korbion, 1986, 349 (356), der von einer automatischen Verlängerung ausgeht.

[378] *Kapellmann/Schiffers* Vergütung I Rn. 566; *Vygen/Schubert/Lang* Rn. 144; vgl. näher → VOB/B § 6 Rn. 13 mwN; **anderer Ansicht:** *Piel* FS Korbion, 349 (356), der von einer automatischen Verlängerung ausgeht.

[379] *Motzke* in Beck'scher VOB-Kommentar VOB/B § 6 Nr. 4 Rn. 29.

[380] So aber zB *Oberhauser* FS Englert, 2014, 327 (334 f.).

[381] Im Ergebnis wohl auch *Leesmeister* Beschleunigung S. 150 f., der generell eine automatische Bauzeitverkürzung ablehnt und eine Beschleunigungsanordnung verlangt; anders wohl bei Teilkündigungen S. 156.

[382] Insoweit ist der Einwand von *Jansen* in Beck'scher VOB-Kommentar § 1 Abs. 3 Rn. 108 berechtigt.

99 **4. Hinweispflichten.** Für den Auftragnehmer besteht – anders als bei Zusätzlichen Leistungen und anders als in vielen ausländischen Standardverträgen – keine Ankündigungspflicht für Mehrvergütungsansprüche durch die Leistungsänderung (→ VOB/B § 2 Rn. 180) und damit auch keine allgemeine Hinweispflicht auf die Vergütungsänderung.[383] Nebenvertragliche Beratungspflichten oder Prüfungs- und Hinweispflichten nach § 4 Abs. 3 bestehen für die geänderte Leistung im gleichen Umfang wie für die bisherige Vertragsleistung.

100 **Anzeigepflichten** bestehen auch dann, wenn die veränderte Leistung zu einer **Bauzeitverlängerung** führt. Das gilt nicht nur dann, wenn die geänderte Ausführung mehr Zeit in Anspruch nimmt, sondern erst recht auch dann, wenn die Änderung bauzeitverlängernde Auswirkungen auf andere Leistungsbereiche des Auftragnehmers hat. Ohne Behinderungsanzeige hat der Auftragnehmer keinen Anspruch auf Bauzeitverlängerung.[384] Eine unterbliebene Anzeige führt zwar nicht zu einem Verlust der Mehrvergütungsansprüche, da sich diese ggf. auch nach § 2 Abs. 5 richten[385], aber ggf. zu Schadensersatzansprüchen.[386]

VII. AGB-Kontrolle, Abweichende Vertragsvereinbarungen

101 Die einseitige Befugnis des Auftraggebers, die Leistung zu ändern, entspricht zwar nicht vollständig dem Werkvertragsrecht,[387] hält auch bei isolierter Klauselkontrolle[388] einer Überprüfung nach §§ 305 ff. BGB Stand.[389] Das wurde zwar in jüngerer Zeit heftig bestritten.[390] Die grundsätzlich verneinenden Gegenargumente verlieren mit der Einführung eines gesetzlichen Anordnungsrechts in § 650b BGB ihre Grundlage, weil das Anordnungsrecht nach § 650b BGB und § 1 Abs. 3 und 4 sich im Ergebnis weitgehend decken. Auch unabhängig überzeugen die Bedenken nicht. Kontrollmaßstab ist, was erstaunlicherweise immer wieder übersehen wird[391], allein § 307 BGB, da § 308 Nr. 4 BGB zu Gunsten des Werk**unternehmers** nicht unmittelbar anwendbar ist (§ 310 BGB).[392] Schon aus der engeren Regelung des § 308 Nr. 4 BGB ergibt sich, dass Änderungsvorbehalte auch in Allgemeinen Geschäftsbedingungen zulässig sind, falls legitime Interessen des Verwenders an einer Änderung des Vertragsinhaltes bestehen und diese für die andere Vertragspartei zumutbar sind.[393] Bauverträge tragen von Anfang an die für den Auftragnehmer erkennbare Möglichkeit von Änderungen in sich.[394] § 649 BGB erlaubt dem Auftraggeber den schwerstmöglichen Eingriff in den Bestand des Vertrages, nämlich die Kündigung, und kompensiert vollständig die finanziellen Interessen des Auftragnehmers durch den

---

[383] *Jagenburg/Jagenburg* in Beck'scher VOB-Kommentar VOB/B § 1 Nr. 3 Rn. 48 f.; *Keldungs* in Ingenstau/Korbion VOB/B § 1 Nr. 3 Rn. 6.

[384] Vgl. → VOB/B § 6 Rn. 13.

[385] Vgl. *Motzke* in Beck'scher VOB-Kommentar VOB/B § 6 Nr. 6 Rn. 116 mwN; *Kapellmann/Schiffers* Vergütung I Rn. 1325 ff.

[386] Vgl. dazu → VOB/B § 6 Rn. 15 f.

[387] Zu einem generellen Weisungsrecht vgl. *Peters* NZBau 2012, 615 (619).

[388] Zur AGB-Kontrolle der VOB/B vgl. → Einl. VOB/B Rn. 47 ff.

[389] OLG Nürnberg BauR 2001, 409 hält – ohne auf die AGB-Problematik einzugehen – die Regelung für notwendig und im Zusammenhang mit § 2 Nr. 5 auch für angemessen; eingehend *Peters* NZBau 2012, 615 ff.; *Jansen* in Beck'scher VOB-Kommentar § 1 Abs. 3 Rn. 110 ff.; *Keldungs* in Ingenstau/Korbion VOB/B § 1 Nr. 3 Rn. 10 f.; *Voit* in Messerschmidt/Voit VOB/B § 1 Rn. 2; *Kapellmann/Schiffers* Bd. 1 Rn. 779; *Vygen/Joussen/Lang/Rasch* Teil A Rn. 617 ff.; *Dammann* in Wolf/Lindacher/Pfeiffer Rn. V 431; *Thode* ZfBR 2004, 214 (218); *Leyherr*, Die Privilegierung der VOB/B, S. 98 f.; *Leesmeister* Beschleunigung S.136 ff.; *Armbrüster/Bickert* NZBau 2006, 153 (160); *Voit* FS Ganten, 2007, 261 (269 f.); *Vygen* FS Ganten, 2007, 243 (254 f.); nunmehr auch *Schulze-Hagen* FS Thode, 2005, 167 (171).

[390] *Markus* in Markus/Kaiser/Kapellmann Rn. 69; *v. Minckwitz* BrBp 2005, 170 (175 f.); früher *Schulze-Hagen* FS Soergel, 1993, S. 259 (266 f.), anders nunmehr FS Thode, 2005, S. 161 (167); *Bruns* ZfBR 2005, 525 ff.; *Oberhauser* BauR 2010, 308 (315); *Reichert* BauR 2015, 1549 (1554); *Kaufmann* BauR 2005, 1806 (1808) und Jahrbuch BauR 2006, 35 (52), der unrichtigerweise von einem Kontaktierungszwang ausgeht und aus dieser dogmatischen (Fehl-)Einordnung auch noch – ganz fern liegend – eine Verfassungswidrigkeit herleitet. *Ulbrich* Leistungsbestimmungsrechte, hält § 1 Abs. 3 für unwirksam; nach seiner Auffassung wäre die Unwirksamkeit aber noch ein Glück. Denn bei wirksamer Einbeziehung des § 1 Abs. 3 soll wegen angeblicher Unbestimmbarkeit der Leistung die Gesamtunwirksamkeit des Bauvertrages (!!) eintreten (S. 198, 229 f.).

[391] Vgl. zB *Ulbrich* Leistungsbestimmungsrechte S. 212 f.; *Oberhauser* BauR 2010, 308 (314).

[392] *Jansen/v. Rintelen* in Kniffka BGB § 631 Rn. 978; die Wertungen des § 308 Nr. 4 BGB sind nur im Rahmen des § 307 BGB zu berücksichtigen, ohne dass eine Indizwirkung besteht, vgl. *Dammann* in Wolf/Lindacher/Pfeiffer § 308 Nr. 4 Rn. 70.

[393] Vgl. *Coester-Waltjen* in Staudinger BGB § 308 Nr. 4 Rn. 6.

[394] So schon OLG Hamburg Recht 1911, Nr. 1537; BGH NJW 1996, 1346.

Anspruch nach § 649 S. 2 BGB.³⁹⁵ Die VOB/B kompensiert ebenfalls vollständig den viel geringeren Eingriff durch die Vergütungsanpassung nach § 2 Abs. 5 VOB/B. Das Änderungsrecht ist deshalb auch unabhängig von der Einführung eines gesetzlichen Anordnungsrechts in § 650b BGB mit den grundsätzlichen gesetzlichen Wertungen vereinbar.

Es ist wegen der Wahrung der finanziellen Interessen dem Auftragnehmer auch zumutbar. **101a** Änderungsrechte des Auftraggebers sind in vielen Rechtsordnungen anerkannt oder in den Standardverträgen enthalten; auch in internationalen Verträgen sind sie ebenfalls absolut üblich.³⁹⁶ Auch im Rahmen des BGB-Werkvertrages war der Auftragnehmer vor Einführung eines gesetzlichen Anordnungsechts verpflichtet, in gewissen Grenzen geänderte Leistungen zu erbringen (vgl. → Rn. 50). Vielfach wurde für den BGB-Werkvertrag im Wege ergänzender Vertragsauslegung eine Verpflichtung zur Erbringung von Änderungsleistungen bejaht, die in ihrer Reichweite weitgehend der Regelung der VOB/B entspricht.³⁹⁷ Auch wenn diese Übertragung rechtskonstruktiv unrichtig ist,³⁹⁸ liegt dem doch die Wertung zugrunde, dass eine derartige Verpflichtung gemäß § 157 BGB Treu und Glauben unter Berücksichtigung der Verkehrssitte entspricht; sie kann dann nur schwerlich zugleich eine unangemessene Benachteiligung entgegen den Geboten von Treu und Glauben nach § 307 BGB sein. Da die AGB-rechtliche Zulässigkeit eines Änderungsvorbehalts nicht ein zwingendes, sondern nur ein **berechtigtes Interesse** des Auftraggebers erfordert, reicht bereits die von § 1 Abs. 3 VOB/B bezweckte planerische Gewährleistungsfreiheit als Rechtfertigungsgrund für das einseitige Änderungsrecht aus. Der Hinweis auf eine wesentliche Abweichung vom dispositiven Gesetzesrecht verkennt zum einen den partiellen Auftragscharakter eines Werkvertrages, wie er zum Beispiel beim Architektenvertrag deutlich wird. Auch finden auf den BGB-Bauvertrag nicht nur die §§ 631 ff. BGB, sondern auch die Regelungen des Allgemeinen Schuldrechts Anwendung. Der Grundsatz vertraglicher Einigungen gilt aber nicht uneingeschränkt.³⁹⁹ § 311 BGB gestattet einen Änderungsvorbehalt⁴⁰⁰, der hier wegen der anerkannten praktischen Bedürfnisse ebenso wenig unangemessen ist wie das Direktionsrecht im Arbeitsrecht.⁴⁰¹ Mit einem Änderungsvorbehalt wird der Einigungsgrundsatz nur im zulässigen Rahmen gelockert. Einen Anspruch auf (unveränderte) Ausführung des Werks hat der Auftragnehmer nach § 649 BGB gerade nicht.⁴⁰² Mit den üblichen Leistungsvorbehalten, die die Möglichkeit zur Leistungsänderung bei gleich bleibendem Preis ermöglichen sollen, ist § 1 Abs. 3 VOB/B ebenso wenig vergleichbar wie Preisanpassungsklauseln, bei der nur die Gegenleistung verändert wird. Zutreffend weist *Voit* darauf hin, dass gesetzliches Leitbild im Rahmen der Inhaltskontrolle ein Bauvertrag als eigenständige und modifizierte Form des Werkvertrages sein muss.⁴⁰³

AGB-rechtliche Bedenken ergeben sich auch nicht aus der **fehlenden Konkretisierung** oder **101b** **Beschränkung** des **Änderungsvorbehaltes** in § 1 Abs. 3.⁴⁰⁴ Bei § 1 Abs. 3 geht es, was in der baurechtlichen Diskussion gerne verkannt wird⁴⁰⁵, nicht darum, dass die Leistung nur einer Vertragspartei bei gleich bleibender Gegenleistung geändert wird. In derartigen Fällen wäre eine uneingeschränkte Änderungsbefugnis klar unzulässig.⁴⁰⁶ Durch Informationsobliegenheiten und Schranken muss der Verwendungsgegner davor geschützt werden, dass das vertraglich vereinbarte Äquivalenzverhältnis nachträglich einseitig verändert wird. Demgegenüber stellt § 2 Abs. 5 VOB/B sicher, dass das vertraglich vereinbarte **Äquivalenzverhältnis** der beidseitigen Leistungen **vollständig gewahrt** bleibt.⁴⁰⁷ Das ist der maßgebliche Aspekt der Angemessenheitskon-

---

³⁹⁵ So zutreffend *Peters* NZBau 2012, 615 (616).
³⁹⁶ *Huse*, Understanding and Negotiating Turnkey and EPC Contracts, 3. Aufl. 2013, Rn. 17-01 ff.
³⁹⁷ *Kapellmann/Schiffers* Vergütung II Rn. 1003 ff.; *Endres* Baurecht, 1982, 535 (537); *Busche* in MüKoBGB § 631 Rn. 123; im Ergebnis auch *Peters* in Staudinger BGB § 633 Rn. 11, der die Grenzen der Zumutbarkeit nach § 242 BGB genauso zieht wie § 1 Nr. 3 VOB/B.
³⁹⁸ *V. Rintelen* in Messerschmidt/Voit Syst. Teil H Rn. 55 ff.
³⁹⁹ *Fricke* VersR 2000, 257 (259).
⁴⁰⁰ *Kamanabrou* Vertragliche Anpassungsklauseln, 2004, S. 46 f.
⁴⁰¹ *Voit* in Messerschmidt/Voit VOB/B § 1 Rn. 2.
⁴⁰² *Voit* in Messerschmidt/Voit VOB/B § 1 Rn. 2.
⁴⁰³ *Voit* FS Ganten, 2007, 261 ff.; ebenso *Leupertz/Vygen* FS Franke, 229 ff.
⁴⁰⁴ Vgl. dazu allgemein *H. Schmidt* in Ulmer/Brandner/Hensen § 308 Nr. 4 BGB Rn. 9; *Fuchs* in Ulmer/Bandner/Hensen BGB § 307 Rn. 175; *Coester-Waltjen* in Staudinger BGB § 308 Nr. 4 Rn. 6; konkret zu § 1 Abs. 3 *Rehbein* Auftraggeberanordnung S. 56 ff.
⁴⁰⁵ Vgl. zB *Anker/Klingenfuß* BauR 2005, 1377 (1381); *Kaufmann* Jahrbuch BauR 2006, 35 (53 ff.).
⁴⁰⁶ BGH NZBau 2005, 511 = BauR 2005, 1473.
⁴⁰⁷ *Coester-Waltjen* in Staudinger BGB § 308 Nr. 4 Rn. 6.

trolle von Preisänderungsvorbehalten.[408] Der Umstand, dass der Umfang potentieller Entwurfsänderungen für den Auftragnehmer nicht vorab erkennbar ist, ist im Regelfall für diesen hinnehmbar. Auch § 650b BGB sieht insoweit keine quantitative Begrenzung des Anordnungsrechts vor.

101c Die Unwirksamkeit des § 1 Abs. 3 wird allerdings auch damit begründet, dass bei (ausnahmsweise) unterkalkulierten Vertragspreisen wegen der Bindung an das Vertragspreisniveau das Äquivalenzverhältnis nicht gewahrt würde.[409] Die **Bindung an die Vertragspreise** ist aber, wie der BGH zu § 1 Abs. 4 bereits mit Recht festgestellt hat,[410] nicht per se unangemessen, da Chancen wie Risiken zwischen den Parteien gleichmäßig aufgeteilt sind. Wenn sich dann bei der Vertragsdurchführung ein Risiko zu Lasten einer Partei realisiert, ändert das nichts an der grundsätzlichen Angemessenheit einer vertraglichen Risikoverteilung. Sollte im Einzelfall eine Bindung an nicht kostendeckenden Preisen für Änderungsleistungen unangemessen sein, kann das nur im Rahmen des § 2 Abs. 5 bei der Bemessung der Nachtragsvergütung gelöst werden.[411] Berücksichtigt man weiter, dass eine hinreichend konkrete Formulierung der Änderungsrechtsvoraussetzungen sachlich nicht möglich ist und dass die gesetzlichen Grenzen des § 315 BGB – auch ohne ausdrücklichen Verweis in der Formularklausel[412] – zu berücksichtigen sind[413], hält das Änderungsrecht in der konkreten Ausgestaltung des § 1 Abs. 3 einer isolierten Klauselkontrolle stand. Der von der Gegenauffassung herangezogene Grundsatz der kundenfeindlichsten Auslegung wird von der Rechtsprechung auf kollektiv ausgehandelte Bedingungswerke nicht angewandt (vgl. → Einl. VOB/B Rn. 107 ff.).

101d Dennoch hätte der DVA wegen der stärker werdenden Kritik an der Regelung des § 1 Abs. 3 gut daran getan, die beabsichtigte Begrenzung des dem Wortlaut nach uneingeschränkten Anordnungsrechts zur Erhöhung der Rechtssicherheit umzusetzen.[414] Diese sinnvolle Klarstellung entfiel nur deshalb, weil über die Erweiterung des Anordnungsrechts auf die Bauzeit keine Einigung erzielt werden konnte.[415] Solche Klarstellungen sind in vielen ausländischen Standardverträgen enthalten: Zum Teil wird das Anordnungsrecht inhaltlich begrenzt; nach den niederländischen UAV ist der Auftragnehmer zur Ausführung nicht mehr verpflichtet, wenn der Vertragspreis sich um mehr als 10 % oder 15 % erhöht.[416]

102 AGB-rechtlich **unzulässig** dürften aber in der Regel alle Versuche sein, das Änderungsrecht über § 1 Abs. 3 hinaus zu erweitern. Unangemessen ist insbesondere die Verpflichtung zur Änderung bei gleichzeitiger **Einschränkung der vollen Preisanpassung**.[417] Eine Erweiterung des Änderungsvorbehalts auf Bauzeit und Bauumstände ist zulässig, soweit die Belange des Auftragnehmers und seine Dispositionsrechte angemessen berücksichtigt werden. Auf der anderen Seite ist aktuell auch eine Beschränkung oder ein Ausschluss möglich, da die Rechtslage damit gerade nicht vom geltenden gesetzlichen Werkvertragsrecht abweicht, soweit Anpassungsansprüche nach Treu und Glauben nicht mit ausgeschlossen werden. Mit der Einführung von § 650b BGB bedarf es hierfür allerdings einer Rechtfertigung.

103 **Individualvertraglich** sind erweiterte Änderungsvorbehalte grundsätzlich möglich. Eine unbeschränkte Gestaltungsmacht des Auftraggebers kann aber wegen einer zu weitgehenden Beschränkung des Verpflichteten sittenwidrig sein.[418]

---

[408] BGH WRP 2007, 332; DB 2005, 2813; *Borges* in Abels/Lieb, AGB im Spannungsfeld zwischen Kautelarpraxis und Rechtsprechung, 2007, S. 51, 52, 61.
[409] *Anker/Klingenfuß* BauR 2005, 1377 (1380 f.); *Bruns* ZfBR 2005, 525; *Oberhauser* BauR 2010, 308; 314.
[410] BGH BauR 1996, 378 (380).
[411] Vgl. nur *Kapellmann/Schiffers* Bd. 1 Rn. 1030 ff. mwN.
[412] BGHZ 97, 212; *Kniffka* Online-Kommentar BGB, Stand: 25.5.2009, § 631 Rn. 445.
[413] Dazu *Dammann* in Wolf/Lindacher/Pfeiffer Klausen Rn. V 431.
[414] Vgl. Beschluss des HAA v. 17.5.2006, ua in IBR-online.de/ibrmaterialien („Der Auftraggeber kann Anordnungen zu Art und Umfang der vertraglichen Leistungen, soweit geboten auch hinsichtlich der Bauzeit, treffen, wenn der Betrieb des Auftragnehmers auf die dafür erforderlichen Leistungen eingerichtet ist und sie unter Abwägung der beiderseitigen Interessen nicht unzumutbar sind."); vgl. auch *Oberhauser* FS Ganten, 2007, 189 (201).
[415] Vgl. → Einl. VOB/B Rn. 4, 13a und zur Bauzeitdiskussion zB die IBR-Aufsätze von *Markus, Kohlhammer, Ganten* (Netzwerke Bauanwälte) und *Drittler*, jeweils ibr-online.de/ibrzeitschrift/ibraufsaetze.
[416] Vgl. § 36 Abs. 3 UAV 2012.
[417] OLG Frankfurt NJW-RR 1986, 245 (246) zu Änderungsvorbehalt bis zu 10 %; *Dammann* in Wolf/Lindacher/Pfeiffer § 308 Nr. 4 BGB Rn. 72, § 23 Rn. 272; *Heiermann* NJW 1986, 2682 (2684 f.) mwN; *Jansen* in Beck'scher VOB-Kommentar § 1 Abs. 3 Rn. 120.
[418] Vgl. *Rieble* in Staudinger BGB § 315 Rn. 36.

E. § 1 Abs. 4 – Zusätzliche Leistungen

I. Allgemeines

Während § 1 Abs. 3 VOB/B dem Auftraggeber das Recht gibt, Änderungen des Bauentwurfes anzuordnen, verleiht § 1 Abs. 4 S. 1 VOB/B ihm die Befugnis, „nicht vereinbarte Leistungen" zu verlangen. Diese werden zur Unterscheidung von Leistungsänderungen üblicherweise als Zusatzleistungen oder zusätzliche Leistungen bezeichnet. Rechtstechnisch handelt es sich wie bei § 1 Abs. 3 VOB/B um einen einseitigen Änderungsvorbehalt, wobei die Änderung nunmehr in einer Leistungserweiterung liegt. Die Aufspaltung der Anordnungsbefugnis in zwei getrennte Anordnungsrechte ist historisch bedingt und nicht glücklich. Sie dient primär dazu, das **Anordnungsrecht des § 1 Abs. 4 S. 1** gegenüber dem Anordnungsrecht des § 1 Abs. 3 **einzuschränken;** der bloße Gestaltungswille des Bauherrn kann die Leistungserweiterung nicht rechtfertigen, sondern die Zusatzleistung muss zur Ausführung der Vertragsleistungen erforderlich sein. Auch die Rechtsfolgen unterscheiden sich. Während eine Leistungsänderung nach § 1 Abs. 3 VOB/B zu einer Vergütungsanpassung gemäß § 2 Abs. 5 VOB/B führt, gilt für Zusatzleistungen § 2 Abs. 6 VOB/B, das dem Auftragnehmer eine Ankündigungspflicht für die Zusatzvergütung auferlegt. 104

Diese im methodischen Ausgangspunkt ganz erhebliche Einschränkung der Anordnungsbefugnisse macht eine **Abgrenzung** zum sehr weit gefassten Anordnungsrecht des § 1 Abs. 3 für Bauentwurfsänderung notwendig, die bereits oben (vgl. → Rn. 60 ff.) vorgenommen wurde. Die zweite Einschränkung, dass der Betrieb des Auftragnehmers auf die Leistung eingerichtet sein muss, wird über § 315 BGB auch auf § 1 Abs. 3 VOB/B angewandt (→ Rn. 85). Eine **Zusammenführung der beiden Anordnungsrechte,** wie sie in anderen Standardverträgen üblich ist, empfiehlt sich auch für die VOB/B. Es sei daran erinnert, dass die Erstfassung der VOB/B mit einem einheitlichen Anordnungsrecht gestartet ist. Diese Frage gehört aktuell zum Arbeitsprogramm des DVA im Rahmen der Überarbeitung der VOB/B.

Von den erforderlichen Zusatzleistungen sind die sog anderen – nicht erforderlich – Leistungen iSd § 1 Abs. 4 S. 2 abzugrenzen, hinsichtlich derer der Auftraggeber keine einseitige Anordnungsbefugnis hat. Für die Erweiterung des Vertrages um solche nicht erforderliche Leistungen ist eine konsensuale Vertragsänderung notwendig, die dann auch die Vergütungsfolge umfassen sollte. 104a

Das Fordern von Leistungen, die bereits schon zum Vertragssoll gehören, fällt nicht unter § 1 Abs. 4, sondern unter § 4 Abs. 1 Nr. 3 VOB/B. Eine versehentliche Doppelbeauftragung führt wie bei § 1 Abs. 3 VOB/B nicht zu Mehrvergütungsansprüchen (vgl. → Rn. 50c).

II. Erforderliche Zusatzleistungen (Abs. 4 S. 1)

Zusatzleistungen sind Leistungen, die nicht zum bisher geschuldeten vertraglichen Vergütungsumfang gehören, sondern nachträglich vom Auftraggeber (rein) leistungserweiternd – und nicht leistungsändernd – gefordert werden. Eine Zusatzleistung liegt also vor, wenn die Leistung auch nicht in abgeänderter Form zum bisherigen Vertragssoll gehörte. Dabei ist eine rein begriffliche Abgrenzung, wie dargelegt (vgl. → Rn. 60 ff.), nicht möglich. In Grenzfällen sind Wertungen notwendig, die naturgemäß im Einzelfall zu Abgrenzungsschwierigkeiten führen. 105

Schwierigkeiten bereitet bisweilen die Vereinbarung der Diktion des § 1 Abs. 4 VOB/B mit dem funktionalen Mängelbegriff. Weil der Unternehmer zur mängelfreien Herstellung verpflichtet sei, müssten Leistungen, die zur mängelfreien Leistung gehören, notwendig zum Vertragssoll gehören.[419] Das hängt von der Art der Leistungsbeschreibung und der Vergütungsvereinbarung ab. Wortlaut und Systematik der VOB/B unterscheiden zwischen der Verpflichtung zur Mängelfreiheit und der Ermittlung der Vergütung. § 1 Abs. 4 VOB/B spricht nur von „nicht vereinbarte Leistungen". § 2 Abs. 1 VOB/B stellt klar, dass durch die vereinbarten Preise alle Leistungen abgegolten werden, die nach den Vertragsgrundlagen gemäß § 1 Abs. 2 VOB/B „zur vertraglichen Leistung gehören", aber eben nur diese. Hieraus ergibt sich, dass zwischen **Erfolgssoll** im Sinne funktionaler Mängelfreiheit und **Vergütungssoll** bei einem Vertrag mit detaillierter Leistungsbeschreibung unterschieden werden muss.[420] Ist eine notwendige Leistung 105a

---
[419] *Jansen* in Beck'scher VOB-Kommentar § 1 Abs. 4 Rn. 11 ff.
[420] *Motzke* NZBau 2002, 641 ff.; *Leupertz* in Messerschmidt/Voit Syst Teil K Rn. 6 ff.

vergessen worden, die zur mängelfreien Herstellung erforderlich ist, so muss der Auftragnehmer den Auftraggeber nach § 4 Abs. 3 VOB/B hierauf hinweisen. Der Auftraggeber darf dann, da der Auftragnehmer gerade keine funktionelle Planungsverpflichtung übernommen hat, entscheiden, wie das Problem gelöst werden soll. Er ordnet die vergessene Leistung nach § 1 Abs. 4 VOB/B an. Das gilt beim Einheitspreisvertrag und beim Detail-Pauschalvertrag, wobei es aber nicht auf die generelle Abrechnungsart des Vertrages, sondern die funktionale Beschreibung bzw. Pauschalierung der jeweils betroffenen Leistung ankommt.

105b Anders ist die Rechtslage bei einer **funktionalen Leistungsbeschreibung**. Wegen des funktionalen Ziels muss der Unternehmer dann alles erbringen, was zur funktionsfähigen Fertigstellung des Werkes notwendig ist. Soweit der Unternehmer nach Vertragsschluss feststellt, dass er für die Herstellung des funktionsfähigen Werkes umfangreichere Leistungen erbringen muss, als er oder auch beide Parteien zunächst angenommen hatten, verwirklicht sich für ihn das in der Pauschalpreisabrede liegende Risiko.[421]

106 **1. Erforderlichkeit der Leistungen.** Der Auftraggeber kann einseitig nur Zusatzleistungen fordern, die erforderlich sind. Dieser Begriff wird überwiegend sehr eng im Sinne einer **technischen Notwendigkeit** ausgelegt. Erforderlich iSd § 1 Abs. 4 S. 1 sollen danach in erster Linie nur die bei der Auftragsvergabe **vergessenen Leistungen** sein, die notwendig sind, um die Vertragsleistungen vollständig und mängelfrei zu erbringen.[422] Als Paradefall für erforderliche Leistungen wird dabei eine vergessene Abdichtung genannt. Erforderliche Zusatzleistungen liegen aber auch dann vor, wenn die beim Pauschalvertrag vereinbarten Mengen zur Erreichung des Vertragszweckes nicht ausreichen.[423] Leistungserweiterungen aus Zweckmäßigkeitsüberlegungen, zB ein zusätzliches Bad oder eine zusätzliche Garage, sind demgegenüber nicht erforderlich iSd § 1 Abs. 4.[424] Auch die zusätzliche Beauftragung mit weiteren Gewerken, zB wenn dem Rohbauer noch der Außenputz übertragen werden soll, wäre nicht durch § 1 Abs. 4 S. 1 VOB/B gedeckt.[425] Andererseits dürfen erforderliche Leistungen, soweit zumutbar, **auch einen beachtlichen Umfang** annehmen.[426]

106a Hiermit sind aber nur die unstreitigen Eckpunkte beschrieben. Zusätzliche Leistungen werden in wesentlich größerer Bandbreite relevant. Das Volumen zusätzlicher Leistungen beträgt in der Baupraxis immerhin ca. 5 % der Auftragssumme.[427] Richtig ist zwar, dass „Erfordern" in der Rechtssprache auch im Sinne einer objektive Notwendigkeit verstanden wird.[428] Hier ist allerdings im Rahmen der systematischen Auslegung der durchaus weiteren Sprachgebrauch der VOB zu berücksichtigen. So spricht die VOB/A in § 8 Abs. 4 Nr. 2 von „Erforderlichkeit" bzw. „erfordern" vertraglicher Abweichungen. In einem engen Sinn zwingender Notwendigkeit können die Begriffe dort ebenfalls nicht verstanden werden, da sonst die Öffnungsklauseln der VOB/B faktisch leer laufen würden (vgl. → VOB/A § 8 Rn. 72). Wann wäre die Vereinbarung eines abweichenden Gerichtsstandes (§ 18 Abs. 1 VOB/B) oder eine besondere Art der Hinterlegung (§ 17 Abs. 2 VOB/B) zwingend notwendig? Auch kennt die VOB die Steigerungsform „unbedingt erforderlich" in § 7 Abs. 1 Nr. 4 VOB/A. „Erfordern" im Sinne der VOB meint deshalb **„sachlich geboten"**.

107 Da der Auftraggeber nach § 1 Abs. 3 grundsätzlich berechtigt ist, den Bauentwurf zu ändern und damit auch zu erweitern, müssen deshalb zunächst auch diejenige Leistungen als erforderlich angesehen werden, die zum ggf. nachträglich **im Rahmen des § 1 Abs. 3 geänderten und erweiterten Bauentwurfs erforderlich** werden. Darüber hinaus wird man das Anordnungsrecht auch auf Leistungen erstrecken müssen, die zwar nicht unmittelbar für die Mängelfreiheit des dem Auftragnehmer bisher übertragenen Leistungsteils notwendig sind, aber für die **Vollständigkeit und Mangelfreiheit der Gesamtleistung**.[429] Ansonsten bestünde bei Einzelvergaben keine Anordnungsbefugnis für vergessene Leistungen, die für das Gesamtwerk unbedingt

---

[421] BGH BauR 1981, 388 (391).
[422] *Keldungs* in Ingenstau/Korbion VOB/B § 1 Nr. 4 Rn. 3; FKZGM VOB/B § 1 Rn. 70; *Jagenburg/Jagenburg* in Beck'scher VOB-Kommentar, 2. Aufl., VOB/B § 1 Nr. 4 Rn. 12.
[423] OLG Düsseldorf BauR 2003, 892.
[424] *Jagenburg/Jagenburg* in Beck'scher VOB-Kommentar, 2. Aufl., VOB/B § 1 Nr. 4 Rn. 13.
[425] OLG Düsseldorf BauR 1997, 647.
[426] *Kuffer* in Heiermann/Riedl/Rusam VOB/B § 1 Rn. 40b.
[427] *Kattenbusch/Kuhne* Baumarkt 2002, 42 (43).
[428] Vgl. zB Definition bei §§ 227, 228 BGB in *Heinrichs* in Palandt BGB § 227 Rn. 7, § 228 Rn. 7; Duden, Das große Wörterbuch der Deutschen Sprache, 3. Aufl., Stichwort „erforderlich".
[429] *Jansen* in Beck'scher VOB-Kommentar § 1 Abs. 4 Rn. 15.

erforderlich sind. So könnten bei der Einzelvergabe in Schnittstellenbereichen die betroffenen Auftragnehmer wechselseitig darauf verweisen, dass die Gesamtleistung vollständig und mangelfrei wäre, falls der jeweils andere Unternehmer die Leistung erbringt, zB wenn die Schienen einer Befahranlage weder (eindeutig) den Fassadenbauer noch dem Anlagenbauer in Auftrag gegeben wurden, so dass eine Zusatzleistung erforderlich wird. Sind im Auftrag des Malers versehentlich einzelne Bereiche vergessen worden, so sind deshalb die unvollständig übertragenen Leistungsteile nicht mangelhaft, allerdings die Gesamtleistung. Wäre der Maler nicht verpflichtet, die Leistung zu den Vertragspreisen (§ 2 Abs. 6) zu erbringen, könnte er frei einen Preis fordern, der die Terminsituation des Auftraggebers ausnutzt oder die Doppelkosten einer ansonsten getrennten Vergabe voll berücksichtigt, obwohl sie bei ihm nicht mehr anfallen. Gerade das soll ja § 1 Abs. 4 S. 1 VOB/B verhindern.

Der Begriff der Erforderlichkeit kann deshalb nach dem Zweck des § 1 Abs. 4 nicht eng auf **108** die bisher übertragenen Leistungen begrenzt werden, sondern muss **auch das Gesamtwerk berücksichtigen.** Sinn und Zweck dieser Erweiterung bestimmen zugleich deren Grenzen: Nicht zulässig werden Leistungserweiterungen anstelle ursprünglich vorgesehener anderweitiger Vergaben bzw. eine erhebliche Ausweitung des Leistungsumfanges.

Diese erweiterte Auslegung der Erforderlichkeit ist nicht nur sprachlich zulässig und teleologisch geboten; sie ist auch systematisch schlüssig. Ansonsten käme es zu ganz erheblichen Wertungswidersprüchen zu dem tendenziell weit ausgestalteten Anordnungsrecht nach § 1 Abs. 3 VOB/B. Die beiden Vorschriften müssen aber schon deshalb harmonisiert werden, weil die Einordnung in vielen Fällen zweifelhaft und umstritten ist, ohne dass die genannten Abgrenzungskriterien ein vollständig abweichendes Ergebnis hinsichtlich der Befugnisreichweite rechtfertigen könnten.[430] Unzumutbare Beeinträchtigungen für den Auftragnehmer sind damit nicht verbunden, da er zur Übernahme der Leistung nur verpflichtet ist, wenn sein Betrieb – auch kapazitätsmäßig – hierauf eingestellt ist und die Grenzen der Anordnungsbefugnis – wie bei § 1 Abs. 3 – unter Abwägung der beiderseitigen Interessen eingehalten sind.[431] Auch hier ist die Leistungserweiterung entsprechend § 315 BGB für den Auftragnehmer nur verbindlich, wenn sie der Billigkeit entspricht. Diese Vorschrift gilt nicht nur für die ursprüngliche Leistungsbestimmung, sondern kann auch auf nachträgliche Änderungsvorbehalte angewandt werden.[432]

2. Einrichtung des Betriebes des Auftragnehmers auf die Zusatzleistungen. Weitere **109** Voraussetzung für eine einseitige Anordnungsbefugnis des Auftraggebers ist es, dass der Betrieb des Auftragnehmers hierauf eingerichtet ist. Abzustellen ist auf die **personelle und sachliche Ausstattung** des konkreten Betriebs. Zu prüfen ist, ob der Betrieb des Arbeitnehmers über die notwendige Anzahl von Arbeitnehmern mit der erforderlichen Fachkompetenz und über die erforderliche maschinelle Ausstattung verfügt.[433]

Der Auftragnehmer muss in der Regel, allein schon wegen möglicher Gewährleistungsrisiken, **110** weder gewerkefremde Arbeiten durchführen noch Spezialverfahren, hinsichtlich derer er nicht über die notwendigen Erfahrungen verfügt. Er ist auch nicht verpflichtet, für Zusatzarbeiten auf **Nachunternehmer** zurückzugreifen.[434] Lässt der Auftragnehmer demgegenüber die vertragliche Leistung zulässigerweise von einem Nachunternehmer durchführen, werden ihm dessen betriebliche Einrichtungen zugerechnet.[435] Der Generalunternehmer wird deshalb die erforderlichen Zusatzleistungen in der Regel nicht verweigern können (vgl. → Rn. 79). Nicht richtig ist es demgegenüber, dass der Generalunternehmer alle Leistungen, die ihm gegenüber angeordnet werden können, seinerseits von seinen Nachunternehmern verlangen kann.[436] Es handelt sich

---

[430] Ebenso *Leinemann/Schoofs* VOB/B § 1 Rn. 71.
[431] *Jagenburg/Jagenburg* in Beck'scher VOB-Kommentar VOB/B § 1 Nr. 3 Rn. 17 ff.; NWJS VOB/B § 1 Rn. 24; *Endres* BauR 1982, 535 (536).
[432] *Rieble* in Staudinger BGB § 315 Rn. 11; *H. Schmidt* in Ulmer/Brandner/Hensen § 308 Nr. 4 BGB Rn. 4.
[433] *Jansen* in Beck'scher VOB-Kommentar VOB/B § 1 Abs. 4 Rn. 17; *Kuffer* in Heiermann/Riedl/Rusam VOB/B § 1 Rn. 42.
[434] *Keldungs* in Ingenstau/Korbion VOB/B § 1 Nr. 5 Rn. 5; *Jansen* in Beck'scher VOB-Kommentar VOB/B § 1 Abs. 4 Rn. 17; *Kuffer* in Heiermann/Riedl/Rusam VOB/B § 1 Rn. 42.
[435] *Kuffer* in Heiermann/Riedl/Rusam VOB/B § 1 Rn. 42a.
[436] So *Jagenburg/Jagenburg* in Beck'scher VOB-Kommentar, 2. Aufl., VOB/B § 1 Nr. 4 Rn. 16; *Kuffer* in Heiermann/Riedl/Rusam VOB/B § 1 Rn. 42a; anders jetzt *Jansen* in Beck'scher VOB-Kommentar VOB/B § 1 Abs. 4 Rn. 19;

um zwei getrennte Vertragsverhältnisse.[437] Abzustellen ist im Verhältnis Generalunternehmer zum Nachunternehmer nicht auf die Gesamtbaumaßnahme, sondern grundsätzlich auf die Vertragsleistung des Nachunternehmers und dessen Betriebseinrichtung.[438] Soweit deshalb eine Durchstellung nicht möglich ist, so ist das gerade Teil des GU-Risikos.

111 Zusatzleistungen kann der grundsätzlich hierauf eingerichtete Auftragnehmer auch verweigern, wenn ihm zur Zusatzleistungen die erforderlichen **personellen Kapazitäten** fehlen, da auch die personelle Ausstattung zur betrieblichen Einrichtung gehört.[439] Relevant werden kann dies bei erheblichen Zusatzleistungen. Überstunden sind dem Auftragnehmer nur im gesetzlich zulässigen Rahmen zuzumuten, eine verlängerte Ausführungsfrist dagegen nicht, falls er durch Anschlussaufträge gebunden ist. Der Auftragnehmer darf sich bei seiner Kapazitätsplanung auf den vertraglich vereinbarten und voraussehbaren Leistungsumfang verlassen.[440] Auch insoweit ist er nicht verpflichtet, Subunternehmer einzuschalten.[441]

112 **3. Verlangen des Auftraggebers.** Zur Übernahme der Zusatzleistungen ist der Auftragnehmer „auf Verlangen des Auftraggebers" verpflichtet. Als einseitiges Leistungsänderungsverlangen bedarf die Aufforderung der notwendigen Eindeutigkeit[442], allerdings keiner bestimmten Form. Notwendig ist damit, wie bei der Anordnung nach Abs. 3, **zumindest eine konkludente Willenserklärung.** Während in vom Auftraggeber angeordneten Bauentwurfsänderungen die erforderliche Willenserklärung nach Abs. 3 liegt, werden gerade zusätzliche Leistungen manchmal schon auf Grund der vom Auftragnehmer selbst erkannten reinen Erforderlichkeit oder auf Grund bloßer Angaben Dritter ausgeführt. Dann fehlt es aber an dem nach Abs. 4 erforderlichen „Verlangen", so dass nur Zusatzansprüche nach § 2 Abs. 8 VOB/B in Betracht kommen.[443]

112a **Ausübungsbefugt** ist, wie bei § 1 Abs. 3 VOB/B, **nur der Auftraggeber** und seine gesetzlichen oder rechtsgeschäftlichen Vertreter, wobei insbesondere auch die kommunalrechtlichen Vertretungsvorschriften einschließlich Schriftformgebot (vgl. → Rn. 89) zu beachten sind.[444] Die Vollmacht eines **Architekten** beschränkt sich auf den bei Abs. 3 aufgezeigten Rahmen (vgl. → Rn. 90). Diese Fragen werden allerdings in der Regel nicht im Rahmen des § 1 Abs. 4, also die Verpflichtung des Auftragnehmers zur Ausführung, praktisch, sondern erst im Vergütungsstreit. Da die Leistungen aber tatbestandlich erforderlich sein müssen, wird sich auch ohne wirksames Verlangen eine Vergütungspflicht häufig aus § 2 Abs. 8 VOB/B ergeben.

Zu erklären ist das Verlangen gegenüber dem Auftragnehmer, seinen Vertretern, Empfangsbevollmächtigten und Empfangsboten (vgl. → Rn. 91).

113 Bereits die berechtigte Ausübung des Änderungsverlangen löst unmittelbar die Leistungspflicht des Auftragnehmers aus, da es sich ebenso wie bei § 1 Abs. 3 um einen **vertraglich vereinbarten Änderungsvorbehalt**[445] handelt, auf den die Regelungen des § 315 BGB entsprechend anzuwenden sind. Wieso hier nach einer Gegenauffassung anders als bei § 1 Abs. 3 eine beiderseitige Willensübereinstimmung erforderlich sein soll, dh § 1 Abs. 4 lediglich ein Kontrahierungszwang begründen soll[446], wird nicht verständlich. Die einseitige Anordnungsbefugnis nach § 1 Abs. 3 ist eher weitreichender als die nach § 1 Abs. 4[447], vor allem, wenn man dessen Anwendungsbereich auch noch mit der herrschenden Meinung besonders eng begrenzt. Auch der Hinweis auf die Ungeeignetheit eines gerichtlichen Bestimmungsverfahrens nach § 315

---

[437] Vgl. BGH BauR 1981, 383 = NJW 1981, 1779 mwN.

[438] *Schulze-Hagen* FS Soergel, 1993, 259 (265, 272); *Nicklisch* NJW 1985, 2361 (2367); *Daub/Piel/Soergel/ Steffani* ErlZ. B 2.113.

[439] Insoweit entspricht schon wegen des anderen Zwecks und auch der anderen Bezugnahme § 4 Nr. 8 Abs. 1 VOB/B nicht § 1 Nr. 4, was *Daub/Piel/Soergel/Steffani* ErlZ. B 1.42 übersehen.

[440] *Schulze-Hagen* FS Soergel, 1993, 259 (265).

[441] So wohl auch *Keldungs* in Ingenstau/Korbion VOB/B § 1 Nr. 4 Rn. 5.

[442] Vgl. näher → Rn. 89 und → VOB/B § 2 Rn. 190; ebenso BGH NZBau 2004, 612 = BauR 2004, 1613.

[443] OLG Oldenburg IBR 2005, 1167; OLG Braunschweig 27.4.2005 – 4 U 64/02, BeckRS 2005 30355228.

[444] BGH NZBau 2004, 207 = BauR 2004, 495.

[445] BGH NZBau 2004, 207 = BauR 2004, 495; BGH BauR 1996, 378 = NJW 96, 1346; NWJS VOB/B § 1 Rn. 32a; *Daub/Piel/Soergel/Steffani* ErlZ. B 1.38; *Leinemann/Schoofs* VOB/B § 1 Rn. 68 f.; *Thode* ZfBR 2004, 214 (215); *Quack* ZfBR 2004, 167 ff.

[446] So *Jagenburg/Jagenburg* in Beck'scher VOB-Kommentar, 2. Aufl., VOB/B § 1 Nr. 4 Rn. 3; *Keldungs* in Ingenstau/Korbion VOB/B § 1 Nr. 4 Rn. 2; FKZGM VOB/B § 1 Rn. 67; anders jetzt aber *Jansen* in Beck'scher VOB-Kommentar VOB/B § 1 Abs. 4 Rn. 3.

[447] *Schulze-Hagen* FS Soergel, 1993, 259 (268).

Abs. 3 BGB[448] geht fehl, da dieses gar nicht eingreift (vgl. → Rn. 93), im Übrigen eine erforderliche Zusatzleistung auch kaum eine unbillige Bestimmung sein dürfte.

4. Folgen des Anordnungsrechts. Die Erweiterung der Leistungspflichten gemäß § 1 Abs. 4 VOB/B führt auf der anderen Seite zum Preisanpassungsanspruch des Auftragnehmers nach § 2 Abs. 6 VOB/B[449], für den allerdings – anders als bei § 2 Abs. 5 – grundsätzlich eine Ankündigungspflicht besteht (→ VOB/B § 2 Rn. 180 ff.). Wird eine notwendige Zusatzleistung ohne Anordnung erbracht, so richtet sich die Vergütung nach § 2 Abs. 8 VOB/B (→ VOB/B § 2 Rn. 304 ff.). Ordnet der Auftraggeber versehentlich eine Leistung als zusätzliche an, die bereits zum Inhalt des Vertrages gehört, sog **Doppelbeauftragung,** läuft das Gestaltungsrecht leer und die Vergütung bleibt beim VOB/B-Vertrag unverändert.[450]

Wegen möglicher Zurückbehaltungsrechte, Auswirkungen auf die Ausführungsfrist und sonstiger Hinweispflichten kann auf die Ausführung zu § 1 Abs. 3 (→ Rn. 97 ff.) verwiesen werden.

III. Andere zusätzliche Leistungen

Sofern Leistungen vom Auftraggeber **nicht** nach § 1 Abs. 4 S. 1 (oder auch § 1 Abs. 3) angeordnet werden können, können sie dem Auftragnehmer **nur mit seiner Zustimmung** übertragen werden. Damit entspricht die Regelung dem allgemeinen Vertragsgrundsatz, dass Vertragsänderungen einer Einigung der Parteien bedürfen.[451]

Der Auftragnehmer braucht nicht erforderliche Leistungen nicht zu übernehmen, vor allem kann er die Übernahme von einer Vergütungsvereinbarung abhängig machen, ohne an die Preisanpassungsgrundsätze des § 2 Abs. 5 gebunden zu sein.[452] Dies führt erfahrungsgemäß zu höheren Preisforderungen, auf die sich der Auftraggeber einlassen muss, sofern er die Leistungen nicht anderweitig vergeben kann oder will. Grenze für die Forderung des Auftragnehmers sind erst die §§ 242, 138 BGB.[453]

Das sollte unstreitig sein. Fraglich ist allerdings, ob sich die Vergütungshöhe des Auftragnehmers in den Fällen, in denen der Auftragnehmer die nicht erforderlichen Zusatzleistungen **ohne Preisvereinbarung** ausführt, gemäß § 2 Abs. 6 mittels Preisfortschreibung[454] oder nach der ortsüblichen Vergütung gemäß § 632 Abs. 2 BGB[455] richtet. Diese Frage lässt sich nicht generell beantworten. Vielmehr kommt es darauf an, ob die Parteien einen neuen Vertrag schließen oder lediglich den bestehenden Vertrag ergänzen wollen. Wollen die Parteien einen neuen Vertrag schließen, so genannter **Anschluss- oder Folgeauftrag**[456], bestimmt sich der Preis, selbst wenn in den neuen Vertrag die VOB/B einbezogen wurde, mangels Vereinbarung nach § 632 Abs. 2 BGB.[457] Ergänzen die Parteien demgegenüber den bisherigen Vertrag nur um eine weitere nicht erforderliche Leistung, so beschränken sie sich auf eine Vertragsänderung, so dass sich die Vergütung für die Zusatzleistungen des im Übrigen unveränderten Vertrages nach § 2 Abs. 6 richtet.[458] § 1 Abs. 4 S. 2 hat lediglich diesen zweiten Fall im Auge. Dass die Parteien frei sind, weitere Verträge zu schließen, ist einerseits so selbstverständlich und hat andererseits mit dem konkreten Vertrag so wenig zu tun, dass hierfür eine Regelung in diesem Vertrag überflüssig wäre. **§ 1 Abs. 4 S. 2 VOB/B bezieht sich deshalb nur auf die Ergänzung des bereits**

---

[448] Vgl. FKZGM VOB/B § 1 Rn. 67.
[449] BGH BauR 1986, 542; OLG Düsseldorf BauR 1993, 479.
[450] BGH NZBau 2005, 453; *v. Rintelen* in Messerschmidt/Voit BGB § 631 Rn. 54 ff.; näher *v. Rintelen* FS Kapellmann, 2007, 373 ff.
[451] *Daub/Piel/Soergel/Steffani* ErlZ. B. 1.43.
[452] OLG Düsseldorf BauR 1993, 479; *Kapellmann/Schiffers* Bd. 1 Rn. 832; FKZGM VOB/B § 1 Rn. 74.
[453] *Jansen* in Beck'scher VOB-Kommentar VOB/B § 1 Abs. 4 Rn. 25.
[454] *Kapellmann/Schiffers* Bd. 1 Rn. 833 mwN; *Jagenburg/Jagenburg* in Beck'scher VOB-Kommentar VOB/B § 1 Nr. 4 Rn. 32.
[455] OLG Düsseldorf BauR 1996, 875; *Vygen* FS Locher, 1993, 263 (280 f.); *Breyer* BauR 1999, 459 ff.; *Keldungs* in Ingenstau/Korbion VOB/B § 1 Nr. 4 Rn. 7; anders aber *Keldungs* in Ingenstau/Korbion VOB/B § 2 Nr. 6 Rn. 6; FKZGM VOB/B § 1 Rn. 74, § 2 Rn. 90; *Leinemann/Schoofs* VOB/B § 1 Nr. 78.
[456] *Kapellmann/Schiffers* Bd. 1 Rn. 834.
[457] § 2 Nr. 6 hat mit der Bestimmung der Vergütung für die Vertrags**haupt**leistung nichts zu tun. Handelt es sich bei den Leistungen des Folgeauftrages um Leistungen, für die nach dem Hauptvertrag bereits eine (Einheits-) Preisvereinbarung besteht, dürfte der Zusatzbeauftragung häufig die konkludente Preisvereinbarung zu entnehmen sein, dass der vereinbarte Preis des Hauptvertrages auch für die selbstständigen Zusatzleistungen gilt, OLG Köln IBR 2010, 257.
[458] § 2 Abs. 5 und 6 gelten auch bei einvernehmlichen Leistungsänderungen, zumindest im Wege der Auslegung, OLG Koblenz v. 10.2.2016 – 5 U 1055/15, BeckRS 2016, 18692.

bestehenden Vertrages. Dies bestätigt auch der Wortlaut. Denn die Vorschrift lautet nicht, dass die Parteien weitere Verträge schließen können, sondern dass eine Leistungserweiterung um eine nicht erforderliche Leistung der „Zustimmung" des Auftragnehmers bedarf. Da sich die Zustimmung nur auf die Leistungserweiterung bezieht, führt, wenn weitere Vertragsänderungen nicht vereinbart werden, dies nur dazu, dass die nicht erforderliche Zusatzleistung einer erforderlichen Zusatzleistung vertraglich gleichgestellt wird[459], so dass sich die Vergütung nach § 2 Abs. 6 richtet.[460]

118   Während dieser dogmatische Ausgangspunkt eindeutig erscheint, wird im Einzelfall durchaus fraglich sein, ob die Parteien nun einen neuen Vertrag schließen oder der Auftragnehmer lediglich seine Zustimmung zur Leistungserweiterung erteilt hat. Die Abgrenzungskriterien, die im Rahmen des § 2 Abs. 6 erörtert werden (typische Zusatzleistung in unmittelbarer Abhängigkeit zur bisherigen Leistung gegenüber selbstständiger Leistung ohne räumliche und stoffliche Verbindung zur Vertragsleistung)[461] haben hierfür Indizfunktionen. Im Zweifel wird der Auftraggeber, der eine Zusatzleistung **während der Vertragsausführungszeit** ohne Preisanfrage verlangt und der Auftragnehmer, der die Leistung ohne Forderung nach einem neuen Vertrag und einem abweichenden Preis erbringt, damit nicht erklären, dass sie einen vom VOB/B-Vertrag unabhängigen BGB-Werkvertrag abschließen wollen, sondern nur erklären, dass der Vertrag um eine Leistung erweitert werden soll; dann entspricht es dem tatsächlichen Willen und der Vertragslage, dass die Leistung nach dem bisherigen Preisniveau, dh nach § 2 Abs. 6, vergütet werden soll.[462] Dieser Erklärungsinhalt liegt insbesondere in den Fällen auf der Hand, in denen der Auftraggeber eine im Vertrag bereits vorgesehene Leistung aus freien Stücken im größeren Umfange abfordert, zB Markisen für alle Fenster oder zusätzliche Pflasterarbeiten. Wird eine Leistung demgegenüber ohne Zusammenhang mit dem Leistungsziel des bisherigen Vertrages[463] oder erst nach Abnahme der Vertragsleistung bei Gelegenheit der Mängelbeseitigungsarbeiten gefordert[464], liegt im Zweifel ein neuer Vertrag vor.

119   Noch anders liegt der Fall, wenn die Parteien die Vergütung ausdrücklich angesprochen haben, aber eine **Preiseinigung scheiterte.** Dann scheidet § 2 Abs. 6 aus, da der Auftragnehmer mit einer Erweiterung der Leistung auf dem vertraglichen Preisniveau gerade nicht einverstanden ist. Ein Rückgriff auf § 632 BGB scheidet grundsätzlich ebenfalls aus, da § 632 BGB nur die fehlende Vergütungsvereinbarung ersetzt, nicht aber einen **Dissens** beheben kann.[465] Ist ein Vertrag nicht zu Stande gekommen, sind die §§ 812 ff. BGB anwendbar. In Ausnahmefällen sollen sich die Parteien bei Vollzug trotz Dissens nicht auf die Unwirksamkeit berufen, so dass dann § 632 BGB wieder anwendbar wäre.[466]

IV. AGB-Kontrolle, Abweichende Vertragsvereinbarungen

120   Wenn schon das wesentlich weiter gefasste Anordnungsrecht des § 1 Abs. 3 der isolierten Klauselkontrolle standhält (vgl. → Rn. 101), gilt das erst Recht für die engere Anordnungsbefugnis nach § 1 Abs. 4. Sie ist sachlich angemessen, weil sie Notwendigkeiten und Üblichkeiten der Baurealität entspricht, und regelt die Grenzen, in denen der Auftraggeber die Befugnis ausüben darf.[467] Ob die Bindung an den möglicherweisen zu niedrig kalkulierten Preis gerechtfertigt ist, da die „vergessenen" Leistungen von Anfang an Inhalt des Vertrages hätten sein

---

[459] Vgl. OLG Düsseldorf NJW-RR 2001, 1597.
[460] *Jansen* in Beck'scher VOB-Kommentar VOB/B § 1 Abs. 4 Rn. 27.
[461] *Keldungs* in Ingenstau/Korbion VOB/B § 2 Nr. 6 Rn. 7; *Kuffer* in Heiermann/Riedl/Rusam VOB/B § 2 Rn. 129a; auch *Kapellmann/Schiffers* Bd. 1 Rn. 832 ff.
[462] OLG München IBR 2011, 447; *Kapellmann/Schiffers* Bd. 1 Rn. 833; abweichend für den Fall einer Fehlkalkulation OLG Karlsruhe IBR 2012, 189.
[463] BGH BauR 2002, 618.
[464] OLG Düsseldorf BauR 1993, 479; *Kapellmann/Schiffers* Bd. 1 Rn. 838.
[465] *Glanzmann* in RGKR BGB § 632 Rn. 19; *Peters* in Staudinger BGB § 632 Rn. 32, 46; *Kleine-Möller/Merl* Handbuch § 7 Rn. 41.
[466] BGH VersR 1959, 1048; *Peters* in Staudinger BGB § 632 Rn. 36.
[467] BGH NJW 1996, 1346 = BauR 1996, 378; inzident auch BGH NZBau 2004, 207 = BauR 2004, 495 (§ 2 Nr. 8 aF wird im Rahmen einer Klauselkontrolle verworfen, § 1 Nr. 4 ohne weiteres als wirksam angesehen); OLG Düsseldorf NZBau 2011, 692; *Voit* in Messerschmidt/Voit VOB/B § 1 Rn. 23; *Jansen* in Beck'scher VOB-Kommentar VOB/B § 1 Abs. 4 Rn. 28; *Dammann* in Wolf/Lindacher/Pfeiffer *Klauseln* Rn. V 432; **anderer Ansicht:** zB *Kretschmann* S. 111 f.; *Markus* in Markus/Kaiser/Kapellmann Rn. 70; *Kaufmann* Jahrbuch BauR 2006, 35 (61 ff.).

sollen,[468] ist kein Problem des § 1 Abs. 4, sondern im Rahmen der Auslegung des § 2 Abs. 6 VOB/B zu entscheiden.

Eine Abbedingung des § 1 Abs. 4 entspricht noch dem gesetzlichen Werkvertragsrecht und ist damit grundsätzlich zulässig, soweit Anpassungsansprüche nach Treu und Glauben nicht mit ausgeschlossen werden. Unangemessen werden in der Regel jedoch Erweiterungen der Anordnungsbefugnis sein, insbesondere die nicht eingeschränkte Verpflichtung zur Übernahme von anderen Zusatzleistungen,[469] die Verpflichtung zur Übernahme von Zusatzleistungen, auf die der Betrieb des Arbeitnehmers nicht eingerichtet ist,[470] oder die Einschränkung des Anspruchs auf volle Preisanpassung (vgl. → Rn. 102).[471] 121

Hinsichtlich individualvertraglicher Erweiterungen wird auf → Rn. 103 verwiesen. 122

Nachdem die Anordnungsbefugnis für Zusatzleistungen nach § 1 Abs. 4 S. 1 VOB/B teilweise sehr eng ausgelegt wird, kann es sich durchaus empfehlen, das Anordnungsrecht angemessen – bei voller Preisanpassung – inhaltlich zu erweitern, um die Abhängigkeit von einer einvernehmlichen Vertragserweiterung bei ggf. überhöhte Preisforderungen des Auftragnehmers zu vermeiden. 123

§ 2 Vergütung

(1) **Durch die vereinbarten Preise werden alle Leistungen abgegolten, die nach der Leistungsbeschreibung, den Besonderen Vertragsbedingungen, den Zusätzlichen Vertragsbedingungen, den Zusätzlichen Technischen Vertragsbedingungen, den Allgemeinen Technischen Vertragsbedingungen für Bauleistungen und der gewerblichen Verkehrssitte zur vertraglichen Leistung gehören.**

(2) **Die Vergütung wird nach den vertraglichen Einheitspreisen und den tatsächlich ausgeführten Leistungen berechnet, wenn keine andere Berechnungsart (z. B. durch Pauschalsumme, nach Stundenlohnsätzen, nach Selbstkosten) vereinbart ist.**

(3) 1. **Weicht die ausgeführte Menge der unter einem Einheitspreis erfassten Leistung oder Teilleistung um nicht mehr als 10 v. H. von dem im Vertrag vorgesehenen Umfang ab, so gilt der vertragliche Einheitspreis.**
2. **Für die über 10 v. H. hinausgehende Überschreitung des Mengenansatzes ist auf Verlangen ein neuer Preis unter Berücksichtigung der Mehr- oder Minderkosten zu vereinbaren.**
3. **Bei einer über 10 v. H. hinausgehenden Unterschreitung des Mengenansatzes ist auf Verlangen der Einheitspreis für die tatsächlich ausgeführte Menge der Leistung oder Teilleistung zu erhöhen, soweit der Auftragnehmer nicht durch Erhöhung der Mengen bei anderen Ordnungszahlen (Positionen) oder in anderer Weise einen Ausgleich erhält. Die Erhöhung des Einheitspreises soll im Wesentlichen dem Mehrbetrag entsprechen, der sich durch Verteilung der Baustelleneinrichtungs- und Baustellengemeinkosten und der Allgemeinen Geschäftskosten auf die verringerte Menge ergibt. Die Umsatzsteuer wird entsprechend dem neuen Preis vergütet.**
4. **Sind von der unter einem Einheitspreis erfassten Leistung oder Teilleistung andere Leistungen abhängig, für die eine Pauschalsumme vereinbart ist, so kann mit der Änderung des Einheitspreises auch eine angemessene Änderung der Pauschalsumme gefordert werden.**

(4) **Werden im Vertrag ausbedungene Leistungen des Auftragnehmers vom Auftraggeber selbst übernommen (z. B. Lieferung von Bau-, Bauhilfs- und Betriebsstoffen), so gilt, wenn nichts anderes vereinbart wird, § 8 Abs. 1 Nr. 2 entsprechend.**

(5) **Werden durch Änderung des Bauentwurfs oder andere Anordnungen des Auftraggebers die Grundlagen des Preises für eine im Vertrag vorgesehene Leistung geändert, so ist ein neuer Preis unter Berücksichtigung der Mehr- oder Minderkosten zu vereinbaren. Die Vereinbarung soll vor der Ausführung getroffen werden.**

---

[468] *Rehbein* Auftraggeberanordnung S. 60.
[469] OLG Hamburg IBR 2011, 685.
[470] *Keldungs* in Ingenstau/Korbion VOB/B § 1 Nr. 4 Rn. 7; *Dammann* in Wolf/Lindacher/Pfeiffer Klauseln Rn. V 432.
[471] Ebenso *Jansen* in Beck'scher VOB-Kommentar VOB/B § 1 Abs. 4 Rn. 29.

(6) 1. Wird eine im Vertrag nicht vorgesehene Leistung gefordert, so hat der Auftragnehmer Anspruch auf besondere Vergütung. Er muss jedoch den Anspruch dem Auftraggeber ankündigen, bevor er mit der Ausführung der Leistung beginnt.

2. Die Vergütung bestimmt sich nach den Grundlagen der Preisermittlung für die vertragliche Leistung und den besonderen Kosten der geforderten Leistung. Sie ist möglichst vor Beginn der Ausführung zu vereinbaren.

(7) 1. Ist als Vergütung der Leistung eine Pauschalsumme vereinbart, so bleibt die Vergütung unverändert. Weicht jedoch die ausgeführte Leistung von der vertraglich vorgesehenen Leistung so erheblich ab, dass ein Festhalten an der Pauschalsumme nicht zumutbar ist (§ 313 BGB), so ist auf Verlangen ein Ausgleich unter Berücksichtigung der Mehr- oder Minderkosten zu gewähren. Für die Bemessung des Ausgleichs ist von den Grundlagen der Preisermittlung auszugehen.

2. Die Regelungen der Abs. 4, 5, 6 gelten auch bei Vereinbarung einer Pauschalsumme.

3. Wenn nichts anderes vereinbart ist, gelten die Nrn. 1 und 2 auch für Pauschalsummen, die für Teile der Leistung vereinbart sind; Abs. 3 Nr. 4 bleibt unberührt.

(8) 1. Leistungen, die der Auftragnehmer ohne Auftrag oder unter eigenmächtiger Abweichung vom Vertrag ausführt, werden nicht vergütet. Der Auftragnehmer hat sie auf Verlangen innerhalb einer angemessenen Frist zu beseitigen; sonst kann es auf seine Kosten geschehen. Er haftet außerdem für andere Schäden, die dem Auftraggeber hieraus entstehen.

2. Eine Vergütung steht dem Auftragnehmer jedoch zu, wenn der Auftraggeber solche Leistungen nachträglich anerkennt. Eine Vergütung steht ihm auch zu, wenn die Leistungen für die Erfüllung des Vertrags notwendig waren, dem mutmaßlichen Willen des Auftraggebers entsprachen und ihm unverzüglich angezeigt wurden. Soweit dem Auftragnehmer eine Vergütung zusteht, gelten die Berechnungsgrundlagen für geänderte oder zusätzliche Leistungen der Abs. 5 oder 6 entsprechend.

3. Die Vorschriften des BGB über die Geschäftsführung ohne Auftrag (§§ 677 ff. BGB) bleiben unberührt.

(9) 1. Verlangt der Auftraggeber Zeichnungen, Berechnungen oder andere Unterlagen, die der Auftragnehmer nach dem Vertrag, besonders den Technischen Vertragsbedingungen oder der gewerblichen Verkehrssitte, nicht zu beschaffen hat, so hat er sie zu vergüten.

2. Lässt er vom Auftragnehmer nicht aufgestellte technische Berechnungen durch den Auftragnehmer nachprüfen, so hat er die Kosten zu tragen.

(10) Stundenlohnarbeiten werden nur vergütet, wenn sie als solche vor ihrem Beginn ausdrücklich vereinbart worden sind (§ 15).

Schrifttum: *Acker/Garcia-Scholz,* Möglichkeiten und Grenzen der Verwendung von Leistungsbestimmungsklauseln nach § 315 BGB in Pauschalpreisverträgen, BauR 2002, 550; *Althaus,* Analyse der Preisfortschreibung in Theorie und Praxis, BauR 2012, 353; Preisfortschreibung von Baustellengemeinkosten, BauR 2012, 1841; *Armbrüster/Bickert,* Unzulängliche Mitwirkung des Auftraggebers beim Bau- und Architektenvertrag, NZBau 2006, 153; *Biebelheimer/Wazlawik,* Der GMP-Vertrag – Der Versuch einer rechtlichen Einordnung, BauR 2001, 1639; *Blecken/Gralla,* Neue Wettbewerbsmodelle im Deutschen Baumarkt, Modernisierungserfordernisse der VOB/A, Jahrbuch BauR 1998, 251; *Bolz,* Die Erfolgshaftung des Werkunternehmers, Jahrbuch 2011, 107; *Brandt,* Kreditwirtschaftliche Aspekte des Vergaberechts, WM 1999, 2525; *Bühl,* Grenzen der Hinweispflicht des Bieters, BauR 1992, 26; *von Craushaar,* Abgrenzungsprobleme im Vergütungsrecht der VOB/B bei Vereinbarung von Einheitspreisen, BauR 1984, 311; *Dähne,* Angehängte Stundenlohnarbeiten, Festschrift Jagenburg, S. 97; *Dornbusch/Plum,* Die „freie" Teil-Kündigung – noch Klärungsbedarf aus baubetrieblicher Sicht, Jahrbuch Baurecht 2000, 160; 763; *Diederichs/Peine,* Unterdeckung Allgemeiner Geschäftskosten nach § 6 VI VOB/B oder § 642 BGB aus baubetrieblicher Sicht, NZBau 2013, 1; *Duve/Richter,* Vergütung für die Bearbeitung von Nachträgen, BauR 2007, 1490; *Englert/Fuchs,* Die neue Baugrundbeschreibung nach DIN EN 1997-2, BauR 2011, 1725; *Eschenbruch/Fandrey,* Zur Geltendmachung von Ansprüchen wegen ungedeckter allgemeiner Geschäftskosten im Rahmen des § 6 Abs. 6 VOB/B, BauR 2011, 1223; *Eschenbruch,* Recht der Projektsteuerung, 3. Aufl. 2009; Construction Management – Neue Perspektiven für Auftraggeber und Projektmanager NZBau 2001, 585; *Faust,* Die rechtliche Bedeutung von

Vergütung § 2 VOB/B

Herstellervorgaben, BauR 2013, 363; *Franz,* Nachtragskalkulation in Zukunft – Das Ende der Preisfortschreibung BauR 2012, 380; *Franz/Kues,* Änderungen des Leistungs-Solls und deren Auswirkung auf die kalkulierten Gemeinkosten beim VOB-Vertrag, BauR 2006, 1376; *B. Fuchs,* Der richtige Umgang mit Spekulationspreisen, Jahrbuch 2010, 376; *Fuchs,* Der Dreiklang aus Werkerfolg, Leistungsbeschreibung und Mehrvergütungsanspruch, BauR 2009, 400; *Gauch,* Der Werkvertrag, 5. Aufl. 2011 (Schweiz); *Grauvogl* Baugrundrisiko – quo vadis?, Festschrift Kapellmann 2007, S. 133; *Grünhoff,* Die Konzeption des GMP-Vertrages – Mediation und value engineering, NZBau 2000, 313; *Hanhart,* Prüfungs- und Hinweispflichten des Bieters bei lückenhafter und unklarer Leistungsbeschreibung, Festschrift Heiermann 1995, S. 111; *Hayn-Habermann,* Preisermittlung im VOB-Vertrag bei einseitiger Leistungsänderung, NJW-Spezial 2013, 306; *Herchen,* Die Änderung der anerkannten Regeln der Technik nach Vertragsschluss und ihre Folgen, NZBau 2007, 135; *Hofmann,* VOB-Fassung 1996: Die rätselhafte Änderung des § 2 Nr. 8 VOB/B, BauR 1996, 640; *Hök,* Zum Baugrundrisiko mit einem Blick ins Ausland und auf internationale Vertragsmustert, ZfBR 2007, 3; *Heuwels/Kaiser,* Die Nichtigkeit des Zuschlags ohne Vergabeverfahren, NZBau 2001, 479; *Irl* Traggerüste sind gesondert auszuschreiben, BauR 2016, 1829; *Jahn/Klein,* Nachtragsbearbeitungskosten als Direkte Kosten beim VOB-Vertrag, NZBau 2013, 473; *Jansen,* Nullpositionen beim Einheitspreisvertrag, NZBau 2012, 345; Die Unterdeckung der Gemeinkosten, Festschrift Englert München 2014, 147; *Kainz,* Skonto und Preisnachlass beim Bauvertrag, 1998; *Kapellmann,* Schlüsselfertiges Bauen, 3. Auflage 2013; Die Geltung von Nachlässen auf die Vertragssumme für die Vergütung von Nachträgen, NZBau 2000, 57; Ein Construction Management Vertragsmodell – Probleme, Lösungen, NZBau 2001, 592; Der BGH und die „Konsoltraggerüste" – Bausollbestimmung durch die VOB/C oder „die konkreten Verhältnisse", NJW 2005, 182; Sittenwidrige Höhe einer einzelnen Nachtragsposition, NJW 2009, 1380; Vertragsinhalt oder Geschäftsgrundlage, NZBau 2012, 275; Das zum Vertragsinhalt erhobene geotechnische Gutachten, Festschrift Englert 2014, 167; *Kapellmann/Ziegler,* Störfallkataloge bei Bauvorträgen im Tunnelbau mit Schildvortrieb, NZBau 2005, 65; *Kapellmann S.,* Der „Ausschluss" des § 2 Nr. 3 VOB/B in Allgemeinen Geschäftsbedingungen – ein Scheingefecht, Festschrift Kapellmann, 2007, S. 167; *Keldungs,* Basis für die Nachtragsvergütung: Vertragspreis oder Marktpreis? Jahrbuch 2012, 59; *Kimmich,* Beschleunigung von Bauabläufen, BauR 2008, 263; *Kindl,* Der Kalkulationsirrtum im Spannungsfeld von Auslegung, Irrtum und unzulässiger Rechtsausübung, WM 1999, 2198; *Klärner/Schwörer* Qualitätssicherung im Schlüsselfertigen Bauen, 1992; *Knacke,* Verschiebung des Baubeginns: Mehrvergütungsanspruch des Auftragnehmers, BauR 1996, 119; Der Ausschluss des Anspruchs des Auftragnehmers aus § 2 Nr. 3 VOB/B durch AGB des Auftraggebers (zu BGH BauR 1993, S. 723), Festschrift von Craushaar 1997, S. 249; *Kniffka,* Die riskante Bauausführung – Haftung und Ergebnisrisiko, BauR 2017, 159; *Kniffka,* Irrungen, Wirrungen in der Rechtsprechung des Bundesgerichtshofs, BauR 2015, 1883; *Kniffka,* Ist die VOB/B eine sichere Grundlage für Nachträge? Festschrift Iwan, Hannover 2010, S. 207 = BauR 2012, 411; *Kniffka,* Online-Kommentar BGB, 2. Aufl. Printfassung; *Kniffka,* Das beweiserleichternde Schuldbekenntnis in Bausachen, Festschrift Kapellmann 2007, S. 209; *Kniffka/Koeble,* Kompendium des Baurechts, 3. Aufl. München 2008; *Kniffka/Quack,* Die VOB/B in der Rechtsprechung des Bundesgerichtshofs – Entwicklung und Tendenzen –, Festschrift 50 Jahre Bundesgerichtshof 2000, S. 17; *Köhler/Steindorf,* Öffentlicher Auftrag, Subvention und lauterer Wettbewerb, NJW 1995, 1705; *Kues/Kaminsky,* Druck auf den Auftraggeber: Leistungsverweigerungsrechte des Auftragnehmers bei Streitigkeiten im Zusammenhang mit Nachträgen; BauR 2008, 1368; *Kuffer* Baugrundrisiko und Systemrisiko, NZBau 2006, 1; Leistungsverweigerungsrecht bei verweigerten Nachtragsverhandlungen, ZfBR 2004, 120; *Kus,* Das ungewöhnliche Wagnis in der VOB/A und im Bauvertrag, Festschrift Marx, 2013, 363; *Lange,* Baugrundhaftung und Baugrundrisiko, 1997; *Leinemann* VOB Bauvertrag: Leistungsverweigerungsrecht des Bauunternehmers wegen fehlender Nachtragsbeauftragung, NJW 1998, 3672; *Leupertz,* Die Bedeutung der Kalkulation des Unternehmers für die Fortschreibung von Baupreisen, Festschrift Blecken zum 70. Geburtstag, S. 368; Der Anspruch des Unternehmens auf Bezahlung unbestellter Bauleistungen beim BGB-Bauvertrag, BauR 2005, 775; *Luz* „Guter Preis bleibt guter Preis, schlechter Preis bleibt schlechter Preis" – Gilt dieser Grundsatz immer? – Antithese BauR 2008, 196; *Luz,* Anordnungsrecht des Auftraggebers gemäß § 1 Abs. 3 VOB/B zur Verkürzung der Bauzeit? Eine Bestandsaufnahme, BauR 2015, 1065; *Maase,* Das bauzeitliche Bestimmungsrecht des Bestellers gem. §§ 157, 242 BGB - Teil 2, BauR 2017, 929; *Manteufel,* Grundlegende und aktuelle Fragen der Mängelhaftung im Bauvertrag, NZBau 2014, 197; *Marbach,* Nebenangebote und Änderungsvorschläge im Bauvergabe- und Vertragsrecht unter Berücksichtigung der VOB Ausgabe 2000, BauR 2000, 1643; Der Anspruch des Auftragnehmers auf Vergütung der Kosten der Bearbeitung von Auftragsforderungen im VOB – Bauvertrag, Festschrift Jagenburg, S. 539; *Markus,* Ansprüche des Auftragnehmers nach wirksamer Zuschlagserteilung bei „unklarer" Leistungsbeschreibung des Auftraggebers, BauR 2004, 180; Die VOB/B 2006: Nach der Novelle ist vor der Novelle, NJW 2007; 545; Die „berechtigte Funktionalitätserwartung des Bestellers", eine Chimäre des 3. Baugerichtstags, NZBau 2010, 606; VOB/B – Novelle 2016 – Keine Anordnungsbefugnis des Auftraggebers zur Bauzeit, NZBau 2006, 537; Ansprüche des Auftraggebers nach wirksamer Zuschlagserteilung bei „unklarer Leistungsbeschreibung" des Auftraggebers, BauR 2004, 180; Zur Ermittlung der Mehrvergütung bei verzögerter Vergabe, NZBau 2012, 414; Der „Vereinbarte Werkerfolg" im neuen § 650b BGB ... , NZBau 2016, 601; *Markus/Kaiser/Kapellmann,* AGB-Handbuch Bauvertragsklauseln, 4. Auflage 2013; *Merkens* Nachtragsbearbeitungskosten: „Dauerbrenner" in der Baupraxis, NZBau 2013, 529; *von Mettenheim,* Beweislast für Vereinbarung eines geringeren Werklohns, NJW 1984, 776; *Michaelis de Vasconcellos,* Muss der Anlagenbauer alles wissen?, NZBau 2000, 361; *Motzke* Die werkvertragliche Erfolgsverpflichtung – leistungserweiternde oder leistungsergänzende Funktion? NZBau 2011, 705; Parameter für Zusatzvergütung bei zusätzlichen Leistungen, NZBau 2002, 641; *Motzke/Wolff,* Praxis der HOAI,

3. Aufl. 2004; *Müller,* Der Werkerfolg im Spannungsfeld zwischen Mängelhaftung, Hinweispflichten und Vergütung beim Bauwerkvertrag, 2014 (= Diss. Regensburg 2014); *Nestler* Der Schutz nichturheberrechtsfähiger Bauzeichnungen, BauR 1994, 589; *Nicklisch,* BOT-Projekte: Vertragsstrukturen, Risikoverteilung und Streitbeilegung, BB 1998, 2; *Oberhauser,* Ungelöste Probleme im Zusammenhang mit der Anordnung einer Beschleunigung, Festschrift Englert, München 2014, 327; Preisfortschreibung als „Vergütungsmodell für geänderte und zusätzliche Leistungen, BauR 2011, 1547; Der Bauvertrag mit GMP-Abrede – Struktur und Vertragsgestaltung, BauR 2000, 1397; Die Bedeutung von § 9 VOB/A für das Bauvertragsrecht – dargestellt am Bauen im Bestand, BauR 2003, 1110; *Otto,* Zur Frage der Verjährung von Abschlagsforderungen des Architekten und des Werkunternehmers, BauR 2000, 350; *Peters,* Regelungsbedarf im Baurecht, NZBau 2010, 211; Die fehlerhafte Planung des Bestellers und ihre Folgen, NZBau 2008, 609; Nachtragsforderungen am Bau, NJW 2008, 2949; *Piel,* Zur Abgrenzung zwischen Leistungsänderung (§ 1 Nr. 3, 2 Nr. 5 VOB/B) und Behinderung (§ 6 VOB/B), Festschrift Korbion 1986, S. 349; *Popescu,* Zehn Jahre Schuldrechtsreform, NZBau 2012, 137; *Putzier,* Der vermutete Mehraufwand für die Herstellung des Bauwerkes, 1997; Nachtragsforderungen infolge unzureichender Beschreibung der Grundwasserverhältnisse. Welche ist die zutreffende Anspruchsgrundlage?, BauR 1994, 596; *Quack,* Zur Zweckmäßigkeit (oder Unzweckmäßigkeit) eines verbreiteten Gestaltungsmittels für Bauverträge, Ansatzpunkte für Verbesserungen, BauR 1992, 18; *von Rintelen,* Abschlagszahlung und Werklohn, Jahrbuch Baurecht 2001, 25; *Roquette,* Vollständigkeitsklauseln: Abwälzung des Risikos unvollständiger oder unrichtiger Leistungsbeschreibungen auf den Auftragnehmer, NZBau 2001, 57; *Roquette/Paul* Sonderprobleme bei Nachträgen, BauR 2003, 1097; *Roquette/Schweiger,* Die Mär vom Vorbehalt, BauR 2008, 734; *Schubert/Reister,* Ist in der Baukalkulation der gesonderte Ausweis des Wagnisses in Abgrenzung zum Gewinn angemessen?, Jahrbuch Baurecht 1999, 253; *Schuhmann* Das Vergütungsrisiko im Anlagenbau bei konkretisierungsbedürftiger Leistungsbeschreibung, BauR 1998, 228; *Schulz,* Das Vielzahlkriterium nach § 1 AGBG und die Ausschreibung unter dem Vorbehalt der Vergabe von Teillosen, NZBau 2000, 317; *Schulze-Hagen,* Der öffentliche Auftraggeber muss die Diskussion über die Privilegierung der VOB/B nicht führen, Festschrift Thode, S. 167; *Schumacher/König,* Die Vergütung im Bauwerkvertrag (Schweiz), 2. Aufl. 2017; *Schwenker,* Überblick über die Rechtsprechung zum privaten Baurecht einschließlich Architektenrecht-Stand: September 2001, Jahrbuch Baurecht 2002, 339; *Siebel* Rechtshandbuch Projektfinanzierung und PPP, 2. Aufl. 2008; *Steffen/Hofmann,* Vertragsgegenstand vs. Geschäftsgrundlage, BauR 2012, 1; *Stemmer,* „Guter Preis bleibt guter Preis, schlechter Preis bleibt schlechter Preis" – Gilt dieser Grundsatz immer? BauR 2008, 182; *Tempel,* Ist die VOB/B noch zeitgemäß? Teil 1, NZBau 2002, 465; *Thode,* Änderungen beim Pauschalvertrag und ihre Auswirkungen auf den Pauschalpreis – Probleme der gerichtlichen Praxis – Seminar Pauschalvertrag und schlüsselfertiges Bauen 1991, S. 33; Nachträge wegen gestörten Bauablaufs im VOB/B-Vertrag – Eine kritische Bestandsaufnahme, ZfBR 2004, 14; *Vogel/Vogel,* Wird § 2 Nr. 7 Abs. 1 Satz 2–3 VOB/B dogmatisch richtig verstanden? – Einige Anmerkungen zur Anpassung der Pauschalvergütung –, BauR 1997, 556; *Voit,* Erfolg, Leistungsbeschreibung und Vergütung im Bauvertrag, ZfIR 2007, 157; Schriftformklauseln bei der Vereinbarung von Mehrvergütungsansprüchen mit der öffentlichen Hand, ZfBR 2008, 366; *v. Rintelen,* Bestandskraft von Nachträgen bei Doppelbeauftragung und von Reparaturaufträgen trotz Mängelrechten, Festschrift Kapellmann, 2007, S. 373; 1986, S. 99; *v. Westphalen/Motzke,* Vertragsrecht und AGB Klauselwerke, Loseblattsammlung; *Weise,* Ist die Bau-ARGE Kaufmann?, NJW-Spezial 2005, 405; *Wettke,* Die Haftung des Auftraggebers bei lückenhafter Leistungsbeschreibung, BauR 1989, 292; *Weyer,* Bauzeitverlängerung aufgrund von Änderungen des Bauentwurfs durch den Auftraggeber, BauR 1990, 138; *Zanner/Keller,* Das einseitige Anordnungsrecht des Auftraggebers zu Bauzeit und Bauablauf und seine Vergütungsfolgen, NZBau 2004, 353; *Zieleman,* Detaillierte Leistungsbeschreibung, Risikoübernahme und deren Grenzen beim Pauschalvertrag, Festschrift Soergel 1993, S. 301; *Zimmermann,* Auswirkungen auf die Vergütung von Allgemeinen Geschäftskosten (AGK) bei Verlängerung der Bauzeit, NZBau 2012, 1; *Zmuda/Bschorr,* Auslegungsgrundsätze bei unklarem Bau- und Vergütungssoll, BauR 2014, 10.

Übersicht

	Rn.
A. Grundsatzfragen der Vergütung	1
I. Die gegenseitigen Pflichten	1
II. BGB-Regelung der Vergütung	2
III. VOB-Regelung der Vergütung und VOB-Vergütungstypen	3
IV. Baupreisrecht	5
V. Festpreis, Gleitklauseln, Höchstpreis	6
VI. Kostenumlageklauseln	9
VII. Skonto, Nachlass	12
VIII. Vergütung bei mehreren Auftraggebern	14
IX. Vergütungspflicht für Angebotsbearbeitung	15
X. Verjährung der Vergütungsansprüche	19
B. Die Vergütungsregeln des § 2 VOB/B	21
I. § 2 Abs. 1 VOB/B – die abgegoltenen Leistungen	21

Vergütung **§ 2 VOB/B**

- 1. Systematik 21
  - a) Aufbau der VOB/B 21
  - b) Aufbau eines Bauvertrages 22
- 2. Das Bausoll 26
  - a) Definition; die Bedeutung des geschuldeten „Erfolgs", funktionaler Mangelbegriff 26
  - b) Bauinhaltssoll 29
  - c) Bauumständesoll 33
  - d) Änderungsvorschläge, Nebenangebote 45
  - e) Voraussetzung: Wirksame Vertragsregelung – AGB-rechtliche Unwirksamkeit (§§ 305 ff. BGB) 50
  - f) Die Bestimmung des Bausolls durch die einzelnen Vertragsbestandteile 64
- 3. Unklare oder widersprüchliche Regelungen des Bausolls – Auslegung – ... 90
  - a) Systematik, Rolle des Sachverständigen 90
  - b) Objektive Auslegungskriterien 94
  - c) Auslegungskriterium Prüfpflichten von Bietern 110
  - d) Rechtsfolge 124
  - e) AGB-Klauseln zur Bausollbestimmung 129
- II. § 2 Abs. 2 VOB/B – Die Berechnung der Vergütung 130
  - 1. Regelungsgehalt 130
  - 2. § 2 Abs. 2 VOB keine Beweislastregel bei strittiger Berechnungsart 132
  - 3. Die Struktur des Einheitspreisvertrages 136
- III. Vor § 2 Abs. 3 – Abs. 8 VOB/B 137
  - 1. Auftrags- bzw. Angebotskalkulation als gemeinsame Basis, einheitliche Systematik der Berechnung neuer Vergütungen, „Grundlagen der Preisermittlung", kalkulative Mehrkosten 137
  - 2. Die Kalkulationsmethodik 139
- IV. § 2 Abs. 3, Auswirkung von Abweichungen der ausgeführten Menge vom Vordersatz auf den Einheitspreis 141
  - 1. Bedeutung des § 2 Abs. 3 VOB/B, Abdingbarkeit in AGB, konkurrierende Ansprüche 141
  - 2. Anwendungsbereich 144
  - 3. Die Mengenmehrung 145
    - a) Neuer Preis bei Überschreitung von 110 % der Vordersatzmenge, spekulative Preise; keine Ankündigungspflicht 145
    - b) Die Zusammensetzung des neuen Einheitspreises .. 146
    - c) Neuer Preis „auf Verlangen" 150
  - 4. Die Mengenminderung 151
    - a) Neuer Preis bei Unterschreitung von 90 % der Vordersatzmenge 151
    - b) Die Zusammensetzung des neuen Einheitspreises .. 152
    - c) Ausgleichsberechnung 158
    - d) Neuer Preis „auf Verlangen" 159
  - 5. Alternativ- oder Eventualpositionen mit Vordersatz „0" oder „1" 160
    - a) Alternativpositionen (Wahlpositionen) 160
    - b) Eventualpositionen 161
  - 6. Der „alte Preis" als Basis 162
    - a) Grundsatz; ungewöhnlich hoher (spekulativer) Preis von Einzelpositionen (Korrektur „nach unten"), Sittenwidrigkeit? 162
    - b) Ausnahmen von der Bindung an den „alten Preis", (Korrektur „nach oben") 163
  - 7. § 2 Abs. 3 Nr. 4 VOB/B, Behandlung abhängiger Pauschalen 168
  - 8. Beweislast 169
  - 9. Keine Frist zur Geltendmachung, Abschlagszahlungen, Verjährung, Wirkung der Schlussrechnung 170
- V. § 2 Abs. 4, Selbstübernahme durch den Auftraggeber 171
- VI. Vor § 2 Abs. 5, Abs. 6, Abs. 7 Nr. 2, Abs. 8 Nr. 2, Nr. 3 VOB/B 175
  - 1. Bausoll-Bauist-Abweichung nicht aus dem Risikobereich des Auftragnehmers als gemeinsame Voraussetzung 175
  - 2. Struktur von „VOB-Nachträgen" 177
- VII. § 2 Abs. 5, Abs. 6, geänderte und zusätzliche Leistungen 180
  - 1. Unterscheidung zwischen geänderten Leistungen und zusätzlichen Leistungen 180
    - a) Notwendigkeit der Unterscheidung nur wegen des Ankündigungserfordernisses gemäß § 2 Abs. 6 Nr. 1 Satz 2 VOB 180
    - b) Die Unterscheidung zwischen geänderten und zusätzlichen Leistungen im Einzelnen 181

2. Häufige Fallgruppen 185
   a) Änderung von Bauumständen 185
   b) Baugrund- und Grundwasserfälle 186
   c) Angeordnete Mengenmehrung 187
   d) Konkretisierung der Ausführungsplanung 188
3. § 2 Abs. 5 VOB/B analog bei verschobenem Zuschlag 189
4. Anordnung oder Fordern der modifizierten Leistung 190
   a) Anordnung bzw. Fordern in eindeutiger Weise, einverständliche Entscheidungen 190
   b) Anordnung irrelevant innerhalb des Bausolls; „irrtümliche" Anordnung 191
   c) Auswahl bei Auswahlpositionen keine Anordnung i. S. v. § 2 Abs. 5, 6 192
   d) Ausdrückliche, konkludente, stillschweigende, vorweg genommene oder unterlassene Anordnung, Nachweis durch Baustellenprotokoll ... 193
5. Ankündigungserfordernis als Anspruchsvoraussetzung 199
   a) Zusätzliche Leistungen 199
   b) Einführung eines Ankündigungserfordernisses bei geänderten Leistungen 202
6. Vereinbarung des neuen Preises vor Ausführung, Leistungsverweigerungsrecht des Auftragnehmers, Schriftformklauseln 203
   a) Vereinbarung des neuen Preises vor Ausführung, konkludente Vereinbarung 203
   b) Leistungsverweigerungsrecht bei fehlender Preiseinigung 205
   c) Schriftformklauseln in Allgemeinen Geschäftsbedingungen des Auftraggebers 208
7. Die Nachtragsvergütung der Höhe nach 213
   a) Methodische Grundsätze, analoge Kostenfortschreibung, „spekulative" Preise 213
   b) Ausnahmen von der Bindung an den alten Preis 214
   c) Die Ermittlung der Angebotskalkulation der Bezugsposition als Basis der Ermittlung der Nachtragsvergütung 219
   d) Die Zusammensetzung des neuen Preises 221
8. Die Loslösung von einer schon getroffenen Nachtragsvereinbarung 227
9. Beweislast, Schätzungskriterien 228
10. Keine Frist zur Geltendmachung, Fälligkeit, Abschlagszahlungen, Verjährung 229
11. Ausschluss der Vergütungsansprüche des Auftragnehmers durch Allgemeine Geschäftsbedingungen des Auftraggebers 230
12. Abgrenzung zu anderen Anspruchsgrundlagen 231

VIII. § 2 Abs. 7 – Pauschalvertrag 232
1. Aufbau der Vorschrift 232
2. § 2 Abs. 7 Nr. 1 Satz 1 – Definition des Pauschalvertrages 233
   a) Unveränderlicher Pauschalpreis = Mengenermittlungsrisiko des Auftragnehmers als kennzeichnendes Kriterium 233
   b) Die Bestimmung der zu leistenden Menge (Bausoll-Menge) 234
   c) Die Abgrenzung Einheitspreisvertrag/Pauschalvertrag 238
3. Typ Detail-Pauschalvertrag 242
   a) Bausoll 242
   b) Komplettheitsklauseln beim Detail-Pauschalvertrag 244
   c) Beweislast 245
4. Typ Global-Pauschalvertrag 246
   a) Struktur, keine „lückenhafte" Regelung 246
   b) Erscheinungsformen 249
   c) Bausoll Planungsleistungen 256
   d) Bausoll Bauleistungen 259
   e) Schlüsselfertigkeitsklausel (Komplettheitsklausel) beim Global-Pauschalvertrag 263
   f) Beweislast 276
5. Die Störung der Geschäftsgrundlage; § 2 Abs. 7 Nr. 1 Satz 2 und 3, § 313 BGB 277
   a) Gesetzliche Regelung, VOB-Regelung 277
   b) Unzumutbare Änderung der Kosten 278
   c) Unzumutbare Änderung der Leistung 279
   d) Typische Anwendungsfälle 283
   e) Rechtsfolge Vertragsanpassung 289

6. § 2 Abs. 7 Nr. 2 292
   a) Spezialität von § 2 Abs. 7 Nr. 2 – keine „Unzumutbarkeit" 292
   b) Die Nachtragsvergütung bzw. Vergütung bei Selbstübernahme und geänderten oder zusätzlichen Leistungen der Höhe nach; Sonderprobleme beim Pauschalvertrag, GU-Zuschlag 294
7. § 2 Abs. 7 Nr. 3 – Teilpauschalen 298
IX. § 2 Abs. 8 299
1. § 2 Abs. 8 Nr. 1 299
   a) § 2 Abs. 8 Nr. 1 Satz 1 299
   b) § 2 Abs. 8 Nr. 1 Satz 2 301
   c) § 2 Abs. 8 Nr. 1 Satz 3 302
2. § 2 Abs. 8 Nr. 2 303
   a) Vergütung bei nachträglichem Anerkenntnis, § 2 Abs. 8 Nr. 2 Satz 1 . 303
   b) § 2 Abs. 8 Nr. 2 Satz 2 304
   c) § 2 Abs. 8 Nr. 2 Satz 3 308
3. § 2 Abs. 8 Nr. 3 309
   a) Anspruch auf Aufwendungsersatz (Vergütung) nach den Vorschriften der Geschäftsführung ohne Auftrag 309
   b) Die Höhe des Aufwendungsersatzes (Vergütung) 312
4. Beweislast 313
X. Ungerechtfertigte Bereicherung 314
XI. § 2 Abs. 9 315
1. Das Verlangen des Auftraggebers nach Zeichnungen, Berechnungen oder anderen Unterlagen 315
2. Die Höhe der Vergütung 316
XII. § 2 Abs. 10 – Die Vereinbarung von Stundenlohn 317
1. Regelungsbereich des § 2 Abs. 10 317
2. Abrechnung bei fehlender oder unwirksamer Stundenlohnabrede 320
3. AGB-Recht 321

A. Grundsatzfragen der Vergütung

I. Die gegenseitigen Pflichten

Der Bauvertrag ist ein Werkvertrag (§§ 631 ff. BGB) und damit gegenseitiger Vertrag **1** (§§ 320 ff. BGB). Die gegenseitigen Rechte und Pflichten bestimmen die §§ 631 ff. BGB, die VOB/B (dazu Rdn. 2) in § 1 und § 2 näher: § 1 die vom Auftragnehmer vertragsgemäß zu erbringende Leistung „nach Art und Umfang" (= Bausoll, zum Begriff Rdn. 26), § 2 die dafür vom Auftraggeber zu zahlende Vergütung sowie, ob und bei welchen Veränderungen der Leistung sich auch die Vergütung ändert. Pflicht des Auftragnehmers ist die Herstellung des versprochenen Werkes („die Herbeiführung des Erfolgs", dazu Rdn. 28), Pflicht des Auftraggebers die Abnahme dieses Bauwerks und dessen Bezahlung sowie die Mitwirkung bei der Erstellung (dazu näher VOB/B § 6 Rdn. 47).

Die VOB/B 2006 hat zu § 2 VOB/B redaktionelle Änderungen gebracht: Der bisherige § 2 Nr. 7 Abs. 1 Satz 4 wurde jetzt Abs. 2, deshalb war der bisherige Abs. 2 unter Anpassung des Wortlauts zu Abs. 3 geworden; die VOB/B 2009 ist im Wortlaut unverändert, hat aber die Gliederungspunkte Nummer und Absatz gegeneinander getauscht, die VOB 2012 und die VOB 2016 enthalten keine Veränderungen.

II. BGB-Regelung der Vergütung

Das BGB regelt in § 631 Abs. 1 in der Definition des Werkvertrages, dass „die vereinbarte **2** Vergütung" zu zahlen ist. § 632 Abs. 1 bestimmt, dass eine Vergütung als stillschweigend vereinbart gilt, wenn eine Vereinbarung über die Vergütungspflichtigkeit fehlt, die vereinbarte Herstellung eines Werkes aber „den Umständen nach" nur gegen Vergütung zu erwarten war. § 632 Abs. 2 regelt den Fall, dass sich die Vertragsparteien zwar über den Abschluss eines Werkvertrages und damit auch grundsätzlich über die Vergütungspflicht geeinigt haben, dessen Höhe aber nicht bestimmt haben: Dann ist bei Bestehen einer Taxe die taxmäßige Vergütung zu zahlen – was für Bauverträge nicht vorkommt –, sonst die „übliche Vergütung". Für letzteres gibt es im VOB/B-Vertrag einen besonderen Anwendungsbereich, nämlich die Vergütungsermittlung für zusätzliche Leistungen, für die in der Auftragskalkulation geeignete Bezugspunkte fehlen (siehe unten Rdn. 219). § 641 BGB regelt die Fälligkeit der Vergütung, § 645 die

VOB/B § 2 3–5

Vergütung nach Beschädigung oder Zerstörung des Werks aus vom Auftraggeber zu „vertretenden Gründen" (→ VOB/B § 7 Rdn. 44, 45), § 648 n.F. schließlich die Höhe der Vergütung nach „freier" Kündigung des Auftraggebers (→ VOB/B § 8 Nr. 1 Rdn. 24 ff.). Typische Problemsituationen hinsichtlich der Vergütung des Bauvertrages werden durch diese knappen Bestimmungen des BGB nicht erfasst, z. B. Mengenänderungen infolge ungenauer Ausführungsplanung oder fehlender Umsetzung in Leistungsverzeichnisse, unvorhergesehene Leistungshindernisse, Änderungen der Ausführungszeit, Beschleunigungswünsche des Auftraggebers oder Fragen, die sich im Zusammenhang mit dem „Langzeitcharakter" und der „Kooperationsnotwendigkeit" (siehe unten Rdn. 206 sowie → VOB/B § 6 Rdn. 48) vieler Bauverträge ergeben. Das Gesetz zur Reform des Bauvertragsrechts und zur Änderung der kaufrechtlichen Mängelhaftung hat 2017 einige wichtige Verbesserungen des gesetzlichen Werkvertragsrechts gebracht, z.B. ein Anordnungsrecht des Auftraggebers in § 650b. Soweit Einzelregelungen Einfluss auf die Auslegung der VOB/B haben, gehen wir darauf ein. Die Geltung der VOB/B bleibt aber unberührt.

III. VOB-Regelung der Vergütung und VOB-Vergütungstypen

3 § 2 VOB/B regelt die Vergütungsprobleme und schließt dabei in seinem Anwendungsbereich die BGB-Vorschriften aus. Soweit allerdings § 2 nicht eingreift, bleiben damit im Einzelfall die Bestimmungen des BGB anwendbar.

4 Das BGB kennt beim Werkvertrag keine differenzierten Vergütungstypen, es geht vielmehr wie beim Kaufvertrag aus von **einem** Preis (Werklohn) für **eine** Werkleistung; also ist der BGB-Werkvertrag strukturell Pauschalvertrag.[1] Die VOB unterscheidet dagegen in § 5 VOB/A zwei (eigentlich drei) unterschiedliche Vergütungstypen, nämlich

- **Leistungsvertrag** (eine Vergütung auf der Basis des kennzeichnenden Elements des Werkvertrags, dass nämlich der geschuldete Erfolg bezahlt wird, nicht die mehr oder minder aufwändige Mühe) mit zwei Untertypen, nämlich
- Pauschalvertrag
- Einheitspreisvertrag
- **Stundenlohnvertrag** (mit dem auch ein werkvertraglicher Erfolg geschuldet wird, aber bezahlt wird nach Aufwand, berechnet nach Zeit),

Den **Selbstkostenerstattungsvertrag** (bei dem ebenfalls ein werkvertraglicher Erfolg geschuldet wird, aber bezahlt wird nach Selbstkosten (Aufwand) des Auftragnehmers zzgl. definierter Zuschläge z. B. für Gewinn) erwähnt die VOB/A nicht mehr.

Das Vertragsrecht der VOB, also der Teil B, regelt diese Vergütungstypen in Anknüpfung an die Vergabevorschrift des § 4 Abs. 1, 2 VOB/A mit äußerst unterschiedlichem Schwergewicht und unsystematisch in § 2 VOB/B so: Der Einheitspreisvertrag wird ausführlich in Abs. 2 und Abs. 3–6 behandelt, der Pauschalvertrag wird erwähnt in Abs. 2 und dann unvollkommen in Abs. 7 geregelt, der Stundenlohnvertrag in Abs. 8 und § 15, der Selbstkostenerstattungsvertrag wird in Abs. 2 nur genannt. Das führt zu der (fehlerhaften) Annahme, nach dem Aufbau der VOB sei der Einheitspreisvertrag die Regel, der Pauschalvertrag die Ausnahme, was dann eine Rolle spielt, wenn die Einordnung eines Vertrages als Einheitspreisvertrag oder Pauschalvertrag zweifelhaft ist. Tatsächlich ist heute in großen nicht-öffentlichen Bauvorhaben der Pauschalvertrag in seinen unterschiedlichsten Erscheinungsformen gegenüber dem Einheitspreisvertrag vorherrschend.[2] Stundenlohnverträge sind gängig, insbesondere dann, wenn sich der Arbeitsaufwand von vornherein schwer abschätzen lässt. Selbstkostenerstattungsverträge spielen – bis auf seltenste Fälle, z. B. bei Asbestentsorgung – praktisch keine Rolle.

IV. Baupreisrecht

5 Das früher bei Bauverträgen mit der öffentlichen Hand für bestimmte Fälle geltende Baupreisrecht ist durch Verordnung vom 16.6.1999 (BGBl 1999, Teil I, S. 1419) mit Wirkung ab 1.7.1999 aufgehoben worden.

---

[1] Kapellmann/Schiffers/Markus Band 2, Rdn. 109 mit Nachweisen.
[2] Näher Kapellmann Schlüsselfertiges Bauen Rdn. 1 mit statistischen Daten am Beispiel des Schlüsselfertigbaus.

V. Festpreis, Gleitklauseln, Höchstpreis

Der einmal vereinbarte Preis, ob beim Einheitspreisvertrag, beim Pauschalvertrag oder beim Stundenlohnvertrag, ist immer Festpreis, d. h. er verändert sich während der Laufzeit des Vertrages nicht (Ausnahme beim Einheitspreisvertrag: siehe unten Rdn. 141 ff.), unabhängig davon, wie sich die Kosten des Auftragnehmers entwickeln;[3] einzige allgemeine, aber seltene Ausnahme ist die „Störung der Geschäftsgrundlage".[4] Wenn in einem Vertrag der Begriff „Festpreis" auftaucht, bedarf es der Prüfung im Einzelfall, ob damit ein Pauschalvertrag gemeint ist.[5] 6

Soll der Preis während der Vertragslaufzeit veränderlich sein, werden Gleitklauseln vereinbart. Der öffentliche Auftraggeber muss gemäß § 9d VOB/A eine solche Änderungsmöglichkeit der Vergütung ausschreiben und vereinbaren, wenn „wesentliche Änderungen der Preisermittlungsgrundlagen zu erwarten sind, deren Eintritt oder Ausmaß ungewiss ist"; dann kann eine „angemessene Änderung der Vergütung in den Verdingungsunterlagen vorgesehen werden. Die Einzelheiten der Preisänderung sind festzulegen". Gängige Klauseln sind Lohngleitklauseln in Form der Prozentklausel oder der Centklausel sowie Materialpreisgleitklauseln. Bei der Prozentklausel = Centklausel erhöht sich bei einer Lohnerhöhung um x % ab dem Lohnerhöhungsstichtag jeder Einheitspreis um einen vertraglich festgelegten Satz. Bei der Centklausel (vgl. z. B. das Vergabehandbuch des Bundes 2008, Stand August 2014, Formblatt 224)[6] ist Ausgangsbasis für die Vergütung von Lohnmehrkosten die Änderung des maßgebenden Lohns in Cent je Stunde. Der für die Berechnung der Mehrvergütung maßgebende Lohn wird vom Auftraggeber durch die Angabe einer Berufsgruppe aus dem Tarifvertrag festgelegt. Der Bieter benennt den Personalkostenanteil der Auftragssumme mittelbar durch Angabe eines Änderungssatzes (von-Tausend-Satz). Zur Berechnung im Einzelnen und zu den daraus resultierenden Rechtsfragen § 9d VOB/A, Rdn. 9 ff. Materialpreisgleitklauseln müssen benennen, auf welche konkreten Stoffe sich die Klausel beziehen soll, diese werden normalerweise einzeln in einem Formblatt erfasst. Zu diesem muss der Bieter im Angebot Preise angeben. Zu Vorprodukten wird der Auftragnehmer ungefragt keine Preise angeben, also gilt bei Erhöhung der Kosten von Vorprodukten die Materialpreisklausel nicht.[7] 7

Eine Gleitklausel muss sinnvollerweise festlegen, ab wann der Preis veränderlich ist. Häufiger findet sich die Regelung, der Festpreis gelte „bis zum 30.6.2016". Sofern der Vertrag regelt, dass einzelne (oder alle) Leistungen auch zu einem späteren Zeitpunkt (z. B. 30.9.2016) abgerufen werden können, ist zu beantworten, ob der Abruf maßgebend ist – also z. B. bei Abruf am 30.5.2016 keine Preisgleitung – oder der Ausführungszeitpunkt, also Preisgleitung für alle Leistungen nach dem 30.6.2016, oder ein dritter Zeitpunkt. Wenn nicht besondere vertragliche Anhaltspunkte dagegen sprechen, kommt es für die Anwendbarkeit der Klausel auf den Zeitpunkt der Ausführung an, denn nur so kann die Ausschaltung des Kostenrisikos über den 30.6.2016 hinaus erreicht werden, die bei objektiver Abwägung eindeutiges Ziel der Klausel ist. Allerdings verschieben sich maßgebende Preise dann nach dem Zeitpunkt der Materialbestellung und nicht der Ausführung. Haben die Parteien für die „neuen Preise" ab 1.7.2016 vertraglich keinen Maßstab vereinbart, erfolgt die Anpassung analog § 2 Abs. 5 VOB/B, denn die Klausel soll nicht eine Veränderung des gesamten Kalkulationsgefüges ermöglichen, sondern eine Anpassung an gestiegene Einzelkosten der Teilleistung.[8]

Höchstpreisklauseln kommen in vielfältiger Weise vor. Die Klausel als solche besagt nichts zur Unterscheidung zwischen Pauschalvertrag und Einheitspreisvertrag, weil es auch Einheitspreisverträge mit Höchstpreisklauseln gibt. Solche Klauseln in AGB des Auftraggebers können überraschend und damit unwirksam gemäß § 305c Abs. 1 BGB sein.[9] 8

Eine solche Vertragsform ist zB der „garantierte Maximumpreis" (dazu Rdn. 251).

---

[3] Prägnant *Schumacher/König* Vergütung (Schweiz) Rdn. 44–47 und *Gauch* Werkvertrag (Schweiz), Rdn. 902, 903: „Bei der Vergütung zu festen Preisen ist der Aufwand des Unternehmens unerheblich"; näher *Kapellmann/Schiffers/Markus* Band 2, Rdn. 76–83; unzutreffend *Putzier* Mehraufwand S. 81.
[4] Näher unten Rdn. 278 ff.
[5] Dazu Rdn. 239.
[6] Abgedruckt VOB/A § 9 Abs. 9 Rdn. 9.
[7] *Kapellmann/Schiffers/Markus* Band 1, Rdn. 115; Einzelheiten bei VOB/A § 9d.
[8] I. E. ebenso OLG Koblenz BauR 1993, 607. Der Auftragnehmer darf also nicht nach § 315 BGB nach billigem Ermessen anpassen (so OLG Hamm BB 1975, 489) und erhält auch nicht „übliche Vergütung gemäß § 632 BGB" (so *Werner/Pastor* Bauprozess, Rdn. 1409).
[9] OLG Frankfurt NJW-RR 1989, 20.

VI. Kostenumlageklauseln

9 Kostenumlageklauseln regeln in unterschiedlichster Form die Berechnung von Leistungen des Auftraggebers für den Auftragnehmer in Form eines Abzugs von der Schlussrechnung.

Verbrauchsklauseln für Wasser, Strom, Gas oder sonstige Energie sind unproblematisch: Der Auftraggeber hat zwar, wenn nichts anderes vereinbart ist, vorhandene Anschlüsse für Wasser und Energie dem Auftragnehmer kostenlos zu überlassen, die Kosten für den Verbrauch und den Messer oder Zähler trägt aber der Auftragnehmer, mehrere Auftragnehmer tragen sie anteilig (§ 4 Abs. 4 Nr. 3 VOB/B; DIN 18299 Ziff. 4.1.6). Die Bezahlung der Verbrauchskosten kann nach verbrauchter Menge, aber auch z.B. pauschal, etwa in Form eines Prozentsatzes von der Auftrags- oder Abrechnungssumme, vereinbart werden. Eine solche Pauschalvereinbarung ist auch in AGB des Auftraggebers ohne Rücksicht auf die Höhe wirksam, weil sie gemäß § 307 Abs. 3 BGB kontrollfreie Preisabrede (über die Lieferung von Wasser oder Energie) ist.[10] Der Auftraggeber kann, weil es um eine echte Lieferbeziehung geht, aber auch bei pauschaler Vereinbarung das Entgelt nur dann fordern, wenn der Auftragnehmer bauseitiges Wasser tatsächlich gebraucht hat.[11]

10 Umlagen zwecks Kostenerstattung einer vom Auftraggeber abgeschlossenen Bauwesenversicherung sind ebenfalls zulässig, auch in AGB des Auftraggebers,[12] vorausgesetzt natürlich, dass der Auftraggeber eine Bauwesenversicherung tatsächlich abgeschlossen hat.

11 Umlagen für Schuttbeseitigung sind problematisch. Gemäß Ziff. 4.1.11 DIN 18299 ist die Beseitigung von Abfall aus dem Bereich des Auftragnehmers Nebenleistung des Auftragnehmers und daher auch nicht gesondert zu vergüten (dazu auch Ziff. 4.2.13 DIN 18299). Das Hinterlassen von Bauschutt ist ein Mangel der Leistung. Eine Umlageklausel in AGB des Auftraggebers, die eine wie auch immer geartete Erstattung von Abfallbeseitigungs- bzw. Baureinigungskosten vorsieht, ohne dass der Auftragnehmer mit der Beseitigung in Verzug war, ist unwirksam wegen Verstoßes gegen § 307 Abs. 1, 2 BGB oder § 309 Nr. 4 BGB.[13] Ebenso ist eine AGB-Klausel unwirksam, die vorsieht, dass der Auftragnehmer ohne Entgelt den von Dritten herrührenden Bauschutt beseitigen muss. Schließlich sind auch – anders als bei Verbrauchsklauseln, Rdn. 9 – entsprechende Umlageklauseln unwirksam, weil auch sie den Auftragnehmer belasten, ohne dass er mit seiner Leistungspflicht in Verzug war.

VII. Skonto, Nachlass

12 Skonto ist die dem Auftraggeber im Vertrag eingeräumte Befugnis, für den Fall einer kurzfristigen Zahlung, insbesondere Zahlung vor Fälligkeit, die Abrechnungssumme der Vergütung (nicht von Schadensersatz- oder Entschädigungsansprüchen) um einen festgelegten Prozentsatz kürzen zu dürfen; Skonto ist also kein Preisbestandteil, sondern eine Zahlungsmodalität.[14] Eine Skontoklausel in AGB des Auftraggebers ist kontrollfähige Preisnebenabrede (siehe Rdn. 55). Sie ist unwirksam, wenn sie keine Frist angibt, innerhalb derer skontowirksam gezahlt werden kann,[15] wenn sie nicht konkret angibt, auf welche einzelnen Zahlungen der Skontoabzug gewährt wird[16] oder erst recht, wenn auf Zahlungen innerhalb einer bestimmten Frist **nach** Fälligkeit Skonto eingeräumt wird.[17] Der BGH hat im Rahmen einer Verbandsklage die Klausel „Vereinbartes Skonto wird von jeder Abschlags- und Schlussrechnung abgezogen, für den die geforderten Zahlungsfristen eingehalten werden" in AGB eines Auftraggebers für unwirksam

---

[10] BGH BauR 1999, 1290. Zur kontrollfreien Preisabrede weiter Rdn. 55.
[11] BGH BauR 1999, 1290.
[12] BGH NZBau 2000, 466 = BauR 2000, 1756; OLG Karlsruhe BauR 1995, 113. Zur kontrollfreien Preisabrede weiter Rdn. 55.
[13] BGH NZBau 2000, 466 = BauR 2000, 1756; OLG Koblenz BauR 1992, 635; OLG Nürnberg, *Schäfer/Finnern/Hochstein* § 10 Nr. 3 AGB Nr. 2; OLG München NJW-RR 1989, 276.
[14] Ebenso *Kandel* in Beck'scher VOB-Kommentar VOB/B § 16 Abs. 5 Rdn. 9.
[15] OLG Stuttgart BauR 1998, 798; LG Aachen BB 1986, 223; *Kandel* in Beck'scher VOB-Kommentar VOB/B § 16 Abs. 5 Rdn. 24; *Werner/Pastor* Rdn. 1687; *Kainz* Skonto S. 88 ff.; *Kaiser* in Markus/Kaiser/Kapellmann AGB-Handbuch Rdn. 829.
[16] OLG München NJW-RR 1992, 790; *Kainz* Skonto, S. 86 ff. Nach *Locher* in Ingenstau/Korbion VOB/B § 16 Abs. 5 Rdn. 8 soll dann „im Zweifel" ein Skontoabzug nur im Rahmen der Schlussrechnung möglich sein.
[17] OLG Celle MDR 1993, 1177; *Kainz* Skonto, S. 100; *Kaiser* in Markus/Kaiser/Kapellmann AGB-Handbuch Rdn. 832.

erklärt, weil sie gegen das Transparenzgebot verstieße, nämlich einem Auftraggeber auch bei gegenteiligem eigenen Angebot eine verallgemeinernde Rechtsfolge aufzwinge, also den Vorrang der Individualabrede verletze.[18] Diese Schlussfolgerung des BGH ist indes zu streng. Die Klausel schließt den selbstverständlichen Vorrang der Individualabrede (§ 305b BGB) ihrem Wortlaut nach nicht aus. Ist eine Rechnung nicht prüffähig, so setzt sie die Skontofrist nicht in Gang; der Auftraggeber kann sich aber nicht auf die mangelnde Prüffähigkeit berufen, wenn er den Auftragnehmer nicht innerhalb der vereinbarten Skontofrist informiert, aus welchen Gründen er nicht in der vereinbarten Frist zahlt; er darf bei einer nach „Ablauf" der Skontofrist, berechnet ab Zugang der Rechnung ohne Rücksicht auf die Fälligkeit, geleisteten Zahlung kein Skonto mehr abziehen.[19] Ein Skontoabzug ist nur berechtigt, wenn der Auftraggeber die Forderung, soweit begründet, vollständig bezahlt.[20] Für die Rechtzeitigkeit der Zahlung kommt es auch beim Skonto gemäß § 270 BGB auf die rechtzeitige Bewirkung der Leistungshandlung durch den Auftraggeber und nicht auf den rechtzeitigen Zahlungseingang beim Auftragnehmer an.[21] Ist Skonto für jede einzelne Rate eines Zahlungsplanes vereinbart, darf das Skonto für jede fristgerecht gezahlte Rate auch dann abgezogen werden, wenn andere Raten nicht fristgerecht bezahlt worden sind.[22] Zur Skontoberechtigung hinsichtlich Nachtragsvergütungen siehe unten Rdn. 218.

Nachlass ist die vertraglich eingeräumte prozentuale oder in einer konkreten Summe ausgedrückte unbedingte Kürzung des Vertragspreises bei unverändert bleibender Leistung des Auftragnehmers; sie ist kontrollfähige Preisnebenabrede gemäß § 307 BGB (zum Begriff siehe Rdn. 55). Eine AGB-Klausel wie z. B. Nr. 27 EVM (B) ZVB/E Vergabehandbuch des Bundes Fassung 1993, wonach sich ein ausdrücklich auf die Angebots- und Auftragssumme beschränkter Nachlass auf die Abrechnungssumme erstreckte, verstößt gegen § 307 BGB und ist unwirksam. Nr. 12 ZVB (Formblatt 215) Vergabehandbuch des Bundes 2008, Stand April 2016, enthält eine **unwirksame** (s. Rdn. 218) Erstreckung von Nachlässen auf Nachträge. Zur Geltung von vereinbarten Nachlässen für **Nachtragsvergütungen** allgemein siehe **unten Rdn. 218.** Die Behauptung des Auftraggebers, bei Vertragsschluss sei ein Nachlass vereinbart worden, muss der Auftragnehmer widerlegen,[23] wobei aber der Auftraggeber seine Behauptung nach Zeit, Ort, Höhe und näheren Umständen dieser Vereinbarung substantiieren muss; eine „in sich widerspruchsvolle Darlegung" des Auftraggebers wird dem nicht gerecht.[24] Behauptet der Auftraggeber die nachträgliche Einräumung eines Nachlasses, ist er beweispflichtig.[25]

VIII. Vergütung bei mehreren Auftraggebern

Mehrere Auftraggeber haften ohne gegenteilige Vertragsregelung dem Auftragnehmer als Gesamtschuldner (§ 421 BGB). Das gilt insbesondere auch für die Mitglieder einer ARGE als Auftraggeber, unabhängig davon, ob diese als BGB-Gesellschaft oder als oHG einzustufen ist.[26] Mehrere Auftraggeber können eine Haftungsbeschränkung auch nicht dadurch herbeiführen, dass sie mit dem firmenähnlichen Zusatz „GbR mit beschränkter Haftung" im Geschäftsverkehr auftreten; eine Haftungsbeschränkung ist hier nur durch konkrete Abrede mit dem jeweiligen Gläubiger möglich.[27] Aus Werkverträgen, die ein Baubetreuer oder Treuhänder in Vertretung für eine (existierende) „Bauherrengemeinschaft" über die Errichtung eines Objekts abschließt, haften laut BGH nicht „die Bauherren" gesamtschuldnerisch, sondern nur der einzelne Bauherr (Auftraggeber) jedenfalls dann, wenn die „Bauherren" (künftige) Wohnungseigentümer sind, so genannte „Aufbauschulden";[28] der einzelne „Bauherr" soll anteilig haften, wobei sich diese

---

[18] BGH BauR 1996, 378.
[19] OLG Düsseldorf IBR 2000, 112 = OLG Report 2000, 121; OLG München BauR 1988, 381 L.
[20] OLG Stuttgart BauR 2012, 1104; OLG Düsseldorf BauR 1985, 333; *Locher* in Ingenstau/Korbion VOB/B § 16 Abs. 5 Rdn. 8 mit fragwürdigen Ausnahmen nach Treu und Glauben; *Werner/Pastor* Rdn. 1692; aA OLG Hamm BauR 1994, 774; *Kainz* Skonto S. 153.
[21] BGH BauR 2009, 974; BGH BauR 1998, 398; OLG Stuttgart BauR 2012, 1104.
[22] BGH NZBau 2000, 467 = BauR 2000, 1754.
[23] OLG Düsseldorf BauR 1992, 813; *Kainz* Skonto S. 112.
[24] BGH BauR 1992, 505 für den Fall, dass der Auftragnehmer die Vereinbarung einer üblichen Vergütung gem. § 632 Abs. 2 BGB behauptet und der Auftraggeber eine niedrigere „Festpreisvereinbarung", dazu insbesondere *Markus* in Kapellmann/Schiffers/Markus Band 2, Rdn. 123 und 135.
[25] BGH BauR 1983, 366.
[26] Näher Anhang VOB/B Rdn. 118–125.
[27] BGH WM 1999, 2071 = BB 1999, 2152 ff.
[28] BGH BauR 1997, 488; BGH BauR 1979, 440; *Grüneberg* in Palandt BGB § 420 Rdn. 2.

anteilige Haftung offenbar nach dem Miteigentumsanteil richten soll, der aber keineswegs identisch sein muss mit der internen Beteiligung des einzelnen Miteigentümers an der Bauherrengemeinschaft; so kann eine Eigentumswohnung dieselbe Größe wie eine andere haben, aber z. B. als Penthousewohnung wesentlich teurer sein. Nach welchen Maßstäben sich dann die Haftung richtet, ist weder ersichtlich noch klar. Schon deshalb, aber auch unter der grundsätzlichen Überlegung, dass eine Haftungsbeschränkung nur durch individuelle Abrede mit dem jeweiligen Gläubiger zu erreichen ist, wie es die neuere Rechtsprechung zutreffend aussagt,[29] ist dem Bundesgerichtshof hinsichtlich der anteiligen Haftung für Aufbauschulden nicht zuzustimmen. Wenn mehrere Auftraggeber in einem Auftrag mehrere Gebäude in Auftrag geben, wobei „ersichtlich jeder Bauherr ein Gebäude errichtet", haftet laut BGH ebenfalls der einzelne Auftraggeber nur anteilig.[30] Auch dem ist nicht zuzustimmen; jeder Bauherr kann sein Gebäude „separat" errichten, wenn er das will, er schließt dann für sich einen Vertrag; schließt er sich aber mit mehreren zusammen, so kann er die Haftung nur durch eindeutige individuelle Abrede beschränken. Dass jeder Bauherr nur „sein" Gebäude errichtet und dies „ersichtlich" ist, reicht allein nicht aus. Aus vom Wohnungseigentumsverwalter abgeschlossenen Verträgen zur laufenden Instandsetzung oder Unterhaltung haftet gemäß § 10 Abs. 8 WEG neben der Wohnungseigentümergemeinschaft jeder einzelne Wohnungseigentümer „nach dem Verhältnis seines Miteigentumsanteils".[31] Dem ist zuzustimmen. Schließt ein Treuhänder Verträge über eine tatsächlich nicht existierende „Bauherrengemeinschaft", haftet er selbst gemäß § 179 BGB. Nur wenn der Auftraggeber weiß, dass es fraglich ist, ob die Gemeinschaft je zustande kommen wird, greift der Haftungsausschuss des § 179 Abs. 3 BGB ein. Darf dagegen der Auftragnehmer – wie dies der absolute Regelfall ist – darauf vertrauen, dass laut Treuhänder die Bauherrengemeinschaft in absehbarer Zeit zustande kommen wird, haftet der Treuhänder – wenn diese Erklärung unrichtig ist – persönlich.[32]

IX. Vergütungspflicht für Angebotsbearbeitung

15 § 632 Abs. 3 BGB regelt, dass „im Zweifel ein Kostenanschlag nicht zu vergüten ist". Das entspricht früherer Rechtsprechung: Ein Bieter erhält für die bloße Ausarbeitung eines Angebots und dessen Abgabe gegenüber dem (potentiellen) Auftraggeber keine Vergütung, und zwar laut BGH auch dann nicht, wenn das ausgeschriebene Objekt nicht ausgeführt wird, denn, wer sich „in einem Wettbewerb um einen Auftrag bemüht, muss nicht nur damit rechnen, dass er bei der Erteilung der Zusage unberücksichtigt bleibt, er muss auch wissen, dass der Auftraggeber grundsätzlich nicht bereit ist, Projektierungskosten zu ersetzen".[33] Dem ist nur eingeschränkt zuzustimmen. Richtig ist, dass der Bieter eigene Aufwendungen für das Angebot, um überhaupt zu einem Vertragsschluss zu kommen, selbst tragen muss. Andererseits ist aber zu berücksichtigen, dass der Auftraggeber mit seiner Angebotsanfrage einen Vertrauenstatbestand schafft, nämlich im Bieter die berechtigte Erwartung weckt, der Aufwand für die Ausarbeitung des Angebots eröffne dem Bieter eine Vertragschance. Dabei ist insbesondere bei jeder Form der funktionalen Ausschreibung zu bedenken, dass dem Bieter schon für die Angebotsausarbeitung zum Teil ganz außerordentlicher Planungsaufwand abverlangt wird. Deshalb regelt § 8b Abs. 1 VOB/A für den öffentlichen Auftraggeber auch sachgerecht, dass zwar für die Bearbeitung des Angebots keine Entschädigung gewährt wird, dass jedoch dann, wenn der Auftraggeber verlangt, dass der Bieter Entwürfe, Pläne, Zeichnungen, statische Berechnungen, Mengenberechnungen oder andere Unterlagen ausarbeitet, insbesondere in den Fällen des § 7c VOB/A (Ausschreibung nach Leistungsprogramm), für alle Bieter eine angemessene Entschädigung festzusetzen ist. Diese für den öffentlichen Auftraggeber geltende Vergaberegel schafft zwar keine privatrechtliche Anspruchsgrundlage, macht aber deutlich, dass auch nach der Wertung der VOB/A die generelle Aussage des BGH der Einschränkung bedarf:

16 Wenn nämlich ein Auftraggeber von Anfang an gar nicht beabsichtigt, das ausgeschriebene Projekt zu realisieren und demzufolge mit keinem Bieter ein Vertrag zustande kommen kann, oder wenn der Auftraggeber schuldhaft – was im Regelfall zu bejahen sein wird, weil der Auftraggeber sich vor einer Ausschreibung überlegen muss, was er überhaupt zu bauen plant, vgl.

---

[29] Vgl. dazu BGH WM 1999, 2071 = BB 1999, 2152 ff.
[30] BGH BauR 1977, 58.
[31] Vor Inkrafttreten der Novelle zum WEG vom 26.3.2007 hafteten die Eigentümer gesamtschuldnerisch, BGHZ 75, 30.
[32] BGH BauR 1989, 92.
[33] BGH BauR 1979, 509.

die symptomatische Reihenfolge der Leistungsbilder der HOAI: zuerst § 33 Anlage 10 Phasen 3–6, dann erst Phase 7 – nachträglich entschieden, statt der ausgeschriebenen Leistung eine andere zu errichten, so hat er damit alle Bieter zu Aufwendungen veranlasst, die von vornherein zu keiner Vertragschance führten; kein Bieter hätte aber im Geschäftsleben einen solchen Aufwand getätigt, ohne Erfolgschancen zu haben. In derartigen Fällen stehen deshalb allen Bietern Schadensersatzansprüche aus Verschulden bei Vertragsschluss, § 311 BGB auf Erstattung ihres Angebotsaufwands zu.[34] Die Auffassung des OLG Köln, ein solcher Bieter habe jedenfalls keinen Schaden in Form von Personalaufwand, da er seine Mitarbeiter ja ohnehin beschäftige,[35] ist unrichtig: Der Bieter hat die anteiligen Personalaufwendungen erbracht, um mit dem insoweit erarbeiteten Angebot eine Vertragschance zu haben. Hätte der Bieter die Situation gekannt, so hätte er – standardisierend betrachtet – seine Aufwendungen für chancenversprechende Angebote einsetzen können; eine „Rentabilitätsvermutung" spricht dafür, dass ein solcher Bieter nur so viel Personal für Angebotsbearbeitung vorhält, wie er für sinnvolle Angebote tatsächlich benötigt.[36]

Eine weitere Ausnahme von der Unentgeltlichkeit der Angebotsbearbeitung ist die, dass der **17** Auftraggeber einen einzigen Bieter auffordert, ein Angebot in Form einer Projektierungsleistung auszuarbeiten (z. B. eine Heizungsanlage auf der Grundlage einer bieterseitigen Wärmebedarfsberechnung), dann aber die Ausarbeitung im Rahmen einer nachfolgenden allgemeinen Ausschreibung verwendet (ohne diesen Bieter zu beauftragen) oder für den Vertragsschluss mit einem Dritten zugrunde legt. Der Bieter hat hier die planerische Leistung (eines Sonderfachmanns) ohne Bezahlung nur unter der konkludenten Bedingung erbracht, dass er beauftragt werde; der Auftraggeber hat sich also Planungsleistungen unter falschem Vorzeichen erschlichen und schuldet deshalb Planungsvergütung gemäß § 632 BGB oder jedenfalls Schadensersatz unter dem Gesichtspunkt des Verschuldens aus Vertragsschluss.[37] Sofern im Einzelfall die Unterlagen Urheberrechtsschutz genießen,[38] bestehen Ansprüche auf dieser Basis. Beim VOB-Vertrag bestimmt § 3 Abs. 6 VOB/B, dass Zeichnungen, Berechnungen oder Nachprüfungen von Berechnungen, die der Auftragnehmer nach dem Vertrag zu beschaffen hat, ohne Genehmigung ihres Urhebers nicht veröffentlicht, vervielfältigt, geändert oder für einen anderen Zweck benutzt werden dürfen; „Urheber" ist in diesem Zusammenhang nicht rechtstechnisch im Sinne einer urheberrechtsfähigen Leistung zu verstehen. Auch wenn diese Vorschrift nur für den bestehenden Vertrag gilt, ist ihr Regelungsgehalt doch auf die Vertragsanbahnungsphase anwendbar, so dass Ansprüche aus Verschulden bei Vertragsschluss (§ 311 BGB) möglich sind. Schließlich kommen auch wettbewerbsrechtliche Ansprüche in Betracht.[39]

Schließlich kommt je nach Fallgestaltung bei bestehendem Vertrag auch bei „Nachtragsange- **18** boten" auf Veranlassung eines Auftraggebers eine **Vergütung für die Angebotsbearbeitung** in Betracht. Die VOB-Gestaltung ist die, dass der Auftraggeber anordnet, dass eine geänderte oder zusätzliche Leistung vom Auftragnehmer erstellt werden soll (§ 1 Abs. 3, Abs. 4 VOB/B); er verlangt die Vorlage eines Preisangebots vor Ausführung (§ 2 Abs. 5, Abs. 6 VOB/B).[40] Legt der Auftraggeber dem Auftragnehmer dazu ein auf auftraggeberseitiger Planung beruhendes Leistungsverzeichnis vor und verlangt er also nur, dass der Auftragnehmer Preise ansetzt, so löst diese Tätigkeit allein noch keinen Vergütungsanspruch aus. Verlangt der Auftraggeber dagegen, dass der Auftragnehmer selbst ein Leistungsverzeichnis erarbeitet oder sogar erst die Änderungsausführungsplanung erstellt, aus der dann ein Änderungs-Leistungsverzeichnis abgeleitet werden kann, so ist das keine bloße Preisangabe mehr, sondern der konkludente Abschluss eines Planungsvertrages, den der Auftraggeber auch vergüten muss, wenn es nicht zur Änderungsanordnung kommt.[41] Macht der Auftragnehmer ein Änderungspreisangebot, so muss er dabei seine Planungskosten mit anbieten; „vergisst" er sie und nimmt der Auftragnehmer das Preisangebot ohne Planungskosten an, werden sie wegen der Bindungswirkung dieses Preisangebots nicht vergütet. Dasselbe gilt, wenn der Auftraggeber keine Anordnung gemäß VOB trifft,

---

[34] BGH NJW 1979, 2202; *Peters/Jacoby* in Staudinger BGB § 632 Rdn. 115. AA *Busche* in MüKoBGB § 632 Rdn. 11.
[35] OLG Köln BauR 1992, 98; *Kuffer* in Heiermann/Riedl/Rusam VOB/B § 2 Rdn. 7.
[36] Vgl. BGH „Behinderungsschaden I" BauR 1986, 347 und *Markus* in Kapellmann/Schiffers/Markus Band 1, Rdn. 1573.
[37] Vgl. OLG Celle IBR 2000, 582 und LG Arnsberg, BauR 2012, 521 mit Anm. von Sangenstedt.
[38] Dazu *Nestler* BauR 1994, 595.
[39] *Nestler* s. Fn. 38; *Döring* in Ingenstau/Korbion VOB/B § 3 Abs. 6 Rdn. 10.
[40] Näher dazu Rdn. 177, 178.
[41] Zutreffend *Boltz* IBR 2016, 71.

sondern ein Leistungsänderungs- und Preisangebot des Auftragnehmers verlangt und erhält.[42] Zu den Kosten der Nachtragsbearbeitung selbst verweisen wir auf Rdn. 225, bei „Behinderungsnachträgen" auf VOB/B § 6 Rdn. 74.

X. Verjährung der Vergütungsansprüche

19   Vergütungsansprüche aus einem Werkvertrag verjähren in der regelmäßigen Verjährungsfrist gemäß § 195 BGB. Diese beträgt 3 Jahre. Die Verjährung beginnt gemäß § 199 Abs. 1 BGB mit dem Schluss des Jahres, in dem der Anspruch durchsetzbar entstanden ist (beim Werkvertrag Abnahme des Werkes, § 641 Abs. 1 BGB) und der Gläubiger von den den Anspruch begründenden Umständen und der Person des Schuldners Kenntnis erlangt oder ohne grobe Fahrlässigkeit erlangen müsste. Zum Verjährungsbeginn beim VOB-Vertrag siehe die Kommentierung zu VOB/B § 16. § 199 Abs. 4 BGB bestimmt außerdem eine kenntnisunabhängige Maximalfrist: Der Vergütungsanspruch verjährt danach jedenfalls 10 Jahre nach seiner Entstehung. Diese Frist beginnt dann nicht erst mit Ablauf des Jahres, in welchem der Vergütungsanspruch entsteht, sondern taggenau. Forderungen aus Abschlagsrechnungen verjähren selbstständig, bewirken aber nicht, dass der entsprechende Teilbetrag, aufgenommen in die Schlussrechnung, seinerseits verjährt wäre.[43] In der Schlussrechnung enthaltene wie auch in ihr nicht enthaltene Forderungen verjähren einheitlich.[44]

20   Hemmung, Ablaufhemmung und Neubeginn der Verjährung des Vergütungsanspruches bestimmen sich nach den allgemeinen Regeln des BGB (§§ 203 ff.).

B. Die Vergütungsregeln des § 2 VOB/B

I. § 2 Abs. 1 VOB/B – die abgegoltenen Leistungen

21   **1. Systematik. a) Aufbau der VOB/B.** § 2 Abs. 1 VOB/B regelt, welche Leistungen „durch die vereinbarten Preise" abgegolten werden. Durch die vereinbarten Preise wird die vertraglich vereinbarte Leistung abgegolten. Welche Leistung das ist, bestimmt als überflüssige Selbstverständlichkeit § 1 Abs. 1 Satz 1 VOB/B so: „Die auszuführende Leistung wird nach Art und Umfang durch den Vertrag bestimmt." Das entspricht der „versprochenen Leistung" in § 631 Abs. 1 BGB. In § 1 wird die Leistungsseite des Vertrages mit den Änderungsbefugnissen des Auftraggebers definiert, in § 2 anschließend die zugehörige Vergütung einschließlich der Vergütung hinsichtlich der in § 1 zugelassenen Änderungsbefugnisse. Es versteht sich, dass die Bestimmung der Vertrags**vergütung** als Äquivalent zur Vertragsleistung die **zuvorige Definition der Vertragsleistung** (Bausoll) **voraussetzt**.

22   **b) Aufbau eines Bauvertrages. aa) Öffentlicher Auftraggeber.** Die VOB/B geht davon aus, dass Verträge nach dem Muster der VOB/A aufgebaut sind wie z. B. den „Einheitlichen Verdingungsmustern" im Vergabehandbuch für die Baumaßnahmen des Bundes (VHB 2008, Stand April 2016). Das Vergabehandbuch sieht vor, dass der öffentliche Auftraggeber im Rahmen einer Ausschreibung für Bauleistungen mit einem Formularpaket („Angebotsblankett") Bieter zur Abgabe eines Angebots auffordert; diese Aufforderung ist also selbst noch kein Angebot. Dieses Ausschreibungspaket beginnt demgemäß mit einem Formular „Aufforderung zur Abgabe eines Angebots" (Muster 211 EU – oberhalb der Schwellenwerte).

In der Anfangszeile benennt das Muster den konkreten Auftraggeber, sodann wird zur Identifizierung der eigentlichen Bauleistung auf die beiliegende **„Leistungsbeschreibung"** verwiesen. Das eigentliche Angebot muss der Bieter auf einem Formular „Angebot" (Formular 211 EU) machen, Seite 1 ist auf Seite 786 abgedruckt.

23   Die hauptsächliche Leistungsdefinition findet sich bei diesem Modell folglich in der **Leistungsbeschreibung**, die gemäß § 7b Abs. 1 VOB/A **beim Einheitspreisvertrag gleichrangig** (dazu Rdn. 66) aus der **Baubeschreibung** (= allgemeine Darstellung der Bauaufgabe) und einem in Teilleistungen gegliederten **Leistungsverzeichnis** besteht, erforderlichenfalls auch **gleichrangig** aus **Zeichnungen,** wobei solche, die für die Ausführung maßgebend sein sollen, eindeutig zu bezeichnen sind (§ 7b Abs. 2 VOB/A). Ebenso definieren die Anlagen zum Vertrag (z. B. ergänzende Protokolle oder geotechnische Gutachten – dazu Rdn. 105) die Leistungs-

---

[42] Einzelheiten *Kapellmann/Schiffers/Markus* Band 1, Rdn. 1106, dazu OLG Köln IBR 1996, 358.
[43] BGH BauR 1999, 267; dazu *von Rintelen* Jahrbuch Baurecht 2001, S. 25; *Otto* BauR 2000, 350.
[44] BGHZ 53, 222 = NJW 1970, 938.

verpflichtung des Auftragnehmers. Eine Leistungsbeschreibung mit **Leistungsprogramm,** die zum **Pauschal**vertrag führt, umfasst eine Beschreibung der Bauaufgabe nach näherer Maßgabe des § 7c VOB/A.[45] Die eigentliche Leistungsbeschreibung ist unter AGB-rechtlichen Gesichtspunkten kontrollfrei (dazu Rdn. 56). Der Begriff „Leistungsbeschreibung" wird im Vertrag regelmäßig in einem **weiteren Sinn** gebraucht (Rdn. 66).

Das konkrete Ausschreibungspaket des Bundes stellt „Allgemeine Geschäftsbedingungen" des Auftraggebers dar, allerdings solche, gegen die bis auf eine Ausnahme – Nr. 12 ZVB „Preisnachlässe", dazu Rdn. 218 – keine Wirksamkeitsbedenken nach den AGB-rechtlichen Bestimmungen (§§ 307 ff. BGB) bestehen.

bb) Privater Auftraggeber. Dieser Vertragsaufbau beim öffentlichen Auftraggeber ergibt sich unmittelbar aus den Bestimmungen der VOB, diese aus der Notwendigkeit, gewissermaßen paketweise einheitliche Regelungsgruppen für eine Vielzahl von Bauvorhaben zu schaffen. Aus demselben Grund sind auch viele Vertragsmuster privater Auftraggeber so oder ähnlich aufgebaut,

---

[45] Näher Rdn. 65.

Vergabestelle	**211 EU**
	(Aufforderung zur Abgabe eines Angebots EU – Einheitliche Fassung)

Vergabeart
☐ offenes Verfahren
☐ nicht offenes Verfahren
☐ Verhandlungsverfahren mit Teilnahmewettbewerb
☐ Verhandlungsverfahren ohne Teilnahmewettbewerb
☐ wettbewerblicher Dialog
☐ Innovationspartnerschaft

Ablauf der Angebotsfrist	
Datum	Uhrzeit

Bindefrist endet am

Aufforderung zur Abgabe eines Angebots
(Vergabeverfahren gem. Abschnitt 2 VOB/A)

Bezeichnung der Bauleistung:
Maßnahmennummer   Baumaßnahme

Vergabenummer   Leistung

Anlagen

A) die beim Bieter verbleiben und im Vergabeverfahren zu beachten sind
☒ 212EU Teilnahmebedingungen EU (Stand April 2016)
☐ 226   Mindestanforderungen an Nebenangebote
☐ 227   Zuschlagskriterien
☒ 232   Vereinbarung Tariftreue zwischen AN und NU
☐ 242   Instandhaltung
☐
☐
☐
☐

B) die beim Bieter verbleiben und Vertragsbestandteil werden
☒   Teile der Leistungsbeschreibung: Baubeschreibung, Pläne, sonstige Anlagen
☒ 214   Besondere Vertragsbedingungen
☒ 215   Zusätzliche Vertragsbedingungen (Stand April 2016)
☐ 225   Stoffpreisgleitklausel
☐ 228   Nichteisenmetalle
☒ 231   Vereinbarung Tariftreue
☐ 241   Abfall
☐ 244   Datenverarbeitung
☐
☐
☐
☐

VHB - Bund Ausgabe 2008 – Stand April 2016

also mit ineinander verschachtelten unterschiedlichen Bedingungswerken. Aber selbstverständlich ist die Vertragsgestaltung für den privaten Auftraggeber völlig frei. Genauso gut gibt es Vertragswerke, die alle relevanten Regelungen im Text enthalten, wenn sie auch meistens nicht darauf verzichten können, die eigentliche Beschreibung der Bauleistung in eine gesonderte Unterlage zu verlagern.

Wenn für die Verträge privater Auftraggeber die Geltung der VOB/B vereinbart ist, gilt auch für sie unmittelbar § 2 Abs. 1 VOB/B, soweit sinngemäß möglich.

2. Das Bausoll. a) Definition; die Bedeutung des geschuldeten „Erfolgs", funktionaler Mangelbegriff. § 2 Abs. 1 VOB/B enthält eine nur aus dem Vertragsaufbau der öffentlichen Auftraggeber heraus verständliche, aber ohnehin selbstverständliche Regelung: Die **Leistungsseite** des Vertrages wird bestimmt durch **alle** Vertragsbestandteile (Totalitätsprinzip), seien sie unmittelbarer Vertragstext oder Anlage zum Vertrag, seien sie verbal oder zeichnerisch. Systematisch gehört das eigentlich in § 1 VOB/B; als Vergabeanweisung für den öffentlichen Auftraggeber finden sich für ihn in § 7-7c VOB/A Vorschriften dazu, wie er das Bausoll zu beschreiben hat.

Zur Verdeutlichung der Definition und in Anpassung an vergleichbare andere Begriffe der Baubetriebslehre definieren wir die **vom Auftragnehmer vertraglich geschuldete Leistung als Bausoll: Bausoll** ist die durch den **Bauvertrag** nach **Bauinhalt** (was ist zu bauen?) und – gegebenenfalls – nach **Bauumständen** (wie ist zu bauen?) näher bestimmte Leistung des Auftragnehmers zur Erreichung des durch die Leistungsbeschreibung **im weiteren Sinne** (s. Rdn. 66) definierten werkvertraglich geschuldeten Erfolgs **einschließlich** z. B. im Rahmen der Mängelhaftung geschuldeten **Hinweispflichten.**[46]

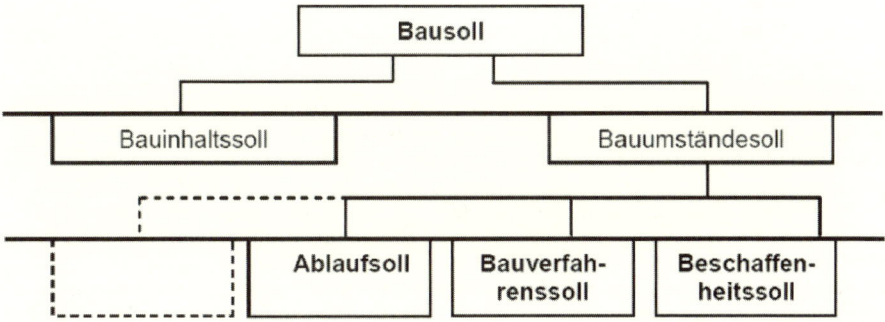

Dieses Bausoll hat der Auftragnehmer so für die unveränderte vereinbarte Vergütung (Vergütungssoll), also für den vertraglich vereinbarten Preis, zu erstellen. Stimmen die so als Vertragspflicht des Auftragnehmers definierte Vertragsleistung, also das **„Bausoll",** und die spätere Ausführung, also das **„Bauist",** überein, so hat der Auftragnehmer nur Anspruch auf den vertraglich festgelegten Werklohn, das Vergütungssoll. Somit stimmen dann also auch hinsichtlich der Vergütung „Soll" und „Ist" überein, vorausgesetzt, es ist nicht zu sonstigen, nicht aus der vertraglichen Leistungsbeschreibung resultierenden „Hindernissen" gekommen. Dabei ist unter „Bausoll" nicht nur die körperliche Bauleistung zu verstehen, sondern auch die durch den Bauvertrag definierte Art und Weise, wie dieses Bauziel erreicht werden soll, also in einer bestimmten Zeit, unter bestimmten, im Vertrag definierten Verhältnissen (z. B. Baugrundverhältnissen), durch bestimmte, durch den Auftraggeber vorgegebene Planungen oder technische Methoden usw. Das Werk ist nicht auf „irgendeine Weise", sondern „exakt in der vertraglich beschriebenen Weise herzustellen", das Leistungsprogramm des Auftraggebers ist **verbindlich,** die Leistungsbeschreibung dient (natürlich!) auch nicht lediglich der Bestimmung des Preises, sondern definiert vertraglich **verbindlich** auch die Tätigkeiten – und nicht nur „körperliche" Leistungen.[47]

---

[46] Zum Begriff „Bausoll" im Einzelnen *Kapellmann/Schiffers/Markus* Band 1, Rdn. 4, 100, 700, 721. Der Begriff wird heute allgemein verwendet. Er findet sich zB auch in der mit der VOB/B vergleichbaren österreichischen ÖNORM B 2110 in 3.8 mit entsprechender Begriffsdefinition.

[47] Zutreffend *Motzke* NZBau 2011, 705. Die Leistungsbeschreibung des Auftraggebers definiert also die Leistung, sie schränkt nicht etwa eine allumfassende Verantwortlichkeit des Auftragnehmers ein, so aber *Leupertz* Jahrbuch 2013, 1. *Leupertz* verkennt die Bedeutung der auftraggeberseitigen Planung.

„Nachträge" zur Vertragsvergütung kommen **nur** in Betracht, wenn das **Bauist** vom **Bausoll abweicht**. Und umgekehrt: Solange das Bausoll unverändert ist, gibt es keine geänderte Vergütung, ausgenommen die „Störung der Geschäftsgrundlage" – zu letzterer unten Rdn. 277 ff.

28   Der Auftragnehmer schuldet die „Herstellung des **versprochenen** Werks" (§ 631 Abs. 1 BGB). Er schuldet, wie es für den Typus „Werkvertrag" kennzeichnend ist, nicht Arbeit, sondern **Erfolg**, nämlich die Herstellung des Werkes als durch Arbeit herbeizuführenden Erfolg (§ 632 Abs. 2 BGB) **wie versprochen,** das heißt: wie hinsichtlich „Art und Umfang" (so § 4 Abs. 1 Nr. 2 VOB/A) des Werkes, der Herstellungszeit, der Herstellungsmethode, der zugesicherten Eigenschaften usw. **vertraglich** vereinbart. Für alle **Leistungsverträge**, also Einheitspreisvertrag und Pauschalvertrag, kommt es dabei nicht darauf an, mit welchem Aufwand der Auftragnehmer das Bausoll realisiert; gleichgültig wie hoch der Aufwand ist, die Vergütung bleibt unverändert, solange nicht die extreme Grenze der Störung der Geschäftsgrundlage überschritten ist. Deshalb ist es weder richtig, dass Aufwand, der über die Leistungen hinausgeht, die die gemäß § 1 Abs. 1 Satz 2 VOB/B anzuwendende VOB/C definiert, zusätzlich sei und wegen eines angeblich in § 2 Abs. 1 VOB/B enthaltenen Preisvorbehaltes zu ersetzen sei,[48] noch ist es richtig, dass es überhaupt bei verändertem Aufwand, aber unverändertem Bausoll zusätzliche Vergütung gäbe.[49] Für Leistungsverträge gilt: „Bei Vergütung zu festen Preisen ist der Aufwand des Unternehmers unerheblich".[50] Der Aufwand des Auftraggebers ist dagegen Maßstab für die Vergütung unbegrenzt beim (seltenen) Selbstkostenerstattungsvertrag, standardisiert jedenfalls beim Stundenlohnvertrag (§ 15 VOB/B).

Dass beim Werkvertrag ein **Erfolg** geschuldet wird, darf **nicht** zu der Schlussfolgerung verleiten, die Erfolgsverpflichtetheit führe zu einer Erweiterung der vereinbarten Leistungsverpflichtung. Der Auftragnehmer schuldet nicht einen generellen Erfolg, sondern nur **den** Erfolg, den er zur Herstellung seines **versprochenen** Werks leisten muss.[51] Das versprochene Werk definiert sich durch den Vertrag. Der Auftragnehmer schuldet die Herstellung des so beschriebenen Werks als Erfolg. Der Begriff „Erfolg" beschreibt nur, dass der Auftragnehmer für die erfolgreiche Erstellung dieses Werkes und nicht für einen bestimmten Aufwand bezahlt wird.

Die vertragliche Vergütung (§ 2 Abs. 1 VOB/B) ist das Äquivalent für die Realisierung der vertraglich vereinbarten Leistungsverpflichtung, des Bausolls. Die auszuführende Leistung kann anders sein als die vertraglich vereinbarte Leistung, nämlich dann, wenn der Auftragnehmer geänderte oder zusätzliche Leistungen anordnet (§ 1 Abs. 3, 4 VOB/B) oder der Auftragnehmer sie „ohne Auftrag" abweichend ausführt (§ 2 Abs. 8 VOB/B). Probleme ergeben sich, wenn mit den vertraglich vereinbarten Leistungen das Ziel der **Mangelfreiheit zum Zeitpunkt der Abnahme** (§ 13 Abs. 1 VOB/B) nicht erreicht werden kann, sei es, dass a) zur Herbeiführung der Abnahmereife (unabhängig vom Zeitpunkt) notwendige Leistungen fehlerhaft oder gar nicht vom Auftraggeber vorgegeben worden sind, sei es, dass b) der Auftraggeber die Mangelfreiheit verneint, weil er sich in seiner („berechtigten") Funktionalitätswertung enttäuscht sieht, sei es c) dass sich die anerkannten Regeln der Technik oder gesetzliche Vorgaben nach Vertragsschluss verschärfend geändert haben[52], in allen Konstellationen mit der Frage, ob für eine notwendig werdende neue Leistung zusätzliche Vergütung geschuldet ist.

Entgegen erster Sicht ist dabei nicht nur die Frage nach der Mängelhaftung von Interesse. Brisant wird die Fragestellung auch im Rahmen der Vergütung: Wenn die zu ergänzende Leistung im Fall b) von Anfang an zum Bausoll gehören würde – wie es der „funktionale Mängelbegriff" zu Unrecht postuliert –, liegt es auf der Hand, dass dann diese notwendige Ergänzungsleistung von Anfang an geschuldet war und deshalb keine zusätzlichen Leistung i. S. v. § 1 Abs. 2, § 2 Abs. 6 VOB/B sein kann und folglich konsequenterweise auch nicht zusätzlich zu vergüten wäre.[53] Leitentscheidung zum „funktionalen Mangelbegriff" ist das Urteil des BGH

---

[48] *Putzier* BauR 1994, 596; heute aufgegeben, siehe *Putzier* Mehraufwand S. 88; Einzelheiten dazu *Kapellmann/Schiffers/Markus* Band 1, Rdn. 137 ff.
[49] *Putzier* Mehraufwand S. 81 ff. und Anmerkung zu OLG München BauR 1998, 561; dazu näher *Kapellmann/Schiffers/Markus* Band 1, Rdn. 137 ff., 141, 142.
[50] *Gauch* Werkvertrag (Schweiz) Rdn. 902; *Schumacher/König* Vergütung (Schweiz) Rdn. 44–47.
[51] Näher *Kapellmann* NJW 2005, 182; *Motzke* NZBau 2002, 641, 643; *Markus* FS Kapellmann, S. 291.
[52] Zum Letzteren s. nachfolgend Rdn. 30.
[53] Diese Konsequenz zieht *Leupertz* BauR 2010, 272, 282 wie folgt: Die (Ergänzungs-)Leistungen gehören zum vertraglichen Leistungsumfang, deshalb sind sie jedenfalls beim Pauschalvertrag von der vertraglichen Vergütung umfasst. Deshalb kommt eine zusätzliche Vergütung gem. § 632 Abs. 1, 2 BGB nicht in Betracht. Gleichwohl geht der Aufwand, den der Unternehmer zur Verwirklichung des Bauerfolges (hier liegt die petitio principii!) betreiben muss, über die Leistungen hinaus, für die er die Vergütung erhält. Das führt zu

Vergütung   28 § 2 VOB/B

„Blockheizkraftwerk".[54] Ein Heizungsbauer errichtet – fehlerfrei – eine Heizung in einem Haus, das durch ein von dritter Seite zu errichtendes Blockheizkraftwerk versorgt wird. Das Haus wird nicht warm, weil das Blockheizkraftwerk die notwendige Leistung im Ergebnis nicht erbringt. Der Bundesgerichtshof sieht – unabhängig von Hinweisnotwendigkeiten – das Werk des Heizungsbauers als mangelhaft an; es sei nämlich (**stillschweigend**) als Beschaffenheit des Werks des Heizungsbauers **vereinbart,** dass mit der mangelfreien Herstellung der Heizung das Haus warm werde – die zur Herbeiführung **dieses** Erfolgs notwendige, vom Auftraggeber nicht ausgeschriebene Leistung sei wegen dieser vereinbarten Beschaffenheit auch trotz des mangelhaften Blockheizkraftwerks auch geschuldet, offenbar also Bausoll.

Ein Werk ist gemäß § 633 Abs. 2 BGB und § 13 Abs. 1 VOB/B frei von Sachmängeln, wenn es die vereinbarte Beschaffenheit hat. **Soweit** die Beschaffenheit **nicht** vereinbart ist (also **alternativ**), ist das Werk frei von Sachmängeln,
1. wenn es sich für die nach dem Vertrag vorausgesetzte, sonst
2. für die gewöhnliche Verwendung geeignet und eine Beschaffenheit aufweist, die bei Werken gleicher Art üblich ist und die der Besteller nach der Art des Werkes erwarten kann.

Erste Mangeldefinition ist also, dass das Werk eine **vereinbarte** Beschaffenheit nicht erfüllt. Soweit eine dahingehende Vereinbarung **nicht** getroffen ist, ist das Werk dann mangelhaft, wenn es die anderen, näher definierten Voraussetzungen nicht erfüllt.

Ein Mangel allein wegen fehlender Beschaffenheit kommt also nur in Betracht, wenn diese besondere Beschaffenheit (gesondert) vereinbart ist; diese Beschaffenheitsvereinbarung in die anderen Mängeltatbestände hineinzulesen, verkennt den **Vorrang** der notwendigen Vereinbarung für die Beschaffenheit. Etwas anderes verstößt gegen den Wortlaut des Gesetzes.[55] Man kann den völlig eindeutigen Wortlaut des Gesetzes auch nicht durch einen Rückgriff auf die Entwurfsbegründung in sein Gegenteil verkehren, wie es der BGH tut. Ein solcher Rückgriff kommt nur in Betracht, wenn der Gesetzeswortlaut unklar ist, aber nicht, wenn er eindeutig ist. Wenn es wirklich einen Widerspruch zwischen **klarem** Gesetzeswortlaut und Gesetzesbegründung gibt, kann doch nicht die (angesichts des Gesetzeswortlauts falsche) Begründung **statt** des

---

einer Störung des Äquivalenzgefüges und damit zu einer Störung der Geschäftsgrundlage die eine Preisanpassung nach Maßgabe der Vorschrift in § 313 Abs. 1, 2 BGB nach sich ziehen kann. Allerdings sind die Anforderungen an die Anpassung des Vertrages für die hier interessierenden Fälle angesichts des Kriteriums der Unzumutbarkeit zu hoch. Auf Deutsch: Weil die Kriterien zu hoch sind, ist das Institut der Störung der Geschäftsgrundlagen nicht anwendbar. Richtig ist daran, dass die Störung der Geschäftsgrundlage überhaupt nicht zur Lösung beiträgt; die Antwort kann nämlich nicht davon abhängen, ob eine teure, sehr teure oder billige Zusatzleistung zu vereinbaren ist und ob die Hinnahme dieses Mehraufwandes zumutbar oder unzumutbar ist. Zum VOB-Vertrag führt *Leupertz* aus, § 2 Abs. 6 VOB/B sei nicht anwendbar, weil keine Leistungen gefordert würden, die im Vertrag nicht vorgesehen sind. Daraus muss man schließen, dass es beim BGB-Vertrag überhaupt keine Vergütung für diese Leistungen gibt. Im Jahrbuch Baurecht 2013, 1, führt Leupertz aus: Muss der Auftragnehmer zur Verwirklichung des Bauerfolgs (?) wegen der tatsächlichen Bodenverhältnisse Aufwand betreiben, der nach der Leistungsbeschreibung (so) nicht vorgesehen ist, handele es sich um eine Störung des Äquivalenzgefüges, die ggf. nach § 313 Abs. 2 BGB auszugleichen sei. Tatsächlich ist dieser Fall (nämlich der Fall des BGH, Schleuse Uelzen, NZBau 2009, 707 = BauR 2009, 1724) ein klarer Fall der Abweichung des Bauist vom Bausoll und damit einer geänderten Leistung, s. Rdn. 106.

[54] BGH NZBau 2008, 109. Der Heizungsbauer haftet im konkreten Fall laut BGH, weil er nicht nachweisen konnte, dass er die Mangelhaftigkeit des Blockheizkraftwerks nicht erkennen konnte. Das Werk war aber gar nicht mangelhaft. Das OLG München hat nach Zurückverweisung die Klage abgewiesen, weil der Heizungsbauer die Ungeeignetheit des Blockheizkraftwerkes nicht habe erkennen können, BauR 2009, 1337. Dem BGH stimmen zu *Kniffka* in Kniffka/Koeble Kompendium Teil 6, Rdn. 23-28; *Schmidt* in Althaus/Heindl, Der öffentliche Bauauftrag, Teil 5, Rdn. 2; *Leupertz* BauR 2010, 273, *Oberhauser* BauR 2010, 208, *Fuchs* BauR 2009, 404; *Leitzke* BauR 2008, 914; *Voit* ZfBR 2007, 15. In diesen Kontext gehört auch der abzulehnende Beschluss des 3. Baugerichtstags 2010: „Der Unternehmer schuldet die Einhaltung der vertraglich vereinbarten Beschaffenheit **und** die Herstellung eines funktionstauglichen Werkes. Das gilt auch bei Verträgen, denen eine detaillierte Leistungsbeschreibung zugrunde liegt."
[55] Diesen Verstoß räumen *Leupertz/Halfmeier* in Prütten/Wegen/Weinreich BGB § 633 Rdn. 21 ausdrücklich ein, meinen aber, die EU-Verbrauchsgüterkaufrichtlinie erfordere genau diese Auslegung, deshalb sei der Wortlaut richtlinientreu zu korrigieren. Ohnehin ist der Schluss aus dieser Richtlinie auf die zwingende Anwendbarkeit im Werkvertragsrecht nicht überzeugend, näher *Faust* BauR 2013, 363. Die Richtlinie bezieht sich im Übrigen nicht auf Geschäfte zwischen Unternehmen, das Gebot richtlinienkonformer Auslegung greift nicht, BGH NJW 2013, 220; BGH, NZBau 2014, 623. Zudem ist mehr als zweifelhaft, ob die Richtlinie das Kumulierungsgebot insoweit überhaupt enthält, s. *Müller* Werkerfolg S. 77–96. Schließlich ist eine richtlinienkonforme Auslegung gegen das Gesetz nicht möglich, *von Rintelen* Einleitung Teil B Rdn. 68; *Donner* in Glöckner/von Berg, Bau- und Architektenrecht, VOB/B § 13 Rdn. 4.

Gesetzes gelten. Es kann deshalb dahinstehen, ob die Gesetzesbegründung den behaupteten Inhalt hat. Es ist nicht nachvollziehbar, dass der Auftragnehmer ohne besondere Vereinbarung für die Funktionstauglichkeit haften soll, obwohl das Gesetz eine Haftung für Funktionstauglichkeit nur bei Vereinbarung vorsieht. Schon deshalb ist die Lehre vom funktionalen Mängelbegriff abzulehnen.[56] Im Einzelfall kann es folglich nur darum gehen, ob eine gesonderte Funktionsfähigkeit zwischen den Parteien konkludent oder stillschweigend **vereinbart** ist. Der Gesetzgeber hatte die Möglichkeit, im Rahmen des neues Gesetzes zur Reform des Bauvertragsrechts und zur Änderung der kaufrechtlichen Mängelhaftung den Wortlaut des § 633 Abs. 2 BGB zu ändern oder klarzustellen. Er hat das nicht getan, im Gegenteil: Indem er in § 650b Abs. 1 Nr. 2 die „zur Erreichung des vereinbarten Werkauftrags notwendige Änderung" behandelt, regelt er „Änderungen des versprochenen Werkes" (§ 631 BGB) und kommt also darauf an, ob die Parteien neben dem Werk, das der Auftragnehmer gemäß § 631 BGB schuldet, auch einen Werkerfolg als funktionales Leistungsziel vereinbart haben.[57] Die Notwendigkeit einer „besonderen Funktionalitätsvereinbarung" **beider Parteien** ist eindeutig und so lautet auch genau § 633 Abs. 2 BGB.

Bei einer globalen Leistungsbeschreibung seitens des Auftraggebers, also einer funktionalen Leistungsbeschreibung (dazu Rdn. 246 ff.) könnte im Einzelfall vielleicht eine funktionale Verpflichtung bestehen, aber dann muss es aus dem Vertrag konkrete Anhaltspunkte dafür geben, dass der Heizungsbauer, obwohl nicht Vertragspartner, für das Blockheizkraftwerk, also das Funktionieren einer fremden Leistung, einstehen will, das ist nicht wahrscheinlich.

Bei auftraggeberseitiger detaillierter Leistungsbeschreibung, sei es Einheitspreisvertrag, sei es Detailpauschalvertrag (dazu Rdn. 242 ff.), stimmt die Annahme einer „stillschweigenden Vereinbarung" zur Gesamtfunktionsfähigkeit ohnehin nicht: **Nichts** spricht dafür, dass ein Auftragnehmer über sein detailliert beschriebenes Werk hinaus eine **zusätzliche** Leistungspflicht übernehmen will in Form des Einstehens für fremde Planung oder Leistung; die Hinweispflicht des Auftragnehmers bleibt davon unberührt. Der Bundesgerichtshof **fingiert** eine Vertragserklärung des Auftragnehmers ganz gegen dessen Interesse: Würde man den Unternehmer fragen, ob er eine solche zusätzliche Mängelhaftung übernehmen will, würde er das mit Unverständnis ablehnen. Für die Annahme einer stillschweigenden Vereinbarung einer besonderen Funktionstauglichkeit über die Mangelfreiheit des versprochenen Werkes hinaus ist deshalb äußerste Vorsicht geboten. Sie kann nur in Betracht kommen, „wenn **besondere** Anhaltspunkte für eine entsprechende Willenseinigung der Parteien vorliegen, die sich auf die geschuldeten Sacheigenschaften beziehen".[58] Einseitige (Wunsch-) Vorstellungen des Auftraggebers sind für eine **vereinbarte** Funktionstauglichkeit unbeachtlich.[59]

Darüber hinaus gibt es **weitere Argumente** gegen die Annahme, die Erbringung zusätzlicher Leistungen zur Erreichung einer weitergehenden funktionalen Verpflichtung sei stillschweigend vereinbart. Die notwendig werdende Ergänzungsleistung kann schon deshalb laut Vertrag nicht geschuldet sein, weil diese Leistung **unbekannt** ist.

Wenn der Auftragnehmer das detailliert beschriebene und auf dieser Basis versprochene Werk mangelfrei errichtet hat **und** zudem mögliche Hinweise auf Fehlleistungen Dritter gegeben hat, so hat er damit alle Pflichten erfüllt. Ist z. B. eine Planungsleistung des Auftraggebers mangelhaft, ist jetzt der Auftraggeber am Zug: **Er** muss ergänzend planen und entscheiden, ob z. B. an der „autonomen" Leistung des Auftragnehmers nichts zu ändern ist, wohl aber an der Leistung eines anderen Unternehmers, ob das Gewerk des Auftragnehmers um eine vom Auftraggeber noch zu planende Leistung ergänzt werden muss und er, der Auftraggeber, sie anordnen will, ob entsprechend vielleicht eine Änderung der Leistung des Auftragnehmers anzuordnen ist und ob er die Ergänzungsleistung nicht durch ein Drittunternehmen ausführen lässt. Das heißt: **Ohne die neue Entscheidung des Auftraggebers** ist unbekannt, ob es überhaupt eine Ergänzungsleistung gibt und ggf. welche es gibt. Ohne die Anordnung des Auftraggebers ist die Ergänzungsleistung nicht definiert und schon gar nicht entschieden, dass gerade der Auftragnehmer sie

---

[56] Wie hier *Motzke* NZBau 2011, 705; *Markus* NZBau 2010, 604; *Sass* NZBau 2013, 132; *Bolz* Jahrbuch Baurecht 2011, 107; *Popescu* NZBau 2012, 137; *Peters* NZBau 2010, 211 und *Peters/Jacoby* in Staudinger, BGB, § 633 Rdn. 184a; *Jansen* FS Franke, 2009, 57; *Ganten* in Beck'scher VOB-Kommentar, VOB/B § 13 Rdn. 69: „*Der Funktionalitätsbezug muss vereinbart sein*"; *Engbers* NZBau 2016, 34. Zutreffend auch OLG Hamm NZBau 2016, 534: „Zuerst ist zu prüfen, ob die zur Herstellung erforderlichen Arbeiten bei einem anderen Fachunternehmen **in Auftrag** gegeben worden sind. In einem solchen Fall reduziert sich die ... Leistungspflicht des Auftragnehmers auf etwaige Hinweispflichten".

[57] Näher *Markus* NZBau 2016, 601.

[58] *Faust* BauR 2013, 363.

[59] Zutreffend OLG München NJW-Spezial 2013, 396.

ausführen soll. Der Auftragnehmer **kann** diese unbekannte Ergänzungsleistung gar **nicht von sich** aus ausführen.

Der Auftragnehmer **darf** aber die Ergänzungsleistung auch gar **nicht** von sich aus ausführen. Der Auftraggeber darf nicht aus eigener Machtvollkommenheit in die Planung und das Eigentum des Auftraggebers eingreifen, er darf dem Auftraggeber nicht durch Eigeninitiative z. B. einen Mängelbeseitigungsanspruch gegen ein Drittunternehmen wegnehmen, er darf dem Auftraggeber überhaupt nicht die Entscheidung abnehmen, ob dieser z. B. auf eine Ergänzung verzichtet oder welche unterschiedlich teuren Alternativen er wählt. Der Vertrag **bindet** den Auftragnehmer. Der Auftragnehmer hat „keine Befugnis, von sich aus die Art und Weise der Ausführung oder die Stoffvorgaben zu ändern".[60]

Die Lösung, anzunehmen, eine unbekannte Ergänzungsleistung sei schon Bausoll, nur nicht verpreist, scheitert schon daran, dass es kein Bausoll mit unbekannten Leistungen geben kann. Demzufolge hat bisher auch niemand die Frage beantworten können, **welche** Ergänzungsleistung der Auftragnehmer schuldet. Unausgesprochene Leistungsanforderungen muss ein Auftragnehmer nicht ahnen, er ist kein Prophet.

Endlich ist die vorgetragene Lösung – die „Ergänzungsleistung" gehört **nicht** zum Bausoll – **systemgerecht:** Wenn auftraggeberseitige Details das Bausoll bestimmen – und an diesem Kernsatz muss man festhalten, weil es richtig ist, dass sonst Leistung und Vergütung beim Bauvertrag **ins Unbestimmte zerfließen** –, wenn also die Erkenntnis der Rechtsprechung, dass die Details das Bausoll bestimmen (s. Rn. 108, **259**), richtig ist, kann das nicht dadurch konterkariert werden, dass gerade doch Leistungen zum Bausoll gehören, die unbekannt sind.

Das Ergebnis ist also: Die Ergänzungsleistungen **gehören nicht zum Bausoll.** Deshalb müssen sie, wenn der Auftraggeber sie ausgeführt haben will, gesondert in Auftrag gegeben und bezahlt werden, beim VOB-Vertrag gemäß § 2 Abs. 6, Abs. 5 VOB/B. Aber nach die Rechtsmeinungen, die die Zugehörigkeit der Ergänzungsleistung zum Bausoll postulieren oder diese Fragestellung ganz ignorieren, kommen zu dem Ergebnis, dass die Zusatzleistung zusätzlich bezahlt werden muss. Eine dogmatische Begründung dafür ist schwer ersichtlich.[61] Aber das soll nicht unsere Fragestellung sein: Im Ergebnis besteht also Einigkeit, dass diese Leistungen vergütet werden müssen. Wir erörtern das Thema nur deshalb so ausführlich, weil wir der Schlussfolgerung vorbeugen wollen, die Ergänzungsleistungen seien nicht zu vergüten.

b) Bauinhaltssoll. aa) Bestimmbarkeit der Leistung, Bestimmung nach Vertragsschluss. Der Bauvertrag bestimmt „Art und Umfang" des herzustellenden Werkes, also, **was** (inhaltlich) zu bauen ist.

Für den Abschluss eines wirksamen Vertrages und damit für die Bestimmung des inhaltlichen Bau-solls ist nicht Voraussetzung, dass die vom Auftraggeber geschuldete Leistung zum Zeitpunkt des Vertragsschlusses eindeutig bestimmt ist, wenn es eine definierte Regelung für die spätere Bestimmung gibt. Das **BGB** regelt ausdrücklich Konstellationen, in denen die vertragliche Leistung oder Gegenleistung unbestimmt ist (§§ 315, 316 BGB); in solchen Fällen hat eine der Parteien ein (einseitiges, nachträgliches) Leistungsbestimmungsrecht, das sie im Zweifel „nach billigem Ermessen" ausüben muss. Die Leistung ist so jedenfalls **„bestimmbar",** was ausreichend, aber auch erforderlich ist.[62] Praktisch spielt das eine große Rolle bei Global-Pauschalverträgen; bei ihnen ist zum Zeitpunkt des Vertragsschlusses die Leistungsseite des Vertrages erst „global" definiert, bedarf also später noch der Detaillierung und Konkretisierung (unten Rdn. 249, 262).

Das Bausoll kann folglich auch noch **nachträglich** vom Auftraggeber oder Auftragnehmer festgelegt werden, wenn der Vertrag das so vorsieht. Beispiel dafür ist, dass der Auftraggeber erst **nach Vertragsschluss** die **Ausführungsplanung** vorlegen darf. Solange diese sich nur im Rahmen der **Konkretisierung** der zum Vertragsstand gemachten Entwurfsplanung hält und – beim Einheitspreisvertrag – nicht von den im Leistungsverzeichnis definierten Leistungsbeschreibungen der Positionen abweicht, bildet sie das Bausoll (näher Rdn. 188, zum Globalpauschalvertrag Rdn. 270). Hat z. B. beim Schlüsselfertigbau umgekehrt der Auftragnehmer die Aus-

---

[60] *Motzke* NZBau 2011, 705; *Manteufel* NZBau 2014, 195; *Peters/Jacoby* in Staudinger BGB § 633 Rdn. 77.
[61] Zutreffend *Steffen/Hofmann* BauR 2012, 1. Für Vergütung BGH „Blockheizkraftwerk" NZBau 2008, 109 = BauR 2008, 344; *Kniffka* in Kniffka/Koeble Kompendium Teil 6 Rdn. 26, wobei er konstatiert, dass der Auftraggeber die Ergänzungsleistung anordnen muss (wenn die Leistung schon Bausoll wäre, bräuchte sie aber nicht angeordnet zu werden); *Fuchs* BauR 2009, 404; *Bamberger/Roth* BGB § 632 Rdn. 12.
[62] Zutreffend insoweit als Grundsatz BGH „Kammerschleuse" BauR 1997, 126, dazu Rdn. 116.

führungsplanung zu erstellen, so bestimmt er durch die Detailausfüllung der Globalelemente das Bausoll (näher Rdn. 262). Auch die Ausübung eines Auswahlrechts führt zur nachträglichen Festlegung des Bausolls (Rdn. 192).

30   bb) **Änderung der „anerkannten Regeln der Technik" oder gesetzlicher Vorschriften vor Abnahme.** Inhaltlich wird die Leistungspflicht des Auftragnehmers auch dadurch bestimmt, dass der Auftragnehmer mangelfrei bauen muss, also ein Werk herzustellen hat, das gemäß den §§ 4 Abs. 2 Nr. 1 Satz 1, 13 Abs. 1 VOB/B zum Zeitpunkt der **Abnahme u. a. den anerkannten Regeln der Technik** entspricht (s. auch oben Rdn. 28).

Solange das herzustellende Werk unverändert bleibt, ist die Vertragsvergütung korrektes Äquivalent. Eine Diskrepanz entsteht dann, wenn sich zum Zeitpunkt der Abnahme die geschuldete Mängelfreiheit nicht mit den Leistungen erzielen lässt, die vertraglich vorgesehen sind: Das ist der Fall, wenn sich die anerkannten Regeln der Technik oder wenn sich gesetzliche Anforderungen in der Zeit zwischen Vertragsschluss und Abnahme **verschärfen;** um die **neuen** Mangelfreiheitsanforderungen einhalten zu können, sind im Vertrag bisher nicht vorgesehene Leistungen notwendig (ähnlich oben Rdn. 28). Es könnte zweifelhaft sein, ob in einem solchen Fall der Auftragnehmer überhaupt ein „objektiv mangelfreies Werk" schuldet oder nur ein Werk, das – gemessen am Zeitpunkt des Vertragsschlusses – den Grad von Mangelfreiheit zum Zeitpunkt der Abnahme erreicht, der unter den gegebenen Vertragsregeln möglich war. So löste *Jagenburg* das Problem; er stellte für die „Vertragsgemäßheit" der Leistung auf den Zeitpunkt des Vertragsschlusses ab, so dass die zwischenzeitlichen Änderungen der „anerkannten Regeln der Technik" nicht das vom Auftragnehmer geschuldete Bausoll verändern.[63] Indes kann es keinem Zweifel unterliegen, dass diese Lösung das Problem nicht erfasst: Die Formulierung der VOB/B ist eindeutig, gemäß § 13 Abs. 1 VOB/B muss die Leistung **zum Zeitpunkt der Abnahme** „den anerkannten Regeln der Technik" entsprechen, das hergestellte Werk ist anderenfalls mangelhaft. Ob ein Werk „den anerkannten Regeln der Technik" entspricht oder nicht, ist eine objektive Feststellung, die als solche weder etwas mit Voraussehbarkeit, Verschulden oder Zumutbarkeit zu tun hat und bei der der maßgebende Zeitpunkt „Abnahme" eindeutig definiert ist.[64] Allerdings ist zu berücksichtigen, dass sich der Stand der anerkannten Regeln der Technik nicht am puren Wortlaut von DIN-Normen festmachen lässt; die technische Entwicklung kann darüber hinweggeschritten (oder auch darüber zurückgefallen!) sein. Insofern können z.B. Gelbdrucke einer DIN Anhaltspunkt sein.

31   Aber der Auftragnehmer kann die geschuldete Mängelfreiheit – das ist **nicht** das Bausoll! – nicht ohne Mitwirkung des Auftraggebers erreichen. Der Auftragnehmer muss den Auftraggeber zwar auf die hinsichtlich der Mangelfreiheit veränderte Situation hinweisen (s. Rdn. 32). Dieser muss aber genauso wie bei auftraggeberseitiger falscher Detailplanung (Rdn. 28) entscheiden, welche bis dahin unbekannten „Ergänzungsleistung" ausgeführt werden soll und von wem. Diese neue Leistung beruht auf einer nicht im Vertrag vereinbarten, nachträglichen Änderung der Investitionsbedingungen.

Die nachträgliche Veränderung solcher Investitionsbedingungen gehört zum Investitionsrisiko des Auftraggebers und damit zu seinem „Risikobereich" (§ 6 Abs. 2 Nr. 1 lit a VOB/B),[65] auch bei funktionaler Leistungsbeschreibung. Demzufolge ist mit der herrschenden Lehre davon auszugehen, dass der Auftraggeber die zusätzliche Leistung des Auftragnehmers vergüten muss, sei es gemäß § 2 Abs. 6 VOB/B, sei es gemäß § 2 Abs. 8 Abs. 3 VOB/B. Dabei kann dahinstehen, ob dann, wenn der Auftraggeber die Ausführung dieser zusätzlichen Leistung **anordnet,** dies eine Anordnung gemäß § 4 Abs. 1 Nr. 3 VOB/B nur „mit Kostenfolge gemäß § 2 Abs. 6 VOB/B" ist oder ob es sich richtigerweise um eine Anordnung gemäß § 1 Abs. 4, § 2 Abs. 6 VOB/B mit entsprechender Vergütungspflicht handelt, jedenfalls besteht Einigkeit, dass der Auftraggeber die zusätzliche Leistung vergüten muss.[66] **Fehlt** eine Anordnung, so hat der

---

[63] FS Korbion, S. 179 ff., 186. *Kniffka* in Kniffka/Koeble Kompendium § 6 Rdn. 35 will den maßgebenden Zeitpunkt vorverlegen, wenn ein Bauteil bei Eintritt der Regeländerung schon vollständig fertig ist.
[64] BGH BauR 2000, 261; *Leupertz/Halfmeier* in Prütting/Wegen/Weinreich BGB § 639 Rdn. 12; *Bamberger/Roth/Voit* BGB § 632 Rdn. 12.
[65] Näher zum „Risikobereich" des Auftraggebers VOB/B § 6 Rdn. 18–22.
[66] BGH „Bistroküche" NZBau 2008, 437 = BauR 2008, 1134 mit Anm. *Leinemann;* BGH „Dachdeckergerüste" NJW 2006, 3416 m. Anm. *Kapellmann* NZBau 2006, 777; *Voit* ZfBR 2007, 157 und *Bamberger/Roth* BGB § 632 Rdn. 12; *Kapellmann/Schiffers/Markus* Band 2, Rdn. 570, 571; *Vygen/Joussen* Bauvertragsrecht Rdn. 1285; *Herchen* NZBau 2007, 135. Eine Vergütung nur bei der auf unzumutbare Fälle beschränkten „Störung der Geschäftsgrundlage" (so *Kniffka* in Kniffka/Koeble/Kompendium Teil 6, Rdn. 25) ist verfehlt.

Auftragnehmer Anspruch auf Vergütung gemäß § 2 Abs. 8 Nr. 3 VOB/B, wenn er eine Ergänzungsleistung erbringt, was er nicht muss.

Es ist „Nebenpflicht" (und insoweit, aber auch nur insoweit „Bausoll", s. Rdn. 26) – vergleichbar mit der Hinweispflicht gemäß § 4 Abs. 3 VOB/B – des Auftragnehmers, den Auftraggeber darauf hinzuweisen, dass die Herstellung eines mangelfreien Werkes ohne zusätzliche Leistung nicht erreicht werden wird. Durch diesen Hinweis gibt der Auftragnehmer dem Auftraggeber Gelegenheit, eine Wahl unter mehreren möglichen Methoden zur Erreichung der Mangelfreiheit zu treffen. Die Mitteilung ist aber nicht Anspruchsvoraussetzung für die zusätzliche Vergütung; auch wenn § 2 Abs. 6 VOB/B unmittelbar anwendbar ist, gilt nichts anderes; die Ankündigung ist bei § 2 Abs. 6 VOB/B nämlich jedenfalls dann entbehrlich, wenn der Auftraggeber wie hier sich nicht im Unklaren darüber sein kann, dass eine Zusatzleistung vorliegt und dass der Auftragnehmer die Zusatzarbeit nicht ohne Vergütung ausführen wird (dazu Rdn. 200). Die unterlassene Anzeige kann aber dazu führen, dass der Auftragnehmer eine bestimmte Lösung zur Erreichung der Mangelfreiheit selbst wählt, dann Vergütung nach § 2 Abs. 8 Nr. 3 VOB/B verlangt und sich dann entgegenhalten lassen muss, es hätte günstigere Lösungsmöglichkeiten gegeben, so dass er wegen der Verletzung seiner „Nebenpflicht" für die Mehrkosten schadensersatzpflichtig ist.[67] **32**

c) Bauumständesoll. aa) Ablaufsoll. (1) Zeitlicher Ablauf. Der Vertrag kann Regelungen bezüglich des Ablaufs der Baumaßnahme treffen. Regelmäßig wird er das bezüglich des zeitlichen Ablaufs tun, im Vertrag werden also z. B. Anfangstermin, Ausführungsfristen (einzelne davon als Vertragsfristen, vgl. § 5 Abs. 1 VOB/B) und Endtermin festgelegt. Während der Auftraggeber das Recht hat, den Bauinhalt zu ändern (§ 1 Abs. 3, Abs. 4 VOB/B), hat er **kein Recht,** einseitig **Vertragsregelungen zum zeitlichen Ablaufsoll zu ändern,**[68] was ohnehin eindeutig ist, aber auch nicht mehr streitig sein kann, nachdem der Deutsche Vergabe- und Vertragsausschuss im Zuge der Beratung der VOB/B 2006 ein vorgeschlagenes zeitliches Anordnungsrecht des Auftraggebers **ausdrücklich abgelehnt hat,** ebenso wie es heute auch in § 650b BGB fehlt. Tut der Auftraggeber das aber doch, ordnet er z. B. einen Baustopp an, so wird dem Auftragnehmer sehr oft gar keine andere Wahl bleiben, als sich den „Fakten" zu beugen. Die VOB gibt ihm die Möglichkeit, die finanziellen Folgen dieser vertragswidrigen angeordneten Bausoll-Bauist-Abweichung (ebenso wie die Folgen einer wegen zwingender technischer Notwendigkeit ausnahmsweise vertragsgemäß angeordneten Bausoll-Bauist-Abweichung) über einen „Vergütungsnachtrag" gemäß § 2 Abs. 5 VOB/B („andere Anordnung", unten Rdn. 181) zu erfassen. Das ändert aber nichts daran, dass der Eingriff des Auftraggebers **vertragswidrig** (pflichtwidrig) ist, der Auftraggeber hat dazu kein Recht[69]; der Auftragnehmer hat deshalb in solchen Fällen die Wahl, statt des Vergütungsnachtrages einen Schadensersatzanspruch gemäß § 6 Abs. 6 Satz 1 VOB/B wegen „Behinderung" geltend zu machen (siehe § 6 Rdn. 57). **33**

(2) Organisatorischer Ablauf. Der Vertrag kann den Ablauf der Baumaßnahme auch z. B. in **organisatorischer** Hinsicht regeln. Er kann bestimmen, dass nur außerhalb der Geschäftszeiten (etwa bei einem Umbau) gearbeitet wird. Er kann regeln, dass zuerst das 8. und dann das 4. Geschoss gebaut wird. Er kann regeln, zu welchem Zeitpunkt Vorleistungen „freigegeben" werden.[70] **34**

(3) Logistischer Ablauf. Genauso kann der Vertrag die Bauumstände hinsichtlich des bautechnisch-**logistischen** Ablaufs definieren, z. B. eine bestimmte Abfuhrstrecke benennen,[71] die Vollsperrung einer Straße zwecks Transporterleichterung zusagen,[72] einen bestimmten Zeitraum für die Sperrung einer Straße angeben.[73] Der Auftraggeber kann bestimmte Transportmittel **35**

---

[67] *Kapellmann/Schiffers/Markus* Band 2, Rdn. 525; *Kleine-Möller/Merl/Glöckner* § 15 Rdn. 258.
[68] *Kapellmann/Schiffers/Markus* Band 1, Rdn. **783–788 mit allen Einzelheiten** (Ausnahme: **technisch zwingend** notwendige Anordnungen), **kein** Recht auf Beschleunigung, ebenso *Kimmich* BauR 2008, 263; *Armbrüster/Bickert* NZBau 2006, 144; *Weyer* BauR 1990, 138, 143; *Markus* NZBau 2006, 537; *Rehbein* in Glöckner/von Berg, Bau- und Architektenrecht, VOB/B § 1 Rdn. 22 ff; weiter hier *von Rintelen* VOB/B § 1 Rdn. 57 und hier § 2 **Rdn. 181** mit vielen weiteren Nachweisen. In § 650b BGB war ursprünglich ein zeitliches Anordnungsrecht vorgesehen, das aber schon im Gesetzesentwurf gestrichen war.
[69] **Einzelheiten** mit allen Nachweisen unten Rdn. 181.
[70] VOB-Stelle Sachsen-Anhalt Fall 173, IBR 1995, 509; *Kapellmann/Schiffers/Markus* Band 1, Rdn. 788.
[71] *Kapellmann/Schiffers/Markus* Band 1, Rdn. 507; *Lange* Baugrundhaftung, S. 49.
[72] *Kapellmann/Schiffers/Markus* Band 1, Rdn. 801 mit weiteren Beispielen; *Lange* Baugrundhaftung, S. 73.
[73] *Kapellmann/Schiffers/Markus* Band 1, Rdn. 801.

vorschreiben, deren Brauchbarkeit ist Bausoll.[74] Genauso gut kann das Schweigen des Vertrages Aussage zum Bausoll sein, nämlich so, dass Besonderheiten nicht zu erwarten sind, der Vertrag also z. B. nicht im Landschaftsschutzgebiet liegt (dazu auch Rdn. 185).[75]

36 Allen Fällen ist gemeinsam, dass das so bestimmte Bausoll für den Auftragnehmer maßgeblich ist und die pure Abweichung davon **ohne Rückgriff auf Voraussehbarkeit oder Verschulden** des Auftraggebers bei entsprechend modifizierter Leistung Ansprüche des Auftragnehmers aus § 2 Abs. 5, 6 oder 8 VOB/B auslösen kann.

37 bb) Verfahrenssoll. (1) Methodenwahl des Auftragnehmers, Methodenvorschrift durch Auftraggeber. Verwandt mit der vertraglichen Regelung des Ablaufsolls sind weitere vertragliche Regelungen zum Bauverfahrenssoll. Der Vertrag kann festlegen, dass beim Tunnelbau zum Lösen des Gebirges eine Fräse eingesetzt werden muss oder dass bei Betonabbrucharbeiten mit dem Verfahren „Hochdruckwasserstrahl" gearbeitet werden muss. Solange der Vertrag dazu keine Regelungen enthält, bestimmt allein der Auftragnehmer, wie er den geschuldeten Erfolg erreicht, also auch, welche Baumethode er einsetzt.[76] Kann der Auftragnehmer mit der **von ihm** vorgesehenen Methode den vereinbarten Erfolg nicht erzielen, muss er die Methode ändern. Jedenfalls ist es gleichgültig, welchen Aufwand er leisten muss oder welchen Aufwand die Verfahrensänderung verursacht, solange nicht die extreme Grenze der Störung der Geschäftsgrundlage (unten Rdn. 278 ff.) überschritten wird.[77]

38 Schreibt dagegen der Auftrag**geber** eine bestimmte **Methode vertraglich vor,** so muss **er** für deren Tauglichkeit zur Erreichung des vereinbarten Erfolgs einstehen. Das folgt aus seiner Funktionsverantwortung: Wenn der Auftrag**geber** statt des Auftragnehmers die Funktion „Methodenplanung" wahrnimmt, muss er richtig planen. Plant er eine ungeeignete Methode, ist er dafür verantwortlich. Deshalb ist dem Bundesgerichtshof in der Entscheidung „Ausführungsart" uneingeschränkt zuzustimmen: „Der für eine bestimmte Ausführungsart vereinbarte Werklohn umfasst, sofern die Kalkulation des Werklohns nicht allein auf den Vorstellungen des Auftragnehmers beruht, **nur diese Ausführungsart**, so dass der Auftraggeber Zusatzarbeiten, die für den geschuldeten (richtig: den vom Auftraggeber gewünschten) Erfolg erforderlich sind, gesondert vergüten muss".[78] Dieses Ergebnis wird auch gestützt durch § 13 Abs. 3 VOB/B. Ohnehin müsste der Auftraggeber, würde das entsprechende Defizit erst nach Abnahme entdeckt werden, die Mängelbeseitigungskosten unter dem Aspekt der „Sowiesokosten" selbst tragen. Methodisch handelt es sich um eine zusätzliche Leistung, die der Auftraggeber bei entsprechender Anordnung gemäß § 2 Abs. 6 VOB/B, ohne Anordnung gemäß § 2 Abs. 8 Nr. 3 VOB/B vergüten muss.

39 (2) „Systemrisiko". Nach diesen Grundsätzen ist auch das „Systemrisiko" zu beurteilen. „Systemrisiko" wird definiert als das Risiko, dass bei einem Verfahren auch bei optimaler Ausführung und bestens erkundeten Vorbedingungen doch Ausreißer, „Erschwernisse" oder Ausfälle auftreten können, die objektiv unvermeidbar sind.[79] Eine konkrete Rechtsfolge „Systemrisiko", die zu einer speziellen Haftungsverteilung führt und finanziell zu Lasten des Auftraggebers geht, gibt es nicht.[80] Der Auftragnehmer trägt jedenfalls dann, wenn er selbst das Bauverfahren bestimmen kann, das aus diesem Verfahren resultierende Zufallsrisiko, nämlich das Risiko, dass trotz optimaler Erkundung und geeigneten Verfahrens das gewünschte Ziel nicht erreicht wird. Dieses Risiko ist geradezu das typische Risiko des Auftragnehmers beim Werkvertrag.[81]

---

[74] BGH „Eisenbahnbrücke" BauR 1999, 897; *von Rintelen* in Messerschmidt/Voit, Privates Baurecht, H Rdn. 21; dazu Rdn. 185.

[75] *Kapellmann/Schiffers/Markus* Band 1, Rdn. 128, 729 unter Zugrundelegung der VOB/C DIN 18.299, Abschnitt 0.1.13, näher dazu Rdn. 79 ff.

[76] *Kapellmann/Schiffers/Markus* Band 1, Rdn. 761 ff.; Band 2, Rdn. 615; **„Dispositionsfreiheit"** laut *Peters/Jacoby* in Staudinger BGB § 633 Rdn. 3, 47, 55; *Roquette/Viering/Leupertz*, Handbuch Bauzeit, Rdn. 197; *von Rintelen* in Messerschmidt/Voit, Privates Baurecht, H Rdn. 23. Ebenso OLG Koblenz NZBau 2001, 633 = BauR 2001, 1442.

[77] Dazu schon oben Rdn. 28.

[78] BGH „Bistroküche" NZBau 2008, 437 = BauR 2008, 1134 m. Anm. *Leinemann*; BGH „Dachdeckergerüste" NJW 2006, 3416 m. Anm. *Kapellmann* NZBau 2006, 777 **(dazu Rdn. 86)**; BGH „Ausführungsart" BauR 1999, 37. Beispiel: Fließsand, Rdn. 186. Vgl. auch OLG Koblenz NZBau 2001, 633 = BauR 2001, 1442.

[79] Zum Problem *Englert/Grauvogl/Maurer* Kap. 6 Rdn. 268 ff.; *Kapellmann/Schiffers/Markus* Band 1, Rdn. 763-765.

[80] Zutreffend *Vogelheim*, Kurzanm. IBR 2013, 678.

[81] BGH BauR 1996, 702,703; *Kapellmann/Schiffers/Markus* Band 1, Rdn. 764; *Kuffer* NZBau 2006, 1; unzutreffend *Englert/Grauvogl/Maurer* Kap. 6 Rdn. 268 ff.

Ist das Verfahren vom Auftraggeber vorgeschrieben, so ist dafür grundsätzlich – wie unter Rdn. 38 erörtert – der Auftraggeber verantwortlich. Das regelt im Einzelnen auch im Rahmen der Mängelhaftung § 13 Abs. 3 VOB/B: „Ist ein Mangel zurückzuführen auf die Leistungsbeschreibung oder auf **Anordnungen des Auftraggebers,** haftet der Auftragnehmer, es sei denn, er hat die ihm nach § 4 Abs. 3 obliegende Mitteilung gemacht". Der Bundesgerichtshof hat diese Freistellung des Auftragnehmers allerdings eingeschränkt und entschieden, dass ein Auftraggeber dafür einstehen muss, dass das von ihm vorgeschriebene Verfahren (im vom BGH entschiedenen Fall: das Material) „**generell** für den vorgesehenen Zweck" geeignet ist. Ist es **generell** ungeeignet, so wird über § 13 Abs. 3 VOB/B der Auftragnehmer von der Haftung freigestellt, wenn er seiner Prüfpflicht nachgekommen ist, was im Sachzusammenhang bedeutet, dass die Folgen dieser Soll-Ist-Abweichung der Auftraggeber zu tragen hat, der Auftragnehmer also zusätzliche Vergütung verlangen kann. Für den Anwendungsbereich des § 13 Abs. 3 VOB/B macht der Bundesgerichtshof eine Einschränkung, wenn es sich um die Haftung für vom Auftraggeber vorgeschriebenes Material handelt. In diesem Fall kommt es laut BGH darauf an, ob das Material generell geeignet ist; suchen aber zufällig Auftragnehmer oder Auftraggeber eine Partie aus, die ausnahmsweise Mängel hat (Ausreißer), so tritt die Haftungsbeschränkung für den Auftragnehmer nicht ein.[82] Die Richtigkeit dieser Rechtsprechung kann hier dahinstehen; für ein Bau**verfahren** ist es jedenfalls schwer denkbar, dass das Verfahren generell geeignet ist, aber konkret Ausreißer hat. Gäbe es aber einen solchen Fall, so gelten die Grundsätze des Bundesgerichtshofs: Dieses spezielle Risiko würde der Auftragnehmer deshalb tragen, weil er immer das allgemeine Risiko trägt, das ein an sich geeignetes Verfahren aus Zufallsgründen nicht zum Erfolg führt.[83]

Für die Bearbeitung des **Baugrundes,** in dem dieses „Systemrisiko" scheinbar eine große **40** Rolle spielt, kommt es allerdings auf diese **Fragestellung** im Ergebnis **nicht** an. Es ist zwar **nicht** richtig, in diesen Sonderfällen das **„Systemrisiko"** abweichend von der allgemeinen Regelung des Werkvertrages dem Auftraggeber anzulasten;[84] bei Baugrundverhältnissen kann es aber einen „Ausreißer" bei geeignetem Verfahren, das zur Risikotragung des Auftragnehmers führt, nicht geben: Beim Baugrund wird das Beschaffenheitssoll definiert durch die voraussehbaren Faktoren „Aufbau (Zustand), Beschaffenheit **und** Eigenschaften" des Baugrundes. Wenn das vom Auftraggeber vorgeschriebene Verfahren generell geeignet ist, der Baugrund aber unvorhersehbar reagiert, so entwickelt er andere Eigenschaften – und auch das ist Bausoll-Bauist-Abweichung, die zu Lasten des Auftraggebers geht.[85]

cc) Beschaffenheitssoll (Beton, Baugrund). Das Beschaffenheitssoll ist die Aussage des **41** Vertrages dazu, wie vom Auftragnehmer zu bearbeitende Stoffe und/oder Bauteile beschaffen sein werden. Bei Abbrucharbeiten lautet die Beschreibung des abzubrechenden Betons etwa, dass Beton einer (**heute** vorhandenen) Druckfestigkeit von 60 kg/N abgebrochen werden soll.[86] Eine ganz besondere Rolle spielen die Angaben (oder Nichtangaben!) des Auftraggebers zur Beschaffenheit des **Baugrundes** und der **Wasserverhältnisse.** Der Auftraggeber muss für seine Beschaffenheitsangaben deshalb einstehen, weil er den Baugrund „beistellt"; auf die dinglichen Rechtsverhältnisse kommt es nicht an.[87] Baugrund ist in der EN 1997-2, Oktober 2010, in Abschnitt 2.1.2 lakonisch definiert als „Untergrundverhältnisse, die für die vorgesehene Baumaßnahme maßgeblich sind". Für derartige Definitionszwecke zu Begriffen, die nicht im Gesetz oder unmittelbar in der VOB definiert sind, auf definierende EN- und DIN-Normen zurückzugreifen, ist geboten.[88]

---

[82] BGH BauR 1996, 702; *Vygen/Joussen,* Bauvertragsrecht, Rdn. 1516; *von Rintelen* in Messerschmidt/Voit, Privates Baurecht, H 23; *Wirth* in Ingenstau/Korbion VOB/B § 13 Abs. 3 Rdn. 52. Näher die Kommentierung zu § 13.
[83] Näher *Kapellmann/Schiffers/Markus* Band 1, Rdn. 764.
[84] So aber *Englert/Grauvogl/Maurer* Kap. 6 Rdn. 268 ff.
[85] Näher unter dem Aspekt des Beschaffenheitssolls sogleich Rdn. 41 ff.
[86] Zu der (unzureichenden) Angabe des öffentlichen Auftraggebers, es sei **B 25** abzubrechen ohne Hinweis, ob es sich um die **Festigkeit** in der Bau- oder in der Abbruchphase handelt, zutreffende Kurzanmerkung *Schulze-Hagen* zu OLG Zweibrücken (Revision nicht angenommen), IBR 2000, 416 und oben VOB/A § 7 Rdn. 9, **17,** 24; s. dazu OLG Brandenburg NZBau 2016, 217 und auch BGH „3 cm geschätzt" NZBau 2011, 573; BGH NJW 1997, 61.
[87] *Kapellmann/Schiffers/Markus* Band 1, Rdn. 710.
[88] BGH „Spanngarnituren" BauR 1994, 625; näher Rdn. 98–100. Die einschlägige EN-Norm ist EN 1997-2, die nationale Ergänzung die DIN 4020, Ausgabe Dezember 2010.

42 Die vertraglichen Aussagen zum **Baugrund** sagen, wie erwähnt, etwas über dessen Soll-Beschaffenheit aus. Die Beschaffenheit des Baugrundes betrifft, wiederum in Anknüpfung an EN 1997-2 Abschnitt 2.1 Abs. 2, Abschnitt 1 „die Beschaffenheit von Boden und Fels sowie die Grundwasserverhältnisse" und die „Eigenschaften von Boden und Fels". Vertragliche Aussagen zum Baugrund sind also Angaben **sowohl** zum geotechnischen **Aufbau** wie zu seiner **Beschaffenheit** und seinen **Eigenschaften** (Reaktionen). Wenn also der Baugrund sich „anders verhält", als es Beschaffenheitssoll ist, dann ist das Bausoll-Bauist-Abweichung und kann Ansprüche gemäß § 2 Abs. 5, 6 oder 8 VOB/B auslösen, wiederum, ohne dass es auf Verschulden der einen oder anderen Vertragspartei ankommt und ohne dass Platz für Schadensersatzansprüche ist.[89]

43 Da der Baugrund „Stoff" im Sinne von § 645 BGB ist,[90] ist es ergänzend zulässig, zur Beurteilung einer Soll-Ist-Abweichung analog auf die gesetzliche Regel des § 645 BGB zurückzugreifen: „Ist das Werk vor der Abnahme **infolge eines Mangels** des von dem Besteller gelieferten Baustoffes untergegangen, **verschlechtert** oder unausführbar geworden, so kann der Unternehmer einen der geleisteten Arbeit entsprechenden Teil der Vergütung und Ersatz der in der Vergütung nicht inbegriffenen Auslagen verlangen.". § 645 BGB behandelt also nicht die Frage, wer bei „Baugrundproblemen" daraus resultierende Mehraufwendungen tragen muss, sondern die „Preisgefahr", d. h. den Fall, dass der Auftraggeber ein teilfertiggestelltes Werk bezahlen muss, wenn dieses Werk **infolge eines Mangels** eines vom Auftraggeber gelieferten Stoffes verschlechtert wird. Diese Gesetzesregelung lässt sich **analog** auf „Baugrundprobleme" anwenden: Wenn der Auftraggeber auf Grund der allgemeinen Regel ein Werk bezahlen muss, das deshalb gar nicht mehr vorhanden oder verschlechtert ist, weil der Auftraggeber „mangelhaften Stoff" geliefert hat, so kann die Rechtsfolge nicht anders sein, wenn die **Mangelhaftigkeit** des Stoffes schon erkannt wird, **bevor** sie zur Zerstörung oder Verschlechterung des Teilwerkes führen kann und der Auftragnehmer zu deren Behebung Kosten aufwenden muss.

„**Mangel**" wird bei § 645 BGB zutreffend als Abweichung der Beschaffenheit des gelieferten Stoffes von der laut Vertrag vereinbarten Beschaffenheit definiert;[91] das deckt sich exakt mit unserer Definition zur Soll-Beschaffenheit (oben Rdn. 41, 42). Die Analogie zu § 645 BGB rechtfertigt also auch die Schlussfolgerung, dass **Abweichungen** des Aufbaus, des Zustandes oder der Eigenschaften des Baugrundes von der Soll-Beschaffenheit ohne Rücksicht auf Verschulden mit Mehraufwand des Auftragnehmers zu Mehrvergütungsansprüchen führen.[92] Der Boden als solcher ist nie mangelhaft.

Das Gutachten eines Sachverständigen für Geotechnik (zum Begriff Abschnitt A 1.5.3.24 DIN 4020) des Auftraggebers definiert die Beschaffenheit, wenn es „zum Vertragsinhalt erhoben ist", wie der Bundesgerichtshof formuliert[93]; das wird aber nahezu immer der Fall sein, das Gutachten ist schließlich nicht als Unterhaltungslektüre für den Auftragnehmer beigefügt.

Es ist **falsch,** dass der **Auftraggeber allgemein das Baugrundrisiko trägt.**[94] Der Auftraggeber muss nicht allgemein für die Beschaffenheit des Baugrunds einstehen, sondern dafür, dass **seine Beschaffenheitsangaben richtig** sind, d. h., der Bauistbefund nicht vom Beschaffenheitssoll abweicht. Nur auf die objektive Richtigkeit kommt es an; auch wenn der Auftraggeber bzw. sein Sachverständiger für Geotechnik alle „zumutbare Sorgfalt" angewandt hat, aber das Gutachten objektiv unrichtig ist, ändert sich nichts.[95]

---

[89] BGH „Schleuse Uelzen" NZBau 2009, 707 = BauR 2009, 1724: Einzelheiten *Kapellmann/Schiffers/Markus* Band 1, Rdn. 714, 715; OLG Düsseldorf BauR 2006, 1887. S. auch Rdn. 105.

[90] BGH „Kraneinsatz" NZBau 2016, 283;BGH BauR 1986, 203; OLG München, NZBau 2004, 274; *Englert/Grauvogl/Maurer* Kap. 4 Rdn. 2159 mit Nachweisen; *Kapellmann/Schiffers/Markus* Band 1, Rdn. 710; unbestritten.

[91] *Straub* in Palandt BGB § 645 Rdn. 7; *Grauvogl* FS Kapellmann, S. 133, 142–144; *Kapellmann/Schiffers/Markus* Band 1, Rdn. 712, 713. Der Boden muss zur Herstellung des Werks tauglich sein, BGH NZBau 2005, 285.

[92] *Kapellmann/Schiffers/Markus* Band 1, Rdn. 712–713; *Hök* ZfBR 2007, 3; *von Rintelen* in Messerschmidt/Voit, Privates Baurecht, H Rdn. 10, 20.

[93] BGH „Schleuse Uelzen", NZBau 2009, 707 = BauR 2009, 1724; BGH „Basaltdecke", NZBau 2013, 565; dazu Rdn. 105.

[94] So aber *Keldungs* in Ingenstau/Korbion VOB/B § 2 Abs. 1 Rdn. 11, aber mit dem richtigen Hinweis auf den Vorrang der Vertragsabrede; *Kemper* in FKZGM VOB/B § 2 Rdn. 121, richtig aber Rdn. 122; *Ganten* BauR 2000, 643; *Englert/Fuchs* BauR 2011, 1725. Zu letzterem ist ungewöhnlich, dass die Schriftleitung einer Zeitschrift, hier *Leupertz* im Editorial zu BauR 2011, Heft 11, die Ausführungen der eigenen Autoren als unrichtig charakterisiert – aber nichtsdestotrotz: *Leupertz* hat recht. Zutreffend ebenso *Kuffer* NZBau 2006, 1.

[95] Unrichtig deshalb KG BauR 2006, 111.

Das Kernproblem bei Baugrundfällen ist, aus vorhandenen – oder auch fehlenden! – Angaben **44** **im Vertrag** den **richtigen Schluss** zu ziehen, welche Aussage zur Beschaffenheit des Baugrundes im Einzelfall daraus folgt.[96] Einzelbeispiele erörtern wir im Zusammenhang bei der Abgrenzung geänderter und zusätzlicher Leistungen (Rdn. 186 ff.). **Ein besonderer Begriff „Baugrundrisiko" ist überflüssig** und eher irreführend. Zur AGB-rechtlichen Beurteilung von „Baugrundklauseln" siehe Rdn. 61.

d) Änderungsvorschläge, Nebenangebote. aa) Begriffe. Durch das Angebotsblankett ist **45** dem Bieter je nach Ausschreibung vorgegeben, welcher technisch-verfahrensmäßige Weg vom Auftraggeber vorgesehen ist, um einen bestimmten Teilerfolg oder Erfolg zu erzielen. Ein so vom Bieter „ausgefülltes" Angebot ist **Hauptangebot**. Der Bieter kann aber auch „Gegenangebote" machen, d. h., er kann z. B. eine gleichwertige andere (aber preiswertere) statt der ausgeschriebenen Leistung anbieten, er kann andere Verfahren vorschlagen, er kann eine verkürzte Bauzeit anbieten, er kann überhaupt abweichende Vorschläge unterbreiten. Der Bieter verspricht sich dadurch natürlich Wettbewerbsvorteile. Im allgemeinen Sprachgebrauch werden solche „Gegenangebote" oft als **„Sondervorschläge"** bezeichnet; die VOB nennt sie **„Änderungsvorschläge"** oder **„Nebenangebote"** (§ 8 Abs. 2, § 13 Abs. 3, § 14 Abs. 3, § 16 Abs. 1 Nr. 2 lit e VOB/A). Änderungsvorschläge haben lediglich die Änderung einzelner Leistungsteile zum Gegenstand, Nebenangebote betreffen die gesamte vorgesehene Leistung oder jedenfalls einzelne Leistungsabschnitte, die Unterschiede sind aber nur gradueller Natur (näher VOB/A § 8, Rdn. 53, 54). Der öffentliche Auftraggeber muss in den Ausschreibungsunterlagen angeben, ob er Änderungsvorschläge oder Nebenangebote zulässt; er kann sogar Nebenangebote ohne gleichzeitige Abgabe eines Hauptangebotes zulassen (§ 8b Abs. 2 VOB/A).

bb) Das Bausoll bei Änderungsvorschlägen oder Nebenangeboten. Ein Nebenangebot **46** ist nichts anderes als ein zweites Angebot des Bieters; der Auftraggeber hat die Wahl, das Hauptangebot oder das Nebenangebot anzunehmen. Kommt der Vertrag auf der Basis des Nebenangebotes zustande, bestimmt das Nebenangebot (natürlich) insoweit die Leistungspflicht des Auftragnehmers, also das Bausoll. Soweit es um die Definition der Bauleistung geht, ist das unproblematisch. Das Problem liegt darin, dass es durch das Nebenangebot (in der Regel) zu einer Funktionsverlagerung vom Auftraggeber auf den Auftragnehmer gekommen ist: Der Auftragnehmer hat nämlich bei der Ausarbeitung des Nebenangebotes Aufgaben (mindestens) der Ausführungsplanung übernommen; er hat also unausgesprochen, aber vom Auftraggeber akzeptiert, auch Planungsleistungen übernommen, die er bei einem Vertrag auf der Basis des Hauptangebotes nicht geschuldet und nicht geleistet hätte. Aus dieser Übernahme von Planungsleistungen resultieren entsprechende Haftungsrisiken des Auftragnehmers, aber eben auch entsprechende Leistungspflichten. Der Auftragnehmer kann also, soweit das Nebenangebot ergänzende oder korrigierende planerische Leistungen verlangt, solche Planungsleistungen oder deren Ergänzung oder Verbesserung vom Auftraggeber nicht verlangen, er ist selbst insoweit leistungspflichtig.

Der Schutz des Auftragnehmers (Bieters) gegen die Weiterleitung seiner Nebenangebote an Mitbieter beurteilt sich beim öffentlichen Auftraggeber nach §§ 8b Abs. 2 letzter Satz, 19 Abs. 3 VOB/A; gegenüber einem privaten Auftraggeber kommen im Einzelfall urheberrechtliche, jedenfalls wettbewerbsrechtliche Ansprüche in Betracht (siehe auch oben Rdn. 17).

cc) Abrechnungsprobleme. Jedenfalls beim Einheitspreisvertrag stellt sich häufiger das Pro- **47** blem, dass die Parteien bei dem Vertragsschluss auf der Basis des Nebenangebotes übersehen haben, dass die Ausführung des Nebenangebotes Auswirkungen auf „Drittbereiche" hat, die im Nebenangebot selbst nicht erfasst sind. Insbesondere können das Mengenveränderungen sein, aber auch inhaltlich geänderte Leistungen. Es ist Sache des Einzelfalls, ob die insoweit resultierenden Mehraufwendungen des Auftraggebers einen Schadensersatzanspruch aus Verschulden bei Vertragsschluss (§§ 311, 280 BGB) gegen den Auftragnehmer rechtfertigen. Das kommt jedenfalls dann in Betracht, wenn die Drittauswirkungen so sind, dass der Preisvorteil des Nebenangebotes ganz oder zu einem erheblichen Teil aufgezehrt wird.

dd) Die Bedeutung von Beschaffenheitsangaben des Auftraggebers bei Ausführung **48** **des Nebenangebotes.** Der Auftragnehmer trägt das Risiko des „Funktionierens" seines Nebenangebotes; das ist (schon) die Folge der Funktionsverlagerung „Ausführungsplanung" auf den

---

[96] Zustimmend *Grauvogl* FS *Kapellmann*, S. 133, 142–144.

Auftragnehmer. Der Auftragnehmer trägt aber nur dieses Risiko. Dagegen bleibt der Auftraggeber dafür verantwortlich, dass seine Angaben zum Beschaffenheitssoll (zum Begriff oben Rdn. 41), z. B. hinsichtlich des Baugrundes, richtig sind. Das gilt aber nur, soweit der Auftraggeber sich auch bei der Ausführung des Nebenangebotes **in dem „Bereich"** bewegt, der für die Ausführung des Hauptangebotes vorgesehen war und zu dem **Beschaffenheitsangaben** in den Vergabeunterlagen genannt sind. Sind die Baugrundverhältnisse dann **anders** als vom Auftraggeber angegeben und reicht die im Nebenangebot festgelegte Ausführungsweise deshalb nicht mehr aus oder wird sie schwieriger, so ist das nach wie vor Beschaffenheitssoll – Beschaffenheitsist Abweichung. Die Leistungen zur Überwindung dieses Erschwernisses sind geänderte oder zusätzliche Leistungen, die gemäß § 2 Abs. 5, 6 oder 8 VOB/B vergütet werden, Verschulden des Auftraggebers spielt also keine Rolle.[97]

49 Scheinbar problematisch ist es, wenn die aus der erschwerten Realisierung des Nebenangebots resultierenden Mehrkosten jetzt höher sind, als wenn von Anfang an die auftraggeberseitige „Auflösung" ausgeführt worden wäre. Aber diese Folge ist allein Auswirkung der Soll-Ist-Abweichung und auch insoweit deshalb allein Risiko des Auftraggebers.[98]

50 **e) Voraussetzung: Wirksame Vertragsregelung – AGB-rechtliche Unwirksamkeit (§§ 305 ff. BGB). aa) Anwendungsvoraussetzungen.** Nur wirksame Vertragsregelungen können die Leistungsverpflichtung des Auftragnehmers, das Bausoll, bestimmen. Unwirksamkeitsgründe allgemeiner Art wie z. B. Sittenwidrigkeit (§ 138 BGB) erörtern wir hier nicht. Gerade für die Bausollbestimmung spielt ein spezieller Unwirksamkeitsgrund eine große Rolle, nämlich die Unwirksamkeit einzelner Vertragsklauseln wegen Verstoßes gegen §§ 305 ff. BGB. Verträge, die der Auftraggeber **gestellt** hat,[99] unterliegen dann gemäß § 305 Abs. 1 BGB der Inhaltskontrolle, wenn die Texte „für eine Vielzahl von Verträgen vorformuliert" sind. Handelt es sich um Verträge zwischen einem Unternehmer und einem Verbraucher, so greift die Inhaltskontrolle in jedem Fall auch dann ein, wenn die vorformulierten Texte „nur zur einmaligen Verwendung bestimmt sind" (§ 310 Abs. 3 BGB). Die – durch den Gesetzgeber verneinte – Frage, ob die VOB/B als solche der Inhaltskontrolle nach AGB-rechtlichen Vorschriften (§§ 305 ff. BGB) unterliegt, behandeln wir unter Einleitung VOB/B, Rdn. 44–81.

51 Ob Vertragsbedingungen für eine **„Vielzahl"** von Verträgen vorformuliert sind, lässt sich jedenfalls dann sicher beantworten, wenn sie schon „vielfach" verwandt worden **sind**; die Verwendung in mindestens drei Fällen ist schon „Vielfachverwendung".[100]

Dabei genügt es, dass der Auftraggeber von dritter Seite vorformulierte Texte verwendet (z. B. aus einem Vertragsvordruck oder aus einem Formularhandbuch); deren „Vielfachcharakter" versteht sich von selbst, auch wenn der Auftraggeber diesen Text nur einmalig verwenden will.[101] Es genügt die Absicht der Mehrfachverwendung; in diesem Fall greift die Inhaltskontrolle schon bei der ersten Verwendung.[102] Beabsichtigt der Auftraggeber, nur dieses eine Projekt z. B. schlüsselfertig zu errichten und verwendet er nur einen Ausschreibungstext gegenüber mehreren Bietern, so ist das **keine** beabsichtigte Mehrfachverwendung; es kommt auf die Anzahl der beabsichtigten Verträge an, und das ist hier nur einer.[103] Verwendet bei derselben Fallgestaltung der Generalüber- oder -unternehmer dasselbe Vertragswerk in seinen Vergabeunterlagen gegenüber den Nachunternehmern („Durchstellen der Vertragsbedingungen"), so handelt **er** in Mehrfachverwendungsabsicht, die §§ 305 ff. BGB sind anwendbar.[104] Das insoweit bei dem Generalunternehmer verbleibende Risiko lässt sich vertraglich nicht ändern. Eine Ausschreibung, bei der der Auftraggeber sich vorbehält, in drei oder mehreren Losen zu vergeben, führt schon

---

[97] *Kapellmann/Schiffers/Markus* Band 1, Rdn. 701; *von Wietershausen* in Ingenstau/Korbion VOB/A § 8 Rdn. 16; *Marbach* BauR 2000, 1643, 1648; *Kemper* in FKZGM VOB/B § 2 Rdn. 47. Vgl. auch OLG Celle BauR 2006, 1755.
[98] Näher *Kapellmann/Schiffers/Markus* Band 1, Rdn. 701.
[99] Eine AGB-Kontrolle kommt selbstverständlich ebenso in Betracht, wenn der Auftragnehmer die Vertragsbedingungen gestellt hat. Das werden nur marktstarke Spezialunternehmen durchsetzen können, deshalb spielt diese Fallkonstellation in der Praxis keine Rolle. Beispiel: Kranunternehmer, BGH NZBau 2016, 283.
[100] BGH NJW 1998, 2286; *Grüneberg* in Palandt BGB § 305 Rdn. 9.
[101] BGH NZBau 2005, 590 = BauR 2006, 106, ablehnend dazu *Schwenker/Thode* ZfIR 2005, 655; BGH NJW 1991, 843; kritisch *Kaiser* in Markus/Kaiser/Kapellmann, AGB-Handbuch Bauvertragsklauseln, Rdn. 12, 13.
[102] BGH BauR 1997, 123.
[103] BGH BauR 1997, 123.
[104] *Kapellmann*, Schlüsselfertiges Bauen, Rdn. 273 ff.

deshalb zur „Mehrfachverwendungsabsicht", nämlich der, gegebenenfalls drei oder mehrere Verträge zu schließen.[105]

Die Vertragsbedingungen müssen **vorformuliert** sein. „Formulieren" kann man mit jedem Medium (Drucktext, EDV, Tonband), sogar „im Kopf". Deshalb sind selbst in einen gedruckten oder ausgedruckten Text maschinenschriftlich oder handschriftlich (mit Mehrfachverwendungsabsicht) eingesetzte Formulierungen dennoch Allgemeine Geschäftsbedingungen.[106] Gerade in der Bauwirtschaft herrscht die Fehlvorstellung, man könne der Anwendung der Regeln des BGB über Allgemeine Geschäftsbedingungen entgehen, indem man z. B. im Verhandlungsprotokoll die intern im QM-Handbuch oder durch ähnliche Geschäftsanweisungen des Auftraggebers wörtlich „vorgeschriebene" Formulierungen nur handschriftlich einsetzt. Es nützt auch nichts, inhaltlich völlig identische Regelungen nur jeweils sprachlich etwas umzuformulieren.[107] 52

Individuell, nämlich „im Einzelnen ausgehandelte Bedingungen" unterliegen **nicht** der AGB-Kontrolle (§ 305b BGB). Legt der Verwender vorformulierte Bedingungen vor, so genügt es für „Aushandeln" nicht, über die jeweilige Klausel nur zu sprechen, der Verwender muss vielmehr den „gesetzesfremden Kerngehalt" der einzelnen AGB-Bestimmungen **zur Disposition** stellen, d. h., er muss dem Vertragsgegner die **Wahl** lassen, die Klausel in dieser Form anzunehmen oder nicht; der Vertragsgegner muss also die **reale** Möglichkeit haben, die jeweilige Bedingung inhaltlich **zu ändern**.[108] Der Verwender muss allerdings nur den „gesetzesfremden Kern" zur Disposition stellen, nicht die vollständige Klausel. Bei einer formularmäßigen Vertragsstrafenregelung gehört zum Beispiel die Anknüpfung an die pure Fristenüberschreitung unter Ausschluss der Verzugsabhängigkeit der Vertragsstrafe zu diesem „gesetzesfremden Kern".[109] 53

Der Auftragnehmer muss **beweisen,** dass die verwandten Bedingungen „vorformuliert" sind und dass der Verwender die Absicht hatte, sie mehrfach zu verwenden.[110] Dem Vertragsgegner kommt dazu ein prima facie „Beweis" zugute, wenn dem äußeren Erscheinungsbild nach „Formularbedingungen" verwandt worden sind.[111] Behauptet der Verwender, die Bedingungen seien im Einzelnen ausgehandelt worden (siehe oben Rdn. 53), so trifft ihn die Beweislast.[112] Gerade an das „zur Disposition Stellen" sind sehr strenge Beweisanforderungen zu stellen, so dass die von der Rechtsprechung des Bundesgerichtshofes formulierten Anforderungen an eine individuelle Vereinbarung so gut wie nie zu erfüllen sind, jedenfalls sind sie gegenüber einem bestreitenden Gegner nie zu beweisen, der Beweisversuch ist prozessual aussichtslos.[113] 54

Gelegentlich wird im Verlauf eines in Streit geratenen Bauvorhabens eine neue **„Grundsatzvereinbarung"** getroffen, z. B. Pauschalen für strittige Nachträge und neue Fristen. AGB-Klauseln aus dem Vertrag, die bisher unwirksam sind, wurden dadurch jetzt nicht individuell vereinbart, bleiben also unwirksam.[114]

bb) Kontrollfreiheit der Preisvereinbarung. Preisvereinbarungen unterliegen **nicht** der AGB-Inhaltskontrolle, weil durch sie keine von Rechtsnormen abweichende oder sie ergänzende Regelungen vereinbart werden (§ 307 Abs. 3 Satz 1 BGB). Preisvereinbarungen in diesem Sinn müssen die Vergütung **unmittelbar** betreffen.[115] Von der Rechtsprechung so genannte „Preisnebenabreden" unterliegen dagegen der **Inhaltskontrolle** der §§ 307 ff. BGB, nämlich solche Vereinbarungen, die „mittelbare Auswirkung auf Preis und Leistung haben, an deren Stelle dispositives Gesetzesrecht tritt, wenn eine wirksame vertragliche Regelung fehlt".[116] Zu den Preisnebenabreden gehören auch Klauseln, die eine gegen den Inhalt des Vertrages verstoßende Zahlungsverpflichtung begründen, etwa die Verpflichtung zur Zahlung von Erschließungskosten 55

---

[105] *Schulz* NZBau 2000, 317.
[106] BGH BauR 1999, 1290; BGHZ 115, 391, 394; *Grüneberg* in Palandt BGB § 305 Rdn. 8.
[107] OLG Dresden BB 1999, 228.
[108] BGHZ 104, 236; BGH NJW 1996, 787; *Wolf/Lindacher/Pfeiffer* AGB-Recht § 305 Rdn. 38; *Kaiser* in Markus/Kaiser/Kapellmann, AGB-Handbuch Bauvertragsklauseln, Rdn. 18.
[109] BGH NJW 1998, 3488 = BauR 1998, 1094.
[110] BGHZ 118, 238 = BauR 1992, 622.
[111] BGHZ 118, 238 = BauR 1992, 622.
[112] BGH NJW 1998, 2600 u. ständig.
[113] BGH NZBau 2013, 297.
[114] BGH NZBau 2013, 297, BGH NJW 1985, 57.
[115] BGH BauR 1999, 1290 = NJW 1999, 864.
[116] BGH BauR 1999, 1290 = NJW 1999, 864; BGHZ 116, 117, 118; ständige Rechtsprechung; Zusammenstellung bei *Kaiser* in Markus/Kaiser/Kapellmann, AGB Handbuch Bauvertragsklauseln, Rdn. 32.

neben einem „Festpreis" (gemeint: Pauschalpreis).[117] Beim Bauträgervertrag trägt ohne besondere vertragliche Vereinbarung die für die bis zum Vertragsschluss begonnenen Maßnahmen entstehenden Kosten (Erschließungsbeiträge und sonstige Anliegerbeiträge) der Veräußerer.[118] Weicht der Veräußerer im Vertrag davon ab, ist das kontrollfähige Preisnebenabrede.[119]

Die Abgrenzung ist im Einzelfall schwierig. **Kontrollfreier Preisbestandteil** sind z. B. die Festsetzung von Entgelten für die Anfahrt,[120] die Festsetzung von Pauschalen für Verbrauch von Bauwasser und Baustrom[121] oder Umlagen für eine Bauwesenversicherung.[122]

Kontrollfähige Preisnebenabreden sind z. B. Klauseln über die Umlage von Schuttbeseitigungskosten,[123] Klauseln über Rabatte[124] oder Nachlässe[125] sowie die Selbstbeteiligungsklausel (0,5%) bei der Centklausel.[126]

56 cc) **Kontrollfreiheit der Leistungsbeschreibung.** Auch die **Leistungsbeschreibung** (zum Begriff: Rdn. 23, 26, 66), die ja das Bausoll erstrangig bestimmt, unterliegt nicht der AGB-Kontrolle, weil auch durch sie keine von Rechtsnormen abweichende oder sie ergänzende Regelungen vereinbart werden (§ 307 Abs. 3 BGB). Ausgeschlossen ist ebenso wie bei Preisvereinbarungen (oben Rdn. 55) nur die Anwendung der eigentlichen Inhaltskontrollvorschriften der §§ 308, 309 BGB. **Anwendbar bleiben** dagegen das Verbot der überraschenden Klausel (§ 305c BGB), das Verbot, den Vorrang der Individualabrede auszuschließen (§ 305b BGB) und das Transparenzgebot (§ 307 Abs. 1 Satz 2 BGB), wonach Zweifel bei der Auslegung Allgemeiner Geschäftsbedingungen zu Lasten des Verwenders gehen; letzteres hat gerade auch für die Auslegung mehrfach verwandter Leistungsbeschreibungen eine erhebliche Bedeutung.[127]

Der Inhaltskontrolle entzogen ist (nur) der „enge Bereich der Leistungsbezeichnungen, ohne deren Vorliegen ein wirksamer Vertrag nicht mehr angenommen werden kann", also die Bezeichnung, die zur notwendigen **„Identifizierung"** des Leistungsgegenstandes erforderlich ist. Dagegen unterliegen Formulierungen, die diese Leistungsidentifizierung (in der Sprache des BGH: das Hauptleistungsversprechen) „einschränken, verändern, ausgestalten oder modifizieren", der Inhaltskontrolle.[128] Als Abgrenzung dient dem BGH die Prüfung, ob auch ohne „Einschränkung, Veränderung, Ausgestaltung oder Modifizierung" ein wesentlicher Vertragsinhalt bestimmbar bleibt, so dass ein wirksamer Vertrag auch ohne die Ergänzung geschlossen werden kann;[129] die Klausel darf nicht erst durch diese Modifikation hinreichende Bestimmbarkeit erlangen. Das macht deutlich, dass zuerst die Klausel dahin geprüft und gegebenenfalls ausgelegt werden muss, welche „Hauptleistung" vereinbart ist.

57 Im Einzelfall ist auch hier die Abgrenzung schwierig. Wesentlich ist, dass die Einordnung als kontrollfähige „Einschränkung oder Modifikation" nicht davon abhängt, wo die Klausel platziert ist. Dass eine Klausel in Vorbemerkungen zu einem Leistungsverzeichnis grundsätzlich kontroll-

---

[117] *Grüneberg* in Palandt BGB, § 307 Rdn. 74. Die dort als Beleg zitierte Entscheidung BGH NJW 1984, 171, trifft den Fall nicht: Der Bundesgerichtshof hatte dort entschieden, dass ein Bauträger sich vertraglich verpflichtet hatte, „sämtliche Erschließungskosten" zu übernehmen; wegen dieser Klausel muss er auch 10 Jahre nach Vertragsschluss anfallende Erschließungskosten übernehmen, auch wenn deren voraussichtliche Höhe nur mit 40,00 €/m² angegeben war, tatsächlich aber 100 €/m² betrug (dazu *Kapellmann/Schiffers/Markus* Band 2, Rdn. 589).

[118] § 436 BGB.

[119] *Kapellmann/Schiffers/Markus* Band 2, Rdn. 588 f.

[120] BGHZ 116, 117, 119.

[121] BGH BauR 1999, 1290; der Auftraggeber kann aber das Entgelt nur fordern, wenn der Auftragnehmer bauseitiges Wasser oder bauseitigen Strom tatsächlich verbraucht hat; siehe auch oben Rdn. 9.

[122] BGH NZBau 2000, 466 = BauR 2000, 1756, auch hier vorausgesetzt, dass der Auftraggeber eine Bauwesenversicherung tatsächlich abgeschlossen hat, dazu oben Rdn. 10.

[123] BGH NZBau 2000, 466, oben Rdn. 11 m. w. N.

[124] Beispiele Rdn. 12, weiter OLG Koblenz Betrieb 1988, 692.

[125] *Kapellmann/Schiffers/Markus* Band 1, Rdn. 1047.

[126] Beurteilung als kontrollfreier Preisbestandteil oder der Inhaltskontrolle unterliegende Preisnebenabrede offengelassen von BGH NZBau 2002, 89; wenn es sich um eine Preisnebenabrede handele, sei sie kontrollfrei. Näher zu dieser Selbstbeteiligungsklausel § 9 Abs. 9 Rdn. 11.

[127] Generell zum Transparenzgebot im Rahmen der Auslegung Rdn. 59, 123.

[128] So wörtlich jeweils BGH NJW 1993, 2369 (zu privaten Krankenversicherungsbedingungen), BGH NJW-RR 1993, 1049 (zu Hausratsversicherungsbedingungen); BGHZ 100, 157, 173. Siehe auch BGH BauR 1997, 123, 125: Keine Inhaltskontrolle von aufgeschlüsselten Baunebenkosten für konkret bezeichnete Untersuchungs-, Planungs- und Genehmigungsaufgaben beim Schlüsselfertigbau. Weiter dazu *Ulmer/Brandner/Hensen* AGB § 307 Rdn. 37 ff.

[129] BGH NJW-RR 1993, 1049.

fähig ist, versteht sich von selbst, weil schon durch die Verallgemeinerung klar ist, dass es sich eben um „Ergänzungen oder Modifizierungen" des Hauptleistungsversprechens handelt. Dagegen ist es unrichtig, dass bei Platzierung derselben Klausel (z. B. zur AGB-unzulässigen Übertragung des Baugrundrisikos auf den Auftragnehmer – dazu Rdn. 61 am Ende) im Text einer Leistungsposition keine Kontrollmöglichkeit mehr bestehe, da es sich dabei um eine kontrollfreie Leistungsbeschreibung handele.[130] Die in einem Leistungsverzeichnis technisch näher beschriebene Leistung „Gründung" wird durch die Zufügung einer Baugrund-Risikoklausel zweifelsfrei „ausgestaltet" (vgl. oben Rdn. 56); sie unterliegt deshalb der Inhaltskontrolle. Das Verstecken solcher Klauseln in Texten, z. B. einer Positionsbeschreibung eines Leistungsverzeichnisses, schützt davor also nicht.[131] Allerdings hängt die Entscheidung vom Vertragstyp ab: In Global-Pauschalverträgen wie dem Schlüsselfertigbau ist z. B. eine Komplettheitsklausel, die ja die Leistungsbeschreibung betrifft, anders zu bewerten als z. B. bei Einheitspreisverträgen (näher Rdn. 244).

So weit als Beispiel einer kontrollfreien Leistungsbeschreibung die Normen der VOB/C **58** aufgeführt werden, ist das in dieser Allgemeinheit unzutreffend: Die Abschnitte 1–3 der jeweiligen **VOB/C** Norm treffen zwar den Leistungsgegenstand näher identifizierende Regelungen, die Vorschriften des Abschnitts 4 über „Nebenleistungen, Besondere Leistungen" sind dagegen geradezu typische Modifikationen des Hauptleistungsversprechens und damit der Inhaltskontrolle unterworfen,[132] wobei allerdings die praktische Bedeutung dieser Kontrolle nicht hoch ist, weil diese Normen einen Verwender kaum „entgegen den Geboten von Treu und Glauben unangemessen benachteiligen" (§ 307 BGB). Ebenso unterliegt Abschnitt 5 „Abrechnung" der jeweiligen VOB/C Norm der Inhaltskontrolle, wobei hier allerdings eher eine – ja ohnehin nicht eingeschränkte – Kontrolle nach § 307 Abs. 1 Satz 2 BGB wegen Verstoßes gegen das Transparenzgebot im Einzelfall in Betracht kommt.[133]

dd) Unklarheitenregel. Verbleiben bei der Beurteilung von Bausollregelungen in **Allgemei-** **59** **nen Geschäftsbedingungen** unaufklärbare Unklarheiten,[134] gehen solche Unklarheiten gem. § 307 Abs. 1 Satz 2 BGB zu Lasten des Auftraggebers. Die auftragnehmerfreundliche Auslegungsvariante bildet also das Bausoll. Bleibt z. B. unklar, ob nach den vertraglich vereinbarten vorrangigen technischen Vorschriften des Auftraggebers, die Allgemeine Geschäftsbedingungen sind, in DIN-Normen aufgeführte „Besondere Leistungen" zum Bausoll gehören oder nicht, so werden sie gemäß der Unklarheitenregel als „Besondere Leistung" behandelt und sind gesondert zu vergüten.[135]

ee) Günstigkeitsklausel in AGB. Vertragsbedingungen des Auftraggebers enthalten oft die **60** Klausel, im Falle von Widersprüchen oder Unklarheiten hinsichtlich der Vertragsbedingungen gelte die jeweils für den Auftraggeber günstigste Klausel. Ist diese Regelung in Allgemeinen Geschäftsbedingungen des Auftraggebers enthalten (und bezieht sich diese Klausel nicht ausschließlich auf den „identifizierenden Teil" der Leistungsbeschreibung, vgl. oben Rdn. 56), so verstößt eine solche Klausel gegen § 307 BGB und ist ihrerseits unwirksam.[136]

ff) Unwirksamkeit einzelner Klauseln. Sofern die vorgenannten Anwendungsvorausset- **61** zungen eingreifen, unterliegen die einzelnen Klauseln zur Bausollbestimmung der Inhaltskontrolle nach §§ 307–309 BGB. **Beispiele** für unwirksame Klauseln zur **Bausoll**bestimmung (beim Einheitspreisvertrag):[137]
– „Die Herstellung und das Schließen von Durchbrüchen und Schlitzen nach Angabe des Bauleiters ist einzukalkulieren." Unwirksam gemäß § 307 BGB, weil die Klausel dem Auf-

---

[130] Siehe *Kapellmann/Schiffers/Markus* Band 1, Rdn. 230.
[131] Ebenso *Funke* in Beck'scher VOB-Kommentar VOB/B Vor § 2 Rdn. 236; *Kaiser* in Markus/Kaiser/Kapellmann AGB-Handbuch Bauvertragsklauseln, Rdn. 31.
[132] BGH „DIN 18.332" NZBau 2004, 500 = BauR 2004, 1438; Einzelheiten *Kapellmann/Schiffers/Markus* Band 1, Rdn. 133. Zu „Nebenleistungen/Besondere Leistungen" näher Rdn. 86.
[133] Beispiel: OLG Köln BauR 1982, 170; näher *Kapellmann/Schiffers/Markus* Band 1, Rdn. 146.
[134] Bleiben bei individuellen Vereinbarungen **unaufklärbare Unklarheiten,** führt auch das in der Regel zur Auslegung zu Lasten des Auftraggebers, in seltensten Fällen zum Dissens, **näher Rdn. 123.**
[135] OLG Düsseldorf IBR 1999, 107; weiteres Beispiel OLG Köln BauR 1982, 170. **Näher Rdn. 123** mit Nachweisen der BGH-Rechtsprechung.
[136] BGH „ECE-Bedingungen" BauR 1997, 1036, 1037, Klausel I, Nr. 9; siehe auch Rdn. 102, 129.
[137] Zusammenstellungen solcher Klauseln bei *Markus* in Markus/Kaiser/Kapellmann, AGB-Handbuch Bauvertragsklauseln, Rdn. 200–241.

tragnehmer für eine nicht zu bestimmende Leistung ein unkalkulierbares Kostenrisiko aufbürdet.[138]
- Aus demselben Grund unwirksam: „Mauerwerk 1m³· Die notwendigen Schlitze sind in die angebotenen Einheitspreisen mit einzurechnen."[139]
- Dagegen wirksam die Klausel: „Einzukalkulieren sind Aussparungen und Schlitze, die aus den zum Zeitpunkt der Angebotsabgabe dem Auftragnehmer vorliegenden Plänen erkennbar und kalkulierbar sind."[140]
- Laut LG München zulässig eine Klausel, die durch bestimmte Zuschläge beim Aufmaß in Abweichung von DIN-Bestimmungen indirekt eine Vergütung für bei der Angebotsabgabe noch nicht bekannte Aussparungen enthält.[141] Dieses Ergebnis ist sehr zweifelhaft.
- „Der Auftragnehmer hat die Gerüste auf seine Kosten zu erstellen und so lange vorzuhalten, dass sie durch andere Unternehmer mitbenutzt werden können." Diese wie zahlreiche ähnliche Gerüstklauseln führen im Ergebnis dazu, dass der Auftragnehmer für unbestimmte Zeit – über die Abnahme seiner Leistungen hinaus – verpflichtet ist, Gerüste kostenlos vorzuhalten; das verstößt gegen § 307 BGB.[142]
- „In die Einheitspreise ist mit einzukalkulieren: Beseitigung aller Mängel des Putzuntergrundes." Die Klausel ist unwirksam, weil sie eine unbeschränkte Freizeichnung des Auftraggebers enthält.[143]
- Vielen der vorgenannten oder ähnlichen Klauseln ist gemeinsam, dass sie vergütungspflichtige „Besondere Leistungen" zu nicht vergütungspflichtigen „Nebenleistungen" (in der Terminologie der VOB/C) machen wollen.[144]
- **„Komplettheitsklauseln"** und **„Schlüsselfertigkeitsklauseln"** bedürfen einer differenzierten Betrachtung, dazu im Einzelnen Rdn. 244 und 263.
- „Der Auftragnehmer ist verpflichtet, auf Grund von Prüfungen gemachte Auflagen zu beachten und zu erfüllen. Hieraus resultierende (Terminverschiebungen oder) Mehrkosten gehen zu seinen Lasten." Unwirksam auch bei Pauschalverträgen jeder Art, damit wird dem Auftragnehmer ein unbestimmbares Risiko auferlegt, selbst in Fällen, in denen der Auftraggeber Versäumnisse verschuldet hat.[145]
- „Auf Wünsche des Auftraggebers oder der zuständigen Behörde zurückzuführende Änderungen der statischen Berechnungen sind vom Auftragnehmer ohne Anspruch auf eine zusätzliche Vergütung zu fertigen und dem Auftraggeber zur weiteren Veranlassung zu übergeben." Hier gilt dasselbe wie bei der vorherigen Klausel.[146]
- „Noch fehlende behördliche Genehmigungen sind durch den Auftragnehmer so rechtzeitig einzuholen, dass zu keiner Zeit eine Behinderung des Terminablaufes entsteht." Hier gilt dasselbe wie zu den beiden vorherigen Klauseln.[147]
- Eine Überwälzung des **Baugrundrisikos** auf den Auftragnehmer verstößt wegen der gravierenden Risikoabweichung zu § 645 BGB analog gegen § 307 BGB und ist in jeder Form und bei jedem Vertragstyp unwirksam, auch z. B. durch Vorkenntnisklauseln.[148]
- Zu weiteren Klauseln hinsichtlich der Bestimmung des Bausolls siehe Rdn. 129, zu „Bestätigungsklauseln" beim Global-Pauschalvertrag hinsichtlich der Richtigkeit auftraggeberseitiger Unterlagen Rdn. 263.

---

[138] OLG München BauR 1987, 554, 556 (Revision vom BGH nicht angenommen); *Kapellmann/Schiffers/Markus* Band 1, Rdn. 134; *Markus* in Markus/Kaiser/Kapellmann, AGB-Handbuch Bauvertragsklauseln, Rdn. 231, jeweils mit Nachweisen.
[139] Zutreffend *Glatzel/Hofmann/Schwamb* S. 176.
[140] *Kapellmann/Schiffers/Markus* Band 1, Rdn. 134, 164; *Markus* in Markus/Kaiser/Kapellmann, AGB-Handbuch Bauvertragsklauseln, Rdn. 232.
[141] LG München BauR 1991, 225.
[142] OLG München BauR 1987, 554; OLG München 1986, 579; *Kapellmann/Schiffers/Markus* Band 1, Rdn. 134; *von Rintelen* VOB/B § 1 Rdn. 40.
[143] LG München vom 9.12.1993, 7 O 9529/93, zitiert nach *Glatzel/Hofmann/Schwamb* S. 126; *Markus* in Markus/Kaiser/Kapellmann, AGB-Handbuch Bauvertragsklauseln, Rdn. 236.
[144] Zu dieser Fallgestaltung generell Rdn. 86.
[145] BGH „ECE-Bedingungen" BauR 1997, 1036, Klausel I, Nr. 5.
[146] BGH „ECE-Bedingungen" BauR 1997, 1036, Klausel I, Nr. 16.
[147] BGH „ECE-Bedingungen" BauR 1997, 1036, Klausel IV.
[148] Für Vorkenntnisklauseln: BGH NZBau 2004, 324; BGH „ECE Bedingungen" BauR 1997, 1036. *Jansen* in Beck'scher VOB-Kommentar VOB/B Vor § 2 Rdn. 239; *Markus* in Markus/Kaiser/Kapellmann, AGB-Handbuch Bauvertragsklauseln, Rdn. 237–240.

gg) **Rechtsfolgen.** Wenn eine Klausel wegen Verstoßes gegen AGB-rechtliche Bestimmungen unwirksam ist, kann sie kein Bausoll begründen. Wird die entsprechende Leistung dennoch ausgeführt, so führt das zur Bausoll-Bauist-Abweichung; die Vergütungspflicht beurteilt sich nach § 2 Nr. 5, 6, 8 VOB/B.

hh) **Voraussetzung: Wirksame Vertragsregelung – Unmöglichkeit der Leistung, kartellrechtliches Missbrauchsverbot.** Der Vertrag kann unwirksam sein, wenn sich der vereinbarte **Erfolg** deshalb nicht erreichen lässt, weil die vereinbarte **Leistung** (technisch) **unmöglich** ist. Ein Auftraggeber beauftragt einen Fassadenbauer, über 3000 (5.352 m²) thermisch vorgespannte Glasscheiben zu montieren, die Scheiben sollen absolut bruchsicher sein und insbesondere keine zerstörenden Einflüsse (z.B. Nickelsulfid) haben. Nach Abnahme gehen in 2 Jahren 6 Scheiben zu Bruch, daraufhin fordert der Auftraggeber den Austausch aller Scheiben. Der Bundesgerichtshof[149] urteilt, die Scheiben seien mangelhaft, weil absolute Bruchsicherheit vereinbart sei, aber diese Beschaffenheit sei technisch nicht zu verwirklichen, die Vereinbarung auf eine unmögliche Leistung gemäß § 275 Abs. 1 2. Fall BGB gerichtet und deshalb unwirksam, deshalb kein Mängelanspruch (wobei der Auftragnehmer den Anspruch auf die Vergütung gemäß § 326 Abs. 1 BGB verliert, die Erstattung bereits geleisteter Vergütung richtet sich gemäß § 329 Abs. 4 BGB nach Rücktrittsrecht). Bei Verschulden hätte der Auftragnehmer – wenn der Fassadenbauer das verbleibende Restrisiko von Nickelsulfideinflüssen nicht gekannt habe und auch nicht kennen können – allerdings einen Schadensersatzanspruch gemäß § 634 Nr. 4, § 311a Abs. 2 BGB. Die Entscheidung ist umstritten, richtigerweise muss der Vertrag so verstanden werden, dass nur eine möglichst wenig schadensträchtige Leistung vereinbart sei und der Vertrag wirksam bleibt.[150]

Weiter: Einzelne Auftraggeber, insbesondere öffentliche Auftraggeber, sind oft marktbeherrschend bzw. marktstark im Sinne von § 19 GWB. Verwendet ein solcher Auftraggeber eine Klausel, die im Einzelfall als Verstoß gegen das kartellrechtliche Missbrauchsverbot zu betrachten ist, so kann das zum Eingreifen der Kartellbehörde führen, aber auch zu Schadensersatzansprüchen des Bieters/Auftragnehmers auf der Basis von § 823 Abs. 2 BGB in Verbindung mit § 19 GWB. Im Ergebnis hat das dieselbe Wirkung, wie wenn die entsprechende Klausel unwirksam wäre.[151]

f) Die Bestimmung des Bausolls durch die einzelnen Vertragsbestandteile. aa) „Totalitätsprinzip". Das Bausoll wird durch die **Gesamtheit** aller zum Vertragsinhalt gewordenen Unterlagen bestimmt. Es gibt also keine Wertigkeit einzelner Regelungen gegenüber der anderen, solange sich die einzelnen Vertragsbestandteile nicht widersprechen. Ebenso ist es auch gleichgültig, wie der Vertragsinhalt verkörpert ist, sei es verbal, sei es in Plänen, im Modell oder wie auch immer. Erst wenn sich einzelne Bestandteile widersprechen, bedarf es der Bestimmung der Reichweite des einzelnen Vertragsbestandteils und der Klärung, ob ein Vertragsbestandteil dem anderen gegenüber vorrangig ist. Das ist entweder im Vertrag selbst geregelt oder bedarf der Auslegung, näher Rdn. 90 ff.

bb) Leistungsbeschreibung. (1) Inhalt. §§ 7-7c VOB/A, aus dem die Begriffe stammen, enthalten in §§ 7 und 7b unter der Überschrift „Leistungsbeschreibung" zu § 7 eine Vorschrift darüber, wie im Anwendungsbereich der VOB/A Leistungen beschrieben werden müssen. Es handelt sich um „Leistungsbeschreibungen im engeren Sinne" (siehe Rdn. 66). § 7 Abs. 1, 2 VOB/A enthält dabei Regelungen für jede Art von Vertrag, § 7a Technische Spezifikationen, § 7b enthält Regelungen für die **Leistungsbeschreibung** mit **Leistungsverzeichnis** (also **Einheitspreisvertrag** oder Detail-Pauschalvertrag), § 7c enthält Regelungen für die **Leistungsbeschreibung** mit **Leistungsprogramm** (ein Typ des **Global-Pauschalvertrages**). Bei der Prüfung des Regelungsgehalts der Leistungsbeschreibung bedarf es immer der vorangehenden Prüfung, welche der beiden Arten von Leistungsbeschreibungen untersucht wird, die Leistungsbeschreibung mit Leistungsverzeichnis (Prototyp Einheitspreisvertrag) oder die Leistungsbeschreibung mit Leistungsprogramm (funktionale Ausschreibung, Prototyp Global-Pauschalvertrag). Eine Diskussion beispielsweise der Rangreihenfolge zwischen Text und Plänen entfällt bei

---

[149] BGH „Bruchsicherheit" BauR 2014, 1291.
[150] *Althaus* BauR 2014, 1369; *Jansen/von Rintelen* in Kniffka Onlinekommentar § 631 Rdn. 73; *Funke* in NWJS VOB/B § 1 Rdn. 33, wie BGH *Kniffka* BauR 2017, 159.
[151] Zur grundsätzlichen Anwendbarkeit des Kartellrechts BGH „Kammerschleuse", BauR 1997, 126; Einzelheiten zum Problem und zu dem vom Bundesgerichtshof entschiedenen Fall *Kapellmann/Schiffers/Markus* Band 2, Rdn. 625.

einer reinen funktionalen Ausschreibung deshalb, weil diese dem Bieter/Auftragnehmer gerade die Aufgabe stellt, selbst Pläne zu entwickeln.

Die Vorschriften für die Leistungsbeschreibung in § 7b VOB/A haben infolge der Prägewirkung der VOB für bauvertragliche Vergütungstypen großenteils allgemeinen Charakter, d. h., die Regelungen jedenfalls in § 7b und § 7c sind sachlogische Regelungen, die als Auslegungshilfe auch gegenüber einem privaten Auftraggeber gelten.[152] Die Leistungsbeschreibung beim Prototyp **Einheitspreisvertrag** bezeichnet die VOB/A zutreffend als „Leistungsbeschreibung mit Leistungsverzeichnis". Danach wird die Leistung in der Regel durch eine allgemeine Darstellung der Bauaufgabe (Baubeschreibung) und ein in Teilleistungen gegliedertes Leistungsverzeichnis beschrieben (§ 7b VOB/A). **Erforderlichenfalls** ist die Leistung auch zeichnerisch oder durch Probestücke darzustellen oder anders zu erklären, z. B. durch Hinweise auf ähnliche Leistungen, durch Mengen- oder statische Berechnungen. Zeichnungen und Probestücke, die für die Ausführung **maßgebend** sein sollen, sind **eindeutig** zu bezeichnen (§ 7b Abs. 2 VOB/A), dazu näher Rdn. 120, 122.

Die Leistungsbeschreibung beim Prototyp „Einheitspreisvertrag" besteht daher in der Regel aus einer Baubeschreibung, einem Leistungsverzeichnis (LV) und Zeichnungen. Das Leistungsverzeichnis (LV) enthält eine Aufgliederung des Bauprojekts **nicht nach funktionalen Einheiten,** sondern nach produktionstechnisch gegliederten Teilarbeiten, **„Positionen"** (vgl. Rdn. 136). Demzufolge übermittelt ein Leistungsverzeichnis allein kein Bild darüber, welches Bauwerk gebaut wird. Das Leistungsverzeichnis ist vielmehr eine „Preisliste" für technische Einzelvorgänge. Zur Erläuterung unterschiedlicher Arten von Positionen im Leistungsverzeichnis siehe § 4 Abs. 1, 2 VOB/A Rdn. 13 ff.

Bei einer Ausschreibung nach **Leistungsprogramm (funktionale** Ausschreibung) definiert der Auftraggeber nur die Bauaufgabe und die an sie gestellten technischen, wirtschaftlichen, gestalterischen und funktionsbedingten Anforderungen (vgl. § 7c VOB/A), überlässt es aber im unterschiedlichen Maße – je nach Ausschreibung –, dem Bieter/Auftragnehmer, aus diesen Vorgaben planerisch das Objekt zu entwickeln und das so entwickelte Objekt zu bauen. Solche „reinen" funktionalen Leistungsbeschreibungen sind selten; viel häufiger sind teilfunktionale Leistungsbeschreibungen. Paradebeispiel ist der Schlüsselfertigbau (näher Rdn. 250).

66 Wenn eine **Leistungsbeschreibung** aus mehreren Teilen besteht (z. B. Baubeschreibung, Leistungsverzeichnis, Pläne), stellt sich das Problem der **Widersprüchlichkeit** einzelner Bestandteile – dies auch bei einer funktionalen Leistungsbeschreibung, auch dort wird der Auftraggeber nicht ganz auf Pläne oder in unterschiedlicher Form geregelte Einzelvorgaben verzichten.

Die VOB behandelt diese **Bestandteile der Leistungsbeschreibung** (scheinbar) als **gleichrangig,** regelt also keine Geltungsreihenfolge einzelner Bestandteile. Für die Auflösung von Widersprüchen gibt es deshalb keine Lösung über eine einfache Geltungsreihenfolge laut VOB. Dennoch muss der Widerspruch beispielsweise zwischen Text und Plänen oder zwischen Baubeschreibung und Leistungsverzeichnis oder zwischen Raumbuch und Baubeschreibung gelöst werden. Das ist ein Problem der Auslegung, dazu Rdn. 120, 122.

Zur **„Leistungsbeschreibung im weiteren Sinn"** gehören zusätzlich alle sonstigen bausolldefinitorischen Elemente, z. B. also auch Zusätzliche Technische Vertragsbedingungen.

67 **(2) Verhandlungsprotokoll, Nachverhandlungsverbot.** Über das Angebot eines Bieters wird sehr oft eine Auftragsverhandlung geführt, die dann in einem Verhandlungsprotokoll dokumentiert wird. Häufig gibt es auch mehrere Auftragsverhandlungen mit jeweils einem Protokoll. Wird in dem eigentlichen Vertragstext das Verhandlungsprotokoll als Vertragsbestandteil zitiert, steht fest, dass es als Teil der Vertragsunterlagen das Bausoll mitbestimmt. Zitiert der Vertrag das Verhandlungsprotokoll nicht, so ist es Auslegungsfrage, ob das Protokoll einen zwischenzeitlich überholten Verhandlungsstand dokumentiert, also bedeutungslos ist, oder ob es trotz Nichterwähnung doch ergänzender Vertragsbestandteil sein soll. Wenn für die letztere Annahme nicht eindeutige Anhaltspunkte sprechen, ist ein nicht ausdrücklich zum Vertragsbestandteil gemachtes Verhandlungsprotokoll unbeachtlich; in der Vertragspraxis kommt es auch so gut wie nie vor, dass Protokolle, die für den Vertragsinhalt maßgeblich sein sollen, nicht im Vertrag als Vertragsbestandteil zitiert (und in der Regel als Anlage beigefügt) werden. Gibt es mehrere Protokolle mit widersprüchlichem Inhalt als Vertragsbestandteil, so spricht eine Vermutung dafür, dass das jüngere Protokoll die maßgebende Vereinbarung der Parteien enthält, also vorrangig ist.

---

[152] *Kapellmann/Schiffers/Markus* Band 1, Rdn. 206, 192–205; Einzelheiten Rdn. 122.

Zur Bedeutung von **Baustellenprotokollen** s. Rdn. 198.

Auch bei Verträgen mit **öffentlichen Auftraggebern** findet sich häufiger ein „Verhandlungsprotokoll" (vgl. § 15 Abs. 1 Nr. 2 VOB/A). Der Auftraggeber darf nach Öffnung der Angebote aber nur so genannte technische Aufklärungsgespräche führen, um sich z. B. über die „geplante Art der Ausführung" zu informieren, ansonsten gilt das **Nachverhandlungsverbot**, der Auftraggeber darf insbesondere nicht über den Preis (oder die Änderung des Angebots) verhandeln (§ 15 Abs. 3, Abs. 1 VOB/A). Enthält das Protokoll dennoch eine unzulässige nachträgliche Regelung hinsichtlich des Preises, beispielsweise einen nachträglichen Preisnachlass, stellt sich die Frage, ob der Vertrag ganz oder jedenfalls in Bezug auf diese Abrede wegen Verstoßes gegen ein gesetzliches Verbot (§ 134 BGB) nichtig ist. Verstöße gegen vergaberechtliche Bestimmungen führen in der Regel nicht zur Nichtigkeit des dennoch geschlossenen Vertrages (F0E0 § 7 VOB/A Rdn. 2). Aber für § 15 VOB/A gilt wie für § 7 Abs. 1 Nr. 3 VOB/A (dazu Rdn. 115) eine Ausnahme, Abs. 2 regelt unmissverständlich, dass nachträgliche Verhandlungen (vor dem Zuschlag) z.B. über Preise „**unstatthaft**" sind. Zwar gilt die Nichtigkeit gemäß § 134 BGB wegen eines Verstoßes gegen ein gesetzliches Verbot nicht, wenn das Verbot sich nur an eine Partei wie hier den öffentlichen Auftraggeber wendet, aber die Nichtigkeit kann sich aus dem Zweck des Verbots ergeben.[153] Wettbewerbsgerechtigkeit und Vergabegleichheit sind die tragenden Kernpunkte des EU-Vergaberechts und des Vergaberechts im GWB. Das OLG Braunschweig urteilt allerdings, das Verhandlungsverbot schütze nur den benachteiligten Bieter,[154] aber nicht den am Vergabeverstoß beteiligten Bieter.[155] Das ist nicht richtig: Die Vorschrift des § 15 VOB/A schützt – auch – jeden Bieter davor, vom Ausschreibenden im Preis gedrückt zu werden,[156] unabhängig davon, ob durch den geringeren Preis ein anderer Bieter vorrückt. Das Zusammenwirken von Ausschreibendem und Bieter kann zwar kollusiv und wettbewerbswidrig sein,[157] aber das spricht ja nicht gegen die Nichtigkeit gemäß § 134 BGB oder § 138 BGB. Das OLG Braunschweig ergänzt, jedenfalls verstoße die Nachforderung des begünstigten Bieters gegen Trau und Glauben, er dürfe nicht zuerst profitieren und das anschließend ignorieren. Das ist auf den ersten Blick überzeugend, aber nur auf den ersten: Der Bieter müsste sich (negativ) danach an dem „schlechten" Ergebnis festhalten lassen, aber der Ausschreibende profitierte von dem für ihn „besseren" Ergebnis. Das Argument von Treu und Glauben trifft also nur eine Seite. Der Bundesgerichtshof hat früher bei der Schwarzgeldabrede geurteilt, der Besteller, der die Leistung schon erhalten habe, müsse trotz der Nichtigkeit des Vertrages nach Treu und Glauben zahlen,[158] aber er hat zutreffend im Jahr 2014 damit gebrochen: Es bleibt bei der Nichtigkeit ohne Korrekturmöglichkeit, gleichgültig, in welchem Abwicklungsstadium sich der Vertrag befindet.[159] Den Zweck des Verbots der Schwarzarbeit erreicht man nur, wenn das Rechtsgeschäft definitiv unwirksam ist und bleibt, egal, wer davon gerade „begünstigt" wird. Das gilt entsprechend für § 15 GWB.

Der Bieter darf sich also entgegen OLG Braunschweig auf die Nichtigkeit berufen und nachfordern.[160]

Eine strenge Auslegung ist unbedingt geboten, um die Gefahr von Manipulation zu verringern und den Auftraggeber für eventuelle Manipulationen nicht mit der Wirksamkeit der manipulierten Regelung zu belohnen. Mit Rücksicht auf den Zweck der Verbotsnorm ist die Nichtigkeit auf den „verbotenen Teil" des Rechtsgeschäfts zu beschränken[161] mit der Folge, dass der Vertrag auf der insoweit unveränderten Angebotsgrundlage gilt.

---

[153] BGHZ 46, 26; BGHZ 65, 370; BGH NJW 1981, 1205; s. auch BGH NZBau 2014, 425 = BauR 2014, 1141 (Schwarzarbeit).

[154] Dieser Bieter hat gegen den Ausschreibenden Anspruch auf Ersatz des positiven Interesses, BGH NZBau 2002, 517.

[155] OLG Braunschweig IBR 2005, 361; ebenso *Grünhagen* in FKZGM VOB/A § 15 EG VOB/A Rdn. 104.

[156] Zutreffend, aber damit widersprüchlich zu Rdn. 104, *Grünhagen* in FKZGM VOB/A § 15 EG Rdn. 79.

[157] *Köhler/Steindorff* NJW 1995, 1705, 1709.

[158] BGH BauR 1990, 721. Hier kommt auch ein Verstoß gegen § 138 BGB in Betracht; s. auch OLG Saarbrücken VergR 2016, 796.

[159] BGH NZBau 2014, 425 = BauR 2014, 1141.

[160] Ebenso 2. Vergabekammer Mecklenburg-Vorpommern Beschl. v. 27.11.2001 – 2 VK 15/01; s. auch *Knoche* Kurzanm. zu OLG Braunschweig, IBR 2005, 361.

[161] *Armbrüster* in MüKoBGB § 134 Rdn. 107, 108, oben Rdn. 52.

Erklärungen von Auftraggeber-Mitarbeitern, die den Inhalt der Leistungsbeschreibung **abändern**, sind aus den genannten Gründen ebenfalls unbeachtlich.[162] Erklärungen, die einen unklaren Inhalt erläutern, sind dagegen für die Bausollbestimmung maßgebend; der Auftraggeber **muss** sie auf Nachfrage geben (§ 12a Abs. 3 VOB/A).

69 Gerade bei Verhandlungsprotokollen verwendet der Auftraggeber oft vorformulierte Texte, was zur Anwendbarkeit der §§ 305 ff. BGB führt. Vorformuliert können auch in der Absicht der Mehrfachverwendung verwandte handschriftliche Formulierungen sein (oben Rdn. 52).

70 **(3) Verweis auf nur einsehbare Unterlagen.** Häufig findet sich in Ausschreibungen der Hinweis auf nicht beigefügte, aber (beim Auftraggeber oder seinen Erfüllungsgehilfen) einsehbare Unterlagen, insbesondere Pläne. Manchmal folgt auch der Passus, dass die nur einsehbaren Pläne nicht Vertragsinhalt werden. Die Beurteilung, ob diese nur einsehbaren Unterlagen das Bausoll bilden, muss differenzieren. Enthalten die Ausschreibungsunterlagen den Hinweis, dass die nur einsehbaren Unterlagen nicht Vertragsbestandteil werden, so ist das wörtlich zu nehmen: Diese Unterlagen entfalten dann **keine** vertragsrelevante Bedeutung, sie sind unverbindliche Information. Das folgt schon daraus, dass man dem Auftraggeber nicht die Wahl lassen kann, auf die einsehbaren Pläne zurückzugreifen, wenn sie ihm nutzen und ihre Verbindlichkeit zu leugnen, wenn sie ihm schaden.[163]

71 Enthalten die Ausschreibungsunterlagen den Hinweis, dass nur einsehbare Pläne nicht Vertragsinhalt werden, nicht, so sind die einsehbaren Pläne jedenfalls dann nicht maßgeblich für das Bausoll, wenn es in der Baubeschreibung oder im LV-Text Pläne bzw. den Hinweis auf solche Pläne gibt, die, wie es § 7b Abs. 2 VOB/A verlangt, eindeutig als für die Ausführung maßgeblich gekennzeichnet sind. Enthalten solche Pläne einen Widerspruch zu den nur einsehbaren, allgemeineren Plänen, so gehen die speziellen Pläne vor.[164]

72 Gibt es in den Ausschreibungsunterlagen keine speziellen Pläne, so beurteilt sich die Bedeutung nur einsehbarer Pläne nach den Umständen des Einzelfalls. Es ist Aufgabe des Auftraggebers, sich klar und eindeutig in der Ausschreibung auszudrücken. Pläne sind jedenfalls für den öffentlichen Auftraggeber aus der zwingenden, aber aus sachologischen Gründen auch für den privaten Auftraggeber maßgebenden Bestimmung des § 7b Abs. 2 VOB/A (nur) Ergänzungsmittel. **Nur** „erforderlichenfalls" ist die Leistung nämlich auch durch Zeichnungen darzustellen; dann sind aber diese Zeichnungen, die für die Ausführung maßgebend sein sollen, **eindeutig** zu bezeichnen. Deshalb kommt es weniger auf die bloße Beifügung oder Nichtbeifügung der Pläne an, entscheidend ist, ob aus den Ausschreibungsunterlagen, hier natürlich in allererster Linie dem Text, eindeutige Hinweise auf die Maßgeblichkeit bestimmter Zeichnungen für das Bausoll zu entnehmen sind oder nicht. Ist der Hinweis unmissverständlich, so kann er auch auf einzusehende konkrete Unterlagen verweisen, diese Unterlagen werden dann Bausoll. Einsehbare Unterlagen ohne irgendeinen konkreten Bezug in Ausschreibungsunterlagen begründen dagegen jedenfalls bezüglich der in ihnen enthaltenen Detailaussagen kein Bausoll.[165]

73 **(4) Auftraggeberseitige Unterlagen nach Angebotsabgabe, aber vor Vertragsschluss; versteckte Änderungen.** Wenn der **private** Auftraggeber dem Bieter nach Angebotsabgabe, aber vor Annahme, weitere Vertragsunterlagen vorlegt, so ist das die konkludente Aufforderung des Auftraggebers, insoweit das Angebot nachträglich zu überprüfen und gegebenenfalls anzupassen. Jedenfalls soweit für den Bieter die Notwendigkeit, diese Unterlagen auf ihre Vertragsrelevanz zu prüfen, erkennbar ist, werden diese Unterlagen Bestandteil der Vertragsunterlagen und tragen damit zur Bestimmung des Bausolls bei. Das gilt auch für den nicht gerade seltenen Fall, dass der Bieter in dem Wunsch, den Auftrag zu sichern, leichtsinnig und ungeprüft diese Unterlagen akzeptiert. Etwas anderes gilt nur dann, wenn der Auftraggeber in letzter Sekunde, insbesondere in der Vertragsverhandlung, solche Unterlagen, z. B. Pläne, nachschiebt und in diesen Plänen **versteckt** oder jedenfalls nur mit Mühe erkennbar Abänderungen gegenüber den bisherigen Ausschreibungsunterlagen ergeben, der Auftraggeber darauf aber nicht hinweist und den Vertragsschluss alsbald herbeiführt, im Ergebnis also den Bieter **unfair überrumpelt;** die so versteckten Änderungen werden dann nicht Bausoll, der Bieter muss nach seinem „Empfänger-

---

[162] Ebenso OLG Schleswig BauR 2007, 599.
[163] Beispiel bei *Kapellmann/Schiffers/Markus* Band 1, Rdn. 203.
[164] *Kapellmann/Schiffers/Markus* Band 1, Rdn. 203. Siehe auch Rdn. 120 und VOB/A § 7 b Rdn. 9.
[165] Deshalb ist eine entsprechende AGB-Klausel unwirksam, OLG Frankfurt BauR 2003, 269, Klausel 1; *Markus* in Markus/Kaiser/Kapellmann, AGB-Handbuch Bauvertragsklauseln, Rdn. 209. Siehe auch hier **Rdn. 120.**

Vergütung   74–78   § 2 VOB/B

horizont" – dazu Rdn. 110 – nicht damit rechnen, dass ihm heimlich maßgebende Leistungsänderungen untergeschoben werden.[166]

Bei **öffentlichen** Auftraggebern stellt sich ein schon erörtertes Problem, das Nachverhand- **74**
lungsverbot: Verhandlungen nach Angebotseröffnung, insbesondere über Angebotsänderungen
sind gemäß § 15 Abs. 3 VOB/A unstatthaft.[167] Der Auftraggeber kann problemlos nach Vertragsschluss Änderungen oder Ergänzungen gemäß § 1 Abs. 3, 4 VOB/B mit der Vergütungsfolge gemäß § 2 Abs. 5, 6 VOB/B anordnen.

cc) **Besondere Vertragsbedingungen, Zusätzliche Vertragsbedingungen.** Vorab zur **75**
Terminologie: Die „**Allgemeinen Vertragsbedingungen**" für die Ausführung von Bauleistungen" sind die Vorschriften der **VOB/B.** Die „**Allgemeinen Technischen Vertragsbedingungen für Bauleistungen**" sind die Normen der **VOB/C** (vgl. § 8a Abs. 1 VOB/A). **Zusätzliche Vertragsbedingungen (ZVB)** sind gemäß der Regelung der VOB/A solche Allgemeinen Geschäftsbedingungen des Auftraggebers, die für alle Bauprojekte dieses Auftraggebers
gelten und Abweichungen zu den Allgemeinen Vertragsbedingungen regeln, die aus der Sicht
dieses Auftraggebers also die Allgemeinen Vertragsbedingungen ergänzen; in Anwendung der
VOB/A dürfen sie den Allgemeinen Vertragsbedingungen aber nicht widersprechen (§ 8a Abs. 2
VOB/A). Für ein einzelnes Projekt oder einzelne Projekte kann – wiederum nach den Regeln
der VOB/A – der Auftraggeber mit **Besonderen Vertragsbedingungen (BVB)** besondere
Regelungen treffen (§ 8a Abs. 2 VOB/A). Da die Besonderen Vertragsbedingungen sich nur auf
ein Projekt oder einzelne Projekte beziehen, sind sie speziell gegenüber den Zusätzlichen Ver-
tragsbedingungen, die für alle Projekte dieses Auftraggebers gelten sollen. Deshalb regelt die
VOB/B sachgerecht in § 1 Abs. 2, dass im Falle des Widerspruches die speziellen Besonderen
Vertragsbedingungen den allgemeineren Zusätzlichen Vertragsbedingungen gegenüber vorrangig
sind.

Wenn der Auftraggeber beabsichtigen würde, die Besonderen Vertragsbedingungen tatsächlich **76**
nur **einmal** für dieses besondere Projekt zu verwenden, würden sie sich dann nicht als Allgemeine Geschäftsbedingungen darstellen, wenn auch nur **ein** Vertrag geschlossen werden sollte,
was also praktisch nur bei einer schlüsselfertigen Ausschreibung in Betracht kommt. Sobald für
dieses eine Projekt die Besonderen Vertragsbedingungen gegenüber mehreren Auftragnehmern
(für mehrere Gewerke) verwendet werden, handelt es sich schon um Allgemeine Geschäftsbedingungen (s. oben Rdn. 51), erst recht, wenn der Auftraggeber systemwidrig generell eine
Mehrfachverwendung beabsichtigt. Die theoretisch klare Unterscheidung der VOB/A zwischen
Zusätzlichen Vertragsbedingungen, also allgemeiner geltenden Regelungen des Auftraggebers,
und Besonderen Vertragsbedingungen, also speziell geltenden Regelungen des Auftraggebers,
wird auch bei öffentlichen Auftraggebern oft verwischt; für private Auftraggeber gibt es ohnehin
keine Benennungsregel. Die Benennung spielt aber auch für die rechtliche Beurteilung keine
Rolle.

dd) **Zusätzliche Technische Vertragsbedingungen, Allgemeine Technische Vertrags-** **77**
bedingungen (VOB/C). „Zusätzliche Technische Vertragsbedingungen" ergänzen nach den
Regeln der VOB/A generell die „Allgemeinen Technischen Vertragsbedingungen", also die
VOB/C. Sie sind also für technische Sachverhalte die Parallele zu den Zusätzlichen Vertragsbedingungen. Soweit sie nicht nur technische Spezifikationen enthalten, sondern inhaltliche
Leistungsbestimmungen, unterliegen sie als Allgemeine Geschäftsbedingungen der Kontrolle der
§§ 305 ff. BGB.

Die „**Allgemeinen Technischen Vertragsbedingungen für Bauleistungen**" sind die in
Teil C der VOB enthaltenen DIN-Normen, derzeit DIN 18299 bis DIN 18459. Sie sind gemäß
§ 1 Nr. 1 Satz 2 VOB/B **Bestandteil** eines VOB-Vertrages.[168]

(1) **Aufbau VOB/C.** Die Bedeutung der VOB/C wird in der juristischen Praxis – auch von **78**
den Gerichten – außerordentlich unterschätzt. Sie enthält eine Fülle von Vertragsregelungen,

---

[166] Sehr instruktiv: BGH, NZBau 2014, 494 = BauR 2014, 1303; OLG Stuttgart BauR 1992, 639; dazu *Kapellmann/Schiffers/Markus* Band 1, Rdn. 154; zu dieser ansonsten unrichtigen Entscheidung des OLG *Kapellmann/Schiffers/Markus* Band 2, Rdn. 654.
[167] **Oben Rdn. 68.**
[168] BGH „Dachdeckergerüste" NJW 2006, 3413 m. Anm. *Kapellmann* NZBau 2006, 777 (mit „Klarstellung" zu BGH „Konsolträgergerüste"); BGH „DIN 18332" NZBau 2004, 500 = BauR 2004, 1438;
unrichtig BGH „Konsolträgergerüste" NZBau 2002, 324 = BauR 2002, 935, dazu *Kapellmann* NJW 2005,
182. **Näher Rdn. 86.**

deren Kenntnis für die Beurteilung des Bausolls unerlässlich ist. Zum Umfang der Einbeziehung in den Vertrag vgl. § 1, Rdn. 17–25. Es ist deshalb notwendig, jedenfalls die Struktur der VOB/C und ihrer einzelnen Abschnitte zu erläutern.

Den Allgemeinen Technischen Vertragsbedingungen (VOB/C) ist die DIN 18299 „Allgemeine Regelungen für Bauarbeiten jeder Art" vorangestellt; sie gilt für alle Fach-DIN-Normen. Enthält die Fach-DIN-Norm speziellere Vorschriften, so gehen diese vor.

Jede DIN-Norm besteht aus sechs Abschnitten:

Abschnitt 0 enthält Hinweise für das Aufstellen der Leistungsbeschreibung. Der öffentliche Auftraggeber muss sie gemäß § 7 Abs. 1 Nr. 7 VOB/A beachten; sie spielen aber auch für den privaten Auftraggeber eine außerordentliche Rolle bei der Auslegung unklarer oder widersprüchlicher Bausollbestimmungen.

Abschnitt 1 regelt den Geltungsbereich.

Abschnitt 2 nennt die Anforderungen, denen die zu verwendenden Stoff- und Bauteile entsprechen müssen.

Abschnitt 3 legt die technische Ausführung der Leistung fest.

Abschnitt 4 definiert die vom Auftraggeber ohne besondere Erwähnung mit auszuführenden Nebenleistungen, die auch nicht gesondert vergütet werden; er erklärt aber auch das Pendant, nämlich die Besonderen Leistungen, die Einzelnen benannt werden müssen und dann auch gesondert bezahlt werden.

Abschnitt 5 enthält schließlich Vorschriften über die Abrechnung.

79 (2) **Abschnitt 0.** Abschnitt 0 enthält Hinweise für eine ordnungsgemäße Leistungsbeschreibung. Laut Text werden „die Hinweise nicht Vertragsbestandteil". Was damit gemeint ist, ist rechtlich dunkel.[169] Jedenfalls für den öffentlichen Auftraggeber sind gemäß § 7 Abs. 1 Nr. 7 VOB/A **die Hinweise im jeweiligen Abschnitt 0 zwingend** zu beachten. Der öffentliche Auftraggeber, der gesetzlich vorgeschrieben und erklärtermaßen die VOB/A anwendet, erklärt damit auch, dass er sich entsprechend dieser Ausschreibungsnorm bei der Ausschreibung verhalten hat. Bieter dürfen sich deshalb darauf einstellen, dass die Ausschreibung so verfasst und so zu lesen ist, als ob der Auftraggeber dieser Richtlinien beachten hätte. Das hat der Bundesgerichtshof – in vergleichbarem Zusammenhang mit § 7 Abs. 1 Nr. 3 VOB/A – in vielen Entscheidungen bestätigt.[170]

80 Für private Auftraggeber gilt dasselbe, wenn auch nicht unmittelbar; zwar unterliegen sie keiner Vergabevorschrift; wenn sie aber die VOB/B verwenden, **deren Bestandteil** gemäß § 1 Abs. 1 Satz 2 **VOB/B** auch die VOB/C ist, so schaffen sie denselben Vertrauenstatbestand, nämlich den, dass sie sich nach den „Hinweisen für die Leistungsbeschreibung" richten.[171]

81 Die Vorschriften des Abschnitts 0 sind insofern für den Bieter in einem negativen Sinne maßgeblich: Wenn die „Hinweise für das Aufstellen der Leistungsbeschreibung" verlangen, dass **„nach den Erfordernissen des Einzelfalles"** insbesondere bestimmte Angaben gemacht werden müssen, so lässt sich aus dem Fehlen solcher Angaben schließen, dass der entsprechende Tatbestand auch nicht gegeben ist. Ausnahme: Einzelne Tatbestände sind so selbstverständlich, eindeutig und jedem Bieter klar, dass sie nicht gesondert erwähnt werden müssen (s. Rdn. 83 BGH „LAGA"). Anders ausgedrückt: Für den Vertragsinhalt maßgebend sind die Hinweise für das Aufstellen der Leistungsbeschreibung mindestens dann, wenn sie **„Ja/Nein-Alternativen"** enthalten. Abschnitt 0.2.2 DIN 18299 sieht z. B. vor, dass besondere Erschwernisse während der Ausführung, z. B. Arbeiten in Räumen, in denen der Betrieb weiterläuft, genannt werden müssen. Enthält die Ausschreibung keine entsprechenden Hinweise, darf der Bieter davon ausgehen, dass dann, wenn er in vorhandenen Räumen arbeiten muss, in diesen Räumen kein Betrieb läuft. Läuft tatsächlich doch Betrieb, ist das eine Soll-/Ist-Abweichung zum Verfahrens-

---

[169] Zustimmend *Jansen* in Beck'scher VOB-Kommentar § 2 Abs. 1 Rdn. 11. Sie seien nicht Vertragsbestandteil, aber keineswegs rechtlich bedeutungslos (?), so *Putzier/Goede/Katzenbach/Werner/Schuldt/Giere* in Beck'scher Kommentar VOB/C DIN 18300 Rdn. 23.

[170] BGH „Hochspannung" NZBau 2013, 695 = BauR 2013, 2017; BGH „Chlorid" NZBau 2013, 428 = BauR 2013, 1126; BGH „LAGA" NZBau 2012, 102 = BauR 2012, 490; BGH „Wasserhaltung II" BauR 1994, 236; BGH „Auflockerungsfaktor" BauR 1997, 466; *Kapellmann/Schiffers/Markus* Band 1, Rdn. 127, Band 2, Rdn. 622, 623; siehe auch Rdn. 114 ff.
Die VOB/C begründet (auch) „Auslegungsvertrauen", zutreffend *Motzke* in Beck'scher VOB-Kommentar VOB/C Syst. III Rdn. 3, 4, 42, 43, 66–76d; *Jansen* in Beck'scher VOB-Kommentar VOB/B § 2 Abs. 1 Rdn. 11. **Siehe dazu insbesondere Rdn. 115.**

[171] **Näher** Rdn. 122, Beispiele Rdn. 83.

soll (vgl. oben Rdn. 26); der Auftragnehmer hat, wenn höhere Kosten entstehen, Anspruch auf zusätzliche Vergütung bei Anordnung gemäß § 2 Abs. 5 VOB/B, ohne Anordnung gemäß § 2 Abs. 8 Nr. 3 VOB/B.[172]

82 Enthalten die Hinweise für die Leistungsbeschreibung dagegen nur allgemeine Empfehlungen, aus deren Nichtberücksichtigung kein konkreter Schluss auf die tatsächlich vorhandene Situation gezogen werden kann, so wird im Regelfall eine eindeutige Aussage zum Bausoll nicht möglich sein. Im seltenen Einzelfall kommen hier Ansprüche des Bieters aus Verschulden bei Vertragsschluss (§ 311 Abs. 2 BGB) in Betracht. Enthält z. B. die Ausschreibung entgegen 0.1.9 DIN 18299 keine Angaben zu den Bodenverhältnissen, so ist daraus kein konkreter Schluss auf die Beschaffenheit der Bodenverhältnisse möglich. Wenn der Auftraggeber nicht erwähnt hat, welche der (früheren) Bodenklassen 1–7 ansteht, ist kein Schluss darauf möglich, welche Bodenklasse tatsächlich vorhanden ist.[173]

83 **Beispiele** für die **Definition** des Bausolls unter Berücksichtigung der „Hinweise zur Leistungsbeschreibung" Abschnitt 0:
– Die Ausschreibung erwähnt nicht, dass die Baustelle im Landschaftsschutzgebiet liegt (0.1.13 DIN 18 299),[174] dann ist die Lage „ohne Landschaftsschutzgebiet" Bausoll.
– Wenn keine Angaben zu Schadstoffbelastungen gemacht werden, ist laut DIN 18299 Abschnitt 0.1.20 davon auszugehen, dass auch keine vorkommen. Zu beachten ist aber, dass die entsprechenden Angaben „nach den Erfordernissen des Einzelfalls" zu machen sind. Wenn völlig **selbstverständlich** ist – die entsprechende Kenntnis auch konkret genug und für jeden Bieter selbstverständlich ist –, dass der Boden unter Asphaltdecken einer Ortsdurchfahrt schadstoffbelastet ist, braucht das **zivilrechtlich** ausnahmsweise nicht gesondert erwähnt zu werden: Was der Bieter sicher weiß, darf er nicht deshalb ignorieren, weil der Auftraggeber möglicherweise nicht vergaberechtsgemäß ausgeschrieben hat.[175] Die entsprechende Entscheidung des BGH „LAGA" ist im Einzelfall richtig, aber man muss bei der Annahme nicht der Erwähnung bedürftiger Tatbestände **äußerst vorsichtig** und **restriktiv** sein.[176] Im kurz darauf folgenden Fall „Chlorid" hat der BGH – wieder im Einzelfall richtig – bejaht, dass eine Chloridbelastung im Straßenbauuntergrund erwähnt werden muss.[177]
– Soweit der Vertrag vorsieht, dass das auszubauende Material wieder einzubauen ist und die Ausschreibung dazu schweigt, darf der Bieter ebenfalls gemäß der BGH-Entscheidung „LAGA" (Fn. 175) davon ausgehen, dass das ausgebaute Material auch einbaufähig ist.
– Die Ausschreibung erwähnt keine relevanten „Umgebungsbedingungen" (0.1.1 DIN 18299) und stellt keine Lagerplätze zur Verfügung, tatsächlich liegt neben der Baustelle ein Naturschutzgebiet, was infolge der Lärmbelästigung gegenüber Wildtieren es ausschließt, eine an die Autobahn angrenzende nicht zum Naturschutzgebiet gehörende alte Lagerfläche zu nutzen, dann ist die Nutzungsmöglichkeit Bausoll.
– Die Ausschreibung erwähnt bei Beton und Stahlbetonarbeiten entgegen 0.2.11 DIN 18331 nicht nach den Erfordernissen des Einzelfalls die Sorten, Mengen und **Maße** des Betonstahls. Wenn keine Maße angegeben sind, ist der Schluss des Bieters erlaubt, dass kein Sonderfall auftreten wird und demzufolge nur „übliche Maße" hinsichtlich der Stahlabmessungen auftreten. Kommt es zu ungewöhnlichen Maßen, ist das eine Sollabweichung, die Vergütungsansprüche des Auftragnehmers auslöst.[178]
– Wenn die Ausschreibung bei Erdarbeiten nicht erwähnt, dass sich die Eigenschaften und Zustände von Boden und Fels nach dem Lösen ändern (das ist gemäß DIN 18300 Abschnitt 0.2.10 in der Leistungsbeschreibung anzugeben), so ist als Beschaffenheitssoll davon

---

[172] Zustimmend *Jansen* in Beck'scher VOB-Kommentar VOB/B § 2 Abs. 1 Rdn. 12; *Althaus* in Althaus/Heindl, Der öffentliche Bauauftrag, Teil 3 Rdn. 74.
[173] Näher *Kapellmann/Schiffers/Markus* Band 2, Rdn. 617.
[174] *Kapellmann/Schiffers/Markus* Band 1, Rdn. 128; zustimmend *Jansen* in Beck'scher VOB-Kommentar VOB/B § 2 Abs. 1 Rdn. 12.
[175] BGH „LAGA" NZBau 2012, 102 = BauR 2012, 490, wie hier *Leinemann* VOB/B § 2 Rdn. 596. **Vergaberechtlich** muss die Ausschreibung eindeutig sein; vergaberechtlich darf sich der Auftraggeber nicht darauf verlassen, was Bieter ohnehin wissen, näher VOB/A § 7 Rdn. 9, Rdn. 41, 42.
[176] Ebenso *Leinemann* VOB/B § 2 Rdn. 596-600. Kritisch auch *Kus* FS Marx, 363.
[177] BGH „Chlorid" NZBau 2013, 429 = BauR 2013, 1176.
[178] *Kapellmann/Schiffers/Markus* Band 1, Rdn. 128, Rdn. 507, 863, 864; zustimmend *Jansen* in Beck'scher VOB-Kommentar VOB/B § 2 Abs. 1 Rdn. 21. Zu dem Schluss auf die „üblichen Maße" näher auch Rdn. **110**.

auszugehen, dass sie sich eben nicht ändern; die „Nichtänderung" ist also Beschaffenheitssoll des Baugrundes.[179]
- Ohne Angabe im Vertrag ist bei Erdarbeiten die Wahl des Abtragquerschnittes Sache des Auftraggebers gemäß Abschnitt 0.3.2, 3.5.2 DIN18300. Wenn also der Auftraggeber nachträglich einen bestimmten Abtragsquerschnitt verlangt, so führt das, wenn die Wahl des Auftragnehmers anders war, zur Soll-/Ist-Abweichung und begründet Vergütungsansprüche; der Auftraggeber hätte es ja in der Hand gehabt, den verlangten Abtragsquerschnitt in der Ausschreibung anzugeben.[180]
- Steht aufgrund von geotechnischen Untersuchungen fest, dass kontaminierter Erdaushub entsorgt werden muss, muss der Auftrag**geber** ein systematisches Risikomanagement vorlegen und die LAGA-Analysen einholen.[181]

84 **(3) Abschnitt 1.** Abschnitt 1 der jeweiligen DIN-Norm legt deren Anwendungsbereich fest. Auch das ist wörtlich zu nehmen. So sind z. B. bei Untertagearbeiten die Ausbruchmengen nach theoretischem Ausbruchquerschnitt und Achslänge, getrennt nach Vortriebsklassen, gemäß 5.2.2.1 DIN 18312 zu ermitteln. Wenn der Ausbruch an die Erd**ober**fläche befördert ist und von dort weiter transportiert wird, gilt diese Abrechnungsvorschrift nicht; das sieht 1.1 der DIN 18312 vor.[182] Auf die allgemein-sprachliche Bedeutung eines Begriffes kommt es dabei nicht an. So ist sicherlich der Verbau von unterirdischen Hohlräumen ein Unterfall von „Verbauarbeiten". Dennoch gilt die DIN 18303 „Verbauarbeiten" entsprechend 1.1 Abs. 2 für den Verbau an unterirdischen Hohlräumen nicht.

85 **(4) Abschnitte 2 und 3.** Abschnitt 2 regelt „Stoffe, Bauteile", Abschnitt 3 „Ausführung". Einmal regeln diese Vorschriften Ergänzungen der Leistungsbeschreibung. Sind beispielsweise für Dacharbeiten Dachabläufe ausgeschrieben, so versteht sich infolge der Regelung in 3.3.1.4 DIN 18338, dass diese Dachabläufe wärmegedämmt sein müssen.

Besonders wichtig sind die einzelnen Regelungen der DIN dazu, **welche** auszuführenden Maßnahmen ggf. **„Besondere Leistungen"** sind. Das ist von DIN zu DIN verschieden. Beispiel: Bei Bohrarbeiten z. B. zur Grundwasserabsenkung sitzt das Bohrwerkzeug fest. Gemäß Abschnitt 3.1.7 der DIN 18301 muss der Auftragnehmer den Auftraggeber unverzüglich unterrichten;[183] die weiteren Maßnahmen sind gemeinsam festzulegen. Die zu treffenden Maßnahmen sind „Besondere Leistungen". Diese Regelung gilt also unabhängig davon, ob die vorgefundenen Bodenverhältnisse so sind, wie vom Auftraggeber angegeben oder nicht. Das pure Festsitzen des Bohrwerkzeuges ist Soll-/Ist-Abweichung, weil das so in der DIN definiert ist. Maßnahmen zur Beseitigung des Zustandes sind kraft dieser Definition „Besondere Leistungen", d. h., gesondert zu vergüten (vgl. Rdn. 86). In anderen DIN-Vorschriften kann das anders geregelt sein.[184] Die Regelung der jeweiligen DIN, dass für den in der DIN definierten Fall einer Besonderheit die „geeigneten Maßnahmen gemeinsam festzulegen sind", heißt nichts anderes, als dass der Auftragnehmer mit dem Auftraggeber auf der Basis seiner technischen Fachkenntnisse die zu treffenden Entscheidungen erörtern soll. Entscheidungsbefugt bleibt aber der Auftraggeber. Wie auch immer er entscheidet, also auch dann, wenn er auf Vorschlag des Auftragnehmers handelt oder sich mit diesem einigt, bleiben die resultierenden Leistungen „Besondere Leistungen" (vgl. 4.2.1 DIN 18301). Da diese Leistungen nicht zum Bausoll gehören, brauchte der Auftragnehmer sie auch nicht auszuführen. Werden sie dennoch ausgeführt, so ist das Bausoll-Bauist-Abweichung, Vergütungspflicht besteht nach § 2 Abs. 5, Abs. 6 oder Abs. 8 VOB/B.

86 **(5) Abschnitt 4, „Konsoltraggerüste".** Abschnitt 4 der jeweiligen Norm der VOB/C regelt, welche Leistungen Nebenleistungen und welche Besondere Leistungen sind.

---

[179] *Kapellmann/Schiffers/Markus* Band 1, Rdn. 729; *Jansen* in Beck'scher VOB-Kommentar VOB/B § 2 Abs. 1 Rdn. 14.
[180] *Kapellmann/Schiffers/Markus* Band 1, Rdn. 745; zustimmend *Jansen* in Beck'scher VOB-Kommentar VOB/B § 2 Abs. 1 Rdn. 14.
[181] OLG Koblenz IBR 2013, 10.
[182] Ebenso *Jansen* in Beck'scher VOB-Kommentar VOB/B § 2 Abs. 1 Rdn. 18.
[183] Die unterlassene Unterrichtung führt nicht zum Verlust des Mehrvergütungsanspruchs des Auftragnehmers, zutreffend zB BGH „LAGA" NZBau 2012, 102 = BauR 2012, 490; OLG Frankfurt BauR 1986, 352, 354.
[184] Beispiele zu DIN 18319 und zu DIN 18313 bei *Kapellmann/Schiffers/Markus* Band 1, Rdn. 731. Wie hier *Jansen* in Beck'scher VOB-Kommentar VOB/B § 2 Abs. 1 Rdn. 16.

Die DIN 18299 definiert in 4.1 **Nebenleistungen** als Leistungen, die „auch ohne Erwähnung im Vertrag zur vertraglichen Leistung gehören". Nebenleistungen sind also vom Auftragnehmer auszuführen, ohne dass sie besonders genannt werden müssen, sie bilden also ohne weiteres das Bausoll. Sie werden nicht gesondert vergütet, wenn es nicht anders ausgeschrieben ist.

Besondere Leistungen sind gemäß 4.2 DIN 18299 Leistungen, die „nicht Nebenleistungen gemäß Abschnitt 4.1 sind und nur dann zur vertraglichen Leistung gehören, wenn sie in der Leistungsbeschreibung **besonders** erwähnt sind". Voraussetzung ist, dass sie erwähnungsbedürftig sind. **Besonders** erwähnt sind Leistungen dann, wenn sie so in den Verdingungsunterlagen dargestellt sind, dass sie nicht „untergehen" und nicht so versteckt oder an ungeeigneter Stelle platziert sind, dass sie übersehen werden können. Insbesondere genügen bloße Angaben in Zeichnungen ohne eindeutige Benennung im Text nicht.[185] Wenn eine Leistungsbeschreibung klar und unmissverständlich „bauzeitlicher Verbau" als auszuführende Leistungen aufführt, die laut DIN „Besondere Leistungen" sind, so sind sie „besonders erwähnt".[186]

Wenn der Auftraggeber in seinen Ausschreibungsunterlagen ohne konkreten Bezug oder Differenzierung festlegt, dass **alle** möglicherweise in Betracht kommenden „Besonderen Leistungen" ausgeführt werden sollen, **ohne** dass sie besonders vergütet werden sollen, bedarf es der Differenzierung: Im **individuellen** Vertrag ist eine solche Klausel allerdings zulässig; sie konterkariert zwar die Regelung der VOB/C, dass die Besondere Leistung auch **besonders** erwähnt werden muss. Da aber der individuelle Vertrag spezieller ist als die VOB/C, geht der Vertrag vor. Der Ausschluss der VOB/C trotz vereinbarter VOB/B bei einem Vertrag mit auftraggeberseitiger detaillierter Leistungsbeschreibung muss aber auch beim **individuellen** Vertrag klar ausgesprochen sein: Ein **stillschweigender Ausschluss der VOB/C**, weil eine bestimmte Einzelleistung, die nach VOB/C Besondere Leistung wäre, für einen „Gesamterfolg" **notwendig** wäre oder aus der Besonderheit des Objekts (!) folge und deshalb, obwohl nicht detailliert benannt, doch das Bausoll bilde, **kommt nicht in Betracht**.[187]

Das **Verschließen** von Aussparungen im Mauerwerk ist nach Ziff. 4.2.11 der DIN 18331 (Beton- und Stahlbauarbeiten) eine Besondere Leistung, die als zusätzliche Leistung zu vergüten ist, selbst wenn bei funktionaler Ausschreibung im „Gewerk Haustechnik" geregelt ist, dass der Auftragnehmer das **Herstellen** von Wand- und Deckenverbindungen einkalkulieren muss.[188]

In **Allgemeinen Geschäftsbedingungen** des Auftraggebers ist die Wirksamkeit einer solchen Regelung vom Vertragstyp abhängig: Die Regelung der VOB/C, d. h. Aufteilung zwischen in der Leistungsbeschreibung nicht besonders zu erwähnenden und nicht gesondert zu vergütenden „Nebenleistungen" einerseits und besonders zu erwähnenden und besonders zu vergütenden „Besonderen Leistungen" andererseits, ist nicht zwingend, so dass es grundsätzlich zwar möglich ist, auch in Allgemeinen Geschäftsbedingungen Art und Umfang solcher ergänzenden Leistungen zu bestimmen, dies allerdings nur in engen Grenzen: Klauseln, die für das Gewerk untypisch sind oder Klauseln, die letzten Endes zu unzumutbarer Kostenbelastung mangels voraussehbarer Bausollbestimmung führen, sind im Einzelfall unwirksam. Für Global-Pauschalverträge wird wegen der Funktionsverlagerung auf den Auftragnehmer im Einzelfall dabei etwas anderes gelten als für **Detail-Pauschalverträge** oder Einheitspreisverträge. Beispiel: Der Auftrag**nehmer** erarbeitet ausnahmsweise beim Detail-Pauschalvertrag (zum Begriff Rdn. 242) das Leistungsverzeichnis auf Grund eigener Planung; in diesem Fall ist eine Klausel, wonach alle „Besonderen Leistungen" auch zum Bausoll gehören, in Allgemeinen Geschäftsbedingungen des Auftraggebers zulässig, ebenso bei **Einheitspreisverträgen.**[189] Umgekehrt ist eine Klausel in einem Detail-Pauschalvertrag unwirksam, die bei auftrag**geber**seitiger (Ausfüh-

---

[185] Einzelheiten mit Beispielen: *Kapellmann/Schiffers/Markus* Band 1, Rdn. 317, 318, 134. Siehe auch zutreffend OLG Hamm, IBR 2011, 689.
[186] BGH NZBau 2014, 427 zu „Verbau".
[187] Zutreffend BGH „Dachdeckergerüste" NJW 2006, 3416 m. Anm. *Kapellmann* NZBau 2006, 777; anders, aber **unrichtig BGH „Konsolltraggerüste"** NZBau 2002, 324 = BauR 2002, 935 und *Quack* BauR 2002, 1248; näher dazu im Einzelnen *Kapellmann* NJW 2005, 182. Vgl. auch *Motzke* NZBau 2002, 641; *Asam* BauR 2002, 1248. *Kuffer* bestätigt **ausdrücklich,** dass der BGH mit der Entscheidung „Dachdeckergerüste" die in der Entscheidung „Konsoltraggerüste" vertretene Auffassung **aufgegeben** hat, Beck'scher VOB-Kommentar VOB/C System VII, Rdn. 24 und *Heiermann/Riedl/Rusam*, VOB/B § 1 Rdn. 79; ebenso *Kniffka/Koeble* Kompendium Teil 5, Rdn. 71, 72. Unzutreffend deshalb *Jansen* in Beck'scher VOB-Kommentar VOB/B § 2 Abs. 1 Rdn. 35. Die heutige Rechtslage bezüglich der Ausschreibung von Traggerüsten erläutert *Irl* BauR 2016, 1829.
[188] OLG Düsseldorf BauR 2012, 244 zu alten Fassungen der DIN.
[189] *Kapellmann/Schiffers/Markus* Band 2, Rdn. 281.

rungs-) Planung pauschal ohne Benennung des konkreten Leistungsziels alle „Besonderen Leistungen" als zum Bausoll gehörig erklärt.[190] Beim **Global-Pauschalvertrag** (zum Begriff Rdn. 246) ist die Gültigkeit einer auftraggeberseitigen AGB-Klausel, die „Besondere Leistungen" einbezieht, im Regelfall dagegen zu bejahen;[191] eine Ausnahme gilt dann, wenn ein „Bereich" durch **auftraggeber**seitige Vertrags**details** geregelt ist; hier gilt eine Vollständigkeitsvermutung für die Detailregelung, so dass insoweit nicht erwähnte „Besondere Leistungen" nicht durch Allgemeine Geschäftsbedingungen des Auftraggebers zum Bausoll gemacht werden können, sondern zusätzlich vergütungspflichtig sind.[192]

Wenn in Allgemeinen Geschäftsbedingungen des Auftraggebers nicht generell Besondere Leistungen in das Bausoll einbezogen werden, sondern nur eine spezielle Nebenleistung ohne Vergütung als zum Bausoll gehörig erklärt wird, ist das nach denselben Maßstäben zu beurteilen. Beispiel: „Die Schlitzklausel" ist unwirksam, siehe Rdn. 61.

Abschnitt 4 der jeweiligen DIN-Norm unterliegt selbst der AGB-Kontrolle, was aber keine praktische Bedeutung hat (siehe oben Rdn. 58).

87 Führt der Auftragnehmer eine Besondere Leistung aus, obwohl sie nicht zum Bausoll gehört, obwohl sie also entweder überhaupt nicht in den Vertragsunterlagen genannt ist oder nicht **besonders** erwähnt ist oder nur unwirksam (über Allgemeine Geschäftsbedingungen des Auftraggebers) geregelt ist, so ist das Bausoll-Bauist-Abweichung in Form der Zusätzlichen Leistung, im Sonderfall auch der geänderten Leistung,[193] der Auftragnehmer erhält Vergütung nach § 2 Abs. 6, Abs. 5 oder Abs. 8 VOB/B.

§ 2 Abs. 1 VOB/B enthält keinen Preisvorbehalt.[194]

88 **(6) Abschnitt 5.** Abschnitt 5 enthält Bestimmungen darüber, wie Leistungen beim Einheitspreisvertrag abgerechnet werden. Da sich Abschnitt 5 nur auf Leistungen bezieht, die Bausoll sind, lässt sich daraus keine Erkenntnis bezüglich der Bestimmung des Bausolls gewinnen.

89 **ee) Gewerbliche Verkehrssitte, „typisches Verständnis".** Das Bausoll wird gemäß § 2 Abs. 1 VOB/B letztrangig (§ 1 Abs. 2 VOB/B) auch durch die „gewerbliche Verkehrssitte" bestimmt. Die Heranziehung dieser Regel kommt nur bezüglich solcher Leistungselemente in Betracht, deren Zugehörigkeit zum Bausoll sich nicht schon aus anderen Vertragsunterlagen (Leistungsbeschreibung, Plänen, Vertragsbedingungen) ergibt. Die gewerbliche Verkehrssitte regelt also ergänzend das Bausoll, nach ihr beantwortet sich die Frage, ob nicht erwähnte Leistungen im Einzelfall dennoch dem Bausoll zuzurechnen sind. Maßgebend für die Beantwortung ist das Urteil der Fachleute am Ort der Bauleistung.[195] Dabei muss dieses Urteil nicht einhellig sein, aber der breiten Überzeugung entsprechen. Die Bausoll-Bestimmung auch durch die „gewerbliche Verkehrssitte" erfasst mehrere Funktionen: Einmal regelt sie, dass relativ unbedeutende Leistungen, obwohl nicht genannt, doch auszuführen sind; sie gibt im Ergebnis also **Hilfe zur Bestimmung des Kreises der „Nebenleistungen"** gemäß Abschnitt 4, denn der Kreis der Nebenleistungen ist nicht abschließend in den jeweiligen DIN-Vorschriften aufgeführt, sondern immer nur „insbesondere"; es gibt also – was allerdings völlige Ausnahme ist – auch Nebenleistungen, die nicht in der jeweiligen DIN-Norm genannt sind. Wenn sie nicht genannt sind, müssen sie nach anderen Maßstäben bestimmt werden, das kann nur die „gewerbliche Verkehrssitte" sein. Gleichzeitig wird damit deutlich, dass der Weg über die „gewerbliche Verkehrssitte" immer nur dazu dienen kann, die Leistung in geringfügigen Randbereichen zu bestimmen.[196]

Darüber hinaus hat die gewerbliche Verkehrssitte eine erhebliche Bedeutung als **Auslegungshilfe,** und zwar einmal hinsichtlich der Frage, wie bestimmte Fachbegriffe als Vertrags-

---

[190] *Kapellmann/Schiffers/Markus* Band 2, Rdn. 272–281; *Funke* in Beck'scher VOB-Kommentar VOB/B vor § 2 Rdn. 239; *v. Westphalen/Motzke*, Vertragsrecht und AGB-Klauselwerke, hier: Subunternehmervertrag, Rdn. 103; *Otto* in Roquette/Otto, Vertragsbuch, C II Rdn. 76; *Jansen* in Beck'scher VOB-Kommentar VOB/B § 2 Abs. 1 Rdn. 41, 46. Das OLG Dresden IBR 2012, 67 hält entsprechende Klauseln für zulässig, aber es handelt sich um einen Einheitspreisvertrag – die Klausel würde das völlig konterkarieren, zutreffend *Groß*, ebenda, unter Hinweis auf OLG Celle IBR 1995, 320 und *Markus* in Markus/Kaiser/Kapellmann, AGB Handbuch Bauvertragsklauseln, Rdn. 226–236.
[191] *Kapellmann/Schiffers/Markus* Band 2, Rdn. 469 ff.; *Otto* a. a. O.
[192] *Kapellmann/Schiffers/Markus* Band 2, Rdn. 469 ff.
[193] Beispiel: *Kapellmann/Schiffers/Markus* Band 1, Rdn. 731 a. E. zu DIN 18.300 „Verdichtungsgrad".
[194] *Kapellmann/Schiffers/Markus* Band 1, Rdn. 137–143; *Keldungs* in Ingenstau/Korbion VOB/B § 2 Abs. 1 Rdn. 83.
[195] Allgemeine Auffassung.
[196] BGH „DIN 18332" NZBau 2004, 500 = BauR 2004, 1438; *Kapellmann/Schiffers/Markus* Band 1, Rdn. 147.

inhalt verstanden werden dürfen (näher Rdn. 98) und dass bei unklaren Aussagen der Auftragnehmer ein typisches Verständnis zugrunde legen darf (näher Rdn. 95, 110, 123), zum anderen dahin, dass auch bei einer noch so differenzierten Leistungsbeschreibung nicht jedes (selbstverständliche) Detail im Leistungsbeschrieb genannt werden muss. Die Einbeziehung solcher nicht erwähnter Details beruht einmal auf unausgesprochenen Selbstverständlichkeiten, z. B. daran, dass eine Abhängkonstruktion ihrerseits an der Decke befestigt werden muss, zum anderen dem Erfordernis mangelfreier Arbeit, darunter auch der Beachtung „der anerkannten Regeln der Technik", die in § 4 Abs. 2 Satz 2 VOB/B als maßgebend für die Ausführung noch einmal gesondert genannt werden. So weit in der Ausfüllung der Detaillierung mehrere Möglichkeiten bestehen (z. B. mehrere technische Möglichkeiten der Abhängkonstruktion), hat der Auftragnehmer infolge seines grundsätzlichen Rechts auf Methodenwahl (oben Rdn. 37) ein Auswahlrecht.[197]

Die gewerbliche Verkehrssitte wird nicht durch „schlechte Sitten" bestimmt.[198] Auch wenn in irgendeinem Bereich Schlampigkeit allgemein üblich ist, ist das nicht maßgebend.

3. Unklare oder widersprüchliche Regelungen des Bausolls – Auslegung –. a) Systematik, Rolle des Sachverständigen. Das mit Abstand bedeutendste Problem der Bauvertragspraxis sind scheinbar oder tatsächlich unklare oder widersprüchliche Vertragsregelungen zum Bausoll. Vorab ist hier immer zu prüfen, ob die scheinbare Fehlerhaftigkeit der Bausoll-Bestimmung sich nicht dadurch auflöst, dass die Vertragsbeteiligten den Vertrag **vollständig** einbeziehen müssen, also z. B. die Bestimmungen der VOB/C berücksichtigen (oben Rdn. 70 ff.). Besteht die Unklarheit in einem Widerspruch zwischen einzelnen Vertragsbestandteilen, so ist zuerst zu prüfen, ob nicht zwischen diesen Vertragsbestandteilen eine Rangreihenfolge gemäß VOB/B (§ 1 Abs. 2) oder gemäß Vertrag gilt, weil sich dadurch die Aufklärung des Widerspruchs ergibt. Bleiben Unklarheiten bzw. Widersprüche, muss der Vertrag **ausgelegt** werden; die Bestimmung des Bausolls erfolgt also mit Hilfe rechtlicher Auslegungskategorien und als Antwort auf eine Rechtsfrage und nicht im Wege der Beweisführung.[199] 90

Das heißt nicht, dass nicht Tatsachen-Vorfragen dem Beweis zugänglich sind, also beispielsweise die Erläuterung eines technischen Begriffs. Die entsprechende Schlussfolgerung bleibt aber Rechtsfrage; im Rechtsstreit kann und darf ein **Sachverständiger** also nur das für die rechtliche Beurteilung notwendige Fachwissen vermitteln, aber nicht die Auslegungsfrage selbst beantworten.[200] 91

Im ersten Schritt der Auslegung erfolgt die Prüfung anhand „objektivierter" allgemeiner Auslegungsregeln, nämlich Vorrang des Wortlauts (Rdn. 94–100), Vorrang des Speziellen vor dem Allgemeinen (Rdn. 101–104), Berücksichtigung der Funktionsverantwortlichkeit in Form einer Richtigkeits- und Vollständigkeitsvermutung (Rdn. 105–108). Bestätigt sich auf dieser Ebene, dass die Auslegung des Auftraggebers richtig ist, also seine Beurteilung des Bausolls, so ist der Fall in der Regel zu Ende: Der Auftragnehmer muss das bauen, was das Bau soll bestimmt. Mangels Bausoll-Bauist-Abweichung erhält er keine Mehrvergütung (näher Rdn. 125). 92

Bestätigt dagegen die Auslegung die Rechtsauffassung des Auftragnehmers oder führt sie allein nicht weiter, so ist in einem zweiten Schritt der Auslegung[201] in Prüfung des „Empfängerhorizonts" zu prüfen, inwieweit Bieter im Rahmen einer **Prüfpflicht** die Mängel der Ausschreibung erkennen mussten; dabei gilt es, auch für die Prüfpflicht möglichst objektivierbare Maßstäbe zu finden (Rdn. 111 ff.). Konnte der Bieter die Unklarheiten nicht finden, so bildet das „Minimum" aus Sicht des Bieters das Bausoll; führt der Auftragnehmer ein „Mehr" aus, so ist das Bausoll-Bauist-Abweichung mit Vergütungsfolge. Konnte der Auftragnehmer die Mängel der Ausschreibung dagegen erkennen oder hat er sie erkannt, so gilt: Hat der Auftragnehmer die mangelhafte Ausschreibung erkannt, aber geschwiegen, so erhält er nichts; hätte er die Mangelhaftigkeit erkennen können, aber fahrlässig nicht erkannt, so erhält er im Regelfall für die „Mehrleistung" unter dem Aspekt der „Sowiesokosten" Schadensersatz, im Ausnahmefall gemäß § 254 BGB gekürzt (näher Rdn. 124 ff.). 93

---

[197] Zum Ganzen näher *Kapellmann/Schiffers/Markus* Band 2, Rdn. 208, 209.
[198] *Kapellmann/Schiffers/Markus* Band 1, Rdn. 147.
[199] *Thode* Seminar Pauschalvertrag, S. 33, 42; *Kapellmann/Schiffers/Markus* Band 2, Rdn. 257, 260, 601. Zu **allgemeinen Auslegungskriterien** VOB/B § 1 Rdn. 41 ff.
[200] Prägnant BGH „DIN 18332" NZBau 2004, 500 = BauR 2004, 1438; *Kniffka* in Kniffka/Koeble Kompendium Teil 5, Rdn. 75; BGH „Labordämmmaße" BauR 1995, 538; *Kapellmann/Schiffers/Markus* Band 1, Rdn. 147, 177. Vgl. auch Rdn. 98.
[201] Methodisch wie hier *Kues* in NWJS § 2 Rdn. 34.

Immer geht es nur um Bausoll-Auslegung und Vergütungsfolgen, Schadensersatzüberlegungen aus c. i. c. (§ 280 BGB) sind – außer bei vom Auftragnehmer fahrlässig nicht erkanntem Bausoll – verfehlt (siehe Rdn. 124, 246).

94 **b) Objektive Auslegungskriterien. aa) Wortlaut maßgebend. (1) Keine Einschränkung, keine Erweiterung.** Es ist selbstverständlich, dass für die Auslegung der **Wortlaut** der Vertragsbestimmung die maßgebliche Bedeutung hat. In der Entscheidung „Sonderfarben I" formuliert der Bundesgerichtshof zutreffend: „Bei der Auslegung aus der Sicht eines im Voraus nicht übersehbaren Kreises von Erklärungsempfängern kommt dem **Wortlaut** der Erklärung (des Auftraggebers in dem von ihm vorformulierten Angebotsblankett) besondere Bedeutung zu. Nicht ausgesprochene **Einschränkungen** sind zwar nicht völlig zu vernachlässigen, doch können sie nur zum Tragen kommen, wenn sie jeder der gedachten Empfänger als solcher verstehen konnte und im Zweifel auch so verstehen musste."[202] Der Wortlaut darf also nicht **einschränkend** ausgelegt werden, dabei ist eine **genau** am Wortlaut orientierte Auslegung maßgebend. Ebenso darf der Wortlaut aber auch **nicht erweiternd** ausgelegt werden, nicht ausgesprochene (vom Auftraggeber behauptete) Erweiterungen des Wortlauts im Wege der Auslegung sind ebenso unbeachtlich.[203]

Beispiele:

95 – In der Ausschreibung (eines öffentlichen Auftraggebers) heißt es: „Schichtstofftüren, **Farbton nach Wahl des Auftraggebers.**" Hinsichtlich des Farbtons: Der Auftraggeber darf für alle Türen nur einen Farbton wählen, Farbton ist Singular; das ist die vorerwähnte wortgenaue Auslegung. Wählt der Auftraggeber mehrere Farbtöne aus, ist das Bausoll-Bauist-Abweichung.[204] Hinsichtlich des **Auswahlrechts** des Auftraggebers: Dem Wortlaut nach ist das Auswahlrecht nicht eingeschränkt, der Auftraggeber kann also **grundsätzlich** jede beliebige Farbe wählen, sie wird durch die Auswahl zum Bausoll.[205] Aber: Bei einem solchen Auswahlrecht des Auftraggebers gibt es dennoch mehrere Einschränkungen, die sich teilweise überschneiden:
– Der Auftraggeber darf im Rahmen der Auswahl-Bandbreite nur eine solche Auswahl treffen, mit der Bieter „nach ihrem Empfängerhorizont" rechnen konnten, also eben nicht Sonderfarben, die in keiner RAL-Palette vorkommen (dazu Rdn. 110).
– Eine Auswahl-Position, bei der nicht nur eine Wahl getroffen werden kann, sondern beispielsweise mehrere Farben ausgewählt werden dürfen, ist „Mischposition"; dabei darf der Auftraggeber nicht völlig ungleichgewichtig auswählen, also nicht beispielsweise 90% besonders teure und nur 10% durchschnittlich teure Materialien (dazu Rdn. 121).
– Die Wahl darf wegen § 315 Abs. 1 BGB auch nicht „unbillig" sein.[206] Billig ist, was „unter Beachtung der Interessenlage beider Parteien unter Heranziehung des in vergleichbaren Fällen Üblichen" gilt.[207]

96 – Bei einem öffentlichen Auftraggeber darf dem Auftragnehmer durch die Wahl wegen § 7 Abs. 1 Nr. 3 VOB/A kein ungewöhnliches Wagnis aufgebürdet werden (dazu Rdn. 114).
– In den LV-Positionen eines von einer Stadt geschlossenen Vertrages über Erd- und Dichtungsarbeiten für eine Deponie heißt es im Leistungsverzeichnis u. a.: „Natürliches Tonmaterial auf das Betriebsgelände liefern und abladen, Abrechnung nach m3". In den Vorbemerkungen zu der Leistungsbeschreibung heißt es: „Sämtliche Bodenpositionen werden nach fester Masse abgerechnet." Die Abrechnung von losen Tonmaterial nach fester Masse führt zu einem geringeren Volumen und damit zu einem niedrigeren Preis. Ist loses Tonmaterial „Boden"? Nach dem Wortverständnis ist es – so der BGH – nicht gerade nahe liegend, anzulieferndes und abzuladendes Tonmaterial als „Bodenposition" zu bezeichnen,[208] die Frage ist also zu verneinen. Ergänzend und zutreffend hat der Bundesgerichtshof die Einordnung unter den Abrechnungsbegriff „Boden" mit dem für öffentliche Auftraggeber geltenden Verbot begründet, den Bietern ungewöhnliche Wagnisse aufzubürden (§ 7 Abs. 1 Nr. 3 VOB/A), da ein Bieter gar keine klare Preis- und Kostenkalkulation machen könne, weil er erst einen Umrechnungsfaktor für die Umrechnung „lose" in

---

[202] BGH „Sonderfarben I" BauR 1993, 595; zur Thematik des Falls „Sonderfarben" insgesamt Rdn. 95 und näher *Kapellmann/Schiffers/Markus* Band 1, Rdn. 183, 184, 849 ff.; weiter BGH „Wasserhaltung II" BauR 1994, 236 (dazu ausführlich *Kapellmann/Schiffers/Markus* Band 2, Rdn. 622); BGH „Spanngarnituren" BauR 1994, 625.
[203] BGH „Eisenbahnbrücke" BauR 1999, 897; BGH „Auflockerungsfaktor" BauR 1997, 466; *Kues* in NWJS VOB/B § 2 Rdn. 35. OLG Saarbrücken NZBau 2002, 576 „Hat eine Willenserklärung einen eindeutigen Wortlaut, ist sie für eine weitere Auslegung nicht im Raum".
[204] Wobei das nicht zwingend bedeutet, dass Mehrkosten entstehen müssen; vgl. *Kapellmann/Schiffers/Markus* Band 1, Rdn. 184.
[205] BGH „Sonderfarben I" BauR 1993, 595; **siehe insbesondere Rdn. 110.**
[206] BGH „Sonderfarben I" BauR 1993, 595; *Kapellmann/Schiffers/Markus* Band 1, Rdn. 857.
[207] *Kapellmann/Schiffers/Markus* Band 1, Rdn. 857; Beispielfälle *Kapellmann/Schiffers/Markus* Band 2, Rdn. 670–676.
[208] BGH „Auflockerungsfaktor" BauR 1997, 466.

„fest" ermitteln müsste, für den es auch noch unterschiedliche Ermittlungsmethoden gibt – näher zu diesem zutreffenden Argument Rdn. 114.

Der Bundesgerichtshof hat diese **Auslegungsgrundsätze** für öffentliche Ausschreibungen entwickelt. Sie gelten **aber** – bis auf das Verbot des ungewöhnlichen Wagnisses – **allgemein**. Das folgt aus der Funktionsverantwortung des Ausschreibenden und der daraus resultierenden „Eindeutigkeits- und Vollständigkeitsvermutung" (dazu Rdn. 105–108, 122, 123). **97**

(2) Wortlaut entsprechend technischem Verständnis. Da es sich „bei Leistungsbeschreibungen um technische spezialisierte Texte handelt, die für technische Fachleute formuliert werden, ist als Wortlaut das **allgemein sprachliche Verständnis** der Aussagen jedenfalls dann **nicht** von Bedeutung, wenn die verwendete Formulierung von den angesprochenen Fachleuten in einem spezifischen technischen Sinn verstanden wird (§ 133 BGB) oder wenn für bestimmte Aussagen Bezeichnungen verwendet werden, die in den maßgeblichen Fachkreisen **verkehrsüblich** sind oder für deren **Verständnis** und Verwendung es gebräuchliche technische Regeln (z. B. DIN-Normen) gibt (§ 157 BGB)."[209] Dem BGH ist uneingeschränkt zuzustimmen. Eine parallele Begründung ergibt sich auch daraus, dass nach § 2 Abs. 1 VOB/B auch die Leistungen das Bausoll bilden, die „**nach der gewerblichen Verkehrssitte**" zur vertraglichen Leistung gehören". Wenn ein Begriffsverständnis „nach der gewerblichen Verkehrssitte" im Wege der Auslegung ermittelt wird, so wird damit mittelbar das Bausoll bestimmt. Ein Sachverständiger kann das für die Beurteilung notwendige Fachwissen vermitteln; wenn das Gericht das unter Angebot eines Sachverständigenbeweises dargelegte „technische Verständnis" ohne Beweiserhebung selbst beurteilt, so ist das fehlerhaft, außer, das Gericht legt die eigene Sachkunde dar,[210] was im Regelfall nicht möglich sein wird. Aber die Auslegung selbst bleibt Rechtsfrage. Ein Gericht wird insoweit insbesondere prüfen, ob der Gutachter nicht etwa ein fehlerhaftes rechtliches Vorverständnis zu Grunde gelegt hat. **98**

Aus den vorgenannten Gründen dürfen für die Auslegung eines Bauvertrages insbesondere auch DIN-Bestimmungen herangezogen werden, die keinen unmittelbaren rechtlichen Bezug zum konkreten Vertrag haben, die aber als **verkehrsübliche** (vgl. § 7 Abs. 3 VOB/A) technische Bezeichnungen einem einheitlichen Begriffsverständnis der Fachleute dienen. Dazu zählen beispielsweise die DIN 276, obwohl sie „nur" Kostengliederungsnorm ist, oder die HOAI.[211] **99**

Beispiele:
- Zur „Begrünung unterbauter Flächen" gehören Wurzelschutz- und Fertigstellungspflege.[212]
- „Baugrund" sind die „Untergrundverhältnisse, die für die vorgesehene Baumaßnahme maßgeblich sind".[213]
- „Wohnfläche" ist in der (aufgehobenen) DIN 283 und der Wohnflächenverordnung zum Teil unterschiedlich definiert, die Heranziehung der DIN 283 zu der Frage, wie Schrägen berücksichtigt werden, entspricht der Verkehrssitte eher.[214]
- Nutzfläche, Geschossfläche, Verkaufsfläche, Gewerbefläche bedürfen der Einzelbeurteilung, hier greift aber die „Unklarheitenregel".[215]
- Die „Null-Abschnitte" der DIN-Normen der VOB/C sind zur Auslegung heranzuziehen.[216] **100**

bb) Vertragliche Reihenfolgeregel, Auslegungsregel „Speziell vor Allgemein". Der Vertrag kann (sollte!) regeln, welche der verschiedenen Vertragsbestandteile im Falle von Widersprüchen oder Unklarheiten vorrangig ist. Er sollte insbesondere regeln, was beim Widerspruch zwischen Text und Zeichnung vorgeht (zur Beurteilung bei fehlender vertraglicher Reihenfolgeregel siehe Rdn. 120, 122). Ist die VOB/B vereinbart, enthält der Vertrag aber keine Reihenfolgeregelung, gilt die des § 1 Abs. 2 VOB/B. Gibt es eine vertragliche Reihenfolgeregel, so gilt **101**

---

[209] BGH „NEP Positionen" NZBau 2003, 376; BGH „Spanngarnituren" BauR 1994, 625; *Kniffka/Koeble* Kompendium, Teil 5, Rdn. 74; *Kapellmann/Schiffers/Markus* Band 2, Rdn. 599; Band 1, Rdn. 177. Vgl. auch VOB/A § 7 Abs. 2.
[210] BGH „Labordämmmaße" BauR 1995, 538; *Kapellmann/Schiffers/Markus* Band 1, Rdn. 147, 177, 183, vgl. auch Rdn. 91.
[211] Beispiel BGH „Lehrter Bahnhof (Hauptbahnhof Berlin")" NZBau 2007, 653; dazu Rdn. **256**.
[212] DIN 276 Fassung Dezember 2008, Tabelle 1 Kostengruppe 575. Vgl. auch oben Rdn. 41.
[213] EN 1997-2, Oktober 2010, Abschnitt 2.1.2, s. oben Rdn. 41.
[214] BGH „Bauträger" NZBau 2001, 132, zurückverwiesen zur Klärung der Frage, ob eine (lokale) Verkehrssitte bestand, mit „Wohnfläche" eine nach der (damaligen) 2. Berechnungsverordnung ermittelte Fläche zu bezeichnen; BGH BauR 1997, 1030.
[215] BGH „Bauträger" NZBau 2001, 132 sowie hier Rdn. 110, 123.
[216] Siehe oben Rdn. 79–83, unten Rdn. 119.

deren Hierarchie unabhängig davon, ob im Einzelfall eine nachrangige Regelung inhaltlich eine sachlich spezielle Regelung enthält, weil die spezielle Reihenfolgeregel lt. Vertrag der allgemeinen Reihenfolgeregel „Speziell vor Allgemein" vorgeht. Zur Beurteilung der Spezialität ist zuerst der Regelungsumfang der Spezialregelung zu klären, das ist wiederum Auslegungsfrage.[217] Nur wenn die Vertragsaussagen innerhalb des Regelungsumfangs kollidieren, ist die speziellere vorrangig. Außerhalb des Regelungsumfangs gelten mangels Widerspruch beide Regeln.

102 Die Reihenfolgeregel selbst unterliegt, wenn sie in Allgemeinen Geschäftsbedingungen **enthalten** ist, der Wirksamkeitskontrolle nach den §§ 305 ff. BGB. Ist sie ihrerseits unklar, was nicht selten vorkommt, so ist sie schon wegen des Verstoßes gegen das Transparenzgebot (§ 305c Abs. 2 BGB), aber auch wegen Verstoßes gegen § 307 BGB unwirksam.[218] Eine Auslegung muss dann anhand der allgemeinen Auslegungsregeln erfolgen. Eine Günstigkeitsklausel **in Allgemeinen Geschäftsbedingungen,** wonach im Falle des Widerspruches oder der Unklarheit einzelner Vertragsbestandteile die dem Verwender günstigere Regelung vorgeht, ist wegen Verstoßes gegen § 307 BGB unwirksam.[219]

103 Gibt es **keine vertragliche** Reihenfolgeregelung **oder greift sie nicht,** weil es um **Widersprüche innerhalb einer Regelungskategorie** geht – also z.B. innerhalb eines Leistungsverzeichnisses oder innerhalb der Leistungsbeschreibung (Baubeschreibung, Leistungsverzeichnis, Pläne, siehe oben Rdn. 66) –, so ist eine allgemeine Auslegungsregel zu prüfen: Die **speziellere ("konkretere") Vertragsregelung** geht der allgemeineren vor. Dabei kommt es – wenn nicht eine vertragliche Reihenfolgeregelung vorliegt, siehe oben Rdn. 102! – auf den „Vertrag als sinnvolles Ganzes an".[220] Die grundsätzlich zutreffende Auslegungsregel, dass z.B. in einem **Leistungsverzeichnis** der **Positionstext spezieller** ist als die Vorbemerkung,[221] kann im **Ausnahmefall unzutreffend** sein, weil z.B. der Positionstext ersichtlich nach Standardleistungsbuch verfasst ist, während die Vorbemerkungen **eindeutige, speziell** dieses Bauvorhaben ergänzende Anforderungen enthalten.

Beispiel für den Vorrang der spezielleren Regelung: Ein Leistungsbeschrieb enthält eine Bestimmung, dass ein Betonfertigteil hergestellt werden soll als B 35 mit einem Zuschlag Basalt-Edelsplitt 0/4mm, Basalt-Edelsand 0/2mm, Portlandzement Z 35 L. Wird dieser Zuschlag verwendet, so ist das resultierende Betonfertigteil gem. der DIN 1045 kein B 35, die Körnung muss nämlich mindestens im Bereich 0/8mm liegen. Der Inhalt der Leistungsbeschreibung ist also widersprüchlich. Die Auslegung ergibt, dass Beton mit dem Zuschlag 0/4mm geschuldet ist, kein B 35. Da nämlich die Spezifikation mit der Einzelbenennung des Zuschlages völlig eindeutig ist, geht diese hochspezielle Regelung der allgemeinen, nämlich dem (inzidenten) Verweis auf eine DIN-Norm (DIN 1045), vor.[222] Im Übrigen gilt hier wie immer: Keine Auslegung eines Widerspruches kann die sich widersprechenden Elemente unter einen Hut bringen, jedes Ergebnis ist zwangsläufig unbefriedigend, was aber nichts daran ändert, dass die Entscheidung im Streitfall notwendig ist.

104 Besteht ein **Widerspruch** zwischen **Text** und **Zeichnung,** so hindert die grundsätzliche **Gleichrangigkeit** von Baubeschreibung und Leistungsverzeichnis einerseits und Zeichnungen andererseits (siehe oben Rdn. 66) nur daran, diesen Widerspruch über die Reihenfolgeregel des § 1 Abs. 2 VOB/B aufzulösen, aber nicht daran, allgemeine Auslegungsregeln wie „speziell vor allgemein" oder die Beurteilung von Erklärungen nach dem „Empfängerhorizont" (Rdn. 109) heranzuziehen; sachgerechter ist es aber, eine spezielle Auslegungshilfe, nämlich § 7b Abs. 2 VOB/A heranzuziehen (dazu Rdn. 120, 122).

105 cc) **Vertrauen auf Richtigkeit und Vollständigkeit. (1) Vertrauen auf Richtigkeit, keine Pflicht zur eigenen Untersuchung.** Für beide Vertragsparteien gilt eine Vermutung der Richtigkeit und Vollständigkeit der **Vertragsurkunde.**[223]

---

[217] Dazu auch *Kniffka/Koeble* Kompendium Teil 5, Rdn. 73.
[218] BGH BauR 1991, 458; BGH BauR 1990, 718; § 1 Rdn. 38.
[219] BGH „ECE-Bedingungen" BauR 1997, 1036, Klausel I Nr. 9; siehe oben Rdn. 60, unten Rdn. 129.
[220] Ebenso *Jansen/von Rintelen* in Kniffka Onlinekommentar § 631 Rdn. 743 ff.; *Eichberger* in Kleine-Möller/Merl/Glöckner, Handbuch § 9 Rdn. 14.
[221] Zutreffend OLG Frankfurt BauR 2007, 124; LG Koblenz BauR 2006, 2110 L; BGH „Eisenbahnbrücke" BauR 1999, 897; zu dieser insoweit zu apodiktischen Entscheidung insoweit noch **näher** VOB/A § 7b Rdn. 1 Fn. 6. Eindeutig OLG Jena IBR 2004, 410. Vgl. auch *Keldungs* in Ingenstau/Korbion VOB/B § 1 Abs. 2 Rdn. 15.
[222] Beispiel nach *Kapellmann/Schiffers/Markus* Band 1, Rdn. 179, 210.
[223] BGH „Bistroküche" NZBau 2008, 437 = BauR 2008, 1134 m.Anm. *Leinemann,* ständige Rechtsprechung.

Der Bieter darf auch in anderer Hinsicht auf die Richtigkeit und Vollständigkeit der auftraggeberseitigen Angaben vertrauen: Ein Kernstück der Auslegung ist, dass der Bieter sich auf die **Richtigkeit** auftraggeberseitiger Angaben verlassen darf;[224] der Ausschreibende hatte die Möglichkeit und gem. der Regelung der VOB die Pflicht, die der Ausschreibungsentscheidung zugrundeliegenden Fakten und technischen Überlegungen zu prüfen, der Bieter hat sie – in der nur kurzen Zeitspanne der Angebotserstellung – in der Regel nicht. Infolge dieser Funktionsverteilung trägt der Auftraggeber die Verantwortung für die Richtigkeit seiner eigenen Angaben.[225] Hat also der Auftraggeber (früher) eine Bodenklasse benannt oder Angaben in einem geotechnischen Gutachten gemacht, so sind sie maßgebend.[226] Der Bieter darf sich auch darauf verlassen, dass das tatsächlich fehlt, was der Auftraggeber hätte angeben müssen, aber nicht angegeben hat. Typisch ist das etwa bei Angaben bezüglich der Ja/Nein-Alternativen der Nullabschnitte der VOB/C – dazu schon oben Rdn. 79–83.

Der Bieter ist auch **nicht** verpflichtet, zur Klärung des künftigen Bausolls im **Angebots- 106 stadium** eigene **Untersuchungen** anzustellen, für die Angebotserstellung wesentliche Basisdaten selbst (neu) zu ermitteln oder auftraggeberseitige Berechnungen, z. B. eine Wärmebedarfsberechnung, allgemein auf ihre Richtigkeit hin zu prüfen.[227] Auch wenn ein Vertrag schon geschlossen ist, ist der Auftragnehmer ja nicht verpflichtet, eigene Untersuchungen durchzuführen. Im Gegenteil sind das „Besondere Leistungen", die gem. VOB/C gesondert benannt sein müssen (siehe oben Rdn. 86) und die gesondert vergütet werden, so beispielsweise „Boden- und Wasseruntersuchungen" gem. Abschnitt 4.2.9. DIN 18300. Wenn aber selbst bei bestehendem Vertrag eine solche Pflicht nur bei gesonderter Vereinbarung besteht, gibt es erst recht im Angebotsstadium ohne entsprechende Regelung in den Ausschreibungsunterlagen keine Untersuchungspflicht.

Auch aus **§ 4 Abs. 3 VOB/B** lässt sich eine solche allgemeine **Pflicht** des Bieters, im **107** Angebotsstadium eigene Untersuchungen anzustellen oder eigene Berechnungen durchzuführen oder überhaupt Hinweise auf eine falsche Planung zu geben, **nicht** herleiten. § 4 Abs. 3 VOB/B begründet solche Pflichten erst im bestehenden Vertrag und **nicht** für das Angebotsstadium.[228] Das heißt nicht, dass der Auftragnehmer die Angebotsunterlagen nicht prüfen muss (dazu Rdn. 110), aber diese Prüfung erfolgt kalkulationsbezogen, unter Plausibilitätsgesichtspunkten und nicht als „Nachplanung", der Bieter ist nicht zum „vollständigen Durcharbeiten" verpflichtet.[229]

(2) Vertrauen auf Vollständigkeit. Der Auftraggeber, der durch die Wahl seiner Ausschrei- **108** bungsmethode – **Einheitspreisvertrag,** Detail-Pauschalvertrag oder Detailbereiche im Global-Pauschalvertrag – erklärt, er habe **detailliert** („alles") ausgeschrieben, muss sich an diesem Erklärungsinhalt und dem so geschaffenen Rechtsschein festhalten lassen.[230] Für einen solchen Vertrag gilt nicht nur die für alle Vertragstypen geltende **Richtigkeitsvermutung,** sondern auch eine **Vollständigkeitsvermutung:** Das, was näher bestimmt ist, ist auch so maßgebend, **also ist**

---

[224] BGH „LAGA" NZBau 2012, 102 = BauR 2012, 490; BGH „Schlüsselfertigbau" BauR 1984, 395; OLG Hamm NJW-RR 1994, 407 = BauR 1994, 144 L (allerdings mit unzutreffender Schlussfolgerung, nämlich § 6 Abs. 6 VOB/B anstatt richtig § 2 Abs. 5, 6 VOB/B); *Kapellmann/Schiffers/Markus* Band 1, Rdn. 188; *Werner/Pastor* Bauprozess, Rdn. 1424; *Leupertz* in Messerschmidt/Voit, Privates Baurecht, K Rdn. 10; *Kues* in NWJS VOB/B § 2 Rdn. 355; *Hertwig* in Beck'scher VOB-Kommentar VOB/A § 9 Rdn. 9, 18; *Markus* BauR 2004, 180; Oberhauser BauR 2003, 1110; *Langen/Schiffers,* Bauplanung und Bauausführung, Rdn. 685.
[225] *Kapellmann* Jahrbuch Baurecht 1999, Rdn. 230; *Kapellmann/Schiffers/Markus* Band 1, Rdn. 188; Band 2, Rdn. 255 ff.; *Werner/Pastor* Rdn. 1424.
[226] BGH „Schleuse Uelzen" NZBau 2009, 707 = BauR 2009, 1724. Wenn ein geotechnisches Gutachten beigefügt ist, bestimmt es das Bausoll, so deutlich jetzt BGH „Basaltdecke" NZBau 2013, 565. Zum Ganzen *Kapellmann* FS Englert, S. 167 und oben Rdn. 43.
[227] *Kapellmann/Schiffers/Markus* Band 1, Rdn. 196, 210, 216, 217, **219,** 728, Band 2, Rdn. 509; *Zmuda/Bschorr* BauR 2014, 10.
[228] *Kapellmann/Schiffers/Markus* Band 1, Rdn. 157, Band 2, Rdn. 509, *Roquette* NZBau 2001, 57; *Eichberger* in Beck'scher VOB-Kommentar VOB/B § 13 Abs. 4 Rdn. 33; *Markus* BauR 2004, 180; → *Merkens* VOB/B § 4 Rdn. 64, 65. Eine gegenteilige AGB-Klausel ist unwirksam, S. *Kapellmann* in Markus/Kaiser/Kapellmann, AGB Handbuch Bauvertragsklauseln, Rdn. 366.
[229] *Kapellmann/Schiffers/Markus* Band 1, Rdn. 157, 218; *Gartz* in NWJS VOB/B § 4 Rdn. 50; *Merkens* in Kapellmann/Messerschmidt VOB/B § 4 Rdn. 48; näher Rdn. 111.
[230] Zum Detail-Pauschalvertrag näher Rdn. 242 ff., zu Detailbereichen innerhalb eines Global-Pauschalvertrages näher Rdn. 259.

nur das zu bauen. **Was nicht genannt ist, ist auch nicht Bausoll.** Dass die Leistung zur Erreichung eines (über die Bausolldefinition hinausgehenden) Erfolgs „notwendig" ist, ist unerheblich.[231]

Gegen diese Vermutung kann sich der Auftraggeber beim Einheitspreisvertrag und beim Detail-Pauschalvertrag auch nicht wirksam in Allgemeinen Geschäftsbedingungen durch **„Komplettheitsklauseln"** wehren; bei Global-Pauschalverträgen bedürfen entsprechende **„Schlüsselfertigklauseln"** in Allgemeinen Geschäftsbedingungen des Auftraggebers dagegen differenzierender Betrachtung.[232] Gerade für geregelte Detailbereiche innerhalb ansonsten globaler Pauschalverträge ist dieses Auslegungskriterium von ausschlaggebender Bedeutung.[233]

109 **dd) Zwischenergebnis.** Bestätigt sich (schon) anhand der erörterten Auslegungskriterien, dass die Auslegung des Auftraggebers – d. h. seine Beurteilung des Bausolls – richtig ist, so ist die vom Auftraggeber geforderte Leistung nicht Bausoll-Bauist-Abweichung, der Auftragnehmer muss sie zur unveränderten Vertragsvergütung erbringen.[234]

Bestätigt sich dagegen, dass die Auffassung des Auftragnehmers richtig ist, so sind noch in einem zweiten Schritt Prüfpflichten von Bietern zu untersuchen.

110 **c) Auslegungskriterium Prüfpflichten von Bietern. aa) Empfängerhorizont der Bieter.** Das vom Auftraggeber vorformulierte Angebotsblankett ist nach zutreffender allgemeiner Auffassung so auszulegen, wie es die Empfänger dieser Erklärung, also die Bieter, nach Treu und Glauben unter Berücksichtigung der Verkehrssitte verstehen durften. Demzufolge dürfen zur Auslegung nur solche Umstände herangezogen werden, die für Bieter **erkennbar** waren oder erkennbar sein mussten. Auf „ihren Horizont und ihre Verständnismöglichkeit ist die Auslegung abzustellen, und zwar auch dann, wenn der Erklärende die Erklärung anders verstanden hat und auch verstehen durfte".[235] Maßgebend ist nicht das Verständnis eines speziellen Bieters, maßgebend ist das Verständnis der Bieter, nämlich des „angesprochenen Empfängerkreises".[236]

Nach dem **„Empfängerhorizont der Bieter"** ist zum Beispiel zu beurteilen, was als **„übliches Maß"** an Stahlabmessung bzw. -konzentration anzusehen ist, wenn die Ausschreibung entgegen den Erfordernissen des Einzelfalles (DIN 18331, Abschnitt 0.2.8) Sorten, Mengen und Maße des Betonstahls nicht besonders aufführt (Beispiel aus Rdn. 83). Ein Bieter muss hier durchaus mit einer erheblichen Bandbreite an Möglichkeiten rechnen, aber immer ist zu berücksichtigen, dass ein Bieter nur mit Bandbreiten innerhalb **üblicher Standards** zu rechnen braucht, denn er darf ja gerade erwarten, dass Anforderungen, die sich aus einem **besonderen** Erfordernis des Bauvorhabens ergeben, gerade auch besonders, also ausdrücklich, ausgeschrieben werden – nicht der Bieter muss alle möglichen Bandbreiten „einkalkulieren", der Ausschreibende muss Abweichungen von **Standards** benennen.[237] Das gilt für alle Fallgestaltungen, in denen der **Abschnitt 0** der VOB/C Angaben „nach den Erfordernissen des Einzelfalls" verlangt.

---

[231] So BGH „LAGA" NZBau 2012, 102 = BauR 2012, 490; BGH „Bistroküche" NZBau 2008, 437 = BauR 2008, 1134; BGH „Dachdeckergerüste" NJW 2006, 3416 m. Anm. *Kapellmann* NZBau 2006, 777; LG Köln IBR 2012, 319 mit Anm. *Fuchs;* ebenso zB *Werner/Pastor* Rdn. 1424, 1425; *Voit* ZfIR 2007, 157; *Leupertz* in Messerschmidt/Voit, Privates Baurecht, K Rdn. 10; *Kemper* in FKZGM VOB/B § 2 Rdn. 36; *Zmuda/Bschorr* BauR 2014, 10; dazu für den Detail-Pauschalvertrag auch **näher Rdn. 242, 259.** Zum Grundsatz siehe Rdn. 28.

[232] Näher Rdn. 244 zu Komplettheitsklauseln bei Detail-Pauschalverträgen, Rdn. 263 bei Global-Pauschalverträgen.

[233] Näher Rdn. **259**.

[234] **Ausnahmsweise** kommt ein Schadensersatzanspruch des Auftragnehmers gegen den Auftraggeber aus c. i. c. (§§ 311 Abs. 2 Nr. 1, 280 BGB) in Betracht, wenn der Auftraggeber den Auftragnehmer durch eine missverständliche Formulierung in die Irre geführt hat, insbesondere, wenn diese missverständliche Formulierung den Schluss nahe legt, der Auftraggeber habe seine wirkliche Regelungsabsicht nicht nur schlecht ausgedrückt, sondern nahezu verschleiert; näher dazu *Kapellmann/Schiffers/Markus* Band 1, Rdn. 244, 245, 256; vgl. dazu auch Rdn. 124.

[235] BGH BauR 1986, 361; BGH „Spanngarnituren" BauR 1994, 625; *Ellenberger* in Palandt BGB § 133 Rdn. 9 m. w. N.

[236] BGH „Sonderfarben I" BauR 1993, 595, BGH „Wasserhaltung II" BauR 1994, 236. Der Erwerber (hier: der Bieter) darf bei unklaren Aufgaben nach der Verkehrssitte (bei Flächenangaben) ein **typisches** Verständnis zugrunde legen, BGH „Bauträger" NZBau 2001, 132; siehe Rdn. 123.

[237] Ebenso zB *von Rintelen* in Messerschmidt/Voit, Privates Baurecht, H Rdn. 21; *Motzke* in Beck'scher VOB-Kommentar VOB/C System III, Rdn. 3, 4, 42, 43, 67–69. Siehe auch Rdn. 123, Rdn. 79 und Rdn. 116.

Entsprechend darf ein Bieter bei **Auswahlpositionen**[238] zugrunde legen, dass sich die Wahl des Auftraggebers innerhalb von „nach der gewerblichen „Verkehrssitte" (§ 1 Abs. 2 VOB/B) zu erwartenden industriellen Standards bewegt, also bei **„Farbton nach Wahl des Auftraggebers"** zum Beispiel innerhalb der RAL-Palette oder der Palette der Industriehersteller.[239]

Bei öffentlichen Auftraggebern ergeben sich diese Schlussfolgerungen ohnehin schon deshalb, weil diese einem Bieter kein „ungewöhnliches Wagnis" durch die Art der Ausschreibung auferlegen dürfen.[240]

Zu **Untersuchungspflichten** und der (zu verneinenden) Anwendbarkeit von § 4 Abs. 3 VOB/B siehe Rdn. 107.

bb) Grundsätze zum Prüfmaßstab. Die Auslegung des Angebotsblanketts nach dem „Empfängerhorizont" (Rdn. 110) bedeutet auch, dass der Bieter sich bemühen muss, „unter Berücksichtigung aller für ihn erkennbaren Umstände mit gehöriger Aufmerksamkeit zu **prüfen,** was der Auftraggeber gemeint hat".[241] An diese Prüfpflicht müssen objektivierbare, die Situation der Angebotsbearbeitung berücksichtigende Maßstäbe angelegt werden. Die Angebotsbearbeitung erfolgt **„kalkulationsbezogen".**[242] Das „Finden können" bemisst sich folglich auch danach, was bei der so gekennzeichneten Art der Angebotsbearbeitung auffällig ist. Das sind unübersehbare, auf der Hand liegende Widersprüche oder Unklarheiten, also Fälle, in denen die Unrichtigkeit „ganz klar erkennbar ist". Der Bieter ermittelt in der Angebotsphase Preise, er plant nicht nach. Zu detektivischer Nachsuche ist er nicht verpflichtet.[243]

Für die Prüfung unter diesem Aspekt ist Maßstab die Aufmerksamkeit eines **„durchschnittlich sorgfältigen Bieters",**[244] aber eben eines (im Falle der Auftragserteilung nur ausführenden) Bieters, nicht eines Planers.[245] Die insoweit anzuwendende Sorgfalt bemisst sich nach den erkennbaren Umständen des Einzelfalls.[246] Das darf allerdings nicht missverstanden werden: Eine besondere (technische, nicht gestalterische!) Schwierigkeit des Objekts erfordert auch eine adäquate, diese Schwierigkeit „übersetzende" Ausschreibung und ist nicht etwa Anlass, an die Prüfpflicht der Bieter besonders scharfe Anforderungen zu stellen. Eine **sachgerechte,** widerspruchsfreie und vollständige **Ausschreibung** ist auf Grund der Funktionsverantwortung zweifelsfrei **primär Pflicht** des **Auftraggebers,** Zweifel gehen zu **seinen** Lasten.[247] Der Bundesgerichtshof hat in der Betonung der Schwierigkeit des Objekts als Anlass für den Bieter zu besonderer Prüfung diese Primärverantwortung des Auftraggebers in alten Entscheidungen nicht

---

[238] **Auswahlpositionen:** Der Auftraggeber lässt sich für die Zeit nach Vertragsschluss die Wahl, welche konkrete Leistung er festlegt. Das ist ein Leistungsbestimmungsrecht des Auftraggebers gemäß § 315 BGB. Näher VOB/A § 4 Abs. 1, 2 Rdn. 25 sowie *Kapellmann/Schiffers/Markus* Band 1, Rdn. 849–858.
Alternativpositionen (Wahlpositionen): Der Auftraggeber hat zwei Alternativen ausgeschrieben, eine davon wählt er bei Vertragsschluss oder mittels entsprechender Regelung im Vertrag zu einem späteren Zeitpunkt. Das ist ein Wahlschuldverhältnis gemäß § 262 BGB. Näher VOB/A § 4 Abs. 1, 2 Rdn. 14–16 und *Kapellmann/Schiffers/Markus* Band 1, Rdn. 569 ff., siehe auch hier Rdn. 188.
[239] BGH „Sonderfarben II", OLG Köln, beide BauR 1998, 1096; Einzelheiten *Kapellmann/Schiffers/Markus* Band 1, Rdn. 849–858, oben Rdn. 95; wie hier *Hertwig* in Beck'scher VOB-Kommentar VOB/A § 9 Rdn. 18. Siehe dazu auch Rdn. 192.
[240] Dazu Rdn. 115 und speziell zu „Sonderfarben" *Kapellmann/Schiffers/Markus* Band 1, Rdn. 855.
[241] BGH NJW 1981, 2296.
[242] BGH „Wasserhaltung II" BauR 1994, 236; BGH „Auflockerungsfaktor" BauR 1997, 466; *Eichberger* in Beck'scher VOB-Kommentar VOB/B § 13 Abs. 4 Rdn. 33; *Kapellmann/Schiffers/Markus* Band 1, Rdn. 210, 752–756; *Roquette* NZBau 2001, 57; *Zmuda/Bschorr* BauR 2014, 10; *Seewald* in Motzke/Bauer/Seewald, § 5 Rdn. 96; *Kues* in NWJS VOB/B § 2 Rdn. 46; oben Rdn. 107, unten Rdn. 123.
[243] *Roquette* NZBau 2001, 57; *Zmuda/Bschorr* BauR 2014, 10; *Hertwig* in Beck'scher VOB-Kommentar VOB/A § 7 Rdn. 9; *Langen/Schiffers,* Bauplanung und Bauausführung, Rdn. 1184.
[244] *Wettke* BauR 1989, 292, 297; *Seewald* in Motzke/Bauer/Seewald, Prozesse in Bausachen, § 5 Rdn. 96; *Kapellmann/Schiffers/Markus* Band 1, Rdn. 210.
[245] Deshalb muss z. B. ein Bieter in einem von einem Fachingenieur für Energietechnik erarbeiteten Leistungsverzeichnis für Lüftungsanlagen nicht Widersprüche oder Unklarheiten suchen, OLG Düsseldorf BauR 1994, 764.
[246] BGH „Universitätsbibliothek" BauR 1987, 683, Einzelheiten zu dieser Entscheidung *Kapellmann/Schiffers/Markus* Band 1, Rdn. 170, 198, 204, 207, 212, 214, 216, 246, 867.
[247] Unmissverständlich BGH „Bistroküche" BauR 2008, 437 = BauR 2008, 1134 m. Anm. *Leinemann* und BGH „Lehrter Bahnhof" NZBau 2007, 643 (Hauptbahnhof Berlin); i. E. BGH „Bauträger" NZBau 2001, 132; OLG Koblenz NZBau 2001, 633 = BauR 2001, 1442; dazu *Hass* NZBau 2001, 613; *Markus* BauR 2004, 180; *Oberhauser* BauR 2003, 1110; *Kapellmann/Schiffers/Markus* Band 1, Rdn. 733; *Roquette* NZBau 2001, 57; unten Rdn. **123** und 256.
Siehe dazu auch näher Rdn. 123, 243, 259.

richtig gewürdigt.²⁴⁸ Ergänzt wird das Argument der „Primärverantwortung" des Auftraggebers durch die Überlegung, dass der Auftraggeber eine beliebig lange Vorbereitungszeit für die Ausschreibung zur Verfügung hat, während der Bieter das Angebotsblankett in einer kurzen Frist bearbeiten muss, innerhalb derer ohnehin nur eine Plausibilitätsprüfung möglich ist und kein „vollständiges Durcharbeiten".²⁴⁹ Es ist wenig überzeugend, wenn ein Auftraggeber einem Bieter vorhält, diese oder jene Unklarheit sei unübersehbar gewesen, während er sie selbst in der langen Ausschreibungsphase und durch gerade für die Ausschreibung bezahlte Spezialisten (siehe Phase 6 Anlage 10 HOAI!) nicht bemerkt hat.²⁵⁰ Hat ein Bieter ausdrücklich erklärt, wie er die vom Auftraggeber gefertigte Leistungsbeschreibung verstanden und umgesetzt hat, kann er sich später nicht mehr darauf berufen, der Text sage objektiv etwas anderes aus.²⁵¹ Sinngemäß gilt das auch, wenn der Auftraggeber eine „authentische Interpretation" nachgereicht hat.

112   Bei der Beurteilung dessen, was ein Bieter an Unrichtigkeit der Ausschreibung erkennen kann, darf man **nicht ex post** Beurteilungsmaßstäbe anlegen. Wenn im Widerspruch oder eine Unklarheit erst einmal aufgefallen ist – und wenn gar in einem Prozess dazu Dutzende Seiten Schriftsätze gewechselt sind und ein ausführliches Sachverständigengutachten vorliegt –, so ist es nicht einfach, aber geboten, sich von dem Gedanken freizumachen, das Problem sei leicht zu erkennen gewesen: Immerhin **haben** die Beteiligten es nicht erkannt. Wer vom Rathaus kommt, ist immer klüger. Die Rechtsprechung des Bundesgerichtshofs hat früher viel zu sehr aus dieser ex post Sicht geurteilt.²⁵²

113   Im Einzelfall kann ausnahmsweise auch eine (indirekte) Anwendung des § 254 BGB in Betracht kommen.²⁵³

114   **cc) Die Bedeutung von § 7 VOB/A. (1) Öffentliche Auftraggeber: VOBA-konforme Auslegung, Folgen bei Verstoß gegen das Verbot der Auferlegung eines ungewöhnlichen Wagnisses, „Wasserhaltung II".** § 7 VOB/A regelt unter Abs. 1 bis 3 Anforderungen an jede Art von Ausschreibung im Rahmen öffentlicher Vergabe, unter § 7a Technische Spezifikationen, unter § 7b solche für Leistungsbeschreibungen mit Leistungsverzeichnis (Einheitspreisvertrag, Detailpauschalvertrag), unter § 7c Anforderungen an Ausschreibungen mit Leistungsprogramm. Die VOB/A hat über § 113 GWB, § 2 VergabeVO Gesetzesrang. Das heißt aber nicht, dass jede Einzelbestimmung des Vergabeverfahrens zivilrechtlich unmittelbar in den Bauvertrag einfließt. Wenn z.B. eine Leistungsbeschreibung entgegen § 7 Abs. 1 Nr. 1 VOB/A unvollständig ist, muss das im Rahmen der Auslegung des Vertrages gelöst werden, wobei die VOB/A-Vorschriften wesentliche Auslegungshilfen bieten, aber die Wirksamkeit des Vertrages bleibt davon unberührt.

115   Kritisch wird dieses Verständnis aber, wenn die Ausschreibung gegen ein ausdrückliches **Verbot** der VOB/A verstößt wie beim Nachverhandlungsverbot (§ 15 Abs. 2 VOB/A, dazu Rdn. 68) oder beim **Verbot der Auferlegung eines ungewöhnliches Wagnisses in § 7 Abs. 1 Nr. 3 VOB/A**. Was „ungewöhnliches Wagnis" ist, haben wir in § 7 VOB/A Rdn. 20-26 ausführlich erläutert. Wenn man diese eindeutigen Verbote sanktionslos lässt, der Auftraggeber also folgenlos gegen die Verbote verstoßen darf, kann man sich die Verbote auch sparen.²⁵⁴
1993 sah der BGH das Problem; angesichts der Tatsache, dass damals die VOB/A noch internen Verwaltungscharakter trug und das heutige Vergaberecht noch in der Ferne lag, fand der BGH einen Weg, ohne Verbot nach § 134 BGB dem (heutigen) § 7 Abs. 1 Nr. 3 VOB/A Wirkung zu verleihen. In der Entscheidung „Wasserhaltung II" behandelte er das pauschale Leistungsversprechen einer Wasserhaltung und entschied:

> „Auch bei eindeutigem Wortlaut können nach den Umständen des Einzelfalls völlig ungewöhnliche und von keiner Seite zu erwartende Leistungen von der Leistungsbeschreibung ausgenommen sein. Bei

---

²⁴⁸ BGH „Universitätsbibliothek" BauR 1987, 237; BGH „Sonderfarben I" BauR 1993, 595 (dazu später BGH „Sonderfarben II" und OLG Köln BauR 1998, 1098); wie hier OLG Köln BauR 1998, 1098; BGH „Konsolträgergerüste" NZBau 2002, 324 = BauR 2002, 935; *Zmuda/Bschorr* BauR 2014, 10; dazu im Einzelnen Kapellmann NJW 2005, 180 und **Rdn. 86**; *Hertwig* in Beck'scher VOB-Kommentar VOB/A § 9 Rdn. 18.
²⁴⁹ Zutreffend insoweit BGH „Universitätsbibliothek" BauR 1987, 237.
²⁵⁰ *Englert/Grauvogl/Maurer*, Handbuch Baugrund, Rdn. 540; *Hanhart* FS Heiermann, S. 111; *Kapellmann/Schiffers/Markus* Band 1, Rdn. 214, 213.
²⁵¹ OLG Celle IBR 1999, 298, Revision vom BGH nicht angenommen.
²⁵² *Wettke* BauR 1989, 297; *Kapellmann/Schiffers/Markus* Band 1, Rdn. 156, 185, 215, 228.
²⁵³ Siehe auch Rdn. 128.
²⁵⁴ Zutreffend *Wirner* in Willenbruch/Wiedekind, Vergaberecht, VOB/A § 7 Rdn. 34.

einer öffentlichen Ausschreibung muss sich der Auftraggeber im Rahmen der Auslegung der Leistungsbeschreibung daran festhalten lassen, dass er nach eigenem Bekunden dem Auftragnehmer kein ungewöhnliches Wagnis auferlegen will. Im Zweifelsfall brauchen die Auftragnehmer ein solches Wagnis nicht ohne weiteres zu erwarten."[255]

Ein ungewöhnliches Wagnis wird also gar nicht erst Bausoll; die zur Bewältigung erforderliche Leistung wird nach § 2 Abs. 5, 6 oder 8 VOB/B vergütet.

Dass das nur „im Zweifel" gelten soll,[256] ist allerdings mysteriös. Wenn sogar gegen den Wortlaut ausgelegt werden darf, kann es eigentlich keine Fälle der Auferlegung eines ungewöhnlichen Wagnisses mehr geben. Aber der BGH war inkonsequent. 1996 entschied er in der Entscheidung „Kammerschleuse", wenn der Auftraggeber das Verbot des § 7 Abs. 1 Nr. 3 VOB/A nur klar genug missachte, also geradezu unmissverständlich ein ungewöhnliches Wagnis doch zum Vertragsinhalt mache, sei das wirksam. Dem Verstoß eines an die VOB/A gebundenen Auftraggebers komme keine Außenwirkung in dem Sinne, dass die betreffende Ausschreibung als Verstoß gegen § 134 BGB anzusehen wäre. Es gebe keinen Rechtssatz, wonach riskante Leistungen nicht übernommen werden dürfen.[257]

Die damals vielleicht richtige Entscheidung ist heute überholt und unrichtig: Die VOB/A hat heute (im Oberschwellenbereich) Rechtsnormqualität, sie hat Außenwirkung, sie gibt dem Bieter subjektive Rechte auf Einhaltung. Auch das Argument, das Vergaberecht sei ein geschlossenes System, das keine Nichtigkeitsfolgen gemäß BGB vorsehe,[258] zieht nicht: Auch bei anderen Verstößen ist § 134 BGB nach allgemeiner Meinung im Vergaberecht anwendbar, so wenn z.B. der Auftraggeber den Zuschlag entgegen dem Verbot des § 160 Abs. 1 GWB bei laufendem Verfahren vor der Vergabekammer erteilt.[259] Die Anwendung von § 134 BGB wäre nur dann ausgeschlossen, wenn das GWB eine eigene Sanktion für Verstöße gegen § 7 Abs. 1 Nr. 3 VOB/B vorsähe. Das gibt es z.B. in § 175 GWB für Verstöße gegen die Informationspflicht des Auftraggebers, aber nicht für § 7 Abs. 1 Nr. 3 VOB/A. Schließlich: Der private Bieter kann beliebig Risiken eingehen, aber der **öffentliche** Bieter kann es nicht: Dem Auftraggeber ist die Auferlegung eines ungewöhnlichen Wagnisses verboten, der Bieter kann es folglich nicht wirksam übernehmen: Die Nichtigkeitsfolge bei Verstoß gegen ein gesetzliches Verbot können die Parteien nicht per Einigung außer Kraft setzen.[260] Es mutet auch unverständlich an, dass der öffentliche Auftraggeber eindeutig gegen das Verbot des § 7 Abs. 1 Nr.3 VOB/A verstößt und die Reaktion der Rechtsprechung darauf ist: Auch egal. Wenn also ein öffentlicher Auftraggeber unmissverständlich in der Ausschreibung ein ungewöhnliches Wagnis auferlegt, ist das wegen Verstoß gegen § 134 BGB nichtig.[261]

Von Wietersheim kommt zu demselben Ergebnis, indem er die Auferlegung eines ungewöhnlichen Wagnisses immer als unwirksam wegen Verstoß gegen Treu und Glauben ansieht.[262] Ebenso ist diskutabel, die Vertragsregelung wegen des (gemeinsamen) Verstoßes gegen das gesetzliche Verbot als nichtig gemäß § 138 Abs. 1 BGB anzusehen.[263]

Ein öffentlicher Auftraggeber **muss** auch die Verhältnisse der Baustelle so beschreiben, dass der Bieter ihre Auswirkung auf die bauliche Anlage und die Bauausführung hinreichend sicher

---

[255] BGH „Wasserhaltung II", BauR 1994, 236 = NJW 1994, 850 = BGHZ 124, 64. Der BGH hat dies in ständiger Rechtsprechung bestätigt, BGH „Auflockerungsfaktor" BauR 1997, 766; BGH „Rheinbrücke Ilverich" NZBau 2008, 115; BGH „Verschobener Zuschlag" NZBau 2009, 771; BGH „Geschätzt 3 cm" NZBau 2011, 553; BGH „LAGA" NZBau 2013, 480; BGH „Chlorid" NZBau 2013, 428; BGH „Hochspannung" NZBau 2013, 695. Die Lehre stimmt allgemein zu, beispielsweise *Althaus* in Althaus/Heindl, Der öffentliche Bauvertrag, Teil 3 Rdn. 54, 72.

[256] Laut *Kniffka* BauR 2015, 1893 gibt es beim öffentlichen Auftraggeber solche Zweifel gar nicht, das „ungewöhnliche Wagnis" werde also immer Bausoll. Dagegen ausführlich *Kapellmann/Schiffers/Markus* Band 2, Rdn. 622.

[257] BGH „Kammerschleuse" BauR 1997, 126; die Lehre folgt dem, z.B. *Althaus* in Althaus/Heindl, Der öffentliche Bauvertrag, Teil 3 Rdn. 55, 72; *Jansen* in Beck'scher VOB-Kommentar VOB/B § 2 Abs. 7 Rdn. 44. Dass die Entscheidung überholt ist, konnte schon *Markus* BauR 2009, 180, konstatieren. Die Entscheidung „Kammerschleuse" ist auch allgemein vergaberechtlich mehr als fraglich, ablehnend *Kus* in FS Marx, S. 363. Näher VOB/A § 7 Rdn. 22.

[258] So OLG Düsseldorf NJW 2004, 1381; *Markus* NZBau 2004, 180. Wie hier: Anwendung von § 134 BGB „erwägenswert", KG, NZBau 2005, 538; *Heuels/Kaiser* NZBau 2001, 479.

[259] Statt aller *Kus* in KKPP Vergaberecht, GWB § 169 Rdn. 47.

[260] *Armbrüster* in MüKoBGB § 134 Rdn. 2; *Wirner* in Willensbruch/Wiedekind VOB/A § 7 Rdn. 34.

[261] Zur gesamten Thematik **ausführlich** *Kapellmann/Schiffers/Markus* Band 2, Rdn. 622.

[262] *Schranner* in Ingenstau/Korbion VOB/A § 7 Rdn. 41.

[263] OLG Saarbrücken, VergR 2016, 796.

VOB/B § 2   117–120

beurteilen kann (§ 7 Abs. 1 Nr. 2 VOB/B); deshalb kann ein Bieter bei Schweigen der Ausschreibung davon ausgehen, dass eine den Kranbetrieb hindernde Hochspannungsleitung abgebaut ist.[264]

Ein anderes Beispiel – vgl. Rdn. 41, Fn. 85 – ist die Angabe der Betonfestigkeit „B 25" für Abbrucharbeiten. Bieter können den Nacherhärtungsfaktor nicht zuverlässig selbst berechnen.

117 Überhaupt darf der Bieter die Ausschreibung eines solchen Auftraggebers mindestens als **„VOB/A konform"** verstehen, die Ausschreibung darf so ausgelegt werden, dass ein Auslegungsergebnis erzielt wird, das den Anforderungen der Leistungsbeschreibung nach VOB/A entspricht. Mängel der Ausschreibung gehen nicht zu Lasten des Auftragnehmers, wenn er darauf vertrauen darf, über Risiken ausreichend informiert zu sein.[265] **Letzteres gilt allgemein,** also auch für **private** Auftraggeber. Wenn die Deutsche Bahn AG den Abtransport einer 60m langen, abzubrechenden Brücke auf Bahngleis ausschreibt, ist es Bausoll-Bauist-Abweichung, wenn a) der Transport gegen die eigenen Sicherheitsbestimmungen der Bahn verstößt (!), b) die vorgesehene Strecke ungeeignet ist, c) die Oberleitung abgebaut werden muss und die Bahn deshalb die Zerlegung der Brücke in Einzelteile zwecks Transportmöglichkeit anordnet; der Auftraggeber hat die Primärpflicht, richtig auszuschreiben, deshalb kann die Bahn sich nicht darauf berufen, solche Erschwernisse hätte der Auftragnehmer erkennen müssen.[266]

Wenn eine Ausschreibung keinen eindeutigen Hinweis enthält, dass der Auftragnehmer die nach den **LAGA**-Richtlinien notwendigen Analysen einzuholen hat, darf der Auftragnehmer die Ausschreibung dahin verstehen, dass der Auftraggeber die LAGA-Analysen einholen wird. Der Auftraggeber ist verpflichtet, deren Inhalt offenzulegen.[267]

118 Im Ausnahmefall kann der Grundsatz der „im Zweifel VOB-konformen Auslegung sogar dazu führen, dass eine Ausschreibung entgegen ihrem eindeutigen Wortlaut auszulegen ist, nämlich dann, wenn nach den Umständen völlig ungewöhnliche und von keiner Seite zu erwartende Leistungen notwendig werden" (oben Rdn. 115), also insbesondere bei Auferlegung eines ungewöhnliches Wagnisses, § 7 Abs. 1 Nr. 3 VOB/A. Im Einzelfall kann eine solche Klausel ohnehin unwirksam sein wegen Verstoßes gegen AGB-rechtliche Vorschriften (§§ 305 ff. BGB).

119 Gemäß **§ 7 Abs. 1 Nr. 7 VOB/A** muss der öffentliche Auftraggeber auch unter Beachtung der „Hinweise zur Leistungsbeschreibung" im jeweiligen **Abschnitt 0** der **VOB/C Norm** ausschreiben, die also – entgegen ihrem Text – mittelbar auf den Vertragsinhalt einwirken. Sofern also eine laut **Abschnitt 0** zu erwähnende Besonderheit **nicht** in den Ausschreibungsunterlagen genannt ist, dürfen Bieter davon ausgehen, dass sie auch nicht vorhanden ist.[268]

120 Eine wesentliche Auslegungshilfe bildet **§ 7c Abs. 2 VOB/A** für den Konflikt, ob – wenn der Vertrag dazu nichts regelt – **bei Widerspruch** der Text oder die Pläne vorgehen. Das Problem ist über die Reihenfolgeregel des § 1 Nr. 2 VOB/B nicht zu lösen.[269] Laut § 7c Abs. 2 VOB/A sind „**Zeichnungen** und Proben, die für die Ausführung **maßgebend** sein sollen, **eindeutig** zu bezeichnen". Der richtige und vollständige Text ist also die Regel, die Ergänzung (des Bausolls) durch Zeichnungen die Ausnahme; Zeichnungen sind (zur Definition des Bausolls) „nur" **Ergänzungsmittel**. Demzufolge sind sie für die Bestimmung des Bausolls ohnehin **nur** dann von Bedeutung, wenn sie an der richtigen Stelle, also im Text einer Position oder unmissverständlich in Technischen Vorbemerkungen als „leistungsbestimmend" aufgeführt sind.[270] Sind sie als maßgeblich genannt, so sind sie auch allein maßgeblich, der formelhafte Hinweis des Auftraggebers auf weitere **„einsehbare Pläne"** ist schon deshalb unbeachtlich. Aber auch generell kann der Ausschreibende sein Primärrisiko, richtig und unzweideutig auszuschreiben,

---

[264] BGH „Hochspannungsleitung" NZBau 2013, 695 = BauR 2013, 2017; *Kniffka* in Kniffka/Koeble Kompendium Teil 5 Rdn. 85.

[265] BGH „Hochspannungsleitung" NZBau 2013, 695 = BauR 2013, 2017; BGH „LAGA" NZBau 2012, 102 = BauR 2012, 490; BGH „Auflockerungsfaktor" BauR 1997, 466; OLG Koblenz NZBau 2001, 633 = BauR 2001, 1442, dazu *Hass* NZBau 2001, 613; *Kniffka/Quack* 50 Jahre Bundesgerichtshof, S. 17, 28; *Kniffka* in Kniffka/Koeble, Kompendium, Teil 5 Rdn. 85; *Hertwig* in Beck'scher VOB-Kommentar VOB/A § 9 Rdn. 4; siehe auch VOB/A § 7 Rdn. 3, 4.

[266] BGH „Eisenbahnbrücke" BauR 1999, 897.

[267] OLG Koblenz IBR 2013, 10; dazu Rdn. 83.

[268] Vgl. oben Rdn. 79–83, 105. Das gilt uneingeschränkt auch für **private** Auftraggeber, siehe Rdn. 122 a. E. Zur falschen Entscheidung BGH „Konsoltraggerüste" NZBau 2002, 324 **siehe oben Rdn. 86.**

[269] Siehe oben Rdn. 104, 66.

[270] Zu allem *Kapellmann/Schiffers/Markus* Band 1, Rdn. 201–205, dazu insbesondere BGH „Text vor Plänen" NZBau 2003, 149 = BauR 2003, 388; *Sprau* in Palandt BGB § 633 Rdn. 6; *Langen/Schiffers*, Bauplanung und Bauausführung, Rdn. 686. Siehe auch VOB/A § 7 Rdn. 56.

nicht durch einen unspezifizierten Hinweis auf einsehbare Pläne auf Bieter abwälzen.[271] Im Regelfall geht also im Zweifel der **Text vor,** Ausnahmen gelten nur, wenn sich bei der Angebotsbearbeitung die Diskrepanz geradezu aufdrängt.[272] Angesichts der systematischen Position des § 7b Abs. 2 VOB/A gilt das eindeutig für Einheitspreisverträge. Für Global-Pauschalverträge gilt der Vorrang des Textes erst recht.[273]

§ 7b Abs. 4 Satz 1 und Satz 2 VOB/A regeln, dass unter einer Position ungleichartige Leistungen nur dann zusammengefasst werden sollen, wenn eine Teilleistung gegenüber einer anderen für die Bildung eines Durchschnittspreises ohne nennenswerten Einfluss ist. Demzufolge ist es Bausoll-Bauist-Abweichung, wenn bei solchen **Mischpositionen** vom Durchschnitt abweichende, aufwändige Einzelleistungen nennenswert überwiegen oder sogar das Schwergewicht bilden.[274] 121

(2) Private Auftraggeber. Die Vergabevorschrift der **§§ 7-7c VOB/A** wendet sich an öffentliche Auftraggeber; private Auftraggeber sind nicht verpflichtet, sich an diese Normbefehle zu halten, so dass Bieter auch nicht erwarten können, ein privater Auftraggeber habe normgerecht ausgeschrieben. Soweit also die Auslegung daran anknüpft, dass der Bieter Anlass hat anzunehmen, Verstöße gegen Normbefehle seien in der Ausschreibung nicht vorgekommen, passt das nicht auf private Auftraggeber. Hervorzuhebendes Beispiel ist das Verbot des § 7 Abs. 1 Nr. 3 VOB/A, dem Bieter „ungewöhnliche Wagnisse" aufzuerlegen. Während solche dennoch auftretenden ungewöhnlichen Wagnisse bei öffentlicher Ausschreibung Bausoll-Bauist-Abweichung sind (oben Rdn. 114–116), gilt das bei privater Ausschreibung nicht; hier hilft im Einzelfall nur die „Störung der Geschäftsgrundlage" (siehe Rdn. 277). 122

§ 7 VOB/A enthält aber **nicht nur** ausdrückliche Normbefehle, was der öffentliche Auftraggeber bei der Ausschreibung nicht darf, sondern enthält in Anknüpfung an die Vertrags- und Vergütungstypen der VOB (§ 4 Abs. 1, 2 VOB/A) allgemein-methodische Hinweise zur sachgerechten Ausschreibung und darüber hinaus spezielle zur sachgerechten Ausschreibung von Einheitspreisverträgen (§ 7b) und zur funktionalen Ausschreibung (§ 7c). Diese Vertragstypen haben das deutsche Bauvertragsrecht auch außerhalb der VOB vollständig geprägt. Ein **privater Auftraggeber,** der sich (zwangsläufig) **dieser Typen** bei seiner Ausschreibung bedient, schafft damit den **Vertrauenstatbestand, sachgerecht-**typische Ausschreibungsmethoden angewandt zu haben; will er davon abweichen, muss er das in den Ausschreibungsunterlagen unmissverständlich und an sachlich zu erwartender Stelle – nicht versteckt – sagen; andernfalls sind solche Einschränkungen im Rahmen der Auslegung unbeachtlich. Im erläuterten Sinne ist es deshalb richtig, dass **insoweit die Ausschreibungsregeln des § 7 VOB/A sachlogischen Charakter** – auch im Sinne der Zuweisung von Risikobereichen – **haben,** und als Auslegungshilfe **deshalb auch** gegenüber einem privaten Auftraggeber angewandt werden dürfen.[275] Deshalb gelten die Ausführungen zu **§ 7b Abs. 2 VOB/A (Vorrang des Textes vor Plänen,** Rdn. 120) und **§ 7b Abs. 4 VOB/A (Mischpositionen,** Rdn. 121) auch für private Auftraggeber;[276] die Anwendbarkeit **der 0-Vorschriften der DIN-Normen** der VOB/C bei der Ausführung ergibt

---

[271] Einzelheiten oben Rdn. 72, auch zu einer entsprechenden unzulässigen AGB-Klausel.
[272] OLG Koblenz BauR 2004, 1346; *von Rintelen* VOB/A § 1 Rdn. 45; *Kapellmann/Schiffers/Markus* Band 1, Rdn. 205; *Hanhart* FS Heiermann, Seite 111; *Kues* in NWJS VOB/B § 2 Rdn. 40, 356; *Kleine-Möller/Merl/Glöckner,* Handbuch § 2 Rdn. 162; *Althaus* in Althaus/Heindl, Der öffentliche Bauauftrag, Teil 3 Rdn. 66; *Kemper* in FKZGM VOB/B § 1 Rdn. 25.
Der BGH „Text vor Plänen" NZBau 2003, 149 kommt ohne systematische Begründung zu demselben Ergebnis mit dem Rückgriff auf die „Verkehrsanschauung". Im konkreten Fall enthielt die Baubeschreibung eine Kelleraußentreppe, die Grundriss-, Ansichts- und Schnittpläne enthielten sie nicht. Der BGH entscheidet zutreffend, die Pläne seien „nachrangig".
Man muss darauf aufmerksam machen, dass die bauvertragliche Auslegung zur VOB/B mit der bei der **VOB/A identisch** sein muss (siehe VOB/A § 7 Rdn. 9). **Es sollte deshalb zu denken geben,** dass alle **Kommentare zur VOB/A die Auffassung teilen, dass der Text Vorrang hat,** näher VOB/A § 7 Rdn. 65 Fn. 143.
[273] *Kapellmann/Schiffers/Markus* Band 2, Rdn. 248 ff., 493, 916; auch unten Rdn. 259. BGH „Text vor Plänen" NZBau 2003, 149 (vgl. Fn. 270) entscheidet genauso bei einem Pauschalvertrag.
Jedenfalls gehen **unaufklärbare Widersprüche** aber zu Lasten des Verfassers, also i. d. R. des Auftraggebers (OLG Koblenz BauR 2007, 763 L), siehe näher Rdn. **123.**
[274] *Kapellmann/Schiffers/Markus* Band 1, Rdn. 859; unrichtig OLG Köln IBR 1992, 230 mit abl. Anmerkung *Schulze-Hagen.*
[275] *Schranner* in Ingenstau/Korbion VOB/A § 7 Rdn. 2, *Marbach* FS Kapellmann, S. 277, 280.
[276] Siehe dazu auch oben Rdn. 72.

sich nicht nur über § 7 Abs. 1 Nr. 7 VOB/A,[277] sondern schon über § 1 Abs. 1 Satz 2 VOB/B.[278]

123   dd) **Unklarheitenregel, Dissens.** Wenn die Auslegung im seltenen Ausnahmefall nicht zu einem klaren Ergebnis führt, hilft, soweit die Unklarheit Bestandteile des Vertrages oder der Leistungsbeschreibung betrifft, die **Allgemeine Geschäftsbedingungen** des Auftraggebers sind, die Unklarheitenregel des § 307 Abs. 1 Satz 2 BGB weiter (Verstoß gegen das Transparenzgebot): Unaufklärbare Unklarheiten gehen zu Lasten des AGB-Verwenders, § 305c Abs. 2 BGB. Bausoll ist also die dem Auftragnehmer **günstigere** Auslegungsvariante.[279]

Der Gedanke des § 307 Abs. 1 Satz 2 BGB lässt sich aber hier **verallgemeinern.** Wer als **Auftraggeber** eine komplizierte Ausschreibung erstellt, trägt **kraft Funktion die Verantwortung** dafür, dass die Ausschreibung für die Adressaten verständlich, widerspruchsfrei und in sich schlüssig ist, zumal der Ausschreibende weiß, dass der Bieter dieses Angebotbanketts kalkulationsbezogen prüft (siehe oben Rdn. 111) und nur in kurzer Zeit. Richtige Ausschreibung ist, wie schon in Rdn. 111 erwähnt, **primär Pflicht** des Auftraggebers. **Auch** für den privaten Auftraggeber und auch für eine Leistungsbeschreibung, die sich **nicht** als Allgemeine Geschäftsbedingungen darstellt, gilt also: Erfüllt der **Auftraggeber** die an ihn gestellte Anforderungen nicht und resultieren daraus **Unklarheiten,** so geht das **zu seinen Lasten,** Bausoll wird die „bieterfreundlichere" Auslegungsvariante.[280] Das ist die zwingende Frage der auftraggeberbestimmten Systematik: Wer eine bestimmte Funktion wählt und damit Funktionserwartung auslöst, muss die Funktionserwartung tragen.

Im Regelfall führt deshalb eine Auslegung immer zu einer eindeutigen Definition des Bausolls. Gelingt das in seltensten Fällen nicht, so führt das zum (versteckten) **Dissens.** § 155 BGB bestimmt: „Haben sich die Parteien bei dem Vertrage, den sie als geschlossen ansehen, über einen Punkt, über den eine Vereinbarung getroffen werden sollte, in Wirklichkeit nicht geeinigt, so gilt das Vereinbarte, sofern anzunehmen ist, dass der Vertrag auch ohne eine Bestimmung über diesen Punkt geschlossen sein würde." Falls der Dissens der Parteien einen Kernpunkt des Vertrages betrifft, ist der Vertrag nicht zu Stande gekommen. Betrifft der Vertrag wie in den mit Abstand häufigsten Fällen die Auslegung von Einzelpunkten, spricht jedenfalls beim Bauvertrag der mutmaßliche Parteiwille dafür, dass der Vertrag erhalten bleiben soll; die Einigungslücke ist dann durch ergänzende Vertragsauslegung auszufüllen. Diese muss auf die obigen Überlegungen zurückgreifen: **Da es allein Sache des Auftraggebers ist,** sachgerecht und eindeutig auszuschreiben, gehen **Auslegungszweifel zu Lasten des Auftraggebers.** Also wird auch im Wege ergänzender Vertragsauslegung die „bieterfreundlichere" Auslegungsvariante Bausoll.[281]

---

[277] Oben Rdn. 119.
[278] Oben Rdn. 80 ff., Beispiele Rdn. 83.
[279] Siehe schon oben Rdn. 59. Beispiele: OLG Düsseldorf IBR 1999, 107; OLG Köln BauR 1982, 170.
[280] So zutreffend und beispielhaft schon BGH „Bauträger" NZBau 2001, 132: Bei unklaren Angaben darf der Erwerber [hier: der Auftrag**nehmer**] ein **typisches Verständnis** zugrunde legen, OLG Koblenz NZBau 2007, 517; OLG Hamm IBR 2014, 718; weiter *Kuffer* in Heiermann/Riedl/Rusam VOB/B § 1 Rdn. 98; *Vygen/Joussen,* Bauvertragsrecht, Rdn. 2359; *Leupertz* in Messerschmidt/Voit, Privates Baurecht, K Rdn. 10; *Kues* in NWJS VOB/B § 2 Rdn. 41 ff.; *Zmuda/Bschorr* BauR 2014, 10; *Roquette* NZBau 2001, 57; *Schwenker* Jahrbuch Baurecht 2002, 339, 341; *Kapellmann/Schiffers/Markus* Band 1, Rdn. 232, 264. **Ergänzend** dazu **Rdn. 111** sowie Rdn. 243, 259 und Rdn. 244, 266, 271.
Unmissverständlich BGH „Bistroküche" NZBau 2008, 437 = BauR 2008, 1134 mit Anmerkung *Leinemann*: „Ein Auftraggeber kann (auch bei einer funktionalen (!) Ausschreibung) grundsätzlich nicht erwarten, dass ein Auftragnehmer bereit ist, einen Vertrag zu schließen, der es dem Auftragnehmer erlaubt, die Vertragsgrundleistungen beliebig zu ändern, ohne dass damit ein Preisanpassungsanspruch verbunden wäre. Es **verbietet sich** nach Treu und Glauben, aus einer mehrdeutigen, die technischen Anforderungen betreffenden Passage des Leistungsverzeichnisses derart weitgehende **vergütungsrechtliche Folgen** für den Auftragnehmer abzuleiten." Eine unklare Ausschreibung darf nicht deshalb zum Nachteil des Bieters gewertet werden, weil der Bieter etwaige Unklarheiten der Ausschreibung nicht aufgeklärt hat, BGH „Hochspannungsleitung" NZBau 2013, 695 = BauR 2013, 2017; BGH, NZBau 2008, 437; *Funke* in Beck'scher VOB-Kommentar Teil B Vor § 2 Rdn. 175.
Dieser Grundsatz gilt auch im Vergaberecht F0E0 § 7b Rdn. 9.
Lediglich *Kniffka* BauR 2015, 1893, lehnt den Grundsatz, dass Zweifel zu Lasten des Verfassers gehen, ab, übersieht aber das Systemargument.
[281] OLG Köln BauR 1996, 555; Einzelheiten *Kapellmann/Schiffers/Markus* Band 1, Rdn. 233–240. Ein Dissens wird äußerst selten sein. „Grundsätzlich ist davon auszugehen, dass der Anbieter eine Leistung widerspruchsfrei anbieten will", diese Widerspruchsfreiheit ist im Wege der Auslegung zu erzielen, BGH „Text vor Plänen" NZBau 2003, 149.

d) Rechtsfolge. Nach erfolgter Auslegung steht, ggf. unter Berücksichtigung der Unklarhei- 124
tenregel (Rdn. 123), das Bausoll fest. Für die vertragliche **Vergütung** muss der Auftragnehmer
das so ermittelte Bausoll leisten. Anders ausgedrückt: Die Rechtsfolgen der Auslegung betreffen
ausschließlich die Frage, ob der Auftragnehmer die vom Auftraggeber gewünschte Leistung zu
unveränderter **Vergütung** leisten muss, oder ob der Auftraggeber, um die gewünschte Leistung
zu erzielen, eine Leistungsänderung bzw. Leistungsergänzung veranlassen muss und dafür **mehr
Vergütung** zahlen muss. Die Rechtsfolgen betreffen also **immer nur** die Vergütungsebene.
Wenn beispielsweise im Fall „Wasserhaltung II" (öffentlicher Auftraggeber) die Ist-Situation zur
Realisierung eines ungewöhnlichen Wagnisses führt, so ist das Bausoll-Bauist-Abweichung;
deren Bewältigung erfordert folglich eine geänderte oder zusätzliche Leistung, die nach § 2
Abs. 5, Abs. 6 oder Abs. 8 VOB/B vergütet wird. **Daneben bedarf es keines Schadens-
ersatzanspruches aus c. i. c.** (§ 311 Abs. 2 BGB) **für den Auftragnehmer wegen fehler-
hafter Ausschreibung.** Ein solcher Anspruch scheitert vielmehr schon daran, dass der Auf-
tragnehmer keinen Schaden hat, denn er erhält ja für die Bewältigung der veränderten Situation
eine entsprechende Vergütung.[282] Abgesehen davon kann die Beurteilung des Bausolls, also die
Festlegung der Vertragsleistung, nicht im Ergebnis von Verschuldensgesichtspunkten abhängen.
Der Bundesgerichtshof hatte zwar **früher in solchen Fällen auf c. i. c.** abgestellt, hat diese
Rechtsprechung aber fortschreitend aufgegeben und sie in allen jüngeren Entscheidungen mit
Recht nicht mehr aufgegriffen, er hat vielmehr hier **nur noch Ansprüche aus geänderter
oder zusätzlicher Vergütung** bei entsprechender Definition des Bausolls zugesprochen.[283]

Das führt zu folgenden **Grundsätzen:** Bestätigt die Auslegung das Bausollverständnis des 125
Auftragnehmers, so führt die Realisierung der davon abweichenden Leistung gemäß Vorstellung des Auftraggebers zur Bausoll-Bauist-Abweichung und damit zur Mehrvergütung des
Auftragnehmers. Das gilt für alle Fälle, in denen die Auslegung schon auf „**objektiver** Ebene"
die Auffassung des Auftragnehmers bestätigt hat (oben Rdn. 94–109) und der Bieter entweder
keine besondere Prüfpflicht hatte oder eventuelle Unklarheiten mit „durchschnittlicher Prüf-
sorgfalt" (Rdn. 111) nicht zu erkennen brauchte.

Davon gibt es eine **Ausnahme:** Der Bieter hat das vom Auftraggeber gewollte (aber objektiv 126
missverständlich formulierte) Bausoll aus besonderen Gründen – er kennt beispielsweise die
„wahre" Situation aus einem vorrangigen Baulos – positiv erkannt. Dann hat der Auftraggeber
zwar für alle anderen Anbieter ungewollt im Ergebnis ein von seinen Wünschen abweichendes
Bausoll ausgeschrieben, aber für diesen einen Bieter mit positiver Kenntnis des gewollten Ausschreibungsergebnisses bleibt es bei dem gemeinsamen Verständnis auf der Basis des auftraggeberseitig Gewollten: Für **diesen** Bieter gibt es also **keine** Bausoll-Bauist-Abweichung. Er muss
trotz unklarer Ausschreibung das bauen, was der Auftraggeber als Bausoll zu Grunde gelegt hat.
Oder einfacher ausgedrückt: Wer sich auf der Basis positiv erkannter Unzulänglichkeit der
Ausschreibung den Zuschlag erschleicht, darf nicht belohnt werden. Genau so hat der Bundesgerichtshof zutreffend zweimal entschieden.[284] Aber das gilt nur für den Bieter, der die Miss-
verständlichkeit und das vom Auftraggeber gewollte wahre Verständnis **positiv erkannt** hat und
vorsätzlich den Fehler des Auftraggebers ausgenutzt hat. Das muss der Auftraggeber beweisen.
Diese Rechtsprechung darf allerdings nicht dazu führen, im Zweifel eine solche positive Kenntnis des Auftragnehmers zu unterstellen und Ansprüche des Auftragnehmers damit kurzerhand
auszuschließen. In Erkenntnis dieser Gefahr hat der Bundesgerichtshof wenig später deshalb
zutreffend ausdrücklich eingeschränkt, der Schluss, ein Bieter hätte ja ins Blaue hinein kalkulieren müssen, wenn er bei unklarer Situation nicht nachgefragt hätte, also sei von seiner positiven
Kenntnis auszugehen, dürfe nur mit äußerster **Zurückhaltung** gezogen werden.[285]

---

[282] BGH „Wasserhaltung II" BauR 1994, 236, zu dieser Entscheidung näher oben Rdn. 115; *Kapellmann/
Schiffers/Markus* Band 2, Rdn. 622. Zur Frage der Anwendbarkeit von § 823 Abs. 2 BGB siehe VOB/A § 7 Rdn. 5.

[283] Erstmalig, nämlich als „im Ausnahmefall möglich" so angewandt von BGH „Universitätsbibliothek"
BauR 1987, 683, sodann **grundlegend BGH „Wasserhaltung II"** BauR 1994, 236 (dazu oben Rdn. 115)
und BGH „Auflockerungsfaktor" BauR 1997, 426 (siehe dazu auch oben Rdn. 115). Einzelheiten *Kapell-
mann/Schiffers/Markus* Band 1, Rdn. 246–248, **Band 2, Rdn. 622.**
Unrichtig deshalb OLG Düsseldorf NZBau 2001, 334 für c. i. c., wenn entgegen dem Vertrag die Belast-
barkeit einer zu befahrenden Decke Schubkarrentransport statt Maschinentransport erfordert; richtig ist das
„geänderte Leistung" mit Vergütungsfolge nach § 2 Abs. 5 oder Abs. 8 Nr. 2, 3. Vgl. ergänzend auch
Rdn. 246. Unrichtig insoweit deshalb auch OLG Naumburg NZBau 2006, 267.

[284] BGH **„Frivoler Bieter"** BauR 1988, 338 (die Formulierung stammt vom BGH!); BGH BauR 1992,
759; *Kapellmann/Schiffers/Markus* Band 1, Rdn. 251.

[285] BGH BauR 1993, 600.

Ohnehin ist selbst dann der Auftraggeber allein oder ganz überwiegend vergütungspflichtig, wenn er **vorhandene Informationen verschweigt** oder bewusst eine riskante, billigere Lösung gewählt hat.[286]

127 Bestätigt die Auslegung die Auffassung des **Auftraggebers** ohne besondere Prüfnotwendigkeit auf der „objektiven Auslegungsebene" (Rdn. 94–109), so muss der Auftragnehmer das Bausoll nach Verständnis des Auftraggebers ausführen; dafür erhält er keine Mehrvergütung, es gibt ja auch keine Bausoll-Bauist-Abweichungen. Bestätigt die Auslegung die Auffassung des Auftraggebers nur **deshalb**, weil der Auftragnehmer bei „durchschnittlich sorgfältiger Prüfung" den Fehler des Auftraggebers hätte **finden können**, das Bausoll also deshalb gemäß Auslegung des Auftraggebers zu bestimmen ist, der betroffene Bieter aber **fahrlässig** im Rahmen seiner Prüfung die Unklarheit nicht erkannt hat, so gilt: Es bleibt zwar bei der Feststellung des Bausolls im Sinne des Auftraggebers, bei der Realisierung dieses Bausolls kommt es nicht zu einer Bausoll-Bauist-Abweichung, der Auftragnehmer kann also keine Mehrvergütung beanspruchen, aber er kann einen Schadensersatzanspruch aus § 280 BGB gegen den Auftraggeber haben.[287] Dazu gilt: Hätte dieser Bieter in der Ausschreibungsphase die Unklarheit erkannt, so hätte er nicht mehr tun können, als den Auftraggeber darauf hinzuweisen, wozu er auch verpflichtet wäre. Hätte dann der Auftraggeber sein Verständnis des unklaren Bausolls im Sinne der „Mehranforderung" klargestellt, so hätten Bieter auf diese Mehranforderung mit entsprechender Mehrvergütungskalkulation reagiert. Der Auftraggeber muss folglich so, aber auch nur so gestellt werden, als ob der Bieter ihn auf die Unklarheit hingewiesen hätte:[288] Das führt dazu, dass der Auftraggeber unter dem Aspekt der „Sowiesokosten" **Schadensersatz für die „Mehrleistung" zahlen muss,** die für das jetzt klargestellte Bausoll gegenüber der Bausollannahme des Bieters entsteht; der Bieter muss dagegen den Mehraufwand tragen, der dem Auftraggeber deshalb entsteht, weil der Hinweis verspätet erfolgt und jetzt Zusatzaufwendungen entstehen.[289]

128 Im Ausnahmefall kann § 254 BGB analog zu einer Quotierung herangezogen werden. Bei der Abwägung ist aber immer zu berücksichtigen, dass die unmissverständliche Ausschreibung primär Pflicht des Auftraggebers ist und die Fahrlässigkeit im Rahmen der Prüfung der Ausschreibungsunterlagen eine Sekundärebene betrifft. Im Regelfall wird also der Ausschreibungsfehler des Auftraggebers zu seiner Schadensersatzpflicht führen und nur im Ausnahmefall eine Kürzung in Betracht kommen.[290]

129 **e) AGB-Klauseln zur Bausollbestimmung.** Auftraggeber versuchen in vielfältiger Weise, in ihren Allgemeinen Geschäftsbedingungen die Bausollbestimmung oder die Folgen unklarer Ausschreibung zu ihren Gunsten zu regeln. Diese Versuche sind alle zum Scheitern verurteilt, sie sind ausnahmslos unwirksam mindestens wegen Verstoßes gegen § 307 BGB.

Zu den Anwendungsvoraussetzungen der §§ 305 ff. BGB siehe oben Rdn. 50–62.

Einzelbeispiele:

– **Ortskenntnisklauseln, Vorkenntnisklauseln, Bestätigungsklauseln, Planvollständigkeitsklauseln**
In vielfacher Form enthalten Klauseln die Regelung, der Auftragnehmer bestätige, dass ihm die Örtlichkeit bekannt sei, er bestätige, dass durch die aufgeführten Unterlagen der Leistungsumfang der Bauleistung klar und ausreichend beschrieben sei und dass er keine weiteren Angaben benötige, dass er die notwendigen Unterlagen und Pläne ordnungsgemäß geprüft habe – und so fort. Es liegt auf der Hand, dass der Auftraggeber die Folgen einer unzulänglichen Ausschreibung nicht durch derartige Klauseln auf den Auftragnehmer abwälzen kann. Solche Klauseln sind daher in beliebiger Ausprägung unwirksam.[291]

---

[286] BGH „Schlüsselfertigbau" BauR 1984, 395; OLG Naumburg, NZBau 2006, 267 (nur Leitsatz) = VergabeR 2006, 278 mit Anm. *Quack;* Einzelheiten *Kapellmann/Schiffers/Markus* Band 1, Rdn. 245, 252, Band 2, Rdn. 509, **539,** 541, 561, 621.

[287] BGH NZBau 2011, 160; Einzelheiten *Kapellmann/Schiffers/Markus* Band 1, Rdn. 256.

[288] Ausführlich *Kapellmann/Schiffers/Markus* Band 1, Rdn. 255–263 und dem folgend OLG Koblenz NZBau 2001, 633 = BauR 2001, 1442, Revision vom BGH nicht angenommen; *Wettke* BauR 1989, 292; 29; *Roquette* NZBau 2001, 57; *Markus* BauR 2004, 180; *Langen/Schiffers* Bauplanung und Bauausführung, Rdn. 1431. Siehe auch Rdn. 272.

[289] *Kapellmann/Schiffers/Markus* Band 1, Rdn. 256 ff. und dem folgend OLG Koblenz NZBau 2001, 633 = BauR 2001, 1442, Revision vom BGH nicht angenommen; *Roquette* NZBau 2001, 57; Einzelheiten oben Rdn. 111, 123.

[290] Ebenso *Roquette* NZBau 2001, 57.

[291] Beispiele: BGH NZBau 2004, 324; BGH „ECE-Bedingungen" BauR 1997, 1036, Klausel Nr. I 11; OLG Frankfurt BauR 2003, 269 Klausel 1; OLG München BauR 1986, 579; LG München I Urt. v. 8.1.1985, 7 O 16131/84; *Roquette* NZBau 2001, S. 57 m. w. N. in Fn. 17; *Kapellmann/Schiffers/Markus*

Vergütung

- **Planverantwortlichkeitsklauseln** Alle vorgehenden Überlegungen gelten auch für Klauseln, in denen der Auftraggeber seine Planverantwortlichkeit auf den Auftragnehmer abschiebt.[292]
- **Günstigkeitsklauseln** Ebenso sind Klauseln unwirksam, in denen der Auftraggeber regelt, im Falle von Widersprüchen und Unklarheiten gelte die für ihn günstigere Variante.[293]
- **Klauseln mit Einwendungsausschluss** Aus den erwähnten Gründen sind auch Klauseln unwirksam, wonach der Bieter mit späteren Einwendungen nach Abschluss des Vergabeverfahrens ausgeschlossen ist.
- **Ausschluss der Rechtsfolgen** Erst Recht sind Klauseln ungültig, die dem Bieter generell das Recht nehmen wollen, Ansprüche auf Mehrvergütung wegen geänderter oder zusätzlicher Leistung geltend zu machen.[294]
- **Komplettheitsklauseln** Komplettheitsklauseln behandeln wir gesondert unter Rdn. 244, 263–275.
- Weitere Klauseln haben wir bereits unter Rdn. 61 behandelt.

II. § 2 Abs. 2 VOB/B – Die Berechnung der Vergütung

1. Regelungsgehalt. § 2 Abs. 2 VOB/B bestimmt: „Die Vergütung wird nach den vertraglichen Einheitspreisen und den tatsächlich ausgeführten Leistungen berechnet, wenn keine andere Berechnungsart (z. B. durch Pauschalsumme, nach Stundenlohnsätzen, nach Selbstkosten) vereinbart ist". Auf den ersten Blick regelt die Vorschrift scheinbar zweierlei, dass nämlich einmal bei Einheitspreisverträgen nach tatsächlich **ausgeführten** Leistungen abgerechnet wird und dass zum anderen nach Einheitspreisvertragsmuster abgerechnet wird, wenn eine bestimmte Berechnungsart nicht vereinbart ist – letzteres wäre eine Beweislastregel dahin, dass der Auftraggeber eine vom Einheitspreisvertrag abweichende Vergütungsvereinbarung, z. B. eine Pauschalvergütung, beweisen müsste.[295] Auf den zweiten Blick zeigt sich aber sofort, dass der zweite Schluss schon deshalb unrichtig und unzulässig ist, weil die Vorschrift, wörtlich gesehen, missglückt ist und keinen Sinn ergibt: Die Vergütung soll nämlich dann nach den **vertraglichen** Einheitspreisen berechnet werden, wenn keine andere Berechnungsart **vereinbart** ist. Diesen Fall kann es nicht geben: Wenn **vertragliche** Einheitspreise vereinbart werden, muss es auch einen Einheitspreisvertrag geben. Wenn eine **andere** Berechnungsart **vereinbart** ist, kann es keine vertraglich vereinbarten Einheitspreise geben. Ergänzend ganz am Rande noch: Als andere Abrechnungsmöglichkeit verweist § 2 Abs. 2 VOB/B „zum Beispiel" (es muss also auch andere als die genannten geben) auf Pauschalvertrag, Stundenlohnvertrag, Selbstkostenerstattungsvertrag. In der VOB sind aber neben dem Einheitspreisvertrag nur diese Vertragstypen und keine anderen unmittelbar.

Um die Vorschrift überhaupt anwendbar zu machen, muss sie nach der zu vermutenden Intention der VOB-Verfasser so umformuliert werden, dass sie einen vernünftigen Sinn ergibt. Die Vorschrift würde dann lauten: „1. Beim Einheitspreisvertrag wird die Vergütung nach den Einheitspreisen und den tatsächlich ausgeführten Mengen abgerechnet. 2. Haben die Parteien die Art der Abrechnung (Einheitspreisvertrag, Pauschalvertrag, Stundenlohnvertrag, Selbstkostenerstattungsvertrag) nicht vereinbart, so gilt als Abrechnungsart die Vergütung nach Einheitspreisen als vereinbart."[296] Regel Nr. 1 ist die Definition des Einheitspreisvertrages (dazu Rdn. 136). Regel Nr. 2 ist eine beim **VOB-Vertrag** notwendige Ergänzung zu § 633 Abs. 2 BGB: Ist nämlich die Höhe der Vergütung nicht vereinbart, so wird die übliche Vergütung (BGB), aber berechnet nach Einheitspreisschema (VOB/B), geschuldet; das ist aber **keine** Beweislastregel (dazu Rdn. 132).

2. § 2 Abs. 2 VOB keine Beweislastregel bei strittiger Berechnungsart. Wenn die Vertragsparteien streiten, welche Abrechnungsart vereinbart ist, wenn etwa der Auftragnehmer eine Abrechnung nach Einheitspreisen vorlegt und der Auftraggeber behauptet, eine niedrigere Pauschalsumme sei vereinbart,[297] so stellt sich die Frage nach der Beweislast. Regel Nr. 2 (siehe

---

Band 1, Rdn. 279; *Markus* in Markus/Kaiser/Kapellmann AGB-Handbuch Bauvertragsklauseln, Rdn. 207-209; speziell zu „Bestätigungsklauseln" beim Global-Pauschalvertrag siehe Rdn. 263.

[292] BGH „ECE Bedingungen" BauR 1997, 1036, Klausel Nr. I 15; OLG Karlsruhe BB 1983, 725.
[293] BGH „ECE-Bedingungen" BauR 1997, 1036, Klausel Nr. I 9, siehe auch Rdn. 60, 102.
[294] *Keldungs* in Ingenstau/Korbion VOB/B § 2 Abs. 6 Rdn. 38; *Kapellmann/Schiffers/Markus* Band 1, Rdn. 1034.
[295] Für ein Verständnis als Beweislastregel *Keldungs* in Ingenstau/Korbion VOB/B, § 2 Rdn. 22, 24. Dem ist jedoch **nicht** zuzustimmen, siehe Rdn. 132.
[296] Zustimmend *Kues* in NWJS § 2 Rdn. 50.
[297] Beispielsfälle für unklare Absprachen hier Rdn. 239–241; *Kapellmann/Schiffers/Markus* Band 2, Rdn. 54 ff., 66 ff.

oben Rdn. 131) besagt, dass dann, wenn die Abrechnungs**art nicht** vereinbart ist, nach Einheitspreisen abgerechnet wird. „**Art** der Vergütung" und „**Höhe** der Vergütung" hängen untrennbar zusammen;[298] **§ 632 BGB** bestimmt, dass dann, wenn die Abrechnungs**höhe nicht** vereinbart ist, nach üblicher Vergütung abgerechnet wird. Da der Auftragnehmer, der Vergütung fordert, alle anspruchsbegründenden Tatsachen beweisen muss, muss er die behauptete Vergütungshöhe beweisen oder, wenn er übliche Vergütung fordert, **weil keine** Einigung zustande gekommen sei, dass eine Vereinbarung über die Höhe **nicht** getroffen worden ist. Das steht angesichts der Fassung des Gesetzes außer Zweifel.[299] Ganz genauso muss der **Auftragnehmer** die behauptete Abrechnungs**art** beweisen oder, wenn er Abrechnung nach Einheitspreisen fordert, weil keine Abrechnungs**art** vereinbart sei, **beweisen**, dass eine Vereinbarung über die Abrechnungsart, z. B. **Pauschalvergütung, nicht** getroffen worden sei. Genauso wenig wie § 632 Abs. 2 BGB enthält **§ 2 Abs. 2 VOB/B**, sinnvoll gelesen, eine gegenteilige Beweislastregel. Der Bundesgerichtshof hat deshalb mit Recht zweimal genauso entschieden.[300] Der abweichende Begründungsversuch, laut Fassung der VOB/B sei der Einheitspreisvertrag die Regel, also müsse der, der eine Pauschalpreisvereinbarung behauptet, dies beweisen, verkennt, dass aus einem angeblich postulierten tatsächlichen Häufigkeitsverhältnis keine rechtliche Regel-Ausnahme-Beweislast folgt, ganz abgesehen davon, dass die VOB/B eine solche Regel-Ausnahme-Behauptung im Sinne tatsächlicher Häufigkeit und/oder Bedeutung gar nicht enthält und erst recht in Wirklichkeit der Pauschalvertrag von der Bedeutung her den Einheitspreisvertrag heute klar überwiegt.[301] Würde übrigens der **Auftragnehmer** Verwender der VOB/B sein, so würde jedenfalls bei Verwendung gegenüber einem Nichtunternehmer eine solche Beweislastregel schon wegen Verstoßes gegen § 309 Nr. 12 BGB unwirksam sein.[302]

133 Der Auftragnehmer muss also gegen die Behauptung des Auftraggebers, es sei eine (niedrigere) Pauschale vereinbart, einen **Negativbeweis** führen. Um dem Auftragnehmer diesen Beweis, wenn auch nicht formal-logisch, so doch praktisch überhaupt zu ermöglichen, muss der die niedrigere Pauschalvergütung behauptende Auftraggeber vortragen, zwischen wem, bei welcher Gelegenheit, wann und mit welchem Inhalt die behauptete Vereinbarung geschlossen worden ist; die **Unrichtigkeit** dieser Behauptung kann und muss dann der Auftragnehmer beweisen.[303] Da der Auftragnehmer durchaus in Beweisnot kommen kann, ist ihm im Prozess zu empfehlen, seine Parteivernehmung (§ 448 ZPO), mindestens seine Anhörung (§ 141 ZPO) zu beantragen; ihr Ergebnis kann ebenso wie Überlegungen dazu, ob die behauptete Pauschalabrede angesichts aller Tatsachen wirklich wahrscheinlich sei, in die Beweiswürdigung einfließen.[304]

134 Wer die **nachträgliche** Abänderung einer Vergütungsabrede behauptet, muss sie beweisen.[305] War noch keine Vereinbarung getroffen, hat der Auftragnehmer aber nennenswerte Arbeiten schon ausgeführt und behauptet jetzt der Auftraggeber eine Pauschalvereinbarung, muss er sie jetzt beweisen.[306]

135 Gelingt dem Auftragnehmer der Beweis, dass kein Pauschalvertrag vereinbart worden ist und beruft sich der Auftragnehmer auf „übliche Vergütung", so sind übliche Einheitspreise zu ermitteln und auf ihrer Basis die übliche Vergütung.

136 **3. Die Struktur des Einheitspreisvertrages.** Die Vergabeanweisung an den öffentlichen Auftraggeber in **§ 4 Abs. 1, 2 VOB/A** enthält die **(teilweise) Definition des Einheitspreisvertrages** dahin, dass die Vergütung nach Leistung bemessen wird, und zwar „in der Regel zu

---

[298] Prägnant BGH BauR 1981, 388.
[299] Zum BGB ganz herrschende Meinung, z. B. BGH BauR 1993, 366; BGH BauR 1981, 388; BGH BB 1957, 799; *Peters/Jacoby* in Staudinger BGB, § 632 Rdn. 139; *Kapellmann/Schiffers/Markus* Band 2, Rdn. 103 m. w. N.; anderer Ansicht von *Mettenheim* NJW 1984, 776; *Keldungs* in Ingenstau/Korbion VOB/B, § 2 Rdn. 22-24.
[300] BGH BauR 1981, 388, bestätigt vom BGH BauR 1992, 505; OLG München IBR 2001, 297; OLG Frankfurt IBR 2001, 468; *Halfmeier/Leupertz* in Prütting/Wegen/Weinreich BGB, § 631 Rdn. 38; *Werner/Pastor* Rdn. 1433; Einzelheiten *Kapellmann/Schiffers/Markus* Band 2, Rdn. 98-122. Zur Gegenmeinung Rdn. 130.
[301] *Kapellmann*, Schlüsselfertiges Bauen, Rdn. 1. Vgl. auch VOB/A § 7 Rdn. 93, 91.
[302] *Kapellmann/Schiffers/Markus* Band 2, Rdn. 121; *Leinemann* VOB/B § 2 Rdn. 128.
[303] Allgemeine Meinung, z. B. BGH BB 1957, 799; BGH BauR 1983, 366; BGH BauR 1992, 505; OLG Düsseldorf BauR 2000, 269.
[304] Zutreffend *Kniffka/Koeble*, Kompendium, Teil 5, Rdn. 54.
[305] BGH BauR 1983, 366, unbestritten.
[306] OLG Hamm NJW 1986, 199; *Sprau* in Palandt BGB, § 632 Rdn. 18; *Keldungs* in Ingenstau/Korbion VOB/B § 2 Rdn. 26; *Kapellmann/Schiffers/Markus* Band 2, Rdn. 124.

Vergütung 137 § 2 VOB/B

Einheitspreisen für technisch und wirtschaftlich einheitliche Teilleistungen, deren Menge nach Maß, Gewicht oder Stückzahl vom Auftraggeber in den Verdingungsunterlagen anzugeben ist (Einheitspreisvertrag)". Beim Einheitspreisvertrag wird das vertraglich zu erstellende Werk in der (regelmäßig) vom Auftraggeber als Angebotsblankett vorformulierten Leistungsbeschreibung, insbesondere dem Leistungsverzeichnis, in isolierte, nicht zwingend funktional zusammenhängende technische Teilarbeiten zerlegt (nach §§ 4, 7b VOB/A „Teilleistungen"), die nach Ordnungszahlen (= **„Positionen"**, vgl. § 7b Abs. 4 VOB/A) beschrieben werden. Zu Einzelheiten der Struktur des Einheitspreisvertrages sowie zu Grundpositionen, Zulagepositionen, Alternativpositionen, Eventualpositionen → § 4 Abs. 1, 2 VOB/A Rdn. 10 ff., zu Mischpositionen → § 7 VOB/A Rdn. 73. In Ergänzung dieser Definition bestimmt § 2 Abs. 2 VOB/B, dass die Vergütung beim Einheitspreisvertrag nach **ausgeführter** Menge und nicht nach der im Leistungsverzeichnis benannten Menge (= Vordersatz) ermittelt wird und dass die ausgeführte Menge insgesamt, also auch bei Überschreitung des Vordersatzes, nach Einheitspreisen abgerechnet wird. Das ist keine überflüssige, sondern eine notwendige, jedenfalls sinnvolle Regelung, weil es auch andere Abrechnungsmöglichkeiten für die ausgeführte Menge geben könnte.[307]

Zu den Begriffen Grundposition, Alternativposition, Eventualposition, Auswahlposition, Zulageposition und Sammelposition vgl. VOB/A § 4 Nr. 1, 2, Rdn. 13–27, zu Alternativposition und Eventualposition auch hier Rdn. 160, 61.

III. Vor § 2 Abs. 3 – Abs. 8 VOB/B

1. Auftrags- bzw. Angebotskalkulation als gemeinsame Basis, einheitliche Systematik der Berechnung neuer Vergütungen, „Grundlagen der Preisermittlung", kalkulative Mehrkosten. Die Abs. 3–8 Nr. 2, 3 des § 2 VOB/B behandeln **Preis-** oder **Vergütungsänderungen.** Solange der Preis unverändert ist, interessiert es nicht, wie (und ob überhaupt!) der Auftragnehmer ihn kalkuliert hat. Ändern sich aber Preis oder Vergütung und knüpft diese Änderung wie in der **VOB/B an die Kalkulation** des Auftragnehmers an, so muss man diese Kalkulation kennen. Diese Anknüpfung der VOB an die Kalkulation findet sich in § 2 Abs. 3 Nr. 2 mit **„Mehr- oder Minderkosten"**, in § 2 Abs. 3 Nr. 3 mit dem Mehrbetrag, der sich aus der Verteilung der **Baustelleneinrichtungs-** und **Baustellengemeinkosten** und der **Allgemeinen Geschäftskosten** auf die verringerte Menge ergibt, in § 2 Abs. 5 mit den **„Grundlagen des Preises"** für die im Vertrag vorgesehene Leistung" und wieder den **„Mehr- oder Minderkosten",** in § 2 Abs. 6 mit den **„Grundlagen der Preisermittlung"** für die vertragliche Leistung und den **besonderen Kosten** der geforderten Leistung", in § 2 Abs. 7 Nr. 1 Satz 2 und Satz 3 mit den **„Grundlagen der Preisermittlung"** und den **„Mehr- oder Minderkosten"** sowie in § 15 Abs. 1 Nr. 2 und Nr. 5 mit einem ganzen **Kostenkatalog**; auch § 9d VOB/A spricht von der Änderung der **Preisermittlungsgrundlagen.** Die zum Teil geringfügig unterschiedlichen Formulierungen („Grundlagen des Preises", „Grundlagen der Preisermittlung") beruhen auf redaktionellen Unebenheiten, zum Teil hängen sie aber auch damit zusammen, dass Texte nachträglich eingefügt worden sind (z. B. „Mehr- oder Minderkosten" in § 2 Abs. 3). Das führt aber nicht zu einer sachlichen Differenzierung.[308]

Maßgebend für die **Bemessung veränderter Preise** („Nachträge") ist als **Basis** die Ermittlung der voraussichtlichen Kosten durch den Auftragnehmer in der für die Bildung des Vertragspreises zugrunde gelegten **Angebotskalkulation;** führen Verhandlungen nach Abgabe des Angebots zur Abweichung vom angebotenen Bausoll und/oder den Angebotspreisen, so muss die Angebotskalkulation sinnvoll zur **Auftragskalkulation überarbeitet** werden. **Angebots-** oder **Auftragskalkulation** ermitteln als Vorauskalkulation **Soll-Kosten,** also künftige, **erwartete** Kosten, und zwar **alle.** „Grundlage des Preises" sind also **alle Kostenelemente,** die Bestandteil der Kalkulation des Auftragnehmers sind, und die Kalkulationsmethode. Ebenso werden beim Nachtrag die „Mehrkosten" kalkulativ erfasst.[309]

---

[307] BGH BauR 1981, 388; *Kapellmann/Schiffers/Markus* Band 2, Rdn. 116.
[308] Zutreffende allgemeine Meinung, z. B. *Weyer* BauR 1990, 138; *Kues* in NWJS VOB/B § 2 Rdn. 67.
[309] BGH in ständiger Rechtsprechung, z. B. BGH „Eisenbahnbrücke"; BGH BauR 1999, 378; OLG Nürnberg, BauR 2015, 509; OLG Düsseldorf BauR 2014, 700; *Kapellmann/Schiffers/Markus* Band 1, Rdn. 600, 1000; Band 2, Rdn. 1360–1366; *Jansen/von Rintelen* in Kniffka, Onlinekommentar BGB, § 631 Rdn. 890–895; *Keldungs* in Ingenstau/Korbion VOB/B § 2 Abs. 3 Rdn. 17. Ausführlich Althaus BauR 2012, 359. Siehe auch BGH BauR 1999, 1294 sowie BGH „Vorkalkulatorische Preisfortschreibung" NZBau 2013, 369 und dazu Rdn. 213.

Die Richtigkeit der Anknüpfung der Vergütungsfortschreibung an die Kalkulation wurde in den letzten Jahren in der Literatur vereinzelt in Zweifel gezogen, in der Rechtsprechung nie. Diese Bedenken sind nie durchgreifend begründet worden, sie bedürfen aber auch heute kraft gesetzlicher Regelung keiner Erörterung mehr. Das BGB hat heute auch für BGB-Verträge erfreulicherweise ein Anordnungsrecht des Auftraggebers in § 650b BGB eingeführt. Die entsprechende Vergütungsanpassung regelt das BGB sodann in § 650c dahin, dass die Mehrvergütung nach tatsächlichen Kosten ermittelt wird; der Auftragnehmer darf aber zur Berechnung der Vergütung auf die Kalkulation zurückgreifen, wobei vermutet wird, dass die so ermittelte Vergütung den tatsächlichen Kosten entspricht.[310]

Wenn das BGB selbst die Anknüpfung an die Kalkulation als mögliche Berechnungsart wählt, kann die entsprechende Anknüpfung an die Kalkulation in der VOB/B unabhängig davon, ob sie als Ganzes vereinbart ist, nicht gegen eine gesetzliches Leitbild verstoßen und AGB-widrig sein.

Einzelfrage der analogen Kostenfortschreibung erörtern wir weiter unten.[311]

Die VOB/B gibt **keinen** Anhaltspunkt für die Anknüpfung an Marktpreise oder tatsächliche Kosten. Die Anknüpfung an **Marktpreise** ist angesichts des Wortlauts der VOB/B („unter Berücksichtigung von Mehr- oder Minderkosten") von vornherein außerhalb jeder Diskussion.[312]

Die Erforschung von Marktpreisen für Nachträge würde zudem zwar eine Art Konjunkturprogramm für Sachverständige sein, aber eine voraussehbare Nachtragsberechnung nahezu unmöglich machen; die Praxis würde vor unlösbare Probleme gestellt. Darüber hinaus gäbe es zahlreiche Probleme bei der Berücksichtigung der zeitlichen Auswirkungen von Nachträgen oder dem Hineinwirken in mittelbar betroffene Positionen.[313]

Es gibt auch keinen Anlass, etwa eine „Verbesserung" der VOB/B im Sinne der Anknüpfung an tatsächliche Kosten zu empfehlen. Die kalkulative Anknüpfung ist die bei weitem beste und gerechteste Lösung: Markpreise für Nachträge würden sofort zu erheblichen **Kostensteigerungen für den Auftraggeber** führen, um die sich auch der öffentliche Auftraggeber wohl kaum reißen dürfte: Wer im Wettbewerb den Zuschlag erhalten hat, hat nicht Durchschnitts-Marktpreise geboten, sondern den „marktgünstigsten" Preis, die VOB-Regelung dient also dem **Schutz** des **Auftraggebers**.[314] Außerdem wäre eine Vorwegvergütungsvereinbarung (s. § 2 Abs. 6 Nr. 2 VOB/B) gar nicht mehr möglich. Es verwundert daher nicht, dass das Vergabehandbuch des Bundes im „Leitfaden zur Vergütung bei Nachträgen", Formular 510, Fassung April 2016, 3.1.1, nach wie vor eine genaue Anleitung zur Herleitung aus der Auftragskalkulation gibt.

Die „Grundlagen des Preises", die Basis, sind zwingend die vornherein **kalkulativ** ermittelten Kosten – wie soll man sonst ein Angebot machen? –, nicht, die zum Zeitpunkt der Angebotsabgabe ja auch unbekannten tatsächlichen Kosten. Wenn gegenüber dieser Basis **Mehr**kosten festgestellt werden sollen, so müssen das genauso **kalkulative** Mehrkosten sein, der Vergleich von tatsächlichen Mehrkosten mit kalkulativen Kosten ist **systematisch verfehlt**. Es würden Äpfel mit Birnen verglichen.[315] Nur so bleibt auch das im Wettbewerb zustandegekommene Preisgefüge enthalten.

Die Anknüpfung an die Angebots- bzw. Auftragskalkulation ist also nicht nur die VOB/B-Lösung, sie ist auch die beste.

138   **Kosten** sind in Geldeinheiten bewerteter Verzehr materieller oder immaterieller Güter (Einsatz von Produktionsfaktoren, z. B. Gerät, Material, Personal für einen bestimmten Zweck, z. B. Herstellung einer Betonwand). Da **alle** Preisveränderungen im Rahmen des § 2 Abs. 3 – Abs. 8 VOB/B auf Kosten**änderungen** gegenüber den Kostenansätzen dieser einen Kalkulation beruhen, ist es systematisch selbstverständlich und **zwingend** – aber keineswegs Allgemeingut! –, **alle Einzeltatbestände der Abs. 3 – Abs. 8** unter Einschluss **auch der Abrechnung bei Kündigungen (§§ 8, 9 VOB/B)** systematisch einheitlich zu behandeln, also beispielsweise Leistungs-

---

[310] Dies ist kein BGB-Kommentar. Wir ersparen uns deshalb eine Kommentierung von § 650c BGB.
[311] Unter Rdn. 213 ff.
[312] Eindeutig BGH BauR 1996, 378; ebenso *Kniffka*, 8. Jahresarbeitstagung Deutsches Anwaltsinstitut 2013, S. 135.
[313] Insgesamt zutreffend *Althaus* BauR 2012, 359; *Keldungs* Jahrbuch Baurecht 2012, 59; *Schottke* BauR 2011, 1831.
[314] Zutreffend *Zimmermann* NZBau 2012, 1.
[315] Ebenso *Althaus* BauR 2012, 359 Fn. 39. Das BGB knüpft auch noch nicht an die tatsächlichen, sondern die tatsächlich erforderlichen (!) Kosten an.

mehrungen kalkulatorisch in ihren **Auswirkungen** auf die geänderte Vergütung unabhängig davon, ob es sich z. B. beim Einheitspreisvertrag um „aus dem Verhältnis resultierende Mengenmehrungen" (dann § 2 **Abs. 3** VOB) oder um angeordnete „Mengenmehrungen" (dann § 2 **Abs. 6** VOB/B) handelt.[316] Der geänderte „neue" Preis (Nachtrag) wird „deterministisch" auf der Basis der Angebotskalkulation fortgeschrieben, also „errechnet".[317]

2. Die Kalkulationsmethodik. Die VOB übernimmt in den zitierten Vorschriften (s. Rdn. 137) auf einzelne Kalkulationsbegriffe Bezug, z. B. Baustelleneinrichtungskosten, Baustellengemeinkosten, Allgemeine Lohn- und Gehaltsnebenkosten, Stoffkosten, allgemeines Unternehmerwagnis, Gewinn. Eine durchgängige, verbindliche Aussage zur anzuwendenden Kalkulationsmethodik enthält die VOB dennoch nicht. Die VOB richtet sich an den öffentlichen Auftraggeber. Der öffentliche Auftraggeber konnte (und kann) indirekt durch andere Rechtsvorschriften oder durch seine Praxis auf die Kalkulationsmethodik Einfluss nehmen. 1936 erging auf der Grundlage des damaligen Preisbindungsgesetzes eine Preisstoppverordnung. Es ergaben sich daraus Probleme, da die Baupreise für jedes Bauvorhaben neu gebildet werden. Deshalb wurde 1938 die Verordnung über die Baupreisbildung erlassen, die den besonderen Verhältnissen der Bauwirtschaft Rechnung trug; sie enthielt u. a. Kalkulationsmethoden, die mit den bauindustriellen bzw. bauhandwerklichen Verbänden erarbeitet waren. Den Bauunternehmen wurde vorgeschrieben, eine Mindestaufgliederung der Baukosten (Ist-Kosten) und eine Mindestaufgliederung der Angebotskosten (Soll-Kosten) zu erfassen. Auf dieser Basis veröffentlichte Opitz ein Werk „Selbstkostenermittlung für Bauarbeiten". Die darin niedergelegte Struktur hat sich aus den genannten Gründen und über die Baupreisverordnungen (s. Rdn. 5) für die Kalkulation von Baupreisen vollständig durchgesetzt.

Methodisch unterscheidet man **Umlagekalkulation** und **Zuschlagskalkulation**. Dabei ist der erste Schritt immer gleich. Es werden die **„Einzelkosten der Teilleistung"** ermittelt; bei kleineren, meistens gleichartigen Bauobjekten und/oder kleineren Bauunternehmen werden sodann **vorab** festgelegte **feste** Zuschlagssätze für den Deckungsanteil (Baustellengemeinkosten, Allgemeine Geschäftskosten, Gewinn einschließlich Wagnis) zugeschlagen (**Zuschlagskalkulation**). Der Bund als Auftraggeber fragt in seinen Angebotsunterlagen bei den „Angaben zur Preisermittlung" die entsprechenden Daten ab mit dem Formular 221, weil er daraus eine Nachtragsvergütung ableitet.[318] Bei der bei größeren Projekten allein angewandten **Umlagekalkulation** werden die Einzelkosten der Teilleistung beaufschlagt mit möglichst **konkret** ermittelten Baustellengemeinkosten und **periodisch geplanten** Allgemeinen Geschäftskosten, dazu mit Gewinn (einschließlich Wagnis); diese Methode erfordert einen großen Rechenaufwand. Der Bund als Auftraggeber fragt die Umlagekalkulationsinformationen mit dem Formular 222 ab.[319]

Kosten, die unmittelbar bei der Herstellung einer Leistung anfallen, sind, bezogen auf eine Einheit einer (Teil-) Leistung, **Einzelkosten der Teilleistung**. Als Teilleistung wird in diesem Zusammenhang die einzelne, durch eine Ordnungszahl (Position) gekennzeichnete Position des Leistungsverzeichnisses bezeichnet, deren Leistungsumfang in Bemessungseinheiten (z. B. m^3) durch den Vordersatz (= ausgeschriebene LV-Menge) gekennzeichnet ist. Die insgesamt **unmittelbar** bei der Herstellung der Leistung anfallenden Einzelkosten der Teilleistung ergeben die **Direkten Kosten**. Die Direkten Kosten werden herkömmlich aufgegliedert in Lohnkosten, Stoffkosten, Gerätekosten, Schalung und Rüstung, Nachunternehmerkosten und sonstige Kosten.[320]

Da unterschiedliche Teilleistungen zu erstellen sind, fallen in der Regel auch Kosten an, die nicht unmittelbar einer Teilleistung zugerechnet werden können, so z. B. die Kosten des Baukrans, der für viele Teilleistungen Hebevorgänge erbringt. Solche Kosten nennt man **Gemeinkosten**.

---

[316] BGH BauR 1999, 1294, 1297; *Kapellmann/Schiffers/Markus* Band 1, Rdn. 517, 518, 529. Näher Rdn. 153.
[317] Z. B. BGH „Eisenbahnbrücke" BauR 1999, 897; BGH BauR 1996, 378; Nachweise *Kapellmann/Schiffers/Markus* Band 1, Rdn. 1000, Rdn. 1001, Rdn. 1206; s. auch Rdn. 137.
[318] Zur Umlage- und Zuschlagskalkulation näher *Kapellmann/Schiffers/Markus* Band 1, Rdn. 18.
[319] Zur Umlagekalkulation im Einzelnen *Kapellmann/Schiffers/Markus* Band 1, Rdn. 8–17. Nähere Angaben zu dieser Kalkulationsmethodik enthält die KLR-Bau, Kosten und Leistungsberechnungen der Bauunternehmen, herausgegeben vom Hauptverband der Deutschen Bauindustrie.
Zu den nachfolgenden Begriffen im Einzelnen *Kapellmann/Schiffers/Markus* Band 1, Rdn. 8 ff.
[320] Einzelheiten *Kapellmann/Schiffers/Markus* Band 1, Rdn. 8.

Die Kosten, die für die gesamte Baustelle (z. B. Kran) anfallen, sind **Baustellengemeinkosten,** die Kosten, die für das gesamte Unternehmen (z. B. Lohnkosten des Buchhalters, Unterhaltung des Bauhofs) **„Allgemeine Geschäftskosten".**

Die **Baustellengemeinkosten,** die konkret auf der Baustelle insgesamt anfallen, werden „umgelegt" (Umlagekalkulation) auf die Einzelkosten der Teilleistung, und zwar in Form eines Prozentsatzes. Die Summe von Einzelkosten der Teilleistungen und Baustellengemeinkosten ergibt die **Herstellkosten.** Baustellengemeinkosten werden in der Praxis nicht gleichmäßig auf die Einzelkosten der Teilleistungen verteilt, sondern unterschiedlich.[321]

Die **Allgemeinen Geschäftskosten** (die durch nicht baustellenbezogene Produktionsfaktoren entstehen) werden je Geschäftsperiode (Beispiel: ein Jahr) im Voraus geplant, diese Allgemeinen Geschäftskosten werden dann in Bezug zum für diese Geschäftsperiode geplanten Umsatz (bewertet mit Herstellkosten) gesetzt, also anteilig auf die Herstellkosten aufgeschlüsselt. So ergibt sich ein Umlageprozentsatz für Allgemeine Geschäftskosten. Demzufolge werden die Herstellkosten prozentual mit Allgemeinen Geschäftskosten beaufschlagt. Die daraus resultierende Summe sind die **Selbstkosten.**[322]

Diese Selbstkosten werden prozentual mit (so die herkömmliche Formulierung) **„Wagnis und Gewinn"** beaufschlagt. Im kalkulatorischen Sinn ist aber dieses allgemeine unternehmerische Wagnis kein echter Kostenfaktor, sondern ein Teil des Unternehmensrisikos. „Wagnis" in diesem kalkulatorischen Sinn ist daher ein Bestandteil des Gewinns oder des Verlusts. Es ist unrichtig und sinnlos, in der Kalkulation in diesem Sinne zwischen Wagnis und Gewinn zu unterscheiden, richtig ist die prozentuale Beaufschlagung nur mit Gewinn[323] (oder der prozentuale Abschlag von Verlust!).

Beispiel:

	Einzelkosten der Teilleistung		2.612.550,49 €
+	Baustellengemeinkosten 307.156,46 € =	+ 11,76 %[324]	307.156,46 €
=	**Herstellkosten**		2.919.706,95 €
+	Allgemeine Geschäftskosten	+ 10 %	291.970,70 €
=	**Selbstkosten**		3.211.677,65 €
+	(Wagnis und) Gewinn	+ 6 %	192.700,66 €
=	**Angebotssumme**		3.404.378,31 €

Beim Einheitspreisvertrag erfolgt jeweils die Umrechnung in einen Betrag pro Mengeneinheit, also z. B. 1m³ „Leistung X" = Einheitspreis 76,83 € (nämlich „Direkte Kosten" 44,40 € + Gesamtumlage 73,05 % = 32,43 €).

140 Kosten, deren Betrag nicht von der auszuführenden Leistungsmenge, sondern von der benötigten Zeit abhängen, sind zeitabhängige Kosten. Typische **zeitabhängige Koste**n sind Gerätemieten. Der Weiterlauf zeitabhängiger Kosten ohne Leistungserfolg ist z. B. ein Hauptfaktor bei Behinderungskosten.

IV. § 2 Abs. 3, Auswirkung von Abweichungen der ausgeführten Menge vom Vordersatz auf den Einheitspreis

141 **1. Bedeutung des § 2 Abs. 3 VOB/B, Abdingbarkeit in AGB, konkurrierende Ansprüche.** Beim Einheitspreisvertrag ermittelt sich die Vergütung aus der **ausgeführten** Menge • Einheitspreis (vgl. oben Rdn. 136). Eigentlich ist das verwunderlich: Wenn der Auftraggeber VOB-gerecht (und sachlogisch) einen Einheitspreisvertrag ausschreibt, muss er die gesamte Leistung derartig aufgliedern, dass „Positionen" gebildet werden (§ 7b Abs. 4 VOB/A, § 13

---

[321] Beispiel für unterschiedliche Verteilung *Kapellmann/Schiffers/Markus* Band 1, Rdn. 12 und 13, 521–524.
[322] Beispiel *Kapellmann/Schiffers/Markus* Band 1, Rdn. 14; näher Rdn. 223.
[323] So heute auch BGH BauR 2016, 1153 = NZBau 2016, 548. *Schubert/Reister* Jahrbuch Baurecht 1999, 253; *Dornbusch/Plum* Jahrbuch Baurecht 2000, Seite 160 ff.; *Franz/Kues* BauR 2006, 1376; *Kues* in NWJS VOB/B § 2 Rdn. 72; *Kapellmann/Schiffers/Markus* Band 1, Rdn. 537. Wie hier LG Berlin IBR 2001, 411. Vgl. auch § 8 Rdn. 36.
[324] Bei praxisunüblicher gleichmäßiger Beaufschlagung der Einzelkosten der Teilleistung.

Abs. 1 Nr. 6 VOB/A), wobei für die einzelnen Teilleistungen dann deren Menge anzugeben ist (§ 4 Abs. 1 VOB/A); der Auftraggeber soll erst dann ausschreiben, wenn alle Verdingungsunterlagen fertig gestellt sind. Wie auch die Aufteilung der einzelnen Leistungsphasen in § 33 und Anhang 10 HOAI zutreffend zeigt, muss demgemäß die **Ausführungsplanung fertig gestellt** sein, ehe die Einzelnen notwendigen Teilleistungen und ihre Menge ermittelt und dann in ein Leistungsverzeichnis umgesetzt werden können (wobei in einem vorrangigen Schritt die Ausführungsplanung den Aufbau des Leistungsverzeichnisses vorzeichnet). Die **ausgeführte** Menge wird durch Aufmaß (§ 14 VOB/B) festgestellt, wobei dieses Aufmaß, soweit sich nicht nach Vertragsschluss Änderungen ergeben haben, **aus** denselben **Ausführungsplänen** (und nicht durch Nachmessen vor Ort!) ermittelt wird (DIN 18299 Abschnitt 5). Also müssten ausgeschriebene Menge und ausgeführte Menge, da aus denselben Ausführungsplänen ermittelt, identisch sein, eine Vorschrift zur Anpassung der Einheitspreise an die ausgeführte Menge wäre also überflüssig. Unter idealen Verhältnissen stimmt das. Die VOB geht demgegenüber lebensnah davon aus, dass sich Architekten bei der Ermittlung der Ausschreibungsmenge aus den Ausführungsplänen irren können oder dass sie häufig schon Mengen in Leistungsverzeichnisse einsetzen, ohne die Ausführungsplanung fertig gestellt zu haben, dass sie also die Mengen schätzen (zu den Folgen Rdn. 143, 165). Außerdem gibt es Einzelfälle, in denen der Auftraggeber die auszuführende Menge nicht kennen kann, weil z. B. die Baugrundverhältnisse nicht exakt bekannt sind („Ausschachtung bis auf tragfähigen Boden"). Insbesondere eine gegenüber der Ausschreibung **verringerte Menge** kann für den Auftragnehmer gravierende **finanzielle Nachteile** haben. Baustellengemeinkosten, Allgemeine Geschäftskosten sowie der Gewinn (einschließlich Wagnis) kalkuliert der Auftragnehmer in Form eines prozentualen Aufschlages auf die anhand der **ausgeschriebenen Mengen** ermittelten Einzelkosten der Teilleistung, also im Beispiel am Ende von Rdn. 139 mit 73,05%. Wenn jetzt die ausgeführte Menge beispielsweise nur 60% der ausgeschriebenen Menge ausmacht, werden 60% „Einzelkosten der Teilleistung" bezahlt (was, von Sonderfällen abgesehen, richtig ist, weil ja auch nur insoweit Kosten z. B. in Form von Lohn angefallen sind). Es fehlt aber der prozentuale Zuschlag für die Deckungsbeiträge in Höhe von 40%, d.h., 40% der Baustellengemeinkosten, der Allgemeinen Geschäftskosten und des kalkulierten Gewinns (die unverändert anfallen bzw. erwirtschaftet werden sollen) sind jetzt ungedeckt, der Auftragnehmer erleidet also einen erheblichen Verlust infolge „Unterdeckung" an Gemeinkosten und Gewinn. Hier einen Ausgleich zu schaffen in Form der Erhaltung der Deckungsbeiträge, ist also für den Auftragnehmer lebenswichtig – § 2 Abs. 3 VOB/B ist demgemäß beim Einheitspreisvertrag sachgerecht und notwendig.

Das ergibt sich auch deshalb, weil nur so für Auftragnehmer bedrohliche Manipulationen eines Auftraggebers eliminiert werden können. Schreibt der Auftraggeber nämlich bewusst überhöhte Mengen aus – was insbesondere öffentliche Auftraggeber ins Auge fassen könnten, um sich verdeckte Budgetpolster zu schaffen –, so würde er, gäbe es § 2 Abs. 3 VOB/B nicht, sich heimlich und zu Lasten des Auftragnehmers **niedrigere** Preise als nominell angegeben erschleichen, denn der zu zahlende Preis würde, weil er zu geringe Deckungsbeiträge enthielte, insgesamt nicht kostendeckend sein. **Gerade** bei öffentlicher Ausschreibung, bei der die vorgenannten Budgetüberlegungen ja nicht völlig theoretisch sind, ist deshalb das Korrektiv des § 2 Abs. 3 VOB/B **unentbehrlich**.

Daraus folgt, dass ein Auftraggeber beim Einheitspreisvertrag in Allgemeinen Geschäftsbedingungen die Preisanpassungsregel des § 2 Abs. 3 VOB/B **nicht** wirksam ausschließen kann. Der Bundesgerichtshof hat das Gegenteil entschieden;[325] die tragende Begründung lautet, einmal kenne das Werkvertragsrecht des BGB eine Preisanpassungsregel beim Einheitspreisvertrag nicht, es könne also kein Verstoß gegen damals § 9 AGB-Gesetz sein, wenn durch den Ausschluss des § 2 Abs. 3 VOB/B die gesetzliche Regelung wiederhergestellt werde. Außerdem zeige die Vergütungsform des Pauschalvertrages, dass auch die VOB einen Vergütungstyp kenne, bei dem die Vergütung unabhängig von der Mengenentwicklung in der Regel unverändert bleibe. Beide Argumente treffen nicht zu: Das BGB kennt den Vergütungstyp „Einheitspreisvertrag" überhaupt nicht, sein Vergütungstyp ist der Pauschalvertrag (oben Rdn. 1); schon die Vereinbarung eines Einheitspreisvertrages ist eine Abweichung vom Vergütungsmodell des BGB. Dann kann jedenfalls beim VOB-Vertrag die Abweichung aber nicht so vereinbart werden, dass der Auftraggeber Manipulationsmöglichkeiten erhält und das gerade für den Einheitspreisvertrag unentbehrliche Korrektiv ausschließt. Der Hinweis auf die Möglichkeit der Vereinbarung einer Pauschalvergütung geht ebenfalls fehlt: Beim Pauschalvertrag **vereinbaren** die Parteien ja als **allein** für

---

[325] BGH „Ausschluss § 2 Abs. 3 VOB/B" NZBau 2016, 96, BGH BauR 1993, 723.

diesen Vertrag kennzeichnendes Merkmal, dass nicht nach ausgeführter Menge abgerechnet werden soll.[326] Aber wenn sie gerade vereinbaren, dass **nicht** nach Pauschalvertragsmuster abgerechnet werden soll, wenn sie also einen Einheitspreisvertrag vereinbaren, wollen sie nicht gleichzeitig durch die Hintertür sich doch nach Pauschalvertragsregeln behandeln lassen. Der Entscheidung des Bundesgerichtshofs ist also nicht zu folgen.[327]

143　Der Bundesgerichtshof hatte eine Klausel zu beurteilen, die nur § 2 Abs. 3 VOB/B ausschloss, aber nicht grundsätzlich jede Preisanpassung bei Mengenänderungen auf anderer Rechtsgrundlage. Aus der ersten Entscheidung konnte man folgern, dass der Bundesgerichtshof eine Klausel, die sich auf alle Anspruchsgrundlagen erstreckt hätte, für unwirksam gehalten hätte: Wenn § 2 Abs. 3 VOB/B ausgeschlossen ist, muss der Rückgriff auf allgemeine Anspruchsgrundlagen möglich sein. Ansprüche aus „Störung der Geschäftsgrundlage" kann man nicht wirksam ausschließen, praktisch kommen solche Ansprüche aber nur selten in Betracht. Ansprüche aus c. i. c. hält der Bundesgerichtshof für den Fall für möglich, dass der Auftraggeber schuldhaft die Mengen unsorgfältig ausgeschrieben hat. Das hat er in der Entscheidung NZBau 2016, 96 bestätigt. Dazu gilt: Da man ohne fertige Ausführungsplanung **nicht** die richtigen Mengen ausschreiben **kann** (s. oben Rdn. 141), hat der Auftragnehmer in allen Fällen Schadensersatzanspruch auf Preisanpassung, in denen der Auftraggeber Mengen ohne fertige Ausführungsplanung ausgeschrieben hat, ausgenommen, es handelt sich um nur ganz unerhebliche Abweichungen der ausgeführten Menge vom Vordersatz. Es bietet sich an, als Erheblichkeitsgrenze hier die 10 % des § 2 Abs. 3 VOB/B als Maßstab heranzuziehen, so dass auf diesem schönen Umweg jedenfalls nach der Rechtsprechung des Bundesgerichtshofs in der Mehrzahl der Fälle der Ausschluss des § 2 Abs. 3 VOB/B in AGB des Auftraggebers ohnehin leer läuft.[328] Oder anders ausgedrückt: Warum einfach, wenn es auch kompliziert geht?

Die Regelung des § 2 Abs. 3 VOB/B schließt alle anderen Anspruchsgrundlagen aus.[329]

Nicht nur der Ausschluss von § 2 Abs. 3 VOB/B in Allgemeinen Geschäftsbedingungen ist unzulässig, erst recht ist eine Regelung unwirksam, die für die Bildung des neuen Preises einzelne Preisbildungskriterien – z. B. Gewinn – ausschließt, also z. B. eine Klausel, wonach bei Mehrmengen die Mehrvergütung auf **Selbstkostenbasis** abgerechnet werden solle.[330]

144　**2. Anwendungsbereich.** § 2 Abs. 3 VOB/B regelt Abweichungen der „unter einem Einheitspreis erfassten Leistung". Die Vorschrift ist nicht auf Pauschalverträge, Selbstkostenerstattungsverträge oder Stundenlohnverträge anwendbar.

Die Vorschrift ist weiter nur auf die unter eigener Position mit eigenem Vordersatz erfasste Leistung anwendbar, die Abweichungsprüfung erfolgt also nur je Position.[331] Wirkt sich die Mengenänderung auf andere Positionen aus, so werden Kostenveränderungen dort über Ansprüche aus „Pflichtverletzung" (§§ 311 Abs. 2, 280 BGB) erfasst.[332]

Weiter setzt § 2 Abs. 3 VOB/B voraus, dass die Abweichung der ausgeführten Menge vom Vordersatz über 10 % hinausgeht. Geringere Abweichungen spielen also keine Rolle, auch dann nicht, wenn z. B. alle Positionen 9 % Abweichung haben. Das ist unter dem Aspekt einer nur gröberen Unzuträglichkeiten ausgleichenden Regelung akzeptabel.[333]

Endlich greift § 2 Abs. 3 VOB/B nur dann ein, wenn die Abweichung zwischen der ausgeführten Menge und dem Vordersatz darauf beruht, dass der Vordersatz falsch war, weil entweder die Berechnung falsch war oder die vorgefundenen Verhältnisse anders als angenommen. Die ausgeführte Menge darf sich also nur bei inhaltlich unverändertem Bausoll (unveränderter Planung) ergeben. Weicht dagegen das Bauist vom Bausoll ab, hat beispielsweise der

---

[326] Näher unten Rdn. 232.
[327] *Kapellmann/Schiffers/Markus* Band 1, Rdn. 663; *Leinemann* VOB/B § 2 Rdn. 197; *Markus* in Markus/Kaiser/Kapellmann, AGB-Handbuch, Bauvertragsklauseln, Rdn. 272 ff.; i. E. *Jansen* in Beck'scher VOB-Kommentar VOB/B § 2 Abs. 3 Rdn. 73; ausführlich *Knacke*, FS von Craushaar, S. 249. A. A. *Voit* in Messerschmidt/Voit Privates Baurecht, VOB/B § 2 Rdn. 15.
[328] Näher S. Kapellmann FS Kapellmann, S. 167.
[329] Die Regelung in § 2 Abs. 3 VOB/B ist „abschließend", BGH BauR 1987, 217; *Keldungs* in Ingenstau/Korbion VOB/B § 2 Abs. 3 Rdn. 12. **Ausnahme:** Störung der Geschäftsgrundlage, s. Rdn. **145**.
[330] BGH „ECE" BauR 1997, 1036, 1038 Klausel II, 3; *Markus* in Markus/Kaiser/Kapellmann AGB-Handbuch Bauvertragsklauseln, Rdn. 321; i. E., wenn auch mit problematischer Begründung OLG Karlsruhe IBR 2009, 72.
[331] BGH BauR 1976, 135; *Keldungs* in Ingenstau/Korbion VOB/B § 2 Abs. 3 Rdn. 13.
[332] *Kapellmann/Schiffers/Markus* Band 1, Rdn. 544.
[333] Siehe Fn. 335.

Auftraggeber eine Veränderung **angeordnet,** so ist das kein Fall von § 2 Abs. 3 VOB/B, sondern von § 2 Abs. 5 VOB/B.[334] Eigentlich spielte das keine Rolle, wenn die Vergütungsfolgen identisch wären, aber § 2 Abs. 5 VOB/B oder § 2 Abs. 6 VOB/B sehen keine 10%-Grenze vor, bis zu der der Einheitspreis unverändert bliebe. Um nicht von reiner Zufälligkeit geprägten Ergebnissen zu kommen, ist es aber angezeigt, bei vom Auftraggeber **angeordneten** Mengenmehrungen, also Fällen, die nach § 2 Abs. 6 VOB/B (zusätzliche Leistungen) zu behandeln sind, die Menge zwischen 100% und 110% noch nach dem alten Einheitspreis zu berechnen und erst bei der Überschreitung von 110% eine Preisanpassung vorzunehmen.[335]

3. Die Mengenmehrung. a) Neuer Preis bei Überschreitung von 110% der Vordersatzmenge, spekulative Preise; keine Ankündigungspflicht. Für die über 10% hinausgehende **Über**schreitung des Vordersatzes – die „auf den Verhältnissen beruht" und nicht auf einer Abweichung des inhaltlichen Bauist vom Bausoll, s. oben Rdn. 144 -, ist „auf Verlangen" (der jeweils begünstigten Vertragspartei) ein neuer Preis unter Berücksichtigung der Mehr- oder Minderkosten zu vereinbaren. **Basis** der Prüfung ist der aus dem Leistungsverzeichnis zu entnehmende **Vordersatz**. Die Regelung setzt also voraus, dass es überhaupt einen Vordersatz gibt, wobei es genügt, dass sich der Vordersatz aus anderen Angaben ermitteln lässt. Auch eine „überschläglich angegebene" oder eine „Ca.-Menge" ist Vordersatz.[336] Da Mehr- **oder Minder**kosten zu berücksichtigen sind, ist sowohl eine Herabsetzung des Einheitspreises für die Mehrmenge als auch eine Heraufsetzung[337] möglich.

Methodisch gibt es im Falle der Mengen**mehrung zwei** Einheitspreise: Bis 110% der Menge bleibt es bei dem alten Einheitspreis, bis dahin verbleiben also (regelmäßig) die Vorteile des für die überschreitenden 10% zu hohen Preises beim Auftragnehmer,[338] die Mengen über 110% werden mit einem neuen, (regelmäßig, s. Rdn. 147) verringerten Preis berechnet.

Führt die Weiterführung eines **besonders hohen,** eventuell auch **spekulativen Einheitspreises** in Kombination mit ungewöhnlichen Mengenmehrungen zu einer **offensichtlichen Unausgewogenheit,** so kommt eine **Störung der Geschäftsgrundlage**[339] oder bei spekulativen Preisen nach unrichtiger Meinung des BGH eine „Sittenwidrigkeit"[340] in Betracht. Der Auftraggeber hat trotz erheblicher Mehrungen nicht die Möglichkeit zur Kündigung aus wichtigem Grund; er kann Teilmengen bei Teilbarkeit frei kündigen.[341] Der Auftragnehmer ist nicht verpflichtet, Mengenmehrungen vor Ausführung anzuzeigen,[342] was im Einzelfall allerdings einer Anpassung wegen Störung der Geschäftsgrundlage nicht ausschließt. Für die Ausführung auch von „exorbitanten" Mehrmengen ist nicht die Zustimmung des Auftraggebers erforderlich.[343]

b) Die Zusammensetzung des neuen Einheitspreises. aa) Direkte Kosten (Einzelkosten der Teilleistung). Im häufigsten Fall sind die Direkten Kosten (Lohn, Material usw.) je Mengeneinheit konstant. Also steigen die Direkten Kosten proportional mit der ausgeführten Menge. Aber es gibt sowohl nach unten wie nach oben Ausnahmen: Durch größere Mengen **sinkt** z. B. der Einkaufspreis des Materials (wobei der niedrigere Preis nur für die Mengen über 110% anzusetzen ist); durch größere Transportentfernungen oder durch den Einsatz zusätzlicher, nicht ausgelasteter Geräte **erhöhen** sich z. B. die Kosten.

---

[334] Unbestritten, z. B. OLG Düsseldorf BauR 1991, 219.
[335] Zur Einordnung nach § 2 Abs. 6, unten Rdn. 144, 187; zur Berechnung Einzelheiten *Kapellmann/Schiffers/Markus* Band 1, Rdn. 514–518. Für Berechnung wie hier *Werner/Pastor*, Bauprozess, Rdn. 1501, Fn. 220; *Kues* in NWJS VOB/B § 2 Rdn. 85.
[336] BGH BauR 1991, 210. Zu Alternativ- oder Eventualpositionen mit Menge „0" oder „1" siehe Rdn. 160, 161.
[337] Siehe Rdn. 146.
[338] Bei der Mindermenge wird, falls es zu einer Unterschreitung von mehr als 10% kommt, der neue Einheitspreis für die ganze Unterschreitung ab 100% berechnet, also nicht ab 90%. Die somit unterschiedliche Behandlung von Mehrmengen und Mindermengen ergibt sich eindeutig aus dem Wortlaut des § 2 Abs. 3 VOB/B. Die gewisse Begünstigung des Auftragnehmers ist AGB-rechtlich unter dem Aspekt akzeptabel, dass es ja Sache des Auftraggebers ist, richtige Vordersätze auszuschreiben. Näher BGH BauR 1987, 217; Kapellmann/Schiffers/Markus Band 1, Rdn. 532, 558, dort auch Berechnungsbeispiele.
Zur **Berechnungsbasis,** dem „alten Preis" der Position, siehe Rdn. 62 ff.
[339] Näher Rdn. 277, 284.
[340] **Näher Rdn. 162, 213.**
[341] Anders OLG Hamm IBR 2013, 469.
[342] OLG Dresden IBR 2013, 797.
[343] Unrichtig OLG Celle BauR 2012, 1797 = NZBau 2013, 38 mit zutreffender, ablehnender Anm. Oberhauser IBR 2013, 7.

147 **bb) Baustellengemeinkosten.** Wenn die Menge sich um mehr als 10% erhöht, heißt das noch nicht, dass sich auch die Baustellengemeinkosten überhaupt oder proportional erhöhen. Ob 1.000m³ oder 1.200m³ Beton ausgeführt werden, ändert im Regelfall nichts daran, dass etwa nur ein Baustellencontainer benötigt wird und die Baustellengemeinkosten deshalb unverändert bleiben. Allerdings kommt im Einzelfall eine längere zeitliche Inanspruchnahme der Verursacher von Baustellengemeinkosten in Betracht,[344] insoweit also ein Zuschlag in Höhe der zusätzlich angefallenen Baustellengemeinkosten; die **konkret** angefallenen zusätzlichen Baustellengemeinkosten werden also berücksichtigt.[345] Treten wie häufig keine Mehrkosten auf, werden bei Mengen über 110% die Direkten Kosten folglich nicht mit Baustellengemeinkosten beaufschlagt, der neue Einheitspreis ist niedriger als der bis 110%.

148 **cc) Allgemeine Geschäftskosten.** Die Allgemeinen Geschäftskosten werden je Geschäftsperiode geplant und prozentual umgelegt auf den gesamten geplanten Umsatz; zu dieser geplanten Jahresgesamtleistung gehören die erfahrungsgemäß auftretenden Mengenmehrungen oder -minderungen. Also müssen systemgerecht **alle** Herstellkosten, auch die von Nachträgen, mit Allgemeinen Geschäftskosten beaufschlagt werden. Im Gegensatz zu den Baustellengemeinkosten erfolgt also der Zuschlag von Allgemeinen Geschäftskosten nicht baustellenbezogen konkret, sondern abstrakt; bei der Berechnung des Einheitspreises für Mehrungen über 110% werden also Allgemeine Geschäftskosten mit dem kalkulatorisch vorgesehenen Prozentaufschlag berücksichtigt.[346]

149 **dd) (Wagnis und) Gewinn.** Wagnis hat richtigerweise keine selbstständige kalkulatorische Bedeutung, sondern ist Bestandteil des Gewinns (oder Verlusts).[347] Die Herstellkosten der Mehrmenge werden mit dem kalkulatorisch vorgesehenen Prozentsatz für (Wagnis und) Gewinn beaufschlagt.

150 **c) Neuer Preis „auf Verlangen".** Der neue Preis ist „auf Verlangen zu vereinbaren". Der Sinn der Regelung ist dunkel. Wahrscheinlich soll sie ausdrücken, dass der Preis sich nicht „automatisch" anpasst, sondern nur, wenn eine Partei das verlangt. Es besteht aber dann kein Anspruch auf den neuen Preis, sondern nur ein Anspruch auf eine neue Vereinbarung. Das ist ein sinnloser Umweg, richtiger wäre eine Formulierung dahin, dass der neue Preis sich entsprechend den Mehr- oder Minderkosten verändert. Die Praxis ignoriert die missglückte Vorschrift im Ergebnis zu Recht und verlangt keine Klage auf Abgabe einer entsprechenden Willenserklärung, sondern verurteilt sogleich zur Zahlung.[348] Die Begründung lautete früher, die Verurteilung direkt zur Zahlung sei zulässig, weil der neue Preis „nach billigem Ermessen" bestimmt werde; treffe ein Vertragspartner die Billigkeitsentscheidung nicht oder verzögere er sie, entscheide das Gericht (§ 315 Abs. 3 BGB); in solchen Fällen könne man aber direkt auf Leistung klagen.[349] Diese Begründung ist nicht richtig. Die Bestimmung des neuen Preises hat **nichts mit Billigkeit** zu tun, sondern erfordert (nur) einen gegebenenfalls sachverständigen Erkenntnisvorgang und die Anwendung einer definierten Berechnungsmethodik. Der neue Preis entsteht „deterministisch".[350] Das Gericht „ermittelt" auch nicht die Höhe,[351] sondern prüft nur, ob die Vertragspartei, die sich zu ihren Gunsten auf § 2 Abs. 3 Nr. 2 VOB/B beruft, ihrer Darlegungs- und gegebenenfalls Beweispflicht, eine richtige Neuberechnung vorzulegen, nachgekommen ist. Das Gericht setzt also nicht an die Stelle der Beurteilung der Schlüssigkeit eine „schiedsgutachterliche" Billigkeitsentscheidung. Deshalb lautet der Klageantrag auch nicht, das Gericht möge einen neuen Preis „nach Billigkeit" festsetzen. Ungeachtet dessen ist es prozessökonomisch sinnvoll, die Verurteilung auf Abgabe einer Willenserklärung zu überspringen und den Weg zur unmittelbaren Zahlungsklage zu eröffnen. Die Begründung ergibt sich aber nicht aus § 315 BGB, sondern eben aus reiner Prozessökonomie;[352] vergleichbar ist das damit, dass bei zu Unrecht verweigerter Abnahme ebenfalls unmittelbar auf Zahlung geklagt werden kann und nicht zuerst auf Abnahme geklagt werden muss.[353]

---

[344] *Kapellmann/Schiffers/Markus* Band 1, Rdn. 565–567.
[345] Das gilt auch bei Kalkulation mit vorbestimmten Zuschlägen, s. Rdn. 213.
[346] **Nähere Begründung (herrschende Meinung) Rdn. 223.**
[347] Siehe oben **Rdn. 139.**
[348] BGH „Sittenwidrige Nachtragsposition I" NJW 2009, 240 = BauR 2009, 441; BGH NZBau 2005, 455 = BauR 2005, 1152; OLG Celle BauR 1982, 381; allgemeine Meinung.
[349] BGHZ 41, 271, 280.
[350] Nachweise oben Rdn. 138, Fn. 317.
[351] So OLG Schleswig BauR 1996, 265 und vielfache Meinung.
[352] BGH NZBau 2005 = BauR 2005, 1152.
[353] BGH NJW 1990, 3008.

4. Die Mengenminderung. a) Neuer Preis bei Unterschreitung von 90 % der Vor- 151
dersatzmenge. Für die über 10 % hinausgehende Unterschreitung des Vordersatzes – die „auf den Verhältnissen beruht" und nicht auf einer Abweichung des inhaltlichen Bauist vom Bausoll, s. oben Rdn. 144 –, ist „auf Verlangen" (s. Rdn. 150) der Einheitspreis für die tatsächlich ausgeführte Menge zu erhöhen, soweit der Auftragnehmer nicht durch Erhöhung der Mengen bei anderen Ordnungszahlen (Positionen) oder in anderer Weise einen Ausgleich erhält. Die Erhöhung soll im Wesentlichen dem Mehrbetrag entsprechen, „der sich durch Verteilung der Baustelleneinrichtungs- und Baustellengemeinkosten und der Allgemeinen Geschäftskosten auf die verringerte Menge ergibt", so der Wortlaut von § 2 Abs. 3 Satz 1 und 2 VOB/B.

Basis der Prüfung ist also auch hier wie bei der Mengenmehrung der Vordersatz, auch hier ist eine „überschläglich angegebene" oder „ca.-", Menge Vordersatz.[354] Im Gegensatz zu Mehrmengen gibt es keine Heraufsetzung oder Herabsetzung des Preises für die Mindermenge, vielmehr hat nur der Auftragnehmer gegebenenfalls Anspruch auf Heraufsetzung des Einheitspreises, nie der Auftraggeber auf Herabsetzung.[355]

Methodisch gibt es bei der Mengenminderung im Gegensatz zur Mengenmehrung nur **einen neuen** Einheitspreis. Ist die ausgeführte Menge geringer als 90 % des Vordersatzes, so wird auf Verlangen des Auftragnehmers insgesamt ein neuer Einheitspreis gebildet. Anders als bei der Mengenmehrung bleibt also der alte Einheitspreis nicht für 10 % der Menge unverändert, die neue Berechnung beginnt nicht ab 90 %. Bei Mindermengen wird vielmehr, sofern die Abweichung mehr als 10 % beträgt, insgesamt für die Differenz zwischen tatsächlicher Menge und 100 % ein neuer Preis ermittelt.[356]

b) Die Zusammensetzung des neuen Einheitspreises. aa) „Im Wesentlichen". Die 152
Erhöhung soll „im Wesentlichen" dem Mehrbetrag entsprechen, „der sich durch Verteilung der Baustelleneinrichtungs- und Baustellengemeinkosten und der Allgemeinen Geschäftskosten auf die verringerte Menge ergibt. Wie erläutert (Rdn. 141), ist es Sinn des § 2 Abs. 3 Nr. 3 VOB/B, bei über 10 % hinausgehender Unterschreitung der Menge für den Auftragnehmer eine Unterdeckung zu verhindern, also den **gesamten** Deckungsbeitrag aus dem alten Einheitspreis zu erhalten, der sich aus den Zuschlägen für Baustellengemeinkosten, Allgemeinen Geschäftskosten **und** (Wagnis und) Gewinn zusammensetzt. Die Vorschrift erwähnt also einen Teil des auszugleichenden Deckungsbeitrages nicht. Daraus den Schluss zu ziehen, also würden z.B. (Wagnis und) Gewinn nicht ausgeglichen oder es dürfte sogar ein Defizit bei den Direkten Kosten entstehen, würde der Vorschrift ihren Sinn nehmen; eine entsprechende Auslegung wäre verfehlt; demzufolge ist es auch richtige herrschende Meinung, dass **alle** ausfallenden Deckungsbeiträge ausgleichspflichtig sind.[357]

Wenn alle ausfallenden Deckungsbeiträge zu ersetzen sind, gibt es keinen Sinn, einen Ausfall nur „im Wesentlichen" auszugleichen. Der Ausgleich soll ja gerade vollständig erfolgen. Einzelne Kommentarstellen lösen das Problem so, dass sie „im Wesentlichen" gar nicht kommentieren,[358] während andere das „im Wesentlichen" so verstehen, dass eben nicht nur die Baustellengemeinkosten und Allgemeinen Geschäftskosten, sondern alle ausfallenden Deckungsbeiträge auszugleichen seien.[359] Letzteres ist zwar richtig, ergibt sich aber nicht aus dem Tatbestandsmerkmal „im Wesentlichen". Ähnlich wie bei § 2 Abs. 2 VOB/B (oben Rdn. 131) ist es notwendig, die Redaktionsunebenheit des Textes, nämlich die falsche Stellung des Begriffes „im Wesentlichen" im Satz zu glätten. Der Text müsste richtig lauten: „Die Erhöhung soll dem Mehrbetrag entsprechen, der sich im Wesentlichen durch Verteilung der Baustelleneinrichtungs- oder Baustellengemeinkosten und der Allgemeinen Geschäftskosten ergibt." Dann ist klar, was gewollt ist: Der wesentliche Betrag der Unterdeckung resultiert ja aus dem Verlust „Baustellengemeinkosten und Allgemeinen Geschäftskosten", aber eben nicht der einzige; eine Unterdeckung gibt es auch

---

[354] BGH BauR 1991, 210. Zu Alternativ- oder Eventualpositionen mit Menge „0" oder Menge „1" siehe Rdn. 160, 161.
[355] *Kapellmann/Schiffers/Markus* Band 1, Rdn. 525.
[356] BGH BauR 1987, 217. Zur AGB-rechtlichen Zulässigkeit der unterschiedlichen Berechnungsmethoden bei Minder- und Mehrmengen siehe Fn. 338.
Berechnungsbeispiel für Mindermengen *Kapellmann/Schiffers/Markus* Band 1, Rdn. 520–538.
[357] Z.B. *Leinemann* VOB/B § 2 Rdn. 193.
[358] So *Keldungs* in Ingenstau/Korbion, trotz der Kommentierung in § 2 Abs. 3 Rdn. 44.
[359] *Kues* in NWJS VOB/B § 2 Rdn. 106; *Jansen* in Beck'scher VOB-Kommentar, VOB/B § 2 Abs. 3 Rdn. 45-48.

bei anderen Faktoren innerhalb des Deckungsbeitrages (Wagnis und Gewinn) oder sogar bei den Direkten Kosten (s. Rdn. 153).

Angesichts der Tatsache, dass der kalkulatorisch gewählte, entfallende Deckungsbeitrag maßgebend ist, liegt auf der Hand, dass die gewählte Umlageart zu unterschiedlichen Ergebnissen führen kann.[360] Dagegen spielt es keine Rolle, ob der Auftragnehmer die Umlage – wie es nahezu immer geschieht – prozentual ermittelt hat oder in einem Festbetrag.[361]

153 **bb) Direkte Kosten (Einzelkosten der Teilleistung), Nullmenge.** Wenn die Menge sinkt, ändern sich im einfachsten und häufigsten Fall die Einzelkosten der Teilleistung proportional: Wenn statt 1000m^3 Beton B 25 nur 700m^3 herzustellen sind, so fallen auch nur für 700m^3 Lohnkosten oder Materialkosten an. Das stimmt aber nur, weil die für diese Position kalkulierten Kosten **kurzfristig abbaubar** sind: Die Arbeiter arbeiten nicht mehr hier, sondern anderswo auf der Baustelle, das Material wird immer nur kurzfristig bestellt und eben jetzt nicht mehr. Aber keineswegs sind die Kosten immer kurzfristig abbaubar: Gebogener Stahl ist schon geliefert und kann nicht mehr anders verwendet werden; ein für eine spezielle Arbeit eingesetzter Nachunternehmer kann nicht kurzfristig auf andere Arbeit umgesetzt werden. Solche (kalkulierten) Kosten, die **nicht kurzfristig abbaubar** sind, werden voll ausgeglichen.[362] Das ist genau dieselbe Konsequenz, die sich auch bei „freier Kündigung" gemäß § 8 Abs. 1 VOB/B, § 649 BGB ergibt – und das muss auch so sein: Ob die Menge wegen der vorgefundenen Verhältnisse sinkt oder weil der Auftraggeber eine Leistung ändert oder eine Leistung selbst übernimmt oder eine Teilkündigung ausspricht: Es handelt sich immer um denselben Vorgang, die Vergütungsfolgen müssen immer dieselben sein (siehe auch Rdn. 179), ausgenommen die Ausgleichsberechnung, s. weiter unten.

Diese Gleichbehandlung zeigt sich auch darin, dass wie bei der freien Kündigung maßgebend die **kalkulierten** ersparten Kosten sind; der Auftragnehmer kann aber **wahlweise** auch nach **tatsächlich** ersparten Kosten abrechnen.[363]

Damit löst sich auch problemlos der Fall, dass eine Position ohne Planungs**änderung** überhaupt nicht ausgeführt wird, also die **Menge auf „0"** sinkt. Damit sinken auch die Einzelkosten der Teilleistung, sofern kurzfristig abbaubar, auf „0"; die kalkulierten Deckungsbeiträge dagegen werden voll ausgeglichen.[364] Demgegenüber wurde vertreten, auf die Nullmenge sei § 2 Abs. 3 Nr. 3 VOB/B nicht anwendbar, da eine Mengenunterschreitung voraussetze, dass mindestens eine Restmenge verbleibe[365] – diese Begründung ist offensichtlich unzutreffend, denn dem Unterschreiten ist keine Grenze gesetzt.[366] Aber abgesehen davon ist das ein Streit um des Kaisers Bart: Welche Vorschriften man auch immer anwendet, die Vergütungsfolgen müssen aus Gründen einheitlicher Systematik immer dieselben sein; auch die Fälle **angeordneten** Entfalls von Leistungen, z. B. infolge von Änderungen der Planung an anderer Stelle, führen über § 8 Abs. 1 VOB/B zu vergleichbaren Ergebnissen.[367] Auch bei einer Nullmenge ist eine Ausgleichsberechnung erforderlich; wendet man– unrichtig – statt § 2 Abs. 3 hier analog § 8 Abs. 1 VOB/B an, würde die Ausgleichsberechnung entfallen.

Das OLG Bamberg[368] bejahte die Vergütungspflicht bei Nullmengen, wandte aber § 8 Abs. 1 VOB/B an, verlangte aber für diese Vorschrift auch eine Ausgleichsberechnung. Dort gibt es sie aber gerade nicht, eine Anrechnung anderweitigen Erwerbs im Sinne von § 649 BGB setzt voraus, dass dieser Erwerb ohne die Kündigung ausgeblieben wäre, was gerade nicht der Fall ist.[369] Das OLG Bamberg benötigte für seine Lösung eine wenig überzeugende Doppelanalogie: Obwohl § 2 Abs. 3 die Fälle der Minderung von Positionen ohne Eingriff des Auftraggebers

---

[360] Einzelheiten und Berechnungsbeispiel *Kapellmann/Schiffers/Markus* Band 1, Rdn. 524.
[361] Zutreffend OLG Schleswig BauR 1996, 127.
[362] Näher *Kapellmann/Schiffers/Markus* Band 1, Rdn. 527–531; Band 2, Rdn. 1361 ff. mit Einzelheiten.
[363] Einzelheiten *Kapellmann/Schiffers/Markus* Band 1, Rdn. 538, streitig. Zur entsprechenden Rechtslage bei freier Kündigung eingehend Markus NZBau 2005, 417 sowie VOB/B § 8 Rdn. 28–33, a. A. BGH NZBau 2005, 683.
[364] *Kapellmann/Schiffers/Markus* Band 1, Rdn. 529, 540–542. Laut *Althaus/Bartsch* in Althaus/Heindl, Der öffentliche Bauauftrag, Teil 4 Rdn. 90, kommt es bei den ersparten Aufwendungen im Rahmen von Nullmengen nur auf die kalkulativen Ergebnisse an.
[365] *Keldungs* in Ingenstau/Korbion VOB/B § 2 Rdn. 40.
[366] Entfällt.
[367] Zum **angeordneten** Entfall von Positionen z. B. zutreffend OLG Oldenburg BauR 2000, 897. Vgl. auch *Schulze-Hagen* FS Jagenburg, S. 815; *Kemper* in FKZGM VOB/B § 2 Rdn. 70.
[368] OLG Bamberg BauR 2011, 535; s. dazu die Revisionsentscheidung BGH „Nullpositionen" Fn. 370.
[369] *Peters/Jacoby* in Staudinger § 649 Rdn. 40; *Kapellmann/Schiffers/Markus* Band 2, Rdn. 1385.

behandelt – das ist genauso bei Nullpositionen –, wendet das OLG § 2 Abs. 8 Nr. 1 VOB/B, § 649 BGB an, die aber eine entsprechende Erklärung (Anordnung) verlangen, die gerade fehlt. Um auf die gewünschte Ausgleichsberechnung zu kommen, postuliert das OLG folglich aber eine „Rückanalogie" zu § 2 Abs. 3 VOB/B. Warum nicht gleich § 2 Abs. 3 VOB/B analog?

Der Bundesgerichtshof hat in der Revisionsentscheidung „Nullpositionen"[370] mit Recht die Argumentation des OLG Bamberg zurückgewiesen, nicht das Ergebnis: § 2 Abs. 3 VOB/B ist „in ergänzender Auslegung der VOB/B" unmittelbar auf Nullpositionen anzuwenden; es gibt eben keinen vernünftigen Grund, bei einer Mengenminderung auf 1 % § 2 Abs. 3 Nr. 3 VOB/B anzuwenden, bei der Minderung auf 0 % aber nicht. Damit steht gleichzeitig fest, dass auch bei Nullpositionen eine Ausgleichsberechnung erforderlich ist, wozu auch Mehrungen über 110 % in einzelnen Positionen heranzuziehen sind; die Ausgleichsberechnung muss der Auftragnehmer „durch entsprechenden Sachvortrag" ermöglichen.

Kosten der Arbeitsvorbereitung werden normalerweise unter den Baustellengemeinkosten erfasst. Nur dann, wenn sie ganz ausnahmsweise in der Auftragskalkulation eindeutig als Direkte Kosten der betreffenden Position zugeordnet sind, werden sie gesondert ausgeglichen.[371] 154

cc) **Baustellengemeinkosten.** Wenn die Menge einer Teilleistung sinkt, verringern sich dadurch im Regelfall die Baustellengemeinkosten nicht: Der Baustellencontainer kostet nach wie vor dieselbe Miete. Der insoweit ausfallende Deckungsbeitrag wird also voll ausgeglichen, und zwar errechnet auf der Basis der Differenz zu 100 % Menge, nicht zu 90 % (oben Rdn. 151). 155

dd) **Allgemeine Geschäftskosten.** Die entfallende Deckung ist voll auszugleichen, das ergibt sich schon aus dem Wortlaut der Vorschrift.[372] 156

ee) **(Wagnis und) Gewinn.** Wagnis hat richtigerweise keine selbstständige kalkulatorische Bedeutung, sondern ist Bestandteil des Gewinns (oder Verlustes). Da alle Deckungsbeiträge voll ausgeglichen werden (s. oben Rdn. 152), werden auch die kalkulierten Beiträge für (Wagnis und) Gewinn voll ausgeglichen, obwohl das in § 2 Abs. 3 Nr. 3 VOB/B nicht ausdrücklich erwähnt ist.[373] 157

c) **Ausgleichsberechnung.** Der Sinn des § 2 Abs. 3 Abs. 3 VOB/B liegt darin, dem Auftragnehmer auch bei verringerter Menge insbesondere die kalkulatorischen Deckungsbeiträge gemäß Vordersatzmenge zu erhalten. Wenn allerdings der Auftragnehmer durch Überdeckung an anderer Stelle desselben Vertrages einen Ausgleich hätte, wäre es nur gerecht, die Überdeckung mit der Unterdeckung zu verrechnen. Sachgerecht ordnet deshalb § 2 Abs. 3 Nr. 3 Satz 1 VOB/B die Verrechnung der Überdeckung an, die der Auftragnehmer durch „**Erhöhung der Mengen** bei anderen Ordnungszahlen (Positionen) oder in **anderer Weise** erhält". 158

Die Überdeckung durch die Vergütung von **Mehrmengen** leuchtet ohne weiteres ein; die VOB/B meint damit die Mehrmengen gemäß § 2 Abs. 3 Nr. 2 VOB/B, also das Pendant zu den Mindermengen – beides Sachverhalte, die „auf den vorgefundenen Verhältnissen" (oben Rdn. 144) beruhen. Eine Überdeckung von Baustellengemeinkosten wird sich dabei regelmäßig nicht ergeben, weil Mehrmengen im Rahmen des § 2 Abs. 3 normalerweise nicht mit zusätzlichen Baustellengemeinkosten belastet sind (oben Rdn. 147). Verbleibende erhöhte Deckungsbeiträge sind erst von der 110 % überschreibenden Menge an zu berücksichtigen.[374]

Eine Überdeckung auf „**andere Weise**" kann dadurch entstehen, dass der Auftragnehmer für geänderte oder zusätzliche Leistungen Vergütung gemäß § 2 Abs. 5, 6, 7 Nr. 1 Satz 4 oder 8 erhält und diese Vergütung einen Umlagenanteil enthält.[375] Einen Ausgleich über die Vergütung aus anderen Bauvorhaben derselben Vertragsparteien gibt es nicht.[376]

---

[370] BGH „Nullpositionen" NZBau 2012, 226 = BauR 2012/640; *Jansen* NZBau 2012, 345.
[371] *Kapellmann/Schiffers/Markus* Band 1, Rdn. 526, Fn. 521.
[372] OLG Schleswig BauR 1996, 127; *Kleine-Möller/Merl/Glöckner*, § 12 Rdn. 469, 471; *Kapellmann/Schiffers/Markus* Band 1, Rdn. 536; *Franz/Kues* BauR 2006, 1378.
[373] Zum Wagnis BGH BauR 2016, 1153 = NZBau 2016, 458 und oben Rdn. 139. Zum Gewinn *Kapellmann/Schiffers/Markus* Band 1, Rdn. 538.
[374] BGH BauR 1987, 217.
[375] Näher *Kapellmann/Schiffers/Markus* Band 1, Rdn. 548; OLG Karlsruhe IBR 2013, 458. Das gilt immer auch bei zusätzlicher Vergütung gemäß § 2 Abs. 8, nicht nur „eventuell", so aber *Keldungs* in Ingenstau/Korbion VOB/B § 2 Abs. 3 Rdn. 36.
Ausführliche Berechnungsbeispiele *Kapellmann/Schiffers/Markus* Band 1, Rdn. 624–639, Einzelprobleme Rdn. 640–655.
[376] *Kapellmann/Schiffers/Markus* Band 1, Rdn. 553; *Jansen* in Beck'scher VOB-Kommentar VOB/B § 2 Abs. 3 Rdn. 54; allgemeine Meinung.

159 **d) Neuer Preis „auf Verlangen".** Wir verweisen auf Rdn. 150.

160 **5. Alternativ- oder Eventualpositionen mit Vordersatz „0" oder „1". a) Alternativpositionen (Wahlpositionen).** Alternativpositionen oder Wahlpositionen (Einzelheiten → VOB/A § 4 Abs. 1, 2, Rdn. 14) sind im Angebotsblankett abgefragte Leistungen, die der Auftraggeber anstelle von ebenfalls ausgeschriebenen **Grundpositionen** angeboten haben will. Der Auftraggeber wird **entweder** Grundpositionen **oder** Alternativpositionen beauftragen. Das ist ein Wahlschuldverhältnis (§ 262 BGB) mit Wahlrecht des Auftraggebers. Der Bieter sollte im eigenen Interesse Alternativpositionen so kalkulieren, dass es für ihn hinsichtlich der Deckung seiner Kosten und der Erzielung von Gewinn keinen Unterschied macht, ob der Auftraggeber die Grundposition oder die Alternativposition beauftragt. Auf eine mit richtiger Mengenangabe ausgeschriebene, beauftragte Alternativposition, die an die Stelle der Grundposition getreten ist, ist bei nachträglicher Mengenänderung „auf Grund vorgefundener Verhältnisse" problemlos § 2 Abs. 3 VOB/B anzuwenden. Gelegentlich schreibt der Auftraggeber als Vordersatz auch bei Alternativpositionen nur „0" oder „1" aus. Da es kein Problem wäre, für die Alternativposition eine (jedenfalls annähernd) richtige Menge anzugeben – es gibt ja die Grundposition –, soll eine solche Ausschreibung wohl dazu führen, dass für die Alternativposition kein richtiger Positionspreis ausgeworfen werden kann, was nicht für die Ausschreibung spricht. Ohne Mengenangabe ist eine kostenkausale Kalkulation der Einzelkosten der Teilleistung im Regelfall nicht möglich. Ist ein Vordersatz „0" oder „1" ausgeschrieben, so ist die Anwendung von § 2 Abs. 3 VOB/B nicht möglich: Wenn es keine sinnvolle Mengenangabe gibt, kann es auch keine Mehrmenge geben – oder umgekehrt wäre jede ausgeführte Mehrmenge gegenüber „0" oder „1" schon Mehrmenge, aber 10% Abweichung gegenüber der Ursprungsmenge lassen sich dabei nicht vernünftig feststellen. Vygen/Joussen wollen einfach die Mengenangabe der Grundposition zugrunde legen.[377] Das ist von der Zielsetzung verständlich, ignoriert aber die vom Auftraggeber ja bewusst eingesetzte Mengenangabe „0" oder „1". Richtiger ist es, dem Auftragnehmer einen Anspruch aus c.i.c. (§§ 311, 280 BGB), zu geben, wenn die ausgeführte Menge mehr als 10% nach unten von der vom Bieter sachgerecht geschätzten Menge abweicht; die sachgerecht geschätzte Menge wird sehr oft die Menge der Grundposition sein, zwingend ist das aber nicht, denn die Alternativposition kann z.B. zu einer anderen Verfahrensweise geführt haben.[378] Ist eine Alternativposition einmal beauftragt, hat die Grundposition keine Bedeutung mehr; auf sie kann also z.B. bei Änderung der Alternativposition nicht ohne weiteres zurückgegriffen werden.[379]

161 **b) Eventualpositionen.** Eventualpositionen oder Bedarfspositionen (Einzelheiten → VOB/A § 4 Abs. 1, 2, Rdn. 17) sind im Angebotsblankett abgefragte Leistungen, deren Beauftragung ungewiss ist; sie sind also „Preise von heute" für **vielleicht** ergänzende oder ändernde „Leistungen von morgen", sie sollen laut § 7 Abs. 1 Nr. 4 VOB/A grundsätzlich **nicht** in die Leistungsbeschreibung des öffentlichen Auftraggebers aufgenommen werden. Häufig ist die Ausschreibung solcher Eventualpositionen unwirksam, weil die darin enthaltene übermäßig lange Bindefrist gegen AGB-Recht verstößt.[380] Ist die Eventualposition wirksam ausgeschrieben, so kommt es wieder auf den ausgeschriebenen Vordersatz an: Eventualpositionen werden oft mit Vordersatz „0" oder „1" ausgeschrieben. Wie erörtert ist ohne Kenntnis der auszuführenden Menge eine kostenkausale Zuordnung der Einzelkosten der Teilleistung in der Mehrzahl aller Fälle nicht möglich. Um überhaupt kalkulieren zu können, muss der Bieter hier Mengenschätzungen treffen; Baustellengemeinkosten sollte er ohnehin nicht einkalkulieren. Wenn ein Auftraggeber eine Eventualposition „beauftragt", so hat er jetzt eine geänderte oder zusätzliche Leistung angeordnet, für die der Preis in der Form des Einheitspreises der Eventualposition schon feststand. Ist diese modifizierte Leistung einmal angeordnet, so stellt sich die Frage nach der Anwendbarkeit von § 2 Abs. 3 VOB/B, wenn sich nachträglich „auf Grund vorgefundener Verhältnisse" die Menge gegenüber dem Vordersatz der Eventualposition ändert. Hatte die Eventualposition einen konkreten Vordersatz, ist die Anwendbarkeit unproblematisch. Gibt es dagegen nur den Vordersatz „0" oder „1", so scheidet die Anwendung des § 2 Abs. 3 VOB/B aus den in Rdn. 160 für Alternativpositionen erläuterten Grün-

---

[377] *Vygen/Joussen/Lang/Rasch*, Bauverzögerung, Rdn. A 567.
[378] Näher *Kapellmann/Schiffers/Markus* Band 1, Rdn. 573.
[379] KG BauR 2004, 1779.
[380] Einzelheiten *Kapellmann/Schiffers/Markus* Band 1, Rdn. 581–586.

den aus.[381] Ebenso wie bei Alternativpositionen hat der Bieter einen Anspruch aus c. i. c. (§§ 311, 280 BGB), wenn die ausgeführte Menge mehr als 10% nach unten von der vom Bieter einigermaßen plausibel in seiner Kalkulation angenommenen Menge abweicht.

Eventualpositionen sind nicht „bedingt" ausgeschrieben, ihre Erbringung bedarf vielmehr der Anordnung des Auftraggebers (→ VOB/A § 4 Abs. 1 Rdn. 17).

6. Der „alte Preis" als Basis. a) Grundsatz; ungewöhnlich hoher (spekulativer) Preis von Einzelpositionen (Korrektur „nach unten"), Sittenwidrigkeit? Der „alte" Einheitspreis der Position (genauer: alle Kostenelemente, die Bestandteil der Auftrags- bzw. Angebotskalkulation des Auftragnehmers sind und die Kalkulationsmethodik) bildet die Basis für die Berechnung des neuen Einheitspreises für Mehr- oder Mindermengen; er wird grundsätzlich (Ausnahmen Rdn. 163–165) unverändert fortgeführt; aus ihm wird der „neue Preis" deterministisch „errechnet" (zur Gültigkeit **näher oben Rdn. 137 und Rdn. 213** zur identischen Thematik bei § 2 Abs. 5/6 VOB/B).

162

Die Angebotskalkulation bleibt unverändert auch Basis dann, wenn es um die Fortschreibung (angeblich) „untergeordneter Positionen" oder „Sonderpreise" geht,[382] wenn die Preise „überhöht" oder „unterkalkuliert" waren.[383]

Eine Ausnahme kommt dann in Betracht, wenn ein ungewöhnlich hoher Preis einer Einzelposition (möglicherweise ein **spekulativ hoher Preis**) und eine ebenso ungewöhnliche Mengenmehrung zusammentreffen und damit die Fortschreibungsklausel des § 2 Abs. 3 bei Mengenmehrungen plötzlich dazu führt, dass aus einem ehemals nicht ins Gewicht fallenden Positionspreis ein gänzlich unausgewogener Anteil aus der Gesamtvergütung und insbesondere aus dem Gesamtgewinn wird und damit die innere Relation der Positionsgrößenordnungen völlig aus dem Gleichgewicht gerät.[384] **Das sind Fälle der Störung der Geschäftsgrundlage.**[385] Der Bundesgerichtshof hat dagegen „spekulativ erhöhte Preise" in zwei Entscheidungen zuerst **als sittenwidrig** und damit nichtig (§ 138 **Abs. 1** BGB) und, da die Begründung offensichtlich nicht trägt, als letzten Ausweg in einer dritten Entscheidung als nicht durchsetzungsfähig gemäß § 242 BGB angesehen.

In der ersten Entscheidung[386] hatte der BGH den Fall zu entscheiden, dass für zwei unbedeutende Einzelpositionen exorbitante Einheitspreise vereinbart waren – ca. 800fach höher als der Marktpreis –, die aber den öffentlich rechtlichen Auftraggeber nicht daran gehindert hatten, diesem Auftragnehmer den Zuschlag zu erteilen. Nach Vertragsschluss traf der Auftraggeber Entscheidungen, durch die sich eine Versiebenfachung und eine Verdreifachung der beiden Positionen ergab, die in Anwendung von § 2 Abs. 3 (richtig: § 2 Abs. 6 VOB/B) zu einer Nachtragsforderung von 3.325.340,38 DM führte. Der Positionspreis blieb natürlich um ca. das 800fache überhöht. Der BGH hielt es für angemessen, **denselben** Positionspreis bei der Neuberechnung jetzt dem Sittenwidrigkeitsverdikt des § 138 Abs. 1 BGB (nicht des § 138 Abs. 2 – Wucher!) zu unterwerfen. Die zwei dazu notwendigen Tatbestandsmerkmale seien erfüllt, nämlich das „objektiv auffällige Missverhältnis" – das bei Zuschlag allerdings genauso schon vorhanden war – und das notwendige subjektive Element, ein „sittlich verwerfliches Gewinnstreben" – eine nicht gerade glückliche Formulierung.

Der Bundesgerichtshof leitet die Nichtigkeitsfolge des § 138 Abs. 1 BGB zu Unrecht aus der Beurteilung einer Einzelposition ab. Nur die Gesamtvergütung und nicht ein herausgerissener Einzelpreis kann aber zur Beurteilung als sittenwidrig führen;[387] eine Beurteilung ohne jeden Bezug zur Gesamtvergütung – der Nachtragspreis betrage z. B. nur 1% der Gesamtvergütung – ist offensichtlich indiskutabel, das hat der BGH in der Folgeentscheidung „Sittenwidrige Nach-

---

[381] Ebenso OLG Hamm BauR 1991, 352, aber ohne interessengerechte Schlussfolgerung; *Vygen/Joussen/Lang/Rasch*, Bauverzögerung, Rdn. A 585wollen § 2 Abs. 3 VOB/B anwenden zu wollen, geben aber naheliegenderweise nicht an, welches denn die Ausgangsmenge für die Überschreitung sein soll, es gibt ja keine.

[382] *Kapellmann/Schiffers/Markus* Band 1, Rdn. 606.

[383] Beispiel *Kapellmann/Schiffers/Markus* Band 1, Rdn. 608–610. Ausnahme siehe Rdn. 163.

[384] Im BGH Fall „Sittenwidrige Nachtragsposition I" (Fn. 383) von ca. 1,36% auf 56% des Gesamtgewinns, näher *Kapellmann/Schiffers/Markus* Band 1 Rdn. 611.

[385] Einzelheiten dazu Rdn. **277, 286** und *Kapellmann/Schiffers/Markus* Band 1, Rdn. 611.

[386] BGH „Sittenwidrige Nachtragsposition I" NZBau 2009, 232 = NJW 2009, 835 im Anschluss an *Kniffka* in Kniffka/Koeble, Kompendium Teil 5, heute Rdn. 144.

[387] Bis zu dieser Entscheidung allgemeine Meinung, z.B. BGH BauR 1977, 396; vollständige Nachweise *Kapellmann/Schiffers/Markus* Band 1, Rdn. 632.

tragsposition II"[388] auch versucht zu korrigieren. Wenn die Nachtragsposition sittenwidrig wegen objektiv auffälligem Missverhältnis wäre und unter § 138 Abs. 1 BGB fiele, müsste ja die Grundposition mit ganz genau demselben Missverhältnis auch sittenwidrig sein; so hat folgerichtig – wenn auch grundsätzlich genau so unrichtig wie der BGH – das OLG Hamm geurteilt.[389]

Wenn der Auftragnehmer die künftigen Mehrmengen auf dubiosem Weg vor Vertragsschluss gekannt hatte, ist der Verwerflichkeitsvorwurf berechtigt. Der BGH nimmt dazu nachvollziehbar eine widerlegliche Vermutung an. Dabei soll schon genügen, dass der Auftragnehmer auf eine Erhöhung **hofft,** das steht alles unter dem wörtlichen Postulat des BGH: „**Spekulationen** können nicht hingenommen werden, wenn sie dazu führen, dass der Preisrahmen exorbitant gesprengt wird".

Nach Zurückverweisung konnte der Auftragnehmer aber vor dem OLG Jena jeden Vorwurf irgendeiner unkorrekten Verhaltensweise widerlegen, damit stand das OLG plötzlich ohne jeden subjektiven Vorwurf ziemlich dumm da: Es wollte dennoch dem Wunsch des BGH nach Bekämpfung der Spekulation folgen und kam deshalb jetzt auf die absurde Idee, die Kalkulation des Auftragnehmers sei zwar nicht sittenwidrig, aber dennoch „unwirksam", weil lebensfremd, willkürlich und grob überhöht – starke Worte, leider aber ohne Rechtsgrundlage.[390] Als der erneut unterlegene Auftragnehmer wieder Revision einlegte, wies das BGH die Annahme mit der schönen Begründung ab, das OLG Jena habe im Ergebnis richtig entschieden, aber zu Unrecht die verwerfliche Gesinnung verneint, dieser Vorwurf könne nämlich nur widerlegt werden, wenn der Auftragnehmer nachweise, die vorgelegte Kalkulation zur Preisbildung tatsächlich benutzt zu haben, wenn der Auftragnehmer also plausibel die Einheitspreise erläutern könne[391] – was nichts anderes ist, als eine unzulässige gerichtliche Billigkeitskontrolle der Kalkulation. Ohnehin gäbe es in diesem Fall aber gar kein grobes Missverhältnis mehr, schon daran würde der Tatbestand des § 138 Abs. 1 BGB dann scheitern. Tatsächlich ist entgegen der irreführenden Behauptung des BGH der Verwerflichkeitsvorwurf bei Anwendung der Forderungen des BGH unwiderlegbar! Ein Bieter, der bei einer Kalkulation in einer Position Zugeständnisse macht, aber in einer anderen Kalkulation preislich probiert, was (mit Rücksicht auf den Gesamtpreis) gerade noch geht (ohne irgendeinen Anhaltspunkt für die künftige Entwicklung; geänderte oder zusätzliche Leistungen kann er z.B. gar nicht kennen), wird vom BGH belehrt, wie er „richtig" – nur der BGH weiß, was richtig ist – zu kalkulieren hat. Das Urteil ist mit Recht **auf Ablehnung gestoßen.**[392]

Am 7.2.2013 folgte das Urteil „Sittenwidrige Nachtragsposition II".[393] Es ging jetzt um zusätzliche Leistungen, die Überhöhung betrug **(nur noch)** das 8fache. Der BGH hatte mittlerweile gemerkt, dass die fehlende Beziehung des Nachtragspreises zur Gesamtvergütung unhaltbar war. Er ging darauf jetzt ein und stellte eine relevante Überschreitung der Gesamtsumme um 39% fest. Zwar handele es sich eigentlich um eine Störung der Geschäftsgrundlage (!), aber die Nichtigkeit gemäß § 138 Abs. 1 BGB gehe vor. Immer noch verkannte der BGH, dass die Sittenwidrigkeit nach gänzlich unbestrittener Auffassung erst bei einer Überschreitung der **Gesamtvergütung** um 100% zu bejahen ist.[394] Die Entscheidung ist also auch schon deshalb immer noch unrichtig. Der BGH führte dann aus, er könne allerdings in der Sache nicht abschließend entscheiden, er müsse nämlich dem Oberlandesgericht Gelegenheit geben, zur Widerlegung der Vermutung der verwerflichen Gesinnung – ohne dieses subjektive Element sei

---

[388] BGH „Sittenwidrige Nachtragsposition II" NZBau 2013, 366, dazu sogleich im Text.
[389] OLG Hamm BauR 2013, 1280 mit zutreffender ablehnender Anm. *Kues* IBR 2013, 401.
[390] OLG Jena NZBau 2010, 376.
[391] BGH NZBau 2010, 367.
[392] *Voit* in Messerschmidt/Voit, Privates Baurecht, VOB/B § 2 Rdn. 9; *Leinemann* VOB/B § 2 Rdn. 159-177; *Kues* in NWJS VOB/B § 2 Rdn. 126 ff.; *Peters* NZBau 2009, 673; *Schwenker* ZfBR 2009, 424; *Luz*, BauR 2009, 878; *B. Fuchs* Jahrbuch Baurecht 2010, 673; *Kapellmann/Schiffers/Markus* Band 1, Rdn. 607–611. *Jansen* in Beck'scher VOB-Kommentar, B § 2 Abs. 5 Rdn. 110: „Es sind schwer Fälle vorstellbar, in denen man eine wirksame Einheitspreisvereinbarung bejaht, gleichwohl aber zur Unwirksamkeit der Vereinbarung über die Vergütung für Mehrmengen kommt"; *Keldungs* in Ingenstau/Korbion, VOB/B § 2 Abs. 5 Rdn. 74 fragt sich mit Recht, wo die Vermutung der Sittenwidrigkeit beginnt.
Dem BGH stimmen zu: *Althaus/Bartsch* in Althaus/Heindl, Der öffentliche Bauauftrag, Teil 4 Rdn. 200, 201 „bei einer Überschreitung der Auftragssumme um 10%".In BGH „Abfallentsorgung" BauR 2011, 1062, hatte der BGH denselben Fall über die Störung der Geschäftsgrundlage gelöst. An der Anwendung von § 138 BGB soll er sich aus revisionsrechtlichen Gründen gehindert gesehen haben.
[393] BGH „Sittenwidrige Nachtragsposition II" NZBau 2013, 366.
[394] Statt aller *Ellenberger* in Palandt BGB § 138 Rdn. 26.

Vergütung   **163 § 2 VOB/B**

§ 138 BGB nicht anzuwenden! – Stellung zu nehmen, was aber laut BGH NZBau 2010, 367 ja gar nicht möglich ist. Man meint, einen Lichtblick zu sehen. Aber weit gefehlt. In dem eine Woche später verkündeten Urteil vom 14.3.2013[395] entschied der BGH nämlich jetzt, die verwerfliche Gesinnung lasse sich zwar theoretisch widerlegen – wie im konkreten Fall mit dem Beweis, dem Bieter sei bei seiner Preisbildung zu seinen Gunsten ein Berechnungsfehler unterlaufen –, aber auch das hilft nichts, dann soll es jetzt gemäß § 242 BGB unzulässig sein, den „Berechnungsfehler" weiterzuführen.[396] Die Begründung des BGH ist auch jetzt nicht überzeugend. Wenn die Behauptung richtig wäre, **jeder** „überhöhte" Einheitspreis sei gleichzeitig immer nicht nur für die konkrete Preisfindung gedacht, sondern sicherheitshalber auch Basis von Spekulationen für künftige Leistungsänderungen, gibt es kein Halten mehr, ganz abgesehen davon, dass es auch unlogisch bleibt, warum derselbe Basispreis nicht sittenwidrig sein soll. Der BGH hat sich in seinem Eifer, „vertragsuntypischen Spekulationen mit unsittlichem Gewinnstreben" das Handwerk zu legen, immer tiefer verheddert. Er hat überragende Prinzipien unseres Zivilrechts gänzlich außer Acht gelassen: Das sind **Vertragsfreiheit** und **Vertragstreue**. Parteien dürfen Preise und Preismechanismen vereinbaren wie sie wollen. Erst und nur in extremen Ausnahmefällen kommt eine Störung der Geschäftsgrundlage (§ 313 BGB) in Betracht und erst dann, wenn es halb (oder ganz) kriminell wird, trifft das scharfe Schwert der Sittenwidrigkeit (§ 138 BGB). Es ist einfach falsch, dass im kaufmännischen Verfahren ein Bieter grundsätzlich nicht spekulieren darf. Der BGH ist nicht der Richter über die Angemessenheit von Preisen und kaufmännischen Verhaltensweisen.[397]

Ganz abgesehen davon ist die Entscheidung auch dogmatisch falsch: Die Störung der Geschäftsgrundlage (§ 313 BGB) ist aus dem **allgemeinen** Institut des § 242 BGB (Verstoß gegen Treu und Glauben) entwickelt worden. § 313 BGB ist deshalb vorrangig. Die Rechtsfolgen des § 313 BGB mit der Möglichkeit zur flexiblen Anpassung dürfen nicht durch die Anwendung des allgemeinen § 242 BGB überrollt werden; der BGH hat auch früher selbst entschieden, dass der Ausübungskontrolle nach § 242 BGB die vorrangig zu prüfende Störung der Geschäftsgrundlage gemäß § 313 BGB vorgeht.[398]

Die Entscheidungspraxis versucht, die BGH-Entscheidungen zu „minimieren". Laut OLG Karlsruhe ist eine Erhöhung einer Einzelposition um 100% unbeachtlich, wenn der Betrag nur 7,5 der Gesamtauftragssumme ausmacht.[399] Laut Kniffka wird die Überhöhung von „geringwertigen" Positionen (im Verhältnis zur Auftragssumme) „in aller Regel" keine Rolle spielen.[400] Danach wäre also schon deshalb BGH „Sittenwidrige Nachtragsposition I" anders zu entscheiden: Nach Berechnung laut Auftragnehmer betrug die Gesamtsumme 51.600.000,00 DM, der Nachtragspreis 3.325.000,00 DM, also 6,4%. Es bleibt abschließend dabei, dass die behandelten Fälle auf der Basis der **Störung der Geschäftsgrundlage zu lösen** sind (**näher** Rdn. 285).

**b) Ausnahmen von der Bindung an den „alten Preis", (Korrektur „nach oben"). 163
aa) Kalkulationsirrtum.** Der Auftragnehmer kann für die Berechnung des neuen Preises einen ihm unterlaufenen Kalkulationsirrtum bei der Auftragskalkulation unter bestimmten engen Voraussetzungen korrigieren. „Kalkulationsirrtum" heißt, dass sich der Auftragnehmer bei der Kalkulation geirrt hat, z.B. vergessen hat, notwendige Transportkosten zu berücksichtigen. Kein Kalkulationsirrtum ist es dagegen, wenn der Auftragnehmer bewusst niedrig anbietet und nach Kenntnis von Wettbewerbspreisen zu dem Ergebnis kommt, er hätte besser höhere Preise verlangt.

Der Bundesgerichtshof hat die endlos umstrittene Frage, ob ein Bieter sein Angebot gem. § 119 BGB wegen Kalkulationsirrtums anfechten kann, verneint, aber dennoch dem Bieter in Einzelfällen auf anderem Wege geholfen.[401] Er hat nämlich dem Auftraggeber unter dem Gesichtspunkt der Haftung für Verschulden bei Vertragsschluss (c.i.c., §§ 311, 280 BGB) und

---

[395] BGH „Sittenwidrige Nachtragsposition III" NZBau 2013, 369.
[396] *Joussen* in Vygen/Joussen, Bauvertragsrecht nach VOB/B Rdn. 2196, irrt sich also, wenn er meint, dem BGH gehe es allein um die Verwerfungen, die erst in Ausnutzung **erkannter** Ausschreibungsmängel zustandegekommen seien.
[397] Ebenso *Kues* in NWJS VOB/B § 2 Rdn. 129, 135, 140.
[398] BGH NJW 2005, 2386; *Finkenauer*, Münchener Kommentar zum BGB, § 313 Rdn. 82; *Krebs* in NK-BGB § 323 Rdn. 25; *Unberath* in Bamberger/Roth, BGB, § 312 Rdn. 3.
[399] BGH BauR 2015, 1335.
[400] *Kniffka* in Kniffka/Koeble, Kompendium, Teil 5 Rdn. 145.
[401] BGH „Kalkulationsirrtum" BauR 1998, 1089. Der BGH ist vom Erfordernis der Unzumutbarkeit jetzt abgewichen; es kommt jetzt auf die Sicht des **verständigen** öffentlichen Auftraggebers an", BGH BauR 2015, 479.

der unzulässigen Rechtsausübung untersagt, den Bieter dann an seinem irrtümlichen Angebot festzuhalten, das Vertragsangebot anzunehmen und auf der Durchsetzung des Vertrages zu bestehen, wenn zwei Voraussetzungen zusammentreffen:

(1) Die Vertragsdurchführung muss bei Beibehaltung des Irrtums für den Auftragnehmer „unzumutbare Folgen" haben, etwa weil er dadurch in erhebliche Schwierigkeiten geriete;

(2) der **Auftraggeber** muss die Tatsachen, die den Kalkulationsirrtum und seine „unzumutbaren" (richtiger: „empfindlichen") Folgen begründen, **kennen,** d. h., der Auftraggeber muss entweder eigene positive Kenntnis haben oder der Bieter muss den Auftraggeber über die entsprechenden Tatsachen umfassend und für diesen **nachprüfbar** in Kenntnis setzen; es genügt auch, wenn der Auftraggeber sich einer solchen Kenntnis treuwidrig verschließt, indem er nahe liegende Rückfragen unterlässt, wobei es aber nur um eine „gleichsam auf der Hand liegende, durch einfache Nachfrage zu realisierende Erkenntnismöglichkeit gehen kann und letztlich das sich Berufen auf die Unkenntnis als Förmelei erschiene, weil jeder andere in der Lage des Auftraggebers die Kenntnis gehabt hätte"; eine solche Konstellation wird nur „mit äußerster Zurückhaltung" im Einzelfall zu bejahen sein. Insgesamt wird also ein Bieter seinen Kalkulationsirrtum im Zusammenhang mit dem Abschluss des Vertrages nur in seltenen Fällen ungeschehen machen können.

Fraglich ist, ob der Auftragnehmer sich auch in den Fällen der notwendig werdenden Neuberechnung des Einheitspreises bei Mengenmehrungen im Sinne von **§ 2 Abs. 3** VOB/B darauf berufen kann, der neue Preis für die Menge ab 110 % – nicht der alte Preis für die Vordersatzmenge! – müsse von einem korrigierten, nämlich den Kalkulationsirrtum eliminierenden höheren „Basispreis" aus berechnet werden. Wenn alle Voraussetzungen gemäß der genannten Grundsatzentscheidung des Bundesgerichtshofs gegeben sind, so ist das auch für den Fall des § 2 Abs. 3 VOB/B ohne weiteres zu bejahen: Für eine „neue" Preisberechnung muss dasselbe gelten, was für die ursprüngliche vertragliche Preisvereinbarung gegolten hat. Überlegenswert ist lediglich, ob der Auftragnehmer dann mit seinem Anpassungsanspruch ausgeschlossen ist, wenn er schon vor der Annahmeerklärung des Auftraggebers die „Anfechtungslage" kannte, aber nicht „angefochten" hat. Das ist indes zu verneinen: Der Auftragnehmer hat durch die unterlassene „Anfechtung" vertraglich lediglich das Risiko übernommen, auch noch 10 % mehr als die Vordersatzmenge zu dem „falschen" Preis auszuführen, aber nicht eine darüber hinausgehende Menge.

Eine solche Anpassungsmöglichkeit ist im Rahmen von § 2 Abs. 3 VOB/B **weitergehend** allerdings auch dann zu bejahen, wenn das Festhalten am alten, nicht auskömmlichen Preis nicht „unzumutbare Folgen" hätte. Dass es nämlich überhaupt zur Anwendung von § 2 Abs. 3 VOB/B kommt, liegt – symptomatisch betrachtet – daran, dass der Auftraggeber seiner Pflicht zur richtigen Mengenermittlung und -ausschreibung nicht nachgekommen ist. Wenn der Auftragnehmer sich schon darauf einlassen muss, auch für höhere, vertraglich nicht vorgesehene Mengen generell an den „alten Preis" gebunden zu sein, muss doch nach Treu und Glauben die Korrekturmöglichkeit im Sinne der Ausgewogenheit jedenfalls hier schon dann in Betracht kommen, wenn das Festhalten am alten Preis **nur** „**fühlbare** Folgen", aber nicht „empfindliche Folgen" oder gar „unzumutbare Folgen" hätte.[402] Ohne jede Einschränkung gibt es die Korrekturmöglichkeit, wenn der Auftraggeber seinerseits den Kalkulationsfehler erkannt hat, den Bieter aber nicht darauf hingewiesen hat.[403]

Da es um eine Anpassung unter dem Gesichtspunkt von Treu und Glauben und nicht um eine echte Irrtumsanfechtung geht, kommt es auf eine besondere Anfechtungserklärung und damit auch auf deren Rechtzeitigkeit nicht an. Zur identischen Rechtslage bei § 2 Abs. 5, 6 VOB/B s. Rdn. 214.

164 **bb) Änderung der Personal- oder Materialkosten.** Haben sich die Löhne oder Materialpreise gegenüber dem bei Vertragsschluss ohnehin zu berücksichtigenden Niveau erhöht, so darf der Auftragnehmer für die 110 % überschreitende Menge diese Erhöhung bei der Berechnung des neuen Einheitspreises auf jeden Fall berücksichtigen: Der Auftragnehmer musste zwar in seiner Kalkulation berücksichtigen, dass er möglicherweise Mehrmengen bis zu 110 % zu unveränderten Preisen auch bei Veränderung der angenommenen Einstandspreise haben würde, für eine darüber hinausgehende Mengenveränderung braucht er aber dieses Risiko nicht zu berücksichtigen. Es ist Sache des Auftraggebers, mindestens aber dessen Risikobereich, Mengen genau

---

[402] Wie hier im Ergebnis *Kleine-Möller/Merl/Glöckner* Handbuch, § 12 Rdn. 485 ff.; *Kues* in NWJS VOB/B § 2 Rdn. 150, 151. Im Ergebnis so auch BGH NZBau 2015, 248.

[403] Zu letzterem in Anknüpfung an BGH „Kalkulationsirrtum" BauR 1998, 1098, BGH BauR 1988, 334.

auszuschreiben, deshalb ist es gerechtfertigt, hier die Korrekturmöglichkeit zuzulassen.[404] Erst recht gilt das, wenn die Mehrmengen auch zeitliche Auswirkungen haben und die Kostenerhöhung in einer **verlängerten Ausführungszeit** auftritt.[405] Kuffer bejaht das unter Hinweis auf Keldungs nur einschränkend, Keldungs hat aber diese noch von Korbion stammenden Einschränkungen aufgegeben.[406]

cc) Unsorgfältige Planung. Mengenerhöhungen „auf Grund der vorgefundenen Verhältnisse" beruhen im Regelfall auf unsorgfältiger Mengenermittlung des Auftraggebers, im Einzelfall auch auf nicht zu erwartender Beschaffenheit z. B. des Baugrundes. Der Auftragnehmer ist für die Berechnung des neuen Einheitspreises bei der 110 % überschreitenden Menge jedenfalls dann nicht an den alten Preis gebunden, wenn die Mengenabweichung gegenüber dem Vordersatz auf unsorgfältiger Ermittlung des Auftraggebers beruht.[407] Das ist immer zu bejahen, wenn der Auftraggeber Mengen ausgeschrieben hat, ohne vorher die entsprechende Ausführungsplanung fertig gestellt zu haben;[408] ansonsten bedarf es der Abwägung des Einzelfalles. Auf „Verschulden" des Auftraggebers im generellen Sinn kommt es nicht an.[409] Zur Rechtslage bei § 2 Abs. 5, 6 s. Rdn. 216. 165

dd) Ausmaß der Mehrmengen sprengt jeden äquivalenten Rahmen. Eine Bindung an den alten Preis ist nur solange akzeptabel, wie der resultierende neue Preis für Mehrmengen noch in einem bei Vertragsschluss annähernd voraussehbaren Risikorahmen liegt (vgl. auch Rdn. 164). Wenn das Ausmaß der Mehrmenge und die daraus auf „alter Basis" ermittelte Mehrvergütung aber das Prinzip äquivalenter Leistung zu Gegenleistung gröblich verletzt, entfällt trotz § 2 Abs. 3 VOB/B die Bindung an den alten Preis. Das ist jedenfalls dann zu bejahen, wenn die Summe der Vergütung aller Mehrmengen, ermittelt auf der Basis des „alten Preises", 30 % der Vertragsvergütung übersteigt.[410] Der „schlechte Preis" kann also „aufgebessert" werden. Das ist im Ergebnis die Anwendung der „Störung der Geschäftsgrundlage". Gängiger ist deren Anwendung auf den aus jedem Rahmen fallenden zusätzlichen Vergütungsanteil bei Fortschreibung spekulativer Preise, s. Rdn. 286. Zur Rechtslage bei § 2 Abs. 5, 6 VOB/B s. Rdn. **217**. 166

ee) Skonti, Nachlässe. Skonti betreffen nicht die Kosten laut Auftragskalkulation als Ausgangsbasis, sie sind vielmehr vereinbarte Zahlungsmodalität (oben Rdn. 12). Sie wirken sich also nicht auf die Feststellung des neuen Einheitspreises aus, sind aber auch für den neuen Einheitspreis als Zahlungsmodalität zu beachten. 167

Summenmäßige Nachlässe bleiben auf diese Summe beschränkt, für die Berechnung neuer Einheitspreise sind also die Kosten laut Auftragskalkulation ohne Berücksichtigung dieses Nachlasses heranzuziehen.[411] **Prozentuale** Nachlässe werden nur insoweit berücksichtigt, als die vertragliche Gesamtvergütung nicht überschritten wird.[412]

---

[404] *Kapellmann/Schiffers/Markus* Band 1, Rdn. 603; *Keldungs* in Ingenstau/Korbion VOB/B § 2 Abs. 3 Rdn. 26; *Leinemann* VOB/B § 2 Rdn. 158; *Jansen* in Beck'scher VOB-Kommentar, VOB/B Abs. 3 § 2 Rdn. 24; NWJS VOB/B § 2 Rdn. 52; *Kleine-Möller/Merl/Glöckner*, Handbuch, § 12 Rdn. 485; *Roquette/Paul* BauR 2003, 1097, 1103.
[405] *Leinemann* VOB/B § 2 Rdn. 158.
[406] *Kuffer* in Heiermann/Riedl/Rusam, VOB/B § 2 Rdn. 121; *Keldungs* in Ingenstau/Korbion, VOB/B § 2 Abs. 3 Rdn. 26; näher dazu *Kapellmann/Schiffers/Markus* Band 1, Rdn. 603.
[407] OLG Rostock IBR 2009, 257; Nichtzulassungsbeschwerde vom BGH zurückgewiesen; *Kapellmann/Schiffers/Markus* Band 1, Rdn. 604; *Keldungs* in Ingenstau/Korbion VOB/B § 2 Abs. 3 Rdn. 26; *Kleine-Möller/Merl/Glöckner* Handbuch, § 12 Rdn. 485. Zum Grundsatz auch OLG Koblenz BauR 2001, 1442. Näher dazu auch **Rdn. 216**.
[408] Dazu näher oben Rdn. 141.
[409] Näher *Kapellmann/Schiffers/Markus* Band 1, Rdn. 604; *Boltz* IBR 2015, 349.
[410] *Kapellmann/Schiffers/Markus* Band 1, Rdn. 605; *Leinemann* VOB/B § 2 Rdn. 154; *Kues* in NWJS VOB/B § 2 Rdn. 154; ähnlich *Kleine-Möller/Merl/Glöckner*, § 12 Rdn. 483, 485; im Grundsatz bestätigt von BGH NZBau 2011, 353, 30%-Grenze aber abgelehnt, BGH, NZBau 2013, 366; dazu **näher Rdn. 287, 213, 218**.
Gleichzeitig hat der BGH „Abfallentsorgung" BauR 2011, 112, aber ohne Bedenken eine Störung der Geschäftsgrundlage bejaht, wenn die Parteien bei einem Einheitspreisvertrag eine bestimmte Menge zugrundegelegt haben und diese Menge überschritten wird = „Irgendwo ist die Grenze", s. Rdn. 280.
[411] Zustimmend *Jansen* in Beck'scher VOB-Kommentar VOB/B § 2 Abs. 3 Rdn. 35; *Kues* in NWJS § 2 Rdn. 156.
[412] Einzelheiten dazu unter **Rdn. 218**, auch zu gegenteiligen AGB-Klauseln.

168 **7. § 2 Abs. 3 Nr. 4 VOB/B, Behandlung abhängiger Pauschalen.** § 2 Abs. 3 Nr. 4 VOB/B regelt, dass dann, wenn von der unter einem Einheitspreis erfassten Leistung oder Teilleistung andere Leistungen abhängig sind, für die eine Pauschalsumme vereinbart ist, mit der Änderung des Einheitspreises auch eine angemessene Änderung der Pauschalsumme gefordert werden kann; Voraussetzung ist also, dass der Vertrag teils Einheitspreise, teils (abhängige) Pauschalen enthält. Praktisch gibt es diesen Fall nicht, da Mengenänderungen gemäß § 2 Abs. 3 VOB/B eine gleich bleibende Planung voraussetzen. In einem solchen Fall ändert sich aber der Inhalt einer (Teil-) Pauschale nicht. Der Unterschied zwischen Pauschalvertrag und Einheitspreisvertrag ist ja gerade der, dass der Pauschalvertrag nicht auf vor oder nach Vertragsschluss festgelegte Mengen, sondern auf vertragliche Mengenermittlungsvorgaben abhebt.[413] Also können sich Mengenänderungen bei der Position eines Einheitspreisvertrages nicht bei unveränderter Planung nicht auf eine Pauschale auswirken. Eine einzige Ausnahme gibt es, in der trotz unveränderter Planung Mengenänderungen auftreten können, die Auswirkungen auf abhängige Pauschalen haben, nämlich Erdarbeiten und ähnliche Leistungen.[414]

169 **8. Beweislast.** Wer für sich günstige Tatsachen behauptet, muss sie beweisen. Verlangt also der **Auftragnehmer** bei Mengenunterschreitung oder ausnahmsweise bei Mengenüberschreitung die Vereinbarung eines neuen Einheitspreises, so muss er darlegen und beweisen

– die Unter- bzw. Überschreitung der Vordersatzmenge um mehr als 10 % „auf Grund vorgefundener Verhältnisse".
– als Basis der Berechnung die Kostenelemente des „alten Preises", d. h. des Einheitspreises der Position, deren Vordersatzmenge unter- oder überschritten wird. Diese Kostenelemente der Angebotskalkulation muss der Auftragnehmer **darlegen** und **beweisen,** das kann er am einfachsten durch die Vorlage einer Angebotskalkulation. Hat der Auftragnehmer keine (annähernd detaillierte) Angebotskalkulation erstellt oder hat er sie heute jedenfalls nicht mehr im Besitz, so darf und muss er eine solche Kalkulation nachträglich fertigen und darlegen, die plausibel zu den Einheitspreisen passen muss. Legt er selbst in dieser Form die Kalkulationsgrundlagen nicht dar, erhält er nichts.[415] Erst recht erhält er nichts, wenn er die Vorlage einer **vorhandenen** Kalkulation verweigert.[416] Die Ausnahmen von der Bindung an den alten Preis (oben Rdn. 163–166) muss der Auftragnehmer darlegen und beweisen.
– sodann die Berechnung selbst. Darlegungs- und Beweismängel bei der Ermittlung der Höhe des neuen Einheitspreises gehen zu Lasten des Auftragnehmers. Sie schließen allerdings den Anspruch nicht völlig aus – ausgenommen der Auftragnehmer verweigert die Vorlage einer vorhandenen Kalkulation –, sondern ermöglichen noch eine sachverständige Schätzung gemäß § 287 ZPO, vorausgesetzt, für diese Schätzung liegen wenigstens plausible Anhaltspunkte vor. Hier gilt dasselbe wie bei der Berechnung des Preises für geänderte oder zusätzliche Leistungen (s. Rdn. 228).

Will der Auftraggeber den Einheitspreis wegen Mengenmehrung herabgesetzt wissen, muss er darlegen und beweisen

– die Überschreitung der Vordersatzmenge um mehr als 10 % „auf Grund vorgefundener Verhältnisse";
– als Basis der Berechnung die Kostenelemente des „alten Preises", wenn ihm die Kalkulation des Auftragnehmers vorliegt. Ansonsten kann er vom Auftragnehmer Auskunft zur Kalkulation verlangen,[417] für deren Richtigkeit der Auftragnehmer beweispflichtig ist. Erteilt der Auftragnehmer die Auskünfte nicht, kann er analog § 427 Satz 2 ZPO als beweisfällig behandelt werden, die Behauptungen des Auftraggebers über die Kostenzusammensetzung können als bewiesen angenommen werden;
– die Berechnung selbst.

---

[413] Näher dazu Rdn. 233.
[414] Beispiel *Kapellmann/Schiffers/Markus* Band 1, Rdn. 659.
[415] OLG Koblenz BauR 2008, 1893; OLG München BauR 1993, 726; *Kapellmann/Schiffers/Markus* Band 1, Rdn. 621.
[416] *Kapellmann/Schiffers/Markus* Band 1, Rdn. 623.
[417] Gemäß § 242 BGB auf Grund der vertraglichen Sonderverbindung, siehe dazu statt aller *Grüneberg* in Palandt BGB, § 260 Rdn. 5.

9. Keine Frist zur Geltendmachung, Abschlagszahlungen, Verjährung, Wirkung der 170
Schlussrechnung. Soweit der Auftragnehmer Ansprüche gemäß § 2 Abs. 3 VOB/B hat, hat er auch insoweit Anspruch auf Abschlagszahlungen gemäß § 16 Abs. 1 VOB/B. Der Auftragnehmer ist **nicht** gezwungen, den Nachtrag spätestens bis zur Abnahme geltend zu machen.[418] Der Auftragnehmer kann die Ansprüche gemäß § 2 Nr. 3 VOB/B nicht mehr durchsetzen, wenn der Auftraggeber unter Berücksichtigung von § 16 VOB/B eine Abschlusszahlung geleistet hat[419] und der Auftragnehmer keinen Vorbehalt erklärt hat. Der Anspruch des Auftragnehmers ist Vergütungsanspruch wie jeder andere auch und verjährt entsprechend. Der Anspruch des Auftraggebers auf Herabsetzung des Preises bei Mehrmengen verjährt in der Regel in der regelmäßigen Verjährungsfrist des § 195 BGB, wobei ebenso wie bei anderen, nach mehreren Jahren geltend gemachten Rückforderungsansprüchen des Auftraggebers im Einzelfall eine Verwirkung in Betracht kommen kann (→ VOB/B § 16 Rdn. 71 ff.), was allerdings bei der heutigen kurzen Verjährungsfrist keine praktische Rolle mehr spielt.

V. § 2 Abs. 4, Selbstübernahme durch den Auftraggeber

§ 2 Abs. 4 VOB/B lautet: „Werden im Vertrag ausbedungene Leistungen des Auftragnehmers 171 vom Auftraggeber selbst übernommen (z. B. Lieferung von Bau-, Bauhilfs- und Betriebsstoffen), so gilt, wenn nichts anderes vereinbart wird, § 8 Abs. 1 Nr. 2 entsprechend." Die Vorschrift setzt unausgesprochen voraus, dass der Auftraggeber solche Leistungen nicht nur übernimmt, sondern dass er sie auch übernehmen darf. Er darf es deshalb, weil er auch den ganzen Vertrag ebenso wie einzelne Leistungsteile auch ohne die Regelung des § 2 Abs. 4 VOB/B ohne Grund „frei" kündigen darf (§ 8 Abs. 1 VOB/B, § 648 E BGB). § 2 Abs. 4 VOB/B ist also nur ein Unterfall des § 8 Abs. 1 VOB/B, dessen gesonderte Regelung als Selbstübernahme überflüssig ist. Dennoch wird die Vorschrift umfänglich kommentiert, ohne dass jedoch angegeben wird, worin denn der Unterschied zu § 8 Abs. 1 VOB/B liegen soll, ausgenommen bei Kleine-Möller: Er will diesen Unterschied darin sehen, dass § 2 Abs. 4 VOB/B erlaube, auch jeden beliebigen Leistungsteil zu kündigen (zu übernehmen), während § 8 Abs. 1 VOB/B nur die Kündigung von „Teilleistungen" erlaube.[420] Vorab steht es außer Zweifel, dass im Rahmen des § 2 Abs. 4 jede „Kündigung von Leistungsteilen" in Form der Selbstübernahme möglich ist, wie ja zweifelsfrei die Tatsache zeigt, dass der Auftraggeber sogar Betriebsstoffe selbst liefern darf, z. B. Diesel.[421] Nur ist das keine Besonderheit gegenüber § 8 Abs. 1 VOB/B. Zwar wird dort gelegentlich die Auffassung vertreten, eine Teilkündigung bei § 8 Abs. 1 VOB/B setze voraus, dass die zu kündigenden „Teile in sich abgeschlossen sind", Leistungselemente, die sich in dieser Hinsicht nicht trennen ließen, seien einer Teilkündigung (und einer Selbstübernahme) nicht zugänglich, weil dann eine rechnerisch einwandfreie Trennung nicht möglich sei.[422] Diese Argumentation ist baubetrieblich nicht nachvollziehbar; selbstverständlich ist es möglich, schlimmstenfalls mit etwas Aufwand verbunden, Kosten und die auf sie entfallenden Vergütungsanteile für jeden beliebigen Leistungsteil zu ermitteln.[423] Abgesehen davon wäre somit in vielen Fällen eine Anwendung von § 8 Abs. 1 VOB/B **nach Baubeginn** grundsätzlich nicht mehr möglich, denn selbstverständlich ist jede Kündigung nach Baubeginn schon begrifflich Teilkündigung.[424] Die Unterscheidung ist anders und für § 2 Abs. 4 wie § 8 Abs. 1 identisch: Teilkündigungen (und Selbstübernahmen) sind in jeder beliebigen Form zulässig, solange nicht unzumutbar ein einheitlicher technischer Produktionsablauf auseinander gerissen wird, wodurch u. a. auch untragbare Mängelhaftungsvermischungen entstünden; es wäre beispielsweise unzulässig (und abwegig), das Setzen der Mauersteine zu belassen, das Vermörteln aber herauszukündigen.[425]

Einen scheinbaren Unterschied gibt es: Die Selbstübernahme ist formfrei, die „freie" Teilkündigung bedarf dagegen wie jede Kündigung des Auftraggebers gemäß § 8 Abs. 5 VOB/B der Schriftform. Das spielt aber schon deshalb keine Rolle, weil der Auftraggeber ja jederzeit eine

---

[418] Die gegenteilige Entscheidung des OLG Dresden IBR 2012, 70 ist abwegig, zutreffend *Bolz* Anm. ebenda; wie hier *Kues* in NWJS VOB/B § 2 Rdn. 160.
[419] BGH BauR 1988, 217.
[420] *Kleine-Möller/Merl/Glöckner* § 12 Rdn. 494.
[421] Wie hier *Lang* BauR 2006, 1956.
[422] *Keldungs* in Ingenstau/Korbion VOB/B § 2 Abs. 4 Rdn. 4.
[423] Einzelheiten *Kapellmann/Schiffers/Markus* Band 2, Rdn. 1149 ff., 1313, 1326 ff.
[424] *Peters/Jacoby* in Staudinger BGB, § 649 Rdn. 20; *Kapellmann/Schiffers/Markus* Band 2, Rdn. 1312.
[425] *Peters/Jacoby* in Staudinger BGB, § 649 Rdn. 20; näher *Kapellmann/Schiffers/Markus* Band 2, Rdn. 1313.

Selbstübernahme, wenn er Zweifel an der Anwendbarkeit von § 2 Abs. 4 hätte, mit identischer Rechtsfolge schriftlich als Teilkündigung gemäß § 8 Abs. 1 aussprechen könnte. Vor allem ist die Unterscheidung aber deshalb im Ergebnis bedeutungslos, weil auch eine formlose Teilkündigung, wenn beispielsweise der Auftraggeber insoweit Arbeiten auf der Baustelle einfach nicht mehr zuließe, zu Ansprüchen aus § 326 Abs. 2 BGB führt, deren Rechtsfolgen wörtlich identisch mit § 648 BGB sind.

172 Angesichts der Tatsache, dass § 2 Abs. 4 keine abweichende Bedeutung zu 8 Abs. 1 zukommt, lohnt sich die Erörterung von Einzelfragen kaum. Alles Notwendige findet sich bei § 8 Abs. 1. Wesentlich ist in diesem Zusammenhang lediglich, dass § 2 Abs. 4, § 8 Abs. 1 und § 2 Abs. 5, wenn letzterer Änderungen betrifft, die zu einer Verbilligung führen, wenn also Teilkündigungselemente enthalten sind, **systematisch gleich behandelt werden müssen.**

§ 2 Abs. 4 VOB/B umfasst jedenfalls nicht die Fallgestaltung, dass der Auftraggeber die ganze Restleistung selbst übernehmen will; die Vorschrift stellt ersichtlich darauf ab, dass aus einer (noch) zu erbringenden Leistung nur einzelne Leistungsteile (aber nicht alles) vom Auftragnehmer übernommen werden.[426]

Als Selbstübernahme genügt es nach herrschender Meinung, wenn der Auftraggeber dem Auftragnehmer die Lieferung z. B. von Betriebsstoffen wegnimmt, aber nicht selbst liefert, sondern durch einen Dritten liefern lässt;[427] dagegen ist es nach herrschender Auffassung ein Fall von § 8 Abs. 1, wenn der Auftraggeber einen Leistungsteil aus der Bauleistung herausnimmt und durch einen Dritten ausführen lässt.[428] Für diese unterschiedliche Einordnung geben weder Wortlaut noch Sinn des § 2 Abs. 4 etwas her. Wenn man, wofür die Überlegung spricht, der Vorschrift überhaupt einen Sinn zu geben, die Herausnahme von Materiallieferungen und deren Ausführung durch Dritte unter § 2 Abs. 4 VOB/B erfasst, muss für die Herausnahme von Leistungsteilen der Bauleistung und deren Ausführung durch Dritte dasselbe gelten. Dann kommt man aber zur formlosen Teilkündigung und kollidiert mit § 8 Abs. 5. Übrigens ist es auch nicht Selbstübernahme, wenn der Auftraggeber einen Teil der Leistung herausnimmt und überhaupt nicht mehr ausführen lässt. Nur: Wo liegt der Sinn einer Differenzierung, die bloße Herausnahme § 8 Nr. 1 und die Herausnahme mit Ausführung durch einen Dritten § 2 Abs. 4 VOB/B zu unterstellen?

Wir schlagen vor, bei einer überfälligen erneuten Überarbeitung der VOB/B § 2 Abs. 4 ersatzlos zu streichen.[429]

173 Greift § 2 Abs. 4 ein, so richten sich die Rechtsfolgen „entsprechend" nach § 8 Abs. 1 Nr. 2 – aber sie richten sich nicht nur entsprechend, sondern uneingeschränkt nach § 8 Abs. 1 Nr. 2 (→ VOB/B § 8 Rdn. 24 ff.).

174 Diese Rechtsfolgen treten nicht ein, wenn „die Parteien **etwas anderes vereinbaren**". **Individuell** können sie „entschädigungslose" Übernahmerechte des Auftraggebers vereinbaren, was keiner Erwähnung bedurft hätte, denn individuell können Vertragsparteien beliebige Vereinbarungen treffen. **Vereinbaren** die Parteien die Selbstübernahme, **ohne** die Vergütungsfolgen zu regeln, so ist durch Auslegung zu ermitteln, welche Vergütungsfolge eintritt; es ist „maßgeblich auf die Gründe abzustellen, die zur Aufhebung geführt haben". Hatte der Auftraggeber keinen wichtigen Grund zur Kündigung, greift deshalb § 8 Abs. 1 Nr. 2 VOB/B, § 648 BGB ein.[430]

In **Allgemeinen Geschäftsbedingungen** des Auftraggebers sind dagegen Klauseln, die die dem Auftragnehmer bei freier Teilkündigung gemäß § 8 Abs. 1 Nr. 2, § 648 BGB zustehende Vergütung einschränken oder beseitigen, unwirksam (→ § 8 Rdn. 10, 11).

VI. Vor § 2 Abs. 5, Abs. 6, Abs. 7 Nr. 2, Abs. 8 Nr. 2, Nr. 3 VOB/B

175 **1. Bausoll-Bauist-Abweichung nicht aus dem Risikobereich des Auftragnehmers als gemeinsame Voraussetzung.** Baut der Auftragnehmer anders als er das nach dem Vertrag schuldet oder erwarten darf, so erbringt er eine modifizierte Leistung. **Gemeinsam** ist allen

---
[426] *Kues* in NWJS VOB/B § 2 Rdn. 172.
[427] Herrschende Meinung, z. B. *Keldungs* in Ingenstau/Korbion VOB/B § 2 Abs. 4 Rdn. 7.
[428] Dem ist grundsätzlich zuzustimmen. Beauftragt der Auftraggeber einen Dritten, ohne den bisherigen Auftragnehmer zu kündigen, so handelt es sich um eine konkludente „freie" Teilkündigung, BGH NJW 1960, 431; BGH WM 1972, 1025; *Peters/Jacoby* in Staudinger BGB § 649 Rdn. 16.
[429] Zustimmend *Leinemann*, VOB/B § 2 Rdn. 241.
[430] BGH NZBau 2000, 467 = BauR 2000, 1754; BGH BauR 1999, 1021; Einzelheiten *Kapellmann/Schiffers/Markus* Band 2, Rdn. 1410, 1411.

modifizierten Leistungen, ob vom Auftraggeber angeordnet oder vom Auftragnehmer ohne Anordnung ausgeführt, dass die ausgeführte Leistung, das **Bauist,** von der laut Vertrag geschuldeten Leistung, dem **Bausoll, abweicht.**[431] Diese Bausoll-Bauist-**Abweichung** ist für **jede** Neuberechnung der Vergütung, bei geänderten oder zusätzlichen Leistungen **„Nachtrag"** genannt, erste, wenn auch nicht einzige Voraussetzung. Auch angenommene Nebenangebote bilden das Bausoll, also sind auch hier Bausoll-Bauist-Abweichungen möglich (näher oben Rdn. 48, 49).

Die Bausoll-Bauist-Abweichung kann naturgemäß nur Tatbestände **nach** Vertragsschluss erfassen; Tatbestände, die – den Parteien bekannt – **vor** Vertragsschluss liegen, bestimmen das Bausoll, sei es in negativer, sei es in positiver Abgrenzung, nicht.

Weitere Voraussetzung für modifizierte Vergütungsansprüche des Auftragnehmers ist, dass die **176** Bausoll-Bauist-Abweichung nicht dem **Risikobereich des Auftragnehmers** zuzuordnen ist. Wenn der Auftragnehmer beispielsweise abweichend von der Planung baut, ist das Bauist zwar anders als das Bausoll, aber nicht der Auftragnehmer hat Nachtragsansprüche, sondern der Auftraggeber Mängelansprüche. Zum Risikobereich des Auftraggebers gehören z.B. die Vorunternehmerleistungen. Wenn also der Auftraggeber zur Überwindung von Problemen, die vorunternehmerseitig verursacht sind, Leistungsmodifikationen anordnet, hat der Auftragnehmer Vergütungsansprüche wegen geänderter oder zusätzlicher Leistung.[432]

2. Struktur von „VOB-Nachträgen". Einen einmal geschlossenen Vertrag und die ent- **177** sprechende Verpflichtung zur Bauleistung oder Vergütung kann eine Vertragspartei nicht nachträglich einseitig ändern, außer, der Vertrag enthält einen Änderungsvorbehalt (siehe auch VOB/ B § 1, Rdn. 49) wie z.B. § 350b BGB. Solche vertraglichen **Änderungsvorbehalte** finden sich in § 1 Abs. 3 und Abs. 4 VOB/B. § 1 Abs. 3 lautet: *„Änderungen des Bauentwurfs anzuordnen, bleibt dem Auftraggeber vorbehalten."* Das betrifft **geänderte** Leistungen. § 1 Abs. 4 lautet: *„Nicht vereinbarte Leistungen, die zur Ausführung der vertraglichen Leistung erforderlich werden, hat der Auftragnehmer auf Verlangen des Auftraggebers mit auszuführen, außer wenn sein Betrieb auf derartige Leistungen nicht eingerichtet ist. Andere Leistungen können dem Auftragnehmer nur mit seiner Zustimmung übertragen werden."* Das sind **zusätzliche** Leistungen. § 1 Abs. 3 und Abs. 4 geben dem Auftraggeber also das Recht, modifizierte Leistungen einseitig nach Vertragsschluss anzuordnen, ohne dass es dazu einer Zustimmung des Auftragnehmers bedarf; der Auftragnehmer muss die so vom Auftraggeber modifizierte Leistung ausführen. Es liegt auf der Hand, dass mit diesem einseitigen Recht des Auftraggebers ein **ebenso einseitiger** Anspruch des Auftragnehmers auf entsprechende Vergütungsanpassung korrespondieren muss, also ein durchsetzbarer Anspruch des Auftragnehmers auf Anpassung der Vergütung, der ebenfalls nicht von der Zustimmung des Auftraggebers abhängt. **Genau das regeln § 2 Abs. 5 als teilweises Pendant zu § 1 Abs. 3 für geänderte Leistungen und § 2 Abs. 6 als Pendant zu § 1 Abs. 4 für zusätzliche Leistungen.** Gemäß § 2 Abs. 5 soll, gemäß § 2 Abs. 6 muss (möglichst) der neue Preis vor Ausführung vereinbart werden. Das heißt aber nicht, dass der Auftragnehmer nur dann Anspruch auf eine modifizierte Vergütung hat, wenn eine Vereinbarung über die „neue Vergütung" getroffen worden ist;[433] der Vergütungsanspruch folgt vielmehr aus der auf Grund Anordnung modifiziert ausgeführten Leistung. Der Anspruch auf **Preisvereinbarung** betrifft nur die Höhe des Anspruches. Gibt es eine solche Einigung, so bindet sie aber nicht nur der Höhe nach, sondern auch dem Grunde nach. Selbst wenn die Anordnung des Auftraggebers nur **scheinbar** eine Bausoll-Bauist-Abweichung herbeiführt, in Wirklichkeit also der Auftragnehmer die angeordnete Leistung auch ohnehin als Bausoll schuldete, die Parteien sich aber **in Kenntnis der Zweifel** hinsichtlich der Beurteilung der Bausoll-Bauist-Abweichung auf eine „Nachtragsvergütung" **einigen,** ist das bindend.[434] Ein „VOB-Nachtrag" ist also dadurch gekennzeichnet, dass der Auftraggeber **zuerst anordnet** (oder die fehlende Anordnung ersetzt wird, § 2 Abs. 8 Nr. 2, 3) und der Auftragnehmer **dann** die entsprechende Neuvergütung ermittelt.

Selbstverständlich ist der Auftraggeber nicht gehindert, eine Änderung des Bausolls und der **178** Vergütung statt durch eigene einseitige Anordnung und daraus resultierende einseitige Neupreisberechnung seitens des Auftragnehmers durch einen **Änderungsvertrag** herbeizuführen.

---

[431] Zur Bausollbestimmung oben Rdn. 26–129.
Zur umgekehrten Bausoll-Bauist-Abweichung als Voraussetzung bei **verringerten oder entfallenden** Leistungen *Kapellmann/Schiffers/Markus* Band 2, Rdn. 1302, 1303.
[432] Zum Risikobereich des Auftraggebers näher VOB/B § 6 Rdn. 16–19.
[433] Näher Rdn. 203.
[434] BGH BauR 1995, 237; *Kapellmann/Schiffers/Markus* Band 2, Rdn. 1119. S. näher Rdn. 191.

Der Auftraggeber fordert dabei den Auftragnehmer auf, ein Angebot über eine geänderte oder zusätzliche Leistung zu unterbreiten, der Auftragnehmer erstellt ein solches Angebot, der Auftraggeber kann es annehmen oder ablehnen. Der Auftragnehmer ist in diesem Fall bei der Ausarbeitung seines Angebots nicht „an die Grundlagen der Preisermittlung" gebunden, er kann also, rein rechtlich gesehen, „frei kalkulieren".

Zur **Vergütung für die „Angebotsbearbeitung"** siehe oben Rdn. 18.

179 Die allgemeinen Voraussetzungen für die Vergütung modifizierter Leistungen sind gleich. Auch die **Berechnungsmethodik** der neuen Vergütung ist im Prinzip für alle Tatbestände modifizierter Leistungen identisch, sie deckt sich auch mit der Ermittlung der Vergütung bei § 2 Abs. 3 VOB/B: Ausgangspunkt ist die Auftragskalkulation, die Kalkulation wird zur Ermittlung des neuen Preises „deterministisch" fortgeschrieben bzw. fortentwickelt (näher Rdn. 213).

VII. § 2 Abs. 5, Abs. 6, geänderte und zusätzliche Leistungen

180 **1. Unterscheidung zwischen geänderten Leistungen und zusätzlichen Leistungen. a) Notwendigkeit der Unterscheidung nur wegen des Ankündigungserfordernisses gemäß § 2 Abs. 6 Nr. 1 Satz 2 VOB.** § 2 Abs. 5 regelt die Vergütungsfolgen, wenn durch „**Änderung des Bauentwurfs**" oder **andere Anordnungen** des Auftraggebers die Grundlagen des Preises für **eine im Vertrag vorgesehene Leistung geändert** werden". § 2 Abs. 6 VOB/B regelt die Vergütungsfolgen, wenn der Auftraggeber „**eine im Vertrag *nicht* vorgesehene Leistung** fordert"; die Mehrvergütung richtet sich dann „nach den Grundlagen der Preisermittlung für die vertragliche Leistung und den besonderen Kosten der geforderten Leistung". Da die Rechtsfolgen identisch sind und die Berechnung auf identischer Grundlage beruht (oben Rdn. 137, 138), darüber hinaus auch die sonstigen Tatbestandsvoraussetzungen identisch sind (Anordnung, ggf.: Preisvereinbarungen), liegt der einzige Unterschied zwischen den beiden Vergütungstatbeständen darin, dass Ansprüche wegen zusätzlicher Leistungen gemäß § 2 Abs. 6 Nr. 1 Satz 2 voraussetzen, dass der Auftragnehmer seinen Anspruch auf Mehrvergütung vor Ausführung **angekündigt** hat, ansonsten er seinen Vergütungsanspruch verlieren soll – ungeachtet der Tatsache, dass die Ausnahmen dazu um ein Vielfaches häufiger sind als die Regel (siehe Rdn. 198 ff.) –, während es eine solche Ankündigungsvoraussetzung bei § 2 Abs. 5 VOB/B nicht gibt. Auch wenn diese Regelung sachlich unverständlich ist, lässt sich angesichts der Fassung der VOB/B nicht ändern, dass sich, wenn auch nur in diesem einen einzigen Punkt, § 2 Abs. 5 und § 2 Abs. 6 unterscheiden, so dass **nur deswegen** eine Abgrenzung der Vorschriften gegeneinander notwendig ist, vorausgesetzt, das Ankündigungserfordernis des § 2 Abs. 6 ist überhaupt wirksam oder jedenfalls Anspruchsvoraussetzung (dazu Rdn. 198 ff.). Anders herum: Wenn der Auftragnehmer Mehrkosten angekündigt **hat,** spielt es keine Rolle mehr, ob § 2 Abs. 5 und Abs. 6 VOB/B anwendbar ist – die Voraussetzungen und Folgen sind identisch. Nur wenn der Auftragnehmer die **Ankündigung unterlassen** hat, kann es also, wenn keine Ausnahme vom Ankündigungserfordernis bei § 2 Abs. 6 eingreift, auf die Unterscheidung ankommen.

181 **b) Die Unterscheidung zwischen geänderten und zusätzlichen Leistungen im Einzelnen. aa) Bausoll-Bauist-Abweichung hinsichtlich der Bauumstände: Nur § 2 Abs. 5 VOB/B; kein zeitliches Anordnungsrecht.** Gemäß § 1 Abs. 3 VOB/B darf der Auftraggeber „Änderungen des **Entwurfs** anordnen", also Änderungen des Bauinhalts, wozu auch vertragliche Regelungen zum Bauverfahren, bautechnische Arbeitsvorgehen, die technische Planung und überhaupt der bautechnische Leistungsumfang gehören.[435] Das Änderungsrecht betrifft **nur** den Entwurf, also **nicht die Bauumstände,** also das, was als **Produktionsablauf** der Dispositionsfreiheit des Auftragnehmers unterliegt,[436] darunter insbesondere die **Bauzeit.** Eine über den Wortlaut von „Entwurf" hinausgehende Änderungsbefugnis ist schon vorab AGB-rechtlich unzulässig,[437] aber auch nach allgemeinem Wortverständnis unzulässig. Das lässt sich nicht durch angebliche wirtschaftliche Überlegungen ausräumen, ganz abgesehen davon, dass ein zeitliches Anordnungsrecht einseitig den Interessen des Auftraggebers den Vorzug geben würde.[438] Erlaubt sind lediglich **technisch zwingende notwendige** Anordnungen bei unveränderter Bauleistung:

---

[435] *Von Rintelen* F0E0 § 1 Rdn. 53; *Jansen* in Beck'scher VOB-Kommentar, VOB/B § 1 Rdn. 27; *Eichberger* in Kleine-Möller/Merl/Glöckner, Handbuch, § 11 Rdn. 86.
[436] *Markus* F0E0 § 6 Rdn. 1.
[437] Überzeugend *von Rintelen* F0E0 § 1 Rdn. 57b-g.
[438] Zutreffend *Fuchs* BauR 2014, 1550.

Vergütung **181 § 2 VOB/B**

Wenn die Baugrube einstürzt und deshalb der Auftraggeber anordnet, andere Leistungen zurückzustellen, ist das selbstverständlich zulässig, unabhängig von der Frage, ob das nicht auch Behinderungstatbestände sind.

Die Ablehnung eines zeitlichen Anordnungsrechts bestätigt auch die Neufassung des BGB. Im Abschlussbericht der Arbeitsgruppe Bauvertragsrecht vom 18.6.2013 war noch ein zeitliches Anordnungsrecht vorgesehen, wenn „schwerwiegende Gründe bei der Abwägung der beiderseitigen Interessen den Beschluss überwiegen." Nach der deutlichen Kritik an diesem Entwurf hat der Regierungsentwurf und dann der Gesetzgeber in § 650b BGB das zeitliche Anordnungsrecht gestrichen.

Dass kein zeitliches Anordnungsrecht besteht, ist mit Recht ganz herrschende Lehre.[439] § 2 Abs. 5 VOB/B eröffnet durch den Begriff der „sonstigen Anordnungen" die Einbeziehung von Soll-Ist-Abweichungen, die nicht die Entwurfsänderungen, also nicht den Bauinhalt, sondern die (zeitlichen) Bauumstände betreffen.[440] Eine solche Erweiterung findet sich in § 2 Abs. 6 nicht. Also lassen sich **Bauumstandsänderungen nicht über § 2 Abs. 6** erfassen.

§ 2 Abs. 5 VOB/B hinsichtlich der „sonstigen Anordnungen" so zu verstehen, dass es gar **keinen**[441] oder **keinen sinnvollen**[442] Anwendungsbereich für „sonstige Anordnungen" gibt, kann nicht richtig sein. Unter „sonstige Anordnungen", also Tatbeständen für die **Vergütung** geänderter Leistungen, sind deshalb **alle** Anordnungen des Auftragnehmers zu **Bauumständen** zu verstehen, seien sie, weil technisch zwingend notwendig, vertraglich erlaubt oder, weil technisch nicht zwingend notwendig, vertraglich nicht erlaubt.[443] Auch wenn also das **bauinhaltliche** Änderungsrecht **überschritten** wird,[444] der Auftragnehmer die Anordnung des

---

[439] Einzelheiten KG BauR 2008, 833; *Markus* NJW 2007, 545 sowie NZBau 2006, 537; *Kapellmann/Schiffers/Markus* Band 1, Rdn. 783-788; *Althaus/Heindl*, Der öffentliche Bauauftrag, Teil 3 Rdn. 157; *Werner/Pastor* Rdn. 1458; *Oberhauser* FS Englert, 327; *Kimmich* BauR 2008, 236; *von Rintelen* § 11 Rdn. 51-59; *Voit* in Messerschmidt/Voit, Privates Baurecht, VOB/B § 1 Rdn. 6; *Berger* in Beck'scher VOB-Kommentar § 6 Abs. 1 Rdn. 73; *Sonntag* in NWJS VOB/B § 6 Rdn. 45; *Maase* BauR 2017, 929; *Motzke* NZBau 2006, 770, 771; *Kniffka* in Kniffka/Koeble, Kompendium, Teil 5 Rdn. 113. Der 5. Deutsche Baugerichtstag hat mit großer Mehrheit in Anknüpfung an die überzeugenden Ausführungen von *Fuchs* (BauR 2014, 1550) die Einführung eines zeitlichen Anordnungsrechts abgelehnt.
Es sollte auch zu denken geben, dass sowohl Österreich (ÖNorm B 2110) wie die Schweiz (SIA-Norm Art. 48/118) es ebenfalls verneinen.
Für ein zeitliches Anordnungsrecht *Zanner/Keller* NZBau 2004, 353; *Keldungs* in Ingenstau/Korbion, § 1 Abs. 3 Rdn. 6 (dazu die zutreffende Kritik von *Luz*, BauR 2016, 1065); *Jansen* in Beck'scher VOB-Kommentar, § 1 Abs. 3 Rdn. 23-40, jedoch seien Beschleunigungsanordnungen zulässig.
[440] Näher *Kapellmann/Schiffers/Markus* Band 1, Rdn. 798-800. Laut *Kniffka/Koeble* Teil 5, Rdn. 104, bestehen keine Bedenken, als „andere Anordnungen" solche an sich **nicht** berechtigten Anordnungen anzusehen, die der Auftragnehmer widerspruchslos ausführt.
[441] *Jansen* in Beck'scher VOB-Kommentar, VOB/B § 2 Abs. 5 Rdn. 29. Richtig und bezeichnenderweise führt *Sacher* in demselben Beck'schen VOB-Kommentar, VOB/B Einleitung Rdn. 112 zur VOB/B als AGB aus: „Eine Auslegung, die im Wortlaut keinen hinreichenden Anhalt findet, ist abzulehnen."
[442] Nach der nur insoweit richtigen Auffassung von *Thode* ZfBR 2004, 14 „sind Anordnungen zu Bauumständen keine Änderungen des Bauentwurfs". Weil § 1 Abs. 3 VOB/B deshalb nicht greife, seien sie vertraglich nicht erlaubt; nur vertragliche erlaubte Anordnungen fallen laut *Thode* unter § 2 Abs. 5 (als Änderung des „Bauentwurfs"), auch nach *Thode* verbleibt deshalb für die „sonstige Anordnung" des § 2 Abs. 5 kein Anwendungsbereich (speziell dazu *Kapellmann/Schiffers/Markus* Band 1, Rdn. 798, 799 und die vorige Fußnote).
Richtig ist: Technisch **zwingend** notwendige Anordnungen zu Bauumständen sind entgegen *Thode* unter dem Aspekt der Kooperationspflicht vertraglich erlaubt und fallen unter den Begriff „sonstige Anordnungen" (näher *Kapellmann/Schiffers/Markus* Band 1, Rdn. 785, 800); technisch **nicht zwingende** Anordnungen zu Bauumständen (z. B. **Beschleunigungsanordnungen**) sind zwar vertraglich nicht erlaubt (*Markus* NZBau 2006, 537; *Kapellmann/Schiffers/Markus* Band 1, Rdn. 785, 800; selbst *Jansen* in Beck'scher VOB-Kommentar, VOB/B § 1 Abs. 3 Rdn. 40), aber gerade weil § 2 Abs. 5 auch „**sonstige** Anordnungen" umfasst, werden **auch** sie über diese Vorschrift vergütet, falls der Auftragnehmer sie ausführt (*Kapellmann/Schiffers/Markus* Band 1, Rdn. 800; *Kimmich* BauR 2008, 263), darüber hinaus hat bei ihnen der Auftragnehmer das **Wahlrecht**, sie als Schadensersatz über § 6 Abs. 6 S. 1 VOB/B geltend zu machen, ebenso KG BauR 2008, 833; *Werner/Pastor*, Rdn. 1458; *Kimmich* BauR 2008, 263; **VOB/B § 6 Rdn. 57**).
[443] *Kapellmann/Schiffers/Markus* Band 1, Rdn. 798-800 mit Nachweisen der ganz herrschenden Lehre, z. B. BGH NJW 1968, 1234 und seitdem ständig; OLG Frankfurt NJW-RR 1997, 84; *Kleine-Möller/Merl/Glöckner*, Handbuch, § 12 Rdn. 536; *Markus* a. a. O.; *Vygen/Joussen*, Bauvertragsrecht, Rdn. 2255; FKZGM VOB/B § 2 Rdn. 108; *Werner/Pastor*, Rdn. 1458; *Kniffka* a. a. O.
[444] *Kleine-Möller/Merl/Glöckner* Handbuch, § 12 Rdn. 536; *Kapellmann/Schiffers/Markus* Band 1, Rdn. 800 mit Nachweisen.

VOB/B § 2 182–184   VOB Teil B

Auftraggebers aber dennoch befolgt, bleibt § 2 Abs. 5 VOB/B anwendbar, der Auftragnehmer ist nicht auf Ansprüche aus § 6 Abs. 6 VOB/B oder § 642 BGB beschränkt.

182 bb) **Bausoll-Bauist-Abweichung hinsichtlich des Bauinhalts. (1) § 2 Abs. 6 speziell zu § 2 Abs. 5.** Für die Abgrenzung zwischen **bauinhaltlich** geänderten und zusätzlichen Leistungen ist die gelegentliche Aussage, § 2 Abs. 5 erfasse als spezielle Vorschrift im Vertrag nicht vorgesehene Leistungen, die auf einer Änderung des Bauentwurfs oder einer Anordnung des Auftraggebers beruhen, weder richtig noch hilfreich. Wäre die Aussage richtig, so gäbe es keinen Anwendungsbereich für § 2 Abs. 6, denn (angeordnete) zusätzliche Leistungen beruhen notwendigerweise **immer** auf einer Planänderung.[445] **Alle** angeordneten geänderten oder zusätzlichen Leistungen beruhen auf Planänderungen des Auftraggebers; § 2 Abs. 6 greift aus dem ganzen Kranz dieser möglichen Planänderungen solche heraus, die zu einer zusätzlichen Leistung führen, § 2 Abs. 6 ist also speziell gegenüber § 2 Abs. 5. Damit allein ist aber nicht viel gewonnen, denn eine inhaltliche Definition von geänderten in Abgrenzung zu zusätzlichen Leistungen[446] wird dadurch nicht entbehrlich.

183 **(2) Kein § 2 Abs. 5 zum Bauinhalt ohne qualitative Änderung der Teilleistung.** Bauinhaltlich erscheint die Abgrenzung zwischen geänderter und zusätzlicher Leistung auf den ersten Blick einfach: Geändert werden kann etwas, was schon vorhanden ist, zusätzlich kann nur etwas geleistet werden, das noch nicht vorhanden ist. Der Teufel liegt im Detail: Wenn das Leistungsverzeichnis vorsieht, dass Bäder bis zur Höhe von 1,40m gefliest werden sollen und der Auftraggeber selbst anordnet, dass bis 1,80m gefliest werden soll: Ist dann die „Mehrverfliesung" geänderte Leistung der bisherigen Leistung „Fliesen bis 1,40 m" oder zusätzliche Leistung zur bisherigen Leistung „Fliesen bis 1,40 m"?

§ 2 Abs. 5 verlangt nach seinem Wortlaut eine **Änderung** des Bauentwurfs, § 2 Abs. 6 eine im Vertrag **nicht** vorgesehene Leistung. Diese beiden Bestimmungen muss man im Zusammenhang interpretieren, insbesondere, um einen sinnvollen Anwendungsbereich für § 2 Abs. 6 zu behalten – siehe oben Rdn. 182. Dann ist es systemgerecht, unter § 2 Abs. 6 auch bloße „Mehrleistungen" zu erfassen, denn ein „Mehr" ist bestimmt im Vertrag noch nicht vorgesehen. Wenn aber „Mehrleistungen" von § 2 Abs. 6 erfasst werden, so ist wegen der Spezialität von § 2 Abs. 6 damit umgekehrt geklärt, dass diese „Mehr"-Leistungen von § 2 Abs. 5 nicht erfasst sind und also, dass die Änderung gemäß § 2 Abs. 5 nicht quantitativer, sondern **qualitativer** Art sein muss. Damit lassen sich folgende **negative** Abgrenzungen ziehen: Eine bauinhaltliche Leistungsmodifikation unterfällt **nicht § 2 Abs. 5,** wenn nicht aus einer vorhandenen Teilleistung entweder ein Leistungselement entfällt oder ein Leistungselement hinzutritt oder an die Stelle eines entfallenden Elements ein verändertes tritt. Bleibt der **qualitative** Inhalt **unverändert,** unterfällt die Modifikation **nicht** § 2 Abs. 5 VOB/B.[447] Deshalb unterfällt die Anordnung einer **bloßen Mehrmenge** immer nur § 2 Abs. 6 VOB/B;[448] die Leistung „Fliesen bis 1,40 m" ist vollständig ausgeführt, die Zusatzanordnung führt nicht zu einer Veränderung des qualitativen Inhalts, es ist nur „mehr" zu leisten". Das Kriterium „Notwendigkeit **qualitativer** Änderung" reicht aber allein noch nicht für eine positive Abgrenzung der beiden Vorschriften: Auch wenn sich der qualitative Inhalt einer Teilleistung ändert, so unterfällt doch **nicht jede** qualitative Änderung § 2 Abs. 5 VOB/B; der „Abweichungscharakter" der Änderung kann nämlich so groß werden, dass eine Ableitung des neuen Preises aus den bisherigen Preisermittlungsgrundlagen nicht mehr möglich ist, die Leistung damit jedenfalls kalkulatorisch „neu" ist. Dann ist § 2 Abs. 6 VOB/B anzuwenden – dazu Rdn. 184.

184 **(3) Abgrenzung nach dem Ausmaß der qualitativen Abweichung im Produktionsverfahren.** So weit nicht die negativen Abgrenzungskriterien gemäß den Rdn. 181 bis 183 eingreifen, bleibt es – solange man das Ankündigungserfordernis des § 2 Abs. 6 VOB/B bejaht – unumgänglich, den Unterschied zwischen geänderten und zusätzlichen Leistungen positiv zu definieren. Dazu müssen materielle Kriterien entwickelt werden. Es kann deshalb als Definition

---

[445] Unklar *Kuffer* in Heiermann/Riedl/Rusam VOB/B § 2 Rdn. 199.
[446] Dazu Rdn. 183.
[447] Ausführlich dazu *Kapellmann/Schiffers/Markus* Band 1, Rdn. 800–802; Band 2, Rdn. 1062ff. Str.
[448] Näher *Kapellmann/Schiffers/Markus* Band 1, Rdn. 805 ff., Band 2, Rdn. 1074–1081, weiter Rdn. 187; *Jansen* in Beck'scher VOB-Kommentar VOB/B § 1 Abs. 3 Rdn. 69; a. A. *Vygen/Joussen,* Bauvertragsrecht, Rdn. 2264, dann aber mit der Einschränkung, § 2 Abs. 5 VOB/B sei anwendbar bei Änderung der Leistungsbeschreibung. Wir erörtern aber die „pure" Mehrmenge, bei der sich der Leistungsbeschrieb gerade nicht ändert.

nicht genügen, für § 2 Abs. 6 zu verlangen, es müsse sich um **wirklich** (?) zusätzliche, **gänzlich** außerhalb des bisherigen Vertragsumfangs liegende Leistungsanforderungen des Auftraggebers handeln.[449] Umgekehrt reicht es als Unterscheidungsmerkmal für § 2 Abs. 5 **auch nicht** aus, dass es sich um „die Änderung einer schon beauftragten Hauptleistung handelt, die nicht neu zu den Vertragsleistungen hinzukommt",[450] denn auch der bloße Wegfall eines Leistungselements ohne ersetzende Leistung führt schon zur qualitativen Änderung (oben Rdn. 183). **Ebenso wenig** reicht als Definition der Änderung, dass „eine ursprünglich geschuldete Leistung anders ausgeführt wird, die Anordnung also die Art und Weise der Ausführung betrifft (?)".[451] Für die Unterscheidung kommt es vielmehr darauf an, ob die qualitative Änderung sich **noch als „Änderung der Grundlagen der Preisermittlung" erfassen lässt oder nicht.** Solange unter den Vertragsleistungen noch Bezugspositionen zu finden sind, deren Teilleistungen und insbesondere deren Elemente der Angebotskalkulation als kalkulatorisch sinnvolle Ausgangspunkte für die Nachtragskalkulation der modifizierten Leistung, damit also für die Bildung eines neuen Preises, herangezogen werden können, sofern sich also die Kostenelemente der modifizierten Leistung noch aus einer „analogen Kostenfortschreibung" problemlos aus den Ansätzen der Angebotskalkulation ermitteln lassen, **solange ist der Bauinhalt (nur) geändert.** Gibt es im Vertrag dagegen **keine Leistungen,** deren Teilleistungen bzw. deren Elemente der Angebotskalkulation **als sinnvoller Ausgangspunkt für die Nachtragskalkulation** und damit für die neue Preisbildung **herangezogen** werden können, so sind die modifizierten Leistungen nicht mehr nur ändernd, sondern **zusätzlich** und damit nach § 2 Abs. 6 VOB/B zu erfassen.[452] Anhaltspunkt dafür kann sein, ob auf die neue Leistung eine andere Fach-DIN anzuwenden ist als auf die ersetzte Leistung. Aus diesem Grund ist z. B. die Einbringung von Pfählen durch Bohren gegenüber dem Rammen nicht nur geänderte Leistung, sondern zusätzliche Leistung; dabei ist aber zu beachten, dass die Leistung „Bohren" damit durch konkludente Teilkündigung entfallen ist. Das muss bei der Berechnung der zusätzlichen Leistungen berücksichtigt werden.[453]

2. Häufige Fallgruppen. a) Änderung von Bauumständen. Weicht das Bauist hinsichtlich der Bauumstände aus Gründen, die nicht im Risikobereich des Auftragnehmers liegen, vom Bausoll ab, so hat der Auftragnehmer bei veränderten Kosten Anspruch auf veränderte Vergütung, und zwar bei entsprechender Anordnung des Auftraggebers gemäß § 2 Abs. 5,[454] ohne Anordnung gegebenenfalls gemäß § 2 Abs. 8 Nr. 2, 3, dagegen nicht aus „Verschulden bei Vertragsschluss" (§§ 311, 280 BGB);[455] bei **zeitlichen,** technisch nicht zwingenden Anordnungen kommen **konkurrierende** Ansprüche gemäß § 6 Abs. 6 Satz 1 VOB/B oder aus § 6 Abs. 6 Satz 2 VOB/B, 642 BGB in Betracht.[456]

185

Beispiele (vgl. auch Rdn. 35):
– Auftraggeberseitiger Baustopp, Bauzeitverschiebung, Anordnung von Arbeitsunterbrechungen.[457]
– Der Vertrag schreibt Eisenbahntransport vor, die dazu im Vertrag vorgesehene Eisenbahnstrecke ist aber nicht geeignet.[458]

---

[449] OLG Nürnberg NZBau 2000, 518, Revision vom BGH nicht angenommen (IBR 2001, 10), in Anknüpfung an frühere Auflagen von *Ingenstau/Korbion/Keldungs* VOB/B § 2 Nr. 6 Rdn. 9. „Wirklich" zusätzlich hat keinerlei Erkenntniswert; „gänzlich" außerhalb des Vertragsumfanges müssen die zusätzlichen Leistungen nicht liegen, es genügt, dass sie „im Vertrag nicht vorgesehen" sind, so der Wortlaut von § 2 Abs. 6, auch heute lautet die Überschrift bei *Keldungs* in Ingenstau/Korbion/Keldungs VOB/B § 2 Abs. 6 Rdn. 14 noch: „**Wirkliche** Zusatzleistung".
[450] *Vygen/Joussen,* Bauvertragsrecht, Rdn. 2265.
[451] *Keldungs* in Ingenstau/Korbion VOB/B § 2 Abs. 5 Rdn. 10. Das sind Leerformeln.
[452] Näher dazu **mit Beispielen** *Kapellmann/Schiffers/Markus* Band 1, Rdn. 831–843, auch hier Rdn. 186 mit Beispiel „Feinsandlinse". Zustimmend OLG Köln BauR 2011, 1000; OLG München BauR 2011, 684; OLG Koblenz BauR 2008, 1893; *Kleine-Möller/Merl/Glöckner* Handbuch, § 12 Rdn. 503. Im Ergebnis auch BGH *Schäfer/Finnern* Z 2.310 Bl. 25.
[453] Beispiel für eine entsprechende Berechnung *Kapellmann/Schiffers/Markus* Band 1, Rdn. 826.
[454] Zum Begriff „Bauumstände" Rdn. 33 ff., zum Risikobereich Rdn. 176, zur alleinigen Anwendung von § 2 Abs. 5 Rdn. 181.
[455] *Kapellmann/Schiffers/Markus* Band 1, Rdn. 248; unzutreffend OLG Düsseldorf NZBau 2001, 334. Siehe auch Rdn. 124.
[456] Dazu VOB/B § 6 Rdn. 57; anders *Thode* ZfBR 2004, 214.
[457] OLG Frankfurt NJW-RR 1997, 84; OLG Düsseldorf BauR 1996, 115; *Keldungs* in Ingenstau/Korbion VOB/B § 2 Abs. 5 Rdn. 17; *Schoofs* in Leinemann VOB/B § 2 Rdn. 251, 252.
[458] BGH „Eisenbahnbrücke" BauR 1999, 897.

– Der Vertrag sieht eine bestimmte Straße zur Materialabfuhr vor, der Auftraggeber bestimmt nachträglich eine andere Straße.[459]
– Der vertraglich vorgesehene Verdichtungsgrad ist objektiv nicht erreichbar; gemäß 3.4.2 DIN 18.300 ordnet der Auftraggeber als „geeignete Maßnahme" an, 4 Monate abzuwarten, bis der Boden abgetrocknet ist.[460]
– Die vertraglich vorgesehene vollständige Sperrung einer zweispurigen Richtungsfahrbahn erfolgt nicht.[461]

186 **b) Baugrund- und Grundwasserfälle.** Probleme aus dem Bereich „Baugrund" bilden eine häufige Quelle streitiger Nachträge. Bei ihnen ist die Notwendigkeit der richtigen Bausollbestimmung besonders deutlich.[462] Sofern die Vertragsunterlagen keine Aussagen enthalten, sind „nach Empfängerhorizont der Bieter" (dazu Rdn. 110) **nicht Beschaffenheitssoll** solche Zustände, Eigenschaften, „Bestandteile" oder Reaktionen (dazu oben Rdn. 41) des Baugrundes, die von der auch bei Einbeziehung vorsichtiger Annahmen nicht vorauszusehenden geologischen Beschaffenheit des Baugrundes abweichen oder damit nichts zu tun haben, z. B. Mauerwerksreste, Munitionsfunde oder geologische „Ausreißer" (Beispiel: Feinsandlinse),[463] unter Umständen Schichtenwasser, Klüfte, Einlagerungen;[464] zu Versorgungsleitungen und der Bedeutung von Kabelschutzanweisungen näher *Englert / Grauvogl / Maurer*.[465]

Beispiele:
– Eine LV-Position lautet: 1.000m³ Bodenaushub bei 2m Tiefe. Ordnet der Auftraggeber Tieferschachtung an, so ist das angeordnete Mehrmenge (s. Rdn. 187), § 2 Abs. 6, nicht Leistungsänderung gemäß § 2 Abs. 5.[466]
– Wird eine andere Bodenklasse vorgefunden als ausgeschrieben, so ist § 2 Abs. 5 anzuwenden, sofern zur Preisermittlung der neuen Leistung noch auf bisherige Kalkulationselemente zurückgegriffen werden kann, sonst § 2 Abs. 6.[467]
– Für Kanalbauarbeiten ist der Verbau mit Kanaldielen genau vorgeschrieben, als Bodenart ist „Fließsand" angegeben. Der vorgefundene Fließsand ist so fein, dass er zwischen den Kanaldielen durchfließt, also mit der vom Auftraggeber vorgesehenen Ausführungsmethode nicht zu behandeln ist. Das ist ein Fall von § 2 Abs. 5.[468]

187 **c) Angeordnete Mengenmehrung.** Ordnet der Auftraggeber eine bloße Vermehrung inhaltlich unveränderter Leistungselemente an, also nur ein Mehr, aber keine Veränderung, ist das angeordnete Mengenmehrung, die unter § 2 Abs. 6 fällt, nicht unter § 2 Abs. 5;[469] ist die Menge ohne auftraggeberseitige Anordnung nur größer als der Vordersatz des LV, so ist das beim Einheitspreisvertrag ein Fall des § 2 Abs. 3 siehe Rdn. 144, beim Pauschalvertrag unbeachtlich, solange nicht die Grenze der Störung der Geschäftsgrundlage überschritten wird siehe Rdn. 277. Bei Einheitspreisverträgen ist für die Berechnung das Schema von § 2 Abs. 3 Nr. 2 zu übernehmen, dazu Rdn. 144. Bei Pauschalverträgen ist oft schwer zu entscheiden, ob die in

---

[459] *Kapellmann / Schiffers / Markus* Band 1, Rdn. 507; *Keldungs* in Ingenstau/Korbion VOB/B § 2 Abs. 5 Rdn. 11; *Leinemann*, VOB/B § 2 Rdn. 251.
[460] *Kapellmann / Schiffers / Markus* Band 1, Rdn. 731.
Weitere Beispiele hier § 6 Rdn. 18, 19.
[461] OLG Köln BauR 2004, 65.
[462] Zum Bausoll beim Baugrund allgemein oben Rdn. 41–44, zum „Systemrisiko" Rdn. 39, 40, zur Bausollbestimmung durch die einzelnen Vertragsbestandteile, insbesondere VOB/C, Rdn. 64–89, zur Auslegung unklarer oder widersprüchlicher Regelungen zum Bausoll Rdn. 90–129. Beispiel einer Nachtragsvergütung wegen fehlerhaft beschriebener Baugrundverhältnisse BGH „Schleuse Uelzen" NZBau 2009, 707; oben Rdn. 105.
[463] Bei Durchpressarbeiten von Boden der Klasse 3–7 wird eine völlig trockene Feinsandlinse angetroffen; dadurch müssen Zwischenbrücken eingebaut werden: Anwendung von § 2 Abs. 6, nicht Abs. 5 (wegen völliger Veränderung des Produktionsverfahrens, oben Rdn. 184), LG Köln *Schäfer / Finnern / Hochstein* § 6 Nr. 6 VOB/B Nr. 2, Einzelheiten *Kapellmann / Schiffers / Markus* Band 1, Rdn. 802.
[464] Näher *Kapellmann / Schiffers / Markus* Band 1, Rdn. 746, 775; Marbach BauR 1994, 168. Zur Berechnung Rdn. 144.
[465] Handbuch Baugrund Kapitel 10.
[466] LG Köln BauR 1980, 368; laut *Keldungs* in Ingenstau/Korbion VOB/B § 2 Abs. 6 Rdn. 14, § 2 Abs. 5; *Jansen* in Beck'scher VOB-Kommentar Teil B § 1 Abs. 3 Rdn. 70; *Kapellmann / Schiffers / Markus* Band 1, Rdn. 809.
[467] *Kapellmann / Schiffers / Markus* Band 1, Rdn. 799.
[468] OLG Düsseldorf *Schäfer / Finnern* Z. 3.11 Bl. 9; *Kapellmann / Schiffers / Markus* Band 1, Rdn. 813; siehe oben Rdn. 38.
Weitere Beispiele *Kapellmann / Schiffers / Markus* Band 1, Rdn. 805–823; Band 2, Rdn. 1064.
[469] Oben Rdn. 183.

den Vertragsunterlagen angegebene Menge nicht doch selbst Bausoll ist und dann doch die Überschreitung zur Vergütungspflicht führt („Preislistenpauschale") siehe Rdn. 237, Fälle c und d.

d) Konkretisierung der Ausführungsplanung. Die Ausführungsplanung ist notwendigerweise eine Konkretisierung der Entwurfsplanung, sie kann die Entwurfsplanung aber auch ändern. Waren Entwurfszeichnungen Gegenstand des Vertrages (Bausoll), Ausführungszeichnungen aber nicht, so kommt es auf diesen Unterschied an: Solange sich die Ausführungsplanung nur im Rahmen einer Detaillierung der Entwurfsplanung hält, ist sie eine erwartete Konkretisierung, aber nicht Modifizierung im Sinne geänderter oder zusätzlicher Leistungen. Verlässt sie den Rahmen bloßer Konkretisierung, passt also die per Ausführungsplanung definierte Teilleistung nicht mehr unter den Hut Entwurfsplanung, so ist das nichts anderes als auftraggeberseitige Anordnung einer geänderten oder zusätzlichen Leistung. Maßstab ist, was ein Auftragnehmer **kalkulativ** betreffend der konkreten Teilleistung aus den Entwurfsunterlagen erkennen konnte.[470] Das gilt auch für die Frage, was ein Auftragnehmer aus den Vertragsunterlagen noch als geschuldeten **„Standard"** erkennen kann, insbesondere bei Auswahlpositionen.[471]

Eine große Bedeutung hat die Fragestellung im Zusammenhang mit der Ermittlung des Bausolls bei Global-Pauschalverträgen und im Zusammenhang mit Komplettheitsklauseln, siehe Rdn. 244, 263 ff.

3. § 2 Abs. 5 VOB/B analog bei verschobenem Zuschlag. Der BGH billigt zu Recht 189 dem Bieter die „Erstattung" von Mehrkosten bei verschobenem Zuschlag analog § 2 Abs. 5 VOB/B zu.[472] Aus der Tatsache, dass der Bundesgerichtshof nur „tatsächliche Mehrkosten" zuspricht,[473] wird zum Teil geschlossen, die tatsächlich entstandenen Mehrkosten seien wie bei einer Schadensersatzregelung zu erstatten, was auch erst nach Ende der Bauzeit möglich sei.[474] Der Bundesgerichtshof verlangt aber eine Berechnung analog § 2 Abs. 5 VOB/B, also eine Mehrvergütungsberechnung in Entwicklung der Kalkulation, dabei ist der Kostensteigerungsfaktor in die Kalkulation zu übernehmen.[475] Nur so ist überhaupt eine von § 2 Abs. 5 VOB/B geforderte Vergütungsvereinbarung **vor** Ausführung der (verschobenen) Leistung möglich.

4. Anordnung oder Fordern der modifizierten Leistung. a) Anordnung bzw. Fordern in eindeutiger Weise, einverständliche Entscheidungen. Der entscheidende Unterschied zwischen § 2 Abs. 5, 6 einerseits und § 2 Abs. 8 Nr. 2, 3 andererseits ist der, dass Abs. 5, Abs. 6 eine Bausoll-Bauist-Abweichung auf Veranlassung des Auftraggebers voraussetzen, Abs. 8 Nr. 2, 3 dagegen Bausoll-Bauist-Abweichungen ohne Veranlassung des Auftraggebers betrifft. Diese auftraggeberseitige Veranlassung nennt man bei § 2 **Abs. 5 Anordnung** („Änderungen des Bauentwurfs – dazu § 1, Rdn. 57 – oder sonstige **Anordnungen**"), in § 2 Abs. 6 heißt es **„Forderungen"**, der korrespondierende § 1 Abs. 4 spricht vom **„Verlangen"** des Auftraggebers. Inhaltlich geht es immer um dasselbe, nämlich die (einseitige) Aufforderung des Auftraggebers gegenüber dem Auftragnehmer, eine modifizierte Leistung auszuführen,[476] und zwar eine – in einer schön altmodischen, aber genau treffenden Formulierung des Bundesgerichtshofs – „eindeutige Befolgung durch den Auftragnehmer heischende Aufforderung".[477] Auch eine ein-

---

[470] *Kapellmann/Schiffers/Markus* Band 1, Rdn. 863–869; siehe auch oben Rdn. 111.
[471] Näher oben Rdn. 110 mit Beispielen, Rdn. 192.
[472] Grundsatzurteil „Verschobener Zuschlag I", BGH NZBau 2009, 370 m. Anm. Kapellmann = BauR 2009, 1131.
[473] BGH „Verschobener Zuschlag II" NZBau 2009, 771 m. Anm. Kapellmann = BauR 2009, 1901.
[474] Z. B. OLG Düsseldorf BauR 2011, 1969.
[475] Eindeutig in Bezug auf „Mehr**vergütung**" schon BGH NZBau 2010, 102 = BauR 2010, 455; BGH NZBau 2011, 97. Richtig die Berechnung in OLG Celle NZBau 2011, 614 m. Anm. *Markus*. Der BGH hat in seiner Grundsatzentscheidung „Verschobener Zuschlag-Höhe" NZBau 2012, 287 diese Berechnungsmethode i. E. bestätigt. Näheres dazu *Markus* NZBau 2012, 414. Zum Ganzen näher *Kapellmann/Schiffers/Markus* Band 1 Rdn. 803.
[476] Der sprachliche Unterschied zwischen Anordnung und Forderung ist gerechtfertigt, weil Forderungen i. S. v. **§ 2 Abs. 6** auch das Fordern sogenannter **„anderer Leistungen"** (zum Begriff § 1 Rdn. 115) umfasst, die der Auftraggeber zwar fordern, aber nicht erzwingen (anordnen) kann, näher Kapellmann/Schiffers/Markus Band 1, Rdn. 844. Zu dem Begriff der **„anderen** Anordnung" bei **§ 2 Abs. 5** siehe oben Rdn. 181.
[477] BGH *Schäfer/Finnern* Z 2.414 Bl. 219, später BGH „Wasserhaltung I" BauR 1992, 759.

verständliche Entscheidung fällt darunter,[478] nicht jedoch eine bloße Erörterung, eine unverbindliche Überlegung oder ein nicht als unmissverständliche Handlungsanweisung gekennzeichneter Wunsch des Auftraggebers. Dabei betreffen die „sonstigen Anordnungen" im Rahmen des § 2 Abs. 5 die Bauumstände (**ohne zeitliches Anordnungsrecht**) (**oben Rdn. 181**), alle übrigen Anordnungen den Bauinhalt.

Der Auftraggeber braucht sich des „Bausoll ändernden Charakters" seiner Anordnung **nicht bewusst zu sein,** dazu Rdn. 191.

191 **b) Anordnung irrelevant innerhalb des Bausolls; „irrtümliche" Anordnung.** Häufiger ordnet der Auftraggeber eine Leistung an, ohne sich Gedanken darüber zu machen, ob sie eine Modifizierung des Bausolls bedeutet oder nicht, oder er meint, die Anordnung führe zu einer Modifizierung des Bausolls, während der Auftraggeber in Wirklichkeit nur zu einer Leistung auffordert, die der Auftragnehmer ohnehin schuldet. Ob der Auftraggeber eine Anordnung trifft, ohne darüber nachzudenken, ob oder warum seine Anordnung zu einem Nachtrag führt, ob er irrtümlich meint, seine Anordnung halte den Auftragnehmer nur zur Erfüllung der geschuldeten Leistung an, bewege sich also innerhalb des Bausolls, ob er sogar irrtümlich oder vielleicht sogar wider besseres Wissen ausdrücklich **erklärt,** er ordne zwar eine bestimmte Leistung an, diese bewege sich aber nach seiner Beurteilung innerhalb des Bausolls, deshalb werde er auch keine Mehrkosten für geänderte Leistungen zahlen: All das ist unbeachtlich. Neben allgemeinen Grundsätzen zur Willenserklärung versteht sich das jedenfalls beim VOB-Vertrag von selbst: Der Auftraggeber hat sowohl gemäß § 4 Abs. 1 Nr. 3 VOB/B das Recht, gegenüber dem Auftragnehmer (unter Wahrung der dem Auftragnehmer zustehenden Leitung) Anordnungen zu treffen, die zur **vertragsgemäßen** Ausführung der Leistung notwendig sind (also Anordnungen bei **unverändertem** Bausoll) wie gemäß § 1 Abs. 3, Abs. 4 VOB/B das Recht, Anordnungen zu treffen, deren Ausführung vom Bausoll **abweicht,** also zu **geänderten** oder **zusätzlichen** Leistungen führt. Der Auftragnehmer braucht bei einer Anordnung des Auftraggebers nicht zu erforschen, wie der Auftraggeber die Rechtsfolge seiner Anordnung beurteilt. Für die Auswirkung dieser Anordnung kommt es allein auf den objektiven Sachverhalt an ohne Berücksichtigung der subjektiven Willensrichtung des Auftraggebers;[479] liegt die Anordnung innerhalb des Bausolls, beurteilen sich die Folgen nach § 4 Abs. 1 Nr. 3 VOB/B; liegt sie außerhalb, greift § 1 Abs. 3, 4 i. V. m. § 2 Abs. 5, 6 VOB/B ein. Damit löst sich auch folgerichtig der umgekehrte Fall: Wenn der Auftraggeber glaubt, mit seiner Anordnung die vertragliche Leistung zu ändern, aber die angeordnete Leistung objektiv doch zum Bausoll gehört, braucht der Auftraggeber keine Mehrvergütung zu zahlen und kann zu Unrecht schon gezahlte nach Bereicherungsgrundsätzen zurückverlangen.[480]

Etwas anderes gilt, wenn die Parteien sich **uneinig** darüber waren, ob eine Leistung zum Bausoll gehört oder nicht, was z. B. typisch bei einem Global-Pauschalvertrag ist, sich dann aber dessen ungeachtet auf gesonderte Bezahlung der angeblichen oder wirklichen modifizierten Leistung **einigen;** das ist ein Vergleich, der (auch) den Auftraggeber bindet, auch wenn er nachträglich entweder feststellt oder sich sicher wird, dass die angeordnete Leistung doch schon

---

[478] OLG Frankfurt OLG-Report 1999, 78, 79; *Kapellmann/Schiffers/Markus* Band 1, Rdn. 1161. Laut OLG Karlsruhe IBR 2012, 189 erfolgt die Feststellung der Höhe durch „ergänzende Vertragsauslegung", sonst nach § 632 Abs. 2 BGB. Wenn es sich um einen VOB/B-Vertrag handelt, muss die ergänzende Vertragsauslegung gerade zur Anwendung von § 2 Abs. 5, 6 VOB/B führen; ebenso Leinemann, VOB/B § 2 Rdn. 256.

[479] Im Ergebnis BGH „Bistroküche" BauR 2008, 1131 = NZBau 2008, 437; BGH BauR 1992, 759; OLG Dresden IBR 2006, 127; OLG Hamm BauR 2001, 1594; *Junghenn* in Beck'scher VOB-Kommentar VOB/B § 4 Abs. 1 Rdn. 202, 203; *Merkens* → B § 4 Rdn. 25; *Kapellmann/Schiffers/Markus* Band 1, Rdn. 847, 860; Band 2, Rdn. 114, 115 und 1088, 1089. Unrichtig OLG Brandenburg NZBau 2011, 680. Die Weigerung im letzteren Fall, Mehrvergütung zu zahlen, ist ohnehin eine protestatio facto contraria. Eine Anordnung ist zudem als Ausübung eines einseitigen Bestimmungsrechts des Auftraggebers (BGH BauR 2004, 495; *von Rintelen* → B § 1 Rdn. 50a), also eines Gestaltungsrechts, **bedingungsfeindlich** (statt aller: *Ellenberger* in Palandt BGB, Rdn. 13 Einführung vor § 158 mit Nachweisen).

[480] BGH NZBau 2005, 453; *Kapellmann/Schiffers/Markus* Band 1, Rdn. 847, 945, 946; unten Rdn. 193, 227. Das entspricht der Struktur von VOB-Nachträgen (oben Rdn. 175): Erste Beurteilungsebene ist die Bausoll-Bauist-Abweichung, gleichgültig, was Ursache dieser Abweichung ist. Zweite Beurteilungsebene ist die Prüfung, ob die Abweichung auf einer auftraggeberseitigen Anordnung beruht, dann § 2 Abs. 5, 6 VOB/B, oder ob eine wirksame Anordnung fehlt, dann Beurteilung nach § 2 Abs. 8 VOB/B und ggf. Bereicherungsrecht.

vom Bausoll umfasst war;[481] dieser Vergleich wäre nach § 779 BGB nur dann unwirksam, wenn sich **beide** Parteien hinsichtlich des zugrunde gelegten Sachverhalts geirrt hätten.

c) Auswahl bei Auswahlpositionen keine Anordnung i. S. v. § 2 Abs. 5, 6. Wenn der Auftraggeber bei einer Auswahlposition (zum Begriff VOB/A § 4 Abs. 1, 2 Rdn. 25) nach Vertragsschluss seine Wahl wie vertraglich vorgesehen trifft, bewegt er sich innerhalb des Bausolls, seine Wahl führt also nicht zur modifizierten Vergütung. Allerdings kann die Wahl auch den Rahmen der vertraglich zulässigen Auswahlmöglichkeiten überschreiten, also z. B. den nach Empfängerhorizont der Bieter noch zu erwartenden **Standard**[482] – das führt zur Bausoll-Bauist-Abweichung und zur modifizierten Vergütung.

d) Ausdrückliche, konkludente, stillschweigende, vorweg genommene oder unterlassene Anordnung, Nachweis durch Baustellenprotokoll. aa) Ausdrückliche Anordnung, auch im Rahmen von BIM. Der Auftraggeber kann die Anordnung **ausdrücklich** geben, also z. B. verbal, aber auch durch **Vorlage geänderter Pläne**; letzteres erfüllt übrigens auch ein vertraglich wirksam vorgesehenes Schriftformerfordernis.[483] Der Auftraggeber braucht **keineswegs den Willen zu haben, vom Bausoll abzuweichen**; selbst wenn er ausdrücklich erklärt, das, was er anordnet, sei vom Bausoll gedeckt und rechtfertige keine Mehrkosten, ist das unbeachtlich;[484] führt der Auftragnehmer die Leistung danach ohne weiteres aus, verliert er seinen Anspruch mindestens nach § 2 Abs. 8 Nr. 2 VOB/B, § 683 BGB nicht, wenn der Auftraggeber auf der Durchführung besteht, aber die Vergütung ablehnt.[485]

bb) Konkludente Anordnung. Wie jede Willenserklärung kann eine Anordnung auch durch schlüssiges Verhalten ohne ausdrückliche Erklärung (konkludent) erfolgen. Häufig ist das der Fall, wenn eine ausdrückliche Anordnung bezüglich einer Teilleistung zwangsläufig zur Änderung einer davon abhängigen Teilleistung führt, ohne dass deren Änderung gesondert angesprochen wäre. Ebenso kommen **konkludente** Anordnungen hinsichtlich der Bauumstände vor, die häufig aus Änderungen des Bauinhalts resultieren, ohne dass die Änderung der Bauumstände angesprochen wäre. Verlangt z. B. der Auftraggeber, der Auftragnehmer solle unbedingt den vertraglich **festgelegten Fertigstellungstermin** einhalten, obwohl auftraggeberseitige Behinderungen eigentlich zu einer Verlängerung der Ausführungsfrist führen, ist das eine **Beschleunigungsanordnung.**[486]

Die auftraggeberseitige „Freigabe" von auftrag**nehmer**seitigen Ausführungsplänen oder Montageplänen ist im Regelfall keine Anordnung; der Montageplan setzt „nur" die Ausführungsplanung in fachtechnische Einzelheiten um. Enthält aber die Ausführungsplanung **Abweichungen** gegenüber der Entwurfsplanung (dazu Rdn. 29, 188, 270) oder die Montageplanung gegenüber der Ausführungsplanung **und** sind Abweichungen in der vorgelegten Planung genannt oder werden sie besprochen, so liegt in der Genehmigung des Auftraggebers („Freigabe") **jetzt** insoweit (spätestens) eine Änderungsanordnung, die ja auch in einer einverständlichen Regelung (oben Rdn. 190) bestehen kann.

---

[481] BGH BauR 1995, 237 am Beispiel von sechs zusätzlichen Facharbeiterstunden; *von Rintelen*, FS Kapellmann, S. 373, 382. Siehe auch schon oben Rdn. 177 und unten Rdn. 227.
Siehe näher auch *Kapellmann/Schiffers/Markus* Band 1, Rdn. 946.
[482] Paradebeispiel: Die Auswahl eines nicht industriell allgemein, sondern nur im Rahmen einer Einzelfertigung herstellbaren Farbtons für Farbpapiere von Schichtstoffplatten für Türen, BGH **„Sonderfarben II"**, OLG Köln, beide BauR 1998, 1096; Einzelheiten *Kapellmann/Schiffers/Markus* Band 1, Rdn. 128 und generell Rdn. 849 ff.; Hertwig in Beck'scher VOB-Kommentar VOB/A § 9 Rdn. 18. Siehe auch oben Rdn. 110, 188.
[483] BGH BauR 1998, 874. Auch bei **Einsatz von BIM** entfällt das Erfordernis ausdrücklicher Anordnung nicht, näher *Kapellmann/Schiffers/Markus* Band 1, Rdn. 869.
Zur vereinbarten Schriftform allgemein näher Rdn. 208.
[484] Näher oben Rdn. 191.
[485] Unzutreffend deshalb OLG Düsseldorf BauR 2014, 700; OLG München NZBau 2014, 228 = BauR 2014, 559.
[486] *Berger* in Beck'scher VOB-Kommentar VOB/B § 6 Abs. 1 Rdn. 68; *Junghenn*, ebenda, § 4 Abs. 1 Rdn. 203; *Vygen/Joussen/Lang/Rasch* Rdn. A 535; *Kemper* in FKZGM VOB/B § 2 Rdn. 108; *Kimmich* BauR 2008, 263. Gegenteilig, aber unrichtig OLG Koblenz IBR 2007, 237; OLG Schleswig IBR 2007, 359. *Kues* in Leinemann, § 6 Rdn. 78; *Keldungs* in Ingenstau/Korbion, VOB/B § 2 Abs. 5 Rdn. 40. Siehe auch → § 6 Rdn. 32.
Da der Auftraggeber kein Recht auf eine Beschleunigungsanordnung hat, ist der Auftragnehmer nicht verpflichtet, der Anordnung zu folgen.

Wenn der Auftrag**geber** zur Vorlage der Ausführungsplanung verpflichtet ist, diese aber nicht oder nur rudimentär vorlegt und der Auftragnehmer, statt sich auf Behinderung zu berufen, auf dieser unvollständigen Basis eine vervollständigte **Montageplanung** vorlegt, so ist die „Freigabe" des Auftraggebers hier eine Leistungsanordnung, die – wenn sich eine Abweichung vom Bausoll ergibt – zur Mehrvergütung führt.

195 cc) **Stillschweigende Anordnung.** Es gibt Fälle auftraggeberseitigen Schweigens „mit Erklärungswirkung". Findet der Auftragnehmer statt des als Beschaffenheitssoll zu erwartenden bindigen Bodens leichten Fels vor, so gibt es zwei Möglichkeiten: Entweder der Auftragnehmer informiert den Auftraggeber nicht, der Auftraggeber kennt auch die Situation durch seine eigene Bauleitung nicht, der Auftragnehmer erbringt zur Bewältigung der neuen Situation ohne weiteres geänderte oder zusätzliche Leistungen: Dann gibt es keine, auch keine stillschweigende Anordnung des Auftraggebers, der Fall beurteilt sich **ausschließlich** nach § 2 Abs. 8 Nr. 2 oder Nr. 3.[487] Oder der Auftraggeber kennt die Situation und die anlaufenden Maßnahmen des Auftragnehmers und lässt ihn arbeiten: Dann hätte der Auftraggeber handeln **können**; wenn er mit den Maßnahmen des Auftragnehmers nicht einverstanden gewesen wäre, so hätte er sie nicht **sehenden Auges** weiter laufen lassen dürfen, eine klare Stellungnahme wäre **geboten** gewesen („Kooperationspflicht") – so aber hat der Auftraggeber die Abläufe „geschehen lassen". Dann, aber auch nur dann, ist es gerechtfertigt, eine stillschweigende Anordnung des Auftraggebers anzunehmen.[488]

So sind auch Anordnungen **Dritter** insbesondere der Baubehörden oder Berufsgenossenschaften gegenüber dem Auftragnehmer zu werten: Eine solche Weisung Dritter ist nur dann **stillschweigende Anordnung des Auftraggebers,** wenn dieser die Situation und z. B. die baubehördliche Anordnung kennt „und den Dingen ihren Lauf lässt". Kennt der Auftraggeber – im Ausnahmefall – diese behördliche Anordnung nicht, kommt eine stillschweigende auftraggeberseitige Anordnung nicht in Betracht.[489]

Der Auftragnehmer kann und muss ohnehin den Auftraggeber informieren. Selbst wenn er das aber unterlässt, kann er noch Vergütungsansprüche gemäß § 2 Abs. 8 Nr. 3 haben.

196 dd) **Vorweg genommene Anordnung aus „Notwendigkeit".** Der Bundesgerichtshof hat in einer alten Entscheidung geurteilt, dass es als Anordnung gewertet werden könne, wenn sich nach Vertragsschluss (bei einem Einheitspreisvertrag) herausstelle, dass zur Erreichung der geforderten Heizleistung über die ausgeschriebenen Heizregister hinaus fünf Register zusätzlich notwendig seien und der Auftragnehmer sie ohne Rückfrage einbaue.[490] Diese Entscheidung enthält zwei Fehler: Einmal hat der Bundesgerichtshof nicht geprüft, was Bausoll war. War die Herstellung der notwendigen Heizung Bausoll, was z. B. typisch für einen Global-Pauschalvertrag mit Schlüsselfertigklausel wäre, hat der Auftragnehmer nur das ausgeführt, was er immer schon leisten musste; er erhält mangels Bausoll-Bauist-Abweichung nichts. Waren dagegen die zusätzlichen Heizregister nicht Bausoll, so ersetzt die „Notwendigkeit" nicht die Anordnung; eine Anordnung erfordert einen Willensentschluss des Auftraggebers; bestenfalls käme hier eine stillschweigende Anordnung in Betracht, diese setzt aber ihrerseits mindestens Kenntnis des Auftraggebers und „bewusstes Geschehenlassen" voraus (oben Rdn. 195). Darüber hinaus ist es nicht möglich, eine Anordnung, die ja zur Abänderung des Vertrages führt, schon in den Vertrag selbst hinein zu interpretieren. Bei einer solchen Fallgestaltung kommen also nur Ansprüche nach § 2 Abs. 8 Nr. 3, nicht aus § 2 Abs. 5 oder Abs. 6 in Betracht.[491] In der vereinzelten Entscheidung „Konsoltraggerüste" hat der Bundesgerichtshof die Notwendigkeit einer Leistung im konkreten Fall – nämlich detaillierter Ausschreibung – zu Unrecht schon als bausollbegründend angesehen.[492]

197 ee) **Unterlassene Anordnung, „widerrufene" Anordnung, Änderung der Anordnung.** Vereinzelt gibt es die Auffassung, dann, wenn ein Auftraggeber eine Anordnung unterlasse, obwohl er sie schulde, könne dies wie eine Anordnung gewertet werden, weil der Auftrag-

---

[487] Macht der Auftragnehmer keine Anzeige und ist das Anzeigeerfordernis nicht unwirksam, weil die VOB/B nicht als Ganzes vereinbart ist (siehe Rdn. 307), so beurteilt sich der Fall nur nach § 2 Abs. 8 Nr. 3. Für Anwendbarkeit ausschließlich von § 2 Abs. 8 Abs. 2, 3 wie hier: OLG Düsseldorf NJW-RR 1992, 529; Keldungs in Ingenstau/Korbion, VOB/B § 2 Abs. 6 Rdn. 14; Vygen/Joussen/Lang/Rasch, Rdn. A 507.
[488] Kapellmann/Schiffers/Markus Band 1, Rdn. 873.
[489] Näher Kapellmann/Schiffers/Markus Band 1, Rdn. 880, 860.
[490] BGH Schäfer/Finnern Z 2.310 Bl. 40; ebenso OLG Düsseldorf IBR 1999, 108.
[491] OLG Düsseldorf BauR 1992, 777; Kapellmann/Schiffers/Markus Band 1, Rdn. 882–884.
[492] Dazu Rdn. 86 mit Fn. 187.

geber aus seiner rechtswidrigen Kooperationsverweigerung keinen Profit ziehen dürfe.[493] Eine solchen Konstruktion bedarf es nicht: Ein Auftraggeber, der die kritische Situation nicht kennt, kann auch nichts treuwidrig unterlassen; ein Auftraggeber, der sie kennt und „geschehen lässt", ordnet stillschweigend an (oben Rdn. 195). Verbleibende Fälle lassen sich über § 6 Abs. 6 Satz 1 oder 2 VOB/B sachgerecht lösen; weder die **unterlassene** noch die **verzögerte** Anordnung als solche können als Anordnung gewertet werden.[494]

Der Auftraggeber übt mit seiner Anordnung ein einseitiges Leistungsbestimmungsrecht aus, das die Leistungspflicht des Auftragnehmers sofort ändert und ohne weiteres einen – durch die Ausführung der Änderungsleistung bedingten – Vergütungsanspruch des Auftragnehmers begründet; der neue Preis soll vor Ausführung vereinbart werden bzw. ist vor Ausführung zu vereinbaren. „**Widerruft**" der Auftraggeber seine Anordnung, **kündigt** er die Änderungsleistung der Teilleistung wieder heraus oder **ändert** er die **Änderungsanordnung**, so erfolgt in allen Fällen die Vergütung der angeordneten, aber nicht mehr ausgeführten Leistung so, als wäre die angeordnete Änderungsleistung von Anfang an Bausoll gewesen: Bei völligem Entfall sind gemäß § 8 Abs. 1 VOB/B jedenfalls die in der Nachtragsberechnung enthaltenen Allgemeinen Geschäftskosten sowie Wagnis und Gewinn zu vergüten; bei der Änderung der Änderung sind entsprechend unter Erhaltung der Deckungsbeiträge die Mehr- und Minderkosten zu ermitteln (s. Rdn. 224).

ff) Nachweis durch Baustellenprotokoll, Beweiskraft. Der BGH hat folgende Konstellation entschieden.[495] Zwischen Vertragsparteien war „nach Erteilung des Zuschlags" ein Termin zur Erstellung eines Verhandlungsprotokolls vereinbart worden, wobei streitig war, ob noch eine (ergänzende) Vertragsverhandlung zur Diskussion stehe oder ob es sich nur um einen Protokollierungstermin, mithin um eine Formalität, gehandelt habe. Der Auftragnehmer entsandte zu diesem Termin einen nicht zum Abschluss von Verträgen bevollmächtigten Vertreter. In dem Termin einigten sich die Parteien, die Ausführungsfristen dem zwischenzeitlichen Zeitablauf anzupassen und die Gewährleistungsfrist von der VOB-Frist auf fünf Jahre zu verlängern. Im späteren Streit kam es auf die Frage an, ob eine Gewährleistungsforderung des Auftraggebers verjährt sei, wobei entscheidend war, ob die Verjährungsfrist fünf Jahre betrug oder weniger.

Die Entscheidung ist von großer grundsätzlicher Bedeutung auch für die Behandlung von **Baustellenprotokollen;** das gilt beispielsweise für die Frage, ob eine laut Vertrag vom Auftraggeber förmlich zu genehmigende Nachtragsleistung, die protokolliert ist, wirksam genehmigt ist oder nicht.

Es gibt drei Fallkonstellationen, zwei davon behandelt der Bundesgerichtshof:

aa) Bei dem Baustellentermin ist ein bevollmächtigter Vertreter des Auftraggebers anwesend. Erklärungen, die dann ausgetauscht werden, sind vertragsrelevant und bindend, das bedarf auch keiner Diskussion.

bb) Der Baustellentermin kann auch einer Vertragsverhandlung dienen oder jedenfalls dem Austausch vertragsrelevanter Erklärungen. Wenn dann der Auftraggeber einen Vertreter zum Termin schickt, dessen Erklärungen protokolliert werden und dem Auftraggeber zugehen, so gelten die Erklärungen als Erklärungen des Auftraggebers, weil für den Vertreter vor Ort eine Anscheinsvollmacht spricht; das hat der Bundesgerichtshof in der vorliegenden Entscheidung eindeutig und richtig bestätigt und ebenso in einer späteren Entscheidung.[496]

cc) Es handelt sich um eine **Baustellenbesprechung,** bei der die Erörterung vertragsrelevanter Fragen nicht zu erwarten ist – beispielsweise eine Besprechung über eine technische Spezialfrage. Bei dieser Gelegenheit erklärt der Vertreter des Auftraggebers sich mit vertragsrelevanten Erklärungen einverstanden, er hat aber wieder keine Vollmacht. Darüber gibt es wieder ein Protokoll, das dem Auftraggeber zugeht.

Hier hilft der Rückgriff auf die Anscheinsvollmacht nicht, denn der Auftraggeber brauchte nicht damit zu rechnen, dass vertragsrelevante Erklärungen ausgetauscht werden. Aber: Die Grundsätze des kaufmännischen Bestätigungsschreibens sind anzuwenden. Wenn der Auftraggeber ein solches Protokoll erhält, daraus ersehen kann, dass von seinem Vertreter vertragsrelevante Erklärungen (z. B. Vergütungsvereinbarungen) abgegeben worden sind, so muss er reagieren, d. h. widersprechen, wenn er dem Inhalt nicht zustimmen will. Widerspricht er nicht,

---

[493] *Piel* FS Korbion, S. 357.
[494] OLG Celle BauR 1995, 553; *Keldungs* in Ingenstau/Korbion VOB/B § 2 Abs. 5 Rdn. 15; *Kapellmann/Schiffers/Markus* Band 1, Rdn. 888–890.
[495] BGH NZBau 2011, 303 = BauR 2011, 669 = IBR 2011, 686 mit zutreffender Anm. *Stein*.
[496] OLG Karlsruhe, IBR 2011, 686 mit Zurückweisung der Nichtzulassungsbeschwerde durch den BGH.

so gilt die entsprechende Vereinbarung bzw. die Anordnung im Sinne von § 1 Abs. 3, 4 VOB/B. Das heißt: Das Protokoll hat nicht nur für einseitige Erklärungen, z. B. Anordnungen, Beweiswirkung in dem Sinne, dass solche Erklärungen abgegeben worden sind, sondern es bestätigt eine relevante Vereinbarung, wenn ihr nicht widersprochen worden ist.[497] Auf jeden Fall ist der Hinweis auf mangelnde Vollmacht künftig nicht mehr erfolgversprechend.

5. Ankündigungserfordernis als Anspruchsvoraussetzung. a) Zusätzliche Leistungen.

199 Nur für die Vergütung **zusätzlicher** Leistungen regelt § 2 Abs. 6 Nr. 1 Satz 2, dass der Auftragnehmer (zwar) Anspruch auf gesonderte Vergütung für eine vom Auftraggeber geforderte, im Vertrag nicht vorgesehene Leistung hat, dass er „**jedoch** den Anspruch dem Auftraggeber **ankündigen** muss, bevor er mit der Leistung beginnt". Für geänderte Leistungen enthält § 2 Abs. 5 VOB/B ein solches Ankündigungserfordernis nicht.[498] Welche Rechtsfolge die unterlassene Ankündigung bei zusätzlichen Leistungen gemäß VOB/B hat, ergibt sich nach Meinung des Bundesgerichtshofs und der herrschenden Meinung aus dem Wort „jedoch". Dieses Wort lässt sich sinngleich ersetzen durch „nur dann, wenn". Der Mehrvergütungsanspruch besteht danach **nur dann, wenn** ihn der Auftragnehmer vorher angekündigt hat, die zuvorige Ankündigung soll also **Anspruchsvoraussetzung** für die Mehrvergütung sein. Dass so der DVA-Ausschuss die Regelung so versteht und genau diese Ausschlusswirkung in der VOB sieht und beibehalten wollte, ergibt sich zweifelsfrei daraus, dass der DVA ungeachtet der ihm bekannten Kritik an der Regelung als Anspruchsvoraussetzung in mehreren Änderungen der VOB/B (zuletzt auch bei der VOB/B 2006) unbeirrt an dem alten Wortlaut festgehalten hat.[499] Ob diese Regelung praktikabel ist, hat damit nichts zu tun: Jedenfalls steht fest, dass die VOB/B die Ankündigungspflicht als Anspruchsvoraussetzung genauso regeln will und regelt.[500]

Die Ankündigung braucht nicht die voraussichtliche Höhe der Mehrkosten anzugeben.[501]

Diese Regelung der VOB/B ist **sachwidrig:** Ein besonderes Ankündigungserfordernis bei zusätzlichen Leistungen hat – vielleicht vom Fall eines unklaren Bausolls abgesehen – wenig Sinn; der Auftraggeber, der ja die zusätzlichen Leistungen selbst anordnet, weiß, dass ein „Mehr" an Leistung nicht ohne ein „Mehr" an Vergütung zu holen ist. Umgekehrt wäre eine Ankündigungspflicht gerade bei geänderten Leistungen angebracht, denn bei Änderungen ist es keineswegs selbstverständlich, dass sie Mehrkosten verursachen, sie können genauso gut kostenneutral oder sogar verbilligend sein. Am besten wäre es, die ohnehin sinnlose Unterscheidung zwischen geänderten und zusätzlichen Leistungen aus der VOB/B zu streichen, aber für modifizierte Leistungen generell eine Ankündigungspflicht einzuführen, aber nicht als Anspruchsvoraussetzung, sondern als Vertragspflicht des Auftragnehmers, deren Verletzung zu Schadensersatz verpflichten kann, wie es der „Baurechtliche Ergänzungsentwurf zum Schuldrechtsmodernisierungsgesetz" in E § 2 Abs. 2 auch vorgesehen hat.[502] Genauso versteht auch die Gegenmeinung das Ankündigungserfordernis in § 2 Abs. 6 Nr. 1 Satz 2.[503]

Die Härte der Sanktion des § 2 Abs. 6 Nr. 2 Satz 1 VOB/B ist aber nicht nur wenig sachgemäß, sie ist auch **systemwidrig.** Wenn der Auftraggeber eine zusätzliche Leistung anordnet und der Auftragnehmer die Mehrvergütungsankündigung vergisst, erhält er nichts. Ist dieselbe Anordnung unwirksam, weil z. B. vom nichtbevollmächtigten Bauleiter gegeben, erhält der Auftragnehmer bei Vorliegen der entsprechenden Voraussetzungen auch ohne Ankündigung

---

[497] Zutreffend KG IBR 2014, 9 (Volltext KG bei IBR); *Seewald* in Motzke/Bauer/Seewald, Prozesse in Bausachen, § 5 Rdn. 25; *Kniffka* in Kniffka/Koeble, Kompendium, Teil 5 Rdn. 10; *Leinemann* VOB/B § 2 Rdn. 22.

[498] Demzufolge ist es auch nicht möglich, im Wege der Auslegung ein solches Ankündigungserfordernis für § 2 Abs. 5 einzuführen, näher *Kapellmann/Schiffers/Markus* Band 1, Rdn. 780 m. Fn. 836, Rdn. 886; zustimmend *Vygen/Joussen* Bauvertragsrecht, Rdn. 2262. Ebenso wenig besteht eine Ankündigungspflicht als „Nebenpflicht", siehe Rdn. 202.

[499] Mit zwingenden Nachweisen *Ingenstau/Korbion* 13. Aufl. 1996, VOB/B § 2 Rdn. 99.

[500] Ebenso: BGH NZBau 2002 = BauR 2002, 312; BGH *Schäfer/Finnern* Z 2.300, Bl. 11; BGH *Schäfer/Finnern* Z 2.311, Bl. 31; BGH *Schäfer/Finnern* Z 2.310, Bl. 40. Zu BGH BauR 1996, 542 (und zu BGH BauR 1991, 210) vgl. Rdn. 200. Für Anspruchsvoraussetzung ebenfalls z. B. *Keldungs* in Ingenstau/Korbion VOB/B § 2 Abs. 6 Rdn. 17; *Vygen/Joussen,* Bauvertragsrecht, Rdn. 2300, 2301; *Werner/Pastor,* Bauprozess, Rdn. 1477. Zur Gegenansicht siehe Fn. 485. Vgl. weiter Rdn. 200 a. E. Dass der Vergabe- und Vertragsausschuss hier die VOB/B nicht ändert, ist „einfach nur ärgerlich", so auch *Kniffka* FS für Iwan, S. 207, 221.

[501] *Keldungs* in Ingenstau/Korbion VOB/B § 2 Abs. 6 Rdn. 24; *Kues* in NWJS VOB/B § 2 Rdn. 311; *Kuffer* in Heiermann/Riedl/Rusam VOB/B § 2 Abs. 6 Rdn. 193; unzutreffend OLG Köln BauR 2011, 1000.

[502] NZBau 2001, 184, Begründung dazu S. 186.

[503] So z. B. *Peters/Jacoby* in Staudinger BGB, § 632 Rdn. 88; *Kues* in NWJS VOB/B § 2 Rdn. 318.

Vergütung gemäß § 2 Abs. 8 Nr. 3 VOB/B i. V. m. § 683 BGB; die Anzeigepflicht in § 681 Satz 1 BGB ist dort nicht Anspruchsvoraussetzung, wie der Bundesgerichtshof zutreffend entschieden hat.[504] Ohne Anordnung steht der Auftragnehmer sich also besser als mit Anordnung.

Die Sanktion ist darüber hinaus generell zu hart und in der unterschiedslosen Beurteilung aller möglichen Fallgestaltungen ebenfalls nicht akzeptabel.

Die nahe liegende und richtige Antwort ist deshalb, § 2 Abs. 6 Nr. 1 Satz 2 VOB/B wegen Verstoßes gegen § 307 BGB für unwirksam zu erklären. Für die isoliert vereinbarte Klausel oder bei Vereinbarung der VOB/B als Ganzes ist das kein Problem. Die Unzulänglichkeiten zeigen sich allerdings in voller Schärfe genauso, wenn die VOB/B **unverändert** als Ganzes vereinbart ist. Aber hier war der Bundesgerichtshof Gefangener seiner eigenen Konstruktion und heute der Gesetzeslage: Weil die als Ganzes vereinbarte VOB/B der Inhaltskontrolle entzogen war bzw. ist, war ihm der allein sachgerechte Weg, die Vorschrift wegen Verstoßes gegen § 307 BGB generell für unwirksam zu erklären, verschlossen. Um ein sachlich tragbares Ergebnis zu erreichen, hat sich deshalb der Bundesgerichtshof zu einer mehr als gewagten Auslegung entschlossen, im Wege dieser Auslegung die Vertragsregel des § 2 Abs. 6 Nr. 1 Satz 2 auf den Kopf gestellt und so **die Ausnahme zur Regel** gemacht.[505] Nachdem heute kraft Gesetzes die VOB/B als Ganzes AGB-fest ist, besteht das Problem erst recht.

Ein Ankündigungserfordernis bei zusätzlichen Leistungen besteht danach dann **nicht,** wenn und soweit die Ankündigung im konkreten Fall für den Schutz des Auftraggebers entbehrlich ist. Das sei der Fall
– wenn der Auftraggeber von der Entgeltlichkeit ausging oder davon ausgehen **musste,**
– wenn keine Alternative zur sofortigen Leistung durch den Auftragnehmer blieb,
– wenn der Auftragnehmer die Ankündigung ohne Verschulden versäumt hat, was allerdings, so der BGH, nicht häufig vorkommen werde, da ein Auftragnehmer regelmäßig über die fachlichen Erkenntnisse verfüge, eine durch die Anordnung verursachte Abweichung vom bisherigen Leistungsumfang zu erkennen.
– Generell sei zu berücksichtigen, dass gewerbliche Bauleistungen regelmäßig nicht ohne Vergütung zu erwarten seien.

Die fehlende Ankündigung führe ohnehin nicht zum vollen Verlust des Vergütungsanspruchs, wenn eine rechtzeitige Ankündigung die Lage des Auftraggebers auch nur partiell verbessert hätte, weil z. B. eine preiswerte Alternative bestanden hätte.[506] Für alle Ausnahmetatbestände trage der Auftragnehmer die Darlegungs- und Beweislast.

All das folge daraus, dass die Ankündigungspflicht Ausfluss der Kooperationsverpflichtung sei u. a. mit dem Ziel, dem Auftraggeber Gelegenheit zu geben, eine kostenträchtige Anordnung zu überdenken und billigere Alternativen zu wählen.

Das letzte Argument greift schon vorab nicht: Der Auftragnehmer braucht im Rahmen des § 2 Abs. 6 Nr. 1 Satz 2 nur „Mehrkosten" anzukündigen, aber **nicht** deren **Höhe;**[507] aus der Ankündigung kennt der Auftraggeber also gar keine Kostenhöhe und kann folglich allein auf dieser Basis keine preisgünstigeren Alternative wählen.

Angesichts der vom Bundesgerichtshof statuierten Ausnahmen fragt man sich, was als Regelungsbereich für § 2 Abs. 6 Nr. 1 Satz 2 überhaupt noch verbleibt: Genau genommen nichts. Gewerbliche Bauleistungen sind **immer** nur gegen Vergütung zu erwarten. Mit welchem Recht kann **jemals** ein Auftraggeber davon ausgehen, der Auftragnehmer schenke ihm Leistungen? Bestenfalls mag das für Bagatellgrößenordnungen gelten. Der verbleibende Anwendungsbereich des Ankündigungserfordernisses lautete also laut BGH: Wenn der Auftraggeber, der die zusätzlichen Leistungen anordnet, nicht erkennt, was er damit tut – weil er z. B. glaubt, die verlangte Leistung gehöre zum Bausoll –, der Auftragnehmer den Zusatzcharakter der Leistung aber erkennt (wieso er ja, der Auftraggeber aber nicht?) und wenn es sich um eine Bagatellgrößenordnung handelt, erhält der Auftragnehmer für die Minizusatzleistung dann keine Mehrvergütung, wenn er seinen Anspruch nicht angekündigt hat. Bei Kleinigkeiten gibt es also diese

---

[504] BGH BauR 1991, 331, 332, zum Problem näher Rdn. 311.
[505] BGH BauR 1996, 542; BGH BauR 1991, 210.
[506] Der Auftraggeber muss zuerst darlegen, dass ihm bei rechtzeitiger Ankündigung preiswertere Alternativen zur Verfügung gestanden hätten. Erst dann kann der Auftragnehmer darlegen und beweisen, dass eine rechtzeitige Ankündigung die Lage des Auftraggebers nicht verbessert hätte – so BGH NZBau 2002, 152 = BauR 2002, 312.
[507] S. Fn. 501.

harte Sanktion, bei nennenswerten Ansprüchen aber keine. Unabhängig von der dogmatischen Einordnung ist das ein überaus merkwürdiges Ergebnis der Auslegung.[508]

Der Bundesgerichtshof hat in seiner Entscheidung nicht ausdrücklich ausgesprochen, dass er die Ankündigung nicht mehr als Anspruchsvoraussetzung betrachte. *Kniffka/Quack* betonen aber gerade das; die Rechtsprechung verneine jetzt die Einordnung als Anspruchsvoraussetzung, sie stelle jetzt ab auf die Informations- und Kooperationsverpflichtung der Vertragsparteien, deren Verletzung zu Konsequenzen **je nach Einzelfall** führe, was aber in der Literatur teilweise (richtig: ausnahmslos) überraschenderweise so nicht verstanden werde.[509] Wenn das richtig wäre, würde auch in den ja nur theoretisch verbleibenden Anwendungsfällen ebenfalls nicht mehr die Konsequenz des Anspruchsverlustes eintreten, was zwar folgerichtig wäre, aber dann dazu führt, dass der Text der VOB/B vollends keine Rolle mehr spielte, sondern eine vom Bundesgerichtshof autonom (**inhaltlich** richtige) festgelegte Lösung anstelle der VOB/B gälte. Der Bundesgerichtshof überschreitet damit trotz „seines guten Willens" die Grenze einer möglichen Auslegung. In Wirklichkeit führt er eine unzulässige geltungserhaltende Reduktion einer wegen Verstoßes gegen § 307 BGB jedenfalls bei nicht als Ganzes vereinbarter VOB/B unwirksamen Vorschrift durch, dabei noch vermischt mit Verschuldenserwägungen, was vollends mit dem Ausschlusstatbestand nichts zu tun hat.[510] Die Praxis muss es bei den von der Intention her richtigen „Ausnahmetatbeständen" belassen, die der Bundesgerichtshof gebildet hat. Praktisch ist dann § 2 Abs. 6 Nr. 1 Satz 2 VOB/B mangels Anwendungsbereich tot. Für eine Auslegung wäre das allerdings ein doch ungewöhnliches Ergebnis. Abgesehen davon ist ein Anspruchsverlust „je nach Einzelfall" das Gegenteil einer prognostizierbaren Rechtslage und Quelle für Prozesse.[511]

201 Anders ist das, wenn § 2 Abs. 6 Nr. 1 Satz 2 VOB/B im Wege der Auslegung nur in solchen Fällen eingeschränkt wird, in denen eine Anzeige unzweideutig **sinnlose** und leere **Förmelei** wäre, weil die Entgeltlichkeit dem Auftraggeber sicher bekannt ist. Jedenfalls in vier von der Bedeutung her sehr unterschiedlichen Fällen ist jedenfalls eine Ankündigung entbehrlich:

– Der Auftraggeber ordnet eine bloße **Mengen**mehrung an; mehr Menge kostet immer mehr Geld, daran zweifelt niemand.[512]

– Der Hauptunternehmer (Generalunternehmer) kündigt seinem Auftraggeber an, eine verlangte Zusatzleistung sei vergütungspflichtig. Dann braucht der Nachunternehmer, der die Leistung ausführt, dies dem Hauptunternehmer nicht seinerseits nochmals anzukündigen.[513]

– Ein „frivoler Auftraggeber" kann sich nicht darauf berufen, dass ihm gegenüber der Auftragnehmer eine zusätzliche Leistung ankündigen muss, die nur deshalb „zusätzlich" ist, weil das Bausoll vom „lauteren Bieter" ohne die frivol ausgeschriebene und deshalb nicht als Bausoll zu berücksichtigende Leistung verstanden worden ist.[514]

– Wenn der Auftraggeber eine Eventualleistung anordnet, für die eine Eventualposition vorgesehen ist, wird diese Leistung zusätzliche Leistung, auch wenn im Einzelfall die Eventualposition § 308 BGB Nr. 15 unwirksam ist (dazu VOB/A § 4 Rdn. 18). Eine Ankündigung der Vergütungspflicht ist dennoch überflüssig, weil der Auftraggeber – wenn auch unwirksam – die Vergütungsposition selbst vorgesehen hatte.[515]

202 **b) Einführung eines Ankündigungserfordernisses bei geänderten Leistungen.** Eine Klausel, die in Allgemeinen Geschäftsbedingungen eines Auftraggebers ein Ankündigungserfordernis (auch) für **geänderte** Leistungen einführt, ist dann zulässig, wenn sie die Ausnahmetatbestände in Anlehnung an die Rechtsprechung des Bundesgerichtshofs (oben Rdn. 200) enthält und auf die einschneidenden Folgen der unterlassenen Ankündigung deutlich hinweist.[516]

---

[508] *Keldungs* in Ingenstau/Korbion VOB/B § 2 Abs. 6 Rdn. 20–26 teilt die Rechtsauffassung des BGH, beantwortet aber nicht die Frage: Welchen Sinn hat eine so einschneidende Regelung nur für Bagatellfälle?
[509] *Kniffka/Quack* FS 50 Jahre Bundesgerichtshof, S. 30. Diese Interpretation „erstaunt", so *Schulze-Hagen*, FS Thode, S. 167, 171.
[510] *Peters/Jacoby* in Staudinger BGB, § 632 Rdn. 88.
[511] Für AGB-rechtliche Unwirksamkeit wegen Intransparenz *Jansen* in Beck'scher VOB-Kommentar VOB/B § 2 Abs. 6 Rdn. 62; auch diese zutreffende Begründung führt (zusätzlich) zur Unwirksamkeit.
[512] *Kapellmann/Schiffers/Markus* Band 1, Rdn. 921–923.
[513] Näher *Kapellmann/Schiffers/Markus* Band 1, Rdn. 924.
[514] *Kapellmann/Schiffers/Markus* Band 1, Rdn. 925.
[515] *Kapellmann/Schiffers/Markus* Band 1, Rdn. 926.
[516] *Kapellmann/Schiffers/Markus* Band 1, Rdn. 928, 929.

Vergütung 203 § 2 VOB/B

Ohne eine solche Klausel besteht bei einem VOB-Vertrag nach der eindeutigen Unterscheidung zwischen § 2 Abs. 5 einerseits und § 2 Abs. 6 VOB/B andererseits keine Ankündigungspflicht weder als Anspruchsvoraussetzung (oben Rdn. 199) noch als generelle „Nebenpflicht".

6. Vereinbarung des neuen Preises vor Ausführung, Leistungsverweigerungsrecht des Auftragnehmers, Schriftformklauseln. a) Vereinbarung des neuen Preises vor Ausführung, konkludente Vereinbarung. aa) Vereinbarung als Vertragspflicht. Bei geänderten Leistungen „**soll** die Vereinbarung (des neuen Preises) vor der Ausführung getroffen werden" (§ 2 Abs. 5 Satz 2). Bei zusätzlichen Leistungen „**ist** die Vergütung möglich vor Beginn der Ausführung" zu vereinbaren (§ 2 Abs. 6 Nr. 2 Satz 2). Aus der Struktur von VOB-Nachträgen (näher oben Rdn. 177) folgt, dass eine der Ausführung vorangehende Einigung der Parteien über die Vergütung der **angeordneten** modifizierten Leistung nicht Anspruchsvoraussetzung für diese Vergütung sein kann: Der Auftraggeber hat auf Grund des vertraglichen Änderungsvorbehalts in § 1 Abs. 3, 4 das **Recht,** nachträglich **einseitig** die Leistungspflicht des Auftragnehmers zu modifizieren, der Auftragnehmer **muss** die angeordnete modifizierte Leistung ausführen. Durch die Ausführung entsteht ein ebenso einseitiges Recht des Auftragnehmers, als Äquivalent die bisherige Vergütung zu modifizieren; der Vergütungsanspruch hängt also systematisch nicht davon ab, dass sich die Vertragsparteien über die neue Vergütung einigen. Folglich hängt dieser Mehrvergütungsanspruch des Auftragnehmers sowohl bei geänderten Leistungen – unproblematisch angesichts der „Soll-Formulierung" – wie bei zusätzlichen Leistungen – problematisch wegen der zwingenden Formulierung „ist" – auch **nicht** davon ab, ob eine Preisvereinbarung vor Ausführung zustande gekommen ist.[517] Dieses zwingende Erfordernis kollidiert aber jedenfalls mit dem Wortlaut von § 2 Abs. 6 Nr. 2 Satz 2 VOB/B: Wenn die Vereinbarung (möglichst) vor Ausführung zu treffen ist, so ist das zweifelsfrei eine **Vertragspflicht;**[518] diese Pflicht zur Vereinbarung besteht, soweit sie möglich ist („möglichst"); nicht möglich ist sie nur dann, wenn die angeordnete zusätzliche Leistung z.B. wegen eines Notfalls **sofort** ausgeführt werden muss und keine Zeit für eine Nachtragskalkulation und anschließende Preisvereinbarung bleibt; in einem solchen Fall ist ja auch die Ankündigung der Mehrvergütung entbehrlich.[519] Wenn also die Verletzung der Pflicht systemgerecht nicht zum Anspruchsverlust – wohl aber zu Schadensersatzansprüchen, aber dies als rein theoretische Folge – führen kann, so heißt das nicht, dass sich nicht doch beide Parteien auf die gegenseitige **Pflicht** berufen könnten: Der Auftraggeber hat das **Recht,** eine vertragsgemäße Nachtragskalkulation vor Ausführung zu verlangen und kann, wenn eine entsprechende Einigungsversuch erfolglos geblieben ist („Kooperation", siehe dazu Textende), aus wichtigem Grund kündigen,[520] der Auftragnehmer hat das **Recht,** die Ausführung der Arbeiten zu verweigern, sofern trotz ordnungsgemäßer Nachtragskalkulation und trotz entsprechendem Einigungsversuch keine Preiseinigung zustande kommt.[521]

Die Sollvorschrift des § 2 Abs. 5 besagt für den **Regel**fall genau dasselbe. Die – wieder einmal – kaum verständliche Differenzierung der VOB zwischen der Sollvorschrift des § 2 Abs. 5 und der zwingenden Vorschrift des § 2 Abs. 6 mag auf der Überlegung beruhen, dass für geänderte Leistungen ja häufig mehr Anhaltspunkte für die Neuberechnung zur Verfügung stehen als für zusätzliche. Es gibt aber keinen Grund, zu differenzieren, genauso wie es generell keinen Grund für eine Differenzierung zwischen geänderten und zusätzlichen Leistungen gibt. Zusammenfassend: „Die Kooperations**pflichten** (der Vertragsparteien) sollen u.a. gewährleisten, dass in Fällen, in denen nach der Vorstellung einer oder beider Parteien die vertraglich vorgesehene Vertragsdurchführung oder der Inhalt des Vertrages an die geänderten tatsächlichen Umstände

---

[517] Für geänderte Leistungen: BGHZ 50, 25; BGH BauR 1978, 314, unbestritten.
Für zusätzliche Leistungen: OLG Celle BauR 1982, 381; OLG Düsseldorf BauR 1989, 335; ebenfalls unbestritten.

[518] *Kapellmann/Schiffers/Markus* Band 1, Rdn. 940; anderer Ansicht ohne Begründung *Werner/Pastor,* Bauprozess, Rdn. 1482.

[519] „Wenn keine Alternative zur sofortigen Leistung durch den Auftragnehmer blieb" BGH BauR 1996, 542, oben Rdn. 200.
Die Interpretation des Wortes „möglichst" dahingehend, dass der Auftragnehmer im Allgemeinen kein Leistungsverweigerungsrecht bis zur Vereinbarung des zusätzlichen Entgelts habe, so *Keldungs* in Ingenstau/Korbion VOB/B § 2 Abs. 6 Rdn. 37, ist nicht nachvollziehbar. Dass *Keldungs* auch noch auf das „Verschulden" abstellt, hat mit dem Thema erst recht nichts mehr zu tun, näher Fn. 530. Wie hier *Kleine-Möller/Merl/Glöckner* Handbuch, § 12 Rdn. 521: Aus der **Pflicht** folgt genau das Gegenteil, siehe die Erläuterungen im Text.

[520] Siehe Rdn. 207.

[521] Dazu Einzelheiten Rdn. 205, 206.

angepasst werden muss, entstandene Meinungsverschiedenheiten oder Konflikte nach Möglichkeit einvernehmlich beigelegt werden. Ihren Ausdruck haben sie in der VOB/B **insbesondere** in den Regelungen des § 2 Abs. 5 und Abs. 6 gefunden. Danach soll über eine Vergütung für geänderte oder zusätzliche Leistungen eine Einigung **vor** der Ausführung getroffen werden. Diese Regelungen sollen die Parteien anhalten, die kritischen Vergütungsfragen **frühzeitig** und einvernehmlich zu lösen und dadurch später Konflikte zu vermeiden."[522]

Unterbreitet ein Auftragnehmer nach Aufforderung zur Vornahme geänderter oder zusätzlicher Leistungen ein Nachtragsangebot, lässt der Auftraggeber den Auftragnehmer mit der Arbeit beginnen und diese fertig stellen und fällt ihm dann erst ein, dieses Nachtragsangebot zu beanstanden, so nützt ihm das in der Regel nichts mehr: Die **Nachtragsvereinbarung** ist **konkludent** zustande gekommen.[523]

204 **bb) Ausschluss vergessener Folgekosten.** Wenn die Parteien sich, ob vor oder nach der Ausführung, auf eine Nachtragsvergütung einigen, stellt sich häufig die Frage nach deren Geltungsumfang. Zwar ist es richtig, dass zu der nach § 2 Abs. 5 oder Abs. 6 zu berechnenden Nachtragsvergütung auch alle „Folgekosten" der geänderten oder zusätzlichen Leistungen gehören, also z. B. bei anderen Positionen entstehende Auswirkungen oder insbesondere bei der geänderten Position entstehende zusätzliche zeitabhängige Kosten – dazu näher Rdn. 225 –, aber oft vergessen der Auftragnehmer oder beide Parteien, diese Kosten zu berücksichtigen, oder der Auftragnehmer erstellt über die zeitabhängigen Kosten fälschlich einen gesonderten „Behinderungsnachtrag". Ob solche Kosten von einer Nachtragsvereinbarung erfasst werden, hängt ganz vom Einzelfall ab: Beziehen die Parteien ausdrücklich oder sonst eindeutig nachvollziehbar **alle** Folgen ein, so sind damit **alle** Kosten erfasst. Beziehen sie umgekehrt erkennbar nicht alle Folgen ein, einigen sie sich beispielsweise auf eine Nachtragsberechnung des Auftragnehmers hin, die solche Folgekosten gerade nicht enthält, so umfasst die Vergütungseinigung sie nicht. Hat insbesondere der Auftragnehmer einen zusätzlichen „Behinderungsnachtrag" vorgelegt, der in der Nachtragsberechnung nicht angesprochen ist, so ist er von der Vergütungseinigung nicht erfasst. Sehr oft bleiben dabei Zweifel; der **Auftraggeber** muss darlegen und beweisen, dass die Vergütungseinigung alle Folgekosten umfasst, wenn der Auftragnehmer zusätzliche „Folgekosten" geltend gemacht hatte, die bei der Vergütungseinigung nicht mehr erwähnt worden sind. An den entsprechenden Nachweis sind strenge Anforderungen zu stellen.[524] Ganz besonders gilt das, wenn der behauptete Verzicht auch noch unbekannte Ansprüche einschließen soll.[525] Haben die Parteien das aber ausdrücklich vereinbart und ist beispielsweise sogar die Nachtragsvergütung noch pauschaliert worden, ist ein entsprechender Nachweis im Regelfall geführt.

205 **b) Leistungsverweigerungsrecht bei fehlender Preiseinigung.** Die Frage, ob der Auftragnehmer ein Leistungsverweigerungsrecht hinsichtlich vom Auftraggeber angeordneter geänderter oder zusätzlicher Leistungen hat, ist vorab **einheitlich** sowohl für geänderte wie für zusätzliche Leistungen zu beantworten[526] (und zu bejahen) – die Antwort für den insoweit völlig identischen Sachverhalt kann nicht von der ohnehin verfehlten Unterscheidung zwischen geänderter und zusätzlicher Leistung abhängen (dazu oben Rdn. 180) oder gar von der äußerst zweifelhaften, hoffnungslos umstrittenen Einordnung als geänderte oder zusätzliche Leistung im Einzelfall. Es geht vielmehr um ein systematisches Problem und damit um eine systematische Antwort. Wenn der Auftraggeber **schon dem Grunde nach** eine Einigung zur Vergütungsfähigkeit der angeordneten, geänderten oder zusätzlichen Leistung verweigert, hat der Auftrag-

---

[522] So BGH „Kooperationspflicht" NZBau 2000, 130 = BauR 2000, 409. Der Bundesgerichtshof spricht im Anschluss daran erneut und zutreffend von einer **Verpflichtung** der Parteien. Übrigens hat der Bundesgerichtshof sich ungenau ausgedrückt; nach § 2 Abs. 5 soll eine Vergütung vor der Ausführung getroffen werden, aber nach § 2 Abs. 6 **ist** eine Vergütung vor Ausführung zu vereinbaren. Es ist also nicht genau, dass „danach (§ 2 Nr. 5 **und** Nr. 6) eine Einigung vor der Ausführung getroffen werden **soll**"; *Kuffer* ZfBR 2004, 120 bestätigt, dass der Bundesgerichtshof auch die Soll-Vorschrift des § 2 Nr. 5 VOB/B als **Pflicht** einstuft. Zur Auswirkung siehe **Rdn. 206, 438**.
[523] OLG Jena IBR 2009, 7; OLG Jena BauR 2006, 1897; *Vygen/Joussen*, Bauvertragsrecht, Rdn. 2440.
[524] BGH BauR 1995, 701; BGH BauR 1988, 217; *Roquette/Schweiger* BauR 2008, 734; *Kapellmann/Schiffers/Markus* Band 1, Rdn. 943.
[525] BGH NJW 1994, 379.
[526] Für geänderte Leistungen BGH „Bistroküche" NZBau 2008, 437 = BauR 2008, 1143 m. Anm. *Leinemann*; *Kapellmann/Schiffers/Markus* Band 1, Rdn. 974, Rdn. 885–890. Siehe auch oben Rdn. 137, 138, 179.

nehmer nach unbestrittener Auffassung das Recht, die Ausführung zu verweigern.[527] Allerdings meint *Kuffer*,[528] nur die Verweigerung der Einigung dem Grunde nach rechtfertige die Verweigerung, Uneinigkeit zur Höhe jedoch nicht. Für diese Differenzierung gibt es keine tragfähige Begründung. Entgegen *Kuffer* hat die Entscheidung der Frage nichts damit zu tun, dass die Vorleistungspflicht des Auftragnehmers erhalten bleibt. Natürlich muss der Auftragnehmer auch bei geänderten oder zusätzlichen Leistungen vorleisten – erst die Leistung, dann die Bezahlung. Aber er braucht nicht zu leisten, wenn der Auftraggeber sich nicht einigen will, **wie viel** Vergütung er für die noch auszuführende Leistung bekommen soll. Wer seine geschuldete Mitwirkung versagt, hat die Einrede des nicht erfüllten Vertrages, § 320 BGB, gegen sich; die VOB/B regelt, dass der Auftraggeber **verpflichtet** ist, **vor** Ausführung eine „Vereinbarung **der Vergütung**" und nicht eine Vereinbarung nur zum Grund des Vergütungsanspruchs zu treffen; in diesem Fall darf der Auftragnehmer sogar gemäß § 9 Abs. 1a VOB/B nach Mahnung aus wichtigem Grund kündigen; erst recht darf er dann die Leistung nur verweigern. Schließlich wird nur das dem Leitbild des Gesetzes gerecht; der Auftragnehmer darf für Zusatzaufträge vor Ausführung nicht nur die Leistung verweigern, er kann sogar gemäß *§ 648a BGB* für sie Sicherheit verlangen. Laut Kniffka[529] kann der Auftragnehmer (nur) dann die Leistung verweigern, wenn der Auftraggeber sich weigert, in Preisverhandlungen einzutreten oder dann, wenn der Nachtrag zutreffend berechnet ist, die gebotene Prüfung verweigert.

Es kann keinem Zweifel unterliegen, dass der Auftragnehmer Anspruch auf eine Vereinbarung zu Grund **und** Höhe hat.[530]

Voraussetzung ist, dass der Auftragnehmer die modifizierte Vergütung vertrags- und **sachgerecht** darlegt und der Auftraggeber angemessene (aber kurze!) Zeit zur Prüfung hat.[531]

Erhebt der Auftraggeber **nachvollziehbare Einwendungen** und bestehen deshalb zur Höhe Differenzen, so muss der Auftraggeber seinen „Mindestbetrag" nennen und diesen Mindestbetrag „akzeptieren"; dann muss die verbleibende Differenz nötigenfalls später ausgetragen werden.[532] Diese Lösung ist notwendig, damit der Auftragnehmer den Auftraggeber nicht durch ein überhöhtes Nachtragsangebot zu einer „alles oder nichts"-Entscheidung zwingen kann.[533]

Das Zurückbehaltungsrecht gilt für Nachträge **jeder** Größenordnung, wobei lediglich ein Schikaneverbot zu beachten ist: Der Auftragnehmer darf nicht eine Meinungsverschiedenheit bei objektiv unklarer Rechtslage und minimaler Mehrvergütungsforderung erpresserisch zur Kündigungsdrohung ausnutzen.[534] **Auf keinen Fall** muss die Nachtragsforderung im Verhältnis zur

---

[527] BGH „Leistungsverweigerungsrecht" NZBau 2004, 613 = BauR 2004, 613, bestätigt von BGH „Bistroküche" NZBau 2008, 437 = BauR 2008, 1131 m. Anm. *Leinemann*; OLG Jena NZBau 2005, 341; Kuffer ZfBR 2004, 110.

[528] ZfBR 2004, 120.

[529] *Kniffka* in Kniffka/Koeble, Kompendium Teil 5 Rdn. 159; ähnlich *Kemper* in FKZGM VOB/B § 2 Rdn. 152.

[530] Zu allen Einzelheiten OLG Düsseldorf NZBau 2002, 276; OLG Frankfurt OLG-Report 1999, 78; OLG Düsseldorf BauR 1996, 115; *Kleine-Möller/Merl/Glöckner*, § 12 Rdn. 528; *Kues/Kaminsky* BauR 2008, 1368; *Vygen* BauR 2005, 431; *Markus* BauR 2004, 180; *Leinemann* NJW 1998, 3672; *Kapellmann/Schiffers/Markus* Band 1, Rdn. 973–985. Unklar *Jansen* in Beck'scher VOB-Kommentar VOB/B § 2 Abs. 5 Rdn. 123, 124. Widersprüchlich *Keldungs* in Ingenstau/Korbion VOB/B § 2 Abs. 5 Rdn. 81 zu § 2 Abs. 5 **einerseits:** „Verweigert der Auftraggeber endgültig die Vergütung einer dem Grund und der Höhe nach unstreitigen Leistung, ist der Auftragnehmer berechtigt, die Leistung zu verweigern"; § 2 Abs. 6 Rdn. 37 zu § 2 Abs. 6 **andererseits:** „Trifft einen Vertragspartner für das Nichtzustandekommen ein Verschulden, indem z.B. eine an sich mögliche Vereinbarung vereitelt, hat der andere Vertragspartner das Recht, die zusätzliche Leistung zu verweigern oder zu verbieten." (Anmerkung: Was hat Verschulden mit einem Leistungsverweigerungsrecht oder Zurückbehaltungsrecht zu tun, vgl. § 320 BGB, § 273 BGB? Kann der Auftraggeber überhaupt unverschuldet ein inhaltlich korrekt vorgetragenes Preiseinigungsverlangen des Auftragnehmers verweigern?) Dazu schon Fn. 503.

[531] Zutreffend: BGH BauR 1996, 378; weiter dazu *Kapellmann/Schiffers/Markus* Band 1, Rdn. 986; *Leinemann* VOB/B § 2 Rdn. 269.
Auch die Zubilligung nur einer unrichtigen „Minimumvergütung" schließt das Leistungsverweigerungsrecht nicht aus, so zutreffend *Hildebrandt* in Leinemann VOB/B § 9 Rdn. 16.

[532] Laut *Kniffka* in Kniffka/Koeble, Kompendium Teil 5, Rdn. 159 soll hier aber das Leistungsverweigerungsrecht vom Einzelfall abhängen. Auf dieser Basis ist keine Entscheidung bei laufender Baustelle möglich.

[533] Zu dieser Empfehlung im Einzelnen: *Kapellmann/Schiffers/Markus* Band 1, Rdn. 496. Gerade unter der vom Bundesgerichtshof betonten Kooperationsverpflichtung (vgl. Rdn. 203) muss es **eine ausgewogene Lösung** geben, dass keine der beiden Parteien die andere in sinnlosen Zugzwang bringen darf.

[534] OLG Celle IBR 1995, 415 und dazu näher *Kapellmann/Schiffers/Markus* Band 2, Rdn. 1019, Band 1, Rdn. 985.

Hauptforderung „**erheblich**" sein; das wird hin und wieder kritiklos im Anschluss an eine völlig verfehlte Entscheidung des OLG Zweibrücken so übernommen:[535] Das OLG prüft das Leistungsverweigerungsrecht hinsichtlich einer Änderungsanordnung bei einem Pauschalvertrag und kommt zu dem Ergebnis, bei geänderten Leistungen bestehe gemäß § 2 Abs. 7 Nr. 2, Abs. 5 ein Anspruch auf Mehrvergütung nur, wenn die Vergütungsmehrforderung „erheblich" sei, im konkreten Fall mehr als 25%; sei das zu bejahen, bestehe ein Leistungsverweigerungsrecht. Ersteres ist seit Jahrzehnten überholt und grundsätzlich falsch,[536] zu letzterem ist der Begründungszusammenhang nicht nachvollziehbar.

Wenn der Auftraggeber nicht antwortet, ist die Leistungsverweigerung **immer** berechtigt; hat der Auftraggeber Fragen, erbittet er Erklärungen oder verlangt er Nachweise, so ist der Auftragnehmer im Sinne der „**Kooperationspflicht**" gehalten, unter entsprechender Erläuterung (und zweckmäßigerweise Fristsetzung!) einen Einigungsversuch zu machen,[537] aber im Regelfall nur einen – man darf nicht vergessen, dass sich der Einigungsversuch vor Ausführung der Leistung abspielen muss; der Auftraggeber hat nicht Anspruch auf Verhandlungen so lange, bis der Auftragnehmer kirre ist und ohne Einigung ausführt.

207 Der Auftragnehmer kann, wenn der Auftraggeber eine Einigung grundlos verweigert, auch nach § 9 VOB/B analog kündigen;[538] umgekehrt kann auch der Auftraggeber aus wichtigem Grund kündigen, wenn der Auftragnehmer seinerseits eine Preiseinigung vor Ausführung grundlos verweigert.[539]

208 **c) Schriftformklauseln in Allgemeinen Geschäftsbedingungen des Auftraggebers. aa) Schriftform für Anordnungen des Auftraggebers.** Regelt der Auftraggeber in seinen Allgemeinen Geschäftsbedingungen, dass seine **eigenen** Anordnungen zur Ausführung geänderter oder zusätzlicher Leistungen der Schriftform bedürfen, so verstößt das nicht gegen § 307 BGB. Gegen die Schriftformklausel bestehen schon deshalb keine Bedenken, weil sie als Vollmachtsbeschränkung bzw. Mittel zur Behinderung eine Anscheinsvollmacht wirkt.[540] Hält der Auftraggeber die Schriftform ein, hat der Auftragnehmer ein Leistungsverweigerungsrecht. Hat der Auftraggeber persönlich (oder sein Organ) eine Anordnung doch mündlich gegeben, ist das im Ergebnis ein Verzicht auf die Schriftform; führt der Auftragnehmer trotz der Schriftformklausel auf die mündliche Anordnung hin die modifizierte Leistung aus, hat er Anspruch auf Mehrvergütung.[541]

209 **bb) Schriftform für Preisangebot des Auftragnehmers.** § 2 Abs. 6 Nr. 1 Satz 2 VOB/B verlangt (in Ausnahmefällen, siehe oben Rdn. 198–201), dass der Auftragnehmer vor Ausführung der modifizierten Leistung Mehrkosten ankündigt; für § 2 Abs. 5 kann auch in Allgemeinen Geschäftsbedingungen des Auftraggebers eine entsprechende Klausel eingeführt werden (oben Rdn. 202). Der Auftraggeber kann in seinen Allgemeinen Geschäftsbedingungen für diese Ankündigungspflicht des Auftragnehmers Schriftform vorschreiben, § 309 Nr. 13 BGB erlaubt das ausdrücklich. Der Auftraggeber kann auch regeln, dass der Auftragnehmer die Mehrkosten schriftlich spezifizieren muss; Voraussetzung für die Wirksamkeit der Klausel ist, dass die Klausel unmissverständlich deutlich macht, dass die Folge der Nichtbeachtung der Anspruchsverlust ist.[542] Hinsichtlich der Auswirkung der Schriftformklausel ist zu differenzieren: Hat der Auftragnehmer trotz der durch die AGB verlangten schriftlichen Ankündigung der Mehrkosten nur mündlich oder – wenn eine Spezifikation in den AGB vorgeschrieben ist – schriftlich unspezifiziert Mehrkosten angekündigt, also kein (schriftliches) Vergütungs-Angebot vorgelegt, so verliert er seinen Anspruch, wenn er die modifizierte Leistung nach der vorangegangenen Anordnung

---

[535] OLG Zweibrücken BauR 1995, 251; *Leinemann* VOB/B § 2 Rdn. 369; dazu *Kapellmann/Schiffers/Markus* Band 1, Rdn. 985. Auch eine Grenze von 5% ist durch nichts gerechtfertigt, so aber *Kues* in NWJS VOB/B § 2 Rdn. 264 und *Leinemann*, a. a. O. Soll der Auftragnehmer bei einem Auftrag über 100 Mio. € kein Leistungsverweigerungsrecht haben, wenn der Auftraggeber grundlos eine Vergütungseinigung bei einem Nachtrag über 4,8 Mio. € ablehnt? Laut *Kniffka* in Kniffka/Koeble, Kompendium, Teil 5 Rdn. 159 Rdn. 545 berechtigte ein Mehraufwand von 3% bis 5% ein Leistungsverweigerungsrecht.
[536] Dazu Rdn. 292.
[537] BGH „Kooperationspflicht" NZBau 2000, 130 = BauR 2000, 409, dazu auch Rdn. 203.
[538] Allgemeine Meinung, → VOB/B § 9 Rdn. 43.
[539] *Kapellmann/Schiffers/Markus* Band 1, Rdn. 989.
[540] BGH BauR 1994, 760; OLG Düsseldorf BauR 1997, 337; *Otto* in Roquette/Otto, Vertragsbuch, C II Rdn. 89.
[541] Im Ergebnis BGH „Nachtragsschriftform" NZBau 2004, 146; *Schulze-Hagen* IBR 2004, 125; *Kapellmann/Schiffers/Markus* Band 1, Rdn. 991; *Otto* in Roquette/Otto, Vertragsbuch, C II Rdn. 89.
[542] *Kapellmann/Schiffers/Markus* Band 1, Rdn. 952–956; *Leinemann* VOB/B § 2 Rdn. 387.

des Auftraggebers ohne weiteres ausführt. Das ist also dieselbe Wirkung, die bei § 2 Abs. 6 Nr. 1 Satz 2 VOB/B eintritt, wenn man die Vorschrift für wirksam hält. Verlangt allerdings der Auftraggeber ausdrücklich – mündlich oder schriftlich – erneut die Ausführung der Arbeiten, obwohl das spezifizierte schriftliche Preis-Angebot (noch) nicht vorliegt, so ist das als Verzicht des Auftraggebers auf die Angebotsform zu werten. Die (formlose) „Mehrkostenankündigung" bleibt aber erforderlich, wobei Voraussetzung ist – wie erwähnt –, dass die Klausel den Anspruchsverlust unmissverständlich deutlich macht.

cc) Schriftliche „Nachtragsvereinbarung". Nach dem System der VOB gibt der Auftraggeber eine **Anordnung**, geänderte oder zusätzliche Leistungen auszuführen; bei zusätzlichen Leistungen muss der Auftragnehmer (jedenfalls nach der Regel der VOB) einen Mehrvergütungsanspruch vorher ankündigen, der Auftraggeber kann dafür Formvorschriften vorsehen (vgl. Rdn. 209). Der Auftraggeber kann aber auch versuchen, den Vergütungsautomatismus, der sich an die Anordnung anschließt, abzustellen, nämlich das Entstehen des Vergütungsanspruches noch von weiteren Voraussetzungen abhängig zu machen, und zwar von einer Zustimmung des Auftraggebers, einem **„Nachtragsauftrag"**. Damit kann aber nicht gemeint sein, dass die Anordnung zur Ausführung wiederholt werden soll. Richtigerweise ist mit diesem Nachtragsauftrag gemeint, dass die **Vergütung der modifizierten Leistungen** von einer förmlichen Einigung abhängig gemacht werden soll. Der Bundesgerichtshof hat zutreffend festgestellt, dass eine solche Regelung dann gegen § 307 BGB verstößt, wenn sie vorsieht, dass dem Auftragnehmer nur die Selbstkosten erstattet werden, sofern der Auftraggeber mit dem Kostenangebot nicht einverstanden ist. In derselben Entscheidung hatte der Bundesgerichtshof die Frage, ob generell eine Schriftformklausel für „Nachtragsaufträge" zulässig ist, noch offen gelassen.[543] In der Entscheidung „Nachtragsschriftform"[544] hat der Bundesgerichtshof eine AGB-Regelung, wonach jegliche Nachforderung ausgeschlossen sei, wenn sie nicht auf schriftlichen Zusatz- oder Nachtragsbeauftragungen des Auftraggebers beruhe, für unwirksam erklärt, es sei denn, a) die Klausel stellt ausdrücklich klar, dass gesetzliche Ansprüche aus ungerechtfertigter Bereicherung und Geschäftsführung ohne Auftrag nicht ausgeschlossen sind und Ansprüche aus § 2 Abs. 8 Nr. 2 VOB/B nicht an einer fehlenden Anzeige scheitern, b) die Klausel erweckt nicht den Eindruck, sie schließe den Vorrang der mündlichen Abrede aus, c) die Klausel muss zwischen den unterschiedlichen vertraglichen Ansprüchen unterscheiden. Diese dritte Voraussetzung ist schwer verständlich; nach meinem Verständnis ist gemeint, dass Ansprüche aus c. i. c. oder Störung der Geschäftsgrundlage nicht ausgeschlossen sein dürfen. Unter Beachtung dieser Prämisse lässt sich nach wie vor eine allerdings textlich umfangreiche wirksame „Schriftformklausel" formulieren.[545] Auf jeden Fall soll die Schriftformklausel eines öffentlichen Auftraggebers wirksam sein, sofern sie die vorgenannten Voraussetzungen erfüllt, sie diene „der Kontrolle der öffentlichen Verwaltung" und schließe sich an die Formvorschriften für öffentliche Verträge an.[546]

Das OLG Düsseldorf[547] hat entschieden, die Klausel müsse dem Auftragnehmer außerdem ein ausdrückliches Leistungsverweigerungsrecht einräumen, solange eine Preisvereinbarung nicht zustande gekommen sei. Ein solcher Klauselinhalt ist nicht zwingend, weil der Auftragnehmer immer – auch ohne entsprechende Regelung in der Klausel – ein Leistungsverweigerungsrecht hat, solange die Preisvereinbarung nicht zustande gekommen ist und solange insbesondere die **schriftliche** Erklärung des Auftraggebers noch nicht abgegeben worden ist.[548] Dessen ungeachtet halten wir es für sehr sinnvoll, die Klausel um ein entsprechendes Leistungsverweigerungsrecht zu ergänzen, damit unmissverständlich ist, dass der Auftraggeber eine solche Klausel nicht einseitig dazu nutzen will, berechtigte Ansprüche des Auftragnehmers abzuschneiden.

Führt der Auftragnehmer die Arbeiten aus, obwohl eine schriftliche Preisvereinbarung **nicht** zustande gekommen ist, sind die **Auswirkungen** unterschiedlich:

– Der Auftragnehmer legt kein schriftliches Vergütungsangebot vor, er führt die Arbeiten ohne weitere Gegenäußerung des Auftraggebers aus. Dann hat er keinen Vergütungsanspruch, die Situation ist nicht anders als dann, wenn nur Schriftform für das Preisangebot des Auftragnehmers vereinbart ist (oben Rdn. 209).

---

[543] BGH BauR 1997, 1036.
[544] BGH „Nachtragsschriftform" NZBau 2004, 146.
[545] Vorschlag bei *Kapellmann/Schiffers/Markus* Band 1, Rdn. 963.
[546] BGH NZBau 2007, 587. Zutreffend ablehnend *Voit* ZfBR 2008, 366.
[547] BauR 1989, 339.
[548] Zum ersteren oben Rdn. 205–207, zum letzteren unten Rdn. 212.

– Der Auftragnehmer legt kein schriftliches Vergütungsangebot vor. Der Auftraggeber erklärt im Anschluss daran (nochmals), er erteile einen Auftrag. Das ist ein Verzicht des Auftraggebers auf die Schriftform, wenn er selbst (bzw. durch seine Organe) handelt.
– Der Auftragnehmer legt ein schriftliches Preisangebot vor, wartet aber keinen mündlichen oder schriftlichen Auftrag des Auftraggebers ab. Wenn er ohne diesen Auftrag arbeitet, verliert er seinen Anspruch. Er muss angesichts der unmissverständlichen Formulierung in den Allgemeinen Geschäftsbedingungen wissen, dass man auf ein schriftliches „Angebot" eine Gegenantwort zu bekommen hat und nicht eigenmächtig handeln darf.
– Der Auftragnehmer legt ein schriftliches Preisangebot vor, der Auftraggeber erteilt den Auftrag aber mündlich. Das ist – wie in dem zweiten Fall – ein Verzicht auf die Schriftform, der Vergütungsanspruch bleibt erhalten.
– Kommt es z. B. wegen einer Notsituation nicht zu einer schriftlichen Preisvereinbarung, scheitert der Vergütungsanspruch daran nicht; sinnvoll ist es, wenn die Klausel dies auch deutlich macht.

212 **dd) Mündliche Anordnung des Auftraggebers.** Wir haben schon mehrfach erwähnt, dass schon wegen § 305b BGB eine mündliche Anordnung des Auftraggebers trotz vereinbarter Schriftform vorrangig ist; eine mündliche **Vereinbarung** der Parteien geht **immer** einer AGB-Schriftformklausel vor.[549] Der Vorrang der auch mündlich getroffenen Individualabrede kann nicht dadurch ausgeschlossen werden, dass in AGB vereinbart wird, ein Verzicht auf die Schriftform könne seinerseits nur schriftlich erfolgen.[550]

Ist für den „Nachtragsauftrag" Schriftform in Allgemeinen Geschäftsbedingungen des Auftraggebers vereinbart, kann der Auftragnehmer darauf auch bestehen. Bei nur mündlicher Anordnung ohne Zustandekommen einer schriftlichen „Nachtragsbeauftragung" hat der Auftragnehmer ein Leistungsverweigerungsrecht hinsichtlich der modifizierten Leistung.[551]

213 **7. Die Nachtragsvergütung der Höhe nach. a) Methodische Grundsätze, analoge Kostenfortschreibung, „spekulative" Preise.** Die Ermittlung der Nachtragsvergütung erfolgt in analoger Kostenfestschreibung (in der Diktion des BGH „vorkalkulatorische Preisfortschreibung") der **Auftrags-** bzw. Angebots**kalkulation** des Auftragnehmers.[552] Damit entspricht sie methodisch der bei § 2 Abs. 3 VOB/B, **die methodischen Ausführungen in Rdn. 137-139 gelten deshalb auch hier:** Die Auftragskalkulation ermittelt künftige Sollkosten; die Vergütung für die modifizierten Leistungen entwickelt so weit wie möglich (zur Ausnahme: Rdn. 219) die Kostenelemente dieser Auftrags**kalkulation** fort; im Prinzip lässt sich die Nachtragsvergütung also „berechnen".[553] Diese Anknüpfung der Nachtragsberechnung **an die Auftragskalkulation,** also die Fortschreibung von Sollkosten ohne **Rücksicht** auf die tatsächlichen Kosten im Zusammenhang mit der modifizierten Leistung, verstößt **nicht** gegen § 307 BGB.[554] Diese Grundsätze gelten sowohl für Einheitspreisverträge wie für Pauschalverträge; Besonderheiten bei Pauschalverträgen erörtern wir unter Rdn. 294 ff.

Die Berechnung der Nachtragsvergütung in analoger Fortschreibung der **kalkulierten** (und nicht der tatsächlich entstehenden oder entstandenen) Kosten ist das Kennzeichen eines **Vergütungs**nachtrags und der wesentliche **Unterschied** zu einer Behinderungs**schadensersatz**berechnung gemäß § 6 Abs. 6 Satz 1 VOB/B; bei letzterer wird eine **tatsächliche** hypothetische Kostenlage ohne Behinderung (nämlich die Kalkulation des Vertragspreises) mit einer **tatsächlichen** Kostenlage infolge Behinderung verglichen, die Differenz ist der ersatzfähige Schaden.[555] An die kalkulierten Preise ist auch dann anzuknüpfen, wenn sie **„spekulativ überhöht"** – wobei es bei **angeordneten** Mehrmengen Ausnahmen bei Störung der Geschäftsgrundlage gibt (dazu Rdn. 286), nicht der Sittenwidrigkeit (näher Rdn. 162) – oder „unterkal-

---

[549] BGH NJW-RR 1995, 179; dazu auch *Kapellmann/Schiffers/Markus* Band 1, Rdn. 968–970.
[550] BGH NJW 1986, 809, 810.
[551] OLG Düsseldorf *Schäfer/Finnern/Hochstein* Nr. 6 zu § 5 VOB/B; OLG Düsseldorf BauR 1989, 335; *Kapellmann/Schiffers/Markus* Band 1, Rdn. 991.
[552] Zur Anknüpfung an die Angebotskalkulation bzw. die Auftragskalkulation und nicht an Marktpreise oder tatsächliche Kosten ausführlich oben Rdn. 137; zur Kalkulationsmethodik allgemein Rdn. 139, 140.
[553] Z. B. BGH „Eisenbahnbrücke" BauR 1999, 897; BGH BauR 1996, 378; ausführlich *Kapellmann/Schiffers/Markus* Band 1, Rdn. 1000, 1001; *Dähne/Schelle* S. 401; näher siehe oben Rdn. 137.
[554] Schon früher BGH BauR 1996, 378, s. auch den weiteren Text.
[555] Zur Schadensersatzberechnung nach § 6 Abs. 6 VOB/B näher § 6 Rdn. 69 ff. Zur Entschädigungsberechnung nach § 642 BGB näher § 6 Rdn. 91.

kuliert" (zu letzterem Rdn. 214 ff.) sind. Die analoge Kostenfortschreibung erzielt eine nahezu genaue „in der Kalkulation" verbleibende Berechnung der Nachtragsvergütung, indem sie sich, wenn sich keine geeignete Bezugsposition findet, als Hilfsmittel in einer Art Dreisatzrechnung einer allgemeinen Kosten- und Preisdatei bedient.[556]

Im Ergebnis bedeutet die Entwicklung der Nachtragsvergütung aus der Auftragskalkulation als Grundsatz, dass sowohl „gute Preise" **als Basis erhalten bleiben** wie „schlechte Preise" („Im Ergebnis braucht der Unternehmer nicht auf etwaige Vorteile einer möglicherweise günstigen Kalkulation zu verzichten"[557]). Dazu gibt es allerdings eng begrenzte Ausnahmen zwar nicht zur Höhe der kalkulierten Deckungsbeiträge, aber dahin, dass in bestimmten Fällen tatsächlich höhere Einzelkosten der Teilleistung (zum Begriff Rdn. 139) als die kalkulierten für die Nachtragsberechnung berücksichtigt werden dürfen – näher dazu Rdn. 214–217.

Voraussetzung, jedenfalls bei öffentlichen Aufträgen ist, dass die Auftragskalkulation in einem gesetzmäßigen Verfahren zustande gekommen ist. Beruht der Zuschlag an den Auftragnehmer auf einem Bieterkartell oder Korruption, so ist die Preisvereinbarung nichtig (§ 263 StGB i. V. m. § 134 BGB); Grundlage kann dann nur ein hypothetischer Wettbewerberpreis sein; dessen Grundlagen hat der Auftragnehmer zu beweisen, was für ihn im Regelfall äußerst schwierig sein dürfte.[558]

Maßgeblicher Zeitpunkt für die (kalkulierten) Kosten der Änderung oder der Zusatzleistung ist der Zeitpunkt des Beginns der **Ausführung** der modifizierten Leistung.[559]

Dass die Berechnung in der VOB/B anhand der dem Vertrag zugrundeliegenden Kalkulation und nicht anhand tatsächlicher oder üblicher Kosten erfolgt, entspricht – wie erörtert – herrschenden Meinung sowohl des Bundesgerichtshofs wie der Literatur.[560] Auch die neue BGB-Regelung liefert kein Argument für eine AGB-Widrigkeit der VOB-Regelung. Gemäß § 650c Abs. 2 BGB kann nämlich der Unternehmer statt der Berechnung nach tatsächlichen Kosten wahlweise auf die Ansätze einer vereinbarungsgemäß hinterlegten Urkalkulation zurückgreifen; es wird dann vermutet, dass die auf Basis der Urkalkulation fortgeschriebenen Vergütung der Vergütung nach Abs. 1 entspricht. Die Regelung der VOB/B ist also sinngemäß entsprechend eine der Möglichkeiten des BGB. Die Regelung der VOB/B verstößt schon deshalb nicht gegen **Grundgedanken** der gesetzlichen Regelung (§ 307 Abs. 2 BGB).

Angesichts kritischer Stimmen wollte der BGH 2013 offenbar eine grundsätzliche Aussage zum Thema nicht machen. Er behandelte einen Fall, bei dem beide Parteien laut BGH die Anknüpfung an die Auftragskalkulation gemäß herrschender Lehre zugrundegelegt hatten. Der BGH entscheidet, dass er bei der Auslegung von AGB wie der VOB/B an dieses gemeinschaftliche Verständnis gebunden sei und sich deshalb gar nicht mit der Frage der „richtigen" Anknüpfung beschäftigen dürfe.[561] Zu diesem Vorrang der Parteivereinbarung hatte der BGH auch schon früher entschieden, dass er bei der Auslegung von Allgemeinen Geschäftsbedingungen an ein gemeinsames Verständnis der Parteien gebunden sei.[562] Dieses gemeinsame Verständnis könne sich sogar konkludent oder stillschweigend ausdrücken, aber Voraussetzung sei immer, dass dieses gemeinsame Verständnis im Ergebnis dem **geäußerten** Willen beider Parteien entspreche. In früheren Entscheidungen hatte sich der BGH nie gehindert gesehen hatte, § 2 Abs. 5 VOB/B im herrschenden Sinne auszulegen und übrigens auch als AGB-wirksam anzusehen.[563] Ob im entschiedenen Fall dieses „gemeinsame Verständnis der Parteien" im Sinne eines „geäußerten Willens" tatsächlich bestand, kann zweifelhaft sein; der Bundesgerichtshof erläutert

---

[556] Wobei im ersten Schritt eine Bezugsposition in der Auftragskalkulation ermittelt wird und dann ein **Vertragspreisniveau** (dazu Rdn. 219). Zur Methode insgesamt näher hier Rdn. 219–221 sowie ausführlich *Kapellmann/Schiffers/Markus* Band 1 Rdn. 1001, 1051 ff.; und sehr gut *Althaus/Bartsch* in Althaus/Reindl, Der öffentliche Bauauftrag, Teil 4 Rdn. 175 ff., *Althaus* BauR 2012, 359. Diese Methode stellt gerade sicher, dass es jedenfalls bei der Berechnung nicht die kritisierten angeblich kaum kalkulierbaren Preisrisiken (s. Rdn. 137) gibt.
[557] BGH „Vorkalkulatorische Preisfortschreibung" NZBau 2013, 369.
[558] OLG München NZBau 2002, 509 m. Anm. *Heindl* 487; nur die Preisvereinbarung sei nichtig, nicht der ganze Vertrag, dazu BGH BauR 1999, 1047.
[559] Zutreffend *Jansen* in Beck'scher VOB-Kommentar, VOB/B § 2 Abs. 5 Rdn. 89; *Reister/Silbe* in Leinemann, VOB/B § 2 Rdn. 542.
[560] Ausdrücklich BGH „Vorkalkulatorische Preisfortschreibung" NZBau 2013, 364 = BauR 2013, 943; Einzelheiten oben Rdn. **137**.
[561] BGH „Vorkalkulatorische Preisfortschreibung" NZBau 2013, 364 = BauR 2013, 943.
[562] Z. B. BGHZ 113, 169.
[563] BGH BauR 1996, 378; BGH BauR 1999, 897.

jedenfalls nicht, woher er die Ansatzpunkte für einen entsprechenden übereinstimmenden Parteiwillen nimmt.

Der BGH wollte sich wohl nicht festlegen für den Fall, dass sich der Wind (der ganz herrschenden Meinung) wider Erwarten drehen sollte.

Konsequent befasst sich der BGH sodann mit der Auslegung von § 2 Abs. 5 VOB/B und folgt dann in allen Einzelheiten den grundsätzlichen Ausführungen zur analogen Kostenfortschreibung bei Kapellmann/Schiffers,[564] (der BGH nennt das „vorkalkulatorische Preisfortschreibung"); anzuknüpfen sei laut BGH falls möglich an die „Kostenelemente" der **geänderten** Position, anhand dieser Position wird die **Kalkulation analog fortgeschrieben.**[565] Die Heranziehung einer Bezugsposition diene im Grundsatz dazu, das **Vertragspreisniveau** zu sichern.

Diese mehr allgemeinen Grundsätze bedürfen einer Darlegung der Methode im Einzelnen, um möglichst alle Einzelfälle zu erfassen; in Kapellmann/Schiffers/Markus erfordert das immerhin 45 Seiten.[566] Es verwundert nicht, dass es bei dieser Fülle in einem Einzelfall unterschiedliche Ergebnisse geben kann. Soweit Kniffka ausführt,[567] „in Einzelfragen sei noch kaum etwas geklärt" – er nennt dann fünf Fragen –, so gilt schon vorab, dass es zu einem so komplexen Thema zwingend in Einzelfragen unterschiedliche Meinungen geben kann. Dazu könnte die VOB/B wie auch immer formuliert werden, es wird immer offene oder streitige Spezialfragen geben, die aber mit der Richtigkeit des Systems, der Anwendbarkeit in 99% aller Fälle und der täglichen Handhabung nichts zu tun haben. Es empfiehlt sich, bei dieser Dikussion die Kirche im Dorf zu lassen. In der überwältigenden Zahl von Einzelproblemen bestehen gar keine Meinungsverschiedenheiten.

Abgesehen davon hat der BGH die Fragen von Kniffka rechtsgrundsätzlich und richtig unter Zitat der maßgeblichen Spezialliteratur in der Entscheidung „Vorkalkulatorische Preisfindung"[568] beantwortet.

Die erste ungeklärte Frage sei laut Kniffka, ob die Anpassung mit oder ohne **Vertragspreisniveau** erfolge.

Antwort: Das ist **nicht** streitig. Ich zitiere jetzt einschließlich aller in der Entscheidung enthaltenen Zitate BGH „Vorkalkulatorische Preisfortschreibung": „*Die Heranziehung einer Bezugsposition dient im Grundsatz lediglich dazu, das* **Vertragspreisniveau**[569] *zu sichern (BGH, a. a. O. unter Zitat Althaus/Heindl, Der öffentliche Bauauftrag, Rdn. 175; Kapellmann/Schiffers, Rdn. 1004; Sundermaier, in: Würfele/Gralla, Nachtragsmanagement, Rdn. 1328).*"

Weiter: Soll **nur eine Bezugsposition** herangezogen werden oder soll ein **Mittelwert** aus Bezugspositionen gebildet werden?

Antwort des BGH: „*Hat der Auftragnehmer bestimmte, im Wesentlichen gleichartige Positionen eines Auftrages für den Straßenbau, wie z. B. die Herstellung der verschiedenen Schichten für eine Deckenerneuerung oder einen grundhaften Neuausbau, in unterschiedlicher Weise einmal für ihn günstig und einmal für ihn ungünstig kalkuliert, so kann nicht ohne weiteres wegen einer geringen Änderung im Material oder wegen einer Änderung in den Mengen der Preis aus der für ihn ungünstigen Position hergeleitet werden. Es muss vielmehr eine* **Gesamtschau** *erfolgen, mit der sichergestellt wird, dass der Auftragnehmer durch die Leistungsänderung keine Nachteile in Kauf nehmen muss ... (BGH, a. a. O. unter Zitat Kapellmann/Schiffers, Rdn. 1004 [richtig: 1003]; Keldungs, in: Ingenstau/Korbion, VOB/B § 2 Abs. 5 Rdn. 13; Vygen/Joussen, Bauvertragsrecht, Rdn. 2276 ...).*"

Das ist auch die zutreffende Aussage von Jansen[570] und Kues[571].

Ist der **Anknüpfungspunkt** für geänderte Leistungen unklar?

Antwort wieder laut BGH: „*Abzustellen ist grundsätzlich auf die Auftragskalkulation der* **geänderten** *Position (unter Zitat Kapellmann/Schiffers, Bd. 1, Rdn. 1001; Vygen/Joussen, Bauvertragsrecht, 2276 u. a.) ... Kostenelemente, durch die die Änderungen nicht betroffen sind, bleiben grundsätzlich unverändert. Für den neu zu bildenden Einheitspreis sind grundsätzlich die gleichen Kostenansätze zu wählen wie in der vom Auftragnehmer dem Vertrag zugrundegelegten Kalkulationen (unter Zitat Althaus/Heindl, Der öffentliche Bauauftrag, Rdn. 164; Kapellmann/Schiffers, Bd. 1, Rdn. 1000, 1012, 1051, 1074). Wirkt sich*

---

[564] Bd. 1, Rdn. 1000–1110.
[565] Zutreffend *Hayn-Habermann*, NJW-Spezial 2013, 300; *Peters/Jacoby* in Staudinger, BGB § 632 Rdn. 82.
[566] Band 1, Rdn. 1000–1110; ebenfalls ausführlich und – wie in Fn. 556 schon erwähnt – sehr gut *Althaus/Bartsch* in Althaus/Heindl, Der öffentliche Bauauftrag, Teil 4 Rdn. 175 ff.
[567] *Kniffka*, 8. Jahresarbeitstagung Deutsches Anwaltsinstitut 2013, S. 135.
[568] BGH „Vorkalkulatorische Preisfortschreibung" NZBau 2013, 364.
[569] Zum Vertragspreisniveau näher Rdn. 219.
[570] *Jansen* in Beck'scher VOB-Kommentar, VOB/B § 2 Abs. 5 Rdn. 54.
[571] *Kues* in NWJS VOB/B § 2 Rdn. 218.

Vergütung 213 § 2 VOB/B

die Leistungsänderung im Ergebnis wie eine Mengenänderung aus, so wird der neue Preis in Anlehnung an die Preisermittlungsregeln des § 2 Nr. 3 Abs. 2 VOB/B ermittelt. Der Rückgriff auf eine andere Bezugsposition des Vertrages ist dann nicht notwendig (unter Zitat Kapellmann/Schiffers, Bd. 1, Rdn. 1051 und 1000 ...). Eine Bezugsposition ist heranzuziehen, wenn die Auftragskalkulation die Kostenelemente nicht enthält, die aufgrund der Änderung der Leistung nunmehr für die Preisfortbildung maßgeblich sind (unter Zitat Kapellmann/Schiffers, Rdn. 1001; Kleine-Möller, Handbuch des privaten Auftraggebers, 4. Aufl., § 12 Rdn. 1237). In diesen Fällen kann, soweit das mit dem sonstigen Kalkulationssystem in Einklang zu bringen ist, nach einer vergleichbaren Position in der Auftragskalkulation des gesamten Vertrages gesucht werden und anhand dieser Position die Kalkulation analog fortgeschrieben werden (unter Zitat Althaus/Heindl, Rdn. 175; Kapellmann/Schiffers, Rdn. 1004 ...)."

Sodann: Gibt es logische Brüche bei der Behandlung von **Zuschlägen?** Kniffka zitiert die Frage von Althaus, BauR 2012, S. 359, 375. Wörtlich heißt es dort: „*Kommt eine Fortschreibung der kalkulierten Baustellengemeinkosten **auch** in Betracht bei einer Kalkulation mit vorbestimmten Zuschlägen?*" Streitige Nachträge für Fälle mit Zuschlagskalkulation sind eher selten. Aber jedenfalls dient der Zuschlag für Baustellengemeinkosten zur Deckung des vertraglich notwendigen Baustellengemeinkostenapparats. Bleibt er unverändert, gibt es keinen zweiten Zuschlag für BGK; erhöhen sich die Aufwendungen, so werden sie behandelt als zusätzliche Direkte Kosten und vergütet.[572]

Gibt es **Ausnahmen von der Fortschreibung** durch Billigkeitsrecht? Gemeint ist, ob der Auftragnehmer unbegrenzt an schlechte Preise gebunden werden darf.[573]

Antwort: Billigkeitsgrenze ist ein schlechter Ausdruck. Gemeint ist, ob in Einzelfällen wegen hoher Größenordnung der Summe aller Nachträge eine Störung der Geschäftsgrundlag ein Betracht kommt und der Auftragnehmer bei Überschreitung der Summe nicht mehr an die alten Preise gebunden bleibt und ob man dafür vielleicht generalisierende Aufgreifgrößenordnungen nennen kann.

Dazu wörtlich der BGH in der Entscheidung „Sittenwidrige Nachtragsposition II"[574]:

„*Die Voraussetzungen des Wegfalls [richtig: der Störung] der Geschäftsgrundlage ergeben sich aus § 313 Abs. 1 und 2 BGB. Geschäftsgrundlage sind die bei Vertragsschluss bestehenden gemeinsamen Vorstellungen beider Parteien oder die dem Geschäftsgegner erkennbaren und von ihm nicht beanstandeten Vorstellungen der eigenen Vertragspartei von dem Vorhandensein oder dem künftigen Eintritt gewisser Umstände, sofern der Geschäftswille der Parteien auf diese Vorstellungen aufbaut ... Grundsätzlich ist möglich, dass die Parteien **bestimmte Vorstellungen** zu der tatsächlichen Menge der unter Pos. ... ausgeschriebenen ... Leistung entwickelt haben, die zur Grundlage des Vertrags geworden sind (?). Diese Vorstellungen müssten sich als falsch herausgestellt haben. Die Parteien müssten, wenn sie dies vorausgesehen hätten, den Vertrag anders geschlossen haben. Eine Anpassung des Vertrages kann zudem nur gefordert werden, soweit einem Teil unter Berücksichtigung aller Umstände des Einzelfalls, insbesondere der vertraglichen oder gesetzlichen Risikoverteilung, das Festhalten am unveränderten Vertrag nicht zugemutet werden kann. Zu diesen Voraussetzungen hat das Berufungsgericht keine Feststellungen getroffen. Allein der Umstand, dass die einer Position zugrundegelegte Menge drastisch überschritten wird, begründet nicht den Wegfall der Geschäftsgrundlage. **Insbesondere gibt es keinen vom Einzelfall unabhängigen Prozentsatz** der Vertragsvergütung, der die Annahme rechtfertigt, eine bestimmte Menge sei Geschäftsgrundlage des Vertrages geworden (so aber Kapellmann/Messerschmidt, VOB, 3. Aufl., § 2 VOB/B, Rdn. 217; Leinemann/Schoofs, VOB/B, 4. Aufl., § 2 Rdn. 15: Wegfall der Geschäftsgrundlage bei einer Änderung, die mehr **als 30 %** der Vertragsvergütung ausmacht)."*

Im Prinzip stimmt das alles, nur hinsichtlich der **30 %-Grenze** kämpft der BGH gegen einen Pappkameraden: Selbstverständlich kommt es nicht mathematisch auf 30,0 %, 30,5 % oder 29,7 % Nachtragssumme an. Aber – was der BGH ignoriert, der ja niemals mit der Praxis zu tun hat –, es **muss** für einen **normalen Anwender** irgendeine **Leitlinie** geben. Zum Beispiel ist die Leitlinie allgemein bei Störung der Geschäftsgrundlage eine Größenordnung von 20 %. Jeder weiß, dass das keine feste Zahl ist, sondern ein Anhaltspunkt zur Prüfung. So ist es hier auch: Über ein bestimmtes Ausmaß hinaus soll der Auftragnehmer nicht an schlechte alte Preise gebunden bleiben. Diese Grenze hängt natürlich vom Einzelfall ab, aber wenn die Nachträge schon 30 % der ursprünglichen Auftragssumme überschreiten, ist das Alarmsignal Rot; man könnte als Grenze z. B. auch 25 % nehmen, aber eine praktisch brauchbare Antwort ist jedenfalls

---

[572] Einzelheiten *Kapellmann/Schiffers/Markus* Band 1, Rdn. 1098–1101. S. auch Rdn. 222.
[573] Einige Ausnahmen sind allgemein anerkannt, z. B. Mehrkosten nach Überschreitung des vertraglichen Zeitrahmens, s. folgend Rdn. 214–217.
[574] BGH „Sittenwidrige Nachtragsposition II" NZBau 2013, 366.

unverzichtbar. Deshalb muss es eine „Aufgreifgrößenordung" geben.[575] Ohnehin sollte der BGH seine Argumente auch nicht beliebig wechseln: Im Fall „Sittenwidrige Nachtragsposition II" (s. Fn. 555) hält er **39 %** mehr als die Vertragssumme ohne nähere Begründung völlig selbstverständlich sogar für sittenwidrig und nichtig.

Leinemann[576] kritisiert, über die Anwendung eines Vergleichssystems würden die unterschiedlichen Positionen in eine einheitliche Zwangsjacke gesteckt. Das ist falsch, die Ermittlung der Nachtragsvergütung über ein Vertragspreisniveau erfolgt pro Position. Diese Ermittlung ist also gerade besonders positionsgerecht.[577]

Natürlich muss man bei vielen Nachträgen nachdenken, Kalkulationen bis ins Tiefste prüfen, Fachkenntnis haben und nachvollziehbar argumentieren.[578] Dass Nachträge mit Arbeit verbunden sind, ist aber kein Grund für Missempfinden.

214 **b) Ausnahmen von der Bindung an den alten Preis. aa) Kalkulationsirrtum.** Der Auftragnehmer muss als Berechnungsbasis auf die Auftragskalkulation zurückgreifen. Ist ihm bei einem als Basis der Berechnung der Nachtragsvergütung zu berücksichtigenden „alten" Preis ein Kalkulationsirrtum unterlaufen, so kann er diesen Irrtum nur in sehr eng umrissenen Grenzen korrigieren. Die Darlegungen zu § 2 Abs. 3 (Rdn. 163) gelten uneingeschränkt auch hier.

215 **bb) Änderung der Personal- und Materialkosten.** Sind bei Ausführung der modifizierten Leistungen die entstehenden tatsächlichen Kosten höher als die der Bezugsposition der Auftragskalkulation, so kann der Auftragnehmer diese höheren Kosten ansetzen, wenn – wie bei § 2 Abs. 3 unter **Rdn. 164** mit Nachweisen erörtert –

– die modifizierte Leistung **größere Mengen** als die Bezugsposition umfasst, oder
– die modifizierte Leistung in einer **späteren Phase** erbracht werden muss als die für die Bezugsposition vorgesehen war.[579]

Hinzu kommt bei § 2 Abs. 5, 6 eine dritte Ausnahme, die bei § 2 Abs. 3 im Regelfall keine Rolle spielt, nämlich

– die modifizierte Leistung erfordert **andere Verfahrenstechniken** als die der Bezugsposition; zwischenzeitlich haben sich aber die Kosten für dieses Verfahren gegenüber dem zum Zeitpunkt der Angebotsabgabe erhöht.

Dagegen ist es eine zu weit gehende Abweichung von der grundsätzlichen Nachtragssystematik, bei modifizierten Leistungen **immer** die „Kosten nach dem dann gültigen Stand zu berücksichtigen",[580] weil damit generell der Bezug zu den kalkulierten – und eben nicht den tatsächlich anfallenden – Kosten verlassen würde.

216 **cc) Unsorgfältige Planung.** Vom Grundsatz her werden ebenso wie bei § 2 Abs. 3 (oben Rdn. 165) die kalkulatorischen Kosten laut Auftragskalkulation dann nicht als Basis der Berechnung der Vergütung für eine modifizierte Leistung genommen, wenn diese Leistungsmodifikation Ergebnis **unsorgfältiger Planung** (oder **Ausschreibung**) ist; darunter fällt, dass der Auftraggeber ein Verfahren vorschreibt, das sich als ungeeignet erweist, oder dass sich die Leistung gegenüber der Planung (Leistungsbeschreibung) von Grund auf ändert.[581] Dabei ist es unerheblich, ob die Leistungsbeschreibung von Anfang an im Sinne mangelhafter Planung fehlerhaft war oder ob die Leistungsbeschreibung im Sinne undurchdachter Planung änderungsanfällig war, jedenfalls war sie nicht vertragsgerecht. Es ist Aufgabe des Auftraggebers, eine sachgerechte Planung (Leistungsbeschreibung) zu stellen. Verletzt der Auftraggeber diese Pflicht schuldhaft, so

---

[575] Wie hier *Leinemann* VOB/B § 2 Rdn. 154; *Kues* in NWJS VOB/B § 2 Rdn. 154; näher Rdn. 217, 287.
[576] *Leinemann* VOB/B § 2 Rdn. 325. Siehe auch *Jansen* in Beck'scher VOB-Kommentar, VOB/B § 2 Rdn. 56 und Fn. 585.
[577] Näher *Kapellmann/Schiffers/Markus* Band 1 Rdn. 1001.
[578] „Ohne ausreichende allgemeine Kenntnis zu Kostenverursachung und Kalkulationstechniken und ohne spezielle Kenntnis des jeweiligen Aufbaus der Kalkulation für die Vertragsleistungen (Bausoll) sollte eine Nachtragskalkulation nicht aufgestellt oder geprüft werden.", *Kapellmann/Schiffers/Markus* Band 1, Rdn. 1001.
[579] OLG Düsseldorf BauR 1995, 706; ebenso *Leinemann* VOB/B § 2 Rdn. 158; *Roquette/Paul* BauR 2003, 1097, 1104; Beispiele bei *Kapellmann/Schiffers/Markus* Band 1, Rdn. 1035.
[580] So für einen Sonderfall OLG Koblenz, NZBau 2001, 633 = BauR 2001, 1442.
[581] OLG Rostock JBR 2009, 257; OLG Koblenz NZBau 2001, 633 = BauR 2001, 1442; *Kleine-Möller/Merl/Glöckner* Handbuch, § 12 Rdn. 483–485; *Leinemann* VOB/B § 2 Rdn. 154; *Marbach* ZfBR 1989, 2; *Roquette/Paul* BauR 2003, 1097, 1103.

könnte man den Auftragnehmer aus Verschulden bei Vertragsschluss (§ 311 Abs. 2 BGB) oder bei schon laufendem Vertrag aus positiver Vertragsverletzung (§ 280 Abs. 2 BGB) einen Anspruch auf Preisanpassung geben. Indes kommt es für dieses Ausgangsrecht gar nicht auf Verschulden des Auftraggebers an. Wie insbesondere die Vergütungspflicht für „sonstige Anordnungen" des Auftraggebers zeigt, ist die Konsequenz auftraggeberseitiger Anordnungen unabhängig davon, ob der Auftraggeber zulässig oder unzulässig verschuldet anordnet.[582] Deshalb ist auch die Loslösung von der alten Preisbasis unabhängig vom Verschulden des Auftraggebers, es genügt der objektive Verstoß gegen die Sorgfaltspflicht.[583]

Dieses Recht des Auftragnehmers, von der „alten" Kalkulation abzuweichen, bedarf allerdings der Eingrenzung: Der Auftraggeber hat das Recht, gemäß § 1 Abs. 3, 4 VOB/B (in den dortigen Grenzen) Änderungen und Ergänzungen anzuordnen. Nicht jede Änderung führt deshalb sofort dazu, bei der Ermittlung der Nachtragsvergütung die „Grundlagen der Preisermittlung" zu verlassen: Eine Änderungsanordnung von Stahlhandlauf zu Holzhandlauf hat als solche oder vereinzelt nichts mit fehlender Sorgfalt zu tun. Die Änderung muss vielmehr allein oder in der Addition der Einzeländerungen nennenswertes Gewicht haben, sie muss auf eine qualitativ wesentliche Plankorrektur hinauslaufen. Maßgebend ist das Maß an „Unsorgfalt" und nicht das Maß an Kostensteigerung; Letzteres kann unter dem Gesichtspunkt der Störung der Geschäftsgrundlage (Rdn. 277 ff.) zu Ansprüchen des Auftragnehmers führen. Das Maß der „Unsorgfalt" erweist sich daran, ob, ex ante betrachtet, die aus solcher Unsorgfalt folgenden Kosten schon bei der Auftragskalkulation, nämlich als Bezugspunkt für erlaubte Änderungen, richtig festgestellt werden konnten. Das ist in der Regel nicht der Fall; zwar kann für einzelne Änderungen oder Zusatzleistungen auf der Basis der „Grundlagen der Preisermittlung" eine sachgerechte Vergütung ermittelt werden, weil der Einsatz der Produktionsfaktoren annähernd kongruent bleibt. Die Preisermittlungssystematik des § 2 Abs. 5, 6 geht ja davon aus, dass im Prinzip eine lineare Fortschreibung der Kalkulationselemente möglich ist. Wenn aber durch immer mehr Planänderungen in den Ablauf eingegriffen wird, so entwickeln sich die Kosten nicht mehr linear; die aufzuwenden Kosten steigen vielmehr exponentiell, ganz besonders dann, wenn sich auch noch Änderungen der Änderungen ergeben. Eine allgemeine Betrachtung verbietet sich, maßgebend ist jeder Einzelfall. Anhaltspunkte sind aber die pure Zahl der Änderungen, die Auswirkungen auf die Bauzeit, die aufgewandten Kosten im Verhältnis zu den kalkulierten Kosten sowie Art und Umfang der einzelnen Leistungsänderungen. Insgesamt muss man mit dieser Ausnahme also sorgfältig umgehen; lässt man sie schrankenlos gelten, so führt jede Entwurfsänderung systemwidrig zur Bedeutungslosigkeit der Auftragskalkulation als Berechnungsbasis.

dd) Ausmaß der Mehrleistungen sprengt jeden äquivalentem Rahmen. Unabhängig davon, ob Planungsänderungen auf mangelnder Sorgfalt des Auftraggebers beruhen, gibt es eine Grenze, deren Überschreitung die Äquivalenz von Leistung und Gegenleistung zerstört: Wenn jede zu erwartende Größenordnung der Leistungskorrektur überschnitten wird, müssen auch die Begrenzungen der Mehrvergütungsregelung überschritten, d. h., wegen Störung der Geschäftsgrundlage angepasst werden. Das ist jedenfalls der Fall, wenn die Änderung mehr als 30 % der Vertragsvergütung ausmacht.[584]

ee) Skonti, Nachlässe. Skonti betreffen nicht die Kosten laut Auftragskalkulation als Ausgangsbasis der Ermittlung von Nachtragsvergütungen, sie sind vielmehr vereinbarte **Zahlungsmodalitäten** (oben Rdn. 12). Sie wirken sich also zwar nicht auf die Feststellung der Nachtragsvergütung aus, sind aber als Zahlungsmodalität auch bei ihr zu beachten.

Nachlässe sind die **summenmäßige** oder prozentuale unbedingte Kürzung des Angebots- bzw. Vertragspreises bei unverändert bleibender Leistung; sie sind also nicht Zahlungsmodalität. **Summenmäßige Nachlässe** bleiben auf diese Summe beschränkt, wirken sich also auf Nach-

---

[582] Näher oben Rdn. 181.
[583] Letztlich ist das nur ein systematischer Unterschied ohne praktische Anwendung, weil Fahrlässigkeit im Zivilrecht als Verstoß gegen eine objektive Sorgfaltspflicht definiert ist.
[584] Siehe oben ausführlich Rdn. **213** am Ende, 166.
Zu diesen Grundsatzüberlegungen im Ergebnis auch OLG Koblenz NZBau 2001, 633 = BauR 2001, 1442; *Kleine-Möller/Merl/Glöckner* Handbuch, § 12 Rdn. 483–485. Zustimmend insbesondere zur Grenze von 30 % *Leinemann* VOB/B § 2 Rdn. 702 und 154; *Kues* in NWJS VOB/B § 2 Rdn. 154. Ablehnend zur Grenze von 30 % BGH „Sittenwidrige Nachtragsposition II", NZBau 2013, 366; ablehnend zu einer 30%-Grenze auch *Althaus/Bartsch*, Der öffentliche Bauauftrag, Teil 4, Rdn. 185, die jedoch bei außergewöhnlicher (?) Mengenüberschreitung die Störung der Geschäftsgrundlage bejahen.
Im Ergebnis sind das Fälle der Störung der Geschäftsgrundlage, s. Rdn. 287.

tragsvergütungen **nicht** aus, sofern die Gesamtabrechnungssumme die Vertragssumme überschreitet.[585] **Prozentuale** Nachlässe erstrecken sich **ohne** entsprechende **individuelle** Vertragsabrede ebenfalls nicht auf Nachtragsvergütungen, sofern die Gesamtabrechnungssumme die ursprüngliche Vertragssumme überschreitet, was bei Nachträgen ja die Regel ist. Die Auslegung einer solchen Nachtragsklausel ergibt nämlich, dass der Auftragnehmer nicht über deren Wortlaut hinaus unbegrenzt große und unprognostizierbare „Kürzungen" auf zukünftige Nachtragsvergütungen einräumen will;[586] wenn die Parteien das gewollt hätten, hätten sie die um den angebotenen Nachlass gekürzte Auftragssumme in den Vertrag aufgenommen; genau das haben sie aber nicht, und das muss einen Sinn haben: Der Auftragnehmer kennt sein „Preisentgegenkommen", das er in die Auftragschance investiert, in Summe genau; würde der Nachlass sich auf Nachträge erstrecken, wird diese „Investition" für den Auftragnehmer unkalkulierbar hoch. Der BGH hat für eine **individuelle** Vertragsklausel „Es wird ein Nachlass von 5% auf alle Einheitspreise gewährt" entschieden, dies deute darauf hin, dass der Nachlass auch auf die nach § 2 Abs. 6 Nr. 2 VOB/B zu bildenden Einheitspreise gewährt worden sei und hat (u. a.) zur Aufklärung dieser Frage zurückverwiesen.[587] Auf eine solche Erstreckung des Nachlasses auf die Vergütung zusätzlicher Leistungen deutet die Klausel entgegen dem BGH **nicht** hin: Der Auftragnehmer räumt aus Akquisitionsgründen einen „Nachlass auf alle Einheitspreise" **seines Angebots** ein, andere gibt es (noch) gar nicht. Der Akquisitionsgesichtspunkt ergibt sich bei einem Blick in die **Urkalkulation:** Sie enthält den Nachlass nicht – und sie ist maßgebend für die Berechnung von Nachtragsvergütungen, denn es werden die Preisermittlungsgrundlagen fortgeschrieben.[588]

Eine Klausel in **Allgemeinen Geschäftsbedingungen** des Auftraggebers, wonach sich der vereinbarte Nachlass auch auf Nachtragsvergütungen erstrecke, ist unwirksam wegen Verstoßes gegen § 307 BGB.[589] Nennt die Klausel als Bezugspunkte für die Berechnung des Nachlasses in einem AGB-Text sowohl Auftragssumme wie an anderer Stelle Schlussrechnungssumme, so ist unabhängig von einer Inhaltskontrolle die Klausel wegen Intransparenz gemäß § 305c BGB unwirksam.[590]

219 **c) Die Ermittlung der Angebotskalkulation der Bezugsposition als Basis der Ermittlung der Nachtragsvergütung. aa) Geänderte Leistungen.** Um die Nachtragsvergütung aus der Angebotskalkulation heraus im Wege analoger Kostenfortschreibung ermitteln zu können, muss zuerst eine passende Ausgangsposition in der Auftragskalkulation, eine **Bezugsposition,** und deren Kostenzusammensetzung festgestellt werden.[591]

---

[585] Zu § 2 Abs. 3 s. Rdn. **166;** *Jansen* in Beck'scher VOB-Kommentar, VOB/B § 2 Abs. 3 Rdn. 35; *Schick* in Roquette/Otto, Vertragsbuch, C V Rdn. 100, insoweit auch *Roquette/Paul* BauR 2003, 1097, 1101.

[586] Die **ganz herrschende Meinung** ist **ebenfalls** der Auffassung, dass sich prozentuale Nachlassvereinbarungen **nicht** auf Nachträge erstrecken (wenn die Vertragsauslegung nicht ausnahmsweise das Gegenteil ergibt), allerdings nur bei *Keldungs* mit der von uns vorgetragenen Einschränkung, dies gelte nicht, solange die Vertragssumme nicht überschritten werde, näher zu allem *Kapellmann* NZBau 2000, 57; OLG Köln IBR 2003, 119; LG Berlin NZBau 2001, 559 (rechtskräftig); *Leupertz* in Messerschmidt/Voit Privates Baurecht, K Rdn. 40; *Kues* in NWJS VOB/B § 2 Rdn. 156, 245; *Kuffer* in Heiermann/Riedl/Rusam VOB/B § 2 Rdn. 170; *Keldungs* in Ingenstau/Korbion VOB/B § 2 Abs. 5, Rdn. 59 und Abs. 6 Rdn. 31; *Seewald* in Motzke/Bauer/Seewald, Prozesse in Bausachen, § 5 Rdn. 694; *Leinemann* VOB/B § 2 Rdn. 329 ff.; *Kleine-Möller/Merl/Glöckner,* § 12 Rdn. 470; *Markus* in Markus/Kaiser/Kapellmann AGB-Handbuch Bauvertragsklauseln, Rdn. 326–330; *Marbach* ZfBR 1989, 2; *Werner/Pastor* Bauprozess, Rdn. 1484; *Genschow/Stelter* Störungen im Bauablauf, S. 199. *Gauch,* Werkvertrag Rdn. 1246 und überzeugend *Schumacher/König* Vergütung, Rdn. 754 für das Schweizer Recht; *Karasek* ÖNorm B 2110 Rdn. 1470 für das österreichische Recht.
Anderer Ansicht OLG Düsseldorf BauR 1993, 479 (dazu speziell *Kapellmann* a. a. O.) und ihm folgend ohne Begründung OLG Hamm BauR 1995, 564; *Vygen/Joussen* Bauvertragsrecht, Rdn. 2427; *Jansen* in Beck'scher VOB-Kommentar, VOB/B § 2 Abs. 5 Rdn. 90.

[587] BGH NZBau 2004, 31 = BauR 2003, 1892. Der Rechtsstreit ist nach Zurückverweisung in der Berufungsinstanz ohne Urteil zu Ende gegangen. Zu der BGH-Entscheidung im Einzelnen *Kapellmann/ Schiffers/Markus* Band 1, Rdn. 1045.

[588] Ebenso *Keldungs,* s. Fn. 587.

[589] Beispiel: Nr. 12 ZVB des Bundes (Vergabehandbuch Stand September 2013, Formular 215 „ZVB"); LG Berlin NZBau 2001, 559 (rechtskräftig); näher *Kapellmann* NZBau 2000, 57; *Markus* in Markus/Kaiser/ Kapellmann AGB-Handbuch Bauvertragsklauseln, Rdn. 326–330; *Wolf/Lindacher/Pfeiffer* § 307 Rdn. 310; für Rabatte OLG Koblenz Betrieb 1988, Rdn. 1692.

[590] BGH NZBau 2008, 376 = BauR 2008, 508.

[591] Zu dem Fall, dass es für die modifizierte Leistung keine auch nur vergleichbare Bezugsposition gibt, siehe Rdn. 220.

Bei geänderten Leistungen ist zunächst eine solche **Bezugsposition** zu finden, deren Leistungselemente mit denen der geänderten Leistung teilidentisch sind oder möglichst nahe verwandt. Sodann müssen die einzelnen Bewertungsansätze (Kalkulationsansätze) dieser Bezugsposition entweder aus der Auftragskalkulation entnommen werden oder, wenn diese ungegliedert ist oder sogar fehlt, ermittelt werden.[592] Gibt es keine Auftragskalkulation, muss der Auftragnehmer sie nachträglich plausibel aufstellen, ohne eine solche Basis kann ein Anspruch aus Nachtragsvergütungen nicht schlüssig dargelegt werden.[593] **Verweigert** ein Auftragnehmer die Vorlage einer **vorhandenen** Kalkulation, erhält er nichts.[594]

Um die Bezugsposition zu der ja normalerweise in ihren konkreten Kalkulationselementen mehr oder minder abweichenden modifizierten Leistung analog fortzuschreiben, ist es je nach Vergleichbarkeit der Positionen sinnvoll, auf das spezielle Kalkulationssystem der Auftragskalkulation zurückzugreifen oder, wenn ein solches nicht vorhanden oder nicht ersichtlich ist, **ein allgemein anerkanntes Ermittlungssystem oder eine Richtwertesammlung** heranzuziehen. In diesem allgemein anerkannten System oder in der Richtwertesammlung wird die Position gesucht, der die Bezugsposition entspricht; sodann werden die als Ergebnis ausgewiesenen Kostenbeträge der konkreten Bezugsposition in Bezug gesetzt zu den entsprechenden Bewertungsansätzen gemäß Ermittlungssystem; auf diese Weise lässt sich feststellen, ob die konkrete Bezugsposition „teurer" oder „billiger" ist als die Position gemäß allgemeinem System; aus dem entsprechenden Bezugsfaktor ergibt sich ein **Vertragspreisniveau**,[595] mit dem man später (vgl. Rdn. 221) die Kosten der Nachtragsvergütung **analog** ermitteln kann. Der Einwand, die Einbeziehung eines Vertragspreisniveaufaktors würde zu einer Potenzierung des Gewinns oder Verlusts der Ausführungskalkulation führen, ist nicht nachvollziehbar.[596] Wenn ein Vertragspreisniveaufaktor herangezogen wird, verhält sich die Nachtragsvergütung genau proportional zur Vertragsvergütung. Der BGH hat die Anwendung eines Preisniveaufaktors ausdrücklich bestätigt.[597]

bb) Zusätzliche Leistungen. Für manche zusätzlichen Leistungen gibt es als Basis passende Bezugspositionen, ganz simpel z. B. bei zusätzlichen Leistungen in Form bloßer angeordneter Mengenmehrung: Die Bezugsposition ist in ihrer Kostenzusammensetzung identisch mit der modifizierten Position, nur ist bei letzterer die Menge größer. Die Menge wird also einfach in Fortschreibung der Bezugsposition der Kostenelemente unter Anwendung des Schemas von § 2 Abs. 3 Nr. 2 ermittelt.[598] Häufig ist auch eine zusätzliche Leistung mit einer „alten" Position jedenfalls vergleichbar oder ihr so ähnlich, dass deren Kalkulationselemente zu wesentlichen Teilen herangezogen werden können. Oft ist aber auch die zusätzliche Leistung so „neu", dass es für deren Einzelkosten in Teilleistung keine Vergleichsfälle in der Angebotskalkulation gibt. Dann kann man aber immerhin noch als Basis Grundelemente der Kalkulation übernehmen, z. B. den Mittellohn; außerdem bleiben ja die Zuschlagssätze unverändert. Schließlich lässt sich über eine **Richtwertesammlung** (vgl. Rdn. 219), zu der dann Positionen in Bezug gesetzt werden können, jedenfalls ein Vertragspreisniveaufaktor ermitteln, über den eine **analoge Kostenfortschreibung** immer noch möglich ist. Gibt es aber überhaupt keine Anhaltspunkte, muss man **ausnahmsweise** für die Ermittlung der neuen Vergütung **auf Marktpreise** (§ 632 Abs. 2 BGB) zurückgreifen, aber auch diese müssen angepasst werden an das Preisniveau des Vertrages, also letztlich unter Berücksichtigung eines entsprechenden Preis-

---

Die **Ermittlung der Elemente der Angebotskalkulation** bei EP-Verträgen im Einzelnen ist **ausführlich mit Berechnungsbeispielen behandelt** in *Kapellmann/Schiffers/Markus* Band 1, Rdn. 1051–1068 sowie 1135–1140. Zu Pauschalverträgen siehe hier Rdn. 294 ff.

[592] Zur Ermittlung bei ungegliederten Auftragskalkulationen näher *Kapellmann/Schiffers/Markus* Band 1; 1058–1067.
[593] BGH „Sittenwidrige Nachtragsposition I" NJW 2009, 835 = NZBau 2009, 240 = BauR 2009, 491; OLG Koblenz BauR 2008, 1893; OLG München BauR 1993, 726; *Kapellmann/Schiffers/Markus* Band 1, Rdn. 1119 i. V. m. Rdn. 621, 622.
[594] *Kapellmann/Schiffers/Markus* Band 1, Rdn. 1119.
[595] *Althaus/Bartsch* in Althaus/Reindl, Der öffentliche Bauauftrag, Teil 4 Rdn. 175 ff. S. auch oben Rdn. 213.
[596] So, aber unrichtig Begründung zu § 650c Abs. 1 Regierungsentwurf BGB. Dagegen ausführlich *Kapellmann/Schiffers/Markus* Band 1, Rdn. 1002.
[597] BGH „Vorkalkulatorische Preisfortschreibung" NZBau 2013, 364; *Kapellmann/Schiffers/Markus* Band 1 Rdn. 1002.
[598] Oben schon Rdn. 162; *Kapellmann/Schiffers/Markus* Band 1, Rdn. 1010 i. V. m. Rdn. 514 ff., 792.

niveaufaktors;⁵⁹⁹ letzteres gilt aber auch nur für die Einzelkosten der Teilleistung, die Zuschlagssätze bleiben ohnehin unverändert. Bei der Ermittlung dieser Marktpreise für eine aus mehreren Positionen bestehende Teilleistung ist eine Gesamtbetrachtung erforderlich; der Auftraggeber darf sich nicht eine einzelne Leistung, die vielleicht irgendwo auch billiger zu bekommen ist, „herauspicken". Der Auftraggeber kann keine „Ausschreibung" zur Ermittlung eines günstigeren Nachunternehmers verlangen.

221 **d) Die Zusammensetzung des neuen Preises. aa) Einzelkosten der Teilleistung.** Wenn einmal die Kalkulationselemente der Bezugsposition (oben Rdn. 219, 220) ermittelt sind oder über ein allgemeines Kostenermittlungssystem (oder eine Richtwertesammlung) festgelegt sind, erfolgt im einfachsten Fall **die analoge Kostenfortschreibung** durch Übernahme passender Kostenansätze;⁶⁰⁰ ansonsten werden die nach dem allgemeinen Bewertungssystem festgelegten bewerteten Bezugspositionen zugrunde gelegt; diese werden über den Vertragspreisniveaufaktor umgerechnet. So erhält man analog ermittelte, im richtigen Gesamtzusammenhang stehende Einzelkosten der Teilleistung der modifizierten Leistung – deshalb auch analoge Kostenfortschreibung. Grundsätzlich ist für unbedeutende modifizierte Leistungen auch eine plausible Schätzung möglich, um den doch erheblichen Ermittlungsaufwand nicht für Bagatellen einsetzen zu müssen. Aber auch generell sind statt zum Teil ja auch nur scheingenauer „deterministischer Berechnungen" plausible Schätzungen (§ 287 ZPO) möglich, wobei aber die Grundlagen der Schätzungen vom Auftragnehmer bewiesen werden müssen und das Kalkulationssystem der Auftragskalkulation beibehalten werden muss,⁶⁰¹ so dass Schätzungen nur „im System" möglich sind und lediglich der Lösung von Grenzfällen dienen. „Intensitätsabfälle" („Minderleistungen") bei negativ veränderten Ausführungsbedingungen können ebenfalls berücksichtigt werden.⁶⁰²

Zur Weiterführung „spekulativ überhöhter Positionen" weiter Rdn. 166, 284.

222 **bb) Baustellengemeinkosten.** Modifizierte Leistungen müssen nicht zu einer Veränderung des Baustellengemeinkostenapparates führen, dann werden die Einzelkosten der Teilleistung der modifizierten Leistung auch nicht gesondert mit Baustellengemeinkosten beaufschlagt. Natürlich können aber modifizierte Leistungen einzeln – z. B. bei großen Zusatzleistungen – oder in ihrer Gesamtheit die Baustellengemeinkosten beeinflussen, z. B. dadurch, dass eine Baustelleneinrichtung länger als vorgesehen vorgehalten werden muss oder dass größeres Gerät eingesetzt werden muss. Kostenkonsequent zugeordnet sind das (zusätzliche) Einzelkosten der Teilleistung (Direkte Kosten) der modifizierten Leistung;⁶⁰³ diese werden nicht noch einmal mit Baustellengemeinkosten beaufschlagt. Dies gilt auch bei einer Kalkulation mit vorbestimmten Zuschlägen.⁶⁰⁴

223 **cc) Allgemeine Geschäftskosten, auch hinsichtlich fehlender Deckung, Wagnis und Gewinn, Ausgleichsberechnung.** Die Herstellkosten der modifizierten Leistungen werden mit dem aus der Auftragskalkulation zu entnehmenden Prozentsatz für **Allgemeine Geschäftskosten** beaufschlagt. Ausgangspunkt für die Umlage von Allgemeinen Geschäftskosten ist der avisierte Gesamtumsatz pro Periode. Eine richtige Umsatzprognose muss alle voraussichtlichen Ist-Leistungen der Periode erfassen, also Vertragsleistungen, „Vergütungsnachträge" und „Behinderungsnachträge". Der Prozentsatz der Umlage in einer Periode ist eine statistische Größe auf der Basis der Planung des „Geschäftsapparats" und des Umsatzes. Er ändert sich im Laufe der Planungsperiode nicht. Weil die Allgemeinen Geschäftskosten auf den **gesamten** prognostizierten Umsatz umgelegt werden, müssen systematisch zwingend auch Nachträge entsprechend beaufschlagt werden;⁶⁰⁵ ein kosten**kausaler** unmittelbarer Zusammenhang besteht nicht.

---

⁵⁹⁹ *Kleine-Möller/Merl/Glöckner,* Handbuch, § 12 Rdn. 526; *Kapellmann/Schiffers/Markus* Band 1, Rdn. 1105–1108; *Althaus/Bartsch* a. a. O.

⁶⁰⁰ Die **Berechnung des neuen Preises** bei Einheitspreisverträgen im Einzelnen ist **ausführlich in allen Varianten und mit Berechnungsbeispielen** behandelt bei *Kapellmann/Schiffers/Markus* Band 1, Rdn. 1074–1131, Rdn. 1135–1148. Die Berechnung von Nachtragsvergütungen für den Fall, dass der Auftragnehmer **Nachunternehmer** eingesetzt hat, behandeln wir besonders unter Rdn. 227.

⁶⁰¹ BGH „Dachdeckergerüste" NZBau 2006, 777; BGH BauR 1993, 600; OLG Naumburg NZBau 2001, 144; *Kapellmann/Schiffers/Markus* Band 1, 1123, 1112, 1074 ff. m. w. N.

⁶⁰² Näher bei der Parallele in § 6 Abs. 6 Satz 1 siehe § 6 Rdn. 66.

⁶⁰³ *Kapellmann/Schiffers/Markus* Band 1, Rdn. 1098–1101 mit Beispielen; laut *Althaus,* BauR 2012, 1841, ist diese kostenkausale Betrachtung nicht richtig, die BGK seien vielmehr fortzuschreiben.

⁶⁰⁴ S. oben Rdn. 213.

⁶⁰⁵ Wegen der Einzelheiten *Kapellmann/Schiffers/Markus* Band 1, Rdn. 1426–1433 und Rdn. 559; ebenso *Jansen* in Beck'scher VOB-Kommentar Teil B § 2 Abs. 5 Rdn. 49. Der entsprechende Zuschlag entspricht der herrschenden Meinung: BGH *Schäfer/Finnern* (wörtliches Zitat in *Kapellmann/Schiffers/Markus* Band 1,

Der Zuschlag erfolgt umsatzabhängig, nicht zeitabhängig. Kalkulatorisch ist es unerheblich, wie bestimmte Kosten tatsächlich anfallen, wenn die Kalkulation wie hier auf einem vereinfachten Verfahren beruht.[606] Führen geänderte Leistungen zu einer Verringerung der Abrechnungssumme gegenüber der Vertragssumme, so muss doch der **bisherige** Gesamtdeckungsbeitrag für Allgemeine Geschäftskosten beibehalten werden, d. h. eine infolge Änderungen verringerte Bezugssumme für die Beaufschlagung der Allgemeinen Geschäftskosten wirkt sich nicht zu Lasten des Auftragnehmers aus.[607]

Die pure **fehlende Deckung** für **Allgemeine Geschäftskosten** z. B. bei einem Baustillstand, ist nicht zu ersetzen.[608]

Die Selbstkosten (zum Begriff Rdn. 138) der modifizierten Leistung werden sodann mit **(Wagnis und) Gewinn** gemäß Auftragskalkulation beaufschlagt. Ebenso wie bei Allgemeinen Geschäftskosten muss dabei mindestens der bisherige Gesamtbetrag erhalten bleiben.[609] Wagnis hat keine selbstständige kalkulatorische Bedeutung, sondern ist Bestandteil des Gewinns (oder Verlusts) – siehe oben Rdn. 139.

Wie bei § 2 Abs. 3 VOB/B ist eine Ausgleichsberechnung vorzunehmen, um Überdeckungen zu vermeiden (oben Rdn. 158).

dd) Berücksichtigung entfallender Leistungselemente. Bei der Ermittlung der Nachtragsvergütung sind bei geänderten Leistungen auch vom Auftragnehmer darzulegende entfallende Elemente zu berücksichtigen, wobei im Ergebnis die Berechnung entsprechend der bei Mengenminderung gemäß § 2 Abs. 3 oder freier Kündigung des Auftraggebers gemäß § 8 Abs. 1 vorzunehmen ist: Entfallende Leistungselemente führen in der Regel auch zu entfallenden Einzelkosten der Teilleistung; sind diese jedoch nicht kurzfristig abbaubar (Beispiel: gebogener Stahl ist bereits zur Baustelle geliefert, wird aber durch eine Änderung der Tragwerksplanung nicht mehr benötigt), muss der Auftraggeber sie „erstatten". Sind die entfallenden Leistungselemente teurer als die modifizierte Leistung, so verbleibt die überschießende Differenz der Deckungsbeiträge dem Auftragnehmer (s. auch oben Rdn. 223).

ee) Berücksichtigung *aller* **Kostenauswirkungen der modifizierten Leistung; Kosten der Nachtragsbearbeitung.** Die Nachtragsvergütung umfasst alle Kostenauswirkungen der modifizierten Leistung. Einmal sind das Auswirkungen bei anderen Leistungen.[610] Zum anderen können solche Modifizierungen zu verändertem Zeitbedarf insgesamt führen mit entsprechenden Mehrkosten. Das kann sowohl ein **verzögerter** Herstellungsablauf sein mit Intensitätsabfällen beim Personal bis hin zum teilweisen Personalleerlauf wie auch **zusätzlicher** Zeitbedarf bei der Produktion z. B. durch Umsetzung von Arbeitskräften.[611] Ohnehin können modifizierte, insbesondere zusätzliche Leistungen, auch generell einen zusätzlichen Zeitbedarf erfordern und damit (insbesondere) zusätzliche zeitabhängige Kosten verursachen; das gilt auch besonders für einen Risikozuschlag bei (vom Auftragnehmer) akzeptierter Beschleunigungsanordnung.[612] **Alle** diese Mehrkosten sind (in **kalkulatorischer** Fortschreibung) zu ersetzen.[613] So weit es um

---

Rdn. 2065); OLG Düsseldorf BauR 1996, 127, *Keldungs* in Ingenstau/Korbion, VOB/B § 2 Abs. 3 Rdn. 22; *Leinemann* VOB/B § 2 Rdn. 263; *Kniffka* in Kniffka/Koeble, Kompendium, Teil 8 Rdn. 69.

[606] Zutreffend *Althaus* BauR 2012, 372, 373.

[607] *Kapellmann/Schiffers/Markus* Band 1, Rdn. 1005, 1011, 1083, 1086. Diese „asymmetrische" Behandlung – zusätzliche Kosten werden beaufschlagt, entfallende Kosten behalten der bisherige Deckung der AGK – entspricht der gesetzgeberischen Wertung in § 649 BGB a.F. (§ 648 E) und ist deshalb ebenfalls zwingendes Argument für die Beaufschlagung von Nachträgen mit AGK, *Kapellmann/Schiffers/Markus* Band 1, Rdn. 536; *Althaus*, BauR 2012, 772.

[608] *Kapellmann/Schiffers/Markus* Band 1, Rdn. 1434–1436; *Zimmermann* NZBau 2012, 1; *Jansen*, FS Englert, S. 147; *Eschenbruch/Fandrey* BauR 2011, 1223; *Althaus/Bartsch* in Althaus/Heindl, Der öffentliche Bauauftrag, Teil 4 Rdn. 7; Teil 5 Rdn. 71; *Diederichs/Peine* NZBau 2013, 1 unter zutreffendem Hinweis, dass ohnehin nur ca. 50 % der AGK allgemein projektbezogen sei; laut *Roquette/Viering/Leupertz* Bauzeit Rdn. 970, handele es sich um eine Beweisfrage. Größere Unternehmen könnten den Beweis nicht führen, dass sie in der „nachgeholten" Zeit keine weiteren Aufträge annehmen konnten. Anderer Ansicht: *Vygen/Joussen/Lang/Rasch* Rdn. B 246 ff.; *Kues* in Leinemann VOB/B § 6 Rdn. 173–177 zur vergleichbaren Problematik bei Behinderungsnachtrag *Markus* F0E0 § 6 Rdn. 71.

[609] *Kleine-Möller/Merl/Glöckner*, Handbuch § 12 Rdn. 481; *Keldungs* in Ingenstau/Korbion VOB/B § 2 Abs. 5 Rdn. 51, 54; *Kapellmann/Schiffers/Markus* Band 1, Rdn. 1005, 826, 1086.

[610] Beispiel *Kapellmann/Schiffers/Markus* Band 1, Rdn. 1088 i. V. m. Rdn. 1142 ff.

[611] *Kapellmann/Schiffers/Markus* Band 1 Rdn. 1090.

[612] *Kapellmann/Schiffers/Markus* Band 1 Rdn. 1107.

[613] Näher mit Beispielen *Kapellmann/Schiffers/Markus* Band 1, Rdn. 1090–1101.

bauinhaltliche Modifikationen geht, sind nur die §§ 2 Abs. 5, Abs. 6 Anspruchsgrundlage, nicht § 6 Abs. 6 Satz 1 oder Satz 2 VOB/B oder 642 BGB; soweit es um **bauumständebezogene** Modifikationen geht (beispielsweise vorübergehender Arbeitsstopp durch den Auftraggeber) bestehen insoweit konkurrierende Ansprüche.[614]

Externe Kosten der Nachtragsermittlung sind ersatzfähig.[615]

Die **internen Kosten** für die Nachtragsbearbeitung können vergütet werden, wenn der Auftragnehmer konkret „zusätzliche" Kosten nachweist. Zu diesem Zweck muss er aus der Kalkulation die vorgesehenen Kosten z. B. des Bauleiters und dessen vorgesehenen Stundenaufwand dartun. Alsdann muss er die Ist-Stunden für die „Regelarbeit" und die Ist-Stunden für die „Nachtragsarbeit" nachweisen, nämlich durch eine Dokumentation des nachtragsbezogenen Stundenaufwands. Letztere werden nach meinem Vorschlag mit einer Differenz von 10 % für ohnehin „geplante Nachtragsbearbeitung" auf Kalkulationsbasis vergütet.[616]

Zur Vergütung für „Nachtragsangebote" siehe oben Rdn. 18.

226 **ff) Berechnung bei Nachunternehmereinsatz, „Vergabegewinn".** Hat der Auftragnehmer in seiner Kalkulation eine Eigenleistung eingesetzt, lässt r sie aber später durch einen Nachunternehmer ausführen, so muss er – da ja von **kalkulierten**, nicht von tatsächlichen Kosten auszugehen ist – den Preis für die modifizierte Leistung in analoger Fortschreibung der Auftragskalkulation für die Eigenleistung ermitteln ohne Rücksicht auf die konkrete Mehrvergütungsberechnung des Nachunternehmers.[617]

Hat der Auftragnehmer in seiner Kalkulation eine Leistung als Nachunternehmerleistung ausgewiesen, die er auch in seinem eigenen Betrieb erbringen könnte, so ist er auch in der Lage, eine fachgerechte Nachtragskalkulation vorzulegen. Hat der Auftragnehmer in seiner Kalkulation eine Leistung als Nachunternehmerleistung ausgewiesen, die er fachlich in seinem Unternehmen nicht hätte erstellen können, gibt es zwei Möglichkeiten: Dem Hauptunternehmer gelingt es, eine sachgerechte Nachtragskalkulation des Nachtunternehmers unter Offenlegung von dessen Auftragskalkulation vorzulegen; das setzt aber voraus, dass der Preis dieses Nachtunternehmers schon konkret in die Auftragskalkulation des Hauptunternehmers eingeflossen war.[618] Oder der Hauptunternehmer weicht wieder auf allgemeine Kostenermittlungssysteme aus und schreibt so die Vergütung für die modifizierte Leistung analog fort.[619]

In keinem der Fälle kommt es also auf die tatsächlichen Kosten des Nachunternehmers an. Das bedeutet auch: Hat der Auftragnehmer die Nachunternehmerleistungen billiger „eingekauft" als kalkuliert, so bleibt dieser **„Vergabegewinn"** nicht nur erhalten,[620] sondern wird auf die veränderte Nachunternehmerleistung mit dem **Prozentsatz** des früher kalkulierten Vergabegewinns aufgeschlagen.[621] Ein „Vergabeverlust" braucht dagegen nur dann fortgeschrieben werden, wenn keine der Ausnahmen eingreift.[622]

---

[614] Näher dazu *Markus* F0E0 § 6 Rdn. 57.
Zur **vergessenen** Einbeziehung solcher Kosten (z. B. zeitabhängige Kosten) bei **Einigung** der Parteien über die Nachtragsvergütung siehe Rdn. 204.

[615] Ebenso *Jansen* in Beck'scher Kommentar VOB/B § 2 Abs. 5 Rdn. 68a.

[616] Einzelheiten *Kapellmann* Jahrbuch Baurecht 2008, 139; *Duve/Richter* BauR 2007, 1490; *Kues* in NWJS VOB/B § 2 Rdn. 246 ff.; *Marbach* BauR 2003, 1784; *Werner/Pastor* Rdn. 1471; i. E. *Jansen* in Beck'scher Kommentar VOB/B § 2 Nr. 5 Rdn. 68a; *Leinemann* VOB/B § 2 Rdn. 340; *Jahn/Klein* NZBau 2013, 473; *Kuffer* in Heiermann/Riedl/Rusam VOB/B § 2 Rdn. 166 „zumindest bei Tätigkeiten größeren Ausmaßes"; *Keldungs* in Ingenstau/Korbion VOB/B § 2 Abs. 5 Rdn. 63: *„Vergütungsanspruch nach § 2 Abs. 9 VOB/B"*. Generell ablehnend *Merkens* NZBau 2012, 529.

[617] Ebenso *Vygen/Joussen/Lang/Rasch* Bauverzögerung, Rdn. A 664, 667; vgl. auch *Kapellmann/Schiffers/Markus* Band 1, Rdn. 1016.

[618] Ebenso *Kemper* in FKZGM VOB/B § 2 Rdn. 140.

[619] Beispiele dafür bei *Kapellmann/Schiffers/Markus* Band 1, Rdn. 1026–1028.

[620] Das ist (als Minimum) unbestritten, *Kapellmann/Schiffers/Markus* Band 1, Rdn. 1016; *Vygen/Joussen/Lang/Rasch* Bauverzögerung, Rdn. A 700 ff.; *Keldungs* in Ingenstau/Korbion VOB/B § 2 Abs. 5 Rdn. 60.

[621] *Kapellmann/Schiffers/Markus* Band 1, Rdn. 1016; *Reister*, Nachträge beim Bauvertrag, S. 296; nur für Beibehaltung des bisherigen absoluten Vergabegewinns *Vygen/Joussen/Lang/Rasch* A 706 mit der Begründung, es könnte sich ein extrem hoher Gewinn ergeben; ebenso ohne Begründung *Keldungs* in Ingenstau/Korbion VOB/B § 2 Abs. 5 Rdn. 60. Es ist kein tragfähiges Argument, die Rechtslage müsste abweichend von der Rechtsfolge beurteilt werden, weil das sonst zu günstig für den Auftragnehmer wäre. Im Übrigen kann die prozentuale Beaufschlagung auch niedriger sein als die mit absolutem Betrag, vgl. OLG Koblenz BauR 2008, 1893.

[622] Siehe Ausnahmenübersicht Rdn. 214–217.

8. Die Loslösung von einer schon getroffenen Nachtragsvereinbarung. Hat der Auf- 227
traggeber die modifizierte Leistung angeordnet, hat der Auftragnehmer die Nachtragsvergütung
berechnet und sie der Auftraggeber bezahlt, so kann der Auftraggeber die Zahlung zurückverlangen (bzw. bei noch nicht erfolgter Zahlung verweigern), wenn sich nachträglich herausstellt, dass die „Nachtragsleistung" in Wirklichkeit vom ursprünglichen Bausoll schon umfasst
war.[623]

Hat dagegen der Auftraggeber nach Prüfung der Nachtragsrechnung eine Erklärung abgegeben, mit der er eine Meinungsverschiedenheit zur Höhe „bewusst und willentlich auf die für
ihn unklaren Positionen der Rechnung beschränken will",[624] so ist das ein kausales Schuldanerkenntnis, das dem Grund und der unbestrittenen Positionen nach bekannte Einwendungen
ausschließt.

Haben sich die Parteien nach kontroverser Diskussion über eine Nachtragsforderung im
Wege gegenseitigen Nachgebens sogar geeinigt, so ist das ein Vergleich, der nur gemäß § 779
BGB angreifbar ist.

9. Beweislast, Schätzungskriterien. Der Auftragnehmer muss die Bausoll-Bauist-Abwei- 228
chung beweisen. Die Ermittlung des Bausolls ist dabei in erster Linie **Auslegungs-** und nicht
Beweisfrage (siehe Rdn. 277). Der Auftragnehmer muss sodann entweder die Anordnung
gemäß § 2 Abs. 5, 6 oder die einzelnen Voraussetzungen von § 2 Abs. 8 Nr. 2 oder 3 beweisen.
Sofern es bei § 2 Abs. 6 auf die Ankündigung ankommt, muss er auch sie beweisen. Für die
Berechnung der Höhe nach muss der Auftragnehmer die Basis einer solchen Berechnung, also
die Auftragskalkulation und die entsprechenden Bezugspositionen darlegen und beweisen. Hat
der Auftragnehmer keine (detaillierte) Auftragskalkulation erstellt oder hat er sie jedenfalls heute
nicht mehr im Besitz, so darf und muss er eine solche Kalkulation nachträglich fertigen und
darlegen, die plausibel zu den Einheitspreisen passen muss. Tut er das nicht, erhält er nichts. Erst
recht erhält er nichts, wenn er die Vorlage einer vorhandenen Kalkulation verweigert (oben
Rdn. 218). Die Ausnahme von der Bindung an den alten Preis (Rdn. 214–217) muss der
Auftragnehmer darlegen und beweisen. Schließlich muss er die Richtigkeit seiner Berechnung
beweisen.[625]

Darlegungs- und Beweismängel bei der Ermittlung der Höhe der Nachtragsvergütung – auch
z. B. das Fehlen eines Aufmaßes – schließen den Anspruch nicht völlig aus – ausgenommen, der
Auftragnehmer verweigert die Vorlage einer vorhandenen Kalkulation –, sondern lassen noch
eine sachverständige Schätzung gemäß § 287 ZPO zu, vorausgesetzt, für diese Schätzung liegen
plausible Anhaltspunkte vor.[626]

10. Keine Frist zur Geltendmachung, Fälligkeit, Abschlagszahlungen, Verjährung.
Die Ausführungen zu § 2 Abs. 3 (Rdn. 170) gelten auch hier, insbesondere kann der Auftrag- 229
nehmer auf die Nachtragsvergütung Abschlagszahlungen verlangen.

**11. Ausschluss der Vergütungsansprüche des Auftragnehmers durch Allgemeine Ge- 230
schäftsbedingungen des Auftraggebers.** Klauseln, die den Vergütungsanspruch des Auftragnehmers für vom Auftraggeber angeordnete geänderte oder zusätzliche Leistungen ausschließen,
sind unwirksam wegen Verstoßes gegen § 307 BGB.[627] Beispiel für einen Nachunternehmervertrag: „Nachträge werden ausschließlich in dem Umfang vergütet, wie diese auch vom
Bauherrn vergütet werden."

Ebenso ist z. B. eine Klausel unwirksam, die die Nachtragsvergütung nur auf Selbstkostenbasis
zugesteht.[628]

---

[623] Näher oben Rdn. 191.
[624] *Kniffka*, FS Kapellmann, S. 209; auch wenn Erklärungen des Schuldners nicht rechtsgeschäftlich sind, können sie Rechtswirkungen äußern, „beweiserleichterndes Schuldbekenntnis" laut *Kniffka* a. a. O. mit Nachweisen.
[625] Näher *Kapellmann/Schiffers/Markus* Band 1, Rdn. 1129.
[626] BGH „Dachdeckergerüste" NJW 2006, 3416 = NZBau 2006, 777; BGH NZBau 2006, 179; BGH BauR 1993, 600; näher *Kapellmann/Schiffers/Markus* Band 1, Rdn. 1123, 1124.
[627] Unbestritten, z. B. *Markus* in Markus/Kaiser/Kapellmann AGB-Handbuch Bauvertragsklauseln, Rdn. 255, 296–307.
[628] BGH „ECE" BauR 1997, 1036, 1038, Klausel II, 3; *Markus* in Markus/Kaiser/Kapellmann AGB-Handbuch Bauvertragsklauseln, Rdn. 321; i. E. wenn auch mit problematischer Begründung OLG Karlsruhe IBR 2009, 72.

231 **12. Abgrenzung zu anderen Anspruchsgrundlagen.** Die Unterscheidung zwischen § 2 Abs. 5 und § 2 Abs. 6 haben wir behandelt unter Rdn. 180–184. Mit § 2 Abs. 3 bestehen keine Überschneidungen; angeordnete Mengenmehrungen werden immer nach § 2 Abs. 6 behandelt (Rdn. 219). Die Abgrenzung zu § 6 Abs. 6 VOB/B behandeln wir unter § 6 Rdn. 56, 57.

VIII. § 2 Abs. 7 – Pauschalvertrag

232 **1. Aufbau der Vorschrift.** Die VOB enthält bis heute keine Definition des Pauschalvertrages; bis 1973 enthielt sie auch keine Regelung dazu, ob und unter welchen Umständen sich beim Pauschalvertrag bei geänderter oder zusätzlicher Leistung oder überhaupt der Pauschalpreis ändere. 1973 schob der DVA dann § 2 Abs. 7 ein. Die Vorschrift ist zum Teil falsch platziert und ohnehin unglücklich aufgebaut. § 2 Abs. 7 Nr. 1 Satz 1 („Ist als Vergütung der Leistung eine Pauschalsumme vereinbart, so bleibt die Vergütung unverändert") gehört als Definitionsversuch in § 2 Nr. 2 zusammen mit dem dort definierten Einheitspreisvertrag. § 2 Abs. 7 Nr. 2 (der frühere § 2 Nr. 7 Abs. 1 Satz 4) als Regelung dafür, dass beim Pauschalvertrag vom Auftraggeber selbst übernommene, geänderte oder zusätzliche Leistungen genauso behandelt werden wie beim Einheitsvertrag, gehört systematisch vor die Ausnahmetatbestände des Abs. 1, Satz 2 und Satz 3, die die auch beim Pauschalvertrag seltene Störung der Geschäftsgrundlage behandeln; außerdem böte es sich an, die Grundsätze der Störung der Geschäftsgrundlage einheitlich zu behandeln, da sie auch bei Einheitspreisverträgen gelten. Schließlich hat der DVA im Abs. 2 auch bei der Neufassung VOB 2006 immer noch vergessen, zu erwähnen, dass beim Pauschalvertrag natürlich auch § 2 Abs. 8 und § 2 Abs. 9 anwendbar bleiben.[629]

233 **2. § 2 Abs. 7 Nr. 1 Satz 1 – Definition des Pauschalvertrages. a) Unveränderlicher Pauschalpreis = Mengenermittlungsrisiko des Auftragnehmers als kennzeichnendes Kriterium.** § 2 Abs. 7 Nr. 1 Satz 1 lautet: „Ist als Vergütung der Leistung eine Pauschalsumme vereinbart, so bleibt die Vergütung unverändert." Die Vorschrift ist zumindest missverständlich, weil sie suggeriert, dass sich generell ein einmal vereinbarter Pauschalpreis nicht ändere; sehr wohl kann sich ein solcher Pauschalpreis aber bei Bausoll-Bauist-Abweichungen ändern, wie § 2 Abs. 7 Nr. 2 ja auch deutlich macht. Wegen dieser Intransparenz ist § 2 Abs. 7 Nr. 1 Satz 1 VOB/B unwirksam wegen Verstoßes gegen § 307 Abs. 1 Satz 2 BGB,[630] wenn die VOB/B nicht als Ganzes vereinbart ist (dazu von Rinteln F0E0 Einleitung vor B, Rdn. 75–81).

Die Vorschrift bringt die folgenden, richtigen Aussagen nur unvollkommen zum Ausdruck: Während beim **Einheitspreisvertrag** die Vergütung erst (endgültig) **nach** Ausführung der Leistung feststeht, weil die Vergütung gemäß § 2 Abs. 2 ermittelt wird aus der Multiplikation der **ausgeführten** Mengen mit dem jeweiligen Einheitspreis, ist es beim **Pauschalvertrag** genau umgekehrt: Die Vergütung steht dort schon **vor Ausführung** der Leistung fest, nämlich in Form einer „festen" Summe, eben des Pauschalpreises. Daraus ergeben sich zwingende Konsequenzen:

– Die Pauschalvergütung ist unabhängig von der ausgeführten Menge (solange es nicht zu Soll-Ist-Abweichungen gemäß § 2 Abs. 7 Nr. 2 i. V. m. § 2 Abs. 4, 5 oder 6 oder gemäß § 2 Abs. 8 Nr. 2, Nr. 3 oder zur „Störung der Geschäftsgrundlage" gemäß § 2 Abs. 7 Nr. 1 Satz 2 und 3 kommt), denn wenn sie davon abhängig wäre, könnte sie nicht „fest" sein, sondern wäre veränderlich; deshalb ist auch § 2 Abs. 3 VOB/B beim Pauschalvertrag gegenstandslos.

– Die auszuführende Menge muss aber auch beim Pauschalvertrag in irgendeiner Form festgelegt sein, denn der Auftragnehmer muss wissen, ob er 2 oder 3 Häuser oder 10 oder 12 Geschosse zu bauen hat; das ist das Thema Mengenfestlegung und Mengenermittlungsrisiko (dazu Rdn. 234).

– Der Unterschied zwischen Einheitspreisvertrag und Pauschalvertrag liegt strukturell **nur** auf der Vergütungsebene und dort **nur** einmal in der Abhängigkeit, zum anderen in der Unabhängigkeit von der ausgeführten Menge (Bausoll-Menge). Dagegen ist die Beschreibung der Leistungsseite (Bausoll-Bauinhalt) kein systematisches Unterscheidungskriterium; **jede** nicht aus dem Risikobereich des Auftragnehmers herrührende Bausoll-Bauist-Abweichung führt sowohl beim Einheitspreisvertrag wie beim Pauschalvertrag zur modifizierten Vergütung; die Leistungsbeschreibung kann bei beiden genau, ungenau oder auslegungsbedürftig sein. Typisch

---

[629] Für § 2 Abs. 8: BGH NZBau 2001, 496. Für § 2 Abs. 9: *Kapellmann/Schiffers/Markus* Band 2, Rdn. 1244.

[630] *Kapellmann/Schiffers/Markus* Band 2, Rdn. 1500. Vgl. zum ähnlichen Argument bei § 2 Abs. 8 Nr. 1 S. 1 VOB/B BGH BauR 1991, 391, dazu Rdn. 300.

für den Pauschalvertrag, aber nicht strukturell kennzeichnend, ist allerdings, dass einmal die Leistungsbeschreibung detailliert, gewissermaßen nach dem Muster des Einheitspreisvertrages, sein kann, so, wie es auch die Vergabevorschrift des § 4 Abs. 1 Nr. 2 VOB/A vorsieht – „Detail-Pauschalvertrag" –, aber ebenso, dass die Leistungsbeschreibung „global", z. B. funktional sein kann, so etwa die Leistungsbeschreibung nach Leistungsprogramm, § 7 Nr. 13–17 VOB/A – „Global-Pauschalvertrag"[631] – und dazwischen gibt es noch alle Mischformen. Aber das heißt nicht, dass der Leistungsbeschrieb beim Pauschalvertrag veränderlich sei, also je nach Zufall mehr oder weniger Leistungen umfasse.[632]

b) Die Bestimmung der zu leistenden Menge (Bausoll-Menge). Auch wenn die Vergütung beim Pauschalvertrag (ohne Berücksichtigung von Nachtragstatbeständen) sich nicht nach der ausgeführten Menge richtet, muss der Vertrag doch regeln, welche Quantität der Auftragnehmer ausführen muss. Diese Regelung kann **unterschiedlich** sein: **234**

Der Vertrag kann **Mengenermittlungsparameter** vorgeben. Solche Mengenermittlungsparameter ergeben sich im Regelfall aus Vertragsgrundlage gewordenen Plänen; auch wenn z. B. deren Maßstab grob ist (1:200), enthalten sie doch eine Aussage dazu, was der Auftragnehmer leisten muss. Es ist ganz Sache des Auftragnehmers, aus den Plänen zu ermitteln, wie viel er leisten muss; ob er diese Ermittlung genau oder ungenau oder gar nicht ausführt, berührt seine Vertragspflicht nicht.[633] Mengenermittlungsparameter können auch indirekt benannt sein, z. B. Angabe der Einbauhöhe im Straßenbau.[634] Maßgeblich ist immer, was der Auftraggeber „dazu näher bestimmt hat".

Der Vertrag kann es aber auch dem Auftragnehmer überlassen, anhand nur grob vorgegebener Parameter – z. B. Architektenpläne 1:100 – **selbst genauere Parameter auszuarbeiten,** aus denen sich dann erst wieder die auszuführende Menge ergibt. Typische Beispiele: Der Auftraggeber kann dem Auftragnehmer auferlegen, selbst die Tragwerksplanung zu erstellen, um daraus u. a. die notwendige Stahlmenge zu ermitteln; eine solche Vertragsregelung ist von Seiten eines öffentlichen Auftraggebers nur dann *wirksam,*[635] wenn sie **kein** ungewöhnliches Wagnis auf aufbürdet. Oder: Der Auftragnehmer muss als Fassadenbauer eine eigene Windlastenberechnung erstellen.[636] Für den Schlüsselfertigbau mit auftragnehmerseitiger Ausführungsplanung sind solche Regelungen geradezu prototypisch. Der Auftragnehmer geht dabei ein erhöhtes Risiko im Wege „Besonderer Risikoübernahme" ein. Wenn diese „Besondere Risikoübernahme" in den Vertragsunterlagen **als offene Risikozuweisung** an den Auftragnehmer eindeutig und klar ist, ist sie als Teil der Leistungsbeschreibung je nach Vertragstyp auch AGB-fest;[637] individuell ist die Regelung ohnehin wirksam. Für öffentliche Auftraggeber gilt § 7 Abs. 1 Nr. 3 VOB/A. **235**

Der Vertrag kann es aber im Wege „Besonderer Risikoübernahme" auch dem Auftragnehmer überlassen, das **Risiko der gänzlichen Unermittelbarkeit** der Menge zu tragen. Das sind Vertragsklauseln wie: „Ausschachtung bis auf tragfähigen Boden" oder „Erbringung der erforderlichen Erd-/Abbruch- und Unterfangungsarbeiten."[638] Gerade auch in diesen Fällen – und in allen anderen, insbesondere denen aus Rdn. 235 – müssen die vom Auftraggeber dazu beigebrachten Basisdaten (z. B. Angaben im geotechnischen Gutachten, Kennzahl für eine Windlastenberechnung) aber richtig sein: Der Auftragnehmer nimmt systembedingt in Kauf, dass seine Mengenermittlung riskant oder sogar nahezu unmöglich sein kann, aber er nimmt nicht in Kauf, dass die Basisdaten falsch sind. **Daraus** resultierende Mehrmengen führen zu Ansprüchen des Auftragnehmers aus § 2 Abs. 6 bzw. § 2 Abs. 8 Nr. 3.[639] Auch hier gilt für den öffentlichen Auftraggeber § 7 Abs. 1 Nr. 3 VOB/A. **236**

Die Parteien können natürlich z. B. aus vielleicht unklaren Plänen **gemeinsam** vor Vertragsschluss **festlegen,** welche Menge zu leisten ist, z. B. 420 motorisierte Brandschutzklappen; die

---

[631] Zum Vertragstyp Detail-Pauschalvertrag Rdn. 242; zum Vertragstyp Global-Pauschalvertrag Rdn. 246.
[632] Dazu in allen Einzelheiten *Kapellmann/Schiffers/Markus* Band 2, Rdn. 33–40.
[633] BGH BauR 1972, 118; BGH VersR 1965, 803.
[634] *Kapellmann/Schiffers/Markus* Band 2, Rdn. 308.
[635] Anders BGH „Kammerschleuse" BauR 1987, 126; BGH „Mauerwerksöffnungen (Karrengefängnis)" BauR 1997, 464; zur zivilrechtlichen Frage oben Rdn. 116. Eine solche Ausschreibung ist auch vergaberechtlich nicht zulässig, dazu oben Rdn. 115 und VOB/A § 7 Rdn. 22.
[636] Weitere Beispiele: *Kapellmann/Schiffers/Markus* Band 2, Rdn. 294.
[637] Zur AGB-rechtlichen Kontrollfreiheit der Leistungsbeschreibung siehe oben Rdn. 56, 57; zur Problematik beim öffentlichen Auftraggeber siehe Rdn. 114 ff.
[638] BGH *Schäfer/Finnern* Z 2. 301 Bl. 35 ff.; *Kapellmann/Schiffers/Markus* Band 2, Rdn. 221 ff., 291, 612, 670.
[639] BGH BauR 1971, 124; näher *Kapellmann/Schiffers/Markus* Band 2, Rdn. 311–321.

Parteien irren sich also anders als im Fall von Rdn. 237 nicht. Dann umfasst die Pauschale nur diese 420 Stück; kommen doch mehr vor, sind das zusätzliche Leistungen.[640]

237   Hat der Auftrag**geber Mengenangaben vorgegeben** („Vordersätze"), sind diese aber **falsch,** so kommt es darauf an:

a) Hatte der Auftragnehmer richtige Mengenermittlungsparameter, um die Menge richtig ermitteln zu können (z. B. Ausführungspläne), so musste er im eigenen Interesse die Menge so zutreffend wie möglich ermitteln; Fehlangaben des Auftraggebers spielen dann keine Rolle.

b) Gab es keine Mengenermittlungsparameter, so wusste der Auftragnehmer, dass er im Wege „Besonderer Risikoübernahme" (vgl. Rdn. 236) das Risiko der Unermittelbarkeit der Mengen übernahm; es ist Sache des Auftragnehmers, sich in einem solchen Fall um Mengenermittlungsparameter zu bemühen, d. h., vom Auftraggeber z. B. Ausführungspläne „herauszuverlangen" und sich deren Maßgeblichkeit bestätigen zu lassen, damit die vom Auftraggeber genannte Zahl überprüfbar wird. Unterlässt er eine solche Nachfrage, trägt er das Risiko.[641]

c) Fordert der Auftragnehmer im Fall b) vom Auftraggeber Mengenermittlungsparameter, um die Mengenangabe des Auftraggebers prüfen zu können und hat der Auftraggeber solche Mengenermittlungsparameter gar nicht (hat er also seinerseits die Mengenangabe geraten oder geschätzt) oder händigt er sie nicht aus, so hat der Auftragnehmer damit deutlich gemacht, dass er die Mengen ermitteln will; ist das gar nicht möglich und hat der Auftraggeber auch nicht etwa klarstellend darauf bestanden, dass er gerade vom Auftragnehmer die Übernahme eines solchen Risikos verlangt, so wird die vom Auftraggeber genannte Menge als solche Bausoll, d. h. dann ist diese Menge fest, **jede** Abweichung davon führt zu Ansprüchen des Auftragnehmers, sei es aus § 2 Abs. 6, sei es aus § 2 Abs. 8 Nr. 2, Nr. 3 VOB/B. Tatsächlich ist dieser Fall ein verkappter Einheitspreisvertrag.[642] Dass der Auftraggeber die Übernahme dieser Mengenermittlungsrisiken verlangt, kann die Auslegung des Vertrages ergeben: Wer z. B. bei Abbrucharbeiten „Estrichstärke geschätzt ca. 3 cm" ausschreibt, macht deutlich, dass das eine angesichts der unbekannten Beschaffenheit des abzubrechenden Gebäudes naheliegend nur sehr ungefähre Angabe und nicht eine verbindliche Maßangabe sein soll.[643]

d) Schließlich gibt es noch den Fall, dass die vom Auftraggeber angegebene Menge nicht Ausweis einer Mengenschätzung oder einer Mengenermittlung ist, sondern Ausdruck einer Entscheidung des Auftraggebers. Wenn der Auftraggeber für die Außenanlagen entscheidet, er wünsche 5 Buchen, so ist das Soll-Festlegung. Oder: Der Auftraggeber bestimmt, dass von 50 Fenstern 30 Rollläden mit Motorantrieb erhalten, die anderen mit Handantrieb. Oder: Der Auftraggebers regelt, dass (nur) eine Kühlzelle einzubauen ist. Oder: Vertragsbestandteil ist eine Ausführungsplanung eines Sonderfachmanns z. B. für die Technische Gebäudeausrüstung, die Anzahl, Dimension, Beschaffenheit, Fabrikat und Ansteuerung der Brandschutzklappen aufweist. Der Auftraggeber will dann genau diese Ausführung und diese Anzahl und keine andere. Die Menge kann vom Auftragnehmer nicht ermittelt werden, sie ist nicht unsicher, sondern höchstens falsch.[644] Wenn der Auftraggeber sie nach Vertragsschluss ändert, korrigiert er im Ergebnis einen eigenen Planungsfehler, dafür muss er bei jeder Art des Vertrages einstehen.[645] In all diesen Fällen hat dieser Vordersatz nichts mit Mengenermittlung zu tun, sondern ist Bausoll-**Entscheidung** des Auftraggeber (s. auch Rdn. 236 am Ende). Ändert der Auftraggeber seine Entscheidung, handelt es sich um angeordnete Mehrmengen, die gemäß § 2 Abs. 7 Nr. 2, § 2 Abs. 6 VOB zur Mehrvergütung führen.[646]

e) Im Einzelfall kommt eine Anpassung der Vergütung wegen Störung der Geschäftsgrundlage in Betracht, wenn die Grenzen des übernommenen Pauschalrisikos überschritten werden.[647]

---

[640] Zur Festlegung z. B. der Anzahl von Brandschutzklappen durch die Ausführungsplanung des Auftragnehmers sogleich Rdn. 237 unter d).

[641] OLG Karlsruhe IBR 1994, 49; *Kapellmann/Schiffers/Markus* Band 2, Rdn. 67, 322. Es gibt immer noch die allgemeine Grenze der Störung der Geschäftsgrundlage, siehe Rdn. 285.

[642] Einzelheiten: *Kapellmann/Schiffers/Markus* Band 2, Rdn. 66–75, 288.

[643] BGH „Geschätzt 3 cm" NZBau 2011, 553 = BauR 2011, 1646. Hier kommt eine Störung der Geschäftsgrundlage in Betracht, näher Rdn. 286. Zum Ganzen *Kapellmann* NZBau 2012, 275.

[644] BGH „Bistroküche" NZBau 2008, 437; OLG Rostock IBR 2003, 58; *Leinemann* VOB/B § 2 Rdn. 588, 596; *Vygen/Joussen/Lang/Rasch,* Bauverzögerung, Rdn. 476; *Kemper* in FKZGM VOB/B § 2 Rdn. 36; vgl. auch OLG Düsseldorf BauR 1994, 764.

[645] BGH „Kammerschleuse" BauR 1997, 126; *Kapellmann/Schiffers/Markus* Band 2, 537.

[646] Einzelheiten: *Kapellmann/Schiffers/Markus* Band 2, Rdn. 288; zum Fall **Eine** Kühlzelle" die (unzutreffende) Entscheidung OLG Stuttgart BauR 1992, 639, dazu näher *Kapellmann/Schiffers/Markus* Band 2, Rdn. 654.

[647] Dazu näher Rdn. 284–287.

c) **Die Abgrenzung Einheitspreisvertrag/Pauschalvertrag. aa) Grundsatz, Beweis-** 238
last. Bei Global-Pauschalverträgen gibt es keinen Zweifel, dass die Parteien eine Pauschalvergütung vereinbart haben. Dagegen kann es im Einzelfall zweifelhaft sein, ob die Parteien einen Detail-Pauschalvertrag oder einen Einheitspreisvertrag vereinbaren wollten.[648] Im Zweifel ist der Vertragsinhalt durch Auslegung zu ermitteln. Maßgebendes Kriterium ist, ob der vereinbarte Preis unabhängig von der Mengenentwicklung sein sollte oder nicht. Eine „Abrechnung nach Aufmaß" schließt einen Pauschalpreis aus.[649] Behauptet der Auftraggeber gegenüber der Einheitspreisabrechnung des Auftragnehmers, es sei eine (niedrigere) Pauschalvergütung vereinbart, so muss der Auftragnehmer den Gegenbeweis führen, § 2 Abs. 2 enthält keine anderweitige Beweislastregel (oben Rdn. 132, 133).

bb) Festpreise. Der einmal vereinbarte Preis ist immer Festpreis, ob beim Einheitspreisver- 239
trag, beim Pauschalvertrag oder beim Stundenlohnvertrag.[650] In der Vertragspraxis und selbst bei hohen Gerichten werden oft fälschlicherweise „Festpreis" und „Pauschalpreis" synonym verwandt.[651] Aber „Festpreis" allein besagt nichts über eine Pauschalvergütung. Um den Schluss ziehen zu können, es sei wegen der Verwendung der Bezeichnung „Festpreis" ein Pauschalpreis vereinbart, müssen andere Auslegungskriterien hinzukommen.[652]

cc) Fix und fertige Leistung. Auch wenn die Parteien vereinbaren, der Auftragnehmer 240
schulde eine „fix und fertige Leistung", so lässt diese Beschreibung der Leistungsseite allein noch keinen Schluss auf die Vergütungsseite dahin zu, es sei eine Pauschalvergütung vereinbart. Auch bei Einheitspreisverträgen gibt es „fix und fertig" Klauseln.[653] Eine andere Frage ist, welche Bedeutung eine solche Klausel hat, wenn sie in einem als Vertragstyp unstrittigen Pauschalvertrag enthalten ist. Wir behandeln das gesondert unter den Stichwörtern „Komplettheitsklauseln" und „Schlüsselfertigklauseln".[654]

dd) Abgerundete Vergütung, Preisnachlässe. Eine Pauschalvergütung braucht keine run- 241
de Summe zu sein, auch ein pfenniggenauer Betrag kann als Pauschalvergütung vereinbart werden.[655] Eine „Abrundung", die in einem prozentualen Nachlass besteht, hat keinen Erkenntniswert für die Abgrenzung zwischen Einheitspreis- und Pauschalvertrag. Ein summenmäßiger Nachlass, der mit einer „Abrundung" verbunden ist, kann zwar den Charakter des Einheitspreisvertrages unberührt lassen, aber in der Regel spricht eine „nennenswerte" Abrundung nach unten für einen Pauschalvertrag; wird der neue Preis ergänzend auch noch als „pauschal" gekennzeichnet, gilt das erst recht.[656]

3. Typ Detail-Pauschalvertrag. a) Bausoll. Nach der Vergabevorschrift des § 4 Abs. 1 242
Nr. 2 VOB/A soll „für eine Pauschalsumme" nur dann vergeben werden, „wenn die Leistung **nach Art und Umfang genau bestimmt**" ist. Eine Leistungsbeschreibung ist dann genau, wenn sie die geschuldete Leistung (das Bausoll) ausreichend **differenziert (detailliert)** beschreibt, wenn sie zum Beispiel in der Form des Einheitspreisvertrages mit Positionen und ggf. zugehörigen Plänen abgefasst ist, oder – in Funktionen ausgedrückt – wenn der Auftraggeber die Funktion Planung bis einschließlich der Ausführungsplanung entsprechend § 33 und Anhang 10 Phase 5 HOAI und die daraus zu entwickelnde Umsetzung in Vergabetexte in Form der Aufstellung von Leistungsbeschreibung mit Leistungsverzeichnissen entsprechend § 33 und Anhang 10 Phase 6 HOAI wahrgenommen hat (oder durch die Form der Ausschreibung jedenfalls suggeriert, sie wahrgenommen zu haben). Dieser Vertragstyp ist ein **Detail-Pauschalvertrag.**[657] Da der **Auftraggeber** die Funktion der Detail-Planung und daraus resultie-

---

[648] Beispielsfälle für unklare Absprachen hier Rdn. 237, 239–241; *Kapellmann/Schiffers/Markus* Band 2, Rdn. 54 ff., 64 ff.
[649] Zur Widerspruchsauflösung bei gleichzeitiger Vereinbarung von „Abrechnung nach Aufmaß" und „Pauschalvergütung" *Kapellmann/Schiffers/Markus* Band 2, Rdn. 61, 63.
[650] Näher oben Rdn. 6, 7, dort auch zu Gleitklauseln.
[651] Beispiele: BGH BauR 1981, 744; OLG Hamburg BB 1970, 688; OLG Hamm NJW 1996, 199.
[652] Näher *Kapellmann/Schiffers/Markus* Band 2, Rdn. 76–82.
[653] Beispiel: OLG Köln BauR 1991, 615; dazu *Kapellmann/Schiffers/Markus* Band 1, Rdn. 135.
[654] Dazu näher Rdn. 244 ff., 263–275.
[655] Beispiele: BGH NZBau 2001, 496; BGH BauR 1995, 237.
[656] *Kapellmann/Schiffers/Markus* Band 2, Rdn. 60.
[657] Zur Definition im Einzelnen *Kapellmann/Schiffers/Markus* Band 2, Rdn. 5, 200–285. Diese Bezeichnung ist heute allgemein übernommen, z.B. *Jansen* in Beck'scher VOB-Kommentar VOB/B § 2 Abs. 7 Rdn. 18, 30; *Werner/Pastor* Rdn. 1528; *Otto* in Roquette/Otto, Vertragsbuch, C III Rdn. 8.

rend der Detail-Ausschreibung selbst übernommen hat, hat er die **Vermutung der Richtigkeit und Vollständigkeit** dieser Ausschreibung genau wie beim Einheitspreisvertrag[658] gegen sich; der Bieter (Auftragnehmer) darf sich darauf verlassen, dass der Auftraggeber seine Planungswünsche richtig umgesetzt und seine Leistungsanforderung differenziert und vollständig ausgedrückt hat.[659] **Bausoll** ist deshalb **nur** das, was in dieser Form **„näher bestimmt ist", nicht** weniger, aber **auch nicht mehr.**[660] Dass die fehlende Leistung notwendig ist, damit ein über die Bausolldefinition hinausgehender Erfolg erreicht werden kann, ist unerheblich: Der Auftrag**geber** hätte richtig planen und ausschreiben müssen. Der Auftragnehmer muss kein allgemeines, etwa aus der Vergütungspauschalierung herzuleitendes Leistungsziel erfüllen, **er muss nicht verkappt komplettieren.** Zu bauen ist nur, „was aus dem Angebot und dessen Unterlagen ersichtlich ist"; der Wille der Parteien, die geschuldete Leistung möglichst genau festzulegen – ich ergänze: so dass auch nur das so Festgelegte Bausoll ist – folgt laut BGH schon „aus dem umfangreichen, vom Architekten des Auftrag**gebers** aufgestellten **Leistungsverzeichnis**, der Preis knüpft an **im Einzelnen bestimmte** Arbeiten an".[661] Dem ist zuzustimmen: **Aus der Wahl der Ausschreibungsmethode folgt die Richtigkeits- und Vollständigkeitsvermutung.** „Haben die Vertragsparteien auf Anregung des Auftraggebers eine bestimmte Ausführungsart zum Gegenstand des Vertrages gemacht, dann umfasst, sofern die Kalkulation des Werklohns **nicht nur** auf den Vorstellungen des Auftrag**nehmers** beruht, der Werklohn **nur** die vereinbarte Herstellungsart; Zusatzarbeiten, die für den erforderlichen Erfolg erforderlich sind, hat der Auftraggeber gesondert zu vergüten", so der BGH in der Entscheidung „Dachdeckergerüste" und früher,[662] ebenso beispielsweise die Oberlandesgerichte Koblenz und Düsseldorf.[663]

„Besondere Leistungen" im Sinne des Abschnitts 4 der jeweiligen VOB/C-Bestimmungen sind **auch beim Detail-Pauschalvertrag** nur dann Bausoll, wenn sie **besonders** erwähnt sind;[664] in Allgemeinen Geschäftsbedingungen des Auftraggebers ist eine **generelle** Einbeziehung von Besonderen Leistungen unwirksam; das gilt nicht für den Ausnahmefall auftrag**nehmer**seitiger Ausführungsplanung und Abfassung des Leistungsverzeichnisses.[665]

243 **Widersprechen** sich auftraggeberseitige **Vertragspläne** und **Leistungsbeschreibung,** so geht der vom Auftraggeber ja aus seinen Ausführungsplänen selbst in die Leistungsbeschreibung umgesetzte **Text** genauso wie beim Einheitspreisvertrag vor.[666] Bestehen **Zweifel** hinsichtlich der **Auslegung** des Bausolls, gehen sie **zu Lasten** des ausschreibenden **Auftraggebers;** das ist die sachgerechte Zuteilung von Risiken je nach übernommener Funktion.[667]

244 **b) Komplettheitsklauseln beim Detail-Pauschalvertrag.** Der Auftraggeber kann sein Ziel, eine nach seiner Vorstellung vollständige Leistung zu erhalten, bei einer Ausschreibung in Form eines **Detail-Pauschalvertrages** mit auftraggeberseitiger Ausführungsplanung nur erreichen, indem er selbst seinen Vollständigkeitswunsch in eine konkret-detaillierte Leistungs-

---

[658] BGH „LAGA" NZBau 2012, 102; s. auch Rdn. 208, 259; BGH „Bistroküche" NZBau 2008, 437 = BauR 2008, 1131 mit richtiger zustimmender Anmerkung *Leinemann; Leupertz* in Messerschmidt/Voit, Privates Baurecht Kap 10, Rdn. 9, 19; näher auch **oben Rdn. 105–108;** Werner/Pastor Rdn. 1424, 1528. Die Vollständigkeitsvermutung ist primär eine **Auslegungsregel,** zutreffend *Thode,* Seminar Pauschalvertrag, S. 33, 40, 42.

[659] *Kapellmann/Schiffers/Markus* Band 2, Rdn. 212 ff., Rdn. 255–261, oben Rdn. 111, 123 mit Nachweisen. Zur Auslegung insgesamt oben Rdn. 90–129.

[660] *Kapellmann/Schiffers/Markus* Band 2, Rdn. 238 ff.; *Kuffer* in Heiermann/Riedl/Rusam VOB/B § 2 Rdn. 225; *Leinemann* VOB/B § 2 Rdn. 636, 680, 685, 695 zur **„vergessenen Leistung";** *Sprau* in Palandt BGB, § 633 Rdn. 6.

[661] BGH „Schlüsselfertigbau" BauR 1984, 395.

[662] BGH „Dachdeckergerüste" NJW 2006, 3416 m. Anm. *Kapellmann* NZBau 2006, 777; BGH Schäfer/Finnern Z 2.301 Bl. 35 = BauR 1971, 124 (stark gekürzt); BGH *Schäfer/Finnern* Z 2.301 Bl. 42 = BauR 1972, 118; BGH Schäfer/Finnern Z 2.301 Bl. 46; BGH „Schlüsselfertigbau" BauR 1984, 395; BGH BauR 1995, 237; alle Entscheidungen sind kommentiert bei *Kapellmann/Schiffers/Markus* Band 2, Rdn. 212–222.

[663] OLG Koblenz NZBau 2010, 562; OLG Düsseldorf BauR 2012, 244; OLG Düsseldorf BauR 1991, 747; OLG Düsseldorf BauR 1995, 286.

[664] Unrichtig BGH „Konsoltraggerüste" NZBau 2002, 324 = BauR 2002, 935, richtig BGH „Dachdeckergerüste" NJW 2006, 3416 m. Anm. *Kapellmann* = NZBau 2006, 777 (dazu auch *Kuffer* in Beck'scher Kommentar VOB/C System, VII Rdn. 24), dazu **Rdn. 86.**

[665] Näher oben Rdn. 86.

[666] Oben Rdn. 104, 120, 122. Im Ergebnis BGH „Text vor Plänen" NZBau 2003, 149 = BauR 2003, 388.

[667] **Oben Rdn. 123;** zur Auslegung insgesamt oben Rdn. 90–129.

Vergütung § 2 VOB/B

beschreibung umsetzt. Vereinbart er vertraglich, dass der Auftragnehmer **unabhängig** von auftraggeberseitig geforderten Details auf jeden Fall eine komplette, „funktionsfähige" Leistung ohne zusätzliche Vergütung erbringen muss („Komplettheitsklausel", zur **Terminologie** Rdn. 263), so ändert er damit unausgesprochen die Funktionszuweisung und schiebt dem Auftragnehmer Planungsaufgaben zu. Die Übernahme planerischer Funktionen ist das Kennzeichen eines Global-Pauschalvertrages im Gegensatz zum Detail-Pauschalvertrag. Wenn der Auftragnehmer eigene (primäre) Planungsleistungen erbringt, insbesondere also die Ausführungsplanung, ist es nur sachgerecht, ihn für die Richtigkeit und Vollständigkeit seiner eigenen Planung haften zu lassen;[668] wenn aber – wie beim Detail-Pauschalvertrag die Regel – der Auftrag**geber** plant und seine Planung in Detailbeschreibungen umsetzt, würde die Klausel bewirken, dass der Auftraggeber seine Verantwortung für eigenes fehlerhaftes Handeln dem Auftragnehmer zuschöbe. In **Allgemeinen Geschäftsbedingungen** des Auftraggebers ist deshalb bei dieser Vertragsgestaltung eine solche Klausel **unwirksam**.[669] **Individuell** kann die Klausel wirksam vereinbart werden; bei ihr bedarf es dann aber immer noch der Prüfung, **welches** Komplettheitsziel für den Auftragnehmer erkennbar war.[670] Die Verantwortlichkeit für **falsche** auftraggeberseitige Planung bleibt wie immer erhalten.[671] Ebenso muss der Auftraggeber die Sowiesokosten tragen.

c) Beweislast. Beim Detail-Pauschalvertrag **mit in der Regel auftraggeber**seitiger Planung 245 fallen definitionsgemäß nur die Leistungen „unter die Pauschale", die detailliert aufgeführt sind. Behauptet der Auftraggeber, es seien auch unbenannte Leistungen auf Grund individueller (mündlicher) Vereinbarung Bausoll, so hat er die Vollständigkeitsvermutung (siehe Rdn. 242) gegen sich, solche Leistungen sind, wie der BGH sagt, „im Zweifelsfall" nicht in der Pauschale enthalten;[672] das Gegenteil hat der **Auftraggeber** zu beweisen.[673]

Hat im **Ausnahmefall** der Auftragnehmer die Ausführungsplanung erstellt und das Leistungsverzeichnis gefertigt, so muss der Auftraggeber beweisen, welchen Planungsauftrag er dem Auftragnehmer erteilt hat, welche Leistungen er also verlangt hat; das wird in der Regel

---

[668] Dazu beim Einfachen Global-Pauschalvertrag Rdn. 266, beim Komplexen Global-Pauschalvertrag Rdn. 271.
[669] Allgemeine Meinung, z.B. BGH „ECE Bedingungen" Klausel Nr. I 15, BauR 1997, 1036; OLG München BauR 1990, 776; *Werner/Pastor* Rdn. 1538; *Kniffka* in Kniffka/Koeble/Kompendium, Teil 5, Rdn. 196, 197; *Halfmeier/Leupertz* in Prütting/Wegen/Weinreich BGB, § 631 Rdn. 40 und in *Messerschmidt/Voit* Privates Baurecht, K Rdn. 21; *Jansen* in Beck'scher VOB-Kommentar Teil B, § 2 Abs. 7, Rdn. 124; *Kues* in NWJS VOB/B § 2 Rdn. 358, 359; *Markus* in Markus/Kaiser/Kapellmann AGB-Handbuch Bauvertragsklauseln, Rdn. 300 ff.; *Kapellmann/Schiffers/Markus* Band 2, Rdn. 272 i.V.m. Rdn. 512; *Voit* ZfBR 2007, 157; *Eichberger* in Kleine-Möller/Merl/Glöckner, § 11 Rdn. 53; *Seewald, Motzke/Bauer/Seewald* Prozesse in Bausachen, § 5 Rdn. 301; *Otto* in Vygen/Otto, Vertragsbuch, C Rdn. 77.
Unrichtig OLG Düsseldorf, NZBau 2015, 30, dazu *Kapellmann/Schiffers/Markus* Band 2 Rdn. 512 und *Roquette/Vogt* BauR 2015, 909.
[670] *Roquette* NZBau 2001, 57; *Kapellmann/Schiffers/Markus* Band 2, Rdn. 272 i.V.m. Rdn. 516. **Diesen** Vertragstyp (Detaillierung mit **individuell** vereinbarter, also wirksamer Komplettheitsklausel) nennen wir **Einfachen Global-Pauschalvertrag**, näher Rdn. 247. Zur einschränkenden Auslegung auch der **individuellen** Komplettheitsklausel vgl. Rdn. **265.**
[671] BGH „Kammerschleuse" BauR 1997, 126; *Kapellmann/Schiffers/Markus* Band 2, Rdn. 272 i.V.m. Rdn. 517, näher Rdn. 265.
[672] BGH *Schäfer/Finnern* Z 2.301 Bl. 35 = BauR 1971, 124, ausführlich dazu *Kapellmann/Schiffers/Markus* Band 2, Rdn. 212–214; siehe auch Rdn. 242.
[673] BGH „Bistroküche" NZBau 2008, 437 = BauR 2008, 1134 m. Anm. *Leinemann*. Die Beurteilung der Frage, wer was zu leisten hat, ist in allererster Linie Auslegungs- und nicht Beweissache ist, zutreffend insbesondere *Thode*, Seminar Pauschalvertrag, S. 33, 40. Die Vertragsparteien können aber behaupten, es sei z.B. vereinbart, dass eine bestimmte Leistung zu erbringen sei. Das muss der Auftraggeber beweisen, so *Vygen/Joussen*, Bauvertragsrecht Rdn. 2359; *Keldungs* in Ingenstau/Korbion VOB/B § 2 Abs. 7 Rdn. 14; *Kapellmann/Schiffers/Markus* Band 2, Rdn. 262, 263; bei vollständiger „Leistungsbeschreibung" ebenso *Thode*, Seminar Pauschalvertrag, S. 41, wobei der Detail-Pauschalvertrag mit auftraggeberseitiger Planung gerade eine **Vollständigkeits**vermutung für sich hat.
Bei „erkennbarer" **Lückenhaftigkeit** der Leistungsbeschreibung war nach aufgegebener älterer Rechtsprechung (siehe Fn. 675) die Beweislastverteilung umgekehrt. Detail-Pauschalverträge haben aber, wie erwähnt, die Vermutung der Richtigkeit und **Vollständigkeit** für sich, so jetzt eindeutig und richtig BGH „Bistroküche" NZBau 2008, 437 = BauR 2008, 1134 (siehe dazu auch Rdn. 123) und BGH „Dachdeckergerüste" NJW 2006, 3416 m. Anm. *Kapellmann* NZBau 2006, 777. Siehe weiter oben Rdn. 242.
An den Beweis zur Widerlegung dieser Vermutung sind strenge Anforderungen zu stellen, *Kapellmann/Schiffers/Markus* Band 2, Rdn. 261.

unproblematisch sein. Der Auftragnehmer muss dann beweisen, dass er mit den von ihm beschriebenen Details eine komplette Leistung erreicht.[674]

246   **4. Typ Global-Pauschalvertrag. a) Struktur, keine „lückenhafte" Regelung.** Während beim Detail-Pauschalvertrag die Leistungsseite, das Bausoll, detailliert vertraglich vorgegeben ist und der Auftragnehmer deshalb auch nur das zu leisten hat, „was näher bestimmt ist", gilt für den **Global-Pauschalvertrag,** dass die Leistungsseite (selten) ganz oder (im Regelfall) in Teilbereichen nicht im ausgearbeiteten Detail, sondern mehr oder minder global, z. B. nur durch Funktionsanforderungen, definiert ist. Der Auftragnehmer kann auf der Basis solcher globaler Anforderungen allein nicht bauen, es bedarf vielmehr planerischer Ausarbeitung des Globalelements in bautechnisch handhabbare Detaillierung. Unabhängig von den unübersehbar unterschiedlichen „Globalisierungsgraden" und Vertragsvarianten ist strukturell folglich **kennzeichnend** für einen Global-Pauschalvertrag eine (selten) gänzliche oder (im Regelfall) teilweise – in unterschiedlicher Intensität – **Verlagerung** von herkömmlichen Auftraggeberfunktionen, nämlich **Planung** (im weiten Sinne der HOAI), auf den **Auftragnehmer.** Ein Global-Pauschalvertrag hat also **immer** ein (oft unausgesprochenes) Bausoll **Planungsleistungen und** ein Bausoll **Bauleistungen** zum Gegenstand. Ein solcher Vertrag ist **nicht,** wie es die aufgegebene ältere Rechtsprechung in der **fehlerhaften Kennzeichnung** solcher Verträge als **lückenhaft** ansah, ein verunglückter oder nicht fertig gewordener Detail-Pauschalvertrag, die Einfügung von Globalelementen ist vielmehr Folge der bewussten Wahl einer abweichenden Funktions- und damit Vertragsentscheidung. Der Vertrag hat keine Lücke, er regelt vielmehr **durch diese Systemwahl,** dass nicht der Auftraggeber die Planung vervollständigen soll, sondern der Auftragnehmer, woraus zwingend dessen vertragliche Befugnis zur entsprechenden Detaillierungsentscheidung und damit Bausollbestimmung folgt.[675] Das Argument **„Lückenhaftigkeit"** hat der Bundesgerichtshof **ausdrücklich aufgegeben.**[676]

247   Mindestens für die Beurteilung der Anwendbarkeit und AGB-Festigkeit von Komplettheits- und Schlüsselfertigklauseln empfiehlt sich eine Unterteilung in **Einfache** Global-Pauschalverträge mit **geringen** Planungsleistungen und **Komplexe** Global-Pauschalverträge mit **vielfältigen** Planungsleistungen. Der **Einfache Global-Pauschalvertrag** ist ein Detail-Pauschalvertrag mit lediglich „aufgesetzter Komplettheitsklausel", typischerweise nur für ein Gewerk (gemäß VOB/C: Leistungsbereich); man könnte ihn auch noch Detail-Pauschalvertrag nennen, aber wegen des Globalelements „Komplettheit" wird er zweckmäßigerweise schon als Global-Pauschalvertrag bezeichnet. Als Global-Pauschalvertrag gibt es ihn **nur** dann, wenn die Komplettheitsklausel individuell vereinbart ist, eine AGB-Komplettheitsklausel ist bei ihm unwirksam,[677] letzteres führt also wieder zum Detail-Pauschalvertrag. **Komplexe Global-Pauschalverträge** sind demgegenüber alle Verträge mit sachlich-globalen (nicht nur allgemein-globalen wie eine Komplettheitsklausel) Leistungselementen, insbesondere auch solche mit „Gewerkzusammenfassungen" und schon daraus resultierenden Planungs- und Koordinationspflichten des Auftragnehmers, Prototyp „Schlüsselfertigbau".[678] Bei diesem Vertragstyp bedürfen die „Schlüsselfertigklauseln" („Komplettheitsklauseln") einer abweichenden Betrachtung.[679]

248   Auf die Kombination von Planungsleistung und Bauleistung beim Global-Pauschalvertrag ist nach herrschender Meinung das jeweils passende **Recht anzuwenden:** auf Planungsleistungen also BGB, auf Bauleistungen, so weit vereinbart, die VOB, sonst auch BGB; nach unserer Meinung kann aber **auch für den Planungsteil** die Geltung der VOB/B vereinbart werden, was im Regelfall konkludent z. B. immer für das Anordnungsrecht der Auftraggeber aus § 1 Abs. 3, 4 VOB/B anzunehmen ist.[680] Die HOAI gilt nicht, d. h. ihre preisrechtlichen Bestim-

---

[674] Keldungs in Ingenstau/Korbion VOB/B § 2 Abs. 7 Rdn. 14; *Kapellmann/Schiffers/Markus* Band 2, Rdn. 264.

[675] Ebenso *Kues* in NWJS VOB/B § 2 Rdn. 364. Zu den Konsequenzen näher Rdn. 260–262.

[676] **„Lückenhaftigkeit"** z. B. in BGH BauR 1971, 124, dann BGH „Wasserhaltung I" BauR 1992, 759. **Der BGH** hat diese nicht zutreffende Kennzeichnung schon vor langer Zeit **mit Recht aufgegeben,** vgl. z. B. BGH „Wasserhaltung II" BauR 1994, 236 und **heute ausdrücklich** BGH „Bistroküche" NZBau 2008, 437 = BauR 2008, 1134 m. Anm. Leinemann. **Manche Instanzgerichte haben das bis heute nicht gemerkt** und **viele Literaturmeinungen auch nicht.** Vgl. auch oben Rdn. 123 und **245.**

[677] Siehe oben Rdn. 244.

[678] Einzelheiten zur Definition *Kapellmann/Schiffers/Markus* Band 2, Rdn. 409.

[679] Näher unten Rdn. 267 ff.

[680] Zum **Anordnungsrecht** gemäß § 1 Abs. 3, 4 VOB/B **bezüglich der Planungsleistung** beim Global-Pauschalvertrag eindeutig BGH „Lehrter Bahnhof/Berlin Hauptbahnhof" NZBau 2007, 653. Zur früheren Meinung BGH BauR 1989, 597; BGH BauR 1987, 702.

mungen oder Formerfordernisse sind nicht anwendbar;[681] mangels anderer Bezugssysteme kann aber zur Vergütungsermittlung bei modifizierten Planungsleistungen auf Leistungsbilder und analog angepasste Berechnungsgrundsätze der HOAI zurückgegriffen werden.[682]

b) Erscheinungsformen. aa) Funktionale Leistungsbeschreibung. Der Komplexe Pauschalvertrag in seiner weitestgehenden Ausprägung ist die total-funktionale Leistungsbeschreibung, in § 7c VOB/A „Leistungsbeschreibung mit Leistungsprogramm" genannt, also die Wahl eines Vertragssystems, bei dem der Auftraggeber Funktion und Anforderungen, auch Einzelheiten der Ausstattung seines Projekts usw. verbal definiert, aber die **vollständige Planung,** insbesondere also auch (die Vorplanung und) Entwurfsplanung sowie die entsprechende Realisierung dem Auftragnehmer, einem **Total**unter- oder -übernehmer überträgt. Aber auch eine Leistungsbeschreibung, die diese Anforderungen nur teilweise erfüllt, begründet einen wirksamen Vertrag; dass dabei der Auftraggeber das Risiko trägt, dass ein Objekt entsteht, das ihm nicht passt oder der Auftragnehmer das Risiko, dass er in der Angebotsphase funktionsnotwendige Leistungen nicht richtig erkannt hat, ändert nichts; das Bausoll muss lediglich **„bestimmbar"** sein,[683] wobei das BGB in den §§ 315, 316 regelt, dass die Leistungsbeschreibung auch einer Vertragspartei „nach Billigkeit" überlassen bleiben darf. Eine funktionale Ausschreibung kann sich auf das ganze Objekt, aber auch auf Teilobjekte (typisches Beispiel: Haustechnik) beziehen. Derartige total-funktionale Leistungsbeschreibungen sind sehr selten – verständlich angesichts der Tatsache, dass einerseits der Auftraggeber die gestalterische Entscheidung frühzeitig aus der Hand gibt und andererseits die Beteiligung an einer Ausschreibung für einen Bieter sehr hohe Kosten infolge des schon in der Angebotsphase erforderlichen Planungsaufwands verursacht. Demzufolge wird das Bild heute geprägt von **teil-funktionalen** Leistungsbeschreibungen, denen also z. B. eine auftraggeberseitige Vor- und Entwurfsplanung zugrunde liegt. Prototyp ist der **Schlüsselfertigbau.** 249

bb) Schlüsselfertigbau. Ein Vertrag über eine „schlüsselfertige" Leistung verknüpft drei Strukturelemente, nämlich Leistung **„aus einer Hand"** (organisatorisch), also durch Generalunter-/übernehmer oder Totalunter-/übernehmer, **Leistung „schlüsselfertig"** (offensichtlich eine globale Leistungsbeschreibung), **Vergütung pauschal.** Der „Schlüsselfertigvertrag" ist damit prototypischer Komplexer Global-Pauschalvertrag. Gegenstand ist ein ganzes Objekt oder jedenfalls ein Teilobjekt; einzelne Gewerke bzw. Leistungsbereiche kann man zwar auch „komplett vergeben" (Einfacher Global-Pauschalvertrag, Rdn. 247), „Schlüsselfertig" erfordert aber immer die Zusammenfassung und Koordinierung vieler Gewerke (Leistungsbereiche) und allein schon deshalb immer auch nennenswerte Planungsleistungen. Die das Bausoll prägende Bestimmung „schlüsselfertig" enthält damit ein Globalelement der Art, dass das Werk „komplett und funktionstauglich" erstellt werden soll, die Bedeutung „geregelter Details" bleibt natürlich erhalten.[684] Die Schlüsselfertigklausel ist also auch eine Form der Komplettheitsklausel (näher Rdn. 263). Der Vertrag enthält je nach Gestaltung eine mehr oder minder ausgeprägte **teilfunktionale** Leistungsbeschreibung. Der Schlüsselfertigbau tritt wie alle Verträge mit (teil-)funktionaler Leistungsbeschreibung in den unterschiedlichsten Varianten auf, die sich – auch in 250

Die VOB/B ist auch auf einen General**übernehmer**vertrag (Generalübernehmer ist ein Hauptunternehmer, der sämtliche für die Herstellung eines Bauwerks anfallenden Bauleistungen erbringt, davon jedoch nur Teile selbst ausführt) anwendbar, ebenso OLG Bamberg BauR 1999, 650; *Kapellmann/Schiffers/Markus* Band 2, Rdn. 472; anderer Ansicht *Korbion* in Ingenstau/Korbion Anhang 2 zur VOB, Rdn. 124. Zu unserer Meinung, dass die VOB/B auch auf Planungsleistungen anwendbar ist, näher *Kapellmann*, Schlüsselfertiges Bauen, Rdn. 50–56.

[681] BGH BauR 1997, 677; *Motzke/Wolff,* Praxis der HOAI, S. 112; *Kapellmann/Schiffers/Markus* Band 2, Rdn. 473.
[682] Näher Rdn. 294.
[683] BGH „Kammerschleuse" BauR 1997, 127, dazu Rdn. **116**; BGH „Mauerwerksöffnungen Karrengefängnis" BauR 1997, 464 (wenn Parteien nach längerer Verhandlung eine Leistung funktional vollständig beschreiben, kommt einem Angebot im Leistungsverzeichnis, das die Grundlage der Verhandlungen bildete, keine entscheidende Bedeutung mehr zu); oben Rdn. 29.
[684] Allgemein BGH NZBau 2001, 446 = NJW 2001, 2167; BGH NZBau 2001, 270 = BauR 2001, 823 = NJW 2001, 1276; BGH „AGB Vielzahl" BauR 1997, 123; BGH „Schlüsselfertigbau" BauR 1984, 396; *Kapellmann/Schiffers/Markus* Band 2, Rdn. 432–437; *Michaelis de Vasconcellos* NZBau 2000, 367. Beispiel der Bedeutung von **vorrangigen Detailregelungen** gegenüber einer **Schlüsselfertigklausel** OLG Koblenz NZBau 2010, 562 und NZBau 2009, 382.
Zur vergaberechtlichen Zulässigkeit VOB/A § 7 Rdn. 93 ff.

ihren Rechtsfolgen – voneinander je nach dem Ausmaß der Übertragung von Planungsleistungen auf den Auftragnehmer unterscheiden.

251 **cc) Garantierter Maximumpreisvertrag, Construction Managementvertrag, Partnering.** Der Vertrag mit „garantiertem Maximumpreis" ist ein Schlüsselfertigvertrag, bei dem die Vergütung nach oben hin durch einen pauschalen Höchstpreis begrenzt ist; der Auftragnehmer muss aber die Rechnungen der Nachunternehmer gegenüber dem Auftraggeber offen legen. Ist die Summe der Nachunternehmerrechnungen zuzüglich GU-Zuschläge und zuzüglich der eventuellen Vergütung des Auftragnehmers z. B. für die Baustelleneinrichtung oder für Eigenleistungen (je nach Vertragsvereinbarung) kleiner als der Höchstpreis, wird die Differenz nach einem vertraglichen Schlüssel geteilt; im Ergebnis besteht die Pauschale dann aus einer Summe von Teilpauschalen.[685] Gerade bei diesem Vertragstyp kommt häufig schon eine Einbeziehung des Auftragnehmers in der Vorplanungs- oder Entwurfsplanungsphase in Betracht mit dem Ziel, die auftraggeberseitige Planung unter Einbeziehung von ausführungstechnischem Know-How zu optimieren. Ähnlich ist das Vertragskonzept von Construction Management Verträgen[686] und von Partnering-Verträgen.[687]

252 **dd) Anlagenbauvertrag.** Der Anlagenbauvertrag ist ein komplexer Vertrag, bei dem jedenfalls für den Teil „Planung und Errichtung" des Bauwerkes die Regeln des Komplexen Global-Pauschalvertrages gelten. Das entscheidende Problem ist oft die Übernahme von Entwicklungsrisiken unter Einschluss der Haftung für die Wirtschaftlichkeit des Betriebes.[688]

253 **ee) Projektverträge.** Unter den Oberbegriff Projektverträge gehören Vertragsformen, in denen Großprojekte z. B. der Infrastruktur, der Energieversorgung oder Telekommunikation unter Gründung von Projektgesellschaften (Projektträgern) entwickelt, finanziert und betrieben werden, bei BOT-Projekten schließlich auch (auf den Konzessionsgeber) übertragen werden. Auch wenn die Baurealisierung nur ein Teil der Vertragsleistung ist, liegt auf der Hand, dass das Projekt und die Projektfinanzierung damit stehen und fallen, dass ein „fester Preis" für die Realisierung vereinbart wird; auch hier gelten also insoweit, falls deutsches Recht anwendbar ist, die Regeln über den Komplexen Global-Pauschalvertrag. Für viele weitere Vertragsgestaltungen, die man unter „Finanzierungsmodellen" zusammenfassen kann, gilt dasselbe.[689]

254 **ff) Projektentwicklervertrag.** Der Projektentwickler (Developer) entwickelt das zu errichtende Projekt erst, wie der Name zutreffend sagt. Er macht das Grundstück erst baureif, regelt z. B. Grundstückszusammenlegungen, klärt oder beschafft Baugenehmigungen in Zusammenarbeit mit einer Kommune und leistet Vorplanungsarbeiten. In der Regel vermarktet dann der Projektentwickler das Projekt einschließlich Grundstück; oft ist er selbst Grundstückseigentümer, jedenfalls hat er aber auf die Grundstücksübertragung Einfluss. Hier interessieren zwei Verträge: Einmal, dass der Projektentwickler entwickelt und das zu erstellende Projekt an einen Erwerber „veräußert"; dieser Vertrag zwischen Projektentwickler (Auftragnehmer) und Erwerber (Auftraggeber) lässt sich als Sonderfall des Komplexen Global-Pauschalvertrages erfassen, organisatorisch auf der Ebene eines Totalübernehmervertrages. Auf der anderen Seite errichtet der Projektentwickler das Projekt durch einen Vertrag normalerweise mit einem Generalunternehmer, das ist im Regelfall ein Komplexer Global-Pauschalvertrag in Form des Schlüsselfertigbaus.

255 **gg) Bauträgervertrag.** Der Bauträgervertrag, auf den jedenfalls in dem hier interessierenden Bereich Werkvertragsrecht anzuwenden ist, ist der „Projektentwicklervertrag in klein". Der Vertrag zwischen Bauträger und „Käufer" ist Global-Pauschalvertrag mit einigen Besonderheiten.[690]

---

[685] Näher *Kapellmann* NZBau 2001, 592 insbesondere auch zur Bedeutung der Garantie; *Biebelheimer/Wazlawik* BauR 2001, 1639; *Oberhauser* BauR 2000, 1397; *Grünhoff* NZBau 2000, 313; *Blecken/Gralla* Jahrbuch BauR 1998, 251; *Moeser* ZfBR 1997, 113.
[686] Näher *Eschenbruch* NZBau 2001, 585; *Kapellmann* NZBau 2001, 592.
[687] *Eschenbruch/Racky*, Partnering in der Bau- und Immobilienwirtschaft, zum Grundsatz *Kapellmann* FS Motzke, 161.
[688] Näher *Benedict* in Roquette/Otto, Vertragsbuch, C VII, Rdn. 55; *Kapellmann/Schiffers/Markus* Band 2, Rdn. 576 mit Nachweisen.
[689] Übersicht zu solchen Modellen bei Brandt WM 1999, S. 2525.
[690] *Kapellmann/Schiffers/Markus* Band 2 zu Eigenleistungen Rdn. 1413 ff., zu Sonderwünschen Rdn. 1247 ff., zum Ausschluss des freien Kündigungsrechts des Erwerbers Rdn. 1317, zu Erschließungsbeiträgen Rdn. 598, 589 und passim, jeweils mit Nachweisen.

Vergütung   256–259   § 2 VOB/B

c) Bausoll Planungsleistungen. Planung ist im weiten Sinne zu verstehen, genauer: als die **256** Leistung, die Architekten (Objektplaner) oder Sonderfachleute entsprechend den als Musterleistungsbild heranzuziehenden Phasen der HOAI zu erbringen haben, darunter also auch z. B. „das Abstimmen und Koordinieren der Leistungsbeschreibung der an der Planung fachlich Beteiligten" laut Phase 5 in § 33 Anhang 10 Phase 5 HOAI, soweit das nach dem jeweiligen Vertragstyp sinnvoll ist; wegen der Pauschalierung der Vergütung entfallen z. B. alle Planungsleistungen, die mit Kostenschätzung, Kostenberechnung oder Kostenkontrolle zu tun haben. Welche Planungsleistungen im Einzelnen zu erbringen sind, ist bei guter Vertragsgestaltung auch im Einzelnen geregelt, sonst im Vertrag zu schließen und gegebenenfalls durch Auslegung zu ermitteln.[691] Verwendet der Vertrag Begriffe der HOAI, so ist auch deren Definition maßgebend. Wenn einem Generalunternehmer die Ausführungsplanung der Tragwerksplanung übertragen ist, heißt das nicht, dass er deren „Fortschreibung" schuldet, schon gar nicht kostenfrei. Das Bausoll ist anhand der Vertragsdefinition zu bestimmen und nicht auf der Basis angeblicher Selbstverständlichkeiten.[692] Diese Planungsleistungen beim Global-Pauschalvertrag sind „selbstständig zu wertende (und eigener Gewährleistung und Verjährung zugängliche) Vertragsgegenstände. Architektenleistungen bleiben auch dann solche Leistungen, wenn sie von einem Bauunternehmer übernommen werden."[693]

Auch wenn der Vertrag das nicht ausdrücklich regelt, muss der Auftragnehmer **das,** was **er** ordnungsgemäß **zu planen** hat, anschließend auch – im Rahmen der Pauschalvergütung – **bauen.**

Je nach Leistungsphase bestimmt sich auch, welchen durchsetzbaren Einfluss der Auftraggeber **257** im Streitfall auf die Planung hat. Schon dann, wenn dem Auftragnehmer die Entwurfsplanung übertragen ist (Totalunter-/-übernehmer), hat der Auftraggeber nur Anspruch auf **einen** Entwurf; über Problemlösung und Gestaltung entscheidet der Auftragnehmer.[694] Erst recht hat der Auftragnehmer, der die **Ausführungsplanung** zu erbringen hat, das Recht auf Gestaltung und Entscheidung bezüglich aller nicht im Vertrag geregelten Details.[695]

Ist dem Auftraggeber „die Ausführungsplanung" übertragen ohne nähere Definition, so muss **258** er auch die Leistungen der Tragwerksplanung gemäß § 49 und Anhang 13 Phase 5 ff. HOAI erbringen, insbesondere also die Anfertigung der Schal- und Bewehrungspläne.[696]

Hat der Auftragnehmer die Planungsentscheidungen getroffen, sind sie maßgeblich. Der Auftraggeber kann zwar Planänderungen anordnen, aber nicht vergütungsfrei.[697]

d) Bausoll Bauleistungen. aa) Detailregelungen innerhalb von Global-Pauschalver- 259 trägen. Wenn ein Totalübernehmervertrag im Rahmen eines Leistungsprogramms bestimmt, dass der Fußboden im Bereich vor der Kassenzone aus poliertem Granit zu erstellen ist, steht **das fest – es ist geregeltes Detail.** Alles, was der **Auftraggeber** bei einer funktionalen oder teilfunktionalen Leistungsbeschreibung differenziert vorgibt, ist als Detail maßgebend (und **muss planerisch richtig** sein, dazu Rdn. 272 ff.). Deshalb sind die Angaben bei einem geotechnischen Gutachten genauso als Detail maßgebend wie die Angaben einer auftraggeberseitigen Statik, einer zu benutzenden Zufahrtsstraße wie überhaupt eine vorgelegte auftraggeberseitige Planung.[698] Auch dass beim öffentlichen Auftraggeber trotz einer „pauschalen Bezeichnung" ein ungewöhnliches Wagnis nicht Bausoll ist, ist geregeltes Detail.[699]

---

[691] Bei Kapellmann/Schiffers/Markus Band 2, Rdn. 447–471 ist für **jeden** Typ des Global-Pauschalvertrages und für **alle** Leistungsphasen jeweils erörtert, welche Planungsleistungen Bausoll sind, wenn **keine** speziellen Vertragsregelungen getroffen sind.

[692] Überzeugend BGH „Lehrter Bahnhof" (Hauptbahnhof Berlin) NZBau 2007, 653 unter Aufhebung der völlig verfehlten Entscheidung KG BauR 2005, 1179; dieser Entscheidung aber zustimmend Kemper in FKZGM VOB/B § 2 Rdn. 13. Zum Ganzen näher Kapellmann/Schiffers/Markus Band 2, Rdn. 1048.

[693] BGH BauR 1987, 702.

[694] Einzelheiten Kapellmann/Schiffers/Markus Band 2, Rdn. 454, 455.

[695] Näher dazu auf der Ausführungsebene Rdn. 260–262.

[696] Näher Kapellmann/Schiffers/Markus Band 2, Rdn. 468. Zum Ganzen: Anhang nach VOB/B, Rdn. 42–83.

[697] Zutreffend Leinemann VOB/B § 2 Rdn. 678.

[698] Besonders deutlich BGH „LAGA" NZBau 2012, 102 = BauR 2012, 490; BGH „Bistroküche" NZBau 2008, 437 = BauR 2008, 1134 m. Anm. Leinemann; OLG Düsseldorf BauR 2012, 244: „Es stellt einen folgenschweren Irrtum dar, dass der Unternehmer aufgrund einer Pauschalpreisabsprache nunmehr alles schuldet". Ebenso OLG Dresden IBR 2012, 66. S. auch Rdn. 108.

[699] Oben Rdn. 114–116 mit BGH „Wasserhaltung II"; Beispiele für weitere geregelte Details beim Baugrund z. B. Rdn. 168.

Soweit sich bei der Bestimmung eines Details auftraggeberseitiger **Text** und auftraggeberseitige **Pläne widersprechen,** so geht wie beim Detail-Pauschalvertrag der vom Auftraggeber aus seiner Ausführungsplanung in die Leistungsbeschreibung umgesetzte **Text vor.**[700] Ebenso gilt der allgemeine Grundsatz, dass **Auslegungszweifel dann,** wenn der Auftrag**geber** die relevanten Dokumente verfasst hat, **zu seinen Lasten** gehen.[701]

Schwieriger ist die Frage, welchen Regelungsu**mfang** die Details haben: Wenn der Auftraggeber für den Rohbau eine detaillierte Leistungsbeschreibung vorgelegt hat, für Heizung, Sanitär, Lüftung aber nur eine funktionale Anforderung auf 2 Seiten, so muss wegen letzterer Leistung der Auftragnehmer noch eine Ausführungsplanung fertigen und dann entsprechend bauen, dagegen braucht er für das differenziert ausgeschriebene Gewerk Rohbau keine ergänzenden, nicht ausgeschriebenen Leistungen – ohne Mehrvergütung – zu erbringen.[702] Der Umfang des differenziert ausgeschriebenen Bereichs bestimmt sich durch Auslegung und Heranziehung aller Vertragsbestandteile, wobei maßgebend ist, was sich als „Regelungswille" des Auftraggebers aus den Unterlagen für den Auftragnehmer darstellt. Erscheint der geregelte Bereich als Umsetzung der Detailplanung des Auftraggebers oder enthält er sogar die Detailplanung ausdrücklich, so gelten insoweit uneingeschränkt die Grundsätze des **Detail-Pauschalvertrages** (oben Rdn. 246): **Bausoll ist nur das, was näher bestimmt ist.**[703] Erwähnt der Vertrag aber z. B., dass eine auftraggeberseitige Ausführungsplanung nur teilweise erstellt ist, und ist das aus der Leistungsbeschreibung nachvollziehbar, so gilt die Vollständigkeitsvermutung nicht.

260 **bb) Die Vervollständigung von Globalelementen. (1) Öffentlich-rechtliche Bestimmungen, Baugenehmigung.** Soweit der Vertrag globale Leistungselemente enthält, muss der Auftragnehmer bei deren Detaillierung Vorgaben beachten, Ausführungsplanung und Ausführung müssen z. B. den öffentlich-rechtlichen Bestimmungen entsprechen. Besonders bedeutsam ist die Baugenehmigung. Ist die Baugenehmigung bei Vertragsschluss noch nicht erteilt und ist das Thema „Baugenehmigung" **nicht** Vertragsgegenstand, muss der Totalunter-/übernehmer (also auch der Projektentwickler oder Bauträger) genehmigungsfähig planen und sodann bauen; liefert der Auftrag**geber** die Entwurfsplanung, so muss sie genehmigungsfähig sein, in den Planunterlagen nicht enthaltene aber notwendig werdende Leistungen sind dann nicht Bausoll.[704] Ist eine „noch zu erteilende Baugenehmigung einschließlich aller Auflagen" Vertragsbestandteil, so ist eine solche Regelung eine bei einem privaten Auftraggeber **individuell** mögliche Besondere Risikoübernahme des Auftragnehmers. Gehört zu den Vertragsunterlagen allerdings auch eine auftraggeberseitige Entwurfs- und Genehmigungsplanung, darf der Auftragnehmer davon ausgehen, dass sie richtig ist, so dass schon aus diesem Grund Abweichungen gegenüber den Entwurfsplänen trotz der Klausel zu „zusätzlichen Leistungen" führen; AGB-rechtlich ist das erst recht selbstverständlich, denn der Auftraggeber kann die Haftung für falsche Planung nicht durch AGB auf den Auftragnehmer abwälzen.[705]

261 **(2) Funktionale Notwendigkeit.** Es ist gerade Kennzeichen insbesondere des „Schlüsselfertigbaus", dass das herzustellende Werk funktionstauglich sein muss (oben Rdn. 250). Im

---

[700] Oben Rdn. 104, 120, 122; das gilt für Global-Pauschalverträge ganz besonders.

[701] Oben Rdn. 243, 123 mit Hinweisen auf BGH-Rechtsprechung, 111; zur Auslegung insgesamt oben Rdn. 90–129.

[702] Plastisch BGH *Schäfer/Finnern* Z. 2.301 Bl. 35 ff. = BGHZ 55, 98 = BauR 1971, 124: Wenn ein Auftraggeber mit dem Auftragnehmer einen Pauschalvertrag schließt über Rohbauarbeiten einschließlich Innenputz auf der Basis eines differenzierten Leistungsverzeichnisses, gleichzeitig aber ohne Leistungsverzeichnis nur über die „erforderlichen" Erd-/Abbruch- und Unterfangungsarbeiten, so enthält der Pauschalvertrag für Rohbau und Innenputz einen Detail-Pauschalteil, dagegen für Erd-, Abbruch- und Unterfangungsarbeiten einen Komplexen Globalteil. **Besonders zu vergüten** sind (beim Rohbau) deshalb alle Arbeiten, die nicht im Vertrag enthalten noch zurzeit des Vertragsschlusses aus den Unterlagen **(positiv) ersichtlich waren.** Sind sie nicht ersichtlich, sind sie **nicht** Bausoll, **ob für das Bauwerk notwendig oder nicht.** Eher noch deutlicher BGH *Schäfer/Finnern* Z 2.301 Bl. 41 ff. = BauR 1972, 118.

[703] Dazu für den Global-Pauschalvertrag *Kapellmann/Schiffers/Markus* Band 2, Rdn. 476–495.

[704] Bei offenkundigem Fehler der Entwurfsplanung kann ein fahrlässiges „Kontrollversagen" des Schlüsselfertigauftragnehmers unter Umständen dazu führen, dass er einen geringeren Teil des Mehraufwandes übernehmen muss; „Sowiesokosten" muss der Auftraggeber aber immer tragen, BGH „Schlüsselfertigbau" 1984, 395 (vgl. auch Rdn. 265). Eine Fahrlässigkeit scheidet aus, wenn über die öffentlich-rechtliche Notwendigkeit einer bestimmten Maßnahme ernsthafte Zweifel bestehen und/oder Genehmigungsbehörden die entsprechende Frage unterschiedlich beurteilen, was z. B. typisch für Brandschutzfragen ist, zutreffend OLG Hamburg NJW-RR 1989, 529.

[705] Dazu näher Rdn. 272 ff.

Rahmen der Detaillierung der Globalelemente hat der mit der Ausführungsplanung beauftragte Auftragnehmer die für die Funktionsfähigkeit des Werks **notwendigen** Leistungen zu erbringen. Individuelle, also sehr stark nutzer- oder objektspezifische Funktionsnotwendigkeiten muss der Auftraggeber ausdrücklich benennen, ansonsten können sie mangels Erkennbarkeit für den Auftragnehmer nicht Bausoll werden. Insoweit geht also das Funktionserfordernis auch nicht weiter als eine individuelle Komplettheits- oder Schlüsselfertigklausel (Rdn. 269 i. V. m. Rdn. 265). Beim Schlüsselfertigbau mit auftragnehmerseitiger Ausführungsplanung sind z. B. funktional notwendig

– Schallschutz bei Behandlungsräumen einer Arztpraxis[706]
– Lieferung der Beleuchtungskörper bei Zweckbauten
– Bodenaushub entfernen (!) bei schlüsselfertiger Errichtung eines Wohnhauses[707]
– Einholung notwendiger Informationen, um die Funktion z. B. einer Entwässerung sicherzustellen.[708]

cc) Bestimmungsrecht des Auftragnehmers im Übrigen. Soweit die Entscheidung für die Detaillierung nicht durch anderweitige Restriktionen vorgegeben ist (z. B. durch öffentlich-rechtliche (oben Rdn. 260) oder funktionale (oben Rdn. 261) oder durch die Beachtung der anerkannten Regeln der Technik), folgt aus der auftrag**nehmer**seitigen Vertragspflicht zur Planung wegen dieser Funktionsverteilung auch **das Recht des Auftragnehmers auf Methodenwahl** – wie immer (vgl. Rdn. 37, 38) – und bauinhaltlich auf **Entscheidung über die Detaillierung,** also über die Festlegung des Bausolls.[709] Der Auftragnehmer muss sich dabei innerhalb der auftraggeberseitigen Genehmigungsplanung bewegen; ansonsten aber hat er allein das Bestimmungsrecht, das er gemäß § 315 BGB „nach billigem Ermessen" ausüben muss. Dabei muss er auch den Vertragsinhalt gewordenen Standard des Objekts berücksichtigen.[710] Wenn es viele unterschiedliche Gestaltungsmöglichkeiten gibt, so entspricht jede davon der Billigkeit, das Auswahlermessen ist sehr weit. Nur wenn die Entscheidung „unter Beachtung der Interessenlage beider Parteien" den Rahmen des im vergleichbaren Fällen Üblichen (gewerbliche Verkehrssitte!) verlässt, ist sie nicht mehr Bausoll.[711] Die Auswahlentscheidung braucht sich z. B. bei Qualitätsanforderungen nicht im Bereich „mittlerer Art und Güte" zu bewegen.[712] Hat der Auftraggeber sich einmal entschieden, so führen davon abweichende Anordnungen des Auftraggebers zu geänderten bzw. zusätzlichen Leistungen.[713] Der Auftragnehmer muss beweisen, dass seine Detaillierungsentscheidung der Billigkeit entspricht.[714]

e) Schlüsselfertigklausel (Komplettheitsklausel) beim Global-Pauschalvertrag. aa) Terminologie, ähnliche Klauseln. Vorweg zur Terminologie: Klauseln, mit denen der Auftraggeber das Risiko unvollständiger (Ausführungs-)Planung und/oder unvollständiger Leistungsbeschreibung ungeachtet der im Vertrag vorgesehenen konkreten Funktionszuweisung allein dem Auftragnehmer aufbürdet, nennen wir „Komplettheitsklauseln".[715] Die Klausel „schlüsselfertig", die ja volle Funktionsfähigkeit zum Gegenstand hat,[716] ist eine Form der Komplettheitsklausel eben beim Schlüsselfertigbau. Indirekt als **Komplettheitsklausel** wirken auch **„Bestätigungsklauseln",** wonach der Auftragnehmer die auftraggeberseitigen Pläne und sonstigen Unterlagen oder auch die Örtlichkeit überprüft hat und bestätigt, dass sie richtig,

---

[706] BGH BauR 1995, 538.
[707] OLG Hamm BauR 1996, 714.
[708] BGH NZBau 2001, 446 = NJW 2001, 2167; VOB/B § 13 Rdn. 23 mit weiteren Beispielen.
[709] Näher *Kapellmann/Schiffers/Markus* Band 2, Rdn. 643–645; *Leinemann* VOB/B § 2 Rdn. 605; *Kues* in NWJS VOB/B § 2 Rdn. 363; *Würfele* in Würfele/Gralla/Sundermaier, Nachtragsmanagement, Rdn. 233; *Acker/Garcia-Scholz* BauR 2002, 550; *Seewald* in Motzke/Bauer/Seewald, Prozesse in Bausachen, § 5 Rdn. 304 Fn. 551. Anders wäre das, wenn – so der eher atypische Fall – der Auftrag**geber** auch beim Schlüsselfertigbau nach Vertragsschluss laut Vertrag noch die Ausführungsplanung zu liefern hätte. Solange diese sich im Rahmen bloßer Konkretisierung der Entwurfsplanung hält, begründet sie – wie beim Einheitspreisvertrag – das Bausoll, siehe Rdn. 29, 188.
[710] *Kapellmann/Schiffers/Markus* Band 2, Rdn. 647.
[711] BGHZ 41, 271; BGHZ 62, 316.
[712] *Kapellmann/Schiffers/Markus* Band 2, Rdn. 649.
[713] Zutreffend OLG Dresden IBR 2007, 413; *Leinemann* Anm. zu BGH „Bistroküche" BauR 2008, 1137 = NZBau 2008, 437; *Kapellmann/Schiffers/Markus* Band 1, Rdn. 570, 859, Band 2, Rdn. 454.
[714] BGHZ 41, 279; BGH BB 1975, 64.
[715] *Roquette* NZBau 2001, 57 nennt sie ebenso zutreffend Vollständigkeitsklauseln.
[716] Oben Rdn. 250.

vollständig oder was auch immer sind (und er dafür die alleinige Verantwortung übernimmt). Solche Klauseln sind in **Allgemeinen Geschäftsbedingungen** des Auftraggebers nach a priori unwirksam; sie verschieben die Haftung für die Richtigkeit auftraggeberseitiger Unterlagen unzulässig auf den Auftragnehmer;[717] richtig ist aber eine differenzierte Betrchatung bei den hier erörterten Global-Pauschalverträgen (siehe Rdn. 264, 267).

Zur Frage, ob **„Besondere Leistungen"** durch eine Klausel in den Allgemeinen Geschäftsbedingungen des Auftraggebers generell zum Bausoll gemacht werden können siehe Rdn. 86.

Bei **öffentlich-rechtlichen Auftraggebern** ist zu beachten, dass eine einschränkende Auslegung von Globalelementen dahin geboten ist, dass der Auftragnehmer dem Auftraggeber kein außergewöhnliches Wagnis anlasten darf und will (oben Rdn. 114–118).

Die Wirksamkeit von Komplettheitsklauseln bzw. Schlüsselfertigklauseln **bei Global-Pauschalverträgen** ist nach unterschiedlicher Funktionsverteilung je Vertragstyp und nach Vereinbarung in Allgemeinen Geschäftsbedingungen des Auftraggebers oder individuell zu differenzieren.

264 bb) Komplettheitsklausel beim Einfachen Global-Pauschalvertrag. (1) Regelfall: Auftraggeberseitige Ausführungsplanung liegt vor oder wird nachgereicht. Der **Einfache Global-Pauschalvertrag** enthält eine detailliert ausgeschriebene Leistung mit lediglich einer „aufgesetzten" Komplettheitsklausel, er unterscheidet sich also **nur** durch diese Klausel vom Detail-Pauschalvertrag.[718] Die Beurteilung einer solchen Klausel in **Allgemeinen Geschäftsbedingungen** des Auftraggebers ist deshalb identisch mit der bei Detail-Pauschalverträgen: Sie überwälzt die Verantwortung des Auftraggebers für die Vollständigkeit der von ihm beigebrachten Detaillierung funktionswidrig auf den Auftragnehmer und ist deshalb unwirksam.[719] Weil die Klausel unwirksam ist, gibt es Einfache Global-Pauschalverträge überhaupt **nur** dann, wenn die Vollständigkeitsklausel **individuell** vereinbart ist. Die Unwirksamkeit einer AGB-Klausel kann auch nicht dadurch unterlaufen werden, dass eine Hinweispflicht des Auftragnehmers im Angebotsstadium speziell auf Prüfung der Vollständigkeit hin statuiert wird; eine Hinweispflicht entsprechend § 4 Abs. 3 VOB/B, würde sie hier eingreifen, besteht erst **nach** Vertragsschluss.[720] Davon unberührt bleiben die allgemeinen Prüfpflichten eines jeden Bieters.[721]

265 Eine **individuell** vereinbarte Komplettheitsklausel ist wirksam; nur in dieser Form gibt es überhaupt Einfache Global-Pauschalverträge. Auch diese Klausel begründet eine Vollständigkeitsverantwortlichkeit des Auftraggebers aber nicht uneingeschränkt: Die Klausel setzt ja nicht allgemeine Auslegungsgrundsätze außer Kraft. Deshalb bestimmt die Reichweite der Klausel sich danach, was der Auftragnehmer **nach seinem Empfängerhorizont** als Komplettheitsanforderung erkennen konnte. Eine Komplettheitsklausel setzt den Vorrang eines detaillierten Leistungsverzeichnisses nicht außer Kraft.[722] Komplettierungswünsche des Auftraggebers, die sich aus **nicht** vertraglich benannten, höchst individuellen nutzer- oder objektspezifischen Notwendigkeiten ergeben, werden ebenfalls **nicht** Bausoll.[723] Außerdem führt die Klausel nicht zu einer Haftung des Auftragnehmers für **fehlerhafte** Planung des Auftraggebers.[724]

266 (2) Ausnahmefall: Auftragnehmerseitige Ausführungsplanung. Hat ausnahmsweise der Auftragnehmer die Ausführungsplanung für ein Gewerk erstellt und ein Leistungsverzeichnis verfasst, wie das z. B. bei Projektierungsleistungen (Heizungsbau) vorkommt, so kann der Auftraggeber sowohl individuell wie in seinen Allgemeinen Geschäftsbedingungen wirksam regeln,

---

[717] BGH „ECE-Bedingungen" Klausel Nr. I 15 BauR 1997, 1036; OLG Celle, BauR 2008, 100; *Kniffka* in Kniffka/Koeble, Kompendium Teil 5 Rdn. 196, 197; *Jansen* in Beck'sche VOB-Kommentar, VOB/B § 2 Abs. 7 Rdn. 122 ff.; *Kapellmann/Schiffers/Markus* Band 2, Rdn. 512, jeweils m. w. N.; näher Fn. 647. Unrichtig OLG Düsseldorf, NZBau 2015, 30, ohne Auseinandersetzung mit Rechtsprechung und Literatur mit der fehlerhaften Begründung, als Teil der Leistungsbeschreibung unterliege die Klausel nicht der Inhaltskontrolle, dazu *Kapellmann/Schiffers/Markus* Band 2, Rdn. 512 und *Roquette/Vogt* BauR 2015, 909.
[718] Oben Rdn. 247, 244.
[719] Allgemeine Meinung, Nachweise Fn. 670.
[720] Näher oben Rdn. 108.
[721] Zu diesen allgemeinen Prüfpflichten oben Rdn. 110–122.
[722] OLG Rostock IBR 2011, 504.
[723] OLG Oldenburg BauR 1993, 228; *Otto* in Roquette/Otto, Vertragsbuch, C II Rdn. 79; *Roquette* NZBau 2001, 57, 61; *Kapellmann/Schiffers/Markus* Band 2, Rdn. 517.
[724] Siehe Rdn. 272; *Kapellmann/Schiffers/Markus* Band 2, Rdn. 517. Dazu auch *Schuhmann* BauR 1998, 228.

Vergütung   267   § 2 VOB/B

dass der Auftragnehmer die Vollständigkeits- und Richtigkeitsverantwortlichkeit trägt. Das versteht sich nämlich ohnehin von selbst.[725]

cc) Schlüsselfertigklausel (Komplettheitsklausel) beim *Komplexen* Global-Pauschal- 267 vertrag. (1) Auftraggeberseitige Ausführungsplanung (Detaillierung) liegt bei Vertragsschluss vor. Der Komplexe Global-Pauschalvertrag enthält entweder ganz oder teilweise nur global beschriebene Leistungselemente, er umfasst eine Gewerkezusammenfassung, Prototyp Schlüsselfertigbau (oben Rdn. 248). Die angesprochene Fallkonstellation, dass der Auftraggeber gewissermaßen ein Bündel von Einfachen Global-Pauschalverträgen vorlegt, also alle Gewerke im Detail plant und seiner **fertigen** Ausführungsplanung und Leistungsbeschreibung im Vertrag dann noch eine Schlüsselfertigklausel „aufsetzt", ist ebenso wie die Konstellation der **nach** Vertragsschluss folgenden auftrag**geber**seitigen Ausführungsplanung (unten Rdn. 270) geradezu modern geworden; ängstliche Auftraggeber wollen zwar alles selbst entscheiden, aber doch noch mit einer „Angstklausel" die Verantwortung für ihre eigene Entscheidung, jedenfalls hinsichtlich der Vollständigkeit, abschieben. Die herrschende Meinung hält (auch) bei dieser Konstellation eine solche Klausel in **Allgemeinen Geschäftsbedingungen** eines Auftraggebers für unwirksam.[726] Das ist mit Rücksicht auf die vom Auftraggeber abgeschobene Funktionsverantwortlichkeit nachvollziehbar, aber es erfasst dennoch den Kern **nicht**, weil der Unterschied zwischen Einfachem und Komplexem Global-Pauschalvertrag übersehen wird: Beim Einfachen Global-Pauschalvertrag verlangt die Komplettheitsklausel nur die Komplettheitsverantwortung des Auftragnehmers gegen die „schlicht" unvollständige Planung des Auftraggebers für ein Gewerk; das verstößt bei dieser „simplen" Konstellation gegen AGB-Recht und ist unwirksam.[727] Auch die „Schlüsselfertigklausel" bei Gewerke**gesamtheiten** verlangt Komplettleistung des einzelnen Gewerks, aber sie geht eindeutig darüber **hinaus**, denn Schlüsselfertigbau ist **mehr** als die Addition kompletter Einzelgewerke, was übrigens **jeder** Schlüsselfertigbauer sofort (leidvoll) bestätigen kann; Schlüsselfertigbau ist **zusätzlich** die Koordination aller Leistungen, die Bewältigung aller Schnittstellen und Zusammenfassung aller Teile zu **einem** funktionsfähigen Gewerk; dazu gehören als zwingend eine Planungskontrolle und eine Ausführungskontrolle zwecks Koordination und Vollständigkeit, die es **beim Einzelgewerk so nicht gibt.** Selbst bei vollständiger auftraggeberseitiger Ausführungsplanung wird mit der Zuweisung „Schlüsselfertigleistung" wenigstens noch ein Stück Planung, nämlich „Endkontrolle" und „Koordination" auf den Auftragnehmer verlagert. Weil diese Bedeutung des Begriffs „schlüsselfertig" allen Fachkreisen selbstverständlich und geläufig ist,[728] wird einem Schlüsselfertigauftragnehmer durch die Klausel bei richtigem Verständnis nichts **Unbilliges** und nichts **Überraschendes** auferlegt. **Entgegen der herrschenden Meinung** ist die Klausel also auch in Allgemeinen Geschäftsbedingungen des Auftraggebers wirksam, aber auf Grund ihres Regelgehalts mit folgenden Einschränkungen[729]:

– **Es bleibt bei dem Grundsatz: „Was näher geregelt ist, ist maßgebend" (oben Rdn. 250, 263).**
– Die Klausel befreit den Auftraggeber nicht von seiner Verantwortung für fehlerhafte Planung.[730]
– Die Klausel verlangt **nur**, dass der Auftragnehmer seiner Kontrollpflicht nachkommt,[731] auf die Vollständigkeitsnotwendigkeit hinweist und die Leistung dann zwar komplettiert, aber im Regelfall gegen zusätzliche Vergütung; insoweit gelten die allgemeinen Regelungen zur Behandlung auftrag**geber**seitig mangelhafter Leistungsbeschreibung: Hat der Auftragnehmer –

---

[725] Siehe dazu schon beim Detail-Pauschalvertrag Rdn. 244, beim Komplexen Global-Pauschalvertrag Rdn. 271.
[726] Z. B. OLG München BauR 1990, 776; OLG München NJW-RR 1987, 661; LG München ZfBR 1990, 117; *v. Westphalen/Motzke*, Vertragsrecht und AGB-Klauselwerke, hier: Subunternehmervertrag Rdn. 100; *Roquette* NZBau 2001, 57; weitere Nachweise bei *Kapellmann/Schiffers/Markus* Band 2, Rdn. 522.
[727] Oben Rdn. 264; *Markus* in Markus/Kaiser/Kapellmann AGB-Handbuch Bauvertragsklauseln, Rdn. 200–206.
[728] Beispielhaft statt aller *Klärner/Schwörer*, Qualitätssicherung im Schlüsselfertigen Bauen, unter „Besonderheiten" des Schlüsselfertigbaus S. 15–32; typisch z. B. S. 27 „Gewerkübergreifende Zusammenhänge" mit den Beispielen „Kontaktkorrosion" oder „Unverträglichkeit von Beschichtungen".
[729] Zur Erläuterung weiter dazu noch *Kapellmann/Schiffers/Markus* Band 2, Rdn. 523–530; wie hier *Otto* in Roquette/Otto, Vertragsbuch, C III Rdn. 47, 48.
[730] Dazu unten Rdn. 272.
[731] Zu den näheren **Anforderungen an diese Kontrollpflicht** *Kapellmann/Schiffers/Markus* Band 2, Rdn. 527; i. E. wie hier *Leupertz* in Messerschmidt/Voit, Privates Baurecht, K Rdn. 26.

wie im **Regelfall** – die zur Komplettierung fehlende Leistung in der Ausschreibungsphase fahrlässig nicht erkannt – er hat keine besondere Untersuchungspflicht, auch § 4 Abs. 3 VOB/B ist in der Angebotsphase nicht anwendbar –,[732] so hat der Auftragnehmer wegen der Vergütung der Komplettheitsleistung einen Schadensersatzanspruch gemäß § 311 BGB; der Auftragnehmer muss gegebenenfalls lediglich den Mehraufwand tragen, der aus dem verspäteten Hinweis resultiert; ohnehin muss der Auftraggeber die „Sowiesokosten" tragen.[733]

268 Selbst bei positiver Kenntnis des Auftragnehmers ist aber der Auftraggeber allein oder ganz überwiegend vergütungspflichtig für die Vervollständigung, wenn er **vorhandene Informationen verschwiegen** hat oder bewusst eine riskantere, billigere Lösung gewählt hat.[734]

269 Eine **individuell** vereinbarte **Komplettheitsklausel** ist wirksam. Sie ist nach den unter Rdn. 265 erwähnten Grundsätzen zu beurteilen.

270 **(2) Auftraggeberseitige Ausführungsplanung (Detaillierung) wird nach Vertragsschluss vorgelegt.** Je nach Marktverhältnissen können Auftraggeber auch die Vertragsgestaltung durchsetzen, dass eine auftraggeberseitige Entwurfs- und Genehmigungsplanung Vertragsgrundlage ist, der Auftraggeber dann aber **nach** Vertragsschluss die Ausführungsplanung liefert und der Auftragnehmer dennoch „schlüsselfertig" leisten muss. Das ist für den Auftragnehmer offensichtlich hoch riskant, aber dieses Risiko ist nicht versteckt, sondern unübersehbar. Bei dieser Fallgestaltung gibt es nur einen Unterschied zur bei Vertragsschluss schon vorgelegten auftrag**geber**seitigen Ausführungsplanung (Rdn. 267), nämlich die vorrangige Prüfung dahin, ob die nachgereichte Ausführungsplanung des Auftraggebers sich im Rahmen einer Konkretisierung der Entwurfsplanung hält, nur dann wird sie Bausoll; Abweichungen begründen also Ansprüche des Auftragnehmer aus geänderter oder zusätzlicher Leistung.[735] Ansonsten ist die Schlüsselfertigklausel hier genauso zu behandeln wie bei Verträgen mit bei Vertragsschluss schon vorliegender auftraggeberseitiger Ausführungsplanung (oben Rdn. 267–269).

271 **(3) Auftragnehmerseitige teilweise oder vollständige Ausführungsplanung bzw. Entwurfs- und Ausführungsplanung.** Wenn der Vertrag regelt, dass der Auftragnehmer die Ausführungsplanung oder sogar die Entwurfs- und Ausführungsplanung zu erstellen hat (und demzufolge auch so zu bauen hat, Rdn. 256), versteht es sich infolge der Funktionszuweisung von selbst, dass der Auftragnehmer die „Schlüsselfertigkeit", also die Komplettheit und Funktionsfähigkeit des Objekts je nach Reichweite seiner Planungspflicht auch selbst erreichen muss. Mit anderen Worten: Wenn der Auftraggeber in **Allgemeinen Geschäftsbedingungen** oder **individuell** bei einer solchen Fallgestaltung „Schlüsselfertigkeit" oder „Komplettheit" verlangt, so regelt er nur, was ohnehin gilt. Also sind solche Klauseln hier unbedenklich.[736] Wenn der Auftrag**nehmer** in einem solchen Fall eine Leistungsbeschreibung gefertigt und zum Vertragsgegenstand gemacht hat, ist nicht sie, sondern das „Komplettheitsziel" für die Beurteilung der schlüsselfertigen Leistung maßgebend. Das ändert nichts daran, dass der Auftraggeber nach wie vor für die Richtigkeit und Vollständigkeit seiner Entwurfs- und Genehmigungsplanung einstehen muss (siehe Rdn. 272).

272 **dd) Auftrag*geber*seitige *fehlerhafte* Planung oder Leistungsbeschreibung.** Beim Pauschalvertrag gilt, was auch sonst gilt: Jeder Beteiligte ist für die Leistung verantwortlich, die er laut Vertrag zu erbringen hat. Demzufolge sind „Mehraufwendungen, die auf **falschen** Angaben des Auftraggebers in der Leistungsbeschreibung beruhen, durch den vereinbarten (Pauschal-)

---

[732] Näher oben Rdn. 106, 107.
[733] Zur grundsätzlichen Behandlung in der Angebotsphase und dort zur Lösung BGH NZBau 2011, 160 und **Rdn. 127**, sodann speziell im Zusammenhang mit „Schlüsselfertigklauseln" *Kapellmann/Schiffers/Markus* Band 2, Rdn. 528, zustimmend *Roquette* NZBau 2001, 57. Vgl. auch OLG Koblenz NZBau 2001, 633 = BauR 2001, 1442. Zu den „Sowiesokosten" schon BGH „Schlüsselfertigbau" BauR 1986, 395; heute BGH „Bistroküche" BauR 2008, 1137 m. Anm. *Leinemann* NZBau 2008, 437; OLG Hamm BauR 1991 756; OLG Düsseldorf BauR 1991, 747. Eine Beteiligung des Auftragnehmers kann nach § 254 BGB je nach Fall **ausnahmsweise** in Betracht kommen. Der „frivole Bieter", der die Unvollständigkeiten in der Angebotsphase **positiv erkennt**, aber schweigt, erhält dagegen nichts, *Kapellmann/Schiffers/Markus* Band 2, Rdn. 539, 509; Band 1, Rdn. 251 in Anknüpfung an BGH „Frivoler Bieter" BauR 1988, 338; ebenso BGH BauR 1992, 759, auch dazu aber oben Rdn. 128.
[734] BGH „Schlüsselfertigbau" BauR 1986, 395; *Kapellmann/Schiffers/Markus* Band 2, Rdn. 539; siehe auch Rdn. 274.
[735] Näher oben Rdn. 29, 188; *Leupertz* in Messerschmidt/Voit, Privates Baurecht, K Rdn. 26. Dazu auch *Schuhmann* BauR 1998, 228.
[736] So auch beim Einfachen Global-Pauschalvertrag, s. Rdn. 266.

Preis nicht abgegolten".[737] Wegen der Mehrkosten hat der Auftragnehmer Ansprüche gemäß § 2 Abs. 5, 6 oder 8 Nr. 2, 3 VOB/B. Das lässt sich auch nicht durch den Hinweis auf die Fachkunde des Bieters oder dessen Prüfpflicht im Angebotsstadium aushebeln. § 4 Abs. 3 VOB/B gilt ohnehin im Angebotsstadium nicht.[738] Erst recht braucht der Bieter im Angebotsstadium keine eigenen Untersuchungen anzustellen.[739] Es gelten also nur die allgemeinen Angebotsprüfpflichten. Fehler der auftrag**geber**seitigen Planung wird ein Auftragnehmer in der kurzen Angebotsfrist in der Regel nur dann bemerken müssen, wenn sie offenkundig sind.[740] Übersieht er sie in diesem Fall fahrlässig und gibt deshalb keine Hinweise im Angebotsstadium, so muss er im Regelfall für die Mehrkosten dennoch nicht aufkommen, weil richtige Ausschreibung primär Sache des Auftraggebers ist.[741] Eine Ausnahme gilt nur für den Bieter, der die Mangelhaftigkeit positiv erkannt hat, aber „frivol" geschwiegen hat.[742] Zu **fehlerhaften Mengenangaben** s. Rdn. 285.

Selbst dann ist der Auftraggeber aber wieder allein oder ganz überwiegend vergütungspflichtig, **273** wenn er **vorhandene** Informationen verschweigt oder bewusst eine billigere, riskante Lösung wählt.[743]

Der Auftraggeber kann seine Verantwortlichkeit für eigene fehlerhafte Planung, Leistungs- **274** beschreibung oder überhaupt Angaben **nicht** in **Allgemeinen Geschäftsbedingungen** wirksam ausschließen.[744] **Individuell** kann der Auftraggeber mit dem Auftragnehmer eine derartige Haftung für fremde Fehler vereinbaren; das muss aber unmissverständlich geschehen. Eine individuelle reine Komplettheitsklausel allein bewirkt das nicht.[745]

Immer muss der Auftraggeber die „Sowiesokosten" tragen.[746] **275**

f) **Beweislast.** Vorab ist ohnehin die Beantwortung der Frage, „was unter die Pauschale fällt", **276** in allererster Linie **Auslegungs-** und nicht Beweisfrage.[747] So weit es auf den Beweis ankommt, gilt: Beim nur individuell möglichen **„Einfachen Global-Pauschalvertrag"** (oben Rdn. 244, 247) bleibt es angesichts der Struktur des Vertrages als Detail-Pauschalvertrag mit lediglich aufgesetzter Komplettheitsklausel bei dessen Beweislastregelung (Rdn. 245). Beim **„Komplexen Global-Pauschalvertrag"** (z. B. Schlüsselfertigbau) gilt: Der Auftragnehmer muss den Regelungs**umfang** (vgl. Rdn. 259) eventueller auftraggeberseitiger Detaillierung beweisen, ebenso die Behauptung, auf Grund individueller (mündlicher) Vereinbarung seien Leistungen entgegen dem Text der Urkunde Bausoll (Rdn. 245). **Innerhalb** des Regelungsumfangs der Detaillierung gelten die Beweislastgrundsätze des Detail-Pauschalvertrages (Rdn. 245), der Auftraggeber muss also beweisen, dass eine in der Detaillierung nicht aufgeführte Leistung ausnahmsweise doch zum Bausoll gehört. Dagegen muss die richtige Ausfüllung **globaler** Leistungselemente der Auftragnehmer beweisen, er muss auch die „Billigkeit" seiner Leistungsbestimmung (Rdn. 262) beweisen.[748]

5. Die Störung der Geschäftsgrundlage; § 2 Abs. 7 Nr. 1 Satz 2 und 3, § 313 BGB. 277
a) **Gesetzliche Regelung, VOB-Regelung.** § 313 BGB enthält schon seit dem 1.1.2002 eine gesetzliche Regelung der „Störung der Geschäftsgrundlage". Die Vorschrift lautet:

---

[737] BGH „Kammerschleuse" BauR 1997, 126; BGH BauR 1999, 37; *Halfmeier/Leupertz* in Prütting/Wegen/Weinreich BGB, § 631 Rdn. 41.
[738] Oben Rdn. 107.
[739] Oben Rdn. 106.
[740] Für die Prüfung gelten dieselben Maßstäbe wie bei Rdn. 267, vgl. zu den **Anforderungen an die Kontrollpflicht** deshalb *Kapellmann/Schiffers/Markus* Band 2, Rdn. 527.
[741] Einzelheiten oben Rdn. 127, 128.
[742] Näher oben Rdn. 126.
[743] Wie oben Rdn. 268.
[744] BGH „ECE-Bedingungen" Klausel Nr. 15 BauR 1997, 1036, 1037; *Roquette* NZBau 2001, 57, 60; Kleine-Möller/Merl/Glöckner § 3 Rdn. 41, § 11 Rdn. 53.
[745] Dazu oben Rdn. 265.
[746] S. Rdn. 244.
[747] Zutreffend insbesondere Thode Seminar Pauschalvertrag, S. 33, 40.
[748] Wie hier für differenzierende Beweislastverteilung die heute herrschende Auffassung, Thode Seminar Pauschalvertrag, S. 39, 42; *Vygen/Joussen,* Bauvertragsrecht, Rdn. 2358; *Keldungs* in Ingenstau/Korbion VOB/B § 2 Abs. 7 Rdn. 13, 14; *Werner/Pastor* Rdn. 1516. Die Rechtsprechung des BGH zur Beweislastverteilung beim Detail-Pauschalvertrag (vgl. oben Rdn. 245), wonach bei detaillierter Ausschreibung nicht genannte Leistungen „im Zweifelsfall" nicht in der Pauschale enthalten sind (und folglich der Auftraggeber das Gegenteil beweisen muss), muss offensichtlich auch dann gelten, wenn es um einen „Detail-Pauschalvertrag im Global-Pauschalvertrag" geht.

„(1) Haben sich Umstände, die zur Grundlage des Vertrags geworden sind, nach Vertragsschluss schwerwiegend verändert und hätten die Parteien den Vertrag nicht oder mit anderem Inhalt geschlossen, wenn sie diese Veränderung vorausgesehen hätten, so kann Anpassung des Vertrags verlangt werden, soweit einem Teil unter Berücksichtigung aller Umstände des Einzelfalles, insbesondere der vertraglichen oder gesetzlichen Risikoverteilung, das Festhalten am unveränderten Vertrag nicht zugemutet werden kann.

(2) Einer Veränderung der Umstände steht es gleich, wenn wesentliche Vorstellungen, die zur Grundlage des Vertrages geworden sind, sich als falsch herausstellen.

(3) Ist eine Anpassung des Vertrags nicht möglich oder einem Teil nicht zumutbar, so kann der benachteiligte Teil vom Vertrag zurücktreten. An die Stelle des Rücktrittsrechts tritt für Dauerschuldverhältnisse das Recht zur Kündigung."

Das ist die Kodifizierung dessen, was als Richterrecht schon ohnehin galt.

Die 1973 in die **VOB** eingefügte **Regelung zum Pauschalvertrag** in **§ 2 Abs. 7 VOB/B** lautete:

„Ist als Vergütung der Leistung eine Pauschalsumme vereinbart, so bleibt die Vergütung unverändert. Weicht jedoch die ausgeführte Leistung von der vertraglich vorgesehenen Leistung so erheblich ab, dass ein Festhalten an der Pauschalsumme nicht zumutbar ist (§ 242 BGB), so ist auf Verlangen ein Ausgleich unter Berücksichtigung der Mehr- oder Minderkosten zu gewähren. Für die Bemessung des Ausgleichs ist von den Grundlagen der Preisermittlung auszugehen. Die Abs. 4, 5 und 6 bleiben unberührt."

§ 2 Abs. 7 Nr. 1 Sätze 2 und 3 sind gemäß der eindeutigen Systematik der VOB/B Sonderregeln nur für den Pauschalvertrag, also nicht für den Einheitspreisvertrag. Das ist ein Verstoß gegen die zwingende Norm des § 313 BGB, der für alle Verträge, natürlich auch für Einheitspreisverträge, gilt.[749] § 2 Abs. 7 Nr. 1 erfasst weiter nur den Fall, dass die ausgeführte Leistung von der vertraglich vorgesehenen Leistung unzumutbar abweicht. Auch das ist eine unzulässige Einschränkung; auch dann, wenn die Leistung unverändert bleibt, aber die Preisrelation unzumutbar aus den Fugen geraten ist, kommt nämlich eine Störung der Geschäftsgrundlage in Betracht, wie unter Rdn. 278 erörtert. § 2 Abs. 7 gibt nur eine finanzielle Anpassung. Auch das ist unzulässige Einschränkung zwingenden Rechts: § 313 gewährt auch ein Kündigungsrecht. Schließlich will § 2 Abs. 7 immer noch von den „Grundlagen der Preisermittlung" ausgehen, während § 313 gerade die Lösung von diesen Grundlagen ermöglicht. Zwar können Vertragsparteien das zwingende Recht des § 313 BGB insofern ändern, als sie für **einzelne** Fallgestaltungen regeln, welche konkreten Folgen entsprechende Ereignisse haben können, aber abstrakt in Allgemeinen Geschäftsbedingungen wie in der VOB/B ist § 2 Abs. 7 Sätze 2 und 3 ein Verstoß gegen zwingendes Gesetzesrecht mit der **Folge der Unwirksamkeit von § 2 Abs. 7 Sätze 2 und 3 VOB/B**; stattdessen gilt § 313 BGB unmittelbar.[750] Die Privilegierung gegenüber der AGB-rechtlichen Inhaltskontrolle erlaubt nicht den Verstoß gegen allgemein zwingendes Gesetzesrecht. Rechtsprechung und Literatur ignorieren das.

Die Platzierung der Sätze 2 und 3, die die Störung der Geschäftsgrundlage betreffen, **vor** der Spezialregelung von Abs. 2 hat zudem früher für Verwirrung dahin gesorgt, dass flüchtige Leser meinten, auch bei vom Auftraggeber selbst übernommenen, also teil-gekündigten Leistungen (Abs. 4), bei auftraggeberseitig geänderten (Abs. 5) oder zusätzlichen (Abs. 6) Leistungen komme es auf die Zumutbarkeitskriterien des Abs. 1 Sätze 2 und 3 an, was nie stimmte und was auch der BGH völlig unmissverständlich verneint hatte.[751] Die heutige Fassung von § 2 Abs. 7 VOB/B lautet:

„(1) Ist als Vergütung der Leistung eine Pauschalsumme vereinbart, so bleibt die Vergütung unverändert. Weicht jedoch die ausgeführte Leistung von der vertraglich vorgesehenen Leistung so erheblich ab, dass ein Festhalten an der Pauschalsumme nicht zumutbar ist (§ 313 BGB), so ist auf Verlangen ein Ausgleich unter Berücksichtigung der Mehr- oder Minderkosten zu gewähren. Für die Bemessung des Ausgleichs ist von den Grundlagen der Preisermittlung auszugehen.

(2) Die Regelungen der Absätze 4, 5 und 6 gelten auch bei Vereinbarung einer Pauschalsumme.

(3) Wenn nichts anderes vereinbart ist, geltend die Nummern 1 und 2 auch für Pauschalsummen, die für Teile der Leistung vereinbart sind; Absatz 3 Nummer 4 bleibt unberührt."

---

[749] Selbstverständlich, dazu auch BGH NZBau 2011, 353 = BauR 2011, 1162.

[750] *Kapellmann/Schiffers/Markus* Band 2 Rdn. 1501–1507; *Tempel* NZBau 2002, 465, 472; *Jansen* in Beck'scher VOB-Kommentar § 2 Nr. 7 Rdn. 130; *Micklitz*, Die Richtlinie 93/13 EWG der Europäischen Gemeinschaften über missbräuchliche Klauseln in Verbraucherverlangen und ihre Bedeutung für die VOB/B, S. 88 ff.

[751] Für geänderte Leistungen BGH NZBau 2002, 669 = BauR 2002, 1847 und BGH NZBau 2000, 467 = BauR 2000, 1754; für zusätzliche Leistungen BGH BauR 1995, 293.

Die unzumutbare Änderung der **Leistung** behandeln wir unter Rdn. 279 ff.

b) Unzumutbare Änderung der Kosten. Die unzumutbare Änderung nur der **Kosten** 278 ohne gleichzeitige Veränderung der Leistung ist sehr selten; sie setzt praktisch krisenhafte Situationen voraus. Erörtert wurde das Thema anhand exorbitanter Stahlpreiserhöhungen. Das OLG Hamburg[752] lehnte auch hier eine Preisanpassung ab u. a. mit der Begründung, der Auftragnehmer hätte sich ja vorausschauend eindecken oder Preisgleitklauseln vereinbaren können. Das geht völlig an der Realität vorbei: Die Entwicklung war plötzlich und für alle überraschend, „vorausschauend" war nichts zu sehen. Eine Eindeckung bei Stahl wäre nie möglich gewesen, der Händler hält keine unbegrenzten Mengen vor und kann sich seinerseits nur zu den neuen Preisen eindecken. Woher schließlich ein Auftragnehmer die Marktmacht zur Durchsetzung einer Preisklausel nehmen soll, ist unerfindlich.

Es kommt auf den Einzelfall an; wenn Baustahl nur 10 % der Gesamtkosten bei einem Generalunternehmer ausmacht, sieht die Situation anders aus als bei einem reinen Stahlbauer, der einen Großauftrag abwickelt, hier ist eine erhebliche Beteiligung des Auftraggebers an den Mehrkosten richtig.[753]

Interessant es, dass die Praxis des Großanlagenbaus das Problem genauso löst: Kein Auftraggeber hätte etwas davon, dass beispielsweise ein Kraftwerk nicht mehr gebaut werden kann, weil die marktbeherrschenden Stahlbauer insolvent werden.

c) Unzumutbare Änderung der Leistung. aa) Spezialregelungen vorrangig. Der 279 Rückgriff auf die Störung der Geschäftsgrundlage ist die „Notbremse", alle vertraglichen oder gesetzlichen Regelungen, die die Folge von Leistungsstörungen konkret regeln, sind vorrangig, und zwar:
– Für geänderte oder zusätzliche Leistungen auf Anordnung des Auftraggebers § 2 Abs. 5, 6 und 9 VOB/B (in Verbindung mit § 2 Abs. 7 Nr. 2 VOB/B); das gilt auch für angeordnete Mehrmengen.
– Für geänderte oder zusätzliche Leistungen ohne Anordnung des Auftraggebers § 2 Abs. 8 Nr. 2, Nr. 3 VOB/B.
– Für entfallende Leistungen auf Anordnung des Auftraggebers (Kündigung) sind vorrangig § 2 Abs. 4, § 8 Abs. 1, Abs. 2–4 VOB/B und § 649 BGB.
– Für entfallende Leistungen ohne Anordnung des Auftraggebers sind vorrangig entweder § 8 Abs. 1 VOB/B analog oder § 8 Abs. 2–4 VOB/B analog.
– Für angeordnete überflüssige Leistungen innerhalb des Bausolls ist vorrangig § 4 Abs. 1 Nr. 3, 4 VOB/B

Darüber hinaus sind alle speziellen sonstigen Anspruchsgrundlagen vorrangig, also
– Ansprüche aus Verschulden bei Vertragsschluss (c. i. c.), § 311 BGB
– Ansprüche aus Behinderung (§ 6 Abs. 2, 6 VOB/B)
– Ungerechtfertigte Bereicherung (§ 812 BGB)
– Anfechtung bzw. Anfechtbarkeit (§ 119, 123 BGB).

bb) Voraussetzung: schwerwiegende Veränderung. Voraussetzung der Störung der Ge- 280 schäftsgrundlage ist eine **schwerwiegende Veränderung** (die das Festhalten am Vertrag unzumutbar macht). Ob die Veränderung der Leistung schwerwiegend ist, lässt sich nur beurteilen, wenn man die Kostenfolge dieser Veränderung betrachtet. Wenn man versucht, die Unzumutbarkeitsgrenze handhabbar zu definieren, stößt man – und stößt auch der Gesetzgeber – schnell an Grenzen: Eine solche Generalklausel lässt sich nicht in abstrakte Tatbestandsvoraussetzungen pressen. Generell kann man sagen, dass gegenseitigen Verträgen beiderseitige (berechtigte) Äquivalenzerwartungen zugrundeliegen: Beide Seiten wissen, dass Verträge oft erhebliche Risiken haben, aber beide Seiten gehen auch davon aus, dass die Risiken sich nicht uferlos ausdehnen sollen. Jansen problematisiert das schön, eigentlich laute die nichtssagende Definition: *„Irgendwo ist die Grenze."* Diese eher bahnbrechende Erkenntnis unterstreicht Jansen „scheinheilig" durch ein scheinbar schwergewichtiges Zitat aus der „Festschrift für Nagelmann", die ihrerseits ein vorsätzlicher juristischer Nonsens ist, woraus zu schließen ist, dass die „Definition" von Jansen doch eher ironisch gemeint ist – aber ganz ohne Grund: Mit der Zusammenfassung *„Irgendwo ist*

---

[752] OLG Hamburg BauR 2006, 680; s. auch OLG Düsseldorf IBR 2009, 256.
[753] In diese Richtung auch *Leinemann*, VOB/B § 2 Rdn. 55-57; *Vygen/Joussen*, Bauvertragsrecht, Rdn. 2349; *Kuffer* in Heiermann/Riedl/Rusam VOB/B § 2 Rdn. 32; *Funke* in Beck'scher VOB-Kommentar, VOB/B Vor § 2 Rdn. 176; *Jansen/von Rintelen* in Kniffka, Onlinekommentar, § 631 Rdn. 501.

die Grenze" ist das **Prinzip** treffend wiedergegeben.[754] Wo die Grenze ist, muss notwendigerweise die Rechtsprechung entscheiden; sie bildet dabei zutreffend Fallgruppen heraus und nennt Aufgreifgrenzen. Weitere begriffliche Definitionsversuche führen kaum weiter. Auch der Gesetzgeber kann es nicht besser – § 313 BGB hat schon 116 Wörter.

Ob eine Kostenfolge unzumutbar ist, erfordert die Aufklärung des Einzelfalls. Es gibt keine „starre Risikogrenze in Form eines bestimmten Prozentsatzes".[755] Für die Beurteilung des Einzelfalls gibt es Anhaltspunkte, die aber wieder nicht einzeln, sondern in einer Gesamtschau bewertet werden müssen, nämlich

– Mehrkosten in einer Größenordnung von mehr als 20%, bezogen auf die **gesamte** Pauschalvergütung, führen in der Mehrzahl aller Fälle zur Störung der Geschäftsgrundlage.[756]
– Immer dann, wenn die Pauschalvergütung selbst schon im Vertrag in Teilpauschalen aufgegliedert ist, genügt auch eine geringere Größenordnung als 20% der Gesamtpauschale.[757]
– Eine Prüfung, inwieweit sich die Kostensteigerung aus der Addition vieler „Einzelpositionen" ergibt oder auf eine horrende Abweichung bei einer Einzelposition zurückzuführen ist, ist erforderlich; ist Letzteres der Fall, so ist einmal die Höhe dieser „Positionsabweichung" wesentlich, zum anderen sinkt dann aber immer stärker der Bezug auf die Gesamtvergütung, hier können also auch z. B. schon 10% der Gesamtvergütung ausreichen.[758]
– Wenn das gesamte Nachtragsvolumen mehr als 30% beträgt, entfällt für weitere Nachträge die Bindung an die Auftragskalkulation (näher Rdn. 213, 287).
– Die absolute Höhe der Mehrkosten spielt ebenfalls eine Rolle; 15 Mio. €-Mehrkosten sind auch bei einem Vertrag von 200 Mio. € eine Größenordnung, die im Regelfall die Zumutbarkeitsgrenze überschreitet.

Bei dem Vergleich mit dem Vertragspreis müssen gleiche Parameter gewählt werden.[759]

281   **cc) Voraussetzung: Unvorhersehbarkeit.** Weitere Voraussetzung der Störung der Geschäftsgrundlage ist, dass sich die Kosten verursachenden Umstände nach Vertragsschluss **unvorhersehbar** so geändert haben, dass die Parteien den Vertrag nicht oder so nicht geschlossen hätten, wenn sie die Veränderung vorausgesehen hätten. Das entspricht der bisherigen Rechtsprechung.[760] Ganz außerhalb des „erfahrungsgemäß Üblichen und Unvermeidbaren liegende Abweichungen"[761] des Bauist vom Bausoll sind vom „normalen Vertragsrisiko" nicht mehr erfasst. Entscheidend ist, was als Risiko für die Parteien bei Vertragsschluss erkennbar (nicht erkannt!) war, oder anders ausgedrückt: Maßgebend ist, was für einen **durchschnittlich sorgfältigen Baubeteiligten** als Risiko erkennbar war; fahrlässig fehlerhafte Risikobewertung schließt Ansprüche wegen Störung der Geschäftsgrundlage aus. Für die Erkennbarkeit des Risikos und die Beurteilung des zu tragenden Risikobereichs spielt es eine Rolle, ob sich die entsprechenden Anhaltspunkte ohne weiteres aus der Vertragsbeurteilung ergeben oder „verstreut" sind. Die Beurteilung der Erkennbarkeit hängt von allen Umständen des Einzelfalls ab.

Allerdings: Es kann sich im Sonderfall durch Vertragsauslegung ergeben und ergibt sich wegen § 7 Abs. 1 Nr. 3 VOB/A **bei öffentlichen Auftraggebern immer,** dass **ungewöhnliche Wagnisse** erst gar nicht vom Bausoll erfasst werden, Leistungen zu deren Bewältigung also geänderte oder zusätzliche Leistungen sind und daher die Heranziehung der Störung der Geschäftsgrundlage weder erforderlich noch möglich ist,[762] wobei die Maßstäbe für die Beurteilung

---

[754] Dazu *Jansen* in Beck'scher VOB-Kommentar Teil B § 2 Rdn. 97. Der BGH urteilt genauso, indem er einen überhöhten Einheitspreis bei einer großen Mengenüberschreibung reduziert, BGH „Abfallentsorgung" BauR 2011, 1162.
[755] BGH „Geschätzt 3 cm" NZBau 2011, 553; BGH BauR 1996, 250 und ständig, s. auch Rdn. 287.
[756] Z. B. BGH *Schäfer/Finnern* Z 2.311, Bl. 5; OLG Hamburg BB 1970, 688, s. aber auch Rdn. 287–289.
[757] *Kapellmann/Schiffers/Markus* Band 2 Rdn. 1533; s. auch BGH BauR 2011, 1646.
[758] So BGH VersR 1965, 803 bei einer Veränderung der Gesamtvergütung von ca. 10%; zustimmend *Schuhmann* BauR 1998, 228, 233 (für Anlagenbau); *Leinemann* VOB/B § 2 Rdn. 643; *Kapellmann/Schiffers/Markus* Band 2, Rdn. 1532 m. w. N.; anderer Ansicht OLG Stuttgart IBR 2000, 593 mit ablehnender Anmerkung *Schulze-Hagen*. Dazu auch näher Rdn. 8.
[759] Einzelheiten Rdn. 289. Laut BGH kann z. B. der Preis für die Vertragsleistung minus Nachlass nicht mit einem Preis für die Mehrleistung ohne Nachlass verglichen werden, BauR 1996, 250 in Aufhebung von OLG Düsseldorf, OLG-Report 1995, 52. Dem ist für diesen konkreten Fall **nicht** zuzustimmen: Der Nachlass muss gerade nicht fortgeschrieben werden, oben Rdn. 217.
[760] BGH WM 1961, 1188; BGH BB 1964, 1397; BGH WM 1969, 64.
[761] BGH VersR 1965, 803.
[762] Grundlegend BGH „Wasserhaltung II" BauR 1994, 236 = NJW 1999, 850 = BGH 124, 64; Einzelheiten oben Rdn. 114; *Kapellmann/Schiffers/Markus* Band 2 Rdn. 622.

eines „nur" ungewöhnlichen Wagnisses niedriger sind als die zur Beurteilung einer Störung der Geschäftsgrundlage.

dd) Die vertragliche oder gesetzliche Risikoverteilung. Außerdem ist immer zu prüfen, ob die Parteien die Möglichkeit dieses Risikoeintritts erkannt und vertraglich gerade dieses Risiko einer Partei zugeteilt haben, also geregelt haben, gerade im Falle dieses Risikoeintritts am Vertrag **festzuhalten.** Dennoch kann selbst dann noch eine Störung der Geschäftsgrundlage in Betracht kommen, nur muss hier der Risikorahmen entsprechend weiter gezogen werden. Auch eine „Besondere Risikoübernahme" schließt also die Möglichkeit der Anpassung des Vertrages wegen Störung der Geschäftsgrundlage nicht aus. Ein Pauschalpreis allein besagt ohnehin nichts über eine **besondere** Risikozuteilung.[763]

Vertraglich liegt z. B. beim Anlagenbau das Risiko des Funktionierens einer vom Auftragnehmer angebotenen neuartigen Entwicklung allein beim Auftragnehmer, so dass selbst außergewöhnliche Schwierigkeiten nicht zur Störung der Geschäftsgrundlage führen, selbst wenn auch hier in wirklich extremen Fällen die Risikogrenze überschritten sein kann.[764] Oder: Enthält der Vertrag keine gegenteilige Regelung, so gilt gemäß VOB/B das Streikrisiko hinsichtlich des Zeitfaktors gemäß § 6 Abs. 2 Nr. 1 lit b Risiko des Auftraggebers, das Risiko jedoch, für diese Zeit keinen „Behinderungsschadensersatz" zu erhalten, das des Auftragnehmers (hier: § 6 Rdn. 23, 24).

d) Typische Anwendungsfälle. aa) Beiderseitige Fehlvorstellung, § 313 Abs. 2 BGB; beiderseitiger Irrtum über Menge. Wenn **beide** Parteien übereinstimmend dem Vertrag bestimmte „wesentliche Voraussetzungen zugrunde gelegt haben", die sich aber als falsch herausstellen, wird der Vertragseinigung der Parteien der Boden entzogen. Beispiel: Der sachkundig beratene Auftragnehmer und ein Fachunternehmen geben gemeinsam ein Forschungsvorhaben in Auftrag; auf der Basis dieses Ergebnisses entwickeln sie ein spezielles Verfahren oder eine bestimmte Ausführung; nachträglich stellt sich heraus, dass das Forschungsergebnis falsch war (siehe Rdn. 287). In diese Kategorie gehört **auch** die **beiderseitige** fehlerhafte **Mengenermittlung:** Ermitteln **beide** Parteien eine Menge, wird auf dieser Basis ein Pauschalpreis gebildet, unterliegen aber beide Parteien einem Irrtum, so kann das zur Störung der Geschäftsgrundlage führen, wobei gerade dann die „Unzumutbarkeit" wesentlich stärker positionsbezogen festzustellen ist und die Unzumutbarkeitsgrenze in Bezug auf die Gesamtvergütung unter 10% liegt.[765]

bb) Außergewöhnliche Mengenentwicklung ohne beiderseitigen Irrtum. Beim Pauschalvertrag trägt der Auftragnehmer das Mengenermittlungsrisiko (oben Rdn. 234–237). Also sind gerade auch unerwartete Mengenentwicklungen Risiko des Auftragnehmers. Entwicklungen aber, die „vom erfahrungsgemäß Üblichen und Unvermeidbaren" unerkennbar abweichen und die – kostenmäßig – ein „unzumutbares" Volumen erreichen (oben Rdn. 280), begründen eine Störung der Geschäftsgrundlage; beim **öffentlichen** Auftraggeber werden solche ungewöhnlichen Wagnisse erst gar nicht Bausoll (oben Rdn. 114, 282). Bei der Prüfung des Einzelfalls spielt es eine Rolle, ob der Auftraggeber durch missverständliche Angaben den Auftragnehmer zur Risikoübernahme geradezu verführt hat, dazu auch nachfolgend Rdn. 285. Auch außergewöhnliche **Mindermengen** können im Einzelfall eine Störung der Geschäftsgrundlage bedeuten.[766]

cc) Falsche Mengenvorgabe des Auftraggebers („ca. 3 cm"); „spekulative" Preise. Wenn der Auftrag**geber** beim Pauschalvertrag **Mengen vorgibt,** kann das unterschiedliche Bedeutung für das Bausoll haben. Einmal kann die Menge „fix", also bausollbestimmend sein, nämlich dann, wenn die Mengenangabe nichts mit Mengenermittlung zu tun hat, sondern Ausführungsentscheidung des Auftraggebers ist [„5 Buchen in der Außenanlage, näher Rdn. 237, Fall d)]. Zum anderen kann die Menge aber auch „unverbindlich" in dem Sinne sein, dass die Ermittlung der Menge **pauschalvertragstypisch** Sache des Auftragnehmers ist. Für den Auftragnehmer ist klar und für den Pauschalvertrag ist hier typisch das Mengenermittlungsrisiko des Auftragnehmers. Aber wie für jedes Risiko gilt auch hier, dass die Risikoübernahme immanente Grenzen hat („*Irgendwo ist die Grenze*", s. Rdn. 280). Typisch sind Fälle wie

---

[763] *Kapellmann/Schiffers/Markus* Band 2, Rdn. 1508.
[764] Näher *Kapellmann/Schiffers/Markus* Band 2, Rdn. 576 m. N.
[765] BGH NZBau 2004, 150; *Kapellmann/Schiffers/Markus* Band 2, Rdn. 1522.
[766] OLG Oldenburg BauR 2015, 119.

der, den der Bundesgerichtshof im Jahr 2011 entschieden hat. Beim Pauschalvertrag lautet beim Abbruch eine Position „Estrich ca. 3 cm". Damit ist die Menge noch nicht „fix" Bausoll (Rdn. 237, Fall c), der Auftragnehmer trägt also das Risiko, dass der abzubrechende Estrich dicker ist. Aber für beide Parteien ist klar, dass eine wenigstens auch bei sehr weitem Risikoeintritt noch akzeptierte Ausgewogenheit von Preis und Leistung Geschäftsgrundlage ist und ein völliges ungleichgewichtiges Übermaß trotz § 2 Abs. 3 VOB/B zur Störung der Geschäftsgrundlage führt, im BGH-Fall eine Mehrstärke von über 100 %.[767] Die Kunst besteht darin, hier die richtigen Maßstäbe anzulegen. Die pure Prozentzahl besagt wenig: Wenn die Gesamtvergütung 50 Millionen beträgt und eine „Position" von 1.000,00 € auf 4.000,00 € steigt, bedeutet das gar nichts. Entscheidend ist einmal das Schwergewicht der Änderung pro „Position", vor allem aber die **Relation** zur bisherigen Gesamtvergütung und insbesondere dem darin enthaltenen Gesamtgewinn. Wenn dieser **Gesamtgewinn** durch die einzelne Veränderung vollständig aufgezehrt wird, der Vertrag also wegen der hohen Mengenüberschreitung zum Verlustgeschäft wird, führt das zur Anpassung der Vergütung wegen Störung der Geschäftsgrundlage.[768]

Einen ähnlichen Fall hat das OLG Düsseldorf 2013 behandelt.[769] Es geht wiederum um Estrichabbruch, in einem detaillierten Leistungsverzeichnis wird die Estrichstärke mit 3–4 cm angegeben, dann wird der Preis aber pauschaliert. Tatsächlich beträgt die Stärke 14 cm. Nach OLG Düsseldorf sei 3–4 cm aber geregeltes Detail (in einem Detailpauschalvertrag), deshalb führe die Abweichung schlicht und einfach zur Mehrvergütung gem. § 2 Abs. 5 VOB/B (wobei es ohnehin richtigerweise heißen müsste: § 2 Abs. 6 VOB/B). Obwohl das Urteil auch im Volltext zugänglich ist, lässt sich schwer beurteilen, ob es richtig oder nicht richtig ist, der zugehörige Tatbestand ist nämlich nicht veröffentlicht. Es muss untersucht werden, ob es im Tatbestand Anhaltspunkte dafür gibt, dass der Bieter ein Mengenrisiko überprüft hat, ob er z. B. nach Plänen gefragt hat oder ob er überhaupt irgendwelche Aufklärung verlangt hat.[770] Ob das maßgebende Kriterium ist, dass die Leistungsbeschreibung beim BGH funktional war,[771] ist mehr als zweifelhaft. Hätte das OLG auch bei einer Abweichung von nur 2 cm genauso entschieden – was es nach seinem Standpunkt ja hätte tun müssen? Damit würde der Vertrag nicht als Pauschalvertrag, sondern als Einheitspreisvertrag behandelt. Ohne genauere Kenntnis des Sachverhalts ist der Fall abweichend vom OLG Düsseldorf nicht nach § 2 Abs. 6 VOB/B, sondern als Störung der Geschäftsgrundlage zu beurteilen – also wie der BGH-Fall.

286 Ein anderer Anwendungsfall der Störung der Geschäftsgrundlage ist das völlig überdimensionale Anwachsen des Gewinns aus einer gemäß § 2 Abs. 3 oder Abs. 6 VOB/B berechneten Mehrmenge, also insbesondere die Fälle, in denen eine Kleinmenge ausgeschrieben ist, für die der Auftragnehmer einen astronomisch hohen, aber für die Gesamtvergütung belanglosen Preis und damit minimalem Gewinnanteil anbietet, die sich dann aber in der Ausführung drastisch erhöht, sodass plötzlich z. B. der Gewinnanteil dieser „Position" von bisher 1,36 % auf 56 % hochschnellt. Der BGH hat dies unter dem Stichwort **„spekulative Preise"** über Sittenwidrigkeit gemäß § 138 BGB zu lösen versucht.[772] In einer Entscheidung, die vor Bekanntwerden des BGH-Urteils ergangen ist, hat das OLG Schleswig-Holstein[773] diese Problematik im Prinzip zutreffend über die Störung der Geschäftsgrundlage gelöst. Der BGH hat in seinem Nichtannahmebeschluss nicht etwa festgehalten, die Entscheidung sei zwar im Ergebnis richtig, hätte aber über Sittenwidrigkeit gelöst werden müssen, er hat vielmehr ausdrücklich die Anwendung der Störung der Geschäftsgrundlage gebilligt[774]; das OLG Schleswig-Holstein hat dann in einer

---

[767] BGH „Geschätzt 3 cm" NZBau 2011, 553. Wäre ein Estrich von 7 cm qualitativ etwas anderes als Estrich 3 cm oder wäre die Abbruchleistung bei 7 cm anders als bei 3 cm, würde es sich bei den 7 cm in der Tat um eine geänderte Leistung gemäß § 2 Abs. 5 VOB/B handeln. Dafür gibt der Sachverhalt der Entscheidung aber nichts her. *Leinemann* bejaht generell entgegen dem BGH einen Anspruch aus § 2 Abs. 5 VOB/B (*Leinemann* VOB/B § 2 Rdn. 655).
[768] So auch BGH „Geschätzt 3 cm" NZBau 2011, 553. S. auch Rdn. 289.
[769] OLG Düsseldorf IBR 2013, 596 = OLG Düsseldorf BauR 2013, 1889 (aber die maßgeblichen Ausführungen zur Widerklage sind im BauR **nicht** abgedruckt).
[770] Vgl. *Kapellmann/Schiffers/Markus* Band 2, Rdn. 288 ff.
[771] *Fuchs* IBR 2013, 596.
[772] BGH „Sittenwidrige Nachtragsposition I" NZBau 2009, 232 = NJW 2009, 835 und NZBau 2010, 256. Zur Kritik **ausführlich oben Rdn. 162**.
[773] OLG Schleswig-Holstein BauR 2011, 1819.
[774] BGH NZBau 2011, 353 = BauR 2011, 1162; das soll aber darauf beruhen, dass revisionsrechtlich die Sittenwidrigkeit nicht Gegenstand der Entscheidung war.

zweiten, nachträglichen Entscheidung sich wieder auf die Störung der Geschäftsgrundlage gestützt.[775] Die Hoffnung, dass die Argumentation über § 138 BGB nicht wiederkehre, hat aber leider getrogen. In der Entscheidung „Sittenwidrige Nachtragsposition II"[776] hat der BGH bei nur noch 8facher (!) „Überhöhung" seine Rechtsprechung zwar korrigiert und jetzt auf das Verhältnis von Erhöhung zu Gesamtvergütung abgestellt, aber mit 39 % – unabhängig von allem anderen – immer noch eine falsche Größenordnung gewählt – richtig wäre ca. 100 %, s. Rdn. 162. Mit der Entscheidung „Sittenwidrige Nachtragsposition III"[777] hat er dann die ultimative Notbremse gezogen, der „an sich sittenwidrige Preis" unterliege gemäß § 242 BGB einer Ausübungskontrolle und dürfte nicht durchgesetzt werden. Es ist bezeichnend, dass der BGH selbst eine Störung der Geschäftsgrundlage bejaht, aber meint, § 138 BGB und § 242 BGB seien „vorrangig": Im Gegenteil ist aber § 313 BGB als die flexiblere, mildere und speziellere Vorschrift vorrangig.[778] Die Vergütung ist also in diesen Fällen nach § 313 BGB anzupassen, und sicher müssen dabei die Auswüchse korrigiert werden; aber Anpassung bedeutet nicht, dass der Auftraggeber die 100%ige Kürzung durchsetzt und der Auftragnehmer nur den Mindest-Marktpreis. Auch hier muss der Positionsgewinn „vorher" mit dem Gewinn „nachher" verglichen werden, dem Auftragnehmer muss ein Gewinnvorteil verbleiben.[779]

dd) Ausnahmen von der Fortschreibung der Vertragspreise bei Nachtragsvolumen von mehr als 30 % – Mehrleistungen sprengen jeden äquivalenten Rahmen. Wenn sich die **Gesamt**vergütung um ca. 20 % erhöht, ist das die Prüfgrenze für die Störung der Geschäftsgrundlage.[780] Ebenso kommt eine Störung der Geschäftsgrundlage bei der Ermittlung einzelner Nachtragsvergütungen in Betracht, wenn sich das Nachtragsvolumen ingesamt um **ca. 30 %** erhöht hat.[781] Damit ist nicht eine mathematisch genaue Grenze gemeint, sondern ein Anhaltspunkt für die Prüfung des Einzelfalls – genau wie bei der Grenze von 20 % für die Gesamtvergütung. Die Anpassung erfolgt hier so, dass für die Ermittlung der Nachtragsvergütung die analoge Fortschreibung der Kosten laut Auftragskalkulation entfällt und der Auftragnehmer die Mehrvergütung auf der Basis seiner tatsächlichen Kosten berechnen darf. 287

ee) Außergewöhnliche Verfahrensprobleme. Es kommt häufiger vor, dass die Parteien gemeinsam ein Verfahren festlegen, das sie beide für geeignet halten, das aber nicht funktioniert (oben Rdn. 283). Das kann zur Störung der Geschäftsgrundlage führen. Ebenso gibt es Grenzfälle dann, wenn die Parteien wegen der Kürze der Zeit ausdrücklich darauf verzichten, notwendige Erkundigungen, z. B. hinsichtlich der Bodenverhältnisse, vor Vertragsschluss einzuholen. Übernimmt der Auftragnehmer individuell das „Erkundungsrisiko", so ist er gebunden,[782] eine Störung der Geschäftsgrundlage kommt erst bei extremer Entwicklung in Betracht (oben Rdn. 282). Der Risikorahmen muss aber wesentlich enger gezogen werden, wenn die Parteien zwar das Erkundungsrisiko dem Auftragnehmer übertragen haben, aber gemeinsame Vorstellungen darüber, wie das ungefähre Ergebnis dieser Erkundungen sein kann, in den Vertrag eingeflossen sind. 288

e) Rechtsfolge Vertragsanpassung. aa) Vergütungsanpassung. (1) Die Höhe der neuen Vergütung ohne Rücksicht auf die Grundlagen der Preisermittlung. § 2 Abs. 7 Nr. 1 Satz 2 und 3 VOB/B sehen die „Gewährung eines Ausgleichs" unter Berücksichtigung der Mehr- und Minderkosten vor. Allerdings sei für die Bemessung des Ausgleichs „von den Grundlagen der Preisermittlung" (zum Begriff Rdn. 137) auszugehen. Das war schon vor Inkrafttreten des § 313 BGB äußerst problematisch: Die Anpassung des Vertrages wegen Störung der Geschäftsgrundlage als Ausschluss von § 242 BGB hätte auch vor Inkrafttreten als Ausfluss einer zwingenden gesetzlichen Gerechtigkeitsentscheidung nicht abbedungen werden können.[783] Demzufolge konnten auch schon damals ein Vertrag oder auch Allgemeine Geschäftsbedingungen wie die VOB/B nicht vorschreiben, dass bei dieser Anpassung unter Gerechtigkeitsgesichtspunkten bestimmte Faktoren berücksichtigt werden, andere nicht. Es war also schon bisher nicht 289

---
[775] OLG Schleswig-Holstein NZBau 2011, 756.
[776] BGH „Sittenwidrige Nachtragsposition II" NZBau 2013, 366.
[777] BGH „Sittenwidrige Nachtragsposition III" NZBau 2013, 369.
[778] Oben Rdn. 162, Fn. 398.
[779] Einzelheiten einer Berechnung bei *Kapellmann/Schiffers/Markus* Band 1 Rdn. 611.
[780] Oben Rdn. 280.
[781] **Einzelheiten** Rdn. 213 zur Entscheidung.
[782] BGH „Kammerschleuse" BauR 1997, 126; die Entscheidung ist allerdings sehr zweifelhaft, *Kapellmann* F0E0 VOB/A § 7 Rdn. 4.
[783] Das Problem wurde aber überhaupt nicht behandelt.

zulässig, durch Verweisung auf die Preisermittlungsgrundlagen z. B. die Fortschreibung eines Verlustes vorzuschreiben. Welche Anpassung geboten ist, war und ist vielmehr unter wertender Betrachtung aller Einzelheiten zu entscheiden. Ein Verlust von 10%, der bei einer Auftragssumme von 500.000,00 € geschäftspolitisch akzeptabel sein kann, muss nicht bei „unzumutbarer" Leistungs- und Kostenexplosion ins Existenzbedrohende fortgeführt werden, wenn es sich um viel größere Summen handelt.[784] Jedenfalls jetzt nach der gesetzlichen Regelung § 313 BGB steht fest, dass ganz allgemein eine **„Anpassung"** des Vertrages unter Zumutbarkeitsgesichtspunkten verlangt werden kann und generelle Einschränkungen dieses Gebots gegen den Kernbereich der gesetzlichen Regelung verstoßen.

In welcher Höhe anzupassen ist, hängt unmittelbar damit zusammen, ab welcher Grenze denn eine Störung der Geschäftsgrundlage anzuerkennen ist: Ist die Grenze überschritten, so ist in entsprechender Größenordnung anzupassen. Dass es keine starre Grenze gibt, dass auch keineswegs nur ein bestimmter Prozentsatz der Gesamtvergütung maßgeblich ist, sondern auch im Einzelfall eine Kombination von „positionsbezogener Betrachtung" und Anknüpfung an die Gesamtvergütung geboten ist, haben wir schon angesprochen (Rdn. 279).

Wenn die Zumutbarkeitsgrenze überschritten ist – als Beispiel: 20% der **Gesamt**vergütung – so heißt das nicht, dass die Anpassung jetzt mit genau 20% anzusetzen wäre. Das würde bedeuten, dass der Auftragnehmer bei 19% Überschreitung nichts und bei 21% Überschreitung alles bekäme. So hat die Rechtsprechung zwar oft entschieden.[785] Richtig ist aber eine gleitende Anpassung, die im Einzelfall ermittelt werden muss; man könnte also etwa bis 7,5% den Auftragnehmer den Mehraufwand selbst tragen lassen, von 7,5%–15% noch zur Hälfte, zwischen 15 und 20% zu einem Viertel, ab 20% nicht mehr.[786]

Die Anpassung der Vergütung wird immer einer Schätzungsbandbreite unterliegen, aber nicht ohne Anhaltspunkte, sondern in Anknüpfung – nicht in Bindung – an die Auftragskalkulation. Praktisch kann das auf die Bildung einer neuen Pauschale hinauslaufen, aber notwendig ist das nicht.[787]

290 **(2) Beweislast.** Die Darlegungs- und Beweislast für die Störung der Geschäftsgrundlage und die resultierende Anpassung der Vergütung trägt der, der sich darauf beruft.

291 **bb) Kündigung.** Wenn eine Vertragspartei zu Unrecht eine Anpassung des Pauschalpreises wegen Störung der Geschäftsgrundlage verweigert, kann die andere Vertragspartei den Vertrag aus wichtigem Grund kündigen.[788]

§ 313 BGB sieht unabhängig davon vor, dass der benachteiligte Teil den Bauvertrag kündigen kann, wenn eine Anpassung des Vertrages nicht möglich oder nicht zumutbar ist. Das ist etwa für den Fall denkbar, dass die zur Überwindung der veränderten Situation notwendigen Maßnahmen die technische und/oder finanzielle Leistungskraft des benachteiligten Vertragsteils gänzlich überfordern. Dass § 2 Abs. 7 Nr. 1 Satz 2, 3 eine solche Kündigungsmöglichkeit nicht vorsieht, ändert an der Anwendbarkeit der gesetzlichen Regelung nichts (vgl. Rdn. 277).

6. § 2 Abs. 7 Nr. 2. a) Spezialität von § 2 Abs. 7 Nr. 2 – keine „Unzumutbarkeit".

292 Die Teilkündigung durch Selbstübernahme des Auftraggebers (§ 2 Abs. 4), die freie Kündigung (§ 8 Abs. 1) und die Nachträge wegen geänderter oder zusätzlicher Leistung (§ 2 Abs. 5, 6) werden **genauso**, d. h., ohne jede Abweichung behandelt **wie beim Einheitspreisvertrag;** das regelt die systematisch falsch platzierte Regel des § 2 Abs. 7 Nr. 2 mit der Formulierung, dass § 2 Abs. 4, 5 und 6 auch beim Pauschalvertrag gelten. Der **einzige** praktische Unterschied zum Einheitspreispreisvertrag liegt darin, dass zur Berechnung von Ersparnissen bei freier Kündigung oder von Nachtragsvergütungen der Pauschalpreis „zerlegt" werden muss (Rdn. 294). Diese angesichts des Wortlauts und des Regelungszusammenhangs im Ergebnis **eindeutige** Schlussfolgerung hat der **BGH ebenso eindeutig bestätigt**,[789] die nahezu einhellige Lehre schon

---

[784] Selbst bei geänderten oder zusätzlichen Leistungen gibt es übrigens keine „Bindung an den alten Preis" unter **allen** Umständen, vgl. oben Rdn. 215 ff. Das wird ganz vernachlässigt.

[785] Positive Ausnahme: OLG Düsseldorf OLG-Report 1995, 52, vgl. aber Fn. 764. Heute im Prinzip wie hier BGH „Geschätzt 3 cm" NZBau 2011, 553.

[786] Zutreffend *Zielemann*, FS Soergel, S. 301; *Vogel/Vogel* BauR 1997, 556; anderer Ansicht *Werner/Pastor* Rdn. 2967. Berechnungsbeispiel *Kapellmann/Schiffers/Markus* Band 1 Rdn. 64.

[787] Anderer Ansicht *Keldungs* in Ingenstau/Korbion VOB/B § 2 Abs. 7 Rdn. 43, 44.

[788] § 313 Abs. 3 BGB.

[789] Für geänderte Leistungen BGH NZBau 2002, 669 = BauR 2002, 1847 und schon NZBau 2000, 467 = BauR 2000, 1754. Für zusätzliche Leistungen BGH BauR 1995, 293.

immer ebenso.[790] Vor Einfügung des § 2 Abs. 7 in die VOB/B im Jahre 1973 hatte der BGH notgedrungen auf den Wegfall der Geschäftsgrundlage zurückgegriffen, um Fälle geänderter oder zusätzlicher Leistungen beim Pauschalvertrag bewältigen zu können. Dass das aber nach Einfügung des § 2 Abs. 7 im Jahre 1973 angesichts des damals neuen § 2 Nr. 7 Abs. 1 Satz 4 nicht mehr möglich und nicht mehr richtig war, haben viele Oberlandesgerichte schlicht nicht gemerkt und in **Verkennung** von § 2 Abs. 7 Nr. 2 bei geänderten und/oder zusätzlichen Leistungen **unrichtig „erhebliche Abweichung"** oder **„Unzumutbarkeit"** zum Teil bis in absurde Grenzen verlangt.[791]

Aus demselben Grund gibt es auch ebenso wie beim Einheitspreisvertrag keine prozentuale „Erheblichkeitsgrenze". Die Nachtragsvergütung z. B. für zusätzliche Leistungen setzt also **nicht** voraus, dass irgendeine Mindestgrenze, z. B. 1 % von der Vertragssumme, überschritten wird.[792] Eine entsprechende Klausel kann auch in Allgemeinen Geschäftsbedingungen des Auftraggebers nicht wirksam vereinbart werden.[793]

b) Die Nachtragsvergütung bzw. Vergütung bei Selbstübernahme und geänderten oder zusätzlichen Leistungen der Höhe nach; Sonderprobleme beim Pauschalvertrag, GU-Zuschlag. Für die Vergütung bei Selbstübernahme gelten die allgemeinen Regeln,[794] für die Vergütung geänderter oder zusätzlicher Leistungen ebenfalls.[795] Einzelne Besonderheiten ergeben sich aus der Natur der Pauschalvergütung. Wie immer ist zuerst als Basis der Nachtragsberechnung die Auftragskalkulation heranzuziehen. Das kann bei Pauschalverträgen schwierig sein, weil die Auftragskalkulation nicht differenziert ist. In einem solchen Fall muss aus den jedenfalls vorhandenen „Grobelementen" eine Differenzierung „rückermittelt" werden.[796] Weder Marktpreise,[797] noch Zahlungsplan[798] bilden einen geeigneten Ausgangspunkt. Der Auftragnehmer darf und muss, wenn er keine brauchbare Auftragskalkulation erstellt hat, diese Kalkulation nachträglich plausibel aufstellen.[799] Verweigert er die Vorlage einer vorhandenen Auftragskalkulation, erhält er nichts.[800]

Für Planungskosten beim Global-Pauschalvertrag gilt: Sofern in der Auftragskalkulation nur ein unaufgegliederter Betrag ausgewiesen ist, ist festzustellen, welche Planungsleistungen genau geschuldet werden, dann sind als Maßstab entsprechend der HOAI-Gebührentatbestände festzustellen, anschließend ist das kalkulierte Honorar im Verhältnis entsprechend umzurechnen und aufzuteilen.[801]

Die Auftragskalkulation ist daraufhin zu prüfen, ob sie alle nach Vertrag auszuführenden Leistungen und Mengen richtig enthält; insbesondere bei Komplexen Global-Pauschalverträgen ist die entsprechende Feststellung oft schwierig. Als richtiges Ausgangsniveau muss ein um eventuell fehlende Leistungen (oder zu viel angesetzte Leistungen!) oder Mengen korrigierter Bezugspreis ermittelt werden; auf diese Weise kann plausibel ein „Kostenniveaufaktor" ermittelt werden, mit dem die in der Auftragskalkulation angesetzten Kosten zur Ermittlung der „richtigen" Kosten multipliziert werden.[802]

---

[790] Näher *Kapellmann/Schiffers/Markus* Band 2, Rdn. 1111.
[791] **Unrichtig insbesondere** OLG Brandenburg NZBau 2001, 689 mit Anmerkung *Kapellmann;* OLG München BauR 1997, 479; OLG Frankfurt NJW-RR 1986, 572; OLG Nürnberg ZfBR 1987, 155; OLG Zweibrücken BauR 1989, 746, 747; OLG Zweibrücken BauR 1994, 509; OLG Stuttgart BauR 1991, 639, erläutert jeweils bei *Kapellmann/Schiffers/Markus* Band 1, Rdn. 1111, Fn. 1253.
Richtig dagegen: Z. B. KG OLG-Report 1999, 253; OLG Celle BauR 1996, 723; OLG Düsseldorf OLG-Report 1995, 252, vgl. aber Fn. 764; OLG Düsseldorf BauR 1991, 774.
[792] BGH NJW-RR 2003, 14; *Kleine-Möller/Merl/Glöckner* § 12 Rdn. 550; *Lau* ZfBR 2002, 539; *Kapellmann/Schiffers/Markus* Band 2, Rdn. 1125–1127.
[793] OLG Frankfurt NJW-RR 1986, 247; *Markus* in Markus/Kaiser/Kapellmann, AGB-Handbuch Bauvertragsklauseln, Rdn. 298; *Kapellmann/Schiffers/Markus* Band 2, Rdn. 1241.
[794] Oben Rdn. 173.
[795] Dazu oben Rdn. 213–228.
[796] Dazu in Einzelheiten für den Detail-Pauschalvertrag *Kapellmann/Schiffers/Markus* Band 2, Rdn. 1155–1174; für den Global-Pauschalvertrag Rdn. 1175–1187.
[797] *Kapellmann/Schiffers/Markus* Band 2, Rdn. 1178.
[798] BGH BauR 1996, 846.
[799] *Kapellmann/Schiffers/Markus* Band 2, Rdn. 1184; Band 1, Rdn. 621, 622, 1119.
[800] *Kapellmann/Schiffers/Markus* Band 2, Rdn. 1185; Band 1, Rdn. 1119, 623.
[801] Einzelheiten *Kapellmann/Schiffers/Markus* Band 2, Rdn. 1215–1218.
[802] Näher *Kapellmann/Schiffers/Markus* Band 2, Rdn. 1152, 1154, 1160 ff., 1177.

295 Die so ermittelten Bezugskosten werden zur Ermittlung der Nachtragsvergütung „fortgeschrieben" (siehe oben Rdn. 220–227, dort insbesondere zum Nachunternehmereinsatz). Der neue Preis ist keine Pauschale, im Gegenteil wird er differenziert ermittelt.

296 Ein Sonderproblem stellen so genannte **Einheitspreislisten** für geänderte oder zusätzliche oder für entfallende oder sogar für Schadensersatzansprüche aus Behinderung dar.[803]

297 Sofern ein **GU-Zuschlag** in der Auftragskalkulation ausgewiesen ist, muss er zur Ermittlung einer Nachtragsvergütung daraufhin überprüft werden, welche Elemente er beinhaltet. Zuschlagsanteile für Allgemeine Geschäftskosten sowie für (Wagnis und) Gewinn sind bei der Preisermittlung für geänderte oder zusätzliche Leistungen zu berücksichtigen, eventuelle Zuschlagsanteile für Baustellengemeinkosten jedoch nicht.[804] Sofern der GU-Zuschlag im Einzelfall auch der Abdeckung von Planungskosten dienen soll, sind diese Anteile aus der Aufschlagung geänderter oder zusätzlicher Leistung herauszunehmen, wenn zusätzliche Planungskosten als Kosten der modifizierten Leistung gesondert erfasst werden.

298 7. § 2 Abs. 7 Nr. 3 – **Teilpauschalen.** § 2 Abs. 7 Nr. 3 VOB/B regelt, dass Abs. 1 und Abs. 2 (also die Gesamtregelung zum Pauschalpreis) auch für Teilpauschalen gelten, wenn nichts anderes vereinbart ist. Das ist selbstverständlich.

IX. § 2 Abs. 8

299 1. § 2 Abs. 8 Nr. 1. a) § 2 Abs. 8 Nr. 1 Satz 1. § 2 Abs. 8 regelt – auch beim Pauschalvertrag[805] – die Folgen, wenn ein Auftragnehmer Leistungen „**ohne Auftrag**" oder unter „**eigenmächtiger Abweichung vom Vertrag**" ausführt, so die Formulierung in § 2 Abs. 8 Nr. 1 Satz 1. Auch diese Formulierung der VOB/B ist unglücklich. Der Auftragnehmer erbringt keine Leistungen mit oder ohne „Auftrag"; der Begriff findet sich im Auftragsrecht des BGB und hat mit dem, was die VOB meint, nichts zu tun. Der Auftragnehmer erbringt vielmehr entweder Leistungen, die er nach Vertrag schuldet, er leistet also entsprechend Bausoll, oder erbringt Leistungen, die er nicht schuldet – das ist eine Bausoll-Bauist-Abweichung. Die erstgenannte Leistung kann außerdem vertragsgerecht sein oder sie kann vertragswidrig (oder mangelhaft) sein; ist sie das, so muss sie der Auftragnehmer durch eine mangelfreie ersetzen (§ 4 Abs. 7 Nr. 1 Satz 1). Besser wäre es, die beiden Begriffe „ohne Auftrag" und „unter eigenmächtiger Abweichung vom Vertrag" zusammenfassen unter „Leistungen, die der Auftragnehmer vertraglich nicht schuldet". Gemeint sind Leistungen „außerhalb des Vertrages", also Leistungen, die der Auftragnehmer zusätzlich erbracht hat, ohne dass dafür eine Vertragsbasis besteht, mit einem Wort: Bausoll-Bauist-Abweichungen. Sie können durch (wirksame) Anordnungen des Auftraggebers „legitimiert" sein, dann handelt es sich gemäß § 1 Abs. 3, § 2 Abs. 5 und § 1 Abs. 4, § 2 Abs. 6 um geänderte oder zusätzliche Leistungen. **Fehlt die Legitimation,** handelt z. B. der Auftragnehmer „eigenmächtig", nämlich ohne Anordnung, oder ist die Anordnung unwirksam, weil z. B. der Anordnende keine Vollmacht des Auftraggebers hat, greift § 2 Abs. 8 ein.

300 Gemäß Satz 1 werden solche „nicht legitimierten Leistungen" nicht vergütet, es sei denn, die Ausnahmen gemäß Abs. 2 oder die Ausnahme gemäß Abs. 3 greifen ein. Dass „nicht legitimierte" Leistungen nicht **vergütet** werden, versteht sich von selbst; „Vergütung" ist, wie § 2 generell und § 2 Abs. 2 VOB/B insbesondere ausweisen, die **vertragliche** Vergütung, also der Werklohn. Für Leistungen ohne **vertragliche** Grundlage kann es keine **Vertrags**vergütung geben. Das heißt aber nicht, dass es nicht anderweitigen finanziellen Ausgleich auf nicht-vertraglicher Grundlage geben kann. Ein solcher Ausgleich sind die **gesetzlichen** Ansprüche aus Geschäftsführung ohne Auftrag oder bei unberechtigter Geschäftsführung ohne Auftrag solche aus ungerechtfertigter Bereicherung (§§ 812 ff. BGB). Richtig verstanden bleiben also diese gesetzlichen Ansprüche des Auftragnehmers unbeeinflusst davon, dass der Auftragnehmer keine **Vergütungs**ansprüche nach § 2 Abs. 8 Nr. 2 oder Nr. 3 hat. Für Ansprüche aus Geschäftsführung ohne Auftrag ist das heute durch § 2 Abs. 8 Nr. 3 klargestellt. Für Ansprüche aus ungerechtfertigter Bereicherung gilt das aus den genannten Gründen. Demgegenüber meint der BGH, § 2 Abs. 8 Nr. 1 Satz 1 schließe Ansprüche aus ungerechtfertigter Bereicherung aus. Sei die VOB als Ganzes vereinbart, sei das wirksam; sei die VOB nicht als Ganzes vereinbart, sei die Vorschrift

---

[803] Einzelheiten dazu zu geänderten oder zusätzlichen Leistungen bei *Kapellmann/Schiffers/Markus* Band 2, Rdn. 1224, zu entfallenden Leistungen Band 2, Rdn. 1350, zu Behinderungsschadensersatz Band 2, Rdn. 1612.
[804] Näher *Kapellmann/Schiffers/Markus* Band 2, Rdn. 1234, 1221.
[805] BGH NZBau 2001, 496.

wegen Verstoßes (damals) § 9 ABGB-Gesetz (§ 307 BGB) unwirksam.[806] **Dem ist zuzustimmen,** denn bei richtiger Auslegung schließt § 2 Abs. 8 Nr. 1 Satz 1, wie erwähnt, Ansprüche aus ungerechtfertigter Bereicherung bei unberechtigter GOA ohnehin nicht aus. Kommt man wie der BGH zum gegenteiligen Ergebnis, so verstößt § 2 Abs. 8 Nr. 1 Satz 1 und Nr. 2 Satz 2 VOB/B massiv gegen tragendes Gesetzesrecht – den Bereicherungsausgleich bei Leistungen ohne Rechtsgrund –, dass die Vorschrift dann wegen Verstoßes gegen § 307 BGB unwirksam wäre.[807] Bei beiden Varianten gilt jedenfalls, dass § 2 Abs. 8 Nr. 1 Satz 1 VOB/B Ansprüche aus ungerechtfertigter Bereicherung bei unberechtigter GOA nicht ausschließt.[808]

b) § 2 Abs. 8 Nr. 1 Satz 2. Der Auftraggeber kann Beseitigung der Leistung verlangen, wenn der Auftragnehmer keinen Vergütungsanspruch hat. Der Beseitigungsanspruch setzt nicht voraus, dass das Belassen der Leistung einen Schaden darstellt. Der Auftraggeber muss die Beseitigung **verlangen.** Nach Ablauf einer angemessenen Frist kann der Auftraggeber die Leistung im Wege der Ersatzvornahme auch auf Kosten des Auftragnehmers beseitigen.

c) § 2 Abs. 8 Nr. 1 Satz 3. Über das Recht auf Beseitigung hinaus hat der Auftraggeber auch Anspruch auf Schadensersatz, § 2 Abs. 8 Nr. 1 Satz 3, wobei allerdings zu beachten ist, dass nach § 2 Abs. 8 Nr. 3 die Vorschriften der GOA unberührt bleiben, somit auch § 678 BGB; danach schuldet der Geschäftsführer Schadensersatz, wenn die Geschäftsführung mit dem wirklichen oder mutmaßlichen Willen des Geschäftsherrn im Widerspruch steht (unberechtigte Geschäftsführung) und der Geschäftsführer dies **erkennen** musste; kraft gesetzlicher Bestimmung genügt für die Schadensersatzhaftung also ein Übernahmeverschulden, Ausführungsverschulden ist nicht erforderlich. § 2 Abs. 8 Nr. 1 Satz 3 fordert gerade ein solches Verschulden. Im Ergebnis zieht also § 2 Abs. 8 Nr. 1 Satz 3 gerade nicht, weil die umfassendere Vorschrift des § 678 BGB vorgeht, wenn der Auftragnehmer in unberechtigter Geschäftsführung ohne Auftrag handelt – eine eher verworrene Regelung.

2. § 2 Abs. 8 Nr. 2. a) Vergütung bei nachträglichem Anerkenntnis, § 2 Abs. 8 Nr. 2 Satz 1. Wenn der Auftragnehmer eine Leistung „ohne Auftrag" oder „unter eigenmächtiger Abweichung vom Vertrag" (s. oben Rdn. 299) erbringt, erhält er dennoch Vergütung, wenn der Auftragnehmer die Leistung **„nachträglich anerkennt".** Ein „nachträgliches" Anerkenntnis kann nicht vor Leistungsbeginn ausgesprochen werden, dann wäre es Anordnung des Auftraggebers im Sinne von § 1 Abs. 3, 4 und § 2 Abs. 5, 6.

Dieses „Anerkenntnis" ist kein Anerkenntnis im Sinne von § 781 BGB, sondern eine rechtsgeschäftliche Erklärung des Auftraggebers, die in Verbindung mit dem Verhalten des Auftragnehmers als Änderung bzw. Ergänzung der vertraglichen Vergütungsvereinbarung wirkt.

Als Anerkenntnis sind zu werten
– die Abnahme der (betreffenden) Leistung[809]
– Zahlungen oder Abschlagszahlungen auf die als solche gekennzeichnete Nachtragsrechnung[810]
– Mängelrügen bezüglich der (betreffenden) Leistung.

Kein Anerkenntnis sind
– das gemeinsame Aufmaß[811]

---

[806] BGH BauR 1991, 331. Die VOB/B ist kraft Gesetzes der AGB-rechtlichen Inhaltskontrolle entzogen, wenn sie gegenüber Nicht-Verbrauchern als Ganzes vereinbart ist, Einleitung Rdn. 75–81.
[807] BGH NZBau 2004, 324; BGH NZBau 2004, 31; BGH BauR 1991, 331.
[808] Wohl aber bei berechtigter GoA, so mit Recht BGH BauR 1994, 110. Hier sind Ansprüche aus ungerechtfertigter Bereicherung aber auch überflüssig, denn der Auftragnehmer erhält ja über § 683 BGB Aufwendungsersatz (Vergütung). **Näher zu Ansprüchen aus ungerechtfertigter Bereicherung Rdn. 314.**
[809] OLG Hamburg OLGR 1996, 18; *Leupertz* in NK-BGB, Anhang zu §§ 631–651 „Bauvertrag" Rdn. 47, *Kues* in NWJS VOB/B § 2 Rdn. 417. Das gilt jedenfalls dann, wenn die betreffende Leistung im Abnahmeprotokoll erwähnt ist, *Werner/Pastor* Rdn. 2551; Illies IBR 2011, 627. Anderer Ansicht ohne Begründung FKZGM VOB/B § 2 Rdn. 180.
[810] BGH BauR 2002, 465, 467; KG BauR 2009, 650; OLG Frankfurt BauR 2008, 1633; LG Berlin IBR 1999, 518; *Kniffka* in Kniffka/Koeble, Kompendium, Teil 5 Rdn. 49; *Jansen* in Beck'scher VOB-Kommentar VOB/B § 2 Rdn. 58; *Leupertz* in NK-BGB, Anhang zu §§ 631–651 „Bauvertrag" Rdn. 47; *Staudinger/Peters/Jacoby* BGB, § 632 Rdn. 102; *Kues* in NWJS VOB/B § 2 Rdn. 417; anderer Ansicht *Keldungs* in Ingenstau/Korbion VOB/B § 2 Abs. 8 Rdn. 25; OLG Hamburg IBR 1996, 366. Vgl. auch § 212 Abs. 1 Nr. 1 BGB.
[811] BGH BauR 1974, 201.

– der Prüfvermerk des Architekten auf der Rechnung, sofern der Architekt nicht speziell bevollmächtigt ist[812], überhaupt die Prüfung der Rechnung[813]
– das einfache „Ausführen lassen" der Leistung ohne Protest,[814] wobei konkludente oder sogar stillschweigende Anerkenntnisse dennoch in Betracht kommen, wenn der Auftraggeber die Arbeiten „sehenden Auges" geschehen lässt. Es kommt nicht darauf an, ob der Auftraggeber zum Ausdruck bringt, er lasse die Arbeiten zu, weil er sie als zusätzliche Leistung ansehe.[815]
– das Durchstellen der Nachunternehmerrechnung seitens des Generalunternehmers gegenüber dem Auftraggeber,[816] es sei denn, der Auftraggeber akzeptiert seinerseits die Forderung.[817]

Das Anerkenntnis bedarf nicht der Schriftform, es kann sogar konkludent abgegeben werden.[818]

304 **b) § 2 Abs. 8 Nr. 2 Satz 2.** § 2 Abs. 8 Nr. 2 Satz 2 bestimmt, dass der Auftragnehmer bei Leistungen „ohne Auftrag" oder „unter Abweichung vom Vertrag" (oben Rdn. 299) dennoch Vergütung erhält, wenn die Leistung
– notwendig war
– dem wirklichen oder mutmaßlichen Willen des Auftraggebers entsprach und
– der Auftragnehmer sie unverzüglich dem Auftraggeber angezeigt hat.

Die Regelung gilt sowohl für geänderte wie für zusätzliche Leistungen. Die Vorschrift hat heute **keine praktische Bedeutung** mehr. 1996 ist in § 2 Abs. 8 eine neue Nummer 3 eingefügt worden. Danach erhält der Auftragnehmer Aufwendungsersatz in Form der Vergütung (siehe Rdn. 311) nach den Vorschriften der GOA. Dazu ist aber lediglich erforderlich, dass die Leistung „ohne Auftrag" oder „unter Abweichung vom Vertrag"
– interessengemäß (also nicht notwendig) war und
– dem wirklichen oder mutmaßlichen Willen des Auftraggebers entsprach.

Eine Anzeige ist zwar erforderlich, sie ist aber anders als bei § 2 Abs. 8 Nr. 2 Satz 2 nicht Anspruchsvoraussetzung. Das heißt, dass § 2 Abs. 8 Nr. 3 in Verbindung mit den Vorschriften in der GOA mit weniger (Anzeige) oder geringeren (interessengemäß) Anspruchsvoraussetzungen praktisch zum selben Ziel wie § 2 Abs. 8 Nr. 2 Satz 2 führt. Also wird kein Auftragnehmer mehr seinen Anspruch auf § 2 Abs. 8 Nr. 2 Satz 2 mit den umfangreicheren Voraussetzungen stützen, sondern nur noch auf § 2 Abs. 8 Nr. 3. Warum der DVA 1996 deshalb § 2 Abs. 8 Nr. 2 Satz 2 nicht gestrichen hat, ist unerfindlich.[819] Angesichts der geschwundenen Praxisbedeutung genügt eine knappste Kommentierung.

305 Eine Leistung muss **notwendig** sein. Das ist zu bejahen
– bei Notfällen
– wenn der vertraglich vorgesehen Erfolg **zwangsläufig** nur mit dem vom Auftragnehmer gewählten Weg zu erreichen war
– wenn der Auftraggeber selbst die Leistung für erforderlich hält, aber eine Anordnung zu ihrer Ausführung unterlässt, umso vermeintlich einer Nachtragsvergütung zu entgehen; das gilt z. B. immer, wenn der Auftraggeber behauptet, die Leistung gehöre ohnehin zum Bausoll.[820] Eine vom Auftragnehmer dem Auftraggeber aufgedrängte pure Qualitätsverbesserung ist nicht notwendige Leistung.[821]

306 Die Leistung muss dem wirklichen oder mutmaßlichen Willen des Auftraggebers entsprechen. Das ist identisch mit § 2 Abs. 8 Nr. 3, wir erörtern es dort unter Rdn. 310.

---

[812] OLG Düsseldorf *Schäfer/Finnern* Z. 2.300 Bl. 14; *Keldungs* in Ingenstau/Korbion VOB/B § 2 Abs. 8 Rdn. 24.
[813] BGH NZBau 2002, 153 = BauR 2002, 465.
[814] OLG Stuttgart BauR 1993, 743.
[815] Richtig OLG Schleswig BauR 2010, 1932; a. A. OLG Frankfurt NZBau 2012, 106 mit zutreffender abl. Anmerkung Wagner.
[816] So, aber unrichtig OLG Dresden IBR 2003, 237 und FKZGM VOB/B § 2 Rdn. 181; wie hier *Hilgers* in Leinemann, VOB/B § 2 Rdn. 723.
[817] Richtig OLG Köln BauR 2014, 2094.
[818] BGH NZBau 2002, 153.
[819] Zutreffend *Hofmann* BauR 1996, 640; ebenso *Peters* NJW 2008, 2949. Laut *Jansen/von Rintelen* in Kniffka, Onlinekommentar, BGB § 631 Rdn. 829 läuft § 2 Abs. 8 Nr. 2 Satz 2 leer, die Regelung ist ein rechtstechnisches Armutszeugnis, sie ist „niemandem zu vermitteln", *Kniffka*, FS für Iwan, S. 207, 224.
[820] Näher *Kapellmann/Schiffers/Markus* Band 1, Rdn. 1171.
[821] *Kapellmann/Schiffers/Markus* Band 1, Rdn. 1170.

Der Auftragnehmer muss die Leistung dem Auftraggeber unverzüglich angezeigt haben; eine 307
Anzeige ist überflüssig, wenn der Auftraggeber von der ohne Anordnung bereits ausgeführten
Leistung Kenntnis hat. In der Einreichung eines Nachtragspreisangebots liegt die Anzeige.[822] Sie
bedarf keiner besonderen Form. Unverzüglich ist die Anzeige dann, wenn sie zum frühestmöglichen und zumutbaren erfolgt, im Regelfall vor Arbeitsbeginn.[823] Der Architekt ist jedenfalls dann bevollmächtigt, die Anzeige entgegenzunehmen, solange die Leistung nicht mit einem
Planungsfehler oder einem Fehler bei der Objektüberwachung des Architekten zusammenhängt.[824]

Die Anzeige ist **Anspruchsvoraussetzung** – ohne unverzügliche Anzeige **kein** Anspruch aus
§ 2 Abs. 8 Nr. 2 Satz 2.[825] Ist allerdings die VOB/B nicht als Ganzes vereinbart, ist der
Anspruchsausschluss wegen unterbliebener Anzeige AGB-widrig und also **unwirksam**. Der
BGH formuliert wörtlich: „Der Ausschluss der Vergütungspflicht bei Versäumung der Anzeige
ist wegen unangemessener Benachteiligung des Auftragnehmers (§ 9 Abs. 1 AGBG) unwirksam,
wenn die VOB/B nicht als Ganzes vereinbart ist".[826] Wenn man die Anzeigepflicht weglässt,
verbleibt bei § 2 Abs. 8 Nr. 2 VOB/B ein „sprachlich und inhaltlich abtrennbarer Rest"
(Notwendigkeit der Leistung, mutmaßlicher Wille des Auftraggebers), so dass die Klausel
insoweit wirksam bleibt.[827] Die Voraussetzungen sind mit „Notwendigkeit" leicht höher als mit
„Interessengemäßheit" bei Nr. 3. Dabei erhält der Auftraggeber verbrieft „Mehrvergütung",
Nr. 2 Satz 3. Bei Nr. 3 erhält er Aufwendungsersatz, was zwar praktisch dasselbe ist, aber z. B.
nicht, wenn man einer Mindermeinung (siehe Fn. 716) folgte. Insgesamt ist das Ergebnis
„unsinnig".[828]

c) § 2 Abs. 8 Nr. 2 Satz 3. § 2 Abs. 8 Nr. 2 Satz 3 regelt sinnvoll klarstellend, dass die dem 308
Auftragnehmer gemäß § 2 Abs. 8 Nr. 2 Satz 1 oder Satz 2 zustehende Vergütung entsprechend
der für geänderte oder zusätzliche Leistungen gemäß Abs. 5 oder Abs. 6 errechnet wird. Wenn
die Parteien für die Berechnung geänderter oder zusätzlicher Leistungen eine von § 2 Abs. 5, 6
VOB/B abweichende Berechnung vereinbart haben, ist diese auch für § 2 Abs. 8 Nr. 2 Satz 3
maßgebend; der damalige Verdingungsausschluss wollte bei Einführung dieser Vorschrift ersichtlich die Berechnung von Nachtragsvergütungen gemäß § 2 Abs. 5, 6 und § 2 Abs. 8 Nr. 2
Satz 2 synchronisieren.

3. § 2 Abs. 8 Nr. 3. a) Anspruch auf Aufwendungsersatz (Vergütung) nach den Vor- 309
schriften der Geschäftsführung ohne Auftrag. Gemäß § 2 Abs. 8 Nr. 3, eingefügt 1996,
bleiben „die gesetzlichen Vorschriften über die Geschäftsführung ohne Auftrag unberührt".
Gemäß § 683 BGB erhält der Auftragnehmer bei berechtigter Geschäftsführung ohne Auftrag
Ersatz seiner Aufwendungen. Berechtigt war die GOA dann,
– wenn sie interessengemäß war
und
– dem wirklichen oder mutmaßlichen Willen des Auftraggebers entsprach.

Die Leistungserbringung muss also lediglich **interessengemäß** gewesen sein. Damit versteht
sich von selbst, dass notwendige Leistungen (oben Rdn. 305) immer erfasst werden. Aber auch
wenn die Leistung nicht notwendig war, kann sie dennoch interessengemäß gewesen sein; das
Interesse des Auftraggebers ist danach zu beurteilen, ob ihm objektiv die Leistung nützlich
war;[829] eine subjektive Beurteilung seitens des Auftraggebers spielt bei der Beurteilung der
Interessengemäßheit einer Bauleistung im Normalfall keine Rolle. Das eigene Interesse des
Auftragnehmers an der Nachtragsvergütung schließt die „Interessengemäßheit" der Leistung
nicht aus.

Die Leistung muss weiter dem **wirklichen oder mutmaßlichen** Willen des Auftraggebers 310
entsprechen. Der wirkliche Wille des Auftraggebers steht insbesondere dann fest, wenn der
Auftraggeber die Interessengemäßheit der Leistung gar nicht bestreitet, sondern den Auftragneh-

---

[822] BGH NZBau 2001, 496.
[823] BGH BauR 1994, 625.
[824] BGH BauR 1991, 331; BGH BauR 1975, 358; Werner/Pastor Rdn. 1490.
[825] BGH BauR 1991, 331; BGH BauR 1978, 314.
[826] BGH NZBau 2004, 324; BGH NZBau 2004, 31 = BauR 2003, 1892.
[827] BGH in ständiger Rechtsprechung, Nachweise z. B. *Grüneberg* in Palandt BGB, § 306, Rdn. 7. Vgl. BGH „Nachtragsschriftform" NZBau 2004, 146.
[828] So *Jansen/von Rintelen* in Kniffka, Onlinekommentar BGB, § 631 Rdn. 829.
[829] OLG Köln VersR 1995, 319; *Seiler* in MüKoBGB, § 683 Rdn. 4; *Sprau* in Palandt BGB, § 683 Rdn. 4.

mer für leistungspflichtig hält, weil er meint, die Leistung sei schon vom Bausoll umfasst. Der mutmaßliche Wille des Auftraggebers beurteilt sich danach, was der Auftraggeber bei **objektiver** Betrachtung **vernünftigerweise** entschieden hätte. Beim öffentlichen Auftraggeber kann sich die Beurteilung des mutmaßlichen Willens **im Einzelfall** daran richten, ob es sich um eine so **aufwendige** Leistung handelt, dass der Auftraggeber sie aus vorhandenen Haushaltsmitteln nicht darstellen kann.[830]

311 Auch bei der Geschäftsführung ohne Auftrag muss der Auftragnehmer, „sobald es tunlich ist", dem Auftraggeber gemäß § 681 Satz 1 BGB die Übernahme der Geschäftsführung anzeigen. Diese Anzeige ist aber im Gegensatz zu der des § 2 Abs. 8 Nr. 2 Satz 1 **nicht** Anspruchsvoraussetzung,[831] ihre Verletzung kann also höchstens Schadensersatzansprüche des Auftraggebers wegen verspäteter oder unterlassener Information begründen.

312 **b) Die Höhe des Aufwendungsersatzes (Vergütung).** Gemäß §§ 683, 670 BGB erhält der Auftragnehmer Aufwendungsersatz. Handelt der Geschäftsführer wie hier immer im Rahmen seines Gewerbebetriebes, so erhält er als Aufwendungsersatz **übliche Vergütung**.[832] Bei der prototypischen Geschäftsführung ohne Auftrag, einer „Zufallsverbindung", bleibt gar keine andere Wahl, als für die Bemessung der Höhe der Vergütung auf Üblichkeitsmaßstäbe zurückzugreifen. In den hier behandelten Anwendungsfällen der GoA ist es genau umgekehrt: Zwischen den Parteien bestehen vertragliche Verbindungen, also sind auch Preisbemessungsmaßstäbe vorhanden. **Demzufolge ist es hier sachgerecht,** die **Vergütung** nach den **Maßstäben,** die auch **sonst für geänderte oder zusätzliche Leistungen gelten** zu bemessen und nicht nach „Üblichkeit"; das hat § 2 Abs. 8 Nr. 2 Satz 3 richtigerweise schon für Fälle des § 2 Abs. 8 Nr. 2 geregelt. Die Vergütung wird aber auch bei § 2 Abs. 8 Nr. 3 so **auf der Basis der Auftragskalkulation** fortgeschrieben, also wie bei geänderten und zusätzlichen Leistungen.[833] Andernfalls könnte der Auftragnehmer „schlechte Preise" aufbessern und müsste sich „gute Preise" kürzen lassen. Der Bundesgerichtshof hat allerdings einmal entschieden, dass der Auftragnehmer nur insoweit „übliche Vergütung" schulde, als diese nicht höher sei als der Vertragspreis;[834] der BGH begründet das nicht. Da die Vergütung aus der Auftragskalkulation zu entwickeln ist, stimmt die Aussage, systemkonform allerdings nicht mit der nur negativen Einschränkung: Ist nämlich die Vergütung höher als die „übliche", so wird ebenfalls die Vergütung nach § 2 Abs. 8 Nr. 3 systemkonform nach dieser höheren Bezugsbasis bemessen.

313 **4. Beweislast.** Der Auftragnehmer muss alle Anspruchsvoraussetzungen für § 2 Abs. 8 Nr. 2 oder Nr. 3 beweisen, also
– zuerst die Bausoll-Bauist-Abweichung, wobei die Besonderheiten beim Pauschalvertrag (Rdn. 276) zu beachten sind,
– das nachträgliche Anerkenntnis (§ 2 Abs. 8 Nr. 2 Satz 1) oder
– die Notwendigkeit der Leistung, den wirklichen oder mutmaßlichen Willen des Auftraggebers und die unverzügliche Anzeige (§ 2 Abs. 8 Nr. 2 Satz 2) oder
– die Interessengemäßheit der Leistung und den wirklichen oder mutmaßlichen Willen des Auftraggebers (§ 2 Nr. 8 Abs. 3).

---

[830] OLG Düsseldorf BauR 1992, 777.
[831] BGH BauR 1991, 331; *Seiler* in MüKoBGB, § 681 Rdn. 5; *Sprau* in Palandt BGB, § 681 Rdn. 4.
[832] Einhellige Meinung: BGH NJW 1996, 981; BGH NJW-RR 2005, 1428; BGH WM 1989, 801; BGH BauR 1974, 273; OLG Frankfurt NJW 2003, 964; *Peters* NJW 2008, 2949; *Seiler* in MünchKomm BGB, § 683 Rdn. 24, 25; *Bamberger/Roth/Gehrlein* BGB, § 683 Rdn. 4; *Jansen* in Beck'scher VOB-Kommentar § 2 Abs. 8 Rdn. 91; *Althaus* in Althaus/Reindl, Der öffentliche Bauauftrag, Teil 4 Rdn. 317; *Erman/Dornis* BGB, § 683 Rdn. 12; *Kues* in NWJS VOB/B § 2 Rdn. 423.
Leupertz BauR 2005, 776 will die Vergütung beim BGB-Bauvertrag kürzen um Allgemeine Geschäftskosten, Wagnis und Gewinn. Er leitet das aus dem Begriff „Aufwendungsersatz" ab und übersieht dabei, dass die heutige Fassung des § 683 BGB eindeutig auf einem Versehen des historischen Gesetzgebers beruht, näher z. B. *Seiler* in MünchKomm BGB, § 683 Rdn. 25. Abgesehen davon sind z. B. Allgemeine Geschäftskosten genauso Kosten wie Lohnkosten. Es ist auch nicht erklärlich, wieso Aufwendungsersatz zum Verlustgeschäft führen soll. Gegen *Leupertz* auch *Jansen/von Rintelen* in Kniffka, Onlinekommentar, § 631 Rdn. 813, 814, 834, 842.
[833] Ein anderes Ergebnis wäre „verfehlt", *Hofmann* BauR 1996, 640; näher *Kapellmann/Schiffers* Band 1, Rdn. 1181. Wie hier *Jansen* in Beck'scher VOB-Kommentar VOB/B § 2 Abs. 8 Rdn. 91.
[834] BGH BauR 1992, 761.

X. Ungerechtfertigte Bereicherung

Nach meiner Meinung schließt § 2 Abs. 8 Nr. 1 Satz 1 Ansprüche aus ungerechtfertigter **314** Bereicherung nicht aus, nach Meinung des Bundesgerichtshofs aber doch, wenn die VOB/B als Ganzes vereinbart sei. Sei sie nicht als Ganzes vereinbart, so sei die Vorschrift wegen Verstoßes gegen (heute) § 307 BGB AGB-rechtlich unwirksam.[835] Jedenfalls dann bestehen auch nach Meinung des Bundesgerichtshofs bei ungerechtfertigter GOA Ansprüche aus ungerechtfertigter Bereicherung. Das heißt: Nachtragsansprüche sind immer in der Reihenfolge zu prüfen a) Bausoll-Bauist-Abweichung, b) nach Anordnung des Auftraggebers § 2 Abs. 5, 6 VOB/B oder ohne wirksame Anordnung Anspruch aus § 2 Abs. 8 VOB/B wegen Anerkenntnis oder wegen berechtigter GOA (§ 2 Abs. 8 Nr. 3 VOB/B) oder bei Anzeige, falls die VOB/B als Ganzes vereinbart ist, wegen § 2 Abs. 8 Nr. 2 Satz 2 VOB/B, c) oder aus ungerechtfertigter Bereicherung. Dass demzufolge der Regelfall einer Bausoll-Bauist-Abweichung, die nicht aus dem Risikobereich des Auftragnehmers stammt, nahezu immer zu einem Anspruch des Auftragnehmers führt, ist sicher. Der Bereicherungsanspruch des Auftragnehmers geht auf Herausgabe des beim Auftraggeber durch die Leistung des Auftragnehmers Erlangten. Das wird im Regelfall nicht mehr möglich sein, so dass dann Wertersatz gemäß § 818 Abs. 2 BGB in Geld zu leisten ist. Der Höhe nach richtet sich der Anspruch nach der Vergütung, die der Auftraggeber für die erbrachte Leistung auf dem Markt hätte aufwenden müssen.[836] Der Auftragnehmer erhält also vertragsgemäße Vergütung, sofern diese nicht höher ist als die marktübliche Vergütung.[837] Praktisch bedeutet das, dass die Vertragsvergütung zu zahlen ist.

XI. § 2 Abs. 9

1. Das Verlangen des Auftraggebers nach Zeichnungen, Berechnungen oder anderen **315** **Unterlagen.** § 2 Abs. 9 regelt, dass der Auftraggeber Zeichnungen, Berechnungen oder andere Unterlagen, die der Auftragnehmer nicht nach dem Vertrag zu beschaffen hat, vergüten muss, wenn der Auftraggeber sie verlangt. Außerdem muss der Auftraggeber gesondert den Auftragnehmer vergüten, wenn er diesen von ihm nicht aufgestellte technische Berechnungen nachprüfen lässt. § 2 Abs. 9 ist ein Unterfall der zusätzlichen Leistung; die Vorschrift ist deshalb entbehrlich. Sie ist, obwohl das in § 2 Abs. 7 Nr. 2 nicht ausdrücklich erwähnt ist, auch beim Pauschalvertrag anwendbar. Weil § 2 Abs. 9 eine Zusatzleistung zum Gegenstand hat, setzt er voraus, dass die Erstellung der Zeichnungen oder sonstigen Unterlagen nicht ohnehin Bausoll ist. Ob sie Bausoll ist, bestimmt sich nach den speziellen Regeln des Vertrages, bei vereinbarter VOB/B gemäß § 1 Abs. 1 Satz 2 auch nach den Regeln der VOB/C, im sehr seltenen Sonderfall nach der gewerblichen Verkehrssitte. Zum Bausoll laut VOB/C gehören Planungsleistungen, die in der einzelnen DIN-Norm als (nicht gesondert vergütungspflichtige) **Nebenleistung** genannt sind, z. B. die Werkstattplanung des Erstellers raumlufttechnischer Anlagen gemäß Nr. 3.1.2 der DIN 18379 oder des Heizungsbauers gemäß Nr. 3.1.2 der DIN 18380. Ein seltenes Beispiel für eine Planungsleistung als Bestandteil des Bausolls laut gewerblicher Verkehrssitte ist die, dass ein Holzbauer, der eine eigene Leimbinderkonstruktion anbietet, die zugehörigen Montagepläne (kostenfrei) liefern muss. Der Auftragnehmer muss die entsprechenden Zeichnungen **verlangen.** Das ist nichts anderes als die Anordnung im Sinne des § 2 Abs. 5, 6 VOB/B.[838] Der Auftragnehmer muss die Planungsleistungen dann ausführen, wenn sein Betrieb darauf eingerichtet ist (§ 1 Abs. 4); außerdem muss es sich um Planungsleistungen handeln, die zur Bauleistung gehören und im Verhältnis zu ihr unselbstständigen Charakter haben; „selbstständige" Architekten- oder Ingenieurleistungen, die z. B. ganzen Leistungsbildern der HOAI entsprechen, gehören nicht dazu[839], außer wenn der Vertrag dem Auftragnehmer gerade solche Planungsleistungen übertragen hat, wie z. B. beim Schlüsselfertigbau mit auftragnehmerseitiger Ausführungsplanung.

2. Die Höhe der Vergütung. Der Auftraggeber schuldet „übliche Vergütung", wenn nichts **316** anderes vereinbart ist. Die HOAI hat für die baubezogenen, hier angesprochenen ergänzenden

---

[835] BGH BauR 1991, 331; oben Rdn. 300.
[836] BGHZ 111, 308; BGHZ 55, 128, 130; *Kleine-Möller/Merl/Glöckner*, Handbuch, § 12 Rdn. 611.
[837] Jedenfalls so BGH BauR 1992, 761, näher oben Rdn. 312.
[838] Einzelheiten Rdn. 190–197.
[839] BGH BauR 1987, 702.

Planungsleistungen keine passenden Leistungsbilder; so weit im seltenen Fall aber ein HOAI-Leistungsbild die geforderten Leistungen annähernd richtig beschreibt, lassen sich die entsprechenden Sätze der HOAI mit einer gegebenenfalls notwendigen Anpassung heranziehen. Zur Vergütung gehört selbstverständlich auch Gewinn.[840]

XII. § 2 Abs. 10 – Die Vereinbarung von Stundenlohn

317   **1. Regelungsbereich des § 2 Abs. 10.** § 2 Abs. 10 regelt **(nur)**, dass ein Auftragnehmer lediglich dann Vergütung auf Stundenlohnbasis verlangen kann, wenn diese Vergütungsart vor Beginn der Arbeiten ausdrücklich vereinbart worden ist. Der Vergütungstyp „Stundenlohnvertrag" wird in § 4 VOB/A unter Vergabegesichtspunkten näher beschrieben. **Wenn** eine Stundenlohnvereinbarung getroffen ist, beurteilen sich nach § 15 VOB/B die näheren Einzelheiten der Stundenlohnvergütung, z. B. gemäß § 15 Abs. 3 die Bedeutung von Stundenlohnzetteln. § 15 und § 2 Abs. 10 können also nicht kollidieren: Nur wenn eine Vereinbarung über die Bezahlung in Stundenlohn (§ 2 Abs. 10) getroffen ist, ist zur Beurteilung der Einzelheiten der Stundenlohnvergütung § 15 relevant. § 2 betrifft, sofern die VOB/B vereinbart ist, nach dem zweifelsfreien Wortlaut jede Art von Stundenlohnarbeit, gleichgültig, ob sie im Rahmen eines Bauvertrages nur für einen Teil der Arbeiten schon ohnehin vorgesehen ist oder ob alle Leistungen auf Stundenlohnbasis abgerechnet werden sollen.

318   Als Vergütungsvereinbarung genügt **nicht** die Regelung, dass dann, **wenn** Stundenlohnarbeiten anfallen, sie zum Preis von . – ausgeführt werden sollen. Die Vereinbarung muss vielmehr aussagen, **welche** konkreten Arbeiten so vergütet werden sollen. Diese Vereinbarung muss laut § 2 Abs. 10 „ausdrücklich" getroffen werden. Die VOB/B will damit offensichtlich schwer kontrollierbaren Behauptungen von Auftragnehmern vorbeugen, die Bezahlung im Stundenlohn ergebe sich insbesondere angesichts der Art der Leistung von selbst; deshalb ist z. B. die Behauptung des Auftragnehmers unschlüssig, bei Umbauarbeiten sei eine Vergütung auf Stundenlohnbasis üblich oder auch anders gar nicht möglich. Eine stillschweigende oder konkludente Vereinbarung von Stundenlohnarbeiten genügt deshalb nicht,[841] Schriftform ist aber nicht erforderlich. Die Stundenlohnvereinbarung muss der Auftraggeber selbst oder ein von ihm Bevollmächtigter abschließen. Der Bauleiter des Auftraggebers ist ohne besondere Vollmacht dazu nicht bevollmächtigt,[842] ebenso wenig sein Architekt; die Ermächtigung eines Bauleiters oder Architekten, Stundenlohnnachweise abzuzeichnen, enthält nicht die Vollmacht zum Abschluss einer Stundenlohnvereinbarung.[843] Die Unterschrift unter Stundenlohnzettel **kann** im Einzelfall von den Parteien nicht nur als Nachweis der Stundenzahl, sondern auch als Vereinbarung der Vergütung auf Stundenlohnbasis gemeint gewesen sein; ist das aber strittig, so scheitert der Auftragnehmer an der fehlenden **ausdrücklichen** Vereinbarung. Ohne weitere Anhaltspunkte reichen also unterschriebene Stundenlohnzettel nicht, um eine Stundenlohnvereinbarung nachzuweisen;[844] das Gegenteil muss der Auftragnehmer beweisen.

319   Die Stundenlohnvereinbarung muss **vor** Ausführung getroffen sein. Das ist eine überflüssige und zudem unwirksame Einschränkung: Auch wenn die Vertragsparteien sich erst während des Auftrages oder nachträglich auf eine Stundenlohnvereinbarung einigen, ist das natürlich wirksam.[845] Die anders lautende Einschränkung in § 2 Abs. 10 verstößt gegen den unbedingten Vorrang der Individualabrede (§ 305b BGB). Die Vorschrift ist deshalb in Allgemeinen Geschäftsbedingungen des Auftraggebers unwirksam, wenn die VOB/B nicht als Ganzes vereinbart ist.

Eine Schriftformklausel für die Vereinbarung von Stundenlohnarbeiten ist wirksam.[846]

---

[840] *Kues* in NWJS VOB/B § 2 Rdn. 442.
[841] Anderer Ansicht *Dähne*, FS Jagenburg, S. 97; KG IBR 1991, 322 für selbstständige, nicht für angehängte Stundenlohnarbeiten. Zu deren Definition VOB/A § 4 Abs. 1, 2.
[842] BGH BauR 1974, 760.
[843] BGH NZBau 2004, 31 = BauR 2003, 1892.
[844] BGH NZBau 2004, 31 = BauR 2003, 1892; BGH BauR 1994, 760; OLG Nürnberg IBR 1999, 516; *Keldungs* in Ingenstau/Korbion VOB/B § 2 Abs. 10 Rdn. 6. Unrichtig, nämlich zu ungenau OLG Hamburg BauR 2000, 1491.
[845] Aber die Vereinbarung muss klar sein; eine nachträgliche konkludente oder stillschweigende Vereinbarung ist nur mit großer Vorsicht anzunehmen, BGH BauR 1994, 760. Wie hier Dähne FS Jagenburg, S. 97.
[846] Insoweit zutreffend OLG Zweibrücken BauR 1994, 509. Vgl. dazu auch oben Rdn. 208–212.

2. Abrechnung bei fehlender oder unwirksamer Stundenlohnabrede. Hat der Auftrag- 320
nehmer (zusätzliche) Leistungen ohne wirksame Stundenlohnvereinbarung erbracht, so sind
diese Arbeiten auf der Basis von § 2 Abs. 5, 6 oder Abs. 8 Nr. 2 oder 3 VOB/B zu vergüten,
also auf der Basis fortgeschriebener Auftragskalkulation; ohne Anknüpfungspunkte in der Auftragskalkulation besteht Anspruch auf übliche Vergütung (§ 632 Abs. 2 BGB). Wenn eine solche
übliche Vergütung allerdings auf Stundenlohnbasis ermittelt wird, kann auf diesem Umweg im
Ergebnis doch auch eine Vergütung bei fehlender oder unwirksamer Stundenlohnabrede als
übliche Vergütung auf Stundenlohnbasis ermittelt werden.

3. AGB-Recht. Entgegen dem OLG Schleswig[847] enthält § 2 Abs. 10 VOB/B keinen AGB- 321
rechtlichen Verstoß, ausgenommen die Regelung, dass die Stundenlohnvereinbarung vor Ausführung getroffen sein muss (s. Rdn. 318).

§ 3 Ausführungsunterlagen

(1) Die für die Ausführung nötigen Unterlagen sind dem Auftragnehmer unentgeltlich und rechtzeitig zu übergeben.

(2) Das Abstecken der Hauptachsen der baulichen Anlagen, ebenso der Grenzen
des Geländes, das dem Auftragnehmer zur Verfügung gestellt wird, und das
Schaffen der notwendigen Höhenfestpunkte in unmittelbarer Nähe der baulichen Anlagen sind Sache des Auftraggebers.

(3) ¹Die vom Auftraggeber zur Verfügung gestellten Geländeaufnahmen und Absteckungen und die übrigen für die Ausführung übergebenen Unterlagen sind für
den Auftragnehmer maßgebend. ²Jedoch hat er sie, soweit es zur ordnungsgemäßen Vertragserfüllung gehört, auf etwaige Unstimmigkeiten zu überprüfen
und den Auftraggeber auf entdeckte oder vermutete Mängel hinzuweisen.

(4) Vor Beginn der Arbeiten ist, soweit notwendig, der Zustand der Straßen und
Geländeoberfläche, der Vorfluter und Vorflutleitungen, ferner der baulichen
Anlagen im Baubereich in einer Niederschrift festzuhalten, die vom Auftrag-
geber und Auftragnehmer anzuerkennen ist.

(5) Zeichnungen, Berechnungen, Nachprüfungen von Berechnungen oder andere
Unterlagen, die der Auftragnehmer nach dem Vertrag, besonders den Technischen Vertragsbedingungen, oder der gewerblichen Verkehrssitte oder auf
besonderes Verlangen des Auftraggebers (§ 2 Absatz 9) zu beschaffen hat, sind
dem Auftraggeber nach Aufforderung rechtzeitig vorzulegen.

(6) 1. Die in Absatz 5 genannten Unterlagen dürfen ohne Genehmigung ihres Urhebers nicht veröffentlicht, vervielfältigt, geändert oder für einen anderen als den
vereinbarten Zweck benutzt werden.
2. An DV-Programmen hat der Auftraggeber das Recht zur Nutzung mit den
vereinbarten Leistungsmerkmalen in unveränderter Form auf den festgelegten
Geräten. Der Auftraggeber darf zum Zwecke der Datensicherung zwei Kopien
herstellen. Diese müssen alle Identifikationsmerkmale enthalten. Der Verbleib
der Kopien ist auf Verlangen nachzuweisen.
3. Der Auftragnehmer bleibt unbeschadet des Nutzungsrechts des Auftraggebers
zur Nutzung der Unterlagen und der DV-Programme berechtigt.

Schrifttum: *Averhaus,* Zur Planung der Beseitigung von planungsbedingten Baumängeln, BauR 2013, S. 1013 ff.; *Bühl,* Grenzen der Hinweispflicht des Bieters, BauR 1992, 26–34; *Döring,* Kommentierung der mit der Fassung 2002 geänderten Vorschriften der VOB/B, BauR 2002, Sonderausgabe VOB/B 2002, Heft 11a, S. 23–25; *Glatzel/Hofmann/Frikell,* Unwirksame Bauvertragsklauseln, 11. Aufl., Stamsried, 2008; *Hochstein,* Zur Systematik der Prüfungs- und Hinweispflichten des Auftragnehmers im VOB-Vertrag in: *Pastor* (Hrsg.) Festschrift für Hermann Korbion zum 60. Geburtstag am 18.6.1986, Düsseldorf, 1986; *Kaiser,* Das Mängel-haftungsrecht in Baupraxis und Bauprozeß 7. Aufl. Heidelberg 1992; *Kieserling,* Mangelverantwortlichkeit mehrerer Beteiligter, NZBau 2002, 263; *Kleine-Möller/Merl/Oelmaier,* Handbuch des privaten Baurechts, 4. Aufl. München 2009; *Larenz,* Lehrbuch des Schuldrechts, II. Band: Besonderer Teil, 1. Halbband, 13. Aufl. München 1986; *Locher,* Das private Baurecht, 8. Aufl. München 2012; *Motzke,* Prüfungs-, Auf-klärungs- und Überwachungspflichten des Unternehmers – Der Unternehmer auf dem Weg zum Sonder-fachmann?, ZfBR 1988, 244, 251; ders., in: Abgrenzung der Verantwortlichkeit zwischen Bauherrn, Archi-

---

[847] OLG Schleswig IBR 2005, 414.

tekt, Ingenieur und Sonderfachleuten, BauR 1994, 47–56; ders. Aufgabenzuweisung bei durch Planungsfehler und unterlassene Prüfung und Bedenkenmitteilung verursachten Mängeln BauR 2011, S. 153 ff.; *Oberhauser,* Mitwirkungshandlungen des Auftraggebers auch nach Abnahme? FSKoeble 2010, 167 ff.; *Schmalzl,* Zur Feststellungspflicht nach § 3 Ziff. 4 VOB/B, BauR 1970, 203–205; *Sienz,* die Mängelrüge bei Planungsfehlern FSGanten 2007, 219 ff; *Soergel,* Die quotenmäßige Mangelverantwortung der Bauvertragsparteien, ZfBR 1995, 165–168; *Vygen,* Bauvertragsrecht nach VOB: Grundwissen, 5. Aufl. Köln 2007; *ders.,* Behinderungen des Bauablaufs und ihre Auswirkungen auf den Vergütungsanspruch des Unternehmers, BauR 1983, 414 ff.

Übersicht

	Rn.
A. Allgemeines	1
I. Bedeutung und systematische Einordnung der Vorschrift	1
II. Systematische Unterscheidung der Pflichten nach § 3 und § 4 VOB/B-Durchbrechung des Trennungsprinzips	2
III. Systematische Unterscheidung zwischen den Abs. 1–4 einerseits und den Abs. 5 und 6 andererseits	3
IV. Planungsbeteiligte als Erfüllungsgehilfen des Auftraggebers	4
V. Pflichten des Auftragnehmers zur Unterstützung	7
VI. Rechtliche Qualifikation der Pflichten des § 3 VOB/B und die Rechtsfolgen ihrer Verletzung	8
1. Gläubigerobliegenheiten	9
2. Mitwirkungspflichten als Vertragspflichten	10
a) Keine selbstständige Einklagbarkeit der Pflichten gem. § 3 VOB/B	11
b) Selbstständige Einklagbarkeit der Pflichten gem. § 3 VOB/B	12
c) Zutreffende Einordnung	13
3. Mitwirkungspflichten als Schuldnerpflichten	14
4. Rechtsfolgen der Verletzung von Pflichten nach § 3 VOB/B	15
VII. Planung zur Beseitigung von Planungsbedingten Baumängeln	16
B. Die Tatbestände des § 3 VOB/B	18
I. Die Pflicht des Auftraggebers zur rechtzeitigen Übergabe der Ausführungsunterlagen gem. § 3 Abs. 1 VOB/B	18
1. Begriff der Ausführungsunterlagen	19
2. „Nötigkeit" der Unterlagen im Sinne des § 3 Abs. 1 VOB/B	20
3. Unentgeltliche und rechtzeitige Überlassung der Ausführungsunterlagen in der erforderlichen Stückzahl	21
a) Unentgeltlichkeit	22
b) Notwendige Stückzahl	23
c) Rechtzeitige Übergabe	24
4. Abänderung der Mitwirkungspflicht des Auftraggebers zu Lasten des Auftragnehmers	25
II. Pflicht zur Absteckung der Hauptachsen durch den Auftraggeber gem. § 3 Abs. 2 VOB/B	26
1. Abstecken der Hauptachsen	27
2. Abstecken der Grenzen des Geländes	28
3. Schaffung der Höhenfestpunkte	29
4. Verantwortung für Pflichtverletzungen	30
a) Haftung bei Mitwirkungspflicht des Auftraggebers	31
b) Übergang der Mitwirkungspflicht des Auftraggebers auf den Auftragnehmer	32
III. Verbindlichkeit der Ausführungsunterlagen gem. § 3 Abs. 3 VOB/B	33
1. Maßgeblichkeit der Unterlagen (Satz 1)	34
2. Prüfungs- und Hinweispflichten des Auftragnehmers (Satz 2)	35
a) Umfang der Prüfungspflicht	38
b) Operative Handhabung der Hinweispflicht	41
c) Rechtsnatur der Prüfungs- und Hinweispflicht und Folgen ihrer Verletzung	44
d) Vertragsgestaltung durch Allgemeine Geschäftsbedingungen	45
IV. Zustandsfeststellung gem. § 3 Abs. 4 VOB/B	46
1. Feststellung des Zustandes in gemeinsamer Niederschrift	47
2. Notwendigkeit der Feststellungen	48
3. Rechtsnatur der Mitwirkungspflicht und Folgen ihrer Verletzung	49
4. Kosten der Feststellung	51
5. Sonstige Beweissicherungsmöglichkeiten	52

V. Unterlagen, die der Auftragnehmer gem. § 3 Abs. 5 VOB/B zu beschaffen und vorzulegen hat 53
   1. Voraussetzungen der Beschaffungs- und Vorlagepflicht des Auftragnehmers 54
   2. Umfang der Beschaffungs- und Vorlagepflicht gem. § 3 Abs. 5 VOB/B ... 55
VI. Regelung über die Verwendung der Unterlagen nach § 3 Abs. 5 VOB/B gem. § 3 Abs. 6 VOB/B 56
   1. Nutzungsbefugnisse gem. § 3 Abs. 6 Nr. 1 VOB/B 58
     a) Genehmigung im Sinne des § 3 Abs. 6 Nr. 1 VOB/B 59
     b) Urheber im Sinne des § 3 Abs. 6 Nr. 1 VOB/B 60
     c) Inhalt des Schutzes und Folgen der Verletzung des Schutzbereiches 62
     d) Abweichende Regelungen 63
   2. Nutzungsrechte des Auftraggebers an DV-Programmen gem. § 3 Abs. 6 Nr. 2 VOB/B 64
   3. Fortbestehen des Nutzungsrechtes des Auftragnehmers gem. § 3 Abs. 6 Nr. 3 VOB/B 65

A. Allgemeines

I. Bedeutung und systematische Einordnung der Vorschrift

In § 3 VOB/B werden die Rechte und Pflichten der Vertragsparteien in Bezug auf Ausführungsunterlagen geregelt. Diese Ausführungsunterlagen wiederum geben den **Ausführungswunsch des Auftraggebers** während der Planung als geistiger Vorstufe der eigentlichen Bauausführung wieder[1] und sind damit grundsätzlich unverzichtbarer Bestandteil der notwendigen Vorbereitungshandlungen. Neben der konkreten Ausgestaltung des Ausführungswunsches des Auftraggebers wird durch eine sorgfältige Planung auch die notwendige **Abstimmung** und **Koordination** der einzelnen Gewerke miteinander erst möglich.[2]

Die Vorschrift des § 3 VOB/B geht dabei von dem in **§ 642 BGB** bereits festgelegten Grundsatz aus, dass der Auftraggeber verpflichtet ist, dem Auftragnehmer brauchbare und einwandfreie, d.h. fehlerfreie Pläne und Ausführungsunterlagen zur Verfügung zu stellen. Hierzu zählen auch sonstige Entscheidungen im weiteren Sinne, d.h. möglicherweise auch mündliche Entscheidungen auf der Baustelle, die erforderlich sind, um dem Auftragnehmer einerseits die nötige Ausführungsgrundlage zu schaffen, andererseits aber auch die Abstimmungen der einzelnen Gewerke gegebenenfalls mehrerer Unternehmer während der Bauausführung so zu gewährleisten, dass eine möglichst reibungslose Ausführung für alle Beteiligten möglich wird. Der Auftraggeber schuldet dementsprechend sowohl eine einwandfreie, d. **h. fehlerfreie Planung** als auch eine ausreichende **Koordination** der Beteiligten.[3] Kann die vom Auftraggeber geplante Leistung nicht ausgeführt werden, ist der Auftraggeber zur Umplanung verpflichtet.[4]

Da § 3 VOB/B diese aus § 642 BGB abgeleiteten Grundsätze lediglich konkretisiert, bestehen die vorstehend genannten Pflichten auch im Rahmen eines Bauvertrages alleine unter Zugrundelegung des BGB (vgl. § 642 und § 645 Abs. 1 BGB).[5]

Zu Recht weisen *Vygen*[6] und *Hartung*[7] darauf hin, dass sich aus § 9 VOB/A a. F. (§ 7 VOB/A n. F.) ergibt, dass der Auftraggeber auch verpflichtet ist, die Bauleistung **vollständig** zu beschreiben. Auch eine nicht vollständige Planung bzw. ein nicht vollständiger Planungsentwurf kann dementsprechend fehlerhaft sein. Darüber hinaus zählen auch richtige, vollständige, klare und eindeutige Angaben über die Baugrundverhältnisse (Boden- und Grundwasserverhältnisse) in

---

[1] Beck'scher VOB-Kommentar/*Hartung* VOB/B vor § 3 Rdn. 1; *Döring* in *Ingenstau/Korbion* VOB/B § 3 Rdn. 1; *Heiermann/Riedl/Rusam* VOB/B § 3 Rdn. 1.
[2] *Heiermann/Riedl/Rusam* VOB/B § 3 Rdn. 1.
[3] BGH NJW 1972, 447; BGH NJW 1984, 1676; BGH NJW 1985, 2475; OLG Düsseldorf MDR 1984, 756; OLG Köln BauR 1992, 804; OLG Köln BauR 1995, 243; Beck'scher VOB-Kommentar/*Hartung* VOB/B vor § 3 Rdn. 3; *Döring* in *Ingenstau/Korbion* VOB/B § 3 Rdn. 2; *Heiermann/Riedl/Rusam* VOB/B § 3 Rdn. 1; Palandt/*Sprau* BGB, § 642 Rdn. 1; *Werner/Pastor* Der Bauprozess, Rdn. 2936; *Kieserling* NZBau 2002, 263.
[4] OLG Bamberg IBR 2014, 334; Nichtzulassungsbeschwerde durch BGH zurückgewiesen (BGH Beschluss vom 20.2.2014 VII ZR 179/13).
[5] BGH NJW 1972, 447; *Heiermann/Riedl/Rusam* VOB/B § 3 Rdn. 1.
[6] *Vygen* BauR 1983, 414, 421.
[7] Beck'scher VOB-Kommentar/*Hartung* VOB/B vor § 3 Rdn. 4.

den genannten Pflichtenkreis, da nur so eine ordnungsgemäße und reibungslose Abwicklung der Bauleistung möglich ist.[8]

In zeitlicher Hinsicht wird dabei weder in § 642 BGB noch in § 3 VOB/B eine besondere Differenzierung vorgenommen. § 3 VOB/B legt lediglich fest, dass die für die Ausführung benötigten Unterlagen vom Auftraggeber **rechtzeitig** zu übergeben sind. Gerade bei Unstimmigkeiten kann es in diesem Zusammenhang erforderlich sein, dass der Auftraggeber oder sein Erfüllungsgehilfe kurzfristig Anordnungen auf der Baustelle trifft, um der dem Auftraggeber obliegenden Pflicht zur rechtzeitigen Bereitstellung einwandfreier Ausführungsunterlagen gerecht zu werden.[9]

II. Systematische Unterscheidung der Pflichten nach § 3 und § 4 VOB/B – Durchbrechung des Trennungsprinzips

2   Systematisch trennt dabei die VOB/B strikt zwischen den Verantwortungsbereichen der Beteiligten.[10] Während § 3 VOB/B im Wesentlichen die Pflichten des Auftraggebers im Rahmen der Planung als Vorstufe der Bauausführung regelt[11], bestimmt § 4 VOB/B im Wesentlichen die Pflichten des Auftragnehmers im Rahmen der Bauausführung.[12] Dieser in der VOB/B verankerte Trennungsgrundsatz der beschriebenen Pflichten kann durch wirksame Vereinbarungen der Parteien auch durchbrochen werden. So ist es gerade für den Bereich des **Schlüsselfertigbaues** kennzeichnend, dass der Auftragnehmer **Planungsaufgaben** übernimmt und damit entweder ganz oder teilweise in die Rolle des Auftraggebers in Bezug auf die Pflichten des § 3 VOB/B eintritt.[13]

Wie weit der Auftragnehmer Planungspflichten übernimmt und ob diese Übernahme von Planungsverantwortung wirksam ist, richtet sich nach dem jeweiligen Einzelfall. Ausgangspunkt für eine Beurteilung der Wirksamkeit der Übernahme von Planungsverantwortung im Rahmen von Allgemeinen Geschäftsbedingungen ist dabei neben der Frage der Einwirkungsmöglichkeit auf Planungsinhalte stets auch der in § 3 VOB/B konkretisierte Grundsatz, wonach es zunächst ohne wirksame vertragliche Vereinbarung bei der Planungspflicht und Planungsverantwortung des Auftraggebers bleibt.

Möglich ist auch, dass der Auftragnehmer ohne ausdrückliche vertragliche Vereinbarung durch die Unterbreitung eines **Sondervorschlages** Planungsverantwortung übernimmt.[14] Dies kann sowohl vor Vertragsabschluss durch die Unterbreitung einer eigenen Schnittstellenlösung im Sinne von § 8 Abs. 2 Nr. 3 VOB/A n. F. (§ 10 Nr. 5 Abs. 4 VOB/A a. F.) erfolgen[15] als auch im Laufe der Bauausführung, typischerweise im Rahmen der Anmeldung technischer Bedenken gem. § 4 Abs. 3 VOB/B. Wegen der sich ergebenden Übernahme der Planungsverantwortung und der damit einhergehenden systematischen Verschiebung von Auftraggeberverpflichtungen ist dem Auftragnehmer anzuraten, bei der Unterbreitung von Sondervorschlägen vorher eine genaue Risikoanalyse und Kosten-Nutzenbetrachtung durchzuführen.

III. Systematische Unterscheidung zwischen den Abs. 1–4 einerseits und den Abs. 5 und 6 andererseits

3   Die Regelungsinhalte der Abs. 1–4 unterscheiden sich systematisch von denen der Abs. 5–6. Während die Abs. 1–4 die Pflichten des Auftraggebers in Bezug auf die von ihm zu liefernde Planung und Koordination konkretisieren[16], behandeln die Abs. 5 und 6 die **Ausnahmefälle,** in denen der Auftragnehmer im Einzelfall Ausführungsunterlagen zu beschaffen

---

[8] Beck'scher VOB-Kommentar/*Hartung* VOB/B vor § 3 Rdn. 5, 6 und 7 unter ausführlicher Darlegung unterschiedlicher Fallkonstellationen m. w. N.
[9] Beck'scher VOB-Kommentar/*Hartung* VOB/B vor § 3 Rdn. 4.
[10] *Motzke* ZfBR 1988, 244, 246; *ders.* BauR 1994, 47; *Soergel* ZfBR 1995, 165; Beck'scher VOB-Kommentar/*Hartung* VOB/B vor § 3 Rdn. 13; *Heiermann/Riedl/Rusam* VOB/B § 3 Rdn. 1.
[11] Vgl. Fn. 3.
[12] *Soergel* ZfBR 1995, 165; Beck'scher VOB-Kommentar/*Hartung* VOB/B vor § 3 Rdn. 13; *Heiermann/Riedl/Rusam* VOB/B § 3 Rdn. 1.
[13] Beck'scher VOB-Kommentar/*Hartung* VOB/B vor § 3 Rdn. 14, 15; *Heiermann/Riedl/Rusam* VOB/B § 3 Rdn. 1.
[14] Beck'scher VOB-Kommentar/*Hartung* VOB/B vor § 3 Rdn. 16.
[15] Beck'scher VOB-Kommentar/*Hartung* VOB/B vor § 3 Rdn. 16 m. w. N.
[16] *Döring* in Ingenstau/*Korbion* VOB/B § 3 Rdn. 2; Beck'scher VOB-Kommentar/*Hartung* VOB/B vor § 3 Rdn. 3; *Heiermann/Riedl/Rusam* VOB/B § 3 Rdn. 1.

oder zu überprüfen hat.[17] Die Vorschrift des § 3 Abs. 6 regelt dabei spezielle Urheberrechts- und Verwendungsfragen in Bezug auf die Unterlagen gem. § 3 Abs. 5 VOB/B. Soweit den Abs. 3 und 4 bestimmte Überprüfungs- oder Mitwirkungspflichten des Auftragnehmers zu entnehmen sind, ändert dies nichts am Ausgangspunkt der Pflichtenverteilung, die im Rahmen der genannten Vorschriften grundsätzlich beim Auftraggeber liegt.[18]

IV. Planungsbeteiligte als Erfüllungsgehilfen des Auftraggebers

Häufig bedient sich der Auftraggeber zur Erfüllung der ihm obliegenden Pflichten nach § 3 bzw. auch § 4 VOB/B der Hilfe von planenden und/oder bauüberwachenden Architekten oder Ingenieuren. Nach § 278 BGB handelt es sich bei diesen Personen jeweils um **Erfüllungsgehilfen** des Auftraggebers, mit der Folge, dass sich der Auftraggeber ein etwaiges **Verschulden** dieser Personen als eigenes Verschulden **zurechnen** lassen muss.[19]

Neben den vorgenannten Architekten- oder Ingenieuren kommen auch die mit der **Vermessung und Absteckung** des Baufeldes beauftragten **Vermessungsingenieure** oder bauplanenden Architekten[20] sowie **Statiker** als Erfüllungsgehilfen in Betracht, soweit eine messbar eigene Statikerleistung erbracht wird.[21] Auch besondere Leistungen, die z. B. zur Aufstellung eines Leistungsverzeichnisses und Ablaufplanes im Bereich von Heizungs-, Sanitär- oder Elektroarbeiten von **Sonderfachleuten** erbracht werden, unterfallen der Vorschrift des § 278 BGB.[22]

Bei größeren Projekten wird die Funktion des bauleitenden Architekten häufig durch sogenannte „Termin- oder Projektsteuerer" ganz oder teilweise ersetzt. Da den Auftraggeber grundsätzlich die **Koordinierungspflicht** trifft,[23] sind auch diese Personen insoweit Erfüllungsgehilfen des Auftraggebers,[24] es sei denn, die Koordinierungspflicht wurde durch vertragliche Vereinbarung entsprechend auf den Auftragnehmer verlagert.

Unabhängig von der Frage, ob und wenn ja inwieweit ein Verschulden Dritter dem Auftraggeber zugerechnet werden kann, ist selbstredend zu beachten, dass neben den Pflichten des Auftraggebers auch den Auftragnehmer Prüfungspflichten gem. § 3 Abs. 3 VOB/B insbesondere aber gem. § 4 Abs. 3 VOB/B treffen.[25] Verletzt der Auftragnehmer hier seine Pflichten, so ist bei verschuldensabhängigen Schadensersatzansprüchen § 254 BGB (**Mitverschulden**) zu berücksichtigen, so dass eine der Sachlage, d. h. den Verursachungsbeiträgen unter Berücksichtigung der Bewertung von Primär- und Sekundärpflichten angemessene Quotelung des Schadens zu erfolgen hat.[26] Bei **nichtverschuldensabhängigen Mängelbeseitigungsansprüchen** wird die Vorschrift des § 254 BGB dabei mittelbar über § 242 BGB als allgemein gültiger Rechtsgedanke zur Anwendung gebracht.[27]

Die vorstehend genannte Bewertung der Haftung für Erfüllungsgehilfen des Auftraggebers gilt im Übrigen auch insgesamt innerhalb einer **Auftraggeber-Auftragnehmerkette**. Beschäftigt also z. B. der Bauherr nicht mehrere Unternehmer, sondern einen Generalunternehmer, so sind zunächst die Planer bzw. Sonderfachleute des Bauherrn seine Erfüllungsgehilfen. Der Generalunternehmer seinerseits ist Bauherr gegenüber seinen Nachunternehmern und schuldet jeweils richtige Planung und hinreichende Koordination. Erfüllt der Bauherr die gegebenenfalls durch seine Erfüllungsgehilfen zu erfüllenden Pflichten nicht, schlägt dies bis auf den Nachunterneh-

---

[17] *Heiermann/Riedl/Rusam* VOB/B § 3 Rdn. 1; *Döring* in *Ingenstau/Korbion* VOB/B § 3 Rdn. 2.
[18] Vgl. hierzu ausführlich Fn. 1.
[19] BGH BauR 1984, 395;BGHZ 179, 55–71 = NJW 2009. 582–587; *Döring* in *Ingenstau/Korbion* VOB/B § 3 Rdn. 7; Beck'scher VOB-Kommentar/*Hartung* VOB/B vor § 3 Rdn. 91; *Heiermann/Riedl/Rusam* VOB/B § 3 Rdn. 9.
[20] BGH BauR 1973, 321; *Döring* in *Ingenstau/Korbion* VOB/B § 3 Rdn. 8; *Heiermann/Riedl/Rusam* VOB/B § 3 Rdn. 9.
[21] BGH VersR 1967, 260; OLG Düsseldorf NJW 1974, 704 (Architektenvertrag); *Döring* in *Ingenstau/Korbion* VOB/B § 3 Rdn. 9; Beck'scher VOB-Kommentar/*Hartung* VOB/B vor § 3 Rdn. 91.
[22] Beck'scher VOB-Kommentar/*Hartung* VOB/B vor § 3 Rdn. 91; *Döring* in *Ingenstau/Korbion* VOB/B § 3 Rdn. 7.
[23] BGH NJW 1972, 447; OLG Düsseldorf BauR 1992, 665, 668; Beck'scher VOB-Kommentar/*Hartung* VOB/B vor § 3 Rdn. 93 m. w. N.
[24] Beck'scher VOB-Kommentar/*Hartung* VOB/B vor § 3 Rdn. 93.
[25] Vgl. hierzu die Kommentierungen zu Rdn. 33–43 bzw. § 4 Abs. 3 VOB/B.
[26] BGH NJW 1972, 447; BGH NJW 1984, 1676; BGH NJW 1985, 2475; BGH NJW 1987, 644; OLG Stuttgart BauR 1995, 850; *Vygen/Joussen* Bauvertragsrecht, Rdn. 1528, 1529, 1537; *Soergel* ZfBR 1995, 165; Beck'scher VOB-Kommentar/*Hartung* VOB/B vor § 3 Rdn. 92.
[27] Beck'scher VOB-Kommentar/*Hartung* VOB/B vor § 3 Rdn. 92.

mer durch, d. h. es haftet zunächst der Bauherr gegenüber dem Generalunternehmer, dann aber auch der Generalunternehmer gegenüber seinen Nachunternehmern, soweit sie betroffen sind.[28] Diese Kette lässt sich entsprechend auch verlängern.[29]

V. Pflichten des Auftragnehmers zur Unterstützung

7   So sehr § 3 VOB/B die Pflichten des Auftraggebers im Vordergrund sieht, gilt es doch zu beachten, dass es Pflichten des Auftragnehmers zur Unterstützung des Auftraggebers bei der Erfüllung der ihm obliegenden Pflichten gibt. Dies gilt insbesondere dann, wenn der Auftraggeber im Rahmen seiner Koordinationspflicht darauf angewiesen ist, mehrere fachlich Beteiligte so aufeinander abzustimmen, dass es nicht zu Behinderungen oder sonstigen Schäden kommt. Döring[30] weist in diesem Zusammenhang zu Recht darauf hin, dass es deshalb vom Auftraggeber verlangt werden kann, dass der Auftragnehmer an Baustellenbesprechungen, d. h. Abstimmungsgesprächen mit Dritten, teilnehmen muss, um dem Auftraggeber die Erfüllung der ihm obliegenden Pflicht erst möglich zu machen. Kommt der Auftragnehmer der ihm obliegenden Unterstützungspflicht nicht oder nicht hinreichend nach, kann dies zu einer Haftung, jedenfalls einer Mithaftung gem. § 254 BGB führen.[31]

VI. Rechtliche Qualifikation der Pflichten des § 3 VOB/B und die Rechtsfolgen ihrer Verletzung

8   Die rechtliche Qualifikation der dem Auftraggeber gem. § 3 VOB/B obliegenden Pflichten wird streitig beurteilt, wobei es sowohl die Erfassung des Streites als auch dessen Beurteilung erschwert, dass die am Streit Beteiligten in der Terminologie nicht stringent sind,[32] eine Unterscheidung sich vielmehr in erster Linie an den zugestandenen Rechtsfolgen festmachen lässt. Im Einzelnen:

9   **1. Gläubigerobliegenheiten.** Einig ist man sich zunächst darin, dass die in § 3 VOB/B festgehaltenen Pflichten des Auftraggebers als Konkretisierung des gesetzlich normierten Grundsatzes gem. § 642 BGB vom Ausgangspunkt her jedenfalls sogenannte **Gläubigerobliegenheiten** darstellen.[33] Dass die VOB/B hier nicht von den Vorstellungen des BGB abweicht, ergibt z. B. ein Vergleich des systematisch mit § 3 VOB/B verbundenen § 9 Abs. 1 lit. a VOB/B, wo von **„obliegenden Handlungen"** und **„Annahmeverzug"** die Rede ist.[34] Die Verletzung, d. h. entweder die ganz oder teilweise bzw. endgültige oder temporäre Nichterfüllung der dem Auftraggeber obliegenden Pflichten führt neben den in der VOB/B geregelten Rechtsfolgen (§ 6 Abs. 1/§ 6 Abs. 2 und § 6 Abs. 6 VOB/B bei Verschulden; § 9 Abs. 1a VOB/B) jedenfalls zur Anwendbarkeit der Regeln über den Annahmeverzug gem. den §§ 293 ff. BGB bzw. § 642 BGB, soweit diese Regeln nicht durch vorrangige Regeln der VOB/B verdrängt werden.[35]

10 **2. Mitwirkungspflichten als Vertragspflichten.** Einigkeit besteht auch noch darin, den in § 3 VOB/B beschriebenen Pflichten den Charakter von Mitwirkungspflichten als echte Vertragspflichten jedenfalls insoweit zukommen zu lassen, als deren Verletzung Schadensersatzansprüche aus positiver Vertragsverletzung[36] bzw. § 280 Abs. 1 BGB[37] bei Vorliegen eines ent-

---

[28] BGH NJW 1987, 644; Palandt/*Sprau* BGB, § 642 Rdn. 4; Beck'scher VOB-Kommentar/*Hartung* VOB/B vor § 3 Rdn. 97.
[29] Beck'scher VOB-Kommentar/*Hartung* VOB/B vor § 3 Rdn. 98.
[30] *Döring* in Ingenstau/Korbion VOB/B § 3 Rdn. 10.
[31] Beck'scher VOB-Kommentar/*Hartung* VOB/B vor § 3 Rdn. 90; vor dem 1.1.2002 im Rahmen einer positiven Vertragsverletzung, nach dem 1.1.2002 gem. § 280 BGB.
[32] *Staudinger/Peters/Jacoby* BGB, § 642 Rdn. 17.
[33] RGZ 54, 98; BGHZ 11, 80; 50, 175; BGH NJW 1985, 2475; BGH BauR 1986, 203; *Larenz* II 1, 370; *Staudinger/Peters/Jacoby* BGB, § 642 Rdn. 17 unter Hinweis auf Mot. II 495; Prot II, 328 zu § 643 BGB; MüKo/*Busche* BGB, § 642 Rdn. 2; Palandt/*Sprau* BGB, § 642 Rdn. 2; Beck'scher VOB-Kommentar/ *Hartung* VOB/B vor § 3 Rdn. 31; Heiermann/Riedl/Rusam VOB/B § 3 Rdn. 7; *Döring* in Ingenstau/Korbion VOB/B § 3 Rdn. 3.
[34] Hierauf weist zu Recht *Hartung* in Beck'scher VOB-Kommentar VOB/B vor § 3 Rdn. 31 hin.
[35] *Kleine-Möller/Merl/Eichberger* § 11 Rdnrn. 18 ff.; Beck'scher VOB-Kommentar/*Hartung* VOB/B vor § 3 Rdn. 31.
[36] Bis zum 31.12.2001.
[37] Ab dem 1.1.2002.

sprechenden Verschuldens auslösen kann.³⁸ Zu Recht weist dabei Döring³⁹ darauf hin, dass sich durch die Einführung des neuen § 280 Abs. 1 BGB für diese Fallgestaltung die bis dahin vorgenommene Differenzierung zwischen Mitwirkungs- und Schuldnerverpflichtungen erübrigt hat, da § 280 Abs. 1 BGB nicht mehr zwischen Haupt- und Nebenpflichten unterscheidet, sondern ausschließlich auf eine Pflichtverletzung als solche abstellt. Die Einigkeit endet allerdings bei der Frage, ob den in § 3 VOB/B beschriebenen Pflichten über die Möglichkeit der Geltendmachung von Schadenersatz wegen positiver Vertragsverletzung bzw. § 280 Abs. 1 BGB hinaus der Charakter als echte vertragliche Nebenpflichten zugesprochen werden soll.

a) Keine selbstständige Einklagbarkeit der Pflichten gem. § 3 VOB/B. Nach Auffassung der Rechtsprechung und eines Teiles der Literatur kommt den Pflichten nach § 3 VOB/B über die Möglichkeit der Geltendmachung von Schadensersatz wegen positiver Vertragsverletzung bzw. Erfüllung der Tatbestandsvoraussetzungen des § 280 Abs. 1 BGB hinaus kein Charakter als echte Vertragspflichten zu.⁴⁰ Sie sollen dementsprechend auch **nicht selbstständig einklagbar** sein.⁴¹

Begründet wird dies zum einen mit der systematischen Einordnung der Pflichten nach § 642 BGB als Gläubigerobliegenheiten, die durch § 3 VOB/B nur konkretisiert werden,⁴² zum anderen mit der Interessenlage des Bestellers.⁴³

b) Selbstständige Einklagbarkeit der Pflichten gem. § 3 VOB/B. Nach anderer Auffassung hingegen sollen die Pflichten des § 3 VOB/B als echte Vertragspflichten selbstständig einklagbar sein.⁴⁴

Begründet wird diese Auffassung zunächst damit, dass es keinen ersichtlichen Grund gäbe, den an sich einheitlichen Begriff der **Vertragspflichten** hier in Form der **Nebenleistungspflichten** ohne Grund in Bezug auf die selbstständige Einklagbarkeit zu differenzieren und sprachlich jedenfalls § 3 Abs. 1 und 2 VOB/B von einem Leistungsbefehl ausgehe.⁴⁵ Auch inhaltlich ergebe sich eine entsprechende Notwendigkeit wegen der Besonderheiten bauvertraglicher Zielsetzungen, die regelmäßig das vertrauensvolle Zusammenwirken beider Vertragsparteien voraussetze.⁴⁶ Auch ein fachkundiger, leistungsfähiger und zuverlässiger Auftragnehmer sei nicht ohne die Erfüllung der Mitwirkungsverpflichtungen des Auftraggebers seinerseits in der Lage, seine Leistungen zu erbringen.⁴⁷

c) Zutreffende Einordnung. Richtigerweise ist davon auszugehen, dass den Mitwirkungspflichten des § 3 über die Möglichkeit der Geltendmachung von Schadenersatz wegen positiver Vertragsverletzung oder Erfüllung der Tatbestandsvoraussetzungen des § 280 Abs. 1 BGB hinaus ein Charakter als echte Vertragspflicht zukommt, die auch selbstständig einklagbar sind.

Richtig ist, dass es nicht nur ein inhaltliches Bedürfnis zur Ausgestaltung der Pflichten des § 3 VOB/B als echte Vertragspflicht gibt, sondern auch der Wortlaut des § 3 im Imperativ gestaltet ist und damit jedenfalls eine Auslegung als echte Vertragspflicht zulässt. Gerade bei größeren Baumaßnahmen wird zunehmend die Bedeutung einer Kooperation betont, was voraussetzt, dass auch der Auftraggeber zur Erfüllung seiner Pflichten zur Not gezwungen werden kann. Ein Kündigungsrecht wird dabei auch nicht konterkariert. Vielmehr kann der Auftraggeber trotz einer Klage auf Vornahme einer bestimmten Mitwirkungshandlung jederzeit kündigen.

---

³⁸ BGHZ 11, 80; 50, 175; *Heiermann/Riedl/Rusam* VOB/B § 3 Rdn. 7; *Döring* in *Ingenstau/Korbion* VOB/B § 3 Rdn. 3; Beck'scher VOB-Kommentar/*Hartung* VOB/B vor § 3 Rdn. 32; *Kleine-Möller/Merl/Eichberger* § 11 Rdn. 19, *Werner/Pastor* Der Bauprozess, Rdn. 2275:
³⁹ *Döring* in BauR Sonderausgabe VOB/B 2002 § 3 Rdn. 9, 10.
⁴⁰ BGHZ 11, 80; 50, 175; MüKo/*Busche* BGB, § 642 Rdn. 15; *Staudinger/Peters/Jacoby* BGB, § 642 Rdn. 17,18; *Heiermann/Riedl/Rusam* VOB/B § 3 Rdn. 7.
⁴¹ MüKo/*Busche* BGB, § 642 Rdn. 15; *Staudinger/Peters/Jacoby* BGB, § 642 Rdn. 18; *Heiermann/Riedl/Rusam* VOB/B § 3 Rdn. 7.
⁴² BGHZ 11, 80; 50,175; *Staudinger/Peters/Jacoby* BGB, § 642 Rdn. 17 unter Hinweis auf Mot. II 495; Prot. II 328 zu § 643 BGB.
⁴³ *Staudinger/Peters/Jacoby* BGB, § 642 Rdn. 18.
⁴⁴ Beck'scher VOB-Kommentar/*Hartung* VOB/B vor § 3 Rdn. 33, 39; *Nicklisch/Weick* 3. Aufl. VOB/B § 3 Rdn. 14; RGRK, *Glanzmann* BGB, § 631 Rdn. 46, 94; BGB, § 642 Rdn. 2; *Vygen/Joussen* Bauvertragsrecht, Rdn. 1077.
⁴⁵ Beck'scher VOB-Kommentar/*Hartung* VOB/B vor § 3 Rdn. 35.
⁴⁶ *Döring* in *Ingenstau/Korbion* VOB/B § 3 Rdn. 4; Beck'scher VOB-Kommentar/*Hartung* VOB/B vor § 3 Rdn. 33.
⁴⁷ Beck'scher VOB-Kommentar/*Hartung* VOB/B vor § 3 Rdn. 33.

VOB/B § 3 14, 15

Mit der hier vertretenen Auffassung geht auch das OLG Hamm davon aus, dass die Mitwirkungspflichten des echte Schuldnerpflichten und damit selbständig einklagbar sind. Überzeugend nimmt das Gericht an, dass es das Interesse des Auftragnehmers an der Vertragsdurchführung rechtfertige, notwendige Mitwirkungshandlungen des Auftraggebers als einklagbare Nebenpflichten zu behandeln[48].

Neben den Sanktionsmöglichkeiten des § 6 Abs. 6 VOB/B, § 9 Abs. 1a VOB/B bzw. den Ansprüchen aus positiver Vertragsverletzung bzw. § 280 Abs. 1 BGB kann der Auftraggeber in Verzug geraten.

14   **3. Mitwirkungspflichten als Schuldnerpflichten.** Nach einer weitergehenden Auffassung stellen die Mitwirkungspflichten des § 3 VOB/B nicht nur echte Nebenpflichten mit der Folge selbstständiger Einklagbarkeit, sondern darüber hinaus **Nebenleistungspflichten** dar, deren Verletzung nach den Regeln des Schuldnerverzuges zu bewerten seien.[49] Begründet wird auch dies wiederum mit der Besonderheit des Bauvertrages und dem Wortlaut des § 3 VOB/B, der jedenfalls in den Abs. 1 und 2 von einem entsprechenden Leistungsbefehl ausgehe.[50]

Nach anderer Auffassung hingegen kommt es nicht grundsätzlich zur Anwendung der Regeln des Schuldnerverzuges, es sei denn, die Parteien haben entweder ausdrücklich eine Pflicht des Auftraggebers als Leistungspflicht ausformuliert oder aber es lässt sich dies durch Auslegung mit der entsprechenden Sicherheit ermitteln.[51]

Entsprechend den Darlegungen zu Rdn. 13 ist davon auszugehen, dass es sich bei den Mitwirkungspflichten des § 3 VOB/B um echte Nebenleistungspflichten handelt, mit der Folge, dass der Auftraggeber durchaus auch in Schuldnerverzug geraten kann.

15   **4. Rechtsfolgen der Verletzung von Pflichten nach § 3 VOB/B.** Zusammenfassend lassen sich die Rechte des Auftragnehmers unter Zugrundelegung der hier vertretenen Rechtsauffassung wie folgt gliedern:

Kommt der Auftraggeber seinen Mitwirkungspflichten dauerhaft nicht oder so unzureichend nach, dass die Erfüllung der Bauaufgabe nicht möglich ist, hat der Auftragnehmer das Recht der Auftragnehmerkündigung gem. § 9 Abs. 1a VOB/B unter Beachtung der Regeln des § 9 Abs. 2 VOB/B. Der Auftragnehmer muss dementsprechend – abweichend zu § 643 BGB – wie sich aus § 9 Abs. 3 VOB/B ergibt, nach Kündigungsandrohung dieselbe auch tatsächlich nach fruchtlosem Fristablauf aussprechen. Wie sich aus § 9 Abs. 3 VOB/B ergibt, steht dem Auftragnehmer danach neben der Vergütung für die erbrachten Leistungen eine Entschädigung gem. § 642 BGB zu. Darüber hinaus steht dem Auftragnehmer gegebenenfalls Schadensersatz wegen positiver Vertragsverletzung bzw. gem. § 280 Abs. 1 BGB zu, wenn ein eigenes oder gem. § 278 BGB zurechenbares Verschulden des Auftraggebers vorliegt.[52]

Kommt der Auftraggeber seinen Mitwirkungspflichten zeitweise nicht nach, stehen dem Auftragnehmer zunächst die Rechte gem. § 6 Abs. 1 bzw. § 6 Abs. 2 VOB/B zu, d. h. es verlängert sich die Ausführungsfrist entsprechend, wenn die weiteren Tatbestandsvoraussetzungen (rechtzeitige Behinderungsanzeige oder Offenkundigkeit der Behinderung und deren behindernden Wirkung) erfüllt sind. Daneben kommen Ansprüche gem. § 6 Abs. 6 VOB/B bei Vorliegen des notwendigen Verschuldens in Betracht. Zusätzlich gelten die Regeln des Annahmeverzuges gem. den §§ 293 BGB ff. bzw. § 642 BGB, soweit diese nicht durch vorrangige Regeln der VOB/B verdrängt werden.[53]

Eine Ersatzvornahme des Auftragnehmers wegen der unterlassenen Mitwirkungshandlung des Auftraggebers scheidet dagegen unter Zugrundelegung der VOB/B / des BGB in alter Fassung aus. Für VOB/B-Verträge unter Geltung des BGB neuer Fassung gilt demgegenüber nach § 280 Abs. 3 n. F., dass eine Selbstvornahme mittels Eigenleistung oder Fremdbeauftragung stattfinden kann.[54]

---

[48] OLG Hamm IBR 2011, 260.
[49] Beck'scher VOB-Kommentar/*Hartung* VOB/B vor § 3 Rdn. 35 ff.; differenzierend: *Döring* in *Ingenstau/Korbion* VOB/B § 3 Rdn. 3 f., der davon spricht, dass eine entsprechende Pflicht ausnahmsweise angenommen werden könne.
[50] Beck'scher VOB-Kommentar/*Hartung* VOB/B vor § 3 Rdn. 35.
[51] Münchener Kommentar/*Busche* BGB, § 642 Rdn. 21 ff.; *Staudinger/Peters/Jacoby* BGB, § 642 Rdn. 20.
[52] Vgl. hierzu ausführlich Rdn. 9, 10 sowie *Maxem* BauR 2003, 952; Beck'scher VOB-Kommentar/ *Hartung* VOB/B vor § 3 Rdn. 51.
[53] Vgl. Fn. 34.
[54] Beck'scher VOB-Kommentar/*Hartung* VOB/B vor § 3 Rdn. 86 m. w. N.

Dabei ist es selbstverständlich denkbar, dass eine zunächst temporäre Verletzung der Mitwirkungspflichten später qualitativ in eine dauerhafte Verletzung mit den vorstehend genannten Rechtsfolgen übergeht.

Die Pflichten des Auftraggebers sind dabei grundsätzlich auch selbstständig einklagbar und begründen eine echte Nebenleistungspflicht, mit der Folge, dass der Auftraggeber in Schuldnerverzug geraten kann.

VII. Planung zur Beseitigung von Planungsbedingten Baumängeln

Ob und inweiweit eine Verpflichtung des Auftraggebers besteht, eine Planung zur Beseitigung von planungsbedingten Baumängeln vorzulegen, wird unterschiedlich beurteilt.[55] Ausgangspunkt der Betrachtung ist der Fall, bei dem sich durch eine vom Auftraggeber fehlerhaft zur Verfügung gestellte Ausführungsplanung ein Baumangel realisiert, weil der Auftragnehmer dies nicht rechtzeitig genug rügt und Bedenken anmeldet. Der Auftragnehmer ist in diesen Fällen vor der Abnahme nach Maßgabe des § 4 Abs. 7 VOB/B und nach der Abnahme nach § 13 Abs. 5 VOB/B zur Mangelbeseitigung verpflichtet. Fraglich ist allerdings, ob in diesen Fällen der Auftraggeber verpflichtet ist, dem Auftragnehmer eine Planung zur Beseitigung des Mangels zur Verfügung zu stellen.

In der Literatur werden hierzu zum Teil differierende Auffassungen vertreten. Sienz[56] und Oberhauser[57] vertreten die Auffassung, dass es eine Mitwirkungspflicht des Auftraggebers gebe, wenn dieser schon bei der Vertragserfüllung die Pflicht zur Planung nach § 3 Abs. 1 VOB/B trage. Während Motzke[58] eine entsprechende Pflicht nicht annimmt, weil sich die Verpflichtungen aus der Erfüllungsphase nicht ohne weiteres auf die Gewährleistungsphase übertragen ließen, differenziert Averhaus[59] danach, ob sich durch die Baurealisierung über die Beseitigung des ursprünglichen Planungsmangels hinaus weitergehende Planungsnotwendigkeiten ergeben. Solange es um die Beseitigung von ursprünglichen Planungsmängeln gehe, bestehe eine Mitwirkungverpflichtung des Auftraggebers.

Die Rechtsprechung hat den hier im Rahmen der Erfüllungsphase zu beurteilenden Fall teilweise entschieden. Der BGH hat im Rahmen des sog. „Blockheizkraftwerk-Urteils"[60] dargelegt, dass ein Auftragnehmer seine Verpflichtung zur Mangelbeseitigung nur dann erfüllen könne, wenn ihm die dann notwendige Vorleistung des Auftraggebers durch diesen zur Verfügung gestellt wird. Das OLG Hamm[61] hat entschieden, dass ein Auftragnehmer einen Anspruch gegenüber dem Auftraggeber auf Vorlage einer Sanierungsplanung habe, wenn der Baumangel auf einen Planungsmangel zurückzuführen ist, den der Auftraggeber zu vertreten hat. Kündigt der Auftraggeber das Vertragsverhältnis, weil der Auftragnehmer den Mangel wegen fehlender Sanierungsplanung nicht beseitigt, handelt es sich um eine Kündigung ohne Grund, da zum Kündigungszeitpunkt eine Leistungsverpflichtung des Auftragnehmers (noch) nicht bestand.

Die dargelegten Entscheidungen und Literaturstellen machen eine Einordnung erforderlich.

Während der Ausführung, d.h. vor der Abnahme, besteht bei fehlender Funktionsverlagerung die Pflicht des Auftraggebers, dem Auftragnehmer eine fehlerfreie Planung zur Verfügung zu stellen. An dieser Pflicht ändert sich nach hier vertretener Auffassung nichts, wenn der Auftragnehmer einen Planungsfehler zu spät erkennt und deshalb zur Mangelbeseitigung verpflichtet ist. Wollte man dies anders beurteilen, erhielte der Auftraggeber einen materiell nicht begründeten Vorteil, nur weil der von ihm zu vertretende Planungsmangel zu spät bemerkt wird. Der Auftraggeber würde also besser gestellt als bei pflichtgemäßem Handeln des Auftragnehmers. Dieses Ergebnis ist nicht begründbar. Darüber hinaus ist zu beachten, dass die Wertung des § 13 Abs. 3, 4 Abs. 7 und 4 Abs. 3 VOB/B den Auftragnehmer wegen des zu spät erkannten Planungsmangels zwar zur Beseitigung des Mangels verpflichtet, nicht aber zur Übernahme von vorher nicht bestehenden Verpflichtungen. Da § 4 Abs. 7 VOB/B für die Erfüllungsphase Anwendung findet, greift auch die von Motzke vorgebrachte Kritik nicht durch.

Richtigerweise ist allerdings der Begriff der „Sanierungsplanung" zu differenzieren. Die Beseitigung des ursprünglichen, den Baumangel auslösenden Planungsfehlers obliegt dem Auf-

---

[55] Zum Meinungsstand: *Averhaus* BauR 2013, 1013 ff.
[56] *Sienz* FSGanten 2007, 219, 225
[57] *Oberhauser* FSKoeble 2010, 167, 174, 176
[58] *Motzke* BauR 2011, 153, 155, 163
[59] *Averhaus* BauR 2013, 1013, 1016
[60] BGH BauR 2008, 334, 350
[61] OLG Hamm IBR 2011, 260

traggeber. Sollten aber zusätzliche Planungsleistungen erforderlich sein, weil die fehlerhafte Planung schon umgesetzt worden ist (Bauzustände, Abstützungen, Rückbaustatiken, etc.) obliegt dies dem Auftragnehmer, da die Notwendigkeit dieser Planung auf der Pflichtverletzung beruht, den Mangel der Ausführungsplanung des Auftraggebers erst zu spät erkannt zu haben. Selbstverständlich setzt dies die Erkennbarkeit des Planungsmangels voraus.

B. Die Tatbestände des § 3 VOB/B

I. Die Pflicht des Auftraggebers zur rechtzeitigen Übergabe der Ausführungsunterlagen gem. § 3 Abs. 1 VOB/B

18 Nach § 3 Abs. 1 VOB/B hat der Auftraggeber dem Auftragnehmer die für die Ausführung nötigen Unterlagen unentgeltlich und rechtzeitig in der erforderlichen Stückzahl zu übergeben. Es handelt sich hierbei um einen der auch in der Praxis bedeutendsten Fälle der Mitwirkungspflichten des Auftraggebers, der gerade im Bereich des § 6 VOB/B einen regelrechten „Klassiker" darstellt.[62] Keine Pflicht zur Vorlage einer neuen Planung besteht hingegen, wenn der Auftragnehmer eigenmächtig von der Ursprungsplanung abweicht.[63]

Die neuerdings vertretene These[64], der Auftraggeber schulde ohne Weiteres ohne Geltung der VOB/B keine[65] oder jedenfalls keine richtige Planung[66] ist dabei nach hier vertretener Auffassung nicht zutreffend. Der Auftraggeber als Besteller einer Leistung muss, wenn er nicht das Ergebnis der Werkleistung – und damit das Bausoll – vollständig in die Hand des Auftragnehmers legen will, die Werkleistung konkretisieren. Dem dient die zu übergebende Planung. Dass diese Planung dann auch richtig sein muss, folgt dem allgemeinen Grundsatz des § 280 Abs. 1 BGB, wonach die von einer Vertragspartei zu erfüllenden Pflichten sachgerecht zu erfüllen sind. Es kann kein Grund erkannt werden, warum es dem Auftraggeber gestattet sein soll, durch eine unzulängliche Planung Schäden zu provozieren, für die der in dieser Angelegenheit nicht tätige Auftragnehmer haften soll. Nur der guten Ordnung halber wird noch einmal darauf hingewiesen, dass diese Diskussion ohnehin nicht im Rahmen der Geltung der VOB/B ernsthaft geführt werden kann, da hier § 3 Abs. 1 VOB/B ausdrücklich die diskutierte Pflicht normiert.

19 **1. Begriff der Ausführungsunterlagen.** Bei den Ausführungsunterlagen handelt es sich um alle planerischen Hilfsmittel, die der Auftragnehmer benötigt, um die ihm in Auftrag gegebenen Leistungen rechtzeitig und mangelfrei erbringen zu können.[67] Der Begriff ist entsprechend seiner Funktion **sehr weit** zu verstehen,[68] so dass zu den Ausführungsunterlagen neben **schriftlichen Unterlagen** jeder Art auch **mündliche Angaben** zählen (z. B. Anweisung zur Aushubtiefe, wenn dies im Plan nicht vermerkt ist).[69]

Bei den schriftlichen Unterlagen kann es sich z. B. um Zeichnungen, Pläne, Anweisungen, Beschreibungen, Einzel- oder Gesamtansichten usw. handeln, die der Auftragnehmer benötigt, um seine Bauaufgabe erfüllen zu können.[70] Besonders zu erwähnen sind dabei die **Ausführungspläne** des planenden Architekten gem. § 33 Nr. 5 i. V. Anlage 11 HOAI. Diese Ausführungspläne, wie auch alle sonstigen Unterlagen müssen brauchbar und zuverlässig, d. h. insbesondere mangelfrei sein. Bei Ausführungsplänen – wozu z. B. auch Schal- und Bewehrungspläne zählen – ist deshalb ein Maßstab von 1: 50 grundsätzlich erforderlich.[71] Aber auch ansonsten erforderliche Unterlagen, wie z. B. Bedienungsanweisungen, Untersuchungsergebnis-

---

[62] Beck'scher VOB-Kommentar/*Hartung* VOB/B vor § 3 Rdn. 2, 3.
[63] OLG Koblenz IBR 2003, 297.
[64] *Leitzke* BauR 2004, 542; *Ziegler* ZfBR 2003, 523.
[65] *Leitzke* BauR 2004, 542.
[66] *Ziegler* ZfBR 2003, 523.
[67] *Heiermann/Riedl/Rusam* VOB/B § 3 Rdn. 2; *Döring* in *Ingenstau/Korbion* VOB/B § 3 Abs. 1 Rdn. 2; Beck'scher VOB-Kommentar/*Hartung* VOB/B § 3 Abs. 1 Rdn. 11.
[68] Beck'scher VOB-Kommentar/*Hartung* VOB/B § 3 Abs. 1 Rdn. 11; *Heiermann/Riedl/Rusam* VOB/B § 3 Rdn. 2; *Döring* in *Ingenstau/Korbion* VOB/B § 3 Abs. 1 Rdn. 2.
[69] BGH NJW 1984, 1676; Beck'scher VOB-Kommentar/*Hartung* VOB/B § 3 Abs. 1 Rdn. 11; *Döring* in *Ingenstau/Korbion* VOB/B § 3 Abs. 1 Rdn. 2.
[70] *Heiermann/Riedl/Rusam* VOB/B § 3 Rdn. 2; *Döring* in *Ingenstau/Korbion* VOB/B § 3 Abs. 1 Rdn. 2; Beck'scher VOB-Kommentar/*Hartung* VOB/B § 3 Abs. 1 Rdn. 12.
[71] BGH NJW 1975, 737; Beck'scher VOB-Kommentar/*Hartung* VOB/B § 3 Abs. 1 Rdn. 12; *Heiermann/Riedl/Rusam* VOB/B § 3 Rdn. 2.

se, Gutachten, die Baugenehmigung sowie die gegebenenfalls geprüften Standsicherheitsnachweise und Statiken sowie Angaben über die Anfertigung von Fertigteilen können Ausführungsunterlagen im Sinne von § 3 Abs. 1 VOB/B sein.[72]

In aller Regel sollten die Ausführungsunterlagen gem. § 7 Abs. 1 Nr. 2, Nr. 5–7, und Abs. 5 VOB/A n. F. (§ 9 Nr. 3 und 7 VOB/A a. F.) schon bei der Ausschreibung zur hinreichenden Beschreibung der Leistung enthalten sein.[73] Bei **Eventual- oder Alternativpositionen** sowie bei Entscheidungen für **Leistungen nach Muster** ist der Auftraggeber verpflichtet, rechtzeitig, d. h. vor Beginn der Ausführung, seinen endgültigen Entschluss bzw. seine Wahl verbindlich mitzuteilen. Auch dies zählt im vorstehend weit verstandenen Sinne zu „Ausführungsunterlagen".[74]

2. „Nötigkeit" der Unterlagen im Sinne des § 3 Abs. 1 VOB/B. Nach § 3 Abs. 1 20 VOB/B müssen die Ausführungsunterlagen für die Ausführung nötig sein. Der Begriff „nötig" ist dabei **objektiv** auszulegen.[75]

„Nötig" sind in diesem Sinne alle Unterlagen, die der Auftragnehmer benötigt, um die ihm obliegende Bauaufgabe vertragsgemäß, d. h. insbesondere zeitgemäß und mängelfrei erbringen zu können.[76]

Neben den bereits unter Rdn. 17 aufgezählten Unterlagen zählen insbesondere alle öffentlich-rechtlich erforderlichen Unterlagen, ohne die der Auftragnehmer nicht bauen **darf** (z. B. Baugenehmigung) zu den notwendigen Unterlagen im Sinne des § 3 Abs. 1 VOB/B.[77]

Der Auftragnehmer benötigt dabei nur solche Ausführungsunterlagen, die die Erreichbarkeit des Vertragszieles auch gewährleisten. Die Unterlagen müssen dementsprechend verwertbar[78] und mangelfrei[79] sein, d. h. die Planung darf nicht notwendigerweise zu einem Baumangel führen. Sind die vom Auftraggeber vorgelegten Unterlagen mangelhaft, hat der Auftragnehmer einen Anspruch darauf, zutreffende Unterlagen zu erhalten, die auch in Form einer Sanierungsplanung vorgelegt werden können.[80]

3. Unentgeltliche und rechtzeitige Überlassung der Ausführungsunterlagen in der 21 **erforderlichen Stückzahl.** Die Überlassung der Ausführungsunterlagen hat gem. § 3 Abs. 1 VOB/B unentgeltlich und rechtzeitig in der erforderlichen Stückzahl zu erfolgen.

a) Unentgeltlichkeit. Soweit die Parteien nichts anderweitiges vereinbart haben, hat der 22 Auftraggeber dem Auftragnehmer die Ausführungsunterlagen **unentgeltlich** zu überlassen. Dies betrifft sowohl die Unentgeltlichkeit in Bezug auf die Unterlagen selbst, als auch die Unentgeltlichkeit in Bezug auf die Überlassung. Auch die Forderung nach Auslagenersatz durch den Auftraggeber ist vor diesem Hintergrund ohne besondere Vereinbarung nicht möglich.[81]

b) Notwendige Stückzahl. Die notwendige Stückzahl bemisst sich nach dem Einzelfall. Je 23 nach Größe der Baustelle, der Anzahl des eingesetzten Personals bzw. der Anzahl der Kolonnen, dem Organisationsgrad des Auftragnehmers (z. B. Einzelunternehmen oder ARGE) sowie der Spezialität der dargestellten Planungsleistung sind unterschiedlich viele Unterlagen erforderlich. Dementsprechend empfiehlt es sich, im Vorwege eine vertragliche Vereinbarung über die Stückzahl zu treffen.[82]

---

[72] *Heiermann/Riedl/Rusam* VOB/B § 3 Rdn. 2; Beck'scher VOB-Kommentar/*Hartung* VOB/B § 3 Abs. 1 Rdn. 13 mit der Aufzählung weiterer Beispiele unter Rdn. 14 m. w. N.; *Döring* in *Ingenstau/Korbion* VOB/B § 3 Abs. 1 Rdn. 2.
[73] *Döring* in *Ingenstau/Korbion* VOB/B § 3 Abs. 1 Rdn. 2.
[74] Beck'scher VOB-Kommentar/*Hartung* VOB/B § 3 Abs. 1 Rdn. 15; *Döring* in *Ingenstau/Korbion* VOB/B § 3 Abs. 1 Rdn. 3.
[75] *Heiermann/Riedl/Rusam* VOB/B § 3 Rdn. 2; *Döring* in *Ingenstau/Korbion* VOB/B § 3 Abs. 1 Rdn. 7; Beck'scher VOB-Kommentar/*Hartung* VOB/B § 3 Abs. 1 Rdn. 16.
[76] BGH NJW 1984, 1676 (zur Leistungsbeschreibung); Beck'scher VOB-Kommentar/*Hartung* VOB/B § 3 Abs. 1 Rdn. 16; *Heiermann/Riedl/Rusam* VOB/B § 3 Rdn. 2; *Döring* in *Ingenstau/Korbion* VOB/B § 3 Abs. 1 Rdn. 7.
[77] *Döring* in *Ingenstau/Korbion* VOB/B § 3 Abs. 1 Rdn. 7; *Heiermann/Riedl/Rusam* VOB/B § 3 Rdn. 2.
[78] Vgl. Fn. 61.
[79] Beck'scher VOB-Kommentar/*Hartung* VOB/B § 3 Abs. 1 Rdn. 20.
[80] OLG Hamm, IBR 2011, 260 f.
[81] *Döring* in *Ingenstau/Korbion* VOB/B § 3 Abs. 1 Rdn. 6; Beck'scher VOB-Kommentar/*Hartung* VOB/B § 3 Abs. 1 Rdn. 23; *Heiermann/Riedl/Rusam* VOB/B § 3 Rdn. 3.
[82] *Döring* in *Ingenstau/Korbion* VOB/B § 3 Abs. 1 Rdn. 7; Beck'scher VOB-Kommentar/*Hartung* VOB/B § 3 Abs. 1 Rdn. 22.

24 **c) Rechtzeitige Übergabe.** Die Beantwortung der Frage, wann die Übergabe von Ausführungsunterlagen im Sinne des § 3 Abs. 1 VOB/B noch rechtzeitig ist, richtet sich nach dem Einzelfall.

Auch wenn nach § 7 Abs. 1 Nr. 2, Nr. 5–7 VOB/A (§ 9 Nr. 3 VOB/A a. F) Ausführungsunterlagen möglichst schon bei der Ausschreibung vorliegen sollten, ist es in der Praxis in der Regel zu beobachten, dass die Planung „baubegleitend", d. h. abhängig vom Bautenstand, erfolgt. Die Einordnung des Einzelfalles hängt dann davon ab, ob es eine **vertragliche Vereinbarung** wegen der Übergabe der Ausführungsunterlagen gibt oder wenigstens einen **Bauzeitenplan,** mit dessen Hilfe unter Beachtung entsprechender **Vorlaufzeiten** (Arbeitsvorbereitung) späteste Übergabetermine für die jeweilige Ausführungsplanung errechnet werden können. Möglich ist auch, dass es gar keine vertragliche Vereinbarung zur Bauzeit gibt.[83]

Haben die Parteien vertraglich die Erfüllung der Mitwirkungshandlung des Auftraggebers in Form der Überlassung der Ausführungsunterlagen konkret geregelt, geht diese Regelung jeder anderen Betrachtung grundsätzlich vor. Jede Verletzung der Übergabezeitpunkte führt unmittelbar zu den unter Rdn. 15 aufgeführte Rechtsfolgen bzw. Ansprüchen, ohne dass es z. B. einer besonderen Anforderung der Ausführungsunterlagen durch den Auftragnehmer bedarf, es sei denn, es ist etwas anderes vereinbart.[84]

Liegt zumindest ein vereinbarter Bauzeitenplan vor, so ist dieser unter Beachtung der notwendigen Vorlaufzeiten bis zur Vornahme der eigentlichen Bauleistung selbst ebenfalls ein geeignetes Instrument zur Beantwortung der Frage, wann die Erfüllung der Pflicht des Auftraggebers zur Übergabe der Ausführungsunterlagen noch rechtzeitig im Sinne des § 3 Abs. 1 VOB/B ist.[85]

Ohne vereinbarten Bauzeitenplan ist die Werkleistung gem. § 271 BGB so zu erbringen, wie es den Umständen entspricht, d. h. **der Auftragnehmer hat die Bauausführung angemessen zu fördern,** was der Auftraggeber seinerseits nicht **behindern** darf. Der Auftragnehmer muss mit anderen Worten seine Leistung zügig und unbehindert durchführen können, wozu auch eine angemessene Zeit zur Vorbereitung und Durchführung der Bauleistung gehört.[86]

Eine angemessene Zeit der Vorbereitung liegt dabei in allen Fällen vor, wenn der Auftragnehmer die überreichte Planung im Sinne des § 3 Abs. 3 bzw. § 4 Abs. 3 VOB/B prüfen konnte, eine der Bauaufgabe entsprechende Arbeitsvorbereitung planen und organisieren konnte und gegebenenfalls auch die nötige Zeit einplanen kann, die operativ notwendigen Handlungen gem. § 4 Abs. 3 VOB/B auch tatsächlich durchführen zu können (Bedenkenhinweis, Reaktion des Auftraggebers mit gegebenenfalls nochmaliger Prüfung mit möglicherweise neuen Hinweisen).[87]

Aus Sicht des Auftraggebers ist es durchaus sinnvoll, die Erfüllung der ihm obliegenden Pflicht von einem entsprechenden **Abruf** des Auftragnehmers abhängig zu machen. Zum einen wird eine Vorpflicht des Auftragnehmers begründet – ohne deren Einhaltung der Auftraggeber schwerlich seine eigene Pflicht verletzen kann – zum anderen weiß der Auftraggeber dann jeweils ganz genau, wann die Unterlagen spätestens benötigt werden.

Dem Auftragnehmer ist auch bei Vereinbarung von festen Lieferzeitpunkten der Ausführungsunterlagen durch den Auftraggeber zu empfehlen, entsprechende Behinderungsanzeigen zu fertigen, wenn die Rechtsfolgen des § 6 Abs. 2 oder § 6 Abs. 6 VOB/B in Anspruch genommen werden sollen.

25 **4. Abänderung der Mitwirkungspflicht des Auftraggebers zu Lasten des Auftragnehmers.** Die gem. § 3 Abs. 1 VOB/B grundsätzlich dem Auftraggeber obliegende Pflicht zur rechtzeitigen Übergabe der notwendigen Ausführungsunterlagen kann vertraglich auf den Auftragnehmer überwälzt werden. Dies geschieht namentlich z. B. beim **Schlüsselfertigbau.**[88]

Beachtlich sind dabei auch einige DIN-Vorschriften, deren Geltung gem. § 1 Abs. 1 VOB/B als Allgemeine Technische Vertragsbedingungen durch Vereinbarung bereits der VOB/B selbst herbeigeführt wird. So bestimmt z. B. die DIN 18330 (dort Ziffer 4.2.4) oder die DIN 18331

---

[83] Beck'scher VOB-Kommentar/*Hartung* VOB/B § 3 Abs. 1 Rdn. 24 f.; *Heiermann/Riedl/Rusam* VOB/B § 3 Rdn. 3.
[84] Beck'scher VOB-Kommentar/*Hartung* VOB/B § 3 Abs. 1 Rdn. 24.
[85] OLG Düsseldorf BauR 1995, 706; OLG Celle BauR 1994, 629; Beck'scher VOB-Kommentar/*Hartung* VOB/B § 3 Abs. 1 Rdn. 25.
[86] *Döring* in *Ingenstau/Korbion* VOB/B § 3 Abs. 1 Rdn. 8; Beck'scher VOB-Kommentar/*Hartung* VOB/B § 3 Abs. 1 Rdn. 25.
[87] Beck'scher VOB-Kommentar/*Hartung* VOB/B § 3 Abs. 1 Rdn. 26.
[88] Vgl. Rdn. 2, insbesondere Fn. 12.

(dort Ziffer 4.2 und Ziffer 4.2.3) von § 3 Abs. 1 VOB/B abweichende Pflichten des Auftragnehmers als sogenannte „Nebenleistungen".[89]

Denkbar ist auch, eine Verschiebung der Pflichten gem. § 3 Abs. 1 VOB/B durch Allgemeine Geschäftsbedingungen vorzunehmen. Soweit dabei eine Haftungsüberwälzung von Planungshaftungen bezweckt wird, ist dies regelmäßig unwirksam.[90] Auch eine Klausel, wonach sich der Auftragnehmer etwaig fehlende Ausführungsunterlagen auf eigene Kosten zu beschaffen hat, ist unwirksam.[91]

II. Pflicht zur Absteckung der Hauptachsen durch den Auftraggeber gem. § 3 Abs. 2 VOB/B

Wie sich aus § 3 Abs. 2 VOB/B ergibt, ist der Auftraggeber verpflichtet, die Hauptachsen der baulichen Anlage sowie die Grenzen des Geländes, dass dem Auftragnehmer zur Verfügung gestellt werden soll, abzustecken und die notwendigen Höhenfestpunkte in unmittelbarer Nähe der baulichen Anlage zu schaffen.

Bei dieser **Spezialvorschrift**[92] werden notwendige **Vorbereitungshandlungen** des Auftraggebers näher beschrieben, die eine sachgemäße, d. h. vertraglich zutreffende Bauausführung überhaupt erst möglich machen.[93] Gleichzeitig ist dabei die Erfüllung der Mitwirkungspflichten gem. § 3 Abs. 2 VOB/B auch **Teil der Planungsleistungen** und damit auch in dem gem. § 3 Abs. 1 VOB/B weit zu verstehenden Sinne[94] **Ausführungsunterlage**,[95] dessen Beibringung grundsätzlich Sache des Auftraggebers ist, da nur er festlegen kann, wo die Bauleistung erbracht werden soll.[96]

1. Abstecken der Hauptachsen. Eine Mitwirkungspflicht des § 3 Abs. 2 VOB/B besteht darin, dass der Auftraggeber die sog. „Hauptachsen" abzustecken hat. Damit ist gemeint, dass der Auftraggeber durch entsprechende Hilfsmittel vor Ort, z. B. durch das Setzen von Pflöcken, dem Aufstellen eines **Schnurgerüstes** oder dem Anbringen von **Bolzen** festlegt, **wo genau** das Bauwerk liegen soll.[97] Zur Erfüllung der Pflicht ist es dabei – selbstverständlich – erforderlich, dass die hinter den jeweiligen Hilfsmitteln stehende vermessungstechnische Leistung ordnungsgemäß und fehlerfrei ist.[98]

2. Abstecken der Grenzen des Geländes. Neben dem Abstecken der Hauptachsen obliegt dem Auftraggeber auch das Abstecken der Grenzen des Geländes, welches dem Auftragnehmer für die Ausführung der Bauleistung zur Verfügung gestellt werden soll. Die ausdrückliche Festlegung dieser Mitwirkungspflicht ist inhaltlich schon deshalb wichtig, weil der Auftragnehmer neben der richtigen Verortung des Bauwerkes selbst wissen muss, wo sein Einwirkungsbereich endet, wenn es nicht zur Beeinträchtigung Dritter durch die Baumaßnahme kommen soll.[99] Neben dem Schutz z. B. von Grundstücken Dritter ist es aber auch für den Auftragnehmer selbst wichtig, die Grenzen des Baufeldes zu kennen, um nicht Schadensersatzansprüchen Dritter oder

---

[89] *Döring* in *Ingenstau/Korbion* VOB/B § 3 Abs. 1 Rdn. 4; Beck'scher VOB-Kommentar/*Hartung* VOB/B § 3 Abs. 1 Rdn. 5 f.; *Heiermann/Riedl/Rusam* VOB/B § 3 Rdn. 2.
[90] *Glatzel/Frikell/Schwamb* Ziffer 2.3.1 zu § 3g unter Hinweis auf LG München I Urt. v. 12.11.1985, 7 O 14566/85.
[91] *Glatzel/Frikell/Schwamb* Ziffer 2.3.1 zu § 3h und c.
[92] *Döring* in *Ingenstau/Korbion* VOB/B § 3 Abs. 2 Rdn. 2; Beck'scher VOB-Kommentar/*Hartung* VOB/B § 3 Abs. 2 Rdn. 2.
[93] Beck'scher VOB-Kommentar/*Hartung* VOB/B § 3 Abs. 2 Rdn. 2; *Döring* in *Ingenstau/Korbion* VOB/B § 3 Abs. 2 Rdn. 1.
[94] Vgl. Fn. 59.
[95] *Heiermann/Riedl/Rusam* VOB/B § 3 Rdn. 4; Beck'scher VOB-Kommentar/*Hartung* VOB/B § 3 Abs. 2 Rdn. 2.
[96] OLG Düsseldorf BauR 1992, 665, 666, 668; *Heiermann/Riedl/Rusam* VOB/B § 3 Rdn. 4; Beck'scher VOB-Kommentar/*Hartung* VOB/B § 3 Abs. 2 Rdn. 2.
[97] Beck'scher VOB-Kommentar/*Hartung* VOB/B § 3 Abs. 2 Rdn. 6; *Heiermann/Riedl/Rusam* VOB/B § 3 Rdn. 4.
[98] OLG Düsseldorf BauR 1992, 665 ff.; Beck'scher VOB-Kommentar/*Hartung* VOB/B § 3 Abs. 2 Rdn. 6.
[99] *Vygen/Joussen* Bauvertragsrecht, Rdn. 1051; Beck'scher VOB-Kommentar/*Hartung* VOB/B § 3 Abs. 2 Rdn. 7.

des Auftraggebers ausgesetzt zu sein.[100] Die Folgen einer Pflichtverletzung können erheblich sein, da ggf. Bauleistungen zurück und neu gebaut werden müssen, wodurch i. d. R. eine Verzögerung entsteht.

29 **3. Schaffung der Höhenfestpunkte.** Schließlich ist es für die ordnungsgemäße Erfüllung der Bauaufgabe von erheblicher Bedeutung, auf welchem Höhenniveau das Bauwerk errichtet wird. Dies gilt namentlich im Besonderen für die ordnungsgemäße Entwässerung des betroffenen Grundstückes.[101]

Der Auftraggeber ist dementsprechend gem. § 3 Abs. 2 VOB/B verpflichtet, dem Auftragnehmer die notwendigen Höhenfestpunkte in unmittelbarer Nähe der baulichen Anlage zu schaffen.

In Entsprechung des Tatbestandsmerkmales **„notwendig"** entfällt diese Mitwirkungspflicht, wenn die Höhenlage durch bereits vorhandene Höhenfestpunkte, z. B. die schon feststehende Höhe einer Kanalsohle,[102] bestimmt werden kann. Allerdings kann der Auftraggeber derartige Höhenfestpunkte, die von Dritten hergestellt wurden **nicht ohne Prüfung** übernehmen,[103] es sei denn, der entsprechende Höhenfestpunkt wurde von der fachlich zuständigen Behörde bestimmt, auf deren ordnungsgemäße Ausführung sowohl der Auftraggeber als auch der Auftragnehmer vertrauen darf.[104]

Die notwendigen Höhenfestpunkte sind in unmittelbarer Nähe der baulichen Anlage zu schaffen. Was dabei unmittelbar im Sinne des § 3 Abs. 2 VOB/B ist, richtet sich danach, ob der Auftragnehmer durch die tatsächlich zur Verfügung gestellten Höhenfestpunkte in die Lage versetzt wird, die Höhenfestpunkte als Maßstab für die eigene Messung ohne besonderen Aufwand oder besondere Hilfsmittel zu verwenden.[105] Sind diese Voraussetzungen erfüllt, kann es auch noch ausreichend sein, wenn der Höhenfestpunkt in relativer Entfernung, z. B. 90–100m, entfernt liegt.[106] Die Höhenfestpunkte müssen dabei körperlich vorhanden sein, alleine die Eintragung in die Pläne reicht zur Erfüllung der grundsätzlich den Auftraggeber treffenden Pflicht des § 3 Abs. 2 VOB/B nicht aus.[107]

30 **4. Verantwortung für Pflichtverletzungen.** Bei der Beantwortung der Frage, wer die Verantwortung für Pflichtverletzungen des § 3 VOB/B zu tragen hat, ist zunächst von der Grundsituation auszugehen, dass der Auftraggeber mitwirkungspflichtig ist. Danach ist die Haftungssituation bei Übergang der Mitwirkungspflicht des Auftraggebers auf den Auftragnehmer zu prüfen.

31 **a) Haftung bei Mitwirkungspflicht des Auftraggebers.** Die Erfüllung der Mitwirkungspflichten gem. § 3 Abs. 2 VOB/B obliegt grundsätzlich dem Auftraggeber, so dass jede Verletzung dieser Pflicht auch in seinen Verantwortungsbereich fällt. Dementsprechend kommt eine Haftung des Auftragnehmers in diesem Bereich grundsätzlich nicht in Betracht, es sei denn, es liegt ein Mitverschuldenstatbestand gem. § 254 BGB vor.[108] Dies ist z. B. zu bejahen, wenn der Auftragnehmer entweder erkannt hat oder aber hätte erkennen müssen, dass die Erfüllung der Pflicht des § 3 Abs. 2 VOB/B nicht ordnungsgemäß war und er keinen Hinweis gem. § 3 Abs. 3 Satz 2 VOB/B bzw. § 4 Abs. 3 VOB/B gegeben hat.[109] Sofern sich der

---

[100] *Heiermann/Riedl/Rusam* VOB/B § 3 Rdn. 4; Beck'scher VOB-Kommentar/*Hartung* VOB/B § 3 Abs. 2 Rdn. 7.
[101] Beck'scher VOB-Kommentar/*Hartung* VOB/B § 3 Abs. 2 Rdn. 8; *Heiermann/Riedl/Rusam* VOB/B § 3 Rdn. 4.
[102] Beck'scher VOB-Kommentar/*Hartung* VOB/B § 3 Abs. 2 Rdn. 8 unter Hinweis auf BGH, Urteil vom 11.7.1963, VII ZR 166/62; *Heiermann/Riedl/Rusam* VOB/B § 3 Rdn. 4; jetzt auch OLG Frankfurt NJW 2011, 1609–1619 = IBR 2011, 516 (Leitsatz).
[103] *Döring* in Ingenstau/Korbion VOB/B § 3 Abs. 2 Rdn. 5; Beck'scher VOB-Kommentar/*Hartung* VOB/B § 3 Abs. 2 Rdn. 8; *Heiermann/Riedl/Rusam* VOB/B § 3 Rdn. 4.
[104] Beck'scher VOB-Kommentar/*Hartung* VOB/B § 3 Abs. 2 Rdn. 9; *Döring* in Ingenstau/Korbion VOB/B § 3 Abs. 2 Rdn. 5.
[105] *Döring* in Ingenstau/Korbion VOB/B § 3 Nr. 2 Rdn. 6; Beck'scher VOB-Kommentar/*Hartung* VOB/B § 3 Abs. 2 Rdn. 10.
[106] Beck'scher VOB-Kommentar/*Hartung* VOB/B § 3 Abs. 2 Rdn. 10 unter Hinweis auf BGH Urt. v. 11.7.1966, VII ZR 305/64; *Döring* in Ingenstau/Korbion VOB/B § 3 Abs. 2 Rdn. 6.
[107] *Döring* in Ingenstau/Korbion VOB/B § 3 Abs. 2 Rdn. 6; Beck'scher VOB-Kommentar/*Hartung* VOB/B § 3 Abs. 2 Rdn. 10.
[108] *Döring* in Ingenstau/Korbion VOB/B § 3 Abs. 2 Rdn. 8; Beck'scher VOB-Kommentar/*Hartung* VOB/B § 3 Abs. 2 Rdn. 12; *Heiermann/Riedl/Rusam* VOB/B § 3 Rdn. 6.
[109] OLG Düsseldorf BauR 1992, 665; OLG Düsseldorf BauR 1998, 340; *Döring* in Ingenstau/Korbion VOB/B § 3 Abs. 2 Rdn. 8.

Auftraggeber bei der Erfüllung seiner Pflicht eines Dritten, z. B. eines Architekten oder Vermessungsingenieurs bedient, wird ein etwaiges Verschulden dem Auftraggeber zugerechnet (§ 278 BGB).[110]

b) Übergang der Mitwirkungspflicht des Auftraggebers auf den Auftragnehmer. Die Parteien können durch vertragliche Vereinbarung die grundsätzlich dem Auftraggeber zufallende Mitwirkungspflicht auf den Auftragnehmer übertragen. Die Mitwirkungspflicht des § 3 Abs. 2 VOB/B kann darüber hinaus auch durch eine entsprechende Anordnung des Auftraggebers gem. § 1 Abs. 4 VOB/B auf den Auftragnehmer übergehen, wenn sein Betrieb auf die entsprechenden Arbeiten eingerichtet ist.[111] Dem Auftragnehmer steht dann allerdings ein entsprechender Vergütungsanspruch gem. § 2 Abs. 9 VOB/B, hilfsweise gem. § 2 Abs. 6 VOB/B (hier allerdings mit der Notwendigkeit der Ankündigung des Anspruches) zu.[112]

Bei der Auslegung vertraglicher Vereinbarungen ist dabei grundsätzlich Vorsicht geboten. Alleine die Angabe in der Leistungsbeschreibung, die richtige Lage des Bauwerkes auf dem Grundstück auf der Grundlage der Einplanung sei Sache des Auftragnehmers, führt noch nicht dazu, davon ausgehen zu können, dass den Auftragnehmer die Pflichten des § 3 Abs. 2 VOB/B treffen, da nur die Bindung an die Ausführungsunterlagen zum Ausdruck kommt.[113]

Hat der Auftragnehmer wirksam die Pflichten gem. § 3 Abs. 2 VOB/B übernommen, trägt er nunmehr selbst die Verantwortung für die Richtigkeit der Angaben. Dies entbindet allerdings den Auftraggeber nicht von der Haftung für die Richtigkeit der Angaben, die der Auftragnehmer insoweit für die Durchführung seiner Pflichten zugrunde legt. Gegebenenfalls kommt es auch hier zu einer Quotelung des Schadens gem. § 254 BGB.[114]

III. Verbindlichkeit der Ausführungsunterlagen gem. § 3 Abs. 3 VOB/B

Die Vorschrift des § 3 Abs. 3 VOB/B regelt zunächst, dass die vom Auftraggeber gestellten Geländeaufnahmen und Absteckungen (§ 3 Abs. 2 VOB/B) sowie die übrigen für die Ausführungen übergebenen Unterlagen (§ 3 Abs. 1 VOB/B) für den Auftragnehmer maßgeblich, d. h. verbindlich sind. Entdeckt der Auftragnehmer jedoch im Rahmen der gebotenen Prüfung Fehler oder vermutet sie auch nur, hat er den Auftraggeber hierauf hinzuweisen.[115]

1. Maßgeblichkeit der Unterlagen (Satz 1). Die dem Auftragnehmer übergebenen Unterlagen im Sinne des § 3 Abs. 1 VOB/B sind für diesen verbindlich und konkretisieren dessen Bauaufgabe.[116] Soweit § 3 Abs. 3 S. 1 VOB/B dabei eine Aufzählung vornimmt, ist diese nur **beispielhaft**, da der Begriff der Ausführungsunterlagen nach § 3 Abs. 1 VOB/B sehr weit zu verstehen ist[117] und alles umfasst, was der Auftragnehmer vom Auftraggeber zur Erfüllung und Konkretisierung seiner Bauaufgabe tatsächlich erhalten hat,[118] z. B. auch Höhenfestpunkte.[119]

Da es nur auf die Frage der tatsächlichen Übergabe der Unterlagen ankommt, spielt eine etwaig verspätete Übergabe im Rahmen des § 3 Abs. 3 VOB/B keine Rolle, auch wenn möglicherweise Ansprüche gem. § 6 VOB/B bestehen.[120]

Hält sich der Auftragnehmer nicht an die für ihn verbindlichen Ausführungsunterlagen, so begründet dies regelmäßig einen Mangel, bis hin zur Nichterfüllung der Leistung, es sei denn,

---

[110] BGHZ 58, 225, 228; BGH BauR 1986, 203; Beck'scher VOB-Kommentar/*Hartung* VOB/B § 3 Abs. 2 Rdn. 12.
[111] *Döring* in *Ingenstau/Korbion* VOB/B § 3 Abs. 2 Rdn. 9; Beck'scher VOB-Kommentar/*Hartung* VOB/B § 3 Abs. 2 Rdn. 4; *Heiermann/Riedl/Rusam* VOB/B § 3 Rdn. 5.
[112] *Heiermann/Riedl/Rusam* VOB/B § 3 Rdn. 5; Beck'scher VOB-Kommentar/*Hartung* VOB/B § 3 Abs. 2 Rdn. 4; *Döring* in *Ingenstau/Korbion* VOB/B § 3 Abs. 2 Rdn. 9.
[113] *Döring* in *Ingenstau/Korbion* VOB/B § 3 Abs. 2 Rdn. 10.
[114] Beck'scher VOB-Kommentar/*Hartung* VOB/B § 3 Abs. 3 Rdn. 14.
[115] BGH NJW 1982, 1702; Beck'scher VOB-Kommentar/*Hartung* VOB/B § 3 Abs. 3 Rdn. 1; *Döring* in *Ingenstau/Korbion* VOB/B § 3 Abs. 3 Rdn. 1.
[116] BGH NJW 1982, 1702; *Heiermann/Riedl/Rusam* VOB/B § 3 Rdn. 10.
[117] Vgl. Fn. 60.
[118] *Döring* in *Ingenstau/Korbion* VOB/B § 3 Abs. 3 Rdn. 2; Beck'scher VOB-Kommentar/*Hartung* VOB/B § 3 Abs. 3 Rdn. 2; *Heiermann/Riedl/Rusam* VOB/B § 3 Rdn. 10.
[119] BGH BauR 1986, 203.
[120] *Heiermann/Riedl/Rusam* VOB/B § 3 Rdn. 10; Beck'scher VOB-Kommentar/*Hartung* VOB/B § 3 Abs. 3 Rdn. 2.

der Wert oder die Tauglichkeit zu dem gewöhnlichen oder vertragsgemäßen Gebrauch ist nicht gemindert.[121] Dabei ist es den Parteien selbstredend unbenommen, den Vertragsinhalt bzw. die Bauaufgabe entweder einvernehmlich oder aber einseitig gem. § 1 Abs. 3 VOB/B zu ändern. Alleine die Vorlage geänderter Ausführungsunterlagen durch den Auftragnehmer gegenüber dem Architekten des Auftraggebers und dessen Unterzeichnung führt allerdings mangels Vollmacht noch nicht zur Änderung des Bausolls.[122] Beachtlich ist allerdings, dass der Auftraggeber die Gefahr des Missverstehens der Verbindlichkeit von Ausführungsunterlagen trägt. Erhält ein Auftragnehmer z. B. nur Genehmigungspläne im Maßstab 1 : 100 und nur Statikerpläne im Maßstab 1 : 50, aber keine Ausführungspläne, darf der Auftragnehmer davon ausgehen, dass er nach den Statikerplänen bauen soll.[123]

35 **2. Prüfungs- und Hinweispflichten des Auftragnehmers (Satz 2).** Als Konkretisierung der allgemein bestehenden Pflicht, seinen Vertragspartner vor Schaden zu bewahren und ihn vor nachteiligen Auswirkungen seiner Handlungen zu informieren (§ 242 BGB)[124] sieht § 3 Abs. 3 S. 2 VOB/B vor, dass der Auftragnehmer die für ihn verbindlichen Ausführungsunterlagen auf **Unstimmigkeiten** zu überprüfen und den Auftraggeber auf tatsächlich entdeckte oder vermutete Mängel hinzuweisen hat. Die Konkretisierung dieser Pflicht ist auch angemessen, da der Auftragnehmer in Bezug auf **sein Gewerk** regelmäßig über besondere Sachkenntnisse und Erfahrungen verfügt. Erst recht ist die Begründung einer entsprechenden Pflicht gerechtfertigt, wenn der Auftragnehmer über Sonderkenntnisse (z. B. als Spezialfirma) verfügt, d. h. einen entsprechenden **Wissensvorsprung** hat.[125]

36 Eine Prüfungs- und Hinweispflicht ist in Form der Pflicht zur Anmeldung von **Bedenken gegen die vorgesehene Art der Ausführung** allerdings auch schon in § 4 Abs. 3 VOB/B i. V. m. § 13 Abs. 3 VOB/B enthalten. Dies schließt auch Bedenken gegen die vom Auftraggeber gegebenenfalls vorgeschriebenen Baustoffe oder Vorleistungen anderer Unternehmer mit ein.[126] So sehr sich die Hinweispflichten nach § 3 Abs. 3 S. 2 VOB/B und die Pflicht zur Anmeldung von Bedenken gem. § 4 Abs. 3 VOB/B auf den ersten Blick ähneln, gilt es doch festzustellen, dass es sich um zwei unterschiedliche Regelungsinhalte handelt, mithin beide Vorschriften **systematisch eigenständig** sind.[127]

Während es bei der Vorschrift des § 4 Abs. 3 VOB/B vornehmlich darum geht, die Pflicht festzuschreiben, Bedenken gegen die Bauausführung rechtzeitig, d. h. vor Ausführung, anzumelden, betrifft § 3 Abs. 3 S. 2 VOB/B in erster Linie eine **Vorprüfungspflicht** des Auftragnehmers in Bezug auf die Planung.[128] Diese inhaltlichen Unterschiede kommen auch in **zeitlicher Hinsicht** zum Ausdruck, da die Prüfungs- und Hinweispflicht gem. § 3 Abs. 3 S. 2 VOB/B unverzüglich nach Übergabe der jeweiligen Ausführungsunterlagen einsetzt und nicht wie § 4 Abs. 3 VOB/B es für die dort festgeschriebene Pflicht beschreibt, „möglichst schon vor Beginn der Arbeiten".[129]

Darüber hinaus sieht § 4 Abs. 3 VOB/B **Schriftform** vor, was in § 3 Abs. 3 S. 2 VOB/B nicht gefordert wird.[130]

Auch ansonsten geht § 3 Abs. 3 S. 2 VOB/B inhaltlich über § 4 Abs. 3 VOB/B hinaus, da es nicht „nur" darum geht, ein mangelfreies Bauwerk herzustellen, sondern dem Auftraggeber in

---

[121] BGH NJW 1982, 1702; *Heiermann/Riedl/Rusam* VOB/B § 3 Rdn. 10; Beck'scher VOB-Kommentar/ *Hartung* VOB/B § 3 Abs. 3 Rdn. 4.
[122] BGH NJW 1982, 1702; *Döring* in *Ingenstau/Korbion* VOB/B § 3 Abs. 3 Rdn. 3; *Heiermann/Riedl/ Rusam* VOB/B § 3 Rdn. 10.
[123] OLG Düsseldorf NJW-RR 2000, 1411.
[124] BGH NJW 1984, 1676; Beck'scher VOB-Kommentar/*Hartung* VOB/B § 3 Abs. 3 Rdn. 6; *Heiermann/ Riedl/Rusam* VOB/B § 3 Rdn. 16; *Döring* in *Ingenstau/Korbion* VOB/B § 3 Abs. 3 Rdn. 4.
[125] BGH NJW 1987, 643; *Hochstein* Festschrift Korbion, S. 165 ff.; Beck'scher VOB-Kommentar/*Hartung* VOB/B § 3 Abs. 3 Rdn. 7.
[126] Vgl. hierzu die Kommentierung zu § 4 Abs. 3 VOB/B.
[127] *Hochstein* Festschrift Korbion, S. 165, 169; *Heiermann/Riedl/Rusam* § 3 Rdn. 16; Beck'scher VOB-Kommentar/*Hartung* VOB/B § 3 Abs. 3 Rdn. 8; *Döring* in *Ingenstau/Korbion* VOB/B § 3 Abs. 3 Rdn. 14.
[128] *Hochstein* Festschrift Korbion, S. 165, 169; *Heiermann/Riedl/Rusam* VOB/B § 3 Rdn. 11; *Döring* in *Ingenstau/Korbion* VOB/B § 3 Abs. 3 Rdn. 14.
[129] Beck'scher VOB-Kommentar/*Hartung* VOB/B, § 3 Abs. 3 Rdn. 8; *Heiermann/Riedl/Rusam* VOB/B § 3 Rdn. 16; *Döring* in *Ingenstau/Korbion* VOB/B § 3 Abs. 3 Rdn. 14.
[130] Vgl. Fn. 118.

Bezug auf alle in Betracht kommenden Gesichtspunkte einer ordnungsgemäßen Vertragserfüllung entsprechende Hinweise auf Unstimmigkeiten zu geben.[131]

Prüfungsgegenstand gem. § 3 Abs. 3 S. 2 VOB/B sind sogenannte **„Unstimmigkeiten"**. 37
Hierunter ist im vorgenannten Sinne alles zu verstehen, was den Vertragszweck gefährdet, also z. B. Fehler oder Mängel der Ausführungsunterlagen, Abweichungen von dem zuvor geäußerten Willen des Auftraggebers, Verstöße gegen anerkannte Regeln der Technik, Verstöße gegen öffentlich-rechtliche Vorschriften oder auch Unklarheiten, Unvollständigkeiten[132] oder Mehrdeutigkeiten bzw. Ungereimtheiten.[133] Dabei trifft nach wie vor den Planenden die Primärpflicht und den Ausführenden lediglich eine Sekundärpflicht. Gerade bei komplizierten Planungsinhalten ist daher die Prüfpflicht eines Auftragnehmers eingeschränkt.[134] Gleiches gilt auch für die Prüfung der Bodenbeschaffenheit, wenn nicht besondere Umstände vorliegen.[135] Werden Baugenehmigung und Auflagen nicht mitgeteilt, ist der Auftragnehmer nach der Rechtsprechung[136] verpflichtet, sich bei dem Auftraggeber nach dem Inhalt der Baugenehmigung und etwaiger Auflagen zu erkundigen. Eine Pflichtverletzung durch den Auftragnehmer kann dann zu einem Mitverschulden i. S. d. § 254 Abs. 1 BGB und einer entsprechenden quotalen Haftung führen.

a) Umfang der Prüfungspflicht. Der Umfang der Prüfungspflicht wird zum einen durch 38
systematische Erwägungen der Stellung der Prüfungspflicht im Zusammenwirken der wechselseitigen Rechte und Pflichten bestimmt, zum anderen durch die Umstände des Einzelfalles.[137]

aa) Systematische Einordnung der Prüfungspflicht. Systematisch wird die Prüfungs- 39
pflicht gem. § 3 Abs. 3 S. 2 VOB/B im Verhältnis zu anderen wechselseitigen Rechten und Pflichten zunächst davon bestimmt, dass gem. § 3 Abs. 3 S. 1 VOB/B die vom Auftraggeber stammenden Ausführungsunterlagen verbindlich sind. Für diese Ausführungsunterlagen trägt **primär** der Auftraggeber die Verantwortung.[138] Den Auftragnehmer trifft lediglich **sekundär** eine Hinweispflicht.[139] Gleichzeitig wird durch die Verteilung von Primär- und Sekundärverantwortung deutlich, dass die Prüfungs- und Hinweispflicht alleine auf die vertragliche Leistung beschränkt ist.[140]

In Entsprechung dieser systematisch begründeten Grenzen dürfen an den Prüfungsumfang **keine übersteigerten Anforderungen** gestellt werden. Lediglich das, was der Auftragnehmer unter Anwendung normaler, gegebenenfalls auch branchenspezifischer Fachkunde ohne größere Schwierigkeiten, d. h. ohne besonders komplizierte Überprüfungsmethoden, bei **sorgfältiger Durchsicht** der Ausführungsunterlagen erkennt oder erkennen musste unterliegt der Hinweispflicht.[141]

Im Ergebnis handelt es sich, wie Hartung[142] zu Recht darlegt, um eine **sorgfältige, aufmerksame Sichtprüfung** bei deren Beurteilung der Erkennbarkeit von Unstimmigkeiten auf den Zeitpunkt der tatsächlichen Prüfung abzustellen ist.[143]

Hat der Auftragnehmer allerdings wegen der konkreten Situation objektiv Anlass zu gesteigertem Misstrauen, verändert sich der Sorgfaltsmaßstab zu seinen Lasten, da er nur dort schutzwürdig ist, wo er zu Recht auf die Richtigkeit der Ausführungsunterlagen vertrauen durfte.[144]

---

[131] *Hochstein* Festschrift Korbion, S. 165, 169; Beck'scher VOB-Kommentar/*Hartung* VOB/B § 3 Abs. 3 Rdn. 8, *Heiermann/Riedl/Rusam* VOB/B § 3 Rdn. 16; *Döring* in *Ingenstau/Korbion* VOB/B § 3 Abs. 3 Rdn. 4.
[132] BGH NJW 1984, 1676.
[133] OLG Stuttgart BauR 1995, 850; Beck'scher VOB-Kommentar/*Hartung* VOB/B § 3 Abs. 3 Rdn. 9; *Heiermann/Riedl/Rusam* VOB/B § 3 Rdn. 12.
[134] OLG Dresden IBR 2002, 70.
[135] OLG München IBR 2003, 9.
[136] BGH NJW-RR 1998, 738, 739.
[137] *Heiermann/Riedl/Rusam* VOB/B § 3 Rdn. 12.
[138] BGH NJW 1973, 518; OLG Stuttgart BauR 1995, 850 f.; OLG Celle BauR 1992, 801; *Hochstein* Festschrift Korbion, S. 165 ff.; *Heiermann/Riedl/Rusam* VOB/B § 3 Rdn. 11; Beck'scher VOB-Kommentar/*Hartung* VOB/B § 3 Abs. 3 Rdn. 12; *Döring* in *Ingenstau/Korbion* VOB/B § 3 Abs. 3 Rdn. 4; *Soergel* ZfBR 1995, 165.
[139] BGH NJW-RR 1991, 276; BGH NZBau 2005, 400 ff.; *Soergel* ZfBR 1995, 165; Beck'scher VOB-Kommentar/*Hartung* VOB/B § 3 Abs. 3 Rdn. 14.
[140] *Heiermann/Riedl/Rusam* VOB/B § 3 Rdn. 11; *Döring* in *Ingenstau/Korbion* VOB/B § 3 Abs. 3. 3 Rdn. 4; Beck'scher VOB-Kommentar/*Hartung* VOB/B § 3 Abs. 3 Rdn. 12.
[141] Beck'scher VOB-Kommentar/*Hartung* VOB/B § 3 Abs. 3 Rdn. 13b.
[142] Beck'scher VOB-Kommentar/*Hartung* VOB/B § 3 Abs. 3 Rdn. 13b.
[143] BGH NJW 1994, 850; Beck'scher VOB-Kommentar/*Hartung* VOB/B § 3 Abs. 3 Rdn. 13b.
[144] BGH NJW-RR 1991, 276; Beck'scher VOB-Kommentar/*Hartung* VOB/B § 3 Abs. 3 Rdn. 16.

Erkennt der Auftragnehmer positiv Planungsfehler, so haftet er voll, allenfalls gemindert um einen Mitverschuldensbeitrag des Auftraggebers.[145] Auch der Auftragnehmer des Subunternehmers, der Bedenken seines Nachunternehmers kennt, muss dies als positives Wissen behandeln und entsprechende Hinweise an den Auftraggeber weiterleiten.[146]

Soweit das OLG Celle[147] meint, dass ein offensichtlicher Verstoß eines Architekten gegen die anerkannten Regeln der Baukunst schwerer wiege als ein etwaiger Verstoß des ausführenden Auftragnehmers, weshalb dessen Haftung ausscheide, ist darauf hinzuweisen, dass diese Entscheidung zu § 4 Nr. 3 VOB/B a. F. erging und dementsprechend nur bedingt geeignet ist, die Pflichten nach § 3 Abs. 3 VOB/B zu konkretisieren. Bei § 3 Abs. 3 VOB/B geht es um die Überprüfung von Ausführungsunterlagen, während das OLG Celle sich mit der Überprüfung einer Vorleistung und der Erkennbarkeit eines Ausführungsfehlers beschäftigt hat. Im Einzelfall kann es in der Tat so sein, dass trotz eines offensichtlichen Verstoßes gegen die anerkannten Regeln der Baukunst dies für einen weiteren Beteiligten nicht erkennbar ist, weil er sich mit der Einzelthematik nicht auseinandergesetzt hat bzw. auseinandersetzen muss.

40   **bb) Umstände des Einzelfalls.** Der vorstehend genannte Umfang der Prüfungspflicht, der sich aus einer systematischen Betrachtung ergibt, kann durch die Umstände des Einzelfalles verschoben werden. Alleine der Umstand, dass der Auftraggeber einen fachkundigen Berater (Architekt oder Ingenieur) hat, führt dabei noch nicht zur Verschiebung des Umfanges der Prüfungspflicht zu Gunsten des Auftragnehmers.[148] Die Pflicht zum Hinweis entsteht dabei umso mehr, wenn der Auftragnehmer tatsächlich Unstimmigkeiten entdeckt, auch wenn die Ausführungsunterlagen vom beratenden bzw. planenden Architekten/Ingenieur stammen.[149]

Eine Verschiebung der Prüfungsintensität zu Lasten des Auftragnehmers ist dagegen anzunehmen, wenn der Auftraggeber entweder nicht sachkundig ist, keinen sachkundigen Berater hat oder aber der Auftragnehmer schlicht durch seine Spezialkenntnisse oder Erfahrungen einen tatsächlichen **Wissensvorsprung** hat.[150] Dies gilt auch in umgekehrter Richtung. Verfügt der Auftraggeber über einen Wissensvorsprung, kann dies bis zu einer Enthaftung des Auftragnehmers führen.[151]

41   **b) Operative Handhabung der Hinweispflicht.** Entdeckt oder vermutet der Auftragnehmer Mängel bzw. Unklarheiten in den Ausführungsunterlagen des Auftraggebers, so ist er verpflichtet, den Auftraggeber hierauf hinzuweisen. Dabei hat der Hinweis **unverzüglich** zu erfolgen, d. h. ohne schuldhaftes Zögern (§ 121 Abs. 1 BGB).[152] So darf sich z. B. ein Auftragnehmer, sofern ihm nicht positiv etwas anderes bekannt ist, auf die von einem Sonderfachmann des Auftraggebers beschriebenen Grundwasserverhältnisse im Rahmen eines hydrologischen Gutachtens verlassen.[153]

Die Unterscheidung zwischen entdeckten oder vermuteten Unstimmigkeiten kann dabei nach dem Grad der Sicherheit getroffen werden, mit der die Unstimmigkeit z. B. zu einem Baumangel führt. Liegen Unstimmigkeiten vor, die mehr oder weniger „ins Auge springen", so handelt es sich um entdeckte bzw. erkannte Unstimmigkeiten. Steht eine Unstimmigkeit demgegenüber noch nicht fest, ist aber mit einer gewissen Wahrscheinlichkeit zu vermuten, so bedarf es wegen dieser vermuteten Unstimmigkeit einer Klärung, d. h. einer **Nachfrage** des Auftragnehmers beim Auftraggeber.[154] Welcher Grad an Sicherheit dabei vorliegt, bestimmt sich nach der subjektiven Sicht des Auftragnehmers.[155]

---

[145] OLG Brandenburg IBR 2007, 1208.
[146] Thüringer OLG BauR 2011, 1865 = IBR 2011, 636.
[147] OLG Celle BauR 2006, 137 f.
[148] *Heiermann/Riedl/Rusam* VOB/B § 3 Rdn. 12; Beck'scher VOB-Kommentar/*Hartung* VOB/B § 3 Abs. 3 Rdn. 18; *Döring* in *Ingenstau/Korbion* VOB/B § 3 Abs. 3 Rdn. 5.
[149] *Döring* in *Ingenstau/Korbion* VOB/B § 3 Abs. 3 Rdn. 5; Beck'scher VOB-Kommentar/*Hartung* VOB/B § 3 Abs. 3 Rdn. 18.
[150] *Bühl* BauR 1992, 26 ff.; Beck'scher VOB-Kommentar/*Hartung* VOB/B § 3 Abs. 3 Rdn. 19 m. w. N.
[151] Beck'scher VOB-Kommentar/*Hartung* VOB/B § 3 Abs. 3 Rdn. 22.
[152] *Heiermann/Riedl/Rusam* VOB/B § 3 Rdn. 13; *Döring* in *Ingenstau/Korbion* VOB/B § 3 Abs. 3 Rdn. 11; Beck'scher VOB-Kommentar/*Hartung* VOB/B § 3 Abs. 3 Rdn. 25.
[153] OLG Köln BauR 1999, 429, 431; Beck'scher VOB-Kommentar/*Hartung* VOB/B § 3 Abs. 3 Rdn. 22 und § 3 Nr. 2 Rdn. 11 m. w. N.
[154] *Döring* in *Ingenstau/Korbion* VOB/B § 3 Abs. 3 Rdn. 9; Beck'scher VOB-Kommentar/*Hartung* VOB/B § 3 Abs. 3 Rdn. 25; *Heiermann/Riedl/Rusam* VOB/B § 3 Rdn. 14.
[155] Beck'scher VOB-Kommentar/*Hartung* VOB/B § 3 Abs. 3 Rdn. 26 m. w. N.; a. A. *Kaiser* Mängelhaftungsrecht, Rdn. 59.

Der Hinweis **muss nicht schriftlich** erfolgen. Schon aus Beweis- und Dokumentationsgründen empfiehlt sich allerdings die Schriftform.[156] Dies gilt umso mehr, als der Hinweis auch **inhaltlichen Anforderungen** genügen muss. Erforderlich ist danach ein Hinweis, der dem Auftraggeber mit hinreichender Klarheit und Deutlichkeit die aus Sicht des Auftragnehmers bestehende Unstimmigkeit beschreibt, damit der Auftraggeber in die Lage versetzt wird, die Unstimmigkeit zu klären bzw. zu berichtigen.[157]

Als Adressat des Hinweises kommt neben dem Auftraggeber, der immer zu benachrichtigen ist, selbstverständlich auch der jeweilige Berater, d. h. planender/überwachender Architekt bzw. Ingenieur in Betracht. Soweit der jeweilige Berater den Grund für den Hinweis geliefert hat, ist der Auftraggeber in jedem Fall zu informieren.[158] Ohnehin empfiehlt es sich, entsprechende Schreiben gleich lautend gleichzeitig zu versenden, damit es weder zu Informationsdefiziten noch zu Verzögerungen kommt.

Da inhaltlich zwischen erkannten und vermuteten Unstimmigkeiten differenziert wird, werden auch unterschiedliche **operative Anforderungen** an die jeweilige Situation gestellt.

aa) Operatives Verhalten bei offensichtlichen Unstimmigkeiten. Bei offensichtlichen Unstimmigkeiten, d. h. solchen Fehlern oder Ungereimtheiten, bei denen der Auftragnehmer sicher davon ausgeht, dass es zu einer Beeinträchtigung des Vertragszweckes kommt, ist der Auftragnehmer nach erfolgtem Hinweis gegenüber dem Auftraggeber berechtigt – unter Schadensminimierungsgesichtspunkten sogar verpflichtet – die mit der Unstimmigkeit im Zusammenhang stehende Leistung nicht auszuführen.[159] Dies gilt sowohl für Unstimmigkeiten in Bezug auf die Bauausführung als auch für die Missachtung von Rechtsvorschriften.[160] Besteht der Auftraggeber darauf, die Ausführung falsch vorzunehmen, kommt die Inanspruchnahme der Möglichkeiten gem. § 9 VOB/B[161] oder das operative Vorgehen gem. § 4 Abs. 3 VOB/B in Betracht.[162] Soweit *Riedl/Mansfeld*[163] ausführen, dass der Auftragnehmer verpflichtet sei, sich an die Vorgaben des Ausführungsplans zu halten und keine eigenständige Ausführung vornehmen dürfe, ist dies zutreffend, führt aber nicht zu einer Ausführungspflicht. Insbesondere bei entsprechenden Unfallgefahren oder sogar Gefahren für Leib und Leben ist der Auftragnehmer berechtigt und ggf. verpflichtet nicht zu bauen. Die entsprechende Entscheidung ist vom Einzelfall abhängig.

bb) Operatives Verhalten bei vermuteten Unstimmigkeiten. Vermutet der Auftragnehmer lediglich eine Unstimmigkeit, so hat er die Arbeiten bis zu einer Klärung durch den Auftraggeber weiterzuführen, es sei denn, der mögliche Schaden, der aus der vermuteten Unstimmigkeit entstehen könnte, ist so groß, dass die vertragsgerechte Durchführung aus objektiver Sicht gefährdet ist oder gar vereitelt werden könnte.[164] Der Auftragnehmer kann dann die Klärung durch den Auftraggeber abwarten. Führt das Abwarten des Auftragnehmers zu einer Behinderung im Sinne des § 6 Abs. 2 VOB/B, weil z. B. der Auftraggeber der ihm obliegenden Pflicht zur Klarstellung[165] nicht nachkommt, so ist dem Auftragnehmer anzuraten, die entsprechende Behinderungsanzeige gem. § 6 Abs. 1 VOB/B zu fertigen und darauf hinzuweisen, dass die Arbeiten bis zur Klarstellung durch den Auftraggeber ruhen.[166]

---

[156] *Heiermann/Riedl/Rusam* VOB/B § 3 Rdn. 13; Beck'scher VOB-Kommentar/*Hartung* VOB/B § 3 Abs. 3 Rdn. 27; *Döring* in *Ingenstau/Korbion* VOB/B § 3 Abs. 3 Rdn. 11.
[157] Beck'scher VOB-Kommentar/*Hartung* VOB/B § 3 Abs. 3 Rdn. 28 m. w. N.
[158] BGH NJW 1975, 1217; *Heiermann/Riedl/Rusam* VOB/B § 3 Rdn. 13; Beck'scher VOB-Kommentar/*Hartung* VOB/B § 3 Abs. 3 Rdn. 29.
[159] *Heiermann/Riedl/Rusam* VOB/B § 3 Rdn. 14; *Döring* in *Ingenstau/Korbion* VOB/B § 3 Abs. 3 Rdn. 13; Beck'scher VOB-Kommentar/*Hartung* VOB/B, § 3 Abs. 3 Rdn. 31 ff.
[160] *Döring* in *Ingenstau/Korbion* VOB/B § 3 Abs. 3 Rdn. 13; *Heiermann/Riedl/Rusam* VOB/B § 3 Rdn. 14.
[161] *Döring* in *Ingenstau/Korbion* VOB/B § 3 Abs. 3 Rdn. 13.
[162] Beck'scher VOB-Kommentar/*Hartung* VOB/B § 3 Abs. 3 Rdn. 32; vgl. hierzu auch die Kommentierung zu § 4 Abs. 3 VOB/B.
[163] *Heiermann/Riedl/Rusam* VOB/B § 3 Rdn. 14.
[164] *Döring* in *Ingenstau/Korbion* VOB/B § 3 Abs. 3 Rdn. 12; Beck'scher VOB-Kommentar/*Hartung* VOB/B § 3 Abs. 3 Rdn. 34; *Heiermann/Riedl/Rusam* VOB/B § 3 Rdn. 14.
[165] *Döring* in *Ingenstau/Korbion* VOB/B § 3 Abs. 3 Rdn. 12; Beck'scher VOB-Kommentar/*Hartung* VOB/B § 3 Abs. 3 Rdn. 34.
[166] Beck'scher VOB-Kommentar/*Hartung* VOB/B § 3 Abs. 3 Rdn. 34; *Döring* in *Ingenstau/Korbion* VOB/B § 3 Abs. 3 Rdn. 12; *Heiermann/Riedl/Rusam* VOB/B § 3 Rdn. 14.

44 c) Rechtsnatur der Prüfungs- und Hinweispflicht und Folgen ihrer Verletzung. Bei der Hinweispflicht gem. § 3 Abs. 3 S. 2 VOB/B handelt es sich um eine **vertragliche Nebenpflicht**[167] des Auftragnehmers. Verletzt der Auftragnehmer diese Pflicht, so führt dies zu Ansprüchen[168] aus positiver Vertragsverletzung[169] bzw. § 280 Abs. 1 BGB[170] soweit nicht die entsprechenden Schäden von der Gewährleistung gem. § 13 VOB/B umfasst werden.[171] Als Verschuldensmaßstab reicht hierbei einfache Fahrlässigkeit aus.[172]

Entsprechend der Regelungssystematik des § 3 VOB/B, der von der Primärpflicht des Auftraggebers zur Lieferung fehlerfreier Planung und lediglich der Sekundärpflicht des Arbeitnehmers zur Überprüfung dieser Planung ausgeht, trifft selbst in Fällen der Verletzung der Hinweispflicht den Auftraggeber in der Regel ein Mitverschulden (§ 254 BGB), was zu einer Quotelung des Schadens führt.[173] Dies kann allerdings dann anders beurteilt werden, wenn der Auftragnehmer auf Grund einer sicher gewonnenen Erkenntnis positiv weiß, dass es zu einem Schadenseintritt kommen wird und trotzdem nicht handelt. In diesem Fall scheidet eine Mithaftung des Auftraggebers aus.[174] Dabei ist zu beachten, dass den Auftragnehmer die **Beweislast** für die Erfüllung der Hinweispflicht gem. § 3 Abs. 3 S. 2 VOB/B trifft.[175]

45 d) Vertragsgestaltung durch Allgemeine Geschäftsbedingungen. Häufig versuchen Auftraggeber durch Allgemeine Geschäftsbedingungen eine Verschiebung der Prüfungspflichten zu Lasten des Auftragnehmers vorzunehmen. Soweit dabei dem Auftragnehmer das Planungsrisiko z. B. durch Fiktionen dadurch überbürdet werden soll, dass der Auftragnehmer bestätigt, dass er die Pläne auf Durchführbarkeit, Vollständigkeit und technische Richtigkeit überprüft habe, ist dies regelmäßig unwirksam.[176] Dies gilt auch für Klauseln, die Risiken, die sich während der Bauausführung ergeben, einseitig auf den Auftragnehmer abwälzen.[177] Auch eine Klausel, wonach Planungsunterlagen als vollständig gelten, wenn der Auftragnehmer nicht binnen drei Tagen Widerspruch erhebt, ist unwirksam.[178]

IV. Zustandsfeststellung gem. § 3 Abs. 4 VOB/B

46 Wie sich aus § 3 Abs. 4 VOB/B ergibt, sind die Parteien verpflichtet, den Zustand der Straßen- und Geländeoberfläche, der Vorfluter und Vorflutleitungen, ferner die baulichen Anlagen im Baubereich in einer von beiden Parteien anzuerkennenden Niederschrift festzuhalten, soweit dies notwendig ist.

Damit begründet § 3 Abs. 4 VOB/B **keine eigene leistungsbezogene Verpflichtung**,[179] sondern dient erkennbar **Beweissicherungszwecken**.[180]

Durch die vorgesehene vertraglich vereinbarte Beweissicherung soll später Streit über tatsächliche Fragen vermieden werden, der leicht entsteht, wenn es z. B. um die Frage geht, ob der Auftragnehmer eine Straße beschädigt haben kann, eine besondere Abnutzung vorliegt, ein bestimmter baulicher Zustand behindernde Wirkung gehabt hat oder die bei dem Bauvorhaben verwendeten Stoffe und Bauteile bzw. Geräte aus Gründen beschädigt worden sind, die mit den

---

[167] *Bühl* BauR 1992, 26; *Döring* in *Ingenstau/Korbion* VOB/B § 3 Abs. 3 Rdn. 7, 14; Beck'scher VOB-Kommentar/*Hartung* VOB/B § 3 Abs. 3 Rdn. 35; *Heiermann/Riedl/Rusam* VOB/B § 3 Abs. 3 Rdn. 15.
[168] *Heiermann/Riedl/Rusam* VOB/B § 3 Abs. 3 Rdn. 15, *Döring* in *Ingenstau/Korbion* VOB/B § 3 Abs. 3 Rdn. 7; Beck'scher VOB-Kommentar/*Hartung* VOB/B § 3 Abs. 3 Rdn. 35.
[169] Bis zum 31.12.2001.
[170] Ab dem 1.1.2002.
[171] *Heiermann/Riedl/Rusam* VOB/B § 3 Abs. 3 Rdn. 15; Beck'scher VOB-Kommentar/*Hartung* VOB/B § 3 Abs. 3 Rdn. 35.
[172] Beck'scher VOB-Kommentar/*Hartung* VOB/B § 3 Abs. 3 Rdn. 35; *Heiermann/Riedl/Rusam* VOB/B § 3 Rdn. 15.
[173] *Soergel* ZfBR 1995, 165; *Döring* in *Ingenstau/Korbion* VOB/B § 3 Abs. 3 Rdn. 7; Beck'scher VOB-Kommentar/*Hartung* VOB/B § 3 Abs. 3 Rdn. 35.
[174] BGH NJW 1984, 1676; BGH NJW 1973, 518; OLG Hamm BauR 1995, 852; *Soergel* ZfBR 1995, 165; Beck'scher VOB-Kommentar/*Hartung* VOB/B § 3 Abs. 3 Rdn. 36; *Heiermann/Riedl/Rusam* VOB/B § 3 Rdn. 15.
[175] BGH NJW 1974, 188; Beck'scher VOB-Kommentar/*Hartung* VOB/B, § 3 Abs. 3 Rdn. 37 m. w. N.
[176] *Glatzel/Frickel/Schwamb* § 3 Ziffer 2.4.3a m. w. N.
[177] *Döring* in *Ingenstau/Korbion* VOB/B § 3 Abs. 3 Rdn. 8.
[178] *Glatzel/Frickel/Schwamb* § 3 Ziffer 2.3.1i.
[179] *Schmalzl* BauR 1970, 203; *Döring* in *Ingenstau/Korbion* VOB/B § 3 Abs. 4 Rdn. 3; *Heiermann/Riedl/Rusam* VOB/B § 3 Rdn. 17; Beck'scher VOB-Kommentar/*Hartung* VOB/B § 3 Abs. 4 Rdn. 11.
[180] Beck'scher VOB-Kommentar/*Hartung* VOB/B § 3 Abs. 4 Rdn. 11, *Heiermann/Riedl/Rusam* VOB/B § 3 Rdn. 17; *Döring* in *Ingenstau/Korbion* VOB/B § 3 Abs. 4 Rdn. 3.

Ausführungsunterlagen 47–50 § 3 VOB/B

von der Beweissicherung umfassten Zuständen in einem Zusammenhang stehen.[181] Dementsprechend ist der Erfassung des tatsächlichen Zustandes und dessen Niederlegung in der Niederschrift **besondere Aufmerksamkeit und Sorgfalt** zu widmen.[182]

1. Feststellung des Zustandes in gemeinsamer Niederschrift. In die gem. § 3 Abs. 4 VOB/B zu fertigende Niederschrift ist der tatsächliche Zustand der betreffenden Straßen, Bauteile, baulichen Anlagen oder sonst in § 3 Abs. 4 VOB/B aufgezählten Objekte aufzunehmen, so wie er vorgefunden wird.[183] 47

Um dem Zweck als Beweismittel gerecht zu werden, muss die Niederschrift von beiden Vertragsparteien unterzeichnet, d. h. anerkannt werden.[184] Will einer der Parteien den Inhalt der Niederschrift nicht anerkennen, so hat er seine abweichende Auffassung in die Niederschrift mit aufnehmen zu lassen. Die andere Partei hat dies zu dulden.[185] Es versteht sich schon fast von selbst, dass jede Partei eine Ausfertigung der Niederschrift erhält.

2. Notwendigkeit der Feststellungen. Nach § 3 Abs. 4 VOB/B sind Feststellungen nur aufzunehmen, soweit sie **notwendig** sind. Notwendig ist dabei eine Feststellung dann, wenn zumindest nach dem mit objektiven Maßstäben zu beurteilenden Interesse zumindest einer Partei eine Feststellung geboten scheint.[186] Es müssen mithin in dem jeweils zu beurteilenden Einzelfall ausreichende Anhaltspunkte vorhanden sein, um eine Zustandsfeststellung als erforderlich bzw. ratsam erscheinen zu lassen.[187] 48

3. Rechtsnatur der Mitwirkungspflicht und Folgen ihrer Verletzung. Liegen die Tatbestandsvoraussetzungen des § 3 Abs. 4 VOB/B vor, d. h. ist die Zustandsfeststellung notwendig, ist jede Partei verpflichtet, hieran mitzuwirken. Daraus ergibt sich auch, dass es bei Vorliegen des Tatbestandsmerkmals „notwendig" im Streitfalle ausreicht, wenn eine Partei die Feststellung des Zustandes begehrt, um die Mitwirkungspflichten auszulösen.[188] 49

Inhaltlich handelt es sich bei der Mitwirkungspflicht nach § 3 Abs. 4 VOB/B um eine **vertragliche Nebenpflicht**,[189] dessen schuldhafte Verletzung Schadensersatzansprüche aus positiver Vertragsverletzung[190] bzw. gem. § 280 Abs. 1 BGB[191] auslösen kann.[192] Denkbar sind auch Ansprüche gem. § 6 Abs. 1/§ 6 Abs. 2 VOB/B bzw. § 5 Abs. 4 VOB/B i. V. m. § 6 Abs. 6 VOB/B (Auftraggeber) oder § 6 Abs. 6 VOB/B (Auftragnehmer).[193] 50

Streitig beurteilt wird die Frage, ob die Verletzung der Mitwirkungspflichten gem. § 3 Abs. 4 VOB/B in Form der **Verweigerung Kündigungsrechte** gem. § 9 VOB/B bzw. § 8 Abs. 3 VOB/B begründen.

Während Riedl/Mansfeld[194] und Schmalzl[195] Kündigungsrechte unter Hinweis auf die geringe Schwere der Pflichtverletzung und den Wortlaut des § 9 Abs. 1a VOB/B ablehnen, werden diese

---

[181] Beck'scher VOB-Kommentar/*Hartung* VOB/B § 3 Abs. 4 Rdn. 3, 4; *Döring* in *Ingenstau/Korbion* VOB/B § 3 Abs. 4 Rdn. 2; *Heiermann/Riedl/Rusam* VOB/B § 3 Rdn. 17.
[182] *Heiermann/Riedl/Rusam* VOB/B § 3 Rdn. 17; Beck'scher VOB-Kommentar/*Hartung* VOB/B § 3 Abs. 4 Rdn. 7.
[183] Beck'scher VOB-Kommentar/*Hartung* VOB/B § 3 Abs. 4 Rdn. 6, *Heiermann/Riedl/Rusam* VOB/B § 3 Rdn. 17.
[184] *Schmalzl* BauR 1970, 203; *Döring* in *Ingenstau/Korbion* VOB/B § 3 Abs. 4 Rdn. 3; Beck'scher VOB-Kommentar/*Hartung* VOB/B § 3 Abs. 4 Rdn. 7, *Heiermann/Riedl/Rusam* VOB/B § 3 Rdn. 19.
[185] *Döring* in *Ingenstau/Korbion* VOB/B § 3 Abs. 4 Rdn. 3; Beck'scher VOB-Kommentar/*Hartung* VOB/B § 3 Abs. 4 Rdn. 7.
[186] *Heiermann/Riedl/Rusam* VOB/B § 3 Rdn. 18; Beck'scher VOB-Kommentar/*Hartung* VOB/B § 3 Abs. 4 Rdn. 9; *Döring* in *Ingenstau/Korbion* VOB/B § 3 Abs. 4 Rdn. 4.
[187] *Döring* in *Ingenstau/Korbion* VOB/B § 3 Abs. 4 Rdn. 4; Beck'scher VOB-Kommentar/*Hartung* VOB/B § 3 Abs. 4 Rdn. 9.
[188] *Döring* in *Ingenstau/Korbion* VOB/B § 3 Abs. 4 Rdn. 6; Beck'scher VOB-Kommentar/*Hartung* VOB/B § 3 Abs. 4 Rdn. 10.
[189] *Heiermann/Riedl/Rusam* VOB/B § 3 Rdn. 20; *Döring* in *Ingenstau/Korbion* VOB/B § 3 Abs. 4 Rdn. 6; Beck'scher VOB-Kommentar/*Hartung* VOB/B § 3 Abs. 4 Rdn. 11.
[190] Bis zum 31.12.2001.
[191] Ab dem 1.1.2002.
[192] Beck'scher VOB-Kommentar/*Hartung* VOB/B § 3 Abs. 4 Rdn. 12; *Heiermann/Riedl/Rusam* VOB/B § 3 Rdn. 20.
[193] *Heiermann/Riedl/Rusam* VOB/B § 3 Rdn. 20; Beck'scher VOB-Kommentar/*Hartung* VOB/B § 3 Abs. 4 Rdn. 12; *Döring* in *Ingenstau/Korbion* VOB/B § 3 Abs. 4 Rdn. 6.
[194] *Heiermann/Riedl/Rusam* VOB/B § 3 Nr. 4 Rdn. 13.
[195] *Schmalzl* BauR 1970, 203.

mit der Begründung einer wesentlich größeren Gewichtung der Mitwirkungspflichten von Döring[196] und Hartung[197] bejaht. Der Beweissicherungspflicht komme gerade unter dem oft bestehenden Zeitdruck und der Angewiesenheit des Betroffenen im Streitfall eine hohe Bedeutung zu.[198]

Richtig ist zunächst, dass alleine die Versagung der Mitwirkungshandlungen durch den Auftraggeber gem. § 3 Abs. 4 VOB/B keinen Kündigungsgrund gem. § 9 Abs. 1a VOB/B begründet, da dort vorausgesetzt wird, dass der Auftragnehmer außer Stande gesetzt sein muss, die Leistungen auszuführen. Dies wird man schon wegen der fehlenden Leistungsbezogenheit der Mitwirkungspflicht im Sinne des § 3 Abs. 4 VOB/B nicht annehmen können.

Allerdings ist damit noch keine Aussage darüber getroffen worden, ob nicht ein sonstiger wichtiger Kündigungsgrund durch die Versagung der Mitwirkung gem. § 3 Abs. 4 VOB/B gegeben ist. Auch dies ist aber im Ergebnis mit der Folge zu verneinen, dass ein Kündigungsgrund gem. § 8 Abs. 3 VOB/B oder § 9 VOB/B nicht gegeben ist, weil die Bedeutung einer nicht auf § 3 Abs. 4 VOB/B beruhenden Beweissicherung nicht ausreichend ist, um den Parteien ein begründetes Lösungsrecht vom Vertrag zu gewähren.

Zwar ist zuzugeben, dass es durchaus zeitliche Engpässe eines **selbstständigen Beweisverfahrens** gem. der §§ 485 ff. ZPO geben kann. Den Parteien ist es aber unbenommen, **Privatgutachten** erstellen zu lassen, bei denen später im Streitfall der Sachverständige als sachverständiger Zeuge unter Zuhilfenahme seiner Dokumentation durchaus gesicherte Auskünfte im Rahmen einer Beweisaufnahme geben kann. Die jeweils betroffene Partei gerät mit anderen Worten durch eine Verweigerungshaltung der anderen Partei nicht zwangsweise in Beweisnot. Hinzu kommt noch, worauf Hartung an anderer Stelle zu Recht hinweist,[199] dass sich die Partei, die sich der Mitwirkung entzieht, gegebenenfalls dem Vorwurf der **Beweisvereitelung** (§ 444 ZPO) ausgesetzt sieht, mit der Folge, dass im Rahmen der freien Beweiswürdigung von der Richtigkeit des Sachvortrages der anderen Partei auf der Grundlage der von ihr einseitig vorgenommenen Zustandsfeststellung auszugehen ist. Gerade in diesem Zusammenhang kommt dann auch einem Parteigutachten doch ein relativ hoher Beweiswert zu. Liegt keine Verweigerungshaltung einer Partei vor, führen also beide Parteien eine Beweissicherung durch, liegen im Ergebnis zwei sich gegebenenfalls wiedersprechende Darlegungen vor. Nichts anderes wäre aber auch im Rahmen einer Festlegung in einer Urkunde geschehen, so dass hieraus, entgegen den Darlegungen von Hartung[200], kein Motiv für die Annahme eines Kündigungsgrundes gesehen werden kann. Entscheidend für die hier vertretene Rechtsauffassung ist, dass in aller Regel ein Festhalten am Vertrag beiden Parteien trotz eines Pflichtverstoßes zugemutet werden kann, weil weitere Nachweismöglichkeiten bestehen, die auch im Rahmen eines Rechtsstreites verwertbar sind.

51 **4. Kosten der Feststellung.** Ohne besondere Regelung trägt in Entsprechung der Pflicht des Auftraggebers zur Beibringung der Ausführungsunterlagen gem. § 3 Abs. 1 VOB/B der Auftraggeber die Kosten der Zustandsfeststellung.[201]

Besondere Regelungen finden sich allerdings recht häufig in den DIN-Normen, die gem. § 1 Abs. 1 S. 2 VOB/B Vertragsbestandteil werden. So finden sich insbesondere bei den DIN-Normen, die den **Tiefbau** betreffen,[202] (z.B. DIN 18300, DIN 18301, DIN 18303 bis DIN 18320 oder DIN 18325[203]), entsprechende Festlegungen unter den jeweiligen Ziffern 4.1.1 (bei der DIN 18301 unter Ziffer 4.1.3), dass es sich bei der Zustandsfeststellung um sogenannte **Nebenleistungen** handelt, die der Auftragnehmer ohne gesonderte Vergütung schuldet. Dem gegenüber finden sich solche Festlegungen im **Hochbau** grundsätzlich nicht.[204] (Ausnahme:

---

[196] Döring in Ingenstau/Korbion VOB/B § 3 Abs. 4 Rdn. 6.
[197] Beck'scher VOB-Kommentar/Hartung VOB/B § 3 Abs. 4 Rdn. 13.
[198] Vgl. Fn. 184.
[199] Beck'scher VOB-Kommentar/Hartung VOB/B § 3 Abs. 4 Rdn. 19.
[200] Beck'scher VOB-Kommentar/Hartung VOB/B § 3 Abs. 4 Rdn. 13.
[201] Heiermann/Riedl/Rusam VOB/B § 3 Rdn. 21; Döring in Ingenstau/Korbion VOB/B § 3 Abs. 4 Rdn. 7; Beck'scher VOB-Kommentar/Hartung VOB/B § 3 Abs. 4 Rdn. 15.
[202] Döring in Ingenstau/Korbion VOB/B § 3 Abs. 4 Rdn. 8; Heiermann/Riedl/Rusam VOB/B § 3 Rdn. 21; Beck'scher VOB-Kommentar/Hartung VOB/B § 3 Abs. 4 Rdn. 14.
[203] Eine ausführliche Auflistung befindet sich bei Döring in Ingenstau/Korbion VOB/B § 3 Abs. 4 Rdn. 7.
[204] Beck'scher VOB-Kommentar/Hartung VOB/B § 3 Abs. 4 Rdn. 15; Heiermann/Riedl/Rusam VOB/B § 3 Rdn. 23; Döring in Ingenstau/Korbion VOB/B § 3 Abs. 4 Rdn. 8.

Stahlbau gem. DIN 18335[205]). Wird allerdings in den DIN-Normen, die den Tiefbau betreffen, so z. B. DIN 18300 Ziffer 4.2.2, DIN 18303 Ziffer 4.2.3 oder DIN 18304 Ziffer 4.2.1 i. V. m. Ziffer 3.1.5, geregelt, dass die dort genannten „besonderen Maßnahmen" zum Feststellen des Zustands der baulichen Anlagen einschließlich Straßen, Versorgungs- und Entsorgungsanlagen usw. gesondert zu vergütende Leistungen sind, wird der ursprüngliche Regelungszustand des § 3 Abs. 4 VOB/B wieder hergestellt, mit der Folge, dass der Auftraggeber die Kosten trägt.

Zu den Kosten zählen sowohl die der Feststellung, als auch die damit im Zusammenhang stehenden Kosten (z. B. Vorbereitung oder Auswertung).[206]

5. Sonstige Beweissicherungsmöglichkeiten. Je nach Sachverhalt kann es zweckmäßiger sein, die Zustandsfeststellungen durch einen unabhängigen, öffentlich bestellten und vereidigten Sachverständigen vornehmen zu lassen.[207] Dies wäre z. B. anzunehmen, wenn es um Sachverhalte geht, bei denen schon die Tatsachenerfassung besondere Kenntnisse voraussetzt, oder Dritte beteiligt sind.[208] Um eine Verbindlichkeit der Feststellungen zu erlangen, bedarf es entweder der entsprechenden **Schiedsgutachterabrede** gem. dem § 317 ff. BGB oder einer Anerkennung durch die Parteien im Nachhinein.[209] Möglich bleibt auch die Durchführung eines gerichtlichen Beweisverfahrens gem. den §§ 485 ff. ZPO.[210]

V. Unterlagen, die der Auftragnehmer gem. § 3 Abs. 5 VOB/B zu beschaffen und vorzulegen hat

Die Vorschrift des § 3 Abs. 5 VOB/B regelt als **Ausnahmetatbestand** zu § 3 Abs. 1 VOB/B,[211] dass Zeichnungen, Berechnungen, Nachprüfungen von Berechnungen oder andere Unterlagen, die der Auftragnehmer nach dem Vertrag, besonders den technischen Vertragsbedingungen, oder der gewerblichen Verkehrssitte oder auf besonderes Verlangen des Auftraggebers (§ 2 Abs. 9 VOB/B) zu beschaffen hat, dem Auftraggeber nach Aufforderung rechtzeitig vorzulegen sind.

Um eine Ausnahmeregelung handelt es sich dabei deshalb, weil § 3 Abs. 1 VOB/B gerade die Regel konkretisiert, dass der Auftraggeber die Ausführungsunterlagen zu liefern hat.

1. Voraussetzungen der Beschaffungs- und Vorlagepflicht des Auftragnehmers. Zur Entstehung einer Beschaffungs- und Vorlagepflicht im Sinne des § 3 Abs. 5 VOB/B kommt es in Ansehung des Regelungsinhaltes von § 3 Abs. 1 VOB/B nur dann, wenn die genannten Tatbestandsvoraussetzungen erfüllt sind, namentlich die Begründung der Pflicht im Vertrag, besonders in technischen Vertragsbedingungen, oder die Bejahung einer gewerblichen Verkehrssitte, oder die Begründung der Pflicht durch Anordnung des Auftraggebers gem. § 1 Abs. 4 VOB/B i. V. m. § 2 Abs. 9 VOB/B.

Bei der Begründung der Beschaffungs- und Vorlagepflicht durch Vertrag kommen neben dem **Vertragstext** selbst **alle sonstigen Vertragsbestandteile** als Quelle der Begründung der Rechtspflicht in Betracht. Der Hervorhebung der besonderen technischen Vertragsbedingungen kommt dabei schon nach dem Wortlaut des § 3 Abs. 5 VOB/B „besonders" nur beispielhafter Charakter zu.[212]

Die Begründung im Vertrag muss dabei inhaltlich klar und zweifelsfrei sein. Dies gilt sowohl für den Vertragstext inkl. Vorbemerkungen als auch für die allgemeinen technischen Vertrags-

---

[205] Döring in Ingenstau/Korbion VOB/B § 3 Abs. 4 Rdn. 8; Beck'scher VOB-Kommentar/Hartung VOB/B § 3 Abs. 4 Rdn. 15.
[206] Beck'scher VOB-Kommentar/Hartung VOB/B § 3 Abs. 4 Rdn. 15, 16.
[207] Döring in Ingenstau/Korbion VOB/B § 3 Abs. 4 Rdn. 5; Beck'scher VOB-Kommentar/Hartung VOB/B § 3 Abs. 4 Rdn. 17.
[208] Döring in Ingenstau/Korbion VOB/B § 3 Abs. 4 Rdn. 3.
[209] Beck'scher VOB-Kommentar/Hartung VOB/B, § 3 Abs. 4 Rdn. 17; Döring in Ingenstau/Korbion VOB/B § 3 Abs. 4 Rdn. 5.
[210] Beck'scher VOB-Kommentar/Hartung VOB/B § 3 Abs. 4 Rdn. 5; Beck'scher VOB-Kommentar/Hartung VOB/B § 3 Abs. 4 Rdn. 18; Heiermann/Riedl/Rusam VOB/B § 3 Rdn. 24.
[211] Heiermann/Riedl/Rusam VOB/B § 3 Rdn. 25; Beck'scher VOB-Kommentar/Hartung VOB/B § 3 Abs. 5 Rdn. 1; Döring in Ingenstau/Korbion VOB/B § 3 Abs. 5 Rdn. 2.
[212] Döring in Ingenstau/Korbion VOB/B § 3 Abs. 5 Rdn. 2, 4; Beck'scher VOB-Kommentar/Hartung VOB/B § 3 Abs. 5 Rdn. 3; Heiermann/Riedl/Rusam VOB/B § 3 Rdn. 25.

bedingungen.²¹³ Eine **konkludente Vereinbarung** ist vor diesem Hintergrund eine besonders zu begründende Ausnahme. Bei der in diesem Rahmen vorzunehmenden Auslegung ist dementsprechend Zurückhaltung geboten.²¹⁴

Die Begründung der Pflicht des Auftragnehmers gem. § 3 Abs. 5 VOB/B kann auch durch gewerbliche Verkehrssitte als allgemeiner Rechtsquelle erfolgen. Unter gewerblicher Verkehrssitte versteht man dabei die Begründung der Pflicht durch Üblichkeit der Leistungserbringung am Leistungsort durch den Auftragnehmer.²¹⁵

Schließlich ist die Begründung der Pflicht des Auftragnehmers gem. § 3 Abs. 5 VOB/B durch eine entsprechende Anordnung des Auftraggebers möglich. Die Vorschrift formuliert dies mit den Worten: „auf besonderes Verlangen des Auftraggebers."

Ist die VOB/B nicht vereinbart und ergibt sich die Vorlagepflicht auch nicht aus dem Vertrag oder sonstigen Vertragsbestandteilen, hat der Auftragnehmer keinen Anspruch auf Herausgabe.²¹⁶ Dies ist folgerichtig, da erst die Regelung des § 3 Abs. 5 VOB/B i. V. m. dem Vertrag und seinen Bestandteilen die ansonsten nach dem BGB bestehende Regel durchbricht, wonach der Auftraggeber die Ausführungsunterlagen zu stellen hat.

Vergütung erhält der Auftragnehmer für die von ihm insoweit zu erbringende Leistung dann, wenn dies nicht schon ohnehin zum Bausoll gehört. Wird die Leistungspflicht durch die DIN-Vorschriften begründet, ist anhand des jeweiligen Abschnittes 4 zu prüfen, ob es sich um bereits schon von der Vergütung umfasste **Nebenleistungen** handelt oder nicht.²¹⁷ Für anordnungsbedingte Leistungspflichten ist § 2 Abs. 9 VOB/B einschlägig. Fehlt es an einer Vereinbarung der Parteien über die **Höhe der Vergütung,** gilt eine angemessene Vergütung als vereinbart (§ 632 Abs. 2 BGB).²¹⁸

55 **2. Umfang der Beschaffungs- und Vorlagepflicht gem. § 3 Abs. 5 VOB/B.** Nach § 3 Abs. 5 VOB/B hat der Auftragnehmer die betreffenden Unterlagen zu beschaffen und **rechtzeitig** dem Auftraggeber vorzulegen. Wie sich zunächst aus dem Wort „Beschaffen" ergibt, schließt diese Pflicht auch die Forderung ein, sich die Unterlagen von einem Dritten, z. B. einem Nachunternehmer, zu besorgen.²¹⁹

Rechtzeitig im Sinne des § 3 Abs. 5 VOB/B ist dabei die Vorlage, wenn dem Auftraggeber bzw. dessen Erfüllungsgehilfen (Architekten, Statiker usw.) eine ausreichende Zeit zur Prüfung und gegebenenfalls Stellungnahme vor der betreffenden Ausführung verbleibt, was im Einzelfall zu prüfen ist.²²⁰ Soweit § 3 Abs. 5 VOB/B dabei eine vorhergehende Aufforderung durch den Auftraggeber vorsieht, kann diese schon im Vertrag enthalten sein, oder aber durch den Auftraggeber später ausgesprochen werden.²²¹

Erfüllt der Auftragnehmer die ihm obliegende **vertragliche Nebenpflicht** fehlerhaft und setzt sich dies im Bauergebnis weiter fort, so stehen dem Auftraggeber die Rechte aus § 4 Abs. 7 VOB/B bzw. § 13 Abs. 5–7 VOB/B zu.²²²

Da es sich bei Vorliegen der Tatbestandsvoraussetzungen um eine echte Lieferpflicht des Auftragnehmers handelt, ist der jeweilige Anspruch durchsetzbar. Bei Verzug greifen die §§ 280 ff. BGB.²²³

---

²¹³ Beck'scher VOB-Kommentar/*Hartung* VOB/B § 3 Abs. 5 Rdn. 4; *Döring* in *Ingenstau/Korbion* VOB/B § 3 Abs. 5 Rdn. 4; *Heiermann/Riedl/Rusam* VOB/B § 3 Rdn. 25.
²¹⁴ Beck'scher VOB-Kommentar/*Hartung* VOB/B § 3 Abs. 5 Rdn. 7; *Heiermann/Riedl/Rusam* VOB/B § 3 Rdn. 25.
²¹⁵ *Heiermann/Riedl/Rusam* VOB/B § 3 Rdn. 25; Beck'scher VOB-Kommentar/*Hartung* VOB/B § 3 Abs. 5 Rdn. 8.
²¹⁶ OLG Frankfurt NJW-RR 2007, 817, 818.
²¹⁷ *Heiermann/Riedl/Rusam* VOB/B § 3 Rdn. 25; Beck'scher VOB-Kommentar/*Hartung* VOB/B § 3 Abs. 5 Rdn. 10.
²¹⁸ Beck'scher VOB-Kommentar/*Hartung* VOB/B § 3 Abs. 5 Rdn. 11, 12; *Heiermann/Riedl/Rusam* VOB/B § 3 Rdn. 25.
²¹⁹ *Döring* in *Ingenstau/Korbion* VOB/B § 3 Abs. 5 Rdn. 3; Beck'scher VOB-Kommentar/*Hartung* VOB/B § 3 Rdn. 13.
²²⁰ *Heiermann/Riedl/Rusam* VOB/B § 3 Rdn. 25; *Döring* in *Ingenstau/Korbion* VOB/B § 3 Abs. 5 Rdn. 7.
²²¹ Beck'scher VOB-Kommentar/*Hartung* VOB/B § 3 Abs. 5 Rdn. 14.
²²² *Heiermann/Riedl/Rusam* VOB/B § 3 Rdn. 25; *Döring* in *Ingenstau/Korbion* VOB/B § 3 Abs. 5 Rdn. 7.
²²³ Beck'scher VOB-Kommentar/*Hartung* VOB/B § 3 Abs. 5 Rdn. 16; *Heiermann/Riedl/Rusam* VOB/B § 3 Rdn. 25; *Döring* in *Ingenstau/Korbion* VOB/B § 3 Abs. 5 Rdn. 7.

VI. Regelung über die Verwendung der Unterlagen nach § 3 Abs. 5 VOB/B gem. § 3 Abs. 6 VOB/B

Die Vorschrift des § 3 Abs. 6 VOB/B regelt die Verwendungsmöglichkeiten der Unterlagen, **56** die der Auftraggeber durch den Auftragnehmer gem. § 3 Abs. 5 VOB/B erhalten hat oder noch erhält. Damit beschränkt sich der Regelungsbereich der Vorschrift ausschließlich auf die Unterlagen gem. § 3 Abs. 5 VOB/B.[224]

Für das Verständnis der Regelungen des § 3 Abs. 6 VOB/B ist es wichtig, dass grundsätzlich **57** davon auszugehen ist, dass weder der Auftraggeber bei der Erfüllung seiner Pflicht gem. § 3 Abs. 1 VOB/B noch der Auftragnehmer bei der Erfüllung seiner Pflicht gem. § 3 Abs. 5 VOB/B das **Eigentum** an den jeweils gelieferten Unterlagen verliert.[225] Die Frage des Übergangs von Eigentum richtet sich dabei nach sachenrechtlichen Grundsätzen. Ohne besondere vertragliche Vereinbarung, die selbstverständlich möglich ist, ergibt sich aus § 3 Abs. 6 Nr. 3 VOB/B, dass die Regelungssystematik des § 3 Abs. 5 VOB/B bzw. § 3 Abs. 6 VOB/B nicht von einem Eigentumsübergang in Bezug auf die Unterlagen ausgeht, da ansonsten ein Nutzungsrecht des Auftragnehmers an den von ihm zur Verfügung gestellten Unterlagen keinen Sinn machen würde.[226] Unter den Einschränkungen des § 986 BGB hat damit der Auftragnehmer grundsätzlich einen **Herausgabeanspruch** als Eigentümer der Unterlagen gegenüber dem Auftraggeber.[227] Das Recht des Auftraggebers zum Besitz (§ 986 BGB) richtet sich dabei nach der meist konkludent getroffenen **Zweck- bzw. Nutzungsvereinbarung,** wonach der Auftraggeber die Unterlagen solange behalten darf, wie er sie zur Verwirklichung und Abwicklung der Bauaufgabe benötigt.[228] Die Fälligkeit des Rückgabeanspruches setzt dabei ein Herausgabeverlangen des Auftragnehmers voraus.[229]

Erfüllt der Auftraggeber seine insoweit bestehende vertragliche Nebenpflicht zur Herausgabe der Unterlagen nicht oder nicht rechtzeitig, so kommen Ansprüche wegen positiver Vertragsverletzung bzw. § 280 Abs. 1 BGB in Betracht.[230]

1. Nutzungsbefugnisse gem. § 3 Abs. 6 Nr. 1 VOB/B. Nach § 3 Abs. 6 Nr. 1 VOB/B **58** dürfen die Unterlagen gem. § 3 Abs. 5 VOB/B ohne Genehmigung ihres Urhebers nicht veröffentlicht, vervielfältigt, geändert oder für einen anderen als den vereinbarten Zweck benutzt werden. Um also die durch § 3 Abs. 6 Nr. 1 VOB/B vertraglich vereinbarten **Nutzungsbeschränkungen** aufzuheben, bedarf es einer Genehmigung des Urhebers im Sinne des § 3 Abs. 6 Nr. 1 VOB/B.

a) Genehmigung im Sinne des § 3 Abs. 6 Nr. 1 VOB/B. Der Begriff der Genehmigung **59** im Sinne des § 3 Abs. 6 Nr. 1 VOB/B ist **nicht** im rechtstechnischen Sinne gem. § 184 Abs. 1 BGB **als nachträgliche Zustimmung** zu verstehen, sondern im weiteren Sinne als Zustimmung (§ 182 BGB) bzw. Erlaubnis (§ 183 BGB).[231] Zwar ist es durchaus denkbar, dass auch nachträglich eine Genehmigung erfolgt, dem Sinn und Zweck aber entspricht es, dass vor einer Nutzung, die an sich dem vertraglich vereinbarten Nutzungsverbot zuwider läuft, eine Einwilligung eingeholt wird.[232]

b) Urheber im Sinne des § 3 Abs. 6 Nr. 1 VOB/B. Der Begriff des Urhebers in § 3 **60** Abs. 6 Nr. 1 VOB/B ist nicht rechtstechnisch gemeint, d. h. es sind nicht nur Unterlagen geschützt, die von einem „Urheber" im Sinne des Urhebergesetzes stammen.[233] Vielmehr ergibt

---

[224] Döring in Ingenstau/Korbion VOB/B § 3 Nr. 6 Rdn. 1.
[225] Beck'scher VOB-Kommentar/Hartung VOB/B § 3 Abs. 6 Rdn. 5; Heiermann/Riedl/Rusam VOB/B § 3 Rdn. 31; Döring in Ingenstau/Korbion VOB/B § 3 Abs. 6 Rdn. 2.
[226] Döring in Ingenstau/Korbion VOB/B § 3 Abs. 6 Rdn. 2.
[227] Heiermann/Riedl/Rusam VOB/B § 3 Abs. 28, 31; Beck'scher VOB-Kommentar/Hartung VOB/B § 3 Abs. 6 Rdn. 7.
[228] Beck'scher VOB-Kommentar/Hartung VOB/B § 3 Abs. 6 Rdn. 8; Heiermann/Riedl/Rusam VOB/B § 3 Rdn. 31; Döring in Ingenstau/Korbion VOB/B § 3 Abs. 6 Rdn. 4.
[229] Heiermann/Riedl/Rusam VOB/B § 3 Rdn. 31; Döring in Ingenstau/Korbion VOB/B § 3 Nr. 6 Rdn. 3.
[230] Döring in Ingenstau/Korbion VOB/B § 3 Abs. 6 Rdn. 5; Heiermann/Riedl/Rusam VOB/B § 3 Rdn. 31.
[231] Beck'scher VOB-Kommentar/Hartung VOB/B § 3 Abs. 6 Rdn. 16; Döring in Ingenstau/Korbion VOB/B § 3 Abs. 6 Rdn. 8; Heiermann/Riedl/Rusam VOB/B § 3 Rdn. 26.
[232] Döring in Ingenstau/Korbion VOB/B § 3 Abs. 6 Rdn. 8; Heiermann/Riedl/Rusam VOB/B § 3 Rdn. 26.
[233] Heiermann/Riedl/Rusam VOB/B § 3 Rdn. 26; Döring in Ingenstau/Korbion VOB/B § 3 Abs. 6 Rdn. 6; Beck'scher VOB-Kommentar/Hartung VOB/B § 3 Abs. 6 Rdn. 11.

sich durch die Bezugnahme auf § 3 Abs. 5 VOB/B, dass unter Urheber im Sinne des § 3 Abs. 6 Nr. 1 VOB/B derjenige zu verstehen ist, der die Unterlagen gem. § 3 Abs. 5 VOB/B gefertigt hat.[234]

Dies schließt zwar Ansprüche nach dem Urhebergesetz nicht aus, soweit die Unterlagen gem. § 3 Abs. 5 VOB/B die entsprechende Qualität erreichen,[235] die Erzielung dieser Qualität aber ist nicht Tatbestandsvoraussetzung des § 3 Abs. 6 Nr. 1 VOB/B.

61 Urheber im Sinne des § 3 Abs. 6 Nr. 1 VOB/B kann sowohl der Auftragnehmer selbst als auch ein **Dritter**, z. B. ein Nachunternehmer, sein. In diesem Fall bedarf der Auftragnehmer grundsätzlich seinerseits einer „Genehmigung" im Sinne des § 3 Abs. 6 Nr. 1 VOB/B,[236] wobei es zu beachten gilt, dass in der Verwendung der Unterlagen für die Bauaufgabe in der Regel der bestimmungsgemäße Zweck der Überlassung liegen dürfte, mithin eine besondere Erlaubnis in diesem Falle nicht erforderlich ist.[237]

Neben den **nicht vertraglichen Ansprüchen** (Herausgabeanspruch gem. §§ 985 ff. BGB, deliktische Ansprüche gem. §§ 823 ff. BGB, Verletzung von Urheberrechten gem. §§ 7 ff. UrhG, Ansprüche aus §§ 18, 19 UWG) stehen dem Dritten gegebenenfalls **abgetretene Ansprüche** (gegebenenfalls auch im Rahmen einer Drittschadensliquidation abgetretene Ansprüche) sowie möglicherweise **vertragliche Ansprüche** zu, wenn die sich aus der Einbeziehung des Dritten in den **Schutzbereich des Vertrages** zwischen Auftraggeber und Auftragnehmer ergeben.[238] Eine solche Einbeziehung in den Schutzbereich des Vertrages kann entweder ausdrücklich oder konkludent bzw. stillschweigend erfolgen. Von einer konkludenten bzw. stillschweigenden Einbeziehung wird man dabei z. B. davon ausgehen können, wenn der Nachunternehmer die Überschreitung der Nutzungsrechte gem. § 6 Abs. 1 Nr. 1 VOB/B von seiner „Genehmigung" abhängig macht und dies durch entsprechende Stempelaufdrucke auf seinen Unterlagen hervorhebt. Nutzt der Auftraggeber die Unterlagen in Kenntnis dieses Umstandes, kommt konkludent bzw. stillschweigend eine Einbeziehung des Nachunternehmers in den Schutzbereich des Vertrages zwischen Auftragnehmer und Auftraggeber zustande.[239]

62 c) **Inhalt des Schutzes und Folgen der Verletzung des Schutzbereiches.** Inhaltlich schützt § 3 Abs. 6 Nr. 1 VOB/B den Auftragnehmer davor, dass seine Unterlagen gegen seinen Willen z. B. veröffentlicht werden. Dies schließt auch Fachveröffentlichungen mit ein.[240] Das ebenfalls enthaltene **Vervielfältigungsverbot** führt dazu, dass der Auftraggeber ohne Zustimmung des Auftragnehmers keine weiteren Exemplare herstellen darf, als er erhalten hat. Aufgrund des weitergehend enthaltenen **Veränderungsverbotes** sind die Unterlagen darüber hinaus in ihrem ursprünglichen Zustand zu belassen.[241] Schließlich beinhaltet § 6 Abs. 5 Nr. 1 VOB/B **das Verbot** die Unterlagen für einen **anderen Zweck** als vereinbart zu verwenden. Der Auftraggeber darf dementsprechend die Unterlagen weder für ein anderes Bauvorhaben, z. B. als Kalkulationshilfe, nutzen, noch die Unterlagen an Dritte weitergeben.[242]

Verletzt der Auftraggeber die in § 3 Abs. 6 Nr. 1 VOB/B festgelegten Nutzungsverbote, so steht dem Auftragnehmer zunächst ein **Unterlassungsanspruch** zu, da § 3 Abs. 6 Nr. 1 VOB/B auf Unterlassung gerichtet ist.[243] Entsteht dem Auftragnehmer ein **Schaden**, so ist dieser darüber hinaus wegen positiver Vertragsverletzung bzw. gem. § 280 Abs. 1 BGB bei Vorliegen von Verschulden ersatzfähig.[244]

---

[234] Döring in Ingenstau/Korbion VOB/B § 3 Abs. 6 Rdn. 6; Heiermann/Riedl/Rusam VOB/B § 3 Rdn. 26.
[235] Beck'scher VOB-Kommentar/Hartung VOB/B § 3 Abs. 6 Rdn. 13.
[236] Beck'scher VOB-Kommentar/Hartung VOB/B § 3 Abs. 6 Rdn. 19.
[237] Beck'scher VOB-Kommentar/Hartung VOB/B § 3 Abs. 6 Rdn. 20.
[238] Döring in Ingenstau/Korbion VOB/B § 3 Abs. 6 Rdn. 10; Heiermann/Riedl/Rusam VOB/B § 3 Rdn. 29.
[239] BGH NJW 1986, 2701; Döring in Ingenstau/Korbion VOB/B § 3 Abs. 6 Rdn. 10; Heiermann/Riedl/Rusam VOB/B § 3 Rdn. 29; Beck'scher VOB-Kommentar/Hartung VOB/B § 3 Abs. 6 Rdn. 21.
[240] Beck'scher VOB-Kommentar/Hartung VOB/B § 3 Abs. 6 Rdn. 17; Döring in Ingenstau/Korbion VOB/B § 3 Abs. 6 Rdn. 7.
[241] Döring in Ingenstau/Korbion VOB/B § 3 Abs. 6 Rdn. 7, Beck'scher VOB-Kommentar/Hartung VOB/B § 3 Abs. 6 Rdn. 17.
[242] BGH NJW 1986, 2701; Döring in Ingenstau/Korbion VOB/B § 3 Abs. 6 Rdn. 7; Beck'scher VOB-Kommentar/Hartung VOB/B § 3 Abs. 6 Rdn. 18.
[243] Heiermann/Riedl/Rusam VOB/B § 3 Rdn. 28; Döring in Ingenstau/Korbion VOB/B § 3 Abs. 6 Rdn. 9.
[244] Döring in Ingenstau/Korbion VOB/B § 3 Abs. 6 Rdn. 9; Beck'scher VOB-Kommentar/Hartung VOB/B § 3 Abs. 6 Rdn. 32; Heiermann/Riedl/Rusam VOB/B § 3 Rdn. 28.

Ausführungsunterlagen 63–65 § 3 VOB/B

Als Eigentümer der Unterlagen steht dem Auftragnehmer unter der Einschränkung des § 986 BGB ein **Herausgabeanspruch** gem. § 985 BGB zu.[245] Als Eigentümer stehen ihm darüber hinaus auch **deliktische Ansprüche** gem. den §§ 823 ff. BGB zu.[246] **Urheberrechtliche Ansprüche** gem. den §§ 7 ff., §§ 11 ff. UrhG setzen voraus, dass die Unterlagen den Anforderungen des UrhG entsprechen und der Auftragnehmer auch Urheber im Sinne des UrhG ist.[247] Schließlich kommen auch noch Ansprüche wegen unerlaubter Eigengeschäftsführung gem. § 287 Abs. 2 BGB i. V. m. den §§ 677, 678, 681, 682 BGB in Betracht.[248]

d) Abweichende Regelungen. Wollen die Parteien eine von § 3 Abs. 6 Nr. 1 VOB/B abweichende Regelung vereinbaren, so ist dies **individualvertraglich** möglich. Dabei kann § 3 Abs. 6 VOB/B entweder ganz ausgeschlossen oder eingeschränkt werden.[249] 63

2. Nutzungsrechte des Auftraggebers an DV-Programmen gem. § 3 Abs. 6 Nr. 2 VOB/B. Werden Unterlagen im Sinne des § 2 Abs. 5 VOB/B als DV-Programme übergeben, was in der Praxis immer häufiger vorkommt, greift § 2 Abs. 6 Nr. 2 VOB/B als **Sonderregelung** ein.[250] Durch die Vorschrift sollen die Urheberinteressen des Auftragnehmers einerseits und die Nutzungsinteressen des Auftraggebers andererseits ausgeglichen werden.[251] 64

Voraussetzung der Nutzung ist dabei gem. § 3 Abs. 6 Nr. 2 S. 1 VOB/B, dass das DV-Programm mit **den vereinbarten Leistungsmerkmalen in unveränderter Form auf den festgelegten Geräten** genutzt wird. Die Voraussetzungen müssen kumulativ vorliegen.[252] Dies setzt inhaltlich sowohl die vorhergehende Vereinbarung der Leistungsmerkmale der DV-Programme als auch die Festlegung der zu gebrauchenden Geräte voraus.[253]

Wie sich aus § 3 Abs. 6 Nr. 2 S. 2 VOB/B ergibt, dürfen durch den Auftraggeber lediglich zwei Kopien hergestellt werden. Bei dieser Anzahl handelt es sich um eine Maximalzahl.[254] Dabei muss die Identifikation nach § 3 Abs. 6 Nr. 2 S. 3 VOB/B möglich bleiben, was voraussetzt, dass die entsprechenden Merkmale erhalten bleiben. Identifikationsmerkmale können dabei z. B. sein, der Name des Programmherstellers, die Bezeichnung des Bauobjektes usw.[255]

Wie sich aus § 3 Abs. 6 Nr. 2 S. 4 VOB/B ergibt, ist dabei der Auftraggeber darlegungs- und beweispflichtig für den Nachweis, wo die Kopien verblieben sind. Entsprechende Kontrollen muss der Auftraggeber ermöglichen.[256]

Verletzt der Auftraggeber die ihm nach § 3 Abs. 6 Nr. 2 VOB/B obliegenden Pflichten, kommen Schadensersatzansprüche wegen positiver Vertragsverletzung bzw. gem. § 280 Abs. 1 BGB in Betracht.[257]

3. Fortbestehen des Nutzungsrechtes des Auftragnehmers gem. § 3 Abs. 6 Nr. 3 VOB/B. Trotz der Übertragung von Nutzungsrechten im Rahmen der Zweck- bzw. Nutzungsbestimmung gem. § 3 Abs. 1/§ 3 Abs. 2 VOB/B bleibt der Auftragnehmer an den in § 3 Abs. 5 65

---

[245] *Heiermann/Riedl/Rusam* VOB/B § 3 Rdn. 28; *Beck'scher VOB-Kommentar/Hartung* VOB/B § 3 Abs. 6 Rdn. 7; *Döring* in *Ingenstau/Korbion* VOB/B § 3 Abs. 6 Rdn. 5.
[246] *Heiermann/Riedl/Rusam* VOB/B § 3 Rdn. 28; *Beck'scher VOB-Kommentar/Hartung* VOB/B § 3 Abs. 6 Rdn. 14.
[247] *Beck'scher VOB-Kommentar/Hartung* VOB/B § 3 Abs. 6 Rdn. 12; *Heiermann/Riedl/Rusam* VOB/B § 3 Rdn. 28.
[248] *Heiermann/Riedl/Rusam* VOB/B § 3 Rdn. 28.
[249] *Döring* in *Ingenstau/Korbion* VOB/B § 3 Abs. 6 Rdn. 11; *Beck'scher VOB-Kommentar/Hartung* VOB/B § 3 Abs. 6 Rdn. 22.
[250] *Beck'scher VOB-Kommentar/Hartung* VOB/B § 3 Abs. 6 Rdn. 23.
[251] *Döring* in *Ingenstau/Korbion* VOB/B § 3 Abs. 6 Rdn. 12.
[252] *Heiermann/Riedl/Rusam* VOB/B § 3 Rdn. 33; *Döring* in *Ingenstau/Korbion* VOB/B § 3 Abs. 6 Rdn. 13; *Beck'scher VOB-Kommentar/Hartung* VOB/B § 3 Abs. 6 Rdn. 24 f.
[253] *Beck'scher VOB-Kommentar/Hartung* VOB/B § 3 Abs. 6 Rdn. 25; *Heiermann/Riedl/Rusam* VOB/B § 3 Rdn. 33.
[254] *Döring* in *Ingenstau/Korbion* VOB/B § 3 Abs. 6 Rdn. 15; *Beck'scher VOB-Kommentar/Hartung* VOB/B § 3 Abs. 6 Rdn. 26.
[255] *Beck'scher VOB-Kommentar/Hartung* VOB/B § 3 Abs. 6 Rdn. 27; *Döring* in *Ingenstau/Korbion* VOB/B § 3 Abs. 6 Rdn. 16.
[256] *Döring* in *Ingenstau/Korbion* VOB/B § 3 Abs. 6 Rdn. 17; *Beck'scher VOB-Kommentar/Hartung* VOB/B § 3 Abs. 6 Rdn. 28.
[257] *Heiermann/Riedl/Rusam* VOB/B § 3 Rdn. 33; *Döring* in *Ingenstau/Korbion* VOB/B § 3 Abs. 6 Rdn. 16, 17.

VOB/B § 4

VOB/B genannten Unterlagen inkl. entsprechenden DV-Programmen selbst nutzungsberechtigt.[258] Dieses Nutzungsrecht ist – anders als das Nutzungsrecht des Auftraggebers – nicht auf die betreffende Baumaßnahme beschränkt. Vielmehr kann der Auftragnehmer seine Unterlagen auch außerhalb des betroffenen Bereiches gegebenenfalls auch mit anderen Partnern nutzen.

Dieses Recht des Auftragnehmers kann individualvertraglich ausgeschlossen werden. Sofern ein Ausschluss in Allgemeinen Geschäftsbedingungen vorgesehen ist, wäre dieser wegen Verstoßes gegen § 9 AGBG[259] bzw. § 307 BGB[260] unwirksam.[261]

§ 4 Ausführung

(1) 1. Der Auftraggeber hat für die Aufrechterhaltung der allgemeinen Ordnung auf der Baustelle zu sorgen und das Zusammenwirken der verschiedenen Unternehmer zu regeln. Er hat die erforderlichen öffentlich-rechtlichen Genehmigungen und Erlaubnisse – z. B. nach dem Baurecht, dem Straßenverkehrsrecht, dem Wasserrecht, dem Gewerberecht – herbeizuführen.
2. Der Auftraggeber hat das Recht, die vertragsgemäße Ausführung der Leistung zu überwachen. Hierzu hat er Zutritt zu den Arbeitsplätzen, Werkstätten und Lagerräumen, wo die vertragliche Leistung oder Teile von ihr hergestellt oder die hierfür bestimmten Stoffe und Bauteile gelagert werden. Auf Verlangen sind ihm die Werkzeichnungen oder andere Ausführungsunterlagen sowie die Ergebnisse von Güteprüfungen zur Einsicht vorzulegen und die erforderlichen Auskünfte zu erteilen, wenn hierdurch keine Geschäftsgeheimnisse preisgegeben werden. Als Geschäftsgeheimnis bezeichnete Auskünfte und Unterlagen hat er vertraulich zu behandeln.
3. Der Auftraggeber ist befugt, unter Wahrung der dem Auftragnehmer zustehenden Leitung (Absatz 2) Anordnungen zu treffen, die zur vertragsgemäßen Ausführung der Leistung notwendig sind. Die Anordnungen sind grundsätzlich nur dem Auftragnehmer oder seinem für die Leitung der Ausführung bestellten Vertreter zu erteilen, außer wenn Gefahr im Verzug ist. Dem Auftraggeber ist mitzuteilen, wer jeweils als Vertreter des Auftragnehmers für die Leitung der Ausführung bestellt ist.
4. Hält der Auftragnehmer die Anordnungen des Auftraggebers für unberechtigt oder unzweckmäßig, so hat er seine Bedenken geltend zu machen, die Anordnungen jedoch auf Verlangen auszuführen, wenn nicht gesetzliche oder behördliche Bestimmungen entgegenstehen. Wenn dadurch eine ungerechtfertigte Erschwerung verursacht wird, hat der Auftraggeber die Mehrkosten zu tragen.
(2) 1. Der Auftragnehmer hat die Leistung unter eigener Verantwortung nach dem Vertrag auszuführen. Dabei hat er die anerkannten Regeln der Technik und die gesetzlichen und behördlichen Bestimmungen zu beachten. Es ist seine Sache, die Ausführung seiner vertraglichen Leistung zu leiten und für Ordnung auf seiner Arbeitsstelle zu sorgen.
2. Er ist für die Erfüllung der gesetzlichen, behördlichen und berufsgenossenschaftlichen Verpflichtungen gegenüber seinen Arbeitnehmern allein verantwortlich. Es ist ausschließlich seine Aufgabe, die Vereinbarungen und Maßnahmen zu treffen, die sein Verhältnis zu den Arbeitnehmern regeln.
(3) Hat der Auftragnehmer Bedenken gegen die vorgesehene Art der Ausführung (auch wegen der Sicherung gegen Unfallgefahren), gegen die Güte der vom Auftraggeber gelieferten Stoffe oder Bauteile oder gegen die Leistungen anderer Unternehmer, so hat er sie dem Auftraggeber unverzüglich – möglichst schon vor Beginn der Arbeiten – schriftlich mitzuteilen; der Auftraggeber bleibt jedoch für seine Angaben, Anordnungen oder Lieferungen verantwortlich.

---

[258] Beck'scher VOB-Kommentar/*Hartung* VOB/B § 3 Abs. 6 Rdn. 29; *Döring* in *Ingenstau/Korbion* VOB/B § 3 Abs. 6 Rdn. 18; *Heiermann/Riedl/Rusam* VOB/B § 3 Rdn. 34.
[259] Bis zum 31.12.2001.
[260] Ab dem 1.1.2002.
[261] *Heiermann/Riedl/Rusam* VOB/B § 3 Rdn. 34; *Döring* in *Ingenstau/Korbion* VOB/B § 3 Abs. 6 Rdn. 18; Beck'scher VOB-Kommentar/*Hartung* VOB/B § 3 Abs. 6 Rdn. 30.

(4) Der Auftraggeber hat, wenn nichts anderes vereinbart ist, dem Auftragnehmer unentgeltlich zur Benutzung oder Mitbenutzung zu überlassen:
a) die notwendigen Lager- und Arbeitsplätze auf der Baustelle,
b) vorhandene Zufahrtswege und Anschlussgleise,
c) vorhandene Anschlüsse für Wasser und Energie. Die Kosten für den Verbrauch und den Messer oder Zähler trägt der Auftragnehmer, mehrere Auftragnehmer tragen sie anteilig.

(5) Der Auftragnehmer hat die von ihm ausgeführten Leistungen und die ihm für die Ausführung übergebenen Gegenstände bis zur Abnahme vor Beschädigung und Diebstahl zu schützen. Auf Verlangen des Auftraggebers hat er sie vor Winterschäden und Grundwasser zu schützen, ferner Schnee und Eis beseitigen. Obliegt ihm die Verpflichtung nach Satz 2 nicht schon nach dem Vertrag, so regelt sich die Vergütung nach § 2 Abs. 6.

(6) Stoffe oder Bauteile, die dem Vertrag oder den Proben nicht entsprechen, sind auf Anordnung des Auftraggebers innerhalb einer von ihm bestimmten Frist von der Baustelle zu entfernen. Geschieht es nicht, so können sie auf Kosten des Auftragnehmers entfernt oder für seine Rechnung veräußert werden.

(7) Leistungen, die schon während der Ausführung als mangelhaft oder vertragswidrig erkannt werden, hat der Auftragnehmer auf eigene Kosten durch mangelfreie zu ersetzen. Hat der Aufragnehmer den Mangel oder die Vertragswidrigkeit zu vertreten, so hat er auch den daraus entstehenden Schaden zu ersetzen. Kommt der Auftragnehmer der Pflicht zur Beseitigung des Mangels nicht nach, so kann ihm der Auftraggeber eine angemessene Frist zur Beseitigung des Mangels setzen und erklären, dass er ihm nach fruchtlosem Ablauf der Frist den Auftrag entziehe (§ 8 Abs. 3).

(8) 1. Der Auftragnehmer hat die Leistung im eigenen Betrieb auszuführen. Mit schriftlicher Zustimmung des Auftraggebers darf er sie an Nachunternehmer übertragen. Die Zustimmung ist nicht notwendig bei Leistungen, auf die der Betrieb des Auftragnehmers nicht eingerichtet ist. Erbringt der Auftragnehmer ohne schriftliche Zustimmung des Auftraggebers Leistungen nicht im eigenen Betrieb, obwohl sein Betrieb darauf eingerichtet ist, kann der Auftraggeber ihm eine angemessene Frist zur Aufnahme der Leistung im eigenen Betrieb setzen und erklären, dass er ihm nach fruchtlosen Ablauf der Frist den Auftrag entziehe (§ 8 Abs. 3).
2. Der Auftragnehmer hat bei der Weitervergabe von Bauleistungen an Nachunternehmer die Vergabe- und Vertragsordnung für Bauleistungen, Teile B und C zugrunde zulegen.
3. Der Auftragnehmer hat die Nachunternehmer dem Auftraggeber auf Verlangen bekannt zu geben.

(9) Werden bei Ausführung der Leistung auf einem Grundstück Gegenstände von Altertums-, Kunst- oder wissenschaftlichem Wert entdeckt, so hat der Auftragnehmer vor jedem weiteren Aufdecken oder Ändern dem Auftraggeber den Fund anzuzeigen und ihm die Gegenstände nach näherer Weisung abzuliefern. Die Vergütung etwaiger Mehrkosten regelt sich nach § 2 Abs. 6. Die Rechte des Entdeckers (§ 984 BGB) hat der Auftraggeber.

(10) Der Zustand von Teilen der Leistung ist auf Verlangen gemeinsam von Auftraggeber und Auftragnehmer festzustellen, wenn diese Teile der Leistung durch die weitere Ausführung der Prüfung und Feststellung entzogen werden. Das Ergebnis ist schriftlich niederzulegen.

Schrifttum: *Acker/Roskosny,* Die Abnahme beim gekündigten Bauvertrag und deren Auswirkung auf die Verjährung BauR 2003, 1279; *Boesen/Upleger,* Das Gebot der Selbstausführung und das Recht zu Unterbeauftragung NVbZ 2004, 919; *Berger,* Behinderung und Unterbrechung beim Bauvertrag – Checkliste und Musterschreiben: Behinderungsanzeige MDR 2003, 316; *Bolz,* Das Baugrundrisiko – Begriffsdefinition und Risikoverteilung BauR 2011, 163; *Bolz* „Planungsbedingter Baumangel: Wer muss die Mängelbeseitigung planen IBR 2013, 454; *Bolz/Gross,* Ausgewählte Rechtsfragen zur Abnahme BauRB 2005, 274; *Brügmann/Kenter,* Abnahmeanspruch nach Kündigung von Bauverträgen NJW 2003, 2121; *Clemm,* Die rechtliche Einordnung der Prüfungs- und Hinweispflicht des Auftragnehmers im Bauvertrag (§ 4 Nr. 3 VOB/B) und die Rechtsfolgen ihrer Verletzung, BauR 1987, 609; *Dähne* „Nochmals: Zur Problematik des § 8 Nr. 3

VOB/B (Entziehung des Auftrags durch den Auftraggeber) BauR 1972, 279; *Englert/Schneeweiß,* Die Zustimmung im Einzelfall (ZiE): Begrifflichkeiten und Rechtsfolgen im Rahmen von Bauverträgen, BauR 2007, 290; *Freund,* Das Kooperationsangebot als Ausprägung zivilrechtlicher Treuepflichten, BTR 2003, 24; *Ganten,* Beratungsverpflichtungen des Architekten, BauR 1974, 78; *Grauvogl,* § 4 Nr. 10 VOB/B Zustandsfeststellung und Umkehr der Beweislast der unsichtbaren Tiefbauleistungen BauR 2003, 1481; *Hammacher,* Prüf- und Hinweispflichten für Auftraggeber und Auftragnehmer, NZBau 2016, 20; *Hausmann/Wendenburg,* Vergabeausschluss von Generalübernehmern rechtswidrig NZBau 2004, 315; *Heuvels,* Bedeutung und Rechtsfolgen des Nachunternehmeraustauschs bei der Vergabe von Dienstleistungskonzessionen NZBau 2013, 485; *Hochstein,* Zur Systematik der Prüfungs- und Hinweispflichten des Auftragnehmers im VOB-Bauvertrag, FS Korbion 1986, S. 165; *Hönes,* Vereinbarungen über Altertumsfunde nach § 4 Nr. 9 VOB/B, BauR 2007, 1177; *Hummel* ,Der Bedenkenhinweis in der praktischen Abwicklung von Bauverträgen BauR 2015, 329; *Jagenburg,,* Anerkannte Regeln der Technik auf dem Prüfstand des Gewährleistungsrechts, Jahrbuch Baurecht 2000, 200; *Joussen/Vygen,* Der Subunternehmervertrag; *Kaiser,* Die konkurrierende Haftung von Vor- und Nachunternehmer, BauR 2000, 177; *Kaiser,* Die Prüfungs- und Anzeigenpflichten des Auftragnehmers nah § 4 VOB/B, BauR 1981, 311; *Kaminsky/Kues,* Die Vergütung von Maßnahmen des Auftraggebers zum Schutz der eigenen Leistung vor Abnahme beim VOB/B-Vertrag, NZBau 2006, 747; *Kamphausen/Warmbrunn,* Zur Feststellung anerkannter Regeln der Bautechnik; Praxisbeispiel: Druckwasserbelastete Keller aus Stahlbeton-Elementwänden, BauR 2008, 25; *Kandel* ,Schwierigkeiten des funktionalen Mängelbegriffs in der gerichtlichen Praxis NJW 2013, 3069; *Kapellmann,* § 645 BGB und die Behinderungshaftung für Vorunternehmer, BauR 1992, 433; *Keldungs,* Inhalt und Umfang der Hinweispflicht des Unternehmers BGHReport, 2003, 482; *Kiesel,* Die VOB 2002 Änderungen, Würdigung AGB-Problematik NJW 2002, 2064; *Kniffka,* Aufklärungspflicht des Bauunternehmers nach der Abnahme – zur Sekundärhaftung des Unternehmers, FS Heiermann 1995, S. 201; *Korbion,* Die Ersetzung mangelhafter Leistungen vor Abnahme nach § 4 Nr. 7 VOB/B BauRB 2003, 216; *Korbion,* Die Prüfungs- und Anzeigepflicht des Auftragnehmers nach § 4 Nr. 3 VOB/B BauRB 2003, 182; *Kullack/Terner,* Zur Berücksichtigung von Generalübernehmern bei der Vergabe von Bauleistungen ZfBR 2003, 443; *Kullack/Terner,* Die vergaberechtliche Behandlung des Nachunternehmer-Einsatzes gemäß VOB/A insbesondere im Bietergespräch ZfBR 2003, 234; *Lange,* Das Baugrundrisiko – Begriff und Pflichten der am Bau Beteiligten BauR 2003, 118; *Langen* ,Gesamtschuld der Planungs- und Baubeteiligten – Eine kritische Bestandsaufnahme (Teil 1) NZBau 2015, 2; *Leidig/Hürter,* ,Handbuch Kauf- und Lieferverträge am Bau *Leupertz,* Der verpreiste Leistungsumfang und der geschuldete Erfolg – Überlegungen zur Struktur des Bauvertrages BauR 2010, 273; *Miernik* ,Wirkt sich eine Änderung der anerkannten Regeln der Technik auf die Vergütung des Werkunternehmers aus? BauR 2012, 151; *Möller,* VOB/B als ganzes nur ohne jede vertragliche Abweichung – Konsequenzen für die baurechtliche Beratung ZfBR 2005, 119; *Morgenstern,* Vorzeitige Gestattung des Zuschlags; Nebenangebote; Änderung der Verdingungsunterlagen VergabeR 2003, 698; *Motzke,* Aufgabenzuweisung bei durch Planungsfehler und unterlassene Prüfung und Bedenkenmitteilung verursachten Mängel, BauR 2011 153; *Motzke,* Neue Technik – Neues Recht BTR 2004, 10; *Muffler,* Das Mängelbeseitigungsrecht des Werkunternehmers und die Doppelsinnigkeit der Nacherfüllung BauR 2004, 1356; *Mundt,* Zur angemessenen Nachbesserungsfrist bei witterungsabhängigen Nachbesserungsarbeiten BauR 2005, 1397; *Nicklisch,* Risikoverteilung im Werkvertragsrecht bei Anweisungen des Bestellers, FS Bosch 1976, S. 731; *Peters,* Die fehlerhafte Planung des Bestellers und ihre Folgen, NZBau 2008, 609; *Peters* ,Die Mitwirkung des Bestellers bei der Durchführung eines Bauvorhabens NZBau 2011, 641; *Peters* ,Die Kündigung des Werkvertrags aus wichtigem Grund, NZBau 2014, 681; *Popescu,* Verlust schriftlich nicht miterwähnter Kündigungsgründe? BauR 2016, 577; *Putzier,* ,Warum die Überwachung der Handwerklichen Arbeit durch den Architekten nicht zur gesamtschuldnerischen Haftung für Ausführungsmängel führen kann, ,BauR 2012, 143; *Sass* ,Das Funktionstauglichkeitsdogma in der „Blockheitskraftwerk"-Entscheidung NZBau 2013, 132; *Schlechtriem,* Haftung des Nachunternehmers gegenüber dem Bauherrn ZfBR 1988, 101; *Schmid,* Die Abnahme des Gemeinschaftseigentums durch den Einzelne oder die anderen Erwerber – Teil 1 BRT 2004, 150; *Schmidt,* Leistungsmängel aus dem Bereich des Auftraggebers, NJW 1966, 1494; *Schröder,* Die Dogmatik der Bedenkenanmeldung und deren Folgen, BauR 2015, 319; *Schwenker,* Zur Abnahme beim gekündigten Bauvertrag EwiR 2003, 1017; *Seibel,* Bauvertraglich geschuldete Leistung, „allgemein anerkannte Regeln der (Bau-) Technik" und technische Normen, www.werner-baurecht.de (Dossiers); *Seibel,* Die allgemeine Anerkennung von technischen Regeln und ihre Feststellbarkeit, ZfBR 2008, 635; *Seibel/Siegen,* Die „Bedenkenhinweispflicht" des Bauunternehmers im Fall der vertraglichen Vereinbarung einer funktionsuntauglichen Werkleistung ZfBR 2011, 529; *Siegburg,* Baumängel aufgrund fehlerhafter Vorgaben des Bauherrn, FS Korbion 1986, S. 411; *Siegburg,* Handbuch der Gewährleistung beim Bauvertrag 4. Aufl. Köln 2000; *Siegburg,* Haftung des Unternehmers für von vereinbarter fehlerfreier Planung abweichende Bauausführung trotz Hinweises auf Bedenken ZfIR 2003, 378; *Siegburg,* Anerkannte Regeln der Bautechnik – DIN-Normen, BauR 1985, 367; *Stoye/Brugger,* Vertrag bleibt Vertrag: Anordnungen des Auftraggebers nach VOB7B grundsätzlich ausschreibungsfrei! VergabeR 2011, 803; *Quadbeck,* Zu den Voraussetzungen des deliktischen Schadensersatzanspruchs beim Bauvertrag BGHReport 2005, 627; *Vygen,* Behinderungen des Auftragnehmers und ihre Auswirkungen auf die vereinbarte Bauzeit BauR 1983, 210; *Vygen/Joussen* ,Bauvertragsrecht nach VOB und BGB; *Wessel,* Bauzeitverzögerungen, Ausführungsfristen und „Zeitpuffer" ZfBR 2010, 527; *Wirner,* Die Eignung von Bewerbung und Bietern bei der Vergabe öffentlicher Bauaufträge ZfBR 2003, 545; *Ziegler,* Zu den Pflichten des Bauherrn und seinem Mitverschulden bei der Planung des Bauvorhabens und der Bewachung der bauausführenden Unternehmer ZfBR 2003, 523; *Zerr,* Gesamtschuldverhältnisse im Bauwesen, NZBau 2002, 241.

7. Beispiele aus der Rechtsprechung 113
   a) Umfang der Prüfungspflicht 114
   b) Mehrere Auftragnehmer 115
   c) Prüfung von Vorleistungen/Nachleistungen 116
   d) Haftungsquoten bei auch mangelhafter Planung 117
   e) Unberechtigte Bedenkenanmeldung 118
   f) Beispiele aus der Rechtsprechung für verschiedene Gewerke: 119
VII. Überlassungspflichten des Auftraggebers (§ 4 Abs. 4 VOB/B) 120
  1. Allgemeines 120
  2. Umfang der Überlassungspflichten 122
  3. Grundsätzlich Unentgeltlichkeit 123
  4. Rechtswirkungen 124
VIII. Schutzpflichten (§ 4 Abs. 5 VOB/B) 126
  1. Allgemeines 126
  2. Originäre Schutzpflichten des Auftragnehmers 127
   a) Umfang 129
   b) Unentgeltlichkeit 132
  3. Schutzpflichten auf Verlangen des Auftraggebers 133
   a) Umfang 134
   b) Verlangen des Auftraggebers 136
   c) Vergütung 137
  4. Rechtswirkungen 138
IX. Vertragswidrige Stoffe oder Bauteile (§ 4 Abs. 6 VOB/B) 139
  1. Allgemeines 139
  2. Voraussetzungen 141
  3. Pflicht zur Entfernung 146
  4. Rechte des Auftraggebers 149
   a) Entfernung der Stoffe/Bauteile von der Baustelle 150
   b) Veräußerung der Stoffe/Bauteile 152
  5. Rechtsfolgen 153
X. Mangelhafte/vertragswidrige Leistungen während der Ausführung (§ 4 Abs. 7 VOB/B) 156
  1. Allgemeines 156
  2. Verpflichtung des Auftragnehmers 160
   a) Ersetzungsanspruch 160
   b) Voraussetzungen 161
   c) Zeitraum 164
   d) Grenzen 168
  3. Schadensersatzanspruch des Auftraggebers 170
   a) Voraussetzungen
   b) Umfang 171
   c) Konkurrenzen 175
  4. Kündigungsrecht 176
   a) Voraussetzungen 177
   b) Fristsetzung 179
   c) Entziehung des Auftrages, § 8 Abs. 3 VOB/B 183
   d) Rechtsfolgen 185
XI. Pflicht des Auftragnehmers zur Selbstausführung (§ 4 Abs. 8 VOB/B) 194
  1. Allgemeines 194
  2. Grundsatz/Ausnahmen 196
  3. Kündigungsrecht des Auftraggebers 202
  4. Weitervergabe durch den Auftragnehmer 208
  5. Mitteilungspflicht des Auftragnehmers 212
  6. Rechtsfolgen 213
XII. Fund (§ 4 Abs. 9 VOB/B) 214
  1. Allgemeines 214
  2. Anzeige-/Ablieferungspflicht 216
  3. Mehrkosten, § 2 Abs. 6 VOB/B 218
  4. Rechte des Entdeckers 220
  5. Rechtswirkungen 221
XIII. Feststellung von Teilen der Leistung (§ 4 Abs. 10 VOB/B) 222
  1. Allgemeines 222
  2. Verlangen der Feststellung 224
  3. Niederlegung des Ergebnisses 225
  4. Rechtswirkungen 226

Übersicht

	Rn.
A. Überblick	1
B. Erörterung	4
I. Mitwirkungspflichten des Auftraggebers (§ 4 Abs. 1 Nr. 1 VOB/B)	4
1. Allgemeines	4
2. Spezifische Mitwirkungspflichten	5
a) Aufrechterhaltung der allgemeinen Ordnung	5
b) Zusammenwirken der verschiedenen Unternehmer	7
c) Genehmigungen/Erlaubnisse	10
3. Rechtswirkungen	12
II. Überwachungsrechte des Auftraggebers (§ 4 Abs. 1 Nr. 2 VOB/B)	14
1. Allgemeines	14
2. Überwachungsrechte	16
a) Zutrittsrecht	
b) Einsichtsrecht	17
c) Auskunftsrecht	18
d) Geschäftsgeheimnisse des Auftragnehmers	19
3. Rechtswirkungen	21
III. Anordnungen des Auftraggebers (§ 4 Abs. 1 Nr. 3 VOB/B)	23
1. Allgemeines	24
2. Umfang des Anordnungsrechts	25
3. Der Auftragnehmer als Anordnungsempfänger	28
4. Vertretung des Auftragnehmers	29
5. Rechtswirkungen	31
IV. Geltendmachung von Bedenken durch den Auftragnehmer (§ 4 Abs. 1 Nr. 4 VOB/B)	33
1. Allgemeines	34
2. Die speziellen Pflichten des Auftragnehmers	35
3. Weisungsgebundenheit des Auftragnehmers	37
4. Mehrkosten	43
5. Rechtswirkungen	46
V. Verantwortung des Auftragnehmers für die Ausführung der Leistung (§ 4 Abs. 2 VOB/B)	47
1. Allgemeines	47
2. Erbringung der Vertragsleistung durch den Auftragnehmer	53
a) Nach dem Vertrag	53
b) Beachtung der anerkannten Regeln der Technik	55
c) Beachtung der gesetzlichen/behördlichen Bestimmungen	61
3. Ordnung auf der Baustelle	62
4. Verpflichtungen des Auftragnehmers gegenüber den Arbeitnehmern	63
5. Rechtswirkungen	66
VI. Prüfungs- und Mitteilungspflicht des Auftragnehmers (§ 4 Abs. 3 VOB/B)	67
1. Allgemeines	67
2. Pflicht zur Anzeige von Bedenken	71
a) Prüfungspflicht	
b) Kenntnisse des Auftragnehmers	72
c) Grenzen der Prüfungspflicht	73
d) Prüfungspflicht und besondere Fachkunde des Auftraggebers	74
e) Zeitpunkt der Prüfungspflicht	77
3. Mitteilung von Bedenken	78
a) Gegen die vorgesehene Art der Ausführung	79
b) Wegen Sicherung gegen Unfallgefahren	85
c) Gegen die Güte gelieferter Stoffe/Bauteile	86
d) Gegen die Leistung anderer Unternehmer	89
4. Mitteilung im Einzelnen	95
a) Inhalt	
b) Form	96
c) Zeitpunkt	98
d) Adressat	99
5. Verantwortung des Auftraggebers	101
6. Rechtswirkungen	102
a) Pflichtverletzung des Auftragnehmers	103
b) Mangelhafte Leistung anderer Unternehmer	105
c) Mitwirkungspflicht des Auftraggebers	109
d) Wechselseitige Ansprüche	112

A. Überblick

Unter der Überschrift „Ausführung" regelt § 4 VOB/B Rechte und Pflichten der Parteien in dem Zeitraum ab Abschluss des Vertrages bis zur Abnahme. Verstöße gegen die in § 4 VOB/B aufgeführten Pflichten lösen grundsätzlich eine Schadensersatzpflicht gemäß § 280 BGB aus, so dass **schadensersatzrechtlich** die Qualifizierung der in § 4 VOB/B konkretisierten Pflichten als **Neben**pflichten nicht mehr von Bedeutung ist. Außerhalb des Schadensersatzrechts bleibt die Differenzierung zwischen **Haupt**pflichten und sonstigen Pflichten von Bedeutung. Dies etwa bei der Frage, ob auf Erfüllung der Nebenpflichten geklagt werden kann, was sich danach richtet, ob nach Abwägung der beiderseitigen Interessen das Interesse des einen Teils derart gewichtig ist, dass ihm nicht zuzumuten ist, sich auf den bestehenden Schadensersatzanspruch (§ 280 Abs. 1 BGB) verweisen zu lassen[1]. Die Unterscheidung bleibt auch für die Frage von Bedeutung, ob Kündigungsrechte wegen Pflichtverletzungen entstehen. So lässt § 324 Abs. 1 BGB den Rücktritt bei der Verletzung einer Pflicht nach § 241 Abs. 2 BGB nur dann zu, wenn dem Gläubiger ein Festhalten am Vertrag nicht mehr zuzumuten ist. Dieses Rücktrittsrecht findet beim VOB/B-Vertrag keine Anwendung, weil § 9 Abs. 1 a) VOB/B an eine Kündigung andere Anforderungen stellt[2].

Zweck von § 4 VOB/B ist, im Hinblick auf die grundsätzlich lange Dauer von Bauvorhaben die Pflichten aus dem Bauvertrag für beide Parteien zu konkretisieren sowie bei Verletzung dieser Pflichten Rechtsfolgen oder Möglichkeiten der Rechtsgestaltung aufzuzeigen. § 4 VOB/B stellt **keine** abschließende Regelung der wechselseitigen Pflichten dar, sondern beschreibt **wesentliche** Pflichten. Darüber hinaus sind in den Abs. 6 und 7 **Ansprüche** des Auftraggebers für den Fall mangelhafter Leistungserbringung vor Abnahme geregelt. In Abs. 8 ist die Möglichkeit des Auftraggebers geregelt, bei Verstoß gegen die Verpflichtung zur Selbstausführung der Leistung unter den dort näher bezeichneten Voraussetzungen den Auftrag zu entziehen. Eingeführt ist weiter die Feststellung des Zustands von Teilen der Leistung (Abs. 10).

Die folgenden Grafiken verdeutlichen die Systematik der wechselseitigen Rechte/Pflichten, die sich für den Auftraggeber und Auftragnehmer aus § 4 VOB/B ergeben:

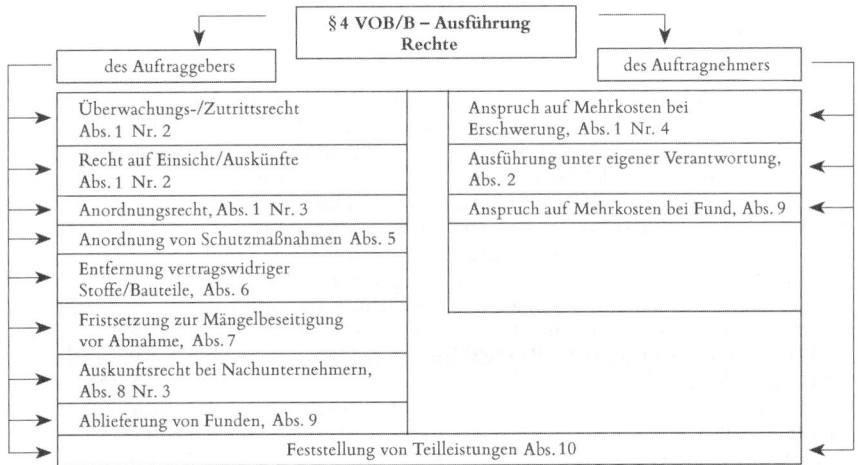

Dies verdeutlicht schon, dass § 4 hinsichtlich der Rechte im Wesentlichen solche **des Auftraggebers** regelt. Dem gegenüber sind weitgehend Pflichten des Auftragnehmers geregelt, was die nachfolgende Grafik verdeutlicht:

---

[1] NWJS/*Gartz* VOB/B § 4 Rdn. 4; a. A. *Leinemann* VOB/B § 4 Rdn. 1.
[2] Dazu eingehend § 9 VOB/B Rdn. 1 ff.

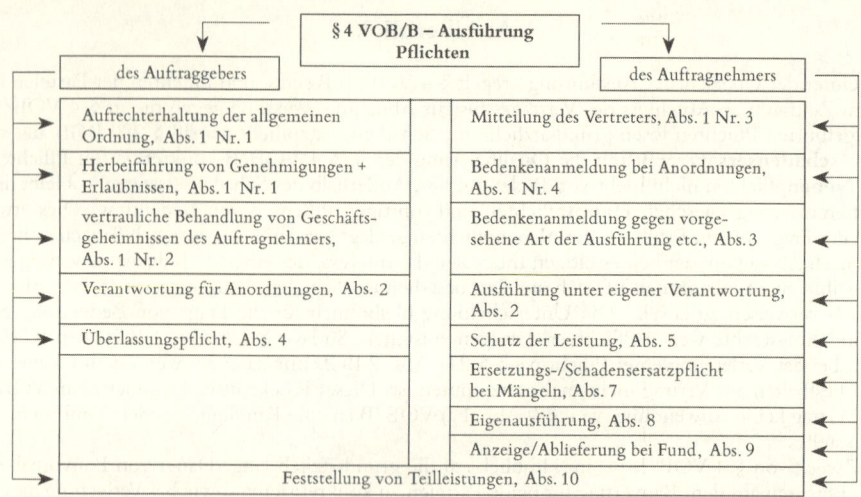

B. Erörterung

I. Mitwirkungspflichten des Auftraggebers (§ 4 Abs. 1 Nr. 1 VOB/B)

4 **1. Allgemeines.** § 4 Abs. 1 Nr. 1 VOB/B regelt die Grundpflichten des Auftraggebers. Daneben ist § 4 Abs. 4 VOB/B zu beachten (siehe Rdn. 118). Danach hat der Auftraggeber für die Aufrechterhaltung der allgemeinen Ordnung auf der Baustelle zu sorgen, sowie das Zusammenwirken der verschiedenen Unternehmer zu regeln. Erforderliche Genehmigungen und Erlaubnisse hat der Auftraggeber herbeizuführen, wenn vertraglich nichts anderes vereinbart ist (siehe Rdn. 10).

5 **2. Spezifische Mitwirkungspflichten. a) Aufrechterhaltung der allgemeinen Ordnung.** Der Auftraggeber hat die allgemeine Ordnung auf der Baustelle aufrecht zu erhalten. Mit „Baustelle" ist nicht nur das Baugelände im engeren Sinne gemeint. Zur **Baustelle** gehört all das, was für die Erbringung der Leistung erforderlich ist. Dazu gehören neben dem Baugelände selbst alle Nebengelände, also Plätze für Arbeitsvorbereitung, Lagerplätze für Geräte, Maschinen und Material, Unterkunfts-/Bürocontainer, Sanitäreinrichtungen, Versorgungseinrichtungen etc.[3] Der Auftraggeber hat die **allgemeine Ordnung** zu schaffen und während der gesamten Bauzeit sicherzustellen. Darunter sind alle Maßnahmen zu verstehen, die einen reibungslosen Ablauf der Bautätigkeit für alle Beteiligten und den Schutz der auf der Baustelle tätigen Arbeiter, aber auch Dritter (Verkehrssicherungspflicht gegenüber Nachbarn) gewährleisten[4]. Die allgemeine Ordnung betrifft nicht allein die Baustelle im engeren Sinne, sondern den Bauablauf in seiner Gesamtheit, so dass der Auftraggeber alle Maßnahmen ergreifen muss, um jedem Auftragnehmer die ungestörte Ausführung der geschuldeten Bauleistung insgesamt zu ermöglichen und Schäden von Dritten (z. B. Grundstücksnachbarn) abzuwenden. Welche Maßnahmen dies im Einzelnen sind, liegt im Ermessen des Auftraggebers. Diese Verpflichtung des Auftraggebers ist dem Planungsbereich zuzurechnen[5]. In der Regel wird das durch den Auftraggeber zu sichernde störungsfreie Nebeneinander der verschiedenen Beteiligten durch planerische Vorgaben gewährleistet, etwa durch Aufstellung von Ordnungsplänen für die Baustelle (mit Zuweisung der Plätze an verschiedene Unternehmer), der Planung von Zuwegungen und Lagerplätzen etc.

6 Darauf beschränkt sich die Verpflichtung des Auftraggebers aber nicht. Neben der Planung kann der Auftraggeber auch verpflichtet sein, aktiv tätig zu werden, um Störungen von außen

---

[3] Beck'scher VOB-Kommentar/*Junghenn* VOB/B § 4 Abs. 1 Rdn. 20b; NWJS/*Gartz* VOB/B § 4 Rdn. 4; *Ingenstau/Korbion/Oppler* VOB/B § 4 Abs. 1 Rdn. 7, 8.
[4] NWJS/*Gartz* VOB/B § 4 Rdn. 4; *Leinemann* VOB/B § 4 Rdn. 11.
[5] Beck'scher VOB-Kommentar/*Junghenn* VOB/B § 4 Abs. 1 Rdn. 11.

abzuwehren. Dazu gehören Bürgerinitiativen, Demonstrationen und Verkehrsbehinderungen[6]. Schließlich ist der Auftraggeber verpflichtet, bei Störungen des allgemeinen Bauablaufs für Abhilfe zu sorgen, wozu auch seine Verpflichtung gehört, die Einhaltung seiner Anordnungen sicherzustellen. Rechtliche Handhabe dafür bietet das Anordnungsrecht des Auftraggebers nach § 4 Abs. 1 Nr. 3 VOB/B.

b) Zusammenwirken der verschiedenen Unternehmer. Besondere Bedeutung kommt der Verpflichtung des Auftraggebers zu, das Zusammenwirken der verschiedenen Unternehmer zu regeln **(Koordinationsverpflichtung)**. Der Auftraggeber ist verpflichtet, das Baugeschehen so zu steuern, dass ein störungsfreier Ablauf aller Arbeiten gewährleistet ist. Beschränkt ist die Verpflichtung auf die unmittelbaren Vertragspartner des Auftraggebers, gilt also nicht im Verhältnis zu den vom Auftragnehmer beauftragten Nachunternehmer. In diesem Verhältnis liegt die Verantwortung für die Einhaltung der Maßnahmen/Vorgaben des Auftraggebers allein bei dem Auftragnehmer auf Grund des nur zwischen dem Auftragnehmer und dem Nachunternehmer bestehenden Vertragsverhältnisses.

Dabei geht es nicht um die bloße Überwachung der Baustelle, sondern – vor allem bei Großbaustellen – um die Koordination des Mit-, Neben- und Nacheinander. Durch diese Koordination hat der Auftraggeber sicherzustellen, dass die auf der Baustelle tätigen Unternehmer in der Leistungserbringung nicht durch andere Unternehmer gestört oder behindert werden[7]. Die Koordinierungsverpflichtung erweist sich bei aufeinander aufbauenden Leistungen (Vorunternehmer/Nachunternehmer) oft als schwierig. Hier hat der Auftraggeber durch geeignete Maßnahmen (z.B. **Bauzeitenpläne**[8]) sicherzustellen, dass geeignete, umsetzbare Vorgaben an die jeweils auf der Baustelle tätigen Unternehmer erfolgen. In der Praxis werden Bauzeitenpläne in der Form von Balkenplänen, Balkendiagrammen, Netzplänen oder täglichen Ablaufplänen erstellt. Die Pläne werden in regelmäßigen Besprechungen erörtert, aktualisiert und mit den Beteiligten abgestimmt. Zweck derartiger Maßnahmen ist vorrangig die Erfüllung der Verpflichtung des Auftraggebers aus § 4 Abs. 1 VOB/B.

Die Koordinierungsverpflichtung des Auftraggebers findet zunächst ihre Grenze, soweit besondere Vereinbarungen zwischen den Parteien getroffen sind. Bei Übernahme von Gesamtmaßnahmen durch General- oder Totalübernehmer wird in aller Regel auch die Koordinierungsverpflichtung dem Auftragnehmer übertragen. In den anderen Fällen kommt eine (teilweise) Übertragung der Koordinationsaufgaben nur bei gesonderter Vereinbarung und entsprechend detaillierter Beschreibung im Leistungsverzeichnis in Betracht. Übertragen werden können diese Pflichten z.B. auch an Architekten oder Sonderfachleute. Eine formularmäßige Abwälzung der Verpflichtung auf den Auftragnehmer hält einer Inhaltskontrolle nach § 307 BGB nicht stand[9]. Daneben kommt eine Begrenzung der Verpflichtung des Auftraggebers in Betracht, soweit er bzw. der beauftragte Architekt spezielles Fachwissen nicht beherrschen muss[10]. Schließlich kann auch der Auftragnehmer zur Mitwirkung verpflichtet sein, etwa in den Fällen, in denen der Auftragnehmer über **besondere Kenntnisse** verfügt.

c) Genehmigungen/Erlaubnisse. Nach § 4 Abs. 1 Nr. 1 Satz 2 VOB/B hat der Auftraggeber die erforderlichen öffentlich-rechtlichen Genehmigungen und Erlaubnisse herbeizuführen. Gemeint ist die für ein Bauvorhaben notwendige allgemeine Baugenehmigung nach Maßgabe des Bauplanungsrechts und des Bauordnungsrechts der jeweiligen Bundesländer. Der in der Regel durch einen Architekten vertretene Auftraggeber wird mit diesen Leistungen den Architekten beauftragen, der gegenüber dem Auftraggeber verpflichtet ist, auf Genehmigungserfordernisse hinzuweisen[11]. Hinweispflichten obliegen hier dem Auftragnehmer nur unter besonderen Voraussetzungen, etwa auf Grund spezieller Kenntnisse des Auftragnehmers von Genehmigungserfordernissen. Daneben sind ausdrücklich genannt Genehmigungen nach dem Straßenverkehrs-, Wasser- und Gewerberecht. Die Aufzählung ist nicht abschließend, ergibt aber grundsätzlich, dass dieser Pflichtenbereich insgesamt der Sphäre des Auftraggebers zuzurechnen ist, soweit nichts anderes vereinbart ist. Schuldet z.B. der Auftragnehmer nach der Leistungsbeschreibung die Sicherung des Baustellenbereichs durch Aufstellung und Umsetzen der dafür erforderlichen

---

[6] *Vygen* BauR 1983, 210; *Leinemann* VOB/B § 4 Rdn. 48; *Döring* in *Ingenstau/Korbion* § 6 Abs. 2 Rdn. 8.
[7] BGH BauR 1972, 112; *Ingenstau/Korbion/Oppler* VOB/B § 4 Abs. 1 Rdn. 9; NWJS/*Gartz* VOB/B § 4 Rdn. 5; vgl. *Wessel* ZfBR 2010, 527.
[8] BGH BauR 1985, 561; zur Rechtsnatur des Bauzeitenplans: VOB/B § 5 Rdn. 29 bis 34.
[9] Beck'scher VOB-Kommentar/*Junghenn* VOB/B § 4 Abs. 1 Rdn. 52.
[10] BGH BauR 1976, 138.
[11] BGH NJW 1973, 237; *Ingenstau/Korbion/Oppler* VOB/B § 4 Abs. 1 Rdn. 17, 18.

Verkehrszeichen und der Einholung der polizeilichen Genehmigung für die Durchführung der Baustellenabsicherung, so erfasst dies nicht auch die Regelung des **öffentlichen Verkehrs,** so dass darauf ergehende Anordnungen der Straßenverkehrsbehörde in den Verantwortungs- und Risikobereich des Auftraggebers fallen und diesem als Anordnung gemäß § 1 Abs. 3 und 4 VOB/B zuzuordnen sind[12].

Der **Prüfingenieur** erteilt zwar auch für den Auftraggeber eine notwendige Genehmigung, wird aber für seine prüfende/überwachende Tätigkeit auf Grund gesetzlicher Grundlage tätig und ist deshalb nicht Erfüllungsgehilfe des Auftraggebers[13].

11   Davon zu unterscheiden sind die **privatrechtlichen** Erlaubnisse, die mit § 4 Abs. 1 VOB/B nicht gemeint sind. Da der Auftraggeber verpflichtet ist, dem Auftragnehmer ein tatsächlich wie rechtlich baureifes Grundstück zur Leistungserbringung zur Verfügung zu stellen, hat der Auftraggeber erforderliche privatrechtliche Erlaubnisse (z. B. Nachbargenehmigungen) beizubringen[14].

12   **3. Rechtswirkungen.** Die Rechtsfolgen, die bei Nichterfüllung der Pflichten durch den Auftraggeber entstehen können, sind vielfältig:

Ist der Auftragnehmer durch die Nichterfüllung der Pflichten des Auftraggebers gehindert, mit der Bauausführung zu beginnen oder diese fortzusetzen, kann er mit seiner Leistung nicht in Verzug geraten[15], wobei strittig ist, ob der Auftragnehmer verpflichtet ist, eine Behinderungsanzeige auszubringen bzw. die Störung für den Auftraggeber offenkundig ist[16].

Wenn die entsprechenden Mitwirkungspflichten hinreichend konkret sind, kann der Auftragnehmer auf Erfüllung bestehen, diese Pflichten dann auch – theoretisch – einklagen. Daneben besteht grundsätzlich die Möglichkeit eines Anspruchs auf Verlängerung der Ausführungsfrist (§ 6 Abs. 2 Nr. 1 a) VOB/B) sowie Mehrvergütung und Schadensersatz (§ 6 Abs. 6 VOB/B)[17]. Nach der Rechtsprechung des BGH sind **Störungen,** die durch **Vorunternehmer** hervorgerufen werden, dem Auftraggeber nicht über § 278 BGB zuzurechnen, weil der Vorunternehmer nicht Erfüllungsgehilfe des Auftraggebers sein soll[18], jedoch kommt ein Entschädigungsanspruch aus § 642 BGB in Betracht, wenn der Auftraggeber objektiv eine Mitwirkungshandlung unterlässt oder verzögert[19]. Diese Voraussetzungen liegen z. B. dann vor, wenn der Auftraggeber das Baugrundstück nicht rechtzeitig für den Auftragnehmer so zur Verfügung stellt, dass dieser seine Leistung aufnehmen kann, was auch dann gilt, wenn diese Verzögerung damit zusammenhängt, dass andere Unternehmen Vorarbeiten noch nicht erbracht haben. Schließlich kommt unter den Voraussetzungen des § 9 Abs. 1 VOB/B ein Kündigungsrecht des Auftragnehmers in Betracht.

13   Das Fehlen notwendiger Baugenehmigungen führt dazu, dass im Verhältnis zu den Behörden das Bauen als solches verboten ist, also die Erfüllung des wirksam geschlossenen Bauvertrages (gegebenenfalls zeitweilig) deshalb nicht möglich ist[20]. Selbst wenn eine notwendige öffentlich-rechtliche Genehmigung rechtskräftig versagt wird, bleibt der Bauvertrag wirksam[21]. Wenn der Auftraggeber das Risiko für die Beibringung der Genehmigung übernimmt, etwa in dem Fall, in dem vor Erteilung der Baugenehmigung der Bauvertrag geschlossen wird, kann der Auftragnehmer nach § 9 Abs. 1 a) VOB/B kündigen und hat nach § 9 Abs. 3 VOB/B Anspruch auf Abrechnung der bisherigen Leistungen sowie auf angemessene Entschädigung nach § 642 BGB[22]. In den Fällen, in denen eine Risikoübernahme nicht vorliegt, ist nicht davon auszugehen, dass generell der Auftraggeber bei endgültiger Versagung der Baugenehmigung auf Schadensersatz haftet, da bei anderer Betrachtungsweise sich aus § 4 Abs. 1 Nr. 1 Satz 2 VOB/B

---

[12] OLG Zweibrücken BauR 2002, 972.
[13] Beck'scher VOB-Kommentar/*Junghenn* VOB/B § 4 Abs. 1 Rdn. 91; *Ingenstau/Korbion/Oppler* VOB/B § 4 Abs. 1 Rdn. 26.
[14] Vgl. VOB/B § 6 Rdn. 18.
[15] BGH NJW 1996, 1745; BGH BauR 1976, 128; *Leinemann* VOB/B § 4 Rdn. 26.
[16] Dazu VOB/B § 6 Rdn. 15.
[17] OLG Köln NJW-RR 1995, 49; *Ingenstau/Korbion/Oppler* VOB/B § 4 Abs. 1 Rdn. 32 m.w.N.
[18] Dazu eingehend VOB/B § 6 Rdn. 61, 54.
[19] BGH NZBau 2000, 187 „Vorunternehmer II"; zum Meinungsstand *Kapellmann/Schiffers* Band 1 6. Auflage Rdn. 1369 ff.; siehe VOB/B § 6 Rdn. 46.
[20] BGHZ 37, 233; OLG München BauR 1980, 274, Revision durch Beschluss des BGH vom 21.12.1978 nicht angenommen.
[21] BGH NJW 1983, 275.
[22] OLG München BauR 1980, 274; Beck'scher VOB-Kommentar/*Junghenn* VOB/B § 4 Abs. 1 Rdn. 70; a. A. NWJS/*Gartz* VOB/B § 4 Rdn. 12.

eine Garantiehaftung ergäbe[23]. Ist die endgültige Versagung der Baugenehmigung von keiner der Vertragsparteien zu vertreten, bestehen auch keine gegenseitigen Ansprüche[24].

II. Überwachungsrechte des Auftraggebers (§ 4 Abs. 1 Nr. 2 VOB/B)

1. Allgemeines. § 4 Abs. 1 Nr. 2 VOB/B regelt die **Befugnis** des Auftraggebers **zur Überwachung** des Auftragnehmers. Eine **Verpflichtung** ergibt sich aus § 4 Abs. 1 Nr. 2 VOB/B nicht. Es verbleibt in der Regel uneingeschränkt bei der Eigenverantwortlichkeit des Auftragnehmers für die Ausführung seiner Leistung, § 4 Abs. 2 VOB/B (siehe Rdn. 46 ff.). Der Auftraggeber schuldet dem Auftragnehmer nicht die Überwachung der von dem Auftragnehmer zu erbringenden Bauarbeiten, sei es in Person, durch Architekten, Sonderfachleute oder eigene Bauleiter. Die fehlende/mangelhafte Überwachung des Auftragnehmers führt, selbst wenn es zu Schäden kommt, nicht zu einem Mitverschulden des Auftraggebers[25]. Selbst wenn der Auftraggeber einen Architekten zur Objektüberwachung der Leistungen des Auftragnehmer einsetzt, kann der Auftragnehmer ein Verschulden des Architekten nicht dem Auftraggeber gemäß den §§ 254, 278 BGB entgegenhalten, da im Bereich der Objektüberwachung der **Architekt nicht Erfüllungsgehilfe** des Auftraggebers gegenüber dem Auftragnehmer ist[26]. Gegenüber dem Auftragnehmer ist der Auftraggeber aber verpflichtet, einwandfreie Pläne und Unterlagen zur Verfügung zu stellen und die Entscheidungen zu treffen, die für den reibungslosen Ablauf des Baus unentbehrlich sind, wozu auch die Abstimmung der Leistungen der einzelnen Unternehmer während der Bauausführung gehört (Koordinationsverpflichtung). Ein damit für den Auftraggeber tätiger Architekt ist in diesen Bereichen Erfüllungsgehilfe des Auftraggebers[27]. Außerhalb der Planung und Koordination ist der Auftraggeber dann, wenn er eine Gefahrenlage erkennt und den Auftragnehmer darauf nicht hinweist oder auf Grund unzutreffender Angaben über die tatsächlichen Verhältnisse den Auftragnehmer veranlasst, seiner Verpflichtung zur eigenverantwortlichen Ausführung der geschuldeten Leistungen nicht nachzukommen, für dadurch entstehende Schäden nach § 254 Abs. 1 BGB mitverantwortlich[28]. Sichert z. B. bei Schweißarbeiten der Auftraggeber dem Auftragnehmer zu, in gefahrträchtigen Bereichen alle brennbaren Materialien entfernt zu haben und den Auftragnehmer in Vertrauen darauf davon ab, an sich ihm obliegende Kontrollen durchzuführen, kann im Schadensfall der Auftraggeber den Auftragnehmer nicht wegen Verletzung der Kontrollpflicht in Anspruch nehmen[29]. Dies gilt auch in den Fällen, in denen ein im Auftrag des Auftraggebers tätiger Architekt es schuldhaft unterlässt, den Auftragnehmer auf Gefahren hinzuweisen[30] oder der Architekt auf Grund besonderer Sachkunde, über die der Auftragnehmer nicht verfügt oder verfügen kann, schadensträchtige Informationen nicht an den Auftragnehmer weitergibt[31].

Durch das Überwachungsrecht soll der Auftraggeber in die Lage versetzt werden, die Erbringung der Bauleistung zu beobachten und zu überprüfen, ob die ausgeführte Bauleistung vertragsgerecht ist[32]. Das besondere Interesse des Auftraggebers rechtfertigt sich ohne weiteres daraus, dass mit Übergabe der Bauleistung der Auftraggeber in aller Regel nur die äußere Beschaffenheit prüfen kann und nach Fertigstellung der Leistung keine Möglichkeit besteht, im einzelnen Art und Güte der verwendeten Materialien oder der eigentlichen handwerklichen Leistung zu prüfen. Durch die Wahrnehmung dieser Rechte ist auch gewährleistet, dass die Einhaltung von Ausführungsfristen frühzeitig kontrolliert werden kann. Weiter ist gewährleistet, dass bei Wahrnehmung der Rechte Meinungsverschiedenheiten frühzeitig erkannt und – auch im Interesse des Auftragnehmers – möglichst noch im Ausführungsstadium beigelegt werden[33].

---

[23] NWJS/*Gartz* VOB/B § 4 Rdn. 11, 12.
[24] Beck'scher VOB-Kommentar/*Junghenn* VOB/B § 4 Abs. 1 Rdn. 72; *Heiermann/Riedl/Rusam* VOB/B § 4 Rdn. 12.
[25] BGH BauR 1997, 1021; OLG Celle BauR 2010, 1613 = IBR 2010, 678; NWJS/*Gartz* VOB/B § 4 Rdn. 15; *Werner/Pastor* Rdn. 2492.
[26] BGH BauR 1997, 1021; Beck'scher VOB-Kommentar/*Junghenn* VOB/B § 4 Abs. 1 Rdn. 133 ff.; *Putzier*, BauR 2012, 143
[27] BGH BauR 1985, 561; BGH BauR 1984, 395, OLG Köln NJW-RR 1995, 49.
[28] BGH NJW 1984, 1676; NWJS/*Gartz* VOB/B § 4 Rdn. 15.
[29] BGH BB 1991, 1740; *Werner/Pastor* Rdn. 2492 Fn 66.
[30] BGH NJW 1984, 1676; *Ingenstau/Korbion/Oppler* VOB/B § 4 Abs. 1 Rdn. 58.
[31] Beck'scher VOB-Kommentar/*Junghenn* VOB/B § 4 Abs. 1 Rdn. 142; *Leinemann* VOB/B § 4 Rdn. 30.
[32] OLG Köln Urteil vom 15.1.2014 – 11 U 203/12; *Putzier* BauR 2012, 143.
[33] *Ingenstau/Korbion/Oppler* VOB/B § 4 Abs. 1 Rdn. 55; NWJS/*Gartz* VOB/B § 4 Rdn. 13.

16 **2. Überwachungsrechte.** Nach § 4 Abs. 1 Nr. 2 VOB/B hat der Auftraggeber ein **Zutritts-, Einsichts- und Auskunftsrecht,** wobei diese Rechte ihre Grenze in dem Interesse des Auftragnehmers finden, **Betriebsgeheimnisse** zu wahren.

a) **Zutrittsrecht.** Der Auftraggeber ist befugt, zur Überwachung der vertragsgemäßen Ausführung der Leistung Arbeitsplätze, Werkstätten und Lagerräume, in denen die vertragliche Leistung oder Teile von ihr hergestellt oder die hierfür bestimmten Stoffe und Bauteile gelagert werden, zu betreten. Erforderlich ist nicht, dass sich diese Stätten **auf der Baustelle** befinden. Das Zutrittsrecht gilt auch für Lagerstätten, die der Auftragnehmer außerhalb der Baustelle unterhält[34]. Das Zutrittsrecht soll dem Auftraggeber einen Einblick in die Bereiche geben, die für die Erbringung der vertraglich geschuldeten Leistung maßgeblich sind. Dies können nur Bereiche sein, die auch der **Verfügungsgewalt des Auftragnehmers** unterliegen. Räumlichkeiten, über die der Auftragnehmer nicht bestimmen kann, da diese in der Verfügungsgewalt eines Dritten stehen, sind von dem Zutrittsrecht nicht erfasst[35]. Dies gilt z. B. dann, wenn die Verfügungsgewalt bei einem Nachunternehmer des Auftragnehmers liegt. Dazu wurde die Auffassung vertreten, der Auftraggeber sei aus eigenem Recht gegenüber dem Nachunternehmer sowie Lieferanten des Auftragnehmers zum Zutritt berechtigt[36]. Dabei wird übersehen, dass es sich dabei nur um eine vertragliche Vereinbarung zwischen den Parteien handeln kann, weil bei anderer Betrachtungsweise eine nicht zulässige Vereinbarung zu Lasten des Nachunternehmers vorliegen würde. Für eine Erstreckung der Zutrittsberechtigung in diesem Fall besteht auch kein Anlass, da der Auftragnehmer, wenn er der Verpflichtung zur Vereinbarung der VOB/B gegenüber seinem Nachunternehmer nicht nachkommt, gegenüber dem Auftraggeber schadensersatzpflichtig ist. Selbst dann, wenn der Auftragnehmer mit seinem Nachunternehmer die Geltung der VOB/B und damit auch die Geltung der Rechte aus § 4 Abs. 2 VOB/B vereinbart hat, berechtigt dies allein den Auftraggeber noch nicht zum Zutritt. Der Auftragnehmer ist allerdings verpflichtet, den Auftraggeber zu ermächtigen, sein gegenüber dem Nachunternehmer vereinbartes Zutrittsrecht auszuüben. Bei der Vertragsgestaltung ist der Auftraggeber gut beraten, sich auszubedingen, dass der Auftragnehmer verpflichtet ist, mit seinem Lieferanten und sonstigen an der Vertragsleistung Beteiligten Vereinbarungen zu treffen, die den Auftraggeber unmittelbar berechtigen, auch deren Bereiche zu betreten. Soweit ersichtlich, ist dies heute einhellige Meinung[37]

17 b) **Einsichtsrecht.** Auf Verlangen des Auftraggebers hat der Auftragnehmer dem Auftraggeber die **Werkzeichnungen** und andere **Ausführungsunterlagen** sowie die Ergebnisse von **Güteprüfungen** zur Einsicht vorzulegen und die erforderlichen Auskünfte zu erteilen. Dieses Recht ist für den Auftraggeber von besonderer Bedeutung. Es versetzt ihn in die Lage, im Ausführungsstadium zu prüfen, ob die Werkzeichnungen und anderen Ausführungsunterlagen plangerecht gefertigt wurden. Ergebnisse von Güteprüfungen sind auf Grund der Vielfalt neuer Baustoffe und Bauteile von erheblicher Bedeutung.

18 c) **Auskunftsrecht.** Schließlich muss der Auftragnehmer dem Auftraggeber **erforderliche** Auskünfte erteilen. Damit sind die Auskünfte gemeint, die der Auftraggeber benötigt, um eine ordnungsgemäße Überwachung vornehmen zu können[38]. Beschränkt ist diese Verpflichtung des Auftragnehmers auf Auskünfte, die dem Zweck der Überwachung dienen. In der Praxis werden diese Auskünfte bei regelmäßigen Baubesprechungen erfragt und gegeben.

19 d) **Geschäftsgeheimnisse des Auftragnehmers.** Der Auftragnehmer schuldet keine Auskünfte, wenn dadurch **Geschäftsgeheimnisse** preisgegeben werden. Diese Einschränkung bezieht sich nach dem Wortlaut lediglich auf **Auskünfte.** In der Literatur wurde die Auffassung vertreten, dass auch die anderen Rechte (Zutritts- und Einsichtsrechte) mit der Preisgabe von Geschäftsgeheimnissen ihre Grenze finden[39]. Nach anderer Auffassung darf der Auftragnehmer den Zutritt durch den Auftraggeber nicht mit der Behauptung verweigern, dadurch würden Geschäftsgeheimnisse preisgegeben[40]. Dieser Auffassung ist zu folgen, da bei anderer Betrachtung

---

[34] *Heiermann/Riedl/Rusam* VOB/B § 4 Rdn. 13a.
[35] *Ingenstau/Korbion/Oppler* VOB/B § 4 Abs. 1 Rdn. 61; NWJS/*Gartz* VOB/B § 4 Rdn. 16.
[36] Beck'scher VOB-Kommentar/*Hofmann* VOB/B, 1. Auflage 1997, § 4 Abs. 1 Rdn. 156.
[37] Beck'scher VOB-Kommentar/*Hofmann* VOB/B, 2. Auflage 2008, § 4 Abs. 1 Rdn. 157.
[38] Beck'scher VOB-Kommentar/*Junghenn* VOB/B § 4 Nr. 1 Rdn. 164; NWJS/*Gartz* VOB/B § 4 Rdn. 18.
[39] Beck'scher VOB-Kommentar/*Hofmann* VOB/B, 1. Auflage 1997, § 4 Abs. 1 Rdn. 173; ausdrücklich aufgegeben in der 2. Auflage Rdn. 173.
[40] *Ingenstau/Korbion/Oppler* VOB/B § 4 Abs. 1 Rdn. 66.

der Auftragnehmer mit der bloßen Behauptung der Offenlegung von Geschäftsgeheimnissen das Überwachungsrecht des Auftraggebers leer laufen lassen könnte. Die vermittelnde Auffassung[41], das Zutrittsrecht könne dann verweigert werden, wenn der Zutritt zu einer unmittelbaren Preisgabe von Geschäftsgeheimnissen führen würde, ist nicht praktikabel. Wer soll wie beurteilen, ob der Zutritt zu einer unmittelbaren Preisgabe von Geschäftsgeheimnissen führen wird?

Geschäftsgeheimnisse sind alle Tatsachen und Umstände, die in Zusammenhang mit einem 20 Geschäftsbetrieb stehen, nur einem eng begrenzen Personenkreis bekannt, also nicht offenkundig sind und nach dem Willen des Geschäftsinhabers geheim gehalten werden sollen. Dabei muss ein berechtigtes **wirtschaftliches Interesse** an der Geheimhaltung vorhanden sein[42]. Der Begriff ist nicht allein wettbewerbsrechtlich zu definieren. Es wird alles erfasst, was danach schutzwürdig erscheint, so auch spezielle Arbeitsgänge, Verfahrenstechniken, Materialien, Formeln etc., wobei auf die Besonderheit des gewerblichen Betriebes des Auftragnehmers abzustellen ist. Entscheidend ist ein objektiv anzuerkennendes wirtschaftliches Interesse an der Geheimhaltung[43]. Der Auftraggeber wird nicht wissen, wann Geheimhaltungsinteressen des Auftragnehmers berührt werden. Die Einschränkung ist deshalb nicht ohne weiteres von dem Auftraggeber zu beachten. Erforderlich ist, dass der Auftragnehmer sich gegenüber dem Auftraggeber eindeutig darauf beruft[44], was für die Frage einer Schadensersatzverpflichtung auf Grund einer Pflichtverletzung in diesem Zusammenhang von Bedeutung sein kann (siehe Rdn. 21). § 4 Abs. 1 Nr. 2 Satz 4 VOB/B verpflichtet den Auftraggeber, die Auskünfte und Unterlagen, die ihm als Geschäftsgeheimnis durch den Auftragnehmer bezeichnet wurden, **vertraulich** zu behandeln. **Vertraulichkeit** bedeutet die Verpflichtung zur Verschwiegenheit gegenüber jedermann. Diese Verpflichtung besteht solange fort, wie das schutzwürdige Interesse des Auftragnehmers an der Geheimhaltung besteht, endet also **nicht** mit der Erfüllung des Bauvertrages[45]. Dabei ist eine Einzelfallbetrachtung notwendig. Das Geheimhaltungsinteresse des Auftragnehmers kann auch vor Abnahme wegfallen. Dann besteht auch die Verschwiegenheitsverpflichtung nicht mehr.

3. Rechtswirkungen. Verstöße gegen die in § 4 Abs. 1 Nr. 2 VOB/B festgelegten Pflichten 21 können Schadensersatzansprüche auslösen:

Verletzt der Auftraggeber die Verpflichtung, als Geschäftsgeheimnis bezeichnete Auskünfte und Unterlagen vertraulich zu behandeln, führt dies grundsätzlich zu Schadensersatzansprüchen des Auftragnehmers (§§ 280 Abs. 1, 241 Abs. 2 BGB), gegebenenfalls auch aus § 823 Abs. 2 BGB in Verbindung mit § 1 UWG sowie § 826 BGB. Daneben stehen dem Auftragnehmer in diesen Fällen auch Unterlassungsansprüche gegen den Auftraggeber zu.

Kommt der Auftragnehmer seiner Verpflichtung nicht vollständig nach, Auskünfte zu erteilen 22 oder die Überwachung seiner Leistung durch das Zutritts- und Einsichtsrecht zu ermöglichen, stellt auch dies eine Pflichtverletzung dar, die zum Schadensersatz führen kann. Diese Pflichten des Auftragnehmers sind grundsätzlich auch klagbar, so dass beispielsweise Auskünfte gerichtlich eingefordert werden können[46]. Schwerwiegende Verletzungen der Berechtigung des Auftraggebers zur Überwachung der Leistung, etwa dadurch, dass gemeinsame Feststellungen (vgl. § 4 Abs. 10 VOB/B) vereitelt werden, können zu der Bewertung führen, dass dem Auftraggeber eine Fortsetzung des Vertragsverhältnisses nicht mehr zumutbar ist, mit der Folge, dass er ohne Weiteres zur Kündigung aus wichtigem Grunde berechtigt ist[47]. Dabei ist eine Ausdehnung dieser Pflichten auch über das Ausführungs(=Erfüllungs)stadium hinaus anzunehmen, etwa für Auskünfte an denen der Auftraggeber auch noch nach Übernahme des Gewerks ein Interesse haben kann (z. B. Güteprüfungen von Materialien)[48].

III. Anordnungen des Auftraggebers (§ 4 Abs. 1 Nr. 3 VOB/B)

§ 4 Abs. 1 Nr. 3 Satz 1 VOB/B berechtigt den Auftraggeber, Anordnungen zu treffen, die zur 23 vertragsgemäßen Ausführung der Leistung notwendig sind, soweit das Leitungsrecht des Auftragnehmers nicht berührt wird.

---

[41] *Heiermann/Riedl/Rusam* VOB/B § 4 Rdn. 14.
[42] *Baumbach/Hefermehl* WettbewerbsR § 17 UWG Rdn. 4; NWJS/*Gartz* VOB/B § 4 Rdn. 19.
[43] *Ingenstau/Korbion/Oppler* VOB/B § 4 Abs. 1 Rdn. 67; *Leinemann* VOB/B § 4 Rdn. 33.
[44] Beck'scher VOB-Kommentar/*Junghenn* VOB/B § 4 Abs. 1 Rdn. 174.
[45] *Ingenstau/Korbion/Oppler* VOB/B § 4 Abs. 1 Rdn. 71.
[46] *Heiermann/Riedl/Rusam* VOB/B § 4 Rdn. 15.
[47] OLG Köln Urteil vom 15.1.2014 (11 U 203/12).
[48] *Ingenstau/Korbion/Oppler* VOB/B § 4 Abs. 1Rdn. 71.

1. Allgemeines. § 4 Abs. 1 Nr. 3 VOB/B gilt nur für **Anordnungen** des Auftraggebers. Davon zu unterscheiden sind andere Äußerungen des Auftraggebers, z. B. Vorschläge, ein Verlangen oder Äußerung des Einverständnisses des Auftraggebers zu Verfahrensweisen/Baustoffen. Auch bloße **Wünsche** des Auftraggebers stellen keine Anordnung im Sinne von § 4 Abs. 1 Nr. 3 VOB/B dar[49]. Ebenso wenig ist das Einverständnis des Auftraggebers oder ein Vorschlag als Anordnung in diesem Sinne zu werten[50]. Auch ein Hinweis des im Auftrag des Auftraggebers tätigen Sonderfachmanns auf Möglichkeiten, in statischer Hinsicht eine von dem Auftragnehmer gewählte Ausführung reicht nicht aus[51]. Die Unterscheidung ist von Bedeutung, da auf Grund Anordnungen des Auftraggebers, die der Auftragnehmer befolgt hat, eine andere Verteilung des Erfüllungs-/Mängelrisikos in Betracht kommt. Die Folgen einer fehlerhaften Anordnung des Auftraggebers dürfen den Auftragnehmer grundsätzlich nicht treffen, vgl. § 13 Abs. 3 VOB/B.

24 Zu unterscheiden ist die Anordnung von Eingriffen des Auftraggebers in den von dem Auftragnehmer geschuldeten **Leistungsumfang**, was sich schon aus dem Wortlaut ergibt („zur vertragsgemäßen Leistung notwendig"). Anordnungen, die eine Änderung des Leistungsgegenstandes betreffen, richten sich nach § 1 Abs. 3 und 4 VOB/B[52]. Danach liegt eine Anordnung im Sinne von § 4 Abs. 1 Nr. 3 VOB/B vor, wenn der Auftraggeber gegenüber dem Auftragnehmer seinen Willen mit unübersehbarer Bestimmtheit zum Ausdruck gebracht hat, die Baumaßnahme in bestimmter Weise auszuführen, ohne dass dem Auftragnehmer eine andere Wahl gelassen wird. Es handelt sich um eine einseitige, empfangsbedürftige Willenserklärung[53]. Anordnungen von Behörden fallen darunter nicht. Diese sind ohne weiteres dem Verantwortungs- und Risikobereich des Auftraggebers zuzuordnen, § 4 Abs. 1 Nr. 1 Satz 2 VOB/B[54].

25 **2. Umfang des Anordnungsrechts.** Das Anordnungsrecht darf nur ausgeübt werden, wenn es zur **vertragsgemäßen Durchführung der Leistung notwendig** ist. Das Anordnungsrecht umfasst keine Leistungsänderungen oder zusätzlichen Leistungen, betrifft also lediglich die Ausführung der zum Zeitpunkt der Anordnung bereits vertragsgemäßen Leistung[55]. Der Auftraggeber kann insoweit die Pflichten des Auftragnehmers nur konkretisieren bzw. sicherstellen, dass die Erbringung der geschuldeten Leistung in Einklang mit den vertraglichen Modalitäten gehalten wird. Bei der Abgrenzung zwischen Anordnung in diesem Sinne sowie anderen Anordnungen/Verlangen (§ 1 Abs. 3, Abs. 4 Satz 1, § 2, Abs. 5, 6 VOB/B) ist **objektiv** darauf abzustellen, was mit der Anordnung/dem Verlangen bezweckt wird. Auf die Willensrichtung des Auftraggebers kommt es nicht an. Führt die Befolgung der Anordnung durch den Auftragnehmer dazu, dass sich die vertraglich geschuldete Leistung ändert, handelt es sich tatsächlich um die Anordnung einer Leistungsänderung nach Maßgabe der §§ 1 Abs. 3, 2 Abs. 5 VOB/B mit entsprechenden Vergütungsfolgen[56]. Anordnungen nach § 4 Abs. 1 Nr. 3 VOB/B lösen diesen Anspruch nicht aus, weil diese Anordnungen lediglich den bereits bestehenden Vertragsinhalt konkretisieren[57].

26 Weiter muss die Anordnung **notwendig** sein, um die vertragsgemäße Ausführung der Leistung zu sichern. Auch hier ist ein objektiver Maßstab anzulegen und nicht auf die subjektive Sichtweise des Auftraggebers abzustellen. Entscheidend ist, ob die Anordnung geeignet ist, eine nicht vertragsgemäße Ausführung der Leistung durch den Auftragnehmer zu verhindern oder dieser vorzubeugen, wobei es auf die Sichtweise der einschlägigen Fachkreise ankommt[58].

27 Das Anordnungsrecht gilt nur unter Wahrung der dem Auftragnehmer zustehenden Leitung (§ 4 Abs. 2 VOB/B; siehe Rdn. 46 ff.). Damit wird klargestellt, dass das grundsätzlich gegebene Dispositionsrecht des Auftragnehmers (§ 4 Abs. 2 VOB/B) nicht beeinträchtigt werden darf. Es

---

[49] BGH BauR 1992, 759; BGH BauR 1975, 421.
[50] BGH BauR 1984, 510; BGH BauR 1975, 421; Beck'scher VOB-Kommentar/*Junghenn* VOB/B § 4 Abs. 1 Rdn. 196 f.
[51] OLG Celle Urteil vom 31.1.2005 – 14 U 75/04; Nichtzulassungsbeschwerde durch Beschluss des BGH vom 24.11.2005 – VII ZR 37/05 zurückgewiesen.
[52] OLG Hamm BauR 2001, 1594; NWJS/*Gartz* VOB/B § 4 Rdn. 22.
[53] BGH BauR 1984, 510; BGH BauR 1973, 188; *Ingenstau/Korbion/Oppler* VOB/B § 4 Abs. 1 Rdn. 72.
[54] OLG Zweibrücken BauR 2002 972; näher Rdn. 10.
[55] BGH BauR 1992, 759.
[56] BGH BauR 1992, 759; OLG Naumburg NZBau 2013, 635 für Änderungsanordnung zur Bauzeit; OLG Hamm BauR 2001, 1594; *Heiermann/Riedl/Rusam* VOB/B § 4 Rdn. 16.
[57] *Ingenstau/Korbion/Oppler* VOB/B § 4 Abs. 1 Rdn. 82; *Stoye/Brugger* VergabeR 2011, 803.
[58] Beck'scher VOB-Kommentar/*Junghenn* VOB/B § 4 Abs. 1 Rdn. 209; *Heiermann/Riedl/Rusam* VOB/B § 4 Rdn. 17.

ist allein Sache des Auftragnehmers, den Arbeitsablauf auf seiner Baustelle zu koordinieren, notwendige Vereinbarungen mit Dritten zu treffen und die Arbeitsabläufe im Einzelnen selbst zu bestimmen. Auch wenn der Auftraggeber berechtigt ist, Anordnungen zu erteilen, steht ihm darüber hinaus nicht das Recht zu, die Einzelheiten der Umsetzung seiner Anordnung festzulegen[59].

3. Der Auftragnehmer als Anordnungsempfänger. Die Anordnungen sind grundsätzlich 28 nur dem Auftragnehmer oder seinem für die Leitung der Ausführung bestellten Vertreter zu erteilen, es sei denn, es ist Gefahr in Verzug, § 4 Abs. 1 Nr. 3 Satz 2 VOB/B. Da die Anordnung einseitige, empfangsbedürftige Willenserklärung (§§ 130 ff. BGB) ist (siehe Rdn. 24) muss Klarheit darüber bestehen, wer für den **Empfang** der Erklärung **zuständig** ist. Dies ist unmittelbar der Auftragnehmer. Damit wird sichergestellt, dass Anordnungen nicht an „unbefugte" Dritte gehen und so in den Arbeitsablauf des Auftragnehmers oder sogar in dessen geschuldete Leistung eingegriffen wird[60]. In der Baupraxis ist vor Ort zumeist eine Bauleitung des Auftragnehmers tätig, die grundsätzlich nicht rechtsgeschäftlicher Vertreter des Auftragnehmers (Geschäftsführung) ist. Der Auftragnehmer ist deshalb verpflichtet, dem Auftraggeber mitzuteilen, wer jeweils als Vertreter des Auftragnehmers für die Leitung der Ausführung bestellt ist, § 4 Abs. 1 Nr. 3 Satz 3 VOB/B. Es empfiehlt sich, spätestens bei Vertragsschluss den Vertreter des Auftragnehmers festzulegen, um Streitigkeiten von vornherein auszuschließen. Wen der Auftragnehmer für diese Position bestimmt, entscheidet allein er. Der Auftraggeber hat keinen Anspruch darauf, dass der Vertreter des Auftragnehmers bestimmte Qualifikationen hat.

4. Vertretung des Auftragnehmers. Bei **Gefahr in Verzug** ist der Auftraggeber berechtigt, 29 alle **erforderlichen** Maßnahmen zu treffen. Wenn ein Schaden unmittelbar bevorsteht, kann er Weisungen an Arbeiter des Auftragnehmers oder Nachunternehmers erteilen. Voraussetzung ist immer, dass weder der Auftragnehmer noch der bestellte Vertreter rechtzeitig erreichbar sind[61]. Dieses Recht endet mit der Gefahrenlage. Der Auftraggeber ist verpflichtet, den Auftragnehmer unverzüglich über seine Anordnungen zu unterrichten.

Nach herrschender Auffassung soll eine entsprechende Berechtigung des Auftraggebers ohne 30 Gefahr in Verzug auch dann bestehen, wenn der Auftragnehmer und/oder sein bestellter Vertreter über einen längeren Zeitraum nicht erreichbar sind[62]. Für diese erweiterte Auslegung besteht kein Grund. Wenn nicht Gefahr in Verzug ist, also ein Schaden nicht unmittelbar bevorsteht, hat der Auftragnehmer, auch durch persönliche Präsenz (bzw. durch die seines Vertreters) die Durchführung der vertragsgemäßen Leistung sicherzustellen. Das Anordnungsrecht des Auftraggebers auch auf diese Fälle zu erweitern, greift zu weit in die Verpflichtung und Berechtigung des Auftragnehmers ein, die Leistung in eigener Verantwortung zu erbringen, § 4 Abs. 2 VOB/B.

5. Rechtswirkungen. Anordnungen des Auftraggebers nach § 4 Abs. 1 Nr. 3 VOB/B 31 haben dann, wenn darauf ein Mangel zurückzuführen ist die Folge, dass der Auftragnehmer dafür gem. § 13 Abs. 3 VOB/B nicht haftet. Vergütungsverpflichtungen für den Auftraggeber erwachsen aus **diesen** Anordnungen nicht. Aufgrund der zum Teil schwierigen Abgrenzung zu **Änderungen** des Bauentwurfs (§ 1 Abs. 3 i. V. m. § 2 Abs. 5 VOB/B), **Forderungen** des Auftraggebers (§ 1 Abs. 4 i. V. m. § 2 Abs. 6 Nr. 1 Satz 1 VOB/B) oder **Verlangen** des Auftraggebers (§ 2 Abs. 9 Nr. 1 Satz 1 VOB/B), ist dieser gut beraten, vor Erteilung von Anordnungen genau zu prüfen, ob diese sich allein auf den bereits geschuldeten Leistungsumfang erstrecken, wobei im Zweifel immer eine vorherige Abstimmung mit dem Auftragnehmer über etwaige Vergütungsfragen erfolgen sollte.

Befolgt der Auftragnehmer Anordnungen, haftet er für dadurch entstehende Nachteile (Mängel) nicht, so weit er seinen Hinweis-/Prüfungspflichten nachgekommen ist. Aus der Befolgung einer zu Recht in diesem Rahmen erteilten Anordnung erwachsen dem Auftragnehmer keine Vergütungsansprüche. Befolgt der Auftragnehmer eine Anordnung nicht, macht er sich wegen einer Pflichtverletzung dem Auftraggeber gegenüber schadensersatzpflichtig. Daneben kann der 32

---

[59] Beck'scher VOB-Kommentar/*Junghenn* VOB/B § 4 Abs. 1 Rdn. 213; näher VOB/B § 2 Rdn. 37.
[60] *Ingenstau/Korbion/Oppler* VOB/B § 4 Abs. 1 Rdn. 81.
[61] *Heiermann/Riedl/Rusam* VOB/B § 4 Rdn. 20; NWJS/*Gartz* VOB/B § 4 Rdn. 26.
[62] Beck'scher VOB-Kommentar/*Junghenn* VOB/B § 4 Abs. 1 Rdn. 223; *Ingenstau/Korbion/Oppler* VOB/B § 4 Abs. 1 Rdn. 85.

Auftraggeber über die §§ 4 Abs. 7 oder 5 Abs. 3, 4 VOB/B die Voraussetzungen einer Auftragsentziehung schaffen.

IV. Geltendmachung von Bedenken durch den Auftragnehmer (§ 4 Abs. 1 Nr. 4 VOB/B)

33 Nach § 4 Abs. 1 Nr. 4 VOB/B ist der Auftragnehmer verpflichtet, gegen Anordnungen des Auftraggebers, die er für **unberechtigt** oder **unzweckmäßig** hält, **Bedenken** geltend zu machen. Trotz Geltendmachung von Bedenken bleibt er verpflichtet, die Anordnungen auszuführen, wenn der Auftraggeber darauf besteht und gesetzliche/behördliche Bestimmungen dem nicht entgegenstehen. Eine Anordnung des Auftraggebers nach § 4 Abs. 1 Nr. 3 VOB/B betrifft die Dispositionsbefugnis des Auftragnehmers sowie seine Berechtigung zur eigenverantwortlichen Erfüllung der übernommenen Verpflichtung. Um das damit zwangsläufig bestehende Spannungsverhältnis zwischen den Interessen des Auftraggebers sowie den Rechten/Pflichten des Auftragnehmers zu lösen, stellt § 4 Abs. 1 Nr. 4 VOB/B klar, dass die letzte Entscheidung über die Ausführung einer Anordnung des Auftraggebers bei diesem liegt, so weit nicht gesetzliche/behördliche Bestimmungen entgegenstehen. Ungeachtet dessen bleibt der Auftragnehmer immer verpflichtet, Anordnungen des Auftraggebers im Rahmen des ihm zumutbaren zu überprüfen und gegebenenfalls Bedenken mitzuteilen. Als Korrelat für die Pflicht des Auftragnehmers, trotz Mitteilung von Bedenken die Anordnungen auszuführen, kommt in engen Grenzen (s. Rdn. 45) eine Verpflichtung des Auftraggebers in Betracht, Mehrkosten zu übernehmen, z. B. wegen nicht gerechtfertigter Erschwerung des Bauablaufs[63], was § 4 Abs. 1 Nr. 4 Satz 2 VOB/B vorsieht.

34 **1. Allgemeines.** § 4 Abs. 1 Nr. 4 Satz 1 VOB/B gilt nur für Anordnungen des Auftraggebers nach § 4 Abs. 1 Nr. 3 VOB/B. Davon zu unterscheiden ist die Verpflichtung des Auftragnehmers, Bedenken gegen die vorgesehene Art der Ausführung oder gegen gelieferte Baustoffe vorzubringen, § 4 Abs. 3 VOB/B (s. Rdn. 65). Beide Regelungen sind eigenständig, stehen aber in engem Zusammenhang. Durch § 4 Abs. 3 VOB/B soll die Mangelfreiheit des Gewerks gewährleistet werden. § 4 Abs. 1 Nr. 4 Satz 1 VOB/B hat denselben Zweck, wobei es im Rahmen der berechtigten Interessen des Auftraggebers bei den Anordnungen darum geht, die vertragsgemäße Ausführung zweckmäßig und kostengünstig sicherzustellen. Umstritten ist, ob zwischen beiden Vorschriften eine Rangordnung besteht. Dies ist zu bejahen, weil durch § 4 Abs. 1 Nr. 4 Satz 1 VOB/B in einem frühen Stadium die Interessen des Auftraggebers an einer ordnungsgemäßen Leistungserbringung durch den Auftragnehmer gewahrt werden sollen, während § 4 Abs. 3 VOB/B eine allgemeine Hinweispflicht des Auftragnehmers vorsieht[64]. In der Praxis hat dieser Meinungsstreit keine Bedeutung. Wird eine Vorrangstellung von § 4 Abs. 1 Nr. 4 VOB/B gegenüber § 4 Abs. 3 VOB/B angenommen, wäre Folge dessen nur, dass dann, wenn der Auftraggeber trotz Hinweis nach § 4 Abs. 3 VOB/B an der Anordnung festhält, diese als Anordnung nach § 4 Abs. 1 Nr. 4 Satz 1 VOB/B anzusehen wäre. Der Auftragnehmer ist verpflichtet, die Anordnung auszuführen. Hinsichtlich der Mängelansprüche gilt § 13 Abs. 3 Satz 1 VOB/B.

35 **2. Die speziellen Pflichten des Auftragnehmers.** § 4 Abs. 1 Nr. 4 Satz 1 VOB/B verpflichtet den Auftragnehmer, seine Bedenken gegen Anordnungen des Auftraggebers in zwei Fällen geltend zu machen. Der Auftragnehmer muss eine Anordnung des Auftraggebers für **unberechtigt** oder **unzweckmäßig** halten. Unberechtigt ist eine Anordnung dann, wenn sich diese nicht im Rahmen von § 4 Abs. 1 Nr. 3 Satz 1 VOB/B hält, z. B. nicht in alleinigem Zusammenhang mit der vertragsgemäßen Ausführung der Leistung steht bzw. nicht notwendig ist. Unzweckmäßig ist eine Anordnung dann, wenn durch ihre Befolgung der geschuldete Leistungserfolg nicht oder nur unter unzumutbaren Erschwernissen für den Auftragnehmer zu erreichen ist[65]. Dabei kommt es nicht auf eine **objektive,** oder sogar **nachträgliche** Bewertung der Frage an, ob die Anordnung unberechtigt/unzweckmäßig ist. Nach der Formulierung („... hält der Auftragnehmer ...") ist eine **subjektive Betrachtungsweise** maßgeblich. Allein die

---

[63] NWJS/*Gartz* VOB/B § 4 Rdn. 32; Kapellmann/Schiffers Band 1 Rdn. 1187.
[64] Ingenstau/Korbion/Oppler VOB/B § 4 Abs. 3 Rdn. 4; Hochstein in FS Korbion 1986, Seite 163; a. A. NWJS/*Gartz* VOB/B § 4 Rdn. 30.
[65] NWJS/*Gartz* VOB/B § 4 Rdn. 27; Heiermann/Riedl/Rusam VOB/B § 4 Rdn. 24; Leinemann VOB/B § 4 Rdn. 41.

subjektive Einschätzung des Auftragnehmers über die Berechtigung/Unzweckmäßigkeit der Anordnung verpflichtet ihn, die Bedenken dem Auftraggeber mitzuteilen[66]. Aufgrund des Eingriffs des Auftraggebers in die Dispositionsbefugnis des Auftragnehmers (s. Rdn. 46) soll hier noch einmal sichergestellt werden, dass der Auftraggeber seine Anordnungen auf Richtigkeit und Zweckmäßigkeit überprüft[67]. Die gegenteilige Auffassung[68] verkennt, dass objektive Kriterien den Auftragnehmer im Rahmen von § 4 Abs. 3 VOB/B generell zur Prüfung und zu Hinweisen verpflichten (s. Rdn. 67).

Anders als § 4 Abs. 3 VOB/B sieht § 4 Abs. 1 Nr. 4 VOB/B für die Geltendmachung der Bedenken **keine besondere Form** vor. Um im Streitfall die Erfüllung der Hinweisverpflichtung und den Umfang der erteilten Hinweise beweisen zu können, empfiehlt es sich auch hier für den Auftragnehmer, die Bedenken schriftlich und nachweisbar geltend zu machen. Adressat für die Mitteilung der Bedenken ist der Auftraggeber oder dessen bevollmächtigter Vertreter. Werden die Anordnungen in Vollmacht des Auftraggebers von einem Dritten (etwa Architekten) erteilt, empfiehlt es sich, die Bedenken demjenigen mitzuteilen, der die Anordnung erteilt hat, wobei der Auftraggeber darüber ebenfalls unmittelbar in Kenntnis gesetzt werden sollte. 36

3. Weisungsgebundenheit des Auftragnehmers. Trotz Mitteilung seiner Bedenken bleibt der Auftragnehmer gegenüber dem Auftraggeber grundsätzlich verpflichtet, die Anordnungen **auf Verlangen** auszuführen. Deshalb ist der Auftraggeber verpflichtet, sich mit den angemeldeten inhaltlich auseinander zusetzen, und im Zuge dessen seine Anordnungen noch einmal auf Berechtigung/Zweckmäßigkeit zu prüfen[69]. Nach herrschender Auffassung ist der Auftraggeber im Rahmen dessen verpflichtet, eine möglichst **umfassende** Prüfung seiner Anordnungen zu veranlassen. Er soll sich dabei im Einzelnen mit den Gegenvorstellungen des Auftragnehmers auseinander setzen, was auch für die von ihm beauftragten Architekten und Fachleute gelten soll[70]. Für den Fall, dass der Auftraggeber dieser Prüfungsverpflichtung schuldhaft nicht nachkommt, sei eine Schadensersatzverpflichtung denkbar[71]. Diese Auffassung ist nicht richtig, weil die Überprüfungsverpflichtung nur den eigenen Bereich des Auftraggebers betreffen kann, es deshalb genügen muss, wenn sich der Auftraggeber in diesem Bereich von aus seiner subjektiven Sicht sachlichen Erwägungen leiten lässt[72]. Bei höheren Anforderungen müsste der Auftraggeber in der Regel Fachleute hinzuziehen, wodurch sich die Gefahr einer Verzögerung der Bauausführung ergäbe, weil der Auftragnehmer die Anordnungen des Auftraggebers erst dann weiter ausführen muss, wenn der Auftragnehmer nach Kenntnisnahme von den Bedenken ein entsprechendes Verlangen ausbringt. Da den Auftraggeber die Folgen seiner Anordnungen treffen, besteht auch kein Anlass, seine Überprüfungspflicht zu objektivieren. Die Verantwortlichkeit für Mängel auf Grund seiner Anordnungen trifft den Auftraggeber, § 13 Abs. 3 VOB/B. Führt eine Anordnung zur Behinderung der Leistung des Auftragnehmers kann dies zu einer Verlängerung von Ausführungsfristen führen, § 6 Abs. 2 Nr. 1 VOB/B. Denkbar sind dann auch Ansprüche des Auftragnehmers aus § 6 Abs. 6 VOB/B bis hin zu der Möglichkeit für den Auftragnehmer, den Vertrag über § 9 Abs. 1 a) VOB/B zu kündigen. 37

Die Ausführungspflicht des Auftragnehmers besteht nur dann, wenn der Auftraggeber nach Mitteilung der Bedenken **verlangt,** dass die Anordnung ausgeführt wird. Daraus ist abzuleiten, dass bis zu dieser Erklärung des Auftraggebers der Auftragnehmer nicht verpflichtet ist, die Anordnung auszuführen. Er kann die Entscheidung des Auftraggebers zunächst abwarten. Der Auftraggeber muss gegenüber dem Auftragnehmer eindeutig darauf hinweisen, dass er auf Durchführung seiner Anordnung besteht[73] (s. Rdn. 23). Für dieses eindeutige und bestimmte Verlangen des Auftraggebers gibt es keine Form- oder Fristenregelung. Auch hier ist der Auftragnehmer gut beraten, dieses Verlangen beweiskräftig zu dokumentieren. 38

Ungeklärt ist die Rechtslage, wenn der Auftraggeber eine berechtigte Bedenkenmitteilung des Auftragnehmers überhaupt nicht prüft und darauf reagiert. Da eine Zurückweisung der Beden- 39

---

[66] BGH BauR 1985, 77; NWJS/*Gartz* VOB/B § 4 Rdn. 28; *Leinemann* VOB/B § 4 Rdn. 41.
[67] Beck'scher VOB-Kommentar/*Junghenn* VOB/B § 4 Abs. 1 Rdn. 229; NWJS/*Gartz* VOB/B § 4 Rdn. 28.
[68] *Kaiser* Mängelhaftungsrecht Rdn. 48.
[69] BGH BauR 1985, 77; Beck'scher VOB-Kommentar/*Junghenn* VOB/B § 4 Abs. 1 Rdn. 241.
[70] Ingenstau/Korbion/*Oppler* VOB/B § 4 Abs. 1 Rdn. 89.
[71] Beck'scher VOB-Kommentar/*Junghenn* VOB/B § 4 Abs. 1 Rdn. 245.
[72] HRR/*Mansfeld* VOB/B § 4 Rdn. 27.
[73] Beck'scher VOB-Kommentar/*Junghenn* VOB/B § 4 Abs. 1 Rdn. 246; *Leinemann* VOB/B § 4 Rdn. 41.

kenanmeldung für den Auftraggeber nachteilige Folgen haben kann, wird er sich häufig scheuen, auf eine Bedenkenanmeldung zu reagieren. Sicher ist, dass das Schweigen des Auftraggebers auf eine Bedenkenanmeldung den Vertrag, also das Leistungssoll zunächst einmal unberührt lässt[74]. Andererseits bleibt der Auftragnehmer zur Leistungserbringung verpflichtet. In diesem Fall ist es für den Auftragnehmer ratsam, nach Ablauf einer angemessenen Wartefrist gegenüber dem Auftraggeber die Fortsetzung der Arbeiten anzukündigen[75]. Aufgrund der vorliegenden Obliegenheitspflichtverletzung des Auftraggebers dürfte der Auftragnehmer, der dann „sehenden Auges" ein mangelhaftes Werk herstellt, für die Mängel, deren Vermeidung er mit der Bedenkenanzeige vermeiden wollte, analog § 13 Abs. 3 VOB/B nicht haften.

40   Der Auftragnehmer ist berechtigt, die **Durchführung der Anordnung zu verweigern,** wenn gesetzliche oder örtliche Bestimmungen der Ausführung der Anordnung entgegenstehen. Darunter fallen alle öffentlich-rechtlichen Vorschriften (Bauordnungsrecht, Wasserrecht, Strafrecht, Unfallverhütungsvorschriften etc.). Zivilrechtliche Normen können dann darunter fallen, wenn sich der Auftragnehmer bei Verstoß gegen zivilrechtliche Normen gegenüber dem Auftraggeber oder Dritten schadensersatzpflichtig machen würde, z. B. bei Verletzung nachbarrechtlicher Vorschriften oder wegen unerlaubter Handlung[76]. Dabei ist immer zu beachten, dass die Befolgungspflicht nur so weit reicht, wie die Anordnung notwendig ist, um die vertragsgemäße Ausführung der Leistung zu ermöglichen (s. Rdn. 25). Anordnungen, die über die vertragsgemäße Leistung hinausgehen, muss der Auftragnehmer nicht befolgen, es sei denn, die entsprechende Verpflichtung ergibt sich aus anderen Regelungen/Vereinbarungen, vgl. z. B. § 1 Abs. 4 Satz 1 VOB/B.

41   Der Auftraggeber darf sein Anordnungsrecht nur **in den Grenzen von Treu und Glauben** ausüben[77]. Setzt sich der Auftraggeber mit fachlich begründeten Bedenken des Auftragnehmers überhaupt nicht auseinander, besteht er z. B. auf eine Ausführung, die gegen die Regeln der Technik verstößt und lehnt es weiter ab, dem Verlangen des Auftragnehmers zu entsprechen, für diesen Fall von der Gewährleistung freigesprochen zu werden, sind die Grenzen von Treu und Glauben überschritten. Der Auftragnehmer ist dann berechtigt, die Durchführung der Anordnung zu verweigern. In diesem Fall gerät der Auftragnehmer auch nicht mit der Ausführung in Verzug[78]. Weiter besteht die Befolgungspflicht nicht, wenn der Auftraggeber das Anordnungsrecht missbraucht. Dies ist dann anzunehmen, wenn der Auftraggeber auf seiner Anordnung besteht, obwohl er die Berechtigung der angemeldeten Bedenken erkennt oder der Auftraggeber dem Auftragnehmer zumutet, durch sinnlose Anordnungen seinen Ruf als fachkundiger Unternehmer beschädigen zu lassen[79].

42   Der Auftragnehmer ist auf Grund des Ausnahmecharakters gehalten, sorgfältig abzuwägen, ob die Gründe für eine Verweigerung der Ausführung einer Anordnung des Auftraggebers ausreichen. In der Praxis sollte der Auftragnehmer dies nur dann annehmen, wenn er sich durch die Befolgung der Anordnung erheblichen (Ruf-)Schädigungen ausgesetzt sieht, weil der Auftraggeber das Risiko Durchführung seiner Anordnungen nach Mitteilung von Bedenken trägt.

43   **4. Mehrkosten.** Nach § 4 Abs. 1 Nr. 4 Satz 2 VOB/B kann dem Auftragnehmer ein Anspruch auf Mehrkosten zustehen, wenn durch das Verlangen auf Durchführung der Anordnungen trotz Bedenkenanmeldung durch den Auftragnehmer eine ungerechtfertigte Erschwerung verursacht wird. Damit erhält der Auftragnehmer einen Ausgleich dafür, dass er Anordnungen ausführen muss, obwohl er diese für nicht gerechtfertigt/zweckmäßig hält. § 4 Abs. 1 Nr. 4 Satz 2 VOB/B enthält eine selbstständige Regelung von **Mehrkosten,** die der Auftraggeber auch dann zu tragen hat, wenn ihn ein Verschulden nicht trifft (verschuldensunabhängiger vertraglicher Kostenerstattungsanspruch)[80]. § 4 Abs. 1 Nr. 4 VOB/B regelt nur die Anordnungen, die erfolgen, um die vertragsgemäße Ausführung der Leistung sicherzustellen (s. Rdn. 25). Handelt es sich um Anordnungen außerhalb der geschuldeten vertraglichen Leistung des Auftragnehmers, gilt § 4 Abs. 1 Nr. 4 Satz 2 VOB/B nicht[81]. In diesen Fällen betreffen die

---

[74] *Hummel* BauR 2015, **329**
[75] *Ingenstau/Korbion/Oppler* VOB/B § 4 Abs. 3 Rdn. 75; *Hummel* BauR 2015, **329**
[76] BGH BauR 1985, 77; NWJS/*Gartz* VOB/B § 4 Rdn. 31.
[77] BGH BauR 1985, 77; *Ingenstau/Korbion/Oppler* VOB/B § 4 Abs. 1 Rdn. 92.
[78] BGH BauR 1985, 77; *Leinemann* VOB/B § 4 Rdn. 42.
[79] NWJS/*Gartz* VOB/B § 4 Rdn. 15.
[80] NWJS/*Gartz* VOB/B § 4 Rdn. 32; *Ingenstau/Korbion/Oppler* VOB/B § 4 Abs. 1 Rdn. 103.
[81] BGH NJW-RR 1992, 1046; *Kapellmann/Schiffers* Band 1 Rdn. 1187.

Anordnungen Leistungen, die über das vertraglich geschuldete hinausgehen, so dass die § 2 Abs. 5, 6 und § 1 Abs. 3 und 4 VOB/B einschlägig sind.

Voraussetzung des Mehrkostenanspruchs des Auftragnehmers ist, dass der Auftraggeber eine **44** Anordnung gemäß § 4 Abs. 1 Nr. 3 VOB/B getroffen hat. Weiter muss der Auftragnehmer gegen die Berechtigung/Zweckmäßigkeit der Anordnung dem Auftraggeber Bedenken angemeldet haben. Schließlich muss der Auftraggeber danach darauf bestanden haben, dass die Anordnung ungeachtet mitgeteilter Bedenken durchgeführt wird. Hinzu kommt, dass dadurch die Baudurchführung ungerechtfertigt erschwert wird und dem Auftragnehmer Mehrkosten entstanden sind. Damit wird deutlich, dass dann, wenn die Anordnung des Auftraggebers berechtigt, zweckmäßig und notwendig war, um die vertragsgemäße Ausführung der Leistung zu fördern (§ 4 Abs. 1 Nr. 3 VOB/B) ein Anspruch auf Mehrkosten nicht gegeben sein kann, weil die Mehrkosten dann nicht adäquat kausal auf der Anordnung, sondern auf der **Notwendigkeit** beruhen, die vertragsgemäße Herstellung der Leistung sicherzustellen[82]. Der Auftragnehmer hat nur Anspruch auf Erstattung der Mehrkosten, die in Folge einer „ungerechtfertigten" Erschwerung seiner Leistung verursacht. „Ungerechtfertigt" kann die Erschwerung nur dann sein, wenn sich die Anordnung des Auftraggebers als unberechtigt und/oder unzweckmäßig erwiesen hat.

Auszugleichen sind die dem Auftragnehmer tatsächlich entstandenen **Mehrkosten**. Dies sind **45** die Kosten, die ohne die Anordnung bei vertragsgemäßer Durchführung nicht angefallen wären[83]. Diese Kosten sind unabhängig von der Vergütungsvereinbarung/Kalkulation zu berechnen. Es handelt sich um einen Mehr**kosten**anspruch. Danach ist der „Wert" der auf Grund der Anordnung durchgeführten Maßnahmen **konkret** zu ermitteln[84]. Nach anderer Auffassung soll die Abrechnung möglichst auf der Basis der Fortschreibung der Einheitspreise unter Übernahme der Kostenermittlungssystematik des § 2 VOB/B durchgeführt werden[85]. Weitere Anspruchsvoraussetzungen gibt es nicht. Der Mehrkostenanspruch muss nicht zusammen mit den Bedenken bereits angemeldet oder nach Verlangen des Auftraggebers auf Durchführung der Anordnung dem Auftraggeber angekündigt werden. Ebenso wenig ist vorab eine Vereinbarung hinsichtlich der Mehrkosten zu treffen.

5. Rechtswirkungen. Abgesehen von dem unmittelbar in § 4 Abs. 1 Nr. 4 Satz 2 VOB/B **46** geregelten Mehrkostenanspruch hat die Anordnung des Auftraggebers für den Auftraggeber und den Auftragnehmer weitere Rechtsfolgen. Der Auftraggeber ist grundsätzlich für seine Anordnungen verantwortlich, was bei Mängelansprüchen zu einer Verschiebung gemäß § 13 Abs. 3 VOB/B führen kann. Dies gilt allerdings nur dann, wenn der Auftragnehmer Bedenken angezeigt hat. Halten sich Anordnungen des Auftraggeber im Rahmen des § 4 Abs. 3 Nr. 3 VOB/B, verbleibt es bei der Verpflichtung des Auftragnehmers, das Werk mangelfrei herzustellen. Wenn angezeigte Bedenken gleichzeitig Bedenken im Sinne von § 4 Abs. 3 VOB/B sind (s. Rdn. 67 ...) muss der Auftragnehmer auf Grund des dort vorgesehenen Schriftformerfordernisses die Schriftform einhalten, um die Haftungseinschränkung nach § 13 VOB/B zu erreichen. Führt der Auftragnehmer eine Anordnung des Auftraggebers aus, die gegen gesetzliche/behördliche Bestimmungen verstößt, obwohl er zuvor auf die Bedenken hingewiesen hat, bleibt der Auftragnehmer für daraus resultierende Schäden an Rechtsgütern Dritter ebenso verantwortlich, wie für die Erfüllung gesetzlicher/behördlicher Auflagen etc. Daneben besteht eine Verantwortlichkeit des Auftraggebers, der in Kenntnis der Bedenken auf die Durchführung der Anordnung besteht. Die Haftungsquotierung zwischen Auftraggeber und Auftragnehmer richtet sich dann nach § 254 BGB[86].

V. Verantwortung des Auftragnehmers für die Ausführung der Leistung (§ 4 Abs. 2 VOB/B)

1. Allgemeines. § 4 Abs. 2 Nr. 1 Satz 1 VOB/B regelt den Grundsatz, wonach der Auf- **47** tragnehmer die Leistung unter **eigener Verantwortung nach dem Vertrag auszuführen** hat. § 4 Abs. 2 Nr. 1 Satz 2 VOB/B konkretisiert die von dem Auftragnehmer zu beachtenden

---

[82] Beck'scher VOB-Kommentar/*Junghenn* VOB/B § 4 Abs. 1 Rdn. 265; NWJS/*Gartz* VOB/B § 4 Rdn. 32.
[83] NWJS/*Gartz* VOB/B § 4 Rdn. 32; HRR/*Mansfeld* VOB/B § 4 Rdn. 30.
[84] Beck'scher VOB-Kommentar/*Junghenn* VOB/B § 4 Abs. 1 Rdn. 269.
[85] *Kapellmann/Schiffers* Band 1 Rdn. 1188; *Leinemann* VOB/B § 4 Rdn. 44.
[86] Beck'scher VOB-Kommentar/*Junghenn* VOB/B § 4 Abs. 1 Rdn. 279; *Ingenstau/Korbion/Oppler* VOB/B § 4 Abs. 1 Rdn. 106.

Bestimmungen. § 4 Abs. 2 Nr. 1 Satz 3 VOB/B stellt klar, dass im Zuge der Herstellung **seines** Gewerks der Auftragnehmer Aufsichts- und Koordinationspflichten hat. Daraus wird der allgemeine Grundsatz deutlich, dass der Auftragnehmer einen werkvertragsrechtlichen Erfolg schuldet, es andererseits in aller Regel seine Sache ist, zu entscheiden, mit welchen Maßnahmen er diesen Erfolg herbeiführen will[87]. Daraus ergibt sich weiter, dass der Auftraggeber nicht befugt ist, dem Auftragnehmer **insoweit** Anweisungen zu erteilen, Mittel zur Verfügung zu stellen oder sonstige Hilfestellung zu leisten, um den von dem Auftragnehmer geschuldeten Erfolg herbeizuführen. Davon zu unterscheiden ist die Befugnis des Auftraggebers, gemäß § 4 Abs. 1 VOB/B in das Geschehen einzugreifen. § 4 Abs. 2 Nr. 2 VOB/B regelt auch nur die **Pflicht** des Auftragnehmers zur Herbeiführung des geschuldeten Erfolges. Eine **Berechtigung** dazu ergibt sich aus § 4 Abs. 2 VOB/B schon deshalb nicht, weil der Auftraggeber den Vertrag jederzeit auch ohne Angabe von Gründen kündigen kann, § 8 Abs. 1 VOB/B (vgl. auch § 649 Satz 1 BGB).

48 Die sich aus § 4 Abs. 2 VOB/B für den Auftragnehmer ergebenden Pflichten werden in aller Regel nicht dadurch berührt, dass der Auftraggeber von seinen Weisungs-/Anordnungsrechten Gebrauch macht. Auch wenn Weisungen des Auftraggebers für den Auftragnehmer grundsätzlich verbindlich sind, § 4 Abs. 1 Nr. 3 Satz 1 VOB/B (s. Rdn. 37 ...), bleibt der Auftragnehmer je nach der zu erwartenden Fachkunde verpflichtet, die Weisungen zu prüfen, muss gegebenenfalls dazu auch Erkundigungen einholen[88]. Kollisionen zwischen der Verantwortung des Auftragnehmers für die vertragsgemäße Ausführung seiner Leistung und Weisungen des Auftraggebers oder Weisungen, die dem Auftraggeber zuzurechnen sind (z. B. Weisungen eines bevollmächtigten Architekten), zeigen sich in der Praxis vor allem bei folgenden Fallgruppen:

49 Eine dem Auftragnehmer übergebene **mangelfreie** Architektenplanung ist für den Auftragnehmer verbindlich, § 3 Abs. 3 Satz 1 VOB/B. Dies gilt auch dann, wenn auf der Grundlage überlassener Planungsunterlagen davon bewusst oder unbewusst abweichende Ausführungszeichnungen, Werkzeichnungen o. ä. durch den Auftragnehmer gefertigt und diese von dem im Auftrag des Auftraggebers tätigen Architekten „freigegeben" werden. Ein solcher „Freigabevermerk" eines Architekten betrifft das Vertragsverhältnis zwischen Auftraggeber und Auftragnehmer und die Haftung des Auftragnehmers für die vertragsgerechte (nach Maßgabe der Planung) Erstellung des Gewerks nicht[89]. Möchte der Auftragnehmer von einer ihm überlassenen Planung abweichen (etwa aus technischen oder wirtschaftlichen Gründen) oder hat er grundsätzliche Bedenken, so hat er vorab den Auftraggeber darüber zu informieren und gegebenenfalls eine Änderung der Planung der Auftraggeber anzuregen[90].

50 Wenn dem Auftragnehmer **fehlerhafte** Architektenpläne zur Verfügung gestellt werden, begründet dies in der Regel bei Mängeln/Schäden den Mitverschuldenseinwand aus § 254 BGB[91], weil der Architekt im Planungsbereich Erfüllungsgehilfe des Auftraggebers ist (s. Rdn. 14). Beruht ein Mangel allein auf einem Planungsfehler, trifft das Verschulden voll den Auftraggeber, weil dieser dem Auftragnehmer gem. § 3 Abs. 1 VOB/B die notwendigen Unterlagen zu übergeben hat. Die Berufung auf den Mitverschuldenseinwand wird dem Auftragnehmer aber in den Fällen versagt, in denen er bewusst einen fehlerhaften Architektenplan umsetzt[92] oder in Folge einer nicht ausreichenden Wahrnehmung seiner Überprüfungs-/Hinweispflichten einen Planungsfehler (schuldhaft) nicht entdeckt[93]. Im Bereich der **Bauüberwachung** kann der Auftragnehmer ein Bauüberwachungsverschulden des für den Auftraggeber tätigen Architekten nicht als Mitverschulden des Auftraggebers einwenden, weil der Auftragnehmer keinen Anspruch auf Bauaufsicht hat (s. Rdn. 74). In dem Fall, in dem der Bauherr sein Bauwerk mit dem eigenen Baubetrieb errichtet und einen Architekten mit der Bauüberwachung beauftragt, gilt etwas anderes, weil auf Grund dieser Beauftragung zugleich ein Anspruch auf Bauleitung besteht. In diesem Fall haftet der eigene Baubetrieb als Auftraggeber für Mängel, die durch ordnungsgemäße Überwachung hätten verhindert werden können, neben dem Architekten hälftig zu 50%[94].

---

[87] Näher VOB/B § 2 Rdn. 37.
[88] BGH BauR 1998, 397; BGH NJW 1961, 1523; HRR/*Mansfeld* VOB/B § 4 Rdn. 33.
[89] BGH BauR 1982, 374.
[90] BGH BauR 1982, 374.
[91] BGH BauR 1991, 79; BGH BauR 1984, 395; *Werner/Pastor* Rdn. 2933, 2936.
[92] BGH BauR 1973, 190.
[93] BGH BauR 1973, 190; OLG Naumburg IBR 2014, 732; OLG Düsseldorf BauR 2013, 1283; HRR/*Mansfeld* VOB/B § 4 Rdn. 33, vgl. auch VOB/B § 13 Rdn. 79.
[94] LG Kiel BauR 2004, 1994 = IBR 2005, 34.

Probleme stellen sich bei der Verwendung neuartiger Baustoffe oder neuartiger Baukonstruktionen. Der Auffassung, für diese Verwendung bleibe grundsätzlich der Auftragnehmer auch in den Fällen verantwortlich, wenn der Auftraggeber durch einen Architekten beraten ist[95], ist nicht zu folgen. Bei der Verwendung neuartiger Baustoffe/Baukonstruktionen obliegt es primär dem Architekten, das beim Bau verwendete Material auf dessen Brauchbarkeit zu überprüfen und bei Bedenken den Auftraggeber darauf hinzuweisen[96]. Die Verwendung nicht bewährten Materials birgt grundsätzlich Gefahren, so dass bei neuen Materialien der Architekt mit erhöhter Sorgfalt zu prüfen hat, ob das Material geeignet ist. Für neuartige Baustoffe/Baukonstruktionen die der Auftragnehmer selbst wählt, ist er immer verantwortlich[97].

Der Auftragnehmer hat für die ordnungsgemäße Herbeiführung der geschuldeten Leistung 52 einzustehen. Vorausgesetzt wird damit zugleich, dass der Auftragnehmer die dafür erforderliche Sachkunde und Erfahrung besitzt. Anderenfalls darf der Auftragnehmer die Ausführung der Leistung nicht annehmen bzw. ist gehalten, selbst Fachunternehmen oder Sonderfachleute zu beauftragen, um den geschuldeten Erfolg herbeizuführen, auch wenn er grundsätzlich verpflichtet bleibt, die Leistung im eigenen Betrieb auszuführen, § 4 Abs. 8 Nr. 1 Satz 1 VOB/B (s. Rdn. 192). Zu beachten ist, dass die Erfüllung der Verpflichtung aus § 4 Abs. 2 VOB/B der Zeitpunkt der Ausführung der jeweiligen Leistung maßgeblich ist. Die Anforderungen für das fertige Gewerk ergeben sich demgegenüber aus § 13 Abs. 1 VOB/B.

2. Erbringung der Vertragsleistung durch den Auftragnehmer. a) Nach dem Vertrag. 53
Maßgeblich für den Auftragnehmer ist der Vertrag, § 1 Abs. 1 Satz 1 VOB/B. Aus dieser Formulierung kann aber nicht abgeleitet werden, dass im Zuge der Ausführung allein das von dem Auftragnehmer zu leisten ist, was sich aus dem Vertrag unmittelbar ergibt. Geschuldet sind von dem Auftragnehmer auch die Leistungen, die zur vertragsgemäßen Erfüllung der beauftragten Leistung notwendig sind, was im Zweifel durch Auslegung zu ermitteln ist. Ist beispielsweise in einem Leistungsverzeichnis für Türen ein Schalldämmmaß vorgegeben, sind die Gesamtumstände (hier die Zweckbestimmung des Bauwerks) maßgeblich dafür, ob der Auftragnehmer das geringere Labor-Dämmmaß, oder den Schallschutzwert in eingebauten Zustand schuldet[98].

Das Recht auf eigenverantwortliche Ausführung umfasst auch die Freiheit der Wahl der Mittel 54 und die Entscheidungsfreiheit, den Herstellungsvorgang insgesamt bis zur Abnahme selbst zu bestimmen. Der Auftragnehmer entscheidet eigenverantwortlich über alle technischen und wirtschaftlichen Fragen, auch darüber, welche Arbeitnehmer und Nachunternehmer (in den Grenzen von § 4 Abs. 8 VOB/B) sowie Sonderfachleute er einsetzt, um das von ihm übernommene Risiko der vertragsgemäßen Ausführung meistern zu können. Einschränkungen und Grenzen ergeben sich aus den Befugnissen des Auftraggebers (s. Rdn. 16).

b) Beachtung der anerkannten Regeln der Technik. Der Auftragnehmer hat die an- 55 erkannten Regeln der Technik, die gesetzlichen und die behördlichen Bestimmungen zu beachten, § 4 Abs. 2 Nr. 1 Satz 2 VOB/B. Eine Legaldefinition dieses Begriffes gibt es nicht. Nur § 2 Nr. 12 HOAI definiert die „fachlich" allgemein anerkannten Regeln der Technik als schriftlich fixierte technische Festlegungen für Verfahren, die nach herrschender Auffassung der beteiligten Fachleute, Verbraucher und der öffentlichen Hand geeignet sind, die Ermittlung der anrechenbaren Kosten nach der HOAI zu ermöglichen und die sich in der Praxis allgemein bewährt haben oder deren Bewährung nach herrschender Auffassung in überschaubarer Zeit bevorsteht. Abgesehen davon, dass diese „Definition" die Ermittlung der anrechenbaren Kosten betrifft, wird sie zu recht in der Literatur als missglückt angesehen[99]. Dem ist zu folgen, zumal nach dieser Definition die anerkannten Regeln der Technik immer **schriftlich fixiert** sein müssen und für die Bewertung auch die herrschende Auffassung von Verbrauchern (!) maßgeblich sein soll. Die Definition ist damit ungeeignet. Anerkannte Regeln der Technik sind die

---

[95] HRR/*Mansfeld* VOB/B § 4 Rdn. 33.
[96] BGH BauR 1976, 66.
[97] BGH BauR 1993, 79; *Ingenstau/Korbion/Oppler* VOB/B § 4 Abs. 2 Rdn. 14; *Leinemann* VOB/B § 4 Rdn. 54.
[98] BGH BauR 1995, 538.
[99] *Locher/Koeble/Frik* HOAI, 11. Auflage 2012 § 2 Rdn. 30; *Korbion/Mantscheff/Vygen* HOAI, Aktualisierungsband zur 7. Auflage § 2 Nr. 12; *Hartmann* Praxislösungen HOAI 2009, Band 1 Teil 3/3 Stand März 2012, § 2 Seite 10; N/B/D/G Handbuch des Architektenrechts, Band 2 Teil D, Stand Dezember 2010, § 2 Rdn. 41

Regeln für die Ausführung baulicher Leistungen, die sich nach Meinung der Mehrheit der maßgeblichen Fachleute in der Praxis bewährt haben oder deren Eignung von ihnen als nachgewiesen angesehen wird. Es genügt nicht, dass in den Fachkreisen eine entsprechende Meinung geäußert wird; erforderlich ist ein fachlicher Konsens[100]. Der Begriff setzt sich aus zwei Kriterien zusammen, zum einen der theoretischen Richtigkeit und zum anderen der überwiegenden Beurteilung der Richtigkeit durch die Fachleute. Damit sind die Probleme bei der Ausfüllung dieses unbestimmten Rechtsbegriffs aufgezeigt[101]. Eine bauliche Regel ist theoretisch richtig, wenn sie nach wissenschaftlichen Erkenntnissen unanfechtbar ist. Eine wissenschaftliche Unanfechtbarkeit gibt es in den seltensten Fällen. Bei neuen Bauweisen, Baustoffen etc. kann eine wissenschaftliche Unanfechtbarkeit nicht angenommen werden. Bei dem zweiten Kriterium wird auf die Meinung der Fachleute abgestellt, die in dem Bereich des betreffenden Baugewerbes tätig sind[102]. Wer Fachmann in diesem Sinne ist, ist ebenfalls nicht verbindlich geregelt. Im Bereich der einfachen Ausführung von Bauweisen kommt es auf die Beurteilung der tätigen Meister und Poliere an. Für den konstruktiven Bereich ist der Kreis der Techniker/Ingenieure maßgeblich[103]. Die Ausfüllung des schon unbestimmten Begriffs der anerkannten Regeln der Technik durch diese zwei weiteren unbestimmten Merkmale ist allerdings geboten, um zu gewährleisten, dass die laufende wissenschaftliche und technische Entwicklung verbindlich wird. Darüber hinaus gehört es zum Pflichtenkreis des Auftragnehmers, bei Neukonstruktionen, für die es noch keine Erfahrungswerte und keine allgemeine Zulassung gibt, nähere Untersuchungen auf deren Gebrauchstauglichkeit, Verwendbarkeit und Haltbarkeit durchzuführen, sich insoweit also selbst den für den Bauerfolg notwendigen Erfahrungsstand zu verschaffen[104].

56 Gegenüber den anerkannten Regeln der Technik ist der **Stand der Technik** ein fortschrittlicherer Entwicklungsstand. Der Stand der Technik ist erreicht, wenn die Wirksamkeit fortschrittlicher, vergleichbarer Verfahren in der Betriebspraxis zuverlässig nachgewiesen werden kann[105]. Dafür reichen bereits experimentelle Tests aus, während bei den anerkannten Regeln der Technik die Bewährung über einen längeren Zeitraum in der betrieblichen Praxis erforderlich ist. Daraus ergibt sich, dass zwangsläufig die allgemein anerkannten Regeln der Technik der neuesten Entwicklung „hinterherhinken"[106]. Der Begriff der Stand der Technik ist vorrangig im Recht der Sicherheitstechnik (Bundesbahn, Personenbeförderung, Luftverkehr, Emissionsschutzrecht) von Bedeutung.

57 Die höchste Anforderung ist der **Stand von Wissenschaft und Technik**[107]. Wird auf den Stand von Wissenschaft und Technik abgestellt, muss diejenige Vorsorge gegen Schäden getroffen werden, die nach den neuesten wissenschaftlichen Erkenntnissen für erforderlich gehalten wird[108].

Ob eine anerkannte Regel der Technik **schriftlich** niedergelegt ist oder nicht, spielt für die Bewertung **keine Rolle**[109]. Ebenso wenig kann angenommen werden, dass schriftlich niedergelegte Normen, Vorgaben etc. zwingend den Stand der anerkannten Regeln der Technik wiedergeben, auch wenn dafür eine **widerlegliche Vermutung spricht**[110]. Die Rechtsprechung hat wiederholt darauf hingewiesen, dass förmlich niedergelegte Regeln der Technik nicht selten durch den neuesten Stand der Technik überholt sind[111]. Bei schriftlich verfassten Normen, Vorgaben etc. ist also immer zu prüfen, ob diese nach diesen Grundsätzen tatsächlich die anerkannten Regeln der Technik noch wiedergeben oder hinter diesen zurückbleiben[112].

58 Zu nennen sind zunächst die **DIN**-Normen des Deutschen Instituts für Normung e. V. Es handelt sich dabei nicht um Rechtsnormen, sondern um private technische Regelungen mit

---

[100] RGSt 44, 76; BGH NJW 1980, 1219; NWJS/*Gartz* VOB/B § 4 Rdn. 37.
[101] *Seibel* ZfBR 2008, 635; *Kamphausen* BauR 2008, 25; *Siegburg* BauR 1985, 367.
[102] *Siegburg* BauR 1985, 372.
[103] BGH NJW 80, 1219; vgl. NWJS/*Gartz* VOB/B § 4 Rdn. 37.
[104] LG Bonn, Urteil vom 8.6.2007, 1 O 194/04; Veröffentlicht bei www.juris.de.
[105] Vgl. § 3 Abs. 6 BImschG.
[106] BverfG NJW 1979, 359; *Siegburg* BauR 1985, 367; vgl. *Miernik* BauR 2012, 151.
[107] Vgl. § 7 Abs. 2 Nr. 3 AtomG.
[108] BVerfG NJW 1979, 359.
[109] BGH BauR 1998, 872; BGH BauR 1986, 447.
[110] OLG Hamm BauR 1994, 767; *Ingenstau/Korbion/Oppler* VOB/B § 4 Abs. 2 Rdn. 49; *Jagenburg* Jahrbuch Baurecht 2000, 200.
[111] BGH BauR 1996, 447; BGH BauR 1995, 230; *Jagenburg* Jahrbuch Baurecht 2000, 200.
[112] OLG Stuttgart IBR 2008, 435 mit Anmerkung *Weyer* – Nichtzulassungsbeschwerde durch Beschluss des BGH vom 10.4.2008 – VII ZR 159/07 zurückgewiesen.

Empfehlungscharakter, die die anerkannten Regeln der Technik wiedergeben oder hinter diesen zurückbleiben[113]. Zum Zeitpunkt der Abnahme[114] muss das Gewerk den anerkannten Regeln der Technik entsprechen. Es reicht nicht aus, dass eine DIN-Norm zu diesem Zeitpunkt noch gilt[115]. Entsprechendes gilt für die CEN/CENELEC/EN-Normen, die VDE-Normen, die einheitlichen technischen Baubestimmungen (ETB)[116], die Bestimmungen des deutschen Ausschusses für Stahlbeton sowie die Bestimmungen der verschiedenen Verbände. Diese „Normen" haben aber für die Beweislast Bedeutung. Derjenige, der sich bei der Erbringung einer Bauleistung an ein technisches Regelwerk hält, kann für sich die widerlegliche Vermutung in Anspruch nehmen, die Regeln der Technik eingehalten zu haben. Diese Vermutung ist eine echte Beweislaständerung mit der Folge, dass derjenige, der eine geschriebene Norm nicht als anerkannte Regel der Technik akzeptiert, diese Auffassung darlegen und beweisen muss[117]. Die Baubeteiligten müssen immer einkalkulieren, dass sich die Regeln der Technik laufend ändern[118]. Der Auftragnehmer muss sich deshalb ständig über diese fortlaufende Entwicklung in seinem Fachbereich informieren. Er hat über Empfehlungen in der Fachpresse Bescheid zu wissen und diese bei der Ausführung zu berücksichtigen[119]. Der Auftragnehmer hat auch eigenverantwortlich zu prüfen, ob von ihm **herangezogene** Regeln der Technik im Einzelfall einschlägig sind[120].

Streitig ist die Frage, ob dann, wenn der Auftragnehmer die bekannten allgemeinen Regeln der Technik beachtet hat, er für gleichwohl eingetretene Werkmängel haftet, was zu bejahen ist[121]. Es liegt in dem Risikobereich des Auftragnehmers, wenn erst durch den Fortschritt von Wissenschaft und Technik die Möglichkeit besteht, Fehlerquellen oder Möglichkeiten des Vermeidens von Fehlern zu erkennen. Umgekehrt muss der Auftragnehmer die geschuldete Leistung auch dann erbringen, wenn es überhaupt keine anerkannten Regeln der Technik gibt (etwa für neuartige Baustoffe/Baukonstruktionen), wobei auch hier der Auftragnehmer das Risiko trägt[122]. Verschuldensfragen spielen für die Frage, ob die anerkannten Regeln der Technik eingehalten sind, keine Rolle.

Entscheidend für die Beantwortung der Frage, ob die mangelfreie Leistung den anerkannten Regeln der Technik entspricht, ist der Zeitpunkt der Abnahme[123]. Da sich vor allem bei längerer Bauzeit die anerkannten Regeln der Technik zwischen Auftragserteilung und Abnahme ändern können, stellt sich die Frage, welche Betrachtung zugrunde zu legen ist. Ergeben sich aus dem Vertrag keine verbindlichen Festlegungen (z.B. genau definierte Schalldämm-Maße) ist die Werkleistung mangelhaft, wenn sie zur Zeit der Abnahme den anerkannten Regeln der Technik nicht entspricht[124].

c) Beachtung der gesetzlichen/behördlichen Bestimmungen. Der Auftragnehmer ist verpflichtet, die gesetzlichen und behördlichen Bestimmungen zu beachten. Damit sind alle einschlägigen Regelungen des privaten/öffentlichen Rechts gemeint (Gesetze, Verordnungen, Satzungen, Genehmigungen etc.). Zu nennen sind hier vorrangig die Bauordnungen der Länder, Sicherheitsvorschriften, Feuerschutzvorschriften, die Wärmeschutz-VO[125], das Wasserhaushaltsgesetz[126] sowie das Bundesimmissionsschutzgesetz[127]. Dazu gehört auch die allgemeine Verkehrssicherungspflicht, die den Auftragnehmer verpflichtet, Vorkehrungen gegen Schäden an Rechts-

---

[113] BGH NJW 1998, 2815.
[114] BGH NJW-RR 1997, 1106; BGH BauR 1995, 230; siehe VOB/B § 13 Rdn. 38.
[115] BGH NJW 1998, 2814.
[116] OLG Köln BauR 1991, 759.
[117] BGHZ 114, 273; OLG Hamm NJW-RR 1998, 668; NWJS/*Gartz* VOB/B § 4 Rdn. 37.
[118] BGH NJW-RR 1995, 472 (Schallschutz); BGH NJW 1968, 43; 1971, 92 (Flachdach).
[119] OLG Köln BauR 1997, 831.
[120] BGH BauR 1998, 872.
[121] BGH BauR 1987, 207; OLG Frankfurt BauR 1983, 156 (Blasbachtalbrücke); *Jagenburg* Jahrbuch Baurecht 2000, 200; siehe VOB/B § 13 Rdn. 31; entgegen der Entscheidung des OLG Frankfurt „Blasbachtalbrücke" hätte die Haftung des Unternehmers jedoch verneint werden müssen, weil die Durchführung auf Planungsvorgaben des Auftraggebers zurückzuführen war; vgl. VOB/B § 13 Rdn. 64.
[122] OLG München BB 1984 239.
[123] BGH BauR 1998, 872; HRR/*Mansfeld* VOB/B § 4 Rdn. 38; *Leinemann* VOB/B § 4 Rdn. 61.
[124] *Kniffka* IBR-Online-Kommentar § 633 BGB Rdn. 49; HRR/*Mansfeld* VOB/B § 4 Rdn. 39; a.A. für Großbauvorhaben, die durch einen Generalunternehmer durchgeführt werden; *Leinemann* VOB/B § 4 Rdn. 61.
[125] BGBl. I S. 2121.
[126] BGBl. I S. 3017.
[127] BGBl. I S. 721.

gütern jedes Dritten zu treffen, soweit diese Verpflichtung nicht der Auftraggeber hat (s. Rdn. 5). Der Auftragnehmer wird in der Regel auch immer verkehrssicherungspflichtig sein, weil er durch die Aufnahme der Arbeiten den Verkehr auf der Baustelle eröffnet und damit eine besondere Gefahrenquelle schafft[128]. Dabei kann sich der Auftragnehmer nicht darauf berufen, auch der sachkundige vertretene Auftraggeber (gegebenenfalls vertreten durch einen Architekten) sei verkehrssicherungspflichtig. Dies kann aber dann angenommen werden, wenn z. B. von der beigestellten Planung erkennbar Gefahren ausgehen[129].

62 **3. Ordnung auf der Baustelle.** Nach § 4 Abs. 2 Nr. 1 Satz 3 VOB/B hat der Auftragnehmer, die **Ausführung seiner vertraglichen Leistung** zu leiten und für **Ordnung auf seiner Arbeitsstelle** zu sorgen. Er entscheidet allein über den Hergang der Ausführung der Arbeiten und muss Weisungen des Auftraggebers grundsätzlich nur im Rahmen von § 4 Abs. 1 Nr. 3 VOB/B beachten. Der Auftragnehmer hat und darf über die Einteilung der einzusetzenden Arbeitskräfte und Geräte, die Bestimmung von Arbeitszeiten, die Bestimmung der Einzelheiten der Arbeitsgänge, die Materialzufuhr etc. eigenverantwortlich zu entscheiden. Er ist nicht verpflichtet, all dies in **eigener Person** sicherzustellen, sondern kann Vertreter benennen, wobei ein Verschulden des von ihm bestellten Vertreters dem Auftragnehmer gemäß § 278 BGB zuzurechnen ist[130]. In Abgrenzung zu § 4 Abs. 1 Nr. 1 VOB/B trifft die Verpflichtung, die allgemeine Ordnung auf der Baustelle aufrecht zu erhalten, die **Baustelle des Auftragnehmers,** also die allgemeine Ordnung **seines** Arbeitsbereichs, um einen reibungslosen Ablauf des Bauvorgangs ohne Störung anderer Beteiligter sicherzustellen. Die jeweilige Abgrenzung der Verpflichtung, für Ordnung auf der Baustelle zu sorgen, hat nicht nur Bedeutung für die Verpflichtung des Auftragnehmers, sicherzustellen, dass niemand zu Schaden kommt, sondern auch für die Risikoverteilung für Beeinträchtigungen von erbrachten Leistungen, Materialien, Werkzeugen etc.[131]

63 **4. Verpflichtungen des Auftragnehmers gegenüber den Arbeitnehmern.** Nach § 4 Abs. 2 Nr. 2 Satz 1 VOB/B ist der Auftragnehmer für die Erfüllung der gesetzlichen, behördlichen und berufsgenossenschaftlichen Verpflichtungen gegenüber seinen Arbeitnehmern allein verantwortlich. Damit wird die Selbstverständlichkeit geregelt, dass es ohne anderweitige Vereinbarung alleinige Sache des Auftragnehmers ist, die Arbeitsverhältnisse zu seinen Arbeitnehmern zu gestalten. Angesprochen ist weiter die Einhaltung der formalen Arbeitsschutzregeln, die neben den allgemeinen Fürsorgepflichten des Auftragnehmers aus dem Arbeitsverhältnis einzuhalten sind. Es geht zunächst um die jeweils einschlägigen Arbeitsschutz- und Unfallverhütungsvorschriften[132]. Daneben ist der Auftragnehmer gegenüber seinen Arbeitnehmern zur Fürsorge und Schadloshaltung verpflichtet. Konkretisiert sind diese Pflichten in den §§ 618 ff. BGB. Diese Verpflichtung besteht nur gegenüber den Arbeitnehmern des Auftragsnehmers. So ist ein Generalunternehmer gegenüber den Arbeitnehmern seiner Nachunternehmer nicht verpflichtet, zu überprüfen, ob die von den Nachunternehmern eingerichteten und nur von ihren Arbeitnehmern genutzten Sicherungsmaßnahmen den Unfallverhütungsvorschriften entsprechen[133].

64 Der Auftragnehmer hat im Rahmen der Erfüllung seiner gesetzlichen Verpflichtungen Beschäftigungsverbote zu beachten, vorrangig das Gesetz zur Bekämpfung der Schwarzarbeit vom 26. Juli 1994[134], die Regelungen über die Beschäftigung ausländischer Arbeitnehmer (außerhalb des Bereichs der EU), den Jugendschutz[135], den Arbeitsschutz für Frauen (vorrangig Mutterschutzgesetz[136]) sowie die Regeln über die Arbeitsvermittlung/Arbeitnehmerüberlassung[137].

---

[128] BGH NJW 1970, 2290; Beck'scher VOB-Kommentar/*Junghenn* VOB/B § 4 Abs. 2 Rdn. 174.
[129] OLG Frankfurt BauR 1997, 330.
[130] Beck'scher VOB-Kommentar/*Junghenn* VOB/B § 4 Abs. 2 Rdn. 172; *Ingenstau/Korbion/Oppler* VOB/B § 4 Abs. 2 Rdn. 64; NWJS/*Gartz* VOB/B § 4 Rdn. 40.
[131] OLG Hamm ZfBR 2001, 115.
[132] Beck'scher VOB-Kommentar/*Junghenn* VOB/B § 4 Abs. 2 Rdn. 186 f.
[133] OLG Köln BauR 2004, 1671.
[134] BGBl. I S. 165.
[135] JArbSchG vom 12. April 1976, BGBl. I S. 965.
[136] Mutterschutzgesetz vom 18. April 1968, BGBl. I S. 315.
[137] Arbeitsförderungsgesetz vom 25. Juni 1996 BGBl. I S. 582; Gesetz zur Regelung der gewerbsmäßigen Arbeitnehmerüberlassung vom 3. Februar 1995 BGBl. I S. 158.

§ 4 Abs. 2 Nr. 2 VOB/B hält noch einmal fest, dass es ausschließlich Aufgabe des Auftragnehmers ist, Vereinbarungen und Maßnahmen zu treffen, die sein Verhältnis zu seinen Arbeitnehmern regeln. Auch hier gilt etwas anderes nur dann, wenn der Auftraggeber gegenüber dem Auftragnehmer zusätzliche Pflichten übernommen hat, die die Belange der Arbeitnehmer des Auftragnehmers berühren, z. B. das Stellen von Büro-/Wohncontainern durch den Auftraggeber für Arbeitnehmer des Auftragnehmers, die Beistellung von Baumaschinen, Baumaterial etc. In diesen Fällen ist eine unmittelbare Rechtsbeziehung zwischen Auftraggeber und den Arbeitnehmern des Auftragnehmers nach den Grundsätzen des Vertrages mit Schutzwirkung für Dritte denkbar[138]. **65**

5. Rechtswirkungen. Grundsätzlich bleibt der Auftragnehmer für die ordnungsgemäße Ausführung der geschuldeten Bauleistung verantwortlich. Dies gilt auch dann, wenn für den Auftragnehmer verbindliche Weisungen erteilt werden (§ 4 Abs. 1 Nr. 3 VOB/B) oder dem Auftragnehmer maßgebende Unterlagen (§ 3 Abs. 3 Satz 1 VOB/B) überlassen werden, und der Auftragnehmer seiner Überprüfungs-/Hinweispflicht schuldhaft nicht nachkommt (s. Rdn. 69). **66**
Erfüllt der Auftragnehmer die Verpflichtungen aus § 4 Abs. 2 Nr. 1 Satz 3 VOB/B nicht, haftet er denjenigen, die dadurch zu Schaden kommen auf Schadensersatz. Entsprechendes gilt für die Haftung des Auftragnehmers gegenüber seinen Arbeitnehmern wegen Nichterfüllung der in § 4 Abs. 2 Nr. 2 VOB/B geregelten Pflichten.

VI. Prüfungs- und Mitteilungspflicht des Auftragnehmers (§ 4 Abs. 3 VOB/B)

1. Allgemeines. Nach § 4 Abs. 3 VOB/B hat der Auftragnehmer **Bedenken** gegen die **67** vorgesehene Art der Ausführung, gegen die Güte der vom Auftraggeber gelieferten Stoffe oder Bauteile oder gegen die Leistungen anderer Unternehmer unverzüglich und schriftlich **mitzuteilen,** wobei der Auftraggeber für seine Angaben, Anordnungen oder Lieferungen verantwortlich bleibt. § 4 Abs. 3 VOB/B ist Ausdruck der allgemein vertraglichen Pflicht, den Vertragspartner vor Schäden zu bewahren[139]. Beim Bauvertragsrecht hat diese Verpflichtung eine besondere Bedeutung, weil der Auftragnehmer auf Grund seiner Leistungsnähe, dem Grundsatz, dass er die Leistung unter eigener Verantwortung auszuführen hat (§ 4 Abs. 2 Nr. 1 Satz 1 VOB/B) sowie seiner Sachkunde häufig der Einzige sein wird, der in der Lage ist, den Auftraggeber auf zu erwartende Mängel/Schäden aufmerksam zu machen. Da die Mitteilungsverpflichtung notwendigerweise voraussetzt, dass der Auftragnehmer zuvor eine Prüfung vorgenommen hat, ergibt sich die in der VOB/B nicht ausdrücklich festgelegte **Prüfungsverpflichtung** auch aus § 4 Abs. 3 VOB/B[140].

Diese Pflichten hat der Auftragnehmer nur bei bereits **geschlossenem Bauvertrag.** Im **68** Ausschreibungs- und Angebotsstadium besteht grundsätzlich keine Verpflichtung des Bieters aus § 4 Abs. 3 VOB/B, auf Planungsfehler oder Fehler im Leistungsverzeichnis hinzuweisen, weil der Bieter die Prüfung der Verdingungsunterlagen nur unter **kalkulatorischen Aspekten** vornimmt[141]. Auch im **Vergabeverfahren** kann § 4 Abs. 3 VOB/B nicht herangezogen werden, wobei dann, wenn der Bieter im Vergabeverfahren Bedenken gegen die ausgeschriebene Art und Weise der Ausführung der Leistungen erhebt, er auch nicht von der Vergabe ausgeschlossen werden darf[142]. Aus dem Grundsatz des Gebotes zu korrektem Verhalten bei Vertragsverhandlungen kann sich im Ausnahmefall eine Prüfungs- und Hinweispflicht des Auftragnehmers ergeben, wenn die Verdingungsunterlagen offensichtlich falsch oder unvollständig sind[143]. Ein Auftragnehmer, dem sich während der Vertragsverhandlungen geradezu aufdrängt, dass seine bisherige Preiskalkulation auf Grund von Lücken in den Verdingungsunterlagen nicht zuverlässig sein kann, ist, wenn er darauf den Auftraggeber nicht hinweist, nach dem Grundsatz von Treu und Glauben gehindert, Zusatzforderungen zu stellen.

---

[138] *Ingenstau/Korbion/Oppler* VOB/B § 4 Abs: 2 Rdn. 72; NWJS/*Gartz* VOB/B § 4 Rdn. 43; *Leinemann* VOB/B § 4 Rdn. 72.
[139] BGH BauR 1987, 79; OLG München BauR 2013, 1901; OLG Celle BauR 2014, 1326; OLG Celle BauR 2002, 812.
[140] BGH BauR 1987, 79; OLG Düsseldorf BauR 2002, 323; NWJS/*Gartz* VOB/B § 4 Rdn. 44.
[141] *Kapellmann/Schiffers* Band 1 Rdn. 157, 185 ff.
[142] OLG Bremen, NZBau 2004, 119 = VergabeR 2003, 695.
[143] BGH BauR 1987, 683; OLG Köln BauR 1991, 615; *Kapellmann/Schiffers* Band 1 Rdn. 185.

69 Die Prüfungs-/Hinweispflicht des Auftragnehmers besteht nur hinsichtlich der Umstände, die in **Zusammenhang mit der Leistung** des Auftragnehmers stehen. Auf andere Umstände, die die Leistung des Auftragnehmers nicht berühren, erstrecken sich diese Pflichten nicht[144]. Der Auftragnehmer muss nicht für nachfolgende Unternehmer „mitdenken"[145].

70 Umstritten ist, ob es sich dabei um „Haupt"- oder „Nebenpflichten" handelt. Nach einer Auffassung in der Literatur soll die Prüfungs- und Hinweispflicht vertragliche **Haupt**verpflichtung des Auftragnehmers sein, deren Verletzung vor der Abnahme Erfüllungsansprüche aus § 4 Abs. 7 VOB/B und nach der Abnahme Mängelansprüche auslösen soll. Dabei wird darauf hingewiesen, dass Pflichtverletzungen vor Abnahme Erfüllungsansprüche aus § 4 Abs. 7 VOB/B und nach Abnahme Mängelansprüche nach § 13 Abs. 5 bis 7 VOB/B auslösen können, damit die Verletzung der Prüfungs- und Hinweispflichten aus § 4 Abs. 3 VOB/B dem Bereich der Mängelansprüche zuzuordnen seien[146]. Dabei wird verkannt, dass die Haftung aus § 13 VOB/B nicht wegen Verletzung einer Prüfungs- oder Hinweispflicht erfolgt, sondern auf der Grundlage eines **Mangels des Gewerks**. Auch wenn der Mangel seine Ursache in einer Verletzung einer Prüfungs- und Hinweispflicht haben kann, könnte diese zusätzliche Pflichtverletzung des Auftragnehmers nur neben den Mängelansprüchen des Auftraggebers von Bedeutung sein, da auch ohne Prüfungs- und Hinweispflichten der Auftragnehmer dem Auftraggeber ein mangelfreies Gewerk schuldet. Folgerichtig findet der Interessenausgleich bei Anordnungen des Auftraggebers über § 13 VOB/B zugunsten des Auftragnehmers dann seine Grenzen, wenn der Auftragnehmer die nach § 4 Abs. 3 VOB/B geschuldete Mitteilung über zu befürchtende Mängel unterlassen hat, § 13 Abs. 3 VOB/B. Daraus folgt weiter, dass eine Verletzung dieser Prüfungs- und Hinweispflicht nicht zu einer Schadenshaftung nach § 280 Abs. 1 BGB, sondern zum Ausschluss der Befreiung von der Mängelhaftung nach § 13 Abs. 3 VOB/B führt, soweit es um Mängel geht, die das Gewerk des Auftragnehmers betreffen[147]. Werden durch die Verletzung der Prüfungs- und Hinweispflicht Schäden verursacht, die keine Mängel des Gewerks des Auftragnehmers sind, haftet dieser dem Auftraggeber nach allgemeinen Grundsätzen (§ 280 Abs. 1 BGB) auf Schadensersatz. Im Verhältnis **zu Dritten** kann den Auftragnehmer die Schadensersatzpflicht aus § 10 Abs. 2 VOB/B treffen.

71 **2. Pflicht zur Anzeige von Bedenken.** Für den Umfang der aus § 4 Abs. 3 VOB/B folgenden Pflichten des Auftragnehmers sind die Umstände des Einzelfalls maßgeblich. Es lassen sich folgende Kriterien zusammenfassen:

a) Prüfungspflicht. Auch wenn eine **Prüfungs**pflicht weder in § 4 Abs. 3 VOB/B, noch sonst in der VOB/B zu Lasten des Auftragnehmers festgeschrieben ist, folgt aus der Übernahme der Verantwortung für den Leistungserfolg eine umfassende Prüfungsverpflichtung des Auftragnehmers, zumal ohne vorherige Prüfung Hinweise nicht erteilt werden können. Der Auftragnehmer als Fachmann gibt gegenüber dem Auftraggeber zu erkennen, einen Leistungserfolg herbeiführen zu können, woraus sich eine entsprechende Vertrauenserwartung des Auftraggebers ergibt, wonach der Auftraggeber erwarten kann, dass der Auftragnehmer im Rahmen seiner Fachkompetenz Prüfungen vornimmt um dann notwendige Hinweise zu erteilen, so dass die Auffassung, eine eigene Prüfungsverpflichtung des Auftragnehmers bestehe nicht, verfehlt ist[148]. Bei der Prüfungs- und Hinweispflicht des Auftragnehmers handelt es sich um eine Ausprägung vertraglicher Schutz-, Aufklärungs- und Kooperationspflichten des Auftragnehmers i. S. d. § 241 Abs. 2 BGB, die als vertragliche Nebenpflicht dem Auftraggeber geschuldet ist[149]. Die Pflicht entfällt nicht bereits dann, wenn der Auftraggeber Anordnungen trifft. Bestimmt der Auftraggeber z. B. allgemein die Verwendung eines bestimmten Baustoffs (z. B. Steine) hat der Auftraggeber nur dafür einzustehen, dass dieser grundsätzlich geeignet ist. Der Auftragnehmer bleibt verantwortlich für im Einzelfall auftretende Fehler („Ausreißer"), muss also die spezielle Geeignetheit des Baustoffs prüfen[150]. Stellt ein **fachkundiger** Auftraggeber Baumaterial bei, ist die

---

[144] BGH BauR 1974, 202; NWJS/*Gartz* VOB/B § 4 Rdn. 53.
[145] BGH BauR 1987, 79.
[146] OLG Stuttgart BauR 2004, 1195, HRR/*Mansfeld* VOB/B § 4 Rdn. 47; Ingenstau/Korbion/Oppler VOB/B § 4 Abs. 3 Rdn. 4.
[147] BGH BauR 1974, 202; *Clemm* BauR 1987, 609; NWJS/*Gartz* VOB/B § 4 Rdn. 47.
[148] So wohl *Siegburg* Gewährleistung, Rdn. 464.
[149] OLG Düsseldorf BauR 2008, 1005; *Clemm* BauR 1987, 609; NWJS/*Gartz* VOB/B § 4 Rdn. 46.
[150] BGH NZBau 2000, 196; OLG Jena BauR 2011, 1173; BGH NJW 1996, 2372; Ingenstau/Korbion/Oppler VOB/B § 4 Abs. 3 Rdn. 12; *Leinemann* VOB/B § 4 Rdn. 91.

Prüfungspflicht des Auftragnehmers auf eine Sicht- und Fühlprobe beschränkt. Laboranalysen oder weitere detaillierte Prüfungen schuldet der Auftragnehmer deshalb nicht, weil er darauf vertrauen kann, dass der fachkundige Auftraggeber geeignetes Material beistellt[151].

b) Kenntnisse des Auftragnehmers. Die Prüfungspflicht des Auftragnehmers gilt nicht grenzenlos. Die Vertrauenserwartung des Auftraggebers kann den Auftragnehmer nur verpflichten, im Rahmen der bei ihm als vorausgesetzt vorhandenen Sachkenntnis seiner Prüfungspflicht nachzukommen. Dabei besteht bei besonderer Kompetenz des Auftragnehmers eine erhöhte Prüfungspflicht (s. Rdn.74 ...). Es kommt also nicht darauf an, ob der Auftragnehmer nach eigener Einschätzung Bedenken hat oder haben muss. Maßgebend ist allein, ob ein sachkundiger und erfahrener Auftragnehmer nach Prüfung der Umstände Bedenken haben musste[152]. Soweit vertraglich nichts anderes vereinbart[153], ist objektiv auf das abzustellen, was unter üblichen Umständen bei einem auf dem betreffenden Fachgebiet tätigen Fachunternehmer vorausgesetzt werden kann, wobei selbstverständlich ist, dass der Unternehmer jedenfalls über den jeweiligen Stand der anerkannten Regeln der Technik orientiert ist, entsprechende Normenwerke beherrscht und sich fortlaufend über Entwicklungen informiert[154].

c) Grenzen der Prüfungspflicht. Die Grenze der Prüfungsverpflichtung ergibt sich gegebenenfalls aus vertraglichen Vereinbarungen, z. B. dann, wenn die Vertragsunterlagen darauf schließen lassen, dass bereits eine fachkundige Prüfung auftraggeberseitig durchgeführt wurde. In diesen Fällen muss der Auftragnehmer ohne gegenteilige Anhaltspunkte nicht nochmals prüfen. Entsprechendes gilt dann, wenn eine Prüfung die fachliche Kompetenz überschreiten würde, die ein fachkundiger Unternehmer auf diesem Gebiet üblicherweise haben muss. So hat ein Handwerker nur Prüfungen vorzunehmen, die er mit den üblicherweise zur Verfügung stehenden Mitteln auch ausführen kann[155]. Weiter wird die Prüfungspflicht des Auftragnehmers beschränkt oder ausgeschlossen, wenn auftraggeberseitig veranlasste Überprüfungen/Untersuchungen bereits vorgenommen wurden und die Ergebnisse dem Auftragnehmer als verbindliche Vorgabe mitgeteilt werden[156].

d) Prüfungspflicht und besondere Fachkunde des Auftraggebers. Zunächst ist festzuhalten, dass eine besondere **Fachkompetenz des Auftragnehmers** zu einer erhöhten Prüfungsverpflichtung führt[157]. Ein besonders fachkundiger Auftragnehmer, der mit der Ausführung der Bauleistung auf Grund seiner besonderen Spezialkenntnisse beauftragt wird, unterliegt einer verstärkten Prüfungs- und Hinweisverpflichtung. Allgemein ist festzuhalten, dass die Prüfungs- und Hinweispflicht des Auftragnehmers ihre Grenzen in dem Rahmen der nach objektiven Gesichtspunkten zu beurteilenden Sachkenntnis findet. Grundlage ist dabei das Normalwissen, das der Auftragnehmer im Hinblick auf den neuesten Stand der Technik hat[158].

Die Prüfungs- und Hinweispflicht des Auftragnehmers wird bei besonderer **Fachkompetenz des Auftraggebers** oder Beauftragter des Auftraggebers (Architekt/Sonderfachleute) begrenzt[159]. Grundsätzlich **entfällt** die Prüfungs- und Hinweispflicht des Auftragnehmers in diesen Fällen nicht ganz[160].

Bleibt nach diesen Grundsätzen der Auftragnehmer trotz besonderer Sachkunde des Auftraggebers oder von dem Auftraggeber beauftragter Dritter prüfungs- und hinweispflichtig, findet bei Verletzung dieser Pflicht der Interessenausgleich über § 254 BGB statt, soweit der Mitverursachungsbeitrag dem Auftraggeber unmittelbar oder, im Bereich der **Planung** und **Koordinierung** über § 278 BGB zugerechnet werden kann. Maßstab für die Abwägungen der jeweiligen Verursachungsbeiträge von Auftraggeber und Auftragnehmer zu den entstandenen Schäden ist der Gedanke des Vertrauensschutzes. Soweit der Auftragnehmer auf Planungen und

---

[151] OLG Brandenburg BauR 2001, 102; NWJS/*Gartz* VOB/B § 4 Rdn. 60.
[152] *Kaiser* BauR 1981, 319.
[153] *Ingenstau/Korbion/Oppler* VOB/B § 4 Abs. 3 Rdn. 11.
[154] OLG Köln BauR 1997, 831.
[155] OLG München BauR 2013, 1901; Beck'scher VOB-Kommentar/*Ganten* VOB/B § 4 Abs. 3 Rdn. 50; *Leinemann* VOB/B § 4 Rdn. 91.
[156] BGH BauR 1977, 420.
[157] BGH BauR 1987, 79; BGH BauR 1981, 201; *Werner/Pastor* Rdn. 2040.
[158] *Werner/Pastor* Rdn. 2040.
[159] BGH BauR 2001, 622; OLG Hamm IBR 2009, 208; OLG Düsseldorf BauR 2000, 1337.
[160] BGH BauR 2001, 622; OLG Dresden BauR 2008, 1939; OLG Celle BauR 2002, 812; a. A. OLG Düsseldorf BauR 1994, 764 für den Fall einer unklaren und widersprüchlichen Leistungsbeschreibung durch einen Fachingenieur.

Ausführungsunterlagen tatsächlich vertraut hat und auch vertrauen durfte, wird er entlastet[161].

Erkennt der Auftragnehmer Mängel der Planung, reicht es nicht aus, darauf den Architekten hinzuweisen, wenn dieser sich erkennbar den begründeten Bedenken des Auftragnehmers entzieht. In diesem Fall genügt der Auftragnehmer seiner Hinweisverpflichtung nur dann, wenn er darüber auch den Auftraggeber unmittelbar in Kenntnis setzt[162]. **Bauaufsichtsfehler** des Auftraggebers oder dessen Architekten berühren die Prüfungs- und Hinweispflicht des Auftragnehmers nicht. Der Auftragnehmer hat gegen den Auftraggeber keinen Anspruch auf Bauaufsicht[163].

77 e) **Zeitpunkt der Prüfungspflicht.** Grundsätzlich entsteht die Prüfungspflicht erst mit Vertragsschluss. In Vertragsbedingungen findet sich häufig eine Klausel, die den Auftragnehmer bereits vor und mit der Abgabe seines Angebots zu einer Prüfung der örtlichen Verhältnisse verpflichtet. Diese Prüfungspflicht betrifft nicht die Bereiche, die in § 4 Abs. 3 VOB/B geregelt sind, sondern soll i. d. R. die Rechtsposition des Auftraggebers stärken, wenn es zu Behinderungen, Nachträgen etc. des Auftragnehmers kommt. Vor allem gibt es keine Verpflichtung des Auftragnehmers, vor Erteilung des Auftrages eine umfangreiche und kostenträchtige Überprüfung von bereits erbrachten Vorleistungen vorzunehmen. In diesen Fällen reicht es aus, wenn der Auftragnehmer vor Beginn seiner Arbeiten (nach Auftragserteilung) seiner Prüfungs- und Mitteilungsverpflichtung nachkommt[164].

78 3. **Mitteilung von Bedenken.** Im Einzelnen hat der Auftragnehmer Bedenken mitzuteilen:
– gegen die vorgesehene Art der Ausführung (Rdn. 7).
– wegen der Sicherung gegen Unfallgefahren (Rdn. 85).
– gegen die Güte der vom Auftraggeber gelieferten Stoffe oder Bauteile (Rdn. 86).
– oder gegen die Leistung anderer Unternehmer (Rdn. 89).

79 a) **Gegen die vorgesehene Art der Ausführung.** In dem Bereich der Art der Ausführung umfasst die Prüfungs- und Hinweispflicht des Auftragnehmers u. a. die Planung[165]. Im Rahmen seiner Sachkunde muss der Auftragnehmer prüfen, ob die ihm überlassene Planung richtig ist. Grenze dessen sind die „normalen" Kenntnisse, die ein sachkundiger Unternehmer haben muss. Bei besonderer Fachkunde des Auftragnehmers steigert sich die Prüfungs- und Hinweispflicht[166]. Mitteilungspflichtige Bedenken können sich auch aus der Leistungsbeschreibung ergeben[167]. In den Bereich der vorgesehenen Art der Ausführung gehören weiter die Einhaltung der anerkannten Regeln der Technik[168] sowie die auftraggeberseitig festgelegten Baustoffe. Generell ist der Auftragnehmer verpflichtet, zu prüfen, ob auf dieser Grundlage der geschuldete Leistungserfolg erreicht werden kann.

80 Demgegenüber trägt der Auftraggeber, wenn nichts anderes vereinbart ist, immer das **Baugrundrisiko.** In diesem Bereich besteht keine allgemeine Prüfpflicht des Auftragnehmers, der die auftraggeberseitig vorgegebenen Details nicht in Zweifel ziehen muss und sich auf eine Plausibilitätsprüfung der Baugrundvorgaben beschränken darf[169].

Wenn nicht besonders vereinbart, schuldet der Auftragnehmer keine eigenen Baugrunduntersuchungen, was bei Geltung der VOB/C eindeutig geregelt ist, weil bei Erdarbeiten boden-, wasser- und bodenmechanische Untersuchungen sowie Wasserstandsmessungen **besondere,** also gesondert zu vergütende Leistungen sind (DIN 18300 Abschnitt 4.2.9)[170]. Ebenso wenig muss der Auftragnehmer ein ihm von dem Auftraggeber zur Verfügung gestelltes Baugrundgutachten

---

[161] BGH BauR 1991, 79; OLG Düsseldorf NZBau 2001, 401; *Zerr* NZBau 2002, 241.
[162] LG Rottweil, BauR 2008, 722; OLG Oldenburg NZBau 2008, 655; OLG Düsseldorf NZBau 2001, 401.
[163] *Zerr* NZBau 2002, 241; *Kieserling* NZBau 2002, 263.
[164] OLG Koblenz BauR 2005, 602 = IBR 2005, 133; Hanseatisches Oberlandesgericht Bremen NZBau 2004, 119, zur Frage, ob § 4 Nr. 3 VOB/B im Vergabeverfahren zur Anwendung kommt.
[165] BGH NJW 1987, 643; OLG Naumburg IBR 2014, 732; OLG Düsseldorf BauR 2013, 1283; OLG Bremen IBR 2008, 382; OLG Celle BauR 2002, 812; *Peters* NZBau 2008, 609.
[166] LG Rottweil IBR 2008, 148.
[167] BGH BauR 1995, 538; BGH NJW 1975, 1217; OLG Bremen IBR 2008, 382.
[168] BGH BauR 1975, 1217; *Ingenstau/Korbion/Oppler* VOB/B § 4 Abs. 3 Rdn. 21.
[169] OLG Dresden NZBau 2016, 164; OLG Brandenburg BauR 2007, 1940 mit Anmerkung *Englert* IBR 2007, 598; *Kapellmann/Schiffers* Band 1 Rdn. 733 ff.; *Ingenstau/Korbion/Oppler* VOB/B § 4 Abs. 3 Rdn. 16; vgl. *Bolz* BauR 2011, 163.
[170] OLG Hamm BauR 1994, 144; OLG Schleswig BauR 1989, 730; *Englert* BauR 1991, 537.

eingehend fachlich prüfen. Dazu wird er ohnehin nicht in der Lage sein, weil das Gutachten von einem Sonderfachmann erstellt und sich an einen Sonderfachmann (in der Regel den Tragwerksplaner) wendet[171]. Damit gilt auch hier, dass eine Prüfungs- und Hinweispflicht nur für Umstände gegeben ist, die für den Auftragnehmer offenkundig sind. Im Übrigen erstreckt sich seine Prüfungspflicht auf das, was allgemein von einem Fachunternehmer erwartet werden kann.

Im **Bereich der Planung** hat der Auftragnehmer im Rahmen der Fachkunde, die von ihm 81 erwartet werden kann, die Genehmigungsfähigkeit der Baumaßnahme, so weit sein Gewerk betroffen ist, zu prüfen. Dies umfasst auch die Prüfung der konstruktiven Planung, wie Tragfähigkeit, Stärken, die Erprobung neuer Bauweisen und die Verwendung neuer Materialien/Werkstoffe. Die Grenzen dieser Verpflichtung ergeben sich aus dem Grundsatz der Zumutbarkeit, die anhand der besonderen Umstände jedes Einzelfalles zu beurteilen sind[172]. In der Regel hat der Auftragnehmer immer eine eingeschränkte Prüfungs- und Hinweispflicht, da er erwarten kann, dass ihm von Architekten/Sonderfachleuten überlassene Unterlagen richtig sind, so dass sich seine Prüfungs- und Hinweisverpflichtung auf offenkundige Fehler beschränkt[173].

Eine Verpflichtung des Auftragnehmers, **Vorgaben aus dem Leistungsverzeichnis** an Ort 82 und Stelle zu überprüfen, besteht, soweit nichts anderes vereinbart ist, grundsätzlich nicht. Etwas anderes gilt dann, wenn der Auftragnehmer Anlass zu der Annahme hat, die Vorgaben sind unvollständig, unrichtig oder ergänzungsbedürftig[174]. Wenn der Auftragnehmer das Leistungsverzeichnis selbst aufgestellt hat, besteht die Prüfungs- und Hinweispflicht nicht, weil es sich nicht um die Leistung eines **anderen** handelt. Die Haftung des Auftragnehmers ergibt sich in diesen Fällen unmittelbar aus § 13 Abs. 1 VOB/B[175].

Der Auftragnehmer hat die **vorgeschriebenen Materialien und Werkstoffe** zu prüfen, also 83 die Materialien/Werkstoffe, die er auf Grund des Vertrages selber zu beschaffen hat. Vorgeschrieben sind Materialien dann, wenn der Auftragnehmer keinen Einfluss auf die Auswahl hat[176]. Im Rahmen dessen muss der Auftragnehmer nur solche Prüfungsmethoden anwenden, die für ihn leicht zugänglich sind und die er ohne außerordentlichen Aufwand vornehmen kann. Auch hier gilt, dass der Auftragnehmer nicht verpflichtet ist, eigene technische Versuche anzustellen. Ebenso wenig besteht eine Verpflichtung, vorgegebene Materialien vorab durch Sachverständige prüfen zu lassen[177]. Eine Prüfungs- und Hinweispflicht hat der Auftragnehmer allerdings dann, wenn ihm begründete Zweifel an neuen Baustoffen oder Baumethoden kommen, z. B. weil wenn der Auftragnehmer den Hersteller als unzuverlässig kennt oder aus der Fachpresse Kritik erfährt. Hier entfällt die Hinweispflicht nur dann, wenn zur Überzeugung des Auftragnehmers der Auftraggeber oder ein beauftragter Sonderfachmann des Auftraggebers selbst die erforderlichen Fachkenntnisse haben[178]. Ordnet beispielsweise ein fachkundiger Auftraggeber aus Kostenersparnisgründen die preiswertere Ausführung eines Anstrichs an, muss der Auftragnehmer nicht auf ein mögliches uneinheitliches Farbbild der Außenfassade hinweisen[179].

Der Auftragnehmer hat Maschinen auf Geeignetheit zu prüfen, die ihm von dem Auftraggeber 84 zur Verfügung gestellt werden. Der Auftragnehmer muss gewährleisten, dass er ihm zur Verfügung gestellte Maschinen beherrscht. Dabei darf er allgemein auf die Funktionsfähigkeit vertrauen, muss aber, so weit er nicht ohnehin sachkundig ist, die Maschinen zu führen, zumindest die Gebrauchsanweisung sorgfältig studieren[180].

b) Wegen Sicherung gegen Unfallgefahren. Der Auftragnehmer muss Bedenken auch 85 wegen der Sicherung gegen Unfallgefahren mitteilen. Da der Auftragnehmer für seine eigenen Maßnahmen selbst verantwortlich ist (§ 4 Abs. 2 VOB/B), betrifft diese Verpflichtung nur die Unfallverhütungsmaßnahmen, die der Auftraggeber veranlasst[181]. Darunter fallen Unfallver-

---

[171] OLG Düsseldorf BauR 1994, 764.
[172] BGH NJW 1987, 643; Brandenburgisches OLG BauR 2016, 887 = IBR 2016, 210; OLG Köln BauR 1988, 241.
[173] OLG Bamberg BauR 2016, 2104; OLG Köln NZBau 2015, 777; OLG Düsseldorf BauR 2013, 1889; OLG München BauR 2013, 1901; OLG Celle BauR 2002, 812; OLG Düsseldorf BauR 2000, 1339.
[174] BGH ZfBR 1988, 182; BGH MDR 1978, 657; OLG Düsseldorf BauR 2013, 1889; OLG Dresden BauR 2000, 1341; *Ingenstau/Korbion/Oppler* VOB/B § 4 Abs. 3 Rdn. 23.
[175] BGH NJW 1983, 875.
[176] BGH BauR 1973, 188; LG Berlin BauR 1983, 462.
[177] BGH BauR 1973, 188; OLG Brandenburg BauR 2001, 102.
[178] BGH BauR 1973, 321; OLG Düsseldorf NZBau 2002, 275.
[179] OLG Düsseldorf BauR 2002, 802; OLG Düsseldorf NZBau 2002, 275.
[180] BGH Sch-F Z 3.12 Bl. 11.
[181] *Ingenstau/Korbion/Oppler* VOB/B § 4 Abs. 3 Rdn. 34; NWJS/*Gartz* VOB/B § 4 Rdn. 68.

hütungsmaßnahmen aus dem Bereich des Auftraggebers, die die Leistung des Auftragnehmers betreffen und zum Schutz Dritter veranlasst werden (z. B. die Verkehrssicherungspflicht auf dem Grundstück des Auftraggebers[182]).

86   c) **Gegen die Güte gelieferter Stoffe/Bauteile.** Der Auftragnehmer hat Bedenken gegen die Güte der **vom Auftraggeber gelieferten Stoffe/Bauteile** mitzuteilen. Für die Stoffe/ Bauteile, die der Auftragnehmer selbst bezieht/liefert, ist er ohnehin verantwortlich. Die Prüfungspflicht bezieht sich sowohl auf die Art der Baustoffe als auch auf die Qualität der Baustoffe im Einzelfall. Kriterien der Untersuchung sind die einschlägigen Vorgaben aus Gütevorschriften, Prüfzeugnissen sowie die anerkannten Regeln der Technik. Auch hier kommt es auf die Umstände des Einzelfalles an. Bei der Verwendung neuartiger Stoffe/Bauteile besteht eine besondere Prüfungspflicht des Auftragnehmers[183]. Allerdings ist in diesen Fällen die Prüfungspflicht darauf beschränkt, dass er Informationen über das neuartige Material einholt. Eine Verpflichtung, Materialanalysen o. ä. durchzuführen, besteht nicht, es sei denn, der Auftragnehmer hat Anhaltspunkte für Qualitätsmängel. Grundsätzlich lässt sich also sagen, dass sich die Prüfung auf eine rein äußerliche Untersuchung beschränken kann, wenn nicht besondere Umstände weitergehende Maßnahmen erfordern[184]. Im Allgemeinen beschränkt sich die Prüfungspflicht darauf, die Brauchbarkeit der Stoffe/Bauteile für die zu erstellende Bauleistung festzustellen.

87   Die vom Auftraggeber gelieferten Stoffe/Bauteile sind dann zu beanstanden, wenn sie nach dem vertraglichen Leistungszweck den allgemeinen Anforderungen nicht entsprechen. Gibt es konkrete Gütevorschriften (DIN-Normen; Prüfzeugnisse) nicht, beurteilt sich diese Frage allgemein nach den anerkannten Regeln der Technik[185]. Bestehen auch solche nicht, kommt es auf die vorhandenen Erfahrungen an, wobei dabei – vor allem bei neuartigen Baustoffen/Bauteilen – Erkundigungspflichten des Auftragnehmers bestehen (s. Rdn. 81). Werden die Stoffe/Bauteile durch einen fachkundigen Auftraggeber bereitgestellt, kann die Prüfungs- und Hinweispflicht des Auftragnehmers sogar ganz entfallen[186]. Besteht der Auftraggeber trotz eines Hinweises des Auftragnehmers auf die Verwendung der von ihm gelieferten Stoffe/Bauteile, haftet der Auftragnehmer nur für die fachgerechte Ausführung. Führt die ordnungsgemäße Verarbeitung der von dem Auftraggeber beigestellten Stoffe/Bauteile zu Mängeln, scheidet **insoweit** eine Verantwortung des Auftragnehmers aus[187].

88   Der Baustofflieferant **des Auftraggebers** ist im Verhältnis zwischen Auftragnehmer und Auftraggeber **nicht Erfüllungsgehilfe** des Auftraggebers. Der Auftragnehmer bleibt also für die Erfüllung der vertraglichen Pflichten dem Auftraggeber verantwortlich und kann sich gegenüber dem Auftraggeber nicht darauf berufen, der Auftraggeber müsse sich wegen mangelhafter Lieferung des Baustofflieferanten dessen Verschulden zurechnen lassen, § 254 BGB[188]. Der Baustofflieferant **des Auftragnehmers** ist auch **nicht Erfüllungsgehilfe** des Auftragnehmers[189].

89   d) **Gegen die Leistung anderer Unternehmer.** Besondere Brisanz hat die Verpflichtung des Auftragnehmers, die Leistungen anderer Unternehmer zu prüfen und Bedenken dem Auftraggeber mitzuteilen[190]. Auch diese Verpflichtung des Auftragnehmers wird aus der Vertrauensstellung des Auftragnehmers abgeleitet, die er bei Übernahme des Auftrags gegenüber dem Auftraggeber übernimmt. Grundlegend hat sich der BGH in seiner Entscheidung vom 28.2.1956[191] zu dieser Problematik geäußert: „Wer ein Gewerbe betreibt, hat dafür einzustehen, dass er die erforderliche Sachkenntnis besitzt (RG, DJ 39, 105); ihr Fehlen entschuldigt ihn nicht. Der Umfang der von ihm zu fordernden Sachkenntnis richtet sich nach der Schwierigkeit und der Gefahr des Misslingens seiner Arbeit, die er bei seiner Planung beachten muss. Wer sich zu Arbeiten erbietet, die nur ein ausgesprochener Fachmann zu leisten vermag, muss die auf langer Erfahrung und neuester Erkenntnis „Regeln seiner Kunst" beherrschen."

---

[182] HRR/*Mansfeld* VOB/B § 4 Rdn. 55; NWJS/*Gartz* VOB/B § 4 Rdn. 68.
[183] HRR/*Mansfeld* VOB/B § 4 Rdn. 56; NWJS/*Gartz* VOB/B § 4 Rdn. 69.
[184] BGH BauR 2002, 945; OLG Brandenburg BauR 2001, 102; OLG Hamm NJW-RR 1990, 523; BGH VersR 1961, 405.
[185] BGH BauR 1970, 177.
[186] OLG Hamm IBR 2009, 208; OLG Saarbrücken BauR 2007, 1940.
[187] OLG Düsseldorf BauR 2002, 802; OLG Düsseldorf BauR 2002, 323.
[188] HRR/*Mansfeld* VOB/B § 4 Rdn. 56.
[189] BGH BauR 2002, 945; *Ingenstau/Korbion/Wirth* VOB/B § 13 Abs. 1 Rn 128; *Schwenker* BGHReport 2008, 178.
[190] *Dähne* BauR 1976, 225; *Kaiser* BauR 1981, 311.
[191] BGH NJW 1956, 787 („Plattenlegerurteil").

Daraus ergibt sich zugleich, dass keine Verpflichtung des Auftragnehmers besteht, Leistungen **90** „anderer" Unternehmern schlechterdings zu prüfen und Bedenken mitzuteilen. Wenn die Leistung des Auftragnehmers **in engem Zusammenhang mit der Vorarbeit** eines anderen Werkunternehmers auszuführen ist, muss der Auftragnehmer prüfen, ob die Vorarbeiten, Stoffe oder Bauteile eine geeignete Grundlage für sein Werk bieten und keine Eigenschaften besitzen, die den Erfolg seiner Leistung in Frage stellen[192]. Vorunternehmerleistungen, die die von dem Auftragnehmer geschuldete Leistung überhaupt nicht berühren, sind nicht zu prüfen. Der Auftragnehmer hat keine umfassende Verpflichtung, den Auftraggeber in Ausführungsfragen zu beraten. Er hat **seine Leistung** nur so zu erbringen, dass sie in den Arbeitsablauf passt, also geeignet ist, auf Vorleistungen aufzubauen und Folgeleistungen aufzunehmen. In welchem Umfang sich eine Prüfungs-/Hinweisverpflichtung ergibt, folgt auf dem Grundsatz der Zumutbarkeit unter Berücksichtigung der besonderen Umstände des Einzelfalls. Maßgeblich sind dabei das von dem Unternehmer zu erwartende Fachwissen, sein Informationsstand über die Leistung des Vorunternehmers und die Umstände, die für den Auftragnehmer bei hinreichend sorgfältiger Prüfung als bedeutsam erkennbar sind. Der Auftragnehmer ist für **Nachfolgewerke** nicht prüfungs- und hinweispflichtig. Dies ergibt sich aus § 13 Abs. 3 VOB/B, der eine Haftung des Auftragnehmers für Mängel vorsieht, wenn ein Mangel auf die Beschaffenheit der Vorleistung eines anderen Unternehmers zurückzuführen ist. Etwas anderes gilt ausnahmsweise dann, wenn die an sich ordnungsgemäße Leistung schlechterdings nicht geeignet ist, die darauf aufbauende Werkleistung zu tragen oder der Auftragnehmer erkennt, dass das Nachfolgegewerk nicht zu einem fachgerechten Ergebnis führen kann[193]. Dies gilt etwa dann, wenn der Auftragnehmer die Gefahr erkennt, dass der nachfolgende Unternehmer auch bei Anwendung der anerkannten Regeln der Technik ein mangelbehaftetes Werk herstellen wird. Dann ist der Auftragnehmer nach Treu und Glauben verpflichtet, darauf hinzuweisen, wie bei den nachfolgenden Arbeiten verfahren werden muss[194].

Teilweise werden Prüfungs- und Hinweispflichten aus § 4 Abs. 3 VOB/B in Normen kon- **91** kretisiert, die von dem Auftragnehmer immer einzuhalten sind. So verpflichtet Ziffer 3.1.1 der DIN 18352 (VOB/C) den Auftragnehmer bei Fliesen- und Plattenarbeiten in den dort genannten Fallgruppen (ungeeignete Beschaffenheit des Untergrundes, Unebenheiten, fehlende Höhenbezugspunkte, falsches Gefälle) zur Geltendmachung von Bedenken. Ziffer 3.1.5 der DIN 18361 (Verglasungsarbeiten) führt eine Vielzahl von Fallgruppen auf, in denen der Auftragnehmer bei der Ausführung von Verglasungen Bedenken geltend zu machen hat. Entsprechendes gilt nach Ziffer 3.1.1 der DIN 18363 für Maler- und Lackierarbeiten[195].

Entgegen dem Wortlaut („eines anderen") ist der Auftragnehmer in diesen Grenzen auch zur **92** Prüfung von Vorleistungen verpflichtet, die durch **den Auftraggeber** selbst erbracht wurden. Dies ergibt sich daraus, dass Vorleistungen (auf die der Auftragnehmer aufbaut) in diesen Fällen von dem Auftraggeber „wie ein Unternehmer" erbracht werden[196].

Nicht aus § 4 Abs. 3 VOB/B, sondern auf Grund der allgemeinen Leistungstreuepflicht des **93** Auftragnehmers, den Auftraggeber vor Schäden zu schützen (§ 242 BGB), ergibt sich die Verpflichtung des Auftragnehmers, auf Bedenken hinsichtlich der Leistung anderer Unternehmer hinzuweisen, deren Gewerke nicht in technischem Zusammenhang mit dem Gewerk des Auftragnehmers stehen[197]. Ausnahmsweise kann auch eine Verpflichtung des Auftragnehmers bestehen, hinsichtlich der Leistung nachfolgender Unternehmen zu prüfen und Bedenken dem Auftraggeber mitzuteilen, z. B. dann, wenn der Auftragnehmer erkennt, dass der nachfolgende Unternehmer nicht ordnungsgemäß auf die Vorleistung aufbaut und deshalb die Gefahr eines Mangels entstehen kann[198] (s. Rdn. 88).

---

[192] BGH NZBau 2008, 109 = BauR 2008, 344 mit Anmerkung *Weyer* IBR 2008, 78; BGH BauR 1987, 79; OLG Düsseldorf IBR 2008, 1190; OLG Düsseldorf BauR 2008, 1005; OLG Bremen BauR 2001, 1599; OLG Düsseldorf NZBau 2000, 331; NWJS/*Gartz* § 4 VOB/B Rdn. 74.
[193] BGH BauR 1975, 341; Beck'scher VOB-Kommentar/*Ganten* VOB/B § 4 Abs. 3 Rdn. 40; HRR*Mansfeld* VOB/B § 4 Rdn. 55.
[194] BGH NZBau 2008, 109; OLG Hamm NJW 2016 3038; *Ingenstau/Korbion/Wirth* VOB/B § 13 Abs. 3 Rdn. 60.
[195] Die Aufzählung ist nicht abschließend.
[196] OLG München NJW RR 1987, 854; NWJS/*Gartz* VOB/B § 4 Rdn. 73; *Ingenstau/Korbion/Oppler* VOB/B § 4 Abs. 3 Rdn. 48.
[197] Beck'scher VOB-Kommentar/*Ganten* VOB/B § 4 Abs. 3 Rdn. 41; NWJS/*Gartz* VOB/B § 4 Rdn. 73.
[198] BGH NJW 1983, 875; *Kniffka* FS Heiermann, S. 201.

94 Die Frage, ob der Auftragnehmer auch noch **nach Abnahme** seines Gewerks Hinweispflichten hat, ist differenziert zu beantworten. Wird der Auftragnehmer nach Erledigung des Auftrags mit einem **Folgegewerk** beauftragt, das auf seinen **Vorleistungen** aufbaut, muss er im Zuge dessen Bedenken hinsichtlich seines „Erstgewerks" dem Auftraggeber mitteilen. Diese Verpflichtung ergibt sich im Rahmen von § 4 Abs. 3 VOB/B aus dem Folgeauftrag wobei es nicht darauf ankommt, dass das Erstgewerk nicht von einem „anderen Unternehmer" stammt. In den anderen Fällen hat der Auftragnehmer mit der Abnahme seiner Leistung erfüllt. Der Auftraggeber hat danach nur Mängelansprüche. Eine darüber hinausgehende Verpflichtung des Auftragnehmers zur Mitteilung von Bedenken ist grundsätzlich abzulehnen[199]. Da § 4 VOB/B ohnehin nur die **Ausführung**, also den Zeitraum bis zur Abnahme regelt, kann sich eine Verpflichtung des Auftragnehmers, nach Abnahme auf Bedenken (Mängel) hinzuweisen, nur in Ausnahmefällen (beispielsweise Inanspruchnahme besonderen Vertrauens; Eintritt eines sehr beträchtlichen Schadens) ergeben[200].

95 **4. Mitteilung im Einzelnen.** Nach § 4 Abs. 3 VOB/B hat der Auftragnehmer seine **Bedenken** dem Auftraggeber unverzüglich, möglichst schon vor Beginn der Arbeiten **schriftlich** mitzuteilen.

a) Inhalt. Mitteilen muss der Auftragnehmer seine Bedenken. Diese sind für den Auftraggeber allgemein verständlich und fachgerecht zu formulieren. Die Formulierung der Bedenken hat inhaltlich so detailliert zu sein, dass der Auftraggeber in die Lage versetzt wird, diese zu prüfen und auf der Grundlage der Prüfung Entscheidungen zu treffen[201]. Die bloße Äußerung von allgemeinen Bedenken genügt dann nicht, wenn der Auftragnehmer – z. B. auf Grund von Sonderkenntnissen – in der Lage ist, dem Auftraggeber eine eingehende Prüfung und Würdigung zu ermöglichen[202]. Danach muss die Bedenkenmitteilung inhaltlich richtig und möglichst erschöpfend sein. Der Auftragnehmer ist allerdings nicht verpflichtet, die **Richtigkeit seiner Bedenken** abschließend zu prüfen, wenn er nicht ohnehin die dafür erforderliche Sachkunde hat. Bedenken sind anzuerkennende **Besorgnisse** des Auftragnehmers, die dieser äußern muss, um die Bauausführung zu fördern. Eine **Gewissheit** für den Auftragnehmer hinsichtlich der Richtigkeit der Bedenken ist nicht erforderlich. Mitteilungspflichtige Bedenken werden dann ausgelöst, wenn der fachkundige und zuverlässige Auftragnehmer Anlass zu einer entsprechenden **Vermutung** hat[203].

Der Auftragnehmer ist nicht verpflichtet, mit der Mitteilung der Bedenken auch Lösungsvorschläge zu erarbeiten und/oder dem Auftraggeber vorzulegen. Es ist Sache des Auftraggebers, die Bedenken des Auftragnehmers zu prüfen und Vorschläge zur Abhilfe erarbeiten zu lassen[204].

96 **b) Form.** Der Auftragnehmer hat die Bedenken dem Auftraggeber **schriftlich** mitzuteilen. Dadurch wird die dem Auftragnehmer schon aus § 242 BGB obliegende Hinweisverpflichtung verstärkt, damit die dem Auftraggeber mitgeteilten Bedenken das erforderliche Gewicht erhalten[205]. Neben der Beweisfunktion wird gewährleistet, dass der Auftraggeber über die Bedenken zuverlässig in Kenntnis gesetzt und veranlasst wird, die Bedenken zu prüfen. Ob die Bedenkenanzeige nach § 4 Abs. 3 VOB/B der strengen Schriftform (§ 126 BGB) genügen muss, ist für die Bauverträge, die vor dem 1.8.2001[206] geschlossen wurden nicht abschließend geklärt. Nach altem Recht genügte eine Erklärung per Telefax der **gesetzlichen** Schriftform nicht[207]. Das Schriftformerfordernis ergibt sich über die Einbeziehung der VOB/B, so dass es sich um eine gewillkürte Schriftform (§ 127 BGB) handelt. Im Vergleich zu rechtsgeschäftlichen Erklärungen, die nach heutiger Auffassung ohne Weiteres unter Wahrung der vorgesehenen Schriftform auch per Telefax abgeben werden können, besteht in aller Regel kein erhöhtes Bedürfnis nach Authentizität der Unterschrift für die Wahrung eines Schutzzwecks, die der Übermittlungsform durch Telefax entgegenstehen könnten, so dass bei der gewillkürten Schriftform die Übermittlung durch Telefax genügt[208]. Für die ab dem 1.8.2001 geschlossenen Verträge ergibt sich aus

---

[199] *Kniffka* FS Heiermann, S. 201.
[200] *Kniffka* FS Heiermann, S. 201.
[201] BGH NJW 1975, 1217; Beck'scher VOB-Kommentar/*Ganten* VOB/B § 4 Abs. 3 Rdn. 53.
[202] HRR/*Mansfeld* VOB/B § 4 Rdn. 59.
[203] *Ingenstau/Korbion/Oppler* VOB/B § 4 Abs. 3 Rdn. 60.
[204] OLG Celle NJW 1960, 102; NWJS/*Gartz* VOB/B § 4 Rdn. 79.
[205] BGH BauR 1975; 278; Beck'scher VOB-Kommentar/*Ganten* VOB/B § 4 Abs. 3 Rdn. 54.
[206] Palandt/*Heinrichs* BGB 61. Auflage § 126 a Rdn. 1.
[207] BGH NJW 1997, 3169; Palandt/*Ellenberger* BGB § 126 Rdn. 12.
[208] BGH NJW-RR 1999, 866; Palandt/*Ellenberger* BGB § 127 Rdn. 2.

§ 127 Abs. 2 Satz 1 BGB, dass die telekommunikative Übermittlung der Bedenkensanmeldung ausreichend ist.

Für den Fall, dass der Auftragnehmer Bedenken nicht mitteilt, liegt eine Pflichtverletzung des Auftragnehmers mit Schadensersatzverpflichtung (§ 280 Abs. 1 BGB) vor. Teilt der Auftragnehmer die Bedenken nur **mündlich** mit, was in Ausnahmefällen ausreichend sein kann[209], läuft er zunächst Gefahr, den Nachweis des Zugangs der Bedenkenmitteilung nicht führen zu können. Eine nachgewiesene mündliche Mitteilung von Bedenken führt dazu, dass diese dem Auftraggeber offenkundig sind bzw. bekannt werden (vgl. auch § 6 Abs. 1 VOB/B), so dass der Auftraggeber verpflichtet ist, ihm mündlich mitgeteilte Bedenken ebenfalls nachzugehen, andernfalls eine Mithaftung für Folgen gemäß § 254 BGB in Betracht kommt[210] (s. Rdn. 102). 97

c) Zeitpunkt. Die Bedenken sind dem Auftraggeber **unverzüglich,** möglichst schon **vor Beginn der Arbeiten** mitzuteilen. Unverzüglich bedeutet ohne schuldhaftes Zögern, § 121 Abs. 1 Satz 1 BGB. Der Auftragnehmer verzögert die Mitteilung nicht dann schon schuldhaft, wenn er Zeit benötigt, um seine Bedenken abschließend zu prüfen und zu formulieren, wobei hier unter Berücksichtigung der beim Bau stets gegebenen Eilbedürftigkeit hinsichtlich dieser Überlegungsfrist auf die allgemeinen Umstände abgestellt werden muss. Die Bedenken sind möglichst **vor Beginn der Arbeiten** mitzuteilen. Dies wird in der Regel dann unproblematisch sein, soweit es um die von dem Auftragnehmer geschuldeten Arbeiten geht. Das bedeutet aber nicht, dass wegen aller Bedenken eine Berechtigung des Auftragnehmers gegeben ist, sämtliche Arbeiten bis zur Entscheidung des Auftraggebers einzustellen. Das Zeitmoment soll nur weitere Schäden durch Fortsetzung der Arbeiten in den Bereichen, die von den Bedenken betroffen sind, verhindern. Zeigen sich die Bedenken dem Auftragnehmer **nach Beginn der Ausführung** seiner Arbeiten, besteht ebenfalls die Verpflichtung aus § 4 Abs. 3 VOB/B[211]. Die Mitteilung, die nicht rechtzeitig erfolgt, kann gleichwohl Rechtswirkungen entfalten. Auch eine verspätete Mitteilung kann dazu führen, weitere Schäden zu vermeiden, wobei in diesem Fall wegen der Verspätung den Auftragnehmer grundsätzlich eine Schadensersatzverpflichtung trifft[212]. 98

d) Adressat. In Anbetracht ihrer erheblichen Bedeutung muss die Bedenkenmitteilung grundsätzlich von dem Auftragnehmer selbst oder dessen Vertreter (§ 4 Abs. 1 Nr. 3 Satz 3 VOB/B) abgegeben werden[213]. Aufgrund der Bedeutung der Bedenkenanzeige für den Auftraggeber muss die Bedenkenanzeige an einen Dritten („befugten Vertreter") genau geprüft werden und ist im Zweifel zu verneinen. Es gibt auch keinen allgemeinen Grundsatz, wonach dann, wenn ein für den Auftraggeber tätiger Architekt ein Risiko erkennt und bewusst in Kauf nimmt, der Auftragnehmer von seiner Verpflichtung zur Bedenkenanzeige an den Auftraggeber befreit wird und sich der Auftragnehmer in diesem Fall „darauf verlassen kann", das erkannte Risiko werde von dem Auftraggeber hingenommen[214]. Nach der Rechtsprechung soll es in Ausnahmefällen ausreichend sein, wenn ein für den Auftragnehmer tätiger Nachunternehmer ordnungsgemäß auf die Bedenken hinweist, wobei die Umstände des Einzelfalls maßgeblich sein sollen[215]. Diese Auffassung ist in Anbetracht des Wortlauts von § 4 Abs. 3 VOB/B nicht richtig. Aufgrund der weit reichenden Folgen der nicht ordnungsgemäßen Erfüllung der Prüfungs- und Hinweispflicht aus § 4 Abs. 3 VOB/B, empfiehlt es sich für den Auftragnehmer stets, die Bedenkenmitteilung **selbst** unverzüglich und schriftlich gegenüber dem Auftraggeber abzugeben. 99

Richtiger **Adressat** der Mitteilung, es handelt sich um eine einseitige, empfangsbedürftige Willenserklärung (§§ 130 ff. BGB), ist der **Auftraggeber.** Die Bedenkenmitteilung kann auch gegenüber einem „befugten Vertreter" des Auftraggebers abgegeben werden[216]. Der mit der 100

---

[209] OLG München BeckRS 2016, 1246 = IBR 2016, 136 mit Anmerkung *Weyer; Ingenstau/Korbion/Oppler* VOB/B § 4 Abs. 3 Rdn. 66.
[210] OLG Koblenz NZBau 2003, 681; Vgl. OLG Düsseldorf BauR 2001, 638; Beck'scher VOB-Kommentar/*Ganten* VOB/B § 4 Abs. 3 Rdn. 54; *Ingenstau/Korbion/Oppler* VOB/B § 4 Abs. 3 Rdn. 67; Für den BGB-Werkvertrag OLG Düsseldorf BeckRS 2016 02938 = IBR 2016, 271.
[211] NWJS/*Gartz* VOB/B § 4 Rdn. 77; *Leinemann* VOB/B § 4 Rdn. 101.
[212] Beck'scher VOB-Kommentar/*Ganten* VOB/B § 4 Abs. 3 Rdn. 3.
[213] BGH NJW 1975, 1217.
[214] So aber OLG Köln NJW-RR 2007, 821 mit Anmerkung *Bolz* IBR 2007, 242.
[215] Beck'scher VOB-Kommentar/*Ganten* VOB/B § 4 Abs. 3 Rdn. 59.
[216] BGH NJW 1975, 1217; OLG Köln MDR 1983, 226; *Ingenstau/Korbion/Oppler* VOB/B § 4 Abs. 3 Rdn. 72; HRR/*Mansfeld* VOB/B § 4 Rdn. 62; Nach OLG Celle BauR 2002, 93 soll ein Hinweis gegenüber dem Baubetreuer ausreichend sein.

Bauüberwachung im Auftrag des Auftraggebers tätige Architekt ist im Regelfall bevollmächtigt, die Erklärung entgegenzunehmen, da er den Bauherrn in technischen Angelegenheiten gegenüber dem Auftragnehmer vertritt. Verschließt sich der bauleitende Architekt den vom Auftragnehmer geäußerten Bedenken, muss der Auftragnehmer den Auftraggeber persönlich entsprechend eindeutig informieren[217]. Aufgrund der erheblichen Bedeutung der Bedenkenmitteilung empfiehlt es sich, in dem schriftlichen Bauvertrag zu vereinbaren, wer „befugter Vertreter" des Auftraggebers ist. **Im Zweifel** sollte der Auftragnehmer Bedenkenmitteilungen immer auch gegenüber dem Auftraggeber abgeben, weil selbst eine Erklärung gegenüber dem befugten Vertreter nicht ausreicht, wenn dieser sich z. B. den vorgebrachten Bedenken verschließt[218].

101   **5. Verantwortung des Auftraggebers.** § 4 Abs. 3 VOB/B letzter Halbsatz sieht vor, dass der **Auftraggeber** für seine Angaben, Anordnungen oder Lieferungen **verantwortlich** bleibt. Damit wird klargestellt, dass der Auftraggeber die nachteiligen Folgen tragen muss, die sich daraus ergeben, dass er trotz **ordnungsgemäßer Mitteilung** durch den Auftragnehmer **keine Änderung** veranlasst hat. Daraus ergibt sich die Verpflichtung des Auftraggebers, auf die Mitteilung zu reagieren[219]. Verzögert der Auftraggeber die Entscheidung, kann dies eine Behinderung/Unterbrechung der Ausführung nach § 6 VOB/B sein. Der Auftragnehmer ist berechtigt, nach Abgabe der Erklärung einen angemessenen Zeitraum zuzuwarten, welche Entscheidung der Auftraggeber trifft. Entscheidet der Auftraggeber überhaupt nicht, kommt zugunsten des Auftragnehmers ein Schadensersatzanspruch aus § 6 Abs. 6 VOB/B in Betracht. Auch kann das Kündigungsrecht aus § 9 Abs. 1 a) VOB/B ausgelöst werden. Allerdings bestehen diese Ansprüche nicht zeitlich unbegrenzt. Hat der Auftragnehmer nach dem Bedenkenhinweis eine angemessene Zeit zugewartet, entfällt die nach der hier vertretenen Auffassung mögliche Behinderung des Auftragnehmers mit der Folge, dass er die Leistung wieder aufnehmen muss. Analog § 6 Abs. 3 VOB/B hat er dem Auftraggeber unter Hinweis auf die mitgeteilten Bedenken die Fortsetzung der Arbeiten anzuzeigen[220].

102   **6. Rechtswirkungen.** Aus § 4 Abs. 3 VOB/B ergeben sich eine Reihe von **Rechtsfolgen**, anknüpfend an die nicht erfolgte/rechtzeitige Mitteilung durch den Auftragnehmer bis hin zur Reaktion des Auftraggebers auf ordnungsgemäße und rechtzeitig mitgeteilte Bedenken. Schließlich stellen sich bei **Beteiligung verschiedener Unternehmer** Fragen der **Haftungsbeteiligung.**

103   **a) Pflichtverletzung des Auftragnehmers.** Erfüllt der Auftragnehmer die Pflichten aus § 4 Abs. 3 VOB/B nicht oder nicht ordnungsgemäß, trifft ihn die Haftung für daraus resultierende Folgen, vor allem für Mängel (vgl. § 13 Abs. 3 VOB/B). Für Mängel, die auf fehlerhafte Vorleistungen anderer Unternehmer oder Auftraggeber beruhen, besteht keine Nachbesserungspflicht des Auftragnehmers[221]. Für Schäden, die sich nicht im Gewerk des Auftragnehmers niederschlagen („Begleitschäden") ist der Auftragnehmer dem Auftraggeber bei Verschulden zum Schadensersatz nach allgemeinen Regeln verantwortlich[222]. In aller Regel wird der nicht ordnungsgemäße Hinweis zu einem Mangel des Gewerks des Auftragnehmers führen, da die Prüfungs- und Hinweispflicht voraussetzt, dass ein **technischer Zusammenhang** zwischen dem Gewerk des Vorunternehmers und dem des Auftragnehmers liegt.

104   Denkbar ist eine Schadensersatzverpflichtung des Auftragnehmers für den Fall, dass er die Bedenken zwar rechtzeitig, aber **nicht schriftlich** anmeldet[223]. Die Verletzung der Schriftform muss sich der Auftragnehmer bei Verteilung der Mängelrisiken anrechnen lassen. Ein **zuverlässig** erteilter **mündlicher** Hinweis ist nicht wirkungslos. Wenn der Auftraggeber diesen zur Kenntnis genommen hat, hat er aus der allgemeinen Treuepflicht die Verpflichtung zur Überprüfung und gegebenenfalls für Abhilfe zu sorgen, so dass in den Fällen der Verletzung der

---

[217] OLG Düsseldorf BauR 2013, 1283; *Werner/Pastor* Rdn. 2047.
[218] BGH BauR 1997, 301; OLG Düsseldorf BauR 2013, 1283; OLG Celle BauR 2005, 397; OLG Düsseldorf NZBau 2001, 401; NWJS/*Gartz* VOB/B § 4 Rdn. 78.
[219] OLG Stuttgart NJW-RR 2017, 144 = IBR 2017, 68; *Ingenstau/Korbion/Oppler* VOB/B § 4 Abs. 3 Rdn. 80; HRR/*Mansfeld* VOB/B § 4 Rdn. 63; *Leupertz* BauR 2010, 273; vgl. *Seibel/Siegen* ZfBR 2011, 529.
[220] *Hummel* BauR 2015, 32**9**; *Ingenstau/Korbion/Oppler* VOB/B § 4 Abs. 3 Rdn. 75.
[221] HRR/*Mansfeld* VOB/B § 4 Rdn. 67.
[222] Beck'scher VOB-Kommentar/*Ganten* VOB/B § 4 Abs. 3 Rdn. 63.
[223] BGH NJW 1975, 1217.

Schriftform eine Schadensquotierung (§ 254 BGB) denkbar ist, bis hin zu dem Ergebnis, dass eine Haftung des Auftragnehmers nicht mehr besteht[224] (s. Rdn. 95).

b) Mangelhafte Leistung anderer Unternehmen. Für eine mangelhafte Leistung eines **105** anderen Unternehmers steht der Auftragnehmer grundsätzlich nicht ein. Problematisch ist das Haftungsverhältnis in den Fällen, in denen der Auftragnehmer unter Verstoß gegen seine Prüfungs- und Hinweispflicht auf eine mangelhafte Leistung eines anderen Unternehmers aufbaut. In diesen Fällen haften beide Unternehmer nebeneinander dem Auftraggeber auf Mängelbeseitigung, gegebenenfalls Schadensersatz[225]. Allerdings haftet für Mängel der Werkleistung jeder Auftragnehmer dem Auftraggeber nur insoweit, als sein Gewerk betroffen ist. Nur in Ausnahmefällen ist der Auftraggeber berechtigt, nach seiner Wahl den Vorunternehmer oder Auftragnehmer auf **volle Mängelbeseitigung** in Anspruch zu nehmen, wenn die von beiden geschuldeten Leistungsbereiche sich in technischer Hinsicht im Zuge einer Nachbesserung nicht voneinander trennen lassen[226]. Ein Gesamtschuldverhältnis besteht im Übrigen nicht[227] (vgl. die Beispiele in Rdn. 113 ff.).

Der in Anspruch genommene Auftragnehmer ist verpflichtet, im Zuge der Mängelbeseitigung **106** an seinem Gewerk gegebenenfalls auch Mängel zu beseitigen, die den Verantwortungsbereich des Vorunternehmers betreffen, weil der Auftragnehmer im Rahmen seiner Mängelbeseitigungsverpflichtung alle Maßnahmen veranlassen muss, um die Mängel an seinem Gewerk nachhaltig zu beheben. Ausgehend von dem Grundsatz, dass jeder Auftragnehmer nur für die Mängel seines Gewerks verantwortlich ist und Nachbesserungsarbeiten des Einen dem Anderen nicht endgültig zugutekommen sollen, stellt sich die Frage, ob, gegebenenfalls nach welchen Grundsätzen in diesen Fällen ein Ausgleich im Innenverhältnis zwischen Vorunternehmer und Auftragnehmer erfolgen muss[228]. Ausgangspunkt der Überlegung ist zunächst die Frage, ob in diesen Fällen eine Regressmöglichkeit besteht. Dagegen kann nicht eingewandt werden, dass der Vorunternehmer bei mangelhafter Leistung und Hinweispflichtverletzung durch den Nachunternehmer wegen fehlenden Zurechnungszusammenhangs für seine mangelhafte Leistung nicht mehr haften soll, weil § 4 Abs. 3 VOB/B nicht den Vorunternehmer von seiner Gewährleistungspflicht befreien soll[229]. Die richtige Annahme der Eigenschaft des **Vorunternehmers als Erfüllungsgehilfe** im Verhältnis zwischen Auftraggeber und Auftragnehmer[230] bedeutet nicht, dass der Auftragnehmer von seiner Prüfungs- und Hinweisverpflichtung vollständig befreit wird. Je nach den Umständen des Einzelfalls ist über § 254 BGB eine Mithaftungsquote zu bilden, so dass in den meisten Fällen eine Verpflichtung des Auftragnehmers verbleiben wird, sich im Ergebnis also immer die Problematik des **Innenausgleichs** zwischen Auftragnehmer und Vorunternehmer stellt.

Für die Lösung dieses Problems gibt es unterschiedliche Ansätze. Zum einen wird vertreten, **107** dass der Auftragnehmer gegen den Vorunternehmer nach den Grundsätzen der Geschäftsführung ohne Auftrag oder der ungerechtfertigten Bereicherung Innenregressansprüche haben soll[231]. Dieser Ansatz ist dogmatisch verfehlt, weil der Auftragnehmer, der von dem Auftraggeber auf Nachbesserung in Anspruch genommen wird, eine **eigene Pflicht** erfüllt. Vertreten wird weiter[232], dass der Interessenausgleich dadurch erfolgen muss, dass in analoger Anwendung von § 255 BGB der in Anspruch genommene Auftragnehmer von dem Auftraggeber verlangen kann, dass die dem Auftraggeber gegen den Vorunternehmer zustehenden Ansprüche an den Auftragnehmer abgetreten werden. § 255 BGB betrifft die Abtretung von Ersatzansprüchen des Geschädigten an den Schädiger, der neben einem Dritten in Anspruch genommen wird. Geregelt ist die Abtretung von Ansprüchen für den Verlust einer Sache oder eines Rechtes. Zweck der Vorschrift ist, zu verhindern, dass der Geschädigte sowohl den Schädiger als auch den Dritten (doppelt) in Anspruch nimmt[233] und nicht, dem in Anspruch genommenen Geschädigten die

---

[224] BGH NJW 1973, 518; BGH BauR 1978, 54; OLG Hamm BauR 1995, 852.
[225] BGH BauR 1975, 130; OLG Thüringen Urteil vom 28.10.2009, Az.: 4 U 141/07; OLG München NJW-RR 1988, 20; HRR/*Mansfeld* VOB/B § 4 Rdn. 68.
[226] LG Berlin BauR 1976, 130; NWJS/*Gartz* VOB/B § 4 Rdn. 90; *Langen* Gesamtschuld der Planungs- und Baubeteiligten – Eine kritische Bestandsaufnahme (Teil 1) NZBau 2015, 2.
[227] OLG Düsseldorf NJW-RR 1998, 527; *Langen* NZBau 2015, 2; *Zerr* NZBau 2002, 241; *Kaiser* BauR 2000, 177.
[228] *Kaiser* BauR 2000, 177; *Weise* BauR 1992, 685.
[229] BGH BauR 1975 130; NWJS/*Gartz* VOB/B § 4 Rdn. 90.
[230] Eingehend VOB/B § 6 Rdn. 61, 54.
[231] OLG Hamm NJW-RR 1991, 730; BauR 1992, 519.
[232] *Ingenstau/Korbion/Oppler* VOB/B § 4 Abs. 3 Rdn. 58.
[233] Palandt/*Grüneberg* BGB § 255 Rdn. 1.

Möglichkeit zu geben, wegen der Inanspruchnahme den Dritten (voll) in Regress zu nehmen, so dass für eine analoge Anwendung von § 255 BGB kein Raum ist.

108 Vorzugswürdig ist die grundsätzliche Annahme eines Schadensersatzanspruchs des Auftragnehmers gegen den Vorunternehmer aus dem Rechtsinstitut des **Vertrages mit Schutzwirkung zugunsten Dritter.** Die dafür erforderliche „Leistungsnähe" ergibt sich daraus, dass ein technischer Zusammenhang zwischen Vor- und Nachleistung besteht. Das erforderliche Interesse des Auftraggebers am Schutz des Unternehmers ergibt sich aus dem Interesse des Auftraggebers an einer zügigen, mangelfreien Herstellung der Gesamtleistung, wobei diese Umstände den am Bau beteiligten immer bekannt sind. Da keine unmittelbaren Vertragsbeziehungen zwischen den Auftragnehmer und dem Vorunternehmer bestehen, ein besonderes Schutzbedürfnis des Auftragnehmers nahe liegt, liegen die Anspruchsvoraussetzungen vor[234]. Etwas anderes gilt in den Fällen, in denen die Leistungen zwischen Vorunternehmer und Auftragnehmer ohne weiteres voneinander abgetrennt werden können. In diesen Fällen kommt nur eine anteilige Haftung der jeweiligen Unternehmers gegenüber dem Auftraggeber in Betracht. Neben der Erfüllung von Mängelbeseitigungsverpflichtungen betrifft dies vor allem die Ansprüche auf Geldzahlung (Schadensersatz, Minderung)[235].

109 **c) Mitwirkungspflicht des Auftraggebers.** Wenn der Auftragnehmer seiner Prüfungs- und Mitteilungsverpflichtung ordnungsgemäß entsprochen hat, muss der Auftraggeber eine Entscheidung treffen. Es handelt sich um eine Mitwirkungspflicht des Auftraggebers[236]. § 4 Abs. 3 VOB/B verpflichtet den Auftraggeber nicht zu einem bestimmten Verhalten. Bleibt der Auftraggeber untätig, trägt er allein das Risiko für aus den mitgeteilten Bedenken entstehende Folgen[237]. Der Auftragnehmer wird von diesen Folgen entlastet. In diesen Fällen empfiehlt es sich, dass der Auftragnehmer eine angemessene Zeit zuwartet, bevor er seine Leistung fortsetzt. Vorsorglich sollte der Auftragnehmer dann, wenn sich der Auftraggeber um die Mitteilung nicht kümmert, noch einmal – schriftlich – anfragen und sich die Fortsetzung der Arbeiten „freizeichnen" lassen[238]. Nimmt der Auftraggeber die Bedenken des Auftragnehmers ernst und trifft daraufhin Anordnungen, sind diese für den Auftragnehmer verbindlich. Die Anordnungen können vielfältiger Natur sein. Zu erwähnen sind eine Anordnung nach § 4 Abs. 1 Nr. 3 VOB/B, eine Änderung des Bauentwurfs gemäß § 1 Abs. 3 VOB/B oder das Verlangen von Zusatzleistungen gemäß § 1 Abs. 4 VOB/B. In diesen Fällen hat der Auftragnehmer erneut die Verpflichtung zur Prüfung und gegebenenfalls der Mitteilung neuer Bedenken[239]. Wenn der Auftragnehmer keine neuen Bedenken haben muss, kann er mit seiner Leistung fortfahren.

110 Teilt der Auftraggeber Bedenken des Auftragnehmers nicht und besteht auf seinen bisherigen Anordnungen, gilt § 4 Abs. 1 Nr. 4 VOB/B entsprechend[240]. Auch dann ist der Auftragnehmer verpflichtet, die Leistung in der angeordneten Art und Weise fortzusetzen, vgl. § 4 Abs. 1 Nr. 2 VOB/B. Für die daraus resultierenden Folgen ist der Auftraggeber verantwortlich, §§ 4 Abs. 3, 13 Abs. 3 VOB/B.

111 Die Frage, ob dem Auftragnehmer nach ordnungsgemäßer Mitteilung von Bedenken ein **Leistungsverweigerungsrecht** zusteht, ist in Anbetracht von § 4 Abs. 1 Nr. 4 Satz 1 VOB/B grundsätzlich zu verneinen. Etwas anderes gilt dann, wenn der Auftragnehmer zu der Einschätzung kommt, dass die Umsetzung der Anordnung des Auftraggebers zu einem erheblichen Mangel oder zu sonstigen, nicht nur geringfügigen Schäden des Auftraggebers führen werden[241], oder bei Fehlen bauseitiger Vorleistungen die geschuldete Werkleistung sinnlos erscheint[242]. Gleiches gilt, wenn der (weiteren) Durchführung der Bauarbeiten gesetzliche oder behördliche Bestimmungen entgegenstehen und Gefahren für Leib und Leben drohen[243]. Abgeleitet wird dieses Leistungsverweigerungsrecht aus dem Grundsatz von Treu und Glauben (§ 242 BGB), wobei der Auftragnehmer im Streitfall darlegungs- und beweispflichtig dafür ist, dass ihm die Fortsetzung der Leistung unzumutbar war.

---

[234] *Kaiser* BauR 2000, 177, a. A. *Weise* BauR 1992, 685.
[235] HRR/*Mansfeld* VOB/B § 4 Rdn. 68.
[236] OLG Düsseldorf BauR 1988, 478; NWJS/*Gartz* VOB/B § 4 Rdn. 80.
[237] OLG Schleswig IBR 2004, 2 (Nichtzulassungsbeschwerde durch Beschluss des BGH vom 9.1.2003 – VII ZR 240/02 zurückgewiesen)
[238] Vgl. *Ingenstau/Korbion/Oppler* VOB/B § 4 Abs. 3 Rdn. 76.
[239] BGH NJW 1974, 184; *Ingenstau/Korbion/Oppler* VOB/B § 4 Abs. 3 Rdn. 77.
[240] NWJS/*Gartz* VOB/B § 4 Rdn. 82.
[241] *Ingenstau/Korbion/Oppler* VOB/B § 4 Abs. 3 Rdn. 79; NWJS/*Gartz* VOB/B § 4 Rdn. 82.
[242] OLG Düsseldorf IBR 2003, 1077.
[243] OLG Karlsruhe BauR 2005, 729 = IBR 2004, 684.

d) Wechselseitige Ansprüche.
Die Verletzung der Prüfungs- und Mitteilungspflicht durch den Auftragnehmer verpflichtet diesen grundsätzlich zum Schadensersatz gemäß § 280 Abs. 1 BGB. Er bleibt für das Gelingen der von ihm geschuldeten Werkleistung in vollem Umfang einstandspflichtig. Nach Abnahme gilt § 13 Abs. 3 VOB/B. Für Schäden außerhalb des Gewerks ergibt sich die Haftung des Auftragnehmers wegen Verletzung einer Pflicht nach § 280 Absatz 1 BGB. Ein noch so schwer wiegender Verstoß gegen § 4 Abs. 3 VOB/B gibt kein außerordentliches Recht des Auftraggebers zur Kündigung des Vertrages[244]. Führt die Pflichtverletzung des Auftragnehmers zu Schäden an Rechtsgütern Dritter, gilt § 10 Abs. 2 VOB/B. Zu beachten ist immer ein möglicher Mitverschuldenseinwand des Auftragnehmers über § 254 BGB, vor allem dann, wenn Schäden ihre Ursache auch durch eine von dem Auftraggeber bzw. dessen Architekten bereit gestellte Planung haben.

Bei Anordnungen des Auftraggebers kommt ein Vergütungsanspruch des Auftragnehmers immer dann in Betracht, wenn diese Anordnungen dem Auftragnehmer mehr abverlangen, als nach dem Vertrag geschuldet (vgl. § 1 Abs. 3, 4 VOB/B).

7. Beispiele aus der Rechtsprechung.
Der Umfang der Prüfungs- und Mitteilungspflicht hängt von einer Vielzahl von Umständen ab, die auch die Fachkenntnisse des Auftragnehmers betreffen, die dieser hat oder die von ihm erwartet werden können. Besonderheiten können sich aus dem Bauvorhaben selbst sowie aus allen weiteren Umständen (Baustoffe/Bauteile) ergeben (s. Rdn. 69 ff.). Die Rechtsprechung hat sich in einer Vielzahl von Entscheidungen mit diesen Fragen befasst. Im Folgenden werden eine Reihe von Entscheidungen zu unterschiedlichen Fragekomplexen im Rahmen der Prüfungs-/Mitteilungspflicht genannt. Zu prüfen ist vorab immer, ob der Umfang der Pflichten nicht normiert ist[245].

a) Umfang der Prüfungspflicht
– schreibt der Auftraggeber bewusst ein nicht erprobtes Material vor, muss der Auftragnehmer nicht mehr auf Mängelrisiken hinweisen (OLG Hamm IBR 2003, 409 für ungeeignetes Versiegelungsmaterial).
– hinsichtlich des Umfanges der Prüfungspflicht ist von dem Auftragnehmer nur das dem neuesten Stand der Technik entsprechende Normalwissen zu verlangen. Beruht ein Mangel auf einer planerischen Vorgabe des Auftraggebers, besteht keine Hinweisverpflichtung (OLG Brandenburg IBR 2003, 1086).
– eine nach einer Bemusterung erfolgte „Freigabe" eines Baustoffes entbindet den Auftragnehmer nicht von der Prüfungs-/Hinweisverpflichtung (OLG Frankfurt BauR 2005, 600).
– die Prüfungspflicht des Auftragnehmers kann allenfalls dann wegfallen, wenn der Auftragnehmer über besondere, dem Werkunternehmer eventuell sogar überlegene Spezialkenntnisse verfügt (KG Berlin IBR 2009, 209).
– Setzt der Auftragsnehmer bestimmte Anforderungen für sein Werk voraus, muss er sich grundsätzlich vor Ausführung seines Werkes vergewissern, ob diese Voraussetzungen eingehalten sind. Dies muss er im Rahmen des Zumutbaren selbständig prüfen (OLG Brandenburg NZBau 2011, 557).
– **Umwelteinflüsse** sind von dem Auftragnehmer zu beachten (OLG Bremen BauR 2005, 1679 in dem Fall, dass eine Farbbeschichtung bei einem Hotel im Seeklimabereich durch das Klima beschädigt wird; Nichtzulassungsbeschwerde von dem BGH durch Beschluss vom 21.7.2005 – VII ZR 196/04 zurückgewiesen).
– **Altlasten.** Der Auftragnehmer darf sich grundsätzlich darauf verlassen, dass der Auftraggeber die Möglichkeit von Altlasten eigenständig prüft. Bei Abbrucharbeiten besteht keine Verpflichtung des Auftragnehmers, die zu demontierenden Bauteile auf Altlasten zu untersuchen (OLG Hamm IBR 2002, 659 für Asbestbelastung).
– **Kenntnis** des Auftraggebers. Ist der Auftraggeber bereits anderweitig von der Problematik umfassend und lückenlos informiert, besteht keine Verpflichtung mehr, Bedenken anzumelden (OLG Düsseldorf BauR 2004, 99).
– **Verzicht auf Bodengutachten.** Verzichtet der Bauherr trotz Hinweis des Architekten auf die Einholung eines Baugrundgutachtens und lässt auf Vorsichtsmaßnahmen nicht ausführen, kann der Auftragnehmer im Falle einer Setzung des Gebäudes wegen einer unerkannt gebliebenen Baugrundproblematik nicht haftbar gemacht werden (OLG München IBR 2003, 9 mit Anmerkung Englert).

---

[244] OLG Düsseldorf BauR 1995, 247.
[245] Z. B. DIN 18352 Ziffer 3.1.1.

- **Freigabe der Vorleistung durch Architekt.** Hat der eingeschaltete Architekt dem Fliesenleger mitgeteilt, die Verlegereife des Estrichs sei bereits geprüft, muss er keine eigene Feuchtigkeitsmessung mehr vornehmen (OLG Frankfurt BauR 2003, 1727 = IBR 2003, 532 mit Anmerkung Weyer).
- **Bei vorgegebenen Baustoffen** besteht eine Prüfungs- und Hinweispflicht für die grundsätzliche Eignung der Baustoffe für den Werkerfolg (OLG Stuttgart NZBau 2007, 781 = NJW-RR 2007, 1617).

b) Mehrere Auftragnehmer

115
- **Vor- und Nachunternehmer** müssen überprüfen, ob das von dem Auftraggeber gestellte Material für den vorgesehenen Verwendungszweck geeignet ist. Beide Unternehmer haften unter Berücksichtigung eines Mitverschuldensanteils des Bauherrn in Höhe von 50% (OLG Hamm BauR 2003, 101).
- **Verschiedene Mängelursachen.** Haben Mängel ihre Ursachen in verschiedenen Gewerken und führt die allein mögliche Sanierungsmaßnahme zu einer Beseitigung der Mängel, ist nicht nach Verursachungsbeiträgen zu unterscheiden. Beide Unternehmer haften gesamtschuldnerisch (OLG Frankfurt BauR 2004, 1669 = IBR 2005, 473).
- **Vorteilsausgleichung.** Allein der Umstand, dass durch die Nachbesserung des Gewerks des Vorunternehmers Mängel des Gewerks eines Nachfolgeunternehmers beseitigt werden, stellt keinen auszugleichenden Vorteil des Auftraggebers dar. Der Anspruch auf Mängelbeseitigungskosten umfasst auch die Maßnahme, mit denen zugleich die Mängel des Gewerks eines Nachunternehmers beseitigt werden (OLG Karlsruhe BauR 2005, 1485 = IBR 2005, 252 mit Anmerkung Weyer).

c) Prüfung von Vorleistungen/Nachleistungen

116
- **Prüfungsumfang.** Der Nachunternehmer muss die Vorleistung nicht komplett auf sachgerechte und technisch einwandfreie Ausführung prüfen, es sei denn, es liegen deutliche Anhaltspunkte für eine mangelhafte Leistung vor (OLG Oldenburg OLGR Oldenburg 2004, 6).
- **Pflicht des Nachunternehmers.** Jeder Nachunternehmer, der seine Arbeit in engem Zusammenhang mit der Vorarbeit eines andern auszuführen hat, muss prüfen und ggf. auch geeignete Erkundigungen einziehen, ob diese Vorarbeiten, Stoffe oder Bauteile eine geeignete Grundlage für sein Werk bieten. Der Rahmen dieser Verpflichtung und ihre Grenzen ergeben sich aus dem Grundsatz der Zumutbarkeit, wie sie sich nach den besonderen Umständen des Einzelfalls darstellt (OLG Frankfurt BauR 2012, 138 = IBR 2011, 696).
- **Vorleistung durch Auftraggeber.** Die Prüfungs- und Hinweispflicht des Auftragnehmers entfällt nicht allein deshalb, weil der Auftraggeber selbst die Vorarbeiten fehlerhaft ausgeführt hat (OLG Karlsruhe, Urteil vom 28.10.2004 – 17 U 19/01; Nichtzulassungsbeschwerde durch den BGH mit Beschluss vom 10.11.2005 – VII ZR 289/04 zurückgewiesen).
- **Ungeeigneter Estrich.** Der Fliesenleger muss den Estrich auf Verlegereife und Geeignetheit prüfen. Führt die Unterlassung dieser Verpflichtung zu Mängeln, schuldet der Auftragnehmer nicht die Kosten der Erneuerung der mangelhaften Vorleistung (OLG Koblenz BauR 2004, 1831 = IBR 2005, 13 mit Anmerkung Weyer; die Prüfungs- und Hinweispflichten des Fliesenlegers ergeben sich aus der DIN 18352 „Fliesen- und Plattenarbeiten").
- **Natürlicher Sachzusammenhang der Gewerke.** Auch wenn ein Vorgewerk im technischen Sinne nicht vorliegt, kann sich aus der allgemeinen Leistungstreuepflicht aus § 242 BGB eine Hinweisverpflichtung des Auftragnehmers ergeben (OLG Dresden IBR 2004, 615 mit Anmerkung Weyer = BauR 2004, 1992).
- **Einschaltung von Sonderfachleuten.** Ist die Regenwasserbeseitigung durch einen Sonderfachmann geplant, muss der Auftragnehmer keine eigenen Prüfungen vornehmen, um einen richtige Handhabung sicherzustellen (OLG Koblenz IBR 2003, 676).
- **Erforderliche Nachfolgearbeiten.** Der Auftragnehmer ist nicht verpflichtet, auf etwaig erforderliche Nachfolgearbeiten hinzuweisen. Er darf darauf vertrauen, dass der Nachunternehmer die erforderlichen Kenntnisse besitzt und die anerkannten Regeln der Baukunst einhalten und beachten wird (OLG Karlsruhe OLGR Karlsruhe 2003, 61).

d) Haftungsquoten bei auch mangelhafter Planung

117
- **Fehlen der erforderlichen statischen Berechnung.** Lässt der Bauherr für ein großes Bauvorhaben keine statischen Berechnungen durchführen, kann eine Verletzung der Prüfungs- und Anzeigepflicht des Unternehmers vorliegen, wobei der Verursachungsanteil hinter dem

Ausführung   117 § 4 VOB/B

erheblichen Mitverschulden des Bauherrn zurücktritt und mit einer Quote von lediglich 10 % zu bewerten ist (OLG Thüringen BauR 2011, 1865 = IBR 2011, 636).
– **Bei falscher Planungsvorgabe** durch den Auftraggeber sind bei unterlassenem Hinweis des Auftragnehmers die Nachbesserungskosten zu teilen (OLG Celle BauR 2003, 730).
– Weist der Auftragnehmer den Auftraggeber auf nachteilige Folgen einer Planung und die sich daraus ergebenden Gefahren nicht hin, haftet der Auftragnehmer unter Berücksichtigung eines dem Auftraggeber zuzurechnenden Mitverschuldensanteils in Höhe von 50 % (OLG Düsseldorf BauR 2013, 1283).
– **Zusammentreffen von Fehlern der Entwurfs- und der Ausführungsplanung.** Ist der Mangel des Bauwerks (Autobahnbrücke mit zu geringer lichter Höhe), zum einen auf die vom Auftraggeber geschuldete Entwurfsplanung, zum anderen auf der vom Auftragnehmer geschuldete Ausführungsplanung zurückzuführen, so haften für die aus dem Mangel resultierenden Mangelbeseitigungskosten beide zur Hälfte (KG Berlin IBR 2009, 401).
– Werden in Ausführung der fehlerhaften Planung eines Fachplaners tragende Bauteile beschädigt und ist ein Gesamtschuldverhältnis zwischen dem ausführenden Unternehmer, dem Fachplaners und dem planenden Architekten gegeben, haftet der Unternehmer dem Bauherrn gegenüber von vornherein nur mit der im Einzelfall zu ermittelnden Quote. Wegen des weiteren Schadens muss sich der Bauherr an den Fachplaner oder Architekten halten (OLG Oldenburg NZBau 2008, 655-659).
– **Nachträgliche Anordnungen des Architekten.** Ordnet der Architekt gegenüber der fehlerfreien Planung vertragswidrige, zu Fehlern führende Änderungen an, entlastet der Bedenkenshinweis des Auftragnehmers gegenüber dem Auftraggeber nicht von der Haftung für die Abweichung der Bauausführung von der vereinbarten Planung (BGH NZBau 2003, 265 = BauR 2003, 689 bei der Umsetzung von Ausführungsplänen, die von der genehmigten Planung abweichen).
– **Regressanspruch des Architekten.** Beruht der Baumangel maßgeblich auf einem Planungsfehler des Architekten, trägt er i. d. R. dafür die überwiegende Verantwortung auch dann, wenn der Unternehmer eine Prüfungs- und Hinweispflicht verletzt (OLG Naumburg NZBau 2003, 391 = NJW RR-2003, 595; Verschuldensanteil des Bauunternehmers mit $1/3$).
– Bei Mängeln am Betonsteinpflaster einer befahrbaren Tiefgaragendecke auf Grund mangelhafter Planung haften Auftragnehmer und Architekt im Verhältnis 30% zu 70% (OLG Celle IBR 2005, 251).
– Bei fehlender Detailplanung ist dem Auftraggeber ein Mitverschuldensanteil von $1/3$ zuzurechnen (OLG Karlsruhe BauR 2005, 440 = NJW-RR 2005, 248).
– **Bedenkenanmeldung gegenüber dem Architekten.** Äußert der Auftragnehmer gegenüber dem planenden Architekten Bedenken und erläutert dieser die geplante Ausführung so einleuchtend, dass für Bedenken des Auftragnehmers kein Raum mehr bleibt, überwiegt das dem Auftraggeber zuzurechnende Architektenverschulden soweit, dass eine Haftung des Auftragnehmers ausscheidet (OLG Celle BauR 2004, 1992 = IBR 2004, 614 mit Anmerkung Weyer).
– Bei einem grundsätzlichen „planerischen Fehlschluss" haftet der Auftragnehmer nicht, wenn er den Planungsfehler nicht erkennen konnte (OLG Hamm BauR 2003, 1052).
– **Fehlerhafte Leistungsbeschreibung.** Liegt ein besonders gravierender Fehler des Fachingenieurs vor, der zu einer mangelhaften Leistungsbeschreibung geführt hat, und ist dies für den Auftragnehmer erkennbar, haftet er für Mängel zu 100% (OLG Stuttgart BauR 2005, 878).
– Bei Eindringen von drückendem Wasser im Keller haftet der Auftragnehmer bei mangelhafter Planung des Architekten dem Auftraggeber zu $3/4$ der entstandenen Kosten (OLG Karlsruhe NZBau 2003, 102 = BauR 2003, 917).
– **Offenkundiger Planungsfehler.** Ist der Fehler einer Planung so offenkundig, dass sich hieraus eine massive Hinweispflicht ergibt, haftet der Auftragnehmer voll (OLG Brandenburg IBR 2007, 1208; OLG Bamberg, BauR 2002, 1708).
– **Fehlende Planung.** Führt der Auftragnehmer in Kenntnis dessen, dass es eine Fachplanung nicht gibt, die Werkleistung aus, kann er sich nicht auf ein Mitverschulden wegen fehlender Planung berufen (OLG Celle BauR 2005, 397 = MDR 2005, 502).
– **Planung eines Sonderfachmanns.** Der Auftragnehmer muss keine den Spezialkenntnissen des vom Auftraggeber zuvor mit der Planung beauftragten Fachplaners überlegenen Kenntnisse haben und darf sich grundsätzlich auf die Richtigkeit der Fachplanung verlassen, soweit Mängel oder Lücken bei pflichtgemäßer Prüfung nicht erkennbar sind. Insbesondere ist der Auftragnehmer nicht verpflichtet, eine Fachplanung zu vervollständigen **(OLG Düsseldorf BauR 2013, 1889).**

118 **e) Unberechtigte Bedenkenanmeldung.** Die unberechtigte Bedenkenanmeldung des Auftragnehmers stellt regelmäßig keine Vertragsverletzung und keine Erfüllungsverweigerung dar (OLG Schleswig BauR 2005, 1066).

f) Beispiele aus der Rechtsprechung für verschiedene Gewerke:

119 – Abdichtungsarbeiten: OLG Naumburg IBR 2014, 732
– Anstreicherarbeiten: BGH NJW-RR 1994, 533; BGH BauR 1991, 79
– Aufzug: OLG Nürnberg NJW RR 1993, 694
– Ausschreibung: BGH BauR 1995, 538; BGH BauR 1991, 79
– Baugrund: BGH BauR 1997, 79; BGH BauR 1986, 203; BGH BauR 1977, 131; OLG Naumburg IBR 1999, 17; OLG Bremen BauR 2001, 1599
– Baustoffe: OLG Düsseldorf BauR 2002, 802; OLG Brandenburg BauR 2001, 102; OLG Frankfurt BauR 2012, 138
– Betonarbeiten: OLG München BauR 2013, 1901
– Dacharbeiten: BGH NJW 1974, 747; BGHZ 59, 202; OLG Düsseldorf NJW-RR 1994, 281; OLG Thüringen BauR 2011, 1865 = IBR 2011, 636
– Dehnungsfugen: BGH NJW 1973, 1792; BGH NJW 1974, 747
– Drainage: BGH BauR 1983, 70; OLG Düsseldorf NZBau 2000, 331
– Estricharbeiten: BGH BauR 1981, 201; OLG Köln BauR 1990, 729
– Fliesenarbeiten: OLG Hamm NJW-RR 1989, 982
– Fenster: LG Berlin BauR 1983, 462
– Fertighaus: BGH MDR 1977, 206
– Kellerabdichtung: BGH NJW 1967, 34; BGH NJW 1984, 1676, BGH NJW-RR 1992, 1104
– Putzarbeiten: BGH BauR 1987, 207; OLG Hamm NJW-RR 1987, 147
– Statik: BGH BauR 1987, 79; BGH BauR 1989, 467; OLG Düsseldorf BauR 2000, 1339; OLG Celle BauR 2002, 812
– Werkstoffe: BGH NJW 1973, 754; OLG Hamm NJW-RR 1990, 523
– Zulassungsbescheid: OLG Stuttgart BauR 1989, 475[246]

VII. Überlassungspflichten des Auftraggebers (§ 4 Abs. 4 VOB/B)

120 **1. Allgemeines.** Nach § 4 Abs. 4 VOB/B hat der Auftraggeber, wenn nichts anderes vereinbart ist, dem Auftragnehmer unentgeltlich zur Benutzung oder Mitbenutzung notwendige **Lager- und Arbeitsplätze** auf der Baustelle, vorhandene **Zufahrtswege** und **Anschlussgleise** sowie vorhandene **Anschlüsse für Wasser und Energie** zu überlassen. Diese Verpflichtung ergänzt die Verpflichtung des Auftraggebers nach § 4 Abs. 1 Nr. 1 VOB/B, für die Aufrechterhaltung (und Herstellung) der allgemeinen Ordnung auf der Baustelle zu sorgen und das Zusammenwirken der verschiedenen Unternehmer zu regeln. Ohne anderweitige Vereinbarung trifft den Auftraggeber schon im Zuge der Ausschreibung der Maßnahme die Pflicht, genaue Angaben zur Baustelle zu machen[247].

121 Die in § 4 Abs. 4 VOB/B geregelte Überlassungspflicht bezieht sich zunächst auf die Bereitstellung **notwendiger** Lager und Arbeitsplätze auf der Baustelle. Dies sind die für eine ordnungsgemäße Bauausführung benötigten Lager- und Arbeitsplätze. Im Übrigen bezieht sich die Bereitstellungsverpflichtung auf **vorhandene** Zufahrtswege, Anschlussgleise sowie Anschlüsse für Wasser und Energie. Daraus folgt keine Verpflichtung des Auftraggebers, diese erst **herzustellen**[248]. Da Anschlüsse für Wasser und Energie immer benötigt werden, auch Zufahrtswege vorhanden sein müssen, bedarf § 4 Abs. 4 VOB/B in aller Regel der Ergänzung.

122 **2. Umfang der Überlassungspflichten.** Der Auftraggeber hat dem Auftragnehmer die notwendigen Lager-/Arbeitsplätze auf der Baustelle unentgeltlich zur Benutzung oder Mitnutzung zu überlassen. Diese Verpflichtung umfasst zunächst die Lager- und Arbeitsplätze, die für eine ordnungsgemäße Bauausführung notwendig sind. Das Merkmal „auf der Baustelle" ist nicht wörtlich zu verstehen. Wenn sachgerechte Gründe dazu zwingen, die notwendigen Lager-/Arbeitsplätze **an anderer Stelle** bereitzustellen, reicht es aus, die notwendigen Lager- und Arbeitsplätze in der Nähe der Baustelle bereit zu stellen, wobei es Sache des Auftraggebers

---
[246] Vgl. die ausführlichere Zusammenstellung bei Beck'scher VOB-Kommentar/*Ganten* VOB/B § 4 Abs. 3 Rdn. 69; sowie bei *Werner/Pastor* Rdn. 254.
[247] VOB/C (ATV), DIN 18299.
[248] *Ingenstau/Korbion/Oppler* VOB/B § 4 Abs. 4 Rdn. 5; NWJS/*Gartz* VOB/B § 4 Rdn. 95.

ist, die günstigste Möglichkeit zu wählen, um einen reibungslosen Bauablauf sicherzustellen[249]. **Lagerplätze** sind die Flächen auf der Baustelle, die benötigt werden, um Material und Gerät für einen ungestörten Bauablauf vorzuhalten. Unter **Arbeitsplätze** sind die Flächen zu verstehen, die von dem Auftragnehmer benötigt werden, um seine Leistung unmittelbar zu erbringen, aber auch die Flächen, die benötigt werden, um dafür **vorbereitende Maßnahmen** durchzuführen (Sortierung von Baumaterial; Vormontage). Dazu gehören auch die Flächen für Bürocontainer oder erforderliche soziale Einrichtungen (Unterkünfte, sanitäre Anlagen)[250]. Vorhandene **Zufahrtswege** oder **Anschlussgleise** müssen nicht im Eigentum des Auftraggebers stehen. Der Auftraggeber hat sicherzustellen, dass der Auftragnehmer die Baustelle erreichen kann. Er hat dafür notwendige Erlaubnisse/Genehmigungen herbeizuführen. Entsprechendes gilt für die vorhandenen Anschlüsse für Wasser und Energie. Sind die Anschlüsse nicht vorhanden, hat der Auftragnehmer diese herzustellen, so weit er Wasser und Energie für die vertragsgemäße Herstellung seiner Leistung benötigt[251]. Dies gilt in aller Regel, weil durch die vereinbarten Preise alle Leistungen abgegolten werden, die für die Erbringung der vertraglichen Leistung notwendig sind, § 2 Abs. 1 VOB/B. Bei der Kalkulation seines Angebots sollte sich jeder Auftragnehmer genau erkundigen, wo die benötigten Anschlussstellen liegen, da die Aufwendungen für die Herstellung notwendiger Anschlüsse beträchtlich sein können.

3. Grundsätzlich Unentgeltlichkeit. Die Überlassung hat **unentgeltlich** zu erfolgen, wenn nichts anderes vereinbart ist. § 4 Abs. 4 c) Satz 2 VOB/B sieht vor, dass **Verbrauchskosten** sowie die Kosten der Messung/Zählung von dem Auftragnehmer zu übernehmen sind. Danach hat der Auftragnehmer dem Auftraggeber die tatsächlichen Kosten des Verbrauchs sowie die Kosten der Messung/Zählung zu erstatten. Bei mehreren Auftragnehmern besteht die Kostenerstattungspflicht anteilig, wobei dann im Einzelnen der Verbrauch genau erfasst werden muss, der auf den jeweiligen Auftragnehmer entfällt. In der Baupraxis hat sich durchgesetzt, über „**Umlageklauseln**" die Verbrauchskosten durch einen **pauschalen Abzug** von der Schlussrechnungssumme oder durch Festsetzung von Pauschalbeträgen abgegolten werden, weil der Aufwand der Erfassung dieser Kosten (wie auch der Kosten für Abfallcontainer, Versicherung etc.) beträchtlich ist und gerade bei Großbaustellen eine genaue Zuordnung dieser Kosten auf die jeweils tätigen Unternehmer kaum möglich ist. Durchgesetzt hat sich auch die Berechnung nach dem Verhältnis der Auftragssummen der jeweiligen Auftragnehmer im Verhältnis zu den Gesamtbaukosten. Entsprechende Umlageklauseln in Allgemeinen Geschäftsbedingungen unterliegen gemäß § 307 Abs. 3 BGB **keiner Inhaltskontrolle**[252].

4. Rechtswirkungen. Die Bereitstellungspflicht des Auftraggebers ist Pflicht aus dem Vertrag[253]. Diese besteht solange, wie es die Durchführung der Leistung durch den Auftragnehmer erforderlich macht. Dies gilt auch für **Nacherfüllungsarbeiten vor Abnahme.** Erfüllt der Auftraggeber diese Verpflichtungen nicht, macht er sich nach allgemeinen Grundsätzen gegenüber dem Auftragnehmer schadensersatzpflichtig (§ 280 Abs. 1 BGB). Der Auftragnehmer kann auch in der Ausführung seiner Leistung behindert sein, so dass er sich mit der Leistungserbringung nicht in Verzug befindet und Ausführungsfristen gegebenenfalls verlängert werden, vgl. § 6 Abs. 2 Nr. 1 a) VOB/B.

Der Auftragnehmer hat eine **Obhutspflicht** gegenüber dem Auftraggeber. Er ist verpflichtet, sorgsam mit den ihm überlassenen Flächen/Gegenständen umzugehen und Beschädigungen zu vermeiden. Im Rahmen des ihm zumutbaren besteht weiter die Verpflichtung, erforderliche Vorkehrungen zur Sicherung zu treffen oder den Auftraggeber auf erforderliche Maßnahmen hinzuweisen[254].

---

[249] Beck'scher VOB-Kommentar/*Junghenn* VOB/B § 4 Abs. 4 Rdn. 2.
[250] NWJS/*Gartz* VOB/B § 4 Rdn. 99.
[251] Beck'scher VOB-Kommentar/*Junghenn* VOB/B § 4 Abs. 4 Rdn. 4.
[252] BGH BauR 2000, 1756; BGH BauR 1999, 1290; OLG Hamm BauR 2000, 728; Palandt/*Grüneberg* BGB § 307 Rdn. 59; näher VOB/B § 2 Rdn. 9 ff.
[253] *Ingenstau/Korbion/Oppler* VOB/B § 4 Abs. 4 Rdn. 2.
[254] OLG Düsseldorf BauR 1992, 377; Beck'scher VOB-Kommentar/*Junghenn* VOB/B § 4 Abs. 4 Rdn. 10.

VIII. Schutzpflichten (§ 4 Abs. 5 VOB/B)

126 **1. Allgemeines.** § 4 Abs. 5 Satz 1 VOB/B betrifft die Pflicht des Auftragnehmers, bereits **ausgeführte Leistungen** und vom Auftraggeber übergebene **Gegenstände** bis zur Abnahme zu schützen, was sich für den BGB-Werkvertrag aus den allgemeinen Vorschriften zur Gefahrtragung ergibt (§ 644 BGB), für den VOB-Vertrag auch aus den §§ 7, 12 Abs. 6 VOB/B. Unterschieden werden zwei Gruppen von Schutzmaßnahmen: Zum einen Schutz vor Beschädigung und Diebstahl, zum anderen Schutzmaßnahmen auf Verlangen des Auftraggebers (Winterschäden/Grundwasser; Beseitigung von Schnee und Eis). § 4 Abs. 5 Satz 1 VOB/B betrifft also Schutzmaßnahmen **innerhalb der Leistungsverpflichtung,** während § 4 Abs. 5 Satz 2 VOB/B Schutzmaßnahmen beschreibt, die von dem Auftraggeber **besonders verlangt** werden und die einer besonderen vertraglichen Vereinbarung bedürfen.

127 **2. Originäre Schutzpflichten des Auftragnehmers.** Nach § 4 Abs. 5 Satz 1 VOB/B hat der Auftragnehmer die von ihm ausgeführten Leistungen und die ihm für die Ausführung übergegebenen Gegenstände bis zur Abnahme vor Beschädigung und Diebstahl zu schützen. Diese Verpflichtung beginnt bei den Leistungen mit dem Beginn der Ausführung, bei den für die Ausführung übergebenen Gegenständen mit dem Zeitpunkt der Übergabe[255]. Die Schutzpflicht nach § 4 Abs. 5 Satz 1 VOB/B endet mit der Abnahme, was sich aus der Formulierung „bis zur Abnahme" ergibt. Bei Teilabnahme (§ 12 VOB/B) endet die Schutzpflicht, so weit die Leistungen des Auftragnehmers teilabgenommen sind. Die Auffassung, wonach bei Teilabnahme Schutzpflichten dann weiter bestehen sollen, so weit die noch auszuführende Leistung in einer räumlichen Beziehung zu der teilabgenommenen Leistung steht[256], ist nicht richtig. Mit der Teilabnahme treten die Abnahmewirkungen hinsichtlich des teilabgenommenen Teils vollständig ein. Der Auftragnehmer hat insoweit **vollständig erfüllt,** so dass weitere Pflichten **zur Erfüllung** nicht mehr bestehen können.

128 Es ist auch nicht richtig, anzunehmen, die Schutzpflicht nach § 4 Abs. 5 Satz 1 VOB/B könne vor Abnahme dann enden, wenn der Auftragnehmer keine Einwirkungsmöglichkeiten zum Schutz seiner Leistung mehr hat[257]. Im Einklang mit der gesetzlichen Wertung für den BGB-Werkvertrag (§ 644 BGB) schreibt § 4 Abs. 5 Satz 1 VOB/B ausdrücklich fest, dass es Sache des Auftragnehmers ist, **bis zur Abnahme** seine Leistungen zu schützen. Wenn Einwirkungsmöglichkeiten fehlen, hat der Auftragnehmer für Abhilfe zu sorgen. Etwas anderes gilt nur in den Fällen, in denen der Auftraggeber dem Auftragnehmer diese Möglichkeit nimmt, z. B. seiner Bereitstellungsverpflichtung (§ 4 Abs. 4 VOB/B) nicht nachkommt. In diesen Fällen haftet der Auftraggeber dem Auftragnehmer wegen Pflichtverletzung auf Schadensersatz, so dass der Auftragnehmer dann Ersatz der Kosten verlangen kann, die ihm wegen notwendiger Wiederherstellung einer zerstörten Leistung entstehen.

129 **a) Umfang.** Nach § 4 Abs. 5 Satz 1 VOB/B hat der Auftragnehmer **ausgeführte** Leistungen vor Beschädigung und Diebstahl zu schützen. Das sind die Leistungen, die der Auftragnehmer **selbst** ausgeführt hat. Umfasst sind auch Leistungen der im Auftrag des Auftragnehmers tätigen Nachunternehmer.

130 Zu schützen hat der Auftragnehmer weiter die ihm für die Ausführung **übergebenen Gegenstände,** wozu auch das **Grundstück** bzw. der Grundstücksteil zählen, wenn diese dem Auftragnehmer zur Erbringung seiner Leistung übergeben werden. Weiter zählen dazu Werkzeuge, Geräte und Arbeitsmaterial. Darunter können auch Vorleistungen anderer Unternehmer, vor allem die der Vorunternehmer fallen, so weit der Auftragnehmer diese für die Erbringung seiner Leistung benötigt[258]. Der Umfang der Pflichten wird weiter durch einige ATV der VOB/C bestimmt. Zu nennen sind DIN 18299 (Allgemeine Regelungen für Bauarbeiten jeder Art) Abschnitt 4. 1. 10, DIN 18350 (Putz- und Stuckarbeiten) Abschnitt 4.1.8, DIN 18363 (Maler- und Lackiererarbeiten) Abschnitt 4.1.2 oder DIN 18366 Abschnitt 4.1.2, die den Auftragnehmer verpflichten, als **Nebenleistungen,** also ohne besondere Vergütung[259], Schutzmaßnahmen zu

---

[255] Beck'scher VOB-Kommentar/*Junghenn* VOB/B § 4 Abs. 5 Rdn. 6, 7; *Ingenstau/Korbion/Oppler* VOB/B § 4 Abs. 5 Rdn. 4; *Leinemann* VOB/B § 4 Rdn. 115.
[256] NWJS/*Gartz* VOB/B § 4 Rdn. 108.
[257] Beck'scher VOB-Kommentar/*Junghenn* VOB/B § 4 Abs. 5 Rdn. 10.
[258] Beck'scher VOB-Kommentar/*Junghenn* VOB/B § 4 Abs. 5 Rdn. 13; HRR/*Mansfeld* VOB/B § 4 Rdn. 71; *Vygen/Joussen* Bauvertragsrecht Rdn. 532; *Kaminski/Kues* NZBau 2006, 747.
[259] Vgl. VOB/C DIN 18299 Abschnitt 4.

treffen. Außerhalb dessen muss der Auftragnehmer keine Schutzmaßnahmen bezüglich Leistungen veranlassen, die **andere Unternehmer** an dem Bauwerk erbracht haben[260]. Es kommt immer wieder vor, dass vor rechtsgeschäftlicher Abnahme der Leistung diese durch andere Beteiligte beschädigt/zerstört wird. Die bloße **Fertigstellung** der Leistung befreit den Auftragnehmer von seiner Schutzpflicht nicht. Hat z. B. ein Auftragnehmer bei einer Musterwohnung ein Wasserleitungssystem fertig gestellt und überprüft und wird die Musterwohnung danach von weiteren Unternehmern zur Ausführung von Folgegewerken begangen, bleibt der Auftragnehmer verpflichtet, vor Abnahme nochmals eine Überprüfung von Dichtigkeit vorzunehmen[261].

Welche Maßnahmen der Auftragnehmer ergreift, um die ausgeführten Leistungen und die ihm übergebenen Gegenstände vor Beschädigung und Diebstahl zu schützen, ist nicht geregelt. Es ist Sache des Auftragnehmers, diese Maßnahmen **eigenverantwortlich** zu ergreifen. Im Einzelnen hängt von den örtlichen Gegebenheiten und von der Verkehrssituation ab, welche Maßnahmen erforderlich und geeignet sind, um der Verpflichtung zu entsprechen. Anhaltspunkte dafür ergeben sich auch aus Regelungen in den ATV (s. Rdn. ...). Im Übrigen richtet sich der Umfang nach dem, was bei verständiger Würdigung der Gesamtumstände von dem Auftragnehmer erwartet werden kann. Öffnet z. B. ein Auftragnehmer ein vorhandenes Dach, ist er auch ohne besondere Vereinbarung verpflichtet, durch geeignete Maßnahmen (Schutzfolie, Notdach o. ä.) den Eintritt von Niederschlägen in das darunter liegende ungeschützte Wohnhaus zu verhindern, und zwar auch dann, wenn die Arbeiten in den Sommermonaten ausgeführt werden[262]. Ist die Ursache drohender Beschädigung der Sphäre des Auftragsgebers zuzurechnen, gibt es keine weitere Verpflichtung des Auftragnehmers. Wenn z. B. auf Grund einer fehlenden Drainage, die der Auftraggeber nicht ausführen wollte, Niederschlagswasser die Leistung des Auftragnehmers beschädigt, kann dies dem Auftragnehmer nicht angelastet werden[263]. **Vor Beschädigungen** kann der Auftragnehmer erforderliche Maßnahmen durch Absperren oder Abdecken ergreifen. **Schutz vor Diebstahl** erfordert in der Regel ordnungsgemäßen Verschluss der Sachen. Ergeben sich Anhaltspunkte für eine erhöhte Diebstahlgefahr (etwa bei besonderem Wert der überlassenen Gegenstände oder bei bereits festgestellten Diebstählen), sind die Anforderungen entsprechend höher. In diesen Fällen kann es notwendig werden, auch durch ständige **Bewachung** die Sachen zu schützen. Nicht geschuldet, in Einzelfällen aber empfehlenswert, ist die Möglichkeit, die Bauleistung sowie die übergebenen Gegenstände gegen Beschädigung oder Diebstahl zu versichern[264].

b) Unentgeltlichkeit. Die Leistungen, die der Auftragnehmer im Rahmen der Erfüllung seiner Schutzpflicht nach § 4 Abs. 5 Satz 1 VOB/B erbringt, gehören zu seinen vertraglichen Verpflichtungen und sind **mit den Vertragspreisen abgegolten,** § 2 Abs. 1 VOB/B[265]. In einigen ATV sind die Schutzpflichten näher definiert und als nicht vergütungspflichtige Nebenleistungen vorgesehen (s. Rdn. 128).

3. Schutzpflichten auf Verlangen des Auftraggebers. § 4 Abs. 5 Satz 2 VOB/B regelt Schutzmaßnahmen, die **nicht zu den vertraglichen Verpflichtungen** des Auftragnehmers gehören. Es geht um den Schutz der ausgeführten Leistung und der übergebenen Gegenstände vor Winterschäden und Grundwasser, ferner um die Beseitigung von Schnee und Eis.

a) Umfang. Derartige Maßnahmen muss der Auftragnehmer **auf Verlangen** des Auftraggebers ausführen, wenn nicht ohnehin eine vertragliche Vereinbarung besteht. Art und Umfang der erforderlichen Schutzmaßnahmen richten sich nach den örtlichen Gegebenheiten. Zu berücksichtigen sind die zu schützenden Gegenstände, der Grad der drohenden Gefahren sowie allgemein übliche Verkehrssitten[266].

Konkretisiert wird der Umfang auch hier häufig in ATV. Hinzuweisen ist auf DIN 18330 (Maurerarbeiten) Nr. 3.1.3, DIN 18336 (Abdichtungsarbeiten) Nr. 4.2.7 und DIN 18338 (Dachdeckungs- und Dachabdichtungsarbeiten) Nr. 4. 3. 10, betreffend Winterschäden. Sind Winterschäden zu befürchten, sollen bereits im Leistungsverzeichnis entsprechende Ansätze vorgesehen werden. Dies gilt auch für Grundwasser (VOB/B ATV DIN 18330 Nr. 4.3.6 und DIN 18331

---

[260] BGH BauR 1995, 237; NWJS/*Gartz* VOB/B § 4 Rdn. 112.
[261] LG Rostock BauR 2000, 105.
[262] OLG Celle, BauR 2003, 550 = NJW-RR 2003, 15.
[263] OLG Schleswig IBR 2004, 2.
[264] Dazu VOB/B § 7 Rdn. 76 ff.
[265] NWJS/*Gartz* VOB/B § 4 Rdn. 109.
[266] NWJS/*Gartz* VOB/B § 4 Rdn. 106.

(Beton- und Stahlbetonarbeiten) Nr. 4.3.6). Für die Beseitigung von Schnee und Eis gibt es keine besonderen Regelungen, so dass hier das maßgeblich ist, was vertraglich vereinbart ist.

136 **b) Verlangen des Auftraggebers.** Der Auftragnehmer muss ausgeführte Leistungen und die ihm übergebenen Gegenstände nur **auf Verlangen** des Auftraggebers vor Winterschäden/Grundwasser schützen bzw. Schnee und Eis beseitigen. Das Verlangen des Auftraggebers ist eine einseitige, empfangsbedürftige Willenserklärung (§ 130 ff. BGB). Form/Fristen sieht § 4 Abs. 5 VOB/B nicht vor. Aufgrund der damit grundsätzlich ausgelösten **Vergütungspflicht** ist der Auftragnehmer gut beraten, das entsprechende Verlangen des Auftraggebers zu dokumentieren, also auf Schriftform zu bestehen. Entsprechendes gilt für den Auftraggeber, um im Streitfalle darlegen und beweisen zu können, dass er Anordnungen tatsächlich getroffen hat. Wie bestimmt das Verlangen des Auftraggebers sein muss, ist nicht geregelt. Der Auftragnehmer muss dem Verlangen zweifelsfrei entnehmen können, welche Maßnahmen von ihm erwartet werden[267]. Sind diese Maßnahmen für den Auftragnehmer auf Grund eines allgemeinen Verlangens des Auftraggebers nur bestimmbar, richtet sich der Umfang der zu veranlassenden Maßnahmen nach den Umständen. Gerade in diesen Fällen sollte der Auftragnehmer darauf bestehen, dass er vor Ausführung dieser Maßnahmen mit dem Auftraggeber verbindlich klärt (= vereinbart), welche Maßnahmen konkret veranlasst werden sollen, um im Rahmen von Streitigkeiten über die Vergütungsverpflichtung zu vermeiden, dass später aus Sicht des Auftraggebers nicht notwendige Maßnahmen (dem Umfang bzw. dem Aufwand nach) nicht vergütet werden.

137 **c) Vergütung.** Nach § 4 Abs. 5 Satz 2 VOB/B steht dem Auftraggeber für die Schutzmaßnahmen, die er auf Verlangen des Auftraggebers veranlasst, eine **besondere Vergütung** zu. Über die Höhe der Vergütung sagt § 4 Abs. 5 Satz 2 VOB/B nichts aus. Für die Vergütungsverpflichtung gilt § 2 Abs. 6 VOB/B. Der Auftragnehmer muss deshalb den zusätzlichen Vergütungsanspruch vor Beginn der Maßnahmen ankündigen[268].

138 **4. Rechtswirkungen.** Die in § 4 Abs. 5 Satz 1 VOB/B festgelegte Schutz- und Erhaltungspflicht ist vertragliche Pflicht des Auftragnehmers. Erfüllt der Auftragnehmer die Pflicht nicht ausreichend, haftet er dem Auftraggeber auf Schadensersatz § 280 Abs. 1 BGB, gegebenenfalls auch aus Delikt (§ 823 BGB)[269]. Bedient sich der Auftragnehmer zur Erfüllung dieser Verpflichtung Dritter (z. B. Bewachungsunternehmen), ist ihm ein Verschulden dieses Dritten über § 278 BGB zuzurechnen[270]. Kommt der Auftragnehmer seinen Verpflichtungen nach und tritt trotzdem ein Schaden ein (höhere Gewalt), richten sich die Verantwortlichkeiten nach den allgemeinen Regeln, beim VOB-Bauvertrag also vorrangig nach den §§ 7, 12 Abs. 6 VOB/B, beim BGB-Werkvertrag nach den §§ 644 Abs. 1, 645 BGB. Der Auftragnehmer trägt bis zur Abnahme die Leistungsgefahr. Hinsichtlich der Gegenstände, die der Auftraggeber dem Auftragnehmer zur Verfügung gestellt hat, liegt das Risiko des zufälligen Untergangs/einer zufälligen Verschlechterung bei dem Auftraggeber. Dass Ansprüche des Auftragnehmers oder des Auftraggebers gegenüber Dritten (vor allem Schadensersatzansprüche wegen deliktischer Handlung) von § 4 Abs. 5 Satz 1 VOB/B unberührt bleiben, ist selbstverständlich.

IX. Vertragswidrige Stoffe oder Bauteile (§ 4 Abs. 6 VOB/B)

139 **1. Allgemeines.** Nach § 4 Abs. 6 Satz 1 VOB/B sind Stoffe oder Bauteile, die dem Vertrag oder den Proben nicht entsprechen, auf Anordnung des Auftraggebers innerhalb einer von ihm bestimmten Frist von der Baustelle zu entfernen. Geschieht dies nicht, können sie auf Kosten des Auftragnehmers entfernt oder für seine Rechnung veräußert werden. Damit soll verhindert werden, dass der Auftragnehmer mangelhafte/vertragswidrige Bauteile oder Stoffe für die Leistungserbringung verwendet. Der Mangelhaftigkeit des Bauwerks wird dadurch in einem frühen Stadium vorgebeugt. Dies liegt im Interesse beider Parteien, da in aller Regel die Beseitigung von Mangelursachen in diesem frühen Stadium kostengünstiger ist[271].

---

[267] Beck'scher VOB-Kommentar/*Junghenn* VOB/B § 4 Abs. 5 Rdn. 34; *Ingenstau/Korbion/Oppler* VOB/B § 4 Abs. 5 Rdn. 20; HRR/*Mansfeld* VOB/B § 4 Rdn. 76.
[268] *Ingenstau/Korbion/Oppler* VOB/B § 4 Abs. 5 Rdn. 21; NWJS/*Gartz* VOB/B § 4 Rdn. 104; zu den Folgen unterlassener Ankündigung siehe VOB/B § 2 Rdn. 198 ff.
[269] OLG Celle BauR 2003, 550 = NJW-RR 2003, 15.
[270] Beck'scher VOB-Kommentar/*Junghenn* VOB/B § 4 Abs. 5 Rdn. 23, 24; *Ingenstau/Korbion/Oppler* VOB/B § 4 Abs. 5 Rdn. 12.
[271] Beck'scher VOB-Kommentar/*Junghenn* VOB/B § 4 Abs. 6 Rdn. 3.

Ausführung   140–143   § 4 VOB/B

§ 4 Abs. 6 VOB/B gilt nur für Stoffe/Bauteile, die an der Baustelle lagern und noch **nicht eingebaut** sind. **Nach dem Einbau** der Stoffe/Bauteile gilt **§ 4 Abs. 7 VOB/B**[272]. § 4 Abs. 6 VOB/B ist ein Anspruch des Auftraggebers, bei **bevorstehender** Mangel- oder Vertragswidrigkeit der geschuldeten Leistung mit dem Ziel der **Erfüllung** vorbeugen zu können („vorweggenommener Mängelbeseitigungsanspruch")[273].

§ 4 Abs. 6 VOB/B gilt nur für die Stoffe und Bauteile, die der **Auftragnehmer selbst** 140 **geliefert** oder durch Dritte hat liefern lassen. Für die Stoffe/Bauteile, die der **Auftraggeber geliefert** hat, gilt die Beseitigungspflicht nicht. Hinsichtlich dieser Stoffe/Bauteile steht dem Auftraggeber unmittelbar eine Verfügungsbefugnis zu, die dem Auftragnehmer fehlt[274]. In der Praxis gewinnt § 4 Abs. 6 VOB/B an Bedeutung, weil zunehmend Bauteile vorgefertigt an die Baustelle geliefert und dann in das Gesamtbauwerk eingebaut werden. Häufig hat der Auftraggeber nur in diesem frühen Stadium die Möglichkeit, diese Bauteile auf Mängel/Vertragsgemäßheit zu überprüfen. Mit zunehmender Fertigstellung des Bauwerks wird eine Überprüfung auf Mängel naturgemäß immer schwieriger[275].

2. Voraussetzungen. Es muss sich um Stoffe/Bauteile handeln, die von dem Auftragnehmer 141 stammen und die dem Vertrag oder den Proben nicht entsprechen. Aufgrund des Wortlauts „von der Baustelle" müssen sich diese Stoffe/Bauteile bereits auf der Baustelle befinden. Dies ist entgegen einer Auffassung in der Literatur[276] **nicht wörtlich** zu verstehen. Um den Zweck von § 4 Abs. 6 VOB/B zu verwirklichen, muss es sich lediglich um einen Lagerplatz handeln, der organisatorisch in Zusammenhang mit der Baustelle steht, so dass es genügt, wenn Stoffe/Bauteile im Betrieb des Auftragnehmers vorgefertigt werden, vgl. § 4 Abs. 1 Nr. 2 VOB/B.

Vertragswidrig sind Baustoffe/Bauteile dann, wenn sie nach Güte oder sonstiger Beschaf- 142 fenheit von den vertraglichen Vereinbarungen, vor allem von der Leistungsbeschreibung abweichen. Bei nicht erschöpfender Leistungsbeschreibung hinsichtlich der Stoffe und Bauteile sind die anerkannten Regeln der Technik sowie die einschlägigen Gütevorschriften zu beachten. Es kommt nicht darauf an, ob die vom Auftragnehmer vorgesehenen Stoffe/Bauteile im Preis gleichwertig sind. Der Auftraggeber hat uneingeschränkt Anspruch auf die vertraglich vereinbarten Leistungen und muss sich abweichende Ausführungen auch dann nicht aufdrängen lassen, wenn dies für ihn wertmäßig sogar von Vorteil wäre[277]. Einschlägig sind weiter öffentlich-rechtliche Anforderungen sowie zu erbringende Brauchbarkeitsnachweise (z. B. hinsichtlich Betongüten).

Unter die gesetzlichen Bestimmungen, die in § 4 Abs. 2 Nr. 1 Satz 2 VOB/B angesprochen 143 sind, fällt mit zunehmender Bedeutung auch das Bauproduktengesetz (BauPG)[278]. Das BauPG regelt das Inverkehrbringen von Bauprodukten und den freien Warenverkehr mit Bauprodukten von und nach den Mitgliedsstaaten der Europäischen Union, § 1 BauPG. Danach dürfen **Bauprodukte** nur in den Verkehr gebracht und gehandelt werden, wenn sie brauchbar sind, § 4 Abs. 1 BauPG. Wann ein Bauprodukt **brauchbar** ist, ist positiv in § 5 BauPG geregelt. Danach muss jedes Bauprodukt solche **Merkmale** aufweisen, die **für die konkrete bauliche Anlage**
– bei ordnungsgemäßer Instandhaltung dem Zweck entsprechend
– während einer angemessenen Zeitdauer
– unter Berücksichtigung der Wirtschaftlichkeit gebrauchstauglich sind.

Weiter müssen die wesentlichen Anforderungen
– der mechanischen Festigkeit
– der Standsicherheit
– des Brandschutzes
– der Hygiene
– der Gesundheit und des Umweltschutzes
– der Nutzungssicherheit
– des Schallschutzes
– der Energieeinsparung sowie

---
[272] NWJS/*Gartz* VOB/B § 4 Rdn. 114; *Werner/Pastor* Rdn. 2137.
[273] Beck'scher VOB-Kommentar/*Junghenn* VOB/B § 4 Abs. 6 Rdn. 6.
[274] NWJS/*Gartz* VOB/B § 4 Rdn. 117.
[275] Beck'scher VOB-Kommentar/*Junghenn* VOB/B § 4 Abs. 6 Rdn. 9.
[276] *Vygen/Joussen* Bauvertragsrecht Rdn. 970.
[277] OLG Köln BauR 1994, 119 (für Fliesen/Sanitärgegenstände).
[278] BGBl. 1998 I Seite 812.

– des Wärmeschutzes
erfüllt sein.

144 Damit ist klar, dass selbst bei lückenhafter Beschreibung der Bauteile/Stoffe im Leistungsverzeichnis oder den anderen Vertragsunterlagen nur Stoffe/Bauteile verbaut werden dürfen, die allgemein und in jeder Hinsicht diesen Anforderungen entsprechen. Alle Bauprodukte bedürfen einer Bestätigung ihrer Übereinstimmung **(Konformität),** was im Einzelnen in § 8 BauPG geregelt ist. Die so geprüften Produkte erhalten im Falle der Eignung durch das Deutsche Institut für Bautechnik/Berlin (§ 7 BauPG) ein Konformitätszertifikat mit der CE-Kennzeichnung.

145 Stoffe/Bauteile entsprechen nicht den Proben, wenn sie nach Maß, Gewicht oder Qualität von den Eigenschaften abweichen, die die Probe hat, die zum Inhalt der vertraglichen Leistung gemacht wurde[279]. Für die Mängelansprüche ist zu beachten, dass bei Leistungen nach Probe die Eigenschaften der Probe als vereinbarte Beschaffenheit gelten, so weit Abweichungen nicht nach der Verkehrssitte bedeutungslos sind. Dies gilt auch für Proben, die erst nach Vertragsschluss als solche anerkannt sind, § 13 Abs. 2 VOB/B.

146 **3. Pflicht zur Entfernung.** Die vertragswidrigen Stoffe/Bauteile sind **auf Anordnung** des Auftraggebers innerhalb einer von ihm bestimmten Frist **von der Baustelle zu entfernen.** Der Auftraggeber muss für den Auftragnehmer mit Bestimmtheit und dem erforderlichen Nachdruck zum Ausdruck bringen, welchen Willen er hat[280]. Es muss sich um eine für den Auftragnehmer in jeder Hinsicht bindende Anweisung handeln, die ihm keine Wahl lässt und die genau bezeichnet, welche Stoffe/Bauteile zu entfernen sind[281]. Davon zu unterscheiden sind Vorschläge, ein allgemeines Verlangen, die Äußerung des Einverständnisses des Auftraggebers oder bloße Wünsche. Hier gelten entsprechende Anforderungen wir für die Anordnungen nach § 4 Abs. 1 Nrn. 3 und 4 VOB/B (s. Rdn. 23). Eine Form oder Frist ist für die Anordnung nicht vorgesehen. Es empfiehlt sich aus Beweisgründen, die Anordnung schriftlich abzugeben bzw. – für den Auftragnehmer – darauf zu bestehen, dass die Anordnung schriftlich erteilt wird.

147 Anders als bei § 4 Abs. 1 Nr. 4 Satz 1 VOB/B ist bei der Bewertung, ob die Stoffe/Bauteile nicht vertragsgerecht sind oder den Proben nicht entsprechen, auf **objektive Kriterien** abzustellen, was sich aus dem Wortlaut in § 4 Abs. 6 VOB/B und der vorgesehene subjektiven Betrachtungsweise in § 4 Abs. 1 Nr. 4 Satz 1 VOB/B ergibt[282]. Der Auftragnehmer ist nur dann verpflichtet, der Anordnung zu entsprechen, wenn die Baustoffe oder Bauteile tatsächlich dem Vertrag oder den Proben nicht entsprechen[283]. Diese Voraussetzung birgt für beide Vertragsparteien Gefahren. Bei einer ungerechtfertigten Anordnung des Auftraggebers bzw. einer ungerechtfertigten Weigerung des Auftragnehmers erwachsen dem jeweils anderen Teil Ansprüche (s. Rdn. 151). § 4 Abs. 6 VOB/B regelt nicht, wie **Meinungsverschiedenheiten** zu behandeln sind. Es empfiehlt sich grundsätzlich die Vorgehensweise nach § 18 Abs. 4 Satz 1 HS 2 VOB/B, wonach durch eine staatlich anerkannte Materialprüfungsstelle für beide Parteien verbindliche Feststellungen (im Rahmen der §§ 317 bis 319 BGB) getroffen werden[284]. Aufgrund der einschneidenden Folgen der Anordnung müssen beide Parteien bei Meinungsverschiedenheiten Gewissheit darüber haben, ob die Anordnung objektiv gerechtfertigt ist. Wenn der Weg über § 18 Abs. 4 VOB/B veranlasst wird, ist nach dem Grundsatz von Treu und Glauben eine bestehende Anordnung des Auftraggebers bis zur Vorlage der Feststellungen durch die Materialprüfungsstelle ausgesetzt[285]. Zur Klärung der Meinungsverschiedenheit vorab ein selbstständiges gerichtliches Beweisverfahren (§§ 485 ff. ZPO) zu veranlassen[286], ist auf Grund der langen Verfahrensdauer nicht praktikabel.

148 **Welche Frist** der Auftraggeber setzen muss, um die Stoffe oder Bauteile von der Baustelle zu entfernen, ist nicht geregelt. Wie bei Fristen nach der VOB/B im Allgemeinen, muss es sich um eine angemessene Frist handeln[287]. Für die Beseitigungsverpflichtung des Auftragnehmers ist die

---

[279] HRR/*Mansfeld* VOB/B § 4 Rdn. 80.
[280] OLG Bremen NJW 1963, 495; Beck'scher VOB-Kommentar/*Junghenn* VOB/B § 4 Abs. 6 Rdn. 18; HRR/*Mansfeld* VOB/B § 4 Rdn. 80.
[281] BGH NJW 1984, 2457; BGH NJW 1977, 1966.
[282] Beck'scher VOB-Kommentar/*Junghenn* VOB/B § 4 Abs. 6 Rdn. 19.
[283] NWJS/*Gartz* VOB/B § 4 Rdn. 117.
[284] Ausführlich VOB/B § 18 Nr. 3 Rdn. 29 ff.
[285] Beck'scher VOB-Kommentar/*Junghenn* VOB/B § 4 Abs. 6 Rdn. 22; *Ingenstau/Korbion/Oppler* VOB/B § 4 Abs. 6 Rdn. 10.
[286] *Ingenstau/Korbion/Oppler* VOB/B § 4 Abs. 6 Rdn. 10; vgl. *Leinemann* VOB/B § 4 Rdn. 124.
[287] NWJS/*Gartz* VOB/B § 4 Rdn. 118.

Ausführung

Frist nicht Wirksamkeitsvoraussetzung. Auch ohne Fristsetzung bleibt der Auftragnehmer verpflichtet, Stoffe/Bauteile, die zu Recht beanstandet sind, von der Baustelle zu entfernen. Die Fristsetzung hat allerdings Bedeutung für das Selbsthilferecht des Auftraggebers nach § 4 Abs. 6 Satz 2 VOB/B (s. Rdn. 137).

4. Rechte des Auftraggebers. Entfernt der Auftragnehmer nach berechtigter Anordnung 149 die Stoffe oder Bauteile nicht von der Baustelle, gibt § 4 Abs. 6 Satz 2 VOB/B dem Auftraggeber nach Ablauf der gesetzten Frist **Selbsthilferechte,** wobei es auf ein Verschulden oder weitere Voraussetzungen nicht ankommt. Erforderlich, aber auch ausreichend sind die objektive Vertragswidrigkeit, die entsprechende Anordnung des Auftraggebers und der fruchtlose Ablauf der gesetzten, angemessenen Frist[288]. Danach werden folgende Rechte des Auftraggebers ausgelöst:

a) **Entfernung der Stoffe/Bauteile von der Baustelle.** Der Auftraggeber kann nach Ablauf 150 der Frist auf Kosten des Auftragnehmers die vertragswidrigen Stoffe/Bauteile von **der Baustelle entfernen.** Der Auftraggeber kann die Stoffe oder Bauteile selbst oder durch Dritte an eine angemessene, andere Örtlichkeit bringen und dort einlagern lassen. Er hat Sorgfalts- und Fürsorgepflichten für die Stoffe/Bauteile des Auftragnehmers. Daraus wird abgeleitet, dass der Auftraggeber die Stoffe/Bauteile **sachgerecht transportieren und einlagern** muss. Weiter hat er den Auftragnehmer davon im Einzelnen zu unterrichten und ihm mitzuteilen, wohin die Stoffe/Bauteile verbracht wurden. Der Auftragnehmer muss in die Lage versetzt werden, diese **unverzüglich wieder in Besitz** zu nehmen[289].

Die **Kosten** für diese Maßnahmen hat der **Auftragnehme**r zu übernehmen. Es handelt sich 151 dabei um einen vertraglich geregelten **Kostenerstattungsanspruch,** so dass die Regelungen über die Geschäftsführung ohne Auftrag nicht einschlägig sind. Gleichwohl gilt für die zu übernehmenden Kosten der Höhe nach analog § 670 BGB[290]. Danach schuldet der Auftragnehmer dem Auftraggeber Erstattung der Kosten, die der Auftraggeber nach den Umständen für erforderlich halten durfte. Das bedeutet nicht, dass der Auftraggeber gehalten wäre, im Kosteninteresse des Auftragnehmers nur die nötigsten Maßnahmen zu veranlassen. Aufgrund seiner Sorgfalts- und Fürsorgepflichten kommt es zunächst darauf an, welche Maßnahmen **objektiv erforderlich** sind, um das Selbsthilferecht auszuüben und die Stoffe/Bauteile ordnungsgemäß zu transportieren und einzulagern. Die damit entstehenden Kosten sind dem Grunde nach geschuldet und müssen der Höhe nach angemessen sein.

Eine Berechtigung des Auftraggebers, die Stoffe/Bauteile zu **vernichten/entsorgen** besteht nicht[291].

b) **Veräußerung der Stoffe/Bauteile.** Unter denselben Voraussetzungen ist der Auftrag- 152 geber nach seiner Wahl berechtigt, die Stoffe/Bauteile für Rechnung des Auftragnehmers **zu veräußern.** Auch hier hat der Auftraggeber Sorgfalts- und Fürsorgepflichten. Im Rahmen dessen muss der Auftraggeber die ihm zumutbaren Maßnahmen ergreifen, einen möglichst dem Wert der Stoffe/Bauteile entsprechenden Kaufpreis zu erzielen, über den er **Rechenschaft** ablegen muss, § 259 BGB[292]. Der danach nach Abzug der Kosten verbleibende Veräußerungserlös steht dem Auftragnehmer zu. Wichtig ist, dass ein **Eigenerwerb** durch den Auftraggeber grundsätzlich **nicht statthaft** ist, § 181 BGB. Im Verhältnis zu dem Erwerber tritt der Auftraggeber als **Vertreter** des Auftragnehmers auf. Die erforderliche Vertretungsmacht ist in dem Vertrag durch die Vereinbarung von § 4 Abs. 6 VOB/B eingeräumt. Danach darf der Auftraggeber nach Schaffung der rechtlichen Voraussetzungen die Stoffe/Bauteile „für Rechnung" des Auftragnehmers veräußern. Diese Befugnis umfasst den Abschluss des Verpflichtungs- und Verfügungsgeschäftes über diese Stoffe/Bauteile.

5. Rechtsfolgen. Ergibt sich, dass die Beanstandungen des Auftraggebers objektiv zu Unrecht 153 erfolgt sind, darf der Auftragnehmer ungeachtet dieser Anordnung die Stoffe/Bauteile einbauen

---

[288] *Ingenstau/Korbion/Oppler* VOB/B § 4 Abs. 6 Rdn. 14; NWJS/*Gartz* VOB/B § 4 Rdn. 119; *Vygen/Joussen* Bauvertragsrecht Rdn. 976.
[289] *Ingenstau/Korbion/Oppler* VOB/B § 4 Abs. 6 Rdn. 15; NWJS/*Gartz* VOB/B § 4 Rdn. 120.
[290] Beck'scher VOB-Kommentar/*Junghenn* VOB/B § 4 Abs. 6 Rdn. 39; *Ingenstau/Korbion/Oppler* VOB/B § 4 Abs. 6 Rdn. 16; HRR/*Mansfeld* VOB/B § 4 Rdn. 82.
[291] Beck'scher VOB-Kommentar/*Junghenn* VOB/B § 4 Abs. 6 Rdn. 37.
[292] *Ingenstau/Korbion/Oppler* VOB/B § 4 Abs. 6 Rdn. 20; HRR/*Mansfeld* VOB/B § 4 Rdn. 82; NWJS/*Gartz* VOB/B § 4 Rdn. 120.

oder sonst verwenden. Für eine Behinderung des Auftragnehmers durch eine zu Unrecht erfolgte Anordnung des Auftraggebers ergeben sich Schadensersatzansprüche aus § 6 Abs. 6 VOB/B, gegebenenfalls auch Ansprüche auf Vergütung aus § 2 Abs. 5 VOB/B oder § 2 Abs. 6 VOB/B. Weiter könnten sich Ausführungsfristen verlängern, § 6 Abs. 1, 2, 4 VOB/B. Es kann auch das Recht zur Kündigung für den Auftragnehmer nach § 9 VOB/B ausgelöst werden[293].

154   Kommt der Auftragnehmer einer ordnungsgemäßen Anordnung des Auftraggebers nicht nach, erwachsen dem Auftraggeber die Selbsthilferechte nach § 4 Abs. 6 Satz 2 VOB/B (s. Rdn. 147). Daneben hat der Auftraggeber einen **klagbaren Anspruch** gegen den Auftragnehmer auf Befolgung der Anordnung[294]. Weiter sind Ansprüche des Auftraggebers aus § 5 Abs. 4 VOB/B i. V. m. § 6 Abs. 6 oder 8 Abs. 3 VOB/B denkbar, z. B. in den Fällen, in denen bereits eingebaute vertragswidrige Stoffe/Bauteile nur mit Verzögerung oder erhöhtem Aufwand ersetzt werden müssen.

155   Verletzt der Auftraggeber bei der Ausübung seiner Selbsthilferechte seine Sorgfalts- und Fürsorgepflichten (s. Rdn. 148, 150), haftet er dem Auftragnehmer auf Schadensersatz (§ 280 Abs. 1 BGB). Als Verschuldensmaßstab gilt § 276 BGB. Besteht objektiv eine akute Gefahr (z. B. in den Fällen, in denen der Auftragnehmer weisungswidrig die Stoffe/Bauteile einbaut), ist der Haftungsmaßstab analog § 680 BGB auf Vorsatz/grobe Fahrlässigkeit zu reduzieren. Für eine generelle Beschränkung der Haftung gemäß § 300 Abs. 1 BGB[295] besteht keine Veranlassung[296].

X. Mangelhafte/vertragswidrige Leistungen während der Ausführung (§ 4 Abs. 7 VOB/B)

156   **1. Allgemeines.** Leistungen, die schon **während der Ausführung als mangelhaft oder vertragswidrig** erkannt werden, weil fehlerhafte/vertragswidrige Stoffe oder Bauteile eingebaut sind (vgl. § 4 Abs. 6 VOB/B) oder Mängel der Bauausführung vorhanden sind, hat der Auftragnehmer auf eigene Kosten durch mangelfreie zu ersetzen. Unter den weiteren Voraussetzungen nach § 4 Abs. 7 Satz 2 VOB/B entsteht ein **Schadensersatzanspruch** zugunsten des Auftraggebers. Nach § 4 Abs. 7 Satz 3 VOB/B kann ein Kündigungsrecht (§ 8 Abs. 3 VOB/B) entstehen. Mit diesen **speziellen Regelungen** werden dem Auftraggeber während der Bauausführung in Zusammenhang mit Mängeln Rechte eingeräumt, die über die Regelungen im BGB-Werkvertrag hinausgehen. Damit wird dem Umstand Rechnung getragen, dass das Bauwerk meistens auf dem Grundstück des Auftraggebers hergestellt wird und die Realisierung in der Regel lange andauern. Es ist im Interesse beider Partien, auftretende Mängel frühzeitig zu erkennen und sofort zu beheben, um höhere Kosten und weitere Schäden zu vermeiden. Auch dient die Regelung dazu, spätere Beweisschwierigkeiten hinsichtlich des Vorliegens von Mängeln zu vermeiden.

157   Im VOB-Vertrag sind die Ansprüche, die dem Auftraggebers bei mangelhafter Leistung des Auftragnehmer zustehen, grundsätzlich abschließend in § 4 Abs. 6 und 7 VOB/B für den Zeitraum **vor der Abnahme,** in § 13 Abs. 5, 6 und 7 VOB/B für die Zeit **nach der Abnahme** geregelt. Die Regelungen des BGB-Werkvertrages sind ausgeschlossen. Umstritten ist die Frage, ob der Auftraggeber **vor Abnahme und ohne Kündigung** ein Recht auf Selbstvornahme hat. Das Selbstvornahmerecht ist in der VOB/B nur für den Zeitraum nach Abnahme gemäß § 13 Abs. 5 Nr. 2 VOB/B ausdrücklich geregelt. Beim BGB-Werkvertrag besteht das Recht auf Selbstvornahme gemäß § 637 BGB auch ohne Abnahme des Werks[297]. Auch insoweit regeln sich die Rechte des Auftraggebers **abschließend** nach § 4 Abs. 7 VOB/B. Es müssen klare Verhältnisse herrschen[298], was voraussetzt, dass vermieden wird, dass innerhalb eines bestehenden Vertrages ein anderer Unternehmer dem Auftragnehmer angelastete Mängel beseitigt. Das Ineinander greifen von Mängelbeseitigungs- und Fertigstellungsarbeiten kann zu gegenseitigen Behinderungen und weiteren Streitigkeiten über Vergütungsfragen und Mängelansprüche zwischen den dann drei Beteiligten führen[299]. Die Gegenauffassung[300], die

---

[293] *Vygen/Joussen* Bauvertragsrecht Rdn. 969.
[294] Beck'scher VOB-Kommentar/*Junghenn* VOB/B § 4 Abs. 6 Rdn. 6.
[295] So *Ingenstau/Korbion/Oppler* VOB/B § 4 Abs. 6 Rdn. 15 in der Annahme, dass sich der Auftragnehmer in Annahmeverzug befindet und deshalb der Auftraggeber nur wegen Vorsatz oder grober Fahrlässigkeit haften soll.
[296] NWJS/*Gartz* VOB/B § 4 Rdn. 120.
[297] Palandt/*Sprau* BGB § 637 Rdn. 1.
[298] BGH BauR 2000, 1481; BGH BauR 1997, 1027.
[299] BGH BauR 1986, 573; BGH ZfBR 1998, 31; OLG Düsseldorf BauR 1994, 369.
[300] NWJS/*Gartz* VOB/B § 4 Rdn. 122 ff.

Ausführung   158–160 § 4 VOB/B

aus Zumutbarkeitserwägungen einen Selbstvornahmeanspruch des Auftraggebers in entsprechender Anwendung der §§ 637 Abs. 1 BGB, 13 Abs. 5 Nr. 3 VOB/B annimmt, verkennt, dass den Belangen des Auftraggebers hinreichend Rechnung getragen ist, weil er berechtigt ist, die notwendige Kündigung auf einen in sich abgeschlossenen Teil der vertraglichen Leistung zu beschränken, § 8 Abs. 3 Nr. 1 Satz 2 VOB/B. Deshalb greift das Argument, wonach der Auftraggeber Schwierigkeiten haben soll, einen anderen Auftragnehmer zu finden, der das Bauwerk vollendet, zu kurz[301].

Ausnahmsweise sind Fristsetzung und (Teil-)Kündigung entbehrlich, wenn dem Auftraggeber die Einhaltung dieser Voraussetzungen **nicht zumutbar** ist. Dies gilt in dem Fall, in dem der Auftragnehmer selbst den Vertrag gegen den Widerspruch des Auftraggebers zu Unrecht kündigt und sich weigert, die Arbeiten wieder aufzunehmen[302], oder in anderen Fällen der endgültigen Erfüllungsverweigerung[303]. **158**

Aufgrund dieses abschließenden Charakters sind die allgemeinen Regelungen des BGB ausgeschlossen. Dies gilt auch für die Unmöglichkeit (§§ 275, 326 BGB)[304]. Ist das Gewerk abgenommen, können die Unmöglichkeitsregelungen schon deshalb nicht gelten, weil das Gewerk als im Wesentlichen vertragsgerecht und damit geleistet anzusehen ist. Deshalb regelt § 13 Abs. 6 VOB/B nur noch den Fall der Unmöglichkeit der Beseitigung eines Mangels[305]. Für den Zeitraum vor Abnahme ist nur Raum für die allgemeinen Regeln des BGB, so weit es um Leistungsstörungen geht, die nicht auf einem Mangel beruhen[306]. Hinzu kommt, dass § 4 Abs. 7 VOB/B nicht nur den Fall der mangelhaften, sondern auch den Fall der vertragswidrigen Ausführung regelt, wodurch die allgemeinen Vorschriften eine weitere Einschränkung erfahren. Allgemein ist festzuhalten, dass § 4 Abs. 7 VOB/B in den Fällen gilt, in denen etwas geleistet wurde, das sich als mangelhaft oder vertragswidrig erweist. Selbst wenn in diesen Fällen ausnahmsweise die Beseitigung eines Mangels oder vertragswidrigen Zustandes **tatsächlich** unmöglich sein sollte, verbleibt es bei dem Anspruch des Auftraggebers auf Neuherstellung nach § 4 Abs. 7 Satz 1 VOB/B, sowie den Rechten auf Schadensersatz und Kündigung, wobei bei einer Unmöglichkeit der Mangelbeseitigung die Fristsetzung entbehrlich ist[307]. Die allgemeinen Regeln können danach nur dann Anwendung finden, wenn bereits **vor** Beginn der Leistung (nach Vertragsschluss) die Leistung unmöglich wird[308]. **159**

2. Verpflichtung des Auftragnehmers. a) Ersetzungsanspruch. Nach § 4 Abs. 7 Satz 1 VOB/B hat der Auftraggeber Anspruch darauf, dass der Auftragnehmer Leistungen, die schon während der Ausführung als mangelhaft oder vertragswidrig erkannt werden, durch mangelfreie ersetzt. Dieser „**Ersetzungsanspruch**"[309] lässt die ohnehin bestehende Verpflichtung des Auftragnehmers, auch ohne Geltendmachung dieses Anspruchs mangelfrei und vertragsgemäß zu leisten, unberührt. Der Auftragnehmer ist verpflichtet, Leistungen, die mangelhaft oder vertragswidrig sind, auch ohne Aufforderung (= Geltendmachung des Ersetzungsanspruchs) zu entfernen und durch mangelfreie zu ersetzen. Dies ergibt sich daraus, dass nach dem Wortlaut von § 4 Abs. 7 Satz 1 VOB/B nicht erforderlich ist, dass der Auftraggeber von den Umständen Kenntnis nimmt oder ein entsprechendes Verlangen gegenüber dem Auftragnehmer ausbringt. **160**

Der bestehende Anspruch (Ersetzung) ist ein **Erfüllungsanspruch** des Auftraggebers, der den Auftragnehmer verschuldensunabhängig verpflichtet, mangelhafte/vertragswidrige Leistungen zu entfernen und mangelfrei zu ersetzen[310]. Das bedeutet auch, dass dem Auftraggeber gegenüber Ansprüchen des Auftragnehmers auf Werklohn und auch auf Abschlagszahlung (§ 16 Abs. 1 VOB/B) die Einrede des nichterfüllten Vertrages gemäß § 320 BGB zusteht[311].

---

[301] BGH BauR 1997, 1027; BGH BauR 1986, 573; *Leinemann* VOB/B § 4 Rdn. 161.
[302] BGH BauR 2001, 2577.
[303] BGH NZBau 2009, 173 = NJW 2009, 354; BGH BauR 2001, 1897; BGH BauR 2000, 1479; OLG Brandenburg IBR 2008, 729; *Ingenstau/Korbion/Oppler* VOB/B § 4 Abs. 7 Rdn. 48; NWJS/*Gartz* VOB/B § 4 Rdn. 140.
[304] BGH NJW 1965, 152; NWJS/*Gartz* VOB/B § 4 Rdn. 125.
[305] BGH NJW 1965, 152; NWJS/*Gartz* VOB/B § 4 Rdn. 128.
[306] HRR/*Mansfeld* VOB/B § 4 Rdn. 84.
[307] NWJS/*Gartz* VOB/B § 4 Rdn. 129.
[308] *Kaiser* Mängelhaftungsrecht Rdn. 150.
[309] NWJS/*Gartz* VOB/B § 4 Rdn. 130.
[310] BGHZ 55, 354; BGH NJW 1982, 1524; *Leinemann* VOB/B § 4 Rdn. 130; *Motzke* BauR 2011, 153.
[311] BGH NJW 1979, 650; NWJS/*Gartz* VOB/B § 4 Rdn. 132.

161 **b) Voraussetzungen. § 4 Abs. 7 VOB/B setzt – für alle Rechte des Auftraggebers**[312] **– voraus, dass eine Leistung des Auftragnehmers mangelhaft oder vertragswidrig ist.**
Es muss sich um eine Leistung des Auftragnehmers handeln. Leistung in diesem Sinne ist das, was der Auftragnehmer dem Auftraggeber auf Grund des bestehenden Bauvertrags schuldet, wozu alles gehört, was bei objektiver Betrachtungsweise von dem Auftragnehmer in Erfüllungsabsicht unmittelbar zur Herstellung des Gewerks veranlasst wird. Umfasst sind Stoffe/Bauteile, geleisteter Arbeitsaufwand, die geschaffene Werkstoffeinbindung, die Gestaltung des Gewerks einschließlich der Maße[313]. Vorgänge, die lediglich der Bauvorbereitung dienen, sind nicht erfasst, was sich aus § 4 Abs. 6 VOB/B ergibt. Dies gilt auch für Arbeitsvorgänge, so weit nicht auszuschließen ist, dass ein mangelfreies Gewerk erreicht wird. § 4 Abs. 7 VOB/B soll nicht eine über § 4 Abs. 3 VOB/B hinausgehende Weisungsberechtigung des Auftraggebers schaffen.

162 Die Leistung ist frei von Sachmängeln, wenn sie die vereinbarte Beschaffenheit hat und den anerkannten Regeln der Technik entspricht. Ist die Beschaffenheit nicht vereinbart, ist die Leistung frei von Sachmängeln, wenn sie sich für die nach dem Vertrag vorausgesetzte sonst für die gewöhnliche Verwendung geeignet und eine Beschaffenheit aufweist, die bei Werken der gleichen Art möglich ist und die der Auftraggeber nach der Art der Leistung erwarten kann, § 13 Abs. 1 VOB/B[314].

163 Die Leistung ist vertragswidrig, wenn sie nicht dem entspricht, was vereinbart ist. Abzustellen ist beispielsweise auf die Leistungsbeschreibung, technische Normen, Zeichnungen etc.
Nach § 4 Abs. 7 Satz 1 VOB/B sind vertragswidrige Leistungen durch **mangelfreie** zu ersetzen. Vertragswidrig ist eine Leistung, wenn sie den vertraglichen Vereinbarungen (z. B. der Leistungsbeschreibung, vereinbarten technischen oder zusätzlichen Vertragsbedingungen, Zeichnungen, Proben, Mustern etc.) nicht entspricht. Die vertragswidrige Leistung muss dem geschuldeten Werk selbst anhaften[315]. Nicht unter § 4 Abs. 7 VOB/B fallen verzögerte oder nicht fertig gestellte Leistungen[316]. Mängel, die auf einer Anordnung des Auftraggebers beruhen (vgl. § 4 Abs. 3 VOB/B) unterfallen ebenfalls nicht § 4 Abs. 7 VOB/B[317]. Auch **unerhebliche Mängel** oder Vertragswidrigkeiten können von § 4 Abs. 7 VOB/B erfasst sein, was sich daraus ergibt, dass der Auftragnehmer dem Auftraggeber ein mangelfreies, vertragsgerechtes Gewerk schuldet[318]. In diesem Rahmen steht dem Auftragnehmer **ausnahmsweise** nur dann ein Leistungsverweigerungsrecht zu, wenn die grundsätzlich nach § 4 Abs. 7 VOB/B geschuldeten Leistungen unverhältnismäßig wären, was dann anzunehmen ist, wenn der dafür zu leistende Aufwand außer Verhältnis zu dem erreichbaren Erfolg (= der Verbesserung) steht[319].

164 **c) Zeitraum.** Die Mängel oder die Vertragswidrigkeit müssen während der Ausführung erkannt werden. Damit ist § 4 Abs. 7 VOB/B zum einen von der bloßen Bauvorbereitung, die noch nicht Ausführung ist, abzugrenzen, zum anderen auf den Zeitpunkt bis zur Abnahme beschränkt. Mängelansprüche ab Abnahme regelt allein § 13 VOB/B. Dabei ist nicht erforderlich, dass die Abnahme stattgefunden hat. Es reicht aus, wenn der Auftragnehmer die geschuldete Leistung abnahmefähig[320] gemäß § 12 Abs. 1 VOB/B bereitgestellt hat. Wenn Ansprüche vor Abnahme bereits entstanden sind, zwischenzeitlich die Abnahme erfolgt, wandeln sich die noch nicht erledigten Schadensersatzansprüche aus § 4 Abs. 7 Satz 2 VOB/B in einen entsprechenden Anspruch aus § 13 Abs. 5, 6, 7 VOB/B um[321].

165 Der Auftragnehmer ist zur Mängelbeseitigung bzw. Beseitigung des vertragswidrigen Zustandes verpflichtet, sobald dies bekannt ist. Dafür ist positives Wissen erforderlich. Es bedarf keiner Aufforderung oder Fristsetzung durch den Auftraggeber. Ebenso wenig ist erforderlich, dass (auch) der Auftraggeber den Mangel/die Vertragswidrigkeit kennt. Der Auftragnehmer schuldet

---

[312] Beck'scher VOB-Kommentar/*Kohler* VOB/B § 4 Abs. 7 Rdn. 23.
[313] Beck'scher VOB-Kommentar/*Kohler* VOB/B § 4 Abs. 7 Rdn. 24; *Ingenstau/Korbion/Oppler* VOB/B § 4 Abs. 7 Rdn. 2.
[314] Siehe VOB/B § 13 Rdn. 15 ff.
[315] *Ingenstau/Korbion/Oppler* VOB/B § 4 Abs. 7 Rdn. 10.
[316] BGH BauR 1974, 208; Beck'scher VOB-Kommentar/*Kohler* VOB/B § 4 Abs. 7 Rdn. 25; *Ingenstau/Korbion/Oppler* VOB/B § 4 Abs. 7 Rdn. 10.
[317] NWJS/*Gartz* VOB/B § 4 Rdn. 133.
[318] KG Berlin IBR 2005, 671; Nichtzulassungsbeschwerde durch Beschluss des BGH vom 25.8.2005 – VII ZR 122/04 zurückgewiesen.
[319] *Ingenstau/Korbion/Oppler* VOB/B § 4 Abs. 7 Rdn. 20, 23; HRR/*Mansfeld* VOB/B § 4 Rdn. 88; *Leinemann* VOB/B § 4 Rdn. 138.
[320] Vgl. BGHZ 50, 160; Beck'scher VOB-Kommentar/*Kohler* VOB/B § 4 Abs. 7 Rdn. 40.
[321] BGH BauR 1982, 277.

Ausführung   166–168   § 4 VOB/B

eine mangelfreie, vertragsgerechte Leistung und ist damit auch ohne Zutun des Auftraggebers nach § 4 Abs. 7 Satz 1 VOB/B verpflichtet. Wann der Auftragnehmer tätig werden muss, regelt § 4 Abs. 7 Satz 1 VOB/B nicht. Da der Ersetzungsanspruch sofort fällig ist und sich ein Mangel/eine Vertragswidrigkeit auf die Gesamtleistung nachteilig auswirkt, muss der Auftragnehmer unverzüglich tätig werden[322]. Bestehen zwischen Auftraggeber und Auftragnehmer Meinungsverschiedenheiten hinsichtlich eines Mangels oder der Vertragsgemäßheit der Leistung, empfiehlt sich eine gemeinsame Untersuchung/Feststellung (vgl. § 18 Abs. 4 VOB/B). Auch wenn nach allgemeinen Grundsätzen der Auftraggeber, der Rechte nach § 4 Abs. 7 VOB/B geltend machen möchte, darlegungs- und beweispflichtig ist, verbleibt es auch hier bei dem Grundsatz, dass **vor Abnahme** der Auftragnehmer die Mangelfreiheit seiner (Teil-) Leistung im Streitfalle beweisen muss[323].

§ 4 Abs. 7 Satz 1 VOB/B ist ein **Erfüllungsanspruch.** Der Auftragnehmer schuldet dem **166**
Auftraggeber eine mangelfreie, vertragsgerechte Leistung. Im Einzelfall, etwa bei erheblichen Mängeln, kann die Pflicht zur Ersetzung der mangelhaften durch eine mangelfreie Leistung bedeuten, dass der Auftragnehmer die bisher erbrachte Leistung komplett wiederholen, also neu herstellen muss. Dies gilt auch dann, wenn eine sachgerechte Ausbesserung keinen hinreichend sicheren Erfolg verspricht, was etwa dann angenommen werden kann, wenn Nachbesserungsversuche bereits vergeblich waren bzw. berechtigte Zweifel daran bestehen, dass durch bloße Sanierung der Erfolg erreichbar ist.[324]

Die **Kosten der Ersetzung** hat der Auftragnehmer zu übernehmen. Dazu gehören alle **167**
Kosten, die aus Anlass der Nachbesserung entstehen, z. B. Transportkosten, Kosten für Sicherungsmaßnahmen, Bewachungsmaßnahmen etc. Erfordert die Ersetzung den Eingriff in andere Bauteile (Entfernung oder Beschädigung), ist der Auftragnehmer verpflichtet, auch dies auf eigene Kosten zu veranlassen[325]. Die Kosten der Ersetzungsverpflichtung betreffen nicht nur die Maßnahmen, die der Auftragnehmer selbst veranlasst. Nach § 4 Abs. 7 Satz 1 VOB/B schuldet der Auftragnehmer auch notwendige Kosten des Auftraggebers in Zusammenhang mit den Mängeln oder vertragswidrigen Leistungen. Dazu können Gutachterkosten[326], notwendige Koordinierungskosten des Auftraggebers[327] sowie dadurch bedingter sonstiger Mehraufwand des Auftraggebers gehören. Davon können auch Kosten von Maßnahmen umfasst sein, die von dem ursprünglichen Vertragsumfang nicht erfasst waren, wenn wegen Ungewissheit des Erfolgs anderer Nachbesserungsmaßnahmen die Nachbesserung gewählt wird, die den Mangel sicher beseitigt. Selbst Kosten für Mängelbeseitigungsmaßnahmen, die sich im Nachhinein als nicht erforderlich erweisen, sind davon umfasst, sofern der Auftraggeber bei sachgerechter Betrachtung die Maßnahmen zur endgültigen Mängelbeseitigung veranlassen durfte[328]. Erforderlich ist ein enger Bezug zu den eigentlichen Nachbesserungsarbeiten, so dass **Nutzungsausfallschäden** nicht von § 4 Abs. 7 Satz 1 VOB/B erfasst werden[329].

Aus allgemeinen Grundsätzen (§ 242 BGB) wird abgeleitet, dass dem Auftraggeber im Rahmen des Ersetzungsanspruchs Mitwirkungspflichten treffen können. Davon umfasst sind die Maßnahmen, die erforderlich sind, um dem Auftragnehmer die Nachbesserung/Neuherstellung tatsächlich zu ermöglichen. Im Rahmen dessen hat der Auftraggeber den Zutritt zu dem Bauwerk zu gewährleisten, gegebenenfalls auch Koordinationsmaßnahmen zu treffen[330].

d) Grenzen. Nach dem Wortlaut von § 4 Abs. 7 Satz 1 VOB/B gilt die Ersetzungsverpflich- **168**
tung des Auftragnehmers ausnahmslos. Anerkannt sind in Rechtsprechung und Literatur zwei Ausnahmen, nämlich die **Unmöglichkeit** der Nachbesserung sowie der Einwand der **Unverhältnismäßigkeit** für den Auftragnehmer[331]. Ist die Beseitigung eines Mangels oder der Vertragswidrigkeit objektiv unmöglich, richten sich die Rechte des Auftraggebers ohne weiteres

---

[322] HRR/*Mansfeld* VOB/B § 4 Rdn. 90.
[323] S. VOB/B § 12 Rdn. 42.
[324] OLG München OLGZ 1971, 8; *Ingenstau/Korbion/Oppler* VOB/B § 4 Abs. 7 Rdn. 18; NWJS/*Gartz* VOB/B § 4 Rdn. 124; *Leinemann* VOB/B § 4 Rdn. 138.
[325] Thüringer OLG, Urteil vom 1. September 2005 – 5 U 341/14 –, juris = IBR 2016, 580; *Ingenstau/Korbion/Oppler* VOB/B § 4 Abs. 7 Rdn.
[326] Beck'scher VOB-Kommentar/*Kohler* VOB/B § 4 Abs. 7 Rdn. 82; NWJS/*Gartz* VOB/B § 4 Rdn. 133; HRR/*Mansfeld* VOB/B § 4 Rdn. 99.
[327] BGH NJW 1979, 2595; HRR/*Mansfeld* VOB/B § 4 Rdn. 99.
[328] BGH BauR 2013, 1129 „Einschätzungsrisiko"; OLG Stuttgart IBR 2014, 730.
[329] BGH BauR 1992, 627.
[330] HRR/*Mansfeld* VOB/B § 4 Rdn. 99.
[331] *BGH NJW 1968 1524*; Beck'scher VOB-Kommentar/*Kohler* VOB/B § 4 Abs. 7 Rdn. 68.

nach den §§ 4 Abs. 7 Satz 3, 8 Abs. 3 VOB/B, ohne dass es der Schaffung der weiteren Voraussetzungen (Fristsetzung) bedarf[332].

169   Die grundsätzliche Möglichkeit, die Ersetzung wegen Unverhältnismäßigkeit zu verweigern, ist in § 635 Abs. 3 BGB (früher: § 633 Abs. 2 Satz 3 BGB) geregelt. Danach kann der Unternehmer die Nacherfüllung verweigern, wenn sie nur mit unverhältnismäßigen Kosten möglich ist. Für den VOB/B-Vertrag gilt **abschließend** § 13 Abs. 6 VOB/B. Danach kann auch **für den Auftraggeber** die Beseitigung eines Mangels unzumutbar sein. Abweichend von § 635 Abs. 3 BGB kann im VOB-Vertrag der Auftragnehmer die Mängelbeseitigung dann verweigern, wenn sie einen **unverhältnismäßig hohen Aufwand** (in § 635 Abs. 3 BGB ist von **Kosten** die Rede) erfordert. Die Mängelbeseitigung erfordert einen **unverhältnismäßigen Aufwand,** wenn der mit der Nachbesserung erzielbare Erfolg einer ganzen oder teilweisen Mängelbeseitigung bei Abwägung aller Umstände des Einzelfalls in keinem vernünftigen Verhältnis zur Höhe des dafür erforderlichen Geldaufwands steht. Dies ändert nichts daran, dass das Interesse des Auftraggebers an einer ordnungsgemäßen Vertragserfüllung sowie die vertragliche Risikoverteilung im Vordergrund stehen[333]. Hat der Auftraggeber ein objektiv berechtigtes Interesse an einer ordnungsgemäßen Erfüllung, kann ihm regelmäßig nicht wegen hoher Kosten die Nachbesserung verweigert werden[334].

Ist der Auftragnehmer nach diesen Grundsätzen von der Neuherstellung befreit, steht dem Auftraggeber ein Minderungsrecht zu. Dies gilt auch für Mängel oder vertragswidrige Leistungen, die vor Abnahme festgestellt werden[335].

170   **3. Schadensersatzanspruch des Auftraggebers.** Hat der Auftragnehmer den Mangel oder die Vertragswidrigkeit zu vertreten, haftet er dem Auftraggeber neben der Ersetzung auf Schadensersatz, § 4 Abs. 7 Satz 2 VOB/B.

a) Voraussetzungen. Der Schadensersatzanspruch setzt voraus, dass die Voraussetzungen von § 4 Abs. 7 Satz 1 VOB/B erfüllt sind (s. Rdn. 154 ff.). Daneben muss der Auftragnehmer den Mangel oder die Vertragswidrigkeit **zu vertreten** haben. Zu vertreten hat der Auftragnehmer Vorsatz und Fahrlässigkeit, § 276 Abs. 1 Satz 1 BGB sowie das Verschulden seiner Erfüllungsgehilfen gemäß § 278 BGB. Voraussetzung ist schließlich ein Schaden, der adäquat kausal in Zusammenhang mit der mangelhaften oder vertragswidrigen Leistung steht[336].

171   **b) Umfang.** Zu ersetzen sind in erster Linie die Schäden, die bei weiter bestehendem Vertrag trotz der Mängelbeseitigung verbleiben[337]. Der Anspruch bleibt auch bei vorzeitiger Beendigung des Vertrages unberührt, erfasst also auch Schäden, die in Zusammenhang der Beseitigung von Mängeln bis zur Kündigung der erbrachten Leistungen entstehen[338].

172   Der Schadensersatzanspruch ist **nicht** begrenzt (anders als beispielsweise § 6 Abs. 6 VOB/B). Der Umfang ist deshalb auf der Grundlage der §§ 249 ff. BGB zu ermitteln. Es handelt sich dabei in aller Regel um den Schaden, der bei dem Auftraggeber bei fortbestehendem Vertrag nach Beseitigung der Mängel/der Vertragswidrigkeit verbleibt. Damit umfasst sind zunächst alle Schäden, die auf den Mangel oder die Vertragswidrigkeit unmittelbar zurückzuführen sind, vor allem also die Fremdnachbesserungskosten[339]. Erfasst werden aber auch Schäden außerhalb der mangelhaften/vertragswidrigen Leistung, solange dieser Zusammenhang besteht. Dazu gehören z. B. die Kosten für die Wiederbeschaffung/Instandsetzung anderer Bauteile, die durch die mangelhafte Leistung beschädigt oder zerstört wurden[340]. Erfasst werden weiter Schäden in Zusammenhang mit Verzögerungen, etwa der entgangene Gewinn (§ 252 BGB) bei Vermietung/Nutzung des Gebäudes oder Teile davon[341]. Dem steht § 6 VOB/B nicht entgegen, so

---

[332] HRR/*Mansfeld* VOB/B § 4 Rdn. 111.
[333] BGH BauR 2002, 613; BGH BauR 1996, 858.
[334] BGH BauR 1997, 638; ausführlich VOB/B § 13 Rdn. 291 ff.
[335] Beck'scher VOB-Kommentar/*Kohler* VOB/B § 4 Abs. 7 Rdn. 73; NWJS/*Gartz* VOB/B § 4 Rdn. 128; a. A. LG Amberg NJW 1982, 1540.
[336] BGH BauR 1978, 306; *Ingenstau/Korbion/Oppler* VOB/B § 4 Abs. 7 Rdn. 26.
[337] BGH NJW 1982, 1524; *Leinemann* VOB/B § 4 Rdn. 141.
[338] BGH NJW 1974, 1707; *Ingenstau/Korbion/Oppler* VOB/B § 4 Abs. 7 Rdn. 34.
[339] BGH NZBau 2000, 421; Beck'scher VOB-Kommentar/*Kohler* VOB/B § 4 Abs. 7 Rdn. 180; *Ingenstau/Korbion/Oppler* VOB/B § 4 Abs. 7 Rdn. 34.
[340] BGH BauR 1978, 306, Beck'scher VOB-Kommentar/*Kohler* VOB/B § 4 Abs. 7 Rdn. 176; *Ingenstau/Korbion/Oppler* VOB/B § 4 Abs. 7 Rdn. 34.
[341] BGH BauR 2000, 1189; BGH BauR 1990, 464; NWJS/*Gartz* VOB/B § 4 Rdn. 133.

lange es um Verzögerungen geht, die auf Baumängel vor Abnahme beruhen[342]. Auch hier werden Schäden erfasst, die dem Auftraggeber entstanden sind, weil er Anlass hatte, selbst oder durch Dritte die Schäden dem Grunde/der Höhe nach feststellen lassen zu können, etwa Kosten für die Einschaltung eines **Sachverständigen** zur Feststellung von Art, Umfang und Folgen von Mängeln sowie notwendige **Kosten der Rechtsverfolgung** (Einschaltung eines Anwalts)[343]. Auch **entferntere** Schäden sind ersatzpflichtig[344]. Der Schadensersatzanspruch umfasst auch den Schaden, der dem Auftragnehmer dadurch entsteht, dass ein Nachunternehmer sich in Verzug mit der Mängelbeseitigung befindet, der Auftraggeber auch deshalb die Gesamtleistung nicht abnimmt und nach Beseitigung der Mängel zahlungsunfähig wird[345]. Eigenaufwand für Besprechungen in Zusammenhang mit der Fertigstellung des Bauwerks mit Sachverständigen, Handwerkern etc. kann als Schaden geltend gemacht werden[346].

Dass der Schadensersatzanspruch der Höhe nach nicht begrenzt ist, bedeutet nicht, dass der Anspruch auf Schadensersatz wegen Nichterfüllung des ganzen Vertrages gehen kann. Begrenzt wird der Anspruch der Höhe nach durch den Grundsatz von Treu und Glauben (§ 242 BGB)[347]. Dies ergibt sich daraus, dass ein derart umfassender Anspruch nur bei berechtigter Entziehung des Auftrages entsteht und die Gründe, die dazu geführt haben, belegen, dass der Auftraggeber kein Interesse an der Fortsetzung des Vertragsverhältnisses mehr hat (§ 4 Abs. 7 Satz 3 i.V.m. § 8 Abs. 3 Nr. 2 Satz 2 VOB/B). § 4 Abs. 7 Satz 2 VOB/B erfasst deshalb nur die Fälle, in denen Schäden auszugleichen sind, die trotz Fortsetzung des Vertragsverhältnisses entstanden sind/entstehen werden. **173**

Im Rahmen des Schadensersatzanspruchs gelten die allgemeinen Regeln über den **Vorteilsausgleich.** So muss sich der Auftraggeber aus der Verzögerung erzielte Vorteile (z.B. Zins- oder Steuervorteile) auf den Schadensersatzanspruch anrechnen lassen[348]. Umstritten ist, ob **Gebrauchsvorteile** auch ohne Nachweis eines konkreten Schadens ausgeglichen werden müssen[349]. Die Frage stellt sich in der Praxis häufig bei der Nutzung von Wohnraum. Handelt es sich um Wohnraum, der von zentraler Bedeutung für den Auftraggeber ist und der selbst genutzt worden wäre, ist die Erstattung dieses abstrakten Schadens denkbar[350]. Etwas anderes gilt für „Luxusflächen", z.B. für ein privates Schwimmbad oder nur eingeschränkt nutzbare Räume (Hobbykeller)[351]. Grundsätzlich kommt Schadensersatz wegen entgangener Nutzung nur dann in Betracht, wenn die Beeinträchtigung erheblich war und eine die Grenzen der Zumutbarkeit überschreitende Dauer hatte. Kurzfristige, vorhersehbare Beeinträchtigungen (etwa Umbaumaßnahmen) kommen nicht in Betracht[352]. **174**

c) Konkurrenzen. Für die nach dem 1.1.2002 geschlossenen Verträge ist die Frage, ob der Anspruch nach § 4 Abs. 7 Satz 2 VOB/B auch die Fälle der positiven Vertragsverletzung[353] sowie die Fälle einer teilweisen Nichterfüllung[354] umfasst, nicht mehr von Bedeutung. Dies gilt auch für die Rechtsprechung zu der Abgrenzung von Mangelschaden und Mangelfolgeschaden[355]. Für die nach dem 1.1.2002 geschlossenen Verträge ergibt sich die Schadensersatzverpflichtung unmittelbar aus § 241 Abs. 1 i.V.m. § 280 Abs. 1 BGB. Erfasst werden auch Miet- und Nutzungsausfall sowie Kosten für eine Ersatzwohnung, auch Ersatz von Finanzierungskosten[356]. Umfasst sind auch Schäden an anderen Gewerken[357]. Nach Abnahme oder Abnahmereife ist § 4 Abs. 7 Satz 2 VOB/B nicht mehr einschlägig, es sei denn, es handelt sich um vor Abnahme beseitigte Mängel/Vertragswidrigkeiten, aus denen noch Schäden verblieben sind. In **175**

---

[342] BGH NJW 1975, 1701; BGH BauR 1979, 159.
[343] BGH NJW 1985, 381; HRR/*Mansfeld* VOB/B § 4 Rdn. 99.
[344] BGH BauR 2001, 1577.
[345] OLG München BauR 2001, 964.
[346] BGH NZBau 2001, 623; *Ingenstau/Korbion/Oppler* VOB/B § 4 Abs. 7 Rdn. 34.
[347] BGH BauR 1989, 462.
[348] BGH BauR 1983, 465; Beck'scher VOB-Kommentar/*Kohler* VOB/B § 4 Abs. 7 Rdn. 185; *Ingenstau/Korbion/Oppler* VOB/B § 4 Abs. 7 Rdn. 34.
[349] BGH NJW 1986, 2037; *Ingenstau/Korbion/Oppler* VOB/B § 4 Abs. 7 Rdn. 36.
[350] BGH NJW 1987, 771; BGHZ 96, 124.
[351] OLG Düsseldorf BauR 1992, 96.
[352] OLG Düsseldorf BauR 1981, 477.
[353] BGH BauR 1972, 172.
[354] BGH NJW 1975, 1701.
[355] Vgl. BGHZ 115, 32.
[356] BGH BauR 1990, 464.
[357] BGH BauR 1978, 306.

allen anderen Fällen richtet sich die Haftung des Auftragnehmers für Mängel allein nach § 13 VOB/B[358]. Schadensersatzansprüche, die bereits vor der Ersatzvornahme entstanden sind, regeln sich über § 8 Abs. 3 Nr. 2 Satz 1 VOB/B[359].

176 **4. Kündigungsrecht.** § 4 Abs. 7 Satz 3 VOB/B sieht vor, dass dann, wenn der Auftragnehmer der Verpflichtung zur Beseitigung des Mangels nicht nachkommt, der Auftraggeber eine angemessene Frist zur Beseitigung des Mangels setzen kann, verbunden mit der Erklärung, dass er nach fruchtlosem Ablauf der Frist den Auftrag entzieht (§ 8 Abs. 3 VOB/B). Zweck dieser Regelung ist, den Auftraggeber in die Lage zu versetzen, seinen Ersetzungsanspruch mit Druck auf den Auftragnehmer auch durchzusetzen. Weiter soll dem Auftragnehmer verdeutlicht werden, welche Folgen ihn treffen, wenn er der Verpflichtung zur Beseitigung des Mangels nicht nachkommt. Das Selbstvornahmerecht nach § 637 Abs. 1 BGB setzt demgegenüber lediglich den Ablauf einer angemessenen Frist zur Nacherfüllung voraus, also keine Kündigungsandrohung und auch keine gesonderte Kündigungserklärung. Die durch § 4 Abs. 7 Satz 3 VOB/B zu Gunsten des Auftragnehmers eingeführte „Warnfunktion" trägt den Besonderheiten des Bauwerkvertrags Rechnung. Die Folgen einer Kündigung sind für beide Seiten in aller Regel wirtschaftlich sehr einschneidend, so dass es sachgerecht ist, beiden Seiten Gelegenheit zu geben, diese weit reichenden Folgen noch zu vermeiden. Da § 637 Abs. 1 BGB dispositives Recht ist, ist die abweichende vertragliche Regelung in § 4 Abs. 7 Satz 3 VOB/B möglich[360], so dass bei Geltung der VOB/B eine Berechtigung des Auftraggebers zur Mängelbeseitigung während der Ausführung zu Lasten des Auftragnehmers außer im Falle der Erfüllungsverweigerung erst **nach Auftragsentziehung** gemäß § 8 Abs. 3 VOB/B entsteht[361].

Der Auftraggeber ist nicht verpflichtet, die Voraussetzungen der Kündigung herbeizuführen, hat also ein Wahlrecht, ob er anstelle dessen seinen Ersetzungsanspruch durchsetzt.

177 **a) Voraussetzungen.** Voraussetzung der Begründung des Kündigungsrechts nach § 4 Abs. 7 Satz 3 VOB/B ist, dass der Auftragnehmer den Ersetzungsanspruch des Auftraggebers nach § 4 Abs. 7 Satz 1 VOB/B erfüllen muss. Hinzukommen muss, dass der Auftragnehmer seiner Verpflichtung nicht nachkommt, und zwar ungeachtet der Frage, ob er dazu von Seiten des Auftraggebers aufgefordert wurde[362].

178 Weitere Voraussetzung des Kündigungsrechts ist die **Aufforderung** des Auftraggebers an den Auftragnehmer, die als mangelhaft oder vertragswidrig erkannte Leistung durch eine mangelfreie zu ersetzen. Für den Auftragnehmer muss eindeutig und unmissverständlich klar werden, dass er zur Beseitigung eines Mangels oder vertragswidriger Leistung aufgefordert wird. Allgemeine Erklärungen oder Androhungen etc. genügen nicht. In der Aufforderung hat der Auftraggeber den zu beseitigenden Mangel bzw. die Vertragswidrigkeit der Leistung so konkret zu beschreiben, dass der Auftragnehmer eindeutig erkennen kann, welche Leistung von ihm gefordert wird[363]. Erforderlich, aber auch ausreichend ist die Beschreibung des Mangels bzw. der Vertragswidrigkeit der Leistung nach dem äußeren Erscheinungsbild oder nach der Mängelursache, solange der Auftragnehmer bei verständiger Würdigung der Erklärung weiß, was von ihm gefordert wird. Auch hier gilt, dass die Anforderungen an den Erklärungsinhalt des Auftraggebers nicht überspannt werden dürfen. Wenn der Mangel hinreichend konkret bezeichnet ist, ist der Mangel insgesamt, also nicht nur im Rahmen der sichtbaren Bereiche Gegenstand des Beseitigungsverlangens. Über die Art und Weise der Mängelbeseitigung entscheidet allein der Auftragnehmer. Es gibt keine Berechtigung des Auftraggebers, bestimmte Maßnahmen vorzuschreiben. Lehnt der Auftraggeber eine von dem Auftragnehmer vorgeschlagene, geeignete Nachbesserung ab, verhält er sich widersprüchlich und kann keine Ansprüche aus § 4 Abs. 7 VOB/B ableiten[364].

179 **b) Fristsetzung.** Voraussetzung für das Kündigungsrecht ist eine **angemessene Fristsetzung** des Auftraggebers gegenüber dem Auftragnehmer zur Beseitigung des Mangels. Damit soll dem Auftragnehmer „der Ernst der Lage" verdeutlicht werden. Andererseits ist für den Auftrag-

---

[358] *Ingenstau/Korbion/Oppler* VOB/B § 4 Abs. 7 Rdn. 39.
[359] BGH BauR 2000, 1479; siehe VOB/B § 8 Rdn. 94.
[360] *Leinemann* VOB/B § 4 Rdn. 154.
[361] BGH BauR 2001, 1897; Beck'scher VOB-Kommentar/*Kohler* VOB/B § 4 Abs. 7 Rdn. 207.
[362] HRR/*Mansfeld* VOB/B § 4 Rdn. 106.
[363] BGH BauR 1982, 66; Beck'scher VOB-Kommentar/*Kohler* VOB/B § 4 Abs. 7 Rdn. 202; NWJS/*Gartz* VOB/B § 4 Rdn. 135.
[364] BGH NZBau 2004, 153 = BauR 2004, 380.

geber umgehend Klarheit zu schaffen, ob der Auftragnehmer seiner Ersetzungsverpflichtung (§ 4 Abs. 7 Satz 1 VOB/B) auch nachkommt.

180 Grundsätzlich muss sich die Frist auf die vollständige Erledigung der erforderlichen Arbeiten erstrecken. Dies ist, gerade bei dem nicht fachkundigen/fachkundig beratenen Auftraggeber oft nicht einfach. Ist eine angemessene Frist nur schwer abzuschätzen, kann in Ausnahmefällen eine gestaffelte Fristsetzung dergestalt erfolgen, dass eine Frist zum Ausführungsbeginn, zur Fertigstellung und eine weitere Frist zur Abgabe der Erklärung des Auftragnehmers gesetzt wird, seine Bereitschaft zur Mängelbeseitigung zu erklären. Wird die Erklärung nicht fristgerecht abgegeben, kann dies jedenfalls dann die Berechtigung zur außerordentlichen Kündigung begründen, wenn aus diesem Verhalten ernsthafte Zweifel an der Leistungsbereitschaft des Auftragnehmers bestehen[365]. In Extremfällen soll es möglich sein, den Auftragnehmer aufzufordern, sich innerhalb einer Frist dazu zu erklären, ob er bereit und in der Lage ist, die Beanstandungen zu beseitigen. Davon sollte zurückhaltend Gebrauch gemacht werden. Voraussetzung ist immer, dass ernsthaft in Frage steht, ob die vereinbarte Bauleistung überhaupt oder rechtzeitig ausführbar war. Nur in diesen Sonderfällen hat der Auftraggeber das Recht, sich alsbald Gewissheit über die Leistungsfähigkeit und Leistungsbereitschaft des Auftragnehmers zu verschaffen[366]. Der Auftraggeber muss die Frist exakt bestimmen. Aufforderungen wie „unverzüglich" oder „möglichst rasch" Beanstandungen zu beheben, reichen nicht aus.

181 Die gesetzte Frist muss angemessen sein. Die **Angemessenheit** bestimmt sich objektiv nach Art und Umfang der erforderlichen Arbeiten. Wird eine – objektiv – zu kurz bemessene Frist gesetzt, hat dies die Rechtsfolge, dass eine angemessene Frist in Lauf gesetzt wird[367]. Maßgeblich für die Frage der Angemessenheit der Frist sind die Umstände des Einzelfalls. Grundsätzlich ist auf die Zeit abzustellen, die ein tüchtiger und sorgfältiger Auftragnehmer benötigt, um die erforderlichen Maßnahmen zu veranlassen. Befindet sich der Auftragnehmer bereits mit der Gesamtleistung in Verzug, muss er besondere Maßnahmen (Beschleunigungsmaßnahmen) veranlassen, um die Leistung fertig zu stellen und Beanstandungen zu beheben.

182 Die Frist muss von dem Auftraggeber oder dessen Bevollmächtigten (Voraussetzung ist rechtsgeschäftliche Vertretungsmacht) gesetzt werden. Setzt der Auftraggeber die Frist nicht selbst, empfiehlt es sich in Anbetracht von § 174 BGB, Befugnisse Dritter schon im Werkvertrag zu regeln. Erfolgt die Fristsetzung durch einen nicht Berechtigten, kommt eine Genehmigung nach § 184 BGB durch den Auftraggeber nicht in Betracht, wenn die Frist abgelaufen ist[368]. Problematisch ist die Auffassung, dass die dem Architekten erteilte „übliche Vollmacht" auch die Mängelbeseitigungsaufforderung, Fristsetzung sowie Kündigungsandrohung umfasst[369]. Es ist schon nicht klar, was unter „üblicher Vollmacht" zu verstehen sein soll. Unbestritten ist, dass der nur beauftragte Architekt keine rechtsgeschäftliche Vollmacht des Auftraggebers hat. Der Hinweis darauf, die hier in Rede stehenden Erklärungen würden den Vertrag nicht ändern, damit keine rechtsgeschäftliche Vollmacht erfordern, überzeugt nicht. Da dem Auftragnehmer durch diese Erklärungen die besondere Brisanz der Situation vor Augen geführt werden soll, muss erst recht eindeutig geregelt sein, dass diese Erklärungen auch wirksam abgegeben werden. Erfolgt dies durch einen Dritten, muss der Auftragnehmer verbindlich wissen, ob die Erklärungen für den Auftraggeber wirksam abgegeben werden sollen, um sein Verhalten darauf einrichten zu können. Ausnahmsweise ist die Fristsetzung entbehrlich, wenn die Beseitigung der Mängel/vertragswidrigen Leistung unmöglich ist. Entsprechendes gilt, wenn dies von dem Auftragnehmer ernsthaft und endgültig verweigert wurde. Dies ist dann anzunehmen, wenn der Auftragnehmer die Mängelbeseitigungsverpflichtung insgesamt bestreitet und behauptet, die Leistung sei mangelfrei[370]. Von Bedeutung ist, dass diese Voraussetzungen selbst in einem Folgeprozess noch eintreten können, z. B. dann, wenn der Auftragnehmer im folgenden Schadensersatzprozess die Mängel bestreitet. Auch dann soll der Schluss darauf möglich sein, es handele sich um eine ernsthafte und endgültige Erfüllungsverweigerung[371]. Die Fristsetzung ist auch entbehrlich,

---

[365] OLG Stuttgart BauR 2007, 1417; *Vygen/Joussen* Bauvertragsrecht Rdn. 1005; *Leinemann* VOB/B § 4 Rdn. 149.
[366] BGH BauR 1983; 73; OLG Koblenz BauR 2014, 1778; LG Heidelberg NZBau 2014, 236; HRR/*Mansfeld* VOB/B § 4 Rdn. 108; a. A. Beck'scher VOB-Kommentar/*Kohler* VOB/B § 4 Abs. 7 Rdn. 203.
[367] BGH NJW-RR 1992, 1141.
[368] BGH NJW 1998, 3058.
[369] OLG Bamberg BauR 2007, 1780 = IBR 2007, 547; *Weinhardt* IBR 2007, 547.
[370] BGH NJW 1992, 235; BGH BauR 1990, 466; NWJS/*Gartz* VOB/B § 4 Rdn. 140; *Ingenstau/Korbion/Oppler* VOB/B § 4 Abs. 7 Rdn. 48.
[371] BGH NJW-RR 1993, 882; Beck'scher VOB-Kommentar/*Kohler* VOB/B § 4 Abs. 7 Rdn. 213.

wenn der Auftragnehmer deutlich macht, die geschuldete Ersetzung erst nach Ablauf einer angemessenen Frist in Angriff zu nehmen oder fertig zu stellen[372]. Hat der Auftragnehmer durch sein Verhalten (mangelhafte Arbeit; gravierende Mängel; mehrfache Mängelbeseitigungsbemühungen) den Vertragszweck derart gefährdet, dass der Auftraggeber das Vertrauen in die Leistungsfähigkeit des Auftragnehmers verlieren darf, ist dem Auftraggeber ein Festhalten an dem Vertrag nicht mehr zuzumuten. Es bedarf dann auch keiner Fristsetzungen mehr[373].

183 **c) Entziehung des Auftrages, § 8 Abs. 3 VOB/B.** Zusammen mit der Fristsetzung muss der Auftraggeber erklären, dass er nach fruchtlosem Ablauf der Frist dem Auftragnehmer **den Auftrag entziehe.** Damit soll dem Auftragnehmer noch einmal verdeutlicht werden, welche gravierenden Folgen bei Überschreitung der Fristen eintreten können[374]. Aus dieser Warnfunktion folgt, dass sich aus der Erklärung des Auftraggebers für den Auftragnehmer zweifelsfrei ergeben muss, dass der Auftraggeber nach Ablauf der Frist keine weiteren Leistungen des Auftragnehmers mehr entgegennehmen wird. Es ist nicht erforderlich, aber empfehlenswert, den Begriff „Auftragsentziehung" zu verwenden[375].

184 Sowohl für die Fristsetzung sowie für die Androhung des Auftragsentzugs sind Formen und Fristen nicht vorgesehen. Aufgrund der weit reichenden Folgen empfiehlt es sich für den Auftraggeber jedenfalls, diese Erklärung schriftlich und nachweislich abzugeben. Im Streitfall muss der Auftraggeber die Einhaltung der Formalien darlegen und beweisen. Gelingt dies nicht, kann eine ausgebrachte Kündigung nur als einfache Kündigung gem. § 8 Abs. 1 VOB/B bewertet werden.

185 **d) Rechtsfolgen.** Liegen die Voraussetzungen nach § 4 Abs. 7 Satz 3 VOB/B vor, ist der Auftraggeber **berechtigt,** nicht **verpflichtet,** den Auftrag zu entziehen (= kündigen). Die Wirkung der Kündigung (Beendigung der Vertragsbeziehung für die Zukunft) tritt nicht schon mit dem Ablauf der angemessenen Frist mit Androhung der Auftragsentziehung ein. Anders, als die Ablehnungsandrohung nach § 326 Abs. 1 Satz 2 BGB a. F. oder nach § 634 Abs. 1 Satz 2 BGB a. F. wird lediglich ein auf Vernichtung des Vertrages gerichtetes Gestaltungsrecht des Auftraggebers geschaffen. Um diese Folgen herbeizuführen, muss der Auftraggeber unter Beachtung der Form (§ 8 Abs. 5 VOB/B) die Kündigungserklärung gesondert abgeben. Diese Erklärung kann der Auftraggeber selbst oder durch rechtsgeschäftlich bevollmächtigte Dritte abgeben. Auch hier empfiehlt es sich, sicherzustellen, dass schon im Bauvertrag Klarheit darüber besteht, wer (für beide Vertragsparteien) befugt ist, rechtsgeschäftliche Erklärungen abzugeben/ entgegenzunehmen. Oft verkannt wird, dass auch der den Auftraggeber vertretene Architekt nicht schon kraft des Architektenvertrages bevollmächtigt ist, diese Erklärung abzugeben.

186 Entscheidet sich der Auftraggeber nach Fristablauf dafür, von seinem **Kündigungsrecht keinen Gebrauch** zu machen, verbleibt es uneingeschränkt bei dem **Fortbestand des Bauvertrages.** Der Auftraggeber kann danach wieder gem. § 4 Abs. 7 Satz 1 VOB/B Ersatz der mangelhaften oder vertragswidrigen Leistung durch mangelfreie Arbeit verlangen und diesen Anspruch (notfalls gerichtlich) durchsetzen. **Wann** der Auftraggeber sein Wahlrecht ausüben muss, ist nicht geregelt. Erklärt sich der Auftraggeber nach Ablauf der Fristsetzung mit Ablehnungsandrohung nicht sofort, kann das zunächst entstandene Kündigungsrecht nach Ablauf eines angemessenen Zeitraums **verwirkt** sein, wenn der Auftraggeber durch sein späteres Verhalten zurechenbar bei dem Auftragnehmer den Eindruck erweckt hat, die angedrohte Vertragskündigung sei hinfällig geworden[376]. Um für die notwendige Rechtsklarheit zu sorgen, sollte der Auftraggeber unverzüglich nach Ablauf der Frist klarstellen, wie er sich entscheidet. Gilt die angedrohte Kündigung als hinfällig, setzt eine Kündigung nach § 4 Abs. 7 VOB/B wieder voraus, dass der Auftraggeber **alle** Voraussetzungen für das Kündigungsrecht **neu** schafft.

187 Anerkannt ist, dass das Wahlrecht des Auftraggebers auch die Berechtigung zu einer **Teil**kündigung des Bauvertrages umfasst. Begründet wird dies unter Hinweis darauf, dass eine Teilkündigung das weniger einschneidende Mittel für beide Vertragsparteien ist, als eine Kündigung des gesamten Vertrages. Zu beachten ist in diesen Fällen, dass die Voraussetzung von § 4 Abs. 7 VOB/B auch die Teile umfassen müssen, wegen derer die Kündigung ausgebracht wird.

---

[372] BGH NJW 1984, 48.
[373] BGH BauR 1985, 450; *Ingenstau/Korbion/Oppler* VOB/B § 4 Abs. 7 Rdn. 49.
[374] Beck'scher VOB-Kommentar/*Kohler* VOB/B § 4 Abs. 7 Rdn. 207.
[375] OLG Hamm BauR 2004, 549 = IBR 2004, 1027.
[376] OLG Koblenz BauR 2014, 1778; NWJS/*Gartz* VOB/B § 4 Rdn. 139; HRR/*Mansfeld* VOB/B § 4 Rdn. 108.

Das Kündigungsrecht kann der Auftraggeber auch dann ausüben, wenn der Auftragnehmer das Entstehen des Mangels/der Vertragswidrigkeit sowie die Nichtbeseitigung **nicht verschuldet** hat[377]. Die teilweise herangezogene „Anlehnung" an § 326 BGB a. F., der stets Verschulden voraussetzt, übersieht, dass § 4 Abs. 7 VOB/B eine insoweit abschließende Regelung der Ansprüche des Auftraggebers wegen Mängeln enthält[378]. **188**

Obwohl die von dem Auftraggeber im Rahmen von § 4 Abs. 7 VOB/B abzugebenden Erklärungen nicht formgebunden sind, ist die darauf begründete Kündigung immer **schriftlich** zu erklären, § 8 Abs. 5 VOB/B. Die Einhaltung der Schriftform ist Wirksamkeitsvoraussetzung. Auch wenn der Auftragnehmer die Baustelle räumt, nachdem der Auftraggeber ihm mündlich zu verstehen gegeben hat, dass der Auftrag entzogen wird, fehlt es an einer wirksamen Kündigung[379]. Einzelheiten der Begründung müssen in dem Schreiben nicht enthalten sein. Für den Auftragnehmer muss lediglich erkennbar sein, worauf die Kündigung gestützt wird. Klar sein muss auch, dass der Auftrag entzogen (= gekündigt) wird. Die Erklärung muss sich zwar nicht genau an den Wortlaut von § 4 Abs. 7 VOB/B orientieren. Der Wille des Auftraggebers, nach Ablauf der Frist keine Nachbesserungsleistungen mehr anzunehmen, muss aber immer eindeutig und zweifelsfrei zum Ausdruck gebracht werden. Ein nach Fristablauf ausgebrachtes schriftliches Verbot, die Baustelle zu betreten, kann als Kündigung gelten[380]. **189**

Mit Zugang der Kündigung bei dem Auftragnehmer wird der Vertrag für die Zukunft beendet[381]. Von da an ist der Auftragnehmer zur weiteren Herstellung des Werkes nicht mehr verpflichtet oder berechtigt. Er bleibt für die bis dahin erbrachten Leistungen gewährleistungspflichtig, hat allerdings das Recht, vorhandene Mängel selbst zu beseitigen[382]. Für den ausgeführten Leistungsteil steht dem Auftragnehmer die vereinbarte Vergütung zu. Im Übrigen verliert er seinen Vergütungsanspruch. Nach der Kündigung kann der Auftraggeber wahlweise von seinem Recht der **Ersatzvornahme** (§ 8 Abs. 3 Nr. 2 Satz 1 VOB/B) Gebrauch machen oder bei Vorliegen der weiteren Voraussetzungen **Schadensersatz wegen Nichterfüllung** gem. § 8 Abs. 3 Nr. 2 Satz 2 VOB/B verlangen. **190**

Im Rahmen der Ersatzvornahme kann der Auftraggeber hinsichtlich des Teils, der gekündigt wurde, die Leistung selbst oder durch einen Dritten zu Lasten des Auftragnehmers ausführen lassen (§ 8 Abs. 3 Satz 1 VOB/B). Im Zuge dessen kann der Auftraggeber von dem Auftragnehmer den Mehrbetrag verlangen, den er für die Ersatzvornahme aufwenden muss. Kurz gesagt sind die tatsächlich entstandenen Aufwendungen der vertraglich vereinbarten Vergütung gegenüberzustellen. Die Differenz hat der Auftragnehmer zu erstatten[383]. Davon zu unterscheiden ist **Vorschussanspruch** des Auftraggebers. Danach kann der Auftraggeber von dem Auftragnehmer in Höhe der prognostizierten Mängelbeseitigungskosten vor Mängelbeseitigung einen Kostenvorschuss fordern[384]. Begrenzt wird dieser Vorschuss durch andere für den Auftraggeber bestehende Möglichkeiten, den erforderlichen Geldbetrag zu erlangen (etwa aus noch offenen, gerechtfertigten Abschlagszahlungen). Ersatzansprüche wegen sonstiger Schäden bleiben von der Ersatzvornahme unberührt, § 8 Abs. 3 Nr. 2 Satz 1 VOB/B. **191**

Umstritten ist, ob dem Auftraggeber auch **vor Abnahme und ohne Kündigung** des Bauvertrages das Recht zusteht, den mangelhaften Teil der Leistung zu Lasten des Auftragnehmers im Wege der Ersatzvornahme ausführen zu lassen. § 4 Abs. 7 VOB/B sieht ein derartiges Recht nicht vor. Für den Zeitpunkt nach Abnahme ist auf § 13 Abs. 5 Nr. 2 VOB/B hinzuweisen. Im Werkvertragsrecht nach BGB gilt das Recht zur Selbstvornahme gem. § 637 BGB auch vor Abnahme (früher: § 633 Abs. 3 BGB a. F.). Die Rechtsprechung stellt auf den abschließenden Charakter der Regelung der VOB/B ab und folgert daraus, dass der Auftraggeber vor Abnahme und **ohne Kündigung kein Recht auf Ersatzvornahme hat**[385]. Nach einer Auffassung in der Literatur sei allerdings denkbar, dass in bestimmten Fällen Mängelbeseitigungskosten, die Mängel vor Abnahme betreffen und ohne Kündigung entstanden sind, als Schadensersatz über § 4 Abs. 7 Satz 2 VOB/B verlangt werden können[386]. Für die bis zum 31.12.2001 geltende Fassung des **192**

---

[377] *Dähne* BauR 1972, 279.
[378] BGH BauR, 1997, 1027; BGH BauR 1986, 573.
[379] OLG Celle BauR 2003, 1406 = IBR 2002, 605.
[380] OLG Hamm BauR 2004, 549 = IBR 2004, 1027.
[381] Eingehend VOB/B § 8 Rdn. 24, 68, 83, 103.
[382] BGH BauR 1987, 691; *Ingenstau/Korbion/Oppler* VOB/B § 4 Abs. 7 Rdn. 60.
[383] OLG Düsseldorf BauR 1980, 276; *Leinemann* VOB/B § 4 Rdn. 161.
[384] BGH BauR 1989, 213; HRR/*Mansfeld* VOB/B § 4 Rdn. 116.
[385] BGH BauR 1997, 1027; BGH BauR 1986, 573; OLG Düsseldorf BauR 1994, 369.
[386] *Vygen/Joussen* Bauvertragsrecht Rdn 995.

BGB wird vertreten, dass analog der §§ 633 Abs. 3 BGB a. F., 13 Abs. 5 Nr. 2 VOB/B ein Anspruch auf Ersatzvornahmekosten ausgelöst werde, so weit es um Kosten geht, die vor Abnahme und ohne Kündigung entstanden sind. Begründet wird dies damit, dass es interessenwidrig sei, den Auftraggeber zu zwingen, eine Vertragskündigung auf sich zu nehmen, um die notwendige Ersatzvornahme zu Lasten des Auftragnehmers auszuführen[387]. Nach der hier vertretenen Auffassung besteht keine Notwendigkeit, über Analogien einen Interessenkonflikt zu lösen. Im Gegenteil: Dem Auftragnehmer ist hinreichend deutlich zu machen, welche Folgen sein vertragswidriges Handeln hat. § 4 Abs. 7 VOB/B stellt mehrere – z. T. strenge – Voraussetzungen auf bis hin zur Androhung der Auftragsentziehung. Wenn der Auftragnehmer all dies nicht zum Anlass nimmt, seinen Verpflichtungen nachzukommen, wird es kaum im Interesse des Auftraggebers liegen, die Ersatzvornahmekosten vorzulegen und es im Übrigen bei dem Vertrag zu belassen. Hinzu kommt, dass der Auftraggeber berechtigt ist, nur eine Teilkündigung auszusprechen, so dass das Argument, es sei dem Auftraggeber nicht zuzumuten, leistungswillige Drittunternehmer zu finden, nicht greift.

193 Von dem **Grundsatz,** dass der Auftraggeber, der Ersatz der Fremdnachbesserungskosten verlangt, den Vertrag vor Beginn der Fremdnachbesserung kündigen muss[388], gibt es im **Einzelfall** Ausnahmen. Weigert sich der Auftragnehmer endgültig, das Werk vertragsgemäß fertig zu stellen, ist eine Fristsetzung zur Mängelbeseitigung mit Kündigungsandrohung entbehrlich. Es bedarf dann auch nicht der gesonderten Auftragsentziehung. In diesen Fällen kann es bei den Beteiligten zu unklaren Verhältnissen bei der weiteren Bauabwicklung nicht mehr kommen, weil der Auftraggeber entweder die vertragsgemäße Fertigstellung verlangt oder die Ersatzvornahme durchführen kann[389].

Einige Obergerichte kommen mit der Begründung zum selben Ergebnis, dass dann, wenn die (formalen) Voraussetzungen der Kündigung nicht geschaffen wurden, sich der Auftragnehmer gleichwohl die Kosten der Selbstvornahme als ersparte Aufwendungen analog § 8 Abs. 1 Nr. 2 VOB/B anrechnen lassen muss, und zwar selbst dann, wenn ihm zuvor nicht einmal eine Frist zur Nachbesserung gesetzt wurde[390]. Diese Rechtsprechung widerspricht der ständigen des BGH[391]. Beide Entscheidungen berufen sich auf eine Analogie zu § 8 Abs. 1 Nr. 2 VOB/B. Die Begründung ist zum einen nicht überzeugend, weil § 8 Abs. 3 VOB/B eine abschließende Sonderregelung zwischen den Vertragsparteien ist, schon deshalb kein Raum für die für die eine Analogie notwendige Regelungslücke besteht. Zum anderen können der Höhe nach sicher nicht die Drittnachbesserungskosten maßgeblich sein, sondern nur die Aufwendungen, die der Auftragnehmer selber tatsächlich erspart hat.

XI. Pflicht des Auftragnehmers zur Selbstausführung (§ 4 Abs. 8 VOB/B)

194 1. **Allgemeines.** § 4 Abs. 8 Nr. 1 VOB/B verpflichtet den Auftragnehmer, die Leistung **im eigenen Betrieb** auszuführen. Nur mit schriftlicher Zustimmung des Auftraggebers darf er sie (teilweise) an Nachunternehmer übertragen. Die Zustimmung ist bei Leistungen, auf die der Betrieb des Auftragnehmers nicht eingerichtet ist, nicht notwendig. Bei Zuwiderhandlung hat der Auftraggeber ein Kündigungsrecht (§ 8 Abs. 3 VOB/B). Wenn Bauleistungen an Nachunternehmer weitervergeben werden, muss der Auftragnehmer die VOB zugrunde legen (§ 4 Abs. 8 Nr. 2 VOB/B). Der Auftragnehmer muss auf Verlangen dem Auftraggeber die Nachunternehmer bekannt geben (§ 4 Abs. 8 Nr. 3 VOB/B).

195 Die auf den Betrieb bezogene Leistungsverpflichtung begründet sich mit dem Langzeitcharakter des Bauvertrags. Auch hier steht das Interesse an einem störungsfreien Bauverlauf im Vordergrund, wobei das Interesse des Auftraggebers daran, zu wissen, wer sich „auf seiner Baustelle" aufhält, als schützenswert anzusehen ist, weil es grundsätzlich Sache des Auftraggebers ist, für die Aufrechterhaltung der allgemeinen Ordnung auf der Baustelle zu sorgen und das Zusammenwirken der verschiedenen Unternehmer zu regeln, § 4 Abs. 1 Nr. 1 VOB/B. Das allgemeine Nachunternehmereinsatzverbot ist auch Ausfluss des Vergaberechts, wonach ein Auftrag nur an zuverlässige und leistungsfähige Unternehmer vergeben werden darf, § 2 Abs. 1 Nr. 1 VOB/A. Damit soll z.B. vermieden werden, dass der Bieter, der den Zuschlag erhält, z.B.

---

[387] NWJS/*Gartz* VOB/B § 4 Rdn. 134.
[388] BGH BauR 1997, 1027; BGH BauR 1986, 573; OLG Düsseldorf BauR 1994, 369.
[389] BGH NZBau 2000, 421; BGH BauR 2001, 1577; BGH BauR 2000, 1577; BGH BauR 2000, 1579.
[390] OLG Celle BauR 2003, 1406; OLG Koblenz NJW-RR 2004, 1670 = IBR 2005, 16.
[391] BGH BauR 1988, 82; IBR 1998, 12.

einen unterlegenen – preisgünstigeren – Bieter mit der gesamten Leistung beauftragt, um so den „Vergabegewinn" ohne weitere Leistung zu realisieren[392].

2. Grundsatz/Ausnahmen. Eine entsprechende Regelung gibt es im Werkvertragsrechts des BGB nicht. Die in § 4 Abs. 8 Nr. 1 Satz 1 VOB/B vorgesehene Eigenleistungsverpflichtung schließt grundsätzlich aus, dass der Auftragnehmer seine Leistung ganz oder teilweise auf Nachunternehmer überträgt. Da sich der Auftragnehmer häufig zwangsläufig Dritter bedienen muss, um seine geschuldete Leistung zu erbringen, besteht die **Eigenleistungsverpflichtung** des Auftragnehmers **nicht höchstpersönlich** (personenbezogen). Abzustellen ist auf seinen **Betrieb**[393]. Das Merkmal „im eigenen Betrieb" ist nicht räumlich zu verstehen. Zum Betrieb in diesem Sinne gilt all das, was üblicherweise an persönlichen und sachlichen Ressourcen vorgehalten wird, um sich gewerblich in einem bestimmten Bereich zu betätigen. Umfasst sind also zunächst das für den Auftragnehmer tätige Personal sowie die zur Verfügung stehenden Sachmittel. Nicht umfasst sind Maschinen und Geräte, die der Auftragnehmer also auch ohne schriftliche Zustimmung des Auftraggebers entleihen darf[394]. Ebenso wenig bedeutet „im eigenen Betrieb", dass der Auftragnehmer die Bauleistung in eigenen räumlichen Betriebsstätten (Werkstatt, Bauhof etc.) ausführen muss. Dem steht schon entgegen, dass Bauleistungen in aller Regel auf dem Grundstück des Auftraggebers hergestellt werden müssen[395]. Die Verpflichtung gilt nicht nur für Einzelunternehmer, sondern auch für Unternehmenszusammenschlüsse, die zum Zweck der Herstellung der geschuldeten Leistung (z. B. ARGE). Nicht zum eigenen Betrieb gehören allerdings rechtlich selbständige Tochtergesellschaften oder durch den Auftragnehmer mehrheitlich beherrschte Gesellschaften[396]. Eine differenzierte Betrachtung dürfte für die Dach-ARGE gelten, soweit die Dach-ARGE die beauftragten Leistungen durch ihre eigenen Gesellschafter über rechtlich eigenständige Nachunternehmerverträge ausführen möchte. Da die Dach-ARGE als solche beauftragt ist, berührt es die Interessen des Auftraggebers nicht, auf welcher internen rechtlichen Grundlage die Dach-ARGE ihre Mitglieder mit der Leistungserbringung in diesem Verhältnis beauftragt[397].

Allgemein ist festzuhalten, dass die Eigenleistungsverpflichtung ausschließen soll, dass Aufträge ganz oder teilweise weitervergeben werden[398].

Eine Ausnahme besteht dann, wenn der Auftraggeber der Übertragung an Nachunternehmer schriftlich zugestimmt hat. Die **Zustimmung** ist in den §§ 182 ff. BGB geregelt. Danach ist zwischen der vorherigen Zustimmung (Einwilligung) und der nachträglichen Zustimmung (Genehmigung) zu differenzieren. Nach Sinn und Zweck von § 4 Abs. 8 Nr. 1 Satz 2 VOB/B spricht einiges dafür, dass dort nur die **vorherige Zustimmung** gem. § 183 BGB gemeint sein kann. Bei anderer Betrachtungsweise wäre der Auftragnehmer grundsätzlich berechtigt, Nachunternehmer zu beauftragen, solange der Auftraggeber die Genehmigung (§ 184 Abs. 1 BGB) nicht versagt und diese bei Erteilung rückwirkend gilt, § 184 Abs. 1 Satz 1 BGB. Nach herrschender Auffassung gilt § 4 Abs. 8 Nr. 1 Satz 2 VOB/B für beide Arten der Zustimmung[399]. Dieser Auffassung ist zu folgen, weil der Auftraggeber bei nachträglicher Zustimmung (Genehmigung) zu erkennen gibt, dass seine schutzwürdigen Interessen trotz Beauftragung eines Nachunternehmers gewahrt sind. Verweigert der Auftraggeber die Zustimmung, erfolgt die Einsetzung von Nachunternehmern auf eigene Gefahr des Auftragnehmers. In der Praxis sollte daher der Auftragnehmer bei beabsichtigter Beauftragung von Nachunternehmern vorher schriftlich die Zustimmung des Auftraggebers einholen, um die einschneidenden Folgen einer unerlaubten Weitervergabe an Nachunternehmer zu vermeiden.

Die Zustimmung muss schriftlich erteilt werden (§§ 126, 127 BGB). Für die vor dem 1.8.2001 geschlossenen Verträge reicht, weil es sich um eine gewillkürte Schriftform handelt, die Erklä-

---

[392] *Joussen/Vygen*, Der Subunternehmervertrag, Rdn. 172.
[393] *Kleine-Möller/Merl/Glöckner/Eichberger* § 11 Rdn. 14, § 2 Rdn. 331; HRR/*Mansfeld* VOB/B § 4 Rdn. 120.
[394] HRR/*Mansfeld* VOB/B § 4 Rdn. 120.
[395] Beck'scher VOB-Kommentar/*Junghenn* VOB/B § 4 Abs. 8 Rdn. 4.
[396] *Joussen/Vygen*, a.a.O., Rdn. 175 f.
[397] *Joussen/Vygen*, a.a.O., Rdn. 177 f.
[398] KG Berlin BauR 2001, 1101; Beck'scher VOB-Kommentar/*Junghenn* VOB/B § 4 Abs. 8 Rdn. 7; das OLG Celle BauR 2008, 103 vertritt die Auffassung, dass der Auftragnehmer den Nachunternehmereinsatz nicht offenbaren muss, was bereits mit dem Wortlaut nicht in Einklang zu bringen ist.
[399] *Kleine-Möller/Merl/Glöckner/Krug* § 2 Rdn. 331; *Ingenstau/Korbion/Oppler* VOB/B § 4 Abs. 8 Rdn. 9.

rung per Telefax aus (s. Rdn. 94). Für die danach geschlossenen Verträge ergibt sich dies unmittelbar aus § 127 Abs. 2 BGB in der seitdem geltenden Fassung.

199 Der Auftraggeber braucht sich bei seiner Entscheidung zur Zustimmung nicht allein zwischen „ja" oder „nein" zu entscheiden. Da ein „Nein" den Auftragnehmer u. U. stärker beeinträchtigt, als ein „modifiziertes Ja", kann der Auftraggeber seine Zustimmung von Bedingungen oder Auflagen abhängig machen oder diese auf Teilbereiche beschränken[400]. Dann hat der Auftragnehmer darüber zu entscheiden, ob er diese Einschränkungen akzeptiert. Dabei ist im Einzelfall zu prüfen, wieweit die Befugnis des Auftragnehmers reichen soll, Nachunternehmer zu beauftragen. Ergibt sich dies aus einer Zustimmung des Auftraggebers nicht eindeutig und abschließend, ist die Tragweite der Zustimmung im Wege der Auslegung zu ermitteln. Aufgrund des Grundsatzes zur Selbstausführung muss der Auftragnehmer bei einer nicht abschließend bestimmten Zustimmungserklärung den überwiegenden Teil der Vertragsleistung im eigenen Betrieb erbringen, und zwar mindestens 1/3 der Vertragsleistung[401].

200 Weitere Ausnahme von der Eigenleistungsverpflichtung sind die Fälle, in denen der **Betrieb** des Auftragnehmers auf Leistungen **nicht eingerichtet** ist. Das Zustimmungserfordernis nach § 4 Abs. 8 Nr. 1 Satz 2 VOB/B entfällt dann, so dass insoweit der Auftragnehmer ohne Mitteilung an oder Zustimmung durch den Auftraggeber berechtigt ist, Leistungen an Nachunternehmer zu übertragen, § 4 Abs. 8 Nr. 1 Satz 3 VOB/B. Es handelt sich dabei – mit anderen Worten – um „betriebsfremde Leistungen". Aufgrund des Grundsatzes der Selbstausführung (§ 4 Abs. 8 Nr. 1 Satz 1 VOB/B), ist § 4 Abs. 8 Nr. 1 Satz 3 VOB/B eng auszulegen[402]. Der Auftragnehmer, der sich um die Vergabe eines Bauauftrages bemüht, hat dafür die erforderliche Kompetenz aufzuweisen, und zwar auch die Kompetenz zur Eigenausführung. Hat er daran Zweifel, muss er diese im Rahmen der Vertragsverhandlungen offen legen, da andernfalls eine Haftung wegen Verschuldens bei Vertragsverhandlungen in Betracht kommt. Der Auftraggeber, der der Beauftragung die VOB/B zugrunde legt, gibt dadurch zu erkennen, dass er an der Eigenleistungsverpflichtung des Auftragnehmers Interesse hat. Er darf deshalb dann, wenn der Bieter an der ausreichenden Kompetenz Zweifel hat, entsprechende Aufklärung erwarten. Allein der Auftraggeber hat zu entscheiden, ob er ungeachtet der (teilweise) fehlenden Kompetenz des Auftragnehmers gleichwohl den Auftrag erteilt, wobei in diesen Fällen wiederum der Auftragnehmer gut beraten ist, schon im Bauvertrag notwendige Untervergaben zu regeln (vor allem die Zustimmung dazu einzuholen). Sinn und Zweck der Ausnahme aus § 4 Abs. 8 Nr. 1 Satz 3 VOB/B kann deshalb nur sein, dass hier **Nebenleistungen** in Rede stehen, die im Verhältnis zu der gesamt geschuldeten Leistung nicht besonders ins Gewicht fallen und die den Gesamtzweck der Eigenleistungsverpflichtung nicht berühren[403]. Ist der Einsatz von Nachunternehmern genehmigt oder bereits im Bauvertrag vereinbart, besteht keine **Verpflichtung** des Auftragnehmers, die Nachunternehmer auch einzusetzen. Nach § 4 Abs. 8 Nr. 1 Satz 1 VOB/B „darf" der Auftragnehmer mit schriftlicher Zustimmung des Auftraggebers Nachunternehmer beauftragen (nicht: „muss")[404].

201 Aus der Verpflichtung des Auftragnehmers zur Eigenausführung kann der Auftragnehmer keine Rechte auf Nachbeauftragungen ableiten. Dies gilt auch dann, wenn Leistungen, die dem Auftragnehmer nicht in Auftrag gegeben, sondern einem Drittunternehmer beauftragt sind, von diesem aus Rechtsgründen nicht durchgeführt werden dürfen, weil für diesen Fall eine behördliche Bescheinigung nicht erteilt werden kann[405].

202 **3. Kündigungsrecht des Auftraggebers.** Erbringt der Auftragnehmer ohne schriftliche Zustimmung des Auftraggebers Leistungen nicht im eigenen Betrieb, obwohl sein Betrieb darauf eingerichtet ist, kann der Auftraggeber dem Auftragnehmer eine **angemessene Frist** zur Aufnahme der Leistung im eigenen Betrieb setzen und erklären, dass er dem Auftragnehmer nach fruchtlosem Ablauf der Frist den **Auftrag entziehe** (§ 8 Abs. 3 VOB/B), § 4 Abs. 8 Nr. 1 Satz 4 VOB/B. Voraussetzung für dieses Kündigungsrecht ist, dass es sich um Leistungen handelt,

---

[400] Beck'scher VOB-Kommentar/*Junghenn* VOB/B § 4 Abs. 8 Rdn. 36.
[401] OLG München BauR 2005, 602 = IBR 2005, 82; OLG Frankfurt a. M. NZBau 2001 101; in diesen Entscheidungen ging es um den Ausschluss von Generalübernehmern aus einem Vergabeverfahren, § 8 Nr. 2 Abs. 1, 3 VOB/A.
[402] NWJS/*Gartz* VOB/B § 4 Rdn. 146.
[403] *Ingenstau/Korbion/Oppler* VOB/B § 4 Abs. 8 Rdn. 16; NWJS/*Gartz* VOB/B § 4 Rdn. 146.
[404] BayObLG IBR 2004, 36.
[405] OLG Brandenburg BauR 2003, 1743 = IBR 2003, 662 für den Fall, dass der Auftragnehmer feuerhemmende Türen einbauen sollte, der Auftraggeber mit den Türantrieben ein Drittunternehmen beauftragt hatte.

Ausführung   203–206 § 4 VOB/B

auf die der Betrieb des Auftragnehmers eingerichtet ist. Die Formulierung könnte nach allgemeinen Grundsätzen zu der Annahme zwingen, dass dafür der Auftraggeber darlegungs- und beweispflichtig ist. Aufgrund der Systematik von § 4 Abs. 8 Nr. 1 VOB/B ist das Gegenteil richtig: Nach § 4 Abs. 8 Nr. 1 Satz 1 VOB/B muss der Auftragnehmer grundsätzlich die Leistung im eigenen Betrieb ausführen. Der Zustimmung zu der Beauftragung an Nachunternehmer bedarf es nur dann nicht, wenn der Betrieb des Auftragnehmers auf die Leistung nicht eingerichtet ist, § 4 Abs. 8 Nr. 1 Satz 2 VOB/B. Für diesen Ausnahmetatbestand ist der Auftragnehmer darlegungs- und beweispflichtig[406]. Da der Auftraggeber zumeist nicht beurteilen kann, ob der Betrieb des Auftragnehmers auf eine Leistung ganz oder teilweise nicht eingerichtet ist, er in den Betrieb des Auftragnehmers also „nicht hereinsehen" kann, muss der Auftragnehmer im Streit über die Voraussetzung des Kündigungsrechts darlegen und beweisen, dass er zu der Übertragung der Leistung an Nachunternehmer berechtigt war[407].

Um das Kündigungsrecht auszulösen, muss der Auftraggeber den Auftragnehmer auffordern, **203** den ungenehmigten Einsatz von Nachunternehmern zu unterlassen und die Leistung im eigenen Betrieb wieder aufzunehmen. Erforderlich ist eine eindeutige und für den Auftragnehmer unmissverständliche entsprechende Aufforderung des Auftraggebers. Eine Form oder Frist ist dafür nicht vorgeschrieben. Für Beweiszwecke ist (für Auftragnehmer und Auftraggeber) zu empfehlen, diese Aufforderung schriftlich gegen Nachweis abzugeben[408]. Die Frist zur Aufnahme der Leistung im eigenen Betrieb muss angemessen sein. Auch hier richtet sich die Angemessenheit nach den Umständen des Einzelfalls. Maßgeblich können sein der Bautenstand, der Umfang notwendiger Vorbereitungsmaßnahmen etc. Nicht maßgeblich ist, welchen Zeitraum der Auftragnehmer benötigt, um gegenüber den Nachunternehmern eingegangene Verpflichtungen wieder zu lösen. Durch die **verbotene Weitergabe** der Leistung an Nachunternehmer hat der Auftragnehmer den **Vertrag bereits verletzt.** Der Auftragnehmer wird häufig in die missliche Lage geraten, nach entsprechender Aufforderung durch den Auftraggeber bestehende Vertragsverhältnisse zu Nachunternehmern zu kündigen, und zwar in der Regel als einfache Kündigung gem. § 8 Abs. 1 Nr. 1 Satz 1 VOB/B mit der Folge der Vergütungsverpflichtung aus § 8 Abs. 1 Nr. 2 Satz 1 VOB/B. Dieses Risiko geht der Auftragnehmer bei verbotener Untervergabe ein, so dass bei der Frage der Angemessenheit der Fristsetzung auf Belange des Auftragnehmers, sich anderweitig von rechtlichen Verpflichtungen gegenüber seinen Nachunternehmern zu lösen, nicht eingegangen werden muss. Im Vordergrund steht das berechtigte Interesse des Auftraggebers an einer unverzüglichen Aufnahme der Leistung im eigenen Betrieb des Auftragnehmers[409]. Die Frist muss nur so bemessen sein, dass es dem Auftragnehmer **objektiv** möglich ist, innerhalb der Frist die Leistung im eigenen Betrieb wieder aufzunehmen.

Der Auftraggeber muss diese Fristsetzung mit der Erklärung verbinden, dass er dem Auf- **204** tragnehmer nach fruchtlosem Ablauf der Frist den Auftrag entzieht (§ 8 Abs. 3 VOB/B). Der Zweck dieser Erklärung ist, dem Auftragnehmer die Folgen seiner Pflichtverletzung und die Folgen des Fristablaufs zu verdeutlichen. Aus der Erklärung muss deutlich werden, dass der Auftraggeber nach Ablauf der gesetzten Frist das Vertragsverhältnis ganz – oder teilweise – beenden wird. Es ist nicht erforderlich, dass sich diese Erklärung an dem Wortlaut von § 4 Abs. 8 Nr. 1 Satz 4 VOB/B orientiert oder auf die Rechtsfolge (§ 8 Abs. 3 VOB/B) ausdrücklich wörtlich hingewiesen wird.

Die Fristsetzung mit Androhung der Auftragsentziehung ist nach allgemeinen Grundsätzen **205** entbehrlich, wenn sie sich als bloße Förmelei darstellen würde. Dies gilt dann, wenn der Auftragnehmer die Aufnahme oder Ausführung der Arbeiten im eigenen Betrieb ernsthaft und endgültig verweigert (s. Rdn. 191). Entsprechendes gilt, wenn sich herausstellt, dass der Auftragnehmer von Anfang an nicht in der Lage war, der Verpflichtung zur Selbstausführung zu entsprechen und dies bei den Vertragsverhandlungen nicht offen gelegt hat. Auch hier gilt, dass der Auftraggeber im Zweifel immer die formalen Voraussetzungen des Kündigungsrechts ordnungsgemäß schaffen sollte, da die Ausnahmetatbestände sich immer nach dem Einzelfall beurteilen, letztlich der Bewertung nach Treu und Glauben (§ 242 BGB) unterliegen.

Mit Ablauf der gesetzten Frist entsteht ein Kündigungs**recht** des Auftraggebers. Der Auftrag- **206** geber ist **berechtigt,** nicht **verpflichtet,** nach Ablauf der Frist die Kündigung zu erklären. Dem

---

[406] Beck'scher VOB-Kommentar/*Junghenn* VOB/B § 4 Abs. 8 Rdn. 46; *Ingenstau/Korbion/Oppler* VOB/B § 4 Abs. 8 Rdn. 15.
[407] Vgl. *Ingenstau/Korbion/Oppler* VOB/B § 4 Abs. 8 Rdn. 18.
[408] *Ingenstau/Korbion/Oppler* VOB/B § 4 Abs. 8 Rdn. 19.
[409] *Ingenstau/Korbion/Oppler* VOB/B § 4 Abs. 8 Rdn. 20.

Auftraggeber steht ein Wahlrecht zu. Zunächst kann er nach Schaffung der Voraussetzungen den Vertrag **kündigen**. Daneben ist er berechtigt, anstelle der Kündigung des ganzen Vertrages die Kündigung auf **Teilbereiche** zu beschränken. Schließlich kann der Auftraggeber trotz fruchtlosen Ablaufs der Frist davon absehen, überhaupt eine Kündigungserklärung abzugeben und das Vertragsverhältnis zu dem Auftragnehmer fortsetzen. Wenn der Auftraggeber dann später doch eine Kündigung erwägt, muss er allerdings die Voraussetzungen dafür wieder von Anfang an schaffen. Dies gilt jedenfalls dann, wenn der Auftraggeber nicht binnen angemessener Frist nach Ablauf der von ihm gesetzten Frist die Kündigung erklärt und sein Verhalten bei objektiver Betrachtung den Schluss zulässt, er werde ungeachtet des Fristablaufs an dem Vertragsverhältnis festhalten (s. Rdn. 184).

207   Daneben gibt es kein **Anfechtungsrecht** des Auftraggebers für den Fall, dass der Auftragnehmer ohne Mitteilung Nachunternehmer unterbeauftragt[410]. Offenbart der Auftragnehmer den Nachunternehmereinsatz nicht, liegt darin nicht zwangsläufig eine arglistige Täuschung des Auftraggebers. In diesem Fall kann der Auftraggeber durch Schaffung der rechtlichen Voraussetzungen bis hin zur Kündigung seine berechtigten Belange durchsetzen.

208   **4. Weitervergabe durch den Auftragnehmer.** Bei **erlaubter Weitervergabe** von Bauleistungen an Nachunternehmer ist der Auftragnehmer verpflichtet, die VOB zugrunde zu legen, § 4 Abs. 8 Nr. 2 VOB/B. Da diese Verpflichtung die Teile B und C betrifft, ist durch die mit dem Beschluss des Verdingungsausschusses vom 27.6.2006 erfolgte Ergänzung jetzt klargestellt, entsprach aber auch zuvor der herrschenden Auffassung[411]. Die Verpflichtung gilt nur bei der Weitervergabe von **Bauleistungen** (vgl. § 1 VOB/A). Leistungen, die nicht Bauleistungen in diesem Sinne sind, sind von § 4 Abs. 8 Nr. 2 VOB/B nicht umfasst. Zu denken ist hier etwa an die Materialbeschaffung, Transport, Herstellung von Gerüsten, Lieferung vorgefertigter Bauteile (sog. „Bauhilfsleistungen")[412].

209   Nach einer Auffassung[413] soll in diesem Fall auch die Beachtung von VOB/A zu den Pflichten des Auftragnehmers gehören, der bei Weitergabe von Leistungen die Vergabe nach VOB/A durchführen müsse. Diese Auffassung ist nicht richtig, weil die VOB/A nur für öffentliche Auftraggeber bindend ist[414]. Zweck der Verpflichtung des Auftragnehmers ist vorrangig, sicherzustellen, dass dann, wenn sich der Auftragnehmer zur Erfüllung seiner Verpflichtungen Dritter (mit-)bedient, die geschlossenen Verträge „parallel" geschaltet sind, der Nachunternehmer also genau die Vorschriften wie der Auftragnehmer gegenüber dem Auftraggeber zu beachten hat[415]. Die Verpflichtung ist in der Praxis problematisch, da häufig von der VOB/B abweichende Vereinbarungen getroffen werden. Der Zweck der Regelung kann nur dann erreicht werden, wenn der Kernbereich der VOB auch im Verhältnis zwischen Auftraggeber und Auftragnehmer gilt, die VOB/B also „als Ganzes" vereinbart ist.

210   Begründet ist nur eine entsprechende Verpflichtung des Auftragnehmers gegenüber dem Auftraggeber. Es ändert sich nichts daran, dass bei erlaubter Weitergabe von Bauleistungen die **Verträge** zwischen Auftraggeber und Auftragnehmer einerseits und Auftragnehmer und Nachunternehmer andererseits **rechtlich selbstständig** sind. Der Auftraggeber kann gegenüber dem Nachunternehmer keine vertraglichen Ansprüche geltend machen. Dies gilt auch für Zahlungen, wobei unter den Voraussetzungen des § 16 Abs. 6 VOB/B der Auftraggeber berechtigt ist, Zahlungen unmittelbar an den Nachunternehmer zu leisten[416]. Der Nachunternehmer wird auch dann nicht unmittelbar gegenüber dem Auftraggeber berechtigt/verpflichtet, wenn vereinbart ist, dass er seine Rechnungen unmittelbar dem Auftraggeber zuleiten und dieser an den Nachunternehmer zahlen soll[417]. Nach einhelliger Auffassung ist der Nachunternehmer Erfüllungsgehilfe des Auftragnehmers gegenüber dem Auftraggeber gem. § 278 BGB[418].

---

[410] OLG Celle NZBau 2008, 449 = BauR 2008, 103.
[411] Beck'scher VOB-Kommentar/*Junghenn* VOB/B § 4 Abs. 8 Rdn. 48.
[412] *Ingenstau/Korbion/Oppler* VOB/B § 4 Abs. 8 Rdn. 26; HRR/*Mansfeld* VOB/B § 4 Rdn. 123.
[413] HRR/*Mansfeld* VOB/B § 4 Rdn. 123.
[414] Siehe VOB/A Einleitung Rdn. 30 ff.
[415] Beck'scher VOB-Kommentar/*Junghenn* VOB/B § 4 Abs. 8 Rdn. 50; *Leinemann* VOB/B § 4 Rdn. 178; HRR/*Mansfeld* VOB/B § 4 Rdn. 122 ff.
[416] Näher dazu VOB/B § 16 Nr. 6 Rdn. 337 ff.
[417] BGH BauR 1974, 134; Beck'scher VOB-Kommentar/*Junghenn* VOB/B § 4 Abs. 8 Rdn. 58; *Leinemann* VOB/B § 4 Rdn. 178.
[418] BGH ZfBR 1999, 12; *Ingenstau/Korbion/Oppler* VOB/B § 4 Abs. 8 Rdn. 8.

In der Praxis haben sich weitere Unternehmereinsatzformen herausgebildet[419]. Zu nennen sind vorrangig die Generalunternehmer. Diese unterfallen § 4 Abs. 8 VOB/B nicht, da bei dieser Unternehmereinsatzform von Anfang an eindeutig geregelt ist, dass der Generalunternehmer die Leistung nicht komplett im eigenen Betrieb, sondern nur in Teilen oder sogar insgesamt durch Nachunternehmer erbringen wird.

5. Mitteilungspflicht des Auftragnehmers. Nach § 4 Abs. 8 Nr. 3 VOB/B muss der Auftragnehmer dem Auftraggeber **auf Verlangen die Nachunternehmer bekannt geben.** Es handelt sich um eine Bestimmung, die dem Schutz der Interessen des Auftraggebers sicherstellen soll, indem dem Auftraggeber ein Auskunftsanspruch gegenüber dem Auftragnehmer eingeräumt wird. Der Auftraggeber wird häufig auf diese Auskünfte angewiesen sein, z. B. um seinen Verpflichtungen zur Aufrechterhaltung der allgemeinen Ordnung auf der Baustelle und zur Regelung des Zusammenwirkens der verschiedenen Unternehmer (§ 4 Abs. 1 Nr. 1 Satz 1 VOB/B) nachkommen zu können. Weiter soll der Auftraggeber in die Lage versetzt werden, ständig zu prüfen, ob die an der Erfüllung beteiligten Unternehmer die notwendige Eignung besitzen. Dem korrespondiert eine entsprechende – einklagbare – Verpflichtung des Auftragnehmers zur Erteilung der Auskünfte. Dazu gehören die Mitteilung von Name und Anschrift (unter Einschluss der Vertretungsverhältnisse) des Nachunternehmers[420]. Dazu gehört entsprechend dem Schutzzweck von § 4 Abs. 8 VOB/B auch die genaue Mitteilung, welche Bauleistung an den jeweiligen Nachunternehmer weitergegeben wurde[421]. Bekannt geben muss der Auftragnehmer auch alle Tatsachen, die für den Auftraggeber darüber hinaus von Bedeutung sein können, vor allem betreffend die Eignung des Nachunternehmers (Zuverlässigkeit, Leistungsfähigkeit etc.).

6. Rechtsfolgen. Die Einhaltung der Pflichten ist für den Auftraggeber einklagbar, wobei er alternativ die Möglichkeit hat, das Vertragsverhältnis ganz oder teilweise zu kündigen (s. Rdn. 202). Resultieren aus einer Pflichtverletzung Baumängel, richtet sich die Verjährung nach § 13 Abs. 4 VOB/B[422]. Schließlich können sich wegen der Pflichtverletzung Schadensersatzansprüche zugunsten des Auftraggebers ergeben, § 280 Abs. 1 BGB. Ein Anspruch des Auftraggebers auf Zahlung ersparter Lohnaufwendungen in dem Fall, in dem der Auftragnehmer durch „billiges" Fremdpersonal entsprechende Aufwendungen erspart, besteht nicht, weil allein dadurch dem Auftraggeber kein Schaden entsteht[423]. Teilt der Auftraggeber bei erlaubtem Nachunternehmereinsatz dem Auftragnehmer Bedenken gegen die Leistungsfähigkeit des von ihm eingesetzten Nachunternehmers mit und verständigen sich die Vertragspartner auf einen Austausch des Nachunternehmers, kann der Auftragnehmer daraus keinen zusätzlichen Vergütungsanspruch ableiten, da es in der Regel an einer Änderungsanordnung nach § 4 Abs. 1 Nr. 4 VOB/B fehlt[424].

XII. Fund (§ 4 Abs. 9 VOB/B)

1. Allgemeines. Werden bei Ausführung der Leistung auf einem Grundstück Gegenstände von Altertums-, Kunst- oder wissenschaftlichem Wert entdeckt, hat der Auftragnehmer vor jedem weiteren Aufdecken oder Ändern dem Auftraggeber den Fund anzuzeigen und ihm die Gegenstände nach näherer Weisung abzuliefern. Die Vergütung etwaiger Mehrkosten regelt sich nach § 2 Abs. 6 VOB/B. Die Rechte des Entdeckers (§ 984 BGB) hat der Auftraggeber. Es geht in der Folge allerdings weniger um die Frage, wem Rechte daraus erwachsen und wem Mehrkosten zustehen, als um die Frage einer Behinderung des Bauablaufs, da Rechte Dritter (vor allem der zuständigen Denkmalbehörden) in diesen Fällen greifen.

Während § 984 BGB (Schatzfund) den Schatz legal als Sache definiert, die so lange verborgen gelegen hat, dass der Eigentümer nicht mehr zu ermitteln ist, ohne dass es z. B. auf den Wert ankommt, spricht § 4 Abs. 9 VOB/B allgemein von **Gegenständen** und stellt auch auf den Altertums-, Kunst- oder wissenschaftlichen **Wert** ab. Damit ist zunächst geregelt, dass § 4 Abs. 9

---

[419] Siehe oben Rdn. 12.
[420] Beck'scher VOB-Kommentar/*Junghenn* VOB/B § 4 Abs. 8 Rdn. 59; *Ingenstau/Korbion/Oppler* VOB/B § 4 Abs. 8 Rdn. 30, 31; NWJS/*Gartz* VOB/B § 4 Rdn. 156.
[421] Beck'scher VOB-Kommentar/*Junghenn* VOB/B § 4 Abs. 8 Rdn. 60.
[422] BGH NJW 1973, 38; Beck'scher VOB-Kommentar/*Junghenn* VOB/B § 4 Abs. 8 Rdn. 62; HRR/*Mansfeld* VOB/B § 4 Rdn. 125.
[423] OLG München BauR 2005, 602 = IBR 2005, 82.
[424] OLG Celle BauR 2015, 125 = IBR 2014, 592.

VOB/B nicht nur bewegliche Sachen, sondern auch unbewegliche Sachen und Grundstücksbestandteile erfasst. Insoweit ist § 4 Abs. 9 VOB/B weiter gefasst. Enger gefasst ist § 4 Abs. 9 VOB/B deshalb, weil zugleich der Gegenstand einen Wert haben muss (anders als § 984 BGB der Schatz). Ob ein Gegenstand diesen Wert hat, lässt sich in der Praxis in aller Regel nur durch die Befragung der einschlägigen Fachkreise, vor allem also durch Befragung von Sachverständigen ermitteln[425]. Erfasst werden nicht nur Bodenfunde (Regelfall: Aushubarbeiten) wie Bodendenkmäler, Grabfunde, Wertgegenstände, sondern auch Funde in Gebäuden oder Gebäudebestandteilen, denkbar etwa im Zuge von Umbauarbeiten (Restaurierung/Renovierung)[426]. Kann ein Altertums-, Kunst- oder wissenschaftlicher Wert nicht festgestellt werden, gilt ausschließlich § 984 BGB.

216 **2. Anzeige-/Ablieferungspflicht.** Nach der Entdeckung der Gegenstände ist der Auftragnehmer verpflichtet, dem Auftraggeber den Fund unverzüglich anzuzeigen. Unverzüglich heißt ohne schuldhaftes Zögern (§ 121 Abs. 1 Satz 1 BGB). Dabei ist eine Gewissheit des Auftragnehmers (vor allem was den Wert angeht) nicht erforderlich. Sobald der Auftragnehmer bzw. dessen Erfüllungsgehilfe annehmen muss, es handele sich um Gegenstände von Altertums-, Kunst- oder wissenschaftlichem Wert, entsteht die Anzeigeverpflichtung[427]. Die Annahme muss genügen, da der Auftragnehmer und dessen Erfüllungsgehilfen kaum in der Lage sein werden, den Wert des aufgefundenen Gegenstandes einzuschätzen. Es muss deshalb sichergestellt werden, dass die zivilrechtliche Zuordnung der Gegenstände ebenso sichergestellt wird, wie eine ggf. bestehende öffentlich-rechtliche Zweckbestimmung. Nach der Entdeckung hat der Auftragnehmer weiteres Aufdecken oder Ändern zu unterlassen. Gemeint ist damit weiteres Ausgraben, Abkratzen oder irgendeine Änderung an/um den Fundgegenstand. Dieser darf nicht zerlegt oder sonst aus seiner Lage verbracht werden[428]. Dieses Verbot gilt auch nach erfolgter Anzeige des Fundes gegenüber dem Auftraggeber. Nach der Anzeige muss der Auftragnehmer die weitere Weisung des Auftraggebers abwarten. Dabei ist zu berücksichtigen, dass der Auftraggeber, der ebenfalls zumeist nicht sachkundig sein wird, darauf angewiesen ist, fachkundigen Rat einzuholen. Bis zum Eingang der Weisung des Auftraggebers muss der Auftragnehmer den gefundenen Gegenstand vor Beschädigung/Zerstörung oder Diebstahl schützen[429].

217 Andererseits hat der Auftraggeber im Rahmen seiner allgemeinen Mitwirkungspflicht, nach Eingang der Anzeige des Auftragnehmers unverzüglich mitzuteilen, wie weiter verfahren werden soll. Er hat dem Auftragnehmer eine **nähere Weisung** zu erteilen. Aufgrund dieser Weisung hat der Auftragnehmer dem Auftraggeber den Fund abzuliefern. Auch im Rahmen dessen trifft den Auftragnehmer eine Fürsorgepflicht. Er muss den Gegenstand ordnungsgemäß beaufsichtigen und verwahren und, wenn die Weisung des Auftraggebers dies vorsieht, einen ordnungsgemäßen Transport sicherstellen. Wenn der Betrieb des Auftragnehmers darauf nicht eingerichtet ist, besteht diese Verpflichtung nach allgemeinen Grundsätzen (§ 242 BGB) nicht[430]. Zu beachten sind unabhängig davon bestehende Anzeigepflichten des Auftragnehmers auf Grund öffentlich-rechtlicher Bestimmungen, vor allem betreffend den Schutz von Bodendenkmälern oder sonstiger Denkmälern.

218 **3. Mehrkosten, § 2 Abs. 6 VOB/B.** § 4 Abs. 9 Satz 2 VOB/B regelt die Vergütung etwaig entstehender Mehrkosten. Die Kosten, die dem Auftragnehmer durch die Entdeckung und deren Folgen bzw. durch die Ausführung von entsprechenden Weisungen des Auftraggebers entstehen, sind ihm zu vergüten. Es handelt sich um Mehrleistungen, zu deren Erbringung der Auftragnehmer vertraglich nicht verpflichtet ist. Die Kosten sind nach Maßgabe von § 2 Abs. 6 VOB/B zu ermitteln. Daraus wird abgeleitet, dass auf Grund dieser Verweisung die dort geregelten Voraussetzungen insgesamt vorliegen müssen, Anspruchsvoraussetzung für den Auftragnehmer also auch hier die Ankündigung der Mehrkosten gegenüber dem Auftraggeber vor Ausführung der Leistung ist[431]. Allerdings weiß der Auftraggeber in aller Regel positiv, dass zusätzliche Aufwendun-

---

[425] *Ingenstau/Korbion/Oppler* VOB/B § 4 Abs. 9 Rdn. 2; NWJS/*Gartz* VOB/B § 4 Rdn. 161; *Hönes* BauR 2007, 1177.
[426] Beck'scher VOB-Kommentar/*Junghenn* VOB/B § 4 Abs. 9 Rdn. 5.
[427] Beck'scher VOB-Kommentar/*Junghenn* VOB/B § 4 Abs. 9 Rdn. 8; *Ingenstau/Korbion/Oppler* § 4 Abs. 9 Rdn. 3.
[428] Beck'scher VOB-Kommentar/*Junghenn* VOB/B § 4 Abs. 9 Rdn. 9.
[429] *Ingenstau/Korbion/Oppler* VOB/B § 4 Abs. 9 Rdn. 6, *Hönes* BauR 2007, 1177.
[430] *Ingenstau/Korbion/Oppler* VOB/B § 4 Abs. 9 Rdn. 6, *Hönes* BauR 2007, 1177.
[431] Beck'scher VOB-Kommentar/*Junghenn* VOB/B § 4 Abs. 9 Rdn. 16; NWJS/*Gartz* VOB/B § 4 Rdn. 164; *Leinemann* VOB/B § 4 Rdn. 184; *Hönes* BauR 2007, 1177.

gen entstehen werden. Die Ankündigung des Anspruchs auf zusätzliche Vergütung ist immer dann entbehrlich, wenn der Auftraggeber sich darüber im Klaren ist, dass eine Zusatzleistung vorliegt, die der Auftragnehmer nicht ohne Vergütung ausführen wird[432]. Hinzu kommt, dass § 4 Abs. 9 VOB/B den Auftragnehmer schon zur **unverzüglichen** Mitteilung an den Auftraggeber verpflichtet, wenn auch nur der Verdacht besteht, dass ein Gegenstand von Wert aufgefunden wurde. In diesem Stadium ist in den seltensten Fällen absehbar, welche Folgen der Fund für die Fortsetzung der Leistung hat. Der Auftragnehmer wird in diesem Zeitpunkt zumeist schon nicht erkennen können, ob, gegebenenfalls in welchem Umfang Zusatzarbeiten anfallen werden. Aufgrund der gesonderten Vergütungsregelung aus § 4 Abs. 9 VOB/B und der sich daraus aufdrängenden Wertung, dass generell der Auftraggeber die finanziellen Folgen dieses Bodenrisikos zu tragen hat[433], steht eine Verpflichtung des Auftragnehmers zur vorherigen Ankündigung eines Mehrvergütungsanspruches nicht.

Aufgrund der gesonderten Regelung in § 4 Abs. 9 VOB/B, dass der Auftragnehmer Anspruch auf „Vergütung etwaiger Mehrkosten" hat, und diese Wertung das Risiko dem Auftraggeber zuschreibt, werden von § 4 Abs. 9 VOB/B auch die **typischen** Mehrkosten, die bei einem Fund entstehen, nämlich vor allem die **Wartekosten** innerhalb des Zeitraums zwischen Anzeige des Fundes und Ausführung der zusätzlichen Arbeiten. Dies ergibt sich daraus, dass der Auftragnehmer nach der Entdeckung **warten muss** sowie dem Grundsatz, dass der Auftragnehmer immer für aus der Sphäre des Auftraggebers resultierende Anordnungen gemäß § 2 Abs. 6 VOB/B vergütet wird[434]. **Nicht** erfasst sind sonstige, dem Auftragnehmer entstehende Kosten, z. B. Mehrkosten für den Stillstand von Baumaschinen, die Neueinrichtung der Baustelle etc. Diese Kosten kann der Auftragnehmer nur unter den Voraussetzungen des § 6 Abs. 6 VOB/B geltend machen[435].

4. Rechte des Entdeckers. Nach § 4 Abs. 9 Satz 3 VOB/B bleiben die Rechte des Entdeckers (§ 984 BGB) bei dem Auftraggeber. Das Eigentum an dem Fund steht danach zur Hälfte dem Auftraggeber, zur anderen Hälfte dem Eigentümer der Sache zu, in welcher der Schatz verborgen war. In der Regel ist dies der Eigentümer des Grundstücks, was aber nicht zwingend ist, da § 984 BGB den Eigentümer der Sache meint, in welcher der Schatz verborgen war. Legt ein Arbeitnehmer des Auftragnehmers den Schatz bloß und nimmt ihn als erster wahr, ist **dieser** Entdecker im Sinne des § 984 BGB, auch wenn sein Arbeitgeber (= Auftragnehmer) mit dem Auftraggeber die Geltung der VOB/B vereinbart hat. Etwas anderes gilt nur dann, wenn der Arbeitnehmer im Rahmen einer gezielten Schatzsuche für den Auftragnehmer tätig ist[436].

5. Rechtswirkungen. § 4 Abs. 9 VOB/B regelt Vertragspflichten des Auftragnehmers. Bei Verletzung dieser Pflichten macht sich der Auftragnehmer gegenüber dem Auftraggeber schadensersatzpflichtig (§ 280 Abs. 1 BGB).
In Betracht kommen auch Ansprüche des Eigentümers des Fundgegenstandes oder des Eigentümers, dem die Rechte nach § 984 BGB zustehen. Die Ablieferungspflicht ist für den Auftraggeber ein einklagbarer Anspruch[437].

XIII. Feststellung von Teilen der Leistung (§ 4 Abs. 10 VOB/B)

1. Allgemeines. Auf Verlangen ist der Zustand von Teilen der Leistung gemeinsam von Auftraggeber und Auftragnehmer festzustellen, wenn diese Teile der Leistung durch die weitere Ausführung der Prüfung und Feststellung entzogen werden. Das Ergebnis ist schriftlich niederzulegen. Zweck von § 4 Abs. 10 VOB/B ist lediglich die **Feststellung des Zustandes von Teilleistungen.** Davon zu trennen sind die **Teilabnahme** und die daraus resultierenden Rechtswirkungen, vgl. § 12 Abs. 2 VOB/B[438].

§ 4 Abs. 10 VOB/B gibt den Vertragsparteien die Möglichkeit, den Zustand von Teilen der Leistung festzustellen. Zweck ist zum einen, aus Sicht des Auftraggebers auch in diesem Stadium

---

[432] BGH BauR 1996, 542; *Kapellmann/Schiffers* Band 2 4. Auflage Rdn. 1083.
[433] *Kapellmann/Schiffers* Band 2 4. Auflage Rdn. 1083.
[434] *Kapellmann/Schiffers* Band 2 4. Auflage Rdn. 1083; *Ingenstau/Korbion/Oppler* VOB/B § 4 Abs. 9 Rn. 7.
[435] OLG Braunschweig BauR 2004, 1621 = IBR 2004, 357.
[436] BGH BauR 1988, 354; HRR/*Mansfeld* VOB/B § 4 Rdn. 126; *Leinemann* VOB/B § 4 Rdn. 187.
[437] Beck'scher VOB-Kommentar/*Junghenn* VOB/B § 4 Abs. 9 Rdn. 26.
[438] Siehe VOB/B § 12 Nr. 2 Rdn. 69 ff.

Mängel früher zu erkennen, die anderenfalls bei Abnahme nicht mehr ohne weiteres erkennbar sein können (vgl. § 12 Nr. 2 b VOB/B a. F.). Für den Auftragnehmer gilt Entsprechendes, da er vor Abnahme beweispflichtig dafür ist, dass seine Leistung mangelfrei ist. Hinzu kommt, dass die Feststellungen in diesem frühen Stadium für die Abrechnung der Leistungen des Auftragnehmers bedeutsam sein können. Es geht also nicht nur darum, Leistungsteile einer rein technischen Kontrolle zu unterziehen[439]. Gegenstand der Feststellungen müssen nicht in sich abgeschlossene Teile der Leistung (vgl. § 12 Abs. 2 VOB/B) sein. Auch unselbstständige Leistungsteile sind auf Verlangen gemeinsam festzustellen. Zu nennen sind hier z. B. Bewehrungen vor dem Betoniervorgang, Prüfung des Oberbodens vor Aufbringung des Estrichs oder weiteren Bodenaufbaus; Ausführung von Rohrleitungen und Elektroinstallationen; Ausführung von Brandschutzmaßnahmen; Ausführung von Wärmedämmungen etc., also vornehmlich solche Leistungen, die im Zuge des Baufortschritts einer augenscheinlichen Überprüfung entzogen werden[440]. Derartige Feststellungen außerhalb von Teilabnahmen (§ 12 Nr. 3 b VOB/B a. F.) waren/sind schon vor Einführung von § 4 Abs. 10 VOB/B in anderen Normen geregelt. Zu nennen sind hier geregelte Probeinbetriebnahmen von zentralen Wassererwärmungsanlagen (DIN 18380 Ziff. 3.6.2), bei Gas-, Wasser- und Abwasserinstallationsanlagen innerhalb von Gebäuden (DIN 18381 Ziff. 4.1.4) sowie bei der Abnahmeprüfung nach VDI 2079 bei raumlufttechnischen Anlagen (DIN 18379 Ziff. 3.5).

224   2. **Verlangen der Feststellung.** Die Feststellung ist **auf Verlangen** vorzunehmen. Das Verlangen kann von dem Auftraggeber, dem Auftragnehmer oder beiden Vertragspartnern gestellt werden. Regelungen über Form und Frist des Verlangens gibt es nicht. Es empfiehlt sich für die Beteiligten, zu Beweiszwecken das Verlangen schriftlich gegen Nachweis auszubringen. Das Verlangen sollte so rechtzeitig dem anderen Vertragsteil zugehen, dass die Feststellungen noch möglich sind, die weitere Ausführung die Prüfung/Feststellung also nicht mehr behindert oder ausschließt.

225   3. **Niederlegung des Ergebnisses.** Das Ergebnis der gemeinsamen Feststellungen ist nach § 4 Abs. 10 Satz 2 VOB/B schriftlich niederzulegen. Es ist eine Niederschrift zu fertigen und zu unterzeichnen, um den Beweiswert zu sichern. Durch die Unterschrift anerkennt der Unterzeichnete nicht etwaige Zuordnungen (etwa Verantwortlichkeit für Mängel), sondern nur die Richtigkeit der gemeinsam getroffenen tatsächlichen Feststellungen. Wenn ein Vertragsteil mit dem Inhalt der Niederschrift nicht einverstanden ist oder diese für unvollständig hält, sollte – wiederum zu Beweiszwecken – Entsprechendes in die Niederschrift aufgenommen werden[441].

226   4. **Rechtswirkungen.** Die gemeinsamen Feststellungen nach § 4 Abs. 10 VOB/B sind von der Teilabnahme (§ 12 Abs. 2 VOB/B) strikt zu trennen. § 4 Abs. 10 VOB/B regelt nur die Feststellung des **tatsächlichen Leistungszustandes. Abnahmewirkungen entfalten diese Feststellungen nicht**[442]. Zweck der gemeinsamen Feststellungen ist, in dem Zeitpunkt, in dem die Leistung noch festgestellt werden kann, eine für beide Parteien verbindliche Grundlage zu treffen[443]. Dies wäre wirkungslos, könnten die gemeinsamen Feststellungen später ohne weiteres von einer Vertragspartei bestritten werden. Deshalb ist Folge der gemeinsamen Feststellung auch die, dass derjenige, der sich auf einen davon abweichenden Leistungsstand berufen möchte, dafür die **Darlegungs- und Beweislast** trägt[444].

227   Kommt es nur zu einer einseitigen Zustandsfeststellung, weil eine Partei die Mitwirkung unbegründet verweigert, gilt diese Vermutung nicht. In diesen Fällen haben einseitige Feststellungen nur im Rahmen richterlicher freier Beweiswürdigung Bedeutung, wenn Umstände die Bewertung rechtfertigen, die einseitige Zustandsfeststellung sei richtig[445]. In den Fällen der Verweigerung der Mitwirkung einer Vertragspartei empfiehlt es sich, die Feststellungen unter

---

[439] So aber: HRR/*Mansfeld* VOB/B § 4 Nr. 10 Rdn. 127.
[440] OLG Düsseldorf BauR 1996, 121; *Ingenstau/Korbion/Oppler* VOB/B § 4 Abs. 10 Rdn. 2; *Leinemann* VOB/B § 4 Rdn. 190.
[441] *Ingenstau/Korbion/Oppler* VOB/B § 4 Abs. 10 Rdn. 5; HRR/*Mansfeld* VOB/B § 4 Nr. 10 Rdn. 127.
[442] NWJS/*Gartz* VOB/B § 4 Nr. 10 Rdn. 174.
[443] OLG Bamberg NZBau 2017, 156; *Ingenstau/Korbion/Oppler* VOB/B § 4 Abs. 10 Rdn. 6; NWJS/*Gartz* VOB/B § 4 Rdn. 174.
[444] *Ingenstau/Korbion/Oppler* VOB/B § 4 Abs. 10 Rdn. 6; NWJS/*Gartz* VOB/B § 4 Rdn. 175; *Leinemann* VOB/B § 4 Rdn. 193.
[445] Vgl. *Ingenstau/Korbion/Oppler* VOB/B § 4 Abs. 10 Rdn. 9.

Hinzuziehung neutraler Personen (Sachverständige) zu treffen. Der Hinweis darauf[446], dass in diesen Fällen ein selbstständiges Beweisverfahren nach den §§ 485 ff. ZPO geführt werden soll, ist nicht praktikabel. Das selbstständige gerichtliche Beweisverfahren wird in den meisten Fällen schon aus Zeitgründen nicht geeignet sein, die notwendigen Feststellungen rechtzeitig zu sichern. Verweigert eine Vertragspartei die Mitwirkung an der Zustandsfeststellung, begründet dies zunächst eine Schadensersatzverpflichtung wegen Pflichtverletzung gemäß § 280 Abs. 1 BGB. Da es sich um eine vertraglich vereinbarte „Beweissicherung" handelt, obliegt die Darlegungs- und Beweislast in diesen Fällen demjenigen, der zu Unrecht die Mitwirkung verweigert, damit eine Beweisvereitelung zu vertreten hat[447].

Eine Regelung darüber, wer die **Kosten der Feststellungen** trägt, enthält § 4 Abs. 10 VOB/B nicht. So weit nicht technische Vorschriften dem Auftragnehmer die Kosten auferlegen, etwa weil notwendige Funktionsüberprüfungen zu Nebenleistungen gehören (s. Rdn. 212), sind die Kosten grundsätzlich von beiden Parteien zu übernehmen, wenn die Feststellungen gemeinsam erfolgen[448]. Die andere Auffassung stellt darauf ab, dass der Auftragnehmer vorleistungspflichtig ist und die Behebung von Mängeln auf seine Kosten erfolgen würde[449]. Diese Auffassung ist nur in den Fällen richtig, wo sich Mängel bestätigen. In diesen Fällen ist der Auftragnehmer schon nach allgemeinen Grundsätzen verpflichtet, die im Zusammenhang mit der Feststellung von Mängeln erforderlichen Kosten zu übernehmen (s. Rdn. 160). Wenn Mängel nicht festgestellt werden, besteht eine Verpflichtung des Auftragnehmers nicht. Es handelt sich dann um Maßnahmen des Auftraggebers, um seine berechtigten Interessen (vor allem Beweissicherung) zu wahren, vergleichbar mit den Maßnahmen, die der Auftraggeber nach § 4 Abs. 2 VOB/B veranlassen kann (auch dort besteht keine Kostenübernahmeverpflichtung durch den Auftragnehmer). Hat andererseits auch der Auftragnehmer Interesse an den Feststellungen (z. B. zum Zwecke der Abrechnung oder zum Nachweis des Leistungsumfangs), ist es sachgerecht in den Fällen, in denen Mängel nicht entdeckt werden, die den jeweiligen Vertragsparteien entstehenden Kosten nicht zu erstatten. Erfolgt die Feststellung einvernehmlich und zeigen sich Mängel der Leistung nicht, sind die entstehenden Kosten von beiden Parteien jeweils zur Hälfte zu übernehmen, da in aller Regel beide Parteien an den Feststellungen Interesse haben. 228

§ 5 Ausführungsfristen

(1) **Die Ausführung ist nach den verbindlichen Fristen (Vertragsfristen) zu beginnen, angemessen zu fördern und zu vollenden. In einem Bauzeitenplan enthaltene Einzelfristen gelten nur dann als Vertragsfristen, wenn dies im Vertrag ausdrücklich vereinbart ist.**

(2) **Ist für den Beginn der Ausführung keine Frist vereinbart, so hat der Auftraggeber dem Auftragnehmer auf Verlangen Auskunft über den voraussichtlichen Beginn zu erteilen. Der Auftragnehmer hat innerhalb von 12 Werktagen nach Aufforderung zu beginnen. Der Beginn der Ausführung ist dem Auftraggeber anzuzeigen.**

(3) **Wenn Arbeitskräfte, Geräte, Gerüste, Stoffe oder Bauteile so unzureichend sind, dass die Ausführungsfristen offenbar nicht eingehalten werden können, muss der Auftragnehmer auf Verlangen unverzüglich Abhilfe schaffen.**

(4) **Verzögert der Auftragnehmer den Beginn der Ausführung, gerät er mit der Vollendung in Verzug oder kommt er der in Absatz 3 erwähnten Verpflichtung nicht nach, so kann der Auftraggeber bei Aufrechterhaltung des Vertrages Schadensersatz nach § 6 Abs. 6 verlangen oder dem Auftragnehmer eine angemessene Frist zur Vertragserfüllung setzen und erklären, dass er ihm nach fruchtlosem Ablauf der Frist den Auftrag entziehe (§ 8 Abs. 3).**

Schrifttum: *Anderson,* Die Problematik des § 8 Ziffer 3 VOB/B (Entziehung des Auftrags durch den Auftraggeber), BauR 1972, 65 ff; *Boldt,* Die Kündigung des Bauvertrags aus wichtigem Grund durch den Auftraggeber nach neuem Recht, NZBau 2002, 655; *Deckers,* Unwirksame VOB/B-Klauseln im Verbrauchervertrag, NZBau 2008, 627; *Eschenbruch / von Rintelen,* Bauablaufstörungen und Terminfortschreibung nach der VOB/B – Stresstest für das baubetriebliche Gutachten, NZBau 2010, 401; *Geck,* Die Transparenz der VOB/B für den Verbraucher, ZfBR 2008, 436; *Jagenburg,* Das Selbsthilferecht des Bauherrn bei man-

---

[446] HRR/*Mansfeld* VOB/B § 4 Nr. 10 Rdn. 127.
[447] *Ingenstau/Korbion/Oppler* VOB/B § 4 Abs. 10 Rdn. 9; HRR/*Mansfeld* VOB/B § 4 Rdn. 127.
[448] A. A. HRR/*Mansfeld* VOB/B § 4 Nr. 10 Rdn. 127.
[449] *Bschorr* in FKZGM VOB/B § 4 Abs. 10 Rdn. 372.

gelhafter oder nicht rechtzeitiger Bauausführung nach der VOB, Versicherungsrecht 1969, 1077 ff; *Kapellmann*, In sich abgeschlossene Teile der Leistung gemäß VOB/B, Festschrift für Rheinhold Thode, 2005, S. 29 ff.; *Kapellmann*, Zeitliche und geldliche Folgen eines nach Verlängerung der Bindefrist erteilten Zuschlags, NZBau 2003, 1; *Kapellmann*, Der Schaden des Auftraggebers bei Verzug des Auftragnehmers mit der Fertigstellung eines Mietobjekts, BauR 1997, 48: ; *Kapellmann/Schiffers/Mechnig*, Grundzüge der Terminplanung und die Bedeutung des Austauschs von Terminplanungsdaten, Baumarkt Heft 11/97, S. 43; *Kapellmann*, Beschleunigungen, BauR 2009, 538; *Kempe, r*, Nachträge und ihre mittelbaren Bauzeitauswirkungen, NZBau 2001, 238 ff.; *Kemper*, Die Vereinbarung von Vertragsstrafe bei Fristüberschreitung und Allgemeinen Geschäftsbedingungen, BauR 2001, 1015 ff.; *Kiesel*, Die VOB 2002 – Änderungen, Würdigung, AGB-Problematik, NJW 2002, 2064; *Kimmich*, Beschleunigung von Bauabläufen und Anspruchsgrundlagen: Ist die Forderung nach Einhaltung der Vertragsfristen eine konkludente Beschleunigungsanordnung, BauR 2008, 263; *Kleine-Möller*, Die Haftung des Auftraggebers gegenüber einem behinderten Nachfolgeunternehmer, NZBau 2000, 401; *Korbion*, Vereinbarung der VOB/B für planerische Leistungen, Festschrift für Horst Locher, 1990, S. 127 ff.; *Korbion*, Fristgerechte Bauvertragserfüllung, RWS-Skript 1982; *Kratzenberg*, Der Beschluss des DVA-Hauptausschusses zur Neuherausgabe der VOB 2002, NZBau 2002, 177; *Kreikenbohm*, Verzug des Bauunternehmers im Werkvertragsrecht, BauR 1993, 647 ff., ; *Kühne*, Die Fälligkeit der Werkherstellung, insbesondere bei fehlender Zeitvereinbarung, BB 1988, 711; *Langen/Schiffers*, Auftraggeberseitige Planungstätigkeit nach Vertragsschluss bei konventioneller Baudurchführung, Baumarkt 2001, Heft 7, S. 26, Heft 8, S. 36 und Heft 9, S. 30; *Langen*, Die Pönalisierung von Einzelfristen im Bauvertrag, Festschrift für Karl-Heinz Schiffers, 2001, S. 143 ff.; *Langen*, Die Bauzeit in der Vertragsgestaltung, NZBau 2009, 145; *Langen*, Praxisprobleme des gekündigten Schlüsselfertigbauvertrages, Festschrift für Kapellmann, 2007, S. 237; *Luz*, Anordnungsrecht des Auftraggebers gem. § 1 Abs. 3 VOB/B zur Verkürzung der Bauzeit? Eine Bestandsaufnahme, BauR 2016, 1065; *Maase*, Das bauzeitliche Bestimmungsrecht des Bestellers gem. §§ 157, 242 BGB, BauR 2017, 781, 929; *Markus*, Es bleibt dabei, keine Anordnungsbefugnis des Auftraggebers zur Bauzeit, NZBau 2006, 537; *Micklitz*, Bauverträge mit Verbrauchern, 2005; *Miernik*, Die Anwendbarkeit der VOB/B auf Planungsleistungen des Bauunternehmers, NZBau 2004, 409; *Lenkeit*, Das modernisierte Verjährungsrecht, BauR 2002, 196; *Mechnig*, Die Anpassungsfähigkeit der baubetrieblichen Produktionsplanung und -steuerung an interne und externe Einflüsse, Dissertation Dortmund 1998; *Müller*, Schadensersatz bei Bauverzögerung und -behinderungen beim VOB-Vertrag, Seminar Schadensersatzprobleme, Schriftenreihe der Deutschen Gesellschaft für Baurecht, Band 21, 1994, 37; *Oberhauser*, Formelle Pflichten des Auftragnehmers bei Behinderungen, BauR 2001, 1177; *Peters*, Das Baurecht im modernisierten Schuldrecht, NZBau 2002, 113; *Petzschmann*, Berechnung von Schadensersatz bei Bauverzögerungen, Seminar Schadensersatzprobleme, Schriftenreihe der Deutschen Gesellschaft für Baurecht, Band 21, 1994, 47; *Preussner*, Das neue Werkvertragsrecht im BGB 2002, BauR 2002, 231 ff.; *Retzlaff*, Aktuelle Fragen der Vertragsstrafe im Baurecht, BauR 2015, 384; *Roloff*, Vorsicht mit dem Transparenzgebot? BauR 2009, 353, ; *Roquette*, Praktische Erwägungen zur Bauzeit bei Vertragsgestaltung und baubegleitender Beratung, Jahrbuch Baurecht 2002, 33 ff.; *Roquette/Knolle*, Eine vom Generalunternehmer an den Bauherrn zu zahlende Vertragsstrafe kann als Verzugsschaden gegenüber dem Subunternehmer geltend gemacht werden, BauR 2000, 47; *Schiffers*, Ausführungsfristen – Ihre Festlegung und ihre Fortschreibung bei auftraggeberseitig zu vertretenden Behinderungen, Jahrbuch BauR 1998, 275 ff.; *Schiffers*, Terminplanung und -steuerung, Festschrift Egon Leimböck, 1996; *Schlösser*, Zivilrechtliche Folgen nachprüfungsbedingter Bauzeitverschiebung, -verlängerung und Materialpreiserhöhung, ZfBR 2005, 733 ff.; *Schwenker*, Auswirkungen von Änderungsanordnungen auf Fristen, Vertragsstrafen und Sicherheiten, BauR 2008, 175; *Sienz*, Die Neuregelungen im Werkvertragsrecht nach dem Schuldrechtsmodernisierungsgesetz, BauR 2002, 181 ff.; *Steinmeyer*, Bauverzögerungen durch den Auftragnehmer und Ansprüche des Auftraggebers hieraus, Seminar Bauverzögerung 1987, 59 ff.; *Tomic*, Recht des Auftraggebers auf Bauzeitveränderung?, ZfBR 2010, 315; *Tomic*, Beschleunigung zwischen Theorie und Praxis, BauR 2011, 1234; *Vygen*, Behinderungen des Auftragnehmers und ihre Auswirkungen auf die vereinbarte Bauzeit, BauR 1983, 210 ff.; *Wessel*, Bauzeitverzögerungen, Ausführungsfristen und „Zeitpuffer", ZfBR 2010, 527.

Übersicht

	Rn.
A. Allgemeines	1
I. Die Regelung der Bauzeit im BGB	1
1. Allgemeines Schuldrecht	1
2. Werkvertragsrecht	4
II. Überblick über die Regelung der Bauzeit in § 5 VOB/B	6
III. Anwendbarkeit von § 5 VOB/B auf Planungsleistungen und sonstige Nichtbauleistungen	8
B. § 5 Abs. 1 VOB/B – Vertragsfristen und sonstige bauzeitrelevante Rechtsbegriffe	9
I. Frist und Termin	9
II. Vertragsfrist	11
1. Definition und Vereinbarung	11
2. Vertragsfristen und Bauablaufstörungen	15
3. Einseitige Änderungen von Vertragsfristen durch den Auftraggeber	16

III. Kalenderfrist	17
IV. Einzelfrist (Zwischenfrist)	20
1. Einzelfristen für in sich abgeschlossene Teile der Leistung	22
2. Einzelfristen für fortgangswichtige Teile der Leistung	25
3. Sonstige Einzelfristen	26
V. Bauzeitenplan	29
1. Arten von Terminplänen	30
2. Vertragsterminplan und interne Ablaufpläne	33
VI. Terminverzug des Auftragnehmers	35
1. Fälligkeit der jeweiligen Bauleistung	37
2. Mahnung nach Fälligkeit	39
3. Ausnahmsweise Entbehrlichkeit der Mahnung gemäß § 286 Abs. 2 BGB	42
a) Vertragsfrist als Kalenderfrist, § 286 Abs. 2 Nr. 1 BGB	43
b) Kalendermäßige Bestimmbarkeit nach einem Ereignis, § 286 Abs. 2 Nr. 2 BGB	44
c) Ernsthafte und endgültige Leistungsverweigerung des Auftragnehmers, § 286 Abs. 2 Nr. 3 BGB	46
d) Entbehrlichkeit der Mahnung aus besonderen Gründen, § 286 Abs. 2 Nr. 4 BGB	47
4. Verschulden des Auftragnehmers, § 286 Abs. 4 BGB	48
5. Fehlender Verzug des Auftragnehmers aufgrund von Behinderungen gemäß § 6 Abs. 2 VOB/B	49
6. Fehlender Verzug des Auftragnehmers auf Grund eines bestehenden Leistungsverweigerungsrechts	52
VII. Beschleunigung	53
C. § 5 Abs. 1 S. 1 und Abs. 2 VOB/B – Beginn der Ausführung nach Vereinbarung oder nach Abruf	56
I. Beginn der Ausführung	56
II. Beginn der Ausführung nach Vereinbarung	58
III. Beginn der Ausführung nach Abruf, § 5 Abs. 2 VOB/B	61
1. Abruf	62
2. Auskunftspflicht des Auftraggebers gemäß § 5 Abs. 2 S. 1 VOB/B	65
3. Beginnpflicht 12 Werktage nach Abruf	70
4. Anzeige des Beginns	74
IV. Behinderung des Beginns der Ausführung	75
D. § 5 Abs. 1 S. 1 und Abs. 3 VOB/B – Bauablauf	77
I. Allgemeine Förderpflicht des Auftragnehmers gemäß § 5 Abs. 1 S. 1 VOB/B	77
II. Abhilfepflicht des Auftragnehmers gemäß § 5 Abs. 3 VOB/B bei unzureichendem Baufortschritt	78
1. Allgemeines	78
2. Arbeitskräfte, Geräte, Gerüste, Stoffe oder Bauteile unzureichend	82
3. Ausführungsfristen	83
4. Offenbar nicht eingehalten werden können	85
5. Unverzügliche Abhilfepflicht des Auftragnehmers auf Verlangen des Auftraggebers	92
6. Das unberechtigte Abhilfeverlangen des Auftraggebers gemäß § 5 Abs. 3	94
E. § 5 Abs. 1 S. 1 VOB/B – Vollendung / Fertigstellung der Leistung	95
I. Fertigstellung	95
II. Fertigstellung nach Vereinbarung	100
III. Fertigstellung ohne Vereinbarung	101
F. § 5 Abs. 4 VOB/B – Rechte des Auftraggebers bei verzögerter Leistungserstellung	102
I. Allgemeines	102
II. Schadensersatz und Kündigung – alternativ oder kumulativ?	103
III. Schadensersatzanspruch des Auftraggebers gemäß §§ 5 Abs. 4, 6 Abs. 6 VOB/B	104
1. Voraussetzungen: Verschulden und Verzug bei allen drei Varianten des § 5 Abs. 4 VOB/B erforderlich?	104
a) Verzögerung des Beginns der Ausführung	107
b) Verstoß gegen die Abhilfepflicht gemäß § 5 Abs. 3 VOB/B	110
c) Verzug mit der Vollendung	111
d) Verzug mit Einzelfristen, die als Vertragsfristen vereinbart sind	112
2. Rechtsfolge	114
IV. Kündigung gemäß §§ 5 Abs. 4, 8 Abs. 3 VOB/B	116
1. Allgemeines	116
2. Voraussetzungen: Verschulden und Verzug bei allen drei Varianten des § 5 Abs. 4 VOB/B erforderlich?	117

3. Die Kündigungsvoraussetzungen im Einzelnen 120
   a) Verzögerung des Beginns der Ausführung 120
   b) Verstoß gegen die Abhilfepflicht gemäß § 5 Abs. 3 VOB/B 121
   c) Verzug mit der Vollendung 122
   d) Sonstige wichtige Kündigungsgründe 123
   e) Setzung einer angemessenen Nachfrist 124
   f) Ausnahmsweise Entbehrlichkeit der (Nach-)Fristsetzung 129
   g) Kündigungsandrohung 130
   h) Kündigungserklärung in angemessener Frist 133
   i) Schriftliche Kündigungserklärung 134
   j) Teilkündigung 135
4. Die Rechtsfolgen der Kündigung aus wichtigem Grund 136
G. Weitergehende Rechte des Auftraggebers nach BGB bei verzögerter Leistungserstellung 137
   I. Erfüllungsanspruch 137
   II. Einrede des nicht erfüllten Vertrags 138
   III. Anspruch auf Ersatz des Verzögerungsschadens gemäß §§ 280 Abs. 2, 286 BGB 139
   IV. Schadensersatz gemäß § 280 Abs. 1 BGB und Schadensersatz statt der Leistung gemäß §§ 280 Abs. 3, 281 BGB 140
   V. Fertigstellungskosten 142
   VI. Anspruch auf Aufwendungsersatz gemäß § 284 BGB 143
   VII. Rücktritt gemäß § 323 Abs. 1 BGB und Kündigung aus wichtigem Grund ... 144
H. AGB-Problematik 146
   I. AGB-Konformität von § 5 VOB/B 146
      1. § 5 Abs. 1 VOB/B 148
      2. § 5 Abs. 2 VOB/B 149
      3. § 5 Abs. 3 VOB/B 150
      4. § 5 Abs. 4 VOB/B 151
   II. AGB-Klauseln im Zusammenhang mit § 5 VOB/B 153
      1. Klauseln zu § 5 Abs. 1 VOB/B 154
      2. Klauseln zu § 5 Abs. 2 VOB/B 155
      3. Klauseln zu § 5 Abs. 3 VOB/B 156
      4. Klauseln zu § 5 Abs. 4 VOB/B 157

A. Allgemeines

I. Die Regelung der Bauzeit im BGB

1 **1. Allgemeines Schuldrecht.** Das Gesetz enthält in **§ 271 BGB** eine allgemeine Bestimmung über die Leistungszeit. Gemäß § 271 Abs. 1 BGB kann der Gläubiger die Leistung sofort verlangen, der Schuldner sie sofort bewirken, wenn eine Zeit für die Leistung weder bestimmt noch aus den Umständen zu entnehmen ist. Das Gesetz enthält damit den **Grundsatz der sofortigen Fälligkeit und Erfüllbarkeit.** Dieser Grundsatz gilt nicht, wenn im Vertrag eine Leistungszeit vereinbart ist oder sich eine solche aus den Umständen ergibt. Der gesetzlichen Wertung des § 271 Abs. 1 BGB entsprechend hat der **Schuldner,** der sich auf das Fehlen der Fälligkeit beruft, **darzulegen und zu beweisen,** dass aufgrund einer vertraglichen Vereinbarung oder der Umstände erst zu einem späteren Zeitpunkt zu leisten ist.[1]

Die Vorschrift des § 271 BGB gilt auch für den **Bauvertrag.** Da Bauwerke einen Herstellungsprozess erfordern, ist eine „sofortige" Leistungsbewirkung jedoch nicht möglich. Die Leistungszeit ist vielmehr – vorbehaltlich einer konkreten Vereinbarung – nach den Umständen zu bestimmen. Dies bedeutet nach der Rechtsprechung des BGH[2], dass der Auftragnehmer **im Zweifel alsbald nach Abschluss des Vertrags mit der Ausführung zu beginnen und sie in angemessener Zeit zügig zu Ende zu führen hat.** Dabei ist die für die Herstellung notwendige Zeit in Rechnung zu stellen.[3] Branchenspezifische Vorlauffristen sind zu berück-

---
[1] BGH BauR 2004, 331 = NZBau 2004, 155.
[2] BGH BauR 2004, 331 = NZBau 2004; 155; BauR 2003, 1215; NZBau 2001, 389.
[3] In der Entscheidung NZBau 2001, 389 hielt der BGH unter Berücksichtigung der konkreten Umstände eine Frist von 8 Monaten für die Errichtung der geschuldeten Wohnung für ausreichend und angemessen; vgl. auch OLG Hamburg IBR 2012, 13 (Verglasungsarbeiten am Kreuzfahrtschiff); ergänzend BGH BauR 1978, 139.

sichtigen.[4] Mit Ablauf der nach diesen Kriterien zu bestimmenden Fertigstellungsfrist tritt Fälligkeit ein.

Es liegt auf der Hand, dass damit im Regelfall keine sichere Bestimmung der Leistungszeit möglich ist. Für den Auftraggeber besteht daher die Gefahr, dass er die für den Verzugseintritt erforderliche Mahnung vor Fälligkeit (was unter Umständen erst Jahre später in einem Rechtsstreit geklärt wird) ausspricht, so dass sie ohne Wirkung ist. Dem kann er nur durch vorsorgliche Wiederholungen der Mahnung zu späteren Zeitpunkten begegnen. Auch für den Auftragnehmer bestehen Risiken. Da er die Beweislast dafür trägt, dass die angemessene Herstellungsfrist noch nicht abgelaufen ist, ist er mit der Unsicherheit belastet, im Streitfall die fristgerechte Fertigstellung nicht beweisen zu können. Um derartige Unsicherheiten zu vermeiden, sollte eine Leistungszeit vereinbart werden.

Eine gesetzliche Bestimmung zur Fälligkeit des Ausführungsbeginns gibt es nicht. Die Fälligkeitsregelung des § 271 Abs. 1 BGB bezieht sich bei Bauverträgen grundsätzlich auf die **Fertigstellung des geschuldeten Gesamtwerks.** Nach § 631 BGB wird regelmäßig ein einheitlicher Erfolg geschuldet und die Dispositionsbefugnis des Auftragnehmers während des Herstellungsprozesses betrifft auch die Zeiteinteilung.[5] Die Vertragsauslegung kann indes Anderes ergeben.[6] Ist der Auftraggeber darauf angewiesen, dass zu einem bestimmten Zeitpunkt mit der Bauausführung begonnen wird und bestimmte Teilleistungen zu bestimmten Zeitpunkten fertiggestellt werden, empfiehlt es sich in jedem Fall, hierfür verbindliche Fristen vertraglich zu vereinbaren.

Auch hinsichtlich der ergänzenden Bestimmung des **§ 271 Abs. 2 BGB** sind die Besonderheiten des Bauvertrags zu berücksichtigen. Nach § 271 Abs. 2 BGB ist im Zweifel anzunehmen, dass der Gläubiger bei einer vereinbarten Leistungszeit die Leistung nicht vor dieser Zeit verlangen, der Schuldner sie aber vorher bewirken kann. Die Vorschrift gewährt dem Schuldner also regelmäßig ein **Recht zur vorzeitigen Leistungsbewirkung** auch bei vereinbarter Leistungszeit.[7] Der Gläubiger gerät in Annahmeverzug, wenn er die ihm vor der Fälligkeit angebotene Leistung nicht annimmt.[8] Dies ist bei der Durchführung eines Bauvorhabens, bei dem verschiedene Leistungsbereiche (Gewerke) sukzessive ineinander greifen und auch sonstige, vom Auftraggeber zu disponierende Mitwirkungshandlungen erforderlich sind, ersichtlich nicht interessengerecht. In einem solchen Fall ergibt sich aus den Umständen, dass auch der Auftraggeber ein rechtlich geschütztes Interesse daran hat, die Leistung nicht vorzeitig entgegennehmen zu müssen, so dass die Auslegungsregel des § 271 Abs. 2 BGB, die nur im Zweifel gilt, nicht eingreift.[9]

2

Schadensersatz wegen Verzögerung der Leistung kann gemäß **§ 280 Abs. 2 BGB** nur unter den Voraussetzungen des **§ 286 BGB** verlangt werden. Die Vorschrift des § 286 BGB regelt, wann der Schuldner mit der ihm obliegenden Leistung in **Verzug** gerät. Dies ist hinsichtlich der Erbringung einer Bauleistung der Fall, wenn der Schuldner / Auftragnehmer
– trotz Fälligkeit der Leistung
– und anschließender Mahnung des Gläubigers / Auftraggebers
– schuldhaft

3

nicht leistet, § 286 Abs. 1 S. 1 und Abs. 4 BGB.

Die Mahnung des Gläubigers / Auftraggebers ist gemäß § 286 Abs. 2 BGB unter den dort näher geregelten Voraussetzungen entbehrlich. Der automatische Schuldnerverzug gemäß § 286 Abs. 3 BGB gilt nur für Forderungen auf Zahlung eines Entgelts,[10] spielt also im Zusammenhang mit der rechtzeitigen Erbringung einer Bauleistung keine Rolle.

Zum Verzug des Auftragnehmers im Einzelnen wird auf die Erläuterungen in → Rn. 35 ff. verwiesen.

Ist der Auftragnehmer in Verzug geraten, kann der Auftraggeber Ersatz des durch die verzögerte Leistungserbringung entstandenen sog. Verzögerungsschadens gemäß §§ 286, 280 Abs. 2

---

[4] LG Heidelberg BauR 2005, 167 (Ls.) = IBR 2014, 727.
[5] BGH BauR 1997, 1067; *von Rintelen* in Messerschmidt/Voit Privates Baurecht H Rn. 71 ff.
[6] BGH NZBau 2005, 158, wonach die Vertragsauslegung die Vereinbarung von in bestimmten Zeiträumen zu erbringenden Teilerfolgen ergeben kann (zu Kostenermittlungen des Architekten); vgl. auch Brandenburgisches OLG NZBau 2016, 358 (361) zu Großbauvorhaben; hierzu auch *von Rintelen* in Messerschmidt/Voit Privates Baurecht H Rn. 74.
[7] *Grüneberg* in Palandt BGB § 271 Rn. 11.
[8] *Grüneberg* in Palandt BGB § 271 Rn. 11; *Jansen* in Leinemann VOB/B § 5 Rn. 5.
[9] BGHZ 170, 1 ff.; vgl. dazu auch *Grüneberg* in Palandt BGB § 271 Rn. 11.
[10] Dazu BGH NJW 2010, 1872 und 3226.

BGB verlangen. Weiter stehen ihm unter den Voraussetzungen der §§ 280, 281 BGB ein Schadensersatzanspruch statt der Leistung und unter den Voraussetzungen des § 323 BGB ein Rücktrittsrecht zu. Darüber hinaus gewährt § 323 Abs. 4 BGB dem Auftraggeber in Ausnahmefällen das Recht, auch schon vor Eintritt der Fälligkeit der Leistung vom Vertrag zurückzutreten, nämlich wenn offensichtlich ist, dass die Voraussetzungen des Rücktritts eintreten werden. Schließlich ist in der Rechtsprechung des BGH anerkannt, dass dem Auftraggeber in sinngemäßer Anwendung des § 314 BGB auch ein Kündigungsrecht aus wichtigem Grund zustehen kann. Wegen der Einzelheiten wird auf → Rn. 123, 139 ff. verwiesen.

4   **2. Werkvertragsrecht.** Das **gesetzliche Werkvertragsrecht (§§ 631 ff. BGB)** enthält keine **Regelungen zu Ausführungsfristen und den Folgen einer Überschreitung:** Das früher in § 636 Abs. 1 BGB enthaltene Rücktrittsrecht des Bestellers bei verspäteter Herstellung des Werks durch den Unternehmer ist anlässlich der Schuldrechtsmodernisierung im allgemeinen Rücktrittsrecht des § 323 Abs. 1 BGB aufgegangen (dazu → Rn. 144).

5   §§ 642 und 643 BGB regeln nicht die Rechte des Bestellers bei verspäteter Ausführung des Unternehmers, sondern umgekehrt die Rechte des Unternehmers bei unterlassener oder verspäteter Mitwirkung des Bestellers. Gemäß § 642 BGB steht dem Unternehmer ein Anspruch auf „angemessene Entschädigung" zu, wenn bei der Herstellung des Werks eine Mitwirkungshandlung des Bestellers erforderlich ist und der Besteller durch das Unterlassen der Handlung in Annahmeverzug gerät.[11] Darüber hinaus ist der Unternehmer berechtigt, sich gemäß § 643 BGB vom Vertrag zu lösen. Er kann dem Besteller zur Nachholung der Mitwirkungshandlung eine Frist setzen und diese mit einer Kündigungsandrohung verbinden. Unterbleibt die Nachholung, gilt der Vertrag als aufgehoben, dh einer gesonderten Kündigungserklärung bedarf es gemäß § 643 S. 2 BGB nicht.

Auch das **Gesetz zur Reform des Bauvertragsrechts** vom 28.4.2017[12] das zum 1.1.2018 in Kraft tritt, enthält zu Ausführungsfristen keine relevanten Neuregelungen. Lediglich für den Verbraucherbauvertrag ist nunmehr geregelt, dass er verbindliche Angaben zum Zeitpunkt der Fertigstellung des Werks oder, wenn dieser Zeitpunkt zum Zeitpunkt des Abschlusses des Bauvertrags nicht angegeben werden kann, zur Dauer der Bauausführung enthalten muss, § 650k Abs. 3 BGB nF; vgl. ferner zur rechtzeitigen Erstellung von Planungsunterlagen § 650n BGB nF.

II. Überblick über die Regelung der Bauzeit in § 5 VOB/B

6   Mit § 5 VOB/B soll der besonderen Bedeutung der Bauzeit in Bauverträgen Rechnung getragen werden. Diese Vertragsbestimmung enthält eine gegenüber dem BGB deutlich praxisnähere, gleichwohl aber unvollständige und teilweise auch unsystematische Regelung der Ausführungsfristen in Bauverträgen. Sie trifft insbesondere auch Regelungen hinsichtlich des Zeitraums vor dem Fertigstellungstermin und stärkt die diesbezüglichen Rechte des Auftraggebers gegenüber den sich aus dem BGB ergebenden Rechten. Zum besseren Überblick sei vorangestellt:

§ 5 Abs. 1 S. 1 VOB/B wiederholt die auch in § 9 Abs. 2 Nr. 2 VOB/A enthaltene Definition der Vertragsfristen. **Vertragsfristen** sind danach die verbindlichen Fristen. Dabei können sich die Vertragsfristen auf den Beginn der Ausführung, den Bauablauf und die Vollendung bzw. Fertigstellung des Bauwerks beziehen. Als Gegensatz dazu sieht die VOB/B **unverbindliche (Einzel-)Fristen** vor. Im Sinne einer Auslegungsregel bestimmt § 5 Abs. 1 S. 2 VOB/B, dass in einem Bauzeitplan enthaltene Einzelfristen nur dann verbindliche Fristen darstellen, wenn dies im Vertrag ausdrücklich vereinbart ist. Wenn nichts anderes vereinbart ist, sind Einzelfristen des Bauzeitplans damit unverbindliche Fristen.

Der **Beginn der Ausführung** wird in § 5 Abs. 1 S. 1 VOB/B und ergänzend in § 5 Abs. 2 VOB/B geregelt. Vorrangig hat der Auftragnehmer nach den verbindlich vereinbarten Fristen zu beginnen, § 5 Abs. 1 S. 1 VOB/B. Ist für den Beginn der Ausführung keine Frist vereinbart, so hat der Auftragnehmer gemäß § 5 Abs. 2 S. 2 VOB/B innerhalb von 12 Werktagen nach Aufforderung des Auftraggebers zu beginnen. Die VOB/B geht danach bei fehlender Fristvereinbarung hinsichtlich des Ausführungsbeginns von einem Abrufrecht des Auftraggebers aus. Der Auftraggeber muss dem Auftragnehmer in diesem Fall – allerdings nur auf Verlangen – Auskunft über den voraussichtlichen Beginn erteilen, § 5 Abs. 2 S. 1 VOB/B. Den tatsächlichen

---

[11] Vgl. zB BGH MDR 2017, 698; NZBau 2003, 325 = BauR 2003, 531; NZBau 2000, 187 = BauR 2000, 722; näher dazu → VOB/B § 6 Rn. 91 ff.
[12] BGBl I 2017, 969),

Beginn der Ausführung hat der Auftragnehmer dem Auftraggeber anzuzeigen, § 5 Abs. 2 S. 3 VOB/B.

Zum **Bauablauf** enthält § 5 Abs. 1 S. 1 VOB/B eine allgemeine und § 5 Abs. 3 VOB/B eine spezielle Regelung. Gemäß § 5 Abs. 1 S. 1 VOB/B ist der Auftragnehmer verpflichtet, die Ausführung „angemessen zu fördern". Was als „angemessene Förderung" zu verstehen ist, ergibt sich aus § 5 Abs. 3 VOB/B. Sind Arbeitskräfte, Geräte, Gerüste, Stoffe oder Bauteile so unzureichend, dass die Ausführungsfristen offenbar nicht eingehalten werden können, so muss der Auftragnehmer auf Verlangen unverzüglich Abhilfe schaffen. Welche Rolle die in § 5 Abs. 1 S. 2 VOB/B erwähnten Einzelfristen des Bauzeitenplans im Zusammenhang mit den in Abs. 3 erwähnten Ausführungsfristen spielen, lässt die VOB/B offen (näher dazu → Rn. 83ff.).

§ 5 VOB/B enthält ebenfalls keine Bestimmung dazu, binnen welcher Frist der Auftragnehmer die Bauleistung fertigzustellen hat, wenn keine Fertigstellungsfrist vereinbart ist.

§ 5 Abs. 4 VOB/B regelt schließlich die **Rechte des Auftraggebers,** wenn der Auftragnehmer nicht fristgerecht leistet. Nach dem Wortlaut fehlt jedoch ein einheitlicher Anknüpfungspunkt. Während die in § 5 Abs. 4 VOB/B geregelten Rechte hinsichtlich der Vollendung / Fertigstellung Verzug des Auftragnehmers voraussetzen, soll hinsichtlich des Ausführungsbeginns dessen Verzögerung ausreichen. Für die Abhilfepflicht gemäß § 5 Abs. 3 VOB/B soll es wiederum darauf ankommen, dass der Auftragnehmer dieser Verpflichtung nicht nachkommt (näher zu den Voraussetzungen → Rn. 105 ff., 117 ff.). In allen drei Fallvarianten stehen dem Auftraggeber folgende Rechte zu: Er kann bei Aufrechterhaltung des Vertrags Ersatz des Verzögerungsschadens nach § 6 Abs. 6 VOB/B verlangen oder dem Auftragnehmer eine angemessene Frist zur Vertragserfüllung setzen und erklären, dass er ihm nach fruchtlosem Ablauf der Frist den Auftrag gemäß § 8 Abs. 3 VOB/B entziehe (näher zum Verhältnis beider Rechte → Rn. 103).

Inhaltlich ergänzt wird die Vertragsbestimmung des § 5 VOB/B schließlich durch § 6 Abs. 1 **7** bis 4 VOB/B, wonach die Ausführungsfristen unter den dort genannten Voraussetzungen verlängert werden. Wegen der Einzelheiten wird auf die entsprechende Kommentierung verwiesen (→ VOB/B § 6 Rn. 1 bis 44).

III. Anwendbarkeit von § 5 VOB/B auf Planungsleistungen und sonstige Nichtbauleistungen

Bei den Bestimmungen der VOB/B handelt es sich um speziell **auf den Bauvertrag** **8** **zugeschnittene Vertragsbedingungen.** Dies ergibt sich bereits aus dem Namen der VOB selbst, „Vergabe- und Vertragsordnung für Bauleistungen", sowie aus der Überschrift zu Teil B, „Allgemeine Vertragsbedingungen für die Ausführung von Bauleistungen". Der Begriff „Bauleistung" wird in § 1 VOB/A dahin definiert, dass es sich um Arbeiten jeder Art handelt, durch die eine bauliche Anlage hergestellt, instand gehalten, geändert oder beseitigt wird. Damit wird der Bereich deutlich, für den die VOB/B nach der Vorstellung der Herausgeber zur Verfügung stehen soll. Sofern die Bestimmungen der VOB/B von einer Vertragspartei gestellt werden, sind sie als **Allgemeine Geschäftsbedingungen** zu qualifizieren, für die u.a. das Transparenzgebot gilt und die – vorbehaltlich der Privilegierung gemäß § 310 Abs. 1 S. 3 BGB – der isolierten Inhaltskontrolle unterliegen. Vor diesem Hintergrund ist eine pauschale Einbeziehung der VOB/B in andere Verträge als Bauverträge problematisch.[13]

Im Zusammenhang mit der Durchführung von Bauvorhaben kommt es jedoch häufig zu sog. **„kombinierten Verträgen",** in denen sich der Auftragnehmer über die reinen Bauleistungen hinaus zu sonstigen Leistungen verpflichtet, insbesondere zu Architekten- und Ingenieurleistungen, oder auch zu anderen Nichtbauleistungen (zB Finanzierungsleistungen). Werden einem solchen Vertrag, zB einem Generalübernehmer- oder -unternehmervertrag oder auch einem Schlüsselfertigbauvertrag, formularmäßig die Bestimmungen der VOB/B zugrunde gelegt, stellt sich die Frage, ob und inwieweit diese auch für die sonstigen Leistungspflichten des Auftragnehmers außerhalb der eigentlichen Bauleistungen Geltung haben.

Die Rechtsprechung des BGH steht bislang auf dem Standpunkt, dass zahlreiche Bestimmungen der VOB/B auf Planungsleistungen der Architekten und Ingenieure nicht passen, die Einbeziehung der VOB/B bei kombinierten Verträgen über Planungs- und Bauleistungen daher im Zweifel nicht für sog. „selbständige Planungsleistungen" gelte,[14] bzw. die VOB/B jedenfalls

---

[13] Vgl. hierzu im Einzelnen *Sacher* in Beck'scher VOB-Kommentar VOB/B Einleitung Rn. 170 ff.
[14] BGH BauR 1996, 544 (zu § 5 Nr. 4 VOB/B a.F.); BGH NJW 1983, 453; NJW 1980, 2800.

nicht „als Ganzes" für diese Planungsleistungen vereinbart werden könne.[15] Dem ist die obergerichtliche Rechtsprechung weitgehend gefolgt.[16] Trotz der in Teilen der Literatur geäußerten Kritik[17] ist im Grundsatz hieran festzuhalten.

Danach ist zunächst durch **Auslegung** zu klären, inwieweit bei einer pauschalen Einbeziehung der VOB/B im Rahmen des Abschlusses eines solchen kombinierten Vertrags diese überhaupt auf Planungsleistungen anwendbar sein soll. Da die VOB/B auf Bauleistungen zugeschnitten ist, kann dies jedenfalls nicht automatisch angenommen werden. Ergibt sich eine Einbeziehung auch für die Planungsleistungen dagegen aus dem Vertrag, liegt jedenfalls keine Vereinbarung der VOB/B „als Ganzes" in den Planungsteil des Vertrags vor, weil zahlreiche Bestimmungen hierfür nicht passen und damit als (konkludent) abbedungen angesehen werden müssen, so dass die Privilegierung des § 310 Abs. 1 S. 3 BGB nicht eingreift und eine isolierte Inhaltskontrolle gemäß §§ 307 ff. BGB stattfindet.[18] Darüber hinaus besteht die Möglichkeit, lediglich einzelne Bestimmungen der VOB/B für die Planungsleistungen (formularmäßig) zu vereinbaren. Haben zB die Parteien im Rahmen eines Schlüsselfertigbauvertrags vereinbart, dass der Auftragnehmer neben den Bauleistungen Planungsleistungen hinsichtlich der Entwurfs- und / oder der Ausführungsplanung zu verbindlichen Fristen erbringt, kann es für den Auftraggeber sinnvoll sein, auch hinsichtlich dieser Planungsleistungen § 5 VOB/B einzubeziehen[19]. Allerdings findet auch in diesem Fall eine isolierte Inhaltskontrolle statt, §§ 307 ff., 310 Abs. 1 S. 3 BGB (zur AGB-Konformität von § 5 VOB/B → Rn. 146 ff.).

Schließlich gibt es in bestimmten Leistungsbereichen auch **Planungspflichten,** die den Auftragnehmer bei einem VOB/B-Vertrag nach den Bestimmungen der **VOB/C,** DIN 18300 ff. treffen. Als Nebenleistung muss beispielsweise der Auftragnehmer von Brunnenbauarbeiten gemäß DIN 18302 Abschnitt 4.1.1 die für die Brunnenbauarbeiten notwendigen Zeichnungen liefern. Auch bei den Leistungsbereichen der Technischen Ausrüstung (Gebäudetechnik) muss der Auftragnehmer häufig Werkstatt- oder Montagezeichnungen anfertigen und damit Planungsleistungen erbringen.[20] In solchen Fällen gelten die Bestimmungen der VOB/B und damit auch § 5 VOB/B grundsätzlich auch für die der VOB/B immanenten (sonstigen) Leistungspflichten des Auftragnehmers.[21]

B. § 5 Abs. 1 VOB/B – Vertragsfristen und sonstige bauzeitrelevante Rechtsbegriffe

Angesichts der Vielzahl der in § 5 VOB/B, darüber hinaus aber auch in der Baupraxis, verwendeten Bezeichnungen erscheint es zunächst sinnvoll, wesentliche bauzeitrelevante Rechtsbegriffe und deren Inhalte zu erläutern.

I. Frist und Termin

9   Die VOB/B verwendet in § 5 sowie in § 6 Abs. 2 und 4, die VOB/A darüber hinaus in § 9 ausschließlich den Begriff der „Frist" bzw. „Ausführungsfrist". Schon umgangs-, aber auch fachsprachlich ist unter einer **Frist** ein **Zeitraum** zu verstehen, dessen Beginn und Ende entweder bestimmt sind oder aber bestimmbar sein müssen.[22] Ein **Termin** ist hingegen ein **Zeitpunkt,** der wiederum entweder von vornherein bestimmt ist oder aber bestimmbar sein muss.[23] Sowohl Fristen als auch Termine kommen im Baualltag nahezu beliebig vor, und zwar

---

[15] BGH NJW 1988, 142.
[16] ZB OLG Karlsruhe BauR 2005, 893; OLG Düsseldorf NJW-RR 1991, 219; OLG Hamm BauR 1990, 104; a.A. OLG Hamm NJW 1987, 2092.
[17] ZB *Miernik* NZBau 2004, 409.
[18] Vgl. hierzu im Einzelnen *Sacher* in Beck´scher VOB-Kommentar VOB/B Einleitung Rn. 186 ff.
[19] Auch nach Auffassung des BGH in NJW 1988, 142 (143) ist es zulässig, einzelne, inhaltlich „passende" VOB/B-Bestimmungen für Planungsleistungen des Auftragnehmers zu vereinbaren. Dazu gehört im Grundsatz auch § 5 VOB/B, vgl. auch *Miernik* NZBau 2004, 409 (415); a.A. *Korbion* FS Locher (1990), 127 ff.
[20] ZB gemäß DIN18379 Abschnitt 3.1.2 bei RLT-Anlagen, ausführlich dazu *Langen/Schiffers* Bauplanung und Bauausführung, Rn. 696 ff.
[21] Vgl. auch *Korbion* FS Locher (1990), 127 (132).
[22] Vgl. *Jansen* in Leinemann VOB/B § 5 Rn. 11; *Althaus* in Beck'scher VOB-Kommentar VOB/B § 5 Abs. 1 Rn. 7.
[23] Vgl. *Jansen* in Leinemann VOB/B § 5 Rn. 11.

sowohl für den Ausführungsbeginn,[24] als auch für den Bauablauf,[25] sowie für die Vollendung / Fertigstellung.[26]

Wenn die VOB/B in §§ 5 und 6 sowie die VOB/A in § 9 generell von „Ausführungsfristen" spricht, dann sind hierunter je nach Einzelfall sowohl Ausführungsfristen im Sinne vereinbarter Zeiträume als auch Ausführungstermine im Sinne vereinbarter Zeitpunkte für Beginn, Ablauf oder Vollendung / Fertigstellung der Bauleistung zu verstehen. Zur sprachlichen Vereinfachung wird nachstehend vornehmlich der Begriff „Frist" verwendet, wobei die Ausführungen sinngemäß auch für Termine gelten.

II. Vertragsfrist

1. Definition und Vereinbarung. Die VOB/A definiert in § 9 Abs. 2 und die VOB/B in § 5 Abs. 1 S. 1 die Vertragsfrist als verbindliche Frist. Im Gegensatz dazu steht die unverbindliche Frist, die zur sprachlichen Abgrenzung auch Kontrollfrist[27] genannt wird.

Über den Charakter einer Frist als **Vertragsfrist** und damit als verbindliche Frist entscheidet ausschließlich der Parteiwille. Dieser Parteiwille kann **ausdrücklich** artikuliert sein, indem die Parteien zB im Vertrag bestimmen, dass eine bestimmte Frist für den Auftragnehmer verbindlich sein soll. Die Verwendung des Begriffs „Vertragsfrist" oder „verbindliche Frist" ist dabei nicht zwingend, wenngleich sinnvoll. Auch aus den **Umständen** kann sich ergeben, dass die Parteien eine bestimmte Frist als für den Auftragnehmer verbindlich vereinbaren wollen. Dies gilt regelmäßig für den vereinbarten **Baubeginn**[28] und für die vereinbarte **Fertigstellung**[29], die sich wiederum entweder aus der vereinbarten Ausführungsfrist („30 Werktage ab Ausführungsbeginn") oder aus einem vereinbarten Fertigstellungstermin ergeben kann. Die Vereinbarung „Fertigstellungstermin Ende Mai 2012" bedeutet gemäß § 192 BGB nicht nur, dass die Leistung bis zum 31.5.2012 fertigzustellen ist, sondern ist gleichzeitig als verbindlicher Fertigstellungstermin zu verstehen.[30] Problematisch ist die Vereinbarung von **Circa-Terminen oder Circa-Fristen**[31] für Beginn und Fertigstellung der Bauleistung. Hier ist im Wege der Auslegung zu klären, ob es sich nur um eine unverbindliche Frist handelt oder um eine Vertragsfrist mit einem – wiederum im Wege der Auslegung – festzustellenden Toleranzzeitraum.[32] Mangels kalendermäßiger Bestimmtheit im Sinne von § 286 Abs. 2 Nr. 1 BGB wäre in diesem Fall für den Verzugseintritt allerdings eine Mahnung nach Ablauf des Toleranzzeitraums erforderlich.[33]

Während die Vertragsbestimmung des § 5 VOB/B davon ausgeht, dass für Beginn und Vollendung regelmäßig Vertragsfristen vereinbart werden, ist bei **Einzelfristen,** die im Bauzeitenplan (dazu → Rn. 29 ff.) festgelegt sind, die **Auslegungsregel des § 5 Abs. 1 S. 2 VOB/B** zu beachten. Sind solche Einzelfristen nicht ausdrücklich als Vertragsfristen gekennzeichnet, so handelt es sich lediglich um Kontrollfristen. Die bloße Vereinbarung eines Bauzeitenplans im Vertrag macht die darin geregelten Fristen noch nicht zu Vertragsfristen.[34]

Die Festlegung verbindlicher Ausführungsfristen (Vertragsfristen) erfordert grundsätzlich eine **Vereinbarung** zwischen den Parteien; diese kann bei Vertragsschluss, aber auch nachträglich

---

[24] Beispiel für Beginnfrist: 12 Werktage nach Abruf, § 5 Abs. 2 S. 2 VOB/B; Beispiel für Beginntermin: Beginn am 15.1.2016.
[25] Beispiel für eine Einzelfrist: Fertigstellung der Kellerdecke 3 Wochen nach Baubeginn; Beispiel für einen Einzeltermin: Fertigstellung der Kellerdecke am 15.2.2016.
[26] Beispiel für eine Fertigstellungsfrist: Fertigstellung 3 Monate nach Ausführungsbeginn; Beispiel für einen Fertigstellungstermin: Fertigstellung am 15.4.2016.
[27] So *Althaus* in Beck'scher VOB-Kommentar VOB/B § 5 Abs. 1 Rn. 29; *Jansen* in Leinemann VOB/B § 5 Rn. 12.
[28] *Jansen* in Leinemann VOB/B § 5 Rn. 15; *Vygen/Joussen* in VJLR Bauverzögerung Teil A Rn. 52.
[29] *Jansen* in Leinemann VOB/B § 5 Rn. 15; *Vygen/Joussen* in VJLR Bauverzögerung Teil A Rn. 62 ff.
[30] Anders OLG Celle BauR 2005, 1176 (1177 f.), das fehlerhaft von einer „ungenauen zeitlichen Einordnung" des Fertigstellungstermins und damit von dessen fehlender Verbindlichkeit ausgeht und daher zu dem falschen Ergebnis kommt, der Auftraggeber hätte den Auftragnehmer unter Fristsetzung (was ebenfalls fehlerhaft ist, vgl. § 286 Abs. 1 BGB) in Verzug setzen müssen.
[31] Vgl. dazu auch *Jansen* in Leinemann VOB/B § 5 Rn. 16; *Vygen/Joussen* in VJLR Bauverzögerung Teil A Rn. 49 ff.; vgl. ferner zB OLG Düsseldorf BauR 1997, 851 (Zeitangabe mit Zusatz „je nach Witterung" ist völlig unbestimmt und damit keine Vereinbarung einer Vertragsfrist).
[32] *von Rintelen* in Messerschmidt/Voit Privates Baurecht H Rn. 77.
[33] Zutreffend OLG Koblenz NZBau 2013, 500.
[34] Vgl. *Langen* NZBau 2009, 145 (148); *Jansen* in Leinemann VOB/B § 5 Rn. 15.

erfolgen. Die Qualifizierung vereinbarter Fristen als Vertragsfristen kann dabei sowohl individualvertraglich als auch durch **Allgemeine Geschäftsbedingungen** erfolgen.[35]

Enthält das Angebot des Auftragnehmers keine Angaben zur Ausführungszeit und legt der Auftraggeber im Rahmen der Auftragserteilung erstmalig Fristen für Beginn und Fertigstellung der Leistung fest, so gilt die Auftragserteilung gemäß **§ 150 Abs. 2 BGB** als Ablehnung des Angebots verbunden mit einem neuen Angebot. Ein Vertrag kommt daher nur zustande, wenn der Auftragnehmer das neue Angebot ausdrücklich oder zumindest konkludent (ggf. auch durch widerspruchslose Aufnahme der Arbeiten) annimmt.[36]

13 Ausführungsfristen können von einer Vertragspartei (erstmalig) **einseitig** verbindlich bestimmt werden, wenn der Partei (im Regelfall dem Auftraggeber) ein entsprechendes **Leistungsbestimmungsrecht** vertraglich eingeräumt worden ist, sofern dieses Recht aufgrund der Vereinbarung nach billigem Ermessen (§ 315 BGB) auszuüben ist.[37] Nach wohl überwiegender Auffassung kann dem Auftraggeber ein solches Recht auch durch **Allgemeine Geschäftsbedingungen** eingeräumt werden.[38] Die Vereinbarung eines einseitigen Leistungsbestimmungsrechtes ist insbesondere dann sinnvoll, wenn die Parteien zum Zeitpunkt des Vertragsschlusses konkrete Ausführungsfristen noch nicht vereinbaren können. Ist dem Auftraggeber ein solches Leistungsbestimmungsrecht eingeräumt worden, muss die einseitige Festlegung der Ausführungszeit gemäß § 315 Abs. 3 BGB **nach billigem Ermessen** erfolgen. Anderenfalls ist sie für den Auftragnehmer nicht verbindlich.[39] Zu Änderungen vereinbarter Ausführungsfristen wird auf die Erläuterungen (→ Rn. 15 ff.) verwiesen.

14 Mit Ablauf einer Vertragsfrist liegt zunächst (nur) Fälligkeit der entsprechenden Leistung vor. Verzug setzt darüber hinaus eine Mahnung des Auftraggebers oder deren Entbehrlichkeit gemäß § 286 Abs. 2 BGB sowie Verschulden des Auftragnehmers voraus (dazu → Rn. 35 ff.).

15 **2. Vertragsfristen und Bauablaufstörungen.** Vertragsfristen können nicht nur **bei Abschluss** des Bauvertrags vereinbart werden, sondern auch noch danach, insbesondere also **während der Bauausführung.** Heißt es im Bauvertrag beispielsweise „Die Ausführungsfristen werden später vereinbart", dann können diese später vereinbarten Fristen ebenso wie die ursprünglich vereinbarten Fristen verbindlich als Vertragsfristen vereinbart werden.

Gleichfalls können Vertragsfristen später durch Vereinbarung **einvernehmlich geändert** werden. So können die Parteien beispielsweise einem **gestörten Bauablauf** dadurch Rechnung tragen, dass sie die inzwischen überholten oder jedenfalls nicht mehr einhaltbaren Fristen durch eine **Terminplanfortschreibung** einvernehmlich anpassen, wobei diese Terminplanfortschreibung wiederum Vertragsfristen und unverbindliche Kontrollfristen beinhalten kann. Eine solche Terminplanfortschreibung ist in jeder Phase des Bauvertrags zulässig. Sie kann u.U. auch konkludent erfolgen. Dabei ist allerdings stets zu prüfen, ob die handelnden Personen jeweils **bevollmächtigt** waren, neue Vertragsfristen zu vereinbaren. Architekten und Ingenieure sind ohne besondere Vollmacht des Auftraggebers nicht befugt, für diesen rechtsgeschäftliche Änderungen des Vertrags, wie etwa Änderungen der Vertragsfristen, vorzunehmen.[40] Vorsicht für den Auftragnehmer ist geboten, wenn die (erstmalige oder neue) Festlegung verbindlicher Ausführungsfristen im Rahmen von Besprechungen erfolgt, in einem Verhandlungs- oder Baustellenprotokoll festgehalten wird und der Auftragnehmer den protokollierten Festlegungen nicht unverzüglich widerspricht. In diesem Fall können die protokollierten Absprachen nach den Grundsätzen des kaufmännischen Bestätigungsschreibens Gültigkeit erlangen.[41] Bei der einvernehmlichen Fortschreibung von störungsbedingt nicht mehr einhaltbaren Fristen hängt es vom – durch Aus-

---

[35] ZB durch eine Klausel, wonach alle im zugrunde liegenden Bauzeitenplan vereinbarten Einzelfristen als Vertragsfristen anzusehen sind, vgl. BGH BauR 1999, 645.
[36] OLG Naumburg BauR 2004, 1668 = IBR 2004, 479.
[37] BGH *Schäfer/Finnern* Z2.13 Bl. 26; OLG Hamburg BauR 2004, 1618; *Althaus* in Beck'scher VOB-Kommentar VOB/B § 5 Abs. 1 Rn. 25; *Jansen* in Leinemann VOB/B § 5 Rn. 19; *Kemper* in FKZGM VOB/B § 5 Rn. 57; *Kapellmann/Schiffers* Vergütung I Rn. 1336 mwN.
[38] *Kapellmann/Schiffers* Vergütung I Rn. 1336; *Jansen* in Leinemann VOB/B § 5 Rn. 107; *Kemper* in FKZGM VOB/B § 5 Rn. 56, 57; ebenso *Langen* → Vorauflage VOB/B § 5 Rn. 154; vgl. aber OLG Frankfurt BauR 2003, 269.
[39] OLG Hamburg BauR 2004, 1618: Die Ausführungsfrist soll 12 Monate ab Auftragserteilung und Ausführungsbeginn betragen, der Fertigstellungstermin soll vom Auftraggeber im Auftragsschreiben benannt werden. Bestimmt der Auftraggeber im Auftragsschreiben einen Fertigstellungstermin, der diese zwölfmonatige Ausführungsfrist abkürzt, so liegt keine billige Terminbestimmung im Sinne von § 315 Abs. 3 BGB vor.
[40] *Kniffka* in Kniffka/Koeble Kompendium des Baurechts 5. Teil Rn. 32.
[41] BGH BauR 2011, 669; KG IBR 2014, 9.

legung zu ermittelnden – Parteiwillen ab, ob die **Neuvereinbarung von Fristen** etwaige **Ansprüche** der einen oder anderen Seite aus den bisherigen Fristvereinbarungen **hinfällig macht oder unberührt lässt.**[42] Diejenige Partei, die aus den bisher vereinbarten Fristen Ansprüche ableiten möchte, zB Schadensersatzansprüche wegen Verzugs oder wegen Behinderung, sollte sich diese Ansprüche anlässlich der Terminplanfortschreibung daher ausdrücklich und schriftlich vorbehalten, um Unklarheiten zu vermeiden.

Kommt es im Zuge von (auch) vom Auftraggeber zu verantwortenden Bauablaufstörungen **nicht zu einer einvernehmlichen Terminplanfortschreibung,** bestimmen sich die **neuen Vertragsfristen nach § 6 Abs. 1, 2 und 4 VOB/B.** Verbindlich (im Sinne von § 5 Abs. 1 S. 1 VOB/B) sind dann die gemäß dieser Regelung verlängerten Vertragsfristen, die jedoch nicht mehr kalendermäßig bestimmt sind, so dass zur Begründung von Verzug eine Mahnung erforderlich ist.[43] Davon zu unterscheiden ist die Frage, ob der Auftraggeber eine Terminplanfortschreibung zwecks erforderlicher Koordination erreichen kann. Bauzeitpläne haben regelmäßig auch den Zweck das Zusammenwirken verschiedener Auftragnehmer auf der Baustelle zu koordinieren. Kommt es zu gestörten Bauabläufen kann eine Neukoordination seitens des Auftraggebers notwendig sein, um die künftige reibungslose Durchführung des Bauvorhabens zu gewährleisten. In einem solchen Fall gebietet es die aus Treu und Glauben gemäß § 242 BGB folgende **Kooperationspflicht** der Parteien, sich auf einen neuen Bauzeitplan zu verständigen. Scheitert die Verständigung, wird man dem Auftraggeber gemäß § 242 BGB auch die einseitige Festlegung eines neuen Bauzeitplans nach billigem Ermessen (§ 315 BGB) zubilligen können. Der einseitig festgelegte, der Koordination dienende neue Bauzeitplan kann dabei regelmäßig allerdings nicht die vereinbarten Vertragsfristen abweichend von § 6 Abs. 1, 2 und 4 VOB/B zum Nachteil des Auftragnehmers verkürzen.[44]

3. Einseitige Änderungen von Vertragsfristen durch den Auftraggeber? Die vereinbarten Vertragsfristen sind nicht nur für den Auftragnehmer, sondern auch für den Auftraggeber verbindlich. Der Auftraggeber ist daher **grundsätzlich nicht berechtigt, die verbindlich vereinbarte Bauzeit einseitig zu ändern.** Dh er ist grundsätzlich nicht befugt, einseitig die mit dem Auftragnehmer vereinbarten Vertragsfristen zu verlängern, zu verkürzen oder aufzuheben, indem er zB einen früheren oder späteren Ausführungsbeginn anordnet, einen Baustopp[45] bestimmt oder den Auftragnehmer auffordert, Beschleunigungsmaßnahmen (dazu → Rn. 53 ff.) zu ergreifen, um dadurch die Bauzeit abzukürzen.[46] Ebensowenig ist der Auftraggeber berechtigt, einseitig eine bis dahin nicht im Bauvertrag oder im Bauzeitplan existente Zwischenfrist als verbindliche Einzelfrist zu bestimmen oder eine unverbindliche Kontrollfrist zu einer verbindlichen Einzelfrist zu erklären.

Etwas anderes gilt, wenn die Parteien dem Auftraggeber ein nach billigem Ermessen (§ 315 BGB) auszuübendes **Änderungsrecht hinsichtlich der Vertragsfristen vertraglich eingeräumt** haben. Soll dem Auftraggeber ein solches Änderungsrecht durch **Allgemeine Geschäftsbedingungen** eingeräumt werden, muss dies deutlich und transparent erfolgen. Dem Auftragnehmer als Vertragspartner des Verwenders muss erkennbar sein, unter welchen Voraussetzungen, in welchem Umfang und innerhalb welcher Grenzen dem Auftraggeber eine einseitige Änderung der Vertragsfristen möglich sein soll, so dass dies regelmäßig festzulegen ist. Dabei muss das Änderungsrecht unter Berücksichtigung der Interessen des Auftraggebers die Zumutbarkeit für den Auftragnehmer wahren (vgl. § 308 Nr. 4 BGB, der nach der Rechtsprechung Indizwirkung auch im unternehmerischen Verkehr hat[47]). Ein Änderungsrecht hinsichtlich der Vertragsfristen wird daher auf die Dispositionen des Auftragnehmers Rücksicht nehmen und einen angemessenen finanziellen Ausgleich vorsehen müssen. Ohne (wirksame)

---

[42] BGH NZBau 2012, 357 = BauR 2012, 949.
[43] BGH BauR 1999, 645 mwN; ferner zB OLG Düsseldorf BauR 2000, 1336; OLG Hamm NZBau 2014, 104; KG IBR 2014, 534; OLG Dresden BauR 2000, 1881; *Eschenbruch/von Rintelen* NZBau 2010, 401; *Retzlaff* BauR 2015, 384 (388).
[44] Vgl. zu dieser Problematik im Einzelnen *Althaus* in Beck'scher VOB-Kommentar VOB/B § 5 Abs. 1 Rn. 39 ff., 58 ff.
[45] Ausnahmsweise kann der Auftraggeber einen Baustopp nach § 4 Abs. 1 Nr. 3 VOB/B anordnen, wenn dies zur vertragsgemäßen Ausführung der Leistung notwendig ist oder wenn hierdurch eine gerichtliche Anordnung befolgt wird; näher hierzu *Althaus* in Beck'scher VOB-Kommentar VOB/B § 5 Abs. 1 Rn. 59.
[46] *Althaus* in Beck'scher VOB-Kommentar VOB/B § 5 Abs. 1 Rn. 58 ff.
[47] § 308 Nr. 4 BGB gilt auch für Änderungsvorbehalte betreffend Leistungsmodalitäten, vgl. *Grüneberg* in Palandt BGB § 308 Rn. 24; zur Indizwirkung vgl. zB BGH BauR 2016, 1169 mwN.

vertragliche Einräumung eines einseitigen Änderungsrechts hinsichtlich der Vertragsfristen kann sich allenfalls im Einzelfall ein Anspruch des Auftraggebers auf Anpassung der verbindlichen Bauzeit mit der **Kooperationspflicht** nach Treu und Glauben rechtfertigen lassen.

Durch **§ 1 Abs. 3 VOB/B** wird dem Auftraggeber bei zutreffender Auslegung **kein unmittelbar die Vertragsfristen betreffendes einseitiges Änderungsrecht** eingeräumt (näher dazu → VOB/B § 1 Rn. 57 ff.). Bei den Bestimmungen der VOB/B handelt es sich um Allgemeine Geschäftsbedingungen, für die der Grundsatz der objektiven Auslegung gilt.[48] Danach kommt in erster Linie dem Wortlaut der jeweiligen Klausel Bedeutung zu, wobei auf das typische Verständnis redlicher Vertragsparteien unter Abwägung der Interessen der an den Geschäften üblicherweise beteiligten Verkehrskreise abzustellen ist. Daneben finden auch Sinn und Zweck sowie die systematische Stellung der Klausel im Regelwerk Berücksichtigung.[49] Nach diesen Maßstäben beinhaltet § 1 Abs. 3 VOB/B kein unmittelbar die Bauzeit betreffendes Änderungsrecht. Das Änderungsrecht des Auftraggebers gemäß § 1 Abs. 3 VOB/B bezieht sich nach dessen Wortlaut auf den „Bauentwurf". Sprachlich ist darunter der Bauinhalt, dh die gestalterischen und technischen und somit inhaltlichen Vorgaben für die Bauleistung, zu verstehen, nicht aber (jedenfalls nicht eindeutig) die zeitlichen Vorgaben. Ein hiervon abweichendes übereinstimmendes Verständnis der beteiligten Verkehrskreise ist nicht ersichtlich, auch wenn Teile der juristischen Literatur[50] die Auffassung vertreten, § 1 Abs. 3 VOB/B beziehe sich auch auf die Bauzeit. Entsprechend ist bislang eine diesbezügliche Änderung der VOB/B abgelehnt worden.[51] Sinn und Zweck der Regelung oder gar allgemeine Interessenserwägungen können ebenfalls keine den Wortlaut überdehnende Auslegung des Begriffs „Bauentwurf" begründen. Vielmehr kann der Regelung nur entnommen werden, dass dem Auftraggeber angesichts der Dynamik von Bauvorhaben als Nutzer die gestalterische Freiheit erhalten werden soll, nicht aber dass ihm auch sonstige einseitige Vertragsänderungen möglich sein sollen.[52]

Von den unmittelbaren Anordnungen zu den Vertragsfristen sind Konstellationen zu unterscheiden, in denen sich aus vom Auftraggeber angeordneten **Änderungen des Bauentwurfs im Sinne von § 1 Abs. 3 VOB/B** (dh des Bauinhalts) **mittelbar Auswirkungen auf die Bauzeit** ergeben, zB aufgrund geänderter Herstellungsverfahren, längerer Lieferfristen für geänderte Bauteile usw. Derartige Anordnungen sind ungeachtet des Einflusses auf die Bauzeit zulässig, da anderenfalls das Anordnungsrecht gemäß § 1 Abs. 3 VOB/B wertlos wäre. Als Folge einer solchen Anordnung können sich die vereinbarten Vertragsfristen gemäß § 6 Abs. 1, 2 und 4 VOB/B verschieben und es hat ggf. eine Terminplanfortschreibung aufgrund des hierdurch gestörten Bauablaufs zu erfolgen (dazu → Rn. 15). Eine einseitige Verkürzung der nach § 6 Abs. 1, 2 und 4 VOB/B verschobenen Vertragsfristen seitens des Auftraggebers rechtfertigt sich auch in diesem Fall nicht aus § 1 Abs. 3 VOB/B.[53] Durch (Teil-) Kündigung mit entsprechenden Reduzierungen des Leistungsumfangs wird die mit dem Auftragnehmer vereinbarte Ausführungsfrist ebenfalls nicht automatisch verkürzt.[54]

Von der (regelmäßig unzulässigen) einseitigen Neubestimmung verbindlicher Ausführungsfristen durch den Auftraggeber ist die zulässige einvernehmliche Fortschreibung der Ausführungsfristen zu unterscheiden (dazu → Rn. 15). Kommt der Auftragnehmer einer bauzeitlichen Anordnung des Auftraggebers nach, löst dies nach der Rechtsprechung des BGH (vorbehaltlich einer abweichenden Vereinbarung) Ansprüche gemäß § 2 Abs. 5 VOB/B aus, was sich im VOB/B-Vertrag im Wege der (ergänzenden) Vertragsauslegung rechtfertigen lässt.[55]

---

[48] St. Rspr. zB BGH NJW-RR 2007, 1697; *Grüneberg* in Palandt BGB § 305c Rn. 16.
[49] Näher zu den Auslegungsgrundsätzen *Sacher* in Beck'scher VOB-Kommentar/ VOB/B Einleitung Rn. 112 ff. mwN.
[50] ZB *Tomic* ZfBR 2010, 315, der die Leistungszeit als Bestandteil der Leistung im Sinne des § 1 Abs. 3 VOB/B versteht und eine einseitige Anordnung insoweit für zulässig erachtet.
[51] *Markus* NZBau 2006, 537; *Luz* BauR 2016, 1065.
[52] Wie hier zB *Althaus* in Beck'scher VOB-Kommentar VOB/B § 5 Abs. 1 Rn. 58 ff.; *Schoofs* in Leinemann VOB/B § 1 Rn 54; *Voit* in Messerschmidt/Voit Privates Baurecht VOB/B § 1 Rn. 6; *Luz* BauR 2016, 1065; *Oberhauser* FS Ganten (2007), 189 ff.; *Thode* ZfBR 2004, 214 f.; aA OLG Naumburg NZBau 2013, 635, das zumindest im Zusammenhang mit einer angeordneten Änderung des (inhaltlichen) Bauentwurfs auch ein einseitiges Anordnungsrecht hinsichtlich der verbindlichen Bauzeit aus § 1 Abs. 3 VOB/B bejaht.
[53] AA OLG Naumburg NZBau 2013, 635.
[54] AA *Tomic* ZfBR 2010, 315.
[55] BGHZ 50, 25; BGH BauR 1971, 202; 1985, 561; ebenso aus der obergerichtlichen Rechtsprechung zB OLG Naumburg BauR 2012, 255; OLG Celle BauR 2009, 1591; KG BauR 2009, 650.

Zum Begriff der **Beschleunigung** und zur Frage der Zulässigkeit von Beschleunigungsanordnungen wird auf die Ausführungen (→ Rn. 53 ff.) verwiesen.

III. Kalenderfrist

Die Kalenderfrist ist in § 286 Abs. 2 Nr. 1 BGB geregelt. Eine Kalenderfrist in diesem Sinne liegt vor, wenn
– unmittelbar oder mittelbar ein **bestimmter Kalendertag** als Leistungszeit festgelegt wird,[56]
– es sich bei der kalendermäßig bestimmten Frist um eine im Vertrag vereinbarte verbindliche Frist, also eine **Vertragsfrist,** handelt.[57]

Die Kalenderfrist muss zwischen den Parteien **bei Vertragsschluss oder nachträglich vereinbart** worden sein. Eine einseitige Bestimmung durch den Auftraggeber reicht nicht, sofern dieser nicht hierzu nach dem Vertrag berechtigt ist.[58]

Eine Vertragsfrist als Kalenderfrist kann sowohl für den **Baubeginn** als auch für den **Bauablauf (Einzelfristen)** als auch für die **Fertigstellung** vereinbart werden.

Beispiel: Die Parteien haben in einem Schlüsselfertigbauvertrag den Ausführungsbeginn am 1.6.2015, die Rohbaufertigstellung am 30.11.2015 und die Bezugsfertigkeit am 30.6.2016 als Vertragsfristen vereinbart.

Bei allen drei Fristen handelt es sich um kalendermäßig bestimmte verbindliche Fristen im Sinne von § 286 Abs. 2 Nr. 1 BGB, bei deren Überschreitung der Auftragnehmer auch ohne Mahnung in Verzug gerät, wenn er nicht (ausnahmsweise) fehlendes Verschulden gemäß § 286 Abs. 4 BGB nachweisen kann.

Eine Kalenderfrist liegt ferner vor, wenn im Vertrag der Ausführungsbeginn für den 15.1.2016 vereinbart ist und die Ausführungsfrist 12 Wochen ab Ausführungsbeginn betragen soll. Dies gilt auch dann, wenn eine bestimmte Vertragsfrist für die Fertigstellung im Vertrag vereinbart ist und das Datum des Beginns der Frist während der Vertragsdurchführung einvernehmlich festgelegt wird.[59] In der Vereinbarung der Fertigstellung bis Ende Mai 2012 liegt ebenfalls die Vereinbarung einer Vertragsfrist als Kalenderfrist.[60]

Dagegen genügt es für die Annahme einer Kalenderfrist im Sinne von § 286 Abs. 2 Nr. 1 BGB nicht, wenn die Leistungszeit nur ungefähr feststeht, zB bei Vereinbarung von Circa-Terminen.[61] Es genügt ebenfalls nicht, wenn sich die Leistungszeit nur unter Anknüpfung an ein nicht feststehendes Ereignis berechnen lässt, zB bei Vereinbarung einer Ausführungsfrist von 160 Arbeitstagen ab tatsächlichem Arbeitsbeginn[62] oder bei Vereinbarung einer Beginnfrist von 3 Wochen nach Abruf.

Die Vereinbarung von Kalenderfristen kann in der Praxis allerdings auch zu Problemen führen:

So soll nach Ziffer 1.2 der Richtlinien zu 214 „Besondere Vertragsbedingungen" im VHB 2008[63] (insoweit Stand August 2014) eine Vertragsfrist nur dann als Kalenderfrist vereinbart werden, wenn der Auftraggeber den Beginn der Ausführung datumsmäßig verbindlich festlegen kann und ein bestimmter Endtermin eingehalten werden muss. Denn die Vereinbarung von Vertragsfristen als Kalenderfristen führt auch für den Auftraggeber zu festen Terminen für seine Mitwirkungshandlungen zB hinsichtlich der bereitzustellenden Ausführungsunterlagen, der Vorleistungen anderer Unternehmer und sonstiger Mitwirkungsobliegenheiten oder -pflichten.

Ferner erweisen sich in der Praxis **verschobene Kalenderfristen** als häufig übersehenes Problem.

---

[56] *Grüneberg* in Palandt BGB § 286 Rn. 22; *Löwisch/Feldmann* in Staudinger BGB § 286 Rn. 68.
[57] Wird eine bloße Kontrollfrist, also eine unverbindliche Frist, kalendermäßig vereinbart, so gerät der Auftragnehmer bei Überschreitung nicht in Verzug, weil es bereits an der Vereinbarung einer verbindlichen, zur Fälligkeit der Leistung führenden Frist fehlt.
[58] BGHZ 174, 77; *Grüneberg* in Palandt BGB § 286 Rn. 22; *Löwisch/Feldmann* in Staudinger BGB § 286 Rn. 69.
[59] BGH NZBau 2002, 265.
[60] Ebenso *Löwisch/Feldmann* in Staudinger BGB § 286 Rn. 70; aA (unzutreffend) OLG Celle BauR 2005, 1176; vgl. auch → Rn. 11.
[61] OLG Koblenz NZBau 2013, 500; vgl. auch → Rn. 11.
[62] BGH BauR 1985, 576.
[63] Vergabe- und Vertragshandbuch für die Baumaßnahmen des Bundes (2008), abrufbar über http://www.vob-online.de

Beispiel: Im Beispiel aus → Rn. 17 kommt es zu auftraggeberseitigen Behinderungen gemäß § 6 Abs. 2 Nr. 1a VOB/B mit der Folge, dass sich der Fertigstellungstermin um zwei Wochen auf den 14.7.2016 verschiebt.

Wird dieser gemäß § 6 Abs. 1, 2 und 4 VOB/B auf den 14.7.2016 verschobene Fertigstellungstermin nicht – ausnahmsweise – als neuer – wiederum kalendermäßig bestimmter – Fertigstellungstermin vereinbart, so handelt es sich bei dem auf den 14.7.2016 verschobenen Termin zwar immer noch um einen Vertragstermin, der aber nicht mehr kalendermäßig im Sinne von § 286 Abs. 2 Nr. 1 VOB/B bestimmt ist. Bei verschobenen Kalenderfristen gerät der Auftragnehmer daher nicht automatisch in Terminverzug, sondern erst nach entsprechender Mahnung durch den Auftraggeber.[64] Die Mahnung muss wiederum nach der verschobenen Fälligkeit erfolgen, ansonsten ist sie verfrüht und löst keinen Verzug des Auftragnehmers aus (dazu → Rn. 41).

19 Der „Mythos" der Kalenderfristen hat durch die heutige Fassung des § 286 Abs. 2 BGB allerdings an Wirkung verloren, da das Gesetz in § 286 Abs. 2 Nr. 2–4 BGB verschiedene weitere Fälle geregelt hat, in denen eine Mahnung des Gläubigers entbehrlich ist, die also in ihren Wirkungen der Kalenderfrist gleich stehen (dazu → Rn. 44 ff.).

IV. Einzelfrist (Zwischenfrist)

20 Einzelfristen (auch Zwischenfristen genannt) sind Fristen, die nicht für die Fertigstellung der Gesamtleistung des Auftragnehmers vereinbart werden, sondern für Teile der Leistung oder auch nur zur Kontrolle des Baufortschritts. Die VOB enthält in **§ 9 Abs. 2 VOB/A und § 5 Abs. 1 S. 2 VOB/B** ein in sich geschlossenes System für Einzelfristen, das zusammengefasst besagt:

21 Gemäß § 9 Abs. 2 Nr. 1 VOB/A sollen Einzelfristen zum einen nur für in sich abgeschlossene Teile der Leistung vereinbart werden, wenn es ein erhebliches Interesse des Auftraggebers erfordert. Zum anderen sollen gemäß § 9 Abs. 2 Nr. 2 VOB/A dann, wenn ein Bauzeitenplan aufgestellt wird, damit die Leistungen aller Auftragnehmer sicher ineinander greifen, nur die für den Fortgang der Gesamtarbeit besonders wichtigen Einzelfristen als vertraglich verbindliche Fristen (Vertragsfristen) vereinbart werden. Entsprechend bestimmt § 5 Abs. 1 S. 2 VOB/B, dass die Einzelfristen, die im Bauzeitenplan enthalten sind, nur bei ausdrücklicher Vereinbarung Vertragsfristen, im Übrigen (unverbindliche) Kontrollfristen darstellen.[65]

Generell ist zu § 9 Abs. 2 VOB/A anzumerken, dass die Bestimmung nur für VOB/A-gebundene Auftraggeber gilt. Ihre Berücksichtigung empfiehlt sich jedoch auch für „private" Auftraggeber.

22 **1. Einzelfristen für in sich abgeschlossene Teile der Leistung.** Wenn es ein erhebliches Interesse erfordert, soll der VOB/A-gebundene Auftraggeber Einzelfristen für **„in sich abgeschlossene Teile der Leistung"** vereinbaren. § 9 Abs. 2 Nr. 1 VOB/A verwendet damit die gleiche Formulierung wie § 12 Abs. 2 VOB/B zur Teilabnahme. In sich abgeschlossene Teile der Leistung liegen vor, wenn sie nach allgemeiner Verkehrsauffassung als selbständig und von den übrigen Teilleistungen aus demselben Bauvertrag unabhängig anzusehen sind, sie sich also in ihrer Gebrauchsfähigkeit abschließend für sich beurteilen lassen, und zwar sowohl in ihrer technischen Funktionsfähigkeit als auch im Hinblick auf die vorgesehene Nutzung.[66] Der Begriff wird mithin eher eng verstanden.

23 Nach der Rechtsprechung des BGH stellen einzelne Leistungsteile innerhalb eines Gewerks (zB einzelne Teile eines herzustellenden Rohbaus)[67] oder mehrere Abschnitte eines Gewerks (zB ein in drei Abschnitten herzustellendes Wärmedämmverbundsystem)[68] keine in sich abgeschlossenen Teile der Leistung dar. Ihnen mangelt es regelmäßig an der Selbständigkeit, die eine eigenständige Beurteilung der Teilleistung ermöglicht. Dies kann ggf. bei klarer räumlicher oder zeitlicher Trennung der Leistungsteile eines Gewerks anders zu beurteilen sein. Wird beispiels-

---

[64] BGH BauR 1999, 645 mwN; ferner zB OLG Düsseldorf BauR 2000, 1336; OLG Hamm NZBau 2014, 104; KG IBR 2014, 534; OLG Dresden BauR 2000, 1881; *Eschenbruch/von Rintelen* NZBau 2010, 401; *Retzlaff* BauR 2015, 384 (388).

[65] Nach OLG Düsseldorf BauR 2011, 1501 kann dieser Rechtsgedanke im Zweifel auch auf Planungsverträge übertragen werden.

[66] *Oppler* in Ingenstau/Korbion VOB/B § 12 Abs. 2 Rn. 6; *Jansen* in Leinemann VOB/B § 12 Rn. 81; kritisch dazu *Kapellmann* FS Thode (2005), 29 ff; vgl. näher dazu auch → VOB/B § 12 Rn. 79 f.

[67] BGHZ 50, 160.

[68] BGH BauR 2009, 1736 = NZBau 2010, 47.

weise ein Auftragnehmer mit der Erstellung der Heizungsarbeiten für mehrere Reiheneinfamilienhäuser beauftragt, so sind die einzelnen Häuser im Regelfall abgeschlossene Funktionseinheiten, so dass bezüglich der einzelnen Heizung in jedem Haus eine in sich abgeschlossene Teilleistung vorliegen kann.[69] Allgemein kann hierzu auf die recht umfangreiche Kasuistik zu § 12 Abs. 2 VOB/B verwiesen werden.

Danach kommt es bei der **konventionellen Baudurchführung**, also der Beauftragung eines Auftragnehmers mit einem einzigen oder mehreren Gewerken auf der Basis einer detaillierten Leistungsbeschreibung, darauf an, ob innerhalb des beauftragten Gewerks eine selbständig funktionierende Teilleistung erstellt wird.

Beim Komplettbau, insbesondere beim **Schlüsselfertigbau,** kann jedenfalls nach der Vorgabe des § 9 Abs. 2 Nr. 1 VOB/A nicht auf einzelne Gewerke abgestellt werden. Denn der Schlüsselfertigbau unterscheidet sich vom konventionellen Bau ja insbesondere dadurch, dass der Auftragnehmer gerade nicht einzelne Gewerke oder eine Summe von einzelnen Gewerken schuldet, sondern eine funktional definierte Leistung, meist eine schlüsselfertige und funktionsfähige Gesamtleistung wie zB ein gebrauchsfähiges Wohnhaus, ein betriebsbereites Klärwerk oder eine funktionsfähige Bahnstrecke. Nach der Vorgabe von § 9 Abs. 2 Nr. 1 VOB/A sind beim Schlüsselfertigbau Einzelfristen also nur dann zulässig, wenn innerhalb der zielorientiert definierten Gesamtleistung selbständige Funktionsabschnitte erstellt werden, also zB ein selbständig funktionsfähiger Teil der geschuldeten Kläranlage vorzeitig in Betrieb genommen werden soll.[70]

24

2. Einzelfristen für fortgangswichtige Teile der Leistung. § 9 Abs. 2 Nr. 2 VOB/A lässt für VOB/A-gebundene Auftraggeber die Vereinbarung von Einzelfristen als Vertragsfristen im Rahmen eines Bauzeitenplans nur für fortgangswichtige Teile der Leistung zu.

25

Die Regelung knüpft damit an die Beauftragung mehrerer Auftragnehmer mit einzelnen Gewerken bei der konventionellen Baudurchführung an. Wird hingegen – wie zB beim Schlüsselfertigbau – nur ein Auftragnehmer mit der (Rest-) Planung und schlüsselfertigen bzw. funktionsfähigen Gesamterstellung einer Bauleistung beauftragt, so ist § 9 Abs. 2 Nr. 2 VOB/A a priori nicht einschlägig, weil das durch § 9 Abs. 2 Nr. 2 VOB/A geregelte Ineinandergreifen der Leistungen mehrerer Auftragnehmer nur im Verhältnis des SF-Auftragnehmers zu seinen Nachunternehmern, nicht jedoch im Verhältnis des Auftraggebers zum SF-Auftragnehmer vorkommt.

3. Sonstige Einzelfristen. Auch über die in § 9 Abs. 2 VOB/A geregelten Fälle hinaus kann bei der **konventionellen Baudurchführung** ein berechtigtes Interesse vorhanden sein kann, Einzelfristen als Vertragsfristen zu vereinbaren.

26

Beispiel: Ein Bauträger erstellt 30 Einfamilienhäuser, die sukzessive fertiggestellt und übergeben werden sollen. Zur Terminsicherung vereinbart er mit dem Auftragnehmer für die Fensterarbeiten, dass dieser folgende Fristen einzuhalten hat: Für jeweils 5 Häuser parallel Maßnehmen nach Fertigstellung der Rohbaumaße 1 Woche nach Auftragserteilung, Anlieferung der fertiggestellten Fenster 4 Wochen nach Auftragserteilung, Einbau der Fenster 5 Wochen nach Auftragserteilung, Block 2 beginnt mit Fertigstellung von Block 1 usw.

In diesem Beispiel haben die Parteien verbindliche Einzelfristen für verschiedene Leistungsschritte des Auftragnehmers (Maßnehmen, Anliefern und Einbauen) vereinbart, die zur Klarstellung im Bauvertrag allerdings ausdrücklich als Vertragsfristen gekennzeichnet werden sollten.

Beim **Schlüsselfertigbau** besteht ohnehin weit über § 9 Abs. 2 VOB/A hinaus ein Bedürfnis, Einzelfristen als Vertragsfristen zu vereinbaren. Die Ausführungsfrist beträgt bei derartigen Bauvorhaben oftmals ein Jahr oder mehr. Wollte der Auftraggeber mit dem Auftragnehmer eines Schlüsselfertigbauvorhabens allein an § 9 Abs. 2 VOB/A orientierte Einzelfristen als Vertragsfristen vereinbaren, würde dieses Unterfangen weitgehend scheitern. Denn beim Schlüsselfertigbau liegen regelmäßig weder im Sinne von § 9 Abs. 2 Nr. 1 VOB/A in sich abgeschlossene Teilleistungen vor noch muss hier das Ineinandergreifen mehrerer Gewerke im Verhältnis Auftraggeber / Auftragnehmer gemäß § 9 Abs. 2 Nr. 2 VOB/A koordiniert werden. Dabei muss gerade der Auftraggeber bei größeren Schlüsselfertigbauvorhaben ein Kontrollinstrument installieren, um einen angemessenen und den Endtermin sichernden Baufortschritt kontrollieren zu können. Deshalb bietet sich an, für wichtige Leistungsabschnitte Einzelfristen als Vertragsfristen zu vereinbaren, zB für die Gründung des Gebäudes, einzelne Betonierabschnitte, die Eindichtung des Gebäudes usw. Daneben kommen speziell beim Schlüsselfertigbau auch Teilfertigstellungs-

27

---

[69] Anders wiederum, wenn derselbe Auftragnehmer eine Zentralheizungsanlage in einem Mehrfamilienhaus erstellt.
[70] Dazu ausführlich *Kapellmann* FS Thode (2005), 29 (36).

abschnitte in Betracht, zB die Übergabe teilfertig erstellter Shops oder Büros an Vertragspartner des Auftraggebers wie Käufer (beim Bauträgervertrag) oder Mieter (beim Investorenmodell).

28 Auch über diese sinnvollen Einzelfristen für Teilabschnitte der Bauleistung hinaus ist es zulässig, Einzelfristen als Vertragsfristen zu vereinbaren. So erhebt die Rechtsprechung keine Bedenken gegen eine **Klausel,** wonach (abweichend von § 5 Abs. 1 S. 2 VOB/B) unterschiedslos **alle** im zugrunde liegenden Bauzeitenplan vereinbarten **Einzelfristen** als **Vertragsfristen** gelten sollen.[71] Eine solche undifferenzierte Qualifizierung von Einzelfristen als Vertragsfristen erscheint zwar nicht sinnvoll, sondern eher schädlich, weil durch ein solch enges, weder projekt- noch produktionsorientiertes Termingeflecht dem Auftragnehmer jegliche Möglichkeit genommen wird, durch Kapazitätsanpassungen tägliche oder wöchentliche Arbeitszeitanpassungen vorzunehmen und ggf. durch Kapazitätsaustausch auf Störungen zu reagieren.[72] Auch der Auftraggeber kann hierdurch hinsichtlich der ihm obliegenden Mitwirkungshandlungen die erforderliche Flexibilität verlieren. Die Frage, ob die Vereinbarung einer Vielzahl von Einzelfristen als Vertragsfristen sinnvoll ist, ist jedoch von der Frage zu trennen, ob eine solche Vereinbarung rechtswirksam ist. Die Rechtswirksamkeit begegnet aber letztlich – auch unter AGB-Gesichtspunkten – keinen Bedenken.

Zur AGB-Konformität von § 5 Abs. 1 S. 2 VOB/B und hiervon abweichender Klauseln wird auf die Erläuterungen zu → Rn. 148, 154 verwiesen.

V. Bauzeitenplan

29 Die VOB erwähnt den Bauzeitenplan in § 9 Abs. 2 Nr. 2 VOB/A und § 5 Abs. 1 S. 2 VOB/B, ohne zu definieren, was unter einem Bauzeitenplan zu verstehen ist. Allgemein gilt, dass der in der VOB geregelte Bauzeitenplan das Ergebnis einer **Terminplanung und -vereinbarung** ist, die regelmäßig vom Auftraggeber initiiert worden ist, im Einzelfall aber auch vom Auftragnehmer oder auch von beiden Vertragsparteien gemeinsam vorgenommen werden kann. Es gibt verschiedene Arten und verschiedene Darstellungsformen von Bauzeitenplänen.

30 **1. Arten von Terminplänen.** Bei der Terminplanung unterscheidet man zunächst zwischen der **projektorientierten** und der **produktionsorientierten Terminplanung.**[73] Bei der projektorientierten Terminplanung steht die Koordination der verschiedenen an der Bauplanung und -ausführung Beteiligten im Vordergrund. Es geht um die terminliche Abstimmung für das Bauvorhaben als Ganzes. Deshalb wird die projektorientierte Terminplanung und -steuerung im Regelfall vom Auftraggeber durchgeführt.[74] Demgegenüber erfasst die produktionsorientierte Terminplanung mehr oder weniger detailliert die Planungs- und Ausführungsvorgänge. Sie wendet sich in der Regel an den einzelnen Projektbeteiligten, also zB den Auftragnehmer eines bestimmten Leistungsbereichs bei der konventionellen Baudurchführung. Bei ihr geht es um die Abstimmung der Kapazitäten für die einzelnen Herstellungsvorgänge.[75]

31 Hinsichtlich des Detaillierungsgrades unterscheidet man zwischen dem **Grobterminplan,** der der Absteckung des Zeitrahmens insgesamt dient, dem **mittelfeinen Terminplan,** der auf das Gesamtbauvorhaben ausgerichtet ist, aber schon Einzelziele und Einzelaufgaben beinhaltet und dem **Feinterminplan,** der alle terminrelevanten Einzelziele und -aufgaben erfasst.[76]

32 Hiervon wiederum zu trennen ist die **Darstellungsform eines Terminplans,** wobei in der Praxis am häufigsten vorkommen:
– der Balkenplan,[77]
– die Terminliste,[78]
– das Volumen-/Zeit-Diagramm,[79]
– der Netzplan.[80]

---

[71] BGH BauR 1999, 645; OLG Düsseldorf BauR 2009, 1188.
[72] Vgl. *Schiffers* in Jahrbuch BauR 1998, 275 ff (285); zustimmend *Eschenbruch/von Rintelen* NZBau 2010, 401; *Motzke* in Beck´scher VOB-Kommentar VOB/A § 11 Abs. 2 Rn. 42.
[73] Vgl. *Schiffers* FS Leimböck (1996), 237; *Langen/Schiffers* Bauplanung und Bauausführung, Rn. 44.
[74] Vgl. *Schiffers* in Jahrbuch Baurecht 1998, 275; *Langen/Schiffers* Bauplanung und Bauausführung, Rn. 44.
[75] *Langen/Schiffers* aaO Rn. 44
[76] Einzelheiten bei *Langen/Schiffers* aaO Rn. 43.
[77] *Langen/Schiffers* aaO Rn. 39 und dort Beispiel in Abb. 9.
[78] *Langen/Schiffers* aaO Rn. 41 und dort Beispiel in Abb. 11.
[79] *Langen/Schiffers* aaO Rn. 42 und dort Beispiel in Abb. 12.
[80] *Langen/Schiffers* aaO Rn. 40 und dort Beispiel in Abb. 10; *Mechnig* S. 10 ff.

2. Vertragsterminplan und interne Ablaufpläne. Wenn die VOB in § 9 Abs. 2 Nr. 2 **33** VOB/A für die Vergabe und in § 5 Abs. 1 S. 2 VOB/B für die Vertragsabwicklung von einem „aufgestellten" Bauzeitplan spricht und in diesem Zusammenhang die darin enthaltenen Einzelfristen klassifiziert, dann hat diese Frage zunächst nichts damit zu tun, ob der entsprechende Terminplan projekt- oder produktionsorientiert aufgestellt wurde, ob er grob, mittelfein oder fein gegliedert ist oder welche Darstellungsform für den Terminplan gewählt wurde. Entscheidend ist vielmehr, dass es sich bei einem **Bauzeitenplan** im Sinne der VOB um einen **Vertragsterminplan** handelt,[81] also um einen Terminplan, den die Vertragsparteien entweder schon bei Abschluss des Vertrags oder (entweder erstmals oder als Fortschreibung) während der Vertragsabwicklung vereinbart haben.

Der Bauzeitenplan in diesem Sinne ist also von Terminplänen zu unterscheiden, die entweder der Auftraggeber oder aber der Auftragnehmer (oder beide Parteien) rein zur **internen Ablaufplanung (oder -steuerung)** aufgestellt haben, die jedoch nicht mit dem jeweils anderen Vertragspartner vereinbart worden sind. Solche der internen Planung und Steuerung dienenden Terminpläne sind keine Bauzeitenpläne im Sinne der VOB.

Die **Vereinbarung** eines Terminplans als Bauzeitenplan kann nicht nur ausdrücklich, sondern **34** auch **konkludent** erfolgen. Letzteres kommt insbesondere dann in Betracht, wenn der Auftraggeber durch sein Verhalten zum Ausdruck bringt, mit dem Terminplan des Auftragnehmers (ganz oder teilweise) einverstanden zu sein.

Beispiel: Ausführungsbeginn und Fertigstellung sind im Bauvertrag vereinbart. Die Einzelfristen sollen sich nach einem noch zu vereinbarenden Bauzeitenplan richten, der vom Auftragnehmer binnen 4 Wochen nach Abschluss des Vertrags aufgestellt und dem Auftraggeber zur Billigung vorgelegt werden soll.

Legt in diesem Beispiel der Auftragnehmer einen die Vertragsfristen berücksichtigenden Terminplan mit der Bitte um Prüfung und Billigung vor, der zB auch die auftraggeberseitigen Mitwirkungshandlungen mit entsprechenden Vorlauffristen berücksichtigt, so kann der Auftragnehmer, da er sich durch die Vorlage des Terminplans vertragskonform verhalten hat, einen Widerspruch des Auftraggebers zu dem Terminplan insgesamt oder zu einzelnen Fristen (zB den auftraggeberseitigen Mitwirkungsfristen) erwarten. Schweigt der Auftraggeber insgesamt oder erhebt er nur Widerspruch gegen einzelne Fristen, so kann dies insgesamt oder hinsichtlich der übrigen Fristen als Zustimmung zu dem Terminplan gewertet werden, so dass der Terminplan fortan als (vereinbarter) Bauzeitenplan im Sinne von § 5 Abs. 1 S. 2 VOB/B anzusehen ist.[82]

Widerspricht der Auftraggeber einem auftragnehmerseitigen Terminplan allerdings ausdrücklich oder zumindest konkludent (zB durch den Hinweis auf die alleinige Verbindlichkeit des schon vorhandenen Vertragsterminplanes), so kommt dem vom Auftragnehmer vorgelegten Terminplan allenfalls interne Bedeutung für die Ablaufplanung des Auftragnehmers zu.

VI. Terminverzug des Auftragnehmers

§ 5 Abs. 4 VOB/B knüpft die dort näher erläuterten Rechtsfolgen bezüglich der Vollendung **35** der Leistung, dh der Fertigstellung der Leistung, an den Verzug des Auftragnehmers, ohne den Verzug eigenständig zu definieren. Maßgebend ist damit auch für VOB/B-Verträge die gesetzliche Definition des Verzugs.

Der Begriff „Terminverzug" wird im Baualltag ausgesprochen häufig – und nicht selten falsch oder zumindest missverständlich – verwendet.

Gemäß § 286 BGB setzt Verzug voraus **36**

a) **Fälligkeit** der Leistung;
b) **Mahnung** des Gläubigers / Auftraggebers **nach** der Fälligkeit oder
c) ausnahmsweise Entbehrlichkeit der Mahnung gemäß **§ 286 Abs. 2 BGB**
d) und **Verschulden** des Schuldners / Auftragnehmers mit der Nichtleistung, das gemäß § 286 Abs. 4 BGB vermutet wird.

1. Fälligkeit der jeweiligen Bauleistung. Fälligkeit im Sinne von § 286 Abs. 1 BGB liegt **37** dann vor, wenn der Auftraggeber die Bauleistung verlangen kann. Das setzt voraus, dass der

---

[81] Näher *Langen/Schiffers* aaO Rn. 1742 f.
[82] Vgl. dazu auch *Kemper* in FKZGM VOB/B § 5 Rn. 18.

Auftragnehmer vertraglich verpflichtet ist, die Leistung zu einem bestimmten Zeitpunkt bzw. innerhalb einer bestimmten Frist zu erbringen.[83]

Haben die Parteien den Ausführungsbeginn, die Fertigstellung oder die den Bauablauf betreffenden Einzelfristen als **Vertragsfristen** geregelt, so ergibt sich aus der Verbindlichkeit dieser Vertragsfristen die **Fälligkeit** der entsprechenden Leistung. Auch ohne ausdrückliche Regelung kann sich aus den Umständen ergeben, dass die Parteien bestimmte Fristen als verbindlich und damit Fälligkeitstermine vereinbaren wollen. Dabei ist die Auslegungsregel des § 5 Abs. 1 S. 2 VOB/B zu beachten, nach der Einzelfristen in einem Bauzeitenplan nur bei ausdrücklicher Vereinbarung als Vertragsfristen verbindlich sind. Bei der in § 5 Abs. 2 S. 2 VOB/B geregelten Frist für den Ausführungsbeginn handelt es sich dagegen um eine Vertragsfrist. Sind Ausführungsfristen als Circa-Fristen vereinbart, ist im Wege der Auslegung zu klären, ob es sich um eine unverbindliche Frist oder um eine Vertragsfrist mit Toleranzzeitraum (die dann allerdings nicht kalendermäßig bestimmt ist) handelt (dazu bereits → Rn. 11 mwN). Ohne Vereinbarung einer Vertragsfrist ergibt sich die Fälligkeit hinsichtlich der Fertigstellung aus § 271 Abs. 1 BGB (dazu → Rn. 1).

38 Die Parteien können die Fälligkeit **einvernehmlich verschieben,** zB den Beginntermin nach vorne oder nach hinten verlegen, ebenso den Endtermin, wie überhaupt die vereinbarte Bauzeit einvernehmlich verkürzt oder verlängert werden kann. Bei **gestörten Bauabläufen** können die Parteien die Vertragsfristen durch eine Terminplanfortschreibung einvernehmlich anpassen. Erfolgt in einem solchen Fall keine einvernehmliche Anpassung, kann es gemäß § 6 Abs. 1, 2 und 4 VOB/B zu einer Verschiebung der vereinbarten Vertragstermine bzw. zu einer Verlängerung der vereinbarten Vertragsfristen kommen. Der Auftragnehmer bleibt dann verbindlich zur Erbringung seiner Leistungen zu den bestimmten – nunmehr verschobenen – Terminen oder innerhalb der bestimmten – nunmehr verlängerten – Fristen verpflichtet. Die Fälligkeit der Leistungen des Auftragnehmers tritt ein, auch wenn verschobene Termine oder verlängerte Fristen und damit die Fälligkeit der Leistung oftmals schwierig zu bestimmen sind (dazu näher → Rn. 15 f.).

Zwar hätte nach allgemeinen Beweislastgrundsätzen der Gläubiger / Auftraggeber sämtliche Voraussetzungen des Verzugs und damit auch die Fälligkeit zu beweisen. Aus der gesetzlichen Wertung des § 271 Abs. 1 BGB folgt jedoch die **Beweislast des Schuldners / Auftragnehmers,** der sich auf das Fehlen der Fälligkeit beruft, dass aufgrund einer vertraglichen Vereinbarung oder der Umstände erst zu einem späteren Zeitpunkt zu leisten ist.[84] Hat sich der ursprünglich vereinbarte Fälligkeitszeitpunkt durch Vereinbarung oder gemäß § 6 Abs. 1, 2 und 4 VOB/B verschoben, trägt nach allgemeinen Beweislastgrundsätzen derjenige die Beweislast, der sich auf die Änderung beruft.

39 **2. Mahnung nach Fälligkeit.** Nach der Regelung des § 286 Abs. 1 BGB setzt Verzug des Auftragnehmers grundsätzlich voraus, dass der Auftraggeber nach Eintritt der Fälligkeit die ausbleibende Leistung anmahnt. Unter einer **Mahnung** ist die an den Auftragnehmer gerichtete Aufforderung zu verstehen, die geschuldete und fällige Leistung zu erbringen. Bei der Mahnung handelt es sich um eine formlose, aber empfangsbedürftige Willenserklärung.[85] Die Wortwahl des Auftraggebers bei der Formulierung der Mahnung ist sekundär. Primär ist, dass der Auftraggeber zum Ausdruck bringt, dass er nunmehr auf der Erbringung der (fälligen) Leistung besteht. Keine Mahnung ist die Aufforderung, sich lediglich über die Leistungsbereitschaft zu erklären. Um keine Auslegungszweifel aufkommen zu lassen, sollte die Mahnung eindeutig formuliert und bestenfalls auch als „Mahnung" bezeichnet sein.

Durch den Zugang einer solchen Mahnung gerät der Auftragnehmer mit der jeweiligen fälligen Leistung (zB Ausführungsbeginn oder Fertigstellung) in Verzug.

40 Eine **Fristsetzung** ist zur Begründung des Terminverzugs weder kraft Gesetzes noch nach den Bestimmungen der VOB/B erforderlich.[86] Will der Auftraggeber dem Auftragnehmer trotzdem eine Frist zur Nachholung der fälligen Leistung setzen, so hängt es von der Formulierung des Mahnschreibens ab, ob der Auftragnehmer ungeachtet der Fristsetzung bereits mit dem Zugang des Mahnschreibens in Verzug gerät oder ob Verzug erst nach Ablauf der gesetzten

---

[83] *Grüneberg* in Palandt BGB § 271 Rn. 1.
[84] BGH BauR 2004, 331 = NZBau 2004, 155.
[85] *Grüneberg* in Palandt BGB § 286 Rn. 16.
[86] Einer Fristsetzung (mit Kündigungsandrohung) bedarf es gemäß § 5 Abs. 4 VOB/B nur für den Fall, dass der Auftraggeber nach Fristablauf den Vertrag aus wichtigem Grund kündigen möchte, vgl. näher → Rn. 124 ff.

(Nach-)Frist eintreten soll. Letzteres ist dann anzunehmen, wenn der Auftraggeber beispielsweise formuliert, er setze dem Auftragnehmer nunmehr zur Leistungserbringung eine Nachfrist von zwei Wochen, nach deren Ablauf der Auftragnehmer sich in Verzug befinde. In diesem Fall kann der Auftraggeber etwaige Verzugsansprüche (zB Anspruch auf Ersatz des Mietausfallschadens, Vertragsstrafe usw.) erst nach Ablauf der Frist und nicht bereits ab Zugang des Mahnschreibens geltend machen.

Die Mahnung des Auftraggebers muss grundsätzlich **nach der Fälligkeit** der Leistung erfolgen. Im Normalfall führt die Einhaltung dieser Reihenfolge nicht zu Problemen. Die Einhaltung der gesetzlich vorgegebenen Reihenfolge wird aber dann schwierig, wenn die Fälligkeit schwierig zu bestimmen ist, zB wenn sich der Auftragnehmer auf auftraggeberseitige Behinderungen im Sinne von § 6 Abs. 2 Nr. 1a VOB/B beruft, diese auftraggeberseitigen Behinderungen aber nach Grund und terminlicher Auswirkung streitig sind. 41

Beispiel: Der Auftragnehmer hat mehrfach schriftlich Behinderung aufgrund fehlender Pläne, fehlender Vorleistungen usw. angezeigt. Der Auftraggeber hat diese Behinderungsanzeigen jeweils mit Hinweis darauf zurückgewiesen, der Auftragnehmer könne an anderer Stelle behinderungsfrei arbeiten. Beruft sich der Auftragnehmer zB darauf, durch die von ihm formgerecht angezeigten Behinderungen habe sich die Fertigstellungsfrist um vier Wochen verlängert, während es nach Meinung des Auftraggebers bei der ursprünglichen Fertigstellungsfrist verblieben ist, so muss der Auftraggeber im Zweifel mehrgleisig verfahren, wenn er aus formalen Gründen keine Nachteile riskieren will: Nach seiner Auffassung (deren Richtigkeit sich möglicherweise erst Jahre später in einem Rechtsstreit herausstellt) ist es bei der ursprünglichen Fertigstellungsfrist verblieben. In diesem Fall kann der Auftraggeber nach Fristablauf eine förmliche Mahnung annehmen und anschließend Ersatz des Verzugsschadens fordern. Ist hingegen die Auffassung des Auftragnehmers richtig, hat sich die Fertigstellungsfrist um vier Wochen verlängert, möglicherweise aber auch nur um eine oder zwei Wochen, was im Einzelfall aufzuklären ist. Konnten die Parteien in einem solchen Fall kein Einvernehmen über eine etwaige Terminplanfortschreibung (im Sinne eines verschobenen Fertigstellungstermins) erreichen, kann der Auftraggeber diese Unsicherheit über die Fertigstellungsfrist und damit die Fälligkeit der Gesamtleistung dadurch eingrenzen, dass er prophylaktisch mehrere Mahnungen ausspricht; die erste Mahnung nach Ablauf des ursprünglichen, nach Auffassung des Auftraggebers nach wie vor verbindlichen Fertigstellungstermins, die zweite Mahnung einige Tage oder eine Woche später, die dritte Mahnung wiederum einige Tage oder zwei Wochen später usw. Durch diese **„Mahnungsprophylaxe"** erreicht der Auftraggeber, dass er den gesetzlichen Formalien (Mahnung **nach** Fälligkeit der Leistung) selbst dann Genüge getan hat, wenn sich die Auffassung des Auftragnehmers im nachfolgenden Rechtsstreit ganz oder zumindest teilweise als richtig herausgestellt hat und die Fertigstellungsfrist entsprechend verlängert worden ist.

3. Ausnahmsweise Entbehrlichkeit der Mahnung gemäß § 286 Abs. 2 BGB. Gemäß § 286 Abs. 2 BGB gerät der Auftragnehmer in den vier dort geregelten Fällen ausnahmsweise auch ohne Mahnung in Verzug. 42

a) Vertragsfrist als Kalenderfrist, § 286 Abs. 2 Nr. 1 BGB. Der Auftragnehmer kommt ohne Mahnung in Verzug, wenn für die Leistung eine Zeit nach dem Kalender bestimmt ist. Der sofortige Verzugseintritt ist in diesem Fall gerechtfertigt, weil durch die kalendermäßige Bestimmung zum einen deutlich wird, dass die Leistungszeit wesentlich ist, und zum anderen der Schuldner genau weiß, wann er zu leisten hat.[87] 43

Eine Kalenderfrist in diesem Sinne liegt nur vor, wenn unmittelbar oder mittelbar ein **bestimmter Kalendertag** als Leistungszeit festgelegt wird und es sich dabei um eine **verbindliche Frist (Vertragsfrist)** handelt. Eine solche Kalenderfrist kann für den **Baubeginn,** für den **Bauablauf (Einzelfristen)** sowie schließlich für die **Fertigstellung** vereinbart werden. Erforderlich ist eine **Vereinbarung** der Parteien, die sowohl **bei Vertragsschluss** als auch **nachträglich,** also während der Bauausführung, erfolgen kann. Wegen der weiteren Einzelheiten wird auf die Erläuterungen in → Rn. 17 f. verwiesen. Zur Problematik **verschobener Kalenderfristen** und dem bestehenden Erfordernis einer anschließenden Mahnung wird auf → Rn. 18, 45 verwiesen.

b) Kalendermäßige Bestimmbarkeit nach einem Ereignis, § 286 Abs. 2 Nr. 2 BGB. Gemäß § 286 Abs. 2 Nr. 2 BGB ist eine Mahnung auch dann entbehrlich, wenn der Leistung ein Ereignis vorauszugehen hat und eine angemessene Zeit für die Leistung in der Weise bestimmt ist, dass sie sich **von dem Ereignis an nach dem Kalender berechnen** lässt. Der etwas komplizierte und an § 284 Abs. 2 S. 2 BGB a.F. anknüpfende Wortlaut erfasst Fälle, in denen die Fälligkeit der Leistung nicht von vornherein kalendermäßig bestimmt ist, sondern 44

---

[87] *Löwisch/Feldmann* in Staudinger BGB § 286 Rn. 68.

erst kalendermäßig bestimmbar wird, wenn ein bestimmtes Ereignis eingetreten ist. Voraussetzung ist aber, dass das Ereignis selbst hinreichend bestimmt bezeichnet ist und sich von dem Ereignis an für die Leistung eine angemessene und nach dem Kalender berechenbare Frist anschließt.

Beispiel: Vereinbaren die Parteien, dass der Auftragnehmer mit der Ausführung binnen drei Wochen nach Vorlage der Baugenehmigung zu beginnen und die Leistung sodann binnen weiterer drei Monate fertigzustellen hat, so stellt die Vorlage der Baugenehmigung gegenüber dem Auftragnehmer das „Ereignis" im Sinne von § 286 Abs. 2 Nr. 2 BGB dar. Wird die Baugenehmigung am 4.4.2016 vorgelegt, so handelt es sich bei dem daraus abgeleiteten Beginntermin zum 25.4.2016 und dem daraus abgeleiteten Fertigstellungstermin zum 25.7.2016 um kalendermäßig bestimmbare Termine. Der Auftragnehmer gerät also sowohl hinsichtlich des Ausführungsbeginns als auch hinsichtlich der Fertigstellung ohne Mahnung in Verzug, wenn er nicht am 25.4.2016 mit der Ausführung beginnt und bis zum 25.7.2016 die Leistung fertigstellt.

Dagegen handelt es sich bei der Vereinbarung einer Ausführung von Konstruktionszeichnungen „binnen 8 Arbeitstagen nach Erhalt der Unterlagen" nicht um eine kalendermäßig bestimmbare Frist im Sinne von § 286 Abs. 2 Nr. 2 BGB, wenn (nach Auslegung) unklar ist, welche Unterlagen konkret gemeint sind.[88]

Auch der **Leistungsabruf** im Sinne von **§ 5 Abs. 2 S. 2 VOB/B** stellt ein Ereignis gemäß § 286 Abs. 2 Nr. 2 BGB dar.[89] Die Frist für den Ausführungsbeginn von 12 Tagen beginnend mit dem Abruf ist grundsätzlich angemessen. Der Auftragnehmer gerät daher automatisch mit dem Ausführungsbeginn und ggf. (bei Vereinbarung insoweit verbindlicher Fristen) auch mit sich hieran anschließenden Leistungen sowie der Fertigstellung in Verzug, falls er nicht fristgerecht leistet.

45   Auch bei einer (ursprünglich) kalendermäßig bestimmbaren Leistungszeit im Sinne des § 286 Abs. 2 Nr. 2 BGB bedarf es zum Verzugseintritt einer Mahnung, wenn sich die **Frist** nach § 6 Abs. 1, 2 und 4 VOB/B **verschoben** hat. Kommt es bei vereinbarten Fristen im Sinne von § 286 Abs. 2 Nr. 1 oder Nr. 2 BGB zu einer auftraggeberseitigen Behinderung, die zu einer Verlängerung der Ausführung um eine Woche führt, dann ist dieser verschobene Termin weder im Sinne von § 286 Abs. 2 Nr. 1 bestimmt noch im Sinne von § 286 Abs. 2 Nr. 2 BGB bestimmbar, eine Mahnung also erforderlich, um nach der – verschobenen – Fälligkeit Verzug des Auftragnehmers herbeizuführen.[90]

46   c) **Ernsthafte und endgültige Leistungsverweigerung des Auftragnehmers, § 286 Abs. 2 Nr. 3 BGB.** Gemäß § 286 Abs. 2 Nr. 3 BGB ist eine Mahnung entbehrlich, wenn der Auftragnehmer die Leistung ernsthaft und endgültig verweigert. Diese gesetzliche Regelung entspricht ähnlichen Bestimmungen in § 281 Abs. 2 und § 323 Abs. 2 Nr. 1 BGB und trägt der auf Treu und Glauben beruhenden ständigen Rechtsprechung[91] zum alten Schuldrecht Rechnung, wonach es einer Mahnung nicht bedarf, wenn der andere Vertragsteil bereits ernsthaft und endgültig erklärt hat, er werde ohnehin nicht leisten.

Beispiel: Der Auftraggeber fordert den Auftragnehmer gemäß § 5 Abs. 2 S. 2 VOB/B auf, innerhalb von 12 Werktagen nach Empfang der Aufforderung mit der Bauleistung zu beginnen. Der Auftragnehmer erklärt wenige Tage später, ihm sei ein erheblicher Kalkulationsirrtum unterlaufen, er fechte den Vertrag an und werde die Leistung nicht ausführen.

Liegt eine solche ernsthafte und endgültige Leistungsverweigerung des Auftragnehmers vor, dann wäre eine Mahnung bloße Förmelei. Für die Praxis muss allerdings davor gewarnt werden, sich auf diese Ausnahmebestimmung zu verlassen. Bloße Meinungsverschiedenheiten oder eine eben nicht „ernsthafte und endgültige" Weigerung des Auftragnehmers machen die Mahnung nicht entbehrlich.[92] Im Zweifel ist der Auftraggeber also gut beraten, wenn er trotz des scheinbaren Vorliegens der Voraussetzungen von § 286 Abs. 2 Nr. 3 BGB den sicheren Weg geht und nach Fälligkeit mahnt.

Liegen die Voraussetzungen der ernsthaften und endgültigen Leistungsverweigerung bereits vor Fälligkeit vor, tritt der Verzug dennoch erst mit Fälligkeit ein.[93] Allerdings kann der Auftrag-

---

[88] OLG Koblenz NZBau 2009, 131.; vgl. auch OLG München BauR 2015, 1542, wonach auch eine Frist berechnet vom „Beginn" an nicht kalendermäßig bestimmbar sein soll.
[89] Allgemein zum Abruf *Löwisch/Feldmann* in Staudinger BGB § 286 Rn. 79.
[90] BGH BauR 1999, 645; ferner zB OLG Düsseldorf BauR 2000, 1336; OLG Hamm NZBau 2014, 104; KG IBR 2014, 534; *Eschenbruch/von Rintelen* NZBau 2010, 401.
[91] ZB BGHZ 2, 312; BGHZ 65, 377; BGH NJW 1997, 51; vgl. schon RGZ 67, 313.
[92] Vgl. zB OLG Düsseldorf BauR 2001, 646.
[93] *Löwisch/Feldmann* in Staudinger BGB § 286 Rn. 88 mwN.

geber ggf. schon zuvor zum Rücktritt nach § 323 Abs. 4 BGB oder zu einer Kündigung aus wichtigem Grund berechtigt sein.

d) Entbehrlichkeit der Mahnung aus besonderen Gründen, § 286 Abs. 2 Nr. 4 BGB. 47
Gemäß § 286 Abs. 2 Nr. 4 BGB ist eine Mahnung schließlich dann entbehrlich, wenn aus besonderen Gründen und unter Abwägung der beiderseitigen Interessen der sofortige Eintritt des Verzugs gerechtfertigt ist. Hierunter fällt beispielsweise der Fall, dass der Auftragnehmer sich einer Mahnung schuldhaft entzieht[94] oder dass er die Leistung zu einem bestimmten Termin selbst angekündigt hat.[95] Letzteres ist bei Bauverträgen beispielsweise dann relevant, wenn der Auftragnehmer auf eine entsprechende Aufforderung des Auftraggebers mitteilt, bis wann er eine Leistung oder Teile davon fertigstellen werde, dann aber den selbst genannten Termin nicht einhält.[96] Eine Entbehrlichkeit der Mahnung kommt in diesem Fall allerdings nur in Betracht, wenn die Ankündigung des Auftragnehmers hinreichend bestimmt ist und sowohl den Leistungsteil als auch die Leistungszeit erkennbar bezeichnet. Der Auftraggeber muss also redlicherweise davon ausgehen können, dass eine weitere Mahnung aufgrund eines solchen Terminversprechens des Auftragnehmers entbehrlich ist.

Die **Beweislast** für das Vorliegen einer Mahnung oder deren Entbehrlichkeit trägt der Auftraggeber als Gläubiger.

4. Verschulden des Auftragnehmers, § 286 Abs. 4 BGB. Die Nichtleistung muss vom 48 Auftragnehmer zu vertreten sein, wobei das Verschulden gemäß § 286 Abs. 4 BGB zu Lasten des Auftragnehmers vermutet wird. Der Auftragnehmer hat sowohl eigenes Verschulden wie auch das Verschulden seiner Erfüllungsgehilfen (zB Nachunternehmer) zu verantworten, §§ 276, 278 BGB.

Soweit der Auftragnehmer durch nicht in seiner Risikosphäre liegende Umstände an einer rechtzeitigen Leistungserbringung gehindert wird, ist im Einzelfall zu klären, ob Hinderungsgründe vorliegen, die zu einer Verschiebung der Fälligkeit führen (so dass schon deshalb kein Verzug eintreten kann) oder ob trotz unveränderter Fälligkeit die Frist jedenfalls schuldlos vom Auftragnehmer überschritten wird (dazu nachfolgend → Rn. 50 f.).

Aus der **Fassung des § 286 Abs. 4 BGB** folgt, dass der Auftragnehmer sein **fehlendes Verschulden beweisen** muss. Der Auftragnehmer muss auch beweisen, dass er die Leistung erbracht hat, da ihm nach allgemeinen Beweislastgrundsätzen der **Beweis der Erfüllung** obliegt.

5. Fehlender Verzug des Auftragnehmers aufgrund von Behinderungen gemäß § 6 49 **Abs. 2 VOB/B.** Der Auftragnehmer kommt nicht in Verzug, wenn er aus den in § 6 Abs. 2 Nr. 1 VOB/B genannten Gründen an der fristgerechten Leistung gehindert ist. Hiernach werden Ausführungsfristen verlängert, soweit eine Behinderung verursacht ist,

a) durch einen Umstand aus dem Risikobereich des Auftraggebers,
b) durch Streik oder eine von der Berufsvertretung der Arbeitgeber angeordnete Aussperrung im Betrieb des Auftragnehmers oder in einem unmittelbar für ihn arbeitenden Betrieb,
c) durch höhere Gewalt oder andere für den Auftragnehmer unabwendbare Umstände.

Witterungseinflüsse während der Ausführungszeit, mit denen bei Abgabe des Angebots normalerweise gerechnet werden musste, gelten gemäß § 6 Abs. 2 Nr. 2 VOB/B dabei nicht als Behinderung.

Auch Anordnungen von bauzeitrelevanten geänderten oder zusätzlichen Leistungen gemäß § 1 Abs. 3 oder 4 VOB/B können zu einer entsprechenden Fristverlängerung gemäß § 6 Abs. 2 Nr. 1a VOB/B und dementsprechender Verschiebung der Fälligkeit führen (dazu → VOB/B § 6 Rn. 20).[97]

Ein Sonderfall stellt die Verschiebung des Zuschlagtermins infolge eines von einem Bieter eingeleiteten **Nachprüfungsverfahrens** dar. Wird der Zuschlag in diesem Fall – nach dem Ergebnis der Auslegung – auf die ursprünglich ausgeschriebene und angebotene Bauzeit erteilt, obwohl diese infolge der Verschiebung des Zuschlagtermins bereits überholt ist, sind beide Parteien verpflichtet, die Bauzeit (Vertragsfristen) einvernehmlich anzupassen und sich über

---

[94] OLG Köln NJW-RR 1999, 4.
[95] ZB BGH NJW 2012, 2955; NJW 2009, 2600; NJW-RR 1997, 622.
[96] OLG München IBR 2011, 10.
[97] Näher dazu auch *Schwenker* BauR 2008, 175 (176).

Mehrkosten zu einigen. Einigen sich die Parteien nicht, geschieht die Anpassung im Wege der ergänzenden Vertragsauslegung durch das Gericht. Dabei sind hinsichtlich der Bauzeit die Grundsätze des § 6 Abs. 3 und 4 VOB/B sinngemäß anzuwenden.[98] Die Fälligkeit der Leistung bestimmt sich dann nach den entsprechend angepassten Vertragsfristen.

Zu den Einzelvoraussetzungen des § 6 Abs. 2 VOB/B darf auf die entsprechende Kommentierung verwiesen werden (→ VOB/B § 6 Rn. 18 ff.).

50   Auch wenn der Auftragnehmer die Behinderung entgegen § 6 Abs. 1 VOB/B nicht angezeigt hat und diese auch nicht offenkundig ist, kommt er nicht in Verzug, sofern eine Behinderung gemäß § 6 Abs. 2 Nr. 1 VOB/B tatsächlich besteht und er deshalb ohne Verschulden an der fristgerechten Leistung gehindert ist.

Dies entspricht der überwiegenden Auffassung in Rechtsprechung[99] und Literatur.[100] Danach kommt zwar eine Verlängerung der Ausführungsfristen gemäß § 6 Abs. 2 VOB/B nur in Betracht, wenn auch die Voraussetzungen des § 6 Abs. 1 VOB/B, also eine schriftliche Behinderungsanzeige oder die Offenkundigkeit der Behinderung und ihrer Auswirkungen, vorliegen. Ist dies nicht der Fall, kommt es auch bei Vorliegen einer Behinderung gemäß § 6 Abs. 2 Nr. 1 VOB/B nicht zu einer entsprechenden Verlängerung. Dieser Umstand nimmt dem Auftragnehmer aber nicht die Möglichkeit, gegenüber einem Schadensersatzanspruch des Auftraggebers aus Verzug einzuwenden, ihn treffe an der nicht fristgerechten Leistung kein Verschulden. Dabei trifft den Auftragnehmer allerdings die Darlegungs- und Beweislast für das fehlende Verschulden.[101]

Bei Vorliegen einer Behinderung und formgerechter Behinderungsanzeige oder Offenkundigkeit der Behinderung und ihrer Auswirkungen verschiebt sich also gemäß § 6 Abs. 2 VOB/B bereits die Fälligkeit der jeweiligen Leistung. Der Auftragnehmer gerät nicht in Verzug, wenn er innerhalb der verlängerten Frist leistet, weil vorher keine Fälligkeit besteht. Fehlt hingegen die formgerechte Behinderungsanzeige bzw. die Offenkundigkeit der Behinderung und ihrer Auswirkungen, dann verbleibt es bei der ursprünglichen Fälligkeit der Leistung. Der Auftragnehmer kann aber einwenden, die Fristüberschreitung sei wegen der Behinderung von ihm nicht zu vertreten, so dass Verzug auch in diesem Fall nicht eintritt.

51   Der Gegenauffassung[102], nach der es dem Auftragnehmer bei Nichtvorliegen der Voraussetzungen des § 6 Abs. 1 VOB/B verwehrt ist, sich gegenüber einem Schadensersatzanspruch des Auftraggebers aus Verzug auf fehlendes Verschulden wegen der Behinderung zu berufen, ist nicht zu folgen. Dies kann der Klausel bei objektiver Auslegung nicht entnommen werden. Das Unterlassen der erforderlichen Behinderungsanzeige (das wohl eher als Obliegenheitsverletzung einzuordnen ist)[103] hat danach zwar nachteilige Folgen für die in § 6 VOB/B geregelten Rechte des Auftragnehmers. So hat er weder Anspruch auf Bauzeitverlängerung gemäß § 6 Abs. 2 VOB/B noch auf weitere Ansprüche, etwa aus § 6 Abs. 6 VOB/B.[104] Hiervon zu unterscheiden ist dagegen die Frage, ob Verzugsansprüche des Auftraggebers gegen den Auftragnehmer bestehen. Insoweit erscheint es zu weitgehend und vom Wortlaut des § 5 Abs. 4 VOB/B in Verbindung mit dem allein in Bezug genommenen § 6 Abs. 6 VOB/B nicht mehr gedeckt, wenn der Auftragnehmer allein wegen Unterlassens der Behinderungsanzeige, ohne eigenes Verschulden an der Verzögerung und ohne Rücksicht darauf, dass der hindernde Umstand aus dem Risikobereich des Auftraggebers stammt und möglicherweise von diesem sogar verschuldet ist, in Verzug geriete und damit den Verzögerungsschaden ersetzen müsste sowie eine Kündigung riskieren würde. Damit würde nicht mehr hinreichend zwischen dem (schuldhaften) Unterlassen einer Behinderungsanzeige und dem Verschulden hinsichtlich der Verzögerung differenziert.[105] Sieht man dies mit der Gegenauffassung anders, dürfte die Klausel insoweit einer isolierten

---

[98] Grundlegend BGHZ 181, 47; vgl. ferner hierzu BGH BauR 2009, 1897; 2009, 1901; 2010, 264; 2010, 1921; 2010, 1929; 2011, 97; 2012, 939; 2012, 1941; OLG Düsseldorf BauR 2011, 1969.
[99] BGH BauR 1999, 645; OLG Saarbrücken BauR 1998, 1011.
[100] ZB *Berger* in Beck'scher VOB-Kommentar VOB/B § 6 Abs. 1 Rn. 19; *Leinemann/Kues* in Leinemann VOB/B, § 6 Rn. 30; *Sonntag* in NWJS VOB/B § 6 Rn. 25; *Kuffer* in HRR VOB/B § 6 Rn. 9; *Retzlaff* BauR 2015, 384 (388).
[101] Näher zum Verschulden bei verschiedenen Konstellationen: *Retzlaff* BauR 2015, 384 ff.
[102] *Langen* → Vorauflage VOB/B § 5 Rn. 51; *Markus* → VOB/B § 6 Rn. 15.
[103] Die hM geht allerdings von einer Nebenpflicht aus, vgl. *Kuffer* in HRR VOB/B § 6 Rn. 9 mwN.
[104] BGH BauR 1979, 245 mwN.
[105] So auch *Berger* in Beck'scher VOB-Kommentar VOB/B § 6 Abs. 1 Rn. 19; *Leinemann/Kues* in Leinemann VOB/B, § 6 Rn. 30; *Sonntag* in NWJS VOB/B § 6 Rn.25.

Inhaltskontrolle wegen Verstoßes gegen wesentliche Grundgedanken der gesetzlichen Regelung (§ 286 Abs. 4 BGB) kaum standhalten.

6. Fehlender Verzug des Auftragnehmers auf Grund eines bestehenden Leistungsverweigerungsrechts. Der Auftragnehmer kommt nicht in Verzug, wenn ihm ein Leistungsverweigerungsrecht gemäß § 320 BGB (Einrede des nicht erfüllten Vertrags) zusteht. Dabei hindert bereits das bloße Bestehen des Leistungsverweigerungsrechts den Eintritt des Verzugs des Auftragnehmers, unabhängig davon, ob und wann der Auftragnehmer sich auf die Einrede des nicht erfüllten Vertrags beruft.[106]

52

Ein solches verzugsausschließendes Leistungsverweigerungsrecht kann dem Auftragnehmer beispielsweise gemäß § 648a Abs. 5 BGB zustehen, wenn der Auftraggeber trotz Fristsetzung die berechtigt geforderte Erfüllungssicherheit nicht leistet,[107] wenn der Auftragnehmer bei Zahlungsverzug des Auftraggebers gemäß § 16 Abs. 5 Nr. 4 VOB/B zur Einstellung der Arbeiten berechtigt ist,[108] bei unberechtigter Weigerung des Auftraggebers, vor der Ausführung mit dem Auftragnehmer die Vergütung für eine vom Auftraggeber verlangte geänderte oder zusätzliche Leistung zu vereinbaren[109] und in ähnlichen Fällen.

VII. Beschleunigung

Der Begriff der Beschleunigung wird in der Baupraxis vielschichtig und nicht immer präzise verwendet. Beschleunigung bedeutet zunächst einmal wertneutral, dass der bisherige Baufortschritt des Auftragnehmers pro Zeiteinheit (zB pro Werktag oder pro Woche) verbessert wird, was regelmäßig, aber nicht zwingend, durch einen verstärkten Produktionsmitteleinsatz (Beschleunigungsmaßnahme) erreicht wird.[110] Im Sinne dieser wertneutralen Definition kann eine Beschleunigung vorgenommen werden, um eine **bislang zu geringe Geschwindigkeit** der Bauausführung derart zu erhöhen, dass die vereinbarten Vertragstermine eingehalten werden (vgl. § 5 Abs. 3 VOB/B, dazu → Rn. 78 ff.). In diesem Fall erhöht der Auftragnehmer also die Ablaufgeschwindigkeit, um bisherige, in seinen Verantwortungsbereich fallende Leistungsrückstände aufzuholen und dadurch entweder die Vertragstermine einzuhalten oder aber zumindest deren Überschreitung zu reduzieren. Es versteht sich von selbst, dass diese Form der Beschleunigung nur der Schadensminimierung dient und im Normalfall keinerlei Vergütungs- oder sonstige Ansprüche des Auftragnehmers auslösen kann.

53

Ein weiterer Fall der Beschleunigung liegt dann vor, wenn auf Veranlassung des Auftraggebers die **bislang vertragsgerechte Ablaufgeschwindigkeit** erhöht wird, der vom Auftragnehmer vertragsgerecht geplante und umgesetzte Produktionsmitteleinsatz also verändert werden soll, um entweder eine frühere Fertigstellung zu erreichen, oder um auftraggeberseitig zu verantwortende Behinderungen wieder aufzuholen und damit den ursprünglichen Termin doch noch zu halten. Zu einer solchen **echten Beschleunigung** ist der **Auftragnehmer regelmäßig nicht verpflichtet**.[111] Die Parteien können eine Beschleunigung einvernehmlich vereinbaren, wobei der Auftragnehmer sein Einvernehmen von einer Mehrvergütung abhängig machen kann, die sich nicht nach den Vertragspreisen zu richten braucht (→ VOB/B § 6 Rn. 31).[112] Zu einseitigen Beschleunigungsanordnungen ist der Auftraggeber regelmäßig nicht berechtigt, wenn nichts wirksam vereinbart ist (dazu näher → Rn. 16). Kommt der Auftragnehmer einer Beschleunigungsanordnung des Auftraggebers nach, ohne dass die Parteien hierfür eine gesonderte Vergütung vereinbart haben, so erhält er nach der Rechtsprechung die Vergütung nach § 2 Abs. 5 VOB/B, was sich im VOB/B-Vertrag durch eine entsprechende ergänzende Vertragsauslegung rechtfertigen lässt (dazu bereits → Rn. 16 mwN). Nach Auffassung verschiedener Oberlandesgerichte liegt keine Beschleunigungsanordnung des Auftraggebers vor, wenn der Auftraggeber Behin-

54

---

[106] BGH BauR 1996, 544 (546); *Kniffka* in Kniffka/Koeble Kompendium des Baurechts 7. Teil Rn. 7; *Löwisch/Feldmann* in Staudinger BGB, § 286 Rn. 25.
[107] BGH BauR 2009, 1152 = NZBau 2009, 439; BauR 2001, 386.
[108] OLG Dresden BauR 2010, 96 mwN.
[109] BGH NZBau 2004, 612; OLG Düsseldorf NZBau 2002, 276.
[110] Vgl. *Kapellmann/Schiffers* Vergütung I Rn. 1458.
[111] So auch *Markus* NZBau 2006, 537 ff., *Tomic* ZfBR 2010, 315; *Kapellmann* BauR 2009, 538.
[112] Vgl. auch *Kapellmann* BauR 2009, 538; *Tomic* ZfBR 2010, 315; ferner *Voit* in Messerschmidt/Voit Privates Baurecht VOB/B § 1 Rn. 6: Ggf. aber Einschränkung durch die Kooperationspflicht, wenn der Auftragnehmer die Zustimmung von einer überhöhten Vergütung abhängig macht.

derungsanzeigen des Auftragnehmers zurückweist und dabei gleichzeitig auf der Einhaltung der vereinbarten Bauzeit besteht.[113]

55 Die in § 6 Abs. 3 VOB/B geregelte „Anpassungspflicht" des Auftragnehmers nach dem Wegfall einer auftraggeberseitigen Behinderung führt nicht zu einer (echten) Beschleunigungsverpflichtung des Auftragnehmers (→ VOB/B § 6 Rn. 30 f.).

C. § 5 Abs. 1 S. 1 und Abs. 2 VOB/B – Beginn der Ausführung nach Vereinbarung oder nach Abruf

I. Beginn der Ausführung

56 Die VOB verwendet sowohl in § 9 Abs. 1 Nr. 3 VOB/A als auch in § 5 Abs. 1, 2 und 4 VOB/B den Begriff „Beginn der Ausführung", ohne ihn näher zu erläutern.

In erster Linie obliegt den Vertragsparteien selbst die **Definition** dessen, was sie unter dem im Bauvertrag geregelten „Beginn der Ausführung", „Baubeginn" oder Ähnlichem verstehen. Regeln die Parteien ausdrücklich, welche Maßnahmen der Auftragnehmer als „Beginn der Ausführung" durchführen muss (zB Maßnahmen am Bau, Vorlage von Werkstatt- oder Montagezeichnungen usw.), dann hat diese Vereinbarung Vorrang vor einer allgemein gültigen Definition des Begriffs „Beginn der Ausführung".

57 Haben die Parteien indes keine Vereinbarung getroffen und ergibt sich aus den konkreten Umständen nichts Gegenteiliges, so gilt:

Ist der Auftragnehmer zur Erbringung (nur) von **Bauleistungen** verpflichtet, kommt es für den Beginn der Ausführung grundsätzlich auf die tatsächliche **Arbeitsaufnahme auf der Baustelle** an. Hierfür genügt im Regelfall die Einrichtung der Baustelle, sofern daran anschließend mit der Erbringung der Bauleistung begonnen wird.[114] Die **innerbetriebliche Arbeitsvorbereitung,** wie zB die Disposition der Arbeitskolonnen, die Bestellung von Materialien, die Anmietung von Geräten, die Beauftragung von Nachunternehmern, kann noch nicht als Beginn der Ausführung angesehen werden.[115]

Hat der Auftragnehmer nach dem Vertrag **vorab Fertigungsleistungen in seinem Betrieb** zu erbringen, wie zB die Herstellung von Betonfertigteilen, Fassadenelementen usw., können die Parteien vereinbaren, dass erst die Montage auf der Baustelle den Beginn der Ausführung darstellt. Ohne eine solche Vereinbarung wird die Grenze der innerbetrieblichen Arbeitsvorbereitung zum Beginn der Ausführung regelmäßig bereits dann überschritten, wenn der Auftragnehmer mit der – wenn auch innerbetrieblichen – Fertigungsleistung begonnen hat.[116] Hierfür spricht auch die Regelung in § 4 Abs. 1 Nr. 2 VOB/B, nach der der Auftraggeber zwecks Überwachung der vertragsgemäßen Ausführung unter anderem das Recht hat, Zutritt zu den Arbeitsplätzen, Werkstätten und Lagerräumen des Auftragnehmers zu begehren, wo die vertragliche Leistung oder Teile von ihr hergestellt oder die hierfür bestimmten Stoffe und Bauteile gelagert werden.[117] Innerbetriebliche Fertigungsvorgänge des Auftragnehmers werden danach der Ausführung zugeordnet. Sie unterliegen bereits dem Zugriff und der Kontrolle des Auftraggebers, so dass sie auch im Sinne der VOB/B den Beginn der Ausführung darstellen können. Dies gilt erst recht, wenn die vorab zu erbringenden Fertigungsleistungen – wie häufig – in einem vereinbarten Bauzeitenplan enthalten sind.

---

[113] OLG Koblenz NZBau 2007, 517; OLG Schleswig BauR 2007, 1879; dazu ausführlich *Kimmich* BauR 2008, 263 ff.; vgl. auch → Rn. 94 zum unberechtigten Abhilfeverlangen gemäß § 5 Abs. 3 VOB/B; OLG Hamm IBR 2014, 724.

[114] Allg. Meinung: ZB OLG Celle, Beschl. v. 22.5.2009, 14 U 45/09; *Althaus* in Beck'scher VOB-Kommentar VOB/B § 5 Abs. 1 Rn. 15; *Döring* in Ingenstau/Korbion VOB/B § 5 Abs. 1–3 Rn. 8; *Jansen* in Leinemann VOB/B § 5 Rn. 39; *Kemper* in FKZGM VOB/B § 5 Rn. 6. Dabei bedarf es keiner besonderen Erwähnung, dass die bloße pro forma Einrichtung der Baustelle mittels einer baufälligen Baubude, einigen verrosteten Bauzaunelementen usw nicht als für den Ausführungsbeginn relevante Baustelleneinrichtung anzusehen ist, vgl. *Vygen/Joussen* in VJLR Bauverzögerung Teil A Rn. 225.

[115] *Althaus* in Beck'scher VOB-Kommentar VOB/B § 5 Abs. 1 Rn. 15; *Jansen* in Leinemann VOB/B § 5 Rn. 40; *Vygen/Joussen* in VJLR Bauverzögerung Teil A Rn. 225, 226.

[116] *Althaus* in Beck'scher VOB-Kommentar VOB/B § 5 Abs. 1 Rn. 15 f.; *Döring* in Ingenstau/Korbion VOB/B § 5 Abs. 1–3 Rn. 8; *Vygen/Joussen* in VJLR Bauverzögerung Teil A Rn. 226; *Kemper* in FKZGM VOB/B § 5 Rn. 6; *Jansen* in Leinemann VOB/B § 5 Rn. 39 f.

[117] *Althaus* in Beck'scher VOB-Kommentar VOB/B § 5 Abs. 1 Rn. 15 f.; *Vygen/Joussen* in VJLR Bauverzögerung Teil A Rn. 226.

Obliegen dem Auftragnehmer neben den Bauleistungen auch **Planungsleistungen,** was beim Schlüsselfertigbau zwar nicht zwingend, aber die Regel ist,[118] ist fraglich, ob bereits die Erstellung oder Vorlage der Planung als Beginn der Ausführung zu qualifizieren ist. Da nach der Rechtsprechung des BGH die VOB/B im Zweifel nicht für sog. „selbständige Planungsleistungen" im Rahmen eines kombinierten Vertrages gilt (dazu im Einzelnen → Rn. 8 mwN), kann dies nicht automatisch angenommen werden.[119] Das ist letztlich eine Frage der Vertragsauslegung. So kann sich aus der konkreten Vertragsgestaltung in Verbindung mit weiteren Umständen, etwa dem Vorliegen eines auch die Planungsleistung umfassenden Bauzeitenplans, ergeben, dass bereits in der Erstellung der Planung der Beginn der (einheitlichen) Ausführung zu sehen ist.[120]

II. Beginn der Ausführung nach Vereinbarung

Wie sich aus § 5 Abs. 1 S. 1 VOB/B ergibt, richtet sich die Pflicht des Auftragnehmers zum rechtzeitigen Ausführungsbeginn in erster Linie nach der Vereinbarung der Parteien. Dabei können die Parteien einen **kalendermäßig bestimmten** Beginntermin oder eine Frist vereinbaren, binnen derer der Auftragnehmer mit der Ausführung zu beginnen hat. Zur Kalenderfrist wird ergänzend auf die Erläuterungen → Rn. 17 ff. verwiesen. **58**

Für die **Fristberechnung** sind mangels abweichender Vereinbarungen der Parteien die **§§ 187 ff. BGB** einschlägig. Haben die Parteien einen kalendermäßig bestimmten Termin als Ausführungsbeginn festgelegt (zB den 15.1.2016), muss der Auftragnehmer an diesem Tag mit der Ausführung beginnen. Haben die Parteien eine Frist für den Ausführungsbeginn vereinbart (zB Baubeginn 3 Wochen nach Vorlage der Baugenehmigung), so beginnt die Frist gemäß § 187 Abs. 1 BGB am Tag nach der Vorlage der Baugenehmigung und endet gemäß § 188 Abs. 2 BGB mit Ablauf des 21. Tages. **59**

Beispiel: Zugang der Baugenehmigung beim Auftragnehmer am 3.2.2016, Fristbeginn am 4.2.2016 und Fristende am 24.2.2016

Ist die Frist nach Tagen bemessen (zB Baubeginn 10 Tage nach Erteilung der Baugenehmigung), kommt es auf die konkreten Umstände an, was unter „Tage" zu verstehen ist. Angesichts möglicher Missverständnisse empfiehlt es sich in jedem Fall klar zu regeln, ob Kalendertage oder Werktage gemeint sind. Aus der VOB/B lässt sich hierzu kein eindeutiges Verständnis entnehmen. Allerdings bestimmt § 11 Abs. 3 VOB/B für eine nach Tagen bemessene Vertragsstrafe, dass nur Werktage zählen. Diese Besonderheit, mit der vermieden werden soll, dass auch Tage, an denen nicht gearbeitet werden kann, strafbewehrt sind, führt jedoch nicht zu einem VOB/B-spezifischen Verständnis des Begriffs „Tage", zumal § 16 VOB/B diesen Begriff im Sinne von Kalendertag verwendet.[121] Ist die Frist dagegen nach Werktagen bemessen, ergibt sich (mittelbar) aus § 11 Abs. 3 Hs. 2 VOB/B, dass im Rahmen eines VOB/B-Vertrages auch die Samstage als Werktage gelten.[122]

Wie bereits ausgeführt (dazu → Rn. 11), ist eine vereinbarte Frist für den Baubeginn in aller Regel als **Vertragsfrist** und damit verbindliche, die Fälligkeit herbeiführende Frist im Sinne von § 5 Abs. 1 S. 1 VOB/B anzusehen. Etwas anderes gilt ausnahmsweise dann, wenn sich die Unverbindlichkeit des vereinbarten Beginntermins ausdrücklich oder aus den Umständen (zB Circa-Termin) ergibt. **60**

III. Beginn der Ausführung nach Abruf, § 5 Abs. 2 VOB/B

Haben die Parteien für den Beginn der Ausführung des Auftragnehmers keine Frist vereinbart, so richtet sich der Beginn nach § 5 Abs. 2 VOB/B.[123] Aus § 5 Abs. 2 S. 2 VOB/B ergibt sich, **61**

---

[118] Vgl. dazu *Langen/Schiffers* FS Jagenburg (2002), 435 ff (445 ff).
[119] Vgl. auch *Kemper* in FKZGM VOB/B § 5 Rn. 6; bezieht sich der Beginn der Ausführung iSv § 5 VOB/B in einem solchen Fall nur auf die Bauleistung, dh muss die Planungsleistung zu diesem Zeitpunkt bereits fertiggestellt sein, ist die Beginnfrist von 12 Tagen ab Abruf (§ 5 Abs. 2 S. 2 VOB/B) allerdings nicht mehr angemessen.
[120] Vgl. auch *Althaus* in Beck'scher VOB-Kommentar VOB/B § 5 Abs. 1 Rn. 15 f.
[121] Ebenso *Althaus* in Beck'scher VOB-Kommentar VOB/B § 5 Abs. 1 Rn. 13, auch zu einem Beispiel, nach dem eine Frist von 14 Tagen i.d.R. im Sinne von 2 Wochen und damit als Kalendertage zu verstehen ist; aA *Langen* → Vorauflage VOB/B § 5 Rn. 60.
[122] BGH BauR 1999, 645; BauR 1978, 485 (zur Vertragsstrafe); *Kemper* in FKZGM VOB/B § 5 Rn. 3; *Althaus* in Beck'scher VOB-Kommentar VOB/B § 5 Abs. 1 Rn. 13.
[123] Vgl. *Althaus* in Beck'scher VOB-Kommentar VOB/B § 5 Abs. 2 Rn. 1.

dass der Auftraggeber in diesem Fall den Beginn der Ausführung einseitig bestimmen kann, indem er den Auftragnehmer hierzu auffordert, dh die **Leistung abruft**; dieser hat dann **innerhalb von 12 Werktagen** (dazu zählen auch Samstage, vgl. → Rn. 59) mit der Ausführung zu beginnen. Die **Frist des § 5 Abs. 2 S. 2 VOB/B** ist eine **Vertragsfrist,** mit deren Ablauf der Anspruch auf Ausführungsbeginn fällig wird.

Die Regelung ist dreistufig gestaltet:

– Auskunftspflicht des Auftraggebers über den voraussichtlichen Beginn auf Verlangen des Auftragnehmers,
– Beginnpflicht 12 Werktage nach Abruf,
– Anzeige des Beginns durch den Auftragnehmer.

62 **1. Abruf.** Ausgangspunkt der Regelung ist, dass der Auftraggeber bei fehlender Vereinbarung einer Frist für den Ausführungsbeginn berechtigt ist, den Auftragnehmer hierzu aufzufordern, dh die Leistung abzurufen, und damit die Zeit für den Ausführungsbeginn einseitig zu bestimmen. Der Abruf beinhaltet mithin ein einseitiges Leistungsbestimmungsrecht, das gemäß § 315 BGB nach billigem Ermessen auszuüben ist. Die Frist, innerhalb derer der Abruf erfolgt, muss daher angemessen und dem Auftragnehmer zumutbar sein.[124] Es empfiehlt sich, diese Frist bereits im Vertrag festzulegen (vgl. für den an die VOB/A gebundenen Auftraggeber § 9 Abs. 1 Nr. 3 VOB/A: Festlegung einer zumutbaren Frist in den Vergabeunterlagen). Anderenfalls ist die Bestimmung der zumutbaren Frist und damit die Fälligkeit des Abrufs mit Unwägbarkeiten verbunden, was auch im Hinblick auf die Transparenz der Vertragsgestaltung bedenklich erscheint.

Der Abruf muss dem Auftragnehmer zugehen. Er kann formlos erfolgen, Schriftform ist – schon aus Beweisgründen – allerdings empfehlenswert.[125]

63 Aus der VOB/B ergibt sich nicht ausdrücklich, wie der Abruf rechtlich einzuordnen ist und welche **Folgen** ein **unterlassener oder verspäteter Abruf** hat.

Bei dem Abruf handelt es sich zunächst um eine zur Herstellung des Werks notwendige Mitwirkungshandlung des Auftraggebers / Gläubigers und damit um eine Obliegenheit. Zur Herstellung des Werks notwendige und damit im eigenen Interesse liegende Mitwirkungshandlungen des Auftraggebers können im Vertrag allerdings auch (ausdrücklich oder konkludent) als Schuldnerpflichten ausgestaltet sein. Sie sind dann sowohl Gläubigerobliegenheit als auch Schuldnerpflicht.[126] Maßgebend für die Einordnung ist grundsätzlich die **Auslegung des Vertrags.** Diese entscheidet darüber, ob der **Abruf der Leistung** (auch) als **vertragliche Nebenpflicht** einzuordnen ist mit der Folge, dass der Auftraggeber insoweit als Schuldner anzusehen ist, mithin in Schuldnerverzug geraten und Schadensersatz schulden kann, ferner der Abruf bei Fälligkeit selbständig eingeklagt werden kann, **oder** ob der Abruf als **bloße Obliegenheit** des Auftraggebers zu qualifizieren ist, so dass lediglich die Regelungen der §§ 642 ff., 293 ff. BGB eingreifen. Nach der Rechtsprechung des BGH[127] handelt es sich bei einem vereinbarten Abruf regelmäßig (auch) um eine vertragliche Nebenpflicht des Auftraggebers, die bei Fälligkeit selbständig einklagbar ist und hinsichtlich der Schuldnerverzug eintreten kann. Dem hat sich die herrschende Auffassung in der Literatur[128] auch für den VOB/B-Vertrag angeschlossen. Da sich dem Wortlaut des § 5 VOB/B hierzu nichts eindeutig entnehmen lässt, wird dies teilweise damit begründet, dass aus einer verbindlichen Vereinbarung der Parteien, nach der sich die Beginnfrist gemäß § 5 Abs. 2 S. 2 VOB/B am Abruf orientiere, weiter zu folgern sei, dass der Auftraggeber gegenüber dem Auftragnehmer zum Abruf verpflichtet sei. Zwar könne der Auftraggeber gemäß § 649 S. 1 BGB oder § 8 Abs. 1 VOB/B jederzeit frei kündigen. Mache er von diesem Recht jedoch keinen Gebrauch, so müsse er die Durchführung des auch für ihn verbindlichen Vertrags

---

[124] *Althaus* in Beck'scher VOB-Kommentar VOB/B § 5 Abs. 2 Rn. 2; vgl. hierzu auch OLGR Celle 2003, 343, das eine Frist von zwei Jahren nach den Umständen für zumutbar hielt, was zu weitgehend erscheint.
[125] *Althaus* in Beck'scher VOB-Kommentar VOB/B § 5 Abs. 2 Rn. 5 f; *Döring* in Ingenstau/Korbion VOB/B § 5 Abs. 1–3 Rn. 12; vgl. auch OLG Düsseldorf BauR 2001, 1459.
[126] *Kniffka* in Kniffka/Koeble Kompendium des Baurechts, 8. Teil Rn. 18 ff., 20.
[127] Grundlegend BGH NJW 1972, 99 mwN (zum BGB-Vertrag); wohl auch OLG Köln NJW-RR 1997, 1533; aA OLG Düsseldorf BauR 1995, 706: nur Obliegenheit; unklar OLG Düsseldorf BauR 2006, 1908; IBR 2011, 70.
[128] *Döring* in Ingenstau/Korbion VOB/B § 5 Abs. 1–3 Rn. 13; *Jansen* in Leinemann VOB/B § 5 Rn. 45; VJLR/*Vygen/Joussen* Bauverzögerung Teil A Rn. 219 f; ebenso *Langen* Vorauflage VOB/B § 5 Rn. 74; aA jetzt *Althaus* in Beck'scher VOB-Kommentar VOB/B § 5 Abs. 2 Rn. 7.

durch Abruf ermöglichen.[129] Teilweise werden notwendige Mitwirkungshandlungen des Auftraggebers im VOB/B-Vertrag auch generell als Vertragspflichten eingeordnet.[130]

Sieht man den Abruf des Auftraggebers danach als dessen **vertragliche Nebenpflicht** an, kommen bei Verzögerung des Abrufs **folgende Rechtsfolgen** in Betracht: Der Auftragnehmer kann, wie ausgeführt, den Abruf bei Fälligkeit einklagen. Außerdem können bei schuldhafter Pflichtverletzung Schadensersatzansprüche des Auftragnehmers nach §§ 280 ff. BGB bestehen, bei Verzug aus §§ 280 Abs. 2, 286 BGB. Daneben hat der BGH auch Ansprüche gemäß §§ 642 ff. BGB für möglich gehalten, weil es sich bei dem Abruf auch um eine notwendige Mitwirkung handelt.[131] Bei einem VOB/B-Vertrag ist hinsichtlich der Schadensersatzansprüche des Auftragnehmers § 6 Abs. 6 S. 1 VOB/B zu berücksichtigen. Diese Regelung greift nach der Rechtsprechung des BGH[132] ein, wenn die Behinderung durch eine schuldhafte Verletzung einer vertraglichen Pflicht (nicht einer bloßen Obliegenheit) einer Vertragspartei (hier des Auftraggebers) verursacht ist, was – wie ausgeführt – hinsichtlich des Abrufs nach überwiegender Auffassung zu bejahen ist; § 642 BGB bleibt daneben anwendbar, vgl. § 6 Abs. 6 S. 2 VOB/B. Für den Ersatz von Schäden, deren Ursache im Anwendungsbereich der §§ 5 und 6 VOB/B liegen, ist danach zu beachten, dass die Haftungseinschränkung bezüglich des entgangenen Gewinns abschließend ist, der entgangene Gewinn daher bei einfacher Fahrlässigkeit nicht über §§ 280 Abs. 2, 286 BGB verlangt werden kann.[133] Ferner besteht im VOB/B-Vertrag bei Verzögerung des fälligen Abrufs die Kündigungsmöglichkeit nach § 9 VOB/B. Die Kündigung des Vertrags aus wichtigem Grund ist dabei – unbeschadet der Kündigungsmöglichkeit nach § 9 Abs. 1 Nr. 1 und Abs. 2 VOB/B, der insoweit § 643 BGB ersetzt – auch unter den Voraussetzungen von § 9 Abs. 1 Nr. 2 und Abs. 2 VOB/B (Schuldnerverzug) möglich.[134]

Verzögert der Auftraggeber den Abruf, kann der Auftragnehmer wie folgt vorgehen: Falls keine Frist für den Abruf vereinbart und auch ein voraussichtlicher Beginn der Ausführung noch nicht benannt ist, sollte der Auftragnehmer den Auftraggeber zunächst zur Auskunft gemäß § 5 Abs. 2 S. 1 VOB/B auffordern. Erklärt der Auftraggeber sich nicht, kann der Auftragnehmer den Auftraggeber auffordern, die von ihm angebotene Leistung binnen einer angemessenen Frist abzurufen. Der Abruf ist dann nach Ablauf der Frist im Zweifel fällig. Um Verzug zu begründen bedarf es weiterhin einer Mahnung, es sei denn in dem Verhalten des Auftraggebers kann eine ernsthafte und endgültige Leistungsverweigerung gemäß § 286 Abs. 2 Nr. 3 BGB erblickt werden. Erklärt der Auftraggeber sich zwar über den voraussichtlichen Beginn der Ausführung, ruft er anschließend aber innerhalb dieses Zeitraums dennoch nicht ab, ist der Auftraggeber wiederum auf entsprechende Aufforderung des Auftragnehmers zum Abruf verpflichtet und gerät bei Mahnung in Verzug.[135] Erklärt der Auftraggeber, erst zu einer Zeit abrufen zu wollen, die unter Berücksichtigung der maßgebenden Umstände nicht mehr zumutbar ist, kann der Auftragnehmer ihn jedenfalls nach Ablauf des zumutbaren Zeitraums in Verzug setzen. Nach Fristsetzung mit Kündigungsandrohung ist in diesen Fällen eine Kündigung nach § 9 VOB/B möglich. Das jeweilige Vorgehen des Auftragnehmers ist allerdings angesichts der Unwägbarkeiten bei der Bestimmung des noch zumutbaren Zeitraums mit Risiken verbunden.

Auch wenn man den Abruf entgegen der überwiegenden Auffassung als bloße Obliegenheit einordnet, kommt nach der Rechtsprechung ein Schadensersatzanspruch des Auftragnehmers allerdings dann in Betracht, wenn eine schuldhaft fehlende Mitwirkung (hier der unterlassene Abruf) die **Durchführung des Vertrags willkürlich endgültig vereitelt**.[136] Dies stellt dann eine schuldhafte Vertragspflichtverletzung des Auftraggebers dar. Bei einer willkürlichen endgültigen Vertragsvereitelung seitens des Auftraggebers umfasst der Schadensersatzanspruch des Auftragnehmers auch im VOB/B-Vertrag den entgangenen Gewinn, da die Haftungseinschränkung des § 6 Abs. 6 S. 1 VOB/B nicht greift. In einem solchen Fall kann es auch zur Unmöglichkeit der Leistungserbringung kommen, zB wenn der Auftraggeber die Leistung anderweitig erbringen lässt.[137]

---

[129] *Langen* → Vorauflage VOB/B § 5 Rn. 74.
[130] Näher dazu *Markus* → VOB/B § 6 Rn. 48, 53 mwN.
[131] BGH NJW 1972, 99.
[132] BGH NZBau 2000, 187.
[133] *Voit* in Messerschmidt/Voit Privates Baurecht, VOB/B § 6 Rn. 14, 18.
[134] Vgl. zur Kündigung nach § 9 VOB/B zB OLG Düsseldorf IBR 2009, 375; OLGR Celle 2003, 343.
[135] Vgl. bereits *Langen* → Vorauflage VOB/B § 5 Rn. 74 f.
[136] Vgl. zB BGHZ 50, 175; BGHZ 11, 80.
[137] Näher hierzu *Kniffka* in Kniffka/Koeble Kompendium des Baurechts 8. Teil Rn. 20.

65 **2. Auskunftspflicht des Auftraggebers gemäß § 5 Abs. 2 S. 1 VOB/B.** Auf Verlangen des Auftragnehmers hat der Auftraggeber gemäß § 5 Abs. 2 S. 1 VOB/B Auskunft über den voraussichtlichen Ausführungsbeginn zu erteilen. Die Auskunftspflicht des Auftraggebers dient der Disposition des Auftragnehmers. Bei der öffentlichen Auftragsvergabe ist § 9 Abs. 1 Nr. 3 VOB/A zu berücksichtigen. Hiernach muss der an die VOB/A gebundene Auftraggeber die Frist, innerhalb der er die Aufforderung zum Ausführungsbeginn (Abruf) gemäß § 5 Abs. 2 S. 2 VOB/B aussprechen kann, in den Vergabeunterlagen festlegen. Die Frist muss unter billiger Berücksichtigung der für die Ausführung maßgebenden Verhältnisse zumutbar sein (→ VOB/A § 9 Rn. 36 f.). Der Auftragnehmer soll also bereits anhand der Vergabeunterlagen abschätzen können, wann der Abruf der Leistung durch den Auftraggeber voraussichtlich erfolgt.[138] Der öffentliche Auftraggeber muss den Abruf damit innerhalb der in den Vergabeunterlagen selbst geregelten Abruffrist vornehmen, so dass es im Regelfall keiner gesonderten Auskunft auf Verlangen des Auftragnehmers gemäß § 5 Abs. 2 S. 1 VOB/B bedarf. Fehlt dagegen die von § 9 Abs. 1 Nr. 3 VOB/A vorgeschriebene Frist für den Abruf in den Vergabeunterlagen, ist die Auskunftspflicht des Auftraggebers aus § 5 Abs. 2 S. 1 VOB/B für die Disposition des Auftragnehmers unerlässlich.

Der private, nicht an die VOB/A gebundene Auftraggeber ist nicht gemäß § 9 Abs. 1 Nr. 3 VOB/A verpflichtet, die Abruffrist in den Vertragsunterlagen zu benennen. Es empfiehlt sich jedoch auch für ihn, einen zeitlichen Rahmen für den Abruf im Vertrag festzulegen (→ Rn. 62).

66 Die Auskunft gemäß § 5 Abs. 2 S. 1 VOB/B ist nur **auf Verlangen** des Auftragnehmers zu erteilen. Der Auftragnehmer kann das Auskunftsbegehren sowohl an den Auftraggeber als auch an den von diesem mit der Organisation des Bauablaufs Beauftragten, zB den mit der Objektüberwachung beauftragten Architekten, richten[139] Die Auskunft selbst ist formfrei, wenngleich zur Dokumentation Schriftform sinnvoll ist.[140]

Aus dem Wortlaut des § 5 Abs. 2 S. 1 VOB/B ergibt sich nicht, innerhalb welcher **Frist** die Auskunft zu erteilen ist. Aus dem in **§ 271 Abs. 1 BGB** verankerten Grundsatz lässt sich jedoch folgern, dass die Auskunft auf das Verlangen hin sofort zu erteilen ist, es sei denn die Umstände ergeben anderes.[141] Muss der Auftraggeber zunächst den Planungsstand (zB Vorliegen der zur Ausführung notwendigen Ausführungsunterlagen zu dem ins Auge gefassten Zeitpunkt), den Bautenstand usw. aufklären, um eine seriöse Auskunft erteilen zu können, hat er die **Informationen zügig einzuholen** und sodann die Auskunft zu erteilen. Ggf. ist zunächst ein grober Zeitrahmen anzugeben, der – ohne erneute Anfrage – zu konkretisieren ist, sobald der Auftraggeber über die notwendigen Informationen verfügt.[142]

67 Nach dem Wortlaut des § 5 Abs. 2 S. 1 VOB/B wird nicht ein verbindlicher endgültiger, sondern nur der **voraussichtliche Ausführungsbeginn** mitgeteilt. Der tatsächliche Beginn kann sich danach gegenüber dem voraussichtlichen Beginn noch verschieben. Dies bedeutet jedoch nicht, dass der Auftraggeber willkürliche Auskünfte erteilen darf. Sobald für den Auftraggeber erkennbar ist, dass der mitgeteilte voraussichtliche Ausführungsbeginn nicht eingehalten werden kann, ist er von sich aus zu einer **Korrekturmitteilung** an den Auftragnehmer verpflichtet.[143]

68 Bei der Auskunftspflicht gemäß § 5 Abs. 2 S. 1 VOB/B handelt es sich nach überwiegender Auffassung um eine **vertragliche Nebenpflicht** (also Schuldnerpflicht) des Auftraggebers im Rahmen der sich aus Treu und Glauben ergebenden bauvertraglichen Kooperationspflichten.[144]

Folge einer solchen Einordnung ist, dass die Auskunft selbständig einklagbar ist. Bei Verschulden kann ein Schadensersatzanspruch gemäß § 6 Abs. 6 VOB/B bestehen. Die praktische Relevanz ist indes gering. Denn der Auftragnehmer, der dem Auftraggeber wegen der bei

---

[138] *Sienz* in Ingenstau/Korbion VOB/A § 9 Rn. 13; *Motzke* in Beck'scher VOB-Kommentar VOB/A § 11 Rn. 110.
[139] Vgl. *Döring* in Ingenstau/Korbion VOB/B § 5 Abs. 1–3 Rn. 10.
[140] Vgl. Nr. 4 VHB zu § 5 VOB/B.
[141] HM „angemessene Frist" zB *Langen* → Vorauflage VOB/B § 5 Rn. 64; *Jansen* in Leinemann VOB/B § 5 Rn. 42; *Gartz* in NWJS VOB/B § 5 Rn. 15; *Voit* in Messerschmidt/Voit Privates Baurecht VOB/B § 5 Rn. 7.
[142] *Althaus* in Beck'scher VOB-Kommentar VOB/B § 5 Abs. 2 Rn. 9.
[143] *Althaus* in Beck'scher VOB-Kommentar VOB/B § 5 Abs. 2 Rn. 9.
[144] ebenso schon *Langen* → Vorauflage VOB/B § 5 Rn. 66; *Althaus* in Beck'scher VOB-Kommentar VOB/B § 5 Abs. 2 Rn. 9; *Gartz* in NWJS VOB/B § 5 Rn. 16; unklar OLG Celle BauR 2003, 889, das zwar von einer Nebenpflicht spricht, die Kündigung aber letztlich auf § 9 Nr. 1a VOB/B aF (Annahmeverzug mit Mitwirkungshandlung) stützt.

Vertragsschluss ungewissen Terminslage ein Abrufrecht eingeräumt hat, müsste hierfür nachweisen, dass die Verletzung der Auskunftspflicht, die sich ohnehin nur auf einen voraussichtlichen Ausführungsbeginn bezieht, kausal zu einer Behinderung und zu Schäden geführt hat. Dies wird nur selten gelingen. Wird durch die Verweigerung der Auskunft deutlich, dass der Auftraggeber die Bauleistung nicht innerhalb einer noch zumutbaren Zeit annehmen wird, kommt eine Kündigung nach § 9 VOB/B in Betracht.[145]

Die unterlassene, falsche oder verspätete Auskunft des Auftraggebers nach § 5 Abs. 2 S. 1 VOB/B ist nicht zu verwechseln mit einem unterlassenen oder verspäteten Abruf der Leistung im Sinne des § 5 Abs. 2 S. 2 VOB/B (dazu → Rn. 63 ff.). **69**

3. Beginnpflicht 12 Werktage nach Abruf. Gemäß § 5 Abs. 2 S. 2 VOB/B hat der Auftragnehmer – in Abweichung vom Grundsatz des § 271 Abs. 1 BGB – **innerhalb von 12 Werktagen nach Aufforderung** des Auftraggebers (Abruf) **mit der Ausführung zu beginnen.** **70**

Bereits aus dem Wortlaut ergibt sich, dass der Auftragnehmer innerhalb dieser Frist **verbindlich verpflichtet ist,** mit der Ausführung zu beginnen, dh die Beginnpflicht nach Abruf stellt eine durch den Abruf bedingte **Vertragsfrist** im Sinne von § 5 Abs. 1 S. 1 VOB/B dar.[146] Gleichzeitig gerät der Auftragnehmer ohne Mahnung gemäß § 286 Abs. 2 Nr. 2 BGB in Verzug, wenn er nicht innerhalb der Frist von 12 Werktagen mit der Ausführung beginnt (näher → Rn. 44 f.).

Die Frist von 12 Werktagen berechnet sich nach §§ 187 Abs. 1, 188 Abs. 2 BGB. Samstage sind beim VOB/B-Vertrag als Werktage einzurechnen, Sonn- und Feiertage nicht (näher dazu → Rn. 59). Rechtzeitig begonnen hat der Auftragnehmer, wenn er am letzten Tag der Frist im Sinne der Definition des Baubeginns (dazu → Rn. 56 f.) mit der Ausführung begonnen hat. **71**

Beim Abruf gemäß § 5 Abs. 2 S. 2 VOB/B ist zu unterscheiden: Fordert der Auftraggeber den Auftragnehmer in Ausübung seines Abrufrechts lediglich auf, „mit der Ausführung zu beginnen", so kann der Auftragnehmer den konkreten Beginntermin selbst festlegen, vorausgesetzt er beginnt mit der Ausführung innerhalb von 12 Werktagen nach Zugang des Abrufs. Der Auftragnehmer kann in diesem Fall den Beginntermin innerhalb der Frist selbständig bestimmen, da er zum Beginn der Ausführung nicht „nach" 12 Werktagen, sondern „innerhalb" von 12 Werktagen verpflichtet ist. **72**

Fordert der Auftraggeber den Auftragnehmer auf, „12 Werktage nach Zugang des Abrufs" mit der Ausführung zu beginnen, so gilt grundsätzlich dasselbe, weil es dem Auftragnehmer frei steht, wann genau er innerhalb der 12-Tages-Frist mit der Ausführung beginnt. Gestatten die auftraggeberseitigen Mitwirkungshandlungen (Planvorlage, Vorleistungen usw.) keinen früheren Beginn, so hat der Auftragnehmer Anspruch auf Ausführungsbeginn erst zum Ende der Frist. Vorher kann er keine Behinderung anmelden.

Der Auftraggeber ist **nicht berechtigt,** die gemäß § 5 Abs. 2 S. 2 VOB/B vereinbarte **Frist von 12 Werktagen nachträglich einseitig zu verkürzen oder zu verlängern** (näher hierzu → Rn. 16). Legt der Auftraggeber nachträglich einseitig einen Ausführungsbeginn fest, der die vereinbarte Frist von 12 Werktagen verkürzt[147] oder verlängert,[148] so kann der Auftragnehmer auf der Einhaltung der Frist von 12 Werktagen bestehen. Die nachträgliche einseitige Verlängerung der Frist durch den Auftraggeber führt zu Behinderungsansprüchen des Auftragnehmers gemäß § 6 VOB/B, wenn der Auftragnehmer seine Bereitschaft anzeigt, 12 Werktage nach Abruf mit der Ausführung tatsächlich beginnen zu wollen (und zu können).

Die nachträgliche (einseitige) Verkürzung oder Verlängerung der Frist von 12 Werktagen durch den Auftraggeber ist zu trennen von einer bei Vertragsschluss oder nachträglich erfolgenden einvernehmlichen Vereinbarung der Parteien über eine Verkürzung oder Verlängerung der Frist. Zwar enthält § 5 Abs. 2 S. 2 VOB/B keinen sog. Abweichungsvorbehalt. Dennoch ist es **73**

---

[145] *Althaus* in Beck'scher VOB-Kommentar VOB/B § 5 Abs. 2 Rn. 11; vgl. zu einem solchen Fall OLG Celle BauR 2003, 889, das eine Kündigung des Auftragnehmers nach § 9 Nr. 1a VOB/B aF zugelassen hat, nachdem der Auftraggeber trotz mehrfacher Anfragen des Auftragnehmers auch 5 Monate nach Vertragsabschluss den voraussichtlichen Ausführungsbeginn noch nicht benannt hatte, weil noch kein Käufer für das zu errichtende Haus gefunden war.
[146] *Döring* in Ingenstau/Korbion VOB/B § 5 Abs. 1–3 Rn. 12; *Kemper* in FKZGM VOB/B § 5 Rn. 22.
[147] Beispiel: Aufforderung zum „sofortigen" Beginn.
[148] Beispiel: Aufforderung zum Ausführungsbeginn 4 Wochen nach Abruf.

den Parteien unbenommen, **individualvertraglich** je nach erforderlicher Dispositionszeit des Auftragnehmers eine kürzere[149] oder längere Abruffrist als die in der VOB/B vorgesehene Frist von 12 Werktagen zu vereinbaren. Bestimmt der Auftraggeber durch eine AGB-Klausel eine deutlich kürzere Frist als 12 Werktage, führt dies im Regelfall zu einer unangemessenen Benachteiligung des Auftragnehmers im Sinne von § 307 Abs. 1 S. 1 BGB, wenn nicht im betroffenen Leistungsbereich generell eine kürzere Dispositionsfrist gewerkeüblich und damit angemessen ist. Umgekehrt kann eine wesentlich über die 12 Werktage-Frist hinausgehende Verlängerung gegen den über die Indizwirkung auch im Rahmen des § 307 BGB geltenden Rechtsgedanken des § 308 Nr. 1 BGB verstoßen, wenn in dem entsprechenden Leistungsbereich nicht generell eine längere Dispositionsfrist üblich und damit angemessen ist (dazu → Rn. 155).[150]

74 **4. Anzeige des Beginns.** Gemäß § 5 Abs. 2 S. 3 VOB/B hat der Auftragnehmer dem Auftraggeber den tatsächlichen Beginn anzuzeigen. Die Anzeige ist formlos.[151] Auch hier empfiehlt sich allerdings die Schriftform.

Die Anzeigepflicht gilt nur bei Abruf der Leistung durch den Auftraggeber, nicht bei einem vereinbarten Beginn im Sinne von § 5 Abs. 1 S. 1 VOB/B.[152] Verletzt der Auftragnehmer die Anzeigepflicht schuldhaft, kommt ein Schadensersatzanspruch des Auftraggebers gemäß § 280 Abs. 1 BGB in Betracht.[153]

IV. Behinderung des Beginns der Ausführung

75 Der Auftragnehmer muss erst mit der Ausführung beginnen, wenn sämtliche Fälligkeitsvoraussetzungen, zB auch das Vorliegen einer erforderlichen Baugenehmigung oder einer erforderlichen Vorleistung, erfüllt sind. Fehlt es daran, so ist eine im Risikobereich des Auftraggebers liegende **Behinderung des Ausführungsbeginns** gegeben, die ihn an der Geltendmachung der Rechte des § 5 Abs. 4 VOB/B hindert.[154] Bei Bestehen eines Leistungsverweigerungsrechts seitens des Auftragnehmers gemäß § 320 BGB gilt im Grundsatz das Gleiche.[155]

Für Behinderungen, die sich nach Vertragsschluss ergeben, gilt § 6 VOB/B. Soweit eine auftraggeberseitige Behinderung bereits dem Beginn der Ausführung entgegensteht, verlängert sich die vereinbarte Vertragsfrist für den Beginn der Ausführung (§ 5 Abs. 1 S. 1 oder Abs. 2 S. 2 VOB/B) nach den Grundsätzen des § 6 Abs. 1, 2 und 4 VOB/B.[156]

Welche Rechtsfolgen gelten, wenn der Auftragnehmer den Beginn der wegen Behinderung verlängerten Beginnfrist verzögert, ist bislang nicht höchstrichterlich geklärt. In der obergerichtlichen Rechtsprechung ist in einem solchen Fall allerdings nach Nachfristsetzung mit Kündigungsandrohung eine Kündigung gemäß §§ 5 Abs. 4, 8 Abs. 3 VOB/B für möglich gehalten worden.[157] Da die behinderungsbedingte Verlängerung nichts daran ändert, dass es sich bei der Frist für den erstmaligen Ausführungsbeginn nach dem Willen der Parteien um eine Vertragsfrist handelt, liegt eine Auslegung nahe, die § 5 Abs. 4 VOB/B in der Variante Verzögerung des Ausführungsbeginns auch hierauf bezieht.

76 Kommt es während der laufenden Bauarbeiten zu einer **behinderungsbedingten Unterbrechung mit** anschließend erforderlichem **Wiederbeginn** der Arbeiten, so gilt § 6 Abs. 3 S. 2 VOB/B. Danach ist der Auftragnehmer verpflichtet, „unverzüglich" die Arbeiten wiederaufzunehmen. Die Pflicht zur unverzüglichen Wiederaufnahme der Arbeiten richtet sich konkret danach, welche Dispositionen der Auftragnehmer im Anschluss an die Unterbrechung der Arbeiten treffen durfte und getroffen hat, ob er zB einvernehmlich mit dem Auftraggeber die Baustelle komplett geräumt hat, so dass sie vollständig neu eingerichtet

---

[149] Vgl. OLG Frankfurt NJW-RR 1994, 1361: Beginnpflicht 5 Arbeitstage nach Abruf.
[150] Eine generelle Frist von 24 Werktagen kann in Leistungsbereichen mit hohem, langfristig zu disponierendem Geräteeinsatz wie zB bei Rohrvortriebsarbeiten (DIN 18319) angemessen sein.
[151] *Döring* in Ingenstau/Korbion VOB/B § 5 Abs. 1–3 Rn. 14.
[152] *Döring* in Ingenstau/Korbion VOB/B § 5 Abs. 1–3 Rn. 14.
[153] *Döring* in Ingenstau/Korbion VOB/B § 5 Abs. 1–3 Rn. 14: ZB Auftraggeber stellt aufgrund unterlassener Beginnanzeige die Ausführungsunterlagen zu spät zur Verfügung, ruft anschließende Leistungen anderer Auftragnehmer nicht ab usw. Ein aus der Verletzung der Anzeigepflicht resultierender Schaden wird in diesen Beispielen aber idR ausscheiden, wenn der Auftraggeber nämlich selbst oder über seine Bauleitung (Pflicht zum Vermerk im Bautagebuch) feststellt, ob und wann der Auftragnehmer begonnen hat.
[154] BGH BauR 1983, 73; NJW 1974, 1080.
[155] BGH BauR 1996, 544 (546) mwN; vgl. auch → Rn. 52.
[156] BGH BauR 1983, 73.
[157] OLG Hamm IBR 2005, 363.

werden muss.¹⁵⁸ Die Pflicht zum Wiederbeginn hängt in diesem Fall grundsätzlich nicht von einem (nochmaligen) Abruf durch den Auftraggeber ab. Der Auftraggeber muss den Auftragnehmer aber über den Wegfall der Behinderung verständigen, wenn diese aus seinem Risikobereich stammt.¹⁵⁹ Immerhin bietet auch beim Wiederbeginn unterbrochener Arbeiten die Frist von 12 Werktagen nach § 5 Abs. 2 S. 2 VOB/B einen Anhaltspunkt, wann der Auftragnehmer spätestens die Arbeiten wieder aufnehmen muss.¹⁶⁰

Verzögert der Auftragnehmer, der bereits mit der Ausführung begonnen hatte, den Wiederbeginn der Bauarbeiten nach einer behinderungsbedingten Unterbrechung, sind die Rechtsfolgen ebenfalls noch nicht höchstrichterlich geklärt. In der obergerichtlichen Rechtsprechung wird in einem solchen Fall eine Anwendung des § 5 Abs. 4 VOB/B in der Variante Verzögerung des Ausführungsbeginns bislang abgelehnt.¹⁶¹ Dies ist m.E. zutreffend. Bei objektiver Auslegung des § 5 Abs. 4 VOB/B kann die dort geregelte Verzögerung des Ausführungsbeginns nur auf den erstmaligen Beginn der Ausführung bezogen werden. Hierfür spricht neben dem Wortlaut auch der systematische Zusammenhang mit § 5 Abs. 1 S. 1 und § 5 Abs. 2 S. 2 VOB/B, die sich ebenfalls auf den erstmaligen Beginn der Ausführung beziehen. Kommt es nach Ausführungsbeginn zu Störungen des Bauablaufs und verzögert der Auftragnehmer sodann die Wiederaufnahme der Bauarbeiten gemäß § 6 Abs. 3 VOB/B, ist der Auftraggeber daher auf die für den Bauablauf vereinbarten Rechte gemäß § 5 Abs. 3 in Verbindung mit Abs. 4 VOB/B oder auf Rechte wegen der Überschreitung von verbindlich vereinbarten Einzelfristen (Vertragsfristen) verwiesen (dazu → Rn. 112 f., 122) sowie ergänzend auf gesetzliche Rechte (zB das allgemeine Kündigungsrecht aus wichtigem Grund). Vor diesem Hintergrund besteht auch kein Anlass, § 5 Abs. 4 VOB/B in der Variante Verzögerung des Ausführungsbeginns im Wege der ergänzenden Vertragsauslegung auf den verzögerten Wiederbeginn der Bauarbeiten anzuwenden.

D. § 5 Abs. 1 S. 1 und Abs. 3 VOB/B – Bauablauf

I. Allgemeine Förderpflicht des Auftragnehmers gemäß § 5 Abs. 1 S. 1 VOB/B

Nach § 5 Abs. 1 S. 1 VOB/B hat der Auftragnehmer die Ausführung nach den verbindlichen Fristen (Vertragsfristen) zu beginnen, angemessen zu fördern und zu vollenden. Sowohl nach dem Wortlaut als auch nach der Systematik bezieht sich die Pflicht des Auftragnehmers zur angemessenen Förderung des Bauablaufs nur auf Vertragsfristen, und zwar auf Einzelfristen des Bauablaufs, die im Vertrag oder im Bauzeitenplan als Vertragsfristen gekennzeichnet sind, sowie auf die Fertigstellungsfrist.¹⁶² § 5 Abs. 1 S. 1 VOB/B enthält damit keine einklagbare allgemeine Pflicht des Auftragnehmers, auch außerhalb vereinbarter Vertragsfristen den Bauablauf angemessen zu fördern. Einem solchen Recht würde die Befugnis des Auftragnehmers zur eigenen Disposition – auch hinsichtlich der erforderlichen Produktionskapazität – aus § 4 Abs. 2 Nr. 1 VOB/B entgegenstehen. Entsprechend stehen dem Auftraggeber regelmäßig nur dann Rechte (Schadensersatz oder Kündigung) wegen unzureichender allgemeiner Förderung des Bauablaufs zu, wenn hierdurch eine Vertragsfrist, insbesondere die Fertigstellungsfrist, offenbar nicht eingehalten werden kann.¹⁶³

---

¹⁵⁸ Vgl. *Berger* in Beck'scher VOB-Kommentar VOB/B § 6 Abs. 3 Rn. 41 ff., 44.
¹⁵⁹ OLG Köln NJW-RR 2004, 18 zu einer Unterbrechung nach einem Brandereignis.
¹⁶⁰ *Berger* in Beck'scher VOB-Kommentar VOB/B § 6 Abs. 3 Rn. 45.
¹⁶¹ OLG Celle, Beschl. v. 22.5.2009, 14 U 45/09; OLG Dresden MDR 2003, 1174; dem folgend: *Gartz* in NWJS VOB/B § 5 Rn. 24; *Jansen* in Leinemann VOB/B § 5 Rn. 66; *Döring* in Ingenstau/Korbion VOB/B § 5 Abs. 4 Rn. 2; aA *Markus* → VOB/B § 6 Rn. 35; *Berger* in Beck'scher VOB-Kommentar VOB/B § 6 Abs. 3 Rn. 46.
¹⁶² *Althaus* in Beck'scher VOB-Kommentar VOB/B § 5 Abs. 1 Rn. 23 f.; im Grundsatz ebenso KG BauR 2005, 1219 (Ls.) = IBR 2005, 1105, das aber eine Kündigung aus wichtigem Grund unabhängig von verbindlichen Einzelfristen auch bei Verletzung der allgemeinen Pflicht zur Förderung des Bauablaufs gemäß § 5 Abs. 1 S. 1 VOB/B für möglich hält, jedenfalls wenn hierdurch die Fertigstellungsfrist nicht eingehalten werden kann; aA wohl *Döring* in Ingenstau/Korbion VOB/B § 5 Abs. 1–3 Rn. 15.
¹⁶³ wie vorige Fußnote.

II. Abhilfepflicht des Auftragnehmers gemäß § 5 Abs. 3 VOB/B bei unzureichendem Baufortschritt

78 **1. Allgemeines.** Gemäß § 5 Abs. 3 VOB/B muss der Auftragnehmer auf Verlangen unverzüglich Abhilfe schaffen, wenn Arbeitskräfte, Geräte, Gerüste, Stoffe oder Bauteile so unzureichend sind, dass die Ausführungsfristen offenbar nicht eingehalten werden können. Der Auftraggeber kann den Abhilfeanspruch aus § 5 Abs. 3 VOB/B einklagen,[164] wenngleich eine solche Klage angesichts der üblichen Verfahrensdauern ohne praktischen Nutzen ist. Im Fall der Nichtbeachtung kann er nach § 5 Abs. 4 VOB/B vorgehen.

Der Abhilfeanspruch des Auftraggebers aus **§ 5 Abs. 3 VOB/B schränkt** das generelle **Dispositionsrecht des Auftragnehmers aus § 4 Abs. 2 Nr. 1 VOB/B ein,** wonach der Auftragnehmer die Leistung unter eigener Verantwortung und damit nach eigener Disposition auszuführen hat und somit selbst über den personellen und sachlichen Einsatz der Produktionsmittel (Arbeitskräfte, Geräte usw.) bestimmen kann. Unter den Voraussetzungen des § 5 Abs. 3 VOB/B ist dieses Dispositionsrecht eingeschränkt und der Auftragnehmer ist **zur Abhilfe verpflichtet.** Allerdings geht die Abhilfepflicht aus § 5 Abs. 3 VOB/B nicht so weit, dass der Auftraggeber vom Auftragnehmer bestimmte Maßnahmen (zB die Aufstockung der Arbeitskolonne um eine bestimmte Anzahl an Facharbeitern usw.) verlangen kann. Über die konkreten Abhilfemaßnahmen entscheidet der Auftragnehmer in Ausübung seines Rechts aus § 4 Abs. 2 Nr. 1 VOB/B.

79 Das allgemeine Anordnungsrecht des Auftraggebers aus § 4 Abs. 1 Nr. 3 VOB/B umfasst nicht zeitliche Anordnungen bei unzureichender Förderung des Bauablaufs (zum Umfang des Anordnungsrechts → VOB/B § 4 Rn. 25 ff.). Der Auftraggeber ist in diesem Fall auf den Abhilfeanspruch aus § 5 Abs. 3 VOB/B verwiesen.

80 Das Abhilfeverlangen des Auftraggebers kann formlos gestellt werden; auch hier empfiehlt sich jedoch aus Beweisgründen die Einhaltung der Schriftform.

81 Berechtigt, gemäß § 5 Abs. 3 VOB/B Abhilfe zu verlangen, sind der Auftraggeber selbst oder die von ihm dazu Bevollmächtigten. Ohne ausdrückliche Vollmacht ist der objektüberwachende Architekt hierzu allerdings regelmäßig nicht befugt. Soweit er mit den Grundleistungen gemäß § 34 iVm Anlage 10, Leistungsphase 8d) HOAI beauftragt ist, gehört zu seinen Aufgaben das Aufstellen, Fortschreiben und Überwachen des Terminplans. Die Wahrnehmung dieser Aufgaben erfordert keine Vollmacht, eine Abhilfeaufforderung gemäß § 5 Abs. 3 VOB/B auszusprechen, die erhebliche rechtliche Konsequenzen haben kann, so dass eine solche nicht (konkludent) erteilt ist.

82 **2. Arbeitskräfte, Geräte, Gerüste, Stoffe oder Bauteile unzureichend.** § 5 Abs. 3 VOB/B enthält eine dem Wortlaut, nicht aber dem Inhalt nach abschließende Aufzählung der unzureichenden Produktionsmittel des Auftragnehmers, wenngleich über die Aufzählung von § 5 Abs. 3 VOB/B hinaus kaum eine sonstige Unzuträglichkeit von Produktionsfaktoren auf der Baustelle denkbar ist. Unter „unzureichend" ist dabei jedwede Form von Unzuträglichkeit zu verstehen, dh entweder zu wenig Arbeitskräfte, zu geringe oder verspätet angelieferte Materialmengen, unbrauchbare, nicht einsatzfähige oder falsch dimensionierte Geräte, ungelernte Arbeitskräfte, unzuverlässige oder unzureichend qualifizierte Nachunternehmer usw. Der konkrete Ursachenzusammenhang zwischen unzuträglichen Produktionsmitteln und unzureichendem Leistungsfortschritt ist dabei unerheblich. Entscheidend ist allein, dass es wegen nicht ausreichender personeller und / oder sachlicher Produktionsmittel voraussichtlich zu einer Termingefährdung oder -überschreitung im Sinne von § 5 Abs. 3 VOB/B kommt.

83 **3. Ausführungsfristen.** § 5 Abs. 3 VOB/B setzt voraus, dass „die Ausführungsfristen" offenbar nicht eingehalten werden können. Unter den Ausführungsfristen im Sinne von § 5 Abs. 3 VOB/B sind nach den Grundsätzen der objektiven Auslegung **nur Vertragsfristen** zu verstehen.[165]

---

[164] *Döring* in Ingenstau/Korbion VOB/B § 5 Abs. 1–3 Rn. 16; vgl. auch KG BauR 2005, 1219 (Ls.) = IBR 2005, 1105.

[165] *Althaus* in Beck'scher VOB-Kommentar VOB/B § 5 Abs. 3 Rn. 2; *Gartz* in NWJS VOB/B § 5 Rn. 22; *Eschenbruch/von Rintelen* NZBau 2010, 401; aA *Döring* in Ingenstau/Korbion VOB/B § 5 Abs. 1–3 Rn. 22: § 5 Abs. 3 VOB/B allgemein anwendbar, auch wenn keine Vertragsfrist vereinbart ist.

Zwar könnte man unter den Begriff „Ausführungsfristen" prinzipiell sowohl verbindliche als auch unverbindliche Fristen fassen. Aus dem Zusammenhang mit der Gesamtregelung in § 5 VOB/B und unter Berücksichtigung der Interessen der an den Geschäften üblicherweise beteiligten Verkehrskreise können redliche Vertragsparteien § 5 Abs. 3 VOB/B indes nur auf Vertragsfristen beziehen. Denn die in § 5 Abs. 1 S. 1 VOB/B geregelten Pflichten des Auftragnehmers, die Ausführung zu beginnen, angemessen zu fördern und zu vollenden, beziehen sich nach dem Wortlaut nur auf Vertragsfristen. Damit korrespondiert es, nur an die Verletzung oder Gefährdung von Vertragsfristen Rechtsfolgen zu knüpfen. § 5 Abs. 3 VOB/B gewährt dem Auftraggeber ein Eingriffsrecht in das grundsätzliche Dispositionsrecht des Auftragnehmers gemäß § 4 Abs. 2 Nr. 1 VOB/B für den Fall, dass durch unzureichende Arbeitskräfte usw. die Einhaltung der „Ausführungsfristen" gefährdet ist. Wären unter den Ausführungsfristen auch die bloßen Kontrollfristen des Bauzeitenplans (ggf. darüber hinaus auch Fristen aus internen Ablauf- und Steuerungsplänen) zu verstehen, dann würde dem Auftraggeber trotz deren grundsätzlicher Unverbindlichkeit und bloßer Kontrollfunktion über § 5 Abs. 3 und 4 VOB/B letztlich ein Sanktionsinstrument an die Hand gegeben, das mit der Unverbindlichkeit dieser Art von Fristen unvereinbar wäre. Denn bereits die bloße Gefährdung auch solcher Fristen („offenbar nicht eingehalten werden können") würde den Auftraggeber berechtigen, nicht nur gemäß § 5 Abs. 3 VOB/B Abhilfe zu fordern, sondern unter den weiteren Voraussetzungen des § 5 Abs. 4 VOB/B entweder Schadensersatz geltend zu machen oder gar den Vertrag aus wichtigem Grund zu kündigen.[166] § 5 Abs. 3 VOB/B kann in einem VOB/B-Bauvertrag aber auch Anwendung finden, wenn eine sich lediglich aus § 271 Abs. 1 BGB ergebende verbindliche Fertigstellungsfrist offenbar nicht eingehalten werden kann.[167]

Werden Vertragsfristen aufgrund unzureichender Arbeitskräfte usw. offenbar nicht eingehalten, sind sie also konkret gefährdet, kann der Auftraggeber wegen der Verbindlichkeit dieser Fristen bereits im Vorfeld Abhilfe fordern und bei unterlassener bzw. unzureichender Abhilfe die Rechte aus § 5 Abs. 4 VOB/B geltend machen. § 5 Abs. 3 VOB/B enthält damit einen **Gefährdungstatbestand,** der es dem Auftraggeber ermöglicht, bereits bei **drohender Vertragsverletzung** Rechte geltend zu machen. Er ist daher nicht darauf verwiesen, erst nach Eintritt der Vertragspflichtverletzung seine Rechte, zB Schadensersatz oder Kündigung, geltend machen zu können (vgl. zu einem gesetzlichen Gefährdungstatbestand: § 323 Abs. 4 BGB).

4. Offenbar nicht eingehalten werden können. Die Abhilfepflicht des Auftragnehmers gemäß § 5 Abs. 3 VOB/B setzt weiter voraus, dass wegen unzureichender Produktionsmittel die Ausführungsfristen „offenbar nicht eingehalten werden können". Hierfür reichen nicht jegliche Gefährdungen der Ausführungsfristen oder gar diesbezügliche bloße Mutmaßungen und Befürchtungen des Auftraggebers aus.[168] Welcher Grad der Wahrscheinlichkeit erreicht sein muss, um eine offenbare Nichteinhaltung von Ausführungsfristen annehmen zu können, wird allerdings im Detail unterschiedlich gesehen. Zum Teil wird gefordert, dass die Ausführungsfristen mit an Sicherheit grenzender Wahrscheinlichkeit überschritten werden.[169] Nach anderer Auffassung reicht bereits die ernsthafte Befürchtung der Fristüberschreitung[170] oder der sich einem verständigen Beobachter aufdrängende ernsthafte Zweifel an der Einhaltung der Frist[171] aus. Wieder andere Stimmen in der Literatur meinen, es müsse in baubetrieblicher Hinsicht objektiv feststehen, dass eine Nichteinhaltung der Ausführungsfrist ohne die geforderte Verstärkung des Personal- und Materialeinsatzes zu erwarten stehe.[172]

Richtig erscheint es, § 5 Abs. 3 VOB/B als Ausnahmeregelung, die bereits bei drohender Vertragspflichtverletzung – nämlich bei drohender Überschreitung von Vertragsfristen – eingreift, eher eng auszulegen. Inhaltlich muss auf der **Grundlage des bisherigen Baufortschritts** eine

---

[166] So zutreffend *Langen* → Vorauflage VOB/B § 5 Rn. 83 f.
[167] Vgl. hierzu OLG Hamm BauR 2011, 1169, das eine „entsprechende" Anwendung von § 5 Abs. 3 VOB/B für richtig hält. Dies ist bei Allgemeinen Geschäftsbedingungen allerdings nicht möglich. Da die Fertigstellungsfrist nach § 271 Abs. 1 BGB aber auch eine verbindliche Frist ist, kann § 5 Abs. 3 VOB/B im Wege der Auslegung auch darauf bezogen werden.
[168] *Peters/Jacoby* in Staudinger BGB § 633 Rn. 136.
[169] *Döring* in Ingenstau/Korbion VOB/B § 5 Abs. 1–3 Rn. 19; dem folgend OLG Celle Beschl. v. 22.5.2009, 14 U 45/09.
[170] *Riedl/Mansfeld* in HRR VOB/B § 5 Rn. 13.
[171] *Peters/Jacoby* in Staudinger BGB § 633 Rn. 136.
[172] *Kemper* in FKZGM VOB/B § 5 Rn. 34.

Prognoseentscheidung getroffen werden. Hierzu ist ein Vergleich zwischen der zum Zeitpunkt der Beurteilung bereits erbrachten Bauleistung einerseits und der noch zu erbringenden Bauleistung andererseits unter Berücksichtigung der noch zur Verfügung stehenden Zeit vorzunehmen. Dabei sind zB auch Witterungsverhältnisse und bisherige Mängel der Leistung zu berücksichtigen.[173] Führt dieser Vergleich zu der **sicheren Erwartung,** dass ohne beschleunigende (Abhilfe-)Maßnahmen des Auftragnehmers vereinbarte Vertragsfristen überschritten werden, dann liegen die Voraussetzungen des § 5 Abs. 3 VOB/B vor und der Auftraggeber kann vom Auftragnehmer Abhilfe verlangen. Will der Auftraggeber nach § 5 Abs. 3 in Verbindung mit Abs. 4 VOB/B vorgehen, wird er eine nachvollziehbare bauzeitliche Analyse vornehmen und diese dem Gericht darlegen müssen.[174] Erfolgt die Kündigung bereits einen Monat nach Baubeginn, obwohl die erste (verbindliche) Einzelfrist gemäß Bauzeitenplan erst nach weiteren 3 Monaten abläuft, so sind an den Nachweis, dass die Überschreitung dieser Frist sicher zu erwarten ist, strenge Anforderungen zu stellen.[175]

87 **Hilfsmittel** bei der **Prognoseentscheidung** ist insbesondere der maßgebende Terminplan. Haben die Parteien im Sinne von § 5 Abs. 1 S. 2 VOB/B einen **Bauzeitenplan** als Vertragsterminplan vereinbart und enthält dieser Bauzeitenplan sowohl Vertragstermine als auch (unverbindliche) Kontrolltermine, so kann die Prognoseentscheidung gemäß § 5 Abs. 3 VOB/B regelmäßig anhand dieses Bauzeitenplans vorgenommen werden. Dabei sind auch die Kontrollfristen von Bedeutung, da auch anhand dieser Fristen der Baufortschritt beurteilt werden kann. Eine bereits eingetretene **Überschreitung** einer im Bauzeitenplan vereinbarten **Kontrollfrist** ist daher ein wichtiger Anhaltspunkt dafür, dass die vereinbarten Vertragsfristen ebenfalls gefährdet sind. Führt der hinter dem Bauzeitenplan zurückbleibende Stand der erbrachten Bauleistung im Zeitpunkt des Ablaufs einer Kontrollfrist zu der sicheren Erwartung, dass ohne beschleunigende Maßnahmen die noch zu erbringende Bauleistung nicht innerhalb der Vertragsfristen erbracht werden kann, ist die Abhilfeaufforderung gemäß § 5 Abs. 3 VOB/B gerechtfertigt.[176] Anderes gilt, wenn der Auftragnehmer nachweisen kann, dass der durch die Überschreitung der Kontrollfrist eingetretene Terminrückstand durch zwischenzeitliche Aufholarbeiten entweder bereits kompensiert ist oder kurzfristig kompensiert wird, oder dass der Bauzeitenplan noch nicht verbrauchte Puffer enthält.[177]

88 Hat der Auftragnehmer bereits eine **Vertragsfrist überschritten,** so ist § 5 Abs. 3 VOB/B hinsichtlich der bereits überschrittenen Frist nicht (mehr) anwendbar, was aber auch nicht erforderlich ist. Denn hinsichtlich der überschrittenen Frist droht die Fristüberschreitung nicht mehr, sie ist vielmehr bereits eingetreten. Unter den weiteren Voraussetzungen der §§ 5 Abs. 4, 6 Abs. 6 VOB/B kann der Auftraggeber aus der Überschreitung einer solchen Vertragsfrist Ansprüche herleiten, ohne des Abhilfeanspruchs aus § 5 Abs. 3 VOB/B zu bedürfen (dazu im Einzelnen → Rn. 102 ff.).

Die bereits überschrittene Vertragsfrist führt darüber hinaus zu der Vermutung, dass im Sinne von § 5 Abs. 3 VOB/B weitere Vertragsfristen gefährdet sind. Das heißt, die Überschreitung einer Vertragsfrist durch den Auftragnehmer rechtfertigt in aller Regel eine Abhilfeaufforderung des Auftraggebers hinsichtlich weiterer Vertragsfristen, deren Überschreitung zu erwarten ist.

89 Haben die Parteien keinen Bauzeitenplan vereinbart bzw. enthält der Bauzeitenplan keine für das Abhilfebegehren aus § 5 Abs. 3 VOB/B relevanten Fristen, so kann als Kontrollinstrument ergänzend ein **auftragnehmerseitiger interner Bauablaufplan** herangezogen werden. Bleibt der Baufortschritt des Auftragnehmers hinter seiner eigenen (internen) Terminplanung zurück, so kann dies ebenfalls ein wichtiger Anhaltspunkt dafür sein, dass die Einhaltung der Vertragsfristen offenbar gefährdet ist, und entsprechend den obigen Ausführungen die Abhilfeaufforderung des Auftraggebers gemäß § 5 Abs. 3 VOB/B rechtfertigen.[178]

90 Haben die Parteien weder einen Bauzeitenplan (mit entsprechenden Kontrollfristen) vereinbart noch liegt ein interner Ablaufplan des Auftragnehmers als Kontrollinstrument vor, so muss anhand sonstiger Baufortschrittsmerkmale geprüft werden, ob aufgrund des tatsächlichen Bauablaufs die Überschreitung vereinbarter Vertragsfristen sicher zu erwarten ist oder nicht. Es liegt

---

[173] *Peters/Jacoby* in Staudinger BGB § 633 Rn. 136.
[174] Hierauf weist *Kemper* in FKZGM VOB/B § 5 Rn. 34 zu Recht hin.
[175] OLG Köln BauR 2008, 1145; vgl. zu einer unberechtigten Prognosekündigung ferner OLG Dresden MDR 2003, 1174.
[176] So im Ergebnis auch *Jansen* in Leinemann VOB/B § 5 Rn. 51; *Althaus* in Beck'scher VOB-Kommentar VOB/B § 5 Abs. 3 Rn. 5; *Döring* in Ingenstau/Korbion VOB/B § 5 Abs. 1-3 Rn. 19.
[177] *Althaus* in Beck'scher VOB-Kommentar VOB/B § 5 Abs. 3 Rn. 6.
[178] *Althaus* in Beck'scher VOB-Kommentar VOB/B § 5 Abs. 3 Rn. 5.

auf der Hand, dass in diesem Fall die für § 5 Abs. 3 VOB/B zu treffende Prognoseentscheidung ausgesprochen schwierig ist.[179]

In allen Varianten setzt das Abhilferecht des Auftraggebers aus § 5 Abs. 3 VOB/B voraus, dass **91** die (drohende) Überschreitung von Vertragsfristen der Risikosphäre des Auftragnehmers und nicht derjenigen des Auftraggebers zuzuordnen ist. Kommt es zB zu auftraggeberseitigen **Behinderungen** im Sinne von § 6 Abs. 2 Nr. 1a VOB/B und gerät der Auftragnehmer (auch) hierdurch in Terminrückstand, so kann der Auftraggeber keine Abhilfe gemäß § 5 Abs. 3 VOB/B verlangen, auch wenn die Vertragsfristen offenbar gefährdet sind. In diesem Fall richtet sich die Rechtslage hinsichtlich der Vertragsfristen nach § 6 Abs. 1 bis 4 VOB/B. Ergänzend wird auf die obigen Ausführungen (→ Rn. 15, 76) verwiesen.

5. Unverzügliche Abhilfepflicht des Auftragnehmers auf Verlangen des Auftrag- 92 gebers. Liegen die Voraussetzungen des § 5 Abs. 3 VOB/B vor, so ist der Auftragnehmer auf Verlangen des Auftraggebers verpflichtet, unverzüglich Abhilfe zu schaffen. Unverzüglich bedeutet gemäß **§ 121 Abs. 1 BGB ohne schuldhaftes Zögern.** Diese Definition kann auch für die Auslegung des § 5 Abs. 3 VOB/B herangezogen werden. Wie die Abhilfe im Einzelfall auszusehen hat, obliegt gemäß § 4 Abs. 2 Nr. 1 VOB/B dem Auftragnehmer selbst. Aufgrund der drohenden Überschreitung einer Vertragsfrist muss der Auftragnehmer auf Verlangen des Auftraggebers sein Dispositionsrecht bezüglich seiner Bauleistungen nunmehr allerdings so gestalten, dass einerseits der bereits eingetretene Rückstand bis zum Ablauf der gefährdeten Vertragsfrist aufgeholt wird, andererseits zukünftige Vertragsfristen nicht gefährdet werden. Die Befugnis, die konkreten Abhilfemaßnahmen, zB den Einsatz zusätzlichen Geräts, die Aufstockung des Personals, die Umorganisation des Bauablaufs, die Einführung von Doppelschichten usw., zu bestimmen, verbleibt dagegen bei dem Auftragnehmer. Der Auftraggeber hat also **keinen Anspruch auf eine bestimmte Abhilfemaßnahme,** es sei denn allein diese ist zur Abwehr der drohenden Vertragsfristüberschreitung geeignet.

Im Hinblick auf das mit dem Abhilfeverlangen verfolgte Ziel des Auftraggebers erscheinen zwei **93** Maßnahmen als sinnvoll und geboten: Zum einen kann der Auftraggeber vom Auftragnehmer **Auskunft** über die durchzuführenden oder bereits eingeleiteten konkreten Abhilfemaßnahmen **verlangen.** Dabei kann er ggf. auch die Vorlage eines neuen Bauzeitenplanes zur Koordinierung der Beschleunigungsmaßnahmen fordern.[180] Zum anderen kann der Auftraggeber dem Auftragnehmer eine **Frist setzen,** bis zu deren Ablauf die Abhilfemaßnahmen greifen müssen.

Beispiel: Der Auftragnehmer ist verpflichtet, in der Ausführungsfrist von 40 Arbeitstagen insgesamt 1 000m^2 Fliesen zu verlegen. Dies entspricht einer durchschnittlichen Tagesleistung von 25m^2. Nach 10 Arbeitstagen hat der Auftragnehmer erst 50m^2 Fliesen verlegt. Der Auftraggeber fordert unverzügliche Abhilfe und setzt dem Auftragnehmer eine Frist von 2 Wochen, den Terminrückstand aufzuholen.

Um – bei linearer Produktion – den Terminrückstand aufzuholen, müsste der Auftragnehmer in 10 Arbeitstagen 450m^2 Fliesen verlegen. Der Auftragnehmer kann allerdings auch so vorgehen, dass er die Baustelle fortan so mit Personal, Material und Gerät aufstockt, dass die künftige Tagesproduktion rund 32m^2 Fliesen beträgt. Auch so ließe sich die vereinbarte Ausführungsfrist (Vertragsfrist) einhalten. Es bleibt also der Wahl des Auftragnehmers überlassen, ob er vorübergehend zB eine zweite Kolonne einsetzt, um innerhalb der vom Auftraggeber gesetzten Frist das Leistungssoll zu erreichen oder ob er die Kapazität dauerhaft erhöht, um innerhalb der vereinbarten Vertragsfrist die Gesamtleistung erstellen zu können. In beiden Fällen hat der Auftragnehmer seiner Abhilfepflicht genügt.

Das Recht des Auftraggebers, vom Auftragnehmer Abhilfe zu verlangen, stößt dann an seine Grenzen, wenn der Auftragnehmer zum Zeitpunkt des Abhilfeverlangens des Auftraggebers trotz größtmöglicher Anstrengung die gefährdete Vertragsfrist nicht mehr einhalten kann, weil zB trotz Erhöhung der Baustellenkapazität keine (ausreichende) Beschleunigung des Produktionsprozesses möglich ist oder naturwissenschaftliche Gründe (zB erforderliche Austrocknungszeiten, Abbindeprozesse usw.) die Einhaltung der Frist unmöglich machen. Der Auftragnehmer wird in diesem Fall durch die „verspätete" Abhilfeaufforderung des Auftraggebers zwar nicht entlastet. Er kommt seiner Abhilfepflicht trotz der unumgänglichen Überschreitung der Vertragsfrist aber dann nach, wenn er alles ihm Mögliche und Zumutbare unternimmt, um den Terminrückstand jedenfalls so gering wie möglich zu halten und weitere Vertragsfristen nicht zu gefährden. Vor diesem Hintergrund ist der Auftraggeber gut beraten, von seinem Abhilferecht gemäß § 5 Nr. 3 VOB/B rechtzeitig und nicht erst kurz vor Ablauf der Vertragsfrist Gebrauch zu machen.

---

[179] Zu einem solchen Fall vgl. KG BauR 2005, 1219 (Ls.) = IBR 2005, 1105.
[180] OLG Hamm BauR 2007, 1737 = NZBau 2007, 709.

94 **6. Das unberechtigte Abhilfeverlangen des Auftraggebers gemäß § 5 Abs. 3.** Liegen die vorstehend im Einzelnen erläuterten Voraussetzungen des § 5 Abs. 3 VOB/B nicht vor, so geht das Abhilfeverlangen des Auftraggebers grundsätzlich ins Leere. Hat der Auftragnehmer also beispielsweise zwar eine Kontrollfrist des vereinbarten Bauzeitenplans überschritten, jedoch aufgrund einer auftraggeberseitigen Behinderung (zB fehlende Vorleistungen anderer Unternehmer), so liegt darin gerade kein wichtiger Anhaltspunkt für eine Gefährdung von Vertragsfristen (dazu → Rn. 87 f.) und ein auf Beschleunigung gerichtetes Abhilfeverlangen des Auftraggebers ist unberechtigt. Der Auftragnehmer ist in diesem Fall also nicht verpflichtet, beschleunigende Abhilfemaßnahmen zu ergreifen.

So eindeutig die Rechtslage ist, so zweifelhaft ist in der Baupraxis aber häufig der zugrunde liegende Sachverhalt. Insbesondere bei komplexen Bauvorhaben stehen sich häufig die Auffassung des Auftraggebers, der Auftragnehmer sei terminrückständig und deshalb gemäß § 5 Abs. 3 VOB/B (auf eigene Kosten) zur Abhilfe verpflichtet, und die Auffassung des Auftragnehmers, es sei aufgrund auftraggeberseitiger Behinderungen zu den Terminrückständen gekommen und die verlangten Maßnahmen seien als Beschleunigung vergütungspflichtig, gegenüber. Gelingt den Parteien hier während der Bauausführung weder eine endgültige noch eine vorläufige Einigung, beispielsweise derart, dass zunächst bestimmte Maßnahmen zur Beschleunigung des Bauablaufs festgelegt und deren Vergütung von der späteren Aufklärung des Sachverhalts abhängig gemacht werden, so stellt sich die Frage, ob dem Auftragnehmer Vergütungsansprüche in dem Fall zustehen, dass sich ein auftraggeberseitiges Abhilfeverlangen gemäß § 5 Abs. 3 VOB/B, dem der Auftragnehmer Folge geleistet hat, im Nachhinein als ganz oder teilweise unberechtigt erweist. Überwiegend wird in Rechtsprechung und Literatur angenommen, dass dem Auftragnehmer, der einer (unberechtigten) einseitigen Beschleunigungsanordnung Folge leistet, ohne eine Vereinbarung zur Vergütung dieser Maßnahmen getroffen zu haben, für die durchgeführten Beschleunigungsmaßnahmen ein Vergütungsanspruch gemäß § 2 Abs. 5 VOB/B zusteht (→ Rn. 16, 54; → VOB/B § 6 Rn. 32.). Allerdings kann im Einzelfall zweifelhaft sein, ob ein unberechtigtes Abhilfeverlangen des Auftraggebers gemäß § 5 Abs. 3 VOB/B als zwar unberechtigte, jedoch die Vergütungsfolgen des § 2 Abs. 5 VOB/B auslösende Beschleunigungsanordnung zu verstehen ist. Das OLG Hamm[181] hat dazu entschieden, dass die Umdeutung einer unberechtigten Abhilfeaufforderung gemäß § 5 Abs. 3 VOB/B in eine vergütungspflichtige Beschleunigungsanordnung gemäß § 2 Abs. 5 VOB/B dann unzulässig ist, wenn der Auftraggeber unmissverständlich (nur) eine Abhilfe gemäß § 5 Abs. 3 VOB/B durch die Einrichtung eines Mehrschichtbetriebes verlangt und eine Vergütung dieser Maßnahme ausdrücklich abgelehnt hat. Dem Urteil kann man folgen, wenn sich der Auftraggeber in seinem Abhilfeverlangen ausdrücklich auf sein – nicht bestehendes – Abhilferecht aus § 5 Abs. 3 VOB/B beschränkt hat. In diesem Fall muss der Auftragnehmer entscheiden, ob er dem nach seiner Auffassung unberechtigten Verlangen gleichwohl folgt (und Vergütungsansprüche dann allenfalls gemäß § 2 Abs. 8 Nr. 2 VOB/B oder gemäß Nr. 3 VOB/B iVm § 677 ff. BGB in Betracht kommen) oder ob er die Abhilfemaßnahmen unterlässt. Fordert der Auftraggeber jedoch generell, und sei es auch unter Bezugnahme auf seine vermeintlichen Ansprüche aus § 5 Abs. 3 VOB/B, die Beschleunigung des Bauablaufs, um beispielsweise einen unverschiebbaren Übergabe- oder Eröffnungstermin sicherzustellen, dann kann das unberechtigte Abhilfeverlangen des Auftraggebers in eine (unberechtigte) Beschleunigungsanordnung umzudeuten sein, die zugunsten des Auftragnehmers die Vergütungsfolgen aus § 2 Abs. 5 VOB/B auslöst.

E. § 5 Abs. 1 S. 1 VOB/B – Vollendung / Fertigstellung der Leistung

I. Fertigstellung

95 Ähnlich dem Ausführungsbeginn (dazu → Rn. 56 f.) hängt auch die Frage, wann der Auftragnehmer seine Leistungen vertragsgerecht vollendet (= fertiggestellt) hat, in erster Linie von den Vereinbarungen der Parteien im Bauvertrag ab. Haben die Parteien etwa vereinbart, dass zur Fertigstellung der Leistung auch die komplette Räumung der Baustelle, die Aushändigung von Bestands- und Revisionsunterlagen, eine Betriebseinweisung und dergleichen gehören, hängt die fristgerechte Fertigstellung der Leistung durch den Auftragnehmer davon ab, ob neben der vollständigen Ausführung der Leistung auch diese Voraussetzungen erfüllt sind. Soweit eine Definition der Fertigstellung in Allgemeinen Geschäftsbedingungen des Auftraggebers enthalten

---

[181] OLG Hamm IBR 2014, 724.

ist, sind allerdings die Anforderungen der §§ 305 ff. BGB zu beachten. So verstößt zB die Klausel „Voraussetzungen für die Abnahme sind, dass der Auftragnehmer sämtliche hierfür erforderlichen Unterlagen, wie z. B. Revisions- und Bestandspläne, behördliche Bescheinigungen usw. dem Auftraggeber übergeben hat" gegen das Transparenzgebot.[182]

Fehlt im Vertrag eine nähere Definition, welche Leistungen nach dem Willen der Parteien zur **Fertigstellung** gehören, dann hat der Auftragnehmer nach allgemeiner Auffassung die Fertigstellungsfrist eingehalten, wenn er innerhalb dieser Frist die **Abnahmereife** seiner Leistung hergestellt hat.[183] Das bedeutet zweierlei: Zum einen kommt es bei Vorliegen der Abnahmereife für die Fertigstellung nicht weiter darauf an, ob der Auftragnehmer die Fertigstellung angezeigt oder die Abnahme bereits beantragt hat[184] oder ob gar der Auftraggeber die Abnahme bereits erklärt hat. Zum anderen bedeutet dies, dass weder unwesentliche Mängel noch geringfügige Restarbeiten der rechtzeitigen Fertigstellung entgegenstehen, weil derartige Mängel oder Restarbeiten sowohl nach § 12 Abs. 3 VOB/B (→ VOB/B § 12 Rn. 83 ff.) als auch nach der gesetzlichen Regelung des § 640 Abs. 1 S. 2 BGB nicht zur Verweigerung der Abnahme berechtigen. Unwesentlich ist ein Mangel, wenn es dem Auftraggeber zumutbar ist, die Leistung als im Wesentlichen vertragsgemäße Erfüllung anzunehmen.[185] Die Fertigstellungsfrist ist auch dann eingehalten, wenn der Auftraggeber trotz wesentlicher Mängel und / oder Restarbeiten innerhalb der Frist die **Abnahme erklärt** hat.[186] 96

Haben die Parteien im Bauvertrag nicht die Fertigstellung, sondern die **Bezugsfertigkeit** vereinbart, so kommt es darauf an, dem Auftraggeber zum vereinbarten Zeitpunkt ein Bezug und damit eine Nutzung des Objektes möglich und zumutbar sind. Die abnahmereife Fertigstellung muss zu diesem Zeitpunkt (noch) nicht vorliegen.[187] Haben die Vertragsparteien eine Frist für die **mängelfreie Fertigstellung** vereinbart, so muss der Auftragnehmer innerhalb der vereinbarten Frist nicht nur die Abnahmereife herstellen, sondern grundsätzlich auch die Mängelfreiheit.[188]

Die **Baustellenräumung** gehört zur Fertigstellung, wenn die Parteien dies vereinbart haben. Die Parteien können auch durch eine entsprechende Kennzeichnung im Bauzeitenplan zum Ausdruck bringen, dass eine Fertigstellung erst nach der Baustellenräumung vorliegt.[189] Die Baustellenräumung gehört ferner dann zur Fertigstellung und ist somit innerhalb der vereinbarten Fertigstellungsfrist vorzunehmen, wenn dem Auftraggeber ohne sie eine Übernahme und Inbetriebnahme der Leistung des Auftragnehmers nicht möglich oder zumutbar ist. Im übrigen reicht es regelmäßig aus, wenn die Baustellenräumung alsbald nach der abnahmereifen Erstellung der Bauleistung erfolgt.[190] 97

Bei der Beauftragung einzelner Leistungsbereiche im Rahmen der **konventionellen Baudurchführung** sehen die gemäß § 1 Abs. 1 S. 2 VOB/B zum Vertragsinhalt gehörenden DIN-Bestimmungen häufig vor, dass der Auftragnehmer über die eigene Bauleistung hinaus **Vorhalteleistungen** für andere Unternehmer erbringen muss.[191] Derartige noch erforderliche Vorhalte- 98

---

[182] BGH BauR 1997, 1036 (1038).
[183] Allgemeine Meinung: ZB OLG Dresden BauR 2001, 949; *Althaus* in Beck'scher VOB-Kommentar VOB/B § 5 Abs. 1 Rn. 18; *Jansen* in Leinemann VOB/B § 5 Rn. 49; *Döring* in Ingenstau/Korbion VOB/B § 5 Abs. 1–3 Rn. 23; *Kemper* in FKZGM VOB/B § 5 Rn. 9.
[184] BGH BauR 1999, 645 (648); OLG Dresden BauR 2001, 949.
[185] Näher hierzu BGH BauR 1981, 284.
[186] *Jansen* in Leinemann VOB/B § 5 Rn. 49; *Riedl/Mansfeld* in HRR VOB/B § 5 Rn. 7.
[187] Vgl. KG BauR 2003, 1568 (1570); zum Begriff Bezugsfertigkeit ferner OLG München ZMR 2016, 111.
[188] Vgl. OLG Rostock BauR 2004, 92 (93) mit Anmerkung *Vygen*; im Hinblick auf die gesetzliche Wertung in § 640 Abs. 1 S. 2 BGB muss sich eine solche Vereinbarung aber eindeutig aus dem Vertrag ergeben; eine AGB-Vereinbarung muss zumindest hinreichend transparent gemäß § 307 Abs. 1 S. 2 BGB sein. Im Zweifelsfall schuldet der Auftragnehmer zum vereinbarten Zeitpunkt nur die Abnahmereife, nicht aber die vollständige und mängelfreie Herstellung der Leistung.
[189] Dies ist zB der Fall, wenn für die Baustellenräumung selbst ein eigener – der letzte – Balken im Bauzeitenplan vorhanden ist.
[190] Vgl. OLG Celle BauR 1995, 713; *Riedl/Mansfeld* in HRR VOB/B § 5 Rn. 7; *Jansen* in Leinemann VOB/B § 5 Rn. 48; *Döring* in Ingenstau/Korbion VOB/B § 5 Abs. 1-3 Rn. 23; *Vygen/Joussen* in VJLR Bauverzögerung Teil A Rn. 234.
[191] So gehören gemäß DIN 18330 Abschnitt 4.1.3 die Herstellung der Abdeckungen und Umwehrungen von Öffnungen und das Belassen zum Mitbenutzen durch andere Unternehmer über die eigene Benutzungsdauer hinaus zur Nebenleistungspflicht bei Maurerarbeiten. Die Vorhaltung der für den „Rohbau" erforderlichen Gerüste über die eigene Benutzungsdauer hinaus ist hingegen inzwischen als Besondere Leistung gemäß DIN 18330 Abschnitt 4.2.1 und DIN 18331 Abschnitt 4.2.3 geregelt.

leistungen stehen einer fristgerechten Fertigstellung der Bauleistungen des Auftragnehmers nicht entgegen.

Beim **Schlüsselfertigbau** kommt es (vorbehaltlich abweichender konkreter Vereinbarungen) darauf an, ob der Auftragnehmer innerhalb der vereinbarten Ausführungsfrist einen Zustand herstellt, der dem Auftraggeber die Übernahme bzw. Inbetriebnahme der geschuldeten Gesamtleistung zumutbar ermöglicht. Je nach Leistungsgegenstand kann hierzu auch die vollständige oder zumindest wesentliche Räumung der Baustelleneinrichtung gehören.[192] Hinsichtlich technischer Unterlagen wie Bestands- und Revisionsplänen[193] kommt es darauf an, ob dem Auftraggeber auch ohne diese Unterlagen zumindest vorläufig die Inbetriebnahme der Gesamtleistung möglich und zumutbar ist.

99 Der Anspruch auf (fristgerechte) Fertigstellung kann vom Auftraggeber eingeklagt werden.

II. Fertigstellung nach Vereinbarung

100 § 5 Abs. 1 S. 1 VOB/B enthält die (selbstverständliche) Bestimmung, dass die Ausführung nach den verbindlichen Fristen (Vertragsfristen) zu vollenden ist. Eine im Vertrag vereinbarte Fertigstellungsfrist ist als verbindliche Frist und damit Vertragsfrist anzusehen, wenn sich die Unverbindlichkeit der Frist nicht ausdrücklich[194] oder den Umständen nach[195] ergibt. Die Fertigstellungsfrist kann dabei in verschiedener Art und Weise fixiert werden, zB im Sinne von § 286 Abs. 2 Nr. 1 BGB als kalendermäßig bestimmter Termin,[196] als Frist, deren Beginn im Sinne von § 286 Abs. 2 Nr. 2 BGB ein Ereignis vorauszugehen hat[197] oder in sonstiger Weise.[198]

III. Fertigstellung ohne Vereinbarung

101 Haben die Parteien keine Fertigstellungsfrist vereinbart, so gilt der bereits erwähnte und von der Rechtsprechung des BGH[199] anhand von § 271 Abs. 1 BGB entwickelte Grundsatz, dass der Auftragnehmer **alsbald nach Abschluss des Vertrags mit der Ausführung zu beginnen und sie in angemessener Zeit zügig zu Ende zu führen hat.** Dabei ist die für die Herstellung notwendige Zeit in Rechnung zu stellen; branchenspezifische Vorlauffristen sind zu berücksichtigen. Mit Ablauf der danach (regelmäßig nicht sicher) zu bestimmenden Herstellungsfrist tritt Fälligkeit ein.

Die **Beweislast** dafür, dass die angemessene Herstellungsfrist noch nicht abgelaufen ist, trägt der **Auftragnehmer.**[200] Dies folgt aus der gesetzlichen Wertung des § 271 Abs. 1 BGB, der eine zur sofortigen Fälligkeit führende Regel enthält.

Ergänzend wird auf die obigen Ausführungen (→ Rn. 1 mwN) verwiesen.

F. § 5 Abs. 4 VOB/B – Rechte des Auftraggebers bei verzögerter Leistungserstellung

I. Allgemeines

102 Die Auslegung von § 5 Abs. 4 VOB/B bereitet, was im Folgenden ausgeführt wird, Schwierigkeiten, die auf die unklaren Formulierungen der Verfasser der VOB/B zurückgehen. Dieser Umstand ist deshalb besonders problematisch, weil es sich bei der VOB/B nach ständiger Recht-

---

[192] Weil zB bis dahin die Parkflächen oder sonstigen Außenanlagen nicht genutzt werden können.
[193] DIN 18379 Abschnitt 3.6; DIN 18380 Abschnitt 3.7, DIN 18381 Abschnitt 3.5, DIN 18385 Abschnitt 3.4, DIN 18386 Abschnitt 3.6.
[194] Beispiel: „Vorläufige Fertigstellungsfrist 15.9.2016, verbindliche Terminabsprachen erfolgen binnen 2 Wochen nach Vertragsabschluss mit der Bauleitung".
[195] Zur Circa-Frist, vgl. → Rn. 11.
[196] Beispiel: Fertigstellung bis zum 15.9.2016.
[197] Beispiel: Ausführungsfrist 3 Monate nach Vorlage der Baugenehmigung.
[198] Beispiel: Fertigmontage der Sanitäreinrichtung binnen 3 Werktagen pro Einfamilienhaus nach Fertigstellung der Malerarbeiten. In diesem Beispiel ist fraglich, ob im Sinne von § 286 Abs. 2 Nr. 2 BGB eine Frist vereinbart ist, deren Lauf durch ein (hinreichend bestimmtes) Ereignis (Fertigstellung der Malerarbeiten) in Gang gesetzt wird und bei der folglich eine verzugsbegründende Mahnung entbehrlich ist. Im Zweifel sollte in einem solchen oder ähnlichen Fall also nach Fälligkeit gemahnt werden, um (sicher) Verzug zu begründen. Vgl. ergänzend hierzu → Rn. 44.
[199] BGH BauR 2004, 331 = NZBau 2004, 155; NZBau 2001, 389.
[200] BGH BauR 2004, 331 = NZBau 2004, 155; siehe auch OLG Hamburg IBR 2012, 13.

sprechung des BGH[201] und überwiegender Auffassung in der Literatur[202] um Allgemeine Geschäftsbedingungen gemäß § 305 Abs. 1 BGB handelt, sofern sie – wie regelmäßig – bei Vertragsschluss von einer Partei der anderen Partei gestellt werden. Für Allgemeine Geschäftsbedingungen gilt der Grundsatz der objektiven Auslegung.[203] Danach kommt in erster Linie dem Wortlaut der jeweiligen Vertragsklausel entscheidende Bedeutung zu, wobei hinsichtlich der VOB/B auf das typische Verständnis redlicher Vertragsparteien unter Abwägung der Interessen der an den Geschäften üblicherweise beteiligten Verkehrskreise abzustellen ist. Daneben finden auch Sinn und Zweck und systematische Stellung der Klausel im Regelwerk Berücksichtigung.[204] Ist der Wortlaut einer Klausel nicht eindeutig, besteht allerdings die Gefahr einer Unwirksamkeit wegen Intransparenz oder auch die Gefahr, dass bei Zweifeln gemäß § 305c Abs. 2 BGB eine Auslegung zu Lasten des jeweiligen Verwenders erfolgt, die ggf. auch zur Unwirksamkeit der Klausel führen kann.[205] Trotz unklaren Wortlauts kam die Rechtsprechung (spätestens auf höchstrichterlicher Ebene) bislang häufig zu einer eindeutigen Auslegung von VOB/B-Klauseln bzw. zu einer Auslegung, die den klaren Vorrang verdient.[206] Ob und ggf. zu welchem „eindeutigen" Auslegungsergebnis der BGH bei infolge unklaren Wortlauts umstrittenen Auslegungsfragen kommt, ist allerdings nur schwer vorauszusehen. Umso unverständlicher ist es, dass die Verfasser der VOB/B bis heute keine – hinsichtlich § 5 Abs. 4 VOB/B leicht mögliche – Klarstellung vorgenommen haben.

II. Schadensersatz und Kündigung – alternativ oder kumulativ?

Fraglich ist zunächst das Verhältnis der in § 5 Abs. 4 VOB/B genannten Rechtsfolgen, **103** nämlich Schadensersatz und Kündigung.

Die Klausel formuliert wie folgt: „Verzögert der Auftragnehmer den Beginn der Ausführung, gerät er mit der Vollendung in Verzug oder kommt er der in Absatz 3 erwähnten Verpflichtung nicht nach, so kann der Auftraggeber bei Aufrechterhaltung des Vertrages Schadensersatz nach § 6 Absatz 6 verlangen oder dem Auftragnehmer eine angemessene Frist zur Vertragserfüllung setzen und erklären, dass er ihm nach fruchtlosem Ablauf der Frist den Auftrag kündigen werde (§ 8 Absatz 3)."

Der Wortlaut („oder") lässt zunächst vermuten, dass der Auftraggeber Schadensersatz und Kündigung nur alternativ und nicht kumulativ geltend machen kann. Tatsächlich wird man hier jedoch im Wege der objektiven Auslegung zu dem Ergebnis kommen können, dass das Recht auf **Schadensersatz** gemäß § 5 Abs. 4 VOB/B iVm § 6 Abs. 6 VOB/B und das Recht zur **Kündigung** des Vertrags gemäß § 5 Abs. 4 VOB/B iVm § 8 Abs. 3 VOB/B – bei Vorliegen der jeweiligen Voraussetzungen – **nebeneinander** und nicht in einem Alternativverhältnis stehen.

Nach dem Wortlaut der Klausel kann der Auftraggeber, sofern die Voraussetzungen des § 5 Abs. 4 VOB/B vorliegen, bei Aufrechterhaltung des Vertrags Schadensersatz gemäß § 6 Abs. 6 VOB/B geltend machen. Der Schadensersatzanspruch deckt – mit der in § 6 Abs. 6 VOB/B geregelten Einschränkung betreffend den entgangenen Gewinn – Ansprüche aus der verzögerten Leistungserbringung, also sog. Verzögerungsschäden, ab. Darüber hinaus kann der Auftraggeber den Vertrag gemäß § 5 Abs. 4 iVm § 8 Abs. 3 VOB/B auch durch Kündigung beenden. Redliche Vertragsparteien der beteiligten Verkehrskreise werden die Klausel dabei in der Weise verstehen müssen, dass der Auftraggeber – ungeachtet der Geltendmachung von Verzögerungsschäden – den Vertrag bei andauerndem Vorliegen der Voraussetzungen des § 5 Abs. 4 VOB/B nach Fristsetzung und Kündigungsandrohung kündigen kann und ein bereits entstandener Anspruch des Auftraggebers auf Ersatz der Verzögerungsschäden hierdurch nicht erlöschen soll. Denn die Kündigung ändert an dem bis dahin gegebenen Verzug und den bis dahin bereits entstandenen Verzögerungsschäden nichts. Sie kann diese Schäden auch nicht kompensieren. Vielmehr ermöglicht sie die Vertragsbeendigung und gewährt dem Auftraggeber in der Folge

---

[201] ZB BGH NJW 1983, 816; BauR 1987, 438; BauR 1987, 702; BauR 1997, 1027; NJW 1999, 3260; NJW 2004, 1597; BGHZ 178, 1.
[202] → VOB/B Einleitung Rn. 38 ff., 44 ff. mwN.
[203] St. Rspr. zB BGH NJW-RR 2007, 1619; *Grüneberg* in Palandt BGB § 305c Rn. 16.
[204] Zu den Auslegungsgrundsätzen näher *Sacher* in Beck'scher VOB-Kommentar VOB/B Einleitung Rn. 112, 113 mwN.
[205] Vgl. dazu *Sacher* in Beck'scher VOB-Kommentar VOB/B Einleitung Rn. 114 ff. mwN.
[206] ZB BGH NJW 1996, 1346 zu § 18 Nr. 4 VOB/B aF; BGH NJW 1999, 942 zu § 10 Nr. 2 Abs. 2 VOB/B aF; BGH NJW 1996, 2158 zu § 2 Nr. 6 Abs. 1 S. 2 VOB/B aF.

gemäß § 8 Abs. 3 Nr. 2 S. 1 VOB/B (zusätzlich) einen Erstattungsanspruch hinsichtlich der Restfertigstellungskosten. *Langen*[207] formuliert insoweit zutreffend, dass Kündigung und Schadensersatz eine unterschiedliche Zweckrichtung haben. Weder kann daher der entstandene und ggf. bereits geltend gemachte Anspruch auf Ersatz der Verzögerungsschäden aus redlicher Sicht durch eine anschließende Kündigung berührt werden noch kann die Kündigung aufgrund der Geltendmachung solcher Schäden ausgeschlossen sein. Dieses Ergebnis wird letztlich auch durch § 8 Abs. 3 Nr. 2 S. 1 Hs. 2 VOB/B gestützt, der klarstellt, dass nach Kündigung Ansprüche des Auftraggebers auf Ersatz des etwa entstehenden weiteren Schadens bestehen bleiben. Hiervon zu unterscheiden ist allerdings der Schadensersatzanspruch wegen Nichterfüllung (Schadensersatz statt der Leistung), der nur nach Kündigung unter den Voraussetzungen des § 8 Abs. 3 Nr. 2 S. 2 geltend gemacht werden kann.

Die in § 5 Abs. 4 genannten Rechtsfolgen – Schadensersatz nach § 6 Abs. 6 VOB/B und Kündigung nach § 8 Abs. 3 VOB/B – stehen mithin nicht in einem Alternativverhältnis. Trotz des nicht ganz eindeutigen Wortlauts des § 5 Abs. 4 VOB/B kann der Auftraggeber unter den jeweiligen Voraussetzungen sowohl Ersatz des eingetretenen Verzögerungsschadens verlangen als auch eine Kündigung aus wichtigem Grund aussprechen mit den entsprechenden weiteren Rechtsfolgen.[208]

§ 5 Abs. 4 VOB/B regelt im Übrigen die Ansprüche des Auftraggebers bei verzögerter Leistungserbringung **nicht abschließend.** Daneben kommen Ansprüche des Auftraggebers nach den Vorschriften des BGB in Betracht (dazu → Rn. 137 ff.).

III. Schadensersatzanspruch des Auftraggebers gemäß §§ 5 Abs. 4, 6 Abs. 6 VOB/B

104 **1. Voraussetzungen: Verschulden und Verzug bei allen drei Varianten des § 5 Abs. 4 VOB/B erforderlich?** Nach § 5 Abs. 4 VOB/B kann der Auftraggeber Schadensersatz gemäß § 6 Abs. 6 VOB/B verlangen, wenn der Auftragnehmer

– den Beginn der Ausführung verzögert,
– seiner Abhilfepflicht aus § 5 Abs. 3 VOB/B nicht nachkommt oder
– mit der Vollendung in Verzug gerät.

Angesichts dieses Wortlauts liegt die Frage auf der Hand, wie die Klausel hinsichtlich der Voraussetzungen für den Schadensersatzanspruch zu verstehen ist.

105 Dem Wortlaut nach fordert § 5 Abs. 4 VOB/B Verzug (dazu → Rn. 35 ff.) nur für die Vollendung / Fertigstellung, nicht aber für den verzögerten Beginn und auch nicht für den Verstoß gegen die Abhilfepflicht aus § 5 Abs. 3 VOB/B. Es besteht jedoch weitgehend Einigkeit darüber, dass der Schadensersatzanspruch hinsichtlich aller drei Fallvarianten zumindest ein **Verschulden des Auftragnehmers** erfordert.[209] Für den Verzug mit der Vollendung / Fertigstellung ergibt sich dies klar aus § 286 Abs. 1 BGB und für den Verstoß gegen die Abhilfepflicht wird dies teilweise aus der Verpflichtung zur „unverzüglichen" Abhilfe gemäß § 5 Abs. 3 VOB/B hergeleitet, was nach der Legaldefinition des § 121 Abs. 1 BGB „ohne schuldhaftes Zögern" bedeutet.[210] Unabhängig hiervon kann das Erfordernis des Verschuldens für alle drei Fallvarianten damit begründet werden, dass § 5 Abs. 4 VOB/B hinsichtlich des Schadensersatzes auf § 6 Abs. 6 VOB/B verweist. Diese Vertragsbestimmung verlangt ein Vertretenmüssen eines Vertragsteils, dh ein Verschulden, als Voraussetzung für den dort geregelten Schadensersatzanspruch sowie weitergehend Vorsatz oder grobe Fahrlässigkeit für den Ersatz entgangenen Gewinns. Der Verweis in § 5 Abs. 4 VOB/B macht nur Sinn, wenn er sich auch auf das Verschulden und die besonderen Verschuldensgrade als Voraussetzung für den jeweils geltend gemachten Schaden bezieht (Rechtsgrundverweisung). Angesichts des Umstandes, dass nach dem Gesetz ein Schadensersatzanspruch gerichtet auf Ersatz von Verzögerungsschäden ein Verschulden des An-

---

[207] *Langen* → Vorauflage VOB/B § 5 Rn. 102.
[208] Ebenso BGH NJW 1974, 646; OLG Düsseldorf BauR 1992, 765; *Althaus* in Beck'scher VOB-Kommentar VOB/B § 5 Abs. 4 Rn. 2; *Jansen* in Leinemann VOB/B § 5 Rn. 56; *Döring* in Ingenstau/Korbion VOB/B § 5 Abs. 4 Rn. 8; aA *Kemper* in FKZGM VOB/B § 5 Rn. 42 unter Verweis auf die Entscheidung BGH NJW 1974, 646, aus der sich das aber nicht ergibt.
[209] *Gartz* in NWJS VOB/B § 5 Rn. 28; *Voit* in Messerschmidt/Voit Privates Baurecht VOB/B § 5 Rn. 12; *Peters/Jacoby* in Staudinger BGB § 633 Rn. 141 ff.; weitergehend Verzug fordernd: *Althaus* in Beck'scher VOB-Kommentar VOB/B § 5 Abs. 4 Rn. 11; *Döring* in Ingenstau/Korbion VOB/B § 5 Abs. 4 Rn. 9; *Jansen* in Leinemann VOB/B § 5 Rn. 65; OLG Düsseldorf BauR 1992, 765.
[210] So *Voit* in Messerschmidt/Voit Privates Baurecht VOB/B § 5 Rn. 12.

spruchsgegners voraussetzt und dieser Grundsatz über die Verweisung auf § 6 Abs. 6 VOB/B auch in § 5 Abs. 4 VOB/B Ausdruck findet, entspricht es letztlich den Maßstäben der objektiven Auslegung, den Schadensersatzanspruch hinsichtlich sämtlicher Fallvarianten nur bei einem Verschulden des Auftragnehmers zuzubilligen.

Streitig ist allerdings, ob der Schadensersatzanspruch bei einem verzögerten Beginn und bei **106** einem Verstoß des Auftragnehmers gegen seine Abhilfepflicht aus § 5 Abs. 3 VOB/B **nur ein Verschulden** des Auftragnehmers verlangt **oder** ob alle drei Fallvarianten des § 5 Abs. 4 VOB/B weitergehend auch **Verzug im Sinne von § 286 BGB** erfordern.

Nach inzwischen wohl überwiegender Meinung[211] wird § 5 Abs. 4 VOB/B dahin verstanden, dass Verzug des Auftragnehmers nicht nur bei der Fertigstellung, sondern auch bei verzögertem Ausführungsbeginn und beim Verstoß gegen die Abhilfepflicht aus § 5 Abs. 3 VOB/B vorliegen muss. § 280 Abs. 2 BGB bestimme ausdrücklich, dass der Gläubiger / Auftraggeber Schadensersatz wegen Verzögerung der Leistung nur unter den zusätzlichen Voraussetzungen des § 286 BGB verlangen könne, mithin nur unter den bereits erläuterten Voraussetzungen des Verzugs, also Fälligkeit, Mahnung (oder ausnahmsweiser Entbehrlichkeit der Mahnung) und Verschulden des Schuldners / Auftragnehmers (vgl. zum Verzug im Einzelnen → Rn. 35 ff.). Da zudem kein Grund erkennbar sei, den Schadensersatzanspruch des Auftraggebers in dem in der Praxis wichtigsten Anwendungsfall, der verzögerten Fertigstellung, an strengere Voraussetzungen zu knüpfen als den Schadensersatzanspruch bei verzögertem Beginn und beim Verstoß gegen die Abhilfepflicht aus § 5 Abs. 3 VOB/B, sei § 5 Abs. 4 VOB/B gesetzeskonform dahin auszulegen, dass der Schadensersatzanspruch in allen von § 5 Abs. 4 VOB/B erfassten Fällen Verzug im Sinne von § 286 BGB voraussetze.[212]

Es dürfte außer Zweifel stehen, dass eine Vertragsklausel, die leitbildgemäß für alle Fallvarianten Verzug verlangt, angemessen und interessengerecht wäre. Indes ist eine Auslegung, die einer Klausel einen angemessenen, am gesetzlichen Leitbild orientierten Sinn gibt, ohne dass dies im Wortlaut einen hinreichenden Anhalt findet, regelmäßig bedenklich. Im Wege der objektiven Auslegung des § 5 Abs. 4 VOB/B wird man nur schwer zu dem eindeutigen Ergebnis kommen können, dass alle drei Fallvarianten Verzug erfordern. Aus dem Wortlaut ergibt sich hierfür (anders als für das Verschuldenserfordernis) kein Anhaltspunkt, dieser unterscheidet vielmehr nach den verschiedenen Fallvarianten, was gerade gegen eine einheitliche Voraussetzung des Verzugs spricht. Es ist auch nicht ersichtlich, dass redliche Vertragsparteien der beteiligten Verkehrskreise § 5 Abs. 4 VOB/B entgegen seinem Wortlaut übereinstimmend dahin verstehen, dass in allen Fallvarianten Verzug erforderlich ist.

Vor diesem Hintergrund stellt sich weiter die Frage, ob § 5 Abs. 4 VOB/B in vollem Umfang der Inhaltskontrolle standhält. Hierzu sowie zu den (begrenzten) Auswirkungen dieser Problematik wird auf die Erläuterungen unter → Rn. 151 verwiesen.

a) Verzögerung des Beginns der Ausführung. Eine Verzögerung des Ausführungsbeginns **107** seitens des Auftragnehmers setzt begrifflich voraus, dass der entsprechende Anspruch des Auftraggebers **fällig** ist. Der Auftragnehmer muss also verbindlich verpflichtet sein, zu einem bestimmten Zeitpunkt oder innerhalb einer bestimmten Frist mit der Ausführung zu beginnen. Eine vereinbarte Frist für den Ausführungsbeginn ist in aller Regel als Vertragsfrist anzusehen und führt damit zur Fälligkeit des Ausführungsbeginns (→ Rn. 11, 58 ff.). Ohne Vereinbarung einer solchen Frist ergibt sich die Fälligkeit nach Abruf durch den Auftraggeber aus § 5 Abs. 2 S. 2 VOB/B (→ Rn. 61 ff.). Eine Verzögerung liegt vor, wenn der Auftragnehmer bei Fälligkeit nicht mit der Ausführung beginnt.

Die Fälligkeit kann sich aus den Gründen des § 6 Abs. 2 Nr. 1 VOB/B verschieben, also insbesondere aus Gründen im Risikobereich des Auftraggebers, wie etwa eine verspätet erteilte Baugenehmigung,[213] fehlende Vorleistungen anderer Auftragnehmer,[214] verspätet vorgelegte Ausführungsunterlagen im Sinne von § 3 Abs. 1 VOB/B,[215] sonstige fehlende Mitwirkungshandlungen des Auftraggebers (zB Gerüststellung)[216] (dazu im Einzelnen → VOB/B § 6

---

[211] OLG Düsseldorf BauR 1992, 765; *Althaus* in Beck'scher VOB-Kommentar VOB/B § 5 Abs. 4 Rn. 11; *Döring* in Ingenstau/Korbion VOB/B § 5 Abs. 4 Rn. 9; *Jansen* in Leinemann VOB/B § 5 Rn. 65; *Gartz* in NWJS VOB/B § 5 Rn. 30; *Langen* → Vorauflage VOB/B § 5 Rn. 106.
[212] Vgl. *Langen* → Vorauflage VOB/B § 5 Rn. 106.
[213] BGH BauR 1983, 73; NJW 1974, 1080.
[214] BGH BauR 1983, 73.
[215] *Kapellmann/Schiffers* Vergütung I Rn. 1293 ff.
[216] OLG Koblenz NJW-RR 2002, 809.

Rn. 18 ff.). Zur Klarstellung ist darauf hinzuweisen, dass die Beginnpflicht des Auftragnehmers in solchen Fällen nicht etwa aufgehoben, sondern nur verschoben wird, wobei der verschobene Beginn mangels anderweitiger Vereinbarung der Parteien gemäß § 6 Abs. 1, 2 und 4 VOB/B zu ermitteln ist. Kommt der Auftragnehmer bei behinderungsbedingter Verlängerung der Frist für den Ausführungsbeginn seiner Pflicht zum Beginn der Arbeiten nach Ablauf der verlängerten Frist nicht nach, liegt auch darin eine Verzögerung des Beginns der Ausführung.[217] Wegen der Einzelheiten hierzu und zu den Folgen einer behinderungsbedingten Unterbrechung laufender Bauarbeiten wird auf die obigen Ausführungen (→ Rn. 75 f.) verwiesen.

Soll der Auftragnehmer die geschuldeten Leistungen in 3 Abschnitten erbringen, kommt es auf die vertragliche Gestaltung an, ob und ggf. wann eine Verzögerung des Ausführungsbeginns mit den Abschnitten 2 und 3 vorliegt.[218]

Ein bestehendes Leistungsverweigerungsrecht des Auftragnehmers gemäß § 320 BGB, zB wegen Zahlungsverzugs des Auftraggebers, führt dazu, dass der Auftragnehmer (vorübergehend) nicht mit der Ausführung beginnen muss, unabhängig davon, ob er das Leistungsverweigerungsrecht konkret ausübt.[219]

108 Nur wenn man für den Schadensersatzanspruch des Auftraggebers anstatt einer bloßen schuldhaften Verzögerung einen Verzug des Auftragnehmers mit dem Ausführungsbeginn für erforderlich hält (dazu → Rn. 106), ist eine Mahnung des Auftraggebers nach Fälligkeit notwendig, es sei denn die Mahnung ist ausnahmsweise gemäß § 286 Abs. 2 BGB entbehrlich (dazu → Rn. 42 ff.).

In vielen Fällen wird im Fall der schuldhaften Verzögerung des Beginns der Ausführung gleichzeitig auch Verzug vorliegen, da eine Mahnung entbehrlich ist. Ist für den Ausführungsbeginn eine Frist im Sinne des § 286 Abs. 2 Nr. 1 oder 2 BGB vereinbart, ist eine Mahnung entbehrlich. Ist eine solche Frist nicht vereinbart, gilt § 5 Abs. 2 S. 2 VOB/B, wonach der Auftragnehmer innerhalb von 12 Werktagen nach Aufforderung zu beginnen hat. In diesem Fall ist der Abruf das Ereignis im Sinne des § 286 Abs. 2 Nr. 2 BGB, von dem an sich die Frist für den Ausführungsbeginn kalendermäßig bestimmen lässt, so dass eine Mahnung ebenfalls entbehrlich ist. Anderes gilt allerdings, wenn sich die Fälligkeit aus Gründen des § 6 Abs. 2 Nr. 1 VOB/B verschoben hat.

109 Der Auftragnehmer muss den Ausführungsbeginn **schuldhaft** verzögern (zum Erfordernis des Verschuldens → Rn. 105), wobei das Verschulden zu vermuten ist. §§ 5 Abs. 4, 6 Abs. 6 VOB/B sind dahin zu verstehen, dass der sich aus § 286 Abs. 4 BGB wie auch aus § 280 Abs. 1 S. 2 BGB ergebende Grundsatz des vermuteten Verschuldens auch in diesem Rahmen gilt.

Verschulden kann insbesondere fehlen, wenn der Auftragnehmer aus den Gründen des § 6 Abs. 2 Nr. 1 VOB/B an dem rechtzeitigen Beginn der Ausführung gehindert worden ist, sich die Fälligkeit aber mangels Behinderungsanzeige oder Offenkundigkeit der Behinderung und deren Wirkung nicht verschoben hat (dazu im Einzelnen → Rn. 50 f.).

110 **b) Verstoß gegen die Abhilfepflicht gemäß § 5 Abs. 3 VOB/B.** Zu den Voraussetzungen der Abhilfepflicht wird zunächst auf die obigen Erläuterungen (→ Rn. 78 ff.) verwiesen. Auch hinsichtlich der Abhilfepflicht des Auftragnehmers aus § 5 Abs. 3 VOB/B ist zunächst die **Fälligkeit** festzustellen. Der Auftragnehmer ist auf Verlangen des Auftraggebers unverzüglich, also ohne schuldhaftes Zögern (§ 121 BGB), zur Abhilfe verpflichtet. Bei der Herbeischaffung zusätzlichen Geräts oder der Aufstockung des Baustellenpersonals sind hierzu im Normalfall aber einige (wenige) Tage erforderlich, dann tritt die Fälligkeit der Abhilfepflicht gemäß § 5 Abs. 3 VOB/B ein. Die Fälligkeit kann sich unter den Voraussetzungen des § 6 Abs. 1, 2 und 4 VOB/B verschieben. Leistungsverweigerungsrechte des Auftragnehmers sind zu berücksichtigen (dazu bereits → Rn. 52, 75, 107).

Ergreift der Auftragnehmer trotz berechtigten Abhilfeverlangens keine oder unzureichende Maßnahmen, die nicht oder nur teilweise zu einer Abhilfe im Sinne von § 5 Abs. 3 VOB/B führen, ergreift er die Abhilfemaßnahmen nicht rechtzeitig oder bricht er sie vorzeitig wieder ab, so verstößt er gegen seine bestehende und fällige Abhilfepflicht aus § 5 Abs. 3 VOB/B.

Verzug (zur Frage der Erforderlichkeit → Rn. 106) setzt dagegen weiter voraus, dass der Auftraggeber nach Fälligkeit die unterlassenen, verspäteten oder unzureichenden Abhilfemaßnahmen des Auftragnehmers anmahnt. Eine Mahnung kann entbehrlich sein, wenn die Parteien bestimmte Abhilfemaßnahmen kalendermäßig bestimmt oder bestimmbar im Sinne von § 286

---

[217] Vgl. zu einem daraus folgenden Kündigungsrecht des Auftraggebers OLG Hamm IBR 2005, 363.
[218] Vgl. hierzu OLG Saarbrücken BauR 2005, 154 (Ls.) = IBR 2005, 363.
[219] BGH BauR 1996, 544; OLG Dresden BauR 2010, 96 (das insoweit von fehlendem Verschulden ausgeht); vgl. auch → Rn. 52.

Abs. 2 Nr. 1 und 2 BGB vereinbart haben oder wenn der Auftragnehmer Abhilfemaßnahmen ernsthaft und endgültig verweigert, weil er sich zB zu Unrecht auf auftraggeberseitige Behinderungen beruft, § 286 Abs. 2 Nr. 3 BGB.

Zum **Verschulden** gilt sinngemäß dasselbe wie beim verzögerten Beginn der Ausführung (→ Rn. 109).

c) **Verzug mit der Vollendung.** Der Verzug muss hinsichtlich der Vollendung / Fertigstellung der vom Auftragnehmer geschuldeten **Gesamtbauleistung** eingetreten sein. **111**

Die verbindliche und damit zur **Fälligkeit** führende Verpflichtung des Auftragnehmers, die Leistung zu einem bestimmten Zeitpunkt fertigzustellen, kann sich aus einem kalendermäßig bestimmten Fertigstellungstermin im Sinne von § 286 Abs. 2 Nr. 1 BGB ergeben (→ Rn. 43) oder aber aus einer vereinbarten Ausführungsfrist, deren Lauf vom Abruf des Auftraggebers oder einem anderen Ereignis abhängt, § 286 Abs. 2 Nr. 2 BGB (→ Rn. 44). Darüber hinaus kann sich die Fälligkeit auch aus § 271 Abs. 1 BGB ergeben (→ Rn. 1). Zur verschobenen Fälligkeit aufgrund Behinderung gemäß § 6 Abs. 2 Nr. 1 VOB/B oder zur Wirkung bestehender Leistungsverweigerungsrechte des Auftragnehmers darf auf die entsprechenden Erläuterungen zum Ausführungsbeginn verwiesen werden (→ Rn. 107, ergänzend → Rn. 75 f.).

Grundsätzlich muss der Auftraggeber den Auftragnehmer **nach Fälligkeit mahnen** (→ Rn. 39 ff.), wenn nicht die Mahnung gemäß § 286 Abs. 2 BGB entbehrlich ist. Es ist darauf hinzuweisen, dass ein kalendermäßig bestimmter oder bestimmbarer Fertigstellungstermin im Sinne von § 286 Abs. 2 Nr. 1 und 2 BGB, der zB gemäß § 6 Abs. 2 VOB/B verschoben worden ist, anschließend angemahnt werden muss, um Verzug des Auftragnehmers herbeizuführen (dazu bereits → Rn. 45).

Zum **Verschulden** des Auftragnehmers darf wiederum auf die Ausführungen zum verzögerten Beginn der Ausführung verwiesen werden (→ Rn. 109).

d) **Verzug mit Einzelfristen, die als Vertragsfristen vereinbart sind.** Eine wichtige Fallgruppe wird dem Wortlaut nach von § 5 Abs. 4 VOB/B nicht erfasst, nämlich der Verzug des Auftragnehmers mit der Einhaltung von Einzelfristen, die als Vertragsfristen vereinbart sind. **112**

Beispiel: Der Auftragnehmer ist mit der Durchführung der „Rohbauarbeiten" zu einem mehrgeschossigen Objekt beauftragt. Für die Herstellung der Kellergeschossdecke, der Erdgeschossdecke und der Decke über dem ersten Obergeschoss haben die Parteien den 15.2., den 15.3. und den 15.4.2016 als Vertragsfristen vereinbart.

Überschreitet der Auftragnehmer in diesem Beispiel die kalendermäßig bestimmten Einzelfristen, so gerät er gemäß § 286 Abs. 2 Nr. 1 BGB ohne Mahnung in Verzug, wenn er nicht entweder die Verschiebung der Fälligkeit nachweisen oder ausnahmsweise fehlendes Verschulden einwenden kann.

Dieser in der Praxis wichtige Fall des Verzugs des Auftragnehmers mit Einzelfristen, die als Vertragsfristen vereinbart sind, ist weder als Verstoß des Auftragnehmers gegen die Abhilfepflicht aus § 5 Abs. 3 VOB/B anzusehen[220] noch gerät der Auftragnehmer hierdurch im Sinne von § 5 Abs. 4 VOB/B mit der Vollendung bzw. Fertigstellung in Verzug.[221] **113**

Das Vertragswerk der VOB/B, das gemäß § 5 Abs. 1 S. 2 VOB/B im Regelfall von der Unverbindlichkeit vereinbarter Einzelfristen ausgeht, enthält folglich eine – sicher nicht gewollte – Lücke, indem § 5 Abs. 4 VOB/B nur in den drei ausdrücklich erfassten Fällen einen Schadensersatzanspruch gewährt, nicht hingegen bei Verzug mit einer Einzelfrist, die abweichend von der Regel als Vertragsfrist vereinbart worden ist. Es ist daher eine **ergänzende Vertragsauslegung**

---

[220] AA *Döring* in Ingenstau/Korbion VOB/B § 5 Abs. 4 Rn. 4 aE, wonach (nicht überzeugend) ein Verstoß gegen die Abhilfepflicht des Auftragnehmers gemäß § 5 Abs. 3 VOB/B offenbar keine vorherige Abhilfeaufforderung durch den Auftraggeber voraussetzen und daher bei Verzug mit Einzelfristen immer vorliegen soll.

[221] AA wohl OLG Düsseldorf BauR 2009, 1445; ferner *Kemper* in FKZGM VOB/B § 5 Rn. 39 und *Althaus* in Beck'scher VOB-Kommentar VOB/B § 5 Abs. 4 Rn. 7, wonach sich die „Vollendung" im Sinne von § 5 Abs. 4 VOB/B nicht notwendigerweise auf das Gesamtwerk beziehen muss, sondern auch für Teilabschnitte der Leistung gelten kann, für die eine Einzelfrist als Vertragsfrist vereinbart worden ist. Dies widerspricht allerdings dem Gebrauch des Begriffs Vollendung in § 5 Abs. 4 VOB/B im Gegensatz zur Förderung des Bauablaufs und zu den in diesem Zusammenhang stehenden Einzelfristen. Hinzu kommt, dass nach § 9 Abs. 2 VOB/A Einzelfristen nicht nur für in sich abgeschlossene Teile der Leistung vereinbart werden können (Nr. 1), sondern auch für sonstige fortgangswichtige, aber eben nicht abgeschlossene Teile der Leistung (Nr. 2) und darüber hinaus für alle sonstigen Teilleistungen, die nicht im Sinne von § 5 Abs. 4 VOB/B „vollendet" werden können.

VOB/B § 5 114–116

in Betracht zu ziehen, die (vorbehaltlich des insoweit nicht einschlägigen § 306 Abs. 2 VOB/B) grundsätzlich auch bei Allgemeinen Geschäftsbedingungen möglich ist.[222] Danach ist die Lücke unter Zugrundelegung eines objektiv-generalisierenden Maßstabes zu schließen, der sich am Willen und Interesse der typischerweise beteiligten Verkehrskreise auszurichten hat. Dies wird hier regelmäßig dazu führen, dass die Vertragsparteien auch insoweit einen Schadensersatzanspruch wegen Verzugs mit einer Einzelfrist als Vertragsfrist vorgesehen hätten, jedoch abweichend von §§ 280 Abs. 2, 286 BGB in Verbindung mit den Einschränkungen des § 6 Abs. 6 VOB/B.[223]

Ein die Schadensersatzpflicht des Auftragnehmers auslösender Verzug bezüglich der Einhaltung einer verbindlichen Einzelfrist setzt zunächst die **Fälligkeit** der entsprechenden Teilleistung voraus. Da die Einzelfrist als Vertragsfrist vereinbart ist, ist nach Ablauf der Frist grundsätzlich die Fälligkeit gegeben. Die Fälligkeit kann allerdings gemäß § 6 Abs. 2 VOB/B verschoben werden, außerdem kann ein Leistungsverweigerungsrecht des Auftragnehmers entgegenstehen (→ Rn. 52, 75, 107).

Nach Eintritt der Fälligkeit muss der Auftraggeber mahnen, wenn die **Mahnung** nicht ausnahmsweise gemäß § 286 Abs. 2 BGB entbehrlich ist, was bei Einzelfristen, die als Vertragsfristen vereinbart worden sind, – vorbehaltlich einer Verschiebung – regelmäßig der Fall ist, weil sie kalendermäßig bestimmt oder zumindest bestimmbar sind.

Zum **Verschulden** darf auf die Erläuterungen in → Rn. 109 verwiesen werden.

114 **2. Rechtsfolge.** Gemäß §§ 5 Abs. 4, 6 Abs. 6 VOB/B hat der Auftragnehmer dem Auftraggeber den **Schaden** zu ersetzen, der diesem aus der verzögerten Erbringung der jeweils geschuldeten Leistung (Beginn, Einzelfristen usw.) erwächst. Der **entgangene Gewinn** ist allerdings nur bei Vorsatz oder grober Fahrlässigkeit zu ersetzen.

Der jeweilige Schaden muss in einem **adäquat kausalen Zusammenhang** zu der verzögerten Leistungserbringung des Auftragnehmers stehen.[224] Für den vom Auftragnehmer verzögerten Beginn der Ausführung, den Verstoß gegen die Abhilfepflicht gemäß § 5 Abs. 3, sowie den Verzug mit der Fertigstellung oder auch den Verzug mit der Erbringung von Teilleistungen, für die Einzelfristen als Vertragsfristen vereinbart sind, muss also jeweils geprüft werden, ob dem Auftraggeber **daraus** ein Vermögensnachteil entstanden ist, der für einen optimalen Betrachter bei objektiver nachträglicher Prognose nicht außerhalb aller Wahrscheinlichkeit lag. Der Schadensersatzanspruch des Auftraggebers kann ggf. wegen Verstoßes gegen die **Schadensminderungspflicht** zu kürzen sein.[225] Wegen der im Einzelnen vom Auftragnehmer zu ersetzenden Schäden wird auf die Kommentierung zu → VOB/B § 6 Rn. 95 ff. verwiesen.

115 Soweit der Auftraggeber mit dem Auftragnehmer für den Fall der verspäteten Bauausführung durch den Auftragnehmer eine **Vertragsstrafe** vereinbart hat, hängen die Voraussetzungen zur Geltendmachung des Strafanspruchs von der jeweiligen Vertragsstrafenvereinbarung ab, nicht von den Voraussetzungen der §§ 5 Abs. 4, 6 Abs. 6 VOB/B (→ VOB/B § 11 Rn. 33 ff.). Der Auftraggeber kann die Vertragsstrafe unabhängig davon fordern, ob ihm ein Schaden entstanden ist. Macht der Auftraggeber allerdings Schadensersatzansprüche über die verwirkte Vertragsstrafe hinaus geltend, so muss er sich den Strafanspruch auf den (sonstigen) Schadensersatzanspruch anrechnen lassen (→ VOB/B § 11 Rn. 124 f.).

IV. Kündigung gemäß §§ 5 Abs. 4, 8 Abs. 3 VOB/B

116 **1. Allgemeines.** Der Auftraggeber kann bei Vorliegen der Voraussetzungen gemäß §§ 5 Abs. 4, 8 Abs. 3 Nr. 1 VOB/B den Vertrag auch ganz oder teilweise kündigen (zum Verhältnis zwischen Schadensersatz und Kündigung, vgl. → Rn. 103). Ob der Auftraggeber von diesem Kündigungsrecht Gebrauch macht, ist nicht nur eine rechtliche, sondern häufig auch eine wirt-

---

[222] ZB BGH NJW-RR 2007, 1697; BGHZ 119, 325; BGHZ 103, 234.
[223] Zur Frage der Wirksamkeit von § 6 Abs. 6 VOB/B vgl. → VOB/B § 6 Rn 74.
[224] Zur adäquaten Kausalität vgl. *Grüneberg* in Palandt BGB Vorbemerkung vor § 249 Rn. 26 ff. mwN.
[225] In der Entscheidung OLG Hamm IBR 2009, 132 ist ein Schadensersatzanspruch des Auftraggebers wegen Nichteinhaltung übernommener Lieferverpflichtungen aufgrund einer verspäteten Fertigstellung der Produktionshalle abgelehnt worden, da es im Zeitpunkt der Übernahme der Lieferverpflichtungen bereits zu erheblichen Bauverzögerungen gekommen war und der Auftraggeber erkennen konnte, dass die Halle nicht rechtzeitig fertiggestellt würde. Das OLG Hamm hielt dem Auftraggeber „unverantwortliches und leichtfertiges Verhalten" und damit einen Verstoß gegen die Schadensminderungspflicht gemäß § 254 Abs. 1 BGB vor.

schaftliche, technische oder organisatorische Frage. Denn durch die kündigungsbedingte Vertragsbeendigung schafft der Auftraggeber bei der Herstellung eines Leistungsbereichs oder einer Funktionseinheit (Schlüsselfertigbau, Anlagenbau) eine Schnittstelle, die zu Abgrenzungsschwierigkeiten führen kann, ob bzw. inwieweit für auftretende Mängel der ursprünglich beauftragte oder der nachfolgende Auftragnehmer verantwortlich ist. Hinzu kommt, dass es bei bestimmten Leistungsbereichen (zB Metallfassade, Leistungen der Technischen Ausrüstung), bei entsprechend komplizierten technischen Systemen, EDV-Leistungen usw. häufig schwierig ist, überhaupt einen Dritten mit der Fertigstellung der terminrückständigen Leistungen zu beauftragen, die dem Auftragnehmer durch Kündigung entzogen werden sollen. Ferner entstehen im Anschluss an eine Kündigung häufig hohe Restfertigstellungskosten, die vom säumigen Auftragnehmer zwar unter den Voraussetzungen der §§ 5 Abs. 4, 8 Abs. 3 VOB/B zu ersetzen sind, deren wirtschaftliche Durchsetzbarkeit aber nicht selten an der mangelnden Zahlungsfähigkeit des Auftragnehmers und nicht ausreichenden Erfüllungssicherheiten des Auftraggebers scheitert. Es bedarf also stets der sorgfältigen Prüfung im Einzelfall, ob das unter den Voraussetzungen der §§ 5 Abs. 4, 8 Abs. 3 Nr. 1 VOB/B bestehende Kündigungsrecht auch tatsächlich ausgeübt werden soll oder ob es für den Auftraggeber nicht im Ergebnis vorteilhafter ist, den Vertrag mit dem säumigen Auftragnehmer aufrechtzuerhalten und sich auf Schadensersatzansprüche wegen verzögerter Ausführung bzw. auf eine hierfür vereinbarte Vertragsstrafe zu beschränken.[226]

2. Voraussetzungen: Verschulden und Verzug bei allen drei Varianten des § 5 Abs. 4 VOB/B erforderlich? Wie bereits unter → Rn. 105 ausgeführt, setzt der Schadensersatzanspruch gemäß §§ 5 Abs. 4, 6 Abs. 6 VOB/B nach allgemeiner Meinung bei allen drei Fallvarianten (verzögerter Beginn der Ausführung, Verstoß gegen die Abhilfepflicht gemäß § 5 Abs. 3 VOB/B und Verzug mit der Fertigstellung) zumindest ein Verschulden des Auftragnehmers voraus. Demgegenüber vertritt die wohl überwiegende Auffassung[227] hinsichtlich der Kündigung gemäß §§ 5 Abs. 4, 8 Abs. 3 Nr. 1 VOB/B den Standpunkt, dass diese nicht bei allen drei Fallvarianten Verschulden (oder Verzug) des Auftragnehmers erfordere. Da auch eine sonstige außerordentliche Kündigung nur eines wichtigen Grundes bedürfe, ohne dass dieser wichtige Grund zwingend verschuldet sein müsse, gelte dies in gleicher Weise für die Kündigung aus wichtigem Grund gemäß §§ 5 Abs. 4, 8 Abs. 3 Nr. 1 VOB/B. Die Regelungen in §§ 5 Abs. 4, 8 Abs. 3 Nr. 1 VOB/B seien daher wörtlich zu nehmen. Danach sei nur für den Verzug mit der Fertigstellung wegen § 286 Abs. 4 BGB ein Verschulden des Auftragnehmers erforderlich, im Übrigen jedoch nicht.

Die überwiegende Auffassung ist zutreffend, soweit sie den Regelungen für die Kündigung – anders als den Regelungen für den Schadensersatzanspruch – kein generelles Verschuldenserfordernis entnimmt. Während für den Schadensersatzanspruch gemäß § 5 Abs. 4 VOB/B das generelle Verschuldenserfordernis über den Verweis auf § 6 Abs. 6 VOB/B Eingang in die Klausel gefunden hat, gilt dies für die zweite Rechtsfolge des § 5 Abs. 4 VOB/B, die Kündigung aus wichtigem Grund nach § 8 Abs. 3 Nr. 1 VOB/B, nicht in gleicher Weise. So ergibt sich aus dem Wortlaut des in Bezug genommenen § 8 Abs. 3 Nr. 1 VOB/B kein Anhalt, dass die Kündigung stets ein Verschulden des Auftragnehmers voraussetzt. Ferner wird auch für die sich aus § 8 Abs. 3 Nr. 2 S. 1 VOB/B ergebende Folge der Kündigung, nämlich für den Anspruch des Auftraggebers auf Vollendung des Werks durch einen Dritten und Erstattung der Restfertigstellungskosten, kein Verschulden vorausgesetzt.[228] Schließlich kann eine (ohnehin bedenkliche) nicht mehr am Wortlaut orientierte, sondern allein auf das gesetzliche Leitbild abstellende Auslegung hier ebenfalls nicht zu einem anderen Ergebnis führen, da – wie ausgeführt (→ Rn. 117) – für eine Kündigung aus wichtigem Grund ein Verschulden des Auftragnehmers nicht zwingend notwendig ist. Nach dem maßgebenden Wortlaut der Klauseln setzt die Kündigung gemäß §§ 5 Abs. 4, 8 Abs. 3 Nr. 1 VOB/B daher nur in der Fallvariante Verzug mit der Vollendung / Fertigstellung (arg. ex § 286 Abs. 4 BGB) und wohl auch in der Fallvariante Verstoß gegen die Abhilfepflicht (arg. ex „unverzüglich", § 121 Abs. 1 BGB) ein Verschulden des Auftragnehmers voraus.

---

[226] Dazu ausführlich *Langen* FS Kapellmann (2007), 237 ff.
[227] *Althaus* in Beck'scher VOB-Kommentar VOB/B § 5 Abs. 4 Rn. 22; *Jansen* in Leinemann VOB/B § 5 Rn. 92; *Voit* in Messerschmidt/Voit Privates Baurecht VOB/B § 5 Rn. 12; *Peters/Jacoby* in Staudinger BGB § 633 Rn. 141, 143; ebenso bereits *Langen* → Vorauflage VOB/B § 5 Rn. 117 f.; aA *Gartz* in NWJS VOB/B § 5 Rn. 28.
[228] *Althaus* in Beck'scher VOB-Kommentar VOB/B § 8 Rn. 43.

119 Verschulden bleibt allerdings für alle drei Fallvarianten des § 5 Abs. 4 VOB/B Voraussetzung, wenn der Auftraggeber **neben** der Kündigung gemäß §§ 5 Abs. 4, 8 Abs. 3 Nr. 1 VOB/B Ersatz seiner bis dahin eingetretenen Verzögerungsschäden gemäß §§ 5 Abs. 4, 6 Abs. 6 VOB/B begehrt. Auch dann, wenn der Auftraggeber (ausnahmsweise) Schadensersatz wegen Nichterfüllung gemäß § 8 Abs. 3 Nr. 2 S. 2 VOB/B fordert, setzt dieser Anspruch gemäß § 281 Abs. 1 BGB unter anderem Verschulden voraus.

120 **3. Die Kündigungsvoraussetzungen im Einzelnen. a) Verzögerung des Beginns der Ausführung.** Insoweit wird auf die Erläuterungen unter → Rn. 107 verwiesen.

Nach den obigen Ausführungen (→ Rn. 117 f.) erfordert die Kündigung im Rahmen dieser Fallvariante allerdings kein Verschulden des Auftragnehmers.

121 **b) Verstoß gegen die Abhilfepflicht gemäß § 5 Abs. 3 VOB/B.** Es wird auf die Erläuterungen unter → Rn. 110 Bezug genommen.

122 **c) Verzug mit der Vollendung.** Es wird auf die Erläuterungen unter → Rn. 111 verwiesen.

Der Verzug muss hinsichtlich der Vollendung der Gesamtbauleistung des Auftragnehmers eingetreten sein. Hinsichtlich des Verzugs des Auftragnehmers mit der Einhaltung einer verbindlichen Einzelfrist (Vertragsfrist) gelten die Überlegungen zum Schadensersatzanspruch des Auftraggebers entsprechend (dazu → Rn. 112 f.). Danach kann der Verzug mit der Einhaltung einer solchen Frist ebenfalls eine Kündigung aus wichtigem Grund gemäß §§ 5 Abs. 4, 8 Abs. 3 Nr. 1 VOB/B rechtfertigen, wobei jedoch – wie in der Vertragsklausel von den Parteien vorgesehen – grundsätzlich eine Nachfristsetzung mit Kündigungsandrohung erforderlich ist.

123 **d) Sonstige wichtige Kündigungsgründe.** Die Kündigung eines VOB/B-Vertrags aus wichtigem Grund ist in der VOB/B nicht abschließend geregelt, dh sie ist nicht nur in den in der VOB/B ausdrücklich bestimmten Fällen (zB § 4 Abs. 7 S. 3, § 4 Abs. 8 Nr. 1, § 5 Abs. 4, § 8 Abs. 3 VOB/B) möglich, sondern auch aus sonstigen wichtigen Gründen.[229] Ein solches Kündigungsrecht aus wichtigem Grund ergab sich zwar bislang nicht unmittelbar aus dem Gesetz, da § 314 BGB dem Wortlaut nach nur für Dauerschuldverhältnisse gilt; es war jedoch nach dem Rechtsgedanken dieser Vorschrift auch für den auf längerfristige Zusammenarbeit angelegten Bauvertrag bereits allgemein anerkannt.[230] Mit dem **Gesetz zur Reform des Bauvertragsrechts** vom 28.4.2017[231], das zum 1.1.2018 in Kraft tritt, ist die Kündigung aus wichtigem Grund nunmehr in § 648a BGB nF auch für den Werk- und Bauvertrag gesetzlich geregelt. Voraussetzung ist, dass dem kündigenden Teil unter Berücksichtigung aller Umstände des Einzelfalls und unter Abwägung der beiderseitigen Interessen die **Fortsetzung des Vertragsverhältnisses bis zur Fertigstellung des Werks nicht zugemutet** werden kann. Dies ist nach Lage des Einzelfalls zu beurteilen. Dabei sind für die konkrete vertragliche Situation das Interesse des einen Vertragspartners an der Lösung vom Vertrag und das des anderen an dessen Weiterbestand umfassend gegeneinander abzuwägen.[232] Sowohl im BGB-Vertrag als auch im VOB/B-Vertrag können danach zögerliche Arbeiten des Auftragnehmers, die ggf. auch in Verbindung mit weiteren Umständen zur Unzumutbarkeit der Fortsetzung des Vertragsverhältnisses führen, eine Kündigung aus sonstigem wichtigen Grund rechtfertigen.[233]

Ob für eine Kündigung aus einem sonstigen wichtigen Grund eine Nachfristsetzung erforderlich ist, ist nach den Umständen des Einzelfalls zu beurteilen. Aus § 314 Abs. 2 BGB, auf den § 648a Abs. 3 BGB nF verweist, ergibt sich, dass dies regelmäßig erforderlich ist, wenn der wichtige Grund in einer Vertragspflichtverletzung besteht.[234] Liegt also eine sonstige, den in § 8 Abs. 3 VOB/B genannten Fällen vergleichbare Vertragspflichtverletzung des Auftragnehmers vor, so muss der Auftraggeber ihm, wie sowohl in § 314 Abs. 2 S. 1 BGB als auch in §§ 5 Abs. 4, 8 Abs. 3 VOB/B vorgesehen, durch eine Nachfristsetzung grundsätzlich eine letzte Chance einräumen, die Vertragskündigung zu vermeiden und den Vertrag noch zu erfüllen. In Ausnahmefällen kann eine Nachfristsetzung entbehrlich sein, wenn nämlich besondere Umstän-

---

[229] Vgl. zB BGH BauR 2016, 1306 = NZBau 2016, 422; BauR 2012, 949 = NZBau 2012, 357; BauR 2009, 1736 = NZBau 2010, 47; OLG Stuttgart NZBau 2016, 289; OLG Hamm BauR 2016, 677; OLG Düsseldorf NZBau 2015, 556.
[230] BGH BauR 2016, 1306 = NZBau 2016, 422.
[231] BGBl I 2017, 969.
[232] BGH BauR 1999, 1469.
[233] Vgl. zum VOB/B-Vertrag OLG Stuttgart NZBau 2016, 289.
[234] Hierzu auch OLG Düsseldorf NZBau 2015, 556.

de vorliegen, die unter Abwägung der beiderseitigen Interessen die sofortige Kündigung rechtfertigen. Das ist der Fall, wenn die Vertragspflichtverletzung so wichtig ist, dass eine weitere Verzögerung durch Nachfristsetzung nicht zumutbar ist oder eine solche nicht erfolgversprechend und damit sinnlos erscheint, vgl. § 314 Abs. 2 S. 2 und 3 BGB.[235]

Zur **Kündigung aus sonstigen wichtigen Gründen** darf generell auf die Kommentierung zu → VOB/B § 8 Rn. 85 ff. verwiesen werden. Hinsichtlich der **Überschreitung von Ausführungsfristen** kommen als wichtige Kündigungsgründe für den Auftraggeber (über die VOB/B hinaus oder auch im Rahmen eines BGB-Vertrages) zB in Betracht:

– Der Auftragnehmer hat aus von ihm zu vertretenden Gründen eine **Vertragsfrist** (Fertigstellung) **nicht eingehalten** und die Vertragspflichtverletzung ist von so erheblichem Gewicht, dass dem Auftraggeber eine Fortsetzung des Vertrags nicht zumutbar ist.[236] Entsprechendes gilt für eine **Überschreitung einer Einzelfrist,** die als Vertragsfrist vereinbart ist.

– Es ist zu einer vom Auftragnehmer zu vertretenden, **beträchtlichen Verzögerung** des Bauvorhabens gekommen, so dass eine weitere Verzögerung durch Nachfristsetzung dem Auftraggeber nicht zuzumuten ist oder keinen Erfolg verspricht.[237]

– **Es steht von vornherein fest,** dass der Auftragnehmer eine **Vertragsfrist** aus von ihm zu vertretenden Gründen **nicht einhält** und die Vertragspflichtverletzung ist von so erheblichem Gewicht, dass dem Auftraggeber die Fortsetzung des Vertrages mit dem Auftragnehmer nicht zumutbar ist.[238]

– Der Auftragnehmer hat das Vertrauensverhältnis endgültig zerstört, indem er wiederholt die **Weiterarbeit von der Bezahlung (offenkundig) unberechtigter Abschlagszahlungen abhängig** machte, entgegen Ankündigungen die Arbeiten weiter verzögerte und hierdurch berechtigte Zweifel an seiner Leistungswilligkeit und -fähigkeit aufkommen ließ.[239]

– Der Auftragnehmer **stellt die Arbeiten aus Verärgerung über einen „schwierigen" Auftraggeber ein,** ohne hierzu rechtlich befugt zu sein, und bewirkt hierdurch eine wesentliche Verzögerung der Fertigstellung.[240]

– Der Auftragnehmer **verstößt fortdauernd gegen seine Kooperationspflichten** (wesentliche Verzögerung des Bauvorhabens durch Streit über Behinderung und Nachträge) und bewirkt hierdurch eine Zerstörung des Vertrauensverhältnisses.[241]

– Der Auftragnehmer **verstößt schwerwiegend gegen seine Kooperationspflichten,** weil er unberechtigt die Arbeiten zur Durchsetzung eines Nachtrags einstellt (weil die Nachtragsforderung dem Grunde nach unberechtigt ist, weil sie nicht prüfbar dargelegt ist, weil die Prüffrist für den Auftraggeber noch nicht verstrichen ist oder weil Arbeiten eingestellt werden, die vom Nachtrag nicht betroffen sind) und auch binnen einer angemessenen Frist nicht fortsetzt.[242]

– Der Auftraggeber hat nach Treu und Glauben **ein berechtigtes Interesse an einer Erklärung** des Auftragnehmers, ob dieser mit den beauftragten Arbeiten beginnt, wann er beginnt und / oder wann er die Leistungen fertigstellt. Der Auftragnehmer erklärt sich auf diese Aufforderung jedoch nicht oder lehnt eine entsprechende Erklärung ausdrücklich ab.[243]

– Dem Auftraggeber einer terminkritischen Baustelle ist es nicht zuzumuten, am Vertrag mit dem Auftragnehmer weiter festzuhalten, wenn der **Auftragnehmer weder zu Baubesprechungen erscheint noch auf Anrufe oder Schreiben reagiert noch Beginnzusagen einhält.**[244]

– Der Auftraggeber kann kündigen, wenn der Auftragnehmer seinerseits **unberechtigt gekündigt** hat und die **Wiederaufnahme der Arbeiten verweigert.**[245]

---

[235] BGH BauR 2012, 949 = NZBau 2012, 357.
[236] BGH BauR 2003, 880 mwN (BGB-Vertrag).
[237] BGH BauR 2012, 949 = NZBau 2012, 357.
[238] BGH BauR 2000, 1182 mwN (BGB-Vertrag); Nachfristsetzung mit Kündigungsandrohung nicht erforderlich.
[239] OLG Stuttgart NZBau 2016, 289.
[240] OLG Hamm BauR 2016, 677 (BGB-Vertrag).
[241] OLG Düsseldorf NZBau 2015, 556.
[242] OLG Frankfurt BauR 2012, 262.
[243] Ähnlich BGH NJW 1983, 989; OLG Stuttgart BauR 2007 (jeweils zu § 5 Abs. 4, § 8 Abs. 3 VOB/B); OLG Hamm BauR 2003, 1746 (zu § 4 Abs. 7 S. 3, § 8 Abs. 3 VOB/B), die nach den Umständen eine Fristsetzung zur Erklärung für ausreichend halten; vgl. aber OLG Düsseldorf NZBau 2001, 562, wonach eine bloße Fristsetzung zur Erklärung grundsätzlich nicht ausreichend ist.
[244] OLG München IBR 2014, 658.
[245] BGH BauR 2001, 1577 = NZBau 2001, 623.

– Eine Kündigung aus sonstigem wichtigen Grund kann dagegen ausscheiden, wenn **Verzögerungen zu einem nicht unerheblichen Teil aus der Sphäre des Auftraggebers** stammen und dieser sich damit seinerseits nicht vertragstreu verhalten hat.[246]

124 e) **Setzung einer angemessenen Nachfrist.** Der Auftraggeber muss dem Auftragnehmer gemäß § 5 Abs. 4 VOB/B eine angemessene Frist zur Vertragserfüllung setzen und erklären, dass er ihm nach fruchtlosem Ablauf der Frist den Vertrag kündigen werde (§ 8 Abs. 3 VOB/B).

Die Fristsetzung ist an keine Form gebunden, wobei jedoch wegen der gravierenden Rechtsfolgen die Einhaltung der Schriftform zu empfehlen ist.[247] Der objektüberwachende Architekt oder Ingenieur ist ohne besondere Bevollmächtigung nicht zur Setzung der Nachfrist mit Kündigungsandrohung berechtigt.[248]

125 Die Nachfristsetzung mit Kündigungsandrohung durch den Auftraggeber erfordert, dass zum Zeitpunkt der Nachfristsetzung eine Verzögerung mit dem Beginn der Ausführung gegeben ist, ein Verstoß gegen die Abhilfepflicht aus § 5 Abs. 3 VOB/B vorliegt oder Verzug mit der Fertigstellung besteht. In allen Fällen muss die jeweilige Leistungsverpflichtung des Auftragnehmers also zunächst **fällig** sein, bevor der Auftraggeber dem Auftragnehmer eine angemessene Nachfrist zur Vertragserfüllung setzen und die Kündigung androhen kann.[249] Haben die Parteien beispielsweise keine Vertragsfrist für den **Ausführungsbeginn** vereinbart, so muss der Auftragnehmer innerhalb von 12 Werktagen nach Abruf durch den Auftraggeber gemäß § 5 Abs. 2 S. 2 VOB/B mit der Ausführung beginnen. Die Nachfrist mit Kündigungsandrohung kann vom Auftraggeber in diesem Fall erst setzen, wenn der Auftragnehmer innerhalb dieser Frist nicht mit der Ausführung begonnen hat. Entsprechendes gilt für die **Abhilfepflicht gemäß § 5 Abs. 3 VOB/B.** Erst wenn der Auftragnehmer auf ein entsprechendes Verlangen des Auftraggebers nicht unverzüglich die erforderlichen Abhilfemaßnahmen eingeleitet hat, kann die Nachfrist mit Kündigungsandrohung gesetzt werden.

126 Bei der **Fertigstellung der Leistung** fordert § 5 Abs. 4 VOB/B seinem Wortlaut nach nicht nur die Fälligkeit, sondern **Verzug.** Grundsätzlich ist die Nachfrist mit Kündigungsandrohung im Anschluss an einen bereits eingetretenen Verzug zu setzen. Schon zu § 326 Abs. 1 BGB a.F., dem die Vorschrift des § 5 Abs. 4 VOB/B nachgebildet ist, hat die Rechtsprechung jedoch zugelassen, dass die **verzugsbegründende Mahnung mit der Nachfristsetzung unter Kündigungsandrohung verbunden werden kann.**[250] Bei der Fertigstellung ist also zu differenzieren: Unter den Voraussetzungen des § 286 Abs. 2 BGB, insbesondere bei Vereinbarung einer kalendermäßig bestimmten oder bestimmbaren Vertragsfrist, kommt der Auftragnehmer mit Fristablauf ohne Mahnung in Verzug. In diesem Fall muss der Auftraggeber dem Auftragnehmer nach Fristablauf (und damit nach Verzugseintritt) eine Nachfrist mit Kündigungsandrohung setzen, wenn er anschließend den Vertrag aus wichtigem Grund kündigen will.[251] Liegen die Voraussetzungen des § 286 Abs. 2 BGB hingegen nicht vor, so muss der Auftraggeber nach Eintritt der Fälligkeit mahnen, um den Verzug des Auftragnehmers mit der Fertigstellung zu begründen. Diese verzugsbegründende Mahnung kann mit der (angemessenen) Nachfristsetzung und Kündigungsandrohung verbunden werden, um die Voraussetzungen des § 5 Abs. 4 VOB/B zu erfüllen.[252]

127 Die **Angemessenheit der Frist** richtet sich nach den Umständen des Einzelfalls unter Berücksichtigung der beiderseitigen Interessen. Sie muss im Grundsatz so bemessen sein, dass sie **für einen leistungsbereiten und -fähigen Auftragnehmer im Hinblick auf die durchzuführenden Maßnahmen bei größter Anstrengung einhaltbar ist.**[253] Denn der Sinn der Nachfrist mit Kündigungsandrohung besteht ja gerade darin, dem Auftragnehmer bei gehöriger Anstrengung die Chance zu eröffnen, die angedrohte Kündigung noch zu vermeiden. Eine Proforma-Frist, die zB von Freitagnachmittags bis Montagmorgens gesetzt wird oder die nur wenige

---

[246] OLG Zweibrücken BauR 2017, 735 = NZBau 2017, 149.
[247] *Althaus* in Beck'scher VOB-Kommentar VOB/B § 5 Abs. 4 Rn. 30.
[248] *Althaus* in Beck'scher VOB-Kommentar VOB/B § 5 Abs. 4 Rn. 32.
[249] St. Rspr. zu § 323 Abs. 1 BGB, zB BGH NJW-RR 2015, 565; BauR 2012, 1386 = NZBau 2012, 638 mit zahlreichen weiteren Nachweisen auch zu § 326 Abs. 1 BGB aF.
[250] BGH NJW-RR 1990, 442 (444) mwN.
[251] *Kemper* in FKZGM VOB/B § 5 Rn. 43.
[252] *Kemper* in FKZGM VOB/B § 5 Rn. 46.
[253] OLG Hamm IBR 2005, 363; näher dazu *Althaus* in Beck'scher VOB-Kommentar VOB/B § 5 Abs. 4 Rn. 36 ff; *Kniffka* in Kniffka/Koeble Kompendium des Baurechts 6. Teil Rn. 192.

Stunden dauert, ist nicht angemessen,[254] es sei denn, dem Auftraggeber war unter Berücksichtigung aller Umstände eine längere Fristsetzung nicht möglich oder zumutbar.

Hat der Auftragnehmer mit der **Ausführung nicht** in der vereinbarten Frist oder der Frist nach Abruf gemäß § 5 Abs. 2 S. 2 VOB/B **begonnen,** so muss der Auftraggeber ihm keine Nachfrist von 12 Werktagen gemäß § 5 Abs. 2 S. 2 VOB/B setzen. Die Frist muss nicht so bemessen werden, dass ein Auftragnehmer, der sich noch gar nicht vorbereitet hat, problemlos mit der Ausführung beginnen kann. Eine Nachfrist von einer Woche ist in aller Regel ausreichend.

Zum **Wiederbeginn** der Bauarbeiten nach Unterbrechung aus einem im Risikobereich des Auftraggebers liegenden Grund wird zunächst auf → Rn. 76 verwiesen. Hier kommt es darauf an, wie lange ein leistungsbereiter Auftragnehmer benötigt, um die Baustelle wieder einzurichten bzw. wieder in Betrieb zu nehmen und die Ausführung fortzusetzen. Liegt in diesem Zusammenhang eine Vertragspflichtverletzung des Auftragnehmers vor, richtet sich die Angemessenheit der Nachfrist nach der Größe der Baustelle, ihrer Einrichtung und dem Gesamtzusammenhang der Produktionsgegebenheiten.

Bei einem **Verstoß gegen § 5 Abs. 3 VOB/B** kommt es darauf an, welche Zeit ein leistungsbereiter und -fähiger Auftragnehmer bei gehöriger Anstrengung benötigt, um die Abhilfemaßnahmen zumindest einzuleiten. Hat der Auftraggeber den Auftragnehmer nach einer ersten (erfolglosen) Aufforderung gemäß § 5 Abs. 3 VOB/B zweimal erneut (erfolglos) aufgefordert, „unter letztmaliger Fristsetzung unverzüglich" zu leisten, enthält dies eine Fristsetzung im Sinne des § 5 Abs. 4 VOB/B; der Auftraggeber muss nicht eine nach Tagen bestimmte Frist setzen.[255] Hier hätte man ggf. auch zur Entbehrlichkeit der Fristsetzung kommen können.

Bei der **Fertigstellung** kommt es darauf an, welche Frist ein leistungsbereiter und -fähiger Auftragnehmer bei größter Anstrengung benötigt, um das vertraglich vereinbarte Leistungsziel zu erreichen. In einer sehr praxisorientierten Entscheidung hat das OLG Hamm[256] dazu folgende Grundsätze aufgestellt: Befinde sich der Auftragnehmer mit der **Fertigstellung bereits in Verzug,** so sei eine **Frist angemessen, in der die Fertigstellung der geschuldeten Leistungen unter größten Anstrengungen des Auftragnehmers erfolgen könne.** Dies könne eine erhebliche Erhöhung der Zahl der Arbeitskräfte und der täglichen Arbeitsstunden bis hin zu Doppelschichten und Samstagsarbeit erfordern. Um die damit verbundene Beschleunigung zu koordinieren, sei der terminrückständige Auftragnehmer zur **unverzüglichen Vorlage eines detaillierten Bauzeitenplans** und dessen effizienter Umsetzung verpflichtet. Der Auftragnehmer müsse den Auftraggeber aufgrund der Kooperations- (und Kommunikations-) Pflicht darauf hinweisen, dass die von ihm gesetzte Frist zu kurz sei und welche Frist angemessen sei. Andernfalls könne der Auftragnehmer sich nicht auf eine zu kurze Fristsetzung berufen. Umgekehrt müsse der Auftraggeber dem Bauzeitenplan widersprechen, falls er die darin enthaltenen Fristen für zu lang halte. Dem sehr eingehend begründeten und lesenswerten Urteil ist zuzustimmen. Denn gerade bei größeren Terminrückständen des Auftragnehmers kann der Auftraggeber die angemessene Nachfrist zur Fertigstellung oftmals kaum zuverlässig beurteilen. Er ist also auf die Mitwirkung des Auftragnehmers durch die Erstellung eines (beschleunigten) Bauablaufplans angewiesen – mit wechselseitigen Hinweispflichten, falls die gesetzte Frist zu kurz bzw. die vom Auftragnehmer geplante Frist zu lang ist. In solchen Fällen kann ausnahmsweise auch eine Fristsetzung zur Erklärung der Leistungsbereitschaft ausreichend sein.[257] Gleichzeitig kann der Auftraggeber den Bauablauf während der Nachfrist durch das Abhilferecht aus § 5 Abs. 3 VOB/B steuern und notfalls – bei völlig unzureichender Baustellenförderung innerhalb der Nachfrist – wegen Verletzung der Abhilfepflicht gemäß § 5 Abs. 3 und 4 VOB/B kündigen.

Setzt der Auftraggeber dem Auftragnehmer hiernach eine **unangemessen kurze** Frist, so ist diese nicht wirkungslos, sondern setzt nach ständiger Rechtsprechung den Lauf einer angemessenen Frist in Gang.[258] Erklärt der Auftraggeber nach Ablauf der von ihm gesetzten (zu kurzen) Frist die Kündigung, bevor die angemessene Frist abgelaufen ist, so erfolgt die Kündigung vor Ablauf der in Wirklichkeit noch laufenden angemessenen Frist und damit vorzeitig. Die Voraussetzungen einer Kündigung aus wichtigem Grund liegen in diesem Fall nicht vor. Es ist dann zu

---

[254] Dazu auch *Kemper* in FKZGM VOB/B § 5 Rn. 43.
[255] BGH BauR 2002, 782 = NZBau 2002, 265; so auch BGH NJW 2009, 3153 mit näherer Begründung und mwN; kritisch *Schwarze* in Staudinger BGB § 323 Rn. B 60.
[256] OLG Hamm BauR 2007, 1737 = NZBau 2007, 709.
[257] BGH NJW 1983, 989; OLG Stuttgart BauR 2007, 1417; OLG Hamm BauR 2003, 1746 (zu § 4 Abs. 7 S. 3, § 8 Abs. 3 VOB/B).
[258] *Grüneberg* in Palandt BGB § 281 Rn. 10 mwN.

prüfen, ob die unzulässige Kündigung aus wichtigem Grund in eine ordentliche Kündigung umgedeutet werden kann (hierzu → VOB/B § 8 Rn. 20 f.).

129 **f) Ausnahmsweise Entbehrlichkeit der (Nach-)Fristsetzung.** Die **Nachfristsetzung kann ausnahmsweise entbehrlich** sein. Die Entbehrlichkeit einer Nachfristsetzung ist gesetzlich in § 323 Abs. 2 BGB für das Rücktrittsrecht und in § 314 Abs. 2 BGB für die Kündigung aus wichtigem Grund geregelt, was sinngemäß für die Nachfristsetzung gemäß § 5 Abs. 4, § 8 Abs. 3 VOB/B herangezogen werden kann. Nach der gesetzlichen Regelung ist eine Nachfristsetzung insbesondere entbehrlich, wenn der Auftragnehmer die **Leistung ernsthaft und endgültig verweigert.** Eine ernsthafte und endgültige Erfüllungsverweigerung liegt vor, wenn es aufgrund einer Erklärung oder des Verhaltens des Auftragnehmers ausgeschlossen erscheint, dass er sich durch eine Fristsetzung noch umstimmen lässt, die Fristsetzung daher reine Förmelei wäre. Dies ist zB der Fall, wenn der Auftragnehmer während der vorprozessualen umfassenden Auseinandersetzung nachhaltig und beharrlich das Vorliegen von Mängeln verneint und eine Pflicht zur Gewährleistung schlechthin bestreitet.[259] Hierfür reicht allerdings nicht jedes Bestreiten eines Mangels im Prozess.[260] Gleiches gilt für das Bestreiten des Terminverzugs. Eine Fristsetzung ist auch dann entbehrlich, wenn **besondere Umstände** vorliegen, die unter Abwägung der beiderseitigen Interessen den sofortigen Rücktritt (hier: die sofortige Kündigung) rechtfertigen. Entscheidend ist insoweit, ob dem Auftraggeber eine Nachfristsetzung noch zumutbar ist.[261]

Da die Frage der Entbehrlichkeit der Nachfristsetzung unter **Abwägung sämtlicher Umstände des Einzelfalls** zu beantworten ist, hat sich hierzu eine umfangreiche **Kasuistik** gebildet: Ist es zB zu einer vom Auftragnehmer zu vertretenden **ganz beträchtlichen Verzögerung** des Bauvorhabens gekommen und kann es dem Auftraggeber bei der gebotenen Gesamtwürdigung nicht zugemutet werden, eine weitere Verzögerung hinzunehmen, ist eine Nachfristsetzung entbehrlich.[262] Hat der Auftragnehmer den Vertrag seinerseits **unberechtigt gekündigt** und sich geweigert, die Arbeiten anschließend wieder aufzunehmen, so liegt darin eine ernsthafte und endgültige Leistungsverweigerung, die den Auftraggeber auch ohne Nachfristsetzung und Kündigungsandrohung zur Kündigung und sogar ohne Kündigung zur Geltendmachung von Restfertigstellungskosten und Mängelbeseitigungskosten berechtigt.[263] Die bloße Erklärung, der Auftragnehmer werde zum Fälligkeitszeitpunkt nicht leisten, reicht allerdings nicht aus.[264] Ist es ausnahmsweise ausreichend, dem Auftragnehmer eine Frist zur Erklärung der Leistungsbereitschaft zu setzen (dazu → Rn. 127 aE), darf diese Frist regelmäßig nicht weniger als einen Tag betragen.[265] Hat der Auftragnehmer aufgrund einer vermeintlich rückständigen Abschlagszahlung, die auf einer fehlerhaft erstellten Abschlagsrechnung beruht, zu Unrecht die Arbeiten eingestellt, und dem Auftraggeber telefonisch erklärt, er werde erst nach Rechnungsausgleich die Arbeiten wieder aufnehmen, so soll darin noch keine ernsthafte und endgültige Erfüllungsverweigerung zu sehen sein, die den Auftraggeber zur sofortigen Kündigung berechtigt.[266] In Grenzfällen sollte der Auftraggeber dem Auftragnehmer daher vor Kündigung vorsorglich eine angemessene Frist nebst Kündigungsandrohung setzen. Steht von vornherein fest, dass der Auftragnehmer eine Vertragsfrist aus von ihm zu vertretenden Gründen nicht einhalten wird und ist die Vertragsverletzung von so erheblichem Gewicht, dass eine Fortsetzung des Vertrags unzumutbar ist, kann der Auftraggeber ohne Nachfristsetzung und Kündigungsandrohung den Vertrag kündigen.[267] Ein Behinderungsgrund im Sinne von § 6 VOB/B ändert hieran nichts, wenn feststeht, dass auch die nach § 6 Abs. 1, 2 und 4 VOB/B verlängerte Vertragsfrist vom Auftragnehmer nicht eingehalten wird.[268] Auch bei **schwerwiegender Störung des Vertrauensverhältnisses** kann die Kündigung ohne vorherige Fristsetzung und Kündigungsandrohung ausgesprochen werden.[269]

---

[259] BGH BauR 2014, 2086; BauR 2002, 310; vgl. weiter BGH BauR 2011, 263; BauR 2003, 386.
[260] BGH BauR 2011, 1817.
[261] BGH BauR 2012, 949 = NZBau 2012, 357; BauR 1996, 704.
[262] BGH BGH BauR 2012, 949 = NZBau 2012, 357.
[263] BGH BauR 2001, 1577 = NZBau 2001, 623 mwN; vgl. dazu weiter → Rn. 134.
[264] BGH BauR 2012, 1386 = NZBau 2012, 638.
[265] LG Heidelberg NZBau 2014, 236.
[266] OLG Koblenz NZBau 2014, 236.
[267] BGH BauR 2000, 1182 mwN; OLG Düsseldorf BauR 2009, 1445.
[268] OLG Düsseldorf BauR 2009, 1445.
[269] OLG Oldenburg Urt. v. 13.12.2007, 8 U 323/05, über juris.

Der **Auftraggeber** muss sich allerdings des Risikos bewusst sein, dass es sich bei den schon bislang in der Rechtsprechung anerkannten und nunmehr in §§ 314 Abs. 2, 323 Abs. 2 BGB geregelten Fällen um **Ausnahmetatbestände** handelt, deren Vorliegen er **beweisen** muss.

Ausnahmsweise kann der Auftraggeber die **Kündigung** auch schon **vor Ablauf der** von ihm gesetzten **Nachfrist** aussprechen, wenn offensichtlich ist, dass die geschuldete Leistung bis zum Ablauf der (angemessenen) Nachfrist nicht erbracht sein wird.[270] Diese aus dem Rechtsgedanken des § 323 Abs. 4 BGB ableitbare und auch auf die VOB/B übertragbare Ausnahme liegt zB dann vor, wenn für die Ausführung der Arbeiten 4 Wochen erforderlich sind, der Auftragnehmer aber 2 Wochen vor Fristablauf noch nicht begonnen hat.[271]

g) Kündigungsandrohung. Der Auftraggeber muss gemäß § 5 Abs. 4 VOB/B die Fristsetzung zur Vertragserfüllung mit der Erklärung verbinden, dass er dem Auftragnehmer nach fruchtlosem Ablauf der Frist den Vertrag kündigen werde (§ 8 Abs. 3 VOB/B). Durch die Verbindung der Nachfristsetzung mit der „Kündigungsandrohung" soll dem Auftragnehmer mit der notwendigen Ernsthaftigkeit verdeutlicht werden, dass der Bauvertrag nach Fristablauf durch einseitige Erklärung des Auftraggebers ganz oder teilweise aus wichtigem Grund beendet werden wird, was für den Auftragnehmer mit erheblichen Nachteilen verbunden ist. Entsprechend eindeutig muss die Erklärung des Auftraggebers sein. Verwendet der Auftraggeber die von § 5 Abs. 4 VOB/B selbst gewählte Formulierung, ist die Erklärung unmissverständlich. Gleichermaßen eindeutig ist eine ausdrücklich als solche formulierte „Kündigungsandrohung" oder „die Androhung der Auftragsentziehung".

Verwendet der Auftraggeber nicht den Begriff der „Kündigung", sondern den früher in § 326 Abs. 1 BGB a.F. verwendeten Begriff der „Ablehnungsandrohung" *(zB „... werde ich nach Fristablauf weitere Leistungen Ihrerseits ablehnen und die Restarbeiten durch eine Drittfirma ausführen lassen."),* so gibt der Auftraggeber auch durch diese Erklärung deutlich zu erkennen, nach Fristablauf die Erfüllung durch den Auftragnehmer abzulehnen und eine „Ersatzvornahme" mit einer Drittfirma zu tätigen, was genügt.[272] Das Gleiche gilt, wenn der Auftraggeber dem Auftragnehmer nach Fristablauf eine „Ersatzvornahme" ankündigt und dadurch deutlich macht, dass er nach Fristablauf keine Leistungen des Auftragnehmers mehr annehmen wird.[273]

Nicht ausreichend ist eine Erklärung, die dem Auftragnehmer nicht hinreichend den Willen des Auftraggebers verdeutlicht, nach ergebnislosem Fristablauf zu kündigen und mithin die Leistung des Auftragnehmers nicht mehr anzunehmen. Dies gilt regelmäßig für den **Kündigungsvorbehalt** *(„... behalte ich mir vor, Ihnen nach Fristablauf den Auftrag zu entziehen."),*[274] ferner für die bloße **Kündigungsempfehlung,** die insbesondere durch objektüberwachende Architekten und Ingenieure sowie Projektsteuerer häufig ausgesprochen wird *(„... werde ich dem Bauherrn empfehlen, Ihnen nach fruchtlosem Ablauf der Frist den Auftrag zu entziehen.").* Der objektüberwachende Architekt, Ingenieur sowie der Projektsteuerer sind ohne gesonderte Bevollmächtigung ohnehin nicht berechtigt, die Auftragsentziehung im Sinne von § 5 Abs. 4 VOB/B anzudrohen. Die Formulierung, der Auftragnehmer müsse mit der Auftragsentziehung rechnen, ist ebenfalls nicht hinreichend eindeutig.[275]

Ebenso wie die Nachfristsetzung kann in sinngemäßer Anwendung der §§ 314 Abs. 2, 323 Abs. 2 BGB auch die **Kündigungsandrohung entbehrlich** sein, wenn der Auftragnehmer die Leistung ernsthaft und endgültig verweigert oder einer der sonstigen Ausnahmetatbestände vorliegt (dazu näher → Rn. 129).

h) Kündigungserklärung in angemessener Frist. Nach **§ 314 Abs. 3 BGB,** auf den § 648a Abs. 3 BGB nF verweist, muss der Berechtigte die Kündigung innerhalb einer **„angemessenen Frist"** aussprechen, nachdem er vom Kündigungsgrund Kenntnis erlangt hat.

Welche Frist angemessen ist, bestimmt sich nach den Umständen des Einzelfalls. Die Rechtsprechung war bislang eher streng und hat eine alsbaldige Kündigung – oder Teilkündigung – des Vertrags durch den Auftraggeber nach fruchtlosem Ablauf der dem Auftragnehmer gesetzten angemessenen Frist verlangt.[276] Ein mehr als dreimonatiges Zuwarten nach Ablauf der mit

---

[270] OLG Köln BauR 2008, 1145.
[271] Vgl. *Grüneberg* in Palandt BGB § 323 Rn. 23.
[272] Ebenso *Althaus* in Beck'scher VOB-Kommentar VOB/B § 5 Abs. 4 Rn. 41; *Döring* in Ingenstau/Korbion VOB/B § 5 Abs. 4 Rn. 17.
[273] So OLG Hamm BauR 2003, 1746 (zu § 4 Abs. 7 S. 3, § 8 Abs. 3 VOB/B).
[274] AA *Althaus* in Beck'scher VOB-Kommentar VOB/B § 5 Abs. 4 Rn. 41.
[275] OLG Oldenburg NJW-RR 2005, 1104.
[276] Vgl. OLG Frankfurt IBR 2014, 535.

Kündigungsandrohung gesetzten Frist ist nur bei Vorliegen besonderer Umstände zulässig.[277] Nur ausnahmsweise kann der Auftraggeber die Kündigung schon vor Fristablauf aussprechen (→ Rn. 129).

Der Auftraggeber kann sein durch Fristablauf und Kündigungsandrohung geschaffenes Kündigungsrecht wieder **verwirken,** wenn er durch sein Verhalten nach Fristablauf das Vertrauen beim Auftragnehmer schafft, die Kündigung werde doch nicht erklärt. Dies gilt insbesondere, wenn der Auftraggeber sich nach Fristablauf auf Verhandlungen mit dem Auftragnehmer über die Fortsetzung des Vertrags einlässt oder wenn er nach Fristablauf weitere Leistungen des Auftragnehmers vorbehaltlos entgegennimmt und dadurch den Eindruck erweckt, er werde von seinem Kündigungsrecht keinen Gebrauch machen.[278] Zu beachten ist jedoch, dass nicht jede Form von weiteren Verhandlungen oder Besprechungen für eine Verwirkung des Kündigungsrechts genügt. Ebenso wenig führt bereits jedes Dulden von weiteren Arbeiten geringen Umfangs zu einer Verwirkung des Kündigungsrechts.[279] Erforderlich ist eine Einzelfallbetrachtung. Das Kündigungsrecht des Auftraggebers ist erst dann verwirkt, wenn er sich gegenüber dem Auftragnehmer in einer Weise verhält, die bei objektiver Betrachtung nicht mehr auf einen ernsthaften Kündigungswillen aus den bisher für den Auftraggeber maßgeblichen Gründen schließen lässt.[280] Eine erst nach der Entstehung des Kündigungsrechts eingetretene Behinderung des Auftragnehmers macht die Kündigung durch den Auftraggeber nicht unzulässig.[281]

134 **i) Schriftliche Kündigungserklärung.** Gemäß § 8 Abs. 6 VOB/B muss die Kündigung (auch wenn § 5 Abs. 4 VOB/B nicht explizit hierauf verweist) schriftlich erklärt werden (dazu näher → VOB/B § 8 Rn. 93, 136 f.); vgl. zum Schriftformerfordernis nunmehr auch § 650h BGB nF.

Die in § 8 Abs. 3 Nr. 2 VOB/B vorgesehenen Rechtsfolgen (Erstattung der Restfertigstellungskosten, Schadensersatz wegen Nichterfüllung) setzen nach dem Wortlaut der Regelung eine wirksame Kündigung nach § 8 Abs. 3 Nr. 1 VOB/B voraus. Hierbei handelt es sich um eine abschließende Sonderregelung für den VOB/B-Vertrag.[282] Zu beachten ist allerdings in diesem Zusammenhang die Rechtsprechung des BGH[283], wonach abweichend hiervon in Ausnahmefällen nicht nur Treu und Glauben, zB bei ernsthafter und endgültiger Erfüllungsverweigerung des Auftragnehmers, nicht nur eine Fristsetzung mit Kündigungsandrohung entbehrlich ist, sondern auch die (schriftliche) Kündigungserklärung selbst. Der BGH begründet die Entbehrlichkeit der Kündigungserklärung damit, dass der Auftragnehmer durch seine endgültige Weigerung das Recht zur Vertragserfüllung verloren habe, so dass es zu unklaren Verhältnissen über die weitere Bauabwicklung nicht mehr kommen könne. Der Auftraggeber könne entweder die vertragsgemäße Fertigstellung verlangen oder die Ersatzvornahme durchführen. Ein Nebeneinander von Auftragnehmer und Drittunternehmer sei daher ausgeschlossen. Diese Sichtweise berücksichtigt allerdings nicht, dass allein der Verlust des Rechtes des Auftragnehmers, den Vertrag zu erfüllen, das Erfüllungsstadium nicht automatisch beendet. Der Auftraggeber kann trotz der – vertragswidrigen – endgültigen Erfüllungsverweigerung des Auftragnehmers auf Erfüllung bestehen, notfalls Erfüllungsklage erheben und ggf. auch auf den Erfüllungsanspruch wieder zurückkommen, wenn etwa die begonnene Restfertigstellung mit dem Drittunternehmer schwierig wird. Vor diesem Hintergrund sollte aus Gründen der Klarheit, wie in § 8 Abs. 6 VOB/B vorgesehen, grundsätzlich an dem Erfordernis einer (schriftlichen) Kündigungserklärung festgehalten werden.

135 **j) Teilkündigung.** Eine Teilkündigung ist gemäß § 8 Abs. 3 Nr. 1 S. 2 VOB/B bei in sich abgeschlossenen Teilleistungen möglich (→ VOB/B § 8 Rn. 99 f.).

---

[277] In dem Urteil des OLG Frankfurt IBR 2014, 535 zugrunde liegenden Sachverhalt hatte der Auftragnehmer auf die vom Auftraggeber erklärte Fristsetzung mitgeteilt, er werde nach Rücksprache mit dem Sachverständigen ein Sanierungskonzept hinsichtlich der gerügten Mängel unterbreiten. Nachdem das Sanierungskonzept viele Wochen später immer noch nicht vorlag, kündigte der Auftraggeber nach etwas mehr als drei Monaten nach Fristablauf, was vom OLG Frankfurt im Hinblick auf das vom Auftragnehmer angekündigte Sanierungskonzept als noch „rechtzeitig" angesehen wurde.
[278] BGH BauR 2005, 425 = NZBau 2005, 150; OLG Stuttgart NZBau 2016, 289 (Fristsetzung zur Fortführung der Arbeiten in Kenntnis des Kündigungsgrundes); OLG Zweibrücken BauR 2017, 735; OLG Saarbrücken NZBau 2003, 673; OLG Düsseldorf NJW-RR 1994, 149.
[279] OLG Celle IBR 2010, 77.
[280] OLG Celle IBR 2010, 77.
[281] BGH BauR 2012, 949 = NZBau 2012, 357.
[282] ZB BGH BauR 2012, 643; 2009, 99; 2008, 1131; 2000, 1479; 1997, 1027; 1986, 573.
[283] BGH BauR 2012, 643; 2009, 99; 2001, 1577; 2000, 1479.

4. Die Rechtsfolgen der Kündigung aus wichtigem Grund. Wegen der Rechtsfolgen 136 einer Kündigung oder Teilkündigung aus wichtigem Grund darf auf die Kommentierung zu § 8 Abs. 3 VOB/B verwiesen werden (→ VOB/B § 8 Rn. 101 ff.).
Die Rechtsfolgen seien hier stichwortartig zusammengefasst:
– Der Auftragnehmer erhält nur eine Vergütung für die bis zur Kündigung erbrachten Leistungen, jedoch nicht (abweichend von § 8 Abs. 1 Nr. 2 VOB/B) für die kündigungsbedingt nicht mehr erbrachten Leistungen (→ VOB/B § 8 Rn. 101).
– Hinsichtlich der Kosten der restlichen Fertigstellung steht dem Auftraggeber gemäß § 8 Abs. 3 Nr. 2 S. 1 Hs. 1 VOB/B ein verschuldensunabhängiger Kostenerstattungsanspruch zu, der auch als Vorschussanspruch geltend gemacht werden kann (→ VOB/B § 8 Rn. 102 ff.).
– Über die Kostenerstattung hinaus kann der Auftraggeber, wie sich klarstellend aus § 8 Abs. 3 Nr. 2 S. 1 Hs. 2 VOB/B ergibt, Schadensersatz insbesondere wegen der **Verzögerungsschäden** verlangen (→ VOB/B § 8 Rn. 112). Zu den Voraussetzungen wird auf die obigen Erläuterungen (→ Rn. 103 ff.) verwiesen.
– Hat die Ausführung für den Auftraggeber (ausnahmsweise) kein Interesse, so kann der Auftraggeber gemäß § 8 Abs. 3 Nr. 2 S. 2 VOB/B anstatt der Kostenerstattung und Ersatz des Verzögerungsschadens Schadensersatz wegen Nichterfüllung verlangen (→ VOB/B § 8 Rn. 113).
– Gemäß § 8 Abs. 3 Nr. 3 VOB/B ist der Auftraggeber berechtigt, ggf. aus Schadensminderungsgründen auch verpflichtet, Geräte, Gerüste, angelieferte Stoffe usw. zu verwenden (→ VOB/B § 8 Rn. 110 ff).

G. Weitergehende Rechte des Auftraggebers nach BGB bei verzögerter Leistungserstellung

Die Vertragsbestimmungen der VOB/B bauen auf dem gesetzlichen Werkvertragsrecht auf und sollen dessen, für den Bauvertrag unzureichenden Vorschriften ergänzen und konkretisieren. Darüber hinaus enthält die VOB/B aber auch Regelungen, die die gesetzlichen Vorschriften abändern und die insoweit abschließend sein sollen (→ VOB/B Einleitung Rn. 42 f.). Für das Verhältnis von § 5 VOB/B zu den gesetzlichen Vorschriften gilt Folgendes:

I. Erfüllungsanspruch

Der Erfüllungsanspruch des Auftraggebers besteht neben einem etwaigen Anspruch auf Ersatz 137 der Verzögerungsschäden gemäß §§ 5 Abs. 4, 6 Abs. 6 VOB/B und kann neben diesem Schadensersatzanspruch eingeklagt werden. Nach Verurteilung kann der Auftraggeber den Erfüllungsanspruch nach § 887 ZPO vollstrecken.[284] Der Erfüllungsanspruch erlischt, wenn der Auftraggeber den Vertrag gemäß §§ 5 Abs. 4, 8 Abs. 3 VOB/B aus wichtigem Grund – oder hilfsweise ordentlich – kündigt.

II. Einrede des nicht erfüllten Vertrags

Auch das Leistungsverweigerungsrecht gemäß § 320 BGB (Einrede des nicht erfüllten Ver- 138 trags) bleibt von § 5 VOB/B unberührt.[285] Einer Vertragspartei steht das Leistungsverweigerungsrecht nach § 320 BGB allerdings dann nicht zu, wenn sie ihrerseits endgültig nicht mehr erfüllungsbereit ist. Derjenige, der deutlich macht, dass er nicht am Vertrag festhalten will, kann sich das Leistungsverweigerungsrecht nicht zunutze machen.[286]
Dem Auftragnehmer kann ein Leistungsverweigerungsrecht gemäß § 320 BGB zustehen, zB wenn der Auftraggeber trotz Fristsetzung die geforderte Erfüllungssicherheit nicht leistet (§ 648a Abs. 5 BGB)[287] oder mit fälligen Abschlagszahlungen in Verzug ist (§ 16 Abs. 5 Nr. 4 VOB/B). Dabei hindert bereits das Bestehen des Leistungsverweigerungsrechts den Eintritt des Verzugs des Auftragnehmers mit der Leistungserbringung (vgl. hierzu bereits → Rn. 52). Umgekehrt kann auch dem Auftraggeber ein Leistungsverweigerungsrecht gemäß § 320 BGB zustehen, zB hinsichtlich vereinbarter und bereits fälliger Abschlagszahlungen. Nach der Recht-

---

[284] Zur Erfüllungsklage vgl. auch *Döring* in Ingenstau/Korbion VOB/B § 5 Abs. 4 Rn. 26.
[285] *Döring* in Ingenstau/Korbion VOB/B § 5 Abs. 4 Rn. 27.
[286] BGH NJW-RR 2013, 1458; MDR 1995, 788; BGHZ 50, 175.
[287] BGH BauR 2009, 1152 = NZBau 2009, 439.

sprechung[288] ist im Rahmen eines VOB/B-Vertrags die Fälligkeit eines Anspruchs auf Abschlagszahlung grundsätzlich auch bei Vorliegen von (auch wesentlichen) Mängeln der betreffenden (Teil-)Leistung zu bejahen; der Auftraggeber kann jedoch gemäß § 320 BGB einen angemessenen Betrag zurückhalten. Es ist bezweifelt worden, ob diese Rechtsprechung nach der Neufassung des § 632a BGB durch das Forderungssicherungsgesetz[289] mit Wirkung zum 1.1.2009 für den VOB/B-Vertrag aufrechtzuerhalten ist, oder ob im Hinblick auf § 632a Abs. 1 S. 2 BGB wesentliche Mängel bereits die Fälligkeit des Anspruchs auf Abschlagszahlung hindern.[290] Mit dem Gesetz zur Reform des Bauvertragsrechts vom 28.4.2017[291] hat der Gesetzgeber § 632a Abs. 1 BGB wiederum neugefasst und in S. 2 klargestellt, dass bei nicht vertragsgemäß erbrachten Leistungen die Zahlung eines angemessenen Teils des Abschlags verweigert werden darf. Dies korrespondiert mit der oben angeführten Rechtsprechung zum VOB/B-Vertrag. Soweit ein Schadensersatzanspruch des Auftraggebers gemäß § 5 Abs. 4, 6 Abs. 6 VOB/B besteht, kann er mit diesem auch die Aufrechnung gegen eine Abschlagsforderung des Auftragnehmers erklären.

III. Anspruch auf Ersatz des Verzögerungsschadens gemäß §§ 280 Abs. 2, 286 BGB

139 Nach der Vorschrift des § 280 Abs. 1 BGB steht dem Gläubiger ein Schadensersatzanspruch zu, wenn der Schuldner aus von ihm zu vertretenden Gründen eine Pflicht aus dem Schuldverhältnis verletzt. Ersatz des Verzögerungsschadens, also des Schadens, der allein durch die Verzögerung der Leistung entstanden ist, kann der Gläubiger allerdings gemäß § 280 Abs. 2 BGB nur unter den zusätzlichen Voraussetzungen des Verzuges gemäß § 286 BGB (zum Verzug des Auftragnehmers → Rn. 35 ff.) verlangen.[292]

Für den Anspruch auf Ersatz von **Verzögerungsschäden wegen verzögerter Leistungserbringung** enthalten **§§ 5 Abs. 4, 6 Abs. 6 VOB/B** eine den **gesetzlichen Schadensersatzanspruch gemäß §§ 280 Abs. 2, 286 BGB abändernde und verdrängende Sonderregelung.** Die Sonderregelung besteht insbesondere auf der Rechtsfolgenseite, nämlich in der Haftungseinschränkung des § 6 Abs. 6, wonach im Rahmen des Schadensersatzes der entgangene Gewinn nur bei Vorsatz oder grober Fahrlässigkeit verlangt werden kann.[293] Nach der hier – in Abweichung von der überwiegenden Meinung – vertretenen Auffassung ändern §§ 5 Abs. 4, 6 Abs. 6 VOB/B (teilweise) auch die Voraussetzungen des gesetzlichen Schadensersatzanspruchs ab, indem nicht für alle Fallvarianten Verzug vorausgesetzt wird (dazu näher → Rn. 106). Zur Frage der Wirksamkeit dieser Klausel nach §§ 305 ff. BGB wird auf die Ausführungen zu → Rn. 151 Bezug genommen.

Zu beachten ist, dass bei **mängelbedingten Verzögerungsschäden** der Schadensersatzanspruch im Rahmen eines VOB/B-Vertrags nur auf § 4 Abs. 7 S. 2 VOB/B gestützt werden kann, nicht aber auf §§ 5 Abs. 4, 6 Abs. 6 VOB/B, so dass die Haftungseinschränkung nicht gilt.[294]

IV. Schadensersatz gemäß § 280 Abs. 1 BGB und Schadensersatz statt der Leistung gemäß §§ 280 Abs. 3, 281 BGB

140 Ist der Schaden nicht durch die Verzögerung der Leistung entstanden, sondern durch eine andere Pflichtverletzung, greifen nicht §§ 5 Abs. 4, 6 Abs. 6 ein, sondern – vorbehaltlich sonstiger spezieller Regelungen – der allgemeine gesetzliche Anspruch nach § 280 Abs. 1 BGB.

141 Schadensersatz statt der Leistung (und damit Ersatz des Nichterfüllungsschadens) kann der Auftraggeber nach dem Gesetz gemäß §§ 280, 281 BGB verlangen, wenn der Auftragnehmer die fällige Leistung nicht oder nicht wie geschuldet erbringt und der Auftraggeber dem Auftragnehmer erfolglos eine angemessene Frist zur Leistung oder Nacherfüllung bestimmt hat. Die

---

[288] Grundlegend BGH BauR 1979, 159.
[289] BGBl I 2008, 2022.
[290] Vgl. hierzu *Kniffka* in Kniffka/Koeble Kompendium des Baurechts 5. Teil Rn. 270.
[291] BGBl I 2017, 969.
[292] *Grüneberg* in Palandt BGB § 280 Rn. 13.
[293] Allgemeine Auffassung, vgl. zB *Jansen* in Leinemann VOB/B § 5 Rn. 59, 80, 83; *Gartz* in NWJS VOB/B § 5 Rn. 39; *Peters/Jacoby* in Staudinger BGB § 633 Rn. 144; ebenso bereits BGH Urt. v. 16.1.1964, VII ZR 60/62 über juris.
[294] BGH BauR 2000, 1189; 1999, 254, jeweils mwN.

Fristsetzung ist unter den Voraussetzungen des § 281 Abs. 2 BGB entbehrlich, was insbesondere bei ernsthafter und endgültiger Erfüllungsverweigerung des Auftragnehmers der Fall ist.

Die VOB/B enthält auch insoweit mit **§§ 5 Abs. 4, 8 Abs. 3 VOB/B** eine gegenüber dem Gesetz **vorrangige Sonderregelung**.[295] Danach ist der Anspruch auf Schadensersatz wegen Nichterfüllung davon abhängig, dass zusätzlich zu den Voraussetzungen der §§ 280, 281 BGB mit der Fristsetzung eine Kündigung angedroht und diese anschließend ausgesprochen wird. In Ausnahmefällen hat die Rechtsprechung des BGH allerdings nach Treu und Glauben eine Kündigung für entbehrlich gehalten (dazu näher → Rn. 134 mwN). Darüber hinaus ergibt sich aus § 8 Abs. 3 Nr. 2 S. 2 VOB/B, dass der Nichterfüllungsschaden nur verlangt werden kann, wenn die weitere Ausführung für den Auftraggeber kein Interesse mehr hat. Dies bedeutet, dass der Anspruch nicht besteht, wenn das Bauwerk anderweitig fertiggestellt worden ist.[296]

Soweit kein Fall des § 8 Abs. 3 Nr. 2 S. 2 VOB/B vorliegt, kann ungeachtet der Kündigung ein Anspruch auf Ersatz des reinen Verzögerungsschadens gemäß §§ 5 Abs. 4, 6 Abs. 6 VOB/B bestehen (dazu → Rn.103). Insoweit gilt allerdings die Haftungsbeschränkung des § 6 Abs. 6 VOB/B.

V. Fertigstellungskosten

142 Der Auftraggeber ist grundsätzlich nur nach einer wirksamen Kündigung gemäß §§ 5 Abs. 4, 8 Abs. 3 Nr. 1 VOB/B berechtigt, die noch nicht fertiggestellte Leistung anderweitig ausführen zu lassen und die Restfertigstellungskosten zu verlangen, § 8 Abs. 3 Nr. 2 S. 1 VOB/B. Auch insoweit sind die Regelungen der VOB/B abschließend. Die Rechtsprechung des BGH hat allerdings in Ausnahmefällen nach Treu und Glauben eine Kündigung für entbehrlich gehalten (dazu näher → Rn. 134 mwN). Der Anspruch gemäß § 8 Abs. 3 Nr. 2 S. 1 VOB/B ist verschuldensunabhängig ausgestaltet.

VI. Anspruch auf Aufwendungsersatz gemäß § 284 BGB

143 Nach der Vorschrift des § 284 BGB kann der Gläubiger anstelle des Schadensersatzes statt der Leistung Ersatz der Aufwendungen verlangen, die er im Vertrauen auf den Erhalt der Leistung gemacht hat und billigerweise machen durfte, es sei denn, deren Zweck wäre auch ohne die Pflichtverletzung des Schuldners nicht erreicht worden. Der Aufwendungsersatzanspruch besteht unter den gleichen Voraussetzungen wie der Schadensersatzanspruch statt der Leistung gemäß §§ 280, 281 BGB.[297] Aufwendungen im Sinne von § 284 BGB sind Investitionen, die der Gläubiger im berechtigten Vertrauen auf den Erhalt der Leistung getätigt hat,[298] bei Bauverträgen also zB der Ausbausatz für das Dachgeschoss, den der Bauherr im Vertrauen auf die Errichtung des Hauses bereits angeschafft hat und der nach Beendigung des Vertrags nun wertlos ist. Dem Gläubiger steht unter den Voraussetzungen der §§ 280, 281 BGB ein Wahlrecht zu, anstelle des Schadensersatzes statt der Leistung den Ersatz seiner vergeblichen Aufwendungen zu fordern. Es ist nicht erkennbar, dass dieses Wahlrecht durch §§ 5 Abs. 4, 8 Abs. 3 VOB/B ausgeschlossen werden soll, dh der Auftraggeber kann gemäß § 8 Abs. 3 Nr. 2 S. 2 VOB/B anstelle des Schadensersatzes wegen Nichterfüllung Ersatz seiner Aufwendungen gemäß § 284 BGB fordern.[299] Voraussetzung hierfür ist aber wiederum eine berechtigte Kündigung gemäß §§ 5 Abs. 4, 8 Abs. 3 VOB/B sowie das Vorliegen der weiteren Voraussetzungen des § 8 Abs. 3 Nr. 2 S. 2 VOB/B. Es genügt nicht, dass nur die Voraussetzungen von §§ 280, 281 BGB erfüllt sind.

VII. Rücktritt gemäß § 323 Abs. 1 BGB und Kündigung aus wichtigem Grund

144 Das Rücktrittsrecht des Gläubigers bei verspäteter Leistung des Schuldners ist in § 323 BGB geregelt. Hiernach ist der Rücktritt berechtigt, wenn der Schuldner bei einem gegenseitigen Vertrag eine fällige Leistung nicht oder nicht vertragsgemäß erbringt und der Gläubiger dem

---

[295] *Döring* in Ingenstau/Korbion VOB/B § 5 Abs. 4 Rn. 30; *Jansen* in Leinemann VOB/B § 5 Rn. 59; BGH MDR 1969, 385; BGHZ 50, 160 (zu § 326 BGB aF).
[296] BGH NJW 1974, 646.
[297] *Grüneberg* in Palandt BGB § 284 Rn. 4.
[298] *Grüneberg* in Palandt BGB § 284 Rn. 5 f.
[299] Ebenso *Jansen* in Leinemann VOB/B § 5 Rn. 60.

Schuldner erfolglos eine angemessene Frist zur Leistung oder Nacherfüllung bestimmt hat. Die Fristsetzung ist gemäß § 323 Abs. 2 BGB in den dort geregelten Ausnahmefällen entbehrlich. Einer Androhung des Rücktritts bedarf es nicht. Verschulden des Schuldners ist ebenfalls nicht erforderlich. Allerdings ist der Rücktritt gemäß § 323 Abs. 6 BGB ausgeschlossen, wenn der Gläubiger für den Umstand, der ihn zum Rücktritt berechtigen würde, allein oder überwiegend verantwortlich ist[300] oder wenn der vom Schuldner nicht zu vertretende Umstand zu einer Zeit eintritt, zu welcher der Gläubiger in Annahmeverzug ist.

Nach überwiegender Auffassung wird in dem Kündigungsrecht des Auftraggebers gemäß §§ 5 Abs. 4, 8 Abs. 3 VOB/B eine auch den Rücktritt gemäß § 323 BGB verdrängende Sonderregelung gesehen.[301] Zwar führe der Rücktritt gemäß § 346 Abs. 1 BGB grundsätzlich zur Rückabwicklung des Vertrags und zur wechselseitigen Rückgewähr bereits erbrachter Leistungen, während die Kündigung aus wichtigem Grund nur eine Vertragsbeendigung ex nunc bei fortbestehendem Vergütungsanspruch für die bis dahin erbrachten Leistungen zur Folge habe. Wenn auch mit unterschiedlichen Rechtsfolgen, so führten Rücktritt und Kündigung aber dennoch gleichermaßen dazu, dass der noch nicht erfüllte Vertrag endgültig nicht mehr durchgeführt werde. Für den Fall der Beendigung der weiteren Vertragsdurchführung habe die VOB/B aber das Kündigungsrecht vorgesehen und hieran bestimmte Rechtsfolgen geknüpft. Dies spreche dafür, dass bei Vereinbarung der VOB/B eine Vertragsbeendigung ausschließlich im Wege der Kündigung erfolgen solle.

145 Die Kündigung aus einem sonstigen wichtigen Grund wird durch §§ 5 Abs. 4, 6 Abs. 6 VOB/B nicht berührt. Sie bleibt uneingeschränkt zulässig. Wegen der Einzelheiten wird auf die Erläuterungen (→ Rn. 123) Bezug genommen.

H. AGB-Problematik

I. AGB-Konformität von § 5 VOB/B

146 Die Vertragsbestimmungen der VOB/B sind nach ständiger Rechtsprechung des BGH[302] und überwiegender Auffassung in der Literatur[303] als Allgemeine Geschäftsbedingungen gemäß § 305 Abs. 1 BGB zu qualifizieren, sofern sie – wie regelmäßig – bei Vertragsschluss von einer Partei der anderen Partei gestellt werden. Sie unterliegen daher der AGB-Kontrolle gemäß §§ 305 ff. BGB, es sei denn die Privilegierung gemäß der im Rahmen des Forderungssicherungsgesetzes[304] mit Wirkung zum 1.1.2009 eingeführten Vorschrift des § 310 Abs. 1 S. 3 BGB greift ein. Danach ist zu unterscheiden: Wird die VOB/B **gegenüber einem Unternehmer, einer juristischen Person des öffentlichen Rechts oder einem öffentlich-rechtlichen Sondervermögen** verwendet, findet eine isolierte Inhaltskontrolle einzelner Bestimmungen der VOB/B gemäß §§ 307 ff. BGB nicht statt, wenn diese ohne inhaltliche Abweichungen insgesamt einbezogen worden ist. Dabei führt allerdings jede – auch nicht ins Gewicht fallende – inhaltliche Änderung der VOB/B dazu, dass die VOB/B nicht mehr insgesamt einbezogen ist. Da die Parteien nahezu in jedem Vertrag derartige Änderungen vereinbaren, entweder individualvertraglich oder durch (weitere) Allgemeine Geschäftsbedingungen, kommt es im Ergebnis auch im unternehmerischen Rechtsverkehr regelmäßig zu einer isolierten Inhaltskontrolle der einzelnen VOB/B-Klauseln gemäß §§ 307 ff. BGB. Wird die VOB/B **gegenüber einem Verbraucher** verwendet, greift die Privilegierung von vornherein nicht ein. Die Bestimmungen der VOB/B unterliegen in diesem Fall stets uneingeschränkt der isolierten Inhaltskontrolle gemäß §§ 307 ff. BGB. Wegen weiterer Einzelheiten (auch zur alten Rechtslage) darf auf die Kommentierung zu → VOB/B Einleitung Rn. 44 ff. verwiesen werden.

147 Ausgangspunkt der Inhaltskontrolle ist § 307 Abs. 1 S. 1 BGB. Danach ist eine Bestimmung in Allgemeinen Geschäftsbedingungen unwirksam, wenn sie den Vertragspartner des Verwenders entgegen den Geboten von Treu und Glauben unangemessen benachteiligt. Eine unangemessene Benachteiligung kann sich zum einen aus einer intransparenten Gestaltung der Bestimmungen

---

[300] Nach *Grüneberg* in Palandt BGB § 323 Rn. 29: Verantwortungsanteil mindestens 80 %.
[301] *Döring* in Ingenstau/Korbion VOB/B § 5 Abs. 4 Rn. 29; *Jansen* in Leinemann VOB/B § 5 Rn. 63; *Gartz* in NWJS VOB/B § 5 Rn. 41.
[302] ZB BGH NJW 1983, 816; BauR 1987, 438; BauR 1987, 702; BauR 1997, 1027; NJW 1999, 3260; NJW 2004, 1597; BGHZ 178, 1.
[303] Dazu → VOB/B Einleitung Rn. 38, 44 ff mwN.
[304] BGBl I 2008, 2022.

(§ 307 Abs. 1 S. 2 BGB) und zum anderen aus einer Abweichung von wesentlichen Grundgedanken der gesetzlichen Regelung (§ 307 Abs. 2 Nr. 1 BGB) ergeben. Maßstab der Inhaltskontrolle nach § 307 Abs. 2 Nr. 1 BGB ist damit das gesetzliche Leitbild. Als gesetzliches Leitbild dient dabei in erster Linie das Werkvertragsrecht gemäß §§ 631 ff. BGB und künftig das Bauvertragsrecht gemäß §§ 650 a ff. BGB nF sowie ergänzend das allgemeine Schuldrecht. Ein Verstoß gegen § 307 Abs. 1 S. 1 BGB liegt nur vor, wenn sich die Abweichung unter Berücksichtigung der Besonderheiten des Bauvertrags und der Interessenlage der Beteiligten als wesentlicher Eingriff in das Gerechtigkeitsgebot des gesetzlichen Leitbildes und damit als unangemessen darstellt.

Soweit § 5 VOB/B der AGB-Kontrolle unterliegt, gilt danach Folgendes:

1. § 5 Abs. 1 VOB/B. § 5 Abs. 1 S. 1 VOB/B unterliegt keinen Wirksamkeitsbedenken **148** gemäß §§ 307 ff. BGB. Diese Bestimmung enthält eine vertragsrechtliche Selbstverständlichkeit, wonach verbindliche Terminabsprachen einzuhalten sind.

§ 5 Abs. 1 S. 2 VOB/B stellt sich als Auslegungsregel betreffend die Qualifizierung von Einzelfristen in einem Bauzeitenplan dar. Ein Verstoß gegen das gesetzliche Leitbild liegt insoweit nicht vor. Das Gesetz sieht keine verbindlichen Einzelfristen für den Bauablauf vor und die Qualifizierung derartiger Einzelfristen, die sich aus einem Bauzeitenplan ergeben, als verbindlich oder unverbindlich unterliegt grundsätzlich der Vertragsfreiheit der Parteien. Es kann daher grundsätzlich auch eine diesbezügliche Auslegungsregel aufgestellt werden.[305] Bedenken hinsichtlich § 5 Abs. 1 S. 2 VOB/B sind jedoch – allerdings wohl nur bei Verwendung der VOB/B gegenüber einem Verbraucher als Auftraggeber – im Hinblick auf das Transparenzgebot geäußert worden, da ein Verbraucher generell von der Verbindlichkeit vereinbarter Fristen ausgehe. Die Klausel könne darüber täuschen, dass auch verbindlich vereinbarte Einzelfristen nach ihr unverbindlich seien.[306] Da Individualvereinbarungen, die Einzelfristen als Vertragsfristen festlegen, gemäß § 305b VOB/B ohnehin stets Vorrang vor § 5 Abs. 1 S. 2 VOB/B haben, wird sich dieses Problem in der Praxis kaum stellen.[307]

2. § 5 Abs. 2 VOB/B. Die gemäß § 5 Abs. 2 S. 2 VOB/B vorgesehene **Frist von 12 Tagen** **149** beginnend mit dem Abruf für den Beginn der Ausführung stellt sich nicht als Verstoß gegen das gesetzliche Leitbild oder sonst als unangemessen dar. Dabei ist zunächst zu berücksichtigen, dass die gesetzliche Fälligkeitsregel des § 271 Abs. 1 BGB sich grundsätzlich auf die Fertigstellung der Leistung bezieht. Es ist jedoch bei Bauvorhaben interessengerecht, auch den Beginn der Ausführung verbindlich festzulegen. Soweit dies durch § 5 Abs. 2 S. 2 VOB/B erfolgt, kann der sich aus § 271 Abs. 1 BGB ergebende Rechtsgedanke als Leitbild herangezogen werden. Die Frist von 12 Tagen beginnend mit dem Abruf weicht jedoch nicht unangemessen von diesem Leitbild ab, sondern trägt den Besonderheiten des Bauvertrags Rechnung. Sie berücksichtigt angemessen das Interesse des Auftraggebers an einem baldigen Beginn nach Abruf und dasjenige des Auftragnehmers an einer ausreichenden Vorbereitungszeit. Sie konkretisiert damit lediglich den Regelungsgehalt des § 271 Abs. 1 BGB, nach dem sich bei Bauarbeiten regelmäßig aus den Umständen ohnehin keine Pflicht zum sofortigen Arbeitsbeginn nach Abruf ergeben wird.[308] Die formularmäßige Vereinbarung eines **Abrufrechts** als einseitiges Leistungsbestimmungsrecht des Auftraggebers, das nach billigem Ermessen auszuüben ist, stellt regelmäßig keine unangemessene Benachteiligung des Auftragnehmers gemäß § 307 Abs.1 S. 1 BGB dar.[309] Dies gilt jedenfalls dann, wenn im Vertrag (für den VOB/A-gebundenen Auftraggeber, vgl. § 9 VOB/A) eine zumutbare Frist vereinbart ist, in der der Abruf zu erfolgen hat.[310] Bauvorhaben sind dadurch gekennzeichnet, dass regelmäßig bestimmte Leistungen verschiedener Auftragnehmer zeitlich aufeinander abgestimmt werden müssen und der Zeitablauf bei Vertragsschluss häufig noch nicht sicher überblickt werden kann. Ein Abrufrecht, das innerhalb einer zumutbaren Frist auszuüben ist, ist daher unbedenklich.

Die Pflicht zur Auskunft gemäß § 5 Abs. 2 S. 1 VOB/B und die Anzeigepflicht gemäß § 5 Abs. 2 S. 3 VOB/B sind ebenfalls unbedenklich.

---

[305] Ebenso *Jansen* in Leinemann VOB/B § 5 Rn. 95.
[306] *Deckers* NZBau 2008, 627 (629); *Voit* in Messerschmidt/Voit Privates Baurecht VOB/B § 5 Rn. 17 f.
[307] So wohl auch *Roloff* BauR 2009, 352 (360).
[308] Ebenso *Jansen* in Leinemann VOB/B § 5 Rn. 96; *Voit* in Messerschmidt/Voit Privates Baurecht VOB/B § 5 Rn. 17 f; aA *Deckers* NZBau 2008, 627 (629) für den Verbrauchervertrag.
[309] Vgl. zB OLG Frankfurt BauR 2017, 1422 (Ls.).
[310] Vgl. dazu *Althaus* in Beck'scher VOB-Kommentar VOB/B § 5 Abs. 2 Rn. 3.

150 3. § 5 Abs. 3 VOB/B. Eine unangemessene Benachteiligung des Auftragnehmers gemäß § 307 Abs. 1 S. 1 BGB durch diese den Auftraggeber begünstigende Regelung liegt nicht vor. Die Abhilfepflicht des Auftragnehmers gemäß § 5 Abs. 3 VOB/B konkretisiert lediglich dessen ohnehin bestehende Pflicht, dafür zu sorgen, dass die Vertragsfristen eingehalten werden.[311] Auch der Umstand, dass unter den Voraussetzungen der §§ 5 Abs. 3 und 4 VOB/B bereits eine lediglich drohende Vertragsverletzung durch eine Kündigung aus wichtigem Grund sanktioniert werden kann, stellt keine Abweichung vom gesetzlichen Leitbild dar. Vielmehr ist der Gedanke, dass unter bestimmten Voraussetzungen auch eine nur drohende Vertragsverletzung zu Sanktionen führen kann, dem Gesetz nicht fremd, wie sich bereits aus § 323 Abs. 4 BGB ergibt. Es ist daher nicht unangemessen, dass die Vertragspflichten während des Bauablaufs präzisiert werden und bei drohenden Vertragsverletzungen – gerade im Hinblick auf hierdurch bei Bauvorhaben drohende, möglicherweise erhebliche Schäden – eine Kündigungsmöglichkeit vorgesehen wird.

151 4. § 5 Abs. 4 VOB/B. Sofern man mit der überwiegenden Auffassung davon ausgeht, dass der Anspruch des Auftraggebers auf **Ersatz des Verzögerungsschadens gemäß §§ 5 Abs. 4, 6 Abs. 6 VOB/B** hinsichtlich aller drei Fallvarianten Verzug des Auftragnehmers voraussetzt (dazu → Rn. 106), ist § 5 Abs. 4 VOB/B insoweit AGB-rechtlich unbedenklich.

Geht man dagegen mit der hier vertretenen Meinung (dazu ebenfalls → Rn. 106) davon aus, dass sich aus §§ 5 Abs. 4, 6 Abs. 6 VOB/B für alle Fallvarianten lediglich die Voraussetzung des Verschuldens, nicht aber des Verzugs seitens des Auftragnehmers herleiten lässt, liegt hinsichtlich der Fallvarianten „Verzögerung des Beginns der Ausführung" und „Verstoß gegen die Abhilfepflicht gemäß § 5 Abs. 3 VOB/B" eine Abweichung vom gesetzlichen Leitbild der §§ 280 Abs. 2, 286 BGB vor, ohne dass ersichtlich wäre, warum die Abweichung hinsichtlich dieser Fallvarianten gerechtfertigt sein könnte.

Die Auswirkungen sind indes begrenzt: Bei insoweit gemäß § 307 Abs. 1 S. 1, Abs. 2 Nr. 1 BGB gegebener Unwirksamkeit der Klausel des § 5 Abs. 4 VOB/B gilt das dispositive Recht. Ist der Auftraggeber Verwender der VOB/B, kann er im Fall des Verzugs des Auftragnehmers mit dem verbindlich vereinbarten Beginn der Ausführung oder mit der sich aus § 5 Abs. 3 VOB/B ergebenden verbindlichen Abhilfepflicht Ersatz der Verzögerungsschäden gemäß §§ 280 Abs. 2, 286 BGB geltend machen. An der in § 6 Abs. 6 VOB/B geregelten Beschränkung des Schadensersatzes wird er sich insoweit als Verwender allerdings festhalten lassen müssen. Verzug wird dabei jedenfalls hinsichtlich der ersten Fallvariante häufig auch schon ohne Mahnung vorliegen (dazu → Rn. 108), allerdings ist zu empfehlen, vorsorglich eine Mahnung auszusprechen.

Ist der Auftragnehmer Verwender der VOB/B, wird er sich an dem Wortlaut der Klausel festhalten lassen müssen und bereits bei schuldhafter Verzögerung des Beginns der Ausführung und schuldhaftem Verstoß gegen die Abhilfepflicht gemäß § 5 Abs. 3 VOB/B schadensersatzpflichtig sein, ohne dass Verzug vorliegen muss.

152 Bezogen auf das **Kündigungsrecht gemäß §§ 5 Abs. 4, 8 Abs. 3 VOB/B** werden unter verschiedenen Gesichtspunkten AGB-rechtliche Bedenken geäußert.

Da das Kündigungsrecht des Auftraggebers gemäß §§ 5 Abs. 4, 8 Abs. 3 VOB/B nach überwiegender Auffassung als eine den **Rücktritt gemäß § 323 BGB verdrängende Sonderregelung** anzusehen ist (dazu → Rn. 144), ist die Klausel insoweit nach Meinung einiger Stimmen in der Literatur wegen Abweichung vom gesetzlichen Leitbild bedenklich.[312] Unter Berücksichtigung der Besonderheiten des Bauvertrags liegt darin jedoch zumindest im unternehmerischen Rechtsverkehr keine Abweichung vom gesetzlichen Leitbild, die einer isolierten Inhaltskontrolle nicht standhielte. Die Entscheidung der VOB/B, bei Vorliegen eines wichtigen Grundes den Vertrag nur durch Kündigung vorzeitig beenden zu können, kann mit der besonderen Interessenlage beim Bauvertrag begründet werden, bei dem eine Rückabwicklung, wie in §§ 323, 346 BGB vorgesehen, regelmäßig ohnehin ausscheidet. Aus dem allgemeinen Werkvertragsrecht des BGB ergibt sich, dass die Beendigung des Vertrags durch Kündigung als interessengerecht angesehen wird, wie etwa das Recht des Auftraggebers zur ordentlichen Kündigung gemäß § 649 BGB und das Recht des Auftragnehmers zur außerordentlichen Kündigung gemäß §§ 643 und 648a Abs. 5 BGB bestätigen. Darüber hinaus zeigt die große praktische Bedeutung der Kündigung aus wichtigem Grund, die nunmehr in § 648a BGB nF gesetzlich geregelt ist, dass

---

[311] Ebenso *Jansen* in Leinemann VOB/B § 5 Rn. 97 f; *Voit* in Messerschmidt/Voit Privates Baurecht VOB/B § 5 Rn. 18; aA *Deckers* NZBau 2008, 627 (629) für den Verbrauchervertrag, dessen „kundenfeindliche" Auslegung aber nicht überzeugt.

[312] *Kiesel* NJW 2002, 2064 (2066 f); *Micklitz* Bauverträge mit Verbrauchern 2005, 96 f.

diese Möglichkeit der vorzeitigen Vertragsbeendigung allgemein als interessengerecht angesehen wird. Die ausschließliche „Kündigungslösung" der §§ 5 Abs. 4, 8 Abs. 3 VOB/B stellt sich daher nicht als ein zur Unangemessenheit der Klausel führender Verstoß gegen das gesetzliche Leitbild dar und hat daher nicht die Unwirksamkeit gemäß § 307 Abs. 1 S. 1, Abs. 2 Nr. 1 VOB/B zur Folge.[313]

Entgegen einiger Stimmen in der Literatur[314] ist das in § 5 Abs. 4 VOB/B vorgesehene Erfordernis einer **Kündigungsandrohung** zumindest im unternehmerischen Rechtsverkehr nicht wegen unangemessener Abweichung vom gesetzlichen Leitbild als unwirksam anzusehen. Die Kündigungsandrohung ist eine klarstellende und der Rechtssicherheit dienende Voraussetzung. Sie soll dem Auftragnehmer deutlich machen, mit welchen Konsequenzen er zu rechnen hat, wenn er seinen Vertragspflichten bis zum Ablauf der gesetzten Frist nicht nachkommt. Das ist angesichts der erheblichen Folgen einer vorzeitigen Vertragsbeendigung sinnvoll. Auch wenn weder § 281 BGB noch § 323 BGB eine vergleichbare Androhung (anders als § 326 BGB aF mit der Ablehnungsandrohung) voraussetzen, hindert dies die Parteien im unternehmerischen Rechtsverkehr nicht, durch Vertragsbedingungen die Warnfunktion einer Kündigungsandrohung vorzusehen.[315] Die Bedeutung der Warnfunktion wird auch nach wie vor von der Rechtsprechung des BGH[316] hervorgehoben, nach der für die vor einer Kündigung aus wichtigem Grund gemäß § 314 BGB erforderliche Abmahnung zu verlangen ist, dass sie den Schuldner auf die Konsequenzen eines weiteren Vertragsverstoßes hinweist. Dabei sei zwar keine ausdrückliche Kündigungsandrohung erforderlich, jedoch müsse aus der Erklärung hinreichend deutlich werden, dass die weitere vertragliche Zusammenarbeit auf dem Spiel stehe. Vor diesem Hintergrund liegt eine unangemessene Abweichung vom gesetzlichen Leitbild nicht vor. Dafür spricht im Übrigen auch, dass der Gesetzgeber an anderer Stelle im Gesetz eine Kündigungsandrohung durchaus vorsieht, vgl. zB § 643 BGB. Teilweise wird auf Transparenzbedenken hingewiesen, weil die Klausel nicht erkennen lasse, dass die **Fristsetzung nebst Kündigungsandrohung entbehrlich** sein könne, während diese Konstellationen nunmehr im Gesetz ausdrücklich aufgeführt seien.[317] Aus der Fassung der Klausel ist aber wohl nicht darauf zu schließen, dass die Klausel insoweit abschließend sein und eine zur Entbehrlichkeit der Fristsetzung nebst Kündigungsandrohung führende Ausnahmekonstellation keine Berücksichtigung finden soll. Der unterbliebene Hinweis auf Ausnahmen, die sich letztlich aus Treu und Glauben immer ergeben können, dürfte daher allein noch nicht zur Intransparenz führen.[318]

Schließlich werden **Transparenzbedenken** geltend gemacht, weil § 5 Abs. 4 VOB/B den **Eindruck** erwecke, dass **Kündigung und Schadensersatz** nur **alternativ** geltend gemacht werden können.[319] Kommt man jedoch im Wege der objektiven Auslegung zu dem „eindeutigen" Ergebnis, dass Kündigung und Schadensersatz – bei Vorliegen der jeweiligen Voraussetzungen – nebeneinander stehen können (dazu → Rn. 103), liegt keine Intransparenz vor.

II. AGB-Klauseln im Zusammenhang mit § 5 VOB/B

153 Angesichts der unübersehbaren Vielzahl von in der Baupraxis verwendeten AGB-Klauseln im Zusammenhang mit § 5 VOB/B kann hier nur auf einige typische Klauseln und deren AGB-rechtliche Einordnung eingegangen werden; ergänzend sei auf die Klauselsammlung bei *Markus/Kaiser/Kapellmann* AGB-Handbuch Rn. 374 ff. und *Glatzel/Hofmann/Frikell* zu § 5, S. 184 ff. verwiesen.

154 **1. Klauseln zu § 5 Abs. 1 VOB/B.** Eine Klausel, wonach – anders als in § 5 Abs. 1 S. 2 VOB/B – alle im Vertrag oder im vereinbarten Bauzeitenplan festgelegten Einzelfristen als Vertragsfristen gelten, ist wirksam.[320] Regelmäßig unwirksam ist allerdings die weitere Klausel,

---

[313] Ebenso *Jansen* in Leinemann VOB/B § 5 Rn. 103.
[314] *Kiesel* NJW 2002, 2064 (2066 f); *Micklitz* Bauverträge mit Verbrauchern 2005, 95 f; zur vergleichbaren Regelung in § 4 Abs. 7 S. 3 VOB/B: zB *Bschorr* in FKZG VOB/B § 4 Rn. 343 mwN.
[315] *Jansen* in Leinemann VOB/B § 5 Rn. 103.
[316] BGH NJW 2012, 53.
[317] *Geck* ZfBR 2008, 436 (439); *Micklitz* Bauverträge mit Verbrauchern 2005, 94 f; zur vergleichbaren Regelung in § 4 Abs. 7 S. 3 VOB/B: zB *Bschorr* in FKZGM VOB/B § 4 Rn. 344 mwN.
[318] So wohl auch *Roloff* BauR 2009, 352 (360).
[319] *Roloff* BauR 2009, 352 (360).
[320] BGH BauR 1999, 645; *Kemper* in FKZGM VOB/B § 5 Rn. 55; *Jansen* in Leinemann VOB/B § 5 Rn. 106.

wonach bei der Überschreitung sämtlicher Einzelfristen eine Vertragsstrafe verwirkt sein soll, wenn hierdurch gegen das Kumulationsverbot verstoßen wird.[321]

Wird dem Auftraggeber durch Allgemeine Geschäftsbedingungen das Recht eingeräumt, einseitig die Vertragsfristen (erstmalig) nach billigem Ermessen (§ 315 BGB) zu bestimmen, wird dies überwiegend für wirksam erachtet.[322] Unwirksam ist dagegen die Einräumung eines einseitigen Änderungsrechts hinsichtlich der Ausführungsfristen durch Allgemeine Geschäftsbedingungen, sofern nicht deutlich festgelegt wird, unter welchen Voraussetzungen, in welchem Umfang und innerhalb welcher Grenzen die Änderung möglich sein soll; dabei muss die Zumutbarkeit gewahrt bleiben.

155 **2. Klauseln zu § 5 Abs. 2 VOB/B.** Wird eine - im Vergleich zu der in § 5 Abs. 2 S. 2 VOB/B vorgesehenen Abruffrist von 12 Werktagen - unangemessen kurze Abruffrist formularmäßig vereinbart, so ist die entsprechende Klausel unwirksam. Die noch vertretbare Verkürzung der Abruffrist lässt sich allerdings nicht generell festlegen, sondern hängt von der üblichen Vorbereitungszeit des Auftragnehmers des jeweiligen Leistungsbereichs ab. Gegenüber § 5 Abs. 2 S. 2 VOB/B verlängerte Abruffristen in Allgemeinen Geschäftsbedingungen des Auftragnehmers sind in der Praxis selten, können aber bei Verwendung gegenüber Verbrauchern gegen das Klauselverbot des § 308 Nr. 1 BGB verstoßen und damit (über die Indizwirkung des § 308 Nr. 1 BGB) auch bei Verwendung im unternehmerischen Rechtsverkehr als unangemessene Benachteiligung des Vertragspartners (Auftraggebers) anzusehen sein (dazu bereits → Rn. 74).

156 **3. Klauseln zu § 5 Abs. 3 VOB/B.** Klauseln des Auftraggebers, die die Abhilfepflicht des Auftragnehmers gemäß § 5 Abs. 3 VOB/B noch verstärken, die also zB eine ursachenunabhängige Beschleunigungspflicht des Auftragnehmers bei der Gefährdung von Vertragsterminen vorsehen oder die dadurch in das Dispositionsrecht des Auftragnehmers eingreifen, dass sie ihn verpflichten, vom Auftraggeber zu bestimmende Abhilfemaßnahmen zu ergreifen, benachteiligen den Auftragnehmer unangemessen und sind deshalb unwirksam.[323] Das Gleiche gilt für eine Klausel, wonach der Auftraggeber bei Gefährdung der Vertragstermine berechtigt ist, eine Beschleunigung durch die Beauftragung von Fremdfirmen auf Kosten des Auftragnehmers zu veranlassen[324]

157 **4. Klauseln zu § 5 Abs. 4 VOB/B.** Unwirksam sind vom Auftraggeber verwendete Klauseln, wonach der Auftragnehmer abweichend von §§ 280 Abs. 2, 286 BGB den Verzögerungsschaden zu ersetzen hat, ohne in Verzug geraten zu sein, oder Klauseln, wonach der Auftragnehmer ohne Mahnung des Auftraggebers in Verzug gerät, auch wenn eine Mahnung nicht gemäß § 286 Abs. 2 BGB entbehrlich ist (vgl. § 309 Nr. 4 BGB, der Indizwirkung für die Unangemessenheit im unternehmerischen Rechtsverkehr hat).[325] Verwendet der Auftraggeber eine Klausel, wonach er dem Auftragnehmer bei Verzug auch ohne Nachfristsetzung und Kündigungsandrohung den Auftrag entziehen kann, gilt das Gleiche.[326]

Möglich erscheint es dagegen, in vom Auftraggeber gestellten Allgemeinen Geschäftsbedingungen auf eine ausdrückliche Kündigungsandrohung zu verzichten, nachdem der Gesetzgeber in §§ 281 Abs. 1, 323 Abs. 1 eine der Kündigungsandrohung vergleichbare Ablehnungsandrohung nicht mehr vorgesehen hat. Eine andere Frage ist es, ob dem Auftragnehmer dann nicht auf andere Weise deutlich werden muss, dass die vertragliche Zusammenarbeit auf dem Spiel steht.[327]

§ 6 Behinderung und Unterbrechung der Ausführung

(1) Glaubt sich der Auftragnehmer in der ordnungsgemäßen Ausführung der Leistung behindert, so hat er es dem Auftraggeber unverzüglich schriftlich anzuzeigen.

---

[321] BGH BauR 1999, 645; ausführlich dazu *Langen* FS Schiffers (2001), 143 ff.
[322] *Kapellmann/Schiffers* Vergütung I Rn. 1336; *Jansen* in Leinemann VOB/B § 5 Rn. 107; *Kemper* in FKZGM VOB/B § 5 Rn. 56, 57; ebenso *Langen* → Vorauflage VOB/B § 5 Rn. 154; vgl. aber OLG Frankfurt BauR 2003, 269.
[323] Vgl. BGH BauR 1997, 1036.
[324] Vgl. BGH BauR 1997, 1036.
[325] *Döring* in Ingenstau/KorbionVOB/B § 5 Abs. 4 Rn. 2; *Kemper* in FKZGM VOB/B § 5 Rn. 58.
[326] *Jansen* in Leinemann VOB/B § 5 Rn. 110.
[327] Vgl. BGH NJW 2012, 53.

Unterlässt er die Anzeige, so hat er nur dann Anspruch auf Berücksichtigung der hindernden Umstände, wenn dem Auftraggeber offenkundig die Tatsache und deren hindernde Wirkung bekannt waren.

(2) 1. Ausführungsfristen werden verlängert, soweit die Behinderung verursacht ist:
    a) durch einen Umstand aus dem Risikobereich des Auftraggebers,
    b) durch Streik oder eine von der Berufsvertretung der Arbeitgeber angeordnete Aussperrung im Betrieb des Auftragnehmers oder in einem unmittelbar für ihn arbeitenden Betrieb,
    c) durch höhere Gewalt oder andere für den Auftragnehmer unabwendbare Umstände.
2. Witterungseinflüsse während der Ausführungszeit, mit denen bei Abgabe des Angebots normalerweise gerechnet werden musste, gelten nicht als Behinderung.

(3) Der Auftragnehmer hat alles zu tun, was ihm billigerweise zugemutet werden kann, um die Weiterführung der Arbeiten zu ermöglichen. Sobald die hindernden Umstände wegfallen, hat er ohne weiteres und unverzüglich die Arbeiten wieder aufzunehmen und den Auftraggeber davon zu benachrichtigen.

(4) Die Fristverlängerung wird berechnet nach der Dauer der Behinderung mit einem Zuschlag für die Wiederaufnahme der Arbeiten und die etwaige Verschiebung in eine ungünstigere Jahreszeit.

(5) Wird die Ausführung für voraussichtlich längere Dauer unterbrochen, ohne dass die Leistung dauernd unmöglich wird, so sind die ausgeführten Leistungen nach den Vertragspreisen abzurechnen und außerdem die Kosten zu vergüten, die dem Auftragnehmer bereits entstanden und in den Vertragspreisen des nicht ausgeführten Teils der Leistung enthalten sind.

(6) Sind die hindernden Umstände von einem Vertragsteil zu vertreten, so hat der andere Teil Anspruch auf Ersatz des nachweislich entstandenen Schadens, des entgangenen Gewinns aber nur bei Vorsatz oder grober Fahrlässigkeit. Im Übrigen bleibt der Anspruch des Auftragnehmers auf angemessene Entschädigung nach § 642 BGB unberührt, sofern die Anzeige nach Abs. 1 Satz 1 erfolgt oder wenn Offenkundigkeit nach Abs. 1 Satz 2 gegeben ist.

(7) Dauert eine Unterbrechung länger als 3 Monate, so kann jeder Teil nach Ablauf dieser Zeit den Vertrag schriftlich kündigen. Die Abrechnung regelt sich nach den Absätzen 5 und 6; wenn der Auftragnehmer die Unterbrechung nicht zu vertreten hat, sind auch die Kosten der Baustellenräumung zu vergüten, soweit sie nicht in der Vergütung für die bereits ausgeführten Leistungen enthalten sind.

Schrifttum: *Althaus*, Preisfortschreibung von Baustellengemeinkosten bei Kalkulation mit vorbestimmten Zuschlägen, BauR 2012, 1841; *Dähne*, Gerätevorhaltung und Schadensersatz nach § 6 Nr. 6 VOB/B – Ein Vorschlag zur Berechnung, BauR 1978, 429; *Diehr*, Zum Verhältnis von Vergütungs- und Schadensersatzanspruch des Auftragnehmers wegen Bauzeitstörungen nach der VOB/B, BauR 2001, 1507; *Döring*, Die Vorunternehmerhaftung und § 642 BGB, Gedanken zu des Rätsels Lösung, Festschrift für Jagenburg, München 2002, S. 111; *Eschenbruch/Fandrey*, Zur Geltendmachung von Ansprüchen wegen ungedeckter allgemeiner Geschäftskosten im Rahmen des § 6 Abs. 6 VOB/B, BauR 2011, 1223; *Hofmann*, Die rechtliche Einordnung der Mitwirkungspflichten des Auftraggebers beim Bauvertrag, Festschrift für von Craushaar, Düsseldorf 1997, S. 219; *Ganten*, Die Erstattung von so genannten „Regiekosten" als Schadensersatz, BauR 1987, 22; *Jagenburg*, Inge, Vorunternehmer – kein Erfüllungsgehilfe des Auftraggebers? Festschrift Mantscheff, München 2000, S. 99; *Heilfort/Zipfel*, Ermittlung terminlicher und monetärer Ansprüche des Bauunternehmers bei vom Auftraggeber zu vertretender Verzögerung der Zuschlagserteilung, VergabeR 2005, 38, 43; *Hummel/Hürter*, Umsatzsteuerrecht versus materielles Zivilrecht, NZBau 2008, 304; *Kapellmann*, Susanne Der Schaden des Auftraggebers bei Verzug des Auftragnehmers mit der Fertigstellung eines Mietobjekts, BauR 1997, 48 ; *Kapellmann*, Die erforderliche Mitwirkung nach § 642 BGB, § 6 V VOB/B Vertragspflicht und keine Obliegenheit; NZBau 2011, 193; *Kapellmann*, Die Notwendigkeit einer prognostizierbaren Auslegung der VOB/B, NJW 2008, 257; *Kapellmann*, Der Verjährungsbeginn beim (vergütungsgleichen) Ersatzanspruch des Auftragnehmers aus § 6 Nr. 6 VOB/B und aus § 642 BGB, BauR 1985, 123; *Kapellmann*, Ansprüche des Auftraggebers auf Verzugsschadensersatz, Vertragsstrafe oder Kündigung aus wichtigem Grund bei Verletzung der eigenen Mitwirkungspflicht, aber unterlassener Behinderungsanzeige seitens des Auftragnehmers? – Der Wortlaut der VOB und die Auslegung, Festschrift für Vygen, Düsseldorf 1999, S. 194; *Kemper*, Nachträge und ihre mittelbaren Bauzeitauswirkungen, NZBau 2001, 238; *Kleine-Möller*, Die Haftung des Auftraggebers gegenüber einem behinderten Nachfolge-Unternehmer, NZBau 2000, 401; *Kniffka*, Die Kooperationspflichten der Bauvertragspartner im Bauvertrag, Jahrbuch Baurecht 2001, 1; *Kus/Markus/Steding*, Die neuen

VOB/B § 6

FIDIC-Verträge: Auftragnehmerlastige Risikoverteilung? Jahrbuch Baurecht 2002, 237; *Lange,* Baugrundhaftung und Baugrundrisiko, 1997; *Leupertz,* § 642 BGB – Tatbestand und dogmatische Grundlagen; BauR 2014, 381; *Marbach,* Der Anspruch des Auftragnehmers auf Vergütung der Kosten der Bearbeitung von Vertragsfragen im VOB-Bauvertrag, Festschrift Jagenburg, S. 539; *Markus,* Zeitreserven („Puffer") im gestörten Bauablauf, NZBau 2014, 92; *Oberhauser,* Formelle Pflichten des Auftragnehmers bei Behinderungen, BauR 2001, 1177; *Peters,* Die Mitwirkung des Bestellers bei der Durchführung eines Bauvertrages, NZBau 2011, 641; *Piel,* Zur Abgrenzung zwischen Leistungsänderung (§§ 1,Nr. 3, 2 Nr. 5 VOB/B) und Behinderung (§ 6 VOB/B), Festschrift für Korbion, Düsseldorf 1986, S. 349; *Roskosny/Bolz,* Die Rechtsnatur des Entschädigungsanspruchs aus § 642 BGB und seine Berechnung, BauR 2006, 1804; *Schilder,* Die „Liquidation" von Behinderungsanzeigen über § 642 BGB BauR 2007, 450; *Schmidt,* Die Rechtsprechung des Bundesgerichtshofes zum Bau-, Architekten- und Statikerrecht, WM 1974, 294; *Weick,* Allgemeine Geschäftsbedingungen oder Verkörperung von Treu und Glauben? Festschrift für Korbion, Düsseldorf 1986, S. 451; *Weyer,* Bauzeitverlängerung aufgrund von Änderungen des Bauentwurfs durch den Auftraggeber, BauR 1990, 138; *Wilhelm/Götze,* Bauzeit- und kostenrechtliche Behandlung von außergewöhnlichen Wirkungseinflüssen, NZBau 2010, 721; *Zimmermann,* Auswirkungen auf die Vergütung von Allgemeinen Geschäftskosten (AGK) bei Verlängerung der Bauzeit, NZBau 2012, 1.

Übersicht

	Rn.
A. § 6 Abs. 1 – Behinderungsanzeige und Offenkundigkeit	1
I. Behinderung: Störung des vertragskonformen Produktionsablaufs verursacht negative Folgen	1
II. Von § 6 nicht erfasste Sachverhalte	4
III. Anzeigepflicht des Auftragnehmers bei Behinderungen, Offenkundigkeit	5
1. Anzeigepflicht	5
2. Anzeige auch bei Anwendung des § 642 BGB innerhalb eines VOB-Vertrages vor und nach 2006	10
3. Offenkundigkeit	11
4. Beweislast	14
5. Die Rechtsfolgen unterlassener Anzeige oder fehlender Offenkundigkeit	15
B. § 6 Abs. 2 – Verlängerung von Ausführungsfristen	17
I. Vorbemerkung	17
II. Behinderungstatbestände	18
1. § 6 Abs. 2 Nr. 1 lit. a – Umstände aus dem Risikobereich des Auftraggebers	18
2. § 6 Abs. 2 Nr. 1 lit. b – Streik, Aussperrung	23
3. § 6 Abs. 2 lit. c – höhere Gewalt, unabwendbare Umstände	25
4. „Automatische" Fristverlängerung	29
C. § 6 Abs. 3 – Anpassungspflicht des Auftragnehmers; Beschleunigung; Wegfall der hindernden Umstände	30
1. Anpassungspflicht des Auftragnehmers, Beschleunigung	30
2. Wegfall der hindernden Umstände	35
D. § 6 Abs. 4 – Die Berechnung der Fristverlängerung	36
1. Berechnungsmethoden	36
2. Beginn und Dauer der Behinderung, Zeitpunkt von Mitwirkungspflichten des Auftraggebers	37
3. Zuschlag für die Wiederaufnahme der Arbeit	42
4. Zuschlag wegen Verschiebung in ungünstigere Jahreszeit	43
5. Die Auswirkung der Fristverlängerung auf vereinbarte Vertragsstrafen	44
E. § 6 Abs. 5 – Unterbrechung der Ausführung	45
1. Längere Unterbrechung	45
2. Abrechnung	46
F. § 6 Abs. 6 S. 1 – Schadensersatz wegen hindernder Umstände; Satz 2 – Anspruch aus § 642 BGB	47
I. Regelungsgehalt von § 6 Abs. 6 VOB/B	47
II. Schadensersatzansprüche des Auftragnehmers gemäß § 6 Abs. 6 S. 1 VOB/B	55
1. Voraussetzung: Pflichtverletzung	55
2. Keine Pflichtverletzung (kein Behinderungsschadensersatz) bei „Behinderung" aus bauinhaltlich geänderter oder zusätzlicher Leistung, Vergütungsanspruch speziell	58
3. Behinderungsschadensersatz und Vergütung konkurrierend bei die Bauumstände (Bauzeit) betreffenden technisch nicht zwingenden Anordnungen	59
4. Vertretenmüssen des Auftraggebers	61

5. Haftung des Auftraggebers im Rahmen von Mitwirkungspflichten für seine Erfüllungsgehilfen – „Vorunternehmerhaftung"	63
6. Die Darlegungs- und Beweislast zur haftungsbegründenden Kausalität	65
7. Der Schaden des Auftragnehmers	66
a) Schadensbegriff	66
b) Gestörte Bauabläufe führen zu typischen Schäden	67
c) Auswirkung auf einzelne Kostenelemente sowie (Wagnis und) Gewinn	68
d) Sonderkosten	76
e) Mehrwertsteuer	78
f) Schadensminderungspflicht, Mitverschulden, Beschleunigung	79
8. Nachweis von Schaden und Ursache (haftungsausfüllende Kausalität); konkrete oder abstrakte Ursachen- und Schadensermittlung	80
a) Grundsatz: Keine abstrakte Ursachen- und Schadensermittlung	80
b) Ausnahme: „Abstrakte" Schadensberechnung auf Grundlage der „Rentabilitätsvermutung" zB bei verlängerter Gerätevorhaltung oder Gerätestillstand	82
c) Konkret-plausible Ursachen- und Schadensermittlung	83
d) Darlegung der Störungsbedingtheit der Mehrkosten (haftungsausfüllende Kausalität)	86
9. Abschlagszahlung Fälligkeit, Verjährung	89
10. AGB-Klauseln	90
III. Der Entschädigungsanspruch des Auftragnehmers aus § 642 BGB beim VOB-Vertrag, § 6 Abs. 2 S. 2 VOB/B	91
1. Voraussetzungen dem Grunde nach	91
2. Die Berechnung der Entschädigung	92
IV. Schadensersatzansprüche des Auftraggebers	95
1. Anwendungsbereich	95
2. Der zu ersetzende Schaden	96
3. Abstrakter und konkreter Mietausfallschaden; Ausschluss des entgangenen Gewinns	103
4. Vorteilsausgleichung	105
5. Verjährung	106
G. § 6 Abs. 7 – Kündigungsrecht bei längerer Unterbrechung als 3 Monate	107

A. § 6 Abs. 1 – Behinderungsanzeige und Offenkundigkeit

I. Behinderung: Störung des vertragskonformen Produktionsablaufs verursacht negative Folgen

Systematisch ist es zweckmäßig, zuerst die Behinderung zu definieren und dann zu regeln, dass Behinderungen nur berücksichtigt werden, wenn sie angezeigt worden sind oder offenkundig waren. Die VOB/B geht den umgekehrten Weg; sie regelt zuerst in § 6 Abs. 1 S. 1, 2 für bestimmte Behinderungen eine Anzeigepflicht oder deren Entbehrlichkeit, sodann folgt in § 6 Abs. 2 die Regelung, welche einzelnen Gruppen von Behinderungen zur Verlängerung der Ausführungszeit führen, in § 6 Abs. 6 S. 1 schließlich, dass für eine dieser Gruppen, nämlich die vom Auftraggeber zu vertretenden hindernden Umstände, auch eine Schadensersatzpflicht besteht; gewissermaßen bei dieser Gelegenheit regelt § 6 Abs. 6 VOB/B S. 1 den umgekehrten Fall mit, dass nämlich hindernde Umstände vom Auftragnehmer zu vertreten sind und der Auftraggeber deshalb einen Schadensersatzanspruch hat.

Behinderungen sind **„Störungen"** mit **Folgen,** und zwar Störungen des Produktionsablaufs des Auftragnehmers, nämlich die unplanmäßige Einwirkung auf den **vom Auftragnehmer** unter Beachtung vertraglicher Vorgaben, also im Rahmen seiner Dispositionsfreiheit **geplanten Produktionsablauf.** Solche Störungen können auftragnehmerseitig verursacht sein, dann spielen sie nur im Rahmen von § 6 Abs. 6 S. 1 VOB/B eine Rolle; vom Auftragnehmer zu vertretende „hindernde Umstände" begründen nämlich im Rahmen des § 6 Abs. 6 S. 1 VOB/B Schadensersatzansprüche des Auftraggebers gegen den Auftragnehmer. Sie können von keiner Partei verursacht sein, dann können sie dennoch zur Verlängerung von Ausführungsfristen führen, das ist in § 6 Abs. 2 Nr. 1 lit. b und c geregelt. Sie können schließlich auch vom Auftraggeber verursacht sein, dann führen sie sowohl zur Verlängerung der Ausführungsfristen (§ 6 Abs. 2 Nr. 1 lit. a als auch bei Verschulden zu Schadensersatzansprüchen des Auftragnehmers gegen den Auftraggeber gemäß § 6 Abs. 6 S. 1 VOB/B. Die VOB/B enthält also in § 6 Abs. 6 S. 1 VOB/B in Verbindung mit § 5 **ein geschlossenes Regelwerk** für „Störungen mit negativen Folgen" (weshalb die Einführung von § 642 BGB in § 6 Abs. 6 S. 2 VOB/B systematisch falsch ist, → Rn. 49). Haben Störungen des Produktionsablaufes negative zeitliche und/oder finanzielle Folgen, so nennt § 6 VOB/B sie „Behinderungen" oder „hindernde Umstände". Den **Produktionsablauf bestimmt der Auftragnehmer** unter Beachtung der vertraglichen Vorgaben allein; er entscheidet also zB, ob Teilleistungen in einem technischen Vorgang erstellt werden oder in mehreren, was zu einem einheitlichen Arbeitsabschnitt gehört und was nicht, welche Vorgänge parallel und welche nacheinander ablaufen und wie überhaupt die zeitliche Produktionsreihenfolge ist; der Auftragnehmer bestimmt innerhalb der vertraglichen Vorgaben das „Produktionsprogramm". Soweit der Auftraggeber bestimmte Arbeitsabschnitte, Arbeitsunterbrechungen oder die Abhängigkeit der einen Leistung von einer anderen regeln will, kann er das nach Abschnitt 0.2.1 der DIN 18299 tun; tut er das nicht, so hat der Auftragnehmer volle Freiheit der eigenen Produktionsplanung, die er so einstellen darf, dass ein objektiv-durchschnittlicher und **kontinuierlicher Arbeitsablauf** gewährleistet ist.[1] Diese zeitgerechte Abwicklung ist die „ordnungsgemäße Ausführung" im Sinne von § 6 Abs. 1.

2   Die Störungen müssen die negativen zeitlichen und/oder finanziellen Folgen **verursacht** haben. Keineswegs **müssen** Störungen solche Folgen haben; liefert zB der Auftraggeber zum 1.4. geschuldete Schalpläne für das 3. Geschoss erst zum 15.4., beträgt die Lieferfrist für die Bewehrung 2 Wochen und hat der Auftragnehmer das 2. Obergeschoss am 2.5. noch nicht fertig gestellt, so war der Auftragnehmer zum Soll-Starttermin der Teilleistung selbst nicht leistungsfähig, die Störung wirkt sich nicht aus. Sind Planliefertermine vertraglich vereinbart **(Beistellfristen),** spricht bei deren Überschreitung eine (widerlegliche) **Vermutung** für die behindernden Auswirkungen.[2] Störungen können sich überlappen oder können Folgewirkungen haben; ihre Auswirkung auf Zwischen- oder Endtermine hängt davon ab, ob sie sich nur auf einzelne selbstständige Vorgangsketten auswirken, ob sie auf dem „kritischen Weg" liegen oder ob die Produktionsplanung des Auftragnehmers Puffer enthält.[3] Generell gilt: Hätte der Auftragnehmer auch ohne die Störung nicht anders (früher, schneller, mehr) gearbeitet, so hat die Störung keine Behinderungsfolgen, Ausführungsfristen werden nicht verlängert, Schadensersatz ist nicht geschuldet.[4] Zeitpuffer darf der Auftragnehmer solange auch auf Folgevorgänge fortführen, wie er sie selbst noch zur Kompensation eventueller eigener bereits eingetretener oder zukünftiger Leistungsverzögerungen gebrauchen kann (→ Rn. 40). Mit einem Wort: Der Ursachenzusammenhang bedarf der plausiblen Prüfung (→ Rn. 41. u. 86).

3   Eine Behinderung setzt begriffsnotwendig voraus, dass sie **vorübergehender** Natur ist; führt die Behinderung zum vorübergehenden völligen Stillstand der Baustelle, ist das eine Unterbrechung im Sinne von § 6 Abs. 5, 7; ist der Stillstand dauerhaft, ist das das Ende des Baues, § 6 VOB/B ist nicht mehr anwendbar.

II. Von § 6 nicht erfasste Sachverhalte

4   Vorab wird von § 6 nicht – wie gerade erörtert – der Fall erfasst, dass die Baustelle endgültig zum Stillstand kommt. Ebenso wenig wird der Fall erfasst, dass sich der Auftraggeber nach Vertragsschluss, auch vor Baubeginn, ernsthaft und endgültig weigert, den Auftragnehmer die Arbeiten ausführen zu lassen; das Haftungsprivileg des § 6 Abs. 6 S. 1 VOB/B, wonach in bestimmten Fällen kein entgangener Gewinn geschuldet wird, ist hier fehl am Platze; der Auftragnehmer erhält nach allgemeinen gesetzlichen Vorschriften vollen Schadensersatz. Hat der Auftragnehmer mit der Leistung begonnen und verweigert nunmehr der Auftragnehmer die Erfüllung seiner Mitwirkungspflichten **endgültig,** so kann der Auftragnehmer nach näherer Maßgabe des § 9 VOB/B kündigen, § 9 Abs. 3 S. 2 regelt dann als Spezialvorschrift unter Ausschluss von § 6 Abs. 6 VOB/B die Folgen. Für Ansprüche des Auftraggebers wegen mangelhafter Leistung des Unternehmers kommen ebenfalls nur die Spezialvorschriften des § 4

---

[1] Zutreffend *Berger* in Beck VOB/B Vor § 6 Rn. 33; *Leinemann/Kues* VOB/B § 6 Rn. 10; *Zanner* in FKZGM VOB/B § 6 Rn. 2; siehe auch *Kapellmann/Schiffers/Markus* Vergütung I Rn. 1312, 1288.
[2] Näher *Kapellmann/Schiffers/Markus* Vergütung I Rn. 1316; *Vygen/Joussen/ Lang/Rasch* A Rn. 354; vgl. auch → Rn. 12, 38 und 87; für fehlende Leistungsbereitschaft ist der Auftraggeber darlegungsbelastet, § 297 BGB, dazu auch → Rn. 65.
[3] Zu den unterschiedlichen zeitlichen Auswirkungen von Störungen → Rn. 36 ff. und mit allen Einzelheiten *Kapellmann/Schiffers/Markus* Vergütung I Rn. 1254–1266, zum **kritischen Weg** *Kapellmann/Schiffers/Markus* Vergütung I Rn. 1664 Fn. 2084, zu Puffern *Kapellmann/Schiffers/Markus* Vergütung I Rn. 1483, 1484, zu den finanziellen Auswirkungen hier → Rn. 65 ff.
[4] BGH BauR 1976, 128.

Abs. 7 oder des § 13 VOB/B in Betracht, nicht § 6 Abs. 6 S. 1 VOB/B. Schließlich ist § 6 nicht anwendbar in Fällen der Unmöglichkeit.

III. Anzeigepflicht des Auftragnehmers bei Behinderungen, Offenkundigkeit

1. Anzeigepflicht. Nur der Auftragnehmer muss Störungen anzeigen, § 6 Abs. 1. Zum Zeitpunkt der Anzeige kann der Auftragnehmer nicht immer wissen, ob eine Störung Folgen haben wird, ob sie also „behindert". Abs. 1 trägt dem im Ergebnis dadurch Rechnung, dass der Auftragnehmer eine Störung schon dann anzeigen muss, wenn er sich behindert „glaubt", also dann, wenn die Störung nach **seiner** Beurteilung voraussichtlich Folgen haben wird. Unabhängig davon, dass die unterlassene Anzeige einen Rechtsverlust zur Folge hat (→ Rn. 12), ist sie Vertragspflicht (§ 280 BGB, „echte" vertragliche Nebenpflicht[5]). Ihre schuldhafte Unterlassung kann also den Auftragnehmer schadensersatzpflichtig machen. Die Anzeigepflicht entfällt, wenn die hindernden Umstände **und** ihre hindernde Auswirkung offenkundig sind (→ Rn. 8).

Die Behinderungsanzeige – ein Gestaltungsrecht (→ Rn. 29) – muss den Behinderungstatbestand, also die Störung (mit voraussichtlichen oder sicheren Folgen) konkret benennen, sie muss „alle Tatsachen, aus denen sich für den Auftraggeber mit hinreichender Klarheit die Gründe der Behinderung ergeben",[6] aufführen. Deshalb sind **prophylaktische Anzeigen unbeachtlich.** Die Anzeige braucht nicht zu benennen, wie lange die Behinderung vermutlich dauern wird und welcher ungefähre Schaden entstehen wird[7]; in vielen Fällen wäre das auch gar nicht möglich.

Glaubt der Auftragnehmer sich behindert, so **hat** er es dem Auftraggeber unverzüglich **schriftlich** anzuzeigen. Dem Wortlaut nach ist das Wirksamkeitsvoraussetzung. Nach fast einhelliger Auffassung soll aber die Schriftform nur Beweiszwecken dienen, ihre Verletzung also folgenlos sein.[8] Wenn § 8 Abs. 6 und § 9 Abs. 2 S. 1 VOB/B regeln, dass „die Kündigung schriftlich zu erklären ist", so zweifelt dort allerdings niemand an der Schriftform als Wirksamkeitserfordernis. Warum ausgerechnet § 6 Abs. 1 anders zu verstehen sein soll, begründet aber auch niemand. Schriftform für eine so bedeutende Anzeige vorzuschreiben, ist sinnvoll, einmal, um auch durch die Form die Aufmerksamkeit des Auftraggebers zu erzwingen, zum anderen aber auch, weil nur eine geordnete Dokumentation eine Baustelle steuerbar macht und schließlich, weil nur so den erstaunlichsten Erinnerungen von Zeugen nach Jahren vorgebeugt werden kann, weil also insgesamt der Auftraggeber an der eindeutigen Form ein berechtigtes Interesse hat. All das lässt sich nur durch eine Schriftform erreichen, deren Beachtung zwingend ist. § 309 Nr. 13 BGB lässt die Einführung der Schriftform in Allgemeinen Geschäftsbedingungen des Verwenders für Anzeigen ihm gegenüber ausdrücklich zu;[9] das bestätigt also, dass – unabhängig von der AGB-Festigkeit als Ganzes – auch der Gesetzgeber **keine** Bedenken gegen eine Schriftform als Wirksamkeitserfordernis hat. Die Schriftform ist deshalb **entgegen der herrschenden Meinung** entsprechend dem klaren Wortlaut von § 6 Abs. 1 **Wirksamkeitserfordernis.** Für die Einhaltung der Schriftform reicht eine unterschriebene Eintragung in das Bautagebuch aus. Leitet der Auftragnehmer die entsprechende Seite dem Auftraggeber zu, ist das unproblematisch;[10] es genügt aber auch, dass der Architekt des Auftraggebers oder der eigene Bauleiter des Auftraggebers (oder der Auftraggeber selbst) das Bautagebuch regelmäßig einsehen.[11] Es kommt nicht darauf an, ob sie das Bautagebuch abzeichnen.

Die Anzeige muss **unverzüglich** erfolgen, also, sobald der Auftragnehmer nach entsprechender Zeit für die Prüfung die Störung beurteilen kann. Eine spätere Anzeige kann einmal schadensersatzpflichtig machen, führt aber vor allem bei auftraggeberseitig fehlenden Mitwirkungshandlungen ggf. zu einer Verschiebung des Soll-Beibringungstermins oder zum Einwand aus § 254 BGB; die Anzeige soll dem Auftraggeber ja im Sinne der Kooperation seinerseits eine

---

[5] Formulierung gemäß Seite 309 der Begründung des Regierungsentwurfs zum Schuldrechtsmodernisierungsgesetz vom 9.5.2001.
[6] BGH NZBau 2000, 187 = BauR 2000, 722 – Vorunternehmer II.
[7] BGH BauR 1990, 210.
[8] ZB OLG Koblenz NJW-RR 1988, 851; OLG Köln BauR 1981, 472; *Döring* in Ingenstau/Korbion VOB/B § 6 Abs. 1 Rn. 5.
[9] Deshalb kann der Auftraggeber auch wirksam in seinen Allgemeinen Geschäftsbedingungen regeln, dass die Ankündigung nach § 2 Abs. 6 Nr. 1 S. 2 VOB/B der Schriftform bedarf, um wirksam zu sein, näher → VOB/B § 2 Rn. 209.
[10] Ebenso *Döring* in Ingenstau/Korbion VOB/B § 6 Abs. 1 Rn. 5; *Vygen/Joussen/Lang/Rasch* Rn. A 401.
[11] Die Zuleitung eines vom Auftraggeber verfassten Baustellenprotokolls mit Erwähnung des Behinderungstatbestandes der möglichen Auswirkungen begründet „Offenkundigkeit", → Rn. 10.

Prüfung ermöglichen, ihn aber auch möglichst frühzeitig warnen, so dass er noch so reagieren kann, dass keine Ablaufverzögerung eintritt.

9   Die Anzeige kann sowohl an den Auftraggeber selbst als auch an den mit der Objektüberwachung beauftragten Architekten des Auftraggebers gerichtet werden, außer der Architekt verursacht selbst gerade die Behinderung oder gibt Anlass zu zweifeln, dass er eine Anzeige ordnungsgemäß weiterleiten wird.[12] Selbstverständlich ist eine solche Anzeige nur an den Architekten dem Auftragnehmer **niemals** zu empfehlen. Der Auftragnehmer kann gar nicht sicher beurteilen, ob der Architekt nicht Ursache der Störung ist.

10 **2. Anzeige auch bei Anwendung des § 642 BGB innerhalb eines VOB-Vertrages vor und nach 2006.** Zu den vor Inkrafttreten der VOB/B 2006 geltenden Fassungen der VOB/B war der Bundesgerichtshof der Auffassung, dass im Rahmen eines VOB-Vertrages § 642 BGB neben § 6 Nr. 6 VOB/B anwendbar sei; dem war nicht zuzustimmen.[13] Wenn man aber wie der Bundesgerichtshof § 642 BGB im Rahmen des VOB-Vertrages anwendete – oder wenn überhaupt § 642 BGB anwendbar ist, also im Rahmen eines BGB-Vertrages –, so war Voraussetzung für Ansprüche aus § 642 BGB kraft Gesetzes nur, dass der Auftragnehmer zu dem relevanten Zeitpunkt vertraglich leisten darf, dass er zur Leistung bereit und im Stande ist (wobei den Auftraggeber die Darlegungslast für fehlendes Leistungsvermögen trifft, § 297 BGB, → Rn. 65) und dass er seine Leistung dem Auftraggeber angeboten hat (wobei dem Angebot der Leistung die Aufforderung an den Gläubiger gleichsteht, die erforderliche Handlung vorzunehmen, §§ 297, 294–296 BGB). Weitere Voraussetzungen hat § 642 BGB nicht. Der Bundesgerichtshof verlangte dagegen zur Anwendung des § 642 BGB **beim VOB-Vertrag**, dass der Auftragnehmer eine Behinderungsanzeige gemäß § 6 Nr. 1 VOB/B gemacht haben muss. Er führte also **systemwidrig** für gesetzliche Ansprüche eine **zusätzliche** Anspruchsvoraussetzung aus dem geschlossenen Regelungssystem des § 6 VOB/B ein; das führte zu dem seltsamen Ergebnis, dass der Bundesgerichtshof die Mitwirkungspflicht des Auftraggebers, die im Rahmen von § 6 VOB/B ja eine entscheidende Rolle spielt, nach wie vor als Obliegenheit betrachtete, also als gegenüber dem Auftragnehmer unverbindlich, dass er aber gleichzeitig dem Auftragnehmer eine **Vertragspflicht** auferlegt, die **Verletzung dieser Nichtpflicht** dem Auftraggeber anzuzeigen – dazu auch → Rn. 48. Abgesehen davon kann man nicht die Mitwirkungspflicht des Auftraggebers als Obliegenheit behandeln und dem Auftragnehmer dennoch die Wahl streichen, die ihm § 295 BGB eröffnet. Der Auftragnehmer kann nämlich entweder dem Auftraggeber seine Leistung anbieten, oder er kann den Auftraggeber auffordern, die erforderliche Handlung vorzunehmen. Laut BGB genügt also das Angebot der eigenen Leistung, keineswegs ist der Auftragnehmer verpflichtet, den Gläubiger aufzufordern, die erforderliche Handlung vorzunehmen, worauf ja gerade die Behinderungsanzeige hinausläuft. Wenn man schon wie der BGH glaubte, § 642 BGB neben § 6 Nr. 6 VOB/B anwenden zu dürfen, so musste man konsequent bleiben: Dann galten auch nur die BGB-Voraussetzungen für den Anspruch aus § 642 BGB. Soweit also § 642 BGB anzuwenden war, war eine Behinderungsanzeige **nicht** erforderlich; die Praxis musste sich allerdings darauf einrichten, dass der Bundesgerichtshof **gegenteilig** entschied. Allerdings wird ein Auftragnehmer im eigenen Interesse ohnehin eine Behinderungsanzeige unabhängig davon machen, auf welche Rechtsgrundlage er später Ansprüche stützen will. Für die Organisation einer Baustelle war also die Rechtsprechung des Bundesgerichtshofs unschädlich; entscheidend wurde sie, wenn der Auftragnehmer eine solche Behinderungsanzeige vergessen hatte oder die Störung und ihre behindernden Auswirkungen nicht offenkundig waren; dann verlor der Auftragnehmer, solange er einen VOB-Vertrag geschlossen hatte, laut BGH Ansprüche aus § 642 BGB, wenn er seine Leistungen nur angeboten hatte.[14] Hatte er dagegen keinen VOB-Vertrag abgeschlossen, so verlor und verliert er die Ansprüche nicht. Das war und ist ungereimt.[15]

---

[12] Streitig, wie hier zB *Döring* in Ingenstau/Korbion VOB/B § 6 Abs. 1 Rn. 8; *Berger* in Beck VOB/B § 6 Abs. 1 Rn. 48; weitere Nachweise *Kapellmann/Schiffers/Markus* Vergütung I Rn. 1219, Fn. 1521; aA. *Sonntag* in NWJS VOB/B § 6 Rn.18..

[13] BGH NZBau 2003, 325 mit Anmerkung S. *Kapellmann;* BGH NZBau 2000, 187 = BauR 2000, 722 – Vorunternehmer II. Dazu näher → Rn. 47–50, 64.

[14] BGH NZBau 2003, 325 mit Anmerkung S. *Kapellmann.*

[15] *Kapellmann* NJW 2008, 257; *Voit* in Messerschmidt/Voit Privates Baurecht, VOB/B § 6 Rn. 18; *Stickler,* ebenda, § 642 Rn. 24, 25; *Leinemann/Kues* VOB/B § 6 Rn. 151; *Markus* in Markus/Kaiser/Kapellmann AGB-Handbuch Rn. 85.

Die VOB/B hat seit der Fassung 2006 in § 6 Nr. 6 S. 2 die Rechtsprechung des Bundesgerichtshof wörtlich in die VOB/B aufgenommen: Für VOB-Verträge gilt, dass der Auftragnehmer wahlweise auch Ansprüche aus § 642 BGB hat (näher → Rn. 47 ff.), sofern er eine Behinderungsanzeige gemacht hat. Die VOB/B führt also ein Anzeigeerfordernis für einen BGB-Anspruch ein. Wenn die VOB/B ausdrücklich neben dem Schadensersatzanspruch aus § 6 Abs. 6 S. 1 in S. 2 den **gesetzlichen** Anspruch auf Entschädigung gemäß § 642 BGB „unberührt lässt", dann ist sie widersprüchlich, weil sie gerade den gesetzlichen Anspruch entgegen ihrem Wortlaut nicht unberührt lässt, sondern einschränkt. Das führt zur AGB-rechtlichen **Unwirksamkeit** des Anzeigeerfordernis, wenn die VOB/B nicht als Ganzes vereinbart ist (**auch** → **Rn. 91**). Darüber hinaus enthalten Abs. 6 Satz 1 einerseits und Satz 2 andererseits heute einen unauflöslichen Widerspruch (dazu → Rn. 49, 91).

3. Offenkundigkeit. Eine Behinderungsanzeige ist gemäß § 6 Abs. 1 S. 2 entbehrlich, wenn 11 die Behinderungstatsache (Störung) **und** deren hindernde Wirkung dem Auftraggeber offenkundig bekannt waren. Offenkundig ist ein solcher Tatbestand, wenn aus den Umständen geschlossen werden darf, dass dem Auftraggeber sowohl Störung wie Auswirkung klar bekannt waren oder wenn beides jedenfalls so unübersehbar in Erscheinung getreten war, dass für den normalerweise fachlich beratenen Auftraggeber Störung und Auswirkung nur dann nicht zu erkennen gewesen wären, wenn er sie ignorierte; nur wenn die Informations-, Warn- und Schutzfunktion keine Anzeige erfordert, ist sie entbehrlich. Störungen sind oft offenkundig, die Auswirkungen dagegen keineswegs immer.[16] Beispiele für Offenkundigkeit von beidem sind vom Auftraggeber herrührende Baustellenprotokolle, in denen die Störung und ihre voraussichtliche Auswirkung benannt sind. Dasselbe gilt bei Besprechungen des Sachverhalts und anschließender auftraggeberseitiger Zusage auf Bauzeitverlängerung;[17] erst recht gilt das bei auftraggeberseitiger Bauzeitverschiebung oder Baustellenstopp.

Die verspätete Vorlage auftraggeberseitiger **Ausführungspläne** ist offenkundige Störung; sind 12 Bauzeitenplan **und** Vorlauffristen **vereinbart**, spricht für die Wahrscheinlichkeit von **Auswirkungen**, also **Behinderungen**, eine Vermutung, vorausgesetzt, der Liefertermin für die Pläne ist – sofern es schon frühere Behinderungen gegeben hat – störungsmodifiziert angepasst.[18] Jedenfalls ist es nicht richtig, dass **generell** das Fehlen nur einzelner Pläne bei einem größeren Bauvorhaben nicht **offenkundig behindernd** sei,[19] es kommt vielmehr auf den Einzelfall an, aber im Regelfall ist eher das Gegenteil richtig. Ganz besonders gilt das gegenüber einem Auftraggeber, der eine qualifizierte Bauleitung zur Verfügung hat oder sich sogar speziell zur Termin- und Planungskontrolle eines Projektsteuerers bedient.

Ordnet der Auftraggeber **geänderte oder zusätzliche Leistungen** an oder werden solche 13 Leistungen auf der Basis von § 2 Abs. 8 ausgeführt, so kann daraus zusätzlicher Zeitbedarf resultieren; diese modifizierten Leistungen sind also im formalen Sinn Störung und können behindernd sein (vgl. → Rn. 20). Betrifft die Anordnung Bauumstände, insbesondere also die Bauzeit (zB auftraggeberseitiger zeitweiliger Baustellenstopp), sind störende und behindernde Auswirkungen im Regelfall offenkundig; an der Offenkundigkeit kann es im Einzelfall dann fehlen, wenn sich „bei einem **größeren** Bauvorhaben der Bau**beginn** nur verhältnismäßig **kurz** verschiebt"; die Störung ist zwar offenkundig, ihre behindernde Auswirkung, jedenfalls bezogen auf die Gesamtbauzeit, jedoch nicht.[20] Betrifft die Anordnung den Bauinhalt, sind behindernde Auswirkungen keineswegs selbstverständlich,[21] außer Art und Umfang der modifizierten Leistungen lassen über den zusätzlichen Zeitbedarf keine Zweifel zu (zB zusätzliches Geschoss). Also muss der Auftragnehmer, der insoweit zusätzlichen Zeitbedarf in Anspruch nehmen zu müssen glaubt, eine **Behinderungsanzeige** machen, sonst verlängert sich die Bauzeit nicht.[22]

---

[16] BGH NZBau 2002, 381 – Behinderungsschaden II. Einzelheiten *Kapellmann/Schiffers/Markus* Vergütung I Rn. 1224, 1225.
[17] BGH BauR 1990, 210; 1976, 279.
[18] Näher *Kapellmann/Schiffers/Markus* Vergütung I Rn. 1230, 1316; *Leinemann/Kues* VOB/B § 6 Rn. 24; → Rn. 2, → Rn. 87.
[19] Deshalb unzutreffend OLG Köln BauR 1981, 472; *Döring* in Ingenstau/Korbion VOB/B § 6 Abs. 1 Rn. 12; wie hier *Berger* in Beck VOB/B § 6 Abs. 1 Rn. 74; *Leinemann/Kues* VOB/B § 6 Rn. 24.
[20] BGH BauR 1979, 345.
[21] Einzelheiten *Kapellmann/Schiffers/Markus* Vergütung I Rn. 1224–1227; *Leinemann/Kues* VOB/B § 6 Rn. 25.

14 4. Beweislast. Der Auftragnehmer muss beweisen, dass er die Behinderung formgerecht angezeigt hat oder dass die Störung und die behindernden Auswirkungen offenkundig waren.[23]

15 5. Die Rechtsfolgen unterlassener Anzeige oder fehlender Offenkundigkeit. „Unterlässt der Auftragnehmer die Anzeige, so hat er **nur dann** Anspruch auf Berücksichtigung der behindernden Umstände, wenn dem Auftraggeber offenkundig die Tatsache und deren hindernde Wirkung bekannt waren" (§ 6 Abs. 1 S. 2). Ohne Offenkundigkeit hat der Auftragnehmer also bei unterlassener Anzeige **keinen** Anspruch auf Berücksichtigung hindernder Umstände. Hindernde Umstände können einmal einen erhöhten Zeitbedarf zur Folge haben und damit zur Überschreitung von Ausführungsfristen führen, insbesondere auch von Vertragsfristen; die „Berücksichtigung" dieser hindernden Umstände regelt § 6 Abs. 2. Zum anderen können sie Mehrkosten des Auftragnehmers verursachen; deren „Berücksichtigung" regelt § 6 Abs. 6 S. 1, 2. Es liegt auf der Hand, hinsichtlich der Anzeigenotwendigkeit beide Fälle gleich zu behandeln. Dass die Anzeige oder Offenkundigkeit Anspruchsvoraussetzung für Schadensersatzansprüche des Auftragnehmers aus § 6 Abs. 6 S. 1 VOB/B ist, ist auch unbestritten, gemäß Satz 2 beim VOB-Vertrag sogar Voraussetzung von Ansprüchen aus § 642 BGB (→ Rn. 9). Dass die Anzeige auch für Ansprüche des Auftragnehmers auf Fristverlängerung (§ 6 Abs. 2) Voraussetzung ist und damit also eine Anzeige Voraussetzung ist, Ansprüche des Auftraggebers gegen den Auftragnehmer auf Verzugsschadensersatz oder auf Kündigung gemäß § 5 Abs. 4, § 8 Abs. 3 abzuwehren, wird dagegen nahezu allgemein bestritten;[24] der Auftragnehmer könne nämlich entsprechend nur bei Leistungs**verzug** in Anspruch genommen werden, Verzug setze aber Verschulden voraus. Wenn aber beispielsweise der Auftraggeber Pläne zu spät geliefert habe, beruhe die Verzögerung nicht auf Verschulden des Auftragnehmers; also schade die fehlende Behinderungsanzeige des Auftragnehmers nicht. Das ist schon vorab nicht zwingend: Hätte der Auftragnehmer die voraussichtliche Behinderung angezeigt, so hätte der Auftraggeber vielleicht umdisponieren und Zeitverzögerungen auffangen können. Vor allem aber ist bei dieser Auslegung gegen den eindeutigen Wortlaut der VOB, die ohnehin mehr als problematisch ist, das ganze „Fristverlängerungssystem" des § 6 Abs. 2–4, der seinerseits innerhalb des geschlossenen „Bauzeit-Regelungsbereichs" der §§ 5 und 6 steht, überflüssig: Ob ein Auftragnehmer Fristverlängerung (mit einem Zuschlag für die Wiederaufnahme der Arbeiten und mit einem Zuschlag für die Verschiebung in eine ungünstige Jahreszeit, § 6 Abs. 4) erhält oder nicht, wäre ganz gleichgültig – wenn nicht, änderte sich auch nichts. Warum dann der Regelungsaufwand? Warum eine Rechtsregelung ohne Rechtsfolge? **Richtigerweise** enthält § 6 Abs. 1 das vertragliche (durch die VOB als AGB geregelte) Verbot gegenüber dem Auftragnehmer, sich gegenüber dem Schadensersatzanspruch des § 6 Abs. 6 S. 1 VOB/B auf fehlendes Verschulden gegenüber dem Auftraggeber dann berufen zu können, wenn er seinerseits Anzeigepflichten nicht wahrgenommen hat.[25] Einem Auftragnehmer kann ohne weiteres unter dem Gesichtspunkt der Kooperationspflicht[26] zugemutet werden, sich zu melden, wenn er eine Fristverlängerung erreichen will; die schlichte Sanktion, dass die fehlende Meldung Schadensersatzansprüche des Auftraggebers aus Vertragsverletzung (§ 280 BGB) ermöglicht, reicht nicht aus, um dem berechtigten Steuerungs-, Kontroll- und Informationsinteresse des Auftraggebers gerecht zu werden. Deshalb verstößt die Regelung auch bei nicht als Ganzes vereinbarter VOB nicht gegen AGB-Recht.[27]

Vielleicht erleichtert hier auch ein Blick über die Grenzen die Auslegung: Derartige Anzeigepflichten mit scharfen Sanktionen bei Verletzungen finden sich unangefochten beispielsweise in den verschiedensten FIDIC-Regelungen.[28]

---

[22] Ebenso *Berger* in Beck VOB/B § 6 Abs. 1 Rn. 68; Beispiel aus der Rechtsprechung OLG Düsseldorf NZBau 2002, 226.
[23] BGH BauR 1999, 645.
[24] BGH BauR 1999, 645; ganz herrschende Meinung, Nachweise bei *Oberhauser* BauR 2001, 1177. Vgl. auch → § 5 Rn. 51.
[25] *Kapellmann/Schiffers/Markus* Vergütung I Rn. 1216, 786 sowie allgemein *Kapellmann* NJW 2008, 257. Wie hier *Althaus* in Althaus/Heindl Der öffentliche Bauauftrag, Teil 3, Rn. 232; *Döring* in Ingenstau/Korbion VOB/B § 6 Abs. 1 Rn. 10; OLG Rostock 29.12.2004 – 3 U 19/04, BauR 2006,577, allerdings ohne Problemerkenntnis, Nichtzulassungsbeschwerde vom BGH zurückgewiesen.
[26] Grundlegend BGH NZBau 2000, 130 = BauR 2000, 409 – Kooperation.
[27] Dazu und zum Ganzen *Kapellmann* FS Vygen, 194, 196.

Eine **Ausnahme** gilt für vom Auftraggeber geltend gemachte **Vertragsstrafen** wegen 16
Fertigstellungsverzugs. Deren Voraussetzungen sind nicht im Regelungszusammenhang der
§§ 5 und 6 angesprochen; hätte die VOB auch hier ein Verbot schaffen wollen, sich auf
fehlendes Verschulden zu berufen, wenn keine Behinderungsanzeige erforderlich ist, hätte sie
das eindeutiger tun müssen. Gegenüber einem Vertragsstrafenverlangen kann sich der Auftragnehmer also auf fehlendes Verschulden auch dann berufen, wenn er eine Behinderungsanzeige
unterlassen hat.[29]

B. § 6 Abs. 2 – Verlängerung von Ausführungsfristen

I. Vorbemerkung

§ 6 Abs. 2 Nr. 1 lit. a-c behandelt **nur,** ob und welche Störungen (Behinderungen) zur 17
Verlängerung von Ausführungsfristen führen; „Ausführungsfristen" sind in § 5 definiert.
Nicht jede Störung verlängert (Negativbeispiele: Schlechtleistung des Auftragnehmers; fehlende
Belieferung des Auftragnehmers), nicht jede Frist verlängernde Störung (Behinderung) begründet auch Schadensersatzansprüche des Auftragnehmers aus § 6 Abs. 6 S. 1, weil diese Vorschrift
im Gegensatz zu § 6 Abs. 2 Verschulden des Auftraggebers erfordert.[30] Welche Störungen Frist
verlängernd sind (bzw. sein können), unterteilt § 6 Abs. 2 Nr. 1 in 3 Gruppen.

II. Behinderungstatbestände

1. § 6 Abs. 2 Nr. 1 lit. a – Umstände aus dem Risikobereich des Auftraggebers. 18
Umstände aus dem **Risikobereich** des Auftraggebers, die Störungen verursachen (Behinderung), führen zur Verlängerung von Ausführungsfristen. Der „Risikobereich des Auftraggebers" ist weder in der VOB noch im BGB zusammenhängend definiert.

Zum Risikobereich jeder Partei gehört es vorab, dass sie ihre **Vertragspflichten erfüllt.**
Deshalb gehört zum **Risikobereich des Auftraggebers** die Erfüllung der vertraglichen Zahlungspflichten; stellt daher der Auftragnehmer gemäß § 16 Abs. 5 Nr. 3 S. 3 die Arbeiten ein, so
ist die daraus resultierende Verzögerung also ein „Umstand aus dem Risikobereich des Auftraggebers". Über diese „Hauptpflicht" hinaus treffen den Auftraggeber weitere Verpflichtungen aus
dem Vertragsverhältnis, wobei es im Zusammenhang mit § 6 Abs. 2 Nr. 1 lit. a dahingestellt sein
kann, ob es sich um echte Pflichtverletzungen im Sinne von § 280 BGB handelt oder nur um
Obliegenheiten; zusammengefasst sind das größtenteils **„Mitwirkungshandlungen"** des Auftraggebers wie folgt:
– Bereitstellung des baureifen Grundstückes bzw. der teilfertigen Bauleistung zum Weiterbau;
  dazu gehört auch das Risiko aus mangelhafter oder verspäteter Vorunternehmerleistung[31]
– Bereinigung nachbarrechtlicher Probleme jeder Art; also fällt zB auch von einem Nachbarn selbst zu Unrecht erwirkte Baustopp in den Risikobereich des Auftraggebers[32]
– die Beschaffung und der Bestand der Baugenehmigung und aller sonstigen öffentlich-rechtlichen Erlaubnisse (§ 4 Abs. 1 Nr. 1 S. 2 VOB/B); nicht gemeint sind solche Genehmigungen,
  die der Auftragnehmer für die Ausführung seiner eigenen Leistungen benötigt; Anordnungen
  der Straßenverkehrsbehörden zu einer Leistung, die im Vertrag nicht vorgesehen ist[33]
– die „unentgeltliche und rechtzeitige Lieferung **aller** für die Ausführung **nötigen** Unterlagen"
  (§ 3 Abs. 1 VOB/B); maßgebend sowohl für die Vollständigkeit wie für die Richtigkeit wie
  für die Rechtzeitigkeit der Ausführungsunterlagen sind ausschließlich vom Auftraggeber **freigegebene** Pläne, **Vorabzüge** haben rechtlich keine Bedeutung[34]

---

[28] *Kus/Markus/Steding* Jahrbuch Baurecht 2002, 237; *Hilgers/Kaminsky* in Leinemann VOB/B, FIDIC Rn. 281–285.
[29] Wie hier *Döring* in Ingenstau/Korbion VOB/B § 6 Abs. 1 Rn. 10; erst recht so die herrschende Meinung, siehe BGH BauR 1999, 645.
[30] Zu den Ansprüchen des Auftragnehmers aus § 642 BGB gegen den Auftraggeber ohne Verschulden aus mangelhafter Mitwirkung näher → Rn. 91 ff.
[31] Heute nicht mehr bestritten, als Beispiel BGH BauR 1997, 1021 – Schürmannbau/Hagedorn II; BGH BauR 1990, 210.
[32] Ebenso VJLR Rn. A 371.
[33] OLG Zweibrücken BauR 2002, 972.

– Koordination, nämlich die „Aufrechterhaltung der allgemeinen Ordnung auf der Baustelle sowie die Regelung des Zusammenwirkens mehrerer Unternehmer", § 4 Abs. 1 Nr. 1 S. 1; die Koordination muss so beschaffen sein, dass ein realistischer Projektablauf möglich ist, dh, dass ein auftraggeberseitiger Terminplan **gewisse Zeitreserven** einbeziehen muss[35]
– unentgeltliche Bereitstellung von Lager- und Arbeitsplätzen auf der Baustelle, **vorhandenen** Zufahrtswegen und Anschlussgleisen sowie **vorhandenen** Anschlüssen für Wasser und Energie (§ 4 Abs. 4 VOB/B)
– weitere notwendige Mitwirkungshandlungen können sich aus der VOB/C ergeben, dort aus der DIN 18299 oder der jeweiligen Fach-DIN
– im Rahmen der **allgemeinen** Mitwirkungspflicht muss der Auftraggeber dem Auftragnehmer eine kontinuierliche Leistung ermöglichen und also seinerseits, so weit erforderlich, kontinuierlich mitwirken; demzufolge muss der Auftraggeber alle notwendigen Entscheidungen rechtzeitig treffen, die für die reibungslose Ausführung des Baues unentbehrlich sind (zB **Auswahlentscheidungen, Bemusterungen** usw)[36] Umgekehrt hat der Auftraggeber folgerichtig auch alles zu unterlassen, was den einmal in Gang gesetzten Bauablauf stört; der Auftragnehmer hat ein Recht auf die Ermöglichung zügiger und ungehinderter Arbeit
– erst recht sind spezielle vertragliche Mitwirkungspflichten zu beachten, zB Pflichten zur Bereitstellung von Material oder Geräten (= Erstellungspflichten, → Rn. 53) oder spezielle Schutzpflichten (vgl. → Rn. 53).

19 Weiter ist das **Risiko** einzelner negativer Einwirkungen **vertraglich oder gesetzlich** dem Auftraggeber **zugewiesen**; ein Beispiel sind die speziellen Regelungen in § 6 Abs. 2 Nr. 1b und c. Zum Risikobereich des Auftraggebers gehört:
– die **richtige Ausschreibung**, genauer: die richtige Leistungsbeschreibung,[37] das ist ein Teil des Planungsrisikos des Auftraggebers. Aus diesem Grund gehören **auch Mengenänderungen** im Rahmen des § 2 Abs. 3 VOB/B – die also nicht auf Anordnung des Auftraggebers beruhen, sondern auf objektiv fehlerhaft ermitteltem Vordersatz – zum Risikobereich des Auftraggebers; fristverlängernd sind jedenfalls beim Einheitspreisvertrag wegen der in § 2 Abs. 3 genannten „Schwankungsbreite" von 10 % für Einheitspreisveränderungen **im Regelfall** aber nur Mengenveränderungen, die diese Marge übersteigen; außerdem müssen in einer „Zeitbilanz" Mehr- **und** Mindermengen erfasst werden[38]
– als Bestandteil einer richtigen Ausschreibung das Risiko der Unrichtigkeit von **Beschaffenheitsangaben;** davon abweichende Baugrundverhältnisse, Grundwasserverhältnisse oder überhaupt Beschaffenheiten zu bearbeitender Stoffe sind deshalb Risiko des Auftraggebers;[39] dasselbe gilt für das Risiko, auftraggeberseitig ungeeignete **Bauverfahren** bestimmt zu haben
– die Sperrung einer zum Transport vom Auftragnehmer vorgesehenen Straße (vgl. auch → Rn. 18), deren spätere Benutzbarkeit und ähnliche Fälle dann Risikobereich des Auftraggebers, wenn dies im Vertrag geregelt ist („Bauumständesoll", vgl. → VOB/B § 2 Rn. 35). Auch die generelle Zugänglichkeit der Baustelle ist Sache des Auftraggebers; er trägt das Risiko von Zugangshindernissen durch Demonstrationen/Blockaden oder Baustellenbesetzungen; das folgt schon aus dem Rechtsgedanken des § 645 BGB: Der Auftraggeber ist „näher am Problem". Ob Anschläge auf eine Baustelle in den Risikobereich des Auftraggebers fallen, ist zweifelhaft; man muss aber auch hier aus dem Rechtsgedanken des § 645 BGB schließen, dass der Auftraggeber „näher am Problem" ist und folglich entsprechende Verzögerungen hinzunehmen hat und nach § 642 BGB ersatzpflichtig ist[40]

---

[34] Näher *Kapellmann/Schiffers/Markus* Vergütung I Rn. 1298; *Berger* in Beck VOB/B § 6 Abs. 6 Rn. 36. Die Parteien können natürlich im Einzelfall etwas anderes regeln.
[35] Ebenso VJLR Bauverzögerung Rn. A 351, 352.
[36] BGH BauR 1972, 112; **Einzelheiten** zur **zeitlich richtigen Mitwirkung** des Auftraggebers → Rn. 36–38.
[37] Näher → VOB/B § 2 Rn. 111, 123.
[38] Näher *Kapellmann/Schiffers/Markus* Vergütung I Rn. 566, 567; *Berger* in Beck'scher VOB-Kommentar § 6 Abs. 2 Rn. 25, 51; *Kuffer* in Heiermann/Riedl/Rusam VOB/B § 6 Rn. 12; VJLR Bauverzögerung Rn. 383; *Leinemann/Kues* VOB/B § 6 Rn. 12, 40: Es kommt nicht auf die 10%-Grenze an.
[39] Näher → VOB/B § 2 Rn. 42, 43.
[40] Zu diesem Rechtsgedanken BGH BauR 1997, 1021 – Schürmannbau/Hagedorn II. Wie hier *Leinemann/Kues* VOB/B § 6 Rn. 37.

– das Risiko der Veränderung gesetzlicher Anforderungen oder der anerkannten Regeln der Technik nach Vertragsschluss, überhaupt das Risiko der nachträglichen Veränderung von „Investitionsbedingungen" (→ § 2 Rn. 31)
– erst recht die Finanzierung der Investition (§ 276 Abs. 2 BGB, → Rn. 18, 61)
– beim öffentlichen Auftraggeber (im vorvertraglichen Stadium) das Risiko, dass eine Verlängerung der ausgeschriebenen Bauzeit notwendig wird, weil ein (erfolgloses) Nachprüfungsverfahren eines unterlegenen Bieters zu einer Verzögerung des Zuschlags führt.[41]

Endlich gehören auch **geänderte oder zusätzliche Leistungen** zum Risikobereich des Auftraggebers, ungeachtet der Tatsache, dass der Auftraggeber das Recht hat, sie gemäß § 1 Abs. 3, Nr. 4 VOB/B anzuordnen. Oft verursachen solche modifizierten Leistungen zusätzlichen Zeitbedarf. Dass der Zeitbedarf entsteht, beruht darauf, dass das Bauist von dem vom Auftraggeber vorgegebenen Bausoll jetzt abweicht, ersteres also objektiv jetzt falsch ist (vgl. → Rn. 19), und dadurch vom Auftragnehmer zeitlich nicht kalkulierte modifizierte Leistungen erforderlich werden; deshalb kommt es auch nicht darauf an, ob diese geänderten oder zusätzlichen Leistungen auf Anordnung des Auftraggebers beruhen oder ob sie ohne Anordnung erfolgt sind, aber entsprechend § 2 Abs. 8 VOB/B „legitimiert" sind.[42] In diesen Bereich fallen verzögerte Alternativaufträge und überhaupt Eventualaufträge. Wenn im Einzelfall die Voraussetzungen der **Störung der Geschäftsgrundlage** zu bejahen sind, führt auch das zu einer anteiligen Berücksichtigung auch bei der Bauzeitverlängerung. 20

Der Auftraggeber haftet für seine Erfüllungsgehilfen, wobei es im Rahmen der bloßen Zeitverlängerung, bei der es nicht auf Verschulden ankommt, besser ist, von Quasi-Erfüllungsgehilfen zu sprechen (Erfüllungsgehilfen → Rn. 63, zu Obliegenheitsgehilfen → Rn. 64).

In allen diesen Fällen gilt, dass (wirksame) abweichende vertragliche Regelungen zur Risikoverteilung vorgehen. Wenn beim Schlüsselfertigbau also dem Auftragnehmer die Ausführungsplanung übertragen worden ist, braucht der Auftraggeber sie natürlich nicht beizubringen. Wenn zulässigerweise das Baugrundrisiko individuell auf den Auftragnehmer abgewälzt worden ist (→ VOB/B § 2 Rn. 61), ist das maßgebend. 21

Alle vorgenannten hindernden Umstände müssen dem Auftraggeber rechtzeitig angezeigt worden sein oder die Tatsache und deren hindernde Wirkung muss offenkundig sein, andernfalls kann der Auftraggeber sich zur Verteidigung gegen Ansprüche des Auftragnehmers wegen Fristüberschreitung nicht auf sie berufen – zu dieser **strittigen** Voraussetzung näher → Rn. 12. 22

2. § 6 Abs. 2 Nr. 1 lit. b – Streik, Aussperrung. Durch Streik im Betrieb des Auftragnehmers oder in einem unmittelbar für ihn arbeitenden Betrieb verursachte Behinderungen führen zur Verlängerung von Ausführungsfristen. Streik ist nach der maßgeblichen Definition des Bundesarbeitsgerichts „jede gemeinsam und planmäßig durchgeführte Arbeitseinstellung einer größeren Anzahl von Arbeitnehmern eines Betriebes oder Betriebszweigs zu einem bestimmten Kampfzweck, verbunden mit dem Willen zur Fortsetzung der Arbeit nach Erreichen dieses Ziels"; ob der Streit arbeitsrechtlich rechtmäßig oder rechtswidrig ist, spielt keine Rolle. Aussperrung ist nach derselben Entscheidung die „planmäßige Ausschließung einer größeren Anzahl von Arbeitnehmern von der Arbeit durch den Arbeitgeber zur Erreichung eines Kampfziels mit dem Willen der Wiedereinstellung der Arbeitnehmer nach Beendigung des Kampfes";[43] allerdings muss die Aussperrung von der Berufsvertretung der Arbeitgeber angeordnet sein. Auch hier spielt keine Rolle, ob die Aussperrung rechtmäßig oder rechtswidrig ist. Der Auftragnehmer hat sowohl bei Streik wie bei Aussperrung nicht nur dann Anspruch auf Fristverlängerung, wenn der eigene Betrieb betroffen ist, sondern auch, wenn ein unmittelbar für ihn arbeitender Betrieb (insbesondere also Nachunternehmer) betroffen ist. Das gilt auch für Betriebe, die nicht für, sondern mit dem Arbeitnehmer arbeiten, zB in einer vertikalen ARGE. Streiks von Lieferanten sind dagegen nach dem eindeutigen Wortlaut nicht beachtlich, Lieferanten „arbeiten" nicht für den Auftragnehmer.[44] Ist allerdings ein Lieferant wie ein Nachunternehmer in die Produktion integriert, liefert er also zB speziell für dieses Bauvorhaben gefertigte Bauteile, etwa individuell zugeschnittene Glasdachsegmente, oder hat der Auftraggeber diesen Lieferanten vorgeschrieben,[45] so führen 23

---

[41] BGH NZBau 2009, 370; → VOB/A § 10 Rn. 36 ff., → VOB/B § 2 Rn. 189.
[42] BGH BauR 1990, 210; *Döring* in Ingenstau/Korbion VOB/B § 6 Abs. 2 Rn. 7.
[43] BAG 1, 291 (316).
[44] Konsequent deshalb gegen Fristverlängerung in diesem Fall *Sonntag* in NWJS VOB/B § 6 Rn. 33.
[45] Für den vorgeschriebenen Lieferanten ebenso VJLR Rn. A 359; s. auch *Berger* in Beck'scher VOB-Kommentar § 6 Abs. 2 Rn. 75.

Streiks oder Aussperrung auch hier zur Fristverlängerung. Mehr lässt der eindeutige Wortlaut der VOB nicht zu: Es genügt nicht, dass der Auftragnehmer für die Belieferung allgemein keine Ausweichmöglichkeit hat und schon gar nicht, dass er eine solche zwar hat, aber „wirtschaftlich unvertretbare" Kosten aufwenden muss.[46] Eine der beiden Vertragsparteien muss hinsichtlich der Zeitfolgen das Streik- und Aussperrungsrisiko tragen. Es ist kein Gebot von Treu und Glauben, dieses Risiko über den Wortlaut hinaus **uneingeschränkt** dem Auftraggeber aufzuerlegen.

24   Das **finanzielle Risiko** von Streik oder Aussperrung regelte die VOB nur indirekt, indem sie nämlich Schadensersatzansprüche aus Behinderungen in § 6 Abs. 6 S. 1 an Verschulden anknüpft. Das hießt: Die finanziellen Folgen von Streiks oder Aussperrung trägt jede Vertragspartei selbst. Dieses Argument ist aber nicht mehr stichhaltig, seitdem die VOB/B 2006 in § 6 Abs. 6 S. 2 auch Ansprüche aus § 642 BGB ohne Verschulden eingeführt hat. Ansprüche bei Aussperrung scheitern aber dennoch, weil Streik oder Aussperrung (oder höhere Gewalt und unabwendbare Umstände, → Rn. 28) nicht auf unterlassener Mitwirkung des Auftraggebers beruhen. Weder BGB noch VOB/B enthalten eine **generelle** Risikozuteilung zu Lasten des Auftraggebers.[47]

25   **3. § 6 Abs. 2 lit. c – höhere Gewalt, unabwendbare Umstände.** Ausführungsfristen werden auch durch „höhere Gewalt" oder andere „für den Auftragnehmer unabwendbare Umstände" verlängert. Der Begriff „höhere Gewalt" wird wortgleich in § 7 Abs. 1 VOB verwandt, es bestehen keine inhaltlichen Unterschiede, die dortigen Erläuterungen gelten deshalb unverändert auch hier. Ebenso enthält § 7 Abs. 1 den Begriff „unabwendbare Umstände", deshalb kann auch insoweit auf die dortigen Erläuterungen[48] verwiesen werden. § 7 enthält allerdings noch die Ergänzung, dass die unabwendbaren Umstände „objektiv unabwendbar sein müssen und vom Auftragnehmer nicht zu vertreten sein dürfen." Unterschiede zu § 6 Abs. 2 lit. c ergeben sich dennoch praktisch nicht: Dass die unabwendbaren Umstände **objektiv** unabwendbar sein müssen und nicht nur für diesen Auftragnehmer, hat der BGH im Zusammenhang mit § 7 entschieden;[49] auf Grund dieser Entscheidung ist das Wort „objektiv" laut Begründung zur VOB/2000 in den Text des § 7 Abs. 1 eingefügt worden. Dass es nicht auch in § 6 Abs. 2 eingefügt worden ist, führt zu keinem praktischen Unterschied. Dass dem Auftragnehmer auch bei § 6 Abs. 2 Nr. 1 lit. c die Berufung auf unabwendbare Umstände dann versagt ist, wenn er sie verschuldet oder nach § 278 BGB zu vertreten hat, versteht sich ebenfalls.[50]

26   Witterungseinflüsse während der Ausführungszeit sind dann keine unabwendbaren Umstände, wenn mit ihnen bei Abgabe des Angebots normalerweise gerechnet werden musste (§ 6 Abs. 2 Nr. 2). Schlechtwettertage sind normal, sie führen also nicht zur Fristverlängerung, wenn der Bauvertrag nicht das Gegenteil regelt (und sie dann zweckmäßigerweise definiert). Womit Bieter „normalerweise" nicht rechnen müssen, lässt sich abstrakt nur dahin eingrenzen, dass solche Witterungsverhältnisse angesichts der breiten Witterungsschwankungen schon sehr deutlich von den Minimum-Maximum-Werten innerhalb eines längeren Bewertungszeitraums abweichen müssen, es sich also um „statistische Ausreißer" handeln muss. Als relevanter Referenzzeitraum sind 10 Jahre ausreichend. Die Entscheidung des Einzelfalls hängt von Art und Lage des Bauvorhabens ab. Bieter müssen laut Kasuistik zB normalerweise nicht rechnen mit
– wolkenbruchartigem Regen, der in dieser Stärke an der Baustelle im Durchschnitt nur alle 20 Jahre einmal vorkommt[51]
– lang anhaltenden Kälteperioden wie zB der Winter 1995/1996 in Norddeutschland[52]
– einer täglichen Niederschlagsmenge von 64 mm/m2 bei einer durchschnittlichen Maximalniederschlagsmenge von 40–50 mm je Tag.[53]

27   Die **Besonderheit der Arbeiten** kann **bestimmte Witterungsverhältnisse** voraussetzen. So ist es zB nach der ZTV-Beton StB 93 unzulässig, bei Dauerfrost mit einer Temperatur von -3 C und darunter zu betonieren. Treten solche Verhältnisse auf, so sind das – auch wenn

---

[46] So *Döring* in Ingenstau/Korbion VOB/B § 6 Abs. 2 Rn. 13.
[47] Näher *Kapellmann/Schiffers/Markus* Vergütung I Rn. 1248 mit Nachweis, zB *Stickler* in Messerschmidt/Voit Privates Baurecht, § 642 Rn. 18. Deshalb unzutreffend LG Cottbus IBR 2010, 260; *Wilhelm/Götze* BauR 2010, 721.
[48] → § 7 Rn. 62, 63.
[49] BGH BauR 1997, 1019 – Schürmannbau/Hagedorn I unter Aufgabe von BGH VersR 1962, 159.
[50] *Jansen* in NWJS VOB/B § 7 Rn. 12.
[51] OLG Koblenz *Schäfer/Finnern/Hochstein* Nr. 1 zu § 6 Nr. 2 VOB/B.
[52] *Berger* in Beck VOB/B § 6 Abs. 2 Rn. 83; VJLR A Rn. 366.
[53] BGH BauR 1973, 317. auch → § 7 Rn. 47.

Dauerfrost generell häufig vorkommen sollte – für diese konkrete Arbeit unabwendbare Ereignisse.[54] Sind solche Arbeiten zB bei Lufttemperaturen unter 5 C nur unter besonderen Schutzmaßnahmen möglich, so sind das im Regelfall Besondere Leistungen gemäß der entsprechenden DIN (vgl. zB DIN 18331, Abschnitt 4.2.6), die gesondert zu vergüten sind. Solange der Auftraggeber solche Maßnahmen nicht angeordnet hat, ist auch diese Temperatur schon ein unabwendbares Ereignis.[55]

Die **finanziellen** Auswirkungen höherer Gewalt oder unabwendbarer Umstände trägt ebenso wie bei § 6 Abs. 2 Nr. 1 lit. b (→ Rn. 24) jede Partei selbst. **28**

4. „Automatische" Fristverlängerung. Wenn der Behinderungszeitraum (unter Berücksichtigung von § 6 Abs. 3) feststeht zzgl. der zeitlichen „Zuschläge" gemäß § 6 Abs. 4, verlängert sich die Ausführungsfrist „automatisch" um diesen Zeitraum. Es bedarf keiner gesonderten Vereinbarung. Durch die VOB/B **ist** vielmehr geregelt, dass der Auftragnehmer durch die Behinderungsanzeige als Gestaltungsrecht die Fristverlängerung **bewirkt**. Sind Behinderungen und behindernde Wirkungen offenkundig, so tritt die entsprechende Verlängerung ebenfalls ohne weiteres ein.[56] Die Fristverlängerung hängt wegen der Spezialität von § 6 Abs. 2 VOB/B nicht von weiteren Voraussetzungen ab, zB nicht von § 162 BGB. **29**

C. § 6 Abs. 3 – Anpassungspflicht des Auftragnehmers; Beschleunigung; Wegfall der hindernden Umstände

1. Anpassungspflicht des Auftragnehmers, Beschleunigung. Gemäß § 6 Abs. 3 VOB/B hat der Auftragnehmer bei Behinderungen – gleich, ob sie vom Auftraggeber zu vertreten sind oder ob es sich um Tatbestände gemäß § 6 Abs. 2 Nr. 1 lit. b oder c handelt – „alles zu tun, was ihm billigerweise zugemutet werden kann, um die Weiterführung der Arbeiten zu ermöglichen". Der Auftragnehmer muss dieser Pflicht **ohne** besondere Aufforderung des Auftraggebers nachkommen. § 6 Abs. 3 VOB/B ist eine Spezialregelung zur allgemeinen gesetzlichen Schadensminderungspflicht des § 254 Abs. 2 S. 1 BGB und letztlich eine Ausprägung der wechselseitigen Kooperationsverpflichtung. Aus letzterer folgt die entsprechende Verpflichtung des Auftraggebers bei Behinderungen – gleich, von wem sie zu vertreten sind – in Bezug auf die von ihm zu erbringenden Mitwirkungshandlungen.[57] **30**

Der Auftragnehmer hat (nur) „alles zu tun, um die **Weiterführung** der Arbeit zu ermöglichen", aber nicht mehr; er darf also nicht starr an dem vorgesehenen Produktionsablauf festhalten, sondern muss flexibel reagieren. Im Rahmen der Anpassungspflicht kann der Auftraggeber deshalb verlangen, dass der Auftragnehmer seine Produktionsplanung überprüft und gegebenenfalls anpasst. Der Auftragnehmer muss sich mit dem Auftraggeber über diese Anpassungsmaßnahmen abstimmen und ihn informieren. Auf entsprechende Nachfrage muss der Auftraggeber sich erklären.[58] Macht der Auftraggeber keinen Gebrauch von der ihm eingeräumten Möglichkeit, auf die Auswahl von Anpassungsmaßnahmen Einfluss zu nehmen, kann der Auftragnehmer nach seinem billigen Ermessen wählen. Dem Auftragnehmer kann billigerweise nicht zugemutet werden, sein Personal oder seine Maschinen auf dieser Baustelle zu verstärken, indem er sie von anderen Baustellen abzieht; wohl muss er die auf der Baustelle vorhandene Kapazität voll ausnutzen.[59] Erst recht ist der Auftragnehmer nicht verpflichtet, zwecks Anpassung Nachunternehmer neu einzusetzen. Ebenso ist er nicht verpflichtet, Leistungen auszuführen, die zur Verminderung der Behinderungsauswirkungen zwar nützlich wären, sich aber als zusätzliche Leistungen darstellen (zB als Besondere Leistung), sofern sie nicht vom Auftraggeber angeordnet sind und folglich gesondert vergütet werden.[60] Der Auftragnehmer ist auch nicht verpflichtet, Zeitpuffer endgültig abzugeben, solange er sie noch zur Kompensation eigener bereits eingetretener oder eventueller zukünftiger Verzögerungen gebrauchen kann (→ Rn. 40).

---

[54] Ebenso *Leinemann/Kues* VOB/B § 6 Rn. 49, 50; *Berger* in Beck VOB/B § 6 Abs. 2 Rn. 86.
[55] *Berger* in Beck VOB/B § 6 Abs. 2 Rn. 86.
[56] Näher *Berger* in Beck VOB/B § 6 Abs. 1 Rn. 10 ff.
[57] *Markus* NZBau 2014, 92 (94).
[58] *Sonntag* in NWJS VOB/B § 6 Rn. 44.
[59] Ebenso *Berger* in Beck VOB/B § 6 Abs. 3 Rn. 34; *Leinemann/Kues* VOB/B § 6 Rn. 61–63.
[60] *Berger* in Beck VOB/B § 6 Abs. 3 Rn. 26; *Leinemann/Kues* VOB/B § 6 Rn. 70.

31 Dass der Auftragnehmer **nicht verpflichtet** ist, Personal oder Maschinen zu verstärken, heißt im Klartext, dass er **keine Pflicht zur Beschleunigung** hat. Der Auftraggeber kann eine Beschleunigung auch nicht gemäß § 1 Abs. 3 oder Abs. 4 anordnen; er kann den Auftragnehmer nicht zur Beschleunigung zwingen, genauso wenig, wie er eine Verkürzung der Ausführungsfristen durch Anordnung erzwingen kann; **Beschleunigungsmaßnahmen kann der Auftraggeber also nur erreichen, indem er sich mit dem Auftragnehmer einigt.**[61] Der Auftragnehmer ist bei seinem Angebot für die Beschleunigungsvergütung **nicht** an die Auftragskalkulation gebunden – einigen sich die Parteien zur Höhe also nicht, wird eben nicht beschleunigt.[62]

32 **Ordnet** der Auftraggeber **eine Beschleunigung** an **und** führt der Auftragnehmer sie aus (was er nicht muss), **ohne dass** eine Zusatzvergütung vereinbart worden ist, erhält der Auftragnehmer auf Grund dieser „sonstigen Anordnung" des Auftraggebers **entsprechend** § 2 Abs. 5, Abs. 6 Mehrvergütung;[63] konkurrierend besteht auch ein Anspruch aus § 6 Abs. 6 S. 1.[64] Der Auftragnehmer ist beim Vergütungsanspruch unter bestimmten Umständen **nicht mehr** an seine **Auftragskalkulation** gebunden.[65] Eine Beschleunigungs**anordnung** ist auch die Aufforderung des Auftraggebers, trotz auftraggeberseitig verursachter Verspätung die vertragliche Fertigstellungszeit einzuhalten.[66]

33 Wenn der Auftragnehmer beschleunigt, ohne dass der Auftraggeber eine Beschleunigung angeordnet hat, kann der Auftragnehmer unter den Voraussetzungen von § 2 Abs. 8 Nr. 2, Nr. 3 Vergütung bzw. Aufwendungsersatz für die Beschleunigung verlangen.[67] Konkurrierend damit kann er nach § 6 Abs. 6 S. 1 BGB Ersatz seiner durch die Behinderung verursachten Mehrkosten verlangen. Der Bundesgerichtshof hat bereits vor längerer Zeit bejaht, dass die aus einer Erhöhung des Produktionsmitteleinsatzes (hier: mehr Lohnstunden) resultierenden Mehrkosten auch dann nach § 6 Abs. 6 VOB/B zu ersetzender Schaden sein können, wenn der Auftragnehmer trotz vom Auftraggeber zu vertretender Behinderungen die ursprünglich vertraglich vereinbarte Bauzeit einhält.[68] Auch Literaturstimmen sind der Auffassung, dass bei dem konkurrierend möglichen Schadensersatzanspruch des Auftragnehmers unangeordnete **schadensmindernde** Beschleunigungsmaßnahmen grundsätzlich erstattungsfähig seien.[69] Das ist auch deshalb richtig, weil dem Geschädigten auch die Aufwendungen zu ersetzen sind, die er im Rahmen einer Schadensminderungs aufwendet (§ 6 Abs. 3 VOB/B § 254 Abs. 2 S. 1 BGB).[70] Davon unabhängig ist der Auftragnehmer im Rahmen seiner Dispositionsfreiheit berechtigt, schneller zu arbeiten als die vertraglich vereinbarten und die nach § 6 Abs. 2–4 verlängerten Fristen es ihm vorschreiben. Ist er schneller, lässt das seinen Vergütungsanspruch unberührt. Auch ein einmal eingetretener Schaden zB in Höhe der erforderlichen Kosten der

---

[61] Näher → VOB/B § 2 Rn. 181 mit allen Nachweisen, *Kapellmann/Schiffers/Markus* Vergütung I Rn. 785, 1455–1458.

[62] Das ist die Konsequenz daraus, dass der Auftragnehmer nicht verpflichtet ist, vom Auftraggeber angeordnete Beschleunigungsmaßnahmen auszuführen; *Sonntag* in NWJS VOB/B § 1 Rn. 45; *Leinemann* VOB/B § 6 Rn. 63.

[63] Ebenso *Sonntag* in NWJS VOB/B § 6 Rn. 45; laut *Leinemann/Kues* VOB/B § 6 Rn. 76 ist der Auftragnehmer auch in diesem Fall nicht an seine Auftragskalkulation gebunden, sondern erhält Marktpreise gemäß § 632 Abs. 2 BGB. Dem ist **nicht** zuzustimmen. Dem Auftraggeber stand es frei, die Beschleunigung abzulehnen. Akzeptiert er sie, kann der Fall nicht anders behandelt werden wie der, dass sich der Auftragnehmer einer zeitlichen Anordnung anderer Art (zB Baustopp) beugt; er darf aber höhere Kosten berücksichtigen und einen Risikozuschlag, *Kapellmann/Schiffers/Markus* Vergütung I Rn. 1107, 1466, 1468. Die Vergütung erfolgt aufgrund einer „anderen Anordnung" im Sinne von § 2 Abs. 5 VOB/B. Wie hier *Kimmich* BauR 2008, 263.

[64] Dies deshalb, weil es sich um Anordnungen des Auftraggebers zur Bauzeit und nicht zum Bauinhalt handelt, näher → Rn. 56.

[65] Siehe VOB/B § 2 Rn. 163 ff.

[66] *Berger* in Beck VOB/B § 6 Abs. 1 Rn. 68; *Junghenn* ebenda § 4 Abs. 1 Rn. 203; *Vygen/Joussen/Lang/Rasch* Rn. A 535; *Kniffka* Online-Kommentar Stand: 3.6.2008, BGB § 631 Rn. 423: „Legt der Auftraggeber nach selbst verschuldeter Bauzeitverzögerung einen neuen Terminplan vor, so wird das regelmäßig als die Bauzeit ändernde Anordnung angesehen werden können."; *Kemper* in F/K/Z/G VOB/B § 2 Rn. 108; *Kimmich* BauR 2008, 263. Gegenteilig, aber unrichtig OLG Koblenz IBR 2007, 237; OLG Schleswig IBR 2007, 359. auch → § 2 Rn. 194. Da der Auftraggeber kein Recht auf eine Beschleunigungsanordnung hat, ist der Auftragnehmer nicht verpflichtet, der Anordnung zu folgen.

[67] *Sonntag* in NWJS VOB/B § 6 Rn. 46.

[68] BGH BauR 1986, 347 – Behinderungsschaden I.

[69] *Vygen/Joussen/Lang/Rasch* A Rn. 779; *Markus* NZBau 2014, 92.

[70] BGHZ 122, 179.

Bauzeitverlängerung bleibt bestehen und entfällt nicht dadurch, dass es dem Auftragnehmer gelingt, die ihm zustehende, nämlich bereits verursachte, sprich bei dem vorgesehenen Produktionsmitteleinsatz zu erwartende Bauzeitverlängerung durch Beschleunigungsmaßnahmen zu kompensieren.[71] Soweit die vom Auftragnehmer für den beschleunigten Ablauf beanspruchten Mehrkosten die Mehrkosten übersteigen, die der Auftraggeber bei unbeschleunigtem Ablauf zu ersetzen hätte, bestimmt sich die Vergütung bzw. der Aufwendungsersatz für die Beschleunigungsmaßnahmen jedoch nach den Grundsätzen der Geschäftsführung ohne Auftrag (§ 2 Abs. 8 Nr. 2 S. 2, S. 3 VOB/B). Für die **schadensersatzrechtliche** Erstattung solcher die (hypothetischen) Mehrkosten des unbeschleunigten Ablaufs übersteigenden Beschleunigungsmehraufwendungen sind dieselben Regeln der Geschäftsführung ohne Auftrag jedenfalls mindestens analog anzuwenden. Dem Auftragnehmer steht deshalb ein die Mehrkosten des (hypothetisch) nicht beschleunigten Ablaufs übersteigender Anspruch auf Erstattung der Beschleunigungskosten nur zu, wenn die unangeforderten Beschleunigungsmaßnahmen wenigstens interessengemäß waren und wenn sie dem mutmaßlichen oder wirklichen Willen des Auftraggebers entsprachen (§ 683 BGB). Das im Vorhinein zu beurteilen, ist für den Auftragnehmer so gut wie ausgeschlossen. Es ist nämlich keineswegs sicher, dass eine unkoordinierte Beschleunigungsmaßnahme des Auftragnehmers tatsächlich zur Aufholung verlorener Bauzeit führt und schon gar nicht ist sicher, ob der Auftraggeber an der teureren Beschleunigungsmaßnahme überhaupt ein Interesse hat.[72] Dem Auftragnehmer ist dringend anzuraten, sich auf ein so hohes Risiko nicht einzulassen.

34 Damit beantwortet sich auch die Frage, ob etwa der Auftragnehmer unter dem Gesichtspunkt der Schadensminderung Ersatz für **Aufwendungen** zur **Korrektur** fehlerhafter auftraggeberseitiger **Pläne** verlangen kann; das sei zu bejahen, solange „sich der Kostenaufwand in als angemessen anzusehenden Grenzen bewege und der Saldo zur Schadensverringerung führe"; man werde davon ausgehen dürfen, dass die Aufwendungen immer nützlich seien und offenkundig dem Willen des Auftraggebers entsprechen.[73] Das kann indes nur für seltene Ausnahmefälle zutreffen: Der Auftragnehmer kann (und muss) dem Auftraggeber die Behinderung durch Planungsmängel anzeigen; der Auftraggeber kann dann von seinem Planer kurzfristige **kostenlose** Nacherfüllung verlangen, so dass sein Interesse an kostentreibenden Korrekturen des Auftragnehmers nicht besteht – abgesehen davon, dass ungefragtes „Einmischen" in fremde Planung zudem selten glücklich ist und auch schon deshalb nicht generell dem Interesse des Auftraggebers entsprechen dürfte.[74] Auch hier trifft also den Auftragnehmer ein hohes Risiko.

35 **2. Wegfall der hindernden Umstände.** Sobald die hindernden Umstände wegfallen, hat der Auftragnehmer ohne weiteres und unverzüglich (dazu → VOB/B § 5 Rn. 72) die Arbeiten wieder aufzunehmen und den Auftraggeber hiervon zu unterrichten, § 6 Abs. 3 VOB/B. Diese Vertragspflicht besteht also ohne auftraggeberseitige Aufforderung, sie ist unverzüglich, also „ohne schuldhaftes Zögern" (§ 121 BGB) zu erfüllen. Die unterlassene unverzügliche Arbeitsaufnahme und/oder die verzögerte oder unterlassene Information des Auftraggebers können Schadensersatzansprüche des Auftraggebers nach Maßgabe des § 6 Abs. 6 S. 1 auslösen. Unter den Voraussetzungen der §§ 5 Abs. 4, 8 Abs. 3 kann der Auftraggeber insbesondere bei unterbleibender unverzüglicher Arbeitsaufnahme auch kündigen.

D. § 6 Abs. 4 – Die Berechnung der Fristverlängerung

36 **1. Berechnungsmethoden.** Die Fristverlängerung wird berechnet nach der Dauer der Behinderung mit einem Zuschlag für die Wiederaufnahme der Arbeiten und die etwaige Verschiebung in eine ungünstigere Jahreszeit, § 6 Abs. 4. Die in der (baubetrieblichen) Praxis (auch

---

[71] *Kapellmann/Schiffers/Markus* Vergütung I Rn. 1476 ff.; Werner/Pastor Bauprozess Bauprozess, Rn. 2343; *Markus* NZBau 2014, 92 (94); zu diesem Ergebnis führt meist auch bereits die schadensrechtliche Differenzhypothese, dazu → Rn. 84; aA. *Sonntag* in NWJS VOB/B Rn. 45 mit der unzutreffenden Begründung, dass der Schaden in diesem Fall „erst aufgrund der eigenverantwortlichen Entscheidung des Auftragnehmers" entstanden sei – nicht schon durch die Behinderung.
[72] Einzelheiten *Kapellmann/Schiffers/Markus* Vergütung I Rn. 1643–1645. Ebenso *Leinemann/Kues* VOB/B § 6 Rn. 78, der aber zu Unrecht eine Anzeige verlangt, vgl. aber auch → Rn. 43.
[73] So BGH BauR 1986, 347 – Behinderungsschaden I.
[74] Einzelheiten *Kapellmann/Schiffers/Markus* Vergütung I Rn. 1464.

international) gebräuchlichen Ermittlungsmethoden[75] lassen sich in vier Kategorien einteilen: Bei der reinen „Soll-Ist-Vergleich-Methode", werden der ursprüngliche Soll-Ablauf, also der vom Auftragnehmer unter Berücksichtigung der durch den Vertrag gesetzten Restriktionen geplante Ablauf, und der Ist-Ablauf verglichen und die Differenzen in den einzelnen Vorgängen aufgezeigt. Sodann werden rückblickend die Ursachen für die Differenzen ermittelt und hinterfragt, in wessen Risikobereich die einzelnen Ursachen fallen. Bei der „Soll-Soll"-Methode" wird aus dem ursprünglichen Soll-Ablauf ein störungsmodifizierter Soll'-Ablauf entwickelt, indem in den ursprünglichen Soll-Ablauf alle Störungen eingefügt werden, die ihre Ursache in der Sphäre des Auftraggebers haben. Die so ermittelte theoretische Verzögerung soll – nach einer Plausibilitätskontrolle und gegebenenfalls Korrektur anhand des Ist-Ablaufs – die gerechtfertigte Bauzeitverlängerung darstellen. Bei der „Hypothetisches-Ist-Methode" werden ausgehend vom tatsächlich realisierten Ist-Ablauf alle Störungen nachträglich theoretisch weggedacht, die aus der Sphäre des Auftraggebers stammen. Das Ergebnis soll der hypothetisch ungestörte Ablauf sein, wie er ohne die Störungen aus der Sphäre des Auftraggebers „tatsächlich" realisiert worden wäre. Alle drei vorgenannten Methoden haben – neben unterschiedlichen Schwächen[76] – den gemeinsamen Nachteil, dass sie bei komplexeren Abläufen und mehreren aufeinander folgenden Behinderungen oftmals- keine gesicherte Aussage darüber zulassen, wie sich die in der Zukunft liegenden Ausführungsfristen infolge der jeweiligen Behinderung verändert haben. „Berechnen" (der Fristverlängerung) heißt (vorausschauende) Ermittlung durch Anwendung eines Rechenmodells. Eine rein empirische Feststellung, dass eine Behinderung „tatsächlich" zu einer Fristverlängerung geführt hat, ist nicht möglich. Es bleibt nämlich immer eine im strengen Sinne nicht beweisbare Hypothese, wie der Ablauf ohne die Behinderung gewesen wäre. Außerdem wollen Auftraggeber und Auftragnehmer vorher wissen, wann das Werk vertragsgemäß fertig zu sein hat. Gefragt sind also Berechnungsmethoden, die im Zeitpunkt des Eintritts einer Behinderung, also noch während der Baudurchführung, eine Aussage darüber ermöglichen, wie sich die Ausführungsfristen für die Zukunft verändern. Die „Adaptions-Methoden", die dies ermöglichen, sind idR aufwendiger. Dafür gewährleisten sie neben der ausführungsbegleitenden Vorausschau auch bei komplexen Störungssachverhalten eine den Anforderungen des § 6 Abs. 2–4 genügende Darlegung von Behinderungen und Behinderungsfolgen. Diese Methoden kommen in unterschiedlichen Ausprägungen vor. Die Grundstrukturen sind jedoch gleich: Anzuwendendes Rechenmodell ist der vom Auftragnehmer innerhalb der vertraglichen Rahmenbedingungen geplante ursprüngliche Soll-Ablauf mit den darin enthaltenen Bauablauffolgen, Vorgangsdauern, Vorgangsverknüpfungen etc. Maßgeblich für die Beurteilung jeder einzelnen Behinderung ist jedoch nicht der unveränderte ursprüngliche Sollablauf (wie bei der Soll-Ist-Methode) und auch nicht der störungsmodifizierte Ablauf (wie bei der Soll-Soll-Methode), sondern der an den im Zeitpunkt des Eintritts der jeweils zu beurteilenden Behinderung erreichten Ist-Ausführungsstand anknüpfende störungsmodifizierte Vorgang.[77] Abweichungen zwischen dem jeweils erreichten Ist-Ausführungsstand vom jeweiligen (bisherigen) fortgeschriebenen Soll-Ablauf in Form von im bisherigen Ablauf bereits eingetretenen vom Auftragnehmer selbst verursachten Verzögerungen oder von bisher bereits herausgearbeiteten Zeitpuffern werden bei dieser Methodik entweder gesondert mit Hilfe von „Zeit- bzw. Pufferkonten" weitergeführt[78] oder bei der Sollfortschreibung auf Folgevorgänge übertragen[79].

Man muss es aber auch nicht komplizierter machen, als es ist. Die Methodenwahl hängt vom jeweils zu beurteilenden Einzelfall, nämlich vom jeweiligen Sachverhalt und der vom Auftragnehmer begehrten Fristverlängerung ab. Wenn der Auftraggeber dem Auftragnehmer zB die Baugrube 3 Wochen später als vereinbart übergeben hat, und der Auftragnehmer demzufolge mit den von ihm zu erbringenden Rohbauarbeiten erst 3 Wochen später als geplant beginnen konnte, und wenn der Auftragnehmer wegen dieser Behinderung eine Verlängerung der Fertigstellungsfrist um (lediglich) 3 Wochen beansprucht, dann kann er das mit Hilfe der Soll-Soll'-Methode ohne weiteres schlüssig tun. Ein aufwendiges Adaptionsverfahren ist in solch einem Fall überflüssig: Wenn die Rohbauarbeiten erst 3 Wochen später beginnen konnten, müssen sie auch erst (frühestens) 3 Wochen später fertig sein. Der Auftragnehmer muss also nicht stets zB

---

[75] Siehe dazu den Überblick bei *Mechnig/Völker/Mack/Zielke* NZBau 2014, 85; siehe zur Terminplanung im internationalen Umfeld auch den Beitrag der österreichischen Autoren *Fabich/Reckerzügl* bauaktuell 2014, 122.
[76] Vgl. *Mechnig/Völker/Mack/Zielke* aaO.87
[77] *Mechnig/Völker/Mack/Zielke* aaO.91
[78] VJLR Bauverzögerung und Leistungsänderung, B Rn. 165 ff.
[79] So beim Adaptionsverfahren von *Mechnig/Völker/Mack/Zielke* aaO. 91.

darlegen, dass „die Bauzeit mit den von der Preiskalkulation umfassten Mitteln bei ungestörtem Ablauf überhaupt hätte eingehalten werden können" oder dass die „Baustelle auch tatsächlich mit ausreichend Arbeitskräften besetzt" war.[80]

2. Beginn und Dauer der Behinderung, Zeitpunkt von Mitwirkungspflichten des Auftraggebers. Zur Ermittlung der Behinderungsdauer müssen zuerst die Kriterien festgelegt werden, nach denen sich der **Beginn** des Behinderungszeitraums ermitteln lässt. Soweit die Störung in einem Handeln des Auftraggebers oder dem Eintritt eines Ereignisses besteht, ist das der Ausgangspunkt; der Behinderungszeitraum beginnt, sobald sich eine Störung auswirkt. Besteht dagegen die Störung in einem Unterlassen, also in einer unterbliebenen oder verspäteten, vom Auftraggeber geschuldeten Mitwirkung, so muss zuerst der Sollzeitpunkt für die unterbliebene Mitwirkung bestimmt werden und dann, ab wann sich die unterlassene Mitwirkung ausgewirkt hat.

Der **Sollzeitpunkt für auftraggeberseitige Mitwirkungshandlungen** bestimmt sich nach dem geplanten Produktionsablauf des Auftragnehmers (→ Rn. 1 und 36). Der Auftragnehmer muss diesen Produktionsablauf auf der Basis der vertraglichen Restriktionen planen. Dazu gehören auch die Ausführungsfristen eines vertraglichen **Bauzeitplans.** Obwohl Einzelfristen ohne besondere Vereinbarung keine Vertragsfristen sind (§ 5 Abs. 1 S. 2), regelt der Plan in seiner Gesamtheit doch den Ablauf, der mit dem Auftraggeber vereinbart ist. Demzufolge sind alle Ausführungsfristen maßgebliche Kriterien für den vom Auftragnehmer zu planenden Produktionsablauf.[81] Sofern keine konkreten Fristen für die auftraggeberseitigen Mitwirkungshandlungen (Beistellfristen) vereinbart sind, ergibt sich aus dem Bauzeitenplan indirekt auch, **wann** der Auftraggeber seine Mitwirkungsleistungen erbringen muss. § 3 Abs. 1 regelt, dass „die für die Ausführung **nötigen** Unterlagen dem Auftragnehmer unentgeltlich und **rechtzeitig** zu übergeben sind." Die Rechtzeitigkeit ergibt sich aus dem vertraglich vorgesehenen Produktionsbeginn der Teilleistung laut Bauzeitenplan. Die Beurteilung der Rechtzeitigkeit ist Sache des Einzelfalls;[82] für Standardproduktionsvorgänge gibt es Regelvorlauffristen, zB ca. 3 Wochen für Bewehrungspläne.[83]

Der Vertrag kann regeln, dass der Auftragnehmer benötigte Unterlagen in einer bestimmten Frist beim Auftraggeber **abzurufen** hat; solange der Auftraggeber nicht abruft, kann er sich nicht auf das Fehlen auftraggeberseitiger Unterlagen berufen;[84] ruft er ab, beginnt mit dem Zugang des Abrufs die Vorlauffrist, sei es die vertraglich vereinbarte, sei es die übliche (→ Rn. 37). Liefert der Auftraggeber trotz Abrufs nicht rechtzeitig, muss er ungeachtet des erfolgten Abrufs eine Behinderungsanzeige machen. Statt der Pflicht zum Einzelabruf können auftraggeberseitige **Beistellungsfristen** auch vertraglich vereinbart werden. Bei Überschreitung vereinbarter Beistellfristen spricht für die behindernde Auswirkung der verspäteten Mitwirkung eine (widerlegliche) Vermutung.[85]

Die **Dauer** der Behinderung und ihre Auswirkungen bemessen sich nach dem vom Auftragnehmer geplanten Produktionsablauf. Um zu wissen, ob, wie lange und wie sich eine Störung auswirkt, muss man zuerst den hypothetischen ungestörten Produktionsablauf kennen. Dieser lässt sich aus dem auftragnehmerseitigen, unter Berücksichtigung der vertraglichen Restriktion aufgestellten Bauzeiten = Produktionsplan ermitteln. Es liegt auf der Hand, dass dessen Richtigkeit für die Bearbeitung auftraggeberseitiger Störungsauswirkungen von ausschlaggebender Bedeutung sein kann. Weist der Produktionsplan zB für das Ausheben eines Streifenfundaments 10 Arbeitstage unter Einsatz eines Baggers aus, kann der Auftragnehmer aufgrund geänderter Bauumstände, mit denen aufgrund der Vertragsunterlagen nicht zu rechnen war, jedoch keinen Bagger einsetzen und dauert der Aushub des Fundaments in Handschachtung 40 Arbeitstage und hätte der Auftragnehmer für den Aushub mittels Bagger auch bei unveränderten

---

[80] Unzutreffend deshalb OLG Köln NZBau, 2014, 626.
[81] Herrschende Auffassung, zB BGH NZBau 2002, 381 – Behinderungsschaden II; *Sonntag* in NWJS VOB/B § 6 Rn. 7; Einzelheiten *Kapellmann/Schiffers/Markus* Vergütung I Rn. 1310.
[82] Näher dazu → VOB/B § 4 Rn. 54.
[83] Übersicht über Standardvorlaufzeiten *Kapellmann/Schiffers/Markus* Vergütung I Rn. 1314.
[84] OLG Düsseldorf BauR 1996, 862 mit Anmerkungen *Kapellmann; Hartung* in Beck VOB/B § 3 Abs. 1 Rn. 29.
Eine Anforderung der Pläne ist trotz einer entsprechenden Vertragsklausel dann nicht erforderlich, soweit es einen (detaillierten) „Bauablaufplan" gibt und daraus in Verbindung mit vereinbarten Vorlauffristen der Zeitpunkt errechenbar ist, zu dem die Pläne zu liefern sind, BGH NZBau 2002, 381.
[85] → Rn. 2, 12, 87.

Bauumständen nicht 10, sondern 15 Arbeitstage benötigt, hat der Aushub zwar insgesamt 30 Arbeitstage länger gedauert als vom Auftragnehmer geplant. 5 Arbeitstage sind aber nicht durch die Behinderung (Umstellen auf Handschachtung) verursacht. Für die Richtigkeit eines auftragnehmerseitigen Produktionsplans spricht zwar eine Vermutung, diese kann aber sowohl vom Auftraggeber (= erforderliche Produktionsdauer länger) wie auch vom Auftragnehmer (= erforderliche Produktionsdauer kürzer) widerlegt werden.[86] Zu weitgehend hat das OLG Köln[87] festgestellt, dass „die Annahme des Ursachenzusammenhangs" zwischen der Behinderung und der Überschreitung der geplanten Bauzeit stets voraussetze, „dass die Bauzeit mit den von der Preiskalkulation umfassten Mitteln bei ungestörtem Bauablauf überhaupt hätte eingehalten werden können". Die Frage, ob die geplanten Dauern und die kalkulierten Mittel ausreichend sind, kann, wie das vorstehende Beispiel zeigt, Bedeutung für die Ermittlung des Umfangs der behinderungsbedingten Bauzeitverlängerung einerseits und des gegebenenfalls vom Auftragnehmer selbst zu tragenden zeitlichen Mehrbedarf andererseits haben, muss dies jedoch nicht haben.[88] Wenn zB der Auftraggeber dem Auftragnehmer das Baugrundstück 3 Wochen später als vereinbart zur Verfügung stellt, verlängert sich die Fertigstellungsfrist (ein Zuschlag für die Wideraufnahme der Arbeiten und eine Verschiebung in ungünstigere Jahreszeit einmal unberücksichtigt gelassen) um 3 Wochen. Um diese Fristverlängerung zu berechnen, muss man nicht wissen, welche Dauern und Produktionsmitteleinsätze der Auftragnehmer geplant hat. Ist der Auftragnehmer zum Sollzeitpunkt aufgrund eigener Verzögerungen jedoch selbst nicht leistungsbereit, wirkt sich die Störung (noch) nicht aus. Allerdings kommt der Auftragnehmer in Fällen sog. Doppelursachen dennoch nicht in Ausführungsverzug, solange der Auftraggeber nicht annahmebereit ist.[89] Vom Auftragnehmer in seinem Bauzeitenplan vorgesehene **Zeitpuffer** kann der Auftraggeber solange nicht zur Kompensation der von ihm verursachten Behinderungen nutzen, wie der Auftragnehmer sie selbst noch zum Auffangen bereits eingetretener oder eventueller zukünftiger Leistungsverzögerungen gebrauchen kann.[90]

41 Eine **abstrakte Fristverlängerungsberechnung als Auswirkung mehrerer Störungen ist nicht zulässig** – ebenso wenig wie eine abstrakte Schadensberechnung (dazu → Rn. 80, 81). Vielmehr sind für jede Störung gegebenenfalls der Zeitpunkt der geschuldeten Mitwirkung, die vertraglich geplante Vorgangsdauer und die störungsmodifizierte Vorgangsdauer unter Berücksichtigung der „Minderungspflicht" des Auftragnehmers gemäß § 6 Abs. 3 und eventueller Puffer (→ Rn. 2) zu untersuchen. Das wird erleichtert – und bei komplexen Abläufen erst überhaupt ermöglicht – dadurch, dass der Auftragnehmer jeweils pro Störung (Störungskomplex) einen **störungsmodifizierten Bauzeitplan** (ausgehend vom jeweils erreichten Ist-Ausführungsstand) aufstellt.[91]

42 **3. Zuschlag für die Wiederaufnahme der Arbeit.** Die VOB gewährt sachgerecht auf den eigentlichen Behinderungszeitraum einen Zuschlag für die Wiederaufnahme der Arbeit. Augenfällig ist die Notwendigkeit, wenn die Arbeit unterbrochen war: Zum Beispiel müssen abtransportierte Geräte wieder herangeschafft werden. Auch bei anderen Behinderungsauswirkungen ist aber ein solcher Zuschlag möglich, zB wegen Umsetzung von Arbeitskolonnen. Die genaue Dauer bemisst sich nach dem Einzelfall.

43 **4. Zuschlag wegen Verschiebung in ungünstigere Jahreszeit.** Führt die Behinderung zur Verschiebung der Ausführungszeit in eine ungünstigere Jahreszeit, so steht dem Auftragnehmer auch dafür ein zeitlicher Zuschlag zu. Die Auswirkungen der ungünstigeren Jahreszeit beurteilen sich gewerke- und leistungsbezogen. Neben allgemeinen witterungsbedingten Erschwernissen werden auch solche Umstände berücksichtigt, die sich als spezifische unabwendbare Umstände (§ 6 Abs. 2 Nr. 1 lit. c) darstellen. So dürfen zB Betonfahrbahnen im Autobahnbau nur bei bestimmten Temperaturverhältnissen ausgeführt werden (→ Rn. 27). Führt die

---

[86] Einzelheiten Kapellmann/Schiffers/Markus Vergütung I Rn. 1266, 1577 ff., näher hier → Rn. 84.
[87] NZBau 2014, 626 = NJW 2014, 3030; mit krit. Anm. Markus NZBau 2014, 688.
[88] Siehe dazu auch die krit. Anm. von Duve NJW 2014, 2992; sowie oben → Rn. 36.
[89] Vgl. zur „Doppelkausalität" und den dann bestehenden wechselseitigen finanziellen Ansprüchen Kapellmann/Schiffers Vergütung I Rn. 1355 ff.
[90] OLG Düsseldorf BauR 2011, 1969; näher Kapellmann/Schiffers/Markus Vergütung I Rn. 1483–1488; Markus NZBau 2014, 92; Fuchs/Schottke Jahrbuch BauR 2011, 63 (73 ff.).
[91] Zum Grundsatz BGH NZBau 2002, 381 – Behinderungsschaden II; näher Kapellmann/Schiffers/Markus Vergütung I Rn. 1266; VJLR B Rn. 164; Mechnig/Völker/Mack/Zielke aaO. 91; zur Darlegungs- und Beweispflicht im Einzelnen → Rn. 86 ff.

Behinderung zur Verschiebung in eine günstigere Jahreszeit, verkürzen sich dadurch die Ausführungsfristen nicht.

5. Die Auswirkung der Fristverlängerung auf vereinbarte Vertragsstrafen. Sofern die Fristverlängerung so erheblich ist, dass der „Zeitplan" des Auftragnehmers vollständig umgeworfen wird, ist die neue Fertigstellungsfrist nicht mehr für den Anfall einer verzugsbedingten Vertragsstrafe maßgeblich, der Verzugsstrafenanspruch entfällt,[92] aber nicht nur die Vertragsstrafe, sondern die Fristen insgesamt.[93]   44

E. § 6 Abs. 5 – Unterbrechung der Ausführung

1. Längere Unterbrechung. „Wird die Ausführung voraussichtlich für längere Zeit unterbrochen, ohne dass die Leistung dauernd unmöglich wird, so sind die ausgeführten Leistungen nach den Vertragspreisen abzurechnen und außerdem sind die Kosten zu vergüten, die dem Auftragnehmer bereits entstanden sind und in den Vertragspreisen des nicht ausgeführten Teils der Leistung enthalten sind" – § 6 Abs. 5 VOB/B. Die Vorschrift ist im Zusammenhang mit § 6 Abs. 7 VOB/B zu sehen, wonach jede Partei kündigen kann, wenn die Unterbrechung länger als 3 Monate dauert. „Unterbrechung" der Ausführung heißt, dass die Arbeit des Auftragnehmers nicht weitergeführt wird, bloße Verzögerungen der Arbeiten insgesamt oder die Einstellung nur einzelner Teilleistungen reicht nicht aus. „Längere Dauer" ist jedenfalls ein Zeitraum von 3 Monaten, wie § 6 Abs. 7 VOB/B mit dem entsprechenden Sonderkündigungsrecht zeigt. Ansonsten ist der Einzelfall maßgebend, wobei die Vertragsdauer, die schon geleistete Arbeit, der Zahlungsstand und dergleichen eine Rolle spielen. Eine voraussichtlich weniger als einen Monat dauernde Unterbrechung reicht nicht aus. „Unterbrechung" bedeutet auch, dass die Arbeiten zu einem späteren Zeitpunkt wahrscheinlich wieder fortgeführt werden. Deshalb ist § 6 Abs. 5 VOB/B nicht anzuwenden, wenn die Leistung dauernd unmöglich (§ 275 Abs. 1 BGB) geworden ist; in diesem Fall gelten nur die gesetzlichen Vorschriften (§ 326 BGB). § 6 Abs. 5 VOB/B ist nicht anwendbar, wenn der Auftragnehmer die Unterbrechung zu vertreten hat, wenn er zB die Unterbrechung durch eine **unberechtigte** Leistungsverweigerung herbeigeführt hat,[94] oder durch Leistungsmängel.[95]   45

2. Abrechnung. Ist eine Unterbrechung von voraussichtlich längerer Dauer eingetreten, sind die ausgeführten Leistungen nach den Vertragspreisen abzurechnen. Das ist nach dem Wortlaut Vertrags**pflicht** des Auftragnehmers. Richtiger wäre die Formulierung, dass der Auftragnehmer ein Recht auf Abrechnung hat; der Auftraggeber wird sie wohl kaum verlangen. Sinn der Regelung ist es, dem Auftraggeber ein Recht auf eine von den Vertragsregelungen unabhängige, vorzeitige Abrechnung zu verschaffen. Der Auftragnehmer muss eine (Teil-)Schlussrechnung erstellen; die Forderung wird nie ohne Abnahme fällig wie bei gekündigtem Bauvertrag.   46

Die Abrechnung selbst erfolgt auch im selben Umfang wie beim gekündigten Bauvertrag; das heißt, die fertig gestellte Teilleistung ist zu ermitteln und mit Vertragspreisen zu bewerten.[96] Darüber hinaus sind dem Auftragnehmer die Kosten zu vergüten, die bereits entstanden, aber erst in den Vertragspreisen des **nicht** ausgeführten Teils der Leistung enthalten sind, zB für die erfolgte Materialbeschaffung oder für die anteilige Baustelleneinrichtungs- und Vorhaltung. **Nicht** zu vergüten sind auf der Basis von § 6 Abs. 5 VOB/B sind die Kosten, die durch die Behinderung selbst entstehen, zB unbeschäftigtes Personal oder Gerät oder Sicherungskosten. Anspruchsgrundlage sind hier je nach Fall § 2 Abs. 5 (bei zeitlicher technisch nicht notwendiger Anordnung des Auftraggebers) oder § 6 Abs. 6 S. 1 VOB/B, gemäß § 6 Abs. 6 S. 2 (→ Rn. 48) auch § 642 BGB. Ebenso wenig ist die nicht ausgeführte Leistung minus ersparter Kosten zu vergüten (wenn man von den schon entstandenen Kosten absieht); das setzt eine Kündigung nach § 8 Abs. 1 oder § 9 voraus. Insgesamt sind also die Rechte des Auftragnehmers aus § 6 Abs. 5 jedenfalls für den Auftragnehmer, der die Unterbrechung nicht zu vertreten hat, zwar sinnvoll, aber nicht ausreichend.

---

[92] BGH BauR 1993, 600 und ständig; näher und kritisch dazu → VOB/B § 11 Rn. 25–31.
[93] *Kapellmann/Schiffers/Markus* Vergütung I Rn. 1272; VJLR Bauverzögerung Rn. A 422.
[94] BGHZ 65, 372 = BauR 1976, 126.
[95] BGHZ 65, 372 = BauR 1976, 126; BGH NZBau 2000, 422 = BauR 2000, 1189 im Verhältnis von § 4 Nr. 7 S. 2 VOB/B zu § 6 Nr. 6 VOB/B.
[96] Einzelheiten → VOB/B § 8 Rn. 28.

F. § 6 Abs. 6 S. 1 – Schadensersatz wegen hindernder Umstände; Satz 2 – Anspruch aus § 642 BGB

I. Regelungsgehalt von § 6 Abs. 6 VOB/B

47 Die VOB/B regelt in § 6 Abs. 6 S. 1: „Sind hindernde Umstände von einem Vertragsteil zu vertreten, so hat der andere Teil Anspruch auf Ersatz des nachweislich entstandenen Schadens, des entgangenen Gewinns aber nur bei Vorsatz oder grober Fahrlässigkeit". Seit der VOB 2006 gilt Satz 2: „Im Übrigen bleibt der Anspruch des Auftragnehmers auf angemessene Entschädigung nach § 642 BGB unberührt, sofern die Anzeige nach Abs. 1 Satz 1 erfolgt oder wenn Offenkundigkeit nach Abs. 1 Satz 2 gegeben ist". § 6 regelt unter den Abs. 1–5 als Fortführung zu § 5 die Rechtsfolgen von Störungen auf den **Zeitablauf** des Produktionsprozesses, unter Abs. 6 Satz 1 die daraus gegebenenfalls resultierenden vertraglichen **Schadensersatz**pflichten **sowohl** des Auftraggebers **wie** des Auftragnehmers: Störungen können sich zu Lasten des Auftrag**gebers** auswirken – die Bauzeit verlängert sich; hat der Auftragnehmer das zu vertreten, so gerät er in Verzug (§ 286 BGB), er schuldet Verzugsschadensersatz (§§ 280 Abs. 2, 286 BGB). Vorab: Das allein in der VOB zu regeln, wäre überflüssig, dasselbe steht ja im Gesetz. Störungen können sich auch zu Lasten des Auftrag**nehmers** auswirken, er erleidet zB durch zu spät gelieferte auftraggeberseitige Pläne einen Baustillstand oder muss zB deswegen länger als vorgesehen produzieren, dadurch hat er Mehrkosten. Gleichgültig, ob der Auftraggeber derartige Störungen aus mangelhafter Mitwirkung „zu vertreten" hat oder nicht, gewährt das **BGB** dafür in § 642 BGB „Entschädigung", vorausgesetzt, der Auftragnehmer hat nicht selbst die Verzögerung zu vertreten. **Diese** Regelung enthielt die VOB vor der Neufassung 2006 in § 6 Nr. 6 aber nicht; sie gewährte dem Auftragnehmer Schadensersatz (und nicht alternativ Entschädigung) nur, sofern der Auftraggeber „die hindernden Umstände" zu vertreten hat.

Den gesetzlichen Schadensersatzanspruch des Auftraggebers **und** den von ihr geschaffenen Schadensersatzanspruch des Auftragnehmers **schränkte** und schränkt die VOB in § 6 Nr. 6 (Satz 1) sodann ein: Entgangener Gewinn soll nur bei Vorsatz oder grober Fahrlässigkeit geschuldet werden. Ohne diese Einschränkung erhielte der Auftraggeber als Verzugsschadensersatz vom Auftragnehmer auch den entgangenen Gewinn (§ 252 BGB), das schränkt die VOB nach dem Wortlaut von § 6 Abs. 6 S. 1 ganz ein, nämlich sowohl für den beim bestehenden Auftrag kalkulierten Gewinn als auch für den bei einem anderen (Folge-)Auftrag kalkulierten und behinderungsbedingt entgangenen Gewinn. Richtigerweise ist die Haftungsbegrenzung in § 6 Abs. 6 S. 1 jedoch einschränkend dahin auszulegen, dass sie nur letzteren, also nur **anderweitig** entgangenen Gewinn umfasst.[97]

48 Das Hauptziel der Regelung des § 6 Nr. 6 (Satz 1) war somit offensichtlich, das ohnehin hohe Risiko **beider** Parteien beim Bauvertrag bei Vorliegen hindernder Umstände durch eine Haftungsbeschränkung – den Ausschluss des anderweitig entgangenen Gewinns – zu verringern.[98] Das ist aber **ausgewogen** nur möglich, wenn diese Haftungsbeschränkung für **beide** Parteien gilt. Um dieses Gleichgewicht zu **schaffen,** hatte deshalb die VOB/B das Haftungs**system** sowohl für vom Auftragnehmer zu vertretende wie vom Auftraggeber zu vertretende hindernde Umstände **gleich** geregelt: Ausgangspunkt ist für Ansprüche **beider** Seiten die Verletzung einer Pflicht aus dem Schuldverhältnis (Vertrag), das bei Verschulden zum (eingeschränkten) Schadensersatzanspruch führte (§§ 280, 286 BGB). Für den Anspruch des Auftraggebers auf Verzugsschadensersatz folgen die Voraussetzungen auch aus dem Gesetz. Für den „Mitwirkungschadensersatzanspruch" des Auftragnehmers ergibt sich aber eine Abweichung vom Gesetz: Die VOB regelt zweifelsfrei in § 6 Abs. 2 die relevanten Arten von Behinderungen und nennt unter § 6 Abs. 2 Nr. 1 lit. a als Behinderung „Umstände aus dem Risikobereich des Auftraggebers"; sind diese „Umstände aus dem Risikobereich des Auftraggebers" vom Auftraggeber auch noch zu vertreten, erhält der Auftragnehmer Schadensersatz. Die VOB kennzeichnet in § 6 Abs. 6 S. 1 die Behinderung als die Verletzung einer auftraggeberseitigen **Pflicht** aus dem Schuldverhältnis und gab systemgerecht (§ 280 BGB) (nur) einen Schadensersatzanspruch bei verschuldeter Pflichtwidrigkeit. Vom Auftraggeber zu erbringende **Mitwirkungshandlungen** – sie gehören zum Risikobereich des Auftraggebers, § 6 Abs. 2 Nr. 1 lit. a, → Rn. 18, Aufzählung → VOB/A

---

[97] Der BGH war in der Entscheidung „Vorunternehmer II" NZBau 2000, 187 = BauR 2000, 722 anderer Meinung; dem kann aber nicht gefolgt werden, näher → Rn. 74, 75.
[98] Zur AGB-rechtlichen Frage der Zulässigkeit einer solchen Haftungsbeschränkung → Rn. 74.

§ 7 Rn. 8 – sind deshalb **nach der VOB Vertragspflicht** des Auftraggebers, solange der Vertrag besteht, sie sind **nicht** seinem Belieben überlassen, sie sind **nicht** Obliegenheiten – dazu näher → Rn. 53.

Der Bundesgerichtshof und die herrschende Lehre betrachteten ursprünglich eine Reihe von Mitwirkungshandlungen als Pflicht, unverständlicherweise die rechtzeitige und mangelfreie Beibringung des Grundstückes aber nicht. Das veranlasste ursprünglich den Bundesgerichtshof, den Auftraggeber nicht haften zu lassen, weil der ausschachtende Tiefbauunternehmer nicht Erfüllungsgehilfe des Auftraggebers sei (BGH „Vorunternehmer I"[99]). Dass die Rechtsprechung zu unhaltbaren Ergebnissen führte, sah der Bundesgerichtshof nach rund 15 Jahren ein. Er wollte aber seine Fehlentscheidung nicht korrigieren, sondern fügte ihr eine neue hinzu; er führte nämlich jetzt entgegen bisheriger Rechtsprechung ein, dass der Anspruch als Entschädigungsanspruch gemäß § 642 BGB durchgreife (BGH „Vorunternehmer II"[100]). Die Anwendung des § 642 BGB war aber richtigerweise ausgeschlossen, weil § 6 Abs. 6 VOB/B aF als Sonderregelung § 642 BGB ausschloss. Da der BGH eine Pflicht zur Bereitstellung des Grundstücks weiter leugnete, sondern als Obliegenheit, also als Nicht-Pflicht, behandelte, entstand die absurde (und unlösbare!) Situation, dass § 6 Abs. 6 einen Schadensersatzanspruch wegen einer Pflichtverletzung einräumte und **gleichzeitig** ein Entschädigungsanspruch wegen der Verletzung einer Nicht-Pflicht bestehen sollte.[101]

Die VOB/B 2006 hat die Rechtsprechung des Bundesgerichtshofs in § 6 Abs. 6 S. 2 zum Inhalt der VOB/B gemacht. Die VOB/B sieht also jetzt wie damals der BGH vor, dass der Auftragnehmer nach seiner Wahl statt Schadensansprüche gemäß Satz 1 auch Entschädigungsansprüche gemäß Satz 2, § 642 BGB hat (zu deren Inhalt → Rn. 91 ff.). Was den Deutschen Vergabe- und Vertragsausschuss „ohne Not" zur Übernahme dieser Regelung veranlasst hat, ist schwer zu verstehen. Mit der Regelung in Satz 2 macht die VOB/B jetzt die Regelung in Satz 1 praktisch überflüssig, wenn man Satz 1 und Satz 2 nebeneinander anwenden will. Das Regelungssystem der VOB/B stimmt nicht mehr; die gewollte Haftungsbegrenzung gemäß Satz 1 (dazu → Rn. 94) läuft leer. Mit solchen Regelungen liefert die VOB/B ungewollt einen Beitrag zu ihrer Abschaffung.

Heute ist § 6 Abs. 6 S. 2 von der Praxis zu beachten, das hat aber mit der Frage nach dem Sinn der Regelung nichts zu tun.

§ 6 insgesamt und damit auch § 6 Abs. 6 S. 1 ist nicht anwendbar in den Fällen der Unmöglichkeit, der endgültigen Leistungsverweigerung oder der mangelhaften Leistung des Auftragnehmers (→ Rn. 4).

Der BGH und die VOB/B haben für Ansprüche aus Satz 2, § 642 BGB ein Ankündigungserfordernis eingeführt. Der BGH konnte das, die VOB/B kann es jedenfalls, falls nicht als Ganzes vereinbart, aus AGB-rechtlichen Gründen nicht.[102]

Zum heutigen Stand gehört schließlich, dass der BGH jetzt **alle** Mitwirkungshandlungen nur noch als Obliegenheit bewertet.[103] Das führt endgültig zu dem gerade geschilderten unlösbaren Dilemma: § 6 Abs. 6 S. 1 VOB/B enthält Schadensersatzansprüche, weil der Auftraggeber gegen seine Mitwirkungspflichten verstößt, gleichzeitig sind Mitwirkungshandlungen Nicht-Pflichten = Obliegenheiten und begründen Ansprüche nach § 642 BGB.[104]

Die Praxis muss mit § 6 Abs. 6 S. **1** und S. **2** VOB/B leben. Sie kann das, weil richtigerweise die Mitwirkungshandlungen alle Pflichten und nicht Obliegenheiten sind und auch § 642 entgegen der herrschenden Lehre jedenfalls beim Bauvertrag auch keine Obliegenheiten behandelt, sondern Pflichten.[105] Dann regelt § 6 Abs. 6 S. 1 als Folge einer Pflichtverletzung allgemeine Schadensersatzansprüche, Satz 2 mit § 642 BGB als Folge einer Pflichtverletzung Entschädigungsansprüche.[106] Das ist nicht sinnvoll – auch, weil Satz 1 eine Haftungsbegrenzung enthält, Satz 2 nicht – aber jedenfalls möglich. Die Verfasser der VOB haben dieses Ergebnis so nicht gewollt und das Problem nicht erkannt, aber es gibt keine andere Möglichkeit § 6 Abs. 6 VOB/B überhaupt anwendbar zu machen.

---

[99] BGH BauR 1985, 561 = BGHZ 95, 128 – Vorunternehmer I. Auch → Rn. 62.
[100] BGH NZBau 2000 = BauR 2000, 722 – Vorunternehmer II. Auch → Rn. 63.
[101] Zutreffend *Voit* in Bamberger/Roth BGB § 642 Rn. 8; *Glöckner* BauR 2014, 368 (371 f.).
[102] Zum Ganzen *Kapellmann/Schiffers/Markus* Vergütung I Rn. 1274–1289.
[103] BGH NZBau 2009, 185 = BauR 2009, 515 – Glasfassade.
[104] Näher *Kapellmann/Schiffers/Markus* Vergütung I Rn. 1283.
[105] Ausführlich *Kapellmann/Schiffers/Markus* Vergütung I Rn. 1274–1289; zur zustimmenden ganz überwiegenden Meinung s. Fn. 105.
[106] *Kapellmann/Schiffers/Markus* Vergütung I Rn. 1289.

53 Mitwirkungshandlungen des Auftragnehmers beim Bauvertrag sind deshalb **Nebenpflichten,** weil ohne Zusammenarbeit von Auftraggeber und Auftragnehmer ein Bauvorhaben – wenn es nicht völlig sinnvoll simpel ist – nicht realisiert werden kann. Dass ein Auftraggeber nur ein Geldinteresse, geschützt durch § 649 BGB, aber kein Realisierungsinteresse, habe, ist eine nicht durch Fakten gestützte, unrichtige Behauptung.[107] Solange der Vertrag besteht, würde es gegen Treu und Glauben verstoßen, wenn der Auftraggeber die Vertragserfüllung durch Nicht-Mitwirkung boykottieren dürfte; das ist nichts anderes als die Auswirkung der vom BGH zutreffend herausgestellten **Kooperationspflicht,** wenn der BGH Mitwirkungshandlungen als Obliegenheit charakterisiert, widerspricht er sich selbst.[108] Die Beurteilung von Mitwirkungshandlungen **beim Bauvertrag** als Pflicht ist deshalb mit Recht ganz überwiegende Meinung.[109]

54 *Sonntag*[110] vertritt die Auffassung, § 6 Abs. 6 setze „in Abweichung von den Regelungen in §§ 280,281 BGB" nicht die Verletzung einer Pflicht voraus. § 6 Abs. 6 knüpfe die Rechtsfolgen allein an die Tatsache, dass „hindernde Umstände" von einem Vertragsteil zu vertreten seien. Es dürfte, so *Sonntag,* auf der Hand liegen, dass nicht nur Pflichtverletzungen, sondern auch andere Handlungen wie zB Obliegenheitsverletzungen hindernden Charakter haben können. Richtigerweise (?) erspare § 6 Abs. 6 die sonst schwierige Unterscheidung zwischen Mitwirkungspflichten und Mitwirkungshandlungen und knüpfe an beide dogmatische Strukturen dieselbe Rechtsfolge: Schadensersatz. Aber das ist eine reine These, die nicht begründet und auch nicht überzeugend ist und zu nicht auflösbaren Widersprüchen führt. An anderer Stelle[111] stellt *Sonntag* zu Recht fest, dass ungeschriebenes Tatbestandsmerkmal eines Schadensersatzanspruchs Rechtswidrigkeit sei. Deshalb sei für einen Schadensersatzanspruch nach § 6 Abs. 6 zB dann kein Raum, wenn „hindernde Umstände" durch rechtmäßige Anordnungen nach § 1 Abs. 3, Abs. 4 VOB/B ausgelöst werden. Wenn „hindernde Umstände" durch das Unterlassen von Mitwirkungshandlungen ausgelöst werden und das Unterlassen rechtmäßig ist, weil es sich bei der Mitwirkung um eine bloße Obliegenheit handelt und nicht um eine Pflicht, müsste *Sonntag* mit derselben Begründung (fehlende Rechtswidrigkeit) zu demselben Ergebnis kommen, dass auch in diesem Fall (rechtmäßige Unterlassung der Mitwirkung) kein Raum für einen Schadensersatzanspruch sei. Das widerspräche aber seiner Ausgangsthese, dass auch rechtmäßige Handlungen wie zB Obliegenheitsverletzungen zu Schadensersatz nach § 6 Abs. 6 führen können.

Richtig ist, dass der Begriff der „Pflichtverletzung" für die Verpflichtung zum Schadensersatz die zentrale Kategorie des Leistungsstörungsrechts ist. Fast alle Schadensersatzansprüche des Leistungsstörungsrechts, auch die, bei denen § 280 BGB durch Sondervorschriften ergänzt wird, setzen eine Pflichtverletzung voraus.[112] Allgemeine Geschäftsbedingungen wie die VOB/B können nicht solche fundamentale Prinzipien des Gesetzesrechts außer Kraft setzen.

Darüber hinaus: Wäre der Auftraggeber zur Mitwirkung nicht verpflichtet, wäre es auch nicht schuldhaft, wenn er das tut, was er tun darf, nämlich die Mitwirkung unterlasssen.

II. Schadensersatzansprüche des Auftrag*nehmers* gemäß § 6 Abs. 6 S. 1 VOB/B

55 **1. Voraussetzung: Pflichtverletzung.** Der Auftraggeber haftet dem Auftragnehmer auf Behinderungsschadensersatz, wenn er „hindernde Umstände" verursacht und damit eine „Pflicht aus dem Schuldverhältnis" schuldhaft verletzt (§ 280 BGB). Unproblematisch sind vom Auftraggeber geschuldete **Erstellungshandlungen,** dh, vertragsgemäß geschuldete eigene Handlungen des Auftraggebers zur Ausführung des Werks. Das sind solche Leistungen, die statt des Auftraggebers auch jeder andere von ihm beauftragte Auftragnehmer erfüllen könnte, die aber der

---

[107] Zutreffend *Kniffka* Jahrbuch Baurecht 2001, 1: „Es wäre ein fundamentaler Irrglaube, zu meinen, das Recht des Auftragnehmers auf Vertragserfüllung sei nicht schützenswert".
[108] *Kapellmann/Schiffers/Markus* Vergütung I Rn. 1287; BGH BauR 1927, 112.
[109] Zum Beispiel: Palandt/*Sprau* BGB § 642 Rn. 3; *Erman/Schwenker* BGB § 642 Rn. 2; *Hartung* in Beck'scher VOB-Kommentar, Vor § 3 Rn. 32 ff.; *Kleine-Möller/Merl* Handbuch § 16 Rn. 344; *Döring* in Ingenstau/Korbion § 3 Rn. 3; *Joussen* ebenda, § 9 Abs. 1 Rn. 33; *von Rinteln* in Messerschmidt/Voit, Privates Baurecht, Rn. H 145; *Kapellmann* NZBau 2011, 193; *Fuchs* in Fuchs/Berger/Seifert, HOAI, Syst A VII Rn. 68; *Döring* in Ingenstau/Korbion VOB/B § 6 Abs. 6 Rn. 55; *Hildebrand* in Leinemann VOB/B § 9 Rn. 10, 11. AA etwa *Peters* NZBau 2011, 641; *Leupertz* FS Koeble, 139 ff.
Der Kunstgriff, den Mitwirkungshandlungen eine Doppelnatur als Pflicht **und** Obliegenheit zuzusprechen, ist nicht möglich, *Kapellmann/Schiffers/Markus* Vergütung I Rn. 1283.
[110] NJWS VOB/B § 6 Rn. 79.
[111] NWJS VOB/B § 6 Rn. 84.
[112] Palandt/*Grüneberg* BGB § 280 Rn. 2.

Auftraggeber statt eines solchen anderen Auftragnehmers selbst ausführt, womit er sich in den Produktionsprozess des Auftragnehmers einordnet („bauseitige Leistungen"). Der Auftraggeber verpflichtet sich zB, eigenes Baugerät zur Verfügung zu stellen oder Teilleistungen selbst herzustellen.[113] Kommt der Auftraggeber in Verzug (dazu → § 5 Rn. 35–47), haftet er gemäß §§ 280 Abs. 1, 2, 286 BGB; erfüllt er die fällige Leistung nicht oder nicht wie geschuldet, kann der Auftragnehmer Schadensersatz nach § 280 Abs. 1 BGB, § 6 Abs. 6 S. 1 VOB/B oder Schadensersatz statt der Leistung gemäß § 286 Abs. 1, 3, § 281, § 6 Abs. 6 S. 1 VOB/B verlangen. Über diese Einordnung gibt es – wenn man von der verfehlten Entscheidung des OLG Rostock absieht (Fn. 11397) – keine Meinungsverschiedenheiten. In diese Kategorie gehört auch im weiteren Sinn die Verletzung auftraggeberseitig geschuldeter oder jedenfalls übernommener Schutzpflichten.[114]

Eindeutig Vertragspflicht sind auch vom Auftraggeber vertraglich geschuldete bloße **Ermöglichungshandlungen,** also Handlungen, die der Auftraggeber schuldet, damit der Auftragnehmer bauen kann, also die typischen **Mitwirkungshandlungen** des Auftraggebers. Für alle geschuldeten Mitwirkungshandlungen (zB Beschaffung der Baugenehmigung, § 4 Abs. 1 Nr. 1 S. 2 VOB/B, rechtzeitige Lieferung aller für die Ausführung notwendigen Unterlagen, § 3 Abs. 1 VOB/B, Koordination, nämlich „Aufrechterhaltung der allgemeinen Ordnung auf der Baustelle sowie die Regelung des Zusammenwirkens mehrerer Unternehmer", § 4 Abs. 1 Nr. 1 S. 1 VOB/B, unentgeltliche Bereitstellung von Lager- und Arbeitsplätzen auf der Baustelle, vorhandener Zufahrtswege und Anschlussgleise sowie vorhandener Anschlüsse für Wasser und Energie, § 4 Abs. 4 VOB/B, weitere Beispiele: → Rn. 18–20) ist der Charakter als **Vertragspflicht** des Auftraggebers unbestreitbar und unbestritten.[115] Lediglich für die geschuldete Mitwirkungshandlung, das Baugrundstück bzw. die bauliche Vorleistung rechtzeitig und mangelfrei zur Verfügung zu stellen, soll etwas anderes gelten, sie soll nur Obliegenheit des Auftraggebers, aber nicht **Mitwirkungspflicht** sein, ihre Verletzung also keine Schadensersatzansprüche begründen.[116] Aber das ist nach der Rechtsprechung des BGH überholt. Der BGH bestimmt heute alle Mitwirkungshandlungen als Obliegenheit, deren Verletzung – laut BGH (ausnahmsweise) – Schadensersatzansprüche nach § 6 Ab. 6 S. 1 zur Folge haben können.[117] 56

Soweit der Auftraggeber Mitwirkungspflichten verschuldet nicht oder nicht wie geschuldet erfüllt, hat der Auftragnehmer also Schadensersatzansprüche nach § 280 Abs. 1 BGB, § 6 Abs. 6 S. 1 VOB/B. Schadensersatz statt der Leistung (§ 281 BGB) kann der Auftragnehmer unter den Voraussetzungen des § 9 Abs. 3 letzter Halbsatz VOB/B verlangen. Soweit der Auftraggeber Mitwirkungspflichten verspätet erfüllt, müssen für einen Schadensersatzanspruch die zusätzlichen Verzugsvoraussetzungen (§§ 280 Abs. 2, 286 BGB) erfüllt sein, vorausgesetzt, man bewertet die Mitwirkungspflicht als selbstständig einklagbare „Nebenpflicht"; wäre sie bloße selbstständige nicht einklagbare „Nebenpflicht",[118] so bedürfte es der Verzugsvoraussetzungen nicht, § 280 Abs. 1 BGB greift dann unmittelbar ein. Praktisch kommt es auf diese Unterscheidung nicht an: Der Anspruch des Auftragnehmers auf Behinderungsschadensersatz lässt sich nur durchsetzen, wenn der Auftragnehmer gemäß § 6 Abs. 1 eine Behinderungsanzeige gemacht hat; diese lässt sich ohne weiteres aber auch als Mahnung im Sinne von § 286 Abs. 1 BGB verstehen. Ist eine Behinderungsanzeige wegen Offenkundigkeit von Behinderungstatsache und hindernder Wirkung überflüssig, so ist auch eine Mahnung überflüssig, dann greift § 286 Abs. 2 Nr. 4 BGB ein. 57

---

[113] Beispiele: Der Auftraggeber verpflichtet sich, zwischen dem 27.3. und 31.3. für eine behelfsmäßige Verkehrsführung auf einer Autobahnbaustelle eine Behelfsbrücke zu errichten, so OLG Celle BauR 1994, 629, Revision vom BGH nicht angenommen; Einzelheiten *Kapellmann/Schiffers/Markus* Vergütung I Rn. 1293. Oder: Der Auftraggeber hat sich vertraglich verpflichtet, sicherzustellen, dass auf einer bestimmten Deponie Schlamm abgelagert werden kann, BGH ZfBR 1992, 31. (Vgl. zu beiden Entscheidungen auch BGH NZBau 2000, 187 = BauR 2000, 722 – Vorunternehmer II). Oder: Der Auftraggeber muss zu einem bestimmten Termin eine Einrüstung stellen. Die Haftung des Auftraggebers wird fehlerhaft verneint vom OLG Rostock BauR 1999, 402; der BGH hat unverständlicherweise die Revision dagegen nicht angenommen.
[114] Beispiel: Der Auftraggeber hält eine von ihm zugesagte Hochwassersicherung nicht ordnungsgemäß aufrecht, BGH BauR 1997, 1021 – Schürmannbau/Hagedorn II.
[115] ZB: Der Auftraggeber muss „zuverlässige Pläne liefern", BGH NZBau 2000, 187 = BauR 2000, 722 – Vorunternehmer II.
[116] BGH NZBau 2000, 187 = BauR 2000, 722 – Vorunternehmer II; dazu im Einzelnen → Rn. 48, **49,** 51, → Rn. 63.
[117] → Rn. 51, 53.
[118] Zur Unterscheidung *Kramer* in MüKo BGB, § 241 Rn. 16–19.

2. Keine Pflichtverletzung (kein Behinderungsschadensersatz) bei „Behinderung"
58 **aus *bauinhaltlich* geänderter oder zusätzlicher Leistung, Vergütungsanspruch speziell.**
Der Auftraggeber hat auf Grund des **vertraglichen** Änderungsvorbehalts in § 1 Abs. 3, 4 das **Recht,** die Ausführung **bauinhaltlich**[119] geänderter oder zusätzlicher Leistungen anzuordnen; der Auftragnehmer **muss** sie ausführen, erhält aber dafür **vertragliche** Nachtragsvergütung.[120] Solche bauinhaltlich modifizierten Leistungen können auch zusätzlichen Zeitbedarf auslösen, im formalen Sinne sind sie dann Behinderung. Um Fristverlängerung gemäß § 6 Abs. 2 Nr. 1 lit. a zu erhalten, muss deshalb der Auftragnehmer eine Behinderungsanzeige gemäß § 6 Abs. 1 machen, außer, Behinderungstatsachen und -wirkungen sind offenkundig – → Rn. 13. Die Anordnung des Auftraggebers ist aber nicht vertragswidrig, im Gegenteil: Der Auftraggeber übt ein ihm ausdrücklich eingeräumtes Anordnungs**recht**. Schadensersatzansprüche des Auftragnehmers gegen den Auftraggeber gemäß § 6 Abs. 6 setzen aber die Verletzung einer Pflicht aus dem Schuldverhältnis als Anspruchsgrundlage voraus (§ 280 Abs. 1 BGB).[121] Wenn aber der Auftragnehmer zur Anordnung **berechtigt** ist, kann darin nicht gleichzeitig eine Pflichtverletzung liegen – einen Auftraggeber für das, was er tun darf, auf Schadensersatz in Anspruch zu nehmen, wäre auch absurd. Ein Auftragnehmer kann daher die finanziellen Folgen bauinhaltlich angeordneter geänderter oder zusätzlicher oder gemäß § 2 Abs. 8 Nr. 2, 3 legitimierter geänderter oder zusätzlicher Leistungen **nur** gemäß § 2 Abs. 5, 6 oder Abs. 8 VOB/B durchsetzen und nicht als Schadensersatzansprüche nach § 6 Abs. 6.[122] Oder anders ausgedrückt: Die VOB/B stellt für die vertragliche Sonderbefugnis, modifizierte Leistungen anordnen zu dürfen, **vertragliche Sonder-**Vergütungsansprüche zur Verfügung; diese Spezialregelung ist erschöpfend und abschließend. Der Auftragnehmer wird dadurch in keiner Weise beeinträchtigt: Die Nachtragsvergütung umfasst **alle** Kostenauswirkungen der modifizierten Leistung;[123] wegen dieses Vergütungsanspruches fehlt es für die Anwendung des § 6 Abs. 6 S. 1 VOB/B zusätzlich auch an einem ersatzfähigem Schaden;[124] auch die Anwendung von Satz 2 scheidet aus. Der BGH hat bisher auch noch nie bei **bauinhaltlich** modifizierten Leistungen einen Schadensersatzanspruch aus § 6 Abs. 6 S. 1 zuerkannt.[125]

59 **3. Behinderungsschadensersatz und Vergütung konkurrierend bei die *Bauumstände (Bauzeit)* betreffenden technisch nicht zwingenden Anordnungen.** Es kommt vor, dass der Auftraggeber bei bauinhaltlich unverändertem Bausoll dennoch **Anordnungen** zu **Bauumständen,**[126] insbesondere zur **Bauzeit** trifft, zB einen Baustopp anordnet oder Gewerke nach vorne oder nach hinten verschiebt. Dazu gibt ihm § 1 Abs. 3, 4 allerdings **kein** Recht. Der Auftrag-

---

[119] Zum Begriff → VOB/B § 2 Rn. 26, 29; näher auch → § 2 Rn. 181.
[120] Zur Struktur → VOB/B § 2 Rn. 181 mit Fundstellen.
[121] Einzelheiten → Rn. 49 ff.
[122] **Näher** *Kapellmann/Schiffers/Markus* Vergütung I Rn. 1324–1330 und hier → § 1 Rn. 58. Wie hier OLG Braunschweig BauR 2001, 1739; OLG Frankfurt OLG-Report 1999, 78; *Berger* in Beck VOB/B § 6 Abs. 6 Rn. 116, 117; *Sonntag* in NWJS VOB/B § 6 Rn. 84; Lange Baugrundhaftung S. 124. Gegenteiliger Ansicht OLG Nürnberg BauR 2001, 409; *Diehr* BauR 2001, 1507; *Kemper* NZBau 2001, 238. Kemper meint, nachträglichen Eingriffen des Auftraggebers könne doch der Charakter einer Leistungsstörung zugemessen werden, „ansonsten ja Mehrvergütungsansprüche auch nach § 2 Abs. 5, 6 VOB/B nicht ausgelöst würden". Das ist unrichtig: Für inhaltliche Leistungs**störungen** werden nie **Vergütung**sansprüche ausgelöst (ausgenommen den Sonderfall der „sonstigen Anordnung" des § 2 Abs. 5 VOB/B). Die nachträglichen inhaltlichen Anordnungen des Auftraggebers erteilt er kraft eines **vertraglich** eingeräumten Leistungsvorbehalts; die finanziellen Folgen der Ausübung dieses Vertragsrechts regelt die VOB systemgerecht folglich als modifizierte Vergütung, weil eine veränderte Leistung mit einer veränderten Vergütung korrespondieren muss; die Ausübung dieses Vertragsrechts führt manchmal **auch** zu zeitlichen Fragen. **Diese** kann man insoweit formal als Störung bezeichnen (→ Rn. 1, 20). Diehr gibt als Begründung nur an, auch inhaltliche Anordnungen hätten Auswirkungen auf die Bauzeit, was im Einzelfall stimmen kann. Was das mit Schadensersatzansprüchen aus Behinderung zu tun haben soll, ist nicht ersichtlich. Alle finanziellen Folgen – auch die zeitabhängigen Kosten – werden per Vergütung erfasst, der Anspruch auf mehr Zeit ergibt sich aus § 6 Nr. 2 lit. a. Entgegen Zanner; in: F/K/Z/G VOB/B § 6 Rn. 76 gibt es sehr wohl eine Anspruchskonkurrenz zwischen § 2 Abs. 5 und § 6 Abs. 6 VOB/B, wenn nämlich der Auftragnehmer Ansprüche auf Grund „anderer", also rechtswidriger Anordnung im Sinne des § 2 Abs. 5 VOB/B geltend macht, dazu → Rn. 59.
[123] Näher → VOB/B § 2 Rn. 226.
[124] Es wird „kaum noch Raum sein für Schadensersatzansprüche", so OLG Braunschweig BauR 2001, 1735.
[125] Die Fälle BGHZ 50, 25 und BGH BauR 1971, 202 behandeln rein zeitliche Anordnungen, dazu → Rn. 59, zu diesen Entscheidungen *Kapellmann/Schiffers/Markus* Vergütung I Rn. 1279–1281.
[126] Zum Begriff → VOB/B § 2 Rn. 33.

geber kann deshalb nicht einseitig die einmal vereinbarte Bauzeit oder die vereinbarten Ausführungsfristen verbindlich („wirksam") ändern. Davon gibt es, bezogen auf die Bauumstände, auf Grund der „Kooperationspflicht" nur eine **Ausnahme:** Wenn der Auftraggeber **zwingend** (technisch) erforderliche Anordnungen zu Bauumständen gibt, muss der Auftragnehmer sie befolgen.[127] Die Vergütung erfolgt dann ausschließlich wegen einer „sonstigen Anordnung" gemäß § 2 Abs. 5 VOB/B, einen Schadensersatzanspruch aus § 6 Abs. 6 VOB/B gibt es dann also nicht. Wenn der Auftraggeber aber nur aus finanziellen Gründen zB eine **Beschleunigung** erreichen will, ist der Auftraggeber dazu nicht verpflichtet.[128] Der Auftraggeber kann sein Ziel für den Auftragnehmer verbindlich („rechtmäßig") nur durch Änderungsvereinbarung erreichen.[129] Es gibt Situationen, in denen der Auftragnehmer „vertragswidrige" durch § 1 Abs. 3, 4 nicht gedeckte Anordnungen des Auftraggebers nicht einfach ignorieren kann, sondern sich ihnen dem „Zwang des Faktischen" folgend beugen muss (Beispiel: Anordnung eines Baustopps mit „Baustellenverbot").[130] Der Auftraggeber setzt sich dann nur „mit Gewalt" durch und nicht auf Grund vertraglicher Befugnis. Dieses Verhalten ist also pflicht-, nämlich vertragswidrig, und deshalb eröffnet es im Gegensatz zur vertraglich erlaubten bauinhaltlichen Anordnung des Auftraggebers (→ Rn. 58) einen Schadensersatzanspruch des Auftraggebers aus § 6 Abs. 6 S. 1.[131]

Die VOB/B gewährt dem Auftraggeber aus sinnvollen Praktikabilitätserwägungen in solchen Fällen durch Einstufung der Anordnungen als „sonstige Anordnung" in § 2 Abs. 5 **auch** einen Vergütungsanspruch, aber die Anordnung als solche bleibt vertragswidrig.[132] Demzufolge kann sich der Auftraggeber bei solchen zB zeitlichen Anordnungen **aussuchen,** ob er seine Ansprüche auf § 6 Abs. 6 S. 1 oder § 2 Abs. 5 stützt, je nachdem, welche Rechtsfolge im konkreten Fall für ihn günstiger ist.

Erlaubt der Vertrag dem Auftraggeber ausnahmsweise, einseitig Termine und Fristen zu verändern, so begründet der Vertrag damit ein vertragliches Änderungsrecht, der Auftraggeber handelt dann nicht pflichtwidrig, der Auftragnehmer hat also dann keine Schadensersatzansprüche aus § 6 Abs. 6 S. 1. Ein solches einseitiges Fristenbestimmungsrecht kann der Auftraggeber in Allgemeinen Geschäftsbedingungen aber nur in sehr engen Grenzen einführen.[133] **60**

4. Vertretenmüssen des Auftraggebers. § 6 Nr. 6 S. 1 knüpft die Schadensersatzhaftung des Auftraggebers (genauso wie die des Auftragnehmers, → Rn. 95) daran, dass er „die hindernden Umstände zu vertreten hat", was bei Beurteilung der geschuldeten Mitwirkungshandlung des Auftraggebers als Pflicht § 280 BGB entspricht. Zu vertreten hat der Auftraggeber gemäß § 276 BGB Vorsatz oder Fahrlässigkeit, sofern eine strengere oder mildere Haftung weder (im Vertrag) bestimmt noch aus dem sonstigen Inhalt des Schuldverhältnisses, insbesondere aus der Übernahme einer Garantie oder eines Beschaffungsrisikos, zu entnehmen ist. Da jedermann, wenn er geldliche Verpflichtungen eingeht, das Risiko der Beschaffung der Geldmittel zu tragen hat, haftet der Auftraggeber aus § 6 Abs. 6 S. 1, wenn ihm aus welchen Gründen auch immer das Geld ausgeht und der Auftragnehmer unter Beachtung des § 16 Abs. 5 Nr. 3 letzter Satz berechtigt die Arbeit einstellt und ihm dadurch Stillstandskosten entstehen. In den Standardfällen unterlassener mangelhafter oder verspäteter Mitwirkung schuldet der Auftraggeber Behinderungsschadensersatz, wenn er vorsätzlich oder fahrlässig gehandelt hat. Fahrlässig handelt, wer die im Verkehr erforderliche Sorgfalt außer Acht lässt, § 276 Abs. 2 BGB. Nicht der Auftragnehmer muss das „Vertretenmüssen" beweisen, vielmehr hat der Auftraggeber zu beweisen, dass er die Pflichtverletzung nicht zu vertreten hat, § 280 Abs. 1 S. 2 BGB. **61**

Nachfolgend einige **Beispiele** für Bejahung oder Verneinung des „Vertretenmüssens" seitens des Auftraggebers; diese Fälle haben allerdings heute ihre Brisanz völlig verloren: Wird nämlich das „Vertretenmüssen" verneint, so verliert der Auftragnehmer nicht etwa seine Ansprüche, er kann vielmehr gemäß § 6 Abs. 6 S. 2 VOB/B wegen **desselben** Sachverhalts Ansprüche aus **62**

---

[127] → VOB/B § 2 Rn. 181.
[128] → VOB/B § 2 Rn. 181; *Markus* NZBau 2006, 537. Zur Beschleunigung → Rn. 31.
[129] *Döring* in Ingenstau/Korbion VOB/B § 5 Abs. 1–3 Rn. 26; *Weyer* BauR 1990, 138; *Kapellmann/Schiffers/Markus* Vergütung I Rn. 1332. 1333.
[130] Zutreffend *Diehr* BauR 2001, 1507.
[131] So auch der BGH (inzident) in den beiden entschiedenen Fällen, siehe BGHFn. 125. Dass der Anspruch aus § 6 Abs. 6 VOB/B besteht, ist allgemeine Auffassung. Dass auch Ansprüche aus § 2 Abs. 5 („sonstige Anordnung") bestehen, ist ganz herrschende, richtige Lehre (auch → VOB/B § 2 Rn. 181).
[132] Näher → VOB/B § 2 Rn. 33, **181,** 185; zustimmend zB KG BauR 2008, 837.
[133] Näher *Kapellmann/Schiffers/Markus* Vergütung I Rn. 1336, 1337.

§ 642 BGB geltend machen, für deren Anwendung es nicht auf Verschulden des Auftraggebers ankommt.[134]

Verschulden des Auftraggebers ist zu verneinen, wenn:

– dem Auftraggeber die zugesagte Baugenehmigung rechtswidrig verweigert wird; er hatte von der Genehmigungsbehörde auf Anfrage die Auskunft erhalten, die Bearbeitung sei unproblematisch, die Genehmigung Formsache[135]
– eine zum Baustellenverkehr vorgesehene Straße unvorhersehbar von der Behörde gesperrt wird[136]
– das vom Auftraggeber eingeholte geotechnische Gutachten unerkennbar unrichtig ist; bis zur Aufklärung durch weitere Probebohrungen und die nachfolgende Entscheidung des Auftraggebers entsteht unvermeidbare Stillstandszeit.[137]

Verschulden des Auftraggebers ist zu bejahen, wenn:

– die Baugenehmigung nicht erteilt wird, weil der Nachbar Widersprich einlegt; die nachbarrechtliche Situation vor Einreichung des Baugesuchs zu klären, entspricht der im Verkehr erforderlichen Sorgfalt
– der geplante Zeitablauf **des Auftraggebers objektiv nicht realisierbar ist oder** keine Reserven aufweist und deshalb jede Störung sofort den ganzen Zeitplan umwerfen muss
– eine Vorleistung nicht rechtzeitig bereitgestellt wird; sofern diese Vorleistung nicht durch den Auftraggeber selbst, sondern durch vom Auftraggeber beauftragte Unternehmer zu erbringen wäre, stellt sich das Problem der „Vorunternehmerhaftung" (dazu → Rn. 63).

63 **5. Haftung des Auftraggebers im Rahmen von Mitwirkungspflichten für seine Erfüllungsgehilfen – „Vorunternehmerhaftung".** Wenn der Auftraggeber sich zur Erfüllung seiner Mitwirkungspflichten Dritter bedient, haftet er für sie als seine **Erfüllungsgehilfen** gemäß § 278 BGB, also zB für seinen Tragwerkplaner wegen der verspäteten Vorlage von Schal- oder Bewehrungsplänen, für den Objektplaner (Architekt) bei verspäteter Vorlage vertraglich geschuldeter Ausführungszeichnungen oder für andere Unternehmer, wenn sie statt des Auftraggebers zB Koordinationsaufgaben wahrzunehmen haben (der Unternehmer für Technische Ausrüstung muss beispielsweise vertraglich dem Unternehmer für Bauleistungen seine Ausführungspläne rechtzeitig zur Verfügung stellen). Ein Ausschluss dieser Erfüllungsgehilfenhaftung in AGB des Auftraggebers ist immer unwirksam wegen Verstoßes gegen § 307 BGB.

Voraussetzung ist natürlich, dass die geschuldete Mitwirkung auch wirklich **Pflicht** des Auftraggebers ist, was für nahezu alle Mitwirkungshandlungen gänzlich unbestritten ist.[138] Lediglich die Bereitstellung des baufertigen Grundstücks bzw. einer entsprechenden baulichen Vorleistung hatte der Bundesgerichtshof bisher vom Auftraggeber geschuldete Mitwirkung nicht als Pflicht, sondern nur Obliegenheit behandelt, schon deshalb könne sich der Auftraggeber eines vorleistenden Unternehmers, auf dessen Leistung der nachfolgende Unternehmer aufbaut, nicht „zur Erfüllung einer Pflicht bedienen", also hafte der Auftraggeber zB gegenüber dem Rohbauer für die verspätete Erstellung der Baugrube durch den Erdbauer nicht nach § 6 Abs. 6 S. 1 VOB/B, der Nachfolgeunternehmer bleibe also auf seinem Schaden sitzen – so der BGH in der Entscheidung **„Vorunternehmer I"**,[139] denn der Auftraggeber „wolle sich regelmäßig dem einzelnen Auftragnehmer nicht zur Erbringung der notwendigen Vorarbeiten verpflichten". Das ist eine unerhebliche Behauptung: Der konkrete Pflichtenkreis des Schuldners (hier des Auftraggebers als Schuldner der Mitwirkungspflicht) wird bestimmt durch „Art und Inhalt des jeweiligen Schuldverhältnisses" (hier also eines nicht auf nur punktuellen Leistungsaustausch gerichteten Bauvertrages).[140] Der Gesetzgeber selbst hat Art und Inhalt jedenfalls des Bauvertrages konkret bestimmt: „Mängel" der vom Auftraggeber **gelieferten** Stoffe sind gemäß §§ 644, 645 BGB zweifelsfrei allein vom Auftraggeber zu tragen, das beizubringende Grundstück ist mit

---

[134] Zu den Ansprüche aus § 642 BGB näher → Rn. 91.
[135] Zum Beispiel OLG Celle BauR 1995, 552.
[136] OLG Düsseldorf BauR 1991, 337. Dann bestehen aber Ansprüche aus § 2 Abs. 8 Nr. 2, 3 VOB/B.
[137] Näher *Kapellmann/Schiffers/Markus* Vergütung I Rn. 1350, 771. Der BGH behandelt alle diese Fälle nun als Obliegenheitsverletzung, → Rn. 51.
[138] **Beispiele** dazu → Rn. 55. Näher → Rn. 48.
[139] BGH BauR 1985, 561 = BGHZ 95, 128 – Vorunternehmer I.
[140] So schon RGZ 101, 158 (1921), ständige Rechtsprechung, zB BGHZ 48, 121, unbestritten. Zutreffend dazu *Inge Jagenburg* FS Mantscheff, 99 ff.

Baugrund und Grundwasser „Stoff".¹⁴¹ Die Lieferung (Bereitstellung) von mangelfreiem Grundstück und mangelfreier baulicher Vorleistung ist deshalb genauso echte Pflicht des Auftraggebers wie die Erbringung von Plänen,¹⁴² sofern nicht der Vertrag etwas anderes regelt. Die Haftung hier des Auftraggebers innerhalb seines Pflichtenkreises hängt nicht davon ab, ob er haften will. Die Entscheidung „Vorunternehmer I" ist deshalb mit Recht nahezu einhellig abgelehnt worden; sie war nicht nur dogmatisch unhaltbar, sondern führte auch zu untragbaren Ergebnissen;¹⁴³ der BGH lehnte dabei auch die Anwendbarkeit des § 642 BGB neben § 6 Abs. 6 VOB/B ab.

64 Gut 14 Jahre hat der BGH an dieser verfehlten Rechtsprechung festgehalten, im Jahre 1999 hat er dann in der Entscheidung **„Vorunternehmer II"**¹⁴⁴ erfreulicherweise das Ergebnis korrigiert, aber nicht – wie zu erwarten – mit der Begründung, der Auftraggeber habe eine Bereitstellungspflicht, zur Erfüllung dieser Pflicht vom Auftraggeber eingesetzte Vorunternehmer seien Erfüllungsgehilfen des Auftraggebers, sondern dahin – mit einigen dogmatischen Verrenkungen –, dass der Auftragnehmer gegen den Auftraggeber einen Anspruch aus § 642 BGB habe, wie es jetzt auch in Satz 2 Inhalt der VOB/B ist.

Vorweg ist der BGH unter Verweis auf „Vorunternehmer I" ohne ein weiteres Wort der Begründung dabei geblieben, die Bereitstellungspflicht von Grundstück und baulicher Vorleistungen sei nicht Pflicht, sondern nur Obliegenheit. Das ist unzutreffend, und zwar schon beim BGB-Vertrag, erst recht aber beim VOB-Vertrag.¹⁴⁵ Damit hat sich der BGH den Weg zur Anwendung des § 6 Abs. 6 S. 1 erneut verstellt. Um das jetzt aber auch nach Meinung des BGH untragbare Ergebnis zu vermeiden, nahm der BGH in Abweichung von seiner früheren Rechtsprechung an, neben § 6 Abs. 6 VOB/B könne auch § 642 BGB angewandt werden. § 642 BGB erfordert kein Verschulden des Auftraggebers, das „Erfüllungsgehilfenproblem" löst sich damit scheinbar in Luft auf, denn § 278 BGB behandelt die Zurechnung fremden **Verschuldens**. Allerdings hätte der BGH dann durchaus eine Begründung dafür geben dürfen, warum denn bei Einstufung einer Mitwirkungshandlung als Obliegenheit der Auftraggeber für die einstehen muss, derer er sich zur Erfüllung seiner Obliegenheit bedient, ob es also eine „Haftung für Obliegenheitsgehilfen" gibt.¹⁴⁶

Entgegen der Auffassung des BGH war § 6 Nr. 6 VOB/B aF speziell gegenüber § 642 BGB, § 642 BGB war also auf Ansprüche des Auftragnehmers wegen mangelhafter Mitwirkung des Auftraggebers beim VOB-Vertrag **nicht** anwendbar.¹⁴⁷

§ 6 Abs. 6 S. 2 VOB/B gewährt **heute – aber nicht nur bei Vorunternehmerfällen!**¹⁴⁸ – **Ansprüche aus § 642 BGB**. Deren einzelne Voraussetzungen sowie die Berechnung des „Entschädigungsanspruches" aus § 642 BGB erörtern wir deshalb gesondert.¹⁴⁹

65 **6. Die Darlegungs- und Beweislast zur haftungs*begründenden* Kausalität.** Der Nachweis der „Rechtsgutverletzung", dh der vertragswidrigen Störung, betrifft die haftungsbegründende Kausalität. Bei ihr gibt es keine Beweiserleichterungen, keine Schätzungsmöglichkeiten nach § 287 ZPO. Der Auftragnehmer muss deshalb voll darlegen und beweisen¹⁵⁰
— den Tatbestand der Störung, zB verspätete Planvorlage
— im Beispielsfall: die Fälligkeit der Planbeibringung, dh, wann der Auftraggeber den Plan vertragsgemäß zu liefern hatte
— wie lange der Störungszeitraum gedauert hat
— dass er die Störung (Behinderung) angezeigt hat bzw. dass Störung und behindernde Folge offenkundig waren.

---

¹⁴¹ BGH BauR 1986, 203; *Kapellmann/Schiffers/Markus* Vergütung I Rn. 713; unbestritten. Auch → VOB/B § 2 Rn. 43.
¹⁴² Zur näheren Begründung → Rn. 48 ff.
¹⁴³ Einzelheiten *Kapellmann/Schiffers/Markus* Vergütung I Rn. 1369. Ablehnend wie hier zB OLG Düsseldorf BauR 1999, 1309 mit Anmerkung *Kniffka*; Jansen in NWJS VOB/B § 10 Rn. 14; Hartung in Beck VOB/B § 4 Abs. 1 Rn. 15.
¹⁴⁴ BGH NZBau 2000, 187 = BauR 2000, 722 – Vorunternehmer II.
¹⁴⁵ Einzelheiten dazu → Rn. 49 ff.
¹⁴⁶ Was im Ergebnis zu bejahen ist; zum Problem MüKoBGB/*Grundmann* BGB § 278 Rn. 24; Raab JZ 2001, 251. Vgl. auch → VOB/B § 10 Rn. 7.
¹⁴⁷ Einzelheiten dazu → Rn. 48–50.
¹⁴⁸ Zutreffend *Leinemann/Kues* VOB/B § 6 Rn. 154.
¹⁴⁹ Unter → Rn. 91 ff.
¹⁵⁰ BGH NZBau 2005, 387 = BauR 2005, 857 – Behinderungsschaden III; BGH NZBau 2005, 335 = BauR 2005, 681 – Behinderungsschaden IV; Kapellmann/Schiffers Vergütung I Rn. 1612, 1613.

Diese Beweisregelung versteht sich auch von selbst: Es unterliegt bestimmt nicht der Schätzung, ob ein Plan verspätet geliefert worden ist oder nicht.

Der **Auftraggeber** muss nach allgemeiner Auffassung gemäß § 297 BGB die **fehlende Leistungsbereitschaft** des Auftragnehmers darlegen und beweisen, ebenso einen Verstoß des Auftragnehmers gegen seine Schadensminderungspflicht nach § 6 Abs. 3.[151]

Das Verschulden des Auftraggebers hat der Auftragnehmer nicht darzulegen und zu beweisen, der Auftraggeber kann sich aber entlasten (→ Rn. 619). Zur Darlegungs- und Beweislast hinsichtlich Schadensverursachung und -umfang, also zur haftungsausfüllenden Kausalität → Rn. 86 ff.

66 **7. Der Schaden des Auftragnehmers. a) Schadensbegriff.** Der Auftraggeber muss den durch die von ihm zu vertretende Störung (zum Begriff → Rn. 1) verursachten[152] Schaden ersetzen. Schaden ist die Differenz zwischen hypothetischer ursprünglicher Vermögenslage des Auftragnehmers – die es gegeben hätte, wenn es keine Störung gegeben hätte – und heutiger tatsächlicher Vermögenslage, so wie sie durch die Störung verursacht ist.[153] Während bei Vergütungsnachträgen die durch Leistungsmodifikationen tatsächlich entstehenden Kosten im Prinzip keine Rolle spielen, weil die Nachtragsvergütung auf kalkulativer Basis ermittelt wird[154] – also wie bei Angebotsabgabe: Der Bieter versucht, die künftig entstehenden Kosten zu ermitteln (zu kalkulieren) und bietet einen daraus gebildeten Preis an –, ist es beim Behinderungsschadensersatz genau umgekehrt. Ersetzt wird die Differenz zwischen hypothetischen ungestörten Kosten und tatsächlich eingetretenen störungsbedingten Kosten. Ein Beispiel verdeutlicht den wesentlichen Unterschied der beiden Berechnungsarten: Der Auftraggeber ordnet einen Baustopp an, deswegen steht ein Nachunternehmer des Auftragnehmers 3 Wochen beschäftigungslos auf der Baustelle herum; er berechnet dafür dem Auftragnehmer aber nichts, weil er sich davon geschäftspolitisch Vorteile verspricht. Bei zeitlichen Anordnungen des Auftraggebers kann sich der Auftragnehmer aussuchen, ob er nach § 2 Abs. 5 (Vergütungsnachtrag) oder nach § 6 Abs. 6 S. 1 (Behinderungsschadensersatz) vorgeht.[155] Wählt er § 2 Abs. 5, erhält er Mehrvergütung, weil **kalkulatorisch** für Stillstandszeiten (Mehr-)Kosten anfallen; wählt er § 6 Abs. 6 S. 1, erhält er nichts, weil es beim Behinderungsschadensersatz nur auf die Differenz zwischen der hypothetischen und tatsächlichen Kosten ankommt; dabei wird dieser Schadensersatzbetrag auch ermittelt ohne Abzug eventuell vereinbarter **Skonti** oder **Nachlässe**. Diese bisher für „Behinderungsnachträge" so wesentliche Unterscheidung hat völlig an praktischer Bedeutung verloren, weil § 6 Abs. 6 S. 2 die Anwendung von § 642 BGB neben § 6 Abs. 6 S. 1 VOB/B bei Behinderungen aus mangelhafter Mitwirkung des Auftraggebers zulässt;[156] Nach § 642 BGB erhält der Auftragnehmer nämlich „Entschädigung", die genau wie ein Vergütungsnachtrag kalkulativ berechnet wird.[157]

67 **b) Gestörte Bauabläufe führen zu typischen Schäden**[158]. **aa)** Infolge der Störung läuft die Produktion nicht mehr glatt (nicht mehr wie vorgeplant), holprig (improvisiert). Die Produktivität des Baustellenpersonals sinkt („Intensitätsabfälle"), dh, dass Personal kostet genauso viel wie vorher, leistet aber weniger (dazu → Rn. 68). Es muss zusätzliches Personal eingesetzt werden, oder das Personal braucht länger.

bb) Diese und ähnliche Störfaktoren können zu Bauzeitverlängerungen und -Verschiebungen führen. Außer den Kosten zu aa) entstehen dann Mehrkosten zB für Lohnerhöhungen in der verlängerten Zeit oder zusätzliche zeitabhängige Kosten, zB für die verlängerte Vorhaltung der Baustelleneinrichtung oder das Bauleitungspersonal. Einmal entstandene Stillstandskosten bleiben bestehen, auch wenn die infolge von Stillstandszeiten eingetretene Verzögerung wieder aufgeholt wird.[159]

---

[151] *Markus* NZBau 2014, 688 (689); Palandt/*Grüneberg* § 254 Rn. 72; unzutreffend deshalb OLG Köln NZBau 2014, 626 = NJW 2014, 1313.

[152] Zur Darlegung und zum Beweis des Ursachenzusammenhangs zwischen Störung und Schaden im Einzelnen → Rn. 86.

[153] BGH BauR 1986, 347 – Behinderungsschaden I, unbestritten.

[154] Näher → VOB/B § 2 Rn. 213, Ausnahmen → Rn. 214–216.

[155] Zu diesem Wahlrecht → Rn. 59.

[156] BGH NZBau 2000, 187 = BauR 2000, 722 – Vorunternehmer II. Dem ist aber **nicht** zu folgen, → Rn. 48 ff., 67.

[157] Einzelheiten → Rn. 92 ff.

[158] Vollständige Aufstellung aller möglichen Schadensfolgen *Kapellmann/Schiffers/Markus* Vergütung I Rn. 1419–1454.

[159] *Kapellmann/Schiffers/Markus* Vergütung I Rn. 1476 ff.; *Werner/Pastor* Bauprozess Bauprozess, Rn. 2343; *Markus* NZBau 2014, 92 (94); → Rn. 33.

cc) Die Störung kann so intensiv sein, dass ein Baustellenstillstand eintritt. Dann entstehen für nicht kurzfristig abbaubare Produktionsfaktoren Kosten (zB unbeschäftigtes Personal, das ist gewissermaßen der Intensitätsabfall auf „Null") und wieder zusätzliche zeitabhängige Kosten wie bei bb).

dd) Die Störung verursacht auch sonstige Kosten, zB Schadensermittlungskosten (etwa die Kosten eines Sachverständigen), zusätzliche Finanzierungskosten oder zusätzliche Kosten für die Erstellung eines ansonsten nicht erforderlichen Aufmaßes (→ Rn. 76 ff.).

c) Auswirkung auf einzelne Kostenelemente sowie (Wagnis und) Gewinn. aa) Auswirkung auf Direkte Kosten. Die vorgenannten Folgen führen zu erhöhten oder zusätzlichen **Direkten Kosten.**[160] In verlängerter Bauzeit zB entstehende erhöhte Lohnkosten, Materialkosten oder Nachunternehmerkosten sind zu ersetzen;[161] eine widersprechende AGB-Klausel des Auftraggebers wäre unwirksam. Basis für die Berechnung der Mehrkosten ist die Arbeitskalkulation (näher → Rn. 83). Die Mehrkosten infolge störungsbedingt verringerter Produktivität („**Intensitätsabfall**" oder „**Minderleistung**") können durch Ist-Stundenerfassung und einen Aufwand-Soll-Ist-Vergleich (Vergleich ungestörter mit gestörter Periode) plausibel ermittelt werden; es gibt auch zulässig zu schätzende Erfahrungswerte.[162] Bei Baustillstand zu ersetzende zusätzliche zeitabhängige Direkte Kosten, zB für unbeschäftigtes Personal oder Gerät,[163] sind zu ersetzen, soweit diese Kosten nicht kurzfristig abbaubar sind. Die Tatsache, dass der Auftragnehmer zB das Personal unabhängig vom störungsbedingten Stillstand ohnehin hätte bezahlen müssen, ist kein Argument gegen die Bewertung als Schaden: Der Auftragnehmer hat seine Produktionsmittel durch den Bauvertrag für diese Baustelle gebunden, er kann sie nicht (mehr) anderweitig kostendeckend und gewinnbringend einsetzen; seine zweckgebundenen Aufwendungen führen zum Schaden, wenn sie ohne die vereinbarte Gegenleistung bleiben. Diese „normative" Fortentwicklung des Schadensbegriffes im Rahmen der Differenzhypothese (vgl. → Rn. 70) beruht auf der von der Rechtsprechung zutreffend entwickelten „Rentabilitätsvermutung", hier sowohl für Personal wie für Gerät zutreffend ausgedrückt als „Beschäftigungsvermutung".[164] Diese Bewertung als Schaden ist durch das Schuldrechtsmodernisierungsgesetz bestätigt worden.[165]

Es können auch sonstige zusätzliche Direkte Kosten entstehen, zB zusätzliche Kosten der Winterfestmachung, zusätzliche Kosten für An- und Abtransport abziehbarer Geräte, höhere Versicherungsprämien oder dergleichen.

bb) Beaufschlagung mit Baustellengemeinkosten. Auf den Schadensersatz für behinderungsbedingte Direkte Kosten werden keine prozentualen Baustellengemeinkosten **umgelegt.**[166] Die Umlage dient der Deckung der auf dieser Baustelle entstehenden, auf Kalkulations-

---

[160] Zum Begriff → VOB/B § 2 Rn. 139.
[161] BGH 22.11.1973 – VII ZR 14/72, zitiert nach *Schmidt* WM 1974, 294; OLG Düsseldorf BauR 1996, 862 mit Anmerkung *Kapellmann*.
[162] Näher *Kapellmann/Schiffers/Markus* Vergütung I Rn. 1422, 1594, 1632, 1633; VJLR Rn. B 383, 422; *Reister/Silbe* in Leinemann VOB/B § 6 Rn. 254; *Voit* in Messerschmidt/Voit Privates Baurecht, VOB/B § 6 Rn. 16.
[163] Für Baugeräteliste näher → Rn. 82.
[164] BGH BauR 1986, 347 –Behinderungsschaden I „.. für Arbeitskräfte, Maschinen und Geräte"; *Vygen/Joussen/LangRasch* Rn. A 814; speziell zur „Rentabilitätsvermutung" für Gerät *Kapellmann/Schiffers/Markus* Vergütung I Rn. 1443 sowie *Kniffka/Koeble* Kompendium Teil 8 Rn. 60, zur Berechnung für Gerät hier → Rn. 82.
[165] Siehe dazu Begründung zum Regierungsentwurf Schuldrechtsmodernisierungsgesetz vom 9.5.2001, S. 326, 327. Für Schadensersatzansprüche statt der Leistung gewährt § 284 BGB nach Wahl des Geschädigten Aufwendungsersatz statt Schadensersatz. Das trifft im vorliegenden Fall nicht, denn die hier diskutierten Ansprüche aus mangelhafter Mitwirkung sind Ansprüche des Auftragnehmers aus Verzug oder positiver Vertragsverletzung (→ Rn. 57), aber nicht Schadensersatzansprüche statt der Leistung. Demzufolge greift § 284 BGB nicht ein. Ganz abgesehen davon schließt § 284 BGB schon generell Schadensersatzansprüche wegen frustrierter Aufwendungen in Fällen, in denen die Rentabilitätsvermutung zieht, nicht aus; BGH NJW 2005, 2848. Die amtliche Begründung macht deutlich, dass § 284 BGB Auffangtatbestand für solche Fälle sein soll, in denen der Schadensersatz zu verneinen ist, weil die Rentabilitätsvermutung nicht greift (zB bei ideellen Zwecken des Gläubigers. In solchen Fällen soll § 284 BGB dem Geschädigten statt des (zu verneinenden) Schadensersatzes Aufwendungsersatz gewähren. Es wäre merkwürdig, wenn ein Geschädigter, der mit dem Rechtsgeschäfts Erwerbszwecke verfolgt, in solchen Fällen seine Aufwendungen nur noch über § 284 BGB ersetzt bekäme, dafür aber auf zB entgangenen Gewinn verzichten müsste. Wie hier Palandt/*Grüneberg* BGB § 284 Rn. 5.sowie§ 281 Rn. 23 mit Nachweisen.
[166] Zum Begriff und zur Umlagemethodik → VOB/B § 2 Rn. 139.

basis bewerteten Baustellengemeinkosten. Solange die Störung keine zusätzlichen Baustellengemeinkosten verursacht, entsteht auch kein zu ersetzender Schaden. Entstehen zusätzliche Baustellengemeinkosten – prototypisch die zusätzlichen zeitabhängigen Kosten: Der Baustellencontainer muss einen Monat länger vorgehalten werden, der Bauleiter muss einen Monat länger auf der Baustelle bleiben –, so sind diese im Behinderungsstadium entstehenden Kosten problemlos auf die jeweilige Behinderung zu beziehen und kostenkalkulatorisch damit nichts anderes als „Direkte Kosten der Behinderung", die selbstverständlich zu ersetzen sind, aber eben selbstverständlich nicht ihrerseits prozentual mit Baustellengemeinkosten beaufschlagt werden.[167]

Solange es keine solchen weiteren Direkten Kosten gibt, sind die bisher angesetzten Baustellengemeinkosten durch die Vertragsvergütung nach wie vor gedeckt. Zusammenfassend werden also die insgesamt entstehenden Direkten Kosten nicht noch einmal prozentual mit Baustellengemeinkosten beaufschlagt.

Hat der Auftragnehmer die Baustellengemeinkosten jedoch nicht projektbezogen kalkuliert und im Wege der Umlagekalkulation auf die Einzelkosten der Teilleistungen umgelegt, sondern über – nicht projekt-, sondern unternehmensbezogen – vorbestimmte Zuschlagsätze aufgeschlagen, gilt wie für mit vorbestimmten Zuschlagsätzen kalkulierte Allgemeine Geschäftskosten (dazu sogleich u. → Rn. 70ff.) aufgrund der Rentabilitätsvermutung (dazu bereits → Rn. 68) folgendes: Die direkten Behinderungsmehrkosten (oben aa)) können mit dem vorbestimmten Zuschlagsatz beaufschlagt werden.[168] Mehrkosten wegen eines verlängerten Anfalls zeitabhängiger Baustellengemeinkosten – zB wegen verlängerter Vorhaltung eines Baucontainers – können dann aber natürlich nicht zusätzlich als direkte Behinderungsmehrkosten geltend gemacht werden.

70 **cc) Beaufschlagung mit Allgemeinen Geschäftskosten.** Allgemeine Geschäftskosten[169] werden in der Regel mit **vorbestimmten Zuschlagsätzen** auf die Herstellkosten (bei behinderungsbedingtem Schadensersatz nur auf die Direkten Kosten, wenn keine zusätzlichen Baustellengemeinkosten aufgeschlagen werden, siehe oben Rdn. 69) **aufgeschlagen.** Allgemeine Geschäftskosten sind genauso Kosten wie Direkte Kosten und Baustellengemeinkosten; ohnehin hängt die Bewertung als Direkte Kosten oder als Gemeinkosten im Einzelfall vom jeweils angewandten Kalkulationssystem ab. Die Problematik ist bei allen Kostenarten identisch: Für die Vertragerfüllung werden zB Arbeitskräfte vor Ort (= Direkte Kosten) und anteilig-abstrakt Arbeitskräfte generell (zB die Lohnbuchhaltung = „Allgemeine Geschäftskosten") bereitgestellt. Wenn sie bereit stehen, aber nicht die vertraglich vereinbarte Gegenleistung erwirtschaften (Werklohn), erleidet der Auftragnehmer einen Schaden. Für **beide** Kostenverursacher gilt die Rentabilitäts- und Beschäftigungsvermutung, die es in normativer Weiterentwicklung des Schadensbegriffes im Rahmen der Differenzhypothese erlaubt, die „frustrierten Aufwendungen" als Schaden zu bewerten. Demzufolge ist es mit Recht nahezu **unbestritten,** dass die behinderungsbedingten Direkten Kosten prozentual mit dem für „Allgemeinen Geschäftskosten" kalkulierten Zuschlagsatz gemäß Angebots- bzw. Auftragskalkulation beaufschlagt werden. Eine Verneinung würde dazu führen, dass jede Behinderung infolge ungedeckter Allgemeiner Geschäftskosten unweigerlich zum Verlustgeschäft für den Auftragnehmer würde; Sinn des Behinderungsschadensersatzes ist aber gerade, die Vermögensnachteile infolge der Behinderung auszugleichen.

71 Die Rechtsprechung hatte früher die Beaufschlagung mit Allgemeinen Geschäftskosten mit der Begründung abgelehnt, die Allgemeinen Geschäftskosten hätten sich durch die Behinderungen nicht verändert, zu ersetzen seien nur „**erhöhte** Gemeinkosten".[170] Das erste Argument ist durch die Rechtsprechung selbst längst überholt, die „Rentabilitätsvermutung" erlaubt es ja gerade, diese (angeblichen) „Ohnehin-Kosten" als Schaden einzustufen.[171] Das zweite liegt

---

[167] Ebenso *Althaus/Bartsch* in Althaus/Heindl Bauauftrag Teil 4 Rn. 176/1.
[168] So zutreffend *Althaus/Bartsch* aaO Bauauftrag Teil 4 Rn. 176/2, sowie *Bartsch* BauR 2012, 1841 (1843).
[169] Zum Begriff und zur Zuschlagsmethodik → VOB § 2 Rn. 139.
[170] BGH BauR 1976, 128; KG ZfBR 1984, 129; *Döring* in Ingenstau/Korbion VOB/B § 6 Abs. 6 Rn. 39.
[171] „Zurecht hat der Sachverständige die so ermittelten Behinderungskosten auch noch **um die Allgemeinen Geschäftskosten** erhöht (Anmerkung: **Zuschlag von 11%**), denn auch diese Allgemeinen Geschäftskosten gehören baubetrieblich zum Schaden der Klägerin, da sie bei der Fertigstellung des Bauwerks ohne Stillstandszeit diese Allgemeinen Geschäftskosten bei dem Folgeauftrag im Allgemeinen erwirtschaftet hätte, da auch diese Allgemeinen Geschäftskosten Grundlage der Kalkulation des Bauunternehmers sind. Da die Klägerin für die Dauer der Stillstandszeit sowohl an der Erwirtschaftung der Kosten für Maschinen und Geräte als auch an der Erwirtschaftung der darauf üblicherweise entfallenden Allgemeinen Geschäftskosten gehindert worden ist, gehört dies zu dem dem Unternehmen nachweislich entstandenen Schaden", so OLG

neben der Sache: Ließe sich ein erhöhter Einsatz einzelner Verursacher von Allgemeinen Geschäftskosten ausnahmsweise einer Behinderung zuordnen (Beispiel: Der Bauhof muss für diese Baustelle Sonderschichten einlegen; der Baukaufmann wird nur für diese Baustelle eingesetzt), so wären das **"Direkte Kosten"** der Behinderung und könnten als solche im Wege des Schadensersatzes geltend gemacht werden. Das hat aber mit der Frage, ob Direkte Kosten der Behinderung generell mit Allgemeinen Geschäftskosten beaufschlagt werden dürfen, nichts zu tun.

Eine wiederum andere, sehr spezielle Frage ist es, ob nicht der durch behinderungsbedingte Verschiebung einer Leistung in ein Folgejahr im Ursprungsjahr durch den Leistungsentfall entstehende **Deckungsbeitragsverlust** an Allgemeinen Geschäftskosten **als solcher** schon Schaden ist. Insbesondere einzelne Baubetriebler bejahen das mit der Begründung, der insoweit einmal eingetretene Verlust könne nicht mehr aufgeholt werden.[172] Dass das **rechtlich ein Trugschluss ist**, leuchtet sofort ein, wenn man die Parallele zum entgangenen Gewinn zieht; entgangene Verlustminderung durch fehlende Deckungsbeiträge oder entgangener Gewinn werden (im Rahmen des § 252 BGB) gleich behandelt:[173] Wenn der für September/Oktober/November 2011 erwartete Gewinn nicht erwirtschaftet werden kann, weil die Baustelle still steht, dann aber die Leistung im Februar/März/April 2012 nachgeholt wird, so ist kein Gewinn entgangen, der Gewinn fällt nur später an. Würde, weil das Unternehmen für das Jahr 2011 einen Gesamtgewinn unter Einschluss des prognostizierten Gewinns aus dem Geschäftsjahr September/Oktober/November 2011 geplant hat, dieser Gewinnausfall des Jahres 2011 ersetzt, so könnte für die Leistung im Februar/März/April 2012 der Gewinn in Form des Gewinnzuschlages nicht nochmals vergütet werden, da anderenfalls der Auftragnehmer doppelt bezahlt würde. Bei Allgemeinen Geschäftskosten, die nach Jahresperiode ermittelt und umgelegt werden, hinge darüber hinaus die Zubilligung von Ersatz für ausgefallenen Deckungsbeiträge für Allgemeine Geschäftskosten – richtig: für nur zeitlich verschoben anfallende Deckungsbeiträge – von dem Zufall ab, ob der Nachholzeitpunkt in die folgende Jahresperiode fiele – dann Erstattung des Ausfalls in der Vorperiode – oder noch in der laufenden Jahresperiode anfiele – dann keine Erstattung.[174] Tatsächlich wendet der Auftragnehmer bestenfalls Vorfinanzierungszinsen auf.

Im Übrigen trifft es jedenfalls für den Regelfall, dass die Deckung der Allgemeinen Geschäftskosten nicht im Wege der – höchst theoretisch auch hier denkbaren – Umlagekalkulation (also Umlage eines durch den konkreten Auftrag zu erwirtschaftender Deckungsbeitrags) projektbezogen kalkuliert wird, sondern mit vorbestimmten Zuschlagsätzen, nicht zu, dass dem Auftragnehmer durch eine zeitliche Verschiebung bei einem konkreten Auftrag eine kalkulierte Deckung entgeht. Denn bei der Zuschlagskalkulation wird gerade nicht mit einer auftragsbezogenen Deckung kalkuliert. Die Allgemeinen Geschäftskosten sind hier nicht dem einzelnen Auftrag (der einzelnen Baustelle) zugewiesen, sondern allen Aufträgen des Unternehmens insgesamt, also „jedem Euro" Herstellkosten, egal, aus welchem Auftrag, welchem (Bauinhalts- oder Bauzeit-)

Düsseldorf BauR 1988, 487 (490) (Revision vom BGH nicht angenommen); ebenso OLG München BauR 1992, 74 (Revision vom BGH nicht angenommen); VJLR Teil A Rn. 778 für „zeitabhängige (?) AGK" und Rn. 798 sowie Teil B Rn. 258; *Kapellmann/Schiffers/Markus* Vergütung I Rn. 1430.

[172] ZB *Reister/Silbe* in: Leinemann VOB/B § 6 Rn. 256, 265. *Berger* in Beck VOB/B § 6 Abs. 3 Rn. 96 will die in der Urkalkulation enthaltenen Allgemeinen Geschäftskosten durch die Vertragsbauzeit dividieren und diesen „zeitvariablen Einheitsbetrag" mit der Bauzeitverlängerung multiplizieren, dh, für jeden Tag Bauzeitverschiebung erhält der Auftragnehmer denselben Betrag an ausgefallenen Allgemeinen Geschäftskosten! Abgesehen von der grundsätzlich fehlenden Ersatzmöglichkeit ist diese Lösung auch gleich aus zwei weiteren Gründen unrichtig: Wenn im Mai 20 Tage Bauzeitverlängerung anfallen, die Baustelle aber insgesamt im Oktober fertig wird, entfällt in der Jahresperiode überhaupt kein Deckungsbeitrag, also ist auch nichts zu ersetzen. Außerdem unterstellt diese Lösung, dass Allgemeine Geschäftskosten linear pro Arbeitstag erwirtschaftet werden, was auch offensichtlich falsch ist: Wenn zB in einer Bauzeit von 10 Monaten 80% der Wertschöpfung in 3 Monaten mit technologischer Höchstleistung erwirtschaftet werden, fallen in den restlichen 7 Monaten insgesamt nur 20% Deckungsbeitrag an. Im Rahmen einer Zuschlagskalkulation sind die Allgemeinen Geschäftskosten nicht Zeiteinheiten als kostenverursachend zugeordnet (deshalb unzutreffend Vygen/Joussen/Schubert/Lang Rn. A 625). Der Deckungsbeitrag gilt nicht „pro Tag", sondern „pro Euro". Wie hier OLG Köln IBR 2015, 184; *Zimmermann* NZBau 2012, 1; *Eschenbruch/Fandrey* BauR 2011, 1223. *Althaus/Bartsch* in Althaus/Reindl Der öffentliche Bauvertrag, Teil 4, Rn. 226. Anderer Ansicht *Roquette/Viering/Leupertz* Handbuch Bauzeit, Rn. 897–921; *Leinemann/Kues* VOB/B § 6 Rn. 173–177. auch → § 2 Rn. 223.

[173] BGH NJW 2007, 1806 (1808).

[174] Dazu umfassend mit weiterer Begründung *Kapellmann/Schiffers/Markus* Vergütung I Rn. 1434–1435.

"Nachtrag" oder welcher (Behinderungs-)Schadensposition er herrührt. Die "Rentabilitätsvermutung" lautet hier: Wenn jeder "Euro" Herstellkosten, egal durch welchen Auftrag er erwirtschaftet wird, mit dem kalkulierten Zuschlagsatz beaufschlagt wird, werden die Allgemeinen Geschäftskosten gedeckt. Andernfalls wäre auch nicht erklärlich, dass AGK-Zuschläge im Rahmen von § 2 Abs. 5, 6 richtigerweise ohne weiteres "rein umsatzbezogen" aufgeschlagen werden dürfen, auch wenn sich die Bauzeit nicht verändert.[175]

73   **dd) Beaufschlagung mit Wagnis.** Wagnis hat entgegen der noch gängigen Praxis keine selbstständige kalkulatorische Bedeutung,[176] sondern ist Bestandteil des Gewinns (oder Verlusts); die Direkten Kosten der Behinderung werden **deshalb** mit dem kalkulierten Prozentsatz für (Wagnis und) Gewinn beaufschlagt (zum Gewinn → Rn. 74).

74   **ee) Beaufschlagung mit Gewinn, Haftungsbeschränkung in § 6; AGB-Konformität der Haftungsbeschränkung.** Nach § 6 Abs. 6 S. 1 wird entgangener Gewinn nur dann ersetzt, wenn dem behindernden Vertragsteil Vorsatz oder grobe Fahrlässigkeit zur Last fällt. Der Ausschluss des Schadensersatzes auf entgangenen Gewinn ist auch in Allgemeinen Geschäftsbedingungen gemäß § 309 Nr. 7 lit. b BGB zulässig. Zwar kann trotz dieser grundsätzlichen Erlaubnis dennoch die Anwendung der Generalklausel des § 307 BGB ergeben, dass die Klausel unwirksam ist, weil sie den Vertragspartner des Verwenders entgegen den Geboten von Treu und Glauben unangemessen benachteiligt (Abs. 1) oder wesentliche Rechte aus dem Vertrag so einräumt, dass die Erreichung des Vertragszwecks gefährdet ist (Abs. 2 Alternative 2). Der ganze Sinn des § 6 Abs. 6 besteht aber darin, bei **bestehendem Vertrag** ein beiderseits gleiches Haftungssystem zu schaffen und die Risiken der vertragstreuen Vertragspartner zu beschränken. Unter diesem Aspekt ist es auf jeden Fall akzeptabel, die Haftung des Auftraggebers bei einfacher Fahrlässigkeit dafür auszuschließen, dass dem Auftragnehmer durch die Behinderung auf einer **anderen** Baustelle, die er ohne die Behinderung hätte beginnen oder verstärken können, Gewinn entgeht. Dagegen ist es äußerst zweifelhaft, ob dem Auftragnehmer auch der Gewinnzuschlag auf die Selbstkosten (im Behinderungsfall: Direkte Kosten plus prozentualer Aufschlag mit Allgemeinen Geschäftskosten) bei auftraggeberseitiger Behinderung genommen werden darf. Tatsächlich ist **das** eine zu gravierende Abweichung vom Gesetz: Das BGB gewährt dem Auftragnehmer "Entschädigung" gemäß § 642 BGB sogar dann, wenn den Auftraggeber an der mangelhaften Mitwirkungshandlung **kein** Verschulden trifft, aber selbst dieser "Entschädigungsanspruch" umfasst den entgangenen, kalkulierten Gewinn. Dagegen spricht auch eine Überlegung, die der BGH vor Inkrafttreten des AGB-Gesetzes für die umgekehrte Haftungsbeschränkung aufgestellt hat: Der Ausschluss des entgangenen Gewinns des Auftraggebers sei hinnehmbar, weil der Schaden zB aus einem nicht vermieteten Objekt "schwer überschaubar" sei.[177] Der entgehende Gewinn des Auftragnehmers auf einer Baustelle ist aber im Prinzip genau bekannt, es ist der kalkulatorische Gewinnzuschlag. § 6 Abs. 6 S. 1 ist deshalb **unwirksam** wegen Verstoß gegen § 307 BGB, wenn die VOB/B nicht als Ganzes vereinbart ist.[178] Wenn man dem nicht zustimmt, muss § 6 Abs. 6 S. 1 deshalb für den Schaden des Auftragnehmers im Wege "behutsamer Auslegung der VOB"[179] jedenfalls erweiternd dahin ausgelegt werden, dass der entgangene Gewinn in Form des kalkulierten Zuschlags für (Wagnis und) Gewinn auf die Selbstkosten **dieser** Baustelle immer zu ersetzen ist, entgangener Gewinn auf Drittbaustellen dagegen nur bei Vorsatz oder grober Fahrlässigkeit des Auftraggebers.[180]

75   Hält man die Haftungseinschränkung des § 6 Abs. 6 S. 1 VOB/B entgegen unserer Auffassung für wirksam, so besteht Ersatzpflicht des Auftraggebers für entgangenen Gewinn auch auf der Baustelle nur, wenn den Auftraggeber Vorsatz oder grobe Fahrlässigkeit bezüglich der Störung treffen. Ganz entgegen der Tagespraxis, in der der Gewinnzuschlag in solchen Fällen routinemäßig gestrichen wird, ist in einer Vielzahl von Fällen grobe Fahrlässigkeit des Auftraggebers zu bejahen. Gerade in den Standardfällen der Behinderung, nämlich der verspäteten Vorlage von Schal- und Bewehrungsplänen gilt das: Jeder Auftraggeber muss wissen, dass er nicht nur für die Bauproduktion eine Terminplanung zu machen hat, sondern auch für die Erstellung der Planung.

---

[175] So auch *Althaus/Bartsch* aaO Bauauftrag Teil 4 Rn. 226. Im Einzelnen dazu *Kapellmann/Schiffers/Markus* Vergütung I Rn. 1431–1435
[176] *Kapellmann/Schiffers/Markus* Vergütung I Rn. 1436, 1450.
[177] Einhellige Meinung, einzige Ausnahme der BGH, dazu näher Rdn. 94.
[178] BGH BauR 1976, 126 = BGHZ 65, 372; ebenso *Zanner/Budde* in FKZGM VOB/B§ 6 Rdn. 157.
[179] Näher *Kapellmann/Schiffers/Markus* Vergütung I Rn. 1491.
[180] *Weick* FS Korbion, 451 ff.

Wenn ohne besonderen Grund der notwendige Planungsvorlauf nicht eingehalten wird, ist das grobe Fahrlässigkeit.

d) Sonderkosten. aa) Schadensermittlungskosten. Der Auftragnehmer kann auch Ersatz **76** des Schadens verlangen, der ihm durch die Schadensermittlung entsteht. Für **externe Kosten**, zB Sachverständigenkosten im Zusammenhang mit der Schadensermittlung oder -dokumentation, ist das unbestritten.[181] Für **interne Kosten** des Auftragnehmers gilt: Wenn nachweisbare Zusatzkosten entstanden sind – zB Überstunden des Bauleiters, Einstellung eines zusätzlichen Mitarbeiters –, so sind diese Kosten zu ersetzen. Die allgemeine Bindung der Arbeitskraft von Mitarbeitern begründet aber laut BGH keinen ersatzfähigen Schaden, außer, es sind „außergewöhnliche Belastungen bei der Rechtsverfolgung erwachsen, die über das, was der Verkehr als übliche persönliche Bemühung bei der Rechtsverfolgung ansieht, übersteigen".[182] Außergewöhnlich sind die Belastungen immer dann, wenn die Behinderungsschäden selbst ein außergewöhnliches Ausmaß haben; das ist auf jeden Fall zu bejahen, wenn der Behinderungsschaden mehr als 5 % der Vertragssumme übersteigt, dann ist ein angemessener pauschaler Betrag für die Mehrkosten ersatzfähig.

Ob die generell ablehnende Rechtsprechung zu halten ist, kann angesichts Artikel 3 Abs. 1e Zahlungsverzugsrichtlinie zweifelhaft sein. Bei Ansprüchen auf Geldforderungen (Artikel 1) regelt die Zahlungsverzugsrichtlinie, dass der Schuldner auch die Beitreibungskosten zahlen muss, was für die Ersatzfähigkeit eines angemessenen Zeit- und Verwaltungsaufwands spricht.[183] Auch wenn hier der Auftraggeber nicht mit einer Zahlung in Verzug ist, sondern mit einer Mitwirkungshandlung, ist doch die Situation nicht unvergleichbar. Jedenfalls bietet es sich deshalb an, die Aufwendungen des Auftragnehmers doch wenigstens in angemessenem Rahmen als ersatzfähig anzusehen.

Zu ersetzende interne Sonderkosten können auch dadurch entstehen, dass der Auftragnehmer zum Nachweis zusätzlicher störungsbedingter Kosten die ansonsten unveränderte Vertragsleistung jetzt größenordnungsmäßig präzisieren muss, also zB bei einem Pauschalvertrag nur deshalb ein Aufmaß der Leistungen fertigen muss oder ein so genanntes „Mengenkonzept" belegen muss.[184], [185]

bb) Vorfinanzierungszinsen, kalkulatorische Zinsen. Die Bezahlung zB der Löhne ist **77** kalkulatorisch durch die Vergütung gedeckt. Dagegen ist für den Ersatz von Behinderungsschäden kein Kalkulationsansatz vorhanden. Zur kostengerechten Abrechnung des Behinderungsschadens gehört es deshalb auch, die bis zur Zahlung – genauer: die bis zum Verzugseintritt, ab dann erhält der Auftragnehmer ja Verzugszinsen – anfallenden Vorfinanzierungszinsen für verauslagte Löhne, Gerätekosten usw in der Stillstandszeit zu ersetzen.

Ob kalkulatorische Zinsen auf das eingesetzte Eigenkapital bei störungsbedingt verlängerter Bauzeit zu ersetzender Schaden sind, kann bei nicht grob fahrlässig verursachter Störung zweifelhaft sein, wenn man die Haftungsbeschränkung akzeptiert; sie fallen nämlich unter entgangenen Gewinn;[186] folgt man der Auffassung, dass die Haftungsbeschränkung des § 6 Abs. 6 den Ersatz des entgangenen Gewinns auf dieser Baustelle nicht ausschließt oder hält man § 6 Abs. 6 S. 1 insgesamt für AGB-widrig (dazu → Rn. 74), so besteht ohnehin Ersatzpflicht.

e) Mehrwertsteuer. Es war strittig, ob Schadensersatzansprüche gemäß § 6 Abs. 6 S. 1 der **78** Mehrwertsteuer unterliegen oder nicht.[187] Deshalb hatte der BGH empfohlen, hinsichtlich der Mehrwertsteuerverpflichtung ein Feststellungsurteil statt eines Leistungsurteils zu beantragen dahingehend, dass Mehrwertsteuer bezahlt werde müsse, wenn die Finanzverwaltung sie vom Auftragnehmer erhebe.[188] Nunmehr hat der BGH entschieden, der Anspruch aus § 6 Nr. 6 S. 1 VOB/B unterliege nicht der Mehrwertsteuer.[189] Der Unterschied zur mehrwertsteuerpflichtigen

---

[181] Zutreffend *Kniffka* in Kniffka/Koeble BauR-Komp Teil 8 Rn. 39.
[182] BGH BauR 1986, 347 – Behinderungsschaden I; *Kapellmann/Schiffers/Markus* Vergütung I Rn. 1451.
[183] BGHZ 75, 233; BGH NJW-RR 1994, 534; OLG Düsseldorf NZBau 2002, 43; *Ganten* BauR 1987, 22; *Kapellmann/Schiffers/Markus* Vergütung I Rn. 1453. Zur Parallele bei Vergütungsansprüchen → VOB/B § 2 Rn. 226; vgl. auch *Marbach* FS Jagenburg, 539 ff.
[184] *Schulte-Nölke* in NK-BGB § 286 Rn. 23.
[185] Zur Parallele bei freier Kündigung des Auftraggebers vgl. *Kapellmann/Schiffers/Markus* Vergütung II Rn. 1329. Eine weitere Analogie bietet § 14 Abs. 4 VOB/B.
[186] Zu diesem Problem im Einzelnen *Kapellmann/Schiffers/Markus* Vergütung I Rn. 1493–1495.
[187] Vgl. zB *Kapellmann/Schiffers/Markus* Vergütung I Rn. 1497.
[188] BGH BauR 1986, 347 – Behinderungsschaden I.
[189] BGH NZBau 2008, 318.

Entschädigung des § 642 BGB bestehe darin, dass der Auftragnehmer „im Unterschied zu § 642 BGB" keine zusätzlichen steuerbaren Leistungen erbringe. Da sowohl dem auf § 6 Abs. 6 S. 1 VOB/B wie dem auf § 642 BGB gestützten Anspruch identische Leistungen zugrundeliegen und nur die Berechnung sich unterscheidet, kann das Argument des Bundesgerichtshofs nicht stimmen. Man muss für beide Ansprüche einheitlich entweder die Mehrwertsteuerpflicht bejahen oder sie verneinen; die jetzige Lösung des BGH führt zu unlösbaren praktischen Problemen.[190] Richtigerweise ist für beide Ansprüche die Mehrwertsteuerpflicht zu bejahen.

79 **f) Schadensminderungspflicht, Mitverschulden, Beschleunigung.** Zur Schadensminderungspflicht des Auftragnehmers gemäß § 6 Abs. 3 verweisen wir auf → Rn. 30; zum Ersatz von Beschleunigungskosten (einschließlich der eigenmächtigen Korrektur von Plänen) auf → Rn. 31–34. In Ausnahmefällen kann eine Kürzung des Schadensersatzanspruches gemäß § 254 BGB wegen Mitverursachung oder Mitverschuldens des Auftragnehmers in Betracht kommen.

80 **8. Nachweis von Schaden und Ursache (haftungsausfüllende Kausalität); konkrete oder abstrakte Ursachen- und Schadensermittlung. a) Grundsatz: Keine abstrakte Ursachen- und Schadensermittlung.** Störungen **können** zu Mehrkosten des Auftragnehmers führen, müssen dies aber nicht; wenn Behinderungen eintreten, können sich nur auf einzelne Ausführungsfristen oder auch auf die Fertigstellungsfrist auswirken; deshalb ist die Ermittlung der Verursachung eines Schadens durch eine Störung und die Ermittlung der Schadenshöhe aufwändig, insbesondere erfordert sie einen hohen Dokumentationsaufwand während der Bauzeit. Um hier begangene „Sünden" nachträglich zu überspielen und die Mühe der konkreten Ursachen- und Schadensermittlung überflüssig zu machen, hatte *Gutsche* eine „abstrakte Schadensberechnung" entwickelt[191], die das Kammergericht in einem langwierigen Behinderungsfall zur Entscheidungsgrundlage gemacht hat.[192] Sie ist vorweg eine reine nachträgliche Gutachterberechnung, schon deshalb kann sie jedenfalls nicht **die** richtige Methode sein. Ihre Basis ist – verkürzt – in erster Linie die Ermittlung des (scheinbar) notwendigen Zeitmehraufwands in der Form, dass jeder festgestellten Störung eine theoretische Zeitfolge zugeordnet wird, also eine Auswirkung, wie sie (nach Meinung des Gutachters) hätte auftreten müssen. Auf diese Weise wird eine theoretische Behinderungsdauer ermittelt. Hat der Auftragnehmer kürzer gearbeitet, so hat das (angeblich) seinen Grund in ersatzpflichtigen Beschleunigungsmaßnahmen gehabt. Der Mehrzeit wird ebenso abstrakt ein angeblicher notwendiger Mehraufwand (Schaden) zugeordnet.

81 Der BGH hat diese abstrakte Schadensberechnung mit Recht abgelehnt;[193] der Wortlaut des § 6 Abs. 6 S. 1, der nur Ersatz des **nachweislich** entstandenen Schadens gewährt, spricht allein schon dagegen. Eine abstrakte Schadensberechnung führte im Ergebnis zu hypothetischen Ursachenzusammenhängen und lässt die tatsächlichen Störungs-Schaden-Verknüpfungen mehr oder minder außer Acht; sie führt zu Schadensfeststellungen ohne konkreten Schaden. Angesichts der vorhandenen Darlegungs- und Beweismittel und der **zulässigen Beweiserleichterungen** (dazu → Rn. 86 ff.) ist sie auch keineswegs erforderlich, um etwa bestehende Lücken zu schließen. Demzufolge könnte man meinen, dass eine überholte Theorie kaum noch eine informierende Zeile wert wäre. Aber die Wirklichkeit sieht anders aus: In der Praxis ist nach wie vor häufig, dass Gutachter einleitend festhalten, eine abstrakte Schadensberechnung sei unzulässig und sodann einen rein hypothetischen „Schadensnachweis" so vorlegen, wie sich die Störungen „eigentlich" hätten auswirken müssen, ohne irgend einen konkreten Störungszusammenhang anhand einer Dokumentation darlegen zu können.

82 **b) Ausnahme: „Abstrakte" Schadensberechnung auf Grundlage der „Rentabilitätsvermutung" zB bei verlängerter Gerätevorhaltung oder Gerätestillstand.** Vorab verfängt gegenüber dem Schadensersatzanspruch des Auftragnehmers wegen stillstehendem Gerät (oder

---
[190] Zutreffend und näher *Hummel/Hürter* NZBau 2008, 304; *Berger* in Beck VOB/B § 6 Abs. 6 Rn., der in beiden Fällen Umsatzsteuerfreiheit annimmt; aA. *Sonntag* in NWJS, VOB/B § 6 Rn. 143, 182, der wohl mit dem BGH differenzieren will.
[191] Bauwirtschaft 1984, 1123 (1163). Zur Darstellung der Methode im Einzelnen *Kapellmann/Schiffers/Markus* Vergütung I Rn. 1502–1508.
[192] KG BauR 1985, 243 (Leitsatz).
[193] BGH BauR 1986, 347 – Behinderungsschaden I; BGH NZBau 2002, 381 – Behinderungsschaden II. Zu den Argumenten gegen eine abstrakte Schadensberechnung im Einzelnen weiter *Kapellmann/Schiffers/Markus* Vergütung I Rn. 1502–1514.

verlängerter Gerätevorhaltung) nicht der Einwand des Auftraggebers, die Kosten für das Gerät (zB anteilige Abschreibung) seien ohnehin entstanden; der Schadensersatzanspruch resultiert vielmehr – nicht anders als zB bei den Lohnkosten (dazu → Rn. 68 – aus der „Rentabilitätsvermutung".[194] Es ist allerdings schwierig, einen richtigen Ansatz für die Höhe der Vorhaltekosten, Reparaturkosten usw zu bestimmen. Ist der Kostenansatz für Gerät in der Angebots- bzw. Auftragskalkulation ausgewiesen, ist es sinnvoll, ihn auch für die Schadensberechnung zu übernehmen, so wie zB auch der kalkulierte Zuschlag für Allgemeine Geschäftskosten auf die behinderungsbedingten zusätzlichen Herstellkosten als Schaden geltend gemacht werden kann (→ Rn. 70 f.). Fehlt in der Kalkulation ein Ansatz für die Gerätevorhaltung, so ist es verallgemeinernd zulässig, auf modifizierte Ansätze der Baugeräteliste zurückzugreifen. Dafür gibt es mehrere Vorschläge,[195] in der Praxis wird überwiegend der Berechnungsvorschlag von *Kapellmann/Schiffers*[196] zugrunde gelegt.

c) Konkret-plausible Ursachen- und Schadensermittlung. aa) Die hypothetischen ungestörten Kosten. Der Feststellung von Mehrkosten geht (fast immer) die Feststellung der **Mehrzeit** voran. Die Mehrzeit kann beschränkt sein auf einzelne nicht terminkritische Vorgänge oder sie kann sich darüber hinaus auf ganze Bauabschnitte oder auch die Gesamtbauzeit beziehen. Die Basis der Ermittlung der Mehrzeit ist ein differenzierter Terminplan des Auftragnehmers (→ Rn. 36). Zu beachten ist allerdings, dass Mehrkosten der Bauzeitverlängerung im Wege des Schadenersatzes – anders als im Rahmen der Entschädigung nach § 642 BGB[197] – nur geltend gemacht werden können, soweit die Bauzeitverlängerung auf vom Auftraggeber zu vertretenden Behinderungen beruht. Voraussetzung von Mehrkosten ist weiter die **eigene Leistungsbereitschaft** des Auftragnehmers zum Sollzeitpunkt.[198] Um **Mehr**kosten zu kennen, ist es notwendig, die hypothetischen Kosten der Leistung ohne Störung zu kennen, weil ja die Schadensermittlung die Differenz zu den tatsächlichen Kosten des gestörten Vorgangs ist. Da es den ungestörten Vorgang allerdings nie gab, kennt man seine tatsächlichen Kosten nicht. Also muss man auf sie plausibel schließen. Das kann man einmal so, dass man für einen möglichst gleichartigen ungestörten Abschnitt den dortigen tatsächlichen Aufwand des Auftragnehmers ermittelt und ihn auf den zugrunde zulegenden, hypothetisch ungestörten Abschnitt fortschreibt, was einer nachkalkulatorischen **nachträglichen** Arbeitskalkulation[199] entspricht. Die **Arbeitskalkulation** ist die Weiterentwicklung der Angebots- bzw. Auftragskalkulation unter Berücksichtigung der Erkenntnisse der differenzierten Arbeitsvorbereitung nach Auftragserteilung; sie ist immer noch Vorauskalkulation, aber die realistischste Soll-Kostenvorgabe – auch das ist logischerweise nur eine Annäherung, aber sicher die plausibelste. Das setzt allerdings insbesondere eine ständige Erfassung des Stundenaufwands (Lohnberichte) voraus, zweckmäßig getrennt nach Leistungseinheiten, Abschnitten und Einzeltätigkeiten.[200]

Man kann zum anderen auch auf die vorhandene Arbeitskalkulation des Auftragnehmers zurückgreifen. Jedenfalls sie enthält eine verfeinerte Kostenaussage, wenn auch immer nur über Sollkosten. Aber der Auftragnehmer versucht, mit dem geringsten Aufwand die Leistung zu erstellen; deshalb spricht eine **Vermutung** dafür, dass die zeitliche Ablaufplanung des Auftragnehmers[201] und die Arbeitskalkulation die hypothetischen Kosten plausibel richtig wiedergeben; deshalb kann letztere auch als Basis der Schadensberechnung herangezogen werden. Die Vermutung der Richtigkeit der Arbeitskalkulation kann der Auftraggeber widerlegen, indem er zB nachweist, dass der Auftragnehmer den Zeitbedarf für notwendige

---

[194] *Kapellmann/Schiffers/Markus* Vergütung I Rn. 1573 ff.
[195] Einzelheiten → Rn. 67; speziell zu **Gerät** *Kapellmann/Schiffers/Markus* Vergütung I Rn. 1443, 1515 ff. Die „Rentabilitätsvermutung" gilt für den Produktionsfaktor Gerät genauso wie für den Produktionsfaktor Personal. Der BGH (BGH BauR 1986, 347 – Behinderungsschaden I) erwähnt deshalb in diesem Zusammenhang zutreffend „Arbeitskräfte, Maschinen und Gerät". Dazu *Kniffka/Koeble* Kompendium Teil 8 Rn. 60. Die Baugeräteliste berücksichtigt im Übrigen, dass stets mit Zeiten zu rechnen ist, in denen ein Gerät nicht auf der Baustelle vorgehalten wird.
[196] ZB *Dähne* BauR 1978, 429.
[197] Das übersieht das OLG Köln NZBau 2014, 626 = NJW 2014, 1313; vgl. dazu die krit. Anm. von *Markus* NZBau 2014, 688; näher zum verschuldensunabhängigen Entschädigungsanspruch nach § 642 BGB → Rn. 91.
[198] Zur Darlegungslast → Rn. 65.
[199] Einzelheiten *Kapellmann/Schiffers/Markus* Vergütung I Rn. 1547–1551; zustimmend *Keldungs* in Ingenstau/Korbion VOB/B § 6 Abs. 6 Rn. 43.
[200] Zum Begriff *Kapellmann/Schiffers/Markus* Vergütung I Rn. 18.
[201] Ebenso *Reister/Silbe* in Leinemann VOB/B § 2 Rn. 211, 216.

Leistungsabschnitte, beispielsweise Aushärtung des Betons, nicht berücksichtigt hat.[202] Ebenso kann aber auch der Auftragnehmer die Richtigkeitsvermutung seiner eigenen Arbeitskalkulation widerlegen und nachweisen, dass die ungestörten Arbeiten schneller (oder mit geringerem Aufwand) durchzuführen gewesen wäre.[203] Das kann zB zu dem – nur scheinbar paradoxen – Ergebnis führen, dass der Auftragnehmer im Wege des Schadensersatzes Mehrkosten der Bauzeitverlängerung (zB längere Vorhaltung des Baucontainers) auch dann geltend machen kann, wenn die ursprünglich geplante und vertraglich vereinbarte Bauzeit trotz Behinderungen eingehalten wird. Zwar liegt dann bezogen auf die vertraglich vereinbarte Bauzeit keine Verlängerung vor. Für die schadensrechtliche „Differenzthypothese" ist aber auch nicht die vereinbarte Bauzeit, sondern die eventuell kürzere hypothetisch Bauzeit ohne Behinderung maßgeblich.[204]

85 **bb) Die tatsächlichen gestörten Kosten.** Der Ist-Aufwand in gestörten Abschnitten lässt sich relativ einfach ermitteln, zB über die schon erwähnten Lohnberichte, wobei allerdings auch erfasst sein muss, wofür der Aufwand im Einzelnen entstanden ist.[205]

86 **d) Darlegung der Störungsbedingtheit der Mehrkosten (haftungsausfüllende Kausalität).** Die Differenz zwischen hypothetischem Soll-Aufwand und tatsächlichem Ist-Aufwand ist zu ersetzender Schaden, vorausgesetzt, die Störung hat den Mehraufwand verursacht. Das Letzteres im jeweiligen Einzelfall gegeben ist, ist nicht selbstverständlich, der Mehraufwand kann auch andere Gründe haben: Das Personal hat gewechselt, Witterungseinflüsse haben sich bemerkbar gemacht, der Auftragnehmer hat mögliche und notwendige Anpassungsmaßnahmen versäumt usw. Im Sinne sicherer naturwissenschaftlicher Beweisführung ist die Ursächlichkeit kaum zu beweisen. Aber jedenfalls über das Zusammenwirken mehrerer Plausibilitätsüberlegungen lässt sich ein (ausreichend) hoher Grad an Ursachen-„Nachweis" finden. Ausgangspunkte sindat dabei hinsichtlich der Mehrzeit ein störungsmodifizierter Bauzeitenplan (→ Rn. 36), wobei die aus vom Auftraggeber nicht zu vertretenden Behinderungen resultierenden Verlängerungszeiträume zwar ggebenenfalls (§ 6 Abs. 2) zeitlich zu berücksichtigen sind, jedoch nicht bei der Ermittlung der (finanziellen) Schadenshöhe, und hinsichtlich der Mehrkosten ein Soll-Ist-Vergleich vor allem hinsichtlich der Personalkosten und auch der Gerätekosten, ein Soll-Ist-Vergleich bezüglich einzelner Aufwandswerte (Leistung je Zeiteinheit) mit den daraus gegebenenfalls abzuleitenden behinderungsbedingten Prduktivitätseinbußen, schließlich auch ein Gesamtkosten-Soll-Ist-Vergleich inklusive Mehrkosten aufgrund von Preissteigerungen (zB Tariflohnerhöhungen, Materialpreissteigerungen etc), zu denen es bei behinderungsbedingten Verschiebung von Ausführungs- und Beschaffungszeiträume kommen kann.[206]

Sowohl zur Feststellung des **Ursachenzusammenhangs**[207] wie zur Feststellung des **Schadens** und der **Schadenshöhe**[208] ist nach der zutreffenden Rechtsprechung des BGH die Berücksichtigung von **Vermutungen** und **plausiblen Schätzungen** (§ 287 ZPO) möglich. **Im Ansatz** – so der BGH in der Entscheidung „Behinderungsschaden I"[209] – bietet **schon** der Kosten-Soll-Ist-Vergleich die Ausgangsbasis solcher Schätzungen. Das entbindet den Auftragnehmer aber nicht von der Aufgabe, einzelnen Störungen, jedenfalls Störungsgruppen, **plausible** Störungsfolgen zuzuordnen, so dass sich ein **plausibler** Ursachenzusammenhang und eine **gegliederte** Schadensstruktur ergibt. Es reicht **nicht,** wenn der Auftragnehmer beziehungslos alle möglichen bei einer Bauzeitverlängerung angeblich auftretenden Ursachen benennt und

---

[202] Zu allen Einzelheiten (zB Dokumentation über BAS-Schlüssel) oder die Anwendung, wenn es bisher keine ungestörten Abschnitte gegeben hat *Kapellmann/Schiffers/Markus* Vergütung I Rn. 1554, 1572. Zustimmend zur Basis Arbeitskalkulation *Reister/Silbe* in Leinemann VOB/B § 6 Rn. 252.
[203] Näher *Kapellmann/Schiffers/Markus* Vergütung I Rn. 1577–1583; VJLR A Rn. 411.
[204] Vgl. dazu *Markus* NZBau 2014, 92 (94 f.); siehe zur Behandlung von „Pufferzeiten" auch → Rn. 33.
[205] Einzelheiten *Kapellmann/Schiffers/Markus* Vergütung I Rn. 1584, 1505.
[206] ZB über den BAS-Schlüssel. Einzelheiten zur Ermittlung der tatsächlichen Kosten *Kapellmann/Schiffers/Markus* Vergütung I Rn. 1586–1592; vgl. zu Mehrkosten wegen gestiegener Löhne und Materialpreise *Kapellmann/Schiffers/Markus Vergütung I* Rn. 1420; *Markus* NZBau 2014, 688 (690).
[207] Näher dazu *Kapellmann/Schiffers/Markus* Vergütung I Rn. 1593–1611.
[208] BGH NZBau 2005, 335 = BauR 2005, 861 – Behinderungsschaden IV; BGH NZBau 2005, 387 = BauR 2005, 857 – Behinderungsschaden III; BGH NZBau 2002, 381 = BauR 2002, 1249 – Behinderungsschaden II; BGH BauR 1986, 347 – Behinderungsschaden I; *Kapellmann/Schiffers/Markus* Vergütung I Rn. 1614 ff.; *Diehl* BauR 2001, 1507; verfehlt OLG Nürnberg BauR 2001, 409.
[209] BGH BauR 1986, 247.

dann pauschal eine Schadensfolge behauptet; **eine „in jedes Detail" gehende Darlegung ist aber nicht möglich und auch nicht erforderlich.**[210]

Ob eine bewiesene Störung Folgen hat und welche, ob und wie sie sich also als Behinderung auswirkt (Mehrzeit, Schaden), betrifft den Zusammenhang zwischen Rechtsgutverletzung (= vertragswidrige Störung) und Schaden, die **haftungsausfüllende** Kausalität. Das Verschuldenserfordernis gilt nur für die haftungsbegründende (→ Rn. 65), nicht für die haftungsausfüllende Kausalität. Der Bundesgerichtshof hat zutreffend schon immer so entschieden und dies in zwei Grundsatzentscheidungen im Jahr 2005 erneut bestätigt.[211] Der Auftragnehmer muss also zwar „greifbare" Anhaltspunkte für Schätzungen dartun, aber auf dieser Basis dürfen sowohl Schaden**sverursachung**[212] wie Schaden**sumfang** gemäß § 287 ZPO geschätzt werden. Oder mit den Worten des BGH[213]: „Die Darlegungserleichterung aus § 287 ZPO führt nicht dazu, dass der Auftragnehmer die aus einer oder mehreren Behinderungen abgeleitete Bauzeitverlängerung nachvollziehbar macht. Zu diesem Zweck kann sich der Auftragnehmer der Hilfe graphischer Darstellungen durch Balken- und Netzpläne bedienen, die gegebenenfalls erläutert werden. Eine nachvollziehbare Darstellung einer Verlängerung der Gesamtbauzeit kann jedoch nicht deshalb als unschlüssig zurückgewiesen werden, weil einzelne Teile dieser Darstellung unklar oder fehlerhaft sind. Denn sie bleibt in aller Regel trotz der Unklarheit oder Fehlerhaftigkeit in einzelnen Teilen eine geeignete Grundlage, eine Bauzeitverlängerung gegebenenfalls mit Hilfe eines Sachverständigen zu schätzen. Auf dieser Grundlage hat die Klägerin zwar die aus den jeweiligen Behinderungen abgeleitete Verzögerung der Gesamtbauzeit möglichst konkret darzulegen. Ihr kommen jedoch die Erleichterungen des § 287 ZPO zugute. Die Ausführungen des Berufungsgerichts, aus dem Vortrag der Klägerin ergebe sich kein konkreter Ursachenzusammenhang zwischen der Behinderung und einer daraus ergebenden Verzögerung, sind nichts sagend. Sie lassen nicht erkennen, inwieweit sich das Berufungsgericht mit den umfangreichen Unterlagen aus dem Privatgutachten auseinandergesetzt hat, insbesondere mit der Anlage 18, die dazu dient, diesen Ursachenzusammenhang nachzuweisen." Gerade die letzten Sätze hat der Bundesgerichts dem OLG regelrecht ins Stammbuch geschrieben. Instanzgerichte missverstehen gern die Entscheidungen des Bundesgerichtshofs und stellen (arbeitserleichternd) **unerfüllbare** Anforderungen an den Nachweis des Ursachenzusammenhangs. Aber auch der Ursachenzusammenhang braucht nur **plausibel** dargelegt zu werden, **mehr nicht,** auch hier sind Schätzungen möglich.

Hat der Auftragnehmer bei Vertragsschluss keine Auftragskalkulation erstellt, so kann und muss er sie – zweckmäßig in Form einer Arbeitskalkulation, → Rn. 83 – nachholen und auf ihrer Basis berechnen.[214]

Zu den zu berücksichtigenden **Vermutungen** gehören 87

– die Vermutung, dass die Nicht-Einhaltung einer vereinbarten Mitwirkungsfrist in einem Bauzeitenplan sich behindernd ausgewirkt hat (→ Rn. 2, 12)
– die Vermutung, dass sich die Störung sofort auswirkt, wenn der **auftraggeberseitige** Terminplan keine Puffer hat (→ Rn. 2)
– die Vermutung, dass eine Arbeitskalkulation richtig ist (→ Rn. 84).

Zusammenfassend muss der Auftragnehmer zur haftungsausfüllenden Kausalität dartun und 88 beweisen

– **greifbare Anhaltspunkte** für Schadensursache und Schaden und eine plausible baustellenbezogene Darstellung, dann darf geschätzt werden.

Fehlende Darlegung zu **einzelnen** Behinderungsfolgen führt **nicht** zur Unschlüssigkeit hinsichtlich der übrigen Behinderungsfolgen. Die große Linie hat insoweit der BGH schon in

---

[210] Zutreffend und grundsätzlich schon BGH NZBau 2002, 381 – Behinderungsschaden II. („Darstellung konkret **jedenfalls** so, dass eine **Schadensschätzung** möglich ist"); vom Grundsatz her auch OLG Braunschweig BauR 2001, 1739, aber in der Formulierung viel zu streng mit der Forderung nach „Darlegung im Einzelnen, welche Störung wie und zu welchem Teil eine Bauzeitverzögerung verursacht **hat**". Die Darlegung muss gerade **nicht** ganz genau im Einzelnen erfolgen, aber wohl **im Sinne plausibler Zuordnung,** wobei mE das auch die inhaltliche Aussage der Entscheidung ist. So auch BGH NZBau 2003, 325, mit Anmerkung S. *Kapellmann* und sodann BGH „Behinderungsschaden III" und „Behinderungsschaden IV".
[211] Siehe BGHFn. 208.
[212] BGH „Behinderungsschaden IV", Fn. 208; *Kapellmann/Schiffers/Markus* Vergütung I Rn. 1615, 1617.
[213] BGH „Behinderungsschaden IV", Fn. 208.
[214] Einzelheiten *Kapellmann/Schiffers/Markus* Vergütung I Rn. 1553 ff.

der Entscheidung „Behinderungsschaden I"²¹⁵ knapp und klar vorgegeben: „Die Klage darf nicht wegen lückenhaften Vorbringens abgewiesen werden, wenn der Haftungsgrund unstreitig oder bewiesen, ein Schadenseintritt zumindest wahrscheinlich ist und greifbare Anhaltspunkte für eine richterliche Schadensschätzung vorhanden sind."; er hat das 2005 ausdrücklich bestätigt, allerdings auch zutreffend präzisiert.²¹⁶ Soweit ein Kläger ein Privatgutachten im Prozess vorlegt, das diesen Anforderungen genügt, ist das „qualifizierter Sachvortrag", den das Gericht nachzuvollziehen versuchen muss; kann er das nicht, muss es von Amts wegen einen Sachverständigen hinzuziehen.²¹⁷

89 **9. Abschlagszahlung Fälligkeit, Verjährung.** Der Schadensersatzanspruch des Auftragnehmers aus § 6 Abs. 6 S. 1 ist „vergütungsgleich".²¹⁸ Das bedeutet, dass er gemäß § 16 VOB/B zu behandeln ist. Demzufolge kann der Auftragnehmer auf geltend gemachte Behinderungsschadensersatzansprüche Abschlagszahlungen verlangen.²¹⁹ Der Schadensersatzanspruch muss in die Schlussrechnung eingestellt werden; ohne Geltendmachung darin kann der Anspruch durch vorbehaltlose Annahme der Schlusszahlung gemäß § 16 Abs. 3 Nr. 2–6 ausgeschlossen sein²²⁰, vorausgesetzt, die Vorschrift ist wirksam.

Der Anspruch verjährt genauso wie die Vergütungsforderung innerhalb der regelmäßigen Verjährungsfrist von 3 Jahren.²²¹ Die Frist beginnt mit dem Ablauf des Jahres, in dem die Schlusszahlung gemäß § 16 Abs. 3 Nr. 1 fällig geworden ist.²²²

90 **10. AGB-Klauseln.** AGB-Klauseln des Verwenders, die den Schadensersatzanspruch des Auftraggebers aus § 6 Abs. 6 S. 1 VOB/B einschränken oder ausschließen – der ohnehin ja schon schärfere Voraussetzungen hat als der gesetzliche Anspruch aus § 642 BGB –, sind gemäß § 307 BGB unwirksam.²²³ Unwirksam sind zB Klauseln, nach denen bei Überschreitung vertraglich festgesetzter Fristen der Auftragnehmer verstärkt Material, Geräte und Personal einzusetzen habe, ohne daraus Rechte herleiten könne. Erst recht ist unwirksam eine Klausel, wonach Vorhalte- und Stilllegungskosten der Baustelleneinrichtung der Baustelleneinrichtung nicht vergütet werden.²²⁴ Das gilt auch für eine Klausel, die „Einheitspreise" für Behinderungen festlegt.²²⁵ Ebenso wenig ist eine Klausel zulässig, wonach der Auftraggeber nach Belieben Arbeitsunterbrechungen anordnen kann, ohne dass Mehrkosten entstünden oder dass der Auftraggeber ohne weiteres Termine verschieben kann, ohne dass sich Mehrforderungen ergeben. Schließlich kann er auch nicht wirksam regeln, der Auftragnehmer müsse damit rechnen, der Arbeitsablauf sei nicht kontinuierlich.²²⁶ Genauso ist eine Klausel unwirksam, wegen der gleichartigen Leistung mehrerer Unternehmer sei mit Behinderungen zu rechnen.²²⁷

III. Der Entschädigungsanspruch des Auftragnehmers aus § 642 BGB beim VOB-Vertrag, § 6 Abs. 6 S. 2 VOB/B

91 **1. Voraussetzungen dem Grunde nach.** Nach § 6 Abs. 6 S. 2 VOB/B schließt § 6 Abs. 6 S. 1 VOB/B Ansprüche des Auftragnehmers aus § 642 BGB **nicht aus**,²²⁸ der BGH hielt in der Entscheidung „Vorunternehmer II" § 642 BGB auch beim VOB-Vertrag für anwendbar.

---

²¹⁵ BGH BauR 1986, 346 – Behinderungsschaden I; BGH BauR 1993, 600; NZBau 2002, 381 – Behinderungsschaden II.
²¹⁶ Siehe BGH Fn. 208.
²¹⁷ BGH „Behinderungsschaden IV", Fn. 208; *Kapellmann/Schiffers/Markus* Vergütung I Rn. 1621.
²¹⁸ BGHZ 50, 25; *Kapellmann* BauR 1985, 123.
²¹⁹ *Kapellmann* BauR 1985, 123; VJLR Rn. 841; *Berger* in Beck VOB/B § 6 Abs. 6, Rn. 111; *Sonntag* in NWJS VOB/B § 6 Rn. 109.
²²⁰ *Döring* in Ingenstau/Korbion VOB/B § 6 Abs. 6 Rn. 47.
²²¹ Dazu → VOB/B § 2 Rn. 19.
²²² *Berger* in Beck VOB/B § 6 Abs. 6, rn. 110; *Sonntag* in NWJS VOB/B § 6 Rn. 110
²²³ BGH BauR 1997, 1036 – ECE-Bedingungen, Klausel Nr. 3.
²²⁴ OLG München BauR 1987, 554 (556); *Glatzel/Hofmann/Frikell* S. 200–209.
²²⁵ Näher *Kapellmann/Schiffers/Markus* Vergütung I Rn. 1612.
²²⁶ *Berger* in Beck VOB/B § 6 Abs. 6 Rn. 130; vgl. auch *Kaiser* in Markus/Kaiser/Kapellmann AGB-Handbuch Bauvertragsklauseln, Rn. 439, 440, 443, 444.
²²⁷ Ebenso *Berger* in Beck VOB/B § 6 Abs. 6 Rn. 130.
²²⁸ Dazu → Rn. 49.

§ 6 Abs. 6 S. 1 einerseits und § 6 Abs. 6 S. 2, § 642 BGB andererseits schließen sich gegenseitig aus, die Bestimmungen sind also schlechthin unanwendbar, wenn man im Rahmen des § 642 die Mitwirkungshandlungen des Auftraggebers als Obliegenheit versteht; nur wenn sie als Pflicht des Auftraggebers definiert sind, ist § 6 Abs. 6 nicht in sich widersprüchlich. Sinnvoll ist die Verdopplung der Ansprüche des Auftragnehmers aus Pflichtverletzung des Auftragnehmers in Satz 1 und Satz 2 nicht.[229]

Ansprüche des Auftragnehmers aus § 642 BGB setzen voraus, dass der Auftraggeber eine erforderliche Mitwirkungshandlung unterlässt und dadurch in Annahmeverzug kommt.

Die Beurteilung der erforderlichen Mitwirkungshandlungen ist dieselbe wie bei § 6 Abs. 6 S. 1, sie sind entgegen dem BGH nicht Obliegenheiten, sondern Pflichten.[230] Wenn der Auftraggeber diese Mitwirkungshandlung überhaupt nicht oder nicht rechtzeitig erbringt, wenn der Auftragnehmer seinerseits leisten darf, zur Leistung bereit ist und im Stande ist (§ 297 BGB, zur Darlegungslast → Rn. 65) und seine Leistung wie geschuldet dem Auftraggeber anbietet **oder** den Auftraggeber auffordert, die erforderliche Handlung vorzunehmen (§§ 294–296 BGB), sind die Tatbestandsmerkmale des § 642 BGB erfüllt, der Auftraggeber schuldet angemessene „Entschädigung". Auf Verschulden (Vertretenmüssen) des Auftraggebers kommt es nicht an.

§ 642 BGB setzt voraus, dass der leistungsbereite Bieter seine Leistung anbietet, wobei es aber laut BGH ausreicht, „dass der Auftragnehmer sein Personal zur Verfügung hält und zu erkennen gibt, dass er bereit und in der Lage ist, seine Leistung zu erbringen."[231] Allerdings kommt dann, wenn für die Mitwirkungshandlung eine Zeit nach dem Kalender bestimmt ist oder eine Ereignisfrist verstrichen ist, der Auftraggeber gemäß der zum 1.1.2002 eingeführten Fassung von § 296 BGB auch **ohne** Angebot in Annahmeverzug.[232]

Der BGH hat darüber hinaus entschieden, dass bei einem VOB-Vertrag zu einem ordnungsgemäßen Angebot (§§ 294–296 BGB) auch eine **Behinderungsanzeige** gemäß § 6 Abs. 1 VOB/B erforderlich ist. Dem war nicht zuzustimmen. § 6 Abs. 6 S. 2 VOB/B hat aber dieses Erfordernis übernommen, es ist aber AGB-rechtlich unwirksam, wenn die VOB/B nicht als Ganzes vereinbart ist.[233]

2. Die Berechnung der Entschädigung. Schadensersatz (§ 6 Abs. 6 S. 1 VOB/B) ist **92** gemäß der Differenzhypothese der Unterschied zwischen hypothetischer ursprünglicher (ungestörter) Vermögenslage des Auftragnehmers und der heutigen, tatsächlichen störungsbedingten Vermögenslage (→ Rn. 68). **Entschädigung** (§ 642 BGB) ist dagegen ein **Ausgleich**, berechnet nach dem Behinderungszeitraum und der Höhe der vereinbarten **Vergütung** (dh, dem Vertragspreis), gekürzt um eventuelle ersparte Aufwendungen oder um das, was der Auftragnehmer durch anderweitige Verwendung seiner Arbeitskraft erspart hat (nicht, was zu erwerben er böswillig unterlassen hat).[234] Durch die Bezugnahme auf die **vereinbarte Vergütung** ist es unzweifelhaft, dass die Entschädigung Erfüllungscharakter, also Vergütungscharakter hat, dass folglich ihre Berechnung Vergütungsmaßstäben zu folgen hat.[235] Das BGB gibt

---

[229] Näher → Rn. 48–54.
[230] → Rn. 48–56.
[231] BGH NZBau 2003, 325 mit Anmerkung S. *Kapellmann*.
[232] Kniffka hat in früheren Bearbeitungen von Kniffka Online Kommentar in Abweichung zum Gesetz verlangt, dass „der Auftraggeber mindestens Kenntnis von Tatsachen hat, die seine fristgebundene Mitwirkung begründen." Für diese Abweichung auch von einem gerade eingeführten Gesetz gibt es keinen Grund. In Wirklichkeit wird so ein Verschuldenserfordernis bei § 642 BGB ausgeführt. Dieses Argument und die ebenfalls mit dem BGB nicht vereinbare Einführung einer Behinderungsanzeige gemäß § 6 Abs. 1 S. 1 VOB/B zeigen nur, dass § 6 Abs. 6 S. 1 die zutreffende sedes materiae ist und die Anwendung von § 642 BGB beim VOB-Vertrag verfehlt ist; vgl. hier *Vygen* FS Kapellmann, 449 ff.
[233] Weil die VOB/B für die Anwendung einer **gesetzlichen** Vorschrift keine zusätzlichen Bedingungen einführen darf, näher → Rn. 81; *Kapellmann* NJW 2008, 257; *Voit* in Messerschmidt/Voit Privates Baurecht § 6 Rn. 18; *Stickler* ebenda, BGB § 642 Rn. 23; *Markus* in Markus/Kaiser/Kapellmann AGB-Handbuch Bauvertragsklauseln Rn. 85.
[234] Deshalb ist die Befürchtung von *Sonntag* in NWJS VOB/B § 6 VOB/B Rn.171 unbegründet, es könne dazu kommen, dass die Konturen zwischen Schadensersatzanspruch und Entschädigungsanspruch verschwimmen.
[235] Unbestritten BGH *Schäfer/Finnern* Z 2.511 Bl. 8 R; OLG Celle BauR 2000, 416; OLG München BauR 1980, 274; Staudinger/*Peters/Jacoby* BGB § 642 Rn. 24, 25; *Döring* FS Jagenburg 111 (117) „keine finanziellen Nachteile, Grundsätze wie bei freier Kündigung des Bauvertrages durch den Auftraggeber"; *Roskosny/Bolz* BauR 2006, 1804; *Stickler* in Messerschmidt/Voit Privates Baurecht, VOB/B BGB § 642 Rn. 38; *Leinemann/Kues* VOB/B § 6 Rn. 151.

dem Auftragnehmer Anspruch auf **vollen** Ausgleich wie bei vereinbarter Vergütung hinsichtlich der auf dieser Baustelle auftretenden Behinderungen. Der Unterschied zum Schadensersatzanspruch ist der, dass der Ausgleich auf die Nachteile an dieser Baustelle beschränkt bleibt; **sonstige** Nachteile, insbesondere beispielsweise dadurch, dass der Auftragnehmer auf einer Drittbaustelle nicht anfangen kann und dort zB ihm Gewinn entgeht, gleicht § 642 BGB nicht aus.

Der Auftragnehmer erhält Entschädigung für alle Nachteile, die ihm infolge des Annahmeverzuges entstehen, also nicht nur beschränkt auf die Dauer des Annahmeverzuges. Das folgt bereits daraus, dass das Unterlassen der Mitwirkungshandlung, an welches § 642 BGB anknüpft, eine Pflichtverletzung des Auftraggebers darstellt, keine bloße Obliegenheitsverletzung.[236] Nach der Gegenauffassung[237] soll § 642 BGB lediglich „Regelungen zur Gefahrtragung für einen Sonderfall des Annahmeverzuges" enthalten. Nach dieser Auffassung soll der Auftragnehmer nach § 642 BGB „eine Entschädigung nur für solche Nachteile (erhalten), die während der Dauer des Annahmeverzuges auftreten". „Spätere Auswirkungen" der Behinderung auf den Bauablauf, wie zB Preissteigerungen und Verschiebungen in eine ungünstigere Jahreszeit sollen hingegen nicht umfasst sein. Diese Abgrenzung ist jedoch – dies vorab – kaum nachvollziehbar. Wie ist zB eine Tariflohnerhöhung zu beurteilen, zu der es während des Annahmeverzuges kommt, wenn die Arbeiten, die infolge des Annahmeverzuges zunächst nicht ausgeführt werden konnten, nach dem Ende des Annahmeverzuges nun nur mit erhöhten Lohnkosten ausgeführt werden können? Soll der Auftragnehmer den Mehraufwand wegen der erhöhten Lohnkosten erhalten? (Warum) soll es einen Unterschied ausmachen, wenn die Tariflohnerhöhung zB „erst" einen Tag nach dem Ende des Annahmeverzuges in Kraft tritt? Soll der Auftragnehmer wegen der höheren Lohnkosten jetzt keine Entschädigung mehr verlangen können?[238] Aber letztlich kann das dahinstehen, denn schon die Prämisse der Gegenauffassung trifft nicht zu. § 642 BGB ist keine bloße Gefahrtragungsregelung für den Fall des Annahmeverzuges, sondern die Regelung eines Entschädigungsanspruchs wegen der Verletzung auftraggeberseitiger Mitwirkungspflichten.[239]

93 Der vergütungsgleiche Entschädigungsanspruch hat nichts mit dem tatsächlichen Entstehen von Schäden zu tun; auch wenn zB dem Hauptunternehmer keine Stillstandskosten des Nachunternehmers entstehen, weil dieser sie aus geschäftspolitischen Gründen nicht geltend macht, kann der Hauptauftragnehmer dennoch gegenüber dem Auftraggeber als Entschädigung Vergütung für die Stillstandszeit verlangen, eben auf kalkulatorischer Basis.[240] Die Entschädigung wird also berechnet wie fortgeschriebene Vergütung bei Vergütungsnachträgen **auf kalkulativer Basis**,[241] das ist die einzige Möglichkeit, an die Höhe der „**vereinbarten** Vergütung" überhaupt anzuknüpfen; die vereinbarte Vergütung hat nichts mit den tatsächlichen entstehenden oder entstandenen Kosten zu tun.

94 Für die Entschädigungsberechnung ergibt sich daraus:
– Die Direkten Kosten[242] sind aus der Angebots- bzw. Auftragskalkulation abzuleiten; sie werden für die Entschädigungsberechnung wie bei einer Vergütungsberechnung fortentwickelt. Wenn allerdings im Behinderungszeitraum die tatsächlichen Kosten höher sind als die kalkulierten

---

[236] 211 Ausführlich dazu *Kapellmann/Schiffers/Markus* Vergütung I Rn. 1274 ff.; *Kapellmann* NZBau 2011, 193 ff.; Vygen FS Kapellmann, 449 ff.

[237] *Leupertz* BauR 2014, 381 im Anschluss an *Glöckner* BauR 2014, 368; mit ähnlichen Ergebnissen auch: OLG Köln NJW-RR 2004, 818; *Roskosny/Bolz* BauR 2006, 1804; ähnlich, allerdings entgegen seiner zutreffenden Hinweise darauf, dass der Normzweck von § 642 BGB aus Sicht des historischen Gesetzgebers, dem die pVV noch nicht bekannt gewesen sei, darin bestehe, dem Auftragnehmer eine Kompensation für die durch die unterlassene Mitwirkung des Auftraggebers entstandenen Nachteile zu verschaffen, und dass der Wortlaut von § 642 BGB („Dauer des Verzuges") eine zeitliche Beschränkung hinsichtlich der Verzugsfolgen nicht trägt, im Ergebnis auch *Sonntag* in NWJS VOB/B § 6 Rn. 153, 170, 171.

[238] Im Ergebnis deshalb wie hier *Pause/Vogel* in Kniffka Online Kommentar Stand: 18.9.2016, BGB § 642 Rn. 54 ff.

[239] *Kapellmann/Schiffers/Markus* Vergütung I Rn. 1281: die Verletzung einer Mitwirkungspflicht ist ein Fall der erst im Rahmen der Schuldrechtsreform in § 280 BGB kodifizierten positiven Forderungsverletzung. Diese vor Einführung des § 280 in das BGB bestehende Lücke sollte § 642 BGB schließen.

[240] Unbestritten: Staudinger/*Peters/Jacoby* BGB § 642 Rn. 24, weitere Nachweise auch zu den Motiven zum BGB bei *Kapellmann/Schiffers/Markus* Vergütung I Rn. 1649.

[241] Dazu Einzelheiten → VOB/B § 2 Rn. 213; *von Hayn-Habermann* in NWJS VOB/B § 9 Rn. 40; Schilder NZBau 2007, 450; VJLR A Rn. 844; Einzelheiten *Kapellmann/Schiffers/Markus* Vergütung I Rn. 1649.

[242] Zum Begriff → VOB/B § 2 Rn. 139.

Kosten, dürfen auch sie berücksichtigt werden;[243] Skonti sind zu beachten, vereinbarte Nachlässe nicht.[244] Kosten, die entfallen, dürfen nicht angesetzt werden. Die Berechnung solcher entfallender Kosten erfolgt wie bei der Vergütungsberechnung nach freier Kündigung[245]
– Eine Beaufschlagung der Direkten (Mehr-)Kosten mit einem kalkulierten Umlagesatz für Baustellengemeinkosten kommen nicht in Betracht, solange sich die Baustellengemeinkosten nicht erhöhen; erhöhen sie sich im Behinderungszeitraum, werden sie wie zusätzliche Direkte Kosten ersetzt, aber nicht noch einzeln mit Baustellengemeinkosten beaufschlagt[246] (zur Handhabung, wenn Baustellengemeinkosten ausnahmsweise mit vorbestimmten Zuschlagssätzen kalkulierten sind, → Rn. 69)
– die so ermittelten Kosten werden mit den kalkulierten Zuschlägen für Allgemeine Geschäftskosten beaufschlagt[247]
– Wagnis und Gewinn sind einheitlich unter Gewinn zu erfassen, Wagnis hat keine selbstständige kalkulatorische Bedeutung; Wagnis und Gewinn werden gemäß Kalkulation aufgeschlagen.[248]

Laut BGH „Vorunternehmer II"[249] darf dagegen Gewinn nicht zugeschlagen werden, denn der Anspruch bestehe wegen Gläubigerverzuges des Bestellers und nicht wegen Verletzung einer Schuldnerpflicht. Das ist selbst dann, wenn man unzutreffend die Mitwirkungshandlungen als Obliegenheit einstuft, keine durchgreifende Begründung: Die Entschädigung erfolgt nach den Maßstäben der „vereinbarten **Vergütung**". Enthält die vereinbarte Vergütung einen kalkulatorischen Zuschlag für (Wagnis und) Gewinn, so wird derselbe Zuschlag auch bei der Entschädigung berechnet – sonst würde gerade der gesetzliche Maßstab der „vereinbarten Vergütung" verlassen. Der Zuschlag von Gewinn ist deshalb schon in den Motiven zum BGB eindeutig bestätigt und seit dem in Rechtsprechung und Literatur (bis jetzt auf die Entscheidung BGH „Vorunternehmer II") praktisch einhellige Meinung. Der Auftraggeber schuldet zudem eine „angemessene" Entschädigung. Es ist bestimmt nicht „angemessen", den Auftragnehmer ggf. sogar über einen längeren Zeitraum umsonst – nämlich nur gegen Erstattung seiner Selbstkosten ohne Entlohnung seines unternehmerischen Einsatzes – seine Leistung bereitstellen zu lassen, wenn der Auftraggeber zugesagte Mitwirkungshandlungen unterlässt. Die heutige Begründung des BGH trägt nicht und wird deshalb zurecht abgelehnt.[250] Lediglich ein möglicherweise auf anderen Bau-

---

[243] RGRK/*Glanzmann* BGB § 642 Rn. 5. Das entspricht vollständig der Berechnung bei geänderten oder zusätzlichen Leistungen, → VOB/B § 2 Rn. 214–216. *Schilder* NZBau 2007, 450 billigt die Berechtigung tatsächlicher Mehrkosten für Lohn- und Materialpreissteigerungen (S. 453), will aber zuvor (S. 452) die Abrechnung tatsächlicher Mehrkosten nur ab einer Grenze von 20% zulassen, ohne dass der Widerspruch erläutert wird.
[244] Wiederum wie bei geänderten oder zusätzlichen Leistungen, → VOB/B § 2 Rn. 217.
[245] Näher dazu → VOB/B § 8 Rn. 24–54.
[246] Wiederum wie bei geänderten oder zusätzlichen Leistungen, → VOB/B § 2 Rn. 221.
[247] BGH *Schäfer/Finnern* Z 2.511 Bl. 9; OLG Celle BauR 2000, 416; *Vygen* FS Kapellmann, 449 ff.; Schilder BauR 2007, 450.
[248] → VOB/B § 2 Rn. 139.
[249] BGH NZBau 2000, 187 = BauR 2000, 722.
[250] Für Gewinnzuschlag: BGH *Schäfer/Finnern* Z 2.511 Bl. 9 und Motive, *Mugdan* § 575 E I, Seite 277, zu beiden wörtliches Zitat bei *Kapellmann/Schiffers/Markus* Vergütung I Rn. 1650 Fn. 2065; OLG Celle BauR 2000, 416; OLG München BauR 1980, 274; Staudinger/*Peters/Jacoby* BGB § 642 Rn. 25, 28; *Berger/Motzke* in Beck VOB/B § 9 Nr. 3 Rn. 16; *Döring* FS Jagenburg, 111 (118); *Kleine-Möller* NZBau 2000, 401; *Raab* JZ 2001, 251; *Kemper* in FKZGM VOB/B § 9 Rn. 23; *Vygen* in Ingenstau/Korbion VOB/B § 9 Abs. 3 Rn. 13; *Roskosny/Bolz* BauR 2006, 1804; *Schilder* BauR 2007, 450; näher *Kapellmann/Schiffers/Markus* Vergütung I Rn. 1649. Der BGH hat in BGH *Schäfer/Finnern* Z 2.511 Bl. 9 ausdrücklich entschieden, „der Zuschlag von 4% Gewinn" in der Berechnungsweise des Berufungsgerichts sei **„nicht zu beanstanden"**. Kniffka führte dazu aus (Jahrbuch Baurecht 2000, 1), dies beruhe darauf, dass die unstreitige Berechnung des Berufungsgerichts in der Revision nicht angefochten gewesen sei. Das stimmt, die Wendung „nicht zu beanstanden" mag ein obiter dictum sein. Aber sie gibt die Auffassung des BGH unmissverständlich wieder. Kniffka begründet die Ablehnung des Gewinnzuschlages damit, dadurch werde der Auftragnehmer nicht unbillig benachteiligt. Die Begründung muss aber nicht erläutern, warum der Auftragnehmer nicht benachteiligt wird, sondern welchen Grund es dafür geben soll, so zu entscheiden. Abgesehen davon enthält § 642 BGB kein Tatbestandsmerkmal „Billigkeit", sondern das gesetzliche Merkmal **„vereinbarte Vergütung"**. Wenn die vereinbarte Vergütung Gewinnzuschlag enthält, ist der Maßstab des Gesetzes unmissverständlich. Heute stimmt *Kniffka* der Meinung zu, dass Wagnis und Gewinn entgegen der Rechtsprechung des BGH zu ersetzen sind, s. *Kniffka* in Kniffka/Koeble Kompendium Teil 8 Rn. 39. *Kniffka* zitiert in diesem Zusammenhang bejahend (!) *Kapellmann/Schiffers/Markus* Vergütung I Rn. 1650.

stellen entgangener Gewinn braucht nicht ersetzt zu werden,[251] das ist im Rahmen von § 642 BGB aber auch selbstverständlich.

Der Entschädigungsanspruch aus § 642 BGB unterliegt der Mehrwertsteuer.[252] Wie beim Schadensersatzanspruch (→ Rn.89) nach Satz 1 kann der Auftragnehmer Abschlagszahlungen verlangen.[253] Ebenso verjährt der Entschädigungsanspruch wie der Schadensersatzanspruch nach Satz 1 (→ Rn.89) mit der Vergütungsforderung, also innerhalb der regelmäßigen Verjährungsfrist, die mit dem Ablauf des Jahres beginnt, in dem der Anspruch auf die Schlusszahlung gemäß § 6 Abs. 3 Nr. fällig geworden ist.[254]

IV. Schadensersatzansprüche des Auftrag*gebers*

95 **1. Anwendungsbereich.** § 6 Abs. 6 S. 1 ist auf Schadensersatzansprüche des Auftraggebers gegen den Auftragnehmer anwendbar, sofern der Auftragnehmer den Auftraggeber „behindert" hat. Da die „Behinderung" die Rechtsfolgen von Störungen des Produktionsablaufs betrifft (→ Rn. 1), bezieht sich § 6 Abs. 6 S. 1 auftrag**geber**seitig auf solche Fälle, in denen der Auftragnehmer die Leistung verzögert. Ersatz dieses Verzögerungsschadens kann der Auftragnehmer unter den Voraussetzungen der §§ 280, 286 BGB verlangen (auch → VOB/B § 5 Rn. 103). Nimmt der Auftraggeber die Verzögerung zum Anlass, gemäß § 5 Abs. 4 in Verbindung mit § 8 Abs. 3 VOB/B zu kündigen, so kann der Auftraggeber Schadensersatz statt der Leistung nur verlangen, wenn er an der Durchführung des Baus kein Interesse mehr hat, dann gilt die Haftungsbeschränkung des § 6 Abs. 6 S. 1 nicht mehr. Hat er dagegen ein Interesse an der Durchführung, so bleibt es für den dann bestehenden Schadensersatz bei der Haftungsbeschränkung.[255]

96 **2. Der zu ersetzende Schaden.** Zu ersetzen ist der Verzugsschaden des Auftraggebers. Der Auftraggeber muss zB für Arbeiten, die er verzugsbedingt jetzt erst später ausführen lassen kann, höhere Vergütung zahlen, etwa weil sich die Lohnkosten zwischenzeitlich erhöht haben. Typisch ist ein Schaden des Auftraggebers aus der verspäteten Nutzbarkeit des Bauwerks, also zB in Form der Kosten eines verzugsbedingten Hotelaufenthalts oder abstrakt oder konkret der Mietausfallschaden bei beabsichtigter Vermietung des Objekts; wegen der Problematik des Haftungsausschlusses für entgangenen Gewinn erörtern wir diesen Mietausfallschaden gesondert unter → Rn. 103. Ebenso kann der Auftraggeber zB den Ersatz notwendig gewordener Gutachterkosten verlangen.

97 Nimmt der Hauptauftraggeber einen Generalunternehmer wegen Verzuges auf Zahlung einer **Vertragsstrafe** in Anspruch, so kann der Generalunternehmer seinen Nachunternehmer, der die zur Vertragsstrafe führende Leistungsverzögerung verschuldet hat, seinerseits auf Verzugsschadensersatz in Form der (gezahlten) Vertragsstrafe in Anspruch nehmen.[256] Im Einzelfall kann laut BGH eine Einschränkung dieses Anspruchs gemäß § 254 Abs. 2 BGB in Betracht kommen, beispielsweise deshalb, weil es der Generalunternehmer versäumt hat, den Nachunternehmer auf die Gefahr eines ungewöhnlich hohen Schadens aufmerksam zu machen. Voraussetzung ist allerdings, dass dann der Nachunternehmer diesen Schaden auch wirklich hätte verringern können.

98 **Schadensersatz- oder Entschädigungsansprüche weiterer Auftragnehmer** aus § 6 Abs. 6 S. 1 VOB/B oder § 6 Abs. 6 S. 2 VOB/B § 642 BGB, die auf Grund des Verzuges des Auftragnehmers von anderen Auftragnehmern gegen den Auftraggeber **berechtigt** geltend gemacht werden, sind zu ersetzen. Hinweis: Nach der Rechtsprechung des BGH[257] kann der durch fehlende oder mangelhafte Vorleistungen behinderte Auftragnehmer gegen den Auftraggeber keinen Schadensersatzanspruch aus § 6 Abs. 6 S. 1 VOB/B geltend machen, da mangelhaft oder verspätet arbeitende Vorunternehmer nicht Erfüllungsgehilfe des Auftraggebers sei. Der behinderte Auftragnehmer kann allerdings laut BGH und heute gemäß § 6 Abs. 6 S. 2

---

[251] Kniffka/Koeble BauR-Komp Teil 8 Rn. 33.
[252] BGH NZBau 2008, 318; a. A. *Berger* in Beck VOB/B § 6 Abs. 6 Rn. 112.
[253] *Sonntag* in NWJS VOB/B § 6 Rn. 187.
[254] *Sonntag* in NWJS VOB/B § 6 Rn. 188.
[255] BGHZ 48, 78; 62, 90 („damit kein Anreiz zur Kündigung besteht"); siehe auch *Sonntag* in NWJS VOB/B § 6 Rn. 140.
[256] BGH BauR 1998, 330.
[257] BGH NZBau 2000, 187 = BauR 2000, 722 – Vorunternehmer II; ausführlich ablehnend dazu → Rn. 62, 63.

VOB/B – beim VOB-Vertrag unter den Voraussetzungen von § 6 Abs. 1 VOB/B – eine Entschädigung gemäß § 642 BGB fordern,[258] die sich beim Auftraggeber als Schaden realisiert, den der in Verzug befindliche Auftragnehmer zu ersetzen hat.

Schaden ist auch erhöhtes **Honorar** für eine verlängerte Objektüberwachung des Architekten oder Ingenieurs: Führt der Verzug des Auftragnehmers zu einer Bauzeitverlängerung, so sieht sich der Auftraggeber häufig mit erhöhten Honorarforderungen des objektüberwachenden Architekten oder Ingenieurs konfrontiert, die als Schaden gegenüber dem säumigen Auftragnehmer geltend zu machen sind. In solchen Fällen ist jedoch zunächst zu prüfen, ob der Auftraggeber gegenüber dem Architekten oder Ingenieur überhaupt zur Zahlung eines erhöhten Bauleitungshonorars verpflichtet ist.[259] 99

Ebenso können **Beschleunigungskosten,** die dem Auftraggeber erwachsen, um die Folgen des Terminverzuges des Auftragnehmers zu begrenzen, ersatzfähiger Schaden sein. Beispiel: Der Nachunternehmer für den Rohbau gerät gegenüber dem Generalunternehmer mit der Fertigstellung des Rohbaus 2 Monate in Verzug. Um den mit dem Bauherrn vereinbarten und pönalisierten Endtermin der Gesamtfertigstellung einhalten zu können, muss der Generalunternehmer gegenüber den nachfolgenden Auftragnehmern der Technischen Gebäudeausrüstung und des Innenausbaus Beschleunigungskosten aufwenden. Wenn und soweit der Generalunternehmer nachweisen kann, dass der Verzug des Rohbauunternehmers Ursache für die von ihm aufgewendeten Beschleunigungskosten war, ohne den Verzug also eine geringere Vergütung an die weiteren Nachunternehmer hätte zahlen werden müssen, handelt es sich bei diesen Beschleunigungskosten um einen ersatzfähigen Verzugsschaden. Aber: Führt der Auftraggeber eine „Beschleunigung" in der Form durch, dass er dem terminrückständigen Auftragnehmer einen zweiten Auftragnehmer (Nebenunternehmer) beistellt, um bestimmte Leistungen aus Beschleunigungsgründen durch diesen Nebenunternehmer ausführen zu lassen, so handelt es sich bei diesen Aufwendungen nicht um einen ersatzfähigen Verzögerungsschaden. Einen etwaigen Mehraufwand gegenüber dem Nebenunternehmer kann der Auftraggeber nur im Anschluss an eine Teilkündigung aus wichtigem Grund gemäß § 8 Abs. 3 Nr. 2 S. 1 VOB/B als Kostenerstattung geltend machen. 100

Sachverständigenkosten, die dadurch entstehen, dass der Auftraggeber beispielsweise ein baubetriebliches Gutachten zu Ursache und Umfang des Terminverzuges und dessen finanziellen Auswirkungen auf den Bauablauf erstellen lässt,[260] sind Schaden. 101

Entgangenen Gewinn kann der Auftraggeber gemäß § 6 Abs. 6 VOB/B nur bei Vorsatz und grober Fahrlässigkeit des Auftragnehmers fordern (→ Rn. 103). 102

3. Abstrakter und konkreter Mietausfallschaden; Ausschluss des entgangenen Gewinns. Ist der Auftraggeber mit der Erstellung eines zur Vermietung bestimmten Gebäudes in Verzug, kann der Auftraggeber seinen Schaden nach der Rechtsprechung des BGH[261] unterschiedlich berechnen: Er kann einmal die Erstattung der „infolge des Verzuges" angefallen Finanzierungskosten bis zur Höhe der im gleichen Zeitraum entgangenen Nettomieteinnahmen verlangen; dabei bemisst sich der Verzugsschaden nicht nach dem Verzugszeitraum, sondern nach der Zeitspanne, die das Gebäude infolge des Verzuges nicht genutzt werden konnte. Die Erstattungsfähigkeit hängt nicht davon ab, ob das Objekt schon vermietet war oder nicht.[262] Der Anspruch ist auf die Höhe der entgangenen Nettomietkosten deshalb beschränkt, weil ein Vermieter, der sein Objekt hätte kostendeckend vermieten können, den auf seiner falschen Markteinschätzung beruhenden Verlust nicht auf den Auftragnehmer soll abwälzen können; dieser Verlust ist nicht verzugsbedingt.[263] Der Ersatz dieses Schadens hat nichts mit entgangenem Gewinn zu tun, das Problem der Haftungsbeschränkung des § 6 Abs. 6 S. 1 stellt sich hier also nicht. Ohnehin kann der Auftraggeber verzugsbedingte **erhöhte** Finanzierungskosten verlangen. 103

Der Auftraggeber kann aber laut BGH[264] auch die „wirklich oder voraussichtlich entgangenen Erträge verlangen", also die Mieteinnahmen, diese jedoch gekürzt um die Bewirtschaftungskosten, die Betriebskosten, die Kosten der stetigen Erhaltung und die Finanzierungskosten; was verbleibt, ist entgangener Gewinn. Diesen könne der Auftraggeber **statt** der regelmäßigen 104

---

[258] Dazu → Rn. 90–93.
[259] Zur Einführung *Locher/Koeble/Frik* HOAI § 7 Rn. 151 ff.
[260] BGH BauR 1970, 294; 1986, 347.
[261] BGH BauR 2000, 188; 1993, 600 = BGHZ 121, 210; BGH BauR 1990, 464.
[262] Siehe S. *Kapellmann* BauR 1997, 48.
[263] BGH BauR 1990, 464; MüKoBGB/*Ernst* BGB § 286 Rn. 125.
[264] BGH BauR 1993, 600.

Finanzierungskosten verlangen. Indes umfasst der zu ersetzende Schaden **auch** den entgangenen Gewinn, § 252 BGB. Der Auftraggeber kann also Finanzierungskosten plus entgangenen Gewinn als Schaden verlangen.[265] Der Ersatz des entgangenen Gewinns scheitert allerdings an der Haftungsbeschränkung des § 6 Abs. 6 S. 1, wenn der Auftragnehmer die Verzögerung nicht vorsätzlich oder grob fahrlässig herbeigeführt hat. Die Frage, ob diese Haftungsbeschränkung AGB-rechtlich zulässig ist, stellt sich praktisch nicht, weil in der überwältigenden Mehrzahl aller Fälle die Vertragsbestimmungen vom Auftraggeber gestellt werden; dieser muss aber seine eigenen Bedingungen gegen sich gelten lassen, eine AGB-Kontrolle der VOB zugunsten des Verwenders gibt es nicht.

105 **4. Vorteilsausgleichung.** Der Auftraggeber muss sich auf seinen Schadensersatz Vorteile anrechnen lassen, „sofern eine solche Anrechnung den Schädiger nicht unbillig entlastet".[266] So sind zB Erträge auf Grund eines verlängerten Mietgarantiezeitraums mit gegenüber der Marktmiete erhöhten Mieten anzurechnen.[267]

106 **5. Verjährung.** Schadensersatzansprüche des Auftraggebers verjähren in 3 Jahren (§§ 196, 199 Abs. 1 BGB), ohne Rücksicht auf die Kenntnis des Auftraggebers oder dessen grob fahrlässige Unkenntnis in 10 Jahr von ihrer Entstehung an (§ 199 Abs. 3 BGB).[268]

G. § 6 Abs. 7 – Kündigungsrecht bei längerer Unterbrechung als 3 Monate

107 Dauert die Unterbrechung länger als 3 Monate (und gibt es keine Ausnahmen, → Rn. 107), hat **jede Partei** Anspruch auf Kündigung gemäß § 6 Abs. 7 VOB/B. Wirksamkeitserfordernis der Kündigung ist Schriftform. Nach Kündigung sind die ausgeführten Leistungen gemäß § 6 Abs. 5 VOB/B entsprechend den Vertragspreisen abzurechnen. Außerdem sind gemäß § 6 Abs. 5 VOB/B die Kosten zu vergüten, die dem Auftragnehmer bereits entstanden sind und die in den Vertragspreisen des nicht ausgeführten Teils der Leistung nicht enthalten sind.

Wenn der Auftragnehmer die Unterbrechung nicht zu vertreten hat, hat er auch Anspruch auf die Kosten der Baustellenräumung, soweit sie nicht in der Vergütung für die bereits ausgeführten Leistungen enthalten sind.

Nach einer Unterbrechung von mehr als 3 Monaten ist weder der Auftraggeber noch der Auftragnehmer auf § 6 Abs. 7 VOB/B beschränkt, der Auftraggeber kann vielmehr gemäß § 8 Abs. 3 kündigen, der Auftragnehmer gemäß § 9 VOB/B. Beide Vorschriften sind also speziell gegenüber § 6 Abs. 7 VOB/B.[269]

§ 6 Abs. 7 VOB/B ist auch dann anwendbar, wenn der Auftragnehmer mit der Arbeit noch nicht begonnen hat.[270]

108 Die Kündigung kann auch auf einen Teil der Leistungen beschränkt werden, wenn sich die Unterbrechung nur auf diesen Teil der Leistung bezieht und der von der Teilkündigung betroffene Teil der Vertragsleistung von den Restleistungen abgegrenzt werden kann.

109 Auf das Sonderkündigungsrecht des § 6 Abs. 7 kann sich eine Vertragspartei dann nicht berufen, wenn sie selbst die Unterbrechung herbeigeführt oder zu verantworten hat.

Für den Auftragnehmer ergibt sich das schon aus dem Gesamtzusammenhang des § 6 VOB/B. Da Unterbrechungen die Folge von Behinderungen sein müssen, muss auch jeweils der Tatbestand des § 6 Abs. 2 Nr. 1 lit. a, b oder c VOB erfüllt sein. Behinderungen, die auf vom Auftragnehmer selbst verursachte Störungen zurückgehen, sind deshalb jedenfalls für den Auftragnehmer keine Unterbrechungen im Rechtssinne der VOB/B; wer als Auftragnehmer seine eigene Pflicht nicht einhält, kann sich nicht anschließend auf § 6 Abs. 7 VOB/B berufen.

---

[265] Siehe S. *Kapellmann* BauR 1997, 48.
[266] BGH BauR 2000, 1188.
[267] BGH BauR 1990, 465.
[268] Entstanden ist der Schaden wegen Verzuges mit dem Schadenseintritt, *Sonntag* in NWJS § 6 Rn. 145; Palandt/*Ellenberger* BGB § 199 Rn. 15 mwN.
[269] Ebenso *Sonntag* in NWJS VOB/B § 6 Rn. 189.
[270] BGH NZBau 2004, 432.

Umgekehrt kann sich aber auch der Auftraggeber, der seiner eigenen Mitwirkungspflicht nicht nachkommt und dadurch die Unterbrechung verursacht, nicht auf das Kündigungsrecht nach § 6 Abs. 7 VOB/B berufen.[271]

Dabei genügt es jeweils, dass die Unterbrechung ihre Ursache im Risikobereich einer Partei liegt. So war beim „Schürmann Bau" das Risiko, dass Hochwasser die Bauleistung von Drittgewerken zerstören würde, (mindestens aufgrund des Vertrages) dem Risikobereich des Auftraggebers zuzuordnen. Folglich kann der Auftraggeber nach hochwasserbedingter Unterbrechung nicht gemäß § 6 Abs. 7 VOB/B kündigen.[272]

Der Bundesgerichtshof ist demgegenüber der Auffassung, ein Kündigungsgrund bestehe dann, wenn „das Festhalten am Vertrag für die kündigende Partei nicht zumutbar ist."[273]

Das außerordentliche Kündigungsrecht aus § 607 BGB muss nicht sofort nach Ablauf der 3 Monate ausgeübt werden. Allerdings muss die Vertragsgegenseite gemäß der Kooperationsverpflichtung auf Anfrage mitteilen, ob und gegebenenfalls wie lange sie bereit ist, zu warten. Da keine Partei nach Ablauf der 3 Monate gezwungen ist, am Vertrag festzuhalten, kann sie auch die weitere Tätigkeit von einer neuen Vergütungsvereinbarung abhängig machen statt zu kündigen. **110**

§ 7 Verteilung der Gefahr

(1) **Wird die ganz oder teilweise ausgeführte Leistung vor der Abnahme durch höhere Gewalt, Krieg, Aufruhr oder andere objektiv unabwendbare vom Auftragnehmer nicht zu vertretende Umstände beschädigt oder zerstört, so hat dieser für die ausgeführten Teile der Leistung die Ansprüche nach § 6 Abs. 5; für andere Schäden besteht keine gegenseitige Ersatzpflicht.**
(2) **Zu der ganz oder teilweise ausgeführten Leistung gehören alle mit der baulichen Anlage unmittelbar verbundenen, in ihre Substanz eingegangenen Leistungen, unabhängig von deren Fertigstellungsgrad.**
(3) **Zu der ganz oder teilweise ausgeführten Leistung gehören nicht die noch nicht eingebauten Stoffe und Bauteile sowie die Baustelleneinrichtung und Absteckungen. Zu der ganz oder teilweise ausgeführten Leistung gehören ebenfalls nicht Hilfskonstruktionen und Gerüste, auch wenn diese als Besondere Leistung oder selbstständig vergeben sind.**

Schrifttum: *Duffek,* Vergütungsanspruch des Unternehmers ohne Werkleistung, BauR 1999, 979; *Kaiser,* Die Gefahrtragung im Baurecht, Festschrift Korbion 1986, S. 197; *Köhler,* Graffiti-Schmiereien – höhere Gewalt oder unabwendbares Ereignis?, BauR 2002, 27; *Marbach,* Besonders abzunehmende Leistungsteile, Anforderungen der Praxis, insbesondere bei mehrstufigen Vertragsverhältnissen, Jahrbuch BauR 1999, 92; *Platen,* Handbuch der Versicherung von Bauleistungen, 3. Auflage 1995; *Rutkowsky,* Gefahrtragung und Haftung bei gewaltsamen Anschlägen gegen Großbaumaßnahmen und die hieran beteiligten Unternehmen, NJW 1988, 1761; *Schmidt/Salzer,* Die Bedeutung der Rechtsprechung zu den Allgemeinen Geschäftsbedingungen für Bauunternehmer, Architekten, Bauherren und insbesondere für die öffentliche Hand, BB Anlage 11973, 8; *Thode,* Werkleistung und Erfüllung im Bau-Architektenvertrag, ZfBR 1999, 116.

Übersicht

	Rn.
A. Grundsätze der Gefahrtragung	1
I. Definition Leistungsgefahr und Vergütungsgefahr	1
II. Regelungsinhalt von § 7 VOB/B und Abgrenzung zu den gesetzlichen Vorschriften	6
III. § 7 VOB/B und AGB-Problematik	8
IV. Gefahrverteilung nach dem Gesetz	9
1. Leistungs- und Vergütungsgefahr folgen eigenen rechtlichen Regeln	9
2. Grundsätzliche Verteilung der Gefahr im Bauvertrag	14
a) Leistungsgefahr	14
b) Vergütungsgefahr	15

---

[271] *Döring* in Ingenstau/Korbion VOB/B § 6 Abs. 7 Rn. 9; *Sonntag* in NWJS VOB/B § 6 Rn. 192.
[272] BGH BauR 1997, 1021 – Schürmannbau/Hagedorn II.
[273] BGH NZBau 2004, 432.

3. Vorzeitiger Übergang der Leistungsgefahr 20
    a) Objektive Unmöglichkeit der Herstellung, §§ 275 Nr. 1, 276 BGB ... 20
    b) Rechtliche Unmöglichkeit 22
    c) Zweckfortfall 23
    d) Wirtschaftliche Unmöglichkeit 24
    e) Unvermögen (subjektive Unmöglichkeit), § 275 Abs. 1 BGB 27
    f) Wegfall der Leistungspflicht gemäß § 275 Abs. 1 BGB – Was passiert mit der Gegenleistung? 31
    g) Annahmeverzug, §§ 293 ff. BGB 32
    h) Unzumutbarkeit, § 275 Abs. 2 BGB 34
4. Vorzeitiger Übergang der Vergütungsgefahr 35
    a) Annahmeverzug des Auftraggebers, § 326 Abs. 2 BGB 35
    b) Versendung des Werkes, § 644 Abs. 2 BGB 43
    c) Mangelhafter Stoff des Auftraggebers, Ausführungsanweisung des Auftraggebers, § 645 Abs. 1 Satz 1 BGB 44
    d) Analoge Anwendung des § 645 Abs. 1 Satz 1 BGB 50
B. Voraussetzungen des vorzeitigen Übergangs der Vergütungsgefahr nach § 7 VOB/B 55
  I. § 7 Abs. 1 1. Halbs., Abs. 2 und 3 VOB/B – Definition und Umfang der „ganz oder teilweise ausgeführten Leistung" 55
    1. § 7 Abs. 1 VOB/B – Objektiv unabwendbare vom Auftragnehmer nicht zu vertretende Umstände 62
        a) Begriffsbestimmung 62
        b) Höhere Gewalt, Krieg und Aufruhr 66
        c) Witterungseinflüsse 67
        d) Streiks und Aussperrungen 69
        e) Diebstähle 70
    2. „Beschädigung oder Zerstörung" der ganz oder teilweise ausgeführten Leistung 71
  II. § 7 Abs. 1 2. Halbs. VOB/B – Rechtsfolgen des Gefahrübergangs 72
    1. Vergütungsansprüche gemäß § 6 Abs. 5 72
    2. § 7 Abs. 1 letzter Halbs. VOB/B – Keine Ersatzpflicht für andere Schäden 74
  III. Beweislast 75
  IV. Bauleistungsversicherung 76

A. Grundsätze der Gefahrtragung

I. Definition Leistungsgefahr und Vergütungsgefahr

1 Das Risiko der nochmaligen Leistungserbringung beim zufälligen Untergang oder der zufälligen Verschlechterung einer Leistung in einem Schuldverhältnis wird im BGB allgemein als Sach- oder **Leistungsgefahr** bezeichnet.

2 Demgegenüber bezeichnet das BGB als Preis- oder **Vergütungsgefahr** das Risiko für den anderen Vertragsteil, bei einem gegenseitigen Vertrag die Gegenleistung trotz des Wegfalls oder der Verschlechterung der Leistung in voller Höhe erbringen zu müssen.

Regelungsgegenstand der **Gefahrtragung** allgemein ist damit das rechtliche Schicksal der Hauptleistungsverbindlichkeiten der Parteien eines synallagmatischen Vertragsverhältnisses für all diejenigen Fälle, in denen die Leistung (im Werkvertragsrecht das ganz oder teilweise fertig gestellte Werk) aus Gründen, die keine Vertragspartei zu vertreten hat, (zufällig) untergeht oder sich verschlechtert hat.[1]

3 Beruht der Untergang oder die Verschlechterung der Werkleistung, der gemäß § 645 Abs. 1 Satz 1 BGB die Unausführbarkeit gleichsteht, auf einer **schuldhaften Verletzung** einer vertraglichen Verpflichtung, gelten die allgemeinen Regeln der §§ 275, 280, 283 bis 285 BGB, denen die Sonderregeln des Werkvertragsrechts (insbesondere § 645 BGB) sowie der VOB/B vorgehen. So hat der BGH[2] entschieden, dass dem Auftragnehmer Stillstands- und sonstige Behinderungskosten, die über den reinen Aufwendungsersatzanspruch, der dem Teil der erbrachten und untergegangenen Werkleistungen entspricht, hinausgehen, dann gemäß § 6 Abs. 6 VOB/B zustehen, wenn die behindernden Umstände auf eine schuldhafte Verletzung vertraglicher Pflichten des Auftraggebers ursächlich zurückgehen.

---
[1] *Soergel* in MüKoBGB, § 644 Rdn. 2; *Peters* in Staudinger BGB, § 644 Rdn. 1.
[2] BGH „Schürmann/Hagedorn II" BauR 1997, 1021.

"Zu vertreten" hat der Auftragnehmer die Beeinträchtigung oder den Untergang der Werkleistung dann, wenn er durch ihm zurechenbares Handeln oder pflichtwidriges Unterlassen die Beeinträchtigung/den Untergang verursacht hat. Unterlässt der Auftragnehmer beispielsweise den Schutz seiner Werkleistung nach § 4 Abs. 5 VOB/B, der je nach Art und Umfang der Werkleistung sogar darin bestehen kann, dass er die Baustelle bewachen muss auch außerhalb der Arbeitszeiten, so ist er zur kostenlosen Wiederherstellung oder nochmaligen Leistungserbringung verpflichtet. 4

Für den Auftraggeber gilt obige Aussage sinngemäß. Zu vertreten hat der Auftraggeber danach beispielsweise eine mangelhafte Bauablaufplanung und/oder Koordination der einzelnen Gewerke.[3] 5

II. Regelungsinhalt von § 7 VOB/B und Abgrenzung zu den gesetzlichen Vorschriften

Der Regelungsinhalt des § 7 VOB/B ist auf die Vergütungsgefahr beschränkt.[4] Die Verteilung der Leistungsgefahr erfolgt demgemäß nach den gesetzlichen Normen. § 7 VOB/B im Zusammenhang mit § 12 Abs. 6 VOB/B und den gesetzlichen Regeln über die Vergütungsgefahr bei Werkverträgen in §§ 644–646 BGB[5] gelesen, ergibt folgendes: Die gesetzliche Regelung der Vergütungsgefahr in den §§ 644–646 BGB gilt in dem Umfang, wie die §§ 7, 12 Abs. 6 VOB/B keine anderweitige Regelung der Tragung der Vergütungsgefahr bei Bauverträgen vorschreiben. Sie enthalten insbesondere keine abschließende Regelung der Tragung der Vergütungsgefahr bei Bauverträgen.[6] Die §§ 7, 12 VOB/B regeln nur eine Änderung des in § 644 Abs. 1 Satz 1 BGB normierten Prinzips der Tragung der Vergütungsgefahr, wonach diese (erst) mit der Abnahme auf den Auftraggeber übergeht,[7] so dass § 644 Abs. 1 Satz 2 und 3 BGB ebenso wie § 645 Abs. 1 Satz 1 BGB auch auf VOB-Bauverträge und damit neben § 7 VOB/B anwendbar sind.[8] 6

§§ 7 und 12 Abs. 6 VOB/B ändern das Prinzip der Verteilung der Vergütungsgefahr in § 644 Abs. 1 Satz 1 BGB in zweierlei Hinsicht: Auch wenn § 12 Abs. 6 VOB/B identisch mit § 644 Abs. 1 Satz 1 BGB bestimmt, dass die Vergütungsgefahr erst mit der Abnahme vom Auftragnehmer auf den Auftraggeber übergeht, kann es in dem Umfang, wie die Abnahmeregeln der VOB/B an denen des BGB abweichen, zu einer Vorverlagerung des Gefahrübergangs kommen.[9] § 7 VOB/B erweitert die Vorverlagerung des Gefahrübergangs auf die Fälle (und nur die Fälle) in denen unabwendbare Umstände, auf die der Auftragnehmer keinerlei Einfluss hat, zur Beschädigung oder Zerstörung der ganz oder teilweise ausgeführten Leistung führen. 7

III. § 7 VOB/B und AGB-Problematik

Da der Auftragnehmer nach § 7 VOB/B in Fällen eine Teilvergütung erhält, in denen ihm das Gesetz in § 644 Abs. 1 Satz 1 BGB einen solchen Anspruch versagen würde, ist die VOB/B-Regelung unzweifelhaft auftragnehmerfreundlich. Ob hierin eine unangemessene Benachteiligung der gesetzlichen Rechtsposition des Auftraggebers mit der Folge ihrer Nichtigkeit bei isolierter Überprüfung anhand des AGB-Gesetzes bzw. jetzt §§ 305 ff. BGB liegt,[10] ist streitig.[11] Vor dem Hintergrund der sich durch das Gesetz zur Beschleunigung fälliger Zahlungen den 8

---

[3] Vgl. hierzu OLG Celle IBR 1999, 358; *Marbach* Jahrbuch BauR 1999, 92, 96.
[4] BGH NJW 1977, 1966, 1967; BGH „Schürmann/Hagedorn II" BauR 1997, 1021, 1023; *Jansen* in NWJS VOB/B § 7 Rdn. 4; *Oppler* in Ingenstau/Korbion VOB/B § 7 Rdn. 20; *Soergel* in MüKoBGB, § 645 Rdn. 1; *Kuffer* in Heiermann/Riedel/Rusam VOB/B § 7 Rdn. 8.
[5] Das Schuldrechtsmodernisierungsgesetz hat bei der gesetzlichen Gefahrtragung keine Änderungen vorgenommen.
[6] *Jansen* in NWJS VOB/B § 7 Rdn. 6.
[7] BGH „Schürmann/Hagedorn II" BauR 1997, 1021, 1023.
[8] BGH „Schürmann/Hagedorn II" BauR 1997, 1021, 1023; *Jansen* in NWJS VOB/B § 7 Rdn. 6; *Oppler* in Ingenstau/Korbion VOB/B § 7 Rdn. 9 f.; *Kuffer* in Heiermann/Riedel/Rusam VOB/B § 7 Rdn. 10; *Sacher/Lünemann* in Leinemann § 7 Rdn. 4.
[9] Vgl. *Jansen* in NWJS VOB/B § 7 Rdn. 5.
[10] *Sacher/Lünemann* in Leinemann VOB/B § 7 Rdn. 32; *Ulmer/Brandner/Hensen* Anhang AGBG §§ 9–11 Rdn. 906; *Schmidt/Salzer* BB Beilage 1/73, 8.
[11] Für eine Wirksamkeit sprechen sich aus *Jansen* in NWJSVOB/B § 7 Rdn. 7; *Oppler* in Ingenstau/ Korbion VOB/B § 7 Abs. 1–3, Rdn. 1; *Kaiser* FS Korbion 1986 S. 197, 205; *Wolf/Horn/Lindacher* AGBG § 23 Rdn. 253; *Frikell/Glatzel/Hofmann* Rdn. K. 7.4.

Regelungen der VOB/B angenäherten Gesetzeslage einerseits und der restriktiven Auslegung von § 7 VOB/B durch den Bundesgerichtshof in den Schürmann-Fällen andererseits, wird man eine unangemessene Benachteiligung des Auftraggebers kaum bejahen können. Die Vorverlegung des Übergangs der Vergütungsgefahr in § 7 VOB/B ist deshalb unter AGB-rechtlichen Gesichtspunkten wirksam.

IV. Gefahrverteilung nach dem Gesetz

9 **1. Leistungs- und Vergütungsgefahr folgen eigenen rechtlichen Regeln.** Unabhängig von dem rechtlichen Schicksal des Vergütungsanspruchs des Werkunternehmers regelt die Leistungsgefahr die Frage, ob der Werkunternehmer weiterhin den werkvertraglichen Erfolg schuldet mit der Folge, dass er das zufällig untergegangene oder sich verschlechterte Werk neu herzustellen hat.

10 Leistungs- und Vergütungsgefahr teilen nicht zwingend das Gleiche rechtliche Schicksal. Nach allgemeiner Meinung[12] fallen lediglich beim Auftraggeber beide Gefahren zusammen, da immer dann, wenn der Auftraggeber trotz des zufälligen Untergangs/Verschlechterung des Werkes die Vergütungsgefahr trägt, dieser auch mit der Leistungsgefahr belastet ist, weil in einem solchen Falle das werkvertragliche Verhältnis so behandelt wird, als habe der Unternehmer ordnungsgemäß erfüllt (§ 362 BGB).

11 Diese Aussage ist nicht ganz zweifelsfrei. Sie berücksichtigt nicht ausreichend den Umstand, dass der Auftragnehmer unter bestimmten Voraussetzungen, wenn auch gegen zusätzlichen Vergütungsanspruch, *verpflichtet* bleibt, die Leistung nochmals zu erbringen. So ist der Auftragnehmer beim VOB-Vertrag gemäß § 1 Abs. 4 VOB/B und beim BGB-Werkvertrag nach den Grundsätzen von Treu und Glauben verpflichtet, zusätzliche Leistungen zu erbringen, die auch in einer nochmaligen Werkerstellung bestehen können.[13] Würde der Unternehmer so behandelt werden, als ob er ordnungsgemäß erfüllt hätte nach § 362 BGB, so wäre die nochmalige Werkerstellung nicht als zusätzliche Leistung zu behandeln, sondern als ein neues Vertragsverhältnis, das einzugehen sich der Unternehmer auch weigern könnte.[14]

12 Beim Auftragnehmer fallen Vergütungs- und Leistungsgefahr immer dann zusammen, wenn ihm die Vergütung für die untergegangene oder verschlechterte Leistung entgeht, er aber gleichwohl verpflichtet bleibt, die Leistung erneut zu bringen. **Beispiel:** Teile einer Heizungsanlage werden vor der Abnahme durch Unbekannte beschädigt. Nach OLG Düsseldorf[15] ist weder die Leistungs- noch die Vergütungsgefahr auf den Auftraggeber übergegangen. Dem Auftragnehmer steht für die verschlechterte Leistung kein Vergütungsanspruch zu. Der Auftragnehmer ist weiterhin verpflichtet, die Leistung (erneut) zu erbringen.

13 Führt der zufällige Untergang des Werkes allerdings zur objektiven Unmöglichkeit der Leistung nach § 275 Abs. 1 BGB, dann trifft den Auftragnehmer nicht die Leistungsgefahr. Er wird von seiner Leistungsverpflichtung frei, verliert allerdings sogleich auch seinen Vergütungsanspruch (§ 275 Abs. 4 BGB i. V. m. § 326 Abs. 1 BGB).[16] **Beispiel:** Infolge starker Orkanböen in den Wintermonaten wird ein an der Küste gelegenes Baugrundstück ins Meer gespült. Die teilweise erbrachte Werkleistung ist vernichtet; eine Neuherstellung objektiv unmöglich, weil das Baugrundstück nicht mehr existiert.[17]

14 **2. Grundsätzliche Verteilung der Gefahr im Bauvertrag. a) Leistungsgefahr.** „Periculo conductoris" war der das römische Recht prägende Gefahrtragungsgrundsatz im Baurecht: Das Werk sei bis zur Billigung durch den Besteller auf Gefahr des Unternehmers.[18] Diesen Grundsatz

---

[12] *Soergel* in MüKoBGB, § 644 Rdn. 3; *Kuffer* in Heiermann/Riedel/Rusam VOB/B § 7 Rdn. 3; *Kleine-Möller/Merl/Glöckner* § 11 Rdn. 131.

[13] So die h. M. zum vorzeitigen Gefahrübergang gem. VOB/B § 7, dazu siehe unter Rdn. 74; kritisch ebenfalls *Kleine-Möller/Merl/Glöckner* § 10 Rdn. 133; *Teichmann* in SoergelBGB, § 644 Rdn. 12.

[14] Von Bedeutung ist diese Frage in dem bislang wenig beachteten, aber sehr praxisnahen Fall des vorzeitigen Gefahrübergangs durch Annahmeverzug bei noch nicht vollendetem Werk, vgl. dazu im Einzelnen unter Rdn. 32.

[15] BauR 1985, 728 L.

[16] Zur Frage, ob dem Auftragnehmer wenigstens für die teilweise erbrachte Leistung ein Teilvergütungsanspruch über eine analoge Anwendung des § 645 Abs. 1 BGB zustehen könnte, vgl. unten unter Rdn. 50.

[17] Existiert das Baugrundstück noch und ist deshalb die Leistung nicht objektiv unmöglich geworden, so liegt nach OLG Bremen BauR 1997, 854 auch bei Windstärke 10 in der Küstenregion der Nordsee weder höhere Gewalt noch ein unabwendbarer Umstand im Sinne von § 7 Abs. 1 VOB/B vor.

[18] *Kaiser* FS Korbion 1986, S. 197 m. w. N.

hat erst das Preußische Allgemeine Landrecht und anschließend das BGB übernommen, indem konsequent auf die Erfolgsbezogenheit eines werkvertraglichen Leistungsversprechens als Voraussetzung für die Beendigung der Vorleistungspflicht und die Fälligkeit des Gegenleistungsversprechens abgestellt wird. Die gesetzlichen Gefahrtragungsregeln sehen als Grundsatz vor, dass der Auftragnehmer vom Zeitpunkt des Vertragsschlusses an bis zur vollständigen Erfüllung im Sinne des § 362 Abs. 1 BGB, die im Werkvertragsrecht durch die Abnahme bewirkt wird, sowohl die Leistungs- wie auch die Vergütungsgefahr trägt.[19] Grundsätzlich schuldet damit der Auftragnehmer kraft seines werkvertraglichen Erfolgsversprechens bis zur Abnahme der Werkleistung deren Herstellung, auch wenn sich die ganz oder teilweise bereits hergestellte Werkleistung zufällig verschlechtert hat oder untergegangen ist (§§ 631 Abs. 1, 633 Abs. 1, §§ 640, 641a BGB).[20]

b) Vergütungsgefahr. Erst mit der **Abnahme** der Werkleistung wird das Stadium der Vorleistungspflicht des Auftragnehmers beendet und ist die versprochene Gegenleistung (Vergütung) zur Zahlung auch dann fällig, wenn sich die Werkleistung anschließend zufällig verschlechtert oder untergehen sollte (§ 644 Abs. 1 Satz 1 BGB, identisch hierzu die Regelung in § 12 Abs. 6 VOB/B). Damit wird in § 644 Abs. 1 Satz 1 BGB bereits eine Vorverlagerung des Übergangs der Vergütungsgefahr auf den Zeitpunkt der Abnahme geregelt, da nach allgemeinem Schuldrecht (§ 326 Abs. 1, 3 und 4 BGB) dieser Zeitpunkt erst mit vollständiger Erfüllung (= mängelfreier Herstellung des Werkes) eintreten würde. 15

Ist die Werkleistung **nach Abnahme** untergegangen oder beschädigt und erst danach endgültig unmöglich geworden, so schuldet der Auftraggeber dem Auftragnehmer die volle Vergütung. Ihm ist es verwehrt, sich auf § 326 Abs. 1 BGB zu berufen. Sollte die nochmalige Herstellung des Werkes möglich sein, so ist hierzu der Auftragnehmer nach Abnahme seiner Werkleistung nicht verpflichtet. Denn mit der Abnahme der Werkleistung trat Konkretisierung auf die erbrachte Werkleistung (§ 243 Abs. 2 BGB) und Erfüllung (§ 362 BGB) ein.[21] Damit ist auch der Rückgriff auf § 242 BGB zur Begründung eines Anspruchs auf Wiederholung des Werkes ausgeschlossen.[22] 16

Fraglich ist, ob und wie sich Mängel an der Werkleistung nach Abnahme und anschließend eingetretenem zufälligen Untergang auswirken. Peters[23] ist der Auffassung, dass dem Auftraggeber in diesem Fall nicht das Recht genommen wird, der Werklohnforderung Gewährleistungsrechte entgegenzusetzen. Zwar entfalle der Nachbesserungsanspruch und könne der Schadensersatzanspruch aus §§ 634 Nr. 4, 636, 282 BGB nicht mehr an den Kosten der Mängelbeseitigung ausgerichtet werden, wohl aber sei der Schadensersatzanspruch entsprechend § 251 BGB zu bemessen.

Diese Auffassung dürfte mit der Systematik des Gefahrübergangs nicht vereinbar sein. Genauso wenig, wie dem Auftragnehmer eine teilweise Vergütung bei teilweiser Werkvernichtung vor Abnahme zustehen soll[24], der Auftragnehmer also das volle Vergütungsrisiko vor der Abnahme trägt, muss er sich zum gerechten Ausgleich hierfür nach Abnahme ohne Einschränkung auf seine Rechte zur Mängelbeseitigung berufen können. Gewährleistungsansprüche kann der die Vergütungsgefahr tragende Auftraggeber gegen den Auftragnehmer damit nicht mehr geltend machen, wenn das mängelbehaftete Werk nach Abnahme und damit eingetretener Konkretisierung zufällig untergeht oder zufällig verschlechtert wird[25]; eine Ausnahme hiervon wird man selbstverständlich dann machen müssen, wenn zum Zeitpunkt der zufälligen Werkverschlechterung oder des Werkuntergangs der Auftragnehmer sein Recht zur Mängelbeseitigung infolge Verzuges mit den Mängelbeseitigungsarbeiten bereits verloren hat und/oder aus diesem Grunde Schadensersatzansprüche bereits entstanden sind.

Aus diesen Grundsätzen folgt, dass auch bei einer Beschädigung des Werkes **vor Abnahme** durch einen Dritten am Bau Beteiligten oder sonstigen Dritten der Auftragnehmer weiterhin zur nochmaligen Leistungserbringung auf seine Kosten verpflichtet ist und der Auftraggeber bis dahin weder das Werk abnehmen muss noch zur Zahlung der vereinbarten Vergütung verpflichtet ist.[26] Von diesem Grundsatz geht die VOB/B in § 4 Abs. 5 Satz 1 VOB/B aus, wenn 17

---

[19] Vgl. *Thode* ZfBR 1999, 116.
[20] *Kleine-Möller/Merl/Glöckner* § 12 Rdn. 331.
[21] Vgl. *RGRK*/Glanzmann BGB, § 644 Rdn. 11.
[22] Anderer Ansicht aber *Peters* in StaudingerBGB, § 644 Rdn. 22.
[23] *Peters* in Staudinger BGB, § 644 Rdn. 22.
[24] BGHZ 78, 352.
[25] Ebenso *Soergel* in MüKoBGB, § 644 Rdn. 6.
[26] So BGH NJW 1984, 2569 f.

sie den Auftragnehmer verpflichtet, die von ihm ausgeführten Leistungen bis zur Abnahme vor Beschädigung und Diebstahl zu schützen. Mit eigenen Schadensersatzansprüchen des Auftragnehmers gegen den Schädiger ist es in diesen Fällen regelmäßig schlecht bestellt, wenn, wie im Regelfall, der Unternehmer kein Eigentum an seinem Werk mehr hat, weil dieses infolge Verbindung (§ 94 BGB) mit dem Grundstück auf den Auftraggeber übergegangen ist. Sofern auch Ansprüche wegen Besitzverletzung ausscheiden, hilft die Rechtsprechung mit dem Institut der **Drittschadensliquidation.** Der Auftraggeber, der den Schaden des Auftragnehmers liquidieren kann, ist verpflichtet, diesen Anspruch gemäß § 285 BGB oder aus nachvertraglichen Pflichten an den Auftragnehmer abzutreten, damit dieser erfolgreich Schadensersatz vom Schädiger verlangen kann.[27] Ist jedoch kein Drittschädiger feststellbar, was üblicherweise bei mutwilligen Beschädigungen des Werkes z. B. durch so genannte Sprayer der Fall ist, so bleibt es dabei, dass der Auftragnehmer seinen Anspruch auf die vereinbarte Vergütung erst erlangt, wenn er das Werk dem Auftraggeber abnahmereif zur Verfügung stellt, was die Beseitigung der Schäden auf Kosten des Antragnehmers voraussetzt[28].

18 In dem Fall der vor Abnahme eingetretenen zufälligen Unmöglichkeit der Leistungserbringung geht die Leistungsgefahr gemäß § 275 BGB vorzeitig über[29] und trifft bereits § 326 Abs. 1, 3 und 4 BGB die Grundsatzregelung, dass der Vorleistungspflichtige seinen Vergütungsanspruch verliert, er also die Vergütungsgefahr trägt.[30] Das hat zur Konsequenz, dass Abschlagszahlungen gemäß § 632a Satz 1 BGB auf das teilweise erste hergestellte noch nicht abgenommene Werk aus Kondiktion (§ 812 Abs. 1 Satz 2 erste Alternative BGB) zurückgefordert werden können.[31] Dies hat seinen Grund darin, dass die vom Auftragnehmer bis zur Abnahme entfaltete Tätigkeitsherstellung des Werkes nur vorbereitenden Charakter hat, also keine Erfüllungswirkung hat.[32] Anteilige Vergütung kann dem Auftragnehmer lediglich gemäß § 326 Abs. 1 BGB zustehen, nämlich für den Fall, dass vor Abnahme das unausführbar gewordene Werk nur zum Teil untergegangen ist und der unversehrte Teil für den Auftraggeber verwertbar ist.[33]

19 Diese Grundsätze werden in einer Vielzahl von Fällen durch das BGB wie durch die Regelungen der VOB/B durchbrochen, was zu einem **vorzeitigen Gefahrübergang** führt.

20 **3. Vorzeitiger Übergang der Leistungsgefahr. a) Objektive Unmöglichkeit der Herstellung, §§ 275 Nr. 1, 276 BGB.** § 275 Abs. 1 BGB a. F. bestimmte allgemein, also auch für die Fälle der Vereinbarung der VOB/B, dass der Schuldner (Auftragnehmer) von seiner Leistungsverpflichtung (Werkerstellung) befreit wird, so weit die Leistung nach Entstehung des Schuldverhältnisses (Vertragsschluss) objektiv unmöglich geworden ist, d. h. weder von dem Auftragnehmer noch von einem sonstigen Dritten erbracht werden kann. Im Bereich des Werkvertragsrechts kommen hier insbesondere Fälle der naturgesetzlichen Unmöglichkeit oder der rechtlichen Unmöglichkeit in Betracht. Naturgesetzlich unmöglich ist eine Werkleistung beispielsweise, wenn die Bauleistung nach dem Willen der Vertragsparteien auf einem bestimmten Baugrundstück (und nur dort) zu erbringen ist und dieses Baugrundstück nicht mehr existiert, weil es untergegangen ist (vgl. obigen Küstenfall). Denkbar sind aber auch andere Fälle, beispielsweise die Durchführung von Umbauarbeiten in einem bestehenden Gebäude, das nach Vertragsschluss infolge Einsturzes untergegangen ist. Keine objektive Unmöglichkeit liegt dagegen vor, wenn nur die ursprünglich vorgesehene Erfüllungsart infolge eines von dem Auftragnehmer nicht zu vertretenden Umstandes nach Vertragsschluss undurchführbar geworden ist, die Leistung aber vom Auftragnehmer auf andere Weise erbracht werden kann und diese Änderung des Vertrages beiden Parteien zumutbar ist.[34]

21 An diesen Grundsätzen hat sich durch das Schuldrechtsmodernisierungsgesetz nichts geändert. Lediglich die Unterscheidung zwischen anfänglicher und nachträglicher Unmöglichkeit ist in Wegfall geraten.

---

[27] OLG Düsseldorf NJW-RR 1996, 591; nach BGH NJW 1970, 38 kann der Auftragnehmer die nochmalige Erbringung der Werkleistung davon abhängig machen, dass zuvor der Schadensersatzanspruch an ihn abgetreten wird.
[28] Anderer Ansicht *Köhler* BauR 2002, 27, der Graffitis als unabwendbares Ereignis ansieht, was schon deshalb nicht zutreffen kann, weil jedenfalls objektiv keine Unabwendbarkeit vorliegt.
[29] Siehe dazu die weiteren Ausführungen unter Rdn. 27.
[30] Vgl. BGH ZfBR 1982, 71; *Kaiser* FS Korbion 1986, S. 197, 201.
[31] Vgl. *Peters* in StaudingerBGB, § 644 Rdn. 21.
[32] *Peters* in Staudinger BGB, § 644 Rdn. 2.
[33] Ebenso RGRK/*Glanzmann* BGB, § 644 Rdn. 6; *Kleine-Möller/Merl/Glöckner* § 12 Rdn. 335.
[34] BGHZ 38, 149.

b) Rechtliche Unmöglichkeit. Kann die Werkleistung aus Rechtsgründen nicht mehr 22 erbracht werden, so wird der Auftragnehmer ebenfalls von seiner Leistung befreit. Hier ist im Bauvertragsrecht vor allen Dingen an Fälle der fehlenden Genehmigungsfähigkeit der Bauleistung zu denken.[35] Hierunter fallen grundsätzlich nur solche Fallgestaltungen, bei denen die Erbringung der Bauleistung aus rechtlichen Gründen **dauernd unmöglich** wird, beispielsweise durch eine Änderung eines Bebauungsplans, die Bauvorhaben der vorgesehenen Art auf Dauer unmöglich machen.

Beispiel: Der Auftragnehmer soll ein Hotel schlüsselfertig errichten. Durch eine nach Vertragsschluss erfolgte Bebauungsplanänderung ist jedoch nur noch eine Bebauung mit Einfamilienhäusern zulässig.

c) Zweckfortfall. Unmöglichkeit liegt nach herrschender Meinung auch dann vor, wenn die 23 Leistungs**handlung** zwar weiterhin möglich ist, der Leistungs**erfolg** aber nicht mehr herbeigeführt werden kann.[36] Beispiel: Das umzubauende Haus brennt ab. Es existiert zwar noch, der Zweck (Umbau) ist allerdings in Fortfall geraten, da das Haus nur noch neu aufgebaut und nicht mehr lediglich umgebaut werden kann.

d) Wirtschaftliche Unmöglichkeit. Grundsätzlich gilt, dass der Auftragnehmer sich nicht 24 darauf berufen kann, dass die Werkleistung nur mit außergewöhnlichen Schwierigkeiten/Kosten zu erbringen sei. § 633 Abs. 2 Satz 3 BGB a. F. wurde insoweit jedenfalls unmittelbar nicht angewand.[37]

Eine unter § 275 BGB a. F. fallende wirtschaftliche Unmöglichkeit nahm das Reichsgericht 25 im Anschluss an die wirtschaftlich turbulenten Verhältnisse nach dem Ersten Weltkrieg an, wenn die Leistung zwar an sich noch möglich war, ihr aber solche Schwierigkeiten entgegenstanden, dass sie dem Schuldner wegen Überschreitung der so genannten Opfergrenze nicht zumutbar war.[38]

Die BGH-Rechtsprechung wendete in diesen Fällen allerdings nicht die Regeln der Unmög- 26 lichkeit an, sondern die Grundsätze über den Wegfall **der Geschäftsgrundlage** (jetzt Störung der Geschäftsgrundlage, § 313 BGB), die einer Anpassung des Vertragsverhältnisses auf die geänderten wirtschaftlichen Verhältnisse nach den Grundsätzen von Treu und Glauben ermöglicht.[39] § 275 Abs. 2 BGB bestimmt nunmehr ausdrücklich, dass der Schuldner die Leistung verweigern kann, soweit diese einen Aufwand erfordert, der unter Beachtung des Inhalts des Schuldverhältnisses und der Gebote von Treu und Glauben in einem groben Missverhältnis zu den Leistungsinteressen des Gläubigers steht. Bei der Bestimmung der dem Schuldner zuzumutenden Anstrengungen ist zu berücksichtigen, ob der Schuldner das Leistungsinteresse zu vertreten hat.

Die VOB/B sieht i. ü. eine derartige Anpassungsmöglichkeit bei Pauschalpreisverträgen in § 2 Abs. 7 Nr. 1 Satz 2 VOB/B ausdrücklich vor.

e) Unvermögen (subjektive Unmöglichkeit), § 275 Abs. 1 BGB. § 275 Abs. 1 BGB 27 regelt, ohne zwischen Unmöglichkeit und Unvermögen zu unterscheiden einheitlich, dass der Anspruch auf Leistung ausgeschlossen ist, so weit diese für den Schuldner oder für jedermann unmöglich ist.

Diese Unterscheidung war und ist nur für die Fälle der **Gattungsschuld** erheblich, weil nach § 276 Abs. 1 BGB der Schuldner auch für subjektives Unvermögen einzustehen hat und damit von seiner Leistungsverpflichtung nicht befreit wird, wenn die Leistung aus der Gattung (objektiv) noch möglich ist.

Ein Bauvertrag enthält regelmäßig auch Elemente der Lieferung einer Gattungssache. Bei- 28 spielhaft sei auf die Lieferung der Baumaterialien (Beton, Steine etc) verwiesen. Aber auch auf **Stückschulden** wurde § 279 BGB a. F. entsprechend angewandt, wenn der Schuldner die Verpflichtung übernommen hatte, den geschuldeten Gegenstand zu beschaffen (Beschaffungsschuld), was regelmäßig beim Bauvertrag der Fall ist.

Aus § 276 Abs. 1 BGB folgt damit, dass sich der Auftragnehmer grundsätzlich nicht darauf 29 berufen kann, es fehlen ihm die notwendigen finanziellen, personellen oder sonstigen Hilfsmittel,

---

[35] Vgl. OLG Frankfurt NJW-RR 1989, 982; OLG Köln VersR 1997, 580.
[36] *Grüneberg* in Palandt BGB, § 275 Rdn. 19.
[37] *Vgl. Peters* in Staudinger BGB, § 644 Rdn. 5; zur analogen Anwendung von § 633 Abs. 2 S. 3 BGB a. F. vgl. unten Rdn. 34.
[38] RGZ 102, 273.
[39] Vgl. *Grüneberg* in Palandt BGB, § 275 Rdn. 21 m. w. N.

um die geschuldete Bauleistung zu erbringen. Insbesondere ist es ihm verwehrt, sich auf eine nicht rechtzeitige Eindeckung mit den Baumaterialien zu berufen.[40]

30   Aber auch diese Regel hat ihre Grenzen in der **Zumutbarkeit.** Nach den Grundsätzen über den Wegfall der Geschäftsgrundlage (§ 242 BGB) war bereits § 279 BGB a. F. jedenfalls dann nach Auffassung des Bundesgerichtshofes nicht anzuwenden, wenn infolge unvorhersehbarer Umstände so erhebliche Leistungshindernisse entstanden sind, dass dem Schuldner die Beschaffung des geschuldeten Gegenstandes nicht mehr zugemutet werden kann, beispielsweise in dem Fall, dass der Hersteller einer Gattungsschuld die Belieferung des Schuldners für diesen unvorhersehbar abgelehnt hat.[41] Dies entspricht der nunmehrigen gesetzlichen Regelung in § 275 Abs. 2 BGB.

31   **f) Wegfall der Leistungspflicht gemäß § 275 Abs. 1 BGB – Was passiert mit der Gegenleistung?** Grundsätzlich verliert der Auftragnehmer im Anschluss an seine Leistungsbefreiung seinen Vergütungsanspruch gemäß § 326 Abs. 1 BGB. Hat der Auftraggeber indes die Unmöglichkeit oder den Zweckfortfall zu vertreten (§ 326 Abs. 2 BGB), so ist er dem Auftragnehmer zur Erbringung der Gegenleistung verpflichtet.[42]

Gleiches gilt, wenn die Unmöglichkeit der Leistungserbringung aus der **Sphäre** des Auftraggebers stammen. Zwar billigt hier die herrschende Meinung dem Auftragnehmer nicht den vollen Vergütungsanspruch zu, wohl aber in entsprechender Anwendung des § 645 BGB einen Teilvergütungsanspruch in Höhe der vom Auftragnehmer nachweisbar erbrachten Aufwendungen (siehe dazu Rdn. 50).[43]

32   **g) Annahmeverzug, §§ 293 ff. BGB.** Grundsätzlich führt der Annahmeverzug zwar nicht zu einer Befreiung des Schuldners. Gemäß §§ 293, 300 Abs. 1 und 2 BGB geht die Leistungsgefahr jedoch vor Abnahme auf den Auftraggeber über, wenn die erfolglos angebotene Gattungssache während des Annahmeverzuges durch Zufall oder leichtes Verschulden untergeht bzw. verschlechtert wird. Da es sich bei Bauverträgen um Bringschulden handelt (der Auftragnehmer muss die Bauleistung dem Auftraggeber am Erfüllungsort in einer den Annahmeverzug begründenden Art und Weise tatsächlich angeboten haben), kommt man über § 243 Abs. 2 BGB in der Regel zu keinem anderen Ergebnis.

33   Voraussetzung für den Übergang der Leistungsgefahr ist in diesen Fällen allerdings, dass die angebotene Leistung dem Vertrag entspricht, der Auftraggeber also zur Abnahme bzw. Entgegennahme der Leistung verpflichtet wäre.[44] **Beispiel:** Der Auftragnehmer schuldet die Lieferung und den Einbau eines Heizkessels. Der Auftraggeber verweigert (zu Unrecht) nach Anlieferung den Einbau des Kessels, woraufhin der Auftragnehmer den Kessel auf Weisung des Auftraggebers von der Baustelle in sein Lager zurücktransportieren lässt. Bei dem Rücktransport wird der Kessel durch Zufall (unverschuldeter Unfall) zerstört.

Dadurch, dass der Auftraggeber die tatsächlich angebotene Leistung zurückgewiesen hat, ist er gemäß §§ 294, 295 BGB in Annahmeverzug gekommen, womit die Leistungsgefahr gemäß § 300 Abs. 2 BGB auf ihn übergegangen ist. Auch § 243 Abs. 2 BGB dürfte in diesem Fall erfüllt sein. Denn bei Bringschulden reicht es bereits aus, dass der Schuldner leistungsbereit, also mit allen für die Leistungserbringung notwendigen Mitteln ausgestattet, am Erfüllungsort erscheint. Mit der Frage, wie es sich in diesen Fällen des Annahmeverzuges mit der Gefahrtragung für die Vergütung verhält, beschäftigt sich § 644 Abs. 1 Satz 2 BGB, siehe hierzu unten Rdn. 35.

34   **h) Unzumutbarkeit, § 275 Abs. 2 BGB.** Der ursprüngliche bis zur Abnahme bestehende Neuherstellungsanspruch des Auftraggebers kann nach allgemeiner Meinung vor Abnahme bei einem mängelbehafteten Werk bereits dann enden bzw. auf den Auftraggeber übergehen, wenn die Beseitigung der Mängel am hergestellten Werk nur durch Neuherstellung möglich ist und diese dem Unternehmer nicht zumutbar ist.[45]

---

[40] Vgl. *Grüneberg* in Palandt BGB, § 276 Rdn. 23 ff.
[41] BGH NJW 1994, 515.
[42] Vgl. *Grüneberg* in Palandt BGB, § 275 Rdn. 33.
[43] BGHZ 78, 354; BGHZ 83, 302; BGH „*Schürmann/Hagedorn II*" BauR 1997, 1021, 1023.
[44] Dazu BGH NJW 1999, 2884: Keine Konkretisierung auf die angebotene Sache, wenn diese nicht dem Vertrag entspricht, auch dann nicht, wenn der Gläubiger die mangelhafte Sache in Unkenntnis des Mangels angenommen hat.
[45] Vgl. *Sprau* in Palandt BGB, Vorbemerkung vor § 633 Rdn. 7; *Peters* in Staudinger BGB, § 633 Rdn. 92.

Verteilung der Gefahr   35–38 § 7 VOB/B

Eine analoge Anwendung des Rechtsgedankens von § 633 Abs. 2 Satz 3 BGB a. F. nahm man jedoch nur dann in Betracht, wenn der Auftragnehmer das geschuldete Werk (wenn auch mängelbefrachtet) erstmalig erstellt hat.[46] Hieran dürfte sich durch den im Zuge des Schuldrechtsmodernisierungsgesetzes neu eingefügten § 275 Abs. 2 BGB nichts geändert haben.

4. Vorzeitiger Übergang der Vergütungsgefahr. a) Annahmeverzug des Auftraggebers, § 326 Abs. 2 BGB. Die Vergütungsgefahr geht vorzeitig auf den Auftragnehmer über, wenn sich der Auftraggeber in Annahmeverzug befand. Annahmeverzug des Auftraggebers tritt gemäß § 294 BGB nur dann ein, wenn der Auftragnehmer die Leistung tatsächlich angeboten hat. Hierzu ist Voraussetzung, dass er das Werk mangelfrei erstellt und dem Auftraggeber ordnungsgemäß (zur rechten Zeit am rechten Ort) angeboten hat und dieser die Annahme grundlos verweigert.[47] Das wörtliche Angebot des Auftragnehmers reicht gemäß § 295 BGB aus, wenn der Auftraggeber eindeutig und bestimmt erklärt hat, er werde die Werkleistung nicht annehmen **oder** wenn zur Bewirkung der Leistung eine Handlung des Auftraggebers erforderlich ist, die dieser nicht erbringt (§ 642 BGB). Mit Annahmeverzug im Sinne des § 644 Abs. 1 Satz 2 BGB ist also nicht nur der Verzug mit der Annahme des vollendeten Werkes gemeint, sondern auch der während der Bauausführung eingetretene Annahmeverzug des Auftraggebers wegen unterlassener Mitwirkung nach § 642 BGB.[48]

35

Wird die Leistung nach Eintritt des Annahmeverzuges **unmöglich**, so endet zwar der Annahmeverzug, da sich Unmöglichkeit und Annahmeverzug prinzipiell ausschließen[49], was für den Auftragnehmer allerdings kein Rechtsnachteil ist, da in diesen Fällen § 326 Abs. 2 BGB greift. Danach hat der Auftragnehmer Anspruch auf die volle Gegenleistung hat. Er muss sich lediglich die ersparten Kosten oder die anderweitige Verwendung seiner Arbeitskraft anrechnen lassen. Mit anderen Worten, er wird so gestellt, als wenn der Auftraggeber den Vertrag frei gekündigt hätte (§ 649 Satz 2 BGB).
In dem obigen Beispielsfall der Lieferung eines Heizkessels (Rdn. 33) wäre auf die Vergütungsgefahr § 326 Abs. 2 BGB anzuwenden, da sich der Auftraggeber in Verzug der Annahme befand und die Leistung während des Verzugszeitraumes unmöglich wurde. Denn da sich die Leistung durch die Verbringung an den Erfüllungsort bereits konkretisiert hatte, trat Unmöglichkeit durch den Untergang ein, weil der Auftragnehmer nach Konkretisierung nicht verpflichtet ist, ein vergleichbares Produkt aus der Gattung zu liefern.

36

Der Anwendungsbereich von § 644 Abs. 1 Satz 2 BGB geht über den der Regelung des § 326 Abs. 2 BGB insoweit hinaus, als er den Übergang bei der Vergütungsgefahr über den Bereich der Unmöglichkeit hinaus dahingehend erweitert, dass auch dann, wenn eine Neuherstellung möglich wäre, der Auftraggeber die Vergütungsgefahr während des Annahmeverzuges trägt.[50] Bei näherer Betrachtung stellen sich Zweifelsfragen nach dem eigentlichen Anwendungsbereich von § 644 Abs. 1 Satz 2 BGB. Dies insbesondere vor dem Hintergrund der unterschiedlichen Rechtsfolgen der Unmöglichkeitsregeln gegenüber den Gefahrtragungsregeln.

37

Der Übergang der Vergütungsgefahr hat zur Folge, dass der Auftraggeber trotz Ausbleibens der Leistung voll zahlen muss. Eine Anrechnung ersparter Leistungen oder anderweitigen Erwerbs, wie dies § 326 Abs. 2 Satz 2 BGB vorsieht, kennt § 644 Abs. 1 BGB gerade nicht[51], was zu Unzuträglichkeiten führen kann. Dies sei an nachfolgenden **Beispielsfall** erläutert: Greifen wir den Fall der Lieferung des Heizkessels (Rdn. 33) auf. Unterstellen wir, dass der Auftragnehmer den bereits eingekauften Heizkessel gar nicht mehr auf die Baustelle lieferte, weil der Auftraggeber ihm vorab schon endgültig mitgeteilt hatte, dass er diese Leistung nicht annehmen werde und gehen wir weiter davon aus, dass anschließend im Werk des Auftragnehmers der Heizkessel durch Zufall untergeht. Hat der Auftragnehmer Anspruch auf die volle Vergütung für die Werkleistung, obgleich er für die Zwecke der Konkretisierung noch nicht alles Erforderliche getan hatte, denn immerhin stand noch die Lieferung und der Einbau des Kessels aus?
Kann der Auftragnehmer das seinerseits Erforderliche im Sinne des § 243 Abs. 2 BGB nicht tun, weil der Auftraggeber im Voraus seine Mitwirkung bzw. Annahme der Leistung bereits

38

---

[46] Zutreffend *Peters* in Staudinger BGB, § 633 Rdn. 92.
[47] *Peters* in Staudinger BGB, § 644 Rdn. 25.
[48] H. M., vgl. *RGRK* Glanzmann BGB, § 644 Rdn. 9; *Soergel* in MüKoBGB, § 644 Rdn. 8; *Kleine-Möller/Merl/Glöckner* § 12 Rdn. 336; *Teichmann* in Soergel BGB, § 644 Rdn. 7.
[49] RGZ 106, 276; *Erman/Hagen* BGB, vor § 293 Rdn. 4.
[50] *Schwenker* in ErmanBGB, § 644 Rdn. 4; *Teichmann* in Soergel BGB, § 644 Rdn. 12.
[51] Vgl. *Kleine-Möller/Merl/Oelmaier* § 10 Rdn. 296.

Lederer   1115

verweigert hat, tritt kein Gefahrübergang nach § 243 Abs. 2 BGB ein.[52] Allerdings dürfte in diesen Fällen die Leistungsgefahr infolge Annahmeverzuges (§ 295 BGB) auf den Auftraggeber gemäß § 300 Abs. 2 BGB übergehen. Ein Übergang der Vergütungsgefahr gemäß § 326 Abs. 2 BGB scheidet aus, weil mangels Konkretisierung keine Unmöglichkeit der Leistungserbringung während des Verzuges eingetreten ist. Die Unmöglichkeit der Leistungserbringung während des Annahmeverzuges des Auftraggebers ist aber Anspruchsvoraussetzung für § 326 Abs. 2 BGB i. V. m. § 275 Abs. 1 BGB und nicht lediglich der Übergang der Leistungsgefahr. Hier bedarf es also der Regelung des § 644 Abs. 1 Satz 2 BGB, damit es zum Übergang der Vergütungsgefahr kommen kann. § 644 Abs. 1 Satz 2 BGB hat also einen eigenständigen Anwendungsbereich, wenngleich dies im Ergebnis dazu führen müsste, dass nach Gefahrübergang der Auftragnehmer die volle Vergütung verlangen kann und etwaige ersparte Kosten bei ihm unberücksichtigt bleiben. Stellt man in Rechnung, dass der Auftragnehmer vor Übergang der Vergütungsgefahr bei zufälligem Untergang des teilweise bereits hergestellten Werkes keine (auch nicht teilweise) Vergütung schuldet, da der Auftragnehmer hinsichtlich des ganzen Werkes das Herstellungsrisiko trägt[53], scheint dies systemgerecht zu sein. Bedenken an der Richtigkeit der Lösung obiger Fallgestaltungen ergeben sich in zunehmendem Maße, je unvollendeter die Werkleistung ist, so in dem nachfolgenden **Beispiel:**

39 Der Auftraggeber (Generalunternehmer) konnte dem Auftragnehmer (Nachunternehmer) das Baugrundstück nicht stellen, weil sein Auftraggeber (Bauherr) dieses nicht erwarb. Geht in diesen Fällen die Vergütungsgefahr auf den Auftragnehmer über? Wenn ja, kann der Auftragnehmer volle Vergütung oder nur Vergütung unter Anrechnung ersparter Aufwendungen verlangen? Oder steht dem Auftragnehmer in diesen Fällen nur ein Aufwendungsersatzanspruch zu?

Dieser Fall wird von Duffek[54] ausführlich diskutiert. Das OLG München[55] löste diesen Fall über analoge Anwendung des § 645 Abs. 1 Satz 1 BGB. Danach könne der Auftragnehmer die von ihm gemachten Aufwendungen in Form von Vorhalte-, Miet- und Transportkosten sowie einen Deckungsbeitrag für umsatzabhängige Gemeinkosten verlangen, nicht jedoch eine Teilvergütung. Dem widerspricht die herrschende Meinung in der Literatur[56] mit teilweise unterschiedlicher Begründung. Duffek[57] nimmt einen vollen Vergütungsanspruch des Auftragnehmers unter Anrechnung dessen, was der Auftragnehmer infolge der Nichtausführung der Arbeiten erspart oder durch anderweitige Verwendung seiner Arbeitskraft erworben oder zu werben böswillig unterlassen hat, an, indem er auf eine unmittelbare Anwendung des § 324 Abs. 1 BGB a. F. abstellt. Vertretenmüssen sei im Sinne des § 324 Abs. 1 Satz 1 BGB a. F. nicht als Verschulden des Auftraggebers zu verstehen. Es reiche aus, wenn das Hindernis bei der Leistungserbringung aus der Risikosphäre des Auftraggebers stamme. Unmöglichkeit trete ein, wenn der Auftraggeber die Bereitstellung des Baugrundstückes und den Abruf der Arbeiten endgültig ablehne.

40 Im Ergebnis ist Duffek zuzustimmen, wenngleich die Lösung über die alleinige Anwendung von § 324 Abs. 1 BGB a. F. die Differenzierung zwischen dem Unmöglichkeitsbegriff und dem Annahmeverzug nicht ausreichend berücksichtigt. Steht der Mitwirkungshandlung des Gläubigers (dem zur Verfügung stellen des Baugrundstückes) ein dauerndes Hindernis entgegen (weigert sich z. B. der Grundstückseigentümer das Grundstück an den Bauherrn zu veräußern), so liegt Unmöglichkeit/Unvermögen[58] vor. Lediglich Annahmeverzug liegt indes vor, wenn der Auftraggeber z. B. wegen Änderung seiner wirtschaftlichen Präferenzen nur nicht mehr bereit ist, das Baugrundstück zu erwerben; ein Verhalten, das sich der Generalunternehmer gegenüber

---

[52] *Erman/Hagen* BGB, § 300 Rdn. 3.
[53] BGHZ 78, 352.
[54] BauR 1999, 979.
[55] BauR 1992, 74.
[56] *Peters* in Staudinger BGB, § 644 Rdn. 26 und RGRK *Glanzmann* BGB, § 644 Rdn. 9, gehen von einer Anwendung des § 324 Abs. 2 und 1 S. 2 BGB a. F. aus. Vgl. auch *Jansen* in NWJS VOB/B § 7 Rdn. 6, 18. Von einer positiven Vertragsverletzung wegen Verletzung einer echten Mitwirkungsverpflichtung gehen *Busche* in MüKoBGB, § 642 Rdn. 16 und im Ergebnis ebenso *Sprau* in Palandt BGB, § 642 Rdn. 1; vgl. auch *Kapellmann/Schiffers* Bd. 1, Rdn. 1391.
[57] BauR 1999, 979, 987.
[58] Im Anschluss an *Beuthin* S. 230 ff. gehen *Ernst* in MüKoBGB, vor § 275 Rdn. 31 ff.; *Ernst* in MüKoBGB, § 293 Rdn. 9; *Grüneberg* in Palandt BGB, § 293 Rdn. 5; *Löwisch* in Staudinger BGB, vor §§ 293–304 Rdn. 4; *Erman/Hagen* BGB, vor § 293 Rdn. 5, davon aus, dass die Leistung auch dann unmöglich ist, wenn der Annahme oder der Mitwirkungshandlung des Gläubigers ein dauerndes Hindernis entgegensteht; der Annahmeverzug sei damit auf die Fälle beschränkt, in denen der Gläubiger zur Annahme nicht bereit ist oder nur vorübergehend an ihr gehindert ist.

dem Nachunternehmer, weil aus seiner Sphäre stammend, zurechnen lassen muss. Ist der Auftraggeber lediglich nicht mehr zur Annahme der ihm angebotenen Leistung bereit, liegt keine Unmöglichkeit (auch kein Unvermögen) vor, sondern schlichter Annahmeverzug. Unmöglich wird die Leistung im Rechtssinne erst dadurch, dass der Auftragnehmer gemäß §§ 642, 643 BGB vorgeht und das Vertragsverhältnis nach fruchtlosem Ablauf der Kündigungsandrohung als aufgehoben gilt. Nach diesem Zeitpunkt ist Erfüllung nicht mehr möglich, weil es das ursprüngliche Vertragsverhältnis infolge Aufhebung für die Zukunft nicht mehr gibt. Auf diese Weise erst käme man zur unmittelbaren Anwendung des § 324 Abs. 2 BGB a. F., der auf § 324 Abs. 1 Satz 2 BGB a. F. verweist. An dieser Rechtslage hat sich durch das Schuldrechtsmodernisierungsgesetz gemäß dem nunmehr anzuwendenden § 326 Abs. 2 BGB nichts geändert.

Der Weg über § 326 Abs. 2 BGB ist nicht ganz zweifelsfrei, weil er den Gedanken der **41** Sphärentheorie bemühen muss und sich dem Einwand des grundsätzlichen Vorrangs der Regeln der §§ 644, 645 BGB aussetzt. Eine Anwendung des § 644 Abs. 1 Satz 2 BGB scheint nicht sachgerecht zu sein[59], weil dieser dazu führen müsste, dass der Auftraggeber die volle Vergütung zahlt. Demgegenüber würde § 645 Abs. 1 Satz 2 BGB, der die Regelung des § 645 Abs. 1 Satz 1 BGB für die Fälle des § 643 BGB anordnet, dazu führen, dass in Fällen wie dem vorliegenden der Auftragnehmer wesentlich schlechter stehen würde, als bei einer Vergütungsberechnung nach den Grundsätzen des § 326 Abs. 2 BGB bzw. § 649 Satz 2 BGB. Im Ergebnis darf es jedoch nicht zu Lasten des Auftragnehmers gehen, wenn die Vertragsdurchführung aus Gründen unterbleibt, die in den Verantwortungsbereich des Auftraggebers fallen. Peters[60] sieht die Gesetzessystematik als gestört an, wenn bei einer Unmöglichkeit der Leistung nach § 324 BGB a. F. abzurechnen wäre, was § 649 Satz 2 BGB entspricht, nicht aber bei einer aus Anlass des Annahmeverzuges ausgesprochenen Kündigung des Auftragnehmers. Der Bundesgerichtshof[61] hat kurzerhand entgegen dem klaren Wortlaut des § 645 Abs. 1 Satz 2 BGB entschieden, dass „das Gleiche", nämlich § 645 Abs. 1 Satz 1 BGB, bei einer Kündigung des Auftragnehmers nicht gilt, sondern die Grundsätze des § 649 Satz 2 BGB anzuwenden sind. Näher hätte es gelegen zu argumentieren, dass in den Fällen wie dem Vorliegenden die Regelungen aus dem allgemeinen Schuldrecht (§ 324 Abs. 2 BGB a. F. bzw. jetzt § 326 Abs. 2 BGB n. F.) nicht von § 645 BGB verdrängt werden. Dass die §§ 644, 645 BGB die allgemeinen Regelungen der §§ 323 BGB a. F. nicht generell verdrängen, ist vom Bundesgerichtshof bereits frühzeitig entschieden worden.[62] Die Unmöglichkeit beendet im Übrigen den Annahmeverzug, so dass auch § 644 Abs. 1 Satz 2 BGB hinter der Grundsatzregelung des § 324 Abs. 2 BGB a. F. zurücktritt. Im Falle des Annahmeverzuges verlangt § 324 Abs. 2 BGB a. F. weiter nur, dass der die Unmöglichkeit auslösende Umstand nicht vom Auftragnehmer zu vertreten ist. Nicht erforderlich ist es also, dass der Auftraggeber den die Unmöglichkeit auslösenden Umstand zu vertreten hat; gleiches sieht § 326 Abs. 2 Satz 1 BGB n. F. vor. Man käme deshalb im Falle des Annahmeverzuges des Auftraggebers ohne weiteres zur Anwendung von § 326 Abs. 2 Satz 1 und 2 BGB, wenn der die Unmöglichkeit auslösende Umstand weder vom Auftragnehmer noch vom Auftraggeber zu vertreten ist.[63]

Ausgehend von diesen Grundsätzen muss auch der Fall einer Lösung zugeführt werden, in **42** dem das teilweise fertig gestellte Werk während des durch Unterlassen notwendiger Mitwirkungshandlungen eingetretenen Annahmeverzuges zufällig untergeht oder beschädigt wird. Zu einem Übergang der Leistungsgefahr kommt es in diesen Fällen ab dem Annahmeverzug bis zu dessen Beendigung. Der Auftragnehmer ist weiterhin grundsätzlich zur Leistung verpflichtet und muss diese erbringen, wenn der Auftraggeber seinerseits durch die nachgeholte Mitwirkungshandlung den Annahmeverzug beseitigt hat.[64] Für die infolge Untergangs ganz oder teilweise nochmals zu erbringende Werkleistung gilt dies allerdings nur unter den gleichen Voraussetzungen, die für die Beauftragung zusätzlicher Leistungen gelten. Der Auftragnehmer erhält eine zusätzliche Vergütung, die dem Anteil des untergegangenen Teils der Leistung an der Gesamtleistung entspricht zzgl. etwaiger durch die Bauzeitenverlängerung bedingten Mehrkosten.

---

[59] Vgl. *Teichmann* in Soergel BGB, § 644 Rdn. 8; *Peters* in Staudinger BGB, § 644 Rdn. 25.
[60] *Peters* in StaudingerBGB, § 643 Rdn. 19.
[61] NJW 1999, 2036; ebenso BGH NJW 1990, 3008, 3009 und BGH NZBau 2001, 19 für die Fälle einer grundlosen endgültigen Leistungsverweigerung.
[62] BGHZ 60, 14, 18.
[63] Der Annahmeverzug setzt i. Ü. kein Verschulden des Gläubigers voraus, vgl. BGH NJW-RR 1994, 1470.
[64] *Kleine-Möller/Merl/Glöckner* § 12 Rdn. 337; RGRK *Glanzmann* BGB, § 644 Rdn. 9.

Kündigt der Auftragnehmer vor Beendigung des Verzuges, so gilt i. E. § 326 Abs. 2 Satz 1 und 2 BGB.

43 **b) Versendung des Werkes, § 644 Abs. 2 BGB.** Die Vergütungsgefahr geht vor der rechtsgeschäftlichen Abnahme auf den Auftraggeber über, wenn der Auftragnehmer das vertragsgemäß vollendete Werk auf Verlangen des Auftraggebers nach einem anderen Ort als den Erfüllungsort versendet (§ 644 Abs. 2 BGB). Diese gesetzliche Regelung hat bei Bauverträgen geringe praktische Bedeutung,[65] was daran liegt, dass nach dem gesetzlichen Wortlaut nicht die Fälle erfasst sind, in denen der Auftragnehmer von ihm für die Werkerstellung benötigte Bauteile zur Baustelle transportieren lässt und während des Transportes diese Bauteile beschädigt werden oder untergehen.

44 **c) Mangelhafter Stoff des Auftraggebers, Ausführungsanweisung des Auftraggebers, § 645 Abs. 1 Satz 1 BGB.** Wegen der größeren Gefahrnähe des Auftraggebers ordnet § 645 Abs. 1 Satz 1 BGB einen vorzeitigen Übergang der Vergütungsgefahr für die Fälle an, in denen das Werk vor Abnahme untergeht, verschlechtert oder unausführbar wird, wenn hierfür ein Mangel des vom Auftraggeber gelieferten Stoffes oder eine Ausführungsanweisung des Auftraggebers die alleinige Ursache gesetzt hat. Die Vergütungsgefahr geht indes nicht voll über. Der Auftragnehmer kann nach dem Gesetzestext nur eine der geleisteten Arbeit entsprechende Teilvergütung sowie darüber hinaus Ersatz der in der Vergütung nicht inbegriffenen Auslagen verlangen.[66]

45 Der Bundesgerichtshof[67] bekräftigte in Abgrenzung des § 645 Abs. 1 Satz 1 BGB zu § 7 VOB/B jüngst, dass § 6 Abs. 5 VOB/B, auf den § 7 VOB/B wegen der Rechtsfolgen verweist, anders als § 645 Abs. 1 Satz 1 BGB nicht die Vergütungsgefahr regele. Diese Äußerung muss überraschen, wenn man, worauf der Bundesgerichtshof im gleichen Zusammenhang ebenfalls verweist, § 7 VOB/B als Änderung der gesetzlichen Regelung der Vergütungsgefahr in § 644 Abs. 1 Satz 1 BGB ansieht. Diese Auffassung des Bundesgerichtshofs wird überhaupt nur dann verständlich, wenn man die Abgrenzung des § 645 Abs. 1 Satz 1 BGB zu § 7 VOB/B wird nur dann verständlich, wenn man die Rechtsfolgen betrachtet. Der wesentliche Unterschied zwischen den Regelungen in §§ 7, 6 Abs. 5 VOB/B und § 645 Abs. 1 Satz 1 BGB besteht darin, dass der Auftragnehmer nach dem BGB über die Teilvergütung für erbrachte Leistungen hinaus einen Anspruch auf Erstattung der in der Teilvergütung nicht inbegriffenen Auslagen verlangen kann. Hierunter fallen die Kosten, die dem Auftragnehmer für die Vorbereitung der von ihm geschuldeten Leistung entstanden und die nicht Teil der vereinbarten Vertragspreise sind, wozu beispielsweise die Kosten für beschaffte Materialien, Transporte sowie für die Beschaffung und Nutzung von Geräten und Maschinen gehören, so weit sie durch das konkrete Werk veranlasst worden sind.[68] Diese Vorbereitungskosten für die vertraglich geschuldete Leistung sind im Anschluss an die ältere BGH-Rechtsprechung aber gerade seit der 1992er Ausgabe der VOB/B durch § 7 Abs. 2 und 3 VOB/B ausgeschlossen. Bei Anwendung des § 7 VOB/B hätte sich der Auftragnehmer in den Schürmann-Bau-Fällen also denkbar schlechter gestanden, woraus die Bemühungen des Bundesgerichtshofes um eine strikte Trennung der Anwendungsbereiche beider Regelungsvorschriften ebenso verständlich werden wie der Hinweis darauf, dass § 645 Abs. 1 Satz 1 BGB neben § 7 VOB/B gilt. Nach der älteren Rechtsprechung des Bundesgerichtshofes[69] hätte es ungeachtet der Rechtsfolgen nahe gelegen, § 7 Abs. 1 VOB/B auch auf die Schürmann-Bau-Fälle anzuwenden, da das Ereignis, das die Werkleistung vernichtete, aus der Sicht des Auftragnehmers unabwendbar war.

46 Wirkt bei der Verschlechterung/Untergang der Werkleistung ein vom Auftragnehmer zu vertretender Umstand mit, so kommt § 645 BGB ebenso wenig zur Anwendung[70], wie eine schärfere Haftung des Auftraggebers bei Verschulden gerichtet auf die volle Vergütung über §

---

[65] *Kleine-Möller/Merl/Glöckner* § 12 Rdn. 339.
[66] Die Teilvergütung orientiert sich gemäß den zu § 649 S. 2 BGB entwickelten Grundsätzen des BGH am Anteil der geleisteten Arbeit an der Gesamtvergütung, vgl. BGH NJW 1999, 2036; *Schwenker* in ErmanBGB, § 645 Rdn. 6.
[67] BGH „*Schürmann/Hagedorn II*" BauR 1997, 1021, 1023.
[68] Vgl. BGH „*Schürmann/Hagedorn II*" BauR 1997, 1021, 1024; RGRK *Glanzmann* BGB, § 645 Rdn. 11; *Schwenker* in ErmanBGB, § 645 Rdn. 6a.
[69] BGH VersR 1962, 159, 160.
[70] *Schwenker* in Erman BGB, § 645 Rdn. 5.

645 Abs. 2, § 326 Abs. 2 BGB bei Unmöglichkeit oder auf Schadensersatz bei positiver Forderungsverletzung in Betracht kommt.[71]

Bei vom Auftragnehmer zu vertretenen mitwirkenden Umständen entfällt der dem Auftragnehmer sonst nach § 645 Abs. 1 Satz 1 BGB zustehende Teilvergütungsanspruch in Gänze, so dass die Frage Bedeutung erlangt, ob das „zu Vertretenhaben" als Verschuldensvorwurf zu verstehen ist oder eine Zuweisung unter Sphärengesichtspunkten ausreichen soll.

Beispiel: Der Auftraggeber erteilt im Rahmen einer Stahlbetonbaumaßnahme konkrete Verlegeanweisungen über seinen Tragwerksplaner. Vor Abnahme der Werkleistung zeigen sich bereits Risse in den gegossenen Decken, die darauf zurückzuführen sind, dass die Verlegeanweisungen objektiv fehlerhaft waren. Die Verlegeanweisungen entsprachen den allgemeinen bis dahin als richtig angenommenen, tatsächlich aber bislang unerkannt falschen, DIN Normen, weshalb weder dem Auftraggeber noch dem Auftragnehmer ein Verschuldensvorwurf zu Last gelegt werden kann. Unterstellt der Auftragnehmer habe Optimierungsvorschläge zur Verlegung der Bewehrung gemacht, damit Planungsverantwortung übernommen, die ins Werk umgesetzt wurden, so läge unter Sphärengesichtspunkten ein vom Auftragnehmer „zu vertretender" mitwirkender Umstand vor.[72] Da es sich bei § 645 BGB um eine Gefahrtragungsregel handelt, die grundsätzlich immer dann keine Anwendung findet, wenn einer der beiden Vertragsparteien den Untergang, die Verschlechterung oder die Unausführbarkeit des Werkes schuldhaft verursacht hat, versteht es sich von selbst, dass ein vorzeitiger Übergang der Vergütungsgefahr nicht stattfindet, wenn schuldhafte Pflichtverstöße des Auftragnehmers mitgewirkt haben. Den eigentlichen über vorerwähnte Selbstverständlichkeit hinausgehenden Anwendungsbereich hat die Ausschlussregelung in § 645 Abs. 1 Satz 1 BGB demzufolge da, wo der Auftragnehmer die Verschlechterung des Werkes aus (auch) in seiner Sphäre liegenden Gründen zwar mitverursacht hat, ihm ein Verschuldensvorwurf aber nicht gemacht werden kann. Nach der Gesetzessystematik bleibt es dann bei der Grundsatzregelung in § 644 Abs. 1 Satz 1 BGB, wonach der Auftragnehmer zur Erlangung des Vergütungsanspruches auf seine Kosten in obigen Beispielsfall nachzubessern hätte[73], die Vergütungsgefahr aber nicht vorzeitig übergeht.

Unter „Stoff" fallen alle Gegenstände, die zur Erbringung der Werkleistung erforderlich sind und vom Auftraggeber dem Auftragnehmer gestellt werden. Insbesondere gehört hierzu bei einem Neubauvorhaben der Baugrund[74] und bei einer Umbaumaßnahme das umzubauende Gebäude.[75] Damit es zu einem vorzeitigen Gefahrübergang kommt, muss der vom Auftraggeber gelieferte Stoff mangelhaft sein. Geht der Stoff, z.B. das Baugrundstück, nicht infolge eines Mangels, sondern aus sonstigen Gründen zufällig unter (höhere Gewalt), so findet § 645 Abs. 1 Satz 1 BGB (anders als § 7 VOB/B) keine Anwendung.[76] Dass Gleiche gilt nach OLG Brandenburg[77]. Im Falle einer Unmöglichkeit der Werkleistung aufgrund einer gemeinsamen von beiden Parteien beschlossenen Maßnahme (im vorliegenden Fall Maßnahmen zur Verbesserung der Bodenverhältnisse, die im Ergebnis gescheitert sind). Das Oberlandesgericht Brandenburg kommt in diesem besonderen Fall (gemeinsam beschlossener, im Ergebnis aber untertauglicher Maßnahmen zur Ermöglichung der Werkleistung) zu dem Ergebnis, dass eine Aufspaltung des Risikos entsprechend § 645 Abs. 1 BGB dahingehend sachgerecht erscheint, dass dem Auftragnehmer die erbrachten Leistungen und etwaige Auslagen zu vergüten bzw. zu ersetzen sind, während ein weitergehender Werklohnanspruch entfällt. Dieses Ergebnis ist bedenklich, weil auch im Falle einer gemeinsam beschlossenen untauglichen Maßnahme zur Ertüchtigung des Baugrundes sich letzten Endes das Baugrundrisiko realisiert, wenn diese Ertüchtigungsversuche nicht dazu geführt haben, dass die Erbringung der Werkleistung durch den Auftragnehmer ermöglicht wird.

Unter „Anweisungen" sollen lediglich einseitige Anordnungen des Auftraggebers, für die der Auftraggeber das Ausführungsrisiko übernimmt, fallen, so weit diese Anordnungen nach Ver-

---

[71] *Peters* in Staudinger BGB, § 645 Rdn. 49.
[72] § 645 BGB setzt nicht voraus, dass der Auftraggeber den Untergang, die Verschlechterung oder die Unausführbarkeit des Werkes seinerseits verschuldet hat. Ganz im Gegenteil, ist dem Auftraggeber ein Verschuldensvorwurf zu machen, greift nicht § 645 Abs. 1 S. 1 BGB, sondern § 324 Abs. 1 BGB ein; vgl. *Peters* in Staudinger BGB, § 645 Rdn. 20.
[73] Anderer Ansicht *Peters* in Staudinger BGB, § 645 Rdn. 29, der in den Fällen der beiderseitigen schuldlosen Mitverursachung für eine Anwendung des § 645 Abs. 1 S. 1 BGB plädiert, allerdings dem Auftragnehmer in entsprechender Anwendung des § 254 Abs. 1 BGB eine Kürzung seines Vergütungsanspruchs auferlegt.
[74] Hierzu, OLG Brandenburg, BauR 2010, 1981.
[75] BGHZ 60, 20; *Peters* in Staudinger BGB, § 645 Rdn. 12.
[76] *Schwenker* in ErmanBGB, § 645 Rdn. 2.
[77] Hierzu, OLG Brandenburg, BauR 2010, 1981.

tragsschluss erteilt worden sind.[78] Der Bundesgerichtshof unterscheidet unter Aufgabe seiner früheren Rechtsprechung neuerdings zwischen speziellen und generellen Anordnungen: In dem Umfang, wie die Anordnung dem Auftragnehmer ein Wahlrecht einräumt, hat der Auftraggeber für die Eignung der Anweisung einzustehen.[79] Da der Auftragnehmer jedoch Anspruch auf die Überreichung fehlerfreier Planunterlagen/Anordnungen bei Vertragsschluss hat, ist es überzeugender, § 645 Abs. 1 Satz 1 BGB auch auf Anordnungen bzw. Ausführungsanweisungen des Auftraggebers anzuwenden, die bereits im Vertrag enthalten sind, so weit diese Anordnungen dem Auftragnehmer kein Wahlrecht einräumen. Die eigentliche rechtliche Problematik in Fällen fehlerhafter Anweisung des Auftraggebers im vertraglichen Leistungsverzeichnis ist bei der Frage anzusiedeln, ob der Auftragnehmer seiner vertraglich vereinbarten Prüfungs- und Informationspflicht (vgl. § 4 Abs. 3 VOB/B) nachgekommen ist. Ein Verstoß gegen die vertraglichen Prüfungspflichten stellt ein vom Auftragnehmer zu vertretender mitwirkender Umstand dar, der den vorzeitigen Übergang der Vergütungsgefahr ausschließt.[80]

50 d) **Analoge Anwendung des § 645 Abs. 1 Satz 1 BGB.** Die analoge Anwendung des § 645 Abs. 1 Satz 1 BGB ist ein weitgehend von Billigkeitsgesichtspunkten beherrschtes Thema. Der Bundesgerichtshof befürwortet eine analoge Anwendung, wenn der Untergang oder die Unmöglichkeit der Werkerstellung auf risikoerhöhende Handlungen des Auftraggebers zurückgehen, auch wenn sich diese nicht auf die Ausführung des betreffenden Werkes, welches untergegangen oder unmöglich geworden ist, beziehen.[81] Gleiches gelte, wenn diese Umstände in der Person des Auftraggebers liegen. In derartigen Fällen stehe der Auftraggeber der sich aus diesen Umständen ergebenden Gefahr für das Werk näher als der Auftragnehmer. Der Hinweis des Bundesgerichtshofes[82], dass eine analoge Anwendung „auch" in Betracht kommt, wenn es insoweit an einem Verschulden des Auftraggebers fehle, ist missverständlich, da § 645 BGB die Fälle des vom Auftraggeber zu vertretenen Untergangs des Werkes gar nicht erfasst, sondern vielmehr § 326 Abs. 2 BGB einschlägig wäre, über dessen analoge Anwendung man im Falle des Verschuldens nachdenken müsste, wenn der Untergang des Werkes nicht gleichzeitig zur Unmöglichkeit der Werkleistung führt.[83]

51 Die dem Auftraggeber objektiv zurechenbare Herbeiführung einer den in § 645 Abs. 1 Satz 1 BGB geregelten Fällen vergleichbare Risikolage hat der Bundesgerichtshof in den Schürmann-Bau-Fällen bejaht. Da der Auftraggeber den vorläufigen Hochwasserschutz während der Bauzeit übernommen hatte, der mit der Erstellung und Unterhaltung des Hochwasserschutzes nicht beauftragten Auftragnehmer dagegen keine Möglichkeit der Einwirkung auf die Ausführung dieses Schutzes hatte, stand der Auftraggeber der Gefahr, die sich aus der Beschaffenheit des Hochwasserschutzes ergab, näher als der Auftragnehmer, was der Bundesgerichtshof aus Billigkeitsgründen heraus ausreichen ließ, um zur entsprechenden Anwendung von § 645 Abs. 1 Satz 1 BGB zu kommen.[84]

52 Eine analoge Anwendung wird weiter bejaht in Fällen des Wegfalls des Leistungsobjektes vor Übergang in die Sphäre des Auftragnehmers, wozu als Schulbeispiele regelmäßig das in der Sturmflut auseinandergebrochene zu bergende Schiff oder die abgebrannte zu restaurierende Kirche herangezogen werden.[85] Weiter fallen hierunter die Fälle der zufälligen Zweckerreichung und der Gefährdung des Werkes durch eine nicht gebotene Handlung des Bestellers, z. B. durch das auftraggeberseitig veranlasste Durchführen feuergefährlicher Schweißarbeiten im Altbau.[86]

Eine allgemeine Verteilung der Risikobereiche nach Sphären wird indes von der herrschenden Meinung mit Hinweis auf die Gesetzesmotive zu Recht abgelehnt[87], weshalb in der Tatsache, dass der Auftraggeber in einem Leistungsbereich mehrere Unternehmer nacheinander Arbeiten

---

[78] *Teichmann* in Soergel BGB, § 645 Rdn. 9; *Schwenker* in Erman BGB, § 645 Rdn. 3.
[79] BGHZ 132, 189, 193.
[80] Vgl. *Schwenker* in Erman BGB, § 645 Rdn. 5.
[81] BGHZ 137, 35, 38; BGHZ 136, 303, 308; BGHZ 78, 352, 354.
[82] BGHZ 78, 352, 384.
[83] Siehe hierzu näher unter Rdn. 35 ff.
[84] BGH „Schürmann/Hagedorn I" BauR 1997, 1019, 1021; BGH „Schürmann/Hagedorn II" BauR 1997, 1021, 1023.
[85] *Schwenker* in Erman BGB, § 645 Rdn. 2.
[86] Köln OLGZ 1975, 323.
[87] Vgl. *Peters* in Staudinger BGB, § 645 Rdn. 31; *Teichmann* in Soergel BGB, § 646 Rdn. 14 m. w. N.

ausführen lässt, grundsätzlich noch keine zum Übergang der Vergütungsgefahr hinreichende vom Auftraggeber zu vertretene Risikoerhöhung liegt.[88]

Die analoge Anwendung des § 645 Abs. 1 Satz 1 BGB ist von einer Einzelfallrechtsprechung geprägt und lässt viele Abgrenzungsfragen offen. So fragt man sich, warum eine analoge Anwendung ausscheiden soll in den Fällen, wo das Leistungsobjekt **nach** Übergang in die Sphäre des Unternehmers wegfällt. Es kann doch in dem oben unter Rdn. 13 aufgeführten Beispiel des ins Meer gespülten Baugrundstückes nicht entscheidend sein, ob der Auftragnehmer das Baugrundstück zu Zwecken der Erbringung der Bauleistung bereits in Besitz genommen hat, es also in seine Sphäre übergegangen ist oder (noch) nicht. 53

Richtig dürfte allerdings die Auffassung sein, dass zu den eine analoge Anwendung rechtfertigenden vom Auftraggeber zu tragenden Risiken höhere Gewalt nicht gehören soll. Vielmehr bleibe es in diesem Fall bei den Grundsatzregelungen des § 326 BGB[89]. Damit dürfte für die vorerwähnten Schulbeispiele (Sturm und Blitzschlag) aber gerade eine analoge Anwendung von § 645 Abs. 1 Satz 1 BGB ausscheiden und der Auftragnehmer nach der Gesetzesregelung leer ausgehen. 54

B. Voraussetzungen des vorzeitigen Übergangs der Vergütungsgefahr nach § 7 VOB/B

I. § 7 Abs. 1 1. Halbs., Abs. 2 und 3 VOB/B – Definition und Umfang der „ganz oder teilweise ausgeführten Leistung"

Vom Bundesgerichtshof[90] wurde zur Definition dessen, was unter Leistungen im Sinne von § 7 VOB/B zu verstehen ist, bereits frühzeitig das entschieden, was mit der Fassung der VOB von 1992 in § 7 Abs. 2 und 3 VOB/B Eingang in den Text gefunden hat: „Leistungen" nach § 7 VOB/B sind in Abgrenzung zu den Bauhilfsmitteln und den Vorbereitungsleistungen nur die „mit dem Bauwerk unmittelbar verbundenen, in ihre Substanz eingegangenen Leistungen"[91]. 55

Das unter „Leistungen" nur Bauleistungen fallen, versteht sich aus der Gesamtsystematik der VOB von selbst. Wegen derjenigen Leistungen, die keine Bauleistungen sind, kann deshalb auch dann, wenn diese im Zusammenhang mit der Bauerrichtung zur vertraglich geschuldeten Leistung des Auftragnehmers gehört, kein vorzeitiger Gefahrübergang nach § 7 VOB/B stattfinden. Hauptanwendungsfall für diese Fallgruppe sind die von dem Auftragnehmer neben der Bauerrichtung, z. B. im Schlüsselfertigbau, übernommenen Planungsleistungen. Nicht hierunter fallen die in der VOB/C kraft dortiger ausdrücklicher Erwähnung als Bauleistungen zu qualifizierenden Planungsleistungen. Alle Leistungen, die Regelungsgegenstand der VOB/C sind, werden als Bauleistungen im Sinne von § 1 VOB/A qualifiziert. 56

§ 7 Abs. 2 VOB/B regelt, in welchem **Umfang** ganz oder teilweise ausgeführte Bauleistungen von dem vorzeitigen Gefahrübergang nach § 7 VOB/B überhaupt erfasst sind: 57

„Zu der ganz oder teilweise ausgeführten Leistung gehören alle mit der baulichen Anlage unmittelbar verbundenen, in ihre Substanz eingegangenen Leistungen, unabhängig von deren Fertigstellungsgrad."

Durch § 7 Abs. 3 Satz 1 VOB/B ist seit der Textfassung der VOB von 1992 klargestellt, dass

„zu der ganz oder teilweise ausgeführten Leistung nicht die noch nicht eingebauten Stoffe und Bauteile sowie die Baustelleneinrichtung und Absteckungen" gehören.

Nicht mit der baulichen Anlage unmittelbar verbunden und in ihre Substanz eingegangen sind insbesondere die unter Abschnitt 2.2 der ATV-DIN Norm 18299 erwähnten Stoffe und Bauteile, die der Auftragnehmer **nur vorzuhalten** hat. Denn diese gehen bestimmungsgemäß nicht in das Bauwerk ein. Hierunter fällt die Gesamtheit der so genannten Bauhilfsmittel, wie z. B. die Schalung oder die Baugerüste. Aber auch Gleisanlagen, Fangdämme, provisorische Baustraßen

---

[88] Zu weitgehend deshalb OLG Bremen BauR 1997, 1045, wo das Gericht es für den Übergang der Vergütungsgefahr auf den Auftraggeber ausreichen ließ, dass Gerüste zur Weiterführung der Leistungen auf dem bereits verlegten Dachaufbau aufgestellt wurden, die das Dach beschädigten; im Ergebnis ebenso *Marbach* Jahrbuch BauR 1999, 92, 102.
[89] So *Peters* in Staudinger BGB, § 645 Rdn. 42; *Schwenker* in Erman BGB, § 645 Rdn. 10.
[90] BGHZ 61, 144; BGH BauR 1973, 110 = NJW 1973, 368.
[91] BGH NJW 1973, 368, 369.

etc. gehören hierzu, wenn sie die eigentliche nach dem Bauvertrag geschuldete Bauleistung erst ermöglichen sollen.

58 Dass es im Ergebnis für den Umfang der unter § 7 VOB/B fallenden Bauleistungen nicht entscheidend sein kann, ob die vorerwähnten Leistungen „als besondere Leistung oder selbstständig vergeben" werden, ist ebenso selbstverständlich und seit der textlichen Fassung der VOB von 1992 nunmehr auch in § 7 Abs. 3 Satz 2 VOB/B festgeschrieben, wie es nicht der Abnahme- oder Teilabnahmefähigkeit der erbrachten Teilleistung bedarf.[92]

59 Soweit sich die Baumaßnahme in der vorbeschriebenen Bauleistung allerdings erschöpft, weil beispielsweise der Damm oder die Straße das zu errichtende Bauwerk darstellen, findet § 7 VOB/B bestimmungsgemäß Anwendung, weil es sich in diesem Einzelfall nicht mehr lediglich um Bauhilfsmittel oder Baubehelfe handelt.[93]

60 Auch Gerüste und Schalung, die ins Bauwerk eingehen (verlorene Schalung) sind von § 7 VOB/B erfasst.

61 Unter Bauhilfsmittel sollen gemäß einer nach den Grundsätzen von Treu und Glauben (§ 242 BGB) einschränkenden Auslegung auch solche baulichen Vorkehrungen **nicht** fallen, die vorrangig dem Interesse des Auftraggebers an einer ungehinderten Durchführung der Baumaßnahme dienen, wie z. B. Bauzäune auf Großbaustellen.[94]

62 **1. § 7 Abs. 1 VOB/B – Objektiv unabwendbare vom Auftragnehmer nicht zu vertretende Umstände. a) Begriffsbestimmung.** § 7 Abs. 1 VOB/B führt zu den von dem vorzeitigen Übergang der Vergütungsgefahr allein erfassten Risiken aus, dass es sich um *„objektiv unabwendbare vom Auftragnehmer nicht zu vertretene Umstände"* handeln muss, die für die Beschädigung oder Zerstörung der ganz oder teilweise ausgeführten Leistung ursächlich geworden sind.

Die im Text der VOB vorangestellten „höhere Gewalt, Krieg und Aufruhr" sind lediglich Beispiele für objektiv unabwendbare vom Auftragnehmer nicht zu vertretene Umstände. Mit der Fassung der VOB aus 2000 wurde das Wort „objektiv" vor unabwendbar eingefügt. Dies geht auf die Entscheidung des BGH im *Schürmann/Hagedorn I-Fall* zurück. Der Bundesgerichtshof[95] stellte zunächst folgendes klar:

„Ereignisse im Sinne des § 7 Abs. 1 VOB/B (sind) unabwendbare, vom Auftragnehmer nicht zu vertretende Umstände, die nach menschlicher Einsicht und Erfahrung in dem Sinne unvorhersehbar sind, dass sie oder ihre Auswirkungen trotz Anwendung wirtschaftlich erträglicher Mittel durch die äußerste nach der Sachlage zu erwartende Sorgfalt nicht verhütet oder in ihren Wirkungen bis auf ein erträgliches Maß unschädlich gemacht werden können."

Dafür reicht es nach Auffassung des Bundesgerichtshofs allerdings nicht aus, wenn das Ereignis lediglich für den Auftragnehmer nach den vorgenannten Kriterien unabwendbar war.[96] Vielmehr seien die Voraussetzungen des § 7 Abs. 1 VOB/B nur dann erfüllt, wenn *„das Ereignis objektiv unabhängig von der konkreten Situation des betroffenen Auftragnehmers unvorhersehbar und unvermeidbar war."* Begründet wird dies damit, dass § 7 Abs. 1 VOB/B lediglich eine von den Grundsätzen des BGB abweichende Regelung des Übergangs der Vergütungsgefahr auf den Auftraggeber enthält, aber keine abweichende Regelung der Voraussetzungen der höheren Gewalt oder des unabwendbaren Ereignisses.

63 Ein Fall höherer Gewalt liege vor, wenn *„ein von außen einwirkendes und objektiv unabwendbares Ereignis eingetreten ist."*[97]

Im Unterschied zu dem Tatbestandsmerkmal der höheren Gewalt umfasst das unabwendbare Ereignis auch unvorhersehbare nicht betriebsfremde Ereignisse. Nach der Regelungsfunktion der Gefahrtragung vor Abnahme in Fällen unabwendbare Ereignisse ist § 7 Abs. 1 VOB/B danach nicht anwendbar, wenn die Schädigung auf den Auftraggeber zurückzuführen ist.[98] Es reicht also nicht aus, dass (lediglich) der Auftragnehmer das Ereignis nicht zu vertreten hat.

64 Selbstverständlich kann sich der Auftragnehmer, der ein mit der Realisierung des Bauvorhabens verbundenes Risiko **bewusst** in Kauf genommen respektive vertraglich übernommen

---

[92] OLG Köln SFH § 7 VOB/B Nr. 2.
[93] A. A. *Oppler* in Ingenstau/Korbion VOB/B § 7 Abs. 1–3 Rdn. 5.
[94] So *Oppler* in Ingenstau/Korbion VOB/B § 7 Abs. 1–3 Rdn. 6; *Rutkowsky* NJW 1988, 1761 f.
[95] „Schürmann/Hagedorn I" BauR 1997, 1019, 1020.
[96] Anders noch BGH VersR 1962, 159, 160.
[97] BGH „Schürmann/Hagedorn I" BauR 1997, 1019, 1020.
[98] BGH „Schürmann/Hagedorn I" BauR 1997, 1019, 1020.

hat, nicht auf § 7 VOB/B berufen, wenn sich gerade diese vertraglich übernommene Gefahr realisiert hat.[99]

Die Frage, ob ein unabwendbarer Umstand vorliegt, ist nach herrschender Meinung nur einer einheitlichen Beurteilung zugänglich. Damit scheidet eine Teilung eines einheitlichen Ereignisses in einen vorhersehbaren und einen unvorhersehbaren Teil aus.[100] **65**

b) Höhere Gewalt, Krieg und Aufruhr. Höhere Gewalt[101], Krieg und Aufruhr sind im Text von § 7 Abs. 1 Satz 1 VOB/B ausdrücklich benannte Anwendungsfälle des umfassenderen Begriffs „objektiv unabwendbarer Umstände". **66**

Krieg wird allgemein definiert als militärische Auseinandersetzung zwischen Staaten oder innerhalb eines Staates zwischen der Regierung und militärisch organisierten Aufständischen. Umfassender ist demgegenüber der Begriff der **Aufruhr,** worunter man gemäß § 115 StGB eine öffentliche Zusammenrottung zahlenmäßig nicht unerheblicher Teile des Volkes fasst, die verbunden ist mit einer Störung der öffentlichen Ruhe und Ordnung. Werden in deren Verlauf Gewalttätigkeiten gegen Sachen und Personen verübt, so ist § 7 VOB/B anwendbar.[102]

c) Witterungseinflüsse. Für die Frage, ob es sich bei Witterungseinflüssen um höhere Gewalt oder andere objektiv unabwendbare Umstände handelt ist auf die langjährigen meteorologischen Erkenntnisse des Ortes der zu erbringenden Bauleistung abzustellen: Nur dann, wenn ausgehend von den langjährigen meteorologischen Erfahrungen am Ort der zu erbringenden Bauleistung zu der betreffenden Jahreszeit auch im ungünstigsten Fall mit den Witterungseinflüssen nicht zu rechnen war oder aber die Sicherung der Bauleistung gegen derartige Witterungseinflüsse für den Auftragnehmer gänzlich unzumutbar gewesen wäre, können Witterungseinflüsse objektiv unabwendbar gewesen sein.[103] **67**

Damit scheiden solche Witterungseinflüsse, mit denen der Auftragnehmer bei Abgabe des Angebotes normalerweise rechnen musste (§ 6 Abs. 2 Nr. 2 VOB/B), von vornherein als unabwendbare Umstände aus. **68**

Beispiele für gewöhnliche und damit abwendbare Witterungseinflüsse: Novembersturm mit Windstärke 9 im Rheinland: Das OLG Köln[104] stellte insoweit fest, dass vorerwähnte Windstärke im Rheinland im November nichts Ungewöhnliches sei und es zu den Pflichten eines Dachdeckermeisters gehöre, durch geeignete Maßnahmen Schutzvorkehrungen zu treffen, damit die Dachhaut durch den Windsog nicht abgerissen wird.

Wind im Rheinland mit Windstärke 8, der in Böen auch Windstärke 12 erreichen kann: Hiermit müsse im Rheinland ebenso gerechnet werden,[105] wie man mit Orkanböen bis Windstärke 12 in der Nordsee-Küstenregion rechnen muss.[106]

Beispiele für objektiv unabwendbare Witterungseinflüsse: Wolkenbruchartige Regenfälle von 64mm/m² an einem Septembertag.[107]

Langanhaltende Kälteperioden wie z. B. der Winter 1995/96 oder der Winter 1978/79 in Norddeutschland.[108]

d) Streiks und Aussperrungen. Diese gehören nach § 6 Abs. 2 Nr. 1b) VOB/B ausdrücklich nicht zu den unter § 6 Abs. 2 Nr. 1c) VOB/B fallenden unabwendbaren Umständen. Streiks und Aussperrungen können damit zwar die Ausführungsfristen verlängern, führen allerdings nicht zum vorzeitigen Gefahrübergang nach § 7 VOB/B. Lediglich in Ausnahmefällen mag dies dann anders sein, wenn zu den Streiks oder Aussperrungen Ereignisse hinzutreten, die unvorhersehbar waren und von keiner Partei mit zumutbaren Mitteln verhindert werden konnten.[109] **69**

---

[99] So zu Recht *Rutkowsky* NJW 1988, 1761 ff. für gewalttätige Demonstration und Sabotageakte gegen Großbaustellen; *Jansen* in NWJS VOB/B § 7 Rdn. 12.
[100] BGHZ 61, 144.
[101] Zur Begriffsdefinition der höheren Gewalt allgem. vgl. oben unter Rdn. 63.
[102] Am Beispiel gewalttätige Demonstration bei Großbauprojekten *Rutkowsky* NJW 1988, 1761; vgl. auch *Rußmann* in Beck'scher VOB-Kommentar VOB/B § 7 Abs. 1–3 Rdn. 9 ff.
[103] Vgl. näher VOB/B § 6 Rdn. 26, 27; ähnlich *Oppler* in Ingenstau/Korbion VOB/B § 7 Abs. 1–3 Rdn. 15.
[104] OLG Köln VersR 1973, 43.
[105] OLG Düsseldorf NJW-RR 1992, 1440.
[106] OLG Bremen BauR 1997, 854.
[107] BGHZ 61, 144 ff.
[108] *Berger* in Beck'scher VOB-Kommentar VOB/B § 6 Abs. 2 Rdn. 83.
[109] *Jansen* in NWJSVOB/B § 7 Rdn. 16.

70 **e) Diebstähle.** Diebstähle von bereits eingebauten Bauteilen stellen eine Beschädigung des Bauwerks dar. Gleiches gilt nach Auffassung des Bundesgerichtshofs auch für zunächst eingebaute und anschließend vorübergehend zum Zwecke der Fortführung der Bauarbeiten vom Bauwerk wieder getrennte Teile.[110] Da § 7 VOB/B allerdings nicht zur Anwendung kommt, wenn eine der Vertragsparteien die Beschädigung oder Zerstörung zu vertreten hat, scheitert der vorzeitige Gefahrübergang nach § 7 VOB/B bei Diebstählen in der Regel daran, dass der Auftragnehmer seiner Verpflichtung nach § 4 Abs. 5 Satz 1 VOB/B, wonach er das Bauwerk gegen Diebstahl und mutwillige Beschädigung zu schützen hat, nicht in ausreichendem Maße nachgekommen ist.[111]

71 **2. „Beschädigung oder Zerstörung" der ganz oder teilweise ausgeführten Leistung.**
Eine Zerstörung oder Beschädigung der ganz oder teilweise bereits errichteten Bauleistung hat zur Voraussetzung, dass in die Substanz eingegriffen worden ist. Reine Vermögensschäden des Auftragnehmers ohne Schäden am Bauwerk oder dessen Teile fallen nicht unter § 7 VOB/B[112].
Beispiel: Der gewaltsame Besitzentzug des Bauwerkes durch Demonstranten. Die hierdurch ausgelösten Behinderungsschäden unterfallen nicht § 7 VOB/B. Wohl aber gehören begrifflich zur Zerstörung/Beschädigung Fälle des Diebstahls eingebauter Teile der Bauleistung.

II. § 7 Abs. 1 2. Halbs. VOB/B – Rechtsfolgen des Gefahrübergangs

72 **1. Vergütungsansprüche gemäß § 6 Abs. 5.** Liegen alle Voraussetzungen des § 7 VOB/B vor, so geht die Vergütungsgefahr auf den Auftraggeber über. Dass heißt zunächst, dass der Auftraggeber die Vergütung entrichten muss, ohne die adäquate Gegenleistung hierfür zu erhalten. Anders als nach den Gefahrtragungsregeln des BGB schuldet der Auftraggeber allerdings nicht die volle vereinbarte Vergütung. Vielmehr stehen dem Auftragnehmer kraft der Verweisung in § 7 Abs. 1 2. Halbsatz VOB/B auf die Ansprüche nach § 6 Abs. 5 VOB/B die Vergütungsansprüche nur eingeschränkt zu. Nach § 6 Abs. 5 VOB/B werden zunächst die ausgeführten Leistungen nach den Vertragspreisen abgerechnet. Daneben stehen dem Auftragnehmer die Kosten zu, die ihm bereits entstanden und in den Vertragspreisen des nicht ausgeführten Teils der Leistung enthalten sind. Zu Umfang und Grenzen der sich danach ergebenen Ansprüche des Auftragnehmers wird auf die Kommentierung zu § 6 Abs. 5 VOB/B verwiesen.

73 Da lediglich die Vergütungsgefahr nicht aber die Leistungsgefahr auf den Auftraggeber übergeht bleibt der Auftragnehmer richtigerweise weiterhin zur Leistung verpflichtet[113]. Für die nochmals zu erbringende untergegangene oder beschädigte Teilleistung erhält der Auftragnehmer allerdings eine zusätzliche Vergütung gemäß § 2 Abs. 6 VOB/B[114]. Der Zusatzvergütungsanspruch errechnet sich danach auf der Grundlage der kalkulierten Kosten gemäß Urkalkulation. Die besonderen Kosten der zusätzlich erforderlichen Leistung werden daneben aber berücksichtigt, so dass kostenerhöhende Maßnahmen, wie einer Verlängerung der Bauzeit, die Verschiebung in eine andere Jahreszeit (Winterbau) sowie die Erhöhung der Lohn- und Stoffkosten durch neue Tarifabschlüsse oder eine allgemeine Kostensteigerung dann Berücksichtigung finden können, wenn sie ohne Berücksichtigung der dem Gefahrübergang ausgelösten Umstände nicht entstanden wären[115].

74 **2. § 7 Abs. 1 letzter Halbs. VOB/B – Keine Ersatzpflicht für andere Schäden.** Da § 7 VOB/B nur eine Änderung des in § 644 Abs. 1 Satz 1 BGB nominierten Prinzips der Gefahrtragung regelt, § 645 Abs. 1 Satz 1 BGB folglich auch bei einem VOB-Vertrag anwendbar ist, wenn seine Voraussetzungen vorliegen, kann der letzte Halbsatz des § 7 Abs. 1 VOB/B nicht als eine die sonstigen gesetzlichen Gefahrtragungsregeln ausschließende Sonderregel ausgelegt werden[116]. Das bedeutet im Ergebnis, dass für diejenigen Kosten, derentwegen dem Auftragnehmer

---

[110] BGH SFH Z 2.413 Bl. 34, betrifft den Fall des Diebstahls von Heizkörpern, die zum Anstreichen vorübergehend abgenommen und gegen Diebstahl nicht besonders gesichert wurden.
[111] Vgl. OLG Düsseldorf ZfBR 1986, 102 ebenfalls zum Diebstahl von Heizungsteilen.
[112] Vgl. *Jansen* in NWJS VOB/B § 7 Rdn. 19.
[113] Allgemeine Meinung vgl. BGHZ 61, 144 = NJW 1973, 1698 = BauR 1973, 317; *Jansen* in NWJS VOB/B § 7 Rdn. 22; *Oppler* in Ingenstau/Korbion VOB/B § 7 Rdn. 1–3 Rdn. 20.
[114] BGHZ 61, 144, 146; a. A. *Messerschmidt/Voit* Privates Baurecht, VOB/B § 7 Rdn. 7.
[115] Im Ergebnis ebenso *Jansen* in NWJS VOB/B § 7 Rdn. 22.
[116] So ausdrücklich BGH „Schürmann/Hagedorn II" BauR 1997, 1021, 1023: „§ 645 Abs. 1 S. 1 BGB ist, wenn seine Voraussetzungen vorliegen, auch in einem VOB/B-Vertrag anwendbar. Die VOB/B enthält keine abweichenden Sonderregeln."

nach § 7 Abs. 1 VOB/B i. V. m. § 6 Abs. 5 VOB/B kein Erstattungsanspruch zusteht (beispielsweise für die Kosten der Baustellenräumung), ein Erstattungsanspruch bei Erfüllung der tatbestandlichen Voraussetzung des § 645 Abs. 1 Satz 1 BGB sehr wohl bestehen kann[117].

III. Beweislast

Der Auftragnehmer ist nach allgemeinen Rechtsgrundsätzen verpflichtet, seine anspruchsbegründenden Tatsachen darzulegen und zu beweisen. Dazu gehören im Anwendungsbereich des § 7 VOB/B die vorbesprochenen einzelnen Tatbestandsmerkmale ebenso wie die allgemeine Anspruchsvoraussetzung eines jeden Gefahrübergangs, wonach die den Gefahrübergang auslösenden Ereignisse weder vom Auftragnehmer noch vom Auftraggeber zu vertreten sein dürfen[118]. 75

IV. Bauleistungsversicherung

Die Bauleistungsversicherung ist keine Haftpflichtversicherung, sondern eine Sachversicherung und steht damit naturgemäß in einem engen Zusammenhang mit den Gefahrtragungsregeln des § 7 VOB/B. Entsprechend den allgemeinen Bedingungen für die Bauwesenversicherung wird unterschieden zwischen der Bauwesenversicherung von Unternehmensleistungen (ABU) und der Bauwesenversicherung von Gebäudeneubauten durch Auftraggeber (ABN). 76

Sinn und Zweck der Bauleistungsversicherung für den Bauunternehmer ist es, ihn davor zu schützen, bei unvorhergesehen Schäden eine bereits ordnungsgemäß erbrachte Leistung oder Teilleistung auf seine Kosten noch einmal erbringen zu müssen, um Anspruch auf die Vergütung zu haben. Weiter soll ihm das Risiko eines aus dem Schaden hergeleiteten Regresses abgenommen werden[119]. 77

Nach den ABU wird das Auftragnehmerrisiko des Bauunternehmers (Hoch-, Ingenieur-, Tief-, Wasser- und Straßenbau) für die von ihm übernommenen Bauleistungen versichert. Hiervon nicht erfasst ist das Auftraggeberrisiko, weshalb sich sinnvollerweise Generalunternehmer bei der Herstellung schlüsselfertiger Gebäude Neu- oder Umbauten nach den ABN versichern lassen[120]. Gemäß § 3 Nr. 1 ABU wird Entschädigung nur für Schäden geleistet, die nach der VOB/B zu Lasten des Unternehmers gehen, es sei denn der Versicherungsnehmer hat mit der Versicherung etwas anderes vereinbart (§ 3 Nr. 5 ABU). Eine solche abweichende Vereinbarung sieht Klausel 64 (Einschluss der Auftraggeberschäden) vor[121]. 78

§ 2 Nr. 1 ABU definiert den versicherten Schaden als Beschädigung oder Zerstörung der versicherten Bauleistung oder sonstiger versicherter Sachen durch unvorhergesehen eingetretene Umstände. Entschädigung wird danach insbesondere **nicht geleistet für Mängel** der versicherten Bauleistung (§ 2 Nr. 2a ABU), Verluste versicherter Sachen, die gestohlen worden oder aus sonstigen Gründen abhanden gekommen sind (§ 2 Nr. 2b ABU). 79

Immer wieder problematisch ist die Abgrenzung versicherter Schäden zu Mängeln der Bauleistung. Die Kosten zur mängelfreien Herstellung der geschuldeten Sache sind nie gedeckte Versicherungsrisiken. Wohl aber ist die nachträgliche Substanzverschlechterung (auch wenn sie eine mangelhafte Leistung betrifft) versichert. Dies gilt auch für Teilleistungen[122], selbst wenn diese mangelhaft, aber nicht wertlos waren, sofern auf die Teilleistungen von außen her schädigend oder zerstörend eingewirkt wurde[123]. Ein Herstellungsmangel bleibt aber dann ungedeckt, wenn er sich innerhalb ein und derselben Teilleistung vergrößert. Führt der Mangel jedoch zu einem Schaden an anderen Teilen der Bauleistung oder an anderen versicherten Sachen, so sind Schäden gemäß § 9 Nr. 3 ABU mit Ausnahme der Kosten, die zusätzlich aufgebracht werden müssen, damit der Mangel nicht erneut entsteht, versichert. 80

---

[117] Anderer Ansicht wohl *Jansen* in NWJS VOB/B § 7 Rdn. 21; wie hier *Oppler* in Ingenstau/Korbion VOB/B § 7 Abs. 1–3 Rdn. 23.
[118] BGHZ 113, 315 = NJW 1991, 1812; OLG Frankfurt BauR 1996, 394.
[119] BGH VersR 1979, 853; *Prölss/Martin* Versicherungsvertragsgesetz, S. 2129 Rdn. 4.
[120] Vgl. *Platen* 3.0.0.0., 4.0.0.1.
[121] Klausel 64 lautet: „1. Entschädigung nach den ABU wird für alle Schäden geleistet, die – auch abweichend von der VOB (1973) Teil B – zu Lasten des Versicherungsnehmers gehen oder für die der Auftraggeber die Gefahr trägt ..."
[122] Teilleistung liegt nach Auffassung des BGH VersR 1979, 853, 855 erst dann vor, wenn die Arbeit einen aus technischer Sicht in sich abgeschlossenen Abschnitt der Gesamtbauleistung erreicht hat.
[123] BGH VersR 1979, 856, 858; vertiefend hierzu *Prölss/Martin* Versicherungsvertragsgesetz, ABU § 2 Rdn. 5.

81 In zeitlicher Hinsicht ist die Bauleistungsversicherung auf den Zeitraum von Baubeginn bis zur Abnahme der Bauleistungen (§ 8 Nr. 3 ABU) begrenzt, so dass Beschädigungen als Folge eines in die Versicherungszeit fallenden haftbar machenden Ereignisses dann nicht gedeckt sind, wenn der Schaden erst nach dem versicherten Zeitraum, regelmäßig also nach Abnahme eintritt.

§ 8 Kündigung durch den Auftraggeber

(1) 1. Der Auftraggeber kann bis zur Vollendung der Leistung jederzeit den Vertrag kündigen.
2. Dem Auftragnehmer steht die vereinbarte Vergütung zu. Er muss sich jedoch anrechnen lassen, was er infolge der Aufhebung des Vertrags an Kosten erspart oder durch anderweitige Verwendung seiner Arbeitskraft und seines Betriebs erwirbt oder zu erwerben böswillig unterlässt (§ 649 BGB).

(2) 1. Der Auftraggeber kann den Vertrag kündigen, wenn der Auftragnehmer seine Zahlungen einstellt, von ihm oder zulässigerweise vom Auftraggeber oder einem anderen Gläubiger das Insolvenzverfahren (§§ 14 und 15 InsO) beziehungsweise ein vergleichbares gesetzliches Verfahren beantragt ist, ein solches Verfahren eröffnet wird oder dessen Eröffnung mangels Masse abgelehnt wird.
2. Die ausgeführten Leistungen sind nach § 6 Abs. 5 abzurechnen. Der Auftraggeber kann Schadensersatz wegen Nichterfüllung des Restes verlangen.

(3) 1. Der Auftraggeber kann den Vertrag kündigen, wenn in den Fällen des § 4 Abs. 7 und 8 Nr. 1 und des § 5 Abs. 4 die gesetzte Frist fruchtlos abgelaufen ist. Die Kündigung kann auf einen in sich abgeschlossenen Teil der vertraglichen Leistung beschränkt werden.
2. Nach der Kündigung ist der Auftraggeber berechtigt, den noch nicht vollendeten Teil der Leistung zu Lasten des Auftragnehmers durch einen Dritten ausführen zu lassen, doch bleiben seine Ansprüche auf Ersatz des etwa entstehenden weiteren Schadens bestehen. Er ist auch berechtigt, auf die weitere Ausführung zu verzichten und Schadensersatz wegen Nichterfüllung zu verlangen, wenn die Ausführung aus den Gründen, die zur Kündigung geführt haben, für ihn kein Interesse mehr hat.
3. Für die Weiterführung der Arbeiten kann der Auftraggeber Geräte, Gerüste, auf der Baustelle vorhandene andere Einrichtungen und angelieferte Stoffe und Bauteile gegen angemessene Vergütung in Anspruch nehmen.
4. Der Auftraggeber hat dem Auftragnehmer eine Aufstellung über die entstandenen Mehrkosten und über die sonst einen Ansprüche spätestens binnen 12 Werktagen nach Abrechnung mit dem Dritten zuzusenden.

(4) Der Auftraggeber kann den Vertrag kündigen,
1. wenn der Auftragnehmer aus Anlass der Vergabe eine Abrede getroffen hatte, die eine unzulässige Wettbewerbsbeschränkung darstellt. Absatz 3 Nummer 1 Satz 2 und Nummer 2 bis 4 gilt entsprechend.
2. sofern dieser im Anwendungsbereich des 4. Teils des GWB geschlossen wurde,
   a) wenn der Auftragnehmer wegen eines zwingenden Ausschlussgrundes zum Zeitpunkt des Zuschlags nicht hätte beauftragt werden dürfen. Absatz 3 Nummer 1 Satz 2 und Nummer 2 bis 4 gilt entsprechend.
   b) bei wesentlicher Änderung des Vertrages oder bei Feststellung einer schweren Verletzung der Verträge über die Europäische Union und die Arbeitsweise der Europäischen Union durch den Europäischen Gerichtshof. Die ausgeführten Leistungen sind nach § 6 Absatz 5 abzurechnen. Etwaige Schadensersatzansprüche der Parteien bleiben unberührt.

Die Kündigung ist innerhalb von 12 Werktagen nach Bekanntwerden des Kündigungsgrundes auszusprechen.

(5) Sofern der Auftragnehmer die Leistung, ungeachtet des Anwendungsbereichs des 4. Teils des GWB, ganz oder teilweise an Nachunternehmer weitervergeben hat, steht auch ihm das Kündigungsrecht gemäß Absatz 4 Nummer 2 Buchstabe b zu, wenn der ihn als Auftragnehmer verpflichtende Vertrag (Hauptauftrag) gemäß Absatz 4 Nummer 2 Buchstabe b gekündigt wurde. Entsprechendes gilt für jeden Auftraggeber der Nachunternehmerkette, sofern sein jeweiliger Auftraggeber den Vertrag gemäß Satz 1 gekündigt hat.

(6) Die Kündigung ist schriftlich zu erklären.
(7) Der Auftragnehmer kann Aufmaß und Abnahme der von ihm ausgeführten Leistungen alsbald nach der Kündigung verlangen; er hat unverzüglich eine prüfbare Rechnung über die ausgeführten Leistungen vorzulegen.
(8) Eine wegen Verzugs verwirkte, nach Zeit bemessene Vertragsstrafe kann nur für die Zeit bis zum Tag der Kündigung des Vertrags gefordert werden.

Schrifttum: *Beigel,* Zum Anspruch des Architekten gemäß § 649 Satz 2 BGB nach Kündigung des Architektenvertrages durch den Bauherrn, BauR 1997, 782; *Bosch,* Finanztermingeschäfte in der Insolvenz – Zum „Netting" im Insolvenzverfahren Teil I – WM 1995, 365; *Dauner-Lieb/Heidler/Lepa/Ring,* Schuldrecht, Erläuterungen der Neuregelungen zum Verjährungsrecht, Schuldrecht, Schadensersatzrecht und Mietrecht, 2002; *Dornbusch/Plum,* Die „freie" Teil-Kündigung – noch Klärungsbedarf aus baubetrieblicher Sicht? Jahrbuch Baurecht 2000, S. 160; *Franke,* Spannungsverhältnis InsO und § 8 Nr. 2 VOB/B neu – Ende der Kündigungsmöglichkeit bei Vermögensverfall des Auftragnehmers?, BauR 2007, 774; *Fritsche,* Die insolvenzbedingte Kündigung durch den Auftraggeber nach § 8 Nr. 2 VOB/B, DZWIR 2007, 446; *Fritsche-Kilian,* Die Kontrolle der insolvenzbedingten Kündigung nach § 8 Nr. 2 VOB/B am Maßstab des allgemeinen Zivil- und des Insolvenzanfechtungsrechts, DZWIR 2008, 45; *Gernhuber,* Das Schuldverhältnis, 1989; *Hahn,* Die Ansprüche des Auftraggebers bei der Entziehung des Auftrages wegen wettbewerbswidrigen Verhaltens gemäß § 8 Nr. 4 VOB/B, BauR 1989, 284; *Häsemeyer,* Kölner Schrift zur Insolvenzordnung, S. 645; *Heidland,* Ist die Bestimmung in § 8 Nr. 2 VOB/B, nach welcher der Auftraggeber im Falle der Konkurseröffnung über das Vermögen des Auftragnehmers den Vertrag kündigen kann, unwirksam? BauR 1981, 21; *Heidland,* Welche Änderungen ergeben sich für den Bauvertrag durch die Insolvenzordnung im Verhältnis zur bisherigen Rechtslage? Wie ist der Wortlaut der VOB Teil A und B zu ändern? BauR 1998, 643; *Kapellmann,* Die Berechnung der Vergütung nach Kündigung des Bau- oder Architektenvertrages durch den Auftraggeber, Jahrbuch Baurecht 1998, S. 35; *Kapellmann,* In sich abgeschlossene Teile der Leistung gemäß VOB/B, Festschrift Thode 2005, S. 29–41; *Kniffka/Koeble,* Kompendium des Baurechts, 4. Auflage 2014; *Kniffka,* Die neuere Rechtsprechung des Bundesgerichtshofs zur Abrechnung nach Kündigung des Bauvertrages, Jahrbuch Baurecht 2000, S. 1; *Kniffka,* Abnahme und Gewährleistung nach Kündigung des Werkvertrages, Festschrift ; *von Craushaar,* 1997, S. 359; *Kuhne/Mittschein,* Bauwirtschaft 1988 Heft 12, S. 36; *Markus,* § 649 Satz 2 BGB: Die Anrechnung der tatsächlich ersparten Aufwendungen auf die kalkulierten Kosten, NZBau 2005, 417; *Motzke/Bauer/Seewald,* Prozesse in Bausachen, 2009; *Niestrate,* Vergütung des Architekten nach Kündigung des Architektenvertrages durch den Auftraggeber, ZfBR 1997, 9; *Quack,* Einige Probleme der Vergütungsabrechnung nach § 649 S. 2 BGB, Festschrift ; *von Craushaar,* 1997, S. 309; *Peters,* Das Baurecht im modernisierten Schuldrecht, NZBau 2002, S. 113; *Schwörer,* Lösungsklauseln für den Insolvenzfall 2000; *Timmermans,* Kündigung des VOB-Vertrages bei Insolvenz des Auftragnehmers, BauR 2001, 321; *Tintelnot,* Schuldnerverzug und Konkurs Zugleich ein Beitrag zur Dogmatik des § 63 KO, ZIP 1989, 144; *Werner/Siegburg,* Der „entgangene Gewinn" des Architekten gemäß § 649 Satz 2 BGB im Blickwinkel der neuesten Rechtsprechung des Bundesgerichtshofes, BauR 1997, 181.

Übersicht

	Rn.
A. Allgemeine Vorfragen betreffend das Verhältnis der gesetzlichen Regelungen zur VOB-Kündigung	1
I. VOB-Kündigung und altes Schuldrecht	1
II. VOB-Kündigung und modernisiertes Schuldrecht	2
III. VOB-Kündigung und Novellierung des Bauvertragsrechts	7
B. Die freie Kündigung – § 8 Abs. 1 VOB/B	11
I. § 8 Abs. 1 Nr. 1 VOB/B – Das Kündigungsrecht des Auftraggebers	11
1. Freies Dispositionsrecht	11
2. Abweichende vertragliche Regelung des freien Kündigungsrechts	13
a) Ausschluss des freien Kündigungsrechts	13
b) Änderung der Rechtsfolgen	14
3. Wirksamkeitsvoraussetzungen der Kündigung	16
a) Schriftform	16
b) Richtiger Kündigungsadressat	18
c) Inhaltliche Anforderungen an die Kündigungserklärung	19
d) Angabe, Wechsel und Nachschieben von Kündigungsgründen	22
e) Teilkündigung	24
f) Die Behandlung von „Nullpositionen"	26
4. Abnahmeerfordernis als Fälligkeitsvoraussetzung	27
II. § 8 Abs. 1 Nr. 2 – Die Kündigungsfolgen	29
1. Einheitliche Abrechnung oder Trennung zwischen Vergütung für erbrachte und nicht erbrachte Leistungen?	29

2. Mehrwertsteuerproblematik 30
3. Abrechnung gekündigter Einheitspreisverträge 32
   a) Erbrachte Leistungen 32
   b) Nicht erbrachte Leistungen 34
4. Stundenlohnverträge 55
5. Pauschalpreisverträge 56
   a) Darlegung des Verhältnisses der bewirkten Leistungen zur vereinbarten Gesamtleistung 56
   b) Ermittlung der ersparten Aufwendungen 60
6. Darlegungs- und Beweislastgrundsätze 62
7. Fälligkeit der Vergütung – Beginn der Verjährungsfrist 65
8. Bürgschaft gemäß § 648a BGB nach Kündigung? 68

C. Die Kündigung aus wichtigem Grunde – § 8 Abs. 2 bis Abs. 4 VOB/B 69
  I. § 8 Abs. 2 VOB/B – Die Kündigung wegen Zahlungseinstellung oder Insolvenz 69
   1. § 8 Abs. 2 Nr. 1 VOB/B – Die Kündigungsgründe 69
      a) Nichtigkeit wegen Verstoßes gegen § 119 InsO? 69
      b) Zahlungseinstellung 72
      c) Beantragung des Insolvenzverfahrens 74
      d) Eröffnung des Insolvenzverfahrens oder dessen Ablehnung mangels Masse 76
   2. § 8 Abs. 2 Nr. 2 VOB/B – Die Kündigungsfolgen 77
      a) Nichtigkeit des § 8 Abs. 2 Nr. 2 VOB/B wegen Beschränkung des durch §§ 103, 119 InsO gesicherten Erfüllungswahlrechts des Insolvenzverwalters 77
      b) § 8 Abs. 2 Nr. 2 Satz 1 VOB/B – Anspruch auf Vergütung für erbrachte Leistungen 89
      c) § 8 Abs. 2 Nr. 2 Satz 2 VOB/B – Schadensersatz wegen Nichterfüllung des Restes 90
  II. § 8 Abs. 3 VOB/B – Die Kündigung wegen versäumter Fristen 93
   1. § 8 Abs. 3 Nr. 1 Satz 1 VOB/B – Die Kündigungsgründe 93
      a) Fruchtloser Ablauf in den Fällen des § 4 Abs. 7 und 8 Nr. 1 VOB/B und des § 5 Abs. 4 VOB/B gesetzten Fristen 93
      b) Sonstige außerordentliche Kündigungsgründe 95
      c) Ausspruch der Kündigung in engem zeitlichen Zusammenhang zum Kündigungsanlass 98
   2. § 8 Abs. 3 Nr. 1 Satz 2 VOB/B – Die Teilkündigung 99
   3. § 8 Abs. 3 Nr. 2–4 VOB/B – Die Kündigungsfolgen 101
      a) § 8 Abs. 3 Nr. 2 Satz 1 VOB/B – Fortführung des Auftrages zu Lasten des Auftragnehmers 101
      b) § 8 Abs. 3 Nr. 3 VOB/B – Das entgeltliche Nutzungsrecht des Auftraggebers an Geräten, Gerüsten etc. 110
      c) § 8 Abs. 3 Nr. 4 VOB/B – Abrechnung des Mehrkostenerstattungsanspruches binnen 12 Werktagen nach Abrechnung mit dem Dritten . 113
  III. § 8 Abs. 4 VOB/B – Die Kündigung wegen wettbewerbsbeschränkender Abrede / vergaberechtlicher Gründe 115
   1. § 8 Abs. 4 Satz 1 Nr. 1 VOB/B – Kündigung wegen wettbewerbsbeschränkender Abrede 115
   2. § 8 Abs. 4 Satz 1 Nr. 2a) VOB – Kündigung wegen eines zwingenden Ausschlussgrundes zum Zeitpunkt des Zuschlages 119
   3. § 8 Abs. 4 Satz 1 Nr. 2b) – Kündigung wegen wesentlicher Änderung des Vertrages oder EU Vertragsverletzungsverfahren 121
   4. § 8 Abs. 4 Satz 1 Halbs. 2, 4 VOB/B – Die Kündigungsfolgen 126
   5. § 8 Abs. 4 Satz 2 VOB/B – Befristete Kündigungsbefugnis 129
   6. § 8 Abs. 5 VOB/B – Die außerordentliche Nachunternehmerkündigung . 131
D. Das Schriftformerfordernis – § 8 Abs. 6 VOB/B 136
E. Aufmaß, Abnahme, prüfbare Abrechnung über die ausgeführten Leistungen – § 8 Abs. 7 VOB/B 138
  I. § 8 Abs. 7 1. Halbs. VOB/B – Aufmaß und Abnahme 138
  II. § 8 Abs. 7 2. Halbs. VOB/B – Vorlage einer prüfbaren Rechnung über die ausgeführten Leistungen 140
F. Die Vertragsstrafe – § 8 Abs. 8 VOB/B 142

A. Allgemeine Vorfragen betreffend das Verhältnis der gesetzlichen Regelungen zur VOB-Kündigung

I. VOB-Kündigung und altes Schuldrecht

Angesichts der in der Regel mehrjährigen Abwicklungsdauer von Bauverträgen wird uns das 1 alte Schuldrecht, das für Bauverträge gilt, die bis zum 31.12.2001 abgeschlossen wurden, noch viele Jahre beschäftigen. Nach ebenso allgemeiner wie herrschender Meinung stimmte man darin überein, dass die Kündigungsregelungen der VOB/B das Regelungssystem des gesetzlichen Vertragsrechts (Wandlung gemäß § 634 BGB a. F. oder Rücktritt gemäß §§ 636, 326 BGB a. F.) in ihrem Anwendungsbereich verdrängen. Das hieß, der Anspruch auf Wandlung wegen Mängeln bestand bei VOB-Bauverträgen wegen der Sonderregelung in § 4 Abs. 7 Satz 3 i. V. m. § 8 Abs. 3 VOB/B ebenso wenig,[1] wie im Falle der Leistungsverzögerung an die Stelle der §§ 636, 286, 326 BGB a. F. die Sonderregelungen des § 5 Abs. 4 i. V. m. § 8 Abs. 3 VOB/B traten.[2] Die Besonderheit bei der Abwicklung von Bauleistungen, die eine solche gesetzesabweichende Regelung rechtfertige, sah man in der vergleichbar einem Dauerschuldrechtsverhältnis auf längere Zeit angelegten Abwicklung eines Vertragsverhältnisses, das ein besonderes Vertrauensverhältnis zwischen den Vertragsparteien zur Voraussetzung habe sowie (das dürfte entscheidend sein) der im Falle des Vertragsrücktritts und dadurch bedingten Rückabwicklung des Vertrages einhergehenden Zerstörung wirtschaftlicher Werte.[3] Soweit die VOB/B-Regeln allerdings keine Sonderregelung enthalten, konnten bei tatbestandlicher Erfüllung die gesetzlichen Regeln über Unmöglichkeit und Unvermögen, Schuldnerverzug, Vertragsrücktritt und Anfechtung von Willenserklärungen greifen und zu einer Beendigung des Vertrages führen.[4] Neben den Kündigungstatbeständen der VOB, die (auch heute noch) keinen abschließenden Charakter haben, kamen auch Kündigungsmöglichkeiten aus positiver Vertragsverletzung[5] und selbstverständlich die Beendigungsgründe aus dem nicht dispositiven Gesetzesrecht (§ 648a BGB) in Betracht. Für § 326 BGB a. F. verblieb nur Raum, soweit es sich nicht um Leistungsstörungen für Bauvertragsleistungen, z. B. wie Planungsleistungen, handelte.[6]

II. VOB-Kündigung und modernisiertes Schuldrecht

Vor dem Hintergrund des seit dem 1.1.2002 geltenden modernisierten Schuldrechts stellt sich 2 heutzutage natürlich die Frage, ob es bei dem vorbeschriebenen, den allgemeinen gesetzlichen Kündigungs- und Rücktrittsregeln vorgehenden, Sonderregelungsstatus der VOB/B verbleibt, oder ob gar die Neuregelung im BGB der VOB/B-Regelung zuwiderläuft.

Die §§ 281 Abs. 1 Satz 1 n. F. und § 323 Abs. 1 BGB n. F. regeln für den Fall der **nicht fristgerechten Erbringung** der geschuldeten Leistung das gesetzliche Rücktrittsrecht. Erbringt der Schuldner die Vertragsleistungen nicht so, wie sie zum Zeitpunkt der Fälligkeit nach dem Vertrag geschuldet sind, kann der Gläubiger eine angemessene Frist zur Leistungserbringung oder Nacherfüllung setzen. Nach erfolglosem Ablauf dieser Frist ist der Gläubiger dann berechtigt, statt der Leistung Schadensersatz zu verlangen oder vom Vertrag zurückzutreten. Verzug, mangelhafte Erfüllung oder Nichterfüllung begründen damit nach dem Gesetz ein Rücktrittsrecht.

Daneben existiert weiterhin das gesetzliche Kündigungsrecht bei Werkverträgen nach § 649 BGB, das nach längerer Diskussion in der Expertenkommission vom Gesetzgeber unangetastet blieb.

Bislang war zu § 649 BGB allgemeine Meinung, dass auch eine Kündigung aus wichtigem Grunde nach dem BGB möglich sein muss, insbesondere wenn der Werkunternehmer die wichtigen Gründe zu vertreten hat.[7] Wichtig war und ist diese Unterscheidung in Abgrenzung

---

[1] BGHZ 51, 275.
[2] BGH WM 1969, 399.
[3] BGH WM 1976, 508; *Vogel* in NWJS VOB/B § 8 Rdn. 4.
[4] BGHZ 65, 372.
[5] Insbesondere für sonstige wichtige von VOB/B § 8 Abs. 2, 3 nicht erfasste Kündigungsgründe, die der einen Vertragspartei ein Festhalten am Vertrag unzumutbar machten, z. B. die Beleidigungsfälle.
[6] BGH BauR 1996, 542.
[7] BGH NJW 1996, 1751; BGH NJW 1999, 3554; *Teichmann* in SoergelBGB § 649 Rdn. 5; *Peters* in Staudinger BGB § 649 Rdn. 1, 57 ff.

zur so genannten freien Kündigung, die § 649 BGB regelt, wegen der Rechtsfolgen: Zwar muss der Auftraggeber auch bei einer Kündigung aus wichtigem Grunde die schon erbrachten und bei ihm verbleibenden Teilleistungen grundsätzlich vergüten, aber auch nicht mehr. Ist das Werk gar wegen Unvollständigkeit für ihn wertlos, entfällt der Vergütungsanspruch des Unternehmers nach Treu und Glauben ganz.[8]

3   Die Frage, ob sich an dieser Regelung durch das neue Recht irgendetwas geändert hat, stieß wegen § 314 BGB n. F. auf Irritationen. Dort ist analog zu der vorbeschriebenen durch Richterrecht geprägten Rechtslage die Kündigung aus wichtigem Grunde geregelt worden, allerdings nur für Dauerschuldverhältnisse. Da der Werkvertrag kein Dauerschuldverhältnis im eigentlichen Sinne ist,[9] stellt sich die Frage, ob § 314 BGB n. F. gleichwohl für Werkverträge gilt oder ob sich inhaltlich an den durch Richterrecht entwickelten Rechtsfolgen der Kündigung von BGB-Werkverträgen aus wichtigem Grunde etwas geändert hat, was im Bejahensfalle Auswirkungen auf die Wirksamkeit der VOB-Kündigungsregeln bei Prüfung unter AGB-Gesichtspunkten haben könnte. Insbesondere die Regelung in § 323 BGB n. F., die die Möglichkeit des Rücktritts bei schweren Vertragsverstößen vorsieht, könnte auf einen Ersatz der fristlosen Kündigung durch den Rücktritt hindeuten, wobei sehr fraglich wäre, ob dies zu einem anderen Ergebnis führen würde, weil schon erbrachte Leistungen auch bei einem Rücktritt nach § 346 Abs. 2 BGB n. F. abzurechnen sind.[10]

Da die Kündigungsmöglichkeit bei Dauerschuldverhältnissen ihre Rechtfertigung nicht (nur) in der sie prägenden, sich über einen längeren Zeitraum erstreckenden, gleich bleibenden Leistung erfährt, sondern in dem Vertrauensverhältnis zwischen den Vertragsparteien, ohne dass eine vernünftige (auf Dauer angelegte) Vertragsabwicklung überhaupt nicht denkbar wäre, spricht viel dafür, dass § 314 BGB n. F. auch auf Werkverträge anzuwenden sein wird, jedenfalls dann, wenn es sich um Bauverträge handelt, deren Abwicklung grundsätzlich immer eine vertrauensvolle Zusammenarbeit zwischen den Vertragsparteien voraussetzt. Nicht zuletzt deshalb ist allgemein anerkannt, dass auch Werkverträge, die an sich kein Dauerschuldverhältnis darstellen, auf Grund vertraglicher Vereinbarungen als solches ausgestaltet werden können.[11]

4   Die Regelungen der VOB/B bestimmen in §§ 4 Abs. 7 Satz 3, 5 Abs. 4, 8 Abs. 3 für den Fall der mangelhaften oder nicht rechtzeitigen Leistungserbringung, dass der Auftraggeber nach fruchtloser Leistungsaufforderung mit Androhung der Auftragserziehung den Vertrag kündigen und Schadensersatz verlangen kann, wenn die Frist fruchtlos verstrichen ist. Gemäß der Neuregelung im BGB dürfte es selbst dann, wenn man nicht ohnehin die Kündigungsregelung des § 314 BGB n. F. anwendet, auch bei der Rücktrittsregelung wegen § 346 Abs. 2 BGB n. F. dazu kommen, dass die erbrachten Leistungen **nicht** zurückzuerstatten sind, sondern unter Verbleib der erbrachten Leistung beim Auftraggeber diese auf Basis der Vertragspreise abzurechnen sind. Die Kündigungsregelung der VOB/B befindet sich deshalb im Einklang mit dem wesentlichen Grundgedanken der gesetzlichen Neuregelung, so dass § 8 VOB/B einer Prüfung unter AGB-Gesichtspunkten gemäß § 9 Abs. 2 AGB-Gesetz a. F. = § 307 Abs. 2 BGB n. F. standhält.

5   Das gilt auch in Bezug auf die nach der Systematik der VOB/B erforderlichen Fristsetzung zur Vertragserfüllung mit Androhung der Auftragserziehung. Nach der Systematik der Rücktrittsregeln im BGB (§§ 281 Abs. 1 Satz 1 und 323 Abs. 1 BGB n. F.) sowie den Kündigungsregeln von Dauerschuldverhältnissen aus wichtigem Grund (§ 314 Abs. 2 BGB n. F.) bedarf es ebenfalls einer vorherigen Fristsetzung zur Leistungserbringung bzw. Abhilfeaufforderung. Lediglich eine Kündigungsandrohung ist nach der gesetzlichen Normierung nicht zwingend vorgeschrieben, kann sich allerdings nach den Grundsätzen von Treu und Glauben im Einzelfall ergeben.

6   Als **Fazit** können wir an dieser Stelle deshalb festhalten: Das modernisierte Schuldrecht widerspricht der VOB-Kündigungsregelung grundsätzlich nicht. Wie auch unter Geltung des alten Schuldrechts wird man davon ausgehen dürfen, dass die VOB-Kündigungsregeln in ihrem Anwendungsbereich die BGB-Regeln verdrängen. Da, wo die VOB-Regeln keine Sonderregelungen enthalten, greift selbstverständlich auch weiterhin das dispositive Gesetzesrecht ein.

---

[8] BGHZ 136, 33, 39; BGH NJW 1993, 1972.
[9] *Kramer* in MüKo BGB Einl. § 241 Rdn. 97; *Gernhuber* Das Schuldverhältnis, 382.
[10] Vgl. hierzu die kritischen Überlegungen von *Peters* NZ Bau 2002, 113, 117.
[11] *DHLR* Schuldrecht, BGB § 314 Rdn. 4; *Kramer* in MüKoBGB Einl. § 241 Rdn. 97; *Gernhuber* Das Schuldverhältnis, S. 382.

III. VOB-Kündigung und Novellierung des Bauvertragsrechts

Das geplante neue Bauvertragsrecht sieht in § 648a BGB-E erstmalig eine Regelung zur Kündigung des Werkvertrages aus wichtigem Grunde vor. Das Kündigungsrecht aus wichtigem Grunde ohne Einhaltung einer Kündigungsfrist steht beiden Vertragsparteien zu und ist gemäß § 648a Abs. 1 BGB-E nur an die objektive Feststellung geknüpft, dass ein wichtiger Grund zur Kündigung des Werkvertrages vorliegt. Darauf, welche Vertragsparteien diesen wichtigen Grund zu vertreten hat bzw. aus wessen Sphäre dieser wichtige Kündigungsgrund stammt, kommt es nach § 648a BGB-E nicht (mehr) an.

Die Kündigungsfolgen einer von einer Vertragspartei aus wichtigem Grunde ausgebrachten Kündigung sind in § 648a Abs. 5 und 6 BGB-E dahingehend geregelt, dass der Unternehmer nur berechtigt ist, die Vergütung zu verlangen, die auf den bis zur Kündigung erbrachten Teil des Werks entfällt. Die Berechtigung, Schadensersatz zu verlangen, wird durch die Kündigung nicht ausgeschlossen. Aus der Begründung des Gesetzentwurfes durch die Bundesregierung[12] entnehmen wir, dass bei einer Kündigung aus wichtigem Grunde ein an der vereinbarten Vergütung ausgerichteter Anspruch, wie ihn § 649 BGB vorsieht, nicht angemessen wäre und deshalb, wie schon bisher von der Rechtsprechung bei der Kündigung des Bestellers aus wichtigem Grunde angenommen, der Vertrag nach allgemeinen Grundsätzen abzuwickeln ist und damit nur die bereits erbrachten Leistungen zu vergüten seien.

§ 648a Abs. 5 BGB-E sieht diese Kündigungsfolge nunmehr für jede Kündigung nach Abs. 1 vor. Da der einer Kündigung zugrunde liegende wichtige Grund nicht ausschließlich aus der Sphäre eines der Vertragspartner kommen muss, sei dies (gem. der Begründung zum Gesetzesentwurf) auch für die Kündigung durch den Unternehmer gerechtfertigt. Mithin auch für den Fall, dass die Kündigung aus wichtigem Grund vom Unternehmer aus vom Auftraggeber zu vertretenen wichtigen Grunde ausgesprochen wird? Eine äußerst merkwürdige, völlig aus dem System fallende Regelung; hat doch der BGH in seinem Urteil vom 27.10.1998[13] die Sphärentheorie Eingang in das Kündigungsrecht aus wichtigem Grunde finden lassen. Nach dieser Entscheidung galt bislang, dass die Kündigungsfolgen derjenige tragen muss, dessen Risikosphäre die Kündigung aus wichtigem Grunde zuzurechnen ist. In dem seinerzeit entschiedenen Fall sah es der BGH als nicht sachgerecht an, dem gekündigten Auftragnehmer (Planungsbüro) bei einer vom Auftraggeber aus wichtigem Grunde ausgesprochenen Kündigung solche Risiken aufzuerlegen, die der Auftragnehmer nicht beeinflussen konnte. Dieser Risikosphärentheorie, bei der für die Kündigungsfolgen einer vom Auftraggeber aus wichtigem Grunde ausgesprochenen, aber vom Kündigenden selber zu vertretenden Kündigung auf § 649 Satz. 2 BGB abzustellen ist, würde das neue BGB mithin nicht mehr folgen wollen. Vielmehr meint der Gesetzesentwurfsverfasser, dem notwendigen Interessenausgleich sei im Falle einer aus wichtigem, von einer Vertragspartei zu vertretenden Grunde ausgesprochenen Kündigung durch § 648a Abs. 6 BGB-E ausreichend Rechnung getragen. Der von der Kündigung aus wichtigem Grunde nicht berührte Schadensersatzanspruch könne etwa bestehen, wenn der wichtige Grund, der Anlass für die Kündigung war, von einer Partei schuldhaft herbeigeführt worden ist. Nur was dabei offenbar übersehen wird, es gibt Fallgruppen und diese sind nicht selten, wie der vorzitierte Fall des BGH vom 27.10.1998 zeigt, in denen der wichtige Kündigungsgrund zwar von der kündigenden Partei im Sinne der Risikosphärentheorie zu vertreten, aber gerade nicht verschuldet worden ist. Seinerzeit entschied der BGH ausdrücklich, dass der Begriff des Verschuldens für die Frage, wer den Kündigungsgrund zu vertreten habe, nicht brauchbar ist, da es für diese Frage auf Zumutbarkeitsüberlegungen und nicht auf das Verschulden ankommt. Das wird sich nach dem neuen BGB-Bauvertragsrecht nunmehr (wohl) ändern, wenn es bei der Kündigungsregelung in § 648a BGB-E verbleiben sollte.

Der Fall der Kündigung des Auftraggebers aus von ihm selber zu vertretendem wichtigem Grunde im Sinne der oben beschriebenen Risikosphärentheorie ist expressiv verbis in § 8 VOB/B nicht geregelt und würde nach bisherigem Verständnis unter § 8 Abs. 1 VOB/B zu subsumieren sein. Es steht zu vermuten, dass dies zur erneuten Anpassung des Textes der VOB/B führen wird, wenn der Entwurfstext des neuen BGB-Bauvertragsrechts in Gesetzeskraft erwachsen sollte.

---

[12] BT-Drs. 18/8486 vom 18.5.2016, Seite 52.
[13] BGH IBR 1999, 20.

B. Die freie Kündigung – § 8 Abs. 1 VOB/B

I. § 8 Abs. 1 Nr. 1 VOB/B – Das Kündigungsrecht des Auftraggebers

11 **1. Freies Dispositionsrecht.** Nach der Systematik der Regelung in § 8 Abs. 1 VOB/B, die inhaltlich gleich lautend mit der gesetzlichen Regelung in § 649 BGB ist, obliegt es der alleinigen und uneingeschränkten Disposition des Auftraggebers, sich jederzeit bis zur Vollendung der beauftragten Bauleistungen von seinem Vertragspartner durch eine für die Zukunft wirkende einseitige empfangsbedürftige Erklärung (Kündigung) zu trennen. Dem Auftraggeber steht es also frei, jederzeit ohne Fristsetzung und ohne Angaben von Gründen das Vertragsverhältnis mit dem Auftragnehmer zu beenden. Zeitliche Begrenzungen dieses Kündigungsrechts ergeben sich aus der Natur der Sache: frühestens kann der Vertrag ab Vertragsschluss,[14] spätestens bis zur (mängelfreien)[15] Vollendung des Werkes gekündigt werden.

12 Dem gegenüber sieht weder die VOB/B noch das BGB ein freies Kündigungsrecht des Auftragnehmers vor. Die innere Rechtfertigung für diese Systematik des Kündigungsrechts bei Werkverträgen findet sich in der zutreffenden Überlegung, dass dem Auftragnehmer regelmäßig nicht an der Herstellung des Werkes, sondern an der dafür vertraglich vereinbarten Vergütung gelegen ist. Demzufolge reicht es aus, wenn dem Auftragnehmer durch die freie Kündigung des Auftraggebers kein Nachteil gegenüber der Vertragserfüllung entsteht.[16] Ihm steht deshalb die volle Vergütung zu (§ 649 Satz 2 BGB = § 8 Abs. 1 Nr. 2 VOB/B). Er soll allerdings auch nicht besser dastehen, als wenn er die beauftragte Werkleistung erbracht hätte. Bei vertragsgemäßer Erfüllung des Vertrages hätte der Auftragnehmer Kosten gehabt (vornehmlich Lohn- und Materialkosten) die, so weit er sie tatsächlich erspart hat, von der vereinbarten Vergütung in Abzug zu bringen sind.[17] Dem Schadensersatzrecht entliehen ist die weitere Regelung, dass sich der Auftragnehmer im Wege der Vorteilsausgleichung auch diejenigen Beträge von der vertraglich vereinbarten Vergütung abziehen lassen muss, die er durch anderweitige Verwendung seiner Arbeitskraft oder seines Betriebes erwirbt oder zu erwerben böswillig unterlässt.

Diese grundsätzlichen systematischen Überlegungen sind auch heranzuziehen für die Beurteilung der Wirksamkeit eines Ausschlusses des freien Kündigungsrechts in Vertragsbedingungen des Auftragnehmers.

13 **2. Abweichende vertragliche Regelung des freien Kündigungsrechts. a) Ausschluss des freien Kündigungsrechts.** Es kann sein, dass der Auftragnehmer ein eigenes Interesse daran hat, dass er die beauftragte Bauleistung auch tatsächlich erbringen kann. Da es sich bei § 649 BGB um dispositives Gesetzesrecht handelt, ist es den Vertragsparteien überlassen, in diesem Fall eine Vereinbarung zu treffen, wonach das freie Kündigungsrecht des Auftraggebers ausgeschlossen wird. Allerdings ist eine solche Regelung in Allgemeinen Geschäftsbedingungen des Auftragnehmers unwirksam wegen Verstoßes gegen § 307 Abs. 2 Nr. 1 BGB n. F. = § 9 Abs. 2 Nr. 1 AGB-Gesetz.[18] Als Individualvereinbarung ist eine solche Regelung selbstverständlich zulässig.[19]

14 **b) Änderung der Rechtsfolgen.** Das Gleiche gilt für vertragliche Änderungen jedweder Art, durch die die gesetzlichen Vergütungsfolgen zum Nachteil des Vertragspartners des Verwenders der Allgemeinen Geschäftsbedingung eingeschränkt oder ganz ausgeschlossen werden sollen. Unwirksam sind danach insbesondere Allgemeine Geschäftsbedingungen des Auftraggebers, in denen der gesetzliche Vergütungsanspruch des Auftragnehmers auf Vergütungsansprüche für lediglich erbrachte Leistungen[20] oder aber lediglich auf die Vergütungsansprüche gemäß

---

[14] Auch aufschiebend bedingte Verträge können gekündigt werden, vgl. OLG Brandenburg NJW-RR 1998, 1746.
[15] Kündigung ist auch noch bis zur Beseitigung behebbarer Mängel möglich, wenn wegen dieser Mängel zu Recht die Abnahme des Werkes verweigert worden ist, vgl. OLG Dresden NJW-RR 1998, 882.
[16] Ständige Rechtsprechung, z. B. BGH BauR 1999, 1292.
[17] Zu den Rechtsfolgen der Kündigung, insbesondere zu der Frage, ob die ersparten Aufwendungen nach kalkulierten Kosten oder nach tatsächlich ersparten Kosten zu berechnen sind, vgl. unten Rdn. 27.
[18] BGH BauR 1999, 1294; vgl. aber BGH NJW 2011, 915, in der diese Frage ausdrücklich offen gelassen wurde.
[19] BGH, a. a. O., *Kemper* in FKZGM VOB/B § 8 Rdn. 95; *Vogel* in NWJS VOB/B § 8 Rdn. 44.
[20] BGH, *Schäfer/Finnern* VOB/B (1973) § 8 Nr. 14; BGH BauR 1985, 77; OLG Düsseldorf BauR 1992, 77.

§ 6 Abs. 5 VOB/B beschränkt werden. Auch eine Regelung in Allgemeinen Geschäftsbedingungen des Auftraggebers, wonach die gesetzlichen Vergütungsansprüche ganz oder teilweise für den Fall beschnitten werden, dass das Bauvorhaben keine Realisierung erfährt, ist unwirksam[21]. Zulässig muss es in diesen Fällen jedoch sein, den Vertrag unter die aufschiebende Bedingung zu stellen, dass der Auftraggeber das Bauvorhaben realisiert.

Pauschalpreisregelungen zur Höhe des Vergütungsanspruches für nicht erbrachte Leistungen sind in Allgemeinen Geschäftsbedingungen des Auftragnehmers dann unwirksam, wenn der vorgesehene Prozentsatz der Vergütung für die nicht erbrachten Leistungen in einem unangemessenen Verhältnis zur vereinbarten Vergütung steht[22]. In gleicher Weise unwirksam sind Allgemeine Geschäftsbedingungen des Auftraggebers, in denen der dem Auftragnehmer kraft Gesetzes zustehende Vergütungsanspruch eingeschränkt wird, indem auf einen Zahlungsplan zur Ermittlung der Vergütung für die nicht erbrachten Leistungen verwiesen wird, wenn und so weit dieser Zahlungsplan, was praktisch immer der Fall ist, dem Leistungsstand nicht exakt entspricht.[23]

3. Wirksamkeitsvoraussetzungen der Kündigung. a) Schriftform. § 8 Abs. 5 VOB/B sieht vor, dass die Kündigung schriftlich zu erklären ist. Ein gesetzliches Schriftformerfordernis existiert dagegen nicht. Auch mittelbar z. B. über die Schriftformregelung zur Abgabe von die Gemeinde verpflichtenden Erklärungen gemäß den Gemeinde- bzw. Kreisordnungen der Länder ergibt sich kein Schriftformerfordernis für Kündigungen von Bauverträgen.[24] Das Schriftformerfordernis aus den Gemeindeordnungen gilt nicht für solche Erklärungen, die zwar die Gemeinde belasten, aber keine neue Vergütung zur Folge haben, weshalb der Bundesgerichtshof für die Abnahme bei Werkverträgen eine Anwendung des Schriftformerfordernisses bei Gemeinden abgelehnt hat.[25] Nichts anderes kann für die Kündigung von Werkverträgen gelten.

Demzufolge sind nach der gesetzlichen Regelung Kündigungserklärungen auch konkludent möglich, wenn der Auftraggeber durch sein Verhalten gegenüber dem Auftragnehmer den eindeutigen Wunsch zur Vertragsbeendigung zum Ausdruck bringt, z. B. indem er die ausstehenden Leistungen selber ausführt.[26] Aber auch bei VOB-Verträgen geht die herrschende Meinung[27] ohne weiteres davon aus, dass Kündigungen stillschweigend und konkludent durch den Auftraggeber ausgesprochen werden können, etwa wenn betreffende Leistungen durch Fortschreibung der Ausführungsplanung nicht mehr erforderlich gewesen sind und deshalb vom Auftragnehmer nicht erbracht werden.[28] Auch handelt es sich um eine konkludente Teilkündigung des Auftraggebers, wenn dieser einen Dritten mit Arbeiten des Auftragnehmers beauftragt, ohne diesem vorher gekündigt zu haben. Selbstverständlich kollidiert diese Meinung mit dem Schriftformerfordernis in § 8 Abs. 6 VOB/B, was die herrschende Meinung ebenso wie bei der einverständlichen (konkludenten) Vertragsaufhebung dann übergeht bzw. nicht als Problem ansieht, wenn der Auftragnehmer keinen Anspruch auf Erfüllung des Vertrages mehr erhebt.[29]

b) Richtiger Kündigungsadressat. Wegen § 130 BGB entfaltet die Kündigung erst Wirkung mit deren Zugang beim Auftragnehmer. Hierzu ist erforderlich, dass dem Auftragnehmer selber in Person oder dessen organschaftlichen Vertreter oder aber einem mit Empfangsvollmacht ausgestatteten Dritten die Kündigung zur Kenntnis gebracht wurde bzw. dieser die Möglichkeit der Kenntnisnahme hatte.[30] Die Übergabe eines Kündigungsschreibens an den Bauleiter des Auftragnehmers reicht hierfür grundsätzlich nicht, weil er für solche einseitigen rechtsgeschäftli-

---

[21] OLG Frankfurt, IBR 2000, 386.
[22] Ein angemessenes Verhältnis wurde bei 5% bejaht in: BGH BauR 1983, 261; OLG Koblenz, BauR 2000, 419; ebenfalls bejaht bei 7,5% in: BGH BauR 2000, 1194. Ein angemessenes Verhältnis wurde verneint bei einer Pauschale über 25% in: BGH BauR 2000, 430; BGH BauR 1996, 412; BGH NJW 1986, 842; OLG Düsseldorf NJW-RR 1994, 149.
[23] BGH BauR 2000, 1182; eine gute Übersicht über diese und weitere Fälle gibt *Kniffka* Jahrbuch BauR 2000, S. 19 f.
[24] Vgl. *Rehn-Cronange* Kommentar zur GO NRW (1999), GO § 64, S. 2, der zwar die Kündigung expressis verbis nicht erwähnt, dafür aber schuldrechtliche Verfügungen wie Forderungserlass, Aufrechnung, Stundung und Niederschlagung einer Forderung.
[25] Vgl. BGHZ 97, 224.
[26] BGH WM 1972, 1025.
[27] Siehe hierzu unter Rdn. 22.
[28] OLG Düsseldorf BauR 2001, 803.
[29] BGH BauR 1999, 1294; *Kniffka* Jahrbuch BauR 2000, 9; hierzu näher unter Rdn. 137.
[30] BGHZ 67, 271.

chen Erklärungen nach dem Willen des Auftragnehmers grundsätzlich nicht Empfangsbote sein soll.[31] Erst mit Übergabe an den Auftragnehmer ist der Zugang der Kündigung erfolgt.

19   c) **Inhaltliche Anforderungen an die Kündigungserklärung. aa) Klare und eindeutige Formulierung.** Die Kündigung muss klar und eindeutig zum Ausdruck bringen, dass der Auftraggeber das Vertragsverhältnis für die Zukunft beendigen möchte. Zwar muss das Wort „Kündigung" nicht zwingend benutzt werden, obgleich es sehr empfehlenswert ist, dieses zu verwenden. Auch die Worte „Annullierung" oder „Stornierung" lassen auf einen Kündigungswunsch schließen, währenddessen „Sistierung" eher den Wunsch des Erklärenden zum Ausdruck bringt, den Vertrag vorübergehend „auszusetzen".

20   **bb) Bedingungsfeindlichkeit/Umdeutung.** Einseitig gestaltende empfangsbedürftige Willenserklärungen sind bedingungsfeindlich, weil der Erklärungsempfänger sofort Klarheit darüber erhalten soll, ob der Vertrag nun beendet ist oder nicht. Hängt die Erfüllung der Bedingung allerdings vom Willen des Erklärungsempfängers ab, kann dieser also den Eintritt der Bedingung selber beeinflussen, tangiert dies die Wirksamkeit der Kündigungserklärung nach allgemeiner Meinung nicht.[32] Die Erklärung der Kündigung für den Fall, dass der Auftragnehmer in den Fällen des § 4 Abs. 7 Satz 3 oder § 5 Abs. 4 VOB/B die ihm gesetzte Frist fruchtlos verstreichen lässt, ist allerdings eine unzulässige Bedingung, da die notwendige Klarheit über die Wirksamkeit der Kündigung von einem Umstand abhängt, dessen Eintritt völlig unklar sein kann, was wiederum dem Erfordernis des Rechtsverkehrs nach klaren Verhältnissen zuwider liefe.

Fraglich ist, ob eine Kündigung mit einer Rechtsbedingung so formuliert werden kann, dass sie nur als Kündigung aus wichtigem Grund gemäß § 8 Abs. 2 oder Abs. 3 VOB/B, nicht aber als freie Kündigung nach § 8 Abs. 1 VOB/B, gewollt ist. Sinnvoll sind derartige Formulierungen insbesondere deshalb, um einer möglichen *Umdeutung* einer als außerordentlich gewollten in eine freie Kündigung vorzubeugen. Richtigerweise wird man eine solche Bedingung bei der Kündigungserklärung zulassen müssen, weil sie ebenso wie bei den Kündigungsbedingungen unter Voraussetzung des Vorliegens gesetzlicher Kündigungsgründe lediglich eine zulässige Rechtsbedingung darstellt.[33]

21   Im Ergebnis bestätigt wird die Richtigkeit dieser Auffassung durch die Zurückhaltung der Rechtsprechung bei der Umdeutung einer (misslungenen) Kündigung aus wichtigem Grund in eine freie Kündigung nach § 8 Abs. 1 VOB/B. Dies soll regelmäßig nur dann möglich sein, wenn zweifelsfrei feststeht, dass der Kündigungserklärende den Vertrag auf jeden Fall beenden will.[34] In diesen Fällen ist es auch unschädlich, wenn sich der Auftraggeber bei der Kündigung nicht dahingehend erklärt, ob er und wenn ja aus welchem wichtigen Grund er kündigt, wenn nur klar genug zum Ausdruck kommt, dass er in jedem Fall eine Beendigung des Vertrages wünscht.[35] Lediglich dann, wenn sich auch nach Auslegung nicht klar erkennen lässt, ob ein eindeutiger Wille zur Beendigung des Vertrages auf Seiten des Auftraggebers nun bestand oder nicht, wäre die Kündigungserklärung unwirksam.

22   **d) Angabe, Wechsel und Nachschieben von Kündigungsgründen.** Der Bundesgerichtshof lässt den Wechsel und das Nachschieben von Kündigungsgründen grundsätzlich zu, wenn zum Zeitpunkt der Kündigungserklärung der wichtige Grund nachweislich bestanden hat[36], weshalb es sich von selbst versteht, dass er auch bei einer aus wichtigem Grunde ausgesprochenen bzw. gewollten Kündigungserklärung eine nachvollziehbare Darlegung des außerordentlichen Kündigungsgrundes nicht für erforderlich hält.[37]

23   Dem ist allerdings nur für den Fall zuzustimmen, dass der Kündigungserklärende zum Zeitpunkt der Kündigungserklärung noch keine Kenntnis von den weiteren Kündigungsgründen

---

[31] *Althaus* in Beck'scher VOB-Kommentar VOB/B § 8 Abs. 1, Rdn. 14.
[32] *Vogel* in NWJS VOB/B § 8 Rdn. 23; *Kuffer* in Heiermann/Riedl/Rusam VOB/B Einführung zu §§ 8, 9, Rdn. 30; *Althaus* in Beck'scher VOB-Kommentar VOB/B § 8 Abs. 1, Rdn. 9; anderer Ansicht BGH NJW 1973, 1463.
[33] So auch BGH BauR 2003, 1889; ebenso im Ergebnis *Kniffka/Koeble* Kompendium des Baurechts, 9. Teil Rdn. 3 f.
[34] BGH BauR 2003, 1889; OLG Stuttgart NJW-Spezial 2011, 524 ff.; OLG Karlsruhe BauR 1994, 116; OLG Schleswig BauR 1989, 730; *Althaus* in Beck'scher VOB-Kommentar VOB/B § 8 Abs. 1, Rdn. 8.
[35] *Kapellmann/Schiffers*, Band 2, Rdn. 1322; anderer Ansicht wohl: *Althaus* in Beck'scher VOB-Kommentar VOB/B § 8 Abs. 1, Rdn. 8; *Kuffer* in Heiermann/Riedl/Rusam Einführung VOB/B §§ 8, 9, Rdn. 32; nicht entschieden in BGH *Schäfer/Finnern* Z 2.510 Bl. 25 ff.
[36] BGH IBR 2005, 465 f.
[37] BGH BauR 1993, 469; BGHZ 82, 100.

hatte. Waren diese dem Kündigungserklärenden bereits **bekannt** und hat er hierauf seine Kündigung nicht gestützt, so ist ihm ein Nachschieben **verwehrt**[38]. Dies ergibt sich schon bereits aus der Notwendigkeit, dass der Kündigung aus wichtigem Grund grundsätzlich eine Kündigungsandrohung vorauszugehen hat. Diese verfolgt den Zweck, den Vertragspartner darüber zu informieren, wegen welcher Gründe der Auftraggeber beabsichtigt den Vertrag zu beenden, wenn keine Abhilfe geschaffen wird. Durch diese Androhung darf der Auftragnehmer davon ausgehen, dass die Kündigung nicht ausgesprochen wird, wenn er der Aufforderung des Auftraggebers Folge leistet. Kündigt der Auftraggeber, obgleich der Auftragnehmer für Abhilfe wegen der Punkte gesorgt hat, derentwegen die Kündigung angedroht wurde, kann es dem Auftraggeber zur „Rettung" seiner außerordentlichen Kündigung nicht erlaubt sein, die Kündigung auf Gründe zu stützen, derentwegen er die Kündigung überhaupt nicht angedroht hatte.[39] Ein Nachschieben von Kündigungsgründen ist dem Auftraggeber nur wegen derjenigen Punkte zu erlauben, derentwegen er die Kündigung angedroht oder die er in der Kündigung selber, wenn auch noch nicht im Einzelnen schlüssig dargelegt, genannt hat.

Das OLG Stuttgart[40] weißt in einer neueren Entscheidung zurecht darauf hin, dass keine Pflicht bestehe, bei Vorliegen eines Kündigungsgrundes fristlos zu kündigen. Vielmehr habe es der Vertragspartner selber in der Hand zu beurteilen, ob ein ihm bekannter Kündigungsgrund für ihn ein weiteres Festhalten am Vertrag unzumutbar mache oder nicht. Dafür werde ihm eine Überlegungsfrist eingeräumt. Wenn er sich innerhalb dieser Überlegungsfrist nicht auf den ihm bekannten Kündigungsgrund beruft und die fristlose Kündigung ausspricht, ist das Kündigungsrecht auf der Basis dieses Kündigungsgrundes **verwirkt**. Wird ihm nach Ausspruch der Kündigung ein weiterer Kündigungsgrund bekannt, so ist er gehalten, auch nach einer bereits erklärten fristlosen Kündigung erneut in dem erforderlichen engen zeitlichen Zusammenhang zu kündigen[41]. Eine spätere Kündigungserklärung hat allerdings nur eine Wirkung ex nunc[42].

e) Teilkündigung. Nach herrschender Meinung kann der Auftraggeber die freie Kündigung 24 des Vertrages auf Teile der zu erbringenden Leistung beschränken.[43] Aus § 12 Abs. 2 VOB/B wird insoweit allerdings geschlussfolgert, dass nur in sich abgeschlossene Teile der Leistung gekündigt werden können sollen, was wie bei der Teilabnahme zur Voraussetzung habe, dass die betreffenden Teile funktional selbstständig sind.[44] Richtiger Ansicht nach sind freie Teilkündigungen in jeder beliebigen Form zulässig, soweit nicht unzumutbar ein einheitlicher technischer Produktionsablauf auseinander gerissen wird und dadurch untragbare Gewährleistungsvermischungen entstehen.[45] Anders ist dies Kraft ausdrücklicher Regelung in § 8 Abs. 3 Nr. 1 Satz 2 VOB/B für die außerordentliche Teilkündigung zu sehen, die sich auf einen in sich abgeschlossenen Teil der vertraglichen Leistung beziehen muss.[46] Für diese Fallgestaltung hat der Bundesgerichtshof[47] den lange bestehenden Meinungsstreit dahingehend entschieden, dass der Begriff der Abgeschlossenheit im Sinne von § 8 Abs. 3 Nr. 1 S. 2 VOB/B wie der gleichlautende Begriff in § 12 Abs. 2 VOB/B zu verstehen ist.

Fraglich ist, wie eine „misslungene Teilkündigung" zu behandeln ist, wenn und weil sie sich 25 nicht auf funktional abgrenzbare selbstständige Teile der Gesamtleistung bzw. auf einen einheitlichen technischen Produktionsablauf bezieht.

---

[38] Ebenso jetzt das OLG Stuttgart NJW-Spezial 2011, 524 ff.
[39] OLG Stuttgart NJW-Spezial 2011, 524 ff.; *Joussen/Vygen* in Ingenstau/Korbion VOB/B § 8 Rdn. 6; anderer Ansicht die wohl herrschende Meinung: BGH BauR 1993, 469; BGH BauR 1982, 79.
[40] OLG Stuttgart NJW-Spezial 2011, 524 ff.
[41] OLG Stuttgart a. a. O.; vgl. auch die Urteilsanmerkung von Hickl, IBR 2012, 15.
[42] OLG Stuttgart NJW-Spezial 2011, 524; für ex nunc Wirkung ab Zugang der Mitteilung neuer Kündigungsgründe auch bereits *Kuffer* in Heiermann/Riedl/Rusam VOB/B § 8 Rdn. 79.
[43] BGH BauR 2009, 1736 ff. = NZBau 2010, 47 ff.; LG Hamburg NZBau 2011, 108; *Kuffer* in Heiermann/Riedl/Rusam VOB/B Einführung zu §§ 8, 9, Rdn. 2; *Althaus* in Beck'scher VOB-Kommentar VOB/B § 8 Abs. 1, Rdn. 5; *Joussen/Vygen* in Ingenstau/Korbion VOB/B § 8 Abs. 1, Rdn. 91; *Kemper* in FKZGM VOB/B § 8 Rdn. 5.
[44] BGH BauR 1975, 423; OLG Düsseldorf *Schäfer/Finnern* VOB/B § 12 Nr. 14; LG Hamburg NZBau 2011, 108; *Joussen/Vygen* in Ingenstau/Korbion VOB/B vor §§ 8, 9, Rdn. 7; *Kemper* in FKZGM VOB/B § 8 Rdn. 5; anderer Ansicht: *Kuffer* in Heiermann/Riedl/Rusam VOB/B § 8 Rdn. 10; *Althaus* in Beck'scher VOB-Kommentar VOB/B § 8 Abs. 1, Rdn. 5; dazu *Kapellmann/Schiffers* Band 2, Rdn. 1313; *Kapellmann*, FS Thode, 29 ff.
[45] Vgl. die Kommentierung zu VOB/B § 2 Abs. 4.
[46] BGH BauR 2009, 1736 ff. = NZBau 2010, 47 ff.; Siehe hierzu näher Rdn. 99.
[47] BGH BauR 2009, 1736 ff. = NZBau 2010, 47 ff.

Beispiel: Der Auftraggeber rügt diverse Mängel an der Dachabdichtung und kündigt schließlich die betreffenden Dacharbeiten, derentwegen Mängel gerügt worden sind. Strittig ist, ob das Dach als ganzes ein in sich abgeschlossener Teil der Gesamtleistung ist und damit Teilkündigungsfähigkeit nach herrschender Meinung besitzt. Jedenfalls ist dies nach den Teilabnahmekriterien wie auch nach den hier vertretenen Abgrenzungskriterien zu verneinen für Teile der Dacharbeiten, derentwegen der Auftraggeber Mängel gerügt hat. Ist eine solche misslungene Teilkündigung nun unwirksam oder erfasst sie auch diejenigen Leistungen, die zusammen mit den unmittelbar von der Teilkündigung betroffenen Arbeiten einen in sich abgeschlossenen Teil der Gesamtleistung ergeben?[48] Richtigerweise muss man hier dieselben Grundsätze anwenden, die man im Zusammenhang mit der Umdeutung einer fehlgeschlagenen Kündigung aus wichtigem Grunde in eine freie Kündigung entwickelt hat. Nur da, wo der Wille des Auftraggebers auf einen weiterreichenden Kündigungsumfang im Wege der Auslegung erstreckt werden kann, ist eine solche Umdeutung der unzulässigen Teilkündigung ist eine zulässige (freie) Teil- oder gar Gesamtkündigung des Vertrages zulässig[49].

Andernfalls kann der Auftragnehmer die unzulässige Teilkündigung zurückweisen und die Leistung weiter erbringen. Lässt der Auftraggeber die Arbeiten nicht mehr zu, hat er zwei Möglichkeiten:

Er kann einmal aus § 326 Abs. 2 BGB n. F. = § 324 BGB a. F. bzw. § 9 Abs. 1 VOB/B[50] vorgehen oder aber nach entsprechender Androhung seinerseits aus wichtigem Grunde den Vertrag kündigen, weil der Auftraggeber seiner Mitwirkungsverpflichtung zur Entgegennahme der Werkleistung nicht nachkommt. Der Bundesgerichtshof[51] sieht in der unwirksamen außerordentlichen Teilkündigung eines Auftraggebers sowie der nachfolgenden ausdrücklichen Weigerung, sich davon zu distanzieren, eine derart erhebliche Pflichtverletzung, die den Auftragnehmer seinerseits zur Kündigung aus wichtigem Grunde berechtige. Eine damit berechtigte außerordentliche Kündigung des Auftragnehmers begründe indes keine Ansprüche aus § 9 Abs. 3 S. 2 VOB/B i. V. m. § 642 BGB, da diese Regelung nur Entschädigung für Nachteile gewähre, die dem Auftragnehmer durch den Verzug des Auftraggebers während der ursprünglichen Vertragsdauer entstanden sind, sodass sie nur den Verzögerungsschaden bis zur Kündigung erfasse. Den Nichterfüllungsschaden könne der Auftragnehmer nur unter den Voraussetzungen des § 280 Abs. 1 BGB geltend machen. Dadurch, dass der Auftraggeber infolge seiner unberechtigten Kündigung seine Vertragspflichten verletzt und dadurch die vorzeitige Vertragsbeendigung durch den Auftragnehmer verursacht habe, hat er für den hierdurch entstandenen Schaden einzustehen. Dieser Schaden besteht in der für die nicht erbrachten Leistungen vereinbarte Vergütung abzüglich ersparter Aufwendungen und anderweitigen oder böswillig unterlassenen Erwerbs. Ein etwaiges Mitverschulden des Auftragnehmers an der Entstehung des Schadens sei dabei mit zu berücksichtigen, insbesondere wenn er die Kündigung durch die Überschreitung von Vertragsfristen selber provoziert habe[52].

Da allerdings niemand zu einer außerordentlichen Kündigung gezwungen werden soll, steht es ihm aber auch frei, am Vertrag festzuhalten und Anspruch auf Erfüllung des Vertrages zu erheben. In diesem Fall entfällt die grundsätzlich bestehende Vorleistungspflicht und kann der Auftragnehmer bei bestehen bleibender Verpflichtung zur Erfüllung des Vertrages die volle (ungekürzte) vereinbarte Vergütung verlangen.[53]

26 f) Die Behandlung von „Nullpositionen". Nicht selten ist es so, dass im Leistungsverzeichnis benannte Positionen nicht zur Ausführung kommen, weil sich deren Ausführung, ohne dass der Auftraggeber eine Änderungsanordnung ausspricht, erübrigen.

Beispiel: Das Leistungsverzeichnis enthält eine eigene Position für die Wasserhaltung. Wider Erwarten ist der Grundwasserspiegel so stark gesunken, dass sich jede Art von Wasserhaltung erübrigt.

Hier stellt sich die Frage, wie dieser Fall vergütungsrechtlich zu behandeln ist. Erhält der Auftragnehmer überhaupt keine Vergütung, weil er die beauftragte Teilleistung nicht ausgeführt hat oder erhält er eine Teilvergütung, wenn ja in welcher Höhe?

---

[48] In diesem Sinne *Kemper* in FKZGM VOB/B § 8 Rdn. 5.
[49] Vgl. OLG Stuttgart NJW-Spezial 2011, 524.
[50] OLG München IBR 2008, 638.
[51] BGH NZBau 2010, 47 ff. = BauR 2009, 1736 ff.
[52] Vgl. hierzu auch die Anmerkung von *Lederer* Juris PR-PrivBauR 12/2009 Anmerkung 4.
[53] BGHZ 50, 175.

Nach bislang wohl herrschender Meinung sind solche Fälle im Ergebnis als konkludente freie Kündigung des Auftraggebers behandelt worden, so dass sich die Vergütung des Auftragnehmers wie bei § 649 S. 2 BGB ermittelte, also Vergütung minus ersparte Aufwendungen.[54]

Nunmehr hat sich der BGH[55] der Auffassung angeschlossen, wonach der Auftragnehmer eine Vergütung für ersatzlos entfallene Leistungspositionen (Nullpositionen) nur nach Maßgabe des § 2 Abs. 2 Nr. 3 VOB/B verlangen kann, wenn und weil ein Fall der vom Regelungsgehalt dieser Klausel erfassten Äquivalenzstörung vorliegt. Zu diesem Ergebnis kommt der BGH durch ergänzende Auslegung des VOB/B-Vertrages. Der ergänzenden Auslegung bedürfe es, weil § 8 Abs. 1 Nr. 1 VOB/B nicht anwendbar sei, wenn der Auftraggeber keine Kündigung erkläre. Eine Anpassung der Vergütung nach § 2 Abs. 5 VOB/B scheide aus, wenn eine Anordnung des Auftraggebers nicht vorliegt. Insoweit offenbare sich eine unplanmäßige Regelungslücke, die im Regelungssystem der VOB/B zu lösen sei und einen Rückgriff auf möglicherweise anwendbare gesetzliche Regelungen nicht zulasse. Der hypothetische Parteiwille gehe dahin, in solchen Fällen § 2 Abs. 3 Nr. 3 VOB/B anzuwenden. Dagegen verbiete sich die Annahme, die Parteien hätten auf die Regelung des § 8 Abs. 1 Nr. 2 VOB/B zurückgegriffen. Die Auffassung des Bundesgerichtshofes führt dazu, dass der Auftragnehmer keine Vergütung beanspruchen kann, sofern er durch Erhöhung der Mengen bei anderen Positionen oder in anderer Weise einen Ausgleich erfährt. Durch den vom Bundesgerichtshof nunmehr abschließend für die Behandlung der Nullposition entschiedenen Lösungsansatz über die Anwendung des § 2 Abs. 3 Nr. 3 VOB/B ist damit auch über die Unbeachtlichkeit des Einwandes entschieden worden, worauf der anderweitige Ausgleich beruht. Bei Anwendung des § 8 Abs. 1 Nr. 2 VOB/B könnte es, ohne dass der BGH dies zu entscheiden hätte, darauf ankommen, dass ein anderweitiger Erwerb nur dann vorliege, wenn ein zum Ausgleich herangezogener Auftrag nicht ohnehin hätte durchgeführt werden können.

4. Abnahmeerfordernis als Fälligkeitsvoraussetzung. Für die Fälligkeit der Werklohnforderung und auch **für die Frage der rechtlichen Wirksamkeit** einer Kündigung wurde lange Zeit eine Abnahme der infolge der Kündigung unvollendet gebliebenen Werkleistung nicht für erforderlich gehalten.[56] Der Bundesgerichtshof sieht dies zwischenzeitlich in Bezug auf die Fälligkeit der Werklohnforderung anders und verlangt hierfür die Herbeiführung der Abnahmewirkung.[57] Der Bundesgerichtshof führt in seiner Entscheidung aus, es sei kein rechtlich tragfähiger Grund dafür ersichtlich, an die Fälligkeitsvoraussetzungen des für den erbrachten Leistungsteil geschuldeten Vergütungsanspruches geringere Anforderungen zu stellen, als sie für den Fall des vollständig durchgeführten Vertrages bestehen. Die hiergegen von Motzke erhobenen Bedenken stützen sich darauf, dass § 649 Satz 2 BGB formuliert, der Unternehmer könne bei auftraggeberseitiger freier Kündigung die vereinbarte Vergütung verlangen, was als Ausnahmetatbestand zu den §§ 641, 640 BGB zu verstehen sei und vielmehr der Rechtslage in § 645 BGB entspräche. Gemäß der dortigen Regelung des Vergütungsanspruchs wird dieser unabhängig von der Abnahme der bis zum Untergang oder der Verschlechterung erbrachten Leistung fällig, wobei § 645 BGB mit der Formulierung „kann der Unternehmer… verlangen" dieselbe Formulierung wie in § 649 Satz 2 BGB verwendet.[58] Die Kritik von Motzke überzeugt im Ergebnis, weil sie sich einerseits eng am Gesetzestext orientiert und andererseits die technischen wie rechtlichen Schwierigkeiten, im Rahmen einer Abnahmebegehung die erbrachte Werkleistung auf deren Vertragsgemäßheit zu prüfen, vermeidet. Die Sachmängelfreiheitsparameter der Parteien sind für das fertige und nicht das halbfertige Werk vereinbart.

Die Fälligkeitsproblematik ist zu trennen, von der Frage, ob der gekündigte Auftragnehmer von dem Auftraggeber Abnahme und Aufmaß der von ihm ausgeführten Leistung nach der Kündigung verlangen kann (dieses Recht gibt ihm § 8 Abs. 7 VOB/B[59]) und der weitergehenden Frage, ob bis zur Abnahme weiterhin § 4 Abs. 7 VOB/B oder einheitlich § 13 VOB/B gilt.

---

[54] *Keldungs* in Ingenstau/Korbion VOB/B § 2 Abs. 3 Rdn. 40; *Jansen* in Ganten/Jagenburg/Motzke VOB/B § 2 Abs. 3 Rdn. 56; *Kuffer* in Heyermann/Riedl/Rusam VOB/B § 2 Rdn. 126; *Kemper* in FKZGM VOB/B § 2 Rdn. 71; a. A. für die Anwendung der Grundsätze des § 2 Abs. 3 Nr. 3 VOB/B *Kapellmann/Schiffers* Band 1, Rdn. 540; *Kimmich* BauR 2011, 171 f.
[55] BGH Entsch. v. 26.1.2012 AZ.: VII ZR 19/11; zur Vorinstanz vgl. OLG Bamberg BauR 2011, 535.
[56] BGH BauR 1993, 469; BGH *Schäfer/Finnern* Z 3.010 Bl. 20; OLG München ZfBR 1982, 167; *Kemper* in FKZGM VOB/B § 8 Rdn. 7; anderer Ansicht *Kniffka* FS *von Craushaar*, 359.
[57] BGHZ 167, 345 = BauR 2006, 1294 = NZBau 2006, 569.
[58] *Motzke* in Beck'scher VOB-Kommentar VOB/B § 8 Nr. 1, Rdn. 32d.
[59] Siehe hierzu Rdn. 138.

§ 4 Abs. 7 VOB/B hätte zur Folge, dass der Auftraggeber erneut wegen etwaiger Mängel an den erbrachten Teilleistungen eine Kündigungsandrohung mit nachfolgender Kündigungserklärung auszusprechen hätte. Diejenigen, die bis zur Abnahme der gekündigten Werkleistung § 4 Abs. 7 VOB/B anwenden wollen,[60] verkennen, dass mit der Kündigung des Vertrages das Vertragsverhältnis beendet ist. Ist der Auftrag bereits entzogen worden, ist es nicht nachvollziehbar, eine nochmalige Auftragsentziehung eines bereits beendeten Vertragsverhältnisses auszusprechen. Deshalb ist es richtig, auf den gekündigten Werkvertrag wegen etwaiger Mängel an den erbrachten Teilleistungen direkt § 13 VOB/B anzuwenden.[61] Die Abnahme macht in solchen Fällen lediglich noch Sinn in Bezug auf den Beginn der Gewährleistungsfristen, wobei dieser mit der Beendigung des Vertrages einhergeht, wenn gerade wegen bestehender Mängel an den erbrachten Teilleistungen der Auftrag entzogen wurde.[62]

II. § 8 Abs. 1 Nr. 2 – Die Kündigungsfolgen

29 **1. Einheitliche Abrechnung oder Trennung zwischen Vergütung für erbrachte und nicht erbrachte Leistungen?** Es gibt zwei unterschiedliche systematische Ansätze zur Abrechnung frei gekündigter Werkverträge. Die herrschende Meinung vertritt in den Fällen freier Kündigung die Auffassung, es müssten zwei getrennte Abrechnungen vorgenommen werden: Zunächst müsse für die ausgeführte Teilleistung eine Teilvergütung ermittelt werden, um von der dann verbleibenden Restvergütung die ersparten Kosten oder anderweitigen Erwerb in Abzug zu bringen, um schließlich ersteren Betrag mit und letzteren ohne Mehrwertsteuer in Rechnung stellen zu können.[63] Nach anderer Meinung erfolgt nur eine einheitliche Abrechnung, indem man von der vereinbarten Gesamtvergütung die ersparten Aufwendungen in Abzug bringt.[64] Für die Mindermeinung spricht, dass die gesetzliche Regelung des § 649 Satz 2 BGB von der Gesamtvergütung ausgeht und hiervon den Abzug der Ersparnis vorsieht, so dass der Auftragnehmer „von oben" rechnen kann.[65]

30 **2. Mehrwertsteuerproblematik.** Zwingend erforderlich ist die Abgrenzung der Vergütung für die erbrachten Leistungen von der für nicht erbrachte Leistungen schon deshalb, weil der Auftragnehmer nur für erstere Mehrwertsteuer auf die Vergütung verlangen kann.[66] Der Bundesgerichtshof hatte zunächst entschieden, dass der Gerichtshof der Europäischen Gemeinschaft zur Wahrung der Rechtseinheit in der Europäischen Union wegen der umstrittenen Rechtsprechung des Senates zur Mehrwertsteuerproblematik mit der Auslegung der maßgeblichen Regelungen der 6.Umsatzsteuer-Richtlinie zu befassen sei.[67]

31 Solange diese Frage noch nicht abschließend beantwortet sei, müsse der Auftragnehmer davon ausgehen, dass die Finanzverwaltung ihn zur Mehrwertsteuer veranlage.[68] Zwischenzeitlich ist die Mehrwertsteuerfrage abschließend geklärt worden. Denn der Europäische Gerichtshof hat nunmehr in seinem Urteil vom 18.7.2007 – C-277/05 das richtige Verständnis der 66. Umsatzsteuerrichtlinie ausreichend geklärt. Er legt sie dahingehend aus, dass steuerbarer Umsatz nur dann vorliegt, wenn „zwischen der erbrachten Dienstleistung und dem erhaltenen Gegenwert ein unmittelbarer Zusammenhang besteht, wobei die gezahlten Beträge die tatsächliche Gegenleistung für eine bestimmbare Leistung darstellen, die im Rahmen eines Rechtsverhältnisses, in

---

[60] *Kuffer* in Heiermann/Riedl/Rusam VOB/B § 8 Rdn. 10; a. A. jetzt *Althaus* in Beck'scher VOB-Kommentar VOB/B § 8 Abs. 1, Rdn. 82.
[61] Wie hier *Kemper* in FKZGM VOB/B § 8 Rdn. 8.
[62] BGHZ 80, 252.
[63] BGH IBR 2014, 1337 (AG kann auf den Schutz dieser Abrechnung verzichten); BGH IBR 2014, 2864 (Ausnahme zugelassen bei „ganz geringfügigen Leistungen", wenn kalkulatorische Verschiebungen zu Lasten des Bestellers ausgeschlossen werden können); BGH IBR 2011, 1502; BGH NZBau 2002, 508; BGH BauR 1996, 846 unter Hinweis auf BGH BauR 1994, 655 und BGHZ 101, 130; OLG Naumburg IBR 2014, 2064 der herrschenden Meinung folgend *Joussen/Vygen* in Ingenstau/Korbion VOB/B § 8 Rdn. 32; *Kniffka* Jahrbuch BauR 2000, 5; *Kemper* in FKZGM VOB/B § 8 Rdn. 16; *Althaus* in Beck'scher VOB-Kommentar VOB/B § 8 Abs. 1 Rdn. 19.
[64] *Kapellmann/Schiffers* Band 2, Rdn. 1353; *Kapellmann* Jahrbuch BauR 1998, 50.
[65] So auch *Quack* FS *von Craushaar*, 315; *Kniffka* BauR 2000, 13.
[66] BGH BauR 2008, 506; BGH BauR 1996, 846; BGH BauR 1986, 577; anderer Ansicht *Kapellmann/Schiffers* Band 2, Rdn. 1356.
[67] BGH BauR 1999, 1294.
[68] *Kapellmann/Schiffers* Band 2, Rdn. 1356 unter Verweis auf BFH Urt. v. 28.2.1980, BStBl. II S. 535.

dem gegenseitige Leistungen ausgetauscht werden, erbracht wurden."[69] Soweit eine Zahlung indes eine Entschädigung darstelle, sei sie kein Entgelt und damit kein Bestandteil der Besteuerungsgrundlage der Mehrwertsteuer.

Damit ist klar, dass Steuerbemessungsgrundlage ausschließlich die für die bestimmbare Leistung gezahlte tatsächliche Gegenleistung ist, weshalb sich der Bundesgerichtshof in seiner bisherigen Meinung der zweigeteilten Abrechnung bestätigt sehen durfte. In seiner Entscheidung vom 22.11.2007 stellte der Bundesgerichtshof deshalb nunmehr zur abschließenden Beendigung des Meinungsstreites in Bezug auf die Mehrwertsteuerproblematik fest, dass die gemäß § 649 Satz 2 BGB oder § 8 Abs. 1 Nr. 2 VOB/B nach freier Kündigung eines Bauvertrages zu zahlende Vergütung nur insoweit Entgelt im Sinne von § 10 Abs. 1 UStG und damit Bemessungsgrundlage für den gem. § 1 Abs. 1 Nr. 1 UStG steuerbaren Umsatz ist, als sie auf schon erbrachte Leistungsteile entfällt.[70]

Die bisherige Empfehlung, bei einer zweigeteilten Abrechnung im Falle einer gerichtlichen Auseinandersetzung einen Feststellungsantrag des Inhalts zu stellen, dass der beklagte Auftraggeber dem klagenden Auftragnehmer die Mehrwertsteuer zu erstatten habe, falls letzterer von seinem Finanzamt bestandskräftig zur Mehrwertsteuer veranlagt wird, ist nunmehr vor der neuesten höchstrichterlichen Rechtsprechung in Frage zu stellen. Es könnte das für die Zulässigkeit eines Feststellungsantrags notwendige Feststellungsinteresse im Sinne von § 256 ZPO fehlen.[71] Indes wird man ein Feststellungsinteresse des klagenden Auftragnehmers solange bejahen müssen, wie der Bundesfinanzhof diese Frage nicht endgültig in Übereinstimmung mit der Rechtsprechung des Bundesgerichtshofes und dem dort niedergelegten Verständnis der vorerwähnten neuesten Rechtsprechung des Europäischen Gerichtshofs zur Mehrwertsteuerproblematik entschieden hat.

Sollte der Auftragnehmer indes in seiner Schlussrechnung für nicht erbrachte Leistungen Mehrwertsteuer ausgewiesen habe und deshalb gem. § 14c UStG zur Abführung der ausgewiesenen Umsatzsteuer verpflichtet sein, ändert dies nichts an der vorbeschriebenen und nur eingeschränkten Mehrwertsteuerzahlpflicht des Auftraggebers. Vielmehr wird sich der Auftragnehmer in diesem Fall darum zu bemühen haben, gem. § 14c Abs. 2 UStG eine Rückerstattung der zu Unrecht in Rechnung gestellten Mehrwertsteuer gegenüber dem zuständigen Finanzamt geltend zu machen, was voraussetzt, dass er erstens eine Rechnungskorrektur vornimmt und zweitens nachweist, dass der Rechnungsempfänger keinen Vorsteuerabzug durchgeführt oder eine zu Unrecht gezogene Vorsteuer dem Finanzamt wieder zurücküberwiesen hat.

3. Abrechnung gekündigter Einheitspreisverträge. a) Erbrachte Leistungen. Die Abrechnung erbrachter Leistungen erfolgt durch Aufmaß (§ 8 Abs. 7 VOB/B), und zwar grundsätzlich auf der Basis der Maßeintragungen in den Ausführungsplänen, wie dies DIN 18299 Abschnitt 5 Satz 1 VOB/C vorsieht. Die aufgemessenen Mengen werden, wie bei jeder Abrechnung auf Einheitspreisbasis, den Positionen des Leistungsverzeichnisses zugeordnet und mit dem vereinbarten Einheitspreis multipliziert.[72] § 2 Abs. 3 Nr. 3 VOB/B ist in diesen Fällen nicht anwendbar. Dass heißt, der Auftragnehmer legt bei seiner Abrechnung für die erbrachten Leistungen immer den ungeminderten vereinbarten Einheitspreis zugrunde.[73] Auf die bis zur Kündigung erbrachten Leistungen ist der bei Vertragsschluss vereinbarte prozentuale Nachlass zu gewähren.[74] Der Auftragnehmer muss auf seine Kosten die Abrechnung erstellen, die der Auftraggeber zu prüfen hat.[75] Beim Einheitspreisvertrag handelt es sich insoweit um Kosten, die der Auftragnehmer ohnehin einzukalkulieren hatte.

Zu den erbrachten Leistungen gehören grundsätzlich nicht die angelieferten, aber noch nicht eingebauten Bauteile. Diese hat der Auftraggeber nur dann zu übernehmen und in diesem Fall zu vergüten, wenn deren Zurückweisung treuwidrig wäre.[76] Problematisch ist die Abrechnung bei unfertigen Teilleistungen einer aus mehreren Leistungen kalkulativ aufgebauten Einheitspreisposition.

---

[69] EuGH Urt. v. 18.7.2007 – C 277/05, IStR 2007, 667.
[70] BGH BauR 2008, 506.
[71] So *Motzke/Bauer/Seewald* § 5 Rdn. 477, Fn. 802.
[72] BGH BauR 1996, 382; vgl. auch OLG Köln IBR 2013, 878; *Kapellmann/Schiffers* Band 2, Rdn. 1327; *Kniffka* Jahrbuch BauR 2000, 4.
[73] OLG Celle BauR 1995, 558; *Kniffka* Jahrbuch BauR 2000, 5; *Kapellmann/Schiffers* Band 1, Rdn. 512.
[74] OLG Celle BauR 1995, 137.
[75] *Kapellmann/Schiffers* Band 2, Rdn. 1329.
[76] BGH BauR 1995, 545; *Kniffka* Jahrbuch BauR 2000, 5.

Beispiel: Herstellen von Mauerwerken einschließlich Auf- und Abbau notwendiger Gerüste. Wie wirkt sich das auf den Einheitspreis aus, wenn die Gerüste zum Zeitpunkt der Kündigungserklärung noch nicht abgebaut waren? Daneben gibt es auch bei Einheitspreisverträgen regelmäßig Teilpauschalen, z. B. sei auf die pauschale Vergütung für die Baustelleneinrichtung hingewiesen.

In beiden Fällen muss man die betreffenden Positionen aufspalten in erbrachte und nicht erbrachte Leistungen und diese auf der Basis der Angebots- bzw. Auftragskalkulation bewerten. Von uns wird der einfachere Weg bevorzugt, nämlich vereinbarter Einheitspreis multipliziert mit der durch Aufmaß belegten Menge der ausgeführten Leistung abzüglich der ersparten Aufwendungen.

34 b) **Nicht erbrachte Leistungen. aa) Ermittlung der Ersparnis auf Basis kalkulierter oder tatsächlich ersparter Kosten?** Gemäß § 8 Abs. 1 Nr. 2 VOB/B hat der Auftragnehmer im Rahmen der Abrechnung der vereinbarten Vergütung darzulegen, welche Kosten er erspart hat und ggf. welchen anderweitigen Erwerb er sich anrechnen lassen muss. Erspart sind die Aufwendungen, die der Unternehmer bei Ausführung des Vertrages hätte machen müssen und infolge der Kündigung nun nicht mehr zu machen hat.[77]

Streitig ist dabei, ob der Auftragnehmer die ersparten Kosten auf der Grundlage der dem Vertrag zugrunde liegenden Kalkulation zu ermitteln hat und nur hierauf zurückzugreifen ist oder daneben und vorrangig auf die tatsächliche Kostenentwicklung abzustellen ist, oder ob der Auftragnehmer insoweit ein Wahlrecht hat.

35 Der **Bundesgerichtshof** vertritt die Auffassung, auf die kalkulierten Kosten gemäß der Ursprungskalkulation könne der Auftragnehmer nur solange zurückgreifen, wie er noch keine Aussagen zur **konkreten Kostenentwicklung** abgeben kann, etwa weil kalkulierte Nachunternehmerleistungen zum Zeitpunkt der Kündigung noch nicht an Nachunternehmer vergeben worden sind.[78] Der Bundesgerichtshof sieht es lediglich als Erleichterung der Darlegungslast an, die er dem Auftragnehmer gewährt, indem er ihn auf die kalkulierten Kosten zurückgreifen lässt, wenn die tatsächliche Kostenentwicklung zum Zeitpunkt der Kündigungserklärung noch nicht bekannt ist.[79]

Nach anderer Meinung, der wir folgen, sind die gemäß **Kalkulation** entfallenden Kosten/Aufwendungen maßgebend.[80]

36 Aus systematischen Gründen kann es nicht richtig sein, bei den ersparten Aufwendungen auf die Ist-Kosten abzustellen. Die zu § 2 Abs. 3 f. VOB/B dargestellte und mittlerweile als selbstverständlich angesehene Methodik bei der Ermittlung der Vergütung für geänderte oder zusätzliche Leistungen stellt auf kalkulierte Kosten ab, weshalb zur Ermittlung auch und gerade in den Fällen vom Auftraggeber angeordneter Mindermengen auf die Ansätze der Kostenermittlung des Auftragsstadiums, also grundsätzlich auf die Angebots- bzw. der Auftragskalkulation, abzustellen ist.[81] Es gibt, systematisch gesehen, keinen Unterschied, ob sich eine Mengenminderung beim Einheitspreisvertrag durch die Verhältnisse ergibt oder durch eine Anordnung des Auftraggebers, geringere Mengen der betreffenden Leistung auszuführen. Es würde folglich einen nicht zu erklärenden **Systembruch** darstellen, wenn ein „durch die Verhältnisse bedingter" vollständiger Wegfall einer Leistung beim Einheitspreisvertrag anders behandelt würde als die infolge Teilkündigung vollständig in Wegfall geratende Leistung.[82] Auch bei der Ermittlung der geänderten Vergütung gemäß § 2 Abs. 5 VOB/B bzw. der Zusatzvergütung gemäß § 2 Abs. 6 VOB/B käme es zu unüberwindlichen **Wertungswidersprüchen,** wenn bei der Kündigung auf Ist-Kosten abgestellt würde, wie die in § 2 Abs. 5, 6 VOB/B angesprochene Beispiele belegen.[83] Das Einbringen von Pfählen durch Bohren gegenüber Rammen ist eine angeordnete Zusatzleistung, verbunden mit einer Teilkündigung der Leistungsposition „Bohren". Niemand käme auf die Idee in diesen Fällen bei der Ermittlung der anteiligen Vergütung für die herausgenommene Leistung „Bohren" auf die Ist-Kosten abzustellen und bei der angeordneten Zusatzleistung

---

[77] BGH BauR 1999, 635; BGH BauR 1997, 304; BGH BauR 1997, 156; BGH BauR 1996, 846; BGH BauR 1996, 382.
[78] BGH IBR 2005, 662; BGH BauR 1999, 1292; BGH BauR 1999, 1294.
[79] BGH IBR 2005, 662; *Kniffka* Jahrbuch BauR 2000, 10.
[80] So ursprünglich der BGH BauR 1996, 382; ebenso *Sprau* in Palandt BGB § 649 Rdn. 5; *Kapellmann/Schiffers* Band 2, Rdn. 1362.
[81] Vgl. hierzu VOB/B vor § 2 Abs. 2–8, Rdn. 137, 162, 170.
[82] *Kapellmann/Schiffers* Band 2, Rdn. 1360; zur Behandlung der „Nullmengen" im Rahmen von VOB/B § 2 Abs. 3 beim Einheitspreisvertrag vgl. VOB/B § 2 Abs. 3, Rdn. 153.
[83] Vgl. VOB/B § 2 Rdn. 184.

"Rammen" die Kalkulationsbasis des Auftragsstadiums zugrunde zu legen. Der Gedanke, bei Ermittlung der ersparten Kosten auf die Ist-Kosten abzustellen, entstammt letztlich dem Schadensersatzrecht und ist auch deshalb systematisch verfehlt, weil es bei der freien Kündigung gemäß § 8 Abs. 1 VOB/B bzw. § 649 BGB um Vergütung und nicht um Schadensersatz geht. Man ist sich im Ergebnis darin einig, dass dem Auftragnehmer der kalkulierte Gewinn erhalten bleiben soll bzw. er einen kalkulierten Verlust weiterzuführen hat.[84] Dies geht aber nur, wenn man auf die Kalkulationsbasis des Auftragstadiums abstellt und nicht auf die Ist-Kosten.

Offensichtlich scheint der Bundesgerichtshof[85] hier anderer Meinung zu sein, wenn er darauf **37** abstellt, dass der Auftragnehmer zur konkreten Kostenentwicklung vortragen dürfe. Soweit Nachunternehmerleistungen bereits erbracht seien, müsse der Auftraggeber gar deren Preise vortragen. Diese Argumentation ist wenig überzeugend, weil der Fall bereits erbrachter Nachunternehmerleistungen nichts mit der zu lösenden Frage der Ermittlung der ersparten Kosten zu tun hat. Sind die Nachunternehmerleistungen bereits ausgeführt, kann der Auftragnehmer nichts erspart haben und kommt es folglich auf die Ermittlung deren Kosten gar nicht an, weil diese nicht abzuziehen sind.[86] Man muss sich an dieser Stelle nochmals die Stellung des freien Kündigungsrechts in der Gesamtrechtssystematik vergegenwärtigen: Das freie Kündigungsrecht stellt eine Ausnahme von dem Rechtsgrundsatz dar, dass die Parteien an einmal geschlossene Verträge gebunden sind und sich hiervon nicht mehr frei, sondern nur unter bestimmten regelmäßig von einer Vertragspartei zu vertretenden Umständen lösen können. Das damit systembrechende Institut des freien Kündigungsrechts wird aufgefangen durch die als notwendig und gerecht angesehene, **dem Schutz des Auftragnehmers** dienende Verpflichtung des Auftraggebers, die vereinbarte Vergütung dem Auftragnehmer zu entrichten. Niemand wird gezwungen, einen einmal abgeschlossenen Vertrag zu kündigen. Wenn der Auftraggeber dies gleichwohl aus freien Stücken tut, so soll dem Auftragnehmer hieraus kein „Schaden" entstehen. Er braucht die Werkleistung nicht zu erbringen, bekommt aber gleichwohl die vereinbarte Vergütung. Selbstverständlich darf er durch die Kündigung des Auftragsgebers aber auch nicht besser stehen, als wenn er den Vertrag erfüllt hätte.[87] Dies versteht sich von selbst, weil es insoweit des Schutzes des Auftragnehmers nicht bedarf. Der Auftraggeber hingegen ist durch das Gesetz bereits privilegiert. Derjenige, der dieses Privileg ausübt, bedarf nicht des Schutzes. Aus dieser Sicht betrachtet, also aus dem vom Gesetz bezweckten Schutz des Auftragnehmers rechtfertigt sich folgender Grundsatz:

Der Auftragnehmer darf bei freier Kündigung des Vertrages durch den Auftraggeber in keinem **38** Fall schlechter stehen als bei Vertragsdurchführung. Er **darf** (muss aber nicht) deshalb nach tatsächlich ersparten Kosten abrechnen, wenn diese feststehen und diese Abrechnungsart für ihn günstig ist.[88] Daraus folgt weiter:

Haben sich die Ist-Kosten gegenüber den kalkulierten Soll-Kosten negativ entwickelt, beispielsweise weil der Materialpreis gestiegen ist, **darf** der Auftragnehmer seine ersparten Kosten gleichwohl nach den (ihm günstigen) kalkulierten Soll-Kosten abrechnen.

Nach der Auffassung des Bundesgerichtshofes[89] bedarf es keiner Darlegung der Ist-Preise für **39** Nachunternehmerleistungen solange, wie diese Leistungen an die Subunternehmer noch nicht vergeben sind. Richtigerweise muss der Auftragnehmer die Kosten, zu denen er die Nachunternehmer beauftragt hat, nie darlegen, er kann sie aber darlegen, wenn sie für ihn günstiger wären, als die Darlegung der von ihm zum Auftragsstadium kalkulierten Kosten.

bb) Gewinn/Verlust – nie erspart. Erspart sein können nur Kosten. Da Gewinn nicht **40** Kosten ist, kann er auch nicht erspart sein, so dass der Gewinn für die Berechnung der Vergütung gemäß § 649 Satz 2 BGB, § 8 Abs. 1 Nr. 1 VOB/B irrelevant ist.[90] Was von der Vergütung nach Abzug der ersparten Kosten übrig bleibt, kann der Auftragnehmer vom Auftraggeber beanspruchen; egal ist dabei, ob der verbleibende Betrag mit dem kalkulierten Gewinn identisch ist oder nicht, denn in der gesetzlichen wie in der VOB-Regelung heißt es gleich lautend, dass der Auftragnehmer die Vergütung abzüglich der ersparten Aufwendungen oder des Erwerbs durch

---

[84] Vgl. *Kapellmann/Schiffers* Band 2, Rdn. 1362; *Joussen/Vygen* in Ingenstau/Korbion VOB/B § 8 Abs. 1, Rdn. 32; *van Gelder* NJW 1975, 189.
[85] BGH NZBau 2000, 82; BGH BauR 1999, 1294.
[86] *Kapellmann/Schiffers* Band 2, Rdn. 1363.
[87] BGH BauR 1996, 382.
[88] *Kapellmann/Schiffers* Band 2, Rdn. 1363; i. E. ebenso *Markus* NZBau 2005, 417, 423 f.
[89] BGH BauR 1999, 1292.
[90] *Kapellmann/Schiffers* Band 2, Rdn. 1368.

anderweitige Verwendung seiner Arbeitskraft beanspruchen kann und nicht, dass dem Auftragnehmer der entgangene Gewinn zusteht. In gleicher Weise ist im Prinzip mit dem kalkulierten Verlust umzugehen. Auch dieser interessiert grundsätzlich nicht. Ausgehend von dem Grundsatz, dass dem Auftragnehmer die vereinbarte Vergütung abzüglich der ersparten kalkulierten Kosten zusteht, kann der Vergütungsanspruch maximal gegen Null gerechnet werden. Denn mehr als die gesamte Vergütung braucht der Auftragnehmer nicht herzugeben. Eine Zuordnung des kalkulierten Verlustes zu einzelnen Positionen mit dem Ziel, einer kalkulatorischen Verschiebung zu Lasten des Auftraggebers infolge der Kündigung vorzubeugen, bedarf es hierzu nicht.[91]

41 Ausgangspunkt für die zu ermittelnden ersparten Kosten ist die auf die betreffende teilgekündigte Leistung entfallene ungekürzte Vergütung auf der Grundlage der von der Teilkündigung betroffenen Positionen des Leistungsverzeichnisses. Zugrunde zu legen sind dabei die Mengen, die bei vertragsgemäßer Erfüllung der Leistung für die ungekürzte Vergütung zugrunde zu legen gewesen wären[92]. Diese ergeben sich ausweislich der Abrechnungsregelung in Abschnitt 5 der DIN 18299 VOB/C grundsätzlich aus den Ausführungszeichnungen. Von dieser „Maximal-Vergütung", zu deren Ermittlung ggf. der Einheitspreis unter den Voraussetzungen des § 2 Abs. 3 VOB/B angepasst werden muss, ist dann zunächst eine mit dem ungekürzten Einheitspreis für etwaige erbrachte Teilleistungen ermittelte Teilvergütung in Abzug zu bringen. Von der auf diese Weise verbleibenden Restvergütung sind die auf die teilgekündigte Position entfallenden ersparten kalkulierten Soll-Kosten gemäß Angebots- bzw. Auftragskalkulation in Abzug zu bringen. Hierzu gehören die Kosten der Produktionsfaktoren für die teilgekündigte Leistung, sofern sie kurzfristig abbaubar sind. Wahlweise ist es dem Auftragnehmer gestattet, die ersparten Ist-Kosten abzuziehen. Für den Fall, dass die kalkulierten Kosten höher als die Maximal-Vergütung für die teilgekündigte Leistung sind, erhält der Auftragnehmer für die teilgekündigte Leistung keinerlei Vergütung. Im Übrigen, also für den nicht gekündigten und vom Auftragnehmer ausgeführten Teil der beauftragten Werkleistung, erhält er jedoch die volle ungekürzte Vergütung. Es findet also kein „Verlust-Vortrag" aus dem Bereich der teilgekündigten Leistungen auf die Vergütung der nicht gekündigten Leistungen statt. In diesem Sinne ist sicherlich die Aussage von Kniffka[93] zutreffend, dass ungünstige und günstige Positionen beim Einheitspreisvertrag nicht untereinander verrechenbar sind.

42 **cc) Wagnis/Skonto – nie erspart.** Betriebswirtschaftlich ist Wagnis dem Gewinn gleichzustellen, da es sich bei dem Gewinn um die Belohnung für unternehmerisches Wagnis handelt.[94] Da Wagnisse keine Kosten darstellen, können sie folglich auch nicht erspart sein. Gleiches gilt für ein mit dem Auftraggeber vereinbartes Skonto.[95]

43 **dd) Allgemeine Geschäftskosten – nie erspart.** Auch die kalkulierten Allgemeinen Geschäftskosten gehören nicht zu den ersparten Aufwendungen, da der Auftragnehmer seine allgemeinen Betriebsmittel (Geschäftsmiete etc.) für den betreffenden Zeitraum endgültig zugeordnet hat, so dass sie nicht mehr erspart werden können.[96]

44 **ee) Baustellengemeinkosten – möglicherweise erspart.** Baustellengemeinkosten sind dann ersparte Aufwendungen, wenn und so weit sie infolge der Kündigung kurzfristig abbaubar sind. Regelmäßig wird sich diese Frage nur bei einer Vollkündigung stellen, weil in diesem Fall die unter die Baustellengemeinkosten fallende Anmietung von Baustellencontainern etc. reduziert bzw. abbaubar sind. Das gilt aber dann nicht, wenn eine vorzeitige Beendigung der vom Auftragnehmer speziell für die Baustelle angemieteten Baustellengeräte oder Einrichtung rechtlich nicht möglich ist. In diesem Fall sind die Baustellengemeinkosten nicht kurzfristig abbaubar und deshalb nicht erspart.[97]

---

[91] So aber BGH BauR 1999, 642 und ihm folgend: *Joussen/Vygen* in Ingenstau/Korbion VOB/B § 8 Abs. 1, Rdn. 71.
[92] Ebenso *Langen/Schiffers*, Rdn. 2258.
[93] *Kniffka* Jahrbuch BauR 2000, S. 12.
[94] *Dornbusch/Plum* Jahrbuch BauR 2000, 349; *Kuhne/Mitschein* Bauwirtschaft 1999, Heft 12, 36; *Kapellmann/Schiffers* Band 2, Rdn. 1372; anderer Ansicht BGH BauR 1998, 185 unter Berufung auf die gegenteilige Meinung in der Vorauflage von *Kapellmann/Schiffers* Band 2, 2. Auflage, Rdn. 1357.
[95] BGH IBR 2005, 662.
[96] BGH BauR 2000, 430, 432; BGH BauR 2000, 126, 128; BGH BauR 1999, 642, 644; BGH WM 1975, 707; *Kapellmann/Schiffers* Band 2, Rdn. 1373; *Vogel* in NWJS VOB/B § 8 Rdn. 68; *Kniffka/Koeble,* Kompendium des Baurechts, 9. Teil Rdn. 29.
[97] *Kuffer* in Heiermann/Riedl/Rusam VOB/B § 8 Rdn. 23; *Kapellmann/Schiffers* Band 2, Rdn. 1374; *Kniffka/Koeble* Kompendium des Baurechts, 9. Teil Rdn. 29.

ff) Lohnkosten – grundsätzlich erspart. Als ersparte Aufwendungen, die durch die Nichtausführung des konkreten Vertrages entfallen sind, gehören in erster Linie die kalkulierten Lohnkosten bzw., so weit dies für den Auftragnehmer günstiger ist, die tatsächlich ersparten Lohnkosten. Konkret sind erspart diejenigen Aufwendungen aus Lohn- bzw. Personalkosten die der Auftragnehmer ohne die Kündigung gehabt hätte und die infolge der Kündigung nunmehr entfallen sind.[98] Konkret führt dieser Grundsatz zu folgendem: Erspart sind diejenigen Lohn- bzw. Personalkosten beim Auftragnehmer, die er für das Projekt gehabt hätte, wenn der Auftrag nicht gekündigt worden wäre, allerdings nur dann, wenn diese Lohn- und Personalkosten infolge der Kündigung nun nicht mehr anfallen.[99]

Fix und damit nicht als Ersparnis zu berücksichtigen sind die Lohnkosten dann, wenn der Auftragnehmer sie nicht kurzfristig abbauen kann. Nicht kurzfristig abbaubare Lohnkosten sind solche Personalkosten, die dadurch entstehen, dass der Auftragnehmer sein fest eingestelltes Stammpersonal trotz rechtlicher Möglichkeit nicht kündigt.[100] Die gesetzliche Regelung in § 649 Satz 2 BGB und demzufolge auch die gleich lautende Regelung in der VOB/B stellt allein auf die **tatsächliche Ersparnis** ab. Daraus lässt sich keine Verpflichtung des Auftragnehmers herleiten, sein Personal nur deshalb zu reduzieren, weil der Auftraggeber den Vertrag gemäß § 649 Satz 1 BGB gekündigt hat.[101] Der Bundesgerichtshof hält deshalb jeglichen Vortrag des Auftragnehmers dazu, weshalb er von einer Kündigung des Personalbestandes nach Entziehung des Auftrages Abstand genommen hat, für entbehrlich.[102]

Liegt der Fall allerdings so, dass der Auftragnehmer für die Durchführung des gekündigten Auftrages beabsichtigte, weiteres Personal einzustellen und hat sich diese Personaleinstellung durch die Kündigung des Auftrages erledigt oder entschließt sich der Auftragnehmer (auch wenn er hierzu nicht verpflichtet ist) zur teilweisen Kündigung seines Stammpersonals, dann muss er sich diese Kosten als Ersparnis anrechnen lassen.[103] Ebenfalls zu Recht weist der Bundesgerichtshof in diesem Zusammenhang darauf hin, dass es keine Frage der ersparten Aufwendungen ist, sondern vielmehr eine Frage der Anrechnung anderweitigen Erwerbs, wenn das Personal vom Auftragnehmer für andere Aufträge eingesetzt werden kann.[104]

gg) Stoffkosten – grundsätzlich erspart. Auch die für die Erbringung der Werkleistung im Einzelnen erforderlichen Kosten für Material (Beton, Stahl, Fenster etc.) gehören in der Regel zu den ersparten Kosten. Aber auch hier ist genauso wie bei den Lohnkosten im Einzelnen zu untersuchen, ob die betreffenden kalkulierten Stoffkosten tatsächlich erspart werden konnten und wenn ja, in welchem Umfang. Kann der für das Bauvorhaben bestellte Beton anderweitig verwendet werden, so ist er erspart. Ist eine anderweitige Verwendung nicht möglich und muss der bestellte Beton beim Lieferanten storniert werden, so sind etwaige dem Auftragnehmer hieraus entstehende Nachteile, z. B. infolge Verlustes von Mengenrabatten etc., nicht erspart, so dass sich die Kürzung dieser Materialpreisposition entsprechend verringert.[105]

Für auf die Baustelle bereits geliefertes Material kommt es darauf an, ob dieses für den Auftragnehmer weiter verwendbar ist, wobei etwaige in diesem Zusammenhang entstehende Kosten aus Abtransport des Materials von der einen Baustelle zur anderen Baustelle die anzurechnende Ersparnis wiederum reduzieren. In den Fällen, wo geliefertes Material speziell für die Zwecke der Baustelle hergestellt worden ist und nicht vom Auftragnehmer weiter verwendet werden kann, was insbesondere für Fassaden gelten dürfte, muss sich der Auftragnehmer diese Kosten von seiner Vergütung nicht als Ersparnis abziehen lassen.[106] Allerdings muss er dem Auftraggeber das Material auf Verlangen herausgeben.[107]

---

[98] BGH NZBau 2000, 82; BGHZ 131, 362.
[99] BGH NZBau 2000, 82; *Kapellmann/Schiffers* Band 2, Rdn. 1376; *von Rintelen* BauR 1998, 603.
[100] BGH NZBau 2000, 82.
[101] BGH, a. a. O.; *Kniffka/Koeble* Kompendium des Baurechts, 9. Teil Rdn. 29; weitergehend nämlich für eine Kündigungsverpflichtung jedenfalls bei längeren Zeiträumen gemäß Treu und Glauben *Kapellmann/Schiffers* Band 2, Rdn. 1376.
[102] BGH, a. a. O.
[103] BGH, a. a. O.
[104] BGH, a. a. O.; ebenso *Niestrate* ZfBR 1997, 10; *Beigel* BauR 1997, 783; *Werner/Siegburg* BauR 1997, 185.
[105] *Kniffka/Koeble*, Kompendium des Baurechts, 9. Teil Rdn. 29.
[106] *Kapellmann/Schiffers* Band 2, Rdn. 1377.
[107] OLG Hamm BauR 1988, 728; OLG Frankfurt NJW-RR 1987, 979; *Vogel* in NWJS VOB/B § 8 Rdn. 66.

50 **hh) Gerätekosten – grundsätzlich erspart.** Mit Ausnahme der nicht zeitabhängigen Gerätekosten (hierzu gehört der An- und Abtransport der Geräte auf bzw. von der Baustelle, der Auf- und Abbau der Geräte) sind die zeitabhängigen Kosten in dem Umfang, wie sie tatsächlich reduziert werden konnten, erspart und müssen demzufolge von der Vergütung in Abzug gebracht werden.

51 **ii) Nachunternehmerkosten – möglicherweise erspart.** Bei folgenloser Kündigung der Nachunternehmer sind deren Kosten in voller Höhe erspart.[108] „Folgenlos" wird der Auftragnehmer dem Nachunternehmer allerdings regelmäßig nicht kündigen können, weil seine Kündigung gegenüber dem Nachunternehmer, selbst wenn ihm der Auftraggeber gegenüber aus wichtigem Grunde gekündigt hat, grundsätzlich eine freie Kündigung darstellt. Rechnet der Nachunternehmer seinen ihm gemäß § 649 Satz 2 BGB zustehenden Vergütungsanspruch nicht zeitig ab, so lässt es der Bundesgerichtshof zu, dass der Auftragnehmer die kalkulierten Nachunternehmerkosten voll als ersparte Aufwendungen in Abzug bringt bei seiner Schlussrechnung und gleichzeitig auf Feststellung klagt, dass der Auftraggeber verpflichtet ist, die sich aus der späteren Abrechnung des Nachunternehmers ergebene weitere Vergütung zu zahlen[109]. Zwingend ist dieser Weg allerdings nicht, weil § 14 Abs. 4 VOB/B ihm die Möglichkeit gibt, die Schlussrechnung gegenüber seinem Nachunternehmer selber aufzustellen. Hat der Hauptauftragnehmer gar mit dem Nachunternehmer vereinbart, dass dieser eine Urkalkulation zu hinterlegen hatte, so dürfte es ihm keine Schwierigkeiten bereiten, die Differenz zwischen der vereinbarten Vergütung und den ersparten Kosten zu ermitteln und in seine eigene Schlussrechnung zu übernehmen.[110]

52 **jj) Anderweitiger Erwerb oder dessen böswilliges Unterlassen – grundsätzlich erspart.** Entsprechend dem Grundsatz, dass dem Auftragnehmer durch die Kündigung des Bauvertrages weder Vor- noch Nachteile erwachsen sollen, muss er sich dasjenige von der vereinbarten Vergütung in Abzug bringen lassen, was er wegen des Ausfalls des gekündigten Auftrages an Bauleistungen übernommen hat oder böswillig unterlassen hat zu übernehmen und zwar in dem Umfang, wie durch diese so genannten „Füllaufträge" die infolge der Kündigung zunächst ungedeckten Gemeinkosten wie auch die kalkulierten Gewinne gedeckt werden konnten.[111] Etwaige vom Auftragnehmer bei den Füllaufträgen gewährte Sondernachlässe sind dabei zu berücksichtigen, d. h. der Auftragnehmer muss sich eine Kürzung des Vergütungsanspruches nur in dem Umfange gefallen lassen, wie er tatsächlich Ersatz durch anderweitigen Erwerb erzielt oder böswillig zu erzielen unterlassen hat.[112]

53 Grundsätzlich muss zwischen der Kündigung und dem anderweitigen Erwerb ein **ursächlicher Zusammenhang** in dem Sinne bestehen, dass der Auftragnehmer durch die Vertragskündigung erst in die Lage versetzt worden sein darf, einen anderweitigen Auftrag auszuführen.[113] Eine anderweitige Auslastung der Kapazitäten wird demzufolge nicht als anderweitiger Erwerb berücksichtigt. Hierfür lässt es der Bundesgerichtshof allerdings nicht ausreichen, dass die „Füllaufträge" lediglich später liegen als die Ausführungszeit für den gekündigten Auftrag, wenn schon die Größenordnung des Jahresumsatzes des Auftragnehmers im Verhältnis zum gekündigten Auftrag zeigt, dass der Auftragnehmer mit diesem allein nicht ausgelastet war und deshalb jederzeit anderer Fertigungen vorziehen konnte und wegen der erforderlichen Akquisitionszeiten auch vorziehen musste.[114] Auch das Vorziehen von „Füllaufträgen" die der Auftragnehmer ohnehin eingegangen wäre, spricht nicht gegen deren Berücksichtigung als anderweitigen Erwerb.[115] Der Bundesgerichtshof führt zu diesem Punkt wörtlich zu Recht aus: „Die Annahme des Berufungsgerichts, das die behaupteten „Füllaufträge" erst im Anschluss an die voraussichtliche Produktionszeit des vorliegenden Auftrags anfielen, spricht daher nicht dagegen, die Einnahmen aus den „Füllaufträgen" grundsätzlich als anderweitigen Erwerb anzusehen."[116]

---

[108] BGH BauR 1999, 516; *Kniffka/Koeble* Kompendium des Baurechts 9. Teil Rdn. 29.
[109] BGH BauR, a. a. O.
[110] *Kapellmann* Jahrbuch BauR 1998, 35.
[111] BGH BauR 1996, 382; *Kniffka/Koeble* Kompendium des Baurechts, 9. Teil Rdn. 30.
[112] BGH, a. a. O.
[113] OLG Frankfurt BauR 1988, 599; *Joussen/Vygen* in Ingenstau/Korbion VOB/B § 8 Abs. 1, Rdn. 67; *Kapellmann/Schiffers* Band 2, Rdn. 1384.
[114] BGH BauR 1996, 382.
[115] Anderer Ansicht: *Kemper* in FKZGM VOB/B § 8 Rdn. 28.
[116] BGH, a. a. O.

Entfallen durch die Anordnung geänderter Leistungen beauftragte Leistungselemente, so sind bei der Ermittlung der geänderten Vergütung die entfallenen Einzelkosten der Teilleistung nach den hier besprochenen Grundsätzen einer freien Kündigung vergütungsmindernd zu berücksichtigen.[117] Gleiches gilt für zusätzliche Leistungen, wenn sie eine beauftragte Leistung ersetzen, wozu erforderlich ist, dass der Wegfall der alten Leistung erst die Beauftragung mit der neuen zusätzlichen Leistung möglich gemacht hat.[118]

Von einem böswillig unterlassenen anderweitigen Erwerb, den sich der Auftragnehmer als Kürzung bei seiner Teilvergütung anrechnen lassen muss, ist auszugehen, wenn der Auftragnehmer eine nachgewiesene Ersatzmöglichkeit unter zumutbaren Konditionen treuwidrig und vorsätzlich nicht wahrnimmt.[119] Zumutbar ist dem Auftragnehmer ein Ersatzerwerb unter Umständen selbst dann, wenn der Ersatzauftrag mit Verlust kalkuliert werden müsste, bei Durchführung dieses Ersatzvortrages die ansonsten ungedeckten Gemeinkosten aber gleichwohl reduziert würden. Allerdings ist der Auftragnehmer zu einer solchen Vorgehensweise nur dann verpflichtet, wenn sich der Auftraggeber in diesem Fall vorab bereit erklärt, insoweit die Differenz gegenüber einem mit normalen Deckungsanteilen kalkulierten Auftrag zu übernehmen.[120] Je nach Lage des Einzelfalles wird der Auftraggeber daneben auch dazu verpflichtet sein, für den Ausfall eine Sicherheit dem Auftragnehmer zu stellen.[121] **54**

4. Stundenlohnverträge. Stundenlohnverträge sind entsprechend der dargestellten Vorgehensweise bei Einheitspreisverträgen abzurechnen. Der Abrechnung zugrunde zu legen ist der bei Vertragsschluss veranschlagte Zeitbedarf, so weit der Auftragnehmer nicht nachweist, dass mehr als die dort ausgewiesenen Stunden zur Erbringung der Vertragsleistung erforderlich gewesen wären. Die erbrachten Stunden sind mit dem vereinbarten Stundensatz zu vergüten und von der Gesamtstundenvergütung in Abzug zu bringen. Von dem verbleibenden Rest sind die ersparten kalkulierten Kosten (Lohnkosten) in Abzug zu bringen. Das was danach übrig bleibt, steht dem Auftragnehmer als Vergütung für die nicht erbrachten Leistungen zu.[122] **55**

5. Pauschalpreisverträge. a) Darlegung des Verhältnisses der bewirkten Leistungen zur vereinbarten Gesamtleistung. Auch beim Pauschalpreisvertrag gelten, was die Kündigungsfolgen anbelangt, die oben für den Einheitspreisvertrag dargestellten Grundsätze. Allerdings fehlt es beim Pauschalpreisvertrag regelmäßig an einer Aufgliederung der Vergütung für die Gesamtleistung in einzelne Teilleistungsvergütungen. Diese Aufgliederung hat der Auftragnehmer nach herrschender Meinung nachträglich zum Zwecke einer prüfbaren Abrechnung in dem Umfange durchzuführen, wie diese erforderlich ist, um das Verhältnis des Wertes der erbrachten Teilleistung zum Wert der nach dem Pauschalpreisvertrag geschuldeten Gesamtleistung belegen zu können: „Der Unternehmer muss deshalb das Verhältnis der bewirkten Leistungen zur vereinbarten Gesamtleistung und des **Preisansatzes** für die Teilleistungen zum Pauschalpreis darlegen. So weit zur Bewertung der erbrachten Leistungen Anhaltspunkte aus der Zeit vor Vertragsschluss nicht vorhanden oder nicht ergiebig sind, muss der Unternehmer in Nachhinein im Einzelnen darlegen, wie die erbrachten Leistungen unter Beibehaltung des Preisniveaus zu bewerten sind. Die Abgrenzung zwischen erbrachten und nicht erbrachten Leistungen und deren Bewertung muss den Besteller in die Lage versetzen, sich sachgerecht zu verteidigen."[123] **56**

Dem ist grundsätzlich zuzustimmen, wenngleich für die Zwecke einer solchen Darstellung/ Abrechnung eine getrennte Abrechnung der Vergütung für die erbrachten und die nicht erbrachten Leistungen nicht unbedingt erforderlich ist. Auch der Bundesgerichtshof hält die strikte Forderung nach getrennter Abrechnung erbrachter und nicht erbrachter Leistungen nicht konsequent durch und lässt begründete Ausnahmen zu. **57**

---

[117] Vgl. hierzu VOB/B § 2 Abs. 5, Rdn. 225.
[118] Näher hierzu *Kapellmann/Schiffers* Band 2, Rdn. 1385.
[119] BGH BauR 1992, 379; *Peters* in Staudinger BGB § 649 Rdn. 29; *Kapellmann/Schiffers* Band 2, Rdn. 1387.
[120] BGH BauR 1992, 379.
[121] *Kapellmann/Schiffers* Band 2, Rdn. 1387; *Quack*, FS *von Craushaar,* 315.
[122] Ebenso *Althaus* in Beck'scher VOB-Kommentar VOB/B § 8 Abs. 1, Rdn. 39; *Joussen/Vygen* in Ingenstau/Korbion VOB/B § 8 Abs. 1, Rdn. 49.
[123] Zitat aus BGH BauR 2000, 1186; Ständige Rechtsprechung BGH NZBau 2002, 508; BGH BauR 1999, 644; BGH BauR 1999, 631; BGH BauR 1998, 121; BGH BauR 1997, 304; BGH BauR 1995, 691; OLG Köln IBR 2013, 878; OLG Stuttgart NJW-Spezial 2011, 524 ff.; OLG Frankfurt IBR 2008, 503; OLG Dresden BauR 2001, 419.

So muss nach Auffassung des Bundesgerichtshofs die Abgrenzung zwischen erbrachten und nicht erbrachten Leistungen eines Pauschalvertrages nicht zwingend durch Aufmaße erfolgen. Sie kann sich auch aus den Umständen der Vertragsabwicklung ergeben.[124] Ebenso wenig könne schematisch die Bewertung der erbrachten Leistungen durch eine detaillierte Leistungsbeschreibung mit entsprechenden Preiszuordnungen nach Art eines Einheitspreisvertrages gefordert werden. Eine ausreichend aufgegliederte, gewerkebezogene Kalkulation könne dann genügen, wenn eine andere Kalkulation bei Übernahme des Vertrages nicht möglich war.[125] Hat der Auftragnehmer zum Zeitpunkt der Übernahme des Vertrages wegen eines fehlenden Aufmaßes nur eine überschlägige Kalkulation durchgeführt, könne der Auftraggeber auch nach der Vertragskündigung von ihm keine ins einzelne aufgegliederte Kalkulation verlangen. Eine Grobkalkulation mit einer näheren Aufschlüsselung in weitere einzelne Positionen, denen ebenfalls wieder pauschale Preise zugeordnet werden und der Behauptung des Auftragnehmers, diese Preise entsprächen dem vereinbarten Gesamtpreis, reiche aus.[126]

Eine Aufgliederung der Gesamtleistung in Einzelleistungen und deren kalkulierte Vergütung könne weiter dann entfallen, wenn im Zeitpunkt der Kündigung nur noch geringfügige Leistungen zu erbringen waren, sofern kalkulatorische Verschiebungen zu Lasten des Auftraggebers nicht verdeckt werden können.[127] Letztlich hänge alles von den Umständen des Vertragsabschlusses, seiner Durchführung und Abwicklung und dem Informationsbedürfnis des Auftraggebers ab, welche Anforderungen an die Darlegung im Einzelfall zu stellen sind.[128] Lag zum Vertragsschluss keine detaillierte Kalkulation des Pauschalpreises vor, könne nach Kündigung auch keine detaillierte Kalkulation des Pauschalpreises mit detaillierter Berechnung aller nach dem Vertrag geschuldeten Einzelleistungen mit Einheitspreisen verlangt werden. Grundlage einer prüfbaren Abrechnung könne in diesem Fall nur die Grobkalkulation des letztlich vereinbarten Pauschalpreises sein.[129] Ergibt sich aus der Kalkulation, dass der Unternehmer mit Verlust kalkuliert hat, muss das bei der Berechnung entsprechend berücksichtigt werden. Ergeben sich keine anderen Anhaltspunkte, kann der Verlust gleichmäßig auf alle Leistungspositionen verteilt werden. Macht der Unternehmer nur Werklohn für die erbrachten Leistungen geltend, muss er sich den Verlust nur auf diese Position anrechnen lassen[130]. Er ist also nicht verpflichtet, den weiteren Verlust, der ihm sonst bei ungekündigtem Vertrag noch entstanden wäre, schon bei den erbrachten Leistungen zu berücksichtigen[131]. Gleiches gilt, wenn der Unternehmer eine Überkalkulation vorgenommen hat. Den dadurch entstehenden zusätzlichen Gewinn darf er gleichmäßig auf alle Leistungspositionen verteilen[132].

Diese ganzen Ausnahmen von der Regel **erübrigen sich,** wenn man nach der hier vertretenen Auffassung eine einheitliche Vergütungsabrechnung vornimmt, wie wir sie zu den Einheitspreisverträgen bereits ausführlich dargestellt haben. Richtig ist allerdings die Auffassung des Bundesgerichtshofes, dass der Auftragnehmer wenigstens verpflichtet ist, eine Grobkalkulation des vereinbarten Pauschalpreises vorzulegen, die den Auftraggeber in die Lage versetzt, den in Rechnung gestellten Vergütungsanteil für die erbrachten Leistungen im Verhältnis zur vereinbarten Vergütung für die Gesamtleistung zu prüfen. Dazu kann es im Einzelfall auch erforderlich sein, dass der Auftragnehmer Angaben zu den kalkulierten Mengen macht.

58   Selbst die herrschende Meinung hält eine zweigegliederte Abrechnung bei einem **Detail-Pauschalvertrag** mit zugrunde liegendem Leistungsverzeichnis grundsätzlich nicht für erforderlich.

Hier reduziert sich der Pauschalpreis unmittelbar, indem von dem vereinbarten Pauschalpreis die kalkulierte Vergütung abzüglich kalkulierter Kosten für die nicht ausgeführte Leistung direkt in Abzug gebracht wird. Eine Relation zum Gesamtpreis muss in diesen Fällen nicht gebildet werden.[133] Ob die Kalkulation richtig oder falsch ist, berührt die Frage der Prüfbarkeit der Schlussrechnung nicht.[134]

---

[124] BGH BauR 1999, 632.
[125] BGH, a. a. O.; vgl. auch jüngst das OLG Stuttgart NJW-Spezial 2011, 524 ff.
[126] BGH, a. a. O.
[127] BGH BauR 2000, 1182.
[128] BGH NZBau 2002, 508.
[129] BGH BauR 2001, 419; vgl. auch jüngst das OLG Stuttgart NJW-Spezial 2011, 524 ff.
[130] OLG Stuttgart NJW-Spezial 2011, 524 ff.
[131] OLG Stuttgart NJW-Spezial 2011, 524 ff.
[132] OLG Stuttgart NJW-Spezial 2011, 524 ff.
[133] BGH NZBau 2001, 85; OLG Düsseldorf BauR 2001, 803.
[134] BGH NZBau 2001, 85.

Da, wie bereits bei den Einheitspreisverträgen aufgeführt, die Kalkulationsbasis der Vergütung   59
zum Zeitpunkt der Auftragsvergabe maßgebend ist, versteht es sich von selbst, dass der Auftragnehmer eine zur Ermittlung der ihm nach freier Kündigung des Vertrages zustehenden Vergütung nicht auf eine „pauschale" ungefähre Ermittlungsgrundlage zurückgreifen darf. Zu Recht ist dem Auftragnehmer aus diesem Grunde eine Rückgriff auf den vereinbarten Zahlungsplan oder bereits erhaltene Abschlagszahlungen verwehrt, da diese grundsätzlich keine exakte, sondern nur eine ungefähre Zuordnung zwischen Leistungsstand und anteiliger Vergütung vornehmen.[135]

b) Ermittlung der ersparten Aufwendungen. Auch hier kann grundsätzlich auf die obigen   60
Ausführungen zur Ermittlung der Ersparnis bei Einheitspreisverträgen verwiesen werden.[136] Bei Pauschalpreisverträgen insbesondere bei **Global-Pauschalverträgen,** wie sie im Schlüsselfertigbau üblich sind, stellt sich daneben noch die Frage, wie die entfallenden Kosten für nicht mehr ausgeführte **Planungs-Leistungen** zu ermitteln sind. Bei Global-Pauschalverträgen ist es so, dass der Auftragnehmer in mehr oder weniger starkem Maße Planungsleistungen vertraglich übernommen hat. Auch in diesen Fällen ist auf den wertmäßigen Anteil der entfallenen Planungsleistungen auf der Basis der Preiskalkulation zur Auftragsvergabe abzustellen. Ein Rückgriff auf die Mindestsätze der HOAI ist nur dann möglich, wenn der Auftragnehmer nachweisen kann, dass er mit diesen Honorarsätzen die Planungsleistungen hat Eingang finden lassen in die Gesamtkalkulation des Pauschalpreises. Dies wird in den wenigsten Fällen zutreffen, weil das verbindliche Preisrecht der HOAI für Werkunternehmer, die neben Bauleistungen auch Planungsleistungen erbringen, nicht gilt, diese in der Vereinbarung der Vergütung für Planungsleistungen mit dem Auftraggeber also frei sind.[137]

Unter Umständen hat der Auftragnehmer die Planungsleistungen gar mit Null bewertet. In diesen Fällen hat er sich selbstverständlich auch keine ersparten Aufwendungen anrechnen zu lassen. Hat der Auftragnehmer seine Planungsleistungen an Nachunternehmer vergeben und hierauf seine Vergütung kalkulatorisch aufgebaut, so ist für die Ersparnis entscheidend, welche (berechtigte) Vergütung die Nachunternehmer, für die, wenn es sich um Architekten und Ingenieure handelt, das verbindliche Preisrecht der HOAI gilt, von dem Auftragnehmer verlangen können.[138]

Im Übrigen folgt die Berechnung der ersparten Aufwendungen der oben zum Einheitspreis   61
dargestellten Methodik. Bei der Ermittlung der Ersparnis ist jeweils auf der Basis der Auftragskalkulation genau zu prüfen, welche Kosten wirklich erspart sind. Wegen derjenigen Kosten, die dem Auftragnehmer aus Anlass der Kündigung entstehen, die ihm allerdings bei vertragsgemäßer Ausführung des Auftrages nicht entstanden wären (dies betrifft z. B. die Kosten für ein lediglich wegen der Kündigung notwendig gewordenes Aufmaß) liegt keine Ersparnis vor. Rechnerisch wird man dies so berücksichtigen dürfen, dass von der ermittelten kalkulatorischen Ersparnis diese Positionen wieder in Abzug gebracht werden, so dass sich im Ergebnis eine um diese Kosten erhöhte Vergütung errechnet.

6. Darlegungs- und Beweislastgrundsätze. Der Bundesgerichtshof[139] vertritt zu Recht die   62
Auffassung, dass der Anspruch des Auftragnehmers aus § 649 Satz 2 BGB „unmittelbar um die ersparten Aufwendungen verkürzt" mit der einseitigen Kündigung entstanden ist. Da in der Regel nur der Auftragnehmer in der Lage ist vorzutragen und zu beziffern, was er sich in diesem Sinne als Aufwendungen anrechnen lassen muss, hat er hierzu vorzutragen und die Aufwendungen bzw. den Erwerb durch anderweitige Verwendung der Arbeitskraft zu beziffern. Vom Gericht ist der Abzug für ersparte Aufwendungen oder des Erwerbs durch anderweitige Verwendung der Arbeitskraft von Amts wegen zu prüfen.[140] Das heißt für die forensische Praxis: Die Werklohnklage des Auftragnehmers ist schlüssig, wenn sie zu den ersparten Aufwendungen und/oder dem Erwerb durch anderweitige Verwendung der Arbeitskraft dem Grunde und der Höhe nach vorträgt.[141] Bestreitet der Auftraggeber die Richtigkeit des Vortrags, hat er im Einzelnen

---

[135] BGH BauR 1996, 846; BGH BauR 1996, 125; BGH BauR 1999, 644.
[136] Vgl. Rdn. 34 ff.
[137] BGH BauR 1997, 677.
[138] *Kapellmann/Schiffers* Band 2, Rdn. 1383.
[139] BGH BauR 1998, 185; BGH BauR 1997, 304; BGH BauR 1996, 382.
[140] BGH BauR 1996, 382; OLG Naumburg, OLGR 1995, 8; *Siebert* in Soergel BGB § 649 Rdn. 14; *Werner/Pastor* Rdn. 1121; anderer Ansicht OLG Düsseldorf NJW-RR 1998, 670.
[141] *Kniffka/Koeble,* Kompendium des Baurechts, 9. Teil Rdn. 31.

darzulegen und zu beweisen, dass höhere Ersparnisse oder eine höhere Vergütung durch anderweitige Verwendung der Arbeitskraft erzielt worden ist, als der Auftragnehmer vorträgt. Das hat zur Folge, dass der Auftraggeber im Falle einer streitigen Auseinandersetzung über die Ersparnis oder den anderweitigen Erwerb für deren Art und Umfang die volle Beweislast trägt. Hierfür reicht es nicht aus, dass der Auftraggeber unsubstantiiert Ersparnisse oder anderweitigen Erwerb behauptet und hierfür dann Sachverständigenbeweis antritt[142]. Hat der Auftraggeber allerdings substantiiert den Vortrag des Auftragnehmers bestritten, so muss dieser seinen Vortrag näher substantiieren, um verbleibende Unklarheiten zu beseitigen.[143] Folglich ist die Rechnung eines Auftragnehmers prüffähig, die Klage also nicht mangels Schlüssigkeit abzuweisen, wenn der Auftragnehmer bestimmte kalkulatorische Aufwendungen als erspart vorträgt und in Abzug bringt und zugleich behauptet, weitere Aufwendungen seien nicht erspart.[144]

63 Bedenklich ist die neuere Rechtsprechungsentwicklung, die in diesem Zusammenhang den Prüfungsmaßstab in dem Sinne subjektiviert, dass darauf abgestellt wird, ob der Auftraggeber den durch die Prüffähigkeit zu seinen Gunsten geschaffenen Schutz überhaupt in Anspruch nimmt. So soll es ohne Einfluss auf die Prüfbarkeit der Schlussrechnung sein, wenn (notwendige) Aufmaße nicht vorgelegt werden, die Mengen aber vom Auftraggeber auch nicht bestritten werden oder aber es an der Offenlegung der Kalkulation fehlt, wenn die Abrechnung nicht erbrachter Leistungen vom Auftraggeber unbestritten bleibt.[145]

64 Richtiger dürfte es sein, die Prüffähigkeit einer Rechnung nach objektiven Maßstäben zu beurteilen, so dass der Auftragnehmer dann, wenn er überhaupt ersparte Aufwendungen einräumt, diese auch substantiiert unter Vorlage der relevanten Kalkulationsunterlagen darzulegen hat.[146] Gleiches gilt im Ergebnis für die Darlegungslast in Bezug auf den anderweitigen Erwerb. Hier hat der Bundesgerichtshof[147] entschieden, dass der Auftragnehmer schlüssig darzulegen hat, welchen anderweitigen Erwerb er sich anrechnen lässt. Hierzu muss es allerdings ausreichen, wenn er vorträgt, überhaupt keinen neuen Auftrag für den relevanten Zeitraum hereingenommen zu haben oder aber wenn neue Aufträge hereingenommen wurden, dass und ob diese vom Auftragnehmer neben dem gekündigten Auftrag ausgeführt hätten werden können oder nicht. Bestreitet dies der Auftraggeber, muss der Auftragnehmer weiter konkretisieren, wann welche Aufträge im fraglichen Zeitraum von ihm hereingenommen worden sind und dies beweisen.[148]

65 **7. Fälligkeit der Vergütung – Beginn der Verjährungsfrist.** Der Bundesgerichtshof hat mittlerweile klargestellt, dass nach Vertragskündigung eine Schlussrechnung Fälligkeitsvoraussetzung ist und dass eine Schlussrechnung, die die Anforderungen an die Prüffähigkeit nicht erfüllt, keine Fälligkeit der Vergütung nach sich zieht.[149] Wird die Klage auf eine nicht prüffähige Abrechnung nach einer Kündigung gestützt, muss sie als zurzeit und nicht als endgültig unbegründet abgewiesen werden, so dass der Auftragnehmer die Fälligkeit noch nachträglich herbeiführen und erneut klagen kann.[150] Dies ist zwischenzeitlich allgemeine Meinung bei VOB-Verträgen.[151] Ob dies ebenso bei BGB-Verträgen gilt, erscheint fraglich, da der Wortlaut des § 641 BGB keine Rechnung als Fälligkeitsvoraussetzung fordert. Die Abnahme der erbrachten Teilleistungen ist nach Kündigung des Vertragsverhältnisses zwischenzeitlich Fälligkeitsvoraussetzung.[152]

66 Einen Anspruch aus **Abschlagszahlungen** kann der Auftragnehmer nach Vertragskündigung nicht mehr geltend machen, weil er nach § 8 Abs. 7 VOB/B gehalten ist, seine Leistungen schlussabzurechnen, es sei denn, es handelt sich bei den Abschlagszahlungen um ein unbe-

---

[142] OLG Frankfurt NJW-RR 1987, 979.
[143] BGHZ 140, 263; *Kniffka* Jahrbuch BauR 2000, 11.
[144] *Kniffka* Jahrbuch BauR 2000, S. 11; ebenso *Peters* in Staudinger BGB § 649 Rdn. 23; kritisch: *Quack* FS *von Craushaar*, 311.
[145] BGB BauR 1999, 635; *Kniffka* Jahrbuch BauR 2000, 12.
[146] *Kapellmann/Schiffers* Band 2, Rdn. 1391.
[147] BGH BauR 1997, 643.
[148] Anderer Ansicht OLG Frankfurt BauR 1988, 599; *Peters* in Staudinger BGB § 649 Rdn. 22; kritisch: *Quack* FS für *von Craushaar*, 312.
[149] BGH BauR 2000, 1191; BGH BauR 1999, 635; BGH BauR 1987, 95.
[150] BGH BauR 2000, 1191.
[151] *Kapellmann/Schiffers* Band 2, Rdn. 1398, m. w. N.
[152] Siehe Rdn. 27.

strittenes Guthaben im Sinne des § 16 Abs. 3 Nr. 1 Satz 3 VOB/B.[153] Begründet wird diese Auffassung auch damit, dass die Regelungen über Abschlagszahlungen lediglich dazu dienen sollen, den vorleistungspflichtigen Auftragnehmer zu entlasten und die gerade bei Bauleistungen mit der Vorfinanzierung verbundenen wirtschaftlichen Nachteile auszugleichen. Ist der Vertrag durch eine Kündigung des Auftraggebers beendet worden, braucht der Auftragnehmer, von Mängelbeseitigungsarbeiten abgesehen, weitere Leistungen nicht mehr zu erbringen. Seine Vorleistungspflicht entfällt, so dass nach herrschender Meinung kein Grund mehr besteht, den von weiterer Leistungsverpflichtung frei gewordenen Auftragnehmer durch Zubilligung eines Anspruches auf Abschlagszahlung besonders zu schützen. Vielmehr hat der Auftragnehmer nunmehr die Möglichkeit, die Schlussrechnung zu stellen und seinen Zahlungsanspruch im Rahmen des Schlussabrechnungsverfahrens weiter zu verfolgen. Neben der vorerwähnten Ausnahme eines unbestrittenen Guthabens wird eine Ausnahme für anerkannte Abschlagszahlungen gemacht.[154]

Relevant ist die Frage der Fälligkeit auch und gerade für den Beginn der Verjährung der Vergütungsansprüche. Hier gelten die gleichen Grundsätze wie für die Verjährung beim nicht gekündigten Vertragsverhältnis. Das heißt, die Verjährung beginnt bei VOB-Verträgen erst zu laufen, wenn der Auftragnehmer eine prüffähige Abrechnung seines Vergütungsanspruches vorgelegt hat oder aber der Auftraggeber nach § 14 Abs. 4 VOB/B eine prüfbare Abrechnung selber erstellt. Die Vergütung für die erbrachten wie für die nicht erbrachten Leistungen verjährt einheitlich.

8. Bürgschaft gemäß § 648a BGB nach Kündigung? Die Frage, ob dem gekündigten Auftragnehmer das Recht zusteht, Sicherheit nach § 648a BGB zu fordern, bevor er die Seitens des Auftraggebers gerügten Mängel beseitigt, ist mit der Entscheidung des Bundesgerichtshofes vom 22.1.2004 beantwortet worden.[155] Danach legt der Bundesgerichtshof § 648a BGB extensiv dahingehend aus, dass diese Vorschrift dem gekündigten Auftragnehmer auch nach dessen Kündigung das Recht gibt, eine Sicherheit zu verlangen, wenn der Besteller der Werkleistung noch Erfüllung des Vertrages, respektive Mängelbeseitigung fordert. Der Auftragnehmer ist berechtigt, die Mängelbeseitigung zu verweigern, wenn der Besteller auf ein berechtigtes Sicherungsverlangen nach einer Kündigung die Sicherheit nicht leistet. Dem Besteller der Werkleistung steht auch nach der Kündigung noch der Anspruch auf mängelfreie Erfüllung des Vertrages zu, soweit es um die bis zur Kündigung erbrachten Leistungen geht. Verlangt der Unternehmer vor der Mängelbeseitigung Sicherheit oder beharrt er auf einem vor der Kündigung bereits erklärten Sicherungsverlangen nach § 648a BGB, entsteht der gleiche Schwebezustand wie einem Sicherungsverlangen ohne eine Kündigung. Er ist in gleicher Weise aufzulösen, wobei jedoch eine erneute Kündigung bzw. Vertragsaufhebung gemäß § 643 BGB nicht mehr in Betracht kommt. Der Bundesgerichtshof billigte dem Auftragnehmer in sinngemäßer Anwendung des § 648a Absatz 5 BGB i. V. m. § 643 Satz 1 BGB das Recht zu, sich von seiner Mängelbeseitigungspflicht nach der Kündigung dadurch zu befreien, dass er dem Besteller der Werkleistung eine Nachfrist zur Sicherheitsleistung setzt, verbunden mit der Ankündigung, die Vertragserfüllung (Mängelbeseitigung) danach zu verweigern. Mit fruchtlosem Fristablauf ist der Auftragnehmer dann von seiner Pflicht, den Vertrag zu erfüllen, befreit. Der Auftragnehmer hat es auf diese Weise selber in der Hand, die endgültige Abrechnung herbeizuführen, auch soweit die Leistung mangelhaft ist. In weiterer sinngemäßer Anwendung des § 645 Absatz 1 Satz 1 BGB und des § 648a Absatz 5 Satz 2 BGB a. F. sollte dem Auftragnehmer nach fruchtlosem Fristablauf nicht die volle vertraglich vereinbarte Vergütung zustehen. Vielmehr hatte er lediglich Anspruch auf Vergütung, soweit die Leistung erfüllt, das heißt mängelfrei erbracht ist und Anspruch auf Ersatz des Vertrauensschadens nach Maßgabe des § 648a Absatz 5 Satz 2 BGB a. F. Das bedeutete im Ergebnis, dass der Vergütungsanspruch des Auftragnehmers um den in der Folge eines Mangels entstandenen Minderwert zu kürzen ist. Soweit die Mängelbeseitigung möglich oder wegen unverhältnismäßig hoher Kosten verweigert werden konnte, war die Vergütung in diesem Falle regelmäßig um die Kosten zu kürzen, die notwendig waren, um den Mangel beseitigen zu lassen, sonst um den Minderwert des Bauwerkes. Wollte der Auftragneh-

---

[153] BGH BauR 1987, 453; BGH BauR 1985, 456; OLG Naumburg, IBR 2003, 466; OLG Nürnberg NZBau 2000, 509; OLG Hamm, IBR 1996, 505; OLG Karlsruhe, IBR 1996, 405; OLG Düsseldorf ZIP 1996, 1749 wonach eine bereits vor Konkurseröffnung fällig gewordene Abschlagszahlung auch nach der Kündigung des Vertrages als unbestrittenes Guthaben im Sinne des § 16 Abs. 3 Nr. 1 Satz 3 VOB/B isoliert als Abschlagszahlung geltend gemacht werden kann; dem insoweit folgend der BGH in der Revisionsinstanz BauR 1998, 140; anderer Ansicht OLG Nürnberg, NZBau 2000, 505.
[154] OLG Köln, NJW-RR 1992, 1438.
[155] BGH NZBau 2004, 264 ff.

mer diese Minderung nicht, sondern die volle Vergütung, musste er es hinnehmen, dass der Besteller das gesetzliche Leistungsverweigerungsrecht geltend machte, welches im Übrigen noch mit dem gesetzlich geregelten Druckzuschlag versehen werden konnte.

Das Forderungssicherungsgesetz hat mit Wirkung ab dem 1.1.2009 u. a. § 648a Abs. 5 Satz 2 BGB n. F. hinsichtlich der Kündigungsfolgen dahingehend neu geregelt, dass der Unternehmer nunmehr kraft Gesetzes berechtigt ist, analog der freien Kündigung nach § 649 Satz 2 BGB die vereinbarte Vergütung zu verlangen. Er muss sich jedoch dasjenige anrechnen lassen, was er infolge der Aufhebung des Vertrages an Aufwendungen erspart oder durch anderweitige Verwendung seiner Arbeitskraft erwirbt oder böswillig zu erwerben unterlassen hat.

C. Die Kündigung aus wichtigem Grunde – § 8 Abs. 2 bis Abs. 4 VOB/B

I. § 8 Abs. 2 VOB/B – Die Kündigung wegen Zahlungseinstellung oder Insolvenz

69 1. **§ 8 Abs. 2 Nr. 1 VOB/B – Die Kündigungsgründe. a) Nichtigkeit wegen Verstoßes gegen § 119 InsO?** Ohne gesetzliches Pendant ist die sich aus § 8 Abs. 2 Nr. 1 VOB/B ergebende außerordentliche Kündigungsmöglichkeit für den Auftraggeber, wenn der Auftragnehmer seine Zahlungen einstellt (Fall 1) oder das Insolvenzverfahren bzw. ein vergleichbares gesetzliches Verfahren beantragt (Fall 2) oder ein solches Verfahren eröffnet (Fall 3) oder dessen Eröffnung mangels Masse abgelehnt (Fall 4) wird. Die Besonderheit dieser Kündigungsmöglichkeit gegenüber dem freien Kündigungsrecht besteht in ihrer **Rechtsfolge.** Anders als bei § 8 Abs. 1 Nr. 2 VOB/B, die identisch mit der gesetzlichen Regelung in § 649 Satz 2 BGB ist, kann der Auftragnehmer hier nach Kündigung keine Vergütung für die noch nicht erbrachten Leistungen verlangen. Diesem reduzierten Vergütungsanspruch des Auftragnehmers steht gemäß § 8 Abs. 2 Nr. 2 Satz 2 VOB/B darüber hinaus ein Schadensersatzanspruch des Auftraggebers wegen Nichterfüllung des Restes gegenüber.

Wegen der gänzlich anderen Rechtsfolgen im Vergleich zu der freien Kündigung verwundert es nicht, dass die Rechtswirksamkeit dieser Regelung bereits unter Geltung der Konkursordnung wegen möglichen Verstoßes gegen das Wahlrecht des Konkursverwalters nach § 17 KO heftig diskutiert wurde.[156] Der Bundesgerichtshof ging stets von der Wirksamkeit der Regelung des § 8 Abs. 2 VOB/B aus.[157] Als entscheidendes Argument wurde insoweit angeführt, dass der Auftraggeber ohnehin jederzeit gemäß § 649 BGB bzw. § 8 Abs. 1 VOB/B den Vertrag kündigen könne.

Mit dem Inkrafttreten der Insolvenzordnung am 1.1.1999 ist die alte Diskussion erneut entbrannt. Diesmal entzündet sie sich an § 119 InsO, der bestimmt, dass Vereinbarungen, durch die im Voraus die Anwendung der §§ 103 bis 118 InsO ausgeschlossen oder beschränkt werden unwirksam sind. Problematisch ist wiederum das nun in § 103 InsO geregelte Erfüllungswahlrecht des Insolvenzverwalters, das der Sicherung des Haftungswertes des Vertrages zum Zwecke der Masseanreicherung dient.[158] Obgleich § 119 InsO alle Vereinbarungen, welche die Anwendbarkeit der §§ 103 ff. InsO ausschließen oder beschränken, für unwirksam erklärt und das Erfüllungswahlrecht des Verwalters wohl kaum stärker in seiner Anwendung beschränkt werden kann als durch das Erlöschen des Anspruchs, dessen Erfüllung gewollt werden könnte, geht die überwiegende und inzwischen herrschende Meinung davon aus, dass § 8 Abs. 2 VOB/B (jedenfalls für den Fall 2) nicht gegen § 119 InsO verstößt und damit uneingeschränkt wirksam ist.[159]

---

[156] Für seine Unwirksamkeit das LG Aachen BauR 1979, 150; dagegen: *Heidland* BauR 1981, 21.
[157] BGHZ 96, 34; BGH BauR 1977, 284.
[158] Vgl. *Schwörer* Rdn. 195.
[159] So zwischenzeitlich den langen Meinungsstreit beendend der BGH Urt. v. 7.4.2016, VII ZR 56/15, IBRRS 2016, 1228; aus der älteren Rechtsprechung vgl.: OLG Koblenz IBR 2014, 537; OLG Schleswig IBR 2012, 133; OLG Brandenburg IBR 2010, 210; OLG Karlsruhe IBR 2006, 398, LG Wiesbaden IBR 2014, 879 alle für die Wirksamkeit von § 8 Abs. 2 VOB/B jedenfalls in der Alternative der Kündigungserklärung nach Insolvenzantragstellung des Auftragnehmers und vor Eröffnung des Insolvenzverfahrens; OLG Bamberg IBR 2011, 87 sowie OLG Düsseldorf IBR 2006, 674 sehen keine wirksamkeitsrechtlichen Probleme selbst für den Fall des Kündigungsausspruches nach Eröffnung des Insolvenzverfahrens, vgl. aber BGH IBR 2013, 278, wonach eine insolvenzabhängige Lösungsklausel beim Stromliefervertrag unwirksam ist; aus der Literatur Matthies, juris PR PrivBauR 6/2014; Huber, NZI 2014, 49; *Fritsche* DZWIR 2007, 446; *Timmermans* BauR 2001, 321; *Heidland* BauR 1998, 643; *Schmitz* in Ingenstau/Korbion VOB/B § 8 Abs. 2, Rdn. 10 f.; FKZGM VOB/B § 8 Rdn. 43; **anderer Ansicht:** *Franke* BauR 2007, 774; *Schwörer* Rdn. 515; Heidelberger Kommentar zur Insolvenzordnung/*Marotzke* InsO § 119 Rdn. 5 (6. Auflage 2011); *Kübler/Prütting/Tintelnot* InsO § 119 Rdn. 10; zweifelnd *Lederer* jurisPR-PrivBauR 6/2016 Anm. 1,

Das Problem stellt sich überhaupt nur für den Fall, dass das Insolvenzverfahren eröffnet wird, weil nur für diesen Fall eine Kollision mit dem Erfüllungswahlrecht des Insolvenzverwalters in Betracht kommt.

Für den Zeitraum vor Antragstellung findet keine Beschlagwirkung statt, so dass die Masse **70** gegen Vermögensminderungen durch den Zugriff einzelner Gläubiger grundsätzlich nicht geschützt ist.[160] Auch angesichts der strikten Antragsbindung des Insolvenzverfahrens können die Normen der Insolvenzordnung und damit auch § 119 InsO nicht vor der Antragstellung zur Anwendung kommen. Vor der Antragstellung ist eine insolvenzabhängige Vertragsauflösung daher grundsätzlich zulässig, so dass auch gegen § 8 Abs. 2 VOB/B insoweit keine Bedenken erhoben werden können, wenn vor Antragstellung der Auftraggeber aus Gründen materieller Insolvenz kündigt. Der Erste in § 8 Abs. 2 Nr. 1 VOB/B angeführte außerordentliche Kündigungsgrund der Zahlungseinstellung ist deshalb bis zur Antragstellung insolvenzrechtlich nicht zu beanstanden.

Gleiches gilt in Bezug auf den letzten in § 8 Abs. 2 Nr. 1 VOB/B erwähnten außerordentlichen Kündigungsgrund „der Ablehnung der Verfahrenseröffnung mangels Masse." Nach Ablehnung der Verfahrenseröffnung oder nach Verfahrenseinstellung kommt die Insolvenzordnung nicht mehr zur Anwendung, so dass ein Schutz des Erfüllungswahlrechts des Insolvenzverwalters nicht mehr erforderlich ist.[161] Da die Verbotswirkung des § 119 InsO damit auf das Eröffnungs- und das eröffnete Insolvenzverfahren beschränkt ist, stellt sich die Nichtigkeitsfrage lediglich noch wegen der Kündigungsgründe „Beantragung und Eröffnung des Insolvenzverfahrens."

Timmermans[162] weist mit Hinweis auf die Entstehungsgeschichte der Insolvenzordnung zu **71** Recht darauf hin, dass der Gesetzgeber durch die Fassung des § 119 InsO die Frage nicht abschließend regeln wollte, ob die Rechtsfolgen einer Kündigung des Auftraggebers im Insolvenzfall abweichend von der Gesetzeslage wirksam geregelt werden könne. Die Entscheidung hierüber ist bewusst der Rechtsprechung überlassen worden. Deshalb kann auch aus der Tatsache, dass der Rechtsausschuss des Bundestages in seiner Beschlussempfehlung an das Plenum 1994 die Streichung des § 137 Nr. 2 RegE sowie des damit zusammenhängenden Nr. 3 vorgeschlagen hat, der der Bundestag schließlich gefolgt ist und aus dem der heutige § 119 InsO wurde, nicht im Umkehrschluss gefolgert werden, es gäbe eine ausdrückliche Entscheidung des Gesetzgebers für die Zulässigkeit insolvenzabhängiger Lösungsklauseln in gegenseitigen Verträgen.[163] Mit Hinblick auf die höchstrichterliche Rechtsprechung zu § 17 KO[164] sah der Rechtsausschuss den maßgeblichen Regelungsgehalt nicht in einem insolvenzbedingten Lösungsrecht, da Werkverträge ohnehin gemäß § 649 BGB frei kündbar sind, sondern in der Rechtsfolgenregelung einer Kündigung aus Anlass des Insolvenzfalles.[165] Die Frage, ob die Rechtsfolgenregelung in § 8 Abs. 2 Nr. 2 VOB/B wirksam ist oder gegen Sinn und Zweck des § 119 InsO verstößt, sollte durch das Gesetz nicht präjudiziert werden[166]. Mit Hinblick auf die Rechtsfolgenregelung, durch die es infolge der Kündigung gemäß § 8 Abs. 2 VOB/B zu einer Masseschmälerung sowie einer Störung der Gleichbehandlung der Insolvenzgläubiger kommen kann, sind jedoch **ernsthafte Bedenken gegen die Wirksamkeit** von § 8 Abs. 2 VOB/B anzumelden.[167] Da die Bedenken aus der besonderen Abwicklungsvereinbarung des § 8 Abs. 2 Nr. 2 VOB/B resultieren, führen wir die Diskussion zur Wirksamkeit des in § 8 Abs. 2 VOB/B geregelten insolvenzabhängigen Sonderkündigungsrechts auch dort zu Ende.

Als Zwischenergebnis kann an dieser Stelle festgehalten werden, dass sich die Frage der Unwirksamkeit von § 8 Abs. 1 VOB/B wegen Verstoßes gegen § 119 InsO nur für die Kündigungsgründe der Beantragung oder Eröffnung des Insolvenzverfahrens stellt, wobei Ansatzpunkt für die Unwirksamkeit nicht das insolvenzabhängige Kündigungsrecht sein kann, weil Werkverträge ohnehin gemäß § 649 Satz 1 BGB frei kündbar sind, sondern die Unwirksamkeit allein aus der insolvenzabhängigen Abwicklungsregelung hergeleitet werden kann. Letztere hängt aber wieder untrennbar mit dem auf Insolvenz sich gründenden Kündigungsrecht zusammen. Denn

---

[160] *Schwörer* Rdn. 439.
[161] *Schwörer* Rdn. 441, 447, 451.
[162] BauR 2001, 321.
[163] So aber OLG Schleswig IBR 2012, 133; *Smid* Insolvenzordnung § 119 Rdn. 4; ebenso *Bosch* WM 1995, 365.
[164] BGHZ 96, 34.
[165] Siehe Begründung des Rechtsausschusses BT-Drucks. 12/2443, 152.
[166] Anderer Ansicht OLG Schleswig IBR 2012, 133.
[167] *Schwörer* Rdn. 507; *Marotzke* in Heidelberger Kommentar Insolvenzordnung § 119 Rdn. 5 (6. Auflage 2011), der von einer groben Unbilligkeit und Insolvenzwidrigkeit ausgeht.

es wird nicht möglich sein, eine als außerordentliche Kündigung gemäß § 8 Abs. 2 VOB/B gerade wegen der günstigen Rechtsfolgen gewollte Kündigung in eine freie Kündigung nach § 8 Abs. 1 VOB/B/649 Satz 1 BGB umzudeuten. Kommt man zu dem Ergebnis, dass § 8 Abs. 2 Nr. 2 VOB/B den Schutzzweck von § 119 InsO verletzt und deshalb nichtig ist, so muss dies auch zur Unwirksamkeit der Kündigung schlechthin führen, wenn nach dem erkennbaren Willen des Kündigungserklärenden eine Umdeutung in eine freie Kündigung ausscheidet, so dass in diesen Fällen das Vertragsverhältnis ungekündigt fortbestehen würde und dem Insolvenzverwalter weiterhin sein Wahlrecht gemäß § 103 InsO zustände.[168]

72 **b) Zahlungseinstellung.** Die Einstellung der Zahlungen durch den Auftragnehmer stellt einen besonderen wichtigen Kündigungsgrund gemäß § 8 Abs. 2 Nr. 1 VOB/B dar. Aus § 17 Nr. 2 Satz 2 InsO ist die gesetzliche Vermutung zu entnehmen, dass Zahlungsunfähigkeit in der Regel anzunehmen ist, wenn der Schuldner seine Zahlungen eingestellt hat. Die dort entwickelten Grundsätze dazu, wann von einer Zahlungseinstellung des Schuldners gesprochen werden kann, sind deshalb auch für die Auslegung von § 8 Abs. 2 VOB/B heranzuziehen.[169] Von Zahlungseinstellung als gesetzlicher Regelvermutung ist danach dann auszugehen, wenn der Schuldner in einer offiziell erklärten und allen Gläubigern zugänglich gemachten Erklärung sein endgültiges Unvermögen, Zahlungen zu leisten, bekannt gibt.[170] Eine Zahlungseinstellung liegt auch dann vor, wenn es dem Schuldner objektiv unmöglich ist, Zahlungen auf fällige Forderungen zu leisten, was durch erfolglose Bemühungen des Gläubigers, vom Schuldner Zahlungen zu erhalten, manifestiert wird. Nicht erforderlich ist, dass der Schuldner auf Dauer zahlungsunfähig bleibt. Vielmehr reicht aus, dass er nicht in der Lage ist, die fälligen Ansprüche zum maßgeblichen Zeitpunkt der Kündigungserklärung bedienen zu können und sich dies nach außen manifestiert hat.[171] Allerdings reicht eine nur vorübergehende **Zahlungsstockung** nicht aus,[172] da der Gesetzgeber davon ausgegangen ist, dass „ganz geringfügige Liquiditätslücken außer Betracht bleiben müssen".[173] Von einer Zahlungseinstellung ist regelmäßig auszugehen, wenn ein Schuldner 10% seiner fälligen Gesamtverbindlichkeit nicht bedienen kann, sofern nicht ausnahmsweise mit an Sicherheit grenzender Wahrscheinlichkeit zu erwarten ist, dass die Liquiditätslücke demnächst vollständig oder fast vollständig beseitigt wird, und den Gläubigern ein Zuwarten nach den besonderen Umständen des Einzelfalles zuzumuten ist[174]. Eine bloße Zahlungsstockung ist anzunehmen, wenn der Zeitraum nicht überschritten wird, den eine kreditwürdige Person benötigt, um sich die benötigen Mittel zu leihen. Dafür erscheinen 3 Wochen erforderlich, aber auch ausreichend[175]. Da der Kündigungserklärende die **Beweislast**[176] für das Vorliegen des Kündigungsgrundes trägt, ergeben sich zwangsläufig Darlegungs- und Beweisschwierigkeiten.

73 Die Zahlungsunfähigkeit nach § 17 Nr. 2 Satz 2 InsO kann durch Wiederaufnahme der Zahlungen für alle fälligen Verbindlichkeiten widerlegt werden.[177] Allerdings kann dies keine rückwirkende Kraft haben, wenn die Zahlungen nach Kündigungserklärung wieder aufgenommen werden und zum Zeitpunkt der Kündigungserklärung eine Zahlungseinstellung vorlag.[178] Umgekehrt kann eine Kündigung nicht auf den Kündigungsgrund der Zahlungseinstellung gestützt werden, wenn der Auftragnehmer seine Zahlungen zum Zeitpunkt des Zugangs der Kündigungserklärung wieder aufgenommen hatte.

74 **c) Beantragung des Insolvenzverfahrens.** Bislang galt:
Orientiert man sich am strengen grammatikalischen Wortsinn des VOB-Textes, so ist lediglich die Beantragung des Insolvenzverfahrens durch den Auftragnehmer erfasst, da der Text im Aktiv

---

[168] Dies wird von *Schwörer* Rdn. 506 übersehen, wenn er zu dem Ergebnis kommt, dass das in VOB/B § 8 Abs. 2 Nr. 1 enthaltende insolvenzabhängige Kündigungsrecht ohne Rücksicht auf die Kündigungsfolgenregelung wirksam sein könne.
[169] *Vogel* in NWJS VOB/B § 8 Rdn. 77.
[170] *Eilenberger* in MüKo zur Insolvenzordnung InsO § 17 Rdn. 27.
[171] BGH ZIP 2000, 1016.
[172] *Vogel* in NWJS VOB/B § 8 Rdn. 77, kritisch hierzu: *Eilenberger* in MüKo zur Insolvenzordnung InsO § 17 Rdn. 22.
[173] Begr. zu § 20 und § 21 RegE.
[174] OLG Stuttgart NJW-Spezial 2011, 524 ff.
[175] BGHZ 163, 134; BGH MDR 2010, 837; OLG Stuttgart NJW-Spezial 2011, 524 ff.
[176] OLG Stuttgart NJW-Spezial 2011, 524 ff.
[177] *Eilenberger* in MüKo zur Insolvenzordnung InsO § 17 Rdn. 28.
[178] BGH ZIP 2000, 1016.

und nicht im Passiv (beantragt *wird*) formuliert worden ist. Lediglich für die Eröffnung des Verfahrens oder dessen Ablehnung mangels Masse wurde das Passiv verwendet.

Es wäre auch inhaltlich bedenklich, wenn der Antrag des Gläubigers auf Eröffnung des Insolvenzverfahrens über das Vermögen des Schuldners ausreichen würde, um hierauf eine Kündigung anschließend stützen zu können. Rechtsmissbräuchlichen Insolvenzanträgen von Gläubigern ohne Vorliegen der tatsächlichen Voraussetzungen für eine Insolvenzeröffnung könnte auf diese Weise Tür und Tor geöffnet werden, nur um aus einem ungünstigen Vertrag herauszukommen. Vor diesem Hintergrund ist es verständlich und allein richtig, lediglich die Beantragung des Insolvenzverfahrens durch den Auftragnehmer als außerordentlichen Kündigungsgrund gemäß § 8 Abs. 2 Nr. 1 VOB/B zuzulassen. Dazu bedarf es allerdings keiner einschränkenden Auslegung des VOB-Textes. Es reicht aus, dass man den VOB-Text nicht extensiv über seinen ausdrücklichen Wortlaut hinaus auslegt. Man wird sich allerdings fragen müssen, welchen Sinn der Kündigungsgrund der Insolvenzbeantragung bei Erfassung lediglich des Antrages des Schuldners haben soll, wo doch bereits die Zahlungseinstellung als eigenständiger Kündigungsgrund ausreicht, die objektiv wohl kaum eindeutiger belegt werden kann, als durch die Beantragung der Eröffnung des Insolvenzverfahrens seitens des Schuldners selber. Tatsächlich kommt diesem Kündigungsgrund aber sehr wohl eine eigenständige rechtliche Bedeutung zu, weil Eröffnungsgrund für das Insolvenzverfahren bei Beantragung seitens des Schuldners nicht nur die bereits eingetretene Zahlungsunfähigkeit, sondern auch schon die **drohende** Zahlungsunfähigkeit (§ 18 InsO) ist. Der kündigungsbereite, das Insolvenzverfahren über das Vermögen des Auftragnehmers beantragende Auftraggeber war bislang, wenn der Auftragnehmer seine Zahlungen noch nicht eingestellt hat darauf angewiesen, zunächst zuzuwarten, ob das von ihm beantragte Insolvenzverfahren eröffnet oder mangels Masse die Eröffnung abgelehnt wird. Wurde das Insolvenzverfahren auf seinen Antrag hin eröffnet, dann konnte der Auftraggeber nach dem Wortlaut des VOB-Textes aus wichtigem Grunde kündigen, es sei denn, die Kündigungsregelung in § 8 Abs. 2 VOB/B ist gerade für diesen Fall wegen Verstoßes gegen § 119 InsO als nichtig anzusehen. Wurde die Eröffnung des vom Auftraggeber beantragten Insolvenzverfahrens mangels Masse abgelehnt, so steht ihm unzweifelhaft das Kündigungsrecht aus § 8 Abs. 2 Nr. 1 VOB/B mit der in § 8 Abs. 2 Nr. 2 VOB/B geregelten ihm günstigen Rechtsfolge zu, da für diesen Fall § 119 InsO keine Anwendung mehr findet.

Nunmehr gilt:

Der mit der VOB/B 2000 in die VOB/B aufgenommene Kündigungsgrund der Beantragung des Insolvenzverfahrens erfasste, wie oben ausgeführt, nur den Antrag des Auftragnehmers als Schuldner i. S. d. § 13 InsO. Der Antrag auf Eröffnung des Insolvenzverfahrens durch einen oder mehrere Gläubiger wurde von § 8 Abs. 2 Nr. 1 VOB/B in der Altfassung nicht erfasst. Seit der Fassung der VOB/B 2006 ist dies geändert worden. Zur Begründung führt der Deutsche Vergabe- und Vertragsausschuss für Bauleistungen in seinem Beschluss vom 27.6.2006 aus, die Interessenlage bei der Beantragung des Insolvenzverfahrens durch den Auftragnehmer einerseits und die Beantragung der Eröffnung des Insolvenzverfahrens durch ein oder mehrere Gläubiger andererseits sei im Hinblick auf die Kontinuität der Ausführung der Leistung auf Seiten des Auftraggebers identisch, weshalb man eine entsprechenden Erweiterung des Kündigungsrechtes im Sinne der jetzigen Fassung vorgenommen habe. Den oben dargestellten Missbrauchsbefürchtungen wird hierdurch jedoch weiterhin nicht Rechnung getragen.

d) Eröffnung des Insolvenzverfahrens oder dessen Ablehnung mangels Masse. Der Kündigungsgrund der Eröffnung des Insolvenzverfahrens oder dessen Ablehnung mangels Masse bedarf grundsätzlich keiner näheren Erläuterung. Ist das Insolvenzverfahren eröffnet worden, wobei gleichgültig ist, ob der Auftraggeber oder der Auftragnehmer die Insolvenzeröffnung beantragt hat, so kann der Auftraggeber nach dem eindeutigen Wortlaut des VOB-Textes die Kündigung des Vertrages aussprechen. Eine Kündigung ist zur Beendigung des Vertragsverhältnisses in diesem Falle notwendig, weil die Insolvenz selber weder zur Aufhebung des Bauvertrages bzw. zur Erlöschung der gegenseitigen Ansprüche führt. Vielmehr bleibt der Bauvertrag in gemäß § 38 InsO im Verhältnis zur Masse umgewandelter Form[179] bestehen, allerdings mit der Maßgabe, dass dem Insolvenzverwalter aus § 103 InsO ein Wahlrecht des Inhalts zusteht, dass und ob er an der Erfüllung des Vertrages festhalten will oder nicht. Entgegen dem früheren § 17 KO ist ihm dieses Recht auch noch dadurch „versüßt" worden, dass er nunmehr bei

---

[179] BGHZ 106, 236; BGH WM 1989, 229; jüngst hierzu BGH NZBau 2002, 439, 441: Die Eröffnung des Insolvenzverfahrens bewirkt kein Erlöschen der Erfüllungsansprüche aus gegenseitigen Verträgen.

Verträgen über teilbare Leistungen[180] sich auch dahingehend entscheiden kann, nur für die Zukunft Erfüllung zu wählen, ohne dadurch auch für die in der Vergangenheit vom Vertragspartner erbrachten Leistungen zur Erfüllung verpflichtet zu sein.

Mit diesem Wahlrecht kollidiert die in § 8 Abs. 2 VOB/B geregelte Lösungsmöglichkeit vom Vertrage für den Fall der Eröffnung des Insolvenzverfahrens. Dabei geht es um die bereits oben grundsätzlich erörterte Frage, ob durch die in der VOB/B geregelte Lösungsmöglichkeit das durch § 119 InsO geschützte Verwalterwahlrecht verletzt wird mit der Konsequenz der Nichtigkeit des § 8 Abs. 2 VOB/B. Nach unserer oben[181] bereits dargestellten Auffassung führt der Eintritt der Insolvenz zwar nicht zu einer Lösungsbeschränkung bei Werkverträgen, weil diese für den Auftraggeber gemäß §§ 649 BGB, 8 Abs. 1 VOB/B ohnehin frei kündbar ist. Die Diskussion geht aber an der Sache vorbei, wenn sie auf der Ebene der Kündigungsgründe anstatt auf der Stufe der Kündigungsfolgenregelung geführt wird. Entscheidend und sogleich zu besprechen ist deshalb die Frage, ob die Rechtsfolgenregelung in § 8 Abs. 2 Nr. 2 VOB/B das durch §§ 103, 119 InsO gesicherte Erfüllungswahlrecht des Insolvenzverwalters unzulässig beschränkt und deshalb gemäß § 119 InsO unwirksam ist.

77 **2. § 8 Abs. 2 Nr. 2 VOB/B – Die Kündigungsfolgen. a) Nichtigkeit des § 8 Abs. 2 Nr. 2 VOB/B wegen Beschränkung des durch §§ 103, 119 InsO gesicherten Erfüllungswahlrechts des Insolvenzverwalters. aa) Die Rechtsproblematik.** Wir haben bereits erläutert, dass die Kündigung des Vertrages aus Gründen der Insolvenz nicht das durch § 119 InsO geschützte Verwalterwahlrecht tangieren kann, weil es angesichts der kraft Gesetzes dem Auftraggeber zustehenden freien Kündigungsmöglichkeit an einer Insolvenzabhängigkeit fehlt. Damit ist allerdings noch nichts darüber ausgesagt, ob dies auch für insolvenzabhängige von der gesetzlichen Regelung des § 649 Satz 2 BGB abweichende Vergütungs- und Schadensersatzansprüche gilt. Ausgehend von dem gesetzlichen Leitbild des § 649 Satz 2 BGB ist der Auftragnehmer/Insolvenzverwalter selbstverständlich ungleich schlechter gestellt, weil er zum einen lediglich Vergütung für die erbrachten Leistungen beanspruchen kann, so dass ihm insbesondere der kalkulierte Gewinn entgeht und zum anderen er sich mit Schadensersatzansprüchen wegen Nichterfüllung konfrontiert sieht, die den Vergütungsanspruch der Masse beschränken und § 649 Satz 2 BGB in sein Gegenteil umkehren.[182]

78 Eine Reduzierung des dem Auftragnehmer/Insolvenzverwalter gemäß § 649 Satz 2 BGB zustehenden Vergütungsanspruchs und selbstverständlich erst recht ein dem Auftraggeber eingeräumter insolvenzabhängiger Schadensersatzanspruch tangiert den Schutzbereich des § 119 InsO.[183] Zum Schutzzweck des § 103 InsO gehört die Durchsetzung des Erfüllungsanspruches auch in seiner durch § 649 Satz 2 BGB veränderten Gestalt. § 103 InsO dient nicht dem Schutz des Vertragspartners davor, erfüllen zu müssen und hierfür lediglich eine anteilige Befriedigung in Geld zu erhalten. Dieser Schutz ist bereits durch § 320 BGB ausreichend sichergestellt. § 103 InsO ermächtigt den Verwalter, unter Verstoß gegen einen streng verstandenen Grundsatz der Gläubigergleichbehandlung einzelne Gläubiger (denn der Vertragspartner, demgegenüber der Verwalter Erfüllung des Vertrages verlangt, erhält volle Vergütung, währenddessen sich die übrigen Gläubiger auf ihre Quote verweisen lassen müssen) im Interesse aller zu bevorzugen und verfolgt deshalb den Zweck der Massenanreicherung.[184]

Für den vorliegend interessierenden Fall des insolventen Auftragnehmers wird der Verwalter immer dann Interesse an der Erfüllung zeigen, wenn er nach Prüfung der Auftragskalkulation feststellt, dass die tatsächlichen Kosten für die Erbringung der versprochenen Werkleistung weitaus niedriger sind, als die vom Auftraggeber hierfür versprochene Vergütung. Gleiches gilt für den Fall, dass die Werkleistung bereits weitestgehend fertig gestellt worden ist und der Vertragspartner seine Gegenleistung noch nicht erbracht hat. Nicht nur dass der Verwalter in diesem Fall

---

[180] Zur Teilbarkeit von Bauleistungen siehe BGH NZBau 2002, 439, 441: Mit Eröffnung des Insolvenzverfahrens verlieren noch offene Ansprüche aus gegenseitigen Verträgen ihre Durchsetzbarkeit, soweit sie nicht auf die anteilige Gegenleistung für vor Verfahrenseröffnung erbrachte Leistungen gerichtet sind.

[181] Siehe unter Rdn. 69.

[182] *Marotzke* in Heidelberger Kommentar zur Insolvenzordnung InsO § 119 Rdn. 5 (6. Auflage 2011).

[183] *Franke* BauR 2007, 774; *Marotzke* in Heidelberger Kommentar zur Insolvenzordnung InsO § 119 Rdn. 5 (6. Auflage 2011); *Schwörer* Rdn. 515; anderer Ansicht *Fritsche* DZWIR 2007, 446; *Timmermans* BauR 2001, 321, der die Frage nach dem Schutzzweck der §§ 103, 119 InsO nicht stellt.

[184] Herrschende Meinung BGHZ 129, 336; BGHZ 116, 156; BGHZ 106, 236; BGHZ 103, 250; *Kübler/Prütting/Tintelnot* InsO § 103 Rdn. 2; *Schwörer* Rdn. 195.

bei Wahl der Vertragserfüllung die volle Vergütung erhält, er verhindert in diesem Fall auch den Eintritt weiteren Schadens, etwa durch Verwirkung einer Vertragsstrafe.

Dieses Erfüllungswahlrecht des Verwalters würde ad absurdum geführt und völlig ins Leere laufen, wenn der Auftraggeber mit der Folge kündigen könnte, dass er nur die erbrachten Leistungen zu vergüten hat und ihm darüber hinaus noch ein Schadensersatzanspruch wegen Nichterfüllung zustände, mit dem er gegen die geschuldete Vergütung für die erbrachten Teilleistungen aufrechnen könnte. Denn § 95 Abs. 1 Satz 3 InsO schließt eine solche Aufrechnung nur aus, wenn die Forderung des solventen Vertragspartners später als die massezugehörige Forderung fällig wird. Vergütungs- und Schadensersatzanspruch gemäß § 8 Abs. 2 Nr. 2 VOB/B entstehen jedoch infolge der Kündigung gleichzeitig. Auch nach dem Entstehen der Insolvenzordnung ist das Vertrauen auf im Entstehen betroffene Aufrechnungslagen nach wie vor geschützt.[185]

Als weiterer Schutzzweck des § 103 InsO ist schließlich die Betriebsfortführung zu nennen. Im Gesetzgebungsverfahren zur Insolvenzordnung stellte die Ermöglichung der Erhaltung der wirtschaftlichen Einheit des schuldnerischen Unternehmens eines der erklärten Regelungsziele dar.[186] Die Verfasser der Insolvenzordnung gingen davon aus, dass bei Unternehmenserhalt eine Verwertung desselben als funktionsfähige wirtschaftliche Einheit einen höheren Erlös erzielen dürfte und damit im Interesse der Gläubigergemeinschaft liege, als eine Einzelveräußerung der Produktionsmittel. Auch mit diesem Ziel wäre es unvereinbar, wenn der Auftraggeber im Falle der Insolvenz des Auftragnehmers ohne das Erfüllungswahlrecht des Verwalters abzuwarten außerordentlich kündigen könnte und mit seinen Rechtsfolgen aus dieser Kündigung die Masse belasten würde.

Wir kommen deshalb zu dem Ergebnis, dass § 8 Abs. 2 Nr. 1 und 2 VOB/B wegen Verstoßes gegen § 119 InsO **nichtig ist, soweit er ein außerordentliches Kündigungsrecht für den Fall der Beantragung (Fall 2) oder Eröffnung eines Insolvenzverfahrens (Fall 3) vorsieht.**[187]

Dies hat der BGH in Bezug auf den Fall 2 von § 8 Abs. 2 Nr. 1 VOB/B in seiner Grundsatzentscheidung vom 7.4.2016 zwischenzeitlich anders entschieden. Zur Begründung wies der BGH darauf hin, eine Beeinträchtigung des Wahlrechtes des Insolvenzverwalters sei mit einer vertraglichen Lösungsklausel dann nicht verbunden, wenn diese sich eng an eine gesetzliche Lösungsmöglichkeit anlehne. Dies sei bei § 8 Abs. 2 Nr. 1 Fall 2 i. V. m. Nr. 2 VOB/B (2009) der Fall, weil sie bereits nicht weiter als die gesetzliche Kündigungsmöglichkeit nach § 649 Satz 1 BGB gehe, sodass ihr nur deklaratorische Bedeutung zukomme. § 137 Abs. 2 des seinerzeitigen Regierungsentwurfes zur InsO, der vorsah, dass eine Vereinbarung, die für den Fall der Eröffnung des Insolvenzverfahrens die Auflösung eines gegenseitigen Vertrages vorsieht oder der anderen Partei das Recht gibt, sich einseitig vom Vertrag zu lösen, unwirksam ist, wurde gerade nicht in geltendes Recht übernommen. Eine andere Gesamtbetrachtung komme nach Auffassung des BGH auch nicht unter Berücksichtigung der Rechtsfolgen des § 8 Abs. 2 Nr. 2 VOB/B (2009) in Betracht, wonach dem kündigenden Auftraggeber ein Schadensersatzanspruch wegen Nichterfüllung der kündigungsbedingt nicht mehr erbrachten Vertragsleistung zustehe. Zur Begründung führte der BGH aus: Sowohl der Schutzbereich der Eigentumsgarantie nach Artikel 14 Abs. 1 Satz 1 GG wie die aus Artikel 2 Abs. 1 GG resultierende Vertragsfreiheit ließen keine andere Wertung zu. Die grundrechtlich geschützten Interessen der Insolvenzgläubiger nach einer bestmöglichen Befriedigung der Forderung der Gläubiger rechtfertigen eine Beschränkung der Rechte des Vertragspartners des Schuldners nicht, wenn seine grundrechtlich geschützten Interessen die Interessen der Insolvenzgläubiger erheblich überwiegen und ihm ein Festhalten am Vertrag ohne Anspruch auf Schadensersatz nicht zuzumuten sei. Hiervon sei zu Gunsten des Auftraggebers eines Bauvertrages regelmäßig auszugehen, weil es dem Auftraggeber im Falle des Eigeninsolvenzantrages des Auftragnehmers regelmäßig nicht zuzumuten sei, die Eröffnung des Insolvenzverfahrens und die sich anschließende Entscheidung des Insolvenzverwalters zur Fortführung des Bauvertrages abzuwarten. Eine dem vorläufigen Insolvenzverwalter gegenüber abge-

---

[185] BGH IBR 2005, 465 ff.; *Häsemeyer* in Kölner Schrift zur Insolvenzordnung, 645; *Schwörer* Rdn. 514.
[186] Vgl. Rechtsausschuss zum Regierungsentwurf InsO, BT-Drucks. 12/7302, 170; *Schwörer* Rdn. 109.
[187] Ebenso *Franz* in Leinemann VOB/B § 8 Rdn. 103; *Franke* BauR 2007, 774; *Marotzke* in Heidelberger Kommentar zur Insolvenzordnung InsO § 119 Rdn. 5 (6. Auflage 2011); *Kübler/Prütting/Tintelnot* InsO § 119 Rdn. 10, 14; *Schwörer* Rdn. 516; **anderer Ansicht** BGH Urt. v. 7.4.2016, VII ZR 56/15, IBRRS 2016, 1228; BGHZ 96, 34 zur Konkursordnung; OLG Schleswig IBR 2012, 133; OLG Bamberg IBR 2011, 87; OLG Brandenburg IBR 2010, 210; OLG Karlsruhe IBR 2006, 398; OLG Düsseldorf IBR 2006, 674; *Schmitz* in Ingenstau/Korbion VOB/B § 8 Abs. 2, Rdn. 10; *Fritsche* DZWIR 2007, 446; *Timmermans* BauR 2001, 321; *Kemper* in FKZGM VOB/B § 8 Rdn. 43; *Heidland* BauR 1998, 653.

gebener Aufforderung zur Ausübung des Wahlrechtes müsse wirkungslos bleiben, weil § 103 Abs. 2 Satz 2 InsO erst nach Eröffnung des Insolvenzverfahrens greife und sich selbst nach Eröffnung des Insolvenzverfahrens der Insolvenzverwalter nur unverzüglich und nicht sofort erklären müsse, was erfahrungsgemäß einen längeren Zeitraum in Anspruch nehmen könne. Der im Falle eines regelmäßig folgenden Baustillstands entstehende Schaden könne nur durch eine frühzeitige Vertragsbeendigung gering gehalten werden. Der Abschluss eines Bauvertrages erfolge regelmäßig unter Inanspruchnahme besonderen Vertrauens. Dieses Vertrauen zerstöre der Schuldner, der einen Eigeninsolvenzantrag gestellt hat. Aus der Sicht des Auftraggebers bringe der Auftragnehmer mit seinem Eigeninsolvenzantrag zum Ausdruck, dass ihm die finanziellen Mittel zur vertragsgemäßen Erfüllung des Bauvertrages fehlen würden. Der Insolvenzverwalter der nach Eröffnung des Insolvenzverfahrens und Vertragsfortsetzungsverlangens durch ihn an die Stelle des Insolvenzschuldners trete, könne für sich nicht das für die Erfüllung des Bauvertrages erforderliche Vertrauen in gleicher Weise in Anspruch nehmen, wie der Schuldner vor der Eigeninsolvenzantragstellung. Aus Sicht des Auftraggebers stände deshalb zu befürchten, dass die weiteren Arbeiten durch den Insolvenzschuldner oder den Insolvenzverwalter nicht ordnungsgemäß ausgeführt werden können. Für den Fall der Eigenverwaltung gelte nichts anderes.

80 Kommt man mit der jetzt herrschenden Meinung nicht zur Nichtigkeit von § 8 Abs. 2 VOB/B Alt. 2 und 3 wegen Verstoßes gegen § 119 InsO hat man sich natürlich mit der Frage auseinanderzusetzen, ob die Vorschrift des § 8 Abs. 2 VOB/B einer Inhaltskontrolle nach § 307 ff. BGB standhält. Eine Inhaltskontrolle dürfte praktisch in allen Fällen geboten sein, weil die VOB/B in der Praxis regelmäßig nicht als Ganzes vereinbart worden sein dürfte und deshalb gemäß § 310 Abs. 1 S. 3 BGB keine Privilegierung erfährt.

Nach der Rechtsprechung des Bundesgerichtshofes[188] ist eine Inhaltskontrolle der VOB/B-Vorschriften bereits aufgrund jeder inhaltlichen Abweichung von deren Bestimmung eröffnet, ohne dass es eines Eingriffes in den Kernbereich der VOB/B bedürfe. Die herrschende Meinung vertritt die Auffassung, dass bei isolierter AGB-Inhaltskontrolle eine Unwirksamkeit von § 8 Abs. 2 VOB/B bei auftraggeberseitiger Verwendung der Klauseln **nicht** anzunehmen sei[189]. Der Bundesgerichtshof hat in seiner Entscheidung 1985[190] bereits grundsätzlich ausgeführt, dass eine unangemessene Benachteiligung des Auftragnehmers im Hinblick auf § 649 BGB ohnehin nicht in Betracht komme, selbst dann nicht, wenn die Kündigung erst nach Konkurseröffnung ausgesprochen werde. Ob der Bundesgerichtshof dies in heutiger Besetzung noch einmal so entscheiden würde, war lange zweifelhaft.

81 In der bereits oben beschriebenen Grundsatzentscheidung des BGH aus 2016[191] hat der BGH jedenfalls für den Fall 2 von § 8 Abs. 2 Nr. 1 VOB/B in der Entscheidungsgrundlage bildenden Fassung aus 2009, die von der aktuell geltenden Fassung insoweit nicht abweicht, entschieden, dass das außerordentliche Kündigungsrecht hinsichtlich seiner Rechtsfolgen für den Fall 2 regelmäßig nicht weitergehe, als die dem Auftraggeber im Falle eines Eigeninsolvenzantrages des Auftragnehmers gesetzlich oder aufgrund Richterrechts zustehenden Rechte. Bereits nach allgemein geltender Rechtslage sei der Auftraggeber berechtigt, das Vertragsverhältnis außerordentlich und damit ohne Verpflichtung gemäß § 649 Satz 2 BGB zu kündigen, wenn der Auftragnehmer seine Vertragspflichten derart verletzt haben sollte, dass das Vertrauensverhältnis nachhaltig gestört oder die Erreichung des Vertragszwecks gefährdet sei. Durch seinen Eigeninsolvenzantrag zerstöre der Auftragnehmer in der Regel das für die Fortführung des Bauvertragsverhältnisses erforderliche Vertrauensverhältnis, weshalb diese nach Richterrecht entwickelten außerordentlichen Vertragslösungsgründe auch vorliegend bereits eingreifen würden. Zugleich würde dem Auftraggeber aus den §§ 280 Abs. 1, 3 sowie 282 BGB ein Schadensersatzanspruch gegen den Auftragnehmer zustehen, da der Auftragnehmer mit seinem Eigeninsolvenzantrag seine aus dem Bauvertrag resultierende Nebenpflicht zur Rücksichtnahme auf die Rechte, Rechtsgüter und Interessen des Auftraggebers verletzen würde. § 8 Abs. 2 Nr. 1 Fall 2 i. V. m. Nr. 2 VOB/B sei demgemäß nicht mit dem Grundgedanken gesetzlicher Regeln unvereinbar

---

[188] BGH NJW 2004, 1597.
[189] OLG Schleswig IBR 2012, 133; vgl. auch OLG Düsseldorf BauR 2006, 1908; OLG Karlsruhe IBR 2006, 398; *Schmitz* in Ingenstau/Korbion VOB/B § 8 Abs. 2 Rdn. 14; *Uhlenbruck/Sinz* InsO § 119 Rdn. 25; anderer Ansicht *Franz* in Leinemann VOB/B § 8 Rdn. 96; *Huber* in MüKo, InsO § 119 Rdn. 51, für den Fall, dass der Auftraggeber oder ein anderer Gläubiger die Eröffnung des Insolvenzverfahrens beantragt hat; vgl. auch *Braun-Kroth* InsO § 119 Rdn. 13; *Franke* BauR 2007, 774,784; *Koenen* BauR 2005, 202, 206.
[190] BGHZ 96, 34 = BauR 1986, 336.
[191] BGH, Urt. v. 7.4.2016, VII ZR 56/15, IBRRS 2016, 1228.

(§ 307 Abs. 2 Nr. 1 BGB), noch würden sie sonst unangemessen im Sinne von § 307 Abs. 1 BGB den Auftragnehmer benachteiligen.

Das OLG Schleswig[192] verwies seinerzeit schon darauf, dass die in § 8 Abs. 2 Nr. 2 S. 2 **82** VOB/B bestimmte Schadensersatzverpflichtung im Ergebnis gleichermaßen aus den §§ 281, 280 BGB folge. Die Verletzung der Leistungspflichten liege bei Beantragung der Eröffnung des Insolvenzverfahrens durch den Auftragnehmer in seiner finanziellen Leistungsverpflichtung, einer die Hauptleistungspflicht ergänzende vertragliche Nebenleistungspflicht. Mit der Überschuldung oder dem Verlust der Zahlungsfähigkeit werde diese Verpflichtung verletzt. Eine Fristsetzung nach § 281 Abs. 2 BGB sei wegen der besonderen Umstände entbehrlich. Das Verschulden liege ebenfalls vor, denn der Schuldner habe seine finanzielle Leistungsunfähigkeit unabhängig von einem Verschulden zu vertreten. Auf § 119 InsO kommt es in diesem Zusammenhang als Maßstab für die Inhaltskontrolle nicht an, da es sich hierbei um einen eigenen Kontrollmaßstab mit der Rechtsfolge des § 134 BGB handelt.[193]

bb) Folgen der Nichtigkeit. Kommt man wie hier zu dem Ergebnis, dass § 8 Abs. 2 Nr. 1 **83** Alt. 2 und 3 i. V. m. Nr. 2 VOB/B wegen Verstoßes gegen § 119 InsO nichtig ist, soweit er ein außerordentliches Kündigungsrecht für den Fall der Beantragung oder Eröffnung eines Insolvenzverfahrens vorsieht, dann stellt sich die Frage, ob man bei Anwendung der Grundsätze des Verbots der geltungserhaltenen Reduktion nicht zur Gesamtnichtigkeit von § 8 Abs. 2 VOB/B kommen muss. Mit dieser Frage hat sich das OLG Schleswig[194] am Rande beschäftigt und kam dabei zu dem Ergebnis, dass die weiteren Kündigungsgründe der Eröffnung des Insolvenzverfahrens auf Antrag des Auftraggebers oder eines Dritten von dem für wirksam gehaltenen Kündigungsgrund der Beantragung des Insolvenzverfahrens durch den Auftragnehmer sprachlich und inhaltlich so voneinander getrennt werden können, dass sie auch isoliert Bestand haben. Dass die Kündigungsalternativen denselben Regelungskomplex betreffen, begründe nicht etwa die Gesamtnichtigkeit der Regelung[195]. Eine sprachliche und inhaltliche Trennung lässt sich in der Tat problemlos durchführen, weshalb die Auffassung des OLG Schleswig zutreffend sein dürfte.

Trotz der hierzu jetzt ergangenen aktuellen höchstrichterlichen Entscheidung[196] ist der Recht- **84** suchende gut beraten, nach weniger risikobehafteten Lösungen zu suchen. Dass es diese Lösungen gibt, dürfte nicht weiter überraschen. Der Bundesgerichtshof hat bereits unter Geltung der Konkursordnung darauf hingewiesen,[197] dass der Auftraggeber aus anderem Grunde, z. B. wegen verzögerter Fertigstellung der Werkleistung kündigen kann, anstatt die Insolvenz als Kündigungsgrund zu bemühen. Die Zahlungsunfähigkeit des Auftragnehmers begründe für sich genommen objektiv zwar die Gefahr, dass die rechtzeitige Fertigstellung möglicherweise verzögert wird. Dieses allgemeine Risiko rechtfertige es jedoch nicht, den Insolvenzgläubigern einseitig schwer wiegende wirtschaftliche Nachteile unabhängig davon aufzuerlegen, ob im Einzelfall überhaupt eine Verzögerung eintritt. Der Bundesgerichtshof wörtlich: „Wirtschaftliche Nachteile drohten der Beklagten hingegen nicht. Sie hätte nur abwarten müssen, ob die Gemeinschuldnerin die Anlage fristgerecht herstellte, um verneinendenfalls den Vertrag aus diesem Grunde zu kündigen, …"[198]

Damit zeigte der Bundesgerichtshof bereits den richtigen Lösungsweg auf, nämlich die **85** Kündigung des Vertrages über § 5 Abs. 4, § 8 Abs. 3 VOB/B, falls dessen Voraussetzungen vorliegen. Wir haben bereits ausgeführt, dass eine wegen Verstoßes gegen § 119 InsO nicht als Kündigung aus wichtigem Grunde wirkende Entziehung des Auftrages grundsätzlich nicht in eine freie Kündigung nach § 8 Abs. 1 VOB/B umgedeutet werden kann. Dies ist nur dann möglich, wenn der Auftraggeber erkennbar zum Ausdruck gebracht hat, dass er eine Beendigung des Vertrages ungeachtet des Vorliegens wichtiger Kündigungsgründe, also in jedem Falle, wünscht. Davon kann dann, wenn der Auftraggeber den Kündigungsgrund des § 8 Abs. 2 VOB/B bemüht regelmäßig aber gerade nicht ausgegangen werden, weil zu vermuten ist, dass

---

[192] OLG Schleswig IBR 2012, 133.
[193] So zu Recht *Vygen/Schmitz* in Ingenstau/Korbion(in der 19. Auflage) VOB/B § 8 Abs. 2 Rdn. 14; vgl. auch *Fritsche/Kilian* BZWIR 2008, 45, 48; anderer Ansicht *Franke* BauR 2007, 774, 783; *Heerdt* FS Ganten 155, 164.
[194] OLG Schleswig IBR 2012, 133.
[195] Für eine Gesamtunwirksamkeit spricht sich *Heerdt* FS Ganten 155,164 aus.
[196] Vgl. BGH, Urt. v. 7.4.2016, VII ZR 56/15 IBRRS 2016, 1228.
[197] BGHZ 124, 76.
[198] BGHZ 124, 76, 81.

seine Kündigung mit entscheidend dadurch beeinflusst ist, dass ihm § 8 Abs. 2 Nr. 2 VOB/B gegenüber der freien Kündigung weitaus günstigere Rechtsfolgen einräumt.

86 Scheidet eine Umdeutung in eine freie Kündigung aus, dann besteht das Vertragsverhältnis unvermindert fort und steht es dem Auftraggeber frei, den Verwalter nach Insolvenzeröffnung gemäß § 103 Abs. 2 Satz 2 InsO aufzufordern, sein Erfüllungswahlrecht auszuüben. Erklärt sich der Verwalter auf diese Aufforderung nicht unverzüglich[199], ob er Erfüllung verlangt, so entfällt der Erfüllungsanspruch und kann der Auftraggeber seinerseits Schadensersatz wegen Nichterfüllung verlangen. Zwar sind diese Schadensersatzansprüche ausdrücklich als Insolvenzforderung im Gesetz bezeichnet. Dies hindert allerdings die Aufrechnungsbefugnis nicht, da der Schadensersatzanspruch wegen der Möglichkeit der insolvenzbedingten Beendigung von Verträgen mit der Verfahrenseröffnung aufschiebend bedingt entstanden ist.[200]

87 Vor Insolvenzeröffnung stehen dem Auftraggeber seine Rechte aus § 4 Abs. 7 bzw. § 5 Abs. 4 i. V. m. § 8 Abs. 3 VOB/B uneingeschränkt zu. Danach kann der Auftraggeber dem Auftragnehmer dann, wenn dieser seiner Pflicht zur Beseitigung eines Mangels nicht nachkommt, eine angemessene Frist zur Beseitigung desselben setzen und erklären, ihm nach fruchtlosem Ablauf der Frist den Vertrag zu kündigen. Gleiches gilt, wenn der Auftragnehmer mit der Vollendung der Bauleistung in Verzug gerät oder seiner Verpflichtung nach § 5 Abs. 3 VOB/B nicht nachkommt, wonach er unverzüglich für Abhilfe zu sorgen hat, falls Arbeitskräfte, Geräte, Gerüste, Stoffe und Bauteile so unzureichend sind, dass die Ausführungsfristen offenbar nicht mehr eingehalten werden können. Jedenfalls bis zur Eröffnung des Insolvenzverfahrens schützen diese Rechte den Auftraggeber in ausreichendem Maße, sodass die klare Positionierung des BGH zur (unbedingten) Wirksamkeit des vertraglichen Lösungsrechtes gemäß § 8 Abs. 2 Nr. 1 Fall 2 VOB/B doch ein wenig überrascht hat.[201]

88 Dem Schutzzweck des § 119 InsO steht eine Vertragsauflösung im Falle des Verzuges indes nicht entgegen, da es bei § 119 InsO allein darum geht zu verhindern, dass die Vertragspartner die Bestimmungen der Insolvenzordnung dadurch außer Kraft setzen, dass sie massebenachteiligende Vereinbarungen gerade im Hinblick auf ein künftiges Insolvenzverfahren treffen. Lösungsrechte, die an den Verzug anknüpfen, haben aber zwingend nicht etwas mit einer Insolvenz des Auftragnehmers zu tun. Mangels Insolvenzbezogenheit sind damit verzugsanknüpfende Lösungsklauseln durch § 119 InsO nicht verboten.[202] Da schließlich die Insolvenzordnung einem Verzugseintritt jedenfalls im Eröffnungsverfahren nicht entgegensteht,[203] steht dem Auftraggeber die Möglichkeit offen, unter den Voraussetzungen von § 5 Abs. 4 VOB/B die Verzugsvoraussetzung zu begründen und mit den Rechtsfolgen des § 8 Abs. 3 VOB/B im Falle des Verzugseintritts und vorausgegangener Kündigungsandrohung die Kündigung aus wichtigem Grunde auszusprechen.[204]

89 **b) § 8 Abs. 2 Nr. 2 Satz 1 VOB/B – Anspruch auf Vergütung für erbrachte Leistungen.** Wegen des eindeutigen Wortlautes von § 8 Abs. 2 Nr. 2 Satz 2 VOB/B steht dem wegen Insolvenz gekündigten Auftragnehmer respektive dem Insolvenzverwalter lediglich die anteilige Vergütung für die ausgeführten Leistungen zu. Die in § 6 Abs. 5 VOB/B daneben geregelten Ersatzansprüche für Kosten, die dem Auftragnehmer bereits entstanden und in den Vertragspreisen des nicht ausgeführten Teils der Leistung enthalten sind, können gemäß § 8 Abs. 2 Nr. 2 VOB/B nicht verlangt werden.[205] Trotz der Kündigung ist eine Abnahme nach inzwischen herrschender Meinung Fälligkeitsvoraussetzung für den Vergütungsanspruch und ist

---

[199] Unverzüglich bedeutet aber nicht sofort, sodass die Entscheidungsfrist durchaus mehrere Wochen in Anspruch nehmen kann, worauf der BGH in seiner Leitentscheidung vom 7.4.2016, VII ZR 56/15, IBRRS 2016, 1228 zu Recht hinweis.
[200] BGHZ 68, 379; *Wegener* in Frankfurter Kommentar zur Insolvenzordnung InsO § 103 Rdn. 74.
[201] Vgl. hierzu die Kommentierung von Lederer in jurisPR-PrivBauR 6/2016 Anm. 1.
[202] *Marotzke* in Heidelberger Kommentar zur Insolvenzordnung InsO § 119 Rdn. 2 (6. Auflage 2011); *Schwörer* Rdn. 485.
[203] Die Regierungsentwurfsbegründung geht ausdrücklich von der Möglichkeit eines Verzugseintritts im Eröffnungsverfahren aus, vgl. Begründung zu RegE § 126 InsO und § 112 InsO BT-Drucks. 12/2443, 148; *Marotzke* in Heidelberger Kommentar zur Insolvenzordnung InsO § 112 Rdn. 9 (6. Auflage 2011); *Tintelnot* ZIP 1989, 144; *Schwörer* Rdn. 467 f.; nach Verfahrenseröffnung dürfte das Wahlrecht des Insolvenzverwalters, welches zum Verlust der einseitigen Durchsetzbarkeit des Erfüllungsanspruches führt, dem Verzugseintritt entgegenstehen.
[204] Ebenso *Fritsche/Kilian* DZWIR 2008, 45.
[205] OLG Köln BauR 1996, 257; *Kemper* in FKZGM VOB/B § 8 Rdn. 48; anderer Ansicht *Vygen/Schmitz* in Ingenstau/Korbion VOB/B § 8 Abs. 2, Rdn. 22 ff.

der Auftragnehmer/Insolvenzverwalter verpflichtet, Schlussrechnung zu legen, da er nach Kündigung grundsätzlich keinen Anspruch mehr auf Abschlagsrechnungen hat.[206]

c) § 8 Abs. 2 Nr. 2 Satz 2 VOB/B – Schadensersatz wegen Nichterfüllung des Restes.
Nach dem Text der VOB/B kann der Auftraggeber Schadensersatz wegen Nichterfüllung der 90 infolge der Kündigung nicht mehr zur Ausführung kommenden Restleistung verlangen. Dabei ist es ihm nach herrschender Meinung gestattet, mit diesem Schadensersatzanspruch gegenüber dem Vergütungsanspruch des Auftragnehmers aus § 8 Abs. 2 Nr. 2 Satz 1 VOB/B die Aufrechnung zu erklären.[207] Inhaltlich erstreckt sich der wegen § 276 Abs. 1 BGB n. F. = § 279 BGB a. F. verschuldensunabhängige[208] Schadensersatzanspruch des Auftraggebers darauf, so gestellt zu werden, als habe der Auftragnehmer die beauftragte Bauleistung wie geschuldet erbracht. Die Mehraufwendungen für die Fertigstellung des Bauwerkes durch Drittunternehmer sowie die Verzögerungsschäden aus entgangenen Mieteinnahmen gehören demgemäß zu den typischen vom Schadensersatzanspruch umfassten Schadensfolgen.

Der Bundesgerichtshof[209] hat klargestellt, dass der Auftraggeber gegenüber dem Werklohn- 91 anspruch des Auftragnehmers für erbrachte Leistungen mit dem Schadensersatzanspruch in Höhe der Mehrkosten der Fertigstellung auch im Gesamtvollstreckungsverfahren aufrechnen kann, wenn die Kündigung vor der Eröffnung des Verfahrens erfolgt ist. Zur Begründung wird in dieser Entscheidung auf § 7 Abs. 5 GesO verwiesen, wonach eine Aufrechnung im Gesamtvollstreckungsverfahren möglich ist, wenn die Aufrechnungslage im Zeitpunkt der Eröffnung des Verfahrens bestand. Dabei ist der Anspruch des Auftraggebers auf Ersatz des durch Fertigstellungsmehrkosten entstandenen Schadens bereits vor der Eröffnung des Verfahrens entstanden und fällig geworden, da der Schadensersatzanspruch in Höhe der Mehrkosten der Fertigstellung bereits im Zeitpunkt der außerordentlichen Kündigung fällig wird. Insoweit gelte nichts anderes als für einen Schadenersatzanspruch aus § 8 Abs. 2 Nr. 2 Satz 2 VOB/B. Die Entscheidung des Bundesgerichtshofes ist insgesamt zutreffend, da der Schaden aus den Fertigstellungsmehrkosten im Zeitpunkt der Kündigung eintritt und bereits zu diesem Zeitpunkt in Geld berechnet werden kann. Wie der Bundesgerichtshof selber in seiner Entscheidung richtig ausführt, besteht der Schaden darin, dass der Auftraggeber durch die Kündigung gezwungen ist, einen Drittunternehmer mit der Vollendung des Werkes zu beauftragen und dafür höhere Kosten aufzuwenden hat, als es bei ordnungsgemäßer Vertragserfüllung durch den Auftragnehmer der Fall gewesen wäre. Dabei ist es für die Fälligkeit unerheblich, dass dieser Schaden nach Fertigstellung durch einen Drittunternehmer nach dessen Kosten abgerechnet wird. Da im Übrigen eine Aufrechnungslage nicht voraussetzt, dass die Forderung, gegen die aufgerechnet wird, ihrerseits fällig ist, ist es rechtlich auch unerheblich, ob die Forderung des gekündigten Auftragnehmers bzw. des Verwalters im Gesamtvollstreckungsverfahren erst nach der Eröffnung des Insolvenzverfahrens fällig wird. Der Bundesgerichtshof weist in dieser Entscheidung ebenfalls zu Recht darauf hin, dass dieses Ergebnis mit den Regelungen der Konkursordnung bzw. der Insolvenzordnung im Einklang steht, da auch nach der Konkursordnung eine Aufrechnung nach § 54 KO nicht ausgeschlossen ist, wenn die Aufrechnungslage vor Eröffnung des Konkursverfahrens entstanden ist. Gleiches sieht § 94 InsO vor. § 95 Absatz 1 Satz 3 InsO, wonach eine Aufrechnung ausgeschlossen ist, wenn die Werklohnforderung, gegen die aufgerechnet werden soll, fällig wird, bevor die Schadensersatzforderung fällig wird, steht einer Aufrechnung regelmäßig in den hier relevanten Fällen ebenso wenig entgegen, da der Schadenersatzanspruch jedenfalls nicht nach dem Werklohnanspruch fällig wird.[210]

Der Schadensersatzanspruch nach § 8 Abs. 2 Nr. 2 Satz 2 VOB/B ist tatbestandlich an das 92 Vorliegen der Voraussetzungen von § 8 Abs. 2 Nr. 1 VOB/B geknüpft. Soweit sich diese Kündigungsgründe nicht sicher nachweisen lassen, der Auftragnehmer die Arbeiten aber bereits endgültig eingestellt hatte, lässt sich eine zunächst auf den Kündigungsgrund von § 8 Abs. 2 Nr. 1 VOB/B gekündigte Kündigung auch nachträglich noch auf § 8 Abs. 3 Nr. 1 VOB/B

---

[206] BGH BauR 1987, 453; OLG Nürnberg NZ Bau 2000, 509; siehe hierzu näher oben unter Rdn. 58 Fußn. 131.
[207] BGH IBR 2005, 465 f.; BGH BauR 1998, 140, mit der die vorerwähnte insoweit anders lautende Entscheidung des OLG Düsseldorf ZIP 1996, 1749 aufgehoben wurde.
[208] BGHZ 83, 293.
[209] BGH IBR 2005, 465 f.
[210] BGH IBR 2005, 465 f.

i. V. m. § 5 Abs. 4 VOB/B stützen.[211] Eine Fristsetzung mit Kündigungsandrohung ist in diesen Fällen regelmäßig entbehrlich, wenn eine solche offenbar zwecklos gewesen wäre.[212]

II. § 8 Abs. 3 VOB/B – Die Kündigung wegen versäumter Fristen

93 1. § 8 Abs. 3 Nr. 1 Satz 1 VOB/B – Die Kündigungsgründe. a) Fruchtloser Ablauf in den Fällen des § 4 Abs. 7 und 8 Nr. 1 VOB/B und des § 5 Abs. 4 VOB/B gesetzter Fristen. Der Text der VOB regelt in § 8 Abs. 3 Nr. 1 Satz 1 VOB/B keine eigenen Kündigungsgründe, sondern verweist auf das in § 4 Abs. 7 Satz 3 VOB/B geregelte außerordentliche Kündigungsrecht für während der Bauausführung gerügte Mängel, die der Auftraggeber trotz angemessener Fristsetzung mit Kündigungsandrohung nicht beseitigt hat. Ob und unter welchen Voraussetzungen eine Kündigung gemäß § 4 Abs. 7 Satz 3 VOB/B zulässig ist, richtet sich also nach dieser Norm. § 8 Abs. 3 Nr. 1 Satz 1 VOB/B greift dieses Kündigungsrecht nur auf, ohne es neu zu regeln. Wir können deshalb zu den Kündigungsvoraussetzungen dieses außerordentlichen Kündigungsgrundes voll auf die Kommentierung zu § 4 Abs. 7 Satz 3 VOB/B verweisen. Dasselbe gilt in Bezug auf den Kündigungsgrund gemäß § 4 Abs. 8 Nr. 1 Satz 3 VOB/B bezüglich des nicht genehmigten Nachunternehmereinsatzes sowie den außerordentlichen Kündigungsgrund gemäß § 5 Abs. 4 VOB/B betreffend die nicht rechtzeitige Ausführung der beauftragten Bauleistung.

94 Regelungsinhalte des § 8 Abs. 3 VOB/B sind vornehmlich die Rechtsfolgen der außerordentlichen Kündigung wegen vorerwähnter Kündigungsgründe und die weitere Abwicklung des gekündigten Werkvertrages. Lediglich § 8 Abs. 3 Nr. 1 Satz 2 VOB/B enthält eine den Inhalt der Kündigungserklärung betreffende Regelung, indem er auch eine teilweise Entziehung des Auftrages für in sich abgeschlossen Teile der vertraglichen Leistung zulässt. In diesem Zusammenhang hervorzuheben ist weiter die Regelung der Schriftform der Kündigung in § 8 Abs. 6 VOB/B, die bei den vorerwähnten außerordentlichen Kündigungsgründen zu beachten ist, obgleich in §§ 4 Abs. 7 Satz 3, 8 Nr. 1 Satz 4 und 5 Abs. 4 VOB/B lediglich auf § 8 Abs. 3 VOB/B verwiesen wird.[213] Hiervon will der Bundesgerichtshof[214] lediglich dann eine Ausnahme machen, wenn der Auftragnehmer die Erbringung der beauftragten Bauleistung endgültig verweigert hat.

95 **b) Sonstige außerordentliche Kündigungsgründe.** Nach herrschender Meinung gelten auch beim VOB-Vertrag die allgemeinen zum BGB entwickelten Grundsätze der Kündigung eines Werkvertrages aus wichtigem vom Auftragnehmer zu vertretenen Grunde mit folgendem Inhalt: Der Auftraggeber eines Werkvertrages ist berechtigt, den Bauvertrag zu kündigen, wenn durch ein **schuldhaftes Verhalten** des Auftragnehmers der Vertragszweck so gefährdet ist, dass der vertragstreuen Partei die Fortsetzung des Vertragsverhältnisses **nicht mehr zugemutet** werden kann.[215] Eine vorherige Fristsetzung mit Kündigungsandrohung ist in den Fällen der schwer wiegenden Vertragsverletzung grundsätzlich nicht erforderlich.[216] Allerdings bedarf es einer solchen Fristsetzung mit Kündigungsandrohung dann, wenn der andere Teil durch nachdrücklichen Hinweis auf die Folgen seiner weiteren Nichterfüllung des Vertrages doch noch dazu gebracht werden kann, sich vertragsgemäß zu verhalten.[217] Liegt ein sonstiger nicht unter die § 8 Abs. 2–4 VOB/B fallender wichtiger Grund zur fristlosen auftraggeberseitigen Kündigung vor, so richten sich beim VOB-Vertrag die Rechtsfolgen nach § 8 Abs. 3 VOB/B.[218]

Ob eine schwer wiegende nachhaltige Vertragsverletzung seitens des Auftragnehmers vorliegt, ist immer anhand der Besonderheiten des Einzelfalles zu beurteilen. Bei der Prüfung dieser Frage im Einzelfall kommt dem **Kooperationsgebot** im Bauvertrag erhebliche Bedeutung zu. Nach der Rechtsprechung des Bundesgerichtshofs sind die Vertragsparteien eines VOB-Vertrages während der Vertragsdurchführung zur Kooperation verpflichtet.[219] Aus dem Kooperationsver-

---

[211] BGH IBR 2005, 465 f.
[212] BGH IBR 2005, 465 f.
[213] BGH BauR 1997, 1027.
[214] BGH BauR 2000, 1479; vgl. auch *Joussen/Vygen* in Ingenstau/Korbion VOB/B § 8 Abs. 3, Rdn. 27; *Kemper* in FKZGM VOB/B § 8 Rdn. 65.
[215] BGH BauR 2000, 409; BGH BauR 1996, 704; BGH BauR 1975, 281; BGH BauR 1974, 274; OLG Frankfurt IBR 2011, 690; OLG Düsseldorf BauR 1995, 251.
[216] BGH BauR 1996, 705; BGH BauR 1975, 281.
[217] OLG Düsseldorf BauR 1995, 247.
[218] BGH BauR 1996, 704.
[219] BGH NZ Bau 2000, 130 = BauR 2000, 409.

hältnis ergeben sich Obliegenheiten und Pflichten zur Mitwirkung und gegenseitiger Information. Die Kooperationspflichten sollen gewährleisten, dass in Fällen, in denen nach der Vorstellung einer oder beider Parteien die vertraglich vorgesehene Vertragsdurchführung oder der Inhalt des Vertrages an die geänderten tatsächlichen Umstände angepasst werden muss, entstandene Meinungsverschiedenheiten oder Konflikte nach Möglichkeit einvernehmlich beigelegt werden. Verletzt eine Vertragspartei die ihr obliegende Pflicht zur Kooperation, indem sie in einer konkreten Konfliktlage ihre Bereitschaft, eine einvernehmliche Lösung herbeizuführen, nachhaltig und endgültig verweigert, so gibt sie der anderen Vertragspartei ihrerseits einen wichtigen Grund zur Kündigung des Vertrages. In der vorgenannten Kooperations-Entscheidung des Bundesgerichtshofs sah das Gericht diese Voraussetzungen auf Seiten des Auftragnehmers als erfüllt an, weil dieser die Arbeitsaufnahme von einer nicht näher begründeten Nachtragsforderung, deren Beauftragung der Auftragnehmer verlangte, abhängig machte. Dass dieses Kooperationsgebot in beide Richtungen der Vertragsparteien zielt, ist der Kooperations-Entscheidung ebenfalls zu entnehmen: Erst wenn der Versuch einer einvernehmlichen Lösung (durch den Auftragnehmer) daran gescheitert wäre, dass der Auftraggeber sich endgültig geweigert hätte, seine Kooperationspflicht zu erfüllen, wäre der Auftragnehmer berechtigt gewesen, den Vertrag aus wichtigem Grunde zu kündigen.[220]

Seine Pflicht zur Kooperation verletzt der Auftragnehmer selbstverständlich nicht, wenn er **96** seinen ihm durch die VOB/B gerade aufgegebenen Pflichten nachkommt. So kann der Auftraggeber keinen wichtigen Grund zur Kündigung des Bauvertrages daraus herleiten, dass der Auftragnehmer seiner Verpflichtung zu Bedenkenhinweisen gemäß § 4 Abs. 3 VOB/B nachkommt.[221] Allerdings kann von einem den Vertragszweck grob gefährdenden Verhalten des Auftragnehmers dann ausgegangen werden, wenn er anlässlich der Zurückweisung seiner Bedenkenhinweise seitens des Auftraggebers seine vertraglich übernommene oder seine gesetzliche Gewährleistung für das Werk in ihrer Gesamtheit ablehnt, diese Ablehnung also nicht auf solche Mängel beschränkt, die sich in einem engeren Bereich des von seinem Bedenkenhinweis betroffenen Ausführungsdetails realisieren können.[222]

Stehen die Vertragsverletzungen des Auftragnehmers im Zusammenhang mit Mängeln der **97** Bauleistung, nicht genehmigtem Nachunternehmereinsatz oder einer nicht fristgemäßen Durchführung der Bauleistung, bedarf es eines Rückgriffs auf eine analoge Anwendung von § 8 Abs. 3 VOB/B nicht. Eine analoge Anwendung des § 13 VOB/B scheidet in diesen Fällen schon deshalb aus, weil es sich bei der VOB/B nicht um eine Norm, sondern um allgemeine Geschäftsbedingungen handelt, deren einzelne Regelungen wegen § 5 AGB-Gesetz bzw. § 305c BGB n. F. nicht analog auf eindeutig geregelte Sachverhalte anwendbar sind.[223] In diesen Fällen stellt sich lediglich bei der Subsumtion unter § 4 Abs. 7, Abs. 8 VOB/B bzw. § 5 Abs. 4 VOB/B die Frage, ob der Auftraggeber wegen der Schwere des Pflichtverstoßes auf eine vorherige Mängelbeseitigungs- bzw. Abhilfe-Aufforderung mit Fristsetzung und Kündigungsandrohung verzichten kann.

c) Ausspruch der Kündigung in engem zeitlichen Zusammenhang zum Kündi- 98 gungsanlass. Kündigungen aus wichtigem Grunde müssen grundsätzlich zur Wahrung ihrer dem Kündigenden positiven Rechtsfolgen gegenüber einer freien Kündigung in engem zeitlichen Zusammenhang zum Anlass des die Kündigung gebenden Grundes erklärt werden. Im Zusammenhang mit den Kündigungsgründen aus § 4 Abs. 7, Abs. 8 und § 5 Abs. 4 VOB/B bedeutet dies, dass die Kündigung unverzüglich nach Ablauf der gesetzten Frist zu erklären ist. Lässt sich der Auftraggeber nach Fristablauf auf Verhandlungen mit dem Auftragnehmer ein oder gestattet er die Fortsetzung der Bauarbeiten oder nimmt sie gar widerspruchslos hin, dann hat er sein Kündigungsrecht verwirkt. In diesen Fällen muss er dann erneut eine Nachfrist mit Kündigungsandrohung setzen.[224]

2. § 8 Abs. 3 Nr. 1 Satz 2 VOB/B – Die Teilkündigung. Für die Kündigung aus wichti- **99** gem Grund bestimmt § 8 Abs. 3 Nr. 2 VOB/B, dass die Auftragsentziehung sich auch auf einen abgeschlossenen Teil der vertraglichen Leistung beschränken kann. Nach ihrer klaren systemati-

---

[220] BGH BauR 2000, 409.
[221] OLG Düsseldorf BauR 1995, 247.
[222] OLG Düsseldorf BauR 1995, 247.
[223] BGH BauR 1997, 1027.
[224] BGH BauR 1997, 1027; BGH BauR 1995, 369; OLG Düsseldorf NJW-RR 1994, 149; OLG Köln *Schäfer/Finnern* zu VOB/B § 8 Nr. 4; *Joussen/Vygen* in Ingenstau/Korbion VOB/B § 8 Abs. 3, Rdn. 31.

schen Einordnung gilt diese Regelung zwingend nur für die außerordentliche Kündigung. Wir haben bereits oben zu § 8 Abs. 1 VOB/B ausgeführt, warum und weshalb eine Erstreckung dieser Regelung auch auf die freie auftraggeberseitige Kündigung nicht angezeigt ist.[225]

Aus der textlichen Formulierung ergibt sich weiter bereits, dass die VOB von einer vollständigen Auftragsentziehung als Grundregel ausgeht, weil ansonsten die besondere Erwähnung der zulässigen teilweisen Auftragsentziehung entbehrlich wäre. § 8 Abs. 3 Nr. 1 Satz 2 VOB/B bezweckt folgendes: In § 4 Abs. 7, Abs. 8 Nr. 1 VOB/B und § 5 Abs. 4 VOB/B, ist im Zusammenhang mit den Fristsetzungen uneingeschränkt von einer Androhung der Kündigung des Vertrages die Rede. Die Androhung, nach Ablauf der gesetzten Frist, den Vertrag zu kündigen wird man nur so verstehen können, dass damit die Kündigung des gesamten Vertrages gemeint ist. Wenn § 8 Abs. 3 Nr. 1 Satz 2 VOB/B für diese Fälle auch die teilweise Kündigung für zulässig erklärt, so bedeutet dies lediglich, dass der Auftraggeber eine teilweise Kündigung im Vorhinein nicht zu deren Wirksamkeit ankündigen muss. Es reicht, wenn er uneingeschränkt die vollständige Kündigung des Auftrages angekündigt hat. Natürlich ist es auch zulässig, dass der Auftraggeber in den vorerwähnten außerordentlichen Kündigungsfällen nur die teilweise Kündigung androht. In diesen Fällen muss er sich allerdings schließlich bei der Kündigung auch an seine Androhung halten, d. h., es wird ihm bei lediglich teilweise angedrohte Kündigung der Weg versperrt, den Vertrag schließlich komplett zu kündigen.[226]

100 Fraglich ist, **ob** § 8 Abs. 3 Satz 2 VOB/B einschränkend in dem Sinne verstanden werden muss, dass Teilkündigungen nur zulässig sind, wenn sie sich auf einen abgeschlossenen Teil der vertraglichen Leistung beziehen. Der BGH läßt die teilweise Kündigung nur in Fällen des § 12 Abs. 2 VOB/B zu,[227] während andere der Meinung sind, dass teilkündigungsfähige Teilleistungen vorliegen, wenn diese bei der Abwicklung im Verkehr als Teilpakete auch vergeben werden, z. B. Gründung, Rohbau, Technische Gebäudeausrüstung, Außenanlagen.[228] Fraglich ist, ob nicht richtigerweise überhaupt jede gewerkeweise Teilkündigung ohne Einschränkung möglich sein muss.[229] Nicht mehr mit dem Text der VOB/B vereinbar dürfte die Ausdehnung des Teilkündigungsrechtes aus wichtigem Grunde auf lediglich den mangelhaften Teil einer Leistung sein. Es geht zu weit, jeden Mangel als eine in sich abgeschlossene Leistung anzusehen.[230] Es spricht allerdings nichts dagegen, dass die Parteien vertraglich abweichend von § 8 Abs. 3 Absatz 2 VOB/B das Teilkündigungsrecht aus wichtigem Grunde auch auf nicht abgeschlossene Teile der vertraglichen Leistung erstrecken.

101 3. § 8 Abs. 3 Nr. 2–4 VOB/B – Die Kündigungsfolgen. a) § 8 Abs. 3 Nr. 2 Satz 1 VOB/B – Fortführung des Auftrages zu Lasten des Auftragnehmers. aa) Abrechnung erbrachter Leistungen. § 8 Abs. 3 Nr. 2 Satz 1 VOB/B regelt die Ansprüche des Auftraggebers nach Entziehung des Auftrages. Unerwähnt bleibt, ob und welcher Vergütungsanspruch dem gekündigten Auftragnehmer zusteht. Lediglich § 8 Abs. 7 VOB/B ist zu entnehmen, dass der Auftragnehmer eine prüfbare Rechnung über die ausgeführten Leistungen unverzüglich vorzulegen hat. Hinter der Regelungssystematik der VOB steckt damit der allgemein für die Fälle außerordentlicher Kündigung anerkannte Grundsatz, dass dem Auftragnehmer der Vergütungsanspruch für die von ihm bis zur Vertragsbeendigung erbrachten Leistungen zusteht.[231] Hierfür gelten die gleichen Regeln, die zu § 8 Abs. 1 VOB/B im Zusammenhang mit der Abrechnung für erbrachte Leistungen dargestellt worden sind.[232] Dabei stehen sich der Werklohnanspruch des Auftragnehmers für die erbrachten Leistungen und ein möglicher Erstattungs-

---

[225] Siehe hierzu oben unter Rdn. 24.
[226] OLG Stuttgart NJW-Spezial 2011, 524 ff.; *Kemper* in FKZGM VOB/B § 8 Rdn. 60.
[227] BGH NZBau 2010, 47 ff. = BauR 2009, 1736 ff.; *Joussen/Vygen* in Ingenstau/KorbionVOB/B § 8 Abs. 3, Rdn. 31.
[228] OLG Stuttgart NJW-Spezial 2011, 524 ff., das die Unwirksamkeit einer Teilkündigung bei einem Bauleistungsvertrag zur schlüsselfertigen Erstellung eines Einkaufszentrums in Bezug auf das Gewerk Glasfaltanlagen zwar thematisierte, aber nicht zu entscheiden hatte; vgl. auch *Kapellmann*, Schlüsselfertiges Bauen, Rdn. 169.
[229] *Kapellmann* FS Thode, 29, 39; vgl. auch OLG München IBR 2008, 638; i. E. wohl auch der BGH, IBR 2009, 570.
[230] Ebenso *Kleine-Möller/Merl/Oelmaier* § 12 Rdn. 555; *Kapellmann* FS Thode, 29, 40; ebenso der BGH, a. a. O.
[231] BGH BauR 1995, 545; BGH BauR 1987, 689; *Joussen/Vygen* in Ingenstau/KorbionVOB/B § 8 Abs. 3, Rdn. 35; *Kemper* in FKZGM VOB/B § 8 Rdn. 68.
[232] Vgl. oben unter Rdn. 29 ff.

anspruch in Höhe der Mehrkosten der Fertigstellung sowie sonstige Schadenersatzansprüche aufrechenbar und nicht lediglich als Verrechnungsposition gegenüber.[233]

bb) § 8 Abs. 3 Nr. 2 Satz 1 1. Halbs. VOB/B – verschuldensunabhängiger Mehrkosten-Erstattungsanspruch. Der Auftraggeber ist gemäß § 8 Abs. 3 Nr. 2 Satz 1 1. Halbsatz VOB/B berechtigt, nach der Entziehung des Auftrages den noch nicht vollendeten Teil der Leistung zu Lasten des Auftragnehmers durch einen Dritten ausführen zu lassen. Er hat in diesem Fall Anspruch auf Erstattung der durch die Ersatzvornahme entstandenen Mehrkosten der Fertigstellung, was § 8 Abs. 3 Nr. 2 1. Halbsatz VOB/B gleichsam als selbstverständlich voraussetzt und was auch in der Tat selbstverständlich ist. Denn Hintergrund der Regelung in § 8 Abs. 3 Nr. 2 Satz 1 VOB/B ist es, den Auftraggeber so zu stellen, als hätte der Auftragnehmer gemäß den Bedingungen des Vertrages das Werk ordnungsgemäß hergestellt.[234] 102

Der Erstattungsanspruch ermittelt sich in der Weise, dass von den Kosten der Ersatzvornahme für die infolge der Kündigung nunmehr durch einen Dritten erbrachten Leistung die Vergütung in Abzug gebracht wird, die dem Auftragnehmer nach dem gekündigten Bauvertrag zugestanden hätte, wenn er diese Arbeiten erbracht hätte.[235] Dieser Anspruch besteht unabhängig davon, ob der Auftraggeber die Frist über die Zusendung der Mehrkostenaufstellung nach § 8 Abs. 3 Nr. 4 VOB/B eingehalten hat.[236] 103

Der Auftraggeber trägt die **Darlegungs- und Beweislast** für die als Ersatzvornahme erbrachten Leistungen, der dadurch entstandenen Kosten und der infolge der Kündigung nicht mehr an den Auftragnehmer zu zahlenden Vergütung sowie die Berechnung der sich daraus ergebenen Differenz.[237] Die Anforderungen, die an die Darlegung im Einzelfall zu stellen sind, hängen nach der Meinung des Bundesgerichtshofs von den Umständen der gesamten Vertragsabwicklung mit dem Auftragnehmer sowie der Ersatzvornahme selbst ab. Sie bestimmen sich danach, welche Angaben dem Auftraggeber möglich und zumutbar sind, und nach dem Kontroll- und Informationsinteresse des Auftragnehmers. Eine den Anforderungen des § 14 Abs. 1 VOB/B entsprechende Abrechnung könne nicht generell und unabhängig vom Einzelfall gefordert werden.[238] Der Einwand des von der Kündigung betroffenen Auftragnehmers, der Auftraggeber habe einen unnötig teuren Unternehmer für die Fertigstellung ausgewählt, ist nach § 254 Abs. 2 BGB zu würdigen mit der Folge, dass der Auftragnehmer insoweit die Darlegungs- und Beweislast trifft[239]. Die Anforderungen an die Darlegung des Mehrkostenerstattungsanspruchs im Einzelnen sind unterschiedlich, je nachdem dem gekündigten Bauvertrag ein Einheitspreisvertrag oder ein Pauschalpreisvertrag zugrunde lag. 104

– **Einheitspreisverträge.** Liegt dem gekündigten Vertragsverhältnis ein Einheitspreisvertrag zugrunde, so kann man der geforderten Differenzberechnung zwischen den tatsächlich durch den Auftraggeber an den Drittunternehmer gezahlten Kosten und der für diese Arbeiten an den gekündigten Auftragnehmer zu entrichtenden Vergütung dadurch gerecht werden, dass man die Fertigstellungsarbeiten an den Drittunternehmer ebenfalls auf Einheitspreisbasis vergibt und das dem gekündigten Bauvertrag zugrunde liegende Leistungsverzeichnis vereinbart. Fehlt es an einem vertraglich vereinbarten Leistungsverzeichnis, ist es dem Auftraggeber gestattet, nachträglich zum Zwecke der Preiskontrolle ein Leistungsverzeichnis aufzustellen, um auf diese Weise in einer Art „Preisspiegel" die tatsächlichen Kosten aus der Fertigstellung der Vergütung aus dem gekündigten Vertragsverhältnis gegenüberzustellen.[240] Dass die Mengen durch Aufmaß zu belegen sind, versteht sich bei Einheitspreisverträgen von selbst.

Weiter gehört es zu einer schlüssigen Darlegung des Erstattungsanspruches, dass der Auftraggeber vorträgt (und ggf. beweist), die durch die Fertigstellung entstandenen Kosten dem Drittunternehmen auch tatsächlich gezahlt zu haben.

---

[233] BGHZ 176, 34; BGHZ 163, 274.
[234] BGH BauR 1974, 412; BGH BauR 2000, 571.
[235] BGH BauR 2000, 571.
[236] BGH, a. a. O.
[237] BGH, a. a. O.
[238] BGH BauR 2000, 571; *Joussen/Vygen* in Ingenstau/KorbionVOB/B § 8 Abs. 3, Rdn. 84; *Vogel* in NWJS VOB/B § 8 Rdn. 105; anderer Ansicht: OLG Celle NJW-RR 1996, 34; *Althaus* in Beck'scher VOB-Kommentar/ VOB/B § 8 Abs. 3, Rdn. 45.
[239] So zurecht das OLG Frankfurt IBR 2011, 690; vgl. auch *Joussen/Vygen* in Ingenstau/KorbionVOB/B § 8 Abs. 3 Rdn. 48.
[240] BGH BauR 2000, 571.

Eine Verpflichtung des Auftraggebers, die Arbeiten zur Fertigstellung des vom Auftragnehmer nicht zu Ende geführten Werkes im Wege des Einheitspreisvertrages zu vergeben, ist allerdings abzulehnen. Sollte dem Auftraggeber nach Lage des Einzelfalls eine Vergabe auf Einheitspreisbasis nicht möglich gewesen sein, weil kein Drittunternehmer auf dieser Basis bereit war, den Auftrag fortzuführen, so muss es ihm auch gestattet sein, die Restarbeiten auf Pauschalpreisbasis in Auftrag zu geben. Eine solche Pflicht ließe sich allenfalls aus der Schadensminderungspflicht gemäß § 254 Abs. 2 BGB herleiten. Um insoweit einen Verstoß annehmen zu können, müsste der Fall allerdings schon so liegen, dass auf diesem Wege nachweislich die Fertigstellungskosten tatsächlich vermindert worden wären, wofür der gekündigte Auftragnehmer die **Darlegungs- und Beweislast** trägt.[241]

– **Pauschalpreisvertrag.** Lag dem gekündigten Vertragsverhältnis ein Pauschalpreisvertrag zugrunde, so gilt der vorerwähnte Grundsatz, dass der Auftraggeber nicht verpflichtet ist, die Restfertigstellung im Wege des Einheitspreisvertrages zu vergeben natürlich erst recht[242]. Es ist dem Auftraggeber aus Gründen der Schadensminderungspflicht nach § 254 Abs. 2 BGB allerdings anzuraten, mehrere Firmen zur Abgabe eines Angebotes für die Restfertigstellung aufzufordern und unter Berücksichtigung vergleichbarer Eignungs- und Leistungsfähigkeit dem Preisgünstigsten den Zuschlag zu erteilen.[243]

Sind sowohl der gekündigte Bauvertrag als auch die Fertigstellungsarbeiten auf Pauschalpreisbasis beauftragt worden, so reicht es für eine schlüssige Abrechnung des Mehrkostenerstattungsanspruches aus, wenn der Auftraggeber wie folgt vorgeht:

Grundlage der Abrechnung ist die an die Drittfirma für die Fertigstellung zu leistende Pauschalpreisvergütung (x). Dieser sind die Zahlungen hinzuzusetzen, die der Auftraggeber an den Auftragnehmer auf der Basis des gekündigten Pauschalpreisvertrages bereits als Abschlag geleistet hat (y). Von der sich so ergebenden Summe ist die Pauschalpreisvergütung aus dem gekündigten Pauschalpreisvertrag (p) in Abzug zu bringen. Das sich ergebende Saldo ergibt den vom gekündigten Auftragnehmer an den Auftraggeber zu erstattenden Betrag (z). Die Rechnung würde also lauten: $x + y - p = z$.[244]

– **Berücksichtigung von geänderten und zusätzlichen Leistungen.** Wären von dem gekündigten Auftragnehmer zur Erbringung der Bauleistung auch geänderte und/oder zusätzliche Leistungen auszuführen gewesen, so stellt sich die Frage, ob der Auftraggeber vom gekündigten Auftragnehmer auch Erstattung der ihm insoweit entstehenden Mehrkosten verlangen kann. Der Bundesgerichtshof hat diese Frage zwischenzeitlich ausdrücklich bejaht für diejenigen Leistungen, die der Auftragnehmer gemäß § 1 Abs. 3 und Abs. 4 VOB/B hätte ausführen müssen.[245]

Für diese Leistungen muss als Vergleichspreis der nach § 2 Abs. 5 und Abs. 6 VOB/B zu bildende Preis herangezogen werden. Übersteigt die Kostenersatzvornahme hinsichtlich der geänderten und/oder zusätzlichen Leistungen diesen Preis, kann der Auftraggeber in Höhe der Differenz Erstattung verlangen. Dabei lässt es der Bundesgerichtshof dann, wenn dem Auftraggeber die Kalkulationsunterlagen des gekündigten Auftragnehmers nicht vorlagen, ausreichen, wenn er zur Ermittlung des Mehrkostenerstattungsanspruches den Prozentsatz, um den die Leistungen der Drittfirma durchschnittlich teurer waren, in Ansatz bringt.[246]

– **Schadensminderungspflicht.** Dem Auftraggeber obliegt zum Zwecke der Erfüllung seiner Schadensminderungspflicht gemäß § 254 Abs. 2 BGB die Verpflichtung, bei der Beauftragung eines Drittunternehmens den Schaden so gering wie möglich zu halten. Die Kosten, die zur fristgerechten Erbringung der Ersatzvornahmeleistungen erforderlich sind, gehören zu den erstattungsfähigen Kosten[247]. Das betrifft nicht nur etwaige Beschleunigungszuschläge, sondern greift auch ein, wenn wie im vorerwähnten Fall des OLG Nürnberg[248] bereits erbrachte Teilleistungen des gekündigten Auftragnehmers zurückgebaut werden müssen, weil der Dritt-

---

[241] OLG Stuttgart IBR 2011, 690; OLG Nürnberg BauR 2001, 415.
[242] Ebenso OLG Frankfurt IBR 2011, 690.
[243] OLG Nürnberg BauR 2001, 415.
[244] Ebenso i. E. OLG Nürnberg BauR 2001, 415.
[245] BGH BauR 2000, 571.
[246] BGH BauR 2000, 571; OLG Oldenburg Urt. v. 13.12.2007 Az: 8 U 323/05.
[247] OLG Frankfurt IBR 2011, 690; OLG Düsseldorf IBR 2011, 693.
[248] OLG Nürnberg BauR 2001, 415.

unternehmer nur so dazu bewegt werden kann, für die von ihm zu erbringenden Restarbeiten eine einheitliche Garantie zu übernehmen.[249]

– **Vorschussanspruch.** Ist dem Auftraggeber nach Einholung entsprechender Angebote oder auf andere Weise möglich, den voraussichtlichen Mehrkostenerstattungsanspruch zu ermitteln, so steht ihm ein Vorschussanspruch gegen den gekündigten Auftragnehmer zu.[250] Da sich diese Forderung auf Grundlage einer vorweggenommenen Saldierung unter Berücksichtigung etwaiger an den gekündigten Auftragnehmer geleistete Zahlungen ermittelt, kann er diesen Anspruch nach den Grundsätzen von Treu und Glauben auch einem weiteren Zahlungsbegehren des gekündigten Auftragnehmers für von ihm erbrachte Leistungen entgegensetzen. Einer Aufrechnungserklärung bedarf es in diesen Fällen hierzu nicht.[251]

– **Mehrwertsteuer.** Ist der Auftraggeber zum Vorsteuerabzug berechtigt, so belastet ihn die vom Drittunternehmer in Rechnung gestellte Mehrwertsteuer nicht. Ebenso wie beim Kostenerstattungsanspruch für Mängelbeseitigung gemäß § 13 Abs. 5 Nr. 2 VOB/B kann der Auftraggeber deshalb die Mehrwertsteuer vom gekündigten Auftragnehmer nicht ersetzt verlangen.[252]

cc) § 8 Abs. 3 Nr. 2 Satz 1 2. Halbs. VOB/B – Ersatz weiteren Schadens. Mit der 105 Regelung in § 8 Abs. 3 Nr. 2 Satz 1 2. Halbs. VOB/B wird lediglich deklaratorisch festgehalten, dass die dem Auftragnehmer neben dem Mehrkostenerstattungsanspruch zustehenden Ansprüche auf Ersatz eines weiteren Schadens unberührt bleiben. Die VOB-Regelung gibt dem Auftraggeber also keinen eigenen Schadensersatz insoweit, sondern setzt einen solchen Schadensersatzanspruch voraus und bestimmt, was an sich selbstverständlich ist, dass die neben dem Anspruch auf Mehrkostenerstattung tatbestandlich erfüllten Schadensersatzansprüche bestehen bleiben, mithin geltend gemacht werden können, so weit sie sich nicht mit dem Mehrkostenerstattungsanspruch decken. Hierzu dürften hauptsächlich die terminabhängigen Schäden zählen, die dem Auftraggeber aus Anlass der späteren Fertigstellung des Bauwerkes erwachsen sind. Dass für die Erfüllung dieser Schadensersatzansprüche, deren tatbestandliche Voraussetzungen erfüllt sein müssen, zu denen insbesondere das Verschulden gehört, versteht sich ebenfalls von selbst.

dd) § 8 Abs. 3 Nr. 2 Satz 2 VOB/B – Schadensersatz wegen Nichterfüllung. Unter 106 der Voraussetzung, dass der Auftragnehmer an der Ausführung der gekündigten Bauleistungen aus den Gründen, die zur Entziehung des Auftrages geführt haben, kein Interesse mehr hat, kann er auf die weitere Ausführung verzichten und insgesamt Schadensersatz wegen Nichterfüllung verlangen. Der Auftragnehmer hätte in diesem Fall etwaige erhaltende Abschlagszahlungen zurückzuerstatten und außerdem den durch die Nichterfüllung dem Auftraggeber entstandenen Schaden zu ersetzen. Der Schadensersatzanspruch geht auf Ersatz des positiven Interesses gemäß §§ 249 ff. BGB.[253]

Tatbestandlich ist die VOB-Regelung dem §§ 281 Abs. 1, 282 BGB nachgebildet, wobei § 8 107 Abs. 3 Nr. 2 Satz 2 VOB/B allgemein beim Interessenwegfall von den Gründen spricht, die zur Erziehung des Auftrages geführt haben. Der Interessenwegfall muss ursächlich auf die Gründe zurückzuführen sein, die zur Vertragskündigung geführt haben. Sowohl für den Interessenverlust wie für dessen Ursächlichkeit ist der Auftraggeber darlegungs- und beweispflichtig.

b) § 8 Abs. 3 Nr. 3 VOB/B – Das entgeltliche Nutzungsrecht des Auftraggebers an 108 **Geräten, Gerüsten etc. aa) Neues Rechtsverhältnis zwischen Auftraggeber und Auftragnehmer.** Nach § 8 Abs. 3 Nr. 3 VOB/B kann der Auftraggeber Geräte, Gerüste, auf der Baustelle vorhandene andere Einrichtungen und angelieferte Stoffe und Bauteile gegen angemessene Vergütung in Anspruch nehmen. Mit der einseitigen Inanspruchnahme durch Zugang der Erklärung, die Baumaterialen in Anspruch zu nehmen[254], entsteht ein **eigenständiges vertragliches Nutzungsverhältnis.** Der Hauptvertrag ist durch außerordentliche Kündigung des

---

[249] Konkret ging es in der Entscheidung OLG Nürnberg um die Lieferung und den Einbau von Aufzugsanlagen, bei denen die Lieferanten verständlicherweise darauf bestanden haben, dass bei der Gesamtanlage nur solche Teile Verwendung finden, die aus der Sicht des Drittunternehmers ein möglichst störungsfreies Funktionieren garantieren.
[250] OLG Celle BauR 1984, 409; KG BauR 1984, 527.
[251] Anderer Ansicht aber offenbar: KG BauR 1984, 527; OLG Celle BauR 1984, 409; *Kemper* in FKZGM VOB/B § 8 Rdn. 72.
[252] OLG Düsseldorf NJW-RR 1996, 532.
[253] *Joussen/Vygen* in Ingenstau/KorbionVOB/B § 8 Abs. 3, Rdn. 58 f.
[254] OLG Stuttgart NJW-Spezial 2012, 45 f.

Auftraggeber zwar beendet, doch leitet sich aus § 8 Abs. 3 Nr. 3 VOB/B eine nachvertragliche Verpflichtung ab, die Inanspruchnahme der Geräte etc. zu dulden. Der Auftraggeber ist im Gegenzug verpflichtet, hierfür eine angemessene Vergütung zu entrichten. Dieses Nutzungsverhältnis ist also ein gegenseitiger Vertrag.[255] Mit der Inanspruchnahmeerklärung wird das bereits mit der Einbeziehung des § 8 Abs. 3 Nr. 3 VOB/B in den Bauvertrag verbundene schuldrechtliche bedingte Angebot des Auftragnehmers auf Abschluss eines Übernahmevertrages angenommen[256].

109   Das Recht des Auftraggebers, einseitig über die Inanspruchnahme der Geräte etc. zu bestimmen, dient dazu, einen zügigen Fortgang der Arbeiten zu ermöglichen und damit die Mehraufwendungen und ein durch Kündigung etwa entstehenden Schaden gering zu halten. Die hierfür vom Auftraggeber gemäß § 8 Abs. 3 Nr. 3 VOB/B zu entrichtende Vergütung ist eine selbstständige Forderung, die unabhängig von den nach § 8 Abs. 3 Nr. 4 VOB/B abzurechnenden Gegenansprüchen geltend gemacht werden kann.[257] Das heißt, der Auftragnehmer kann die angemessene Vergütung für die Inanspruchnahme der Geräte etc. vom Auftraggeber ungeachtet dessen fordern, ob er für die von ihm erbrachten Leistungen bereits Schlussrechnung gelegt hat. Lediglich dann, wenn der Auftraggeber befürchten muss, auf die bis zur Kündigung erbrachten Leistungen bereits zu viel gezahlt zu haben, so dass er seinen Anspruch wegen der Überzahlung der Forderung aus § 8 Abs. 3 Nr. 3 VOB/B entgegenhalten könnte, steht ihm ein Zurückbehaltungsrecht gemäß § 273 BGB zu.

110   Dieses Zurückbehaltungsrecht führt allerdings nicht zu einer Zug-um-Zug-Verurteilung, sondern zu einer Klageabweisung als zurzeit nicht begründet, da mit der Erteilung der Schlussrechnung die uneingeschränkte Zahlungspflicht des Auftraggebers wegen des in § 16 Abs. 3 Nr. 1 VOB/B geregelten zweimonatigen Prüfungszeitraums noch nicht feststeht.[258] Aus dem Vorgesagten folgt letztlich, dass die Fälligkeit der Vergütung nach § 8 Abs. 3 Nr. 3 VOB/B nicht davon abhängt, dass der Auftraggeber in der Lage ist, seine infolge der Kündigung entstandenen Mehraufwendungen abzurechnen.[259] Im Falle der Insolvenz ist der der Nutzung **nach** Insolvenzeröffnung entsprechende Vergütungsanteil einer Aufrechnung mit der Forderung wegen der kündigungsbedingten Mehrkosten nicht zugänglich. Der der Nutzung nach Insolvenzeröffnung entsprechende Vergütungsanteil muss der Masse zufließen.[260] Der der Nutzung **vor** Insolvenzeröffnung entsprechende Vergütungsanteil kann zwar mit dem kündigungsbedingten Mehrkostenerstattungsanspruch aufgerechnet werden. Diese Aufrechnung unterliegt jedoch der Insolvenzanfechtung nach § 130 Abs. 1 Nr. 1 InsO,[261] wenn der Auftraggeber die Geräte etc. in Kenntnis der Zahlungseinstellung des Auftragnehmers/Gemeinschuldners in Anspruch genommen hat.

111   **bb) Gerichtliche Durchsetzung des Verwendungsanspruches.** Das OLG Düsseldorf entschied 2008 zu dem Verwendungsrecht des Auftraggebers nach § 8 Abs. 3 Nr. 3 VOB/B, dass der Auftraggeber, der in Ausübung seines Verwendungsrechts die auf die Baustelle verbrachten Geräte und Materialien des Auftragnehmers ohne dessen Willen in Besitz nimmt, verbotene Eigenmacht im Sinne des § 858 BGB begeht.[262] Dem besitzrechtlichen Herausgabeanspruch nach § 861 BGB sei wegen des Einwendungsausschlusses nach § 863 BGB Vorrang vor dem schuldrechtlichen Besitzanspruch nach § 8 Abs. 3 Nr. 3 VOB/B einzuräumen. Die Entscheidung des OLG Düsseldorf führt in der Praxis, worauf Locher zurecht hingewiesen hat, zu skurrilen Ergebnissen.[263] Zwar könne einer Klage wegen eines Besitzschutzanspruchs nach § 861 BGB erfolgreich eine petitorische Widerklage wegen eines Rechts zum Besitz oder eines Anspruchs auf Besitzverschaffung gegenübergestellt werden.[264] Bei dem praxisrelevanteren Einstweiligen Verfügungsverfahren solle ein derartiger Gegenantrag nach der überwiegenden Rechtsprechung allerdings nicht zur Abweisung des Antrags aus § 861 BGB führen, weil ansonsten auf Grund des vorläufigen Charakters der von den §§ 863, 864 Abs. 2 BGB gewährleistete Besitz-

---

[255] BGH NZBau 2001, 86.
[256] OLG Stuttgart NJW-Spezial 2012, 45 f.
[257] BGH, a. a. O.; anderer Ansicht noch die Vorinstanz OLG Dresden BauR 2000, 271; dem OLG Dresden vor Veröffentlichung der BGH-Entscheidung folgend: Kemper in FKZGM VOB/B § 8 Rdn. 77.
[258] BGH NZBau 2001, 87.
[259] BGH, a. a. O.
[260] BGH, a. a. O.
[261] BGH, a. a. O. noch zur Konkursanfechtung gemäß § 30 Nr. 1 Alternative 2 KO.
[262] OLG Düsseldorf IBR 2008, 429 mit Anmerkung Locher jurisPR-PrivBauR 4/2008.
[263] Locher, a. a. O.
[264] BGH NJW 1979, 1358 f.

schutz unterlaufen würde.²⁶⁵ Im Ergebnis führt die Entscheidung des OLG Düsseldorf dazu, dass der Verwendungsanspruch faktisch dann ausgeschlossen ist, wenn der Unternehmer die Gegenstände von der Baustelle entfernen will, selbst wenn er sie schuldrechtlich weiterhin zur Verfügung zu stellen hat.

Fraglich ist, ob sich dieses Dilemma vertragsrechtlich dadurch lösen ließe, dass sich der Auftraggeber bereits kraft entsprechender Regelung im Bauleistungsvertrag den Mitbesitz an den vom Auftragnehmer auf die Baustelle verbrachten Materialien und Gegenständen einräumen lässt und sich zu diesem Zwecke etwaige für die Nutzung der Geräte, Einrichtungen etc. erforderliche (Zweit-)Schlüssel überreichen lässt. Indes: Gemäß § 866 BGB findet beim gemeinschaftlichen Mitbesitz im Verhältnis der Mitbesitzer untereinander ein Besitzschutz zwar nicht statt, als es sich um die Grenzen des den einzelnen zustehenden Gebrauchs handelt. Wohl aber wird dem Mitbesitzer ein solcher Besitzschutz bei der völligen Besitzentziehung durch den Mitbesitzer zugesprochen.²⁶⁶ Das Problem ließe sich dadurch lösen, dass der Auftragnehmer gem. gesonderter vertraglicher Vereinbarung den Besitz an den in § 8 Abs. 3 Nr. 3 VOB/B genannten Gegenständen **gänzlich** auf den Auftraggeber überträgt und er, der Auftragnehmer, den Besitz während der Zeit der Bauerrichtung lediglich als Besitzdiener gem. § 855 BGB für den Auftraggeber ausübt²⁶⁷. Allein in der Vereinbarung des § 8 Abs. 2 Nr. 3 VOB/B kann indes eine Besitzübertragung zugunsten des Auftraggebers nicht gesehen werden²⁶⁸. Hierzu bedarf es einer gesonderten Vereinbarung im Vertragstext, der über den Regelungsgehalt des § 8 Abs. 3 Nr. 3 VOB/B hinausgeht mit dem Ziel der Einräumung der gänzlichen Besitzübertragung der Baumaterialien auf den Auftraggeber.

Erfreulicherweise hat nun das OLG Stuttgart²⁶⁹ in einem einstweiligen Verfügungsverfahren, Verfügungsgrund und Verfügungsanspruch zugunsten eines die Baumaterialien in Anspruch nehmenden Auftraggebers gegen seinen gekündigten Auftragnehmer bejaht. Zwar begründe § 8 Abs. 2 Nr. 3 VOB/B kein Wegnahmerecht, sondern lediglich einen schuldrechtlichen Anspruch, der ggf. gerichtlich geltend zu machen ist. Kündigt der Auftragnehmer an, er werde die Baumaterialien abholen, so steht dem Auftraggeber eine im einstweiligen Verfügungsverfahren verfolgbare Leistungsverfügung, gerichtet auf Unterlassen der Wegnahme, zu. Eine solche Leistungsverfügung ist zulässig, wenn und weil die geschuldete Handlung kurzfristig für die Fortführung des Bauvorhabens benötigt werde und die rechtzeitige Erwirkung eines Titels im ordentlichen Verfahren nicht möglich sei. Ein Verfügungsgrund liegt vor, wenn und weil der Auftraggeber aufgrund des Verhaltens seines gekündigten Auftragnehmers nach der Erklärung der Inanspruchnahme dessen Baumaterialien damit rechnen muss, dass der Auftragnehmer im Wege der einstweiligen Verfügung seinen possessorischen Besitzschutzanspruch geltend machen werde, gegen den die petitorischen Einwendungen aus § 8 Abs. 3 Nr. 3 VOB/B gemäß § 863 BGB grundsätzlich nicht erhoben werden können²⁷⁰. Denn nach § 863 BGB ist nur der Einwand zulässig, es liege keine verbotene Eigenmacht vor, was gemäß § 858 Abs. 1 BGB voraussetzt, dass der Besitz entweder mit Willen des Besitzers diesem entzogen wurde oder aber das Gesetz die Entziehung oder Störung gestattet. Vertragliche Ansprüche wie der aus § 8 Abs. 2 Nr. 3 VOB/B sind einer gesetzlichen Gestattung nicht gleichzustellen, sodass der § 863 BGB in der Tat nicht einschlägig ist²⁷¹. In der Praxis bedeutet dies, der die Baumaterialien des gekündigten Auftragnehmers in Anspruch nehmende Auftraggeber muss seinen schuldrechtlichen Anspruch aus § 8 Abs. 3 Nr. 3 VOB/B über eine Leistungsverfügung im Wege eines von ihm eingeleiteten einstweiligen Verfügungsverfahrens sicherstellen, wenn der Auftragnehmer der Inbesitznahme widerspricht. Die nur vorläufig vollstreckbare Entscheidung, durch die das petito-

---

²⁶⁵ *Lehmann/Richter* NJW 2003, 1717.
²⁶⁶ BGH DB 1973, 913; OLG Köln FamRZ 1997, 1276.
²⁶⁷ Anderer Ansicht OLG Stuttgart NJW-Spezial 2012, 12 mit Hinweis darauf, dass dem Besitzdiener in diesem Fall gegenüber anderen Dritten oder in Fallgestaltung außerhalb des § 8 Abs. 2 Nr. 3 VOB/B gegenüber dem Auftraggeber keine prozessiorischen Besitzschutzansprüche mehr gemäß §§ 861 ff. BGB zustehen würden, was gerade nicht dem Interesse des Auftragnehmers entsprechen würde.
²⁶⁸ So zurecht das OLG Stuttgart NJW-Spezial 2012, 12.
²⁶⁹ OLG Stuttgart NJW-Spezial 2012, 45 f.
²⁷⁰ OLG Stuttgart NJW-Spezial 2012, 45 f.; vgl. auch die Parallelentscheidung, mit der der Auftragnehmer im Wege der einstweiligen Verfügung die Herausgabe der auf die Baustelle verbrachten Baumaterialien begehrte OLG Stuttgart NJW-Spezial 2012, 12 f.
²⁷¹ Ebenso OLG Stuttgart NJW-Spezial 2012, 12.

rische Gegenrecht anerkannt wird, steht dann einer Entscheidung auf Besitzschutz des Auftragnehmers nach § 861 BGB entgegen[272].

112 **cc) Der Vergütungsanspruch des Auftragnehmers.** Unklar ist, wie sich der Vergütungsanspruch des Auftragnehmers für die in Anspruch genommenen Geräte etc. ermittelt. Der Text der VOB spricht von einer angemessenen Vergütung und übernimmt damit die gesetzliche Formulierung in § 632 Nr. 2 BGB. Vor dem Hintergrund, dass das Recht der Inanspruchnahme der Geräte etc. der Schadensminderung dient, wird die Auffassung vertreten, dass es bei der Findung der angemessenen Vergütung um einen angemessenen Ausgleich der widerstreitende Interessen geht und keine der Vertragsparteien aus der Verwendung einen „Profit" erzielen darf.[273] Ausgehend davon, dass die VOB z. B. in § 2 Abs. 6 Nr. 2 VOB/B den Begriff der Preisermittlungsgrundlagen verwendet, dies aber in § 8 Abs. 3 Nr. 3 VOB/B nicht der Fall ist, wird von einigen Vertretern in der Kommentarliteratur geschlussfolgert, dass es bei der Anwendung von § 632 Abs. 2 BGB zur Ermittlung der Vergütungshöhe verbleibt.[274] Gemäß OLG Stuttgart[275] entsteht der Übernahmeanspruch bereits vor Abschluss einer Vergütungsvereinbarung. Einigen sich die Parteien nicht, so schuldet der Baumaterialien in Anspruch nehmende Auftraggeber hierfür die angemessene Vergütung. Im Rechtsstreit wird diese durch das Gericht bestimmt.

Auch wir halten diese Auffassung für zutreffend. Sie findet ihre innere Rechtfertigung nicht nur in dem Text der VOB/B, sondern lässt sich mit der Entstehung eines neuen Vertragsverhältnisses durch die Inanspruchnahme der Geräte etc. dogmatisch sauber begründen.

Dabei ist natürlich zu sehen, dass diese Rechtsauffassung dem Auftragnehmer Vorteile gewähren kann, weil er auf diese Weise in Fällen der Unterdeckung nicht gezwungen ist, seine „schlechten Preise" fortzuschreiben. Da sich § 8 Abs. 3 Nr. 3 VOB/B nicht nur auf Geräte etc., sondern ausdrücklich auch auf angelieferte Stoffe und Bauteile erstreckt, könnte er bei Benutzung dieser Teile durch den Auftraggeber einen Vergütungsanspruch haben, der ihm auf der Basis kalkulierter Kosten nicht zustehen würde. Umgekehrt wäre der Auftragnehmer allerdings im Falle einer außergewöhnlichen Gewinnkalkulation auch daran gehindert, den über die übliche Vergütung hinausgehenden Gewinnanteil geltend zu machen.

Ohnehin ist der Auftraggeber grundsätzlich nicht verpflichtet, Geräte etc. weiterzuverwenden. Lediglich aus Treu und Glauben § 242 BGB kann sich etwas anderes ergeben.[276]

113 **c) § 8 Abs. 3 Nr. 4 VOB/B – Abrechnung des Mehrkostenerstattungsanspruches binnen 12 Werktagen nach Abrechnung mit dem Dritten.** Sind die Ersatzvornahmeleistungen, mit denen der Auftraggeber einen Dritten beauftragt hatte, abgeschlossen und hat der Dritte über seine Leistungen schlussabgerechnet, so ist der Auftraggeber seinerseits verpflichtet, seine etwaig entstandenen Mehrkosten und seine etwaig entstandenen anderen Ansprüche spätestens binnen 12 Werktagen nach Abrechnung mit dem Dritten zu erstellen und dem Auftragnehmer zuzusenden. Dieser Anspruch ist gerichtlich einklagbar.[277]

Der VOB-Text stellt hinsichtlich des Beginns der 12 Werktage-Frist auf die tatsächliche Abrechnung mit dem Dritten ab und nicht darauf, wann der Dritte abrechnen könnte. Unter Umständen ist der Auftraggeber gleichwohl verpflichtet, eine solche Abrechnung selber vorzunehmen, wenn der Dritte diese Abrechnung nicht durchführt (§ 14 Abs. 4 VOB/B).

Entsprechend § 16 Abs. 3 Nr. 1 Satz 1 VOB/B beginnt die Abrechnungsfrist des § 8 Abs. 3 Nr. 4 VOB/B spätestens 60 Tage nach Zugang der Schlussrechnung des mit den Ersatzmaßnahmen beauftragten Dritten.

114 Da es sich bei der Abrechnungsverpflichtung des § 8 Abs. 3 Nr. 4 VOB/B lediglich um eine „Nebenpflicht" handelt, schließt deren Verletzung den Erstattungsanspruch aus § 8 Abs. 3 Nr. 2 VOB/B nicht aus.[278]

Der Erstattungsanspruch aus § 8 Abs. 3 Nr. 2 VOB/B verjährt in drei Jahren, beginnend am Ende des Jahres, in welchem der Anspruch entstanden ist. Entstanden ist der Anspruch, wenn der

---

[272] Ebenso OLG Stuttgart NJW-Spezial 2012, 12.
[273] *Joussen/Vygen* in Ingenstau/KorbionVOB/B § 8 Abs. 3, Rdn. 71; *Handschuhmacher* BauR 2001, 872.
[274] *Kemper* in FKZGM VOB/B § 8 Rdn. 78; anderer Ansicht: *Joussen/Vygen* in Ingenstau/KorbionVOB/B § 8 Abs. 3, Rdn. 79 f.; *Kuffer* in Heiermann/Riedl/Rusam VOB/B § 8 Rdn. 107.
[275] OLG Stuttgart NJW-Spezial 2012, 45 f.
[276] BGH BauR 1995, 545; FKZGM VOB/B § 8 Rdn. 79.
[277] BGH NZBau 2002, 435: Es besteht jedoch kein Anspruch auf Rechnungslegung i. S. des § 259 BGB, so dass der Auftraggeber nicht zur Abgabe einer eidesstattlichen Versicherung verpflichtet ist.
[278] BGH BauR 2000, 571.

Auftraggeber in der Lage wäre, die durch den ersatzweise eingeschalteten Drittunternehmer entstandenen Kosten gegenüber dem gekündigten Auftragnehmer abzurechnen. Da es sich bei dem Erstattungsanspruch um einen Erfüllungsanspruch handelt, beträgt die Verjährungsfrist auch dann 3 Jahre, wenn der Erstattungsanspruch gerade daraus resultiert, dass im Rahmen der Fortführung der Arbeiten die unfertige/mangelhafte Leistung des Auftragnehmers, derentwegen die Kündigung ausgesprochen wurde, mängelbeseitigt fertiggestellt wird. Lediglich dann, wenn der Erstattungsanspruch daraus resultiert, dass Mängel zur Fertigstellung der gekündigten Leistungen beseitigt werden, die nicht bereits Gegenstand der Kündigung aus wichtigem Grunde waren, kann die kurze Verjährungsfrist nach § 13 Nr. 4 VOB/B zum Tragen kommen, soweit der Auftraggeber die Leistungen des gekündigten Unternehmers abgenommen hat.[279]

III. § 8 Abs. 4 VOB/B – Die Kündigung wegen wettbewerbsbeschränkender Abrede / vergaberechtlicher Gründe

1. § 8 Abs. 4 Satz 1 Nr. 1 VOB/B – Kündigung wegen wettbewerbsbeschränkender 115
Abrede. In § 8 Abs. 4 Satz 1 Nr. 1 VOB/B wird dem Auftraggeber die Auftragsentziehung ermöglicht, wenn der Auftragnehmer aus Anlass der Vergabe eine Abrede getroffen hatte, die eine unzulässige Wettbewerbsbeschränkung darstellt. Damit wird praktisch wortgleich der Text von § 16 Abs. 1 Nr. 4 VOB/A wiederholt, so dass für die Frage, wann eine Abrede eine unzulässige Wettbewerbsbeschränkung darstellt, auf die dortige Kommentierung verwiesen wird. Lediglich zusammenfassend ist an dieser Stelle festzuhalten, dass zu den wettbewerbsbeschränkenden Abreden nicht nur die so genannten Submissionsabsprachen gehören, sondern auch die Zahlung von Schmiergeldern oder das gemäß § 21 Abs. 2 GWB verbotene auf eine Wettbewerbsbeschränkung gerichtete aufeinander abgestimmte Verhalten. Damit gehören auch Verstoßfälle gegen das UWG zu den Kündigungsgründen nach § 8 Abs. 4 Satz 1 Nr. 1 VOB/B.[280]

Der Bauvertrag ist aus Anlass der wettbewerbsbeschränkenden Abrede nicht gemäß §§ 134, 116
138 BGB nichtig.[281] Keine tatbestandliche Voraussetzung für den außerordentlichen Kündigungsgrund der Abrede unzulässiger Wettbewerbsbeschränkungen ist es, dass dem Auftraggeber hierdurch ein materieller Schaden entstanden ist.[282]

Der Auftraggeber trägt die Darlegungs- und Beweislast für alle Kündigungsvoraussetzungen. 117
Das heißt, er muss das Vorliegen einer wettbewerbsbeschränkenden Abrede beweisen. Was das für die Kündigung des Bauvertrages erforderliche Verschulden des Auftragnehmers anbelangt, so muss sich dieser allerdings bei Vorliegen der objektiven Voraussetzungen einer unzulässigen Wettbewerbsbeschränkungsabrede vom Vorwurf des Verschuldens befreien.[283]

Die Kündigungsfolgen einer nach § 8 Abs. 4 Satz 1 Nr. 1 Satz 1 ausgesprochenen Kündigung 118
sind mit der Neufassung der VOB/B (2016) nunmehr in Satz 2 durch Verweis auf Abs. 3 Nr. 1 Satz 2 und Nr. 2 bis 4 nunmehr klar in der Weise geregelt, dass auch hier die Kündigung auf einen in sich abgeschlossenen Teil der vertraglichen Leistungen beschränkt werden kann, mithin die Teilkündigung zulässig ist.[284]

2. § 8 Abs. 4 Satz 1 Nr. 2a) VOB – Kündigung wegen eines zwingenden Ausschluss- 119
grundes zum Zeitpunkt des Zuschlages. Mit der Nachfassung der VOB/B in 2016 ist dieser sowie der nachfolgende Kündigungsgrund zu Nr. 2b sowie Abs. 5 in den Text aufgenommen worden. Mit diesen neuen Kündigungsgründen verfolgte der DVA vergaberechtliche Vorgaben, die sich aus den §§ 132 GWB, 22 EU VOB/A ergeben.[285] Der Kündigungsgrund der Nr. 2a) gilt nur für Verträge, die im Anwendungsbereich des vierten Teils des GWB geschlossen worden sind; damit werden die unter die Oberschwellenvergabe fallenden Verträge erfasst. Die zwingenden Ausschlussgründe sind nunmehr in § 6e Abs. 1, 4 EU VOB/A geregelt. Endete nach der bisherigen Rechtslage das Vergabeverfahren mit dem Zuschlag, können nunmehr Fehler des Vergabeverfahrens auch noch nach Vertragsschluss mit der hier beschriebenen Kündigungsmög-

---
[279] BGHZ 54, 352.
[280] *Joussen/Vygen* in Ingenstau/KorbionVOB/B § 8 Abs. 4, Rdn. 11 ff.; *Franz* in Leinemann § 8 VOB/B, Rdn. 183.
[281] *Joussen/Vygen* in Ingenstau/KorbionVOB/B § 8 Abs. 4, Rdn. 4.
[282] *Vogel* in NWJS VOB/B § 8 Rdn. 125; *Joussen/Vygen* in Ingenstau/KorbionVOB/B § 8 Abs. 4, Rdn. 9.
[283] *Joussen/Vygen* in Ingenstau/KorbionVOB/B § 8 Abs. 4, Rdn. 4.
[284] *Joussen/Vygen* in Ingenstau/KorbionVOB/B § 8 Abs. 4, Rdn. 16; *Franz* in Leinemann § 8, Rdn. 187.
[285] Vgl. *Kemper* in FKZGM VOB/B § 8 Rdn. 18.

lichkeit geltend gemacht werden. Die bisherige Trennung zwischen Vergabeverfahren und vertraglicher Abwicklung ist damit aufgeweicht worden.[286]

120   Maßgeblicher Zeitpunkt für das Vorliegen des zwingenden Ausschlussgrundes als möglichen Kündigungsgrund ist der Zeitpunkt des Zuschlages.[287] Es reicht aus, dass der Ausschlussgrund zum Zeitpunkt des Zuschlages objektiv vorlag, sodass der AG auf Basis des Kündigungsgrundes der Nr. 2a von § 8 Abs. 4 VOB/B auch dann noch kündigen kann, wenn er von dem Ausschlussgrund erst nach Vertragsschluss Kenntnis erlangt hat.[288]

121   **3. § 8 Abs. 4 Satz 1 Nr. 2b) – Kündigung wegen wesentlicher Änderung des Vertrages oder EU Vertragsverletzungsverfahren.** Mit der Umsetzung von Artikel 73 lit. a) der Richtlinie 2014/24/EU in § 133 GWB ergab sich die Notwendigkeit den neu eingefügten Kündigungstatbestand von § 133 Abs. 1 Nr. 1 GWB auch in die VOB/B zu „transportieren". Dem ist mit dem neu eingefügten Kündigungstatbestand in Nr. 2b) Rechnung getragen worden. § 8 Abs. 4 Satz 1 Nr. 2b) VOB/B i. V. m. § 133 Abs. 1 Nr. 1 GWB ermöglichen es dem Auftraggeber nunmehr, den Vertrag auch zu kündigen, wenn eine wesentliche Änderung des Vertrages (nach Vertragsschluss) stattgefunden hat. Ziel dieser neuen Regelung ist es, den Auftraggeber in die Lage zu versetzen, ein neues Vergabeverfahren durchzuführen, wenn dies das Vergaberecht bei wesentlichen Vertragsänderungen fordert. In der Regierungsbegründung[289] hat man dies durch einen direkten Verweis auf § 133 GWB deutlich gemacht, der einen entsprechenden Kündigungsgrund vorsieht, wenn die Änderung des Vertrages nach § 132 GWB ein neues Vergabeverfahren erforderlich macht.[290] Eine europarechtliche Regelung entscheidet damit zukünftig darüber, ob eine wesentliche Vertragsänderung vorliegt und damit darüber, ob der Auftraggeber berechtigt ist, einen Bauleistungsvertrag zu kündigen. Gemäß § 132 Abs. 1 Satz 2 GWB sind Änderungen wesentlich, die dazu führen, dass sich der öffentliche Auftrag erheblich von dem ursprünglich vergebenen öffentlichen Auftrag unterscheidet. § 132 Abs. 1 Satz 3 GWB enthält eine mit „insbesondere" und damit nicht abschließende Aufzählung von Beispielen, die als wesentliche Änderung anzusehen ist. Von erheblicher praktischer Bedeutung dürfte die Regelung in § 132 Abs. 1 Satz 3 Nr. 3 GWB sein, der eine wesentliche Änderung deklariert, wenn mit der Änderung der Umfang des öffentlichen Auftrages erheblich ausgeweitet wird. Eine solche Änderung des Auftragumfangs kommt bei allen klassischen Leistungserweiterungen gemäß § 1 Abs. 3 und § 1 Abs. 4 VOB/B sowie bei einer Verlängerung der Bauzeit in Betracht.[291] Nicht ausreichend sein soll eine reine Änderungen der Vergütung.[292] Reine Änderungen der Vergütung können aber unter die Generalklausel von § 132 Abs. 1 Satz 2 GWB fallen, soweit sie sich nicht unter § 132 Abs. 1 Satz 3 Nr. 2 GWB subsummieren lassen. Indikation für eine erhebliche Erweiterung des Vertrages sind:
- Schwellenwertüberschreitung in Bezug auf die ergänzend übertragenen Leistungen,
- Leistungserweiterung von mehr 15 % als bei Bauaufträgen.[293]

122   Eine Verlängerung des Vertrages stellt regelmäßig eine die Neuvergabe erforderlich machende Änderung dar. Allerdings ist in diesem Zusammenhang darauf hinzuweisen, dass die so entschiedenen Fälle regelmäßig Dauerschuldverhältnisse zur Grundlage haben. So ging es in einem vom BGH[294] entschiedenen Fall um die Verlängerung eines S-Bahn-Betriebsvertrages um fünf Jahre, die einer Neuvergabe bedurfte. Da der Bauleistungsvertrag allerdings auch in der Regel eine klare Regelung zur Ausführungsdauer (Baubeginn/Bauende) enthält, dürfte eine wesentliche Verlängerung der Bauzeit ebenfalls hierunter fallen.

123   In Voraussicht der hierdurch entstehenden Probleme bei der Bauabwicklung kommt den Ausnahmetatbeständen in § 132 Abs. 2 GWB besondere Bedeutung zu. In § 132 Abs. 2 Satz 1 Nr. 1 GWB sind die typischen Fälle optionaler Leistungspositionen geregelt und unter die Voraussetzung gestellt, dass der Vertrag Angaben zur Art, Umfang und Voraussetzungen möglicher Auftragsänderungen enthält und sich der Gesamtcharakter des Auftrages nicht verändert. In

---

[286] *Franz* in Leinemann § 8 Rnd. 189.
[287] *Franz* in Leinemann § 8 Rnd. 189.
[288] *Franz* in Leinemann § 8 Rdn. 190.
[289] Reg.-Entw. BT-Drs. 18/6281, Seite 120 f.
[290] Vgl. *Franz* in Leinemann § 8 Rdn. 192.
[291] *Eschenbruch* in KKPP § 132 GWB Rdn. 58.
[292] *Eschenbruch* in KKPP § 132 GWB Rdn. 59.
[293] *Eschenbruch*, a.a.O.
[294] BGH „Abbelio Rail", NZBau 2011, 175, 181.

§ 132 Abs. 2 Satz 1 Nr. 2 und 3 GWB sind die typischen Fälle zusätzlicher sowie geänderter Leistungen geregelt, die unter anderem an die Voraussetzung geknüpft sind, dass ein Wechsel des Auftragnehmers aus wirtschaftlichen und technischen Gründen nicht erfolgen kann, da er mit erheblichen Schwierigkeiten oder beträchtlichen Zusatzkosten für den Auftraggeber verbunden wäre. Leistungsänderungen stellen allerdings dann kein Ausnahmetatbestand dar, wenn sie der Auftraggeber im Rahmen seiner Sorgfaltspflicht vorhersehen konnte und sich der Gesamtcharakter des Vertrages durch die Änderung seinerseits verändert. Erhöht sich gar in den Fällen des § 132 Abs. 2 Satz 1 Nr. 2 und 3 GWB der Preis um mehr als 50 % des Wertes des ursprünglichen Auftrages ist eine Heranziehung der Ausnahmetatbestände gemäß § 132 Abs. 2 Satz 2 GWB nicht mehr zulässig. Dabei sind gemäß § 132 Abs. 2 Satz 3 GWB die Nachtragsleistungen isoliert zu betrachten, sodass eine Aufsummierung ausgeschlossen ist, es sei denn, die Vertragsparteien haben eine Umgehung der 50 %-Schwelle beabsichtigt. Eine weitere Ausnahmevorschrift enthält schließlich § 132 Abs. 3 GWB, wonach allgemein die Vertragsänderung ohne Durchführung eines neuen Vergabeverfahrens zulässig ist, wenn sich der Gesamtcharakter des Auftrages nicht ändert und der Wert der Änderung die jeweiligen Schwellenwerte nach § 106 GWB nicht übersteigt und bei Bauaufträgen nicht mehr als 50 % des ursprünglichen Auftragswertes beträgt. Allerdings ist hier gemäß § 132 Abs. 3 Satz 2 GWB bei mehreren aufeinander folgenden Änderungen der Gesamtwert der Änderungen maßgeblich.

Schließlich dient § 8 Abs. 4 Nr. 2b) Fall 2 VOB/B „Feststellung einer schweren Verletzung **124** der Verträge über die Europäische Union" dazu, bei Feststellung einer Vertragsverletzung eines Mitgliedsstaates durch den EuGH in einem Verfahren nach § 258 AEUV eine außerordentliche Kündigung des Vertrages durchführen zu können. Die hierzu ergangene seinerzeitige Rechtsprechung des EuGH[295] hat die seinerzeitige Rechtspraxis vor unlösbar scheinende Anforderungen gestellt, sodass die Einführung eines entsprechenden außerordentlichen Kündigungstatbestandes Not tat[296].

Gemäß § 8 Abs. 4 Satz 6 VOB/B richten sich die Kündigungsfolgen nach § 6 Abs. 5 VOB/B. **125** Danach sind die ausgeführten Leistungen schlussabzurechnen. Etwaige darüber hinausgehende Schadensersatzansprüche der Parteien bleiben gemäß § 8 Abs. 4 Satz 7 VOB/B unberührt.

4. § 8 Abs. 4 Satz 1 Halbs. 2, 4 VOB/B – Die Kündigungsfolgen. Hinsichtlich der **126** Kündigungsfolgen bestimmt § 8 Abs. 4 Satz 1 Halbs. 2, 4 VOB/B, dass Abs. 3 Nr. 1 Satz 2 und Nr. 2 bis 4 entsprechend gilt. In der Kommentarliteratur umstritten war zum VOB/B-Text in der Altfassung, ob es sich um eine schlichte Rechtsfolgenverweisung handelt oder ob auch auf § 8 Abs. 3 Nr. 1 Satz 2 VOB/B a. F. verwiesen wird, sodass Voraussetzungen ein Auftrag auch teilweise entzogen werden konnte.[297] § 8 Abs. 3 Nr. 1 Satz 2 VOB/B a. F. hatte den Sinn und Zweck, dem Auftraggeber wegen derjenigen Teile der Bauleistung, die mangelhaft oder nicht fristgerecht vom Auftragnehmer hergestellt werden, die teilweise Entziehung des Vertrages auszusprechen, wenn der Auftraggeber an der Fortsetzung des Vertragsverhältnisses im Übrigen ein Interesse hatte, weil der Auftragnehmer ansonsten mängelfrei bzw. fristgemäß arbeitete. Dieser Regelungszweck war auf den vorliegenden Fall der unzulässigen Wettbewerbsbeschränkungsabrede nicht übertragbar. Lag eine solche Abrede vor, konnte sie das Vertrauensverhältnis zum Auftraggeber entweder nur insgesamt beseitigen oder aber dem Auftraggeber war es egal, dass dem Vertrag eine unzulässige Wettbewerbsbeschränkungsabrede vorausgegangen war, etwa weil er durch diese Wettbewerbsbeschränkung keinen materiellen Schaden erlitten hatte. Demzufolge war der Meinung zuzustimmen, die in § 8 Abs. 4 Satz 3 VOB/B a. F. lediglich eine Verweisung auf die Kündigungsfolgen in § 8 Abs. 3 Nr. 2–4 VOB/B sah. Da die nunmehr seit 2016 gültige Fassung der VOB/B expressis verbis auf § 8 Abs. 3 Nr. 1 Satz 2 verweist, wird man dies heute anders sehen müssen.

Wegen der Kündigungsfolgenregelung verweisen wir auf die dortige Kommentierung zu § 8 **127** Abs. 3 Nr. 2 ff. VOB/B. An dieser Stelle ist lediglich die Besonderheit hervorzuheben, dass für die Ermittlung der Vergütung der vom Auftragnehmer bis zur Kündigung erbrachten Leistungen die Vertragspreise nur dann zugrunde gelegt werden können, wenn dem Auftraggeber etwa wegen der infolge der unzulässigen Wettbewerbsbeschränkungsabrede erhöhten Preise kein

---

[295] EuGH, Urt. v. 18.7.2007, C 503/04, VergabeR 2007, 597, 600 f.
[296] Reg.-Entw BT-Drs. 18/6281, Seite 120 f.
[297] Für die Möglichkeit einer Teilkündigung: *Nicklisch/Weick*, VOB/B 3. Aufl., § 8 Rdn. 54; dagegen: *Kuffer* in Heiermann/Riedl/Rusam VOB/B § 8 Rdn. 124; *Kleine-Möller/Merl/Oelmayer* VOB/B § 14 Rdn. 133.

Schaden entsteht.[298] Dies folgt bereits aus Treu und Glauben § 242 BGB, da der Auftragnehmer das durch die Preisabsprache überhöht Gewährte im Wege des Schadensersatzes sogleich zurückzugeben hätte.

128 Dass dem Auftraggeber dann, wenn ihm durch die verbotene Preisabrede ein Schaden entstanden ist, ein Anspruch auf Schadensersatz zusteht, ist unbeschritten. Der Anspruch auf Schadensersatz ergibt sich aus § 8 Abs. 3 Nr. 2 Satz 1 VOB/B ggf. i. V. m. § 823 Abs. 2 BGB sowie § 1 GWB.

129 **5. § 8 Abs. 4 Satz 2 VOB/B – Befristete Kündigungsbefugnis.** Die Kündigung wegen unzulässiger Abrede von Wettbewerbsbeschränkungen kann nur innerhalb von 12 Werktagen nach Bekanntwerden des Kündigungsgrundes ausgesprochen werden. Eine nicht fristgerecht ausgesprochene Kündigung wäre unwirksam, es sei denn, die unwirksame außerordentliche Kündigung kann nach dem Willen des kündigenden Auftraggebers in eine freie Kündigung umgedeutet werden. Die Kündigungsfrist beginnt mit Kenntniserlangung der tatsächlichen Umstände, die tatbestandlich die Voraussetzungen der unzulässigen Wettbewerbsbeschränkungsabrede erfüllen. Zur Kenntnis gelangt sein müssen diese Umstände dem rechtsgeschäftlichen Vertreter des Auftraggebers (Geschäftsführer), sofern er nicht einen Dritten (z. B. Architekten) auch für die Zwecke der Beendigung des Werkvertrages mit entsprechender Vollmacht ausgestattet hatte.

130 Durch die neu eingeführten Kündigungsgründe vergaberechtlicher Natur löst die Befristung der Kündigungsbefugnis einen Wertungswiderspruch zu § 133 GWB aus, der zur Befristung der Ausübung des Kündigungsrechts keine Regelung enthält, was jedenfalls gegen eine harte Fristenregelung sprechen dürfte. Auch der oben beschriebene Sinn und Zweck der Umsetzung des EuGH Rechtsprechung aus 2007 dürfte wohl kaum mit einer harten Fristenregelung zur Ausübung des wichtigen Kündigungsgrundes vereinbar sein. Franz[299] spricht gar von einem „Redaktionsversehen". Versehen hin, Versehen her, die textliche Regelung ist jedenfalls eindeutig und muss sich als Allgemeine Geschäftsbedingung dem bekannten AGB-rechtlichen Prüfungsmaßstab unterziehen. Zwar findet wegen der Privilegierung der VOB/B in § 310 Abs. 1 Satz 3 BGB eine Inhaltskontrolle einzelner Bestimmungen der VOB/B bekanntlich nicht statt, wenn die VOB/B ohne inhaltliche Abweichung insgesamt einbezogen worden ist, was selten genug der Fall sein dürfte. Das schützt einzelne Regelungen der VOB/B allerdings nicht davor, dass sie wegen Verstoßes gegen ein Gesetz, dem eine Europäische Richtlinie zugrundeliegt, unwirksam sein können. Insoweit ist zu vergegenwärtigen, dass ausweislich der Begründung des Regierungsentwurfes zu § 133 GWB, öffentliche Auftraggeber öffentliche Aufträge während deren Laufzeit bei Vorliegen eines der in § 133 Abs. 1 GWB genannten Kündigungsgründe kündigen können, **ohne an eine Frist** gebunden zu sein.[300] Da die Europäische Richtlinie 2014/24/EU eine Umsetzung des außerordentlichen **unbefristeten** Kündigungsrechtes während der Laufzeit eines Auftrages bei Vorliegen der besonderen Kündigungsgründe fordert, wäre eine gesetzliche Umsetzung dieser Richtlinie bei Einführung einer Kündigungsfrist ein Verstoß gegen das Europarecht mit der Konsequenz, dass die Europäische Richtlinie direkt im nationalen Recht Geltung beanspruchen würde. Das gilt natürlich erst recht, wenn durch Allgemeine Geschäftsbedingungen von nicht disponiblem Europäischem Recht abgewichen wird. Folglich dürfte die Befristung der Kündigungsbefugnis in § 8 Abs. 4 Satz 2 VOB/B unwirksam sein.

131 **6. § 8 Abs. 5 VOB/B – Die außerordentliche Nachunternehmerkündigung.** Das neu eingeführte außerordentliche Kündigungsrecht in der Nachunternehmerkette beansprucht Geltung nur im Anwendungsbereich des 4. Teils des GWB und gilt damit nur in den Fällen der Oberschwellenvergabe. Es hat weiter zur Voraussetzung, dass dem Hauptauftragnehmer von seinem Auftraggeber der Vertrag nach § 8 Abs. 4 Nr. 2b) VOB/B gekündigt worden sein muss. Mit „ungeachtet des Anwendungsbereichs des 4. Teils des GWB" wird lediglich zum Ausdruck gebracht, dass das GWB auf das Vertragsverhältnis mit dem Auftragnehmer und seinen Auftragnehmern nicht anwendbar sein muss, was regelmäßig der Fall sein dürfte, da der Auftragnehmer regelmäßig kein öffentlicher Auftraggeber ist und demzufolge im Verhältnis zu seinen Auftragnehmer das Vergaberecht nicht beachten muss.[301]

---

[298] Ebenso *Joussen/Vygen* in Ingenstau/KorbionVOB/B § 8 Abs. 4, Rdn. 16.
[299] *Franz* in Leinemann § 8 Rdn. 204.
[300] Reg.-Entw. BT-Drs. 18/6281, Seite 120 f.
[301] *Franz* in Leinemann § 8 Rdn. 207.

Wird dem Auftragnehmer nach § 8 Abs. 4 Nr. 2b) VOB/B auftraggeberseits der Vertrag 132 gekündigt, so ist der Hauptauftragnehmer zur Kündigung seines nachbeauftragten Unternehmer und dieser zur Kündigung dessen nachbeauftragte Unternehmer (usw.) berechtigt mit der den kündigenden Vertragsteil bevorzugenden Rechtsfolge des § 8 Abs. 4 Nr. 2b) VOB/B (die ausgeführten Leistungen sind nach § 6 Abs. 5 VOB/B abzurechnen; etwaige Schadensersatzansprüche der Parteien bleiben unberührt). Die dem kündigenden Vertragsteil ungünstigen Rechtsfolgen des § 8 Abs. 1 Nr. 2 VOB/B finden folglich keine Anwendung.

Die Durchsetzung von Schadensersatzansprüchen des gekündigten Vertragsteils gegen seinen 133–135 Auftraggeber hängt vom Nachweis dessen Verschulden an der Entstehung der Kündigungsgründe ab. Sollte der Hauptauftraggeber den Kündigungsgrund verschuldet haben, bedeutet dies nicht zugleich, dass auch ein Verschulden des kündigenden Auftragnehmers gegenüber seinen Auftragnehmern zu bejahen wäre. Der Auftraggeber ist weder Erfüllungsgehilfe noch Verrichtungsgehilfe des Hauptauftragnehmers im Vertragsverhältnis zu seinen Auftragnehmer.[302]

D. Das Schriftformerfordernis – § 8 Abs. 6 VOB/B

§ 8 Abs. 6 VOB/B bestimmt, dass die Kündigung schriftlich zu erklären ist. Das Schriftform- 136 erfordernis gilt für alle Auftragsentziehungen, die in § 8 Abs. 1 bis Abs. 4 VOB/B geregelt sind. Die Schriftformanforderungen ergeben sich aus §§ 126–127 BGB. Gemäß § 126a BGB kann die Schriftform mittlerweile auch durch elektronische Form ersetzt werden. Gemäß § 127 Abs. 2 BGB ist die Schriftform auch bei Übermittlung per Telefax gewahrt, es sei denn, die Parteien haben etwas anderes vertraglich vereinbart. Derartige zusätzliche vertragliche Vereinbarungen sind in Bauverträgen nicht unüblich, so wird vielfach vereinbart, dass die Kündigung des Bauvertrages nur per eingeschriebenen Brief mit Rückschein zulässig sein soll. Eine solche Klausel wäre in Allgemeinen Geschäftsbedingungen des Auftragnehmers nur im kaufmännischen Geschäftsverkehr wirksam.[303]

Wird die Kündigung nur mündlich ausgesprochen, ist diese formnichtig nach § 125 Satz 2 137 BGB. Die Parteien haben allerdings nach Vertragsschluss die Möglichkeit, auf die Einhaltung der Schriftform gemeinsam zu verzichten, was auch konkludent möglich ist.[304] In diesen Fällen der **einverständlichen Vertragsaufhebung** greifen hinsichtlich der Rechtsfolgen diejenigen Regelungen ein, die bei Einhaltung der Schriftform unmittelbar zum Tragen gekommen wären.[305] Das Gleiche gilt, wenn eine freie Teilkündigung wegen Nichtwahrung der Schriftform zwar nichtig ist, der Auftraggeber allerdings gleichwohl die Teilleistung durch einen Dritten ausführen lässt und damit die Leistungserbringung durch den Auftragnehmer unmöglich macht.[306] Von einer einverständlichen Vertragsaufhebung ist in diesem Sinne auch dann auszugehen, wenn der Auftraggeber den Auftragnehmer zur Mängelbeseitigung aufgefordert hat, dieser die Mängelbeseitigung nachhaltig und endgültig verweigerte und der Auftraggeber ohne vorab schriftlich gekündigt zu haben, einen Ersatzunternehmer beauftragte.[307] Hiervon wird man allerdings nur dann im Ergebnis ausgehen können, wenn sich beide Parteien übereinstimmend auf eine Vertragsbeendigung ausweislich ihres Verhaltens eingestellt haben. Der Auftraggeber wird dies regelmäßig durch die Beauftragung des Ersatzunternehmers dokumentieren, der Auftragnehmer dadurch, dass er seine Arbeiten eingestellt und die Baustelle geräumt hat.

E. Aufmaß, Abnahme, prüfbare Abrechnung über die ausgeführten Leistungen – § 8 Abs. 7 VOB/B

I. § 8 Abs. 7 1. Halbs. VOB/B – Aufmaß und Abnahme

Der Auftragnehmer kann Aufmaß und Abnahme der von ihm ausgeführten Leistungen alsbald 138 nach Kündigung verlangen. Diese Regelung gilt für alle Kündigungen nach § 8 Abs. 1 bis 4 VOB/B, also nicht nur für die Kündigung aus wichtigem Grund.[308]

---

[302] *Franz* in Leinemann § 8 Rdn. 208.
[303] *Hoffmann/Glatzel/Frikell*, 114.
[304] Ebenso *Kniffka/Koeble* Kompendium des Baurechts, 9. Teil Rdn. 8.
[305] BGH NZBau 2000, 467; BGH BauR 1999, 1021; BGH BauR 1973, 319; OLG Karlsruhe BauR 1994, 116; *Kapellmann/Schiffers* Band 2, Rdn. 1411; *Joussen/Vygen* in Ingenstau/Korbion VOB/B § 8 Abs. 5, Rdn. 7.
[306] *Kapellmann/Schiffers* Band 2, Rdn. 1311.
[307] BGH NZBau 2000, 467; BGH BauR 1999, 1021.
[308] BGH BauR 1988, 82.

Das Aufmaß ist bei Einheitspreisverträgen zwingend Voraussetzung für eine prüfbare Abrechnung des Vergütungsanspruches für die bis zur Kündigung erbrachten Leistungen. Bei Pauschalpreisverträgen gilt dies nur dann, wenn der Auftragnehmer nicht auf andere Weise prüfbar seinen Vergütungsanspruch auch für die erbrachten Leistungen abrechnen kann.[309]

Der Auftragnehmer hat grundsätzlich Anspruch auf ein gemeinsames Aufmaß, kann aber im Weigerungsfalle des Auftraggebers das Aufmaß auch einseitig nehmen.[310] Rechnet der Auftragnehmer die bis zur Kündigung erbrachten Leistungen ab, so muss er sämtliche ihm zustehenden Ansprüche, insbesondere auch solche aus Nachträgen oder Behinderung abrechnen.[311] Hiervon ist lediglich eine Ausnahme zu machen wegen der unter § 8 Abs. 3 Nr. 3 VOB/B angesprochenen angemessenen Vergütung für Geräte etc.

139 Was die Abnahme anbelangt, so ist diese bei gekündigten Bauverträgen zwischenzeitlich Fälligkeitsvoraussetzung für einen Vergütungsanspruch des Auftragnehmers. Sie ist i. ü. für den Auftragnehmer wie auch für den Auftraggeber gleichermaßen sinnvoll und zweckmäßig.[312] Durch die Abnahme wird geklärt, ob der Auftraggeber die erbrachten Teilleistungen überhaupt für abnahmefähig hält, falls ja, welche Mängel er rügt und wann die Verjährungsfrist für die Gewährleistungsrechte zu laufen beginnt. Weigert sich der Auftraggeber an einer Abnahme mitzuwirken, kann ihm der Auftragnehmer eine angemessene Frist zur Abnahme gemäß § 640 Abs. 1 Satz 3 BGB setzen, die der Abnahme im Falle des fruchtlosen Ablaufes gleichsteht, wenn die Werkleistung des Auftragnehmers keine wesentlichen Mängel aufweist.

II. § 8 Abs. 7 2. Halbs. VOB/B – Vorlage einer prüfbaren Rechnung über die ausgeführten Leistungen

140 Nach dem VOB-Text muss der Auftragnehmer eine prüfbare Abrechnung der von ihm ausgeführten Leistungen unverzüglich vorlegen. Der Auftragnehmer trägt die Beweislast für Art und Umfang der von ihm abgerechneten Teilleistungen sowie die Mängelfreiheit. Letztere geht nur dann auf den Auftraggeber über, wenn er die erbrachten Teilleistungen abgenommen hat oder ihm gemäß § 640 Nr. 1 Satz 3 BGB n. F. fruchtlos eine angemessene Frist zur Abnahme gesetzt hat.

141 Unverzüglichkeit setzt gemäß § 121 BGB Handeln ohne schuldhaftes Zögern voraus. Verletzt der Auftragnehmer diese nachvertragliche Verpflichtung, so stehen dem Auftraggeber Schadensersatzansprüche im Falle des schuldhaften Verletzens dieser Pflicht zu.[313]

Rechnet der Auftragnehmer die erbrachten Leistungen schneller ab, als der Auftraggeber hierzu bzgl. der aus der Fortführung des Bauvorhabens ihm entstehenden Mehrkosten in der Lage ist, so ist der Auftragnehmer zur Durchsetzung seiner Forderungen bis zur Vorlage der Abrechnung über etwaige Mehrkosten nicht in der Lage. Dem Auftraggeber steht insoweit ein Zurückbehaltungsrecht zu.[314]

F. Die Vertragsstrafe – § 8 Abs. 8 VOB/B

142 § 8 Abs. 8 VOB/B regelt, dass eine wegen Verzuges verwirkte, nach Zeit bemessene Vertragsstrafe nur für die Zeit bis zum Tag der Kündigung des Vertrages gefordert werden kann. Es handelt sich hierbei um eine den Auftragnehmer im Vergleich zur gesetzlichen Regelung begünstigende Bestimmung. Zwar ist die versprochene Vertragsstrafe von der sie sichernden Hauptverpflichtung zwingend abhängig, so dass keine Vertragsstrafenverwirkung eintritt, wenn die gesicherte schuldrechtliche Verpflichtung durch Kündigung des Vertrages in Wegfall geraten ist. Das heißt bezogen auf eine vertragsstrafenbewehrte Gesamtfertigstellungsfrist, dass dann, wenn der Auftragnehmer zum Zeitpunkt der Vertragskündigung mit der Gesamtfertigstellung noch nicht in Verzug war, er auch dann die vereinbarte Vertragsstrafe nicht verwirkt, wenn das Bauvorhaben infolge eines von ihm zu vertretenden Rückstands durch den beauftragten Dritt-

---

[309] Siehe hierzu oben unter Rdn. 52.
[310] *Joussen/Vygen* in Ingenstau/Korbion VOB/B § 8 Abs. 6, Rdn. 8; *Kemper* in FKZGM VOB/B § 8 Rdn. 90.
[311] BGH BauR 1987, 95.
[312] Vgl. aber Rdn. 27.
[313] *Joussen/Vygen* in Ingenstau/Korbion VOB/B § 8 Abs. 6, Rdn. 26,
[314] BGH NZBau 2001, 86.

unternehmer erst weit nach dem Gesamtfertigstellungstermin aus dem gekündigten Bauvertrag fertig gestellt werden kann.

War der Auftragnehmer zum Zeitpunkt der Vertragskündigung allerdings bereits in Verzug mit der vertragsstrafenbewehrten Fertigstellungsverpflichtung, so ist nach dem Sinn und Zweck der versprochenen Vertragsstrafe dem Gläubiger den Schadensnachweis zu ersparen, davon auszugehen, dass eine vor der Kündigung verwirkte Vertragsstrafe sich in ihrem Umfang auch nach den Umständen richtet, die zeitlich nach der Beendigung des Vertrages liegen.

Die VOB-Regelung führt zu einer Begrenzung des Umfangs der Vertragsstrafe, vorausgesetzt, dass die vereinbarte Vertragsstrafe bereits vor Vertragskündigung verwirkt wurde. Selbstverständlich kann die verwirkte Vertragsstrafe zeitlich begrenzt bis zur Vertragskündigung unabhängig davon geltend gemacht werden, aus welchem Grunde der Auftrag entzogen wurde. Eine verwirkte Vertragsstrafe ist dann, wenn es zu einer Abnahme gemäß § 8 Abs. 7 VOB/B kommt, und nur dann, vorzubehalten.[315]

§ 9 Kündigung durch den Auftragnehmer

(1) **Der Auftragnehmer kann den Vertrag kündigen:**
   a) **wenn der Auftraggeber eine ihm obliegende Handlung unterlässt und dadurch den Auftragnehmer außerstande setzt, die Leistung auszuführen (Annahmeverzug nach §§ 293 ff. BGB),**
   b) **wenn der Auftraggeber eine fällige Zahlung nicht leistet oder sonst in Schuldnerverzug gerät.**
(2) **Die Kündigung ist schriftlich zu erklären. Sie ist erst zulässig, wenn der Auftragnehmer dem Auftraggeber ohne Erfolg eine angemessene Frist zur Vertragserfüllung gesetzt und erklärt hat, dass er nach fruchtlosem Ablauf der Frist den Vertrag kündigen werde.**
(3) **Die bisherigen Leistungen sind nach den Vertragspreisen abzurechnen. Außerdem hat der Auftragnehmer Anspruch auf angemessene Entschädigung nach § 642 BGB; etwaige weitergehende Ansprüche des Auftragnehmers bleiben unberührt.**

Schrifttum: *Adler/Everts*, Kündigungsrechte des Auftragnehmers trotz mangelhafter Werkleistung, BauR 2000, 1111; *Armbrüster/Bickert*, Unzulängliche Mitwirkung des Auftraggebers beim Bau- und Architektenvertrag, NZBau 2006, 153; *Bersch*, Bestellerrechte bei Leistungsverzögerungen vor Fälligkeit der Werkleistung, 1992; *Bolz/Daniel*, Das Spannungsverhältnis der Kündigungsrechte des Auftragnehmers aus § 9 Nr. 1 lit. a VOB/B und § 6 Nr. 7 VOB/B, BauR 2008, 924; *Büchner*, Zur Höhe der Entschädigung nach § 642 BGB, Festschrift Quack (2009), S. 13; *Heinle*, Ansprüche des Architekten bei Bauzeitverlängerung; zum Schattendasein des § 642 BGB, BauR 1992, 428; *Böttcher*, Die Kündigung eines Werkvertrages aus wichtigem Grund nach dem Schuldrechtsmodernisierungsgesetz, ZfBR 2003, 213; *Hebel*, Kündigung des Bauvertrages aus wichtigem Grund, BauR 2011, 330; *Hofmann*, Mitwirkungspflichten des Auftraggebers bei der Baudurchführung, Festschrift von Craushaar 1997, S. 219 ff.; *Hüffer*, Leistungsstörungen durch Gläubigerhandeln, 1976; *Knacke*, Anmerkung zu OLG Düsseldorf v. 25.4.1995 – 21 U 192/94 in BauR 1996, 119; *Kniffka*, Das Gesetz zur Beschleunigung fälliger Zahlungen, ZfBR 2000, 227; *Kniffka*, Die Kooperationspflichten der Bauvertragspartner im Bauvertrag, Jahrbuch BauR 2001, 1; *Kniffka*, Die neuere Rechtsprechung des Bundesgerichtshofes zur Abrechnung nach Kündigung des Bauvertrages, Jahrbuch BauR 2000, 1; *Kraus*, Bauverzögerung durch Vorunternehmer, BauR 2000, 1105; *Lachmann*, Die Rechtsfolgen unterlassener Mitwirkungshandlungen des Werkbestellers, BauR 1990, 409 ff.; *Leupertz*, Mitwirkung und Obliegenheit im Bauvertragsrecht, BauR 2010, 1999; *Leupertz*, § 642 BGB – Tatbestand und dogmatische Grundlagen, BauR 2014, 381; *Müller-Foell*, Die Mitwirkungspflichten des Bestellers beim Bauvertrag, 1982; *Nicklisch*, Mitwirkungspflichten des Bestellers beim Werkvertrag, insbesondere beim Bau- und Industrieanlagenvertrag, BB 1979, 533; *Peters*, Die Kündigung des Werkvertrags aus wichtigem Grund, NZBau 2014, 681; *Raab*, Anmerkung zu BGH v. 21.10.1999 – VII ZR 185/98 in JZ 2001, 251 ff.; *von Rintelen*, Vergütungsanspruch des Architekten im Falle der so genannten freien Kündigung des Architektenvertrages – Zulässigkeit seiner Pauschalierung durch AGB, BauR 1998, 603; *Skauradszun/ Eix*, Unterlassene Mitwirkung des Bestellers: Alternativen zur Kündigung? NZBau 2010, 86; *Schilder*, Der Anspruch aus § 642 BGB – Grundlagen und Berechnung der zusätzlichen Vergütung, 2006; *Schmitz*, Kündigungsrecht des Auftragnehmers bei objektiv vorliegenden, vom Auftraggeber aber nicht zeitnah gerügten Mängeln? (Anmerkung zu OLG Celle, BauR 2000, 416) BauR 2000, 1126; *Sienz*, Die Anwendung des § 642 BGB in der Praxis, BauR 2014, 390; *Stickler*, Rechtsfolgen der unberechtigten Kündigung des Bauvertrags, BauR 2011, 364; *Stickler/Fehrenbach*, Die Kündigung von Bauverträgen, 2. Aufl. 2004; *Voit*, Die außerordentliche Kündigung des Werkvertrages durch den Besteller, BauR 2002, 1776; *Vogel*, Die gesetzlichen Kündigungstatbestände – Ausübung, Voraussetzungen und Rechtsfolgen, BauR 2011,

---

[315] BGH BauR 1981, 373; BGH BauR 2000, 1758.

VOB/B § 9

313 –; *Vygen,* Der Entschädigungsanspruch gemäß § 6 Nr. 6 Satz 2 VOB/B 2006, Festschrift Kapellmann (2007), S. 449; *Vygen,* Die Kündigung des Bauvertrages und deren Voraussetzungen, Jahrbuch BauR 1998, 1; *Weyer,* Fristlose Kündigung seitens des Architekten/Ingenieurs wegen Zahlungsverweigerung des Auftraggebers, Festschrift Kapellmann (2007), S. 463.

Übersicht

	Rn.
A. Einführung	1
I. Allgemeines Kündigungsrecht aus wichtigem Grund	1
II. Normierte Kündigungstatbestände zur Erleichterung der Darlegungs- und Beweislast	2
III. Verhältnis zu anderen Vertragsbeendigungstatbeständen	4
B. § 9 Abs. 1 lit. a VOB/B – Kündigung wegen Gläubigerverzugs	6
I. Gesetzliche Ausgangslage	6
II. Gläubigerobliegenheiten	8
1. Die einzelnen Mitwirkungshandlungen des Auftraggebers	8
2. Rechtsnatur der Mitwirkungshandlungen	10
III. Materielle Kündigungsvoraussetzungen	16
1. Annahmeverzug des Auftraggebers	16
a) Fälligkeit bzw. Erfüllbarkeit	17
b) Leistungsbereitschaft	18
c) Ordnungsgemäßes Angebot	19
d) Verschulden nicht erforderlich	21
2. Leistungshindernis für den Auftragnehmer	22
IV. Beispielsfälle	23
C. § 9 Abs. 1 lit. b VOB/B – Kündigung wegen Schuldnerverzugs	29
I. Zahlungsverzug des Auftraggebers	30
1. Erfasste Zahlungen	30
2. Fälligkeit	31
3. Mängelbehaftete Leistung	34
4. Mahnung	35
5. Verschulden	37
6. Weitere Rechtsfolgen des Zahlungsverzuges	38
II. Sonstiger Schuldnerverzug des Auftraggebers	40
D. Sonstige Kündigungsgründe	43
1. Allgemeine Voraussetzungen	43
2. Beispielsfälle	44
E. § 9 Abs. 2 VOB/B – formale Kündigungsvoraussetzungen	61
I. Allgemeines	61
1. Systematische Einordnung	61
2. Zeitlicher Rahmen	61a
II. Nachfristsetzung mit Kündigungsandrohung	62
1. Bestimmte Leistungsaufforderung	63
2. Nachfristsetzung	64
3. Kündigungsandrohung	66
III. Kündigungserklärung	70
1. Schriftform	71
2. Angabe, Wechsel oder Nachschieben von Kündigungsgründen	72
3. Teilkündigung	73
4. Kündigungsberechtigter/Kündigungsempfänger	74
5. Verwirkung des Kündigungsrechts	75
F. § 9 Abs. 3 VOB/B – Rechtsfolgen der Kündigung	78
I. Überblick	78
II. Vergütung der erbrachten Leistung	79
1. Umfang der erbrachten Leistungen	79
2. Mängel der erbrachten Leistungen	82
3. Fälligkeit, Abrechnung und Abnahme	83
III. Entschädigung nach § 642 BGB	85
1. Art und Umfang des Anspruches	85
2. Bemessung des Anspruchs	88
IV. Weitergehende Ansprüche des Auftragnehmers	95
1. Schadensersatz wegen Pflichtverletzung, § 280 BGB	96
2. Anspruch auf (volle) Vergütung	100
3. Anspruch gemäß § 304 BGB	102
G. AGB-Kontrolle, abweichende vertragliche Vereinbarungen	103

A. Einführung

I. Allgemeines Kündigungsrecht aus wichtigem Grund

Während der Auftraggeber den Werkvertrag jederzeit frei kündigen kann (§ 649 BGB a. F., **1** § 648a BGB n. F., § 8 Nr. 1 VOB/B), steht dem Auftragnehmer ein derartiges freies Kündigungsrecht nicht zu. Er kann den Vertrag nur aus wichtigem Grund kündigen. Zwei besonders wichtige Kündigungsgründe sind in § 9 Abs. 1 VOB/B positiv geregelt. Hierbei handelt es sich allerdings um **keine abschließende Aufzählung**.[1] Die beiden normierten Kündigungsgründe stehen neben einem richterrechtlich anerkannten und nunmehr auch in § 648a BGB vorgesehen gesetzlichen allgemeinen Recht zur außerordentlichen Kündigung bei wichtigem Grund. Damit wird der Werkvertrag Dauerschuldverhältnissen gleichgestellt. Diese waren immer schon auch ohne ausdrückliche Regelung bei Vorliegen eines wichtigen Grundes, der eine vollständige Vertragsdurchführung unzumutbar macht, außerordentlich kündbar,[2] wie nun in § 314 BGB kodifiziert. Ob das allgemeine Kündigungsrecht des § 314 BGB für Dauerschuldverhältnisse auf Werkverträge, die keine Dauerschuldverhältnisse sind, Anwendung finden kann, hatte der Gesetzgeber bewusst offen gelassen[3] und war dementsprechend umstritten.[4] Für ein entsprechendes Recht beim Bauvertrag spricht dass auch dessen Ausführung längere Zeit in Anspruch nimmt und die Beendigung der Leistungspflicht mit Wirkung nur ex nunc zu einer angemesseneren Regelung als ein Rücktritt führt, der grundsätzlich zur Rückgewähr der bereits erbrachten Leistung verpflichtet.[5] Trotz der Möglichkeit zum Teilrücktritt nach § 323 Abs. 5 BGB[6] in Bezug auf nicht erbrachte Leistungen bleibt das Kündigungsrecht die sachgerechte Lösung zur Vertragsbeendigung, allein schon im Hinblick auf die Mängelrechte für die erbrachten Leistungen.[7] Die Regelung über den Teilrücktritt in § 325 Abs. 5 BGB passt schon nicht für einen Rücktritt des Bestellers[8] und erst recht nicht auf den des Auftragnehmers, da sie nicht auf dessen Leistungsstand abstellt, sondern auf die Teilleistung des Auftraggebers. Das Recht zur Kündigung einschließlich Teilkündigung soll nunmehr gesetzlich klargestellt werden. Für den VOB-Vertrag war die Kündbarkeit von vornherein durch die vertraglichen Kündigungsregelungen in § 8 und § 9 VOB/B klargestellt. Solche vertraglichen Vereinbarungen zur außerordentlichen Kündigung wären auch ohne gesetzliches Kündigungsrecht problemlos zulässig.[9] Das vertragliche Kündigungsrecht verdrängt dann das gesetzliche Rücktrittsrecht,[10] jedenfalls in Bezug auf den Gesamtrücktritt.

II. Normierte Kündigungstatbestände zur Erleichterung der Darlegungs- und Beweislast

Bei der außerordentlichen Kündigung muss der Kündigende grundsätzlich die besondere **2** Schwere der Kündigungsgründe darlegen, die ihm eine weitere Fortsetzung des Vertragsverhältnisses nach Treu und Glauben nicht mehr zumutbar machen. Durch die ausdrückliche Regelung der beiden Kündigungsrechte in § 9 Abs. 1 VOB/B legen die Parteien vertraglich fest, dass die dort genannten Gründe grundsätzlich eine außerordentliche Kündigung rechtfertigen. Die Wirksamkeit der Kündigung hängt bei Vorliegen des vertraglichen Kündigungstatbestandes nach

---

[1] Vgl. *Vygen* in Ingenstau/Koribon VOB/B § 9 Abs. 3 Rn. 25; OLG München IBR 2008, 638.
[2] BGHZ 41, 104 mwN; OLG München IBR 2008, 638; unrichtig deshalb LG Berlin IBR 2007, 1092, das einerseits von einer abschließenden Aufzählung ausgeht, andererseits aber wenig konsequent (beim AG) die unberechtigte Kündigung der Vertragsgegenseite als ungeschriebenen Kündigungstatbestand bestätigt.
[3] RegBegr. zu § 323 Abs. 1 S. 1, abgedruckt bei *Canaris* Schuldrechtsmodernisierung S. 748.
[4] Dafür zB *Kniffka* in Online-Kommentar BGB, § 649 Rn. 5 ff.; *Berger* in Beck'scher VOB-Kommentar Teil B vor § 9 Rn. 3 ff.; *Voit* BauR 2002, 1776 ff.; *Sienz* BauR 2002, 181 (194 f.); **anderer Ansicht** *Boldt* NZBau 2002, 655 ff.; *Peters* NZBau 2014, 681 ff.
[5] BGH NJW 1969, 233; ablehnend *Peters* NZBau 2014, 681 (682).
[6] *Peters* NZBau 2014, 681 ff. will das Erfüllungsstadium stattdessen über das Verlangen nach Schadenersatz wegen Nichterfüllung gemäß § 282 BGB beenden.
[7] Vgl. näher *Voit* BauR 2002, 1776 (1780 ff.); *Hebel* BauR 2011, 330 ff.; *Vygen* in Ingenstau/Koribon VOB/B vor §§ 8, 9 Rn. 99 ff.
[8] *Voit* BauR 2002, 1776 (1781 ff.).
[9] MüKo/*Kramer* BGB Einl. v. § 241 Rn. 97; Palandt/*Heinrichs* BGB§ 314 Rn. 5; *Vygen* in Ingenstau/Koribon § 9 Abs. 1 Rn. 4, 9; *Hebel* BauR 2011, 330 (336 f.).
[10] Vgl. → Rn. 5; *Böttcher* ZfBR 2003, 218.

der Rechtsprechung des BGH nicht davon ab, dass zusätzlich noch besondere Umstände vorliegen, die ein Festhalten am Vertrag unzumutbar machen.[11] Dennoch könnte der Auftraggeber geltend machen, dass die eigentlich vorgesehene schwer wiegende Beeinträchtigung des Vertragsverhältnisses im konkreten Einzelfall tatsächlich nicht vorliegt, zB weil der Zahlungsrückstand unbedeutend war.[12] In solchen Fällen würde die Ausübung des Kündigungsrechts gegen Treu und Glauben verstoßen.[13] Es ist deshalb nicht ganz richtig, generell von Kündigungsgründen ohne weitere Wertungsnotwendigkeit zu sprechen, zu denen für die Vertragsauflösung nur noch die formellen Voraussetzungen des § 9 Abs. 2 VOB/B hinzukommen müssten.[14] Eine abschließende vertragliche Festschreibung der Unzumutbarkeit ist insbesondere bei § 9 Abs. 1 lit. b Alt. 2 VOB/B, nicht erfolgt, da diese Alternative der Vorschrift den Verzug mit jeglicher Schuldnerpflicht erfasst. Beim Verzug mit unwichtigeren Auftraggeberpflichten muss schon wegen der Kooperationsverpflichtung die Unzumutbarkeit der Vertragsfortsetzung im Einzelfall geprüft werden, wobei allerdings auf Grund der Regelungstechnik die Darlegungs- und Beweislast für den ausnahmsweisen Ausschluss des Kündigungsrechts den Auftraggeber trifft.

3 § 9 VOB/B erschöpft sich nicht in der Normierung der Kündigungstatbestände. Abs. 2 stellt formelle Kündigungsvoraussetzungen auf. Wie bei § 8 Abs. 3 VOB/B muss die Kündigung schriftlich erfolgen. Im Interesse eines möglichen Vertragserhalts setzt die Kündigung eine vorausgegangene Androhung voraus. Hiermit wird gegenüber den allgemeinen Regelungen des BGB eine zusätzliche Anforderung aufgestellt, die aber spiegelbildlich den Anforderungen der §§ 4 Abs. 7 und 5 Abs. 4 VOB/B für die Kündigung durch den Auftraggeber entspricht.

3a In Abs. 3 werden die Rechtsfolgen der Kündigung behandelt. Diese Regelung erschöpft sich in einer Wiederholung bzw. Verweisung auf bereits gesetzlich bestehende Ansprüche. Nicht geregelt wird demgegenüber – anders als in § 8 Abs. 6 VOB/B – die Abwicklung nach Kündigung durch Aufmaßnahme, Abnahme und Abrechnung. Die Regelung des § 8 Abs. 6 VOB/B kann hier analog angewandt werden.[15]

III. Verhältnis zu anderen Vertragsbeendigungstatbeständen

4 Ein weiteres Kündigungsrecht des Auftragnehmers ist in der VOB/B in § 6 Abs. 7 VOB/B geregelt. Danach kann jede Vertragspartei bei einer Unterbrechung der Bauausführung, die länger als drei Monate dauert, den Bauvertrag mit den Folgen des § 6 Abs. 5 und 6 VOB/B kündigen. Dieses Kündigungsrecht bleibt grundsätzlich neben § 9 VOB/B anwendbar (vgl. → Rn. 23).

4a Beim BGB-Werkvertrag ist der Auftragnehmer berechtigt, wenn der Besteller seine Mitwirkungsobliegenheiten verletzt, diesem eine Frist zur Nachholung der Mitwirkungshandlung zu setzen und die Fristsetzung mit der Erklärung zu verbinden, dass er den Vertrag kündige, wenn die Handlung nicht innerhalb der gesetzten Frist erfolgt, § 643 BGB. Dieses Kündigungsrecht wird durch § 9 Abs. 1 lit. a VOB/B leicht modifiziert (vgl. → Rn. 6 f.) und damit verdrängt.[16]

5 Das vertragliche Kündigungsrecht des § 9 VOB/B verdrängt das ansonsten eingreifende gesetzliche Rücktrittsrecht. Vielfach berechtigen dieselben Gründe einer außerordentlichen Kündigung oder zum Rücktritt. Kommt beim BGB-Werkvertrag der Auftraggeber mit einer Hauptverbindlichkeit, also vor allem mit der Zahlung des Werklohns, in Verzug, kann der Auftragnehmer nach § 323 BGB vom Vertrag zurücktreten. § 9 Abs. 1 lit. b VOB/B bestimmt für diese Fälle ein Kündigungsrecht. Das Kündigungsrecht schließt damit als vorgehende vertragliche Sonderregelung einen Rücktritt nach § 323 BGB aus.[17] Die Kündigung wirkt wie ein Teilrücktritt und lässt den Rechtsgrund für die erbrachten Leistungen anders als einen Gesamtrücktritt bestehen.

---

[11] BGH NJW-RR 1998, 1381; BB 1956, 95.
[12] Vgl. OLG Düsseldorf BB 1978, 1339.
[13] BGH NJW-RR 1998, 1381.
[14] So *Berger* in Beck'scher VOB-Kommentar VOB/B § 9 Abs. 1 Rn. 2, 6.
[15] *Berger* in Beck'scher VOB-Kommentar VOB/B vor § 9 Rn. 33.
[16] *Berger* in Beck'scher VOB-Kommentar VOB/B vor § 9 Rn. 25.
[17] *Berger* in Beck'scher VOB-Kommentar VOB/B vor § 9 Rn. 22; *Kuffer* in Heiermann/Riedl/Rusam VOB/B Einf. zu § 8 u. 9 Rn. 3; *Vygen* in Ingenstau/Korbion VOB/B vor §§ 8 und 9 Rn. 39; *Leinemann/Hildebrandt* VOB/B § 9 Rn. 4. Vgl. zu § 314 BGB RegBegr. zu § 314, Vorbemerkung bei *Canaris* Schuldrechtsmodernisierung S. 748.

Neben den Kündigungsrechten nach § 9 VOB/B steht das Recht zur Vertragsbeendigung **5a** nach §§ 648a, 643 BGB, falls der Auftraggeber eine geforderte Sicherheit für den Werklohn nicht stellt. Dieser Fall wird von § 9 VOB/B nicht erfasst, zumal die Regelungen des § 648a gemäß § 648a Abs. 7 BGB halbzwingend sind. Diese Vertragsbeendigungsmöglichkeit bietet sich vor allem dann an, wenn die Fälligkeit geforderter Abschlagszahlungen wegen zweifelhafter Prüffähigkeit der Abschlagsrechnungen oder möglicher Mängel (vgl. dazu → Rn. 31 ff.) fraglich ist.

Ein recht versteckter Weg zur Beendigung der Erfüllungsansprüche kann schließlich die **5b** Geltendmachung des Schadenersatzes statt der Leistung gemäß §§ 281, 282 BGB sein.[18] Nach Ablauf der erforderlichen Nachfrist gemäß § 281 Abs. 1 BGB – bzw. des Eintritts eines die Fristsetzung entbehrlich machenden Tatbestandes – bestehen Erfüllungsanspruch und Schadensersatzanspruch noch nebeneinander. Gemäß der ausdrücklichen Anordnung des § 281 Abs. 4 erlischt der Erfüllungsanspruch, wenn der Gläubiger berechtigterweise Schadensersatz statt der Leistung verlangt.[19] Bei gegenseitigen Verträgen entfällt wegen der Verbindung von Leistung und Gegenleistung auch der Erfüllungsanspruch des Schuldners.[20] Das Schadenersatzverlangen hat also rechtsgestaltende Wirkung. Das Vorgehen dürfte aber ebenfalls durch die VOB/B Kündigungsregelungen ausgeschlossen werden, weil sie eine eindeutige und schriftliche Entscheidung gegen die weitere reguläre Durchführung des Vertrags verlangen.[21]

B. § 9 Abs. 1 lit. a VOB/B – Kündigung wegen Gläubigerverzugs

I. Gesetzliche Ausgangslage

Kommt der Besteller mit einer Mitwirkungshandlung, die bei der Herstellung des Werkes **6** erforderlich ist, durch Unterlassen in Annahmeverzug, so steht dem Auftragnehmer zunächst eine angemessene Entschädigung gemäß § 642 BGB zu. Erfasst werden die Mehraufwendungen (nur) während der verzugsbedingten Wartezeit.[22] Darüber hinaus kann der Auftragnehmer dem Auftraggeber zur Nachholung eine Frist mit der Erklärung bestimmen, dass er den Vertrag kündige, wenn die Handlung nicht bis zum Ablauf der Frist vorgenommen werde (§ 643 BGB). Diese Regelung übernimmt die VOB/B unter gewissen Modifikationen. Während nach dem Wortlaut der §§ 642, 643 BGB eine Kündigung schon beim Ausbleiben einer erforderlichen Mitwirkungshandlung möglich ist[23], setzt § 9 Abs. 1 lit. a VOB/B einschränkend voraus, dass der Auftragnehmer durch die ausstehende Mitwirkungshandlung „außer Stande gesetzt wird, die Leistung auszuführen". Geändert ist auch der formelle Ablauf. Bei § 643 BGB muss die Kündigung selbst schon (bedingt) bei der Nachfristsetzung ausgesprochen werden, die bloße Androhung einer Kündigung reicht nicht aus.[24] Beim VOB-Vertrag ist zunächst unter Kündigungsandrohung eine Nachfrist zu setzen, während die Kündigung selbst erst nach fruchtlosem Fristablauf auszusprechen ist, § 9 Abs. 2 S. 2.[25]

§ 9 VOB/B stärkt damit **die Bestandsinteressen** des Auftraggebers gegenüber den Lö- **7** sungsinteressen des Auftragnehmers.[26] § 9 Abs. 1 lit. a VOB/B enthält hinsichtlich der Kündigungsgründe eine sachlich gebotene Einschränkung des zumindest textlich weit geratenen § 643 BGB.[27] Gleichzeitig wird die durch eine Zwangsläufigkeit geprägte Kündigungsregelung des § 643 BGB flexibler gestaltet und den sonstigen Kündigungsrechten angepasst. Beim VOB-Vertrag ist der Auftragnehmer in der Entscheidung frei, ob er nach fruchtlosem Fristablauf tatsächlich die Kündigung erklärt. Bei § 643 BGB löst sich der Vertrag automatisch mit Fristab-

---

[18] Vgl. daz *Peters* NZBau 2014, 681 ff.
[19] *Lorenz* in Bamberger/Roth BGB § 281 Rn. 50 f. mwN.
[20] *Lorenz* in Bamberger/Roth BGB § 281 Rn. 52.
[21] *Peters* NZBau 2014, 681 (683).
[22] *Glanzmann* in RGRKBGB § 642 Rn. 7; *Peters/Jacoby* in Staudinger BGB, (2013), § 643 Rn. 25; *Lachmann* BauR 1990, 409.
[23] Die Kündigungsmöglichkeit wird allerdings teilweise restriktiver interpretiert, vgl. OLG Celle OLGR 2001, 147 (bedenklich) und *Peters/Jacoby* in Staudinger BGB § 643 Rn. 7. **Anders** aber zB *Teichmann* in Soergel/BGB § 643 Rn. 3 und wohl auch *Glanzmann* in RGRKBGB § 643 Rn. 6; *Busche* in MüKo BGB § 643 Rn. 6.
[24] *Peters/Jacoby* in Staudinger BGB, (2013), § 643 Rn. 12.
[25] Vgl. BGH NJW 1973, 1463.
[26] *Berger* in Beck'scher VOB-Kommentar VOB/B vor § 9 Rn. 7.
[27] Vgl. *Peters/Jacoby* in StaudingerBGB (2013), § 643 Rn. 28.

lauf auf; es ist sogar umstritten, ob der Auftragnehmer die Kündigung vor Fristablauf noch einseitig zurücknehmen kann.[28]

II. Gläubigerobliegenheiten

8 **1. Die einzelnen Mitwirkungshandlungen des Auftraggebers.** In § 9 Abs. 1 lit. a VOB/B ist nicht konkret geregelt, welche unterlassenen Mitwirkungshandlungen zur Kündigung berechtigen. Da die unterlassene Handlung den Auftragnehmer **außer Stande setzen** muss, die Leistung auszuführen, sind solche Mitwirkungshandlungen betroffen, von denen der Beginn oder die Durchführung der Arbeiten abhängig ist.[29] Diese Mitwirkungshandlungen ergeben sich neben dem Gesetz vor allem – auch konkludent – aus den vertraglichen Vereinbarungen.[30] In der VOB/B, aber auch in der VOB/C sind zahlreiche Handlungen des Auftraggebers aufgezählt, die die wichtigsten Mitwirkungsfälle abdecken:

9
– Bereitstellung des Baugrundstücks bzw. der baulichen Anlagen[31]
– Rechtzeitige Übergabe der Ausführungsunterlagen, § 3 Abs. 1
– Absteckung der Hauptachsen, § 3 Abs. 2
– Zustandsfeststellung, § 3 Abs. 4
– Aufrechterhaltung der allgemeinen Ordnung auf der Gesamtbaustelle, § 4 Abs. 1
– Regelung des Zusammenwirkens mehrerer Unternehmer, § 4 Abs. 1 Nr. 1 S. 1
– Herbeiführung der erforderlichen öffentlich-rechtlichen Genehmigungen und Erlaubnisse, § 4 Abs. 1 Nr. 1 S. 2
– Unentgeltliche Überlassung von Lager- und Arbeitsplätzen sowie Anschlüssen, § 4 Abs. 4
– Treffen notwendiger Anordnungen, § 4 Abs. 1 Nr. 4, § 4 Abs. 3, § 6 Abs. 3
– Auskunft über den voraussichtlichen Beginn der Ausführung und zum Abruf der Leistungen, § 5 Abs. 2
– Gemeinsame Festlegungen mit dem Auftragnehmer bzw. Anordnungen nach der VOB/C[32]

10 **2. Rechtsnatur der Mitwirkungshandlungen.** Die Mitwirkungshandlungen des Bestellers im Werkvertragsrecht sind vom Gesetzgeber, ausgehend von der Erwägung, dass die Werkherstellung allein im Interesse des Bestellers liegt (vgl. § 649 BGB a. F., § 648a BGB n. F.), bewusst als so genannte **Obliegenheiten** ausgestaltet worden.[33] Es handelt sich danach nicht um eigentliche Rechtspflichten; sie sind weder einklagbar noch führt ihre Verletzung unmittelbar zu Schadenersatzsanktionen.[34]

11 Um ihre Erfüllung dennoch zu gewährleisten, knüpft das Gesetz an die Nichterfüllung von Obliegenheiten sonstige nachteilige Rechtsfolgen, zB die Verwirkung von Rechten des Obliegenheitsbelasteten oder die Begründung von anderen Rechten beim Betroffenen.[35] Wie sich aus §§ 642, 643 BGB ergibt, führt die Verletzung von Mitwirkungshandlungen nur zum **Annahmeverzug** des Bestellers, zu Entschädigungs- und Kündigungsrechten, **nicht aber zu Erfüllungs- oder Schadenersatzansprüchen**. Grund ist, dass der Gesetzgeber sich beim Werkvertragsrecht an der handwerklichen Herstellung oder Bearbeitung orientierte, die mehr dem Typus des punktuellen Austauschvertrages entsprechen, weshalb er besondere Regelungen über das Zusammenwirken der Parteien während der Herstellungsphase als entbehrlich ansah.[36] Im Übrigen wurden die Parteien darauf verwiesen, soweit im konkreten Falle erforderlich, Mitwirkungspflichten des Bestellers vertraglich zu begründen.[37]

12 Es lässt sich heute nicht mehr bestreiten, dass jedenfalls für größere **Baumaßnahmen** die Kooperation der Parteien eine zentrale Bedeutung erlangt hat und umfangreiche und gewichtige

---

[28] Dafür *Peters/Jacoby* in Staudinger BGB (2013), § 643 Rn. 15; *Erman/Schwenker* BGB§ 643 Rn. 3; **anderer Ansicht***Busche* in MüKo BGB§ 643 Rn. 5; *Soergel/Teichmann* BGB§ 643 Rn. 5.
[29] *Peters/Jacoby* in Staudinger BGB (2013), § 643 Rn. 7, 28.
[30] *Vygen* in Ingenstau/Koribon VOB/B § 9 Abs. 1 Rn. 5.
[31] *Hartung* in Beck'scher VOB-Kommentar VOB/B vor § 3 Rn. 5 mwN; hierzu gehören auch mangelfreie Vorleistungen, vgl. OLG München v. 17.3.2015 – 9 U 2856/11, BeckRS 2016, 12446.
[32] Vgl. zB DIN 18300, Ziff. 3.3.1, 3.5.3, 3.7.4., 3.7.7 oder DIN 18305, Ziff. 3.3.3 und 3.4.2.
[33] Motive II S. 496 f.; *Hüffer* S. 33; *Peters/Jacoby* in Staudinger BGB (2013), § 642 Rn. 17; *Kniffka* Jahrbuch BauR 2001, 1 (6).
[34] Vgl. *Müller-Foell* S. 46 mwN; *Schilder* S. 42 ff., 47 ff. mwN; *Leupertz* BauR 2010, 1999 (2000 f.).
[35] Vgl. *Müller-Foell* S. 47.
[36] Vgl. Motive II, S. 470; *Nicklisch* BB 1979, 533.
[37] Motive II, S. 469 f.; *Hüffer* S. 34.

Mitwirkungshandlungen des Bestellers die gesamte Herstellungsphase durchziehen.[38] Eine wohl inzwischen überwiegende Auffassung in der Literatur nimmt deshalb an, dass beim Werkvertrag allgemein[39], jedenfalls beim Bauvertrag[40] und erst recht beim VOB-Vertrag[41], zumindest aber bei größeren Bauvorhaben, insbesondere des Anlagenbaus[42], die Mitwirkungshandlungen als **echte Vertragspflichten** vereinbart werden, der Besteller also nicht nur in Gläubigerverzug, sondern auch in Schuldnerverzug geraten kann.[43]

Andere differenzieren nach Art der einzelnen Mitwirkungshandlungen.[44]

13 Demgegenüber gehen Rechtsprechung[45] und eine traditionelle Meinung im Schrifttum[46] davon aus, dass ohne besondere über die Einbeziehung der VOB/B hinausgehende vertragliche Vereinbarung die Mitwirkungshandlungen des Auftraggebers nur **Obliegenheitscharakter** haben. An die konkludente vertragliche Vereinbarung von Schuldnerpflichten stellen sie strenge Anforderungen[47], die aus der besonderen Art des Werkes allein noch nicht abgeleitet werden. Dies ist in Anbetracht der Bedeutung jedenfalls einiger Mitwirkungshandlungen für den Werkerfolg und der sonstigen Großzügigkeit bei der Annahme stillschweigend begründeter Pflichten wenig stringent. Eine Mitwirkungshandlung des Auftraggebers wird nach dieser Auffassung nicht allein dadurch, dass für ihre Vornahme ein Termin festgelegt wurde, zur Schuldnerpflicht[48], auch nicht wenn für die hierauf aufbauende Leistung des Auftragnehmers ihrerseits eine Vertragsfrist vereinbart wurde.[49] Die Terminfestsetzungen dienen der Koordination, ihre Vereinbarung führt zum Annahmeverzug auch ohne Mahnung; ohne zusätzliche Umstände führt die Terminfestlegung allein nach der Rechtsprechung des BGH noch nicht zur Änderung der Rechtsnatur von Obliegenheiten[50].

14 Auf die Frage der rechtlichen Einordnung der Mitwirkungshandlungen kommt es für die Frage der Kündigungsberechtigung nach § 9 VOB/B i.d.R. nicht an.[51] Die Verletzung von Obliegenheiten berechtigt nach § 9 Abs. 1 lit. a VOB/B zur Kündigung, die Annahme echter Vertragspflichten würde nur zusätzlich den Kündigungstatbestand des § 9 Abs. 1 lit. b erfüllen, da der Auftraggeber dann bei Nichterfüllung auch „sonst in Schuldnerverzug gerät".[52] Allerdings ist der Kündigungstatbestand von lit. a) sprachlich enger, da er eine Unausführbarkeit der Leistung verlangt, während nach lit. b Unzumutbarkeit der Vertragsfortführung genügt.

15 Unmittelbare Bedeutung erlangt der Rechtscharakter der Mitwirkungshandlung allerdings für die Frage des **Schadenersatzes**. Die Nichterfüllung von Vertragspflichten führt anders als die Nichtbeachtung von Gläubigerobliegenheiten unmittelbar zu Schadenersatzansprüchen nach §§ 280, 286 BGB,[53] die Verletzung von Obliegenheiten zu Entschädigungsansprüchen nach § 642 BGB. Allerdings unterscheiden sich auch hier die beiden Rechtsauffassungen nicht wesentlich, da die Rechtsprechung in vielen Fällen die schuldhafte Verletzung von Obliegenheiten als (mittelbare) Vertragsverletzung ansieht. (vgl. → Rn. 96 ff.).

III. Materielle Kündigungsvoraussetzungen

1. Annahmeverzug des Auftraggebers. Der Auftraggeber muss sich durch das Unterlassen **16** seiner Mitwirkung in Annahmeverzug befinden. Die Voraussetzungen hierfür sind:

---

[38] *Nicklisch* BB 1979, 533 (537 ff.); *Müller-Foell* S. 86 f.; *Kniffka* Jahrbuch BauR 1998, 1 (6 ff.).
[39] *Glanzmann* in RGRK BGB §§ 631 Rn. 46, 642 Rn. 12; *Schwenker* in Erman BGB § 642 Rn. 2.
[40] *Vygen* in Ingenstau/Koribon VOB/B § 9 Abs. 1 Rn. 23.
[41] Vgl. → VOB/B § 6 Rn. 47 f. mwN.
[42] *Nicklisch* BB 1979, 533 (540 f.); *Müller-Foell* S. 104; *Kniffka* Jahrbuch 2001, 1 (7 ff.); *Soergel/Teichmann* BGB§ 642 Rn. 4.
[43] Vgl. nur *Glanzmann* in RGRKBGB§ 642 Rn. 13; differenzierend *Vygen* in Ingenstau/Koribon VOB/B § 9 Abs. 1 Rn. 23 f., der einerseits Schadensersatzansprüche bejaht, andererseits Einklagbarkeit und Schuldnerverzug verneint.
[44] *Schilder* S. 69 ff.; *Kniffka* Jahrbuch 2001, 1 (13 f.).
[45] BGHZ 11, 80 = NJW 54, 229; BGHZ 50, 175 = NJW 86, 1873; BGH NJW 84, 1080.
[46] *Peters/Jacoby* in Staudinger BGB (2013), § 642 Rn. 17 mwN; MüKoBGB/*Busche* BGB§ 642 Rn. 2 f. mwN; Palandt/*Sprau* BGB§ 642 Rn. 21b).
[47] Vgl. *Peters/Jacoby* in Staudinger BGB (2013), § 642 Rn. 18, 20.
[48] So aber zB *Heiermann/Riedl/Rusam* 10. Aufl., VOB/B § 9 Rn. 5; *Leupertz* BauR 2010, 1999 (2001).
[49] So aber *Vygen* in Ingenstau/Koribon VOB/B § 9 Abs. 1 Rn. 38.
[50] BGH NZBau 2000, 187 = BauR 2000, 722; *Berger* in Beck'scher VOB-Kommentar VOB/B § 9 Abs. 1 Rn. 35.
[51] *Berger* in Beck'scher VOB-Kommentar VOB/B § 9 Abs. 1 Rn. 8.
[52] *v. Hayn-Habermann* in NWJS VOB/B § 9 Rn. 9 f.
[53] Vgl. nur *Hofmann* FS von Craushaar, 1997, 219 (222).

17 **a) Fälligkeit bzw. Erfüllbarkeit.** Zunächst muss der Auftragnehmer bereits berechtigt sein, die Leistung zu erbringen, für die die Mitwirkungshandlung des Auftraggebers erforderlich ist.[54] Bietet der Auftragnehmer die Leistung verfrüht an, kann Annahmeverzug nicht eintreten. Relevant ist dies insbesondere bei Leistungen, für die keine konkrete Leistungszeit, zB in Vertragsterminplänen, bestimmt ist. Hier kann der Auftraggeber nur in Annahmeverzug geraten, wenn der Auftragnehmer die Leistungserbringung in angemessener Zeit vorher ankündigt, § 299 BGB.[55] Es empfiehlt sich deshalb, in Bauverträgen entsprechende Abruffristen zu vereinbaren.[56]

18 **b) Leistungsbereitschaft.** Weitere Voraussetzung für den Annahmeverzug ist nach § 297 BGB **Leistungsvermögen** und **Leistungswille** des Schuldners.[57] Eine Leistungsaufforderung nur zum Schein, wie sie gelegentlich zur Konstruktion von Behinderungstatbeständen erfolgt, reicht nicht. Bei einer bereits angekündigten Mitwirkungsverweigerung des Auftraggebers genügt allerdings, dass der Auftragnehmer seine Leistungsbereitschaft kurzfristig herstellen kann.[58]

19 **c) Ordnungsgemäßes Angebot.** Der Auftragnehmer muss seine Leistung **ordnungsgemäß anbieten.** Hierzu reicht nach § 295 BGB grundsätzlich ein **wörtliches Angebot** aus. Das wörtliche Angebot kann auch in der Aufforderung zur Mitwirkung[59] oder in Bereithaltung von Arbeitern auf der Baustelle in erkennbarer Leistungsbereitschaft liegen.[60] Wegen der bei Behinderungen bestehenden Hinweisverpflichtungen gehört zu einem ordnungsgemäßen Angebot idR zusätzlich die Anzeige, wann und warum der Auftragnehmer wegen hindernder Umstände zur Leistungserbringung nicht in der Lage ist.[61] Erforderlich ist also eine den Anforderungen des § 6 Abs. 1 VOB/B genügende **Behinderungsanzeige** (vgl. dazu → § 6 Rn. 6 ff.). Diese Anzeige ist, soweit nicht ausnahmsweise gem. § 6 Abs. 1 S. 2 Hs. 2 entbehrlich, selbst in den Fällen vereinbarter Termine oder Abruftermine notwendig, bei denen außerhalb der VOB/B gemäß § 296 BGB Annahmeverzug auch ohne wörtliches Angebot automatisch mit Fristablauf eintritt.[62]

20 Ist es zu einer **Leistungserschwerung der Mitwirkungshandlung** durch einen vom Auftragnehmer zu vertretenden Umstand gekommen, zB weil auf Grund dessen eigenen Verzuges die Integration seiner Arbeiten höheren Aufwand oder Zusatzmaßnahmen erfordert, muss das ordnungsgemäße Angebot auch die Beseitigung der Leistungserschwerungen umfassen.[63] Denn wer sich im Verzug befindet, muss zunächst die Folgen seines Verzuges beseitigen, bevor er sich auf eigene (Leistungsverweigerungs-)Rechte berufen kann.[64]

21 **d) Verschulden nicht erforderlich.** Liegen diese Voraussetzungen sämtlich vor, tritt bei unterlassener Mitwirkungshandlung ohne weiteres Annahmeverzug ein. Ob dem Auftraggeber hieran ein Verschulden trifft, ist für den Eintritt des Annahmeverzuges unbeachtlich.[65] Die äußerst umstrittene Frage, ob ein Vorunternehmer Erfüllungsgehilfe des Bauherrn ist, so dass ihm dessen Verschulden nach § 278 BGB zugerechnet werden kann (dazu → § 6 Rn. 61 ff.), hat deshalb für die Kündigungsmöglichkeit wegen fehlender oder mangelhafter Vorarbeiten keine Relevanz.[66] Es reicht aus, dass die erforderliche Mitwirkungshandlung tatsächlich nicht erbracht wurde.

22 **2. Leistungshindernis für den Auftragnehmer.** Die unterlassene Mitwirkungshandlung muss den Auftragnehmer **außer Stande setzen,** seine Leistung auszuführen, dh die Mitwir-

---

[54] *Vygen* in Ingenstau/Koribon VOB/B § 9 Abs. 1 Rn. 32; *v. Hayn-Habermann* in NWJS VOB/B § 9 Rn. 7.
[55] Vgl. *Peters/Jacoby* in Staudinger BGB (2013), § 642 Rn. 23.
[56] Zustimmend *Vygen* in Ingenstau/Koribon VOB/B § 9 Abs. 1 Rn. 32.
[57] Palandt/*Heinrichs* BGB § 297 Rn. 2.
[58] BGH LM § 651 BGB Rn. 3; Palandt/*Heinrichs* BGB § 297 Rn. 2.
[59] Staudinger/*Feldmann* BGB § 295 Rn. 17 ff., 28.
[60] BGH NZBau 2003, 325 = BauR 2003, 531.
[61] BGH NZBau 2000, 187 = BauR 2000, 722; *Kniffka* Jahrbuch BauR 2001, 1 (19).
[62] BGH WM 1995, 439.
[63] BGH BauR 1986, 206 = NJW 1986, 987; Staudinger/*Löwisch* BGB (2004), § 295 Rn. 13; anders aber ua *Schwarze* Das Recht der Leistungsstörungen (2008), § 18 Rn. 41 mwN.
[64] OLG Rostock IBR 2011, 504 Rn. 459; OLG Düsseldorf BauR 1993, 123.
[65] BGHZ 24, 96; Palandt/*Heinrichs* BGB § 293 Rn. 10.
[66] *Peters/Jacoby* in Staudinger BGB (2013), § 643 Rn. 23.

kungshandlung muss für die eigene Leistungserbringung notwendig sein.[67] Nicht erheblich ist, ob das Leistungshindernis auf einer vollständig unterlassenen Mitwirkungshandlung, einem teilweisen Unterlassen oder einer fehlerhaften und deshalb unbrauchbaren Mitwirkungshandlung beruht.[68] Betrifft die unterlassene Mitwirkungshandlung demgegenüber lediglich einen Teil der Arbeiten, so muss der Auftragnehmer zunächst, soweit möglich, an anderer Stelle weiter arbeiten.[69] Denn der Auftragnehmer ist nach § 6 Abs. 3 VOB/B verpflichtet, alles zu tun, was ihm billiger Weise zugemutet werden kann, um die Weiterführung der Arbeiten zu ermöglichen. Nicht notwendig ist, dass die unterlassene Mitwirkungshandlung zur objektiven Unmöglichkeit oder zur völligen **Unzumutbarkeit** wegen Leistungserschwerung führt.[70] Wenn der Auftragnehmer wegen vertraglich vorausgesetzter Bauumstände oder Mitwirkungshandlungen für den Leistungserfolg nur einen bestimmten Leistungsumfang schuldet, setzt ihm die unterlassene Mitwirkungshandlung schon dann zur Leistung außer Stande, wenn er sie **nicht mehr mit den vertraglich geschuldeten Mitteln erbringen kann**.[71] Der Auftraggeber kann allerdings im Rahmen des § 1 Abs. 3, 4 VOB/B Zusatzleistungen mit der Folge zusätzlicher Vergütungsansprüche nach § 2 Abs. 5, 6 VOB/B anordnen. Diese Anspruchsvoraussetzungen muss der Kündigende im Prozess konkret vortragen und ggf. beweisen können.[72]

Solange keine Änderungsanordnung nach § 1 Abs. 4 VOB/B ergeht, ist der Auftragnehmer zu einer **Selbstvornahme** der unterlassenen Mitwirkungshandlung weder berechtigt noch verpflichtet.[73] Er ist nicht berechtigt, da er hinsichtlich bloßer Obliegenheiten gerade keinen Erfüllungsanspruch und damit auch keinen Ersatzvornahmeanspruch hat. Erst recht ist der Auftragnehmer nicht verpflichtet, das vom Auftraggeber verursachte Leistungshindernis auf eigene Kosten oder auf eigenes Risiko zu beseitigen.[74] Eine Kostenerstattung bei einer freiwilligen Selbstvornahme kommt aber in Betracht, soweit die Voraussetzungen einer Geschäftsführung ohne Auftrag gemäß § 2 Abs. 8 Nr. 3 VOB/B iVm §§ 677, 683, 670 BGB vorliegen.[75]

IV. Beispielsfälle

Das **Unterlassen des Abrufs der Leistungen** (§ 5 Abs. 2 VOB/B) berechtigt nach entsprechender Nachfristsetzung zur Kündigung.[76] Problematisch ist allerdings die Fälligkeit, wenn eine Abruffrist vertraglich nicht vereinbart ist.[77] Aus den Umständen kann sich dann eine längere Abruffrist ergeben.[78] Die Kündigungsmöglichkeit nach § 6 Abs. 7 VOB/B, die erst nach dreimonatiger Unterbrechung bzw. Verzögerung der Bauaufnahme besteht, schließt eine vorherige Kündigung unter Nachfristsetzung nicht aus.[79] Erst recht schließt eine länger als drei Monate andauernde Unterbrechung nicht das Kündigungsrecht nach § 9 Abs. 1 lit. a VOB/B aus (vgl. → § 6 Rn. 100). Das verbleibende Spannungsverhältnis der beiden Kündigungstatbestände lässt sich nicht durch eine generelle Vorrangregelung des § 6 Abs. 7 VOB/B lösen.[80] Die § 6 Abs. 7 VOB/B zugrunde liegende Wertung ist jedoch auch im Rahmen des § 9 zu

---

[67] Vgl. OLG Celle BauR 2001, 1597.
[68] *Peters/Jacoby* in Staudinger BGB (2013), § 643 Rn. 5; *Vygen* in Ingenstau/Koribon VOB/B § 9 Abs. 1 Rn. 29.
[69] *Berger* in Beck'scher VOB-Kommentar VOB/B § 9 Abs. 1 Rn. 27.
[70] *v. Hayn-Habermann* in NWJS VOB/B § 9 Rn. 12.
[71] So auch *Berger* in Beck'scher VOB-Kommentar VOB/B § 9 Abs. 1 Rn. 27; weiter wohl *v. Hayn-Habermann* in NWJS VOB/B § 9 Rn. 12.
[72] OLG Hamm IBR 2008, 258.
[73] *Glanzmann* in RGRK BGB § 642 Rn. 14; *Erman/Schwenker* BGB § 642 Rn. 8; *Berger* in Beck'scher VOB-Kommentar VOB/B § 9 Abs. 1 Rn. 27; *Nicklisch* BB 1979, 533 (542); weitergehend *Peters/Jacoby* in Staudinger BGB (2013), § 642 Rn. 15.
[74] *Vygen* in Ingenstau/Koribon VOB/B § 9 Abs. 1 Rn. 30..
[75] *Peters/Jacoby* in Staudinger BGB (2013), § 642 Rn. 15; *Kiffka* in Online-Kommentar BGB § 642 Rn. 24.
[76] OLG Düsseldorf IBR 2009, 375; BauR 1995, 706; *Knacke* BauR 1996, 119 (120); *Lachmann* BauR 1990, 409 (410); BGH NJW 1972, 99 bezeichnet den Abruf als vertraglich einklagbare Nebenpflicht.
[77] Vgl. dazu BGH NJW 1972, 99; OLG Celle IBR 2003, 406; *Althaus* in Beck'scher VOB-KommentarTeil B § 5 Abs. 2 Rn. 17.
[78] Vgl. OLG Celle IBR 2003, 406, wobei die dort genannte Frist von 2 Jahren falsch erscheint.
[79] OLG Düsseldorf BauR 1995, 706; OLG Köln NJW-RR 2000, 390; *Sonntag* in NWJS VOB/B § 6 Rn. 189; *Kniffka* in Online-Kommentar BGB § 643 Rn. 23 f. **anderer Ansicht**, *Bolz/Daniel* BauR 2008, 924 (928 f.).
[80] Dafür aber *Bolz/Daniel* BauR 2008, 924 ff.; *Kuffer* in Heiermann/Riedl/Rusam VOB/B § 9 Rn. 35 bejaht einen Vorrang des § 6 Abs. 7 VOB/B nach einer Unterbrechung von mehr als 3 Monaten.

berücksichtigen. Da Verzögerungen eines Bauvorhabens nicht unüblich sind, muss die Unzumutbarkeit der Vertragsfortsetzung im Einzelfall geprüft werden.[81]

24 Bringt der Auftragnehmer die **notwendigen Genehmigungen** entgegen § 4 Abs. 1 Nr. 1 VOB/B nicht bei, insbesondere nicht die erforderliche Baugenehmigung, berechtigt dies den Auftragnehmer im Verzugsfalle zur Kündigung.[82] Der Auftragnehmer braucht sich nicht darauf verweisen zu lassen, unter Freistellung durch den Bauherrn schon vor Vorliegen der Baugenehmigung mit den Arbeiten zu beginnen. Das öffentlich-rechtliche Bauverbot trifft nach den LBauO auch den Auftragnehmer.[83]

25 Verletzt der Auftraggeber seine Verpflichtung, dem Auftragnehmer die notwendigen **Ausführungspläne** in der geschuldeten Qualität zur Verfügung zu stellen, kommt er zumindest in Annahmeverzug.[84] Die herrschende Meinung[85] und der BGH in einigen Entscheidungen[86] ordnen die Zurverfügungstellung der Planungsleistungen als Mitwirkungspflicht ein, wodurch sich zugleich der Schuldnerverzug begründet. Unterlässt der Auftraggeber nachhaltig gebotene Planungsentscheidungen als Mitwirkungshandlungen, kann ebenfalls ein Kündigungsgrund vorliegen.[87]

26 Der Auftragnehmer verletzt seine Pflicht oder Obliegenheit, das Baugrundstück für die Leistungen des Auftragnehmers aufnahmebereit zur Verfügung zu stellen, bei **mangelhaften Vorleistungen.** Ein Kündigungsrecht besteht für den Auftragnehmer jedoch erst, wenn es mit an Sicherheit grenzender Wahrscheinlichkeit zu Mängeln oder Schäden kommt und der Auftraggeber sich weigert, Abhilfe zu schaffen.[88] Denn im Übrigen ist der Auftragnehmer durch § 13 Abs. 3 VOB/B ausreichend geschützt. Auch gilt dabei, dass nicht jede Verzögerung eine außerordentliche Kündigung rechtfertigen kann.[89]

27 Der Auftraggeber ist verpflichtet, auf ihm nach § 4 Abs. 3 VOB/B **mitgeteilte Bedenken** zu reagieren und eine Entscheidung zu treffen. Verzögert er die Entscheidung und kann die Leistung deshalb nicht erbracht werden, kann dies zur Kündigung berechtigen.[90]

28 Ein Kündigungsgrund liegt auch vor, wenn der Auftraggeber vor Abnahme die zur Fertigstellung erforderlichen **Mängelbeseitigungsarbeiten ablehnt** und dadurch die abnahmereife Fertigstellung des Werks verhindert.[91] Wenn der Auftraggeber unberechtigt ein **Baustellenverbot** erteilt, berechtigt er den Auftragnehmer zur Kündigung, falls hierin eine ernsthafte und endgültige Weigerung zu sehen ist.[92] Ansonsten begründet das Baustellenverbot zunächst nur einen Annahmeverzug.[93] Bei einem Streit über Mängel ist zu beachten, dass der Auftragnehmer die mangelfreie Erfüllung grundsätzlich für den Zeitpunkt der Abnahme oder der Vertragsfrist für die betroffene Teilleistung schuldet;[94] streitig ist, inwieweit eine Fristsetzung nach § 4 Abs. 7 VOB/B das berücksichtigen muss.[95] Grundsätzlich liegt es in der Disposition des Auftragnehmers, soweit keine Leistungsschritte ggf. konkludent, zB auf Grund von Nachfolgegewerken, vereinbart sind, wann er bis zur Abnahme die Leistung fertigstellt und damit auch behebbare Mängel beseitigt.[96]

---

[81] Vgl. die großzügige Annahme des BGH NJW 1972, 99.
[82] OLG München BauR 1980, 274; *Vygen* in Ingenstau/Koribon VOB/B § 9 Abs. 1 Rn. 13; FKZGM VOB/B § 9 Rn. 4.
[83] Vgl. BGH BauR 1974, 178.
[84] So FKZGM VOB/B § 9 Rn. 6.
[85] Vgl. oben VOB/B § 6.
[86] BGH NJW 1972, 447 = BauR 1972, 112; BGH BauR 1985, 561; **anders** BGH NJW 1974, 1080.
[87] OLG Frankfurt v. 27.11.2013 – 23 U 203/12, BeckRS 2015, 10782 in Bezug auf Architekten.
[88] OLG München *SFH* § 9 VOB/B (1973) Nr. 1; OLG Düsseldorf BauR 1988, 478; *Vygen* in Ingenstau/ Koribon VOB/B vor §§ 8 und 9 Rn. 15.
[89] BGH NJW 1972, 99.
[90] OLG Düsseldorf BauR 1988, 468 = NJW-RR 1988, 210; *Oppler* Ingenstau/Korbion in VOB/B § 4 Abs. 3 Rn. 80.
[91] BGH NJW 2002, 1262; OLG Düsseldorf NJW-RR 2000, 466.
[92] Vgl. → Rn. 57 und *Schneeweiss* BrBp 2005, 9 (10).
[93] BGH NZBau 2004, 611.
[94] Vgl. näher *Voit* BauR 2011, 1063 ff.
[95] *Kohler* in Beck'scher VOB-Kommentar VOB/B § 4 Abs. 7 Rn. 36 f., 204 f.; **anderer Ansicht** zB → § 4 Rn. 163; *Leinemann/Leinemann* VOB/B § 4 Rn. 138.
[96] OLG Koblenz OLGR 2008, 175, *Joussen* BauR 2009, 319 (323).

C. § 9 Abs. 1 lit. b VOB/B – Kündigung wegen Schuldnerverzugs

Während § 9 Abs. 1 lit. a VOB/B die Kündigung beim Unterlassen von Obliegenheiten regelt, erfasst § 9 Abs. 1 lit. b VOB/B den Verzug des Auftraggebers mit ihn treffenden Leistungspflichten. Danach berechtigt einerseits der Zahlungsverzug, andererseits aber auch der Verzug mit sonstigen Leistungspflichten den Auftragnehmer zur Kündigung.

I. Zahlungsverzug des Auftraggebers

1. Erfasste Zahlungen. Praktisch wichtigster Kündigungsgrund für den Auftragnehmer ist der Verzug des Auftraggebers mit Zahlungen. Erfasst werden zunächst Zahlungen auf die vereinbarte Vergütung, sei es als Vorauszahlung (§ 16 Abs. 2 VOB/B), Abschlagszahlung[97] (§ 16 Abs. 1, § 15 Abs. 4 VOB/B) oder Teilschlusszahlung.[98] Da § 9 Abs. 1 lit. b VOB/B nur von „einer fälligen Zahlung" spricht, werden neben Vergütungszahlungen auch sonstige Zahlungspflichten[99] des Auftraggebers erfasst, zB Behinderungsschadenersatzansprüche oder Ausgleichsansprüche, zB nach § 10 Abs. 2 VOB/B.[100] Gekündigt werden kann jedoch, wie § 649 BGB und § 8 Abs. 1 VOB/B für die Auftraggeber-Kündigungen zeigen[101], nur bis zur vollständigen Fertigstellung, so dass Verzug mit der Schlusszahlung oder anderen nach Fertigstellung fällig werdenden Zahlungen als Kündigungsgründe ausscheiden.[102]

2. Fälligkeit. Verzug setzt Fälligkeit der jeweiligen Zahlung voraus, § 286 BGB. Die Leistungszeit der Vergütungsansprüche richtet sich nach den vertraglichen Vereinbarungen. So werden Abschlagszahlungen gemäß einem vereinbarten Zahlungsplan oder gemäß § 16 Abs. 1 VOB/B nach Baufortschritt fällig. Neben der vollständigen und vertragsgemäßen Erbringung der zu vergütenden Leistungsteile ist weitere Fälligkeitsvoraussetzung nach §§ 16, 14 VOB/B die **prüfbare Abrechnung**. Während die Erteilung einer Rechnung im allgemeinen Vertragsrecht[103] und im BGB-Werkvertragsrecht[104] grundsätzlich keine Fälligkeitsvoraussetzung ist, ihre Nichterstellung nur ein Leistungsverweigerungsrecht begründet, hat die VOB/B (§ 16 Abs. 1 Nr. 3, § 16 Abs. 3 Nr. 1) die prüfbare Abrechnung zur Fälligkeitsvoraussetzung erhoben. Leistet der Auftraggeber auf eine nicht ordnungsgemäße Abrechnung nicht, kann grundsätzlich mangels Fälligkeit auch kein Verzug eintreten. Das Prüfbarkeitserfordernis begründet für den Kündigenden – wie auch für den nur die Leistung einstellenden Auftragnehmer – damit ein ernsthaftes Risiko.[105] Denn die Prüfbarkeit ist von der VOB/B nicht als Einrede, sondern als objektive Fälligkeitsvoraussetzung konzipiert. Geht ein Gericht später von einer mangelnden Prüfbarkeit und damit fehlender Fälligkeit aus, verliert der kündigende Auftragnehmer nicht nur seine Ansprüche hinsichtlich der nicht erbrachten Leistungen, sondern wird ggf. auch noch dem Auftraggeber gegenüber schadensersatzpflichtig. Offensichtlich ungerechtfertigt wäre dies Ergebnis aber in all den Fällen, in denen der Auftraggeber die Zahlung gar nicht mangels Prüffähigkeit nicht leistet, sondern mangels Leistungsfähigkeit oder wegen vermeintlicher, tatsächlich nicht bestehender Gegenansprüche.

Dieses Problem ist durch die neuere Rechtsprechung des BGH zur zeitlichen Begrenzung des Einwandes fehlender Prüffähigkeit entschärft worden. Zunächst hatte der BGH darauf hingewiesen, dass die Anforderungen an die Prüfbarkeit nicht absolut gelten, sondern von den konkreten Informations- und Kontrollinteressen des jeweiligen Auftraggebers bestimmt werden.[106] In der

---

[97] BGH BauR 1975, 136.
[98] *Berger* in Beck'scher VOB-Kommentar VOB/B § 9 Abs. 1 Rn. 30; *Kuffer* in Heiermann/Riedl/Rusam VOB/B § 9 Rn. 14.
[99] Naturalleistungen hierunter zu fassen (so zB *Kuffer* in Heiermann/Riedl/Rusam VOB/B § 9 Rn. 14) entspricht nicht dem Sprachgebrauch der VOB/B, vgl. § 16, oder des BGB, § 270, noch dem allgemeinen Sprachgebrauch und ist wegen des Tatbestandes des sonstigen Schuldnerverzuges auch nicht nötig.
[100] *Vygen* in Ingenstau/Koribon VOB/B § 9 Abs. 1 Rn. 41; *Kuffer* in Heiermann/Riedl/Rusam VOB/B § 9 Rn. 14.
[101] „Bis zur Vollendung"; vgl. dazu aber weitergehend *Peters/Jacoby* in Staudinger BGB § 649 Rn. 12 ff.
[102] *Berger* in Beck'scher VOB-Kommentar VOB/B § 9 Abs. 2 Rn. 25; *Vygen* in Ingenstau/Koribon VOB/B § 9 Abs. 1 Rn. 43.
[103] BGHZ 103, 285.
[104] BGHZ 79, 176.
[105] Vgl. OLG Düsseldorf NJW-RR 2003, 1324 = BauR 2003, 1572.
[106] NZBau 2001, 85 = BauR 2001, 251 mwN.

Fortentwicklung dieser Rechtsprechung hat er entschieden, dass Einwendungen gegen die Prüffähigkeit einer Schlussrechnung nur innerhalb der damals zweimonatigen Prüffrist erhoben werden können,[107] wie seit der VOB/B 2006 auch in § 16 Abs. 2 Nr. 1 VOB/B ausdrücklich geregelt. Diese Rechtsprechung zur Fälligkeit nach beanstandungslosem Ablauf der Prüffrist ist auf Abschlagzahlungen übertragbar.[108] Den Auftraggeber trifft die Verpflichtung zur Prüfung und Zahlung der Abschlagsrechnung innerhalb von 18 Werktagen (§ 16 Abs. 1 Nr. 3 VOB/B). Ihm ist nach Ablauf der Prüfungsfrist der formelle Einwand fehlender Prüffähigkeit[109] abgeschnitten, die Vergütungsforderung wird fällig. [110]

33 Die Richtigkeit des Ergebnisses wird durch eine schadenersatzrechtliche Betrachtung bestätigt. Auf Grund der Prüfungspflichten und des allgemeinen Kooperationsgedankens ist der Auftraggeber verpflichtet, den Auftragnehmer auf die fehlende Prüffähigkeit hinzuweisen.[111] Verletzt er diese Pflicht, so muss er den Auftragnehmer schadensersatzrechtlich so stellen, als hätte er seine Prüfungs- und Hinweispflicht erfüllt. Auf Grund der Vermutung aufklärungsrichtigen Verhaltens hätte der Auftragnehmer dann eine prüfbare Rechnung gestellt und damit berechtigt gekündigt. Es bliebe aber die Frage des Mitverschuldens. Auf der anderen Seite kann bereits die grundlose Zahlungsverweigerung als erhebliche Erschütterung des Vertrauensverhältnisses unmittelbar zur Kündigung wegen positiver Vertragsverletzung berechtigen[112] (vgl. dazu → Rn. 44). So hat auch der BGH ein Kündigungsrecht im umgekehrten Fall angenommen, in dem der Auftragnehmer die mangels Vorliegens der Baugenehmigung objektiv nicht fälligen Arbeiten aus einem anderen, nicht gerechtfertigten Grund endgültig verweigert hat.[113]

34 **3. Mängelbehaftete Leistung.** Die Fälligkeit der Zahlung setzt grundsätzlich vollständige und vertragsgerechte Erbringung des jeweils zu vergütenden Leistungsteils voraus. Mängel der Werkleistung führen dazu, dass der Auftraggeber die hierauf entfallene Vergütung nicht leisten muss. Die Mangelhaftigkeit nimmt der Leistung jedoch nicht die Fälligkeit[114], sondern gibt dem Auftraggeber ein Leistungsverweigerungsrecht (§ 320 BGB).[115] Dieses hindert den Eintritt des Verzuges, und zwar ohne dass es einer Geltendmachung bedarf.[116] Gemäß § 320 Abs. 2 BGB erfasst das Leistungsverweigerungsrecht bei geringfügigen Mängeln allerdings nicht die gesamte Vergütung, sondern nach neuem Recht regelmäßig nur einen Teil in Höhe des 2-fachen der Mängelbeseitigungskosten[117] (vgl. auch § 641 Abs. 3 BGB). Der vom Leistungsverweigerungsrecht nicht betroffene Vergütungsteil bleibt durchsetzbar; mit ihm kann der Auftraggeber in Verzug geraten. Die sich hieraus möglicherweise ergebende Zuvielforderung des Auftragnehmers bei der Mahnung ist regelmäßig unschädlich, solange die fällige Forderung für den Auftraggeber weiter erkennbar bleibt.[118] Nur ganz weit übersetzten Zuvielforderungen führen zur Unwirksamkeit der Mahnung.[119] Bei ungeklärten oder streitigen Mängelbeseitigungskosten ergeben sich Risiken für den Auftragnehmer, wenn der Auftraggeber ohne Verschulden die Mängelbeseitigungskosten zu hoch einschätzt. Er kann ohne Verschulden nicht in Verzug geraten. Da der Auftragnehmer grundsätzlich dafür darlegungs- und beweisbelastet ist, dass das Leistungsverwei-

---

[107] BGH NZBau 2004, 216; näher dazu → VOB/B § 16 Rn. 188. Zuvor bereits OLG Nürnberg BauR 1999, 1316; FKZGM VOB/B § 16 Rn. 69; auch BGH NZBau 2000, 139 = BauR 2000, 592 und OLG Düsseldorf BauR 1997, 1041 setzen die Beanstandung fehlender Prüffähigkeit voraus.
[108] BGH IBR 2005, 689; *Sangenstedt* NJW 2004, 1990 (1991); FKZGM VOB/B § 16 Rn. 36; **anderer Ansicht** Beck'scher VOB-Kommentar/*Kandel* VOB/B § 16 Abs. 1 Rn. 61; *Heiermann/Mansfeld* in Heiermann/Riedl/Rusam VOB/B § 16 Rn. 47, 51.
[109] Ein Ausschluss materieller Einwendungen gegen die Forderung tritt nicht ein, vgl. BGH NZBau 2001, 314 = BauR 2001, 784.
[110] Im Ergebnis ebenso BGHZ 50, 175 bei der Verweigerung von Mitwirkungshandlungen.
[111] *Locher* in Ingenstau/Korbion VOB/B § 14 Abs. 1 Rn. 3; einschränkender Beck'scher VOB-Kommentar/*Voit* VOB/B § 14 Abs. 1 Rn. 36. Hierbei geht es nicht um die Frage, ob der AG zur Prüfung einer Abrechnung verpflichtet ist – das ist er natürlich nicht.
[112] So OLG Celle BauR 2000, 416 = NJW-RR 2000, 234; kritisch *Schmitz* BauR 2001, 1126 (1128).
[113] BGH NJW 1974, 1080.
[114] Nur die Fälligkeit iSd § 291 BGB, vgl. BGHZ 55, 198.
[115] BGHZ 61, 92; *Vygen* in Ingenstau/Koribon VOB/B § 9 Abs. 1 Rn. 46; *Adler/Everts* BauR 2000, 1111 (1112).
[116] BGH BauR 2003, 1561; BGHZ 84, 42; *Löwisch/Feldmann* in Staudinger/BGB § 286 Rn. 25.
[117] *Berger* in Beck´scher VOB-Kommentar VOB/B § 9 Abs. 1 Rn. 32; **anderer Ansicht:** *Cypers* Werklohn Rn. C 94.
[118] *Löwisch/Feldmann* in Staudinger/BGB § 286 Rn. 37.
[119] BGH NJW 1991, 1286 (7-fach); ZIP 1993, 421 (5-fach).

gerungsrecht nicht die volle Vergütung erfasst[120], kann die Geltendmachung eines Leistungsverweigerungsrechts über den vollen Werklohn durch den Auftraggeber entschuldbar sein, wenn die tatsächlich geringeren Mängelbeseitigungskosten nicht vom Auftragnehmer substantiiert dargelegt werden.[121] Risiken für den Auftragnehmer ergeben sich weiter, wenn sich nach Kündigung erhebliche Mängel herausstellen, die einen Verzugseintritt des Auftraggebers objektiv verhindern. Die Kündigung ist dann nicht gemäß § 9 Abs. 1 lit. b VOB/B zu rechtfertigen, da schon das Bestehen der Einrede den Verzug ausschließt und dieser auch nur eintreten kann, wenn der Gläubiger seinerseits das Erforderliche getan hat.[122] Auch ist das Nachschieben von Gründen gegen eine Kündigung grundsätzlich ebenso zulässig wie das Nachschieben von Kündigungsgründen selbst (→ Rn. 72).[123] In diesem Fall kann aber der Auftragnehmer wegen der **grundlosen Zahlungsverweigerung** unter dem Gesichtspunkt erheblicher Störungen des Vertrauensverhältnisses zur Kündigung berechtigt sein.[124] Eine Fortsetzung des Vertragsverhältnisses kann für den Auftragnehmer bereits dann unzumutbar sein, wenn der Auftraggeber an einer Zahlungsverweigerung festhält, obwohl er keine berechtigten Beanstandungen gegen die Abschlagsrechnungen erhoben hat[125] (vgl. → Rn. 44). Diese Vertragsverletzung wird nicht dadurch „geheilt", dass sich nachträglich ein zur Leistungsverweigerung berechtigender Mangel auftut.

4. Mahnung. Voraussetzung für den Verzug ist grundsätzlich eine Mahnung, § 286 Abs. 1 BGB. Einer Mahnung bedarf es nach § 286 Abs. 2 Nr. 1 BGB nicht, wenn die Leistungszeit kalendermäßig bestimmt ist. Erforderlich für einen Verzug ohne Mahnung ist **eine vertragliche kalendermäßige Bestimmung**; die einseitige Bestimmung durch den Auftragnehmer, zB durch Angabe eines Zahlungsziels auf Rechnungen, genügt den Anforderungen des § 286 Abs. 2 Nr. 1 BGB nicht.[126] Für eine kalendermäßige Bestimmung reichte es nach der Rechtslage vor der Schuldrechtsmodernisierung auch nicht aus, wenn im Vertrag die Fälligkeit nicht selbst bestimmt wird, sondern sich unter Anknüpfung an ein noch nicht feststehendes Ereignis berechnen lässt, insbesondere wenn im Vertrag die Fälligkeit vom Ablauf einer bestimmten Frist nach Zugang der Rechnung abhängig gemacht wird. Mit der Schuldrechtsmodernisierung ist mit § 286 Abs. 2 Nr. 2 BGB eine Erweiterung des Verzugs ohne Mahnung geschaffen worden; nach § 286 Abs. 2 Nr. 2 BGB genügt es, wenn die Leistungszeit so im Vertrag bestimmt wird, dass sie sich von einem Ereignis ab, das der Leistung vorauszugehen hat, berechnen lässt. Diese Regelung müsste dazu führen, dass der Auftraggeber bereits mit Ablauf der vertraglich vereinbarten Prüfungsfrist des § 16 Abs. 1 Nr. 3 VOB/B automatisch in Verzug gerät. Allerdings setzen nach der VOB/B sowohl die Kündigung wie auch die Geltendmachung von Verzugszinsen und Leistungsverweigerungsrechten gemäß § 16 Abs. 5 Nr. 3 VOB/B den Ablauf einer Nachfrist voraus. Diese vertraglichen Regelungen gehen grundsätzlich vor.[127] Ein Verzug tritt auch nicht ohne Mahnung gemäß § 286 Abs. 3 BGB ein. Diese Vorschrift, wonach Verzug spätestens 30 Tage nach Fälligkeit und Zugang der Rechnung automatisch eintritt, gilt nicht für die Vergütungsansprüche nach der VOB/B, da deren Fälligkeit nicht bereits mit Rechnungserstellung, sondern erst mit Ablauf der Prüfungsfrist eintritt.[128] Etwas anderes gilt allerdings, wenn der Auftraggeber Verwender der VOB/B ist und diese nicht ohne Änderungen dem Vertrag zugrunde gelegt hat. Denn die Regelung des § 16 Abs. 5 VOB/B hält einer isolierten Inhaltskontrolle nicht Stand.[129]

---

[120] BGH BauR 1997, 133.
[121] *Kniffka* Online-Kommentar BGB § 641 Rn. 76.
[122] BGHZ 84, 42; *Löwisch* in Staudinger BGB (2004), § 284 Rn. 24 mwN.
[123] Dogmatisch abweichend *Weyer* FS Kapellmann, 2007, 463 (470 ff.), der das Nachschieben von Gründen gegen die Kündigung bereits als treuwidrig unterbinden will.
[124] OLG Celle BauR 2000, 416 = NJW-RR 2000, 234; *Berger* in Beck'scher VOB-Kommentar VOB/B § 9 Abs. 1 Rn. 32; *Adler/Everts* BauR 2000, 1111 (1112); **anderer Ansicht** *Schmitz* BauR 2000, 1126 (1128).
[125] Vgl. auch BGH NZBau 2000, 139 zum Architektenvertrag; ebenso *Weyer* FS Kapellmann, 2007, 463 (471).
[126] *Ernst* in MüKoBGBBGB§ 286 Rn. 56 iVm Fn. 209.
[127] *Hildebrandt* in Leinemann VOB/B § 9 Rn. 30 mwN; **anderer Ansicht** *Berger* in Beck'scher VOB-Kommentar VOB/B § 9 Abs. 1 Rn. 31.
[128] *Hildebrandt* in Leinemann VOB/B § 9 Rn. 30 mwN.
[129] BGH NZBau 2010, 47; OLG Stuttgart NZBau 2011, 619.

36 Soweit eine Mahnung erforderlich ist, bleibt zu beachten, dass erst nach Fälligkeit wirksam gemahnt werden kann. Eine vorher ausgesprochene Mahnung ist wirkungslos.[130] Die Mahnung kann jedoch wie bei der Geltendmachung von sonstigen Zahlungsansprüchen mit der fälligkeitsbegründenden Handlung verbunden werden.[131]

37 **5. Verschulden.** Verzug tritt nach § 286 Abs. 4 BGB nicht ein, wenn die Verzögerung auf einem vom Auftraggeber nicht zu vertretenden Umstand beruht. Da der Schuldner für seine Leistungsfähigkeit aber grundsätzlich einstehen muss und Rechtsirrtümer über die Leistungspflicht regelmäßig nicht unverschuldet sind[132], erlangt das Verschuldenserfordernis nur ausnahmsweise Bedeutung.

38 **6. Weitere Rechtsfolgen des Zahlungsverzuges.** Außer dem Kündigungsrecht steht dem Auftragnehmer gemäß § 16 Abs. 5 Nr. 4 u. 5 VOB/B – ebenfalls unter Nachfristsetzung – die Befugnis zu, die **Arbeit einzustellen** und **Verzugszinsen** zu fordern sowie ggf. auch **weitergehenden Schadenersatz**.

39 **Weitere Leistungsverweigerungsrechte** können sich aus § 321 BGB oder aus § 648a BGB ergeben.[133] Die Forderung einer Sicherheit ist trotz der damit verbundenen Avalkosten immer dann zu empfehlen, wenn auch nur Zweifel an der Fälligkeit der Vergütungsansprüche bestehen. Denn der Anspruch auf die Sicherheit ist von der Fälligkeit der Ansprüche unabhängig und begründet deshalb in jedem Fall ein Leistungsverweigerungsrecht.

II. Sonstiger Schuldnerverzug des Auftraggebers

40 Neben den Vergütungs- und sonstigen Zahlungspflichten können den Auftraggeber weitere vertragliche Pflichten treffen. Praktisch bedeutsam im Zusammenhang mit dem Kündigungsrecht ist zunächst die Nichterfüllung einer Verpflichtung zur **Stellung von Zahlungssicherheiten.** Sie berechtigt den Auftragnehmer außerhalb des Anwendungsbereiches des § 648a BGB ohne weiteres zur Kündigung.[134]

41 Vertragspflichten des Auftraggebers, und nicht nur Obliegenheiten, liegen auch vor, wenn der Auftraggeber die **Bereitstellung von Material** oder sonstige Leistungen (zB Gerüste) übernommen hat.[135] Auch die Verpflichtung zur **rechtsgeschäftlichen Teilabnahme** gemäß § 12 Abs. 2 VOB/B bzw. zur technischen Teilabnahme gemäß § 4 Abs. 10 VOB/B sind als Vertragspflichten ausgestaltet[136], so dass der Auftraggeber bei Unterlassung oder Verzögerung in Schuldnerverzug gerät.

42 § 9 Abs. 1 lit. b VOB/B ist auch einschlägig, wenn die Mitwirkungshandlungen des Auftraggebers auf Grund (konkludenter) vertraglicher Vereinbarungen **zu Rechtspflichten ausgestaltet** worden sind[137] (vgl. → Rn. 13 f., 97). Dann steht dem Auftragnehmer neben dem Kündigungsrecht nach § 9 Abs. 1 lit. a auch die Kündigungsmöglichkeit nach § 9 Abs. 1 lit. b zu. Das setzt nicht voraus, dass der Auftragnehmer durch die Nichtleistung außer Stande gesetzt wird, seine Arbeit auszuführen. Vielmehr reicht nach dem Wortlaut schon die Fortdauer des Verzuges trotz Nachfristsetzung als Kündigungsgrund aus. Aus der Wertung der §§ 314, 324 BGB ergibt sich aber[138], dass nicht jede Vertragsverletzung zur Auflösung berechtigen soll. Das außerordentliche Kündigungsrecht setzt deshalb auch hier voraus, dass die Fortsetzung des Vertragsverhältnisses dem Auftragnehmer wegen einer nicht unerheblichen Pflichtverletzung nicht mehr zuzumuten ist. Das ist grundsätzlich ungeschriebene Voraussetzung jedes außerordentlichen Kündigungsrechts. Zwar können die Parteien vertraglich vereinbaren, dass auch nicht wichtige Gründe zur außerordentlichen Kündigung berechtigen sollen. Werden im Vertrag konkret rechtfertigen-

---

[130] *Ernst* MüKoBGB BGB (2004), § 286 Rn. 52 mwN.
[131] BGH WM 1970, 1141; *Ernst* MüKoBGB (2004), § 286 Rn. 52.
[132] BGH-NJW 1994, 2755; *Ernst* MüKoBGB (2004), § 286 Rn. 108 ff.
[133] *Hildebrandt* in Leinemann VOB/B § 9 Rn. 31.
[134] Vgl. KG NJW-RR 2011, 818 (für AG); das gilt auch für den AN, vgl. *Vygen* in Ingenstau/Koribon VOB/B § 9 Abs. 1 Rn. 53; Voraussetzung ist selbstverständlich, dass die Pflicht wirksam begründet ist, was bei AGB zweifelhaft sein kann, vgl. LG Hamburg BauR 2003, 1235.
[135] Kapellmann/Schiffers Vergütung I Rn. 1285 f.; *Vygen* in Ingenstau/Koribon VOB/B § 9 Abs. 1 Rn. 52.
[136] *Vygen* in Ingenstau/Koribon VOB/B § 9 Abs. 1 Rn. 52; *Berger* in Beck'scher VOB-Kommentar VOB/B § 9 Abs. 1 Rn. 33.
[137] *v. Hayn-Habermann* in NWJS VOB/B § 9 Rn. 9, 21.
[138] Vgl. auch RegBegr. zitiert nach *Canaris* Schuldrechtsmodernisierung S. 765.

den Gründe für eine Kündigung im Einzelnen benannt, hängt die Berechtigung zu einer außerordentlichen Kündigung nicht davon ab, dass zusätzlich noch besondere Umstände vorliegen, die ein Festhalten am Vertrag unzumutbar machen.[139] Entsprechendes ist durch den nicht eingeschränkten und damit konturlosen Tatbestand des § 9 Abs. 1 lit. b VOB/B allerdings nicht geschehen.[140]

D. Sonstige Kündigungsgründe

1. Allgemeine Voraussetzungen. Die **Kündigungstatbestände** des § 9 Abs. 1 VOB/B **43** sind **nicht abschließend.**[141] Zur außerordentlichen Kündigung berechtigende Vertragsverletzungen müssen nicht immer Fälle des Gläubiger- oder Schuldnerverzuges sein. Auch durch sonstige schwerere Vertragsverletzungen kann der Auftraggeber die Fortsetzung des Vertragsverhältnisses für den Auftragnehmer unzumutbar machen. In diesen Fällen kann der Auftragnehmer ebenfalls kündigen, heute nach § 648a BGB, bei Verträgen, die vor dem 1.1.2018 abgeschlossen wurden entweder entsprechend § 314 oder § 643 BGB oder wegen positiver Vertragsverletzung. Eine positive Vertragsverletzung führt nicht nur zu Schadenersatzansprüchen, sondern kann auch Totalrechte in Form der vorzeitigen Vertragsbeendigung durch Kündigung begründen.[142] Diese Kündigungsrechte werden durch die Kündigungsregelungen der VOB/B nicht ausgeschlossen. Wann eine Vertragsverletzung das Vertrauensverhältnis so empfindlich stört, dass eine vorzeitige Beendigung des Vertrages verlangt werden kann, lässt sich, wie § 314 Abs. 1 BGB festhält, nur „unter Berücksichtigung aller Umstände des Einzelfalls und unter Abwägung der beiderseitigen Interessen" feststellen. Die nachfolgenden Beispielsfälle lassen sich deshalb nicht abstrahieren. Vielmehr müssen die konkreten Umstände des Falles unter Berücksichtigung auch des Verhaltens der anderen Vertragsparteien gewürdigt werden. Relevant werden vor allem Umfang und Dauer der Rechtsverletzung des Auftragnehmers einerseits bzw. Schwere des Pflichtverstoßes des Auftraggebers andererseits.[143] Die Auswirkungen, insbesondere der Umfang der bereits eingetretenen oder noch drohenden Schäden, sind wichtig; eine nachhaltige Vertragsverletzung ohne finanzielle Folgen kann eine Unzumutbarkeit der Vertragsfortsetzung aber ebenfalls begründen.[144] Hierzu sind auch Prognosen des zukünftigen Verhaltens relevant.[145] Bei der Frage der Zumutbarkeit ist auch die beiderseitige Kooperationsverpflichtung und der Grundsatz der Kündigung als ultima ratio zu beachten. Die Parteien müssen bei Meinungsverschiedenheiten während der Vertragsdurchführung zunächst versuchen, diese im Wege von Verhandlungen zu klären.[146] Dies betrifft vor allem Streitigkeiten über den Umfang von Rechten und Pflichten. Demgegenüber lässt sich eine Zerstörung der Vertrauensgrundlage regelmäßig durch nachträgliche Verhandlungen nicht mehr beseitigen. Unter den Voraussetzungen des § 314 Abs. 2 S. 2 iVm § 323 Abs. 2 BGB ist eine sofortige Kündigung möglich. Im Übrigen bleibt abzuwarten, ob der Umstand, dass § 323 Abs. 1 BGB an die zum Rücktritt berechtigende Pflichtverletzung keine besondere Anforderung stellt[147], sich tendenziell kündigungserleichternd auswirken wird.

2. Beispielsfälle

– Der Auftraggeber **verweigert** unberechtigt ernsthaft und endgültig die **Erfüllung** seiner Ver- **44** pflichtungen.[148]

---

[139] BGH, NJW-RR 1998, 1381; BGH, BB 1956, 95.
[140] *Anders Berger* in Beck'scher VOB-Kommentar VOB/B § 9 Abs. 1 Rn. 2 ff.
[141] OLG Düsseldorf NJW 2015, 3663; OLG München IBR 2008, 638; *Kleine-Möller/Merl* Handbuch, § 15 Rdn. 80 ff.; BGH NJW 1974, 1080; NJW 1983, 2439, jeweils für AG-Kündigungen. Unrichtig deshalb LG Berlin IBR 2007, 1092 (vgl. Fn. 2)
[142] *Bersch* S. 142 m. w. N; *Peters/Jacoby* in Staudinger BGB (2013), § 643 Rn. 20.
[143] Vgl. auch *Hebel* BauR 2011, 330 (333).
[144] BGH NJW-RR 1996, 1108.
[145] BGH NJW-RR 1996, 1108; *Hebel* BauR 2011, 330 (333).
[146] BGH NZBau 2000, 130 = BauR 2000, 409; dazu ua *Kniffka* Jahrbuch BauR 2000, 1 ff.; vgl. auch → VOB/B § 8 Rn. 77 ff.
[147] BT-Drs. 14/6040, 93; *Hase* NJW 2002, 2278 (2282).
[148] *Kleine-Möller/Merl* Handbuch§ 15 Rn. 85; BGH NJW 1974, 1080; BauR 1980, 465 (jeweils für AG).

45 – Die **unberechtigte außerordentliche Kündigung des Auftraggebers** berechtigt den Auftragnehmer seinerseits zur Kündigung aus wichtigem Grund.[149] Dieser allgemeine Rechtsgrundsatz gilt auch für den Bauvertrag.[150] Gleiches gilt für eine **unzulässige Teilkündigung.**[151]

46 – Bei **Nachtragsstreitigkeiten** ist der Auftragnehmer zur Kündigung berechtigt, wenn seine Forderung berechtigt ist und der Auftraggeber die berechtigte Forderung eindeutig und endgültig ablehnt.[152] Bei unberechtigter oder überhöhter Nachtragsforderung kann demgegenüber sogar der Auftraggeber zur Kündigung berechtigt sein.[153] Ob die Kündigungsvoraussetzungen im Einzelfall vorliegen, lässt sich häufig – auch wegen der verbleibenden Wertungsspielräume – nicht sicher feststellen, wie schon die gegenteiligen Urteile von OLG Frankfurt[154] und BGH[155] in der Kooperationsentscheidung belegen. Es ist deshalb besondere Vorsicht geboten.

47 – Der Auftraggeber zieht zu Unrecht eine Vertragserfüllungsbürgschaft.[156]

48 – Der Auftragnehmer ist nicht allein deshalb zur Kündigung berechtigt, weil der Auftraggeber auf einer **gegen die Regeln der Technik verstoßenden Ausführung** besteht, da sich der Auftragnehmer durch einen ordnungsgemäßen Hinweis entlastet (§ 13 Abs. 3 VOB/B)[157], ohne dass hierfür eine ausdrückliche Freistellungserklärung notwendig wäre.[158] Der Auftraggeber muss sich aber mit dem Hinweis abfinden.[159] Ein Kündigungsrecht besteht auch dann, wenn die Ausführung gegen öffentliches Recht verstößt oder der Auftragnehmer gegenüber Dritten haften würde.[160] Ein Kündigungsrecht besteht weiter, wenn der Auftraggeber eine Freistellung von der Gewährleistung grundlos ablehnt; der Auftragnehmer muss sich nicht einen ernsthaft drohenden Gewährleistungsfall nicht absehbaren Ausmaßes aufzwingen lassen.[161]

49 – Der Auftraggeber zieht im nicht unerheblichen Umfang Arbeitnehmer des Auftragnehmers während der von diesem bezahlten Arbeit zur **Schwarzarbeit** heran.[162]

50 – Der Auftraggeber zeigt den Auftragnehmer unberechtigt bei einer Behörde unter schwer wiegenden Vorwürfen wegen Betruges an.[163]

52 – Der Auftraggeber verstößt trotz Abmahnungen **nachhaltig gegen eine Vertragspflicht,** auf die der Auftragnehmer eindeutig Wert legt.[164]

Der Auftraggeber **beleidigt** den Auftragnehmer schwer oder mehrfach.[165]

53 – Der Auftraggeber **stiehlt** Baumaterial/Baugeräte des Auftragnehmers.[166]

54 – Der Auftraggeber **besticht** Mitarbeiter des Auftragnehmers, insbesondere im Zusammenhang mit Auftragserteilung oder Abrechnung.[167]

---

[149] BGH NJW 1994, 443 mwN; näher *Stickler* BauR 2011, 364.
[150] BGH NZBau 2000, 130 = BauR 2000, 409 – Kooperationspflicht; BGH BauR 2001, 1577; OLG München IBR 2008, 638; *Kniffka/Koeble* Kompendium Teil 6 Rn. 329.
[151] BGH NZBau 2010, 47; OLG München NZBau 2009, 122.
[152] Vgl. näher → VOB/B § 2 Rn. 205 ff.; BGH NZBau 2000, 130 = BauR 2000, 409; BGH NJW 69, 233; *Knacke* BauR 1996, 119 (120); *Kapellmann/Schiffers* Bd. 1 Rn. 973, 985.
[153] OLG Dresden NJW-RR 1998, 672; vgl. auch OLG Celle IBR 1995, 415.
[154] OLG Frankfurt OLGR 1999, 78.
[155] BGH NZBau 2000, 130 = BauR 2000, 409 – Kooperationspflicht.
[156] OLG Hamm 11.11.1996 – 17 U 162/95, BeckRS 2016, 18940, zitiert nach *Kniffka/Koeble* Kompendium Teil 6 Rn. 325.
[157] OLG Düsseldorf BauR 1988, 478; OLG Celle OLGR 2001, 147; FKZGM VOB/B § 9 Rn. 7; weitergehend möglicherweise OLG München *SFH* § 9 VOB/B (1973) Nr. 1.
[158] OLG Düsseldorf BauR 1988, 478; *Ganten* in Beck'scher VOB-Kommentar VOB/B § 13 Abs. 3 Rn. 37; *Kaiser* Mängelhaftungsrecht Rn. 57a.
[159] Beck'scher VOB-Kommentar/*Ganten* VOB/B § 13 Abs. 3 Rn. 37.
[160] OLG Düsseldorf BauR 1988, 478; *Kniffka/Koeble* Kompendium Teil 6 Rn. 325.
[161] BGH BauR 1985, 77 = NJW 1985, 631 (zum Leistungsverweigerungsrecht).
[162] OLG Köln BauR 1993, 80 = NJW 1993, 73; *Hebel* BauR 2011, 330 (333); nach *Vygen* in Ingenstau/Korbion VOB/B § 9 Abs. 1 Rn. 25 sogar unabhängig vom Umfang und auch außerhalb der Arbeitszeit.
[163] *Vygen* in Ingenstau/Korbion VOB/B vor §§ 8, 9 Rn. 21.
[164] BGH *SFH* § 8 Nr. 3 VOB/B Nr. 8 = NJW-RR 1996, 1108 (für AG, wenn AN sich weigert, Boden vertragsgemäß zu transportieren).
[165] OLG Düsseldorf BauR 1995, 267 (268). Die Anforderungen sind bei Beleidigungen eher hoch vgl. BGH NJW-RR 1989, 1248; OLG Rostock IBR 2001, 127, jeweils zum Architektenvertrag und allgemein KG IMR 2010, 100.
[166] *Glanzmann* in RGRKBGB§ 643 Rn. 12.
[167] *Vygen* in Ingenstau/Korbion VOB/B vor §§ 8 und 9 Rn. 21; für AG vgl. auch VOB/B § 8 Nr. 4.

– Gerät der Auftraggeber in **Vermögensverfall** oder stellt er einen **Insolvenzantrag**, so ist der 55
Auftragnehmer nach den Neuregelungen des § 321 BGB geschützt und kann sich auch vom
Vertrag lösen, so dass ohne zusätzliche Umstände ein Recht zur außerordentlichen Kündigung
nicht mehr bejaht werden kann.[168]
– Im Übrigen kann ausnahmsweise ein Kündigungsrecht beim **Wegfall der Geschäftsgrund-** 56
lage bestehen, wenn eine Anpassung des Vertrages nicht möglich oder dem anderen Teil nicht
zumutbar ist (vgl. § 313 Abs. 3 BGB) oder sie vom Auftraggeber verweigert wird.[169]
– Demgegenüber muss ein aus momentaner Verärgerung erteiltes **Haus- oder Baustellenver-** 57
bot noch keine endgültige Erfüllungsverweigerung sein.[170] Es begründet ggf. einen Annahmeverzug, ansonsten muss er durch ein wörtliches Angebot noch begründet werden.[171]

(unbesetzt) 58–60

E. § 9 Abs. 2 VOB/B – formale Kündigungsvoraussetzungen

I. Allgemeines

1. Systematische Einordnung. § 9 Abs. 2 VOB/B macht die Kündigung von der Wahrung 61
der Schriftform und einer vorausgegangenen Nachfristsetzung mit Kündigungsandrohung abhängig. Diese Voraussetzungen gelten naturgemäß für die beiden Kündigungstatbestände des § 9
Abs. 1 VOB/B. Man wird sie aber auch auf sonstige außerordentliche Kündigungen erstrecken,
da der Wortlaut des Abs. 2 alle Kündigungen erfasst und für eine differenzierte Behandlung keine
rechtfertigenden Gründe erkennbar sind. Das Schriftformgebot gilt deshalb uneingeschränkt
auch für Kündigungen, die auf eine positive Vertragsverletzung/Nebenpflichtverletzung gestützt
werden.[172] Das gilt im Grundsatz auch für das Nachfristsetzungserfordernis, zumal gemäß § 314
Abs. 2 BGB sowieso eine Abhilfefrist bzw. Abmahnung für eine außerordentliche Kündigung
erforderlich ist. Allerdings wird bei schwer wiegenden Vertragsverletzungen, die den Vertrauens-
bereich berühren, eine Nachfristsetzung eher entbehrlich sein, vgl. § 314 Abs. 2 iVm § 323
Abs. 2 Nr. 1 und 3 BGB. Auf die Einhaltung der formellen Anforderungen sollte sorgfältig
geachtet werden; in vielen Kündigungsprozessen wird die Wirksamkeit der Kündigung gerade
auch mit formellen Einwänden bekämpft. Greifen diese durch, nützt der beste materielle
Kündigungsgrund nichts. Das Kündigungsrecht entsteht erst mit dem fruchtlosen Ablauf der
Nachfrist mit Kündigungsandrohung (→ Rn. 71). Diese Erschwerungen der Kündigung sind
auch wirksam (vgl. → Rn. 103), da sie für die Kündigungen beider Vertragsparteien gleichermaßen gelten.

2. Zeitlicher Rahmen. Die Kündigung ist **ab Vertragsschluss** möglich. Wurde der Werk- 61a
vertrag unter einer *aufschiebenden Bedingung* geschlossen, so kann der Vertrag bereits vor Bedingungseintritt gekündigt werden.[173] Möglich ist die Kündigung „bis zur Vollendung" des Werks
bzw. der Leistung. Das regelt § 9 VOB/B anders als § 8 Abs. 1 VOB/B und § 648 BGB nicht
ausdrücklich, ergibt sich aber aus dem systematischen Zusammenhang mit § 8 VOB/B und der
Natur der Sache.[174] Ob zwischen mangelfreier Vollendung der Leistung und Abnahme noch
gekündigt werden kann, ist streitig,[175] aber bislang rein akademisch. Nach herrschender Meinung
kann der Auftragnehmer jedenfalls **nicht nach Abnahme** kündigen.[176]

Will der Auftragnehmer nach Abnahme seine **Verpflichtung zur Mängelbeseitigung** 61b
wegen Unzumutbarkeit verweigern, kann er gegebenenfalls ein **Leistungsverweigerungsrecht**
geltend machen. Für den Fall der Sicherungsverlangens nach § 648a BGB erst nach Abnahme
hat der BGH entschieden, dass eine Kündigung nach Abnahme zwar nicht mehr möglich sei; in

---

[168] **Anders** noch OLG München BauR 1988, 605.
[169] BGH NJW 1969, 233 (sehr weitgehend).
[170] OLG München IBR 2009, 1006.
[171] *Berger* in Beck´scher VOB-Kommentar VOB/B § 9 Abs. 1 Rn. 25; vgl. auch → Rn. 28.
[172] *Berger* in Beck´scher VOB-Kommentar VOB/B § 9 Abs. 2 Rn. 5 ff.; FKZGM VOB/B § 9 Rn. 20.
[173] OLG Brandenburg MDR 1998, 390.
[174] Vgl., BGH NJW 1975, 825; OLG Brandenburg IBR 2006, 1079.
[175] *Althaus* in Beck´scher VOB-Kommentar VOB/B § 8 Abs. 1 Rn. 3; *Peters/Jacoby* in Staudinger BGB§ 649 Rn. 14.
[176] *Berger* in Beck´scher VOB-Kommentar VOB/B § 9 Abs. 2 Rn. 25. Vgl. zur Kündigung des Auftraggebers *Eusani* NZBau 2006, 676 (680 f.) mwN; *Peters/Jacoby* in Staudinger BGB (2013), § 649 Rn. 14;
MüKoBGB/*Busche* BGB§ 649 Rn. 11; **anderer Ansicht** OLG Düsseldorf NZBau 2006, 717 (für Besteller).

sinngemäßer Anwendung des § 648a Abs. 5 BGB kann der Auftragnehmer sich von seiner Mängelbeseitigungspflicht nach der Abnahme durch ein ordnungsgemäßes Sicherungsverlangen befreien. Als Minus zur nicht mehr möglichen Kündigung verbleibt ein Leistungsverweigerungsrecht, das den Auftragnehmer von der Pflicht, den Vertrag zu erfüllen, befreit. Er kann auf diese Weise die endgültige Abrechnung herbeiführen, auch soweit die Leistung mangelhaft ist. In sinngemäßer Anwendung des § 645 Abs. 1 S. 1 BGB und des § 648a Abs. 5 S. 2 BGB steht ihm dann aber nicht die volle vereinbarte Vergütung zu. Vielmehr hat er lediglich Anspruch auf Vergütung, soweit die Leistung mangelfrei erbracht ist.[177] Nichts anderes kann gelten, wenn die Kündigungsgründe, zB tätliche Bedrohung, auf die Mängelbeseitigungsarbeiten durchschlagen oder erst bei diesen Arbeiten entstehen.

II. Nachfristsetzung mit Kündigungsandrohung

62   Das Nachfristsetzungserfordernis ist Ausdruck des Vertragserhaltungsziels der VOB/B. Nicht schon der Gläubiger- oder Schuldnerverzug allein berechtigt zur Kündigung. Vielmehr muss zusätzlich versucht werden, den Auftraggeber mittels einer Kündigungsandrohung unter Nachfristsetzung zum vertragsgerechten Verhalten zu veranlassen. Gefordert wird eine Erklärung, die dreierlei zum Ausdruck bringt:

63   **1. Bestimmte Leistungsaufforderung.** Die dem Auftraggeber nach dem Vertrag obliegende Handlung ist hinreichend genau zu bezeichnen.[178] Die bloß allgemein gehaltene Aufforderung zum vertragsgerechten Verhalten reicht nicht aus. Dem Auftraggeber muss klar sein, was von ihm verlangt wird. Das kann sich allerdings auch aus einer vorausgegangenen Aufforderung ergeben, die (konkludent) in Bezug genommen wird.[179] Erforderlich ist nur, dass die geforderte Leistung für den Auftraggeber tatsächlich erkennbar ist. Jeglicher Formalismus an den Inhalt der Erklärung ist abzulehnen. So müssen Rechnungsdaten bei offenen Zahlungen nur dann angegeben werden, wenn dies für den Auftraggeber zur Identifizierung auch tatsächlich erforderlich ist.[180]

64   **2. Nachfristsetzung.** Die Erklärung muss die Aufforderung an den Auftraggeber erhalten, die Handlung innerhalb der gesetzten Nachfrist zu erbringen. Dabei braucht die Frist nicht unbedingt nach festen Zeitabschnitten bemessen zu sein.[181] Die **Nachfrist muss angemessen** sein, dh sie muss es dem Auftraggeber **bei Anspannung aller Mittel und Kräfte** ermöglichen, die Leistung noch rechtzeitig abzuschließen.[182] Vorausgesetzt wird bei der angemessenen Fristbestimmung, dass die Leistung bereits begonnen oder anderweitig vorbereitet worden ist.[183] Die Rechtsprechung ist allerdings uneinheitlich. In einigen Entscheidungen ist die Angemessenheit einer Nachfrist (im Hinblick auf Mängelbeseitigungsarbeiten) nach dem Zeitaufwand bemessen worden, den ein Unternehmer unter normalen Geschäftsbedingungen zur Nacherbringung benötigt.[184] Geht der Auftraggeber selbst von einer Geringfügigkeit seiner ausstehenden Mitwirkungshandlung aus, muss der Auftragnehmer ihm keine längere Frist einräumen, als der Auftraggeber selbst für erforderlich hält.[185] Ist die Frist in anderen Fällen objektiv zu kurz gesetzt worden, verlängert sie sich automatisch auf die angemessene Zeitdauer[186], es sei denn, die Frist wurde nur zum Schein gesetzt[187] oder der Auftragnehmer gibt zu erkennen, dass er die Leistung keinesfalls, auch nicht innerhalb einer angemessenen Frist, mehr annehmen werde.[188] Der vertragstreue Auftragnehmer wird nicht mit dem Risiko einer Fehleinschätzung der Fristsetzung belastet, zumal er auch nur einen begrenzten Einblick in die Sphäre des Auftraggebers hat. An

---

[177] BGH NJW 2004, 1525; NZBau 2005, 280; *Steingröver* NJW 2004, 2490.
[178] Vgl. zu § 323 BGB *Otto/Schwarze* in Staudinger BGB § 323 Rn. B 55 f. und zu § 326 BGB aF *Otto* in Staudinger BGB (2001), § 326 Rn. 89 mwN.
[179] Strenger aber OLG Köln *SFH* § 8 VOB/B Nr. 4.
[180] Enger aber *Berger* in Beck'scher VOB-Kommentar VOB/B § 9 Abs. 2 Rn. 39.
[181] RGZ 75, 354; *Otto/Schwarze* in Staudinger/BGB § 323 Rn. B 59 mwN.
[182] BGH 11.6.1964 – VII ZR 216/61, BeckRS 2016, 18954, zitiert nach *Kniffka/Koeble* Teil 6 Rn. 176; *Otto/Schwarze* in Staudinger BGB § 323 Rn. B 64; *v. Hayn-Habermann* in NWJS VOB/B § 9 Rn. 31.
[183] BGH NJW 1982, 1279; *Otto/Schwarze* in Staudinger BGB § 323 Rn. B 63.
[184] BGH NJW-RR 1993, 309; OLG Hamm NJW-RR 1996, 272.
[185] BGH NJW-RR 1993, 309.
[186] BGH NJW 1982, 1279 mwN; BGH NJW 85, 2640 = BauR 1985, 688.
[187] BGH NJW 1985, 2640 mwN.
[188] BGH NJW 1985, 2640; *Otto/Schwarze* in Staudinger BGB § 323 Rn. B 67.

die einmal gesetzte Frist ist der Gläubiger grundsätzlich gebunden; er kann sie nicht einseitig verkürzen, wenn er sie nachträglich als zu lang ansieht.[189]

Bei **Zahlungsfristen** ist zu berücksichtigen, dass der Auftraggeber für seine finanzielle Leistungsfähigkeit einzustehen hat, so dass es nicht auf einen möglichen Kreditbeschaffungszeitraum ankommt, sondern nur auf die für die Dauer der Zahlung selbst notwendige (kurze) Zeit.[190] Da es inzwischen auf die Gutschrift auf dem Konto des Gläubigers ankommt, ist eine Frist von zwei Tagen für Überweisung und Gutschrift ausreichend.[191]

3. Kündigungsandrohung. Mit der Nachfristsetzung zu verbinden ist eine Kündigungsandrohung. Der Begriff der Kündigung braucht nicht verwandt zu werden, aber der **Wille zur einseitigen und vorzeitigen Vertragsbeendigung** – und nicht nur zur vorübergehenden Leistungsverweigerung – muss hinreichend deutlich zum Ausdruck kommen.[192] Die Kündigungsandrohung ist Voraussetzung für die Berechtigung zur Kündigung.[193] Die Mitteilung, für den Fall ausbleibender Zahlungen die Kündigung zu erwägen, erfüllt bereits die Warnfunktion.[194] Eine Kündigungsandrohung kann auf der anderen Seite ihre Warnfunktion wieder verlieren, wenn aus dem nachträglichen Verhalten des die Kündigung androhenden Vertragspartners für den Gegner erkennbar wird, er werde nicht mehr an seiner Kündigungsandrohung festhalten.[195] Das Erfordernis der Kündigungsandrohung stellt ebenfalls eine Verschärfung gegenüber der allgemeinen Rechtslage dar. Denn zwar setzt § 323 BGB eine Nachfristsetzung bzw. § 314 Abs. 2 BGB eine Abhilfefrist bzw. Abmahnung voraus; diese müssen jedoch nicht mit einer (konkludenten) Kündigungsandrohung verbunden werden.[196]

Nachfristsetzung und Kündigungsandrohung können bereits **mit einer Mahnung verbunden** werden.[197] Sie können **formlos** erfolgen, da das Schriftformerfordernis des Satzes 2 hierfür nicht gilt.[198] Um die Kündigungsvoraussetzung nachweisen zu können, ist die Wahrung der Schriftform allerdings ratsam.

Die Nachfristsetzung mit Kündigungsandrohung ist **entbehrlich,** wenn entweder bereits eine ernsthafte und endgültige Weigerung des Auftragnehmers vorliegt, seine Handlung, zB eine Zahlung, vorzunehmen (vgl. auch § 314 Abs. 2 iVm § 323 Abs. 2 Nr. 1 BGB)[199] oder bereits jetzt feststeht, dass die Nachholung der Leistung innerhalb der angemessenen Frist dem Auftraggeber gar nicht mehr möglich ist bzw. er die Erfüllung endgültig erst für einen späteren Zeitpunkt ankündigt.[200] In diesen Fällen ist die Fristsetzung offensichtlich zwecklos und deshalb entbehrlich.

So klar der rechtliche Ausgangspunkt ist, so streitig kann im Einzelfall werden, ob das Verhalten eine ernsthafte und endgültige Weigerung zur Leistungsnachholung darstellt. Der BGH hebt hervor, dass an die **Erfüllungsverweigerung** strenge Anforderungen zu stellen sind[201] und lässt zu Recht bloße Meinungsverschiedenheiten[202] oder die Äußerung von Zweifeln[203] nicht genügen. Die Instanzrechtsprechung neigt teilweise dazu, selbst klare Erklärungen nicht ausreichen zu lassen, falls es nicht aussichtslos ist, dass die andere Vertragspartei sich noch durch eine Fristsetzung mit Kündigungsandrohung umstimmen lässt.[204] Das ist zu weitgehend. Eine Partei, die unmissverständlich die Leistung verweigert, kann sich später nicht darauf berufen, dass sie sich möglicherweise noch hätte umstimmen lassen. Soll der geäußerte Standpunkt nicht endgültig sein, muss die Verhandlungsbereitschaft auch für die andere Vertragsseite

---

[189] *Otto/Schwarze* in Staudinger BGB § 323 Rn. B 69; *Ernst* in MüKoBGB BGB§ 323 Rn. 53 f.
[190] BGH NJW 1985, 2640 = BauR 1985, 688.
[191] OLG Köln 22.3.2012 – 19 U 162/11, BeckRS 2014, 08712.
[192] Vgl. → VOB/B § 8 Rn. 15.
[193] LB Berlin IBR 2007, 1092.
[194] OLG Jena BauR 2005, 896.
[195] BGH NZBau 2005, 150.
[196] *Gaier* in MüKoBGBBGB§ 314 Rn. 14. BGH NJW 2012, 53: eine Abnahme vor Kündigung muss allerdings zumindest vertragliche Konsequenzen androhen.
[197] *Berger* in Beck'scher VOB-Kommentar VOB/B § 9 Abs. 2 Rn. 9.
[198] *Kleine-Möller/Merl* Handbuch§ 15 Rn. 143.
[199] BGH NJW 1974, 1467 = BauR 1975, 136.
[200] BGH NJW 1984, 48; *Vygen* in Ingenstau/Koribon VOB/B § 9 Abs. 2 Rn. 4.
[201] BGH NJW 1988, 1478; NJW-RR 1993, 882.
[202] BGH NJW 1971, 798.
[203] BGH NJW 1971, 1560.
[204] Vgl. tendenziell OLG Hamm IBR 1996, 144; OLG Düsseldorf OLGR 1997, 121; BauR 2001, 1461, wonach die Ablehnung des Vorschlages „als nicht weiter diskutabel" nicht genügen soll.

erkennbar sein. So ist nach der zutreffenden Auffassung des BGH eine Fristsetzung entbehrlich, wenn der Auftraggeber schriftlich gegen eine berechtigte Akontoforderung mit einen unbegründeten Vertragsstrafeanspruch aufrechnet und den Auftragnehmer zur Zahlung des übersteigenden Betrages auffordert.[205] Verweigert der Auftraggeber entschieden die Annahme der vertragsgerecht angebotenen Leistung ohne mitzuteilen, welche Ausführung er fordert, kann ebenfalls eine Fristsetzung mit Kündigungsandrohung entbehrlich sein.[206] Liegt eine endgültige und ernsthafte Erfüllungsverweigerung noch nicht vor, weil das „letzte Wort" noch nicht gesprochen wurde, kann zur Klärung der Situation der anderen Vertragspartei eine Frist gesetzt werden, sich zur vertragsgemäßen Erbringung seiner Leistung/Obliegenheit zu erklären. Erklärt sie sich nicht oder unzureichend, kann anschließend gekündigt werden.[207]

III. Kündigungserklärung

70 § 9 Abs. 2 S. 1 VOB/B ist **wortgleich mit § 8 Abs. 3 VOB/B,** auf dessen Kommentierung wegen weiterer Einzelheiten verwiesen wird.[208]

71 **1. Schriftform.** Erklärt werden kann die Kündigung erst nach fruchtlosem Fristablauf. Erst zu diesem Zeitpunkt entsteht das Kündigungsrecht.[209] Der Begriff der Kündigung braucht nicht verwandt zu werden, aber der **Wille zur einseitigen und vorzeitigen Vertragsbeendigung** – und nicht nur zur vorübergehenden Leistungsverweigerung – muss hinreichend deutlich zum Ausdruck kommen. Die Schriftform ist nach ganz herrschender Meinung **Wirksamkeitsvoraussetzung.**[210] Die Schriftform wird nunmehr gemäß § 127 Abs. 2 BGB grundsätzlich auch durch die Übermittlung per **Telefax** oder eines **eingescannten Dokuments** gewahrt. Nach heute wohl herrschender Meinung führt das zum Verzicht auf ein Unterschriftserfordernis, so dass auch eine einfache **E-Mail** genügt, sofern kein gegenteiliger Parteiwille anzunehmen ist und der Erklärende erkennbar ist.[211] Das ist aber durchaus umstritten.[212] Eine mündlich ausgesprochene oder zwar schriftliche, aber nicht unterschriebene Kündigung ist demgegenüber nach § 125 S. 2 BGB formnichtig, also wirkungslos.[213] Wird eine nicht formgerechte Kündigung vom Auftraggeber dennoch hingenommen, wird in der Regel eine konkludente Vertragsaufhebung, die formlos möglich ist, anzunehmen sein.[214]

72 **2. Angabe, Wechsel oder Nachschieben von Kündigungsgründen.** Auch eine außerordentliche Kündigungserklärung bedarf nach allgemeinen Rechtsgrundsätzen keiner Begründung.[215] Die Kündigungsgründe werden sich im Übrigen für den Auftraggeber regelmäßig aus der vorgeschalteten Nachfristsetzung ergeben.[216] Für die Wirksamkeit der Kündigung ist allein entscheidend, dass die Kündigungsgründe im Zeitpunkt der Kündigung objektiv vorlagen. Ist die Angabe der Kündigungsgründe nicht notwendig, können weitere Kündigungsgründe grundsätzlich nachgeschoben bzw. Kündigungsgründe ausgetauscht werden.[217] Das gilt sowohl für dem Auftragnehmer zum Zeitpunkt der Kündigung bekannte wie auch unbekannte Gründe.[218] In der nur begrenzten Angabe von Kündigungsgründen in dem Kündigungsschreiben liegt keine Selbstbeschränkung, die einer nachträglichen Geltendmachung entgegenstehen würde.[219] Soweit

---

[205] BGH BauR 1975, 136; vgl. auch BGH BauR 1980, 465; vgl. allgemein auch BGH NJW 1983, 1731 (1733); 1984, 48 (49); NJW-RR 2001, 520.
[206] OLG Nürnberg IBR 2006, 542.
[207] BGH WM 1976, 75 (76); NJW 1983, 989 (990); *Otto/Schwarze* in Staudinger BGB § 323 Rn. B 168 f.
[208] → VOB/B § 8 Rn. 105 f.
[209] BGH NJW 1973, 1463 = BauR 1973, 319.
[210] BGH NJW 1973, 1463 = BauR 1973, 319; OLG Köln *SFH* § 8 VOB/B Nr. 4; *Berger* in Beck'scher VOB-Kommentar VOB/B § 9 Abs. 2 Rn. 8; *Vygen* in Ingenstau/Koribon VOB/B § 9 Abs. 2 Rn. 8.
[211] OLG München GWR 2012, 110; *Einsele* in MüKo BGB § 127 Rn. 10; *EllenBerger* in Palandt § 127 Rn. 2.
[212] LG Köln GRW 2010, 68; *Bloching/Ortolf* BB 2011, 2571 ff.
[213] OLG Köln BauR 2003, 1578.
[214] Vgl. → VOB/B § 8 Rn. 106; OLG Köln BauR 2003, 1578; zweifelhaft und falsch zitierend aber OLG Rostock OLGR 2005, 4.
[215] BGHZ 40, 13.
[216] *Berger* in Beck'scher VOB-Kommentar VOB/B § 9 Abs. 2 Rn. 14.
[217] BGH NJW 1958, 1136; 1975, 825; BauR 1993, 469 = NJW 1993, 1972; BGH NZBau 2005, 582; *Hebel* BauR 2011, 330 (337 f.); einschränkend OLG Stuttgart BauR 2012, 1130.
[218] BGH NJW 1975, 825.
[219] BGH NJW 1958, 1136.

allerdings, wie im Regelfall bei den Kündigungsgründen des § 9 Abs. 1 VOB/B, weitere Voraussetzung einer Kündigung die Fristsetzung mit Kündigungsandrohung ist, scheidet ein bloßes Nachschieben aus.[220] Bedeutung erlangt das Nachschieben damit bei nachträglich bekannt gewordenen Gründen, die auch ohne Nachfristsetzung zur sofortigen Kündigung berechtigt hätten. Allerdings muss bei der Geltendmachung eines Kündigungsschadens gesondert überprüft werden, ob der nachträgliche Grund hierfür ursächlich war.[221]

3. Teilkündigung. Eine Kündigung erfasst grundsätzlich den gesamten Vertrag. Teilkündigungen sind bei einheitlichen Vertragsverhältnissen idR nur zulässig, wenn sie gesetzlich vorgesehen oder vertraglich vereinbart sind.[222] Dieser Grundsatz gilt aber nicht uneingeschränkt, sondern hat viele Ausnahmen. Gerade für den BGB-Bauvertrag bejaht die herrschende Meinung – meistens in Bezug auf den Besteller – ein weitgehendes Recht zur Teilkündigung.[223] So kann der Auftraggeber nach § 8 Abs. 3 Nr. 1 VOB/B selbständige Teile der Leistung kündigen, nicht aber bloße Teile eines Gewerks.[224] Dementsprechend hat die Rechtsprechung Teilkündigungen auch bei Kündigungen aus wichtigem Grund zugelassen[225], soweit dies sachlich geboten ist. 73

Die grundsätzliche Möglichkeit zur Teilkündigung in Bezug auf abgrenzbare Teile der Werkleistung hat der Gesetzgeber nunmehr in § 648a BGB anerkannt und damit verbleibende Ungewissheiten auch für den Bereich der VOB/B beseitigt. Das Recht zur Teilkündigung wurde gelegentlich grundsätzlich verneint;[226] überwiegend wurde aber auch bislang schon angenommen worden, dass der Auftragnehmer nach der VOB/B in Fällen unterlassener Mitwirkungshandlung die Kündigung auf den betroffenen Leistungsteil beschränken kann, gelegentlich aber entsprechend § 8 Abs. 3 VOB/B nur auf abgeschlossene Teilleistungen.[227] Die grundsätzliche Möglichkeit zur Teilkündigung folgt bereits aus dem Wesen der Kündigung als ultima ratio. Es wäre nicht verständlich, dass bei einer tatsächlichen Möglichkeit zur Begrenzung der Kündigungswirkung der in seinen Rechten verletzte Kündigungsberechtigte den gesamten Vertrag kündigen muss und diese nicht auf den Bereich der Vertragsverletzung begrenzen darf. Allerdings berechtigt die Kündigung nur zur Leistungsbeendigung und nicht zur einseitigen Leistungsänderung. Der Auftragnehmer kann sich nicht durch eine Teilkündigung sich bloß anderer unliebsamer Leistungsteile entledigen oder den Vertragsinhalt im Übrigen verändern. Da eine unzulässige Teilkündigung des Auftragnehmers für den Auftraggeber ein Kündigungsrecht begründen kann,[228] ist hier Vorsicht geboten. Bei Kündigungen, die zu einer unzumutbaren Vertrauensbeeinträchtigung führen, scheidet eine Teilkündigung in aller Regel aus, da die Unzumutbarkeit der Vertragsfortsetzung gerade Kündigungsvoraussetzung ist. 73a

4. Kündigungsberechtigter/Kündigungsempfänger. Zur Kündigung berechtigt ist – ebenso wie zur Kündigungsandrohung – nur der Auftragnehmer selbst oder seine Vertreter oder Bevollmächtigten. Allerdings kann der Auftragnehmer die Fristsetzung zB seines nicht bevollmächtigten Bauleiters nach §§ 180 S. 2, 177, 184 BGB genehmigen, falls sie nicht vorher vom Auftraggeber nach § 174 BGB mangels Vollmachtsvorlage unverzüglich zurückgewiesen wurde.[229] Hat der Auftragnehmer seine Vergütungsansprüche abgetreten, so verbleibt ihm mangels besonderer Vereinbarung zwar das Kündigungsrecht selbst[230], das Recht zur Fristsetzung mit Ablehnungsandrohung soll demgegenüber grundsätzlich auf den Abtretungsempfänger überge- 74

---

[220] Vgl. → VOB/B § 8 Rn. 19.
[221] BGH NJW-RR 1999, 560.
[222] BGH NJW 1993, 1320; *Heinrichs* in PalandtBGB Einf. v. § 346 Rn. 12; unzutreffend deshalb *Kirchberger* BauR 2011, 343 (345).
[223] *Roth* in Bamberger/Voit § 649 Rd´n. 7; *Schmitz* in Kniffka § 649 Rdn. 44 f.; *Lang* BauR 2006, 1558, 1560; *Kirberger* BauR 2011, 343, 346.
[224] BGH NZBau 2010, 47; näher → § 8 Rn. 89 ff.
[225] Vgl. *Gaier* in MüKoBGB § 314 Rn. 19; BGH NJW 1986, 925 = BauR 1986, 208 zur generellen Möglichkeit der Teilkündigung eines Bauträgervertrages; BGH NJW 1999, 2269 zur Teilkündigung eines Darlehens zum Zwecke der Teilrückführung.
[226] OLG Celle OLGR 2001, 147.
[227] OLG Düsseldorf *SFH* § 5 VOB Nr. 6 zu § 6 Nr. 7; *Berger* in Beck'scher VOB-Kommentar VOB/B § 9 Abs. 2 Rn. 28 für Teilleistungen; *Vygen* in Ingenstau/Korbion VOB/B § 9 Abs. 1 Rn. 29; für abnahmefähige Teilleistungen *Kleineke* in BeckOK § 9 Nr. 1 Rn. 7.
[228] BGH NZBau 2010, 47.
[229] RGZ 66, 430.
[230] BGH NJW 1985, 2640 = BauR 1985, 688; streitig, zum Meinungsstand vgl. *Huber* Leistungsstörungen Bd. 2 S. 288.

hen[231]; bei einer Sicherungsabtretung bleibt der Auftragnehmer allerdings bis zum Eintritt des Sicherungsfalls zur Ausübung berechtigt.[232]

75 **5. Verwirkung des Kündigungsrechts.** Für die zeitliche Ausübung des Kündigungsrechts gibt es keine konkrete Vorgabe. Die Zwei-Wochen-Ausschlussfrist des § 626 BGB ist auf andere Kündigungstatbestände nicht übertragbar.[233] Die Kündigung ist **innerhalb angemessener Frist** zu erklären, vgl. § 314 Abs. 3 BGB. Anderenfalls kann der Auftragnehmer durch die Fortsetzung des Vertragsverhältnisses ohne Kündigung zum Ausdruck bringen, dass die Vertragsverletzung für ihn eine Fortsetzung des Vertrages gerade nicht unzumutbar macht.[234] Das gilt nicht in den Fällen, in denen der zur Kündigung Berechtige aus faktischen Zwängen nicht sofort kündigen kann.[235] Die Dauer einer angemessenen Überlegungsfrist sollte zumindest zwei Wochen betragen, in der Regel dürfte eine Frist bis zu einem Monat noch angemessen sein.[236]

76 Darüber hinaus kann der Auftragnehmer sein Kündigungsrecht wieder verlieren und ggf. zu einer erneuten Nachfristsetzung gehalten sein, wenn er nach fruchtlosem Ablauf der gesetzten Frist nicht kündigt, sondern durch sein Verhalten den Eindruck des Fallenlassens der Kündigungsdrohung erweckt.[237] Die bloße **vorläufige Weiterarbeit** oder Gesprächsbereitschaft während der angemessenen Überlegungsfrist reicht allerdings nicht aus, da ansonsten die Einräumung der Überlegungsfrist weitgehend leer liefe.[238] Zum insoweit parallelen Rücktrittsrecht nach § 323 BGB bei einem Kaufvertrag hat der BGH betont, dass ein einmal begründetes Rücktrittsrecht nicht dadurch untergeht, dass der Gläubiger zunächst weiterhin Erfüllung verlangt.[239] Die Berufung auf den Kündigungsgrund müsste durch die zwischenzeitliche Weiterarbeit also treuwidrig werden, was einen besonderen Vertrauenstatbestand voraussetzt.[240] Die Grundsätze der Fristsetzung nach § 5 Abs. 4 VOB/B[241] lassen sich nicht übertragen.

77 Das Kündigungsrecht kann auch dann entfallen, wenn der Auftraggeber die nachzuholende Handlung bis auf einen **unerheblichen Teil** fristgerecht erbracht hat.[242]

F. § 9 Abs. 3 VOB/B – Rechtsfolgen der Kündigung

I. Überblick

78 § 9 Abs. 3 VOB/B enthält eine eher rudimentäre Regelung hinsichtlich der sich nach der Kündigung für den Auftragnehmer ergebenen Ansprüche, die sich im Wesentlichen in der Wiederholung bzw. Verweisung auf bereits bestehende Ansprüche erschöpft. Satz 1 bestimmt zunächst, dass die bisherigen Leistungen nach den Vertragspreisen abzurechnen sind. Das entspricht weitgehend den Rechtsfolgen, die § 645 BGB für eine Kündigung nach § 643 BGB anordnet. Satz 2 stellt im ersten Halbsatz klar, dass dem Auftragnehmer zusätzlich für den Zeitraum des Annahmeverzuges sein Anspruch auf angemessene Entschädigung gemäß § 642 BGB erhalten bleibt. Halbsatz 2 hält auch sonstige Ansprüche des Auftragnehmers, insbesondere auf Schadenersatz, aufrecht.

II. Vergütung der erbrachten Leistung

79 **1. Umfang der erbrachten Leistungen.** Gemäß Satz 1 sind die bisherigen Leistungen, dh die bis zum Wirksamwerden der Kündigung erbrachten Leistungen, nach den Vertragspreisen abzurechnen. Hinsichtlich des Umfangs der zu vergütenden Leistungen ist die Vorschrift al-

---

[231] BGH NJW 1985, 2640 = BauR 1985, 688; BGH NJW 1991, 2553.
[232] BGH NJW 2002, 1586; *Huber* Leistungsstörungen Bd. 2, S. 427.
[233] BGH NJW 1951, 836; WM 1967, 516.
[234] BGH NJW 1994, 722.
[235] Das wird eher den AG betreffen, solange ihm keine Alternativen zur Verfügung stehen oder zeitkritische Leistungen betroffen sind, vgl. *Hebel* BauR 2011, 330 (336).
[236] Vgl. BGH NJW-RR 2001, 1492; WM 1967, 516; OLG Schleswig IBR 2012, 194.
[237] OLG Köln *SFH* § 8 Nr. 3 VOB (1973) Nr. 4.
[238] Vgl. OLG Düsseldorf BauR 2001, 1459; OLG Schleswig IBR 2012, 194; **anderer Ansicht** FKZGM VOB/B § 9 Rn. 21; *Kniffka/Koeble* Kompendium Teil 6 Rn. 330.
[239] BGH NJW 2006, 1198;
[240] Vgl.dazu *Kniffka/Koeble* Kompendium Teil 6 Rn. 137; *Schmitz* IBR 2010, 77.
[241] Vgl. OLG Düsseldorf NJW-RR 1994, 149.; enger aber OLG Düsseldorf BauR 2001, 1459.
[242] OLG Düsseldorf BB 1978, 1339; *Vygen* in Ingenstau/Koribon VOB/B § 9 Abs. 2 Rn. 6; **anders** wohl OLG Köln *SFH* § 8 VOB/B Nr. 7.

lerdings unklar. Da der Begriff der Leistung im Werkvertragsrecht wie in der VOB/B nicht aufwands-, sondern erfolgsbezogen ist, erfasst der Wortlaut von Satz 1 zunächst nur die **ausgeführte Bauleistung** selbst. § 645 BGB und § 6 Abs. 5 und Abs. 7 VOB/B sprechen dem Auftragnehmer daneben auch Ersatz für die Auslagen zu, die ihm bis zum Kündigungszeitpunkt entstanden, aber in der Vergütung der bereits erbrachten Leistung nicht enthalten sind.[243] Gemeint sind damit in erster Linie Vorbereitungskosten für die kündigungsbedingt nicht mehr zu erbringenden Leistungen, wie bereits angefallene Kosten für den Transport oder die Zwischenlagerung von Baumaterial[244], die Beschaffung und Nutzung von Baugerät[245], Lohnkosten für vorbereitende Arbeiten. Der Begriff der Auslage beschränkt sich nicht auf bereits entstandene Kosten. In entsprechender Anwendung der §§ 670, 257 muss der Auftraggeber den Auftragnehmer aber auch von Verbindlichkeiten befreien, die dieser für das konkrete Werk eingegangen ist.[246] Das gilt insbesondere für aufgrund bereits erteilter Aufträge an Subunternehmer entstandene Kosten.[247] Erfasst werden auch zeitanteilig die Baustellengemeinkosten oder allgemeine Geschäftskosten[248], die bereits angefallen, auf Grund des Umlagemaßstabs der Kalkulation durch die erbrachten Leistungen aber noch nicht vergütet sind.[249] Hierzu gehören nach § 6 Abs. 7 VOB/B außerdem die gewöhnlich erst nach Kündigung entstehenden Kosten der **Baustellenräumung.** Voraussetzung ist immer, dass die Kosten durch die Vergütung der nicht erbrachten Leistungen bezahlt worden wären.[250] Die die Übernahme dieser Kosten konkret anordnenden Bestimmungen der § 6 Abs. 5 und Abs. 7 VOB/B sind nach ganz herrschender Meinung auch ohne ausdrückliche Bezugnahme entsprechend heranzuziehen, da sie auch im Wesentlichen § 645 BGB entsprechen.[251]

Problematisch ist, inwieweit **angeliefertes Baumaterial,** das noch nicht eingebaut wurde, **80** abgerechnet werden kann. Aus § 8 Abs. 3 Nr. 3 VOB/B und § 16 Abs. 1 Nr. 1 S. 3 sowie § 7 Abs. 3 ergibt sich, dass die angelieferten und noch nicht eingebauten Baumaterialien grundsätzlich von der VOB nicht als erbrachte Leistungen angesehen werden.[252] Bei Baumaterial, das der Auftragnehmer anderweitig verwenden kann, kann er nur vergeblichen Transportaufwand uä als Auslagen abrechnen. Demgegenüber sind bei den auf das Bauvorhaben zugeschnittenen **Sonderanfertigungen** die Beschaffungskosten zumindest als Auslagen zu erstatten.[253] Der Auftraggeber wird bei Mängelfreiheit in der Regel nach § 242 BGB zur Übernahme verpflichtet[254] und wegen der ihn sonst – anders als bei einer Kündigung nach § 8 Abs. 3 VOB/B – jedenfalls treffenden Kostenerstattung auch interessiert sein. Dann werden die Baumaterialien als erbrachte Leistungen, dh einschließlich des hierauf entfallenden Gewinns, abgerechnet.

Abrechnungsprobleme können entstehen, wenn die Kündigung nicht nach § 9 VOB/B **81** erfolgt, sondern als **Abstandnahme** vom Vertrag wegen einer nicht gestellten Sicherheit **nach § 648a Abs. 5 BGB** unmittelbar nach § 645 BGB abzurechnen ist. Nach herrschender Meinung bemisst sich die Teilvergütung gemäß § 645 BGB nämlich nicht nach dem Wert der erbrachten Leistungen, sondern nach dem Verhältnis der bislang aufgewandten Arbeitszeit zu der für das Gesamtwerk veranschlagten Arbeitszeit.[255] Der BGH übergeht diesen Unterschied und ermittelt auch in diesem Fall die Vergütung nur nach dem Wertverhältnis der Leistungsanteile.[256]

---

[243] Vgl. BGH NJW 1998, 456 = BauR 1997, 1021.
[244] Vgl. OLG München BauR 1992, 79 = NJW-RR 1992, 348.
[245] Vgl. *Glanzmann* in RGRK BGB§ 645 Rn. 9 ff.
[246] BGHZ 60, 14 (22); *Voit* in Bamberger/Roth BGB § 645 Rn. 28.
[247] OLG Düsseldorf BauR 1990, 386. Hier ist allerdings § 254 BGB zu prüfen, wenn der AN sich gegenüber dem Sub weiter verpflichtet als ihm Rechte gegenüber dem AG zustehen.
[248] OLG München NJW-RR 1992, 328 = BauR 1992, 74 (sehr weitgehend); *Müller-Foell* S. 118.
[249] Vgl. dazu *Berger* in Beck'scher VOB-Kommentar VOB/B § 6 Abs. 5 Rn. 24; *Stickler/Fehrenbach* Kündigung Rn. 563 f.
[250] Vgl. *Stickler/Fehrenbach* Kündigung Rn. 570.
[251] OLG Düsseldorf BauR 1990, 386; *Glanzmann* in RGRKBGB§ 645 Rn. 16; *Vygen* in Ingenstau/Koribon VOB/B § 9 Abs. 3 Rn. 3; *Berger* in Beck'scher VOB-Kommentar VOB/B § 9 Abs. 3 Rn. 10, FKZGM VOB/B § 9 Abs. 3 Rn. 23.
[252] BGH NJW 1995, 1837 = BauR 1995, 545.
[253] OLG Düsseldorf IBR 2009, 375; insoweit unklar *Berger* in Beck'scher VOB-Kommentar VOB/B § 9 Abs. 3 Rn. 9; vgl. aber auch dort → § 6 Rn. 19 f.
[254] Vgl. BGH NJW 1995, 1837 = BauR 1995, 545.
[255] Vgl. nur *Peters/Jacoby* in Staudinger BGB (2013), BGB § 645 Rn. 24 mwN.
[256] BGH NJW 1999, 2036 = BauR 1999, 632.

82 **2. Mängel der erbrachten Leistungen.** Die Kündigung beendet den Vertrag mit Wirkung nur für die Zukunft. Für die in der Vergangenheit erbrachten Leistungen bleibt der Vertrag erhalten, dh der Auftragnehmer ist zur Gewährleistung grundsätzlich berechtigt, aber auch verpflichtet.[257] Wegen Mängel kann der Auftraggeber also grundsätzlich Gewährleistungsrechte geltend machen bzw. einen Einbehalt in Höhe der zweifachen Mängelbeseitigungskosten vornehmen, vgl. § 641 Abs. 3 BGB. Das betrifft nur echte Baumängel und nicht die wegen der Kündigung nicht fertiggestellten Restleistungen.[258] Bei der auftragnehmerseitigen Kündigung wird sich der Auftraggeber darüber hinaus häufig auch wegen der Mängelbeseitigung in Annahmeverzug befinden, sei es, dass er nicht die erforderlichen Mitwirkungshandlungen erbringt, sei es, dass er zur Erbringung der dann fällig werdenden Gegenleistung nicht bereit ist. In diesen Fällen **entfällt** – trotz der Regelung des § 641 Abs. 3 BGB – **der Druckzuschlag**[259], dh, dass nur die einfachen Mängelbeseitigungskosten von der Vergütung in Abzug gebracht werden.[260] Gleiches würde gelten, wenn dem Auftragnehmer selbst Nachbesserungsarbeiten auf Grund der Schwere der Kündigungsgründe unzumutbar wären. Da er sich hinsichtlich der Mängel jedoch selbst nicht vertragsgerecht verhalten hat, kommt dies nur in Ausnahmefällen in Betracht.

83 **3. Fälligkeit, Abrechnung und Abnahme.** Auch im Falle einer vorzeitigen Beendigung des Bauvertrages gelten die §§ 14, 16 VOB/B.[261] Der Auftragnehmer muss die erbrachten Leistungen durch **prüfbare Schlussrechnung** abrechnen. Hierfür gelten insbesondere beim Pauschalvertrag die gleichen Anforderungen wie bei einer Auftraggeber-Kündigung.[262] Deshalb kann auf die Ausführungen bei → § 8 Rn. 25 ff. VOB/B verwiesen werden.

84 Auch im Fall der eigenen Kündigung hat der Auftragnehmer gemäß dem insoweit entsprechend anzuwendenden § 8 Abs. 6 VOB/B[263] einen Anspruch auf gemeinsames Aufmaß.[264] Eine **Abnahme** war nach der früheren Rechtsprechung des BGH nicht Fälligkeitsvoraussetzung[265], konnte aber entsprechend § 8 Abs. 6 verlangt werden. Hier hat der BGH einen Rechtsprechungswandel zunächst angekündigt und dann auch vollzogen. 2002 hat der BGH zum Verjährungsbeginn der Mängelansprüche nach Kündigung festgestellt, dass das Erfüllungsstadium eines gekündigten Vertrages ebenso wie bei einem nicht gekündigten Vertrag erst mit der Abnahme endet, die auch beim gekündigten Vertrag dazu dient festzustellen, ob die auf Grund der Kündigung beschränkte Werkleistung des Auftragnehmers vertragsgemäß erbracht wurde.[266] Damit wurde angedeutet, dass zukünftig auch für den gekündigten Vertrag die Abnahme Fälligkeitsvoraussetzung ist.[267] Das hat der BGH 2006 bestätigt.[268] Gegenstand der Abnahme sind die erbrachten Teilleistungen. **Fälligkeit** tritt **ohne Abnahme** nach allgemeinen Grundsätzen dann ein, wenn die Abnahme verweigert wird. Gleiches gilt, wenn der Auftraggeber nicht mehr Erfüllung bzw. Nacherfüllung verlangt, sondern durch ein Minderungs- oder Schadensersatzverlangen des Auftraggebers das Erfüllungsverhältnis in ein Abrechnungsverhältnis übergeht.[269]

III. Entschädigung nach § 642 BGB

85 **1. Art und Umfang des Anspruches.** Neben dem Vergütungsanspruch für erbrachte Leistungen steht dem kündigenden Auftragnehmer auch ein Anspruch auf angemessene Entschädigung nach § 642 BGB zu. Dieser Entschädigungsanspruch begründet aber **keinen Ausgleich**

---

[257] BGH BauR 1987, 689 = NJW 1988, 140.
[258] BGH BauR 1993, 469.
[259] Vgl. *Kniffka* ZfBR 2000, 227 (232); *Sprau* in PalandtBGB§ 641 Rn. 12.
[260] Vgl. BGH NJW-RR 2002, 1025; OLG Hamm OLGR 1994, 194; OLG Köln OLGR 1997, 303; OLG München v. 17.3.2015 – 9 U 2856/11, BeckRS 2016, 12446.
[261] BGH NJW 1987, 352 = BauR 1987, 95.
[262] Vgl. BGH NJW 1999, 2036 = BauR 1999, 632.
[263] Vgl. → VOB/B § 8 Rn. 108.
[264] *Vygen* in Ingenstau/Korbion VOB/B § 9 Abs. Rn. 2; *Berger* in Beck'scher VOB-Kommentar VOB/B § 9 Abs. 3 Rn. 9.
[265] BGH NJW 87, 382 = BauR 1987, 95; BGH NJW 1993, 1972 = BauR 1993, 469.
[266] BGH NZBau 2003, 265 = BauR 2003, 689.
[267] *Kniffka* Online-Kommentar BGB § 649 Rn. 40; *Brügmann/Kenter* NJW 2003, 2121 ff.
[268] BGH IBR 2006, 432.
[269] OLG Brandenburg NZBau 2006, 713 für Übergang von Erfüllung auf Schadensersatz; *Hartung* NZBau 2007, 1099 (1102).

für die nicht erbrachten Leistungen.[270] Es geht auch, was ebenfalls teilweise verkannt wird, nicht um einen Ausgleich für die vorzeitige Beendigung des Vertragsverhältnisses.[271] Es geht ausschließlich um einen angemessenen Ausgleich der **Nachteile durch den Annahmeverzuges**[272], zB durch die unnütze Bereitstellung von Kapital und Arbeitskraft sowie andere verzugsbedingte Zusatzaufwendungen.[273] Diese Aufwendungen werden durch die Abrechnung der erbrachten Leistungen nach den Vertragspreisen gemäß § 9 Abs. 3 S. 1 VOB/B nicht abgegolten. Deshalb verweist die VOB/B auf den vergütungsähnlichen Entschädigungsanspruch nach § 642 BGB. Es handelt sich um eine Rechtsgrundverweisung, so dass die Voraussetzungen des § 642 BGB (und des § 6 Abs. 6 S. 2 VOB/B) vorliegen müssen. Der Anspruch kann auch bei einem fortbestehenden Vertrag geltend gemacht werden kann.[274] Er wird nicht durch § 6 Abs. 6 VOB/B verdrängt,[275] was früher vor der Klarstellung in § 6 Abs. 6 S. 2 VOB/B aber streitig war.

Bei einem länger andauernden Verzug kann § 642 BGB auch Mehraufwendungen umfassen, die auf Grund des Annahmeverzuges, aber nach dessen Beendigung bei der verspäteten Leistungserbringung entstehen, insbesondere durch Lohn- und Materialpreissteigerungen auf Grund des verschobenen Leistungszeitraums. Denn der Anknüpfungspunkt „Dauer des Verzuges" in § 642 BGB bedeutet nicht, dass der Verzögerungsschaden unmittelbar während des Annahmeverzuges entstanden sein muss.[276] Maßgebend sind nicht die Verzugsdauer, sondern die Verzugsfolgen.[277] Der Anspruch umfasst aber keinesfalls den entgangenen Gewinn des gekündigten Leistungsteils, wie auch § 645 BGB zeigt. 85a

Der Anspruchsgrund beschränkt sich damit auf den Zeitraum bis zur Beendigung des Annahmeverzuges, idR also längstens bis zur Kündigung.[278] Damit deckt der Entschädigungsanspruch sich im großen Umfang mit Ansprüchen aus § 6 Abs. 6 VOB/B, und unterscheidet sich wesentlich von Ansprüchen in Bezug auf die kündigungsbedingt nicht mehr erbrachten Leistungen aus § 8 Abs. 1 Nr. 2 VOB/B bzw. § 649 S. 2 oder § 326 Abs. 2 BGB. 86

Während das als dogmatisch gesichert angesehen werden kann, sind weitere Fragen streitig. Der Rechtsnatur nach handelt es sich um einen gesetzlich begründeten **vergütungsgleichen Anspruch**[279] und nicht um einen besonderen Schadensersatzanspruch.[280] Er tritt neben den Vergütungsanspruch und ist **verschuldensunabhängig**.[281] 87

---

[270] **Unrichtig** deshalb OLG München BauR 1980, 274, OLG Celle BauR 2000, 416 und FKZGM VOB/B § 9 Rn. 24. Neu, aber auch falsch ist der Ansatz von *Hartwig* BauR 2014, 1055, der § 642 BGB als Entschädigung für die verzugsbedingt erst später fällig werdende Vergütung ansieht und ihn praktisch wie entgangenen Zins berechnet.
[271] **Anders** aber *Berger* in Beck´scher VOB-Kommentar VOB/B § 9 Abs. 3 Rn. 15 und *Kuffer* in Heiermann/Riedl/Rusam VOB/B § 9 Rn. 41.
[272] OLG Köln *SFH* § 8 VOB/B Nr. 7; *Glanzmann* in RGRK BGB § 642 Rn. 6 f.; *Sprau* in Palandt BGB § 642 Rn. 2; *v. Hayn-Habermann* in NWJS VOB/B § 9 Rn. 39; *Kniffka/Koeble* Kompendium Teil 6 Rn. 332; *Nicklisch* BB 1979, 533; *Lachmann* BauR 1990, 409; *Vygen* FS Kapellmann, 2007, 449 (458). Irrig deshalb die Fragestellung von *Peters* NZBau 2014, 680 (684), warum § 9 Abs. 3 VOB/B auf § 642 verweise.
[273] RGZ 100, 46; *Hildebrandt* in Leinemann VOB/B § 9 Rn. 41.
[274] So BGH NZBau 2000, 187 = BauR 2000, 722; BGH BauR 2000, 1481; *Kuffer* in Heiermann/Riedl/Rusam VOB/B § 6 Rn. 38; *Raab* JZ 2001, 251 (253); *Kraus* BauR 2000, 1105 (1107). Zu Unrecht geht *Kuffer* in Heiermann/Riedl/Rusam VOB/B § 9 Rn. 1 davon aus, dass die Geltendmachung des Anspruchs aus § 642 BGB anders als im gesetzlichen Werkvertragsrecht eine Kündigung voraussetzt. Das Gegenteil steht in § 6 Abs. 6 VOB/B.
[275] Vgl. OLG Düsseldorf BauR 1991, 774; OLG Celle BauR 1995, 552; *Kapellmann/Schiffers* Vergütung I Rn. 1400.
[276] *Kniffka* Online-Kommentar BGB § 642 Rn. 53 f.; *Voit* in Bamberger/Roth BGB § 642 Rn. 14; *Schilder* S. 173 ff.; *Vygen* FS Kapellmann, 2007, 449 (458); **anderer Auffassung** OLG Jena IBR 2006, 14; *Koller* Die Risikozurechnung bei Vertragsstörungen in Austauschverträgen München 1979, S. 245; *Roskosny/Bolz* BauR 2006, 1804 (1811).
[277] *Buchner* FS Quack, 2009, 13 (14 f.).
[278] *Glanzmann* in RGRK BGB § 642 Rn. 7; *Nicklisch* BB 1979, 553; *Raab* JZ 2001, 251 (254).
[279] § 575 des ersten Entwurfs zum BGB sprach noch von „angemessener Vergütung"; vgl. auch BGH BauR 1987, 95 = NJW 87, 382; ähnlich *Peters/Jacoby* in Staudinger BGB (2013), § 642 Rn. 24; *Raab* JZ 2001, 251 (252); *Kapellmann/Schiffers* Bd. 1 Rn. 1649; BGH SF Z 2.511, Bl. 8 spricht von „möglicherweise Erfüllungsansprüche".
[280] So aber *Teichmann* in Soergel BGB § 642 Rn. 6; *Stickler/Fehrenbach* Kündigung Rn. 619; *Busche* MüKoBGB § 642 Rn. 16; *Borgmann* BauR 1994, 707 (708).
[281] Vgl. nur RGZ 100, 46; *Peters/Jacoby* in Staudinger BGB (2013), § 642 Rn. 23.

88 **2. Bemessung des Anspruchs.** Der Anspruch ist nicht nach den zu § 649 S. 2 BGB a. F. entwickelten Grundsätzen zu ermitteln, da es sich um einen völlig anderen Anspruchsinhalt handelt (→ Rn. 86). Bei der Normierung des Entschädigungsanspruchs hat der Gesetzgeber einerseits eine gemäß §§ 615 bzw. 649 S. 2 BGB a. F. entsprechende Regelung (volle Vergütung abzüglich ersparter Aufwendungen) als zu weitgehend abgelehnt, andererseits § 304 BGB (nur Kosten des vergeblichen Angebots) als zu „dürftig" befunden.[282] Er hat sich statt dessen für eine angemessene Entschädigung mit Vergütungscharakter **für den Verzugszeitraum** entschieden.

89 Ausgangspunkt für die Bestimmung sollte die Höhe der vereinbarten Vergütung sein. Auszugleichen sind jedoch nicht – erbrachte oder nicht erbrachte – Vertragsleistungen, sondern Zeitverluste sowie das unnötige Bereithalten von Kapazitäten.[283] Die Höhe der verzugsbedingten Entschädigung soll sich an den Vertragspreisen orientieren. Voller Schadenersatz soll aber nicht gewährt werden, ebenso wenig Ausgleich des vollen Gewinns des Auftrages, da der Auftragnehmer diesen bei der nach § 642 BGB vorausgesetzten Nachholung noch verdienen sollte.[284] Als vergütungsgleicher Anspruch umfasst er lediglich einen angemessenen Gewinnzuschlag für den verzögerungsbedingten Mehraufwand.[285] Verzugsbedingt entgangener Gewinn aus ohne die Verzögerung möglichen weiteren Aufträgen auf anderen Baustellen wird durch den verschuldensunabhängigen Anspruch aus § 642 BGB auch nicht erfasst.[286]

90 Im Ergebnis wird das bedeuten, dass die Anspruchshöhe sich zunächst an den **kalkulierten Kosten der Mehraufwendungen** orientiert[287], wobei mögliche Ersparnisse und Ersatzverdienst mindernd zu berücksichtigen sind. Hinsichtlich des Ersatzerwerbes gilt gegenüber § 649 S. 2 BGB a. F. die Besonderheit, dass nicht nur böswillig unterlassener Erwerb mindernd anzurechnen ist, sondern auf Grund des weiteren Wortlauts jeder mögliche Ersatzerwerb[288], so dass eine verstärkte Verpflichtung zur Annahme auch von Füllaufträgen besteht.[289]

91 Wegen der Einzelheiten der Entschädigungsberechnung wird auf die Ausführungen bei → § 6 Rn. 90–92 sowie ergänzend auf die Arbeit von *Schilder*[290] verwiesen.

92 Zur Verteilung der Darlegungs- und Beweislast können die zu § 649 S. 2 BGB a. F. entwickelten Grundsätze entsprechend herangezogen werden.[291]

93 Der Anspruch unterliegt, da er gerade kein echter Schadensersatz, sondern eine – wenn auch gegebenenfalls nur teilweise – Gegenleistung für eine sonstige Leistung ist[292], der **Mehrwertsteuer**.[293] Auch insoweit unterscheidet sich der Anspruch aus § 642 BGB wesentlich von einem Anspruch aus § 649 S. 2 BGB wegen nicht erbrachter Leistungen.[294] Wie in den Fällen des § 304 BGB[295] oder des § 615 BGB[296] geht es um eine erhöhte Vergütung für gesteigerte Leistung bzw. Leistungsbereitschaft.

94 Aufgrund der Vergütungsähnlichkeit setzt die Fälligkeit des Anspruchs eine **prüfbare Schlussabrechnung** voraus.[297] Die regelmäßige Verjährung des § 199 BGB beginnt damit ebenso wie bei sonstigen Vergütungsansprüchen erst nach Abrechnung und Ablauf der Prüfungs-

---

[282] Protokolle der 1. Kommission, Seite 2333, abgedruckt bei *Jakobs/Schubert* Recht der Schuldverhältnisse Bd. 2, S. 889.
[283] Hierzu gehört insbesondere die verzugsbedingte verlängerte Vorhaltung von Geräten, vgl. nur *Peters/Jacoby* in Staudinger (2013) BGB § 642 Rn. 25; unklar aber BGH *SF* Z. 2.511 Bl. 8, wo möglicherweise eine eigenständige Anspruchsgrundlage angenommen wird.
[284] Vgl. auch *Kniffka* Jahrbuch BauR 2001, 1 (18); *Schilder* S. 184 f.; schlicht falsch sind deshalb OLG München BauR 1980, 274 und OLG Celle BauR 2000, 416, die entgangenen Gewinn für **nicht ausgeführte** Leistungen nach § 642 BGB zugesprochen haben. Vgl. auch *Skauradszun/Eix* NZBau 2010, 86 (88).
[285] Vgl. → VOB/B § 6 Rn. 72 f.; eingehend *Schilder* S. 109 ff., 179 ff.
[286] *Kapellmann/Schiffers* Vergütung I Rn. 1650; *Vygen* in Ingenstau/Koribon § 9 Abs. 3 Rn. 13.
[287] Dazu *Kapellmann/Schiffers* Vergütung I Rn. 1650.
[288] *Erman/Schwenker* BGB § 642 Rn. 5; *Glanzmann* in RGRKBGB § 642 Rn. 9.
[289] Vgl. dazu *Peters/Jacoby* in Staudinger BGB (2013), § 642 Rn. 26.
[290] *Schilder* S. 163 ff.
[291] *Kniffka/Koeble* Kompendium Teil 6 Rn. 332; *Vygen* in Ingenstau/Koribon VOB/B § 9 Abs. 3 Rn. 11.
[292] Vgl. dazu BFH BStBl. III S. 106.
[293] *Kapellmann/Schiffers* Bd. 1 Rn. 1650; zum vergleichbaren Fall des § 6 Nr. 6 → VOB/B § 6 Rn. 76; *Vygen* in Ingenstau/Korbion § 9 Abs. 3 Rn. 15; *Schilder* S. 194 ff.
[294] **Anderer Ansicht** aber: OLG Koblenz BauR 2002, 811; *Berger* in Beck´scher VOB-Kommentar VOB/B § 9 Abs. 3 Rn. 16; FKZGM VOB/B § 9 Rn. 26.
[295] Vgl. BFHE 105, 75 (78); BGHZ 65, 253 (263).
[296] BFH BStBl. II 1971 S. 6.
[297] BGH NJW 1987, 382 = BauR 1987, 95.

frist. Auf die streitige Frage, wann der Anspruch aus § 642 BGB rechtlich entsteht[298], kommt es insoweit für den VOB/B-Vertrag nicht an. Abschlagzahlungen wären zwar grundsätzlich möglich, allerdings nicht mehr nach Kündigung und Eintritt der Schlussrechnungsreife.

Streitig ist, ob eine Abnahme weitere Fälligkeitsvoraussetzung für den Entschädigungsanspruch ist.[299] Da es sich um einen vergütungsgleichen Anspruch handelt, gelten hier die gleichen Anforderungen wie bei dem Anspruch auf Vergütung der erbrachten Vertragsleistungen. Selbst bei einer Kündigung wird nach neuer BGH-Rechtsprechung eine Abnahme erforderlich (vgl. → Rn. 84). **94a**

IV. Weitergehende Ansprüche des Auftragnehmers

§ 9 Abs. 3 S. 2 Hs. 2 VOB/B hält dem Auftragnehmer alle sonstigen bestehenden Ansprüche offen. Es handelt sich nicht um eine eigene Anspruchsgrundlage. Die Vorschrift verhindert nur, dass den vorausgehenden Regelungen Ausschließlichkeitscharakter unterstellt wird. In Betracht kommen vor allem folgende Anspruchsgrundlagen:[300] **95**

1. Schadensersatz wegen Pflichtverletzung, § 280 BGB. Werden die gesetzlichen Obliegenheiten zur Mitwirkung vertraglich zu Nebenpflichten ausgestaltet, stünde bei ihrer Verletzung dem Auftragnehmer nach § 280 BGB grundsätzlich Ersatz des durch eine Nicht- oder Schlechterfüllung entstehenden Schadens zu. § 280 BGB erfasst auch die Fälle der positiven Forderungsverletzung, vgl. § 280 Abs. 3.[301] **96**

Nimmt man mit der wohl herrschenden Lehre an, dass die vom Auftraggeber zu erbringenden Mitwirkungshandlungen im VOB-Vertrag echte Vertragspflichten sind[302], so steht dem Auftragnehmer neben dem Entschädigungsanspruch aus § 642 BGB auch ein – allerdings Verschulden voraussetzender – Schadensersatzanspruch zu. Im Übrigen sind **Nebenpflichten** und nicht nur Obliegenheiten jedenfalls insbesondere in den Fällen anzunehmen, in denen der Auftragnehmer an der Erfüllung der Mitwirkungshandlungen durch den Auftraggeber über die Möglichkeit zu eigenen Leistungserbringungen ein weitergehendes eigenes Vermögensinteresse hat, zB bei Informations- und Hinweispflichten[303], deren Nichterfüllung zu Schäden des Auftragnehmers führen kann. Die Planlieferung durch den Auftraggeber wird von der Rechtsprechung teilweise als Vertragspflicht angesehen.[304] **97**

Darüber hinaus gewährt die Rechtsprechung aber auch bei der **schuldhaften Verletzung bloßer Obliegenheiten** einen Schadenersatzanspruch. Die schuldhafte Nichterfüllung einer Obliegenheit sei zwar nicht selbst eine positive Forderungsverletzung; hierin könne aber zugleich eine schuldhafte Nicht- oder Schlechterfüllung der **allgemeinen vertraglichen Treuepflicht** liegen, wenn der Vertragszweck ernsthaft gefährdet sei.[305] Da im Falle der Kündigung regelmäßig die Voraussetzungen der Vertragsgefährdung vorliegen, hat nach der Rechtsprechung die schuldhafte Obliegenheitsverletzung im Ergebnis die gleichen Rechtsfolgen wie die Verletzung von Vertragspflichten selbst. **98**

Der Schadensersatzanspruch hat zur Folge, dass der Auftragnehmer für den Verzugszeitraum gemäß §§ 280, 286 BGB den vollen entgangenen Gewinn geltend machen kann, sei es als Gewinn für den verzugsbedingten Mehraufwand, sei es als verzögerungsbedingt entgangener Gewinn aus anderen Aufträgen. Daneben kann er zusätzlich den Nichterfüllungsschaden wegen der kündigungsbedingt nicht mehr erbrachten Leistungen fordern.[306] Zu beachten ist aber, dass auf den Verzögerungsschaden die Haftungsbeschränkung des § 6 Abs. 6 VOB/B grundsätzlich **99**

---

[298] Für den Eintritt des erstens Schadens *Kapellmann* BauR 1985, 123 (127); für den Abschluss der Schadensentstehung *Heinle* BauR 1992, 428 (431).
[299] So *Döring* in Ingenstau/Korbion/ VOB/B § 6 Abs. 6 Rn. 53; **anderer Ansicht** *Kapellmann* BauR 1985, 123 (129).
[300] Vgl. auch den Überblick bei *Armbrüster/Bickert* NZBau 2006, 153 (155 ff.).
[301] Gesetzesbegründung BT-Drs. 14/1640, 92; *Schwarze* in StaudingerBGB§ 280 Rn. A 2, C 5.
[302] Vgl. dazu → VOB/B § 6 Rn. 47 f.
[303] *Kniffka* Jahrbuch BauR 2001, 1 (8 ff.).
[304] BGH NJW 1972, 447 = BauR 1972, 112; *Kniffka* Jahrbuch BauR 2001, 1 (12 ff.); **anders** BGH NJW 1974, 1080; vgl. zur uneinheitlichen Rechtsprechung auch *Müller-Foell* S. 43 f. mwN.
[305] BGH VersR 1960, 693; *Kuffer* in Heiermann/Riedl/Rusam VOB/B § 9 Rn. 9; vgl. eingehend dazu *Hüffer* S. 49 ff.
[306] BGHZ 11, 80; *v. Hayn-Habermann* in NWJS VOB/B § 9 Rn. 42.

Anwendung findet.[307] Dies gilt allerdings nicht für den weitergehenden Nichterfüllungsschaden.[308]

100 **2. Anspruch auf (volle) Vergütung.** Boykottiert der Auftraggeber durch Unterlassen von Mitwirkungsobliegenheiten die Vertragsdurchführung und kündigt der Auftragnehmer, so steht ihm grundsätzlich – neben dem Entschädigungsanspruch nach § 642 BGB für die Verzögerung – lediglich eine Teilvergütung für die erbrachten Leistungen einschließlich Auslagenersatz nach § 9 Abs. 3 VOB/B bzw. § 645 BGB zu. Weitergehende Ansprüche setzen entweder eine Kündigung des Auftraggebers (§ 648 BGB n. F.) oder als Schadensersatz die Verletzung einer Schuldnerpflicht (vgl. → Rn. 96 ff.) voraus. Dennoch hat die Rechtsprechung auch bei die Vertragsdurchführung vereitelnden Obliegenheitsverletzungen einen Anspruch auf die volle Vergütung gewährt. So hat der BGH in einem Fall dem Auftragnehmer, nachdem der Auftraggeber die Wirksamkeit des Vertrages bestritten und die Fertigstellung des Werks pflichtwidrig verhindert hatte, den vollen Werklohn zugesprochen, indem er dem Auftraggeber den Einwand fehlender Fälligkeit und die Einrede des nicht erfüllten Vertrages abgeschnitten hat.[309] Diese auch in der neueren Judikatur bezweifelte[310] und in der Literatur[311] zu Recht sehr umstrittene Rechtsprechung setzt rechtlich einen fortbestehenden Vertrag voraus und ist auf Kündigungsfälle nicht übertragbar, da durch die Kündigung der Vertrag und damit auch die Werklohnansprüche für die Zukunft entfallen. Will der Auftragnehmer derartige Ansprüche geltend machen, darf er nicht kündigen. Nach der älteren Lösung der Rechtsprechung soll sein Vergütungsanspruch in voller Höhe zwar sofort fällig werden, der Auftragnehmer bleibt aber seinerseits – nach Beseitigung des Leistungshindernisses – zur Gegenleistung verpflichtet.

101 In der Literatur werden zur Auflösung derartiger **Obstruktionsfälle** weitere Anspruchsmöglichkeiten vorgeschlagen,[312] die dem Auftragnehmer einen Anspruch auf volle Vergütung abzüglich ersparter Aufwendungen gewähren sollen, zB nach § 649 BGB a. F., indem die Weigerung zur Mitwirkung einer freien Kündigung gleich gestellt wird[313], oder in Analogie zu § 324 BGB aF[314] bzw. § 326 BGB aF[315] oder durch erweiterte Auslegung der §§ 643, 645 BGB.[316] Die Annahme einer konkludenten Kündigung des Auftraggebers scheitert am Schriftformerfordernis des § 8 Nr. 5 VOB/B, für eine gesetzliche Beendigung des ungekündigten Vertrages fehlt eine tragfähige Rechtsgrundlage. Ohne Vertragsbeendigung fehlt die Basis für eine entsprechende Anwendung der Rechtsfolgen. Für die übrigen Analogien besteht nach der neuen Regelung des § 280 BGB kein Bedarf. § 280 BGB ist als Generalnorm tatbestandlich erfüllt, wenn man eine Schuldnerpflicht annimmt oder ihr Obliegenheiten über die Treuepflicht (§ 241 Abs. 2 BGB) gleichstellt. Im Übrigen kann der Auftragnehmer auch vor Fälligkeit den vollen Werklohn Zug um Zug gegen Fertigstellung einklagen.[317] Lässt er zugleich den Annahmeverzug feststellen, kann er nach § 322 Abs. 3, 274 Abs. 2 auch vor Fertigstellung die Zwangsvollstreckung betreiben.[318]

102 **3. Anspruch gemäß § 304 BGB.** § 304 BGB, gewährt dem Schuldner bei Gläubigerverzug einen inhaltlich begrenzten Anspruch auf Ersatz von Kosten für das vergebliche Angebot zur Leistungserbringung, zB Transportkosten, sowie für Aufbewahrung und Erhaltung des Werks. Da der Anspruchsumfang von § 642 BGB wesentlich weiter reicht, läuft § 304 BGB für den Werkvertrag im Wesentlichen leer.[319]

---

[307] → VOB/B § 6 Rn. 93; *v. Hayn-Habermann* in NWJS VOB/B § 9 Rn. 42; *Berger* in Beck'scher VOB-Kommentar VOB/B § 9 Abs. 3 Rn. 21.
[308] *Berger* in Beck'scher VOB-Kommentar VOB/B § 6 Abs. 6 Rn. 2; unklar aber → § 9 Rn. 21.
[309] BGHZ 50, 175; bestätigt BGH NJW-RR 1988, 1396; NJW 1990, 3008.
[310] OLG Stuttgart NZBau 2011, 619; vgl. auch BGH NZBau 2002, 266, wonach die grundlose und ernsthafte Erfüllungsverweigerung noch nicht zur Fälligkeit führt.
[311] Vgl. zB vertiefend *Hüffer* S. 206 ff.; *Müller-Foell* S. 123; *Peters/Jacoby* in Staudinger BGB (2013), § 641 Rn. 9.
[312] Vgl. dazu auch *Armbrüster/Bickert* NZBau 2006, 153 (155 ff.).
[313] Vgl. *Peters/Jacoby* in Staudinger BGB (2013), § 643 Rn. 18; *Lachmann* BauR 1990, 409 (411 f.).
[314] Vgl. *Nicklisch* BB 1977, 533 (543).
[315] Vgl. *Hüffer* S. 238 ff.
[316] Vgl. *Peters/Jacoby* in Staudinger BGB (2013), § 643 Rn. 20 ff.; *Schwenker* in ErmanBGB§ 643 Rn. 6; vgl. auch *Skauradszun/Eix* NZBau 2010, 80 (89).
[317] BGH NZBau 2002, 266; OLG Stuttgart NZBau 2011, 619.
[318] *Christiansen* ZfBR 2004, 736 (737); *Skauradszun/Eix* NZBau 2010, 86 (90).
[319] Vgl. auch *Müller-Foell* S. 119.

G. AGB-Kontrolle, abweichende vertragliche Vereinbarungen

Unabhängig von der Frage, ob nach der Schuldrechtsmodernisierung für den BGB-Werkvertrag das außerordentliche Kündigungsrecht durch ein Rücktrittsrecht ersetzt sein sollte[320], wäre jedenfalls auch die formularvertragliche Vereinbarung eines außerordentlichen Kündigungsrechtes zulässig.[321] Diese dogmatische Ausgestaltung der Vertragsbeendigung ist nicht unangemessen, vielmehr deutlich geeigneter.[322] Die in § 9 Abs. 1 VOB/B genannten Gründe rechtfertigen eine vorzeitige Vertragsbeendigung, weshalb die Regelung einer Klauselkontrolle standhält.[323] Die neuerdings vertretene Auffassung[324], die Kündigungsmöglichkeit wegen Zahlungsverzuges verstoße gegen § 307 BGB, weil sie keine Bagatellgrenze vorsehe, verkennt die dispositive Rechtslage. Die für Verbraucher bei Mietverträgen und Darlehensverträgen vorgegebenen Kündigungsbeschränkungen sind Sonderregelungen und nicht verallgemeinerungsfähig. Ein Verzug mit einer fälligen Hauptleistungspflicht berechtigt nach § 323 BGB zum Rücktritt jedenfalls hinsichtlich der noch nicht erbrachten Leistungen. Ein weitergehendes Recht gibt auch § 9 Abs. 1 lit. b VOB/B nicht. 103

§ 9 Abs. 1 ist nicht nur eine angemessene Regelung. Vielmehr gehört das **Recht zur außerordentlichen Vertragsbeendigung** zu den grundlegenden Prinzipien in unserer Rechtsordnung und lässt sich seinerseits **durch AGB nicht ausschließen**.[325] Das gilt auch für die speziellen Kündigungsgründe nach § 9 Abs. 1 lit. a VOB/B[326] und § 9 Abs. 1 lit. b.[327] Ebenfalls unzulässig ist eine mittelbare Einschränkung der Kündigungsrechte durch Bestimmung einer längeren Kündigungsfrist, da der Kündigungsgrund gerade die Unzumutbarkeit der Vertragsfortsetzung voraussetzt.[328] 103a

Auf der anderen Seite kann sich der Auftragnehmer formularmäßig weder ein freies Kündigungsrecht ausbedingen[329] noch die Verwirklichung seiner Leistungs- und Beschaffenheitsrisiken zu außerordentlichen Kündigungsrechten ausgestalten.[330] Die Normierung weiterer Kündigungsgründe bleibt möglich, soweit sie eine außerordentliche Kündigung rechtfertigen. Das Regelerfordernis der Nachfristsetzung vor Kündigung entspricht einem – auch unter Kaufleuten nicht abdingbaren – Rechtsgrundsatz, vgl. § 309 Nr. 4 BGB.[331] Demgegenüber kann nach herrschender Meinung der Auftraggeber gegenüber Unternehmen die Kündigung durch Einschreibebrief vorschreiben.[332] Deshalb hält auch das über § 314 Abs. 2 BGB hinausgehende Erfordernis einer Kündigungsandrohung in § 9 Abs. 2 VOB/B einer isolierten Klauselkontrolle[333] stand. 104

Auch die **Kündigungsfolgen** lassen sich formularmäßig **nur beschränkt einschränken oder erweitern**. Der Auftraggeber kann Ansprüche auf Entschädigung gemäß § 642 BGB oder auf Schadenersatz wegen nicht erbrachter Leistungen weder ausschließen noch beschränken.[334] Pauschalierungen der Ansprüche des Auftragnehmers sind demgegenüber grundsätzlich zulässig.[335] Weder darf sich dabei der Auftragnehmer unangemessene Vorteile versprechen lassen, noch der Auftraggeber den Anspruch grundsätzlich einschränken. Prüfungsmaßstab ist das, was 105

---

[320] Vgl. dazu → Rn. 1 und *Vygen* in Ingenstau/Korbion VOB/B vor §§ 8 und 9 Rn. 10 ff.
[321] *Vygen* in Ingenstau/Korboon VOB/B vor §§ 8 und 9 Rn. 15.
[322] *Voit* BauR 2002, 1776 (1779 ff.); *Vygen* in Ingenstau/Korbion VOB/B vor §§ 8 und 9 Rn. 9 ff.
[323] Vgl. auch *Vygen* in Ingenstau/Korbion VOB Vor §§ 8 und 9 Rn. 13 ff.; FKZGM VOB/B § 9 Rn. 48; *Kuffer* in *Heiermann/Riedl/Rusam* VOB/B § 1 Rn. 13.
[324] *Peters/Jacoby* in Staudinger BGB (2013), § 643 Rn. 30.
[325] *Korbion/Locher* Rn. K 153, 155.
[326] FKZGM VOB/B § 9 Rn. 33.
[327] OLG München BB 1984, 1386; *Glatzel/Hofmann/Frickell* S. 217; *Markus* in Markus/Kaiser/Kapellmann Rn. 499 f.
[328] BGH BauR 1990, 81 = NJW RR 1990, 156; OLG Stuttgart BauR 1988, 506.
[329] *Kleine-Möller/Merl* Handbuch § 2 Rn. 632; *Berger* in Beck'scher VOB-Kommentar VOB/B § 9 Abs. 2 Rn. 44.
[330] *Glatzel/Hofmann/Frickell* S. 218; *Korbion/Locher* Rn. K 155; vgl. OLG Stuttgart ZIP 1981, 875.
[331] OLG Köln WM 1989, 526; OLG Düsseldorf BB 1982, 220.
[332] *Dammann* in *Wolf/Horn/Lindacher* § 309 Nr. 13 Rn. 78.
[333] Vgl. dazu → Einl. VOB/B Rn. 48 ff.
[334] BGH BauR 1990, 81; *Kniffka* Jahrbuch BauR 2000, 1 (18).
[335] OLG Düsseldorf BauR 2005, 1636; *von Rintelen* BauR 1998, 603 (606 ff.); *Kniffka* Jahrbuch BauR 2000, 1 (18).

durchschnittlich ohne die Klausel geschuldet wäre.[336] Bei Bauaufträgen wird im Gegensatz zum Fertighausvertrag[337] eine angemessene Pauschalierung wegen der Unwägbarkeiten hinsichtlich ersparter Aufwendung und Ersatzverdienst allerdings schwierig, soweit sie über den Reingewinn hinausgeht.[338]

§ 10 Haftung der Vertragsparteien

(1) Die Vertragsparteien haften einander für eigenes Verschulden sowie für das Verschulden ihrer gesetzlichen Vertreter und der Personen, deren sie sich zur Erfüllung ihrer Verbindlichkeiten bedienen (§§ 276, 278 BGB).

(2) 1. Entsteht einem Dritten im Zusammenhang mit der Leistung ein Schaden, für den auf Grund gesetzlicher Haftpflichtbestimmungen beide Vertragsparteien haften, so gelten für den Ausgleich zwischen den Vertragsparteien die allgemeinen gesetzlichen Bestimmungen, soweit im Einzelfall nichts anderes vereinbart ist. Soweit der Schaden des Dritten nur die Folge einer Maßnahme ist, die der Auftraggeber in dieser Form angeordnet hat, trägt er den Schaden allein, wenn ihn der Auftragnehmer auf die mit der angeordneten Ausführung verbundene Gefahr nach § 4 Abs. 3 hingewiesen hat.
2. Der Auftragnehmer trägt den Schaden allein, soweit er ihn durch Versicherung seiner gesetzlichen Haftpflicht gedeckt hat oder durch eine solche zu tarifmäßigen, nicht aber außergewöhnliche Verhältnisse abgestellten Prämien und Prämienzuschlägen bei einem im Inland zum Geschäftsbetrieb zugelassenen Versicherer hätte decken können.

(3) Ist der Auftragnehmer einem Dritten nach §§ 823 ff. BGB zu Schadensersatz verpflichtet wegen unbefugten Betretens oder Beschädigung angrenzender Grundstücke, wegen Entnahme oder Auflagerung von Boden oder anderen Gegenständen außerhalb der vom Auftraggeber dazu angewiesenen Flächen oder wegen der Folgen eigenmächtiger Versperrung von Wegen oder Wasserläufen, so trägt er im Verhältnis zum Auftraggeber den Schaden allein.

(4) Für die Verletzung gewerblicher Schutzrechte haftet im Verhältnis der Vertragsparteien zueinander der Auftragnehmer allein, wenn er selbst das geschützte Verfahren oder die Verwendung geschützter Gegenstände angeboten oder wenn der Auftraggeber die Verwendung vorgeschrieben und auf das Schutzrecht hingewiesen hat.

(5) Ist eine Vertragspartei gegenüber der anderen nach den Absätzen 2, 3 oder 4 von der Ausgleichspflicht befreit, so gilt diese Befreiung auch zugunsten ihrer gesetzlichen Vertreter und Erfüllungsgehilfen, wenn sie nicht vorsätzlich oder grob fahrlässig gehandelt haben.

(6) Soweit eine Vertragspartei von dem Dritten für einen Schaden in Anspruch genommen wird, den nach den Absätzen 2, 3 oder 4 die andere Vertragspartei zu tragen hat, kann sie verlangen, dass ihre Vertragspartei sie von der Verbindlichkeit gegenüber dem Dritten befreit. Sie darf den Anspruch des Dritten nicht anerkennen oder befriedigen, ohne der anderen Vertragspartei vorher Gelegenheit zur Äußerung gegeben zu haben.

Schrifttum: *Beckmann/Matusche-Beckmann*, Versicherungsrechts-Handbuch, 3. Aufl., 2015; *Boisserée*, Die Haftung der Baubeteiligten für Schäden an Nachbargebäuden, 2002; *Bruck/Möller*, Kommentar zum Versicherungsvertragsgesetz, Bd. 4 Allgemeine Haftpflichtversicherung, 8. Aufl., 1970; *Goette*, Gesamtschuldbegriff und Regressproblem, 1974; *Hubmann/Götting*, Gewerblicher Rechtsschutz, 7. Aufl., 2002; *Kaiser*, Die konkurrierende Haftung von Vor- und Nachunternehmer, BauR 2000, 177; *Kamanabrou*, Grenzen der Haftung bei Schutzpflichtverletzungen Dritter, NJW 2001, 1187; *Klein*, Haftungsbeschränkungen zugunsten und zu Lasten Dritter und ihre Behandlung in der Schuldrechtsreform, JZ 1997, 390; *Knacke*, Die Ausgleichspflicht unter Gesamtschuldnern, BauR 1985, 270; *Kniffka*, Die Kooperationspflichten der Bauvertragspartner im Bauvertrag, Jahrbuch BauR 2001, 1; *Kniffka*, Anmerkung zu OLG Düsseldorf vom 29.6.1999 – 21 U 127/98 –, BauR 1999, 1312; *Lorenz*, Die Haftung für Erfüllungsgehilfen, Festschrift 50 Jahre BGH (2000),

---

[336] BGH NJW 1983, 1491 = BauR 1983, 266; OLG Düsseldorf BauR 2005, 1636; *von Rintelen* BauR 1998, 603 (609) mwN.
[337] Dazu BGH BauR 1995, 546; OLG Düsseldorf BauR 2005, 1636.
[338] Zu den Pauschalierungsvoraussetzungen *von Rintelen* BauR 1998, 603 (609, 612).

Bd. 1, S. 329; *Littbarski,* Haftungs- und Versicherungsrecht im Bauwesen, 1986; *Peters,* Die zeitlichen Dimensionen des Ausgleichs zwishen mehreren für einen Baumangel verantwortlichen Personen, NZBau 2007, 337; *Prölss/Martin,* Versicherungsvertragsgesetz, 26. Aufl., 1998; *Rathjen,* Probleme der Haftung für den Erfüllungsgehilfen, BauR 2000, 170; *Reinhardt,* Anmerkung zu BGH vom 24.6.1970 – VIII ZR 268/67 – in NJW 1970, 2288; *von Rintelen,* Lücken im Haftpflichtversicherungsschutz – Umfang und Grenzen des Versicherungsschutzes im Baubereich, NZBau 2006, 401; *Schmalzl,* Die Auswirkung des § 278 BGB im Verhältnis des Bauherrn zu den anderen Baubeteiligten, Festschrift Locher 1990, S. 225; *Schmalzl/Krause-Allenstein,* Die Berufshaftpflichtversicherung des Architekten und des Bauunternehmer, 2. Aufl. 2006; *Siebel,* Projekte und Projektfinanzierung, 2001; *Siegburg,* Haftung von Architekt und Bauherr für Bauunfälle, 1997; *Späte,* Haftpflichtversicherung, Kommentar zu den AHB, 1993; *Vens-Cappell,* Das kostenträchtige Mauerblümchen in der VOB/B: Die Haftungsregelung nach § 10 Nr. 2 Abs. 2 VOB/B, BrBp 2004, 503; *Vens-Cappell/Wolf,* Zur haftungs- und versicherungsrechtlichen Problematik des § 10 Nr. 2 Abs. 2 VOB/B, BauR 1993, 275; *Waas,* Zum Anwendungsbereich des § 278 BGB im Verhältnis zwischen Werkunternehmer und Besteller, VersR 1999, 1202; *Wolf,* Die Haftung des Werkunternehmers für Lieferantenverschulden, ZIP 1998, 1657; *Wussow,* Baumängelhaftung und Versicherung in der VOB, NJW 1967, 1552; *Wussow,* Haftung und Versicherung bei der Bauausführung, 3. Aufl., 1971; *Zahn,* Freistellungsklage und Klage auf Feststellung der Freistellungsverpflichtung, ZfBR 2007, 627.

Übersicht

	Rn.
A. Allgemeines	1
B. § 10 Abs. 1 VOB/B – Haftung der Vertragsparteien untereinander	4
I. Abs. 1 VOB/B als bloße Verweisungsnorm	4
II. Haftung für fremdes Verschulden	5
1. Allgemeine Voraussetzungen der Erfüllungsgehilfenhaftung	6
2. Erfüllungsgehilfen des Auftragnehmers	9
3. Erfüllungsgehilfen des Auftraggebers	12
C. § 10 Abs. 2 VOB/B – Schadensausgleich im Innenverhältnis	14
I. Allgemeines	14
II. Generelle Voraussetzungen des Innenausgleichs	15
1. Haftung beider Vertragsparteien	16
2. Zusammenhang mit der Bauleistung	20
3. Haftung gegenüber Dritten	21
4. Haftung auf Grund gesetzlicher Haftpflichtbestimmungen	22
III. Grundregel (Abs. 2 Nr. 1 Satz 1): Ausgleichspflicht im Innenverhältnis	25
IV. Abs. 2 Nr. 1 Satz 2 VOB/B – Alleinhaftung des Auftraggebers	28
V. Abs. 2 Nr. 2 VOB/B – Alleinhaftung des Auftragnehmers	32
D. § 10 Abs. 3 VOB/B – Sonderfälle der Alleinhaftung des Auftragnehmers	37
I. Systematische Einordnung	37
II. Die Fallgruppen des § 10 Abs. 3 VOB/B	40
1. Unbefugtes Betreten	40
2. Beschädigung angrenzender Grundstücke	41
3. Entnahme und Auftragung von Boden	44
4. Versperrung von Wegen und Wasserläufen	45
III. Einschränkung des Anwendungsbereiches	46
E. § 10 Abs. 4 VOB/B – Verletzung gewerblicher Schutzrechte	47
I. Gewerbliche Schutzrechte	48
II. Alleinhaftung des Auftragnehmers	49
F. § 10 Abs. 5 VOB/B – Einbeziehung der gesetzlichen Vertreter und Erfüllungsgehilfen	51
I. Systematische Einordnung	51
II. Umfang des Schutzbereiches	53
G. § 10 Abs. 6 VOB/B – Befreiungsanspruch	55
I. Inhalt des Befreiungsanspruchs	56
II. Verletzung der Befreiungsverpflichtung	59
H. AGB-Kontrolle, vertragliche Vereinbarungen	63

A. Allgemeines

§ 10 VOB/B befasst sich unter der Überschrift „Haftung der Vertragsparteien" ganz überwiegend mit dem Innenverhältnis der Vertragsparteien bei einer Inanspruchnahme einer oder beider Parteien durch einen durch die Baumaßnahme geschädigten Dritten. Die Haftung der **1**

Vertragsparteien im Verhältnis zueinander wird nur in § 10 Abs. 1 VOB/B angesprochen. Der Inhalt dieser Vorschrift erschöpft sich in einem deklaratorischen Verweis auf die ohnehin geltenden §§ 276, 278 BGB.

2 § 10 Abs. 2–6 VOB/B betreffen demgegenüber das Innenverhältnis der Vertragsparteien, wenn sie im Außenverhältnis gemeinsam einem Dritten gegenüber haften. Wann sie im Außenverhältnis einem Dritten gegenüber haften, entzieht sich naturgemäß einer vertraglichen Regelung zwischen den Vertragsparteien und richtet sich ausschließlich nach den allgemeinen Haftungsbestimmungen. Für den Innenausgleich verweist Abs. 2 Nr. 1 zunächst auf die allgemeinen gesetzlichen Ausgleichsbestimmungen, während Abs. 2 Nr. 1 Satz 2, Abs. 2 Nr. 2, Abs. 3 und Abs. 4 für die dort genannten Tatbestände jeweils die interne Alleinverantwortlichkeit einer Partei bestimmen. Relevant ist dabei vor allem Abs. 2 Nr. 2, die die Alleinhaftung des Auftragnehmers in versicherbaren Schadensfällen statuiert und damit das Gros der Schadensfälle erfasst.

3 Abs. 5 erstreckt die internen Haftungsbefreiungen auch auf die gesetzlichen Vertreter und Erfüllungsgehilfen der begünstigten Vertragspartei. Um die Inanspruchnahme der durch die Regelungen des § 10 intern haftungsbefreiten Partei im Außenverhältnis durch den geschädigten Dritten zu verhindern, stellt Abs. 6 klar, dass die andere Partei sie von der Verbindlichkeit befreien muss. Regelungszweck des § 10 VOB/B ist damit Regelung und Schutz der Vertragsparteien bei einem Außenregress.

B. § 10 Abs. 1 VOB/B – Haftung der Vertragsparteien untereinander

I. Abs. 1 VOB/B als bloße Verweisungsnorm

4 § 10 Abs. 1 VOB/B ist kein Haftungstatbestand, sondern wiederholt die rechtliche Selbstverständlichkeit, dass die Haftung der Vertragsparteien grundsätzlich eigenes oder über § 278 BGB zurechenbares Fremdverschulden erfordert. Das betrifft, wie der Verweis auf § 278 BGB zeigt, nur die Vertragshaftung.[1] Wann eine Partei haftet, richtet sich nach den jeweiligen Haftungstatbeständen der VOB/B (§ 4 Abs. 7 S. 2, § 6 Abs. 6, § 8 Abs. 3 Nr. 2, § 13 Abs. 7), der sonstigen Vertragsbestandteile oder der gesetzlichen Vertragshaftung (insbesondere §§ 280 ff., § 288 BGB). Der deklaratorische Hinweis auf die grundsätzliche Haftung für jedes Verschulden beinhaltet zugleich, dass jede (Schadensersatz-)Haftung auch Verschulden erfordert. Auch das ist aber nur deklaratorisch gemeint und nicht als eine abschließende Regelung gewollt. Vielmehr bestimmt sich der Haftungsmaßstab letztlich nach den jeweiligen Haftungstatbeständen. Diese können strengere oder mildernde Haftungsmaßstäbe festlegen oder sogar eine verschuldensunabhängige Haftung anordnen. Hieran ändert § 10 Abs. 1 VOB/B nichts, wie schon der uneingeschränkte Klammerverweis auf § 276 BGB einerseits[2] sowie die Anordnung milderer Haftungsmaßstäbe in §§ 6 Abs. 6, 13 Abs. 7 für bestimmte Schäden zeigen. Auch der mildernde Haftungsmaßstab zB von § 300 BGB für den Gläubigerverzug oder die Haftungsverschärfung des § 287 S. 2 BGB bleiben unberührt. Verschuldensunabhängig haften die Vertragsparteien für ihre finanzielle Leistungsfähigkeit, übernommene Beschaffungsrisiken oder Garantien (vgl. § 276 BGB).[3] Abs. 1 besagt also nur, dass falls eine Haftungsregelung nichts zum Verschulden sagt, dennoch Verschulden erforderlich ist und grundsätzlich jedes Verschulden ausreicht.

4a Wegen der objektiven und subjektiven Haftungsvoraussetzungen muss auf die Kommentierung der jeweiligen VOB-Haftungstatbestände und auf die einschlägigen BGB-Kommentierungen verwiesen werden. Das gilt auch für verschuldensrechtliche Besonderheiten wie Mitverschulden[4] oder Organisationsverschulden.[5]

II. Haftung für fremdes Verschulden

5 Auch hinsichtlich der Haftung für bzw. Zurechnung von fremdem Verschulden beschränkt sich Abs. 1 auf die inhaltsgleiche Wiederholung des § 278 BGB, der zudem auch noch in Bezug genommen wird. Gehaftet wird für gesetzliche Vertreter und Erfüllungsgehilfen. Während die Feststellung der gesetzlichen Vertreter der Parteien in der Regel unproblematisch sein wird und

---

[1] *Bröker* in Beck'scher VOB-Kommentar VOB/B § 10 Abs. 1 Rn. 1.
[2] *Bröker* in Beck'scher VOB-Kommentar VOB/B § 10 Abs. 1 Rn. 3; *Jansen* in NWJS VOB/B § 10 Rn. 8.
[3] D-L/H/L/R BGB§ 276 Rn. 22 ff., 29.
[4] Vgl. → VOB/B § 13 Rn. 80 ff. und *Werner/Pastor* Bauprozess Rn. 2444 ff.
[5] Vgl. → VOB/B § 13 Rn. 137 ff.

deshalb hier nicht näher erörtert wird[6], ist die Frage, wer über die eigenen Mitarbeiter der Vertragsparteien hinaus Erfüllungsgehilfe ist, im Einzelfall sehr umstritten.

1. Allgemeine Voraussetzungen der Erfüllungsgehilfenhaftung. Erfüllungsgehilfe ist, **6** wer mit Willen des Schuldners **bei der Erfüllung** dessen Verbindlichkeiten für diesen tätig wird.[7] Ein Abhängigkeitsverhältnis ist anders als beim Verrichtungsgehilfen nach § 831 BGB nicht erforderlich. Maßgeblich kommt es also nur auf die Einschaltung im Rahmen der Erfüllung von Verbindlichkeiten an. Verbindlichkeiten sind dabei aber nicht nur die **Haupt- oder Nebenleistungspflichten,** vielmehr sind auch Schutzpflichten im Sinne des § 241 Abs. 2 BGB Verbindlichkeiten.[8] Dies erweitert den Kreis möglicher Erfüllungsgehilfen beachtlich. Denn der Schuldner muss sich bei Schädigungen seines Vertragspartners infolge von **Schutzpflichtverletzungen** nicht nur das Verhalten der Person zurechnen lassen, die er speziell in die Erfüllung der Leistungspflichten gegenüber diesem Vertragspartner eingebunden hat, sondern aller seiner Gehilfen, deren Tätigkeit schädliche Auswirkungen auf den Vertragspartner haben können.[9]

Das verdeutlicht, dass die häufig nur schlagwortartige Feststellung, diese Art von Gehilfe sei **6a** Erfüllungsgehilfe bzw. nicht (zB Architekt sei Erfüllungsgehilfe des Bauherrn) so nicht richtig ist. Die Frage der Erfüllungsgehilfeneigenschaft kann immer nur **in Bezug auf die jeweilige konkrete Verbindlichkeit** untersucht und beantwortet werden. Verschuldet der Architekt im Rahmen der Bauaufsicht eine Verletzung des Auftragnehmers, kann diese Schutzpflichtverletzung dem Auftraggeber über § 278 BGB zugerechnet werden, auch wenn hinsichtlich der Bauaufsicht selbst der Architekt gerade nicht Erfüllungsgehilfe ist (vgl. → Rn. 12). Denn der Bauherr schuldet dem Auftragnehmer zwar nicht Beaufsichtigung seiner Arbeit, wohl aber vorbehaltlich § 4 Abs. 2 VOB/B in gewissem Umfang entsprechend § 618 BGB Schutz und Fürsorge, wenn der Auftragnehmer in seinen Räumen tätig werden soll.[10] Auf der anderen Seite ist der Lieferant grundsätzlich nicht Erfüllungsgehilfe des Auftragnehmers (vgl. → Rn. 10 f.). Einen Fehler bei der Herstellung des Lieferteils muss sich der Auftragnehmer deshalb nicht über § 276 BGB zurechnen lassen,[11] wohl aber einen möglichen Fehler des Lieferanten im Rahmen einer übernommenen Montageverpflichtung.[12]

Nach Sinn und Zweck ist § 278 BGB darüber hinaus nach zutreffender Auffassung auch auf **7** **Obliegenheiten**[13] analog anzuwenden, soweit sie echten Verbindlichkeiten ähnlich sind.[14]

In diesem Pflichtenkreis von Leistungspflichten, Schutzpflichten oder Obliegenheiten muss **8** der Gehilfe **mit Willen des Schuldners** tätig werden. Ob und welches Rechtsverhältnis zwischen Schuldner und Gehilfen besteht, ist unmaßgeblich. Entscheidend ist allein der tatsächliche Wille des Schuldners.[15] Personen, die ohne oder gegen den Willen des Schuldners tätig werden, sind nicht seine Erfüllungsgehilfen. Relevant werden kann dies insbesondere bei der unberechtigten Einschaltung weiterer Gehilfen durch den willentlich eingeschalteten Erfüllungsgehilfen (vgl. → Rn. 9). Andererseits wird die Eigenschaft als Erfüllungsgehilfe aber noch nicht dadurch infrage gestellt, dass die konkret haftungsbegründende Handlung gegen die Interessen oder sogar gegen die ausdrückliche Weisung des Schuldners erfolgte.[16] Denn Sinn und Zweck des § 278 BGB soll ja gerade die Zurechnung von Fehlverhalten sein, soweit es nicht aus dem allgemeinen Umkreis jener Aufgaben völlig herausfällt, die der Erfüllungsgehilfe für den Schuldner wahrzunehmen hat.[17] In diesem Rahmen hat der Schuldner selbst für strafbares Verhalten seiner Hilfsperson einzustehen.[18]

---

[6] Vgl. dazu *Heinrichs* in Palandt/BGB § 278 Rn. 5.
[7] BGHZ 13, 111 = NJW 1954, 1193; *Caspers* in Staudinger/BGB § 278 Rn. 18 mwN.
[8] *Caspers* in Staudinger/BGB § 278 Rn. 43 mwN.
[9] BGH NJW-RR 1990, 308; *Grundmann* MüKoBGB § 278 Rn. 25; einschränkend *Kamanabrou* NJW 2001, 1187.
[10] Vgl. dazu BGH VersR 1959, 948; BauR 1975, 64; OLG Düsseldorf NJW-RR 1995, 403.
[11] Vgl. BGH NJW 1978, 1157, und zwar auch dann nicht, wenn er den Austausch – entsprechend seinen Lieferbedingungen – durch seinen Monteur vornehmen lässt.
[12] BGH BauR 1979, 179.
[13] Vgl. dazu → VOB/B § 6 Rn. 47 f., 62; → § 9 Rn. 8 ff.
[14] *Grundmann* in MüKoBGB § 278 Rn. 24; *Lorenz* FS 50 Jahre BGH I, 2000, 329 (343).
[15] *Caspers* in Staudinger BGB § 278 Rn. 20 mwN.
[16] BGH NJW 1967, 2255; NJW-RR 1990, 484.
[17] BGHZ 31, 358 = NJW 1960, 699.
[18] BGH NJW 1991, 3208 mwN.

9 **2. Erfüllungsgehilfen des Auftragnehmers.** Der vom Auftragnehmer **beim Herstellungsprozess** eingeschaltete **Nachunternehmer** ist nach allgemeiner Meinung dessen Erfüllungshilfe.[19] Ob die Einschaltung im Verhältnis zum Auftraggeber berechtigt war, ist hierfür nicht maßgeblich.[20] Denn § 278 BGB stellt allein darauf ab, dass der Auftragnehmer sich seiner „bedient" hat, die Einschaltung also seinem tatsächlichen Willen entsprach.[21] Hieraus ergibt sich aber, dass vom Nachunternehmer seinerseits **unberechtigterweise eingeschaltete Nach-Nachunternehmer** zwar dessen Erfüllungsgehilfen, aber nicht ohne weiteres Erfüllungsgehilfen des Auftragnehmers sind, da diese gerade nicht mit dessen Willen bei der Erfüllung der Verpflichtung gegenüber dem Auftraggeber tätig werden.[22] Der Nachunternehmer als Erfüllungsgehilfe handelt dann zwar bei der unbefugten Einschaltung selbst schuldhaft[23], was sich der Auftragnehmer gegenüber seinem Auftraggeber auch zurechnen lassen müsste. Beruht der durch den Nach-Nachunternehmer verursachte Schaden aber nicht auf allgemeiner Unsorgfältigkeit, sondern auf einem so genannten Augenblicksversagen, braucht sich der Auftragnehmer im Verhältnis zum Auftraggeber dieses Verschulden nicht nach § 278 BGB zurechnen lassen.

10 Schwieriger zu beantworten ist die Frage, wann der **Zulieferer** oder **Lieferanten** des Auftragnehmers dessen Erfüllungsgehilfen sind. Zwar muss der Auftragnehmer für die durch die fehlerhafte Lieferung verursachten Mängel gewährleistungsrechtlich verschuldensunabhängig einstehen. Fraglich ist, ob er sich bei ausreichender Materialprüfung das Verschulden seiner Lieferanten im Rahmen weitergehender Schadenersatzansprüche zurechnen lassen muss. Nach einer Auffassung in der Literatur umfasst die vertraglich geschuldete Leistungshandlung bzw. der zuzurechnende Verantwortungsbereich den gesamten Herstellungsprozess einschließlich aller Vorbereitungshandlungen mit der Folge, dass der Auftragnehmer für alle Lieferanten uneingeschränkt nach § 278 BGB einstehen muss.[24] Das überspannt aber die vertraglichen Leistungspflichten des Auftragnehmers. Zwar umfasst die Pflicht zur Herstellung des Werks in der Regel auch die **Pflicht zur Beschaffung** des erforderlichen Materials. Im Wege der Vertragsauslegung ist jedoch im Einzelfall zu klären, ob sich der Auftragnehmer insoweit ebenfalls zur umfassenden Herstellung verpflichtet oder lediglich zur Beschaffung, wie ein Verkäufer auch,[25] der sich nach hM das Verschulden seiner Lieferanten nicht zurechnen lassen muss.[26] Das gilt bei Lieferanten auch im Werkvertragsrecht.[27] Dementsprechend hat die Rechtsprechung keine Verschuldenszurechnung angenommen bei dem Einbau fehlerhafter Heizungsventile[28], fehlerhafter Heizkörper[29], Verwendung mangelhaften Dichtungsmaterials[30], Einbau fehlerhaft lackierter Aluminiumprofile[31] bzw. für den gelieferten mangelhaften Estrich.[32] Wird der Lieferant jedoch **im Rahmen der Herstellungspflicht** tätig, ist er Erfüllungsgehilfe. Angenommen wurde dies für den Betonlieferanten[33], den Lieferanten einer spezifisch zusammengesetzten Estrichmischung[34] oder auch den Lieferanten maßhergestellter Außenrollläden.[35] Bei der Auslegung ist auch zu berücksichtigen, ob sich der Auftragnehmer die Baustoffe oder -teile durch Kaufverträge beschafft oder der Baustofflieferant eine Herstellungspflicht übernimmt. Erfolgt die Beschaffung auf Basis eines Warenkatalogs, liegt der Beschaffung i.d.R. ein Kaufvertrag zugrunde, auch wenn die Baustoffe erst danach hergestellt werden.[36] Gerade im letzten Fall kann – wie bei den vom BGH entschiedenen Beschichtungsarbeiten – im Verhältnis zum Auftraggeber aber Herstellung

---

[19] BGH NJW 1976, 516; 1979, 324; *Bröker* in Beck'scher VOB-Kommentar Teil B § 10 Abs. 1 Rn. 64 mwN.
[20] *Bröker* in Beck'scher VOB-Kommentar Teil B § 10 Abs. 1 Rn. 66.
[21] *Lorenz* FS 50 Jahre BGH I, 2000, 329 (372).
[22] BGH WM 1995, 1455; *Grundmann* MüKoBGB§ 278 Rn. 43 mwN.
[23] *Grundmann* MüKoBGB§ 278 Rn. 43.
[24] *Grundmann* MüKoBGB§ 278 Rn. 34; Wolf ZIP 1998, 1657 (1658); *Rathjen* BauR 2000, 170 (173); *Schroeter* JZ 2010, 495 (497).
[25] *Lorenz* FS 50 Jahre BGH I, 2000, 329 (349); *Wass* VersR 1999, 1202.
[26] Vgl. eingehend BGH VersR 2014, 886 (889); NJW 2008, 2837 (2840).
[27] BGH VersR 2014, 886 (889).
[28] BGH NJW 1978, 1157 = BauR 1978, 304.
[29] BGH VersR 1962, 480.
[30] BGH NJW 2002, 1565 = BauR 2002, 945.
[31] BGH VersR 2014, 886 (889).
[32] BGH VersR 2014, 886 (889); LG Berlin NJW-RR 1997, 1176.
[33] OLG Karlsruhe BauR 1997, 848.
[34] OLG Celle BauR 1996, 263.
[35] BGH BauR 1979, 324.
[36] BGH NZBau 2014, 623.

geschuldet sein. Ein Gleichlauf besteht nicht. Wenn und soweit der Lieferant auch Montageverpflichtungen übernimmt; sind diese Teil der Herstellungspflicht des Auftragnehmers (vgl. → Rn. 6a). Eine Inanspruchnahme des Auftragnehmers für die Montage fehlerhafter Einbauteile wird allerdings häufig daran scheitern, dass der Monteur bei der Montage nur in engen Grenzen zu einer Untersuchung des Teils auf Fehlerfreiheit und einwandfreies Funktionieren verpflichtet ist, ihn also kein über § 278 BGB zurechenbares Verschulden trifft.[37]

Die Abgrenzung, ob der Lieferant im Rahmen der Herstellungspflicht tätig geworden ist, kann im Einzelfall schwierig sein. Maßgebend für die Abgrenzung ist nicht, ob der Auftragnehmer sich die Leistung durch einen Kauf- oder Werkvertrag beschafft, sondern die Auslegung des Umfangs seiner Pflichten im Verhältnis zu seinem Auftraggeber.[38] Ausgangspunkt ist, dass der Auftragnehmer sich grundsätzlich nicht zur vollständigen eigenhändigen Herstellung verpflichtet, sondern er Bestandteile auch hinzukaufen kann.[39] Eindeutig ist dies bei Grund- oder Rohstoffen, die selbst gar nicht mehr hergestellt werden, sondern zur Herstellung benötigt werden.[40] Problematisch ist die rechtliche Einordnung aber schon bei der Lieferung sonstiger Baumaterialien. Das OLG Karlsruhe[41] hat die Betonlieferung als Teil der Herstellungspflicht angesehen, das LG Berlin[42] Estrich nur als Baustofflieferung/Beschaffung. Für die Abgrenzung ist der sich aus dem Vertrag oder der allgemeinen Lebensanschauung ergebende **Umfang der Herstellungspflicht anzulegen.**[43] Bei im Leistungsverzeichnis vorgegebenen Einbauteilen verpflichtet sich der Auftragnehmer nur zur Beschaffung und Prüfung, auch wenn diese Teile selbst Ergebnis eines aufwändigen Herstellungsprozesses sind. Der aufwändige Herstellungsprozess wird in vielen Fällen gerade gegen die eigene Herstellungspflicht des Auftragnehmers sprechen. So muss nach der Verkehrsanschauung weder der Estrichleger noch der Generalunternehmer selbst den Estrich herstellen, sondern schuldet insoweit nur die Beschaffung.[44] Demgegenüber war bei der Betonlieferung für die Auslegung des Leistungsumfanges des Bauvertrages die Lebensanschauung maßgebend, die auch dadurch geprägt ist, dass der Beton von Rohbauunternehmen selbst hergestellt wurde und auch hergestellt werden kann.[45] Die Auslagerung der Herstellung auf den Lieferanten soll nicht zu einer Haftungsreduzierung führen. Herstellungsgehilfe und nicht nur Zulieferer werden auch die Lieferanten eigens für das Bauvorhaben hergestellter Sachen sein.[46]

3. Erfüllungsgehilfen des Auftraggebers. Die **Architekten** oder **Fachplaner** sind Erfüllungsgehilfen des Auftraggebers, soweit es um die Pflichten oder Obliegenheiten geht, die er gegenüber dem Auftragnehmer hat, vor allem dem Auftragnehmer ordnungsgemäße Pläne und sonstige Ausführungsunterlagen zur Verfügung zu stellen (§ 3 Abs. 1 VOB/B)[47] und die Leistungen der einzelnen Unternehmer während der Bauausführung abzustimmen, so genannte Koordinierungspflicht (§ 4 Abs. 1 VOB/B).[48] Demgegenüber ist der Auftraggeber dem Auftragnehmer gegenüber nicht verpflichtet, dessen Leistungen zu überwachen.[49] Die Objektüberwachung nimmt der Architekt/Fachplaner nur im eigenen Interesse des Auftragsgebers wahr und ist deshalb insoweit nicht Erfüllungsgehilfe.[50] Das gilt entsprechend im Verhältnis des **Hauptunternehmers** zum Nachunternehmer sowie ggf. auch im Verhältnis von letzterem zu

---

[37] BGH NJW 1978, 1157.
[38] *Bröker* Beck'scher VOB-Kommentar VOB/B § 10 Abs. 1 Rn. 62.
[39] *Wass* VersR 1999, 1202 (1205).
[40] *Wass* VersR 1999, 1202 (1205).
[41] BauR 1997, 847.
[42] NJW-RR 1997, 1176.
[43] *Lorenz* FS 50 Jahre BGH I., 2000, 329 (350 f.); *Bröker* in Beck'scher VOB-Kommentar VOB/B § 10 Abs. 1 Rn. 62 f.
[44] Etwas anderes gilt aber hinsichtlich der **Auswahl** des richtigen Produktes, die eine **eigene Pflicht** ist, so dass der Auftragnehmer für ein Beratungsverschulden des Produktherstellers nach § 278 BGB einstehen muss, vgl. OLG Celle BauR 1996, 263.
[45] OLG Karlsruhe BauR 1997, 847.
[46] BGH BauR 1979, 324.
[47] BGH BauR 1971, 265; 1987, 86, *Bröker* in Beck'scher VOB Teil B § 10 Abs. 1 Rn. 82 ff. mwN.
[48] BGH BauR 1972, 112; *Hartung* in Beck'scher VOB-Kommentar VOB Teil B vor § 3 Rn. 93; *Schmalzl* FS Locher, 1990, 225 (228).
[49] BGH NJW-RR 2002, 1175; NZBau 2011, 27; Die Abgrenzung zwischen Koordinierung und Bauaufsicht kann im Einzelfall schwierig sein, vgl. /*Bröker* in Beck'scher VOB-Kommentar Teil B § 10 Abs. 1 Rn. 82 ff.
[50] BGH BauR 1974, 205; 1982, 515; 1989, 97.

dessen Nachunternehmern. Ihnen gegenüber muss ihr jeweiliger Auftraggeber für Planungs- oder Koordinierungsfehler des (Bauherren-) Architekten nach § 278 BGB einstehen.[51] Auch hier muss aber nach der jeweiligen Pflicht differenziert werden. So kann der **Nebenunternehmer** – wie der Architekt (→ Rn. 6a) – durchaus Erfüllungsgehilfe des Auftraggebers im Rahmen von dessen Schutz- und Fürsorgepflichten entsprechend § 618 BGB gegenüber dem Auftragnehmer sein.[52] Andererseits muss der Bauherr bzw. GU als Auftraggeber des Auftraggebers nicht dessen Erfüllungsgehilfe bei der Erfüllung der Fürsorge- und Obhutspflichten gegenüber seinem Auftragnehmer/Nachunternehmer sein.[53]

13 Äußerst umstritten ist demgegenüber, ob der **Vorunternehmer** Erfüllungsgehilfe des Auftraggebers ist, soweit die Leistungen des Auftragnehmers fachlich oder terminlich auf dem Vorgewerk aufbauen. Nach in der Literatur herrschender Ansicht soll dem Auftraggeber die eigene Verpflichtung gegenüber dem Auftragnehmer treffen, dass Baugrundstück rechtzeitig und in einem für die Erbringung der Bauleistung geeigneten Zustand zur Verfügung zu stellen.[54] Demgegenüber vertritt der BGH in ständiger Rechtsprechung die Auffassung, dass der Auftraggeber sich gegenüber dem Auftragnehmer regelmäßig nicht zur Erbringung dieser notwendigen Vorleistungen verpflichtet.[55] Maßgeblicher Grund sei, dass der Auftraggeber mangels ausreichender Einflussmöglichkeit auf den Vorunternehmer nur verspreche, für eine korrekte Auswahl des Vorunternehmers und die Koordinierung der Arbeiten zu sorgen.[56] Wegen der Einzelheiten der Gegenargumentation wird auf die Ausführungen bei → VOB/B § 6 Rn. 61–63 verwiesen. Daneben gibt es noch vermittelnde Auffassungen, die eine Schuldnerpflicht des Auftraggebers bei größeren Bauvorhaben, insbesondere des Anlagenbaus[57], annehmen wollen.[58] Andere differenzieren nach Art der einzelnen Mitwirkungshandlungen[59] oder nach der Qualität von Terminvereinbarungen.[60]

Die Praxis wird die Rechtsprechung des BGH berücksichtigen müssen, zumal mit einer Änderung nicht zu rechnen ist. Denn die Reichweite der Erfüllungsgehilfenhaftung hängt von der Festlegung des vertraglichen Pflichtenumfangs ab, was nicht im Wege exakter Deduktion, sondern im Wege wertender Auslegung erfolgt. Da die Rechtsprechung eine Entschädigung für Bauverzögerungen auch verschuldensunabhängig gemäß § 642 BGB gewährt[61] und die Verantwortlichkeit des Auftraggebers für Mängel des Vorgewerks nicht von der Einordnung des Vorunternehmers als Erfüllungsgehilfen abhängt[62], ist die Streitfrage praktisch weitgehend entschärft.[63]

C. § 10 Abs. 2 VOB/B – Schadensausgleich im Innenverhältnis

I. Allgemeines

14 Während § 10 Abs. 1 VOB/B die unmittelbare Haftung der Vertragsparteien bei Schädigung der anderen Vertragspartei betrifft, beginnen mit Abs. 2 Regelungen über die Schadenverteilung im Innenverhältnis zwischen den Vertragsparteien, falls beide wegen Auswirkungen der Baumaßnahme im Außenverhältnis Dritten gegenüber schadenersatzpflichtig geworden sind. Schädigungen Dritter während oder durch die Bauausführung sind keine Seltenheit. Nachbarn können durch Lärm, Staub oder Ruß, Erschütterungen, Risse nach Abgrabungen etc geschädigt werden,

---

[51] BGH BauR 1987, 86 = NJW 1987, 644; *Hartung* in Beck'scher VOB-Kommentar VOB Teil B vor § 3 Rn. 97.
[52] BGH VersR 1970, 831.
[53] OLG Düsseldorf BauR 2001, 264; *Wirth* in Ingenstau/Korbion VOB Teil B § 10 Abs. 2 Rn. 67.
[54] Einzelheiten → VOB/B § 6 Rn. 61–63 mwN.
[55] BGH NZBau 2000, 187 = BauR 2000, 722 – Vorunternehmer II.
[56] *Kniffka* Jahrbuch 2001, 1 (14).
[57] *Nicklisch* BB 1979, 533 (540 f.); *Müller-Foell* S. 104; *Kniffka* Jahrbuch 2001, 1 (7 ff.); *Teichmann* in Soergel BGB§ 642 Rn. 7.
[58] Vgl. nur *Glanzmann* in RGRKBGB§ 642 Rn. 13; differenzierend *Vygen* in Ingenstau/Korbion VOB/B § 9 Abs. 1 Rn. 23 f., der einerseits Schadensersatzansprüche bejaht, andererseits Einklagbarkeit und Schuldnerverzug verneint.
[59] *Schilder* S. 69 ff.; *Kniffka* Jahrbuch BauR 2001, 1 (13 f.).
[60] *Vygen* in Ingenstau/Korbion VOB/B § 9 Abs. 1 Rn. 38.
[61] Vgl. → VOB/B § 6 Rn. 89 ff., → § 9 Rn. 85 ff.
[62] *Kaiser* BauR 2000, 177 (180 f.); *Kniffka* BauR 1999, 312 f.
[63] So auch *Jansen* in NWJS VOB/B § 10 Rn. 14.

Passanten durch die Verletzung der allgemeinen Verkehrssicherungspflicht, andere Baubeteiligte durch Baunfälle aller Art, Versorgungsunternehmen durch die Beschädigung ihrer Leitungen uam. Ist eine Schädigung Dritter allein durch den Auftraggeber oder allein durch den Auftragnehmer verursacht, kann auch nur dieser vom Dritten in Anspruch genommen werden. Ausgleichsfragen für das Innenverhältnis stellen sich nicht. In Anbetracht der Weite der Haftungstatbestände, insbesondere der Haftung auch bei mittelbarer Verursachung oder der fortbestehenden Haftung bei der Delegation von Verkehrssicherungspflichten, werden Dritte aber häufig sowohl den Auftraggeber als auch den Auftragnehmer und ggf. weitere Personen, zB den Architekten, in Anspruch nehmen können. So trifft die Verkehrssicherungspflicht hinsichtlich der eigenen Bauleistung zunächst den Auftragnehmer, § 4 Abs. 2 VOB/B.[64] Daneben trifft den Auftraggeber die Verkehrssicherungspflicht des Grundstückseigentümers und Bauherrn (§ 4 Abs. 1 VOB/B)[65], die er nicht zu seiner vollständigen Entlastung auf die Bauunternehmer abwälzen kann.[66] Beruht nun die Schädigung eines Dritten auf mehreren Ursachen, auch in Form von Unterlassungen, die von verschiedenen Personen gesetzt worden sind, so haften diese grundsätzlich dem Geschädigten als Gesamtschuldner. Für die jeweilige volle Haftung im Außenverhältnis ist unmaßgeblich, ob einzelne Ursachen wesentlicher waren als andere.[67] Gleiches gilt auch dann, wenn eine Ursache allein den Schaden nicht herbeigeführt hat, sondern nur mehrere Ursachen kumulativ.[68] Der Geschädigte soll geschützt sein und jeden Schädiger nach seiner Wahl bis zur vollen Höhe in Anspruch nehmen können.[69] Die **Auseinandersetzung im Innenverhältnis** ist dann Sache der Schädiger und Gegenstand der Abs. 2. Nach der Ausgangsregel der Abs. 2 Nr. 1 Satz 1 gelten für den Innenausgleich die gesetzlichen Bestimmungen, insbesondere die §§ 840, 426 BGB, die im Ergebnis zu einer Haftungsaufteilung nach den Verursachungs- und Verschuldensanteilen führen. Der praktische Anwendungsbereich dieser Ausgangsregelung ist allerdings eher gering. Denn Abs. 2 Nr. 1 Satz 2 ordnet einerseits die Alleinhaftung des Auftraggebers an, falls die Schädigung Dritter auf seinen Anordnungen beruht. Andererseits bestimmt Abs. 2 Nr. 2, dass der Auftragnehmer in Fällen beiderseitiger Verursachung allein haftet, wenn die Schäden versicherbar sind. Da die üblichen Schäden Dritter regelmäßig in den Deckungsbereich einer Haftpflichtversicherung fallen, ist der Abs. 2 Nr. 2 der praktische Regelfall.

II. Generelle Voraussetzungen des Innenausgleichs

§ 10 Abs. 2 VOB/B erfasst Fälle, in denen (1) beide Vertragsparteien (2) im Zusammenhang mit der Bauleistung (3) gegenüber einem Dritten (4) auf Grund gesetzlicher Haftungsbestimmungen haften.

1. Haftung beider Vertragsparteien. Beide Vertragsparteien müssen dem Dritten haften. Ob eine Haftung im Außenverhältnis gegenüber dem geschädigten Dritten besteht, richtet sich nicht nach Abs. 2, sondern nach den jeweiligen **allgemeinen Haftungstatbeständen.** Es kommen zahlreiche Anspruchsgrundlagen in Betracht, vor allem aus dem Recht der unerlaubten Handlungen (§ 823 Abs. 1; § 823 Abs. 2 iVm §§ 907, 909, 1004, 836 ff. BGB), auf die hier nicht im Einzelnen eingegangen werden kann. Insoweit muss auf die jeweiligen Kommentierungen bzw. auf allgemeine Darstellungen zur Haftung im Bauwesen[70] verwiesen werden. Notwendig ist, dass **beide Parteien haften.** Dies ergibt sich in der Regel daraus, dass jede Partei den Tatbestand einer Haftungsnorm vollständig erfüllt, dh eine selbstständige (Mit-) Ursache für den Schadenseintritt gesetzt hat; sie sind dann so genannte Nebentäter.[71] Mittäter sowie Anstifter und Gehilfen brauchen nicht den vollen Haftungstatbestand selbst zu erfüllen, da ihnen die Tatbeiträge anderer über § 830 BGB zugerechnet werden.

---

[64] Vgl. → VOB/B § 4 Rn. 58.
[65] Vgl. → VOB/B § 4 Rn. 5 f.
[66] Vgl. *Littbarski* Haftung Rn. 223 ff.
[67] BGH NJW 1990, 2882 mwN.
[68] BGH VersR 1970, 814.
[69] *Wagner* in MüKoBGB § 840 Rn. 1.
[70] Überblick bei *Wirth* in Ingenstau/Korbion VOB/B § 10 Abs. 2 Rn. 7 ff.; Aus der Spezialliteratur vgl. insbesondere *Littbarski* Haftung S. 20 f.; *Wussow* Haftung S. 1 ff. (zum Teil veraltet); *Siegburg* Haftung, passim; *Boisserée* Haftung an Nachbargebäuden, passim.
[71] *Wagner* in MüKoBGB BGB§ 840 Rn. 2, 3; *Jansen* in NWJS VOB/B § 10 Rn. 34.

17 Haben beide Parteien an der Entstehung des Gesamtschadens mitgewirkt, so haften sie als **Gesamtschuldner auf das Ganze.** Ob eine Ursache wesentlicher war, ist unerheblich.[72] Ist eine Partei nur für einen unterscheidbaren Teil des Schadens mitverantwortlich, besteht nur insoweit eine Gesamtschuld. Haftet jeder nur für einen abgrenzbaren Schadensteil, liegt überhaupt keine Gesamtschuldnerschaft vor, sondern beide haften getrennt für den jeweiligen Teilschaden.[73] Nicht zwingend ist, dass beide denselben Haftungstatbestand erfüllt haben oder dass sie – was allerdings die Regel ist – in gleicher Höhe haften. Hier sind unterschiedliche Haftungsbegrenzungen oder der Ausschluss bestimmter Schäden, zB Schmerzensgeld, denkbar.[74]

18 Keine gemeinsame Haftung im Außenverhältnis besteht, wenn eine Vertragspartei ihre **Haftung** gegenüber dem Dritten **vertraglich ausgeschlossen** hat.[75] Der geschädigte Dritte kann dann nur noch die andere Partei in Anspruch nehmen. Es ist äußerst umstritten, ob diese Inanspruchnahme der allein haftenden Partei nur noch gekürzt um den Anteil erfolgen kann, der im Innenverhältnis auf die haftungsbefreite Partei entfallen wäre[76] oder mangels Drittwirkung der Haftungsfreistellung uneingeschränkt mit der Folge, dass der voll in Anspruch Genommene im Wege des Innenausgleichs von der haftungsprivilegierten Partei dann wieder den auf sie entfallenden Anteil zurückfordern kann.[77] Nach dieser von der Rechtsprechung verfolgten Lösung kann es zum Innenausgleich nach Abs. 2 auch ohne Vorliegen einer gemeinsamen Haftung im Außenverhältnis kommen.

19 Eine **gesetzliche Haftungsfreistellung**, zB des § 104 SGB VII für den Arbeitgeber bei Arbeitsunfällen, führt demgegenüber auch nach der Rechtsprechung dazu, dass der geschädigte Bauarbeiter den den Unfall mitverantwortenden Auftraggeber nur hinsichtlich dessen Mitverursachungsteil in Anspruch nehmen kann.[78] Im Außenverhältnis besteht dann nur eine Teilschuld, keine Gesamtschuld, so dass es zu keinem Innenausgleich kommt.[79]

20 **2. Zusammenhang mit der Bauleistung.** Der notwendige Zusammenhang mit der Bauleistung wird sich in der Regel schon aus der gemeinsamen Haftung im Außenverhältnis ergeben, soweit diese nicht ausnahmsweise auf einem anderen Sachverhalt beruht, zB einer anderen Baustelle oder aus einem zufälligen Verkehrsunfall.[80] Im Übrigen wird man den Zusammenhang in Anlehnung an die Kriterien zum Ausschluss der Haftung für Erfüllungsgehilfen[81] nur verneinen können, wenn die Schädigung Dritter ohne sachlichen Zusammenhang nur bei Gelegenheit der Bauleistung erfolgte.

21 **3. Haftung gegenüber Dritten.** Dritter ist jeder, der nicht Vertragspartei selbst ist. Dritter ist damit auch der organschaftliche Vertreter einer Partei, falls er zB durch eine Verkehrssicherungspflichtverletzung geschädigt wird. Erst recht sind die Auftragnehmer oder Erfüllungsgehilfen der Parteien Dritte.[82]

22 **4. Haftung auf Grund gesetzlicher Haftpflichtbestimmungen.** Der Begriff der gesetzlichen Haftpflichtbestimmungen bietet Anlass für Missverständnisse. Als gesetzliche Haftpflichtbestimmungen wurden in der baurechtlichen Literatur früher nur die gesetzlichen Haftungstatbestände, vor allem also des Deliktsrechts, verstanden. Obwohl es dem Wortlaut angeblich nicht mehr entsprechen soll, wurde die Anwendung des Abs. 2 ausnahmsweise auch dann befürwortet, falls eine Partei dem Dritten **zugleich auf Grund gesetzlicher und vertraglicher Anspruchsgrundlagen** haftet.[83] Diese Auffassung legt den Begriff der gesetzlichen Haftungsbestimmungen zu eng aus. Abs. 2 gilt ohne weiteres, falls die Ansprüche des geschädigten Dritten gegen eine oder beide Parteien gesetzlich und zusätzlich vertraglich begründet sind, zB

---

[72] BGH NJW 1990, 2882 mwN.
[73] BGH NJW 1985, 1617 mwN.
[74] Vgl. *Wagner* in MüKoBGB § 840 Rn. 12.
[75] *Looschelders* in StaudingerBGB § 426 Rn. 158, 185 ff.
[76] Vgl. *Bydlinski* in MüKoBGB § 426 Rn. 57 mwN.
[77] Vgl. BGHZ 12, 213; 58, 216.
[78] BGHZ 110, 114; *Looschelders* in StaudingerBGB § 426 Rn. 160 ff.
[79] Vgl. *Bydlinski* in MüKoBGB § 426 Rn. 62.
[80] *Daub/Piel/Soergel/Steffani* ErlZ B 10.183.
[81] Vgl. dazu BGH NJW 1997, 1360; *Caspers* in Staudinger/BGB § 278 Rn. 54.
[82] *Jansen* in NWJS VOB/B § 10 Rn. 20.
[83] So *Bröker* in Beck'scher VOB-Kommentar/VOB/B § 10 Abs. 2 Rn. 2 ff.; *Nicklisch/Weick* VOB/B, 2. Aufl., § 10 Rn. 34; anders jetzt *Jansen* in NWJS VOB/B § 10 Rn. 22.

weil der geschädigte Dritte mit einer Partei in vertraglichen oder vorvertraglichen Beziehungen stand, vgl. § 241 Abs. 2, § 311 Abs. 2 BGB.[84] Denn die von § 10 Abs. 2 primär in Bezug genommene Bestimmung des § 840 BGB erfasst unstreitig auch die Fälle der neben der gesetzlichen Haftung zusätzlich bestehenden Vertragshaftung.[85]

Darüber hinaus erfassen entgegen früher herrschender Meinung im Baurecht die Bestimmungen aber auch die Fälle, in denen eine oder beide Vertragsparteien **nur aus Vertrag haften**.[86] Beschädigt der Auftragnehmer bei Reparaturarbeiten Einrichtungen des Mieters, so haftet er aus § 823 BGB und aus Vertrag, da der Mieter in den Schutzbereich des Werkes einbezogen wird.[87] Daneben haftet der Auftraggeber, wenn ihm selbst kein Vorwurf zu machen ist, als Vermieter nur vertraglich, da er sich gegenüber dem Mieter das Verschulden des Auftragnehmers zurechnen lassen muss, § 278 BGB. Trotz der unterschiedlichen Haftungsgrundlagen besteht eine Gesamtschuld[88], auf die die gesetzliche Ausgleichsbestimmung des § 840 BGB anzuwenden ist. Denn die Unterscheidung zwischen vertraglicher und deliktischer Begründung der Schadenersatzpflicht ist für das Ergebnis, wie mehrere Ersatzpflichtige nebeneinander haften sollen, unwesentlich.[89] 23

Diese Ausdehnung der § 10 Abs. 2 VOB/B ist auch mit deren Wortlaut vereinbar.[90] Den **Begriff der gesetzlichen Haftpflichtbestimmungen** kennt das BGB nicht.[91] Er ist ersichtlich, wie auch die Bezugnahme zur Haftpflichtversicherung in Abs. 2 Nr. 2 zeigt, § 1 Abs. 1 AHB entnommen, der zum Deckungsumfang der Haftpflichtversicherung bei der Inanspruchnahme „auf Grund gesetzlicher Haftpflichtbestimmungen" abstellt.[92] Hierunter fallen alle Rechtsgrundlagen – **gesetzlich oder vertraglich** –, die eine Haftung unabhängig vom Willen der Beteiligten an die Verwirklichung eines unter § 1 AHB fallenden Ereignisses anknüpfen[93], insbesondere Ansprüche aus positiver Vertragsverletzung, § 280 BGB[94], soweit sie nicht ausnahmsweise eine „an die Stelle der Erfüllungsleistung tretende Ersatzleistung" im Sinne des § 4 Ziff. I 6 Abs. 3 AHB aF/Nr. 1.2 AHB darstellen.[95] 24

III. Grundregel (Abs. 2 Nr. 1 Satz 1): Ausgleichspflicht im Innenverhältnis

Besteht eine gesamtschuldnerische Haftung im Außenverhältnis gegenüber dem Dritten, so soll sich nach der Grundregel des Abs. 2 Nr. 1 der Ausgleich im Innenverhältnis nach den allgemeinen gesetzlichen Bestimmungen richten, soweit im Einzelfall nichts anderes vereinbart ist. Diese Bestimmung ist damit ohne eigenen Regelungsgehalt und erschöpft sich in einem Verweis auf die ohnedies geltenden Vorschriften bzw. individuellen Vereinbarungen. Eine vorgehende **individuelle Vereinbarung** liegt insbesondere dann vor, wenn eine Partei **vertraglich eine Versicherung** des Bauvorhabens unter Einschluss des Haftpflichtrisikos der anderen Seite oder sogar aller Baubeteiligten übernimmt, zB durch eine Allgefahrendeckung für das Bauprojekt.[96] Denn die Übernahme einer Versicherungsabschlusspflicht bedeutet in einem derartigen Fall eine Haftungsbeschränkung[97] oder zumindest eine Verschonungspflicht durch Inanspruchnahme der Versicherung in deren Umfang. Die Versicherung ihrerseits könnte auf Mitversicherte nicht regressieren.[98] 25

---

[84] ZB wenn ein Bahnkunde durch Bauarbeiten auf dem Bahngleis verletzt wird, vgl. inzident BGH VersR 1969, 1039.
[85] BGH (GS) NJW 1965, 1177 = BGHZ 43, 227; *Wagner* in MüKoBGB§ 840 Rn. 9.
[86] BGHZ 6, 3 (25); *Wagner* in MüKoBGB§ 840 Rn. 9; *Bydlinski* in MüKoBGB§ 421 Rn. 49; so auch *Wirth* in Ingenstau/Korbion VOB/B § 13 Abs. 2 Rn. 8; **anderer Ansicht** zB *Kuffer* in Heiermann/Riedl/Rusam VOB/B § 10 Rn. 58; *Hafkesbrink* in Leinemann VOB/B § 10 Rn. 22.
[87] OLG Köln VersR 1976, 1182; /*Gottwald* in MüKoBGB§ 328 Rn. 133.
[88] BGHZ 6, 3 (25).
[89] *Bydlinski* in MüKoBGB § 421 Rn. 49; vgl. auch BGHZ 43, 227 = NJW 1965, 1177.
[90] So auch FKZGM VOB/B § 10 Rn. 29 f.; /*Wirth* in Ingenstau/Korbion VOB/B § 10 Abs. 2 Rn. 8.
[91] *v. Rintelen* in Späte/Schimikowski AHB§ 1 Rn. 254.
[92] *Jansen* in NWJS VOB/B § 10 Rn. 22.
[93] So schon RGZ 73, 173; BGH NJW 1971, 249..
[94] *v. Rintelen* in Späte/Schimikowski AHB § 1 Rn. 256 ff. mwN.
[95] Dazu *Littbarski* Haftung Rn. 362 ff.
[96] Dazu *Siebel* Handbuch Projekte, S. 548 ff.
[97] BGH NVersZ 2000, 427; BGH VersR 1996, 320; *Huber* VersR 1998, 265 ff. (jeweils zum Mietvertrag; die bloße Übernahme einer Haftpflichtversicherungsprämie reicht nicht aus, vgl. OLG Hamm VersR 2005, 690.
[98] *Prölss* ZMR 2005, 241; *Armbrüster* ZfIR 2006, 821 ff.; vgl. auch *von Rintelen* in Beckmann Versicherungsrechts-Handbuch, § 36 Rn. 72.

26 Die wichtigste in Bezug genommene Norm für eine Ausgleichspflicht ist § 426 BGB.[99] Danach sind Gesamtschuldner im Innenverhältnis zu gleichen Anteilen, hier also hälftig, verpflichtet, soweit nichts anderes bestimmt ist. Der **Kopfteilregress** wird in Haftungsfällen allerdings nur selten praktisch, weil vorrangig die vertraglichen (zB Abs. 2 Nr. 1 Satz 2, Nr. 2) oder spezielle gesetzliche Ausgleichsregelungen (zB § 840 Abs. 3 BGB) sind. Hierzu zählt vor allem auch der **Rechtsgedanke des § 254 BGB**, der bei Schadenersatzansprüchen auch auf das Innenverhältnis mehrerer Ersatzpflichtiger angewandt wird.[100] Die Haftungsverteilung richtet sich damit in erster Linie nach dem **Maß der Verursachung** sowie in zweiter Linie nach dem **Maß des jeweiligen Verschuldens**.[101] Zu berücksichtigen sind bei dieser Abwägung, wie immer, alle in Betracht kommenden Umstände des Einzelfalls. Ergebnis muss nicht notwendig eine quotale Aufteilung sein, vielmehr kann die Abwägung auch dazu führen, dass ein Gesamtschuldner im Innenverhältnis von der Haftung insgesamt frei wird.[102] So tritt die **Verletzung bloßer Aufsichtspflichten** durch den Auftraggeber in der Regel vollständig hinter dem Verursachungsbeitrag des unmittelbaren Täters zurück.[103] Gleiches gilt, wenn der Auftraggeber nur als Geschäftsherr für den Auftragnehmer **als seinen Erfüllungsgehilfen** haftet,[104] zB in dem Beispielsfall der Schädigung eines Mieters (→ Rn. 23). Ein bloß fahrlässiges Verschulden wird durch **vorsätzliches Handeln** regelmäßig vollständig aufgewogen.[105]

27 Eine spezielle gesetzliche Ausgleichsregelung ist auch § 840 Abs. 3 BGB.[106] Sie beruht auf dem Rechtsgedanken, dass die Haftung aus tatsächlichem Verschulden der aus vermutetem Verschulden vorgehen soll[107] und bestimmt, dass im Innenausgleich die Gefährdungshaftung aus §§ 833–838 BGB hinter der Haftung aus § 823 BGB vollständig zurücktritt. Da der Auftragnehmer – weil selbstständig – nicht Verrichtungsgehilfe des Auftraggebers ist, kann hier relevant nur die Gebäudehaftung nach §§ 836 ff. BGB werden. Haftet der Auftraggeber dem Dritten als Grundstücks- oder Gebäudebesitzer bzw. -Unterhaltspflichtiger, wäre er im Innenverhältnis gegenüber dem deliktisch handelnden Auftragnehmer völlig frei. Die vollständige Enthaftung im Innenverhältnis nach § 840 Abs. 3 BGB greift aber nicht, wenn dem Auftraggeber selbst Verschulden nachgewiesen werden kann.[108] In diesen Fällen wird wegen der Versicherbarkeit aber sowieso § 10 Abs. 2 Nr. 2 VOB/B eingreifen und zur alleinigen Haftung des Auftragnehmers im Innenverhältnis führen.

IV. Abs. 2 Nr. 1 Satz 2 VOB/B – Alleinhaftung des Auftraggebers

28 Eine dem allgemeinen Innenausgleich vorgehende konkrete vertragliche Ausgleichsbestimmung enthält Nr. 1 Satz 2. Danach trägt der Auftraggeber im Innenverhältnis die Verantwortung allein, wenn die Haftung Folge einer seiner Anordnungen ist und der Auftragnehmer ihn auf die damit verbundenen Gefahren ordnungsgemäß hingewiesen hat. Diese Regelung entspricht systematisch dem für die Baumängelgewährleistung geltenden § 13 Abs. 3 VOB/B.[109] Wie dort[110] ist diese Folge schon als allgemeiner Ausfluss von Treu und Glauben zu betrachten, die auch ohne ausdrückliche vertragliche Vereinbarung gelten würde.[111]

29 Notwendig sind **verbindliche Anordnungen** des Auftraggebers, die der Auftragnehmer befolgen muss, zB gem. § 4 Abs. 1 Nr. 3 oder § 1 Abs. 3 und 4 VOB/B. Wegen des Begriffs

---

[99] Vgl. BGH VersR 1969, 1039.
[100] BGHZ 51, 275 = NJW 1969, 653; Staudinger/*Looschelders* BGB § 426 Rn. 63 mwN.
[101] Palandt/*Heinrichs* BGB § 426 Rn. 10; Staudinger/*Looschelders* BGB § 426 Rn. 65.
[102] BGHZ 51, 275 = NJW 1969, 653.
[103] BGH NJW 1971, 752; 1980, 2348.
[104] BGHZ 6, 3 = NJW 1952, 1087; OLG Stuttgart NJW-RR 2011, 239 (240 f.); *Bydlinski* in MüKoBGB § 426 Rn. 21.
[105] BGH NJW 1973, 518; BauR 1991, 79 (zur Mangelverantwortung); *Oetker* in MüKoBGB § 254 Rn. 112 mwN.
[106] Weitere Regelung zB §§ 17, 18 StVG, § 12 HaftPfG.
[107] *Wagner* in MüKoBGB BGB § 840 Rn. 15, 17; *Schieman* in Erman BGB § 840 Rn. 11.
[108] *Erman*/*Schiemann* BGB § 840 Rn. 13; *Wagner* in MüKoBGB BGB § 840 Rn. 17.
[109] Vgl. → VOB/B § 13 Rn. 58 ff.; es muss sich aber nicht um Anordnungen iSd § 13 Abs. 3 VOB/B handeln, wie noch /*Ganten* in Beck'scher VOB-Kommentar Teil B 2. Aufl., § 10 Nr. 2 Rn. 10 unterstellt.
[110] Vgl. → VOB/B § 13 Rn. 80 mwN.
[111] *Wirth* in Ingenstau/Korbion VOB/B § 10 Abs. 2 Rn. 195; **anderer Ansicht:** *Hafkesbrink* in Leinemann VOB/B § 10 Rn. 55 („vom gesetzlichen Grundsatz abweichend").

verbindliche Anordnung kann auf die Kommentierung des § 13 Abs. 3 verwiesen werden.[112] Anregungen oder Vorschläge reichen nicht aus. Sie wären nur im Rahmen der Nr. 1 Satz 1 iVm §§ 426, 254 BGB zu berücksichtigen. Anordnungen, die gegen gesetzliche oder behördliche Bestimmungen verstoßen, braucht und darf der Auftragnehmer grundsätzlich nicht ausführen.[113] Sie sind deshalb nicht verbindlich im Rechtssinne. Dennoch wird auch in diesem Fall der Auftragnehmer – falls er seiner Hinweispflicht genügt – regelmäßig enthaftet, da der Auftraggeber, der zunächst die Befolgung verlangt, sich widersprüchlich und damit treuwidrig verhält, wenn er im Rahmen des Ausgleichs gelten machen würde, der Auftragnehmer hätte seine als verbindlich gewollte Anordnung nicht befolgen dürfen.[114]

Die Haftungsbefreiung im Innenverhältnis setzt weiter voraus, dass der Auftragnehmer entweder gemäß § 4 Abs. 3 VOB/B ordnungsgemäß auf die mit der Anordnung verbundenen Gefahren schriftlich hingewiesen hat (→ VOB/B § 4 Rn. 91 ff.) oder er die Gefahr nicht erkennen und deshalb keine Bedenken mitteilen musste.[115] Dann wird es allerdings in der Regel schon an der Haftung im Außenverhältnis fehlen. 30

Schließlich greift die Haftungsbefreiung im Innenverhältnis nur soweit, wie die Schädigung des Dritten „nur" auf die Anordnung des Auftraggebers zurückgeht. Beruht der Schaden **auf eigenen zusätzlichen Fehlern des Auftragnehmers**, gilt Nr. 1 Satz 1.[116] Ist ein vom Auftragnehmer verursachter Mehrschaden abgrenzbar, bleibt es hinsichtlich des durch die Anordnung verursachten Schadens („soweit") bei der Alleinhaftung des Auftraggebers. 31

V. Abs. 2 Nr. 2 VOB/B – Alleinhaftung des Auftragnehmers

Nach § 10 Abs. 2 Nr. 2 VOB/B muss auf der anderen Seite der Auftragnehmer den Schaden allein tragen, soweit er durch seine Haftpflichtversicherung gedeckt ist oder durch eine Haftpflichtversicherung zu üblichen Bedingungen hätte gedeckt werden können. Diese Alleinhaftung tritt allerdings nicht ein, wenn der **Auftraggeber** seinerseits vorsätzlich oder **grob fahrlässig** gehandelt hat. Insoweit ist die Einschränkung der Abs. 5 ergänzend in Abs. 2 Nr. 2 hineinzulesen.[117] Denn die Regelung unterstelle die Versicherung und dürfe deshalb den Versicherungsschutz nicht gefährden.[118] Das gilt auch, falls der Auftragnehmer seinerseits ebenfalls grob fahrlässig gehandelt hat.[119] 32

Die meisten Drittschäden werden unter die Haftpflichtdeckung einer üblichen Betriebshaftpflichtversicherung fallen. Denn da nach Abs. 2 die beiderseitige Haftung im Außenverhältnis auf „gesetzlichen Haftpflichtbestimmungen" beruhen muss, ist zugleich der Deckungstatbestand der Ziff. 1.1 AHB erfüllt. Die wichtigste Einschränkung der Haftpflichtversicherung, nämlich die echten oder modifizierten Erfüllungsansprüche gemäß Ziff. 1.2 AHB 2004 (§ 4 Ziff. I 6 AHB aF)[120], hat im Verhältnis zum geschädigten Dritten keine praktische Relevanz. Nicht erfasst werden vom Versicherungsschutz nach herrschender Meinung allerdings die Ausgleichsansprüche des Grundstücksnachbarn nach § 906 Abs. 2 S. 2 BGB.[121] Dieser Entschädigungsanspruch richtet sich aber grundsätzlich nur gegen den Auftraggeber, nicht gegen den Bauunternehmer[122], so dass keine Gesamtschuldnerschaft entsteht. 33

Relevant für den Umfang der Ausgleichsregelung der Abs. 2 Nr. 2 ist der Umfang des Haftpflichtversicherungsschutzes, der bestimmt wird einerseits durch die AHB, andererseits durch Besondere Bedingungen und Einzelklauseln, mit denen Deckungsausschlüsse der AHB wieder aufgehoben oder erweitert werden. Die AHB, die Allgemeine Geschäftsbedingungen 34

---

[112] Vgl. → VOB/B § 13 Rn. 62 f. und /*Ganten* in Beck'scher VOB-Kommentar Teil B § 13 Abs. 3 Rn. 23.
[113] Vgl. → VOB/B § 4 Rn. 39.
[114] **Anderer Ansicht:** FKZGM VOB/B § 10 Rn. 37.
[115] Vgl. *Wirth* in Ingenstau/Korbion VOB/B § 13 Abs. 3 Rn. 54; zur Prüfungspflicht vgl. → VOB/B § 4 Rn. 67 ff.
[116] *Jansen* in NWJS VOB/B § 10 Rn. 44.
[117] BGH BauR 1999, 414 = NJW 1999, 942; OLG Brandenburg BauR 2001, 1129; OLG Düsseldorf BauR 2011, 835 Rn. 223.
[118] BGH BauR 1999, 414; OLG Düsseldorf BauR 2011, 835 Rn. 223; die Prämisse ist versicherungsrechtlich allerdings durchaus fraglich, vgl. → Rn. 64.
[119] OLG Düsseldorf BauR 2011, 835 Rn. 224.
[120] Dazu *von Rintelen* in Beckmann Versicherungsrechts-Handbuch, § 26 Rn. 34 ff.; *Littbarski* Haftung Rn. 362 ff.
[121] Vgl. *v. Rintelen* in Späte/Schimikowski AHB § 1 Rn. 296 mwN.
[122] BGHZ 72, 289 (297).

sind, werden in aller Regel unverändert in der empfohlenen Fassung des Gesamtverbandes der Deutschen Versicherungswirtschaft den Verträgen zugrundegelegt. Bei den Besonderen Bedingungen und Einzelklauseln bestehen durchaus erhebliche Unterschiede zwischen den einzelnen Versicherungsgesellschaften. Für Abs. 2 Nr. 2 kommt es zunächst auf die dem jeweiligen Versicherungsvertrag **tatsächlich zugrunde liegende Fassung** an („gedeckt hat"). Auf eine im Zeitpunkt des Bauvertrages angebotene Deckungsmöglichkeit („hätte decken können") kommt es nur an, wenn bei Gesamtabwägung der Verbesserungen und Einschränkungen der üblichen Bedingungen ohne Prämienzuschlag der neu angebotene Versicherungsschutz besser ist (vgl. → Rn. 35). Maßgeblich ist eine Beurteilung a priori aus der Sicht eines vernünftigen Bauunternehmers. Die Alternativformulierung „gedeckt hat oder hätte decken können" kann nicht so verstanden werden, dass im Wege einer Rosinentheorie ein hypothetisches Optimum an Deckung geschuldet wäre.[123]

34a Wegen der Einzelheiten des Versicherungsschutzes, insbesondere den **zahlreichen Deckungsausschlüssen,** muss auf die Spezialliteratur verwiesen werden.[124] Hier können nur stichwortartige Hinweise zur Einführung gegeben werden.

Die AHB enthielten in den Fassungen bis 2004, die heute noch den meisten Versicherungsverträgen zugrunde liegen, in § 4 Ziff. I 5 AHB aF einen Ausschluss für Sachschäden durch **allmähliche Einwirkungen** von zB Feuchtigkeit, Niederschlägen (Ruß, Staub) sowie durch **Abwässer.** Die Allmählichkeits- und Abwasserschäden sind zwar durchaus in Betriebshaftpflichtversicherung von Bauhandwerkern wieder eingeschlossen worden, insbesondere wenn es sich um gewerketypische Risiken handelt, zB allmähliche Feuchtigkeitseinwirkungen bei Sanitätsinstallateurbetrieben.[125] Eine Deckung ist jedoch nur geschuldet, wenn dies ohne Prämienzuschlag angeboten wurde.

34b Kein Versicherungsschutz besteht für **gemietete,** gepachtete, geleaste oder in Verwahrung genommene **Sachen** (Ziff. 7.6 AHB).[126] Wird gemietetes Baugerät durch eine beiden Parteien zurechenbare Handlung beschädigt, greift die Alleinhaftung nicht ein.

34c Gerade im Baubereich von besonderer Bedeutung ist der **Deckungsausschluss von Tätigkeitsschäden,** hier in der Form von **Bearbeitungsschäden** nach Ziff. 7.7 AHB.[127] Diese Ausschlussklausel hat durch die Versicherungspraxis und die ältere Rechtsprechung eine nicht mehr mit dem Wortlaut und der Auslegung Allgemeiner Geschäftsbedingungen zu vereinbarende, den Versicherungsschutz weit aushöhlende Reichweite erhalten.[128] Die von der jüngeren Rechtsprechung[129] vorgenommenen Einschränkungen sind dann durch die Neufassung der Tätigkeitsklausel in 2002 für Neuverträge wieder rückgängig gemacht worden. Erfasst werden sollen vom Ausschluss nicht nur das reine Objekt einer unmittelbaren Bearbeitung, sondern auch alle sog **Benutzungsschäden** und **Wirkungsbereichsschäden.**[130] Der Einschluss von Tätigkeitsschäden gehört heute zwar zum üblichen Umfang einer Haftpflichtpolice für den Baubereich, häufig allerdings nur mit (zu) geringen Versicherungssummen (Sublimits) von zB 10.000 oder 50.000 EUR für Handwerksbetriebe.[131]

34d Im Fall der Beschädigung von Kabel oder Erdleitungen werden die verschiedenen **Kabelklauseln** relevant, die Ausschlüsse wie Erweiterungen gegenüber dem Deckungsschutz nach den AHB enthalten.[132]

34e **Schäden durch Umwelteinwirkungen** werden zwar zunächst insgesamt gemäß Ziff. 7.10 AHB vom Versicherungsschutz ausgenommen. Der Wiedereinschluss erfolgt nach dem Umwelthaftpflichtmodell im Baukastensystem. Erwartet werden kann nach Abs. 2 Nr. 2 eine Umwelthaftpflicht-Basisversicherung für das sog allgemeine Umweltrisiko, die das Risiko umweltgefährdender Anlagen und Tätigkeiten allerdings nicht umfasst.[133]

---

[123] So auch *Bröker* in Beck'scher VOB-Kommentar Teil B § 10 Abs. 2 Rn. 21.
[124] Vgl. dazu *Johannsen* in Beckmann Versicherungsrechts-Handbuch, § 24 Rn. 33 ff. und *von Rintelen*, ebenda § 26 Rn. 30 ff.
[125] *Schmalzl/Krause-Allenstein* Berufshaftpflichtversicherung Rn. 811.
[126] Näher *Johannsen* in Beckmann Versicherungsrechts-Handbuch, § 24 Rn. 53 ff.
[127] Dazu *von Rintelen* in Beckmann Versicherungsrechts-Handbuch, § 26 Rn. 54 ff.; *Littbarski* Haftung Rn. 465 ff.
[128] *Von Rintelen* in Beckmann Versicherungsrechts-Handbuch, § 26 Rn. 61 ff. und NZBau 2006, 401 ff.
[129] BGH VersR 2000, 963 = NJW-RR 2000, 1189.
[130] *Von Rintelen* in Beckmann Versicherungsrechts-Handbuch, § 26 Rn. 67 ff.
[131] *Von Rintelen* in Beckmann Versicherungsrechts-Handbuch, § 26 Rn. 55.
[132] Dazu *von Rintelen* in Beckmann Versicherungsrechts-Handbuch, § 26 Rn. 110 ff.
[133] Dazu *Matusche-Beckmann* in Beckmann Versicherungsrechts-Handbuch, § 27 Rn. 8, 21, 26 ff.

Im Bereich der Deckungsausschlüsse besteht kein Versicherungsschutz, so dass auch keine 35
Befreiung vom Innenausgleich nach Abs. 2 Nr. 2 eintritt.[134] Soweit keine Versicherungsdeckung
besteht, richtet sich der Innenausgleich nach der Grundregel der Abs. 2 Nr. 1.[135] Ohne besondere Vereinbarung braucht der Auftragnehmer sich nur zu **üblichen Bedingungen** versichern.[136] Abzustellen ist nicht allein auf die AHB, sondern auf die für entsprechende Betriebe
üblichen Erweiterungen durch Besondere Bedingungen und Klauseln.[137] Es besteht aber keine
Verpflichtung zur Abbedingung von Deckungsausschlussklauseln gegen Prämienzuschläge.[138] Zu
berücksichtigen ist weiter, dass die Besonderen Bedingungen und Risikobeschreibungen (BBR)
für die baugewerbliche Berufshaftpflichtversicherung nicht einheitlich sind. Das Wahlrecht der
Versicherung hat grundsätzlich der Auftragnehmer; ist die von ihm abgeschlossene Versicherung
noch üblich, bindet das den Auftraggeber (vgl. § 315 Abs. 3 BGB).[139]

Entsprechendes gilt für die Begrenzung des Versicherungsschutzes durch die **Versicherungs-** 35a
summe. Ist eine Versicherungssumme – obgleich empfehlenswert – nicht vertraglich festgelegt,
so kommt es auf die für Bauunternehmen des jeweiligen Zuschnitts **üblichen Versicherungs-**
summen an.[140] Überschreitet der Schaden die (übliche) Versicherungssumme, verbleibt es
hinsichtlich des übersteigenden Schadensbetrages bei der Grundregel des Abs. 2 Nr. 1.

Hat der Auftragnehmer ausnahmsweise **keine Haftpflichtversicherung abgeschlossen,** so 36
wird er so behandelt, wie wenn er eine Versicherung zu üblichen Bedingungen abgeschlossen
hätte. Erforderlich ist dann eine „Als-Ob-Betrachtung".[141] Die üblichen Ausschlussklauseln etc
kommen dem Auftragnehmer auch in diesem Falle zu Gute. Die Als-Ob-Betrachtung ist auch
dann geboten, wenn der Auftragnehmer zwar grundsätzlich Versicherungsschutz genießt, der
Versicherer jedoch **wegen Obliegenheitsverletzungen leistungsfrei** wird.[142] Bei **vorsätzlicher Schadenszufügung** besteht kein Versicherungsschutz (Ziff. 7.1 AHB) und auch keine
Versicherungsschutzmöglichkeit. Eine analoge Anwendung der zweiten Alternative („hätte decken können") ist entbehrlich, da schon nach den allgemeinen Grundsätzen der Auftragnehmer
bei Vorsatz alleine haftet (vgl. → Rn. 26).

D. § 10 Abs. 3 VOB/B – Sonderfälle der Alleinhaftung des Auftragnehmers

I. Systematische Einordnung

§ 10 Abs. 3 VOB/B betrifft wiederum eine Sonderregelung für den Innenausgleich. Erfasst 37
werden relativ konkret benannte Tatbestände, nämlich das unbefugte Betreten oder die Beschädigung von Grundstücken, die unberechtigte Entnahme oder Auflagerung von Boden sowie die
eigenmächtige Versperrung von Wegen und Wasserläufen. Entstehen hierdurch Schadenersatzansprüche Dritter aus unerlaubter Handlung, so trägt im Innenverhältnis der Auftragnehmer den
Schaden allein.

Das Verhältnis dieser Regelung zur Nr. 2 Nr. 2 ist klärungsbedürftig. Die in dem 38
Abs. 3 vorausgesetzten Schadenersatzansprüche „nach §§ 823ff. BGB" sind zugleich immer
auch gesetzliche Haftpflichtbestimmungen.[143] Da Drittschäden idR keine Erfüllungssurrogate
sind, besteht damit grundsätzlich Haftpflichtversicherungsschutz nach § 1 AHB. Einen eigenen
Anwendungsbereich kann Abs. 3 damit nur in den Fällen erlangen, wo ausnahmsweise kein
Versicherungsschutz besteht, entweder weil Deckungsausschlüsse eingreifen, hohe Selbstbehalte
bestehen oder die Schäden die Versicherungssumme übersteigen. Dass im letzteren Fall auch bei

---

[134] Vgl. BGH VersR 1981, 975 zu § 41 ADSp.
[135] Ingenstau/Korbion/*Wirth* VOB/B § 10 Abs. 2 Rn. 93; *Hafkesbrink* in Leinemann VOB/B § 10 Rn. 56.
[136] *Moufang/Koos* in NWJS VOB/B § 13 Rn. 451.
[137] OLG Brandenburg BauR 2001, 1129.
[138] /*Voit* in Messerschmidt/*Voit* Privates Baurecht VOB/B § 10 Rn. 6; *Peters/Jacoby* in Staudinger BGB Anh. IV zu § 638 Rn. 24; *Koch* Schadensersatz S. 160.
[139] Vgl. *Littbarksi* Haftung Rn. 430, 432; *Nicklisch/Weick* VOB/B, 2. Aufl., § 13 Rn. 264.
[140] Beck'scher VOB-Kommentar/*Kohler* VOB/B § 13 Abs. 7 Rn. 208; *Wirth* in Ingenstau/Korbion/VOB/B § 10 Abs. 2 Rn. 94; *Peters* in Staudinger BGB (2003), Anh. I zu § 635 Rn. 63.
[141] *Kohler* in Beck'scher VOB-Kommentar Teil B § 13 Abs. 7 Rn. 209; *Moufang/Koos* in NWJS VOB/B § 13 Rn. 451.
[142] *Wussow* NJW 1967, 1552 (1553).
[143] Vgl. nur *v. Rintelen* in Späte/Schimikowski AHB § 1 Rn. 265 mwN.

beiderseitigem Verschulden der Auftragnehmer allein haften soll, will nicht einleuchten. Eine Auffangregelung für Deckungsausschlüsse kann ebenfalls nicht gewollt sein, da die meisten durch Abs. 3 erfassten Schäden unter keinen Deckungsausschluss fallen; bei einigen Fallgruppen, zB der Versperrung von Wegen und Wasserläufen, wäre eine Auffangfunktion kaum theoretisch konstruierbar. Das skurrile Verhältnis von Abs. 2 zu Abs. 3 ist nur historisch zu erklären. § 10 VOB/B 1926 enthielt – systematisch verfehlt[144] – als § 10 Abs. 2 die sich im Wesentlichen mit dem heutigen § 4 Abs. 5 deckende Verpflichtung zum Schutz der Leistung vor Abnahme. Eine allgemeine Ausgleichsregelung enthielt die VOB/B 1926 nicht. Vielmehr wurde in § 10 Abs. 3 fast gleich lautend die Alleinverantwortlichkeit des Auftragnehmers für die dort aufgeführten Tatbestände geregelt. Diese nur Sonderfälle erfassende Bestimmung wurde als unzureichend zur Regelung des Innenverhältnisses kritisiert.[145] 1992 wurde dann die generelle Ausgleichsregelung des Abs. 2 in die VOB/B aufgenommen, ohne dass man sich offensichtlich entschließen konnte, die damit **weitgehend leerlaufende Regelung des Abs. 3** entweder ganz zu streichen oder doch zumindest der neuen Systematik anzupassen.

39 Ergebnis dieser unzureichenden Regelungstechnik ist, dass Abs. 3 zum größten Teil wegen Abs. 2 Nr. 2 obsolet ist[146], in den darüber hinausgehenden Bereichen aber einer isolierten Inhaltskontrolle nicht Stand halten kann. Zwar wird in der Literatur versucht, Abs. 3 einschränkend auszulegen, indem die Alleinverantwortlichkeit nur dann den Auftragnehmer treffen soll, wenn seine Handlung nicht nur gegenüber dem Dritten unbefugt oder eigenmächtig war, sondern auch gegenüber dem Auftraggeber.[147] Damit könnte zwar ein Unwirksamkeitsverdikt vermieden werden, ein wirklich eigener Anwendungsbereich wird damit für den Abs. 3 nicht geschaffen. Denn bei einer Haftung des Auftraggebers im Außenverhältnis nur wegen unterlassener Beaufsichtigung des Auftragnehmers oÄ, wird er schon nach allgemeinen Grundsätzen im Innenverhältnis enthaftet sein[148] (vgl. → Rn. 26), wie schon § 840 Abs. 2 BGB zum Ausdruck bringt. Im Zuge einer wirklichen Überarbeitung der VOB/B – die bisherigen Anpassungen sind Stückwerk oder eher kosmetischer Art – sollte Abs. 3 deshalb vollständig gestrichen werden.

II. Die Fallgruppen des § 10 Abs. 3 VOB/B

40 **1. Unbefugtes Betreten.** Ein Dritter muss gegen den Auftragnehmer wegen unbefugten Betretens Schäden geltend machen. Ein unbefugtes Betreten ist ein Betreten ohne oder gegen den Willen des Berechtigten. Hammer- und Leitungsschlagrechte nach den Nachbarrechtsgesetzen der Länder gewähren idR keine Selbsthilferechte.[149] Führt das Betreten, zB in der Form des Befahrens, zu Schäden, wird zugleich der Tatbestand der Grundstücksbeschädigung erfüllt sein.[150] Kommt es im Zusammenhang mit dem Betreten zu Schäden an anderen Sachen des Dritten oder sogar zu Personenschäden, handelt es sich dem normalen Sprachgebrauch nach nicht um Schäden „wegen unbefugten Betretens". In Betracht kommen deshalb in erster Linie Schäden wegen einer Besitzstörung, zB Mietausfälle des Nachbars. Derartige Schäden wären aber von der Haftpflichtversicherung gedeckt, so dass eine praktische Relevanz dieser Fallgruppen nicht zu erkennen ist.

41 **2. Beschädigung angrenzender Grundstücke.** Die Beschädigung angrenzender Grundstücke dürfte grundsätzlich jeden Schaden am Grundstück und Gebäude von Nachbarn erfassen. Nach Sinn und Zweck werden über die katastermäßigen Nachbargrundstücke hinaus alle in den Einwirkungsbereich der Baumaßnahmen fallenden Grundstücke gemeint sein.[151] Praktisch wird dies insbesondere bei Schäden durch Sprengungen oder Erschütterungen infolge von Rammarbeiten.

---

[144] So schon *Eplinus* 2. Aufl., S. 94.
[145] *Eplinius* 2. Aufl., S. 95, 105.
[146] Im Ergebnis ebenso FKZGM VOB/B § 10 Rn. 51; nichts anderes ergibt sich aus den bei *Ganten* in Beck'schen VOB-Kommentar Teil B § 10 Nr. 3 Rn. 6 genannten Fällen. Selbstbehalte wären versicherbare Schäden iSv Abs. 2 Nr. 2; die Ausschluss von Allmählichkeitsschäden könnte allenfalls bei der Grundstücksbeschädigung praktisch werden, ist aber darüber hinaus in den neuen AHB auch gar nicht mehr enthalten; bei Vorsatzschäden besteht von vornherein kein Regelungsbedürfnis.
[147] *Cuypers* in Beck'scher VOB-Kommentar Teil B 1. Aufl., § 10 Nr. 3 Rn. 4, 38, 58.
[148] BGH NJW 1971, 752; 1980, 2348.
[149] *Preussner* in BeckOK § 10 Nr. 3 Rn. 2ff.
[150] *Cuypers* in Beck'scher VOB-Kommentar Teil B 1. Aufl., § 10 Nr. 3 Rn. 28.
[151] *Wirth* in Ingenstau/Korbion VOB/B § 10 Nr. 3 Rn. 6; *Bröker* in Beck'scher VOB-Kommentar Teil B § 10 Abs. 3 Rn. 42.

Durch die alleinige Haftungszuweisung dieser Schäden an den Auftragnehmer erledigt sich – 42 die Wirksamkeit der Abs. 3 unterstellt (vgl. dazu → Rn. 65) – für diese Fallgruppe die Frage nach dem üblichen Deckungsumfang einer Betriebshaftpflichtversicherung. In diesem durchaus schadenträchtigen Bereich ist eine Sachversicherungsdeckung über eine Erweiterung der Bauleistungsversicherung nur begrenzt möglich; Rissschäden durch Rammarbeiten oder Setzungen sind auch bei der Mitversicherung von Altbauten ausgeschlossen.[152] Die Haftpflichtversicherungsbedingungen sehen für die üblichen Schadensursachen ebenfalls vielfach Ausschlüsse vor. Durch Ziff. 7.14 AHB werden Schäden durch **Senkungen und Erdrutschungen** ausgeschlossen.[153] Ein Wiedereinschluss in den Deckungsbereich baubetrieblicher Haftpflichtversicherungen erfolgt regelmäßig.[154] Nicht versichert bleiben aber Sachschäden an zu unterfangenden oder zu unterfahrenden Grundstücken, Gebäuden oder Gebäudeteilen.[155] Im Übrigen sind Schäden durch Abbrucharbeiten oder Sprengungen üblicherweise nur begrenzt versichert.[156] Auch wenn solche Deckungserweiterungen fehlen, würde nach Nr. 3 der Auftragnehmer alleine haften, ohne dass die Frage der Üblichkeit des Versicherungsschutzes geprüft werden müsste.

(unbesetzt) 43

3. Entnahme und Auftragung von Boden. Die Alleinhaftung im Innenverhältnis besteht 44 auch, wenn der Auftragnehmer außerhalb vom Auftraggeber zugewiesener Flächen Boden oder andere Gegenstände entnimmt bzw. auflagert und dadurch einen Dritten schädigt. Wenn hierdurch Nachbarn betroffen sind, dürfte zugleich eine Eigentumsverletzung und damit eine Grundstücksbeschädigung vorliegen. Verletzt der Auftragnehmer demgegenüber die Rechte von Mietern des Auftraggebers, können diese Besitzstörungen auch unmittelbar gegenüber dem Auftragnehmer geltend machen (§ 823 Abs. 2 iVm § 1004 BGB). Eine gekürzte Miete kann der Auftraggeber allerdings nicht nach § 10 Abs. 3 VOB/B ersetzt verlangen, da nicht ein Dritter, sondern er selbst insoweit betroffen ist. Unabhängig davon dürfte in allen Fällen Deckungsschutz der Haftpflichtversicherung bestehen, ggf. unter Ausschluss des Wertes für den abgetragenen Boden selbst, falls er als Material verwandt wurde. Auch diese Fallgruppe läuft damit im Wesentlichen leer.

4. Versperrung von Wegen und Wasserläufen. Schadensersatzansprüche Dritter wegen der 45 eigenmächtigen Versperrung von Wegen und Wasserläufen dürften selten praktisch werden, zumal die bloße Beschränkung der Fortbewegungsfreiheit keine Eigentumsverletzung iSv § 823 Abs. 1 BGB wäre. Läge in Ausnahmefällen eine Eigentumsverletzung vor, wäre der Schaden auch grundsätzlich haftpflichtversichert, so dass bereits Abs. 2 Nr. 2 eingreifen würde. Im Übrigen spricht es nicht für die Gestaltungshöhe der VOB/B, dass für eine derartig fern liegende Schadensmöglichkeit („Versperrung von Wasserläufen") der Ausgleich im Innenverhältnis rechtlich überflüssig aber ausdrücklich normiert wird, die Beschädigung von Leitungen etc, die häufig als Scheinbestandteile nicht dem Grundstückeigentümer gehören, hingegen regelungstechnisch übergangen wird.

III. Einschränkung des Anwendungsbereiches

Die Bestimmung des Abs. 3 ist, soweit ihr ein Anwendungsbereich verbleibt, nicht unpro- 46 blematisch. Zwar gilt die Regelung dem Wortsinn nach nur bei eigenen Handlungen des Auftragnehmers. Vielfach wird dann Grund für die Mithaftung des Auftraggebers im Außenverhältnis zum Dritten nur die Verletzung von Auswahl- oder Überwachungspflichten sein. In diesen Fällen entspricht die Alleinhaftung des Auftragnehmers tatsächlich der Billigkeit.[157] Sie ist in diesen Fällen aber zugleich überflüssig, da schon nach den allgemeinen Grundsätzen des Innenausgleichs die Vernachlässigung der Auswahl- oder Überwachungspflicht hinter der Ver-

---

[152] *Von Rintelen* in Beckmann Versicherungsrechts-Handbuch, § 32 Rn. 90 ff.
[153] Dazu *Harsdorf-Gebhardt* in Späte/Schimikowski AHB § 4 Rn. 386 ff.
[154] OLG Brandenburg BauR 2001, 1129; *Littbarski* Haftung Rn. 627; *Schmalzl/Krause-Alleinstein* Berufshaftpflichtversicherung Rn. 811; vgl. aber auch den Fall OLG Saarbrücken VersR 2005, 394. Ausgeschlossen bleiben jedoch Schäden für das Baugrundstück selbst, wozu bei baulicher Einbeziehung auch das Nachbargrundstück gehören kann, vgl. BGH VersR 1971, 457.
[155] Dazu *Schmalzl/Krause-Allenstein* Berufshaftpflichtversicherung Rn. 815, 832 ff.
[156] *Schmalzl/Krause-Alleinstein* Berufshaftpflichtversicherung Rn. 848 ff.
[157] So FKZGM VOB/B § 10 Rn. 48; vgl. auch *Kuffer* in Heiermann/Riedl/Rusam VOB/B § 10 Rn. 66; NWJS VOB/B § 10 Rn. 44.

antwortlichkeit des unmittelbaren Schädigers voll zurücktritt (vgl. → Rn. 26).[158] Unbillig wird die Ausgleichsbestimmung aber dann, wenn im Einzelfall den Auftraggeber ein erhebliches Verschulden trifft[159], zB weil er das Betreten des Nachbargrundstücks selbst angeregt hat. Läge sogar eine Anordnung des Auftraggebers vor, so würde Abs. 2 Nr. 1 Satz 2 als vorrangige Spezialregelung im Innenverhältnis den Auftraggeber den Schaden alleine tragen lassen[160], soweit der Auftragnehmer seiner Hinweispflicht genügt hätte. Dass jede dahinter zurückbleibende Mitverursachung bei Abs. 3 vollkommen unberücksichtigt bleiben soll, ist nicht unbedenklich. Diesen Bedenken will man dadurch Rechnung tragen, dass der Auftragnehmer sich „im Einzelfall" auch auf ein Mitverschulden des Auftraggebers entsprechend § 254 BGB soll berufen können.[161] Abgesehen davon, dass nicht klar wird, wann der Einzelfall gegeben sein soll, wäre die Berücksichtigung des Mitverschuldens mit dem Wortlaut des Abs. 3 und der Systematik der Abs. 2–5 ersichtlich unvereinbar. Eine Einschränkung der Alleinhaftung des Auftragnehmers kann nur – wie bereits bei Abs. 2 (vgl. → Rn. 32) – durch ein Hineinlesen des Abs. 5 erfolgen. Der Ausschluss des Innenausgleichs greift deshalb auch bei Abs. 3 nicht in Fällen des Vorsatzes oder der groben Fahrlässigkeit des Auftraggebers oder seiner leitenden Angestellten. Aber auch unterhalb grober Fahrlässigkeit ist der vollständige Ausschluss des Innenausgleichs problematisch, da eine Versicherung zu üblichen Bedingungen in diesen Fällen gerade nicht besteht und möglicherweise erhebliche Schäden betroffen sind. Zwar lassen sich die Fallgruppen des Abs. 3 weiter einengen, wenn die Begriffe „unbefugt" und „eigenmächtig" nicht auf das Verhältnis zwischen Auftraggeber und Dritten bezogen werden[162], sondern auf das Verhältnis zwischen Auftragnehmer und Auftraggeber.[163] Das widerspricht allerdings zum einen dem Wortsinn der Klausel, zum anderen enthält Abs. 3 für die praktisch allein relevanten Fälle der Beschädigung von Grundstücken und Gebäuden gerade keine entsprechende Einschränkung. Auf eine so weit reichende geltungserhaltende Reduktion des Abs. 3 durch den BGH sollte sich der DVA nicht verlassen, sondern die Bestimmung entweder sinnvoll novellieren oder wegen ihrer geringen praktischen Bedeutung ganz streichen.

E. § 10 Abs. 4 VOB/B – Verletzung gewerblicher Schutzrechte

47 § 10 Abs. 4 VOB/B regelt zwei Fälle der Verantwortungszuweisung bei der Verletzung gewerblicher Schutzrechte durch die Bauleistung des Auftragnehmers.

I. Gewerbliche Schutzrechte

48 Der Begriff „gewerbliche Schutzrechte" ist gesetzlich nicht definiert, auch wenn er in zahlreichen Gesetzen verwandt wird.[164] Er ist an den Begriff des „gewerblichen Rechtsschutz" angelehnt, der ebenfalls nicht definiert ist. Nach herrschender Meinung umfasst er Patentrechte, Gebrauchsmusterrechte, Geschmacksmusterrechte, Markenrechte, aber auch Rechte wegen unlauteren Wettbewerbs.[165] Schutzrechte aus dem UWG könnten bei wettbewerbswidriger (sklavischer) Nachahmung sonst nicht geschützter Leistungspositionen betroffen sein.[166] **Kein gewerbliches Schutzrecht** ist – trotz gewisser Verwandtschaft – das **Urheberrecht**.[167] Es schützt zwar auch geistige Leistungen, bezieht sich zunächst nicht auf das gewerblichen, sondern auf dem kulturellen Sektor.[168] Es ist deshalb Immaterialgüterrecht, nicht aber ein **gewerbliches** Schutzrecht. Diese Unterscheidung ist, auch wenn es die Baurechtspraxis ignoriert, im Immaterialgü-

---

[158] *Bydlinski* in MüKoBGB § 426 Rn. 21.
[159] Insoweit ebenso noch *Ganten* in Beck'scher VOB-Kommentar Teil B 2. Aufl., § 10 Nr. 3 Rn. 8.
[160] *Daub/Piel/Soergel/Steffani* Erl.Z B 10.212; *Kuffer* in Heiermann/Riedl/Rusam VOB/B § 10 Rn. 62, 66; *Cuypers* in Beck'scher VOB-Kommentar Teil B 1. Aufl., § 10 Nr. 3 Rn. 37, 46.
[161] *Kuffer* in Heiermann/Riedl/Rusam VOB/B § 10 Rn. 66; FKZGM VOB/B § 10 Rn. 50; *Hafkesbrink* in Leinemann VOB/B § 10 Rn. 60.
[162] So *Wirth* in Ingenstau/Korbion VOB/B § 10 Nr. 3 Rn. 4; *Hereth/Ludwig/Naschold* § 10 Erl. 10.89.
[163] So / *Ganten* in Beck'scher VOB-Kommentar VOB/B 2. Aufl., § 10 Nr. 3 Rn. 10 ff., 39.
[164] Vgl. zB § 13 MarkenG, § 2 VermG, § 5 EntschG.
[165] *Hefermehl/Köhler/Bornkamm* UWG § 5 Rn. 4.179.
[166] Vgl. dazu *Hefermehl/Köhler/Bornkamm* UWG § 4 Rn. 9.4.
[167] *Köhler/Bornkamm* UWG § 4 Rn. 9.6 f.; *Hubmann/Götting* Gewerblicher Rechtsschutz, S. 3.
[168] *Schricker* Urheberrecht 2. Aufl., Einl. Rn. 32 ff.; *Hubmann/Götting* S. 3; *Rehbinder* Urheberrecht 13. Aufl., Rn. 96 ff.

terrecht durchgehend anerkannt.[169] Der eindeutig der Rechtssprache entnommene Begriff der „gewerblichen Schutzrechte" umfasst nun einmal nicht das Urheberecht. Wegen dieses klaren Sprachgebrauches wird es von Abs. 4 nicht erfasst.[170]

Auch eine entsprechende Anwendung oder erweiternde Auslegung ist in Anbetracht der nicht **48a** passenden Konkretisierungen („geschütztes Verfahren, Verwendung geschützter Gegenstände") nicht möglich, und wäre AGB-rechtlich zu Gunsten des Auftraggebers als Verwenders auch problematisch. Solche Verbiegungen sind auch gar nicht nötig, da der Auftraggeber bei einer Verantwortung des Auftragnehmers schon durch die Rechtsmängelhaftung ausreichend geschützt ist. Eine Erweiterung des Anwendungsbereiches des § 10 Abs. 4 VOB/B gegen den Wortlaut auf das Urheberrecht lässt sich auch nicht mit dessen Relevanz im Baubereich begründen.[171] Die VOB/B geht von einer auftraggeberseitigen Planung und damit einer auftraggeberseitigen Verantwortung für die Einhaltung von Urheberrechten aus. Bei einer Mitverursachung einer Urheberrechtsverletzung durch den Auftragnehmer diesem die Alleinhaftung zuschieben, wäre ersichtlich unangemessen. Plant demgegenüber der Auftragnehmer selbst, trifft ihn bereits nach allgemeinen Grundsätzen die Haftung.

II. Alleinhaftung des Auftragnehmers

Der Auftragnehmer haftet bei der Verletzung gewerblicher Schutzrechte allein, wenn er das **49** geschützte Verfahren oder die Verwendung geschützter Gegenstände selbst angeboten oder alternativ der Auftraggeber die Verwendung zwar vorgegeben, gleichzeitig dem Auftragnehmer aber auf das Bestehen des Schutzrechtes hingewiesen hat. Den Auftragnehmer trifft allein die Verantwortung, weil in beiden Fällen die Abgeltung der Schutzrechte Dritter zu seinen vertraglichen Leistungen gehört. Besteht am Werk ein Schutzrecht Dritter, liegt ein Rechtsmangel vor[172], zu dessen Beseitigung der Auftragnehmer verpflichtet ist, wie sich nun auch aus § 633 Abs. 3 BGB ergibt.[173] Die Ansprüche des Auftraggebers auf Befreiung oder Abgeltung der Schutzrechte ergeben sich demnach bereits aus dem Gewährleistungsrecht, wobei aber für Schadensersatzansprüche Verschulden notwendig ist. Ergänzend hierzu gewährt Abs. 3 iVm Abs. 6 VOB/B einen verschuldensunabhängigen Befreiungsanspruch.

Die Alleinhaftung des Auftragnehmers ist sachgerecht, da sie nur in den beiden Fällen ein- **50** greift, in denen die Abgrenzung der Schutzrechte Dritter sowieso Teil seiner geschuldeten Leistung ist. Ist demgegenüber in der Leistungsbeschreibung auf die Schutzrechte Dritter nicht hingewiesen worden, bleibt das Werk zwar mangelhaft, wenn der Auftraggeber nicht seinerseits die Rechte übernommen hat.[174] Der Innenausgleich richtet sich dann aber nach § 10 Abs. 2 Nr. 1 VOB/B[175] bzw. daneben möglicherweise bestehenden Schadensersatzansprüchen, zB wegen fehlerhafter Ausschreibung.

F. § 10 Abs. 5 VOB/B – Einbeziehung der gesetzlichen Vertreter und Erfüllungsgehilfen

I. Systematische Einordnung

Nach § 10 Abs. 5 VOB/B erstreckt sich die Befreiung von der Ausgleichspflicht nach den **51** Abs. 2, 3 und 4 auch auf die gesetzlichen Vertreter und Erfüllungsgehilfen der begünstigen Vertragspartei. Sinn der Erstreckung ist die Sicherung der Haftungsfreistellung im Innenverhältnis. Denn die gegenüber Dritten zum Schadensersatz verpflichtenden Handlungen werden idR

---

[169] ZB *Creifels* Rechtswörterbuch, Stichwort „gewerblicher Rechtsschutz", *Klawitter/Hombrecher* WM 2004, 1213; *Wachter* ErbStB 2004, 119; Auch im Taschenbuch des gewerblichen Rechtsschutzes, hrsg. vom Deutschen Patentamt, wird das Urheberrecht nicht genannt.
[170] Wie hier *Preussner* in BeckOK § 10 Nr. 4 Rn. 1; **anderer Ansicht:** *Bröker* in Beck'scher VOB-Kommentar VOB/B § 10 Abs. 4 Rn. 2; *Wirth* in Ingenstau/Korbion VOB/B § 10 Abs. 4 Rn. 1; FKZGM VOB/B § 10 Rn. 54;; *Kuffer* in Heiermann/Riedl/Rusam VOB/B § 10 Rn. 69; *Hafkesbrink* in Leinemann VOB/B § 10 Rn. 62; offengelassen *Jansen* in NWJS VOB/B § 10 Rn. 58.
[171] So Beck'scher VOB-Kommentar/*Bröker* VOB/B § 10 Abs. 4 Rn. 2.
[172] BGH NJW 1973, 1546; BGHZ 110, 196 (200); OLG Hamm NJW-RR 1992, 120.
[173] Zum bisherigen Recht *Glanzmann* in RGRKBGB § 631 Rn. 15.
[174] *Dauner-Lieb/Heidel/Lepa/Ring* BGB § 633 Rn. 25.
[175] *Jansen* in NWJS VOB/B § 10 Rn. 60; Beck'scher VOB-Kommentar/*Bröker* VOB/B § 10 Abs. 4 Rn. 2.

nicht von der jeweiligen Vertragspartei persönlich vorgenommen, soweit sie überhaupt eine natürliche Person ist, sondern von deren gesetzlichen Vertretern oder anderen Mitarbeitern. Würden diese Personen nicht ebenfalls in die internen Befreiungstatbestände einbezogen, könnte die andere Vertragspartei sie in Anspruch nehmen und damit letztlich die zu befreiende Partei treffen. Ist zB die Beschädigung des Nachbargrundstücks Folge einer gemeinsamen von dem angestellten Bauleiter des Auftraggebers und dem Polier des Auftragnehmers veranlassten Maßnahme, so haften die beiden unmittelbar handelnden dem Dritten gegenüber persönlich, da sie selbst den Haftungstatbestand erfüllt haben. Die jeweiligen Vertragsparteien haften deliktisch über § 831 BGB. Der Auftragnehmer könnte den angestellten Bauleiter als mithaftenden Gesamtschuldner nach §§ 840, 426 BGB entsprechend seines Verursachungsanteiles in Regress nehmen. Andererseits wäre der Auftraggeber arbeitsrechtlich verpflichtet, seinen Bauleiter gemäß den Grundsätzen der Beschränkung der Arbeitnehmerhaftung[176] seinerseits ganz oder teilweise zu befreien, wodurch seine Befreiung im Verhältnis zum Auftragnehmer im Ergebnis leer laufen würde. Abs. 5 bestimmt deshalb, dass die Haftungsbefreiung auch zu Gunsten der dort genannten Person gilt. Sie können deshalb vom Auftragnehmer nicht unmittelbar in Regress genommen werden.

52 Insoweit dient Abs. 5 nur der Klarstellung.[177] Denn es ist heute allgemein anerkannt, dass sich die Arbeitnehmer des Begünstigten auf dessen vertragliche Haftungsbeschränkung berufen können, selbst wenn sie nicht ausdrücklich in der Haftungsbeschränkung geregelt ist.[178] Diese Erweiterung des Schutzbereiches gilt auch für Haftungsbeschränkung und -freistellungen durch AGB.[179] Die Einbeziehung in den Schutzbereich führt nicht nur dazu, dass der Arbeitnehmer nicht mehr von der anderen Vertragspartei in Anspruch genommen werden kann, sondern er seinerseits einen Innenregressanspruch für den Fall seiner Inanspruchnahme im Außenverhältnis hat. Denn eine Haftungsbefreiung ist im Zweifel eine sonstige Vereinbarung zur Regelung des Innenverhältnisses iSd § 426 BGB.[180]

II. Umfang des Schutzbereiches

53 Erweitert wird der sich ansonsten auch im Wege ergänzender Auslegung ergebene Schutzbereich der Haftungsbefreiung aber durch die Ausdehnung auf **alle Erfüllungsgehilfen.** Das erfasst neben den Arbeitnehmern auch alle selbstständigen Gehilfen wie Architekten, Ingenieure oder Projektsteuerer des Auftraggebers oder Nachunternehmer des Auftragnehmers (vgl. → Rn. 9 ff.). Der Begriff des Erfüllungsgehilfen nimmt Bezug auf die Pflichten im Verhältnis der Vertragsparteien untereinander. Begünstigt durch § 10 Abs. 5 VOB/B wird also jeder, der im **Verhältnis zwischen Auftragnehmer und Auftraggeber** als Erfüllungsgehilfe tätig wird und dabei einen Dritten schädigt. Da diese Bezugnahme aber nicht im sachlichen Zusammenhang mit dem die deliktische Haftung gegenüber Dritten auslösenden Tatbestand steht, kann es zu ungereimten Ergebnissen kommen: Der die Objektüberwachung führende Architekt ist nicht Erfüllungsgehilfe des Bauherrn und kann sich für Schäden im Rahmen dieser Tätigkeit nicht auf die Haftungsbefreiung des Abs. 5 berufen. Ist die Schädigung des Dritten demgegenüber Folge eines erkennbaren Planungsfehlers, zB durch Einstürzen von Gebäudeteilen, kann der Architekt als Erfüllungsgehilfe des Auftraggebers die Vergünstigung des Abs. 2 Nr. 2 in Anspruch nehmen. Insoweit sollte der DVA überprüfen, ob die Erstreckung der Befreiung auf selbstständige Erfüllungsgehilfen sachlich geboten ist. Eine ohne ausdrückliche Vereinbarung von der Rechtsprechung gewährte konkludente Erweiterung der Reichweite einer Haftungsbefreiung auf selbstständige Erfüllungsgehilfen würde voraussetzen, dass deren Einbeziehung nach dem Vertragszweck oder der Interessenlage nahe liegt.[181] Eine solche Interessenlage ist insbesondere im Transportrecht für wirtschaftlich abhängige Unterfrachtführer angenommen worden.[182] Bei Architekten und Ingenieuren ist eine Erstreckung der Haftungsbefreiung nach Interessenlage oder Vertragszweck demgegenüber nicht geboten.

---

[176] Dazu *Richardi/Fischinger* in Staudinger BGB § 611 Rn. 422 ff.
[177] *Bröker* in Beck'scher VOB-Kommentar Teil B § 10 Abs. 5 Rn. 2.
[178] BGH NJW 1962, 388; *Jagmann* in Staudinger/BGB § 328 Rn. 117 ff. mwN.
[179] BGH NJW 1995, 2991 mwN; *Jagmann* in Staudinger BGB § 328 Rn. 118 mwN.
[180] *Bydlinski* in MüKoBGBBGB § 426 Rn. 65.
[181] BGH VersR 1977, 717.
[182] BGH NJW 1995, 2991; *Jagmann* in Staudinger BGB § 328 Rn. 119.

Die ausdrückliche vertragliche Erstreckung der Haftungsbefreiung auf diesen Personenkreis 54
dürfte aber trotz der aufgezeigten Unstimmigkeiten einer isolierten Inhaltskontrolle standhalten.[183] Denn der Auftragnehmer steht durch die Einschaltung eines selbstständigen Erfüllungsgehilfen hinsichtlich der Haftung nicht schlechter, als wenn der Auftraggeber oder sein Mitarbeiter selbst tätig geworden wäre.[184] Nur hieran knüpft die Haftungsbegrenzung an, nicht demgegenüber an die Verursachungsbeiträge im Verhältnis zum geschädigten Dritten. Hinzu kommt, dass Abs. 5 vorsätzliches und grob fahrlässiges Verhalten von der Privilegierung ausschließt.

G. § 10 Abs. 6 VOB/B – Befreiungsanspruch

Abs. 6 regelt die Rechte und Pflichten des nach den Abs. 2–4 im Innenverhältnis nicht 55
Haftenden – idR der Auftraggeber, in den Fällen der Abs. 1 Nr. 1 Satz 2 der Auftragnehmer –, falls er im Außenverhältnis von dem geschädigten Dritten unmittelbar in Anspruch genommen wird. Abs. 6 betrifft nur das Verhältnis der Vertragsparteien zueinander. Befreiungsansprüche der nach Abs. 5 in den Schutzbereich Einbezogenen ergeben sich unmittelbar aus § 426 Abs. 1 S. 1 BGB (vgl. → Rn. 52).

I. Inhalt des Befreiungsanspruchs

Satz 1 des Abs. 6 stellt klar, dass der Begünstigte von der anderen Vertragspartei verlangen 56
kann, dass sie ihn von der Verbindlichkeit befreit. Damit wiederholt Abs. 6 Satz 1 nur das, was sich nach herrschender Meinung ohnehin schon aus § 426 Abs. 1 S. 1 BGB ergibt. Dieser gewährt nicht nur einen Ausgleichsanspruch nach erfolgter Inanspruchnahme, sondern schon vorher einen Mitwirkungsanspruch gegenüber den anderen Gesamtschuldnern, ihren Anteilen entsprechend an der Befriedigung des Gläubigers mitzuwirken.[185] Für den im Innenverhältnis nicht Haftenden ergibt sich hieraus ein Anspruch auf vollständige Befreiung. Wie der Schuldner diese Befreiung erreicht, bleibt ihm überlassen[186], ob nun durch Zahlung, Aufrechnung, Erlass, befreiende Schuldübernahme etc.[187]

Ein allgemeiner Anspruch auf **Abwehr unberechtigter Ansprüche Dritter** besteht dem- 57
gegenüber entgegen herrschender Meinung[188] **nicht**.[189] Voraussetzung des Befreiungsanspruchs ist, dass überhaupt ein Anspruch des Dritten besteht, und zwar auch gerade gegenüber dem die Befreiung Fordernden. Dies ergibt sich für den Anspruch auf Befreiung gemäß § 426 Abs. 1 S. 1 BGB schon daraus, dass ohne Verpflichtung im Außenverhältnis von vornherein keine Gesamtschuld bestehen kann und damit auch keine Pflicht zur Befreiung im Innenverhältnis.[190] Denn der Befreiungsanspruch ist nur eine Vorwirkung des in § 426 BGB unmittelbar geregelten Ausgleichsanspruchs. Er geht auf die Mitwirkung aller im Innenverhältnis verpflichteten Gesamtschuldner an der Befriedigung des Gläubigers und hat insoweit die gleichen Voraussetzungen.[191] In zahlreichen anderen Punkten betont die Rechtsprechung die Identität von Befreiungs- und Zahlungsanspruch.[192] Auch hinsichtlich des schadensersatzrechtlichen Freistellungsanspruchs ist anerkannt, dass er das Bestehen eines Anspruchs voraussetzt.[193] Einen über den gesetzlichen Befreiungsanspruch in Bezug auf berechtigte Ansprüche hinausgehenden Anspruch verleiht auch

---

[183] *Jansen* in NWJS VOB/B § 10 Rn. 66; *Ganten* in Beck'scher VOB-Kommentar Teil B 2. Aufl., § 10 Nr. 4 Rn. 4.
[184] *Klein* JZ 1997, 390 (391).
[185] BGH NJW 1958, 497; *Looschelders* in Staudinger/BGB § 426 Rn. 8, 92 ff., 259.
[186] BGH NJW 1965, 249.
[187] Vgl. *Keller* in MüKoBGBBGB § 257 Rn. 6.
[188] *Wirth* in Ingenstau/Korbion/ VOB/B § 10 Abs. 6 Rn. 2; FKZGM VOB/B § 10 Rn. 64; *Kuffer* in Heiermann/Riedl/Rusam VOB/B § 10 Rn. 74; *Bröker* in Beck'scher VOB-Kommentar Teil B § 10 Abs. 6 Rn. 2; *Reinhard* NJW 1958, 2288.
[189] *Voit* in Messerschmidt/Voit Privates Baurecht, VOB/B § 10 Rn. 10; *Rauch* ZfBR 2007, 627; 631; Insoweit übereinstimmend auch *Hafkesbrink* in Leinemann VOB/B § 10 Rn. 64, umfassend zur Entwicklung und zu den Grenzen dieser Ansprüche *Goette* Gesamtschuldbegriff und Regressproblem, S. 103 ff., 135.
[190] Vgl. BGH MDR 1985, 385.
[191] Vertiefend *Goette* Gesamtschuldbegriff und Regressproblem, S. 135 f. mwN.
[192] Vgl. OLG Karlsruhe 5.11.2008 – 7 U 2/08, NJOZ 2010, 1038 mwN.
[193] BGH NJW 2007, 1809 (1811) mwN.

§ 10 Abs. 6 VOB/B nicht.[194] Denn auch der Befreiungsanspruch nach Abs. 6 setzt ein Gesamtschuldverhältnis nach den Abs. 2, 3 oder 4 voraus, das bei einer unberechtigten Inanspruchnahme aber schon tatsächlich nicht bestehen kann. Eine allgemeine Freistellungsverpflichtung wäre auch nicht mehr durch eine übliche Haftpflichtversicherung gedeckt, deren Deckungsschutz jedoch gerade für Innenausgleichsregelungen maßgeblich ist.[195]

58 Die gegenteilige herrschende Meinung verweist zur Begründung auf Entscheidungen des BGH, die aber nicht unmittelbar einschlägig sind.[196] Der BGH vertritt die Auffassung, zum Wesen eines **Freistellungs**anspruchs gehöre auch die Abwehr unbegründeter Ansprüche. Abgeleitet hat der BGH dies aus dem Deckungsumfang der Haftpflichtversicherung (vgl. heute Ziff. 5.1 AHB).[197] Im Versicherungsrecht wird die Verpflichtung des Versicherers zur Abwehr unbegründeter Ansprüche allerdings aus der Rechtsschutzfunktion der Haftpflichtversicherung abgeleitet.[198] Ob jemand vertraglich die Verpflichtung zur Abwehr unbegründeter Ansprüche übernimmt, wenn er sich gegenüber seinem Vertragspartner zu dessen „Freistellung" von bestimmten Ansprüchen verpflichtet[199], ist im Wege der Vertragsauslegung zu ermitteln[200] und kann hier dahingestellt bleiben. Aus Abs. 6 folgt ein solcher weitergehender vertraglicher Freistellungsanspruch nämlich nicht, da Abs. 6 lediglich die „Befreiung" von einer (tatsächlichen) Verbindlichkeit anordnet, nicht aber eine allgemeine Freistellung und sich damit in der Wiederholung der Gesetzeslage erschöpft. Falls der Auftragnehmer die Rechtsschutzfunktion für den Auftraggeber oder umgekehrt hätte übernehmen sollen, hätte dies schon nach dem AGB-rechtlichen Transparenzgebot eindeutig geregelt werden müssen. Auch treten offensichtlich Wertungswidersprüche auf. Der BGH hat die Frage, ob der GU gegenüber dem NU ein Zurückbehaltungsrecht geltend machen kann, weil der AG seinerseits ihm gegenüber – aus seiner Sicht zu Unrecht – eine Vertragsstrafe geltend macht, klar verneint und ausgeführt, der Abzug der Vertragsstrafe betreffe das **allgemeine Lebensrisiko** des GU, selbst wenn Anlass für den Abzug ein Verhalten des NU gewesen sein sollte.[201] Das gilt doch bei einer unberechtigten Inanspruchnahme gleichermaßen. Eine Übernahme einer Abwehrverpflichtung ergibt sich deshalb nur in den durch eine Haftpflichtversicherung abgedeckten Fällen mittelbar daraus, dass die Haftpflichtversicherung des Auftragnehmers diesem gegenüber zur Freistellung verpflichtet ist. Diese versicherungsrechtliche Freistellungsverpflichtung wird sowohl ausgelöst, falls der Auftragnehmer vom Geschädigten unmittelbar in Anspruch genommen wird, als auch, falls er vom Auftraggeber auf Befreiung in Anspruch genommen wird. Denn auch der erhobene Befreiungsanspruch ist ein versicherter Haftpflichtanspruch.[202] In den Fällen, in denen kein Versicherungsschutz besteht, verbleibt es beim bloßen Befreiungsanspruch.

58a Zu beachten bleibt, dass der Befreiungsanspruch bereits mit der Entstehung der Gesamtschuld entsteht und ab diesem Zeitpunkt dessen **Verjährung** – bei Kenntnis – zu laufen beginnen kann.[203] Streitig ist, ob nach dem Ausgleich des Schadens durch den im Innenverhältnis nicht Verpflichteten dessen dann bestehender Ausgleichsanspruch eine neue Verjährungsfrist auslöst[204] oder der Verjährungsbeginn einheitlich zu bestimmen ist.[205] Es ist weder sachlich angemessen

---

[194] *Voit* in Messerschmidt/Voit Privates Baurecht, VOB/B § 10 Rn. 10; **anderer Ansicht:** FKZGM VOB/B § 10 Rn. 64.
[195] Vgl. *Späte* AHB § 4 Rn. 1, 3.
[196] BGH NJW 1970, 1594; Der BGH hatte über § 11 II VOL/B (1932) zu entscheiden, sich aber maßgeblich auf eine nachträglich übernommene Verpflichtung gestützt. In der Entscheidung BGH NZBau 2008, 121 ging es um einen gesellschaftsrechtlichen Freistellungsanspruch. Jeder Gesellschafter hat einen Anspruch darauf, dass er nicht persönlich für Verbindlichkeiten der Gesellschaft in Anspruch genommen wird. Der Gesellschafter, der den angeblichen Fehler begangen hat, schuldet jedoch nicht deswegen vollständige Freistellung, sondern jeder Gesellschafter Freistellung vor persönlicher Inanspruchnahme in Höhe seiner (Verlust-)Beteiligungsquote (vgl. Tz. 25)!
[197] BGH NJW 1970, 1594; vgl. auch BGH WM 1983, 387.
[198] *Bruck/Möller/Johannsen* VVG 8. Aufl. Bd. IV, Anm. B 35 mwN.
[199] So BGH NJW 1970, 1594; WM 1983, 387; differenzierend BGH NJW 2002, 2382: danach umfasst die Freistellungsverpflichtung zwar nur begründete Ansprüche, die Darlegungs- und Beweislast für die Unbegründetheit trage jedoch der Freistellungsschuldner.
[200] *Armbrüster* Anm. zu LM § 241 BGB Nr. 17.
[201] BGH NJW 2012, 3371 (3372).
[202] BGH VersR 2003, 901; *v. Rintelen* in Späte/Schimikowski AHB § 1 Rn. 291.
[203] OLG Karlsruhe r+s 2007, 216; *Klutinius/Karwatzki* VersR 2008, 617 (618).
[204] So wohl *Bydlinski* in MüKoBGB§ 426 Rn. 25; *Looschelders* in StaudingerBGB§ 426 Rn. 10.
[205] Dafür OLG Karlsruhe 5.11.2008 – 7 U 2/08, NJOZ 2010, 1038; OLG Rostock 20.6.2008 – 1 U 90/08, BeckRS 2008, 23792; OLG Karlsruhe r+s 2007, 216; *Klutinius/Karwatzki* VersR 2008, 617 ff.

noch dogmatisch richtig, die Verjährung des Befreiungsanspruchs auf den Ausgleichsanspruch durchschlagen zu lassen.[206] Die Praxis wird sich bis zu einer Klärung durch den BGH aber an der obergerichtlichen Rechtsprechung orientieren und vorsorglich für eine Hemmung der Verjährung sorgen müssen.

II. Verletzung der Befreiungsverpflichtung

Vertragsrechtlich missglückt ist Abs. 6 Satz 2. Danach darf der im Innenverhältnis zu Befreiende den Anspruch des Dritten nicht anerkennen oder befriedigen, ohne der anderen Vertragspartei vorher Gelegenheit zur Äußerung gegeben zu haben. Ein **Anerkenntnis** hat bei einer Gesamtschuld gemäß § 425 BGB **nur Einzelwirkung**[207], bindend also weder den anderen Gesamtschuldner im Innenverhältnis noch im Außenverhältnis zum Dritten. Eine **Zahlung** oder andere Befriedigung hat demgegenüber nach § 422 Abs. 1 BGB zwingend **Gesamtwirkung**[208], und würde, soweit die Forderung des Dritten berechtigt war, zum Ausgleichsanspruch führen, selbst falls der andere Gesamtschuldner Aufrechnungsmöglichkeiten etc gehabt hätte. Satz 2 besagt damit nur, dass der die Befreiung geltend Machende dem Befreiungsschuldner ausreichend Gelegenheit geben muss, seine Verpflichtung, wie auch immer, zu erfüllen. Ein Anerkenntnis, das die Regulierung des anderen erschweren würde, darf nicht abgegeben werden. Diese Verpflichtungen folgen ebenfalls schon aus dem Wesen des Befreiungsanspruchs.[209] 59

Aus Satz 2, der also nur eine Pflicht des zu Befreienden regelt, kann unter Berücksichtigung dieser Gesetzeslage nicht ein Recht des zu Befreienden herausgelesen werden, die Forderung zu Lasten des anderen verbindlich anzuerkennen oder zu befriedigen, falls dieser seine Verpflichtung auf Befreiung nicht erfüllt. Der Befreiungsanspruch als besondere Art des Ausgleichsanspruchs hängt nach Inhalt und Umfang ausschließlich von der tatsächlichen Rechtslage ab.[210] Der Ausgleichsanspruch besteht also auch dann, wenn der zur Befreiung Verpflichtete gegenüber dem Dritten bereits eine rechtskräftige Klageabweisung erstritten hat.[211] Umgekehrt kann der zu Unrecht Verurteilte im Innenverhältnis keinen Regress nach § 426 BGB nehmen.[212] 60

Kommt der Befreiungsverpflichtete trotz Aufforderung seiner Pflicht nicht nach, lässt sich die Situation besser und vor allem flexibler schadensersatzrechtlich lösen. Die berechtigte Befriedigung des Dritten führt zum Ausgleichsanspruch nach § 426 Abs. 1 S. 1 BGB. Lässt sich der im Innenverhältnis nicht Verantwortliche verklagen, so erfasst zwar der Ausgleichsanspruch nach § 426 BGB grundsätzlich nicht die Prozesskosten, weil jeder Gesamtschuldner mit seiner Inanspruchnahme auf das Ganze rechnen muss.[213] Der im Innenverhältnis Alleinhaftende wird sich allerdings mit seiner Befreiungsverpflichtung regelmäßig in Verzug befinden und deshalb[214] oder zumindest wegen positiver Forderungsverletzung (§ 280 BGB)[215] zum Ersatz der Prozesskosten verpflichtet sein. Hält der zu Befreiende berechtigterweise den Anspruch des Dritten für begründet und lässt es deshalb nicht auf einen Prozess ankommen, sind dem Befreiungsverpflichteten im Regressprozess Einwendungen gegen die Höhe – auch unabhängig von einer Streitverkündung – weitgehend abgeschnitten. Denn neben dem nur auf die objektive Rechtslage abstellenden § 426 BGB entsteht dem im Innenverhältnis nicht Verantwortlichen ein **Schadensersatzanspruch wegen Verletzung der Befreiungspflicht**.[216] Anerkanntermaßen sind Schadenspositionen aber auch Aufwand, den man im Rahmen wirtschaftlicher Vernunft für **erforderlich halten durfte**.[217] Das gilt insbesondere auch hinsichtlich des Befreiungsanspruchs, da das Risiko der Abwicklung im Außenverhältnis gerade beim Verpflichteten liegen sollte.[218] Das ermöglicht, auch iVm § 254 BGB, sachgerechte und ggf. gestufte Lösungen des Innenregresses. Selbst wenn der Verpflichtete die Befreiung endgültig verweigert, da er seine Einstandspflicht im 61

---

[206] Überzeugend *Peters* NZBau 2007, 337 (341).
[207] OLG Celle VersR 1984, 895; *Looschelders* in StaudingerBGB § 425 Rn. 1, 103.
[208] Vgl. *Bydlinski* in MüKoBGBBGB § 422 Rn. 2.
[209] Vgl. zum Freistellungsanspruch BGH WM 1969, 387.
[210] *Noack* in Staudinger BGB (2005), § 426 Rn. 14 mwN; → § 425 Rn. 72 ff.
[211] RGZ 69, 422; BGH VersR 1969, 1039.
[212] BGH NJW-RR 1993, 1266 mwN.
[213] BGH NJW 1971, 884 mwN; BGH BauR 2003, 557.
[214] BGH NJW 1971, 884; OLG Neustadt NJW 1963, 494.
[215] BGH VersR 1969, 1039; NJW-RR 2001, 170; NZBau 2003, 557.
[216] BGH VersR 1969, 1039.
[217] *Oetker* inMüKoBGB § 249 Rn. 360 mwN.
[218] So zum Freistellungsanspruch BGH NJW 1970, 1594.

Außenverhältnis nicht anerkennt[219], kann das nicht dazu führen, dass der zu Befreiende jeden auch nur behaupten Schaden auf Kosten der anderen Vertragspartei liquidieren kann.

62 Neben dem Ausgleichsanspruch nach § 426 Abs. 1 S. 1 BGB nach erfolgter Inanspruchnahme und möglichen Schadensersatzansprüchen erlangt der zu Befreiende darüber hinaus kraft Gesetz die Forderung des geschädigten Dritten (§ 426 Abs. 2 BGB) und kann sie gegenüber der anderen Vertragspartei geltend machen.

H. AGB-Kontrolle, vertragliche Vereinbarungen

63 § 10 Abs. 2 Nr. 1 S. 1 VOB/B hält ohne Weiteres einer isolierten Klauselkontrolle Stand.[220] Satz 1 verweist nur auf die gesetzlichen Regelungen; Satz 2 stellt eine Ausprägung von Treu und Glauben dar.[221]

64 Bedenken sind gegen den Ausschluss des Innenausgleichs bei beiderseitigem Mitverschulden nach **Abs. 2 Nr. 2** geltend gemacht worden.[222] Der BGH hat mittels einschränkender Auslegung die AGB-rechtliche Zulässigkeit wegen der Üblichkeit des Versicherungsschutzes und dessen Mitfinanzierung durch den Auftraggeber aber bestätigt.[223] Die im Wortlaut des § 10 Abs. 2 Nr. 2 nicht zum Ausdruck kommende Nichtanwendbarkeit der Alleinhaftung des Auftragnehmers bei grober Fahrlässigkeit sei im kaufmännischen Verkehr hinnehmbar. Dem ist zuzustimmen.[224] Auch in Bezug auf unmittelbare Schadensersatzansprüchen zwischen den Parteien wäre im kaufmännischen Verkehr eine Freizeichnung für einfache Fahrlässigkeit zulässig, wenn der Abschluss einer entsprechenden Versicherung für die andere Seite üblich und zumutbar ist.[225] Für Bauunternehmen ist das Vorhalten einer Haftpflichtversicherung absolut üblich.[226] Dem Auftragnehmer ist die Versicherung der Baurisiken auch zumutbar, da der laufende Versicherungsschutz für ihn günstiger ist als eine Einzelversicherung des jeweiligen Bauherrn[227]. In dessen Betriebshaftpflichtversicherung ist das Bauherrenrisiko vielfach nicht oder nur begrenzt versichert. Hinzu kommt, dass der Verzicht auf den Innenausgleich nur die Versicherung des Auftragnehmers belastet. Derartige Regressverzichte sind versicherungsrechtlich jedenfalls zulässig, soweit sie als üblich gelten können.[228] Die Versicherungswirtschaft hat die Klausel auch akzeptiert.[229] Für die Angemessenheit spricht letztlich auch, dass wirtschaftlich das Ergebnis erreicht wird, als wenn der Auftragnehmer aufgrund einer vertraglichen Bestimmung das Bauherrnhaftpflichtrisiko mitversichern müsste. Auch in diesem Fall würde ein Regress gegen den dann mitversicherten Bauherren ausscheiden. Der Begrenzung des Innenausgleichsausschlusses auf Fälle einfacher Fahrlässigkeit ist ebenfalls zuzustimmen.[230] Denn nach herrschender Meinung im Versicherungsrecht wird die Interessenwahrungsobliegenheit des § 86 Abs. 2 VVG (früher § 67 Abs. VVG aF) analog auf unübliche Haftungsausschlüsse, worunter Ausschlüsse für Vorsatz und grobe Fahrlässigkeit fallen sollen, angewandt, so dass die Einbeziehung grober Fahrlässigkeit den Versicherungsschutz, um den es ja letztlich geht, gerade gefährden würde.[231]

---

[219] Vgl. LG Wuppertal VersR 1983, 594.
[220] *Jansen* in NWJS VOB/B § 10 Rn. 72; vgl. zu Art und Umfang der AGB-Kontrolle → Einl. VOB/B Rn. 47 ff.
[221] *D/P/S/S* ErlZ. B 10.210; *Vens-Cappell/Wolf* BauR 1993, 275 (277).
[222] *Bröker* in Beck'scher VOB-Kommentar Teil B § 10 Abs. 2 Rn. 31; *Vens-Cappell/Wolf* BauR 1993, 275; *Vens-Cappell* BrBp 2004, 503 (504). *Schenke* BauR 2008, 1972 (1974) hält die Regelung in Verbraucherverträgen für unwirksam. Dabei übersieht er, dass Verbraucher nur der Bauherr sein kann und dieser durch die Regelung begünstigt wird.
[223] BGH NJW 1999, 942 = BauR 1999, 414; vgl. auch die zust. Anm. von *Pfeiffer* WuB IV C § 9 AGBG 6.99.
[224] Vgl. auch OLG Schleswig IBR 2002, 16; OLG Düsseldorf BauR 2011, 835.
[225] BGH NJW 1992, 1761 mwN.
[226] Nach BGH JZ 1993, 623 ist jedenfalls bei 90 % eine allgemeine Üblichkeit anzunehmen. Tatsächlich sollen nahezu alle Bauunternehmungen und 90 % der Bauhandwerker haftpflichtversichert sein, vgl. die bei *Littbarski* Haftung Rn. 347 zitierte Huk-Umfrage für 1979.
[227] Vgl. dazu *Wolf/Horn/Lindacher* AGBG § 11 Nr. 7 Rn. 33, 52.
[228] BGHZ 33, 216; BGH VersR 1996, 320; *Prölss/Martin* VVG § 67 Rn. 35 mwN.
[229] Das frühere Bundesaufsichtsamt für das Versicherungswesen (BAV) hat die Klausel gegenüber dem DVA als versicherungsrechtlich zulässig angesehen, vgl. das bei *Hereth/Ludwig/Naschold* § 10 Ez. 83 abgedruckte Schreiben des BAV vom 30.4.1952, das die Versicherer hingenommen haben.
[230] Vgl. → Rn. 32.
[231] *Prölss* in Prölss/Martin VVG § 86 Rn. 37.

Bedenken bestehen gegen den vollständigen Ausschluss des Innenausgleichs in den Fällen **65** des **§ 10 Abs. 3 VOB/B**. Die Regelung wird zwar häufig als sachgerecht[232] oder sogar als der Billigkeit entsprechend[233] angesehen. Das trifft aber nur für die Fälle zu, in denen dem Auftraggeber nur Fehler bei der Auswahl oder Beaufsichtigung unterlaufen sind. In Fällen erheblicher Mitverantwortung des Auftraggebers ist der Ausschluss des Innenausgleichs allerdings bedenklich[234] (vgl. → Rn. 46). Da eine ausreichende Einschränkung der Regelung gegen Wortlaut und Systematik nicht möglich ist, hält sie **einer isolierten Klauselkontrolle nicht Stand.**[235]

Erst Recht **unzulässig** wären **formularmäßige Erweiterungen,** zB wenn Allgemeine **66** Geschäftsbedingungen des Auftraggebers den Auftragnehmer verpflichten, ihn von allen Ansprüchen Dritter wegen schädigender Auswirkungen (Schäden, Nachteile oder Belästigungen) freizustellen.[236] Diese Klausel verstößt schon gegen § 307 Abs. 1 S. 2 BGB, weil sie hinsichtlich ihrer Reichweite nicht hinreichend klar ist. Daneben erfasst sie auch mit der Baumaßnahme unvermeidbar verbundene Nachteile für Dritte; die sich hieraus ergebenden Ansprüche, zB nach § 906 Abs. 2 S. 2 BGB, treffen aber allein den Auftraggeber.[237] Unangemessen ist regelmäßig auch die Abwälzung solcher Risiken auf den Auftragnehmer, die bei ordnungsgemäßer Ausführung der Arbeiten zwangsläufig entstehen und für den Auftragnehmer unvermeidbar sind.[238] Eine Freistellungsverpflichtung bzw. ein Regressverzicht, der unabhängig vom Verschulden des Auftragnehmers gelten soll, ist nach § 307 Abs. 2 BGB ebenso unwirksam wie die fehlende Berücksichtigung des eigenen Mitverschuldens.[239]

Die Regelung des **§ 10 Abs. 4 VOB/B** ist eine nach § 426 Abs. 1 BGB ausdrücklich **67** vorgesehene vertragliche Regelung des Innenverhältnisses, die auch sachgerecht ist (vgl. → Rn. 50). Sie hält deshalb einer isolierten Inhaltskontrolle Stand.[240]

Das gilt im Ergebnis auch für **§ 10 Abs. 5 VOB/B** (vgl. → Rn. 52, 54). Teilweise findet sich **67a** in ZVB eine ergänzende Regelung, wonach Beschäftige des Auftraggebers, deren sich der Auftragnehmer zur Erfüllung seiner Verbindlichkeiten bedient, bei den Arbeiten, die sie zur Erfüllung von Verbindlichkeiten des Auftraggebers ausführen, als Leute des Auftragnehmers gelten. Reichweite und Wirksamkeit einer solchen Regelung sind problematisch.[241]

§ 10 Abs. 6 VOB/B erschöpft sich im Wesentlichen in einer Wiedergabe dessen, was ohne **68** ausdrückliche Vereinbarung gelten würde. Nur ganz beschränkt wird es darüber hinaus formularmäßig zulässig sein, die andere Vertragspartei zu verpflichten, den Verwender auch vor einer unberechtigten Inanspruchnahme Dritter freizustellen. Dies käme nur hinsichtlich des Abs. 4 in Betracht, da dies noch als Werkrisiko des Auftragnehmers verstanden werden kann, oder falls zumindest die andere Vertragspartei im Außenverhältnis haftet und deshalb die Inanspruchnahme erst veranlasst hat.[242] Im Übrigen hat jede Partei nach allgemeinen Rechtsgrundsätzen ihr allgemeines Lebensrisiko selbst zu tragen und kann es nicht auf den ebenfalls nicht verantwortlichen Vertragspartner formularmäßig abwälzen.

---

[232] *Kuffer* in Heiermann/Riedl/Rusam VOB/B § 10 Rn. 66; *Hafkesbrink* in Leinemann VOB/B § 10 Rn. 60; *Nicklisch/Weick* VOB/B, 2. Aufl., § 10 Rn. 44.

[233] FKZGM VOB/B § 10 Rn. 48; *Eplinius* 3. Aufl., S. 156.

[234] *Ganten* in Beck'scher VOB-Kommentar Teil B 2. Aufl., § 10 Nr. 3 Rn. 8, 92, der allerdings mittels einer einschränkenden Auslegung der Klausel für zulässig hält; allgemein zur Abweichung von § 426 BGB OLG Koblenz 20.12.1996 – 2 U 1593/95, BeckRS 1996, 30852628.

[235] *Voit* in Messerschmidt/Voit Privates Baurecht, VOB/B § 10 Rn. 7; *Wirth* in Ingenstau/Korbion VOB/B § 10 Abs. 3 Rn. 2; *Jansen* in NWJS VOB/B § 10 Rn. 56; *Markus* in Markus/Kaiser/Kapellmann Rn. 84.

[236] *Cuypers* in Beck'scher VOB-Kommentar VOB/B 1. Aufl., § 10 Nr. 3 Rn. 80; *Groß* IBR 2002, 16.

[237] BGH NJW 1972, 256; die dort vorgenommene Reduktion der Klausel scheitert heute an § 306 BGB; vgl. OLG Schleswig 11.11.1999 – 2 U 8/99, BeckRS 2010, 23569.

[238] OLG Schleswig 11.11.1999 – 2 U 8/99, BeckRS 2010, 23569.

[239] OLG Koblenz 20.12.1996 – 2 U 1593/95, BeckRS 1996, 30852628; LG Frankfurt BauR 2001, 635; **anderer Ansicht:** OLG Schleswig 11.11.1999 – 2 U 8/99, BeckRS 2010, 23569; FKZGM VOB/B § 10 Rn. 84, die ein Verschulden des AN für notwendig halten, ein Übergehen des Mitverschuldens des AG für zulässig erachten; dagegen aber *Groß* IBR 2002, 16.

[240] *Jansen* in NWJS VOB/B § 10 Rn. 62; FKZGM VOB/B § 10 Rn. 76.

[241] *Wussow* VersR 1977, 979.

[242] Vgl. auch BGH NJW 1970, 1594.

VOB/B § 11

§ 11 Vertragsstrafe

(1) Wenn Vertragsstrafen vereinbart sind, gelten die §§ 339 bis 345 BGB.
(2) Ist die Vertragsstrafe für den Fall vereinbart, dass der Auftragnehmer nicht in der vorgesehenen Frist erfüllt, so wird sie fällig, wenn der Auftragnehmer in Verzug gerät.
(3) Ist die Vertragsstrafe nach Tagen bemessen, so zählen nur Werktage; ist sie nach Wochen bemessen, so wird jeder Werktag angefangener Wochen als 1/6 Woche gerechnet.
(4) Hat der Auftraggeber die Leistung abgenommen, so kann er die Strafe nur verlangen, wenn er dies bei der Abnahme vorbehalten hat.

Schrifttum: *Berger,* Vertragsstrafen auf Zwischenfristen – wirkungslos, wenn AGB-wirksam?, Jahrbuch Baurecht 2012, 77; *Börgers,* Zur so genannten Hinfälligkeit von Vertragsstrafevereinbarungen, BauR 1997, 917; *Bräuer,* Urteilsanmerkung zu BGH NZBau 2013, 222; *Bschorr/Zanner,* Die Vertragsstrafe im Bauwesen 2003; *Cuypers,* Die Vertragsstrafe beim Bauen, ZfBR 1998, 272; *Diehr,* Vertragsstrafen nach VOB und VOL, ZfBR 2008, 768; *v. Gehlen,* Angemessene Vertragsstrafe wegen Verzugs im Bau- und Industrieanlagenbauvertrag, NJW 2003, 2961; *Eschenbruch/von Rintelen,* Bauablaufstörungen und Terminfortschreibung nach der VOB/B – Stresstest für das baubetriebliche Gutachten, NZBau 2010, 401; *Greiner,* Die „Auftragssumme" bei Vereinbarung einer Vertragsstrafe, ZfBR 1999, 62; *Hafkesbrink/Schoofs,* Die Geltung der Vertragsstrafenregelung bei Vereinbarung von neuen Terminen, BauR 2010, 133; *Horschitz,* Atypische Vertragsstrafen, NJW 1973, 1958; *Kapellmann,* Ansprüche des Auftraggebers auf Verzugsschadensersatz, Vertragsstrafe oder Kündigung aus wichtigem Grund bei Verletzung der eigenen Mitwirkungspflicht, aber unterlassener Behinderungsanzeige seitens des Auftraggebers, Festschrift Vygen 1999, S. 194; *Kapellmann/Langen,* Bemessung von Vertragsstrafen für verzögerte Baufertigstellung in AGB, BB 1987, 560; *Kemper,* Die Vereinbarung von Vertragsstrafe bei Fristüberschreitung in Allgemeinen Geschäftsbedingungen, BauR 2001, 1015; *Keßler,* Der Vertragsstrafenanspruch nach § 11 VOB/B, WiB 1996, 886; *Kirberger,* Die „durchgereichte" Vertragsstrafe, Festschrift Kraus 2003, S. 101; *Kleine-Möller,* Die Vertragsstrafe im Bauvertrag, BauR 1976, 442; *Knacke,* Die Vertragsstrafe im Baurecht, Baurechtliche Schriften Band 14, 1988; *Kreikenbohm,* Nachträge und Vertragsstrafen, BauR 2003, 315; *Langen,* Die Pönalisierung von Einzelfristen im Bauvertrag, Festschrift Schiffers, 2001, S. 143; *Langen,* Die Bauzeit im Rahmen der Vertragsgestaltung, NZBau 2009, 145; *Lau,* Die Vertragsstrafenabrede in BGB-Werkverträgen und VOB-Bauverträgen. Ein stumpfes Schwert?, Jahrbuch BauR 2003, 53; *Leinemann,* Vertragsstrafe – Der einzig sichere Weg zum Gewinn am Bau?, BauR 2001, 1472; *Mayr,* Welche Termine können in AGB des Bestellers noch wirksam vertragsstrafenbewehrt werden und wenn ja, wie?, BauR 2013, 1192; *Minuth,* Das Verhältnis von Tagessatz zu Obergrenze als neues Kriterium bei der AGB-Prüfung einer Vertragsstrafenklausel, NZBau 2000, 322; *Minuth,* Bürgschaft – Vertragsstrafe – AGB: 5 % als maximale Obergrenze in Bauverträgen, NZBau 2003, 315; *Motzke/Nettesheim,* Ausgewählte höchstrichterliche und obergerichtliche Rechtsprechung im Praxisüberblick, BB 2000, 2581; *Oberhauser,* Vertragsstrafe – ihre Durchsetzung und Abwehr, 2003; *Oberhauser,* Vertragsstrafe und Regressmöglichkeiten gegenüber Dritten, BauR 2006, 210; *Pauly,* Zur Problematik der Vertrauensschutzgrenze bei alten Bauvertragsstrafklauseln, BauR 2005, 1229; *Roquette/Laumann,* AGB-Vertragsstrafen dürfen 5 % der Auftragssumme nicht überschreiten – Vertrauensschutz für Altfälle orientiert sich an der Auftragssumme, BauR 2003, 1271; *Schlünder,* Vertragsstrafenklauseln in Bauverträgen, ZfBR 1995, 281; *Schmeel,* Aktuelle Entwicklungen im privaten Bauvertragsrecht, MDR 2001, 424 – Sohn „Die durchgereichte Vertragsstrafe", Festschrift Jagenburg, 2002, S. 855; *Vogel,* Die Vertragsstrafe im privaten Baurecht, ZfIR 2005, 373; *Vygen,* Rechtliche Beratungs- und Hinweispflichten des Architekten und Bauingenieurs beim Abschluss von Bauverträgen und bei der Vertragsabwicklung unter besonderer Berücksichtigung einer Vertragsstrafenvereinbarung beim Bauvertrag, BauR 1984, 245; *von Westphalen,* Die Entwicklung des AGB-Rechts im Jahr 2001, NJW 2002, 1688; *Weyer,* Verteidigungsmöglichkeiten des Unternehmers gegenüber einer unangemessen hohen Vertragsstrafe, BauR 1988, 28; *Wolter,* Neue Obergrenze für Vertragsstrafe in AGB, BauR 2003, 1274.

Übersicht

	Rn.
A. Überblick über die Regelung des § 11 VOB/B	1
I. Verweis in § 11 Abs. 1 VOB/B auf §§ 339–345 BGB	1
II. Sonstiger Inhalt von § 11 Abs. 2–4 VOB/B	2
B. Grundsätzliches zur Vertragsstrafe	3
I. Wesen und Inhalt der Vertragsstrafe, Akzessorietät	3
II. Unterschied zu ähnlichen Instituten	6
1. Selbstständiges Strafversprechen	6
2. Verfallklausel	7
3. Reugeld	8

- 4. Garantieversprechen ... 9
- 5. Schadenspauschale ... 10
- C. § 11 Abs. 1 VOB/B – Generelle Anspruchsvoraussetzungen der Vertragsstrafe ... 11
  - I. Vereinbarung der Vertragsstrafe ... 11
  - II. Form der Vertragsstrafenvereinbarung ... 13
  - III. Individualvereinbarung oder AGB-Klausel ... 14
  - IV. Vertragsstrafe bei verzögerter Bauausführung des Auftragnehmers ... 15
  - V. Vertragsstrafe bei sonstiger nicht gehöriger Erfüllung des Auftragnehmers ... 18
    - 1. Unzulässiger Nachunternehmereinsatz ... 19
    - 2. Unzulässige Wettbewerbsabreden im Zuge der Ausschreibung ... 20
    - 3. Verstoß gegen Tarifvertrag und Schwarzarbeitsverbot ... 21
    - 4. Verspätete Rechnungserteilung ... 22
  - VI. Vertragsstrafe bei Nichterfüllung des Auftragnehmers ... 23
  - VII. Verwirkung der Vertragsstrafe bei verspäteter Bauausführung – Bezugsfertigkeit, Fertigstellung, mängelfreie Fertigstellung ... 24
  - VIII. (Entfall der) Vertragsstrafe bei Bauablaufstörungen und Terminplanfortschreibungen? ... 25
  - IX. Vorbehalt der Vertragsstrafe ... 32
- D. § 11 Abs. 2 und 3 VOB/B – Vertragsstrafe bei Terminverzug des Auftragnehmers ... 33
  - I. Strafversprechen als Individualvereinbarung ... 34
    - 1. Verzugsabhängigkeit ... 34
    - 2. Gegenstand und Höhe der Vertragsstrafe ... 37
    - 3. Berechnung der Vertragsstrafe ... 39
    - 4. Schadensabhängigkeit ... 45
    - 5. Herabsetzungsmöglichkeit ... 46
  - II. Strafversprechen als AGB-Vereinbarung ... 48
    - 1. Abgrenzung zur Individualvereinbarung ... 48
    - 2. Transparenzgebot ... 57
    - 3. Verzugsabhängigkeit ... 58
    - 4. Schadensabhängigkeit ... 63
    - 5. Angemessene Strafhöhe ... 66
      - a) Überblick über die aktuelle Rechtsprechung ... 67
      - b) Angemessenheit des Tagessatzes ... 68
      - c) Angemessene Begrenzung der Gesamthöhe ... 83
    - 6. Berechnung der Vertragsstrafe ... 88
    - 7. Herabsetzungsmöglichkeit ... 90
  - III. Vertragsstrafe im Verhältnis Bauherr – Generalunternehmer – Nachunternehmer ... 91
- E. § 11 Abs. 4 VOB/B – Vorbehalt der Vertragsstrafe bei der Abnahme ... 92
  - I. Voraussetzungen und Wirkungen des Vorbehalts ... 92
    - 1. Erklärender und Erklärungsempfänger ... 93
    - 2. Form ... 97
    - 3. Inhalt der Vorbehaltserklärung ... 99
    - 4. Vorbehalt „bei der Abnahme" ... 102
      - a) Grundsätzliches ... 102
      - b) Ausnahme ... 110
    - 5. Wirkungen des Vorbehalts ... 115
  - II. Abweichende Parteivereinbarungen ... 116
    - 1. Individualvereinbarung ... 116
    - 2. AGB-Vereinbarung ... 117
- F. Verhältnis des Strafanspruchs zu anderen Ansprüchen des Auftraggebers ... 120
  - I. Erfüllungsanspruch ... 120
    - 1. Vertragsstrafe bei Nichterfüllung des Auftragnehmers ... 121
    - 2. Vertragsstrafe wegen nicht gehöriger, insbesondere verspäteter Erfüllung ... 122
  - II. Schadensersatzanspruch ... 123
    - 1. Vertragsstrafe wegen Nichterfüllung ... 123
    - 2. Vertragsstrafe wegen nicht gehöriger, insbesondere verspäteter Erfüllung ... 124
- G. Prozessuales ... 126
  - I. Darlegungs- und Beweislast ... 126
  - II. Verjährung des Strafanspruchs ... 128

A. Überblick über die Regelung des § 11 VOB/B

I. Verweis in § 11 Abs. 1 VOB/B auf §§ 339–345 BGB

1 § 11 Abs. 1 VOB/B kommt eine doppelte Bedeutung zu. Zum einen stellt die Vorschrift klar, dass eine Vertragsstrafe auch einem VOB-Bauvertrag nicht automatisch zugrunde liegt, sondern sie in jedem Einzelfall vereinbart werden muss. Zum anderen verweist § 11 Abs. 1 VOB/B uneingeschränkt auf die ergänzende Geltung der §§ 339–345 BGB. Diese Vorschriften haben im Wesentlichen folgenden Inhalt:

Verspricht der Schuldner (Auftragnehmer) dem Gläubiger (Auftraggeber) für den Fall, dass er seine Verbindlichkeit entweder nicht oder aber nicht in gehöriger Weise erfüllt, die Zahlung einer Geldsumme als Strafe, so ist die Strafe verwirkt (also angefallen), wenn der Schuldner in Verzug kommt. Besteht die geschuldete Leistung in einem Unterlassen, so tritt die Verwirkung mit der Zuwiderhandlung ein, § 339 BGB.

Hat der Schuldner die Strafe für den Fall versprochen, dass er seine Verbindlichkeit **nicht erfüllt**, so kann der Gläubiger gemäß § 340 Abs. 1 BGB die verwirkte **Strafe anstatt** der **Erfüllung** verlangen. Verlangt der Gläubiger die Strafe, so ist sein Erfüllungsanspruch ausgeschlossen. Wenn dem Gläubiger ein Schadensersatzanspruch wegen Nichterfüllung zusteht, so kann er in diesem Fall die verwirkte Strafe als Mindestbetrag des Schadens verlangen. Die Geltendmachung eines weiteren Schadens ist nicht ausgeschlossen, § 340 Abs. 2 BGB.

Hat der Schuldner die Strafe für den Fall versprochen, dass er seine Verbindlichkeit nicht in gehöriger Weise, insbesondere **nicht zu der bestimmten Zeit, erfüllt**, so kann der Gläubiger gemäß § 341 Abs. 1 BGB die verwirkte **Strafe neben** der **Erfüllung** verlangen. Gemäß § 341 Abs. 2 BGB gilt § 340 Abs. 2 BGB entsprechend, das heißt, wenn dem Gläubiger wegen der nicht gehörigen (insbesondere verspäteten) Erfüllung ein Schadensersatzanspruch zusteht, so kann er die Strafe als Mindestbetrag des Schadens geltend machen, aber auch einen darüber hinausgehenden weiteren Schaden. Von enormer praktischer Bedeutung ist auch § 341 Abs. 3 BGB: Nimmt der Gläubiger die Erfüllung an, so kann er die **Vertragsstrafe** nur verlangen, wenn er sich das Recht dazu bei der Annahme (bei Bauverträgen: Abnahme) **vorbehält**.

Gemäß § 342 BGB gelten die §§ 339–341 BGB entsprechend, wenn als Strafe eine andere Leistung als die Zahlung einer Geldsumme versprochen wird. Der Anspruch auf Schadensersatz ist ausgeschlossen, wenn der Gläubiger die Strafe verlangt.

Gemäß § 343 BGB kann der Schuldner gerichtlich die **Herabsetzung der Strafe** auf einen angemessenen Betrag beantragen, wenn die *verwirkte Strafe* (also nicht: die *versprochene Strafe!*) unverhältnismäßig hoch ist. Bei der Beurteilung der Angemessenheit ist dabei jedes berechtigte Interesse des Gläubigers, nicht lediglich dessen Vermögensinteresse, in Betracht zu ziehen. Nach der Entrichtung der Strafe ist die Herabsetzung ausgeschlossen, § 343 Abs. 1 BGB.[1]

§ 344 BGB manifestiert die **Akzessorietät der Vertragsstrafe**, also die Abhängigkeit des Strafversprechens von der zugrunde liegenden Hauptverbindlichkeit. Hiernach ist das Strafversprechen unwirksam, wenn das Gesetz auch die zugrunde liegende Leistungsverpflichtung für unwirksam erklärt.

§ 345 BGB enthält schließlich eine **Beweislastbestimmung.** Bestreitet der Schuldner die Verwirkung der Strafe, weil er seine Verbindlichkeit erfüllt habe, so hat er die Erfüllung zu beweisen, wenn nicht die geschuldete Leistung in einem Unterlassen besteht.

II. Sonstiger Inhalt von § 11 Abs. 2–4 VOB/B

2 § 11 Abs. 2–4 VOB/B enthält Bestimmungen, die teilweise die gesetzlichen Vorschriften lediglich wiederholen, diese teilweise aber auch präzisieren.

§ 11 Abs. 2 VOB/B enthält eine klarstellende Wiederholung von § 339 S. 1 BGB, wonach eine für die nicht fristgerechte Vertragserfüllung versprochene Vertragsstrafe fällig wird, wenn der Auftragnehmer in Verzug gerät.

Für die in der Praxis wichtigsten Strafversprechen, wonach Vertragsstrafen nach Tagen oder Wochen bemessen werden, enthält § 11 Abs. 3 VOB/B eine Berechnungsvorschrift. Ist die Vertragsstrafe nach Tagen bemessen, so zählen nur Werktage. Aus § 11 Abs. 3 Hs. 2 VOB/B wird dabei deutlich, dass Samstage als Werktage angesehen werden, während Sonn- und Feierta-

---

[1] Näher → Rn. 46 f.

ge „straffrei" bleiben. Ist die Vertragsstrafe nach Wochen bemessen, so wird jeder Werktag angefangener Wochen als 1/6 Woche gerechnet.

§ 11 Abs. 4 VOB/B schließlich enthält eine Wiederholung von § 341 Abs. 3 BGB, wonach die verwirkte Vertragsstrafe nur verlangt werden kann, wenn sich der Auftraggeber dies bei der Abnahme vorbehalten hat.

B. Grundsätzliches zur Vertragsstrafe

I. Wesen und Inhalt der Vertragsstrafe, Akzessorietät

Wie sich aus §§ 339, 342 BGB ergibt, liegt ein Strafversprechen dann vor, wenn der Schuldner sich gegenüber dem Gläubiger entweder zur Zahlung einer Geldsumme (§ 339 BGB) oder zu einer anderen Leistung für den Fall verpflichtet, dass er eine vertragliche Verpflichtung nicht oder nicht in gehöriger Form (insbesondere: verspätet) erbringt oder dass er gegen ein vertragliches Unterlassungsgebot verstößt. Daraus ergibt sich mehreres: 3

Es besteht eine Abhängigkeit zwischen dem Strafversprechen und einer Hauptverbindlichkeit, die durch das Strafversprechen sanktioniert wird. Das Strafversprechen ist damit **akzessorisch,** was durch § 344 BGB klargestellt wird. Besteht also keine wirksame Hauptleistungsverpflichtung, so hat auch das begleitende Strafversprechen keinen Bestand, selbst wenn die Parteien die Unwirksamkeit der Hauptverbindlichkeit gekannt haben.[2] Das gilt unabhängig davon, ob die zu sichernde Hauptverbindlichkeit von Anfang an nicht bestand oder nachträglich, zB durch Rücktritt, wieder entfallen ist.[3] Das Strafversprechen lässt sich damit nicht als selbstständige bzw. abstrakte Verbindlichkeit aufrechterhalten. Folglich kann der Vertragsstrafenanspruch vor seiner Verwirkung auch nicht als selbstständige Forderung abgetreten werden.[4] 4

Eine auf Geldzahlung oder sonstige Leistungserbringung gerichtete Vertragsstrafe dient nach dem Willen des Gesetzgebers[5] und der sich hieran anschließenden herrschenden Meinung in Rechtsprechung[6] und Literatur[7] einem **doppelten Zweck:** Sie soll einerseits Druck auf den Schuldner ausüben, die vereinbarte Verpflichtung überhaupt bzw. in der vereinbarten Art und Weise zu erfüllen **(Druckfunktion).** Hat der Schuldner jedoch seine vertragliche Verpflichtung durch Nichterfüllung oder nicht gehörige Erfüllung verletzt, so soll sie dem Gläubiger die Schadloshaltung erleichtern **(Ausgleichsfunktion).**[8] Diese Doppelfunktion der Vertragsstrafe unterscheidet sie von ähnlichen Institutionen einerseits (dazu → Rn. 6 ff.) und stellt andererseits das „gesetzliche Leitbild" im Sinne von § 307 Abs. 2 Nr. 1 BGB dar, an dem sich insbesondere formularmäßige, als AGB geltende Strafversprechen messen lassen müssen (dazu → Rn. 48 ff.). Im Gegensatz zur Schadenspauschale kann eine verwirkte Vertragsstrafe auch dann verlangt werden, wenn dem Gläubiger aus der pönalisierten Pflichtverletzung nachweislich kein Schaden entstanden ist (vgl. aber näher → Rn. 63 ff.). Es ist aber nicht Aufgabe einer Vertragsstrafe, dem Gläubiger losgelöst von einem abstrakt drohenden oder tatsächlich eingetretenen Schaden eine zusätzliche Einnahmequelle zu verschaffen.[9] 5

In der Praxis wird als Vertragsstrafe für den Fall der Nichterfüllung oder der nicht gehörigen, insbesondere verspäteten, Erfüllung meist die Zahlung eines bestimmten Geldbetrages vereinbart. Hierbei handelt es sich um eine **Geldschuld** im Sinne von § 288 Abs. 1 BGB, nicht jedoch um eine Entgeltforderung im Sinne von § 288 Abs. 2 BGB mit der Folge, dass der Schuldner (Auftragnehmer) bei Zahlungsverzug kraft Gesetzes Zinsen in Höhe von 5%-Punkten (nicht 9%-Punkten) über dem Basiszinssatz zu zahlen hat.[10]

---

[2] Vgl. auch *Lau* Jahrbuch BauR 2003, 53 ff.
[3] BGHZ 109, 230 (232); OLG Naumburg IBR 2002, 283.
[4] *Heiermann/Riedl/Rusam,* VOB/B § 11 Rn. 28; *Leinemann/Hafkesbrink,* VOB/B § 11 Rn. 5.
[5] Motive II, S. 275.
[6] BGHZ 82, 398; 85, 305.
[7] *Wolff* in Beck'scher VOB-Kommentar VOB/B Vor § 11 Rn. 4 mwN.
[8] BGH BauR 2000, 1049; 2003, 870 (875) = NZBau 2003, 321; *Heiermann/Riedl/Rusam,* VOB/B § 11 Rn. 1.
[9] BGH BauR 1983, 80; OLG Hamm BauR 1997, 661 (662).
[10] So zutreffend OLG Hamburg IBR 2004, 363.

II. Unterschied zu ähnlichen Instituten

Von der Vertragsstrafe im Sinne der §§ 339 ff. BGB bzw. § 11 VOB/B sind folgende Institute zu unterscheiden:

6 **1. Selbstständiges Strafversprechen.** Das in § 343 Abs. 2 BGB erwähnte selbstständige Strafversprechen unterscheidet sich von der Vertragsstrafe dadurch, dass bei ihm eine vom Gläubiger **erzwingbare Leistungsverpflichtung** des Schuldners **fehlt,** die durch ein Strafversprechen gesichert werden soll.[11] Der Schuldner verspricht die Strafe also allein abhängig davon, dass er (oder ein Dritter)[12] eine bestimmte Handlung vornimmt oder unterlässt. Das selbstständige Strafversprechen knüpft damit allein an die Vornahme oder Unterlassung einer Handlung an, unabhängig davon, ob die Handlung „schuldhaft" vorgenommen oder unterlassen worden ist oder ob sie überhaupt geschuldet war.[13]

Das selbstständige Strafversprechen spielt bei Bauverträgen naturgemäß kaum eine Rolle. Ein selbstständiges Strafversprechen ist aber beispielsweise vom OLG Hamm in dem Fall angenommen worden, dass sich der Schuldner gegenüber dem Gläubiger zur Zahlung einer Strafe in Höhe von 500,00 DM pro Tag für den Fall verpflichtete, dass sich die von einem Dritten durchzuführende Erstellung eines Bauvorhabens verzögerte.[14] Wegen der Annahme eines selbstständigen Strafversprechens anstatt einer Vertragsstrafe führte das OLG Hamm aus, dass es auf Verschulden des Schuldners bzw. des zur Bauherstellung verpflichteten Dritten nicht ankomme und auch eine Obergrenze für das Strafversprechen nicht erforderlich sei. Das ist aber eine Ausnahmeentscheidung.

Durch die Erwähnung des selbstständigen Strafversprechens in § 343 Abs. 2 BGB ergibt sich, dass die verwirkte Strafe auf Antrag des Schuldners durch das Gericht auf ein angemessenes Maß herabgesetzt werden kann, was gemäß § 348 HGB allerdings nicht für eine Strafe gilt, die von einem Kaufmann im Betrieb seines Handelsgewerbes versprochen worden ist.

7 **2. Verfallklausel.** Während der Schuldner sich bei einer Vertragsstrafe für den Fall der Nichterfüllung oder der nicht gehörigen Erfüllung zur Erbringung einer bestimmten Leistung (meist Geldzahlung) positiv verpflichtet, wird die Nichterfüllung oder nicht gehörige Erfüllung bei einer Verfallklausel kraft Parteivereinbarung dahin sanktioniert, dass bestimmte Ansprüche des Schuldners „verfallen" sollen.

Beispiel: Der Bauträger vereinbart mit dem Käufer, dass sich bei verzögerter Fertigstellung des schlüsselfertig zu errichtenden Bauvorhabens der vereinbarte Kaufpreis um 2000,00 DM pro angefangenem Monat Verzögerung reduzieren solle.[15]

Es macht allerdings wirtschaftlich keinen Unterschied, ob als Sanktion für die Nichterfüllung oder für die nicht gehörige (zB verspätete) Erfüllung einer Verbindlichkeit der bestehende Anspruch des Schuldners (zB auf Zahlung des Kaufpreises oder des Werklohns) ganz oder teilweise verfallen soll oder ob dieser Anspruch zwar unverändert bestehen bleibt, jedoch durch einen Vertragsstrafenanspruch des Gläubigers entwertet wird, mit dem dieser gegen den Zahlungsanspruch aufrechnen kann. Auf eine Verfallklausel sind damit die §§ 339 ff. BGB und folglich auch § 11 VOB/B entsprechend anwendbar.[16]

8 **3. Reugeld.** Das in § 359 BGB geregelte Reugeld wird für den Fall versprochen, dass ein Vertragspartner von seinem im Vertrag vorbehaltenen Rücktrittsrecht Gebrauch macht und diese „Vertragsreue" durch das Reugeld vergütet. Der Unterschied zur Vertragsstrafe besteht also darin,

---

[11] BGHZ 82, 398 (401); BauR 2003, 870 (875) = NZBau 2003, 321; *Grüneberg* in Palandt BGB § 339 Rn. 3; *Wolff* in Beck'scher VOB-Kommentar VOB/B Vor § 11 Rn. 14; *Wieseler* in NWJS VOB/B § 11 Rn. 7; *Heiermann/Riedl/Rusam*, VOB/B § 11 Rn. 7.

[12] OLG Hamm BauR 1995, 548; *Grüneberg* in Palandt BGB § 339 Rn. 3.

[13] Die Doppelfunktion der Vertragsstrafe (Druck- und Ausgleichsfunktion) gilt auch für das selbstständige Strafversprechen, auch wenn damit nur mittelbar die Einhaltung einer Verbindlichkeit gesichert wird, BGH BauR 1988, 588 (589).

[14] OLG Hamm BauR 1995, 548 mit kritischer Anmerkung von *Rieble*.

[15] Beispiel nach BGH BauR 1983, 77.

[16] BGHZ 95, 362 (371); BGH BauR 1983, 77 ff.; *Grüneberg* in Palandt BGB § 339 Rn. 4; *Wolff* in Beck'scher VOB-Kommentar VOB/B Vor § 11 Rn. 10; *Lau* Jahrbuch BauR 2003, 60; *Wieseler* in NWJS VOB/B § 11 Rn. 11; *Heiermann/Riedl/Rusam*, VOB/B § 11 Rn. 3.

dass die Vertragsstrafe die Erfüllung eines fortbestehenden Vertragsverhältnisses sichern soll, während das Reugeld die Folge eines auf Grund Rücktritts rückabzuwickelnden Vertrages darstellt.[17]
Das Reugeld spielt im Zusammenhang mit Bauverträgen keine Rolle.

4. Garantieversprechen. Das Garantieversprechen des Schuldners zeichnet sich dadurch aus, dass der Schuldner dem Gläubiger eine bestimmte Leistung (meist eine Geldzahlung) für den Fall verspricht, dass ein bestimmter Erfolg bzw. ein bestimmtes Ereignis eintritt bzw. nicht eintritt, und zwar unabhängig davon, ob der Eintritt bzw. Nichteintritt vom Schuldner zu vertreten ist.[18]

Beispiel: Der Bieter verpflichtet sich gegenüber dem ausschreibenden Auftraggeber zur Zahlung einer „Vertragsstrafe" in Höhe von 3% seiner Angebotssumme für den Fall, dass er eine wettbewerbsbeschränkende Absprache oder Abstimmung mit anderen Bietern vornimmt, und zwar unabhängig davon, ob der Auftrag an ihn oder an andere vergeben wird.[19]

Der BGH hat im vorliegenden Beispiel gegen den Wortlaut der Vereinbarung keine Vertragsstrafe, sondern ein Garantieversprechen des Bieters angenommen, weil insbesondere die von einer Vertragsstrafe ausgehende Druckfunktion, die Einhaltung einer Leistungsverpflichtung des Schuldners zu sichern, nicht erfüllt werden konnte. Denn entweder hatte der Bieter bei Abgabe des Angebots bereits gegen das Verbot der Wettbewerbsabsprachen verstoßen oder eben nicht. Auch der mit einer Vertragsstrafe typischerweise verfolgte Zweck einer erleichterten Schadloshaltung bei Verletzung der Vertragspflicht könne hier allenfalls mittelbar erreicht werden.[20] Auch als Garantieversprechen hielt der BGH das Strafversprechen des Schuldners im konkreten Fall allerdings wegen Verstoßes gegen § 9 AGB-Gesetz für unwirksam.[21]

Die Verschuldensunabhängigkeit eines Garantieversprechens als solche stellt aber noch keinen maßgebenden Unterschied zur Vertragsstrafe dar. Denn auch die Vertragsstrafe kann – jedenfalls als Individualvereinbarung – verschuldensunabhängig versprochen werden[22].
Die §§ 339 ff. BGB und § 11 VOB/B sind auf das Garantieversprechen nicht anwendbar.[23]

5. Schadenspauschale. Mit der Vereinbarung einer Schadenspauschale bezwecken die Parteien, einen zu erwartenden bzw. tatsächlich eingetretenen Schaden nicht detailliert, sondern pauschal abzurechnen. In dieser Ausgleichsfunktion[24] stimmen Schadenspauschale und Vertragsstrafe zwar überein,[25] unterscheiden sich jedoch dadurch, dass eine Schadenspauschale einen tatsächlich eingetretenen Schaden voraussetzt, während die Vertragsstrafe auch bei nachweislich nicht eingetretenem Schaden verlangt werden kann, wenn sie verwirkt ist.[26]

Ein weiterer Unterschied besteht darin, dass die von einer Vertragsstrafe bezweckte Druckfunktion bei der Vereinbarung einer Schadenspauschale allenfalls mittelbar vorliegt.

Die Rechtsordnung selbst unterscheidet deutlich zwischen der Schadenspauschale einerseits und der Vertragsstrafe andererseits.[27] Auch die Baupraxis differenziert in aller Regel zwischen einer Vertragsstrafenvereinbarung einerseits und der Vereinbarung einer Schadenspauschale andererseits.[28]

Die §§ 339 ff. BGB bzw. § 11 VOB/B gelten nicht für eine Schadenspauschale.[29]

---

[17] Vgl. *Grüneberg* in Palandt BGB § 339 Rn. 5; *Wolff* in Beck'scher VOB-Kommentar VOB/B Vor § 11 Rn. 11; *Heiermann/Riedl/Rusam*, VOB/B § 11 Rn. 8.
[18] Vgl. *Wieseler* in NWJS VOB/B § 11 Rn. 8; *Kleine-Möller/Merl/Glöckner*, § 16 Rn. 375.
[19] Beispiel nach BGH BauR 1988, 588; vgl. auch → Rn. 20.
[20] BGH BauR 1988, 588 (589 f.).
[21] BGH ebd.
[22] *Wolff* in Beck'scher VOB-Kommentar VOB/B Vor § 11 Rn. 14; näher → Rn. 34 ff.
[23] *Wolff* in Beck'scher VOB-Kommentar VOB/B Vor § 11 Rn. 14 mwN.
[24] Dazu → Rn. 5.
[25] So auch *Kleine-Möller/Merl/Glöckner*, § 16 Rn. 372.
[26] Vgl. BGHZ 49, 84 (88); *Motzke* in Beck'scher VOB-Kommentar VOB/A § 12 Rn. 24; *Lau* Jahrbuch BauR 2003, 59; *Wieseler* in NWJS VOB/B § 11 Rn. 9; *Wolff* in Beck'scher VOB-Kommentar VOB/B Vor § 11 Rn. 9; vgl. aber → Rn. 63 ff.
[27] So behandeln beispielsweise § 9 Abs. 4 VOB/A bzw. § 9 EU Abs. 4 VOB/A die Schadenspauschale, § 9a VOB/A bzw. § 9 EU VOB/A die Vertragsstrafe. Auch in § 309 Nr. 5 und 6 BGB wird zwischen der Schadenspauschale einerseits und der Vertragsstrafe andererseits AGB-rechtlich differenziert.
[28] Zutreffend *Motzke* in Beck'scher VOB-Kommentar VOB/A § 12 Rn. 25. Vgl. auch KG Urt. v. 4.12.2014 – 27 U 4/10 = IBR 2016, 331.
[29] *Wolff* in Beck'scher VOB-Kommentar VOB/B Vor § 11 Rn. 9 mwN; *Lau* Jahrbuch BauR 2003, 59; *Heiermann/Riedl/Rusam* VOB/B § 11 Rn. 5.

C. § 11 Abs. 1 VOB/B – Generelle Anspruchsvoraussetzungen der Vertragsstrafe

I. Vereinbarung der Vertragsstrafe

11 Wie sich aus § 11 Abs. 1 VOB/B, im Übrigen aber auch aus §§ 339 ff. BGB selbst ergibt, kann der Gläubiger/Auftraggeber eine Vertragsstrafe auch beim VOB-Bauvertrag nur dann verlangen, wenn er sie mit dem Schuldner/Auftragnehmer **vereinbart** hat.[30] Diese Vereinbarung der Vertragsstrafe kann im Vertrag selbst erfolgen, auch im vom Auftragnehmer bestätigten Auftragsschreiben des Auftraggebers,[31] aber auch in den dem Vertrag zugrunde liegenden Vertragsbedingungen. Letzteres ist bei öffentlichen Auftraggebern, die gemäß § 8a Abs. 4 Nr. 1 f. VOB/A bzw. § 8a EU Abs. 4 Nr. 1 f. VOB/A eine Vertragsstrafe, soweit erforderlich,[32] in den Zusätzlichen oder Besonderen Vertragsbedingungen vorsehen sollen, der Regelfall. Enthalten der Vertrag bzw. die Vertragsbedingungen eine *Ankreuzoption,* ob und in welcher Höhe eine Vertragsstrafe vereinbart werden soll und trägt der Auftraggeber nur die Höhe der Vertragsstrafe ein, lässt das „Ob" der Vertragsstrafe aber offen, dann verneint der BGH das wirksame Zustandekommen einer Vertragsstrafenvereinbarung.[33] Soweit in den **Vertragsbedingungen der Deutschen Bahn** die Klausel verwendet wird *„Die Vertragsstrafe beträgt für jeden Kalendertag der schuldhaften Überschreitung ... – bei Endterminen: 0,1 v. H. der Auftragssumme netto oder 0,0 i. W. €"* vertritt das *Kammergericht*[34] in einer sehr praxisrelevanten Entscheidung die zutreffende Auffassung, dass im Zweifel keine Vertragsstrafe mit dem Auftragnehmer vereinbart ist, da durch den Begriff „oder" nicht hinreichend klar sei, dass überhaupt bei Überschreitung des Endtermins eine Vertragsstrafe verwirkt werden solle. Jedenfalls verstoße die Klausel, falls man von einer Strafvereinbarung ausgehen wolle, gegen das *Transparenzgebot* (vgl. näher → Rn. 57).

12 „Vereinbarung" einer Vertragsstrafe bedeutet, dass sich aus der Festlegung die Anwendungsvoraussetzungen der Vertragsstrafe in einer insbesondere für den Schuldner bestimmbaren Art und Weise ergeben muss, unabhängig davon, ob die Vertragsstrafe für den Fall der Nichterfüllung oder der nicht gehörigen (insbesondere verspäteten) Erfüllung versprochen worden ist. Die Strafvereinbarung der Parteien kann nur in der Form durch ein **Leistungsbestimmungsrecht des Gläubigers gemäß § 315 BGB** ersetzt werden, dass der Gläubiger die Strafhöhe, nicht aber die Frage, **ob** eine Vertragsstrafe verwirkt wird, nach billigem Ermessen bestimmen kann. Anstatt des Gläubigers kann die Strafbemessung gemäß § 317 BGB auch einem Dritten – zB einem Schiedsgericht – übertragen werden. Die Strafhöhe muss in solchen Fällen nach billigem Ermessen festgesetzt werden und kann gemäß § 315 Abs. 3 S. 2 BGB auf Antrag durch ein staatliches Gericht herabgesetzt werden. Diese gerichtliche Herabsetzungsmöglichkeit gemäß § 315 Abs. 3 S. 2 BGB ersetzt die ansonsten bei Vertragsstrafen vorgesehene Herabsetzungsmöglichkeit gemäß § 343 BGB.[35] Das dem Gläubiger bzw. einem Dritten eingeräumte Leistungsbestimmungsrecht nach billigem Ermessen ist auch durch eine AGB-Vereinbarung möglich, wobei der Billigkeitsrahmen in diesem Fall allerdings dem zulässigen Rahmen einer AGB-Strafklausel entsprechen muss.[36] Leistungsbestimmungsrechte des Auftraggebers oder eines Dritten bei Vertragsstrafen sind in der Praxis allerdings nicht besonders bedeutsam.

---

[30] Vgl. *Lau* Jahrbuch BauR 2003, 61; *Kemper* BauR 2001, 1015; *Döring* in Ingenstau/Korbion VOB/B § 11 Rn. 3; *Wolff* in Beck'scher VOB-Kommentar VOB/B § 11 Nr. 3.
[31] Wohl auch. *Wieseler* in NWJS VOB/B § 11 Rn. 14.
[32] Zu verstehen als „sachlich geboten".
[33] BGH NZBau 2013, 567 = BauR 2013, 1673 = IBR 2013, 462.
[34] KG BauR 2014, 1489 = IBR 2014, 469.
[35] BGH NJW 1994, 45.
[36] **Beispiel:** Der Auftragnehmer verpflichtet sich gegenüber dem Auftraggeber durch eine AGB-Klausel zur Zahlung einer Vertragsstrafe für den Fall des Verzuges mit der Fertigstellung des Bauvorhabens. Die Strafbemessung soll nach billigem Ermessen des Auftraggebers erfolgen, maximal jedoch bis zu 0,2 % der Auftragssumme je Werktag und insgesamt 5 % der Auftragssumme. In diesem Beispiel hält sich das Leistungsbestimmungsrecht innerhalb der von der Rechtsprechung für AGB-Strafklauseln anerkannten Größenordnung, vgl. dazu im Einzelnen → Rn. 68 ff.

II. Form der Vertragsstrafenvereinbarung

Die Vereinbarung der Vertragsstrafe als solche ist **formfrei** möglich,[37] wobei sich – wie auch sonst – Schriftform zum einen aus Beweisgründen, zum anderen zur Klarstellung des Inhalts des Strafversprechens dringend empfiehlt. **13**

Nach herrschender Auffassung gilt ein etwaiger Formzwang der Hauptverbindlichkeit gemäß § 344 BGB (Akzessorietät) auch für das Strafversprechen.[38]

III. Individualvereinbarung oder AGB-Klausel

Die Strafvereinbarung kann entweder durch eine Individualvereinbarung oder aber durch eine AGB-Klausel erfolgen. Da Vertragsstrafenvereinbarungen bei Bauverträgen an der Tagesordnung sind, sind AGB-Strafklauseln als solche nicht als überraschende Klauseln im Sinne von § 305c Abs. 1 BGB anzusehen.[39] Die Wirksamkeit einer AGB-Strafklausel unterliegt aber nach der langjährigen und gefestigten Rechtsprechung des BGH und der Oberlandesgerichte erheblich strengeren Kriterien als die einer Individualvereinbarung. Zum in der Praxis wichtigsten Fall einer Strafvereinbarung bei Terminverzug des Auftragnehmers sei auf die Erläuterungen in → Rn. 34 ff. (Individualvereinbarung) und in → Rn. 48 ff. (AGB-Vereinbarung) verwiesen. **14**

IV. Vertragsstrafe bei verzögerter Bauausführung des Auftragnehmers

In Bauverträgen verspricht der Auftragnehmer eine Vertragsstrafe zumeist für den Fall, dass er die als Vertragsfristen vereinbarten Ausführungsfristen (schuldhaft) überschreitet bzw. mit der Einhaltung der Ausführungsfristen in Verzug gerät. Knüpft die Strafvereinbarung nach ihrem eindeutigen Wortlaut bzw. nach dem ergänzend zu erforschenden Willen der Parteien (§ 133 BGB) an die bloße (schuldhafte) Fristüberschreitung durch den Auftragnehmer an, dann hängt die Wirksamkeit einer solchen Strafvereinbarung maßgebend davon ab, ob es sich um eine Individualvereinbarung oder um eine AGB-Vereinbarung handelt (dazu nachfolgend → Rn. 34 ff.). Lässt sich der Strafvereinbarung hingegen entnehmen, dass zumindest ergänzend die Bestimmungen der VOB/B gelten sollen, so kommt der Vorschrift des § 11 Abs. 2 VOB/B entscheidendes Gewicht zu. § 11 Abs. 2 VOB/B bestimmt in Anknüpfung an § 341 Abs. 1 und § 339 BGB, dass die Vertragsstrafe nur bei **Verzug des Auftragnehmers** verwirkt wird, das heißt, die ergänzende Anwendung von § 11 Abs. 2 VOB/B bei VOB-Bauverträgen kann dazu führen, dass eine Vertragsstrafe über den Wortlaut der Vereinbarung hinaus nicht bereits bei bloßer Terminüberschreitung durch den Auftragnehmer verwirkt wird, sondern Verzug des Auftragnehmers vorliegen muss.[40] **15**

Verzug setzt nach der gesetzlichen Definition des § 286 BGB voraus, dass der Auftragnehmer eine **16**

– fällige Leistung
– trotz anschließender Mahnung
– schuldhaft

nicht erbringt,[41] wobei das Verschulden gemäß § 286 Abs. 4 BGB zulasten des Auftragnehmers vermutet wird. Die Mahnung nach Fälligkeit ist nur unter den Voraussetzungen des § 286 Abs. 2 BGB entbehrlich, was bei Ausführungsfristen in Bauverträgen insbesondere relevant ist, wenn die Ausführungsfristen kalendermäßig bestimmt oder bestimmbar vereinbart sind, § 286 Abs. 2 Nr. 1 und 2 BGB (→ § 5 Rn. 43 ff.). Zu beachten ist dabei aber, dass bei (zB gemäß § 6 Abs. 2 VOB/B) **verschobenen Kalenderfristen** wiederum eine Mahnung erforderlich ist, um Verzug des Auftragnehmers herbeizuführen (→ § 5 Rn. 18, 45).

Oftmals weichen Vertragsstrafenvereinbarungen der Parteien von den gesetzlichen Verzugsvoraussetzungen ab. Die Wirksamkeit hängt dann davon ab, ob es sich bei der Strafvereinbarung **17**

---

[37] *Wolff* in Beck'scher VOB-Kommentar VOB/B § 11 Abs. 1 Rn. 7; *Kleine-Möller/Merl/Glöckner*, § 16 Rn. 377; *Lau* Jahrbuch BauR 2003, 61.
[38] BGH NJW 1970, 1916; 1980, 1622; *Grüneberg* in Palandt BGB § 344 Rn. 1 mwN; *Heiermann/Riedl/Rusam* VOB/B § 11 Rn. 14; *Kleine-Möller/Merl/Glöckner*, § 16 Rn. 377; differenzierend *Wolff* in Beck'scher VOB-Kommentar VOB/B, § 11 Abs. 1 VOB/B Rn. 7.
[39] BGH BauR 1983, 80; *Wolff* in Beck'scher VOB-Kommentar VOB/B Vor § 11 Rn. 18; *Lau* Jahrbuch BauR 2003, 64; *Wieseler* in NWJS VOB/B § 11 Rn. 21; näher dazu → Rn. 48.
[40] BGH NZBau 2002, 265 = BauR 2002, 782; näher dazu → Rn. 36 und 62.
[41] § 286 Abs. 1 iVm Abs. 4 BGB.

um eine Individualvereinbarung (dazu → Rn. 34 ff.) oder um eine AGB-Vereinbarung (dazu → Rn. 48 ff.) handelt.

V. Vertragsstrafe bei sonstiger nicht gehöriger Erfüllung des Auftragnehmers

18   Die verspätete Leistungserbringung des Auftragnehmers ist ein Unterfall der nicht gehörigen Erfüllung im Sinne von § 341 BGB. Weitere Fälle der nicht gehörigen Erfüllung sind die Schlechterfüllung und sonstige Vertragsverletzungen, soweit diese nicht als „Nichterfüllung" im Sinne von § 340 BGB anzusehen sind. Bemerkenswert ist dabei, dass der Gesetzgeber in §§ 340, 341 BGB an der früheren Unterscheidung zwischen der „Nichterfüllung" und der „nicht gehörigen" Erfüllung festgehalten hat, während durch das Schuldrechtsmodernisierungsgesetz seit dem 1.1.2002 durch § 280 Abs. 1 BGB der einheitliche Anknüpfungstatbestand einer vertraglichen Pflichtverletzung geschaffen worden ist. Wegen der unterschiedlichen Rechtsfolgen einer Vertragsstrafe bei Nichterfüllung einerseits (§ 340 BGB) und bei Schlechterfüllung andererseits (§ 341 BGB) muss also trotz des Schuldrechtsmodernisierungsgesetzes im Rahmen von Strafvereinbarungen weiterhin zwischen der Nichterfüllung und der nicht gehörigen Erfüllung differenziert werden.

In der Bauvertragspraxis bedeutsame Fälle einer Strafvereinbarung bei **sonstiger nicht gehöriger Erfüllung** sind:

19   **1. Unzulässiger Nachunternehmereinsatz.** Will der Auftraggeber die Verpflichtung des Auftragnehmers aus § 4 Abs. 8 VOB/B, die übertragene Leistung im eigenen Betrieb zu erbringen, durch eine Vertragsstrafe sanktionieren, so ist dies grundsätzlich unproblematisch möglich. Im Fall einer AGB-Klausel hat das Kammergericht Berlin allerdings entschieden, dass eine Strafklausel, wonach der Auftragnehmer bei unzulässiger Weitergabe der Arbeiten an einen Nachunternehmer eine Vertragsstrafe in Höhe von 3 % des Auftragswertes zu zahlen habe, als AGB-Klausel sowohl gegen das Überraschungsverbot des § 305c Abs. 1 BGB verstoße als auch als unangemessene Benachteiligung des Auftragnehmers im Sinne von § 307 BGB anzusehen sei.[42] Hierbei handelt es sich allerdings um eine Einzelfallentscheidung, die nicht verallgemeinert werden kann. So hat das KG den überraschenden Charakter damit begründet, dass sich die Klausel „in einem mehrseitigen „Beiblatt zum Angebot mit Besonderen Vertragsbedingungen" mit der Überschrift „Zu Nr. 9 – Weitere Bedingungen" unter der Nr. „9.2 Bekämpfung unerlaubten Nachunternehmereinsatzes" im letzten Halbs. des vierten Absatzes" befindet, wo ein durchschnittlicher Auftragnehmer keine Vertragsstrafenregelung vermuten musste.

Vor dem Hintergrund der (neuen) vergaberechtlichen Zulässigkeit zur Begrenzung des Nachunternehmereinsatzes auch in Aufträgen oberhalb der EU-Schwellenwerte[43] ist die Zulässigkeit diesbezüglicher Vertragsstrafen von erhöhter praktischer Bedeutung.

20   **2. Unzulässige Wettbewerbsabreden im Zuge der Ausschreibung.** Der BGH sieht in der Klausel in Bewerbungsbedingungen, wonach der Bieter bei einer unzulässigen Wettbewerbsabsprache mit einem Mitbieter eine Vertragsstrafe in Höhe eines bestimmten Prozentsatzes der Angebotssumme zu zahlen hat, keine Vertragsstrafenvereinbarung im Sinne von § 11 VOB/B bzw. §§ 339 ff. BGB, sondern ein **Garantieversprechen** bzw. garantieähnliches Versprechen, auf welches die §§ 339 ff. BGB nicht anwendbar seien (dazu → Rn. 9). Unabhängig davon unterliegt eine solche Verpflichtung der AGB-Kontrolle, wenn sie als AGB-Klausel im Sinne von § 305 BGB anzusehen ist. Die Verpflichtung zur Zahlung einer Vertragsstrafe in Höhe von x% ist deshalb unwirksam, wenn sie auch von einem Bieter zu zahlen ist, der den Auftrag nicht erhalten hat[44] oder wenn sie auch dann gezahlt werden soll, wenn der Auftraggeber den Auftrag an niemanden vergibt.[45] AGB-wirksam ist nach Auffassung des OLG Celle eine Vertragsstrafe in Höhe von 15 % der Auftragssumme, wenn der Bieter sein Angebot in Kenntnis des/der Konkurrenzangebote(s) abgegeben und den Auftrag erhalten habe. Die Höhe der Vertragsstrafe übersteige nicht den zu erwartenden Schaden.[46]

---

[42] KG Berlin BauR 2001, 1101; dazu FKZGM VOB/B § 11 Rn. 13.
[43] § 6d EU Abs. 4 VOB/A.
[44] OLG Frankfurt BauR 1987, 325.
[45] BGH BauR 1988, 588 (590); ergänzend FKZGM VOB/B § 11 Rn. 14; *Oberhauser* Rn. 77 ff.
[46] OLG Celle 6.10.2011 – 6 U 61/11, IBR 2012, 506 – Nichtzulassungsbeschwerde durch Beschluss des BGH v. 23.5.2012 zurückgewiesen, VII ZR 217/11, BeckRS 2012, 23844.

3. Verstoß gegen Tarifvertrag und Schwarzarbeitsverbot. Sanktioniert eine Strafvereinbarung eine vergaberechtswidrige Tariftreueerklärung, so führt die Unwirksamkeit der Hauptverbindlichkeit auf Grund der Akzessorietät der Vertragsstrafe auch zur Unwirksamkeit der Strafvereinbarung.[47] Demgegenüber zulässig ist eine Strafvereinbarung für den Fall, dass der Auftragnehmer illegale Arbeitnehmer beschäftigt.[48]

4. Verspätete Rechnungserteilung. Keine Bedenken gegen eine AGB-Klausel hat das OLG Jena erhoben, wonach als pönalisierter Terminverzug (0,2 % pro Kalendertag, maximal 10 % der Auftragssumme) auch die verspätete Vorlage der Schlussrechnung vereinbart wurde.[49] Da aus der verspäteten Rechnungserteilung – anders als bei verspäteter Bauausführung – typischerweise keine oder jedenfalls deutlich geringere Schäden resultieren, ist der Entscheidung nur dann zuzustimmen, wenn ausnahmsweise eine zumindest abstrakte Schadensgefahr bestand (zB Rückzahlung von Fördermitteln durch den Auftraggeber bei verspäteter Rechnungsvorlage oder Reduzierung der zukünftigen Haushaltsmittel wegen Unterschreitung der Mittelabflussplanung infolge verspäteter Rechnungsvorlage).

VI. Vertragsstrafe bei Nichterfüllung des Auftragnehmers

Verpflichtet sich der Auftragnehmer zur Zahlung einer Vertragsstrafe für den Fall der Nichterfüllung seiner Leistungspflicht, so gilt § 340 BGB. In diesem Fall kann der Auftraggeber die wegen der Nichterfüllung verwirkte Strafe (nur) statt der Erfüllung und nicht neben der Erfüllung verlangen. Durch das Strafverlangen wird gemäß § 340 Abs. 1 S. 2 BGB der Erfüllungsanspruch des Auftraggebers ausgeschlossen.

Eine für den Fall der Nichterfüllung der Leistung versprochene Vertragsstrafe ist in der Baupraxis höchst selten, weil das Erfüllungsinteresse des Auftraggebers regelmäßig trotz einer ggf. verspäteten Leistung des Auftragnehmers fortbesteht. Verpflichtet sich also beispielsweise der Auftragnehmer zur Zahlung einer Vertragsstrafe an den Auftraggeber für den Fall, dass er seine Leistung nicht bis zu einem bestimmten Termin erbracht hat, so handelt es sich im Zweifel um ein Strafversprechen, das an die nicht gehörige/verspätete Erfüllung des Auftragnehmers anknüpft, sodass der Auftraggeber im Zweifel die Vertragsstrafe als Mindestbetrag des Schadens **neben** der Erfüllung verlangen kann, wenn der Auftragnehmer mit der rechtzeitigen Leistungserbringung in Verzug gerät, §§ 341 Abs. 1, 339 S. 1 BGB. Knüpft die Vertragsstrafe hingegen an die Leistungserbringung gerade zu einem bestimmten Termin an (zB die Erstellung eines Messestandes anlässlich einer bestimmten Messe), so liegt (ausnahmsweise) eine für den Fall der Nichterfüllung versprochene Vertragsstrafe vor, die gemäß §§ 340 Abs. 1, 339 S. 1 BGB verwirkt wird, wenn sich der Auftragnehmer zu dem vereinbarten Zeitpunkt mit der Erbringung einer abnahmereifen Leistung in Verzug befindet.

VII. Verwirkung der Vertragsstrafe bei verspäteter Bauausführung – Bezugsfertigkeit, Fertigstellung, mängelfreie Fertigstellung

Die vereinbarte Vertragsstrafe ist dann im Sinne von § 339 S. 1 BGB verwirkt, wenn die Voraussetzungen eingetreten sind, die den Gläubiger/Auftraggeber berechtigen, die Vertragsstrafe vom Schuldner/Auftragnehmer zu fordern.[50] Im Einzelfall kommt es darauf an, ob der Auftragnehmer die Vertragsstrafe für den Fall der Nichterfüllung oder der nicht gehörigen Erfüllung versprochen hat.

Besondere Bedeutung in der Baupraxis haben **Strafversprechen,** die an die **verzögerte Bauausführung** des Auftragnehmers anknüpfen. In diesem Fall ist zunächst – ggf. durch Auslegung des Strafversprechens unter Berücksichtigung von § 11 Abs. 2 VOB/B – zu klären, ob die Vertragsstrafe die bloße Fristüberschreitung, eine vom Auftragnehmer zu vertretende Fristüberschreitung oder Terminverzug des Auftrages im Sinne von § 286 BGB voraussetzt (dazu → Rn. 15 ff.). Des Weiteren kommt es darauf an, ob die Vertragsstrafe
– an den verzögerten Ausführungsbeginn (→ § 5 Rn. 56 ff.)
– an die Überschreitung verbindlicher Einzelfristen (→ § 5 Rn. 77 ff.) oder
– an die verspätete Fertigstellung (→ § 5 Rn. 95 ff.)
anknüpft.

---

[47] Zutreffend FKZGM VOB/B § 11 Rn. 14.
[48] FKZGM VOB/B ebd.
[49] OLG Jena OLGR 99, 193.
[50] *Wolff* in Beck'scher VOB-Kommentar, § 11 Abs. 1 Rn. 15.

Auch hier hängt es natürlich in erster Linie von der einzelvertraglichen Regelung der Parteien ab, unter welchen Voraussetzungen die Vertragsstrafe verwirkt sein soll. Hat der Auftragnehmer eine Vertragsstrafe für den Fall versprochen, dass er die **Bezugsfertigkeit des Gebäudes** nicht fristgerecht herstellt, so kommt es für die Verwirkung der Vertragsstrafe darauf an, ob dem Auftraggeber bzw. dessen Vertragspartner (Käufer/Mieter) zum vereinbarten Zeitpunkt ein Bezug des Objektes zumutbar ist; eine abnahmereife Fertigstellung muss zu diesem Zeitpunkt nicht vorliegen.[51] Eine an die **Umzugsfertigkeit eines Gebäudes** anknüpfende Vertragsstrafe ist nicht verwirkt, wenn das Gebäude zum vereinbarten Termin noch nicht sämtliche für die spätere Nutzung erforderliche Funktionen aufweist. Ausreichend ist, dass der Umzug an sich möglich ist.[52] Knüpft die Vertragsstrafe hingegen an die **Fertigstellung** der Leistung an, so kommt es für die Verwirkung darauf an, ob zum vereinbarten Zeitpunkt **Abnahmereife** vorlag.[53] Ist also die Leistung zwar fristgerecht vorhanden, aber mit wesentlichen Mängeln im Sinne von § 12 Abs. 3 VOB/B behaftet, so ist die Leistung nicht abnahmereif und damit auch nicht fristgerecht hergestellt, sodass die Vertragsstrafe in diesem Fall verwirkt wird.[54] Im Einzelfall kann die **Vertragsauslegung** jedoch ergeben, dass die Parteien unter Fertigstellung lediglich die Bezugsfertigkeit, nicht hingegen die Abnahmereife der Leistung, verstanden haben.[55]

Knüpft die Vertragsstrafe an die **mängelfreie Fertigstellung** der Leistung an, so wird die Vertragsstrafe auch dann verwirkt, wenn die Leistung zum vereinbarten Zeitpunkt zwar abnahmereif, jedoch nicht mängelfrei ist.[56] Im Hinblick auf die gesetzliche Wertung in § 640 Abs. 1 S. 2 BGB (= § 12 Abs. 3 VOB/B) muss sich diese, nahezu zwangsläufig zur Verwirkung der Vertragsstrafe führende[57] Vereinbarung aber eindeutig aus dem Vertrag ergeben; eine AGB-Vereinbarung muss hinreichend transparent gemäß § 307 Abs. 1 S. 2 BGB sein.[58] Im Zweifel schuldet der Auftragnehmer zum vereinbarten Zeitpunkt also nur die abnahmereife, nicht aber die vollständige und mängelfreie Herstellung der Leistung.

Diese Beispiele zeigen, dass bei der Formulierung einer Vertragsstrafe äußerste Sorgfalt zu wahren ist.

VIII. (Entfall der) Vertragsstrafe bei Bauablaufstörungen und Terminplanfortschreibungen?

25 Die zwischen den Parteien vereinbarten Ausführungsfristen unterliegen naturgemäß unterschiedlichsten Störungseinflüssen, die entweder dem Risikobereich des Auftragnehmers oder demjenigen des Auftraggebers zuzuordnen sind. Soweit sie dem Risikobereich des Auftraggebers zuzurechnen sind, werden beim VOB-Bauvertrag Ausführungsfristen unter den Voraussetzungen von § 6 Abs. 2 VOB/B verlängert. Typische Beispiele sind vom Auftraggeber angeordnete geänderte und zusätzliche Leistungen, die mit einem zusätzlichen Zeitbedarf des Auftragnehmers verbunden sind,[59] fehlende Vorunternehmerleistungen, fehlende Ausführungsunterlagen im Sinne von § 3 Abs. 1 VOB/B usw. (näher dazu → VOB/B § 6 Rn. 18 ff.). Soweit solche, dem Risikobereich des Auftraggebers zuzurechnende Bauablaufstörungen zu einer Fristverlängerung führen, ist zu klären, ob trotz der Fristverlängerung eine an die ursprüngliche Frist anknüpfende Vertragsstrafe verwirkt werden kann oder nicht. Knüpft das Strafversprechen des Auftragnehmers dabei entsprechend §§ 339 S. 1 BGB, 11 Abs. 2 VOB/B an den **Terminverzug des Auftragnehmers** an, so müssen zwei Fragen voneinander getrennt werden: Zum Ersten die Frage, ob sich der Auftragnehmer unter Berücksichtigung der Fristverlängerung bei der Ausführung seiner Leistung überhaupt in Verzug befunden hat und wenn ja, zum Zweiten die Frage, ob die **Vertragsstrafe trotz Verzuges nicht verwirkt worden ist**.

26 Die Beantwortung der ersten Frage (Verzug trotz Fristverlängerung) ergibt sich nach Maßgabe von § 6 Abs. 1, Abs. 2 und Abs. 4 VOB/B, sodass wegen näherer Einzelheiten auf die dortige

---

[51] Zutreffend KG BauR 2003, 1568 (1570).
[52] OLG Dresden IBR 2011, 254.
[53] BGH BauR 1999, 645 (648); OLG Dresden BauR 2001, 949; OLG Oldenburg BauR 2005, 887 (890); *Döring* in Ingenstau/Korbion VOB/B § 11 Abs. 2 Rn. 3; *Heiermann/Riedl/Rusam*, VOB/B § 11 Rn. 33.
[54] Dazu näher *Döring* in Ingenstau/Korbion VOB/B § 11 Abs. 2 Rn. 3; *Heiermann/Riedl/Rusam*, VOB/B § 11 Rn. 34.
[55] OLG Hamm BauR 2008, 1643.
[56] OLG Rostock BauR 2004, 92 (93).
[57] So zutreffend KG BauR 2003, 1568 (1570).
[58] So zutreffend *Vygen*, Urteilsanmerkung zu OLG Rostock BauR 2004, 92 (94).
[59] Zur Auswirkung von Nachträgen auf Vertragsstrafenvereinbarungen vgl. *Kreikenbohm* BauR 2003, 315.

Kommentierung zu verweisen ist (→ § 6 Rn. 5 ff., 18 ff. und 36 ff.). An dieser Stelle zusammenfassend: Wenn und soweit eine terminrelevante Behinderung des Auftragnehmers im Sinne von § 6 Abs. 2 VOB/B vorliegt **und** der Auftragnehmer diese Behinderung entweder gemäß § 6 Abs. 1 S. 1 VOB/B gegenüber dem Auftraggeber angezeigt hat **oder** für den Auftraggeber die Behinderung und deren hindernde Wirkungen offenkundig waren, so bewirkt die Terminverschiebung bzw. Fristverlängerung eine **Verschiebung der Fälligkeit** im Sinne von § 286 Abs. 1 BGB. Der Auftragnehmer gerät also bereits mangels Fälligkeit seiner Leistung nicht in Verzug, wenn er spätestens innerhalb der verlängerten Frist die entsprechende Leistung erbringt (→ § 5 Rn. 50 ff.). Liegt eine entsprechende Behinderung des Auftragnehmers vor, hat er diese Behinderung aber weder angezeigt noch sind die Behinderung und deren Wirkungen für den Auftraggeber offenkundig, so gerät der Auftragnehmer nach Auffassung des BGH[60] dennoch nicht in Verzug, weil er die Fristüberschreitung jedenfalls nicht zu vertreten habe (näher → § 6 Rn. 15). Folglich schuldet der Auftragnehmer in diesem Fall schon mangels Terminverzuges keine Vertragsstrafe.[61]

Befindet sich der Auftragnehmer trotz der behinderungsbedingt verlängerten Frist in Verzug, so stellt sich die zweite Frage, ob das **Strafversprechen** nunmehr die **verlängerte Frist sanktioniert** oder ob in solchen Fällen das Strafversprechen entfällt. Der **Grundsatz** lautet, dass die **bloße Fristverlängerung** an dem **Fortbestand des Strafversprechens nichts ändert**, das heißt, die Vertragsstrafe wird in diesem Fall verwirkt, wenn der Auftragnehmer – zu einem späteren Zeitpunkt – in Verzug gerät.[62] Eine **Ausnahme** soll nach herrschender Auffassung aber dann gelten, wenn die in die Risikosphäre des Auftraggebers fallenden Bauablaufstörungen eine **grundlegende Neuordnung der Terminplanung** erfordern.

Beispiel: Die Parteien haben eine Vertragsstrafe für den Fall vereinbart, dass der Auftragnehmer mit der Fertigstellung des Bauvorhabens in Verzug gerät. Der Ausführungsbeginn verzögert sich, weil die vom Auftraggeber vorzulegenden Ausführungsunterlagen (§ 3 Abs. 1 VOB/B) vier Wochen zu spät vorliegen, weshalb der Auftragnehmer Behinderung anmeldet. Während der Ausführung kommt es mehrfach zu Umplanungen des Auftraggebers, weshalb der Auftragnehmer jeweils Nachtragsforderungen und zusätzlichen Zeitbedarf anmeldet. Hinzu kommen Brandschutzauflagen des Bauordnungsamtes, vor deren Umsetzung der Auftragnehmer ebenfalls zusätzlichen Zeitbedarf und eine Zusatzvergütung anmeldet. Insgesamt verzögert sich die Fertigstellung um mehrere Monate.[63]

Der BGH,[64] verschiedene Oberlandesgerichte[65] sowie zahlreiche Stimmen in der Literatur[66] vertreten in solchen und ähnlichen Fällen den Standpunkt, dass die erforderliche **durchgreifende Neuordnung der Terminplanung** zu einem **nachträglichen Entfall der Vertragsstrafe** führe, wofür der Auftragnehmer allerdings darlegungs- und beweispflichtig sei.[67] Soweit diese weitreichende Rechtsfolge überhaupt begründet wird, wird zB angeführt, dies ergebe eine Auslegung zur Reichweite eines Strafversprechens bei grundlegender Neuordnung der Terminplanung.[68] Folgt man dieser Ansicht, ist es konsequent anzunehmen, dass eine Fortgeltung der Vertragsstrafe durch eine entsprechende AGB-Klausel grundsätzlich unwirksam ist.[69]

Der von der herrschenden Meinung postulierte Entfall der Vertragsstrafe wegen durchgreifender Neuordnung der Terminplanung findet dogmatisch keine Stütze, worauf *Wolff* und *Börgers*

---

[60] BGH BauR 1999, 645, ebenso OLG Zweibrücken IBR 2006, 246; anderer Auffassung OLG Rostock IBR 2006, 15 – Nichtzulassungsbeschwerde vom BGH zurückgewiesen.
[61] Vgl. KG IBR 2014, 468.
[62] OLG Düsseldorf BauR 1997, 1040; 2000, 1336 f.; OLG Dresden BauR 2000, 1881 (1882 f.); OLG Celle BauR 2005, 1780 (1781); ergänzend: FKZGM VOB/B § 11 Rn. 16; *Eschenbruch/von Rintelen* NZBau 2010, 401; *Hafkesbrink/Schoofs* BauR 2010, 133.
[63] Beispiel nach BGH BauR 1993, 600.
[64] BGH NJW 1966, 971; BauR 1974, 206; 1993, 600; 1999, 645.
[65] OLG Hamm BauR 1996, 392; OLG Frankfurt IBR 1997, 448; OLG Köln BauR 2001, 1105; OLG Celle BauR 2005, 1780 (1781); OLG Düsseldorf BauR 2012, 142; Urt. v. 7.4.2016 – 5 U 81/15; OLG Köln IBR 2013, 606; KG IBR 2014, 468.
[66] *Heiermann/Riedl/Rusam*, VOB/B § 11 Rn. 57; *Döring* in Ingenstau/Korbion VOB/B § 11 Abs. 3 Rn. 9; *Wieseler* in NWJS VOB/B § 11 Rn. 19; FKZGM VOB/B § 11 Rn. 22; *Kleine-Möller/Merl* § 16 Rn. 426 ff.; *Lau* Jahrbuch BauR 2003, 72 ff.; *Bschorr/Zanner* S. 83 f.; *Leinemann/Hafkesbrink*, VOB/B § 11 Rn. 33 ff.; *Hafkesbrink/Schoofs* BauR 2010, 133 (142).
[67] *Döring* in Ingenstau/Korbion, VOB/B § 11 Abs. 3 Rn. 9; *Hafkesbrink/Schoofs* BauR 2010, 133; vgl. auch OLG Brandenburg IBR 2013, 407.
[68] Vgl. zB *Leinemann/Hafkesbrink*, § 11 Rn. 33 mwN.
[69] So *Hafkesbrink/Schoofs* BauR 2010, 133.

zutreffend hinweisen.[70] Denn grundsätzlich lässt sich **jede** auftragnehmer- und auch auftraggeberseitige Störung des Bauablaufs terminrechtlich dergestalt einordnen, dass auftragnehmerseitig zu verantwortende Störungen des Terminablaufs zu einem entsprechenden Terminrückstand und – bei Vorliegen der gesetzlichen Voraussetzungen – auch zu einem Terminverzug führen. Soweit die Störungen hingegen dem Risikobereich des Auftraggebers zuzurechnen sind, kommt es entweder gemäß § 6 Abs. 1, Abs. 2 und Abs. 4 VOB/B zu einer entsprechenden Fristverlängerung oder – bei fehlender Behinderungsanzeige und fehlender Offenkundigkeit – jedenfalls zu einer vom Auftragnehmer nicht zu vertretenden Fristüberschreitung, sodass ein die Vertragsstrafe auslösender Verzug des Auftragnehmers nicht eintritt, soweit der Auftragnehmer die Leistung innerhalb der verlängerten Frist erbringt bzw. die das Verschulden ausschließende Behinderung entfallen ist. Jedenfalls wird, soweit ersichtlich, weder in der Rechtsprechung noch in der Literatur die Auffassung vertreten, dass größere auftraggeberseitige Behinderungen, die eine „durchgreifende Neuordnung der Terminplanung" erfordern, gleichsam automatisch dazu führen würden, dass der Auftragnehmer nicht mehr in Verzug mit der Erbringung seiner Leistung geraten kann. Wenn der Auftragnehmer aber, und sei es unter Berücksichtigung noch so vieler und umfänglicher Behinderungen des Auftraggebers, nach Ablauf der verlängerten Ausführungsfrist und entsprechender Mahnung in Verzug geraten kann, besteht kein Grund, die für den Fall des Verzugs vereinbarte Vertragsstrafe wegen der „durchgreifenden Neuordnung der Terminplanung" entfallen zu lassen. Da die Vertragsstrafe nicht nur eine Druckfunktion zur Terminsicherung bezweckt, sondern auch eine Ausgleichsfunktion im Sinne des Ersatzes eines Mindestschadens bei Terminverzug des Auftragnehmers, gibt es keinen Sinn, einerseits einen – um die Fristverlängerung verschobenen – Terminverzug des Auftragnehmers trotz Behinderungen zu bestätigen, andererseits *eine* Verzugsfolge, nämlich den Ersatz des Mindestschadens in Höhe der verwirkten Vertragsstrafe, entfallen zu lassen.

Ganz nebenbei ist auch mehr als unscharf, wann eine „durchgreifende Neuordnung der Terminplanung" überhaupt vorliegen soll.[71] In allen bislang von der Rechtsprechung anerkannten Fällen waren diverse, vom Auftraggeber zu verantwortende Bauablaufstörungen eingetreten wie beispielsweise eine verspätete Baugenehmigung, eine verzögerte Übergabe der Baugrube, Planänderungen usw. Soweit ersichtlich differenziert die Rechtsprechung aber bereits nicht danach, ob es sich um einen verhältnismäßig kleinen Bauvertrag zur Ausführung eines einzelnen Gewerks mit einer Laufzeit von nur wenigen Wochen handelt oder aber um einen komplexen Schlüsselfertigbauvertrag mit einer Ausführung von mehr als 12 Monaten, bei dem aufgrund der Komplexität naturgemäß häufiger Behinderungen und damit verbundene Fristverlängerungen auftreten können. Immerhin hat das OLG Köln in einem Urteil vom 27.4.2012[72] festgehalten, dass dann, wenn Verzögerungen „nicht so einschneidend" seien, zwar eine Fristverlängerung eintrete, jedoch kein automatischer Entfall der Vertragsstrafe.[73]

Die vornehmlich auf Billigkeitserwägungen beruhende Rechtsprechung zum Entfall der Vertragsstrafe bei grundlegender Neuordnung der Terminplanung ist also grundsätzlich abzulehnen.[74] Allerdings sind **zwei Ausnahmefälle** wie folgt zuzulassen:

30   Der **erste Ausnahmetatbestand** liegt dann vor, wenn die Parteien verschiedenen Ablaufstörungen dadurch Rechnung tragen, dass sie den Vertragsterminplan einvernehmlich fortschreiben, inzwischen überholte oder nicht mehr einhaltbare **Vertragsfristen also einvernehmlich neu festgelegt werden.** In diesem Fall muss sorgfältig geprüft werden, ob eine an die ursprünglichen Vertragsfristen anknüpfende Vertragsstrafe auch für die neu vereinbarten, fortgeschriebenen Fristen gelten soll oder ob die Neuvereinbarung der Ausführungsfristen gleichzeitig bedeutet, dass diese nicht mehr pönalisiert sein sollen.[75] War die ursprüngliche Vertragsstrafe für einen bestimmten, insbesondere kalendermäßig bestimmten Termin (zB Fertigstellungstermin) vereinbart und lässt die einvernehmliche Terminplanfortschreibung der Parteien in keiner Weise

---

[70] *Wolff* in Beck'scher VOB-Kommentar VOB/B § 11 Abs. 1 Rn. 30; *Börgers* BauR 1997, 917 (921 f.).
[71] So zutreffend *Wolff* in Beck'scher VOB-Kommentar § 11 Abs. 1 VOB/B Rn. 30.
[72] OLG Köln IBR 2013, 606.
[73] Im konkreten Fall hatte sich die zwischen den Parteien vereinbarte Bauzeit von 7,5 Monaten um mindestens 5 Monate verlängert. Diese Verlängerung sah das OLG Köln als erhebliche Terminplanänderung an, die zum Entfall der Vertragsstrafe führe; kritisch zu den entsprechenden Kriterien auch *Leinemann/Hafkesbrink,* § 11 Rn. 34.
[74] Ebenso *Pauly* NZBau 2016, 251.
[75] Dazu OLG Düsseldorf BauR 2003, 259; *Kniffka/Koeble,* 7. Teil Rn. 66; *Hafkesbrink/Schoofs* BauR 2010, 133 (138 ff.).

erkennen, dass auch der verschobene Termin pönalisiert sein soll,[76] so ist nach Auffassung des OLG Düsseldorf davon auszugehen, dass der neue, verschobene Termin nicht mehr mit einer Vertragsstrafe belegt sein soll.[77] Das Gleiche gilt, wenn die Parteien einvernehmlich (und unter Verzicht des Auftragnehmers auf eine Beschleunigungsvergütung) die **pönalisierte Ausführungsfrist verkürzt** haben, ohne den Fortbestand oder Entfall der ursprünglichen Vertragsstrafe zu regeln. In diesem Fall entfällt also die ursprüngliche Vertragsstrafe mangels anderweitiger (klarstellender) Regelung.[78] Die Auslegung hängt vom Einzelfall ab; **im Zweifel gilt die ursprüngliche Strafvereinbarung auch für neu vereinbarte Termine.**[79] Nach Auffassung des OLG Naumburg[80] spricht für eine Fortgeltung der Vertragsstrafenvereinbarung insbesondere, wenn die Regelung selbst terminneutral formuliert ist und die Notwendigkeit der Terminplanfortschreibung im Verantwortungsbereich des Auftragnehmers liegt, was allerdings nahezu selbstverständlich erscheint, da der Auftragnehmer ansonsten für eine verzugsbedingte Terminplanfortschreibung durch den Entfall der Vertragsstrafe gleichsam noch belohnt würde. Vereinbaren die Parteien jedoch einen neuen Fertigstellungstermin, nachdem der ursprüngliche, strafbewehrte Fertigstellungstermin bereits überschritten ist, ohne im Rahmen der Neuvereinbarung klarzustellen, dass die Vertragsstrafe auch für den neuen Termin gelten soll, so ist davon auszugehen, dass der neue Fertigstellungstermin nicht mehr strafbewehrt sein soll.[81] Den Parteien ist also auf jeden Fall eine Klarstellung anlässlich der Terminfortschreibung zu empfehlen.

Der **zweite Ausnahmetatbestand** ist dann denkbar, wenn die **Vertragsstrafe** nicht an den Verzug des Auftragnehmers, sondern **zulässig an die bloße Fristüberschreitung anknüpft.**[82] Wird in diesem Fall die Vertragsstrafe aus Gründen verwirkt, die dem Risikobereich des Auftraggebers selbst zuzuordnen sind, so ist der Auftraggeber entweder wegen unzulässiger Rechtsausübung gemäß § 242 BGB oder aber zumindest auf Grund einer Störung der Geschäftsgrundlage gemäß § 313 BGB gehindert, die an sich verwirkte Vertragsstrafe geltend zu machen,[83] soweit die Auslegung der Strafvereinbarung nicht zweifelsfrei ergibt, dass die Vertragsstrafe selbst dann verwirkt sein sollte, wenn die Fristüberschreitung vom Auftraggeber verursacht worden ist. Auch in diesem Fall „entfällt" die Vertragsstrafe also nicht, sondern der Auftraggeber wird lediglich an der Geltendmachung der verwirkten Vertragsstrafe gehindert, weil er selbst die Verwirkung verursacht hat.

IX. Vorbehalt der Vertragsstrafe

Gemäß § 11 Abs. 4 VOB/B und § 339 Abs. 3 BGB kann der Auftraggeber die Vertragsstrafe nur verlangen, wenn er sich die Vertragsstrafe bei der Abnahme vorbehält. Wegen der Einzelvoraussetzungen und der Möglichkeiten, hierzu abweichende Vereinbarungen zu treffen, sei zur Vermeidung von Wiederholungen auf die Kommentierung zu § 11 Abs. 4 VOB/B verwiesen (→ Rn. 92 ff.).

D. § 11 Abs. 2 und 3 VOB/B – Vertragsstrafe bei Terminverzug des Auftragnehmers

§ 11 Abs. 2 VOB/B bestimmt, dass eine vom Auftragnehmer für die nicht fristgerechte Erfüllung versprochene Vertragsstrafe fällig wird, wenn der Auftragnehmer in Verzug gerät. Die Vorschrift enthält damit einerseits eine Wiederholung, andererseits eine Klarstellung zu § 339 S. 1 BGB, wonach eine vom Schuldner für die Nichterfüllung oder für die nicht gehörige

---

[76] ZB durch die Vereinbarung, dass im Übrigen die vertraglichen Regelungen fortgelten, vgl. OLG Düsseldorf, aaO.
[77] OLG Düsseldorf BauR 2012, 1421 = IBR 2013, 13.
[78] Zutreffend OLG Zweibrücken 20.6.2007 – 1 U 50/07, BeckRS 2008, 14175 mit dem klarstellenden Hinweis, dass der Vorbehalt der Vertragsstrafe bei der Abnahme in diesem Fall die – fehlende – Vereinbarung der Vertragsstrafe nicht ersetzt.
[79] So zutreffend BGH IBR 2006, 387; OLG Dresden BauR 2000, 1881 zum Parallelfall neu vereinbarter Fristen auf Grund angeordneter Nachträge; anderer Auffassung *Kreikenbohm* BauR 2003, 315 (319); differenzierend KG BauR 2003, 1568 (1570).
[80] OLG Naumburg NZBau 2013, 580 = IBR 2013, 464. Ebenso OLG Düsseldorf Urt. v. 7.4.2016 – 5 U 81/15.
[81] So zutreffend OLG Celle BauR 2004, 1307 (1308).
[82] Dazu näher → Rn. 35.
[83] Dazu *Wolff* in Beck'scher VOB-Kommentar VOB/B § 11 Abs. 1 Rn. 38.

Erfüllung versprochene Vertragsstrafe verwirkt wird, wenn der Schuldner in Verzug gerät. § 11 Abs. 3 VOB/B regelt ergänzend, wie die Vertragsstrafe zu berechnen ist, wenn sie nach Tagen bemessen ist. Dann zählen nur Werktage. Ist die Vertragsstrafe nach Wochen bemessen, so wird jeder Werktag einer angefangenen Woche als 1/6 Woche gerechnet.

Die VOB/B trägt damit dem Umstand Rechnung, dass die Vertragsstrafe in der Baupraxis zumeist an die Nichteinhaltung von Ausführungsfristen, die als Vertragsfristen vereinbart sind, geknüpft wird, während Vertragsstrafen für die Nichterfüllung oder die sonstige nicht gehörige Erfüllung verhältnismäßig wenig Bedeutung haben. Für die rechtlich zulässige Ausgestaltung der Vertragsstrafenvereinbarung kommt es maßgeblich darauf an, ob das Strafversprechen als **Individualvereinbarung** (dazu nachstehend → Rn. 34 ff.) oder als **AGB-Vereinbarung** (dazu nachstehend → Rn. 48 ff.) anzusehen ist. Als typische standardisierte Vertragsregelungen unterliegen dabei in der Praxis die meisten Strafversprechen der AGB-Kontrolle nach §§ 307 ff. BGB.[84]

I. Strafversprechen als Individualvereinbarung

34 **1. Verzugsabhängigkeit.** Sowohl gemäß § 339 S. 1 BGB als auch gemäß § 11 Abs. 2 VOB/B wird eine an die nicht fristgerechte Leistung des Auftragnehmers anknüpfende Vertragsstrafe fällig (verwirkt), wenn der Auftragnehmer in Verzug gerät. Zu den Voraussetzungen und dem Ausschluss des Verzuges wird auf die Erläuterungen in → § 5 Rn. 35 ff. verwiesen.

Inhaltlich kann das Strafversprechen des Auftragnehmers anknüpfen an den Verzug des Auftragnehmers

– mit dem Ausführungsbeginn,
– mit der Einhaltung von Einzelfristen, die als Vertragsfristen vereinbart sind und
– mit der Fertigstellung der Leistung.

Die Vertragsstrafe kann auch generell für den Fall vereinbart werden, dass sich der Auftragnehmer mit der Einhaltung *der* (also aller vereinbarten) Ausführungsfristen in Verzug befindet. In diesem Fall sind alle ursprünglich (also bei Vertragsabschluss), aber auch die nachträglich vereinbarten Fristen, soweit es sich hierbei um Vertragsfristen im Sinne von § 5 Abs. 1 S. 1 VOB/B handelt, durch die Vertragsstrafe sanktioniert, wenn der Auftragnehmer mit der Einhaltung einer Frist (oder auch mehrerer Fristen) in Verzug gerät.

35 Die in § 339 S. 1 BGB enthaltene Anknüpfung der Vertragsstrafe an den **Verzug** des Auftragnehmers (Schuldners) ist **dispositives Gesetzesrecht** und kann deshalb insbesondere durch eine Individualvereinbarung der Parteien **abbedungen werden**.[85] Die Parteien können also frei vereinbaren, ob die Vertragsstrafe (nur) bei Verzug des Auftragnehmers verwirkt sein soll, ob hierzu (lediglich) eine schuldhafte Fristüberschreitung seitens des Auftragnehmers vorliegen muss[86] oder ob die Vertragsstrafe auch bei unverschuldeter Fristüberschreitung durch den Auftragnehmer verwirkt sein soll. Haben die Parteien individuell vereinbart, dass der Auftragnehmer bei Überschreitung der vereinbarten Ausführungsfrist eine bestimmte Vertragsstrafe zahlen soll, so ist durch Auslegung zu klären, ob die Parteien damit eine verschuldens- bzw. verzugsunabhängige Strafvereinbarung wollten oder ob die Vertragsstrafe gemäß § 339 S. 1 BGB nur bei Verzug des Auftragnehmers verwirkt sein soll. Bietet der Vertrag im Übrigen keinen Anhalt für eine verschuldens- bzw. verzugsunabhängig gewünschte Strafvereinbarung, so wird die Strafe gemäß § 339 S. 1 BGB im Zweifel nur bei Verzug des Auftragnehmers verwirkt.[87] Soll die Vertragsstrafe auch unverschuldet verwirkt werden können, so kommt sie in die Nähe eines Garantieversprechens,[88] sodass ein solches **verschuldensunabhängiges Strafversprechen** nur dann anzunehmen ist, wenn sich aus der Vereinbarung der Parteien ohne Zweifel ergibt, dass der Auftragnehmer auch für den Fall der von ihm nicht verschuldeten Fristüberschreitung eine Vertragsstrafe an

---

[84] Früher: §§ 9 ff. AGB-Gesetz.
[85] BGHZ 72, 178; 82, 402; NJW 1971, 883; NJW-RR 1997, 686 (688); *Wolff* in Beck'scher VOB-Kommentar VOB/B § 11 Abs. 2 Rn. 5; *Grüneberg* in Palandt BGB § 339 Rn. 14.
[86] Schuldhafte Fristüberschreitung ist nicht identisch mit Verzug, da neben der Fälligkeit und dem Verschulden im Regelfall auch eine Mahnung des Auftraggebers nach Eintritt der Fälligkeit erforderlich ist, § 286 Abs. 1 BGB und näher → § 5 Rn. 39 ff.
[87] So zutreffend OLG Saarbrücken IBR 2014, 259.
[88] *Wolff* in Beck'scher VOB-Kommentar VOB/B Vor § 11 Rn. 14 und näher → Rn. 9.

den Auftraggeber zahlen wollte.[89] In diesem Fall ist aber zu prüfen, ob die Fristüberschreitung von keiner der Parteien zu verantworten ist[90] oder ob die Fristüberschreitung dem Auftraggeber vorzuwerfen ist bzw. zumindest in seinen Verantwortungsbereich fällt.[91] Letztenfalls wird der Auftraggeber im Regelfall zumindest nach den Grundsätzen von Treu und Glauben gehindert sein, die an sich verwirkte Vertragsstrafe geltend zu machen,[92] wenn nicht die Auslegung der Vereinbarung ergibt, dass die Strafe selbst bei auftraggeberseitig verantworteter bzw. verschuldeter Fristüberschreitung verwirkt sein soll.

Lässt sich der Vereinbarung der Parteien nicht mit hinreichender Deutlichkeit entnehmen, ob die Vertragsstrafe an Verzug oder an die bloße (schuldhafte) Fristüberschreitung anknüpft, so kann bei einem VOB-Bauvertrag der Bestimmung des § 11 Abs. 2 VOB/B Bedeutung zukommen. Liegen dem Vertrag nämlich die Bestimmungen der VOB/B zugrunde, so führt die Anwendung von § 11 Abs. 2 VOB/B dazu, dass mangels anderweitiger Vereinbarung die an die Fristüberschreitung anknüpfende Vertragsstrafe Verzug des Auftragnehmers voraussetzt.[93] Die einschlägige Rechtsprechung des BGH ist zwar zu AGB-Strafvereinbarungen ergangen, gilt aber naturgemäß erst recht bei einer Individualvereinbarung, wenn diese im Unklaren lässt, ob die Strafe an die (schuldhafte) Fristüberschreitung oder an den Verzug des Auftragnehmers anknüpft.

2. Gegenstand und Höhe der Vertragsstrafe. Die Vertragsstrafe besteht typischerweise in der Zahlung einer bestimmten **Geldsumme,** zu der der Auftragnehmer sich unter den vereinbarten Voraussetzungen verpflichtet. **Sonstige Leistungsverpflichtungen,** zB die Lieferung bestimmter Materialien oder die Erbringung sonstiger Werkleistungen, sind in der Praxis äußerst selten und können deshalb vernachlässigt werden.

In welcher Höhe der Auftragnehmer sich zur Zahlung einer Vertragsstrafe an den Auftraggeber verpflichtet, steht im freien Belieben der Parteien. Prüfungsmaßstab ist hier neben § 134 BGB in erster Linie § 138 BGB,[94] also die Frage, ob die vom Auftragnehmer zu zahlende Strafe pro Tag/Woche oder aber insgesamt gegen die guten Sitten verstößt. Letzteres ist gemäß § 138 Abs. 2 BGB insbesondere der Fall, wenn der Auftraggeber unter Ausbeutung der Zwangslage, der Unerfahrenheit, des Mangels an Urteilsvermögen oder der erheblichen Willensschwäche des Auftragnehmers die Strafe mit dem Auftragnehmer vereinbart hat und das Strafversprechen in einem auffälligen Missverhältnis zu der Hauptverbindlichkeit steht, deren ordnungsgemäße Erfüllung durch sie abgesichert werden soll.

Beispiel: Der Auftragnehmer (Bauträger) verpflichtet sich zur Zahlung einer Vertragsstrafe in Höhe von 15 % der Vergütung für das Grundstück nebst schlüsselfertig zu errichtenden Wohnungen, wenn bis zu einem kalendermäßig bestimmten Endtermin das Objekt nicht mängelfrei fertig gestellt ist.

Das OLG Celle[95] hat in diesem Fall die Sittenwidrigkeit und damit Nichtigkeit des Strafversprechens mit der Begründung angenommen, dass nach der Ausgestaltung der individuellen Absprache die Strafe bereits dann verwirkt sein sollte, wenn zum vereinbarten Fertigstellungstermin auch nur *ein Mangel* vorhanden war. Damit verstoße das Strafversprechen insgesamt gegen die guten Sitten; die Herabsetzungsmöglichkeit gemäß § 343 BGB[96] sei in diesem Fall nicht ausreichend.[97]

3. Berechnung der Vertragsstrafe. Die Berechnung der vom Auftragnehmer verwirkten und damit zu zahlenden Vertragsstrafe richtet sich in erster Linie nach der Vereinbarung der

---

[89] Fehlerhaft hat das LG Hagen IBR 2014, 1062 die Verwirkung einer Vertragsstrafe auch dann angenommen, wenn der Auftragnehmer witterungsbedingt (zu hohe Außentemperaturen) bestimmte Arbeiten nicht fristgerecht ausführen konnte. Selbst wenn man aufgrund der Vorhersehbarkeit dieser Witterungsverhältnisse nicht von einer Fristverlängerung gemäß § 6 Abs. 2 Nr. 2 VOB/B ausgehen wollte, war der Auftragnehmer jedenfalls unverschuldet gehindert, die Arbeiten fristgerecht auszuführen.
[90] Zum Beispiel in den Fällen von § 6 Abs. 2 Nr. 1b und c VOB/B, also bei Fristüberschreitung auf Grund unerwarteter Witterungsverhältnisse oder bei Streik/Aussperrung.
[91] Fall des § 6 Abs. 2 Nr. 1a VOB/B, in den Risikobereich des Auftraggebers fallende Behinderungstatbestände.
[92] Dazu *Wolff* in Beck'scher VOB-Kommentar VOB/B § 11 Abs. 1 Rn. 38 f. und → Rn. 31.
[93] BGH BauR 2002, 782 = NZBau 2002, 265; BauR 2003, 870 (874); 2004, 1611 = NZBau 2004, 613.
[94] Vgl. *Wolff* in Beck'scher VOB-Kommentar VOB/B § 11 Abs. 1 Rn. 11; *Kniffka/Koeble,* 7. Teil Rn. 60.
[95] OLG Celle BauR 2001, 1108.
[96] Dazu → Rn. 46 f.
[97] Zum Verhältnis von § 138 BGB zu § 343 Abs. 1 BGB vgl. auch *Wieseler* in NWJS VOB/B § 11 Rn. 18 und *Bschorr/Zanner,* S. 62 f.

Parteien. Wird durch die Vertragsstrafe die nicht fristgerechte Leistungserbringung durch den Auftragnehmer sanktioniert, so kann die Vertragsstrafe zwangsläufig nur so lange verwirkt werden, wie auch der entsprechende Erfüllungsanspruch besteht.[98] Es bietet sich in diesem Fall eine Berechnung nach Zeiteinheiten an, insbesondere nach Tagen, Wochen oder – bei länger andauernden Baumaßnahmen – auch nach Monaten. Dabei steht es auch hier im freien Belieben der Parteien, ob sich die pro Zeiteinheit verwirkte Vertragsstrafe nach vollendeten oder nach begonnenen Zeiteinheiten richtet, was sich insbesondere bei Wochen oder Monaten auswirkt.

Beispiel: Bei Überschreitung des vereinbarten Fertigstellungstermins verpflichtet der Auftragnehmer sich zur Zahlung einer Vertragsstrafe in Höhe von 1 % der Auftragssumme pro angefangener/vollendeter Woche an den Auftraggeber.

Die Sanktionierung angefangener Zeiteinheiten (insbesondere Woche oder Monat) mag zwar als unbillige Benachteiligung des Auftragnehmers verstanden werden, verstößt für sich allein betrachtet jedoch noch nicht gegen die guten Sitten im Sinne von § 138 BGB und ist damit bei einer Individualvereinbarung wirksam.

40 Soweit die Strafvereinbarung der Parteien die Strafhöhe nicht abschließend regelt und dem Vertrag ergänzend die Bestimmungen der VOB/B zugrunde liegen, so gilt für die Strafhöhe ergänzend § 11 Abs. 3 VOB/B. Hiernach zählen nur **Werktage,** wenn die Vertragsstrafe nach Tagen bemessen ist. Es kommt also darauf an: Haben die Parteien im Vertrag ausdrücklich geregelt, dass pro „Tag" der Fristüberschreitung eine bestimmte Vertragsstrafe verwirkt sein soll, so ist unter „Tag" gemäß § 11 Abs. 3 VOB/B der Werktag zu verstehen, der wiederum die Arbeitstage einschließlich der Samstage umfasst.[99] Das Gleiche gilt selbstverständlich dann, wenn die Parteien im Vertrag von vornherein an Werktage anknüpfen.

41 Ist im Vertrag aber geregelt, dass eine bestimmte Strafe pro „Arbeitstag" oder „Kalendertag" verwirkt sein soll, um den die Frist überschritten wird, dann hat diese vertragliche Vereinbarung Vorrang vor der Regelung des § 11 Abs. 3 VOB/B. Dabei sind **Arbeitstage** nur die Tage von Montag bis Freitag (ausgenommen Feiertage), während **Kalendertage** von Montag bis Sonntag einschließlich der Feiertage gerechnet werden.[100] Für den Auftragnehmer ist die Anknüpfung an Arbeitstage also günstiger als diejenige an Werktage, letztere wiederum günstiger als die Anknüpfung an Kalendertage. Bei AGB-Strafklauseln kann die unterschiedliche Anknüpfung an Arbeits-, Werk- oder Kalendertage wirksamkeitsrelevant sein (näher → Rn. 68). Bei Individualvereinbarungen ist dies in aller Regel nicht der Fall, weil die Verwirkung von Vertragsstrafen auch an Sonn- und Feiertagen noch nicht zur Sittenwidrigkeit im Sinne von § 138 BGB führt.

42 Ist die Vertragsstrafe an **Wochen** geknüpft und bestimmt der Vertrag nicht ausdrücklich, ob die angefangene (oder vollendete) Woche sanktioniert wird, so greift ergänzend § 11 Abs. 3 Hs. 2 VOB/B ein. Hiernach wird jeder Werktag angefangener Wochen als 1/6 Woche gerechnet. § 11 Abs. 3 Hs. 2 VOB/B enthält also eine Auslegungsregel dergestalt, dass bei einer Bemessung der Vertragsstrafe nach Wochen dennoch eine taggenaue Verwirkung erfolgt, und zwar 1/6 Woche pro Werktag, mit dem der Auftragnehmer in Rückstand bzw. Verzug ist. Dennoch steht es den Parteien frei, wie schon erwähnt, im Rahmen einer Individualvereinbarung auch eine angefangene Woche komplett mit einer Vertragsstrafe zu belegen, ohne dass die Strafvereinbarung allein deshalb als sittenwidrig und damit nichtig anzusehen ist.

43 Kommt es aus Gründen, die der Auftragnehmer nicht zu verantworten hat, zu einer **Fristverlängerung,** insbesondere gemäß § 6 Abs. 2 VOB/B, so hängt es von der Ausgestaltung der Vertragsstrafe ab, ob die Vertragsstrafe wegen ihrer garantieähnlichen Wirkung dennoch verwirkt sein soll[101] oder ob die Vertragsstrafe nunmehr den verschobenen Termin bzw. die verlängerte Frist sanktioniert.[102]

44 Kommt es nach (ganz oder teilweise) eingetretener Verwirkung der Vertragsstrafe zu einer **Kündigung** des Auftraggebers, so ist § 8 Abs. 8 VOB/B zu beachten. Hiernach kann eine wegen Verzugs verwirkte, nach Zeit bemessene Vertragsstrafe nur für die Zeit bis zum Tag der Kündigung des Vertrags gefordert werden. Diese Bestimmung gilt sowohl für eine ordentliche, ohne Grund erfolgende Kündigung des Auftraggebers gemäß § 8 Abs. 1 VOB/B als auch für

---

[98] Also zB bis zum Ablauf der mit Ablehnungsandrohung gesetzten Frist, OLG Düsseldorf BauR 2003, 259.
[99] *Wolff* in Beck'scher VOB-Kommentar VOB/B § 11 Abs. 1 Rn. 48 f.; *Döring* in Ingenstau/Korbion VOB/B § 11 Abs. 3 Rn. 2 f.
[100] *Wolff* in Beck'scher VOB-Kommentar VOB/B § 11 Abs. 1 Rn. 50.
[101] Dazu → Rn. 25 ff.
[102] Dazu OLG Köln BauR 2001, 1105; näher → Rn. 25 ff.

eine außerordentliche Kündigung zB gemäß § 8 Abs. 3 VOB/B. Die Bestimmung trägt der Akzessorietät der Vertragsstrafe zur Hauptverbindlichkeit Rechnung. Kann wegen der Kündigung die Hauptverbindlichkeit nicht (mehr) erfüllt werden, so kann auch die Vertragsstrafe ihre Druckfunktion zur Sicherung der Hauptverbindlichkeit nicht (mehr) erfüllen und wird folglich mit der Kündigung beendet (→ § 8 Rn. 142).

4. Schadensabhängigkeit. Wie bereits ausgeführt (→ Rn. 5), kann der Auftraggeber die 45 verwirkte Vertragsstrafe selbst dann verlangen, wenn ihm nachweislich kein oder ein geringerer Schaden als die verwirkte Vertragsstrafe entstanden ist. Eine Abhängigkeit zwischen verwirkter Vertragsstrafe und tatsächlichem Schaden besteht damit nicht.

Zum Sonderproblem, wenn ein öffentlicher Auftraggeber in Abweichung von § 9a VOB/A bzw. § 9a EU VOB/A eine Vertragsstrafe vereinbart, vgl. die Erläuterungen in → Rn. 63 ff.

5. Herabsetzungsmöglichkeit. Ist die verwirkte Strafe unverhältnismäßig hoch, so kann sie 46 auf Antrag des Schuldners (Auftragnehmers) durch Urteil auf einen angemessenen Betrag herabgesetzt werden. Bei der Beurteilung der Angemessenheit ist jedes berechtigte Interesse des Gläubigers (Auftraggebers), nicht lediglich dessen Vermögensinteresse, in Betracht zu ziehen. Nach der Entrichtung der Strafe ist die Herabsetzung ausgeschlossen, § 343 Abs. 1 BGB. Die unangemessene Höhe einer verwirkten Vertragsstrafe ist nicht zu verwechseln mit der Frage, ob die versprochene Strafe als sittenwidrig und damit nichtig im Sinne von § 138 BGB anzusehen ist. Beim Strafversprechen kommt es auf die drohende Strafe an, während § 343 Abs. 1 BGB auf die konkret verwirkte Strafe abstellt und natürlich ein rechtswirksames Strafversprechen als solches voraussetzt.[103]

Die Herabsetzung kann vom Auftragnehmer entweder durch eine **Klage** gegen den Auftrag- 47 geber oder aber in einem bereits anhängigen Rechtsstreit per **Einrede** verlangt werden.[104] Die Herabsetzungsmöglichkeit einer unangemessen hoch verwirkten Vertragsstrafe gemäß § 343 Abs. 1 BGB spielt in der Baupraxis jedoch kaum eine Rolle. Denn gemäß § 348 HGB findet § 343 BGB auf Vertragsstrafen, die von einem Kaufmann im Betrieb seines Handelsgewerbes versprochen werden, keine Anwendung. Die Herabsetzungsmöglichkeit gemäß § 343 BGB besteht also nur bei denjenigen Auftragnehmern eines Bauvertrages, die abweichend von § 2 HGB nicht als Kaufleute im Handelsregister eingetragen sind. Ausnahmsweise hat der BGH in einem Sonderfall trotz der Bestimmung des § 348 HGB die Herabsetzung der Vertragsstrafe nach den Grundsätzen von Treu und Glauben (§ 242 BGB) zugelassen, wenn die konkret verwirkte Vertragsstrafe auch im kaufmännischen Geschäftsverkehr eine mit Treu und Glauben nicht zu vereinbarende Höhe erreichen würde.[105] Nach zutreffender, wenngleich bestrittener Auffassung gilt § 348 HGB auch für VOB-Bauverträge, auch wenn in § 11 Abs. 1 VOB/B nur auf die §§ 339–345 BGB, nicht aber auf § 348 HGB, verwiesen worden ist.[106]

II. Strafversprechen als AGB-Vereinbarung

1. Abgrenzung zur Individualvereinbarung. In der Baupraxis werden Vertragsstrafen 48 üblicherweise nicht durch Individualvereinbarungen, sondern durch vom Auftraggeber gestellte AGB Vertragsbestandteil.[107] Dies gilt insbesondere für öffentliche Auftraggeber, die die gesamten Vertragsbedingungen einschließlich etwaiger Strafversprechen[108] standardisiert schon der Ausschreibung zugrunde legen (müssen), aber auch für viele private Auftraggeber. Der BGH lässt in ständiger Rechtsprechung die Vereinbarung einer Vertragsstrafe als solche in Allgemeinen Geschäftsbedingungen zu,[109] was auch der herrschenden Auffassung in der Literatur entspricht.[110] AGB-Strafklauseln sind in Bauverträgen üblich und verstoßen jedenfalls dann nicht gegen das

---

[103] Vgl. auch OLG Celle BauR 2001, 1108; ergänzend BGH BauR 1983, 80 (84).
[104] *Wolff* in Beck'scher VOB-Kommentar VOB/B § 11 Abs. 1 Rn. 73.
[105] BGH BauR 2009, 501; konkreter Fall: 7 000 Verstöße gegen eine strafbewehrte Unterlassungserklärung, die zu einer verwirkten Vertragsstrafe in Höhe von mehr als 53 Mio. EUR geführt hätte.
[106] Zum Meinungsstand vgl. *Wolff* in Beck'scher VOB-Kommentar VOB/B § 11 Abs. 1 Rn. 64 ff.
[107] Vgl. *Kapellmann/Langen* BB 1987, 560 (562); *Wolff* in Beck'scher VOB-Kommentar VOB/B Vor § 11 Rdn. 16; *Diehr* ZfBR 2008, 768 ff.
[108] § 8a Abs. 4 f. VOB/A und § 8a EU Abs. 46 f. VOB/A. Nach § 9a VOB/A und § 9a EU VOB/A sind Vertragsstrafen für die Überschreitung von Vertragsfristen nur zu vereinbaren, wenn die Überschreitung erhebliche Nachteile verursachen kann. Vergleiche dazu auch die Kommentierung zu § 9a VOB A.
[109] Vgl. zuletzt BGH BauR 1998, 1094; 1999, 645 mwN.
[110] *Wolff* in Beck'scher VOB-Kommentar VOB/B Vor § 11 Rn. 18; FKZGM VOB/B § 11 Rn. 33.

Überraschungsverbot des § 305c BGB, wenn sie im textlichen Zusammenhang mit der sanktionierten Pflicht, in der Regel also der Fristvereinbarung, geregelt werden.[111]

49 Da an die Wirksamkeit einer AGB-Strafvereinbarung wesentlich strengere Anforderungen gestellt werden (müssen) als an die Wirksamkeit einer Individualvereinbarung, ist im Einzelfall zu prüfen, ob es sich bei der Strafvereinbarung um eine AGB-Klausel oder um eine Individualabsprache handelt. Zu den grundsätzlichen Voraussetzungen einer AGB-Vereinbarung wird auf die ausführlichen Erläuterungen in der Kommentierung zu → § 2 Rn. 50 ff. verwiesen. Nachfolgend fassen wir vertragsstrafenspezifisch die wichtigsten Ergebnisse zusammen:

50 Eine AGB-Vereinbarung liegt gemäß § 305 Abs. 1 S. 1 BGB vor, wenn es sich um eine für eine Vielzahl von Verträgen vorformulierte Vertragsbedingung handelt, die eine Vertragspartei (Verwender) der anderen Vertragspartei bei Abschluss des Vertrages stellt.

Die den AGB-Vorschriften der §§ 305 ff. BGB unterliegenden **Vertragsbedingungen** können entweder im Bauvertrag selbst enthalten sein, typischerweise aber auch in vom Auftraggeber verwendeten und ausdrücklich so bezeichneten (Besonderen oder Zusätzlichen) Vertragsbedingungen, wie sie beispielsweise von öffentlichen Auftraggebern nach Maßgabe der Vergabehandbücher standardisiert verwendet werden. Auch in vorgedruckten Verhandlungsprotokollen finden sich häufig vorformulierte Vertragsbedingungen,[112] insbesondere Strafklauseln. Die vertragliche Leistungsbeschreibung ist hingegen nach der Rechtsprechung des BGH zu § 8 AGB-Gesetz aF der AGB-Kontrolle entzogen, soweit sie unmittelbare Preis- und Leistungsvereinbarungen der Parteien enthält.[113] Wenn der Auftraggeber in der Leistungsbeschreibung allerdings vorformulierte Regelungen außerhalb der eigentlichen Preis- und Leistungsvereinbarung „versteckt", wie zB eine oftmals in den so genannten Vorbemerkungen enthaltene Vertragsstrafenklausel, so unterliegt diese Klausel nicht nur dem Transparenzgebot, das gemäß § 307 Abs. 3 S. 2 BGB auch für Leistungsbeschreibungen gilt, sondern auch der sonstigen Inhaltskontrolle für AGB-Klauseln.

51 **Von einer Partei gestellt** im Sinne von § 305 Abs. 1 S. 1 BGB ist eine Klausel dann, wenn sie von dieser Partei vorgeschlagen bzw. in den Vertrag eingeführt worden ist.[114] Bei Vertragsstrafen geschieht dies typischerweise durch den Auftraggeber, der zu seinen Gunsten ein Druckmittel zur Sanktionierung der vereinbarten Ausführungsfristen erhalten möchte. Bei Verträgen zwischen einem Unternehmer und einem **Verbraucher** gelten Allgemeine Geschäftsbedingungen allerdings gemäß § 310 Abs. 3 Nr. 1 BGB als vom Unternehmer gestellt, es sei denn, dass sie (ausnahmsweise) durch den Verbraucher in den Vertrag eingeführt worden sind. Die Beweislast dafür, dass die Klausel vom Verbraucher gestellt worden ist, liegt beim Unternehmer (Auftragnehmer).[115] Der Erfahrungssatz, dass Bauvertragsklauseln typischerweise vom Auftraggeber gestellt werden, auch wenn es sich hierbei um einen Verbraucher handelt, führt nur zu einer Beweiserleichterung, nicht aber zu einem Umkehr der gesetzlichen Beweislast.

52 Die gemäß § 305 Abs. 1 S. 1 BGB erforderliche **Mehrfachverwendungsabsicht** ist in den meisten Fällen des Einsatzes standardisierter Vertragsklauseln unproblematisch, kann im Einzelfall aber zu Schwierigkeiten führen. Einerseits kann die Mehrfachverwendungs**absicht** als solche schon beim ersten Anwendungsfall vorliegen, was insbesondere bei solchen Vertragsbedingungen unproblematisch ist, die zur standardisierten Anwendung geradezu angelegt sind.[116] Andererseits kann aus der Anzahl der tatsächlichen Anwendungsfälle auf die Mehrfachverwendungsabsicht rückgeschlossen werden, wenn der Verwender die Klausel **mindestens dreimal** tatsächlich angewendet hat.[117] In diesem Fall ist bereits der erste Anwendungsfall mit Mehrfachverwendungsabsicht erfolgt und unterliegt damit gleichsam rückwirkend den AGB-Regeln.[118] Umgekehrt bedeutet das, dass die lediglich zweimalige Verwendung ein und desselben Vertrages als solche noch nicht ausreicht, eine Mehrfachverwendungsabsicht anzunehmen.[119] Die Mehrfach-

---

[111] *Wieseler* in NWJS VOB/B § 11 Rn. 21; *Heiermann/Riedl/Rusam*, VOB/B § 11 Rn. 16; *Leinemann/Hafkesbrink*, VOB/B § 11 Rn. 14.
[112] Vgl. dazu *Kleine-Möller/Merl/Glöckner*, § 6 Rn. 37.
[113] Vgl. zuletzt BGH NJW 2001, 751 und 2635; dazu *Graf von Westphalen* NJW 2002, 1688 (1691).
[114] *Kleine-Möller/Merl/Glöckner*, § 6 Rn. 41 ff.
[115] Vgl. *Grüneberg* in Palandt BGB § 310 Rn. 13.
[116] **Beispiele:** Die in den Vergabehandbüchern abgedruckten Besonderen Vertragsbedingungen der öffentlichen Auftraggeber, die Bestimmungen der VOB/B, Standard-Nachunternehmervertragsbedingungen eines Generalunternehmers usw.
[117] BGH NJW 1998, 2286 (2287) mwN; OLG Jena NJW-RR 2002, 1178.
[118] *Grüneberg* in Palandt BGB § 305 Rn. 9.
[119] BGH BauR 1997, 123; ähnlich OLG Köln BauR 2001, 1105.

verwendungsabsicht muss sich auch auf den Abschluss mehrerer Verträge beziehen, nicht lediglich auf die mehrfache Verwendung gegenüber verschiedenen Bietern in einer einzigen Ausschreibung.[120] Umgekehrt kann eine Mehrfachverwendungsabsicht für Vertragsklauseln auch bei ein und demselben Bauvorhaben bestehen, beispielsweise dann, wenn ein Generalunternehmer für ein bestimmtes Bauvorhaben einheitliche Nachunternehmerverträge für die verschiedenen Leistungsbereiche/Gewerke einsetzen will.[121] Nach Auffassung des BGH[122] kommt es im Übrigen **nicht** auf die **Mehrfachverwendungsabsicht des Verwenders** selbst an, sondern allein darauf, ob die Klausel selbst in Mehrfachverwendungsabsicht – von einem Dritten – formuliert worden ist. Auch bei einer lediglich einmaligen Verwendungsabsicht des Verwenders können also AGB vorliegen.

Für eine Vielzahl von Verträgen können auch solche Vertragsklauseln vorformuliert sein, die **ausfüllungsbedürftige Leerzeilen** enthalten, um darin beispielsweise die Höhe der Einzelstrafe pro Tag oder die Gesamthöhe der Strafe (oder beides) einzutragen.[123] In **Verbraucherverträgen**[124] gelten die zentralen Bestimmungen des AGB-Rechtes, insbesondere die §§ 307–309 BGB, auch dann, wenn eine vorformulierte Vertragsbedingung nur zur einmaligen Verwendung bestimmt ist und soweit der Verbraucher auf Grund der Vorformulierung auf den Inhalt der Klausel keinen Einfluss nehmen konnte.

Eine AGB-Klausel liegt gemäß § 305 Abs. 1 S. 3 BGB ausnahmsweise dann nicht vor, wenn die von einer Partei gestellte, mit Mehrfachverwendungsabsicht formulierte Klausel zwischen den Parteien im Einzelnen **ausgehandelt** worden ist. Aushandeln bedeutet nach ständiger Rechtsprechung des BGH mehr als bloßes Verhandeln.[125] Der Verwender muss vielmehr den **gesetzesfremden Kerngehalt** seiner AGB inhaltlich ernsthaft zur Disposition stellen und dem anderen Teil Gestaltungsfreiheit zur Wahrung eigener Interessen einräumen. Der Vertragspartner muss also die tatsächliche Möglichkeit erhalten, den Inhalt der vorformulierten Vertragsbedingungen substanziell zu beeinflussen.[126] In aller Regel schlägt sich eine solche Bereitschaft in erkennbaren Änderungen des vorformulierten Textes nieder. Nur ausnahmsweise kann von einer ausgehandelten Bedingung auch dann gesprochen werden, wenn die Parteien es nach gründlicher Erörterung gleichwohl bei dem gestellten Entwurf belassen.[127] Keine ausgehandelte Bedingung liegt vor, wenn der Auftraggeber die prozentuale Höhe der Vertragsstrafe pro Werktag sowie die Höchstgrenze darstellt und der Vertragspartner diese lediglich „abnickt".[128] Ebenso wenig liegt ein „Aushandeln" einer Strafklausel vor, wenn der Auftraggeber in einem Vertragsformular die dortige Vertragsstrafenregelung durchstreicht und handschriftlich einen identischen Text mit dem Hinweis aufnimmt, die Vertragsstrafe sei verhandelt worden und gelte als zwischen Auftraggeber und Auftragnehmer vereinbart.[129] Das Aushandeln der gesetzesfremden Einzelheiten der vorformulierten Klausel ist entscheidend und gleichzeitig auch ausreichend, um die Klausel als Individualvereinbarung einzustufen.[130]

Ist zweifelhaft, ob eine Vertragsvereinbarung als Individualvereinbarung oder als AGB-Vereinbarung einzustufen ist, so gilt folgende **Beweislast:** Die gesetzliche Vermutung spricht zunächst für eine Individualvereinbarung. Wer sich also auf den AGB-Schutz der §§ 305 ff. BGB beruft, muss beweisen, dass eine vom Verwender gestellte, für eine Vielzahl von Anwendungsfällen vorformulierte Vertragsbedingung vorliegt.[131] Der Beweis des ersten Anscheins spricht jedoch für eine AGB-Klausel, wenn ein gedrucktes oder sonst standardisiertes Klauselwerk von einer Seite (meist Auftraggeber) angewendet worden ist.[132] Liegen die Voraussetzungen von § 305 Abs. 1 S. 1 BGB hiernach vor (Stellung einer mit Mehrfachverwendungsabsicht vor-

---

[120] BGH aaO.
[121] Vgl. *Kleine-Möller/Merl/Glöckner,* § 6 Rn. 40.
[122] BGH BauR 2006, 106; ebenso OLG Düsseldorf IBR 2013, 463.
[123] BGH NJW 1993, 1651 f.; OLG Frankfurt BauR 1999, 51; OLG Bamberg IBR 2013, 12.
[124] BGH NJW 1991, 1679.
[125] BGH NJW 1991, 1679.
[126] BGHZ 85, 308; 104, 236; NJW 1992, 1107 und 2760; 2000, 1110; BauR 2003, 870 (874); OLG Köln IBR 2006, 247.
[127] BGHZ 143, 104 (112); BauR 2003, 870 (874); OLG Oldenburg BauR 2005, 887 (889).
[128] OLG Köln IBR 2011, 692.
[129] Brandenburgisches OLG BauR 2013, 105.
[130] BGH BauR 1998, 1094.
[131] BGHZ 118, 238; *Oberhauser* Rn. 56 f. Zu beachten sind allerdings die Vermutungen zugunsten eines Verbrauchers gemäß § 310 Abs. 3 BGB.
[132] BGHZ 118, 238; OLG Frankfurt NJW-RR 1990, 282; OLG Düsseldorf WM 2001, 2294 (2297).

formulierten Vertragsklausel), so muss der Verwender seinerseits beweisen, dass diese vorformulierte Klausel im Einzelnen ausgehandelt worden ist, § 305 Abs. 1 S. 3 BGB.[133] Gerade wegen der Häufigkeit der Vereinbarung standardisierter Strafversprechen spricht in der Praxis also meist der Beweis des ersten Anscheins für eine vom Auftraggeber verwendete AGB-Klausel.

56 Häufig ist in Bauverträgen eine **kombinierte Vereinbarung** zwischen **Ausführungsfristen** einerseits und daran anknüpfenden **Vertragsstrafen** andererseits anzutreffen. Dabei sind folgende AGB-rechtlich relevanten Kombinationen denkbar:

– Die Qualifizierung vereinbarter Fristen (zB der vereinbarten Einzelfristen) als Vertragsfristen erfolgt durch eine AGB-Klausel des Vertrages, was zulässig ist.[134] Bestimmt der Vertrag nun an anderer Stelle, dass bei Überschreitung der Vertragsfristen eine Vertragsstrafe in bestimmter Höhe fällig werden soll, so indiziert der AGB-Charakter der Fristenklausel auch den AGB-Charakter der Vertragsstrafenregelung. Denn nach aller Erfahrung wird die Strafvereinbarung zwischen den Parteien nicht im Einzelnen ausgehandelt, wenn es sich bei der zugrunde liegenden Fristenregelung selbst um eine AGB-Klausel handelt.

– Im Bauvertrag oder dem zugrunde liegenden Bauzeitenplan sind nur bestimmte Fristen, insbesondere Einzelfristen, als Vertragsfristen vereinbart. An deren Überschreitung wird eine Vertragsstrafe geknüpft. Hier kann es sich bei der Vertragsstrafenvereinbarung sowohl um eine Individualvereinbarung, aber auch um eine AGB-Vereinbarung handeln. Es muss also im Einzelfall geprüft werden, ob die Voraussetzungen von § 305 Abs. 1 BGB erfüllt sind.[135]

– Die Parteien legen im Bauvertrag individuell sowohl verbindliche Ausführungsfristen als auch daran anknüpfende Vertragsstrafen fest.

57 **2. Transparenzgebot.** Um eine unangemessene Benachteiligung des Vertragspartners des Verwenders im Sinne von § 307 Abs. 1 S. 2 BGB zu verhindern, muss eine AGB-Vertragsstrafe transparent gestaltet und formuliert sein. Der Vertragspartner des Verwenders muss also in der Lage sein, ohne rechtliche Beratung Inhalt und Tragweite der Strafklausel nachzuvollziehen.[136]

Dem Transparenzgebot wird Genüge getan, wenn die vertragsstrafebewehrten Ausführungsfristen aus dem Bauvertrag selbst oder aus dem zugrunde liegenden, aber schon vorhandenen Bauzeitenplan ablesbar sind, der Auftragnehmer also klar erkennen kann, welche Fristen (Beginn, Einzelfristen oder Fertigstellung) pönalisiert sind. Wird die Strafklausel hingegen als **Vorratsklausel** vereinbart, das heißt, soll sich die Vertragsstrafe auch auf Termine erstrecken, die zum Zeitpunkt des Vertragsabschlusses noch nicht vereinbart sind, sondern entweder während des Bauablaufs vereinbart[137] oder sogar vom Auftraggeber einseitig festgelegt werden,[138] so verstößt die im Vorhinein festgelegte Pönalisierung solcher nachträglich vereinbarten oder einseitig festgelegten Termine gegen das Transparenzgebot.[139] Denn die nachträgliche Vereinbarung und erst recht die nachträgliche, einseitige Festlegung der Termine durch den Auftraggeber erfolgen in aller Regel losgelöst von der Vertragsstrafenvereinbarung, die anlässlich des oftmals Wochen oder Monate zurückliegenden Vertragsabschlusses erfolgt ist. Die Erstreckung einer Vertragsstrafenklausel auf später vereinbarte oder einseitig vom Auftraggeber festgelegte Termine ist deshalb unwirksam. Ein Beispiel für eine solche (unwirksame) Vorratsklausel findet sich in der Entscheidung des OLG Hamm vom 10.2.2000.[140]

In einer sehr praxisrelevanten Entscheidung vom 6.12.2007[141] hat der BGH bei folgender Strafklausel einen Verstoß gegen das Transparenz- und Bestimmtheitsgebot festgestellt und die Klausel schon deshalb für unwirksam erklärt: „Bei Überschreitung der Ausführungsfrist hat der Auftragnehmer eine Vertragsstrafe von 0,3 % der **Auftragssumme** pro Werktag des Verzuges zu zahlen, höchstens jedoch 10 % der **Schlussrechnungssumme**". Für den Vertragspartner des Verwenders (Auftragnehmer) sei nicht klar erkennbar, welchen Tagessatz er bei Verwirkung der

---

[133] BGHZ 83, 58; NJW 1998, 2600.
[134] BGH BauR 1999, 645 (646); *Motzke* in Beck'scher VOB-Kommentar VOB/A § 11 Nr. 2 Rn. 101.
[135] Vgl. dazu OLG Köln BauR 2001, 1105: Individualvereinbarung, obwohl der Auftraggeber die Strafklausel später fast wortgleich erneut verwendet hat.
[136] BGHZ 106, 49; BGH NJW 2000, 651; *Kniffka/Koeble*, 7. Teil, Rn. 65.
[137] Dazu → § 5 Rn. 12.
[138] Siehe dazu die Kommentierung zu → § 5 Rn. 13 und *Hafkesbrink/Schoofs* BauR 2010, 133.
[139] Im Ergebnis so auch FKZGM VOB/B § 11 Rn. 42; *Leinemann/Hafkesbrink*, VOB/B § 11 Rn. 23; anderer Auffassung *Wolff* in Beck'scher VOB-Kommentar § 11 Abs. 1 VOB/B Rn. 14.
[140] OLG Hamm BauR 2000, 1202; das OLG Hamm hat die Unwirksamkeit der dortigen Strafklausel allerdings auf andere Gründe gestützt, vgl. S. 1203, rechte Spalte.
[141] BGH BauR 2008, 508.

Vertragsstrafe schulde (0,3% der Auftragssumme oder 0,3% der Schlussrechnungssumme). Das Kammergericht[142] hält eine Strafklausel in den **Vertragsbedingungen der Deutschen Bahn** für intransparent und damit unwirksam, wonach bei Überschreitung von Endterminen *0,1 vH der Auftragssumme netto oder 0,0 iW EUR* verwirkt sein sollen. Gemäß LG Osnabrück ist eine Vertragsstrafenregelung wegen Intransparenz unwirksam, weil die Vertragsbedingungen sowohl den Begriff „Auftragssumme", als auch „Endbetrag der Auftragssumme" verwenden, sodass unklar sei, was genau die Berechnungsgrundlage einer Vertragsstrafenregelung sein soll.[143] Der Kautelarpraxis ist also dringend zu empfehlen, bei der Formulierung einer Vertragsstrafe keine unterschiedlichen Bezugsgrößen heranzuziehen.

Die Frage, ob mit Verwendung des Begriffs **„Abrechnungssumme"** die geprüfte oder die ungeprüfte Abrechnungssumme gemeint ist, ist allerdings keine Frage der AGB-Wirksamkeit der Klausel. Hier greift stattdessen die Unklarheitsregel des § 305c Abs. 2 BGB ein, sodass bei fehlenden anderweitigen Anhaltspunkten die geprüfte Abrechnungssumme maßgeblich ist.[144]

Ist nicht angegeben, ob es sich bei dem in Bezug genommenen Betrag um einen Nettobetrag (ohne Mehrwertsteuer) oder den Bruttobetrag (inklusive Mehrwertsteuer) handelt, ist bei der Beurteilung einer auftraggeberseitigen Bedingung, sofern nichts anderes geregelt ist, in Anwendung der Unklarheitenregelung des §§ 305c Abs. 2 BGB im Zweifel zu Gunsten des Auftragnehmers anzunehmen, dass der **Nettobetrag** gemeint ist.[145]

3. Verzugsabhängigkeit. Gemäß § 307 Abs. 2 Nr. 1 BGB ist im Zweifel eine unangemessene Benachteiligung des Vertragspartners des Verwenders anzunehmen, wenn eine AGB-Klausel mit wesentlichen Grundgedanken der gesetzlichen Regelung, von der abgewichen wird, nicht zu vereinbaren ist. Wesentlicher gesetzlicher Grundgedanke ist bei einer Vertragsstrafe gemäß § 339 S. 1 BGB der Schuldnerverzug, bei Bauverträgen also der **Terminverzug des Auftragnehmers.** Nach herrschender Auffassung in der Rechtsprechung und Literatur sind deshalb Strafklauseln bereits dann unwirksam, wenn die Vertragsstrafe auch bei unverschuldeter Terminüberschreitung verwirkt sein soll.[146]

Entgegen einer häufig vertretenen Auffassung setzt die verzugsabhängige Ausgestaltung der Strafklausel aber nicht nur voraus, dass der Auftragnehmer die mit der Vertragsstrafe bewehrte Frist schuldhaft überschreitet.[147] Verzug erfordert gemäß § 286 Abs. 1 BGB vielmehr

– Fälligkeit
– anschließende Mahnung und
– Verschulden

des Auftragnehmers (dazu → Rn. 16 und ergänzend → § 5 Rn. 35 ff.). Nur ausnahmsweise ist gemäß § 286 Abs. 2 BGB eine Mahnung entbehrlich. Ist also zB die Fälligkeitsfrist im Bauvertrag kalendermäßig bestimmt oder bestimmbar, so ist zwar **im konkreten Einzelfall** eine Mahnung gemäß § 286 Abs. 2 Nr. 1 oder 2 BGB entbehrlich, das heißt, der Auftragnehmer kommt in diesem Fall bei Fälligkeit automatisch (ohne Mahnung) in Verzug, wenn er die Fristüberschreitung zu vertreten hat.

Eine AGB-Klausel unterliegt jedoch keiner Beurteilung dahin, ob unter Berücksichtigung der konkreten Umstände gerade dieses Einzelfalles eine wesentliche Abweichung von den Grundgedanken der gesetzlichen Regelung vorliegt oder ob die konkret verwirkte Vertragsstrafe eine unangemessene Benachteiligung des Vertragspartners (Auftragnehmer) darstellt. Die Wirksamkeit einer AGB-Klausel richtet sich vielmehr nach einer **abstrakt generalisierenden Betrachtungsweise.**[148] Bei abstrakt generalisierender Betrachtungsweise weicht jedoch eine Strafklausel, die lediglich an die schuldhafte Überschreitung vereinbarter Fristen und Termine anknüpft, genauso vom gesetzlichen Leitbild der §§ 286 Abs. 1 und 4, 339 S. 1 BGB ab wie eine verschuldensunabhängige Vertragsstrafe, selbst wenn im konkreten Fall eine Mahnung gemäß § 286 Abs. 2 BGB entbehrlich war. Bestätigt wird diese Sichtweise dadurch, dass auch kalendermäßig

---

[142] KG BauR 2014, 1489 = IBR 2014, 469.
[143] LG Osnabrück IBR 2011, 629.
[144] *Berger* Jahrbuch Baurecht 2012, 77.
[145] *Markus ua,* Rn. 567.
[146] BGH BauR 1997, 123; OLG Düsseldorf BauR 1985, 327; OLG Hamm BauR 1997, 661 und 663; OLG Frankfurt BauR 1999, 51; OLG Düsseldorf IBR 2013, 463; FKZGM VOB/B § 11 Rn. 41; *Kemper* BauR 2001, 1015 (1016).
[147] So aber zB OLG Dresden BauR 2000, 1881 und auch BGH NZBau 2001, 257.
[148] Zuletzt BGH BauR 2000, 1049 (1050) und OLG Jena NJW-RR 2002, 1178.

bestimmte bzw. bestimmbare Fristen, die gemäß § 286 Abs. 2 Nr. 1 und 2 BGB eine Mahnung grundsätzlich entbehrlich machen, unter den Voraussetzungen von § 6 Abs. 2 VOB/B hinfällig werden können. Kommt es also beispielsweise aus Gründen im Risikobereich des Auftraggebers (§ 6 Abs. 2 Nr. 1a VOB/B) oder aus nicht zu erwartenden Witterungsgründen (§ 6 Abs. 2 Nr. 1c VOB/B) zu einer **Terminverschiebung** bzw. **Fristverlängerung,** so ist bezüglich des nunmehr verschobenen Termins bzw. der verlängerten Frist eine **Mahnung erforderlich,** um Verzug des Auftragnehmers zu begründen.[149] Bei abstrakt-generalisierender Betrachtungsweise macht es für die Bewertung einer lediglich an die schuldhafte Fristüberschreitung anknüpfenden Strafklausel aber keinen Unterschied, ob im konkreten Anwendungsfall von vornherein eine Mahnung erforderlich ist, um den Auftragnehmer in Verzug zu setzen[150] oder ob die pönalisierten Einzelfristen im konkreten Fall zwar kalendermäßig bestimmt oder bestimmbar sind, eine verzugsbegründende Mahnung im Einzelfall jedoch erforderlich werden kann, wenn sich die Vertragsfristen verlängern.

61   Die **Wirksamkeit** einer **AGB-Strafklausel** setzt damit voraus, dass sie (nur) bei **Verzug des Auftragnehmers** mit der jeweils sanktionierten Frist verwirkt wird. Dies gilt sowohl für den Beginn, für Einzelfristen, die als Vertragsfristen vereinbart sind, als auch für die Fertigstellungsfrist. Die Anknüpfung der Strafklausel an die (lediglich) schuldhafte Fristüberschreitung ist hingegen ebenso unwirksam wie eine generell verschuldensunabhängige Strafklausel.[151] Unwirksam ist auch eine Strafklausel, wonach sich der pönalisierte Fertigstellungstermin auch bei witterungsbedingten Beeinträchtigungen nicht verschiebt, der Auftragnehmer also auch verschuldensunabhängig (auf Grund der witterungsbedingten Behinderung) die Vertragsstrafe verwirken könnte.[152] Gleiches gilt, wenn eine AGB-Vertragsstrafe auch dann verwirkt sein soll, wenn der Auftragnehmer rechtzeitig bestelltes Material bei einem ordnungsgemäß ausgewählten Lieferanten verspätet erhält, weil der Auftragnehmer sich in diesem Fall den Lieferverzug nicht zurechnen lassen muss und die Vertragsstrafe damit auch eine unverschuldete Terminüberschreitung des Auftragnehmers sanktionieren würde.[153]

62   Stellt eine Strafklausel ihrem Wortlaut nach lediglich auf die (schuldhafte) Fristüberschreitung, nicht jedoch auf den Verzug des Auftragnehmers, ab, so kann eine **Auslegung** der Strafklausel dennoch ergeben, dass die Vertragsstrafe **nur bei Verzug des Auftragnehmers** verwirkt sein soll.

Beispiel: Die Parteien vereinbaren in einer vom Auftraggeber vorformulierten Vertragsklausel, dass der Auftragnehmer bei Überschreitung des Fertigstellungstermins eine Vertragsstrafe in Höhe von 0,1 % der Bruttoabrechnungssumme pro Arbeitstag, maximal 5 % der Bruttoabrechnungssumme zahlen soll. Dem Vertrag liegen ergänzend die Bestimmungen der VOB/B zugrunde.

Der BGH vertritt hierzu im Anschluss an eine frühere Entscheidung[154] in nunmehr ständiger Rechtsprechung die Auffassung, dass auch eine verschuldens- bzw. verzugsunabhängig formulierte Strafklausel gemäß **§ 11 Abs. 2 VOB/B** gleichwohl nur bei Verzug des Auftragnehmers verwirkt werde, wenn dem Vertrag ergänzend die Bestimmungen der VOB/B zugrunde liegen.[155] Damit entfallen nach Auffassung des BGH gleichzeitig AGB-Bedenken gegen die verschuldens- bzw. verzugsunabhängig formulierte Strafklausel. Diesen Auslegungsgrundsatz wendet der BGH nicht nur an, wenn die Strafklausel selbst auf die ergänzende Anwendung von § 11

---

[149] BGH BauR 1999, 645 (648); OLG Düsseldorf BauR 2000, 1336; OLG Brandenburg IBR 2013, 607; zu verschobenen Kalenderfristen näher → § 5 Rn. 18.

[150] Also bei der Vereinbarung „normaler", nicht kalendermäßig bestimmter oder bestimmbarer Vertragsfristen.

[151] Nach verschiedenen älteren Entscheidungen des BGH und einiger Oberlandesgerichte soll eine verschuldensunabhängige Vertragsstrafe auch durch AGBs möglich sein, wenn gewichtige Gründe für ihre Vereinbarung vorliegen. Vgl. dazu *Leinemann/Hafkesbrink*, § 11 Rn. 31. Diese Rechtsprechung erscheint jedoch im Hinblick auf die ausdrückliche Klarstellung des Gesetzgebers in § 280 Abs. 2 BGB nicht mehr haltbar, wonach Schadensersatz wegen Verzögerung der Leistung vom Gläubiger nur unter den zusätzlichen Voraussetzungen des § 286 BGB verlangt werden kann. Die Vertragsstrafe stellt den Mindestbetrag des Schadens dar, den der Auftragnehmer zu erstatten hat, selbst wenn gar kein Schaden eingetreten ist. Eine verzugsunabhängige oder gar verschuldensunabhängige Vertragsstrafe verstößt damit gegen wesentliche Gedanken des neuen gesetzlichen Leitbildes.

[152] BGH BauR 2008, 508.

[153] So ausdrücklich OLG Celle 11.10.2007 – 6 U 40/07, BeckRS 2009, 07553.

[154] BGH BauR 1987, 92.

[155] BGH BauR 2002, 782 = NZBau 2002, 265; BauR 2003, 870 (874); 2004, 1611 (1612) = NZBau 2004, 613; BGH IBR 2006, 386.

VOB/B verweist,[156] sondern auch dann, wenn die Strafklausel keinerlei Hinweis auf die ergänzende Anwendbarkeit von § 11 VOB/B enthält, sondern die Bestimmungen der VOB/B dem Vertrag lediglich ergänzend zugrunde liegen.[157]

Die Auffassung des BGH überzeugt nicht. Sie beachtet weder den der ständigen Rechtsprechung des BGH zugrunde liegenden Grundsatz kundenfeindlicher Auslegung von AGB[158] noch die in aller Regel dem Bauvertrag zugrunde liegende und ergänzend § 1 Abs. 2 VOB/B selbst zu entnehmende Rangfolgeregelung, wonach die Bestimmungen der VOB/B – und damit auch § 11 Abs. 2 VOB/B – eben nur insoweit zur Anwendung kommen, als durch vorrangige Vertragsregelungen nichts anderes bestimmt ist. Ist die Strafklausel aber – wie häufig – dahin formuliert, dass die Vertragsstrafe schon bei (schuldhafter) Fristüberschreitung in bestimmter Höhe verwirkt werden soll, dann sind Wortlaut und Inhalt der Strafklausel eindeutig und erfordern eben **nur** die (schuldhafte) Überschreitung des Termins, nicht aber ergänzend Verzug, also insbesondere keine Mahnung nach Fälligkeit der Leistung.[159] Andernfalls ließe sich die Verzugsabhängigkeit der Vertragsklausel qua Auslegung nicht nur durch die ergänzende Anwendung von § 11 Abs. 2 VOB/B, sondern gleichermaßen durch die ergänzende Anwendung von § 339 S. 1 BGB begründen, da auch die gesetzlichen Vorschriften einem Vertrag zwangsläufig ergänzend zugrunde liegen – aber eben nur, soweit sie nicht durch vorrangige Regelungen zulässigerweise verdrängt werden.

Nur dann, wenn sich aus der verzugsunabhängig formulierten Strafklausel also die ergänzende Anwendung von § 11 Abs. 2 VOB/B (oder von § 339 S. 1 BGB) unmittelbar ergibt,[160] erscheint es also zulässig, aus § 11 Abs. 2 VOB/B abzuleiten, dass die Vertragsstrafe nur bei Verzug des Auftragnehmers verwirkt werden soll. Ist die Strafklausel hingegen verzugsunabhängig formuliert und gelten die Bestimmungen der VOB/B nur nachrangig, wie zumeist, so verbleibt es bei der Unwirksamkeit der Strafklausel gemäß § 307 Abs. 2 Nr. 1 BGB.[161]

Da es dem Auftraggeber bei einer AGB-Strafklausel meist nicht auf die Feinheit ankommt, die Vertragsstrafe notfalls auch ohne das Vorliegen der Verzugsvoraussetzungen bzw. auch ohne Verschulden des Auftragnehmers geltend machen zu können und die verschuldensunabhängige Formulierung der Strafklausel in vielen Fällen schlichtweg auf Unsorgfältigkeit bei der Abfassung der AGB beruht, sollte der Auftraggeber bei der Formulierung der Strafklausel klarstellen, dass die Vertragsstrafe nur bei Verzug des Auftragnehmers verwirkt werden soll.

4. Schadensabhängigkeit. Aufgrund ihrer Doppelfunktion bezweckt die Vertragsstrafe einerseits, Druck auf den Auftragnehmer auszuüben, um die fristgerechte Erstellung der Leistung zu sichern. Wird die Strafe dennoch verwirkt, so soll sie dem Auftraggeber andererseits die Schadloshaltung erleichtern, indem in Höhe der verwirkten Vertragsstrafe der Mindestbetrag des Schadens fixiert wird, den der Auftraggeber vom Auftragnehmer verlangen kann. Selbst dann, wenn nachweislich kein, ein deutlich geringerer oder ein Schaden eingetreten ist, der normalerweise nicht zu ersetzen ist (zB entgangener Gewinn gemäß § 6 Abs. 6 VOB/B),[162] kann der Auftraggeber die verwirkte Vertragsstrafe als Mindestschaden beanspruchen.

Für den privaten Auftraggeber ist dies, soweit ersichtlich, unstreitig. Für den öffentlichen, an § 9a VOB/A bzw. § 9a EU VOB/A gebundenen Auftraggeber hatte das OLG Jena[163] die Auffassung vertreten, der öffentliche Auftraggeber sei nach Treu und Glauben gehindert, sich auf eine Vertragsstrafenvereinbarung zu berufen, wenn ihm aus der Überschreitung der pönalisierten Vertragsfrist – entgegen der Vorgabe aus § 9a VOB/A bzw. § 9a EU VOB/A – keine erheblichen Nachteile entstanden seien.[164] Andere Oberlandesgerichte legen keine ex-post-, sondern

---

[156] Wie zB Nr. 4 der KEVM (B) BVB im Vergabehandbuch (VHB 2002) für die Durchführung von Bauaufgaben des Bundes im Zuständigkeitsbereich der Finanzbauverwaltungen, vgl. dazu BGH BauR 2004, 1611 (1612) = NZBau 2004, 613.
[157] So in den Entscheidungen BGH BauR 2002, 782 (783), BauR 2003, 870 (874) und IBR 2006, 386; ebenso OLG Brandenburg IBR 2013, 607; vgl. auch *Kniffka/Koeble*, 7. Teil Rn. 70.
[158] Vgl. BGH NJW 1999, 276; 1992, 3158; allgemein dazu *Markus ua*, Rn. 39.
[159] So zutreffend OLG Düsseldorf BauR 2005, 439 mit zustimmender Anmerkung von *Oberhauser* IBR 2005, 8.
[160] Wie im bereits erwähnten Fall von Nr. 4 KEVM (B) BVB im Vergabehandbuch des Bundes.
[161] So auch OLG Düsseldorf, aaO; ergänzend OLG Celle BauR 2003, 1413; OLG Brandenburg als Vorinstanz zu BGH BauR 2002, 782; OLG Oldenburg BauR 2001, 851; OLG Hamm BauR 1997, 663 f.; ergänzend *Bschorr/Zanner*, S. 101; *Leinemann/Hafkesbrink*, VOB/B § 11 Rn. 32.
[162] Vgl. *Heiermann/Riedl/Rusam*, VOB/B § 11 Rn. 1.
[163] OLG Jena BauR 2001, 1446; ebenso LG Lüneburg IBR 2001, 106.
[164] Zustimmend wohl auch *Leinemann* BauR 2001, 1472 f.

eine ex-ante-Betrachtung an und stellen darauf ab, ob – entsprechend dem Wortlaut von § 9a VOB/A bzw. § 9a EU VOB/A – zum Zeitpunkt der Vereinbarung der Vertragsstrafe die – zumindest abstrakte – Gefahr bestanden hatte, dass die Überschreitung der pönalisierten Vertragsfristen erhebliche Nachteile verursachen konnte. War dies zu bejahen, dann sollte es nicht darauf ankommen, ob – ex post – solche erheblichen Nachteile tatsächlich eingetreten waren oder nicht.[165]

65   Durch Urteil vom 30.3.2006[166] hat der BGH klargestellt, dass es weder auf eine ex-post- noch auf eine ex-ante-Betrachtung ankommt. Der Verstoß des öffentlichen Auftraggebers gegen § 9a VOB/A bzw. § 9a EU VOB/A stehe der Geltendmachung der Vertragsstrafe nach den Grundsätzen von Treu und Glauben vielmehr nur entgegen, wenn der Auftragnehmer das Verhalten des Auftraggebers bei Abgabe des Angebots als widersprüchlich werten durfte und er in seinem schutzwürdigen Vertrauen darauf, dass der Auftraggeber sich an die Regelung des § 9a S. 1 VOB/A bzw. § 9a EU S. 1 VOB/A halten werde, enttäuscht worden sei. Allein der Umstand, dass eine Vertragsstrafe vereinbart worden sei, ohne dass die Voraussetzungen des § 9a S. 1 VOB/A bzw. § 9a EU S. 1 VOB/A (ex-ante-Betrachtung) objektiv vorlagen, rechtfertige es nicht, der vereinbarten Vertragsstrafe ihre Wirkung zu nehmen. Das – nur ausnahmsweise – vorliegende treuwidrige Verhalten des öffentlichen Auftraggebers bei der Geltendmachung der Vertragsstrafe sei vom Auftragnehmer darzulegen und zu beweisen und scheide schon dann aus, wenn (auch) der Auftragnehmer genau wusste, dass aus der Überschreitung der pönalisierten Vertragsfristen keine erheblichen Nachteile zu befürchten waren.[167] Der Entscheidung des BGH ist zuzustimmen, da sich die Treuwidrigkeit einer Rechtsausübung nach dem konkreten Inhalt des abgeschlossenen Vertrages richtet und nicht danach, was (vergaberechtlich) Inhalt des Vertrages hätte werden sollen. Ein vergaberechtlicher Verstoß des öffentlichen Auftraggebers gegen § 9a VOB/A bzw. § 9a EU VOB/A wirkt sich also vertragsrechtlich grundsätzlich nicht aus.

66   **5. Angemessene Strafhöhe.** Eine AGB-Strafvereinbarung kann darüber hinaus auf Grund ihrer Höhe zu einer unangemessenen Benachteiligung des Auftragnehmers führen und deshalb gemäß § 307 Abs. 1 BGB unwirksam sein. Die Unangemessenheit kann sich sowohl aus einem unangemessen hohen Tagessatz als auch aus einer unangemessen hohen Gesamtstrafe ergeben.

Da sich die Vertragsstrafe sowohl auf den verzögerten Beginn, auf die Überschreitung verbindlicher Einzelfristen, als auch auf die Überschreitung der Fertigstellungsfrist(en) beziehen kann, stellt sich die Frage, ob ein unangemessener Teil der Strafklausel die übrigen Teile der Klausel automatisch infiziert und damit zur Gesamtunwirksamkeit führt. Der BGH geht hier recht pragmatisch vor und unterscheidet danach, ob die einzelnen Klauselteile *inhaltlich, optisch und sprachlich* trennbar seien. In diesem Fall sei die Strafklausel teilbar und die Unwirksamkeit eines Klauselteils (zB hinsichtlich der Einzelfristen) lasse die Wirksamkeit des übrigen Klauselinhalts (zB hinsichtlich der Fertigstellungsfrist) unberührt.[168] Im Urteil vom 27.11.2013[169] hat der BGH eine inhaltliche, optische und sprachliche Trennbarkeit insoweit bestätigt, als in § 8 des Vertrages der Beginntermin, verschiedene Einzelfristen sowie die Fertigstellungsfrist als pönalisierte Fristen hervorgehoben waren und in § 10 desselben Vertrages eine Vertragsstrafe in Höhe von 0,2 % pro Werktag, höchstens aber 10 % der sich aus der Schlussrechnung ergebenden Brutto-Auftragssumme vereinbart war. Der BGH führte aus, in diesem Fall liege eine trennbare, aus sich heraus verständliche Regelung der Vertragsstrafe für die Überschreitung des Fertigstellungstermins vor, die nach seiner Rechtsprechung zu Altverträgen wirksam sei.[170]

67   **a) Überblick über die aktuelle Rechtsprechung.** Seit dem Urteil des BGH vom 18.11.1982[171] haben sich sowohl der BGH als auch verschiedene Oberlandesgerichte oftmals mit AGB-Vertragsstrafen befasst und im Lauf der Zeit Grundsätze herausgearbeitet, die für die Kautelarpraxis verlässliche Anhaltspunkte über die angemessene Strafhöhe sowohl des Tagessatzes

---

[165] Vgl. OLG Naumburg IBR 2002, 6; OLG Celle BauR 2003, 1413 = IBR 2002, 472; KG IBR 2003, 124; ebenso *Oberhauser*, Vertragsstrafe, Rn. 232 mwN.
[166] BGH BauR 2006, 1128.
[167] Der BGH-Entscheidung vom 30.3.2006, BauR 2006, 1128, lag der Auftrag zur Herstellung von Straßen- und Gehwegen sowie der Errichtung von Trinkwasser- und Schmutzwasserleitungen zur Erschließung eines Wohngebiets zugrunde, aus deren verspäteter Ausführung nach eigenem Vorbringen des Auftragnehmers in der Revision keine erheblichen Nachteile zu befürchten waren.
[168] Vgl. BGH BauR 1999, 645; 2001, 791; KG IBR 2003, 183; *Bschorr/Zanner*, S. 58.
[169] BGH NZBau 2014, 100 = BauR 2014, 550 = IBR 2014, 70.
[170] BGH, aaO, Rn. 7; näher zum Vertrauensschutz bei Altverträgen → Fn. 228.
[171] BGH BauR 1983, 80.

Vertragsstrafe   **67 § 11 VOB/B**

als auch der Obergrenze der Strafe insgesamt liefern. Die wichtigsten Urteile sind in der nachstehenden Tabelle zusammengestellt.[172]

Überblick über die obergerichtliche Rechtsprechung zu AGB-Vertragsstrafen

Entscheidung	Tagessatz pro KT, WT od. AT★	Obergrenze	Pönalisiert	Wirksamkeit
BGH BauR 1987, 92	0,1 % WT	10 %	alle Vertragsfristen	ja
BGH BauR 1988, 87	0,15 % WT	–	Fertigstellung	nein
BGH BauR 2003, 870 = NZBau 2003, 321	0,15 % WT	10 %	Fertigstellung	nein
BGH BauR 2001, 791	0,2 % KT	10 %	alle Vertragsfristen	ja (bzgl. Fertigstellung)
BGH BauR 2001, 945	0,2 % WT	10 %	Fertigstellung	wohl ja
OLG DDF BauR 2001, 1737	0,2 % KT	10 %	alle Vertragsfristen	ja
OLG Jena NJW-RR 2002, 1178	0,2 % KT	10 %	alle Vertragsfristen	nein (bzgl. Einzelfristen)
Saarl. OLG BauR 2001, 1109	0,2 %	12 %	Fertigstellung (?)	nein
BGH BauR 2004, 1609 = NZBau 2004, 609	0,2 % AT	10 %	alle Vertragsfristen	nein
BGH BauR 1999, 645	0,3 % WT	10 %	alle Vertragsfristen	ja (bzgl. Fertigstellung)
OLG Hamm BauR 2000, 1202	0,3 % KT	10 %	alle Vertragsfristen	nein (bzgl. Einzelfristen)
OLG Jena BauR 2001, 1446	0,3 % WT	10 %	Fertigstellung	ja (aber bei öffentl. AG unzulässig, wenn kein Schaden droht)
OLG Dresden BauR 2001, 949	0,3 % KT	10 %	alle Vertragsfristen	nein
OLG Oldenburg BauR 2005, 887	0,3 % AT	10 %	alle Vertragsfristen	nein
OLG Schleswig BauR 2005, 1641	0,3 % WT	10 %	Fertigstellung	nein
BGH BauR 2008, 508	0,3 % WT	10 %	Fertigstellung	nein, 03 % / WT, an sich aber wirksam
BGH BauR 1983, 80	0,5 % KT	–	Fertigstellung	nein
BGH BauR 2000, 1049	0,5 % AT	5 %	alle Vertragsfristen	nein
BGH BauR 2002, 790	0,5 % WT	10 %	Fertigstellung	nein

---

[172] Vgl. auch die Zusammenstellung bei FKZGM VOB/B § 11 Rn. 33 ff. und *Schmeel* MDR 2001, 424 (428).

Entscheidung	Tagessatz pro KT, WT od. AT*	Obergrenze	Pönalisiert	Wirksamkeit
OLG Dresden BauR 2000, 1881	0,5 % WT	5 %	Einzelfristen	ja (anders BGH BauR 2000, 1049)
OLG Koblenz BauR 2000, 1338	0,5 % KT	10 %	alle Vertragsfristen	nein
OLG Brandenburg BauR 2003, 1404	0,5 % WT	?	Fertigstellung	nein
BGH NZBau 2002, 383	0,7 % WT	–	Fertigstellung	nein
BGH NZBau 2013, 222 = IBR 2013, 69	5.000,00 EUR/ Tag	5 %	Einzelfrist	nein

* KT = Kalendertag
WT = Werktag
AT = Arbeitstag

68 b) **Angemessenheit des Tagessatzes. aa) Pro Tag (oder Woche) der Fristüberschreitung.** Vertragsstrafen werden in der Regel nach **Tagen** bemessen, wobei die Anknüpfung an Kalendertage,[173] Werktage[174] oder Arbeitstage[175] erfolgen kann. Ist im VOB- Bauvertrag nur von „Tagen" die Rede, dann sind hierunter gemäß § 11 Abs. 3 VOB/B Werktage zu verstehen.[176]

Allerdings begegnet die Anknüpfung der Vertragsstrafe an **Kalendertage** insofern Bedenken, als hierdurch nicht nur **Arbeits- und Werktage** pönalisiert werden, sondern auch Sonn- und Feiertage, an denen der Auftragnehmer ohne Sondererlaubnis normalerweise nicht arbeiten darf und deshalb seinen – pönalisierten – Terminverzug auch nicht reduzieren kann. Knüpft die Vertragsstrafe also an Kalendertage an und sanktioniert damit auch Sonn- und Feiertage, so muss die Strafe auf Werktage umgerechnet und sodann geprüft werden, ob sich unter Berücksichtigung der damit verbundenen Erhöhung noch eine angemessene Vertragsstrafe pro Werktag ergibt.[177] Soweit das OLG Schleswig in einem Urteil vom 21.4.2005[178] entschieden hat, auch die Anknüpfung der Vertragsstrafe an Werktage indiziere eine unangemessene Benachteiligung des Auftragnehmers, da er schon aus arbeitszeitrechtlichen Gründen nicht ohne weiteres an Samstagen arbeiten dürfe, ist dies weder zutreffend noch überzeugend. Gerade der Samstag wird auf terminrückständigen Baustellen häufig zu „Aufholarbeiten" genutzt. Die Anknüpfung der Vertragsstrafe an überschrittene Werktage ist deshalb nicht zu beanstanden.

69 Knüpft die vereinbarte Vertragsstrafe nicht an Tage, sondern an **Wochen** an, so ist § 11 Abs. 3 Hs. 2 VOB/B zu beachten. Jeder Werktag einer angefangenen Woche wird als 1/6 Woche gerechnet, was bedeutet: In Fortschreibung der obergerichtlichen Rechtsprechung ist die Strafklausel der Höhe nach nur dann angemessen, wenn sie pro Woche maximal 1,8 % der Auftragsoder Abrechnungssumme bei der Überschreitung der Fertigstellungsfrist beträgt. In diesem Fall führt die „Umrechnungsklausel" des § 11 Abs. 3 Hs. 2 VOB/B zu der von der Rechtsprechung als wirksam anerkannten Strafhöhe von 0,3 % der Auftrags- oder Abrechnungssumme pro Werktag. Knüpft die nach Wochen bemessene Vertragsstrafe an den Ausführungsbeginn oder die Einhaltung von Einzelfristen an, so beträgt die zulässige Höhe 0,9 %/Woche, also umgerechnet 0,15 % pro Werktag.

70 Knüpft die Strafklausel nicht an die Überschreitung „pro Woche" an, sondern **„pro angefangener Woche",** dann scheitert die Anwendung von § 11 Abs. 3 Hs. 2 VOB/B, weil durch den Wortlaut der Klausel klar wird, dass eben nicht jeder Werktag der angefangenen Woche mit 1/6 berechnet werden soll, sondern die gesamte Strafe bereits am ersten Tag der Woche verwirkt sein

---

[173] Jeder Kalendertag, also auch Sonn- und Feiertage.
[174] Kalendertage mit Ausnahme der Sonn- und Feiertage, also einschließlich der Samstage, § 11 Abs. 3 VOB/B.
[175] Kalendertage mit Ausnahme der Samstage, Sonn- und Feiertage.
[176] Zutreffend *Bschorr/Zanner*, S. 60.
[177] Vgl. BGH BauR 2001, 791 (793); OLG Koblenz BauR 2000, 1338; *Kemper* BauR 2001, 1015 (1017); allgemein dazu *Langen* FS Schiffers, 143 ff. (157).
[178] BauR 2005, 1641 mit Anmerkung von *Stammkötter* BauR 2006, 119.

soll. Es versteht sich nahezu von selbst, dass eine solche Strafklausel den Auftragnehmer entgegen den Geboten von Treu und Glauben unangemessen benachteiligt und deshalb gemäß § 307 Abs. 1 BGB unwirksam ist. Eine Ausnahme gilt dann, wenn die Strafe pro angefangener Woche so niedrig ist, dass sie auch einer Bewertung pro Werktag standhält.[179]

bb) Verzögerte Fertigstellung. Die Angemessenheit der Strafhöhe (im Sinne von § 307 Abs. 1 BGB) richtet sich maßgeblich nach ihrer Druck- und Ausgleichsfunktion.[180] Wie der BGH in der grundlegenden Entscheidung vom 23.1.2003[181] zur zulässigen Gesamthöhe einer Vertragsstrafe zutreffend ausgeführt hat, muss sich die Obergrenze der Vertragsstrafe bei abstrakt generalisierender Betrachtungsweise daran messen lassen, ob sie generell und typischerweise in Bauverträgen, für die sie vorformuliert ist, angemessen ist. Sie muss sich innerhalb der voraussichtlichen Schadensbeträge halten und damit die typischerweise zu erwartenden Nachteile, deren Abgeltung sie dient (Ausgleichsfunktion), kompensieren. Gleichzeitig muss sie sich in wirtschaftlich vernünftigen Grenzen halten.[182] Diese Erwägungen gelten nicht nur für die Gesamthöhe der Vertragsstrafe, sondern auch für den Tagessatz. Ist die Vertragsstrafe – wie meist – nach einem bestimmten Prozentsatz des Auftrags- oder Abrechnungsvolumens bemessen, so ist mangels abweichender Vereinbarung grundsätzlich das **gesamte Auftrags- oder Abrechnungsvolumen** des Vertrages maßgebend, nicht der zum Zeitpunkt des Verzugseintritts rückständige Teil der Leistung.[183] 71

Wie sich aus der Tabelle in → Rn. 67 ergibt, ist eine Vertragsstrafe von bis zu 0,2 % pro Arbeits-, Werk- oder Kalendertag vom BGH und verschiedenen Oberlandesgerichten als AGB-rechtlich unbedenklich eingestuft worden. Auch eine Vertragsstrafe in Höhe von 0,3 % der Auftragssumme pro *Werktag* hält der BGH – jedenfalls bezogen auf den Endtermin – für unbedenklich.[184] Werden allerdings 0,3 % pro *Kalendertag* vereinbart, so hat das OLG Dresden die Strafe als unangemessen hoch eingestuft, weil sich dann umgerechnet eine Strafe in Höhe von 0,42 % pro Arbeitstag ergebe und diese Strafe sehr nah an die vom BGH generell für unwirksam erachteten Strafe von 0,5 % pro Arbeitstag heran reiche.[185] Vertragsstrafen ab 0,5 % pro Arbeits- oder Werktag sind unabhängig von der Obergrenze schon deshalb unwirksam, weil die Belastung des Auftragnehmers schon nach wenigen Verzugstagen unangemessen hoch wird.[186] 72

Es ist also davon auszugehen, dass **AGB-Vertragsstrafen in Höhe von mehr als 0,3 % der Auftrags- oder Abrechnungssumme**[187] **pro Werktag von der Judikatur als unangemessen und deshalb unwirksam eingestuft werden.** Umgekehrt ist aber die Vereinbarung einer Vertragsstrafe in Höhe von 0,3 % der Auftrags- oder Abrechnungssumme pro Werktag nicht automatisch wirksam. Bei der erforderlichen **abstrakt-generalisierenden Betrachtungsweise** einer AGB-Klausel kommt es zwar für die Frage, ob der Auftragnehmer entgegen den Geboten von Treu und Glauben unangemessen benachteiligt wird (§ 307 Abs. 1 BGB), nicht auf die konkreten Umstände des Einzelfalles an, also beispielsweise darauf, ob den Auftragnehmer geringes oder grobes Verschulden bezüglich der Terminüberschreitung trifft, ob durch den Verzug des Auftragnehmers ein hoher oder ein geringer Schaden droht, ob der Auftragnehmer den Vertrag mit Gewinn oder Verlust kalkuliert hatte usw.[188] 73

Abstrakt-generalisierend sind bei der Angemessenheitsprüfung aber **typische Fallkonstellationen** und Geschehensabläufe zu berücksichtigen. Typischerweise macht es aber einen erheb- 74

---

[179] **Beispiel:** Die für die Fertigstellung vereinbarte Vertragsstrafe beträgt 0,3 % der Auftragssumme pro angefangener Woche des Terminverzugs.
[180] Dazu → Rn. 5.
[181] BGH BauR 2003, 870 = NZBau 2003, 321; näher dazu → Rn. 83 ff.
[182] BGH BauR 2003, 870 (875) = NZBau 2003, 321.
[183] BGH, aaO; ergänzend BGH BauR 2004, 1609 = NZBau 2004, 609; die gegenteilige Auffassung des OLG Celle in BauR 2005, 1780 (1781) ist nicht überzeugend, da die Vertragsstrafe bei einer Anknüpfung an den Wert der terminrückständigen Leistungen ihrer Druck- und Ausgleichsfunktion nicht – hinreichend – nachkommt. Für Verzugsschäden (zB Mietausfall) spielt der Umfang der rückständigen Leistungen keine Rolle, sondern lediglich deren Dauer. Dem trägt aber die zeitliche Staffelung der Vertragsstrafe bereits Rechnung, vgl. auch *Bschorr/Zanner*, S. 61.
[184] BGH BauR 1999, 645 und BauR 2008, 508; so auch OLG Jena BauR 2001, 1446; anderer Auffassung OLG Schleswig BauR 2005, 1641; vgl. aber → Rn. 83 ff.
[185] OLG Dresden BauR 2001, 949 anknüpfend an BGH BauR 2000, 1049; ähnlich OLG Köln IBR 2011, 692.
[186] BGH BauR 2000, 1049; 2002, 790; NZBau 2002, 383.
[187] Dazu ausführlich *Greiner* ZfBR 1999, 62.
[188] Dazu *Leinemann* BauR 2001, 1472.

lichen Unterschied, ob ein Auftragnehmer mit dem **Ausführungsbeginn** bzw. der Einhaltung von **Einzelfristen** in Verzug gerät oder ob sich die **Fertigstellung** seiner Leistung verzögert. Während der verspätete Beginn bzw. die Nichteinhaltung von Einzelfristen typischerweise „nur" zu bauablaufbezogenen Schäden führt wie zB Behinderungskosten nachfolgender Auftragnehmer, erforderlichen Umdispositionen bezüglich der Einzelabfolge des Bauvorhabens, Beschleunigungsmaßnahmen usw, führt die Überschreitung des Fertigstellungstermins insbesondere bei den Leistungsbereichen, deren Vollendung Einfluss auf die Gesamtfertigstellung des Bauwerks hat, in der Regel zu nutzungsbedingten Schäden wie Miet- oder Pachtausfall einerseits oder Umsatzausfall anderseits.

75   Dies gilt insbesondere beim **Schlüsselfertigbau**. Hier führt zB die Überschreitung des vereinbarten Beginntermins typischerweise zu keinerlei Vermögensnachteilen des Auftraggebers. Die Überschreitung von Einzelfristen muss nicht, kann aber zu Schäden des Auftraggebers führen.[189] Die Überschreitung der Fertigstellungsfrist führt beim Schlüsselfertigbau hingegen typischerweise zu den bereits erwähnten Nutzungsschäden des Auftraggebers, häufig auch zu Regressansprüchen seiner Vertragspartner (Käufer oder Mieter) wegen verspäteter Nutzungsmöglichkeit.

76   cc) **Überschreitung von Einzelfristen.** Wie der in → Rn. 67 zusammengestellten Rechtsprechungsübersicht zu entnehmen ist, bestehen in der Rechtsprechung keine generellen Bedenken gegen die Pönalisierung von verbindlich vereinbarten Einzelfristen (Vertragsfristen). Lange Zeit war es insoweit üblich, bei der Strafvereinbarung für die Überschreitung von Einzelfristen den gleichen Tagessatz heranzuziehen wie bei der Überschreitung der Fertigstellungsfrist, wobei sich dann zwei Themenstellungen ergaben: zum einen die Gefahr einer Kumulierung der durch die Überschreitung der Einzelfristen verwirkten Einzelstrafen; insoweit haben Rechtsprechung und Lehre ein spezifiziertes **Kumulationsverbot** für die Überschreitung mehrerer Einzelfristen entwickelt (dazu nachstehend → Rn. 77). Zum anderen stellte sich die Frage, ob die für die Überschreitung der Einzelfristen verwirkten Einzelstrafen ganz oder teilweise entfallen sollten, wenn der Auftragnehmer den eingetretenen Verzug bis zur Fertigstellung wieder aufholte, die vereinbarte Fertigstellungsfrist also trotz der Überschreitung der Einzelfristen einhielt.

Die undifferenzierte Anwendung der für die Überschreitung der Fertigstellungsfrist herausgearbeiteten Grundsätze auf die Überschreitung von Einzelfristen wurde in Teilen der Rechtsprechung und auch in der Lehre kritisiert.[190] Im Anschluss an diese Kritik hat der BGH im Urteil vom 6.12.2012[191] seine Rechtsprechung geändert und neue Anforderungen für formularmäßige Vertragsstrafen bei der Überschreitung von Einzelfristen herausgearbeitet. Die Kernaussage der neuen BGH-Rechtsprechung lautet, dass für die Überschreitung von Einzelfristen nicht eine gleich hohe Vertragsstrafe pro Tag vereinbart werden darf wie für die Überschreitung der Fertigstellungsfrist. Der BGH begründet dies damit, das Interesse des Auftraggebers an der Einhaltung eines Fertigstellungstermins sei in der Regel höher als sein Interesse an der Einhaltung eines Zwischentermins. Zwar sei durchaus zu berücksichtigen, dass im Einzelfall ein gleich hohes (oder sogar höheres) Interesse des Auftraggebers an der Einhaltung eines Zwischentermins bestehen könne wie an der Einhaltung der Fertigstellungsfrist insgesamt.[192] Bei der abstrakt-generalisierenden Betrachtung einer formularmäßigen Vertragsstrafe sei aber gleichermaßen auch das Interesse des Auftragnehmers zu berücksichtigen, dass die durch die Verwirkung der Vertragsstrafe entstehenden Nachteile in keinem unangemessenen Verhältnis zum vereinbarten Werklohn stehen. Wenn bei der Überschreitung einer Fertigstellungsfrist generell eine Obergrenze von 5 % der Auftragssumme zu beachten sei, so müsse dieser Gedanke entsprechend auch für die Überschreitung einer verbindlichen Einzelfrist gelten. Hier dürfe der Auftraggeber nicht davon profitieren, dass der Auftragnehmer später noch weitere Leistungen erbringen müsse, die ihrerseits nicht dazu dienten, die Einhaltung des pönalisierten Zwischentermins zu sichern. Es sei

---

[189] Wenn der Auftraggeber im Gewerbebau beispielsweise mit den Mietern der Gewerbeeinheiten Übergabetermine vereinbart hat, zu denen die Mieter den ihnen obliegenden Shop-Ausbau vornehmen sollen und diese Shop-Übergabetermine als pönalisierte Einzelfristen mit dem SF-Unternehmer vereinbart sind.
[190] Vgl. OLG Hamm BauR 2000, 1202; OLG Dresden BauR 2001, 949; Thüringer Oberlandesgericht NJW-RR 2002, 1178; OLG Celle BauR 2005, 1780; FKZGM VOB/B § 11 Rn. 38; *Leinemann/Hafkesbrink*, VOB/B § 11 Rn. 26 ff.; *Döring* in Ingenstau/Korbion, VOB/B § 11 Rn. 26.
[191] BGH NZBau 2013, 222 = IBR 2013, 69.
[192] Im konkreten Fall ging es um eine Vertragsstrafe in Höhe von 5.000,00 EUR pro Tag für die Zwischenfrist „Herstellung aller für den Hochwasserschutz erforderlichen Bestandteile" im Rahmen einer Deichbaumaßnahme.

vielmehr ein angemessenes Gleichgewicht der Interessen von Auftraggeber und Auftragnehmer nur gewahrt, wenn der Auftraggeber nicht anders stehe, als hätte er den Auftragnehmer allein mit den bis zum Zwischentermin geschuldeten Leistungen beauftragt.[193]

Die Entscheidung des BGH vom 6.12.2012 stellt eine drastische Abkehr von seiner früheren Rechtsprechung zu formularmäßigen Strafversprechen bei der Überschreitung von Einzelfristen dar. Während für Vertragsstrafen für die Überschreitung von Einzelfristen in der früheren Rechtsprechung des BGH ähnliche Maßstäbe herangezogen worden sind wie für Vertragsstrafen bei der Überschreitung von Fertigstellungsfristen, werden Vertragsstrafen für die Überschreitung von Einzelfristen nun so behandelt, als seien es Vertragsstrafen für Fertigstellungstermine bezogen auf die jeweils geschuldete Teilleistung. Konsequent zu Ende gedacht bedeutet das, dass bei mehreren pönalisierten Zwischenfristen die Vertragsstrafe jeweils nur nach der anteiligen (Auftrags- oder Abrechnungs-)Summe bemessen sein darf, die zu dem jeweiligen Termin geschuldet ist. Hat der Auftragnehmer also beispielsweise den pönalisierten Zwischentermin 1 eingehalten, Zwischentermin 2 aber überschritten, dann ist die Strafklausel nur wirksam, wenn sie sich auf den anteiligen Auftragswert bezieht, der sich auf die zwischen dem Zwischentermin 1 und Zwischentermin 2 zu erbringende Bauleistung bezieht. Andernfalls, also bei einer Addition der bis zum Zwischentermin 2 geschuldeten Gesamtleistung, würde der Auftragnehmer unangemessen benachteiligt, da Bezugsgröße auch die bis zum ersten Zwischentermin geschuldete Beuleistung wäre, obwohl diese pünktlich erbracht worden ist. Ist sie das nicht, wird ja die Pönale für Zwischentermin 1 selbständig verwirkt.

Beispiel: Der Auftraggeber beauftragt den Auftragnehmer mit der schlüsselfertigen Erstellung eines Bürogebäudes mit einem vereinbarten Werklohn in Höhe von 3 Mio. €. Die Parteien vereinbaren eine Zwischenfrist 1 für die Fertigstellung der Rohbauarbeiten, eine Zwischenfrist 2 Bauzustand „Gebäude wetterdicht" (Fertigstellung von Dach, Fassade und Fenstern) sowie eine Fertigstellungsfrist für das Gesamtgebäude. Angenommen, auf die Rohbaufertigstellung entfällt ein anteiliger Auftragswert in Höhe von 1 Mio. € und auf den Bauzustand „Gebäude wetterdicht" ein weiterer anteiliger Werklohn in Höhe von 1 Mio. €, dann wird der einheitliche Werkvertrag bezüglich der formularmäßigen Vertragsstrafe vom BGH so behandelt, als seien drei Teil-Werkverträge mit einem Werklohn von je 1 Mio. € vereinbart worden. Hat der Auftragnehmer die beiden Zwischentermine eingehalten, ist aber mit der Fertigstellung in Verzug geraten, dann darf sich die Vertragsstrafe für die verspätete Fertigstellung nur (noch) auf den anteiligen Werklohn für die restlichen Bauleistungen nach dem zweiten Zwischentermin beziehen, also auf einen (anteiligen) Restwerklohn in Höhe von 1 Mio. € (und nicht in Höhe von 3 Mio. €). Andernfalls bliebe unberücksichtigt, dass die beiden ersten, ebenfalls pönalisierten Termine eingehalten worden sind. Insoweit hat die (anteilige) Vertragsstrafe also ihre „Druck- und Ausgleichsfunktion" bereits endgültig erfüllt.

Zu kritisieren an der Entscheidung des BGH ist, dass weder beim Einheitspreisvertrag noch beim Pauschalpreisvertrag regelmäßig Teil-Auftragssummen entsprechend den vereinbarten Einzelfristen gebildet werden. Normalerweise lässt sich also die anteilige Auftragssumme allenfalls aus einem ggf. vorhandenen Zahlungsplan der Parteien ableiten. Im Regelfall dürfte es nun jedoch bei Geltendmachung der für die Überschreitung von Einzelfristen verwirkten Vertragsstrafe erforderlich werden, den anteiligen Auftragswert exakt zu ermitteln, um auf diese Weise die Geltendmachung der entsprechenden Vertragsstrafe überhaupt zu ermöglichen und gleichzeitig das Transparenzgebot zu wahren.[194] Wenn und soweit die Parteien also auch nach neuer BGH-Rechtsprechung Zwischentermine pönalisieren wollen, dürfte sich empfehlen, schon im Bauvertrag, ggf. aber auch im Zahlungsplan, die anteiligen Auftragssummen einvernehmlich festzulegen, wobei bei einvernehmlicher Festlegung keine vollständige Übereinstimmung mit dem tatsächlichen anteiligen Auftragswert vorliegen muss.

Im Hinblick auf die Druckfunktion der Vertragsstrafe besteht ein weiterer Nachteil der neuen BGH-Rechtsprechung darin, dass dann, wenn für die Überschreitung des pönalisierten Zwischentermins bereits die Obergrenze der Vertragsstrafe (5 % der anteiligen Auftragssumme) erreicht ist, insoweit kein weiterer Druck ausgeübt werden kann. Hat der Auftragnehmer im Beispielsfall also beide Zwischenfristen massiv überschritten und damit bereits die Obergrenze der jeweiligen Vertragsstrafe erreicht, dann „droht" ihm für die Überschreitung der Fertigstellungsfrist nur noch die anteilige Vertragsstrafe bezogen auf die restliche Auftragssumme von 1 Mio. EUR, obwohl durch die Überschreitung einer Fertigstellungsfrist, insbesondere im Schlüsselfertigbau, andere und höhere Schäden drohen als bei der Überschreitung von Zwi-

---

[193] BGH, aaO, Rn. 19.
[194] Dazu *Mayr* BauR 2013, 1192 (1194).

schenfristen, bei denen regelmäßig „nur" Bauablaufstörungen (Behinderung anderer Auftragnehmer, Stillstandskosten usw) typische Schadensfolgen sind.

Gleichwohl muss konzediert werden, dass bei konsequenter Anwendung der neuen BGH-Rechtsprechung das früher heftig diskutierte Kumulationsverbot entfallen dürfte. Denn wenn der einheitliche Werkvertrag mit dem einheitlichen Werklohn bezüglich der Vertragsstrafe in mehrere Teil-Werkverträge und Teil-Werklöhne aufgespalten wird, kann eine Kumulation bei gleichzeitiger Überschreitung mehrerer Zwischenfristen sowie der Fertigstellungsfrist grundsätzlich nicht mehr eintreten.[195] Solange die neue Rechtsprechung des BGH jedoch nicht gefestigt ist bzw. nicht geklärt ist, ob auch Altverträge von der Rechtsprechungsänderung erfasst sind, wird nachstehend nochmals auf die Problematik des Kumulationsverbots bei der Pönalisierung von Einzelfristen eingegangen.

77 dd) **Kumulationsverbot bei Einzelfristen.** Knüpft die Vertragsstrafe nicht an die Fertigstellung der Leistung, sondern an die Einhaltung von Einzelfristen an, so muss die Strafklausel zusätzlichen Kriterien genügen, um nicht zu einer unangemessenen Benachteiligung des Auftragnehmers zu führen:[196]

78 § 5 Abs. 1 VOB/B unterscheidet beim VOB-Vertrag zwischen Einzelfristen, die als Vertragsfristen und damit als für den Auftragnehmer verbindliche Fristen vereinbart werden und solchen, denen insbesondere in einem vereinbarten Bauzeitenplan nur eine Kontrollfunktion zukommt, die für den Auftragnehmer also grundsätzlich unverbindlich sind (→ § 5 Rn. 20 ff.). § 9 Abs. 2 VOB/A gebietet dem öffentlichen Auftraggeber, Einzelfristen als Vertragsfristen nur in den beiden dort genannten Fällen zu vereinbaren, und zwar als Einzelfristen für in sich abgeschlossene Teile der Leistung und als Einzelfristen für fortgangswichtige Teile der Leistung.[197] Über diese beiden Fälle hinaus besteht in der Praxis aber oftmals ein Bedürfnis, mit dem Auftragnehmer auch sonstige Einzelfristen als Vertragsfristen zu vereinbaren, was insbesondere beim Schlüsselfertigbau gilt, dessen besondere Belange durch § 9 Abs. 2 VOB/A bzw. § 9 EU Abs. 2 VOB/A nicht geregelt werden.[198] Dabei ist es auch durch Allgemeine Geschäftsbedingungen grundsätzlich zulässig, (sonstige) Einzelfristen als Vertragsfristen zu vereinbaren und deren Einhaltung durch Vertragsstrafen zu sanktionieren.[199] Soweit eine AGB-Strafklausel auch die Einhaltung von Einzelfristen sanktionieren soll, sind also zunächst die vorstehend generell für Strafklauseln dargestellten Kriterien zu beachten, das heißt, eine solche Strafklausel muss insbesondere verzugsabhängig formuliert sein (also nicht nur an die Überschreitung von Einzelfristen anknüpfen, vgl. → Rn. 58 ff.) und sie muss auch dem Transparenzgebot entsprechen (vgl. → Rn. 57). Es versteht sich auch beinahe von selbst, dass nur solche Einzelfristen pönalisiert werden können, die auch als Vertragsfristen vereinbart werden, also nicht etwa unverbindliche Einzelfristen (Kontrollfristen).[200]

79 Eine Besonderheit bei der Pönalisierung von Einzelfristen stellt das so genannte **Kumulationsverbot** dar, das im Anschluss an eine weithin unbeachtete Entscheidung des LG Bielefeld vom 25.5.1982[201] soweit ersichtlich erstmals vom OLG Bremen in einem Urteil vom 7.10.1986[202] ausgesprochen worden ist. Das OLG Bremen führte aus, dass die Pönalisierung von insgesamt 13 Einzelfristen auch bei einer verhältnismäßig geringen Vertragsstrafe von ca. 0,1 % pro Einzelfrist zu einer unangemessen hohe Vertragsstrafe führen könne, wenn verhältnismäßig früh eine Frist überschritten und dann mangels Pufferzeiten in einer Art „Kettenreaktion" nahezu automatisch auch die weiteren pönalisierten Einzelfristen überschritten würden. Hierdurch könne also eine „äußerst erhebliche" und im Einzelfall unangemessene Gesamtstrafe entstehen.

Ähnliche Erwägungen stellte der BGH im Urteil vom 14.1.1999[203] hinsichtlich einer Vertragsstrafe in Höhe von 0,3 % der Auftragssumme pro Werktag, insgesamt maximal 10 % der Abrech-

---

[195] So zutreffend *Döring* in Ingenstau/Korbion, § 11 Rn. 26; vgl. auch *Leinemann/Hafkesbrink*, § 11 Rn. 28 f.
[196] Hierzu ausführlich und umfassend *Berger* Jahrbuch Baurecht 2012, 77.
[197] Dazu ausführlich *Langen*, FS Schiffers, 143 ff. (148 ff.).
[198] Vgl. *Langen*, FS Schiffers, 143 ff. (149 ff.).
[199] BGH BauR 1999, 645; auch *Motzke/Nettesheim* BB 2000, 2581 (2589); *Kemper* BauR 2001, 1015 (1018).
[200] OLG Celle BauR 2005, 1780; ergänzend *Langen* Schiffers, 143 ff. (151); vgl. auch *Kemper* BauR 2001, 1015 (1018).
[201] Abgedruckt bei *Bunte*, Entscheidungssammlung zum AGB-Gesetz Band III, § 9 Nr. 17.
[202] OLG Bremen NJW-RR 1987, 468.
[203] BGH BauR 1999, 645 (646); dazu auch *Kemper* BauR 2001, 1015 (1018).

nungssumme an, wobei diese Vertragsstrafe auch für die Überschreitung von insgesamt 11 Einzelfristen vereinbart war. Die Vertragsstrafe für die Einzelfristen sei bedenklich, da die Gesamthöhe von 10% schon nach wenigen Tagen des Verzugs verwirkt sein könne. Letztlich ließ der BGH die Wirksamkeit der Vertragsstrafe für die Einzelfristen dahingestellt, weil im konkreten Fall nur die Fertigstellungsfrist überschritten war und der BGH meinte, die **Vertragsstrafe für die Fertigstellungsfrist sei optisch und inhaltlich von der Vertragsstrafe für die Einzelfristen getrennt,** sodass es auf die Wirksamkeit der Strafklausel für die Einzelfristen hier nicht ankomme.[204] Das OLG Dresden[205] hielt eine Vertragsstrafe in Höhe von 0,5% pro Werktag, insgesamt 5%, die sich sowohl auf verschiedene Einzelfristen als auch auf die Fertigstellungsfrist bezog, für wirksam, und zwar mit der vom BGH verworfenen[206] Begründung, die Begrenzung der Gesamtstrafe auf 5% sei angemessen. Die Problematik einer Vervielfachung der Vertragsstrafe bei der Überschreitung mehrerer Einzelfristen wurde vom OLG Dresden nicht erkannt bzw. behandelt. Das OLG Hamm[207] erklärte eine Strafklausel in Höhe von 0,3% je Kalendertag, maximal 10% der Auftragssumme, die auch bei der Überschreitung von Einzelfristen gelten sollte, wegen des Verstoßes gegen das Kumulationsverbot für unwirksam. Eine solche Klausel könne dazu führen, dass bei nur geringfügiger Überschreitung mehrerer Zwischentermine durch die Kumulierung der Einzelvertragsstrafen innerhalb weniger Tage die gesamte Vertragsstrafe verwirkt sein könne, unabhängig davon, ob der Endtermin eingehalten werde.[208] Das OLG Koblenz[209] erklärte eine auch für Zwischentermine geltende Strafklausel in Höhe von 0,5% der Abrechnungssumme pro Kalendertag, maximal 20 Tage der Terminüberschreitung für unwirksam, da die Klausel nicht erkennen lasse, ob die Obergrenze von 10% pro Termin oder insgesamt gelte. Das wegen der Pönalisierung mehrerer Zwischentermine bestehende Problem der Kumulation wurde vom Oberlandesgericht Koblenz nicht angesprochen. Der BGH befasste sich nochmals im Urteil vom 18.1.2001[210] mit einer Vertragsstrafe in Höhe von 0,2% der Bruttoauftragssumme je Kalendertag, maximal 10%, die auch mehrere im Vertrag festgelegte Zwischentermine pönalisierte. Die Pönalisierung dieser Zwischentermine erklärte der BGH erneut für bedenklich, insbesondere wenn bei an sich geringfügigen Überschreitungen von Einzelterminen die gesamte Vertragsstrafe unabhängig davon verwirklicht werde, ob der Endtermin eingehalten werde.[211] Auch hier ließ der BGH die Frage letztlich offen, da lediglich die Vertragsstrafe für die Überschreitung des Endtermins geltend gemacht wurde und vom BGH erneut[212] eine inhaltlich und optisch getrennte Regelung für Einzelfristen einerseits und die Fertigstellungsfrist andererseits angenommen wurde.

Das OLG Nürnberg erklärte eine Strafklausel in Höhe von 0,2% der Bruttoauftragssumme für jeden Werktag Verzug bei Beginn und Fertigstellung bei einer vereinbarten Maximalgrenze von 5% der Bruttoauftragssumme für unwirksam.[213] Die Kumulierung der Vertragsstrafe für Verzögerungen sowohl bei Beginn als auch bei Fertigstellung führe dazu, dass bereits bei einem Verzug von nur 13 Arbeitstagen die vollständige Vertragsstrafe verwirkt sei, auch wenn kein weiterer Verzug eintrete, das Werk also 13 Tage verspätet hergestellt werde. Hätte der Auftragnehmer 25 Tage zu spät begonnen, wäre die Vertragsstrafe vollständig verwirkt und würde keinerlei Druck mehr auf den Auftragnehmer entfalten, seine Leistungen fristgerecht fertig zu stellen. Für die an den Beginn der Arbeitsaufnahme anknüpfende Vertragsstrafe sei kein nachvollziehbarer Grund ersichtlich.[214]

---

[204] Bestätigt von BGH BauR 2003, 870 (875); zum grundsätzlichen Verbot der geltungserhaltenden Reduktion bei AGBs vgl. näher *Heinrichs* in Palandt BGB Vor §§ 307–309 Rn. 8 mwN; zur Teilunwirksamkeit von Strafklauseln vgl. näher → Rn. 66.
[205] OLG Dresden BauR 2000, 1881.
[206] BGH BauR 2000, 1049.
[207] OLG Hamm BauR 2000, 1202.
[208] OLG Hamm, aaO, 1203, 1204.
[209] OLG Koblenz BauR 2000, 1338.
[210] BGH = BauR 2001, 791.
[211] BGH = BauR 2001, 791 (792) unter Hinweis auf die bereits erwähnte Entscheidung des BGH BauR 1999, 645; so auch OLG Jena NJW-RR 2002, 1178, das es zusätzlich für kritisch hält, dass die Vertragsstrafe für Einzelfristen an die gesamte Rechnungssumme und nicht an den rückständigen Teil anknüpft. Dem ist aber nicht zuzustimmen, weil das gleiche Argument auch für den Endtermin pönalisierende Vertragsstrafen gelten würde und außerdem dem Transparenzgebot (wie hoch ist der pönalisierte „rückständige" Teil?) kaum genügt werden könnte; näher → Rn. 70.
[212] So schon in BGH BauR 1999, 645.
[213] OLG Nürnberg BauR 2010, 1591.
[214] OLG Nürnberg BauR 2010, 1591.

80 Die beiden von der Rechtsprechung aufgestellten Kriterien (Gefahr der Kumulation der verwirkten Einzelstrafen einerseits, kein Entfall der Vertragsstrafe bei Einhaltung des Endtermins andererseits), die in der Literatur weitgehend Zustimmung finden,[215] sind kritisch zu betrachten. Insbesondere kann der Erwägung, einmaliges Verschulden des Auftragnehmers bei der Überschreitung einer Einzelfrist dürfe die Vertragsstrafe bei mehreren, eng gestaffelten Einzelfristen nicht quasi automatisch mehrfach auslösen, bereits dadurch Rechnung getragen werden, dass für jede Einzelfrist **Verzug** des Auftragnehmers Voraussetzung für die Verwirkung der Vertragsstrafe ist. Verzug setzt aber neben der Fälligkeit und der grundsätzlich erforderlichen Mahnung auch **Verschulden** des Auftragnehmers hinsichtlich der Nichteinhaltung jeder Einzelfrist voraus. Befindet der Auftragnehmer sich also beispielsweise mit der Einhaltung der ersten Einzelfrist in Verzug, hält er aber anschließend – gleichsam verschoben – die vereinbarte Terminkette ein, so liegt bezüglich der weiteren – überschrittenen – Einzelfristen kein erneutes Verschulden des Auftragnehmers vor, sodass bezüglich der weiteren Einzelfristen kein (erneuter) Verzug des Auftragnehmers vorliegt und damit die Vertragsstrafe für die weiteren Einzelfristen nicht verwirkt wird. Eine „Vervielfachung" der Vertragsstrafe bei Einzelfristen kann also rechtsdogmatisch nur eintreten, wenn bezüglich der weiteren Einzelfristen (erneuter) Verzug mit insbesondere (erneutem) Verschulden des Auftragnehmers vorliegt und nicht die Fortsetzung des Verzugs aus der erstmaligen Überschreitung einer Einzelfrist.

Umgekehrt: Hat der Auftragnehmer die Baustelle bezüglich Personal, Material und Gerät unzulänglich besetzt, sodass sein Produktionsfortschritt **jeweils** hinter dem vereinbarten Fortschritt zurück bleibt, so liegt bezüglich jeder überschrittenen Einzelfrist neues Verschulden und damit erneuter Verzug des Auftragnehmers vor. In diesem Fall ist es auch gerechtfertigt, die an die Einhaltung der Einzelfristen anknüpfende Vertragsstrafe jeweils erneut als verwirkt anzusehen, vorausgesetzt, für die Einhaltung der Einzelfristen ist eine (isoliert betrachtet) angemessene Strafhöhe pro Arbeits- oder Werktag von maximal 0,15 % der Auftrags- oder Abrechnungssumme pro Werktag vereinbart worden (dazu → Rn. 76).

81 Die Frage, ob der für die Überschreitung von Einzelfristen verwirkte **Vertragsstrafe** wieder **entfällt**, wenn die **Fertigstellungsfrist eingehalten** wird, ist unmaßgeblich. Ihr liegt die fehlerhafte Vorstellung zugrunde, dass es auch bei der Vereinbarung verbindlicher Einzelfristen letztlich auf die termingerechte Gesamtfertigstellung ankomme, was aber nicht der Fall ist. Wie schon ausgeführt, geht es bei der Pönalisierung der Fertigstellungsfrist in der Regel um das Nutzungsinteresse des Auftraggebers, während bei der Pönalisierung von Einzelfristen in der Regel die Vermeidung von Bauablaufstörungen im Vordergrund steht und nur mittelbar die Einhaltung der Fertigstellungsfrist.[216] Wenn also ein schutzwürdiges und durch eine Vertragsstrafe zu sicherndes Interesse des Auftraggebers an einem reibungslosen und Behinderungen anderer Auftragnehmer vermeidenden Bauablauf besteht, kann dieses schützenswerte Interesse des Auftraggebers nicht dadurch entfallen, dass trotz eingetretener Behinderung und damit möglicherweise verbundener Ansprüche anderer Auftragnehmer die Vertragsstrafe wieder entfällt, wenn der Auftragnehmer den Fertigstellungstermin einhält. Ist also die Vertragsstrafe für die Überschreitung von Einzelfristen in angemessener Höhe unter Berücksichtigung der vorstehenden Kriterien vereinbart, so kommt es für die Verwirkung dieser Vertragsstrafe nicht darauf an, ob der Auftragnehmer die Frist zur Fertigstellung einhält oder überschreitet.

82 **ee) Überschreitung des Beginntermins.** Oft wird in Bauverträgen nicht nur die Überschreitung der Fertigstellungsfrist und die Überschreitung verschiedener Einzelfristen pönalisiert, sondern auch die Überschreitung des vereinbarten Baubeginns. Auch bezüglich des Baubeginns wurde früher unterschiedslos die Auffassung vertreten, dass hier, ebenso wie bei der Überschreitung von Zwischenfristen, keine Differenzierung hinsichtlich des Tagessatzes oder der Maximalstrafe erforderlich sei.

Nimmt man die Entscheidung des BGH vom 6.12.2012[217] jedoch wörtlich, dann kann Bemessungsgrundlage für eine Vertragsstrafe bezüglich der Überschreitung des Beginntermins nur der anteilige Werklohn sein. Zum vereinbarten Baubeginn schuldet der Auftragnehmer jedoch regelmäßig nur die (anteilige) Baustelleneinrichtung sowie den körperlichen Beginn der Bauausführung bzw. der entsprechenden vorbereitenden Planungen. Nach zutreffender Auffas-

---

[215] Vgl. zB FKZGM VOB/B § 11 Rn. 38; *Lau* Jahrbuch BauR 2003, 68 f.
[216] Dazu *Langen* Schiffers, 143 ff. (162 f.); ähnlich *Kemper* BauR 2001, 1015 (1018 f.); *Berger* Jahrbuch Baurecht 2012, 77 (94).
[217] BGH NZBau 2013, 222 = IBR 2013, 69; dazu → Rn. 76.

sung von *Mayr*[218] ist die formularmäßige Vereinbarung einer Vertragsstrafe für die Überschreitung des Baubeginns deshalb nur noch dann zulässig, wenn mit dem Baubeginn ein bestimmter Werklohn des Auftragnehmers fällig wird und sich die Vertragsstrafe an diesem mit dem Baubeginn fällig werdenden Werklohn orientiert.

Beispiel: Nach Baubeginn erhält der Auftragnehmer anteilig 10% des Werklohns. Die zulässige Vertragsstrafe könnte bei Verzug des Auftragnehmers mit dem fristgerechten Baubeginn in Höhe von 0,3% des anteiligen Werklohns, maximal 5% des anteiligen Werklohns für den Baubeginn, vereinbart werden.

c) Angemessene Begrenzung der Gesamthöhe. aa) Maximal 5% der Auftrags- oder Abrechnungssumme. Der BGH hat schon früh entschieden, dass eine Strafklausel, die die Gesamthöhe der verwirkbaren Vertragsstrafe nicht begrenzt, den Auftragnehmer unangemessen benachteiligt und deshalb unwirksam ist.[219] Auch wenn die pro Tag verwirkte Vertragsstrafe sehr gering ist, also zB nur 0,1% der Auftragssumme pro Werktag beträgt, ist eine Strafklausel schon deshalb unwirksam, wenn die Strafhöhe theoretisch unbegrenzt anwachsen kann. Hat der Auftragnehmer die vom Auftraggeber mit 1.300,- EUR pro Kalendertag vorgegebene Vertragsstrafe auf 500,- EUR pro Kalendertag „heruntverhandelt", so ändert dies an dem AGB-Charakter der Vertragsstrafe im Übrigen nichts. Ist diese Vertragsstrafe also der Höhe nach nicht begrenzt, so ist sie AGB-unwirksam.[220]

Die Gesamthöhe (Obergrenze) der Vertragsstrafe muss dabei im Vertrag vereinbart sein; der bloße Gestaltungshinweis in der Fußnote eines Standardvertrages, die Vertragsstrafe dürfe einen bestimmten Prozentsatz der Abrechnungssumme (zB 5%) nicht überschreiten, ersetzt die Vereinbarung einer solchen Obergrenze nicht.[221] Enthält das Vertragsmuster, das der **Architekt** dem Auftraggeber zur Verfügung gestellt hat, keine Begrenzung der Vertragsstrafe, so ist der Architekt dem Auftraggeber zum Schadensersatz verpflichtet, weil das Erfordernis einer Begrenzung von AGB-Vertragsstrafen zum notwendigen Grundlagenwissen eines Architekten gehört.[222]

Welche Gesamthöhe der Vertragsstrafe als angemessene Begrenzung im Sinne von § 307 Abs. 1 BGB anzusehen ist, schien lange Zeit durch die obergerichtliche Rechtsprechung weitgehend geklärt. Eine Obergrenze von bis zu 10% der Auftrags- oder Abrechnungssumme wurde – bei Angemessenheit des Tagessatzes (dazu → Rn. 68 ff.) – insbesondere vom BGH als angemessen eingestuft und konnte insoweit als gesicherte Grundlage für die Kautelarpraxis angesehen werden.[223] Strafklauseln mit einer darüber hinausgehenden Obergrenze wurden beispielsweise vom Saarländischen Oberlandesgericht (Obergrenze von 12% bei einer an sich unbedenklichen Klausel von 0,2% pro Tag)[224] oder vom OLG Zweibrücken (Obergrenze von 20% der Bruttoauftragssumme)[225] schon aus diesem Grund für unwirksam erklärt.

Durch Urteil vom 23.1.2003,[226] bestätigt durch Urteil vom 8.7.2004,[227] hat der BGH seine langjährige Rechtsprechung zur Zulässigkeit einer Obergrenze von 10% der Auftrags- oder Abrechnungssumme aufgegeben.[228] Der BGH hat ausgeführt, die Angemessenheitskontrolle von Vertragsstrafenklauseln habe nach einer generalisierenden Betrachtungsweise zu erfolgen.[229] Die Obergrenze einer Vertragsstrafe müsse sich daran messen lassen, ob sie generell und typischer-

---

[218] *Mayr* BauR 2013, 1192 (1195).
[219] BGHZ 85, 305.
[220] OLG Bremen IBR 2012, 322.
[221] BGH BauR 2005, 1015.
[222] OLG Hamm BauR 2005, 1350 (1352); OLG Brandenburg BauR 2003, 1751 = NZBau 2003, 684.
[223] BGH BauR 1987, 92; 1999, 645; 2001, 791 und 945; 2002, 790; daran anschließend OLG Düsseldorf BauR 2001, 1737 und OLG Jena BauR 2001, 1446, wobei das OLG Jena den Strafanspruch des Auftraggebers aber deshalb verneint hat, weil der Auftraggeber § 12 Abs. 1 VOB/A missachtet hatte, dazu → Rn. 64.
[224] So aber *Leinemann* BauR 2001, 1472 ff.
[225] Ähnlich *Minuth* NZBau 2000, 322.
[226] BGH BauR 2003, 870 = NZBau 2003, 321.
[227] BGH BauR 2004, 1609 = NZBau 2004, 609.
[228] Wegen der damals überraschenden Aufgabe seiner langjährigen Rechtsprechung zur Zulässigkeit einer Obergrenze in Höhe von 10% hat der BGH bei Altverträgen Vertrauensschutz gewährt, den er in der Entscheidung vom 23.1.2003 (BGH BauR 2003, 870 = NZBau 2003, 321) zunächst nur skizziert, im weiteren Urteil vom 8.7.2004 (NZBau 2004, 609) sodann wie folgt präzisiert hat: Vertrauensschutz (und damit AGB-Wirksamkeit) gelte für alle Altverträge, die bis zum 30.6.2003 abgeschlossen worden seien, die ein „Abrechnungsvolumen" von maximal 15 Mio. DM aufweisen und deren Obergrenze maximal 10% des entsprechenden Abrechnungsvolumens betrage.
[229] BGH BauR 2003, 870 (875) mit Verweis auf BGH BauR 2000, 1049 = NZBau 2000, 327; dazu schon → Rn. 60.

weise in Bauverträgen, für die sie vorformuliert sei, angemessen sei. Soweit sich aus der Klausel nichts anderes ergebe, sei dabei wegen der damit verbundenen Abgrenzungsschwierigkeiten nicht zwischen Bauverträgen mit hohen oder niedrigen Auftragssummen zu unterscheiden. Die Vertragsstrafe müsse sich innerhalb der voraussichtlichen Schadensbeträge halten, ohne dass es darauf ankomme, ob allgemein bei Verträgen der von den Parteien geschlossenen Art Nachteile zu erwarten seien, welche die Ausgestaltung der Vertragsstrafe angemessen erscheinen lasse. Fälle einer besonders ungünstigen Schadensentwicklung müssten unberücksichtigt bleiben. Der Auftraggeber sei hier dadurch hinreichend geschützt, dass er den Schadensersatzanspruch gesondert verfolgen könne.[230] Die Orientierung am Schaden biete ohne Berücksichtigung der Druckfunktion keinen verlässlichen Anhaltspunkt für die Obergrenze einer Vertragsstrafe. Sie rechtfertige jedenfalls allein nicht die in vielen Bauverträgen geregelte Obergrenze von 10% der Auftragssumme. Entscheidende Bedeutung komme der **Druckfunktion** der Vertragsstrafe zu, die jedoch die Auswirkungen der Vertragsstrafe auf den Auftragnehmer berücksichtigen und sich deshalb in wirtschaftlich vernünftigen Grenzen halten müsse. Hiernach sei eine **Vertragsstrafe von mehr als 5% der Auftragssumme zu hoch.** Der Auftragnehmer werde typischerweise durch den Verlust von mehr als 5% seines Vergütungsanspruchs unangemessen belastet. In vielen Fällen verliere er dadurch nicht nur seinen Gewinn, sondern erleide einen spürbaren Verlust, der sich ganz erheblich auf die Liquidität des Auftragnehmers auswirken könne. Eine Vertragsstrafe mit einer Obergrenze in Höhe von 5% der Auftragssumme werde der Druck- und Kompensationsfunktion hinreichend gerecht, zumal dem Senat bekannt sei, dass in vielen Bauverträgen, insbesondere bei höheren Auftragssummen, auch schon zum Zeitpunkt der Entscheidung Vertragsstrafen mit einer Obergrenze in Höhe von 5% der Auftragssumme vereinbart worden seien.[231] Sollte die Höchstgrenze von 5% der Auftragssumme im Einzelfall nicht ausreichen, bleibe es den Parteien unbenommen, individuell eine höhere Obergrenze zu vereinbaren.

Die maximal zulässige Obergrenze von 5% der Auftrags- oder Abrechnungssumme kann nicht dadurch „umgangen" werden, dass der Auftraggeber sowohl den Termin für den Probebetrieb als auch für die vollständige Fertigstellung jeweils mit einer Obergrenze der Vertragsstrafe in Höhe von 5% der Auftragssumme versieht und damit im Ergebnis bei Überschreitung beider Termine eine Vertragsstrafe in Höhe von 10% der Auftragssumme verwirkt werden kann.[232] Richtigerweise ist die vom OLG Bamberg entschiedene Strafklausel schon deshalb unwirksam, weil der pönalisierte Termin „Probebetrieb" als Zwischentermin (und nicht als erster Fertigstellungstermin) einzustufen ist und eine Kumulation von Vertragsstrafen sowohl für die Überschreitung von Zwischenterminen als auch für die Überschreitung des Endtermins in Höhe von insgesamt mehr als 5% unzulässig ist, dazu näher → Rn. 77.

86 **bb) Kritik.** Die Erwägungen des BGH, die Vertragsstrafe auf 5% der Auftragssumme zu begrenzen, überzeugen nicht. Maßgebendes Kriterium für die summenmäßige Begrenzung einer AGB-Vertragsstrafe ist die voraussichtliche Schadensentstehung einerseits (Ausgleichsfunktion der Vertragsstrafe) und das erforderliche Druckpotenzial andererseits, den Auftragnehmer im Vorhinein zu einer termingerechten Ausführung anzuhalten (Druckfunktion).[233] Während das Druckpotenzial einer Vertragsstrafe sicherlich auch von der Höhe der Auftragssumme und damit der absoluten Höhe der drohenden Vertragsstrafe beeinflusst wird, lässt sich dies bezüglich der Ausgleichsfunktion, also der Kompensation eintretender Verzögerungsschäden, nicht sagen. Hohe Auftragsvolumina können trotz Verzugs zu vergleichsweise geringen Verspätungsschäden führen und umgekehrt.[234] Beim Schlüsselfertigbau führt die verzögerte Fertigstellung regelmäßig zu Nutzungsschäden (Mietausfall, Umsatzausfall),[235] während dies bei der konventionellen Baudurchführung[236] nur für die endterminrelevanten Gewerke gilt, die jedoch bei vergleichsweise niedrigen Auftragssummen zu gleichen Nutzungsschäden führen können wie hohe Auftragssummen beim Schlüsselfertigbau. Der Verzug eines Einzelgewerks bei der konventionellen Baudurchführung führt hingegen regelmäßig „nur" zu Bauablaufstörungen, nicht zwangsläufig zu Nutzungsschäden durch verspätete Gesamtfertigstellung.[237]

---

[230] BGH, aaO.
[231] BGH, aaO, S. 876.
[232] OLG Bamberg IBR 2013, 12.
[233] BGH BauR 2003, 870 (875) und näher dazu → Rn. 5.
[234] Zutreffend *Roquette/Laumann* BauR 2003, 1271 (1272).
[235] Dazu auch *Wolter* BauR 2003, 1274 (1276).
[236] Dazu näher *Langen/Schiffers*, Rn. 136 ff.
[237] Dazu schon → Rn. 72 ff.

Die Tatsache, dass dem Auftraggeber die Geltendmachung des realen Verzugsschadens unbenommen bleibt,[238] ist im Übrigen kein Kriterium, weil es hierzu keiner gesonderten Vereinbarung der Parteien bedarf. Den Ersatz des nachweislichen Schadens schuldet der Auftragnehmer bereits gemäß §§ 280, 286 BGB, sodass dieser Aspekt keine Rolle bei der Angemessenheit der in der Rechtsordnung ja ebenfalls ausdrücklich vorgesehenen Strafvereinbarung (§§ 339 ff. BGB) spielen kann. Die vom BGH herangezogene Begründung einer zulässigen Obergrenze von maximal 5 % der Auftragssumme erweist sich demnach mehr als Billigkeitsentscheidung denn als dogmatisch überzeugende Begründung.

cc) Auftrags- oder Abrechnungssumme, brutto oder netto? Noch nicht obergerichtlich geklärt ist die Frage, ob sich die Obergrenze von 5 % auf die **Auftragssumme**[239] beziehen muss oder auch an die **Abrechnungssumme** (Schlussrechnungssumme) anknüpfen darf[240] und ob bei einem vorsteuerabzugsberechtigten Auftraggeber auf die **Nettosumme** des Auftrags bzw. der Abrechnung abzustellen ist, um eine Ungleichbehandlung mit nicht vorsteuerabzugsberechtigten Verwender zu vermeiden, bei denen es auf die **Bruttosumme** ankommt. 87

Entgegen der zu strengen Auffassung von *Mayr*[241] erscheint es richtig, dem Verwender die Wahl zwischen Auftrags- oder Abrechnungssumme zu belassen, auch wenn diese erheblich divergieren können. Unter „Auftragssumme" ist regelmäßig die von den Parteien *vor* der Ausführung des Auftrags vereinbarte Vergütung des Auftragnehmers zu verstehen, unter Abrechnungssumme (Schlussrechnungssumme) die *nach* Abwicklung des Vertrages vom Auftraggeber geschuldete Vergütung.[242] Vereinbaren die Parteien also eine Obergrenze in Höhe von 5 % der Abrechnungssumme und erhöht sich die Abrechnungssumme aufgrund von Mengenmehrungen oder Nachträgen, dann schuldet der Auftragnehmer bei entsprechender Verwirkung der Vertragsstrafe 5 % dieser, gegenüber der Auftragssumme höheren Abrechnungssumme, aber im Ergebnis eben doch „nur" 5 % des Abrechnungsvolumens dieses Werkvertrages.[243] Die Anknüpfung an die Abrechnungssumme kann für den Auftraggeber aber auch von Nachteil sein, denkt man beispielsweise an die Mengenunterschreitung (gemäß § 2 Abs. 3 VOB/B) beim Einheitspreisvertrag, an die Selbstübernahme von Teilen der Leistung gemäß § 2 Abs. 4 VOB/B oder auch an die zahlreichen Fälle der Auftragskündigung, die naturgemäß auch zu einer reduzierten Abrechnungssumme und dementsprechend einer reduzierten Vertragsstrafe führen. AGB-rechtliche Bedenken könnten allenfalls gegen eine Strafklausel erhoben werden, die auf die Auftragssumme abstellt, weil diese je nach Einzelfall deutlich höher sein kann als die Abrechnungssumme und dann 5 % der Auftragssumme unter Umständen 6 % oder 7 % der Abrechnungssumme darstellen, damit die angemessene Obergrenze (also 5 % des Werklohns, den der Auftragnehmer letztlich verdient hat) überschritten wäre. In seiner bisherigen Rechtsprechung[244] hat der BGH jedoch keine Bedenken gegen eine Obergrenze in Höhe von 5 % der Auftragssumme erhoben.

Um dem **Transparenzgebot** zu genügen, darf ein und dieselbe Strafklausel allerdings nicht hinsichtlich des Tagessatzes an die Auftragssumme und hinsichtlich der Obergrenze an die Abrechnungssumme (Schlussrechnungssumme) anknüpfen.[245]

Bei vorsteuerabzugsberechtigten Auftraggebern erscheint es sachgerecht, die Obergrenze auf 5 % der **Netto**auftrags- oder -abrechnungssumme festzulegen.[246] Das Gleiche gilt in den Fällen von § 13b UStG.[247]

6. Berechnung der Vertragsstrafe. Ist die AGB-Strafklausel nach den vorstehenden Kriterien wirksam, so richtet sich die Berechnung der im Einzelfall verwirkten Vertragsstrafe nach der Vereinbarung der Parteien. Grundsätzlich kann hierzu auf die Ausführungen zur Berechnung der Vertragsstrafe bei einer Individualvereinbarung verwiesen werden (vgl. → Rn. 39 ff.). Zusammengefasst: Voraussetzung der Verwirkung ist bei einer AGB-Strafklausel in jedem Fall der **Terminverzug des Auftragnehmers.** Insbesondere bei Bauablaufstörungen, die gemäß § 6 88

---

[238] § 340 Abs. 2 BGB.
[239] Zum Begriff der „Auftragssumme" ausführlich *Oberhauser* Rn. 205 ff. mwN.
[240] Dazu *Wolter* BauR 2003, 1274 (1275); *Berger* Jahrbuch Baurecht 2012, 77 (87 f.).
[241] *Mayr* BauR 2013, 1192.
[242] BGH BauR 2008, 508 (509); *Greiner* ZfBR 1999, 62 (63).
[243] So zutreffend OLG Köln IBR 2013, 14; zutreffend auch *Mayr* BauR 2013, 1192 (1194).
[244] Zuletzt BGH NZBau 2013, 222 = IBR 2013, 69.
[245] BGH BauR 2008, 508 (509).
[246] So auch *Schmitz* IBR 2004, 564; vgl. auch *Bschorr/Zanner*, S. 141 f.
[247] Vgl. OLG Köln IBR 2013, 14; ergänzend vgl. auch die Regelung in § 17 Abs. 6 Nr. 1 S. 2 VOB/B (2006); dazu auch *Diehr* ZfBR 2008, 768 ff.

Abs. 2 VOB/B zu einer Terminverschiebung bzw. Fristverlängerung führen und bei (sonstigen) Leistungsverweigerungsrechten des Auftragnehmers muss also im Einzelfall geprüft werden, wann die strafbewehrte Leistungspflicht des Auftragnehmers fällig geworden ist, ob der Auftraggeber nach eingetretener Fälligkeit gemahnt hat und ob das zulasten des Auftragnehmers vermutete Verschulden vorliegt. Insbesondere bei kalendermäßig bestimmten oder bestimmbaren Ausführungsfristen, die gemäß § 286 Abs. 2 Nr. 1 und 2 BGB eine Mahnung grundsätzlich entbehrlich machen, führt eine Terminverschiebung bzw. Fristverlängerung wieder zum Erfordernis der Mahnung nach (neu berechneter) Fälligkeit, die in der Praxis oftmals nicht oder zu früh (nämlich nach der fehlerhaften Fristberechnung des Auftraggebers) ausgesprochen wird. Befindet der Auftragnehmer sich hiernach nicht in Verzug, dann wird auch die hieran anknüpfende Vertragsstrafe nicht verwirkt.[248]

89 Die Berechnung der Vertragsstrafe im Einzelfall hängt davon ab, ob
– der Ausführungsbeginn, die Einhaltung verbindlicher Einzelfristen oder die Fertigstellungsfrist mit Vertragsstrafe belegt sind;
– ob und in welchem Umfang der Auftragnehmer sich mit der Einhaltung der pönalisierten Fristen in Verzug befindet;
– ob die Vertragsstrafe nach Arbeits-, Werk- oder Kalendertagen bemessen wird und
– ob die vereinbarte Gesamthöhe der Vertragsstrafe erreicht bzw. überschritten wird.

Soweit die Vertragsstrafe „pro Tag" verwirkt sein soll, gilt wieder die Auslegungsregel des § 11 Abs. 3 VOB/B, wonach als „Tage" nur Werktage zu verstehen und damit strafbewehrt sind. Knüpft die Vertragsstrafe (ausnahmsweise) an den Terminverzug „pro Woche" an, so gilt § 11 Abs. 3 Hs. 2 VOB/B, wonach jeder Werktag der angefangenen Woche als 1/6 Woche gerechnet wird.

Bei einer verzugsbedingten **Kündigung** durch den Auftraggeber ist die Regelung des § 8 Abs. 8 VOB/B zu beachten, wonach eine bereits verwirkte Vertragsstrafe nur bis zur Kündigung berechnet werden darf (→ § 8 Rn. 142).

90 **7. Herabsetzungsmöglichkeit.** Soweit der Auftragnehmer eine AGB-Vertragsstrafe verwirkt hat, scheidet nach herrschender Auffassung die Herabsetzungsmöglichkeit gemäß § 343 BGB aus.[249] Diese Auffassung erscheint zwar dogmatisch nicht zwingend, da ein als angemessen im Sinne von § 307 Abs. 1 BGB eingestuftes AGB-Strafversprechen im Einzelfall durchaus zu einer unverhältnismäßig hohen Strafe im Sinne von § 343 Abs. 1 BGB führen kann, beispielsweise, wenn im konkreten Fall tatsächlich kein oder ein nachweislich deutlich geringerer Schaden entstanden ist. Auf der anderen Seite würde die Herabsetzungsmöglichkeit gemäß § 343 BGB auch bei AGB-Strafversprechen zu einem überzogenen Schuldner- bzw. Auftragnehmerschutz führen. Denn § 343 BGB und auch die bei Strafversprechen von Kaufleuten ausgeschlossene Herabsetzungsmöglichkeit gemäß § 348 HGB sind ersichtlich auf individuelle Strafversprechen zugeschnitten und stellen dort die einzige Möglichkeit einer Korrektur bei unverhältnismäßig hoch verwirkter Strafe dar. Diese Angemessenheitskontrolle findet bei AGB-Strafversprechen aber bereits als abstrakte Kontrolle bezüglich des Strafversprechens als solchem statt. Würde man darüber hinaus eine Herabsetzungsmöglichkeit bei unverhältnismäßig hoch verwirkter Strafe zulassen, so würde die bei AGB-Strafversprechen ohnehin schon kritische Druckfunktion der Vertragsstrafe wegen der nachträglichen Herabsetzungsmöglichkeit weiter eingeschränkt.[250] Ist das AGB-Strafversprechen also wirksam, so kann der Auftraggeber die verwirkte Vertragsstrafe in vollem Umfang gegen den Auftragnehmer geltend machen, ohne dass der (nicht kaufmännische) Auftragnehmer eine Herabsetzung der konkret verwirkten Vertragsstrafe beantragen könnte.

III. Vertragsstrafe im Verhältnis Bauherr – Generalunternehmer – Nachunternehmer

91 Von besonderer praktischer Bedeutung ist die Vertragsstrafe in Leistungsketten. Beispiel: Der Nachunternehmer gerät gegenüber dem Generalunternehmer in Verzug. Dieser Verzug führt gleichermaßen zum Verzug des Generalunternehmers gegenüber dem Bauherrn. Sowohl im Generalunternehmervertrag als auch im Nachunternehmervertrag sind Vertragsstrafen vereinbart,

---

[248] Zutreffend OLG Brandenburg IBR 2013, 607.
[249] BGH BauR 1981, 374; 83, 80; differenzierend *Wolff* in Beck'scher VOB-Kommentar VOB/B § 11 Abs. 1 Rn. 64 mwN.
[250] So zutreffend BGH BauR 1983, 80 (84).

die verzugsabhängig verwirkt werden. Unter welchen Voraussetzungen kann der Generalunternehmer die vom Bauherrn verlangte Vertragsstrafe an seinen Nachunternehmer „durchstellen"?

Während verschiedene Oberlandesgerichte[251] der Meinung waren, die im Generalunternehmervertrag verwirkte Vertragsstrafe sei dem Nachunternehmer nicht als Verzugsschaden zuzurechnen, hat der Bundesgerichtshof inzwischen in mehreren Urteilen und dogmatisch überzeugend festgehalten, dass die vom Generalunternehmer verwirkte Vertragsstrafe grundsätzlich als vom Nachunternehmer zu ersetzender Verzugsschaden anzusehen sein kann.[252] Dem haben sich inzwischen verschiedene Oberlandesgerichte angeschlossen.[253] Voraussetzung einer solchen „Durchstellung der Bauherrenvertragsstrafe" ist jedoch:

1. Dem Generalunternehmervertrag muss ein **wirksames Strafversprechen** zugrunde liegen, weil dem Generalunternehmer nur dann ein Schaden im rechtlichen Sinne entstehen kann.[254] Nimmt der Bauherr gegenüber dem Generalunternehmer trotz einer unwirksamen Strafklausel gleichwohl einen Strafabzug vor, so muss der Generalunternehmer seinen Anspruch gegenüber dem Bauherrn verfolgen und kann nicht den tatsächlich erfolgten Abzug gegenüber seinem Nachunternehmer als Verzugsschaden geltend machen.[255] Häufig ist jedoch aus tatsächlichen oder rechtlichen Gründen zweifelhaft, ob die im Generalunternehmervertrag verankerte Strafvereinbarung wirksam bzw. die Vertragsstrafe verwirkt ist. Kommt es hier zwischen dem Bauherrn und dem Generalunternehmer zu einem **Vergleich,** so kommt es nach Auffassung des BGH darauf an, ob für den Generalunternehmer – zB auf Grund eines gerichtlichen Hinweises – ein rechtfertigender Anlass zum Abschluss des Vergleichs vorhanden war. In diesem Fall kann der Generalunternehmer die gezahlte Vertragsstrafe in Höhe der Vergleichssumme ausnahmsweise als Verzugsschaden gegenüber dem Nachunternehmer geltend machen, auch wenn die Strafklausel möglicherweise unwirksam war.[256] Streitet der Generalunternehmer mit dem Bauherrn über eine vom Bauherrn zur Aufrechnung gestellte Vertragsstrafe und wird der Generalunternehmer in einem zweiten Rechtsstreit vom Nachunternehmer auf Zahlung des Werklohns in Anspruch genommen, so kann der Generalunternehmer gegenüber dem Nachunternehmer **kein Zurückbehaltungsrecht** bis zur Entscheidung des Rechtsstreits mit dem Bauherrn geltend machen.[257]

2. Da die „Bauherrenvertragsstrafe" regelmäßig ein Mehrfaches der im Nachunternehmervertrag festgelegten Vertragsstrafe beträgt und oftmals sogar das Auftragsvolumen des Nachunternehmervertrages selbst übersteigt, droht dem Nachunternehmer bei der „Durchstellung der Bauherrenvertragsstrafe" ein immenser, oftmals sogar existentieller Schaden. Die Rechtsprechung begegnet dieser Problematik durch die Anwendung von § 254 Abs. 2 BGB, wonach der Generalunternehmer verpflichtet sei, den Nachunternehmer auf die Gefahr dieses ungewöhnlich hohen Schadens aufmerksam zu machen **(Schutz- bzw. Warnhinweis).**[258] In der Praxis erweist sich der Warnhinweis des Generalunternehmers jedoch regelmäßig als Förmelei, weil die meisten Nachunternehmer wissen, dass im Generalunternehmervertrag eine entsprechend hohe, an die dortige Auftragssumme anknüpfende Vertragsstrafe vereinbart ist[259] und die Kenntnis dieser Vertragsstrafe Grund und Umfang des Nachunternehmerverzuges in der Regel nicht beeinflusst. Unterlässt der Generalunternehmer also den Hinweis auf die drohende Bauherrenvertragsstrafe, so kann er die verwirkte Strafe gleichwohl als Schadensersatz gegenüber dem Nachunternehmer geltend machen, wenn er – wie meist – nachweisen kann, dass der Hinweis auf diese Vertragsstrafe den Verzug des Nachunternehmers nicht verhindert hätte.

---

[251] OLG Frankfurt OLGR 1997, 91 und OLG Dresden NJW-RR 1997, 83.
[252] BGH BauR 1998, 330 (331); 2000, 1051; 2002, 1086.
[253] OLG Jena BauR 2003, 1416; KG BauR 2004, 1162; OLG Düsseldorf IBR 2005, 8.
[254] Zutreffend *Kirberger,* FS Kraus, 101 (105); *Sohn,* FS Jagenburg, 855 (864).
[255] Vgl. OLG Jena BauR 2003, 1416.
[256] BGH BauR 2002, 1086; kritisch dazu *Kirberger,* FS Kraus, 101 (107 ff.) und *Oberhauser* BauR 2006, 210 (217 ff.).
[257] BGH NZBau 2012, 763 = BauR 2012, 1946 = IBR 2012, 631. In solchen Fällen ist dem Generalunternehmer anzuraten, dem Nachunternehmer im Rechtsstreit mit dem Bauherrn den Streit zu verkünden und gleichzeitig eine Aussetzung des Rechtsstreits mit dem Nachunternehmer gemäß § 148 ZPO zu beantragen.
[258] BGH BauR 1998, 330 (332) und BauR 2002, 1086; dazu ausführlich *Kirberger,* FS Kraus, 101 (102 ff.); *Oberhauser* BauR 2006, 210 (214 ff.).
[259] Zutreffend *Sohn,* FS Jagenburg, 855 (864).

3. Von besonderer praktischer Bedeutung ist der **Kausalzusammenhang** zwischen dem Verzug des Nachunternehmers und der Verwirkung der Vertragsstrafe durch den Generalunternehmer. Der Generalunternehmer kann die an den Bauherrn gezahlte Vertragsstrafe nur und in dem Umfang als Verzugsschaden geltend machen, in dem die Vertragsstrafe tatsächlich adäquat kausale Folge des Nachunternehmerverzuges war. Ein durch Nachunternehmerverschulden verursachter „Anfangsverzug" einer Baustelle lässt sich beim Schlüsselfertigbau häufig durch Ablaufoptimierungen (Beschleunigungen) und die Ausschöpfung einkalkulierter Zeitreserven (Pufferzeiten) aufholen. Bei endterminrelevanten Gewerken (Fertigmontage Sanitär, Bodenbeläge, Malerarbeiten usw) ist der Kausalzusammenhang zwischen dem Nachunternehmerverzug und dem Generalunternehmerverzug regelmäßig virulent. Aber auch hier können eigene Versäumnisse des Generalunternehmers (zB unzulängliche Terminsteuerung der Baustelle, verspätete Beauftragungen) zu einer Mitverantwortlichkeit des Generalunternehmers am entstandenen Verzug führen. Führt der gleichzeitige **Verzug mehrerer Nachunternehmer** zum Verzug des Generalunternehmers gegenüber dem Bauherrn, so haften die Nachunternehmer gesamtschuldnerisch auf Schadensersatz.[260] Der Innenregress der Nachunternehmer richtet sich dann nach ihrem jeweiligen Anteil am Verzug, nicht nach dem Verhältnis der Auftragssummen zueinander.

4. Macht der Generalunternehmer auf Grund des Verzugs des Nachunternehmers sowohl die im Nachunternehmervertrag vereinbarte Vertragsstrafe als auch – als Verzugsschaden – die „Bauherrenvertragsstrafe" geltend, so muss er die Nachunternehmervertragsstrafe auf den geltend gemachten Verzugsschaden anrechnen, §§ 341 Abs. 2 iVm 340 Abs. 2 BGB.[261]

E. § 11 Abs. 4 VOB/B – Vorbehalt der Vertragsstrafe bei der Abnahme

I. Voraussetzungen und Wirkungen des Vorbehalts

92 Gemäß § 11 Abs. 4 VOB/B kann der Auftraggeber die Strafe nur verlangen, wenn er dies bei der Abnahme vorbehalten hat. Ohne den Vorbehalt bei der Abnahme erlischt also der Strafanspruch, wenn die Parteien nicht eine zulässige Abweichung von dem Erfordernis des Strafvorbehalts vereinbart haben.[262] § 11 Abs. 4 VOB/B entspricht damit der gesetzlichen Regelung des § 341 Abs. 3 BGB, wonach sich der Gläubiger die für eine „nicht gehörige Erfüllung", wozu insbesondere der Leistungsverzug des Auftragnehmers gehört (vgl. → Rn. 18), versprochene Vertragsstrafe „bei der Annahme" vorbehalten muss.[263] Im Einzelnen:

93 **1. Erklärender und Erklärungsempfänger.** Zur Erklärung des Vorbehalts ist neben dem Auftraggeber selbst auch jeder **Dritte** berechtigt, der vom Auftraggeber dazu **bevollmächtigt** worden ist.[264] Eine isolierte, lediglich zur Erklärung des Vertragsstrafenvorbehaltes legitimierende Vollmacht wird in der Praxis kaum vorkommen. Bevollmächtigt der Auftraggeber allerdings einen Dritten mit der Durchführung der rechtsgeschäftlichen Abnahme im Sinne von § 640 BGB bzw. § 12 VOB/B, so umfasst die Vollmacht zur Erklärung der Abnahme auch die Abgabe von Vorbehaltserklärungen (bezüglich der Vertragsstrafe, aber auch bezüglich bekannter Mängel gemäß § 640 Abs. 2 BGB), die anlässlich der Abnahme abgegeben werden.[265] Eine solche **Abnahmevollmacht,** die auch die Erklärung des Strafvorbehalts umfasst, kann vom Auftraggeber auch **konkludent** dadurch erteilt werden, dass der Auftraggeber zum vom Auftragnehmer beantragten Abnahmetermin einen Dritten entsendet.[266]

94 Der **bauleitende Architekt** oder **Ingenieur** ist nach zutreffender Auffassung **nicht originär bevollmächtigt,** die rechtsgeschäftliche Abnahme zu erklären, da seine Pflicht zur Objektüberwachung auch nach Maßgabe der HOAI 2013 nur die Organisation der Abnahme einschließlich

---

[260] Zutreffend *Oberhauser* BauR 2006, 210 (220); *Kirberger,* FS Kraus, 101 (106 f.); anderer Auffassung KG BauR 2004, 1162 (1164), wonach mehrere in Verzug befindliche Nachunternehmer nur im Verhältnis ihrer Verursachungsanteile haften. Das KG übersieht jedoch, dass eine Doppelkausalität – jeder Nachunternehmerverzug würde bereits die Bauherrenvertragsstrafe auslösen – Gesamtschuld und nicht Teilschuld auslöst, vgl. *Oberhauser,* aaO. mwN.
[261] Näher dazu → Rn. 124.
[262] *Kleine-Möller/Merl/Glöckner,* § 16 Rn. 434.
[263] *Wolff* in Beck'scher VOB-Kommentar VOB/B § 11 Abs. 4 Rn. 2.
[264] BGH BauR 1987, 92 (94); *Wolff* in Beck'scher VOB-Kommentar VOB/B § 11 Abs. 4 Rn. 23.
[265] BGH aaO.; *Kleine-Möller/Merl/Glöckner,* § 16 Rn. 448.
[266] Vgl. OLG Saarbrücken BauR 2000, 1784 = NZBau 2000, 252.

einer Abnahmeempfehlung[267] bzw. beim bauoberleitenden Ingenieur zwar die „Abnahme", aber nur im Sinne einer unterstützenden Tätigkeit für den Bauherrn umfasst,[268] nicht aber die Erklärung der rechtsgeschäftlichen Abnahme selbst.[269] Soweit der BGH[270] und ihm folgend die herrschende Meinung[271] allerdings die Auffassung vertreten, der selbst nicht zur Erklärung des Strafvorbehalts bevollmächtigte bauleitende Architekt (auch der bauleitende Ingenieur?) sei allerdings verpflichtet, den Auftraggeber anlässlich der Abnahme auf das Erfordernis des Strafvorbehaltes hinzuweisen, wenn er die Vereinbarung einer Vertragsstrafe kennt oder damit zumindest rechnen muss, so ist dem mit *Wolff* [272] zu widersprechen. Der bauleitende Architekt oder Ingenieur ist nicht der rechtsgeschäftliche Vertreter des Auftraggebers und auch (erst recht) nicht dessen Rechtsberater. Unterlässt der Auftraggeber anlässlich der von ihm selbst durchgeführten Abnahme deshalb den Strafvorbehalt, so ist dies nicht als Pflichtverletzung des Architekten/Ingenieurs im Sinne von § 280 BGB einzustufen. Wenn der bauleitende Architekt oder Ingenieur allerdings mit der Durchführung der Abnahme beauftragt und bevollmächtigt ist, **muss** er zur Wahrung der Auftraggeberrechte den Strafvorbehalt erklären. Dies gilt erst recht, wenn der Bauherr den von ihm zur Durchführung der Abnahme bevollmächtigten (bauleitenden) Architekten sogar ausdrücklich aufgefordert hat, anlässlich der Abnahme den Strafvorbehalt zu erklären.[273]

Hat ein vollmachtloser Vertreter des Auftraggebers (zB der nicht bevollmächtigte Architekt) 95 den Vorbehalt der Vertragsstrafe erklärt, so ist der Vorbehalt gemäß § 180 S. 1 BGB grundsätzlich unwirksam. Eine nachträgliche Genehmigung durch den Auftraggeber gemäß § 177 BGB ist gemäß § 180 S. 2 BGB nur möglich, wenn der Auftragnehmer die vom vollmachtlosen Vertreter behauptete Vertretungsmacht bei der Erklärung des Vorbehaltes nicht beanstandet hat oder damit einverstanden war, dass der Vertreter ohne Vertretungsmacht handelte.[274]

Erklärungsempfänger kann neben dem Auftragnehmer selbst jeder Dritte sein, der vom 96 Auftragnehmer eine **Empfangsvollmacht** erhalten hat. Soweit der Auftragnehmer die Abnahme mit dem Auftraggeber nicht selbst durchführt, sondern sich in diesem Termin von einem Dritten vertreten lässt, so ist der zur Durchführung der Abnahme bevollmächtigte Dritte auch bevollmächtigt, Vorbehaltserklärungen des Auftraggebers (oder des Auftraggebervertreters) bezüglich der Vertragsstrafe (oder bezüglich bekannter Mängel) entgegenzunehmen.[275] Auch auf Seiten des Auftragnehmers erstreckt sich die Vollmacht zur Durchführung der Abnahme auf die Entgegennahme der damit üblicherweise verbundenen Erklärungen wie des Strafvorbehalts usw. Handelt der Vertreter des Auftragnehmers ohne Vollmacht, so geht der Strafvorbehalt gemäß § 180 S. 1 in Verbindung mit Satz 3 BGB ins Leere. Eine nachträgliche Genehmigung durch den Auftragnehmer ist unter den gleichen Voraussetzungen wie die nachträgliche Genehmigung durch den Auftraggeber zulässig, allerdings mit dem entscheidenden Unterschied, dass der Auftragnehmer die vollmachtlose Entgegennahme des Strafvorbehaltes durch seinen Vertreter im Zweifel nicht genehmigen wird.

2. Form. Der Vorbehalt der Vertragsstrafe ist grundsätzlich formfrei wirksam, kann vom 97 Auftraggeber also mündlich, schriftlich oder in jeder sonstigen Form erklärt werden.[276] Soweit die Parteien für die Abnahme selbst allerdings Schriftform vereinbart haben, was insbesondere bei der förmlichen Abnahme im Sinne von § 12 Abs. 4 VOB/B der Fall ist, so gilt diese gewillkürte Schriftform (im Sinne von § 127 BGB) auch für den anlässlich der Abnahme zu erklärenden Vorbehalt der Vertragsstrafe. Im Fall der schriftlichen bzw. förmlichen Abnahme muss der Strafvorbehalt also in die Abnahmeniederschrift (Abnahmeprotokoll) aufgenommen

---

[267] Grundleistung 8k) gemäß Anlage 10 zu § 34 HOAI.
[268] Grundleistung 8e) gemäß Anlage 12 zu § 43 HOAI.
[269] Vgl. *Wolff* in Beck'scher VOB-Kommentar VOB/B § 11 Abs. 4 Rn. 7; LG Leipzig NJW-RR 1999, 1183; *Wieseler* in NWJS VOB/B § 11 Rn. 51; *Kleine-Möller/Merl/Glöckner*, § 16 Rn. 449.
[270] BGH BauR 1979, 345; nach OLG Düsseldorf NZBau 2002, 457 entfällt die Beratungspflicht allerdings bei eigener Sachkunde des Auftraggebers bezüglich des Strafvorbehalts.
[271] Vgl. zB *Döring* in Ingenstau/Korbion VOB/B § 11 Abs. 4 Rn. 14; *Löffelmann/Fleischmann*, Rn. 562 f.; *Wieseler* in NWJS VOB/B § 11 Rn. 52; *Diehr* ZfBR 2008, 768 ff.
[272] Vgl. OLG Saarbrücken BauR 2000, 1784 = NZBau 2000, 252.
[273] Zutreffend OLG Saarbrücken NZBau 2008, 124.
[274] Dazu auch FKZGM VOB/B § 11 Rn. 24; *Wolff* in Beck'scher VOB-Kommentar VOB/B § 11 Abs. 4 Rn. 8.
[275] BGH BauR 1987, 92 (94).
[276] *Döring* in Ingenstau/Korbion VOB/B § 11 Abs. 4 Rn. 10; *Wolff* in Beck'scher VOB-Kommentar VOB/B § 11 Abs. 4 Rn. 6.

werden, um wirksam zu sein.[277] Gemäß § 127 Abs. 2 BGB genügt dabei auch die telekommunikative Übermittlung der Erklärung der Schriftform, was im Baubereich insbesondere für die Telefax-Übermittlung von Bedeutung ist.[278]

98 Der Strafvorbehalt kann auch formularmäßig, also durch **Allgemeine Geschäftsbedingungen,** wirksam ausgesprochen werden,[279] wobei es keinen Unterschied macht, ob der Strafvorbehalt in dem formularmäßig vorbereiteten Abnahmeprotokoll bereits unbedingt enthalten ist oder ob der Strafvorbehalt im vorgedruckten Text des Abnahmeprotokolls als Option vorgesehen ist, die durch das Ankreuzen eines Kästchens ausgeübt wird.

99 **3. Inhalt der Vorbehaltserklärung.** Nach der Entscheidung des Gesetzgebers in § 341 Abs. 3 BGB, der die VOB in § 11 Abs. 4 Teil B inhaltsgleich folgt, bedeutet die Verwirkung der Vertragsstrafe für den Fall der nicht gehörigen (insbesondere: verspäteten) Vertragserfüllung nicht automatisch, dass der Gläubiger die Vertragsstrafe auch verlangen kann. Er muss sich den Anspruch auf die Vertragsstrafe vielmehr bei der Annahme (bei Werkverträgen: Abnahme) vorbehalten. Ansonsten entfällt der Anspruch.[280] Durch die Notwendigkeit des Strafvorbehaltes bei der zwar nicht gehörigen/verspäteten, so aber doch immerhin eingetretenen Erfüllung (Annahme/Abnahme) soll der Schuldner also die Möglichkeit erhalten, „straffrei" zu bleiben.[281]

100 Der Strafvorbehalt im Sinne von § 11 Abs. 4 VOB/B (und sinngemäß auch im Sinne von § 341 Abs. 3 BGB) erfordert also lediglich eine klarstellende Äußerung des Auftraggebers zum Zeitpunkt der Abnahme, **ob** er das Recht aufrechterhalten will, die Vertragsstrafe vom Auftragnehmer zu fordern. Am einfachsten bedient der Auftraggeber sich hierzu des gesetzlichen Wortlauts bzw. desjenigen der VOB/B, wonach er sich den „Anspruch auf die Vertragsstrafe vorbehält". Aber auch jede sonstige Erklärung des Auftraggebers reicht aus, die den Willen des Auftraggebers erkennen lässt, den Anspruch auf die Vertragsstrafe nicht entfallen zu lassen („*Der Anspruch auf die Vertragsstrafe bleibt aufrechterhalten*" oder „*Der Auftraggeber ist berechtigt, die Vertragsstrafe zu fordern.*"). Der bloße Hinweis im Abnahmeprotokoll auf die Regelung der Vertragsstrafe im Bauvertrag reicht hingegen nicht aus, weil sich aus diesem Hinweis nicht der Wille des Auftraggebers entnehmen lässt, sich den Anspruch auf die Vertragsstrafe vorzubehalten.[282]

101 Als Gestaltungserklärung ist der Vorbehalt **bedingungsfeindlich,**[283] weshalb zB der Vorbehalt der Vertragsstrafe unter der Voraussetzung, dass die Leistung binnen einer bestimmten Frist immer noch nicht fertig gestellt sein sollte, unwirksam wäre.

102 **4. Vorbehalt „bei der Abnahme". a) Grundsätzliches.** Der Auftraggeber muss sich den Anspruch auf die Vertragsstrafe gemäß § 341 Abs. 3 BGB „bei der Annahme", bei Bauverträgen also „bei der Abnahme" vorbehalten, § 11 Abs. 4 VOB/B. Diese Voraussetzung ist zunächst wörtlich zu verstehen. „Bei der Abnahme" bedeutet also, dass der Auftraggeber zusammen mit der Abnahmeerklärung auch den Strafvorbehalt erklären muss. Ein früher oder später erklärter Strafvorbehalt ist grundsätzlich unwirksam (zu Ausnahmen vgl. → Rn. 110 ff.).

103 – Kommt es zu einer **konkludenten Abnahme** (→ § 12 Rn. 15 ff.), so muss der Auftraggeber also im zeitlichen Zusammenhang mit den Umständen, aus denen seine schlüssige Abnahmeerklärung abgeleitet wird (zB Zahlung der Schlussrechnung, Bezug des Wohnobjektes usw), den Strafvorbehalt erklären.[284]

104 – Bei der **ausdrücklichen, aber formlosen Abnahme** gemäß § 12 Abs. 1 VOB/B (→ § 12 Rn. 62 ff.) muss der Strafvorbehalt anlässlich der ausdrücklichen, wenngleich formlosen Abnahme erklärt werden. Auch wenn die Abnahme selbst formlos geschieht, ist dem Auftraggeber aus Beweisgründen natürlich zu empfehlen, den Strafvorbehalt auch in diesem Fall schriftlich zu erklären.

---

[277] BGH BauR 1973, 192; OLG Frankfurt/Main BauR 1986, 584 (585); *Döring* in Ingenstau/Korbion VOB/B § 11 Abs. 4 Rn. 10; *Wolff* in Beck'scher VOB-Kommentar VOB/B § 11 Abs. 4 Rn. 6.
[278] Vgl. *Ellenberger* in Palandt BGB § 127 Rn. 2.
[279] BGH BauR 1987, 92 (94).
[280] Der Strafvorbehalt bei der Annahme/Abnahme ist damit eine auflösende Bedingung des Anspruchs im Sinne von § 158 Abs. 2 BGB, vgl. BGH BauR 1983, 77 (80); ebenso *Wolff* in Beck'scher VOB-Kommentar VOB/B § 11 Abs. 4 Rn. 11 mwN.
[281] BGH BauR 1983, 77 (79).
[282] *Wolff* in Beck'scher VOB-Kommentar VOB/B § 11 Abs. 4 Rn. 6 mwN.
[283] Vgl. dazu *Ellenberger* in Palandt BGB Einführung vor § 158 Rn. 13.
[284] Vgl. OLG Naumburg NZBau 2013, 380.

– Bei der **förmlichen Abnahme** gemäß § 12 Abs. 4 VOB/B (→ § 12 Rn. 83 ff.) muss der 105 Strafvorbehalt in die Abnahmeniederschrift bzw. das Abnahmeprotokoll aufgenommen werden (vgl. → Rn. 97). Wird das **Abnahmeprotokoll** (zB als Reinschrift) nicht am Tag der eigentlichen Abnahmebegehung und -erklärung, sondern **später erstellt,** so kommt es darauf an: Ist das Protokoll in **engem zeitlichen Zusammenhang** zu der Abnahmebegehung aufgestellt worden, so reicht die schriftliche Vorbehaltserklärung im Protokoll aus.[285] Hat der Auftragnehmer das Abnahmeprotokoll unterschrieben, so stellt diese Unterschrift ein deklaratorisches Anerkenntnis dar, dass die im Protokoll enthaltenen Erklärungen – und damit auch der Strafvorbehalt – am Tag der Abnahme erfolgt sind.[286]

– Bei der **fiktiven Abnahme** gemäß § 12 Abs. 5 VOB/B (→ § 12 Rn. 93 ff.) muss der Auftrag- 106 geber den Strafvorbehalt spätestens zu den Zeitpunkten erklären, zu denen § 12 Abs. 5 Nr. 1 und Nr. 2 VOB/B die Abnahmefiktion eintritt, § 12 Abs. 5 Nr. 3 VOB/B.[287]

– Bei der **Teilabnahme** im Sinne von § 12 Abs. 2 VOB/B (→ § 12 Rn. 71 ff.) kommt es darauf 107 an, ob für die nicht fristgerechte Erstellung der abgenommenen Teilleistung eine Vertragsstrafe vereinbart war und ggf. verwirkt worden ist. **Nur** in diesem Fall muss anlässlich der Teilabnahmeerklärung die Strafe für diese Teilleistung vorbehalten werden.[288]

– Bei einer **Kündigung** durch den Auftraggeber kommt es darauf an, ob trotz der Kündigung 108 gemäß § 8 Abs. 7 VOB/B eine Abnahme der auftragnehmerseitigen Leistungen erfolgt, was insbesondere bei einer ordentlichen Kündigung regelmäßig, mitunter aber auch bei einer außerordentlichen Auftraggeberkündigung der Fall ist. In diesem Fall muss der Strafvorbehalt nicht bei der Abnahme gegenüber dem Drittunternehmer, sondern bei der Abnahme gegenüber dem gekündigten Auftragnehmer gemäß § 8 Abs. 7 VOB/B erklärt werden.[289]

– Bei einer (berechtigten oder unberechtigten) **Abnahmeverweigerung** ist nach herrschender 109 Auffassung hingegen kein Strafvorbehalt erforderlich.[290]

b) Ausnahme. Entgegen einzelnen Stimmen in der Literatur[291] legen Rechtsprechung[292] und 110 herrschende Lehre[293] das gesetzliche Erfordernis, die Vertragsstrafe „bei der Annahme" (bei Werkverträgen: Abnahme) vorzubehalten, eng aus. Hat also der Auftraggeber **vor der Abnahme** bereits den Vorbehalt erklärt (oder gar die Strafe ausdrücklich gegen den Auftragnehmer geltend gemacht), zum Zeitpunkt der Abnahme selbst den Vorbehalt jedoch nicht wiederholt, so reicht dies grundsätzlich nicht aus.[294] Auch die – wenngleich kurzfristig – **nach der Abnahme** erfolgte Geltendmachung des Vertragsstrafenanspruchs ändert an dem bereits eingetretenen Entfall der Vertragsstrafe nichts, wenn die Parteien nicht im Vertrag die Zulässigkeit der späteren Geltendmachung vereinbart haben (dazu → Rn. 116).

Eine **Ausnahme** vom Erfordernis des Strafvorbehalts lässt die Rechtsprechung nur dann zu, wenn zum Zeitpunkt der Abnahme keinerlei Zweifel daran bestehen können, ob der Auftraggeber sich das Recht auf die Vertragsstrafe vorbehält. Zu Einzelfällen:

– Hat der Auftraggeber den Strafanspruch zum Zeitpunkt der Abnahme bereits **gerichtlich** 111 **geltend gemacht,** so bedarf es keines (nochmaligen) Vorbehaltes bei der Abnahme, weil ein

---

[285] Ein solcher enger zeitlicher Zusammenhang wurde vom BGH bejaht bei einer Frist von einer Woche zwischen Abnahmebegehung und Aufstellung des Protokolls, BGH BauR 1987, 92 (93), verneint vom OLG Düsseldorf bei einer Frist von vier Wochen zwischen Abnahmebegehung und Aufstellung des Protokolls, OLG Düsseldorf BauR 1982, 582 (586); ebenso *Döring* in Ingenstau/Korbion, VOB/B § 11 Abs. 4 Rn. 2.
[286] OLG Düsseldorf BauR 1986, 457 (460), wo zwischen dem Tag der Abnahme und der Übersendung des den Strafvorbehalt enthaltenden Protokolls zwei Wochen lagen; vgl. auch FKZGM VOB/B § 11 Rn. 25.
[287] FKZGM VOB/B § 11 Rn. 28; *Wolff* in Beck'scher VOB-Kommentar VOB/B § 11 Abs. 4 Rn. 9.
[288] *Wolff* in Beck'scher VOB-Kommentar VOB/B § 11 Abs. 4 Rn. 9; *Wieseler* in NWJS VOB/B § 11 Rn. 58.
[289] BGH BauR 1981, 373; differenzierend: *Knacke* S. 65, je nachdem, ob die Kündigung gemäß § 8 Abs. 1 oder Abs. 2 VOB/B (Strafvorbehalt erforderlich) oder gemäß § 8 Abs. 3 VOB/B (kein Strafvorbehalt erforderlich) erfolgt.
[290] BGH BauR 1997, 640 mwN.
[291] Vgl. zB *Wieseler* in NWJS VOB/B § 11 Rn. 56.
[292] Beispielhaft BGH BauR 1975, 55; 1983, 77; 1983, 80 mwN.
[293] Vgl. zB *Wolff* in Beck'scher VOB-Kommentar VOB/B § 11 Abs. 4 Rn. 9 f.
[294] BGH BauR 1983, 80 (81); ebenso OLG Bremen IBR 2012, 322; anders: OLG Düsseldorf BauR 2001, 112, wenn der Auftraggeber zwei Tage vor der Abnahme schriftlich mitteilt, er bestehe auf der rechtlichen Klärung des Strafanspruchs. In diesem Fall bestehe zum Zeitpunkt der Abnahme keine Unklarheit, sodass es keines (nochmaligen) Vorbehaltes bedürfe.

Recht kaum deutlicher als durch eine Klage verfolgt werden kann.[295] Die Klage muss im Zeitpunkt der Abnahme noch rechtshängig sein.[296] Ein gerichtlicher Mahnbescheid dürfte allerdings nicht ausreichen, wenn das Verfahren nach dem Widerspruch des Schuldners, der noch vor der Abnahme erfolgt ist, ruht.

112 – Haben die Parteien zum Zeitpunkt der Abnahme bereits eine **Vereinbarung** über die Höhe der verwirkten Vertragsstrafe getroffen, so bedarf es ebenfalls keines (nochmaligen) Vorbehaltes der Strafe zum Zeitpunkt der Abnahme.[297]

113 – Die vor der Abnahme erfolgte **Aufrechnung** des Auftraggebers mit der verwirkten Vertragsstrafe ist zulässig und macht einen Vorbehalt der Vertragsstrafe zum Zeitpunkt der Abnahme entbehrlich, wenn der Anspruch auf Vertragsstrafe infolgedessen bereits vollständig erloschen ist.[298] Eine anlässlich der Aufrechnung oder jedenfalls danach (jedenfalls noch vor der Abnahme) getroffene Vereinbarung der Parteien zur Höhe der Vertragsstrafe und damit auch zum Erlöschen des Strafanspruchs durch Aufrechnung ist nicht erforderlich.[299]

114 – Hat der Auftragnehmer auf den vor der Abnahme geltend gemachten Strafanspruch eine **Zahlung geleistet,** kommt es darauf an, ob diese Zahlung als deklaratorisches Anerkenntnis anzusehen ist; in diesem Fall kommt der Geltendmachung des Anspruchs und der anschließenden Zahlung die gleiche Wirkung wie der vom BGH anerkannten abschließenden Einigung der Parteien über die Vertragsstrafe zu. Der Vorbehalt ist also entbehrlich.[300] Ebenfalls entbehrlich ist der Vorbehalt, wenn der Auftraggeber vor der Abnahme bereits einen **vollstreckbaren Titel** gegen den Auftragnehmer erwirkt hat und der Auftragnehmer nun – mit oder ohne Zwangsvollstreckung – zahlt.[301] Leistet der Auftragnehmer jedoch ohne Anerkennung einer Rechtsverpflichtung eine Zahlung, ohne dass ein Titel vorliegt, so ist zum Zeitpunkt der Abnahme ein ausdrücklicher Vorbehalt des Auftraggebers erforderlich, weil aus der bloßen Entgegennahme der Zahlung nicht hinreichend deutlich hervorgeht, ob der Auftraggeber den Anspruch bei der Abnahme tatsächlich geltend machen will.[302]

115 **5. Wirkungen des Vorbehalts.** Der Vorbehalt der Vertragsstrafe bei der Abnahme schützt den Strafanspruch lediglich vor dem Entfall[303], bedeutet also noch nicht, dass der Auftraggeber den vorbehaltenen Anspruch auch tatsächlich geltend macht oder dass ihm ein entsprechender Strafanspruch auch zusteht. Deshalb bedarf es auch keines Widerspruchs des Auftragnehmers gegen den Strafvorbehalt bei der Abnahme, auch wenn der Auftragnehmer der Auffassung ist, eine Vertragsstrafe sei gar nicht vereinbart oder sei mangels Verzugs des Auftragnehmers nicht verwirkt. Der „Vorbehalt" der Vertragsstrafe ist eine einseitige, empfangsbedürftige Erklärung des Auftraggebers, die keiner Zustimmung oder sonstigen Kommentierung des Auftragnehmers bedarf.

Entfällt der Strafanspruch mangels Vorbehalts, so bleiben (sonstige) Schadensersatzansprüche des Auftraggebers (zB wegen Verzugs gemäß §§ 5 Abs. 4, 6 Abs. 6 VOB/B) unberührt.

II. Abweichende Parteivereinbarungen

116 **1. Individualvereinbarung.** § 341 Abs. 3 BGB ist **dispositiv** und kann deshalb durch eine Individualvereinbarung der Parteien vollständig abbedungen werden.[304] Das Gleiche gilt naturgemäß für die Abdingbarkeit der inhaltsgleichen Vorschrift des § 11 Abs. 4 VOB/B.

Wenn die Parteien das Erfordernis des Strafvorbehalts bei der Annahme/Abnahme gänzlich abbedingen können, können sie naturgemäß auch sonstige Abweichungen von §§ 341 Abs. 3 BGB, 11 Abs. 4 VOB/B vereinbaren, zB das Recht des Auftraggebers, die Vertragsstrafe bis zur

---

[295] BGH BauR 1975, 55; 1983, 80 (81).
[296] OLG Saarbrücken BauR 2015, 1681.
[297] BGH BauR 1983, 80 (81) im Anschluss an RGZ 72, 168 (170).
[298] BGH NZBau 2016, 93 unter teilweiser Aufgabe von BGH BauR 1983, 77 (79 und 1983, 80, 81). Ebenso: *Wolff* in Beck'scher VOB-Kommentar VOB/B § 11 Abs. 4 Rn. 10 mwN. Für den Fall der Prozessaufrechnung OLG Saarbrücken BauR 2015, 1681.
[299] So noch OLG Celle BauR 2000, 278.
[300] Ebenso *Wolff* in Beck'scher VOB-Kommentar VOB/B § 11 Abs. 4 Rn. 10.
[301] Differenzierend *Wolff* in Beck'scher VOB-Kommentar VOB/B § 11 Abs. 4 Rn. 10: Bei Zwangsvollstreckung Vorbehalt entbehrlich, bei bloßer Zahlung nicht.
[302] Anders *Wolff* in Beck'scher VOB-Kommentar VOB/B § 11 Abs. 4 Rn. 10.
[303] *Wolff* in Beck'scher VOB-Kommentar VOB/B § 11 Abs. 4 Rn. 11.
[304] BGH BauR 1971, 122 f.; 1983, 80 (82); *Wolff* in Beck'scher VOB-Kommentar VOB/B § 11 Abs. 4 Rn. 12.

Schlusszahlung geltend zu machen oder Ähnliches.[305] Kritisch zu prüfen ist allerdings im Einzelfall, ob tatsächlich eine Individualvereinbarung der Parteien vorliegt oder ob es sich nicht um eine in das äußere Gewand einer Individualvereinbarung gekleidete AGB-Klausel handelt (dazu → Rn. 48 ff.).

2. AGB-Vereinbarung. In der Baupraxis stellen die meisten Strafvereinbarungen Allgemeine Geschäftsbedingungen im Sinne der §§ 305 ff. BGB dar.[306] Dies gilt nicht nur für Grund und Höhe der Vertragsstrafenvereinbarung als solcher, sondern auch für flankierende Vereinbarungen wie die Abbedingung oder zumindest die Einschränkung des Strafvorbehaltes bei der Annahme/Abnahme gemäß §§ 341 Abs. 3 BGB, 11 Abs. 4 VOB/B. Dabei entspricht es ständiger Rechtsprechung des BGH,[307] der Oberlandesgerichte[308] und auch der herrschenden Lehre,[309] dass das Erfordernis des Strafvorbehalts bei der Abnahme zwar nicht vollständig abbedungen, aber **zeitlich** in angemessenem Rahmen **verschoben** werden darf. Eine sehr häufig in der Praxis verwendete Klausel lautet dabei (sinngemäß), dass der Vertragsstrafenanspruch nicht bei der Abnahme vorbehalten werden muss, sondern noch **bis zur Schlusszahlung** geltend gemacht werden kann. Nach gewichtigen Stimmen in der Rechtsprechung[310] und der Literatur[311] ist diese Klausel allerdings dahin zu interpretieren (und nur dann wirksam), dass unter „Schlusszahlung" die **Fälligkeit der Schlusszahlung** zu verstehen ist, da eine noch spätere Geltendmachung für den Schuldner (Auftragnehmer) zu einer unzumutbaren Ungewissheit führe.[312] Demgegenüber hält der BGH daran fest, dass die Geltendmachung der Vertragsstrafe in diesem Fall bis zum **tatsächlichen Zeitpunkt der Schlusszahlung** hinausgeschoben werden kann.[313] Wird die Schlusszahlung vom Auftraggeber endgültig verweigert, so muss er sich die Vertragsstrafe spätestens zu diesem Zeitpunkt vorbehalten.[314]

Die gegen die Auffassung des BGH vorgetragenen Argumente überzeugen nicht. Zwar ist das Interesse des Auftragnehmers anzuerkennen, alsbald (nach der Abnahme) Klarheit zu erhalten, ob der Auftraggeber den Anspruch auf die Vertragsstrafe geltend macht. Zum einen geht es bei §§ 341 Abs. 3 BGB, 11 Abs. 4 VOB/B **nur** um den **Vorbehalt** der Vertragsstrafe. Hat der Auftraggeber den Strafanspruch (bei der Abnahme) vorbehalten, so kann er ihn beliebig bis zur Verjährung bzw. Verwirkung geltend machen, das heißt Klarheit, ob und in welcher Höhe der Auftraggeber einen Vertragsstrafenanspruch tatsächlich erhebt, erhält der Auftragnehmer auch nach der gesetzlichen Regelung bzw. derjenigen der VOB/B im Regelfall erst im Zusammenhang mit der Schlussabrechnung, ggf. noch später. Zum anderen ist auch das durch einschränkende Interpretation der Klausel herausgearbeitete Kriterium der Schlusszahlungsfälligkeit mit zahlreichen Unsicherheiten verbunden, denkt man insbesondere an die sehr häufig kritische und streitige Frage, ob die vom Auftragnehmer erstellte Schlussrechnung prüfbar ist und damit zur Fälligkeit des Schlusszahlungsanspruchs führt (→ § 14 Rn. 5 ff.).

Eine AGB-Klausel, wonach der Auftraggeber den Strafanspruch noch bis zur **Schlusszahlung** geltend machen kann, ist daher als **wirksam** einzustufen.

Unwirksam sind hingegen Klauseln, wonach ein Strafvorbehalt bei der Abnahme nicht erforderlich und der Auftraggeber berechtigt ist, die Vertragsstrafe zu einem beliebigen Zeitpunkt (auch nach der Schlusszahlung) geltend zu machen. Unwirksam ist dabei insbesondere die Klausel, wonach die Vertragsstrafe „der Einfachheit halber von der Schlusszahlung abgezogen werden soll", weil diese Klausel die Geltendmachung der Vertragsstrafe auch nach der Schluss-

---

[305] Zu entsprechenden AGB-Klauseln vgl. nachfolgend → Rn. 117 ff.
[306] Dazu schon → Rn. 48 ff.
[307] BGH BauR 1979, 56; 1983, 80 (82); 1984, 643 (644); 2000, 1758 = NZBau 2000, 509; BauR 2003, 870 (874) = NZBau 2003, 321.
[308] OLG Hamm BauR 1987, 560 (561); KG BauR 2000, 575; OLG Koblenz BauR 2000, 1338.
[309] *Wolff* in Beck'scher VOB-Kommentar VOB/B § 11 Abs. 4 Rn. 12; FKZGM VOB/B § 11 Rn. 39; *Kemper* BauR 2001, 1015 (1020); *Lau* Jahrbuch BauR 2003, 82.
[310] KG BauR 2000, 575.
[311] *Kemper* BauR 2001, 1015 (1020); *Döring* in Ingenstau/Korbion VOB/B § 11 Abs. 1 Rn. 15; *Knacke* S. 70; zweifelnd *Vygen/Joussen/Lang/Rasch*, Rn. 135 und auch *Wolff* in Beck'scher VOB-Kommentar VOB/B § 11 Abs. 4 Rn. 13.
[312] Nach Auffassung des LG Wiesbaden IBR 2013, 1167 ist die Auslegung einer entsprechenden Klausel dahin, dass mit „Schlusszahlung" die „Fälligkeit der Schlusszahlung" gemeint sei, nicht zulässig und die entsprechende Klausel deshalb AGB-unwirksam.
[313] BGH BauR 2000, 1758; 2003, 870 (874); ebenso *Heiermann/Riedl/Rusam*, VOB/B § 11 Rn. 78.
[314] BGH BauR 2003, 800 (874).

zahlung offen lässt.[315] Gleichermaßen unwirksam ist eine AGB-Klausel, wonach die Vertragsstrafe noch bis zum **Ablauf der Gewährleistungsfrist** geltend gemacht werden kann.[316]

F. Verhältnis des Strafanspruchs zu anderen Ansprüchen des Auftraggebers

I. Erfüllungsanspruch

120   Das Verhältnis des Erfüllungsanspruchs zum Vertragsstrafenanspruch ist in §§ 340 Abs. 1, 341 Abs. 1 BGB geregelt und hängt davon ab, ob die Vertragsstrafe für den Fall der Nichterfüllung oder für den Fall der nicht gehörigen Erfüllung versprochen worden ist:

121   **1. Vertragsstrafe bei Nichterfüllung des Auftragnehmers.** Zu diesem in der Baupraxis seltenen Fall bestimmt die über § 11 Abs. 1 VOB/B unmittelbar anwendbare Vorschrift des § 340 Abs. 1 S. 1 BGB, dass der Gläubiger/Auftraggeber die verwirkte Vertragsstrafe **anstatt** der Erfüllung verlangen kann. Diese so genannte **elektive Konkurrenz**[317] wird durch § 340 Abs. 1 S. 2 BGB deutlich: Macht der Auftraggeber die für den Fall der Nichterfüllung versprochene Vertragsstrafe geltend, so ist sein Erfüllungsanspruch ausgeschlossen. Umgekehrt: Besteht der Auftraggeber trotz der bei Nichterfüllung verwirkten Vertragsstrafe auf der Erfüllung, so ist ihm dies unbenommen.[318] In diesem Fall richten sich seine Rechte nach §§ 280, 281 und 323 BGB.

122   **2. Vertragsstrafe wegen nicht gehöriger, insbesondere verspäteter Erfüllung.** Anders als bei Nichterfüllung kann der Auftraggeber die Vertragsstrafe, die für den Fall der nicht gehörigen/verspäteten Erfüllung versprochen worden ist, neben der Erfüllung verlangen, §§ 11 Abs. 1 VOB/B, 341 Abs. 1 BGB. Allerdings muss der Auftraggeber sich die bei nicht gehöriger bzw. verspäteter Erfüllung verwirkte Vertragsstrafe bei der Annahme/Abnahme vorbehalten, § 341 Abs. 3 BGB bzw. § 11 Abs. 4 VOB/B, wenn die Parteien nicht zulässigerweise eine hiervon abweichende Vereinbarung getroffen haben (dazu → Rn. 116 ff.). Eine vom Auftragnehmer gestellte Erfüllungsbürgschaft deckt im Zweifel auch den Anspruch auf Vertragsstrafe ab.[319]

II. Schadensersatzanspruch

123   **1. Vertragsstrafe wegen Nichterfüllung.** Macht der Auftraggeber einen Schadensersatzanspruch statt der Erfüllung geltend (§§ 280, 281 BGB), so kann er nach der Anrechnungsbestimmung des § 340 Abs. 2 S. 1 BGB die für den Fall der Nichterfüllung versprochene Vertragsstrafe als **Mindestbetrag des Schadens** verlangen. Die Geltendmachung eines weiteren Schadens ist gemäß § 340 Abs. 2 S. 2 BGB nicht ausgeschlossen. Es besteht also ein **Kumulationsverbot,** das den Auftraggeber daran hindert, neben der bei Nichterfüllung verwirkten Vertragsstrafe auch den Nichterfüllungsschaden in vollem Umfang geltend zu machen.[320] Eine hiervon abweichende Regelung ist nur individualvertraglich, nicht aber durch AGBs zulässig.[321] Unzulässig ist beispielsweise eine vom LG Frankfurt/Oder zu Recht für unwirksam erklärte Klausel, wonach es am Ende einer Vertragsstrafenklausel hieß „Darüber hinaus bleibt die Geltendmachung von Schadensersatzansprüchen ausdrücklich vorbehalten."[322] Es muss in einer formularmäßigen Klausel des Auftraggebers also klar herausgestellt werden, dass eine Anrechnung der Vertragsstrafe auf den Schadensersatzanspruch aus dem gleichen Rechtsgrund erfolgt.

124   **2. Vertragsstrafe wegen nicht gehöriger, insbesondere verspäteter Erfüllung.** Soweit dem Auftraggeber wegen der nicht gehörigen/verspäteten Erfüllung ein Schadensersatzanspruch gegen den Auftragnehmer zusteht, so verweist § 341 Abs. 2 BGB auf die Anrechnungsbestim-

---

[315] BGH BauR 1984, 643 (644).
[316] OLG Nürnberg MDR 1980, 398 (399); zustimmend: *Heiermann/Riedl/Rusam*, VOB/B § 11 Rn. 78; *Wolff* in Beck'scher VOB-Kommentar VOB/B § 11 Abs. 4 Rn. 13; *Döring* in Ingenstau/Korbion VOB/B § 11 Abs. 1 Rn. 15.
[317] So auch *Döring* in Ingenstau/Korbion VOB/B § 11 Abs. 1 Rn. 9.
[318] So auch *Döring* in Ingenstau/Korbion VOB/B § 11 Abs. 1 Rn. 9.
[319] BGH BauR 82, 506.
[320] Vgl. *Wolff* in Beck'scher VOB-Kommentar VOB/B § 11 Abs. 1 Rn. 82 f.
[321] *Döring* in Ingenstau/Korbion VOB/B § 11 Abs. 1 Rn. 12; *Wieseler* in NWJS VOB/B § 11 Rn. 74.
[322] LG Frankfurt/Oder IBR 2011, 323.

mung des § 340 Abs. 2 BGB. Der Auftraggeber muss sich also auf einen neben dem Erfüllungsanspruch geltend gemachten Schadensersatzanspruch die verwirkte Vertragsstrafe anrechnen lassen, kann aber gleichzeitig die verwirkte Vertragsstrafe als Mindestbetrag des Schadens fordern. AGB-Klauseln, wonach der Auftraggeber neben der Vertragsstrafe auch vollen Schadensersatz fordern kann, sind gemäß § 307 Abs. 2 Nr. 1 BGB unwirksam.[323] Nicht anrechnen lassen muss sich der Auftraggeber jedoch eine Vertragsstrafe, die wegen verspäteter Leistung verwirkt worden ist, auf einen anschließenden Schadensersatzanspruch statt der Leistung.[324] Gleichermaßen keine Anrechnungspflicht zwischen Vertragsstrafe und konkretem Schadensersatz besteht, soweit zwischen den beiden Instituten **keine Interessenidentität** besteht.[325]

Besonders praxisrelevant ist die Anrechnung der Vertragsstrafe als Mindestschaden auf den tatsächlich höheren Verzugsschaden, wenn der Generalunternehmer (Hauptunternehmer) wegen des Verzuges des Nachunternehmers seinerseits gegenüber dem Bauherrn in Verzug geraten ist und in beiden Fällen die Vertragsstrafe verwirkt wird. Hierzu sei auf die Erläuterung in → Rn. 91 verwiesen.

G. Prozessuales

I. Darlegungs- und Beweislast

Im Hinblick auf die durch § 344 BGB geregelte **Akzessorietät** der Vertragsstrafe ist zu beachten, dass der **Auftraggeber** sowohl das Bestehen eines durch die Vertragsstrafe gesicherten Hauptanspruchs als auch die Voraussetzungen des **geltend gemachten Vertragsstrafenanspruchs darlegen und beweisen muss.** Hat der Auftraggeber mit dem Auftragnehmer eine Vertragsstrafe für den Fall des Leistungsverzugs des Auftragnehmers vereinbart, so muss der Auftraggeber insbesondere darlegen und beweisen

– das Bestehen eines entsprechenden Erfüllungsanspruchs (Planungs- oder Bauverpflichtung des Auftragnehmers);
– Terminverzug des Auftragnehmers (→ § 5 Rn. 35 ff.);
– Grund und Höhe der Vertragsstrafenvereinbarung bei Leistungsverzug des Auftragnehmers;
– Vorbehalt der Vertragsstrafe bei der Abnahme (oder eine zulässige Abweichung vom Erfordernis des Strafvorbehalts).

Die Unwirksamkeit eines AGB-Strafversprechens gemäß § 307 BGB ist vom Gericht von Amts wegen zu berücksichtigen, wobei die tatsächlichen Umstände, die zur Unwirksamkeit führen (Voraussetzungen einer AGB-Klausel gemäß § 305 BGB, unangemessen hoher Tagessatz usw) vom Auftragnehmer darzulegen sind. Bestreitet der Auftragnehmer die Verwirkung der Vertragsstrafe, weil er (rechtzeitig) erfüllt habe, so ist der Auftragnehmer gemäß § 345 BGB darlegungs- und beweispflichtig. Der Auftragnehmer muss dabei insbesondere die Umstände, die gemäß § 6 Abs. 2 VOB/B zu einer Fristverlängerung führen sowie die Umstände, die das zu seinen Lasten vermutete Verschulden gemäß § 286 Abs. 4 BGB widerlegen, darlegen und beweisen.[326]

II. Verjährung des Strafanspruchs

Hinsichtlich der bis zum 31.12.2001 gültigen Fassung des BGB war umstritten, ob der Strafanspruch mangels anderweitiger Regelung in der regelmäßigen Verjährungsfrist von 30 Jahren gemäß § 195 BGB[327] oder auf Grund der Akzessorietät zum Hauptanspruch entsprechend diesem Hauptanspruch verjährte.[328] Diese bereits bisher wenig praxisrelevante Diskussion dürfte durch die weitgehende Harmonisierung der Verjährungsvorschriften durch das Schuldrechtsmodernisierungsgesetz ab 1.1.2002 und die weitgehend einheitliche Geltung der regelmäßigen

---

[323] BGH BauR 1989, 459; OLG Bremen NJW-RR 1987, 468; OLG Düsseldorf BauR 2003, 94.
[324] Zutreffend OLG Düsseldorf BauR 2003, 259.
[325] BGH BauR 2008, 1620; im konkreten Fall: keine Anrechnung der Vertragsstrafe auf den Schadensersatz bezüglich der Anwaltskosten, die durch die Geltendmachung der Vertragsstrafe entstanden sind.
[326] Instruktiv dazu OLG Brandenburg IBR 2013, 407; ergänzend auch FKZGM VOB/B § 11 Rn. 48.
[327] So zB *Wolff* in Beck'scher VOB-Kommentar VOB/B § 11 Abs. 1 Rn. 89 mwN (in der 2. Auflage).
[328] *Heiermann/Riedl/Rusam*, VOB/B § 11 Rn. 53; *Kleine-Möller/Merl/Glöckner* § 16 Rn. 477; differenzierend: *Döring* in Ingenstau/Korbion VOB/B § 11 Rn. 32 jeweils mwN.

Verjährungsfrist von nur noch drei Jahren gemäß § 195 BGB nF nun entschärft sein.[329] Verjährt der pönalisierte Hauptanspruch ausnahmsweise nicht in der regelmäßigen Frist von drei Jahren, so erscheint es wegen der Akzessorietät allerdings richtig, eine einheitliche Verjährung des Hauptanspruchs und des ihn sichernden Anspruchs auf die Vertragsstrafe anzunehmen.[330]

§ 12 Abnahme

(1) **Verlangt der Auftragnehmer nach der Fertigstellung – gegebenenfalls auch vor Ablauf der vereinbarten Ausführungsfrist – die Abnahme der Leistung, so hat sie der Auftraggeber binnen 12 Werktagen durchzuführen; eine andere Frist kann vereinbart werden.**

(2) **Auf Verlangen sind in sich abgeschlossene Teile der Leistung besonders abzunehmen.**

(3) **Wegen wesentlicher Mängel kann die Abnahme bis zur Beseitigung verweigert werden.**

(4) **1. Eine förmliche Abnahme hat stattzufinden, wenn eine Vertragspartei es verlangt. Jede Partei kann auf ihre Kosten einen Sachverständigen zuziehen. Der Befund ist in gemeinsamer Verhandlung schriftlich niederzulegen. In die Niederschrift sind etwaige Vorbehalte wegen bekannter Mängel und wegen Vertragsstrafen aufzunehmen, ebenso etwaige Einwendungen des Auftragnehmers. Jede Partei erhält eine Ausfertigung.**

2. Die förmliche Abnahme kann in Abwesenheit des Auftragnehmers stattfinden, wenn der Termin vereinbart war oder der Auftraggeber mit genügender Frist dazu eingeladen hatte. Das Ergebnis der Abnahme ist dem Auftragnehmer alsbald mitzuteilen.

(5) **1. Wird keine Abnahme verlangt, so gilt die Leistung als abgenommen mit Ablauf von 12 Werktagen nach schriftlicher Mitteilung über die Fertigstellung der Leistung.**

2. Wird keine Abnahme verlangt und hat der Auftraggeber die Leistung oder einen Teil der Leistung in Benutzung genommen, so gilt die Abnahme nach Ablauf von 6 Werktagen nach Beginn der Benutzung als erfolgt, wenn nichts anderes vereinbart ist. Die Benutzung von Teilen einer baulichen Anlage zur Weiterführung der Arbeiten gilt nicht als Abnahme.

3. Vorbehalte wegen bekannter Mängel oder wegen Vertragsstrafen hat der Auftraggeber spätestens zu den in den Nummern 1 und 2 bezeichneten Zeitpunkten geltend zu machen.

(6) **Mit der Abnahme geht die Gefahr auf den Auftraggeber über, soweit er sie nicht schon nach § 7 trägt.**

Schrifttum: *Acker/Roskosny*, Die Abnahme beim gekündigten Bauvertrag und deren Auswirkungen auf die Verjährung, BauR 2003, 1279 ff.; *Brügmann/Kente*, Abnahmeanspruch nach Kündigung von Bauverträgen, NJW 2003, 2121 ff.; *v. Craushaar*, Fertigstellung statt Abnahme des Werkes – Kritische Anmerkungen zu dem von der Schuldrechtskommission vorgelegten Entwurf der Schuldrechtsreform, Festschrift Heiermann 1995, S. 17; *Cuypers*, Die Abnahme beim Bauvertrag – Versuch einer Typisierung, BauR 1991, 141; *Dähne*, Die „vergessene" förmliche Abnahme, BauR 1980, 223 2–2; *ders.*, in: Die „vergessene" förmliche VOB-Abnahme – eine überflüssige Rechtskonstruktion?, Festschrift Heiermann 1995, S. 23 ff.; *Ganten*, Anmerkungen zu BGH, NJW 1974, 95, NJW 1974, 987; *Gross*, Die verweigerte Abnahme, Festschrift Locher 1990, S. 53; *Groß*, Beweislast bei in der Abnahme vorbehaltenen Mängeln, BauR 1995, 456 ff.; *Hochstein*, Die „vergessene" förmliche Abnahmevereinbarung und ihre Rechtsfolgen im Bauprozess, BauR 1975, 221; *Jagenburg*, Die Vollmacht des Architekten, BauR 1978, 180; *ders.*, Die Abnahme des Architektenwerkes und die Tätigkeitspflicht des Architekten bei Mängeln, BauR 1980, 406; *Jagenburg/Reichelt*, Die Entwicklung des privaten Bauvertragsrechts seit 1998: VOB/B, NJW 2000, 2629; *Jakobs*, Die Abnahme beim Werkvertrag, AcP 183, (1983), 145; *Kaiser*, Das Mängelhaftungsrecht in Baupraxis und Bauprozeß, 7. Aufl. Heidelberg 1992; *ders.*, in: ZfBR 1980, 263 ff., Der Umfang der Architektenvollmacht; *Kapellmann*, „In sich abgeschlossene Teile der Leistung gem. VOB/B" Festschrift R. Thode, 2005, S. 29 ff.; *Kiesel*, Das Gesetz zur Beschleunigung fälliger Zahlungen, NJW 2000, 1673; *Kniffka*, Das Gesetz zur Beschleunigung fälliger Zahlungen – Neuregelung des Bauvertragsrechts und seine Folgen, ZfbR 2000, 227; *ders.*, Abnahme und

---

[329] So auch *Lau* Jahrbuch BauR 2003, 83 f.; ebenso *Wolff* in Beck'scher VOB-Kommentar VOB/B § 11 Abs. 1 Rn. 41.
[330] Vgl. *Lau* aaO.; *Döring* in Ingenstau/Korbion, VOB/B § 11 Rn. 32.

Abnahmewirkungen nach Kündigung des Bauvertrages – zur Abwicklung des Bauvertrages nach Kündigung unter besonderer Berücksichtigung der Rechtsprechung des Bundesgerichtshofes –, ZfBR 1998, 113 ff.; *Kratzenberg*, Der Beschluss des DVA-Hauptausschusses zur Neuherausgabe der VOB 2002 (Teile A und B), NZBau 2002, 177; *Locher*, Das private Baurecht, Kurzlehrbuch, 7. Aufl. München 2005; *Meissner*, Vertretung und Vollmacht in den Rechtsbeziehungen der am Bau Beteiligten, BauR 1987, 497; *Messerschmidt/Leidig*, Rechtsfolgen unwirksamer Abnahmeklauseln zum Gemeinschaftseigentum in notariellen Bauverträgen BauR 2014, 1 ff.; *Motzke*, Abschlagszahlung, Abnahme und Gutachterverfahren nach dem Beschleunigungsgesetz, NZBau 2000, 489; *Motzko/Schreiber*, Verweigerung der Bauabnahme bei einer Vielzahl kleiner Mängel – Möglichkeiten einer baubetrieblichen Bewertung, BauR 1995, 24 ff.; *Niemöller*, Abnahme und Abnahmefiktionen nach dem Gesetz zur Beschleunigung fälliger Zahlungen, BauR 2001, 481; *Pauly*, Zur „Vergemeinschaftung der Abnahme" von Wohnungseigentum – Neue Rechtsentwicklung in der Schnittmenge zwischen Bau- und Wohnungseigentumsrecht?, ZfBR 2013, 3; *Pause/Vogel*, Die Folgen einer unwirksamen Abnahmeklausel im Bauträgervertrag BauR 2014, 764ff. – *Peters*, Das Gesetz zur Beschleunigung fälliger Zahlungen, NZBau 2000, 169 – *ders.*, in: NJW 1980, 750 Schadenersatz wegen Nichterfüllung bei vorbehaltloser Abnahme einer als mangelhaft erkannten Werkleistung – *Tempel*, Ist die VOB/B noch zeitgemäß – Eine kritische Skizze zur Neufassung 2002 – Teil 1, NZBau 2002, 465 – *Thode*, Werkleistung und Erfüllung im Bau- und Architektenvertrag, ZfBR 1999, 116 – *ders.*, Werkleistung und Erfüllung im Bau- und Architektenvertrag, ZfBR 1999, 116 ff. – *Vygen*, Vergabe- und Verdingungsordnung für Bauleistungen (VOB), Teil B, Allgemeine Vertragsbedingungen für die Ausführung von Bauleistungen (in der Fassung 2002), Sonderheft BauR 2002, VOB/B 2002, Seite 36–39 – *Wagner*, Abnahmeklauseln zum Gemeinschaftseigentum in notariellen Bauträgerverträgen – die andere Sicht der Dinge-, ZfBR 2014, 328. – *Werner*, Rechtsfolgen einer unwirksamen förmlichen Abnahme des Gemeinschaftseigentums im Rahmen eines Bauträgervertrages, NZBau 2014, 80.

Übersicht

	Rn.
A. Allgemeines	1
I. Bedeutung und systematische Stellung der Abnahme	1
1. Bedeutung der Abnahme	1
2. Das Verhältnis zu § 640 BGB und den sonstigen Vorschriften des Werkvertragsrechtes des BGB	2
a) Grundsätzliches Verhältnis zu § 640 BG	2
b) Weiter anzuwendende Vorschriften des BGB	4
c) Insbesondere § 640 Abs. 1 Satz 3 BGB	5
3. Abgrenzung zu sonstigen Abnahmebegriffen	8
II. Begriff der Abnahme	10
1. Körperliche Entgegennahme der Leistung	11
2. Billigung der Leistung	12
a) Keine Prüfungspflicht des Auftraggebers	13
b) Ausdrückliche Billigung	14
c) Stillschweigende bzw. konkludente Abnahme	15
III. Rechtsnatur der Abnahme	23
1. Abnahme als Hauptpflicht des Auftraggebers	23
2. Abnahme als Willenserklärung des Auftraggebers	24
3. Vertretung bei der Abnahme	25
a) Abnahme durch den Architekten	
b) Abnahme durch öffentliche Auftraggeber	26
c) Abnahme von Wohnungseigentum	27
4. Anfechtung der Abnahme	28
IV. Formen bzw. Arten der Abnahme	29
1. Abnahmetatbestände, die auf einer Willenserklärung des Auftraggebers beruhen	30
a) Ausdrückliche bzw. förmliche Abnahme	31
b) Stillschweigende bzw. konkludente Abnahme	32
2. Abnahmetatbestände, die nicht auf einer Willenserklärung des Auftragnehmers beruhen (fiktive Abnahme)	33
V. Voraussetzungen der Abnahme	34
VI. Wirkungen der Abnahme	36
1. Beendigung des Erfüllungsstadiums	37
a) Ende der Vorleistungspflicht des Auftragnehmers	37
b) Konkretisierung der Ansprüche auf die erbrachte Leistung	38
c) Übergang der Leistungs- und Preisgefahr	39
d) Umkehr der Beweislast	42
2. Beginn des Gewährleistungsstadiums	43
a) Beginn der Gewährleistungsfrist	44

- b) Beginn des Abrechnungsstadiums 45
- c) Verlust von Gewährleistungs- und Vertragsstrafenansprüchen bei fehlendem Vorbehalt bei der Abnahme 46
- 3. Abnahme nach Kündigung 54
  - a) Recht auf Abnahme nach Kündigung 55
  - b) Konkludente/fiktive Abnahme nach Kündigung 56
  - c) Fälligkeit des Werklohnes nach Kündigung 57
  - d) Keine Umwandlung der Ansprüche nach § 4 Abs. 7 VOB/B durch Kündigung 58
  - e) Gefahrtragung/Schutzpflicht nach § 4 VOB/B 59
  - f) Beweislast nach Kündigung 60
- VII. Abnahme und AGB-Klauseln 61
  - 1. Allgemeine Geschäftsbedingungen, die dem Auftraggeber Vorteile bringen sollen 62
    - a) Bestimmung bestimmter Abnahmeformen 63
    - b) Änderung des Abnahmezeitpunktes 64
    - c) Abhängigkeit der Abnahme von Handlungen Dritter 65
    - d) Ausschluss der Wirkungen des § 640 Abs. 2 BGB bzw. des Vorbehaltes von Vertragsstrafenansprüchen 66
  - 2. Allgemeine Geschäftsbedingungen, die dem Auftragnehmer Vorteile bringen sollen 67
- B. Einzeltatbestände des § 12 VOB/B 68
  - I. Abnahme auf Verlangen 69
    - 1. Abnahmeverlangen 70
    - 2. Voraussetzungen des Abnahmeverlangens 71
    - 3. Formen der Abnahme nach § 12 Abs. 1 VOB/B 72
    - 4. Abnahmefrist 73
    - 5. Folgen der Missachtung der Frist 74
    - 6. Kosten der Abnahme 75
  - II. Teilabnahme gem. § 12 Abs. 2 VOB/B 76
    - 1. Voraussetzungen des § 12 Abs. 2 VOB/B 77
      - a) Abnahmeverlangen 78
      - b) In sich abgeschlossener Teil der Leistung 79
    - 2. Formen der Abnahme 81
    - 3. Rechtsfolgen 82
  - III. Abnahmeverweigerung gem. § 12 Abs. 3 VOB/B 83
    - 1. Wesentlicher Mangel als Tatbestandsvoraussetzung des § 12 Abs. 3 VOB/B 84
      - a) Abstrakter Begriff des wesentlichen Mangels 85
      - b) Einzelfälle 87
    - 2. Abnahmeverweigerung als weitere Voraussetzung des § 12 Abs. 3 VOB/B 88
    - 3. Rechtsfolge des § 12 Abs. 3 VOB/B 89
  - IV. Die förmliche Abnahme gem. § 12 Abs. 4 VOB/B 90
    - 1. Förmliche Abnahme in Anwesenheit des Auftragnehmers gem. § 12 Abs. 4 Nr. 1 VOB/B 91
      - a) Verlangen einer Vertragspartei gem. § 12 Abs. 4 Nr. 1 S. 1 VOB/B ... 92
      - b) Fristbestimmung des Abnahmetermins gem. § 12 Abs. 4 Nr. 2 S. 1 VOB/B 93
      - c) Hinzuziehung von Sachverständigen gem. § 12 Abs. 4 Nr. 1 S. 2 VOB/B 94
      - d) Schriftliche Niederlegung des Abnahmebefundes gem. § 12 Abs. 4 Nr. 1 S. 3 VOB/B 95
      - e) Inhalt der Niederschrift gem. § 12 Abs. 4 Nr. 1 S. 4 VOB/B 96
      - f) Ausfertigung einer Niederschrift für jede Partei gem. § 12 Abs. 4 Nr. 1 S. 5 VOB/B 97
    - 2. Förmliche Abnahme in Abwesenheit des Auftragnehmers gem. § 12 Abs. 4 Nr. 2 VOB/B 98
  - V. Fiktive Abnahme gem. § 12 Abs. 5 VOB/B 100
    - 1. Allgemeine Voraussetzungen der Anwendbarkeit des § 12 Abs. 5 VOB/B . 101
      - a) Wirksame Vereinbarung des § 12 Abs. 5 VOB/B 102
      - b) Keine Abnahme in sonstiger Weise erfolgt 104
      - c) Keine Abnahmeverweigerung gem. § 12 Abs. 3 VOB/B 105
      - d) Fertigstellung der Leistung 106
      - e) Keine vorzeitige Vertragsbeendigung 107
      - f) Fehlendes Abnahmeverlangen 108

2. Fiktion der Abnahme durch Fertigstellungsmitteilung gem. § 12 Abs. 5 Nr. 1 VOB/B 109
3. Fiktion der Abnahme durch Ingebrauchnahme gem. § 12 Abs. 5 Nr. 2 VOB/B 110
4. Vorbehalte wegen Mängeln oder Vertragsstrafen gem. § 12 Abs. 5 Nr. 3 VOB/B 111
VI. Gefahrübergang gem. § 12 Abs. 6 VOB/B 112

A. Allgemeines

I. Bedeutung und systematische Stellung der Abnahme

1. Bedeutung der Abnahme. Vertragsrechtlich stellt die Abnahme eine Besonderheit dar.[1] **1**
Diese Besonderheit ergibt sich zum einen aus dem Gesichtspunkt des sogenannten „Dreh- und Angelpunktes"[2] der Abnahme als Übergang vom Erfüllungsstadium zum Gewährleistungsstadium und den damit verbundenen Abnahmewirkungen (hierzu im Einzelnen unter Rdn. 36–60).
Zum anderen wird im Gegensatz zu anderen Vertragstypen des BGB durch die entsprechende Willensbekundung des Bestellers geklärt, ob das Werk vertragsgemäß hergestellt worden ist.[3] Während z. B. beim Kaufvertrag in der Übergabe der Kaufsache und der Annahme durch den Käufer ein ausreichendes äußerliches Zeichen für eine Erfüllungshandlung vorliegt (§ 433 Abs. 2 BGB), reicht dies für sich genommen beim Werkvertrag nicht aus. Hinzu treten muss vielmehr eine Billigung des hergestellten Werkes durch den Besteller in Form einer einseitigen, nicht notwendigerweise empfangsbedürftigen Willenserklärung.[4]
Weil der Besteller eines Werkes bei der Bestellung eines Bauwerkes noch nicht, oder aber nur anhand einer gegebenenfalls vorliegenden Planung weiß, wie der zukünftige Vertragsgegenstand aussehen soll, ist es erforderlich, einen erklärten „Soll-Ist-Abgleich" am Ende der Erfüllungsphase vorzunehmen. Weil dieser Akt nicht nur formal, sondern auch inhaltlich notwendig ist, reicht es nicht aus, in der Abnahme lediglich eine geschäftsähnliche Handlung[5] zu sehen. Erforderlich ist vielmehr eine Willenserklärung des Bestellers.

2. Das Verhältnis zu § 640 BGB und den sonstigen Vorschriften des Werkvertragsrechtes des BGB. a) Grundsätzliches Verhältnis zu § 640 BG. § 12 VOB/B geht vom Abnahmebegriff des § 640 BGB aus,[6] d. h. die Vorschrift normiert keine eigene Begrifflichkeit, sondern gestaltet die für die Baupraxis in § 640 BGB nicht enthaltenen Regelungen näher aus. Insoweit gehen die Vorschriften der VOB/B den Regeln des BGB vor.[7]   **2**

Während § 640 Abs. 1 Satz 1 BGB nur bestimmt, dass der Besteller verpflichtet ist, das vertragsgemäß hergestellte Gewerk abzunehmen, regelt § 12 Abs. 1 VOB/B zusätzlich, dass diese Pflicht grundsätzlich erst dann entsteht, wenn der Auftragnehmer dies vom Auftraggeber auch verlangt, dann aber diese Pflicht binnen einer Frist von 12 Werktagen zu erfüllen ist.   **3**
Weitergehend regelt § 12 Abs. 2 VOB/B unter welchen Voraussetzungen eine Teilabnahme mit welchen Wirkungen möglich ist, sodann regelt § 12 Abs. 3 VOB/B unter welchen Voraussetzungen eine Abnahme durch den Besteller verweigert werden kann; § 12 Abs. 4 VOB/B regelt die Frage, wann und wie eine förmliche Abnahme stattzufinden hat. Schließlich enthält § 12 Abs. 5 VOB/B eine ansonsten im Werkvertragsrecht des BGB nicht vorgesehene Abnahmefiktion für den Fall, dass der Auftragnehmer keine Abnahme verlangt. In § 12 Abs. 6 VOB/B wird letztlich in Bezug auf die Gefahrtragung § 644 BGB unter Einbeziehung von § 7 VOB/B ergänzt.

---

[1] *Thode* ZfBR 1999, 116; *Oppler* in Ingenstau/Korbion VOB/B § 12 Rdn. 1.
[2] *Jagenburg* BauR 1980, 406; *Bröker* Beck'scher VOB-Kommentar VOB/B vor § 12 Rdn. 1; *Vygen/Joussen* Bauvertragsrecht, Rdn. 1087.
[3] *Thode* ZfBR 1999, 116.
[4] RGZ 110, 404, 407; BGH, NJW 1974, 95; *Ganten* NJW 1974, 987; *Nicklisch/Weick* VOB/B 3. Aufl., § 12 Rdn. 34; *Kleine-Möller/Merl* § 14 Rdn. 2; *Vygen/Joussen* Bauvertragsrecht, Rdn. 1090; *Oppler* in Ingenstau/Korbion VOB/B § 12 Rdn. 1; *Heiermann/Riedl/Rusam* VOB/B Rdn. 4, 9.
[5] So *Kaiser* Mängelhaftungsrecht, Rdn. 37.
[6] *Börker* Beck'scher VOB-Kommentar VOB/B vor § 12 Rdn. 3.
[7] *Oppler* in Ingenstau/Korbion VOB/B § 12 Rdn. 2; *Bröker* in Beck'scher VOB-Kommentar VOB/B vor § 12 Rdn. 3; *Tempel* NZBau 2002, 465 ff.

4 **b) Weiter anzuwendende Vorschriften des BGB.** Neben § 12 VOB/B gelten die ergänzenden Vorschriften des BGB. Dies betrifft z. B. § 638 Abs. 1 Satz 2 BGB, wonach die Verjährung der Gewährleistung mit der Abnahme des Werkes beginnt oder § 640 Abs. 2 BGB, wonach sich der Besteller, der einen Mangel kennt, seine Rechte in Bezug auf diesen Mangel vorbehalten muss, wenn er seine Rechte nach §§ 633, 634 BGB nicht verlieren will. Ebenso gilt § 641 Abs. 1 Satz 1 BGB, wonach „die Vergütung" bei der Abnahme zu entrichten ist sowie § 644 Abs. 1 BGB, wonach der Unternehmer die Gefahr bis zur Abnahme des Werkes trägt.

5 **c) Insbesondere § 640 Abs. 1 Satz 3 BGB.** Das Gesetz zur Beschleunigung fälliger Zahlungen vom 30.3.2000, in Kraft getreten seit dem 1.5.2000[8] hat zwei neue Abnahmefiktionen in Form des § 640 Abs. 1 Satz 3 BGB und § 641a BGB geschaffen, von der allerdings § 641a BGB nun zum 1.1.2009 wieder abgeschafft wurde. Beide Fiktionen stellen bzw. stellten den Eintritt der dort näher umschriebenen äußeren Ereignisse einer Willenserklärung des Auftraggebers unabhängig vom tatsächlichen Willen gleich, d. h. es treten vorbehaltlich der geregelten Ausnahmen sämtliche Abnahmewirkungen gegebenenfalls auch gegen den Willen des Auftraggebers ein.[9]

6 **aa) Geltung des § 640 Abs. 1 Satz 3 BGB neben § 12 VOB/B.** Streitig ist, ob die im BGB neu geschaffenen Abnahmefiktionen auch für den VOB-Vertrag gelten. Entgegen überwiegender Auffassung[10] sieht Kiesel[11] in den VOB-Vorschriften ein in sich geschlossenen Abnahmesystem, das die Anwendung der neuen BGB-Vorschriften ausschließe.

Dieses Argument trägt nicht. Richtigerweise ist davon auszugehen, dass die VOB-Vorschriften für die Baupraxis notwendige oder auch nur sinnvolle Ergänzungen des BGB vornehmen. Die Verzahnung der VOB/B auch im Bereich der Abnahme mit dem BGB bleibt grundsätzlich erhalten. Darüber hinaus regeln z. B. § 640 Abs. 1 Satz 3 BGB und § 12 Abs. 5 Nr. 1 und 2 VOB/B völlig unterschiedliche Sachverhalte. Während § 640 Abs. 1 Satz 3 BGB unter anderem ein Abnahmebegehren des Auftragnehmers voraussetzt, geht § 12 Abs. 5 Nr. 1 und 2 VOB/B davon aus, dass kein Abnahmebegehren vorliegt. Dementsprechend schließt der Wortlaut der VOB/B die Anwendung des § 640 Abs. 1 Satz 3 BGB nicht aus. Wollte man darüber hinaus im Wege einer Spezialisierung § 12 VOB/B eine Ausschließlichkeitswirkung zukommen lassen, würde dies dazu führen, dass dem Auftragnehmer, der die Abnahme zu Recht verlangt, weil die entsprechenden Voraussetzungen vorliegen, nicht die Fiktion nach § 12 Abs. 5 VOB/B oder des § 640 Abs. 1 Satz 3 BGB zur Verfügung stünde. Der Auftraggeber könnte dementsprechend durch eine unberechtigte Abnahmeverweigerung oder durch schlichte Untätigkeit zunächst den Eintritt der Abnahmewirkung verhindern. Selbst der Vorstand des Deutschen Vergabe- und Vertragsausschusses hat im Rahmen seiner Beschlüsse vom 2.5.2002 zu § 12 Abs. 5 VOB/B hervorgehoben, dass dies im Ergebnis durch § 640 Abs. 1 Satz 3 BGB gerade verhindert werden sollte.[12] § 640 Abs. 1 Satz 3 BGB ist also neben § 12 VOB/B anwendbar.

7 **bb) Geltung des § 640 Abs. 1 Satz 3 BGB bei Vereinbarung einer förmlichen Abnahme gem. § 12 Abs. 4 VOB/B.** Nach einer im Schrifttum geäußerten Auffassung[13] soll die Vorschrift des § 640 Abs. 1 Satz 3 BGB nicht zur Anwendung kommen, wenn die Parteien ein bestimmtes Abnahmeverfahren, z. B. eine förmliche Abnahme gem. § 12 Abs. 4 VOB/B vereinbart haben.

Diese Vereinbarung ändere das insoweit dispositive Recht des BGB mit der Folge der Unanwendbarkeit ab. Damit hätte es der Auftraggeber in Entsprechung der Regelungssystematik des § 12 Abs. 4 VOB/B durch schlichtes Verlangen in der Hand, ob § 640 Abs. 1 Satz 3 BGB zur Anwendung kommt.

Diese Auffassung entbehrt der Grundlage. Wie bereits unter Rdn. 6 im Einzelnen dargelegt, vertritt selbst der DVA die Auffassung,[14] dass § 640 Abs. 1 Satz 3 BGB und § 12 VOB/B weder

---

[8] BGBl. I, S. 330.
[9] Vgl. hierzu ausführlich: *Oppler* in Ingenstau/Korbion VOB/B § 12 Rdn. 22 ff.; *Peters* NZBau 2000, 169, 171; *Motzke* NZBau 2000, 489, 494 f., zu § 640 Abs. 1 S. 3 BGB und der Frage des Urkundsprozesses ausführlich: van den Hövel NZBau 2006, 6.
[10] *Oppler* in Ingenstau/Korbion VOB/B § 12 Rdn. 23; *Kniffka* ZfBR 2000, 227 ff.; *Motzke* NZBau 2000, 489, 495; Niemöller Baurecht 2001, 481, *Heiermann/Riedl/Rusam* VOB/B § 12 Rdn. 3.
[11] *Kiesel* NJW 2000, 1673; nicht eindeutig: *Tempel* NZBau 2002, 465 ff.
[12] *Kratzenberg* NZBau 2002, 177, 180 der die Beschlüsse des DVA zur Änderung der VOB/B in der Fassung vom 2.5.2002, Stand 3.5.2002, Seiten 11, 12 beschreibt.
[13] *Kiesel* NJW 2000, 1673, 1678.
[14] Vgl. Fn. 12.

dem Wortlaut nach, noch systematisch oder gar teleologisch einen Überschneidungsbereich haben, der die Anwendbarkeit der jeweiligen Normen in Frage stellen könnte. Vor diesem Hintergrund ist es nicht verständlich, von einer Vereinbarung der Parteien mit dem Ziel des Ausschlusses des § 640 Abs. 1 Satz 3 BGB bei der Vereinbarung einer förmlichen Abnahme gem. § 12 Abs. 4 VOB/B auszugehen. Richtig ist, sowohl nach dem Wortlaut aber auch nach dem Sinn und Zweck des Gesetzes zur Beschleunigung fälliger Zahlungen[15], dass der Auftraggeber, der eine besondere Form der Abnahme gewählt hat, im Falle einer pflichtwidrigen Abnahmeverweigerung bzw. pflichtwidrigen Nichtabnahme nicht besser stehen darf, als derjenige Auftraggeber, der eine solche besondere Form nicht vereinbart hat. Würde man Kiesel folgen, wäre ohne jeden Anhalt im Wortlaut oder der Systematik der Sinn und Zweck des Gesetzes zur Beschleunigung fälliger Zahlungen in sein Gegenteil verkehrt, da – wie der Autor selbst konstatiert[16] – der weit überwiegende Teil aller Bauverträge auf der Basis der VOB/B abgeschlossen wird.

cc) Tatbestandsvoraussetzungen des § 640 Abs. 1 Satz 3 BGB. Nach § 640 Abs. 1 Satz 3 BGB treten die Wirkungen der Abnahme auch gegen den Willen des Auftraggebers ein, wenn das Werk abnahmereif ist und der Auftragnehmer dem Auftraggeber eine angemessene Frist zur Abnahme gesetzt hat. Nach dem BGH[17] ist dabei eine Fristsetzung entbehrlich, wenn das Werk tatsächlich abnahmereif ist und der Auftraggeber die Abnahme ernsthaft und endgültig verweigert hat. Diese Rechtsfortbildung ist zutreffend, da es in der Tat eine überflüssige Förmelei darstellen würde, einem Vertragspartner eine Frist für eine Erklärung zu setzen, wenn dieser ausdrücklich und endgültig bereits erklärt hat, diese nicht abgeben zu wollen. Ähnliche Überlegungen finden sich z. B. in § 4 Nr. 7 VOB/B.

dd) Rechtslage ab dem 1.1.2018. Ab dem 1.1.2018 fällt § 640 Abs. 1 Satz 3 BGB weg und wird ersetzt durch § 640 Abs. 2 BGB. Danach reicht es aus, wenn der Auftraggeber **einen Mangel** rügt und die Abnahme verweigert. Faktisch wird damit die fiktive Abnahme nach § 640 Abs. 1 Satz 3 BGB ab dem 1.1.2018 abgeschafft, da nach dem Wortlaut des neuen § 640 Abs. 2 BGB noch nicht einmal ein wesentlicher Mangel gerügt werden muss. Dies wird in vielerlei Hinsicht strategische Auswirkungen haben.

3. Abgrenzung zu sonstigen Abnahmebegriffen. Der Begriff der „Abnahme" wird vielfältig und nicht immer nur im Sinne des § 640 BGB bzw. § 12 VOB/B gebraucht. So spricht z. B. § 15 Abs. 2 Nr. 8 HOAI aF von einer Aufgabe des Architekten, „Abnahme der Bauleistungen unter Mitwirkung anderer an der Planung und Objektüberwachung fachlich Beteiligter unter Feststellung von Mängeln" vorzunehmen (ähnlich: § 55 Abs. 2 Nr. 8 HOAI aF). Nach ganz überwiegender, zutreffender Auffassung handelt es sich dabei aber nicht um eine rechtsgeschäftliche Abnahme im Sinne des § 12 VOB/B bzw. § 640 BGB, sondern um eine technische Abnahme, d. h. um eine Feststellung des technischen Zustandes der Werkleistung im Sinne des § 4 Abs. 10 VOB/B,[18] mit dem Ziel der Vorbereitung der eigentlichen rechtsgeschäftlichen Abnahme.

Nicht mit der Abnahme im Sinne des § 640 BGB bzw. § 12 VOB/B zu verwechseln ist auch die sogenannte „behördliche Abnahme". Durch die jeweiligen behördlichen Abnahmen (z. B. „Rohbauabnahme" gem. § 82 BauO NRW) werden „lediglich" die Umstände überprüft, die entweder dem Schutz der Allgemeinheit vor Gefahren der neuen Werkleistung dienen oder aber sonstigen, gesetzlich normierten Standards (z. B. Lärm- oder Wärmeschutz). Mit einer rechtsgeschäftlichen Abnahme im Sinne des § 640 BGB bzw. § 12 VOB/B hat dies nichts zu tun,[19] auch wenn eine fehlende öffentlich-rechtliche Abnahme gegebenenfalls einen wesentlichen Mangel (z. B. fehlende Gebrauchsfähigkeit) im Sinne des § 12 Abs. 2 VOB/B begründen kann, der den Auftraggeber zur Abnahmeverweigerung berechtigt. Hier ist allerdings je nach Einzelfall zu differenzieren, da die Verantwortlichkeit des jeweils betreffenden Unternehmers im Rahmen eines gegebenenfalls auch mehrere Gewerke umfassenden Bauwerkes geklärt werden

---

[15] Vgl. Fn. 8.
[16] *Kiesel* NJW 2000, 1673, 1674.
[17] BGH NZBau 2010, 537.
[18] *Koeble* in Locher/Koeble/Frik HOAI § 34 Rdn. 230; *Locher* Das Private Baurecht, Rdn. 325; *Werner/Pastor* Der Bauprozess, Rdn. 1345 f.; ausführlich: *Oppler* in Ingenstau/Korbion VOB/B § 12 Rdn. 4; a. A.: *Cuypers* BauR 1991, 141.
[19] *Bröker* in Beck'scher VOB-Kommentar VOB/B vor § 12 Rdn. 21; *Oppler* in Ingenstau/Korbion VOB/B § 12 Rdn. 5; *Kleine-Möller/Merl* § 14 Rdn. 5.

muss, wenn nicht z. B. das Generalunternehmerverhältnis zwischen Bauherr und Generalunternehmer im Rahmen eines Schlüsselfertigbauvertrages betroffen ist.[20]

II. Begriff der Abnahme

10 Schon aus dem Wortlaut ergibt sich, dass die eine Vertragspartei (hier der Auftragnehmer) etwas „abgibt" (die Werkleistung), während die andere Vertragspartei (hier der Auftraggeber) etwas „annimmt". Damit verbunden ist eine entweder ausdrücklich oder stillschweigend erklärte Billigungserklärung durch den Auftraggeber. Dementsprechend definiert sich die Abnahme als die körperliche Entgegennahme der fertig gestellten Leistung und ihre Billigung als der Hauptsache nach vertragsgemäße Leistungserfüllung[21] (so genannter „zweigliedriger Abnahmebegriff"[22]).

11 **1. Körperliche Entgegennahme der Leistung.** Die erste Voraussetzung der Abnahme ist die körperliche Entgegennahme der Leistung. Dies wiederum setzt voraus, dass sich der Auftragnehmer seines Besitzes an der Werkleistung, soweit er ihn hatte, zu Gunsten des Auftraggebers vollständig entäußert.[23] Dies gilt auch bei Bauwerken und Bauleistungen, bei denen der Eigentümer des Baugrundstückes als Auftraggeber Eigentum an der Bauleistung erwirbt (als wesentlicher Bestandteil des Grundstückes; § 93 BGB), da die Frage des Eigentumserwerbs von der des Besitzes zu differenzieren ist und der Auftraggeber den notwendigen unmittelbaren Besitz erst durch die Übergabe bzw. körperliche Entgegennahme erlangt.[24]

Dort, wo der Auftraggeber zum Zeitpunkt der Fertigstellung im unmittelbaren Besitz der Werkleistung ist (z. B. bei Umbauten oder der Sanierung von Altbauten), bedarf es allerdings keiner Übergabe mehr, da eine bereits erfüllte Voraussetzung nicht noch einmal erfüllt werden kann. Vielmehr kommt es in diesen Fällen dann alleine auf das zweite Element der Abnahme an, die Billigung der fertig gestellten Leistung.[25]

12 **2. Billigung der Leistung.** Bei dem zweiten Element der Abnahme, der Billigung der fertig gestellten Leistung, handelt es sich um eine einseitige, nicht notwendigerweise empfangsbedürftige Willenserklärung.[26] Erforderlich ist dementsprechend, eine als Billigung ansehbare Verhaltensweise des Auftraggebers, die nach Außen tritt und zur Kenntnisnahme des Auftragnehmers bestimmt ist, ohne dass es auf einen Zugang im Sinne des § 130 BGB ankommt.[27] Daraus wiederum folgt, dass die „Erklärung" des Auftraggebers nicht ausdrücklich erfolgen muss. Vielmehr kann es ausreichend sein, aus dem tatsächlichen Verhalten des Auftraggebers objektiv eine Billigungserklärung abzuleiten, wenn dies mit der notwendigen Sicherheit bestimmt werden kann.[28] (so genannte konkludente oder auch stillschweigende Abnahme, hierzu ausführlich unter Rdn. 15–22).

---

[20] *Jagenburg* in Beck'scher VOB-Kommentar VOB/B, 2. Auflage, vor § 12 Rdn. 9.
[21] RGZ 107, 339, 343; 110, 404, 407; BGHZ 48, 257, 262; 50, 160; BGH NJW 1970, 421; BGH BauR 1996, 386; *Leinemann/Jansen* VOB/B § 12 Rdn. 3; *Oppler* in Ingenstau/Korbion VOB/B § 12 Rdn. 7; *Bröker* in Beck'scher VOB-Kommentar VOB/B vor § 12 Rdn. 25 ff.; *Kapellmann/Langen* Einführung in die VOB/B, Rdn. 183; *Heiermann/Riedl/Rusam* VOB/B § 12 Rdn. 4 ff.
[22] *V. Craushaar* Festschrift Heiermann 1995, S. 17; *Thode* ZfBR 1999, 116 f.; *Bröker* in Beck'scher VOB-Kommentar VOB/B vor § 12 Rdn. 25 ff.; *Jacoby* in Staudinger/Peters BGB, § 640 Rdn. 7.
[23] V. Craushaar Festschrift Heiermann 1995, S. 17, 21 f.; *Oppler* in Ingenstau/Korbion VOB/B § 12 Rdn. 8; *Bröker* in Beck'scher VOB-Kommentar VOB/B vor § 12 Rdn. 29; *Heiermann/Riedl/Rusam* VOB/B § 12 Rdn. 5.
[24] BGH BauR 1983, 573; OLG Braunschweig BauR 2000, 105; *Bröker* in Beck'scher VOB-Kommentar VOB/B vor § 12 Rdn. 29; *Oppler* in Ingenstau/Korbion VOB/B § 12 Rdn. 8; *Heiermann/Riedl/Rusam* VOB/B § 12 Rdn. 5.
[25] RGZ 110, 404, 407; BGH BauR 1985, 192, 195 f.; *Oppler* in Ingenstau/Korbion VOB/B § 12 Rdn. 8; *Bröker* in Beck'scher VOB-Kommentar VOB/B vor § 12 Rdn. 29; *Heiermann/Riedl/Rusam* VOB/B § 12 Rdn. 5.
[26] Vgl. Fn. 4.
[27] *Oppler* in Ingenstau/Korbion VOB/B § 12 Rdn. 9; *Bröker* in Beck'scher VOB-Kommentar VOB/B vor § 12 Rdn. 30 ff.
[28] BGH NJW 1970, 421; OLG Hamm BauR 1993, 604; *Oppler* in Ingenstau/Korbion VOB/B § 12 Rdn. 10; *Bröker* in Beck'scher VOB-Kommentar VOB/B vor § 12 Rdn. 31; *Leinemann/Jansen* VOB/B § 12 Rdn. 4; MüKo/Busche BGB, § 640 Rdn. 6, 17 ff.

a) Keine Prüfungspflicht des Auftraggebers. Grundsätzlich trifft den Auftraggeber bei der Abnahme, soweit nichts anderes vereinbart ist, keine Prüfungspflicht.[29] Andererseits ist dem Auftraggeber, sofern er eine Überprüfung der Werkleistung verlangt, hierzu die Möglichkeit einzuräumen.[30] Wie intensiv die Prüfung insbesondere in Ansehung der hierzu benötigten Zeit ausfallen darf, hängt vom Einzelfall ab. So wird man einem Auftraggeber sicherlich nicht zumuten können, eine Heizungsanlage im Sommer oder eine Kälteanlage im Winter abzunehmen, wenn deren Funktionsfähigkeit nicht getestet werden kann.[31] Andererseits wird ohne besondere Vereinbarung auch kein mehrtägiger Probelauf bzw. Probebetrieb verlangt werden können, da es den Auftraggeber zuzumuten ist, etwaig im Betrieb auftretende Mängel auch nach der Abnahme im Gewährleistungszeitraum zu rügen.[32] Bei einer Photovoltaikanlage ist es wiederum dem Auftragnehmer nicht zuzumuten auf Witterungsbedingungen zu warten, die einen Probebetrieb ermöglichen.[33] Gleiches dürfte dementsprechend auch z. B. bei Hochwasserschutzanlagen gelten. Auch hier muss der der Auftragnehmer in Bezug auf die Abnahme nicht auf das nächste Hochwasser warten.

b) Ausdrückliche Billigung. Möglich und im Falle der förmlichen Abnahme gem. § 12 Abs. 4 VOB/B auch die Regel ist, dass der Auftraggeber seine Billigungserklärung ausdrücklich abgibt. Gibt der Auftraggeber eine Billigungserklärung ab, stehen dieser Erklärung etwaige Mängel nicht entgegen. Dies gilt selbst dann, wenn die Schwere der Mängel eigentlich zur Verweigerung der Abnahme gem. § 12 Abs. 3 VOB/B berechtigen würde.[34] Selbst wenn der Auftraggeber ausdrücklich oder konkludent eine Billigungserklärung abgibt, obwohl er zur Verweigerung der Abnahme berechtigt ist, kann daraus nicht geschlussfolgert werden, der Auftraggeber wolle auch auf andere Einwendungen (z.B. die der Prüffähigkeit der Schlussrechnung) verzichten.[35] Nicht ausreichend als ausdrückliche Billigung ist dabei alleine ein Bestätigungsvermerk des Auftraggebers auf eine Abrechnung der geleisteten Stunden. Vielmehr bedarf es hier weiterer Anhaltspunkte, um zu einer Billigungserklärung des Auftraggebers zu gelangen.[36] Auch die Erteilung der Abnahme unter dem Vorbehalt der Beseitigung von Mängeln stellt gerade keine Abnahmeerklärung dar, solange der Vorbehalt (z. B. Beseitigung von Mängeln) vom Auftraggeber nicht ausdrücklich als erledigt bezeichnet wird.[37] Hiervon unabhängig zu bewerten ist die Frage, ob der Vorbehalt inhaltlich zu Recht erfolgt ist. Ist dies nicht der Fall, bleibt dem Auftragnehmer die Möglichkeit des Vorgehens nach § 640 Abs. 1 Satz 3 BGB (vgl. Rdn. 5–7). Anders ist dies zu bewerten, wenn sich aus der Formulierung des Vorbehaltes ergibt, dass sich der Auftraggeber nur die Beseitigung der Mängel vorbehält. Dann stellt auch die Abnahme unter Vorbehalt eine Abnahme dar.[38] Unterzeichnet der Auftraggeber das Abnahmeprotokoll nicht an der dafür vorgesehenen Stelle, sondern paraphiert nur die Seiten, ist nicht von einer Abnahmeerklärung auszugehen.[39]

Es ist im Einzelfall zu entscheiden, ob der Auftraggeber trotz vorhandener Mängel abnehmen will. Je nach Gesamtbewertung des Einzelfalls kann auch die Abnahme unter „Vorbehalt der Mängel" als Abnahme gewertet werden[40], wenn neben dem Vorbehalt zusätzliche Umstände zu berücksichtigen sind oder die Formulierung des Vorbehalts dies zulässt. Nicht erforderlich ist, dass auch der Auftragnehmer das Abnahmeprotokoll unterzeichnet. Die Abnahmeerklärung des

---

[29] BGH NJW 1970, 421; *Bröker* in Beck'scher VOB-Kommentar VOB/B vor § 12 Rdn. 45; *Busche* in MüKo BGB, § 640 Rdn. 15; wohl im Ergebnis auch: *Oppler* in Ingenstau/Korbion VOB/B § 12 Rdn. 12. Nach *Oppler* in Ingenstau/Korbion VOB/B § 12 Rdn. 12 und BGH NJW-RR 1992, 626 besteht eine Pflicht zur Prüfung nach § 377 HGB inkl., a. A. *Heidland* BauR 1971, 18.
[30] *Bröker* in Beck'scher VOB-Kommentar VOB/B vor § 12 Rdn. 41; *Heiermann/Riedl/Rusam* VOB/B § 12 Rdn. 7.
[31] Hierzu OLG Köln Schäfer/Finnern/Hochstein § 640 BGB Rdn. 13, betreffend den Einbau einer Wärmepumpe im Sommer.
[32] So auch: *Bröker* in Beck'scher VOB-Kommentar VOB/B vor § 12 Rdn. 42.
[33] LG Kiel, IBR 2010, 16.
[34] BGH BauR 1973, 192; OLG München, NJW 2012, S. 307, IBR 2014, 595; OLG Köln, IBR 2016, 446, *Oppler* in Ingenstau/Korbion VOB/B § 12 Rdn. 11; *Bröker* in Beck'scher VOB-Kommentar VOB/B vor § 12 Rdn. 46.
[35] BGH IBR 2016, 627, 633.
[36] BGH NZBau 2004, 548 f.
[37] OLG Saarbrücken IBR 2005, 419.
[38] OLG Hamm, IBR 2014, 72
[39] OLG Brandenburg, IMR 2013, 424; BauR 2013, 1734
[40] OLG Rostock OLG-R 2007, 219; OLG Hamm IBR 2008, 321, das davon ausgeht, die Erklärung „unter Vorbehalt" stelle einen bloßen Mängelvorbehalt dar; *Werner/Pastor* Rdn. 1815.

Auftraggebers als einseitige Willenserklärung ist auch ohne Unterzeichnung des Auftragnehmers wirksam.[41]

15 **c) Stillschweigende bzw. konkludente Abnahme.** Es kann ausreichend sein, aus dem tatsächlichen Verhalten des Auftraggebers objektiv eine Billigungserklärung abzuleiten, wenn dies mit der notwendigen Sicherheit bestimmt werden kann.[42] Wann diese Bestimmung jeweils möglich ist, bleibt grundsätzlich der Bewertung im Einzelfall vorbehalten.[43] Gleichwohl können einzelne Fallgruppen systematisch getrennt werden (auch wenn mehrere Fallgruppen gleichzeitig erfüllt werden können).[44]

16 **aa) Inbenutzungnahme der Werkleistung.** Eine Fallgruppe, die ein sicheres Indiz für eine konkludent abgegebene Willenserklärung darstellt, ist die Inbenutzungnahme der Werkleistung.[45] Dies kann z. B. durch den Bezug des Hauses[46], nach der Rechtsprechung teilweise auch schon durch die Entgegennahme der Schlüssel[47] erfolgen. Voraussetzung ist allerdings, dass es sich um eine bestimmungsgemäße Ingebrauchnahme handelt, d. h. keine Druck- oder Zwangslage vorherrscht, so z. B. wenn das bisher genutzte Wohngebäude wegen Kündigung geräumt werden muss.[48] Nach OLG Stuttgart liegt in der Ingebrauchnahme dann z. B. keine Billigungserklärung, wenn diese durch die Umstände erzwungen war und die Ingebrauchnahme objektiv lediglich die Ausübung der Schadensminderungspflicht entspricht.[49] Ob auch in der Nutzung der Leistung zum Zwecke der Weiterarbeit eine Billigungserklärung abgeleitet werden kann,[50] ist nach den vorstehenden Grundsätzen zu entscheiden. Erfolgt die Ingebrauchnahme bestimmungsgemäß, d. h. ohne Druck- oder Zwangslage (hier insbesondere Zeitdruck wegen weiter terminierter Gewerke) und liegt auch kein wesentlicher Mangel vor, spricht auch diese Form der Ingebrauchnahme für eine ausreichende Billigungserklärung.

Soweit das OLG Düsseldorf [51] annimmt, dass eine Ingebrauchnahme immer notwendige Voraussetzung für eine konkludente Abnahme sei, ist dem nicht zu folgen, da neben der Ingebrauchnahme bzw. Nutzung auch andere Tatbestände (z.B. Zahlung) für eine stillschweigende bzw. konkludente Abnahme sprechen können.

17 Weitere Voraussetzungen für eine stillschweigende bzw. konkludente Abnahme durch Inbenutzungnahme ist, dass die Leistung im wesentlichen fertig gestellt ist und keine schwerwiegenden Mängel vorliegen, da andernfalls regelmäßig nicht von einem Abnahmewillen des Auftrag-

---

[41] OLG Dresden, IBR 2016, 273; BauR 2016, 1056
[42] Vgl. Fn. 27.
[43] BGH BauR 1985, 200; *Leinemann/Jansen* VOB/B § 12 Rdn. 5; *Heiermann/Riedl/Rusam* VOB/B § 12 Rdn. 15; *Busche* in MüKo BGB, § 640 Rdn. 17 ff.
[44] So z. B. im Fall des OLG Düsseldorf IBR 2008, 569, bei dem der Auftraggeber das Werk in Benutzung nimmt, das Objekt fertig stellt, wesentliche Teile der Schlussrechnung bezahlt und innerhalb der Prüfungsfrist keine Mängelrüge vornimmt; (Nichtzulassungsbeschwerde durch Beschluss des BGH vom 10.4.2007, VII ZR 183/07, zurückgewiesen).
[45] BGH NJW 1985, 731; BGH NJW-RR 1992, 1078; *Bröker* in Beck'scher VOB-Kommentar VOB/B vor § 12 Rdn. 72; *Leinemann/Jansen* VOB/B § 12 Rdn. 4; *Heiermann/Riedl/Rusam* VOB/B § 12 Rdn. 15 f.; *Busche* in MüKo BGB, § 640 Rdn. 18, 19; *Jacoby* in Staudinger/Peters BGB, § 640 Rdn. 26; *Werner/Pastor* Rdn. 1824.
[46] BGH NJW 1975, 1701; BGH BauR 1999, 1186, 1188; OLG Düsseldorf BauR 1993, 124 (7.) L; OLG Koblenz NJW-RR 1994, 786; OLG Hamm NJW-RR 1995, 1233; *Bröker* in Beck'scher VOB-Kommentar VOB/B vor § 12 Rdn. 72; *Leinemann/Jansen* VOB/B § 12 Rdn. 4; *Werner/Pastor* Rdn. 1824 m. w. N.
[47] OLG Hamm NJW-RR 1993, 340; zustimmend: *Werner/Pastor* Rdn. 1824; ablehnend: *Bröker* in Beck'scher VOB-Kommentar VOB/B vor § 12 Rdn. 74, weil in der Entgegennahme der Schlüssel noch keine Nutzung zu sehen sei; richtigerweise wird auf den Einzelfall abzustellen sein, da bei bestimmten Bauwerken auch schon der alleinige Besitz Nutzung darstellen kann (z. B. Schutzraum oder Sicherungsanlage).
[48] BGH NJW 1975, 1701; OLG Hamm OLGR 1997, 341; OLG Hamm BauR 2001, 1914, 1915; *Bröker* in Beck'scher VOB-Kommentar VOB/B vor § 12 Rdn. 73; *Leinemann/Jansen* § 12 Rdn. 4; *Werner/Pastor* Rdn. 1828.
[49] OLG Stuttgart BauR 2011, 1824; NZBau 2011, 167
[50] Für eine Billigung: *Werner/Pastor* Rdn. 1824, auch unter Anführung des Beispiels, dass in dem Abbau eines Gerüstes bezüglich der Putzer- und Malerarbeiten am Haus eingewilligt wird; eher ablehnend: *Bröker* in Beck'scher VOB-Kommentar VOB/B vor § 12 Rdn. 74.
[51] OLG Düsseldorf, IBR 2016, 573

gebers ausgegangen werden kann.[52] Ist z. B. der nach der Baubeschreibung geschuldete Aufzug nicht „rollstuhlgerecht" i. S.d DIN 13506 und DIN 18025, so liegt ein schwerwiegender Mangel vor, der zur Verweigerung der Abnahme berechtigt, auch wenn die Sache in Benutzung genommen wird.[53] Es ist in diesem Zusammenhang ausreichend, wenn der Auftraggeber den oder die Mängel rügt, die ihn zur Abnahmeverweigerung berechtigen.[54] Dies gilt erst recht, wenn der Auftraggeber vor der Inbenutzungnahme die Abnahme wegen schwerwiegender Mängel (zu recht) verweigert hat.[55] (Hier ist schon der systematische Ansatz des „Stillschweigens" bzw. der „konkludenten Handlung" nicht mehr gegeben.)[56] Gleiches kann auch gelten, wenn das Gesamtverhalten zum Ausdruck bringt, dass der Auftraggeber die Werkleistung nicht als im wesentlichen vertragsgemäß akzeptiert.[57] Andererseits hindert die Rüge von Mängeln an sich eine stillschweigende oder konkludente Abnahme nicht, wenn die Mängel nicht schwerwiegend sind und übrige Indizien (z. B. Zahlung des Werklohnes unter bloßer Einbehaltung eines angemessenen Teilbetrages) für eine konkludente Billigungserklärung des Auftraggebers sprechen.[58]

Gleiches gilt auch für den Fall, dass das Werk in Benutzung genommen wird und lediglich Ausbesserungsarbeiten durch Dritte durchgeführt werden.[59] Hat der Auftraggeber allerdings vorher fruchtlos eine Frist zur Mängelbeseitigung gesetzt und anschließend die Mängelbeseitigung durch den Auftragnehmer untersagt, wird man eine Billigungserklärung nicht annehmen können.[60]

Sofern Auftraggeber und Auftragnehmer ein gemeinsames Aufmaß nehmen, oder aber eine Prüfung der Schlussrechnung erfolgt, stellt dies noch keine Ingebrauchnahme dar, mit der Folge, dass alleine hieraus keine Abnahme bzw. Billigungserklärung hergeleitet werden kann.[61]

Auch der Bestätigungsvermerk eines Auftraggebers auf einer Stundenabrechnung kann nicht als Billigungserklärung aufgefasst werden, da der konkludente Erklärungswert zu begrenzt ist[62], wenn nicht zusätzliche Aspekte hinzutreten.

Soweit das OLG Düsseldorf[63] annimmt, dass in der Fortführung anderer Gewerke trotz Mängelrügen im Abnahmetermin eine konkludente Billigung läge, kann dem nicht gefolgt werden. Zwar ist es zutreffend, dass die Mängelrügen auch als Vorbehalt i. S. v. § 640 Abs. 2 BGB angesehen werden können, gleichwohl fällt es schwer in dem Benutzungsverhalten des Auftraggebers eine positive, auf Billigung gerichtete Erklärung zu erkennen, zumal die Fortführung der Arbeiten alleine nach § 12 Abs. 5 VOB/B gerade nicht als Abnahme gilt. Zu Recht weist deshalb das OLG Hamm[64] darauf hin, dass alleine die Ingebrauchnahme und die Durchführung eines Termins zum Zwecke der Abnahme nicht ausreicht, um von einer Billigung des Werkes

---

[52] BGH IBR 2016, 78, NZBau 2016, 93 ff., BGH BauR 1995, 91 f.; BGH ZJ BR 2011, 360; BGH BauR 2011, 876; OLG Hamm BauR 1993, 604; NJW-RR 1995, 1233 f.; OLG Brandenburg IBR 2007, 362; *Werner/Pastor* Rdn. 1825, 1827; *Heiermann/Riedl/Rusam* VOB/B § 12 Rdn. 19; *Bröker* in Beck'scher VOB-Kommentar VOB/B vor § 12 Rdn. 103. Der BGH kommt auch nach einer mehrjährigen Nutzung eines Objektes bei einer berechtigten Abnahmeverweigerung nicht zu einer Abnahmewirkung durch Ingebrauchnahme mit dem zutreffenden Argument, dass es der Auftragnehmer durch eigene Leistung in der Hand habe, die Gründe für die berechtigte Abnahmeverweigerung (hier Beseitigung von Mängeln) zu beheben (BGH NZBau 2004, 210 f.); vgl. auch OLG Brandenburg IBR 2011, 1078.

[53] OLG Hamm IBR 2004, 415.

[54] BGH IBR 2016, 78; NZBau 2016, 93 ff.

[55] BGH IBR 2016, 78; NZBau 2016, 93 ff. BGH BauR 1999, 1186; OLG Stuttgart, 3 BR 2012, 453; OLG München, BauR 2009, 1941; OLG Koblenz, ibr 2012, 80; *Heiermann/Riedl/Rusam* VOB/B § 12 Rdn. 15; ähnlich der Fall, bei dem der Auftraggeber eine Ersatzvornahme durchführt (BGH NJW 1997, 942; *Werner/Pastor* Rdn. 1825). In Bezug auf eine Softwareleistung hat der BGH ausgeurteilt, dass bei einer nicht vollständig erbrachten Leistung eine Abnahme zwar nicht auszuschließen sei, wohl aber gewichtige Gründe über eine bloße Nutzung hinaus vorliegen müssen, um von einer Abnahme des Auftraggebers ausgehen zu können (BGH BauR 2004, 337).

[56] OLG Stuttgart BauR 2011, 1824–1828.

[57] OLG Koblenz IBR 2012, 80.

[58] OLG Düsseldorf BauR 1993, 124 (7.) L; OLG Koblenz NJW-RR 1994, 786; OLG Hamm NJW-RR 1995, 1233 f.; *Bröker* in Beck'scher VOB-Kommentar VOB/B vor § 12 Rdn. 23, 77; *Werner/Pastor* Rdn. 1825; *Heiermann/Riedl/Rusam* VOB/B § 12 Rdn. 15.

[59] BGH BauR 1996, 386.

[60] BGH BauR 1996, 386; *Jagenburg* in Beck'scher VOB-Kommentar, 2. Auflage, VOB/B, vor 12 Rdn. 23.

[61] BGH BauR 1974, 210; *Werner/Pastor* Rdn. 1801; *Bröker* in Beck'scher VOB-Kommentar VOB/B vor § 12 Rdn. 34; *Heiermann/Riedl/Rusam* VOB/B § 12 Rdn. 17.

[62] BGH NZBau 2004, 548.

[63] OLG Düsseldorf BauR 2001, 423.

[64] OLG Hamm IBR 2009, 133.

auszugehen, wenn gleichzeitig erhebliche Mängel gerügt werden. Das Gesamtverhalten des Auftraggebers kann dann nicht als Billigung begriffen werden, zumal wenn der Einzug, d. h. die Ingebrauchnahme, durch die Aufgabe der alten Wohnung bedingt war und damit eine Drucksituation vorlag.

Bei einer Leistungskette bewirkt die Überlassung der Leistung durch den Auftragnehmer an den Auftraggeber, dass von einer konkludenten Abnahmeerklärung gegenüber dem Nachunternehmer auszugehen ist.[65]

18 Wann bei einer stillschweigenden bzw. konkludenten Abnahme von der Kundgabe einer Billigungserklärung auszugehen ist, bestimmt sich ebenfalls nach den Umständen des Einzelfalls.[66] Dass nicht der erste Zeitpunkt der Inbenutzungnahme als Anknüpfungszeitpunkt in Betracht kommt, da dem Auftraggeber je nach Komplexität des oder der Gewerke eine mehr oder weniger intensive angemessene Prüfungsfrist zuzubilligen ist, liegt auf der Hand.[67] Dies kann nur dann entbehrlich sein, wenn vor der Inbenutzungnahme bereits eine intensive Überprüfung der Bauleistung erfolgt ist. In diesem Fall kann von der Kundgabe der Billigungserklärung auch schon zum Zeitpunkt der ersten Inbenutzungnahme ausgegangen werden.[68] Wann genau ohne besondere vorgezogene Prüfung von einer Billigungserklärung ausgegangen werden kann, hängt von den jeweiligen Umständen des Einzelfalls ab.[69] So hat das OLG Hamm z. B. bei Einzug in ein Haus eine Prüfphase von sechs Wochen als angemessen erachtet,[70] während das OLG Köln[71] bei Einbau einer Wärmepumpe im Sommer eine Prüfdauer von zwei Monaten als notwendig ansah. Das OLG München hat für umfangreiche Einzelarbeiten (Renovierungsarbeiten) den Zeitpunkt einer konkludenten Abnahme frühestens nach einem Monat angenommen.[72] Das OLG Düsseldorf[73] nimmt bei einem Wärmebundsystem eine Prüffrist von „nicht länger als einigen Wochen" an. Die Schwierigkeiten bei der Beurteilung des jeweiligen Einzelsachverhaltes rechtfertigen es aber nicht, so wie v. Craushaar[74] meint, von einer „völlig offenen" Prüffrist auszugehen.[75] Vielmehr ist von der Frist des § 12 Abs. 1 VOB/B (12 Werktage) ausgehend[76] der jeweilige Einzelfall zu beurteilen. Die Frist des § 12 Abs. 5 Nr. 2 VOB/B (sechs Werktage) erschließt sich schon aus systematischen Gründen nicht als Ausgangspunkt der Betrachtung, da bei dieser Vorschrift eine Form der fiktiven Abnahme geregelt ist[77] (vgl. Rdn. 100).

Notwendig ist auch bei einer konkludenten Erklärung ein Erklärungsbewusstsein. Dieses kann z. B. bei Einzug in eine WEG-Anlage fehlen, wenn zuvor eine rechtlich nicht bindende Abnahmeerklärung durch den Verwalter/Sachverständigen stattgefunden hat.[78]

19 **bb) Zahlung der vereinbarten Vergütung.** Die Zahlung der vereinbarten Vergütung stellt ein besonders starkes Indiz für eine Billigungserklärung des Auftraggebers dar.[79] Dieses Indiz

---

[65] OLG Brandenburg IBR 2015, 477, BauR 2015, 1716
[66] BGH NJW 1985, 731; BGH BauR 1985, 200; OLG Hamm OLGR 1997, 241; *Werner/Pastor* Rdn. 1823 ff.; *Leinemann/Jansen* VOB/B § 12 Rdn. 4, 5.
[67] BGH NJW 1985, 731; BGH NJW-RR 1992, 1078; OLG Hamm BauR 1992, 414 (6.) L; OLG Hamm BauR 1993, 604; *Werner/Pastor* Rdn. 1826; *Heiermann/Riedl/Rusam* VOB/B § 12 Rdn. 15; *Bröker* in Beck'scher VOB-Kommentar VOB/B vor § 12 Rdn. 81, 82; *Busche* in MüKo BGB, § 640 Rdn. 21; *Staudinger/Peters/Jacoby* BGB, § 640 Rdn. 18.
[68] OLG Düsseldorf *Schäfer/Finnern/Hochstein* § 640 BGB Rdn. 9.
[69] Vgl. Fn. 54.
[70] OLG Hamm NJW-RR 1995, 1233.
[71] *Schäfer/Finnern*/Hochstein § 640 BGB Rdn. 13.
[72] OLG München BauR 2005, 727.
[73] OLG Düsseldorf IBR 2008, 569; Nichtzulassungsbeschwerde durch Beschluss des BGH vom 10.4.2008, VII ZR 183/07, zurückgewiesen.
[74] *V. Craushaar* Festschrift Heiermann 1995, S. 17, 18.
[75] So auch *Bröker* in Beck'scher VOB-Kommentar VOB/B vor § 12 Rdn. 82.
[76] Soweit *Oppler* in Ingenstau/Korbion VOB/B § 12 Rdn. 12 meint, dass „im Zweifel" die Frist des § 12 Abs. 1 VOB/B herangezogen werden könne, betont das nach hier vertretener Auffassung zu wenig die Notwendigkeit einer Einzelfallbetrachtung (so wohl auch *Bröker* in Beck'scher VOB-Kommentar VOB/B vor § 12 Rdn. 82).
[77] BGH NJW 1985, 731; *Bröker* in Beck'scher VOB-Kommentar VOB/B vor § 12 Rdn. 82.
[78] OLG Karlsruhe; NJW 2012, 237; OLG München BauR 2009, 1444, vgl. im Übrigen Rdn. 27
[79] BGH NJW 1970, 421; BGHZ 72, 257, 261, BGH NJW-RR 1991, 1367; OLG Köln BauR 1992, 514; LG Potsdam; BauR 2010, 121; BGH BauR 2010, 795; OLG München IBR 2016, 11, BauR 2016, 846; *Staudinger/Peters/Jacoby* BGB, § 640 Rdn. 26; *Busche* in MüKo BGB, § 640 Rdn. 17; *Bröker* in Beck'scher VOB-Kommentar VOB/B vor § 12 Rdn. 83; *Werner/Pastor* Rdn. 1824; *Leinemann/Jansen* VOB/B § 12 Rdn. 4; *Heiermann/Riedl/Rusam* VOB/B § 12 Rdn. 16.

kann ausnahmsweise nur dann nicht zur Annahme einer Billigungserklärung des Auftraggebers führen, wenn besondere Umstände dies ausschließen.[80] Solche Umstände können z. B. darin liegen, dass sich Auftraggeber und Auftragnehmer über eine fehlende Abnahmereife oder den kompletten Austausch der Leistung einig waren.[81] Alleine ein Vorbehalt des Auftraggebers führt demgegenüber noch nicht zur Revision der Billigungswirkung der Zahlung der vereinbarten Vergütung. Vielmehr muss jeweils im Einzelfall geprüft werden, ob der Inhalt des Vorbehaltes so schwerwiegend ist, dass nicht mehr von einer stillschweigenden bzw. konkludenten Billigungswirkung des Auftraggebers ausgegangen werden kann.[82] So ist z. B. alleine die Rüge von Mängeln und ein damit einhergehender Einbehalt im Rahmen der Auszahlung des Werklohnes für sich genommen noch kein ausreichender Grund, die Billigungserklärung des Auftraggebers nicht anzunehmen.[83] Dies wäre erst dann möglich, wenn die Schwere der gerügten Mangels oder die Höhe des Einbehaltes so gravierend ist, dass von einer Billigungserklärung des Auftraggebers nicht mehr ausgegangen werden kann.[84] Erst recht scheidet die Annahme einer Billigungserklärung aus, wenn der Auftraggeber ausdrücklich erklärt, dass mit seiner Zahlung keine Billigungserklärung im Rahmen einer Abnahmehandlung verbunden ist. Es verbietet sich schon aus systematischen Gründen aus einer ausdrücklich nicht erklärten Billigung eine konkludente bzw. stillschweigend abgegebene Billigungserklärung abzuleiten. Ob dessen ungeachtet die Abnahmewirkungen gleichwohl ganz oder teilweise eintreten, hängt davon ab, ob die Voraussetzungen des § 640 Abs. 1 S. 3 BGB vorliegen oder, bei wirksamem Ausschluss der Vorschrift, die Voraussetzungen des Annahmeverzuges (§§ 293 ff. BGB, insbesondere § 300 BGB). Nimmt also der Auftraggeber die Bauleistung nicht ab bzw. erklärt, dass seine Zahlung keine Billigungswirkung enthalte, treten die Wirkungen der Abnahme unter den Voraussetzungen des § 640 Abs. 1 S. 3 BGB gleichwohl ein. Bei wirksamem Ausschluss des § 640 Abs. 1 S. 3 BGB gelten ergänzend die Regeln des Annahmeverzuges. Mit einer stillschweigenden, konkludenten Annahmeerklärung bzw. Billigungswirkung hat dies dann allerdings nichts mehr zu tun.

Neben der Zahlung des Werklohnes kommt der Freigabe einer vereinbarten Sicherheit[85], oder aber der freiwilligen Eintragung einer Sicherungshypothek[86] eine vergleichbare Wirkung zu.

Hat der Auftraggeber bereits in mehrseitigen Listen Mängel gerügt und einigt sich dann mit dem Auftragnehmer über eine finanzielle Kompensation in der Weise, dass der Inhalt der noch zu erstellenden Schlussrechnung einvernehmlich verhandelt wird, stellt auch dies eine konkludente Abnahmeerklärung dar, da deutlich wird, dass statt einer Beseitigung der Mängel ein finanzieller Ausgleich erfolgen soll.[87] Gleiches gilt, wenn die Parteien einen Vergleich vereinbaren, wonach der Auftragnehmer einen Vergleichsbetrag an den Auftraggeber zahlt, mit dem sämtliche Mängelrechte abgegolten werden sollen.[88] Auch in der Rechnungsprüfung kann eine stillschweigende Abnahme liegen.[89]

cc) Vereinbarte oder geforderte, aber nicht durchgeführte förmliche Abnahme. Bei einer vereinbarten oder geforderten, aber nicht durchgeführten förmlichen Abnahme gilt es, zwei Fallgruppen zu unterscheiden.

Bei einer geforderten, aber nicht durchgeführten Abnahme handelt es sich systematisch nicht um einen Fall der stillschweigenden bzw. konkludenten Abnahme, sondern um den Regelungssachverhalt der unter § 640 Abs. 1 S. 3 BGB bzw. den der §§ 293 ff. BGB fällt,[90] d. h. es muss jeweils geprüft werden, ob die entsprechenden Tatbestandsvoraussetzungen erfüllt sind, damit die Abnahmewirkungen ganz oder teilweise eintreten. Dies ergibt sich aus der Tatsache, dass durch die Forderung des Auftragnehmers die Pflicht des Auftraggebers zur Abnahmehandlung ent-

---

[80] OLG Köln BauR 1992, 514; OLG Hamm BauR 2003, 106; *Staudinger/Peters/Jacoby* BGB, § 640 Rdn. 26; *Heiermann/Riedl/Rusam* VOB/B § 12 Rdn. 16; *Bröker* in Beck'scher VOB-Kommentar VOB/B vor § 12 Rdn. 83.
[81] BGH BauR 1999, 1186; *Heiermann/Riedl/Rusam* VOB/B § 12 Rdn. 16.
[82] *Bröker* in Beck'scher VOB-Kommentar VOB/B vor § 12 Rdn. 83 f.
[83] OLG Brandenburg IBR 2011, 68.
[84] BGHZ 54, 352; *Bröker* in Beck'scher VOB-Kommentar VOB/B vor § 12 Rdn. 83 f.
[85] BGH NJW 1963, 806; *Bröker* in Beck'scher VOB-Kommentar VOB/B vor § 12 Rdn. 84; *Heiermann/Riedl/Rusam* VOB/B § 12 Rdn. 16; Münchener Kommentar/Busche BGB, § 640 Rdn. 17.
[86] KG OLG 24 (1912), 383; *Heiermann/Riedl/Rusam* VOB/B § 12 Rdn. 16.
[87] OLG Dresden IBR 2003, 670.
[88] OLG München Urt. v. 17.7.2007, 28 U 2043/07; Nichtzulassungsbeschwerde durch Beschluss des BGH vom 29.1.2009, VII ZR 165/07 zurückgewiesen.
[89] OLG Düsseldorf IBR 2004, 5.
[90] Anderer Auffassung: *Bröker* in Beck'scher VOB-Kommentar VOB/B vor § 12 Rdn. 91a.

steht[91] und damit geprüft werden kann, ob eine etwaige Pflichtverletzung zu den vorstehend genannten Rechtsfolgen führt.

Bei einer vereinbarten, aber nicht durchgeführten Abnahme hingegen kann in der schlichten Untätigkeit, d. h. im Stillschweigen des Auftraggebers, im Einzelfall durchaus grundsätzlich eine konkludente Billigungserklärung gesehen werden.[92] Dies gilt insbesondere, wenn das Bauwerk vom Bauherrn bereits genutzt wird (vgl. Rdn. 16–18), oder aber der Werklohn vorbehaltlos gezahlt wird.[93] Nach OLG Hamm[94] sind allerdings strenge Voraussetzungen zu erfüllen. So reicht die Inanspruchnahme und ein Zeitablauf nicht aus, wenn z. B. kurz nach der Inanspruchnahme umfangreich Mängel gerügt werden. Ähnlich entschieden hat das OLG Brandenburg[95], wonach ein Auftraggeber, der Mängel oder Unvollständigkeiten rügt, gerade nicht zum Ausdruck bringt, dass er auf eine förmliche Abnahme verzichtet. Problematisch bei Annahme eines Verzichts ist, dass die Parteien ursprünglich vereinbart haben, dass eine ausdrückliche Erklärung – und damit gerade keine konkludente Erklärung – die Abnahmewirkungen herbeiführen soll.

In diesem Zusammenhang können im Übrigen allgemein positive Äußerungen des Architekten nicht als Erklärung ersatzweise herangezogen werden, wenn dieser nicht entsprechend rechtsgeschäftlich bevollmächtigt ist.[96]

Nach einheitlicher Auffassung allerdings darf sich der Auftraggeber unter Beachtung der Grundsätze von Treu und Glauben auf die entgegenstehende Vereinbarung bzw. die fehlende förmliche Abnahme nicht berufen, wenn ansonsten die Voraussetzungen der Abnahme vorliegen und die Handlungen des Auftraggebers auf eine Billigungserklärung schließen lassen.[97] Letztlich wird in diesen Fällen ein Verzicht der Parteien auf die ursprünglich vereinbarte förmliche Abnahme hergeleitet.[98] Dabei soll es auch nicht darauf ankommen, ob die Parteien einen Erklärungswillen in Bezug auf einen Verzicht haben oder aber die ursprünglich getroffene Vereinbarung schlicht vergessen.[99]

Verlangt aber der Auftraggeber ausdrücklich die förmliche Abnahme[100] oder verweigert ausdrücklich die Unterzeichnung des Abnahmeprotokolls[101], scheidet eine konkludente Abnahme bei vereinbarter förmlicher Abnahme aus. Das OLG Brandenburg[102] weist im Übrigen noch einmal zu Recht darauf hin, dass von einer konkludenten Abnahme in einer vereinbarten förmlichen Abnahme nicht ausgegangen werden kann, wenn das Werk noch nicht fertig gestellt ist.

21 Bei der Bestimmung des Zeitpunktes des Eintrittes der Abnahmewirkungen wird die inhaltliche Unschärfe zwischen einem „sich nicht berufen dürfen" nach den Grundsätzen von Treu und Glauben und einer konkludent angenommenen Verzichtserklärung relevant.

Einig ist man sich zunächst darin, dass bei einer „vergessenen" förmlichen Abnahme je nach Einzelfall ein gewisser Zeitablauf erforderlich ist, der unabhängig von der konkludenten Handlung, die zur Annahme einer Billigungserklärung führt, vergehen muss, um von dem Eintritt der Abnahmewirkungen ausgehen zu können.[103]

---

[91] *Bröker* in Beck'scher VOB-Kommentar VOB/B vor § 12 Rdn. 4.
[92] BGH NJW 1990, 43 f.; OLG Hamm BauR 1993, 640 (3.) L; OLG Düsseldorf BauR 1992, 678 (11.) L; OLG Düsseldorf IBR 2007, 1111; OLG Bamberg IBR 2006, 1421; OLG Jena BauR 2005, 1522 (LS); OLG Karlsruhe IBR 2004, 65; *Werner/Pastor* Rdn. 1820, 1857; *Bröker* in Beck'scher VOB-Kommentar VOB/B vor § 12 Rdn. 87; *Staudinger/Peters/Jacoby* BGB, § 640 Rdn. 26.
[93] OLG Düsseldorf BauR 1992, 678 (11.) L.
[94] OLG Stuttgart BauR 2010; 1083; LG Potsdam BauR 2010, 121
[95] OLG Brandenburg NJW-RR 2012, 655 = IBR 2012, 252.
[96] OLG Düsseldorf BauR 1999, 404.
[97] BGH NJW 1990, 43; OLG Düsseldorf NJW-RR 1999, 529; OLG Düsseldorf BauR 1992, 678 (6.) L; OLG Jena IBR 2005, 527: KG IBR 2014, 336, *Heiermann/Riedl/Rusam* VOB/B § 12 Rdn. 15; *Bröker* in Beck'scher VOB-Kommentar VOB/B vor § 12 Rdn. 91a; *Jagenburg/Reichelt* NJW 2000, 2629, 2638.
[98] BGH BauR 1977, 344; BGHZ 72, 222; BGH NJW 1990, 43 f.; OLG Düsseldorf NJW-RR 1999, 529 f.; *Werner/Pastor* Rdn. 1858; *Bröker* in Beck'scher VOB-Kommentar VOB/B vor § 12 Rdn. 95.
[99] OLG Bamberg OLGR 1998, 41 f.; Werner/Pastor Rdn. 1820; *Bröker* in Beck'scher VOB-Kommentar VOB/B vor § 12 Rdn. 95a; *Hochstein* BauR 1975, 221; *Dähne* BauR 1980, 223.
[100] OLG Düsseldorf IBR 2007, 1111.
[101] OLG Hamm IBR 2007, 477.
[102] OLG Brandenburg IBR 2007, 362.
[103] BGH BauR 1977, 344 (mehrmonatiges Schweigen); OLG Hamm NJW-RR 1995, 1233 (mehrere Wochen); *Werner/Pastor* Rdn. 1820; a. A. *Bröker* in Beck'scher VOB-Kommentar VOB/B vor § 12 Rdn. 94.

Werner/Pastor[104] vertritt dabei die Auffassung, dass die Abnahmewirkungen erst zu dem Zeitpunkt eintreten, zu dem man den Verzicht der Parteien feststellen könne.

Diese Auffassung ist folgerichtig, wenn man von einem Verzicht der Parteien auf Einhaltung der getroffenen Vereinbarung, eine förmliche Abnahme vorzunehmen, ausgeht. Ob allerdings von einem Verzicht ausgegangen werden kann, erscheint fraglich.

Zunächst ist festzustellen, dass sich ein Verzicht und eine Berufung auf § 242 BGB ausschließen, da in dem ersten Fall die Vereinbarung als nicht mehr existent zu behandeln ist, während im zweiten Fall lediglich die Möglichkeit genommen wird, sich auf die noch bestehende Vereinbarung zu berufen. Geht man vom zweiten Fall aus, d. h. der fehlenden Möglichkeit, sich auf die Vereinbarung der förmlichen Abnahme zu berufen, treten die Wirkungen der Abnahme bereits zu dem Zeitpunkt ein, zu dem man auf Grund der konkludenten Handlung (z. B. Ingebrauchnahme oder Zahlung) von einer Billigungserklärung des Auftraggebers ausgehen kann und nicht erst zu dem Zeitpunkt, zu dem man davon ausgeht, dass sich der Auftraggeber aus Gründen von Treu und Glauben nicht mehr auf die Vereinbarung der förmlichen Abnahme berufen kann. Der weitergehende Zeitablauf wäre dann nur noch erforderlich, um die fehlende Berufungsmöglichkeit festzustellen, wird aber für den Eintritt der Abnahmewirkungen „nicht mitgezählt".

Entscheidend für den Zeitpunkt des Eintrittes der Abnahmewirkungen ist dementsprechend, ob in dem weiteren Zeitablauf nach Vornahme der konkludenten Handlung, auf Grund derer eine Billigungserklärung abgeleitet wird, ein Verzicht der Parteien auf die Einhaltung der Vereinbarung der förmlichen Abnahme gesehen werden kann, oder aber dies lediglich dem Auftraggeber die Möglichkeit abschneidet, sich auf die entsprechende Vereinbarung zu berufen. Richtigerweise wird grundsätzlich betont, dass bei der Annahme eines konkludenten Verzichts durch schlichten Zeitablauf Zurückhaltung geboten ist.[105] Treten daher keine sonstigen Umstände neben dem reinen Zeitablauf hinzu, die auf eine auf Verzicht gerichtete Willenserklärung schließen lassen, ist zutreffenderweise auch nicht von einem Verzicht auszugehen. Vielmehr greifen „lediglich" die Grundsätze von Treu und Glauben mit der Maßgabe ein, dass sich der Auftraggeber nicht mehr auf die Vereinbarung der förmlichen Abnahme berufen kann. Dementsprechend treten dann auch die Wirkungen der Abnahme bereits dann ein, wenn anhand der konkludenten Handlungen (z. B. Ingebrauchnahme oder Zahlung) von einer Billigungserklärung des Auftraggebers ausgegangen werden kann. Dieses Ergebnis erscheint auch vor dem Hintergrund richtig, dass nur bedingt nachvollziehbar ist, warum der Auftraggeber, der seine Hauptpflicht „vergisst" besser gestellt sein soll als derjenige, der sich an getroffene Vereinbarungen hält. Dementsprechend ist auch nicht einem neueren Urteil des Kammergerichts (IBR 2006, 324) zu folgen, wonach bereits von einem stillschweigenden Verzicht auf die vereinbarte Abnahme auszugehen sei, wenn der Auftraggeber sich nur schon innerhalb der Frist des § 12 Abs. 5 Nr. 1 VOB/B (12 Werktage) nicht melde. Zum einen wird hier dem Umstand des Schweigens eine Bedeutung zugemessen, die schlicht weit überzogen ist, zum anderen verkennt das Urteil, dass nach herrschender Meinung die Vereinbarung der förmlichen Abnahme die fiktive Abnahme nach § 12 Abs. 5 VOB/B ausschließt (vgl. Rdn. 104).

dd) Verhältnis der stillschweigenden bzw. konkludenten Billigungserklärung zur fiktiven Abnahme. Bis zum Inkrafttreten des Gesetzes zur Beschleunigung fälliger Zahlungen[106] gab es nur im Rahmen der VOB/B zwei Fiktionstatbestände, nämlich § 12 Abs. 5 Nr. 1 VOB/B (Fiktion der Abnahme bei Fertigstellungsmitteilung ohne Abnahmebegehren) und § 12 Abs. 5 Nr. 2 VOB/B (Fiktion der Abnahme durch Inbenutzungnahme). Durch das Gesetz zur Beschleunigung fälliger Zahlungen sind zwei neue Fiktionstatbestände hinzugetreten, nämlich § 640 Abs. 1 S. 3 BGB und § 641a BGB. Beide Abnahmefiktionen gelten richtigerweise auch im Rahmen des VOB-Vertrages[107], wobei § 641a BGB mit Wirkung zum 1.1.2009 wieder abgeschafft wurde.

Da bei einer Fiktion der Abnahme die Wirkungen bei Vorliegen der entsprechenden Tatbestandsvoraussetzungen unabhängig, d. h. gegebenenfalls auch gegen den Willen des Auftrag-

---

[104] Werner/Pastor Rdn. 1820.
[105] Bröker in Beck'scher VOB-Kommentar VOB/B vor § 12 Rdn. 92.
[106] Vgl. Fn. 8.
[107] Oppler in Ingenstau/Korbion VOB/B § 12 Rdn. 23; Kniffka ZfBR 2000, 227 ff.; Motzke NZBau 2000, 489, 495; Niemöller BauR 2001, 481; a. A.: Kiesel NJW 2000, 1673; vgl. hierzu auch ausführlich die Rdn. 5–7 mit weiteren Nachweisen.

gebers eintreten,[108] ist diese Form der Abnahme systematisch strikt von einer konkludenten bzw. stillschweigenden Abnahme zu unterscheiden, da es bei der Letzteren gerade auf den hergeleiteten Willen des Auftraggebers ankommt.[109]

III. Rechtsnatur der Abnahme

23 **1. Abnahme als Hauptpflicht des Auftraggebers.** In Entsprechung der Bedeutung der Abnahme (vgl. Rdn. 1–9) sowie den an die Abnahme gekoppelten Wirkungen (vgl. Rdn. 36–60) handelt es sich bei der Abnahme nicht um eine vertragliche Nebenpflicht sondern um eine vertragliche Hauptpflicht des Auftraggebers.[110] Bedeutung hat die Qualifizierung als vertragliche Hauptpflicht insbesondere insoweit, als grundsätzlich auch isoliert auf Abnahme geklagt werden kann,[111] auch wenn dies nur eine geringe praktische Relevanz hat, da die Klage auf Zahlung keine isolierte Geltendmachung eines Abnahmebegehrens voraussetzt, sondern vielmehr in einem geltend gemachten Zahlungsanspruch zugleich die Geltendmachung eines Anspruches auf Abnahme gesehen wird.[112]

Je nach dem, ob die Vornahme einer Handlung z. B. die Entgegennahme der Werkleistung, erforderlich ist oder aber lediglich die Ersetzung einer Willenserklärung, erfolgt die Vollstreckung über § 888 ZPO[113] bzw. § 894 ZPO.[114] Sprau[115] vertritt dabei die Auffassung, dass angesichts des neu eingefügten § 640 Abs. 1 S. 3 BGB eine isolierte Klage auf Abnahme zwar grundsätzlich zulässig wäre, es jedoch am Rechtsschutzbedürfnis fehlen könne. Richtig an dieser Überlegung ist, dass es dem Interesse eines Auftragnehmers näher kommt, operativ die Tatbestandsvoraussetzungen des § 640 Abs. 1 S. 3 BGB zu realisieren und sodann auf Feststellung zu klagen, dass die Abnahmewirkungen bereits eingetreten sind. Der Auftragnehmer erhält so einen größeren und umfassenderen Rechtsschutz als bei einer Klage auf Abnahme, da im letzteren Fall die Wirkungen erst später, d. h. mit Rechtskraft des Urteils eintreten würden. Gleichwohl erscheint ein Antrag, gerichtet auf Abnahme, auch in Ansehung des § 640 Abs. 1 S. 3 BGB nicht unzulässig, da es durchaus die Situation geben kann, dass die Tatbestandsvoraussetzungen des § 640 Abs. 1 S. 3 BGB nur vermeintlich als gegeben erachtet werden, tatsächlich aber die Wirkungen der Abnahme noch nicht eingetreten sind. In diesen Fällen ist es sinnvoll und sachgerecht, dass der Auftragnehmer zumindest hilfsweise einen Antrag, gerichtet auf Abnahme, stellen und im Falle des Obsiegens auch vollstrecken kann.

Relevant wird die Qualifizierung der Abnahme als Hauptpflicht auch für die Anwendbarkeit der §§ 293 ff. BGB (Annahmeverzug). Diese Regeln schützen den Auftragnehmer bei einer unberechtigten Abnahmeverweigerung des Auftraggebers (insbesondere § 300 BGB). Zwar ist die Bedeutung nach Einführung des § 640 Abs. 1 S. 3 BGB gesunken, gleichwohl bieten die Regeln des Annahmeverzuges eine geeignete Rückfallebene für den Fall der Unanwendbarkeit des § 640 Abs. 1 S. 3 BGB.

Nach neuerer Rechtsprechung des BGH[116] hat der Auftragnehmer auch nach der Kündigung eines Vertrages durch den Auftraggeber einen Anspruch auf Abnahme. Wegen der weiteren Einzelheiten und Folgen wird auf den nachfolgenden Abschnitt VI. Ziffer 3. (Rdn. 54 ff.) verwiesen.

24 **2. Abnahme als Willenserklärung des Auftraggebers.** Bei der Abnahme handelt es sich um die körperliche Entgegennahme der fertig gestellten Leistung und ihre Billigung als der

---

[108] BGH NJW 1975, 1701; *Jagenburg* in Beck'scher VOB-Kommentar, 2. Auflage VOB/B vor § 12 Rdn. 15; *Oppler* in Ingenstau/Korbion VOB/B § 12 Rdn. 22; *Peters* NZBau 2000, 169; *Motzke* NZBau 2000, 489, 494 f.

[109] Hierzu ausführlich: *Oppler* in Ingenstau/Korbion VOB/B § 12 Rdn. 22, 23.

[110] *Oppler* in Ingenstau/Korbion VOB/B § 12 Rdn. 18; *Bröker* in Beck'scher VOB-Kommentar VOB/B vor § 12 Rdn. 22; *Werner/Pastor* Rdn. 1798; *Busche* in MüKo BGB, § 640 Rdn. 36.

[111] BGH BauR 1996, 386; BGH NJW 1981, 1448; *Bröker* in Beck'scher VOB-Kommentar VOB/B vor § 12 Rdn. 23; *Oppler* in Ingenstau/Korbion VOB/B § 12 Rdn. 18; Werner/Pastor Rdn. 1802.

[112] BGH ZfBR 1996, 156, 157; *Werner/Pastor* Rdn. 1802; *Bröker* in Beck'scher VOB-Kommentar VOB/B vor § 12 Rdn. 23; nach OLG Hamm (BauR 1993, 741) bedarf es noch nicht einmal eines besonderen Sachvortrages, wenn der Gegner nicht bestreitet; *Heiermann/Riedl/Rusam* VOB/B § 12 Rdn. 8.

[113] *Oppler* in Ingenstau/Korbion VOB/B § 12 Rdn. 18; *Heiermann/Riedl/Rusam* VOB/B § 12 Rdn. 8.

[114] *Heiermann/Riedl/Rusam* VOB/B § 12 Rdn. 8.

[115] *Sprau* in Palandt BGB, § 640 Rdn. 8.

[116] BGH NZBau 2003, 265 ff. = NJW 2003, 1450 ff. = IBR 2003, 190, 191 = ZfBR 2003, 352 f. = BauR 2003, 689 ff.

Hauptsache nach vertragsgemäße Leistung.[117] Bei der Billigung handelt es sich dabei um eine einseitige, nicht notwendigerweise empfangsbedürftige Willenserklärung des Auftraggebers, die nach außen tritt und zur Kenntnisnahme des Auftragnehmers bestimmt ist, ohne dass es auf einen Zugang im Sinne des § 130 BGB ankommt.[118] Die Annahme einer bloß geschäftsähnlichen Handlung[119] scheidet demgegenüber angesichts der Bedeutung der Abnahme aus.[120]

Soweit sich die Billigungserklärung lediglich schlüssig aus dem Verhalten des Auftraggebers ergibt, oder aber nur die Fiktion einer Abnahme vorliegt, liegt selbstredend kein rechtsgeschäftliches Anerkenntnis vor.[121]

Die Kritik von Bröker[122] in Bezug auf die fehlende Zugangsnotwendigkeit gem. § 130 BGB[123] greift im Ergebnis dabei nicht durch. Richtig ist, dass mit der Abnahme sonstige Willenserklärungen des Auftraggebers verbunden sein können (z. B. einschränkende Vorbehalte). Dies rechtfertigt jedoch nicht die hiermit lediglich im Zusammenhang stehende Abnahmeerklärung ebenfalls dem Zugangserfordernis des § 130 BGB zu unterwerfen, da es der Auftraggeber durch die Gestaltung seiner Erklärungen in der Hand hat, für den notwendigen Zugang im Sinne des § 130 BGB auch in Bezug auf etwaige Vorbehalte zu sorgen. In der Praxis dürfte dieses Problem im Übrigen in Ansehung von § 12 Abs. 4 VOB/B nur geringe Relevanz haben.

Gerade in Bezug auf die Praxis erscheint der Hinweis wichtig, dass es sich bei der Abnahme um eine einseitige Erklärung des Auftraggebers handelt. Zwar sieht § 12 Abs. 4 VOB/B unter den entsprechenden Voraussetzungen eine Teilnahme des Auftragnehmers vor. Dies führt aber nicht zu einer Mitwirkungsverpflichtung des Auftragnehmers im Übrigen. Insbesondere ist der Auftragnehmer nicht verpflichtet, selbst Erklärungen abzugeben. Die Unterschrift unter das Abnahmeprotokoll stellt keine Einigung über den Inhalt dar, selbst wenn sich der Auftragnehmer zu den Erklärungen des Auftraggebers äußert. Erst recht bedeutet eine Unterschrift unter ein Abnahmeprotokoll kein rechtsgeschäftliches Anerkenntnis.[124] Bei der Formulierung von Abnahmeprotokollen ist daher aus Sicht des Auftragnehmers darauf zu achten, dass nicht – sofern dies nicht gewünscht ist – Wendungen aufgenommen werden, die im Zusammenhang mit einer gesonderten Unterschrift doch auf eine Willenserklärung des Auftragnehmers schließen lassen.

Aus der Einseitigkeit der Erklärung der Abnahme folgt auch, dass sie der Auftraggeber grundsätzlich selbst abzugeben hat.[125] Im Rahmen einer Vertretung bedarf es dementsprechend einer ausdrücklichen Vollmachtserklärung (Sondervollmacht).[126]

3. Vertretung bei der Abnahme. Grundsätzlich kann sich der Auftraggeber bei der Abgabe 25 seiner Willenserklärung im Rahmen der Abnahme vertreten lassen. Dabei gilt es in Bezug auf die verschiedenen Baubeteiligten bzw. Abnahmesituationen zu differenzieren.

a) Abnahme durch den Architekten. Selbst wenn der Architekt umfänglich und unter Einschluss des § 33 Nr. 8 HOAI (Objektüberwachung) beauftragt ist, ergibt sich alleine aus dieser Beauftragung keine originäre Vollmacht zur Vornahme der rechtsgeschäftlichen Abnahme.[127] Entgegen der Ansicht des Landgerichts Essen[128] bzw. Kaiser[129] enthält die Beauftragung gem. § 33 HOAI lediglich den Inhalt – und damit die Berechtigung – die Abnahme in tech-

---

[117] Vgl. Fn. 20.
[118] Vgl. Fn. 26.
[119] Kaiser Mängelhaftungsrecht, Rdn. 37a.
[120] Vgl. hierzu ausführlich: Rdn. 1 mit weiteren Nachweisen.
[121] Bröker in Beck'scher VOB-Kommentar VOB/B vor § 12 Rdn. 38; Heiermann/Riedl/Rusam VOB/B § 12 Rdn. 9.
[122] Bröker in Beck'scher VOB-Kommentar VOB/B vor § 12 Rdn. 29.
[123] Oppler in Ingenstau/Korbion VOB/B § 12 Rdn. 9, Heiermann/Riedl/Rusam VOB/B § 12 Rdn. 9.
[124] RGZ 110, 404, 406 f.; BGH NJW 1974, 95 f.; Bröker in Beck'scher VOB-Kommentar VOB/B vor § 12 Rdn. 38; Heiermann/Riedl/Rusam VOB/B § 12 Rdn. 9.
[125] RGZ 110, 404, 406 f.; BGH NJW 1974, 95 f.; Bröker in Beck'scher VOB-Kommentar VOB/B vor § 12 Rdn. 39, 51; Heiermann/Riedl/Rusam VOB/B § 12 Rdn. 9.
[126] OLG Düsseldorf BauR 1997, 647, 648; Oppler in Ingenstau/Korbion VOB/B § 12 Rdn. 13; Bröker in Beck'scher VOB-Kommentar VOB/B vor § 12 Rdn. 49 ff.; Heiermann/Riedl/Rusam VOB/B § 12 Rdn. 10.
[127] BGHZ 68, 169, 174; OLG Düsseldorf BauR 1997, 647, 648; Jagenburg BauR 1978, 180 ff.; Meissner BauR 1987, 497 ff.; Werner/Pastor Rdn. 1346; Heiermann/Riedl/Rusam VOB/B § 12 Rdn. 10; Oppler in Ingenstau/Korbion VOB/B § 12 Rdn. 13; Bröker in Beck'scher VOB-Kommentar VOB/B vor § 12 Rdn. 50 f.; Busche in MüKo BGB, § 640 Rdn. 48.
[128] LG Essen NJW 1978, 108.
[129] Kaiser ZfBR 1980, 263, 266.

nischer Hinsicht vorzubereiten.[130] Allerdings kann die so erforderliche Sondervollmacht auch stillschweigend oder konkludent erklärt werden, indem z. B. der Architekt zur gemeinsam anberaumten Abnahmeverhandlung des Auftraggebers erscheint,[131] da derjenige, der einen Dritten, hier einen Architekten, zu Besprechungen entsendet bei denen ersichtlich auch rechtsgeschäftliches Handeln erforderlich ist zu erkennen gibt, dass die von ihm entsandte Person zu entsprechenden Handlung auch bevollmächtigt ist.[132]

Dies gilt allerdings dann nicht, wenn der entsandte Dritte, z. B. ein Sachverständiger, lediglich bestellt worden ist, um in technischer Hinsicht die Abnahmereife zu prüfen, da bei diesem Sachverhalt kein Wille des Auftraggebers herleitbar ist, eine Vollmacht zur Abgabe einer rechtsgeschäftlichen Erklärung zu erteilen.[133] Allenfalls kann in dem Schweigen auf eine etwaig positive Stellungnahme des Sachverständigen eine stillschweigende bzw. konkludente rechtsgeschäftliche Abnahme geschlossen werden, wenn seit der Übersendung der Stellungnahme mehr als ein Monat vergangen ist, ohne dass der Auftraggeber widersprochen hätte.[134]

Zeichnet der Sachverständige mit „i.A.", d.h. „im Auftrag", erfolgt die Erklärung ausdrücklich für den Auftraggeber mit der Folge, dass von einer wirksamen Abnahme auszugehen ist[135], wenn es keine gegenteiligen Sachverhaltsaspekte gibt. Wird ein Sachverständiger sogar vereinbarungsgemäß tätig, ist die Abnahmeerklärung zulasten des Auftraggebers nur dann nicht wirksam, wenn sie offenkundig unbillig ist.[136]

Auch das Vorliegen einer Anscheinsvollmacht kommt grundsätzlich in Betracht. Soweit dabei Oppler[137] meint, dass diese angenommen werden könne, wenn der aufsichtsführende Architekt oder Ingenieur für den Auftraggeber die gesamte Vertragsabwicklung geführt und die gesamte bisherige Vertragsabwicklung in den Händen gehabt habe und Einschränkungen nicht ersichtlich seien, ist der Kritik Brökers[138] zuzugeben, dass eine Anscheinsvollmacht aus diesen Umständen nur dann herleitbar ist, wenn sich die Handlungen des Architekten oder Ingenieurs auch tatsächlich auf rechtsgeschäftliche Erklärungen und nicht nur technische Bewertungen bezogen haben. Ansonsten würde aus einer nicht rechtsgeschäftlichen Handlung eine Vollmacht zur Abgabe einer rechtsgeschäftlichen Erklärung abgeleitet, was im Zusammenhang mit § 15 Nr. 8 HOAI zu Recht verneint wird. Gleiches gilt für den Versuch der Umgehung mittels der Bestellung eines Sachverständigen für diesen Zweck.[139] Es gibt auch den umgekehrten Fall der Stellvertretung des Auftragnehmers. Das OLG Stuttgart[140] hat dabei entschieden, dass auch der Auftragnehmer wirksam bei der Entgegennahme der Abnahmeerklärung durch den Hauptunternehmer vertrten werden kann.

26 b) Abnahme durch öffentliche Auftraggeber. Bei öffentlichen Auftraggebern, so z. B. Gemeinden, sind besondere Vertretungsregeln zu beachten. Nach der Hessischen Gemeindeordnung z. B. wird die Gemeinde durch den Gemeindevorstand vertreten (§ 71 Abs. 1 HessGO). Soll durch die Erklärung eine Verpflichtung herbeigeführt werden, die nicht Geschäft der laufenden Verwaltung ist, bedarf es der in § 71 Abs. 2 HessGO näher beschriebenen Erklärung des Bürgermeisters oder seines allgemeinen Vertreters. Entsprechende Regelungen gelten auch in anderen Gemeindeordnungen.

---

[130] Ausführlich: *Bröker* in Beck'scher VOB-Kommentar VOB/B vor § 12 Rdn. 34.
[131] *Oppler* in Ingenstau/Korbion VOB/B § 12 Rdn. 13; *Heiermann/Riedl/Rusam* VOB/B § 12 Rdn. 10; *Bröker* in Beck'scher VOB-Kommentar VOB/B vor § 12 Rdn. 52.
[132] OLG Köln NJW-RR 1994, 1501; OLG Düsseldorf NJW-RR 1995, 592 für den von einem Architekten erklärten Schuldbeitritt; *Bröker* in Beck'scher VOB-Kommentar VOB/B vor § 12 Rdn. 52, *Oppler* in Ingenstau/Korbion VOB/B § 12 Rdn. 13.
[133] *Oppler* in Ingenstau/Korbion VOB/B § 12 Rdn. 13, 14; *Bröker* in Beck'scher VOB-Kommentar VOB/B vor § 12 Rdn. 50 f.
[134] BGH BauR 1992, 232; *Bröker* in Beck'scher VOB-Kommentar VOB/B vor § 12 Rdn. 56; *Oppler* in Ingenstau/Korbion VOB/B § 12 Rdn. 14.
[135] OGL Düsseldorf IBR 2013, 526
[136] OLG Köln IBR 2016, 336
[137] *Oppler* in Ingenstau/Korbion VOB/B § 12 Rdn. 14; dem folgend *Heiermann/Riedl/Rusam* VOB/B § 12 Rdn. 10.
[138] *Bröker* in Beck'scher VOB-Kommentar VOB/B vor § 12 Rdn. 55.
[139] OLG Karlsruhe NJW 2012, 237.
[140] OLG Stuttgart IBR 2011, 130.

Die Abnahme stellt grundsätzlich kein Geschäft der laufenden Verwaltung, allerdings auch kein neues Verpflichtungsgeschäft dar,[141] da mit der Abnahme keine Verpflichtungen begründet werden, die nicht schon ohnehin Gegenstand des Bauvertrages sind. Dementsprechend kann die Abnahme beim öffentlichen Auftraggeber auch vom zuständigen Beamten des Bauamtes erklärt werden. Eine Erklärung des Bürgermeisters oder allgemeinen Stellvertreters ist nicht erforderlich.[142] Dies gilt auch für etwaig unterlassene Vorbehalte.[143]

c) Abnahme von Wohnungseigentum. Bei der Abnahme von Wohnungseigentum ist **27** zwischen Sondereigentum (§ 1 Abs. 2 WEG) und Gemeinschaftseigentum (§ 1 Abs. 5 WEG) zu differenzieren. In Bezug auf das Sondereigentum erklärt jeder Erwerber für sich die Abnahme, ohne dass dies Einfluss auf andere Eigentumsbestandteile hat.[144]

Insbesondere bedeutet weder die Abnahme des Sondereigentums[145] noch die Inbenutzungnahme des Gemeinschaftseigentums eine Abnahme des Gemeinschaftseigentums, soweit die Anlage insgesamt noch nicht fertig gestellt ist.[146]

Auch bei der Abnahme von Gemeinschaftseigentum gilt, dass jeder Erwerber getrennt die Abnahme vornimmt.[147] Problematisch wird dies, wenn der Veräußerer zunächst nicht alle Wohnungen verkauft sondern erst später die restlichen Wohneinheiten absetzen kann. Da die Abnahmeerklärungen nur für die jeweils erklärenden wirken und die späteren Erwerber zum Zeitpunkt der Erklärung noch nicht Mitglied der Eigentümergemeinschaft waren, wäre selbst eine durch einen Verwalter insgesamt erklärte Abnahme des Gemeinschaftseigentums für die späteren Erwerber nicht bindend. Vielmehr erwirbt der spätere Erwerber einen eigenen Anspruch auf mangelfreie Herstellung, der auch quotenmäßig nicht auf den Anteil des Erwerbers am Gemeinschaftseigentum beschränkt ist.[148] Eine Allgemeine Geschäftsbedingung, wonach der Verwalter die Abnahme erklären können soll, wäre nichtig (§ 307 BGB).[149] Wirksam ist demgegenüber eine Klausel in einem Immobilienkaufvertrag, wonach ein Erwerber eine durch einen Sachverständigen bereits durchgeführte und für den Erwerber nachvollziehbare Abnahme anerkennt.[150] Wegen der damit verbundenen Gefahr für den Bauträger befürwortet Bröker[151] die Zulässigkeit des individualvertraglichen Ausschlusses der entsprechenden Ansprüche im Rahmen einer Abnahme- bzw. Abrechnungsvereinbarung.

Selbst wenn auf der Grundlage einer Bestimmung in der Teilungserklärung in der ersten Eigentümerversammlung die Abnahme des Gemeinschaftseigentums durch ein Ingenieurbüro auch zu Lasten von Nachzügler-Erwerbern beschlossen wird, bindet dies die späteren Erwerber nicht.[152]

Soweit in etwaigen Kaufverträgen im Rahmen von Allgemeinen Geschäftsbedingungen bestimmt wird, dass der Verjährungsbeginn mit dem Zeitpunkt der Übergabe an den Erwerber identisch sei, ist dies wegen eines Verstoßes gemäß § 307 Abs. 2 Nr. 1 BGB insoweit unwirksam, dass dem Erwerber das Recht der Abnahme genommen werden soll.[153]

---

[141] BGHZ 97, 224; *Bröker* in Beck'scher VOB-Kommentar VOB/B vor § 12 Rdn. 57; *Oppler* in Ingenstau/Korbion VOB/B § 12 Rdn. 15; *Heiermann/Riedl/Rusam* VOB/B § 12 Rdn. 11.
[142] *Heiermann/Riedl/Rusam* VOB/B § 12 Rdn. 11; *Bröker* in Beck'scher VOB-Kommentar VOB/B vor § 12 Rdn. 41; *Oppler* in Ingenstau/Korbion VOB/B § 12 Rdn. 15.
[143] BGHZ 97, 224, 227.
[144] *Bröker* in Beck'scher VOB-Kommentar VOB/B vor § 12 Rdn. 58; *Heiermann/Riedl/Rusam* VOB/B § 12 Rdn. 12; *Oppler* in Ingenstau/Korbion VOB/B § 12 Rdn. 17.
[145] OLG Stuttgart MDR 1980, 495; *Bröker* in Beck'scher VOB-Kommentar VOB/B vor § 12 Rdn. 58; *Heiermann/Riedl/Rusam* VOB/B § 12 Rdn. 12.
[146] BGH BauR 1981, 467, 469; *Bröker* in Beck'scher VOB-Kommentar VOB/B vor § 12 Rdn. 58.
[147] BGH NJW 1985, 1551 ff.; *Heiermann/Riedl/Rusam* VOB/B § 12 Rdn. 12; *Bröker* in Beck'scher VOB-Kommentar VOB/B vor § 12 Rdn. 58; Ott NZBau 2003, 233, 241.
[148] BGH NJW 1985, 1551 ff.; *Heiermann/Riedl/Rusam* VOB/B § 12 Rdn. 12; *Bröker* in Beck'scher VOB-Kommentar VOB/B vor § 12 Rdn. 59 m. w. N.
[149] BGH NJW 2013, 3360; LG Hamburg BauR 2010, 1953; *Werner* NZBau, S. 80; *Pauly* ZfBR 2013, S. 3; *Wagner* ZfBR 2014, 328; *Messerschmidt/Leidig* BauR 2014, 1 ff.; *Pause/Vogel* BauR 2014, 764 ff.; Bei Abnahme durch den Bauträger selbst gilt das Gleiche BGH IBR 2016, 521.
[150] OLG Koblenz IBR 2014, 150.
[151] *Bröker* in Beck'scher VOB-Kommentar VOB/B vor § 12 Rdn. 60.
[152] BGH IBR 2016, 398, 399; NZBau 2016, 551 ff.; OLG Frankfurt IBR 2013, 746; ähnlich für einen Sachverständigen OLG Stuttgart IBR 2015, 492, BauR 2015, 1688.
[153] OLG Schleswig ibr 2011, 410; vgl. im Übrigen zur Abnahme von Gemeinschaftseigentum *Vogel* NZM 2010, 377

28 **4. Anfechtung der Abnahme.** Da es sich bei der Abnahme um eine Willenserklärung handelt,[154] liegt es nahe, von der Anfechtbarkeit nach den §§ 142, 119, 123 BGB auszugehen, d. h. der Anfechtung wegen Irrtum oder arglistiger Täuschung bzw. Drohung. Richtigerweise ist davon auszugehen, dass die §§ 637, 638 Abs. 1 BGB bzw. § 13 VOB/B in Verbindung mit § 634a Abs. 3 BGB eine Spezialisierung der allgemeinen Anfechtungsrechte mit der Folge vornehmen, dass die allgemeinen Regeln, d. h. die Anfechtung wegen Irrtums oder arglistiger Täuschung im Bereich der Gewährleistungsrechte ausgeschlossen sind, der Auftraggeber mithin hier keine Anfechtung mehr vornehmen kann.[155] Der Auftraggeber ist durch die nach wie vor vorhandenen Gewährleistungsrechte hinreichend geschützt,[156] die im Übrigen bei arglistiger Täuschung nach der Vorschrift des § 634a Abs. 3 BGB verjähren.

Diese Wertung greift allerdings bei Sachverhalten außerhalb des Erfüllungs- bzw. Gewährleistungsbereiches nicht durch, d. h. bei Vorliegen einer widerrechtlichen Drohung gem. § 123 BGB bleibt die Anfechtung möglich.[157] Ob allerdings eine Drohung widerrechtlich ist, hängt vom Einzelfall ab. Fordert z. B. der Auftragnehmer vor der Übergabe des Hauses, dass der Auftraggeber alle restlichen Forderungen begleicht, auf jeden Vorbehalt in Bezug auf Mängel oder Vertragsstrafen bzw. Schadensersatz verzichtet und auch ansonsten alle Forderungen des Auftragnehmers anerkennt, liegt eine widerrechtliche Drohung mit der Folge der Anfechtbarkeit vor.[158] Wird demgegenüber die Übergabe des Hauses nur von einer Abnahme an sich, d. h. ohne sonstige Erklärungen abhängig gemacht und war dies nach dem Vertrag ohnehin vorgesehen, mangelt es an dem Merkmal der Widerrechtlichkeit, so dass eine Anfechtung ausscheidet.[159]

IV. Formen bzw. Arten der Abnahme

29 Bei der systematischen Gliederung der Abnahmeformen gilt es, zwei große Bereiche zu unterscheiden. Der erste Bereich besteht aus den Abnahmeformen, die von einer Willenserklärung des Auftraggebers ausgehen, so z. B. die ausdrückliche bzw. förmliche Abnahme sowie die konkludente bzw. stillschweigende Abnahme. Der andere Bereich wird gebildet aus den fiktiven Abnahmetatbeständen, bei denen die Abnahmewirkungen ohne oder gegebenenfalls auch gegen den Willen des Auftraggebers eintreten. Für beide Bereiche gilt zusätzlich, dass sich die Abnahme unter den Voraussetzungen des § 12 Abs. 2 VOB/B (vgl. Rdn. 77–80) oder aber den ansonsten vertraglich vereinbarten Voraussetzungen auch auf Teilbereiche der vertraglich geschuldeten Leistung beschränken kann (sog. Teilabnahme). Die von Jagenburg[160] noch vorgenommene Differenzierung zwischen BGB und VOB/B in Ansehung der fiktiven Abnahmetatbestände hat sich durch die Einführung des § 640 Abs. 1 S. 3 BGB erübrigt, da nun auch das BGB einen fiktiven Abnahmetatbestand hat.[161]

1. Abnahmetatbestände, die auf einer Willenserklärung des Auftraggebers beruhen.
30 Bei der Abnahme ist nach dem zweigliedrigen Abnahmebegriff[162] neben der körperlichen Entgegennahme eine Billigungserklärung als Willenserklärung[163] des Auftraggebers erforderlich.

---

[154] Vgl. Fn. 4.
[155] OLG München Urt. v. 13.12.2014, 9 U 2533/11; *Oppler* in Ingenstau/Korbion VOB/B § 12 Rdn. 19, 20; *Busche* in Münchener Kommentar BGB, § 640 Rdn. 5; *Gross* Festschrift Locher 1990, S. 53, 64; *Werner/Pastor* Der Bauprozess, Rdn. 1800; *Heiermann/Riedl/Rusam* VOB/B § 12 Rdn. 13; *Kaiser* Mängelhaftungsrecht, Rdn. 39g; *Bröker* in Beck'scher VOB-Kommentar VOB/B vor § 12 Rdn. 61, 62; soweit *Jakobs* (AcP 183, 145, 163 f.) die arglistig herbeigeführte Abnahme als nichtig ansieht, fehlt dem die innere Begründung.
[156] *Kaiser* Mängelhaftungsrecht, Rdn. 39g; *Oppler* in Ingenstau/Korbion VOB/B § 12 Rdn. 20; *Bröker* in Beck'scher VOB-Kommentar VOB/B vor § 12 Rdn. 62; *Heiermann/Riedl/Rusam* VOB/B § 12 Rdn. 13.
[157] BGH BauR 1982, 2301; *Oppler* in Ingenstau/Korbion/Oppler VOB/B § 12 Rdn. 21; *Kaiser* Mängelhaftungsrecht, Rdn. 39g, *Bröker* in Beck'scher VOB-Kommentar VOB/B vor § 12 Rdn. 63; *Heiermann/Riedl/Rusam* VOB/B § 12 Rdn. 13; *Werner/Pastor* Der Bauprozess, Rdn. 1800; *Leinemann/Jansen* VOB/B § 12 Rdn. 7.
[158] BGH NJW 1982, 2301; *Heiermann/Riedl/Rusam* VOB/B § 12 Rdn. 13; *Bröker* in Beck'scher VOB-Kommentar VOB/B vor § 12 Rdn. 63.
[159] BGH BauR 1983, 77; *Oppler* in Ingenstau/Korbion VOB/B § 12 Rdn. 20, 21; *Heiermann/Riedl/Rusam* VOB/B § 12 Rdn. 13; *Bröker* in Beck'scher VOB-Kommentar VOB/B vor § 12 Rdn. 47; *Leinemann/Jansen* VOB/B § 12 Rdn. 7.
[160] *Jagenburg* in Beck'scher VOB-Kommentar VOB/B vor § 12 Rdn. 48, 2. Auflage, vgl. jetzt 3. Auflage, *Bröker*, vor § 12, Rdn 64.
[161] Vgl. hierzu ausführlich Rdn. 22 und Rdn. 5–7.
[162] Vgl. Fn. 21.
[163] Vgl. Fn. 4.

Diese Willenserklärung kann sowohl ausdrücklich als auch stillschweigend bzw. konkludent abgegeben werden.[164]

a) Ausdrückliche bzw. förmliche Abnahme. Empfehlenswert ist, dass sich der Auftraggeber ausdrücklich zur Leistung des Auftragnehmers äußert, da so die im Rahmen einer konkludenten Abnahme bestehenden Schwierigkeiten der Auslegung und Fristbestimmung[165] vermieden werden. Wie die Äußerung, d. h. in welcher Form sie abgegeben wird, mündlich oder schriftlich, ist unerheblich,[166] wenn nicht vertraglich etwas anderes vereinbart ist. Als Erklärung ist dabei auch schon ausreichend, dass der Auftraggeber sich dahingehend äußert, dass er mit der Leistung des Auftragnehmers „einverstanden" ist und diese „in Ordnung findet", bzw. äußert, dass die Leistung nunmehr in Gebrauch genommen werden könne.[167] 31

Zu empfehlen ist, dass die Parteien eine förmliche Abnahme unter Anfertigung eines entsprechenden Protokolls durchführen, damit Dokumentations- und damit auch Beweisschwierigkeiten vermieden werden. Dies gilt gleichermaßen für Auftraggeber und Auftragnehmer. So wird der Auftraggeber ein Interesse daran haben, etwaige Mängelrügen oder Vorbehalte, erst recht den Vorbehalt der Geltendmachung der Vertragsstrafe zu dokumentieren und damit beweisen zu können. Andererseits hat auch der Auftragnehmer im Hinblick auf die Gefahrtragung und die Berechnung der Verjährungsfristen ein Interesse daran, zu dokumentieren und damit beweisen zu können, wann die Abnahme stattgefunden hat. Zu Recht weist Bröker[168] darauf hin, dass auch der baubegleitende Architekt in Ansehung seiner Verpflichtungen nach § 33 Nr. 8 HOAI ein Interesse daran haben muss, seine Tätigkeit im Rahmen der Vorbereitung der rechtsgeschäftlichen Abnahme in technischer Hinsicht[169] durch ein Abnahmeprotokoll zu dokumentieren.

b) Stillschweigende bzw. konkludente Abnahme. Neben der ausdrücklichen bzw. förmlichen Abnahme besteht auch die Möglichkeit die Willenserklärung des Auftraggebers aus seinem sonstigen Verhalten abzuleiten (sog. stillschweigende bzw. konkludente Abnahme). Voraussetzung allerdings ist, dass aus dem Verhalten des Auftraggebers eine Willenserklärung mit der notwendigen Sicherheit abgeleitet werden kann.[170] Als Fallgruppen können dabei die Ingebrauchnahme der Werkleistung,[171] die Zahlung der vereinbarten Vergütung[172] sowie die vereinbarte oder geforderte, aber nicht durchgeführte förmliche Abnahme[173] unterschieden werden, wobei durchaus auch mehrere Fallgruppen gleichzeitig erfüllt sein können. Wegen der Einzelheiten wird auf die Rdn. 16–21 verwiesen. 32

2. Abnahmetatbestände, die nicht auf einer Willenserklärung des Auftragnehmers beruhen (fiktive Abnahme). Treten die Wirkungen der Abnahme ohne oder gegebenenfalls auch gegen den Willen des Auftraggebers ein, spricht man von einer fiktiven Abnahme.[174] Durch das Gesetz zur Beschleunigung fälliger Zahlungen[175] wurden neben den schon bestehenden Fiktionstatbeständen des § 12 Abs. 1 Nr. 1 VOB/B (Fiktion der Abnahme bei Fertigstellungsmitteilung ohne Abnahmebegehren), und des § 12 Abs. 1 Nr. 2 VOB/B (Fiktion der Abnahme durch Inbenutzungnahme), zwei neue Fiktionstatbestände geschaffen, nämlich § 640 Abs. 1 S. 3 BGB und § 641a BGB, so dass insgesamt vier Fiktionstatbestände zur Verfügung standen, wenn nicht ein entsprechender vertraglicher Ausschluss vorlag (§ 641a BGB ist mit Wirkung zum 1.1.2009 wieder abgeschafft worden). Voraussetzung für die Anwendung des § 640 Abs. 1 Satz 3 BGB ist, dass der Auftragnehmer dem Auftraggeber eine Frist zur Abnahme setzt und den Auftraggeber eine Pflicht zur Abnahme trifft. Dies wiederum setzt voraus, dass das Werk allenfalls 33

---

[164] Vgl. Fn. 27.
[165] Vgl. hierzu ausführlich Rdn. 15–22.
[166] *Leinemann/Jansen* VOB/B § 12 Rdn. 16; *Bröker* in Beck'scher VOB-Kommentar VOB/B vor § 12 Rdn. 65; *Werner/Pastor* Rdn. 1815.
[167] *Werner/Pastor* Rdn. 1817; *Bröker* in Beck'scher VOB-Kommentar VOB/B vor § 12 Rdn. 65.
[168] *Bröker* in Beck'scher VOB-Kommentar VOB/B vor § 12 Rdn. 51 f.
[169] Vgl. hierzu ausführlich Rdn. 25.
[170] Vgl. Fn. 27.
[171] Vgl. hierzu ausführlich Rdn. 16–18.
[172] Vgl. hierzu ausführlich Rdn. 19.
[173] Vgl. hierzu ausführlich Rdn. 20–21.
[174] Vgl. Fn. 92.
[175] Vgl. Fn. 8.

mit unwesentlichen Mängeln behaftet sein darf. Zu Recht weisen Pause/Vogel[176] und Oppler[177] dabei darauf hin, dass ein erst später entdeckter oder sich zeigender Mangel problematisch für den Auftragnehmer ist, weil darauf beruhend erst später festgestellt werden kann, dass entgegen der vorherigen Annahme eine Pflicht des Auftraggebers zur Abnahme doch nicht bestand. Hieraus allerdings den Schluss zu ziehen, zur Beurteilung der Abnahmeverpflichtung auf die konkrete Abnahmesituation abzustellen[178], erscheint zu weitgehend, da der Auftragnehmer das Risiko der objektiven Abnahmefähigkeit seiner Leistung trägt. Wegen der weiteren Einzelheiten zu § 640 Abs. 1 S. 3 wird auf die Rdn. 5–7 verwiesen.[179]

V. Voraussetzungen der Abnahme

34   Die Voraussetzungen der Abnahme ergeben sich im Wesentlichen bereits schon aus der Begrifflichkeit. Danach definiert sich die Abnahme als die körperliche Entgegennahme der fertig gestellten Leistungen und ihrer Billigung der Hauptsache nach, dass heißt im Wesentlichen, als vertragsgemäße Leistungserfüllung.[180]

Erste Voraussetzung ist dementsprechend, dass die vertragsgemäße Leistung hergestellt bzw. fertig gestellt ist.[181] Hierzu zählt selbstredend auch, dass die fertig gestellte Leistung zum Zeitpunkt der Abnahme noch fertig gestellt sein muss, dass heißt noch nicht untergegangen sein darf.[182] Hat allerdings der Auftraggeber den Untergang der Leistung objektiv vorhersehbar herbeigeführt, kann der Auftragnehmer gleichwohl den Teil der Vergütung verlangen, der seiner bisher geleisteten Arbeit entspricht.[183] Wegen der Einzelheiten wird auf die Kommentierung zu § 7 VOB/B verwiesen.

Ebenfalls aus der Definition sowie der Vorschrift des § 12 Abs. 3 VOB/B ergibt sich, dass das Werk in der Hauptsache, dass heißt im Wesentlichen vertragsgerecht fertig gestellt sein muss. Geringe Restleistungen oder Mängel behindern die Abnahmefähigkeit nicht.[184] Wann allerdings von „geringen Restleistungen" oder „unwesentlichen Mängeln" ausgegangen werden kann, hängt vom Einzelfall ab.[185] Bewertungsmaßstab ist dabei auch § 12 Abs. 3 VOB/B, wonach die Abnahme wegen wesentlicher Mängel verweigert werden darf. Wesentliche Mängel oder Restleistungen jedenfalls dann, wenn entweder der Mangel oder die noch ausstehende Restleistung die Nutzung der Leistung so beeinträchtigt, dass es dem Auftraggeber entweder nicht möglich oder aber nicht zumutbar ist, die Leistung zur Nutzung entgegenzunehmen. Die Leistung muss mit anderen Worten in dem Sinne funktionsfähig sein, als jedenfalls der bestimmungsgemäße Gebrauch möglich ist.[186] Dabei kommt es jedenfalls dann, wenn die Funktionsfähigkeit bzw. der gefahrlose Gebrauch der Sache nicht möglich ist, auch nicht auf die Höhe der Beseitigungskosten an.[187] So ist z. B. eine Tiefgarage ohne Tor nur bedingt funktionsgerecht. Der Auftraggeber kann die Abnahme unter Hinweis auf wesentliche Mängel verweigern.[188]

Die jeweilige Betrachtung entspricht dabei dem Umfang der Leistungsverpflichtung. Schuldet der Auftragnehmer nur ein Gewerk, kommt es nur darauf an, ob sein Gewerk im vorgenannten

---

[176] *Pause/Vogel* in Kniffka, ibr-online-Kommentar, Stand 23.6.2014, § 640 BGB Rdn. 62.
[177] *Oppler* in Ingenstau/Korbion VOB/B § 12 Rdn. 28.
[178] *Pause/Vogel* in Kniffka, ibr-online-Kommentar, Stand 23.6.2014, § 640 BGB Rdn. 62; wohl zustimmend *Oppler* in Ingenstau/Korbion VOB/B § 12 Rdn. 28.
[179] Zu § 641a BGB siehe *Oppler* in Ingenstau/Korbion VOB/B § 12 Rdn. 30–45.
[180] Vgl. Fn. 20.
[181] BGH BauR 1973, 192; BGHZ 50, 160, 162; *Oppler* in Ingenstau/Korbion VOB/B § 12 Rdn. 34; *Heiermann/Riedl/Rusam* VOB/B § 12; Rdn. 19; *Bröker* in Beck'scher VOB-Kommentar VOB/B vor § 12 Rdn 125 f.; *Staudinger/Peters/Jacoby* BGB, § 640 Rdn. 15.
[182] *Oppler* in Ingenstau/Korbion VOB/B § 12 Rdn. 33; *Bröker* in Beck'scher VOB-Kommentar VOB/B vor § 12 Rdn. 124; Heiermann/Riedl/Rusam VOB/B § 12 Rdn. 18.
[183] BGHZ 40, 71, 75; BGHZ 136, 303, 309 (Schürmann Bau I); BGHZ 137, 35, 38 (Schürmann Bau II); *Oppler* in Ingenstau/Korbion VOB/B § 12 Rdn. 33.
[184] BGH WM 1971, 101; BGH VersR 1972, 640; *Heiermann/Riedl/Rusam* VOB/B § 12 Rdn. 19; *Bröker* in Beck'scher VOB-Kommentar VOB/B vor § 12 Rdn. 125.
[185] *Bröker* in Beck'scher VOB-Kommentar VOB/B vor § 12 Rdn. 125.
[186] Heiermann/Riedl/Rusam VOB/B § 12 Rdn. 20; *Bröker* in Beck'scher VOB-Kommentar VOB/B § 12 Rdn. 125 m. w. N.
[187] OLG Hamm BauR 2005, 731 mit zustimmender Anmerkung von *Kniffka*.
[188] BGH IBR 2003, 1029.

Sinne funktionsfähig ist.[189] Soweit Oppler[190] meint, dass dies ausnahmsweise dann nicht gelten könne, wenn der Auftraggeber die Mangelfreiheit seines Gewerkes erst prüfen könne, wenn eine weitere Leistung erbracht sei (als Beispiel wird eine Stahlamierung genannt), ist dem mit den von Bröker[191] genannten Gründen entgegenzutreten. Zwar ist dem Auftraggeber auf Verlangen eine Prüfungsmöglichkeit einzuräumen (vgl. hierzu Rdn. 13 mit weiteren Nachweisen). Dieses Recht beschränkt sich aber auf den Teil der Leistung, die der Auftragnehmer schuldet und führt nicht dazu, dass der Auftragnehmer die Risiken und Schwierigkeiten zu übernehmen hätte, die sich durch die Schnittstellenbildung ergeben, die der Auftraggeber vorgenommen hat.

Schuldet dagegen der Auftraggeber die schlüsselfertige Erstellung einer Gesamtleistung (z. B. ein Haus), kommt es darauf an, ob die Gesamtlösung funktionsfähig bzw. gebrauchsfähig im vorstehenden Sinne ist. Geschuldet ist in diesem Falle eine uneingeschränkte und dauerhafte Benutzungsfähigkeit nach der Maßgabe des abgeschlossenen Vertrages.[192] Sofern die Parteien die Frage der Abnahme abweichend von der VOB/B wirksam geregelt haben, geht dies grundsätzlich vor.[193] Soweit hier das OLG Koblenz weitergehend die Auffassung vertritt, dass in einem solchen Fall auch eine konkludente Abnahme ausgeschlossen sei, ist dem nicht zuzustimmen. Wie bereits unter den Rdn. 20–21 erörtert, kann auch bei einer vereinbarten formalisierten, tatsächlich aber nicht durchgeführten Abnahme eine Situation eintreten, bei der unter Berücksichtigung eines entsprechenden Zeitablaufs sehr wohl von einer Abnahme ausgegangen werden kann. Wegen der Einzelheiten wird auf Rdn. 20–21 verwiesen. Immer wieder kommt es vor, dass ein Auftragnehmer geschuldete Dokumentationen zum Abnahmezeitpunkt nicht vorlegt. Das OLG Bamberg[194] hat im Jahre 2010 zu Recht entschieden, dass jedenfalls dann ein Recht zur Abnahmeverweigerung besteht, wenn die zum Betrieb notwendige Dokumentation nicht vorliegt. Dies ist mit der fehlenden Funktionsfähigkeit zutreffend bewertet. Zu unterscheiden ist hiervon der vom BGH[195] bereits entschiedene Fall, wonach Allgemeine Geschäftsbedingungen unwirksam sind, die ohne Bewertung der Frage der Funktionalität die Vorlage von Bestands- und Revisionspläne zur Voraussetzung einer Abnahme machen (vgl. Rdn. 69).

Liegen die Voraussetzungen der Abnahme noch nicht vor, kann der Auftraggeber gleichwohl **35** die Abnahme erklären.[196] Eine entsprechende Abnahmeerklärung ist wirksam.[197] Dabei ist allerdings nach dem OLG Frankfurt[198] kritisch zu hinterfragen, ob bei einer tatsächlich nicht fertig gestellten Leistung der Auftraggeber eine Abnahmeerklärung abgeben wollte. Alleine die Teilnahme an einem Abnahmetermin reicht jedenfalls nach dem OLG Frankfurt nicht aus, um von einer Abnahmeerklärung des Auftraggebers in diesem Falle auszugehen. Andererseits kann sich der Auftraggeber nicht folgenlos widersprüchlich verhalten, wenn er dem Auftragnehmer einerseits die Abnahme „anbietet", dann aber die Abnahme tatsächlich nicht vornimmt, weil sonstige Forderungen, die mit der Abnahme verbunden werden, nicht erfüllt werden.[199] Nach dem OLG München ist bei einer objektiv erklärten Abnahme ohne, dass die Tatbestandsvoraussetzungen hierzu vorlagen, die Anwendung der Irrtumslehre nicht möglich.[200] Ob auch gegebenenfalls gegen den Willen des Auftragnehmers eine rechtsgeschäftliche Abnahme möglich ist, wird streitig bewertet.[201]

---

[189] Bröker in Beck'scher VOB-Kommentar VOB/B vor § 12 Rdn. 129; Heiermann/Riedl/Rusam VOB/B § 12 Rdn. 20.
[190] Oppler in Ingenstau/Korbion VOB/B § 12 Rdn. 34.
[191] Bröker in Beck'scher VOB-Kommentar VOB/B § 12 Rdn. 129, 44, Heiermann/Riedl/Rusam VOB/B § 12 Rdn. 20.
[192] OLG Hamm NJW-RR 1993, 594 ff.; Oppler in Ingenstau/Korbion VOB/B § 12 Rdn. 34; Heiermann/Riedl/Rusam VOB/B § 12 Rdn. 21; Bröker in Beck'scher VOB-Kommentar VOB/B vor § 12 Rdn. 128 mit Beispielsfällen, z. B. fehlendes Geländer oder fehlende Strom- und Wasserversorgung.
[193] OLG Koblenz BauR 2003, 96.
[194] OLG Bamberg IBR 2011, 575.
[195] BGH Nicht-Annahmebeschluss vom 5.6.1997, VII ZR 54/95, Baurecht Report 9/97.
[196] Kaiser Mängelhaftungsrecht, Rdn. 38; Thode ZfBR 1999, 116, 117; Bröker in Beck'scher VOB-Kommentar VOB/B vor § 12 Rdn. 130.
[197] BGH NZBau 2010, 537; OLG München, NJW 2012, S. 397; Vgl. hierzu Rdn. 14 in Bezug auf die erklärte Abnahme des Auftraggebers bei Mängeln, die an sich die Abnahme hindern würden.
[198] OLG Frankfurt BauR 2004, 1961.
[199] OLG Hamburg IBR 2003, 528.
[200] OLG München, NJW 2012, S. 387.
[201] Für diese Möglichkeit: Bröker in Beck'scher VOB-Kommentar VOB/B vor § 12 Rdn. 130; Oppler in Ingenstau/Korbion VOB/B § 12 Rdn. 35; Kaiser Mängelhaftung, Rdn. 38; gegen diese Möglichkeit: Kleine-Möller/Merl, § 14 Rdn. 18; Heiermann/Riedl/Rusam VOB/B § 12 Rdn. 22; Hildebrandt BauR 2005, 788 ff.

Unabhängig davon, dass die hier beschriebene Situation in der Praxis gekünstelt erscheint, ist richtigerweise davon auszugehen, dass es dem Auftraggeber grundsätzlich freisteht, eine Abnahmeerklärung auch dann abzugeben, wenn er hierzu nicht verpflichtet ist. Wenn damit allerdings eine Verkürzung von Leistungserbringungsmöglichkeiten des Auftragnehmers verbunden sein sollte, kann gleichzeitig in der Abnahmeerklärung auch eine Kündigungserklärung z. B. nach § 8 Abs. 1 VOB/B mit den entsprechenden Rechtsfolgen gesehen werden. An der Billigungserklärung für die erbrachte Leistung ändert dies aber nichts und hat im Übrigen auch nichts mit einem „Stempel der Mangelhaftigkeit"[202] zu tun, den sich der Auftragnehmer nicht aufdrücken lassen müsse, da aus der Billigungserklärung für die bereits erbrachte Leistung genau das Gegenteil deutlich wird. Nur hierauf kann sich wiederum die Abnahmeerklärung beziehen. Selbstverständlich muss dann die Erklärung des Auftraggebers in Bezug auf die Beendigung des Vertragsverhältnisses bzw. der Verkürzung der Leistungserbringungsmöglichkeiten entsprechend sicher herleitbar sein.

Soweit bei dieser Argumentation auf den BGH[203] zurückgegriffen wird,[204] ergibt sich aus dem in Bezug genommenen Urteil keine Stütze der gegenteiligen Auffassung, da der BGH dort lediglich den Fall entschieden hat, dass bei der getrennten Abnahme von Sonder- und Gemeinschaftseigentum von einer Abnahme nicht ausgegangen werden könne, wenn der Unternehmer das Werk ganz oder in besonders abnahmefähigen Teilen noch nicht übergeben hat. Mit einer „aufgedrängten Abnahme" gegen den Willen des Auftragnehmers hat dies nichts zu tun.

Schwierigkeiten ergeben sich auch immer dann, wenn eine Teilleistung in einer Vertragskette steht. Während eine bestimmte Leistung im Verhältnis zwischen Nachunternehmer und Generalunternehmer diesen zur Abnahmeverweigerung berechtigen kann und in diesem Vertragsverhältnis die Leistung als noch nicht fertig gestellt angesehen werden kann, muss dies im Verhältnis zwischen Generalunternehmer und Auftraggeber nicht so beurteilt werden. Es ist deshalb mit Bröker[205] und Bolz[206] davon auszugehen, dass die Rechtsprechung des OLG Köln[207] nicht zutreffend ist, wonach die Abnahme der Leistung des Hauptunternehmers (Generalunternehmers) auch (automatisch) zu Gunsten des Nachunternehmers wirke. Richtigerweise ist zwischen den Vertragsverhältnissen zu differenzieren.[208] In Bezug auf die Fälligkeit der Vergütung (als eine Rechtsfolge der Abnahme) ist mit dem 1.1.2009 allerdings § 641 Abs. 2 BGB beachtlich, der insoweit eine Durchgriffsfälligkeit vorsieht.

VI. Wirkungen der Abnahme

36 Mit der Abnahme endet das Erfüllungsstadium.[209] Gleichzeitig beginnt die Gewährleistungsphase.[210] Wegen der Bedeutung der hiermit im Einzelnen verbundenen Rechtsfolgen wird die Abnahme zu Recht als der „Dreh- und Angelpunkt"[211] des Werkvertragsrechts bezeichnet. Systematisch gilt es, die Beendigung der Erfüllungsphase und den Beginn des Gewährleistungsstadiums zu differenzieren.

37 **1. Beendigung des Erfüllungsstadiums. a) Ende der Vorleistungspflicht des Auftragnehmers.** Die sowohl nach den §§ 631 ff. BGB als auch nach der VOB/B vorgesehene Vorleistungspflicht des Auftragnehmers endet mit der Abnahme.[212] Während der Auftragnehmer bis zur Abnahme zunächst leisten muss, um eine Gegenleistung erhalten zu können, z. B. in Form einer Abschlagszahlung (vgl. § 16 Abs. 1 VOB/B, oder jetzt auch § 632a BGB n. F.) kann eine Zahlung nach der Abnahme nicht mehr von einer vorausgehenden Leistung des Auftragnehmers

---

[202] In diese Richtung aber *Kleine-Möller/Merl*, § 14 Rdn. 18.
[203] BGH BauR 1983, 573 ff.
[204] *Kleine-Möller/Merl*, § 14 Rdn. 18 Fn. 66; *Heiermann/Riedl/Rusam* VOB/B § 12 Rdn. 22.
[205] *Bröker* in Beck'scher VOB-Kommentar VOB/B § 12 Abs 1 Rdn. 11.
[206] *Bolz* IBR 2007, 477.
[207] OLG Köln IBR 1997, 189.
[208] OLG Hamm IBR 2007, 477.
[209] *Oppler* in Ingenstau/Korbion VOB/B § 12 Rdn. 37; *Bröker* in Beck'scher VOB-Kommentar VOB/B vor § 12 Rdn. 120; *Heiermann/Riedl/Rusam* VOB/B § 12 Rdn. 24; *Dähne* Festschrift Heiermann 1995, S. 23; *Thode* ZfBR 1999, 116.
[210] *Bröker* in Beck'scher VOB-Kommentar VOB/B vor § 12 Rdn. 131; *Oppler* in Ingenstau/Korbion VOB/B § 12 Rdn. 37, 40; *Heiermann/Riedl/Rusam* VOB/B § 12 Rdn. 23.
[211] Vgl. Fn. 2.
[212] BGHZ 61, 42; *Heiermann/Riedl/Rusam* VOB/B § 12 Rdn. 24; *Bröker* in Beck'scher VOB-Kommentar VOB/B vor § 12 Rdn. 133; *Oppler* in Ingenstau/Korbion/Oppler VOB/B § 12 Rdn. 37.

abhängig gemacht werden. Dies hat sehr praktische Konsequenzen im Rahmen der prozessualen Geltendmachung von Vergütungsansprüchen. Bis zur Abnahme ist eine Klage abweisungsreif, bei der der Auftraggeber die Abnahme zu Recht verweigert und ihm ein ausreichendes Leistungsverweigerungsrecht wegen Mängeln zusteht.[213] Nach der Abnahme hingegen führen berechtigte Ansprüche wegen Mängeln „nur" zu einem Zurückbehaltungsrecht, das zu einer Zug-um-Zug-Verurteilung des Auftraggebers führt, d. h. der Auftraggeber Zug-um-Zug gegen die Beseitigung der Mängel zur Zahlung verpflichtet ist.[214]

Die vorstehend genannte Abnahmewirkung tritt nach Abnahme im Übrigen auch dann ein, wenn das Werk noch mit Fehlern behaftet ist.[215] Dies gilt selbst dann, wenn sich später herausstellt, dass eine ordnungsgemäße Nachbesserung (ausnahmsweise) in der kompletten Neuherstellung der Leistung besteht.[216] Entscheidend ist alleine, ob von der Abnahme und damit von den entsprechenden Wirkungen ausgegangen werden kann.

b) Konkretisierung der Ansprüche auf die erbrachte Leistung. Mit der Abnahme und **38** der damit verbundenen Beendigung der Erfüllungsphase konkretisieren sich die Ansprüche des Auftraggebers auf die tatsächlich erbrachte Leistung.[217] Dies trifft insbesondere für Ansprüche des Auftraggebers zu, die auf Mängelbeseitigung gerichtet sind, so z. B. Nachbesserungsansprüche, aber auch ein ausnahmsweise bestehender Anspruch auf Neuherstellung des Werkes.[218] In beiden Fällen handelt es sich systematisch um Gewährleistungsansprüche nach § 13 VOB/B.[219] Unberührt von der Abnahme allerdings bleiben Schadensersatzansprüche des Auftraggebers nach § 4 Abs. 7 Satz 2 VOB/B, die sich systematisch nicht in Ansprüche nach § 13 Abs. 7 VOB/B umwandeln.[220]

Mit der Abnahme und der Konkretisierung der Ansprüche des Auftraggebers auf die tatsächlich erbrachte Leistung endet im Übrigen auch das Anordnungsrecht des Auftraggebers nach § 1 Abs. 3 und § 1 Abs. 4 VOB/B.

c) Übergang der Leistungs- und Preisgefahr. Eine weitere Wirkung der Abnahme besteht **39** darin, dass die Leistungs-[221] und Preisgefahr[222] auf den Auftraggeber übergeht. Dabei ist zwischen der Preis- und Leistungsgefahr zu differenzieren.

aa) Preisgefahr. Unter der sog. Preis- bzw. Vergütungsgefahr versteht man das Risiko des **40** Auftraggebers, den vereinbarten Preis bzw. die vereinbarte Vergütung zahlen zu müssen, obgleich sich die dementsprechende Werkleistung verschlechtert hat oder sogar untergegangen ist.[223] Aus Sicht des Auftragnehmers besteht die Preis- bzw. Vergütungsgefahr darin, trotz Leistung keine Vergütung wegen Verschlechterung oder sogar Untergang des Werkes zu erhalten.[224]

Mit der Abnahme geht die Preis- bzw. Vergütungsgefahr auf den Auftraggeber über (§ 644 Abs. 1 Satz 1 BGB; § 12 Abs. 6 VOB/B). Vor der Abnahme trägt diese Gefahr grundsätzlich der Auftragnehmer. Ausnahmen hiervon sind lediglich in § 645 BGB und § 7 VOB/B festgehalten. Während § 645 BGB einen Spezialfall der Mangelhaftigkeit des Werkes regelt, bei dem der Auftraggeber entweder mangelhafte Baustoffe liefert oder inhaltlich falsche Anweisungen gibt,

---

[213] BGHZ 61, 42; *Heiermann/Riedl/Rusam* VOB/B § 12 Rdn. 24; *Bröker* in Beck'scher VOB-Kommentar VOB/B vor § 12 Rdn. 134.
[214] BGHZ 73, 140; BGH BauR 1980, 357; *Bröker* in Beck'scher VOB-Kommentar VOB/B vor § 12 Rdn. 136; *Heiermann/Riedl/Rusam* VOB/B § 12 Rdn. 27.
[215] BGH BauR 1984, 395, 398 f.; *Oppler* in Ingenstau/Korbion VOB/B § 12 Rdn. 37.
[216] BGHZ 96, 111, 116 ff.; OLG München NJW-RR 1987, 1234; *Oppler* in Ingenstau/Korbion VOB/B § 12 Rdn. 37 m. w. N.
[217] *Oppler* in Ingenstau/Korbion VOB/B § 12 Rdn. 40; *Bröker* in Beck'scher VOB-Kommentar VOB/B vor § 12 Rdn. 139; *Heiermann/Riedl/Rusam* VOB/B § 12 Rdn. 25.
[218] BGHZ 96, 111, 116; OLG München NJW-RR 1987, 1234.
[219] BGH BauR 1982, 277; *Oppler* in Ingenstau/Korbion VOB/B § 12 Rdn. 40; *Heiermann/Riedl/Rusam* VOB/B § 12 Rdn. 25.
[220] BGH BauR 1978, 306; *Heiermann/Riedl/Rusam* VOB/B § 12 Rdn. 25; *Kaiser* Mängelhaftungsrecht, Rdn. 43.
[221] *Oppler* in Ingenstau/Korbion VOB/B § 12 Rdn. 41; *Bröker* in Beck'scher VOB-Kommentar VOB/B vor § 12 Rdn. 141; *Heiermann/Riedl/Rusam* VOB/B § 12 Rdn. 36.
[222] *Oppler* in Ingenstau/Korbion VOB/B § 12 Rdn. 45; *Bröker* in Beck'scher VOB-Kommentar VOB/B vor § 12 Rdn. 142; *Heiermann/Riedl/Rusam/* VOB/B § 12 Rdn. 37.
[223] *Bröker* in Beck'scher VOB-Kommentar VOB/B vor § 12 Rdn. 142.
[224] *Heiermann/Riedl/Rusam* VOB/B § 12 Rdn. 37.

die zur Verschlechterung oder zum Untergang des Werkes führen,[225] nimmt § 7 VOB/B, auf den § 12 Abs. 6 VOB/B ausdrücklich verweist, eine generelle Vorverlagerung des Preis- bzw. Vergütungsrisikos zu Lasten des Auftraggebers für die dort genannten Tatbestände vor. Danach geht die Vergütungsgefahr bereits dann auf den Auftraggeber über, wenn „die ganz oder teilweise ausgeführte Leistung vor der Abnahme durch höhere Gewalt, Krieg, Aufruhr oder andere objektiv unabwendbare, vom Auftragnehmer nicht zu vertretende Umstände beschädigt oder zerstört" wird.[226] Gleichzeitig bleibt aber der Auftragnehmer leistungsverpflichtet, so dass in diesem Fall Leistungs- und Vergütungsgefahr auseinanderfallen können.[227] Sind die Voraussetzungen des § 7 VOB/B allerdings nicht nachweisbar, können auch bis dahin gezahlte Voraus- und Abschlagszahlungen zurückverlangt werden.[228]

41 **bb) Leistungsgefahr.** Unter der Leistungsgefahr versteht man das Risiko des Auftragnehmers, dass durch Zufall oder höhere Gewalt beschädigte oder zerstörte Gewerk sanieren oder aber neu herstellen zu müssen, auch wenn den Auftragnehmer kein Verschulden trifft.[229] Von dieser aus der Erfüllungspflicht herrührenden Leistungsverpflichtung wird der Auftragnehmer nur in den Fällen objektiver Unmöglichkeit (§§ 275, 279 BGB a. F. bzw. §§ 275, 280 BGB n. F.) frei.[230] Dies gilt auch dann, wenn ausnahmsweise die Vergütungsgefahr gem. § 7 VOB/B zu einem früheren Zeitpunkt auf den Auftraggeber verlagert ist, d. h. der Auftragnehmer keine Vergütungsgefahr mehr trägt.[231] Mit der Abnahme geht die Leistungsgefahr auf den Auftraggeber über, d. h. der Auftragnehmer ist nicht mehr zur Leistung verpflichtet.[232]

42 **d) Umkehr der Beweislast.** Auch in Bezug auf die Beweislast bildet die Abnahme einen „Dreh- und Angelpunkt".[233] Während bis zur Abnahme der Auftragnehmer die Mangelfreiheit seines Werkes darzulegen und im Zweifel auch zu beweisen hat, kehrt sich dieses Verhältnis nach der Abnahme um, d. h. jetzt hat der Auftraggeber eine etwaige Mangelhaftigkeit des Werkes darzulegen und gegebenenfalls zu beweisen.[234]

Dies kann durchaus einschneidende Konsequenzen haben. Lässt sich z. B. eine Tatsache im Rahmen eines Zivilprozesses nicht beweisen (non liquet), verliert derjenige den Prozess in Bezug auf den hierauf entfallenden Anteil, der entsprechend beweisbelastet ist. Aber auch in Bezug auf etwaige Kostenvorschüsse im Rahmen von Beweisbeschlüssen kann je nach Umfang die Beweislast unabhängig von Liquiditätsfragen zu einem Nachteil führen, wenn der spätere Kostengegner im Laufe des Prozesses insolvent wird.

Streitig war, ob sich die Wirkung der Beweislastumkehr auch auf solche Mängel bezieht, deren Beseitigung sich der Auftraggeber ausdrücklich vorbehalten hat.[235] Nach einer klarstellenden Entscheidung des BGH[236] hierzu scheint der Streit allerdings zu Gunsten derjenigen entschieden zu sein, die davon ausgehen, dass es in Bezug auf Mängel, deren Beseitigung sich der Auftraggeber ausdrücklich vorbehalten hat, nicht zu einer Beweislastumkehr kommt.[237]

---

[225] Vergleichbar mit § 13 Abs. 3 VOB/B, der allerdings von der Rechtsprechung dazu genutzt wird, die Gefahrtragung zu Lasten des Auftragnehmers nur dann anzunehmen, wenn es dem Auftragnehmer überhaupt möglich war, seine Leistung mit zumutbarem Aufwand zu schützen (*Werner/Pastor* Rdn. 1812 unter Hinweis auf LG Berlin BauR 1984, 180 f.).
[226] Vgl. hierzu die Kommentierung zu § 7 Abs. 1 VOB/B.
[227] *Heiermann/Riedl/Rusam* VOB/B § 12 Rdn. 37; *Bröker* in Beck'scher VOB-Kommentar VOB/B vor § 12 Rdn. 143.
[228] OLG Düsseldorf IBR 2003, 65.
[229] *Oppler* in Ingenstau/Korbion VOB/B § 12 Rdn. 41; *Bröker* in Beck'scher VOB-Kommentar VOB/B vor § 12 Rdn. 141; *Heiermann/Riedl/Rusam* VOB/B § 12 Rdn. 36.
[230] Vgl. Fn. 202.
[231] *Bröker* in Beck'scher VOB-Kommentar VOB/B vor § 12 Rdn. 141.
[232] *Oppler* in Ingenstau/Korbion VOB/B § 12 Rdn. 41; *Bröker* in Beck'scher VOB-Kommentar VOB/B vor § 12 Rdn. 141; *Heiermann/Riedl/Rusam* VOB/B § 12 Rdn. 36; *Acker/Garcia-Scholz* BauR 2003, 1457 ff.
[233] Vgl. Fn. 2.
[234] BGH BauR 1997, 129; BGH BauR 2002, 85, 86; BGH IBR 2009, 15; *Oppler* in Ingenstau/Korbion VOB/B § 12 Rdn. 38, *Bröker* in Beck'scher VOB-Kommentar VOB/B vor § 12 Rdn. 150; Heiermann/Riedl/Rusam VOB/B § 12 Rdn. 52.
[235] *Oppler* in Ingenstau/Korbion VOB/B § 12 Rdn. 38; *Bröker* in Beck'scher VOB-Kommentar VOB/B vor § 12 Rdn. 151 m. w. N.
[236] BGH BauR 1997, 129; anderer Ansicht: OLG Hamburg OLGR 1998, 160.
[237] *Oppler* in Ingenstau/Korbion VOB/B § 12 Rdn. 38; *Bröker* in Beck'scher VOB-Kommentar VOB/B vor § 12 Rdn. 152; *Groß* BauR 1995, 456 ff.

Diese Auffassung ist folgerichtig, da sich der Übergang der Beweislast aus § 363 BGB ergibt, wonach der Tatbestand der Annahme als Erfüllung gegeben sein muss. Wenn aber der Auftraggeber das Werk ausdrücklich in Bezug auf vorhandene Mängel nicht billigt, kann insoweit auch nicht von einer Annahme als Erfüllung ausgegangen werden, mit der Folge, dass es in Bezug auf die vorbehaltenen Mängel auch nicht zu einer Beweislastumkehr kommt. Dies gilt unabhängig davon, dass in Bezug auf das Gesamtwerk durchaus ein Maß an Billigung möglich bleibt, um von einer Abnahmewirkung und damit auch von einer Beweislastumkehr für die von einem Mangelvorbehalt nicht betroffenen Leistungsbestandteile ausgehen zu können. Der BGH[238] hat jetzt erneut ausdrücklich entschieden, dass es auch in Bezug auf solche Mängel, derentwegen der Auftraggeber bei der Abnahme einen Vorbehalt erklärt, bei der Beweislast des Auftragnehmers bleibt. Dabei kehrt sich die Beweislast auch nicht alleine deshalb zu Gunsten des Auftragnehmers um, weil der Auftraggeber die Mängel der Werkleistung im Wege der Ersatzvornahme hat beseitigen lassen. Es darf insoweit nunmehr von einer gefestigten Rechtsprechung ausgegangen werden. Macht allerdings der Auftraggeber die Feststellung der Mängelfreiheit durch fehlende Ausführungspläne und die Veränderung der Bauarbeiten unmöglich, muss der Auftragnehmer die Mangelfreiheit seiner ausgeführten Leistung nicht beweisen.[239] Entsteht die vom Auftragnehmer behauptete Mangelfreiheit nur dadurch, dass der Auftragnehmer vorträgt, das vertragliche Bausoll sei geändert worden, verbleibt es bei der Beweislast des Auftragnehmers in diesem Punkt, da die allgemeine Beweislastregel, wonach derjenige, der eine nachträgliche Vertragsänderung behauptet, diese auch beweisen muss, der Regel der Beweislastumkehr im Rahmen der Abnahme vorgeht.[240]

2. Beginn des Gewährleistungsstadiums. Mit der Abnahme beginnt das Gewährleistungsstadium.[241] Damit verbunden sind eine Reihe von Rechtsfolgen, z. B. der Beginn der Gewährleistungsfrist, der Beginn des Abrechnungsstadiums und die Frage, ob durch mangelnde Vorbehalte bei der Abnahme Gewährleistungs- und/oder Vertragsstrafenansprüche noch durchsetzbar sind. Im Einzelnen: 43

a) Beginn der Gewährleistungsfrist. Wie sich aus § 638 Abs. 1 BGB a. F. bzw. § 634a Abs. 2 BGB n. F. und § 13 Abs. 4 Nr. 3 VOB/B ergibt, beginnt mit der Abnahme die Verjährungsfrist der Gewährleistungsansprüche zu laufen.[242] Dies gilt auch für Ansprüche des Auftraggebers in Bezug auf Ansprüche nach § 8 Abs. 3 Nr. 2 Satz 1 i. V. m. § 4 Abs. 7 Satz 2 VOB/B.[243] Wie lange die Verjährungsfrist läuft, richtet sich ohne besondere Vereinbarung nach § 13 Abs. 4 i. V. m. § 13 Abs. 5 VOB/B und dem jeweiligen Gegenstand der Werkleistung bzw. nach der gegebenenfalls getroffenen besonderen vertraglichen Abrede.[244] 44

Diese Grundsätze gelten auch für Teilabnahmen nach § 12 Abs. 2 VOB/B.[245]

Der Beginn der Verjährungsfrist wird nicht dadurch gehindert, dass Mängel möglicherweise nicht erkennbar sind[246] oder die Beseitigung bekannter Mängel vorbehalten wird,[247] da sich diese Mängelbeseitigungsansprüche nach § 4 Abs. 7 VOB/B in Gewährleistungsansprüche nach § 13 VOB/B umwandeln.[248]

---

[238] BGH IBR 2009, 15.
[239] OLG Koblenz IBR 2008, 510, Nichtzulassungsbeschwerde durch Beschluss des BGH vom 19.6.2008, VII ZR 178/07, zurückgewiesen; LG Hof BauR 2006, 1009; *Werner/Pastor* Rdn. 1810.
[240] BGH ZfBR 2003, 681.
[241] *Oppler* in Ingenstau/Korbion VOB/B § 12 Rdn. 37; *Leinemann/Jansen* VOB/B § 12 Rdn. 37; *Dähne* Festschrift Heiermann 1995, S. 23.
[242] Saarländisches OLG BauR 2004, 867, entgegen OLG Saarland OLG Report 1990, 1 und OLG Düsseldorf OLG Report 1992, 254.
[243] BGH BauR 2012, 643.
[244] Vgl. hierzu die Kommentierung zu § 13 Abs. 4 und § 13 Abs. 5 VOB/B.
[245] *Oppler* in Ingenstau/Korbion VOB/B § 12 Rdn. 43; *Heiermann/Riedl/Rusam* VOB/B § 12 Rdn. 32; *Bröker* in Beck'scher VOB-Kommentar VOB/B vor § 12 Rdn. 147.
[246] OLG Köln OLGZ 1978, 321 für den Kaufvertrag; *Oppler* in Ingenstau/Korbion VOB/B § 12 Rdn. 42; *Heiermann/Riedl/Rusam* VOB/B § 12 Rdn. 31.
[247] *Heiermann/Riedl/Rusam* VOB/B § 12 Rdn. 31; *Bröker* in Beck'scher VOB-Kommentar VOB/B vor § 12 Rdn. 146.
[248] BGHZ 54, 352, 355 f.; BGH NJW 1982, 1524; *Bröker* in Beck'scher VOB-Kommentar VOB/B vor § 12 Rdn. 147.

Klauseln in allgemeinen Geschäftsbedingungen, wonach die Verjährung für nicht erkennbare Mängel erst ab Feststellung beginnen soll, stellen eine unangemessene Benachteiligung des Verwendungsgegners dar und sind dementsprechend unwirksam.[249]

Auch Schadensersatzansprüche aus dem Gesichtspunkt des Verschuldens bei Vertragsabschluss (culpa in contrahendo) bzw. positiver Vertragsverletzung unterliegen den vorstehend genannten Verjährungsregeln, wenn diese zu einem Sachmangel führen.[250] Schadensersatzansprüche aus § 4 Abs. 7 VOB/B beginnen ebenfalls mit der Abnahme zu verjähren, wenn sie sich mit Ansprüchen nach § 13 Abs. 7 VOB/B decken.[251]

Im Falle einer nicht ausdrücklich erklärten Abnahme richtet sich die Rechtsfolge des Beginns der Verjährung von Gewährleistungsansprüchen danach, ob von der Abnahme ausgegangen werden kann oder nicht. Zu Recht weist deshalb Bröker[252] darauf hin, dass dies im Falle einer unberechtigten Abnahmeverweigerung durch den Auftraggeber angenommen werden kann, nicht aber im Falle einer berechtigten Abnahmeverweigerung. Verweigert der Auftraggeber zu Unrecht endgültig die Abnahme oder lässt er eine ihm zu Recht gesetzte Frist zur Abnahme fruchtlos verstreichen, regelt § 640 Abs. 1 S. 3 BGB, dass es einer Abnahme gleichsteht, wenn der Besteller das Werk nicht innerhalb einer ihm vom Unternehmer bestimmten angemessenen Frist abnimmt, obwohl er hierzu verpflichtet ist.

Kündigt der Auftraggeber den Vertrag, so ist zwischen einer sog. „freien" Kündigung nach § 8 Abs. 1 VOB/B und einer Kündigung mit Grund gem. § 8 Abs. 3 VOB/B, danach zu differenzieren, ob in der Kündigung selbst überhaupt eine endgültige Abnahmeverweigerung zu erblicken ist.[253] Kündigt der Auftraggeber nach § 8 Abs. 1 VOB/B, ergibt sich unter Beachtung des § 8 Abs. 6 VOB/B, wonach alsbald nach der Kündigung auch Aufmaß und Abnahme verlangt werden kann, dass alleine die Ausübung des Kündigungsrechtes noch keine endgültige Abnahmeverweigerung darstellt.[254] Erfolgt die Kündigung des Auftraggebers nach § 8 Abs. 3 VOB/B, ist davon auszugehen, dass er sich die ihm zustehenden Schadensersatzansprüche vorbehalten will[255] mit der Folge, dass alleine in der Kündigung des Vertrages bzw. in der Beauftragung anderer Unternehmer zur Vervollständigung der Leistung keine endgültige Abnahmeverweigerung zu sehen ist.[256]

45 b) Beginn des Abrechnungsstadiums. Mit der Abnahme beginnt das Abrechnungsstadium, d. h. dass nunmehr die endgültige Abrechnung des Bauvorhabens erfolgen kann.[257] Dabei stellt die Abnahme auch im VOB-Vertrag eine Fälligkeitsvoraussetzung neben § 16 Abs. 3 VOB/B dar.[258] Dementsprechend bedarf es sowohl der Abnahme als auch der Schlussrechnung gem. § 14 VOB/B und der Prüfung durch den Auftraggeber bzw. dem Ablauf der Zweimonatsfrist als Spätestfrist gem. § 16 Abs. 3 VOB/B. Dabei ist beachtlich, dass nach Eintritt der Schlussrechnungsreife grundsätzlich keine Abschlagsrechnung mehr gestellt werden kann bzw. die Fälligkeitswirkung in Bezug auf Abschlagsrechnungen entfällt.[259] Soweit dabei Vygen[260] im Rahmen

---

[249] OLG Frankfurt IBR 2008, 647; Nichtzulassungsbeschwerde durch Beschluss des BGH vom 24.4.2008, VII ZR 226/07, zurückgewiesen.
[250] *Heiermann/Riedl/Rusam* VOB/B § 12 Rdn. 31.
[251] BGHZ 54, 352, 356; *Leinemann/Jansen* VOB/B § 12 Rdn. 59.
[252] *Bröker* in Beck'scher VOB-Kommentar VOB/B vor § 12 Rdn. 148 unter Hinweis auf die bei *Oppler* in Ingenstau/Korbion VOB/B § 12 Rdn. 44 nicht vollzogene Differenzierung.
[253] *Oppler* in Ingenstau/Korbion VOB/B § 12 Rdn. 44; *Heiermann/Riedl/Rusam* VOB/B § 12 Rdn. 33; *Bröker* in Beck'scher VOB-Kommentar VOB/B vor § 12 Rdn. 149.
[254] BGH BauR 1974, 412; OLG Düsseldorf BauR 1980, 276; *Heiermann/Riedl/Rusam* VOB/B § 12 Rdn. 33; *Oppler* in Ingenstau/Korbion VOB/B § 12 Rdn. 44; *Bröker* in Beck'scher VOB-Kommentar VOB/B vor § 12 Rdn. 149.
[255] BGH NJW 1974, 1707; OLG Düsseldorf BauR 1980, 276; *Bröker* in Beck'scher VOB-Kommentar VOB/B vor § 12 Rdn. 149.
[256] BGH NJW 1994, 942; *Oppler* in Ingenstau/Korbion VOB/B § 12 Rdn. 44; *Bröker* in Beck'scher VOB-Kommentar VOB/B vor § 12 Rdn. 149; *Heiermann/Riedl/Rusam* VOB/B § 12 Rdn. 33.
[257] *Oppler* in Ingenstau/Korbion VOB/B § 12 Rdn. 56; *Bröker* in Beck'scher VOB-Kommentar VOB/B vor § 12 Rdn. 144.
[258] BGHZ 79, 180; BGH NJW 1981, 1448; *Bröker* in Beck'scher VOB-Kommentar VOB/B vor § 12 Rdn. 144; *Leinemann/Jansen* VOB/B § 12 Rdn. 39; *Oppler* in Ingenstau/Korbion VOB/B § 12 Rdn. 56; *Heiermann/Riedl/Rusam* VOB/B § 12 Rdn. 26.
[259] BGH NZBau 2004, 386.
[260] *Vygen* BauR 2004, 1006.

einer Anmerkung zum Urteil des OLG Frankfurts[261] sowie Peters[262] meinen, dass aus Gründen der Gerechtigkeit die Fälligkeit der Schlusszahlung unabhängig von der Abnahme sein soll, ist dem nicht zuzustimmen, da durch die wirksame Maßnahme des § 640 Abs. 1 S. 3 BGB der Auftragnehmer in die Lage versetzt wird, selbst die Voraussetzungen effektiv auch gegen den Willen des Auftraggebers herbeizuführen, um die Werklohnforderung durchsetzen zu können. Der Fiktionstatbestand des § 12 Abs. 5 VOB/B ist nach Einführung des § 640 Abs. 1 S. 3 BGB demgegenüber weit weniger bedeutsam. Vor diesem Hintergrund scheint es nicht gerechtfertigt auf das Merkmal der Abnahme zu verzichten, das sowohl dem Auftraggeber aber auch im Streitfall dem Gericht die Möglichkeit eröffnet, die Qualität der Leistung in ein angemessenes Gesamtverhältnis zu dem Zahlungsbegehren des Auftragnehmers zu setzen. Es stellt sich die Frage, durch welches neue (bessere?) Kriterium diese Funktion erreicht werden soll.

Wegen des Beginns des Abrechnungsstadiums nach Kündigung wird auf die nachfolgende Ziffer 3 (Rdn. 54 ff.) verwiesen, da das Thema dort im Zusammenhang erläutert wird.

Entschieden ist der Fall, dass es im Falle eines Minderungsverlangens keiner Abnahme als Fälligkeitsvoraussetzung bedarf.[263] Auch im Falle der Geltendmachung von Ersatzvornahmekosten wird dies vertreten.[264]

Unabhängig davon, dass die Abnahme eine Fälligkeitsvoraussetzung auch im VOB-Vertrag darstellt, wird in der Praxis ein Klageantrag, gerichtet auf Feststellung des Eintrittes der Abnahmewirkungen oder auf Erklärung der Abnahme selbst nur äußerst selten gestellt, da es in aller Regel bei Klagen nach Erledigung der Leistungen eines Auftragnehmers um Restwerklohn geht und hier die Rechtsprechung die inzidente Feststellung der Abnahme als Anspruchsvoraussetzung zulässt, ohne dass es eines gesonderten Antrages bedürfte (vgl. hierzu § 2 VOB/B, Rdn. 150 und Fn. 306).

Soweit darüber hinaus die Auffassung vertreten wird, dass nach Einführung des § 640 Abs. 1 S. 3 BGB durch das Gesetz zur Beschleunigung fälliger Zahlungen eine Klage auf Abnahme ohnehin nicht mehr möglich sei (vgl. auch hierzu § 2 VOB/B, Rdn. 150 a. E. m. w. N.) kann dem nicht gefolgt werden, da nur bei Vorliegen der Tatbestandsvoraussetzungen des § 640 Abs. 1 S. 3 BGB davon auszugehen ist, dass die Abnahmewirkungen eingetreten sind. Liegen die Tatbestandsvoraussetzungen vor, ist eine Klage auf Abnahme allerdings mangels Rechtsschutzbedürfnisses abzuweisen, vielmehr könnte nur noch auf Feststellung des Eintritts der Abnahmewirkungen geklagt werden. Liegen die Tatbestandsvoraussetzungen hingegen nicht vor, weil z. B. der Auftragnehmer keine entsprechende Frist gem. § 640 Abs. 1 Satz 3 BGB gesetzt hat, treten auch die Rechtsfolgen nicht ein, mit der Folge, dass zukünftig grundsätzlich auch noch auf Abnahme geklagt werden kann. Es ist dementsprechend je nach Sachverhalt zu differenzieren.[265] Zu beachten ist, dass der Abnahmeerklärung keine Bedeutung beigemessen werden darf, die ihr nicht zukommt. Das OLG Brandenburg[266] hat deshalb völlig zu Recht darauf hingewiesen, dass ohne zusätzliche Anhaltspunkte die Abnahmeerklärung selbst nicht ausreichend ist, um z. B. von einem Anerkenntnis von Leistungen i. S. d. § 2 Abs. 8 Satz 1 VOB/B auszugehen.

c) Verlust von Gewährleistungs- und Vertragsstrafenansprüchen bei fehlendem Vorbehalt bei der Abnahme. Wie sich aus § 640 Abs. 2 BGB bzw. § 12 Abs. 5 Nr. 3 VOB/B ergibt, verliert der Auftraggeber möglicherweise Gewährleistungs- und/oder Vertragsstrafenansprüche, wenn er sich deren Geltendmachung mit der Abnahme nicht vorbehält. Im Einzelnen:

aa) Verlust von Gewährleistungsansprüchen nach § 640 Abs. 2 BGB. Nach § 640 Abs. 2 BGB stehen dem Auftraggeber die in § 634 Nr. 1 bis 3 BGB n. F. genannten Rechte, d. h. das Recht auf Nacherfüllung gem. § 635 BGB n. F., das Recht auf Ersatzvornahme § 637 BGB n. F. sowie das Recht nach den §§ 626, 323 und 326 Abs. 5 BGB n. F. vom Vertrag zurückzutreten oder nach § 638 BGB n. F. die Vergütung zu mindern, nicht mehr zur Verfügung, wenn er sich diese Rechte nicht vorbehält, obgleich er den Mangel kennt. Ausdrücklich nicht genannt in § 640 Abs. 2 BGB n. F. ist § 634 Nr. 4 BGB n. F., der Schadensersatzrechte nach den §§ 636, 280, 281, 283 und 311a BGB n. F. sowie Aufwendungsersatz nach § 284 BGB n. F. nennt.

---

[261] OLG Frankfurt BauR 2004, 1004 ff.
[262] *Peters* NZBau 2004, 1, 5.
[263] BGH BauR 2002, 1399; BGH ZfBR 2003, 140 f. = NZBau 2003, 35.
[264] OLG Brandenburg BauR 2005, 1218.
[265] Vgl. hierzu auch eingehend *Kitzke*, BauR 2009, 146, 148 ff.
[266] OLG Brandenburg, Urt. v. 25.8.2011, 12 U 69/10.

Die Vorschrift des § 640 Abs. 2 BGB n. F. ist ohne Modifikationen auch auf den VOB-Vertrag anzuwenden.[267] Dies ergibt sich schon aus der Bezugnahme auf „Vorbehalte" im VOB-Text in § 12 Abs. 4 Nr. 1 S. 4 VOB/B bzw. § 12 Abs. 5 Nr. 3 VOB/B.

48 **(1) Kenntnis des Mangels.** Erste Tatbestandsvoraussetzung des § 640 Abs. 2 BGB ist, dass der Auftraggeber den Mangel kennt. Dies setzt voraus, dass der Auftraggeber positive Kenntnis vom Mangel hat, d. h. der Auftraggeber muss wissen, welcher Fehler vorliegt, der im Sinne des § 13 Abs. 1 VOB/B zu einer Qualifikation als Mangel führt.[268] Das bloße Kennenmüssen,[269] oder die schlichte Kenntnis eines äußeren Erscheinungsbildes ohne Kenntnis der Bedeutung dieses Erscheinungsbildes für die geschuldete Leistung[270] reicht nicht aus. Auch die Grundsätze des Mitverschuldens gem. § 254 BGB kommen nicht zur Anwendung.[271]

Die positive Kenntnis des Auftraggebers in vorstehend genanntem Umfang hat im Streitfall der Auftragnehmer zu beweisen.[272] Gerade bei einem sachkundigen Auftraggeber allerdings ist trotz der gebotenen Vorsicht und Zurückhaltung bei einem klar erkennbaren und auch gravierenden Mangel die Überlegung zulässig, dass der Auftraggeber diesen Mangel nicht übersehen haben kann. In diesen Fällen kann dem Auftragnehmer der Beweis des ersten Anscheins zugute kommen.[273]

49 **(2) Vorbehalt des Mangels bei der Abnahme.** Zweite Tatbestandsvoraussetzung des § 640 Abs. 2 BGB ist, dass sich der Auftraggeber seine Rechte in Bezug auf den ihm bekannten Mangel vorbehalten hat.

50 **(a) Vorbehalt.** Bei dem Vorbehalt im Sinne des § 640 Abs. 2 BGB handelt es sich um eine empfangsbedürftige Willenserklärung des Auftraggebers. Dementsprechend hat dieser den Zugang (§ 130 BGB) im Streitfall zu beweisen.[274]

Um als Willenserklärung identifizierbar zu sein und dem Sinn und Zweck des § 640 Abs. 2 BGB zu entsprechen, muss der Vorbehalt entsprechend konkret sein. Ein schlichter Hinweis auf „die Mangelhaftigkeit" des Werkes oder gar ein abstrakter Generalvorbehalt reicht nicht aus, um die Rechtsfolgen des § 640 Abs. 2 BGB zu vermeiden.[275] Ausreichend ist allerdings, wenn der Auftraggeber den Mangel seinem Erscheinungsbild nach konkret beschreibt.[276] Eine Mangelursachenerforschung ist im Rahmen der Vorbehaltserklärung nicht erforderlich.[277]

Keines Vorbehaltes bedarf es trotz Kenntnis des Auftraggebers von dem Mangel, wenn wegen des streitgegenständlichen Mangels bereits zum Zeitpunkt der Abnahme ein Prozess anhängig ist, da nach dem Sinn und Zweck des § 640 Abs. 2 BGB dem Auftragnehmer durch die Streitbefangenheit im Rahmen des Prozesses hinreichend deutlich ist, dass der Auftraggeber bestrebt ist, aus dem Mangel Rechte herzuleiten.[278] Diese Überlegung ist auch übertragbar auf die Streitbe-

---

[267] BGH NJW 1975, 1701; *Bröker* in Beck'scher VOB-Kommentar VOB/B vor § 12 Rdn. 155; *Oppler* in Ingenstau/Korbion/Oppler VOB/B § 12 Rdn. 47; *Heiermann/Riedl/Rusam* VOB/B § 12 Rdn. 38; *Staudinger/Peters/Jacoby* BGB, § 640 Rdn. 66.
[268] RGZ 149, 401; BGH NJW 1970, 383, 385, OLG Düsseldorf NJW-RR 1996, 532; *Oppler* in Ingenstau/Korbion VOB/B § 12 Rdn. 52; *Bröker* in Beck'scher VOB-Kommentar VOB/B vor § 12 Rdn. 157; *Heiermann/Riedl/Rusam* VOB/B § 12 Rdn. 40; *Busche* in MüKo BGB, § 640 Rdn. 30; *Staudinger/Peters/Jacoby* BGB, § 640 Rdn. 57.
[269] *Staudinger/Peters/Jacoby* BGB, § 640 Rdn. 57; *Busche* in MüKo BGB, § 640 Rdn. 30; *Bröker* in Beck'scher VOB-Kommentar VOB/B vor § 12 Rdn. 157; *Heiermann/Riedl/Rusam* VOB/B § 12 Rdn. 40; *Oppler* in Ingenstau/Korbion VOB/B § 12 Rdn. 52.
[270] BGH NJW 1970, 383, 385; *Bröker* in Beck'scher VOB-Kommentar VOB/B vor § 12 Rdn. 157; *Staudinger/Peters/Jacoby* BGB, § 640 Rdn. 58 m. w. N.
[271] BGH NJW 1978, 2240 f. (zum Kaufrecht); *Bröker* in Beck'scher VOB-Kommentar VOB/B vor § 12 Rdn. 157; *Oppler* in Ingenstau/Korbion VOB/B § 12 Rdn. 52.
[272] *Oppler* in Ingenstau/Korbion VOB/B § 12 Rdn. 53; *Bröker* in Beck'scher VOB-Kommentar VOB/B vor § 12 Rdn. 158.
[273] Vgl. Fn. 242.
[274] *Heiermann/Riedl/Rusam* VOB/B § 12 Rdn. 41; *Bröker* in Beck'scher VOB-Kommentar VOB/B vor § 12 Rdn. 159.
[275] *Staudinger/Peters/Jacoby* BGB, § 640 Rdn. 59; *Heiermann/Riedl/Rusam* VOB/B § 12 Rdn. 41; *Bröker* in Beck'scher VOB-Kommentar VOB/B vor § 12 Rdn. 159.
[276] BGH BauR 2000, 261, 262; *Leinemann/Jansen* VOB/B § 12 Rdn. 44.
[277] BGH BauR 1999, 899; OLG Hamburg BauR 2001, 1749; *Heiermann/Riedl/Rusam* VOB/B § 12 Rdn. 41; *Leinemann/Jansen* VOB/B § 12 Rdn. 44.
[278] BGH BauR 1975, 55; *Heiermann/Riedl/Rusam* VOB/B § 12 Rdn. 47; *Bröker* in Beck'scher VOB-Kommentar VOB/B vor § 12 Rdn. 165; *Oppler* in Ingenstau/Korbion VOB/B § 12 Rdn. 49.

fangenheit im Rahmen eines zum Zeitpunkt der Abnahme andauernden selbstständigen Beweisverfahrens[279] bzw. eines Schiedsgutachterverfahrens oder eines nach außen hin erkennbaren Sachverständigenverfahrens.[280]

Ausdrücklich hat das OLG Brandenburg[281] noch einmal festgestellt, dass auch eine Abnahme unter Vorbehalt eine Abnahme darstellt. Lediglich die Besonderheiten der Vorbehalte sind zusätzlich zu berücksichtigen.

(b) Vorbehalt bei Abnahme. Der Vorbehalt nach § 640 Abs. 3 BGB ist bei der Abnahme zu **51** erklären. Dies bedeutet, dass früher oder später erfolgte Vorbehalte in der Regel keine Wirksamkeit entfalten,[282] es sei denn, der Auftraggeber bezieht sich auf einen früher erklärten Vorbehalt und hält diesen ausdrücklich aufrecht.[283]

Im Rahmen einer förmlichen Abnahme (§ 12 Abs. 4 VOB/B) ist der Vorbehalt im Abnahmeprotokoll vor Unterzeichnung aufzunehmen.[284] Erfolgt die Abnahme stillschweigend, so ist der Vorbehalt spätestens zu dem Zeitpunkt zu erklären, zu dem von dem Eintritt der Rechtswirkungen der Abnahme ausgegangen werden kann.[285] Gleiches gilt auch für die fiktive Abnahme. Für die fiktive Abnahme nach § 12 Abs. 5 VOB/B ergibt sich dies schon aus § 12 Abs. 5 Nr. 3 VOB/B.[286]

(c) Rechtsfolgen des § 640 Abs. 2 BGB. Die Rechtsfolgen des § 640 Abs. 2 BGB n. F. **52** sind nach dem Wortlaut der Vorschrift eindeutig. Danach verliert der Auftraggeber die Rechte nach § 634 Nr. 1–3 BGB n. F.

Vor der Novellierung des § 640 Abs. 2 BGB bestand nur Einigkeit in Bezug auf den Verlust der Rechte auf Mangelbeseitigung (§ 633 Abs. 3 BGB a. F.), des Rechtes auf Ersatzvornahme und Kostensatz (§ 633 Abs. 3 BGB a. F.) sowie des Rechtes auf Kostenvorschuss, Minderung und Wandlung (§ 634 BGB a. F.).[287] Streitig beurteilt hingegen wurde die Frage, ob Schadensersatzansprüche z. B. aus positiver Vertragsverletzung bzw. § 635 BGB, d. h. Ansprüche, denen ein Verschulden des Auftragnehmers zugrunde lagen, vom Rechtsverlust des § 640 Abs. 2 BGB umfasst sein sollten oder nicht.[288]

Nach der Novellierung des § 640 Abs. 2 BGB i. V. m. § 634 BGB n. F. dürfte diese Streitfrage allerdings zu Gunsten derjenigen entschieden sein, die von dem Fortbestand verschuldensabhängiger Ansprüche ausgehen, da sich der Gesetzgeber bewusst dazu entschieden hat, lediglich die Nr. 1–3 des § 634 BGB n. F. in § 640 Abs. 2 BGB n. F. aufzunehmen und nicht § 634 Nr. 4 BGB n. F., der verschuldensabhängige Schadensersatzansprüche nennt. Trotz durchaus beachtlicher rechtspolitischer Bedenken gegen eine solche Regelung[289] ist der klare Wortlaut des § 640 Abs. 2 BGB n. F. zu beachten, der durch seine Bezugnahme ausdrücklich verschuldensabhängige Schadensersatzansprüche gerade nicht vom Rechtsverlust mit umfasst wissen will.[290]

---

[279] OLG Köln BauR 1983, 463, 464; *Heiermann/Riedl/Rusam* VOB/B § 12 Rdn. 47; *Oppler* in Ingenstau/Korbion VOB/B § 12 Rdn. 49; *Bröker* in Beck'scher VOB-Kommentar VOB/B vor § 12 Rdn. 164; *Staudinger/Peters/Jacoby* BGB, § 640 Rdn. 61.
[280] *Bröker* in Beck'scher VOB-Kommentar VOB/B vor § 12 Rdn. 164.
[281] OLG Brandenburg IBR 2003, 472.
[282] BGHZ 33, 236, 239; BGH BauR 1973, 192; *Heiermann/Riedl/Rusam* VOB/B § 12 Rdn. 42; *Bröker* in Beck'scher VOB-Kommentar VOB/B vor § 12 Rdn. 163.
[283] BGH NJW 1974, 1324; BGH NJW 1975, 1701; *Bröker* in Beck'scher VOB-Kommentar VOB/B vor § 12 Rdn. 163; *Heiermann/Riedl/Rusam* VOB/B § 12 Rdn. 42.
[284] BGH BauR 1973, 192; *Heiermann/Riedl/Rusam* VOB/B § 12 Rdn. 46; *Bröker* in Beck'scher VOB-Kommentar VOB/B vor § 12 Rdn. 160.
[285] BGH BauR 2010, 795.
[286] *Bröker* in Beck'scher VOB-Kommentar VOB/B vor § 12 Rdn. 162; *Heiermann/Riedl/Rusam* VOB/B § 12 Rdn 43.
[287] BGHZ 61, 369, 372; BGH NJW 1975, 1701, 1703; BGH BauR 1978, 306 f.; BGH NJW 1980, 1952; OLG Köln NJW-RR 1993, 211; OLG Düsseldorf BauR 1994, 147 (22.) L; *Heiermann/Riedl/Rusam* VOB/B § 12 Rdn. 38; *Bröker* in Beck'scher VOB-Kommentar VOB/B vor § 12 Rdn. 166.
[288] Für den Fortbestand verschuldensabhängiger Ansprüche: BGH NJW 1975, 1701, 1703; BGH BauR 1980, 460; *Oppler* in Ingenstau/Korbion VOB/B § 12 Rdn. 64 (14. Auflage); *Heiermann/Riedl/Rusam* VOB/B § 12 Rdn. 39; gegen den Fortbestand verschuldensabhängiger Ansprüche: *Jagenburg* in Beck'scher VOB-Kommentar VOB/B vor § 12 Rdn. 118 ff. (1. Auflage); *Kaiser* Mängelhaftungsrecht, Rdn. 136 ff.; *Peters* NJW 1980, 750 f.
[289] Vgl. hierzu insbesondere *Bröker* in Beck'scher VOB-Kommentar VOB/B vor § 12 Rdn. 167.
[290] *Oppler* in Ingenstau/Korbion VOB/B § 12 Rdn. 48; *Bröker* in Beck'scher VOB-Kommentar VOB/B vor § 12 Rdn. 166.

Strittig ist auch, ob der Auftraggeber verpflichtet ist, nach Verlust seiner Rechte nach § 640 Abs. 2 BGB, statt des Schadensersatzes eine vom Auftragnehmer angebotene Nachbesserung anzunehmen.[291]

Richtigerweise ist davon auszugehen, dass § 640 Abs. 2 BGB hierzu keinerlei Aussage trifft, d. h. in Bezug auf die Frage eines möglicherweise bestehenden Nachbesserungsrechtes des Auftragnehmers schlicht unergiebig ist, da es dem Wortlaut nach ausschließlich um den Verlust von Rechten des Auftraggebers geht. Wollte man aus dem Verlust des Mangelbeseitigungsrechtes des Auftraggebers schließen, dem Auftragnehmer stünde nun kein Nachbesserungsrecht mehr zu, würde dies bedeuten, dass es sich um Rechte handelt, die miteinander stehen und fallen. Dies ist jedoch nicht anzunehmen, da durchaus Situationen denkbar sind, in denen der Auftraggeber zwar einen Mangel kennt und die Abnahme insoweit vorbehaltlos erklärt, aber noch keine Aufforderung zur Mängelbeseitigung gegenüber dem Auftragnehmer ausgesprochen wurde. Es steht dann im Belieben des Auftragnehmers, ob er den Mangel beseitigt oder aber Schadensersatz bezahlt. Ansonsten stünde der Auftraggeber besser da, als bei einem erklärten Vorbehalt, d. h. ohne Rechtsverlust. Beide Pflichten, d. h. die Pflicht zur Erklärung des Vorbehaltes gem. § 640 Abs. 2 BGB sowie die Pflicht, dem Auftragnehmer eine Nachbesserungsmöglichkeit zu gewähren (§ 13 Abs. 5 Nr. 2 VOB/B), sind voneinander zu trennen.

53 **bb) Verlust von Vertragsstrafenansprüchen.** Sowohl aus § 341 Abs. 3 BGB als auch aus § 11 Abs. 4 VOB/B ergibt sich, dass der Auftraggeber eine vereinbarte Vertragsstrafe nur verlangen kann, wenn er sich die Geltendmachung derselben bei der Abnahme vorbehalten hat. Zum Vorbehalt selbst sowie zu dem Zeitpunkt seiner Erklärung gilt das vorstehend zum Vorbehalt bei Mängeln unter den Rdn. 50 und 51 dargelegte sinnentsprechend, d. h. der Vorbehalt muss bei der Abnahme – und nicht später[292] – in der gehörigen Form erfolgen.[293] Bei stillschweigender Abnahme muss der Vorbehalt innerhalb der Prüfungsfrist vorgenommen werden.[294] Für die fiktive Abnahme nach § 12 Abs. 5 VOB/B ist § 12 Abs. 5 Nr. 3 VOB/B beachtlich.[295] Bei einer fiktiven Abnahme nach § 640 Abs. 1 S. 3 BGB muss der Vorbehalt zum Zeitpunkt des Eintrittes der Abnahmewirkung vorliegen. Dies kann auch dadurch erfolgen, dass zum Zeitpunkt des Eintrittes der Abnahmewirkungen die Vertragsstrafe bereits gerichtlich geltend gemacht ist.[296]

54 **3. Abnahme nach Kündigung.** Nach bisheriger Rechtsprechung[297] galt, dass es in Bezug auf die Fälligkeit des Werklohnes nach Kündigung des Vertrages keiner Abnahme bedarf. Auch in der Literatur wurde zunächst keine abweichende Auffassung vertreten.[298] Erste Kritik an dieser Auffassung haben dabei Kniffka[299] und Thode[300] geübt, die auf die Systemwidrigkeit dieser Annahme hinwiesen und die entsprechende Rechtsprechung des BGH als „Betriebsunfall"[301] bezeichneten. Seit dem Urteil des BGH vom 19.12.2002[302] findet eine breite, über die Fälligkeitsfrage hinausgehende Diskussion aller in diesem Zusammenhang stehenden Fragen statt, die es geboten erscheinen lässt, eine Gesamtbewertung vorzunehmen.

55 **a) Recht auf Abnahme nach Kündigung.** Dass dem Auftragnehmer das Recht auf Abnahme bei einer gekündigten Leistung zusteht, ist nicht unumstritten. Nach einer Auffassung[303] ist auf den Wortlaut des § 640 Abs. 1 BGB abzustellen, wonach die Abnahme erst nach

---

[291] Für eine solche Verpflichtung: *Oppler* in Ingenstau/Korbion VOB/B § 12 Rdn. 51; gegen eine Verpflichtung: *Heiermann/Riedl/Rusam* VOB/B § 12 Rdn. 39; *Bröker* in Beck'scher VOB-Kommentar VOB/B vor § 12 Rdn. 168.
[292] BGH NJW 1977, 897; BGH NJW 1983, 385; OLG Düsseldorf NJW-RR 1994, 408 f.
[293] BGH BauR 1973, 192; LG Mannheim BauR 1992, 233 f.
[294] *Bröker* in Beck'scher VOB-Kommentar VOB/B vor § 12 Rdn. 171.
[295] OLG Düsseldorf NJW-RR 1994, 408 f.
[296] OLG Zweibrücken IBR 2015, 475; BauR 2015, 1543
[297] BGH BauR 1996, 382, 383; BGH BauR 1987, 95, 96.
[298] *Heiermann/Riedl/Rusam* VOB/B § 12 Rdn. 10b (10. Auflage) mit dem Hinweis, dass dies auch für vergütungsgleiche Ansprüche gelte.
[299] ZfBR 1998, 113 ff.
[300] ZfBR 1999, 116, 121 ff.
[301] ZfBR 1998, 113, 116.
[302] BGH NZBau 2003, 265 ff. = NJW 2003, 1450 ff. = IBR 2003, 190, 191 = ZfBR 2003, 352 ff. = BauR 2003, 689 ff.
[303] OLG Hamm BauR 1986, 231; LG Münster BauR 1983, 582; *Teichmann* in Soergel BGB (12. Aufl.), § 649 Rdn. 14; *Locher/Koeble/Frick* HOAI (7. Aufl.), § 8 Rdn. 57.

Fertigstellung der vertragsgemäßen Leistung gefordert werden könne. Die Vertragsgemäßheit der Leistung setzt aber notwendigerweise eine vollständige Leistung voraus, was aber gerade bei einer durch Kündigung nur teilweise hergestellten Leistung nicht festgestellt werden könne.

Diese Auffassung übersieht zum einen, dass sich die Vertragsgemäßheit der Leistung durchaus auch auf die bis zur Kündigung erbrachten Leistungen beziehen kann. Zum anderen sieht § 8 Abs. 6 VOB/B ausdrücklich das Recht des Auftragnehmers vor, Aufmaß und Abnahme alsbald nach der Kündigung verlangen zu können, so dass im VOB/B-Vertrag ein Recht des Auftragnehmers auf Abnahme nach Kündigung auch aus diesem Grunde nicht ernsthaft bestritten werden kann. Folgerichtig spricht im Übrigen § 12 Abs. 1 VOB/B auch nicht von der vertragsgemäßen Leistung, sondern nur von „der Leistung".

Der BGH[304] und ihm folgend auch Stimmen in der Literatur[305] vertreten nunmehr ausdrücklich die Auffassung, dass der Auftragnehmer auch nach einer Kündigung und einem nur teilweise hergestellten Werk einen Anspruch auf Abnahme hat. Selbstverständlich müssen dann auch für den hergestellten Teil der Leistung die Voraussetzungen der Abnahme gegeben sein, d. h. es darf insbesondere kein Abnahmeverweigerungsgrund i. S. d. § 12 Abs. 3 VOB/B vorliegen.

Dieser Auffassung ist zuzustimmen, da mit der Kündigung zwar die Leistungserbringung für die Zukunft ausgeschlossen, nicht aber die vereinbarten Regeln für die in der Vergangenheit liegenden Leistungen geändert werden. Im Übrigen entspricht diese Wertung schlicht der Rechtslage des § 8 Abs. 6 VOB/B.

b) Konkludente/fiktive Abnahme nach Kündigung. Nimmt man, wie vorstehend unter **56** Rdn. 55 dargelegt, ein Recht des Auftragnehmers auf Abnahme auch nach erfolgter Kündigung an, so stellt sich die Frage, ob neben einer ausdrücklichen/formalen Abnahme auch alle anderen Abnahmeformen in Betracht kommen.

Nach einhelliger Auffassung ist eine konkludente Abnahme auch nach einem gekündigten Vertragsverhältnis möglich, wobei dann in der Kündigung als vertragsbeendendem Ereignis selbst keine konkludente Billigungshandlung gesehen werden kann.[306] Vielmehr gelten die ansonsten anzuwendenden Grundsätze (vgl. Rdn. 32), allerdings mit der Maßgabe, dass für die Vergangenheit ggf. herabgesetzte Anforderungen zu stellen sind, da sich die Parteien in Entsprechung der Rechtsprechung zur Fälligkeit der Werklohnforderung[307] wegen der fehlenden Notwendigkeit der Abnahme häufig nicht um dieses Thema gekümmert haben.

Eine fiktive Abnahme nach § 12 Abs. 5 VOB/B scheidet bei einem gekündigten Vertrag aus, da die Billigungsfiktion an die Beurteilungsfähigkeit eines insgesamt hergestellten Werkes geknüpft ist, diese Voraussetzung aber gerade bei einem durch Kündigung unvollendeten Werk nicht gegeben ist.[308]

Die fiktive Abnahme nach § 640 Abs. 1 S. 3 BGB bleibt hingegen möglich, da es nicht darum geht, dem Auftraggeber ohne Abnahmeverlangen des Auftragnehmers eine Abnahmewirkung beizumessen, sondern dem berechtigten Abnahmeverlangen des Auftragnehmers Nachdruck zu verleihen und die Folgen einer unberechtigten Abnahmeverweigerung rechtssicher zu regeln.[309] Die Bedenken bei der Anwendbarkeit des § 12 Abs. 5 VOB/B sind demgegenüber inhaltlich völlig anderer Natur, da es dort darum geht, alleine durch die Fertigstellung des Werkes und der Überprüfungsmöglichkeit eine Abnahmewirkung unter den dort genannten Voraussetzungen herzuleiten. Bei Vorliegen der Voraussetzungen des § 640 Abs. 1 S. 3 BGB hingegen wird der Auftraggeber aufgefordert, das bisher erbrachte Werk zu prüfen und eine Abnahme auszusprechen. Nur wenn er dieser Pflicht trotz Vorliegen aller Voraussetzungen nicht nachkommt, greift die Fiktion des § 640 Abs. 1 S. 3 BGB ein. Ein Unterschied zwischen komplett fertig gestellter oder aber kündigungsbedingt teilweise hergestellter Leistung kann dabei nicht erkannt werden, wenn man dem Auftragnehmer überhaupt ein Recht auf Abnahme (richtigerweise) zugesteht.

---

[304] BGH NZBau 2003, 265 ff. = NJW 2003, 1450 ff. = IBR 2003, 190, 191 = ZfBR 2003, 352 ff. = BauR 2003, 689 ff.
[305] *Oppler* in Ingenstau/Korbion VOB/B § 12 Rdn. 32; *Brügmann/Kenter* NJW 2002, 2121 ff.; *Acker/Roskosny* BauR 2003, 1279 ff.
[306] *Kniffka* ZfBR 1998, 113, 114; *Brügmann/Kenter* NJW 2003, 2121, 2122.
[307] BGH BauR 1996, 382, 383; BGH BauR 1987, 95, 96.
[308] BGH NZBau 2003, 265 ff. = NJW 2003, 1450 ff.; *Kniffka* ZfBR 1998, 113, 115; *Thode* ZfBR 1999, 116, 123; *Brügmann/Kenter* NJW 2003, 2121, 2122.
[309] *Brügmann/Kenter* NJW 2003, 2121, 2122.

57 c) Fälligkeit des Werklohnes nach Kündigung. Wie bereits in den Rdn. 54, 55 ausführlich erläutert, hat die Rechtsprechung zunächst eine Abnahme der Leistung bei einem gekündigten Werkvertrag nicht als Fälligkeitsvoraussetzung angesehen.[310] Auch durch die Rechtsprechung des BGH[311] im Jahre 2003 hat hieran ausdrücklich nichts geändert, da die Frage der Fälligkeit in diesem Rechtsstreit nicht zu entscheiden war. Mit Urteil vom 11.5.2006[312] hat der BGH nunmehr ausdrücklich entschieden, dass sich die bisherige Rechtsprechung ändert. Danach ist auch beim gekündigten Werkvertrag die Abnahme Fälligkeitsvoraussetzung für den Werklohnanspruch des Auftragnehmers. Ein Vertrauensschutz für „Altfälle" wurde nicht gewährt.

Geht man davon aus, dass die Kündigung nicht das Erfüllungsstadium für die bereits erbrachten Leistungen beendet, sondern lediglich die Leistungsverpflichtung/Leistungsmöglichkeit für die Zukunft beseitigt,[313] ist es folgerichtig, alleine die Kündigung nicht als ausreichend für die Fälligkeit des Werklohnes anzusehen. Vielmehr ist dann – wie auch im nicht gekündigten Vertrag – die Abnahme Fälligkeitsvoraussetzung.[314] Da die Kündigung, wie unter Rdn. 55 eingehend erläutert, nicht die Regelungen für die in der Vergangenheit erbrachten Leistungen ändert, sondern ausschließlich zukunftsgerichtet ist, die erbrachte Leistung selbst aber auch Gegenstand einer Abnahme sein kann, ist richtigerweise davon auszugehen, dass die Kündigung zwar den „Vertrag" im Sinne einer zukünftigen Leistungsverpflichtung beendet, nicht aber das Erfüllungsstadium für die bis zu diesem Zeitpunkt erbrachten Leistungen. Dementsprechend ist auch bei einem gekündigten Vertrag die Abnahme Fälligkeitsvoraussetzung.

Dass die Rechtsprechung und Literatur dies bisher anders gesehen haben, mag auch damit zusammenhängen, dass es bis zur Einführung des § 640 Abs. 1 S. 3 BGB für den Auftragnehmer nur in sehr erschwerter Weise möglich war, eine Abnahmewirkung ggf. auch gegen den Willen des Auftraggebers herbeizuführen und dies gerade in einer Kündigungssituation beachtlich erschien.

Für die in der Vergangenheit liegenden Fälle wird dabei zusätzlich zu berücksichtigen sein, dass der Rechtsanwender berechtigterweise davon ausgehen durfte, sich um das Thema der Abnahme jedenfalls im Hinblick auf die erstrebte Vergütung nicht kümmern zu müssen. Es erscheint deshalb sachgerecht, bei der Annahme einer konkludenten Abnahme jedenfalls dann einen großzügigen Maßstab anzulegen, wenn nicht der Auftraggeber etwa die Abnahme wegen der Geltendmachung wesentlicher Mängel (§ 12 Abs. 3 VOB/B) verweigert hat. Gleiches gilt, wenn der Auftraggeber etwa ohne eine Abnahmeverweigerung nach § 12 Abs. 3 VOB/B das Bauvorhaben fortgesetzt hat und die Parteien heute zwar ggf. über die Kündigungsgründe streiten, beide Parteien aber – bisher – davon ausgegangen sind, dass für den erbrachten Teil der Leistung dem Auftragnehmer eine Vergütung zusteht. Jedenfalls ist dem Auftragnehmer, dem durch die vom Auftraggeber vorgenommene Überbauung seiner Leistung jede Nachweismöglichkeit genommen wurde, eine Beweiserleichterung in Form einer Umkehr der Beweislast zuzugestehen, wenn der Auftraggeber wesentliche Mängel zunächst nicht rügt, die Leistung überbaut und erst später im Zuge einer Auseinandersetzung über die Schlussrechnung behauptet, die Fälligkeit sei mangels Abnahme wegen wesentlicher Mängel nicht eingetreten.

Für die Zukunft kann jedem Auftragnehmer nur empfohlen werden, die Abnahme zu verlangen und ggf. auch nach § 640 Abs. 1 S. 3 BGB – notfalls mit entsprechender Beweissicherung – vorzugehen.

Nach neuerer Rechtsprechung des OLG Hamm[315] gelten die vorstehenden Grundsätze auch bei einer Teilkündigung. Auch hier ist die Abnahme Fälligkeitsvoraussetzung für den entsprechenden Teil der Werklohnforderung. Für den Fall, dass überhaupt keine Leistungen erbracht wurden (z. B. sog. „Nullpositionen"), dürfte diese Auffassung nicht gelten, da eine nicht vorhandene Leistung auch nicht abgenommen werden kann. Schreitet allerdings bei einem ansonsten gekündigten Bauvertrag der Auftraggeber sogleich zur Ersatzvornahme, wodurch die Arbeiten des Auftragnehmers ohne vorherige Abgrenzung fertig gestellt werden, so soll sich der

---

[310] BGH BauR 1996, 382, 383; BGH BauR 1987, 95, 96.
[311] BGH NZBau 2003, 265 ff. = NJW 2003, 1450 ff.
[312] BGH NZBau 2006, 569 ff. = NJW 2006, 2475 ff.
[313] So ausdrücklich der BGH in der Entsch. v. 19.12.2002, NZBau 2003, 265, 266 = NJW 2003, 1450, 1451.
[314] *Kniffka* ZfBR 1998, 113, 116; *Thode* ZfBR 1999, 116, 123; *Brügmann/Kenter* NJW 2003, 2121, 2122; *Acker/Roskosny* BauR 2003, 1279, 1281; *Werner/Pastor* Rdn. 1803; *Oppler* in Ingenstau/Korbion VOB/B § 12 Rdn. 32.
[315] OLG Hamm IBR 2007, 1038, Nichtzulassungsbeschwerde durch Beschl. d. BGH vom 7.12.2006, VII ZR 174/06, zurückgewiesen.

Auftraggeber nicht auf die fehlende Abnahme der erbrachten Teilleistung berufen können.[316] Der Auftragnehmer in einer Leistungskette (Nachunternehmer) kann sich dabei in Bezug auf die Fälligkeit seiner Werklohnforderung erfolgreich auf die dem Auftragnehmer erklärte Abnahme berufen, selbst wenn seine Leistung noch nicht abgenommen worden ist.[317]

d) Keine Umwandlung der Ansprüche nach § 4 Abs. 7 VOB/B durch Kündigung. Nach dem Urteil des BGH vom 19.12.2002[318] ist davon auszugehen, dass sich Erfüllungsansprüche nach § 4 Abs. 7 VOB/B alleine durch eine Kündigung nicht in Gewährleistungsansprüche umwandeln.[319] Dem ist mit den Gründen in Entsprechung der vorstehenden Randnummern 55 und 57 zuzustimmen, wobei mit Kniffka[320] davon auszugehen ist, dass es einer erneuten Fristsetzung wegen eines Mangels nicht mehr bedarf, wenn der Mangel bereits Anlass zur Kündigung war. Von Bedeutung ist dies auch für Verjährungsfragen, da im Falle einer Kündigung ohne anschließende Abnahme bzw. Eintritt der Abnahmewirkungen auch § 13 Abs. 4 VOB/B nicht anwendbar ist. Erst mit Eintritt der Abnahmewirkung beginnt dann die Verjährung.[321]

58

e) Gefahrtragung/Schutzpflicht nach § 4 VOB/B. Die Themen der Gefahrtragung sowie der Pflicht des Auftragnehmers zum Schutz der eigenen Leistung nach § 4 Abs. 5 VOB/B nach einer Kündigung hängen in tatsächlicher Hinsicht eng miteinander zusammen.

59

Nach einer in der Literatur vertretenen Auffassung[322] soll der Auftragnehmer ohne Abnahme bzw. dem Eintritt der Abnahmewirkungen sowohl die Leistungs- und Vergütungsgefahr als auch die Pflicht zum Schutz der eigenen Leistung (§ 4 Abs. 5 VOB/B) tragen, da diese zur Erfüllung gehörenden Risiken bzw. Pflichten noch nicht beendet seien.

Dabei wird allerdings nicht berücksichtigt, dass dem Auftragnehmer nach der Kündigung des Vertrages regelmäßig schon die tatsächliche Möglichkeit der Erfüllung dieser Pflichten genommen wird, weil der Auftraggeber den Auftragnehmer auffordert, die Baustelle zu räumen.[323] Da es aber der Auftraggeber selbst ist, der dem Auftragnehmer objektiv die Möglichkeit zur Erfüllung dieses Teils der Leistung nimmt, kann er andererseits auch nicht mehr erfolgreich behaupten, die Erfüllung durch den Auftragnehmer sei bis zur Abnahme geschuldet. Da die Gefahrtragung bzw. die weitergehende Erfüllung der Schutzpflicht insoweit also auch zukunftsgerichtet ist, beendet die Kündigung die dementsprechende Pflicht zur Erfüllung durch den Auftragnehmer mit der Folge, dass die Leistungs- und Vergütungsgefahr mit der Kündigung auf den Auftraggeber übergeht und den Auftragnehmer auch keine Pflicht mehr zum Schutz der Leistung nach § 4 Abs. 5 VOB/B trifft. Dies gilt jedenfalls, sobald der Auftragnehmer die Baustelle geräumt hat und dementsprechend schon tatsächlich nicht mehr in der Lage ist, sein bisher erbrachtes Werk zu schützen bzw. Einfluss auf etwaig drohende Gefahren zu nehmen.

f) Beweislast nach Kündigung. In Bezug auf die Beweislast nach einer Kündigung verbleibt es bei der auch ohne Kündigung geltenden Regelung, dass der Auftragnehmer bis zur Abnahme bzw. dem Eintritt der Wirkungen einer Abnahme die Beweislast für die Vertragsgemäßheit seiner Leistungen hat.[324] Dies ist nur konsequent, wenn man richtigerweise davon ausgeht, dass das Erfüllungsstadium alleine durch die Kündigung nicht beendet wird, sondern lediglich die Leistungsverpflichtung/Leistungsmöglichkeit für die Zukunft nicht mehr besteht (vgl. Rdn. 55, 57).

60

VII. Abnahme und AGB-Klauseln

Durch das Gesetz zur Modernisierung des Schuldrechts wurde mit Wirkung zum 1.1.2002 das Gesetz zur Regelung des Rechts der Allgemeinen Geschäftsbedingungen (AGBG) außer Kraft gesetzt und inhaltlich weitgehend in das BGB überführt, wo es sich nunmehr unter den

61

---

[316] OLG Celle NZBau 2008, 449, Nichtzulassungsbeschwerde durch Beschl. d. BGH v. 26.7.2007, VII ZR 38/07, zurückgewiesen.
[317] OLG Celle IBR 2015, 476; BauR 2015, 1715.
[318] BGH NZBau 2003, 265 ff. = NJW 2003, 1450 ff.
[319] So auch *Kniffka* ZfBR 1998, 113, 117; *Brügmann/Kenter* NJW 2003, 2121, 2122.
[320] *Kniffka* ZfBR 1998, 113, 117.
[321] BGH NZBau 2003, 265 ff. = NJW 2003, 1450, 1451.
[322] *Brügmann/Kenter* NJW 2003, 2121, 2122.
[323] *Kniffka* ZfBR 1998, 113, 120.
[324] *Kniffka* ZfBR 1998, 113, 120; *Brügmann/Kenter* NJW 2003, 2121, 2123; gilt auch in Ansehung der neuen Rechtsprechung: OLG Celle NZBau 2008, 449, Nichtzulassungsbeschwerde durch Beschl. d. BGH v. 26.7.2007, VII ZR 38/07, zurückgewiesen.

§§ 305 ff. BGB befindet.[325] Bei der hier vorzunehmenden AGB-rechtlichen Betrachtung in Bezug auf § 12 ist systematisch zwischen solchen AGB zu unterscheiden, die dem Auftraggeber Vorteile bringen und solchen, die dem Auftragnehmer nutzen sollen.

1. Allgemeine Geschäftsbedingungen, die dem Auftraggeber Vorteile bringen sollen.

62 Bei den AGB, die dem Auftraggeber Vorteile bringen sollen, können verschiedene Fallgruppen gebildet werden. Die erste Fallgruppe betrifft die Bestimmung bestimmter Abnahmeformen, die zweite Fallgruppe die Änderung des Abnahmezeitpunktes, die dritte Fallgruppe das Abhängigmachen der Abnahme von Handlungen Dritter und schließlich die vierte Fallgruppe, die den Ausschluss der Wirkungen des § 240 Abs. 2 BGB bzw. des Verlustes von Vertragsstrafenansprüchen bewirken soll. Im Einzelnen:

63 **a) Bestimmung bestimmter Abnahmeformen.** Da der Auftraggeber ein Interesse daran hat, dass die Wirkungen der Abnahme nur durch seinen erklärten Willen erfolgen, gibt es eine Reihe von Allgemeinen Geschäftsbedingungen, die die Form der Abnahme zu bestimmen versuchen. Soweit dabei der Auftraggeber versucht, die fiktive Abnahme nach § 12 Abs. 5 VOB/B auszuschließen, ist dies zulässig,[326] führt aber dazu, dass die VOB/B nicht mehr als „Ganzes" vereinbart ist, mit der Folge, dass nunmehr alle Vorschriften der VOB/B der Inhaltskontrolle durch das Recht der Allgemeinen Geschäftsbedingungen unterliegen.[327]

Unzulässig hingegen ist der Ausschluss der durch das Gesetz zur Beschleunigung fälliger Zahlungen eingeführten Abnahmefiktion des § 640 Abs. 1 S. 3 BGB, da durch diese Vorschrift eine bestehende Rechtsprechung mit dem Ziel kodifiziert wurde, eine gesetzliche „Gerechtigkeitslücke" zu schließen. Wollte man den Ausschluss des § 640 Abs. 1 S. 3 BGB durch AGB zulassen, würde dies den Auftragnehmer unangemessen benachteiligen.[328]

Wirksam hingegen ist die Vereinbarung in Allgemeinen Geschäftsbedingungen, wonach eine förmliche Abnahme zu erfolgen hat, wenn dadurch nicht gleichzeitig eine stillschweigende Abnahme für den Fall ausgeschlossen wird, dass die förmliche Abnahme in Vergessenheit gerät.[329] Formulierungen, wie „Die Abnahme kann nur schriftlich erfolgen."[330] oder „eine Abnahme durch Ingebrauchnahme ist ausgeschlossen",[331] sind vor diesem Hintergrund ebenso unwirksam wie der direkte Ausschluss einer stillschweigenden Abnahme.[332]

64 **b) Änderung des Abnahmezeitpunktes.** Häufig hat der Auftraggeber z. B. als Generalunternehmer ein Interesse daran, den Zeitpunkt der Abnahme zeitlich nach „hinten" zu verschieben, um den Gewährleistungsbeginn für alle Gewerke möglichst einheitlich zu gestalten oder um miteinander verbundene Leistungen beurteilen zu können. Dieses Interesse wird vom BGH grundsätzlich anerkannt, wenn der Zeitraum der Verschiebung in der Klausel konkret genannt ist und den Auftragnehmer nicht unangemessen benachteiligt, wobei der BGH eine Verschiebung um vier bis sechs Wochen als noch angemessen erachtet,[333] eine Verschiebung um zwei Monate hingegen nicht.[334]

Unzulässig hingegen sind allgemeine Geschäftsbedingungen, die den Abnahmezeitpunkt unbestimmt verlegen, so z. B. eine Klausel, wonach die Abnahme erst verlangt werden kann, wenn das Bauwerk insgesamt fertig gestellt ist, obwohl der Auftragnehmer seine Leistungen bereits komplett fertig gestellt hat,[335] oder eine Klausel, die die Wirkungen der Abnahme von einer zusätzlichen Erklärung des Auftraggebers unabhängig von der Dauer einer etwaigen Ingebrauchnahme abhängig machen soll.[336] Auch eine Klausel, die den Beginn der Verjährungsfrist für nicht erkennbare Mängel auf den Zeitpunkt der Feststellung verschiebt, ist unwirksam.[337]

---

[325] Gesetz zur Modernisierung des Schuldrechts vom 26.11.2001 (BGBl. I, 3138).
[326] BGH BauR 1997, 302 (303); *Markus/Kaiser/Kapellmann*, Rdn. 622.
[327] Vgl. § 310 Abs. 1 S. 3 BGB und *Markus/Kaiser/Kapellmann*, Rdn. 63 ff.
[328] *Markus/Kaiser/Kapellmann*, AGB-Handbuch, Rdn. 636.
[329] *Bröker* in Beck'scher VOB-Kommentar VOB/B vor § 12 Rdn. 179; *Markus/Kaiser/Kapellmann*, Rdn. 623; LG Itzehoe IBR 2006, 1163 (nur online).
[330] Vgl. zum Meinungsstand *Markus/Kaiser/Kapellmann*, Rdn. 628.
[331] BGH BB 1996, 763.
[332] *Bröker* in Beck'scher VOB-Kommentar VOB/B vor § 12 Rdn. 178.
[333] BGH BauR 1986, 202; BGH NJW 1989, 1602.
[334] BGH BauR 1989, 322, 324; BGH NJW 1996, 1346; jetzt auch OLG Rostock IBR 2005, 670.
[335] BGH NJW 1989, 1602; BGH NJW 1995, 526; OLG Düsseldorf BauR 1984, 95 (1.) L.
[336] OLG Düsseldorf NJW-RR 1996, 146; OLG Düsseldorf BauR 2002, 482.
[337] OLG Frankfurt IBR 2008, 647; Nichtzulassungsbeschwerde durch Beschl. d. BGH v. 24.4.2008, VII ZR 226/07, zurückgewiesen.

Eine weitere Möglichkeit, den Zeitpunkt hinauszuschieben, besteht darin, die Anforderungen an die Abnahme inhaltlich bzw. qualitativ heraufzusetzen. So ist z. B. denkbar, die Abnahme von der Vorlage aller Revisions- und Bestandspläne (soweit sie geschuldet sind) abhängig zu machen oder aber zu formulieren, dass auch unwesentliche Mängel den Auftraggeber berechtigen, die Abnahme zu verweigern. Im ersten Fall hat der BGH[338] bereits entschieden, dass eine solche Klausel gegen das Transparenzverbot verstößt und damit unwirksam ist. Im zweiten Fall entspricht die Klausel der Rechtslage vor dem 1.5.2000, da § 640 Abs. 1 S. 2 BGB n. F., der davon ausgeht, dass die Abnahme wegen unwesentlicher Mängel nicht verweigert werden darf, erst durch das Gesetz zur Beschleunigung fälliger Zahlungen eingefügt wurde.[339] Gerade durch die Änderung der Rechtslage aber wird deutlich, dass die Herstellung der alten Rechtslage durch BGB den Auftragnehmer unangemessen benachteiligen würde mit der Folge, dass nach der Einfügung des § 640 Abs. 1 S. 2 BGB n. F. eine entsprechende Klausel unwirksam ist.[340]

c) Abhängigkeit der Abnahme von Handlungen Dritter. Macht der Auftraggeber die Abnahme in Allgemeinen Geschäftsbedingungen von Handlungen Dritter abhängig, auf die der Auftragnehmer keinen Einfluss hat, so ist dies unzulässig.[341] Dementsprechend sind Klauseln, die die Abnahme davon abhängig machen, dass die baubehördliche Abnahme erfolgt ist, unwirksam.[342] Gleiches gilt auch für eine Billigungserklärung eines Endabnehmers/Erwerbers.[343] Dabei ist es unerheblich, ob diese Billigungserklärung als Abnahme oder „Mängelfreiheitsbescheinigung" tituliert wird.[344]

d) Ausschluss der Wirkungen des § 640 Abs. 2 BGB bzw. des Vorbehaltes von Vertragsstrafenansprüchen. Soweit der Auftraggeber versucht, die Wirkungen des § 640 Abs. 2 BGB durch Allgemeine Geschäftsbedingungen zu vereiteln, d. h. trotz eines fehlenden Vorbehaltes keinen Rechtsverlust zu erleiden,[345] ist dies unwirksam.[346]

In Bezug auf einen fehlenden Vorbehalt der Geltendmachung von Vertragsstrafenansprüchen bei der Abnahme ist ein genereller Verzicht auf einen Vorbehalt im Rahmen von Allgemeinen Geschäftsbedingungen unzulässig,[347] eine Verlagerung des Zeitpunktes der Geltendmachung von Vertragsstrafenansprüchen bis zur Schlussrechnung hingegen zulässig.[348] Der seinerseits formularmäßig erklärte Vorbehalt z. B. in einem vorgedruckten Abnahmeprotokoll ist ausreichend.[349] Soweit eine Klausel in Allgemeinen Geschäftsbedingungen des Auftraggebers bestimmt, dass der Auftragnehmer auch für die Zeit nach der Abnahme die Darlegungs- und Beweislast für die Mangelfreiheit seiner Leistung tragen soll, benachteiligt dies den Auftragnehmer unangemessen. Eine solche Klausel ist nichtig.[350] Beachtlich ist, dass eine unwirksame Abnahmeklausel auch dazu führen kann, dass die Sicherheitsabrede für Mängelrechte unwirksam ist[351], weil die Fälligkeit des Sicherungseinbehaltes z.B. in die Macht eines vertragsfremden Dritten gelegt wird (vgl. Rz. 65).

---

[338] BGH Nicht-Annahmebeschl. v. 5.6.1997, VII ZR 54/95, Baurechts Report 9/97; jetzt OLG Frankfurt IBR 2016, 206, BauR 2016, 718.
[339] Gesetz zur Beschleunigung fälliger Zahlungen vom 30.3.2000 (BGBl. I, S. 330).
[340] *Markus/Kaiser/Kapellmann,* Rdn. 636. So auch OLG Rostock IBR 2005, 670 (bestätigt durch Nichtannahmebeschluss des BGH vom 6.10.2005).
[341] *Bröker* in Beck'scher VOB-Kommentar VOB/B vor § 12 Rdn. 188 ff.; *Oppler* in Ingenstau/Korbion VOB/B § 12 Rdn. 36.
[342] BGH NJW 1989, 1602; *Oppler* in Ingenstau/Korbion VOB/B § 12 Rdn. 36; *Bröker* in Beck'scher VOB-Kommentar VOB/B vor § 12 Rdn. 189.
[343] BGH NJW 1995, 526; OLG Düsseldorf BauR 1984, 95 (1.) L; OLG Karlsruhe BB 1983, 725, 728 f.; *Bröker* in Beck'scher VOB-Kommentar VOB/B vor § 12 Rdn. 190; *Oppler* in Ingenstau/Korbion VOB/B § 12 Rdn. 36.
[344] BGH NJW 1995, 526; *Bröker* in Beck'scher VOB-Kommentar VOB/B vor § 12 Rdn. 191.
[345] Zu den Einzelheiten wird auf die Rdn. 46–52 verwiesen.
[346] BGH NJW-RR 1991, 1238; *Bröker* in Beck'scher VOB-Kommentar VOB/B vor § 12 Rdn. 192.
[347] BGH BauR 1984, 643; KG BauR 1988, 230 f.; OLG München BB 1984, 1386; *Markus/Kaiser/Kapellmann,* Rdn. 590.
[348] BGH NJW 1979, 212 f.; *Bröker* in Beck'scher VOB-Kommentar VOB/B vor § 12 Rdn. 194.
[349] BGH BauR 1984, 643; *Markus/Kaiser/Kapellmann,* Rdn. 591.
[350] BGH IBR 2014, 261, NZBau 2014, 221 ff.
[351] OLG Köln IBR 2016, 394, BauR 2016, 1780

67 **2. Allgemeine Geschäftsbedingungen, die dem Auftragnehmer Vorteile bringen sollen.** Bei den Allgemeinen Geschäftsbedingungen, die dem Auftragnehmer Vorteile bringen sollen, stehen Klauseln im Vordergrund, die sich auf den Abnahmezeitpunkt beziehen und dabei gleichzeitig etwaige Mängelbeseitigungsrechte reduzieren sollen. Zunächst ist hier § 12 Abs. 5 VOB/B selbst als Allgemeine Geschäftsbedingung zu nennen, der sowohl Fristen verkürzt als auch eine Abnahmefiktion enthält, wonach die Wirkungen der Abnahme selbst dann eintreten, wenn keine Abnahme verlangt wird. Die Vorschrift des § 12 Abs. 5 VOB/B ist deshalb nur dann wirksam, wenn in die VOB/B nicht eingegriffen wurde, weil dann eine einzelfallbezogene Inhaltskontrolle nicht stattfindet. Bei isolierter Betrachtung hingegen ist § 12 Abs. 5 VOB/B wegen der darin enthaltenen Abnahmefiktion ohne Abnahmebegehren unwirksam.[352] Nach dem seit dem 1.1.2009 geltenden Forderungssicherungsgesetz kann § 12 Nr. 5 VOB/B auch bei Vereinbarung der VOB/B als Ganzes gegenüber Verbrauchern nicht wirksam vereinbart werden.[353] Auch sonstige Klauseln, die eine Abnahme z. B. durch den Einzug des Käufers in eine Wohnung/ein Haus fingieren sind unwirksam.[354] Eine unangemessene Benachteiligung mit der Folge der Unwirksamkeit der Klausel liegt auch dann vor, wenn der Auftraggeber verpflichtet sein soll, ein Haus/eine Wohnung abzunehmen, obgleich erhebliche Baumängel bestehen, weil er ansonsten Mängelbeseitigungsansprüche verliert.[355] Die Fiktion der Abnahme, ohne dass ein Abnahmewille des Auftraggebers überhaupt vorhanden sein kann, verkürzt im Übrigen auch in unzulässiger Weise die Verjährungsfristen und ist auch aus diesem Grunde unwirksam.[356]

B. Einzeltatbestände des § 12 VOB/B

68 Wie bereits unter Rdn. 3 dargelegt, gestaltet § 12 VOB/B im Rahmen seiner Einzeltatbestände die für die Baupraxis in § 640 BGB nicht enthaltenen Regelungen näher aus, normiert aber selbst keine neue Abnahmebegrifflichkeit.[357] Als vertragliche Sonderregelungen gehen andererseits die Einzeltatbestände des § 12 VOB/B denen des § 640 BGB vor, soweit sie hiervon abweichen oder diese erweitern.[358]

I. Abnahme auf Verlangen

69 Nach § 12 Abs. 1 VOB/B hat der Auftraggeber die fertig gestellte Leistung auf Verlangen des Auftragnehmers binnen einer Frist von 12 Werktagen abzunehmen. Eine andere Frist kann vereinbart werden. Entscheidend dabei ist zunächst, dass die Pflicht des Auftraggebers zur Abnahme erst entsteht, wenn der Auftragnehmer einen entsprechenden Antrag auf Abnahme, d. h. ein Abnahmeverlangen stellt.

70 **1. Abnahmeverlangen.** Der vom Auftragnehmer zu stellende Antrag auf Abnahme, d. h. sein Abnahmeverlangen, ist eine empfangsbedürftige Willenserklärung.[359] Dementsprechend wird diese auch erst mit Zugang beim Auftraggeber wirksam (§ 130 BGB) und setzt erst zu diesem Zeitpunkt den Lauf der Frist von 12 Werktagen gem. § 12 Abs. 1 VOB/B in Gang.[360]
Wie jede Willenserklärung ist auch das Abnahmeverlangen der Auslegung zugänglich. Dementsprechend bedarf es nicht der wörtlichen Bezeichnung des Antrages als Abnahmeverlangen. Vielmehr reicht es aus, wenn der Auftragnehmer hinreichend deutlich zum Ausdruck bringt,

---

[352] OLG Hamm OLG Report 1995, 74; *Markus/Kaiser/Kapellmann*, Rdn. 90.
[353] Vgl. Markus/Kaiser/Kapellmann, Rdn. 63 ff.
[354] OLG Hamm OLG Report 1994, 74 ff.; *Markus/Kaiser/Kapellmann*, Rdn. 637; *Bröker* in Beck'scher VOB-Kommentar VOB/B vor § 12 Rdn. 181.
[355] OLG Oldenburg OLG Report 1996, 266; *Markus/Kaiser/Kapellmann*, Rdn. 633.
[356] *Heiermann/Riedl/Rusam* VOB/B § 12 Rdn. 54; *Bröker* in Beck'scher VOB-Kommentar VOB/B vor § 12 Rdn. 182; *Markus/Kaiser/Kapellmann*, Rdn. 637.
[357] *Bröker* in Beck'scher VOB-Kommentar VOB/B vor § 12 Rdn. 3 f.
[358] *Oppler* in Ingenstau/Korbion VOB/B § 12 Rdn. 2.
[359] *Bröker* in Beck'scher VOB-Kommentar VOB/B § 12 Abs. 1 Rdn. 3, *Oppler* in Ingenstau/Korbion VOB/B § 12 Abs. 1 Rdn. 4; Heiermann/Riedl/Rusam VOB/B § 12 Rdn. 57.
[360] *Bröker* in Beck'scher VOB-Kommentar VOB/B § 12 Abs. 1 Rdn. 3; *Heiermann/Riedl/Rusam* VOB/B § 12 Rdn. 57; *Oppler* in Ingenstau/Korbion VOB/B § 12 Abs. 1 Rdn. 8.

dass von dem Auftraggeber die Entgegennahme der fertig gestellten Leistung und ihre Billigung verlangt wird.[361]

Ohne besondere Vereinbarung ist die Einhaltung einer besonderen Form nicht erforderlich. Obwohl dementsprechend grundsätzlich ein mündliches Abnahmeverlangen ausreichend wäre, ist es schon aus Dokumentations- und Beweisgründen ratsam, die Schriftform zu wählen.[362] Die Form des Abnahmeverlangens kann dabei grundsätzlich auch in den Allgemeinen Geschäftsbedingungen geregelt werden.[363] So ist z. B. jedenfalls im kaufmännischen Verkehr die Vorschrift, wonach das Abnahmeverlangen mittels eingeschriebenem Brief zu versenden ist[364] ebenso wirksam, wie die Bestimmung, wonach ein schriftliches Abnahmeverlangen nur gegenüber der Hauptverwaltung des Auftraggebers gestellt werden kann.[365]

Als empfangsbedürftige Willenserklärung ist das Abnahmeverlangen stets an den Auftraggeber als Adressaten zu richten, es sei denn, es gibt einen entsprechend empfangsbevollmächtigten Dritten, z. B. einen entsprechend bevollmächtigten Architekten. Dieser muss dann aber über seine Beauftragung an sich hinausgehend gesondert empfangsbevollmächtigt sein, was der Auftragnehmer im Zweifel zu beweisen hat, so dass es sich empfiehlt, ohne besonderen Nachweis der Empfangsbevollmächtigung das Abnahmeverlangen direkt an den Auftraggeber zu richten.[366]

2. Voraussetzungen des Abnahmeverlangens. Wie sich aus § 12 Abs. 1 VOB/B ergibt, ist **71** Voraussetzung für ein Abnahmeverlangen des Auftragnehmers, dass die Gesamtleistung fertig gestellt, d. h. abnahmereif ist.[367] Für Teilabnahmen gibt § 12 Abs. 2 VOB/B eine Sonderregelung. Wegen der Einzelheiten, wann eine Abnahme verlangt werden kann bzw. wann eine hinreichende Abnahmereife auch in Ansehung von § 12 Abs. 3 VOB/B gegeben ist, wird zur Vermeidung von Wiederholungen auf die Rdn. 34 und 35 verwiesen.

Zusätzlich ist § 12 Abs. 1 VOB/B zu entnehmen, dass es bezüglich des Zeitpunktes des Abnahmebegehrens nicht darauf ankommt, ob die vertraglich vereinbarte Bauzeit eingehalten wurde. Ausdrücklich bestimmt § 12 Abs. 1 VOB/B, dass die Abnahme bei Vorliegen der tatbestandlichen Voraussetzungen auch schon vor Ablauf der Ausführungsfrist verlangt werden kann. Umgekehrt führt auch eine verspätete Fertigstellung nicht dazu, dass der Auftragnehmer die Abnahme nicht verlangen könnte. Es ist in diesem Falle vielmehr Sache des Auftraggebers, sich Ansprüche wegen verspäteter Fertigstellung vorzubehalten und gegebenenfalls auch durchzusetzen. Mit dem Recht des Auftragnehmers, die Beendigung der Erfüllungsphase feststellen zu lassen und damit auch Ansprüche des Auftraggebers wegen gegebenenfalls verspäteter Fertigstellung zu begrenzen, hat dies nur insoweit etwas zu tun, als der Auftraggeber nicht durch sein eigenes Unterlassen einen gegebenenfalls vorhandenen Anspruch wegen Verzuges des Auftragnehmers vertiefen kann.[368]

3. Formen der Abnahme nach § 12 Abs. 1 VOB/B. Die Vorschrift des § 12 Abs. 1 **72** VOB/B schreibt selbst keine bestimmte Abnahmeform vor.[369] Dementsprechend kommen grundsätzlich alle Formen der Abnahme als Möglichkeit in Betracht, d. h. sowohl die ausdrück-

---

[361] *Oppler* in Ingenstau/Korbion VOB/B § 12 Abs. 1 Rdn. 4; *Heiermann/Riedl/Rusam* VOB/B § 12 Rdn. 57; *Bröker* in Beck'scher VOB-Kommentar VOB/B § 12 Abs. 1 Rdn. 4; *Leinemann/Jansen* VOB/B § 12 Rdn. 73.

[362] *Bröker* in Beck'scher VOB-Kommentar VOB/B § 12 Abs. 1 Rdn. 5; *Oppler* in Ingenstau/Korbion VOB/B § 12 Abs. 1 Rdn. 4; *Heiermann/Riedl/Rusam* VOB/B § 12 Rdn. 58; *Leinemann/Jansen* VOB/B § 12 Rdn. 73.

[363] BGH NJW-RR 1989, 626; *Heiermann/Riedl/Rusam* VOB/B § 12 Rdn. 58.

[364] *Bröker* in Beck'scher VOB-Kommentar VOB/B § 12 Abs. 1 Rdn. 6; *Oppler* in Ingenstau/Korbion VOB/B § 12 Abs. 1 Rdn. 5.

[365] *Oppler* in Ingenstau/Korbion VOB/B § 12 Nr. 1 Rdn. 5 (15. Auflage), soweit dies *Heiermann/Riedl/Rusam* VOB/B § 12 Rdn. 58 und *Bröker* in Beck'scher VOB-Kommentar VOB/B § 12 Abs. 1 Rdn. 6 ablehnen, trifft dies nur den Fall des § 309 Nr. 13 BGB (§ 11 Nr. 16 AGBG), nicht aber den Fall des kaufmännischen Geschäftsverkehrs. Insoweit ist auch BGH NJW 1985, 2587 (Kündigung eines formularmäßigen Internatschulvertrages) nicht einschlägig.

[366] *Bröker* in Beck'scher VOB-Kommentar VOB/B § 12 Abs. 1 Rdn. 7; *Oppler* in Ingenstau/Korbion VOB/B § 12 Abs. 1 Rdn. 8.

[367] *Bröker* in Beck'scher VOB-Kommentar VOB/B § 12 Abs. 1 Rdn. 9, 10; *Heiermann/Riedl/Rusam* VOB/B § 12 Rdn. 59.

[368] *Bröker* in Beck'scher VOB-Kommentar VOB/B § 12 Abs. 1 Rdn. 20 ff.; *Heiermann/Riedl/Rusam* VOB/B § 12 Rdn. 63 ff.; *Oppler* in Ingenstau/Korbion VOB/B § 12 Abs. 1 Rdn. 19 ff.

[369] *Bröker* in Beck'scher VOB-Kommentar VOB/B § 12 Abs. 1 Rdn. 13.

liche bzw. förmliche Abnahme (§ 12 Abs. 4 VOB/B)[370] als auch die stillschweigende/konkludente Abnahme.[371] Bei der stillschweigenden/konkludenten Abnahme ist dann allerdings zu beachten, dass von einer Abnahme erst nach Ablauf einer entsprechenden Prüfungsfrist ausgegangen werden kann.[372]

Bei einer fiktiven Abnahme ist zu beachten, dass § 12 Abs. 5 VOB/B nicht in Betracht kommt, da diese Vorschrift gerade voraussetzt, dass keine Abnahme verlangt wird. Beide Vorschriften schließen sich mithin aus.[373] Dies trifft auf die Abnahmefiktion des § 640 Abs. 1 S. 3 BGB nicht zu. Die Anwendung dieser Vorschrift bleibt vielmehr möglich. Der Auftragnehmer kann dem Auftraggeber eine angemessene Frist zur Abnahme setzen, mit der Folge, dass nach fruchtlosem Ablauf – die Abnahmefähigkeit des Werkes vorausgesetzt – die Wirkungen der Abnahme eintreten.[374]

73 **4. Abnahmefrist.** Mit Zugang des Abnahmeverlangens beginnt der Lauf der in § 12 Abs. 1 VOB/B genannten Frist von 12 Werktagen.[375] Die Fristberechnung erfolgt in Entsprechung der §§ 186 ff. BGB. Dabei sind die Samstage als Werktage (vgl. § 11 Abs. 3 VOB/B) mitzuzählen.[376] Die Dauer der Frist kann zwischen den Parteien auch abweichend vereinbart werden. Dies ergibt sich schon aus dem Wortlaut des § 12 Abs. 1 VOB/B. Soweit dies durch Allgemeine Geschäftsbedingungen erfolgt, hat der BGH eine Verlängerung um 12 Werktage als zulässig erachtet.[377]

74 **5. Folgen der Missachtung der Frist.** Beachtet der Auftraggeber die Frist des § 12 Abs. 1 VOB/B oder die zulässigerweise vereinbarte Frist nicht, gerät er zunächst in Gläubiger- bzw. Annahmeverzug, wenn ihm die Leistung ordnungsgemäß, d. h. abnahmefähig angeboten worden ist. Dies führt – unabhängig vom Verschulden des Auftraggebers – zur Anwendbarkeit der §§ 293 ff. BGB, insbesondere von § 300 Abs. 1 BGB (Haftung nur noch für Vorsatz und grobe Fahrlässigkeit) sowie § 644 Abs. 1 BGB (vorzeitiger Gefahrenübergang).[378]

Liegen zusätzlich die Voraussetzungen des Schuldnerverzuges (Mahnung und Verschulden) gem. §§ 286 ff. BGB vor, kann der Auftragnehmer Schadensersatz gem. §§ 280, 286 BGB geltend machen, bzw. Schadensersatz wegen Nichterfüllung verlangen (§ 281 BGB).[379]

Neben diesen Möglichkeiten ist § 640 Abs. 1 S. 3 BGB n. F. zu beachten. Dadurch kann der Auftragnehmer dem Auftraggeber eine angemessene Frist zur Abnahme setzen. Beachtet der Auftraggeber diese Frist nicht, obgleich er zur Abnahme verpflichtet ist, d. h. das Werk abnahmefähig ist, treten die Wirkungen der Abnahme gegebenenfalls auch gegen den Willen des Auftraggebers ein.[380]

Die beschriebenen Folgen der Missachtung der Frist setzen voraus, dass der Auftragnehmer einen Anspruch auf Abnahme hat, d. h. das Werk abnahmereif ist. Liegen diese Voraussetzungen nicht vor, d. h. verweigert der Auftraggeber die Abnahme zu Recht, treten die beschriebenen Rechtsfolgen selbstredend nicht ein.[381] Als Beurteilungszeitpunkt der Abnahmereife wird dabei auf den Zeitpunkt der verlangten Abnahme abgestellt.[382]

---

[370] Vgl. hierzu Rdn. 31.
[371] Vgl. hierzu Rdn. 32 bzw. 15–22.
[372] *Oppler* in Ingenstau/Korbion VOB/B § 12 Abs. 1 Rdn. 13; *Bröker* in Beck'scher VOB-Kommentar VOB/B § 12 Abs. 1 Rdn. 17; vgl. hierzu Rdn. 18.
[373] *Bröker* in Beck'scher VOB-Kommentar VOB/B § 12 Abs. 1 Rdn. 17.
[374] *Oppler* in Ingenstau/Korbion VOB/B § 12 Abs. 1 Rdn. 21.
[375] *Bröker* in Beck'scher VOB-Kommentar VOB/B § 12 Abs. 1 Rdn. 16; *Oppler* in Ingenstau/Korbion VOB/B § 12 Abs. 1 Rdn. 8; *Heiermann/Riedl/Rusam* VOB/B § 12 Rdn. 61.
[376] *Bröker* in Beck'scher VOB-Kommentar VOB/B § 12 Abs. 1 Rdn. 16; *Oppler* in Ingenstau/Korbion VOB/B § 12 Abs. 1 Rdn. 8; *Heiermann/Riedl/Rusam* VOB/B § 12 Rdn. 61.
[377] BGH NJW 1983, 816, 818; BGH NJW 1989, 1602.
[378] *Oppler* in Ingenstau/Korbion VOB/B § 12 Abs. 1 Rdn. 18; *Bröker* in Beck'scher VOB-Kommentar VOB/B § 12 Abs. 1 Rdn. 19; *Heiermann/Riedl/Rusam* VOB/B § 12 Rdn. 63.
[379] *Heiermann/Riedl/Rusam* VOB/B § 12 Rdn. 64; *Bröker* in Beck'scher VOB-Kommentar VOB/B § 12 Abs. 1 Rdn. 20 ff.; RGZ 171, 297, 301; BGH NJW 1972, 99 f.; *Oppler* in Ingenstau/Korbion VOB/B § 12 Abs. 1 Rdn. 19, 20.
[380] *Oppler* in Ingenstau/Korbion VOB/B § 12 Abs. 1 Rdn. 21; *Leinemann/Jansen* VOB/B § 12 Rdn. 76.
[381] *Heiermann/Riedl/Rusam* VOB/B § 12 Rdn. 67.
[382] BGH BauR 1992, 627.

6. Kosten der Abnahme. Da die Erklärung der Abnahme zur Erfüllung einer Hauptpflicht **75**
des Auftraggebers gehört, hat er auch die Kosten derselben zu tragen.[383] Dies gilt allerdings dann
nicht, wenn der Auftragnehmer die Abnahme nicht zu Recht verlangt, weil die Abnahmereife
nicht vorliegt. In diesem Fall hat der Auftragnehmer die Kosten der Abnahme aus dem Gesichtspunkt der positiven Vertragsverletzung (bis zum 31.12.2001) bzw. der Pflichtverletzung gem.
§ 280 Abs. 1 BGB n. F. (ab dem 1.1.2002) zu tragen.[384]

II. Teilabnahme gem. § 12 Abs. 2 VOB/B

Nach § 12 Abs. 2 VOB/B sind auf Verlangen in sich abgeschlossene Teile der Leistung **76**
besonders abzunehmen. Mit dieser Vorschrift konkretisiert die VOB/B die Norm des § 641
Abs. 1 S. 2 BGB, der unter der Voraussetzung einer Teilabnahmenotwendigkeit die Vergütungsregelung trifft, dass die auf die jeweilige Teilleistung entfallende Teilvergütung gesondert zu
zahlen ist.[385] Die Vorschrift hat mit der VOB 2000 insoweit eine Änderung erfahren, als die bis
dahin unter § 12 Nr. 2b) VOB/B geregelte so genannte „unechte Teilabnahme" nunmehr
systematisch zutreffend[386] unter § 4 Abs. 10 VOB/B geregelt ist.

Bei der hier normierten so genannten „echten Teilabnahme" ist darauf zu achten, dass auch
tatsächlich ein Teil der Leistung Gegenstand der Abnahme sein muss, um zur Anwendbarkeit der
Norm zu gelangen. So ist z. B. die Abnahme einer Leistung nach erfolgter Kündigung des
Restauftrages nach § 8 Abs. 6 VOB/B keine Teilabnahme nach § 12 Abs. 2 VOB/B, da sich die
Abnahme zu diesem Zeitpunkt auf die vom Auftragnehmer bis zu diesem Zeitpunkt erbrachte
(notwendigerweise beschränkte) Gesamtleistung bezieht.[387] Auch im Fall mehrerer Leistungen,
die nicht Gegenstand desselben Vertrages sind, liegt keine Abnahme einer Teilleistung vor,
sondern die Abnahme mehrerer Gesamtleistungen, bezogen auf jeden einzelnen Vertrag.[388]

Systematisch stellt § 12 Abs. 2 VOB/B eine Ausnahme zu dem in § 12 Abs. 1 VOB/B
geregelten Grundsatz der Gesamtabnahme dar[389] und bedarf insoweit einer restriktiven Handhabung.[390] Ein Ausschluss der Möglichkeit der Teilabnahme in Allgemeinen Geschäftsbedingungen ist daher wirksam möglich, stellt aber einen Eingriff in den Kernbereich der VOB/B dar, mit
der Folge, dass in diesem Fall alle Vorschriften der VOB/B der Inhaltskontrolle nach dem Recht
der Allgemeinen Geschäftsbedingungen unterliegen.[391]

1. Voraussetzungen des § 12 Abs. 2 VOB/B. Voraussetzung für die Anwendbarkeit des **77**
§ 12 Abs. 2 VOB/B ist zum einen ein Abnahmeverlangen, zum anderen ein in sich abgeschlossener Teil der Leistung. Im Einzelnen:

a) Abnahmeverlangen. Wie auch bei der Gesamtabnahme gem. § 12 Abs. 1 VOB/B ent- **78**
steht die Pflicht zur Abnahme erst mit einem entsprechenden Abnahmeverlangen des Auftragnehmers.[392] Wegen der Einzelheiten wird zur Vermeidung von Wiederholungen auf die
Rdn. 70, 71 verwiesen.

---

[383] *Oppler* in Ingenstau/Korbion VOB/B § 12 Abs. 1 Rdn. 17; *Heiermann/Riedl/Rusam* VOB/B § 12 Rdn. 62; *Bröker* in Beck'scher VOB-Kommentar VOB/B § 12 Abs. 1 Rdn. 74; *Leinemann/Jansen* VOB/B § 12 Rdn. 78.
[384] Vgl. Fn. 347.
[385] *Bröker* in Beck'scher VOB-Kommentar VOB/B § 12 Abs. 2 Rdn. 1; *Oppler* in Ingenstau/Korbion VOB/B § 12 Abs. 2 Rdn. 1; *Heiermann/Riedl/Rusam* VOB/B § 12 Rdn. 68.
[386] Vgl. hierzu: *Oppler* in Ingenstau/Korbion VOB/B § 12 Abs. 2 Rdn. 2 m. w. N.
[387] *Oppler* in Ingenstau/Korbion VOB/B § 12 Abs. 2 Rdn. 10; *Bröker* in Beck'scher VOB-Kommentar VOB/B § 12 Abs. 2 Rdn. 2; *Heiermann/Riedl/Rusam* VOB/B § 12 Rdn. 74.
[388] BGH BauR 1974, 63 f.; *Bröker* in Beck'scher VOB-Kommentar VOB/B § 12 Abs. 2 Rdn. 7; *Oppler* in Ingenstau/Korbion VOB/B § 12 Abs. 2 Rdn. 3; *Heiermann/Riedl/Rusam* VOB/B § 12 Rdn. 68, 70.
[389] *Bröker* in Beck'scher VOB-Kommentar VOB/B § 12 Abs. 2 Rdn. 1; *Oppler* in Ingenstau/Korbion VOB/B § 12 Abs. 2 Rdn. 1.
[390] *Oppler* in Ingenstau/Korbion VOB/B § 12 Abs. 2 Rdn. 7; *Heiermann/Riedl/Rusam* VOB/B § 12 Rdn. 71; *Staudinger/Peters/Jacoby* BGB, § 640 Rdn. 73.
[391] *Oppler* in Ingenstau/Korbion VOB/B § 12 Abs. 2 Rdn. 6 ff.; *Leinemann/Jansen* VOB/B § 12 Rdn. 84.
[392] *Bröker* in Beck'scher VOB-Kommentar VOB/B § 12 Abs. 2 Rdn. 3; *Oppler* in Ingenstau/Korbion VOB/B § 12 Abs. 2 Rdn. 5; *Heiermann/Riedl/Rusam* VOB/B § 12 Rdn. 69; *Leinemann/Jansen* VOB/B § 12 Rdn. 80.

Ebenso wie bei der Gesamtabnahme hat der Auftraggeber unabhängig von etwaigen Pflichten auch ohne Antrag das Recht, eine Teilabnahme zu erklären.[393] Ob damit gegebenenfalls gleichzeitig die Leistungserbringungsmöglichkeit des Auftragnehmers verkürzt wird, ist einer gesonderten Betrachtung nach den Regeln des § 8 VOB/B zugänglich.

79 **b) In sich abgeschlossener Teil der Leistung.** Wann ein Teil einer Gesamtleistung nach der Vorschrift des § 12 Abs. 2 VOB/B „in sich abgeschlossen ist", richtet sich nach der Verkehrsanschauung und ist nach der h. M. zu bejahen, wenn der betreffende Teil der Leistung von der Gesamtleistung funktional trennbar und dementsprechend selbstständig gebrauchsfähig ist.[394]

In Abhängigkeit von der Verkehrsanschauung kommt es dabei auch auf die vorgesehene Nutzung an. So ist z. B. der vertraglich geschuldete Einbau einer Heizungs- und Sanitäranlage im gleichen Haus funktional und vom Gebrauch her trennbar und damit jeweils einer Teilabnahme zugänglich.[395] Übertragbar ist dies auch auf zwar zusammenhängende Gewerke, die aber in verschiedenen Wohnungen/Häusern zu erbringen sind. Die jeweilige Wohnung/das jeweilige Haus kann dann, wenn es sich um ein Vertragsverhältnis handelt, Gegenstand einer Teilabnahme sein.[396]

Auch Sondereigentum und Gemeinschaftseigentum im Rahmen einer Wohnungseigentumsanlage können getrennt abgenommen werden.[397]

[398]Auch bei einer Treppenanlage, bei der ein Geländer geschuldet ist, kann die Treppe ohne Geländer nicht als funktional trennbar angesehen werden, da die Gebrauchstauglichkeit ohne Geländer nicht hinreichend gegeben ist. Zu Recht weist Kapellmann (vgl. Fußnote 369) darauf hin, dass die auch vorstehend zitierte Rechtsprechung zur Definition des Begriffs „in sich abgeschlossener Teil der Leistung" nur wenig außer Einzelfallentscheidungen beiträgt. In Ergänzung zur herrschenden Meinung ist auch auf die gewerbliche Verkehrssitte zurückzugreifen. Danach ist eine Leistung „in sich abgeschlossen", wenn sie sich von der Gesamtleistung abtrennen lässt und nach der Abtrennung sowohl die verbliebene Leistung als auch die abgetrennte Leistung eine sinnvolle Einheit darstellen. Indizien hierfür können sein, dass die Leistungen nicht in einem zeitlichen Zusammenhang erbracht werden, keinen örtlichen Zusammenhang haben oder in keinem tatsächlichen produktionsbezogenen Zusammenhang stehen.

80 Da sich die Frage der Teilleistung danach richtet, welche Gesamtleistung in Auftrag gegeben wurde, ist zwischen dem Rechtsverhältnis zwischen General- und Nachunternehmer einerseits und Generalunternehmer und Auftraggeber andererseits zu differenzieren. Während im Verhältnis General- und Nachunternehmer durchaus bei Fertigstellung, z. B. der in Auftrag gegebenen Sanitäranlage, die Gesamtabnahme der Nachunternehmerleistung möglich ist, müssen deshalb noch nicht die Voraussetzungen der Teilabnahme im Verhältnis zwischen Generalunternehmer und Auftraggeber gegeben sein. Dies richtet sich vielmehr danach, ob die z. B. fertig gestellte Sanitäranlage, d. h. die fertig gestellte Teilleistung, für sich genommen funktions- und gebrauchsfähig ist und nach der beabsichtigten Nutzung für den Auftraggeber überhaupt einen selbstständigen Gebrauchswert hat. Nur wenn dies bejaht werden kann – wobei hier jeweils der Einzelfall entscheidet – liegen im Verhältnis zwischen Generalunternehmer und Auftraggeber die Voraussetzungen der Teilabnahme gem. § 12 Abs. 2 VOB/B vor.[399]

Im Falle eines Schlüsselfertigbauvertrages ist der Maßstab dabei noch mehr in Richtung der Funktionsfähigkeit der Teilleistung in Abhängigkeit der beabsichtigten Nutzung verschoben. Nur wenn in Abhängigkeit von der beabsichtigten Nutzung ein in sich funktionsfähiger Teil der Leistung besteht, den der Auftraggeber auch bestimmungsgemäß nutzen kann, liegen insoweit

---

[393] *Oppler* in Ingenstau/Korbion VOB/B § 12 Abs. 2 Rdn. 5; *Leinemann/Jansen* VOB/B § 12 Rdn. 80; *Bröker* in Beck'scher VOB-Kommentar VOB/B § 12 Abs. 2 Rdn. 5, 6.

[394] *Oppler* in Ingenstau/Korbion VOB/B § 12 Abs. 2 Rdn. 6; *Bröker* in Beck'scher VOB-Kommentar VOB/B § 12 Abs. 2 Rdn. 8; *Heiermann/Riedl/Rusam* VOB/B § 12 Rdn. 71; *Leinemann/Jansen* VOB/B § 12 Rdn. 81; a. A. *Kapellmann*, Festschrift *Thode*, S. 29 ff., 35.

[395] BGH BauR 1975, 423; BGH NJW 1979, 650 f.; *Oppler* in Ingenstau/Korbion VOB/B § 12 Abs. 2 Rdn. 7; *Bröker* in Beck'scher VOB-Kommentar VOB/B § 12 Abs. 2 Rdn. 8.

[396] *Bröker* in Beck'scher VOB-Kommentar VOB/B § 12 Abs. 2 Rdn. 9 m. w. N.

[397] BGH ZfBR 1983, 260; *Oppler* in Ingenstau/Korbion VOB/B § 12 Abs. 2 Rdn. 7.

[398] BGH BauR 1985, 565 f.; *Bröker* in Beck'scher VOB-Kommentar VOB/B § 12 Abs. 2 Rdn. 10; *Oppler* in Ingenstau/Korbion VOB/B § 12 Abs. 2 Rdn. 7; *Leinemann/Jansen* VOB/B § 12 Rdn. 81.

[399] *Bröker* in Beck'scher VOB-Kommentar VOB/B § 12 Abs. 2 Rdn. 12; *Oppler* in Ingenstau/Korbion VOB/B § 12 Abs. 2 Rdn. 7; *Heiermann/Riedl/Rusam* VOB/B § 12 Rdn. 72.

die Voraussetzungen einer Teilabnahme vor, z. B. bei einzelnen bereits fertig gestellten Häusern/Wohnungen einer Gesamtanlage.[400]

2. Formen der Abnahme. Auch bei der Teilabnahme kommen grundsätzlich alle Formen der Abnahme in Betracht, d. h. neben der ausdrücklichen Abnahme auch die stillschweigende bzw. konkludente Abnahme.[401] Anerkannt ist auch, dass die fiktive Abnahme nach § 12 Abs. 5 Nr. 2 VOB/B[402] sowie die fiktive Abnahme gem. § 640 Abs. 1 S. 3 BGB[403] möglich ist. Streitig beurteilt wird hingegen, ob auch die fiktive Abnahme gem. § 12 Abs. 5 Nr. 1 VOB/B im Rahmen einer Teilabnahme gem. § 12 Abs. 2 VOB/B zulässig ist. Während Jagenburg[404] dies bejaht, lehnen Oppler[405] und Riedl/Mansfeld[406] dies unter Hinweis auf den unterschiedlichen Wortlaut der Nummern 1 und 2 des § 12 Abs. 5 VOB/B ab.

Richtigerweise ist davon auszugehen, dass eine fiktive Abnahme gem. § 12 Abs. 5 Nr. 1 VOB/B im Rahmen einer Teilabnahme gem. § 12 Abs. 2 VOB/B nicht möglich ist, da zum einen die Differenzierung des Wortlautes in den Nummern 1 und 2 des § 12 Abs. 5 VOB/B dies nahe legt und zum anderen auch vor dem Hintergrund der Praxis ein rechtspolitisches Bedürfnis besteht, den Auftraggeber vor Rechtsfolgen zu schützen, die er bei Erhalt der tatbestandlichen Voraussetzungen (hier: schlichte Fertigstellungsanzeige der Teilleistung ohne Abnahmeverlangen) in der Regel nicht übersehen kann. Dies gilt sowohl für den Laien als auch für den erfahrenen Auftraggeber, der z. B. bei größeren Projekten nur schwer wird überblicken können, ob eine fertig gestellte Teilleistung tatsächlich nach der Verkehrsanschauung schon als ein in sich abgeschlossener Teil der Leistung im Sinne des § 12 Abs. 2 VOB/B angesehen werden kann. Dies gilt unabhängig davon, dass in der Praxis ohnehin § 12 Abs. 5 VOB/B in der Regel gerade auch wegen der vorstehend genannten Schwierigkeiten ausgeschlossen wird.

3. Rechtsfolgen. Die „echte" Teilabnahme gem. § 12 Abs. 2 VOB/B hat die gleichen Rechtsfolgen wie die Gesamtabnahme, allerdings bezogen auf die jeweilig abgenommene Teilleistung.[407] Zur Vermeidung von Wiederholungen wird deshalb auf die Rdn. 36–53 verwiesen. Auch die Vorschrift des § 640 Abs. 2 BGB findet Anwendung, mit der Folge, dass sich der Auftraggeber seine Rechte bei der Teilabnahme vorbehalten muss, wenn er nicht den in § 640 Abs. 2 BGB beschriebenen Rechtsverlust erleiden will.[408] Gleiches gilt für eine etwaige Vertragsstrafe, wenn sie sich auf den abgenommenen Teil der Leistung bezieht.[409]

III. Abnahmeverweigerung gem. § 12 Abs. 3 VOB/B

Nach § 12 Abs. 3 VOB/B ist der Auftraggeber berechtigt, die Abnahme wegen wesentlicher Mängel bis zu deren Beseitigung zu verweigern.

Während vor dem Inkrafttreten des Gesetzes zur Beschleunigung fälliger Zahlungen[410] eine Diskussion geführt wurde, ob es einen wesentlichen Regelungsunterschied zum BGB gebe[411] hat sich mit der Einführung des § 640 Abs. 1 Satz 2 BGB durch das Gesetz zur Beschleunigung fälliger Zahlungen[412] diese Diskussion weitgehend erübrigt. Zwar ist der Wortlaut beider Vor-

---

[400] *Bröker* in Beck'scher VOB-Kommentar VOB/B § 12 Abs. 2 Rdn. 13; *Oppler* in Ingenstau/Korbion VOB/B § 12 Abs. 2 Rdn. 8.
[401] *Bröker* in Beck'scher VOB-Kommentar VOB/B § 12 Abs. 2 Rdn. 14, 15, der auch § 12 Abs. 5 Nr. 1 für anwendbar hält; *Oppler* in Ingenstau/Korbion VOB/B § 12 Abs. 2 Rdn. 4; *Heiermann/Riedl/Rusam* VOB/B § 12 Rdn. 68.
[402] Vgl. Fn. 367.
[403] *Oppler* in Ingenstau/Korbion VOB/B § 12 Abs. 2 Rdn. 4.
[404] *Jagenburg* in Beck'scher VOB-Kommentar VOB/B, 2. Auflage, § 12 Abs. 2 Rdn. 14 ff.; nunmehr anders *Bröker*, 3. Auflage § 12 Abs. 2 Rdn. 14, 15.
[405] *Oppler* in Ingenstau/Korbion VOB/B § 12 Abs. 2 Rdn. 4.
[406] *Heiermann/Riedl/Rusam* VOB/B § 12 Rdn. 68.
[407] BGH NJW 1968, 1524; *Bröker* in Beck'scher VOB-Kommentar VOB/B § 12 Abs. 2 Rdn. 16; *Oppler* in Ingenstau/Korbion VOB/B § 12 Abs. 2 Rdn. 9; *Heiermann/Riedl/Rusam* VOB/B § 12 Rdn. 73; *Leinemann/Jansen* VOB/B § 12 Rdn. 82.
[408] *Oppler* in Ingenstau/Korbion VOB/B § 12 Abs. 2 Rdn. 9; *Heiermann/Riedl/Rusam* VOB/B § 12 Rdn. 73; *Leinemann/Jansen* VOB/B § 12 Rdn. 83.
[409] Vgl. Fn. 374.
[410] Gesetz vom 30.3.2000, BGBl. I, S. 330.
[411] Vgl. hierzu den ausführlich dargestellten Meinungsstand in *Oppler* in Ingenstau/Korbion VOB/B § 12 Abs. 3 Rdn. 1.
[412] Vgl. Fn. 376.

schriften unterschiedlich, da § 640 Abs. 1 S. 2 BGB davon ausgeht, dass der Auftraggeber die Abnahme wegen unwesentlicher Mängel nicht verweigern darf, während § 12 Abs. 3 VOB/B formuliert, dass der Auftraggeber die Abnahme wegen wesentlicher Mängel verweigern darf. Man ist sich jedoch allgemein einig,[413] dass diese unterschiedliche Formulierung nicht zu einem wesentlich unterschiedlichem Regelungsgehalt führt, vielmehr die Formulierung des § 640 Abs. 1 S. 2 BGB auf der Sorge des Gesetzgebers beruhte, eine sachlich nicht gerechtfertigte Beweislastumkehr zu Lasten des Auftraggebers zu vermeiden.[414] Wegen des im Wesentlichen gleichen Regelungsinhaltes und der nicht von einander abweichenden Beweislastwerteilung beider Vorschriften hat sich der DVA im Übrigen entschlossen, die Vorschrift des § 12 Abs. 3 VOB/B auch in Ansehung der Einfügung des § 640 Abs. 1 S. 2 BGB im Rahmen der VOB/B 2002 nicht zu ändern.[415]

Ob der Auftraggeber von seinem Recht nach § 12 Abs. 3 VOB/B Gebrauch macht, sofern die Voraussetzungen erfüllt sind, bleibt ihm überlassen. Eine Pflicht besteht insoweit nicht. Der Auftraggeber kann vielmehr trotz eines wesentlichen Mangels gleichwohl die Abnahme erklären.[416]

84 **1. Wesentlicher Mangel als Tatbestandsvoraussetzung des § 12 Abs. 3 VOB/B.** Tatbestandsvoraussetzung des § 12 Abs. 3 VOB/B ist, dass ein wesentlicher Mangel vorliegt.

Da § 12 Abs. 3 VOB/B die Frage, wann ein wesentlicher Mangel vorliegt, nicht selbst beantwortet,[417] wird einerseits anhand systematischer und abstrakter Einordnungsversuche, letztlich aber vor allem im Einzelfall entschieden.[418]

85 **a) Abstrakter Begriff des wesentlichen Mangels.** Ein wesentlicher Mangel liegt vor, wenn ein Mangel nach seiner Art und seinem Umfang, vor allem aber nach seinen Auswirkungen so gravierend ist, dass es dem Auftraggeber unter Beachtung objektiver Gesichtspunkte im Verhältnis zu dem nach dem Vertragszweck vorausgesetzten Gebrauch und dem erreichten Erfolg nicht zugemutet werden kann, letztlich auf Gewährleistungsansprüche verwiesen zu sein.[419]

Dementsprechend kommt insbesondere der Gebrauchsfähigkeit eine besondere Bedeutung zu, wobei neben objektiven Kriterien auch subjektive Gesichtspunkte insoweit eine Rolle spielen, als eine nach außen erkennbar gewordene Gebrauchsabsicht Maßstab der Schwere des Mangels ist.[420] Erst recht gilt dies in Fällen des Fehlens einer zugesicherten Eigenschaft, weil hier der Auftraggeber durch die geforderte Zusicherung bereits zu erkennen gegeben hat, dass er besonderen Wert auf die entsprechende Eigenschaft gelegt hat.[421] Dabei ist Zanner[422] insoweit Recht zu geben, als keine neue Definition des wesentlichen Mangels durch die Heranziehung des Merkmales „zugesicherte Eigenschaft" erfolgen soll. Gleichwohl gibt das Merkmal der „zugesicherten Eigenschaft" Aufschluss über die Bedeutung, die der Auftraggeber dem Merkmal subjektiv beigemessen hat.

Letztlich kommt es darauf an, ob es dem Auftraggeber unter Abwägung der Interessen beider Vertragsparteien zugemutet werden kann, die angebotene Leistung als im Wesentlichen vertragsgemäße Erfüllung des Vertrages zu akzeptieren.[423] Dabei will § 12 Abs. 3 VOB/B einen an-

---

[413] *Kniffka* ZfBR 2000, 227, 230; *Oppler* in Ingenstau/Korbion VOB/B § 12 Abs. 3 Rdn. 1; *Heiermann/Riedl/Rusam* VOB/B § 12 Rdn. 75; differenzierter: *Motzke* NZBau 2000, 489, 494.

[414] Vgl. hierzu die entsprechende Beschlussempfehlung des Rechtsausschusses des Deutschen Bundestages, Bundestagsdrucksache 14/2752, Seite 17.

[415] Vgl. hierzu ausführlich: Sonderheft Baurecht VOB 2002, *Vygen* § 12 VOB/B Ziffer 1, Seite 37.

[416] Vgl. hierzu Rdn. 35, insbesondere Fn. 170.

[417] *Bröker* in Beck'scher VOB-Kommentar VOB/B § 12 Abs. 3 Rdn. 4; *Oppler* in Ingenstau/Korbion VOB/B § 12 Abs. 3 Rdn. 2; *Heiermann/Riedl/Rusam* VOB/B § 12 Rdn. 76.

[418] Vgl. Fn. 383.

[419] BGH BauR 2000, 1482; *Bröker* in Beck'scher VOB-Kommentar VOB/B § 12 Abs. 3 Rdn. 4 ff.; *Oppler* in Ingenstau/Korbion VOB/B § 12 Abs. 3 Rdn. 2; *Heiermann/Riedl/Rusam* VOB/B § 12 Rdn. 76; *Leinemann/Jansen* VOB/B § 12 Rdn. 86 ff.

[420] BGH NJW 1981, 1448; BGH NJW 1992, 2481; *Oppler* in Ingenstau/Korbion VOB/B § 12 Abs. 3 Rdn. 2; *Bröker* in Beck'scher VOB-Kommentar VOB/B § 12 Abs. 3 Rdn. 10.

[421] *Oppler* in Ingenstau/Korbion VOB/B § 12 Rdn. 106 (14. Auflage).

[422] FKZGM VOB/B § 12 Rdn. 95 f..

[423] BGH NJW 1981, 1448; OLG Hamm NJW-RR 1990, 917; OLG Hamm BauR 1992, 240; *Heiermann/Riedl/Rusam* VOB/B § 12 Rdn. 76; *Oppler* in Ingenstau/Korbion VOB/B § 12 Abs. 3 Rdn. 3; *Bröker* in Beck'scher VOB-Kommentar VOB/B § 12 Abs. 3 Rdn. 5 f.

gemessenen Interessenausgleich der Parteien bewirken.[424] Zu berücksichtigen ist dabei einerseits das Interesse des Auftraggebers, das bestellte Werk so vollständig und mangelfrei wie möglich vor Eintritt in die Gewährleistungsphase zu erhalten, andererseits aber auch das Interesse des Auftragnehmers, die Rechtswirkungen der Abnahme, d. h. insbesondere den Gefahrenübergang, die Fälligkeit der restlichen Vergütung sowie die Beweislastumkehr der nicht mangelbehafteten Leistung nicht von überzogenen Mangelbeseitigungsansprüchen abhängig zu machen.[425]

Anhaltspunkte für die Abwägung können sein Art und Umfang des Mangels, Maß der Gebrauchsbeeinträchtigung, Höhe der Mangelbeseitigungskosten,[426] Unverhältnismäßigkeit des Mangelbeseitigungsaufwandes sowie schließlich der Grad eines etwaigen Verschuldens des Auftragnehmers.[427] Beachtlich ist dabei, dass dem Auftraggeber ein etwaig vorhandenes Leistungsverweigerungsrecht nach § 320 BGB erhalten bleibt,[428] mit der Folge, dass er seine eigene Leistungspflicht bis zur Beseitigung des Mangels ohnehin insoweit zurückstellen kann.

Liegen mehrere Mängel vor, die jeweils für sich betrachtet nicht schwerwiegend sind, kann sich aus der Summe der Mängel gleichwohl ergeben, dass der Auftraggeber nicht mehr verpflichtet ist, die Leistung abzunehmen.[429] Letztlich verbleibt es aber auch hier bei einer Einzelfallbetrachtung.[430] Das KG Berlin hat dabei zu Recht darauf hingewiesen, dass auch in diesen Fällen eine inhaltliche Befassung erforderlich ist und nicht etwa z. B. die Länge einer Mängelliste entscheidet.[431]

Ob im Rahmen der vorstehend genannten Wertung tatsächlich entscheidend auf § 13 Abs. 1 **86** VOB/B zurückzugreifen ist[432] oder nicht,[433] scheint dabei nicht wesentlich zur Lösung des Problems beizutragen.[434] Richtig ist, dass § 13 Abs. 1 VOB/B bestimmt, wann ein Mangel vorliegt. Ob dieser Mangel aber wesentlich ist, richtet sich nach den vorstehend genannten Wertungsgesichtspunkten, bei denen allerdings die in § 13 Abs. 1 VOB/B genannte Gebrauchstauglichkeit ebenso eine wesentliche Rolle spielt, wie etwa eine zugesicherte Eigenschaft.[435]

b) Einzelfälle. Als wesentlicher Mangel wurde z. B. angesehen, wenn der Estrich nicht in der **87** Höhe aufgebracht wurde, wie dies vereinbart wurde,[436] oder nicht ausreichend tief angebrachte Bewehrungsstähle zu Rissen in einer Attikaplatte geführt haben.[437] Als wesentlich wurde auch bewertet, wenn 16 % eines verlegten Fliesenmaterials eine unzulässige Farbabweichung aufweisen[438] oder eine Holzart verwandt wurde, die vertraglich nicht vereinbart war.[439] Jedenfalls als wesentlicher Mangel wurde eine um ca. 35 % reduzierte Lebensdauer einer Verschleißschicht angesehen[440] sowie die Schaffung eines erheblichen Gefahrenpotentials (fehlendes Geländer an der Rampe eines Supermarktes) trotz nur geringer Mängelbeseitigungskosten.[441]

---

[424] BGH BauR 1992, 627; *Oppler* in Ingenstau/Korbion VOB/B § 12 Abs. 3 Rdn. 3; *Heiermann/Riedl/Rusam* VOB/B § 12 Rdn. 76.
[425] *Bröker* in Beck'scher VOB-Kommentar VOB/B § 12 Abs. 3 Rdn. 5 f. m. w. N.
[426] BGH BauR 1992, 627; das OLG München zieht in seiner Entscheidung vom 15.1.2008, 13 U 4378/07, IBR 2009, 78, die drei Kriterien des Umfangs der Mangelbeseitigungsmaßnahme, die Auswirkung auf die Funktionsfähigkeit der Gesamtleistung sowie das Maß der möglicherweise auch nur optischen Beeinträchtigung zur Bewertung heran.
[427] Zu den Abwägungsgesichtspunkten im Einzelnen: H. Gross Festschrift Locher 1990, S. 53, 55, 59 ff.
[428] BGH NJW 1981, 1448; OLG Düsseldorf NJW-RR 1997, 1178; *Oppler* in Ingenstau/Korbion VOB/B § 12 Abs. 3 Rdn. 4.
[429] KG BauR 1984, 527; *Bröker* in Beck'scher VOB-Kommentar VOB/B § 12Abs. 3 Rdn. 16; *Oppler* in Ingenstau/Korbion VOB/B § 12 Abs. 3 Rdn. 4; *Heiermann/Riedl/Rusam* VOB/B § 12 Rdn. 76; eingehend: *Motzko/Schreiber* BauR 1999, 24 ff.
[430] 406Verneint z. B. bei einer Auftragssumme von 260000,00 € und Gesamtbeseitigungskosten von 1100,00 € (BGH BauR 1996, 390) oder einer Auftragssumme von 4,8 Mio. € und Beseitigungskosten von 1600,00 € (OLG Dresden BauR 2001, 949).
[431] KG Berlin IBR 2013, 139.
[432] So *Oppler* in Ingenstau/Korbion VOB/B (13. Aufl.), § 12 Rdn. 83/24; einschränkend: 14. Auflage, § 12 Rdn. 105, so auch in 17. Auflage, § 12 Nr. 3 Rdn. 2.
[433] *Bröker* in Beck'scher VOB-Kommentar VOB/B § 12 Abs. 3 Rdn. 16.
[434] So auch: *Heiermann/Riedl/Rusam* VOB/B § 12 Rdn. 31 (10. Auflage).
[435] Vgl. hierzu Rdn. 85.
[436] OLG Karlsruhe BauR 1995, 246.
[437] BGH BauR 1992, 627.
[438] LG Amberg NJW 1982, 1540.
[439] BGH NJW 1962, 1569.
[440] OLG Hamm IBR 2003, 8.
[441] OLG Hamm BauR 2005, 731, rechtskräftig durch Beschluss des BGH vom 26.8.2004.

Als unwesentlich hingegen wurde ein Mangel bewertet, der in einem unebenen Teppichboden bestand, wobei der Mangel mit geringem Zeit- und Kostenaufwand zu beseitigen war.[442] Auch das Abrutschen einzelner Dachziegel, ohne dass dies zur Undichtigkeit des Daches als solches führte, wurde als unwesentlicher Mangel bewertet.[443] Schließlich sollen geringfügige ausschließlich optische Beeinträchtigungen (Schönheitsfehler) ebenso nicht zu einem Abnahmeverweigerungsrecht führen, wie ein etwaig nicht nach DIN 1899 erstelltes Protokoll einer Dichtigkeitsprüfung.[444] Hintergrund ist hier, dass ein Protokoll einer Dichtigkeitsprüfung keinen Selbstzweck darstellt Ist die Anlage selbst dicht, liegt kein vertraglicher Mangel vor.[445]

88   **2. Abnahmeverweigerung als weitere Voraussetzung des § 12 Abs. 3 VOB/B.** Um von den Wirkungen des § 12 Abs. 3 VOB/B ausgehen zu können, bedarf es neben dem wesentlichen Mangel auch einer entsprechenden Abnahmeverweigerung des Auftraggebers. Die Abnahmeverweigerung ist dabei eine empfangsbedürftige Willenserklärung, die an eine Form nicht gebunden ist und auch konkludent bzw. schlüssig geäußert werden kann, wenn nur hinreichend deutlich zum Ausdruck kommt, dass der Auftraggeber die Leistung nicht billigt und dementsprechend auch nicht abnehmen will.[446] Ohne besondere Umstände ist dabei alleine eine Mängelrüge noch nicht als Abnahmeverweigerung zu werten.[447] Ob ein etwaig vom Auftraggeber tatsächlich angegebener Grund zur Abnahmeverweigerung ausreichend ist, entscheidet sich im Übrigen zum Zeitpunkt des begehrten Abnahmetermins.[448] Beweispflichtig für die Mangelfreiheit bzw. die Unwesentlichkeit eines Mangels ist dabei der Auftragnehmer.[449]

89   **3. Rechtsfolge des § 12 Abs. 3 VOB/B.** Die Rechtsfolge des § 12 Abs. 3 VOB/B ergibt sich bereits aus dem Wortlaut. Danach ist der Auftraggeber berechtigt, die Abnahme bis zur Beseitigung des wesentlichen Mangels zu verweigern, mit der Folge, dass die Abnahmewirkungen nicht eintreten und auch eine fiktive Abnahme sowohl nach § 12 Abs. 5 VOB/B[450] als auch nach § 640 Abs. 1 S. 3 BGB[451] ausscheidet. Auch die Nutzung der Leistung über einen erheblichen Zeitraum hinaus führt nicht zu einem Verlust des Verweigerungsrechtes, da es der Auftragnehmer durch eine Mangelbeseitigung selbst in der Hand hat, das Verweigerungsrecht zu beseitigen.[452]

Verweigert der Auftraggeber die Abnahme zu Unrecht, weil in Wahrheit kein wesentlicher Mangel vorliegt, so treten im Falle einer endgültigen Abnahmeverweigerung die Wirkungen der Abnahme sofort ein,[453] weil in einem solchen Fall eine Fristsetzung nach § 640 Abs. 1 S. 3 BGB eine überflüssige Förmelei darstellen würde.[454] Im Falle einer vorläufigen Abnahmeverweigerung verbleibt es bei den Möglichkeiten des Gläubiger- bzw. Schuldnerverzuges sowie den Möglichkeiten der fiktiven Abnahme gem. § 640 Abs. 1 S. 3 BGB.[455] Beseitigt ein Auftragnehmer einen Mangel, der den Auftraggber zunächst zur Abnahmeverweigerung berechtigt hat, kann der Auftragnehmer die Abnahme selbstverständlich neu beantragen. Es ist sodann wie bei dem ersten Abnahmebegehren zu prüfen, ob das Begehren insgesamt berechtigt ist. Ist der Auftraggeber objektiv zur Abnahme verpflichtet, weil keine wesentlichen Mängel mehr vorliegen, gilt jetzt § 640 Abs. 1 Satz 3 BGB, soweit zu diesem Zeitpunkt die Tatbestandsvoraussetzungen vorliegen.[456]

---

[442] KG BauR 1984, 529.
[443] OLG Hamm NJW-RR 1990, 917.
[444] OLG Stuttgart, BauR 2010, 1642; OLG Köln IBR 2016, 207; BauR 2016, 888
[445] OLG Hamm IBR 2003, 1073 = BauR 2003, 1403.
[446] *Oppler* in Ingenstau/Korbion VOB/B § 12 Abs. 3 Rdn. 5; *Bröker* in Beck'scher VOB-Kommentar VOB/B § 12 Abs. 3 Rdn. 20; *Heiermann/Riedl/Rusam* VOB/B § 12 Rdn. 78.
[447] OLG Hamm MDR 1995, 902; *Heiermann/Riedl/Rusam* VOB/B § 12 Rdn. 78.
[448] BGH NJW 1992, 2481; *Bröker* in Beck'scher VOB-Kommentar VOB/B § 12 Abs. 3 Rdn. 22; *Oppler* in Ingenstau/Korbion VOB/B § 12 Abs. 3 Rdn. 5.
[449] Vgl. Fn. 412.
[450] BGH ZfBR 1992, 264; *Bröker* in Beck'scher VOB-Kommentar VOB/B § 12 Abs. 3 Rdn. 22; *Oppler* in Ingenstau/Korbion VOB/B § 12 Abs. 3 Rdn. 6; *Heiermann/Riedl/Rusam* VOB/B § 12 Rdn. 80.
[451] *Oppler* in Ingenstau/Korbion VOB/B § 12 Abs. 3 Rdn. 6.
[452] BGH BauR 2004, 670; *Oppler* in Ingenstau/Korbion VOB/B § 12 Abs. 3 Rdn. 1.
[453] *Kaiser* Mängelhaftungsrecht, Rdn. 41e; *Thode* ZfBR 1999, 116, 119; *Oppler* in Ingenstau/Korbion VOB/B § 12 Abs. 3 Rdn. 8 m. w. N.
[454] OLG Brandenburg IBR 2003, 470.
[455] *Oppler* in Ingenstau/Korbion VOB/B § 12 Abs. 3 Rdn. 9 m. w. N.; vgl. hierzu auch: Rdn. 67.
[456] OLG Stuttgart IBR 2011, 1393.

IV. Die förmliche Abnahme gem. § 12 Abs. 4 VOB/B

Bei der in § 12 Abs. 4 VOB/B geregelten sogenannten förmlichen Abnahme handelt es sich um eine besondere Form der ausdrücklichen Abnahme,[457] die es im Werkvertragsrecht der §§ 640 ff. BGB nicht gibt,[458] die aber auch dort vereinbart werden kann.[459] Im Wesentlichen ergibt sich der Regelungsinhalt der Vorschrift bereits aus dem Wortlaut. Alleine die vertragliche Vereinbarung außerhalb der Geltung der VOB/B, wonach eine „schriftliche Abnahme" zu erfolgen habe, reicht dabei zur Annahme einer Vereinbarung einer förmlichen Abnahme im Sinne des § 12 Abs. 4 VOB/B nicht aus, da damit nur eine bestimmte Form der Abgabe der Abnahmeerklärung festgelegt wird, nicht aber der weitergehende Regelungsinhalt des § 12 Abs. 4 VOB/B.[460]

Die Vorschrift des § 12 Abs. 4 VOB/B hat dabei für die Baupraxis durchaus eine grundlegende Bedeutung,[461] weil mit ihr erreicht werden soll, dass spätere Streitigkeiten über den Ablauf und den Inhalt des Abnahmetermins vermieden werden. Dies gilt insbesondere für den Zeitpunkt der Abnahme selbst und damit für den Beginn (und damit auch für das Ende) der Gewährleistungsfrist, aber auch für die Frage, ob Vorbehalte gem. § 640 Abs. 2 BGB bzw. § 11 Abs. 4 VOB/B tatsächlich abgegeben worden sind und wenn ja, in welcher Qualität.[462] Diese Wirkung bleibt selbst dann erhalten, wenn sich die Parteien im Rahmen des Abnahmetermins über die Bewertung von Sachverhalten nicht einig werden, weil der Sachverhalt an sich dokumentiert und beweisgesichert wird.[463] Den Parteien ist deshalb unbedingt zu empfehlen, eine förmliche Abnahme gem. § 12 Abs. 4 VOB/B durchzuführen.[464] Wegen der Voraussetzungen für die förmliche Abnahme wird im Übrigen auf die Rdn. 34, 35 verwiesen, da es sich bei der förmlichen Abnahme um eine besondere Form der ausdrücklichen Abnahme handelt.[465]

1. Förmliche Abnahme in Anwesenheit des Auftragnehmers gem. § 12 Abs. 4 Nr. 1 VOB/B. Wie sich aus § 12 Abs. 4 Nr. 1 S. 1 VOB/B ergibt, hat eine förmliche Abnahme gem. § 12 Abs. 4 VOB/B stattzufinden, wenn eine Vertragspartei dies verlangt. Ohne ein solches Verlangen, d. h. einer entsprechenden einseitigen empfangsbedürftigen Willenserklärung,[466] entsteht diese Pflicht grundsätzlich nicht.[467] Auch das Verlangen einer Vertragspartei ändert im Übrigen nichts an der Hauptverpflichtung des Auftraggebers zur Erklärung der Abnahme an sich. Begründet werden durch § 12 Abs. 4 VOB/B lediglich die dort genannten Mitwirkungspflichten.[468]

a) Verlangen einer Vertragspartei gem. § 12 Abs. 4 Nr. 1 S. 1 VOB/B. Das Verlangen nach einer förmlichen Abnahme kann grundsätzlich in jeder Form gestellt werden. Gleichwohl ist aus Dokumentations- und Beweisgründen die Schriftform zu empfehlen,[469] zumal der Beweis für den Zugang derjenige trägt, der sich hierauf beruft.[470] Eines besonderen Verlangens bedarf es

---

[457] *Bröker* in Beck'scher VOB-Kommentar VOB/B § 12 Abs. 4 Rdn. 1; *Heiermann/Riedl/Rusam* VOB/B § 12 Rdn. 83; vgl. hierzu auch: Rdn. 31.
[458] *Oppler* in Ingenstau/Korbion VOB/B § 12 Abs. 4 Rdn. 2; *Bröker* in Beck'scher VOB-Kommentar VOB/B § 12 Abs. 4 Rdn. 2.
[459] BGH BauR 1974, 63; *Bröker* in Beck'scher VOB-Kommentar VOB/B § 12 Abs. 4 Rdn. 1; *Oppler* in Ingenstau/Korbion VOB/B § 12 Abs. 4 Rdn. 2.
[460] Vgl. Fn. 422.
[461] Hierzu insbesondere: *Oppler* in Ingenstau/Korbion VOB/B § 12 Abs. 4 Rdn. 1.
[462] *Heiermann/Riedl/Rusam* VOB/B § 12 Rdn. 83; *Oppler* in Ingenstau/Korbion VOB/B § 12 Abs. 4 Rdn. 1; *Bröker* in Beck'scher VOB-Kommentar VOB/B § 12 Abs. 4 Rdn. 2; *Leinemann/Jansen* VOB/B § 12 Rdn. 90.
[463] *Bröker* in Beck'scher VOB-Kommentar VOB/B § 12 Abs. 4 Rdn. 2.
[464] *Bröker* in Beck'scher VOB-Kommentar VOB/B § 12 Abs. 4 Rdn. 2.
[465] Vgl. Fn. 420.
[466] *Bröker* in Beck'scher VOB-Kommentar VOB/B § 12 Abs. 4 Rdn. 9; *Oppler* in Ingenstau/Korbion VOB/B § 12 Abs. 4 Rdn. 3; *Leinemann/Jansen* VOB/B § 12 Rdn. 91; *Heiermann/Riedl/Rusam* VOB/B § 12 Rdn. 85.
[467] *Leinemann/Jansen* VOB/B § 12 Rdn. 91.
[468] *Bröker* in Beck'scher VOB-Kommentar VOB/B § 12 Abs. 4 Rdn. 5.
[469] *Oppler* in Ingenstau/Korbion VOB/B § 12 Abs. 4 Rdn. 8; *Bröker* in Beck'scher VOB-Kommentar VOB/B § 12 Abs 4 Rdn. 7.
[470] *Heiermann/Riedl/Rusam* VOB/B § 12 Rdn. 86.

nicht mehr, wenn die förmliche Abnahme durch die entsprechenden vertraglichen Regelungen bereits durchzuführen ist. Dies schließt andere Abnahmeformen zunächst aus.[471]

Allerdings können die Parteien entweder ausdrücklich oder konkludent bzw. stillschweigend Abstand von einer bereits vereinbarten förmlichen Abnahme nehmen,[472] so z. B. durch das Übersenden der Schlussrechnung ohne Abnahmeverlangen und der mehrmonatigen kommentarlosen Hinnahme durch den Auftraggeber.[473] Gerade in den Fällen einer „vergessenen" förmlichen Abnahme spielt der Aspekt der ausdrücklichen oder stillschweigenden Abstandnahme von einer förmlichen Abnahme eine große Rolle, bei der im Ergebnis dann entweder eine stillschweigende/konkludente Abnahme oder ein Verzicht diskutiert wird.[474] Schließlich kann auch eine Berufung auf eine unterbliebene förmliche Abnahme gegen Treu und Glauben verstoßen (§ 242 BGB), wenn der Auftraggeber die Abnahme trotz Antrag des Auftragnehmers ohne hinreichenden Grund verzögert[475] oder aber nach einem entsprechenden Zeitablauf der Nutzung des Werkes nicht mehr damit gerechnet werden muss, dass der Auftraggeber nun doch noch eine förmliche Abnahme verlangt.[476]

Eine förmliche Abnahme gem. § 12 Abs. 4 VOB/B kann im Übrigen nicht mehr verlangt werden, wenn die Abnahmewirkungen bereits eingetreten sind, sei es ausdrücklich oder stillschweigend[477] oder durch fiktive Abnahme gem. § 12 Abs. 5 VOB/B.[478]

Ist eine Regelung für eine vorzunehmende förmliche Abnahme im Vertrag nicht vorhanden, reicht alleine § 12 Abs. 4 VOB/B aus, um auf ein entsprechendes Verlangen hin – vor dem Eintreten der Abnahmewirkungen nach anderen Vorschriften – die Pflicht zur förmlichen Abnahme entstehen zu lassen.[479]

Will der Auftraggeber die förmliche Abnahme zu Recht verweigern, muss entweder die Leistung nicht fertig gestellt sein, oder aber die Voraussetzungen des § 12 Abs. 3 VOB/B vorliegen.[480]

93 **b) Fristbestimmung des Abnahmetermins gem. § 12 Abs. 4 Nr. 2 S. 1 VOB/B.** Den Sinn und Zweck der gemeinsamen förmlichen Abnahme entsprechend hat eine Bestimmung des Termins für die förmliche Abnahme stattzufinden. Dies ergibt sich auch im Umkehrschluss aus § 12 Abs. 4 Nr. 2 S. 1 VOB/B.[481]

Die Terminsbestimmung kann dabei entweder einvernehmlich durch die Parteien erfolgen oder aber durch Einladung durch den Auftraggeber. Die Einladung als empfangsbedürftige Willenserklärung hat dabei so konkret wie möglich Ort und Zeit der beabsichtigten Abnahme zu beinhalten, dass sich der Auftragnehmer hierauf einrichten kann. Dies gilt auch in zeitlicher Hinsicht mit der Folge, dass der Abnahmetermin nicht zu knapp nach der Einladung festgesetzt werden darf. Auch wenn die Dauer der Frist letztlich vom Einzelfall abhängt, dürfte die Regelfrist des § 12 Abs. 1 VOB/B von 12 Werktagen einen angemessenen Anhaltspunkt bieten.[482] Zum Abnahmetermin muss die Baustelle bzw. das Werk zugänglich sein.[483] Die bisher streitige Frage, ob auch der Auftragnehmer entgegen dem Wortlaut des § 12 Abs. 4 Nr. 2 S. 1 VOB/B

---

[471] *Bröker* in Beck'scher VOB-Kommentar VOB/B § 12 Abs. 4 Rdn. 8; *Heiermann/Riedl/Rusam* VOB/B § 12 Rdn. 87.
[472] *Heiermann/Riedl/Rusam* VOB/B § 12 Rdn. 87.
[473] BGH NJW 1993, 1063; OLG Düsseldorf IBR 2003, 669; OLG Karlsruhe NZBau 2004, 331 f.; OLG Jena IBR 2005, 527.
[474] Vgl. hierzu die ausführlichen Ausführungen zu den Rdn. 20 und 21.
[475] BGH NJW 1990, 43; OLG Hamm BauR 1993, 640 (3.) L; *Bröker* in Beck'scher VOB-Kommentar VOB/B § 12 Abs. 4 Rdn. 10.
[476] *Dähne* Festschrift Heiermann 1995, S. 23, 31 f.; *Heiermann/Riedl/Rusam* VOB/B § 12 Rdn. 88.
[477] OLG Düsseldorf BauR 1992, 678 (11.) L; *Bröker* in Beck'scher VOB-Kommentar VOB/B § 12 Abs. 4 Rdn. 7; *Oppler* in Ingenstau/Korbion VOB/B § 12 Abs. 4 Rdn. 5.
[478] *Heiermann/Riedl/Rusam* VOB/B § 12 Rdn. 86; *Oppler* in Ingenstau/Korbion VOB/B § 12 Abs. 4 Rdn. 5.
[479] *Bröker* in Beck'scher VOB-Kommentar VOB/B § 12 Abs. 4 Rdn. 7; *Oppler* in Ingenstau/Korbion VOB/B § 12 Abs. 4 Rdn. 4.
[480] *Oppler* in Ingenstau/Korbion VOB/B § 12 Abs. 4 Rdn. 8; vgl. hierzu auch die Rdn. 34, 35.
[481] *Oppler* in Ingenstau/Korbion VOB/B § 12 Nr. 4 Rdn. 9; *Bröker* in Beck'scher VOB-Kommentar VOB/B § 12 Abs. 4 Rdn. 13; Heiermann/Riedl/Rusam VOB/B § 12 Rdn. 90.
[482] *Bröker* in Beck'scher VOB-Kommentar VOB/B § 12 Abs. 4 Rdn. 17; *Oppler* in Ingenstau/Korbion VOB/B § 12 Abs. 4 Rdn. 10; *Heiermann/Riedl/Rusam* VOB/B § 12 Rdn. 91.
[483] *Bröker* in Beck'scher VOB-Kommentar VOB/B § 12 Abs. 4 Rdn. 18; *Oppler* in Ingenstau/Korbion VOB/B § 12 Abs. 4 Rdn. 10, der wegen der Verpflichtung zur Herstellung der Zugänglichkeit zwischen den Bauwerk selbst (Auftragnehmer) und dem Weg dorthin (Auftraggeber) differenziert.

zur Abnahme einladen darf, ist inzwischen zu Gunsten derjenigen entschieden, die dies verneint haben.[484] Im Übrigen weist Bröker[485] zu Recht darauf hin, dass diesem Streit kaum praktische Bedeutung zukommt, da sich die Folgen der Nichteinhaltung eines Abnahmebegehrens (Gläubiger-/Schuldnerverzug und die Möglichkeit der fiktiven Abnahme gem. § 640 Abs. 1 S. 3 BGB) durch eine Verweigerungshaltung des Auftraggebers im Rahmen einer förmlichen Abnahme im Ergebnis nicht aufhalten lassen können.[486]

c) Hinzuziehung von Sachverständigen gem. § 12 Abs. 4 Nr. 1 S. 2 VOB/B. Beide 94 Parteien können gem. § 12 Abs. 4 Nr. 1 S. 2 VOB/B jeweils oder gemeinsam einen Sachverständigen zur Abnahme hinzuziehen. Zwar sind die Feststellungen eines Sachverständigen in diesem Rahmen mangels Vollmacht nicht verbindlich, gleichwohl ist der Auftraggeber gehalten, auf eine positive Abnahmeaussage seines Sachverständigen in angemessener Zeit zu reagieren, wenn er sich nicht so behandeln lassen will, dass eine stillschweigende Abnahme eintritt. Ein insoweit erklärter Vorbehalt z. B. wegen Mängeln oder Vertragsstrafenansprüchen mehr als einen Monat nach Vorlage des Gutachtens entfaltet keine Wirksamkeit mehr.[487]
Die Kosten der Einschaltung eines oder mehrerer Sachverständiger im Rahmen des § 12 Abs. 4 Nr. 1 S. 2 VOB/B trägt jede Partei selbst. Dies ergibt sich bereits aus dem entsprechenden Wortlaut der Vorschrift. Wird der Sachverständige dagegen im Rahmen einer Mängelbegutachtung tätig und stellt sich dabei heraus, dass Mängel bestehen, trägt der Auftragnehmer gem. § 4 Abs. 7 S. 2 VOB/B (vor der Abnahme) bzw. § 13 Abs. 5 oder Abs. 7 VOB/B (nach der Abnahme) die entsprechenden Kosten als zugehörigen Schaden.[488] Dies gilt auch, wenn der Auftragnehmer die Abnahme zu Unrecht beantragt, weil die entsprechenden Voraussetzungen nicht vorliegen und der Gutachter unnütz zur Abnahme erscheint.[489]
Sofern weder der Auftraggeber noch sein Architekt in bestimmten Fällen eigene Sachkunde besitzen, ist die Hinzuziehung eines Sachverständigen zu empfehlen.[490] Dies gilt erst recht für den nicht durch einen Architekten vertretenen Auftraggeber.[491]

d) Schriftliche Niederlegung des Abnahmebefundes gem. § 12 Abs. 4 Nr. 1 S. 3 95 **VOB/B.** Der bei der Abnahme festgestellte Befund ist gem. § 12 Abs. 4 Nr. 1 S. 3 VOB/B schriftlich niederzulegen. Um dem Sinn und Zweck der förmlichen Abnahme zu entsprechen, ist dabei nicht einseitig die Ansicht einer Partei aufzunehmen. Vielmehr soll sich aus der Niederschrift ergeben, wo sich die Auffassungen der Parteien decken und wo nicht. Dies setzt voraus, dass beide Parteien gleichberechtigt „zu Wort" kommen.[492] Aus der Formulierung „in gemeinsamer Verhandlung" gem. § 12 Abs. 4 Nr. 1 S. 3 VOB/B ergibt sich, dass sowohl die Prüfung selbst als auch die Niederschrift in Anwesenheit sowohl des Auftraggebers als auch des Auftragnehmers stattzufinden hat. Eine detaillierte Niederschrift erübrigt sich dabei in aller Regel, wenn der Auftraggeber die Leistungen des Auftragnehmers für vertragsgemäß und mängelfrei hält.[493]

e) Inhalt der Niederschrift gem. § 12 Abs. 4 Nr. 1 S. 4 VOB/B. Wie sich aus dem 96 Wortlaut des § 12 Abs. 4 Nr. 1 S. 4 VOB/B ergibt, sind in die Niederschrift etwaige Vorbehalte wegen bekannter Mängel und wegen Vertragsstrafen (§ 640 Abs. 2 BGB bzw. § 11 Abs. 4 VOB/B)[494] aufzunehmen, sowie etwaige Einwendungen des Auftragnehmers. Etwaige Vorbehal-

---

[484] *Oppler* in Ingenstau/Korbion VOB/B § 12 Abs. 4 Rdn. 10, *Heiermann/Riedl/Rusam* VOB/B § 12 Rdn. 92.
[485] *Bröker* in Beck'scher VOB-Kommentar VOB/B § 12 Abs. 4 Rdn. 19.
[486] *Oppler* in Ingenstau/Korbion VOB/B § 12 Abs. 4 Rdn. 10; *Heiermann/Riedl/Rusam* VOB/B § 12 Rdn. 92; *Bröker* in Beck'scher VOB-Kommentar VOB/B § 12 Abs. 4 Rdn. 19.
[487] BGH BauR 1992, 232; *Oppler* in Ingenstau/Korbion VOB/B § 12 Abs. 4 Rdn. 11; *Bröker* in Beck'scher VOB-Kommentar VOB/B § 12 Abs. 4 Rdn. 22; *Heiermann/Riedl/Rusam* VOB/B § 12 Rdn. 93.
[488] BGH NJW 1971, 99; *Bröker* in Beck'scher VOB-Kommentar VOB/B § 12 Abs. 4 Rdn. 21; *Heiermann/Riedl/Rusam* VOB/B § 12 Rdn. 93; *Oppler* in Ingenstau/Korbion VOB/B § 12 Abs. 4 Rdn. 12.
[489] *Bröker* in Beck'scher VOB-Kommentar VOB/B § 12 Abs. 4 Rdn. 21; *Oppler* in Ingenstau/Korbion VOB/B § 12 Abs. 4 Rdn. 12; *Heiermann/Riedl/Rusam* VOB/B § 12 Rdn. 93.
[490] *Oppler* in Ingenstau/Korbion VOB/B § 12 Abs. 4 Rdn. 11.
[491] *Bröker* in Beck'scher VOB-Kommentar VOB/B § 12 Abs. 4 Rdn. 20.
[492] *Bröker* in Beck'scher VOB-Kommentar VOB/B § 12 Abs. 4 Rdn. 23; *Heiermann/Riedl/Rusam* VOB/B § 12 Rdn. 94; *Oppler* in Ingenstau/Korbion VOB/B § 12 Abs. 4 Rdn. 13.
[493] *Bröker* in Beck'scher VOB-Kommentar VOB/B § 12 Abs. 4 Rdn. 24; *Oppler* in Ingenstau/Korbion VOB/B § 12 Abs. 4 Rdn. 14.
[494] Wegen der Einzelheiten hierzu vgl. Rdn. 50–53.

te sind dabei vor der Unterzeichnung in der Niederschrift zu vermerken.[495] Dabei treten die Wirkungen der Abnahme auch bei erklärten Vorbehalten ein, es sei denn, der Auftraggeber verweigert die Abnahme.[496] Soweit dabei der Auftragnehmer das Abnahmeprotokoll mit unterzeichnet, ist damit kein Anerkenntnis bezüglich der in dem Abnahmeprotokoll niedergelegten Vorstellungen und Vorbehalte des Auftraggebers verbunden.[497] Vielmehr erbringt das Protokoll alleine den Beweis für den Ablauf des Abnahmetermins.[498]

Streitig beurteilt wird, ob die Unterschrift beider Parteien, insbesondere die des Auftraggebers, Wirksamkeitsvoraussetzung der förmlichen Abnahme ist. Während dies von Riedl[499] bejaht wird, gehen Oppler[500] und Bröker[501] sowie das OLG Hamburg[502] davon aus, dass die Unterschrift beider Parteien nicht Voraussetzung für die Wirksamkeit der förmlichen Abnahme ist.

Im Ergebnis ist Oppler und Bröker zuzustimmen, da bereits der Wortlaut des § 12 Abs. 4 Nr. 1 S. 3 VOB/B lediglich davon ausgeht, dass der Befund in der Niederschrift festzuhalten ist und die Billigungserklärung durchaus auch in sonstiger Weise zum Ausdruck kommen kann. Dies gesteht auch Riedl/Mansfeld zu, wenn gleichzeitig ausgeführt wird, dass eine Abnahme trotz Verweigerung der Unterschrift durch den Auftraggeber in Betracht kommt, wenn die Abnahme selbst nicht in Frage gestellt wird.[503]

Haben die Parteien hingegen die Wirksamkeit der Abnahme von der Unterzeichnung der Niederschrift vertraglich abhängig gemacht – auch in Allgemeinen Geschäftsbedingungen – ist dies beachtlich.[504] Ein Vorbehalt des Auftraggebers kann im Übrigen auch noch bis zur Unterschrift vorgenommen werden, wenn diese in einem engen zeitlichen Zusammenhang mit der Abnahmebegehung selbst erfolgt.[505]

97 **f) Ausfertigung einer Niederschrift für jede Partei gem. § 12 Abs. 4 Nr. 1 S. 5 VOB/B.** Um jeder Partei eine etwaige Beweisführung anhand einer Urkunde zu ermöglichen und darüber hinaus die Möglichkeit der Kontrolle und gegebenenfalls auch Berichtigung zu ermöglichen,[506] bestimmt § 12 Abs. 4 Nr. 1 S. 5 VOB/B, dass jede Partei eine Ausfertigung der Abnahmeniederschrift erhält.

98 **2. Förmliche Abnahme in Abwesenheit des Auftragnehmers gem. § 12 Abs. 4 Nr. 2 VOB/B.** Nach § 12 Abs. 4 Nr. 2 VOB/B kann der Auftraggeber die förmliche Abnahme auch in Abwesenheit des Auftragnehmers durchführen, wenn der Termin vereinbart war oder der Auftraggeber mit genügender Frist hierzu geladen hatte. Dieses Recht entspricht der einseitig dem Auftraggeber obliegenden Hauptpflicht zur Abnahme.[507] Ist der Auftragnehmer allerdings aus wichtigem Grund an der Wahrnehmung des Abnahmetermins gehindert, kann der Auftraggeber von der Regelung des § 12 Abs. 4 Nr. 2 VOB/B keinen Gebrauch machen. Ein solcher wichtiger Grund kann z. B. eine Erkrankung des Auftragnehmers, besondere persönliche Umstände oder auch ein (wichtigerer) Geschäftstermin sein.[508] Der Auftragnehmer ist dann allerdings verpflichtet, den Auftraggeber unverzüglich, d. h. ohne schuldhaftes Zögern (§ 121 BGB)

---

[495] *Oppler* in Ingenstau/Korbion VOB/B § 12 Abs. 4 Rdn. 16.
[496] OLG Brandenburg IBR 2003, 472.
[497] BGH BauR 1987, 92; *Oppler* in Ingenstau/Korbion VOB/B § 12 Abs. 4 Rdn. 16; *Bröker* in Beck'scher VOB-Kommentar VOB/B § 12 Abs. 4 Rdn. 36; *Heiermann/Riedl/Rusam* VOB/B § 12 Rdn. 95.
[498] OLG Düsseldorf BauR 1986, 457, 460; *Heiermann/Riedl/Rusam* VOB/B § 12 Rdn. 95.
[499] *Heiermann/Riedl/Rusam* (10. Auflage), VOB/B § 12 Rdn. 38b unter Hinweis auf BGH BauR 1974, 206, wonach die Unterschriftsleistung ein Teil der förmlichen Abnahme ist; differenzierend: *Heiermann/Riedl/Rusam* (13. Auflage) VOB/B § 12 Rdn. 95.
[500] *Oppler* in Ingenstau/Korbion VOB/B § 12 Abs. 4 Rdn. 18.
[501] *Bröker* in Beck'scher VOB-Kommentar VOB/B § 12 Abs. 4 Rdn. 33.
[502] OLG Hamburg, IRR 2012, 79.
[503] *Heiermann/Riedl/Rusam* VOB/B § 12 Rdn. 95.
[504] BGH BauR 1974, 206; *Oppler* in Ingenstau/Korbion VOB/B § 12 Abs. 4 Rdn. 18; *Bröker* in Beck'scher VOB-Kommentar VOB/B § 12 Abs. 4 Rdn. 33.
[505] BGH NJW 1987, 380; *Bröker* in Beck'scher VOB-Kommentar VOB/B § 12 Nr. 4 Rdn. 39.
[506] Vgl. hierzu *Oppler* in Ingenstau/Korbion VOB/B § 12 Abs. 4 Rdn. 19 und *Bröker* in Beck'scher VOB-Kommentar VOB/B § 12 Nr. 4 Rdn. 41, 42.
[507] *Oppler* in Ingenstau/Korbion VOB/B § 12 Abs. 4 Rdn. 20.
[508] *Oppler* in Ingenstau/Korbion VOB/B § 12 Abs. 4 Rdn. 21; *Heiermann/Riedl/Rusam* VOB/B § 12 Rdn. 97; *Bröker* in Beck'scher VOB-Kommentar VOB/B § 12 Nr. 4 Rdn. 44; *Leinemann/Jansen* VOB/B § 12 Rdn. 96.

zu informieren.[509] Für den wichtigen Grund und den Zugang der Benachrichtigung ist der Auftragnehmer beweispflichtig.[510]

Streitig ist, ob ein trotz hinreichender Entschuldigung des Auftragnehmers durchgeführter Abnahmetermin zu einer wirksamen förmlichen Abnahme führt.[511]

Richtigerweise ist davon auszugehen, dass eine einmal erklärte Abnahme des Auftraggebers als einseitige empfangsbedürftige Willenserklärung wirksam bleibt, auch wenn vertraglich vereinbarte Verfahrensvorschriften verletzt worden sein sollten. Soweit die Verletzung vertraglich vereinbarter Verfahrensvorschriften dabei zu einem Schaden führt, hat diesen der Auftraggeber durch die von ihm zu vertretende Pflichtverletzung zu ersetzen.[512]

Das Ergebnis der Abnahme ist gem. § 12 Abs. 4 Nr. 2 S. 2 VOB/B dem Auftragnehmer durch den Auftraggeber alsbald mitzuteilen. Auch wenn diese Mitteilung keine Qualität als Niederschrift im Sinne des § 12 Abs. 4 Nr. 2 VOB/B zu erreichen braucht, muss der Auftraggeber gleichwohl etwaige Vorbehalte gem. § 640 Abs. 2 BGB bzw. § 11 Abs. 4 VOB/B[513] in der Mitteilung aufnehmen, wenn er keinen Rechtsverlust erleiden will.[514] **99**

Da es sich bei der Mitteilung gem. § 12 Abs. 4 Nr. 2 S. 2 VOB/B um eine empfangsbedürftige Willenserklärung handelt, wird eine förmliche Abnahme auch erst mit deren Zugang wirksam.[515]

Die Pflicht zur alsbaldigen Mitteilung wird durch § 12 Abs. 1 VOB/B konkretisiert, so dass die Mitteilung spätestens innerhalb von 12 Werktagen zu erfolgen hat.[516] Verletzt der Auftraggeber diese Frist, macht er sich wegen der Verletzung der vertraglichen Pflicht schadensersatzpflichtig, wobei allerdings in der Regel ein Mitverschulden (§ 254 BGB) zu berücksichtigen sein wird, da Ausgangspunkt der Pflichtverletzung des Auftraggebers die Nichtwahrnehmung des Termins durch den Auftragnehmer war.[517] Für den Fall, dass der Auftraggeber den vereinbarten oder gehörig bestimmten Abnahmetermin nicht wahrnimmt, trifft § 12 Abs. 4 Nr. 2 VOB/B keine Regelung. Es verbleibt hier bei den Allgemeinen Regeln, d. h. der Möglichkeit des Annahme- bzw. Schuldnerverzuges[518] bzw. der Möglichkeit der fiktiven Abnahme gem. § 640 Abs. 1 S. 3 BGB.[519]

V. Fiktive Abnahme gem. § 12 Abs. 5 VOB/B

Bis zum Inkrafttreten des Gesetzes zur Beschleunigung fälliger Zahlungen[520] gab es nur im Rahmen der VOB/B zwei Fiktionstatbestände, nämlich § 12 Abs. 5 Nr. 1 VOB/B (Fiktion der Abnahme bei Fertigstellungsmitteilung ohne Abnahmebegehren) und § 12 Abs. 5 Nr. 2 VOB/B (Fiktion der Abnahme durch Inbenutzungnahme). Durch das Gesetz zur Beschleunigung fälliger Zahlungen sind zwei neue Fiktionstatbestände im BGB hinzugetreten, nämlich § 640 Abs. 1 S. 3 BGB und § 641a BGB. Damit hat § 12 Abs. 5 VOB/B seine Exklusivität in Bezug auf Abnahmefiktionen verloren[521], auch wenn § 641a zwischenzeitlich wieder abgeschafft worden ist (Forderungssicherungsgesetz, in Kraft getreten zum 1.1.2009). **100**

---

[509] Vgl. Fn. 370.
[510] *Heiermann/Riedl/Rusam* VOB/B § 12 Rdn. 97.
[511] Für eine wirksame Abnahme: *Oppler* in Ingenstau/Korbion VOB/B § 12 Abs. 4 Rdn. 21; *Bröker* in Beck'scher VOB-Kommentar VOB/B § 12 Nr. 4 Rdn. 45; Gegen eine wirksame Abnahme: *Heiermann/Riedl/Rusam* VOB/B § 12 Rdn. 97; *Kleine-Möller/Merl* § 14 Rdn. 60.
[512] *Oppler* in Ingenstau/Korbion VOB/B § 12 Abs. 4 Rdn. 21; *Bröker* in Beck'scher VOB-Kommentar VOB/B § 12 Abs. 4 Rdn. 44.
[513] Vgl. hierzu Rdn. 50–53.
[514] *Oppler* in Ingenstau/Korbion VOB/B § 12 Abs. 4 Rdn. 22; *Heiermann/Riedl/Rusam* VOB/B § 12 Rdn. 98; *Bröker* in Beck'scher VOB-Kommentar VOB/B § 12 Abs. 4 Rdn. 45; Leinemann/Jansen VOB/B § 12 Rdn. 95.
[515] *Bröker* in Beck'scher VOB-Kommentar VOB/B § 12 Abs 4 Rdn. 46; *Oppler* in Ingenstau/Korbion VOB/B § 12 Abs. 4 Rdn. 23.
[516] *Bröker* in Beck'scher VOB-Kommentar VOB/B § 12 Abs 4 Rdn. 47; *Oppler* in Ingenstau/Korbion VOB/B § 12 Abs. 4 Rdn. 24; *Heiermann/Riedl/Rusam* VOB/B § 12 Rdn. 98.
[517] *Oppler* in Ingenstau/Korbion VOB/B § 12 Abs. 4 Rdn. 24; *Heiermann/Riedl/Rusam* VOB/B § 12 Rdn. 98.
[518] *Bröker* in Beck'scher VOB-Kommentar VOB/B § 12 Abs. 4 Rdn. 47; *Oppler* in Ingenstau/Korbion VOB/B § 12 Abs. 4 Rdn. 25; *Heiermann/Riedl/Rusam* VOB/B § 12 Rdn. 99.
[519] *Leinemann/Jansen* VOB/B § 12 Rdn. 95.
[520] Vgl. Fn. 8.
[521] Vgl. hierzu im Einzelnen Rdn. 22 und 33.

101 **1. Allgemeine Voraussetzungen der Anwendbarkeit des § 12 Abs. 5 VOB/B.** Um zur Anwendbarkeit der beiden Abnahmefiktionstatbestände des § 12 Abs. 5 VOB/B zu gelangen, bedarf es neben der Erfüllung der beschriebenen Tatbestände allgemeiner Voraussetzungen. Im Einzelnen:

102 **a) Wirksame Vereinbarung des § 12 Abs. 5 VOB/B.** Erste Voraussetzung der Anwendbarkeit des § 12 Abs. 5 VOB/B ist, dass die Vorschrift mit ihren beiden Tatbeständen überhaupt wirksam vereinbart worden ist. Hieran bestehen deshalb Zweifel selbst bei Einbeziehung der Vorschrift in den Vertrag, weil die Vorschrift für sich betrachtet gegen § 10 Nr. 5 AGBG (bis zum 31.12.2001) bzw. § 308 Nr. 5 BGB n. F. (ab dem 1.1.2002) verstößt.[522] Unter der Geltung des AGBG bis zum 31.12.2001 bestand allerdings Einigkeit darin, dass bei der Vereinbarung der VOB „als Ganzes" die Privilegierung des § 23 Abs. 2 Nr. 5 AGBG dazu geführt hat, dass von der Wirksamkeit auch des § 12 Abs. 5 VOB/B auszugehen war.[523] Wurde hingegen, z. B. durch weitere Allgemeine Geschäftsbedingungen, in die VOB/B mit der Folge eingegriffen, dass nicht mehr von einer Ausgewogenheit der Vorschriften insgesamt ausgegangen werden konnte, war § 12 Abs. 5 VOB/B nicht mehr von der Privilegierung des § 23 Abs. 2 Nr. 5 AGBG umfasst und damit unwirksam.[524]

An dieser Rechtslage hat sich auch durch die eingetretenen Änderungen zum 1.1.2002, d. h. durch die Überführung des Rechtes der Allgemeinen Geschäftsbedingungen in das BGB nichts geändert, da nunmehr § 308 Nr. 5 BGB ausdrücklich bestimmt, dass Fiktionsklauseln, die durch die VOB/B in den Vertrag einbezogen werden, wirksam sind, wenn die VOB/B insgesamt einbezogen wird.

103 Im Umkehrschluss zur Notwendigkeit der wirksamen Einbeziehung ergibt sich, dass § 12 Abs. 5 VOB/B auch nicht vertraglich ausgeschlossen sein darf, wenn er Anwendung finden soll. Es entspricht dabei nahezu dem Regelfall in der Praxis, dass § 12 Abs. 5 VOB/B vertraglich ausgeschlossen wird.[525] Der Ausschluss des § 12 Abs. 5 VOB/B auch in Allgemeinen Geschäftsbedingungen ist zulässig.[526] Durch den Ausschluss der fiktiven Abnahme bleiben andere Abnahmeformen, so insbesondere auch die stillschweigende bzw. konkludente Abnahme, möglich.[527]

Der Ausschluss des § 12 Abs. 5 VOB/B kann auch konkludent erfolgen, so z. B. durch die Vereinbarung einer förmlichen Abnahme[528] oder die Bestimmung, dass die Abnahme durch die Bauleitung oder den Architekten erfolge[529] (auch wenn diese dadurch noch nicht als im Rechtssinne bevollmächtigt gelten).

104 **b) Keine Abnahme in sonstiger Weise erfolgt.** Weitere Voraussetzung der Anwendbarkeit des § 12 Abs. 5 VOB/B ist, dass eine Abnahme bis zu diesem Zeitpunkt noch nicht erfolgt ist. Hierzu zählt auch eine etwaige stillschweigende bzw. konkludente Abnahme.[530] Dabei ist zu berücksichtigen, dass trotz gelegentlicher Verwechslung der Begriffe[531] die fiktive Abnahme gem. § 12 Abs. 5 VOB/B strikt von einer konkludenten/stillschweigenden Abnahme zu unterscheiden ist. Während bei der fiktiven Abnahme nach § 12 Abs. 5 VOB/B die Abnahmewirkungen

---

[522] *Bröker* in Beck'scher VOB-Kommentar VOB/B § 12 Abs. 5 Rdn. 4 f.; *Heiermann/Riedl/Rusam* VOB/B § 12 Rdn. 104; *Oppler* in Ingenstau/Korbion VOB/B § 12 Abs. 5 Rdn. 7.
[523] Seit BGH NJW 1983, 816 ständige Rechtsprechung, z. B. BGH NJW 1996, 1346 ff.; *Oppler* in Ingenstau/Korbion VOB/B § 12 Abs. 5 Rdn. 7; *Bröker* in Beck'scher VOB-Kommentar VOB/B § 12 Abs. 5 Rdn. 4, 5.
[524] *Bröker* in Beck'scher VOB-Kommentar VOB/B § 12 Abs. 5 Rdn. 5; *Heiermann/Riedl/Rusam* VOB/B § 12 Rdn. 104.
[525] So auch: *Bröker* in Beck'scher VOB-Kommentar VOB/B § 12 Abs. 5 Rdn. 34 unter Hinweis auf OLG Düsseldorf NJW-RR 1993, 1110.
[526] *Bröker* in Beck'scher VOB-Kommentar VOB/B § 12 Abs. 5 Rdn. 34; *Heiermann/Riedl/Rusam* VOB/B § 12 Rdn. 104.
[527] *Bröker* in Beck'scher VOB-Kommentar VOB/B § 12 Abs. 5 Rdn. 35; *Heiermann/Riedl/Rusam* VOB/B § 12 Rdn. 101; *Oppler* in Ingenstau/Korbion VOB/B § 12 Abs. 5 Rdn. 1 unter Hinweis auf OLG München SFH § 16 Nr. 3 VOB/B Nr. 4 und OLG Düsseldorf SFH § 12 VOB/B Nr. 3.
[528] *Heiermann/Riedl/Rusam* VOB/B § 12 Rdn. 108; *Bröker* in Beck'scher VOB-Kommentar VOB/B § 12 Abs. 5 Rdn. 34.
[529] BGH BauR 1974, 73; *Bröker* in Beck'scher VOB-Kommentar VOB/B § 12 Abs. 5 Rdn. 34; *Heiermann/Riedl/Rusam* VOB/B § 12 Rdn. 105.
[530] *Heiermann/Riedl/Rusam* VOB/B § 12 Rdn. 109; *Bröker* in Beck'scher VOB-Kommentar VOB/B § 12 Nr. 5 Rdn. 9.
[531] Vgl. hierzu *Oppler* in Ingenstau/Korbion VOB/B § 12 Abs. 5 Rdn. 1.

unabhängig von dem Willen des Auftraggebers eintreten, kommt es bei der konkludenten/stillschweigenden Abnahme gerade auf den herleitbaren Willen des Auftraggebers an.[532]

Streitig ist in diesem Zusammenhang, ob bei einer sogenannten „vergessenen" förmlichen Abnahme nach entsprechendem Zeitablauf[533] eine fiktive Abnahme wieder möglich wird.[534] Da § 12 Abs. 5 VOB/B tatbestandlich ausdrücklich voraussetzt, dass keine Abnahme verlangt wird und darüber hinaus die Vereinbarung der förmlichen Abnahme die fiktive Abnahme ausschließt,[535] ist der Ansicht zu folgen, die davon ausgeht, dass auch bei entsprechendem Zeitablauf keine fiktive Abnahme mehr möglich ist. Dies schließt selbstredend nicht aus, dass es im Rahmen anderer Abnahmeformen, z. B. der stillschweigenden/konkludenten Abnahme[536] zum Eintritt der Abnahmewirkungen kommt. Zwischen diesen Abnahmeformen und der fiktiven Abnahme ist jedoch aus den vorstehend genannten Gründen strikt zu differenzieren.

c) Keine Abnahmeverweigerung gem. § 12 Abs. 3 VOB/B. Die Abnahmewirkungen 105 gem. § 12 Abs. 5 VOB/B sind ausgeschlossen, wenn der Auftraggeber die Abnahme gem. § 12 Abs. 3 VOB/B[537] verweigert.[538] Dies gilt insbesondere für den Fall der Ingebrauchnahme gem. § 12 Abs. 5 Nr. 2 VOB/B.[539] Soweit dabei Vygen[540] im Rahmen einer Anmerkung zum Urteil des OLG Frankfurts[541] sowie Peters[542] meinen, dass aus Gründen der Gerechtigkeit die Fälligkeit der Schlusszahlung unabhängig von der Abnahme sein soll, ist dem nicht zuzustimmen, da durch die wirksame Maßnahme des § 640 Abs. 1 S. 3 BGB der Auftragnehmer in die Lage versetzt wird, selbst die Voraussetzungen effektiv auch gegen den Willen des Auftraggebers herbeizuführen, um die Werklohnforderung durchsetzen zu können. Der Fiktionstatbestand des § 12 Abs. 5 VOB/B ist nach Einführung des § 640 Abs. 1 S. 3 BGB demgegenüber weit weniger bedeutsam. Vor diesem Hintergrund scheint es nicht gerechtfertigt, auf das Merkmal der Abnahme zu verzichten, das sowohl dem Auftraggeber aber auch im Streifalle dem Gericht die Möglichkeit eröffnet, die Qualität der Leistung in ein angemessenes Gesamtverhältnis zu dem Zahlungsbegehren des Auftragnehmers zu setzen. Es stellt sich die Frage, durch welches neue (bessere?) Kriterium diese Funktion erreicht werden soll.

d) Fertigstellung der Leistung. Da es sich auch bei der fiktiven Abnahme um eine Form 106 der Abnahme handelt, vertreten Riedl/Mansfeld[543] und Oppler[544] die Auffassung, dass die Fertigstellung der geschuldeten Leistung im Sinne der Abnahmefähigkeit gem. § 12 Abs. 3 VOB/B Voraussetzung für den Eintritt der Abnahmewirkungen auch nach § 12 Abs. 5 VOB/B ist. Dem gegenüber vertritt Jagenburg[545] die Auffassung, dass selbst bei einer unvollständigen oder mit wesentlichen Mängeln behafteten Leistung eine fiktive Abnahme in Betracht kommt, es sei denn, der Auftraggeber verweigert ausdrücklich die Abnahme gem. § 12 Abs. 3 VOB/B.

Letztgenannter Auffassung ist zuzustimmen, da systematisch die fiktive Abnahme, bei der es auf den Willen des Auftraggebers nicht ankommt, es sei denn, er äußert sich konkret, von der schlüssigen bzw. konkludenten Erklärung zu trennen ist, bei der es auf den herleitbaren Willen

---

[532] Oppler in Ingenstau/Korbion VOB/B § 12 Abs. 5 Rdn. 1, Bröker in Beck'scher VOB-Kommentar VOB/B § 12 Abs. 5 Rdn. 2, 3, der zu Recht darauf hinweist, dass sich der Unterschied beider Abnahmeformen gerade bei dem Tatbestand der Ingebrauchnahme verdeutlicht; Heiermann/Riedl/Rusam VOB/B § 12 Rdn. 100.

[533] Vgl. hierzu die Rdn. 20, 21.

[534] Für die Möglichkeit einer fiktiven Abnahme: Oppler in Ingenstau/Korbion VOB/B § 12 Abs. 5 Rdn. 4; Heiermann/Riedl/Rusam VOB/B § 12 Rdn. 108; Gegen die Möglichkeit einer Fiktion: Bröker in Beck'scher VOB-Kommentar VOB/B § 12 Abs. 5 Rdn. 5.

[535] Vgl. Rdn. 103, insbesondere Fn. 490; OLG Schleswig IBR 2003, 1079.

[536] Vgl. hierzu die Rdn. 15–22.

[537] Zu den Einzelheiten vgl. Rdn. 83–89.

[538] KG BauR 1988, 230; OLG Celle BauR 1997, 1049; OLG Schleswig, Urteil v. 10.2.2012. 1 U 20/11; Oppler in Ingenstau/Korbion VOB/B § 12 Abs. 5 Rdn. 3; Heiermann/Riedl/Rusam VOB/B § 12 Rdn. 110; Bröker in Beck'scher VOB-Kommentar VOB/B § 12 Abs. 5 Rdn. 10; OLG Frankfurt BauR 2004, 1004 = IBR 2004, 243.

[539] BGH NJW 1979, 549.

[540] Vygen BauR 2004, 1006.

[541] OLG Frankfurt BauR 2004, 1004.

[542] Peters NZBau 2004, 1, 5.

[543] Heiermann/Riedl/Rusam VOB/B § 12 Rdn. 106 unter Hinweis auf BGH NJW 1979, 650 ff.

[544] Oppler in Ingenstau/Korbion VOB/B § 12 Abs. 5 Rdn. 6.

[545] Jagenburg in Beck'scher VOB-Kommentar VOB/B, 2. Auflage, § 12 Nr. 5 Rdn. 7, 8, 9; a. A. jetzt Bröker, 3. Auflage, § 12 Abs. 5 Rdn. 12.

des Auftraggebers gerade ankommt.⁵⁴⁶ Wollte man auch auf den mutmaßlichen Willen des Auftraggebers abstellen, z. B. bei der Ingebrauchnahme trotz vorhandenen wesentlichen Mängeln ohne Äußerung des Auftraggebers, würde der tatsächlich unterschiedliche Anwendungsbereich beider Abnahmeformen unzulässigerweise miteinander vermischt. Der Auftraggeber hat es in der Hand in diesen Fällen, so z. B. auch bei der nicht hinreichenden Fertigstellung, den Eintritt der Wirkungen der Abnahme durch eine Abnahmeverweigerung gem. § 12 Abs. 3 VOB/B oder dem Verlangen nach Abnahme gem. § 12 Abs. 1 VOB/B zu verhindern. Ein darüber hinausgehendes Schutzbedürfnis wird zu Gunsten des Auftraggebers nicht ersichtlich. Auszunehmen hiervon wären allenfalls, klar rechtsmissbräuchliche Abnahmeversuche nach § 12 Abs. 5 VOB/B, z. B. eine Fertigstellungsanzeige, die überhaupt keinen Wahrheitsgehalt hat, weil mit der Leistung gerade erst begonnen wurde. Der bei der Berücksichtigung des konkret gem. § 12 Abs. 3 VOB/B geäußerten Willens des Auftraggebers scheinbar entstehende Widerspruch zu der ausdrücklichen Nichtbeachtung eines vermuteten Willens im Rahmen einer konkludenten Abnahmeverweigerung bei z. B. schwerwiegenden Mängeln, wird dadurch aufgelöst, dass der Tatbestand des § 12 Abs. 5 bereits davon ausgeht, dass es eines ungestörten Ablaufs der genannten Fristen bedarf. Wenn aber eine „Störung", z. B. auch eine Abnahmeverweigerung gem. § 12 Abs. 3 VOB/B erfolgt, ist bereits der äußere Fiktionstatbestand nicht erfüllt.

107 **e) Keine vorzeitige Vertragsbeendigung.** Einig ist man sich darin, dass eine vorzeitige Vertragsbeendigung unabhängig davon, ob diese nach § 6 Abs. 7, § 8 oder § 9 VOB/B ausgesprochen wurde, eine fiktive Abnahme gem. § 12 Abs. 5 VOB/B ausschließt, da insoweit § 8 Abs. 6 VOB/B bzw. § 12 Abs. 1 VOB/B vorrangig ist.⁵⁴⁷

108 **f) Fehlendes Abnahmeverlangen.** Nach beiden Tatbeständen des § 12 Abs. 5 VOB/B ist Voraussetzung, dass keine Abnahme verlangt wird. Dies wurde durch die Änderung des § 12 Nr. 5 Abs. 2 VOB/B im Rahmen der VOB 2002 ausdrücklich klargestellt.⁵⁴⁸ Unerheblich ist, welche Abnahmeform zum Zuge kommt. Entscheidend ist alleine, ob eine Abnahme entweder vereinbart und/oder verlangt worden ist. Ist dies der Fall, scheidet die Anwendung des § 12 Abs. 5 VOB/B in beiden Fällen aus.⁵⁴⁹ Dies gilt nicht in Bezug auf eine technische Zustandsfeststellung gem. § 4 Abs. 10 VOB/B.⁵⁵⁰

109 **2. Fiktion der Abnahme durch Fertigstellungsmitteilung gem. § 12 Abs. 5 Nr. 1 VOB/B.** Teilt der Auftragnehmer dem Auftraggeber schriftlich mit, dass die Leistung fertig gestellt ist, so gilt die Leistung nach Ablauf von 12 Werktagen als abgenommen, wenn keine Abnahme verlangt wird (§ 12 Abs. 5 Nr. 1 VOB/B). Die hiernach erforderliche Fertigstellungsanzeige bedarf der Schriftform, kann mithin nicht mündlich erfolgen.⁵⁵¹ Als empfangsbedürftige Willenserklärung⁵⁵² muss sie dem Auftraggeber zugehen (§ 130 BGB). Erst mit dem Zugang wird die in § 12 Abs. 5 Nr. 1 VOB/B genannte 12-Tagesfrist in Gang gesetzt, deren Berechnung sich nach den §§ 187 ff. BGB richtet.⁵⁵³ Bei der Berechnung ist allerdings darauf zu achten, dass § 12 Abs. 5 Nr. 1 VOB/B von Werktagen spricht, so dass die Samstage mitzählen (vgl. § 11 Abs. 3 VOB/B).

Läuft die Frist ab, ohne dass der Auftraggeber widerspricht oder Vorbehalte geltend macht⁵⁵⁴ (vgl. § 12 Abs. 5 Nr. 3 VOB/B), treten die Wirkungen der Abnahme ein, bzw. verliert der Auftraggeber entsprechende Rechte in Entsprechung der §§ 640 Abs. 2 BGB, 11 Abs. 4 VOB/B.

Die nach § 12 Abs. 5 Nr. 1 VOB/B notwendige Fertigstellungsanzeige kann, muss aber nicht ausdrücklich als solche bezeichnet werden. Ausreichend ist, dass es sich bei der Mitteilung mit

---

⁵⁴⁶ Vgl. Rdn. 22 und Fn. 494.
⁵⁴⁷ *Heiermann/Riedl/Rusam* VOB/B § 12 Rdn. 107; *Oppler* in Ingenstau/Korbion VOB/B § 12 Abs. 5 Rdn. 6; *Bröker* in Beck'scher VOB-Kommentar VOB/B § 12 Abs. 5 Rdn. 13.
⁵⁴⁸ Vgl. hierzu ausführlich: *Vygen* Sonderheft BauR 2002, § 12 Nr. 5 VOB/B, S. 37 sowie zum Verhältnis des § 12 Abs. 5 zum § 640 Abs. 1 S. 3 BGB die Rdn. 6; *Bröker* in Beck'scher VOB-Kommentar VOB/B § 12 Abs. 5 Rdn. 7.
⁵⁴⁹ *Bröker* in Beck'scher VOB-Kommentar VOB/B § 12 Abs. 5 Rdn. 8 m. w. N.
⁵⁵⁰ OLG Düsseldorf BauR 1985, 327 zum damals gültigen § 12 Nr. 2b VOB/B, jetzt § 4 Nr. 10 VOB/B bzw. § 4 Abs. 10 VOB/B n. F.; *Bröker* in Beck'scher VOB-Kommentar VOB/B § 12 Abs. 5 Rdn. 8.
⁵⁵¹ *Heiermann/Riedl/Rusam* VOB/B § 12 Rdn. 112; *Oppler* in Ingenstau/Korbion VOB/B § 12 Abs. 5 Rdn. 10; *Bröker* in Beck'scher VOB-Kommentar VOB/B § 12 Abs. 5 Rdn. 17.
⁵⁵² *Bröker* in Beck'scher VOB-Kommentar VOB/B § 12 Abs. 5 Rdn. 16; *Oppler* in Ingenstau/Korbion VOB/B § 12 Abs. 5 Rdn. 9.
⁵⁵³ *Oppler* in Ingenstau/Korbion VOB/B § 12 Abs. 5 Rdn. 10.
⁵⁵⁴ Vgl. hierzu die Rdn. 46–53.

hinreichender Sicherheit ergibt, dass die Leistungen fertig gestellt sind.[555] Dies ist z. B. der Fall, wenn der Auftragnehmer die Schlussrechnung übersendet,[556] selbst wenn diese nicht als solche bezeichnet ist, aber erkennen lässt, dass alle erbrachten Leistungen abgerechnet werden.[557] Ausreichend ist auch, dass der Auftragnehmer dem Auftraggeber mitteilt, dass er die Baustelle nach Fertigstellung der Leistung nunmehr räumt.[558]

Die Fertigstellungsanzeige muss dabei an den Auftraggeber selbst, oder an einen entsprechend empfangsbevollmächtigten Dritten versandt werden. Ohne ausdrückliche Bevollmächtigung ist dabei der Architekt nicht empfangsbevollmächtigt.[559]

3. Fiktion der Abnahme durch Ingebrauchnahme gem. § 12 Abs. 5 Nr. 2 VOB/B.   110

Die Wirkungen der Abnahme treten gem. § 12 Abs. 5 Nr. 2 VOB/B auch dann ein, wenn der Auftraggeber ohne Abnahmeverlangen die Leistung oder einen Teil hiervon in Benutzung genommen hat und sechs Werktage ohne Widerspruch oder Abnahmeverlangen vergehen.[560]

Eine Inbenutzungnahme der Leistung liegt dabei z. B. bei der Freigabe einer Brücke zum Verkehr,[561] der Inbetriebnahme einer Leitung[562] oder typischerweise dem Einzug in ein neu errichtetes oder umgebautes Bauwerk vor.[563] Dabei muss die Inbenutzungnahme eine solche darstellen, die dem beabsichtigten Endzweck entspricht, weshalb eine bloße Erprobung, z. B. einer Heizungsanlage, nicht als Inbenutzungnahme im Sinne des § 12 Abs. 5 Nr. 3 VOB/B angesehen werden kann.[564]

Wird die Leistung eines Nachunternehmers in Gebrauch genommen, liegt eine Inbenutzungnahme im Sinne des § 12 Abs. 5 Nr. 2 VOB/B vor, wenn der Generalunternehmer diese Leistung dem Bauherrn überlässt und dieser dann auch die Leistung nutzt.[565]

Wie sich aus § 12 Abs. 5 Nr. 2 S. 2 VOB/B ergibt, liegt keine Inbenutzungnahme vor, wenn Teile einer baulichen Anlage lediglich zur Weiterführung der Arbeiten in Benutzung genommen werden, z. B. die Benutzung des Rohbaus zur Herbeiführung des Innenausbaus.[566] Zwar kann hier möglicherweise eine Teilabnahme gem. § 12 Abs. 2 VOB/B verlangt werden, die fiktive Abnahme gem. § 12 Abs. 5 Nr. 2 VOB/B hingegen ist ausgeschlossen.[567] Soweit eine fiktive Teilabnahme gem. § 12 Abs. 5 Nr. 2 S. 1 VOB/B unter Beachtung der vorstehenden Grundsätze in Betracht kommt, kommt es für die Teilabnahmefähigkeit auf die Voraussetzungen des § 12 Abs. 2 VOB/B an, d. h. der Teil der Leistung muss funktional trennbar und gebrauchsfähig sein.[568]

---

[555] *Bröker* in Beck'scher VOB-Kommentar VOB/B § 12 Abs. 5 Rdn. 18; *Oppler* in Ingenstau/Korbion VOB/B § 12 Abs. 5 Rdn. 11; *Heiermann/Riedl/Rusam* VOB/B § 12 Rdn. 112.
[556] BGH NJW 1971, 838; BGH NJW 1977, 897; BGH BauR 1980, 357; BGH NJW-RR 1989, 979; OLG Dresden IBR 2008, 259, Nichtzulassungsbeschwerde durch Beschluss des BGH vom 28.2.2008, VII ZR 150/07, zurückgewiesen; *Bröker* in Beck'scher VOB-Kommentar VOB/B § 12 Abs. 5 Rdn. 19; *Oppler* in Ingenstau/Korbion VOB/B § 12 Abs. 5 Rdn. 11; *Heiermann/Riedl/Rusam* VOB/B § 12 Rdn. 112.
[557] OLG Düsseldorf BauR 1997, 842; OLG Frankfurt BauR 1979, 326 betreffend den Rechnungsvermerk „ordnungsgemäß fertig gestellte Arbeiten"; *Oppler* in Ingenstau/Korbion VOB/B § 12 Abs. 5 Rdn. 11; *Bröker* in Beck'scher VOB-Kommentar VOB/B § 12 Abs. 5 Rdn. 19; *Heiermann/Riedl/Rusam* VOB/B § 12 Rdn. 112.
[558] *Oppler* in Ingenstau/Korbion VOB/B § 12 Abs. 5 Rdn. 11; *Bröker* in Beck'scher VOB-Kommentar VOB/B § 12 Abs. 5 Rdn. 18; *Heiermann/Riedl/Rusam* VOB/B § 12 Rdn. 112.
[559] *Bröker* in Beck'scher VOB-Kommentar VOB/B § 12 Abs. 5 Rdn. 20; *Heiermann/Riedl/Rusam* VOB/B § 12 Rdn. 112; *Leinemann/Jansen* VOB/B § 12 Abs. 5 Rdn. 103.
[560] *Oppler* in Ingenstau/Korbion VOB/B § 12 Abs. 5 Rdn. 27.
[561] *Oppler* in Ingenstau/Korbion VOB/B § 12 Abs. 5 Rdn. 21.
[562] BGH BauR 1971, 128.
[563] Vgl. hierzu Rdn. 16, insbesondere Fn. 40.
[564] *Oppler* in Ingenstau/Korbion VOB/B § 12 Abs. 5 Rdn. 24; *Heiermann/Riedl/Rusam* VOB/B § 12 Rdn. 114; *Bröker* in Beck'scher VOB-Kommentar VOB/B § 12 Abs. 5 Rdn. 22.
[565] KG BauR 1973, 244; *Oppler* in Ingenstau/Korbion VOB/B § 12 Abs. 5 Rdn. 21; *Bröker* in Beck'scher VOB-Kommentar VOB/B § 12 Abs. 5 Rdn. 23.
[566] *Oppler* in Ingenstau/Korbion VOB/B § 12 Abs. 5 Rdn. 23.
[567] *Bröker* in Beck'scher VOB-Kommentar VOB/B § 12 Abs. 5 Rdn. 27.
[568] *Bröker* in Beck'scher VOB-Kommentar VOB/B § 12 Abs. 5 Rdn. 27; *Heiermann/Riedl/Rusam* VOB/B § 12 Rdn. 115; *Oppler* in Ingenstau/Korbion VOB/B § 12 Abs. 5 Rdn. 22.

Schließlich muss die Benutzung gem. § 12 Abs. 5 Nr. 2 VOB/B ununterbrochen sein.[569] Dabei ist mit Bröker[570] davon auszugehen, dass es nicht darauf ankommt, warum eine Unterbrechung erfolgt (z. B. wegen eines Zusammenhanges mit schwerwiegenden Mängeln oder ohne diesen Zusammenhang), da es bei der fiktiven Abnahme gerade nicht auf den Willen des Auftraggebers ankommt, sondern alleine auf die Erfüllung der tatbestandlich beschriebenen Voraussetzungen.

4. Vorbehalte wegen Mängeln oder Vertragsstrafen gem. § 12 Abs. 5 Nr. 3 VOB/B.

111 Nach § 12 Abs. 5 Nr. 3 VOB/B hat der Auftraggeber Vorbehalte wegen bekannter Mängel (§ 640 Abs. 2 BGB) oder wegen Vertragsstrafen (§ 11 Abs. 4 VOB/B) spätestens zu den in § 12 Abs. 5 Nr. 1 VOB/B und § 12 Abs. 5 Nr. 2 VOB/B bezeichneten Zeitpunkten geltend zu machen, da ansonsten ein entsprechender Rechtsverlust droht. Zur Vermeidung von Wiederholungen wird wegen der entsprechenden Vorbehalte und deren Äußerungen auf die Rdn. 46–53 verwiesen.

Bei § 12 Abs. 5 Nr. 3 VOB/B ist gegenüber den ansonsten bei der Abnahme weiter zu erklärenden Vorbehalten beachtlich, dass jeweils Spätestfristen genannt sind. Diese Fristen treten wegen der Abhängigkeit zum Eintritt der Rechtsfolgen der Abnahme gem. Nr. 1 und 2 des § 12 Abs. 5 VOB/B an die Stelle des Zeitpunktes der ansonsten zu erklärenden Abnahme.[571] Vorbehalte, die der Auftraggeber früher oder später, d. h. vor Beginn oder nach Ablauf der jeweiligen Fristen erklärt, sind grundsätzlich unwirksam.[572] Um Wirksamkeit zu entfalten, muss daher ein Vorbehalt während des Laufes der jeweiligen Frist gem. § 12 Abs. 5 Nr. 1 und 2 VOB/B zugehen.[573]

Allenfalls kann ein vor Beginn der Frist geäußerter Vorbehalt noch wirksam bleiben, wenn der Auftraggeber kurz vorher einen Mangel gerügt und dabei zu erkennen gegeben hat, dass er diese Leistung nicht annehmen werde sowie zusätzlich eindeutig ist, dass sich an dieser Einstellung während des Fristlaufes nichts geändert hat.[574] Es handelt sich hier allerdings um eine eng auszulegende Ausnahme,[575] für die der Auftraggeber beweispflichtig ist.[576]

VI. Gefahrübergang gem. § 12 Abs. 6 VOB/B

112 Die Vorschrift des § 12 Abs. 6 VOB/B regelt zunächst den gleichen Inhalt wie § 644 Abs. 1 S. 1 BGB, wonach der Unternehmer bis zur Abnahme „die Gefahr" trägt, d. h. spiegelbildlich „die Gefahr" mit der Abnahme auf den Auftraggeber übergeht. Mit Gefahr ist dabei die Preis- und Leistungsgefahr[577] gemeint.[578]

Zusätzlicher Regelungsinhalt ist allerdings der Hinweis auf den nach § 7 VOB/B möglichen frühzeitigen Übergang der Preisgefahr, der notwendig ist, um deutlich zu machen, dass die Gefahr, die schon nach § 7 VOB/B (frühzeitiger als bei der Abnahme) auf den Auftraggeber übergegangen ist, nicht noch einmal übergehen kann.[579]

---

[569] *Oppler* in Ingenstau/Korbion VOB/B § 12 Abs. 5 Rdn. 26; *Heiermann/Riedl/Rusam* VOB/B § 12 Rdn. 118; *Leinemann/Jansen* VOB/B § 12 Rdn. 109.

[570] *Bröker* in Beck'scher VOB-Kommentar VOB/B § 12 Abs. 5 Rdn. 26; a.A: *Oppler* in Ingenstau/Korbion VOB/B § 12 Abs. 5 Rdn. 26; *Heiermann/Riedl/Rusam* VOB/B § 12 Rdn. 118.

[571] BGH NJW 1961, 115; BGH NJW 1971, 838; *Heiermann/Riedl/Rusam* VOB/B § 12 Rdn. 120; *Bröker* in Beck'scher VOB-Kommentar VOB/B § 12 Abs. 5 Rdn. 31.

[572] BGH NJW 1961, 115; *Bröker* in Beck'scher VOB-Kommentar VOB/B § 12 Abs. 5 Rdn. 32; *Heiermann/Riedl/Rusam* VOB/B § 12 Rdn. 120; *Oppler* in Ingenstau/Korbion VOB/B § 12 Nr. 5 Rdn. 14.

[573] OLG Celle NJW 1974, 1386; *Heiermann/Riedl/Rusam* VOB/B § 12 Rdn. 120; *Oppler* in Ingenstau/Korbion VOB/B § 12 Abs. 5 Rdn. 14.

[574] KG BauR 1973, 244; *Oppler* in Ingenstau/Korbion VOB/B § 12 Nr. 5 Rdn. 15 m. w. N.

[575] *Oppler* in Ingenstau/Korbion VOB/B § 12 Abs. 5 Rdn. 15; *Bröker* in Beck'scher VOB-Kommentar VOB/B § 12 Abs. 5 Rdn. 32.

[576] *Oppler* in Ingenstau/Korbion VOB/B § 12 Abs. 5 Rdn. 15.

[577] Vgl. hierzu die Rdn. 39–41.

[578] *Oppler* in Ingenstau/Korbion VOB/B § 12 Abs. 6 Rdn. 1; *Heiermann/Riedl/Rusam* VOB/B § 12 Rdn. 126.

[579] *Oppler* in Ingenstau/Korbion VOB/B § 12 Abs. 6 Rdn. 2; *Bröker* in Beck'scher VOB-Kommentar VOB/B § 12 Abs. 6 Rdn. 2; *Heiermann/Riedl/Rusam* VOB/B § 12 Rdn. 126.

Vom Gefahrübergang nicht betroffen hingegen sind etwaige Schadensersatzansprüche des Auftraggebers wegen Pflichtverletzungen[580] oder Gewährleistungsansprüche.[581]

§ 13 Mängelansprüche

(1) 1Der Auftragnehmer hat dem Auftraggeber seine Leistung zum Zeitpunkt der Abnahme frei von Sachmängeln zu verschaffen. 2Die Leistung ist zur Zeit der Abnahme frei von Sachmängeln, wenn sie die vereinbarte Beschaffenheit hat und den anerkannten Regeln der Technik entspricht. 3Ist die Beschaffenheit nicht vereinbart, so ist die Leistung zur Zeit der Abnahme frei von Sachmängeln,
1. wenn sie sich für die nach dem Vertrag vorausgesetzte,
   Sonst
2. für die gewöhnliche Verwendung eignet und eine Beschaffenheit aufweist, die bei Werken der gleichen Art üblich ist und die der Auftraggeber nach der Art der Leistung erwarten kann.

(2) 1Bei Leistungen nach Probe gelten die Eigenschaften der Probe als vereinbarte Beschaffenheit, soweit nicht Abweichungen nach der Verkehrssitte als bedeutungslos anzusehen sind. 2Dies gilt auch für Proben, die erst nach Vertragsabschluss als solche anerkannt sind.

(3) Ist ein Mangel zurückzuführen auf die Leistungsbeschreibung oder auf Anordnungen des Auftraggebers, auf die von diesem gelieferten oder vorgeschriebenen Stoffe oder Bauteile oder die Beschaffenheit der Vorleistung eines anderen Unternehmers, haftet der Auftragnehmer, es sei denn, er hat die ihm nach § 4 Absatz 3 obliegende Mitteilung gemacht.

(4) 1. Ist für Mängelansprüche keine Verjährungsfrist im Vertrag vereinbart, so beträgt sie für Bauwerke 4 Jahre, für andere Werke, deren Erfolg in der Herstellung, Wartung oder Veränderung einer Sache besteht, und für die vom Feuer berührten Teile von Feuerungsanlagen 2 Jahre. Abweichend von Satz 1 beträgt die Verjährungsfrist für feuerberührte und abgasdämmende Teile von industriellen Feuerungsanlagen 1 Jahr.
2. Ist für Teile von maschinellen und elektrotechnischen/elektronischen Anlagen, bei denen die Wartung Einfluss auf Sicherheit und Funktionsfähigkeit hat, nichts anderes vereinbart, beträgt für diese Anlagenteile die Verjährungsfrist für Mängelansprüche abweichend von Nummer 1 zwei Jahre, wenn der Auftraggeber sich dafür entschieden hat, dem Auftragnehmer die Wartung für die Dauer der Verjährungsfrist nicht zu übertragen; dies gilt auch, wenn für weitere Leistungen eine andere Verjährungsfrist vereinbart ist.
3. Die Frist beginnt mit der Abnahme der gesamten Leistung; nur für in sich abgeschlossene Teile der Leistung beginnt sie mit der Teilabnahme (§ 12 Absatz 2).

(5) 1. Der Auftragnehmer ist verpflichtet, alle während der Verjährungsfrist hervortretenden Mängel, die auf vertragswidrige Leistung zurückzuführen sind, auf seine Kosten zu beseitigen, wenn es der Auftraggeber vor Ablauf der Frist schriftlich verlangt. Der Anspruch auf Beseitigung der gerügten Mängel verjährt in 2 Jahren, gerechnet vom Zugang des schriftlichen Verlangens an, jedoch nicht vor Ablauf der Regelfristen nach Absatz 4 oder der an ihrer Stelle vereinbarten Frist. Nach Abnahme der Mängelbeseitigungsleistung beginnt für diese Leistung eine Verjährungsfrist von 2 Jahren neu, die jedoch nicht vor Ablauf der Regelfristen nach Absatz 4 oder der an ihrer Stelle vereinbarten Frist endet.
2. Kommt der Auftragnehmer der Aufforderung zur Mängelbeseitigung in einer vom Auftraggeber gesetzten angemessenen Frist nicht nach, so kann der Auftraggeber die Mängel auf Kosten des Auftragnehmers beseitigen lassen.

---

[580] *Oppler* in Ingenstau/Korbion VOB/B § 12 Abs. 6 Rdn. 3; *Heiermann/Riedl/Rusam* VOB/B § 12 Rdn. 126; *Bröker* in Beck'scher VOB-Kommentar VOB/B § 12 Abs. 6 Rdn. 3.
[581] *Bröker* in Beck'scher VOB-Kommentar VOB/B § 12 Abs. 6 Rdn. 3; *Heiermann/Riedl/Rusam* VOB/B § 12 Rdn. 126.

(6) Ist die Beseitigung des Mangels für den Auftraggeber unzumutbar oder ist sie unmöglich oder würde sie einen unverhältnismäßig hohen Aufwand erfordern und wird sie deshalb vom Auftragnehmer verweigert, so kann der Auftraggeber durch Erklärung gegenüber dem Auftragnehmer die Vergütung mindern (§ 638 BGB).

(7) 1. Der Auftragnehmer haftet bei schuldhaft verursachten Mängeln für Schäden aus der Verletzung des Lebens, des Körpers oder der Gesundheit.
2. Bei vorsätzlich oder grob fahrlässig verursachten Mängeln haftet er für alle Schäden.
3. Im Übrigen ist dem Auftraggeber der Schaden an der baulichen Anlage zu ersetzen, zu deren Herstellung, Instandhaltung oder Änderung die Leistung dient, wenn ein wesentlicher Mangel vorliegt, der die Gebrauchsfähigkeit erheblich beeinträchtigt und auf ein Verschulden des Auftragnehmers zurückzuführen ist. Einen darüber hinausgehenden Schaden hat der Auftragnehmer nur dann zu ersetzen,
   a) wenn der Mangel auf einem Verstoß gegen die anerkannten Regeln der Technik beruht,
   b) wenn der Mangel in dem Fehlen einer vertraglich vereinbarten Beschaffenheit besteht
   oder
   c) soweit der Auftragnehmer den Schaden durch Versicherung seiner gesetzlichen Haftpflicht gedeckt hat oder durch eine solche zu tarifmäßigen, nicht auf außergewöhnliche Verhältnisse abgestellten Prämien und Prämienzuschlägen bei einem im Inland zum Geschäftsbetrieb zugelassenen Versicherer hätte decken können.
4. Abweichend von Absatz 4 gelten die gesetzlichen Verjährungsfristen, soweit sich der Auftragnehmer nach Nummer 3 durch Versicherung geschützt hat oder hätte schützen können oder soweit ein besonderer Versicherungsschutz vereinbart ist.
5. Eine Einschränkung oder Erweiterung der Haftung kann in begründeten Sonderfällen vereinbart werden.

Schrifttum: *Acker/Bechtold,* Organisationsverschulden nach der Schuldrechtsreform, NZBau 2002, 529; *Acker/Konopka,* Schuldrechtsmodernisierung: Wandlung weicht Rücktritt im Werkvertragsrecht – Folgen für den Bauvertrag, BauR 2002, 1307; *Althaus,* Funktion und Unmöglichkeit im Bauvertragsrecht, BauR 2014, 1369; *Anker/Adler,* Die 30-jährige Gewährleistungshaftung des Werkunternehmers und ihre Bewältigung in der Praxis, ZfBR 1997, 110; *Aurnhammer,* Verfahren zur Bestimmung von Wertminderungen bei (Bau-)Mängeln und (Bau-)Schäden, BauR 1978, 356; *Averhaus,* Zur Planung der Beseitigung von planungsbedingten Baumängeln, BauR 2013, 1013; *Baumgärtel,* Die Beweislastverteilung für die Haftung des Unternehmers und des Architekten, ZfBR 1982, 1; *v.Behr/Pause/Vogel,* Schallschutz in Wohngebäuden, NJW 2009, 1385; *Berger,* Vorteilsausgleich nach der Rechtsprechung des BGH, Abzug neu-für-alt, Sowieso-Kosten, Wem gebührt die „Habenseite der Schadensbilanz"?, BauR 2013, 325; *Biebelheimer,* Die Darlegungs- und Beweislast bei Anwendung des § 641 III BGB, NZBau 2004, 124; *Blank,* Zur Wirksamkeit von Abtretungsklauseln in Bauträgerverträgen, wenn sie mit Klauseln verbunden sind, die die Gewährleistung des Bauträgers einschränken, Festschrift Ganten 2007, S. 97; *Boisserée,* Gebäudeschäden wegen mangelhaftem Baugrund, Festschrift Jagenburg 2002, S. 45; *Boldt,* Wann liegt eine mangelhafte Schalldämmung im modernen Wohnungsbau vor?, NJW 2007, 2960; *Boldt,* Reduzierte Haftung des bauaufsichtsführenden Architekten durch Mitverschulden des Bauherrn bei Fehlern des planenden Architekten, NZBau 2009, 494; *Bolz,* Die Erfolgshaftung des Werkunternehmers, Jahrbuch BauR 2011, 107; *Braun,* Gesamtschuldnerausgleich im Baurecht bei Überwachungs- und Ausführungsverschulden, Festschrift Motzke 2006, S. 23; *Breyer/Bohn,* § 641 Abs. 2 BGB – Durchgriffsfälligkeit oder Durchgriffszahlungspflicht?, BauR 2004, 1066; *Breyer,* Verjährungshemmung und -unterbrechung, insbesondere bei Verhandlungen, Moratorien und Mängelbeseitigungsversuchen, BauR 2016, 404; *Cloppenburg/Mahnken,* Haftungsbeschränkungen in Anlagenbau und AGB-Recht, NZBau 2014, 743; *von Craushaar,* Konkurrierende Gewährleistung von Vor- und Nachfolgeunternehmern?, Jahrbuch BauR 1999, 115; *von Craushaar,* Der Vorunternehmer als Erfüllungsgehilfe des Auftraggebers, Festschrift Vygen 1999, S. 154; *Dahmen,* Zum merkantilen Minderwert bei Gebäuden, BauR 2012, 24; *Dammann/Ruzik,* Vereinbarung der VOB/B ohne inhaltliche Abweichungen i. S. des § 310 I 3 BGB, NZBau 2013, 265; *Danker/John,* Dauer der Gewährleistung für Fahrbahnmarkierungen, BauR 2001, 718; *Dauner-Lieb/Dötsch,* § 326 II 2 BGB (analog) bei der Selbstvornahme?, NZBau 2004, 233; *Deckers,* Unwirksame VOB/B-Klauseln im Verbrauchervertrag, NZBau 2008, 627; *Deckers,* Zum Stand der Diskussion über das Baugrundrisiko – Zugleich eine Besprechung von: Vogelheim, Die Lehre vom „Baugrundrisiko", ZfBR 2016, 3; *Derleder,* Der Bauträgervertrag nach der Schuldrechtmodernisierung, Die Auswirkungen auf die Sachmängelgewährleistung, NZBau 2004, 237; *Derleder/Kähler,* Die Kombination von Hemmung und Neubeginn der Verjährung, NJW 2014, 1617; *Diehr,* Der merkantile Minderwert im Baurecht, ZfBR 2015, 427; *Dölle,* Konsequent (aber falsch?): Der BGH und die Schwarzarbeit, BauR 2015, 393; *Ebert,* Verjährungshemmung durch Mahnverfahren, NJW 2003, 732; *Ehrich,* Die Symptomrechtsprechung – Grundlagen und Vorschläge zur Rechtfertigung, BauR 2010, 381; *Englert,* Die Ausschreibungsvorgaben zum Baugrund für den öffentlichen Auftraggeber nach § 9 VOB/A, Festschrift Thode 2005, 3; *Englert,* „Erfolgsrisiko versus Baugrundrisiko" bei Bohrungen zur Erkundung des Baugrunds, Festschrift Koeble 2010, 3; *Englert,* Baugrundrisiko: Schimäre oder Realität beim (Tief-)Bauen?, NZBau 2016, 131; *Eusani,* Selbstvornahme des Bestellers trotz Leistungsverweigerungsrecht des Unternehmers bei verweigerter Sicherheitsleistung gem. § 648a BGB nach Abnahme, NZBau 2006, 676; *Faber/Werner,* Hemmung der Verjährung durch werkvertragliche Nacherfüllung, NJW 2008, 1910; *Faust,* Die rechtliche Bedeutung von Herstellerangaben, BauR 2013, 363; *Fischer,* Verjährung der werkvertraglichen Mängelansprüche bei Gebäudearbeiten, BauR 2005, 1073; *Frank,* Zur Anwendbarkeit des § 648a BGB nach erfolgter Abnahme, Jahrbuch BauR 2002, 143; *Freund,* Zur Streitverkündung: Zulässigkeit, Zwischenstreit und Gegenstandswert, NZBau 2010, 83; *Funke,* Durch interessengerechte Auslegung zu ermittelnde Reichweite der funktionalen Herstellungspflicht des Werkunternehmers, BauR 2017, 169; *Fuchs,* Der Schürmannbau-Beschluss: Der Anfang vom Ende der Kooperationspflichten der Bauvertragsparteien?, NZBau 2004, 65; *Fuchs,* Der Dreiklang aus Werkerfolg, Leistungsbeschreibung und Mehrvergütungsanspruch, BauR 2009, 404; *Ganten,* Das Systemrisiko im Baurecht, BauR 2000, 643; *Ganten,* Vertragliche und deliktische Verantwortung des Auftragnehmers bei hoher („vertragsrichtig") ausgeübter Sorgfalt des Auftragnehmers, Festschrift Englert 2014, 83; *Gartz,* Obliegenheitsverletzungen des Bauherrn nach dem „Glasfassadenurteil" des Bundesgerichtshofs, BauR 2010, 703; *Gartz,* Kostenrisiko bei Vorschussansprüchen, BauR 2011, 21; *Glöckner,* Der neue alte Sachmangelbegriff – Begründung und Folgen, BauR 2009, 302; *Grabe,* Zur Bauwerkeigenschaft von Photovolltaik- und Windenergieanlagen, BauR 2015, 1; *Groß,* Die Wirkungen des Kostenvorschussurteils im Abrechnungsrechtsstreit, Festschrift Jagenburg 2002, S. 253; *Günther,* Kann man eine Immobilie behandeln wie einen Unfallwagen? Merkantiler Minderwert trotz Mängelbeseitigung, IBR 2012, 1240 (nur online) –; *Halfmeier,* Grundstrukturen des bauvertraglichen Schadenersatzes, BauR 2013, 320; *Hammacher,* Beweislastverteilung bei Mangel der Funktionstauglichkeit, NZBau 2010, 91; *Hammacher,* Obliegenheitsverletzung und Mitverschulden des Auftraggebers, wenn er die Werkstattpläne des Auftragnehmers nicht prüft?, BauR 2013, 1592; *Hammacher,* Prüf- und Hinweispflichten für Auftraggeber und Auftragnehmer in Allgemeinen Technischen Vertragsbedingungen, NZBau 2016, 20; *Handschumacher,* Hemmung der Verjährung durch Verhandlungen, BauR 2002, 1440; *Hankammer/Krause-Allenstein,* Der Einfluss wartungsbedingter Bauteile auf die Gewährleistung des Unternehmers – Haftung für Abnutzung und Verschleiß?, BauR 2007, 955; *Harms,* Die „doppelte" Fristsetzung zur Mängelbeseitigung – wirksames Instrument oder rechtliches nullum?, BauR 2004, 745; *Haß,* Schadenersatz und Schmerzensgeld wegen Baumängeln, NZBau 2001, 122; *Heiermann,* Anordnungen des Auftraggebers und vorgeschriebene Stoffe oder Bauteile i. S. v. § 13 Nr. 3 VOB/B, Festschrift Locher 1990, S. 65; *Heinrichs,* Die Entwicklung des Rechts der Allgemeinen Geschäftsbedingungen im Jahre 1996, NJW 1997, 1407; *Heinrichs,* Die Entwicklung des Rechts der Allgemeinen Geschäftsbedingungen im Jahre 1997, NJW 1998, 1447; *Heinrichs,* Die Entwicklung des Rechts der Allgemeinen Geschäftsbedingungen im Jahre 1998, NJW 1999, 1596; *Helm,* Anforderungen an die Formulierung des selbständigen Beweisantrags zur Hemmung der Verjährung, NZBau 2011, 328; *Herchen,* Die Änderung der anerkannten Regeln der Technik nach Vertragsschluss und ihre Folgen, NZBau 2007, 139; *Hildebrandt/Gersch,* Das Zurückbehaltungsrecht des Bestellers nach Abnahme aufgrund mangelhafter Leistung des Unternehmers, BauR 2016, 893; *Hofmann/Joneleit,* Veräußerung bebauter Grundstücke: Rückkehr zu dogmatischen Abgrenzungskriterien, NZBau 2003, 641; *Holzapfel/Dahmen,* Abschied vom Baugrundrisiko?, BauR 2012, 1015; *Holzberger/Puhle,* Das Organisationsverschulden des Bauunternehmers in der Rechtsprechung der Instanzgerichte, BauR 1999, 106; *Horsch/Eichberger,* § 641 Abs. 3 BGB n. F.: Einladung zum Missbrauch?, BauR 2001, 1024; *Hummel,* Der Bedenkenhinweis in der praktischen Abwicklung von Bauverträgen, BauR 2015, 329; *Institut für Baurecht Freiburg i. Br. e. V.,* Empfehlungen an den DVA zur Überarbeitung der VOB/B, BauR 1999, 699; *Jacob,* Kündigung des Werkvertrags gemäß §§ 643, 645 Abs. 1 und § 648a Abs. 5 BGB nach Abnahme, BauR 2002, 386; *Jagenburg,* Anerkannte Regeln der Technik auf dem Prüfstand des Gewährleistungsrechts, Jahrbuch BauR 2000, 200; *Jagenburg,* Organisationsverschulden oder normale Gewährleistung? Versuch einer Abgrenzung, Festschrift Mantscheff 2000, S. 107; *Jansen,* Die dreißigjährige Gewährleistung des Werkunternehmers wegen Organisationsverschuldens, OLG Report Kommentar 1999, K 5; *Jansen,* Das Recht des Auftragnehmers zur Mangelbeseitigung/Nacherfüllung, BauR 2005, 1089; *Jansen,* Die berechtigte Funktionalitätserwartung des Bestellers und ihre Grenzen, Festschrift Koeble 2010, 103; *Jerger,* Von der Nichtigkeit zur Wirksamkeit zurück zur Nichtigkeit des gesamten Vertrags bei Schwarzarbeit, NZBau 2013, 608; *Jerger,* Zivilrechtliche Ausgleichsansprüche bei Schwarzarbeit, NZBau 2014, 415; *Joussen,* Die verkürzte Verjährung für maschinelle und elektrotechnische/elektronische Anlagen(teile), Jahrbuch BauR 1998, 111; *Joussen/Schranner,* VOB 2006 – Änderungen der VOB Teil B, BauR 2006, 1366; *Kähler,* Verjährungshemmung nur bei Klage des Berechtigten?, NJW 2006, 1769; *Kainz,* Verjährung von arglistigem Verschweigen und Organisationsverschulden nach neuem Recht, Festschrift Kraus 2003, S. 85; *Kainz,* Die Kriterien des BGH für das Vorliegen eines Bauwerks und damit für eine 5-jährige Mängelverjährungsfrist am Beispiel: Erneuerung eines Fußballtrainingsplatzes, Festschrift Englert 2014, 157; *Kaiser,* Verjährungsfristen und deren Hemmung sowie Unterbrechung bei Ansprüchen aus Planungs- und Ausführungsfehlern bei Bauwerken, BauR 1990, 123; *Kaiser,* Die konkurrierende Haftung von Vor- und Nachunternehmer, BauR 2000, 177; *Dagmar*

Kaiser, Pflichtwidriges Mangelbeseitigungsverlangen, NJW 2008, 1709; *Dagmar Kaiser,* Fernwirkungen des europarechtlich geprägten Kaufrechts auf das Baurecht, BauR 2013, 139; *Kannowski,* Mangelfolgeschäden vor und nach der Schuldrechtsreform. Das Beispiel außergerichtlicher Anwaltskosten bei Baumängeln, BauR 2003, 170; *Kapellmann,* Baugrundrisiko und „Systemrisiko" – Baugrundsystematik, Bausoll, Beschaffenheitssoll, Bauverfahrenssoll, Jahrbuch BauR 1999,1; *Kapellmann,* Der BGH und die „Konsoltraggerüste" – Bausollbestimmung durch die VOB/C oder die „konkreten Verhältnisse"?, NJW 2005, 182; *Kemper,* Neuregelung der Mängelansprüche in § 13 VOB/B-2002, BauR 2002, 1613; *Kenter/Brügmann,* Dominierendes Bestimmungsrecht des Auftraggebers, BauR 2004, 395; *Kiesel,* Die VOB 2002 – Änderungen, Würdigung, AGB-Problematik, NJW 2002, 2064; *Klaft/Maxem,* Die Gewährleistung des Unternehmers für die Tauglichkeit von ihm verwendeter Baustoffe oder Produkte bei Anordnung des Bestellers nach § 13 Nr. 3 VOB/B, BauR 1999, 1074; *Klein,* Mietminderung und Baumängel: Ein alltägliches Ärgernis, BauR 2004, 1069; *Kleefisch,* Die Gewährleistungsfrist bei Aufdach-Photovoltaikanlagen als Gebäude oder Gebäudeteil, NZBau 2016, 340; *Klein,* Nacherfüllung als Mangelanpruch gegen den Architekten, insbesondere vor der Abnahme, BauR 2015, 358; *Klein/Moufang/Koos,* Ausgewählte Fragen zur Verjährung, BauR 2009, 333; *Kniffka,* Anmerkung zu OLG Düsseldorf, Urteil vom 29.6.1999, BauR 1999, 1312; *Klose,* Die Hemmung der Verjährung: Ein Sammelbecken von Chancen und Fallen im Bauprozess, NZBau 2012, 80; *Kniffka,* Das Gesetz zur Beschleunigung fälliger Zahlungen, Neuregelung des Bauvertragsrechts und seine Folgen, ZfBR 2000, 227; *Kniffka,* Die Kooperationspflichten der Bauvertragspartner im Bauvertrag, Jahrbuch BauR 2001, 1; *Kniffka,* Der Ring im See oder die Varianten der Unverhältnismäßigkeit, Festschrift Kraus 2003, S. 115; *Kniffka,* Gesamtschuldnerausgleich im Baurecht, BauR 2005, 274; *Kniffka,* Die riskante Bauausführung – Haftung und Zurechnung, BauR 2017, 159; *Kniffka/Quack,* Die VOB/B in der Rechtsprechung des Bundesgerichtshofs – Entwicklung und Tendenzen –, Festschrift 50 Jahre BGH 2000, S. 17; *Knipp,* Organisationsverschulden und Arglisthaftung – eine Bestandsaufnahme, BauR 2007, 944; *Knütel,* Zur „Selbstvornahme" nach § 637 Abs. 1 BGB n. F., BauR 2002, 689; *Knütel,* Wider die Ersatzfähigkeit „fiktiver" Mängelbeseitigungskosten, BauR 2004, 591; *Koeble,* Rückforderung des Vorschusses? Ein Märchen!, Festschrift Jagenburg 2002, S. 371; *Koeble,* Abnahmesurrogate, BauR 2012, 1153; *Kögl,* Verlust der Mängelrechte bei fehlendem Vorbehalt nach § 640 Abs. 2 BGB – Eine bedeutungslose Vorschrift oder doch eine verhängnisvolle Falle?, BauR 2016, 1844; *Koch,* Die Fristsetzung zur Leistung oder Nacherfüllung – Mehr Schein als Sein?, NJW 2010, 1636; *Kögl,* Das Schallschutzurteil des Bundesgerichtshofs vom 14.6.2007 – mehr als nur ein Urteil zur DIN 4109, BauR 2009, 154; *Kohler,* Kostenvorschuss und Aufrechnung oder Zurückbehaltungsrecht als Verteidigung gegen Werkvergütungsansprüche, BauR 1992, 22; *Kohler,* Zurückbehaltungsrecht bei mangelhafter Werkleistung, BauR 2003, 1804; *Kohler,* Verfassungswidrigkeit des § 640 Abs. 2 BGB? oder: Handwerk und Gerechtigkeit in der Gesetzgebung, JZ 2003, 1081; *Koppmann,* Verjährungsunterbrechung durch selbständiges Beweisverfahren trotz mangelfreier Leistung, BauR 2001, 1342; *Kraus,* Die VOB/B – ein nachbesserungsbedürftiges Werk, BauR 1997, Beilage zu Heft 4; *Kraus,* Das Ende der AGB-rechtlichen Privilegierung der VOB/B?, NJW 1998, 1126; *Kraus,* Bauverzögerung durch Vorunternehmer, BauR 2000, 1105; *Kraus/Sienz,* Der Deutsche Verdingungsausschuss für Bauleistungen (DVA): Bremse der VOB/B?, BauR 2000, 631; *Kratzenberg,* Der Beschluss des DVA-Hauptausschuss zur Neuherausgabe der VOB 2002 (Teile A und B), NZBau 2002, 177; *Kretschmann,* Hindern Schuldrechtsreform und nachträgliche Änderungen der VOB/B deren Privilegierung?, Jahrbuch BauR 2005, 109; *Kuffer,* Baugrundrisiko und Systemrisiko, NZBau 2006, 1; *Lang,* Bauvertragsrecht im Wandel, NJW 1995, 2063; *Langen,* Die Gestaltung von Bauverträgen – Überlegungen und erste Erfahrungen mit neuen Formen, Jahrbuch BauR 2003, 161; *Langen,* Gesamtschuld der Planungs- und Baubeteiligten – Eine kritische Bestandsaufnahme, NZBau 2015, 2 und NZBau 2015, 71; *Lederer,* Der funktionale Werkerfolg 2016; *Leenen,* Die Neugestaltung des Verjährungsrechts durch das Schuldrechtsmodernisierungsgesetz, DStR 2002, 34; *Leitzke,* Keine Gewährleitung bei ungeklärter Mangelursache?, BauR 2002, 394; *Leitzke,* Vergütungsänderung bei unverändertem Werkerfolg – Versuch einer theoretischen Begründung, BauR 2008, 914; *Lembke,* Kernprobleme des Schiedsgutachtens in Bausachen, NZBau 2012, 85; *Lenkeit,* Das modernisierte Verjährungsrecht, BauR 2002, 196; *Leupertz,* Vom Mangel über den Bedenkenhinweis zum Nachtrag, Festschrift Kapellmann 2007, S. 253; *Leupertz,* Mitwirkung und Obliegenheit im Bauvertragsrecht, Festschrift Koeble 2010, 139 = BauR 2010, 1999; *Locher,* Das AGB-Gesetz und die Verdingungsordnung für Bauleistungen, NJW 1977, 1801; *Locher,* AGB-rechtliche Aspekte der Versicherbarkeit bei Bauverträgen, Festschrift Soergel 1993, S. 181; *Locher-Weiß,* Schallschutz im Wohnungsbau – eine unendliche Geschichte, BauR 2010, 368; *Lorenz,* „Brauchen Sie eine Rechnung?": Ein Irrweg und sein gutes Ende, NJW 2013,3132; *Lucenti/Westfeld,* Belüftungsanforderungen von Wohngebäuden im Wandel und die Haftungsfolgen für Neu- und Altbauvorhaben, NZBau 2009, 291; *Malotki,* Die unberechtigte Mangelbeseitigungsaufforderung; Ansprüche des Unternehmers auf Vergütung, Schadens- oder Aufwendungsersatz, BauR 1998, 682; *Mandelkow,* Die Unverhältnismäßigkeit der Nachbesserung, BauR 1996, 656; *Mansel,* Die Neuregelung des Verjährungsrechts, NJW 2002, 89; *Manteufel,* Grundlegende und aktuelle Fragen der Mängelhaftung im Bauvertrag, NZBau 2014, 195; *Markus,* Die „berechtigte Funktionalitätserwartung des Bestellers": eine Chimäre des 3. Deutschen Baugerichtstags, NZBau 2010, 604; *Marbach/Wolter,* Die Auswirkung bei der förmlichen Abnahme erklärter Mängelvorbehalte auf die Beweislast, BauR 1998, 36; *Mauer,* Zur Abrechnung des Vorschussanspruchs nach Werkvertragsrecht, Festschrift Mantscheff 2000, S. 123; *Markus,* Der unverzichtbare Beitrag des „versprochenen Werks" zur Projektorganisation, Festschrift Englert 2014, 289; *Medicus,* Mängelhaftung trotz Beachtung der anerkannten Regeln der Technik beim Bauvertrag nach der VOB/B?, ZfBR 1984, 155; *Meier/Leidner,* Gesamtschuld von überwachendem Architekten und Werkunternehmern: Kein Recht zur zweiten Andienung?, BauR 2016, 1375; *Merl,* Folgen unzureichender und unzutreffender

Mängelbeseitigungsverlangen, Festschrift Soergel 1993, S. 217; *Merl,* Schuldrechtsmodernisierungsgesetz und werkvertragliche Gewährleistung, Festschrift Jagenburg 2002, S. 597; *Merl,* Mangelbegriff und Hinweispflicht des Auftragnehmers, Festschrift Motzke 2006, S. 261; *Messerschmidt,* Der Mangelregress des Tiefbauunternehmers gegen seinen Zulieferer – Gesetzliche Grenzen und vertragliche Gestaltungsmöglichkeiten, Festschrift Englert 2014, 297; *Micklitz,* Gutachten im Auftrag des Verbraucherzentrale Bundesverbandes e. V. von April 2004; *Miernik,* Die Durchsetzung von Haftpflichtansprüchen des Auftraggebers bei Insolvenz des Auftragnehmers, BauR 2003, 1465; *Miernik,* § 13 Nr. 5 Abs. 1 Satz 3 VOB/B, eine bedeutungslose Klausel?, BauR 2004, 14; *Miernik,* Vertragswidrige Leistung: Herabsetzung des Werklohns nach § 2 VOB/B und/oder Minderung nach § 13 VOB/B?, BauR 2005, 1698; *Miernik,* Wirkt sich eine Änderung der anerkannten Regeln der Technik auf die Vergütung des Werkunternehmers aus?, BauR 2012, 151; *Miernik,* Zur Nacherfüllung beim Architekten- und Ingenieurvertrag, BauR 2014, 155; *Motzke,* Nachbesserung – Auswirkung von Auftragsumfang, Abschnittsbildung und Kompetenzzuweisung auf Inhalt und Umfang der Mängelbeseitigung sowie Kostenvorschuss/-erstattung, Jahrbuch BauR 2000, 22; *Motzke,* Kostenvorschuss nach Laune des säumigen Unternehmers, Festschrift Mantscheff 2000, S 137; *Motzke,* Welche Auswirkungen hat die Schuldrechtsreform auf das private Baurecht?, IBR 2001, 652; *Motzke,* Abbaubedingte Setzungsrisiken einer Deponie; technische Risiken und rechtliche Bewertung; ein Anwendungsfall des Baugrund- oder Systemrisikos?, Jahrbuch BauR 2005, 71; *Motzke,* Der optische Mangel – Beurteilungsfragen im Gemenge von Technik- und Rechtsfragen, Festschrift Ganten 2007, S. 175; *Motzke,* Die werkvertragliche Erfolgsverpflichtung – leistungserweiternde oder leistungsergänzende Funktion?, NZBau 2011, 705; *Motzke,* Aufgabenzuweisung bei durch Planungsfehler und unterlassene Prüfung und Bedenkenmitteilung verursachten Mängeln, BauR 2011, 153; *Moufang/Koos,* Unberechtigte Mängelrüge nach Abnahme: Untersuchungspflicht und Ansprüche des Unternehmers, BauR 2007, 300; *Muffler,* Das Mängelbeseitigungsrecht des Werkunternehmers und die Doppelsinnigkeit der Nacherfüllung, BauR 2004, 1356; *Thomas Müller,* Der Werkerfolg im Spannungsfeld zwischen Mängelhaftung, Hinweispflichten und Vergütung beim Bauwerkvertrag, Dissertation Universität Regensburg 2014; *Mundt,* Baumängel und der Mängelbegriff des BGB-Werkvertragsrechts nach dem Schuldrechtsmodernisierungsgesetz, NZBau 2003, 73; *Mundt,* Zur angemessenen Nachbesserungsfrist bei witterungsabhängigen Nachbesserungsarbeiten, BauR 2005, 1397; *Mundt/Karimi-Auer/Skalicki,* Spontanbrüche durch Nickelsulfid-Einschlüsse im Glasbau: Ein Fall der vertraglichen Risikoübernahme durch den Auftraggeber?, BauR 2009,14; *Oberhauser,* Mitwirkungshandlungen des Auftraggebers auch nach Abnahme?, Festschrift Koeble 2010, 167; *Oberhauser,* Vorteilsausgleich in der Leistungskette – Geltung auch beim Planervertrag?, NZBau 2016, 626; *von Olshausen,* Einrede- und Aufrechnungsbefugnisse bei verjährten Sachmängelansprüchen, JZ 2002, 385; *Oppler,* Fristsetzung zur Mangelbeseitigung, Selbstbeseitigungsrecht und Nachbesserungsbefugnis, Festschrift Vygen 1999, S. 344; *Orlowski,* Ohne Rechnung = Ohne Rechte?, BauR 2008, 1963; *Ostendorf,* Von der Haftung für „funktionale Mängel" zur Haftung für Mängel außerhalb des Leistungsspektrums der Werkleistung, NZBau 2009, 360; *Oswald,* Die Beurteilung von optischen Mängeln, Jahrbuch BauR 1998, 357; *Pauly,* Pflicht zur Vorlage eines Sanierungskonzepts im Fall der Nachbesserung?, ZfBR 2016, 637; *Pauly,* Kostenerstattungs- und Haftungsrisiko unberechtigter Mängelrügen, BauR 2016, 3; *Peters,* Das Baurecht im modernisierten Schuldrecht, NZBau 2002, 113; *Peters,* Die VOB/B bei öffentlichen Ausschreibungen, NZBau 2006, 273; *Peters,* Die Leistung ohne Rechnung, NJW 2008, 2478; *Peters,* Die fehlerhafte Planung des Bestellers und ihre Folgen, NZBau 2008, 609; *Peters,* Zur Funktion der Minderung, NZBau 2012, 209; *Peters,* Weisungen des Bestellers nach VOB/B und BGB, NZBau 2012, 615; *Peters,* Der funktionale Mängelbegriff, NZBau 2013, 129; *Popescu/Majer,* Gewährleistungsansprüche bei einem wegen Ohne-Rechnung-Abrede nichtigen Werkvertrag, NZBau 2008, 424; *Popescu,* Die baurechtliche Rechtsprechung des BGH zur Schadensberechnung auf fiktiver Basis am Beispiel der nicht angefallenen Umsatzsteuer, NZBau 2011, 131; *Popescu,* Zehn Jahre Schuldrechtsreform, NZBau 2012, 137; *Popescu,* Zum Baumangel als Schaden im Schutzsystem relativer Rechte, BauR 2014, 1685; *Preussner,* Das neue Werkvertragsrecht im BGB 2002, BauR 2002, 231; *Preussner,* Die Auswirkungen des Schuldrechtsmodernisierungsgesetzes auf das Baurecht: eine kritische Analyse, Festschrift Kraus 2003, S. 179; *Preussner,* Die Pflicht zur Kooperation – und ihre Grenzen, Festschrift Thode 2005, S. 77; *Putzier,* Symptomrechtsprechung und die Frage nach der Ursache eines Mangels – die Dreistufigkeit der Anspruchsvoraussetzungen für den Mängelbeseitigungsanspruch, BauR 2004, 1060; *Putzier,* Welche rechtliche Qualität haben die bei der Abnahme erklärten Mängelvorbehalte? Festschrift Ganten 2007, S. 203; *Putzier,* Warum die Überwachung der handwerklichen Arbeit durch den Architekten nicht zur gesamtschuldnerischen Haftung der Gehilfen bei Ausführungsmängeln führen kann, BauR 2012, 143; *Quack,* Gilt die kurze VOB/B-Verjährung noch für Verbraucherverträge?, BauR 1997, 24; *Quack,* Vom Interesse des Bestellers an der Nachbesserung, Festschrift Vygen 1999, S. 368; *Quack,* Erste Fragen zum neuen Werkvertragsrecht, IBR 2001, 705; *Quack,* Zum Problem der Evaluierung technischer Regeln, BauR 2010, 863; *Quadbeck,* Vollstreckung in Bausachen – Durchsetzung von Nachbesserungsansprüchen, MDR 2000, 570; *Rabe,* Verjährungshemmung nur bei Klage des Berechtigten?, NJW 2006, 3089; *Rathjen,* Abnahme und Sicherheitsleistung beim Bauvertrag, BauR 2002, 242; *Reichert/Wedemeyer,* Öffentlich-rechtliche Bauvorschriften in der Mangelsystematik des privaten Baurechts, BauR 2013, 1; *Reinelt,* Fördert der Richter die Schwarzgeldabrede?, BauR 2008, 1231; *Retzlaff,* Bauverträge ohne Abnahme, BauR 2016, 733; *von Rintelen,* Die Nachbesserungsbefugnis des Unternehmers nach Fristablauf gem. § 13 Nr. 5 Abs. 2 VOB/B, Festschrift Vygen 1999, S. 374; *von Rintelen,* Lücken im Haftpflichtversicherungsschutz, Umfang und Grenzen des Versicherungsschutzes im Baubereich, NZBau 2006, 401; *Rosse,* Erwiderung auf Mundt/Karimi-Auer/Skalicki: Spontanbrüche durch Nickelsulfid-Einschlüsse im Glasbau, BauR 2009, 908; *Saerbeck,* Zur Hemmung der Verjährung durch Rechtsverfolgung, Festschrift Thode 2005, S. 139; *Sass,* Das Funktionstauglichkeitsdogma in der „Blockheizkraftwerk"-Entscheidung, NZBau 2013, 132; *Sass,* Herstellervorgaben und der „Mangel" der Werkleistung, BauR 2013, 1333; *Saas,* Der Einfluss des Planungsfehlers auf die Mängelhaftung des Unternehmers, BauR 2015, 171; *Schiemann,* Vorteilsanrechnung beim werkvertraglichen Schadenersatz, NJW 2007, 3037; *Schlösser/Köbler,* Der Eintritt der Verjährungshemmung beim selbständigen Beweisverfahren, NZBau 2012, 668; *Schlünder,* Die VOB in der heutigen Beratungs- und Prozesspraxis, BauR 1998, 1123; *Schmitz,* Der neue § 648a BGB, BauR 2009, 714; *Schmitz,* Die Symptomtheorie, BauR 2015, 371; *Scholtissek,* Sind im selbständigen Beweisverfahren Fragen bezüglich erforderlicher Maßnahmen zur Beseitigung der festgestellten Mängel und hierfür aufzuwendende Kosten zulässig?, BauR 2000, 1118; *Schröder,* Folgen der Streitverkündung – eine Zwischenbilanz, BauR 2007, 1324; *Schröder,* Die Dogmatik der Bedenkenanmeldung und deren Folgen, BauR 2015, 319; *Schudnagies,* Das neue Werkvertragsrecht nach der Schuldrechtsreform, NJW 2002, 396; *Schulze-Hagen,* Zur Regelverjährung baurechtlicher Ansprüche, BauR 2016, 384; *Schwenker/Heinze,* Die VOB/B 2002, BauR 2002, 1143; *Seibel,* Welche Bedeutung haben Herstellervorschriften für die Baumangelbeurteilung?, BauR 2012, 1025; *Seibel,* Abgrenzung der „allgemein anerkannten Regeln der Technik" vom „Stand der Technik", NJW 2013, 3000; *Seibel,* Müssen Sachverständige die Aktualität technischer Regelwerke bei der Gutachtenerstattung im (Bau-)Prozess von Amts wegen beachten?, BauR 2016, 1085; *Siegburg,* Baumängel aufgrund fehlerhafter Vorgaben des Bauherrn, Festschrift Korbion 1986, S. 411; *Siegburg,* Zug-um-Zug-Verurteilung und Hilfswiderklage wegen Baumängel bei der Werklohnklage, BauR 1992, 419; *Siegburg,* Vorunternehmer als Erfüllungsgehilfe des Auftraggebers?, BauR 2000, 182; *Siegburg,* Der Baumangel nach der geplanten VOB/B 2002, Festschrift Jagenburg 2002, S. 839; *Frank Siegburg,* Unverhältnismäßigkeit der Nacherfüllung und Minderung nach der Schuldrechtsmodernisierung, Festschrift Werner 2005, S. 289; *Siemens/Groß,* Sanierungsplanung notwendige Maßnahme bei komplexeren Mängelbeseitigungsarbeiten, BauR 2014, 778; *Sienz,* Die Neuregelungen im Werkvertragsrecht nach dem Schuldrechtsmodernisierungsgesetz, BauR 2002, 181; *Sienz,* Das Gewährleistungsrecht des Werkvertrags nach der Schuldrechtsreform, Festschrift Kraus 2003, S. 237; *Sienz,* Anmerkungen zu einer richtlinienkonformen Auslegung der §§ 633 Abs. 2, 651 Satz 1 BGB n. F., Festschrift Thode 2005, S. 627; *Sienz,* Das Dilemma des Werkunternehmers nach fruchtlosem Ablauf einer zur Mangelbeseitigung gesetzten Frist, BauR 2006, 1816; *Sienz,* Zu den Auswirkungen eines Planungsfehlers auf die Geltendmachung von Mängelrechten beim Bauvertrag, Festschrift Ganten 2007, S. 219; *Sienz,* Die Mängelrüge bei Planungsfehlern, BauR 2010, 840; *Sohn,* Haftungsfalle Streitverkündung, BauR 2007, 1308; *Sohn,* Vorteilsausgleich in der Planerkette, NJW 2016, 1996; *Sohn/Holtmann,* Die neue Rechtsprechung des BGH zur Gesamtschuld, BauR 2010, 1480; *Stamm,* Die Frage nach der Eigenschaft des Vorunternehmers als Erfüllungsgehilfe des Bauherrn im Verhältnis zum Nachunternehmer: Ein Problem der Abgrenzung von Schuldner- und Annahmeverzug, BauR 2002, 1; *Stamm,* Die Gesamtschuld auf dem Vormarsch, NJW 2009, 2940; *Stamm,* Zur Rechtsvereinheitlichung der Schwarzarbeitsproblematik, NZBau 2009, 78; *Stamm,* Die Rechtsvereinheitlichung der Schwarzgeldproblematik im Lichte der neuesten Rechtsprechung des BGH zum reformierten Schwarzarbeitsbekämpfungsgesetz, NZBau 2014, 131; *Stamm,* Kehrtwende des BGH bei der Bekämpfung der Schwarzarbeit, NJW 2014, 2145; *Stammkötter,* Das Wechselspiel zwischen Wartung und Gewährleistung gemäß § 13 Nr. 4 Abs. 2 VOB/B, ZfBR 2006, 631; *Steffen,* Schallschutz nach DIN 4109 oder erhöhter Schallschutz: Was ist geschuldet?, BauR 2006, 873; *Steffen,* Die unvollständige Leistungsbeschreibung – Vergütungsansprüche für nicht beschriebene aber zwingend erforderliche Leistungen, BauR 2011, 579; *Steffen/Lüders,* Geltung der BGH-Rechtsprechung zum Mängelrecht in der Leistungskette auch im Dreiecksverhältnis, NZBau 2016, 484; *Steffen/Scherwitzki,* Der funktionale Mangelbegriff und die Vorunternehmerleistung, BauR 2016, 1815; *Sterner/Hildebrandt,* Hemmung und Unterbrechung der Verjährung von Mängelansprüchen nach neuem Recht und neuester Rechtsprechung, ZfIR 2006, 349; *Taplan/Baumgartner,* Gewährleistungsverjährung bei Aufdachphotovoltaikanlagen, NZBau 2014, 540; *Tempel,* Ist die VOB/B noch zeitgemäß?, NZBau 2002, 465 und 532; *Thierau,* Das Sicherungsverlangen nach Abnahme, NZBau 2004, 311; *Thode,* Die wichtigsten Änderungen im BGB-Werkvertragsrecht: Schuldrechtsmodernisierungsgesetz und erste Probleme – Teil 1, NZBau 2002, 297; *Ulrich,* Zur Reichweite der Streitverkündigung, BauR 2013, 9; *Virneburg,* Die Verlängerung der Verjährungsfrist für Werkmängelansprüche durch Auftraggeber-AGB – Die Rechtslage nach altem und neuem Recht, Festschrift Thode 2005, S. 201; *Vogel,* Einige ungeklärte Fragen zur EnEV, BauR 2009, 1196; *Vogelheim,* Wenn Bauen auf Natur trifft: Zum Baugrundrisiko, Systemrisiko sowie Umweltrisiken und der Auslegung von Bauverträgen, ZfBR 2015, 639; *Voit,* Die Änderungen des allgemeinen Teils des Schuldrechts durch das Schuldrechtsmodernisierungsgesetz und ihre Auswirkungen auf das Werkvertragsrecht, BauR 2002, 145; *Voit,* Die Rechte des Bestellers bei Mängeln vor der Abnahme, BauR 2011, 1063; *Vorwerk,* Mängelhaftung des Werkunternehmers und Rechte des Bestellers nach neuem Recht, BauR 2003, 1; *Weber,* § 648a BGB nach der Abnahme: Anspruch und Wirklichkeit, Festschrift Jagenburg 2002, S. 1001; *Weglage/Sitz,* Kaufrecht am Bau, NZBau 2011, 457; *Weingart,* Schadensersatz beim Nutzungsverlust eigenwirtschaftlich genutzter Güter, BauR 2015, 1557; *Werner,* Das neue Verjährungsrecht aus dem Blickwinkel des Baurechts, Festschrift Jagenburg 2002, S. 1027; *Weyer,* Umfang des Einrede des nichterfüllten Vertrags und Kostenentscheidung, BauR 1981, 426; *Weyer,* Selbständiges Beweisverfahren und Verjährung von Baumängelansprüchen nach künftigem Recht, BauR 2001, 1807; *Weyer,* § 639 Abs. 2 BGB a. F. durch § 203 BGB n. F. ersetzt, nicht ersatzlos weggefallen, NZBau 2002, 366; *Weyer,* Vermeintliche und wirkliche Kleinigkeiten bei der werkvertraglichen Gewährleistung, dargestellt am Beispiel zu geringer Wohnfläche, Festschrift Jagenburg 2002, S. 1043; *Weyer,* § 13 VOB/B 2002: Viele Änderungen und was wirklich Neues?, BauR 2003, 613; *Weyer,* Werkvertragliche Mängelhaftung und Verjährung nach neuem Recht: Auswege aus der kurzen Verjährungsfrist des § 634a Abs. 1 Nr. 2 BGB?, Jahrbuch BauR 2003,

209; *Weyer*, Hält § 13 VOB/B 2002 der isolierten Inhaltskontrolle stand?, NZBau 2003, 521; *Weyer*, Werkvertragliche Mängelhaftung nach neuem Recht: Probleme bei Minderung und Schadenersatz, Jahrbuch BauR 2004, 243; – *Weyer*, Werkvertragliche Mängelhaftung nach neuem Recht: Weitere Probleme beim Schadenersatz, Jahrbuch BauR 2005, 1; *Weyer*, Intertemporales Verjährungsrecht – Haftungsrisiko für Rechtsanwälte, BauR 2005, 1361; *Weyer*, Probleme der Anwendung des intertemporalen und des neuen Verjährungsrechts nach selbständigen Beweisverfahren in der Übergangszeit, BauR 2006, 1347; *Weyer*, Das Mängelbeseitigungs-, Nacherfüllungs-„Recht" des Auftragnehmers – nicht nur ein Problem der Terminologie, BauR 2006, 1665 –; *Weyer*, § 13 Nr. 5 Abs. 1 Satz 2 VOB/B: Entstehungsgeschichte, Wirkung und rechtliche Einordnung sowie deren Bedeutung für die isolierte Inhaltskontrolle, Jahrbuch BauR 2007, 177; *Weyer*, Minderung durch den Insolvenzverwalter des Generalunternehmers gemäß § 13 Nr. 6 1. Alt. VOB/B: § 13 Nr. 5 Abs. 1 Satz 2 VOB/B anwendbar?, BauR 2007, 755; *Weyer*, Schadensberechnung und Vorteilsausgleich beim Schadenersatz wegen Mängeln in der werkvertraglichen Leistungskette, NZBau 2007, 695; *Weyer*, Keine Verjährungshemmung ohne förmliche Zustellung des Beweissicherungsantrags, NZBau 2008, 228; *Weyer*, Anspruch auf Rückzahlung eines Mängelbeseitigungsvorschusses ohne Abzug unstreitiger Aufwendungen für die Selbstvornahme?, BauR 2009, 154; *Weyer*, Isolierte Inhaltskontrolle des § 13 Nr. 3 VOB/B: Wirksam, BauR 2009, 1204; *Weyer*, Nochmals: § 13 Abs. 3 VOB/B in der isolierten Inhaltskontrolle, BauR 2013, 389; *Weyer*, Werkvertraglicher Schadensersatz nur in Höhe der tatsächlichen Mangelbeseitigungskosten? NZBau 2013, 269; *Wussow*, Baumängel und Versicherung in der VOB, NJW 1967, 1552; *Zahn*, Darlegungs- und Beweislast bei der Geltendmachung von Mängelrechten, BauR 2006, 1823; *Zahn*, Werkvertragliche Mängelrechte und Umsatzsteuer, BauR 2011, 1401; *Zahn*, Schadensersatz in der Leistungskette – Vorteilsausgleichung?, BauR 2016, 1232; *Zerr*, Gesamtschuldverhältnisse im Bauwesen, NZBau 2002, 241; *Zimmermann/Leenen/Mansel/Ernst*, Finis Litium?, JZ 2001, 684; *Zirkel*, Sind Ausschlussfristen für erkennbare Mängel in AGB für werkvertragliche Leistungen passé?, NZBau 2006, 412; *Zimmermann*, Praxisproblem Schallschutz: DIN 4109 weiterhin vereinbar, NZBau 2009, 633.

Übersicht

	Rn.
A. Allgemeines	1
I. Änderung der Terminologie durch die VOB/B 2002	1
II. Änderungen durch die VOB/B 2006	3
III. Änderungen durch die VOB/B 2009	4
IV. Sachmängelhaftung nach Abnahme	5
V. Rechtsnatur der Sachmängelhaftung	8
VI. Abweichungen gegenüber dem BGB	10
VII. Isolierte Vereinbarung des § 13 VOB/B	12
B. Voraussetzungen der Sachmängelhaftung: § 13 Abs. 1–3 VOB/B	14
I. Grundtatbestand der Sachmängelhaftung: § 13 Abs. 1 VOB/B	15
1. Pflicht zur Leistung frei von Sachmängeln	17
2. Wirksamer Vertrag Voraussetzung – Keine Mängelhaftung bei Schwarzarbeit	18
3. Verschaffungspflicht	20
4. Zwei Voraussetzungen der Sachmängelfreiheit	21
a) Vereinbarte Beschaffenheit – funktionaler Mangelbegriff	23
b) Anerkannte Regeln der Technik	43
c) DIN-Normen	48
d) Herstellervorschriften	49
e) Hilfsweise: Eignung für vertragsgemäße Verwendung	50
f) Weiter hilfsweise: Eignung für gewöhnliche Verwendung	51
5. Aliud oder zu geringe Menge	53
6. Minimalgrenze	54
7. Verschleiß und Abnutzung	55
8. Zur Zeit der Abnahme	56
9. Beweislast	58
10. Abweichungen gegenüber dem BGB	61
11. AGB-rechtliche Probleme	62
a) Vereinbarung der VOB/B als Ganzes	63
b) AGB-Kontrolle abweichender Klauseln	64
II. Leistungen nach Probe: § 13 Abs. 2 VOB/B	72
1. Vertragliche Vereinbarung	73
2. Vereinbarte Beschaffenheit	74
3. Abweichungen der Ausführung	75
4. Mängel der Probe	76
5. Beweislast	77
6. Abweichungen gegenüber dem BGB	78

VOB/B § 13

III. Entfall oder Einschränkung der Sachmängelhaftung	79
1. § 13 Abs. 3 VOB/B	80
a) Leistungsbeschreibung des Auftraggebers	84
b) Anordnungen des Auftraggebers	87
c) Vom Auftraggeber gelieferte/vorgeschriebene Baustoffe/-teile	89
d) Vorleistung eines anderen Unternehmers	92
e) Ursächlichkeit/Zurechnung (Systemrisiko)	94
f) Rechtsgeschäftliche Risikoübernahme durch § 13 Abs. 3 VOB/B	97
g) Erfüllung der Prüfungs- und Hinweispflicht	98
2. Unterlassung notwendiger Mitwirkungshandlungen	101
3. Mitverursachung durch den Auftraggeber	102
a) Nichtbeachtung unzureichender Hinweise	103
b) Sonstiges Mitverschulden/Erfüllungsgehilfen	105
c) Mitverursachung des Auftragnehmers trotz Risikoverlagerung	111
4. Gesamtschuldnerausgleich	112
5. Vorbehaltlose Abnahme	113
6. Beweislast	114
7. Abweichungen gegenüber dem BGB	116
8. AGB-rechtliche Probleme	117
C. Dauer und Art der Sachmängelhaftung: § 13 Abs. 4–7 VOB/B	119
I. Verjährung: § 13 Abs. 4 VOB/B	120
1. Anwendungsbereich	122
a) Während der Ausführung gerügte Mängel	123
b) Bei der Abnahme erkannte Mängel	124
c) Nach der Abnahme hervortretende Mängel	125
d) Versteckte Mängel	126
2. Vorrangige abweichende Vereinbarung	127
a) Individualvereinbarung	128
b) AGB und Formularverträge	130
c) Garantiefristen	133
d) Unklarheiten/Widersprüche	134
3. Regelfristen je nach Leistungsgegenstand	135
a) Bauwerke	138
b) Holzerkrankungen	147
c) Andere Werke/Arbeiten an einem Grundstück	148
d) Vom Feuer berührte Teile von Feuerungsanlagen	150
e) Sonderfall: industrielle Feuerungsanlagen	151
f) Teile von maschinellen und elektrotechnischen/elektronischen Anlagen	152
g) Gemischte Leistungen	157
4. Spezielle Verjährungsfristen	159
a) Arglistig verschwiegene Mängel	160
b) Organisationsverschulden	165
c) Urteil, Vergleich und sonstige vollstreckbare Urkunden	170
5. Beginn der Verjährungsfrist	171
a) Rechtsgeschäftliche Abnahme	172
b) Abnahmeverweigerung	174
c) Fehlgeschlagene Abtretung von Ansprüchen gegen andere Baubeteiligte	175
6. Ende der Verjährungsfrist	176
7. Störungen des Laufs der Verjährungsfrist	177
a) Hemmung	178
b) Neubeginn der Verjährung	212
c) „Quasi-Neubeginn"	216
8. Treuwidrige Verjährungseinrede – Verzicht auf die Einrede der Verjährung	217
9. Nach Verjährung realisierbare Rechte	218
10. Beweislast	219
11. Abweichungen gegenüber dem BGB	224
12. AGB-rechtliche Probleme	225
a) Teilweise Unwirksamkeit des § 13 Abs. 4 VOB/B	226
b) Vereinbarung der VOB/B als Ganzes	230
c) AGB-Kontrolle abweichender Klauseln	231
II. Mängelbeseitigung: § 13 Abs. 5 VOB/B	232
1. Mängelbeseitigungspflicht und -gelegenheit	234
2. Voraussetzungen des Anspruchs	235
a) Auf vertragswidrige Leistung zurückzuführender Mangel	236

b) Während der Verjährungsfrist hervortretender Mangel 239
c) Beseitigungsverlangen 240
d) Schriftform 241
3. „Quasi-Neubeginn"/Ablaufhemmung: § 13 Abs. 5 Nr. 1 S. 2 VOB/B ... 242
   a) Schriftliches Mängelbeseitigungsverlangen 243
   b) Zugang innerhalb der Verjährungsfrist 244
   c) Anforderungen an die Bestimmtheit: Symptom-Rechtsprechung 245
   d) Nur einmaliger „Quasi-Neubeginn" 249
   e) Verlängerung auf 2 Jahre 250
   f) Für alle Mängelansprüche 251
4. Verjährung der Mängelansprüche für Mängelbeseitigungsleistungen: § 13 Abs. 5 Nr. 1 S. 3 VOB/B 252
5. Inhalt des Mängelbeseitigungsanspruchs 256
   a) Beseitigung des Mangels 257
   b) Erforderlichenfalls Neuherstellung 261
   c) Auf Kosten des Auftragnehmers 264
   d) Verzicht durch entgeltlichen Reparaturauftrag 267
   e) Nachbesserungsvereinbarung unter Vorbehalt 268
   f) Kosten einer unberechtigten Mängelrüge 269
   g) Kostenbeteiligung des Auftraggebers 270
   h) Sowieso-Kosten 273
   i) Vorteilsausgleich (insbesondere in der Leistungskette) 278
6. Durchsetzung des Mängelbeseitigungsanspruchs 282
   a) Klage auf Mängelbeseitigung 283
   b) Leistungsverweigerungsrecht 285
7. Ersatzvornahme: § 13 Abs. 5 Nr. 2 VOB/B 299
   a) Voraussetzungen 300
   b) Wahlrecht zwischen Ersatzvornahme und Mängelbeseitigung 312
   c) Einschränkung der Mängelbeseitigungsgelegenheit 313
   d) Keine Ansprüche bei unberechtigter Ersatzvornahme 314
   e) Kostenerstattungsanspruch 317
   f) Kostenvorschuss 328
8. Beweislast 345
9. Abweichungen gegenüber dem BGB 348
10. AGB-rechtliche Probleme 351
   a) Isolierte Inhaltskontrolle 352
   b) AGB-Kontrolle abweichender Klauseln 354
11. Konkurrenzen 358
III. Minderung: § 13 Abs. 6 VOB/B 359
1. Voraussetzungen 360
   a) Mängelbeseitigung unzumutbar für Auftraggeber 361
   b) Unmöglichkeit der Mängelbeseitigung 363
   c) Verweigerung der Mängelbeseitigung wegen unverhältnismäßig hohen Aufwands 368
2. Durchführung der Minderung 378
   a) Unmittelbare Herabsetzung des Werklohns 379
   b) Berechnung der Minderung 382
   c) Kostenbeteiligung des Auftraggebers 387
3. Schadenersatz neben Minderung 388
4. Beweislast 389
5. Abweichungen gegenüber dem BGB 390
6. AGB-rechtliche Probleme 391
7. Konkurrenzen 392
IV. Kein Rücktrittsrecht 393
V. Schadenersatz: § 13 Abs. 7 VOB/B 395
1. Unbeschränkte Schadenersatzpflicht: Nr. 1 und 2 396
   a) Verletzung von Leben, Körper oder Gesundheit 397
   b) Grobes Verschulden 399
2. Eingeschränkte Schadenersatzpflicht: Nr. 3 401
   a) Kleiner Schadenersatzanspruch: Nr. 3 Satz 1 403
   b) Großer Schadenersatzanspruch: Nr. 3 Satz 2 445
3. Ausnahmsweise gesetzliche Verjährungsfristen: Nr. 4 457
4. Einschränkung oder Erweiterung der Haftung: Nr. 5 460
5. Beweislast 463
6. Abweichungen gegenüber dem BGB 465

7. AGB-rechtliche Probleme 466
   a) Einbeziehung des Nr. 3 Satz 2 lit. c 467
   b) Isolierte Inhaltskontrolle 468
   c) AGB-Kontrolle abweichender Klauseln 469
8. Konkurrenzen 470
   a) Ansprüche aus Verschulden bei Vertragsschluss und aus positiver Vertragsverletzung 471
   b) Anspruch wegen Verzugs mit der Mängelbeseitigung 475
   c) Ansprüche aus unerlaubter Handlung 476

A. Allgemeines

I. Änderung der Terminologie durch die VOB/B 2002

1 § 13 VOB/B in seiner seit der VOB/B 2002 geltenden Fassung hat den Begriff, der bisher die ganze Bestimmung beherrschte und ihr dem entsprechend auch vorangestellt war, geändert. Dessen Überschrift lautet **statt „Gewährleistung"** jetzt nämlich **„Mängelansprüche"**. Das ist eine Konsequenz aus der Anpassung des § 13 Nr. 1 VOB/B 2000 an den Wortlaut des § 633 BGB in dessen neuer Fassung aufgrund des Schuldrechtsmodernisierungsgesetzes. Hierdurch ist der Begriff Gewährleistung entfallen. Denn der Auftragnehmer übernimmt nach § 13 Nr. 1 VOB/B 2002 nicht mehr die Gewähr, dass seine Leistung mängelfrei ist, sondern hat seine Leistung nunmehr dem Auftraggeber frei von Sachmängeln zu verschaffen. In Anpassung an die Diktion des BGB wurde es deshalb für zweckmäßig angesehen, die Überschrift des § 13 VOB/B in „Mängelansprüche" zu ändern.[1] Dabei wurde jedoch übersehen, dass § 634 BGB zutreffender mit „Rechte des Bestellers bei Mängeln" überschrieben ist, weil in seiner Nr. 3 ebenso wie jetzt in § 13 Nr. 6 VOB/B 2002 Gestaltungsrechte und keine Ansprüche geregelt sind.[2]

2 Zudem ist zu beachten, dass die Anpassung des § 13 VOB/B an das BGB im Jahre 2002 in zwei weiteren Punkten nur **eingeschränkt** erfolgte. Die Mängelrechte nach §§ 633 ff. BGB umfassen Sach- und Rechtsmängel (§ 633 Abs. 1 BGB), während § 13 VOB/B 2002 sich ausdrücklich auf **Sachmängel** beschränkt. Rechtsmängel spielen beim Werkvertrag lediglich eine geringe Rolle.[3] Sollte es im Rahmen eines VOB-Vertrags ausnahmsweise um **Rechtsmängel**[4] gehen, muss insoweit auf das Mängelhaftungsrecht des BGB zurückgegriffen werden.[5] Ferner verzichtet § 13 Nr. 1 VOB/B 2002 anders als § 633 Abs. 2 S. 2 BGB auf eine Regelung der Fälle, in denen der Auftragnehmer ein **anderes** als das bestellte Werk **oder** das Werk in **zu geringe Menge** herstellt.[6]

II. Änderungen durch die VOB/B 2006

3 Die VOB/B 2006 hat zwei Änderungen gebracht:[7] In § 13 Nr. 4 Abs. 1 S. 1 VOB/B 2006 hat sie zur Anpassung an § 634a Abs. 1 Nr. 1 BGB die Worte „für Arbeiten an einem Grundstück" durch die Formulierung „für andere Werke, deren Erfolg in der Herstellung, Wartung oder Veränderung einer Sache besteht" ersetzt.[8] Außerdem hat sie § 13 Nr. 4 Abs. 2 VOB/B 2006 teilweise neu gefasst und dessen Wortlaut ergänzt, beides jedoch lediglich zur Klarstellung der bereits bislang dieser Bestimmung zu Grunde liegenden Intention des DAV.[9]

---

[1] So Beschl. d. Vorstandes des Deutschen Vergabe- und Vertragsausschusses (DVA) vom 2.5.2002, Begründung II. 5. a.; *Kratzenberg* NZBau 2002, 177 (180).
[2] *Weyer* BauR 2003, 613.
[3] Vgl. Begründung des Entwurfs eines Gesetzes zur Modernisierung des Schuldrechts, BT-Drs. 14/6040, 261, 1. Abs.; vgl. dazu auch *Peters* NZBau 2002, 113 (118); *Siegburg* FS Jagenburg, 2002, 839 (849).
[4] Zu diesen näher *Drossart* in Messerschmidt/Voit § 633 Rn. 53–58.
[5] Ebenso *Kemper* BauR 2002, 1613 (1614); *Langen* Jahrbuch BauR 2003, 161 (182); *Weyer* BauR 2003, 613 (614).
[6] *Weyer* BauR 2003, 613 (614). Näher dazu → Rn. 53.
[7] *Joussen/Schranner* BauR 2006, 1366 (1369–1371).
[8] Näher dazu → Rn. 137.
[9] Hauptausschuss Allgemeines (HAA) des DVA, Beschl. v. 17.5.2006, Nr. 12 Begründung, und Beschl. v. 27.6.2006, Nr. 8 Begründung. Vgl. auch → Rn. 152, 154.

III. Änderungen durch die VOB/B 2009

Die VOB/B 2009 bringt keine sachlichen Änderungen, sondern – wie in ihrem gesamten 4 Text – lediglich eine Anpassung an die bei Gesetzen übliche Untergliederung von Paragraphen in Absätze, welche ihrerseits gegebenenfalls in Nummern unterteilt sind. Deshalb ist zum Beispiel an die Stelle von § 13 Nr. 7 Abs. 4 VOB/B 2006 nunmehr § 13 Abs. 7 Nr. 4 VOB/B 2009 getreten und lautet jetzt: „Abweichend von Absatz 4 gelten die gesetzlichen Verjährungsfristen, soweit sich der Auftragnehmer nach Nummer 3 durch Versicherung geschützt hat ..." Das erfordert eine lästige Umstellung des Sprachgebrauchs in der Praxis mit der Gefahr von Missverständnissen und Fehlern.

IV. Sachmängelhaftung nach Abnahme

Nicht geändert hat sich der Zeitpunkt, mit dem § 13 VOB/B anwendbar wird. Wenn die 5 Bauleistung abgenommen ist, richtet sich die Haftung des Auftragnehmers für Sachmängel nach § 13 VOB/B.[10] Auch nicht erledigte Mängelbeseitigungsansprüche gemäß § 4 Abs. 7 VOB/B setzen sich mit der Abnahme in Mängelrechten aus § 13 VOB/B fort.[11] Im Falle einer Kündigung des Bauvertrags gilt das ebenfalls erst, wenn die bis dahin erbrachte Leistung abgenommen worden ist.[12] Damit ist die **Abnahme** eine ebenso klare wie scharfe **Zäsur.** Diese folgt daraus, dass § 13 Abs. 1 VOB/B die Sachmängelhaftung des Auftragnehmers an den Stand seiner Leistung „zum Zeitpunkt der Abnahme" knüpft. Dem entspricht zudem die Einordnung der Mängelrechte in § 13 VOB/B hinter der Regelung der Abnahme in § 12 VOB/B.

Durch den strikten Beginn der Sachmängelhaftung nach § 13 VOB/B mit der Abnahme 6 kommt letzterer eine Bedeutung zu, welche sie insoweit im Werkvertragsrecht des **BGB** nicht hat. Denn Nacherfüllungsansprüche nach §§ 634 Nr. 1, 635 BGB können **schon vor der Abnahme** bestehen, sobald die Werkleistung fällig ist.[13] Auch das Recht zur Selbstvornahme gemäß § 637 BGB kann schon vor Abnahme der Werkleistung entstehen, wenn der Werkunternehmer sich auf den Standpunkt stellt, er habe ein mangelfreies Werk abgeliefert, während der Auftraggeber die Abnahme wegen vorhandener Mängel objektiv zu Recht verweigert[14] oder der Besteller allein einen Kostenvorschuss zur Selbstvornahme nach § 637 BGB verlangt und damit ein die Abnahme entbehrlich machendes Abrechnungsverhältnis begründet.[15] Nach Auffassung des OLG Düsseldorf[16] können ausnahmsweise ohne vorherige Abnahme der Werkleistung Vorschuss- oder Aufwendungsersatzansprüche nach § 637 BGB oder die Wertminderung nach § 638 BGB geltend gemacht werden, wenn eine Erfüllung des Vertrages nicht mehr in Betracht kommt, wovon auszugehen, wenn der Auftragnehmer das an ihn vor Abnahme gerichtete Begehren des Auftraggebers nach Mängelbeseitigung endgültig abgelehnt und daraufhin der Auftraggeber die Abnahme endgültig verweigert hat. Inzwischen hat der BGH entschieden, dass der Besteller die Mängelrechte aus § 634 BGB grundsätzlich erst nach der Abnahme geltend machen kann.[17] Ausnahmsweise könne der Besteller aber berechtigt sein, die Mängelrechte nach § 634 Nr. 2–4 BGB auch ohne Abnahme geltend zu machen, wenn er nicht mehr Erfüllung des Vertrages verlangen könne und das Vertragsverhältnis in ein Abrechnungsverhältnis übergegangen sei.

---

[10] BGHZ 50, 160 = NJW 1968, 1524; BGHZ 55, 354 = NJW 1971, 838 = BauR 1971, 126.
[11] BGH NJW 1982, 1524 = BauR 1982, 277; BGHZ 153, 244 = NJW 2003, 1450 = NZBau 2003, 265 = BauR 2003, 689.
[12] BGHZ 153, 244 = NJW 2003, 1450 = NZBau 2003, 265 = BauR 2003, 689; BGH BauR 2006, 1294.
[13] OLG München IBR 2012, 257; *Sienz* BauR 2002, 181 (184, 185); *Leupertz/Halfmeier* in Prütting/Wegen/Weinreich BGB § 633 Rn. 6/7; *Kniffka/Krause-Allenstein* ibr-online-Kommentar Bauvertragsrecht, Stand 23.11.2014, § 634 Rn. 8–11; sehr streitig: näher dazu OLG Köln NJW 2013, 1104 = NZBau 2013, 306; *Joussen* BauR 2009, (319–332); *Vygen/Joussen*, Bauvertragsrecht Rn. 1030–1033; *Voit* BauR 2011, (1063–1078); *Voit* in BeckOK BGB, Stand 1.2.2013, § 634 Rn. 3; offen gelassen von BGH NJW 2010, 3573 = BauR 2010, 1778 Rn. 28; NJW 2012, 56 = NZBau 2012, 34 = BauR 2012, 241 Rn. 13/14; vgl. auch 3. Deutscher Baugerichtstag, Arbeitskreis I – Bauvertragsrecht, BauR 2010, 1313 (1319–1321, 1340); Abschlussbericht der Arbeitsgruppe Bauvertragsrecht beim Bundesministerium der Justiz vom 18.6.2013, Teil B, 10.1. Zum Rücktritt wegen Mängeln vor der Abnahme: OLG Hamburg IBR 2014, 144.
[14] OLG Celle BauR 2016, 1504.
[15] OLG Celle BauR 2016, 1337.
[16] OLG Düsseldorf BauR 2016, 105.
[17] BGH VII ZR 235/15, NZBau 2017, 211 = BauR 2017, 875.

7   Ausnahmsweise ist allerdings im Rahmen des § 13 VOB/B eine Abnahme **entbehrlich:** Die dort geregelten Rechte kommen schon dann in Betracht, wenn der Auftraggeber die Abnahme bestimmt und endgültig verweigert,[18] was auch durch schlüssiges Verhalten geschehen kann.[19] In der Praxis hat diese Ausnahme besondere Bedeutung für den Beginn der Verjährung der Mängelrechte nach § 13 Abs. 4 Nr. 3 VOB/B. Die endgültige Verweigerung der Abnahme wird hier der Abnahme gleichgestellt.[20] Und dies gilt auch, wenn die Abnahme zu Recht verweigert wird.[21] Oder allgemeiner umschrieben: Die Verjährung beginnt, wenn keine Erfüllung des Vertrags mehr verlangt oder das vertragliche Erfüllungsverhältnis aus anderen Gründen in ein Abwicklungs- und Abrechnungsverhältnis umgewandelt wird.[22]

V. Rechtsnatur der Sachmängelhaftung

8   Im Zusammenhang mit der Frage, ob als Mängelbeseitigung, soweit Mängelfreiheit anders nicht zu erreichen ist, auch nach Abnahme noch Neuherstellung des Werks verlangt werden kann, war ein heftiger Streit um die Rechtsnatur der Gewährleistung entbrannt.[23] Für die Praxis wurde die Einordnung zum Beispiel als Erfüllungsanspruch, modifizierter Erfüllungsanspruch oder echter Gewährleistungsanspruch[24] jedoch spätestens mit der Entscheidung des BGH vom 10.10.1985[25] weitgehend bedeutungslos[26]. Dort betonte der BGH, dass bisher zu sehr auf vermeintliche begriffliche Unterschiede zwischen Neuherstellung und Nachbesserung und nicht genügend auf den **Zweck** der im Werkvertragsrecht im Vordergrund stehenden **Mängelbeseitigung** abgehoben worden sei. Der BGH gelangte zu dem praxisgerechten Ergebnis: Mängelbeseitigung bedeutet bei natürlicher Betrachtungsweise nichts anderes, als mangelhafte Leistungen durch mangelfreie zu ersetzen, soweit das erforderlich ist, um insgesamt ein mangelfreies Werk entstehen zu lassen; Neuherstellung stellt daher nur eine Nachbesserung im größtmöglichen, aber notwendigen Umfang dar.

9   Das gilt nach wie vor, zumal § 635 Abs. 1 BGB die **Neuherstellung** nunmehr ausdrücklich als eine **Alternative** der **Nacherfüllung** anführt.[27] Allerdings wurde davon abgesehen, auch § 13 Abs. 5 Nr. 1 S. 1 VOB/B entsprechend zu ändern, da dieser nach der Rechtsprechung schon bisher auch die Neuherstellung umfasste.[28]

VI. Abweichungen gegenüber dem BGB

10 § 13 VOB/B enthält eine im Wesentlichen[29] **abschließende Regelung** der Mängelrechte des Auftraggebers nach der Abnahme.[30] Sie stimmt in den Grundzügen mit der gesetzlichen Regelung in §§ 633 ff. BGB überein, weicht von ihr aber andererseits in einigen, zum Teil gewichti-

---

[18] OLG Düsseldorf BauR 1980, 276; OLG Hamm IBR 2015, 189; *Koenen* in BeckOK VOB/B § 13 Mängelansprüche Rn. 2.
Damit ist allerdings nicht gesagt, dass durch die endgültige Verweigerung der Abnahme die Mängelrechte aus § 13 VOB/B an die Stelle der nicht erledigten Erfüllungsansprüche aus §§ 4 Nr. 7, 8 Nr. 3 VOB/B und nicht etwa neben diese treten. Für letzteres spricht die zu einem BGB-Bauvertrag ergangene Entscheidung BGH NJW 1999, 2046 = BauR 1999, 760.
[19] OLG Düsseldorf BauR 2010, 480.
[20] BGH NJW 1970, 421 = BauR 1970, 48; BGHZ 79, 180 = NJW 1981, 822 = BauR 1981, 201; BGH NJW 2000, 133 = NZBau 2000, 22 = BauR 2000, 128; *Wirth* in Ingenstau/Korbion VOB/B § 13 Abs. 4 Rn. 154; NWJS VOB/B§ 13 Rn. 89; mit Einschränkungen *Eichberger* in Beck'scher VOB-Kommentar/ VOB/B § 13 Abs. 4 Rn. 229; vgl. dazu auch → Rn. 174.
[21] So ausdrücklich BGH NJW 2000, 133 = NZBau 2000, 22 = BauR 2000, 128. AA zu Unrecht *Eichberger* in Beck'scher VOB-Kommentar VOB/B § 13 Abs. 4 Rn. 229 unter Bezugnahme auf ältere Rechtsprechung.
[22] BGH NJW 2010, 3573 = BauR 2010, 1778 Rn. 23; NZBau 2011, 310 = BauR 2011, 1032 Rn. 16; OLG Oldenburg BauR 2016, 124; *Koeble* BauR 2012, (1153–1159).
[23] Vgl. dazu NWJS VOB/B Vor § 13 Rn. 4–6 und § 13 Rn. 11–14.
[24] Vgl. dazu die Nachweise bei NWJS VOB/B§ 13 Rn. 11.
[25] BGHZ 96, 111 = NJW 1986, 711 = BauR 1986, 93.
[26] Ähnlich *Kohler* in Beck'scher VOB-Kommentar VOB/B § 13 Abs. 5 Rn. 14.
[27] Vgl. dazu näher → Rn. 261.
[28] Beschluss des Vorstandes des DVA vom 2.5.2002, Begründung II. 9.; *Kratzenberg* NZBau 2002, 177 (182); vgl. auch → Rn. 233.
[29] Zu Ausnahmen vgl. *Daub/Piel/Soergel/Steffani* ErlZ B 13.4.
[30] BGH NZBau 2011, 232 = BauR 2011, 534 und 683 Rn. 2. Ähnlich *Zahn* in Beck'scher VOB-Kommentar VOB/B Vorb. § 13 Rn. 2/3 und 7.

gen, Einzelheiten ab, auf welche des näheren bei der Erörterung der Einzelregelungen in § 13 Abs. 1–7 VOB/B einzugehen sein wird.

Zum ersten **Überblick** sind hier nur die **wichtigsten Abweichungen** zusammengestellt: **11**
- § 13 Abs. 2 und 3 VOB/B regeln im gesetzlichen Werkvertragsrecht nicht behandelte Sondertatbestände.
- § 13 Abs. 4 Nr. 1 VOB/B verkürzt die Verjährungsfrist der Mängelansprüche bei Bauwerken von fünf Jahren (§ 634a Abs. 1 Nr. 2 BGB) auf vier Jahre. Andererseits ermöglicht § 13 Abs. 5 Nr. 1 S. 2 VOB/B, sofern die restliche Verjährungsfrist kürzer als zwei Jahre ist, diese durch schriftliches Mängelbeseitigungsverlangen auf zwei Jahre zu verlängern.
- § 13 Abs. 5 Nr. 1 S. 1 VOB/B gewährt grundsätzlich nur einen Anspruch auf Mängelbeseitigung. Der Auftraggeber hat nicht die Möglichkeiten der §§ 634 Nr. 3, 323, 638 BGB, nach erfolglosem Ablauf einer gesetzten angemessenen Nacherfüllungsfrist zu Rücktritt oder Minderung überzugehen.
- § 13 Abs. 6 VOB/B lässt eine Minderung lediglich für drei eng begrenzte Fallgestaltungen zu.
- Ein Rücktritt wird in § 13 VOB/B, anders als in § 634 Nr. 3 BGB, nicht erwähnt.
- § 13 Abs. 7 VOB/B regelt Schadenersatzansprüche unterschiedlichen Umfangs unter spezielleren Voraussetzungen enger als § 634 Nr. 4 BGB.

VII. Isolierte Vereinbarung des § 13 VOB/B

Angesichts der in § 13 Abs. 4 Nr. 1 VOB/B gegenüber § 634a Abs. 1 Nr. 2 BGB von fünf **12** auf vier Jahre, bis einschließlich zur VOB/B 2000 sogar auf zwei Jahre, verkürzten Verjährungsfrist lag und liegt für **Auftragnehmer** der Versuch nahe, sich diesen Vorteil durch eine Einbeziehung allein des § 13 VOB/B in den Bauvertrag zu sichern. Eine solche Vereinbarung war nach ständiger Rechtsprechung[31] gemäß § 11 Nr. 10 lit.f AGB-Gesetz und ist jetzt nach § 309 Nr. 8 lit.b ff BGB **unwirksam**, weil die VOB/B nicht insgesamt einbezogen ist. Sofern der Auftraggeber Unternehmer im Sinne des § 14 Abs. 1 BGB ist, folgte die Unwirksamkeit aus § 9 Abs. 1 AGB-Gesetz,[32] nunmehr trotz der Verdoppelung der Frist in § 13 Abs. 4 Nr. 1 VOB/B aus § 307 Abs. 1 BGB.[33] Das gilt nicht nur, wenn § 13 VOB/B in einem vom Auftragnehmer verwendeten Formularvertrag isoliert vereinbart wird. Eine unwirksame Einbeziehung liegt vielmehr auch dann vor, wenn in einem von dem Auftragnehmer abgefassten Individualvertrag auf § 13 VOB/B Bezug genommen wird. Denn in allen diesen Fällen werden Allgemeine Geschäftsbedingungen in den Vertrag einbezogen, ohne zwischen den Vertragsparteien ausgehandelt worden zu sein.[34] Der ausdrücklichen Erwähnung des § 13 VOB/B oder seines Wortlauts stehen Klauseln wie „Gewährleistung gemäß VOB" oder mit ähnlicher Umschreibung gleich.[35]

Wirksam ist die isolierte Vereinbarung des § 13 VOB/B, wenn diese Bestimmung **durch den 13 Auftraggeber** in den Vertrag eingeführt worden ist.[36] Denn dann ist der Auftraggeber Verwender dieser Klausel. Das Gesetz schützt jedoch nur den Vertragspartner des Verwenders vor unangemessenen Benachteiligungen (§ 307 Abs. 1 BGB). Für den Auftragnehmer ist die Verkürzung der Verjährungsfrist indessen vorteilhaft. Aus dem gleichen Grund ist die isolierte Einbeziehung des § 13 VOB/B **durch den Auftragnehmer** unter gleichzeitiger **Verlängerung** der Verjährungsfrist **auf fünf Jahre** wirksam.[37] In einem Vertrag über die Errichtung eines Wohnhauses stellt aber die Vereinbarung einer Verjährungsfrist von fünf Jahren lediglich für die „Arbeiten des Rohbaus bis einschließlich Dachstuhl" keinen hinreichenden Ausgleich der

---

[31] BGHZ 96, 129 = NJW 1986, 315 = BauR 1986, 89; BGHZ 107, 75 = NJW 1989, 1602 = BauR 1989, 322; BGHZ 111, 388 = NJW 1990, 3197 = BauR 1990, 718; NZBau 2004, 385 = BauR 2004, 1142. Vgl. auch → Rn. 228.
[32] BGHZ 90, 273 = NJW 1984, 1750 = BauR 1984, 390; OLG Düsseldorf BauR 1994, 762.
[33] Denn § 13 Abs. 4 Nr. 1 VOB/B verkürzt noch immer die gesetzliche Frist, worauf der BGH, aaO (vorstehende Fußnote), entscheidend abstellt.
[34] BGHZ 107, 75 = NJW 1989, 1602 = BauR 1989, 322. Vgl. dazu auch *Korbion/Locher/Sienz* Kap. A Rn. 14.
[35] BGHZ 96, 129 = NJW 1986, 315 = BauR 1986, 89; BGH NJW 1987, 2373 = BauR 1987, 438; OLG Düsseldorf BauR 1994, 762.
[36] BGHZ 99, 160 = NJW 1987, 837 = BauR 1987, 205.
[37] BGHZ 107, 75 = NJW 1989, 1602 = BauR 1989, 322.

Benachteiligung des Auftraggebers durch den ansonsten uneingeschränkt isoliert einbezogenen § 13 VOB/B dar.[38]

B. Voraussetzungen der Sachmängelhaftung: § 13 Abs. 1–3 VOB/B

14 Die umfangreichen Bestimmungen des § 13 VOB/B lassen sich zur besseren Übersichtlichkeit in **zwei Regelungsbereiche** unterteilen. § 13 Abs. 1–3 VOB/B ist zu entnehmen, unter welchen Voraussetzungen die Sachmängelhaftung eingreift.[39] § 13 Abs. 4–7 VOB/B ordnet an, in welcher Weise der Auftragnehmer haftet.[40]

I. Grundtatbestand der Sachmängelhaftung: § 13 Abs. 1 VOB/B

15 Gegenüber seiner früheren Fassung, nach welcher der Auftragnehmer dafür einzustehen hatte, dass seine Leistung die vertraglich zugesicherten Eigenschaften aufwies, den anerkannten Regeln der Technik entsprach und nicht mit wert- oder gebrauchsbeeinträchtigenden Fehlern behaftet war, ist § 13 Abs. 1 durch die VOB/B **2002 insgesamt neu gefasst** worden. Seither wird in Satz 1 zunächst die Verpflichtung des Auftragnehmers, seine Leistung dem Auftraggeber zum Zeitpunkt der Abnahme frei von Sachmängeln zu verschaffen, herausgestellt. Anschließend umschreiben die Sätze 2 und 3, unter welchen Voraussetzungen die Leistung sachmängelfrei ist. Die hiermit vorgenommene Anpassung[41] des § 13 Abs. 1 VOB/B an § 633 Abs. 1 und 2 BGB in dessen seit dem 1.1.2002 geltenden Fassung erfolgte „aus Gründen der Parallelität und der daraus abzuleitenden Legitimation."[42]

16 **Zugesicherte Eigenschaften** werden in § 13 Abs. 1 VOB/B ebenso wie in § 633 BGB **nicht** mehr **erwähnt.** In der Begründung des Gesetzentwurfs heißt es hierzu, für die Umschreibung des Sachmangels könne auf eine Unterscheidung zwischen Fehlern und dem Fehlen zugesicherter Eigenschaften verzichtet werden, wenn maßgeblich auf die Vereinbarung der Vertragspartner abgestellt werde.[43] Dem entsprechend wurde in § 13 Abs. 1 VOB/B von einer Regelung der zugesicherten Eigenschaften abgesehen.[44] Folgerichtig ist in § 13 Abs. 2 und Abs. 7 Nr. 3 S. 2 lit. b VOB/B jetzt von einer vereinbarten Beschaffenheit statt von zugesicherten Eigenschaften die Rede. Deshalb ist es verfehlt, an eine vereinbarte Beschaffenheit sie selben engen Voraussetzungen zu stellen wie früher an eine zugesicherte Eigenschaft.[45]

17 **1. Pflicht zur Leistung frei von Sachmängeln.** § 13 Abs. 1 S. 1 VOB/B stellt wie § 633 Abs. 1 BGB die Pflicht des Auftragnehmers zur sachmängelfreien Leistung an die Spitze und unterstreicht damit ihre Bedeutung. Sie ist ein **wesentlicher Bestandteil der Hauptleistungspflicht** des Auftragnehmers, das versprochene Werk herzustellen (§ 631 Abs. 1 BGB). Denn auch ohne diesbezügliche ausdrückliche Erklärung verspricht der Auftragnehmer mit dem Abschluss des Bauvertrags, die geschuldete[46] Leistung sachmängelfrei zu erbringen.

18 **2. Wirksamer Vertrag Voraussetzung – Keine Mängelhaftung bei Schwarzarbeit.** Da die sachmängelfreie Leistung eine vertragliche Pflicht ist, setzt sie einen **wirksamen Vertrag** voraus. Ist der Vertrag nichtig – zum Beispiel wegen Verstoßes gegen §§ 1, 2 SchwArbG[47] oder seit 1.8.2004 gegen §§ 1, 8 SchwarzArbG –, sind folglich vertragliche Mängelrechte von vorn-

---

[38] BGH NJW-RR 1989, 85 = BauR 1989, 77.
[39] So auch *DPSS* ErlZ B 13.11 und 13.112.
[40] Ebenso *DPSS* ErlZ B 13.12.
[41] Vgl. dazu schon → Rn. 1 und 2.
[42] Beschluss des Vorstandes des DVA vom 2.5.2002, Begründung II. 5. b.; *Kratzenberg* NZBau 2002, 177 (181).
[43] BT-Drs. 14/6040, 212 zu § 434 Abs. 1 S. 1, 4. Abs. und S. 261 zu § 633 Abs. 2 S. 1, wo auf die Übereinstimmung mit der Definition des Sachmangels in § 434 BGB hingewiesen wird.
[44] Beschluss des Vorstandes des DVA vom 2.5.2002, Begründung II. 5. b.; ähnlich *Sienz* BauR 2002, 181 (182).
[45] So jedoch OLG Frankfurt IBR 2014, 597 mit kritischem Praxishinweis von *Weyer*.
[46] Zur Mängelhaftung für gleichzeitig erbrachte nicht geschuldete Leistungen: OLG Schleswig IBR 2006, 134, zu dieser für parallel zu entgeltlichen Arbeiten aus Freundschaft und ohne Rechnung geleisteten Arbeiten: OLG Koblenz NZBau 2013, 585. Zur Verpflichtung, Revisionsunterlagen zu übergeben: OLG Brandenburg NZBau 2012, 570 mit Anm. von *Lotz*.
[47] BGH BauR 1983, 66; 1990, 721; KG BauR 2007, 1419.

herein nicht gegeben.⁴⁸ Zu **§ 1 Abs. 2 Nr. 2 SchwarzArbG,** nach welchem Schwarzarbeit leistet, wer Dienst- oder Werkleistungen erbringt oder ausführen lässt und dabei als Steuerpflichtiger seine sich auf Grund der Dienst- oder Werkleistungen ergebenden steuerlichen Pflichten nicht erfüllt, hält der BGH⁴⁹ hieran nunmehr ausdrücklich für den Fall fest, dass Auftraggeber und Auftragnehmer Barzahlung ohne Rechnung vereinbaren, um den Umsatz der Steuerbehörde zu verheimlichen und dem Auftraggeber einen Preisvorteil zu verschaffen.⁵⁰ Nach § 1 Abs. 1 SchwarzArbG ist Zweck des Gesetzes die Intensivierung der Bekämpfung der Schwarzarbeit. Deshalb führt das in § 1 Abs. 2 Nr. 2 SchwarzArbG enthaltene Verbot⁵¹ jedenfalls dann zur Nichtigkeit des Vertrags gemäß § 134 BGB, wenn der Auftragnehmer vorsätzlich hiergegen verstößt und der Auftraggeber den Verstoß des Auftragnehmers kennt und bewusst zum eigenen Vorteil ausnutzt.⁵² Damit ist die bisherige Rechtsprechung, dass auch wegen einer nach §§ 134, 138 BGB nichtigen,⁵³ weil der Steuerhinterziehung dienenden **Ohne-Rechnung-Abrede** der Bauvertrag gemäß § 139 BGB insgesamt nichtig sein kann, gegenstandslos geworden. Insoweit hatte der BGH zuletzt⁵⁴ unter Aufgabe früherer⁵⁵ abweichender Ausführungen zu Recht betont, dass auch beim Werkvertrag Gesamtnichtigkeit nur dann nicht eintritt, wenn angenommen werden kann, dass ohne die Ohne-Rechnung-Abrede bei ordnungsgemäßer Rechnungslegung und Steuerabführung der Vertrag zu denselben Konditionen, insbesondere mit derselben Vergütungsregelung, abgeschlossen worden wäre.⁵⁶ Gleichwohl hatte der BGH angenommen, der Auftragnehmer, der seine Bauleistung mangelhaft erbracht habe, handele regelmäßig treuwidrig, wenn er sich zur Abwehr von Mängelansprüchen des Auftraggebers darauf berufe, die Gesetzwidrigkeit der Ohne-Rechnung-Abrede führe zur Gesamtnichtigkeit des Bauvertrags.⁵⁷ Da der Auftragnehmer in diesem Fall gemäß § 242 BGB gegenüber den Mängelansprüchen des Auftraggebers nicht einwenden konnte, der Bauvertrag sei wegen der Ohne-Rechnung-Abrede insgesamt nichtig,⁵⁸ ergaben sich die Mängelrechte des Auftraggebers folgerichtig aus § 13 VOB/B – beim BGB-Bauvertrag aus §§ 633 ff. BGB – in Verbindung mit § 242 BGB.⁵⁹

Wie der BGH jedoch schon früher⁶⁰ angedeutet hatte, betraf die **Rechtsprechung** zu Mängelansprüchen aus einem Bauvertrag, der eine **Ohne-Rechnung-Abrede** enthält, **nicht** die Fälle, in denen ein Verstoß gegen das **SchwarzArbG** in Rede steht.⁶¹ Der Einwand der unzulässigen Rechtsausübung (§ 242 BGB) überwand dort nur die unter bestimmten Voraussetzungen aus § 139 BGB folgende Nichtigkeit des Gesamtvertrags aufgrund einer Nichtigkeit der Ohne-Rechnung-Abrede, weshalb dort Mängelansprüche geltend gemacht werden konnten.⁶² Diese Erwägungen scheiden nunmehr aus,⁶³ weil **§ 1 Abs. 2 Nr. 2 SchwarzArbG**

---

⁴⁸ BGH BauR 1990, 721 (723), vorl. Abs.; vgl. auch BGH NZBau 2008, 434 = BauR 2008, 1301 Rn. 19, und dazu *Orlowski* BauR 2008, 1963 (1964).
⁴⁹ NJW 2013, 3167 = NZBau 2013, 627 = BauR 2013, 1852.
⁵⁰ Bestätigung von OLG Schleswig IBR 2013, 210.
⁵¹ Ein solches stellt *Dölle* BauR 2015, (393–396) in Abrede.
⁵² BGH NJW 2013, 3167 = NZBau 2013, 627 = BauR 2013, 1852 Rn. 22–26.
⁵³ BGH NJW 1968, 1927; 2003, 2742; NZBau 2008, 434 = BauR 2008, 1301 Rn. 8; NZBau 2008, 436 = BauR 2008, 1330 Rn. 9; aA *Peters* NJW 2008, (2478–2480).
⁵⁴ NZBau 2008, 434 = BauR 2008, 1301 Rn. 10; NZBau 2008, 436 = BauR 2008, 1330 Rn. 11.
⁵⁵ NZBau 2001, 195 = BauR 2001, 630.
⁵⁶ Das dürfte entgegen OLG Naumburg IBR 2013, 399 auch für die dortige Fallgestaltung gelten.
⁵⁷ BGH NZBau 2008, 434 = BauR 2008, 1301 Rn. 11–18. Das gilt nach BGH NZBau 2008, 436 = BauR 2008, 1330 Rn. 12–21, auch für einen Ingenieur, der Vermessungsleistungen mangelhaft erbracht hat, die sich bereits im Bauwerk verkörpert haben. AA *Popescu/Majer* NZBau 2008, (424–426). Vgl. aber auch *Reinelt* BauR 2008, (1231–1233); *Stamm* NZBau 2009, (78–91).
⁵⁸ So ausdrücklich BGH NZBau 2008, 434 = BauR 2008, 1301 Rn. 18; NZBau 2008, 436 = BauR 2008, 1330 Rn. 21.
⁵⁹ AA *Orlowski* BauR 2008, 1963 (1965 f.).
⁶⁰ NZBau 2008, 434 = BauR 2008, 1301 Rn. 19.
⁶¹ Die Überschrift des Aufsatzes von *Jerger* NZBau 2013, 608: „Von der Nichtigkeit zur Wirksamkeit zurück zur Nichtigkeit des gesamten Vertrags bei Schwarzarbeit" ist damit unvereinbar. Unberechtigt ist es ebenfalls, von einer „Kehrtwende" und „Rolle rückwärts" des BGH zu sprechen: So jedoch *Lorenz* NJW 2013, (3132 und 3134).
⁶² BGH NJW 2013, 3167 = NZBau 2013, 627 = BauR 2013, 1852 Rn. 28.
⁶³ Entgegen *Stamm* NZBau 2014, (131–137), weil auch bei der Ohne-Rechnung-Abrede der Auftraggeber mit dem Auftragnehmer kollusiv zusammenarbeitet, um einen eigenen Vorteil zu erlangen. Denn einen anderen Sinn hat eine solche Abrede offenkundig nicht und ist damit eine Schwarzgeldabrede. So im Ergebnis ebenfalls *Jerger* NZBau 2014, 415 (417), bei II.1 f. Vgl. auch *Stamm* NJW 2014, 2145 (2149), bei IX.

bewirkt, dass die Verstöße gegen steuerliche Pflichten bereits ohne weiteres zur **Nichtigkeit des gesamten** zugrunde liegenden Werkvertrags führen.[64] Eine nach § 134 BGB im öffentlichen Interesse und zum Schutz des allgemeinen Rechtsverkehrs angeordnete Nichtigkeit soll[65] – anders als die Nichtigkeitsfolge aus § 139 BGB – allenfalls in ganz **engen Grenzen** durch Berufung auf **§ 242 BGB** überwunden werden können und ein widersprüchliches Verhalten des Auftragnehmers dafür nicht ausreichen. Vielmehr soll es bei dem **Grundsatz** bleiben, dass wegen der Nichtigkeit des Vertrags **Mängelansprüche** von vornherein **nicht gegeben** sind. Soweit der BGH in seinem Urteil vom 1.8.2013[66] zur Vermeidung „unerträglicher Ergebnisse" gegebenenfalls noch Ansprüche aus ungerechtfertigter Bereicherung für geeignet erklärt hatte,[67] scheidet auch das nach den BGH-Urteilen vom 10.4.2014[68] und vom 11.6.2015[69] nunmehr aus. Denn die grundsätzlichen Überlegungen, aufgrund deren der BGH[70] dem Auftragnehmer, wenn der Werkvertrag wegen Verstoßes gegen § 1 Abs. 2 Nr. 2 SchwarzArbG nichtig ist, für erbrachte Bauleistungen auch einen bereicherungsrechtlichen Anspruch auf Wertersatz gegen den Auftraggeber verweigert, sprechen dafür, dass ebenso Ansprüche des Auftraggebers wegen Mängeln **ausnahmslos ausgeschlossen** sind.[71] Für § 242 BGB ist insoweit gleichfalls kein Raum mehr. Die Nichtigkeit des Vertrages mit der Folge, dass weder Honorar- noch Mängelhaftungsansprüche bestehen, gilt auch dann, wenn die Parteien **im Nachhinein** eine Schwarzgeldabrede treffen.[72] Das alles gilt in der Regel auch für **teilweise Schwarzgeldabreden**.[73]

Verstößt allerdings der Auftragnehmer *einseitig* und *ohne Kenntnis des Auftraggebers* gegen die Pflicht aus § 1 Abs. 2 Nr. 2 SchwarzArbG[74] oder gegen § 1 Abs. 2 Nr. 4 SchwarzArbG,[75] so ist der Vertrag nach Auffassung des OLG Düsseldorf[76] nicht nichtig und dem Auftraggeber können entsprechende Mängelansprüche zustehen.

20 **3. Verschaffungspflicht.** Der Auftragnehmer hat nach § 13 Abs. 1 S. 1 VOB/B dem Auftraggeber seine sachmängelfreie Leistung **„zu verschaffen"**. Diese Formulierung seit der VOB/B 2002 entspricht der gesetzlichen Regelung in § 633 Abs. 1 BGB.[77] Die Übernahme des Begriffs „verschaffen" vom Kaufrecht in das Werkvertragsrecht beruht auf dem Bestreben des Gesetzgebers, die Mängelhaftung des Auftragnehmers an die des Verkäufers anzupassen.[78] Einer gesonderten Verschaffung des Eigentums bedarf es bei Bauleistungen wegen §§ 946, 94 BGB jedoch – von den Fällen der Erwerberverträge[79] abgesehen – in der Regel nicht. Andererseits ist der Auftragnehmer aufgrund des Bauvertrags weiterhin verpflichtet, das vereinbarte Werk mangelfrei herzustellen.[80] Deshalb gibt es keine Anhaltspunkte, dass mit der jetzigen Formulierung eine Änderung der Rechtslage gegenüber der früheren Formulierung, wonach der Auftragneh-

---

[64] BGH NJW 2013, 3167 = NZBau 2013, 627 = BauR 2013, 1852 Rn. 29; BGH NZBau 2015, 551 = BauR 2015, 1655.
[65] So BGH NJW 2013, 3167 = NZBau 2013, 627 = BauR 2013, 1852 Rn. 30.
[66] NJW 2013, 3167 = NZBau 2013, 627 = BauR 2013, 1852 Rn. 30, unter Hinweis ua auf BGH NJW 1990, 2542 = BauR 1990, 721.
[67] AA schon damals *Jerger* NZBau 2013, 608 (610–612).
[68] NJW 2014, 1805 = NZBau 2014, 425 = BauR 2014, 1141 unter Bestätigung von OLG Schleswig IBR 2013, 595. Vgl. zu der BGH-Entscheidung *Stamm* NJW 2014, (2145–2149); *Jerger* NZBau 2014, (415–420); *Dölle* BauR 2015, (393–400).
[69] BGH NZBau 2015, 551 = BauR 2015, 1655.
[70] NJW 2014, 1805 = NZBau 2014, 425 = BauR 2014, 1141 Rn. 17 ff.; NZBau 2015, 551 = BauR 2015, 1655.
[71] So im Ergebnis auch *Stamm* NJW 2014, 2145 (2148), bei VIII; *Jerger* NZBau 2014, 415 (419, 420).
[72] OLG Stuttgart BauR 2016, 669.
[73] Vgl. dazu BGH NJW 2014, 1805 = NZBau 2014, 425 = BauR 2014, 1141 Rn. 13; *Jerger* NZBau 2014, 415 (416), bei II.1.c.
[74] Weil er für die ausgeführten Leistungen keine Rechnung erstellen will.
[75] Weil er kein Gewerbe angemeldet hat.
[76] OLG Düsseldorf BauR 2016, 1774.
[77] Zur Verschaffungspflicht nach § 633 Abs. 1 BGB eingehend *Thode* NZBau 2002, 297 (301 f.); *Kniffka/Kniffka* ibr-online-Kommentar Bauvertragsrecht, Stand 23.11.2014, BGB § 633 Rn. 1; *Preussner* FS Kraus, 2003, 179 (180, 181); *Sienz* FS Kraus, 2003, 237 (238–241).
[78] Vgl. dazu BT-Drs. 14/6040, 260 zu Nr. 38 und zu § 633 Abs. 1.
[79] Dazu näher *Thode* NZBau 2002, 297 (302).
[80] BT-Drs. 14/6040, 261 zu § 634 Nr. 1; *Sienz* BauR 2002, 181 (182). *Siegburg* FS Jagenburg, 2002, 839 (840) meint, die Abgrenzung der Verschaffungspflicht von der Herstellungspflicht bereite erhebliche Schwierigkeiten; wieso, sagt er jedoch ebenso wenig wie er angibt, warum es auf eine solche Abgrenzung ankommen soll.

mer (nur) zur mängelfreien Herstellung verpflichtet war, bewirkt werden sollte.[81] Verschaffen bedeutet mithin im Regelfall nicht mehr, als dass der Auftragnehmer dem Auftraggeber das abnahmereife Werk zur tatsächlichen Verfügung freizugeben hat.[82] Darauf, dass der Auftraggeber das Werk abnimmt und die Gefahr übergeht, kann es in diesem Zusammenhang nicht ankommen,[83] weil der Auftragnehmer das nicht bewirken kann.

4. Zwei Voraussetzungen der Sachmängelfreiheit. Die Bauleistung ist nach § 13 Abs. 1 S. 2 VOB/B nur dann sachmängelfrei, wenn sie zwei Voraussetzungen erfüllt: Sie muss die **vereinbarte Beschaffenheit** haben (a) und den **anerkannten Regeln der Technik** entsprechen (b). Satz 3 des § 13 Abs. 1 VOB/B enthält keine zusätzlichen Voraussetzungen, regelt vielmehr den in der Praxis nicht vorkommenden[84] Fall, dass eine Vereinbarung der Beschaffenheit der Bauleistung fehlt. Dann soll es an Stelle dieser Voraussetzung darauf ankommen, ob die Bauleistung sich für die nach dem Vertrag vorausgesetzte Verwendung eignet (c), weiter hilfsweise darauf, ob sie sich „für die gewöhnliche Verwendung eignet und eine Beschaffenheit aufweist, die bei Werken der gleichen Art üblich ist und die der Auftraggeber nach der Art der Leistung erwarten kann" (d).

Die Voraussetzungen müssen kumulativ erfüllt sein.[85] **Jede** Voraussetzung ist dabei **unabhängig** von der anderen zu beurteilen. Deshalb ist ein Werk mangelhaft, welches zwar die anerkannten Regeln der Technik einhält, aber von der vereinbarten Beschaffenheit oder ihren Alternativen abweicht.[86] Umgekehrt kann der Mangel allein wegen eines Verstoßes gegen die anerkannten Regeln der Technik zu bejahen sein.[87] Allerdings können die Bauvertragspartner mit der vereinbarten Beschaffenheit auch eine die **anerkannten Regeln** der Technik **unterschreitende Ausführungsart ausbedingen.**[88]Eine solche Abweichung von der VOB/B – auch **„Beschaffenheitsvereinbarung nach unten"** genannt[89] – können die Vertragspartner ausdrücklich vereinbaren oder es muss aufgrund gewichtiger für die Auslegung relevanter Umstände feststehen, dass sie entgegen §§ 4 Abs. 2 Nr. 1 S. 2, 13 Abs. 1 S. 2 VOB/B konkludent oder stillschweigend eine entsprechende vertragliche Vereinbarung getroffen haben.[90] Das kommt etwa in Betracht, wenn der Auftraggeber weiß,[91] dass die vereinbarte Beschaffenheit – Beispiel: Errichtung einer einschaligen Trennwand zwischen Doppelhaushälften – nicht den anerkannten Regeln der Technik entspricht und im Beispielfall mit einem geringeren Schallschutz verbunden ist.[92] Allein ein Hinweis auf eine Schalldämmung nach DIN 4109 reicht nicht aus. Vielmehr muss der Auftragnehmer dem Auftraggeber **mit aller Klarheit verdeutlichen,** dass die Mindestanforderungen der DIN 4109 nicht mehr den anerkannten Regeln der Technik entsprechen.[93] Auch die Vereinbarung einer geringeren Wangenstärke, als grundsätzlich im „Regelwerk handwerklicher Holztreppen" vorgesehen, kann nicht dahin ausgelegt werden, dass von einem üblicherweise zu erwartenden Mindeststandard abgewichen werden soll, wenn auf eine solche Bedeutung nicht ausdrücklich hingewiesen wird oder der Auftraggeber dies aus anderen Gründen, etwa einer

---

[81] *Weyer* BauR 2003, 613 (615); so zu § 633 Abs. 1 BGB auch *Funke* Jahrbuch BauR 2002, 217 (221).
[82] So zu § 633 Abs. 1 BGB mit Recht *Mundt* NZBau 2003, 73 (78); *Leupertz/Halfmeier* in Prütting/Wegen/Weinreich BGB § 633 Rn. 10.
[83] Entgegen *Drossart* in Messerschmidt/Voit § 633 Rn. 9.
[84] Näher dazu *Weyer* BauR 2003, 613 (616, 617) sowie → Rn. 50–52, dort auch zu der von *Faust* BauR 2013, 363 (365) geäußerten Kritik an dieser Ansicht.
[85] *Weyer* BauR 2003, 613 (617, 618).
[86] Zur bisherigen Fassung des § 13 Abs. 1 VOB/B: BGHZ 91, 206 = NJW 1984, 2457 = BauR 1984, 510; BGH BauR 1985, 567; NJW-RR 1995, 472 = BauR 1995, 230; NZBau 2002, 611; OLG Brandenburg IBR 2007, 305; OLG Hamm IBR 2007, 421. Zu § 633 Abs. 2 BGB: OLG Hamm NJW 2013, 545 = NZBau 2013, 110.
[87] OLG Köln NJW-RR 1994, 1431 = BauR 1995, 137 (nur Leitsatz); OLG Brandenburg Urt. v. 18.3.2015 – 4 U 138/12 in juris.
[88] *Herchen* NZBau 2007, 139, mit weiteren Nachweisen; *Zimmermann* NZBau 2009, 633 (635, 636).
[89] *Seibel* im Praxishinweis zu IBR 2014, 137.
[90] OLG Celle BauR 2016, 840.
[91] *Drossart* in Messerschmidt/Voit § 633 Rn. 34.
[92] OLG München IBR 2006, 269; OLG Stuttgart NJW 2012, 539. Zu einschaligen Trennwänden zwischen als „Reihenhäuser in Form von Wohnungseigentum" veräußerten Wohneinheiten: BGH NJW 2013, 684 = NZBau 2013, 244 = BauR 2013, 624 Rn. 23.
[93] BGH NJW 2009, 2439 = NZBau 2009, 648 = BauR 2009, 1288 Rn. 14/15; OLG München 2012, 266. Zu praktischen Konsequenzen daraus: *Zimmermann* NZBau 2009, 633 (635, 636).

entsprechenden Fachkunde, weiß.[94] Ebenso bedarf es der ausdrücklichen Klarstellung, wenn die Vereinbarung in der Baubeschreibung, dass „Gäste-WC, Windfang und Flur im Erdgeschoss einen Heizkreis bilden", eine Abweichung von den anerkannten Regeln der Technik darstellt.[95]

23 a) Vereinbarte Beschaffenheit – funktionaler Mangelbegriff. Indem § 13 Abs. 1 S. 2 VOB/B ebenso wie § 633 Abs. 2 S. 1 BGB allein auf die vereinbarte Beschaffenheit[96] abstellt und nicht mehr zusätzlich eine Beeinträchtigung des Werts oder der Gebrauchstauglichkeit der Bauleistung fordert[97], nimmt er nicht nur eine terminologische Änderung vor.[98] Vielmehr **verschärft** er mit der Verringerung der Voraussetzungen eines Sachmangels die **Haftung** des Auftragnehmers.[99] Denn wie früher nur bei zugesicherten Eigenschaften führt allein das Fehlen der vereinbarten Beschaffenheit zur Mangelhaftigkeit.[100] Für die Praxis hat dies erhebliche Auswirkungen.[101] Für die vereinbarte Beschaffenheit hat der Auftragnehmer nämlich **seit** Geltung der **VOB/B 2002** auch dann einzustehen, wenn eine Abweichung nicht zu einer Beeinträchtigung des Werts oder der Gebrauchstauglichkeit des Werks führt,[102] wobei aber **gegebenenfalls** eine **restriktive Interpretation** der Beschaffenheitsvereinbarung angebracht ist[103] und – wie stets – Treu und Glauben (§ 242 BGB) eine äußerste Grenze gegen Missbräuche markieren.[104] Verfehlt ist jedoch die Auffassung, bei der Annahme einer Beschaffenheitsvereinbarung durch Angaben im Leistungsverzeichnis sei Zurückhaltung geboten, weil sonst jede im Ergebnis unbedeutende Abweichung einen Mangel darstellen würde.[105] Vielmehr stellen grundsätzlich auch unwesentliche Abweichungen einen Mangel dar,[106] wie bereits aus § 13 Abs. 7 Nr. 3 VOB/B folgt.[107] Ebenso verfehlt ist es, an eine vereinbarte Beschaffenheit dieselben engen Voraussetzungen zu stellen wie früher an eine zugesicherte Eigenschaft.[108] Auch ist zur Vereinbarung der Beschaffenheit ein besonderer Einstandswille des Auftragnehmers nicht erforderlich.[109] In dem Fall, dass statt des vertraglich vereinbarten Mineralputzes ein Kunstharzputz ausgeführt wird, bedarf es nicht mehr eines Sachverständigen zu den Qualitätsunterschieden[110]

---

[94] BGH NJW 2013, 1226 = NZBau 2013, 295 = BauR 2013, 952 Rn. 15.
[95] OLG München IBR 2014, 137.
[96] *Thode* NZBau 2002, 297 (303 f.), hält diesen Begriff für unklar und auslegungsbedürftig.
[97] *Voit* in BeckOK BGB, Stand 1.2.2013, § 633 Rn. 8.
[98] So jedoch *Motzke* IBR 2001, 652 (653), und wohl auch *Peters* NZBau 2002, 113 (118), beide zu § 633 BGB.
[99] So auch *Quack* IBR 2001, 705 (706) und *Thode* NZBau 2002, 297 (303), jeweils zu § 633 Abs. 2 BGB; *Kemper* BauR 2002, 1613 (1615); während *Kniffka/Kniffka* ibr-online-Kommentar Bauvertragsrecht, Stand 23.11.2014, § 633 Rn. 46 meint, das sei nicht so dramatisch, weil der Auftraggeber ohne Beeinträchtigung des Werts oder der Gebrauchstauglichkeit aus der Mangelhaftigkeit in vielen Fällen keine Rechte werde herleiten können.
[100] *Weyer* BauR 2003, 613 (615); OLG Celle BauR 2008, 1637; OLG Düsseldorf NZBau 2012, 640 = IBR 2012, 639 mit kritischem Praxishinweis von *Weyer*. Ob, wie *Kniffka/Kniffka* ibr-online-Kommentar Bauvertragsrecht, Stand 23.11.2014, § 633 Rn. 47–49 und *Sienz* IBR 2004, 194 meinen, Abweichungen von der vereinbarten Beschaffenheit, die den Wert oder die Gebrauchstauglichkeit nicht beeinträchtigen, in aller Regel unerhebliche Mängel sind und ob der Auftragnehmer eine Nacherfüllung regelmäßig wegen Unverhältnismäßigkeit verweigern kann, muss die künftige Baurechtspraxis zeigen. Die Entwicklung wird eher in die umgekehrte Richtung gehen.
[101] Entgegen *Schudnagies* NJW 2002, 396 (397), zu § 633 Abs. 2 BGB.
[102] BGH NJW-RR 2015, 1300 = BauR 2015, 1842 = NZBau 2015, 618; Ähnlich, wenn auch zweifelnd, *Preussner* BauR 2002, 231 (233), zu § 633 Abs. 2 BGB.
Entgegen *Teichmann* ZfBR 2002, 13 (15) bedarf es insoweit also keiner besonderen Auslegungsbemühungen.
[103] *Kniffka/Kniffka* ibr-online-Kommentar Bauvertragsrecht, Stand 23.11.2014, § 633 Rn. 43–45. Zu weitgehend *Lucenti* NJW 2008, 962 (964), der an die tatbestandlichen Anforderungen der früheren Eigenschaftszusicherung anknüpft. Falsch deshalb auch OLG Frankfurt IBR 2014, 597 mit kritischem Praxishinweis von *Weyer*; vgl. schon → Rn. 16.
[104] OLG Stuttgart BauR 2007, 713, zu § 4 Abs. 7 VOB/B; vgl. auch NWJS VOB/B§ 13 Rn. 28, zum Fehlen einer zugesicherten Eigenschaft, sowie → Rn. 54.
[105] So aber OLG Schleswig IBR 2008, 642.
[106] OLG Celle BauR 2008, 1637.
[107] Vgl. dazu → Rn. 54.
[108] So jedoch OLG Frankfurt IBR 2014, 597 mit kritischem Praxishinweis von *Weyer*. Vgl. dazu schon bei → Rn. 16.
[109] *Voit* in BeckOK BGB, Stand 1.2.2013, § 633 Rn. 4.
[110] Nach neueren Erkenntnissen sollen solche ohnehin nicht mehr bestehen: OLG Hamm NZBau 2007, 783 (785) = BauR 2007, 1422 (1424, 1425).

dieser Putze.¹¹¹ Etwas anderes gilt nur für einen Schadenersatzanspruch nach § 13 Abs. 7 Nr. 3 VOB/B, weil dort ein die Gebrauchsfähigkeit erheblich beeinträchtigender Mangel erforderlich ist.¹¹²

Da es allein auf die vereinbarte Beschaffenheit ankommt, ist ein Bauwerk sogar dann mangelhaft, wenn die Bauausführung wirtschaftlich und technisch besser ist als die vereinbarte.¹¹³ Erst recht gilt das bei einer gleichwertigen, aber abweichenden Ausführung.¹¹⁴ Darin zeigt sich die anhand der konkreten Parteivereinbarung zu ermittelnde **subjektive Seite** des **Mangelbegriffs,** welche insbesondere dann Bedeutung erlangt, wenn es dem Auftraggeber bei Ausführung der Bauleistung um Beschaffenheitsmerkmale geht, die in keiner Weise den technischen Wert der Leistung oder deren Lebensdauer beeinflussen.¹¹⁵ Deshalb liegt ein Mangel auch dann vor, wenn der Auftragnehmer Verblendmauerwerk mit einem anderen als dem im Bauvertrag vorgesehenen Verblender ausführt, selbst wenn dieser weder einen Qualitäts- noch praktisch einen optischen Unterschied aufweist.¹¹⁶

Der **Begriff** der **vereinbarten Beschaffenheit** ist durch die VOB/B 2002 neu in § 13 VOB/B eingefügt worden. In § 633 BGB ist er jedoch keineswegs neu. Vielmehr war der Auftragnehmer nach § 633 Abs. 1 BGB aF verpflichtet, das Werk so herzustellen, dass es die zugesicherten Eigenschaften hatte und keine den Wert oder die gewöhnliche oder nach dem Vertrag vorausgesetzte Gebrauchstauglichkeit beeinträchtigende Fehler aufwies. Unmittelbar anschließend bestimmte § 633 Abs. 2 S. 1 BGB aF, dass der Auftraggeber, wenn das Werk nicht von „dieser Beschaffenheit" war, die Beseitigung des Mangels verlangen konnte. Nach der früheren gesetzlichen Regelung umfasste die vereinbarte Beschaffenheit mithin auch die nach dem Vertrag vorausgesetzte oder gewöhnliche Gebrauchstauglichkeit des herzustellenden Werks. Dem entsprechend schuldete der Auftragnehmer im Rahmen der getroffenen Vereinbarung nach ständiger BGH-Rechtsprechung¹¹⁷ ein **funktionstaugliches** und **zweckentsprechendes Werk.**¹¹⁸ Der Begriff der vereinbarten Beschaffenheit ist in die neue Fassung des § 633 Abs. 2 S. 1 BGB übernommen worden. Dies spricht bereits dafür, dass er nach wie vor die selbe **weite Bedeutung** haben soll, auch wenn eine Beeinträchtigung der Gebrauchstauglichkeit oder – jetzt anders formuliert, aber gleichbedeutend – der Verwendungseignung nicht mehr Voraussetzung eines Sachmangels ist.¹¹⁹

Eine entscheidende **Bestätigung** findet diese Schlussfolgerung in der **Entwurfsbegründung** zu dem wie § 633 Abs. 2 S. 1 BGB gleichlautenden § 434 Abs. 1 S. 1 BGB, wo ausgeführt wird, dass bei einer nach dem Vertrag vorausgesetzten Verwendung „häufig eine vereinbarte Beschaffenheit der Kaufsache im Sinne des § 434 Abs. 1 Satz 1 RE anzunehmen sein" wird.¹²⁰ Damit ist, wie der BGH¹²¹ überzeugend feststellt, dokumentiert, dass die Beurteilung der vereinbarten Beschaffenheit keinen neuen Maßstäben unterworfen werden sollte. Das ist auch naheliegend. Denn die nach dem Vertrag vorausgesetzte Verwendung und die vereinbarte Beschaffenheit sind nichts anderes als zwei Seiten derselben Medaille.¹²² Denn der mit dem versprochenen Werk (§ 631 Abs. 1 BGB) **geschuldete Erfolg**¹²³ (§ 631 Abs. 2 BGB) kann sowohl durch die Vereinbarung seiner Beschaffenheit als auch durch Vereinbarung des Ver-

---

¹¹¹ Anders nach altem Recht: OLG Hamm BauR 2005, 1324; vgl. dazu den Praxishinweis von *Weyer* in IBR 2005, 250.
¹¹² Vgl. *Daub/Piel/Soergel/Steffani* ErlZ B 13.138; näher dazu → Rn. 406, 407.
¹¹³ BGH NJW 2002, 3543 = NZBau 2002, 571 = BauR 2002, 1536 für eine um 1,15m höhere Gründung eines Hauses als vereinbart; OLG Brandenburg BauR 2006, 1472; OLG Stuttgart BauR 2007, 713; *Merl* FS Motzke, 2006, 261 (265). Zu „vorteilhaften" Abweichungen vgl. auch *Sienz* FS Kraus, 2003, 237 (242).
¹¹⁴ *Weyer* BauR 2003, 613 (615); OLG Karlsruhe IBR 2012, 265. So wohl auch OLG München NJW 2013, 3105 = NZBau 2013, 703, zu Leitsatz 4.
¹¹⁵ *Vygen/Joussen,* Bauvertragsrecht Rn. 1240. Vgl. zur subjektiven Seite zB auch BGH BauR 2004, 1941 (1943, 2). Abs.
¹¹⁶ OLG Celle BauR 2009, 111.
¹¹⁷ BGHZ 139, 244 = NJW 1998, 3707 = BauR 1999, 37; BGH NJW-RR 2000, 465 = NZBau 2000, 74 und 198 = BauR 2000, 411; NZBau 2007, 243 Rn. 12 = BauR 2007, 700.
¹¹⁸ Eingehend dazu *Kniffka* in Kniffka/Koeble BauR-Komp des Baurechts, 6. Teil Rn. 18–28.
¹¹⁹ Vgl. → Rn. 23.
¹²⁰ BT-Drs. 14/6040, 213. Vgl. dazu auch → Rn. 50.
¹²¹ NJW 2008, 511 = NZBau 2008, 109 Rn. 18 = BauR 2008, 344.
¹²² *Mundt* NZBau 2003, 73 (76).
¹²³ Da der Auftragnehmer den Erfolg schuldet, ist der von *Ganten* FS Englert, 2014, (83–92) erörterte Fall, dass der Auftragnehmer sich trotz eines Misserfolgs seiner Leistung vertragsrichtig verhalten hat, eigentlich unvorstellbar.

wendungszwecks beschrieben werden. Zudem hat der BGH[124] für den Fall, dass eine andere Beschaffenheitsvereinbarung nicht getroffen ist, entschieden, der Auftraggeber könne redlicherweise erwarten, dass das Werk die Qualitäts- und Komfortstandards vergleichbarer anderer zeitgleich fertiggestellter Bauwerke erfülle, weil der Auftragnehmer üblicherweise stillschweigend bei Vertragsschluss die Einhaltung dieser Standards zusichere.[125] Diese Annahme einer solchen Erwartungshaltung ist nach wie vor zutreffend und verdeutlicht, dass der **Begriff** der **vereinbarten Beschaffenheit weit zu fassen** ist. Er umfasst wie zum alten Recht auch die in § 13 Abs. 1 S. 3 VOB/B in Übereinstimmung mit § 633 Abs. 2 S. 2 BGB aufgeführten Alternativen.[126]

27   Auch nach § 633 Abs. 2 S. 1 BGB und dem insoweit gleichlautenden § 13 Abs. 1 S. 2 VOB/B entspricht das geschuldete Werk also nicht der **vereinbarten Beschaffenheit,**[127] wenn es nicht die vereinbarte **Funktionstauglichkeit** aufweist.[128] Zwischen Beschaffenheitsvereinbarung und geschuldeter Funktionstauglichkeit zu unterscheiden,[129] ist darum ebenso falsch[130] wie die Ansicht, beim geschuldeten Erfolg sei zwischen Beschaffenheit und Verwendungseignung zu differenzieren.[131] Zu Recht hat der BGH sich also für die Fortführung[132] des – allerdings nach wie vor umstrittenen[133] – **funktionalen Mangelbegriffs**[134] ausgesprochen. Der Gesetzgeber hat nämlich nicht beabsichtigt, den Anwendungsbereich des § 633 Abs. 2 S. 1 BGB dahin einzuschränken, dass die vereinbarte Beschaffenheit sich allein nach der in der Leistungsbeschreibung dokumentierten Leistung oder Ausführungsart beurteilt.[135] Denn eine solche enge Sicht der vereinbarten Beschaffenheit würde zu dem fragwürdigen Ergebnis führen, dass das Werk des Auftragnehmers auch dann als mangelfrei anzusehen wäre, wenn die vorgesehene Leistung oder Ausführungsart nicht geeignet ist, ein funktionstaugliches Werk zu errichten. Im Produktions- und Lagerhallenfall[136] würde das nicht regendichte Dach gleichwohl mangelfrei sein, weil der

---

[124] BGHZ 139, 16 = NJW 1998, 2614 = BauR 1998, 872.
[125] Vgl. dazu auch → Rn. 51/52.
[126] AA *Markus* NZBau 2010, 604 (608), der meint, dem stehe der klare Gesetzeswortlaut und das dort angeordnete Rangverhältnis entgegen; in diesem Sinne auch *Markus* FS Englert, 2014, 289 (294, 295). Ähnlich die Bedenken von *Leupertz/Halfmeier* in Prütting/Wegen/Weinreich § 633 Rn. 21. Den weiten Beschaffenheitsbegriff verkennt auch *Popescu* NZBau 2012, 137 (138–140).
[127] Zu unvereinbaren Beschaffenheitsvereinbarungen: *Ludgen* Jahrbuch BauR 2013, (23–47); OLG Koblenz NZBau 2013, 638.
[128] BGH NJW 2008, 511, Leitsatz a) und Rn. 16–18 = NZBau 2008, 109 = BauR 2008, 344; NJW 2011, 3780 = NZBau 2011, 746 = BauR 2012, 115 Rn. 11; NJW 2014, 3365 = NZBau 2014, 492 = BauR 2014, 1291 Rn. 14; *Fuchs* BauR 2009, 404 (407, 408); *Jansen* FS Koeble, 2010, (103–114), zu den Grenzen der berechtigten Funktionalitätserwartung; *Bolz* Jahrbuch BauR 2011, 107 (108–123); aA *Peters* NZBau 2008, 609 (610). *Sass* NZBau 2013, (132–142), kritisch dazu *Weyer* Blog-Eintrag vom 26.5.2013 in ibr-online.
[129] Wie es OLG Stuttgart NJW 2013, 699 = NZBau 2012, 771 = BauR 2012, 1961 tut. Ähnlich OLG München NZBau 2013, 3105 = NZBau 2013, 703, zu Leitsatz 1.
[130] *Weyer* NZBau 2012, 775; *Weyer* Blog-Eintrag vom 25.6.2013 in ibr-online; *Kandel* NJW 2013, 3069 (3070), bei III.1.
[131] So jedoch Abschlussbericht der Arbeitsgruppe Bauvertragsrecht beim Bundesministerium der Justiz vom 18.6.2013, Teil B, 1.
[132] BGH NJW 2011, 3780 = NZBau 2011, 746 = BauR 2012, 115 Rn. 11.
[133] Ausführlich dazu *Kapellmann* → § 2 Rn. 28; *Lederer,* Der funktionale Werkerfolg: *Lederer* hat die insgesamt nicht überzeugende These entwickelt, bei einem Zielkonflikt zwischen der Beschaffenheitsvereinbarung (im engeren Sinn) und der Funktionstauglichkeit der Werkleistung sei der Vertrag auf eine objektiv unmögliche Leistung gerichtet, *Lederer,* S. 197 ff. Aufgrund der Kooperationsverpflichtung seien die Bauvertragsparteien verpflichtet, eine neue, im Zweifel die Funktionalität der Leistung sichernde Beschaffenheitsvereinbarung vorzunehmen und in untrennbarer Verbindung damit auch die Vergütung unter Berücksichtigung der mit dem geänderten Werkerfolg verbundenen Mehrkosten. Letztlich führt die These auf anderem dogmatischem Weg zu ähnlichen Ergebnissen wie die herrschende Auffassung zum funktionalen Mangelbegriff.
[134] Vgl. dazu auch *Müller,* Der Werkerfolg im Spannungsfeld zwischen Mängelhaftung, Hinweispflichten und Vergütung beim Bauwerkvertrag, Dissertation Universität Regensburg 2014, der allerdings auf S. 321 zu Unrecht zu dem Ergebnis gelangt, das derzeitige Verständnis der herrschenden Meinung vom Werkerfolg beim Bauvertrag sei ein Missverständnis.
[135] So zutreffend BGH NJW 2008, 511 = NZBau 2008, 109 Rn. 17 = BauR 2008, 344; OLG Hamburg NZBau 2016, 29; *Kniffka/Kniffka* ibr-online-Kommentar Bauvertragsrecht, Stand 23.11.2014, § 633 Rn. 10. AA Kapellmann/Schiffers Vergütung I Rn. 100; *Markus* NZBau 2010, 604 (608).
[136] BGH NJW-RR 2000, 465 = NZBau 2000, 74 = BauR 2000, 411.

Auftragnehmer es entsprechend der vertraglich vereinbarten Ausführungsart errichtet hatte. Das entspricht – wie oben nachgewiesen – nicht dem Willen des Gesetzgebers.[137]

Die konkreten Auswirkungen des funktionalen Mangelbegriffs auf Basis der „Blockheizkraftwerk-Entscheidung" des BGH[138] werden in jüngster Zeit aufgrund eines Urteils des OLG Hamm vom 19.4.2016[139] wieder diskutiert. In der dortigen Entscheidung hatte der erste Auftragnehmer die Aggregate einer Heizungs- und Kühlanlage fehlerfrei installiert, die vom zweiten Auftragnehmer (Elektriker) anschließend verkabelt und mit Thermostaten versehen wurden. Dabei wurde die Verkabelung fehlerhaft so vorgenommen, dass die vorgesehene Kühlfunktion der Anlage nicht gesteuert werden konnte. Das OLG Hamm stellte fest, der erste Auftragnehmer, der die Heizungs- und Kühlanlage installiert hatte, sei für die fehlende Funktion „Kühlung" nicht verantwortlich. Diese Entscheidung ist, da scheinbar von der Blockheizkraftwerk-Entscheidung des BGH abweichend, in der Literatur kritisiert worden.[140] Zutreffend weist *Funke*[141] allerdings darauf hin, dass es keine „pauschale Funktionstauglichkeit" mehrerer, ineinandergreifender Gewerke gibt, sondern dass im Einzelfall zu differenzieren ist. Wenn also, wie dies in der Blockheizkraftwerk-Entscheidung der Fall war, die Heizung nicht warm wird, weil das von einem anderen Unternehmer hergestellte Blockheizkraftwerk keine ausreichende Leistung erzeugte, dann mag man mit dem BGH von einem funktionalen Mangel auch der Heizungsanlage ausgehen. Ist die Mängelhaftung des Heizungsbauers nicht gemäß § 13 Abs. 3 VOB/B ausgeschlossen, so ist er für den Mangel der Heizung verantwortlich. Wenn die Nachbesserung jedoch ausschließlich durch eine Nachrüstung des Blockheizkraftwerks möglich ist und ein und dieselbe Heizungsanlage anschließend funktioniert (genügend Wärme abgibt), dann schuldet der Auftragnehmer der Heizungsanlage keine Nachbesserung und auch keine Wertminderung, sondern haftet – Verschulden vorausgesetzt – allenfalls für die Folgeschäden des Mangels (zum Beispiel zeitweiser Umzug in ein Hotel).[142] In der Fallkonstellation des OLG Hamm stellt sich die Frage, ob der für die Heizungs- und Kühlanlage zuständige Auftragnehmer den Auftraggeber darauf hätte hinweisen müssen, dass der für die Verkabelung und dementsprechend die Funktionsfähigkeit der Kühlung zuständige Unternehmer bestimmte Dinge beachten musste. In diesem Fall geht es aber nicht um einen Bedenkenhinweis im Sinne von §§ 4 Abs. 3, 13 Abs. 3 VOB/B, der zum Ausschluss einer ansonsten bestehenden Mängelhaftung führen würde, sondern allenfalls um einen (vorsorglichen) Hinweis des ersten Auftragnehmers an den Auftraggeber, dass der nachfolgende Auftragnehmer bei der Elektroverkabelung auf bestimmte Dinge achten müsse, um die Funktionalität der Gesamtanlage herzustellen. Ob eine solche Hinweispflicht im Einzelfall besteht, hat mit der grundsätzlichen „Funktionsverantwortung" mehrerer Unternehmer nichts zu tun und führt dementsprechend in der Fallkonstellation des OLG Hamm auch nicht zu einer Mängelhaftung des Auftragnehmers für die Heizungs- und Kühlanlage.[143]

Trotz des funktionalen Mangelbegriffs liegt auch dann kein Mangel des Werks vor, wenn dem Besteller die Funktionseinschränkung der vereinbarten Ausführung des Werks bekannt ist und er sich in Kenntnis der Funktionseinschränkung eigenverantwortlich dennoch für diese Ausführung enschieden hat.[144]

Wer diesen Überlegungen zum weiten Beschaffenheitsbegriff nicht folgen will, müsste jedenfalls über eine **richtlinienkonforme Auslegung**[145] des § 633 Abs. 2 BGB[146] und dann ebenso des gleichlautenden § 13 Abs. 1 S. 2 und 3 VOB/B letztlich zum selben Ergebnis gelangen.[147]

---

[137] So auch *Gartz* NZBau 2012, 90 (92).
[138] BGH NJW 2008, 511 = BauR 2008, 344 = NZBau 2008, 109.
[139] OLG Hamm NJW 2016, 3038 = NZBau 2016, 634 = BauR 2016, 1783.
[140] Vgl. *Weyer* IBR 2016, 387; *Stern* jurisPR-PrivBauR 10/2016 Anm. 4; *Steffen/Scherwitzki* BauR 2016, 1815.
[141] *Funke* BauR 2017, 169.
[142] So zutreffend *Funke* BauR 2017, 169, 173.
[143] Zutreffend *Funke* BauR 2017, 169, 176.
[144] OLG Stuttgart NZBau 2015, 620 (Entscheidung des Auftraggebers für eine Antitropfbeschichtung nur an einzelnen von mehreren neu einzudeckenden Dächern).
[145] *Leupertz/Halfmeier* in Prütting/Wegen/Weinreich § 633 Rn. 20/21 mit Hinweis auf *Kniffka/Kniffka* ibr-online -Kommentar Bauvertragsrecht, Stand 23.11.2014, § 633 Rn. 3f; *Voit* in BeckOK BGB, Stand 1.2.2013, § 633 Rn. 4. Zu den Grenzen richtlinienkonformer Auslegung nationalen Rechts: BVerfG NJW 2012, 669; *Lorenz* NJW 2013, 207 (208) 1. Abs., mwN.
[146] *Faust* BauR 2013, 363 (365) bezeichnet das im Rahmen der Auslegung des § 633 BGB als einen eher schwachen Gesichtspunkt.
[147] Näher dazu *Leupertz/Halfmeier* in Prütting/Wegen/Weinreich BGB § 633 Rn. 21 am Ende.

30 Der **weite Beschaffenheitsbegriff** führt indes nicht zu einer vergütungsfreien Leistungserweiterung,[148] wenn er nur von dem **Bausoll** exakt abgegrenzt wird. Das Bausoll wird in Anlehnung an § 2 Abs. 1 VOB/B als die in den Vertragsbestandteilen beschriebene und mit der vereinbarten Vergütung abgegoltene Leistung definiert.[149] Es umfasst also „die im Vertrag vorgesehene Leistung oder Ausführungsart"[150] ebenso wie den in der Begriffsbestimmung der neuen österreichischen ÖNORM B 2110[151] in Nr. 3.8 umschriebenen **Leistungsumfang**. Die ÖNORM B 2110 definiert dem gegenüber in Nr. 3.9 das **Leistungsziel** als den aus dem Vertrag objektiv ableitbaren vom Auftraggeber angestrebten **Erfolg** der Leistung des Auftragnehmers und stellt in Nr. 7.1 klar, dass mit dem vereinbarten Entgelt der Leistungsumfang, nicht jedoch das Erreichen des Leistungsziels abgegolten ist. Genau dieser Unterscheidung zwischen Leistungsumfang und Leistungsziel/Erfolg entspricht das Verhältnis des Bausolls zu der vereinbarten Beschaffenheit, welche einschließlich der vereinbarten Funktionstauglichkeit den geschuldeten Erfolg umschreibt.[152] Das Delta zwischen Bausoll und Bauerfolg ist also durch die vereinbarte Vergütung nicht abgegolten.

31 **aa) Ausdrückliche Vereinbarung.** Die vereinbarte Beschaffenheit liegt eindeutig fest, soweit der Bauvertrag, das Leistungsverzeichnis[153] oder sonstige Vertragsbestandteile,[154] gegebenenfalls auch eine kaufmännischen Bestätigungsschreiben einzuordnende Auftragsbestätigung,[155] ausdrückliche Angaben enthalten. Das ist etwa der Fall, wenn ein Haus oder eine Wohnung mit einer **bestimmten Wohnfläche**[156] errichtet werden sollte. Dabei sind, wenn in Erwerbsverträgen Angaben über Wohnflächen fehlen, sogar die einseitigen Vorstellungen des Erwerbers für den Inhalt des Vertrags maßgeblich, wenn der Bauträger in eigener oder zurechenbarer Kenntnis des Willens des Erwerbers den Vertrag abschließt.[157] Ist die tatsächlich vorhandene Wohnfläche dann jedoch kleiner, so stellt auch eine geringe Abweichung einen Mangel dar.[158] Die gelegentliche Annahme, die Abweichung müsse von einer gewissen Erheblichkeit sein,[159] ist verfehlt, weil § 13 Abs. 1 VOB/B darauf anders als § 13 Abs. 7 Nr. 3 VOB/B, wo ein wesentlicher Mangel vorausgesetzt wird, gerade nicht abhebt.[160] Vereinbaren die Vertragsparteien für die Pflasterung im Zuge der Sanierung eines Parkplatzes die Verwendung eines Kieses der Körnung 0/5, stellt daher die Verwendung eines gröberen Kieses der Körnung 2/5 einen Sachmangel dar.[161] **Weitere Beispielfälle** sind Vereinbarungen, dass

---

[148] Welche offenbar von *Kapellmann/Schiffers*, Vergütung I Rn. 100 befürchtet wird.
[149] *Markus* NZBau 2010, 604 (607).
[150] BGH NJW 2008, 511 = NZBau 2008, 109 Rn. 17 = BauR 2008, 344.
[151] Vgl. dazu Kapellmann/Schiffers Vergütung I Rn. 100; *Markus* NZBau 2010, 604 (607, 608).
[152] Das verkennt *Voit* in BeckOK BGB, Stand 1.2.2013, § 633 Rn. 4a, soweit er dort ausführt: „Maßgebend ist der vertraglich zugesagte Erfolg, während die Vereinbarung einer Beschaffenheit den Weg zu seiner Erreichung festlegt."
[153] Das gilt uneingeschränkt für alle dortigen Angaben; aA *Glöckner* BauR 2009, 302 (310, 311). Zu folgender Klausel in ZVB: „Ist im LV bei einer Teilleistung eine Bezeichnung für ein bestimmtes Fabrikat mit dem Zusatz ‚oder gleichwertiger Art' verwendet worden und fehlt die für das Angebot geforderte Bieterangabe, gilt das im LV genannte Fabrikat." vgl. OLG Dresden BauR 2008, 364.
[154] OLG Hamm NJW-RR 2002, 415; vgl. zum weiten Begriff der Leistungsbeschreibung → Rn. 84 sowie allgemein zur Festlegung des Bausolls durch sämtliche Vertragsbestandteile → VOB/B § 2 Rn. 26–28; Kapellmann/Schiffers Vergütung I Rn. 4, 104.
[155] OLG Dresden IBR 2003, 401.
[156] Diese gehört nach BGH NJW 2004, 2156 = NZBau 2004, 269 = BauR 2004, 847 „zu den zentralen Beschaffenheitsmerkmalen des vom Bauträger geschuldeten Objekts." So auch OLG Karlsruhe IBR 2007, 489.
[157] BGH NZBau 2008, 113 Rn. 16, = BauR 2008, 351.
[158] BGH NJW-RR 1998, 1169: 3,23 %; auf diese Entscheidung wird in BGH NJW 1999, 1859 = BauR 1999, 648 Bezug genommen, obwohl dort eine Abweichung von 19 % vorlag; OLG Celle NJW-RR 1999, 816: 4,69 %; vgl. auch KG IBR 2001, 202; OLG Karlsruhe BauR 2008, 1147; *Pause* NZBau 2006, 342 (348); zum Begriff „Wohnfläche" vgl. BGH NJW 2004, 2230 und Kapellmann/Schiffers Vergütung II Rn. 600–605.
[159] OLG Celle BauR 1999, 663; OLG Schleswig BauR 2000, 1220; ähnlich OLG Nürnberg NJW-RR 2001, 82 = NZBau 2001, 317 = BauR 2000, 1883; LG Nürnberg-Fürth IBR 2010, 690; in der Tendenz auch OLG Hamm NJW-RR 2002, 415; OLG München IBR 2012, 457.
[160] Näher dazu *Weyer* FS Jagenburg, 2002, 1043 (1045, 1046, 1050–1052).
[161] BGH NJW-RR 2015, 1300 = BauR 2015, 1842 = NZBau 2015, 618.

– die außen liegende Wärmedämmung eines Hauses nach den Werkvorschriften des Herstellers ausgeführt werden soll,[162]
– Kellerwände in wasserundurchlässigem Beton herzustellen sind,[163] womit ohne ausdrückliche Vereinbarung aber keine „Weiße Wanne" geschuldet sein soll,[164]
– ein Parkplatz DIN-gerecht zu pflastern ist,[165]
– formaldehydfreie Spanplatten zu verwenden sind,[166]
– die Estrichstärke 55emsp13;mm betragen soll,[167]
– Elektroleitungen in Leerrohren zu verlegen sind,[168]
– eine bestimmte Naturschiefereindeckung vorzunehmen ist,[169]
– die Vermessung des tatsächlichen Verlaufs eines Elektrodückers als Grundlage für Rammpläne dienen soll,[170]
– eine Sonnenschutzanlage entsprechend Bemusterung auszuführen ist,[171]
– eine Wohnung in einem Haus mit reiner Wohnnutzung erworben wird,[172]
– eine Glasfassade unter Verwendung von Glasscheiben, bei denen kein Risiko eines Glasbruchs aufgrund von Nickelsulfid-Einschlüssen besteht, zu errichten ist[173]
– oder vor Ausführung von Fliesenarbeiten eine Grundierung aufzubringen ist.[174]

Auch **subjektive Vorstellungen**,[175] etwa bezüglich Optik und Design, gehören, sofern sie Vertragsinhalt geworden sind, zur vereinbarten Beschaffenheit.[176] Zudem kann die vereinbarte Beschaffenheit außer den unmittelbaren physischen Eigenschaften der Bauleistung solche tatsächliche, wirtschaftliche, soziale und rechtliche **Beziehungen zur Umwelt** umfassen, die in der Beschaffenheit der Bauleistung ihren Grund haben.[177] Das gilt zum Beispiel für den nach öffentlichem Baurecht erforderlichen Nachweis der Tragfähigkeit von Dübeln[178] oder Dachstuhlhölzern[179] und allgemein für auf **öffentlich-rechtlichen Vorschriften** beruhende Bau- und Nutzungsbeschränkungen.[180] Der Auftraggeber kann erwarten, dass der Auftragnehmer bei der Herstellung des Werks sämtliche öffentlich-rechtliche Vorschriften einhält,[181] zum Beispiel die der Hamburger GaragenVO zur Neigung einer Tiefgaragenrampe[182] und die der EnEV.[183] Bei

---

[162] OLG Schleswig BauR 2004, 1946, das – noch nach altem Recht – insoweit eine zugesicherte Eigenschaft annimmt; vgl. zu Hersteller-Verarbeitungsanweisungen für Dickbeschichtungen auch OLG Köln BauR 2005, 389. Zu Differenzen zwischen Herstellerempfehlungen und DIN-Normen vgl. BGH IBR 2005, 141.
[163] OLG Schleswig IBR 2006, 390.
[164] OLG Schleswig IBR 2014, 25; aA OLG Frankfurt IBR 2003, 71.
[165] OLG Celle IBR 2006, 404.
[166] OLG Brandenburg BauR 2007, 1063.
[167] OLG Karlsruhe IBR 2007, 304.
[168] OLG Brandenburg IBR 2007, 305.
[169] OLG Koblenz IBR 2011, 454.
[170] BGH NJW 2011, 3780 = NZBau 2011, 746 = BauR 2012, 115.
[171] OLG Bremen IBR 2012, 249.
[172] OLG München IBR 2014, 113.
[173] BGH NJW 2014, 3365 = NZBau 2014, 492 = BauR 2014, 1291; vgl. dazu *Althaus* BauR 2014, S. 1369–1377.
[174] OLG Köln IBR 2014, 542.
[175] Vgl. zur subjektiven Seite des Mangelbegriffs schon → Rn. 24.
[176] Zu Unrecht zweifelnd insoweit *Preussner* BauR 2002, 231 (233). Vgl. dazu *Vorwerk* BauR 2003, 1 (3), in Fußnote 31, sowie erneut *Preussner* in FS Kraus, 2003, 179 (182, 183).
[177] So für § 459 Abs. 1 BGB aF: BGHZ 98, 100 = NJW 1986, 2824 = BauR 1986, 723; für § 633 Abs. 1 BGB aF: BGH NJW 1998, 1793 = BauR 1989, 216; OLG Düsseldorf BauR 2000, 286; in BT-Drs. 14/6040, 213, linke Spalte, 2. Abs., offen gelassen; zu eng deshalb *Mundt* NZBau 2003, 73 (75). Vgl. auch BGH NJW 2013, 1671 = BauR 2013, 603, zu § 434 BGB.
[178] BGH NJW 1981, 112 = BauR 1981, 69.
[179] OLG Düsseldorf BauR 2011, 1351.
[180] BGHZ 67, 134 = NJW 1976, 1888; BGHZ 98, 100 = NJW 1986, 2824 = BauR 1986, 723; vgl. auch BGH NJW-RR 1989, 775 = BauR 1989, 219; IBR 2001, 92; NJW-RR 2001, 309 = NZBau 2001, 264 = BauR 2001, 258 – Kabelverteilerschrank; OLG Oldenburg NJW-RR 2000, 545 = NZBau 2000, 337 = BauR 2000, 731 – Löschwasserteich; OLG Düsseldorf NJW-RR 2001, 523 = NZBau 2001, 318 – Müllcontainerplatz; OLG Hamm BauR 2008, 1468 – fehlende Baugenehmigung für Eigentumswohnung, zu einer solchen Fallgestaltung auch BGH NJW 2013, 2182 = BauR 2013, 1273 Rn. 9/10; KG IBR 2011, 469 – formelle Rechtswidrigkeit eines Doppelhauses.
[181] *Reichert/Wedemeyer* BauR 2013, (1–9): speziell zur Einhaltung öffentlich-rechtlicher Bauvorschriften.
[182] OLG Hamburg IBR 2008, 331. Vgl. auch OLG München IBR 2009, 646.
[183] Vgl. dazu *Vogel* BauR 2009, 1196 (1200, 1201).

einem Vertrag über den Erwerb einer einschließlich der Anschlüsse an die öffentlichen Versorgungsleitungen zu errichtenden Doppelhaushälfte umfasst die vereinbarte Beschaffenheit Anschlüsse, die eine ungestörte Nutzung ermöglichen, und deshalb eine rechtliche Absicherung durch Grunddienstbarkeiten, falls die Leitungen über fremde Grundstücke verlaufen.[184] Zur vereinbarten Beschaffenheit einer Eigentumswohnung kann es gehören, dass entsprechend dem der Teilungserklärung zu Grunde liegenden Teilungsplan die Terrasse der Nachbarwohnung nicht bis unmittelbar vor das Badezimmerfenster reicht.[185] Wird ausdrücklich vereinbart, dass der geprüfte Wärmebedarfsausweis Vertragsbestandteil ist, so ist die darin vorgesehene Wärmeleitfähigkeit der Wärmedämmung vereinbarte Beschaffenheit.[186]

33   **bb) Konkludente Vereinbarung.** § 13 Abs. 1 S. 2 VOB/B fordert ebenso wenig wie § 633 Abs. 2 S. 1 BGB[187] eine ausdrückliche Vereinbarung der Beschaffenheit.[188] Sie kann also, was durch **Vertragsauslegung**[189] zu ermitteln ist, auch konkludent vereinbart sein.[190] Das gilt insbesondere für das in der Baupraxis immer wieder akute Beispiel der im Wohnungsbau geschuldeten **Schalldämm-Maße**.[191] Ist eine Komfort-Wohnung zu errichten, kann damit zugleich ein erhöhter Schallschutz vereinbart sein.[192] Darüber hinausgehend nimmt der BGH[193] an, in aller Regel werde der Erwerber[194] einer Wohnung oder einer Doppelhaushälfte eine Ausführung erwarten, die den üblichen Qualitäts- und Komfortstandard entspricht,[195] und dieser umfasse einen Schallschutz, der die Mindestanforderungen der DIN 4109 deutlich wahrnehmbar[196] überschreitet.[197] Das gilt selbst dann, wenn im Vertrag auf eine Schalldämmung nach DIN 4109 Bezug genommen ist.[198] Wird allerdings der in einer Eigentumswohnung vorhandene Bodenbelag (Teppichboden) lediglich durch einen anderen Belag (Parkett) ersetzt, so richtet sich der zu gewährende Schallschutz nach der Entscheidung des BGH vom 27.2.2015[199] nach der zur Zeit der Errichtung des Gebäudes geltenden Ausgabe der DIN 4109; ein höheres einzuhaltendes Schallschutzniveau könne sich zwar aus der Gemeinschaftsordnung ergeben, nicht aber aus einem besonderen Gepräge der Wohnanlage.[200] Die künftige neue DIN 4109, die zur Zeit erarbeitet wird, soll ausschließlich den unter öffentlich-rechtlichen Aspekten geforderten Mindestschallschutz beschreiben, während die neue VDI 4100 nur noch den erhöhten Schallschutz beschreibt.[201]

---

[184] OLG München NZBau 2006, 578.
[185] OLG Hamm NZBau 2007, 715 = BauR 2008, 1152.
[186] OLG Frankfurt IBR 2008, 726.
[187] Vgl. dazu *Sprau* in Palandt BGB § 633 Rn. 6; *Drossart* in Messerschmidt/Voit § 633 Rn. 25, 28; *Leupertz/Halfmeier* in Prütting/Wegen/Weinreich § 633 Rn. 15.
[188] Anders – allerdings ohne jede Begründung – *Schudnagies* NJW 2002, 396 (397); *Bolz* Jahrbuch BauR 2011, 107 (118).
[189] Näher zur Ermittlung der vereinbarten Beschaffenheit durch Vertragsauslegung: BGH NJW 2008, 511 Rn. 15, = NZBau 2008, 109 = BauR 2008, 344; NZBau 2011, 415 Rn. 11.
[190] *Weyer* BauR 2003, 613 (616, 617); *Siegburg* FS Jagenburg, 2002, 839 (841); *Glöckner* BauR 2009, 302 (309).
[191] BGH NJW 2007, 2983 = NZBau 2007, 574 Rn. 25 = BauR 2007, 1570; dazu *Boldt* NJW 2007, (2960–2963); *Kögl* BauR 2009, (154–159); vgl. auch *Steffen* BauR 2006, (873–875); OLG München IBR 2006, 269; OLG Hamm NZBau 2007, 783 = BauR 2007, 1422; *v. Behr/Pause/Vogel* NJW 2009, (1385–1390); *Zimmermann* NZBau 2009, (633–636); *Schmidt* NJW-Spezial 2011, 620 (621); *Kübler* IBR 2012, 1108 (nur online); *Pohlenz* BauR 2013, (352–362).
[192] BGH NJW 1998, 2967 = NZBau 2007, 783; OLG Karlsruhe BauR 2007, 557; OLG Stuttgart NZBau 2007, 717; OLG Celle NZBau 2008, 120; OLG München BauR 2012, 266.
[193] BGH NJW 2007, 2983 = NZBau 2007, 574 Rn. 25 und 28 = BauR 2007, 1570; NJW 2009, 2439 = NZBau 2009, 648 = BauR 2009, 1288 Rn. 12; dazu *Kögl* BauR 2009, (154–159); *Locher-Weiß* BauR 2010, (368–374).
[194] Nach OLG Düsseldorf BauR 2010, 2142 soll das auch für den Eigentümer eines Mietshauses gelten, der im Rahmen von Sanierungsarbeiten die Erneuerung der Oberbodenbeläge beauftragt.
[195] Ebenso bei einem Wohn- und Geschäftshaus: OLG Karlsruhe IBR 2014, 201.
[196] Eine Abweichung des Luftschallschutzes um ein Dezibel ist für das menschliche Ohr nach den allgemeinen Erkenntnissen der Akustik kaum wahrnehmbar: BGH NZBau 2013, 571 = BauR 2013, 1675 Rn. 26.
[197] So für den Installationsschallschutz auch LG Landshut IBR 2012, 649 = NZBau 2013, 51.
[198] BGH NJW 2009, 2439 = NZBau 2009, 648 = BauR 2009, 1288 Rn. 13–15.
[199] BGH BauR 2015, 1163.
[200] Insoweit hat der BGH im genannten Urteil seine Entscheidung vom 1.6.2012, NJW 2012, 2725 Rn. 14 aufgegeben.
[201] *Zöller* IBR 2013, 257 (258).

Wenn Haustrennwände zweischalig[202] mit dazwischenliegenden Weichfaserplatten auszuführen sind, ist mit dieser vertragsgemäßen Konstruktion zugleich das hierdurch erreichbare Schalldämm-Maß geschuldet.[203] Die **vereinbarte Bauweise** hat insoweit allgemeine **Bedeutung:** Die im Rahmen eines Werkvertrags **geschuldete Qualität** richtet sich danach, was mit der vereinbarten Ausführungsart üblicherweise erreicht werden kann.[204] Können durch sie bei einwandfreier Ausführung höhere Schallschutzwerte erreicht werden, als sich aus den Anforderungen der DIN 4109 ergeben, sind diese Werte geschuldet;[205] dabei darf der Auftraggeber bei gleichwertigen anerkannten Bauweisen erwarten, dass der Auftragnehmer jedenfalls dann diejenige Bauweise wählt, die den besseren Schallschutz erbringt, wenn sie ohne nennenswerten Mehraufwand möglich ist.[206] Falls in der Baubeschreibung eines Reihenhauses „zweischalige Trennwände aus Kalksandsteinen bzw. Haustrennwandsteinen" vorgesehen sind, ist folgerichtig der mit Kalksandsteinen erreichbare höhere Schallschutz konkludent vereinbart.[207] Andererseits kann die vereinbarte Bauweise aber auch zu **geringeren** Schallschutzwerten führen.[208] Ob dann die konkludente Vereinbarung eines höheren Schallschutzes zu verneinen ist, hängt von einer entsprechenden **Aufklärung** des Auftraggebers durch den Auftragnehmer ab.[209] Trotz der Bezeichnung eines Hauses im Bauträgervertrag als „Reihenwohnung" wird Schallschutz für ein Reihenhaus geschuldet, wenn die Anlage Reihenhauscharakter hat.[210] Das gilt auch für als „Geschosswohnungen in vertikaler Aufteilung" geplante und als „Reihenhäuser in Form von Wohnungseigentum" veräußerte Wohneinheiten.[211] Es kommt nämlich nicht auf die Rechtsform des Objekts – Realteilung oder Wohnungseigentum – an.[212]

Rechtsprechungsbeispiele: Bei Übernahme der Erneuerung von Decken und Fußböden im Rahmen der Sanierung von Miethäusern in Kenntnis dieser Eigenschaft der Häuser gehört zur **stillschweigend vereinbarten Beschaffenheit,** dass die für Miethäuser geltenden Brand- und Schallschutzregeln eingehalten werden.[213]

– Wer sich verpflichtet, eine schlüsselfertige[214] Wohnanlage zu erstellen, muss ein insgesamt mängelfreies Gebäude errichten; er schuldet all das, was nach den örtlichen und sachlichen Gegebenheiten jeder Fachmann als notwendig erachtet hätte, mithin auch eine erforderliche Abdichtung gegen drückendes Wasser.[215]
– Ebenso ist ein ohne nähere Angaben ausgeschriebenes Schneefanggitter nach den örtlichen Verhältnissen, nämlich den nach der geographischen Lage zu erwartenden Schneemassen zu bemessen.[216]

---

[202] Nach OLG Koblenz IBR 2006, 98 = BauR 2006, 843 soll das den „Regeln der Technik" entsprechen; vgl. dazu → Rn. 39.
[203] BGH NJW-RR 1997, 1106 = BauR 1997, 638; BGHZ 139, 16 = NJW 1998, 2814 = BauR 1998, 872; OLG Hamm BauR 1988, 340 = BauR 1987, 569; BauR 2001, 1262, 1757. Ähnlich OLG München IBR 2004, (197 und 198); OLG Düsseldorf IBR 2004, 571; OLG Hamm BauR 2005, 743. Zu Unrecht aA *Vorwerk* BauR 2003, 1 (5).
[204] OLG Brandenburg IBR 2012, 16.
[205] OLG Karlsruhe IBR 2011, 456.
[206] BGH NJW 2007, 2983 = NZBau 2007, 574 Rn. 29, = BauR 2007, 1570; NJW 2009, 2439 = NZBau 2009, 648 = BauR 2009, 1288 Rn. 20.
[207] Entgegen OLG Frankfurt BauR 2005, 1327.
[208] *Locher-Weiß* BauR 2010, 368 (372, 373).
[209] Vgl. dazu → Rn. 22.
[210] LG Flensburg IBR 2010, 325.
[211] BGH NJW 2013, 684 = NZBau 2013, 244 = BauR 2013, 624.
[212] OLG Düsseldorf BauR 2013, 470.
[213] BGHZ 139, 244 = NJW 1998, 3707 = BauR 1999, 37.
[214] Zum Problem der Schlüsselfertigkeit im Einzelnen → VOB/B § 2 Rn. 261; BGH NJW 2001, 2167 = NZBau 2001, 446 = BauR 2001, 1254.
[215] BGHZ 90, 344 = NJW 1984, 1676 = BauR 1984, 395; vgl. auch BGHZ 147, 1 = NJW 2001, 1276 = NZBau 2001, 270 = BauR 2001, 823: Architekt muss notwendigen Schutz gegen drückendes Wasser vorsehen; OLG Frankfurt IBR 2003, 71: in „wasserdichtem Stahlbeton" zu errichtende Tiefgarage muss auf Dauer dicht sein; OLG Hamm IBR 2007, 130: bei dauerhafter Beanspruchung durch drückendes Wasser „weiße Wanne" geschuldet; OLG Brandenburg IBR 2008, 90: Bitumendickbeschichtung als Abdichtung gegen drückendes Wasser mangelhaft. Falsch LG Potsdam IBR 2010, 1093 (nur online) mit kritischem Praxishinweis von *Weyer*.
[216] Vgl. dazu OLG Dresden NZBau 2000, 333 = BauR 2000, 1341, das insoweit fälschlich ein lückenhaftes Leistungsverzeichnis und ein dem Auftraggeber anzurechnendes Planungsverschulden des Architekten annimmt.

- Bei Errichtung einer Produktions- und Lagerhalle muss das Dach dicht sein, und zwar auch bei stärkerem Regen mit Windeinfall,[217] während für eine Reithalle die Anforderungen an die Dachdichtigkeit geringer sein können.[218]
- Glasscheiben für eine Fassade müssen so beschaffen sein, dass sie in die dem Auftragnehmer bekannte Rahmenkonstruktion eingefügt werden können, selbst wenn die anerkannten Regeln der Technik größere Geradheitstoleranzen vorsehen.[219]
- Die Steigung der Treppenanlagen in einem Verwaltungsgebäude muss den Arbeitsstätten-Richtlinien[220] entsprechen.[221]
- Ein Bauträger schuldet eine Wohnung, die besondere Lüftungsmaßnahmen des Erwerbers und einen erhöhten Heizaufwand zur Vermeidung von Schimmelpilzbildung[222] nicht erfordert,[223]
- eine Tiefgarageneinfahrt, die für einen durchschnittlichen Autofahrer ohne Anstoßgefahr befahrbar ist[224]
- sowie eine den einseitigen Vorstellungen des Erwerbers entsprechende Wohnfläche einer Eigentumswohnung, wenn der Bauträger in eigener oder zurechenbarer Kenntnis des Willens des Erwerbers den Vertrag abschließt.[225]

36 Weitere Rechtsprechungsbeispiele:
- Sieht die Baubeschreibung einer voll unterkellerten Doppelhaushälfte für Kellerwände und Sohle eine Ausführung in wasserundurchlässigem Stahlbeton, also als sogenannte weiße Wanne vor, soll der Bauträger gleichwohl eine zusätzliche Abdichtung gegen aufsteigende Feuchtigkeit schulden,[226] was jedoch spätestens seit 2004 nicht den anerkannten Regeln der Technik entspricht.[227]
- Ein Dachstuhl muss frei von Pilzbefall sein, selbst wenn von letzterem keine Gesundheitsgefahren für die Bewohner des Hauses ausgehen.[228]
- Zur Dichtigkeit eines Daches gehört nicht nur, dass kein Niederschlagswasser eindringt, sondern auch, Kondensatbildung zu verhindern.[229]
- Ziegel auf einem Steildach müssen so befestigt sein, dass sie nicht herabfallen können.[230]
- Sollen die Kellerwände eines umfassend zu sanierenden Altbaus mit Pinselputz versehen und gestrichen werden, müssen die Kellerwände auch trocken gelegt werden, wenn der Putz wegen der feuchten Wände nicht hält.[231]
- Die Anlage elektrischer Außenrollläden vor Wohndachfenstern muss mangels anderer Vereinbarung bei Frost zur Vermeidung von Beschädigungen automatisch abschalten.[232]
- Die aus Einscheiben-Sicherheits-Glas (ESG)[233] bestehenden Scheiben eines Stahl-Glas-Dachs und einer Stahl-Glas-Fassade sollen nicht spontan brechen dürfen,[234] was jedoch technisch nicht zu verwirklichen ist.[235]

---

[217] BGH NJW-RR 2000, 465 = NZBau 2000, 74 und 198 = BauR 2000, 411.
[218] OLG Saarbrücken NZBau 2012, 113.
[219] BGH NZBau 2002, 611.
[220] Zur Bedeutung der ArbStättV vgl. KG BauR 2008, 530 = IBR 2007, 490 mit kritischem Praxishinweis von *Redeker*.
[221] Brandenburgisches OLG BauR 2002, 1562.
[222] Allgemein zur Schimmelpilzbildung und deren Vermeidung durch kontrollierte Wohnraumlüftung: *Lucenti/Westfeld* NZBau 2009, (291–297).
[223] BGH NJW 2002, 2470 = NZBau 2002, 495 = BauR 2002, 1385.
[224] OLG Frankfurt IBR 2003, 410.
[225] BGH NZBau 2004, 269 = BauR 2004, 847.
[226] So LG Berlin IBR 2006, 21.
[227] *Zöller* IBR 2006, (7–9); IBR 2010, 193; ähnlich schon für das Jahr 2000 für die Bodenplatte eines nicht unterkellerten Wohnhauses aus WU-Beton: OLG Düsseldorf BauR 2011, 1994. AA OLG Düsseldorf BauR 2011, 1980; kritisch dazu *Zöller* IBR 2012, 243 (244).
[228] BGH NZBau 2006, 641 Rn. 11/12 = BauR 2006, 1468.
[229] OLG München IBR 2006, 551.
[230] OLG Nürnberg BauR 2006, 2077.
[231] OLG Nürnberg BauR 2007, 413.
[232] BGH NZBau 2007, 243 Rn. 15 = BauR 2007, 700.
[233] Vgl. zu dessen Problematik *Mundt/Karimi-Auer/Skalicke* BauR 2009, (14–19); *Rosse* BauR 2009, (908–913); OLG Dresden BauR 2010, 915 mit Anm. von *Mundt* = BauR 2010, 1096.
[234] OLG Stuttgart NZBau 2007, 781. Differenzierend: LG Düsseldorf IBR 2009, 580, und die dazu ergangene Revisionsentscheidung BGH NJW 2014, 3365 = NZBau 2014, 492 = BauR 2014, 1291 sowie hierzu *Althaus* BauR 2014, (1369–1377). Vgl. auch BGH NJW 2014, 3368 = NZBau 2014, 621 = BauR 2014, 1775 Rn. 19–24.
[235] BGH NJW 2014, 3365 = NZBau 2014, 492 = BauR 2014, 1291 Rn. 23; dazu *Althaus* BauR 2014, (1369–1377).

- Eine Heizungsanlage, die das Haus nicht ausreichend erwärmt, ist auch dann mangelhaft, wenn das von einem anderen Unternehmer errichtete Blockheizkraftwerk keine ausreichende Wärme liefert.[236]
- Die Betoninnenwände des Schlammspeichers einer Kläranlage müssen zum Korrosionsschutz beschichtet werden.[237]
- Die Sanitärinstallation eines Schwimmbades muss auch dann korrosionsbeständig sein, wenn eine Ausführungsart vereinbart ist, die zu Korrosionsschäden führen kann.[238]
- An einer zum Betrieb von Hähnchenmastställen bestimmten Stahlhalle müssen die Fugen der Dämmplatten luftdicht verschlossen werden.[239]
- Ein neuer Estrich mit Bodenbeschichtung im Obergeschoss eines Betriebsgebäudes, in dem große Tanks mit Sirup stehen, ist mangelhaft, wenn unter dem Estrich eine Abdichtung fehlt.[240]
- In eine bestehende Abwasserentsorgungsanlage einzubauende Pumpstationen müssen mit dem zentralen Störmeldeerfassungssystem kompatible Störmeldeanlagen enthalten.[241]

Neue Rechtsprechungsbeispiele:
- Die Durchgangshöhe der Eingangstür in einem Neubau muss mindestens 1,93 m betragen.[242]
- Der Auftraggeber eines Blockheizkraftwerks darf auch dann eine zuverlässige Wärme- und Warmwasserversorgung erwarten, die einem Mindeststandard an zeitgemäßem Wohnen entspricht, wenn ein auf Einsparung von Energie und Kosten besonders ausgerichtetes Konzept vereinbart ist.[243]
- In einer auch mit Kraftfahrzeugen befahrenen Fußgängerzone sind Granitplatten als Bodenbelag ungeeignet.[244]
- Zur Verfüllung von Arbeitsräumen verwandtes Material muss versickerungsfähig sein.[245]
- Eine Wärmedämmverbund-Fassade darf in den ersten fünf Jahren keinen großflächigen Algen- und Pilzbewuchs aufweisen.[246]
- Die Grundstücks-/Garagenzufahrt zum Haus des Bauherrn muss so geplant und angelegt werden, dass das Einfahren ohne Nutzung der gegenüberliegenden Stellplätze des Nachbarn möglich ist.[247] Dem gegenüber soll es auch bei einer Doppelhaushälfte „für gehobene Ansprüche" nicht erforderlich sein, dass in einem Zug in die Garage eingefahren werden kann.[248]
- Zu einem funktionstauglichen Keller gehört eine ausreichende Abdichtung gegen eindringendes Niederschlags- oder Grundwasser.[249]
- Ein „exklusives Einfamilienhaus" mit „großzügigem Privatgarten" muss einen direkten Zugang zum Garten haben.[250]
- Ein mit dem fachgerechten Anschluss der Hausleitungen an die Grundleitungen beauftragter Installateur schuldet als Werkerfolg einen funktionierenden Anschluss der Souterrainwohnungen an die Grundleitungen mit Rückstauklappe.[251]
- Die Trapezbleche auf einem Dach neben einem höheren Gebäude müssen für zu erwartende Schneeanhäufungen bemessen sein.[252]
- Der Kunststoffboden einer Lagerhalle, dessen Oberfläche dauerhaft wasserdicht, staubfrei und belastbar sein soll, muss in den Estrich eindringender Feuchtigkeit standhalten.[253]

---

[236] BGH NJW 2008, 511 Rn. 19 = NZBau 2008, 109 = BauR 2008, 344; kritisch dazu *Ostendorf* NZBau 2009, 360; vgl. auch OLG Frankfurt BauR 2008, 1322 und dazu *Weyer* im Praxishinweis zu IBR 2008, 261: Vertragsauslegung führt dort zur Verneinung eines Mangels; ebenso OLG Stuttgart BauR 2010, 98.
[237] OLG Jena IBR 2008, 210.
[238] KG IBR 2008, 260.
[239] OLG Oldenburg BauR 2008, 1457.
[240] OLG Bremen BauR 2008, 1635.
[241] OLG Naumburg IBR 2008, 641 = BauR 2009, 991.
[242] LG Köln IBR 2009, 704.
[243] OLG Hamm BauR 2010, 636.
[244] KG IBR 2010, 445.
[245] OLG Düsseldorf IBR 2010, 446.
[246] OLG Frankfurt IBR 2010, 560; vgl. aber auch *Zöller* IBR 2012, 371 (372).
[247] OLG Hamm NZBau 2011, 29 = BauR 2011, 1954.
[248] OLG München IBR 2012, 579 mit kritischem Praxishinweis von *Reichert*.
[249] OLG Karlsruhe NZBau 2011, 31.
[250] OLG München BauR 2011, 1505.
[251] BGH NJW 2011, 2644 = NZBau 2011, 612 = BauR 2011, 1652 Rn. 8.
[252] OLG Jena IBR 2011, 636.
[253] OLG Frankfurt IBR 2011, 696.

- Die Sohlenhöhe einer Lagerhalle muss zur Vermeidung von Überflutungen der Oberkante der angrenzenden Straße und der dortigen Entwässerungsschächte angepasst werden.[254]
- Ein gelieferter und eingebauter Specksteinofen muss den technischen Vorschriften entsprechen und darf nicht gegenüber einer erteilten Zulassung verändert worden sein.[255]
- Für die Motoren der Rührwerke in den Gärbecken einer Biogasanlage muss der zum Dauerbetrieb erforderliche Explosionsschutznachweis vorliegen.[256]
- Von einer Aluminiumkonstruktion an den Balkonen einer Wohnanlage dürfen keine lauten und störenden Knackgeräusche ausgehen.[257]
- Ein offener Kamin darf nicht qualmen.[258]
- Verbundglasscheiben in Fenstern müssen uneingeschränkt durchsichtig sein, dürfen also nicht zu die Durchsicht beeinträchtigenden Krakelierungen neigen.[259]
- Die Gebäudehülle, hier die Hebe-Schiebe-Fenstertüranlage einer Penthauswohnung, muss dicht sein.[260]
- Auf Balkonen darf nach Niederschlägen das Wasser nicht stehen bleiben.[261]

38 Neueste Rechtsprechungsbeispiele:
- Aus der am Standort des Gebäudes bestehenden Hochwassergefahr kann sich ergeben, dass Flutöffnungen einzubauen sind.[262]
- In einer hochwertigen Doppelhaushälfte müssen die Treppen bequem begehbar sein.[263]
- Die Hof- und Zugangsfläche einer Wohnanlage muss ein Gefälle zum leichten Abfluss von Oberflächenwasser haben, wenn der Auftraggeber das nach den dem Vertrag zu Grunde liegenden Umständen, insbesondere dem vereinbarten Qualitäts- und Komfortstandard, erwarten kann.[264]
- Der mit der Abdichtung eines Kellers beauftragte Unternehmer schuldet dessen Trockenlegung.[265]
- Die in Werkstatt- und Lagerräume neu eingebaute Heizungsanlage muss die in der Arbeitsstättenverordnung vorgesehene Mindesttemperatur für Werkräume von – je nach Nutzungsart – 17 bis 20 Grad erreichen.[266]
- Der Stellplatz einer hochwertigen Wohnung muss ohne erhöhtem Aufwand nutzbar sein.[267]
- Ein Abdichtungsunternehmer muss sich hinsichtlich der Beschaffenheit seiner Werkleistung an den Aussagen seines Werbeprospekts zu den Abdichtungswirkungen festhalten lassen[268]
- Die Vorgaben in einer Montageanleitung des Herstellers einer Rohrleitung, die der Abwendung von Undichtigkeiten und Wasserschäden dienen, gehören zur vereinbarten Beschaffenheit.[269]
- Wer sich zur Anbringung einer Fassadenbeschichtung mit ausdrücklich vereinbarten Arbeitsschritten verpflichtet, schuldet weder die Herstellung einer „dauerhaften Rissüberbrückung", noch das Auftragen einer bestimmten Menge Material oder einer bestimmten Schichtdicke.[270]
- Ein saniertes Dach muss nicht nur dicht, sondern auch standsicher sein.[271]

---

[254] OLG Bremen IBR 2012, 578.
[255] OLG Koblenz NJW 2012, 3380 = NZBau 2012, 780.
[256] OLG Koblenz IBR 2012, 704.
[257] KG IBR 2013, 211.
[258] OLG Brandenburg NZBau 2013, 502.
[259] OLG Oldenburg NJW 2013, 2523 = BauR 2013, 1459.
[260] OLG Düsseldorf BauR 2013, 1283 = IBR 2013, 612.
[261] OLG Köln IBR 2013, 677.
[262] OLG Schleswig IBR 2014, 89.
[263] *Weyer* im Praxishinweis zu OLG Brandenburg IBR 2014, 1017 (nur online).
[264] BGH NJW 2014, 620 = NZBau 2014, 160 = BauR 2014, 547 Rn. 11.
[265] OLG Brandenburg NZBau 2014, 767 = BauR 2014, 1155; OLG Celle BauR 2014, 1326.
[266] KG IBR 2014, 406.
[267] OLG Frankfurt IBR 2015, 76.
[268] OLG Düsseldorf IBR 2015, 129.
[269] OLG Hamm Urt. v. 2.9.2015 – I-12 U 199/14, 12 U 199/14 in juris.
[270] OLG München Beschl. v. 15.10.2015 – 28 U 1494/15 Bau in juris; a.A. *Kau* IBR 2016, 448: Die Bauleistung ist auch dann mangelhaft, wenn die vereinbarte Ausführungsart nicht zu einer funktionstauglichen Leistung führt. Nach der Vertragsauslegung liegt es nahe, dass der Auftraggeber – für den Auftragnehmer erkennbar – eine dauerhafte Rissüberbrückung erreichen wollte, so dass ein Sachmangel zu bejahen ist.
[271] OLG Saarbrücken NJW 2016, 3186 = NZBau 2016, 500.

– Verpflichtet sich der Auftragnehmer zur Herstellung einer „dichten Kellerabdichtung", ist das Werk nur dann mangelfrei, wenn es ausreichend vor eindringendem Wasser schützt.[272]

Sind andere Vereinbarungen zur Beschaffenheit der Bauleistung nicht feststellbar, so sind die zur Zeit der Abnahme **anerkannten Regeln** der Technik **vertraglicher Mindeststandard**[273] und damit vereinbarte Beschaffenheit.[274] Denn der Auftraggeber kann redlicherweise erwarten, dass das Werk diejenigen **Qualitäts- und Komfortstandards** erfüllt, die **vergleichbare** zeitgleich fertiggestellte und abgenommene **Bauwerke** erfüllen, weshalb der Auftragnehmer die Einhaltung dieser Standards üblicherweise stillschweigend bei Vertragsschluss zusagt.[275] Der Auftragnehmer schuldet also das, was nach den örtlichen und sachlichen Gegebenheiten jeder Fachmann als notwendig erachtet hätte, auch wenn die dazu erforderlichen Leistungen nicht im Leistungsverzeichnis aufgeführt sind.[276] Soll der Auftragnehmer ausnahmsweise weniger als diesen üblichen Standard erbringen, so bedarf dies einer ausdrücklichen Vereinbarung der Parteien, wobei der Auftragnehmer in diesem Fall auch auf damit verbundene Risiken hinzuweisen hat.[277] Die Vergleichbarkeit richtet sich nicht zuletzt nach dem, was ortsüblich ist.[278] Diesen Regeln entspricht ein Fertighaus, wenn die Formaldehydausgasungen aus den Materialien zu keiner höheren Konzentration als 0,1 ppm in der Raumluft führen.[279] Zwischen Doppelhaushälften ist als vertraglicher Mindeststandard erhöhter Schallschutz geschuldet und deshalb die Haustrennwand zweischalig so zu errichten, dass sie einen Schalldämmwert von über 62 dB aufweist.[280] Der BGH[281] hält es sogar als nicht ausreichend geklärt, ob für Haustrennwände ein Schalldämm-Maß von 63 dB üblichem Komfortstandard tatsächlich genügt, und bezeichnet es als denkbar, dass bereits 1997 ein Standard des Geräuschschutzes erwartet werden konnte, der nur durch ein Schalldämm-Maß von mindestens 67 dB zu erreichen ist.[282] Diese für den Schutz vor Lärm von Nachbargebäuden geltenden Grundsätze sollen auch auf die Geräuschentwicklung einer Luft- und Wasserwärmepumpe anwendbar sein.[283] Die Bedeutung der Arbeitsstättenverordnung (ArbStättV) und der Arbeitsstättenrichtlinie (ASR) für den Mindeststandard der Raumtemperaturregelung in Bürogebäuden ist nicht abschließend geklärt.[284] Eine Fußbodenheizung muss den Anforderungen der EnEV – Thermostatventile –,[285] Fenster in Obergeschossen von Wohnhäusern müssen der einschlägigen BauO[286] entsprechen. Die Anforderungen der EnEV

---

[272] OLG Düsseldorf BauR 2016, 2097.
[273] So ausdrücklich BGHZ 139, 16 = NJW 1998, 2814 = BauR 1998, 872, 2. Leitsatz; BGH NJW 2013, 684 = NZBau 2013, 244 = BauR 2013, 624 Rn. 23; NJW 2014, 3513 = BauR 2014, 1801 Rn. 17; *Thode* NZBau 2002, 297 (305); *Herchen* NZBau 2007, 139; *Weyer* im Praxishinweis zu OLG Stuttgart IBR 2015, 128.
[274] Soweit *Sass* in NZBau 2014, (137–145) die Beachtung der anerkannten Regeln der Technik bereits in § 631 BGB verortet, indem er aus dieser Norm eine gesetzlichen Pflicht des Auftragnehmers zur „technisch richtigen Erfüllung" entnimmt, überzeugt das nicht und ist auch nicht ersichtlich, was dadurch gewonnen sein soll.
[275] BGHZ 139, 16 = NJW 1998, 2814 = BauR 1998, 872; BGH NJW-RR 2000, 309 = NZBau 2000, 73 = BauR 2000, 261.
[276] OLG Celle BauR 2016, 840.
[277] OLG Celle, aaO.
[278] Deshalb ist in dem von *Sienz* FS Kraus, 2003, 237 (243), gebildeten Fallbeispiel, dass statt ortsüblicher roter oder brauner Dachziegel blaue Dachziegel verlegt werden, ein Mangel zwanglos zu bejahen.
[279] OLG Bamberg NJW-RR 2000, 97 = NZBau 2000, 338 (nur Ls.), rechtskräftig durch Nichtannahmebeschluss des BGH vom 7.12.2000, NZBau 2001, 168, dazu *Haß* NZBau 2001, 122; vgl. auch OLG Düsseldorf NJW-RR 2000, 610 = NZBau 2000, 383 und andererseits OLG Nürnberg NJW-RR 1993, 1300. Vgl. aber auch OLG Brandenburg BauR 2007, 1063.
[280] OLG Koblenz IBR 2006, 98 = BauR 2006, 843. Nach LG Stuttgart IBR 2006, 342 hat es bereits 1996 den anerkannten Regeln der Technik entsprochen, Doppelhaushälften zweischalig zu planen und zu errichten. Dazu, was 2000 anerkannte Regel der Technik bzgl. des Schallschutzes gewesen sein soll: OLG Karlsruhe BauR 2007, 557. Vgl. aber auch OLG Stuttgart NJW 2012, 539.
[281] NJW 2007, 2983 = NZBau 2007, 574 Rn. 28, = BauR 2007, 1570. Vgl. auch LG München IBR 2008, 727 sowie schon → Rn. 33.
[282] Nach OLG Karlsruhe IBR 2011, 456 entsprachen schon 1989 die Mindestschallschutzwerte der DIN 4109 nicht den anerkannten Regeln der Technik.
[283] OLG Düsseldorf IBR 2012, 83.
[284] Näher dazu *Mäschle* BauR 2012, (166–174); vgl. auch KG IBR 2012, 389.
[285] OLG Brandenburg IBR 2008, 724.
[286] AG Berlin-Schöneberg IBR 2010, 619.

gehören generell zur Sollbeschaffenheit einer Werkleistung, auch wenn dies nicht ausdrücklich vereinbart ist.[287]

40 cc) **Bedeutung einer „Garantie".** Wenn der Auftragnehmer sich im Bauvertrag verpflichtet, einen Erfolg zu garantieren, ist die rechtliche Bedeutung einer solchen Garantie durch Vertragsauslegung zu ermitteln; denn dieser Begriff ist mehrdeutig.[288] Nach ständiger Rechtsprechung[289] kommen drei Bedeutungen in Betracht: Erstens konnte die Garantie der gewöhnlichen Zusicherung einer Eigenschaft und kann folgerichtig jetzt einer **vereinbarten Beschaffenheit** der Werkleistung gemäß § 13 Abs. 1 VOB/B gleichkommen. Zweitens kann sie bedeuten, dass das Werk die zugesicherte Eigenschaft/vereinbarte Beschaffenheit unbedingt habe, so dass der Auftragnehmer, wenn sie fehlt, auch ohne Verschulden auf Schadenersatz haftet (=**unselbständige** Garantie,[290] jetzt Garantie im Sinne des § 276 Abs. 1 S. 1 BGB). Drittens kann sie die Übernahme der Haftung für einen über die Vertragsmäßigkeit hinausgehenden, noch von anderen Faktoren abhängigen wirtschaftlichen Erfolg darstellen (= **selbständige** Garantie)[291].

41 Letzteres ist der Fall, wenn der Auftragnehmer bei Errichtung eines Wohn- und Geschäftshauses die Garantie für einen bestimmten Mietertrag übernimmt.[292] Das wird nur selten geschehen. Auch eine unselbständige Garantie stellt eine **Ausnahme** dar, die lediglich unter Anlegung eines strengen Maßstabs angenommen werden kann,[293] weil der Auftragnehmer grundsätzlich nur bei verschuldeten Mängeln schadenersatzpflichtig ist. Für die Garantie der Dichtigkeit eines Öltanks hat der BGH die Annahme einer unselbständigen Garantie bestätigt.[294] Eine solche hat er aber verneint, als es um die Beschädigung eines Fahrzeugs in einer vollautomatischen Waschanlage ging.[295] Oft kann die Abgrenzung zwischen vereinbarter Beschaffenheit und unselbständiger Garantie offen bleiben, weil ein Verschulden des Auftragnehmers ohnehin anzunehmen ist.[296]

42 dd) **Technische Unmöglichkeit.** Zur früheren Fassung des § 13 Abs. 1 vor der VOB/B 2002 entsprach es ständiger Rechtsprechung, dass den Auftragnehmer, der eine Eigenschaft seines Werks zusichert, auch dann die Sachmängelhaftung trifft, wenn es technisch unmöglich ist, dem Vertragsgegenstand die zugesicherte Eigenschaft zu verleihen.[297] Insoweit wurden die Gewährleistungsvorschriften als Sonderregelung angesehen, welche die Anwendung des § 306 BGB aF ausschloss.[298] Denn der Auftragnehmer muss sich an seinem vertraglichen Versprechen festhalten lassen.[299] Das gilt nunmehr für eine vereinbarte Beschaffenheit ebenso,[300] wobei die Wirksamkeit des Vertrags jetzt aus der allgemeinen Regelung des § 311a Abs. 1 BGB folgt.[301]

43 b) **Anerkannte Regeln der Technik.** Zweite Voraussetzung einer sachmängelfreien Bauleistung des Auftragnehmers ist, dass sie den – auch ungeschriebenen[302] – anerkannten Regeln

---

[287] OLG Düsseldorf BauR 2016, 1182 (im Rahmen von Blower-Door-Tests festgestellte Undichtigkeiten des Gebäudes als EnEV-Vertoß).
[288] BGH BauR 1970, 107.
[289] RGZ 165, 41; BGH BauR 1970, 107; 1973, 191; WM 1973, 1322; BGHZ 65, 107 = NJW 1976, 43.
[290] *Drossart* in Messerschmidt/Voit § 633 Rn. 42, 44; *Voit* in BeckOK BGB, Stand 1.2.2013, § 634 Rn. 14 und § 634a Rn. 32.
[291] *Drossart* in Messerschmidt/Voit § 633 Rn. 43, 44; *Voit* in BeckOK BGB, Stand 1.2.2013, § 634 Rn. 15 und § 634a Rn. 32.
[292] BGH BauR 1973, 191.
[293] BGH NJW 1975, 685.
[294] BGH NJW 1986, 1927 = BauR 1986, 437.
[295] BGH NJW 1975, 685.
[296] So in BGH BauR 1970, 107 und WM 1973, 1322.
[297] BGHZ 54, 236 = NJW 1970, 2021; BGHZ 96, 111 = NJW 1986, 711 = BauR 1986, 93; BGH BauR 1997, 1032.
[298] BGHZ 54, 236 = NJW 1970, 2021; BGH BauR 1997, 1032; NJW 2001, 1642 = NZBau 2001, 261 = BauR 2001, 785.
[299] OLG Frankfurt IBR 2003, 601, noch zum alten Recht.
[300] BGH NJW 2006, 769 = NZBau 2006, 116 = BauR 2006, 524, zwar noch zu §§ 633 ff. BGB aF, aber ausdrücklich auch zur vertraglich vereinbarten Beschaffenheit.
[301] Zu den Auswirkungen des § 311a BGB auf die Haftung des Auftragnehmers: *Voit* BauR 2002, 145 (148 ff.).
[302] BGH NJW 2014, 620 = NZBau 2014, 160 = BauR 2014, 547 Rn. 14.

der Technik³⁰³ entspricht.³⁰⁴ Damit knüpft § 13 Abs. 1 VOB/B folgerichtig an § 4 Abs. 2 Nr. 1 S. 2 VOB/B an. Denn danach ist der Auftragnehmer verpflichtet, bei der Bauausführung die anerkannten Regeln der Technik zu beachten.³⁰⁵ Anerkannte Regeln der Technik für handwerkliche Gewerke können vorsehen, dass entweder bei bestimmten Bauteilen eine Mindeststärke eingehalten oder ein Standsicherheitsnachweis im Einzelfall vorgelegt werden muss.³⁰⁶ Zum Begriff und zu den näheren Einzelheiten der anerkannten Regeln der Technik wird im Übrigen auf die Ausführungen bei § 4 Abs. 2 VOB/B³⁰⁷ verwiesen.

aa) Mangel wegen Nichteinhaltung. Wenn die Bauleistung nicht den anerkannten Regeln der Technik entspricht, liegt regelmäßig – es sei denn, die Bauvertragspartner hätten eine diese Regeln unterschreitende Ausführungsart ausbedungen³⁰⁸ – ein Mangel vor, der den Auftragnehmer zur Sachmängelhaftung verpflichtet.³⁰⁹ Für den Verstoß gegen die anerkannten Regeln der Technik hat er gemäß § 13 Abs. 1 VOB/B einzustehen, ohne dass das Bauwerk noch zusätzlich beeinträchtigt zu sein braucht.³¹⁰ Darin zeigt sich die Unabhängigkeit jeder der zwei Voraussetzungen eines sachmängelfreien Werks.³¹¹ Der sachliche Grund liegt in dem Risiko, welches meist mit einer Abweichung von den anerkannten Regeln der Technik verbunden ist, was insbesondere für **unerprobte Bauweisen** gilt.³¹² Allein schon, weil eine von den anerkannten Regeln der Technik abweichende Ausführung das Schadensrisiko erhöht, stellt der Verstoß einen Mangel der Bauleistung dar, auch wenn es später nicht zu Schäden kommt.³¹³ 44

Der **Streit**, ob die Bauleistung auch **mangelhaft** ist, **sofern** sie trotz der Verletzung der anerkannten Regeln der Technik **keinerlei Gebrauchsnachteile** oder Schäden aufweist,³¹⁴ war schon bisher weitgehend **theoretischer** Natur. Sicher ist die Einhaltung der anerkannten Regeln der Technik kein Selbstzweck.³¹⁵ Die Feststellung einer langfristig ungefährdeten Gebrauchstauglichkeit und eines ebensolchen Werts trotz Regelverstoßes ist in der Praxis jedoch schwerlich möglich.³¹⁶ Eine regelwidrig erstellte Bauleistung wird vielmehr im Allgemeinen als geringwertiger angesehen.³¹⁷ Zumindest ist der Streit weitgehend erledigt, nachdem die anerkannten Regeln der Technik vertraglicher Mindeststandard und damit konkludent vereinbarte Beschaffenheit der Bauleistung sind.³¹⁸ Denn insoweit wird eine Wert- oder Gebrauchsbeeinträchtigung ebenfalls nicht mehr vorausgesetzt.³¹⁹ Allenfalls dann, wenn sich der Verstoß gegen die anerkannten Regeln der Technik im Einzelfall in keiner Weise auf den Wert oder die Gebrauchstauglichkeit der Bauleistung auswirkt, können dem Auftraggeber Mängelrechte wegen Rechtsmissbrauchs zu versagen sein.³²⁰ Den **Beweis** einer langfristig ungefährdeten Gebrauchstauglichkeit trotz Regelverstoßes hat der Auftragnehmer zu führen.³²¹ Es genügt nicht, dass mit 45

---

³⁰³ Zu deren Abgrenzung vom Stand der Technik: *Seibel* NJW 2013, (3000–3004).
³⁰⁴ *Weyer* BauR 2003, 613 (617, 618).
³⁰⁵ Zur Vereinbarung einer Abweichung vgl. → Rn. 22.
³⁰⁶ BGH NJW 2013, 1226 = NZBau 2013, 295 = BauR 2013, 952 für Holztreppen.
³⁰⁷ Vgl. → VOB/B § 4 Rn. 54–56.
³⁰⁸ Vgl. dazu → Rn. 22.
³⁰⁹ BGH BauR 1981, 577; teilweise aA *Jagenburg* Jahrbuch BauR 2000, 200 ff. Zu § 633 Abs. 2 S. 1 BGB so auch BGH NJW 2013, 1226 = NZBau 2013, 295 = BauR 2013, 952 Rn. 9.
³¹⁰ BGH BauR 1984, 401; OLG Köln NJW-RR 1994, 1431; ebenso OLG Celle IBR 2006, 404 für die nicht DIN-gerechte Ausführung einer Parkplatzpflasterung; OLG Hamburg für ein WDVS im hochwasserbeanspruchten Bereich, NZBau 2016, 24.
³¹¹ Vgl. dazu → Rn. 22.
³¹² Ob die Verwendung großformatiger Mauersteine wegen Rissbildungen im Putz über den Stoßfugen hierzu rechnet, erörtert *Zöller* IBR 2013, 391 (392). Vgl. auch KG IBR 2012, 92.
³¹³ BGH BauR 1981, 577; OLG Düsseldorf NJW-RR 1996, 146 = BauR 1995, 890 (nur Ls.); OLG Brandenburg IBR 2001, 129; OLG Schleswig IBR 2002, 406; BauR 2004, 1946.
³¹⁴ Vgl. dazu *Leinemann/Schliemann*, VOB/B § 13 Rn. 32.
³¹⁵ So OLG Nürnberg NZBau 2002, 673.
³¹⁶ AA OLG Frankfurt IBR 2008, 568 mit ablehnendem Praxishinweis von *Weyer*.
³¹⁷ Vgl. dazu *Rodemann* im Praxishinweis zu OLG Frankfurt IBR 2008, 723.
³¹⁸ Vgl. dazu → Rn. 39 sowie *Weyer* im Praxishinweis zu OLG Koblenz IBR 2007, 21.
³¹⁹ Vgl. dazu → Rn. 23.
³²⁰ Vgl. OLG Brandenburg Urt. v. 18.3.2015 – 4 U 138/12 in juris.; *Kleine-Möller/Merl/Glöckner*, § 15 Rn. 246, letzter Abs.
³²¹ OLG Nürnberg NZBau 2002, 673.

dem Regelverstoß „keine nachweisbaren Risiken verbunden" sind.[322] Vielmehr müssen solche **Risiken nachweisbar ausgeschlossen** sein.[323]

46   **bb) Mangel trotz Einhaltung.** Aber selbst dann, wenn die anerkannten Regeln der Technik eingehalten sind, kann die Bauleistung gleichwohl mangelhaft sein[324], weil eine **vereinbarte Beschaffenheit** im Sinne des § 13 Abs. 1 VOB/B **fehlt**.[325] Hat die Bauleistung nicht die vereinbarte Beschaffenheit, so ist sie unabhängig davon mangelhaft, ob die anerkannten Regeln der Technik beachtet sind oder ob sich diese nachträglich als falsch herausstellen,[326] wobei sich letzteres zum Beispiel auch aus neuen Fachregeln für das Dachdeckerhandwerk ergeben kann.[327] Denn der Auftraggeber hat **Anspruch auf** den angestrebten, vom Auftragnehmer **geschuldeten Erfolg** und deshalb zum Beispiel

– auf eine Brücke ohne Risse,[328]
– eine rissfreie Wärmeschutzfassade,[329]
– die Auswahl geeigneter Heizkörper,[330]
– eine dauerhaft rissfreie Fertighausfassade,[331]
– eine funktionstaugliche Heizungsanlage,[332]
– vertragsgemäßen Trittschallschutz einer Treppe[333]
– und auf einen dauerhaft benutzbaren Personenaufzug.[334]

47   **cc) Mangel wegen fehlender anerkannter Regeln der Technik.** Eine Bauleistung kann auch dann mangelhaft sein, wenn es dafür noch keine anerkannten Regeln der Technik gibt; denn für die Annahme eines Mangels ist ausreichend, dass Ungewissheit über die Risiken des Gebrauchs des Werks besteht.[335] In dem entschiedenen Fall ging es um eine Wärmepumpen-Heizanlage, für die es seinerzeit keine ausreichend breitgestreute Erfahrungen gab, allein der Betrieb der monovalenten Heizungsanlage, also eines Systems, das durch kein anderes unterstützt wird, vielmehr ein Wagnis war. Der Auftragnehmer kann in einem solchen Fall der Mängelhaftung nur entgehen, wenn er den Auftraggeber vor Ausführung der Arbeiten gemäß § 4 Abs. 3 VOB/B über die unzureichenden Erfahrungen mit dem System aufgeklärt hat.[336]

48   **c) DIN-Normen.** Anders als bei Missachtung der anerkannten Regeln der Technik[337] kann die Bauleistung **trotz** eines **Verstoßes** gegen DIN-Normen[338] mangelfrei sein.[339] Denn DIN-Normen sind private technische Regelungen mit Empfehlungscharakter, welche die anerkannten

---

[322] So jedoch die irreführende Formulierung in OLG Koblenz IBR 2014, 75.
[323] *Weyer* im Praxishinweis zu IBR 2014, 75.
[324] *Voit* in BeckOK BGB, Stand 1.2.2013, § 633 Rn. 13.
[325] Vgl. schon → Rn. 22. Das gilt erst recht, wenn lediglich Herstellerempfehlungen eingehalten werden: OLG Frankfurt IBR 2008, 319.
[326] BGHZ 91, 206 = NJW 1984, 2457 = BauR 1984, 510; BGH NJW-RR 1995, 472 = BauR 1995, 230; NZBau 2002, 611; 2006, 112 = BauR 2006, 375; OLG Düsseldorf IBR 2010, 139.
[327] OLG Nürnberg IBR 2005, 586 = BauR 2006, 2077.
[328] OLG Frankfurt NJW 1983, 456 = BauR 1983, 156 – Blasbachtalbrücke; entgegen dieser Entscheidung hätte die Haftung des Auftragnehmers jedoch verneint werden müssen, weil der Mangel auf Planungsvorgaben des Auftraggebers zurückzuführen war, § 13 Nr. 3 VOB/B; vgl. dazu → Rn. 88. Irreführend ist die Darstellung von *Leinemann/Schliemann*, VOB/B § 13 Rn. 36: Die anerkannten Regeln hatten sich nicht unbemerkt verändert, was bei „anerkannten" Regeln ohnehin schwerlich vorstellbar ist, vielmehr stellt das OLG Frankfurt, aaO, ausdrücklich fest, dass die Blasbachtalbrücke nach den im Zeitpunkt der Abnahme anerkannten Regeln der Baukunst errichtet worden war. Das verkennt auch *Herchen* NZBau 2007, 139 (142, 2). Abs. Entgegen *Quack* BauR 2010, 863 (866) ging es in der Entscheidung des OLG Frankfurt nicht um eine – falsche – DIN-Norm, sondern um eine anerkannte Regel der Technik, welche sich nachträglich als falsch erwies; so auch *Leupertz/Halfmeier* in Prütting/Wegen/Weinreich BGB § 633 Rn. 12.
[329] BGHZ 91, 206 = NJW 1984, 2457 = BauR 1984, 510.
[330] BGH BauR 1985, 567.
[331] BGH NJW-RR 1987, 336 = BauR 1987, 207.
[332] BGH NJW-RR 1989, 849 = BauR 1989, 462.
[333] BGH NJW-RR 1995, 472 = BauR 1995, 230.
[334] OLG Stuttgart NJW 2012, 3792 = NZBau 2013, 40.
[335] OLG München BauR 1984, 637.
[336] *Vygen/Joussen* Bauvertragsrecht Rn. 1263.
[337] Vgl. dazu → Rn. 44/45.
[338] Vgl. zu diesen → VOB/B § 4 Rn. 57.
[339] OLG Celle BauR 2012, 509.

Mängelansprüche 49 § 13 VOB/B

Regeln der Technik wiedergeben können – wofür eine widerlegbare Vermutung spricht[340] –, aber auch hinter diesen zurückbleiben können.[341] Auch bei einer Abweichung von DIN-Normen kann der mit ihnen bezweckte Erfolg erreicht werden.[342] Deshalb sind DIN-Normen im Einzelfall darauf zu überprüfen, ob sie noch die anerkannten Regeln der Technik konkretisieren.[343] Das bekannteste Beispiel dafür, dass dies nicht mehr der Fall ist, ist die DIN 4109.[344] Eine Bauleistung kann also **trotz Beachtung** der DIN-Normen mangelhaft sein,[345] etwa wenn die Podestfläche einer Treppe gleichwohl aufgrund eines ungleichen und zu starken Gefälles Rutsch- und Stolpergefahren verursacht.[346] Denn maßgebend ist letztlich nicht die Einhaltung der DIN-Normen, sondern der dadurch erstrebte Erfolg, nämlich die Gebrauchsfähigkeit der Bauleistung.[347] Ist die Leistung umgekehrt wegen eines Verstoßes gegen einschlägige DIN-Normen (hier: DIN 18252) mangelhaft, so setzt ein Schadensersatzanspruch gleichwohl voraus, dass der DIN-Verstoß ursächlich für den entstandenen Schaden geworden ist.[348]

d) Herstellervorschriften. Anders als anerkannte Regeln der Technik sind auch Herstellervorschriften[349] für die Verarbeitung von Bauprodukten zu beurteilen. Denn ein **Verstoß** gegen diese begründet **allein keinen Mangel**.[350] Erst recht nicht, wenn der Auftraggeber kein einheitliches System eines einzigen Herstellers vorgibt, sondern von ihm gestellte Materialien verschiedener Hersteller verbaut werden.[351] Vielmehr ist ein Sachmangel nur insoweit zu bejahen, wie die Abweichung von den Herstellervorschriften zumindest das Risiko erhöht, dass der geschuldete Erfolg nicht erreicht wird.[352] Das gilt umso mehr, wenn bei Mehr-Komponenten-Stoffen, die in der Abdichtungstechnik, im Brandschutz und in der Klebetechnik weit verbreitet sind, der Werkerfolg damit steht und fällt, dass die einzelnen Komponenten exakt nach der in den Herstellervorschriften vorgegebenen Methode verarbeitet werden.[353] Ein Mangel liegt zudem dann vor, wenn der Auftraggeber durch eine Nichtbeachtung von Herstellervorgaben Gefahr läuft, die Herstellergarantie zu verlieren,[354] oder wenn die Ausführung nach diesen Vorgaben zu einem optischen Erscheinungsbild – gleichmäßige Fugenbreite – geführt hätte, welches mit der abweichenden Ausführungsart nicht erreicht wird.[355] Auch kann sich im Wege der Auslegung ergeben, dass die Einhaltung der Herstellervorschriften Teil der vereinbarten Beschaffenheit ist.[356] Das anzunehmen liegt nahe, wenn vereinbart ist, Material eines bestimmten Herstellers zu verwenden.[357] Des Weiteren ist eine konkludente Beschaffenheitsvereinbarung bezüglich der Beachtung von Herstellervorschriften regelmäßig dann anzunehmen, wenn die vom Hersteller vorgesehene Ausführungsart dazu dient, ein bestimmtes Risiko abzuwenden, dieses Risiko bei Nichtbeachtung besteht und sich auf die Gebrauchsfähigkeit des Werkes

---

[340] *Pastor* in Werner/Pastor Rn. 1969; *Leupertz/Halfmeier* in Prütting/Wegen/Weinreich BGB § 633 Rn. 23.

[341] BGHZ 139, 16 = NJW 1998, 2814 = BauR 1998, 872; NZBau 2013, 697 = BauR 2013, 1443 Rn. 26.

[342] OLG Celle BauR 2012, 509.

[343] Kniffka/Koeble BauR-Komp 6. Teil Rn. 34.

[344] Vgl. dazu → Rn. 33.

[345] OLG Brandenburg IBR 2013, 732.

[346] OLG München IBR 2015, 66.

[347] OLG Brandenburg IBR 2013, 733 = IBRRS 2013, 4051, in BauR 2014, 1005 nur gekürzt abgedruckt.

[348] OLG Dresden NJW-RR 2016, 724 = NZBau 2016, 638.

[349] Zu deren Bedeutung für die Mangelbeurteilung: *Kniffka/Kniffka* ibr-online-Kommentar Bauvertragsrecht, Stand 23.11.2014, BGB § 633 Rn. 35; *Seibel* BauR 2012, (1025–1034); *Faust* BauR 2013, (363–371); *Sass* BauR 2013, (1333–1342).

[350] AA zu Unrecht LG Berlin IBR 2014, 1066 (nur online). AA offenbar auch *Voit* in BeckOK BGB, Stand 1.2.2013, § 633 Rn. 12.

[351] OLG Celle IBR 2012, 576.

[352] OLG Köln IBR 2005, 530; OLG Schleswig IBR 2010, 321. Vgl. auch OLG Köln BauR 2005, 389; NZBau 2012, 781 = BauR 2013, 257; OLG Frankfurt IBR 2014, 540.

[353] Beispiel von *Sass* BauR 2013, 1333 (1336), bei B. I. 1.

[354] OLG Brandenburg NZBau 2013, 502.

[355] OLG Brandenburg IBR 2011, 455.

[356] BGH NZBau 2011, 415 Rn. 18; OLG Hamm Urt. v. 2.9.2015 – I-12 U 199/14, 12 U 199/14 in juris; OLG Jena IBR 2009, 134 = BauR 2009, 669; *Ganten*, in Praxishinweis zu IBR 2005, 530; vgl. auch OLG Schleswig BauR 2004, 1946, das nach altem Recht eine zugesicherte Eigenschaft bejahte.

[357] *Faust* BauR 2013, 363 (367).

auswirken kann.[358] Über die anerkannten Regeln der Technik hinausgehende Anforderungen des Herstellers sind jedenfalls dann zu beachten, wenn sie die Sicherheit des Betriebs einer technischen Anlage betreffen.[359] Nicht zuletzt wegen ihrer „dunklen Seiten"[360] sind Herstellervorgaben jedenfalls stets mit einem gesunden Misstrauen zu betrachten. Umgekehrt kann eine Bauleistung **trotz Einhaltung** von Herstellerempfehlungen **mangelhaft** sein, falls dadurch der geschuldete Erfolg nicht erreicht wird.[361]

50   **e) Hilfsweise: Eignung für vertragsgemäße Verwendung.** Wenn die Bauvertragspartner weder ausdrücklich noch konkludent die Beschaffenheit der Bauleistung vereinbart haben, kommt es nach § 13 Abs. 1 S. 3 Nr. 1 VOB/B – wie in § 633 Abs. 2 S. 2 Nr. 1 BGB – hilfsweise darauf an, ob die Bauleistung sich für die nach dem Vertrag vorausgesetzte Verwendung eignet.[362] Die Übereinkunft bezüglich der Verwendung der Bauleistung, für die nach den Gesetzesmaterialien[363] eine konkludente Übereinstimmung der Vertragsparteien[364] über die bei Vertragsschluss vom Auftraggeber beabsichtigte und dem Auftragnehmer bekannte und gebilligte Verwendung[365] ausreicht, stellt aber nicht nur häufig,[366] sondern stets zugleich eine Vereinbarung der Beschaffenheit dar.[367] Der Kritik,[368] eine Gesetzesanwendung, die § 633 Abs. 2 S. 2 Nr. 1 und 2 BGB – und dann folgerichtig auch § 13 Abs. 1 S. 3 Nr. 1 und 2 VOB/B – jegliche praktische Bedeutung nehme, entspreche schwerlich dem Willen des Gesetzgebers, steht schon die eben zitierte Stelle aus der Entwurfsbegründung[369] entgegen. Dem entsprechend hat nunmehr der BGH[370] entschieden, dass auch nach der Änderung des § 633 BGB – und das gilt dann ebenso für den insoweit gleichlautenden § 13 Abs. 1 S. 2 und 3 VOB/B – durch das Gesetz zur Modernisierung des Schuldrechts ein Werk nicht der vereinbarten Beschaffenheit entspricht, wenn es nicht die **vereinbarte Funktionstauglichkeit** aufweist.[371] So ergibt sich zum Beispiel bei Errichtung einer Produktions- und Lagerhalle aus dieser vorausgesetzten Verwendung als vereinbarte Beschaffenheit, dass das Dach dicht sein muss.[372] Ein Rückgriff auf § 13 Abs. 1 S. 3 Nr. 1 VOB/B wird deshalb nicht erforderlich werden.[373] Außerdem ist daher ein Widerspruch zwischen vereinbarter Beschaffenheit und vertraglich vorausgesetzter Verwendung[374] kaum vorstellbar.

51   **f) Weiter hilfsweise: Eignung für gewöhnliche Verwendung.** § 13 Abs. 1 S. 3 Nr. 2 VOB/B stellt weiter hilfsweise darauf ab, dass sich die Bauleistung für die gewöhnliche Verwendung eignet und eine Beschaffenheit aufweist, die bei Werken der gleichen Art üblich ist

---

[358] OLG Hamm Urt. v. 2.9.2015 – I-12 U 199/14, 12 U 199/14 in juris.
[359] BGH NZBau 2009, 647 = BauR 2009, 1589; NZBau 2011, 415 Rn. 18.
[360] *Sass* BauR 2013, 1333 (1339, 1340), bei C.
[361] OLG Brandenburg BauR 2008, 93; OLG Frankfurt BauR 2008, 847; *Vygen/Joussen*, Bauvertragsrecht Rn. 1264.
[362] Einen Beispielfall nimmt an: OLG Naumburg BauR 2009, 991 = IBR 2008, 641, mit kritischem Praxishinweis von *Weyer*.
[363] BT-Drs. 14/6040, 213, rechte Spalte, 3. Abs., zu dem gleichlautenden § 434 Abs. 1 S. 2 BGB.
[364] So BT-Drs. 14/6040, aaO (vorstehende Fußnote).
[365] *Leupertz/Halfmeier* in Prütting/Wegen/Weinreich BGB § 633 Rn. 17.
[366] So BT-Drs. 14/6040, 213, zu dem gleichlautenden § 434 Abs. 1 S. 2 BGB.
[367] *Weyer* BauR 2003, 613 (616, 617). Das übersieht *Mundt* NZBau 2003, 73 (76), obwohl er selbst betont, dass es sich bei der vereinbarten Beschaffenheit und der nach dem Vertrag vorausgesetzten Verwendung „gleichsam um zwei Seiten der gleichen Medaille" handelt. Ebenso gibt es dann die von *Leupertz* FS Kapellmann, 2007, 253 (255 ff.) und von *Leupertz/Halfmeier* in Prütting/Wegen/Weinreich § 633 Rn. 21 erörterten Probleme nicht. Vgl. auch *Sienz* FS Thode, 2005, 627 (641); *Merl* FS Motzke, 2006, 261 (267); *Bolz* Jahrbuch BauR 2011, 107 (108–123). Vgl. zudem schon → Rn. 25–30.
[368] *Faust* BauR 2013, 363 (365). Ähnlich *Donner/Retzlaff* in FKZGM VOB/B § 13 Rn. 9.
[369] BT-Drs. 14/6040, 213.
[370] NJW 2008, 511 = NZBau 2008, 109, 1. Leitsatz und Rn. 15–18 = BauR 2008, 344; NJW 2011, 3780 = NZBau 2011, 746 = BauR 2012, 115 Rn. 11.
[371] Vgl. dazu *Glöckner* BauR 2009, 301 (314–316) sowie vor allem schon → Rn. 25–27.
[372] Vgl. → Rn. 35 und die dort angeführte Entscheidung BGH NJW-RR 2000, 465 = NZBau 2000, 74 und 198 = BauR 2000, 411.
[373] Ähnlich – wenn auch etwas zurückhaltender – die Einschätzung in BT-Drs. 14/6040, 213: „Für die eventuell verbleibenden Fallkonstellationen, in denen von einer vertraglich vereinbarten Beschaffenheit nicht ausgegangen werden kann, …"
[374] Wie ihn *Merl* FS Jagenburg, 2002, 597 (601, 602) erörtert. FS Motzke, 2006, 261 (265) stuft *Merl* den vereinbarten Verwendungszweck als Minimalstandard ein.

und die der Auftraggeber nach der Art der Bauleistung erwarten kann.[375] Diese Formulierung ist nahezu wörtlich aus § 633 Abs. 2 S. 2 Nr. 2 BGB übernommen worden. Der letzte Satzteil bezüglich der Beschaffenheit war dort nach dem Gesetzentwurf zunächst nicht vorgesehen.[376] Er entspricht § 434 Abs. 1 S. 2 Nr. 2 BGB und soll zum Ausdruck bringen, dass der Sachmangelbegriff beim Werkvertrag keinen anderen Inhalt hat als im Kaufrecht.[377] Weil diese Alternative davon ausgeht, dass subjektive Vorstellungen der Bauvertragspartner zur Verwendung der Werkleistung fehlen, ist die gewöhnliche Verwendung **objektiv** zu bestimmen, wobei maßgeblich auf die **Verkehrssitte** abzustellen ist.[378] Dieser Maßstab gilt ebenso für die Entscheidung, welche bei Werken der gleichen Art übliche Beschaffenheit der Auftraggeber nach Art der Leistung erwarten kann.[379] So entspricht beispielsweise ein Parkett, das knarrt und beim Begehen nachgibt, nicht derjenigen Beschaffenheit, die der Auftraggeber üblicherweise erwarten kann, so dass ein Mangel im Sinne des § 13 Abs. 1 Nr. 2 VOB/B vorliegt.[380]

Soweit eingewandt wird, **Bauwerke** seien **Unikate**, es gebe üblicherweise keine Bauwerke **52** gleicher Art,[381] mag das zwar oft zutreffen. Der bereits mehrfach erwähnte Produktions-/Lagerhallen-Fall[382] zeigt aber, dass **andere Fallgestaltungen** durchaus der Baupraxis entsprechen. Außerdem verdeutlichen diese und weitere BGH-Entscheidungen,[383] dass die vom Auftraggeber erwartete übliche Beschaffenheit bereits zur stillschweigenden Vereinbarung dieser Beschaffenheit führt,[384] so dass § 13 Abs. 1 S. 3 Nr. 2 ebenfalls **nur Auffangfunktion** ohne jegliche praktische Bedeutung hat.

5. Aliud oder zu geringe Menge. Nach § 633 Abs. 2 S. 3 BGB steht es einem Sachmangel **53** gleich, wenn der Auftragnehmer ein anderes als das bestellte Werk oder das Werk in zu geringer Menge herstellt.[385] Von einer entsprechenden Ergänzung des § 13 Abs. 1 durch die VOB/B 2002 ist mit der Begründung abgesehen worden, es sei fraglich, ob solche Fallgestaltungen im Bauvertragsrecht in der Praxis vorkommen.[386] Die Herstellung eines Aliud dürfte in der Tat ein seltener Ausnahmefall sein, während Fälle der zweiten Alternative in der Baupraxis wesentlich häufiger auftreten.[387] Da § 13 VOB/B für sie keine Regelung enthält, gilt auch bei VOB-Verträgen § 633 Abs. 2 S. 3 BGB.[388]

6. Minimalgrenze. Dass auch geringfügige Abweichungen von der vereinbarten Beschaffen- **54** heit Sachmängel im Sinne des § 13 Abs. 1 VOB/B sind, verdeutlicht schon § 13 Abs. 7 Nr. 3 VOB/B.[389] Denn nur dort wird ein wesentlicher Mangel vorausgesetzt. Allerdings gibt es eine Minimalgrenze, die unwesentliche Mängel von Nichtmängeln trennt.[390] Zu letzteren rechnen

---

[375] Dazu, dass auch das bereits stillschweigend vereinbart wird, vgl. BGHZ 139, 16 = NJW 1998, 2814 = BauR 1998, 872; *Weyer* BauR 2003, 613 (617), sowie schon → Rn. 25–27 und 39.
[376] Vgl. BT-Drs. 14/6040, 30.
[377] Synopse vom 17.9.2001, S. 174; Beschlussempfehlung und Bericht des Rechtsausschusses vom 25.9.2001, BT-Drs. 14/7052, 204; *Preussner* BauR 2002, 231 (233); dazu näher *Thode* NZBau 2002, 297 (302 ff.).
[378] *Leupertz/Halfmeier* in Prütting/Wegen Weinreich BGB § 633 Rn. 18.
[379] *Leupertz/Halfmeier* in Prütting/Wegen/Weinreich BGB § 633 Rn. 18.
[380] OLG Brandenburg, Urt. v. 18.3.2015 – 4 U 138/12 in juris.
[381] *Funke* Jahrbuch BauR 2002, 217 (222); *Siegburg* FS Jagenburg, 2002, 839 (848).
[382] Vgl. zuletzt → Rn. 50.
[383] Vgl. dazu → Rn. 39 sowie jetzt insbesondere BGH NJW 2008, 511 = NZBau 2008, 109 Rn. 15–18 = BauR 2008, 344; NJW 2013, 1226 = NZBau 2013, 295 = BauR 2013, 952 Rn. 9.
[384] *Siegburg* FS Jagenburg, 2002, 839 (846) bezeichnet es als „selbstverständlich, dass beim Kriterium der ‚vereinbarten Beschaffenheit' zugleich der ‚gewöhnliche Verwendungszweck' geschuldet wird."
[385] Dazu *Drossart* in Messerschmidt/Voit § 633 Rn. 52; *Voit* in BeckOK BGB, Stand 1.2.2013, § 633 Rn. 16.
[386] Beschluss des Vorstandes des DVA vom 2.5.2002, Begründung II. 5. b.; anders die Einschätzung in BT-Drs. 14/6040, 261 zu Abs. 2 S. 3.
[387] Dazu näher *Sienz* BauR 2002, 181 (182, 183); vgl. auch *Siegburg* FS Jagenburg, 2002, 839 (849).
[388] *Weyer* BauR 2003, 613 (614). Anders *Merl* FS Jagenburg, 2002, 597 (605): abschließende Regelung des Sachmangels in § 13 Abs. 1 VOB/B. Zum Vorrang des § 633 Abs. 2 S. 3 BGB und dem entsprechend der Mängelrechte vor § 2 Abs. 8 VOB/B vgl. *Miernik* BauR 2005, 1698 (1701–1708).
[389] Vgl. dazu bereits oben → Rn. 23, 31; ausdrücklich BGH NZBau 2015, 618 = BauR 2015, 1842.
[390] Näher dazu *Weyer* FS Jagenburg, 2002, 1043 (1046–1048).

ganz geringfügige und deshalb nach Treu und Glauben hinnehmbare Abweichungen[391] oder Unregelmäßigkeiten[392] wie zum Beispiel
– das optisch unauffällige, nur messtechnisch erfassbare ungleichmäßige Gefälle von Fenstersimsen,[393]
– optisch nicht wahrnehmbare, lediglich messtechnisch feststellbare Unebenheiten eines Dachgeschossbodens,[394]
– kaum sichtbare Verschmutzungen und Bewitterungsspuren an Leimholzbindern der von unten einsehbaren offenen Dachkonstruktion eines Supermarktneubaus[395]
– oder vereinzelte Haarrisse in Putzflächen.[396]

55 **7. Verschleiß und Abnutzung.** Es ist erwogen worden, dem § 13 Abs. 1 VOB/B einen Satz 4 anzufügen, „um klarzustellen, dass bei vertragsgemäßem Gebrauch der mangelfreien Leistung eintretender Verschleiß oder entsprechende Abnutzung **keinen Sachmangel** darstellen und auch keine Mängelansprüche begründen können."[397] Das ist jedoch eine Selbstverständlichkeit, die keiner besonderen Erwähnung bedarf. Allerdings ist zu beachten, dass Abnutzung oder Verschleiß auch mangelbedingt sein können, insbesondere wenn sie vorzeitig eintreten.[398] Das gilt auch für während der Nutzung eingetretene **Verschmutzungen,** wie das Verrußen der Glasscheiben eines Warmluftkamins.[399]

56 **8. Zur Zeit der Abnahme.** Der Auftragnehmer haftet nach § 13 Abs. 1 VOB/B für die Mängelfreiheit der Bauleistung **zur Zeit der Abnahme**. Zu diesem Zeitpunkt muss die Leistung vertragsgerecht sein. Ein Mangel zum Zeitpunkt der Abnahme liegt unproblematisch vor, wenn sich schon bei der Abnahme Mängel zeigen. Werden Mängel erst später sichtbar, so kommt es darauf an, ob sie auf dem Zustand des Werks im Zeitpunkt der Abnahme beruhen, ob also der Mangel bei der Abnahme schon „angelegt" war.[400] Denn dieser Ursachenzusammenhang offenbart, dass die Bauleistung bereits zum Zeitpunkt der Abnahme nicht mängelfrei war. Kann ein schadhafter Zustand der Bauleistung wie zum Beispiel undicht gewordene oder beschädigte Fugen in Nasszellen jedoch ebenso gut auf einer unsachgemäßen Behandlung des Auftraggebers beruhen, so kommt es für die Annahme eines Mangels darauf an, ob der nachträglich aufgetretene Zustand eine Folge mangelhafter Herstellung der Fugen oder mangelhaften Materials oder eben eine Folge der unsachgemäßen Behandlung durch den Auftraggeber war, zum Beispiel durch fehlerhafte Reinigung.[401] Für die Beurteilung, ob das Werk mangelhaft ist, kommt es also nach einer durchgeführten Abnahme auf den Zustand des Werks zum Zeitpunkt der Abnahme an.[402] Solche später hervortretende Mängel sind entsprechend der Formulierung in § 13 Abs. 5 Nr. 1 S. 1 VOB/B auf vertragswidrige Leistung zurückzuführen.

57 Für die **anerkannten Regeln der Technik** gilt kein anderer Zeitpunkt; vielmehr kommt es auch auf den Stand dieser Regeln zur Zeit der Abnahme an,[403] und zwar unabhängig davon, ob sich die Anforderungen gegenüber dem Zeitpunkt des Abschlusses des Werkvertrags erhöht oder verringert haben.[404] Versuche in der Literatur, wegen der ständigen Weiterentwicklung der

---

[391] OLG Köln BauR 1992, 634; *Voit* in BeckOK BGB, Stand 1.2.2013, § 633 Rn. 5.
[392] Im Sinne von *Oswald*: Vgl. dazu *Zöller* IBR 2014, 647 (649).
[393] OLG Stuttgart BauR 1994, 519.
[394] Vgl. KG BauR 2010, 634, welches zu Unrecht einen Mangel annimmt und gleichwohl eine Minderung verneint.
[395] OLG Schleswig IBR 2012, 326 mit kritischer Analyse von *Weyer* vom 26.6.2012 in werner-baurecht-online.
[396] *Zöller* IBR 2014, 389 (390).
[397] Beschluss des Vorstandes des DVA vom 2.5.2002, Begründung II. 5. c.; *Kratzenberg* NZBau 2002, 177 (181).
[398] Vgl. dazu OLG Köln BauR 2002, 801; *Hankammer/Krause-Allenstein* BauR 2007, (955–965); *Drossart* in Messerschmidt/Voit § 633 Rn. 50/51.
[399] OLG Köln NZBau 2012, 781 = BauR 2013, 257.
[400] OLG Köln BauR 2002, 801; *Zahn* BauR 2006, 1823 (1827).
[401] BGH NZBau 2016, 488 = BauR 2016, 1033.
[402] BGH, aaO mit Urteilsanmerkung von *Lührmann* NzBau 2016, 489.
[403] Ebenso *Riedl/Mansfeld* in Heiermann/Riedl/Rusam VOB/B § 13 Rn. 18; NWJS VOB/B § 13 Rn. 31; *Vygen/Joussen*, Bauvertragsrecht Rn. 1257, 1284/1285; *Leinemann/Schliemann*, VOB/B § 13 Rn. 35–39; *Leupertz/Halfmeier* in Prütting/Wegen/Weinreich BGB § 633 Rn. 12; *Herchen* NZBau 2007, 139 (140, 141). Zur Änderung der WärmeschutzVO vgl. OLG Düsseldorf IBR 2006, 549.
[404] OLG Nürnberg IBR 2011, 13.

anerkannten Regeln der Technik auf einen anderen Zeitpunkt abzustellen,[405] sind mit dem eindeutigen Wortlaut des § 13 Abs. 1 VOB/B[406] und mit der ständigen Rechtsprechung des BGH,[407] welcher ebenfalls auf den Zeitpunkt der Abnahme abhebt, unvereinbar.[408] Das heißt jedoch nicht, dass der Auftragnehmer die (Mehr-)Kosten für die Herstellung der „neuen" Mangelfreiheit übernehmen muss.[409] Deshalb ist es auch keineswegs unredlich,[410] den Auftragnehmer zu verpflichten, während der Bauausführung unvorhersehbar eingetretenen Änderungen der anerkannten Regeln der Technik zu genügen.

Kommt es zum Streit zwischen den Parteien darüber, ob der Auftragnehmer zum Zeitpunkt der Abnahme die anerkannten Regeln der Technik beachtet hat, so muss ein vom Gericht beauftragter Sachverständiger die Aktualität der technischen Regelwerke bei der Gutachtenerstattung von Amts wegen beachten.[411]

9. Beweislast. Die Beweislast für sämtliche Voraussetzungen des § 13 Abs. 1 VOB/B trägt der **Auftraggeber**[412]. Denn die Sachmängelhaftung nach § 13 Abs. 1 VOB/B beginnt mit der Abnahme,[413] durch welche der Auftraggeber die Bauleistung als eine der Hauptsache nach vertragsgemäße Erfüllung entgegennimmt.[414] Damit ist die Abnahme gleichbedeutend mit der Annahme als Erfüllung.[415] Für diese bestimmt § 363 BGB, dass den Annehmenden die Beweislast trifft, wenn er die Leistung nicht als Erfüllung gelten lassen will, weil sie unvollständig gewesen sei. Die Beweislast des Auftraggebers erstreckt sich nach § 363 BGB folglich auch auf die Mangelhaftigkeit der Leistung.[416] Dazu gehört der Beweis, was in Auftrag gegeben war, also der Beweis der vereinbarten Beschaffenheit[417] einschließlich der vereinbarten Funktionstauglichkeit,[418] des vertraglichen Sollzustands.[419] Allerdings spricht der Beweis des ersten Anscheins für eine mangelhafte Leistung des Auftragnehmers, wenn dieser sein Werk nicht entsprechend den einschlägigen DIN-Normen auf Fehlerfreiheit überprüft hat und nach der Abnahme ein Schaden eintritt.[420] Ansonsten muss der Auftraggeber beweisen, dass der Mangel bereits im Zeitpunkt der Abnahme zumindest im Kern angelegt war.[421]

Hat der Auftraggeber sich jedoch nach § 640 Abs. 2 BGB bei der Abnahme die Rechte wegen eines Mangels vorbehalten und trägt er diesen substantiiert vor, muss der **Auftragnehmer** die Mangelfreiheit beweisen.[422] Gleiches gilt, wenn feststeht, dass das Werk bei der Abnahme mangelhaft war, und der Auftragnehmer Nacherfüllungsversuche unternommen hat; dann ist er dafür beweispflichtig, dass diese zur Beseitigung des Mangels geführt haben.[423] Behauptet der

---

[405] Vgl. dazu die Nachweise bei *Heiermann/Riedl/Rusam* 10. Aufl., VOB/B § 13 Rn. 21a; außerdem *Jagenburg* Jahrbuch BauR 2000, 200 (211–213).
[406] Vgl. schon → VOB/B § 2 Rn. 30, am Ende.
[407] BGH BauR 1986, 447; NJW-RR 1995, 472 = BauR 1995, 230; BGHZ 139, 16 = NJW 1998, 2814 = BauR 1998, 872; NJW-RR 2000, 309 = NZBau 2000, 73 = BauR 2000, 261.
[408] Das gilt auch für die Einschränkung, die *Kniffka/Kniffka* ibr-online-Kommentar Bauvertragsrecht, Stand 23.11.2014, § 633 Rn. 31 und *Drossart* in Messerschmidt/Voit § 633 Rn. 32 befürworten.
[409] Vgl. dazu im einzelnen → VOB/B § 2 Rn. 30–32 sowie *Herchen* NZBau 2007, 139 (141 ff.).
[410] Entgegen *Kniffka/Kniffka* ibr-online-Kommentar Bauvertragsrecht, Stand 23.11.2014, § 633 Rn. 31, und *Drossart* in Messerschmidt/Voit § 633 Rn. 32.
[411] So zutreffend Seibel BauR 2016, 1085.
[412] BGH NJW-RR 1997, 339 = BauR 1997, 129 (zu § 633 BGB); BauR 1998, 172; NJW-RR 1998, 1268 (ebenfalls zu § 633 BGB); NJW 2002, 223 = NZBau 2002, 34 = BauR 2002, 85; *Peters* NZBau 2009, (209–211).
[413] Vgl. → Rn. 5.
[414] BGHZ 61, 42 = NJW 1973, 1792 = BauR 1973, 313; vgl. dazu näher → VOB/B § 12 Rn. 10 ff.
[415] BGHZ 33, 236 = NJW 1961, 115.
[416] BGH NJW 1985, 2328.
[417] OLG Saarbrücken NZBau 2001, 329; vgl. dazu den Praxishinweis von *Baden* zu IBR 2001, 176; *Voit* in BeckOK BGB, Stand 1.2.2013, § 633 Rn. 5. AA OLG Brandenburg BauR 2011, 1341 = IBR 2011, 325 mit kritischem Praxishinweis von *Backes*, aufgehoben durch BGH IBR 2011, 694 = NJW 2011, 3780 = NZBau 2011, 746 = BauR 2012, 115.
[418] *Hammacher* NZBau 2010, (91–93). Zu deren konkludenten Vereinbarung → Rn. 33.
[419] BGH NZBau 2003, 433 = BauR 2003, 1382.
[420] Thüringer OLG Jena BauR 2006, 1902 = IBR 2006, 388: Undichtigkeit verlegter Wasserrohre.
[421] *Zahn* BauR 2006, 1823 (1828).
[422] BGH NJW-RR 1997, 339 = BauR 1997, 129; *Zahn* BauR 2006, 1823 (1827); *Putzier* FS Ganten, 2007, 203 (205, 206); aA OLG Hamburg IBR 1998, 292 mit kritischem Praxishinweis von *Schilling; Marbach/Wolter* BauR 1998, 36.
[423] BGH NJW-RR 1998, 1268; *Zahn* BauR 2006, 1823 (1827).

Auftragnehmer eine nachträgliche Vertragsänderung, weshalb ein Mangel ausscheide, so hat er diese zu beweisen.[424] Nach Kündigung des Bauvertrags und Abnahme der erbrachten Leistungen muss der **Auftraggeber** beweisen, dass Baumängel auf Arbeiten zurückzuführen sind, die der gekündigte Auftragnehmer oder dessen Nachunternehmer ausgeführt hat,[425] also die **Ursächlichkeit** dieser Arbeiten für die Mängel. Diese Beweislastverteilung kann in Allgemeinen Geschäftsbedingungen des Auftraggebers nicht zu Lasten des Auftragnehmers geändert werden, indem ihm die Beweislast für einen Umstand auferlegt wird, der dem Verantwortungsbereich des Auftraggebers zuzurechnen ist (§ 309 Nr. 12a BGB).[426]

60 Für den Nachweis der **Ursächlichkeit** vertragswidrig verbauten Materials (Teerpappe statt Bitumenpappe zwischen Dämmung und Estrich) für eine Mangelerscheinung (Verfärbung von Eichenparkett) kann es genügen, dass die Verwendung des Materials mit dem Risiko der eingetretenen Mangelerscheinung verbunden ist, mag auch die Verursachung durch andere Umstände nicht mit letzter Sicherheit auszuschließen sein.[427] Der oft naheliegende Schluss von der Mangelerscheinung auf eine mangelhafte Leistung des Auftragnehmers scheidet aus, wenn Auftraggeber und Auftragnehmer arbeitsteilig zusammengearbeitet haben und unsicher bleibt, wessen Leistungsbeitrag Mangelursache ist; das geht zu Lasten des beweispflichtigen Auftraggebers.[428] Denn er muss beweisen, dass Ursache der Mangelerscheinung ein Sachmangel der Leistung des Auftragnehmers ist.[429] Dieser Nachweis kann zum Beispiel auch daran scheitern, dass für Blockabrisse verlegten Einzelstabparketts mit unregelmäßiger Fugenbildung mehrere Ursachen in Betracht kommen und eine dem Parkettleger zurechenbare Ursache nicht feststellbar ist.[430]

61 **10. Abweichungen gegenüber dem BGB.** Abgesehen von der bereits erwähnten eingeschränkten Anpassung[431] enthält § 13 Abs. 1 VOB/B jedenfalls seinem Wortlaut nach zwei Abweichungen von der gesetzlichen Regelung in § 633 Abs. 1 und 2 BGB.[432] Der Auftragnehmer haftet zusätzlich dafür, dass seine Leistung den anerkannten Regeln der Technik entspricht. Außerdem muss er für die Mangelfreiheit zur Zeit der Abnahme einstehen. Der Sache nach gilt jedoch im gesetzlichen Werkvertragsrecht nichts anderes. Denn mangels anderer Vereinbarung ist eine Bauleistung in der Regel auch nach § 633 Abs. 1 und 2 BGB mangelhaft, wenn sie nicht den zur Zeit der Abnahme anerkannten Regeln der Technik als vertraglichem Mindeststandard entspricht.[433] Obwohl bei der Neufassung des § 633 BGB davon abgesehen wurde, ihn ausdrücklich um diese Voraussetzung zu ergänzen, betont die Entwurfsbegründung:[434] „Dass, soweit nicht etwas anderes vereinbart ist, die anerkannten Regeln der Technik einzuhalten sind, ist nicht zweifelhaft." Für die Erfüllung der Verpflichtung, ein mängelfreies und damit vertragsgemäßes Werk zu erstellen, kommt es bei § 633 Abs. 1 und 2 BGB ebenfalls auf den Zeitpunkt der Abnahme an, weil der Auftraggeber nach § 640 Abs. 1 BGB das vertragsgemäß hergestellte Werk abzunehmen hat.[435]

62 **11. AGB-rechtliche Probleme.** Von § 13 Abs. 1 VOB/B abweichende Klauseln führen dazu, dass die VOB/B nicht als Ganzes vereinbart ist (a). Außerdem sind solche abweichenden

---

[424] BGH NZBau 2003, 433 = BauR 2003, 1382; OLG Düsseldorf BauR 2015, 1866; *Drossart* in Messerschmidt/Voit § 633 Rn. 70.
[425] BGH NZBau 2014, 221 Rn. 17.
[426] BGH NZBau 2014, 221 Rn. 19.
[427] BGH BauR 1973, 51; 1975, 346.
[428] OLG Koblenz IBR 2000, 118; NZBau 2004, 444; vgl. auch OLG Hamburg BauR 2001, 1749, mit Anm. von *Wirth* = IBR 2001, 180 mit kritischem Praxishinweis von *Putzier,* für einen anderen Fall der Unaufklärbarkeit der Mangelursache, und dazu *Leitzke* BauR 2002, 394 sowie *Putzier* BauR 2004, (1060–1065).
[429] Hans. OLG BauR 2005, 1339, *Zahn* BauR 2006, 1823 (1828). *Putzier* BauR 2004, (1060–1065), verkennt, dass es hier gerade um die Zuordnung des Mangels geht.
[430] Hans. OLG BauR 2005, 1339.
[431] Vgl. → Rn. 1 und 2.
[432] *Weyer* BauR 2003, 613 (614).
[433] BGHZ 139, 16 = NJW 1998, 2814 = BauR 1998, 872; BGH BauR 1981, 577, insoweit in NJW 1981, 2801 nicht abgedruckt; OLG Düsseldorf NJW-RR 1996, 146 = BauR 1995, 890 (nur Ls.); OLG Schleswig IBR 2002, 406; *Kniffka/Kniffka* ibr-online-Kommentar Bauvertragsrecht, Stand 23.11.2014, § 633 Rn. 65, 29–32; BeckOK BGB-*Voit*, Stand 1.2.2013, § 633 Rn. 12. Vgl. auch bereits → Rn. 39.
[434] BT-Drs. 14/6040, 261, rechte Spalte, 1. Abs.
[435] Ähnlich *Kniffka/Kniffka* ibr-online-Kommentar Bauvertragsrecht, Stand 23.11.2014, § 633 Rn. 63.

Klauseln der Inhaltskontrolle zu unterziehen (b), bei der sich ihre Unwirksamkeit herausstellen kann.

a) Vereinbarung der VOB/B als Ganzes. Die bislang höchst streitige Frage,[436] ob die mit Urteil vom 16.12.1982[437] eingeleitete Rechtsprechung zur Privilegierung der als Ganzes vereinbarten VOB/B auch auf Fälle anwendbar ist, die nach dem seit dem 1.1.2002 geltenden Recht zu beurteilen sind, welche der BGH[438] ausdrücklich offen gelassen und inzwischen für die Verwendung gegenüber Verbrauchern generell verneint[439] hatte, hat der Gesetzgeber mit dem am 1.1.2009 in Kraft getretenen FoSiG entschieden: Bei Verwendung der VOB/B gegenüber Verbrauchern ist diese nicht privilegiert. Nur in den Fällen des § 310 Abs. 1 S. 1 BGB, also wenn die VOB/B gegenüber einem Unternehmer, einer juristischen Person des öffentlichen Rechts oder einem öffentlich-rechtlichen Sondervermögen verwendet wird, schließt der neue Satz 3 des § 310 Abs. 1 BGB eine Inhaltskontrolle einzelner Bestimmungen der „ohne inhaltliche Abweichung insgesamt"[440] einbezogenen VOB/B nach § 307 Abs. 1 und 2 BGB aus. Ohnehin hat die Privilegierung praktische Bedeutung verloren, nachdem der BGH[441] entschieden hat, dass jede vertragliche Abweichung von der VOB/B – auch in einem Vertrag mit einem öffentlichen Auftraggeber[442] – dazu führt, dass die VOB/B nicht als Ganzes vereinbart ist, und es nicht darauf ankommt, welches Gewicht der Eingriff hat. Denn Einbeziehungen der VOB/B ohne abweichende vertragliche Vereinbarungen kommen in der Praxis – jedenfalls bislang – nicht vor.[443] **63**

b) AGB-Kontrolle abweichender Klauseln. Im Einzelnen zwischen den Vertragsparteien ausgehandelte Klauseln sind nach § 305 Abs. 1 S. 3 BGB keine AGB. Zur Darlegung eines solchen Aushandelns kann sich der Verwender vorformulierter Klauseln nicht ausschließlich auf eine individualrechtliche Vereinbarung berufen, nach der über die Klausel „ernsthaft und ausgiebig verhandelt wurde."[444] Denn mit dem Schutzzweck der §§ 305 ff. BGB ist nicht zu vereinbaren, wenn Vertragsparteien unabhängig von den Voraussetzungen des § 305 Abs. 1 S. 3 BGB die Geltung des Rechts der Allgemeinen Geschäftsbedingungen individualrechtlich ausschließen.[445] Der AGB-Kontrolle hält ein **völliger Ausschluss** der Sachmängelhaftung des Verwenders der AGB nicht stand. Denn nach § 309 Nr. 8 lit. b aa BGB ist eine Bestimmung unwirksam, durch die unter anderem Ansprüche gegen den Verwender wegen eines Mangels insgesamt ausgeschlossen werden. Unwirksam ist deshalb folgende Klausel in AGB des Auftragnehmers: „Sollten nach Fertigstellung der Abdichtung Durchbrüche, Anbauten oder Bohrungen in dem geschlossenen System vorgenommen werden, gilt die Abdichtung als zerstört und es erlischt die komplette Garantiezusage."[446] Das gilt gemäß §§ 310 Abs. 1, 307 Abs. 1 und 2 BGB auch gegenüber **Unternehmern**.[447] **64**

Nach § 309 Nr. 8 lit. b aa BGB kann der Auftragnehmer seine Sachmängelhaftung des weiteren nicht wirksam auf die Einräumung von **Ansprüchen gegen Dritte,** vor allem Nachunternehmer, beschränken oder von der vorherigen gerichtlichen Inanspruchnahme solcher Dritter abhängig machen. Deshalb ist eine Klausel in den AGB des Auftragnehmers unwirksam, nach welcher dieser für Mängel erst haften soll, wenn die abgetretenen Mängelansprüche gegen Nachunternehmer „nicht durchsetzbar" sind; denn diese sprachliche Fassung begründet die **65**

---

[436] Vgl. zuletzt *Kretschmann* Jahrbuch BauR 2005, (109–147); grundsätzlich zur Frage der Privilegierung der VOB/B oben Einleitung zur → VOB/B Rn. 47–67.
[437] BGHZ 86, 135 = NJW 1983, 816 = BauR 1983, 161.
[438] BGHZ 157, 346 = NJW 2004, 1597 = NZBau 2004, 267 = BauR 2004, 668.
[439] BGH NZBau 2008, 640 = BauR 2008, 1603.
[440] Näher dazu *Dammann/Ruzik* NZBau 2013, (265–269), denen jedoch nicht zu folgen ist, soweit sie in der nach § 13 Abs. 4 Nr. 1 S. 1 VOB/B vorrangigen Vereinbarung einer Verjährungsfrist für Mängelansprüche eine inhaltliche Abweichung sehen (vgl. → Rn. 230).
[441] BGHZ 157, 346 = NJW 2004, 1597 = NZBau 2004, 267 = BauR 2004, 668; BGH NZBau 2004, 385 = BauR 2004, 1142.
[442] BGH NZBau 2007, 581 Rn. 20, = BauR 2007, 1404.
[443] Das gilt auch für den Fall von OLG Celle BauR 2005, 1933, das sich zu Unrecht in Übereinstimmung mit der neuen BGH-Rechtsprechung wähnt.
[444] BGH NJW 2014, 1725 = NZBau 2014, 348 = BauR 2014, 1145 Rn. 28.
[445] BGH NJW 2014, 1725 = NZBau 2014, 348 = BauR 2014, 1145 Rn. 29–31.
[446] OLG Brandenburg IBR 2006, 89.
[447] Vgl. dazu auch BGH NJW-RR 1993, 560, wo bereits eine Beschränkung der Haftung im Rahmen der Mängelgewährleistung auf grobe Fahrlässigkeit für unwirksam erklärt worden ist; OLG Brandenburg IBR 2006, 89: unmittelbar aus § 9 AGB-Gesetz, jetzt § 307 BGB.

Gefahr, dass der Auftraggeber die Klausel dahin versteht, die gerichtliche Inanspruchnahme der Nachunternehmer sei Voraussetzung der subsidiären Haftung des Auftragnehmers.[448] Diesen Eindruck erwecken auch Formulierungen, welche die Sachmängelhaftung des Auftragnehmers davon abhängig machen, dass der Auftraggeber die abgetretenen Ansprüche wegen von ihm nicht zu vertretender Verjährung[449] oder wegen Insolvenz oder Geschäftsaufgabe des Dritten[450] nicht durchsetzen kann. Die Klausel, der Auftragnehmer hafte für die Güte der zu errichtenden Baulichkeiten nur, soweit er von Bauhandwerkern Erfüllung der Mängelansprüche verlangen kann, steht einer Verweisung auf Dritte gleich und ist deshalb wie diese unwirksam.[451]

66 Bei dieser Einschränkung der Verweisung auf Dritte durch § 309 Nr. 8 lit. b aa BGB ist der BGH jedoch nicht stehen geblieben, sondern erachtet[452] die von einem **Bauträger** gestellte **Subsidiaritätsklausel,**[453] die vorsieht, dass der Bauträger erst haftet, wenn der Erwerber sich erfolglos bemüht hat, die ihm abgetretenen[454] Mängelansprüche des Bauträgers gegen die anderen am Bau Beteiligten durchzusetzen,[455] als gemäß § 9 Abs. 2 Nr. 2 AGB-Gesetz = § 307 Abs. 2 Nr. 2 BGB **unwirksam.** Das begründet er einleuchtend mit der zeitweiligen Vereitelung des Vertragszwecks, es nur mit einem Vertragspartner zu tun zu haben, mit den möglichen Schwierigkeiten zu klären, welchem Nachunternehmer Mängel zuzuordnen sind, sowie mit dem infolge Zeitablaufs erhöhten Beweis- und Insolvenzrisiko. Aus denselben Gründen ist auch die von einem **Generalunter-/-übernehmer** seinem Auftraggeber gestellte Subsidiaritätsklausel unwirksam.[456] Da § 307 BGB aber nur den Vertragspartner des Verwenders vor unangemessenen Benachteiligungen schützt, kann der Bauträger sich nicht auf die Unwirksamkeit berufen.[457] Vielmehr steht es dem Auftraggeber frei, ihn an der Subsidiaritätsklausel festzuhalten[458] und zunächst zu versuchen, sich aus den abgetretenen Mängelansprüchen gegen die anderen Baubeteiligten schadlos zu halten, etwa wenn er diese für zuverlässiger oder solventer als den Bauträger erachtet. Dann muss der Bauträger aufgrund der sich aus § 402 BGB ergebenden Unterstützungspflicht den Auftraggeber über den Inhalt der Verträge mit den Handwerkern, über den Zeitpunkt der Abnahme der Handwerkerleistungen und den damit verbundenen Lauf der Verjährung unterrichten sowie ihm die Werkverträge und Abnahmeprotokolle herausgeben und wegen zu erwartender Leistungsverweigerungen noch offene Restwerklohnforderungen der Handwerker offenbaren.[459] Anderweitig nicht realisierbare Kosten, die dem Auftraggeber bei dem Versuch, die abgetretenen Ansprüche durchzusetzen, entstanden sind, hat der Bauträger zu ersetzen.[460] Folgerichtig kann der Auftraggeber den Bauträger vor allem an einer weiteren anerkannten Auswirkung der Subsidiaritätsklausel festhalten, dass nämlich die Verjährung der bis zum Fehlschlagen der Schadloshaltung aufschiebend bedingten Mängelansprüche gegen den Bauträger bis zum Eintritt der Bedingung nach § 205 BGB gehemmt ist.[461]

67 Die bisherige Rechtsprechung zu der Vorgängernorm des § 309 Nr. 8 lit. b aa BGB war auch gegenüber **Unternehmern** anwendbar, allerdings mit Einschränkungen; insbesondere wurde dort für unbedenklich erachtet, eine vorherige gerichtliche Inanspruchnahme des Dritten vorzusehen. Da der BGH die Unwirksamkeit der Subsidiaritätsklausel jetzt unmittelbar aus der

---

[448] BGH NJW 1995, 1675 = BauR 1995, 542; NJW 1998, 904 = BauR 1998, 335.
[449] OLG Düsseldorf NJW 1997, 2123 (nur Ls.) = NJW-RR 1997, 659.
[450] BGH NJW 1995, 1675 = BauR 1995, 542.
[451] BGH NJW-RR 1987, 1035 = BauR 1987, 552.
[452] NJW 2002, 2470 = NZBau 2002, 495 = BauR 2002, 1385.
[453] Zu dem Fall, dass der Bauträger „unbeschadet seiner primären Haftung" die Mängelansprüche gegen die am Bau Beteiligten an den Erwerber abtritt, vgl. BGH NJW 2007, 1952 Rn. 26 ff. = BauR 2007, 1221.
[454] Zur Mehrfachabtretung an die Erwerber von Eigentumswohnungen einer Wohnungseigentumsanlage vgl. LG Darmstadt IBR 2005, 210; *Blank* FS Ganten, 2007, 97 (100–107).
[455] Zu einer Abtretung mit vollständigem Haftungsausschluss vgl. OLG Dresden IBR 2012, 87.
[456] *Drossart* in Messerschmidt/Voit Syst. Teil J Rn. 42. Nach *Busch/Ruthemeyer* NZBau 2012, (743–749) soll für Generalübernehmerverträge über Photovoltaik-Anlagen insoweit eine Ausnahme bestehen.
[457] BGH NJW-RR 1998, 594 = BauR 1998, 357; *Korbion/Locher/Sienz* Kap. M Rn. 25. *Blank* FS Ganten, 2007, 97 (99), stellt darauf ab, dass die Klausel teilbar und die Abtretung wirksam ist; ebenso *Vogel* im Praxishinweis zu IBR 2012, 87.
[458] Offenbar ist die Verwendung solcher Klauseln in der Praxis nach wie vor üblich: *Grziwotz* FS Thode, 2005, 243 (255).
[459] BGH NJW 1984, 2094 = BauR 1984, 392; NJW-RR 1989, 467 = BauR 1989, 211.
[460] BGHZ 92, 123 = NJW 1984, 2573 = BauR 1984, 634.
[461] BGH NJW 1981, 2343 = BauR 1981, 469; BGHZ 92, 123 = NJW 1984, 2573 = BauR 1984, 634; OLG Düsseldorf NJW-RR 1992, 1108. Näher dazu → Rn. 167.

Vorgängernorm des § 307 Abs. 2 Nr. 2 BGB herleitet,[462] gilt diese neue Rechtsprechung für Unternehmer als Auftraggeber des Bauträgers uneingeschränkt.

§ 309 Nr. 8 lit. b BGB gilt „bei Verträgen über Lieferungen **neu hergestellter Sachen**". **68** Dazu gehören insbesondere Häuser und Eigentumswohnungen, die vor ihrer Veräußerung nicht bereits einige Zeit genutzt worden sind.[463] Unschädlich für die Neuheit ist es, wenn der Veräußerer das Bauwerk für sich errichtet und einige Monate selbst bewohnt hat,[464] wenn das Gebäude als Musterhaus erstellt und als solches ein halbes Jahr genutzt worden ist[465] oder wenn das Haus kurzfristig vermietet[466] oder zwar ein Jahr und drei Monate vermietet, aber nur sechs Monate tatsächlich bezogen war.[467] Bei einem Leerstand zwischen Fertigstellung und Veräußerung kann eine Eigentumswohnung spätestens nach fünf Jahren nicht mehr als neu angesehen werden.[468] Jedenfalls zwei Jahre nach ihrer Errichtung veräußerte Eigentumswohnungen hat der BGH wiederholt[469] noch als neu behandelt.

Auch die **Umwandlung** eines **Altbaus** in **Eigentumswohnungen** erfüllt die Voraussetzung **69** des § 309 Nr. 8 lit. b BGB, wenn mit dem „Verkauf" der Wohnungen eine Herstellungspflicht des Veräußerers verbunden ist, die nach Umfang und Bedeutung mit der Neuherstellungspflicht vergleichbar ist.[470] Das ist bei einem als „vollkommen modernisiert und umgebaut" und als „Neubau hinter historischer Fassade" bezeichneten Altbau der Fall.[471] Das gilt ebenso bei einem „vollständig, bis auf die Grundmauern sanierten Altbau", der aus zwei Doppelhaushälften besteht, selbst wenn die geschuldete Sanierung bei Abschluss des Vertrags bereits fertiggestellt war,[472] oder bei umfassenden Modernisierungsarbeiten an einem zuvor als Wohngebäude der amerikanischen Streitkräfte genutzten und um zwei zusätzliche Geschosse aufgestockten Objekt.[473] Selbst in einem notariellen **Individual**vertrag ist ein **formelhafter** Ausschluss der Gewährleistung für Sachmängel beim Erwerb **neu** errichteter oder so **zu behandelnder** Häuser gemäß § 242 BGB unwirksam, wenn die Freizeichnung nicht mit dem Erwerber unter ausführlicher Belehrung über die einschneidenden Rechtsfolgen eingehend erörtert worden ist.[474]

Änderungsvorbehalte sind nach § 308 Nr. 4 BGB unwirksam, „wenn nicht die Verein- **70** barung der Änderung oder Abweichung unter Berücksichtigung der Interessen des Verwenders für den anderen Vertragsteil zumutbar ist." Diese Voraussetzung ist nur erfüllt, wenn für die Änderung ein **triftiger Grund** vorliegt; und im Hinblick auf die gebotene Klarheit und Verständlichkeit von AGB ist es unverzichtbar, dass die Klausel die triftigen Gründe für das einseitige Leistungsbestimmungsrecht nennt und die Interessen des Vertragspartners angemessen berücksichtigt.[475] Darum ist in einem Bauträgervertrag die Klausel: „Grundlage der Bauausführung ist diese Baubeschreibung. Änderungen der Bauausführung, der Material- bzw. Baustoffwahl, soweit sie gleichwertig sind, bleiben vorbehalten." unwirksam.[476] Das gilt ebenso für folgende Klausel in einem formularmäßigen Kaufvertrag über neu herzustellendes Wohneigentum: „Von der Leistungsbeschreibung abweichende Ausführungen bleiben vorbehalten, sofern damit tech-

---

[462] BGH NJW 2002, 2470 = NZBau 2002, 495 = BauR 2002, 1385; vgl. dazu → Rn. 66.
[463] BGH NJW 1995, 1675 = BauR 1995, 542; vgl. dazu Gegenäußerung der Bundesregierung zu der Stellungnahme des Bundesrats, BT-Drs. 14/6857, 59/60 zu Nr. 91, sowie *Thode* NZBau 2002, 297 (298–300); *Hofmann/Joneleit* NZBau 2003, (641–645); *Derleder* NZBau 2004, 237 (243, 244).
[464] BGHZ 74, 204 = NJW 1979, 1406 = BauR 1979, 337; BGH BauR 1982, 58; NJW 1982, 2243 = BauR 1982, 493.
[465] BGH NJW 1982, 2243 = BauR 1982, 493.
[466] OLG München NJW 1981, 2472.
[467] OLG Düsseldorf OLGR 2001, 219.
[468] So *Klumpp* NJW 1993, 372.
[469] NJW 1985, 1551 = BauR 1985, 314; NZBau 2003, 213 = BauR 2003, 535.
[470] BGHZ 108, 156 = NJW 1989, 2534 = BauR 1990, 221; BGH NJW 2007, 3275 = NZBau 2007, 507 Rn. 18 = BauR 2007, 1407; weitergehend – auch bei Teilsanierungen –: *Pause* NZBau 2000, 234 (238); vgl. auch BT-Drs. 14/6857, 60, linke Spalte, 3. Abs.
Nach BGH NJW 2006, 214 = NZBau 2006, 113 = BauR 2006, 99 haftet der Veräußerer, der eine Herstellungsverpflichtung übernommen hat, die insgesamt mit Neubauarbeiten nicht vergleichbar ist, wegen Mängeln des Objekts nach Werkvertragsrecht, soweit er seine Herstellungsverpflichtung verletzt hat; soweit das nicht der Fall ist, ist Kaufrecht anzuwenden.
[471] BGHZ 100, 391 = NJW 1988, 490 = BauR 1987, 439.
[472] BGH NJW 2005, 1115 = NZBau 2005, 216 = BauR 2005, 542.
[473] BGH NJW 2007, 3275 = NZBau 2007, 507 Rn. 20/21 = BauR 2007, 1407.
[474] BGH NZBau 2007, 371 = BauR 2007, 1036, mit Ausführungen, wann ausnahmsweise von dieser Erörterung und Belehrung abgesehen werden kann; OLG Hamm BauR 2009, 1320.
[475] BGH NZBau 2005, 511 = BauR 2005, 1473; OLG Celle BauR 2009, 103.
[476] BGH, aaO, vorstehende Fußnote.

nische Verbesserungen verbunden und/oder der Gesamtwert des Objekts nicht wesentlich beeinträchtigt werden."[477] und für die Klausel eines Fertighausanbieters: „Werden aus baurechtlichen oder bau- und produktionstechnischen Gründen Änderungen erforderlich, so kann der Unternehmer diese vornehmen, sofern hierdurch keine Wertminderung eintritt und die Änderungen für den Bauherrn zumutbar sind."[478]

71 Eine von einem Bauträger in AGB eines Erwerbsvertrages verwendete Klausel, die die Abnahme des Gemeinschaftseigentums durch den Bauträger selbst als Erstverwalter ermöglicht, stellt ebenso eine unangemessene Benachteiligung des Erwerbers im Sinne des § 307 Abs. 1 S. 1 BGB dar[479] wie die Klausel, wonach das Gemeinschaftseigentum durch ein Ingenieurbüro abgenommen wird.[480] Gleichwohl kann sich der Verwalter nach Treu und Glauben nicht auf die Unwirksamkeit der Klausel berufen, da die Inhaltskontrolle nur dem Schutz des Vertragspartners dient und der Verwender aus der Unwirksamkeit der Klausel keine Vorteile ziehen darf. Hat der Verwender mit der Abnahmeklausel den Eindruck erweckt, das Erfüllungsstadium sei aufgrund erfolgter Abnahme des Gemeinschaftseigentums beendet, folgt daraus, dass der Bauträger nach Treu und Glauben (§ 242 BGB) trotz fehlender Abnahme mit Mängelansprüchen konfrontiert werden kann.[481]

II. Leistungen nach Probe: § 13 Abs. 2 VOB/B

72 Die in Abs. 2 des § 13 VOB/B geregelten Leistungen nach Probe sind ein **Spezialfall** der Haftung für die **vereinbarte Beschaffenheit** nach § 13 Abs. 1 VOB/B. Da dort nicht mehr auf zugesicherte Eigenschaften abgestellt wird,[482] gelten die Eigenschaften der Probe jetzt als vereinbarte Beschaffenheit.[483] Allerdings hat § 13 Abs. 2 VOB/B ersichtlich keine nennenswerte praktische Bedeutung,[484] wie daraus erhellt, dass es hierzu keine veröffentlichte Rechtsprechung gibt.[485] Die in der Literatur[486] mehrfach zitierten Entscheidungen[487] sind nicht zu dieser Norm, sondern zu § 494 BGB aF, also zum Kaufrecht, ergangen.

73 **1. Vertragliche Vereinbarung.** Leistungen nach Probe liegen nur vor, wenn die Bauvertragspartner sich darüber einig sind, dass die Beschaffenheit der Probe für die vertragsgerechte Leistung maßgebend sein soll.[488] Die erforderliche vertragliche Vereinbarung[489] kann ausdrücklich erfolgen. Oft wird jedoch erst durch Auslegung zu ermitteln sein, ob die Vorlage der Probe nur das Interesse des Auftraggebers wecken und Informationszwecken dienen oder ob mit ihr die geschuldete Leistung festgelegt werden sollte.[490] Von letzterem ist auszugehen, wenn die Probe Bestandteil des Leistungsverzeichnisses oder des Angebots war.[491] Aber auch im übrigen spricht der Umstand, dass sich eine Vertragspartei die Mühe macht, die Probe vorzulegen, mangels anderer Anhaltspunkte für eine solche Einigung. Die Vereinbarung, die Bauleistung entsprechend einer Probe zu erbringen, kann nach § 13 Abs. 2 S. 2 VOB/B noch nach Vertragsschluss getroffen werden. Damit wird der Baupraxis, Ausführungsdetails erst später zu regeln, Rechnung getragen.[492]

---

[477] OLG Hamm BauR 2005, 1324 = IBR 2005, 250.
[478] OLG Celle BauR 2009, 103.
[479] BGH BauR 2016, 1771 = NZBau 2016, 629.
[480] BGH BauR 2016, 1467.
[481] BGH BauR 2016, 1771 = NZBau 2016, 629.
[482] Vgl. dazu → Rn. 16.
[483] Beschluss des Vorstandes des DVA vom 2.5.2002, Begründung II. 6. Zur Bedeutung einer Bemusterung vgl. OLG Bremen IBR 2012, 249.
[484] *Weyer* BauR 2003, 613 (618); *Siegburg* Gewährleistung Rn. 847 und FS Jagenburg, 2002, 839 (851).
[485] Woraus *Motzke* NJW 2003, 3396 (3397) dem gegenüber die Praxisbedeutung herleiten will, teilt er nicht mit.
[486] Vgl. etwa Ingenstau/Korbion/*Wirth* VOB/B § 13 Abs. 2 Rn. 6 und 8; Beck'scher VOB-Kommentar/*Ganten* VOB/B § 13 Abs. 2 Rn. 1 Fn. 1.
[487] BGH Betr. 1957, 66 und Betr. 1966, 415; KG NJW 1974, 1954.
[488] *Daub/Piel/Soergel/Steffani* ErlZ B 13.164; *Riedl/Mansfeld* in Heiermann/Riedl/Rusam VOB/B § 13 Rn. 26.
[489] BeckOK BGB-*Voit*, Stand 1.2.2013, § 633 Rn. 5.
[490] NWJS VOB/B § 13 Rn. 38; *Kleine-Möller/Merl/Glöckner* § 15 Rn. 200; Heiermann/ Riedl/Rusam VOB/B § 13 Rn. 26.
[491] *Hereth/Ludwig/Naschold* B § 13 Ez.113; Ingenstau/Korbion/*Wirth* VOB/B § 13 Abs. 2 Rn. 5.
[492] Ingenstau/Korbion/*Wirth* VOB/B § 13 Abs. 2 Rn. 6.

2. Vereinbarte Beschaffenheit. Nach der vertraglichen Vereinbarung und deren Auslegung 74 richtet sich ebenfalls, welche Eigenschaften der Probe – nur einzelne oder alle – vereinbarte Beschaffenheit sind.[493] Im Zweifel ist letzteres anzunehmen, wenn im Vertrag dazu nichts gesagt wird.[494] Dafür spricht entscheidend der Wortlaut des § 13 Abs. 2 S. 1 VOB/B, weil er ohne jede Einschränkung die Eigenschaften der Probe als vereinbarte Beschaffenheit bezeichnet.

3. Abweichungen der Ausführung. Soweit die Ausführung der Bauleistung von der Probe 75 abweicht, handelt es sich um Mängel, für welche der Auftragnehmer nach § 13 Abs. 1 VOB/B haftet. Anders als dort gilt das in den Fällen des § 13 Abs. 2 VOB/B allerdings nur, „soweit nicht Abweichungen nach der Verkehrssitte als bedeutungslos anzusehen sind". Wegen des Gewichts der Beschaffenheitsvereinbarung ist diese Einschränkung aber eng zu begrenzen.[495] Sie greift schon bei lediglich geringfügigen Wert- oder Nutzungsbeeinträchtigungen nicht ein.

4. Mängel der Probe. Wenn bereits die vom Auftragnehmer vorgelegte Probe mangelhaft 76 war, haftet er für die darauf beruhenden Mängel der Bauleistung.[496] Ist der Mangel jedoch deutlich erkennbar und wird er von dem Auftraggeber deshalb erkannt oder nur infolge grober Fahrlässigkeit nicht erkannt, die Probe aber gleichwohl zum Vertragsinhalt gemacht, so scheidet insoweit eine Mängelhaftung aus.[497] Bloße Erkennbarkeit, etwa bei sorgfältiger Untersuchung der Probe, reicht nicht aus.[498] Denn die als Beleg für die gegenteilige Ansicht[499] angeführte BGH-Entscheidung[500] stellt ausdrücklich auf § 460 BGB aF, jetzt § 442 Abs. 1 BGB ab; und danach schließen nur Kenntnis und grobe Fahrlässigkeit die Mängelrechte aus. Bei Vorlage der Probe durch den Auftraggeber wird der Auftragnehmer entsprechend § 13 Abs. 3 VOB/B von seiner Haftung frei,[501] sofern er seiner Prüfungs- und Hinweispflicht nachkommt.[502]

5. Beweislast. Beweispflichtig ist aus den bei § 13 Abs. 1 VOB/B genannten Gründen[503] 77 auch hier der **Auftraggeber**. Der Beweis muss sich auf die Vereinbarung einer Leistung nach Probe, auf die Identität der als Beweismittel vorgelegten mit der vereinbarten Probe und auf die fehlende Übereinstimmung zwischen Probe und erbrachter Leistung erstrecken.[504] Die Beweislast **kehrt sich um,** wenn die dem Auftragnehmer übergebene Probe infolge seines Verschuldens abhanden kommt.[505]

6. Abweichungen gegenüber dem BGB. § 13 Abs. 2 VOB/B stellt eine Abweichung von 78 dem gesetzlichen Werkvertragsrecht des BGB dar. Denn dieses regelt Leistungen nach Probe nicht.[506] Lediglich für den Kauf nach Probe oder Muster[507] bestimmte § 494 BGB aF, dass die Eigenschaften der Probe oder des Musters als zugesichert anzusehen sind. Diese Bestimmung ist durch das Schuldrechtsmodernisierungsgesetz als entbehrlich[508] aufgehoben worden. Bei Vereinbarung von Leistungen nach Probe in einem BGB-Werkvertrag ist mithin anhand der Umstände des Einzelfalls durch Auslegung zu ermitteln, was die Bauvertragspartner damit erreichen wollten. In der Regel wird sich ergeben, dass die Vertragspartner auf die Eigenschaften

---

[493] *Hereth/Ludwig/Naschold* B § 13 Ez.114; *NWJS* VOB/B § 13 Rn. 39.
[494] *Kleine-Möller/Merl/Glöckner* § 15 Rn. 201.
[495] *Ingenstau/Korbion/Wirth* VOB/B § 13 Abs. 2 Rn. 7.
[496] Ähnlich OLG Frankfurt BauR 2005, 1937.
[497] *Ingenstau/Korbion/Wirth* VOB/B § 13 Abs. 2 Rn. 8; *Kleine-Möller/Merl/Glöckner* § 15 Rn. 203.
[498] AA *Vygen/Joussen* Bauvertragsrecht, Rn. 1281.
[499] Von *Vygen/Joussen,* vorstehende Fn.
[500] BGH Betr. 1957, 66.
[501] Soweit es bei Ingenstau/Korbion/Wirth VOB/B § 13 Abs. 2 Rn. 8 heißt: … der Auftragnehmer ist nur wegen ihm vorwerfbarer Verletzung einer ihm obliegenden Prüfungs- und Hinweispflicht verantwortlich …,, wird verkannt, dass § 13 Abs. 3 VOB/B die Mängelhaftung nicht begründet, sondern ein Befreiungstatbestand ist: Vgl. dazu → Rn. 80.
[502] *Kleine-Möller/Merl/Glöckner* § 15 Rn. 203.
[503] Vgl. bei → Rn. 58.
[504] *Baumgärtel* Beweislast VOB/B § 13 Rn. 5; *Ingenstau/Korbion/Wirth* VOB/B § 13 Abs. 2 Rn. 9.
[505] BGH LM Nr. 1 zu § 494 BGB.
[506] Unzutreffend deshalb *Tempel* NZBau 2002, 532 (534), soweit er ausführt, die geänderte Fassung des § 13 Nr. 2 VOB/B sei überflüssig, da die gleiche Rechtsfolge auch nach dem Werkvertragsrecht des BGB eintrete.
[507] Vgl. dazu OLG Düsseldorf NJW-RR 2000, 1654 = BauR 2000, 1347.
[508] So BT-Drs. 14/6040, 207; vgl. dazu auch *Schwenker/Heinze* BauR 2002, 1143 (1148).

der Probe besonderen Wert legten und deshalb eine entsprechende Beschaffenheitsvereinbarung getroffen haben.[509]

III. Entfall oder Einschränkung der Sachmängelhaftung

79 Von der Sachmängelhaftung nach § 13 Abs. 1 und 2 VOB/B kann der Auftragnehmer unter den Voraussetzungen des **§ 13 Abs. 3 VOB/B frei** sein (1.). Aber auch dann, wenn nicht sämtliche Voraussetzungen des Abs. 3 erfüllt sind, vor allem wenn der Auftragnehmer seiner Prüfungs- und Hinweispflicht nach § 4 Abs. 3 VOB/B nicht hinreichend nachgekommen ist, kann infolge **Unterlassung notwendiger Mitwirkungshandlungen** des Auftraggebers die Sachmängelhaftung des Auftragnehmers entfallen (2.) oder wegen einer Mitverursachung des Mangels durch den Auftraggeber gemäß **§ 254 BGB eingeschränkt** sein (3.). Mittelbar kann sich ferner eine Einschränkung der Sachmängelhaftung über einen **Gesamtschuldnerausgleich** zwischen dem Auftragnehmer und einem Vorunternehmer oder dem Architekten des Auftraggebers ergeben (4.). Schließlich kann sich die Sachmängelhaftung infolge vorbehaltloser Abnahme der mangelhaften Bauleistung nach **§ 640 Abs. 2 BGB** auf einen Schadensersatzanspruch aus § 13 Abs. 7 VOB/B reduzieren (5.).

80 **1. § 13 Abs. 3 VOB/B.** Entsprechend der Änderung des § 13 Abs. 1 VOB/B[510] ist § 13 Abs. 3 durch die VOB/B 2002 redaktionell angepasst worden.[511] Der Auftragnehmer wird nicht mehr von der Gewährleistung, sondern von der Mängelhaftung frei. § 13 Abs. 3 VOB/B ist kein Tatbestand, der die Mängelhaftung begründet, sondern ein **Befreiungstatbestand**.[512] Der Haftungsbefreiung gemäß § 13 Abs. 3 VOB/B kommt besondere Bedeutung im Zusammenhang mit der Rechtsprechung des BGH zur geschuldeten Funktionalität der Leistung (**funktionaler Mangelbegriff**)[513] zu. Insbesondere dann, wenn dem Auftraggeber zuzurechnende, fehlerhafte Planungen, Leistungsbeschreibungen oder sonstige Anordnungen zu einer (teilweise) funktionsuntauglichen und damit mangelhaften Leistung führen würden, ist der Auftragnehmer gehalten, Bedenken gegen die Leistungsvorgaben des Auftraggebers bezüglich der geschuldeten Funktionalität der Leistung zu erklären.[514] Soweit der Auftraggeber den Bedenken des Auftragnehmers Rechnung trägt und zum Beispiel eine Korrektur der Planung beziehungsweise Leistungsbeschreibung vorlegt, die dann zur mängelfreien Leistung führt, steht dem Auftragnehmer ein Vergütungsanspruch hinsichtlich der zusätzlichen oder geänderten Leistungen zu.[515]

81 Allerdings kann der von der Mängelhaftung befreite Auftragnehmer **gleichwohl** wegen Verletzung einer Aufklärungspflicht **schadensersatzpflichtig** sein.[516] Das gilt auch, wenn das Werk des Auftragnehmers mangelfrei ist, er aber unter Verletzung seiner Prüfungs- und Hinweispflicht erkennbare Mängel einer Vorleistung dem Auftraggeber nicht mitgeteilt hat.[517] Zudem kann die Verletzung der Prüfungs- und Hinweispflicht einer Entlastung nach § 280 Abs. 1 S. 2 BGB und damit einer Befreiung von der Haftung für Folgeschäden entgegenstehen.[518] Im Ausnahmefall kann der Auftragnehmer nach Treu und Glauben gehalten sein, den Auftraggeber oder den Nachfolgeunternehmer auf Ausführungsrisiken hinzuweisen, wenn erkennbar die Gefahr besteht, dass der Nachfolgeunternehmer auch bei Anwendung der anerkannten Regeln der Technik nicht erkennen kann, ob die Vorleistung des Vorunternehmers für ihn eine geeignete

---

[509] So im Ergebnis auch *Kleine-Möller/Merl/Glöckner* § 15 Rn. 198.
[510] Vgl. dazu → Rn. 1.
[511] Beschluss des Vorstandes des DVA vom 2.5.2002, Begründung II. 7.
[512] BGH NJW 2008, 511 Rn. 22 = NZBau 2008, 109 = BauR 2008, 344; BauR 2011, 517 Rn. 17; *Leupertz* FS Kapellmann, 2007, 253 (258–260). Anders: Schadensersatzanspruch aus § 280 I BGB wegen Verletzung der Hinweispflicht *Peters* NZBau 2008, 609 (611); vgl. auch *Peters* NZBau 2012, 615 und NZBau 2013, 129 und dazu *Weyer* Blog-Eintrag vom 24.4.2013 in ibr-online. Zur „Dogmatik der Bedenkenanmeldung und deren Folgen" *Schröder* BauR 2015, (319–329).
[513] → Dazu oben Rn. 27 ff.
[514] So zutreffend OLG Celle BauR 2016, 120.
[515] OLG Celle, am angegebenen Ort.
[516] BGH NJW 2011, 3291 mit Anmerkung von *Kapellmann* = NZBau 2011, 483 = BauR 2011, 1494 Rn. 25; *Manteufel* im Praxishinweis zu IBR 2014, 138. Teilweise wird die Prüfungs- und Hinweispflicht auch lediglich als Obliegenheit angesehen, vgl. *Hammacher* NZBau 2016, 20; differenzierend *Lührmann* NZBau 2016, 489. Vgl. dazu auch → Rn. 473.
[517] OLG Düsseldorf BauR 2008, 1005; OLG Schleswig IBR 2014, 138.
[518] BGH NJW 2011, 2644 = NZBau 2011, 612 = BauR 2011, 1652 Rn. 10–16.

Arbeitsgrundlage darstellt und in welcher Weise er seine eigene Leistung an die Vorleistung anzupassen hat, um Mängel zu vermeiden.[519]

Die **Reichweite** des Haftungsausschlusses nach § 13 Abs. 3 VOB/B wird anhand der **Regel** deutlich, zu der er die **Ausnahme**[520] bildet.[521] Das Werkvertragsrecht ist dadurch geprägt, dass grundsätzlich der Auftragnehmer für die vereinbarte Werkleistung und damit für den Erfolg seiner Tätigkeit einzustehen hat. Hierzu ist der Auftragnehmer regelmäßig selbst dann verpflichtet, wenn er nicht zu vertreten hat, dass der geschuldete Erfolg ausgeblieben ist.[522] Die grundsätzliche Erfolgshaftung des Auftragnehmers[523] soll durch § 13 Abs. 3 VOB/B nur in dem Maße eingeschränkt werden, in dem die einschneidende Rechtsfolge der Risikoverlagerung auf den Auftraggeber bei wertender Betrachtung gerechtfertigt ist. 82

Diese vom BGH[524] für einen Fall vom Auftraggeber vorgeschriebener Baustoffe zutreffend herausgestellten Grundsätze sind bei der Anwendung aller **vier Fallalternativen** des § 13 Nr. 3 VOB/B zu beachten: bei Mängeln, die zurückzuführen sind auf die Leistungsbeschreibung des Auftraggebers (a), auf Anordnungen des Auftraggebers (b), auf vom Auftraggeber gelieferte oder vorgeschriebene Stoffe oder Bauteile (c) oder auf die Beschaffenheit der Vorleistung eines anderen Unternehmers (d). Die vier Tatbestände eines Haftungsausschlusses sind als Ausnahmen von der grundsätzlichen Haftung des Auftragnehmers für Mängel seines Werks **eng auszulegen**[525] und stellen eine **abschließende Regelung** dar.[526] Gleichwohl ist der Ausschluss in Zweifelsfällen sorgfältig zu prüfen und darf nicht voreilig unter Hinweis auf den Ausnahmecharakter des § 13 Abs. 3 VOB/B verneint werden.[527] Zudem ist § 13 Abs. 3 VOB/B selbst auslegungsbedürftig.[528] 83

a) **Leistungsbeschreibung des Auftraggebers.** Der Begriff der **Leistungsbeschreibung** in § 13 Abs. 3 VOB/B[529] darf nicht auf die Umschreibung des § 7 Abs. 9 VOB/A 2009 – Baubeschreibung und Leistungsverzeichnis – verkürzt werden, ist vielmehr in einem **weiten Sinn** zu verstehen.[530] Denn die Leistungsbeschreibung definiert die Leistungspflicht des Auftragnehmers und damit das Bausoll. Diese wird zum Beispiel auch durch Pläne, Proben, statische Berechnungen, geotechnische Gutachten und Angaben in Zusätzlichen Technischen Vertragsbedingungen (§ 8 Abs. 5 S. 2 VOB/A 2009) bestimmt, die alle Bestandteile der Leistungsbeschreibung sein können.[531] 84

Eine Leistungsbeschreibung **des Auftraggebers** setzt voraus, dass sie von ihm selbst, seinem Architekten oder seinem planenden Sonderfachmann aufgestellt und zum Gegenstand des Bauvertrags gemacht worden ist.[532] Daran fehlt es, wenn die den Baumangel verursachende Leistungsbeschreibung aus der Risikosphäre des Auftragnehmers selbst stammt, der Auftragnehmer die von ihm oder von einem Dritten, zum Beispiel seinem Lieferanten, formulierte Leistungsbeschreibung also in sein Angebot übernimmt und daraufhin den Auftrag erhält. Das gilt auch bei einer gezielten Erkundigung des Auftraggebers nach dem Verbundsystem eines bestimmten Herstellers für eine Wärmeschutzfassade und einem entsprechenden Angebot des Auftragnehmers mit anschließender Auftragserteilung; denn dann hat der Auftraggeber das System allenfalls 85

---

[519] OLG Düsseldorf BauR 2016, 1495.
[520] Dieser Ausnahmecharakter wird durch die sprachliche Umstellung des letzten Halbsatzes zur Verdeutlichung der Beweislastverteilung (so Beschluss des Vorstandes des DVA vom 2.5.2002, Begründung II. 7.) zusätzlich hervorgehoben: *Weyer* BauR 2003, 613 (618).
[521] BGHZ 132, 189 = NJW 1996, 2372 = BauR 1996, 702.
[522] BGH NZBau 2006, 112 = BauR 2006, 375.
[523] So auch NWJS VOB/B § 13 Rn. 44; *Motzke* NZBau 2011, 705 (707, 708). Zu einer wichtigen Ausnahme *Englert* FS Koeble, 2010, (3–13): „Erfolgsrisiko versus Baugrundrisiko".
[524] BGHZ 132, 189 = NJW 1996, 2372 = BauR 1996, 702.
[525] BGH BauR 1975, 421; NJW 1977, 1966 = BauR 1977, 420; OLG Oldenburg NJW 2013, 2523 = BauR 2013, 1459; Ingenstau/Korbion/*Wirth* VOB/B § 13 Rn. 4; *Riedl/Mansfeld* in Heiermann/Riedl/Rusam VOB/B § 13 Rn. 30; NWJS VOB/B § 13 Rn. 47; aA *Medicus* ZfBR 1984, 155 (158, 159).
[526] *Klafft/Maxem* BauR 1999, 1074 (1075); Ingenstau/Korbion/*Wirth* VOB/B § 13 Abs. 3 Rn. 9; *Riedl/Mansfeld* in Heiermann/Riedl/Rusam VOB/B § 13 Rn. 30; *Vygen/Joussen* Bauvertragsrecht, Rn. 1506.
[527] *Klafft/Maxem* BauR 1999, 1074 (1079).
[528] Vgl. → Rn. 100.
[529] Diesen lässt *Leitzke* BauR 2007, (1643–1650) bei seinen Überlegungen zum Begriff der Leistungsbeschreibung gänzlich außer Betracht.
[530] Vgl. dazu *Kapellmann* NJW 2005, 182.
[531] Vgl. auch OLG Naumburg IBR 2005, 659 mit zu Recht kritischem Praxishinweis von *Englert*.
[532] Ingenstau/Korbion/*Wirth* VOB/B § 13 Abs. 3 Rn. 22; NWJS VOB/B § 13 Rn. 52; *Riedl/Mansfeld* in Heiermann/Riedl/Rusam VOB/B § 13 Rn. 33.

vorgeschlagen, aber keine Leistungsbeschreibung vorgegeben, wie es § 13 Abs. 3 VOB/B voraussetzt.[533] Dem genügt auch eine Leistungsbeschreibung nicht, die auf gemeinsamer Erörterung zwischen Auftraggeber und Auftragnehmer beruht.[534]

86   Erforderlich sind **verbindliche Vorgaben** des Auftraggebers.[535] Dazu zählen nicht etwa sämtliche Angaben der in § 7 VOB/A 2009 und in Abschnitt 0 der ATV DIN 18299 näher geregelten Leistungsbeschreibung, insbesondere nicht jede Angabe des Auftraggebers zu Baustoffen.[536] Die Benennung bestimmter Baustoffe im Leistungsverzeichnis des Auftraggebers ist jedoch nicht nur ein Einverständnis oder eine Anregung, sondern eine bindende Anweisung, wenn die Auslegung des Bauvertrags ergibt, dass dieses Material dem Auftragnehmer zwingend vorgeschrieben sein soll.[537] Das ist nicht der Fall, wenn die Bezeichnung eines bestimmten Erzeugnisses entsprechend § 7 Abs. 4 Nr. 1 S. 2 VOB/A 2009 mit dem Zusatz „alternativ gleichwertiges Fabrikat nach Wahl des Bieters" versehen wird.[538] Das eingeräumte Wahlrecht besteht allerdings nur scheinbar, tatsächlich aber nicht, sofern dem Auftragnehmer ein nach seinen Materialeigenschaften genau definiertes Produkt vorgeschrieben und ihm lediglich freigestellt wird, ein gleichartiges Produkt eines anderen Herstellers zu verwenden, das betreffende Produkt indessen schon aufgrund seiner Materialeigenschaften zur Erstellung des geschuldeten Werks ungeeignet ist; der Auftragnehmer kann dann nämlich nur zwischen mehreren untauglichen Alternativen eine falsche Wahl treffen.[539]

87   **b) Anordnungen des Auftraggebers.** Der Ausschluss der Sachmängelhaftung des Auftragnehmers bei Anordnungen des Auftraggebers ist die **Kehrseite des** Rechts des Auftraggebers, gemäß **§ 4 Abs. 1 Nr. 3 VOB/B** Anordnungen zu treffen und der Pflicht des Auftragnehmers nach § 4 Abs. 1 Nr. 4 VOB/B, diese Anordnungen zu befolgen. Diese Fallalternative umfasst also alle Anordnungen, die Inhalt oder Begleitumstände der Leistung betreffen und nicht bereits Teil der Leistungsbeschreibung[540] sind. Wie dort ist Voraussetzung einer Anordnung, dass der Auftraggeber eine **bindende Anweisung** erteilt, die dem Auftragnehmer keine Wahl lässt und absolute Befolgung erheischt.[541] Die Anordnung kann zum Beispiel darin bestehen, dass der Auftraggeber dem Auftragnehmer vorschreibt, einen bestimmten Nachunternehmer einzuschalten,[542] oder ihn anweist, bestimmte Arbeiten bei ungeeigneten Witterungsverhältnissen auszuführen.[543] Andererseits ist eine Anordnung zu verneinen, wenn vom Auftragnehmer nicht zu vertretende zeitliche Verzögerung durch verspätet fertiggestellte Vorunternehmerleistungen eintritt.[544] Ebenfalls keine Anordnung trifft der Auftraggeber, der zwar weiß, dass der Auftrag alsbald nur mit bestimmtem Material ausgeführt werden kann, der dem Auftragnehmer insoweit aber freie Hand lässt.[545]

88   Anordnungen des Auftraggebers enthält insbesondere die **Planung**[546] der von ihm beauftragten **Architekten** und **Sonderfachleute.**[547] Solche Ausführungsunterlagen im Sinne des § 3 Abs. 1 VOB/B sind für den Auftragnehmer nach § 3 Abs. 3 VOB/B maßgebend.[548] Er hat sich

---

[533] BGHZ 91, 206 = NJW 1984, 2457 = BauR 1984, 510.
[534] Ingenstau/Korbion/*Wirth* VOB/B § 13 Abs. 3 Rn. 22; NWJS VOB/B § 13 Rn. 52.
[535] OLG Köln NJW-RR 2016, 790; *Riedl/Mansfeld* in Heiermann/Riedl/Rusam VOB/B § 13 Rn. 33; *Kleine-Möller/Merl/Glöckner* § 15 Rn. 119.
[536] BGHZ 132, 189 = NJW 1996, 2372 = BauR 1996, 702.
[537] OLG Hamm BauR 1988, 481; zustimmend Beck'scher VOB-Kommentar/*Ganten* VOB/B § 13 Abs. 3 Rn. 21 und 23.
[538] OLG Zweibrücken BauR 1992, 770. Zur Gleichwertigkeit vgl. BayObLG IBR 2002, 505.
[539] *Klaft/Maxem* BauR 1999, 1074 (1077), die allerdings fälschlich davon ausgehen, dass der Entscheidung des OLG Zweibrücken BauR 1992, 770 eine solche Fallgestaltung zugrunde liegt, was den mitgeteilten Gründen nicht zu entnehmen ist. Zur Methodenwahl durch den Auftraggeber statt durch den Auftragnehmer vgl. auch → VOB/B § 2 Rn. 37, 38.
[540] Vgl. dazu vorstehend → Rn. 84–86.
[541] BGH BauR 1975, 421; NJW 1977, 1966 = BauR 1977, 420; BGHZ 91, 206 = NJW 1984, 2457 = BauR 1984, 510.
[542] NWJS VOB/B § 13 Rn. 55; Ingenstau/Korbion/*Wirth* VOB/B § 13 Abs. 3 Rn. 28; *Kleine-Möller/Merl/Glöckner* § 15 Rn. 121.
[543] *Vygen/Joussen* Bauvertragsrecht, Rn. 1514; *Riedl/Mansfeld* in Heiermann/Riedl/Rusam VOB/B § 13 Rn. 34.
[544] BGH NJW 1977, 1966 = BauR 1977, 420; nur im Ergebnis zustimmend NWJS VOB/B § 13 Rn. 54.
[545] BGH *Schäfer/Finnern* Z 2.414 Blatt 219.
[546] Soweit diese nicht bereits Bestandteil der Leistungsbeschreibung ist: vgl. dazu → Rn. 84.
[547] Ingenstau/Korbion/*Wirth* VOB/B § 13 Abs. 3 Rn. 27.
[548] Vgl. dazu näher → VOB/B § 3 Rn. 32.

deshalb an die Planvorgaben – soweit sie der vertraglich vereinbarten Planung entsprechen[549] – genau zu halten.[550] Mit dieser eindeutigen Rechtslage ist die Annahme, regelmäßig seien alle Planunterlagen, die nicht erkennbar unbedingt und nur so gewollt seien, keine zwingenden Anordnungen,[551] unvereinbar und kann auch nicht mit den strengen Anforderungen, die an eine Anordnung gestellt werden, begründet werden.[552] Im Fall der Blasbachtalbrücke[553] hätte folglich wegen der bindenden Planvorgaben des Auftraggebers die Haftung des Auftragnehmers für den Mangel verneint werden müssen, zumal es einer besonderen Risikoübernahme durch den Auftraggeber nicht bedurfte.[554]

c) **Vom Auftraggeber gelieferte/vorgeschriebene Baustoffe/-teile.** Weitere spezielle Anordnungen des Auftraggebers regelt § 13 Abs. 3 VOB/B bezüglich der an dritter Stelle genannten, von ihm gelieferten oder vorgeschriebenen Stoffe oder Bauteile. Soweit der Auftraggeber Baustoffe – dieser Begriff ist weit auszulegen,[555] so dass dazu an erster Stelle der Baugrund gehört[556] – oder Bauteile **liefert,** kann der Auftragnehmer grundsätzlich nicht für deren Qualität verantwortlich gemacht werden,[557] weil ihm die Möglichkeit einer selbständigen Auswahl genommen wird.[558] Das rechtfertigt die Risikoverlagerung auf den Auftraggeber. Daraus folgt umgekehrt, dass zu einer solchen Risikoverlagerung kein Anlass besteht, wenn der Auftraggeber Baustoffe oder -teile einkauft und anliefern lässt, welche der Auftragnehmer zuvor vorgeschlagen oder ausgesucht hat.[559] Wählt hingegen der Auftraggeber von einem Baustoff eine bestimmte einzelne Partie selber aus, so steht dies einer Lieferung durch ihn gleich.[560]

Vom Auftraggeber **vorgeschriebene** Baustoffe oder -teile setzen eine entsprechende Anordnung voraus.[561] Deren Anforderungen stimmen mit den bei den ersten beiden Fallalternativen des § 13 Abs. 3 VOB/B erörterten[562] überein. Auch hier bedarf es einer bindenden Anweisung, die dem Auftragnehmer keine Wahl lässt.[563] Das ist zum Beispiel der Fall, wenn ihm von dem Auftraggeber die Verwendung

– vorgefertigter Installationswände eines bestimmten Herstellers,[564]
– Heizkörper aus Aluminium,[565]
– Filterbehälter eines bestimmten Fabrikats[566]

---

[549] BGHZ 153, 244 = NJW 2003, 1450 = NZBau 2003, 265 = BauR 2003, 689. Vgl. Auch OLG Brandenburg IBR 2012, 82.
[550] BGH NJW 1982, 1702 = BauR 1982, 374; *Motzke* NZBau 2011, 705 (709) bei V 1.
[551] So jedoch Beck'scher VOB-Kommentar/ *Ganten* VOB/B § 13 Abs. 3 Rn. 36.
[552] So jedoch *Voit* in Messerschmidt/Voit VOB Teil B § 13 Rn. 7, wegen des Zusatzes „nicht ohne weiteres" zudem wenig praxistauglich.
[553] OLG Frankfurt NJW 1983, 456 = BauR 1983, 156; vgl. schon → Rn. 48.
[554] Vgl. dazu → Rn. 97.
[555] *Kuffer* NZBau 2006, 1 (5) zu § 645 BGB; für § 13 Abs. 3 VOB/B gilt das ebenso.
[556] Zum Baugrund als vom Auftraggeber gelieferter Baustoff: OLG Dresden NJW-RR 2016, 268 = NZBau 2016, 164; *Kapellmann* Jahrbuch BauR 1999, 1 ff., insbesondere Rn. 14; *Englert* FS Thode, 2005, 3 (11–14); *Englert/Fuchs* BauR 2006, 1047 (1053, 1054); *Englert* FS Koeble, 2010, 3–13); *Englert* NZBau 2016, 131; aA *Holzapfel/Dahmen* BauR 2012, (1015–1024); *Vogelheim* ZfBR 2015, 639; *Deckers* ZfBR 2016, 3; *Nicklisch/Weigl/von Hayn-Habermann*, § 13 Rn. 178; OLG München NZBau 2004, 274 = BauR 2004, 680 stellt der Baugrund einer Mülldeponie gleich, wenn es infolge dessen biologischen Abbaus zu Setzungen und deshalb zu Mängeln an dem eingebrachten Entgasungssystem kommt; dazu näher *Motzke* Jahrbuch BauR 2005, 71 ff. Vgl. auch LG Hamburg NJW-RR 2001, 1670: gegen Pilzbefall zu bearbeitende Dachbalken als vom Auftraggeber gelieferter Stoff; LG Osnabrück IBR 2007, 244; *Kohlhammer* BauR 2012, 845 (849).
[557] NWJS VOB/B § 13 Rn. 56.
[558] *Riedl/Mansfeld* in Heiermann/Riedl/Rusam VOB/B § 13 Rn. 38.
[559] *Kleine-Möller/Merl/Glöckner* § 15 Rn. 122.
[560] BGHZ 132, 189 = NJW 1996, 2372 = BauR 1996, 702.
[561] *Heiermann* FS Locher, 1990, 65 (66).
[562] Vgl. dazu → Rn. 86, 87.
[563] BGH BauR 1975, 421; BGHZ 91, 206 = NJW 1984, 2457 = BauR 1984, 510; BGH NZBau 2005, 456 = BauR 2005, 1314; *Riedl/Mansfeld* in Heiermann/Riedl/Rusam VOB/B § 13 Rn. 38; *Vygen/Joussen* Bauvertragsrecht, Rn. 1515.
[564] BGH WM 1977, 224.
[565] OLG Brandenburg IBR 2007, 550.
[566] OLG Jena BauR 2011, 1173.

– oder eine bestimmte Materialmarke oder Bezugsquelle ohne Ausweichmöglichkeit vorgeschrieben wird.[567]

Davon abzugrenzen sind allgemeine Beschreibungen[568] und sonstige Vorschläge.[569] Ebenso macht das bloße Einverständnis des Auftraggebers mit einem bestimmten Baustoff diesen nicht zu einem vorgeschriebenen.[570] Nicht anders ist die Auswahl von Baustoffen – zum Beispiel Fliesen – durch den Auftraggeber nach seinem Geschmack bei einem von dem Auftragnehmer benannten Lieferanten[571] oder die Freigabe von Natursteinplatten durch den Auftraggeber bei einer Bemusterung[572] zu beurteilen. Auch wird ein Baustoff – Müllverbrennungsasche als Füllmaterial unter einer Bodenplatte – durch den Auftraggeber nicht vorgeschrieben, wenn seine Verwendung auf Drängen des Auftragnehmers vertraglich vereinbart wird.[573] Das gilt ebenso, wenn der Auftraggeber alternativ von dem Auftragnehmer angebotene RCL-Schlacke als Auffüllmaterial wählt.[574]

91 Wenn der Auftraggeber eine bindende Anweisung erteilt, ist die **Anordnungstiefe**[575] entscheidend. Denn der Auftraggeber soll nur für das, was er anordnet, einstehen.[576] Dabei kann die Auslegung ergeben, dass mit der Auswahl eines bestimmten Ziegels oder Steins nur dessen Form und/oder Farbe vorgeschrieben sein soll.[577] Eine Risikoverlagerung auf den Auftraggeber findet ebenfalls nicht statt, wenn dieser Fenster der Schallschutzklasse 4 fordert, die seinerzeit – Abnahme 1995 – nur mit Gießharzverbundscheiben zu erreichen war, und derartige Verbundscheiben nach späterer Erkenntnis zu Delaminationserscheinungen mit die freie Durchsicht beeinträchtigenden Krakelierungen neigen.[578] Der Auftraggeber, der die Verwendung von Sichtbetonsteinen eines genau bezeichneten Herstellers vorschreibt, übernimmt damit lediglich das Risiko, dass die Steine generell für den vorgesehenen Zweck geeignet sind; das Risiko im Einzelfall auftretender Fehler – **Ausreißer** – trägt weiterhin der Auftragnehmer.[579]

92 **d) Vorleistung eines anderen Unternehmers.** Schließlich weist § 13 Abs. 3 VOB/B die Beschaffenheit der Vorleistung eines anderen Unternehmers grundsätzlich dem Risikobereich des Auftraggebers zu. Unter Vorleistungen sind solche Leistungen zu verstehen, die Auswirkungen auf die Leistung des Auftragnehmers haben, weil sie diese nachteilig beeinflussen können.[580] Das ist der Fall, wenn der Auftragnehmer auf ihnen aufbaut, wenn jene die sachlich-technische Grundlage für seine Leistung bilden.[581] Den Vorleistungen anderer Unternehmer stehen **Eigenleistungen** des Auftraggebers **gleich**;[582] denn dieser trägt das Risiko der eigenen Vorleistung erst recht.

---

[567] OLG Stuttgart BauR 1989, 475; OLG Hamm BauR 2003, 1570; Ingenstau/Korbion/*Wirth* VOB/B § 13 Abs. 3 Rn. 39.
[568] BGHZ 132, 189 = NJW 1996, 2372 = BauR 1996, 702; *Riedl/Mansfeld* in Heiermann/Riedl/Rusam VOB/B § 13 Rn. 38.
[569] BGHZ 91, 206 = NJW 1984, 2457 = BauR 1984, 510; OLG München BauR 1990, 362; NWJS VOB/B § 13 Rn. 56.
[570] BGH BauR 1975, 421; NZBau 2005, 456 = BauR 2005, 1314; Ingenstau/Korbion/*Wirth* VOB/B § 13 Abs. 3 Rn. 37.
[571] OLG Stuttgart BauR 1989, 475.
[572] OLG Nürnberg IBR 2006, 251.
[573] BGH NZBau 2005, 456 = BauR 2005, 1314, der damit die Entscheidung OLG Düsseldorf IBR 2004, 196 aufhebt.
[574] OLG Köln IBR 2009, 645.
[575] OLG München IBR 2000, 16.
[576] BGHZ 132, 189 = NJW 1996, 2372 = BauR 1996, 702.
[577] OLG München IBR 2000, 16; OLG Düsseldorf IBR 2007, 73.
[578] OLG Oldenburg NJW 2013, 2523 = BauR 2013, 1459.
[579] BGHZ 132, 189 = NJW 1996, 2372 = BauR 1996, 702 unter ausdrücklicher Abweichung von BGH NJW 1973, 754 = BauR 1973, 188; kritisch dazu *Kleine-Möller/Merl/Glöckner* § 15 Rn. 125; dem BGH zustimmend: Ingenstau/Korbion/*Wirth* VOB/B § 13 Abs. 3 Rn. 42; *Siegburg* Gewährleistung Rn. 1355–1359 und 1436–1438, allerdings mit teilweise anderer Begründung. Vgl. auch OLG Nürnberg IBR 2006, 251; OLG Jena BauR 2011, 1173.
[580] BGH NJW 1974, 747 = BauR 1974, 202.
[581] OLG München NJW-RR 1987, 854; OLG Hamm NJW 2016, 3038; Ingenstau/Korbion/*Wirth* VOB/B § 13 Abs. 3 Rn. 43; *Riedl/Mansfeld* in Heiermann/Riedl/Rusam VOB/B § 13 Rn. 40.
[582] OLG München NJW-RR 1987, 854; OLG Hamm NJW 2011, 237 = BauR 2011, 700; *Kleine-Möller/Merl/Glöckner* § 15 Rn. 126; Ingenstau/Korbion/*Wirth* VOB/B § 13 Abs. 3 Rn. 43; NWJS VOB/B § 13 Rn. 57.

Vorleistungen sind zum **Beispiel** 93
- für den Hersteller von Wintergarten-Überdachungen die vom Zimmermann angebrachten Dachsparren,[583]
- für den Parkettleger die vom Heizungsbauer installierte Fußbodenheizung und der vom Estrichleger eingebrachte Estrich,[584]
- für den mit der Plattierung von Balkonen beauftragten Fliesenleger die Arbeiten des Rohbauunternehmers und die Abdichtung durch den Dachdecker,[585] bei von ihm zu verlegenden Bodenfliesen auch die Estricharbeiten,[586]
- für den Heizungsbauer das von einem anderen Unternehmer errichtete Blockheizkraftwerk,[587]
- bei Errichtung einer Glasfassade, deren Pfosten und Bügel sich mit den Trägern einer innenliegenden Stahlkonstruktion decken sollen, diese zuvor von einem anderen Unternehmer ausgeführten Stahlarbeiten,[588]
- beim Bau einer Zaunanlage die vom Auftraggeber hergestellten Fundamente der Zaunpfosten.[589]

e) Ursächlichkeit/Zurechnung (Systemrisiko). Des Weiteren setzt der Ausschluss der 94 Haftung des Auftragnehmers für einen Mangel voraus, dass dieser auf einen der in den Risikobereich des Auftraggebers fallenden Umstände **zurückzuführen** ist. Die Maßnahmen des Auftraggebers – vorstehend a) bis c) – oder Vorleistungen eines anderen Unternehmers – vorstehend d) – müssen die **Ursache** des Mangels sein.[590] Er muss **adäquat-kausal** auf ihnen beruhen.[591] Das heißt, die Ursachen aus dem Risikobereich des Auftraggebers müssen im allgemeinen und nicht nur unter besonders eigenartigen, unwahrscheinlichen und nach dem gewöhnlichen Verlauf der Dinge außer Betracht zu lassenden Umständen geeignet sein, den Mangel herbeizuführen.[592] Ein solcher Ursachenzusammenhang wird in der Regel problemlos zu bejahen sein.[593]

Ausnahmsweise kann sich trotz zweifelsfreier Kausalität die Frage der **Zurechnung**[594] stellen. 95 In diesen Fällen liegt es nahe, die im Schadenersatzrecht[595] entwickelte Begrenzung der Zurechnung aufgrund wertender Betrachtung anhand des Schutzzwecks der Norm[596] im Rahmen des § 13 Abs. 3 VOB/B heranzuziehen. Hier ist folglich auf den **Schutzzweck** dieser Regelung abzustellen.[597] Dem entsprechend hat der BGH in seinem **Ausreißer-Urteil**[598] entschieden, dass mit § 13 Abs. 3 VOB/B die Haftung des Auftragnehmers nur in dem Maße eingeschränkt werden soll, in dem es bei wertender Betrachtung gerechtfertigt ist: Der Auftraggeber soll lediglich für das, was er anordnet, einstehen. Die Gefahr eines Ausreißers besteht jedoch unabhängig davon, ob die Entscheidung für das an sich geeignete Material[599] vom Auftragnehmer oder vom Auftraggeber getroffen worden ist.

Hinsichtlich der Mängelhaftung des Auftragnehmers und der Zurechnung auftraggeberseitiger 96 Vorgaben spielt das anderweitig breit diskutierte **Systemrisiko** nur eine untergeordnete Rolle. Unter „Systemrisiko" ist das Risiko zu verstehen, dass bei einem Verfahren auch bei optimaler Ausführung und bestens erkundeten Vorbedingungen Ausreißer, Erschwernisse oder Ausfälle auftreten können, die systembedingt unvermeidbar sind.[600] Richtungsweisend hat der BGH dazu

---

[583] OLG Düsseldorf NJW-RR 1993, 405.
[584] OLG Düsseldorf NJW-RR 1999, 1543 = BauR 1999, 1309; OLG Hamm NZBau 2001, 502 = BauR 2001, 1120.
[585] OLG Düsseldorf NZBau 2000, 331 = BauR 2000, 421.
[586] BGH NZBau 2001, 495 = BauR 2001, 1414.
[587] BGH NJW 2008, 511 = NZBau 2008, 109 = BauR 2008, 344.
[588] OLG Hamm NZBau 2010, 109.
[589] OLG Düsseldorf IBR 2012, 511.
[590] BGH NJW-RR 1987, 854; *Hereth/Ludwig/Naschold* VOB/B § 13 Ez 127.
[591] NWJS VOB/B § 13 Rn. 48; *Riedl/Mansfeld* in Heiermann/Riedl/Rusam VOB/B § 13 Rn. 42.
[592] Vgl. zur Umschreibung der adäquaten Kausalität Palandt/*Grüneberg* BGB Vorb. vor § 249 Rn. 26.
[593] Beck'scher VOB-Kommentar/*Ganten* VOB/B § 13 Abs. 3 Rn. 39.
[594] NWJS VOB/B § 13 Rn. 48; Beck'scher VOB-Kommentar/*Ganten* VOB/B § 13 Abs. 3 Rn. 41.
[595] Die Kritik von *Medicus* ZfBR 1984, 155 (159), der auf die Unterschiede zwischen Haftungsrecht und Gewährleistungsrecht verweist, wird von NWJS VOB/B § 13 Rn. 48 zu Recht als formalistisch bezeichnet.
[596] Vgl. dazu Palandt/*Grüneberg* BGB Vorb. vor § 249 Rn. 59.
[597] NWJS VOB/B § 13 Rn. 48.
[598] BGHZ 132, 189 = NJW 1996, 2372 = BauR 1996, 702.
[599] Eine solche grundsätzliche Geeignetheit gibt es beim Baugrund nicht: *Englert* FS Thode, 2005, 3 (13).
[600] → VOB/B § 2 Rn. 39.

im ESG-H-Glas-Urteil vom 8.5.2014[601] entschieden, dass der Auftragnehmer, der sich zu Lieferung und Einbau von Glasscheiben ohne zerstörende Einschlüsse (zum Beispiel Nickelsulfid) verpflichtet, in vollem Umfang das Risiko dafür trägt, dass „systembedingt" die Herstellung und Lieferung solcher Glasscheiben nicht möglich ist. Der BGH hatte dazu entschieden, dass der Vertrag auf eine unmögliche Leistung gerichtet sei, da herstellungsbedingt zerstörende Einschlüsse nicht völlig ausgeschlossen werden könnten. Damit liege, anders als vom OLG Düsseldorf in der Berufungsinstanz angenommen, keine mangelhafte Leistung des Auftragnehmers vor, sondern der Auftragnehmer schulde gemäß § 311 a Abs. 2 BGB von vornherein Schadensersatz, wenn ihm bekannt war oder hätte bekannt sein müssen, dass eine solche absolut sichere Fassade nicht herstellbar sei. Die Haftungszurechnung zum Auftraggeber, der die auf eine unmögliche Leistung gerichtete Leistungsbeschreibung vorgegeben hatte, nahm der BGH nicht über § 13 Abs. 3 VOB/B (beziehungsweise § 242 BGB, da die VOB/B dem Vertrag nicht zugrunde lag) vor, sondern über § 254 BGB, wenn auch dem Planer die Unmöglichkeit der geforderten Leistung bekannt war oder hätte bekannt sein müssen.[602]

97 **f) Rechtsgeschäftliche Risikoübernahme durch § 13 Abs. 3 VOB/B.** Der Streit, ob die Risikoverlagerung auf den Auftraggeber eine ausdrückliche oder stillschweigende rechtsgeschäftliche Risikoübernahme durch ihn erfordert[603] oder ob eine solche zusätzliche Voraussetzung mit der überwiegenden Meinung[604] abzulehnen ist, bedarf jedenfalls dann, wenn die VOB/B in den Bauvertrag einbezogen wurde, keiner Entscheidung. Denn in diesen Fällen ist eine vertragliche Vereinbarung über die dem Auftraggeber ausnahmsweise zugewiesenen Risiken gerade in § 13 Abs. 3 VOB/B enthalten[605] und damit über dessen Voraussetzungen hinaus nicht zu prüfen. Wenn sich der Auftraggeber durch Weisungen in die Herstellung des Werks einmischt – und der Auftragnehmer seine Prüfungs- und Hinweispflicht erfüllt[606] –, passt nämlich die durch den Werkvertrag begründete verschuldensunabhängige Einstandspflicht nicht und ist zu reduzieren.[607] Abgesehen von den in § 13 Abs. 3 VOB/B geregelten Fallgestaltungen setzt die Übernahme des Risikos einer mangelhaften Leistung des Auftragnehmers durch den Auftraggeber hingegen eine rechtsgeschäftliche Vereinbarung voraus.[608]

98 **g) Erfüllung der Prüfungs- und Hinweispflicht.** Die Sachmängelhaftung des Auftragnehmers ist in allen Fallalternativen des § 13 Abs. 3 VOB/B nur ausgeschlossen, wenn er die ihm nach § 4 Abs. 3 VOB/B obliegende Mitteilung gegenüber dem Auftraggeber[609] gemacht hat.[610] Wichtige Voraussetzung und wesentliche Rechtfertigung der Risikoverlagerung auf den Auftraggeber ist also die Erfüllung der in § 4 Abs. 3 VOB/B geregelten Prüfungs-[611] und Hinweispflicht durch den Auftragnehmer. Der Umfang dieser Pflicht bestimmt sich nach dem zu erwartenden Fachwissen und allen sonstigen Umständen, dessen Prüfung von einem sorgfältigen Auftragnehmer gefordert werden kann.[612] Haftungsbefreiend wirkt der Hinweis des Auftragnehmers im Übrigen nur, wenn er gegenüber dem Auftraggeber selbst erklärt wird. Erklärt der Auftragneh-

---

[601] BGH NZBau 2014, 492 = BauR 2014, 1291.
[602] BGH aaOt Rn. 29; vgl. dazu *Kniffka* BauR 2017, 159; ergänzend *Althaus* BauR 2014, 1369; *Ebersbach* BauR 2015, 1239; *Peters* JR 2015, 436.
[603] OLG Frankfurt NJW 1983, 456 = BauR 1983, 156; NWJS VOB/B§ 13 Rn. 46; *Donner/Retzlaff* in FKZGM VOB/B § 13 Rn. 37; *Grauvogl* NZBau 2002, 591 (593); *Kohlhammer* BauR 2012, 845 (849).
[604] So zB OLG Köln BauR 1988, 126; Ingenstau/Korbion/*Wirth* VOB/B § 13 Abs. 3 Rn. 9; *Vygen/Joussen* Bauvertragsrecht Rn. 1510; *Riedl/Mansfeld* in Heiermann/Riedl/Rusam VOB/B § 13 Rn. 42; *Siegburg* Gewährleistung Rn. 1336–1340.
[605] NWJS VOB/B § 13 Rn. 47; *Leupertz* FS Kapellmann, 2007, 253 (260); *Weyer* BauR 2009, 1204 (1206, 1207).
[606] Vgl. dazu gleich anschließend.
[607] BeckOK BGB-*Voit*, Stand 1.2.2013, § 633 Rn. 19.
[608] BGH NZBau 2005, 456 = BauR 2005, 1314. Entgegen *Mundt/Karimi-Auer/Skalicki* BauR 2009, 11 (17) Fn. 16, wird hier eine solche Vereinbarung also keineswegs ausgeschlossen.
[609] Vgl. Nicklisch/Weick/ von Hayn-Habermann, § 13 Rn. 190; aA: OLG Hamm NJW 2016, 3038 mit krit. Anm. *Stern*, jurisPR-PrivBauR 10/2016 Anm. 4: Eine Hinweispflichtverletzung soll auch dann nicht vorliegen, wenn dem Voruntermehmer alle Informationen vorliegen, die ihm bei Anwendung der grundlegenden Kenntnisse seines Fachgebiets die Vorbereitung bzw. Fertigstellung des funktionstüchtigen Gesamtwerkes ermöglicht.
[610] Vgl. aber → Rn. 100.
[611] Entgegen *Siegburg* FS Korbion, 1986, 411 (425), ist die Prüfungspflicht als notwendige Voraussetzung der Hinweispflicht auch in § 13 Nr. 3 VOB/B mit umfasst: NWJS VOB/B § 13 Rn. 58; Ingenstau/Korbion/*Wirth* VOB/B § 13 Abs. 3 Rn. 26.
[612] OLG Dresden NJW-RR 2016, 268 = NZBau 2016, 164.

mer seine Bedenken also gegenüber dem Architekten und verschließt sich dieser den Bedenken des Auftragnehmers, so ist der Auftragnehmer seiner Prüfungs- und Hinweispflicht nicht (ordnungsgemäß) nachgekommen.[613] Wegen der näheren Einzelheiten dieser Pflichten und ihrer Erfüllung wird entsprechend der Bezugnahme in § 13 Abs. 3 VOB/B selbst auf die Kommentierung zu § 4 Abs. 3 VOB/B[614] verwiesen.

Die in diesem Zusammenhang diskutierte **Ausnahme,** dass die Sachmängelhaftung des Auftragnehmers trotz Verletzung seiner Prüfungs- und Hinweispflicht ausgeschlossen ist, wenn der Auftraggeber auch bei ordnungsgemäßer Erfüllung der Pflicht auf seinen Anordnungen bestanden hätte,[615] ist eher theoretischer Natur. Denn das Risiko des meist schwer zu führenden Beweises,[616] wie der Auftraggeber gehandelt hätte, wenn ihn der Auftragnehmer pflichtgemäß ins Bild gesetzt hätte, trifft letzteren,[617] weil „aufklärungsrichtiges" Verhalten vermutet wird.[618] Der Auftragnehmer ist jedoch von der Sachmängelhaftung frei, wenn er zwar seine Bedenkenhinweispflicht nicht erfüllt hat, aber feststeht, dass der Bedenkenhinweis **nicht zu** einer **Änderung** seiner Leistungspflicht **geführt** hätte, etwa weil das Werk bei rechtzeitigem Hinweis schon ganz oder teilweise errichtet war und ein kostspieliger Neubau notwendig gewesen wäre, von dem der Auftraggeber abgesehen hätte.[619] Der Auftragnehmer sollte sich aber nicht auf die gelegentliche Bemerkung des BGH[620] verlassen, er sei von seiner Prüfungs- und Hinweispflicht frei, wenn er der **größeren Fachkenntnis** des ihn Anweisenden vertrauen dürfe.[621] Gegenüber einem planungserfahrenen Bauträger[622] und der Architektenplanung[623] ist das jedenfalls nicht ohne weiteres der Fall.[624] Allerdings muss der Auftragnehmer nicht klüger sein als Sonderfachleute, auf deren Planung das Leistungsverzeichnis des Auftraggebers beruht.[625] Im Verhältnis zum Architekten ist jedoch der Fensterbauer der Fachmann.[626] Die Prüfungs- und Hinweispflicht entfällt nicht allein deshalb, weil der Auftraggeber selbst die Vorarbeiten fehlerhaft ausgeführt hat, die den späteren Schaden verursacht haben.[627] Ferner kann ein Architekt in aller Regel mangels Vollmacht nicht wirksam auf die Prüfung durch den Auftragnehmer verzichten.[628] Ist der Auftraggeber allerdings bereits anderweitig umfassend und lückenlos informiert, bedarf er keiner Bedenkenmitteilung.[629] Das setzt jedoch voraus, dass er aus ihm bekannten Tatsachen auch den Schluss auf das sich daraus ergebende Risiko zieht.[630] Trotz Erfüllung der Prüf- und Hinweispflicht wird der Auftragnehmer nicht nach §§ 13 Abs. 3, 4 Abs. 3 VOB/B von seiner Haftung frei, wenn die ausgeschriebene Leistung trotzdem technisch mangelfrei ausgeführt werden kann, der Auftragnehmer hierzu aber fachlich nicht in der Lage ist.[631]

---

[613] Vgl. dazu *Kniffka* BauR 2005, 274 (277), der BGH BauR 1991, 789 in diesem Sinne als Korrektur von BGH NJW 1969, 653 einordnet.
[614] Vgl. → VOB/B § 4 Rn. 65–117.
[615] BGH NJW 2008, 511 Rn. 35 = NZBau 2008, 109 = BauR 2008, 344; NWJS VOB/B § 13 Rn. 58; vgl. auch Beck'scher VOB-Kommentar/*Ganten* VOB/B § 13 Abs. 3 Rn. 38.
[616] BGHZ 61, 118 = NJW 1973, 1688 = BauR 1973, 379.
[617] BGH BauR 1975, 420.
[618] BGHZ 124, 151 = NJW 1994, 512.
[619] BGH NJW 2011, 3291 mit Anmerkung von *Kapellmann* = NZBau 2011, 483 = BauR 2011, 1494 Rn. 21.
[620] NJW 1977, 1966 = BauR 1977, 420.
[621] Vgl. dazu *Kniffka/Krause-Allenstein* ibr-online-Kommentar Bauvertragsrecht, Stand 23.11.2014, § 634 Rn. 39; Nicklisch/Weick/*von Hayn-Habermann*, § 13 Rn. 189; Zur Bedeutung der Fachkenntnis des Beton liefernden Auftraggebers: OLG Saarbrücken IBR 2008, 24.
[622] BGH BauR 1975, 420.
[623] BGH BauR 1975, 421; NJW-RR 1989, 721 = BauR 1989, 467; KG OLGR 2001, 160.
[624] Vgl. dazu aber auch OLG Bamberg IBR 2001, (110 und 111); OLG Oldenburg IBR 2001, 418; LG Hamburg NJW-RR 2001, 1670; OLG Köln IBR 2002, 658; OLG Hamm BauR 2003, 1570; OLG Stuttgart NZBau 2007, 781; OLG Düsseldorf IBR 2009, 323; OLG Brandenburg, Urt. v. 22.12.2015 – 4 U 26/12 in juris.
[625] OLG Köln IBR 2007, 192; OLG Dresden NJW-RR 2016, 268 = NZBau 2016, 164; OLG Köln NJW-RR 2016, 790.
[626] OLG Düsseldorf IBR 2013, 676 = BauR 2013, 1283.
[627] OLG Karlsruhe BauR 2006, 540 = IBR 2006, 88.
[628] Entgegen OLG Frankfurt BauR 2003, 1727 = IBR 2003, 532 mit kritischem Praxishinweis von *Weyer.* Vgl. dazu auch BGH BauR 2004, 78.
[629] OLG Düsseldorf BauR 2004, 99 = IBR 2003, 408.
[630] Das übersieht OLG Köln IBR 2007, 242, mit zu Recht kritischem Praxishinweis von *Bolz.*
[631] OLG Schleswig-Holstein, Urt. v. 23.4.2015 – 7 U 128/14 in juris.

100 Da § 13 Abs. 3 VOB/B seinem Wortlaut nach die Haftungsbefreiung von der *Mitteilung* nach § 4 Abs. 3 VOB/B abhängig macht, werden Zweifel geäußert, ob er auch eingreift, wenn der Auftragnehmer trotz Erfüllung seiner *Prüfungspflicht* den drohenden Mangel nicht erkennen kann[632] und ihm deshalb eine **Mitteilung** nach § 4 Abs. 3 VOB/B **nicht obliegt**.[633] Was für die Erfüllung der Hinweispflicht gilt, muss jedoch ebenso für die Erfüllung der vorrangigen Prüfungspflicht gelten.[634] Selbst wenn sich das aus § 13 Nr. 3 VOB/B nicht ergibt, folgt dies aus § 242 BGB, weil § 13 Abs. 3 VOB/B ohnehin nichts anderes als eine Konkretisierung des allgemeinen Grundsatzes von Treu und Glauben ist.[635] Da der Auftragnehmer also auch in diesem Fall von der Mängelhaftung frei ist, ist für Überlegungen, ob er die Beseitigung des Mangels ablehnen kann,[636] mangels Anspruchsgrundlage kein Raum.

101 **2. Unterlassung notwendiger Mitwirkungshandlungen.** Wenn der Auftragnehmer bei mangelhaften Vorleistungen anderer Unternehmer seiner Prüfungs- und Hinweispflicht nicht nachgekommen ist, bleibt er zur Mängelbeseitigung verpflichtet. Dann muss allerdings der **Auftraggeber** seinerseits die Mitwirkungshandlungen vornehmen, die dem Auftragnehmer die **Nacherfüllung** erst **ermöglichen.** Deshalb ist eine – zum Beispiel nach § 13 Abs. 5 Nr. 2 VOB/B – erforderliche Aufforderung zur Mängelbeseitigung unter Fristsetzung unwirksam, wenn der Auftraggeber diese Mitwirkungshandlungen nicht vorgenommen oder jedenfalls angeboten hat.[637] Denn so wie der Auftraggeber nach einem rechtzeitig erfolgten Hinweis des Auftragnehmers auf ungeeignete Vorleistungen anderer Unternehmen durch Änderung der Vorleistungen derart reagieren muss, dass dem Auftragnehmer die Erfüllung des Vertrags möglich wird, muss er dem Auftragnehmer auch die Nacherfüllung durch **Änderung** der **Vorleistungen** ermöglichen. Erbringt der Auftraggeber diese Mitwirkungshandlung endgültig nicht, macht er dem Auftragnehmer die Nacherfüllung unmöglich und dieser wird von seiner Leistungspflicht frei.[638] Eine ähnliche Situation ergibt sich, wenn die mangelhafte Leistung des Auftragnehmers durch einen Fehler in der ihm vom Auftraggeber vorgegebenen Ausführungsplanung des Architekten verursacht worden ist und der Auftragnehmer seiner Prüfungs- und Hinweispflicht nicht nachgekommen ist. Denn dann setzt eine Nacherfüllung voraus, dass der Auftraggeber dem Auftragnehmer eine **nachgebesserte Ausführungsplanung**[639] zur Verfügung stellt,[640] es sei denn, dass der Auftragnehmer eine solche zur Mängelbeseitigung ausnahmsweise nicht benötigt.[641] Hier ist die Aufforderung zur Mängelbeseitigung unter Fristsetzung ebenfalls nur wirksam, wenn der Auftraggeber auch diese Mitwirkungshandlung vorgenommen hat oder zumindest gleichzeitig anbietet.[642] Insoweit ist also der Auftraggeber gefordert. Es ist nicht Sache des Auftragnehmers, den Planungsmangel einzuwen-

---

[632] Beispielfälle: OLG Düsseldorf BauR 2013, 1889 (1891), vor a.; OLG München BauR 2013, 1901 (1904, 1905), bei b.; OLG Frankfurt IBR 2013, 674; OLG Koblenz IBR 2014, 76.

[633] *Fuchs* BauR 2009, 404 (409); *Voit* in *Messerschmidt/Voit* VOB Teil B § 13 Rn. 51, mit zusätzlichen Bedenken im Hinblick auf das Transparenzgebot.

[634] So im Ergebnis auch *Kniffka* in *Kniffka/Koeble* BauR-Komp des Baurechts, 6. Teil Rn. 53; *Kniffka/Krause-Allenstein* ibr-online-Kommentar Bauvertragsrecht, Stand 23.11.2014, § 634 Rn. 64; *Leupertz/Halfmeier* in Prütting/Wegen/Weinreich BGB § 633 Rn. 22; *Leupertz* FS Kapellmann, 2007, 253 (260). Davon geht ersichtlich auch der BGH stillschweigend aus: *Weyer* im Praxishinweis zu IBR 2009, 325.

[635] Vgl. → Rn. 116.

[636] Verneinend: BeckOK BGB-*Voit*, Stand 1.2.2013, § 633 Rn. 20, mit weiteren Nachweisen.

[637] BGH NJW 2008, 511 Rn. 36 = NZBau 2008, 109 = BauR 2008, 344; OLG Celle BauR 2008, 2046; OLG Hamm NZBau 2010, 109. Vgl. auch → Rn. 304 und 413.

[638] BGH NJW 2008, 511 Rn. 36/37 = NZBau 2008, 109 = BauR 2008, 344.

[639] Nicht „Sanierungsplanung", wie OLG Hamm IBR 2011, 260 und *Heiko Fuchs* IBR 2014, 128 annehmen. Vgl. auch Leseranmerkung von *Heiko Fuchs* zu *Weyer* Blog-Eintrag vom 16.2.2014 in ibr-online. *Siemens/Groß* BauR 2014, (778–784) folgen dieser Terminologie und sehen eine „Sanierungsplanung" bei komplexen Mängelbeseitigungsarbeiten als das geeignete Mittel an, eine sachgerechte Mängelbeseitigung herbeizuführen und deren Kosten zuverlässig zu ermitteln. Nach *Klein* BauR 2015, 358 (367, 368) ist der Mangel der Architektenplanung ggf. auch durch eine abweichende Erlassungssanierungsplanung zu beseitigen.

[640] Vgl. dazu näher *Sienz* FS Ganten, 2007, (219–226) und BauR 2010, 840 (841–845); *Oberhauser* FS Koeble, 2010, 167 (173–176); *Averhaus* BauR 2013, (1013–1018) und dazu *Bolz* IBR 2013, 454; *Weyer* Blog-Eintrag vom 16.2.2014 in ibr-online; aA *Motzke* BauR 2011, (153–163); vgl. dazu *Weyer* Blog-Eintrag vom 21.4.2011 in ibr-online.

[641] Vgl. dazu *Averhaus* BauR 2013, 1013 (1016, 1017).

[642] Entsprechend der oben zitierten Rechtsprechung zu mangelhaften Vorunternehmerleistungen: BGH NJW 2008, 511 Rn. 36 = NZBau 2008, 109 BauR 2008, 344.

den.⁶⁴³ Um seiner Mitwirkungshandlung nachzukommen, kann der Auftraggeber seinen Architekten auf Nacherfüllung der Ausführungsplanung in Anspruch nehmen.⁶⁴⁴

3. Mitverursachung durch den Auftraggeber. Wenn die Sachmängelhaftung des Auftragnehmers nicht nach § 13 Abs. 3 VOB/B ausgeschlossen ist, kann seine Einstandspflicht für solche Mängel seines Werks, die zugleich auf einem dem Auftraggeber zuzurechnenden Mitverschulden beruhen, über **§ 254 BGB eingeschränkt** sein. Das gilt ebenso gegenüber dem ein Verschulden nicht voraussetzenden Anspruch auf Mängelbeseitigung.⁶⁴⁵ Aber auch bei einer Risikoverlagerung auf den Auftraggeber, weil alle Voraussetzungen des § 13 Abs. 3 VOB/B erfüllt sind, kann der Mangel gleichwohl von dem Auftragnehmer mitverschuldet sein und es deshalb bei einer eingeschränkten Sachmängelhaftung verbleiben. 102

a) Nichtbeachtung unzureichender Hinweise. Der Auftragnehmer kommt seiner Hinweispflicht nach §§ 13 Abs. 3, 4 Abs. 3 VOB/B nur dann voll nach, wenn er seine Bedenken schriftlich mitteilt.⁶⁴⁶ Denn diese sollen durch die Schriftform, welche also keineswegs lediglich Einfluss auf die Beweislage hat,⁶⁴⁷ das erforderliche Gewicht erhalten.⁶⁴⁸ In der **Nichtbefolgung** eines zuverlässigen **mündlichen Hinweises** an den richtigen Adressaten⁶⁴⁹ kann jedoch ein mitwirkendes Verschulden des Auftraggebers im Sinne des § 254 BGB liegen.⁶⁵⁰ Dieses führt zu einem Ausschluss der Sachmängelhaftung des Auftragnehmers, wenn feststellbar ist, dass dem Auftraggeber aus der Verletzung der Schriftform keine Nachteile entstanden sind.⁶⁵¹ Das wird aber die Ausnahme bleiben. Im Regelfall ergibt die Abwägung der beiderseitigen Verursachungsbeiträge eine Quotierung und eine entsprechende Einschränkung der Sachmängelhaftung.⁶⁵² 103

Das gilt ebenso für **andere unzureichende Hinweise,** etwa wenn der Auftragnehmer zu befürchtende Mängel zwar nicht hinreichend konkret und detailliert mitteilt, der Auftraggeber aber gleichwohl Anlass hat, den geäußerten Befürchtungen nachzugehen.⁶⁵³ 104

b) Sonstiges Mitverschulden/Erfüllungsgehilfen. Darüber hinaus kann jedes sonstige Mitverschulden des Auftraggebers⁶⁵⁴ und seiner Erfüllungsgehilfen (§ 278 BGB) eine nur eingeschränkte Sachmängelhaftung bewirken. Insbesondere können **Mängel der Planung**⁶⁵⁵ und der sonstigen Ausführungsunterlagen⁶⁵⁶ sowie die Verletzung von **Kooperations-** und **Koordinationspflichten**⁶⁵⁷ ein Mitverschulden des Auftraggebers begründen, wobei dieser sich die Fehler seiner Architekten und Sonderfachleute⁶⁵⁸ als die seiner Erfüllungsgehilfen zurechnen lassen 105

---

⁶⁴³ So jedoch BeckOK BGB-*Voit*, Stand 1.2.2013, § 633 Rn. 23d.
⁶⁴⁴ So zutreffend *Miernik* BauR 2014, (155–162), in eingehender Auseinandersetzung mit der bisher anders lautenden Rechtsprechung. Dazu *Heiko Fuchs* IBR 2014, 128. Wie *Miernik* auch *Klein* BauR 2015, 358 (363–366).
⁶⁴⁵ BGH NJW 2014, 3645 = NZBau 2014, 776 = BauR 2015, 523 Rn. 24.
⁶⁴⁶ BGH BauR 1985, 198; OLG Brandenburg IBR 2012, 707. AA *Hummel* BauR 2015, 329 (332–334) mwN zum Streitstand.
⁶⁴⁷ So aber *Daub/Piel/Soergel/Steffani* ErlZ B 13.204; anders ErlZ B 13.205 und 13.206.
⁶⁴⁸ BGH NJW 1960, 1813; 1975, 1217 = BauR 1975, 278.
⁶⁴⁹ BGH NJW 1973, 518 = BauR 1973, 190; BauR 1978, 54; 1985, 198; 1997, 301; NZBau 2004, 150 = BauR 2004, 78.
⁶⁵⁰ BGH NJW 1975, 1217 = BauR 1975, 278; BauR 1978, 139, insoweit in NJW 1978, 995 nicht abgedruckt; BauR 1985, 198; OLG Hamm NJW-RR 1996, 273 = BauR 1995, 852; OLG Düsseldorf IBR 2014, 410.
⁶⁵¹ BGH LM Nr. 2 zu § 4 VOB Teil B; NJW 1969, 653, insoweit in BGHZ 51, 275 nicht abgedruckt; *Daub/Piel/Soergel/Steffani* ErlZ B 13.207 und 13.208; vgl. auch OLG Koblenz NZBau 2003, 681 = BauR 2003, 1728; ebenso OLG München Urteil vom 17.3.2015 – 9 U 2856/11 Bau in juris; *Weyer* IBR 2016, 136.
⁶⁵² Vgl. dazu *Weyer* im Praxishinweis IBR 2012, 707.
⁶⁵³ *Klaft/Maxem* BauR 1999, 1074 (1078).
⁶⁵⁴ BGH NZBau 2003, 495 = BauR 2003, 1213; OLG Hamm NZBau 2001, 502 = BauR 2001, 1120 mit Anm. von *Kieserling* NZBau 2001, 485; OLG Celle IBR 2002, 538; OLG Hamm BauR 2003, 101.
⁶⁵⁵ Nicht aber eine fehlende Planung: OLG Celle BauR 2005, 397. Auch kein Mitverschulden, wenn Regeldetails fehlen oder falsch geplant sind: OLG Köln IBR 2005, 476.
⁶⁵⁶ BGH NJW 2010, 3299 = NZBau 2010, 749 = BauR 2010, 1967 = IBR 2010, 613 mit Praxishinweis von *Weyer*.
⁶⁵⁷ OLG Köln NJW-RR 2002, 15 (Schürmann-Bau) mit allerdings abweichender Begründung des Mitverschuldens im Nichtannahmebeschluss des BGH NZBau 2003, 433 = BauR 2003, 1382; vgl. dazu *Fuchs* NZBau 2004, 65 ff. und zu Kooperationspflichten insbesondere *Kniffka* Jahrbuch BauR 2001, 1 ff. sowie *Preussner* FS Thode, 2005, (77–97) und auch OLG Rostock BauR 2007, 1260.
⁶⁵⁸ Zum Verhältnis Sonderfachmann Architekt vgl. OLG Naumburg IBR 2001, 320; OLG Brandenburg NZBau 2008, 652; OLG Oldenburg NZBau 2008, 655; OLG Hamm NJW 2011, 316 = NZBau 2011, 48.

muss.⁶⁵⁹ Übernimmt der Generalunternehmer in einem Schlüsselfertig-Bauvertrag auch die Erstellung der Ausführungsplanung, so hat er die ihm vom Auftraggeber zur Verfügung gestellte Entwurfsplanung eigenverantwortlich zu überprüfen.⁶⁶⁰ Führt der Auftragnehmer jedoch einen fehlerhaften Plan des Architekten aus, obwohl er erkennt, dass der Planungsfehler mit Sicherheit zu einem Mangel des Bauwerks führen muss, und ohne den Auftraggeber selbst vorher darauf hingewiesen zu haben, so kann er sich nach Treu und Glauben gegenüber dem Auftraggeber nicht auf mitwirkendes Verschulden berufen.⁶⁶¹ Aus dem gleichen Grund kann der Auftragnehmer, der in grober Weise gegen seine Pflichten aus § 4 Abs. 3 VOB/B verstößt, indem er keinerlei Überprüfung der Vorleistung vornimmt und deshalb auf einen leicht feststellbaren Mangel nicht hinweist, dem Auftraggeber nicht als Mitverschulden entgegenhalten, auch dieser habe die ordnungsgemäße Ausführung der Vorleistung nicht überprüft.⁶⁶² Klarzustellen ist, dass das Fehlen eines anspruchskürzenden Mitverschuldens des Auftraggebers bei vorsätzlicher Verletzung der Prüfungs- und Hinweispflicht durch den Auftragnehmer nichts an einem entsprechenden Anspruch des Auftraggebers gegen den Planer oder Sonderfachmann ändert. Dieser haftet also neben dem Auftragnehmer als Gesamtschuldner, wobei die vorsätzliche Verletzung der Prüfungs- und Hinweispflicht durch den Auftragnehmer im Innenverhältnis zum Planer zu einem alleinigen oder überwiegenden Verschulden des Auftragnehmers führen kann.⁶⁶³ Hingegen verletzt ein Auftragnehmer, der einen Nachunternehmer einschaltet und auf dessen Gewerk aufbaut, indem er weitere Bauleistungen erbringt, die ihm in eigenen Angelegenheiten obliegende Sorgfaltspflicht, wenn er die Leistungen des Nachunternehmers ungeprüft übernimmt.⁶⁶⁴ Verzichtet der Auftraggeber auf eine Ausführungsplanung durch einen Architekten und weiß der Auftragnehmer, dass er ohne eine solche bauen soll, so kann er dem Auftraggeber kein Mitverschulden anlasten, soweit es um die Haftung für Mängel geht, die der Auftragnehmer bei Erfüllung seiner Prüfungspflicht hätte erkennen können.⁶⁶⁵ Das ist allerdings nicht unumstritten.⁶⁶⁶

106 Ein mitwirkendes Verschulden des Auftraggebers kommt überhaupt nur in Betracht, wenn der **Auftragnehmer** seine **Prüfungs-** und **Hinweispflicht** lediglich **fahrlässig verletzt** hat.⁶⁶⁷ In diesen Fällen wird überwiegend angenommen, dass der Mangel vornehmlich vom Auftraggeber zu verantworten ist.⁶⁶⁸ Ihm sei das Verschulden der gerade mit der Planung beauftragten und dafür bezahlten Fachleute zuzurechnen, während dem Auftragnehmer lediglich im Rahmen der von ihm zu erwartenden fachlichen Kenntnisse eine Verletzung der Prüfungs- und Hinweispflicht anzulasten sei.⁶⁶⁹ Traditionell wird das Planungsverschulden des Auftraggebers also höher gewichtet als die bloße Verletzung der Prüfungs- und Hinweispflicht durch den Auftragnehmer.⁶⁷⁰ Diese Auffassung erscheint jedoch überkommen.⁶⁷¹ Zwar trifft zu, dass die Primärursache des späteren

---

⁶⁵⁹ BGH BauR 1970, 57; NJW-RR 1991, 276 = BauR 1991, 79; NZBau 2005, 400 = BauR 2005, 1016; OLG Düsseldorf NZBau 2001, 398; OLG Dresden IBR 2009, 21.

⁶⁶⁰ Entgegen OLG Frankfurt IBR 2012, 701 mit zu Recht kritischem Praxishinweis von *Berger*.

⁶⁶¹ BGH NJW 1973, 518 = BauR 1973, 190; NJW-RR 1991, 276 = BauR 1991, 79; OLG Stuttgart NJW 2014, 2658 = BauR 2014, 1792; vgl. auch KG IBR 2002, 247; OLG Bamberg BauR 2002, 1708.

⁶⁶² OLG Düsseldorf NZBau 2000, 331 = BauR 2000, 421.

⁶⁶³ Dazu ; *Langen*, NZBau 2015, 71.

⁶⁶⁴ BGH NZBau 2003, 495 = BauR 2003, 1213.

⁶⁶⁵ OLG Brandenburg IBR 2013, 731 = NZBau 2014, 32.

⁶⁶⁶ Nach OLG Düsseldorf IBR 2014, 78 = BauR 2014, 851 soll der Auftragnehmer sich nur „nicht ohne Weiteres" auf ein Mitverschulden berufen können, welches das OLG jedoch letztlich in Höhe von 25 % bejaht.

⁶⁶⁷ BGH NJW-RR 1991, 276 = BauR 1991, 79; OLG Karlsruhe BauR 2005, 879. Falsch deshalb OLG Koblenz IBR 2005, 12, das ein Mitverschulden des Auftraggebers verneint, weil der Auftragnehmer den Planungsmangel hätte erkennen können.

⁶⁶⁸ *Daub/Piel/Soergel/Steffani* ErlZ B 13.238.

⁶⁶⁹ Zu Fällen mangelhafter Arbeit des Auftragnehmers vgl. → Rn. 111.

⁶⁷⁰ Vgl. dazu OLG Dresden BauR 2001, 424; OLG Saarbrücken IBR 2011, 512; OLG Karlsruhe IBR 2011, 513; OLG Düsseldorf BauR 2013, 2043; OLG Hamm IBR 2013, 681; vgl. aber auch OLG Hamm NJW-RR 1990, 523; OLG Saarbrücken BauR 2008, 1000; OLG München NZBau 2011, 683 = BauR 2011, 1832; OLG Düsseldorf BauR 2013, 1283: Verursachungsanteile je ½; aA BGH NJW-RR 1991, 276 = BauR 1991, 79: „Soweit ein Auftragnehmer mit der gebotenen Prüfung die Mängel hätte verhindern können, setzt er die eigentlichen Ursachen für die weiteren Schäden. Es ist deshalb in der Regel auch veranlasst, dem bei einer Verschuldensabwägung entscheidendes Gewicht zukommen zu lassen." Ähnlich BGH NZBau 2005, 400 = BauR 2005, 1016; OLG Karlsruhe IBR 2002, 540. Andererseits wiederum OLG Celle – Revision vom BGH nicht angenommen – IBR 2002, 538. OLG Naumburg NJW-RR 2003, 595 = IBR 2003, 206; OLG Celle BauR 2003, 730; OLG Naumburg IBR 2004, 519; OLG Frankfurt IBR 2008, 224. Eingehend zum Einfluss eines Planungsfehlers auf die Mängelhaftung des Auftragsnehmers: *Sass* BauR 2015, (171–183).

⁶⁷¹ Zutreffend *Kniffka*, BauR 2005, 2074; *Kleine-Möller/Merl*, § 15, Rn. 1004.

Baumangels vom Planer gesetzt worden ist. Auf der anderen Seite dient die Prüfungs- und Hinweispflicht des Auftragnehmers dazu, die Realisierung eines Planungsfehlers in einen Baumangel zu verhindern, das heißt, die „Schadensvergrößerung" wird durch die Verletzung der Prüfungs- und Hinweispflicht verursacht. Dies lässt es gerechtfertigt erscheinen, von einem gleich gewichtigen Verschulden des Planers einerseits und des seine Prüfungs- und Hinweispflicht verletzenden Auftragnehmers andererseits auszugehen, so dass – von Ausnahmefällen abgesehen – das anspruchskürzende Mitverschulden des Auftraggebers mit 50 % anzusetzen ist.[672] Ein Haftungsanteil für das Planungsverschulden von 100 % und für die Verletzung der Hinweispflicht von 0 %[673] fällt in jedem Fall völlig aus dem Rahmen.[674]

Erfüllungsgehilfe des Auftraggebers ist der **Architekt** lediglich im Rahmen der Planung und **107** Koordination, nicht jedoch bei der Objektüberwachung.[675] Denn der Auftraggeber ist zwar verpflichtet, dem Auftragnehmer einwandfreie Pläne und Unterlagen zur Verfügung zu stellen sowie die Leistungen der verschiedenen Unternehmer während der Bauausführung zu koordinieren; er schuldet ihm aber keine Aufsicht.[676] Auf eine solche Verpflichtung kommt es seit dem Glasfassadenurteil des BGH[677] jedoch nicht mehr an, weil die **Bauüberwachung** jedenfalls eine **Obliegenheit** des **Auftraggebers** ist[678] und die Verletzung einer Obliegenheit für § 254 BGB ausreicht.[679] Gleichwohl kann sich niemand zu seiner Entlastung darauf berufen, nicht hinreichend überprüft worden zu sein.[680] Denn der Schutzzweck[681] der Obliegenheit Bauüberwachung[682] geht nicht dahin, den Auftragnehmer vor einer schädigenden Handlung durch mangelhafte Bauausführung zu schützen.[683] Das gilt erst recht, wenn ein ausgeführter Alternativvorschlag nebst Planung allein vom Auftragnehmer stammt.[684]

Anders beurteilte das OLG Karlsruhe den Fall, dass der Auftragnehmer nur nach Prüfung und Freigabe seiner Werkpläne bauen durfte.[685] Gebe der Auftraggeber vom Auftragnehmer vorgelegte, **fehlerhafte Werkpläne** durch seinen Architekten frei, so müsse er sich das Verschulden der von ihm mit der Prüfung und Freigabe eingesetzten Fachleute gemäß §§ 254, 278 BGB anspruchskürzend zurechnen lassen. Der Unternehmer sei von der Prüfung und Freigabe der Werkpläne abhängig, so dass eine notwendige Mitwirkungshandlung des Auftraggebers vorliege.[686] *Rodemann* weist allerdings zutreffend darauf hin, dass sich die Mitwirkungshandlung des Auftraggebers nur auf die Freigabe der Pläne als solche beziehe, jedoch nicht mit einer inhaltlichen Prüfung der Werkpläne auf Mangelfreiheit verbunden sei.[687] Ein anspruchskürzendes Mitverschulden des Auftraggebers scheidet also aus.

---

[672] Zutreffend OLG Braunschweig BauR 2016, 2107; dazu *Langen*, NZBau 2015, 71 mit weiteren Nachweisen.
[673] So OLG Celle IBR 2004, 12 mit ablehnendem Praxishinweis von *Weyer;* OLG Celle BauR 2006, 137 – der BGH äußert in der ebenda abgedruckten kurzen Begründung des Beschlusses, mit dem er die Nichtzulassungsbeschwerde zurückweist, zu Recht Bedenken gegen die Entscheidung des OLG, vermisst aber einen Zulassungsgrund; OLG Naumburg IBR 2011, 459 mit kritischem Praxishinweis von *Heiland*.
[674] Näher dazu *Weyer* Blog-Eintrag vom 29.7.2011 in ibr-online.
[675] Falsch deshalb OLG Frankfurt IBR 2004, 518 mit zu Recht ablehnendem Praxishinweis von *Vogel*. Zutreffend hingegen die Unterscheidung in OLG Koblenz BauR 2007, 1278.
[676] BGH NJW 1972, 447 = BauR 1972, 112; NJW 1973, 518 = BauR 1973, 190; BGHZ 95, 128 = NJW 1985, 2475 = BauR 1985, 561; BGHZ 143, 32 = NJW 2000, 1336 = NZBau 2000, 187 = BauR 2000, 722; BGH NZBau 2002, 514; OLG Celle IBR 2010, 678.
[677] NJW 2009, 582 = NZBau 2009, 185 = BauR 2009, 515.
[678] *Leupertz* FS Koeble, 2010, 139 (150, 151) = BauR 2010, 1999 (2007).
[679] BGH NJW 2009, 582 = NZBau 2009, 185 = BauR 2009, 515 Rn. 31. Das verkennt OLG Hamm BauR 2013, 1688, mit kritischer Analyse von *Weyer* vom 18.9.2013 in werner-baurecht-online.
[680] OLG Hamm NJW-RR 1999, 1545 = BauR 2000, 293; *Weyer* im Praxishinweis zu OLG Köln IBR 2010, 19.
[681] Vgl. dazu BGH NJW-RR 2006, 965.
[682] Eine solche verneint *Gartz* BauR 2010, 703 (710, 711), und wohl auch *Hammacher* im Praxishinweis zu OLG Hamm IBR 2013, 412 sowie BeckOK BGB, Stand 1.2.2013, § 633 Rn. 24, weil *Voit* dort darauf abstellt, dass der Auftraggeber die Überwachung nicht schuldet.
[683] *Leupertz* FS Koeble, 2010, 139 (151) = BauR 2010, 1999 (2007, 2008); im Ergebnis ebenso *Sohn/Holtmann* BauR 2010, 1480 (1482), wohl auch mit unzutreffender Begründung: vgl. dazu *Weyer* Blog-Eintrag vom 16.9.2010 in ibr-online. Nach *Hammacher* BauR 2013, 1592 (1594, 1595), soll es auf einen Schutzzweck zugunsten des Auftragnehmers nicht ankommen.
[684] OLG Brandenburg IBR 2013, 679 = NZBau 2013, 700.
[685] OLG Karlsruhe NJW 2016, 2961 = BauR 2016, 1788.
[686] Entgegen OLG Hamm BauR 2013, 1688.
[687] *Rodemann* NZBau 2017, 25.

108 Erfüllungsgehilfen des Auftraggebers sind der Statiker[688] und andere **Sonderfachleute**[689] auch nur, soweit sie planerisch tätig werden. Denn ein Sonderfachmann ist nur insoweit Erfüllungsgehilfe des Auftraggebers, wie er eine Tätigkeit entfaltet, die im Verhältnis zum Auftragnehmer zur Aufgabe des Auftraggebers gehört.[690] Beauftragt der Auftraggeber in selbständigen Verträgen einen Architekten und einen Statiker mit Planungsleistungen, so ist der Statiker regelmäßig nicht Erfüllungsgehilfe des Auftraggebers in dessen Vertragsverhältnis mit dem Architekten.[691] Ebenso sind bei Beauftragung eines Architekten und eines Bodengutachters in selbständigen Verträgen diese regelmäßig nicht wechselseitig Erfüllungsgehilfen des Auftraggebers gegenüber dem jeweils anderen.[692] Der planende Architekt ist jedoch Erfüllungsgehilfe des Auftraggebers im Verhältnis zum bauleitenden Architekten,[693] aber umgekehrt letzterer nicht Erfüllungsgehilfe des Auftraggebers im Verhältnis zum planenden Architekten.[694]

109 Schaltet der Auftragnehmer einen **Nachunternehmer** ein, gilt in ihrem Verhältnis nichts anderes: Er tritt gegenüber dem Nachunternehmer als Auftraggeber auf und muss sich das Planungsverschulden des Architekten und der Sonderfachleute seines Auftraggebers anrechnen lassen;[695] denn wie letzterer ihm eine richtige Bauplanung schuldet, schuldet er diese seinem Nachunternehmer.[696]

110 Nach der bisherigen Rechtsprechung des BGH[697] war jedoch der **Vorunternehmer** des Auftragnehmers regelmäßig **nicht Erfüllungsgehilfe** des Auftraggebers.[698] Das ist in der Literatur auf zum Teil heftige Kritik gestoßen,[699] der sich der 21. Zivilsenat des OLG Düsseldorf[700] angeschlossen hat. Nachdem der BGH allerdings in einer späteren Entscheidung[701] das finanziell gewichtigere Problem einer Haftung des Auftraggebers für Schäden infolge verspäteter Vorunternehmerleistungen einer jedenfalls praktische Bedürfnisse befriedigenden Lösung zugeführt, zugleich aber an der Verneinung einer Erfüllungsgehilfenschaft des Vorunternehmers festgehalten hatte, musste die Praxis sich darauf einstellen.[702] Im Rahmen des **§ 13 Abs. 3** VOB/B führte diese BGH-Rechtsprechung ohnehin zu durchaus sachgerechten Ergebnissen.[703] Im Anschluss an das **Glasfassadenurteil** des BGH[704] scheint sich aber eine grundlegende Änderung der Rechtsprechung anzubahnen,[705] weil auch die fehlerfreie Ausführung von Vorarbeiten eine Obliegenheit des Auftraggebers ist,[706] deren Verletzung für

---

[688] OLG Hamburg NJW-RR 2000, 1617 für das Verhältnis Bauherr zu Architekt; OLG Oldenburg IBR 2006, 90; OLG Rostock NZBau 2010, 110; OLG Brandenburg BauR 2014, 1343.
[689] Vgl. dazu *Frechen* in Werner/Pastor Rn. 2933/2934; LG Rottweil IBR 2008, 148.
[690] BGH NJW 2010, 3649 = NZBau 2011, 27 Rn. 17.
[691] BGH NZBau 2002, 616 = BauR 2002, 1719; KG IBR 2006, 509; OLG Hamm NJW 2011, 316 = NZBau 2011, 48. Entsprechendes gilt für den Bauphysiker gegenüber dem Architekten: OLG Bamberg IBR 2004, 151. Zur Frage, unter welchen Voraussetzungen der Architekt Erfüllungsgehilfe des Auftraggebers gegenüber dem Statiker ist: BGH NZBau 2013, 519 = BauR 2013, 1468 Rn. 22; NJW 2013, 3442 = NZBau 2013, 515 = BauR 2013, 1472 Rn. 37, mit Besprechung von *Engbers* in NZBau 2013, 618; OLG Karlsruhe BauR 2002, 1884.
[692] BGH NZBau 2003, 567 = BauR 2003, 1918.
[693] BGH NJW 2009, 582 = NZBau 2009, 185 = BauR 2009, 515 Rn. 27 ff.; *Boldt* NZBau 2009, (494–497).
[694] BGH NJW-RR 1989, 86 = BauR 1989, 97; OLG Düsseldorf IBR 2004, 704.
[695] OLG Hamm BauR 2003, 1570.
[696] BGH NJW 1987, 644 = BauR 1987, 86.
[697] BGHZ 95, 128 = NJW 1985, 2475 = BauR 1985, 561; BGHZ 143, 32 = NJW 2000, 1336 = NZBau 2000, 187 = BauR 2000, 722; NZBau 2006, 110 = BauR 2006, 377.
[698] Das gilt auch für zeitgleich nebeneinander tätige Auftragnehmer: OLG Celle IBR 2001, 365.
[699] Nachweise bei → VOB/B § 6 Rn. 61; *von Craushaar* FS Vygen, 1999, 154.
[700] NJW-RR 1999, 1543 = BauR 1999, 1309 mit Anm. *Kniffka* BauR 1999, 1312, sowie Besprechungen von *Kaiser* BauR 2000, 177 und *Siegburg* BauR 2000, 182.
[701] BGHZ 143, 32 = NJW 2000, 1336 = NZBau 2000, 187 = BauR 2000, 722.
[702] *Kraus* BauR 2000, 1105 (1109, 1110). Zu den Konsequenzen → VOB/B § 6 Rn. 89–92.
[703] Vgl. dazu *Kniffka* BauR 1999, 1312 sowie Jahrbuch BauR 2001, 1 (14, 15); *Stamm* BauR 2002, 1 (10 ff.); aA *Döring* FS Jagenburg, 2002, 111 (118–120).
[704] NJW 2009, 582 = NZBau 2009, 185 = BauR 2009, 515.
[705] *Weyer* IBR 2010, 603; aA *Liebheit* IBR 2010, 604; *Bolz* im Praxishinweis zu IBR 2011, 516.
[706] Anders BeckOK BGB-*Voit*, Stand 1.2.2013, § 633 Rn. 23: Das Werk des Vorunternehmers ist als Stoff des Auftraggebers anzusehen.

§ 254 BGB ausreicht.[707] Die gesamte Rechtsprechung des BGH zur Haftung des Auftraggebers für Erfüllungsgehilfen muss nach diesem Urteil auf den Prüfstand gestellt werden.[708] Dabei wird es entscheidend auf den Zweck der jeweiligen Mitwirkungshandlung und auf die Wertung ankommen, inwieweit es gerechtfertigt ist, den in Anspruch genommenen Baubeteiligten zur angemessenen Verteilung des Rückgriffs- und Insolvenzrisikos zu entlasten.[709] Auch die bisherige Rechtsprechung des BGH zur – in der Regel verneinten – Erfüllungsgehilfeneigenschaft des Vorunternehmers erscheint wegen des Glasfassadenurteils überholt.[710]

c) Mitverursachung des Auftragnehmers trotz Risikoverlagerung. Wenn der Mangel sowohl auf in den Risikobereich des Auftraggebers fallenden Umständen als auch auf fehlerhafter Arbeit[711] des Auftragnehmers beruht, haftet dieser **trotz Erfüllung** seiner Pflichten aus **§ 4 Abs. 3 VOB/B** anteilig mit einer nach § 254 BGB zu bestimmenden Quote.[712] Deshalb muss ein Fliesenleger, der Glasfliesen mit einem vom Auftraggeber vorgeschriebenen, für ihn nicht erkennbar ungeeigneten Kleber verlegt und hierbei nicht entsprechend der Verlegeanleitung arbeitet, zu 50 % für die mangelnde Haltbarkeit einstehen.[713]

4. Gesamtschuldnerausgleich. Soweit der Auftragnehmer für einen Mangel als Gesamtschuldner zusammen mit dem Vorunternehmer[714] oder mit dem Architekten des Auftraggebers[715] einzustehen hat, kann seine Sachmängelhaftung mittelbar, weil im Ergebnis aufgrund eines Gesamtschuldnerausgleichs gemäß § 426 BGB, eingeschränkt sein. Dem entsprechend haftete ein Fußbodenleger für Mängel des von ihm erstellten Fußbodenoberbelags nur zu 1/3, weil neben ihm den Rohbauunternehmer und den Architekt zu gleichen Teilen eine Sachmängelhaftung traf.[716] Und einem Rohbauer, der neben dem Putzer für Putzrisse einzustehen hatte, wurde ein Ausgleichsanspruch in Höhe von ¾ der Mängelbeseitigungskosten gegen den Putzer zuerkannt.[717]

5. Vorbehaltlose Abnahme. Wenn die Bauleistung mangelhaft ist, der Auftraggeber den Mangel kennt[718], er aber gleichwohl das Werk abnimmt, ohne sich seine Rechte wegen des Mangels bei der Abnahme vorzubehalten, sind nach **§ 640 Abs. 2 BGB** seine Mängelrechte bis auf den Schadenersatzanspruch aus § 13 Abs. 7 VOB/B ausgeschlossen.[719] Das gilt auch bei einer

---

[707] *Sohn/Holtmann* BauR 2010, 1480 (1482, 1483); *Leupertz* FS Koeble, 2010, 139 (151, 152) = BauR 2010, 1999 (2008); aA *Gartz* BauR 2010, 703 (706–710). Vgl. auch *Kniffka/Pause/Vogel* ibr-online-Kommentar Bauvertragsrecht, Stand 23.11.2014, BGB § 642 Rn. 21: Zurechnungsfrage derzeit offen; *Leupertz/Halfmeier* in Prütting/Wegen/Weinreich BGB § 631 Rn. 21: Bedarf einer Überprüfung und jedenfalls einer neuen Begründung.
[708] So zutreffend *Kniffka* in Kniffka/Koeble BauR-Komp des Baurechts, 6. Teil Rn. 67.
[709] *Kniffka* in Kniffka/Koeble BauR-Komp des Baurechts, 6. Teil Rn. 68.
[710] *Kniffka* in Kniffka/Koeble BauR-Komp des Baurechts, 6. Teil Rn. 74/75; ebenso *Langen* NZBau 2015, 2.
[711] Insoweit anders als in den → Rn. 106 behandelten Fällen einer Verletzung der Prüfungs- und Hinweispflicht.
[712] OLG Hamm BauR 1988, 481; OLG Brandenburg NJW-RR 2000, 1620 = NZBau 2001, 322 = BauR 2001, 102; Ingenstau/Korbion/*Wirth* VOB/B § 13 Abs. 3 Rn. 11; NWJS VOB/B § 13 Rn. 60; *Riedl/Mansfeld* in Heiermann/Riedl/Rusam VOB/B § 13 Rn. 41.
[713] OLG Saarbrücken NJW 1970, 1192 = BauR 1970, 109.
[714] *Kniffka* BauR 1999, 1312 (1313); *Kleine-Möller/Merl/Glöckner* § 15 Rn. 1001/1002; gegen deren gesamtschuldnerische Haftung *von Craushaar* Jahrbuch BauR 1999, 115 ff. Vor- und Nachunternehmer trifft vor allem dann eine gesamtschuldnerische Mängelhaftung, wenn ihre fehlerhaften Leistungen zu Mängeln geführt haben, die nur einheitlich beseitigt werden können: BGHZ 155, 265 = NJW 2003, 2980 = NZBau 2003, 557 = BauR 2003, 1379; OLG Stuttgart IBR 2005, 312; BauR 2009, 990; *Kniffka* BauR 2005, 274 (275). Näher dazu → Rn. 266.
[715] BGHZ 43, 227 = NJW 1965, 1175; BGHZ 51, 275 = NJW 1969, 653; BGH NJW-RR 2001, 380 = NZBau 2001, 195 = BauR 2001, 630; NZBau 2006, 110 = BauR 2006, 377; OLG Oldenburg IBR 2002, 152; OLG Nürnberg IBR 2005, 313; OLG Stuttgart NZBau 2006, 446 = BauR 2006, 1772; OLG Koblenz IBR 2008, 282; *Kleine-Möller/Merl/Glöckner* § 15 Rn. 1003–1005; *Zerr* NZBau 2002, 241 ff.; *Braun* FS Motzke, 2006, 23 ff. AA bzgl. des bauaufsichtführenden Architekten mit guten Argumenten *Putzier* BauR 2012, (143–151). Grundsätzliche Kritik: *Preussner* BauR 2014, (751–763); vgl. dazu *Bolz* IBR 2014, 324.
[716] OLG Düsseldorf NJW-RR 1995, 339.
[717] BGHZ 155, 265 = NJW 2003, 2980 = NZBau 2003, 557 = BauR 2003, 1379; ausführlich dazu *Langen* NZBau 2015, 2 und 71.
[718] Vgl. dazu OLG Karlsruhe IBR 2012, 195; OLG München IBR 2014, 136.
[719] Vgl. dazu → Rn. 398 und die dortigen Nachweise sowie *Muffler* BauR 2004, 1356 (1358).

konkludenten Abnahme.[720] Die Wirksamkeit des § 640 Abs. 2 BGB wird allerdings mit der Begründung in Zweifel gezogen, diese Bestimmung stelle nach der Aufhebung der parallelen Vorschrift des Kaufrechts (§ 464 BGB aF) und der weitgehenden Annäherung der Mängelhaftung bei Kauf- und Werkvertrag einen Verstoß gegen Art. 3 Abs. 1 GG dar.[721] Dem ist nicht zu folgen. Denn die kaufrechtliche Sachmängelhaftung hat sich keineswegs an die des Werkvertragsrechts „bis beinahe zur Identität angenähert".[722] Abgesehen davon, dass die Wahl zwischen Mangelbeseitigung und Neulieferung dem Käufer zusteht (§ 439 Abs. 1 BGB), die zwischen Mangelbeseitigung und Neuherstellung aber dem Auftragnehmer (§ 635 Abs. 1 BGB), ist dem Kaufrecht das wichtige Recht der Selbstvornahme nebst Aufwendungsersatz und Vorschussanspruch (§ 637 BGB, § 13 Abs. 5 Abs. 2 VOB/B[723]) nach wie vor unbekannt. Zudem sah sich der Gesetzgeber des Schuldrechtsmodernisierungsgesetzes wegen Art. 2 Abs. 3 der Verbrauchsgüterrichtlinie[724] gezwungen, § 464 BGB aF zu streichen.[725] Das sind Gründe, die jedenfalls eine objektive Willkür der gesetzgeberischen Entscheidung, an § 640 Abs. 2 BGB festzuhalten, ausschließen.

114 **6. Beweislast.** Beweispflichtig für alle Voraussetzungen des § 13 Abs. 3 VOB/B ist der **Auftragnehmer**,[726] weil er sich damit auf eine Ausnahme von der grundsätzlichen Sachmängelhaftung nach § 13 Abs. 1 und 2 VOB/B beruft.[727] Diese Beweislastverteilung soll auch durch die sprachliche Umstellung des letzten Halbsatzes des Abs. 3 verdeutlicht werden.[728] Der Auftragnehmer muss deshalb insbesondere die Ursächlichkeit eines Umstands aus dem Risikobereich des Auftraggebers für den Mangel[729] sowie vor allem die Erfüllung seiner Hinweispflicht nach § 4 Abs. 3 VOB/B beweisen.[730] Das gilt auch für den Zugang des schriftlichen Hinweises bei dem Auftraggeber.[731] Wenn er sich auf einen mündlichen Hinweis beschränkt hat und geltend macht, dass der Auftraggeber sogar schriftlich mitgeteilten Hinweisen nicht gefolgt wäre, ist der Auftragnehmer auch hierfür beweispflichtig.[732] Denn wer eine vertragliche Aufklärungspflicht verletzt, den trifft die Beweislast dafür, dass der Mangel auch bei pflichtgemäßem Verhalten eingetreten wäre, weil sich der Auftraggeber über jeden Hinweis hinweggesetzt hätte.[733] Wenn der Auftragnehmer sich darauf beruft, dass er trotz der gebotenen Prüfung die Fehlerhaftigkeit der verbindlichen Vorgaben des Auftraggebers oder Vorleistungen anderer Unternehmer nicht habe erkennen können,[734] trägt er für diese **negative Tatsache**[735] zwar ebenfalls die Beweislast. Der Auftraggeber muss aber im Rahmen des Zumutbaren die negative Tatsache substantiiert bestreiten,[736] etwa indem er Umstände darlegt, anhand derer der drohende Mangel erkennbar gewesen sein soll.

115 Für die tatsächlichen Voraussetzungen der vorrangigen Wertung, ob der Auftragnehmer überhaupt eine Prüfungs- und Hinweispflicht hatte, trägt allerdings der **Auftraggeber** die **Beweis-**

---

[720] BGH BauR 2010, 795 Rn. 30.
[721] *Kohler* JZ 2003, 1081 (1086, 1087).
[722] Wie *Kohler* JZ 2003, 1081 (1087) formuliert.
[723] Vgl. dazu → Rn. 299–344.
[724] Richtlinie 1999/44/EG vom 25.5.1999.
[725] Worauf *Kohler* JZ 2003, 1081 (1084) selbst hinweist.
[726] NWJS VOB/B § 13 Rn. 61; Ingenstau/Korbion/*Wirth* VOB/B § 13 Abs. 3 Rn. 7; *Vygen/Joussen* Bauvertragsrecht Rn. 1507; *Baumgärtel* Beweislast VOB/B § 13 Rn. 6.
[727] BGH BauR 1973, 313, insoweit in NJW 1973, 1792 nicht abgedruckt; BauR 1975, 241; NJW 2008, 511 Rn. 26, = NZBau 2008, 109 = BauR 2008, 344; BauR 2011, 517 Rn. 17; NJW 2011, 3780 = NZBau 2011, 746 = BauR 2012, 115 Rn. 14. AA *Peters* NZBau 2008, 609 (611).
[728] Beschluss des Vorstandes des DVA vom 2.5.2002, Begründung II. 7.; *Schwenker/Heinze* BauR 2002, 1143 (1149); *Weyer* BauR 2003, 613 (618).
[729] OLG München NJW-RR 1987, 854. Zu den Besonderheiten der Beweisführung im Tiefbau: *Englert* FS Jagenburg, 2002, 161 ff.
[730] BGH BauR 1973, 313; NZBau 2010, 558; OLG Hamm BauR 2010, 2123. Falsch deshalb OLG Brandenburg NZBau 2011, 557, soweit es ausführt, der Auftragnehmer habe für einen Mangel seines Werks nicht einzustehen, weil nicht feststehe, dass er seine Prüfungs- und Hinweispflicht verletzt habe.
[731] *Weyer* im Praxishinweis zu OLG Koblenz IBR 2011, 1249 (nur online).
[732] BGH BauR 1975, 420; 1985, 198.
[733] BGHZ 61, 118 = NJW 1973, 1688 = BauR 1973, 379.
[734] Vgl. dazu → Rn. 100.
[735] Allgemein zur sekundären Darlegungslast bei negativen Tatsachen: *Dölling* NJW 2013, 3121 (3126).
[736] OLG Düsseldorf BauR 2013, 1889 (1891), linke Spalte, letzter Abs.

last.⁷³⁷ Diese kann praktische Bedeutung erlangen, wenn bestimmte Unterlagen dem Auftragnehmer Anlass zur Prüfung und zu Hinweisen gegeben hätten, aber streitig ist, ob diese Unterlagen dem Auftragnehmer ausgehändigt worden sind. Ebenso ist der Auftraggeber beweispflichtig, wenn er sich gegenüber dem an sich nach § 13 Abs. 3 VOB/B freigestellten Auftragnehmer auf eine Mitverursachung durch diesen beruft.⁷³⁸

7. Abweichungen gegenüber dem BGB. Das Werkvertragsrecht des BGB enthält keine ausdrückliche Regelung, welche der des § 13 Abs. 3 VOB/B entspricht. Gleichwohl handelt es sich hierbei lediglich um eine äußerliche Abweichung. Denn es besteht Einigkeit darüber, dass die §§ 4 Abs. 3, 13 Abs. 3 VOB/B eine Konkretisierung des allgemeinen Grundsatzes von Treu und Glauben (§ 242 BGB) darstellen⁷³⁹ und deshalb über den Anwendungsbereich der VOB/B hinaus im wesentlichen ebenso für den BGB-Bauvertrag gelten⁷⁴⁰ und zwar auch für seit dem 1.1.2002 geschlossene Verträge.⁷⁴¹ Das Schriftformerfordernis des § 4 Abs. 3 VOB/B hat allerdings im gesetzlichen Werkvertragsrecht keine Gültigkeit.⁷⁴² Es ist aber dringend anzuraten, Hinweise schon zur Beweissicherung immer schriftlich zu erteilen.⁷⁴³ **116**

8. AGB-rechtliche Probleme. Gegen § 13 Abs. 3 VOB/B gemäß § 307 Abs. 1 S. 2 BGB vorgebrachte Transparenzbedenken⁷⁴⁴ sind nicht begründet.⁷⁴⁵ Ebenso bestehen keine Bedenken⁷⁴⁶ gegen die in § 13 Abs. 3 VOB/B getroffene Verteilung der Beweislast.⁷⁴⁷ § 13 Abs. 3 VOB/B hält auch dann, wenn die VOB/B durch den Auftragnehmer gestellt worden ist, einer **isolierten Inhaltskontrolle** stand. Denn er enthält nicht die Fiktion der Zustimmung des Auftraggebers zur Freistellung des Auftragnehmers von der Haftung und damit keine fingierte Erklärung im Sinne des § 308 Nr. 5 BGB,⁷⁴⁸ sondern eine vertragliche Vereinbarung über die dem Auftraggeber unter den dortigen Voraussetzungen ausnahmsweise zugewiesenen Risiken.⁷⁴⁹ **117**

Eine Klausel in den AGB des Auftraggebers, durch welche der in § 13 Abs. 3 VOB/B geregelte Ausschluss der Sachmängelhaftung des Auftragnehmers ganz oder in wesentlichen Teilen ausgeschlossen werden soll, hält der **ABG-Kontrolle** nach § 307 Abs. 1 BGB nicht stand.⁷⁵⁰ Denn da § 13 Abs. 3 VOB/B – wie vorstehend unter 7. behandelt – eine Konkretisierung des das gesamte Recht beherrschenden § 242 BGB ist, benachteiligt ein solcher Ausschluss den Auftragnehmer entgegen den Geboten von Treu und Glauben unangemessen. Dem entsprechend ist eine Klausel, durch die eine Rückverlagerung der Haftung für Fehler des vom Auftraggeber vorgeschriebenen Materials auf den Auftragnehmer erfolgt, unwirksam.⁷⁵¹ Gleiches gilt für eine Klausel, nach der Bedenken gegen Pläne und Leistungsverzeichnisse vor Vertrags- **118**

---

⁷³⁷ OLG Hamm BauR 2010, 2123; *Riedl/Mansfeld* in Heiermann/Riedl/Rusam VOB/B § 13 Rn. 43; *Baumgärtel* ZfBR 1982, 1 (6); so auch Beschluss des Vorstandes des DVA vom 2.5.2002, Begründung II. 7.
⁷³⁸ NWJS VOB/B § 13 Rn. 61; vgl. dazu auch bei → Rn. 111.
⁷³⁹ Anders *Leupertz/Halfmeier* in Prütting/Wegen/Weinreich BGB § 633 Rn. 22, die darin eine Ausprägung der Kooperationspflicht der Vertragsparteien sehen, sowie *Pastor* in Werner/Pastor Rn. 2037, welcher die Prüfungs- und Hinweispflicht als leistungsbezogene Verpflichtung aus der vertraglichen Erfolgsverpflichtung herleitet.
⁷⁴⁰ BGH NJW 1987, 643 = BauR 1987, 79; BGHZ 132, 189 =NJW 1996, 2372 = BauR 1996, 702; OLG München NJW-RR 1987, 854; OLG Düsseldorf NJW-RR 1993, 405; OLG Köln *Schäfer/Finnern/Hochstein* Nr. 12 zu § 4 Nr. 3 VOB/B 1973; OLG Koblenz IBR 2005, 13; OLG Naumburg IBR 2014, 609; Ingenstau/Korbion/*Wirth* VOB/B § 4 Abs. 3 Rn. 12/13; *Vygen/Joussen* Bauvertragsrecht Rn. 1505; *Riedl/Mansfeld* in Heiermann/Riedl/Rusam VOB/B § 13 Rn. 31; *Schwenker/Heinze* BauR 2002, 1143 (1149).
⁷⁴¹ BGH NJW 2008, 511 Rn. 22/23 = NZBau 2008, 109 = BauR 2008, 344.
⁷⁴² Ingenstau/Korbion/*Oppler* VOB/B § 4 Abs. 3 Rn. 3.
⁷⁴³ Kleine-Möller/Merl/*Glöckner* § 15 Rn. 142.
⁷⁴⁴ *Peters* FS Motzke, 2006, 337 (345); NZBau 2006, 273 (276) und NZBau 2012, 615 (617); *Motzke* Beck'scher VOB-Kommentar, VOB/B, 2. Aufl., Einleitung Rn. 81.
⁷⁴⁵ Näher dazu *Weyer* BauR 2009, 1204 (1207–1209) und BauR 2013, 389 (392, 393).
⁷⁴⁶ Wie sie *Peters* NZBau 2012, 615 (617, 619) und NZBau 2013, 129 (130) geltend macht.
⁷⁴⁷ Vgl. dazu im Einzelnen *Weyer* BauR 2013, (389–392).
⁷⁴⁸ So jedoch *Rauch* BauR 2009, 401. Vgl. dazu näher *Weyer* BauR 2009, (1204–1207).
⁷⁴⁹ Vgl. → Rn. 97.
⁷⁵⁰ Soweit der BGH in NJW 1984, 1676 = BauR 1984, 395 ohne weiteres von der Wirksamkeit eines vertraglichen Ausschlusses des § 13 Nr. 3 VOB/B ausgeht, ist nicht ersichtlich, dass es sich dort um eine AGB oder formularvertragliche Klausel handelte.
⁷⁵¹ OLG Düsseldorf *Schäfer/Finnern/Hochstein* Nr. 5 zu § 4 Nr. 3 VOB/B 1973.

schluss mitgeteilt werden müssen und nach Vertragsschluss daraus hergeleitete Bedenken unbeachtlich sein sollen.[752]

C. Dauer und Art der Sachmängelhaftung: § 13 Abs. 4–7 VOB/B

119 Mit den Verjährungsfristen in § 13 Abs. 4 VOB/B und den einzelnen Mängelrechten erst in § 13 Abs. 5–7 VOB/B wird die **zeitliche Reichweite** der Sachmängelhaftung vor ihrem **inhaltlichen Umfang** geregelt. Das entspricht ihrer Behandlung in der Praxis. Wenn eine Verjährung ernsthaft in Betracht kommt und der Auftragnehmer deshalb die Verjährungseinrede erhebt, macht nämlich eine etwaige Bejahung der Verjährung jegliche weiteren Überlegungen überflüssig.[753] Die Verjährungseinrede dient gerade auch dazu, behauptete, in Wirklichkeit aber nicht oder nicht mehr bestehende Forderungen abzuwehren.[754]

I. Verjährung: § 13 Abs. 4 VOB/B

120 Die zeitliche Reichweite der Sachmängelhaftung wird allerdings durch die Verjährung nicht strikt begrenzt. Die Verjährung führt **nicht** zum **Erlöschen** der Mängelrechte. Vielmehr ist der Auftragnehmer lediglich berechtigt, nach Ablauf der Verjährungsfrist gemäß § 214 Abs. 1 BGB die Leistung zu verweigern und gemäß §§ 634a Abs. 5, 218 Abs. 1 BGB der Minderung die Wirkung zu nehmen, indem er sich auf die Verjährung beruft. Er kann den Mängelrechten also die **Verjährungseinrede** entgegen halten. Denn die Verjährung dient neben dem Rechtsfrieden vor allem dem Schutz des Schuldners,[755] hier mithin des Auftragnehmers. Er soll davor bewahrt werden, nach Ablauf der Verjährungsfrist noch mit nicht mehr erwarteten Mängelrechten überzogen zu werden. Infolge des Zeitablaufs ist nämlich nicht nur die Aufklärung des Sachverhalts erschwert, sondern der Auftragnehmer auch oft gehindert, die Haftung an seine Nachunternehmer weiterzuleiten. Da die verjährten Mängelansprüche nicht erlöschen, kann der Auftraggeber sie jedoch in Ausnahmefällen, insbesondere über § 634a Abs. 4 S. 2 und Abs. 5 BGB,[756] weiterhin durchsetzen.

121 Ob er von seinem **dauernden Leistungsverweigerungsrecht**[757] Gebrauch machen will, ist eine freie Entscheidung des Auftragnehmers. Kulanz und die Pflege laufender oder erhoffter neuer Geschäftsverbindungen können ihn davon abhalten, sich auf Verjährung zu berufen. Andernfalls muss er die Verjährungseinrede gegenüber dem Auftraggeber erheben und sie **in** einem etwaigen **Rechtsstreit** geltend machen. Es genügt aber auch, wenn der Auftraggeber im Prozess vorträgt, der Auftragnehmer habe sich außergerichtlich auf Verjährung berufen.[758] Ist die Verjährungseinrede in erster Instanz erhoben, muss sie im Berufungsverfahren nicht wiederholt werden.[759] Sie kann dort auch noch nachgeholt werden,[760] sofern dieses neue Verteidigungsmittel nach § 531 Abs. 2 S. 1 ZPO zuzulassen ist oder die Erhebung der Einrede und die zugrunde liegenden Tatsachen unstreitig sind,[761] nicht aber mehr in der Revisionsinstanz.[762] Andererseits kann der Auftragnehmer auch noch in der Revisionsinstanz durch einseitige Erklärung auf die erhobene Verjährungseinrede verzichten.[763]

---

[752] OLG München BauR 1986, 579 zu einer etwas anderen, aber vergleichbaren Klausel.
[753] Ähnlich BGHZ 153, 337 = NJW 2003, 1250 = BauR 2003, 697.
[754] BGHZ 122, 241 = NJW 1993, 2054; BGHZ 153, 337 = NJW 2003, 1250 = BauR 2003, 697.
[755] BGHZ 59, 72 = NJW 1972, 1460; BGHZ 128, 74 = NJW 1995, 252.
[756] Vgl. dazu → Rn. 218.
[757] Palandt/*Ellenberger* BGB § 214 Rn. 1/2.
[758] OLG Düsseldorf NJW 1991, 2089.
[759] BGH NJW 1990, 326.
[760] Ingenstau/Korbion/*Wirth* VOB/B § 13 Abs. 4 Rn. 50.
[761] BGHZ 161, 138 = NJW 2005, 291; OLG Naumburg IBR 2005, 650; OLG Köln IBR 2007, 165; OLG Celle NZBau 2007, 521; vgl. dazu *Meller-Hannich* NJW 2006, (3385–3388) sowie BGH, Vorlage an den Großen Senat für Zivilsachen, NJW 2008, 1312 = BauR 2008, 666 und den daraufhin ergangenen Beschluss GSZ 1/08 vom 26.6.2008, NJW 2008, 3434 = BauR 2009, 131; BGH NJW 2009, 685 = BauR 2009, 281 Rn. 7.
[762] BGH NJW-RR 1996, 700 = BauR 1996, 424.
[763] BGH BeckRS 2010, 11028 Rn. 17; NJW 2013, 525 = NZBau 2013, 104 Rn. 13.

Mängelansprüche   **122–127 § 13 VOB/B**

1. Anwendungsbereich. § 13 Abs. 4 VOB/B regelt nach dem durch die VOB/B 2002 **122**
geänderten Wortlaut seiner Nr. 1 Satz 1 die Verjährungsfrist „für Mängelansprüche".[764] Der
damit angesprochene Anwendungsbereich des Abs. 4 ist jedoch keineswegs auf Ansprüche
wegen solcher Mängel beschränkt, welche nach der Abnahme hervortreten, wie auf den ersten
Blick aus § 13 Abs. 1 und Abs. 5 Nr. 1 S. 1 VOB/B gefolgert werden könnte. Über diese
Formulierungen hinaus gelten die Verjährungsfristen für alle nach der Abnahme bestehenden
Mängelansprüche.

a) Während der Ausführung gerügte Mängel. Schon vor der Abnahme während der **123**
Ausführung der Bauleistung nach § 4 Abs. 7 VOB/B gerügte Mängel fallen zwar zunächst nicht
unter die Verjährungsfristen des § 13 Abs. 4 VOB/B.[765] So wie nicht erledigte Mängelbeseitigungsansprüche aus § 4 Abs. 7 VOB/B sich mit der Abnahme in Mängelrechten nach § 13
VOB/B fortsetzen,[766] verjähren aber nach der Abnahme die ursprünglich gemäß § 4 Abs. 7
VOB/B begründeten Ansprüche, soweit sie sich mit denen aus § 13 VOB/B inhaltlich decken,
innerhalb der Fristen des § 13 Abs. 4 VOB/B.[767] Das gilt auch für Schadenersatzansprüche
gemäß § 4 Abs. 7 S. 2 VOB/B,[768] für Ansprüche auf Erstattung der Ersatzvornahmekosten aus
§§ 4 Abs. 7, 8 Abs. 3 Nr. 2 VOB/B[769] und für Schadenersatzansprüche gemäß §§ 4 Abs. 7, 8
Abs. 3 Nr. 2 VOB/B.[770] Es ist ein oft zufälliger Umstand, ob ein Mangel schon vor der Abnahme
erkannt wird.[771] Rechte wegen frühzeitig entdeckter Mängel innerhalb der Fristen des § 13
Abs. 4 VOB/B geltend zu machen, ist dem Auftraggeber noch viel eher möglich und zumutbar.

b) Bei der Abnahme erkannte Mängel. Auf diese Mängel treffen die vorstehenden Über- **124**
legungen erst recht zu. Außerdem beginnt mit der Abnahme die Sachmängelhaftung gemäß § 13
VOB/B,[772] so dass die Mängelrechte sich damit zugleich nach dessen Abs. 4 richten.

c) Nach der Abnahme hervortretende Mängel. Für solche Mängel gilt § 13 Abs. 4 VOB/ **125**
B auch nach dem Wortlaut des § 13 Abs. 5 Nr. 1 S. 1 VOB/B. In allen Fällen – vorstehend a)
bis c) – erfasst § 13 Abs. 4 VOB/B sämtliche Mängelrechte aus § 13 Abs. 5–7 VOB/B, soweit
nicht die Ausnahme des Abs. 7 Nr. 4 eingreift[773] oder die Ansprüche zu bloßen Rechnungsposten eines Schadenersatzanspruchs gemäß § 103 Abs. 2 S. 1 InsO geworden sind.[774]

d) Versteckte Mängel. Für sogenannte versteckte Mängel[775] gelten keine Besonderheiten. **126**
Vielmehr spielt es für Beginn und Ablauf der Verjährungsfrist der Mängelansprüche keine Rolle,
ob der Mangel sichtbar ist und der Auftraggeber deshalb die Möglichkeit hat, vor Ablauf der
Verjährungsfrist seine Mängelansprüche geltend zu machen.[776] Denn die unabhängig davon nach
§ 13 Abs. 4 Nr. 3 VOB/B mit der Abnahme beginnende Verjährungsfrist[777] soll nach Ablauf der
Fristen des § 13 Abs. 4 Nr. 1 oder 2 VOB/B enden. Dann soll Rechtsfrieden eintreten.[778]

2. Vorrangige abweichend Vereinbarung. Die Fristen des § 13 Abs. 4 VOB/B sollen **127**
jedoch nur eingreifen, wenn „keine Verjährungsfrist im Vertrag vereinbart" ist. Aufgrund dieser

---

[764] Vgl. dazu Beschluss des Vorstandes des DVA vom 2.5.2002, Begründung II. 8. b.: „Das Wort ‚Gewährleistung' wurde durch ‚Mängelansprüche' ersetzt, da § 13 Nr. 1 VOB/B mit der Anpassung an den Wortlaut
des § 633 BGB eine Neufassung erhalten hat."
[765] Beck'scher VOB-Kommentar/*Eichberger* VOB/B § 13 Abs. 4 Rn. 11.
[766] BGH NJW 1982, 1524 = BauR 1982, 277; vgl. auch → Rn. 5.
[767] BGHZ 54, 352 = NJW 1971, 99 = BauR 1971, 51; BGH NJW 1982, 1524 = BauR 1982, 277;
BGHZ 153, 244 = NJW 2003, 1450 = NZBau 2003, 265 = BauR 2003, 689; BGH BauR 2006, 1294.
[768] BGH BauR 1972, 172; BGHZ 153, 244 = NJW 2003, 1450 = NZBau 2003, 265 = BauR 2003, 689.
[769] BGH NJW 1974, 1707 = BauR 1974, 412; zur Abnahme insoweit Beck'scher VOB-Kommentar/
Eichberger VOB/B § 13 Abs. 4 Rn. 13.
[770] *Keldungs/Brück* Rn. 599.
[771] BGHZ 54, 352 = NJW 1971, 99 = BauR 1971, 51; BGH NJW 1982, 1524 = BauR 1982, 277.
[772] Vgl. dazu → Rn. 5.
[773] BGHZ 58, 332 = NJW 1972, 1280 = BauR 1972, 311 für Schadenersatzansprüche aus § 13 Abs. 7
VOB/B wegen entfernter Mangelfolgeschäden.
[774] BGHZ 96, 392 = NJW 1986, 1176 = BauR 1986, 339 zum entsprechenden früheren § 17 KO.
[775] Zur „unsterblichen Legende vom versteckten Mangel": *Schmidt* NJW-Spezial 2013, 620 (621).
[776] So zutreffend *Schmidt* NJW-Spezial 2013, 620, bei II.
[777] Vgl. dazu → Rn. 171.
[778] Vgl. → Rn. 120.

ausdrücklichen Einschränkung hat § 13 Abs. 4 VOB/B lediglich subsidiäre Bedeutung.[779] Er enthält eine **Auffangregelung** für den Fall, dass die Bauvertragspartner für die Sachmängelhaftung keine andere Verjährungsfrist abgesprochen haben.[780] Obwohl vereinbarte Fristen danach vorrangig sind, bezeichnet § 13 Abs. 5 Nr. 1 S. 2 und 3 VOB/B die Verjährungsfristen des Abs. 4 selbst als **Regelfristen**. Der Intention des § 13 VOB/B entspricht es somit nicht, wenn sie infolge abweichender Vereinbarungen zu Ausnahmefristen werden. Vielmehr sollten auch private Auftraggeber die sachbezogenen Erwägungen des § 13 VOB/A beachten.[781] Eine Verlängerung der Verjährungsfrist ist nämlich nutzlos, soweit sie über den Zeitraum hinaus ausgedehnt wird, in welchem Baumängel noch von Abnutzung und sonstigem Verschleiß unterscheidbar sind.[782]

128 a) **Individualvereinbarung.** Für eine von § 13 Abs. 4 VOB/B abweichende Bemessung der Verjährungsfristen durch Individualvereinbarung besteht weitgehende Gestaltungsfreiheit. Vereinbarungen über die Verjährung sind nämlich nach § 202 Abs. 2 BGB nur noch dahin eingeschränkt, dass die Verjährung durch Rechtsgeschäft nicht über eine Verjährungsfrist von 30 Jahren ab dem gesetzlichen Verjährungsbeginn hinaus erschwert werden kann.[783] Eine **Verkürzung** der Fristen war schon bisher nach § 225 S. 2 BGB aF zulässig. Eine Unwirksamkeit nach § 242 BGB[784] kommt grundsätzlich nicht in Betracht.[785] Da § 202 Abs. 2 BGB jetzt allgemein nur eine obere Grenze von 30 Jahren zieht, ist eine **Verlängerung** der Fristen des § 13 Abs. 4 VOB/B bis zu den gesetzlichen Fristen des § 634a Abs. 1 BGB und, weil auch die Frist der dortigen Nr. 2 verhältnismäßig kurz ist,[786] darüber hinaus ebenfalls unbedenklich möglich. Dafür ist kein besonderes Interesse des Auftraggebers erforderlich.[787] Denn das gesetzliche Leitbild hat sich durch § 202 Abs. 2 BGB geändert.[788] Es kann sich auch anbieten, unterschiedliche Fristen zu vereinbaren, zum Beispiel bei der Errichtung von Stahlbetonfertiggaragen für die Konstruktion 5 Jahre sowie für Anstrich, Dacheindeckung und Tore 2 Jahre.[789] Dass § 13 Abs. 4 Nr. 1 VOB/B von einer Vereinbarung „**im Vertrag**" spricht, steht einer späteren Abrede nicht entgegen.[790]

129 Ein völliger **Ausschluss** der Verjährung kann allerdings nach § 202 Abs. 2 BGB nicht wirksam vereinbart werden. Deshalb wäre die Übernahme der Gewährleistung für die gesamte, 30 Jahre überschreitende Lebensdauer einer Bauleistung als unwirksam anzusehen.[791]

130 b) **AGB und Formularverträge.** Sofern der **Auftragnehmer** deren Verwender ist, können darin die jetzt 4-jährige Verjährungsfrist des § 13 Abs. 4 VOB/B für Bauwerke und die dortigen 2-jährigen Verjährungsfristen für vom Feuer berührte Teile von Feuerungsanlagen und für wartungsbedürftige Teile von maschinellen und elektrotechnischen/elektronischen Anlagen **nicht** wirksam **verkürzt** werden. Das folgt aus §§ 307 Abs. 1 und 2 Nr. 1, 309 Nr. 8 lit. b ff. BGB.[792] Denn da nach diesen Bestimmungen bereits eine Herabsetzung der 5-jährigen Frist des § 634a Abs. 1 Nr. 2 BGB auf die 4- und 2-jährigen Fristen des § 13 Nr. 4 VOB/B unwirksam

---

[779] BGH NJW-RR 1987, 851 = BauR 1987, 445; NWJS VOB/B § 13 Rn. 64; *Kaiser* BauR 1990, 123 (126).
[780] BGH NJW-RR 1991, 980 = BauR 1991, 458.
[781] Beck'scher VOB-Kommentar/*Eichberger* VOB/B § 13 Abs. 4 Rn. 45–47.
[782] Beck'scher VOB-Kommentar/*Eichberger* VOB/B § 13 Abs. 4 Rn. 47–49; vgl. auch *Danker/John* BauR 2001, 718 (722 ff.).
[783] Diese Einschränkung gilt nicht für eine selbständige Herstellergarantie: BGH BauR 2008, 1879 (40-jährige Garantie für Aluminiumdächer).
[784] Eine solche hält *Kaiser* BauR 1990, 123 (126) für möglich.
[785] *Siegburg* Verjährung Rn. 233.
[786] BGHZ 90, 273 = NJW 1984, 1750 = BauR 1984, 390; BGHZ 132, 383 = NJW 1996, 2155 = BauR 1996, 707.
[787] AA *Leupertz/Halfmeier* in Prütting/Wegen/Weinreich BGB § 634a Rn. 15 unter Berufung auf BGHZ 132, 383 = NJW 1996, 2155 = BauR 1996, 707. Dort befasst der BGH sich jedoch ausschließlich mit einer AGB-Klausel, durch welche für Flachdacharbeiten die Verjährungsfrist – wirksam – auf 10 Jahre und einen Monat verlängert worden war.
[788] BeckOK BGB-*Voit*, Stand 1.2.2013, § 634a Rn. 35.
[789] So die Fallgestaltung in OLG Düsseldorf NJW-RR 1999, 667 = BauR 1999, 410.
[790] *Hereth/Ludwig/Naschold* VOB/B § 13 Ez 132.
[791] Beck'scher VOB-Kommentar/*Eichberger* VOB/B § 13 Abs. 4 Rn. 71.
[792] So Beck'scher VOB-Kommentar/*Eichberger* VOB/B § 13 Abs. 4 Rn. 80 und 101.

ist, wenn die VOB/B nicht insgesamt einbezogen wird,[793] ist eine weitere Verkürzung sogar dieser Fristen des § 13 Abs. 4 VOB/B erst recht unwirksam.[794] Die Unwirksamkeit kann auch aus § 307 Abs. 2 Nr. 1 BGB abgeleitet werden,[795] weil noch kürzere Verjährungsfristen die Erfolgshaftung des Auftragnehmers gefährden. Ausnahmen für bestimmte Bauleistungen, deren typische Mängel regelmäßig schon vor Ablauf der Regelfrist von 4 Jahren zutage treten,[796] sind abzulehnen, und zwar aus den obigen Gründen und wegen der Beeinträchtigung der Rechtssicherheit infolge unvermeidlicher Abgrenzungsschwierigkeiten. Eine im Ergebnis zeitliche Verkürzung der Verjährungsfrist ist auch eine AGB-Klausel, nach welcher Mängelansprüche wegen erkennbarer Mängel ausgeschlossen sein sollen, wenn sie nicht binnen 2 Wochen nach Erkennbarkeit geltend gemacht werden; sie ist gegenüber einem Verbraucher nach § 309 Nr. 8 lit. b ee BGB unwirksam, aber gemäß § 307 BGB unwirksam gegenüber einem Unternehmer.[797] Allerdings kann nach § 309 Nr. 8 lit. b ff. BGB eine **Verkürzung** der 2-jährigen Frist des § 13 Abs. 4 Nr. 1 S. 1 VOB/B für – nach dessen früherer Fassung – Arbeiten an einem Grundstück und nach dessen Änderung durch die VOB/B 2006 nunmehr für „andere Werke, deren Erfolg in der Herstellung, Wartung oder Veränderung einer Sache besteht", auf ein Jahr **wirksam** erfolgen.

In von dem **Auftraggeber** verwendeten AGB oder Formularverträgen ist eine **Verlängerung** 131 der Verjährungsfristen[798] des § 13 Abs. 4 VOB/B auf die gesetzliche Frist des § 634a Abs. 1 Nr. 2 BGB unbedenklich **wirksam**.[799] Denn eine Klausel, welche der gesetzlichen Regelung entspricht, erfüllt keinesfalls die Voraussetzungen des § 307 BGB. Die Ausdehnung der Verjährung von 1–4 Jahren auf 5 Jahre ist auch keine überraschende Klausel im Sinne des § 305c Abs. 1 BGB.[800] Da § 202 Abs. 2 BGB nunmehr eine Verlängerung bis zu 30 Jahren allgemein zulässt, bilden auch 5 Jahre grundsätzlich **keine Obergrenze**. Eine darüber hinausgehende Fristverlängerung nur unter engen Voraussetzungen zuzulassen,[801] ist nicht gerechtfertigt, zumal der Auftraggeber sich durch überlange Verjährungsfristen selbst in Schwierigkeiten bringt.[802] Der BGH hat wiederholt[803] die 5-jährige Frist als verhältnismäßig kurz bezeichnet. Die Verlängerung kann auch in anderen als den in § 13 Abs. 4 Nr. 2 VOB/B geregelten Fällen vom Abschluss von Wartungsverträgen abhängig gemacht werden.[804]

Die Rechtsprechung sieht deshalb zu Recht **erheblich längere Fristen** als **zulässig** an. So 132 hat das OLG Düsseldorf[805] die in einem von dem Hauptunternehmer gegenüber dem Nachunternehmer verwendeten Formularvertrag ausbedungene Verlängerung der früheren 2-jährigen Frist des § 13 Abs. 4 VOB/B auf 5 Jahre und 4 Wochen gebilligt. Das OLG Köln[806] hat in der Vereinbarung einer 7-jährigen Verjährungsfrist für Dachabdichtungsarbeiten an Flachdächern keine unangemessene Benachteiligung des Dachdeckers erblickt. Der BGH[807] hat bei Flachdacharbeiten sogar die formularmäßige Vereinbarung einer Verjährungsfrist von 10 Jahren und einem Monat für wirksam erklärt. Einer Verlängerung der Verjährungsfrist für verdeckte Mängel auf 30

---

[793] So zur bisherigen 2-jährigen Frist des § 13 Abs. 4 Nr. 1 VOB/B: BGHZ 90, 273 = NJW 1984, 1750 = BauR 1984, 390; BGHZ 96, 129 = NJW 1986, 315 = BauR 1986, 89; BGHZ 107, 75 = NJW 1989, 1602 = BauR 1989, 322; vgl. auch → Rn. 1.

[794] Vgl. BGH NJW 1999, 2434 = BauR 1999, 670: Verkürzung der Gewährleistungsfrist in einem Ingenieurvertrag über die Planung von Bauwerksleistungen auf 6 Monate auch im kaufmännischen Verkehr gemäß § 9 AGB-Gesetz unwirksam. Ebenso eine Verkürzung auf 2 Jahre für auf Bauwerke bezogene Planungs- und Überwachungsleistungen: BGH NJW 2014, 206 = NZBau 2014, 47.

[795] So für die bisherige 2-jährige Frist: *Kaiser* BauR 1990, 123 (126); zu den jetzigen Fristen des § 13 Abs. 4 VOB/B: *Riedl/Mansfeld* in Heiermann/Riedl/Rusam VOB/B § 13 Rn. 51.

[796] Wie es *Siegburg* Verjährung Rn. 235 sogar für die bisherige 2-jährige Frist für denkbar hält.

[797] BGH NZBau 2005, 149 = BauR 2005, 383; kritisch dazu *Zirkel* NZBau 2006, (412–416).

[798] Nach *Virneburg* FS Thode, 2005, 201 (205, 206, 213) soll eine in AGB des Auftraggebers vorgesehene Verlängerung der Verjährungsfrist für Mängelansprüche als Teil der Leistungsbeschreibung bereits nicht des AGB-Kontrolle unterliegen.

[799] BGHZ 107, 75 = NJW 1989, 1602 = BauR 1989, 322; BGH NJW-RR 1991, 980 = BauR 1991, 458.

[800] BGH NJW-RR 1987, 851 = BauR 1987, 445; Beck'scher VOB-Kommentar/*Eichberger* VOB/B § 13 Abs. 4 Rn. 85.

[801] *Korbion/Locher* Rn. I 179; *Kaiser* BauR 1990, 123 (126); *Siegburg* Verjährung Rn. 236.

[802] Beck'scher VOB-Kommentar/*Eichberger* VOB/B § 13 Abs. 4 Rn. 82/83 und 89.

[803] BGHZ 90, 273 = NJW 1984, 1750 = BauR 1984, 390; BGHZ 132, 383 = NJW 1996, 2155 = BauR 1996, 707.

[804] OLG Celle BauR 2011, 265.

[805] NJW-RR 1994, 1298 = BauR 1995, 111.

[806] *Schäfer/Finnern/Hochstein* § 13 Nr. 4 VOB/B (1973) Nr. 17 = BauR 1989, 376, nur Leitsatz.

[807] BGHZ 132, 383 = NJW 1996, 2155 = BauR 1996, 707.

Jahre[808] kann angesichts des jetzigen § 202 Abs. 2 BGB ebenfalls nicht mehr die Wirksamkeit abgesprochen werden.[809] **Unwirksam** in vom Auftraggeber gestellten AGB ist die Klausel, dass für Mängel, die bei Abnahme nicht oder nur durch sachverständige Untersuchung feststellbar sind, die Verjährung der Mängelansprüche **mit** deren **Feststellung beginnt**.[810]

133   c) **Garantiefristen.** Wenn im Rahmen einer unselbständigen Garantie[811] eine Garantie- oder Gewährfrist vereinbart ist, wird für das Kaufrecht die Auslegung befürwortet, dass jeder während der Dauer der Garantie auftretende Mangel Ansprüche auslösen kann[812] und die Verjährungsfrist dieser Ansprüche erst mit der Entdeckung des Mangels zu laufen beginnt.[813] Wegen der Besonderheiten der Sachmängelhaftung insbesondere für Bauleistungen ist diese Rechtsprechung aber auf das Werkvertragsrecht nicht übertragbar, eine Garantie- oder Gewährfrist von mehr als ein, 2 oder 4 Jahren vielmehr grundsätzlich lediglich als Verlängerung der Verjährungsfristen des § 13 Abs. 4 VOB/B zu verstehen.[814] Sollte die Garantie- oder Gewährfrist aufgrund besonderer Anhaltspunkte ausnahmsweise im Sinne der kaufrechtlichen Rechtsprechung auszulegen sein, wäre sie in AGB des Auftraggebers nach § 307 Abs. 1 und 2 Nr. 1 BGB unwirksam.[815] Etwas anderes gilt jedoch für eine durch Vertrag zugunsten Dritter an den Auftraggeber als Endabnehmer **weitergegebene** 5-jährige[816] **Herstellergarantie;** ihr wird eine Wirkung entsprechend der Rechtsprechung zum Kaufrecht beigemessen.[817]

134   d) **Unklarheiten/Widersprüche.** Derartige Unstimmigkeiten zwischen verschiedenen AGB sind nach Möglichkeit zunächst durch Auslegung zu klären,[818] wobei die Rangfolgenregelung des § 1 Abs. 2 VOB/B behilflich sein kann. Verbleibende Zweifel gehen nach § 305c Abs. 2 BGB zu Lasten des Verwenders,[819] weshalb die kürzeren Fristen des § 13 Abs. 4 VOB/B gelten, wenn in einem vom Auftraggeber gestellten Formularvertrag, dem generell die VOB/B zugrunde gelegt ist, „Garantieleistungen entsprechend VOB bzw. BGB" vereinbart sind.[820] An die Stelle einer ähnlichen Klausel, die aber wegen des Zusatzes, dass „bei unterschiedlicher Auffassung ... jeweils die günstigere für den Bauherrn" gilt, unwirksam ist, treten gemäß § 306 Abs. 2 BGB hingegen die gesetzlichen Vorschriften und damit die Verjährungsfrist des § 634a Abs. 1 Nr. 2 BGB.[821] Bauvertragliche Individualabreden gehen nach § 305b BGB widersprechenden AGB vor.[822]

135   3. **Regelfristen je nach Leistungsgegenstand.** § 13 Abs. 4 Nr. 1 und 2 VOB/B bemisst die Regelfrist der Verjährung, die mangels abweichender Vereinbarung eingreift, nach dem jeweiligen Leistungsgegenstand und entspricht damit im Ansatz der Regelung des § 634a Abs. 1 BGB. Diese Differenzierung beruht auf der Annahme, dass Mängel erfahrungsgemäß bei unterschiedlichen Bauleistungen auch innerhalb verschiedener Zeiträume hervortreten und von Verschleißerscheinungen abgrenzbar sind.[823] Für **Bauwerke** beträgt die Verjährungsfrist seit den

---

[808] LG Hanau NJW-RR 1987, 1104.
[809] So auch *Virneburg* FS Thode, 2005, 201 (213, 214).
[810] OLG Frankfurt IBR 2008, 647.
[811] Vgl. dazu → Rn. 40 und 41.
[812] Vgl. dazu jetzt § 443 Abs. 2 BGB.
[813] BGH NJW 1979, 645 = BauR 1979, 427; NJW 1986, 1927 = BauR 1986, 437.
[814] OLG Frankfurt NJW-RR 1992, 280; Beck'scher VOB-Kommentar/*Eichberger* VOB/B § 13 Abs. 4 Rn. 74–78; Ingenstau/Korbion/*Wirth* VOB/B Vor § 13 Rn. 304; *Riedl/Mansfeld* in *Heiermann/Riedl/Rusam* VOB/B § 13 Rn. 52; aA OLG Hamm BauR 2006, 1006 = IBR 2005, 531 mit kritischem Praxishinweis von *Schmidt*. Die Unterschiede zwischen Kauf- und Werkvertragsrecht lässt *Siegburg* Verjährung Rn. 241 außer Betracht.
[815] *Riedl/Mansfeld* in Heiermann/Riedl/Rusam VOB/B § 13 Rn. 52; näher dazu Beck'scher VOB-Kommentar/*Motzke* 1. Aufl., VOB/B § 13 Nr. 4 Rn. 84, in späteren Auflagen nicht übernommen.
[816] Zu einer 40-jährigen Haltbarkeitsgarantie des Herstellers von Aluminiumdächern vgl. BGH BauR 2008, 1879.
[817] BGHZ 75, 75 = NJW 1979, 2036 = BauR 1979, 511.
[818] Vgl. dazu BGH NJW-RR 1991, 980 = BauR 1991, 458.
[819] BGHZ 111, 388 = NJW 1990, 3197 = BauR 1990, 718; OLG Hamm NJW-RR 1988, 467 = BauR 1988, 476 und 381 (dort nur Leitsatz).
[820] OLG Hamm NJW-RR 1988, 467 = BauR 1988, 476; NWJS VOB/B § 13 Rn. 67b.
[821] BGH NJW 1986, 924 = BauR 1986, 200.
[822] Dazu und zur Auslegung von Individualabreden näher Beck'scher VOB-Kommentar/*Eichberger* VOB/B § 13 Abs. 4 Rn. 106/107.
[823] Ingenstau/Korbion/*Wirth* VOB/B § 13 Abs. 4 Rn. 61; *Riedl/Mansfeld* in Heiermann/Riedl/Rusam VOB/B § 13 Rn. 54.

Änderungen durch die VOB/B 2002 nunmehr 4 Jahre (§ 13 Abs. 4 Nr. 1 S. 1 VOB/B). Auf Grund dieser Verlängerung der Fristen gilt für Arbeiten an einem Grundstück, an deren Stelle durch die VOB/B 2006 jetzt die Formulierung „für **andere Werke,** deren Erfolg in der Herstellung, Wartung oder Veränderung einer Sache besteht", getreten ist, und für die vom Feuer berührten Teile von **Feuerungsanlagen** eine Verjährungsfrist von 2 Jahren (§ 13 Abs. 4 Nr. 1 S. 1 VOB/B). Lediglich für feuerberührte und abgasdämmende Teile von **industriellen Feuerungsanlagen** ist es bei der Verjährungsfrist von einem Jahr geblieben (§ 13 Abs. 4 Nr. 1 S. 2 VOB/B). Ebenfalls 2 Jahre läuft die Verjährungsfrist mangels anderer Vereinbarung für wartungsbedürftige Teile von **maschinellen** und **elektrotechnischen/elektronischen Anlagen,** wenn der Auftraggeber dem Auftragnehmer keinen Wartungsauftrag für die Dauer der Verjährungsfrist erteilt hat (§ 13 Abs. 4 Nr. 2 VOB/B).

Mit dieser durch die VOB/B 2002 gegenüber der früheren Fassung des § 13 Abs. 4 VOB/B **136** außer in Nr. 1 Satz 2 vorgenommenen **Verdoppelung** der **Verjährungsfristen** wurde auf die Kritik an den kurzen Fristen der VOB/B reagiert. „Allerdings wurde es auch für erforderlich gehalten, unter Ausnutzung der im neuen Recht in § 309 Nr. 8 lit. b ff BGB enthaltenen Privilegierung, die gesetzlichen Verjährungsfristen des BGB in den Regelungen des § 13 VOB/B zu unterschreiten,[824] um den spezifischen baufachlichen Anforderungen gerecht zu werden und eine ausgewogene Regelung zu erreichen."[825] Dabei wurde andererseits berücksichtigt, dass durch § 438 Abs. 1 Nr. 2 lit. b BGB ein Grund der kurzen Fristen entfallen ist,[826] obwohl einem Mangelregress des Auftragnehmers gegenüber seinen Lieferanten nach wie vor erhebliche Hindernisse entgegen stehen.[827] Die Weigerung des DVA, die fünfjährige Frist des § 634a Abs. 1 Nr. 2 BGB zu übernehmen, überzeugt jedoch nicht.[828] Zudem ist die Privilegierung durch das FoSiG mit Wirkung ab 1.1.2009 modifiziert worden.[829]

Schwierigkeiten bereitete bei der Bestimmung der Verjährungsfrist seit langem insbesondere **137** die **Unterscheidung** zwischen Arbeiten für **Bauwerke** und denen an einem **Grundstück**.[830] Dabei stellen erstere nur eine Untergruppe der Arbeiten an einem Grundstück dar.[831] Letztere können auch als Auffangtatbestand für alle Arbeiten bezeichnet werden, die nicht den Bauwerksarbeiten zurechenbar sind. Wegen der insoweit in der Praxis oft herrschenden Unklarheit, ob die Verjährungsfrist nach § 13 Abs. 4 Nr. 1 S. 1 VOB/B 2 oder 4 Jahre beträgt, hat der DVA gemeint, eine Anpassung an das neue BGB sei überfällig, und zugleich festgestellt, dass die Arbeiten an einem Grundstück, die in § 638 Abs. 1 BGB aF geregelt waren, in § 634a Abs. 1 Nr. 1 BGB aufgegangen sind.[832] Dem entsprechend hat die VOB/B 2006 in § 13 Abs. 4 Nr. 1 S. 1 die Worte „für Arbeiten an einem Grundstück" durch die an § 634a Abs. 1 Nr. 1 BGB angepasste Formulierung „für andere Werke, deren Erfolg in der Herstellung, Wartung oder Veränderung einer Sache besteht,,, ersetzt. Diese Angleichung an das BGB ist zu begrüßen.[833] Die bisherigen Schwierigkeiten sind damit aber nicht beseitigt. Die vom DVA verkündete „Vereinfachung der Verjährungsregeln durch Streichung der besonderen Verjährung für, Arbeiten an einem Grundstück"[834] tritt nicht ein.[835] Denn durch die neue Formulierung sind die Abgrenzungsschwierigkeiten nicht ausgeräumt, bestehen vielmehr weiterhin,[836] nunmehr wegen der erforderlichen Unterscheidung zwischen **Bauwerken** und **anderen Werken**.[837]

---

[824] Gestrichen durch Art. 1 Nr. 1c. FoSiG.
[825] So Beschluss des Vorstandes des DVA vom 2.5.2002, Begründung II. 8. a.
[826] AaO (vorstehende Fußnote), Begründung II. 8. b.; *Kratzenberg* NZBau 2002, 177 (182).
[827] Eingehend dazu *Messerschmidt* FS Englert, 2014, (297–310).
[828] *Kemper* BauR 2002, 1613 (1617); *Tempel* NZBau 2002, 532 (536); *Weyer* BauR 2003, 613 (618, 619); *Maas* FS Kraus, 2003, 355. Vgl. dem gegenüber *Kern* BauR 2003, 793.
[829] Vgl. → Rn. 63.
[830] *Daub/Piel/Soergel/Steffani* ErlZ B 13.283.
[831] BGH NJW 1970, 942 =BauR 1970, 106; *Daub/Piel/Soergel/Steffani* ErlZ B 13.284.
[832] HAA des DVA Beschluss vom 17.5.2006, Nr. 11 Begründung.
[833] So auch *Schwenker* in Anregungen und Vorschläge des „Netzwerk Bauanwälte" zum Änderungsentwurf zur VOB/B (2006) vom 16.6.2006, VI. 3. a, ibr-online Materialien.
[834] So Mitteilung des DVA zum Beschluss des HAA vom 17.5.2006 unter www.bmvbs.de/Anlage/original_960541/Mitteilung-des-DVA-zur-VOB-B. pdf.
[835] Das Vereinfachungsargument taucht auch in der Begründung zu Nr. 7 des Beschlusses des HAA des DVA vom 27.6.2006 nicht mehr auf.
[836] Wie ein Blick in die Kommentierungen zu § 634a Abs. 1 BGB zeigt: vgl. nur Palandt/*Sprau* BGB § 634a Rn. 10 und 15–19.
[837] So auch *Kainz* FS Englert, 2014, 157 (163) bei III.3.

138 **a) Bauwerke.** Ein Bauwerk ist eine unbewegliche, durch Verwendung von Arbeit und Material in Verbindung mit dem Erdboden hergestellte Sache.[838] Der Begriff Bauwerk umfasst demnach auf und unter der Erdoberfläche errichtete Werke; er geht weiter als der des Gebäudes.[839] Zu den Bauwerken[840] gehören deshalb zum Beispiel auch

– Eisen- und Straßenbahngleise, Brücken und Überführungen,[841]
– größere ortsfeste technische Anlagen[842] wie die Förderanlage in einem Grubenschacht
– und ein 47 m tiefer Rohrbrunnen[843]
– sowie Straßenbauwerke und Gasrohrleitungsnetze,[844]
– Kunstrasenplätze[845]
– und eine großflächige, aus 335 Solarmodulen bestehende Photovoltaikanlage auf einem Tennishallendach nebst allen Nebeneinrichtungen und Verkabelungen.[846]

139 **aa) Verbindung mit Grund und Boden.** Während der BGH unter Hinweis auf § 94 BGB zunächst[847] gefordert hatte, dass die Verbindung mit dem Grund und Boden eine „feste" sein müsse, hebt er nunmehr[848] zu Recht die unterschiedliche Zweckbestimmung der §§ 93 ff., 946 BGB und der Verjährung der Mängelansprüche hervor.[849] Eine Grundstücksverbindung im Sinne des Sachenrechts ist zwar ein zuverlässiges Indiz für ein Bauwerk, es genügt aber grundsätzlich eine enge und auf längere Dauer angelegte Verbindung,[850] weshalb auch eine als Ladengeschäft genutzte Containerkombination[851] – nicht aber Baucontainer, weil nicht für eine dauerhafte ortsfeste Nutzung bestimmt[852] – oder ein massiv im Boden verankertes und zur dauerhaften Nutzung als Reithalle aufgestelltes Zirkuszelt[853] ein Bauwerk sein kann. Ein in das Erdreich eingebetteter und an die vorhandene Ölzufuhrleitung angeschlossener Öltank wäre nach dieser Rechtsprechung konsequent ebenfalls als Bauwerk einzuordnen,[854] zumal selbst ein Öltank im Erdreich eines Nachbargrundstücks wesentlicher Bestandteil des Wohnhauses ist, dessen Beheizung er dient.[855] Ein Bauwerk ist auch ein an 2,60 m tief im Erdreich verankerten Baumstämmen befestigter Hochseilgarten.[856]

---

[838] BGHZ 57, 60 = NJW 1971, 2219 = BauR 1971, 259; BGHZ 68, 208 = NJW 1977, 1146 = BauR 1977, 203; BGH NJW 1983, 567 = BauR 1983, 64; NZBau 2003, 559 = BauR 2003, 1391.

[839] BGHZ 57, 60 = NJW 1971, 2219 = BauR 1971, 259; BGH NJW 1983, 567 = BauR 1983, 64.

[840] „Die Kriterien des BGH für das Vorliegen eines Bauwerks" stellt *Kainz* FS Englert, 2014, (157–166) zusammen.

[841] BGH BauR 1972, 172.

[842] BGH NJW 1999, 2434 = BauR 1999, 670; NJW-RR 2002, 664 = NZBau 2002, 387; NZBau 2003, 559 = BauR 2003, 1391; OLG Düsseldorf NJW-RR 2001, 1531 = BauR 2002, 103.

[843] BGHZ 57, 60 = NJW 1971, 2219 = BauR 1971, 259; anders bei einem einfachen, 7m tiefen Gartenbrunnen: OLG Düsseldorf NJW-RR 1999, 1182 = BauR 2000, 734.

[844] BGH NJW 1999, 723 = BauR 1993, 219; OLG Schleswig IBR 2002, 86: Erdgasleitung; vgl. zu Straßen und Hofbefestigungen auch BGH NJW-RR 1992, 849 = BauR 1992, 502; NJW-RR 1993, 592 = BauR 1993, 217; OLG Köln NJW-RR 1993, 593 = BauR 1993, 218; BauR 2002, 801; falsch OLG Brandenburg BauR 2004, 1313 = IBR 2004, 244, das bei Herstellung einer Straße die Verlegung des Straßenbelags als Arbeit an einem Grundstück einordnet; zur Schotterung von Waldwegen vgl. OLG Köln IBR 2001, 59.

[845] *Weyer* im Praxishinweis zu OLG Düsseldorf IBR 2013, 1219 (nur online).

[846] OLG München NJW 2014, 867 = NZBau 2014, 177 = BauR 2014, 720. Dem stimmt *Lakkis* NJW 2014, (829–831), zu; ebenso *Grabe* BauR 2015, (1–8); aA *Taplan/Baumgartner* NZBau 2014, (540–543). Vgl. auch → Rn. 141.

[847] BGH NJW 1983, 567 = BauR 1983, 64.

[848] BGH NJW-RR 1990, 787 = BauR 1990, 351; NJW-RR 1991, 1367 = BauR 1991, 741; BGHZ 117, 121 = NJW 1992, 1445 = BauR 1992, 369.

[849] Vgl. dazu auch *Lakkis* NJW 2014, 829 (831), bei IV.

[850] BGH NJW-RR 1999, 2434 = BauR 1999, 670; NJW-RR 2002, 664 = NZBau 2002, 387: 11t schwere Müllpresse.

[851] BGHZ 117, 121 = NJW 1992, 1445 = BauR 1992, 369; NJW 1997, 1982 = BauR 1997, 640.

[852] BeckOK BGB-*Voit*, Stand 1.2.2013, § 634a Rn. 6.

[853] OLG Hamm IBR 2008, 23.

[854] Entgegen BGH NJW 1986, 1927 = BauR 1986, 437; vgl. dazu *Siegburg* Verjährung Rn. 150; zu einem Öltank mit gemauertem Domschacht: OLG Hamm NJW-RR 1996, 919 und BauR 2007, 732.

[855] BGH IMR 2013, 116 = NJW-RR 2013, 652.

[856] OLG Koblenz IBR 2009, 577.

bb) Herstellung einzelner Bauteile. Bauwerksleistungen sind nicht lediglich die Ausführung des Baues als Ganzes, sondern sämtliche Arbeiten zur Herstellung eines neuen Bauwerks,[857] also auch die Herstellung einzelner Bauteile und Bauglieder, ohne dass es darauf ankommt, ob sie einen äußerlich hervortretenden, körperlich abgesetzten Teil des Baues darstellen.[858] Dazu gehören etwa 140

– eine abdichtende Beschichtung des Außenputzes,[859]
– der Einbau einer Ballenpresse zur Errichtung einer Papierentsorgungsanlage in einem Verwaltungsneubau,[860]
– Fahrbahnmarkierungen bei Straßenneubauten[861]
– und die Gesamtentwässerung des Dach-, Straßen- und Dränagewassers von Gebäuden.[862]
– Auch die Ausschachtung der Baugrube ist Teil des Bauwerks,[863] weil seine Errichtung mit ihr beginnt.
– Darum kann für die Herrichtung des Baugrundes durch Verfüllung nichts anderes gelten.[864]
– Ebenso rechnet die spätere Verfüllung der Arbeitsräume nach Fertigstellung des Rohbaus zu den Arbeiten an einem Bauwerk.[865]

Um Bauwerksarbeiten handelte es sich darüber hinaus nach der früheren Rechtsprechung zum alten Recht – vor dem 1.1.2002 – sogar dann, wenn ein Auftragnehmer Gegenstände, die für ein bestimmtes Bauwerk verwendet werden sollten, von einem Nachunternehmer bearbeiten[866] oder herstellen[867] ließ. Das galt selbst für den Fall, dass der Nachunternehmer diese Sachen durch einen weiteren Nachunternehmer bearbeiten ließ, sofern letzterer die Zweckbestimmung seiner Leistung kannte.[868] Die in den beiden vorhergehenden Sätzen genannten Fälle führen, da sie jetzt nach § 651 BGB dem Kaufrecht zugeordnet werden,[869] über § 438 Abs. 1 Nr. 2 lit. b BGB zu einer 5-jährigen Verjährung. **Beispiele** sind die Herstellung und Lieferung von Bauteilen für eine Klimaanlage[870] oder eine Siloanlage.[871]

Keine Bauwerksleistung ist hingegen eine nachträglich installierte Anlage, die zur Verwirklichung der Zweckbestimmung und damit zur Herstellung – oder auch zur Erneuerung oder zum Umbau[872] – des Gebäudes nicht erforderlich ist,[873] wie etwa eine auf einem bestehenden Gebäude angebrachte **Photovoltaikanlage,**[874] es sei denn, eine solche Anlage stellt **selbst** ein 141

---

[857] BGH NZBau 2004, 434 = BauR 2004, 1798.
[858] BGHZ 19, 319 = NJW 1956, 1195; BGHZ 68, 208 = NJW 1977, 1146 = BauR 1977, 203; NZBau 2003, 559 = BauR 2003, 1391.
[859] BGH BauR 1970, 47.
[860] BGH NJW 1987, 837 = BauR 1987, 205, insoweit in BGHZ 99, 160 nicht abgedruckt; vgl. auch OLG Düsseldorf NJW-RR 2001, 1531 = BauR 2002, 103.
[861] *Danker/John* BauR 2001, 718 (720, 721); zu Unterhaltungsmaßnahmen vgl. → Rn. 149.
[862] OLG Düsseldorf NJW-RR 2003, 14 = BauR 2003, 127.
[863] BGHZ 68, 208 = NJW 1977, 1146 = BauR 1977, 203.
[864] OLG Köln IBR 2009, 708.
[865] OLG Düsseldorf NJW-RR 1995, 214 = BauR 1995, 244.
[866] BGHZ 72, 206 = NJW 1979, 158 = BauR 1979, 54.
[867] BGH NJW 1980, 2081 = BauR 1980, 355; OLG Dresden BauR 2001, 424.
[868] BGH NJW-RR 1990, 1108 = BauR 1990, 603; NJW 1999, 2434 = BauR 1999, 670; NJW 2002, 2100 = NZBau 2002, 389 = BauR 2002, 1260; NZBau 2003, 559 = BauR 2003, 1391. In der letztgenannten Entscheidung sieht der BGH die Feststellung des OLG, dass „im Wesentlichen die Programmierung einer Software geschuldet" war, nicht als Hindernis an, die Fertigung der Steuerungsanlage für die Pelletieranlage einer Futtermühle als Bauwerksarbeit einzuordnen. Damit ist die Argumentation des OLG Düsseldorf NJW 2003, 3140 nicht vereinbar, das für die Erstellung eines Softwareprogramms zur Steuerung, Regelung und Überwachung von zwei Heizkesseln eine Bauwerksarbeit verneint; so im Ergebnis auch *Quack* im Praxishinweis zu IBR 2003, 673.
[869] BGH NJW 2009, 2877 = NZBau 2009, 644 = BauR 2009, 1581; *Weglage/Sitz* NZBau 2011, 457; *Rudolph* BauR 2012, 557.
[870] LG Köln IBR 2008, 387.
[871] BGH NJW 2009, 2877 = NZBau 2009, 644 = BauR 2009, 1581.
[872] BT-Drs. 14/6040, 227, letzter Abs. Näher dazu → Rn. 142/143.
[873] BeckOK BGB-*Voit,* Stand 1.2.2013, § 634a Rn. 9.
[874] BGH NJW 2014, 845 Rn. 21; OLG Oldenburg IBR 2013, 777 = BauR 2013, 1900; OLG München IBR 2014, 440; OLG Naumburg IBR 2014, 441; OLG Saarbrücken BauR 2014, 1795; OLG Köln IBR 2015, 15; OLG Schleswig NZBau 2016, 366. Ausführlich dazu *Kleefisch* NZBau 2016, 340.

Bauwerk dar.⁸⁷⁵ Letzteres ist vor allem bei Freiland-Photovoltaikanlagen zu bejahen.⁸⁷⁶ Darüber hinaus rechnen zu den Bauwerken auch **Umbau**arbeiten an bestehenden Gebäuden,⁸⁷⁷ durch welche diese einer anderen oder zusätzlichen Nutzung zugeführt werden sollen. Deshalb kann die Errichtung einer Photovoltaikanlage auf einem bestehenden Gebäude als eine Umbaumaßnahme angesehen werden, welche für die weitere Benutzbarkeit des Gebäudes – nun auch zur Energieerzeugung – von wesentlicher Bedeutung ist.⁸⁷⁸

Auch ein „Berliner Verbau" stellt verjährungsrechtlich kein Bauwerk und auch keine für ein anderes Bauwerk wesentliche Leistung dar.⁸⁷⁹

142   **cc) Instandsetzungs-, Änderungs- und Umbauarbeiten.** Zu den Bauwerksarbeiten rechnen neben Arbeiten zur Herstellung eines neuen Gebäudes Instandsetzungs-, Änderungs- und Umbauarbeiten an bestehenden Gebäuden, die **für** deren **Erneuerung, Bestand** oder **Benutzbarkeit** von **wesentlicher Bedeutung** sind, sofern eine feste Verbindung mit dem Gebäude vorliegt.⁸⁸⁰ Dazu reicht aus, dass das Werk mit dem Gebäude eng verbunden wird und auf Dauer damit verbunden bleiben soll.⁸⁸¹ Das ist zum Beispiel für einen neuen Fußbodenbelag aus verklebtem Teppichboden⁸⁸² und für den nachträglichen Einbau einer Einbauküche in die vom Eigentümer selbst genutzte Wohnung,⁸⁸³ aber auch für einen solchen Einbau in eine Mietwohnung durch den Mieter⁸⁸⁴ bejaht⁸⁸⁵ worden. Für umfangreiche Erneuerungs- und Reinigungsarbeiten in einem brandgeschädigten Haus⁸⁸⁶ gilt das ebenso.

143   Ob Instandsetzungs- oder Änderungsarbeiten als Bauwerksleistungen zu werten sind, kann **nicht allgemein,** sondern nur **von Fall zu Fall** entschieden werden.⁸⁸⁷ Nicht jede Reparatur eines Gebäudes, etwa die Ausbesserung einzelner Schäden, stellt bereits eine Bauwerksarbeit dar. Vielmehr müssen die Arbeiten nach Umfang und Bedeutung Neubauarbeiten vergleichbar sein.⁸⁸⁸ Der Umfang beurteilt sich nach den eingesetzten Mitteln, die Bedeutung der Arbeiten nach ihrem Zweck, die uneingeschränkte Benutzbarkeit des Bauwerks, auch in einer modernen Wohnansprüchen genügenden Weise, wiederherzustellen.⁸⁸⁹ Dabei kann ins Gewicht fallen, dass das Gebäude ohne die Arbeiten nicht mehr als fertiges Bauwerk anzusprechen ist.⁸⁹⁰

144   **Beispiele** für Bauwerksarbeiten bei Instandsetzungen und Änderungen sind deshalb
– die Neuisolierung der Außenwände nebst Verlegung einer Drainage zur Beseitigung von Kellernässe,⁸⁹¹
– die Erneuerung der Dacheindeckung mit Schiefer auf einer größeren Teilfläche eines Kirchendachs,⁸⁹²

---

⁸⁷⁵ OLG München NJW 2014, 867 = NZBau 2014, 177 = BauR 2014, 720 bestätigt durch BGH NZBau 2016, 558 = BauR 2016, 1478. Zustimmend *Lakkis* NJW 2014, (829–831); *Weyer* Blog-Eintrag vom 14.5.2014 in ibr-online; *Grabe* BauR 2015, (1–8). AA *Taplan/Baumgartner* NZBau 2014, (540–543).
⁸⁷⁶ OLG Bamberg BeckRS 2012, 11899; *Lakkis* NJW 2014, 829 (830), bei III.
⁸⁷⁷ BT-Drs. 14/6040, 227, am Ende; BGH NJW 2014, 867 Rn. 19; näher dazu → Rn. 142/143.
⁸⁷⁸ BGH NZBau 2016, 558 = BauR 2016, 1478; *Jansen* Analyse vom 25.3.2014 in werner-baurecht zu OLG München NJW 2014, 867 = NZBau 2014, 177 = BauR 2014, 720; *Weyer* Blog-Eintrag vom 14.5.2014 in ibr-online.
⁸⁷⁹ OLG Hamm BauR 2015, 1676.
⁸⁸⁰ BT-Drs. 14/6040 D227 am Ende; BGHZ 53, 43 = NJW 1970, 419 = BauR 1970, 45; BGH NJW 1974, 136 = BauR 1974, 57; NJW-RR 1990, 787 = BauR 1990, 351; NJW 1993, 3195 = BauR 1994, 101; NJW 2014, 845 Rn. 19. Kritik an dieser Rechtsprechung übt *Fischer* BauR 2005, 1073 (1079, 1080).
⁸⁸¹ BGH NJW 1970, 942 = BauR 1970, 106; NJW-RR 1990, 787 = BauR 1990, 351.
⁸⁸² BGH NJW 1970, 942 = BauR 1970, 106; NJW 1991, 2486 = BauR 1991, 603.
⁸⁸³ BGH NJW-RR 1990, 787 = BauR 1990, 351; KG IBR 2006, 391.
⁸⁸⁴ KG NJW-RR 1996, 1010.
⁸⁸⁵ Verneint worden zB in OLG Düsseldorf NJW-RR 2001, 1530.
⁸⁸⁶ OLG Nürnberg NJW-RR 2003, 666.
⁸⁸⁷ BGH BauR 1971, 128; NJW 1974, 136 = BauR 1974, 57; NJW 1993, 3195 = BauR 1994, 101.
⁸⁸⁸ BGHZ 19, 319 = NJW 1956, 1195; BGH NJW 1984, 168 = BauR 1984, 64. Das ist bei einer Markiseninstandsetzung nicht der Fall: OLG Hamm NJW-RR 1992, 1272 = BauR 1992, 630.
⁸⁸⁹ BGH NJW 1984, 168 = BauR 1984, 64; NJW-RR 1990, 787 = BauR 1990, 351; NJW 1993, 3195 = BauR 1994, 101.
⁸⁹⁰ BGHZ 19, 319 = NJW 1956, 1195.
⁸⁹¹ BGH NJW 1984, 168 = BauR 1984, 64.
⁸⁹² BGHZ 19, 319 = NJW 1956, 1195.

Mängelansprüche **145, 146** § 13 VOB/B

– umfangreiche Malerarbeiten bei Umbau und vollständiger Renovierung eines Hauses[893]
– sowie die grundlegende Erneuerung eines Sportplatzes.[894]
– Auch der nachträgliche Einbau einer Einbauküche bei dem Umbau eines erworbenen Altbaus rechnet hierzu, zumal das Gebäude ohne sie nicht als vollständig fertig angesehen werden kann.[895]
– Das ist ebenso bei dem nachträglichen, aber von vornherein geplanten Einbau einer Klimaanlage in ein Druckereigebäude der Fall.[896]

dd) Abgrenzungskriterien. In Zweifelsfällen steht der Zweck der längeren Verjährungsfrist **145** für Bauwerke und damit das spezifische Risiko der späten Erkennbarkeit von Baumängeln im Vordergrund.[897] Das gilt nicht nur für Konstruktionsmängel, sondern auch für Mängel des Materials.[898] Daneben ist der allgemeine Sprachgebrauch zu beachten,[899] nach welchem zum Beispiel die Ausschachtung der Baugrube zu den Rohbauarbeiten gehört.[900] In Grenzfällen kann auch der Zweck des Vertrags, etwa wegen der in ihm deutlich gewordenen Verwendungsabsicht,[901] bedeutsam sein, während der Einordnung als bauliche Anlage im Sinne des öffentlichen Baurechts nicht entscheidend ist.[902]

ee) Beispielfälle der neueren Rechtsprechung[903]. Bauwerksarbeiten sind bejaht worden bei **146**
– der Verlegung der Rohre einer Fernwärmehausanschlussleitung,[904]
– der Anbringung einer großen Leuchtreklame an einem Ladengeschäft,[905]
– der Einbettung eines Öltanks mit gemauertem Domschacht,[906]
– dem Einbau einer nach Maß gefertigten Küchenzeile in eine Mietwohnung durch den Mieter,[907]
– dem Einbau einer Hängebahn aus Anlass der grundlegenden Erneuerung einer Werkhalle,[908]
– der Errichtung einer in ein Bauwerk integrierten und dessen Herstellung dienenden Abwasseraufbereitungs- und Kreislaufanlage,[909]
– der Erstellung einer Förderanlage für die Automobilproduktion,[910]
– der Herstellung eines objektbezogenen Löschwasserteichs, dessen Vorhaltung die Baugenehmigung vorschreibt,[911]
– der bei Errichtung eines Einfamilienhauses aufgrund eines einheitlichen Vertrags übernommenen Pflasterung der Terrasse und der Garagenzufahrt nebst Zuwegen sowie der Anlage des Gartens,[912]
– der Einbringung eines Schutzrohres für eine Feuerlöschringleitung in die Erde.[913]

---

[893] BGH NJW 1993, 3195 = BauR 1994, 101; für den Fall der Verschönerung einer Fassade vgl. OLG Köln NJW-RR 1989, 1181; zu Malerarbeiten im Innenbereich eines Gebäudes vgl. LG Berlin BauR 2008, 1640.
[894] BGH NJW 2013, 601 = BauR 2013, 596; dazu *Kainz* FS Englert, 2014, (157–166). Zu Gutachterleistungen in diesem Zusammenhang: *Motzke* BauR 2014, (25–31).
[895] BGH NJW-RR 1990, 787 = BauR 1990, 351; KG NJW-RR 1996, 1010.
[896] BGH NJW 1974, 136 = BauR 1974, 57.
[897] BGHZ 68, 208 = NJW 1977, 1146 = BauR 1977, 203; BGH NJW 1984, 168 = BauR 1984, 64; BGHZ 117, 121 = NJW 1992, 1445 = BauR 1992, 369; BGH NJW-RR 1999, 2434 = BauR 1999, 670; NJW-RR 2002, 664 = NZBau 2002, 387; NJW 2013, 601 = BauR 2013, 596 Rn. 18; *Lakkis* NJW 2014, 829 (831), bei IV.
[898] BGHZ 19, 319 = NJW 1956, 1195; BGH NJW-RR 1990, 787 = BauR 1990, 351; NJW 1993, 3195 = BauR 1994, 101.
[899] BGHZ 19, 319 = NJW 1956, 1195; OLG Düsseldorf NJW-RR 1999, 1182 = BauR 2000, 734.
[900] BGHZ 68, 208 = NJW 1977, 1146 = BauR 1977, 203.
[901] BGH NJW-RR 1990, 1108 = BauR 1990, 603.
[902] BGHZ 117, 121 = NJW 1992, 1445 = BauR 1992, 369.
[903] Zur älteren Rechtsprechung vgl. die Auflistungen bei *Siegburg* Verjährung Rn. 166; *Dölle* in Werner/Pastor Rn. 2850; *Riedl/Mansfeld* in Heiermann/Riedl/Rusam VOB/B § 13 Rn. 57 unter Hinweis auf 10. Aufl., Rn. 75.
[904] OLG Düsseldorf NJW-RR 1993, 477.
[905] OLG Hamm NJW-RR 1995, 213 = BauR 1995, 240.
[906] OLG Hamm NJW-RR 1996, 919.
[907] KG NJW-RR 1996, 1010.
[908] BGH NJW 1997, 1982 = BauR 1997, 640.
[909] BGH NJW-RR 1998, 89 = BauR 1997, 1018.
[910] BGH NJW 1999, 2434 = BauR 1999, 670.
[911] OLG Oldenburg NJW-RR 2000, 545 = NZBau 2000, 337 = BauR 2000, 731.
[912] OLG Düsseldorf NJW-RR 2000, 1336 = NZBau 2000, 573 = BauR 2001, 648.
[913] BGH NJW-RR 2001, 519 = NZBau 2001, 201 = BauR 2001, 621.

- der Lieferung und Montage zweier Spritzkabinen in dem Neubau einer Containerproduktionshalle,[914]
- dem ortsfesten Einbau einer 11 t schweren Müllpresse in das Gebäude einer Müllumschlagstation,[915]
- der Errichtung einer Tankanlage als Bestandteil eines Betriebshofs,[916]
- dem Bau von Härtekammern für eine Steinfertigungsanlage,[917]
- der Erstellung einer Produktionsanlage für Biodiesel[918]
- der Errichtung einer Windenergieanlage,[919]
- der grundlegenden Erneuerung eines Sportplatzes mit Rollrasen, Rasentragschicht, Bewässerungsanlage, Rasenheizung und Kunstfaserverstärkung[920]
- sowie der Errichtung einer großflächigen Photovoltaikanlage auf einem Tennishallendach nebst allen Nebeneinrichtungen und Verkabelungen.[921]

147 **b) Holzerkrankungen.** In § 13 Abs. 4 VOB/B werden seit der VOB/B 2002 Holzerkrankungen nicht mehr besonders erwähnt. Diese Alternative hatte lediglich ausnahmsweise selbständige Bedeutung, weil Holzarbeiten in aller Regel zugleich Bauwerksarbeiten sind,[922] wie etwa bei Zimmermannsarbeiten zur Errichtung des Dachstuhls eines Hauses. Dem entsprechend lautet die Begründung der Streichung:[923] „Sind Bauwerke oder Teile davon aus Holz gefertigt und weist dieses Holz Erkrankungen auf, wird stets auch eine Abweichung von der vertraglich vereinbarten Beschaffenheit des Bauwerks vorliegen. Damit bedürfen Holzerkrankungen keiner besonderen Erwähnung."

148 **c) Andere Werke/Arbeiten an einem Grundstück.** Die 2-jährige Regelfrist greift – insoweit mit § 634a Abs. 1 Nr. 1 BGB übereinstimmend – jetzt vor allem bei anderen Werken, deren Erfolg in der Herstellung, Wartung oder Veränderung einer Sache besteht, ein. Da in dieser neuen Formulierung durch die VOB/B 2006 wie in § 634a Abs. 1 Nr. 1 BGB die Arbeiten an einem Grundstück aufgegangen sind,[924] zählen folgerichtig zu den anderen Werken insbesondere diese früher als Arbeiten an einem Grundstück eingeordneten Leistungen. Dazu gehören schon nach dem Wortsinn entsprechend dem Sprachgebrauch des Lebens reine **Erdarbeiten**,[925] welche allein eine Veränderung des natürlichen Zustandes des Grund und Bodens bezwecken.[926] Das ist zum Beispiel der Fall bei der Neugestaltung eines Gartens[927] und bei der Herstellung einer Drainage zur Entwässerung des Bodens.[928] Bloße Bagger- und Planierarbeiten rechnen ebenfalls hierzu,[929] während bei dem Aushub der Baugrube eines Gebäudes schon mit Bauwerksarbeiten begonnen wird.[930] Letzteres ist jedoch bei Abbrucharbeiten und der Beseitigung von Altlasten, die der Vermieter eines Grundstücks ausführen lässt, damit der Mieter eine Tankstelle errichten kann, noch nicht der Fall.[931]

---

[914] OLG Düsseldorf NJW-RR 2001, 1531 = BauR 2002, 103.
[915] BGH NJW-RR 2002, 664 = NZBau 2002, 387.
[916] OLG Zweibrücken NZBau 2003, 439 = NJW-RR 2003, 1022.
[917] OLG Hamm IBR 2004, 8.
[918] OLG Brandenburg IBR 2007, 629.
[919] LG Hannover IBR 2011, 209 mit kritischem Praxishinweis von *Grabe*.
[920] BGH NJW 2013, 601 = BauR 2013, 596; dazu *Kainz* FS Englert, 2014, (157–166). Zu Gutachterleistungen in diesem Zusammenhang: *Motzke* BauR 2014, (25–31).
[921] OLG München NJW 2014, 867 = NZBau 2014, 177 = BauR 2014, 720 bestätigt durch BGH NZBau 2016, 558 = BauR 2016, 1478. Vgl. dazu *Lakkis* NJW 2014, (829–831) und die dort erörterte Entscheidung BGH NJW 2014, 845 und schon → Rn. 141.
[922] NWJS VOB/B § 13 Rn. 73.
[923] Beschluss des Vorstandes des DVA vom 2.5.2002, Begründung II.8.b.; *Kratzenberg* NZBau 2002, 177 (181); vgl. dazu auch *Schwenker/Heinze* BauR 2002, 1143 (1149).
[924] Vgl. dazu → Rn. 137.
[925] *Joussen/Schranner* BauR 2006, 1366 (1369), bei 6.b.
[926] BGHZ 57, 60 = NJW 1971, 2219 = BauR 1971, 259; OLG Düsseldorf BauR 2012, 1429; NWJS VOBB § 13 Rn. 75; Ingenstau/Korbion/*Wirth* VOB/B § 13 Abs. 4 Rn. 68.
[927] OLG Düsseldorf NJW-RR 1999, 1182 = BauR 2000, 734.
[928] BGHZ 57, 60 = NJW 1971, 2219 = BauR 1971, 259.
[929] Ingenstau/Korbion/*Wirth* VOB/B § 13 Abs. 4 Rn. 68.
[930] BGHZ 68, 208 = NJW 1977, 1146 = BauR 1977, 203; vgl. dazu → Rn. 140.
[931] BGH NZBau 2004, 434 = BauR 2004, 1798; kritisch dazu *Hildebrandt* BauR 2006, 2 (3): „zweifelhafte Wertung".

Andere Werke im Sinne des § 13 Abs. 4 Nr. 1 S. 1 VOB/B sind auch solche, welche früher **149**
Arbeiten an einem Grundstück waren, weil das Wort „Grundstück" in § 13 Abs. 4 Nr. 1 S. 1
VOB/B nicht nur im umgangssprachlichen Sinn, sondern auch als Rechtsbegriff verwendet
wurde. Deshalb fallen außer Erdarbeiten hierunter **Arbeiten an** einem auf dem Grundstück
errichteten Gebäude,[932] soweit sie von allenfalls unwesentlicher Bedeutung für Bestand oder
Nutzbarkeit des Bauwerks sind und damit nicht der Untergruppe der Bauwerksarbeiten zugehören.[933] Arbeiten an einem Grundstück erfordern keinen Eingriff in das Grundstück oder das
darauf stehende Gebäude; es genügt, wenn das Werk mit dem Gebäude eng verbunden wird und
auf Dauer damit verbunden bleiben soll.[934] Dazu zählen Reparaturen[935] und Unterhaltungsmaßnahmen[936] an Bauwerken, zum Beispiel

- Bodenbelagsarbeiten[937]
- und Malerarbeiten im Innenbereich,[938]
- Fahrbahnnachmarkierungsarbeiten an Straßen[939]
- und möglicherweise auch die nachträgliche Herstellung eines Dachgartens[940]
- oder einer Alarmanlage.[941]

d) Vom Feuer berührte Teile von Feuerungsanlagen. Für solche Teile ist die Verjährungsfrist seit der VOB/B 2002 in § 13 Abs. 4 Nr. 1 S. 1 VOB/B auf 2 Jahre verkürzt. Um eine **150**
Verkürzung handelt es sich aber nur, wenn die Arbeiten an Feuerungsanlagen Bauwerksarbeiten
sind. Denn andernfalls gilt für sie ohnehin die 2-jährige Verjährungsfrist der Nr. 1 Satz 1 für
andere Werke. Die vom Feuer berührten Teile sind besonders verschleißanfällig, weshalb nach
längerer Zeit nur noch schwer feststellbar ist, ob ein Schaden auf einer vertragswidrigen Leistung
des Auftragnehmers oder auf Verschleiß beruht.[942] Das gilt aber nach dem eindeutigen Wortlaut
der Nr. 1 Satz 1 lediglich für die vom Feuer unmittelbar erreichten Teile,[943] etwa die Ofenwände, -rohre und -roste,[944] nicht für die Feuerungsanlage insgesamt. Hitzeeinwirkung reicht nicht
aus.[945]

e) Sonderfall: industrielle Feuerungsanlagen. Durch die VOB/B 2002 neu eingefügt ist **151**
Satz 2 des § 13 Abs. 4 Nr. 1 VOB/B und die dort festgelegte Regelfrist von einem Jahr für
feuerberührte und abgasdämmende Teile von industriellen Feuerungsanlagen. Diese nunmehr
kürzeste Verjährungsfrist wird mit deren Sonderstellung begründet:[946] „Von dieser Ausnahmeregelung in § 13 Abs. 4 Nr. 1 Satz 2 VOB/B sind Anlagen der Industriebereiche Stahl, Eisen,
Nichteisenmetalle, Chemie, Petrochemie, Kohletechnologie, Kraftwerke, Umwelttechnologie,
Zement, Kalk, Glas, Keramik, Gips, Magnesit, Holz, Biomassen und Nahrungsmittel sowie
Krematorien betroffen. An den vom Feuer berührten Teilen werden feuerfeste Werkstoffe eingesetzt, die wegen der entstehenden Belastungen aus dem Gebrauch meist eine kürzere Lebens-

---

[932] BGH NJW 1970, 942 = BauR 1970, 106; NJW-RR 1991, 1367 = BauR 1991, 741; OLG Nürnberg NJW-RR 2003, 666; OLG Düsseldorf BauR 2012, 1429.
[933] *Kleine-Möller/Merl/Glöckner* § 15 Rn. 1131, 1119/1120; NWJS VOB/B§ 13 Rn. 76; Ingenstau/Korbion/*Wirth* VOB/B § 13 Abs. 4 Rn. 69.
[934] BGH NJW 1970, 942 = BauR 1970, 106; NJW-RR 1991, 1367 = BauR 1991, 741; zu den Anforderungen an die Verbindung vgl. → Rn. 139.
[935] BGHZ 19, 319 = NJW 1956, 1195; OLG Hamm BauR 1999, 766.
[936] BGHZ 121, 94 = NJW 1993, 723 = BauR 1993, 219; Beck'scher VOB-Kommentar/*Eichberger* VOB/B § 13 Abs. 4 Rn. 177.
[937] BGH NJW 1970, 942 = BauR 1970, 106; OLG Hamm BauR 1999, 766; AG Köln IBR 2010, 333 mit zu Recht kritischem Praxishinweis von *Bolz*. Vgl. dazu aber auch → Rn. 142.
[938] LG Berlin BauR 2008, 1640. Vgl. aber auch bei → Rn. 144.
[939] OLG Dresden BauR 2001, 815; *Danker/John* BauR 2001, 718 (721, 722); zu Straßenneubauten vgl. → Rn. 140.
[940] OLG München NJW-RR 1990, 917.
[941] BGH NJW-RR 1991, 1367 = BauR 1991, 741; OLG Düsseldorf NJW-RR 1999, 1212 = BauR 2000, 732.
[942] NWJS VOB/B § 13 Rn. 77; Ingenstau/Korbion/*Wirth* VOB/B § 13 Abs. 4 Rn. 83; *Siegburg* Verjährung Rn. 217.
[943] Ingenstau/Korbion/*Wirth* VOB/B § 13 Abs. 4 Rn. 84; *Kleine-Möller/Merl/Glöckner* § 15 Rn. 1134.
[944] *Riedl/Mansfeld* in Heiermann/Riedl/Rusam VOB/B § 13 Rn. 61.
[945] Beck'scher VOB-Kommentar/*Eichberger* VOB/B § 13 Abs. 4 Rn. 185; anders *Leinemann/Schliemann* VOB/B § 13 Rn. 108, am Ende.
[946] Beschluss des Vorstandes des DVA vom 2.5.2002, Begründung II.8.b.

dauer als ein Jahr aufweisen. Zudem sind die in diesen Anlagen entstehenden Belastungen auf die feuerfeste Auskleidung entweder nicht bekannt oder nicht abschätzbar."

152 **f) Teile von maschinellen und elektrotechnischen/elektronischen Anlagen.** Wenn Teile derartiger Anlagen wartungsbedürftig sind, weil die Wartung Einfluss auf deren Sicherheit und Funktionsfähigkeit[947] hat, der Auftraggeber sich aber dafür entscheidet, dem Auftragnehmer die Wartung für die Dauer der Verjährungsfrist nicht zu übertragen, beträgt für diese Anlagenteile die Verjährungsfrist für die Mängelansprüche nach § 13 Abs. 4 Nr. 2 VOB/B abweichend von deren Nr. 1 seit der VOB/B 2002 2 Jahre, falls nichts anderes vereinbart ist.[948] Hierdurch soll ein Streit, ob ein aufgetretener Mangel oder Schaden auf vertragswidriger Leistung oder unzureichender Wartung beruht, möglichst vermieden werden.[949] Dies soll mangels Wartungsvertrags[950] mit dem Auftragnehmer[951] durch eine **Verkürzung** der Verjährungsfrist erreicht werden. Deshalb greift § 13 Abs. 4 Nr. 2 VOB/B nur ein, wenn die Lieferung und Montage eine Bauwerksleistung ist,[952] weil nur dann die Verjährungsfrist nach Nr. 1 länger als 2 Jahre ist und verkürzt werden kann.[953] Als solche Anlagen kommen in Betracht:

– Aufzugsanlagen,[954]
– Rolltreppen und andere fördertechnische Anlagen,[955]
– Mess-, Steuer- und Regeleinrichtungen,[956]
– Anlagen der Gebäudeleittechnik und Gefahrmeldeanlagen[957]
– und das Stahl-Schiebe-Falt-Tor einer Autowaschanlage.[958]

Durch entsprechende Ergänzung des § 13 Abs. 4 Nr. 2 stellt die VOB/B 2006 jedoch klar, dass die dortige „Regelung zur Verjährungsfrist auf solche **Teile** von maschinellen und elektrotechnischen Anlagen beschränkt ist, bei denen die Wartung Einfluss auf Sicherheit und Funktionsfähigkeit hat".[959]

153 **Voraussetzung** der Entscheidung des Auftraggebers, dem Auftragnehmer die Wartung für die Dauer der Verjährungsfrist nicht zu übertragen, ist ein **Angebot des Auftragnehmers,** die Wartung im erforderlichen Umfang zu üblichen Bedingungen bis zum Ende der Verjährungsfrist zu übernehmen.[960] Es genügt, wenn dieses Angebot so zeitig vorliegt, dass der Wartungsvertrag spätestens bei Abnahme[961] der Leistung zustande kommen kann.[962] Da der Auftragnehmer in der

---

[947] Vgl. zu diesen Begriffen *Kleine-Möller/Merl/Glöckner* § 15 Rn. 1141/1142.
[948] Die durch die VOB/B 2006 insoweit vorgenommene teilweise Neufassung und Ergänzung des Wortlauts soll nur das klarstellen, was bereits bei Einführung dieser Sonderregelung Intention des DVA war: so HAA des DVA Beschluss vom 17.5.2006, Nr. 12 Begründung, und Beschluss vom 27.6.2006, Nr. 8 Begründung.
[949] So im Ergebnis auch Beck'scher VOB-Kommentar/*Eichberger* VOB/B § 13 Abs. 4 Rn. 187; *Stammkötter* ZfBR 2006, 631.
[950] Mit der Einordnung des Wartungsvertrags in das Bau- und Vergaberecht befasst sich *Diehr* ZfBR 2014, (107–118).
[951] Zur Beauftragung Dritter mit der Wartung vgl. *Joussen* Jahrbuch BauR 1998, 111 (117–119). Zur grundsätzlichen Erforderlichkeit der „Unternehmeridentität" zwischen Auftragnehmer und mit der Wartung Beauftragtem vgl. auch *Stammkötter* ZfBR 2006, 631 (632, 633).
[952] Beck'scher VOB-Kommentar/*Eichberger* VOB/B § 13 Abs. 4 Rn. 194/195.
[953] *Matthies* NZBau 2011, 267 (268).
[954] OLG München IBR 2010, 266.
[955] *Kleine-Möller/Merl/Glöckner* § 15 Rn. 1138.
[956] Vgl. dazu die Fallgestaltung von LG Leipzig NJW 1999, 2975 = BauR 1999, 1462.
[957] Beck'scher VOB-Kommentar/*Eichberger* VOB/B § 13 Abs. 4 Rn. 197.
[958] OLG Koblenz IBR 2014, 209.
[959] So wörtlich HAA des DVA Beschluss vom 27.6.2006, Abs. 3 der Begründung zu Nr. 8; vgl. auch *Joussen/Schranner* BauR 2006, 1366 (1370, 1371). OLG München IBR 2010, 266, das noch auf die VOB/B 2002 abstellt, wäre nach der seit 2006 geltenden Fassung darum möglicherweise zu einem anderen Ergebnis gekommen.
[960] *Kleine-Möller/Merl/Glöckner* § 15 Rn. 1143–1145; Beck'scher VOB-Kommentar/*Eichberger* VOB/B § 13 Abs. 4 Rn. 199 und 203; anders *Joussen* Jahrbuch BauR 1998, 111 (120–123): Einseitige Beauftragung durch Auftraggeber gemäß § 1 Nr. 4 S. 1 VOB/B.
[961] *Stammkötter* ZfBR 2006, 634 will einen „unmittelbaren zeitlichen Zusammenhang mit der Abnahme" – „bis zu drei Wochen nach Abnahme" – ausreichen lassen. Dem ist nicht zu folgen; denn eine solche Ausnahme führt zu Unsicherheiten und die Frist ist willkürlich.
[962] Ingenstau/Korbion/*Wirth* VOB/B § 13 Abs. 4 Rn. 89; Beck'scher VOB-Kommentar/*Eichberger* VOB/B § 13 Abs. 4 Rn. 203; anders *Kleine-Möller/Merl/Glöckner* § 15 Rn. 1146: vor Abschluß des Bauvertrags; vgl. auch VOB/C ATV DIN 18299 Abschnitt 0.2.20.

Gestaltung seines Angebots nicht frei ist, kann der Auftraggeber dessen Inhalt vorhersehen und einkalkulieren.

Der Auftraggeber trifft die **Entscheidung, die Wartung nicht zu übertragen,** außer durch ausdrückliche Ablehnung des Angebots, indem er die Annahme an unangemessene Bedingungen knüpft oder sich überhaupt nicht erklärt.[963] Da § 13 Abs. 4 Nr. 2 VOB/B die Verjährungsfrist **„abweichend von Nr. 1"** und nicht abweichend von dessen Regelfristen verkürzt, tritt die 2-jährige Frist auch an die Stelle nach Nr. 1 vereinbarter längerer Verjährungsfristen.[964] Das stellt die VOB/B 2006 durch die Ergänzungen des Wortlauts um die Formulierungen „ist ... nichts anderes vereinbart" und „dies gilt auch, wenn für weitere Leistungen eine andere Verjährungsfrist vereinbart ist" zusätzlich klar.[965] 154

Kündigt der **Auftraggeber** den Wartungsvertrag vor Ablauf von 2 Jahren aus Gründen, die nicht dem Auftragnehmer zuzurechnen sind,[966] gilt wieder die kurze Frist des § 13 Abs. 4 Nr. 2 VOB/B.[967] Denn damit entscheidet der Auftraggeber sich ebenfalls gegen eine Übertragung der Wartung für die Dauer der Verjährungsfrist.[968] Das ist auch der Fall, wenn der Auftraggeber nach einer Laufzeit der Wartung von mehr als 2 Jahren aber vor Ablauf der Verjährungsfrist kündigt, ohne dass der Auftragnehmer ihm einen wichtigen Grund hierfür gegeben hat. Dann verjähren etwaige Mängelansprüche mit dem Wirksamwerden der Kündigung.[969] **Kündigt** der **Auftragnehmer** wegen eines vom Auftraggeber gesetzten wichtigen Grundes, hat dies ebenfalls die vorstehend aufgezeigte Verkürzung der Verjährungsfrist zur Folge.[970] 155

Lehnt im Falle einer **Insolvenz** des **Auftraggebers** der Insolvenzverwalter die Erfüllung des Wartungsvertrags ab, so gilt ebenfalls wieder die kurze Frist des § 13 Abs. 4 Nr. 2 VOB/B.[971] Wenn hingegen im Insolvenzverfahren des **Auftragnehmers** der Insolvenzverwalter die Nichterfüllung wählt, ist ein Anlass zu einer Verkürzung der Verjährungsfrist nicht ersichtlich, weil für § 13 Abs. 4 Nr. 2 VOB/B unerheblich ist, ob der Auftragnehmer den Wartungsvertrag ausführt; entscheidend ist vielmehr die Beauftragung durch den Auftraggeber und damit die Möglichkeit der Wartung.[972] 156

g) Gemischte Leistungen. Wenn in einem wirtschaftlich einheitlichen Vertrag verschiedene Arbeiten übernommen werden, die einem einheitlichen Zweck dienen und nach natürlicher Betrachtungsweise zusammengehören, gilt für diese sogenannten gemischten Leistungen[973] auch eine einheitliche Verjährungsfrist.[974] Mit Bauwerksarbeiten zusammen zu erbringende Leistungen, welche für sich betrachtet andere Werke / Arbeiten an einem Grundstück wären, unterliegen daher der längeren Verjährungsfrist für Bauwerksarbeiten.[975] Deshalb sind bei einheitlicher Vergabe umfangreicher Malerarbeiten, die im Rahmen eines grundlegenden Umbauvorhabens der vollständigen Renovierung eines Hauses dienen, nicht nur die die Substanz schützenden und erhaltenden Außenanstriche Bauwerksarbeiten, sondern – im Interesse einer gleichmäßigen 157

---

[963] Kleine-Möller/Merl/Glöckner § 15 Rn. 1147/1148.
[964] OLG München IBR 2010, 266; Kleine-Möller/Merl/Glöckner § 15 Rn. 1149; Beck'scher VOB-Kommentar/Eichberger VOB/B § 13 Abs. 4 Rn. 204/205 unter Aufgabe der in der 1. Aufl. vertretenen Ansicht; Matthies NZBau 2011, 267; aA LG Freiburg IBR 2001, 256.
[965] Vgl. HAA des DVA, Beschluss vom 17.5.2006, Nr. 12 Begründung, und Beschluss vom 27.6.2006, Nr. 8 Begründung; Joussen/Schranner BauR 2006, 1366 (1370), bei 7.a.
[966] Insoweit anders OLG Düsseldorf BauR 2004, 97 = IBR 2003, 599 mit zu Recht kritischem Praxishinweis von Büchner; dort ging es zudem nicht um § 13 Abs. 4 VOB/B, sondern um ergänzende Vertragsauslegung.
[967] Nach Matthies NZBau 2011, 267 (269, 270), welcher grundsätzlich eine ergänzende Vertragsauslegung befürwortet, soll das in der Regel für jede außerordentliche Kündigung gelten, ein schwerlich einleuchtendes Ergebnis.
[968] Ähnlich Stammkötter ZfBR 2006, 631 (636).
[969] Kuß VOB/B § 13 Rn. 132 und Stammkötter ZfBR 2006, 631 (636), die allerdings beide fälschlich von einem Ende der Haftung für Mängelansprüche/Gewährleistungspflicht sprechen.
[970] Stammkötter ZfBR 2006, 631 (637).
[971] Matthies NZBau 2011, 267 (271).
[972] So zutreffend Matthies NZBau 2011, 267 (271), linke Spalte, 2. Abs., unvereinbar damit und widersprüchlich aber aaO, 271, rechte Spalte, vor VI.
[973] NWJS VOB/B § 13 Rn. 78; Ingenstau/Korbion/Wirth VOB/B § 13 Abs. 4 Rn. 70; Riedl/Mansfeld in Heiermann/Riedl/Rusam VOB/B § 13 Rn. 49.
[974] BGH BauR 1973, 246; Kleine-Möller/Merl/Glöckner § 15 Rn. 1154.
[975] OLG Düsseldorf NJW-RR 2000, 1336 = NZBau 2000, 573 = BauR 2001, 648; BauR 2012, 1429; Leupertz/Halfmeier in Prütting/Wegen/Weinreich BGB § 634a Rn. 5.

Rechtsanwendung – ebenso die Innenarbeiten,[976] selbst wenn sie, allein in Auftrag gegeben, bloße Schönheitsreparaturen wären.

158 **Ausnahmen** von dieser einheitlichen Verjährung bei gemischten Leistungen ordnet § 13 Abs. 4 VOB/B mit den verkürzten Verjährungsfristen für vom Feuer berührte Teile von Feuerungsanlagen und für Teile von wartungsbedürftigen maschinellen und elektrotechnischen/elektronischen Anlagen an. Diese kurzen Fristen gelten auch dann, wenn gleichzeitig – andere – Bauwerksarbeiten beauftragt werden.[977]

159 **4. Spezielle Verjährungsfristen.** Neben den Regelfristen des § 13 Abs. 4 VOB/B enthält § 13 VOB/B selbst spezielle Verjährungsfristen, nämlich für versicherbare Schadenersatzansprüche in § 13 Abs. 7 Nr. 4 VOB/B.[978] Außerdem greifen in Sonderfällen der Sachmängelhaftung, welche § 13 VOB/B nicht regelt, die gesetzlichen Vorschriften des BGB ergänzend ein.

160 **a) Arglistig verschwiegene Mängel.** Eine wichtige Einschränkung auch des § 13 Abs. 4 VOB/B enthält die Anordnung des § 634a Abs. 3 BGB, dass die kurzen Verjährungsfristen der Mängelansprüche nicht für arglistig verschwiegene Mängel gelten, diese vielmehr in der regelmäßigen Verjährungsfrist des § 195 BGB verjähren. Die regelmäßige Verjährungsfrist beträgt zwar auch nur 3 Jahre. Sie beginnt aber erst mit dem Schluss des Jahres, in dem der Anspruch entstanden ist und der Gläubiger von den Umständen, die den Anspruch begründen, – also insbesondere von dem Mangel – und der Person des Schuldners Kenntnis erlangt oder ohne grobe Fahrlässigkeit erlangen müsste (§ 199 Abs. 1 BGB).[979] Der Auftraggeber hat Kenntnis von den anspruchsbegründenden Umständen, wenn er von der Mangelhaftigkeit der Leistung und den Tatsachen weiß, aus denen sich die Verantwortlichkeit des Auftragnehmers ergibt; in der Regel ist nicht erforderlich, dass der Auftraggeber aus den ihm bekannten Tatsachen die zutreffenden rechtlichen Schlüsse zieht.[980] Es kommt auf die eigene Kenntnis oder grob fahrlässige Unkenntnis des Auftraggebers[981] oder die eines von ihm betrauten Wissensvertreters[982] an. Ohne Rücksicht auf Kenntnis oder grob fahrlässige Unkenntnis verjähren die Ansprüche aufgrund arglistig verschwiegener Mängel in 10 Jahren nach ihrer Entstehung (§ 199 Abs. 3 Nr. 1 und Abs. 4 BGB). Sie entstehen bei der Ablieferung oder Abnahme der Bauleistung, weil sich dann das arglistige Verschweigen auswirkt.[983] Das gilt ebenfalls für nicht unter § 199 Abs. 2 BGB fallende Schadenersatzansprüche,[984] weil die verschwiegenen Mängel bereits Schäden verursachen, selbst wenn diese sich noch weiter entwickeln, bis sie nach vielen Jahren sichtbar werden.[985] Der Auftraggeber kann somit auch wegen Bauwerksmängeln, die sich erst später als nach 5 Jahren zeigen, Mängelrechte ungehindert verfolgen. Gemäß § 634a Abs. 3 S. 2 BGB bleibt ihm bei früher Kenntnis in jedem Fall die 5-jährige Verjährungsfrist.[986] Weil § 639 BGB bei arglistig verschwiegenen Mängeln unter anderem jede Vereinbarung,[987] durch welche die Mängelrechte des Auftraggebers beschränkt werden, also nicht zuletzt eine Verkürzung der

---

[976] BGH NJW 1993, 3195 = BauR 1994, 101.
[977] Ingenstau/Korbion/*Wirth* VOB/B § 13 Abs. 4 Rn. 84; *Kleine-Möller/Merl/Glöckner* § 15 Rn. 1155.
[978] Vgl. dazu → Rn. 457–459.
[979] Das gilt auch in Überleitungsfällen nach Art. 229 § 6 Abs. 4 S. 1 EGBGB: BGH NZBau 2008, 113 Rn. 22–24 = BauR 2008, 351; NJW 2008, 2429 = NZBau 2008, 503 = BauR 2008, 1305 Rn. 13; OLG Köln BauR 2008, 526.
[980] So KG IBR 2013, 76 bezüglich eines Organisationsverschuldens bei völlig unfachmännischen Abdichtungsarbeiten einer Tiefgarage.
[981] Zum Fall eines Anspruchsübergangs: BGH NJW 2014, 2492.
[982] Vgl. dazu BGH NJW 2013, 448 Rn. 19.
[983] Vgl. → Rn. 163.
[984] Für einen Anspruch im Sinne von § 199 Abs. 3 S. 1 Nr. 1 BGB auch OLG Karlsruhe NJW 2014, 1308 = NZBau 2014, 290.
[985] Das verkennt *Kainz* FS Kraus, 2003, 85 (90–92). Vgl. dazu zudem die Ausführungen im Bericht des Rechtsausschusses, BT-Drs. 14/7052, 180, linke Spalte, vorl. Abs., zum Grundsatz der Schadenseinheit.
[986] Fälschlich meint *Neuhaus* MDR 2002, 131 (133), bei arglistig verschwiegenen Mängeln greife „mit etwas umständlicher Formulierung nach § 634a Abs. 3 S. 2 i. V. m. § 634a Abs. 1 Nr. 2 BGB die für Bauwerke normale 5-Jahres-Frist". Dabei übersieht er, dass die regelmäßige Verjährungsfrist, die § 634a Abs. 3 S. 1 BGB für anwendbar erklärt, mit drei Jahren (§ 195 BGB) in der Regel nur scheinbar kürzer ist, wegen ihres gegenüber § 634a Abs. 2 BGB späteren Beginns (§ 199 Abs. 1 BGB) meist jedoch wesentlich länger läuft.
[987] Auch einen nachträglich geschlossenen Vergleich über Mängelansprüche, sofern dem Auftraggeber die Mängel weiterhin unbekannt sind: OLG Oldenburg IBR 2006, 20.

Verjährungsfrist für nichtig erklärt, ist diese Regelung zwingend. Sie schließt deshalb auch die kurzen Verjährungsfristen des § 13 Abs. 4 VOB/B aus.[988]

Der Auftragnehmer **verschweigt arglistig,** wenn er sich bewusst ist,[989] dass ein bestimmter **161** Umstand für die Entschließung des Auftraggebers von Erheblichkeit ist, er nach Treu und Glauben verpflichtet ist, diesen Umstand mitzuteilen, und ihn trotzdem nicht offenbart.[990] Ein solches Bewusstsein fehlt, wenn der Mangel von seinem Verursacher nicht als solcher wahrgenommen wird[991] oder wenn er sich über die Ursache sichtbarer Feuchtigkeitsflecken nicht sicher ist.[992] Zudem sind nicht offenbarte Mängel nur dann für die Entschließung des Auftraggebers erheblich, wenn ihm eine falsche Entscheidungsgrundlage vorgetäuscht wird und er entsprechend irrt.[993] Jedenfalls verschweigt ein Bauunternehmer einen Gründungsmangel arglistig, wenn er in Kenntnis einer entsprechenden vertraglichen Verpflichtung[994] die zur Vermeidung einer fehlerhaften Gründung gebotene Bodenuntersuchung nicht vorgenommen hat und er den Auftraggeber bei der Abnahme des Hauses darauf und auf die damit verbundenen Risiken nicht hinweist.[995] Ebenso handelt ein Bauträger arglistig, der von der geplanten sicheren und erprobten Fassadenkonstruktion abweicht, indem er eine nicht erprobte und in ihrer Standsicherheit nicht nachgewiesene Konstruktion mit anderen Baustoffen ausführen lässt, ohne den Erwerbern davon Mitteilung zu machen.[996] Ein besonders grober Verstoß gegen anerkannte Regeln der Technik bei der Befestigung eines Satteldachs aus Zinkblech kann für vorsätzliches Handeln und damit für ein arglistiges Verschweigen sprechen.[997] Das Unterlassen produktionsbegleitender Qualitätskontrollen muss der Auftragnehmer offenbaren, wenn diese nach den vertraglich vereinbarten DIN-Normen durchzuführen waren.[998] Werden von 30 beauftragten Brandschutzklappen nur 18 eingebaut und entgegen aufgemessener 15 Klappen 25 abgerechnet, so verschweigt der Auftragnehmer den Mangel arglistig.[999]

Dem arglistigen Verschweigen steht ein **arglistiges Vorspiegeln** gleich, etwa wenn der **162** Auftragnehmer versichert, entsprechend der genehmigten Planung gebaut zu haben, obwohl er geplante Dehnungsfugen nicht angebracht hat,[1000] oder wenn er vorgesehene, aber nicht ausgeführte Arbeiten in Rechnung stellt, obwohl er abweichend vom Bauplan oder vom Leistungsverzeichnis[1001] ganz anders gearbeitet hat.[1002] Arglistiges Verschweigen erfordert nicht, dass der Auftragnehmer bewusst die Folgen der vertragswidrigen Ausführung in Kauf genommen hat; es verlangt auch keine Schädigungsabsicht und keinen eigenen Vorteil.[1003] Ein Auftragnehmer, der entgegen der Planung die Kellerwände nicht in Sperrbeton ausführt, weil er die Grundwassergefahr für gering hält und darauf vertraut, es werde kein Wasser eindringen, handelt gleichwohl

---

[988] So zu § 637 BGB aF: BGH *Schäfer/Finnern* Z 2.400 Bl.38, insoweit in NJW 1965, 534 nicht abgedruckt; NJW 1967, 340, insoweit in BGHZ 46, 238 nicht abgedruckt; BauR 1970, 244; BGHZ 66, 43 = NJW 1976, 516 = BauR 1976, 131; NJW 1981, 2741 = BauR 1981, 591; *Siegburg* Verjährung Rn. 196.
[989] Vgl. dazu BGH NJW 2001, 2326 = NZBau 2001, 494 zu § 463 BGB aF; OLG Hamm BauR 2001, 1126; OLG München BauR 2005, 1493; OLG Celle BauR 2007, 2074; OLG Koblenz NZBau 2013, 434.
[990] BGHZ 62, 63 = NJW 1974, 553 = BauR 1974, 130; BGHZ 117, 318 = NJW 1992, 1754 = BauR 1992, 500; BGH NJW 2005, 893 = BauR 2005, 550; NJW 2007, 366 Rn. 11, mit Anm. *Kapellmann* = NZBau 2007, 96 = BauR 2007, 114; NJW 2008, 145 Rn. 14 = NZBau 2008, 60 = BauR 2008, 87; NZBau 2008, 113 Rn. 20 = BauR 2008, 351; OLG Köln BauR 2001, 1271; OLG Koblenz IBR 2001, 480 = OLGR 2001, 336, bestätigt durch BGH NJW 2002, 2776 = NZBau 2002, 503 = BauR 2002, 1401 = IBR 2002, 468; OLG München NJW 2011, 2524 = BauR 2011, 1177; OLG München IBR 2014, 139.
[991] BGH NZBau 2010, 764 = BauR 2010, 1959 Rn. 11; BauR 2010, 1966 Rn. 7; OLG Karlsruhe IBR 2012, 385; OLG Hamm IBR 2014, 548.
[992] BGH BauR 2012, 1397 Rn. 20–23.
[993] OLG München NJW 2011, 2524 = BauR 2011, 1177, das einen solchen Irrtum des Auftraggebers wegen eines von ihm selbst als „ernüchternd" und „niederschmetternd" bezeichneten Mängelbericht, welcher ihm seinerzeit bereits vorlag, verneint.
[994] So für den Fall einer notwendigen Baugrunduntersuchung auch OLG Dresden IBR 2014, 549 = BauR 2015, 131.
[995] BGH NJW 2012, 1653 = NZBau 2012, 359 = BauR 2012, 943.
[996] OLG München IBR 2014, 213.
[997] OLG Hamm IBR 2013, 468 = BauR 2013, 1897.
[998] OLG Frankfurt IBR 2013, 532.
[999] OLG Jena IBR 2015, 11.
[1000] BGH *Schäfer/Finnern* Z 2.400 Bl.38, insoweit in NJW 1965, 534 nicht abgedruckt.
[1001] OLG Düsseldorf BauR 2007, 1748.
[1002] BGH NJW 1967, 340, insoweit in BGHZ 46, 238 nicht abgedruckt.
[1003] BGH BauR 1970, 244; NJW 1986, 980 = BauR 1986, 215; NJW 2002, 2776 = NZBau 2002, 503 = BauR 2002, 1401.

arglistig, wenn er dem Auftraggeber die Planabweichung und das damit verbundene Risiko verschweigt.[1004] Das gilt auch, wenn ein Bauunternehmer bewusst abweichend vom Vertrag einen nicht erprobten Baustoff verwendet sowie den Auftraggeber treuwidrig hierauf und auf das mit der Verwendung dieses Baustoffs verbundene Risiko nicht hinweist.[1005] Ebenfalls arglistig sind unrichtige Erklärungen, die der Auftragnehmer ohne jegliche Überprüfung und entsprechende Kenntnis ins Blaue hinein zu Mängelerscheinungen[1006] oder zur angeblichen Mängelfreiheit[1007] abgibt. Ferner verschweigt ein Bauträger dem Erwerber arglistig einen Mangel, wenn er das Kellergeschoss abweichend von der Baubeschreibung nicht als weiße Wanne, sondern mittels Mauerwerk und Isolierbeschichtung ausführt und das Drainwasser aufgrund befristeter Entwässerungsgenehmigung in den öffentlichen Regenwasserkanal einleitet.[1008]

163 Die Offenbarungspflicht ist **spätestens** bei der **Ablieferung oder Abnahme** der Bauleistung zu erfüllen.[1009] Denn erst die Ablieferung des Werks ist der Zeitpunkt, in welchem sich das arglistige Verschweigen des Auftragnehmers endgültig verwirklicht.[1010] Die Abnahme ist zudem für die Beurteilung, **ob** überhaupt eine **Offenbarungspflicht** besteht, von Bedeutung. Nicht jeder Baumangel ist nämlich offenbarungspflichtig.[1011] Der Auftragnehmer muss einen ihm bekannten Mangel jedoch offenbaren, wenn damit zu rechnen ist, dass die Kenntnis des Mangels den Auftraggeber von einer Abnahme oder jedenfalls von einer rügelosen Abnahme abhalten würde, der Mangel also für die Entschließung des Auftraggebers wesentlich ist.[1012] Andererseits fehlt ein bewusstes Verschweigen, wenn der Auftragnehmer sich an Empfehlungen des Materialherstellers hält und demnach davon ausgeht, dass sein Werk mängelfrei ist.[1013]

164 Nach § 278 BGB muss sich der Auftragnehmer das arglistige Verhalten seiner **Erfüllungsgehilfen** zurechnen lassen. Das sind in der Regel nur solche Mitarbeiter, deren er sich bei der Erfüllung seiner Offenbarungspflicht gegenüber dem Auftraggeber bedient, indem er diese mit der Ablieferung des Werks an den Auftraggeber betraut oder dabei mitwirken lässt.[1014] Entgegen einer in der Literatur vertretenen Mindermeinung[1015] ist dem Auftragnehmer jedoch nicht das Wissen jeder bei der Herstellung des Werks eingesetzten Hilfsperson zuzurechnen, sondern lediglich ausnahmsweise die Kenntnis solcher Mitarbeiter, denen neben der Herstellung des Werks auch dessen Prüfung auf Mangelfreiheit obliegt, wenn allein ihr Wissen und ihre Mitteilung den Auftragnehmer in den Stand setzen, seine Offenbarungspflicht zu erfüllen.[1016] Erfüllungsgehilfe ist deshalb in der Regel der örtliche Bauleiter des Auftragnehmers, ausnahmsweise sein Kolonnenführer[1017] oder Polier.[1018] Der Auftragnehmer hat darüber hinaus das arglistige Verschweigen eines Mangels durch seinen **Nachunternehmer** gemäß § 278 BGB zu

---

[1004] BGH NJW 1986, 980 = BauR 1986, 215; zu einem ähnlichen Fall vgl. LG Ulm IBR 2001, 548.

[1005] BGH NJW 2002, 2776 = NZBau 2002, 503 = BauR 2002, 1401. LG Hamburg IBR 2004, 309 lässt sogar die Verwendung anderer als der vereinbarten Baustoffe ausreichen, wenn nicht feststeht, dass die eingebauten mit den vereinbarten Materialien gleichwertig sind. Vgl. auch LG Verden IBR 2007, 25 mit zu Recht kritischem Praxishinweis von *Hufer*.

[1006] OLG München NJW-RR 1998, 529 = BauR 1998, 129.

[1007] BGH NJW 2001, 2326 = NZBau 2001, 494; *Siegburg* Verjährung Rn. 174; vgl. auch OLG München NJW 1988, 3271, zu § 463 BGB, und OLG Naumburg IBR 2013, 634, zur Architektenhaftung.

[1008] OLG Celle BauR 2009, 667.

[1009] OLG München NJW-RR 1998, 529 = BauR 1998, 129; OLG Braunschweig BauR 2000, 109; *Weyer* im Praxishinweis zu OLG München IBR 2014, 139. Zur Hinweispflicht des Auftragnehmers auf ihm nach der Abnahme bekannt gewordene Mängel vgl. *Kleine-Möller/Merl/Glöckner* § 15 Rn. 1160. Auf fehlende Sach- und Fachkunde muss der Auftragnehmer bereits bei Auftragserteilung hinweisen: OLG Köln BauR 2001, 1271.

[1010] BGHZ 62, 63 = NJW 1974, 553 = BauR 1974, 130. Vgl. dazu schon → Rn. 160.

[1011] *Siegburg* Verjährung Rn. 177.

[1012] OLG Braunschweig BauR 2000, 109; LG München I IBR 2001, 185.

[1013] OLG Düsseldorf NJW-RR 1998, 1315 = BauR 1998, 1021.

[1014] BGHZ 62, 63 = NJW 1974, 553 = BauR 1974, 130; BGHZ 66, 43 = NJW 1976, 516 = BauR 1976, 131; BGHZ 117, 318 = NJW 1992, 1754 = BauR 1992, 500; BGH NJW 2005, 893 = BauR 2005, 550; NJW 2007, 366 Rn. 14, mit Anm. *Kapellmann* = NZBau 2007, 96 = BauR 2007, 114; OLG Köln OLGR 2001, 357 = BauR 2002, 136 (nur Ls.).

[1015] Vgl. die Nachweise bei *Siegburg* Verjährung Rn. 180, Fußnote 221; dagegen auch NWJS VOB/B § 13 Rn. 83; Ingenstau/Korbion/*Wirth* VOB/B § 13 Abs. 4 Rn. 108–111, mit weiteren Nachweisen.

[1016] BGHZ 62, 63 = NJW 1974, 553 = BauR 1974, 130; BGHZ 66, 43 = NJW 1976, 516 = BauR 1976, 131; BGHZ 117, 318 = NJW 1992, 1754 = BauR 1992, 500; BGH NJW 2005, 893 = BauR 2005, 550; OLG Köln OLGR 2001, 357 = BauR 2002, 136 (nur Ls.).

[1017] BGHZ 62, 63 = NJW 1974, 553 = BauR 1974, 130.

[1018] BGH NZBau 2014, 31.

vertreten, wenn er diesem die Werkleistung zur eigenverantwortlichen Ausführung überträgt, ohne sie selbst zu überwachen oder zu prüfen, zumal er seinerseits den Nachunternehmer wegen dessen arglistigen Verhaltens in Anspruch nehmen kann.[1019] Dem Auftragnehmer ist die Kenntnis des mit der Prüfung des Werks beauftragten Mitarbeiters des Nachunternehmers auch zuzurechnen, wenn der Auftragnehmer einen Bauleiter eingesetzt hat, welcher trotz ordnungsgemäßer Bauüberwachung den Mangel aber nicht wahrnehmen kann, weil dieser bei der Kontrolle infolge weiter geführter Arbeiten nicht zu bemerken war.[1020]

b) Organisationsverschulden. Um zu verhindern, dass der Auftragnehmer sich bei der Ablieferung des fertigen Werks seiner vertraglichen Offenbarungspflicht zu entziehen sucht, indem er sich unwissend hält oder sich keiner Gehilfen bei der Pflicht, Mängel zu offenbaren, bedient, stellt der BGH[1021] auf ein Organisationsverschulden[1022] ab. Danach muss der Auftragnehmer, der ein Bauwerk **arbeitsteilig** herstellen lässt, die organisatorischen Voraussetzungen schaffen, um sachgerecht beurteilen zu können, ob das Bauwerk bei Ablieferung mangelfrei ist. Unterlässt er dies und wäre der Mangel bei richtiger Organisation entdeckt worden, so verjähren Mängelansprüche des Auftraggebers wie bei arglistigem Verschweigen eines Mangels.[1023] Die **erforderliche Organisation** muss die angemessene Überwachung des Herstellungsprozesses und die Überprüfung des Werks vor der Abnahme umfassen. Dem entsprechend hat der BGH früher[1024] betont, dass ein gravierender Mangel an besonders wichtigen Gewerken ebenso wie ein besonders augenfälliger Mangel an weniger wichtigen Bauteilen den Schluss auf eine mangelhafte Organisation von Überwachung und Überprüfung zulassen kann.[1025] Obwohl der BGH nach wie vor darauf Bezug nimmt,[1026] hebt er jetzt andererseits hervor, dass die Schwere des Baumangels grundsätzlich nicht den Rückschluss auf eine Verletzung der Organisationsobliegenheit mit einem dem arglistigen Verschweigen vergleichbaren Gewicht zulässt,[1027] weil erfahrungsgemäß auch sorgfältig ausgesuchten Bauleitern immer wieder Fehler unterlaufen, die nicht auf einer fehlerhaften Organisation der Bauüberwachung beruhen.[1028] Damit **schränkt** der **BGH** den Anwendungsbereich seiner Rechtsprechung erfreulicherweise erheblich **ein,** indem er zwischen dem durch einen Baumangel erzeugten Anschein einer Bauüberwachungspflichtverletzung sowie dem **Anschein** einer **fehlerhaften Organisation** der Bauüberwachung unterscheidet und einen Schluss von ersterem auf letzteren grundsätzlich nicht zulässig erklärt.[1029]

Zudem konkretisiert der BGH seine Rechtsprechung nunmehr[1030] durch eine **weitere gewichtige Einschränkung:** Die Organisationspflicht des Auftragnehmers ist keine vertragliche Verbindlichkeit gegenüber dem Auftraggeber, sondern **nur** eine **Obliegenheit,** deren schwerwiegende Verletzung zu einer für den Auftragnehmer nachteiligen Verjährung führt. Dem

---

[1019] BGHZ 66, 43 = NJW 1976, 516 = BauR 1976, 131; NJW 2008, 145 Rn. 21 = NZBau 2008, 60 = BauR 2008, 87; OLG Köln OLGR 2001, 357 = BauR 2002, 136 (nur Ls.); OLG Celle IBR 2007, 19; OLG Frankfurt IBR 2013, 532.
[1020] BGH NJW 2007, 366 Rn. 15 mit Anm. *Kapellmann* = NZBau 2007, 96 = BauR 2007, 114.
[1021] BGHZ 117, 318 = NJW 1992, 1754 = BauR 1992, 500; BGH NJW 2005, 893 = BauR 2005, 550; NJW 2008, 145 mit Anm. *Kapellmann* = NZBau 2008, 60 = BauR 2008, 87; NJW 2009, 582 = NZBau 2009, 185 = BauR 2009, 515.
[1022] Zu dieser Rechtsfigur nach altem und neuem Recht im Einzelnen: *Weyer* Jahrbuch BauR 2003, 209 (218–224). Zu deren Anwendung auf Architekten: BGH NJW 2009, 582 = BauR 2009, 515 Rn. 17; OLG Düsseldorf NZBau 2004, 454 = BauR 2004, 1331 = IBR 2004, 331 mit zu Recht kritischem Praxishinweis von *Vogel;* vgl. auch Praxishinweis zu IBR 2006, 155; OLG Köln IBR 2007, 627. Eine Bestandsaufnahme unternimmt *Knipp* BauR 2007, (944–955).
[1023] Vgl. dazu → Rn. 160; entgegen *Vogel* IBR 2002, 129 scheidet die 30-jährige Frist des § 199 Abs. 3 S. 1 Nr. 2 BGB aus, weil der Anspruch mit der Ablieferung, nach *Leenen* DStR 2002, 34 (39) mit der Abnahme entsteht; anders kann es sich bei Mangelfolgeschäden verhalten: *Leenen* DStR 2002, 34 (39, 40); *Weyer* Jahrbuch BauR 2003, 209 (223, 224). Vgl. zu Nr. 2 auch BT-Drs. 14/6040, 109.
[1024] BGHZ 117, 318 = NJW 1992, 1754 = BauR 1992, 500; NJW 2005, 893 = BauR 2005, 550.
[1025] Einschränkend dazu *Kniffka/Schulze-Hagen* ibr-online-Kommentar Bauvertragsrecht, Stand 23.11.2014, § 634a Rn. 67/68.
[1026] BGH NJW 2009, 582 = NZBau 2009, 185 = BauR 2009, 515 Rn. 16.
[1027] BGH NJW 2009, 582 = NZBau 2009, 185 = BauR 2009, 515, Leitsatz zu 3. und Rn. 23.
[1028] So auch OLG Dresden IBR 2010, 101; KG BauR 2010, 477; OLG Hamburg NJW 2011, 2663; OLG Dresden IBR 2015, 126.
[1029] BGH NJW 2009, 582 = NZBau 2009, 185 = BauR 2009, 515 Rn. 23; NZBau 2010, 763 = BauR 2010, 1959 Rn. 15.
[1030] BGH NJW 2008, 145 Rn. 17 ff. mit Anm. *Kapellmann* = NZBau 2008, 60 = BauR 2008, 87; NJW 2009, 582 = NZBau 2009, 185 = BauR 2009, 515 Rn. 15.

entsprechend kann dem Auftragnehmer eine **Organisationspflichtverletzung** seines **Nachunternehmers** nicht über § 278 BGB zugerechnet werden.[1031] Vielmehr fallen dem Auftragnehmer nur Mängel seiner eigenen Organisation zur Last.

167 Zwar mag die Verknüpfung des Organisationsverschuldens mit § 634a Abs. 3 BGB **rechtssystematisch bedenklich** sein und eine Einordnung als positive Vertragsverletzung näher liegen.[1032] Nach bisherigem Recht war die Verjährungsfrist – gemäß § 195 BGB aF 30 Jahre – jedoch bei beiden Sichtweisen dieselbe.[1033] Das hat sich nach neuem Recht geändert. Alle Schadenersatzansprüche wegen eines Mangels werden jetzt von § 634 Nr. 4 BGB erfasst und verjähren demnach in den kurzen Fristen des § 634a Abs. 1 BGB.[1034] Deshalb kann nunmehr eine Haftung für Organisationsverschulden über diese Verjährungsfristen hinaus lediglich durch Gleichbehandlung mit einem arglistigen Verschweigen erreicht werden. Das setzt allerdings voraus, dass die Verletzung der Organisationsobliegenheit eine dem **arglistigen Verschweigen vergleichbares Gewicht** hat, der Auftragnehmer sich also dem Vorwurf aussetzt, er habe mit seiner Organisation die Arglisthaftung vermeiden wollen.[1035] Das ist **nicht** der Fall, wenn ein **Bauträger** ein in Wohnungseigentum aufgeteiltes Mehrfamilienhaus durch einen Generalunternehmer errichten lässt[1036] und mit der Bauleitung und Bauüberwachung einen Architekten betraut, gegen dessen fachliche und persönliche Eignung keine Bedenken bestehen.[1037] Das neue Recht stellt die bisherige Rechtsprechung nicht in Frage.[1038] Teilweise wird sogar mit einer Ausweitung gerechnet.[1039] Es ist aber nicht Aufgabe der Rechtsprechung, die Entscheidung des Gesetzgebers insbesondere für die 5-jährige Frist des § 634a Abs. 1 Nr. 2 BGB[1040] zu umgehen.[1041] In jedem Fall wird das Organisationsverschulden wegen der in aller Regel von 30 auf 10 Jahre[1042] verkürzten Höchstfrist erheblich an Bedeutung verlieren.

168 Die **Rechtsprechung** ist bislang durchweg zu **praktisch brauchbaren Ergebnissen** gelangt. Ein Organisationsverschulden wird entsprechend der bisherigen Vorgabe des BGH[1043] im wesentlichen bei schweren und/oder augenscheinlichen Mängeln angenommen.[1044] Deren Indizwirkung darf aber jedenfalls nicht überspannt werden,[1045] zumal der BGH eine solche jetzt grundsätzlich verneint.[1046] Bei einem kleinen Bauunternehmen mit nur ein oder zwei Baustellen, auf denen der Unternehmer mitarbeitet und die Arbeiten selbst überwacht, bedarf es keiner weiteren organisatorischen Vorkehrungen.[1047] Solche sind auch entbehrlich, wenn der Generalunternehmer einen Fachmann, vor allem einen Architekten, mit der Bauaufsicht beauf-

---

[1031] BGH NJW 2008, 145 Rn. 18 = NZBau 2008, 60 = BauR 2008, 87. So auch OLG Köln BauR 2013, 1303.

[1032] *Holzberger/Puhle* BauR 1999, 106 (110); *Siegburg* Verjährung Rn. 182 und Gewährleistung Rn. 1757; zumal es hier letztlich nur um fahrlässiges Fehlverhalten geht: OLG Köln IBR 2001, 184.

[1033] *Siegburg* Verjährung Rn. 182.

[1034] BT-Drs. 14/6040, 263 zu Nr. 3.

[1035] BGH NJW 2008, 145 Rn. 17 = NZBau 2008, 60 = BauR 2008, 87; NJW 2009, 582 = NZBau 2009, 185 = BauR 2009, 515 Rn. 15, 22; OLG München NJW 2011, 2524 = BauR 2011, 1177.

[1036] KG IBR 2014, 419.

[1037] OLG Hamm IBR 2014, 548.

[1038] *Kniffka* IBR 2002, 173; *Mansel* NJW 2002, 89 (96); *Funke* Jahrbuch BauR 2002, 217 (226); *Leenen* DStR 2002, 34 (39); *Acker/Bechtold* NZBau 2002, 529 (531); anders: *Schudnagies* NJW 2002, 396 (400); *Siegburg* Gewährleistung Rn. 148 E; *Kainz* FS Kraus, 2003, 85 (92, 93).

[1039] *Zimmermann/Leenen/Mansel/Ernst* JZ 2001, 684 (692); *Motzke* IBR 2001, 652 (655); *Vogel* IBR 2002, 153; *Preussner* BauR 2002, 231 (232, 238).

[1040] Vgl. dazu BT-Drs. 14/6040, 263/264 zu Nr. 1.

[1041] *Kniffka* IBR 2002, 173.

[1042] Näher dazu *Weyer* Jahrbuch BauR 2003, 209 (222–224). Vgl. auch *Sienz* BauR 2002, 181 (185); *Moufang* BauR 2002, 1560 (1561); *Kniffka/Schulze-Hagen* ibr-online-Kommentar Bauvertragsrecht, Stand 23.11.2014, § 634a Rn. 56.

[1043] Vgl. dazu → Rn. 152.

[1044] *Jansen* OLGReportKommentar 1999, K 5, 7; *Holzberger/Puhle* BauR 1999, 106 (108–110); kritisch dazu *Anker/Adler* ZfBR 1997, 140; vgl. auch OLG Bamberg IBR 2000, 374; OLG Jena BauR 2001, 1124; OLG Naumburg BauR 2005, 1942.

[1045] OLG Brandenburg BauR 1999, 1191; ähnlich *Kniffka/Schulze-Hagen* ibr-online-Kommentar Bauvertragsrecht, Stand 23.11.2014, § 634a Rn. 67.

[1046] BGH NJW 2009, 582 = NZBau 2009, 185 = BauR 2009, 515, Leitsatz zu 3. und Rn. 23.

[1047] OLG Braunschweig BauR 2000, 109; vgl. zur Unterscheidung zwischen Kleinunternehmer und arbeitsteilig organisiertem Unternehmer auch den Praxishinweis von *Vogel* zu IBR 2002, 10.

Mängelansprüche **169 § 13 VOB/B**

tragt.[1048] Allgemein kann zur Bestimmung der erforderlichen Überwachung auf die Grundsätze zurückgegriffen werden, welche die Rechtsprechung zu den Pflichten des bauleitenden Architekten entwickelt hat.[1049] Eine ausreichende Organisation der Überwachung und Prüfung des Werks, durch welche normalerweise Mängel nicht unentdeckt bleiben, ist ebenfalls die Einschaltung eines neutralen Prüfinstituts.[1050] Dass der **Mangel bei richtiger Organisation entdeckt** worden wäre, muss als **zweite Voraussetzung** immer zusätzlich zu bejahen sein.[1051] Oder anders formuliert: Fehler des Auftragnehmers, mit denen sich nicht die typischen Gefahren einer arbeitsteiligen Organisation verwirklichen, begründen keine Verlängerung der Verjährungsfrist.[1052]

In folgenden **Beispielfällen** ist ein Organisationsverschulden **bejaht**[1053] worden: **169**
– Bei deutlich sichtbar nicht ausreichend aufliegenden Dachpfetten,[1054]
– augenfällig nicht korrosionsgeschützter Verlegung der Stahleinlagen tragender Fensterstürze,[1055]
– zahlreichen offenkundigen Mängeln eines Estrichs,[1056]
– unzureichender Befestigung einer Hallendeckenverkleidung,[1057]
– grob fehlerhafter Abdichtung einer Dachterrasse,[1058]
– deutlicher Unterschreitung der Betongüte von Spannbetonhohlplatten,[1059]
– groben Mängeln eines Hallendachs,[1060]
– Fensterstürzen ohne die erforderliche Wölbung sowie mangelhafter Kellerabdichtung,[1061]
– letzteres insbesondere im Hochwassergebiet der Elbe,[1062]
– bei gravierenden Verstößen gegen Brandschutzbestimmungen,[1063]
– zu großen Abständen der Druckinjektionen zur Abdichtung von Kellerwänden,[1064]
– Verputzarbeiten durch einen zu keiner Zeit kontrollierten Nachunternehmer,[1065]
– einer größtenteils nur lose aufgelegten Zinkblecheindeckung eines Satteldachs, weil die Abstände der Schiebehaften den Normabstand von 50 cm bis zum Vierfachen überstiegen[1066]

[1048] OLG Hamm BauR 1999, 767; OLG Celle NZBau 2000, 145; KG IBR 2006, 615; OLG Hamm IBR 2014, 548; vgl. dazu auch *Anker/Adler* ZfBR 1997, 110 (111).
[1049] *Jansen* OLGReportKommentar 1999, K 5, 6; *Anker/Adler* ZfBR 1997, 110 (111); *Jagenburg* FS Mantscheff, 2000, 107 (111).
[1050] OLG München NJW-RR 1998, 529 = BauR 1998, 129; *Holzberger/Puhle* BauR 1999, 106 (108, 110).
[1051] OLG Düsseldorf NJW-RR 1998, 1315 = BauR 1998, 1021.
[1052] *Kniffka/Schulze-Hagen* ibr-online-Kommentar Bauvertragsrecht, Stand 23.11.2014, BGB § 634a Rn. 59.
[1053] **Verneinende** Entscheidungen sind zusammengestellt bei *Jagenburg* FS Mantscheff, 2000, 107 (116–120). Aus **neuerer Zeit**: OLG Bamberg IBR 2000, 374; OLG Celle NZBau 2000, 145; OLG Düsseldorf IBR 2001, 305; OLG Jena BauR 2001, 1124; OLG München IBR 2002, 10; OLG Köln IBR 2002, 129; LG Frankfurt BauR 2002, 1558; OLG Düsseldorf IBR 2002, 603; OLG Hamm BauR 2002, 1706; OLG Düsseldorf BauR 2003, 913; OLG Schleswig NZBau 2004, 442; LG Karlsruhe BauR 2007, 565; KG IBR 2006, 615; OLG Düsseldorf IBR 2006, 668; OLG Celle BauR 2007, 563; OLG Stuttgart IBR 2007, 243; OLG Naumburg BauR 2007, 1888; IBR 2008, 19; OLG München IBR 2009, 29; KG BauR 2010, 477; OLG Hamm IBR 2010, 205; LG Karlsruhe IBR 2010, 206; KG IBR 2010, 332; OLG München NJW 2011, 2524 = BauR 2011, 1177; OLG Hamburg NJW 2011, 2663 mit zustimmender Besprechung von *Vogel/Schmitz* NJW 2011, 3758 (3759); OLG München IBR 2014, 140; OLG Hamm IBR 2014, 548; OLG Frankfurt IBR 2014, 598; OLG Dresden IBR 2015, 126.
[1054] BGHZ 117, 318 = NJW 1992, 1754 = BauR 1992, 500.
[1055] OLG Oldenburg BauR 1995, 105.
[1056] OLG Köln NJW-RR 1995, 180 = BauR 1995, 107.
[1057] OLG Celle NJW-RR 1995, 1486; kritisch dazu *Jagenburg* FS Mantscheff, 2000, 107 (115).
[1058] OLG Frankfurt IBR 1997, 232.
[1059] OLG Stuttgart BauR 1997, 317.
[1060] OLG Frankfurt NJW-RR 1999, 24.
[1061] LG Aurich BauR 2003, 743.
[1062] OLG Naumburg IBR 2004, 563; BauR 2011, 1841.
[1063] OLG Oldenburg IBR 2006, 20; in dem Beschluss vom 20.10.2005 – VII ZR 234/04, ibr-online, mit welchem der BGH die Nichtzulassungsbeschwerde zurückgewiesen hat, merkt dieser an: „Bedenken gegen die Auffassung des Berufungsgerichts, der Beklagten falle ein Organisationsverschulden zur Last, veranlassen die Zulassung nicht, da ein Zulassungsgrund nach § 543 Abs. 2 ZPO nicht gegeben ist.
[1064] OLG Dresden IBR 2009, 82 mit zu Recht kritischem Praxishinweis von *Hafkesbrink*.
[1065] OLG Düsseldorf NZBau 2011, 492 = NJW 2011, 2817.
[1066] OLG Hamm BauR 2113, 1897.

– und der Verfüllung eines Grundstücks mit Stahlwerksschlacke statt wie vereinbart mit Hochofenschlacke, obwohl ein vor Ort tätiger Polier die Lieferung des falschen Materials leicht hätte erkennen können.[1067]

170 **c) Urteil, Vergleich und sonstige vollstreckbare Urkunden.** Erst in 30 Jahren verjähren in einem rechtskräftigen Urteil[1068] und in einem gerichtlichen Vergleich festgestellte Mängelansprüche (§ 197 Abs. 1 Nr. 3 und 4 BGB). Ein praxisrelevantes Beispiel ist die in einem Vorschussurteil regelmäßig enthaltene Feststellung, dass der Auftragnehmer die gesamten Mängelbeseitigungskosten zu tragen hat.[1069] Ebenso gilt die 30-jährige Verjährungsfrist für durch einen Schiedsspruch (§ 1055 ZPO), einen für vollstreckbar erklärten Anwaltsvergleich (§§ 794 Abs. 1 Nr. 4b, 796b, 796c ZPO) und sonstige vollstreckbare Urkunden (§ 794 Abs. 1 Nr. 5 ZPO) festgestellte Mängelansprüche.[1070] Dem gegenüber hat ein **außergerichtlicher Vergleich** über Mängelansprüche keinen Einfluss auf die Länge der Verjährungsfrist; denn er gestaltet in der Regel das ursprüngliche Schuldverhältnis nicht um, vielmehr besteht dieses mangels anderer Vereinbarung grundsätzlich unverändert fort und damit auch die kurze Verjährungsfrist nach § 13 Abs. 4 VOB/B.[1071]

171 **5. Beginn der Verjährungsfrist.** Gemäß § 13 Abs. 4 Nr. 3 VOB/B beginnt die Verjährungsfrist – in Übereinstimmung mit § 634a Abs. 2 BGB – mit der Abnahme der gesamten Leistung; lediglich für in sich abgeschlossene Teile der Leistung beginnt sie mit der Teilabnahme nach § 12 Abs. 2 VOB/B.

172 **a) Rechtsgeschäftliche Abnahme.** Aus der Bezugnahme allein auf § 12 Abs. 2 VOB/B, nicht aber auf § 4 Abs. 10 VOB/B folgt, dass ausschließlich die rechtsgeschäftliche Abnahme die Verjährungsfrist in Lauf setzt, nicht jedoch eine bloße technische Abnahme im Sinne der durch die VOB/B 2002 eingeführten § 4 Abs. 10 VOB/B.[1072] Nach einer Kündigung des Bauvertrags gemäß §§ 8, 9 VOB/B oder nach einer einverständlichen Vertragsaufhebung hängt der Verjährungsbeginn der Sachmängelhaftung für die bis dahin erbrachte Leistung ebenfalls von einer rechtsgeschäftlichen Abnahme ab, sofern der Auftraggeber diese nicht endgültig verweigert.[1073] Hat eine konkludente Abnahme, zum Beispiel durch Ingebrauchnahme der Leistungen und Bezahlung der Schlussrechnung, stattgefunden, so beginnt mit dieser konkludenten Abnahme die Verjährungsfrist, auch wenn die Parteien zu einem späteren Zeitpunkt noch eine förmliche Abnahme durchführen.[1074]

173 Liegt **keine wirksame Abnahme** vor, so beginnt folgerichtig die Verjährungsfrist für die Mängelansprüche des Auftraggebers nicht. Praxisrelevant ist dies insbesondere bei **unwirksamen Abnahmeklauseln für das Gemeinschaftseigentum in Bauträgerverträgen**. Unwirksam ist hiernach beispielsweise die vom Bauträger verwendete Klausel, dass das Gemeinschaftseigentum durch ihn selbst abgenommen wird[1075] oder auch die Klausel, wonach das Gemeinschaftseigentum durch ein Ingenieurbüro abgenommen wird.[1076] Durch die unwirksame Abnahmeklausel wird jedoch nur der Vertragspartner des Verwenders geschützt, nicht der Verwender, also der Bauträger, selbst.[1077] Der Auftraggeber kann in diesem Fall also auch ohne wirksame Abnahme die Mängelansprüche gemäß § 13 Abs. 5 bis Abs. 7 VOB/B geltend machen (gleicher-

---

[1067] OLG Düsseldorf BauR 2014, 722. Vgl. auch Analyse *Weyer* vom 17.3.2014 in werner-baurecht-online.
[1068] Nach BGH NJW 2006, 1962 gilt das auf Grund der darin enthaltenen Kostengrundentscheidung auch für den prozessualen Kostenerstattungsanspruch.
[1069] BGH NJW 2009, 60 = NZBau 2009, 120 = BauR 2008, 2041, Leitsatz und Rn. 8, 12; näher dazu → Rn. 193.
[1070] Palandt/*Ellenberger* BGB § 197 Rn. 7/8.
[1071] BGH NJW-RR 1987, 1426 = BauR 1987, 692.
[1072] Beck'scher VOB-Kommentar/*Eichberger* VOB/B § 13 Abs. 4 Rn. 211.
[1073] BGHZ 153, 244 = NJW 2003, 1450 = NZBau 2003, 265 = BauR 2003, 689; vgl. auch Beck'scher VOB-Kommentar/*Eichberger* VOB/B § 13 Abs. 4 Rn. 220.
[1074] OLG München NZBau 2016, 161. Vereinbaren die Parteien jedoch im Zusammenhang mit der förmlichen Abnahme ausdrücklich den (Neu-)Beginn der Verjährungsfrist für Mängelansprüche oder wird im Abnahmeprotokoll der Ablauf der Verjährungsfrist datumsmäßig festgehalten, so stellt dies die konkludente Vereinbarung einer neuen Verjährungsfrist dar.
[1075] BGH BauR 2016, 1771 unter Hinweis auf die Grundsatzentscheidung BGH BauR 2013, 2020.
[1076] BGH BauR 2016, 1467.
[1077] BGH BauR 2016, 1013; BGH BauR 2016, 1771.

maßen die Ansprüche gemäß § 637 Abs. 3 BGB).[1078] Umgekehrt verjähren die entsprechenden Mängelansprüche des Auftraggebers / Erwerbers mangels Abnahme nicht.[1079]

b) Abnahmeverweigerung. Allerdings beginnt auch mit der endgültigen Verweigerung der **174** Abnahme die Verjährung der Mängelansprüche.[1080] Die Abnahmeverweigerung ist jedoch noch nicht endgültig, wenn der Auftraggeber nur von seinem Recht aus § 12 Abs. 3 VOB/B Gebrauch macht und die Abnahme bis zur Beseitigung wesentlicher Mängel verweigert.[1081] Allein in einer Kündigung des Auftraggebers kann ebenso noch keine endgültige Verweigerung der Abnahme erblickt werden,[1082] weil der Bauvertrag durch sie lediglich für die Zukunft beendet wird und der Auftragnehmer bezüglich der bis zur Kündigung erbrachten Bauleistungen zur Mängelbeseitigung verpflichtet bleibt und dazu Gelegenheit erhalten muss.[1083] Mit der Kündigung ist also noch nicht klar, dass die Leistung in dem Zustand verbleiben wird, in dem sie sich befindet.[1084] Dem entsprechend ist auch im Falle einer Kündigung des Bauvertrags § 13 Abs. 4 VOB/B grundsätzlich erst anwendbar, wenn die bis dahin erbrachte Leistung abgenommen worden ist.[1085] Die Rechtsprechung des BGH,[1086] dass insbesondere dann eine endgültige Abnahmeverweigerung anzunehmen ist, wenn der Auftraggeber dem Auftragnehmer gemäß § 634 Abs. 1 S. 1 BGB aF erfolglos eine **Frist mit Ablehnungsandrohung** für die Beseitigung wesentlicher Mängel gesetzt hat, weil mit Ablauf dieser Frist eine Erfüllung der Vertragsleistung nicht mehr in Betracht kommt, ist auf seit dem 1.1.2002 geschlossene Bauverträge nicht mehr anwendbar.[1087] Denn die vergebliche Fristsetzung nach § 13 Abs. 5 Nr. 2 VOB/B hat ebenso wie die Fristsetzung nach § 637 BGB diese Wirkung nicht.[1088] Vielmehr erlangt der Auftraggeber mit der Erfüllung der Voraussetzungen des Ersatzvornahmerechts dieses neben dem fortbestehenden Mängelbeseitigungsanspruch und kann zwischen beiden wählen.[1089]

c) Fehlgeschlagene Abtretung von Ansprüchen gegen andere Baubeteiligte. Falls der **175** Auftragnehmer als Bauträger seine Sachmängelhaftung mit einer von ihm gestellten AGB-Klausel zu beschränken sucht, die vorsieht, dass der Bauträger erst haftet, wenn der Auftraggeber sich erfolglos bemüht hat, die ihm abgetretenen Mängelansprüche des Bauträgers gegen die anderen am Bau Beteiligten[1090] durchzusetzen, ist diese sogenannte **Subsidiaritätsklausel** zwar nach § 307 Abs. 2 Nr. 2 BGB **unwirksam**.[1091] Wie bereits ausgeführt,[1092] kann der Auftraggeber je nach dem, wie er die Realisierungschancen einschätzt, den Auftragnehmer aber an dessen eigenen AGB-Klausel festhalten und zunächst versuchen, die ihm abgetretenen Mängelansprüche gegen andere Baubeteiligte außergerichtlich durchzusetzen. Die eigene **Sachmängelhaftung** des Auftragnehmers ist dann durch das Fehlschlagen dieser Bemühungen des Auftraggebers um Schadloshaltung aus den abgetretenen Rechten **aufschiebend bedingt.** Die Bedingung tritt ein, wenn die Bemühungen fehlschlagen oder der Auftraggeber sie aufgibt. Die Verjährung des Anspruchs gegen den Bauträger ist gemäß § 205 BGB bis dahin gehemmt und beginnt erst mit

---

[1078] BGH BauR 2016, 1467.
[1079] BGH BauR 2016, 1771, 1773.
[1080] Vgl. bei → Rn. 7 und die dortigen Nachweise. Teilweise anders *Kniffka/Schulze-Hagen* ibr-online-Kommentar Bauvertragsrecht, Stand 23.11.2014, § 634a Rn. 36–39: Abnahme muss zu Unrecht verweigert sein.
[1081] NWJS VOB/B § 13 Rn. 89; *Riedl/Mansfeld* in Heiermann/Riedl/Rusam VOB/B § 13 Rn. 73.
[1082] Dafür jedoch OLG Düsseldorf BauR 1980, 276; NWJS VOB/B § 13 Rn. 89; *Siegburg* Verjährung Rn. 220.
[1083] BGH NJW 1988, 140 = BauR 1987, 689; NJW-RR 1988, 208 = BauR 1988, 82; NJW 2000, 2988 = NZBau 2000, 375 = BauR 2000, 1182.
[1084] Nur dann bejahen BGH JZ 1963, 596 = *Schäfer/Finnern* Z 3.01 Bl.230 und *Daub/Piel/Soergel/Steffani* ErlZ B 13.308 eine endgültige Abnahmeverweigerung. Auf sie berufen sich deshalb NWJS VOB/B § 13 Rn. 89 ebenso wie zu Unrecht wie auf OLG Düsseldorf BauR 1985, 693, weil es dort um einen Spezialfall einer Erfüllungsverweigerung durch den Konkursverwalter nach § 17 KO ging.
[1085] BGHZ 153, 244 = NJW 2003, 1450 = NZBau 2003, 265 = BauR 2003, 689.
[1086] NJW 2010, 3573 = BauR 2010, 1778 Rn. 23.
[1087] Entgegen OLG Brandenburg IBR 2014, 82.
[1088] *Weyer* im Praxishinweis zu IBR 2014, 82.
[1089] Näher dazu → Rn. 312.
[1090] Zur hinreichenden Bestimmtheit einer solchen Bezeichnung der Schuldner: OLG Düsseldorf BauR 2014, 271.
[1091] BGH NJW 2002, 2470 = NZBau 2002, 495 = BauR 2002, 1385; näher dazu → Rn. 61.
[1092] Vgl. → Rn. 66.

diesem Zeitpunkt.[1093] Der Bauträger haftete für alle Mängel, welche sich bis zum Ende der ab Bedingungseintritt laufenden – neuen – vollen Verjährungsfrist zeigen, auch wenn der Bauhandwerker kurz vor Ablauf seiner Verjährungsfrist zahlungsunfähig wurde.[1094] Sofern der Bauhandwerker sich jedoch unter Hinweis auf Verjährung weigert, erst nach Ablauf der vollen 5-jährigen Verjährungsfrist aufgetretene Mängel zu beseitigen, leben die Mängelansprüche gegen den Bauträger nicht wieder auf.[1095]

176 6. Ende der Verjährungsfrist. Das Ende der Verjährungsfrist ist mangels einer speziellen Regelung in der VOB/B nach §§ 186–188 BGB zu bestimmen. Die Frist beginnt gemäß § 187 Abs. 1 BGB am Tag nach der Abnahme oder ihrer endgültigen Verweigerung, der Beendigung des länger dauernden Abnahmevorgangs[1096] oder dem Ablauf der 12 oder 6 Werktage des § 12 Abs. 5 Nr. 1 und 2 VOB/B.[1097] Sie endet unabhängig davon, ob ein Mangel bekannt oder überhaupt schon erkennbar ist,[1098] gemäß § 188 Abs. 2 BGB bei den Regelfristen des § 13 Abs. 4 VOB/B ein, 2 oder 4 Jahre später an dem Tag, der nach seiner Zahl dem Tag der Abnahme oder des gleichstehenden Ereignisses entspricht. Falls der letzte Tag der Verjährungsfrist auf einen Samstag, Sonntag oder Feiertag fällt, ist § 193 BGB zu beachten; denn dann endet die Verjährungsfrist erst am nächsten Werktag.[1099]

177 7. Störungen des Laufs der Verjährungsfrist. Der Lauf der Verjährungsfrist kann in vielfacher Weise gestört werden. Ihr störungsfreier Ablauf ist in der Praxis eher die Ausnahme. Die Verjährung kann gehemmt sein oder neu beginnen.[1100] Sie kann sowohl nacheinander mehrmals gehemmt werden oder neu beginnen als auch gleichzeitig gehemmt sein und neu beginnen.[1101] Insoweit fehlen ebenfalls Spezialregelungen in der VOB/B. Die Vorschriften des BGB über die Hemmung und den Neubeginn der Verjährung sind jedoch auf den VOB-Vertrag anwendbar.[1102] Da die Verjährungsfrist in der Regel nur für bestimmte gerügte Mängel gehemmt wird und/oder neu beginnt, läuft sie für etwaige andere Mängel ungestört weiter,[1103] so dass unterschiedliche Verjährungsfristen zu überwachen sind. Die Hemmung und der Neubeginn gelten aber jeweils auch für Ansprüche, die aus demselben Grund – dem Mangel – wahlweise neben dem Anspruch oder an seiner Stelle gegeben sind (§ 213 BGB).[1104] Das ist nicht der Fall bei Ansprüchen auf Ersatz von Mangelfolgeschäden[1105] oder des Verzugsschadens[1106] und bei der

---

[1093] BGH NJW 1981, 2343 = BauR 1981, 469; BGHZ 92, 123 = NJW 1984, 2573 = BauR 1984, 634; OLG Düsseldorf NJW-RR 1992, 1108.
[1094] OLG Düsseldorf NJW-RR 1992, 1108.
[1095] OLG Düsseldorf BauR 1991, 362.
[1096] *DPSS* ErlZ B 13.312; *Hereth/Ludwig/Naschold* VOB/B § 13 Ez 155; im Falle des § 12 Nr. 4 Abs. 2 VOB/B ist der Zugang der Abnahmeniederschrift bei dem Auftragnehmer maßgebend: Beck'scher VOB-Kommentar/*Eichberger* VOB/B § 13 Abs. 4 Rn. 368; *Riedl/Mansfeld* in Heiermann/Riedl/Rusam VOB/B § 13 Rn. 73.
[1097] *Riedl/Mansfeld* in Heiermann/Riedl/Rusam VOB/B § 13 Rn. 73.
[1098] Ingenstau/Korbion/*Wirth* VOB/B § 13 Abs. 4 Rn. 175/176.
[1099] BGH WM 1978, 461; Ingenstau/Korbion/*Wirth* VOB/B § 13 Abs. 4 Rn. 301.
[1100] Statt des früheren Begriffs „Unterbrechung" benutzt das Gesetz jetzt – genauer – den Ausdruck „Neubeginn" der Verjährung: §§ 212, 213 BGB.
[1101] BGHZ 109, 220 = NJW 1990, 826 = BauR 1990, 212; BGH NJW 1999, 2961; Ingenstau/Korbion/*Wirth* VOB/B § 13 Abs. 4 Rn. 177.
[1102] BGHZ 59, 202 = NJW 1972, 1753 = BauR 1972, 308; *Daub/Piel/Soergel/Steffani* ErlZ B 13.313 und 13.327; NWJS VOB/B § 13 Rn. 91 und 96; *Vygen/Joussen* Bauvertragsrecht, Rn. 1583.
[1103] *Kleine-Möller/Merl/Glöckner* § 15 Rn. 1177; Ingenstau/Korbion/*Wirth* VOB/B § 13 Abs. 4 Rn. 178; *Vygen/Joussen* Bauvertragsrecht, Rn. 1583. Vgl. zur rechtlichen Selbständigkeit jeden Mangels und der sich daraus ergebenden Ansprüche einschließlich ihrer Verjährung auch BGHZ 120, 329 = NJW 1993, 851 = BauR 1993, 221; KG BauR 2014, 115; *Kniffka/Schulze-Hagen* ibr-online-Kommentar Bauvertragsrecht, Stand 23.11.2014, § 634a Rn. 72–75.
[1104] Vgl. dazu BT-Drs. 14/6040, 121/122; *Lenkeit* BauR 2002, 196 (220). Zu den bisherigen §§ 639 Abs. 1, 477 Abs. 3 BGB aF: BGHZ 59, 202 = NJW 1972, 1753 = BauR 1972, 308. Zum neuen Recht: BGH NJW 2010, 1284 = NZBau 2010, 426 = BauR 2010, 765 Rn. 49.
[1105] *Kniffka/Schulze-Hagen* ibr-online-Kommentar Bauvertragsrecht, Stand 23.11.2014, § 634a Rn. 75; *Lenkeit* BauR 2002, 196 (220); *Weyer* Praxishinweis zu IBR 2006, 389.
[1106] BT-Drs. 14/6040, 122, linke Spalte 1. Abs.; *Kniffka/Schulze-Hagen* ibr-online-Kommentar Bauvertragsrecht, Stand 23.11.2014, 634a Rn. 75.

Geltendmachung eines unberechtigten Schadenersatzanspruchs statt der Leistung.[1107] Die Ansprüche müssen sich aus demselben Lebenssachverhalt ergeben, der Anspruchsgrund muss mindestens im Kern identisch sein.[1108]

a) Hemmung. Eine Hemmung der Verjährung bewirkt nach § 209 BGB, dass der Zeitraum ihrer Dauer in die Verjährungsfrist nicht eingerechnet wird. Im Ergebnis verlängert sich dadurch die Verjährungsfrist um diesen Zeitraum.[1109] Nach Ablauf der Verjährungsfrist scheidet somit eine Hemmung aus.[1110] Die **Hemmungstatbestände** sind seit dem 1.1.2002 **erheblich vermehrt** und ausgedehnt worden.[1111] Die früheren Unterbrechungstatbestände sind jetzt mit Ausnahme des Anerkenntnisses und der Vollstreckungshandlung als Hemmungstatbestände ausgestaltet.[1112] Zudem sind spezielle Hemmungsgründe verallgemeinert worden, insbesondere der in der Baupraxis sehr bedeutsame § 639 Abs. 2 BGB aF[1113] Die einzelnen Hemmungstatbestände sind nunmehr in §§ 203–208 BGB geregelt. Allerdings ist auf die Hemmung aus familiären und ähnlichen Gründen (§ 207 BGB) ebenso wie auf die Ablaufhemmung nach §§ 210, 211 BGB mangels praktischer Relevanz in Bausachen[1114] nicht weiter einzugehen.[1115] Das gilt auch für den neuen Hemmungsgrund des § 208 BGB.

aa) Verhandlungen. Wenn zwischen Schuldner und Gläubiger Verhandlungen über den Anspruch oder die den Anspruch begründenden Umstände schweben, ist nach **§ 203 BGB** die Verjährung gehemmt, bis der eine oder der andere Teil die Fortsetzung der Verhandlungen verweigert.[1116] Diese Bestimmung baut die früher nur in §§ 639 Abs. 2, 651g Abs. 2 S. 3 und 852 Abs. 2 BGB aF geregelte Hemmung durch Verhandlungen zu einem allgemeinen Rechtsinstitut aus.[1117]

Der **Begriff** Verhandlung ist **weit auszulegen**.[1118] Es genügt jeder Meinungsaustausch über den Anspruch oder die ihn begründenden Umstände zwischen dem Berechtigten und dem Verpflichteten, sofern nicht sofort und eindeutig jede Leistung abgelehnt wird.[1119] Dabei setzen **Verhandlungen über** einen **Anspruch** voraus, dass Mängel geltend gemacht wurden.[1120] Es

---

[1107] Dazu näher *Vorwerk* BauR 2002, 165 (172, 173), der jedoch eine entsprechende Anwendung des § 213 BGB befürwortet.
[1108] BAG NJW 2014, 717 Rn. 30/31.
[1109] So auch Beck'scher VOB-Kommentar/*Eichberger* VOB/B § 13 Abs. 4 Rn. 236a.
[1110] OLG Celle BauR 2010, 106.
[1111] Zur Übergangsregelung vgl. Art. 229 § 6 Abs. 2 EGBGB und dazu OLG Düsseldorf IBR 2006, 130; BauR 2006, 996 mit kritischer Anmerkung von *Koch* BauR 2006, 999 (1000). Vgl. auch LG Berlin BauR 2005, 886 nebst kritischer Anmerkung von *Weyer* BauR 2005, (1361–1363); OLG Braunschweig IBR 2006, 139; LG Potsdam BauR 2006, 721 und dazu *Weyer* BauR 2006, 1347 (1348, 1349); OLG Oldenburg BauR 2007, 1428. Zu Art. 229 § 6 Abs. 2 iVm Abs. 1 S. 3 EGBGB: BGH NJW 2007, 2034 = BauR 2007, 1044.
[1112] BT-Drs. 14/6040, 91, linke Spalte unten.
[1113] BT-Drs. 14/6040, 91, rechte Spalte, 2. Abs.; zu § 639 Abs. 2 BGB aF und seiner Ablösung durch § 203 BGB nF näher *Weyer* NZBau 2002, (366–370).
[1114] So für die entsprechenden §§ 204, 206, 207 BGB aF: *Ingenstau/Korbion* 13 Aufl., VOB/B § 13 Rn. 318, letzter Abs., in spätere Auflagen nicht übernommen.
[1115] Vgl. zu §§ 207, 211 BGB *Kleine-Möller/Merl/Glöckner* § 15 Rn. 1201/1202.
[1116] Mit der Frage, ob diese Regelung abdingbar ist, befassen sich *Ries/Strauch* BauR 2014, (450–456); dazu auch *Breyer* BauR 2016, 404.
[1117] So ausdrücklich Begründung der Beschlussempfehlung des Rechtsausschusses des Deutschen Bundestages, BT-Drs. 14/7052, 178, 180; zu den aus der Entstehungsgeschichte zu ziehenden Schlüssen näher *Weyer* NZBau 2002, 366 (368). Ebenso jetzt auch BGH NJW 2007, 587 Rn. 13 = NZBau 2007, 184 = BauR 2007, 380.
[1118] BGH NJW 1983, 2075, zu § 852 Abs. 2 BGB aF; zum jetzigen § 203 BGB: BGH NJW 2007, 587 Rn. 10 = NZBau 2007, 184 = BauR 2007, 380; NJW 2008, 576 Rn. 13 = NZBau 2008, 177 = BauR 2008, 514; IBR 2012, 177; NJW 2012, 3633 Rn. 36; OLG Oldenburg BauR 2006, 1314; LG Düsseldorf NZBau 2009, 657; OLG Düsseldorf NZBau 2010, 177 = BauR 2010, 799; *Sterner/Hildebrandt* ZfIR 2006, 349 (350).
Entgegen *Handschumacher* BauR 2002, 1440 (1441, 1442) besteht zu einer Einschränkung kein Anlass; jedenfalls kann aus BGH NZBau 2002, 42 = BauR 2002, 108 dergleichen nicht hergeleitet werden, vielmehr ist eine Besichtigung allein eben noch keine Verhandlung.
[1119] BGH NJW 2007, 587 Rn. 10 = NZBau 2007, 184 = BauR 2007, 380; OLG Düsseldorf IBR 2004, 200. Entsprechend der Rechtsprechung zu § 852 Abs. 2 BGB aF: BGH NJW 2001, 1723; NJW-RR 2001, 1168; NJW 2004, 1654. Vgl. auch OLG Düsseldorf IBR 2006, 672 mit kritischem Praxishinweis von *Schwenker*, aufgehoben durch BGH NJW 2008, 576 = NZBau 2008, 177 = BauR 2008, 514.
[1120] *Weyer* im Praxishinweis zu OLG Dresden IBR 2014, 556.

reichen Erklärungen[1121] des Verpflichteten aus, die dem Berechtigten die Annahme gestatten, der Verpflichtete lasse sich jedenfalls auf Erörterungen über die Berechtigung des Anspruchs ein, und die deshalb geeignet sind, den Berechtigten zunächst von einer Klageerhebung abzuhalten.[1122] Deshalb genügt bereits die Vereinbarung einer Begehung des Bauvorhabens in unverjährter Zeit zur gemeinsamen Feststellung gerügter Mängel.[1123] Die eine Zurückweisung des Anspruchs abschließende Bitte, „die Zahlungsaufforderung im Hinblick auf die vorstehenden Ausführungen zu überprüfen", ändert aber nichts an der eindeutigen Ablehnung.[1124] Der weite Verhandlungsbegriff umfasst sowohl die **Überprüfungsvereinbarung**[1125] als auch die **Nachbesserungsvereinbarung**[1126] im Sinne des § 639 Abs. 2 BGB aF[1127] Die bloße Anmeldung von Ansprüchen reicht jedoch nicht aus, auch wenn der Verpflichtete mit einem Verjährungsverzicht reagiert.[1128] Falls der Berechtigte hingegen aufgrund des erbetenen Verzichts annehmen darf, der Verpflichtete werde die Ansprüche prüfen und darüber verhandeln, beginnen die Verhandlungen schon mit der Verzichtserklärung.[1129] Die Erklärung so zu verstehen, wird in der Regel nahe liegen. Ihre Befristung berührt die Hemmung nicht.[1130] Gegenstand der Verhandlungen können nach § 203 BGB aber auch „die den **Anspruch begründenden Umstände**" sein. Damit ist im Sinne eines Lebenssachverhalts die Gesamtheit der tatsächlichen Umstände gemeint, die nach dem Verständnis der Verhandlungsparteien einen Anspruch erzeugen, wobei das Begehren nicht besonders beziffert oder konkretisiert sein muss.[1131] Dieser Lebenssachverhalt wird grundsätzlich in seiner Gesamtheit verhandelt, weshalb sämtliche Ansprüche, die der Gläubiger aus diesem Sachverhalt herleiten kann, von der Hemmung der Verjährung erfasst werden.[1132] Auch durch den Abschluss eines Widerrufsvergleichs können die Vertragspartner in Verhandlungen eintreten.[1133] Allein eine – unwirksame – Streitverkündung und der anschließende Beitritt des Streitverkündeten stellen noch kein Verhandeln dar.[1134]

181 Die Verjährung ist nach § 203 BGB gehemmt, wenn Verhandlungen **schweben.** Die Dauer der Hemmung hängt also von **Beginn** und **Ende** der **Verhandlungen** ab. In den Fällen des § 639 Abs. 2 BGB aF begann wegen des dort vorausgesetzten Einverständnisses des Auftraggebers die Hemmung mit der Einigung der Bauvertragspartner über die vorzunehmende Prüfung oder durchzuführende Nachbesserung,[1135] weil nur dies dem Zweck der Vorschrift entsprach.[1136] Die Einigung kam oft stillschweigend zustande,[1137] zum Beispiel indem der Auftragnehmer nach einer entsprechenden Aufforderung des Auftraggebers mit der Mängelprüfung oder -beseitigung begann oder indem der Auftraggeber eine solche Tätigkeit des Auftragnehmers widerspruchslos

---

[1121] Bloßes Schweigen auf Mängelrügen reicht nicht: OLG Düsseldorf BauR 2008, 1466.

[1122] BGH NJW 1997, 3447; 2001, 1723; NJW-RR 2001, 1168; alle zu § 852 Abs. 2 BGB aF; zum jetzigen § 203 BGB: BGH NJW 2007, 587 Rn. 10 = NZBau 2007, 184 = BauR 2007, 380; OLG Oldenburg BauR 2006, 1314.

[1123] KG IBR 2013, 682.

[1124] LG Düsseldorf NZBau 2009, 657.

[1125] BGH NJW-RR 1999, 1181 = BauR 1999, 1019; aA *Faber/Werner* NJW 2008, 1910 (1912 ff.), die § 203 BGB jedoch analog anwenden wollen.

[1126] BGH NJW 2007, 587 Rn. 12 = NZBau 2007, 184 = BauR 2007, 380. *Weyer* NZBau 2002, 366 (369).
Das verkennt *Werner* FS Jagenburg, 2002, 1027 (1041), wenn er die Fälle des § 639 Abs. 2 BGB aF für nicht unter § 203 BGB subsumierbar hält. Der hiesigen Sicht zustimmend: *Kniffka/Schulze-Hagen* ibr-online-Kommentar Bauvertragsrecht, Stand 23.11.2014, § 634a Rn. 83–87.

[1127] Das verneint zu Unrecht auch *Dölle* in Werner/Pastor Rn. 2889b, mit weiteren Nachweisen.

[1128] OLG Düsseldorf IBR 2004, 200.

[1129] BGH NJW 2004, 1634; BGHZ 162, 86 = NJW 2005, 1423 = NZBau 2005, 287 = BauR 2005, 705.

[1130] BGH NJW 2004, 1634.

[1131] BT-Drs. 14/6040, 112, linke Spalte, zu Satz 1, Abs. 2.

[1132] BGH BauR 2014, 1771 Rn. 12.

[1133] BGH NJW 2005, 2004; vgl. dazu *Kniffka/Schulze-Hagen* ibr-online-Kommentar Bauvertragsrecht, Stand 23.11.2014, § 634a Rn. 79, der dort jedoch das Ende der Hemmung mit der Ablaufhemmung nach § 203 S. 2 BGB verwechselt.

[1134] OLG München BauR 2012, 1682.

[1135] BGHZ 72, 257 = NJW 1979, 214 = BauR 1979, 76; BGH NJW 1997, 727; NJW-RR 1999, 1181 = BauR 1999, 1019; anders OLG Düsseldorf NJW-RR 1994, 1362 = BauR 1994, 771.

[1136] BGH NJW 1997, 727.

[1137] BGH NJW 1983, 162 = BauR 1983, 87; BauR 1985, 202; NJW-RR 1989, 979 = BauR 1989, 603; die bloße Besichtigung des Mangels reichte dazu grundsätzlich nicht aus: BGH NZBau 2002, 42 = BauR 2002, 108.

zur Kenntnis nahm.[1138] Ließ sich der Zeitpunkt der Einigung nicht feststellen, war der mit stillschweigender Billigung des Auftraggebers erfolgte Beginn der Tätigkeit des Auftragnehmers maßgebend.[1139] Erklärte der Auftraggeber sein Einverständnis erst, nachdem der Auftragnehmer bereits mit der Mängelprüfung begonnen hatte, so wirkte diese Einigung nicht zurück.[1140] Die Mängelprüfung konnte auch durch Einschaltung eines Sachverständigen[1141] oder dadurch erfolgen, dass der Auftragnehmer die Mängelanzeige des Auftraggebers seinem Haftpflichtversicherer zur weiteren Veranlassung zuleitete und dies dem Auftraggeber mitteilte.[1142] Das ist nicht der Fall, wenn der Auftragnehmer dabei erklärt, er gebe zur Haftung dem Grunde und der Höhe nach keine Erklärung ab.[1143] Zu allen diesen Zeitpunkten **beginnt** zugleich ein **Meinungsaustausch** und damit schweben Verhandlungen im Sinne des § 203 BGB, weshalb die Rechtsprechung zu § 639 Abs. 2 BGB aF weiterhin gültig ist.[1144]

Da § 203 BGB, anders als § 639 Abs. 2 BGB aF, nicht mehr voraussetzt, dass der Auftragnehmer im Einverständnis des Auftraggebers tätig wird, **wirkt** die Hemmung jedoch nunmehr bei schwebenden Verhandlungen grundsätzlich auf den Zeitpunkt **zurück,** in dem der Auftraggeber seinen Anspruch gegenüber dem Auftragnehmer geltend gemacht hat.[1145] War Auftragnehmer eine ARGE, genügt eine Geltendmachung gegenüber der Muttergesellschaft eines ARGE-Partners nicht.[1146] Die Überprüfung des Mangels durch den **Haftpflichtversicherer** führt nicht nur dann zur Hemmung der Verjährung, wenn der Auftragnehmer sie selbst in die Wege leitet, sondern auch dann, wenn der Haftpflichtversicherer sie auf Grund einer vertraglich eingeräumten Befugnis, etwa der ihm nach § 5 Nr. 7 AHB aF, jetzt § 5.2 AHB 2004, erteilten Regulierungsvollmacht, ohne Einschaltung des Auftragnehmers vornimmt.[1147] Nachbesserungsversuche des Nachunternehmers können die Hemmung der Verjährung der Ansprüche des Auftraggebers gegen den Hauptunternehmer bewirken, wenn in deren Vertrag vereinbart ist, dass die Gewährleistung direkt mit den bauausführenden Handwerkern geregelt werden soll,[1148] oder wenn der Hauptunternehmer die Mängelrüge des Auftraggebers an den Nachunternehmer weiterleitet.[1149]

Weiterhin gültig sind ebenso die Entscheidungen, in denen der BGH eine Hemmung nach § 639 Abs. 2 BGB aF bejaht hat, obwohl der Auftragnehmer ausdrücklich ohne Anerkennung einer Rechtspflicht allein **aus Gefälligkeit**[1150] oder aufgrund einer Zug-um-Zug-Verurteilung[1151] einen Nachbesserungsversuch unternahm. Denn auch für Verhandlungen gemäß § 203 BGB ist entsprechend der Rechtsprechung zu § 852 Abs. 2 BGB aF nicht erforderlich, dass der Verpflichtete „eine Vergleichsbereitschaft oder eine Bereitschaft zum Entgegenkommen signalisiert."[1152]

Allerdings tritt die Hemmung der Verjährung nur hinsichtlich der Mängel ein, die **Gegenstand der** Prüfungs- oder Nachbesserungs**vereinbarung** waren.[1153] Da auch hier zwischen dem Mangel und den Mangelerscheinungen zu unterscheiden ist,[1154] sind jedoch in vollem Umfang alle Ursachen der Mangelerscheinungen umfasst, welche die Bauvertragspartner bei der Ver-

---

[1138] Ähnlich *Kleine-Möller/Merl/Glöckner* § 15 Rn. 1204.
[1139] OLG Düsseldorf NJW-RR 1995, 532 = BauR 1994, 146 (nur Ls.).
[1140] BGH NJW 1983, 162 = BauR 1983, 87; NWJS VOB/B § 13 Rn. 94.
[1141] BGH NJW-RR 1999, 1181 = BauR 1999, 1019.
[1142] BGH NJW 1983, 162 = BauR 1983, 87; BauR 1985, 202.
[1143] BGH NJW 2011, 1594.
[1144] BGH NJW 2007, 587 Rn. 11 = NZBau 2007, 184 = BauR 2007, 380.
[1145] BGH BauR 2014, 699; NJW 2014, 3435 Rn. 9.
[1146] OLG Naumburg IBR 2014, 600 = NJW 2015, 255 = NZBau 2015, 32.
[1147] BGHZ 162, 86 = NJW 2005, 1423 = NZBau 2005, 287 = BauR 2005, 705; OLG Düsseldorf NZBau 2010, 177 = BauR 2010, 799.
[1148] OLG Oldenburg BauR 2009, 260.
[1149] OLG Schleswig BauR 2012, 815.
[1150] BGH BauR 1977, 348; NJW 1987, 837 = BauR 1987, 205, insoweit in BGHZ 99, 160 nicht abgedruckt; NZBau 2004, 385 = BauR 2004, 1142; NJW 2008, 576 Rn. 23 = NZBau 2008, 177 = BauR 2008, 514.
[1151] BGHZ 110, 99 = NJW 1990, 1472 = BauR 1990, 356.
[1152] BGH NJW 2001, 1723; NJW-RR 2001, 1168; NJW 2007, 587 Rn. 10 = NZBau 2007, 184 = BauR 2007, 380.
[1153] BGH NJW 1997, 727.
[1154] Vgl. dazu näher → Rn. 245–248.

einbarung allein im Auge hatten.[1155] Das gilt auch dann, wenn der Auftraggeber irrtümlich annimmt, es handele sich nicht um einen Mangel, sondern nur um einen Bedienungsfehler, so dass Verhandlungen über eine gerügte Funktionsstörung ausreichen.[1156]

185 Nach § 203 BGB **endet** die **Hemmung,** wenn der eine oder der andere Teil die Fortsetzung der Verhandlungen verweigert. Gemäß § 639 Abs. 2 BGB aF dauerte die Hemmung an, bis der Auftragnehmer das Ergebnis der Prüfung dem Auftraggeber mitteilte oder ihm gegenüber den Mangel für beseitigt erklärte oder die Fortsetzung der Beseitigung verweigerte. Darin kann zugleich im Sinne des § 203 BGB eine Weigerung, die Verhandlungen fortzusetzen, gesehen werden.[1157] Dann ist auch insoweit die Rechtsprechung zu § 639 Abs. 2 BGB aF weiterhin anwendbar. Muss damit gerechnet werden, dass die Nachbesserungsversuche sich im Ergebnis als erfolglos erweisen – wie typischerweise bei Putzrissen und Feuchtigkeitsmängeln –, so kann allein aus der tatsächlichen Beendigung der Mängelbeseitigungsarbeiten nicht ohne weiteres die Erklärung entnommen werden, der Mangel sei beseitigt oder die Fortsetzung seiner Beseitigung werde verweigert.[1158] Ebenso muss das Ergebnis abgewartet werden, wenn durch Bedienungsempfehlungen versucht wird, Mangelerscheinungen zu beseitigen.[1159] Die schriftliche Bitte des Auftragnehmers an den Auftraggeber um Bestätigung, dass die gerügten Mängel beseitigt sind, beendet jedoch die Hemmung.[1160] Trotz der Erklärung des Auftragnehmers gegenüber dem Auftraggeber, der Mangel sei beseitigt, endet die Hemmung erst mit der Abnahme der Nachbesserungsleistung, wenn der Auftragnehmer die förmliche Abnahme ausdrücklich verlangt.[1161] Falls der Auftragnehmer einen Nachbesserungsversuch unternommen hat, gelten die vorstehenden Ausführungen zur Beendigung der Hemmung jedoch **nur** für den **BGB-Bauvertrag.**[1162]

186 Der Abbruch der Verhandlungen muss grundsätzlich klar und eindeutig zum Ausdruck gebracht werden.[1163] Es gibt aber Fälle, in denen die Verhandlungen **„im Sande verlaufen".**[1164] Dazu verweist die Entwurfsbegründung[1165] auf die auch hier geltende Rechtsprechung zu § 852 Abs. 2 BGB aF[1166]: **Schlafen** die **Verhandlungen ein,** so endet die Hemmung in dem Zeitpunkt, in dem der nächste Schritt, eine Erklärung der anderen Seite[1167] nach Treu und Glauben zu erwarten gewesen wäre.[1168] Insoweit kommt es darauf an, dass der Berechtigte, hier also der Auftraggeber, nicht mehr tätig wird, zum Beispiel eine Anfrage des Ersatzpflichtigen, hier des Auftragnehmers, nicht beantwortet[1169] oder nach erfolglosem Ablauf einer diesem gesetzten Frist nicht nachhakt.[1170] Allein eine Verhandlungspause von einem Monat reicht für ein Einschlafen der Verhandlungen nicht aus.[1171] Verhandlungen in Form eines **fortdauernden Meinungsaustauschs** über die Mängelbeseitigungspflicht können nämlich mehr als neun Jahre geführt werden, auch wenn die Verhandelnden zwischenzeitlich über längere Zeiträume keinen Kontakt

---

[1155] BGH NJW-RR 1989, 979 = BauR 1989, 603; BGHZ 110, 99 = NJW 1990, 1472 = BauR 1990, 356; NJW 2008, 576 Rn. 10–19 = NZBau 2008, 177 = BauR 2008, 514; Beck'scher VOB-Kommentar/ *Eichberger* VOB/B § 13 Abs. 4 Rn. 274.
[1156] BGH NJW 2008, 576 Rn. 18/19 = NZBau 2008, 177 = BauR 2008, 514.
[1157] Zur alleinigen Mitteilung des Ergebnisses der Prüfung insoweit anderer Ansicht *Kniffka/Schulze-Hagen* ibr-online-Kommentar Bauvertragsrecht, Stand 23.11.2014, § 634a Rn. 87. Ähnlich OLG Oldenburg IBR 2007, 674.
[1158] BGH BauR 1971, 54; NJW-RR 1989, 979 = BauR 1989, 603; OLG Düsseldorf NJW-RR 1995, 532 = BauR 1994, 146 (nur Ls.); OLG Oldenburg BauR 2009, 260.
[1159] BGH NJW 2008, 576 Rn. 21 = NZBau 2008, 177 = BauR 2008, 514.
[1160] OLG Düsseldorf NJW-RR 1994, 283.
[1161] OLG Düsseldorf BauR 1993, 747; zustimmend *Kniffka/Schulze-Hagen* ibr-online-Kommentar Bauvertragsrecht, Stand 23.11.2014, § 634a Rn. 88.
[1162] Vgl. → Rn. 187.
[1163] BGH NJW 1998, 2819.
[1164] So *Zimmermann/Leenen/Mansel/Ernst* JZ 2001, 684 (695).
[1165] BT-Drs. 14/6040, 112 zu Satz 1, 4. Abs.
[1166] BGH NJW 2010, 60 = NZBau 2010, 43 = BauR 2009, 1458 Rn. 26.
[1167] BGH BauR 2014, 1771 Rn. 16.
[1168] BGH NJW 1986, 1337, mit weiteren Nachweisen; NJW 2009, 1806 Rn. 7 ff.; KG IBR 2008, 649; OLG Oldenburg BauR 2008, 2051; OLG Dresden IBR 2011, 18 mit kritischer Analyse *Weyer* vom 9.12.2010 in werner-baurecht-online; näher dazu *Weyer* NZBau 2002, 366 (370); *Kniffka/Schulze-Hagen* ibr-online-Kommentar Bauvertragsrecht, Stand 23.11.2014, § 634a Rn. 89; vgl. auch *Neuenfeld* NJW 2007, 588.
[1169] BGH NJW 1986, 1337; 2009, 1806 Rn. 10.
[1170] BGH NJW 2003, 895; OLG Zweibrücken IBR 2007, 548.
[1171] So jedoch OLG Stuttgart IBR 2014, 69; *Klose* NZBau 2012, 80 (81). *Thomas Fuchs* IBR 2013, 55 befürwortet als Faustregel für die Beratungspraxis, dass der Gläubiger – vorbehaltlich anderweitiger Umstände des Einzelfalls – innerhalb von zwei Monaten auf ein Verhandlungssignal des Schuldners reagieren muss.

hatten.¹¹⁷² Wenn der Anwalt des Auftragnehmers darauf hingewiesen hat, nach seinem an einem bestimmten Tag endenden Urlaub auf die Angelegenheit zurückzukommen, sind als angemessene Reaktionsfrist mindestens zwei Wochen anzusetzen.¹¹⁷³ Soweit im Rahmen der Verhandlungen lediglich ohne weiteres zugängliche Unterlagen übersandt werden müssen, muss dies in einer üblichen Reaktionszeit von allenfalls zwei Wochen geschehen. Reagiert der Verhandlungspartner also nicht innerhalb dieses zu erwartenden Zeitraums und muss der Nachfragende folglich davon ausgehen, dass die Reaktion wegen einer allgemein fehlenden Bereitschaft zu weiteren Verhandlungen bewusst unterbleibt, so kann er das „Einschlafen" der Verhandlungen nicht dadurch verhindern (und die Hemmung verlängern), dass er eine Reaktion noch einmal anmahnt.¹¹⁷⁴

Die Regelung des § 203 BGB zur **Beendigung der Hemmung** ist, wenn der Auftragnehmer nachbessert, für den **VOB/B-Vertrag** durch § 13 Abs. 5 Nr. 1 S. 3 VOB/B abbedungen. **187** Denn dieser setzt, weil erst mit der Abnahme eine neue Frist laufen soll, stillschweigend voraus, dass die Hemmung der alten Frist bis zur Abnahme oder einer dieser gleichstehenden Erklärung nicht beendet wird.¹¹⁷⁵ Außer durch Abnahme der Mängelbeseitigungsarbeiten endet die Hemmung, wenn der Auftraggeber die Abnahme endgültig verweigert, weil er eine weitere Erfüllung des Vertrags ablehnt, oder wenn der Auftraggeber die Abnahme der Mängelbeseitigungsleistung verweigert und der Auftragnehmer seinerseits die weitere Mängelbeseitigung ablehnt.¹¹⁷⁶

Die **Ablaufhemmung** des § 203 S. 2 BGB ist neu und gewährt dem Auftraggeber einen **188** zusätzlichen Vorteil, indem die Verjährung nunmehr frühestens **3 Monate** nach dem Ende der Hemmung eintritt. Sie soll dem Gläubiger genügend Zeit geben, bei unerwartetem Abbruch der Verhandlungen Rechtsverfolgungsmaßnahmen zu prüfen und einzuleiten.¹¹⁷⁷ Sie greift deshalb nur ein, wenn die nach Ende der Hemmung verbleibende Verjährungsfrist kürzer als 3 Monate ist.¹¹⁷⁸

bb) Rechtsverfolgung. Wie in seiner amtlichen Überschrift angekündigt, fasst **§ 204 Abs. 1** **189** **BGB** in 14 Nummern zahlreiche, zum Teil neue Fallgestaltungen der „Hemmung der Verjährung durch Rechtsverfolgung" zusammen. Hier ist nur auf die Hemmungsgründe einzugehen, die in der Baurechtspraxis für die Sachmängelhaftung von Bedeutung sind.

(1) Klageerhebung und Schiedsgerichtsverfahren. Nach § 204 Abs. 1 **Nr. 1** BGB **190** hemmt die Klage des Auftraggebers auf Befriedigung oder Feststellung¹¹⁷⁹ seiner Mängelansprüche deren Verjährung. Die selbe Wirkung hat nach § 204 Abs. 1 **Nr. 11** BGB die Geltendmachung der Ansprüche in einem vereinbarten schiedsrichterlichen Verfahren.¹¹⁸⁰ Der Auftraggeber muss aktiv tätig werden, seine Verteidigung gegen eine negative Feststellungsklage des Auftragnehmers, dass Mängelrechte nicht bestehen, hemmt die Verjährung nicht.¹¹⁸¹ Da der Berechtigte klagen muss, wie § 209 Abs. 1 BGB aF ausdrücklich bestimmte und woran durch § 204 BGB nichts geändert worden ist,¹¹⁸² hat die Klage des Bauträgers, der seine Mängelansprüche abgetreten hat,¹¹⁸³ nur dann hemmende Wirkung, wenn ihm die Ansprüche vor Ablauf der Ver-

---

¹¹⁷² BGH BauR 2011, 263.
¹¹⁷³ BGH BauR 2014, 1771 Rn. 16.
¹¹⁷⁴ OLG Hamm BauR 2015, 1676.
¹¹⁷⁵ BGH NZBau 2008, 764 = BauR 2008, 2039 Rn. 16, noch zu § 639 Abs. 2 BGB aF; OLG Dresden IBR 2012, 198.
¹¹⁷⁶ BGH NZBau 2008, 764 = BauR 2008, 2039, zweiter Leitsatz und Rn. 17; NZBau 2013, 491 = BauR 2013, 1439 Rn. 19.
¹¹⁷⁷ BT-Drs. 14/7052, 180, zu § 203.
¹¹⁷⁸ Anders *Lenkeit* BauR 2002, 196 (219); dazu näher *Weyer* NZBau 2002, 366 (370); wie hier *Kniffka/Schulze-Hagen* ibr-online-Kommentar Bauvertragsrecht, Stand 23.11.2014, § 634a Rn. 91.
¹¹⁷⁹ Zu dem dafür erforderlichen Feststellungsinteresse vgl. OLG Düsseldorf NJW-RR 2000, 973 = NZBau 2000, 384 = BauR 2000, 1074; zur genauen Mängelbezeichnung vgl. BGH NJW 2002, 681 = BauR 2002, 471.
¹¹⁸⁰ Vgl. dazu *Weyer* Blog-Eintrag vom 15.5.2012 in ibr-online, am Ende.
¹¹⁸¹ BGH NJW 1972, 157 und 1043; BGHZ 72, 23 = NJW 1978, 1975 = BauR 1978, 488.
¹¹⁸² BGH NJW 2010, 2270 Rn. 38; BT-Drs. 14/6040, 113 zu Nr. 1, letzter Abs.; *Rabe* NJW 2006, (3089–3091); aA zu Unrecht *Köhler* NJW 2006, (1769–1774).
¹¹⁸³ Vgl. dazu → Rn. 65–67 und 175.

jährung rückabgetreten werden.[1184] Berechtigter ist allerdings nicht nur der Rechtsinhaber, sondern ebenso der materiellrechtlich wirksam zur Durchsetzung einer Forderung Ermächtigte, der den Anspruch in gewillkürter Prozessstandschaft einklagt.[1185] Auch muss der richtige Schuldner verklagt sein, weil von einer Klage gegen einen falschen Schuldner keine den richtigen Schuldner warnende Wirkung ausgehen kann.[1186] Ansonsten hemmt eine wirksame[1187] Klage die Verjährung auch dann, wenn sie unzulässig oder unschlüssig ist,[1188] zum Beispiel wenn zum Zeitpunkt der Klageerhebung, von der Sachbefugnis abgesehen, noch nicht alle Anspruchsvoraussetzungen vorliegen, etwa eine für einen Schadenersatzanspruch erforderliche Fristsetzung noch fehlt.[1189]

191 Die **Hemmung beginnt** mit der Erhebung der Klage, also nach § 253 Abs. 1 ZPO mit deren Zustellung und unter den Voraussetzungen des § 270 Abs. 3 ZPO aF, jetzt § 167 ZPO bereits mit deren Einreichung.[1190] Letzteres gilt allerdings nicht, wenn die Verjährung im Zeitpunkt der Zustellung der Klage noch nicht abgelaufen ist.[1191] Denn die Frage einer Rückwirkung stellt sich erst dann, wenn die Verjährung nach Einreichung, aber vor Zustellung eintritt.[1192] Im Falle eines schiedsrichterlichen Verfahrens ist dessen Beginn maßgebend.[1193] Nach § 1044 S. 1 ZPO beginnt das schiedsrichterliche Verfahren mit dem Tag, an dem der Beklagte den Antrag, die Streitigkeit einem Schiedsgericht vorzulegen, empfangen hat,[1194] sofern die Parteien nichts anderes vereinbart haben.[1195]

192 Die **Beendigung** der **Hemmung** richtet sich nach den allgemeinen Bestimmungen des § 204 Abs. 2 BGB. Spezialvorschriften für die Klage wie in §§ 211, 212 BGB aF gibt es nicht mehr.[1196] Vielmehr vereinheitlicht und vereinfacht § 204 Abs. 2 BGB **für alle** in § 204 Abs. 1 Nr. 1–14 BGB genannten **Hemmungstatbestände** die Regelung des Endes der Hemmung. Es tritt 6 Monate nach der rechtskräftigen Entscheidung oder anderweitigen Beendigung des eingeleiteten Verfahrens ein, § 204 Abs. 2 S. 1 BGB.[1197] Außerdem regeln die Sätze 2 und 3 des § 204 Abs. 2 BGB entsprechend § 211 Abs. 2 BGB aF die Fälle, in denen das **Verfahren** dadurch in

---

[1184] BGH NJW 1995, 1675 = BauR 1995, 542; OLG Köln BauR 1995, 702. Das gilt grundsätzlich trotz BGH NJW 2002, 2470 = NZBau 2002, 495 = BauR 2002, 1385, weil die hiernach unwirksame Subsidiaritätsklausel und die Abtretung der Mängelansprüche in der Regel teilbare Klauseln sind, so dass die Unwirksamkeit jener die Wirksamkeit der Abtretung unberührt lässt; so im Ergebnis auch *Korbion/Locher/Sienz* Kap. M Rn. 25. Zu teilbaren Klauseln: Palandt/*Grüneberg* § 306 Rn. 7. Außerdem kann der Bauträger sich ohnehin nicht auf die Unwirksamkeit seiner eigenen AGB berufen. Vgl. auch *Graßnack* BauR 2006, 1394.

[1185] BGHZ 78, 1 = NJW 1980, 2461; BGH NJW 1999, 3707 = NZBau 2000, 24 = NJW 1999, 1489; NJW 2003, 3196 = NZBau 2003, 613 = BauR 2003, 1759; NJW 2010, 2270 Rn. 38.

[1186] BGHZ 80, 222 = NJW 1981, 1953 = BauR 1981, 385; BGHZ 104, 268 = NJW 1988, 1964 = BauR 1988, 469; Ingenstau/Korbion/*Wirth* VOB/B § 13 Abs. 4 Rn. 216; Beck'scher VOB-Kommentar/*Eichberger* VOB/B § 13 Abs. 4 Rn. 300.

[1187] Vgl. dazu Palandt/*Ellenberger* § 204 Rn. 4.

[1188] BGHZ 78, 1 = NJW 1980, 2461; BGHZ 104, 268 = NJW 1988, 1964 = BauR 1988, 469; BGH NJW 1998, 3486; OLG Düsseldorf NZBau 2013, 768 = BauR 2014, 302.

[1189] BGH NJW 2014, 920.

[1190] Vgl. dazu BGH NJW 2006, 3206; 2011, 1227 = NZBau 2011, 485 = BauR 2011, 885 sowie im Einzelnen Palandt/*Ellenberger* BGB § 204 Rn. 6 und 7.

[1191] OLG München BauR 2005, 727, das aaO S. 729 zutreffend auf BGH BauR 1995, 694 = NJW 1995, 2230 verweist.

[1192] BGH NJW 1995, 2230 = BauR 1995, 694, bei II.2.c. Anders BGH NJW 2013, 1730: Nach Ansicht des I. Zivilsenats soll eine Abtretung der Klageforderung nach Einreichung aber vor Zustellung der Klage einer Hemmung wegen § 167 ZPO auch dann nicht entgegenstehen, wenn die Zustellung vor Ablauf der Verjährung erfolgt; vgl. *Weyer* im Praxishinweis zu IBR 2013, 1208 (nur online).

[1193] Vgl. auch Gegenäußerung der Bundesregierung zur Stellungnahme des Bundesrats, BT-Drs. 14/6857, 44/45, zu Nr. 11; *Kniffka/Schulze-Hagen* ibr-online-Kommentar Bauvertragsrecht, Stand 23.11.2014, § 634a Rn. 139.

[1194] So auch § 2 Abs. 2 SGOBau bzw. jetzt § 31 Abs. 2 SLBau und § 14 Abs. 1 S. 1 SOBau.

[1195] Wie etwa bei Vereinbarung der DIS-Schiedsgerichtsordnung: vgl. dort § 6 Abs. 1.

[1196] Vgl. BT-Drs. 14/6040, 117/118.

[1197] *Riedl/Mansfeld* in Heiermann/Riedl/Rusam VOB/B § 13 Rn. 80. Entgegen *Lenkeit* BauR 2002, 196 (213, 214) handelt es sich dabei mithin nicht um eine Ablaufhemmung. Obwohl *Koeble* in Kniffka/Koeble BauR-Komp des Baurechts, 2. Teil Rn. 151 die Wirkung des § 204 Abs. 2 S. 1 BGB richtig darstellt, spricht er anschließend in → Rn. 156 und 157 zu Unrecht von einer Ablaufhemmung und nimmt in → Rn. 156 fälschlich einen teilweisen Verbrauch der 6-Monats-Frist an; in seinem Beispielsfall war die Hemmung jedoch noch nicht beendet, als das Verfahren durch verspätete Einzahlung des Vorschusses im Sinne des § 204 Abs. 2 S. 3 BGB weiter betrieben wurde. Näher dazu *Weyer* BauR 2006, 1347 (1349, 1350).

Stillstand gerät, dass die Parteien es nicht betreiben. Die Rechtsprechung zu § 211 Abs. 2 BGB aF bleibt insoweit anwendbar. Der Stillstand des Verfahrens beruht danach dann nicht auf einer Untätigkeit der Parteien, wenn die Verfahrensleitung ausschließlich beim Gericht liegt, das für den Fortgang des Prozesses zu sorgen hatte.[1198] Die Verantwortung für das Betreiben des Prozesses geht aber vom Gericht wieder auf den Kläger über, wenn das Gericht mit dessen ausdrücklichem Einverständnis von einer Terminbestimmung auf unbestimmte Zeit absieht.[1199] Auch ein konkludent erklärtes Einverständnis kann ausreichen, wenn sich aus den gesamten Umständen ergibt, dass der Rechtsstreit erst nach einer entsprechenden Erklärung des Klägers weiter betrieben werden soll.[1200] § 204 Abs. 2 S. 2 BGB ist allerdings nicht anwendbar, falls der Kläger einen triftigen Grund hatte, das Verfahren nicht weiter zu betreiben.[1201]

Die Verjährung wird grundsätzlich nur in dem **Umfang** gehemmt, wie der Anspruch mit der **193** Klage geltend gemacht worden ist.[1202] Deshalb hemmt eine **Teilklage** die Verjährung nur in Höhe des eingeklagten Betrags.[1203] Werden mit einer Teilklage mehrere Ansprüche geltend gemacht, deren Summe den eingeklagten Teil übersteigt, wird jedoch die Verjährung aller Teilansprüche gehemmt und die Bestimmung, bis zu welcher Höhe und in welcher Reihenfolge die einzelnen Teilansprüche verfolgt werden, kann nachgeholt werden.[1204] Wenn hingegen mit einer Schadenersatzklage der **gesamte Schaden** geltend gemacht wird, wirkt die Hemmung der Verjährung auch für eine auf nachträglicher Baukostensteigerung beruhende Erhöhung des Klageanspruchs.[1205] Vor allem aber ist die Wirkung einer **Klage auf** Zahlung eines **Kostenvorschusses** für die Mängelbeseitigung nicht auf den eingeklagten Betrag beschränkt; die Hemmungswirkung der Vorschussklage umfasst vielmehr auch spätere Erhöhungen, gleichviel worauf sie zurückzuführen sind, sofern sie nur den selben Mangel betreffen[1206] und nicht etwa bewusst nur ein anteiliges Anspruch geltend gemacht worden ist.[1207] Deshalb ist unerheblich, ob der Erhöhungsbetrag von vornherein in die Vorschussklage hätte einbezogen werden können oder ob sich zwischenzeitlich Kostensteigerungen ergeben haben oder neue Erkenntnisse zu einem größeren Schadensumfang führen.[1208] Nun geht der BGH einen deutlichen Schritt weiter, indem er annimmt, dass ein Urteil, mit welchem dem Auftraggeber Vorschuss auf Mängelbeseitigungskosten zugesprochen wird, regelmäßig die **Feststellung** enthält, dass der Auftragnehmer verpflichtet ist, die gesamten Mängelbeseitigungskosten zu tragen, also ebenfalls die den gezahlten Vorschuss übersteigenden Selbstvornahmekosten.[1209] Als Konsequenz daraus beträgt die Verjährungsfrist des Anspruchs auf Ersatz dieser weiteren Kosten 30 Jahre (§ 197 Abs. 1 Nr. 3 BGB).[1210] Auch hier kommt es nicht auf die in der Klage bezeichneten Mangelerscheinungen, sondern auf den für sie ursächlichen Mangel selbst an.[1211] Neben der Vorschussklage ist zur Hemmung der Verjährung bezüglich möglicher weiterer Nachbesserungskosten somit zwar eine Feststellungsklage nicht erforderlich, aber gleichwohl zulässig.[1212] Dem bisherigen Rat, Fest-

---

[1198] BGH NJW 1983, 2496; 2000, 132; BauR 2005, 868. So jetzt auch zu § 204 Abs. 2 BGB ausdrücklich BGH NJW 2013, 1666 Rn. 16.
[1199] BGH NJW 1983, 2496.
[1200] BGH BauR 2005, 868; NJW 2013, 1666 Rn. 16.
[1201] BGH NJW 1999, 3774; 2000, 132; 2001, 218; BauR 2005, 868; OLG Frankfurt NZBau 2004, 338; IBR 2010, 390.
[1202] BGHZ 104, 268 = NJW 1988, 1964 = BauR 1988, 469; BGH NJW 1992, 1111 = BauR 1992, 229; NJW 1999, 2110; zu den sich daraus ergebenden Konsequenzen für die Kostenerstattungs- und die Schadenersatzklage vgl. Beck'scher VOB-Kommentar/*Eichberger* VOB/B § 13 Abs. 4 Rn. 298/299.
[1203] BGHZ 66, 142 = NJW 1976, 960 = BauR 1976, 202; BGH NJW 2009, 1950 Rn. 12; Ingenstau/*Korbion/Wirth* VOB/B § 13 Abs. 4 Rn. 225.
[1204] BGH NJW 2014, 3298 = BauR 2014, 1971.
[1205] BGH NJW 1982, 1809 = BauR 1982, 398; NJW 2009, 1950 Rn. 13; allgemein zur „verdeckten Teilklage": BGH NJW 2002, 2167 mit Anm. von *Meyer* NJW 2002, 3067; BGH NJW 2014, 920 Rn. 25.
[1206] BGHZ 66, 138 = NJW 1976, 956 = BauR 1976, 205; BGHZ 66, 142 = NJW 1976, 960 = BauR 1976, 202; BGH NJW-RR 1989, 208 = BauR 1989, 81; NZBau 2005, 514; NJW 2009, 60 = NZBau 2009, 120 = BauR 2008, 2041 Rn. 7.
[1207] BGH BauR 2004, 1148.
[1208] BGH NZBau 2005, 514.
[1209] BGH NJW 2009, 60 = NZBau 2009, 120 = BauR 2008, 2041, Leitsatz und Rn. 8.
[1210] BGH NJW 2009, 60 = NZBau 2009, 120 = BauR 2008, 2041 Rn. 12; OLG Schleswig IBR 2013, 73; OLG München BauR 2014, 859.
[1211] BGH NJW-RR 1989, 208 = BauR 1989, 81.
[1212] BGH NJW-RR 1986, 1026 = BauR 1986, 345; NJW-RR 1989, 208 = BauR 1989, 81; NJW 1989, 2753 = BauR 1989, 606, insoweit in BGHZ 108, 65 nicht abgedruckt; NJW 2002, 681 = BauR 2002, 471; NJW 2009, 60 = NZBau 2009, 120 = BauR 2008, 2041 Rn. 8 am Ende.

stellungsklage zu erheben, wenn die Selbstvornahme voraussichtlich zeitaufwändig sein wird und die Gefahr besteht, dass sie vor dem Ende der restlichen Verjährungsfrist nicht abgeschlossen werden kann,[1213] ist jedoch die Grundlage entzogen. Von einer zusätzlichen Feststellungsklage ist nämlich jetzt aus Kostengründen – Erhöhung des Streitwerts – abzuraten.[1214] Das gilt allerdings nur bezüglich der Mängelbeseitigungskosten. Wegen eines möglichen Anspruchs auf Ersatz von Mangelfolgeschäden ist eine Feststellungsklage hingegen durchaus ratsam.[1215]

194 **(2) Mahnbescheid.** Bei der Hemmung nach § 204 Abs. 1 **Nr. 3** BGB durch Zustellung des Mahnbescheids[1216] ist darauf zu achten, dass die Forderung gemäß § 690 Abs. 1 Nr. 3 ZPO in dem Antrag **hinreichend individualisiert** wird. Der im Mahnbescheid bezeichnete Anspruch muss durch seine Kennzeichnung von anderen Ansprüchen so unterschieden und abgegrenzt werden können, dass er Grundlage eines Vollstreckungstitels sein und der Schuldner erkennen kann, welcher Anspruch gegen ihn geltend gemacht wird, damit er beurteilen kann, ob er sich gegen den Anspruch zur Wehr setzen will oder nicht.[1217] Dabei ist zu **unterscheiden,** ob ein einheitlicher Anspruch geltend gemacht wird, der sich aus mehreren Rechnungsposten zusammensetzt, oder ob der im Mahnbescheid geltend gemachte Betrag mehrere selbständige nicht auf einem einheitlichen Anspruch beruhende Einzelforderungen umfasst.[1218] Bei einem **einheitlichen Anspruch** bedarf es keiner Aufschlüsselung der Rechnungsposten im Mahnbescheid; vielmehr kann die notwendige Substantiierung im Laufe des Rechtsstreits beim Übergang in das streitige Verfahren nachgeholt werden.[1219] Dem gegenüber müssen **selbständige Einzelforderungen** im Mahnbescheid aufgeschlüsselt werden.[1220]

195 Wenn **mehrere Mängel** gerügt werden, muss darum deutlich werden, in welcher Höhe die Ansprüche wegen der einzelnen Mängel jeweils erhoben werden, wobei ausreicht, dass dies für den Antragsgegner erkennbar ist.[1221] Die Angabe, Gewährleistungsansprüche wegen Mängeln geltend zu machen, ist in der Regel dahin zu verstehen, dass Vorschuss verlangt wird.[1222] Die nachträgliche Individualisierung im anschließenden Streitverfahren hat, **anders als** bei einer **Teilklage,** mit welcher mehrere Ansprüche geltend gemacht werden,[1223] für die Verjährung keine Rückwirkung.[1224] Die Hemmung tritt auch ein, wenn zur Zeit der Zustellung des Mahnbescheids, von der Sachbefugnis abgesehen, noch nicht sämtliche Anspruchsvoraussetzungen vorliegen.[1225] Allerdings kann die Berufung auf eine durch Erlass des Mahnbescheids eingetretene Verjährungshemmung im Einzelfall rechtsmissbräuchlich sein, wenn der Mahnbescheidsantrag die bewusst wahrheitswidrige Erklärung enthält, dass die Gegenleistung bereits erbracht sei.[1226] Macht der Gläubiger also im Wege eines Mahnbescheides großen Schadensersatz geltend, der nur Zug um Zug gegen Herausgabe eines erlangten Vorteils zu gewähren ist, während er im Mahnbescheid den Wert der Gegenleistung in Abzug bringt und damit wahrheitswidrig erklärt, der durch Mahnbescheid geltend gemachte Anspruch hänge nicht von einer Gegenleistung ab, so tritt durch den Mahnbescheid keine Verjährungshemmung ein.[1227] Das ist nicht der Fall, wenn

---

[1213] Vgl. dazu *Groß* FS Jagenburg, 2002, 253 (256) und Praxishinweis zu IBR 2003, 242.
[1214] AA *Peters* im Praxishinweis zu IBR 2014, 59: „… zu empfehlen, um Zweifel über die weitergehende Ersatzpflicht gar nicht erst aufkommen zu lassen."
[1215] Vgl. dazu *Hänsel/Flache* NJW-Spezial 2008, 716 (717).
[1216] Dazu, dass die Verjährungshemmung ausnahmsweise auch trotz unwirksamer Zustellung eintreten kann: BGH IBR 2010, 328.
[1217] BGH NJW 1992, 1111 = BauR 1992, 229; NJW 1993, 862 = BauR 1993, 225; NJW 1995, 2230 = BauR 1995, 694; NJW 2000, 1420; 2001, 305; 2002, 520 = NZBau 2002, 155 = BauR 2002, 469; NJW 2007, 1952 Rn. 39 = BauR 2007, 1221; NJW 2008, 1220 Rn. 13; 2009, 3498 Rn. 7; 2009, 56 Rn. 18; 2013, 3509 = NZBau 2013, 758 = BauR 2014, 104 Rn. 14; OLG Frankfurt IBR 2013, 449; OLG Celle NZBau 2014, 565 = BauR 2014, 1179 = NJW 2015, 90 mit Anmerkung von *Grothe* NJW 2015, (17–20).
[1218] BGH NJW 2013, 3509 = NZBau 2013, 758 = BauR 2014, 104 Rn. 15–17.
[1219] BGH NJW 2013, 3509 = NZBau 2013, 758 = BauR 2014, 104 Rn. 16.
[1220] BGH NJW 2013, 3509 = NZBau 2013, 758 = BauR 2014, 104 Rn. 17; OLG Frankfurt NZBau 2014, 294.
[1221] BGH NJW 2007, 1952 Rn. 45/46 = BauR 2007, 1221. Vgl. auch BGH IBR 2008, 193; NJW 2009, 56 Rn. 18; OLG Naumburg IBR 2008, 303.
[1222] BGH NJW 2007, 1952 Rn. 41 = BauR 2007, 1221.
[1223] BGH IBR 2014, 582 = NJW 2014, 3298 = BauR 2014, 1971; vgl. schon → Rn. 193.
[1224] BGH NJW 2009, 56 Rn. 20/21.
[1225] So zu § 209 BGB aF: BGH BauR 2003, 1035; NJW 2007, 1952 Rn. 43 = BauR 2007, 1221. Gründe, dies jetzt bei § 204 Abs. 1 Nr. 3 BGB anders zu beurteilen, sind nicht ersichtlich.
[1226] BGH NJW 2012, 995.
[1227] BGH BauR 2015, 1661.

der Antragsteller wegen § 688 Abs. 2 Nr. 2 ZPO mit dem Mahnbescheidsantrag lediglich den kleinen Schadenersatz[1228] geltend gemacht hat, auf den er, nachdem er einen Anspruch auf großen Schadenersatz begründet hat, im Laufe des Rechtsstreits zurückgekommen ist.[1229] Antragsteller muss der Berechtigte sein.[1230] Das ist nicht nur der Rechtsinhaber, vielmehr auch der materiellrechtlich wirksam zur Durchsetzung einer Forderung Ermächtigte, der den Anspruch in gewillkürter Prozessstandschaft geltend macht.[1231] Es genügt, wenn aus dem Mahnbescheid ersichtlich ist, dass der Antragsteller aus abgetretenem Recht vorgeht, selbst wenn die sachliche Berechtigung nicht auf einer Abtretung, sondern auf einer Einziehungsermächtigung durch den Gläubiger beruht.[1232] Ist Schuldner die öffentliche Hand, muss die Zustellung an die zuständige endvertretende Behörde erfolgen.[1233]

Die frühere Spezialregelung des § 693 Abs. 2 ZPO für den Fall, dass die **Zustellung demnächst** erfolgt, ist aufgehoben und ab 1.7.2002 – ebenso wie § 270 Abs. 3 ZPO aF – durch die inhaltsgleiche allgemeine Bestimmung des § 167 ZPO[1234] ersetzt worden.[1235] Die Zustellung des Mahnbescheids ist als demnächst erfolgt anzusehen, wenn eine von dem Antragsteller verschuldete Verzögerung der Zustellung geringfügig ist. Während der BGH bislang solche Verzögerungen in der Regel nur bis zu einer Zeitspanne von 14 Tagen als unschädlich ansah,[1236] nimmt er nunmehr in Anlehnung an die Monatsfrist des § 691 Abs. 2 ZPO an, dass ein Mahnbescheid, der auf Grund unzutreffender Postanschrift des Antragsgegners nicht zugestellt werden kann, demnächst zugestellt ist, wenn er nach Zugang der Mitteilung der Unzustellbarkeit beim Antragsteller innerhalb eines Monats zugestellt wird.[1237] Bei konsequenter entsprechender Anwendung des § 691 Abs. 2 ZPO müsste es jedoch genügen, dass die richtige Anschrift innerhalb Monatsfrist mitgeteilt wird und die Zustellung demnächst erfolgt.[1238]

Die **Hemmung endet** auch insoweit gemäß § 204 Abs. 2 BGB[1239] 6 Monate nach Beendigung des Verfahrens. Ein Stillstand des Mahnverfahrens durch Nichtbetreiben seitens der Parteien, bei dem nach § 204 Abs. 2 S. 2 BGB an die Stelle der Beendigung des Verfahrens die letzte Verfahrenshandlung tritt, liegt vor, wenn die Klagepartei ihren Anspruch nicht begründet[1240] – es sei denn, dies beruht auf einer falschen Belehrung durch das Gericht[1241] – oder erst nach vielen Monaten die Abgabe an das für das streitige Verfahren zuständige Gericht beantragt sowie erst danach den Anspruch begründet.[1242] Letzte Verfahrenshandlung des Gerichts kann auch eine nochmalige Aufforderung zur Anspruchsbegründung nach § 697 Abs. 1 S. 1 ZPO sein.[1243]

Nach der Rechtsprechung des BGH ist § 204 Abs. 2 S. 2 BGB ausnahmsweise unanwendbar, wenn für das Untätigbleiben des Gläubigers ein triftiger Grund vorliegt. Triftige Gründe sind danach etwa das Abwarten des Ausgangs eines einschlägigen Strafverfahrens, das Zuwarten im Deckungsprozess auf den Ausgang des Haftungsprozesses oder das Ruhen des Verfahrens zur Beschaffung von Beweisen.[1244] Nach der Entscheidung des BGH vom 26.3.2015 liegt ein zur Unanwendbarkeit des § 204 Abs. 2 S. 2 BGB führender triftiger Grund jedenfalls nicht vor, wenn der Gläubiger nach einer Bezifferung seiner Schadensersatzansprüche im Mahnverfahren

---

[1228] Vgl. dazu → Rn. 402.
[1229] BGH NJW 2014, 3435 Rn. 11. Einen Übergang vom großen zum kleinen Schadenersatz hält *Kniffka* in Kniffka/Koeble BauR-Komp des Baurechts, 6. Teil Rn. 244 für nicht möglich.
[1230] Vgl. dazu schon bei → Rn. 190; aA zu Unrecht *Kähler* NJW 2006, (1769–1774).
[1231] BGHZ 78, 1 = NJW 1980, 2461; BGH NJW 1999, 3707 = NZBau 2000, 24 = BauR 1999, 1489.
[1232] BGH BauR 2004, 1977.
[1233] BGH NZBau 2004, 388 = BauR 2004, 1002.
[1234] Zu deren Anwendungsbereich vgl. OLG München BauR 2005, 727 und schon → Rn. 191.
[1235] Gesetz vom 25.6.2001, BGBl. I S. 1206. Zur Wirkung eines vor dem 1.1.2002 beantragten und nach dem 1.1.2002 zugestellten Mahnbescheids: BGH NJW 2008, 1674.
[1236] BGH NJW 1999, 3125 = BauR 1999, 1216; NJW 1999, 3717 = BauR 1999, 1491.
[1237] BGH NJW 2002, 2794 = BauR 2002, 1430; NJW 2008, 1672.
[1238] *Weyer* im Praxishinweis zu IBR 2002, 527; *Ebert* NJW 2003, 732.
[1239] Vgl. dazu schon → Rn. 192.
[1240] OLG Oldenburg BauR 2006, 1314.
[1241] OLG Köln BauR 2013, 244.
[1242] OLG München BauR 2005, 727. Anders wohl *Saerbeck* FS Thode, 2005, 139 (148, 149): zeitweiliger Stillstand nicht ausreichend. Vgl. zu Verzögerungen bei der Abgabe an das Streitgericht und bei der Einreichung der Anspruchsbegründung näher *Ebert* NJW 2003, 732 (733).
[1243] BGH NJW 2010, 1662 = NZBau 2010, 366 = BauR 2010, 776.
[1244] BGH BauR 2015, 1161.

zur Reduzierung seines Prozessrisikos diese Ansprüche im Streitverfahren nicht in voller Höhe geltend macht, um das Ergebnis eines Sachverständigengutachtens abzuwarten.[1245]

198 **(3) Aufrechnung im Prozess.** Die in § 204 Abs. 1 **Nr. 5** BGB genannte Aufrechnung bedarf nicht der Zustellung eines sie enthaltenden Schriftsatzes.[1246] Sie ist auch dann im Prozess geltend gemacht, wenn vorgetragen wird, sie schon vorprozessual erklärt zu haben. Die Hemmung setzt nicht voraus, dass über die Aufrechnung in dem Prozess überhaupt eine gerichtliche Entscheidung in Betracht kommt.[1247] Deshalb wird die Verjährung auch dann durch die Geltendmachung im Prozess unterbrochen, wenn die Aufrechnung aus prozessualen oder materiell-rechtlichen Gründen unzulässig ist.[1248] Die Aufrechnung muss gegenüber dem richtigen Schuldner erfolgen, weil es sonst an einer ihn warnenden Wirkung fehlt.[1249] Mit Rücksicht auf den Schutzzweck des § 406 BGB bewirkt jedoch die prozessuale Geltendmachung der Aufrechnung des Schuldners einer abgetretenen Forderung gegenüber dem Zessionar die Hemmung der Verjährung gegenüber dem Zedenten.[1250] Die Hemmung tritt nur bei einer erfolglosen Aufrechnung ein,[1251] zudem lediglich in Höhe der Klageforderung, weil der Schuldner sich mit der Aufrechnung auf die Verteidigung gegen die Klageforderung beschränkt und nur in dieser Höhe eine richterliche Entscheidung begehrt.[1252] Das gilt, anders als bei einer Klage,[1253] auch für die Prozessaufrechnung mit einem Vorschussanspruch.[1254]

199 **(4) Streitverkündung.** Nunmehr knüpft § 204 Abs. 1 **Nr. 6** BGB schlicht an die Zustellung[1255] der Streitverkündung[1256] an. Mit dieser neuen Formulierung soll zugleich die Rechtsprechung zur Zulässigkeit der Streitverkündung im selbständigen Beweisverfahren bestätigt werden.[1257] Allerdings bewirkt nur eine zulässige (§ 72 ZPO)[1258] und formal ordnungsgemäß (§ 73 ZPO) erklärte Streitverkündung die Verjährungshemmung.[1259] Insbesondere muss die Streitverkündungsschrift den Grund der Streitverkündung angeben.[1260] Damit ist das Rechtsverhältnis gemeint, aus dem sich der Rückgriffsanspruch gegen den Dritten oder dessen Anspruch gegen den Streitverkünder ergeben soll, wozu eine ausreichende Bezeichnung des Anspruchsgrunds genügt, eine Konkretisierung der Höhe aber entbehrlich ist.[1261] Notwendig ist jedoch die Angabe, ob Ansprüche aus eigenem oder aus abgetretenem Recht für möglich

---

[1245] BGH BauR 2015, 1161. Konkreter Fall: Der Kläger erwirkte wegen behaupteter Baumängel Ende Dezember 2007 zunächst einen Mahnbescheid in Höhe von knapp 98.000,00 €. Mit Anspruchsbegründung von Ende Januar 2009 verfolgte der Kläger Forderungen in Höhe von ~ 43.000,00 € weiter, darunter 8.000,00 € als „mindestens" erforderliche Kosten für die Beseitigung der Mängel der Holzunterkonstruktion. Nach Einholung eines schriftlichen Sachverständigengutachtens erhöhte der Kläger die Klage Anfang Juni 2011 auf ~ 64.000,00 €, wobei der Anspruch für die Holzunterkonstruktion von 8.000,00 € auf 19.000,00 € erhöht wurde. Der BGH ging wegen Nichtanwendbarkeit des § 204 Abs. 2 S. 2 BGB von der Verjährung der Anspruchserhöhung in Höhe von 11.000,00 € aus.
[1246] BT-Drs. 14/6040, 114 zu Nr. 5; *Kniffka/Schulze-Hagen* ibr-online-Kommentar Bauvertragsrecht, Stand 23.11.2014, § 634a Rn. 118.
[1247] BGH NJW 2008, 2429 = NZBau 2008, 503 = BauR 2008, 1305 Rn. 18/19.
[1248] BGHZ 83, 260 = NJW 1982, 1516; BGH NJW 2008, 2429 = NZBau 2008, 503 = BauR 2008, 1305 Rn. 19.
[1249] BGHZ 80, 222 = NJW 1981, 1953 = BauR 1981, 385.
[1250] BGH NJW 2008, 2429 = NZBau 2008, 503 = BauR 2008, 1305 Rn. 22–26.
[1251] BGHZ 80, 222 = NJW 1981, 1953 = BauR 1981, 385; BGH NJW-RR 1986, 1079 = BauR 1986, 576; vgl. dazu näher Palandt/*Ellenberger* § 204 Rn. 20.
[1252] BGH NJW 1990, 2680 = BauR 1990, 747; NJW-RR 1986, 1079 = BauR 1986, 576; BGH IBR 2009, 488.
[1253] Vgl. dazu → Rn. 193.
[1254] BGH NJW-RR 1986, 1079 = BauR 1986, 576; NWJS VOB/B § 13 Rn. 99.
[1255] Vgl. hierzu *Ulrich* BauR 2013, 9 (12, 19, 20).
[1256] Dazu eingehend *Siegburg* Gewährleistung Rn. 1937–1947.
[1257] BT-Drs. 14/6040, 114 zu Nr. 6; *Weyer* BauR 2001, 1809 (1813). „Rechtliche Probleme bei der Streitverkündung im selbständigen Beweisverfahren in Bausachen" behandelt *Enaux* FS Jagenburg, 2002, (147–160).
[1258] BGH NJW 2008, 519 Rn. 20–26 = BauR 2008, 711; NJW 2009, 1488 Rn. 19–39; BauR 2010, 460 Rn. 9; OLG Düsseldorf BauR 2011, 1980; *Klein/Moufang/Koos* BauR 2009, 333 (346, 347); kritisch dazu *Althammer/Würdinger* NJW 2008, (2620–2622).
[1259] *Sohn* BauR 2007, (1308–1312); *Schröder* BauR 2007, 1324 (1325); *Freund* NZBau 2010, 83 (84); *Ulrich* BauR 2013, 9 (12, 13), jeweils mwN.
[1260] BGH NJW 2008, 519 Rn. 28 = BauR 2008, 711; BauR 2010, 460 Rn. 9/10; OLG Hamm IBR 2011, 183.
[1261] BGH NJW 2012, 674 = NZBau 2012, 159 = BauR 2012, 675 Rn. 14.

gehalten werden.[1262] Zulässig ist die Streitverkündung nach § 72 Abs. 1 ZPO bis zur rechtskräftigen Entscheidung des Rechtsstreits, weshalb die Verjährung auch noch durch eine im Verfahren der Beschwerde gegen die Nichtzulassung der Revision erklärte Streitverkündung gehemmt wird.[1263] Die Hemmung beginnt mit der Zustellung,[1264] gegebenenfalls gemäß § 270 Abs. 3 ZPO aF, jetzt § 167 ZPO bereits mit der Einreichung des Schriftsatzes,[1265] und zwar auch dann, wenn der Anspruch zum Zeitpunkt der demnächst erfolgten Zustellung noch nicht verjährt war.[1266] Die Fortsetzung eines bereits abgeschlossenen selbständigen Beweisverfahrens hemmt einem Streitverkündungsempfänger gegenüber die Verjährung nur dann erneut, wenn ihm der Antrag auf Fortsetzung des Verfahrens zugestellt wird.[1267]

(5) Selbständiges Beweisverfahren. Gemäß § 204 Abs. 1 **Nr. 7** BGB wird die Verjährung auch durch die Zustellung des Antrags auf Durchführung eines selbständigen Beweisverfahrens[1268] nach §§ 485 ff. ZPO gehemmt, gegebenenfalls auch wiederholt durch weitere Anträge.[1269] Der BGH[1270] hält es für gerechtfertigt, den Antrag **wie** einen **Sachantrag,** der gleich einem Klageantrag ein eigenständiges gerichtliches Verfahren einleitet, zu behandeln und daher in entsprechender Anwendung des § 270 S. 1 ZPO seine **Zustellung** an den Antragsgegner als **zwingend** anzusehen.[1271] Auch nach dem Willen des Gesetzgebers[1272] ist die förmliche Zustellung des Antrags als Voraussetzung einer Verjährungshemmung nach § 204 Abs. 1 Nr. 7 BGB gewollt und so Gesetz geworden.[1273] Allerdings lässt der BGH[1274] andererseits einen dem Antragsgegner formlos zur Einleitung des selbständigen Beweisverfahrens zugesandten Antrag genügen, weil es Sinn und Zweck der Hemmungsvorschriften entsprechen soll, **§ 189 ZPO** für diesen Fall dahin auszulegen, dass die formlose Bekanntmachung des Gerichts ausreicht, um eine **Fiktion** der **Zustellung** im Sinne von § 204 Abs. 1 Nr. 7 BGB zu erreichen.[1275] Die Wirkung der Zustellung begann nach § 270 Abs. 3 ZPO aF und beginnt jetzt nach § 167 ZPO gegebenenfalls schon mit dem Eingang[1276] des Antrags,[1277] was auch für die gemäß § 189 ZPO fingierte Zustellung gilt.[1278]

Soll die Verjährung der Mängelansprüche gehemmt werden, muss **Antragsteller** des Beweisverfahrens der Auftraggeber oder sein Rechtsnachfolger sein.[1279] Er muss zudem **anspruchsberechtigt,** also Gläubiger der Mängelansprüche sein.[1280] Oder der Gläubiger muss den Antragsteller wirksam ermächtigt haben, das selbständige Beweisverfahren in Prozessstandschaft für ihn

---

[1262] OLG Dresden IBR 2015, 52.
[1263] BGH BauR 2010, 460 Rn. 18.
[1264] Vgl. dazu LG Rostock IBR 2007, 660 nebst Leseranmerkungen in ibr-online.
[1265] *Lenkeit* BauR 2002, 196 (215).
[1266] BGH NJW 2010, 856 = BauR 2010, 626.
[1267] OLG München IBR 2008, 306.
[1268] Zu den Anforderungen an die Formulierung des Antrags vgl. *Helm* NZBau 2011, 328 ff.
[1269] BGH NJW-RR 1998, 1305 = BauR 1998, 390.
[1270] NJW 2011, 1965 = NZBau 2011, 303 = BauR 2011, 669 Rn. 36–39. Kritisch dazu *Grothe* NJW 2011, 1970 (1971). Dem BGH zustimmend: *Schlösser/Köbler* NZBau 2012, 669 (671).
[1271] Anders bisher zB OLG München IBR 2001, 186.
[1272] BT-Drs. 14/6040, 114.
[1273] BGH NJW 2011, 1965 = NZBau 2011, 303 = BauR 2011, 669 Rn. 29. Ebenso bereits bisher LG Darmstadt IBR 2005, 678; OLG Dresden IBR 2010, 329; *Weyer* BauR 2001, 1807 (1810); *Koeble* in Kniffka/Koeble BauR-Komp des Baurechts 2. Teil Rn. 147; *Sterner/Hildebrandt* ZfIR 2006, 349 (350); *Klein/Moufang/Koos* BauR 2009, 333 (349, 350). AA LG Marburg IBR 2006, 372, das § 204 Abs. 1 Nr. 7 BGB über seinen Wortlaut hinaus auslegen will; ähnlich OLG Karlsruhe IBR 2007, 661 = NZBau 2008, 123; vgl. dazu *Weyer* NZBau 2008, (228–230). AA auch *Gartz* NZBau 2010, 676 (677).
[1274] NJW 2011, 1965 = NZBau 2011, 303 = BauR 2011, 669 Rn. 46–48; NZBau 2013, 629 = BauR 2013, 1437 Rn. 19.
[1275] Kritisch dazu zu Recht *Schlösser/Köbler* NZBau 2012, 669 (671, 672).
[1276] Dazu OLG Celle BauR 2014, 145.
[1277] *Weyer* BauR 2001, 1807 (1810); vgl. auch *Preussner* FS Kraus, 2003, 179 (198); *Leinemann/Schliemann* VOB/B § 13 Rn. 179 stellen fälschlich generell auf die Einreichung des Antrags ab.
[1278] *Weyer* Blog-Eintrag vom 5.12.2012 in ibr-online.
[1279] OLG Düsseldorf NJW-RR 1994, 1046 = BauR 1994, 769; *Klein/Moufang/Koos* BauR 2009, 333 (348).
[1280] BGH NJW 1993, 1916 = BauR 1993, 473; dies gilt auch nach neuem Recht: *Weyer* BauR 2001, 1807 (1810, 1811); *Koeble* in Kniffka/Koeble BauR-Komp des Baurechts, 2. Teil Rn. 146; aA zu Unrecht *Kähler* NJW 2006, 1769 (1773).

durchzuführen.[1281] Das ist der Bauträger, der seine Mängelansprüche an die Erwerber abgetreten hat, erst wieder nach einer Rückabtretung.[1282] Wird der Antragsteller – zum Beispiel durch eine Abtretung – im Laufe des selbständigen Beweisverfahrens Berechtigter, so wird die Verjährung von diesem Zeitpunkt an gehemmt, ohne dass der Erwerb der Berechtigung offengelegt werden müsste.[1283] Wenn der Auftraggeber das selbständige Beweisverfahren eingeleitet hat, bevor er die Mängelansprüche abtritt, wirkt die dadurch eingetretene Hemmung auch zugunsten des neuen Gläubigers.[1284]

202 **Keine** verjährungshemmende **Wirkung** hat die Einleitung eines selbständigen Beweisverfahrens durch den **Auftragnehmer** mit dem Ziel, sich den mangelfreien Zustand seiner Bauleistung bestätigen zu lassen,[1285] es sei denn, dieser betreibt das Verfahren, um die Abnahmereife seiner Werkleistung und die tatsächlichen Voraussetzungen für die Fälligkeit seines Vergütungsanspruchs nachweisen zu können.[1286] Dann wird jedoch die Verjährung seines Werklohnanspruchs, nicht hingegen die der Mängelansprüche des Auftraggebers gehemmt. Ein vom Auftragnehmer gestellter Antrag genügt zur Hemmung der Verjährung der Mängelansprüche selbst dann nicht, wenn dieser auf einer Verabredung mit dem Auftraggeber beruht.[1287] Vielmehr muss der berechtigte Auftraggeber die Feststellung oder Durchsetzung seiner Ansprüche aktiv betreiben.[1288] Das hat nunmehr für das durch das Schuldrechtsmodernisierungsgesetz neugestaltete Verjährungsrecht auch der BGH bestätigt.[1289] Soweit die Ansicht vertreten wird, dass auch ein Antrag des Auftragnehmers ausreichen soll,[1290] weil es nach dem Wortlaut der Regelung nicht darauf ankomme, wer das selbständige Beweisverfahren beantragt, und weil der Wille des Gesetzgebers, die frühere Rechtslage nach §§ 477 Abs. 2, 639 Abs. 1 BGB aF nicht zu ändern,[1291] im Gesetz keinen Ausdruck gefunden habe, wird die amtliche Überschrift des § 204 BGB außer Betracht gelassen. Diese Überschrift, die Teil des Gesetzestextes ist und deshalb mit zu dessen Auslegung herangezogen werden muss, lautet: „Hemmung der Verjährung durch Rechtsverfolgung". Die Rechtsverfolgung kann nur der Gläubiger betreiben. Dem entsprechend heißt es in der Gesetzesbegründung:[1292] „Der Gläubiger muss davor geschützt werden, dass sein Anspruch verjährt, nachdem er ein förmliches Verfahren mit dem Ziel der Durchsetzung des Anspruchs eingeleitet hat." Es ist auch nicht einzusehen, warum der Auftragnehmer durch seinen Antrag die ihm vorteilhafte Verjährung der Mängelansprüche verhindern soll.[1293]

203 Der Antrag auf Beweissicherung **hemmt** die Verjährung **nur** für **Mängel, auf die** er sich **bezieht.**[1294] Werden zum Beispiel im Beweissicherungsantrag nur Mangelerscheinungen an den Mauerkrone-/Attikaabdeckungen einer Natursteinfassade beschrieben, die auf anderen Mängeln als die in den Eckbereichen der Fassade aufgetretenen Mangelsymptomen beruhen, erstreckt sich die Hemmung nicht auf Ansprüche wegen Mängeln der Eckbereiche.[1295] Durch die hinreichend **genaue Bezeichnung** der beanstandeten Mangelerscheinungen **im Antrag** werden jedoch in

---

[1281] Zu §§ 639 Abs. 1, 477 Abs. 2 BGB aF für den Antrag eines EWG-Verwalters: BGH NJW 2003, 3196 = NZBau 2003, 613 = BauR 2003, 1759; vgl. dazu den Praxishinweis von *Weyer* zu IBR 2003, 544; zum neuen Recht: BGH NJW 2009, 2449 = NZBau 2009, 508 = BauR 2009, 1298 Rn. 14.
[1282] OLG Köln BauR 1995, 702; vgl. dazu auch → Rn. 190.
[1283] BGH NJW 1993, 1916 = BauR 1993, 473; OLG Düsseldorf NJW-RR 1994, 1046 = BauR 1994, 769.
[1284] OLG Köln BauR 1999, 259.
[1285] OLG Düsseldorf BauR 1992, 767; *Klein/Moufang/Koos* BauR 2009, 333 (348).
[1286] BGH NJW 2012, 1140 = NZBau 2012, 228 = BauR 2012, 803; dazu *Weyer* Blog-Eintrag vom 15.5.2012 in ibr-online.
[1287] OLG Düsseldorf NJW-RR 1992, 1174; darin kann allerdings eine Prüfungsvereinbarung und damit eine Hemmung nach § 639 Abs. 2 BGB aF, jetzt § 203 BGB liegen; vgl. dazu näher *Koppmann* BauR 2001, 1342 (1344).
[1288] BGHZ 72, 23 = NJW 1978, 1975 = BauR 1978, 488; BGH NJW 1993, 1916 = BauR 1993, 473; OLG Koblenz IBR 2014, 249; *Saerbeck* FS Thode, 2005, 139 (142, 143); *Weyer* Blog-Eintrag vom 15.5.2012 in ibr-online.
[1289] BGH NJW 2012, 3633 Rn. 27. *Thole* NJW 2013, 1192 (1196), lehnt diese Entscheidung zu Unrecht ab, weil er das entscheidende Argument – amtliche Überschrift – übersieht.
[1290] *Kniffka/Schulze-Hagen* ibr-online-Kommentar Bauvertragsrecht, Stand 23.11.2014, § 634a Rn. 125.
[1291] Vgl. dazu *Weyer* BauR 2001, 1807 (1811).
[1292] BT-Drs. 14/6040, 112 zu § 204 Vorb.
[1293] *Klein/Moufang/Koos* BauR 2009, 333 (348). Vgl. die ähnliche Argumentation in BGHZ 72, 23 = NJW 1978, 1975 = BauR 1978, 488 zur negativen Feststellungsklage.
[1294] BGH NJW 2008, 1729 = NZBau 2008, 377 = BauR 2008, 986 Rn. 30; LG München II NZBau 2012, 707 = NJW 2013, 89; KG IBR 2014, 388.
[1295] KG BauR 2014, 115.

vollem Umfang alle Mängel des Werks, auf welche die Mangelerscheinungen zurückzuführen sind, ohne Beschränkung auf die Stellen, wo sie sich gezeigt haben, oder auf die vom Auftraggeber bezeichneten oder vermuteten Ursachen Gegenstand des Verfahrens und damit von der Hemmung umfasst.[1296] Schon die Fragestellung, ob die Dacheindeckung ordnungsgemäß ausgeführt worden ist, hat der BGH[1297] als hinreichend konkrete Bezeichnung eines Mangels der Dacheindeckung[1298] angesehen, weshalb es ratsam ist, den Mangel nicht „allzu konkret" zu bezeichnen.[1299] Auch ein an sich unzulässiger Antrag hemmt die Verjährung, wenn er nicht zurückgewiesen wird.[1300] Ebenso kommt es nicht darauf an, ob der bestellte Sachverständige den Mangel bestätigt.[1301]

Die **Hemmung endet** gemäß § 204 Abs. 2 S. 1 BGB 6 Monate nach Beendigung des selbständigen Beweisverfahrens,[1302] also nach der sachlichen Erledigung des Verfahrens, das heißt bei Erstattung eines schriftlichen Gutachtens nach dessen Übergabe an die Parteien,[1303] bei mündlicher Erstattung oder Erläuterung des Gutachtens nach dem Verlesen des Protokolls oder dessen Vorlage zur Durchsicht,[1304] und zwar unabhängig von Inhalt und Qualität des Gutachtens, jedenfalls wenn der Gutachter sich zu den gestellten Beweisfragen geäußert hat.[1305] Die mündliche Erläuterung des schriftlichen Gutachtens muss in einem angemessenen Zeitraum[1306] nach dessen Zugang beantragt werden.[1307] Dies gilt nach §§ 492 Abs. 1, 411 Abs. 4 S. 1 ZPO auch für Anträge auf Ergänzung des Gutachtens[1308] sowie für Zusatzfragen nach mündlicher Anhörung des Sachverständigen zu seinem Gutachten.[1309] Die Ankündigung weiterer Beweisanträge reicht nicht aus.[1310] Haben die Parteien rechtzeitig Einwendungen gegen das Gutachten erhoben, ist – sofern nicht eine weitere Beweisaufnahme stattfindet – das selbständige Beweisverfahren jedenfalls dann beendet, wenn der mit der Beweisaufnahme befasste Richter zum Ausdruck bringt, dass eine weitere Beweisaufnahme nicht erfolgt und dagegen innerhalb angemessener Frist keine Einwände erhoben werden.[1311] Welche Frist angemessen ist, hängt von den Umständen des Beweisverfahrens ab, insbesondere von Umfang und Schwierigkeitsgrad des Gutachtens und davon, ob die betroffene Partei sachverständige Hilfe in Anspruch nehmen muss.[1312] Zudem kann die Beendigung des selbständigen Beweisverfahrens durch Ablauf einer Frist nach § 411 Abs. 4 S. 2 ZPO eintreten; das setzt aber eine formgerechte Fristsetzung und deren Zustellung gemäß § 329 Abs. 2 S. 2 ZPO voraus.[1313] Entsprechendes gilt, wenn der Tätigkeit des Sachverständigen ein Hindernis von ungewisser Dauer entgegensteht, für eine Fristsetzung nach § 356 ZPO.[1314] Allein das **Nichtzahlen** des für den Sachverständigen angeforderten **Kostenvorschusses** führt hingegen nicht zur Beendigung des selbständigen Beweisverfahrens.[1315] Al-

---

[1296] BGH NJW-RR 1989, 148 = BauR 1989, 79; BGHZ 110, 99 = NJW 1990, 1472 = BauR 1990, 356; vgl. auch OLG München IBR 2001, 478.
[1297] NJW-RR 1998, 1475 = BauR 1998, 826.
[1298] Vgl. dazu auch OLG Düsseldorf NJW-RR 1997, 976.
[1299] *Schulze-Hagen* im Praxishinweis zu IBR 1998, 379.
[1300] BGH NJW 1983, 1901 = BauR 1983, 255; NJW 1993, 1916 = BauR 1993, 473; NJW 1998, 1305 = BauR 1998, 390; näher dazu *Weyer* BauR 2001, 1807 (1812, 1813).
[1301] BGH NJW-RR 1998, 1475 = BauR 1998, 826; vgl. dazu *Koppmann* BauR 2001, 1342.
[1302] BGH NZBau 2009, 598 = BauR 2009, 979 Rn. 5 = BauR 2009, 1779. Vgl. schon → Rn. 192, insbesondere dazu, dass es sich entgegen *Lenkeit* BauR 2002, 196 (213, 214) und *Koeble* in Kniffka/Koeble BauR-Komp des Baurechts, 2. Teil Rn. 152, 153 also nicht um eine Ablaufhemmung handelt; zu letzterem näher *Weyer* BauR 2006, 1347 (1349, 1350).
[1303] BGHZ 53, 43 = NJW 1970, 419 = BauR 1970, 45; BGHZ 120, 329 = NJW 1993, 851 = BauR 1993, 221; BGH NJW 2002, 1640 = BauR 2002, 1115.
[1304] BGHZ 60, 212 = NJW 1973, 698; BGHZ 120, 329 = NJW 1993, 851 = BauR 1993, 221; OLG Hamm BauR 2005, 752.
[1305] BGH NZBau 2009, 598 = BauR 2009, 979 Rn. 7 = BauR 2009, 1779.
[1306] OLG Celle IBR 2008, 246 bemisst diesen auf ein bis zwei Monate.
[1307] Vgl. dazu BGH NJW 2002, 1640 = BauR 2002, 1115; Brandenburgisches OLG BauR 2002, 1734; OLG Hamburg IBR 2003, 583; OLG Düsseldorf BauR 2004, 1978; OLG Bamberg BauR 2006, 560.
[1308] Thüringer OLG BauR 2003, 581.
[1309] OLG Hamm BauR 2005, 752.
[1310] BGH NZBau 2009, 598 = BauR 2009, 979 Rn. 6 = BauR 2009, 1779.
[1311] BGH NJW 2011, 594 = NZBau 2011, 156 = BauR 2011, 287 Rn. 14. Zur Erledigung von Anträgen und Ergänzungsfragen: BGH NJW 2011, 1965 = NZBau 2011, 303 = BauR 2011, 669 Rn. 50.
[1312] BGH NJW 2011, 594 = NZBau 2011, 156 = BauR 2011, 287 Rn. 17.
[1313] OLG Celle BauR 2005, 1961; OLG Braunschweig IBR 2012, 622.
[1314] LG Düsseldorf BauR 2011, 1209.
[1315] OLG Köln NZBau 2014, 178.

lerdings kann das Gericht feststellen, dass das Verfahren nicht weiter betrieben wird (§ 204 Abs. 2 S. 2 BGB), wenn der Antragsteller der Aufforderung zur Einzahlung offener Sachverständigengebühren nicht Folge leistet.[1316]

205   Werden wegen des selben Mangels **mehrere Gutachten** eingeholt, kommt es auf den Zugang des letzten an; sind hingegen **mehrere selbständige Mängel** eines Bauvorhabens Gegenstand mehrerer Gutachten, so endet die Hemmung für jeden dieser Mängel 6 Monate nach der Übermittlung des auf ihn bezogenen Gutachtens[1317] oder nach Ablauf einer gerichtlich gesetzten Stellungnahmefrist zu diesem Gutachten.[1318] Auch wenn nach Erstattung des Gutachtens und Feststellung verschiedener Mängel das Verfahren nur hinsichtlich einzelner Mängel durch Einholung eines Ergänzungsgutachtens fortgesetzt wird, endet die Hemmung bezüglich der übrigen Mängel 6 Monate nach Zustellung des Erstgutachtens.[1319] Die Beendigung des selbständigen Beweisverfahrens ist also für jeden Mangel gesondert zu prüfen.[1320] Wenn jedoch das vom Auftraggeber eingeleitete selbständige Beweisverfahren auf Gegenantrag des Auftragnehmers fortgeführt wird, kommt es auf die endgültige Verfahrensbeendigung an.[1321]

206   **(6) Vereinbartes Begutachtungsverfahren.** Die Vereinbarung der Bauvertragspartner, ein Schiedsgutachten[1322] einzuholen, die nach altem Recht unter § 202 Abs. 1 BGB aF eingeordnet wurde,[1323] hat in § 204 Abs. 1 **Nr. 8** BGB eine spezielle Regelung gefunden. Da dieser auf den Beginn des vereinbarten Begutachtungsverfahren abstellt, setzt die Hemmung nicht schon mit der Vereinbarung ein, sondern erst mit der Aufforderung einer Partei, das vereinbarte Verfahren einzuleiten oder mit der Benennung oder Bestellung des Sachverständigen.[1324] Im Übrigen trägt das Gesetz mit der offenen Formulierung anderen Vereinbarungen der Beteiligten zum Beginn des Verfahrens Rechnung.[1325] Die Hemmung endet 6 Monate nach Beendigung des Verfahrens (§ 204 Abs. 2 S. 1 BGB) durch Gutachtenerstattung oder in anderer Weise, auch wenn es nicht zur Erstattung eines Gutachtens kommt.[1326]

207   **(7) Anmeldung im Insolvenzverfahren.** Schließlich führt nach § 204 Abs. 1 **Nr. 10** BGB auch die Anmeldung von Mängelansprüchen im Insolvenzverfahren über das Vermögen des Auftragnehmers zur Hemmung deren Verjährung,[1327] sofern der Anmeldende, zum Beispiel als einzelner Wohnungseigentümer, zur Geltendmachung des Anspruchs befugt ist.[1328] Diese Hemmung endet nicht schon 6 Monate nach endgültigem Bestreiten des Anspruchs durch den Insolvenzverwalter, also nach der Beendigung des Forderungsanmeldeverfahrens,[1329] sondern entsprechend dem Wortlaut der Nr. 10, die auf die Anmeldung im Insolvenzverfahren abstellt, gemäß § 204 Abs. 2 S. 1 BGB 6 Monate nach dessen Beendigung.[1330]

208   cc) **Vereinbartes Leistungsverweigerungsrecht.** Die Verjährung ist nach **§ 205 BGB** gehemmt, solange der Schuldner auf Grund einer Vereinbarung mit dem Gläubiger vorübergehend ein Leistungsverweigerungsrecht hat. Eine solche Abrede, die als Stundung zugleich ein Anerkenntnis enthalten und nach § 212 Abs. 1 Nr. 1 BGB auch einen Neubeginn der Ver-

---

[1316] OLG Düsseldorf NJW-RR 2013, 346.
[1317] BGHZ 120, 329 = NJW 1993, 851 = BauR 1993, 221; OLG Düsseldorf BauR 1985, 326; OLG München NZBau 2007, 375 = BauR 2007, 1095; LG Nürnberg-Fürth IBR 2012, 623; KG IBR 2014, 388. Vgl. auch *Gartz* NZBau 2010, 676 (678, 679).
[1318] OLG Dresden IBR 2009, 61.
[1319] OLG Hamm IBR 2009, 188 = BauR 2009, 1477; LG München II NZBau 2012, 707 = NJW 2013, 89.
[1320] LG München II NZBau 2012, 707 = NJW 2013, 89; OLG Koblenz IBR 2013, 724; KG IBR 2014, 388.
[1321] BGH NJW-RR 2001, 385 = NZBau 2001, 201 = BauR 2001, 674.
[1322] Dazu *Lembke* NZBau 2012, (85–90): Kernprobleme des Schiedsgutachtens in Bausachen.
[1323] BGH NJW 1990, 1231 = BauR 1990, 86; NJW 1999, 1101; KG BauR 2005, 1782.
[1324] *Koeble* BauR 2007, 1116 (1120); vgl. dazu aber auch *Weyer* Blog-Eintrag vom 15.5.2012 in ibr-online.
[1325] *Deppenkemper* in Prütting/Wegen/Weinreich § 204 Rn. 15.
[1326] Entsprechend der Antragsrücknahme bei anderen Hemmungstatbeständen: vgl. dazu BGH NJW 2004, 3772; Palandt/*Ellenberger* § 204 Rn. 33.
[1327] BGH NJW 2010, 1284 = NZBau 2010, 426 = BauR 2010, 765 Rn. 43.
[1328] Vgl. dazu BGH NJW 2010, 1284 = NZBau 2010, 426 = BauR 2010, 765 Rn. 44.
[1329] So jedoch *Vogel* BauR 2004, 1365 (1367).
[1330] BGH NJW 2010, 1284 = NZBau 2010, 426 = BauR 2010, 765 Rn. 45–47; OLG Brandenburg BauR 2010, 1969.

Mängelansprüche 209–212 § 13 VOB/B

jährung[1331] bewirken kann,[1332] liegt zum Beispiel in der nach Verjährungsbeginn getroffenen Vereinbarung, gerügte Mängel erst später zu beseitigen, was auf persönlichen oder sachlichen Gründen beruhen kann, etwa um eine günstigere Witterung abzuwarten oder um die Entwicklung des Mangels zu beobachten.[1333] Die bloße Festlegung eines Termins für den Beginn der Mängelbeseitigungsarbeiten genügt jedoch nicht.[1334] Ein vorübergehendes Leistungsverweigerungsrecht hat aber der Bauträger, der seine Ansprüche gegen andere Baubeteiligte abgetreten hat,[1335] bis die Bemühungen des Auftraggebers, sich daraus schadlos zu halten, fehlgeschlagen sind[1336] oder der Auftraggeber sie aufgibt, wozu er angesichts der Unwirksamkeit der Subsidiaritätsklausel[1337] jederzeit berechtigt ist.

Hauptanwendungsfall des § 205 BGB – wie des § 202 BGB aF – ist das **Stillhalteabkommen**.[1338] Ein solches kommt zustande, wenn die Bauvertragspartner vereinbaren, eine Schiedsstelle anzurufen.[1339] Durch Verhandlungen über den Abschluss einer Schiedsvereinbarung gehen die Beteiligten noch kein Stillhalteabkommen ein.[1340] Die Vereinbarung, die Auseinandersetzung über Mängelansprüche bis zur Beendigung eines anderen Rechtsstreits zurückzustellen, kann jedoch ein Stillhalteabkommen enthalten.[1341] Das gilt auch bei der Vereinbarung, einen Musterprozess abzuwarten.[1342] Eine sogenannte **Subsidiaritätsklausel** enthält eine aufschiebende Bedingung für die Sachmängelhaftung des Bauträgers, welche ebenfalls bis zu ihrem Eintritt die Verjährung nach § 205 BGB hemmt.[1343] 209

Wie § 202 Abs. 2 BGB aF ausdrücklich anordnete und wie sich jetzt daraus ergibt, dass § 205 BGB ein **vereinbartes** Leistungsverweigerungsrecht voraussetzt, wird die Verjährung **nicht** gehemmt, wenn dem Auftragnehmer unter anderem die Einreden des Zurückbehaltungsrechts (§ 273 BGB), des nicht erfüllten Vertrags (§ 320 BGB) oder der mangelnden Sicherheitsleistung zustehen. Diese Einreden beruhen auf einem eigenen Verhalten des Auftraggebers und können deshalb sinnvollerweise nicht zu einer Verlängerung der Verjährungsfrist führen.[1344] 210

dd) Höhere Gewalt. Eine Hemmung gemäß **§ 206 BGB** greift nur ein, wenn der Auftraggeber innerhalb der letzten 6 Monate der Verjährungsfrist durch höhere Gewalt an der Verfolgung seiner Mängelrechte gehindert wird[1345]. Das ist nur bei außergewöhnlichen und unabwendbaren Ereignissen der Fall,[1346] etwa bei einer plötzlich auftretenden schweren Krankheit des Auftraggebers.[1347] Die Verjährung ist nicht durch höhere Gewalt gehemmt, soweit die Rechtsprechung sich ändert und kürzere Verjährungsfristen als bisher annimmt, wie bezüglich der Gewährleistung des Architekten und seiner Honoraransprüche, zumal die Rechtslage dort nie unbestritten war.[1348] Gleiches gilt, wenn ein OLG eine in den AGB eines Baubetreuers enthaltene Musterprozessvereinbarung für wirksam hält, der BGH diese aber später für unwirksam erklärt.[1349] 211

b) Neubeginn der Verjährung. Im Falle des Neubeginns der Verjährung bleibt die bis dahin verstrichene Zeit unberücksichtigt. Wenn abweichend von § 13 Abs. 4 Nr. 1 VOB/B eine 212

[1331] Vgl. dazu → Rn. 214.
[1332] BGH NJW 1978, 1914 = BauR 1978, 486; vgl. dazu auch BT-Drs. 14/6040. S. 118 zu § 205.
[1333] *Kleine-Möller/Merl/Glöckner* § 15 Rn. 1197.
[1334] Beck'scher VOB-Kommentar/*Eichberger* VOB/B § 13 Abs. 4 Rn. 239 unter Hinweis auf die 1. Aufl., VOB/B § 13 Nr. 4 Rn. 240.
[1335] Vgl. dazu → Rn. 169.
[1336] BGH NJW 1981, 2343 = BauR 1981, 469; *Kleine-Möller/Merl/Glöckner* § 15 Rn. 1198; NWJS VOB/B § 13 Rn. 92.
[1337] BGH NJW 2002, 2470 = NZBau 2002, 495 = BauR 2002, 1385.
[1338] Palandt/*Ellenberger* § 205 Rn. 2.
[1339] BGH NJW 2002, 1488 = NZBau 2002, 269 = BauR 2002, 979.
[1340] OLG Saarbrücken NZBau 2002, 452.
[1341] BGH NJW 1993, 1320.
[1342] Ingenstau/Korbion/*Wirth* VOB/B § 13 Abs. 4 Rn. 39; *Deppenkemper* in Prütting/Wegen/Weinreich § 205 Rn. 2.
[1343] Näher dazu → Rn. 66 und 175.
[1344] BGH NJW 2001, 2711; *Kleine-Möller/Merl/Glöckner* § 15 Rn. 1200.
[1345] Vgl. dazu BT-Drs. 14/6040, 118/119, zu § 206.
[1346] Ingenstau/Korbion/*Wirth* VOB/B § 13 Abs. 4 Rn. 186; NWJS VOB/B § 13 Rn. 93.
[1347] *Kuß* VOB/B § 13 Rn. 230.
[1348] BGH NJW 1964, 1022; BGHZ 60, 98 = NJW 1973, 364 = BauR 1973, 125; NJW 1977, 375 = BauR 1977, 143.
[1349] BGH NJW 1988, 197 = BauR 1988, 97.

längere Verjährungsfrist als die Regelfrist ausbedungen ist, wird in den Fällen des Neubeginns nach gesetzlichen Bestimmungen diese vereinbarte Frist erneut in Gang gesetzt.[1350] Falls die Verjährung **zugleich gehemmt** wird **und neu beginnt**,[1351] läuft die neue Verjährungsfrist bei Fortdauer der Hemmung erst nach Wegfall des Hemmungsgrundes,[1352] also vom Ende der Hemmung an.[1353] Daran hat sich durch das Schuldrechtsmodernisierungsgesetz nicht geändert.[1354] Soweit geltend gemacht wird, der Gesetzgeber der Schuldrechtsreform habe das Verjährungsrecht in einer der Informationsgesellschaft und ihrem Tempo geschuldeten Weise reformiert, weshalb es dem „gesetzlichen Verkürzungsimperativ" widerspreche, wie nach altem Recht die neue Verjährungsfrist erst nach dem Ende der Hemmung beginnen zu lassen,[1355] ist dem nicht zu folgen. Von einem „Verkürzungskonzept des informationsgesellschaftlichen Gesetzgebers"[1356] kann vor allem im werkvertraglichen Mängelhaftungsrecht keine Rede sein, wie bereits ein Vergleich des § 638 Abs. 1 BGB aF mit § 634a BGB verdeutlicht.[1357]

213 **aa) Anerkenntnis.** Ein Neubeginn der Verjährung durch Anerkenntnis[1358] erfordert zunächst, dass die **Verjährungsfrist** noch **nicht abgelaufen** ist. Denn ein erst nach Ablauf der Verjährungsfrist abgegebenes Anerkenntnis kann die Verjährung nicht mehr neu beginnen lassen.[1359] Der Mängelanspruch bleibt verjährt.[1360] Allerdings kann ein Anerkenntnis als Verzicht auf die Verjährungseinrede auszulegen sein.[1361] Das kommt jedoch nur in Betracht, wenn der Verzichtswille eindeutig zum Ausdruck gebracht wird.[1362] Ein solcher Wille ist in aller Regel lediglich dann zu bejahen, wenn der Auftragnehmer vom Eintritt der Verjährung weiß oder mit ihm rechnet.[1363] Andererseits lässt ein **Anerkenntnis vor Verjährungsbeginn** nicht gemäß § 212 BGB am nachfolgenden Tag die Verjährungsfrist neu laufen, wenn die Verjährung bei Abgabe des Anerkenntnisses noch gar nicht in Gang gesetzt war; vielmehr bleibt es dann beim ursprünglichen Verjährungsbeginn.[1364]

214 Im Übrigen setzt ein Neubeginn der Verjährung gemäß **§ 212 Abs. 1 Nr. 1 BGB** ein tatsächliches Verhalten des Schuldners gegenüber dem Gläubiger voraus, aus dem sich klar und unzweideutig ergibt, dass dem Schuldner das Bestehen der Schuld – wenigstens dem Grunde nach – bewusst ist, und das deswegen das Vertrauen des Gläubigers begründet, dass sich der Schuldner nicht nach Ablauf der Verjährungsfrist alsbald auf Verjährung berufen wird.[1365] Als Anerkenntnishandlung kommt insbesondere die **Vornahme** von **Nachbesserungsarbeiten** in Betracht, soweit sie nicht nur aus Kulanz und zur gütlichen Beilegung des Streits erfolgen.[1366] Von einer derartigen Einschränkung ist ohne entsprechenden klaren Vorbehalt des Auftragneh-

---

[1350] BGH NJW 1987, 381 = BauR 1987, 84; BGHZ 107, 75 = NJW 1989, 1602 = BauR 1989, 322; zu Unrecht aA OLG Celle BauR 2004, 1460: Anerkenntnis setzt nur Regelfrist des § 13 Abs. 4 VOB/B neu in Lauf; aufgehoben durch BGH NZBau 2005, 282 = BauR 2005, 710. Vgl. auch OLG Brandenburg IBR 2005, 194.
[1351] Wie zum Beispiel im Falle einer Nachbesserungsvereinbarung: vgl. dazu → Rn. 180 sowie gleich in → Rn. 214.
[1352] BGHZ 109, 220 = NJW 1990, 826 = BauR 1990, 212.
[1353] *Grothe* in MünchKomm zum BGB § 212 Rn. 23.
[1354] OLG Zweibrücken BeckRS 2007, 17384 = IBR 2007, 548.
[1355] *Derleder/Kähler* NJW 2014, (1617–1622).
[1356] So *Derleder/Kähler* NJW 2014, 1617 (1622) bei VI.1.
[1357] Näher dazu *Weyer* Blog-Eintrag vom 7.6.2014 in ibr-online.
[1358] Zu einem „urteilsvertretenden" Anerkenntnis *Grunsky* NJW 2013, (1336–1341).
[1359] BGH NJW 1997, 516; OLG Celle BauR 2010, 106; OLG Koblenz IBR 2013, 1173 (nur online); Palandt/*Ellenberger* § 212 Rn. 2; *Deppenkemper* in Prütting/Wegen/Weinreich § 212 Rn. 7; *Derleder/Kähler* NJW 2014, 1617; aA fälschlich *Feldmann* IBR 2009, 251.
[1360] OLG Celle BauR 2011, 265.
[1361] *Deppenkemper* in Prütting/Wegen/Weinreich § 212 Rn. 7.
[1362] OLG Stuttgart IBR 2011, 517.
[1363] Palandt/*Ellenberger* § 202 Rn. 7.
[1364] BGH IBR 2013, 436.
[1365] BGH NJW 1988, 1259 = BauR 1988, 465; NJW-RR 1994, 373 = BauR 1994, 103; NJW 1997, 516; 2002, 2872; NZBau 2005, 282 = BauR 2005, 710; NJW 2012, 3229 = NZBau 2012, 697 = BauR 2012, 1789 Rn. 11; OLG Düsseldorf NJW-RR 1995, 1232 = BauR 1996, 114.
[1366] BGH NJW 1988, 254; NJW-RR 1994, 373 = BauR 1994, 103; NJW 1999, 2961; NZBau 2008, 764 = BauR 2008, 2039 Rn. 25, letzter Satz; NJW 2012, 3229 = NZBau 2012, 697 = BauR 2012, 1789 Rn. 12–14; NJW 2014, 3368 = NZBau 2014, 621 = BauR 2014, 1775 Rn. 15; OLG Nürnberg IBR 2008, 384; OLG Jena IBR 2010, 23; *Weyer* NZBau 2002, 366 (370); vgl. dazu auch *Dölle* in Werner/Pastor Rn. 2911; *Werner* FS Jagenburg, 2002, 1027 (1041).

mers nicht auszugehen,¹³⁶⁷ weshalb ein Anerkenntnis die Regel sein wird.¹³⁶⁸ Die Erklärung, nur aus Kulanz tätig zu werden, muss vor, spätestens bei Durchführung der Nachbesserungsarbeiten abgegeben werden.¹³⁶⁹ Aufwändige und keineswegs risikofreie Nachbesserungsversuche sprechen für ein Anerkenntnis.¹³⁷⁰ Ein solches kann auch bereits in der Erklärung des Auftragnehmers liegen, seiner Nachbesserungspflicht nachkommen zu wollen.¹³⁷¹ Eine Zusage, die Mängelursache zu prüfen, genügt jedoch nicht.¹³⁷² Selbst eine solche Prüfung ist allein noch kein Anerkenntnis.¹³⁷³ Eine Stundung¹³⁷⁴ kann zugleich ein Anerkenntnis enthalten.¹³⁷⁵ Erkennt der Auftragnehmer seine Verantwortung für bestimmte Mangelerscheinungen an, so wird dadurch grundsätzlich die Verjährung der Haftung für den Mangel unterbrochen, auf dem diese Mangelerscheinungen beruhen.¹³⁷⁶

bb) Vollstreckungshandlung. Wenn der Auftraggeber einen Titel über seinen Mängelanspruch erwirkt hat und dieser bis kurz vor Ende der dann laufenden 30-jährigen Frist¹³⁷⁷ nicht erfüllt ist, bietet **§ 212 Abs. 1 Nr. 2 BGB** ihm einen einfachen Weg, durch einen Antrag auf eine Vollstreckungshandlung eine Verjährung zu verhindern¹³⁷⁸ und eine neue Verjährungsfrist von 30 Jahren in Gang zu setzen. 215

c) „Quasi-Neubeginn". Der Lauf der Verjährung der Mängelansprüche kann schließlich durch einen „Quasi-Neubeginn" nach § 13 Abs. 5 Nr. 1 S. 2 VOB/B oder durch die Regelung in dessen Satz 3 beeinflußt werden.¹³⁷⁹ Es geht dabei um die durch das erste schriftliche Mangelbeseitigungsverlangen gegebenenfalls eintretende Verlängerung der Verjährungsfrist und die nach der Abnahme der Mangelbeseitigungsleistung beginnende neue Verjährungsfrist, die im Zusammenhang mit § 13 Abs. 5 VOB/B behandelt werden.¹³⁸⁰ 216

8. Treuwidrige Verjährungseinrede – Verzicht auf die Einrede der Verjährung. Das Recht des Auftragnehmers, nach Ablauf der Verjährungsfrist gegenüber den Mängelansprüchen des Auftraggebers die **Verjährungseinrede** zu erheben,¹³⁸¹ kann wie jedes andere Recht nur in den **Grenzen** von **Treu und Glauben** (§ 242 BGB) geltend gemacht werden. Der Zweck der Verjährung, Rechtsfrieden zu schaffen, gebietet es jedoch, strenge Maßstäbe anzulegen und den Einwand unzulässiger Rechtsausübung nur gegenüber einem wirklich groben Verstoß gegen Treu und Glauben durchgreifen zu lassen, etwa wenn der Auftragnehmer den Auftraggeber durch sein Verhalten von einer rechtzeitigen Klageerhebung abgehalten oder ihn nach objektiven Maßstäben zu der Annahme veranlasst hat, auch ohne Rechtsstreit werde eine vollständige Befriedigung seines Anspruchs zu erzielen sein.¹³⁸² Ebenso wenn der Schuldner in seiner Funktion als Alleingesellschafter und alleiniger Geschäftsführer der Auftragnehmer-GmbH die Bezahlung einer gegen ihn als Auftraggeber gerichteten Werklohnforderung der GmbH nicht geltend gemacht hat.¹³⁸³ Wenn der Auftraggeber nicht mehr darauf vertrauen darf, der Auftragnehmer werde die Verjährungseinrede wegen eines früher ausgesprochenen **Verzichts** nicht geltend 217

---

¹³⁶⁷ OLG Naumburg NZBau 2011, 489 = BauR 2011, 1655.
¹³⁶⁸ Für das Kaufrecht anders: BGHZ 164, 196 = NJW 2006, 47 Rn. 16. Gegen eine „extensive Auslegung" sprechen sich auch *Faber/Werner* NJW 2008, 1910 (1911) aus.
¹³⁶⁹ So zutreffend *Weise/Hänsel* NJW-Spezial 2014, 366 entgegen OLG Hamm BeckRS 2014, 09492.
¹³⁷⁰ OLG Düsseldorf NJW-RR 1995, 1232 = BauR 1996, 114. Ähnlich OLG Frankfurt BauR 2009, 1315.
¹³⁷¹ BGH NJW 1988, 1259 = BauR 1988, 465; OLG München IBR 2009, 85. Anders bei einer Fallgestaltung wie in OLG Naumburg IBR 2007, 611.
¹³⁷² OLG Hamm BauR 1988, 476, insoweit in NJW-RR 1988, 467 nicht abgedruckt.
¹³⁷³ Beck'scher VOB-Kommentar/*Eichberger* VOB/B § 13 Abs. 4 Rn. 294.
¹³⁷⁴ Vgl. dazu → Rn. 208.
¹³⁷⁵ BGH NJW 1978, 1914 = BauR 1978, 486; Ingenstau/Korbion/*Wirth* VOB/B § 13 Abs. 4 Rn. 255.
¹³⁷⁶ BGHZ 110, 99 = NJW 1990, 1472 = BauR 1990, 356; Beck'scher VOB-Kommentar/*Eichberger* VOB/B § 13 Abs. 4 Rn. 295.
¹³⁷⁷ Vgl. dazu → Rn. 1170
¹³⁷⁸ Vgl. BT-Drs. 14/6040, 120/121 zu Nr. 2.
¹³⁷⁹ Vgl. dazu eingehend Ingenstau/Korbion/*Wirth* VOB/B § 13 Abs. 4 Rn. 270–300; Kleine-Möller/Merl/*Glöckner* § 15 Rn. 1221–1230 und 1232–1236.
¹³⁸⁰ Vgl. → Rn. 242 ff. und 252 ff.
¹³⁸¹ Vgl. dazu → Rn. 120, 121.
¹³⁸² BGH NJW 1988, 265 und 2245; 1990, 1231 = BauR 1990, 86; vgl. auch *Riedl/Mansfeld* in Heiermann/Riedl/Rusam VOB/B § 13 Rn. 83.
¹³⁸³ OLG Jena IBR 2012, 636.

machen, muss er den Anspruch im Regelfall binnen eines Monats gerichtlich geltend machen, um sich den Einwand der unzulässigen Rechtsausübung zu erhalten.[1384] Denn nach § 225 S. 1 BGB aF war ein solcher Verzicht unwirksam. Nach neuem Recht ist ein ohne zeitliche Einschränkung ausgesprochener Verzicht auf die Einrede der Verjährung wirksam, wenn er – wie regelmäßig – dahin zu verstehen ist, dass er auf die 30-jährige Maximalfrist des § 202 Abs. 2 BGB begrenzt ist.[1385] Allein wegen der erstinstanzlichen Erklärung, sich nicht auf Verjährung berufen zu wollen, kann in der zweitinstanzlich erhobenen Verjährungseinrede noch kein Verstoß gegen Treu und Glauben gesehen werden.[1386] Auch der Umstand, dass der Auftragnehmer noch unverjährte Ansprüche gegenüber seinem Nachunternehmer hat, reicht nicht aus, ihm nach Treu und Glauben zu verwehren, Mängelansprüchen des Auftraggebers Verjährung entgegen zu halten.[1387]

218   **9. Nach Verjährung realisierbare Rechte.** Trotz berechtigter Verjährungseinrede verbleiben dem Auftraggeber realisierbare **Rechte**. Diese sind seit dem 1.1.2002 **erweitert,** weil die in §§ 639 Abs. 1, 478 Abs. 1 BGB aF normierte Voraussetzung einer Mängelanzeige[1388] oder anderer Maßnahmen vor Eintritt der Verjährung entfallen ist.[1389] Nach § 634a Abs. 4 und 5 BGB kann der Auftraggeber auch dann, wenn Rücktritt und Minderung auf Grund der Verjährungseinrede des Auftragnehmers gemäß § 218 BGB unwirksam sind, die Zahlung des Werklohns insoweit verweigern, wie der Rücktritt oder die Minderung ihn dazu berechtigen würden. Da § 634a Abs. 4 BGB auf „die Vergütung" abstellt, kann der Auftraggeber diese Rechte wie bisher[1390] nur gegenüber dem Werklohnanspruch aus demselben Werkvertrag geltend machen. Diese Beschränkung gilt nach § 215 BGB für die Aufrechnung mit einem Zahlungsanspruch auf Vorschuss, Kostenerstattung oder Schadensersatz nicht mehr.[1391] Voraussetzung ist lediglich, dass die Aufrechnungslage bereits vor Verjährungseintritt bestand.[1392] Hingegen setzt ein nach § 215 BGB fortbestehendes Zurückbehaltungsrecht schon gemäß § 273 Abs. 1 BGB einen Anspruch aus demselben rechtlichen Verhältnis voraus. Beruft der Auftraggeber sich gegenüber dem Werklohnanspruch auf einen bei Verjährungseintritt bestehenden und fälligen[1393] Mängelbeseitigungsanspruch, so führt dies auch nach Ablauf der Verjährungsfrist zur Verurteilung zur Zahlung Zug um Zug gegen Mängelbeseitigung. Inzwischen hat der BGH auch zum neuen Schuldrecht entschieden, dass der Besteller wegen eines Mangels der Werkleistung ein Leistungsverweigerungsrecht gegenüber dem Unternehmer auch nach Eintritt der Verjährung der Mängelansprüche gemäß § 215 BGB geltend machen kann, wenn der Mangel bereits vor Ablauf der Verjährungsfrist in Erscheinung getreten ist und daher ein darauf gestütztes Leistungsverweigerungsrecht in nicht verjährter Zeit geltend gemacht werden konnte.[1394]

219   **10. Beweislast.** Wer die Beweislast dafür trägt, dass die **Regelfrist** des § 13 Abs. 4 VOB/B eingreift, ist umstritten. Einerseits wird die Ansicht vertreten, von § 13 Abs. 4 VOB/B abweichende Vereinbarungen habe derjenige zu beweisen, der sich hierauf berufe.[1395] Dafür könnte

---

[1384] BGH NJW 1991, 974 = BauR 1991, 215; NZBau 2007, 167 = BauR 2007, 429; OLG Celle BauR 2008, 1471; vgl. zu den Wirkungen eines Verzichts auf die Verjährungseinrede vor und nach Ablauf der Verjährungsfrist näher Ingenstau/Korbion/*Wirth* VOB/B § 13 Abs. 4 Rn. 44–47.
[1385] BGH NZBau 2008, 62 = BauR 2008, 138, jeweils nur Leitsatz, Volltext in ibr-online.
[1386] So jedoch OLG Koblenz NJW-RR 2000, 467.
[1387] Entgegen KG IBR 2006, 328 mit zu Recht kritischem Praxishinweis von *Hebel*.
[1388] Insoweit genügte auch bei Vereinbarung der VOB/B eine mündliche Anzeige: BGH NZBau 2007, 243 Rn. 20 = BauR 2007, 700.
[1389] *Sienz* BauR 2002, 181 (186); *Preussner* BauR 2002, 231 (240); *von Olshausen* JZ 2002, 385 (386); *Kohler* BauR 2003, 1804 (1806), Fußnote 8 und 1813. Vgl. dazu aber auch *Weyer* im Praxishinweis zu IBR 2007, 188.
[1390] Zu §§ 639 Abs. 1, 478 BGB aF: BGH NJW 1981, 1156; 1987, 3254 = BauR 1987, 565; OLG Düsseldorf NJW-RR 1998, 1553 = BauR 1998, 1263.
[1391] *Von Olshausen* JZ 2002, 385 (388): entgegen der früheren Rechtslage nach §§ 639 Abs. 1, 479 BGB aF.
[1392] Vgl. dazu näher *Kniffka/Schulze-Hagen* ibr-online-Kommentar Bauvertragsrecht, Stand 23.11.2014, § 634a Rn. 171. Vgl. auch OLG München NJW 2012, 1518 = NZBau 2012, 241 = BauR 2012, 663; OLG Schleswig BauR 2012, 815.
[1393] *Kniffka/Schulze-Hagen* ibr-online-Kommentar Bauvertragsrecht, Stand 23.11.2014, § 634a Rn. 172. Anders jetzt BGH NJW 2006, 2773 = NZBau 2006, 645 = BauR 2006, 1464.
[1394] BGH NZBau 2016, 28 = BauR 2016, 258; näher → Rn. 288.
[1395] *Hereth/Ludwig/Naschold* VOB/B § 13 Ez 133; *Dölle* in Werner/Pastor Rn. 2856, mit weiteren Nachweisen.

sprechen, dass die Verjährungsfristen des § 13 Abs. 4 VOB/B in dessen Abs. 5 Nr. 1 als Regelfristen bezeichnet werden. Die einleitende Formulierung in § 13 Abs. 4 Nr. 1 S. 1 VOB/B verdeutlicht jedoch, dass die VOB/B selbst die vertragliche Vereinbarung einer abweichenden Verjährungsfrist als Regelfall ansieht. Deshalb ist der Auffassung zuzustimmen, dass der **Auftragnehmer** beweisen muss, dass keine von Abs. 4 abweichende längere Frist vereinbart ist und darum die Regelfrist gilt.[1396] Allein das entspricht der Einstufung des § 13 Abs. 4 VOB/B als „subsidiäre Verjährungsregelung", welche letztlich nur „Auffangfunktion" hat, durch den BGH.[1397] Konsequenter Weise ist jedoch der **Auftraggeber** beweispflichtig dafür, dass nicht von § 13 Abs. 4 VOB/B abgewichen worden ist, wenn der Auftragnehmer die Vereinbarung einer kürzeren Frist als der Regelfrist behauptet.

Wenn der **Auftragnehmer** die Verjährungseinrede erhebt, hat er Beginn und Ende der Verjährungsfrist zu beweisen.[1398] Ebenso trifft ihn die Beweislast, falls er sich auf die kürzere der in § 13 Abs. 4 Nr. 1 S. 1 VOB/B geregelten Verjährungsfristen beruft. Denn der frühere Ablauf der Verjährungsfrist kann nur angenommen werden, wenn auszuschließen ist, dass der Werkvertrag Bauwerksarbeiten betrifft.[1399] **220**

Zu **§ 13 Abs. 4 Nr. 2 VOB/B** wird der Fall problematisiert, dass der Auftraggeber niemanden mit der Wartung beauftragt. Es wird als unbillig angesehen, wenn der Auftragnehmer bei besonders wartungsintensiven Anlagen eine durch die Nichtwartung bedingte Betriebsstörung im Rahmen seiner Mängelhaftung auf seine Kosten beseitigen müsste.[1400] Insoweit handelt es sich jedoch um ein **Scheinproblem.** Es bedarf keiner „Lösung" für dieses „Problem"[1401] über eine „angepasste"[1402] Beweislastverteilung. Denn nach der Abnahme ist der Auftraggeber ohnehin darlegungs- und beweispflichtig, dass Ursache der Mangelerscheinung ein Sachmangel der Leistung des Auftragnehmers ist.[1403] Dieser dem Auftraggeber[1404] obliegende Beweis kann nur gelingen, wenn auszuschließen ist, dass die Mangelerscheinung eine Folge der unterlassenen Wartung ist. **221**

Unstrittig ist die Beweislast des **Auftraggebers,** der sich auf die regelmäßige Verjährungsfrist beruft, weil der Auftragnehmer einen Werkmangel **arglistig verschwiegen** habe.[1405] Behauptet der Auftragnehmer, den Auftraggeber über einen offenbarungspflichtigen Umstand aufgeklärt zu haben, muss deshalb der Auftraggeber beweisen, dass die Aufklärung nicht erfolgt ist.[1406] Das gilt auch dann, wenn der Auftragnehmer behauptet, einen durch vorheriges aktives Tun bei dem Auftraggeber hervorgerufenen Irrtum durch spätere Aufklärung beseitigt zu haben.[1407] Diese Beweislastverteilung gilt im Ausgangspunkt auch für den Auftraggeber, welcher ein **Organisationsverschulden**[1408] des Auftragnehmers geltend macht. Da jedoch dem Auftraggeber in der Regel die Organisation des Herstellungsprozesses nicht bekannt ist, stellt der BGH[1409] schon an die Darlegung keine hohen Anforderungen. Er betont vielmehr, dass oft bereits die Behauptung genügt, der Auftragnehmer habe die Überwachung des Herstellungsprozesses nicht oder nicht richtig organisiert, so dass der Mangel nicht erkannt worden sei, und es substantiierter Darlegung nicht bedarf, insbesondere wenn schon die Art des Mangels ein überzeugendes Indiz für eine **222**

[1396] So Ingenstau/Korbion/*Wirth* VOB/B (16. Aufl.) § 13 Nr. 4 Rn. 66, in 17. Aufl. nicht übernommen; *Baumgärtel* Beweislast VOB/B § 13 Rn. 7.
[1397] NJW-RR 1987, 851 = BauR 1987, 445; NJW-RR 1991, 980 = BauR 1991, 458; vgl. auch → Rn. 127.
[1398] BGH NJW 2008, 2429 = NZBau 2008, 503 = BauR 2008, 1305 Rn. 14; NJW 2013, 448 Rn. 14; Palandt/*Ellenberger* Überbl. v. § 194 Rn. 24.
[1399] So für § 638 Abs. 1 BGB aF: BGH NZBau 2003, 559 = BauR 2003, 1391.
[1400] Leinemann/*Schliemann* VOB/B § 13 Rn. 115; *Stammkötter* ZfBR 2006, 631 (632).
[1401] So jedoch *Schliemann,* aaO, vorstehende Fußnote.
[1402] So *Stammkötter* ZfBR 2006, 631 (632).
[1403] Vgl. → Rn. 58–60.
[1404] Fälschlich aA Ingenstau/Korbion/*Wirth* VOB/B § 13 Abs. 4 Rn. 92.
[1405] BGH BauR 1975, 419; BGHZ 117, 318 = NJW 1992, 1754 = BauR 1992, 500; Ingenstau/Korbion/*Wirth* VOB/B § 13 Abs. 4 Rn. 135; Beck'scher VOB-Kommentar/*Eichberger* VOB/B § 13 Abs. 4 Rn. 341; Kleine-Möller/Merl/*Glöckner* § 15 Rn. 1167.
[1406] BGH NJW 2014, 3296 Rn. 13.
[1407] BGH NJW 2014, 3296 Rn. 14.
[1408] Vgl. dazu → Rn. 165–169.
[1409] BGHZ 117, 318 = NJW 1992, 1754 = BauR 1992, 500; ebenso OLG Jena BauR 2001, 1124; Ingenstau/Korbion/*Wirth* VOB/B § 13 Abs. 4 Rn. 135–137; Beck'scher VOB-Kommentar/*Eichberger* VOB/B § 13 Abs. 4 Rn. 353; Riedl/Mansfeld in Heiermann/Riedl/Rusam VOB/B § 13 Rn. 72; Kleine-Möller/Merl/*Glöckner* § 15 Rn. 1167.

fehlende oder nicht richtige Organisation ist.[1410] Dann ist es Sache des **Auftragnehmers**, im einzelnen vorzutragen und nachzuweisen, wie er seinen Betrieb im einzelnen organisiert hatte.[1411]

223 In der Praxis ist oft streitig, wann eine **Hemmung** der Verjährung begonnen und wie lange sie gedauert hat, vor allem im Falle des § 203 BGB. Einigkeit besteht aber darüber, dass der Auftraggeber für den ihm günstigen Eintritt der Hemmung beweispflichtig ist, während der Auftragnehmer das Ende der Verjährungshemmung zu beweisen hat,[1412] weil dieses für ihn vorteilhaft ist. **Beginn** und **Ende** der Hemmung sind also **differenziert** zu betrachten.[1413]

224 **11. Abweichungen gegenüber dem BGB.** Die **gewichtigste** Abweichung des § 13 Abs. 4 VOB/B gegenüber dem Werkvertragsrecht des BGB ist die **Verkürzung** der **Verjährungsfrist** der Sachmängelhaftung für Bauwerksleistungen von 5 Jahren auf 4 Jahre und in Sonderfällen – bestimmte Teile von Feuerungsanlagen sowie unter Abs. 2 fallende Anlagen – auf 2 Jahre oder sogar auf nur ein Jahr. Die praktische Bedeutung der zweiten Abweichung, nämlich des Beginns der Verjährungsfrist für in sich abgeschlossene Teilleistungen mit der Teilabnahme (§§ 13 Abs. 4 Nr. 3, 12 Abs. 2 VOB/B), tritt dem gegenüber weit zurück. Da § 13 VOB/B – abgesehen von Abs. 5 Nr. 1 Satz 2 und 3 – die Verjährung im übrigen nicht speziell regelt, richtet sich diese ansonsten und damit weitgehend nach den gesetzlichen Bestimmungen des BGB.

225 **12. AGB-rechtliche Probleme.** Zu den AGB-rechtlichen Problemen, ob eine von § 13 Abs. 4 VOB/B abweichende AGB-Klausel dazu führt, dass die VOB/B nicht mehr als Ganzes vereinbart ist (b),[1414] und ob eine solche Klausel der isolierten AGB-Kontrolle stand hält (c), kam bei § 13 Abs. 4 VOB/B vor dem 1.1.2009 die spezielle Frage hinzu, ob und inwieweit dessen Regelungen noch wirksam waren (a).

226 **a) Teilweise Unwirksamkeit des § 13 Abs. 4 VOB/B.** Eine solche ist unter drei Gesichtspunkten geltend gemacht worden: Die Privilegierung der VOB/B durch § 23 Abs. 2 Nr. 5 AGB-Gesetz sollte auf § 13 Abs. 4 Nr. 2 VOB/B nicht anwendbar sein (aa).[1415] § 13 Abs. 4 VOB/B sollte, wenn die VOB/B deshalb nicht als Ganzes vereinbart war, einer isolierten Inhaltskontrolle nicht stand halten (bb).[1416] Schließlich wurden Bedenken geäußert, ob die Verkürzung der Verjährungsfrist durch § 13 Abs. 4 VOB/B auf Verbraucherverträge anwendbar ist (cc).[1417]

227 **aa) Wirksamkeit der Nr. 2.** Ob die Freistellung der VOB/B von dem Klauselverbot des § 11 Nr. 10 lit.f AGB-Gesetz durch § 23 Abs. 2 Nr. 5 AGB-Gesetz nicht für die erst 1996 eingefügte Nr. 2 des § 13 Abs. 4 VOB/B in ihrer früheren Fassung galt,[1418] konnte schon bisher dahinstehen. Denn jedenfalls die durch die VOB/B 2002 verlängerten Regelfristen des § 13 Abs. 4 VOB/B entsprechen mit den mindestens 2 Jahren auch in Nr. 2 der Regelfrist für Bauwerksarbeiten, welche der Gesetzgeber im Jahre 1976 bei Erlass des AGB-Gesetzes in der VOB/B vorfand und billigte. Wenn die Bedenken gegen die frühere Fassung des § 13 Abs. 4 Nr. 2 VOB/B jemals berechtigt gewesen sein sollten, waren sie es zumindest seit Inkrafttreten der VOB/B 2002 nicht mehr. Zudem ist die VOB/B in der jeweils zum Zeitpunkt des Vertragsschlusses geltenden Fassung nunmehr nach § 310 Abs. 1 S. 3 BGB[1419] privilegiert.[1420]

[1410] Vgl. dazu aber → Rn. 165 am Ende.
[1411] Vgl. dazu näher *Jansen* OLGReportKommentar 1999, K 5, 6/7.
[1412] BGH BauR 1977, 348; NJW-RR 1994, 373 = BauR 1994, 103; NJW 2008, 576 Rn. 21 = NZBau 2008, 177 = BauR 2008, 514; OLG Düsseldorf NJW-RR 1995, 532; NZBau 2001, 401 = BauR 2001, 638; OLG Schleswig BauR 2012, 815; *Kleine-Möller/Merl/Glöckner* § 15 Rn. 1178; *Kniffka/Schulze-Hagen* ibr-online-Kommentar Bauvertragsrecht, Stand 23.11.2014, § 634a Rn. 183. Widersprüchlich zur Dauer und Beendigung der Hemmung Ingenstau/Korbion/*Wirth* VOB/B § 13 Abs. 4 Rn. 212.
[1413] Entgegen OLG Koblenz IBR 2013, 1173 (nur online), mit kritischem Praxishinweis von *Weyer*.
[1414] Vgl. dazu schon → Rn. 63.
[1415] Institut für Baurecht Freiburg i. Br. e. V. BauR 1999, 699 (705, 706).
[1416] *Schlünder* BauR 1998, 1123 (1124, 1127).
[1417] Institut für Baurecht Freiburg i. Br. e. V. BauR 1999, 699 (705).
[1418] So *Kraus* BauR 1997, Beilage zu Heft 4, S. 12 (13) und NJW 1998, 1126; *Schlünder* BauR 1998, 1123 (1124); Institut für Baurecht Freiburg i. Br. e. V. BauR 1999, 699 (705); *Kraus/Sienz* BauR 2000, 631 (635, 636); aA *Joussen* Jahrbuch BauR 1998, 111 (129, 130).
[1419] Eingefügt durch das FoSiG.
[1420] Vgl. → Rn. 63.

Mängelansprüche   228–231 § 13 VOB/B

bb) Wirksamkeit der Nr. 1. Da nach dem Vorstehenden die Vereinbarung der VOB/B als 228
Ganzes nicht infolge einer Einbeziehung des § 13 Abs. 4 Nr. 2 VOB/B in dessen jetziger
Fassung scheitert, ist zumindest aus diesem Grund auch für eine isolierte Inhaltskontrolle des
§ 13 Abs. 4 Nr. 1 VOB/B kein Raum. Wenn eine solche zu erfolgen hätte, wäre die Verkürzung
der Verjährungsfrist durch § 13 Abs. 4 Nr. 1 VOB/B gegenüber dem Auftraggeber als Verwendungsgegner allerdings nach § 309 Nr. 8 lit. b ff. BGB unwirksam,[1421] und zwar auch gegenüber einem Unternehmer.[1422]

cc) Unanwendbarkeit auf Verbraucherverträge. Für Verbraucherverträge im Sinne des 229
§ 310 Abs. 3 BGB, also für Bauverträge, die ein Unternehmer (§ 14 BGB) als Auftragnehmer
mit einer natürlichen Person als Auftraggeber zu einem weder dessen gewerblicher noch dessen
selbständiger beruflicher Tätigkeit zuzurechnenden Zweck (§ 13 BGB) schließt, ergaben sich aus
dem EG-Gemeinschaftsrecht Bedenken gegen die Wirksamkeit des § 309 Nr. 8 lit. b ff. BGB.
Denn es sprachen gute Gründe[1423] dafür, dass die **Verkürzung** der Verjährungsfrist der Mängelansprüche bei Bauwerksleistungen durch § 13 Abs. 4 Nr. 1 VOB/B von 5 Jahren auf bisher
2 Jahre und jetzt 4 Jahre **mit Art. 3 Abs. 1** der **Richtlinie 93/13 EWG** vom 5.4.1993 über
missbräuchliche Klauseln in Verbraucherverträgen[1424] **unvereinbar** und § 309 Nr. 8 lit. b ff.
BGB deshalb insoweit unanwendbar war.[1425] Deshalb hat der Gesetzgeber mit dem FoSiG die
Privilegierung der VOB/B auf die Fälle des § 310 Abs. 1 S. 1 BGB beschränkt.[1426]

b) Vereinbarung der VOB/B als Ganzes. Strittig und bislang vom BGH nicht entschie- 230
den[1427] ist, ob die VOB/B nicht mehr als Ganzes vereinbart ist, wenn der Auftraggeber die
VOB/B verwendet und eine **Verlängerung** der **Regelfristen** des § 13 Abs. 4 VOB/B vereinbart wird.[1428] Weil § 13 Abs. 4 Nr. 1 S. 1 VOB/B nach seinem einleitenden Halbsatz selbst
grundsätzlich von einer vorrangigen anderen Vereinbarung ausgeht und lediglich eine subsidiäre
Regelung mit Auffangfunktion[1429] darstellt, dürfte es sich jedoch im Sinne der neuen Rechtsprechung des BGH[1430] gerade nicht um eine Abweichung von der VOB/B handeln.[1431] Denn
durch diese bloße Subsidiarität und Auffangfunktion unterscheidet sich § 13 Abs. 4 Nr. 1 S. 1
VOB/B von Öffnungsklauseln, welche den Parteien ermöglichen, etwas anderes zu vereinbaren.[1432]

c) AGB-Kontrolle abweichender Klauseln. Zur AGB-Kontrolle von Klauseln, welche die 231
Verjährungsfrist verkürzen oder verlängern, wird auf die obigen Ausführungen[1433] verwiesen.
Eine durch den Generalunternehmer gestellte Klausel in einem Nachunternehmervertrag, nach
der die Verjährung der Mängelansprüche erst mit der Abnahme der Gesamtbauleistung durch

---

[1421] BGHZ 96, 129 = NJW 1986, 315 = BauR 1986, 89; BGHZ 107, 75 = NJW 1989, 1602 = BauR 1989, 322; NJW 1994, 2547 = BauR 1994, 617; NJW 2003, 1321 = NZBau 2003, 150 = BauR 2003, 380; NZBau 2004, 385 = BauR 2004, 1142; *Schlünder* BauR 1998, 1123 (1127); *Kiesel* NJW 2002, 2064 (2067, 2068); *Weyer* BauR 2003, 613 (619) und NZBau 2003, 521 (522). Vgl. dazu auch schon → Rn. 12.
[1422] BGHZ 90, 273 = NJW 1984, 1750 = BauR 1984, 390; BGHZ 122, 241 = NJW 1993, 2054; OLG Düsseldorf BauR 1994, 762.
[1423] So die Formulierung von *Heinrichs* NJW 1997, 1407 (1415).
[1424] Abgedruckt in NJW 1993, 1838.
[1425] Vgl. dazu die Nachweise in der 2. Aufl. VOB/B § 13 Rn. 189, Fn. 846.
[1426] Vgl. → Rn. 63.
[1427] Vielmehr in BGHZ 107, 75 = NJW 1989, 1602 = BauR 1989, 323 ausdrücklich offengelassen.
[1428] Das nehmen an: OLG Stuttgart BauR 1989, 756; OLG München NJW-RR 1995, 1301 = BauR 1994, 666 (nur Ls.); OLG Hamm OLGR 1995, 74 = IBR 1995, 293; OLG Frankfurt BauR 2005, 1939; OLG Naumburg IBR 2006, 550 = BauR 2007, 551; LG Halle BauR 2006, 128; OLG Hamm BauR 2009, 1913 mit ablehnender Anmerkung von *Bröker; Kraus/Sienz* BauR 2000, 631 (634, 635); *Oberhauser* Jahrbuch BauR 2003, 1 (11, 12); *Korbion/Locher/Sienz* Kap. F Rn. 19/20; Beck'scher VOB-Kommentar/*Eichberger* VOB/B § 13 Abs. 4 Rn. 113. Allgemein für die Ausnutzung von Öffnungsklauseln: *Dammann/Ruzik* NZBau 2013, 265 (267). Einen Eingriff in die VOB/B verneinen: OLG Hamm OLGR 1997, 62; OLG Brandenburg IBR 2008, 320; Ingenstau/Korbion/*Wirth* VOB/B § 13 Abs. 4 Rn. 56/57.
[1429] BGH NJW-RR 1987, 851 = BauR 1987, 445; NJW-RR 1991, 980 = BauR 1991, 458.
[1430] BGHZ 157, 346 = NJW 2004, 1597 = NZBau 2004, 267 = BauR 2004, 668; NZBau 2004, 385 = BauR 2004, 1142.
[1431] Das hatte der BGH nicht zu entscheiden: *Bormann/Graßnack/Kessen* BauR 2005, 463 (464).
[1432] Diesen Unterschied übersehen *Dammann/Ruzik* NZBau 2013, 265 (267).
[1433] → Rn. 130–132.

den Bauherrn beginnen soll, ist nach §§ 307, 308 Nr. 1 BGB unwirksam.[1434] Ebenso ist eine AGB-Klausel des Auftraggebers, die den Verjährungsbeginn bei versteckten Mängeln auf den Zeitpunkt der Entdeckung und/oder der Mängelanzeige verschiebt, ohne angemessene Zeitgrenze nach § 307 BGB unwirksam, weil in ihr sonst ein Ausschluss der Verjährung liegen könnte, welcher nach § 202 Abs. 2 BGB unzulässig ist.[1435] Auch die Klausel in einem vorformulierten Generalunternehmervertrag, dass die Verjährungsfrist erst beginnt, wenn alle Mängel ordnungsgemäß beseitigt sind, verstößt gegen § 307 BGB, da sie den Auftragnehmer unangemessen benachteiligt.[1436] Gleichfalls nach § 307 BGB kann in AGB des Auftragnehmers die gemäß § 215 BGB zulässige Aufrechnung des Auftraggebers mit einem verjährten Mängelanspruch nicht wirksam ausgeschlossen werden.[1437]

II. Mängelbeseitigung: § 13 Abs. 5 VOB/B

232   Der Mängelbeseitigungsanspruch in seinen unterschiedlichen Ausgestaltungen gemäß Nr. 1 und 2 des § 13 Abs. 5 VOB/B steht – insoweit mit § 634 Nr. 1 und 2 BGB übereinstimmend – mit Bedacht an erster Stelle vor den übrigen Mängelrechten in § 13 Abs. 6 und 7 VOB/B. Diese Position unterstreicht die Bedeutung der **Mängelbeseitigung** als **primäres Recht** des Auftraggebers. Denn das Minderungsrecht (Abs. 6) und der Schadenersatzanspruch (Abs. 7) haben nur Hilfs- und Ergänzungsfunktion, wenn und soweit Mängelbeseitigung nicht erreichbar ist. In erster Linie soll mit der Mängelbeseitigung der eigentliche Vertragszweck, die vertragsgemäße Bauleistung, erzielt werden.[1438] Dem vorrangigen Interesse des Auftraggebers an der Erstellung des vom Auftragnehmer geschuldeten mangelfreien Werks[1439] wird damit konsequenter entsprochen als im BGB-Werkvertragsrecht, zumal der Auftraggeber die dortige Möglichkeit, durch Fristsetzung zur Nacherfüllung alsbald zum Rücktritt (§ 323 Abs. 1 BGB) oder zur Minderung (§ 634 Nr. 3 BGB) überzugehen, im Rahmen des § 13 VOB/B nicht hat.

233   Gemäß §§ 634 Nr. 1, 635 **BGB** kann der Auftraggeber, wenn das Werk mangelhaft ist, **Nacherfüllung** verlangen. Diesen Anspruch kann der Auftragnehmer nach seiner Wahl durch Mängelbeseitigung oder Neuherstellung erfüllen (§ 635 Abs. 1 BGB). Dem gegenüber gibt § 13 Abs. 5 **VOB/B** unverändert einen Anspruch auf **Mängelbeseitigung.** Da dieser nach der Rechtsprechung[1440] schon bisher auch die Neuherstellung umfasste,[1441] wurde davon abgesehen, die VOB/B insoweit zu ändern.[1442]

234   **1. Mängelbeseitigungspflicht und -gelegenheit.** Obwohl § 13 Abs. 5 Nr. 1 S. 1 VOB/B nur bestimmt, dass der Auftragnehmer zur Mängelbeseitigung verpflichtet ist, hat er zugleich ein berechtigtes Interesse, auftretende Mängel zu prüfen und die Möglichkeit zu erhalten, sie zu beseitigen.[1443] Dem entsprechend macht § 13 Abs. 5 Nr. 2 VOB/B das Ersatzvornahmerecht – wie § 637 Abs. 1 BGB die Selbstvornahme – des Auftraggebers von einer vorherigen Fristsetzung abhängig. Daraus wurde früher gefolgert, dass der Auftragnehmer auch ein Nachbesserungsrecht hat.[1444] Wie ein Urteil des OLG Hamm[1445] zeigt, kann dieser Begriff jedoch zu Missverständnissen führen. Bei näherer Betrachtung spricht nichts dafür, ein Recht oder sogar

---

[1434] BGHZ 132, 383 = NJW 1996, 2155 = BauR 1996, 707 unter Hinweis auf BGHZ 107, 75 = NJW 1989, 1602 = BauR 1989, 322; BGH NZBau 2001, 201 = BauR 2001, 621.
[1435] Beck'scher VOB-Kommentar/*Eichberger* VOB/B § 13 Abs. 4 Rn. 215.
[1436] OLG Celle BauR 2001, 259.
[1437] OLG Hamm NJW-RR 1993, 1082 = BauR 1993, 605.
[1438] NWJS VOB/B § 13 Rn. 110; *Riedl/Mansfeld* in Heiermann/Riedl/Rusam VOB/B § 13 Rn. 86; Ingenstau/Korbion/*Wirth* VOB/B § 13 Abs. 5 Rn. 13.
[1439] BGHZ 96, 111 = NJW 1986, 711 = BauR 1986, 93.
[1440] BGHZ 96, 111 = NJW 1986, 711 = BauR 1986, 93; vgl. schon → Rn. 8 sowie → Rn. 261.
[1441] So auch BT-Drs. 14/6040, 264/265 zu § 635 Abs. 1; von einer mit § 635 BGB beabsichtigten Stärkung der Rechte des Auftraggebers – so *Kiesel* NZBau 2002, 2064 (2068) – kann also keine Rede sein.
[1442] Beschluss des Vorstandes des DVA vom 2.5.2002, Begründung II. 9.; *Kratzenberg* NZBau 2002, 177 (182). Entgegen *Tempel* NZBau 2002, 532 (534, 535) stellt die Nichterwähnung der Neuherstellung keinen Verstoß gegen das Transparenzgebot des § 307 Abs. 1 S. 2 BGB dar: *Weyer* NZBau 2003, 521 (522).
[1443] BGH NJW 1966, 39.
[1444] BGHZ 90, 344 = NJW 1984, 1676 = BauR 1984, 395; BGH NJW 1986, 713 = BauR 1986, 98, insoweit in BGHZ 96, 146 nicht abgedruckt; BGHZ 96, 221 = NJW 1986, 922 = BauR 1986, 211; BGH NJW 2000, 3348 = NZBau 2000, 466 = BauR 2000, 1756; NZBau 2009, 377 = BauR 2009, 976 Rn. 10; *Muffler* BauR 2004, 1356 (1357, 1358); vgl. außerdem die Nachweise bei *Weyer* BauR 2006, 1665, Fn. 1 und 2.
[1445] BauR 2005, 1190.

einen Anspruch des Auftragnehmers auf Nachbesserung anzunehmen.[1446] Um die rechtliche Position des Auftragnehmers genauer zu umschreiben, sollte diese deshalb nur noch als **Gelegenheit** oder Möglichkeit **zur Nachbesserung** bezeichnet werden.[1447] Dass § 13 Abs. 5 VOB/B dem Auftraggeber zunächst lediglich einen Mängelbeseitigungsanspruch gewährt,[1448] dient damit zugleich dem Schutz des Auftragnehmers, weil es für diesen regelmäßig finanziell günstiger ist, selbst nachzubessern.[1449]

2. Voraussetzungen des Anspruchs. Die Voraussetzungen des Mängelbeseitigungsanspruchs ergeben sich aus **§ 13 Abs. 5 Nr. 1 S. 1 VOB/B.** Danach ist der Auftragnehmer verpflichtet, alle während der Verjährungsfrist hervortretenden Mängel, die auf vertragswidrige Leistung zurückzuführen sind, auf seine Kosten zu beseitigen, wenn es der Auftraggeber vor Ablauf der Frist schriftlich verlangt. 235

a) Auf vertragswidrige Leistung zurückzuführender Mangel. Es muss zunächst ein **Mangel** vorliegen. Ein solcher ist zu bejahen, wenn die Bauleistung des Auftragnehmers nicht den Anforderungen des § 13 Abs. 1 und 2 VOB/B entspricht. Das ist der Fall, soweit die Leistung zur Zeit der Abnahme entweder nicht die vereinbarte Beschaffenheit aufweist und auch nicht die Alternativen des § 13 Abs. 1 S. 3 VOB/B erfüllt oder nicht den anerkannten Regeln der Technik entspricht. Wegen der näheren Einzelheiten wird auf die obigen Ausführungen[1450] verwiesen. 236

Allerdings genügt nicht jeder Mangel, vielmehr muss er auf **vertragswidrige Leistung**[1451] des Auftragnehmers zurückzuführen sein. Hierbei ist jedoch zu beachten, dass das Werkvertragsrecht von dem Grundsatz ausgeht, dass der Auftragnehmer unabhängig von einem Verschulden für die vereinbarte Werkleistung und damit für den Erfolg seiner Tätigkeit einzustehen hat.[1452] Deshalb ist dem Auftragnehmer in der Regel jeder Mangel seines Werks **zuzurechnen.** Eine Ausnahme bilden die Fälle der Risikoverlagerung auf den Auftraggeber gemäß § 13 Abs. 3 VOB/B, wenn der Auftragnehmer von der Sachmängelhaftung frei ist, weil er seine Prüfungs- und Hinweispflicht erfüllt hat.[1453] Denn dann ist seine Leistung als vertragsgemäß zu behandeln.[1454] Die Zurechenbarkeit eines solchen Mangels wird zu Recht allgemein verneint.[1455] 237

Schwierigkeiten bei der Feststellung, ob ein Mangel auf die Leistung des Auftragnehmers zurückzuführen ist, also ihrer **Ursächlichkeit** für den Mangel, können entstehen, falls an der Bauleistung außer ihm noch ein oder mehrere andere Unternehmer oder der Auftraggeber selbst mitgewirkt haben.[1456] Es genügt jedoch, dass die Leistung des Auftragnehmers mitursächlich war.[1457] Mitursächlichkeit scheidet aber aus, wenn der Mangel auf der Teilleistung eines anderen beteiligten Unternehmers beruht.[1458] Haben indes mehrere Baubeteiligte Ursachen gesetzt, die erfahrungsgemäß jede für sich oder auch zusammen den Mangel herbeigeführt haben können, 238

[1446] *Jansen* BauR 2005, (1089–1093); *Thode* ibr-online: IBR Aufsatz „Hat der Auftragnehmer einen durchsetzbaren Anspruch auf Mängelbeseitigung oder Nacherfüllung gegen den Auftraggeber?"; *Weyer* BauR 2006, (1665–1671). Zustimmend *Preussner* BauR 2015, 345 (351).
[1447] OLG Düsseldorf NZBau 2016, 295; *Drossart* in Messerschmidt/Voit Syst. Teil J Rn. 18 und 81 sowie § 634 Rn. 25 spricht nach wie vor von einem Recht des Auftragnehmers, während *Moufang* in Messerschmidt/Voit § 635 Rn. 4 einen solchen Anspruch ausdrücklich verneint. Auch *Faust* BauR 2010, 1818 (1819) geht unkritisch von einer „Doppelfunktion der Nacherfüllung als Recht sowohl des Werkunternehmers als auch des Bestellers" aus. Zutreffend *Pauly*, ZfBR 2016, 637.
[1448] BGHZ 96, 221 = NJW 1986, 922 = BauR 1986, 211.
[1449] NWJS VOB/B § 13 Rn. 110. Näher zur Interessenlage der Vertragspartner: *Preussner* BauR 2015, 345 (347–350).
[1450] → Rn. 21–52.
[1451] Vgl. dazu – im Ansatz anders – *Zahn* BauR 2006, 1823 (1827).
[1452] BGH NZBau 2006, 112 = BauR 2006, 375; *Zahn* BauR 2006, 1823 (1825); vgl. dazu schon → Rn. 80; vgl. außerdem OLG Hamburg BauR 2001, 1749 mit Anm. *Wirth* = IBR 2001, 180 mit kritischem Praxishinweis von *Putzier* und dazu *Leitzke* BauR 2002, 394 sowie → VOB/B § 4 Rn. 68.
[1453] Vgl. zu § 13 Abs. 3 im Einzelnen → Rn. 79–115.
[1454] BGH NJW 2008, 511 Rn. 32 = NZBau 2008, 109 = BauR 2008, 344.
[1455] Beck'scher VOB-Kommentar/*Kohler* VOB/B § 13 Abs. 5 Rn. 24; *Riedl/Mansfeld* in Heiermann/Riedl/Rusam VOB/B § 13 Rn. 87; *Kleine-Möller/Merl/Glöckner* § 15 Rn. 757; NWJS VOB/B § 13 Rn. 116.
[1456] Vgl. dazu → Rn. 60 sowie OLG Hamburg IBR 2005, 585.
[1457] BGH BauR 1975, 130; NJW-RR 1988, 1043 = BauR 1988, 474. Zur gesamtschuldnerischen Mängelhaftung von Vor- und Nachunternehmer vgl. → Rn. 112 und → Rn. 266.
[1458] Beck'scher VOB-Kommentar/*Kohler* VOB/B § 13 Abs. 5 Rn. 21; NWJS VOB/B § 13 Rn. 116.

ohne dass feststellbar ist, worauf der Mangel letztlich beruht, ist das Zusammenwirken aller anzunehmen.[1459] Das gilt auch im Falle der **Doppelkausalität**,[1460] bei der eng zusammengehörende Arbeitsgänge, die bei wertender Betrachtung als einheitlicher Vorgang zu beurteilen sind – wie zum Beispiel die Verlegung und die Verfugung von Fliesen als notwendige Bestandteile der Herstellung eines Bodenbelags –, nicht sachwidrig voneinander getrennt werden dürfen.[1461] Dabei hat der einzelne Beteiligte gegebenenfalls nur in Höhe einer anteiligen Quote einzustehen.[1462]

239 b) Während der Verjährungsfrist hervortretender Mangel. Die Formulierung in § 13 Abs. 5 Nr. 1 S. 1 VOB/B, dass die Mängelbeseitigungspflicht sich auf „alle während der Verjährungsfrist hervortretenden Mängel" erstreckt, ist in mehrfacher Hinsicht **zu eng**. So ist anerkannt, dass nicht erledigte, vor der Abnahme gemäß § 4 Abs. 7 VOB/B geltend gemachte Mängelbeseitigungsansprüche sich mit der Abnahme in Mängelrechten aus § 13 VOB/B fortsetzen,[1463] sich also weiterhin zunächst auf Mängelbeseitigung richten. Zudem folgt aus § 640 Abs. 2 BGB in Verbindung mit § 12 Abs. 4 Nr. 1 S. 4 und Abs. 5 Nr. 3 VOB/B, dass der Auftraggeber auch wegen bei der Abnahme bekannter und vorbehaltener Mängel Nachbesserung verlangen kann.[1464] Schließlich enthält § 13 Abs. 5 Nr. 1 S. 1 VOB/B nicht etwa eine Ausschlussfrist; vielmehr erwirbt der Auftraggeber bei erst nach Ablauf der Verjährungsfrist hervortretenden Mängeln entsprechend der allgemeinen Wirkung der Verjährung zwar einen Mängelbeseitigungsanspruch, der Auftragnehmer kann diesem aber die Verjährungseinrede entgegenhalten.[1465]

240 c) Beseitigungsverlangen. Der Anspruch auf Beseitigung des Mangels entsteht mit einem entsprechenden Beseitigungsverlangen des Auftraggebers.[1466] Entgegen dem Wortlaut des § 13 Abs. 5 Nr. 1 S. 1 VOB/B gilt das auch, wenn dieses Verlangen erst nach Ablauf der Verjährungsfrist gestellt wird, jedoch kann der Auftragnehmer sich dann sogleich auf Verjährung berufen. Das Beseitigungsverlangen muss inhaltlich nach Art, Ort und Umfang so **konkret**[1467] sein, dass der Auftragnehmer erkennen kann, welche Mängel gerügt und von ihm nachgebessert werden sollen.[1468] Die damit angesprochene hinreichend genaue Bezeichnung der Mängel erlangt ihre eigentliche und entscheidende Bedeutung erst im Rahmen des „Quasi-Neubeginns" nach § 13 Abs. 5 Nr. 1 S. 2 VOB/B, weshalb sie dort[1469] näher behandelt wird.

241 d) Schriftform. Obwohl nach dem Wortlaut des § 13 Abs. 5 Nr. 1 S. 1 VOB/B ein schriftliches Beseitigungsverlangen erforderlich ist, hängt die Entstehung des Mängelbeseitigungsanspruchs nicht davon ab, dass er schriftlich geltend gemacht wird.[1470] Die Nachbesserung „muss" der Auftraggeber also keineswegs schriftlich verlangen.[1471] Die eigentliche Bedeutung

---

[1459] BGH WM 1971, 1056. OLG Hamm BauR 2009, 510 = NZBau 2009, 315 wendet § 830 Abs. 1 S. 2 BGB analog an.

[1460] BGH NJW 2013, 2018 = BauR 2013, 1131 und 1268 Rn. 26/27 mit weiteren Nachweisen.

[1461] BGH NJW 2013, 2018 = BauR 2013, 1131 und 1268 Rn. 28–31.

[1462] BGH NJW 2013, 2018 = BauR 2013, 1131 und 1268 Rn. 33/34; vgl. auch OLG Stuttgart NJW-RR 1995, 892 = BauR 1995, 850; OLG Düsseldorf NJW-RR 1995, 339; OLG Frankfurt NJW-RR 1995, 1488.

[1463] BGH NJW 1982, 1524 = BauR 1982, 277; NWJS VOB/B § 4 Rn. 115; Beck'scher VOB-Kommentar/*Kohler* VOB/B § 4 Abs. 7 Rn. 4; Ingenstau/Korbion/*Oppler* VOB/B § 4 Abs. 7 Rn. 25; vgl. auch → VOB/B § 4 Rn. 162, 173 sowie → § 13 Rn. 119; aA fälschlich *Donner/Retzlaff*, in FKZGM VOB/B § 13 Rn. 3.

[1464] Ingenstau/Korbion/*Wirth* VOB/B § 13 Abs. 5 Rn. 30; Beck'scher VOB-Kommentar/*Kohler* VOB/B § 13 Abs. 5 Rn. 34; *Daub/Piel/Soergel/Steffani* ErlZ B 13.394.

[1465] *Hereth/Ludwig/Naschold* VOB/B § 13 Ez 213; vgl. schon → Rn. 120.

[1466] BGH NJW 1990, 901 = BauR 1990, 218.

[1467] *Miernik* im Praxishinweis zu OLG Oldenburg IBR 2004, 199; OLG Köln IBR 2013, 615.

[1468] Vgl. dazu näher Beck'scher VOB-Kommentar/*Kohler* VOB/B § 13 Abs. 5 Rn. 36–39; *Vygen/Joussen* Bauvertragsrecht Rn. 1316. Zu eng OLG Köln IBR 2011, 692 mit zu Recht kritischem Praxishinweis von *Heiland*.

[1469] Vgl. → Rn. 245–248.

[1470] BGH NJW 1959, 142; BGHZ 58, 332 = NJW 1972, 1280 = BauR 1972, 311; OLG Schleswig BauR 2012, 815; *Hereth/Ludwig/Naschold* VOB/B § 13 Ez 209–211; Ingenstau/Korbion/*Wirth* VOB/B § 13 Abs. 5 Rn. 106/107; Beck'scher VOB-Kommentar/*Kohler* VOB/B § 13 Abs. 5 Rn. 41.

[1471] Entgegen *Leupertz/Halfmeier* in Prütting/Wegen/Weinreich BGB § 635 Rn. 11.

der Schriftform besteht auch hier in dem durch sie bewirkten „Quasi-Neubeginn" der Verjährungsfrist.[1472]

3. „Quasi-Neubeginn"/Ablaufhemmung: § 13 Abs. 5 Nr. 1 S. 2 VOB/B. Zu diesem statt der bisherigen Bezeichnung als „Quasiunterbrechung"[1473] wegen der neuen Terminologie des § 212 BGB begrifflich besser passenden **„Quasi-Neubeginn"** bestimmt **§ 13 Abs. 5 Nr. 1 S. 2 VOB/B** seit seiner Änderung durch die VOB/B 2002,[1474] dass der Anspruch auf Beseitigung der gerügten Mängel in 2 Jahren verjährt, gerechnet vom Zugang des schriftlichen Verlangens an, jedoch nicht vor Ablauf der Regelfristen nach Nr. 4 oder der an ihrer Stelle vereinbarten Frist. Sinn und Zweck dieser Regelung ist, dem Auftraggeber einen Ausgleich dafür zu gewähren, daß in § 13 Abs. 4 VOB/B für Bauwerksleistungen die gesetzliche Verjährungsfrist verkürzt worden ist.[1475] Gleichwohl handelt es sich um eine typisierte Regelung, die nicht nur gilt, wenn im Einzelfall die kurze Frist des § 13 Abs. 4 VOB/B eingreift, sondern ebenso bei Vereinbarung einer längeren Verjährungsfrist,[1476] wie auch im letzten Halbsatz der Bestimmung zum Ausdruck kommt.[1477] Haben die Bauvertragspartner eine kürzere Verjährungsfrist als die Regelfrist durch Individualvereinbarung verabredet – eine entsprechende AGB-Klausel wäre nach § 309 Nr. 8 lit. b ff. BGB unwirksam –, ist allerdings zu prüfen, ob damit nicht gleichzeitig die verjährungsverlängernde Wirkung des schriftlichen Mängelbeseitigungsverlangens abbedungen sein sollte.[1478] Ist ein fester Endtermin vereinbart, in welchem die Sachmängelhaftung „endgültig erlöschen" soll, so ist § 13 Abs. 5 Nr. 1 S. 2 VOB/B nicht anwendbar.[1479] Wird in den einbezogenen AGB des Auftragnehmers isoliert auf § 13 VOB/B verwiesen, ist die Vereinbarung der kurzen Verjährungsfrist des § 13 Abs. 4 VOB/B zwar unwirksam[1480] und es gilt die fünfjährige Verjährungsfrist des § 634a Abs. 1 S. 2 BGB, welche aber ebenfalls gemäß § 13 Abs. 5 Nr. 1 S. 2 VOB/B verlängert werden kann.[1481]

a) Schriftliches Mängelbeseitigungsverlangen. Der „Quasi-Neubeginn" setzt voraus, dass der Auftraggeber die Beseitigung der Mängel schriftlich verlangt.[1482] Allein die Weiterleitung von Mängelrügen des Bauherrn durch den Generalunternehmer an einen Nachunternehmer verbunden mit der Einladung zu einem Ortstermin zur Abklärung der Verantwortlichkeiten reicht nicht aus.[1483] Hier ist die **Schriftform,**[1484] für die nach § 127 Abs. 2 BGB zum Beispiel auch eine **E-Mail** ausreicht,[1485] von entscheidender Bedeutung, weil sie Voraussetzung für die

---

[1472] BGH NJW 1959, 142; NWJS VOB/B § 13 Rn. 118; Beck'scher VOB-Kommentar/*Kohler* VOB/B § 13 Abs. 5 Rn. 42; *Kaiser* Mängelhaftung Rn. 72; Ingenstau/Korbion/*Wirth* VOB/B § 13 Abs. 5 Rn. 108–111. Vgl. dazu → Rn. 243.

[1473] Die Bezeichnung wechselt: vgl. zum Beispiel OLG Hamm NJW-RR 1993, 287 = BauR 1993, 207: „Quasi-Unterbrechung"; BGHZ 95, 375 = NJW 1986, 310: „erleichterte Unterbrechung"; BGH NJW 1987, 381 = BauR 1987, 84: „Verlängerung der Verjährungsfrist". Die Bezeichnung „Quasiunterbrechung" passt nicht mehr: *Weyer* BauR 2003, 613 (619); NZBau 2003, 521 (523) und Jahrbuch BauR 2007, 177 (198, 201–203); dazu näher → Rn. 250.

[1474] Vgl. zum Grund der Änderung Beschluss des Vorstandes des DVA vom 2.5.2002, Begründung II.10.; *Kratzenberg* NZBau 2002, 177 (182); vgl. auch → Rn. 250.

[1475] BGHZ 58, 7 = NJW 1972, 530 = BauR 1972, 172; BGH NJW 1978, 537 = BauR 1978, 143; NWJS VOB/B § 13 Rn. 127.

[1476] BGHZ 58, 7 = NJW 1972, 530 = BauR 1972, 172; BGHZ 58, 332 = NJW 1972, 1280 = BauR 1972, 311; NZBau 2005, 282 = BauR 2005, 710.

[1477] Ingenstau/Korbion/*Wirth* VOB/B § 13 Abs. 4 Rn. 281.

[1478] BGH NJW 1981, 2741 = BauR 1981, 591; vgl. dazu auch Ingenstau/Korbion/*Wirth* VOB/B § 13 Abs. 4 Rn. 284/285.

[1479] BGH NJW 1981, 2741 = BauR 1981, 591; Ingenstau/Korbion/*Wirth* VOB/B § 13 Abs. 4 Rn. 286.

[1480] Vgl. dazu → Rn. 12 und 228.

[1481] Entgegen LG Potsdam IBR 2010, 1092 (nur online) mit kritischem Praxishinweis von *Weyer*.

[1482] Eine Streitverkündung ersetzt dieses Verlangen grundsätzlich nicht: *Parbs-Neumann* IBR 2007, 535. Zweifelhaft auch die Bejahung eines Mängelbeseitigungsverlangens durch OLG Karlsruhe IBR 2012, 199 = NJW 2012, 2204.

[1483] OLG Stuttgart IBR 2010, 327.

[1484] Vgl. dazu näher *Kleine-Möller/Merl/Glöckner* § 15 Rn. 1225.

[1485] Zu Unrecht aA OLG Frankfurt NJW 2012, 2206 = IBR 2012, 386 mit kritischem Praxishinweis von *Weyer*. Vgl. auch *Thomas Fuchs* IBR 2012, 493; *Weyer* Blog-Eintrag vom 24.8.2012 in ibr-online; *Weyer* im Praxishinweis zu OLG Hamm IBR 2012, 741; Nicklisch/Weick/Moufang/*Koos*, § 13 Rn. 305; Dem OLG Frankfurt zustimmend: *Hummel* BauR 2015, 329 (332) vor II. Wie OLG Frankfurt auch LG Frankfurt IBR 2015, 132; BeckOK-VOB/B/*Koenen*, § 13 Abs. 5 Rn. 28; ebenfalls a.A. OLG Jena NZBau 2016, 291. Kritisch hierzu: *Bergmann-Streyl* IBR 2016, 144; *Schäfer* NJW 2016, 1330; *Hummel* NZBau 2016, 291; vgl. auch *Hammacher* (Editorial) BauR 2016, Heft 6, I.

Durchsetzbarkeit des Nachbesserungsanspruchs über den Ablauf der ursprünglichen Verjährungsfrist hinaus ist[1486] und insoweit als Wirksamkeitsvoraussetzung[1487] bezeichnet werden kann. Zumindest ungenau ist es jedoch, dem schriftlichen Mängelbeseitigungsverlangen rechtsbegründende Wirkung zuzuschreiben.[1488] Vielmehr entsteht der Anspruch bereits mit einem formlosen Verlangen.[1489] Wenn ein solches, wie oft, vorausgegangen ist, hat eine spätere schriftliche Aufforderung nur rechtserhaltende Bedeutung. Stets muss das Verlangen auf Mängelbeseitigung gerichtet sein; die Erklärung der Minderung[1490] oder die Forderung von Kostenvorschuss, Kostenerstattung oder Schadenersatz genügt nicht.[1491] Die Mängelrüge des Verkäufers einer neu errichteten Immobilie, der seine **Gewährleistungsansprüche** gegen den Bauunternehmer an den Käufer **abgetreten hat**, kann zu Gunsten des Käufers nur dann eine Verjährungsverlängerung bewirken, wenn die Rüge in Vollmacht und in erkennbarem Namen des Käufers ausgesprochen worden ist. Das Fehlen dieser Voraussetzungen ist durch eine spätere Genehmigung des Käufers nicht mit Wirkung ex tunc heilbar.[1492]

244 **b) Zugang innerhalb der Verjährungsfrist.** Das schriftliche Mängelbeseitigungsverlangen muss **nach** der **Abnahme innerhalb der Verjährungsfrist** – der vertraglich vereinbarten,[1493] andernfalls der Regelfrist des § 13 Abs. 4 VOB/B – **zugehen**; eine vor der Abnahme zugegangene Aufforderung ist unbeachtlich.[1494] Das Verlangen ist an den Auftragnehmer oder seinen bevollmächtigten Vertreter, nach der Eröffnung des Insolvenzverfahrens über das Vermögen des Auftragnehmers an den Insolvenzverwalter zu richten.[1495] Soweit Riedl[1496] und Kaiser[1497] unter Bezugnahme auf dasselbe BGH-Urteil[1498] für den Fall des (früheren) Konkurses des Auftragnehmers diesen weiterhin als richtigen Adressaten bezeichnen, verkennen sie die gegenteilige Entscheidung des BGH. Ein von dem Auftragnehmer mit der Wartung der Werkleistung beauftragter Unternehmer kann als sein Empfangsbote angesehen werden.[1499] Allerdings wird auch die an einen Empfangsboten abgegebene Erklärung erst in dem Zeitpunkt wirksam, in dem – sofern nicht ein früherer Zugang feststeht – nach dem regelmäßigen Verlauf der Dinge die Übermittlung der Erklärung an den Adressaten – hier den Auftragnehmer – zu erwarten war,[1500] was also ebenfalls noch vor Ablauf der Verjährungsfrist geschehen muss.

245 **c) Anforderungen an die Bestimmtheit: Symptom-Rechtsprechung.** Das Mängelbeseitigungsverlangen muss hinreichend bestimmt sein,[1501] damit der Auftragnehmer erkennen kann, was gerügt und von ihm nachgebessert werden soll. Das ist nicht der Fall, wenn zum Beispiel bei Malerarbeiten nur pauschal mangelhafte Ausführung gerügt wird[1502] oder wenn nach Einbau von neun Stahltüren beanstandet wird, dass einige Türen und einige Drückergarnituren klemmen beziehungsweise wieder nicht schließen.[1503] Die schlichte Behauptung, eine Heizanlage

---

[1486] BGH NJW 1959, 142; BGHZ 58, 332 = NJW 1972, 1280 = BauR 1972, 311; Ingenstau/Korbion/Wirth VOB/B § 13 Abs. 5 Rn. 108–110.
[1487] So *Kaiser* Mängelhaftung Rn. 175.
[1488] So jedoch OLG Hamm NZBau 2004, 332; Ingenstau/Korbion/*Wirth* VOB/B § 13 Abs. 4 Rn. 277; *Drossart* in Messerschmidt/Voit Syst. Teil J Rn. 79.
[1489] Vgl. → Rn. 240/241.
[1490] LG Wiesbaden NJW 1986, 329; NWJS VOB/B § 13 Rn. 132, am Ende; aA – ohne Begründung – BGH NJW 2006, 2919 = NZBau 2006, 635 Rn. 16 = BauR 2006, 1884; vgl. dazu *Weyer* BauR 2007, (755–757).
[1491] *Kleine-Möller/Merl/Glöckner* § 15 Rn. 1223.
[1492] OLG Jena NZBau 2016, 291.
[1493] Fälschlich aA OLG Koblenz NZBau 2005, 463 mit zu Recht ablehnender Anm. von *Schnapp* NZBau 2005, 464 = BauR 2005, 1644 mit ebenfalls ablehnender Anm. von *Moufang* BauR 2005, 1645 und von *Leupertz* im Praxishinweis zu IBR 2005, 317.
[1494] BGH BauR 1977, 346; Ingenstau/Korbion/*Wirth* VOB/B § 13 Abs. 4 Rn. 274; *Kleine-Möller/Merl/Glöckner* § 15 Rn. 1226.
[1495] BGHZ 95, 375 = NJW 1986, 310 für den Fall der Insolvenz nach altem Recht bezüglich des Konkursverwalters; *Kleine-Möller/Merl/Glöckner* § 15 Rn. 1223; Ingenstau/Korbion/*Wirth* VOB/B § 13 Abs. 4 Rn. 275; *Riedl/Mansfeld* in Heiermann/Riedl/Rusam VOB/B § 13 Rn. 90.
[1496] Heiermann/Riedl/Rusam 10. Aufl., VOB/B § 13 Rn. 126.
[1497] Mängelhaftung Rn. 175 und BauR 1990, 123 (131, 132).
[1498] BGHZ 95, 375 = NJW 1986, 310.
[1499] LG Leipzig NJW 1999, 2975 = BauR 1999, 1462.
[1500] BGH NJW-RR 1989, 757; Palandt/*Ellenberger* BGB § 130 Rn. 9.
[1501] Vgl. dazu schon → Rn. 240.
[1502] OLG Brandenburg IBR 2010, 331.
[1503] OLG Köln IBR 2013, 615.

verbrauche zu viel Gas, ist keine hinreichend substanziierte Mängelrüge.[1504] Darüber hinaus dient dieses Erfordernis auch insoweit dem Schutz des Auftragnehmers, als es verhindern soll, dass der Auftraggeber nach Ablauf der Verjährungsfrist bislang nicht gerügte Mängel nachschiebt.[1505] Im Einzelnen ergeben sich die Anforderungen an die Bestimmtheit aus der sogenannten Symptom-Rechtsprechung[1506] des BGH.

Nach dieser ständigen BGH-Rechtsprechung ist **zwischen** der Abweichung der Werkleistung von der vertragsgemäßen Beschaffenheit, dem **Mangel** der Werkleistung, **und** den **Mangelerscheinungen,** an denen sich die Abweichung des Werks von der geschuldeten Leistung zeigt, **zu unterscheiden.**[1507] Der Auftraggeber genügt den Anforderungen an ein hinreichend bestimmtes Mängelbeseitigungsverlangen, wenn er die Erscheinungen, die er auf vertragswidrige Abweichungen zurückführt, hinreichend deutlich beschreibt,[1508] gegebenenfalls auch, indem er auf ein dem Auftragnehmer bekanntes Beweissicherungsgutachten Bezug nimmt.[1509] Nimmt der Auftraggeber in einer schriftlichen Mängelrüge Bezug auf ein Privatgutachten, so obliegt dem Auftraggeber auch der Nachweis, dass dieses Privatgutachten dem Auftragnehmer zusammen mit der Mängelbeseitigungsaufforderung zugegangen ist.[1510] Er kann sich also **auf die Symptome beschränken,** aus denen er die Mangelhaftigkeit der Bauleistung herleitet.[1511] Ausreichend ist der Sachvortrag, dass die Erscheinungen auf Mängel zurückzuführen sein können und dass die Mängel möglicherweise in den Verantwortungsbereich des Auftragnehmers fallen.[1512] Der Auftraggeber braucht den Mangel selbst, die Ursachen der Symptome, nicht zu bezeichnen, weshalb es unschädlich ist, wenn er fälschlich andere als die später tatsächlich festgestellten Ursachen angibt.[1513] Erst recht hat er keinen Anlass, irgendwelche außerhalb der Mängel liegende Ursachen auszuschließen.[1514] Für erst später auftretende Mängel gilt insoweit nichts anderes.[1515] In seinem Urteil vom 24.8.2016[1516] hat der BGH die Bedeutung seiner Symptomrechtsprechung noch einmal klar gemacht: Der Auftraggeber hatte eindringende Feuchtigkeit in verschiedenen Bereichen der Weißen Wanne gerügt. Später stellte sich heraus, dass die Ursache des Mangels die gesamte Weiße Wanne des Bauwerks betraf. Zutreffend ging der BGH davon aus, die lokal begrenzte Mängelrüge erfasse das gesamte Bauwerk.[1517]

Der Auftraggeber macht mit der Bezeichnung der Mangelerscheinungen alle Ursachen der genannten Symptome und damit den **Mangel** selbst **in vollem Umfang** zum Gegenstand seines Mängelbeseitigungsverlangens.[1518] Das gilt auch dann, wenn die angegebenen Symptome des Mangels nur an einigen Stellen aufgetreten sind, während ihre Ursache, also der Mangel des Werks, in Wahrheit das ganze Gebäude erfasst.[1519] Die Benennung einer Stelle, an der Wasser in eine von mehreren Wohnungen eindringt, ist deshalb nicht als Begrenzung des Mängelbeseitigungsverlangens zu verstehen.[1520] Ebenso erstreckt sich die Rüge von Feuchtigkeitsschäden an einigen von zahlreichen Balkonen eines Hauses, die auf konstruktiven Mängeln des Balkon-

---

[1504] OLG Köln NZBau 2016, 224.
[1505] Beck'scher VOB-Kommentar/*Kohler* VOB/B § 13 Abs. 5 Rn. 36.
[1506] Grundlagen und Vorschläge zur Rechtfertigung der Symptomrechtsprechung erörtert *Ehrich* BauR 2010, (381–389). Grundlegend und ausführlich zur „Symptomtheorie" auch *Schmitz* BauR 2015, (371–384).
[1507] BGHZ 110, 99 = NJW 1990, 1472 = BauR 1990, 356; BGH NJW-RR 1997, 1376 = BauR 1997, 1029; BauR 2003, 1247.
[1508] BGH NJW-RR 2000, 309 = NZBau 2000, 73 = BauR 2000, 261; NJW-RR 2001, 380 = NZBau 2001, 195 = BauR 2001, 630; NZBau 2002, 335 = BauR 2002, 784; BauR 2003, 1247; NZBau 2005, 224 = BauR 2005, 590; NZBau 2005, 638 = BauR 2005, 1626; NZBau 2008, 174 Rn. 10 = BauR 2008, 510; NZBau 2009, 173 = BauR 2009, 99 Rn. 19; NJW-RR 2014, 1204 = ZfBR 2014, 674 Rn. 16, mit Anmerkung von *Schwenker* ZfBR 2014, 752.
[1509] BGH NZBau 2009, 173 = BauR 2009, 99 Rn. 19.
[1510] OLG München NZBau 2016, 161.
[1511] BGH NJW 1999, 1330 = BauR 1999, 391; BauR 1999, 899; BGHZ 150, 226 = NJW 2002, 2470 = NZBau 2002, 495 = BauR 2002, 1385.
[1512] BGH BauR 1999, 631.
[1513] BGH NJW-RR 1997, 1376 = BauR 1997, 1029; NJW 1999, 1330 = BauR 1999, 391; NZBau 2002, 335 = BauR 2002, 784.
[1514] BGH BauR 1999, 899.
[1515] Entgegen LG Potsdam IBR 2010, 1093 (nur online) mit kritischem Praxishinweis von *Weyer*.
[1516] BGH BauR 2017, 106.
[1517] BGH aaO, S. 108.
[1518] BGH NJW-RR 1992, 913 = BauR 1992, 503; NJW-RR 1997, 1376 = BauR 1997, 1029; BauR 1998, 632.
[1519] BGH NJW-RR 1989, 148 = BauR 1989, 79; NJW-RR 1997, 1376 = BauR 1997, 1029.
[1520] BGH NJW-RR 1992, 913 = BauR 1992, 503.

aufbaus und der Wasserabführung beruhen, auf sämtliche Balkone, die diese Mängel aufweisen.[1521] Und die Rüge von Spurrinnen auf einem Teilstück von 485 m eines Straßenbauabschnitts von 5 km erstreckt sich auf die gesamte Strecke, wenn wegen der selben Mangelursache eine Gesamtsanierung erforderlich ist.[1522]

248   **Beispiele** für eine hinreichend deutliche Bezeichnung der Mangelerscheinungen aus der neueren Rechtsprechung: Es genügt die Rüge, dass
– schlechte Bodenfliesen uneben und unsachgemäß verlegt sind,[1523]
– Wasser in unter dem Dach liegenden Wohnungen auftritt,[1524]
– Wohnungen wegen unzureichender Isolierung nicht ausreichend beheizbar sind,[1525]
– der Heizungsinstallateur die Fußbodenheizung unsachgemäß sofort mit Höchsttemperaturen in Betrieb genommen hat, wodurch es zu Rissen und Verwerfungen im Estrich gekommen ist,[1526]
– sich Durchfeuchtungen im Kellerbereich zeigen,[1527]
– die Fußbodenheizungsanlage in unvertretbarem Maß Wasser verliert, so dass diese mindestens zweimal pro Woche nachgefüllt werden muss, und bei Außentemperaturen unter 0 die notwendige Zimmertemperatur nicht erreichbar ist,[1528]
– die Schallschutzwerte bezüglich des Trittschalls nicht eingehalten sind,[1529]
– die Jalousien auf der Fensterbank auflaufen und nach außen vorstehen,[1530]
– Wasser von unten eingedrungen ist,[1531]
– die Weiße Wanne im Bereich der Tiefgaragen I und II sowie der Aufzugsschächte I und II undicht ist.[1532]

249   **d) Nur einmaliger „Quasi-Neubeginn".** Der „Quasi-Neubeginn" kann für denselben Mangel nur einmal durch das erste schriftliche Mängelbeseitigungsverlangen nach der Abnahme[1533] bewirkt werden.[1534] Sie schließt einen Neubeginn nach gesetzlichen Vorschriften nicht aus, wie umgekehrt zum Beispiel eine durch Anerkenntnis (§ 212 Abs. 1 Nr. 1 BGB) neu begonnene Verjährung durch einen „Quasi-Neubeginn" verlängert werden kann.[1535] Es entspricht jedoch nicht dem Sinn und Zweck des § 13 Abs. 5 Nr. 1 S. 2 VOB/B, nach einer Fristverlängerung durch schriftliches Beseitigungsverlangen und anschließendem Neubeginn der Verjährung durch ein Anerkenntnis, welches erneut die vereinbarte Frist in Gang setzt,[1536] dem Auftraggeber die Möglichkeit eines zweiten „Quasi-Neubeginns" zu geben.[1537]

250   **e) Verlängerung auf 2 Jahre.** Das erste schriftliche Beseitigungsverlangen verlängert[1538] gemäß § 13 Abs. 5 Nr. 1 S. 2 VOB/B ab Zugang die Verjährungsfrist für den gerügten Mangel auf jetzt 2 Jahre, sofern die Restfrist der Verjährung kürzer ist, während nach der bisherigen Fassung die Regelfristen des Abs. 4 galten. Mit dieser Begrenzung auf 2 Jahre soll ein Ausgleich gegenüber der auf 4 Jahre verlängerten Regelfrist für Bauwerksarbeiten in § 13 Abs. 4 VOB/B

[1521] BGH NJW-RR 1989, 148 = BauR 1989, 79.
[1522] OLG Hamm IBR 2008, 731.
[1523] BGHZ 110, 99 = NJW 1990, 1472 = BauR 1990, 356.
[1524] BGH NJW-RR 1992, 913 = BauR 1992, 503.
[1525] BGH NJW-RR 1997, 1376 = BauR 1997, 1029.
[1526] BGH BauR 1998, 632.
[1527] BGH NJW 1999, 1330 = BauR 1999, 391.
[1528] BGH BauR 1999, 899.
[1529] BGH NJW-RR 2000, 309 = NZBau 2000, 73 = BauR 2000, 261.
[1530] OLG Hamm NZBau 2006, 580.
[1531] OLG München BauR 2007, 2073.
[1532] BGH BauR 2017, 106.
[1533] Vgl. dazu → Rn. 244.
[1534] BGHZ 66, 142 = NJW 1976, 960 = BauR 1976, 202; NJW-RR 1990, 1240 = BauR 1990, 723; NJW 1998, 1305 = BauR 1998, 390; OLG Düsseldorf NJW-RR 1998, 1028 = BauR 1998, 549; OLG Karlsruhe NZBau 2004, 331 = BauR 2004, 518; NJW 2012, 2204.
[1535] BGH NJW 1978, 537 = BauR 1978, 143.
[1536] BGH NJW 1987, 381 = BauR 1987, 84; NZBau 2005, 282 = BauR 2005, 710; OLG Braunschweig IBR 2005, 194.
[1537] BGH NJW 1978, 537 = BauR 1978, 143; NJW-RR 1990, 1240 = BauR 1990, 723.
[1538] Vgl. BGH NJW 1987, 381 = BauR 1987, 84; NZBau 2005, 282 = BauR 2005, 710: Dort spricht der BGH ausdrücklich von der nach § 13 Abs. 5 Nr. 1 S. 2 VOB/B verlängerten Verjährungsfrist, also nicht von einer neuen 2-jährigen Frist.

geschaffen werden.[1539] Da § 13 Abs. 5 Nr. 1 S. 2 VOB/B zugleich bestimmt, dass die Verjährung nicht vor Ablauf der Regelfristen nach Abs. 4 oder der an ihrer Stelle vereinbarten Frist eintritt, hat er die **Wirkung** einer **Ablaufhemmung**.[1540] Dem Auftraggeber sollen mindestens 2 Jahre zur Realisierung seiner Mängelansprüche zur Verfügung stehen. Geht das schriftliche Beseitigungsverlangen dem Auftragnehmer früher als 2 Jahre vor dem Ende der Regelfrist oder der vereinbarten Frist zu, bleibt es wirkungslos.[1541]

f) Für alle Mängelansprüche. Das schriftliche Mängelbeseitigungsverlangen verlängert in **entsprechender Anwendung** des § 213 BGB die Verjährung sämtlicher Ansprüche aus § 13 VOB/B wegen der gerügten Mängel, und zwar unabhängig davon, ob im Einzelfall überhaupt eine Mängelbeseitigung in Betracht kommt und zu welchem Erfolg sie führen kann.[1542] Der „Quasi-Neubeginn" verhindert mithin über den Wortlaut des § 13 Abs. 5 Nr. 1 S. 2 VOB/B hinaus auch die Verjährung des Kostenvorschuss- und des Kostenerstattungsanspruchs aus § 13 Abs. 5 Nr. 2 VOB/B sowie des Schadenersatzanspruchs aus § 13 Abs. 7 VOB/B und damit auch die Unwirksamkeit der Minderung gemäß §§ 634a Abs. 5, 218 BGB.[1543]

4. Verjährung der Mängelansprüche für Mängelbeseitigungsleistungen: § 13 Abs. 5 Nr. 1 S. 3 VOB/B. Die in § 13 Abs. 5 Nr. 1 S. 3 VOB/B geregelte Verjährung der Mängelansprüche für Mängelbeseitigungsleistungen wird in der Literatur teilweise wie bei der schriftlichen Mängelrüge nach Satz 2 als Verlängerung der ursprünglich mit der Abnahme der Vertragsleistung beginnenden Verjährungsfrist angesehen,[1544] teilweise wird ihr eine einem Neubeginn der Verjährung vergleichbare Wirkung beigemessen.[1545] Darauf könnte auch die jetzige Formulierung in Satz 3, dass „eine Verjährungsfrist von 2 Jahren **neu**" beginnt, und deren Begründung[1546] hindeuten. Diese Einordnungen sind jedoch unvereinbar mit der selbständigen Tragweite des Satzes 3, durch den die Mängelbeseitigungsleistung verselbständigt und nach ihrer Abnahme einer eigenen Sachmängelhaftung mit neuer Verjährungsfrist unterworfen wird[1547]. Für diese Sicht spricht bei genauer Betrachtung auch der Wortlaut des Satzes 3, weil dort bestimmt ist, dass nach der Abnahme der Mängelbeseitigungsleistung für diese Leistung – also nicht die (bisherige) – Verjährungsfrist neu beginnt. Nur bei diesem Verständnis ist zudem die Annahme haltbar, dass Satz 3 auch auf Mängelbeseitigungsleistungen anzuwenden ist, die der Auftragnehmer erbracht hat, obwohl die Mängelansprüche des Auftraggebers bereits verjährt waren.[1548] Denn eine bereits abgelaufene Verjährungsfrist kann nicht mehr verlängert werden oder neu beginnen.[1549]

[1539] So ausdrücklich Beschluss des Vorstandes des DVA vom 2.5.2002, Begründung II.10; *Kratzenberg* NZBau 2002, 177 (182); *Schwenker/Heinze* BauR 2002, 1143 (1151). Zu Unrecht sieht *Kiesel* NJW 2002, 2064 (2068) darin einen Verstoß gegen § 309 Nr. 8 lit. b ff. BGB, weil er verkennt, dass durch die „Quasiunterbrechung" oder jetzt den „Quasi-Neubeginn" die Verjährung nicht erleichtert, sondern zusätzlich über die gesetzlichen Möglichkeiten hinaus erschwert wird. Wie *Kiesel* auch *Tempel* NZBau 2002, 532 (536). Näher dazu *Weyer* NZBau 2003, 521 (522, 523).
[1540] *Weyer* BauR 2003, 613 (619); BauR 2003, 521 (523), und Jahrbuch BauR 2007, 177 (198, 201–203), weshalb die Bezeichnung „Quasiunterbrechung" oder „Quasi-Neubeginn" nicht mehr passt; vgl. dazu schon → Rn. 242. Falsch ist die Einordnung als Hemmung durch *Peters* NZBau 2006, 273 (278).
[1541] So im Fall des OLG Karlsruhe NZBau 2004, 331 = BauR 2004, 518.
[1542] Zu §§ 639 Abs. 1, 477 Abs. 3 BGB aF: BGHZ 62, 293 = NJW 1974, 1188 = BauR 1974, 280; BGHZ 95, 375 = NJW 1986, 310.
[1543] NWJS VOB/B § 13 Rn. 132, zu §§ 639 Abs. 1, 477 Abs. 3 BGB aF; Ingenstau/Korbion/*Wirth* VOB/B § 13 Abs. 4 Rn. 273; *Riedl/Mansfeld* in Heiermann/Riedl/Rusam VOB/B § 13 Rn. 93.
[1544] *Kaiser* Mängelhaftung Rn. 187.
[1545] NWJS VOB/B § 13 Rn. 134; Beck'scher VOB-Kommentar/*Eichberger* VOB/B § 13 Abs. 4 Rn. 276.
[1546] Beschluss des Vorstandes des DVA vom 2.5.2002, Begründung II. 10.: „Das Wort ‚neu' im Satz 3 dient der Klarstellung und erfolgt in Anlehnung an die Terminologie des § 212 BGB."
[1547] BGHZ 108, 65 = NJW 1989, 2753 = BauR 1989, 606; BGH NZBau 2008, 764 = BauR 2008, 2039 Rn. 15; *Weyer* BauR 2003, 613 (619, 620). Diese Verselbständigung wird von *Miernik* BauR 2004, 14 (16 ff.) zu Unrecht geleugnet.
[1548] So BGHZ 108, 65 = NJW 1989, 2753 = BauR 1989, 606; OLG Rostock IBR 2012, 642; zustimmend *Riedl/Mansfeld* in Heiermann/Riedl/Rusam VOB/B § 13 Rn. 95; Beck'scher VOB-Kommentar/*Eichberger* VOB/B § 13 Abs. 4 Rn. 276; NWJS VOB/B § 13 Rn. 133; Ingenstau/Korbion/*Wirth* VOB/B § 13 Abs. 4 Rn. 290; im Ergebnis so auch *Miernik* BauR 2004, 14 (17, 18) unter Annahme eines Verzichts auf die Einrede der Verjährung; ablehnend nur Kaiser Mängelhaftung Rn. 187d und BauR 1990, 123 (128).
[1549] BGH NJW 1997, 516; OLG Celle BauR 2010, 106; 2011, 265; Palandt/*Ellenberger* § 212 Rn. 2; *Deppenkemper* in Prütting/Wegen/Weinreich BGB § 212 Rn. 7; aA fälschlich *Feldmann* IBR 2009, 251. Vgl. schon → Rn. 213.

253 Die Verjährungsfrist **beginnt** erst **nach** Beendigung und **Abnahme** aller zugesagten Mängelbeseitigungsleistungen.[1550] Ohne Abnahme der Mängelbeseitigungsarbeiten[1551] gibt es keinen Beginn der neuen Frist des § 13 Abs. 5 Nr. 1 S. 3 BGB.[1552] Nur solche Mängelbeseitigungsarbeiten setzen eine neue Verjährungsfrist in Gang, welche die Parteien als erfolgreich ansehen; denn nur dann hat der Auftraggeber Anlass, von der weiteren Verfolgung seiner Ansprüche zunächst abzusehen.[1553] Die **Dauer** der neuen Frist beläuft sich nunmehr ebenfalls – wie in Satz 2 – auf 2 Jahre. Dass auch sie nicht vor Ablauf der Regelfristen nach Abs. 4 oder der an ihrer Stelle vereinbarten Frist endet, ist jetzt ausdrücklich bestimmt.[1554] Die neue Frist des Satzes 3 wirkt sich also nur aus, wenn bei Bauwerksleistungen die Mängelbeseitigungsleistung später als 2 Jahre vor Ablauf der ursprünglichen Verjährungsfrist abgenommen wird. Die Bedeutung der Frist des Satzes 3 ist darüber hinaus auch deshalb allenfalls gering,[1555] weil die ursprüngliche Verjährungsfrist, die neben ihr weiterläuft,[1556] ohnehin durch den Nachbesserungsversuch gemäß § 203 BGB gehemmt wird[1557] und, falls die Mängelbeseitigung nicht nur aus Kulanz und zur gütlichen Beilegung des Streits erfolgt, zugleich nach § 212 Abs. 1 Nr. 1 BGB durch Anerkenntnis neu beginnt.[1558] Deshalb wird die so verlängerte ursprüngliche Verjährungsfrist meist länger laufen als die Frist des Satzes 3. § 13 Abs. 5 Nr. 1 S. 3 VOB/B enthält keine abschließende Vereinbarung über die Verjährung nach einem Nachbesserungsversuch.[1559] Denn die VOB/B regelt die Hemmung der Verjährung überhaupt nicht und deren Neubeginn oder besser Ablaufhemmung[1560] nur lückenhaft.

254 Die Frist nach § 13 Abs. 5 Nr. 1 S. 3 VOB/B kann aber, eben weil sie eine selbständige neue Verjährungsfrist ist, selbst dann nach § 13 Abs. 5 Nr. 1 S. 2 VOB/B **verlängert** werden, wenn der Mängelbeseitigung bereits ein schriftliches Beseitigungsverlangen vorausgegangen war.[1561] Außerdem kann sie nach den allgemeinen Vorschriften des BGB **neu beginnen** oder **gehemmt** werden.[1562] Bei mehrfachen Versuchen, denselben Mangel zu beseitigen, beginnt mit der erneuten Abnahme jeweils eine neue Frist nach Satz 3.[1563]

255 Die neue Verjährungsfrist des § 13 Abs. 5 Nr. 1 S. 3 VOB/B gilt zwar nur für die ausgeführte Mängelbeseitigungsleistung.[1564] Der **Umfang** der von dieser neuen Verjährungsfrist erfassten Mängelansprüche des Auftraggebers ist aber nach den Grundsätzen der **Symptom-Rechtsprechung**[1565] zu beurteilen. Wenn der Auftragnehmer eine unvollständige und fehlerhafte Nachbesserungsleistung erbringt, indem er lediglich einige Mangelerscheinungen beseitigt, beschränkt sich deshalb die neue Verjährungsfrist nicht auf die vom Auftraggeber gerügten und vom

---

[1550] BGH NJW-RR 1986, 98.
[1551] Diese kann auch konkludent oder in der Form des § 12 Abs. 5 VOB/B erfolgen, selbst wenn vertraglich eine förmliche Abnahme gemäß § 12 VOB/B vorgesehen ist: BGH NZBau 2008, 764 = BauR 2008, 2039 Rn. 22, 23.
[1552] BGH NZBau 2008, 764 = BauR 2008, 2039, dritter Leitsatz und Rn. 20; NZBau 2013, 491 = BauR 2013, 1439 Rn. 11.
[1553] *Manteufel* NZBau 2014, 195 (200).
[1554] Zur bisherigen Fassung so bereits: BGH NJW-RR 1990, 1240 = BauR 1990, 723.
[1555] Entgegen *Miernik* ist die von ihm in BauR 2004, 14, gestellte Frage: „§ 13 Nr. 5 Abs. 1 Satz 3 VOB/B, eine bedeutungslose Klausel?" also eher zu bejahen.
[1556] Das verkennt das OLG Frankfurt IBR 2014, 343 = NZBau 2014, 630.
[1557] Ingenstau/Korbion/*Wirth* VOB/B § 13 Abs. 4 Rn. 291. Vgl. dazu näher → Rn. 179–188.
[1558] BGH NZBau 2008, 764 = BauR 2008, 2039 Rn. 25, letzter Satz; vgl. dazu → Rn. 214 sowie zur Wirkung der Hemmung und des gleichzeitigen Neubeginns → Rn. 212.
[1559] AA *Miernik* BauR 2004, 14 (18, 19).
[1560] Vgl. → Rn. 250.
[1561] BGH NJW-RR 1986, 98; BGHZ 108, 65 = NJW 1989, 2753 = BauR 1989, 606; OLG Hamm NJW-RR 1993, 287 = BauR 1993, 86; Kleine-Möller/Merl/Glöckner § 15 Rn. 1236; Ingenstau/Korbion/ *Wirth* VOB/B § 13 Abs. 4 Rn. 297.
[1562] BGH NJW-RR 1987, 336 = BauR 1987, 207; BGHZ 108, 65 = NJW 1989, 2753 = BauR 1989, 606; Riedl/Mansfeld in Heiermann/Riedl/Rusam VOB/B § 13 Rn. 94; *Kaiser* Mängelhaftung Rn. 187d; Kleine-Möller/Merl/Glöckner § 15 Rn. 1236.
[1563] BGH NZBau 2008, 764 = BauR 2008, 2039 Rn. 25; *Kaiser* Mängelhaftung Rn. 187c; Kleine-Möller/ Merl/Glöckner § 15 Rn. 1236; Riedl/Mansfeld in Heiermann/Riedl/Rusam VOB/B § 13 Rn. 94; Ingenstau/ Korbion/*Wirth* VOB/B § 13 Abs. 4 Rn. 295/296.
[1564] KG IBR 2004, 314, zugleich zu den Konsequenzen für eine Gewährleistungssicherheit.
[1565] Vgl. dazu → Rn. 245–248.

Auftragnehmer beseitigten Mangelerscheinungen, sondern erfasst alle Mängel, welche für diese Mangelerscheinungen ursächlich waren.[1566]

5. Inhalt des Mängelbeseitigungsanspruchs. Zum Inhalt des Mängelbeseitigungsanspruchs bestimmt § 13 Abs. 5 Nr. 1 S. 1 VOB/B lediglich, dass der Auftragnehmer verpflichtet ist, die Mängel auf seine Kosten zu beseitigen. Diese Nachbesserungspflicht erstreckt sich grundsätzlich allein auf die Mängel seines eigenen Gewerks.[1567] Denn der Auftragnehmer hat nach § 13 Abs. 1 VOB/B nur seine Leistung frei von Sachmängeln zu erbringen. Die Verletzung der Prüfungs- und Hinweispflicht gemäß § 4 Abs. 3 VOB/B verhindert ausschließlich, dass der Auftragnehmer nach § 13 Abs. 3 VOB/B von der Sachmängelhaftung frei wird, bewirkt aber nach dem Sinn und Zweck dieser Bestimmung keine Erweiterung seiner Haftung.[1568] 256

a) Beseitigung des Mangels. Zur Beseitigung des Mangels muss der Auftragnehmer jedoch nicht nur die eigene mangelhafte Leistung nachträglich in einen vertragsgemäßen Zustand versetzen, sondern **auch** alle **Vorbereitungs-** und **Nebenarbeiten** durchführen sowie die **Nachbesserungsspuren beseitigen;** dazu gehört alles, was erforderlich ist, um die eigentliche Mängelbeseitigung vorzubereiten und nach erfolgter Nachbesserung den früheren Zustand wiederherzustellen.[1569] Denn die Mängelbeseitigung darf nicht zu einer wirtschaftlichen Belastung des Auftraggebers führen und keine Spuren hinterlassen, die dessen Eigentum beeinträchtigen, weil der Auftragnehmer nach § 13 Abs. 5 Nr. 1 S. 1 VOB/B auf seine eigenen Kosten nachzubessern hat.[1570] Deshalb kann zum Beispiel die Beseitigung von Mängeln der Kellerabdichtung den Ausbau der Kellertüren, der Ölheizung, des Öltanks und der Kellertreppe, das Abmontieren und Wiederanbringen der Elektroanschlüsse sowie das Anpassen und den Wiedereinbau der ausgebauten Teile umfassen.[1571] Alle diese Arbeiten sind zwangsläufig mit der Nachbesserung verbunden und darum notwendiger Bestandteil der Mängelbeseitigungspflicht, und zwar unabhängig davon, ob der Auftragnehmer den Mangel verschuldet hat und dem Auftraggeber daher ein Schadensersatzanspruch zusteht. Im Unterschied hierzu können Schäden an anderen Bauteilen und am sonstigen Eigentum des Auftraggebers, die die Folge von Mängeln der Leistung des Auftragnehmers sind, nur Gegenstand eines verschuldensabhängigen Schadensersatzanspruchs sein.[1572] 257

Eine Differenzierung der Pflichten des Auftragnehmers dahin, dass er entsprechend der Rechtsprechung zur richtlinienkonformen[1573] Auslegung des § 439 Abs. 1 Alt. 2 BGB[1574] nur bei Verträgen mit Verbrauchern alle Vor- und Nacharbeiten schuldet, im Übrigen aber nicht, wird zu Recht als fernliegend bezeichnet.[1575] 258

Der Mängelbeseitigungsanspruch gibt dem Auftraggeber in aller Regel nicht das Recht zu bestimmen, auf welche Weise die Mängel nachzubessern sind; das ist vielmehr Sache des Auftragnehmers.[1576] Dem Auftragnehmer steht also insoweit die Dispositionsbefugnis zu.[1577] Denn er trägt das Risiko seiner Arbeit, also auch des Fehlschlagens der Mängelbeseitigung und 259

[1566] BGHZ 108, 65 = NJW 1989, 2753 = BauR 1989, 606; *Kleine-Möller/Merl/Glöckner* § 15 Rn. 1235; *Riedl/Mansfeld* in Heiermann/Riedl/Rusam VOB/B § 13 Rn. 94.
[1567] BGH WM 1972, 800, insoweit in NJW 1972, 447 und BauR 1972, 112 nicht abgedruckt; BGHZ 96, 221 = NJW 1986, 922 = BauR 1986, 211; OLG München NJW-RR 1988, 20 = BauR 1988, 251 (nur Ls.); BauR 1996, 547; OLG Düsseldorf NZBau 2000, 331 = BauR 2000, 421.
[1568] Vgl. aber → Rn. 80 und zu Ausnahmen → Rn. 266.
[1569] BGH NJW 1979, 2095 = BauR 1979, 333; BGHZ 96, 221 = NJW 1986, 922 = BauR 1986, 211; OLG Düsseldorf IBR 2012, 509.
[1570] *DPSS* ErlZ B 13.403.
[1571] BGH WM 1972, 800, insoweit in NJW 1972, 447 und BauR 1972, 112 nicht abgedruckt; vgl. außerdem die in BGHZ 96, 221 = NJW 1986, 922 = BauR 1986, 211 aufgeführten Beispielfälle.
[1572] BGHZ 96, 221 = NJW 1986, 922 = BauR 1986, 211. So auch *Kaiser* BauR 2013, 139 (144) gegen *Grobe* NZBau 2012, 347 (349).
[1573] Oder „richtlinienorientierten": *Lorenz* NJW 2013, 239.
[1574] BGH NJW 2013, 220 = NZBau 2013, 104 = BauR 2013, 239.
[1575] *Kaiser* BauR 2013, 139 (143).
[1576] BGH BauR 1973, 313, insoweit in BGHZ 61, 42 und NJW 1973, 1492 nicht abgedruckt; BGH NJW-RR 1988, 208 = BauR 1988, 82; NJW-RR 1997, 1106 = BauR 1997, 638; BGHZ 149, 289 = NJW 2002, 1262 = NZBau 2002, 266 = BauR 2002, 794; BGH NJW 2011, 1873 = NZBau 2011, 413 = BauR 2011, 1336 Rn. 17; NJW 2013, 1528 = NZBau 2013, 430 = BauR 2013, 1129 Rn. 15; OLG Celle IBR 2011, 77; OLG Düsseldorf BauR 2013, 107; OLG Celle BauR 2013, 614.
[1577] BGH NJW 2010, 2571 = NZBau 2010, 556 = BauR 2010, 1583 Rn. 19; *Motzke* NZBau 2011, 705 (707 und 711).

damit einer weiteren Nachbesserung; deshalb muss er gewöhnlich allein entscheiden können, wie er den Mangel beseitigen will.[1578] Dem entsprechend enthält ein bloßes Einverständnis des Auftraggebers mit einer bestimmten Art der Nachbesserung keinen Verzicht auf weitere Mängelansprüche bei Fehlschlagen der zunächst vorgesehenen Nacherfüllung.[1579] Ausnahmsweise ist der Auftragnehmer jedoch zu einer bestimmten Nachbesserung verpflichtet, wenn lediglich durch sie der Mangel nachhaltig beseitigt und der vertraglich geschuldete Zustand erreicht werden kann.[1580] Auch wenn der Auftragnehmer grundsätzlich die Art der Mängelbeseitigung bestimmen kann, ändert dies nichts daran, dass deren Ergebnis der geschuldeten Werkleistung entsprechen muss.[1581] Deshalb reichen zum Beispiel Verpressarbeiten nicht aus, wenn mit drückendem Wasser zu rechnen ist.[1582] Allerdings können aufgrund einer nach Treu und Glauben gebotenen Interessenabwägung, wenn die Grundsubstanz des erbrachten Werks erhalten bleibt, als Mängelbeseitigung auch Maßnahmen zulässig sein, durch die auf einem anderen als dem vertraglich vorgesehenen Weg der vertragsgemäße Zustand erreicht wird oder deren Ergebnis ihm zumindest nahekommt,[1583] gegebenenfalls auch durch Eingriffe in ein anderes Gewerk.[1584] Zum Beispiel kann eine fehlerhafte Betondecke durch Unterzüge tragfähig gemacht und die nicht hinterlegten Fugen einer Fassadenverkleidung können von außen mit speziellen Kunststoffteilen abgedichtet werden.[1585] Wenn eine Heizungsanlage durch Änderungen ihrer Sollbeschaffenheit nur nahekommt, sind verbleibende Abweichungen gegebenenfalls im Wege des Schadenersatzes auszugleichen.[1586] Begnügt der Auftraggeber sich mit einer Innendrainage zur Abdichtung einer Tiefgarage gegen Schichtenwasser, obwohl eine Ringdrainage im Außenbereich fachgerecht gewesen wäre, sind ihm die höheren Wartungskosten zu ersetzen.[1587] Aufgrund seiner Kooperationspflicht[1588] kann der Auftraggeber gehalten sein, in Erörterungen mit dem Auftragnehmer einen Weg zu suchen, um Schallschutzmängel zumindest zu verringern.[1589]

260 Die Mängelbeseitigung muss den **aktuellen gesetzlichen Vorschriften** – zum Beispiel den Anforderungen der EnEV[1590] – und den anerkannten Regeln der Technik zur Zeit ihrer Vornahme entsprechen,[1591] weil der Auftraggeber die Mängelbeseitigungsleistung abzunehmen hat (§ 13 Abs. 5 Nr. 1 S. 3 VOB/B), dazu aber nur verpflichtet ist, wenn sie den in diesem Zeitpunkt geltenden Regeln entspricht.[1592]

261 **b) Erforderlichenfalls Neuherstellung.** Da Mängelbeseitigung bei natürlicher Betrachtung nichts anderes bedeutet, als mangelhafte Leistungen durch mangelfreie zu ersetzen, soweit dies erforderlich ist, um insgesamt ein mangelfreies Werk entstehen zu lassen, kann der Auftragnehmer auch zur Neuherstellung verpflichtet sein.[1593] Denn je weiter der Mangel reicht, desto

---

[1578] BGH BauR 1976, 430; OLG Karlsruhe IBR 1998, 297 = BauR 1998, 895 (nur Ls.); Ingenstau/Korbion/*Wirth* VOB/B § 13 Abs. 5 Rn. 68; *Kaiser* Mängelhaftung Rn. 76a.
[1579] OLG Celle IBR 2011, 77.
[1580] BGH NJW-RR 1997, 1106 = BauR 1997, 638; BGHZ 149, 289 = NJW 2002, 1262 = NZBau 2002, 266 = BauR 2002, 794; BGH NJW 2011, 1873 = NZBau 2011, 413 = BauR 2011, 1336 Rn. 17; OLG Stuttgart IBR 2012, 258.
[1581] OLG Hamm BauR 2006, 850; *Leupertz/Halfmeier* in Prütting/Wegen/Weinreich BGB § 635 Rn. 4.
[1582] OLG Frankfurt IBR 2008, 723.
[1583] BGH NJW 1981, 1448 = BauR 1981, 284; NJW-RR 1989, 849 = BauR 1989, 462; KG BauR 1981, 380; OLG München NZBau 2012, 364; *Kaiser* Mängelhaftung Rn. 76b.
[1584] Ausführlich dazu *Motzke* Jahrbuch BauR 2000, 22 ff.
[1585] BGH NJW 1981, 1448 = BauR 1981, 284.
[1586] BGH NJW-RR 1989, 849 = BauR 1989, 462.
[1587] Entgegen KG BauR 2006, 1757: *Weyer* im Praxishinweis zu IBR 2006, 548.
[1588] Vgl. dazu schon → Rn. 105.
[1589] OLG Rostock BauR 2007, 1260.
[1590] OLG Stuttgart NJW 2013, 699 = NZBau 2012, 771 = BauR 2012, 1961; *Weyer* NZBau 2012, 775 (776).
[1591] OLG Stuttgart NZBau 2012, 42 = NJW-RR 2011, 1589; *Weyer* im Praxishinweis zu IBR 2011, 697. Das OLG Oldenburg IBR 2014, 539 will das zu Unrecht auf vollständige Erneuerung von Bauteilen beschränken.
[1592] Zu Sowieso-Kosten vgl. → Rn. 277.
[1593] BGHZ 96, 111 = NJW 1986, 711 = BauR 1986, 93; BGH BauR 1988, 123; OLG München NJW-RR 1987, 1234; OLG Köln NJW-RR 1993, 533 und NJW-RR 1994, 1430 = BauR 1995, 100; OLG München IBR 2000, 114; OLG Frankfurt IBR 2006, 198; zumindest im Ergebnis zustimmend: NWJS VOB/B § 13 Rn. 122 und vor § 13 Rn. 4–9; Ingenstau/Korbion/*Wirth* VOB/B § 13 Abs. 5 Rn. 74–82; *Riedl/Mansfeld* in Heiermann/Riedl/Rusam VOB/B § 13 Rn. 98; Beck'scher VOB-Kommentar/*Zahn* VOB/B Vorb. § 13 Rn. 4; Beck'scher VOB-Kommentar/*Kohler* VOB/B § 13 Abs. 5 Rn. 53–55; *Kaiser* Mängelhaftung Rn. 77; *Leinemann/Schliemann* VOB/B § 13 Rn. 277/278.

größer ist der Umfang der Nachbesserung, die der Auftraggeber von ihm verlangen kann. Es liegt deshalb von vornherein in der Natur einer umfassenden Mängelbeseitigung, dass sie letztlich zu einem vollständigen Ersatz der bisherigen mangelhaften durch eine neue mangelfreie Leistung führen kann, wenn anders der mit der Mängelbeseitigung verfolgte Zweck nicht erreichbar ist. Neuherstellung bedeutet im Ergebnis nicht mehr als Nachbesserung im größtmöglichen, aber zur nachhaltigen Mängelbeseitigung notwendigen Umfang.[1594] Nach dieser praxisgerechten[1595] Lösung handelt es sich um eine Frage der Quantität und nicht der rechtlichen Qualität der Nachbesserung, so dass vereinzelt angemeldete dogmatische Bedenken[1596] nicht durchgreifen und die Formulierung, nach der Abnahme könne grundsätzlich nicht mehr Neuherstellung verlangt werden,[1597] zumindest missverständlich ist. Es ist letztlich eine Geschmacksfrage, ob die Neuherstellung wie hier als äußerster Fall einer Mängelbeseitigung angesehen oder wie jetzt in § 635 Abs. 1 BGB neben der Mängelbeseitigung dem Oberbegriff Nacherfüllung untergeordnet wird.[1598]

Der auf Neuherstellung gerichtete Anspruch unterliegt allerdings wie jeder Mängelbeseitigungsanspruch der **Einschränkung** des § 13 Abs. 6 VOB/B, dass nämlich der Auftragnehmer die Beseitigung des Mangels verweigern darf, wenn sie einen unverhältnismäßig hohen Aufwand erfordern würde; dadurch wird eine unbillige Überforderung des Auftragnehmers verhindert.[1599] Deshalb kann die Neuherstellung eines seit Jahren bestimmungsgemäß genutzten Hallenbodens mit kaum auffallenden optischen Beeinträchtigungen nicht verlangt werden.[1600] Auch kann bei einem nur geringfügigen Verstoß gegen die „allgemein anerkannten Regeln der Technik", der nur zu kaum sicht- und spürbaren Unebenheiten des Bodens führt, eine Mängelbeseitigung in Form der Neuherstellung unverhältnismäßig sein und den Anspruch des Auftraggebers auf eine bloße Wertminderung beschränken.[1601] Eine Ersatzlösung, welche erheblich von der vereinbarten Beschaffenheit abweicht, muss der Auftraggeber allerdings nicht akzeptieren.[1602] Darum kann wegen der Umstände des Einzelfalls auch noch nach 20 Jahren ein Anspruch auf Mängelbeseitigung durch Abriss und Neuherstellung eines Hauses bestehen.[1603] **262**

Schon weil der **Auftragnehmer** grundsätzlich selbst zu bestimmen hat, wie er die Mängel beseitigen will,[1604] ist er auch dann **berechtigt,** sich für eine Neuherstellung zu entscheiden, wenn eine solche zur Mängelbeseitigung nicht unbedingt erforderlich ist. Die Neuherstellung kann für den Auftragnehmer billiger sein als die Nachbesserung zahlreicher Mängel.[1605] Zudem kann er aus anderen verständlichen Gründen[1606] selbst an einer Neuherstellung interessiert sein. Dem entsprechend wird allgemein angenommen, dass der Auftragnehmer zur Neuherstellung berechtigt ist, sofern diese für den Auftraggeber nach den Umständen des Einzelfalls nicht unzumutbar ist.[1607] Letzteres kann der Fall sein, wenn die Neuherstellung zu einer erheblichen Verzögerung der Fertigstellung führt[1608] oder die Nutzung des Bauwerks durch sie empfindlich beeinträchtigt wird.[1609] **263**

[1594] BGHZ 96, 111 = NJW 1986, 711 = BauR 1986, 93; vgl. schon → Rn. 8.
[1595] Beck'scher VOB-Kommentar/*Kohler* VOB/B § 13 Abs. 5 Rn. 54.
[1596] *Korbion/Hochstein/Keldungs* 8. Aufl., Rn. 558; *Kaiser* Mängelhaftung Rn. 77.
[1597] OLG Köln NJW-RR 1994, 1430 = BauR 1995, 100.
[1598] Wodurch an der bisherigen Rechtslage nichts geändert werden sollte: BT-Drs. 14/6040, 264/265 zu § 635 Abs. 1; zu Unrecht anders: *Kiesel* NJW 2002, 2064 (2068); vgl. auch schon → Rn. 233.
[1599] BGHZ 96, 111 = NJW 1986, 711 = BauR 1986, 93; Beck'scher VOB-Kommentar/*Kohler* VOB/B § 13 Abs. 5 Rn. 56; Ingenstau/Korbion/*Wirth* VOB/B § 13 Abs. 5 Rn. 82.
[1600] BGH BauR 1988, 123.
[1601] OLG Brandenburg, Urt. v. 18.3.2015 – 4 U 138/12 in juris = IBR 2015, 304.
[1602] So zur Mängelhaftung des Architekten zu Recht OLG München IBR 2014, 221.
[1603] OLG Frankfurt IBR 2014, 267.
[1604] Vgl. dazu → Rn. 259.
[1605] BGHZ 96, 111 = NJW 1986, 711 = BauR 1986, 93.
[1606] Vgl. dazu näher Beck'scher VOB-Kommentar/*Kohler* VOB/B § 13 Abs. 5 Rn. 57.
[1607] BGHZ 96, 111 = NJW 1986, 711 = BauR 1986, 93; Ingenstau/Korbion/*Wirth* VOB/B § 13 Abs. 5 Rn. 78; NWJS VOB/B § 13 Abs. 5 Rn. 123; Riedl/Mansfeld in Heiermann/Riedl/Rusam VOB/B § 13 Abs. 5 Rn. 98; *Kaiser* Mängelhaftung Rn. 77. Entgegen *Kiesel* NJW 2002, 2064 (2068) besteht insoweit kein Unterschied gegenüber der Regelung der §§ 634 Nr. 1, 635 BGB.
[1608] Beck'scher VOB-Kommentar/*Kohler* VOB/B § 13 Abs. 5 Rn. 57.
[1609] *Daub/Piel/Soergel/Steffani* ErlZ B 13.406; *Kniffka/Krause-Allenstein* ibr-online-Kommentar Bauvertragsrecht, Stand 23.11.2014, § 635 Rn. 22.

264 **c) Auf Kosten des Auftragnehmers.** Da der Auftragnehmer die Mängel nach § 13 Abs. 5 Nr. 1 S. 1 VOB/B und dem **ergänzend** anwendbaren **§ 635 Abs. 2 BGB**[1610] auf seine Kosten zu beseitigen hat, muss er die vollständige Mängelbeseitigung nebst allen Vor- und Nacharbeiten[1611] notfalls auch in Nachtarbeit[1612] **selbst** oder **durch andere Unternehmer** ausführen.[1613] Er ist grundsätzlich nicht verpflichtet, persönlich nachzubessern.[1614] Außerdem schuldet er dem Auftraggeber den **Ersatz** von **Nebenkosten,** soweit diese zur Vorbereitung und Durchführung der Nachbesserung erforderlich waren, wie zum Beispiel aufgrund von Telefongesprächen mit anderen Handwerkern[1615] zur Koordinierung der Mängelbeseitigungsmaßnahmen mit deren Arbeiten[1616] oder infolge **Hinzuziehung** eines **Architekten**[1617] durch den Auftraggeber, sofern dieser dem Architekten dafür eine gesonderte Vergütung schuldet.[1618] Letzteres ist nicht der Fall, wenn der Architekt mit den Leistungsphasen 8 und 9 des § 34 HOAI beauftragt ist und deshalb die Überwachung und Abnahme der Mängelbeseitigungsarbeiten ohnehin schuldet[1619] oder wenn er dem Auftraggeber selbst für Sachmängel haftet und daher zur kostenlosen Leistung verpflichtet ist.[1620] Ebenfalls zu den Mängelbeseitigungskosten gehören dem Auftraggeber entstehende **Gutachterkosten** zur Mängelfeststellung oder zur Klärung der Mängelverantwortlichkeit[1621] und sind von dem Auftragnehmer zu ersetzen. Das gilt jedoch nicht für die Kosten einer nachfolgenden sachverständigen Kontrolle der durchgeführten Mängelbeseitigung.[1622] Unter § 635 Abs. 2 BGB fallen auch **Rechtsanwaltskosten,** soweit diese zum Auffinden des zu beseitigenden Mangels notwendig sind.[1623]

265 Für sonstige **Rechtsverfolgungs**- oder -verteidigungs**kosten** des Auftraggebers hat der Auftragnehmer hingegen lediglich unter den Voraussetzungen eines Schadenersatzanspruchs nach § 13 Abs. 7 VOB/B einzustehen.[1624] Gleiches gilt für infolge der Mängelbeseitigung **entgangenen Gewinn,**[1625] insbesondere Nutzungsentgang,[1626] etwa weil der Betrieb einer Bowling-Bahn während der Mängelbeseitigung geschlossen werden muss.[1627]

266 Wenn der Mangel darauf beruht, dass der Auftragnehmer seine Prüfungs- und Hinweispflicht (§§ 4 Abs. 3, 13 Abs. 3 VOB/B) verletzt hat, muss er gleichwohl nur sein Werk nachbessern, nicht aber die Kosten der Mängelbeseitigung an der **Vorunternehmerleistung** tragen;[1628] insoweit fallen ihm lediglich die **Mehrkosten** einer zwischenzeitlichen Preissteigerung zur

---

[1610] Beck'scher VOB-Kommentar/*Kohler* VOB/B § 13 Abs. 5 Rn. 59.
[1611] Vgl. dazu → Rn. 257.
[1612] OLG Koblenz IBR 2005, 368.
[1613] BGH NJW 1979, 2095 = BauR 1979, 333; *Pastor* in Werner/Pastor Rn. 2095; NWJS VOB/B § 13 Rn. 124.
[1614] BGHZ 88, 240 = BauR 1984, 58, insoweit in NJW 1984, 230 nicht abgedruckt; BGH BauR 1985, 198.
[1615] BGH NJW 1979, 2095 = BauR 1979, 333.
[1616] Kleine-Möller/Merl/*Glöckner* § 15 Rn. 768; *Riedl/Mansfeld* in Heiermann/Riedl/Rusam VOB/B § 13 Rn. 100.
[1617] Zur pauschalen Schätzung dieser Kosten: OLG Düsseldorf BauR 2014, 851 = IBR 2014, 142 mit zu Recht kritischem Praxishinweis von *Bröker*. Vgl. dazu auch *Siemens/Groß* BauR 2014, 778 (781, 784).
[1618] NWJS VOB/B § 13 Rn. 125; Beck'scher VOB-Kommentar/*Kohler* VOB/B § 13 Abs. 5 Rn. 62; Ingenstau/Korbion/*Wirth* VOB/B § 13 Abs. 5 Rn. 94; Kleine-Möller/Merl/*Glöckner* § 15 Rn. 768/769; *Kaiser* Mängelhaftung Rn. 83 f.; unklar, weil in sich widersprüchlich *Riedl/Mansfeld* in Heiermann/Riedl/Rusam VOB/B § 13 Rn. 100; aA *Pastor* in Werner/Pastor Rn. 2097.
[1619] OLG Düsseldorf BauR 2000, 1383 (nur Ls.); OLG Hamm NZBau 2013, 313.
[1620] Beck'scher VOB-Kommentar/*Kohler* VOB/B § 13 Abs. 5 Rn. 62; Ingenstau/Korbion/*Wirth* VOB/B § 13 Abs. 5 Rn. 94.
[1621] BGHZ 113, 251 = NJW 1991, 1604; BGH NJW-RR 1999, 813; BayObLG IBR 2003, 81; Kleine-Möller/Merl/*Glöckner* § 15 Rn. 769; *Kaiser* Mängelhaftung Rn. 83 f.; für eine Einordnung dieser Kosten unter § 13 Nr. 7 VOB/B: BGH NJW 2002, 141 = NZBau 2002, 31 = BauR 2002, 86, bei II.2.a.; *Kaiser* BauR 2013, 139 (145); *Pastor* in Werner/Pastor Rn. 2096.
[1622] OLG Köln NZBau 2013, 308.
[1623] BGH NJW-RR 1999, 813 zu §§ 633 Abs. 2 S. 2, 476a BGB aF; *Kannowski* BauR 2003, 170 (174, 180).
[1624] Kleine-Möller/Merl/*Glöckner* § 15 Rn. 771; Beck'scher VOB-Kommentar/*Kohler* VOB/B § 13 Abs. 5 Rn. 67.
[1625] BGHZ 72, 31 = NJW 1978, 1626 = BauR 1978, 402; BGH BauR 1979, 159; NWJS VOB/B § 13 Rn. 124.
[1626] Beck'scher VOB-Kommentar/*Kohler* VOB/B § 13 Abs. 5 Rn. 66.
[1627] BGHZ 72, 31 = NJW 1978, 1626 = BauR 1978, 402.
[1628] OLG Schleswig IBR 2014, 138.

Last.[1629] Wenn allerdings die Mängelbeseitigungsarbeiten an seinem Werk zu Schäden an der Vorunternehmerleistung führen, hat der Auftragnehmer auch die Kosten deren Beseitigung zu tragen.[1630] Zudem müssen mehrere Unternehmer, deren fehlerhafte Leistungen Mängel verursacht haben, die nur einheitlich beseitigt werden können, gemeinsam – als **Gesamtschuldner**[1631] – und deshalb jeder in vollem Umfang (§ 421 BGB) dem Auftraggeber für die von ihnen mitverursachten Mängel einstehen.[1632] Als Gesamtschuldner haften Nebenunternehmer auch sonst, soweit sich ihre Mängelhaftung inhaltlich überlagert.[1633]

d) Verzicht durch entgeltlichen Reparaturauftrag. Mitunter legen die Bauvertragspartner 267 ihren Streit, ob Schäden an dem Bauwerk oder Funktionsstörungen unter die Mängelbeseitigungspflicht des Auftragnehmers fallen, dadurch bei, dass der Auftraggeber dem Auftragnehmer einen entgeltlichen Reparaturauftrag erteilt. Dadurch kommt ein – neuer – Werkvertrag über die Reparaturarbeiten zustande, in dem mangels Vorbehalts zugleich ein Verzicht des Auftraggebers auf etwaige Mängelrechte aus dem ursprünglichen Werkvertrag liegt.[1634] Dem gegenüber enthält eine Nachbesserungsvereinbarung in der Regel keinen Verzicht auf bestehende Mängelansprüche.[1635] Diese Ansprüche kann der Auftraggeber dem Werklohnanspruch aus einem Reparaturauftrag nur noch mit Erfolg entgegenhalten, wenn er bei Auftragserteilung einen entsprechenden Vorbehalt erklärt oder wenn der Auftragnehmer ihn durch unrichtige oder unvollständige Informationen zu dem entgeltlichen Auftrag veranlasst hat.[1636] Nach Ansicht des BGH[1637] kann der Auftragnehmer eine nach dem ursprünglichen Werkvertrag geschuldete Mängelbeseitigung auf Grund einer Nachtragsvereinbarung **nur** dann ein zweites Mal bezahlt verlangen, **wenn** der Auftraggeber mit dieser Vereinbarung eine gesonderte Vergütungspflicht **selbständig anerkannt** hat oder die Vertragsparteien sich gerade insoweit **verglichen** haben. Wenn der entgeltliche Reparaturauftrag erteilt wird, um den Streit über eine Mängelbeseitigungspflicht des Auftragnehmers beizulegen, liegt allerdings eine vergleichsweise Regelung nahe; dies bleibt aber eine Frage der Auslegung im Einzelfall. Durch Vertragsauslegung ist zu ermitteln, ob der Auftraggeber unter Berücksichtigung aller dem Auftrag zu Grunde liegender Umstände bereit war, eine Vergütungspflicht zu begründen.[1638] Hat der Auftraggeber entgeltlich die Reparatur einer Leistung in Auftrag gegeben, die von einem Drittunternehmer vor der Abnahme beschädigt worden ist, so entfällt die Vergütungspflicht für diesen Auftrag nicht bereits deshalb, weil der Auftragnehmer möglicherweise noch die Vergütungsgefahr trug. Es muss vielmehr im Wege der Vertragsauslegung ermittelt werden, ob der Auftraggeber bereit war, trotz dieses Umstandes und unter Berücksichtigung der sonstigen dem Reparaturauftrag zugrunde liegenden Umstände eine Vergütungspflicht zu begründen.[1639] Ein entgeltlicher Reparaturauftrag schützt den Auftragnehmer jedoch nicht davor, von einem anderen Baubeteiligten gemäß § 426 BGB auf Gesamtschuldnerausgleich in Anspruch genommen zu werden.[1640]

e) Nachbesserungsvereinbarung unter Vorbehalt. Den beiderseitigen Interessen wird 268 eher eine Abrede gerecht, dass der Auftragnehmer die gerügten Mängel des Werks nachbessert und nachträglich geklärt wird, wer für die Kosten aufkommen muss. Denn aufgrund einer solchen Nachbesserungsvereinbarung unter Vorbehalt hat der Auftragnehmer einen vertraglichen Anspruch gegen den Auftraggeber auf Erstattung der Kosten, welche der Auftraggeber nach der

---

[1629] BGH WM 1972, 800; OLG München NJW-RR 1988, 20 = BauR 1988, 251 (nur Ls.); OLG Düsseldorf NZBau 2000, 331 = BauR 2000, 421.
[1630] BGH BauR 2001, 1414.
[1631] Vgl. dazu → Rn. 112.
[1632] BGHZ 155, 265 = NJW 2003, 2980 = NZBau 2003, 557 = BauR 2003, 1379; OLG Stuttgart IBR 2005, 312; BauR 2009, 990; *Stamm* NJW 2003, 2940 (2941); *Kniffka* BauR 2005, 274 (275); ähnlich OLG Stuttgart IBR 2004, 11.
[1633] Vgl. dazu den von *Kniffka* BauR 2005, 274 (276) 1. Abs. gebildeten Fall.
[1634] OLG Düsseldorf NJW-RR 1995, 402 = BauR 1995, 254; NJW-RR 2000, 165 = BauR 2000, 942 (nur Ls.); *Keldungs/Brück* Rn. 503; zum Abschluss eines Reparaturvertrags vgl. auch *Malotki* BauR 1998, 682 ff.
[1635] BGH NJW 2002, 748 = NZBau 2002, 149 = BauR 2002, 472.
[1636] OLG Düsseldorf NJW-RR 2000, 165 = BauR 2000, 942 (nur Ls.); ähnlich KG BauR 2005, 723; weitergehend OLG Celle BauR 2005, 106, bestätigt durch BGH NZBau 2005, 453 = BauR 2005, 1317.
[1637] NZBau 2005, 453 = BauR 2005, 1317.
[1638] BGH NJW 2012, 2105 = NZBau 2012, 946, in Abgrenzung zu der in vorstehender Fußnote zitierten Entscheidung.
[1639] OLG Celle BauR 2016, 98
[1640] Vgl. dazu BGH NJW 1981, 1779 = BauR 1981, 383.

materiellen Rechtslage zu übernehmen oder mit denen er sich zu beteiligen hatte.[1641] Diese Vereinbarung kann auch konkludent getroffen werden.[1642]

269 f) Kosten einer unberechtigten Mängelrüge. Obwohl der Auftraggeber nach der Abnahme die Beweislast dafür trägt, dass ein Mangel des Werks vorliegt,[1643] verpflichtet diese den Auftraggeber grundsätzlich nicht, vor der Inanspruchnahme eines Auftragnehmers zu klären, ob dieser für eine Mangelerscheinung verantwortlich ist.[1644] Dem entsprechend kann der Auftragnehmer Kosten einer unberechtigten Mängelrüge in aller Regel nicht auf den Auftraggeber abwälzen.[1645] Denn die Aufforderung zur Mängelbeseitigung enthält keine stillschweigende Vergütungszusage für den Fall, dass das Beseitigungsverlangen objektiv zu Unrecht erfolgt,[1646] und ist auch keine Forderung einer im Vertrag nicht vorgesehenen Leistung im Sinne von § 2 Abs. 6 Nr. 1 VOB/B.[1647] Ausnahmsweise kann etwas anderes gelten, falls aufgrund einer entsprechenden Erklärung des Auftragnehmers ein konkludenter[1648] oder aufgrund ausdrücklicher Ankündigung des Auftragnehmers sogar ausdrücklicher Vertragsschluss zu bejahen ist.[1649] Allerdings darf der in Anspruch genommene Auftragnehmer Maßnahmen zur Mängelbeseitigung nicht davon abhängig machen, dass der Auftraggeber erklärt, die Kosten der Untersuchung und weiterer Maßnahmen für den Fall zu übernehmen, dass der Auftragnehmer für den Mangel nicht verantwortlich ist.[1650] Auch eine zum Schadenersatz verpflichtende Vertragsverletzung kann allein in der Geltendmachung vermeintlicher Mängelrechte durch den Auftraggeber noch nicht gesehen werden.[1651] Ein Schadensersatzanspruch aus positiver Vertragsverletzung, jetzt wegen Pflichtverletzung nach § 280 Abs. 1 BGB, kommt vielmehr allenfalls bei willkürlicher Inanspruchnahme des Auftragnehmers[1652] oder bei sonstigen schweren Sorgfaltspflichtverletzungen des Auftraggebers[1653] in Betracht. Ein solcher Anspruch scheidet bei einer unzutreffenden Mängelbeschreibung durch den Auftraggeber grundsätzlich ebenfalls aus.[1654] Soweit der BGH in dem unberechtigten Mängelbeseitigungsverlangen eines Käufers eine Pflichtverletzung gesehen hat,[1655] beruht dies zum einen auf der besonderen Fallgestaltung – eigene Fehler des Käufers bei der Montage der gekauften Sache – und besagt zum anderen nichts für die typische Fallgestaltung im Baurecht, dass der Auftraggeber nicht ohne weiteres beurteilen kann, welcher von mehreren Auftragnehmern den Mangel verursacht hat. Wenn der Auftraggeber deshalb bei seiner Mängelrüge den Anforderungen der Symptom-Rechtsprechung[1656] genügt, kann ihm das nicht als Pflichtverletzung angelastet werden, jedenfalls hätte er eine solche nicht zu vertreten (§ 280

[1641] BGH NJW 1999, 416 = BauR 1999, 252; NJW 2011, 3291 mit Anmerkung von *Kapellmann* = NZBau 2011, 483 = BauR 2011, 1494 Rn. 17; OLG Celle BauR 2012, 655; zum Bereicherungsausgleich bei nicht zustande gekommener Vereinbarung vgl. OLG Düsseldorf BauR 2001, 1608; 2007, 1902 (1905). Mangels exakter Feststellung des zugrunde liegenden Sachverhalts unklar: OLG Celle BauR 2003, 265.

[1642] OLG Karlsruhe BauR 2003, 1241 = IBR 2003, 353; LG Kassel IBR 2008, 209; OLG Hamm NZBau 2009, 315 = BauR 2009, 510.

[1643] Vgl. → Rn. 58.

[1644] BGH NJW 2010, 3649 = NZBau 2011, 27 Rn. 20.

[1645] OLG Düsseldorf NJW-RR 1999, 746 = BauR 1999, 919; LG Konstanz NJW-RR 1997, 722; OLG Düsseldorf BauR 2007, 1902; OLG Brandenburg IBR 2008, 208; *Moufang/Koos* BauR 2007, (300–303); aA LG Hamburg NJW-RR 1992, 1301 = BauR 1992, 812 (nur Ls.).

[1646] *Kleine-Möller/Merl/Glöckner* § 15 Rn. 1028; *Merl* FS Soergel, 1993, 217 (227, 228); vgl. auch *Malotki* BauR 1998, 682 (683, 684).

[1647] OLG Frankfurt NJW 2012, 863 = NZBau 2012, 106 mit kritischer Anmerkung von *Wagner*.

[1648] Eine solche Fallgestaltung bejaht das OLG Karlsruhe BauR 2003, 1241 = IBR 2003, 353. Vgl. dazu *Kleine-Möller/Merl/Glöckner* § 15 Rn. 1028 und → Rn. 268.

[1649] OLG Koblenz NZBau 2015, 494.

[1650] BGH NJW 2010, 3649 = NZBau 2011, 27 Rn. 22–26.

[1651] BGHZ 20, 169 = NJW 1956, 787; OLG Düsseldorf NJW-RR 1999, 746 = BauR 1999, 919; LG Leipzig IBR 2006, 137; unvereinbar damit LG Hamburg NJW-RR 1992, 1301 = BauR 1992, 812 (nur Ls.), dem *Kleine-Möller/Merl/Glöckner* § 15 Rn. 1026 grundsätzlich zustimmen, aber in → Rn. 1027 den Umfang der Sorgfaltspflicht erheblich einschränken; so auch *Merl* FS Soergel, 1993, 217 (229–231); ähnlich *Malotki* BauR 1998, 682 (688, 689).

[1652] OLG Düsseldorf NJW-RR 1999, 746 = BauR 1999, 919.

[1653] *Hunger* im Praxishinweis zu IBR 1999, 111.

[1654] Vgl. dazu näher *Kleine-Möller/Merl/Glöckner* § 15 Rn. 1023–1025.

[1655] BGH VIII. Zivilsenat NJW 2008, 1147 = BauR 2008, 671; kritisch dazu *Dagmar Kaiser* NJW 2008, (1709–1713) und BauR 2013, 139 (146). Vgl. auch BGH, V. Zivilsenat; NJW 2009, 1262 =NZBau 2009, 237 = BauR 2009, 1147: unberechtigtes Zahlungsverlangen und Rücktritt wegen Ausbleibens der Zahlung.

[1656] Vgl. dazu → Rn. 246.

Abs. 1 S. 2 BGB).[1657] Auch allein in der Weitergabe einer ungeprüften Mängelrüge des Auftraggebers durch den Generalunternehmer an einen Nachunternehmer liegt noch keine Pflichtverletzung.[1658]

g) Kostenbeteiligung des Auftraggebers. Wie oben[1659] erörtert, kann die Sachmängelhaftung des Auftragnehmers infolge einer **Mitverursachung** der Mängel durch den Auftraggeber eingeschränkt sein. Dann bleibt der Auftragnehmer zwar weiterhin zur Mängelbeseitigung verpflichtet, der Auftraggeber muss sich aber an den Kosten der Nachbesserung beteiligen, soweit er oder seine Erfüllungsgehilfen für die Entstehung des Mangels mitverantwortlich sind.[1660] Der Auftragnehmer kann dann zunächst die Mängel beseitigen und danach, wenn die Höhe der Mängelbeseitigungskosten feststeht, von dem Auftraggeber den geschuldeten Kostenzuschuss in Höhe dessen Beteiligungsquote einfordern. Der Zahlungsanspruch ergibt sich aus der vertraglichen Verpflichtung des Auftraggebers zur Beteiligung an dem mitverursachten Nachbesserungsaufwand und beruht als **vertraglicher Nebenanspruch** letztlich auf Treu und Glauben, § 242 BGB.[1661] Die Höhe des Anspruchs richtet sich grundsätzlich nach den im Rahmen der Erforderlichkeit im Zeitpunkt ihrer Ausführung bei dem Auftragnehmer tatsächlich angefallenen (Selbst-)Kosten der Mängelbeseitigung.[1662] Zu einer derartigen uneingeschränkten Vorleistung ist der Auftragnehmer jedoch nach der Abnahme seines Werks nicht verpflichtet. Denn damit würde er das volle Vorleistungs- und Insolvenzrisiko tragen. Anderseits muss auch der Auftraggeber den von ihm geschuldeten Kostenzuschuss, der oft nach Grund und Höhe umstritten ist, nicht vorleisten, weshalb der Auftragnehmer nicht berechtigt ist, die Mängelbeseitigung von einer vorherigen Zahlung oder Zusage des Kostenzuschusses abhängig zu machen, also eine endgültige Festlegung zu verlangen.

Ein **angemessener Interessenausgleich** kann außerprozessual vielmehr lediglich dadurch erreicht werden, dass dem Auftragnehmer das Recht eingeräumt wird, von dem Auftraggeber vorab eine **Absicherung** des Anspruchs auf Kostenzuschuss zu fordern, und zwar durch Sicherheitsleistung in angemessener Höhe; dabei kann als Sicherheit außer den in § 232 Abs. 1 BGB genannten auch eine „vertrauenswürdige" Bürgschaft gestellt werden.[1663] Eine Bankbürgschaft im Sinne des § 17 Abs. 2 VOB/B ist hiernach ein geeignetes Sicherungsmittel.[1664] Wenn der Auftragnehmer die Mängelbeseitigung von einer solchen Sicherheitsleistung abhängig macht, muss er dem Auftraggeber den voraussichtlichen Instandsetzungsaufwand und die geltend gemachte Mitverschuldensquote im einzelnen darlegen und, sofern der Auftraggeber dies verlangt, mit einem Sachverständigengutachten untermauern.[1665]

Falls der Auftragnehmer sich nicht an die vorgenannten Einschränkungen des Anspruchs auf Kostenzuschuss hält, **verweigert** er die Nachbesserung **unberechtigt,** so dass der Auftraggeber ohne weitere Fristsetzung auf seine Kosten zur Fremdnachbesserung gemäß § 13 Abs. 5 Nr. 2 VOB/B übergehen kann.[1666] Umgekehrt gerät der Auftraggeber in **Annahmeverzug,** wenn er das berechtigte Verlangen des Auftragnehmers nach Sicherheitsleistung für den Kostenzuschuss zu Unrecht ablehnt,[1667] und hat keinen Aufwendungsersatzanspruch nach § 13 Abs. 5 Nr. 2 VOB/B, wenn er die Mängel durch einen anderen Unternehmer beseitigen lässt.[1668]

h) Sowieso-Kosten. Eine Beteiligung des Auftraggebers an den Nachbesserungskosten kommt des Weiteren in Betracht, soweit durch die Mängelbeseitigung sogenannte Sowieso-

---

[1657] Vgl. dazu die Argumentation in BGH NJW 2009, 1262 = NZBau 2009, 237 = BauR 2009, 1147 Rn. 20; a. A *Pauly* BauR 2016, 3 bei unberechtigten Mängelrügen *nach* der Abnahme.
[1658] AA LG Essen BauR 2010, 1603, das ohne Begründung eine vertragliche Nebenpflicht zur Prüfung der Mängelrüge unterstellt.
[1659] → Rn. 102–111.
[1660] BGH NJW 1999, 416 = BauR 1999, 252; *Kleine-Möller/Merl/Glöckner* § 15 Rn. 772.
[1661] BGHZ 90, 344 = NJW 1984, 1676 = BauR 1984, 395; BGH NJW 2010, 2571 = NZBau 2010, 556 = BauR 2010, 1583 Rn. 18.
[1662] BGH NJW 2010, 2571 = NZBau 2010, 556 = BauR 2010, 1583.
[1663] BGHZ 90, 344 = NJW 1984, 1676 = BauR 1984, 395; OLG Hamm BauR 1991, 756.
[1664] *Kleine-Möller/Merl/Glöckner* § 15 Rn. 775; *Riedl/Mansfeld* in Heiermann/Riedl/Rusam VOB/B § 13 Rn. 101.
[1665] BGHZ 90, 344 = NJW 1984, 1676 = BauR 1984, 395; OLG Düsseldorf IBR 2014, 474.
[1666] BGHZ 90, 344 = NJW 1984, 1676 = BauR 1984, 395.
[1667] OLG Hamm NJW-RR 1996, 272; *Pastor* in Werner/Pastor Rn. 2090.
[1668] BGHZ 90, 344 = NJW 1984, 1676 = BauR 1984, 395.

Kosten entstehen,[1669] welche mitunter auch als **Ohnehin-Kosten** bezeichnet werden.[1670] Dabei handelt es sich um diejenigen Mehrkosten, um die das Werk bei mangelfreier Ausführung von vornherein teurer gewesen wäre.[1671] Der Auftragnehmer darf nämlich nicht mit den Kosten solcher Maßnahmen belastet werden, die er nach dem Bauvertrag überhaupt nicht zu erbringen hatte. Wenn die Kalkulation des Auftragnehmers sich nicht allein nach seinen eigenen Vorstellungen,[1672] sondern nach einem Leistungsverzeichnis des Auftraggebers gerichtet hat oder die Bauvertragspartner eine bestimmte Ausführungsart zum Vertragsgegenstand gemacht haben, umfasst deshalb der ausbedungene Werklohn allein die vereinbarte Herstellungsart,[1673] und zwar auch bei einem Pauschalpreisvertrag.[1674] Darum muss in jedem Einzelfall die geschuldete Leistung aufgrund der vertraglichen Abreden konkret ermittelt werden,[1675] wobei zwischen dem **verpreisten Leistungsumfang** und dem **geschuldeten Erfolg**[1676] oder mit dem BGH[1677] zwischen vereinbarter Herstellungsart und für den geschuldeten Erfolg erforderlichen Zusatzarbeiten zu unterscheiden ist.[1678]

274 Folgerichtig bleibt der Auftragnehmer, der einen **bestimmten Erfolg** zu einem bestimmten Preis versprochen hat, an diese Zusage selbst dann gebunden, wenn sich nachträglich herausstellt, dass die beabsichtigte Ausführungsart unzureichend ist und aufwendigere Maßnahmen erforderlich sind; er kann diese Mehrkosten dem Auftraggeber **nicht** als **Sowieso-Kosten** der Mängelbeseitigung anlasten.[1679] Ob das auch bei der Verpflichtung des Auftragnehmers zur schlüsselfertigen Errichtung eines Bauwerks gilt, ist anderweitig[1680] behandelt. Jedenfalls muss ein schlüsselfertiges Fertighaus eine dauerhaft rissefreie Fassade haben, so dass der Auftragnehmer, falls diese mit der in der Baubeschreibung vorgesehenen Konstruktion nicht erreichbar ist, ohne Aufpreis die erforderlichen weiteren Maßnahmen zu treffen hat.[1681] Allerdings ist auch hier zu beachten, dass die konkrete Beschreibung der einzelnen Leistungen im Leistungsverzeichnis grundsätzlich Vorrang vor pauschalen Hinweisen zum Leistungsumfang hat.[1682]

275 Soweit der Auftraggeber sich in Höhe der Sowieso-Kosten an den Mängelbeseitigungskosten beteiligen muss, steht dem Auftragnehmer auch hier **vor** der **Nachbesserung** weder ein Anspruch auf Zahlung noch auf Zusage eines Kostenzuschusses, sondern außerprozessual lediglich auf **Sicherheitsleistung** in angemessener Höhe zu.[1683] Dabei bemisst sich die Höhe der Sowieso-Kosten nach dem **Preisstand** zu dem Zeitpunkt, in dem das Werk **seinerzeit** ordnungsgemäß hätte errichtet werden müssen.[1684]

276 Vom Auftraggeber zu tragende Sowieso-Kosten sind in der Rechtsprechung **zum Beispiel bejaht** worden

---

[1669] BGH NJW 1999, 416 = BauR 1999, 252. Zu deren dogmatischen Einordnung *Leitzke* BauR 2008, 914 (922, 923); *Glöckner* BauR 2009, 301 (316–318); *Berger* BauR 2013, 325 (336–338).

[1670] Ingenstau/Korbion/*Wirth* VOB/B Vor § 13 Rn. 282; OLG Düsseldorf BauR 2000, 1344.

[1671] BGHZ 90, 344 = NJW 1984, 1676 = BauR 1984, 395; BGHZ 91, 206 = NJW 1984, 2457 = BauR 1984, 510; BGHZ 139, 244 = NJW 1998, 3707 = BauR 1999, 37. Das ist nicht der Fall, wenn zur Mängelbeseitigung eine Beschichtung erforderlich ist, welche nach der Abnahme technisch vorgeschrieben wird: OLG Hamm IBR 2009, 266 = BauR 2009, 861 (nur Leitsatz); vgl. hierzu *Weyer* Blog-Eintrag vom 7.2.2012 in ibr-online.

[1672] Anders, wenn Letzteres doch der Fall ist: OLG Hamm NZBau 2004, 446 = BauR 2004, 868.

[1673] BGHZ 91, 206 = NJW 1984, 2457 = BauR 1984, 510; BGHZ 139, 244 = NJW 1998, 3707 = BauR 1999, 37; BGH NJW 2006, 3413 = NZBau 2006, 777 Rn. 25 = BauR 2006, 2040.

[1674] OLG Braunschweig IBR 2008, 264 = BauR 2008, 1323.

[1675] Vgl. dazu BGH NZBau 2007, 243 Rn. 16 = BauR 2007, 700.

[1676] *Steffen* BauR 2011, (579–589); *Leupertz/Halfmeier* in Prütting/Wegen/Weinreich § 631 Rn. 2.

[1677] NJW 2006, 3413 = NZBau 2006, 777 Rn. 25 = BauR 2006, 2040.

[1678] Vgl. dazu schon → Rn. 30.

[1679] BGHZ 91, 206 = NJW 1984, 2457 = BauR 1984, 510; BGH NJW-RR 1987, 336 = BauR 1987, 207; NJW 1994, 2825 = BauR 1994, 776.

[1680] → VOB/B § 2 Rn. 267, 272.

[1681] BGH NJW-RR 1987, 336 = BauR 1987, 207.

[1682] Näher dazu → VOB/B § 2 Rn. 259.

[1683] BGHZ 90, 344 = NJW 1984, 1676 = BauR 1984, 395; OLG Hamm BauR 1991, 756; vgl. dazu näher die Ausführungen bei → Rn. 270–272, welche hier entsprechend gelten.

[1684] BGH NJW-RR 1994, 148 = BauR 1993, 722; OLG Nürnberg BauR 2001, 961; OLG Köln IBR 2012, 645 = NZBau 2013, 45: maßgeblicher Zeitpunkt der der Hinweispflichtverletzung; *Riedl/Mansfeld* in Heiermann/Riedl/Rusam VOB/B § 13 Rn. 104; *Kaiser* Mängelhaftung Rn. 205d; Ingenstau/Korbion/*Wirth* VOB/B Vor § 13 Rn. 284; teilweise abweichend *Leupertz/Halfmeier* in Prütting/Wegen/Weinreich BGB § 635 Rn. 6: Preise bei Vertragsschluss maßgebend, wofür die dort zitierten Entscheidungen jedoch nichts hergeben.

Mängelansprüche 277–279 § 13 VOB/B

– bei im Vertrag nicht vorgesehenen Aufwendungen für eine nachträgliche Abdichtung gegen drückendes Wasser,[1685]
– für ein neues Isolierputzsystem anstelle des zunächst verwendeten untauglichen Systems,[1686]
– für die Herstellung[1687] oder eine umfassende Sanierung von Flachdächern,[1688]
– für Erweiterungen einer Heizungs-[1689] oder Wärmepumpenanlage,[1690]
– für die Beseitigung von Bauschutt aus zu verfüllenden Arbeitsräumen,[1691]
– für Maßnahmen zur Erfüllung der Schall- und Brandschutznormen in sanierten Mietshäusern,[1692]
– für Vorkehrungen zur Erzielung eines auch bei stärkerem Regen mit Windeinfall dichten Dachs einer Lager- und Produktionshalle[1693]
– und für Vorbehandlungen eines zu beschichtenden Lagerhallenbodens.[1694]

Mit Recht **verneint** worden ist eine Berücksichtigung von Sowieso-Kosten, wenn ein Bauträger bei von Beginn an mängelfreier Herstellung des Werks nicht mit diesen Mehrkosten belastet geblieben wäre, weil er sie an die Erwerber hätte weitergeben können.[1695] Keine Sowieso-Kosten sind auch solche Mehrkosten der Mängelbeseitigung, die wegen einer nach der Abnahme eingetretenen Änderung gesetzlicher Vorschriften[1696] oder der anerkannten Regeln der Technik erforderlich werden.[1697] 277

i) Vorteilsausgleich[1698] **(insbesondere in der Leistungskette).** Schließlich kann eine Kostenbeteiligung des Auftraggebers erforderlich sein, um durch die Mängelbeseitigung ihm zuwachsende Vorteile auszugleichen.[1699] Ein solcher Vorteilsausgleich, dessen Grundsätze im Schadenersatzrecht entwickelt worden sind und der dort eine „teleologische Reduktion der Differenztheorie"[1700] bewirkt, folgt letztlich aus dem Grundsatz von Treu und Glauben, § 242 BGB; das darin verkörperte Gerechtigkeitsgebot ist auch auf Mängelrechte aus § 13 Abs. 5 VOB/B anwendbar.[1701] Dabei ist jedoch zu beachten, dass es hier um vertraglich begründete Ansprüche geht, deren Inhalt vor allem von den getroffenen Abreden abhängt.[1702] 278

Wenn im Rahmen einer **werkvertraglichen Leistungskette** feststeht,[1703] dass ein Nachunternehmer von seinem Auftraggeber wegen Mängeln des Werks nicht mehr in Anspruch genommen wird, weil zum Beispiel Mängelansprüche gegen ihn selbst verjährt sind oder er sich mit seinem Auftraggeber verglichen hat, kann er nach dem Gedanken der Vorteilsausgleichung sogar gehindert sein, seinerseits Ansprüche wegen dieser Mängel gegen seinen Auftragnehmer geltend zu machen.[1704] Trotz dieser weiten Fassung der gleichlautenden Leitsätze der beiden 279

[1685] BGHZ 90, 344 = NJW 1984, 1676 = BauR 1984, 395.
[1686] BGHZ 91, 206 = NJW 1984, 2457 = BauR 1984, 510.
[1687] OLG Frankfurt BauR 1987, 322.
[1688] OLG Hamm BauR 1991, 756.
[1689] OLG Celle BauR 1988, 613.
[1690] OLG Celle BauR 1988, 614.
[1691] OLG Düsseldorf NJW-RR 1995, 214 = BauR 1995, 244.
[1692] BGHZ 139, 244 = NJW 1998, 3707 = BauR 1999, 37.
[1693] BGH NJW-RR 2000, 465 = NZBau 2000, 74 = BauR 2000, 411.
[1694] OLG Rostock IBR 2012, 644.
[1695] OLG Hamm BauR 2011, 269.
[1696] OLG Stuttgart NJW 2013, 699 = NZBau 2012, 771 = BauR 2012, 1961; *Weyer* NZBau 2012, 775 (776).
[1697] OLG Stuttgart NZBau 2012, 42. Zu der daran geäußerten Kritik von *Miernik* BauR 2012, 151 ff. vgl. *Weyer* Blog-Eintrag vom 7.2.2012 in ibr-online. AA zu Unrecht auch *Karczewski* im Praxishinweis zu IBR 2012, 709.
[1698] Grundsätzlich und eingehend dazu *Berger* BauR 2013, (325–340).
[1699] BGH NJW 1999, 416 = BauR 1999, 252.
[1700] *Berger* BauR 2013, 325 (327).
[1701] BGHZ 91, 206 = NJW 1984, 2457 = BauR 1984, 510; NJW 2007, 2695 = NZBau 2007, 578 Rn. 18 = BauR 2007, 1564; NWJS VOB/B § 13 Rn. 125a; Ingenstau/Korbion/*Wirth* VOB/B Vor § 13 Rn. 275/276; *Kleine-Möller/Merl/Glöckner* § 15 Rn. 780–783; *Pastor* in Werner/Pastor Rn. 2947; grundsätzlich ablehnend Beck'scher VOB-Kommentar/*Kohler* VOB/B § 13 Abs. 5 Rn. 69 und VOB/B § 4 Abs. 7 Rn. 87–89 und fälschlich daran anknüpfend auch OLG Koblenz IBR 2014, 76.
[1702] BGHZ 91, 206 = NJW 1984, 2457 = BauR 1984, 510.
[1703] Vgl. OLG Frankfurt NJW 2012, 1153 = NZBau 2012, 171: im entschiedenen Fall verneint.
[1704] BGH NJW 2007, 2695 = NZBau 2007, 578 = BauR 2007, 1564; NJW 2007, 2697 = NZBau 2007, 580 = BauR 2007, 1567; näher dazu *Weyer* NZBau 2007, 695 (697–699); BGH NJW 2008, 3359 = NZBau 2009, 35 = BauR 2008, 1877; OLG Zweibrücken IBR 2008, 263. Vgl. auch OLG Hamm IBR 2012, 449 mit kritischem Praxishinweis von *Weyer* sowie → Rn. 421.

BGH-Entscheidungen aus 2007,[1705] in denen ohne Einschränkung von Ansprüchen wegen Mängeln am Werk die Rede ist und die deshalb zu der Annahme verleiten konnten, die dort bejahte Vorteilsausgleichung gelte gegenüber sämtlichen Mängelrechten,[1706] hat der BGH in den Gründen jener Entscheidungen allein schadensrechtlich argumentiert. Denn dort wurde jeweils Schadensersatz in Höhe der erforderlichen Mängelbeseitigungskosten geltend gemacht und vom BGH verneint. Dem entsprechend stellt der BGH nunmehr[1707] lediglich klar,[1708] dass diese Rechtsprechung auf der normativen, von Treu und Glauben geprägten schadensrechtlichen Wertung beruht, dass dem Hauptunternehmer jedenfalls dann, wenn er wegen des Mangels nicht mehr in Anspruch genommen werden kann, ungerechtfertigte, ihn bereichernde Vorteile zufließen, wenn er gleichwohl als Schadensersatz die Mängelbeseitigungskosten vom Nachunternehmer fordern kann. Aus vergleichbaren Erwägungen hat der BGH folgerichtig angenommen, dass der Hauptunternehmer in einem solchen Fall auch die Minderung nicht nach den Mängelbeseitigungskosten berechnen darf.[1709] Andererseits hat der BGH kürzlich entschieden, dass diese Erwägungen es nicht rechtfertigen, auch dem Hauptunternehmer das Leistungsverweigerungsrecht wegen Mängeln zu versagen, weil ihm keine ungerechtfertigten Vorteile zufließen, wenn der Nachunternehmer die begehrte Mängelbeseitigung vornimmt.[1710] Das gilt erst recht, wenn der Hauptunternehmer seinen Nachunternehmer auf Mängelbeseitigung in Anspruch nimmt, Denn durch Erfüllung seiner Mängelbeseitigungspflicht, die regelmäßig am Bauvorhaben des Auftraggebers zu erbringen ist, wird dieser und nicht der Hauptunternehmer begünstigt. In seiner aktuellsten Entscheidung[1711] hat der Bundesgerichtshof den Gedanken des Vorteilsausgleichs nicht auf die Leistungskette zwischen Auftraggeber, Architekt und Fachplaner übertragen. Stehen dem Auftraggeber wegen fehlerhafter Planung des Fachplaners Schadensersatzansprüche gegen den Architekten zu, hat der Architekt gegen den Fachplaner lediglich einen Freistellungsanspruch, so dass er mangels „Gleichartigkeit" im Sinne des § 387 BGB nicht gegen die Honorarforderung des Fachplaners aufrechnen kann. In der Literatur wird daraus gefolgert, dass diese Grundsätze in Zukunft auch für die werkvertragliche Leistungskette gelten werden.[1712] Ferner differenziert der Bundesgerichtshof in der aktuellen Entscheidung zwischen Mangel- und Mangelfolgeschaden. Der Mangelfolgeschaden am Bauwerk des Auftraggebers stehe in keinem Zusammenhang mit dem Minderwert der Fachplanung des Fachplaners, so dass der Architekt wegen mangelhafter Planung die Minderungs erklären könne. Ob auch diese Sichtweise für den Fall der werkvertraglichen Leistungskette von Belang ist,[1713] bleibt abzuwarten.

280 In der Praxis stellt sich die Frage eines Vorteilsausgleichs insbesondere dann, wenn sich infolge einer erst nach vielen Jahren durchgeführten Mängelbeseitigung die **Lebensdauer** der Werkleistung deutlich **verlängert**[1714] und **Renovierungskosten erspart** werden. Insoweit scheidet ein Ausgleich **„neu für alt"**[1715] aus, falls diese Vorteile – wie meist – ausschließlich auf der Verzögerung der Mängelbeseitigung durch den Auftragnehmer[1716] beruhen und der Auftraggeber sich jahrelang mit einem fehlerhaften Werk begnügen musste. Denn der Auftragnehmer darf sich nicht deshalb besser stehen, weil er seine Vertragspflicht, ein mängelfreies Werk zu erstellen, erst nach Jahren erfüllt. Sonst brauchte er umso weniger eigene Mittel einzusetzen, je länger er die Mängelbeseitigung hinauszögert, und könnte sich dadurch der mit seiner Sachmängelhaftung verbundenen Kostenbelastung teilweise oder im Extremfall ganz entziehen.[1717] Ein auszugleichender Vorteil der Auftraggeber, die jeweils mehr als 10 Jahre auf

---

[1705] Vgl. die Nachweise in vorstehender Fußnote.
[1706] Verleiten lassen hat sich der Verfasser in NZBau 2007, 695 (699), letzter Abs.
[1707] NJW 2013, 3297 = NZBau 2013, 693 = BauR 2013, 1855 Rn. 22.
[1708] Entgegen der Anmerkung von *Schwenker* NJW 2013, 3300, nimmt der BGH also keine „unausgesprochene Korrektur seiner Rechtsprechung" vor.
[1709] BGH NJW 2013, 3297 = NZBau 2013, 693 = BauR 2013, 1855 Rn. 24. Näher dazu → Rn. 387.
[1710] BGH NJW 2013, 3297 = NZBau 2013, 693 = BauR 2013, 1855 Rn. 25. Vgl. auch → Rn. 289.
[1711] BGHZ 208, 372 = BauR 2016, 855 = NZBau 2016, 301 = ZfBR 2016, 356.
[1712] Vgl. *Sohn* NJW 2016, 1996; *Oberhauser* NZBau 2016, 626; *Zahn* BauR 2016, 1232.
[1713] Befürwortend: *Oberhauser* NZBau 2016, 626.
[1714] Dies war nicht der Fall in OLG Brandenburg IBR 2011, 327.
[1715] Grundsätzlich dazu *Berger* BauR 2013, 325 (339, 340).
[1716] Falls jedoch der Auftraggeber selbst die Mängelbeseitigung erst nach vielen Jahren ausführen lässt, kommt ein Abzug „neu für alt" durchaus in Betracht: BGH BauR 2004, 869.
[1717] BGHZ 91, 206 = NJW 1984, 2457 = BauR 1984, 510; BGH NJW 1989, 2753 = BauR 1989, 606, insoweit in BGHZ 108, 65 nicht abgedruckt; OLG Hamm NJW-RR 1996, 272; OLG Düsseldorf IBR 2003, 672; OLG Bamberg IBR 2006, 197; OLG Stuttgart BauR 2010, 1599; OLG Rostock IBR 2012, 644; OLG Oldenburg NJW 2013, 2523 = BauR 2013, 1459; OLG Köln IBR 2014, 18.

– eine notwendige Fassadenerneuerung,[1718]
– eine rissefreie Gehweganlage[1719]
– oder eine taugliche Dachsanierung[1720]

warten mussten, ist deshalb zu Recht verneint worden. Im Falle der Arglisthaftung kommt ein Abzug „neu für alt" nicht in Betracht, weil es dem Auftragnehmer nicht zum Vorteil gereichen kann, dass ein pflichtwidrig nicht offenbarter Mangel während eines langen Zeitraums unerkannt und deshalb auch unbeseitigt geblieben ist.[1721]

Ein **Vorteilsausgleich** ist hingegen ausnahmsweise **geboten,** falls trotz einer späten Mängelbeseitigung **keine Gebrauchsnachteile** eintreten, etwa weil sich die Mängel erst verhältnismäßig spät auswirken[1722] oder weil der Auftraggeber den errichteten SB-Markt alsbald vermieten konnte, während die Lebensdauer des Flachdaches des Marktes infolge der erst nach 5 Jahren erfolgten Sanierung um ¼ verlängert wurde.[1723] Aufgrund seines Anspruchs auf Kostenzuschuss in Höhe des auszugleichenden Vorteils kann der Auftragnehmer vor der Mängelbeseitigung hier außerprozessual ebenfalls lediglich Sicherheitsleistung verlangen.[1724] **281**

6. Durchsetzung des Mängelbeseitigungsanspruchs. Zur Durchsetzung des Mängelbeseitigungsanspruchs kann der Auftraggeber aktiv tätig werden, indem er Klage auf Mängelbeseitigung oder, soweit der Mangel noch nicht hervorgetreten ist, Feststellungsklage[1725] erhebt. Sofern er den Werklohnanspruch des Auftragnehmers noch nicht voll erfüllt hat, kann er auch zunächst zuwarten und sich gegenüber dessen (Rest-)Werklohnklage auf sein Leistungsverweigerungsrecht bis zur Beseitigung der gerügten Mängel berufen. Davon, für welches Vorgehen der Auftraggeber sich entscheidet, hängt zugleich ab, wie der Auftragnehmer einen etwaigen Anspruch auf Kostenbeteiligung[1726] verwirklichen kann. **282**

a) Klage auf Mängelbeseitigung. In einer derartigen Klage müssen die gerügten Mängel, deren Beseitigung begehrt wird, konkret angegeben werden,[1727] und zwar bereits im Klageantrag. Nach den Grundsätzen der Symptom-Rechtsprechung[1728] genügt hierzu jedoch die hinreichend genaue Beschreibung der Mangelerscheinungen, mit welcher die Mängel selbst bezeichnet werden; denn diese Ursachen der Symptome braucht der Auftraggeber nicht zu benennen,[1729] zumal er diese oft nicht sicher beurteilen kann. Die Symptom-Rechtsprechung ist auch dann zu berücksichtigen, wenn nach Verurteilung zur Mängelbeseitigung im Rahmen einer Vollstreckungsgegenklage darüber gestritten wird, ob fachgerecht nachgebessert ist.[1730] Die Klage ist **nicht** auf eine **bestimmte Art** der Nachbesserung zu richten, weil es grundsätzlich Sache des Auftragnehmers ist, darüber zu befinden, wie er nachbessert.[1731] Wenn die Bauvertragspartner indessen darüber streiten, ob der Auftragnehmer zu einer bestimmten, weil allein erfolgversprechenden Art der Mängelbeseitigung verpflichtet ist, kann der Auftraggeber mit seiner Klage eine bestimmte Nachbesserungsmethode verlangen.[1732] **283**

Beruft der Auftragnehmer sich gegenüber der Nachbesserungsklage auf seinen Kostenbeteiligungsanspruch, so ist er nur **Zug um Zug** gegen **Zuschusszahlung** zur Mängelbeseitigung zu verurteilen.[1733] Der Anspruch auf Zuschuss ist nicht von Amts wegen zu berücksichtigen, **284**

[1718] BGHZ 91, 206 = NJW 1984, 2457 = BauR 1984, 510.
[1719] BGH NJW 1989, 2753 = BauR 1989, 606, insoweit in BGHZ 108, 65 nicht abgedruckt.
[1720] OLG Hamm NJW-RR 1996, 272; OLG Karlsruhe BauR 2002, 93.
[1721] OLG Hamm BauR 2013, 1897.
[1722] BGHZ 91, 206 = NJW 1984, 2457 = BauR 1984, 510; BGH NJW 2002, 141 = NZBau 2002, 31 = BauR 2002, 86; OLG Düsseldorf BauR 2002, 802; OLG Dresden BauR 2008, 693.
[1723] OLG Frankfurt BauR 1987, 322 und Nichtannahmebeschluss des BGH BauR 1987, 324.
[1724] *Kleine-Möller/Merl/Glöckner* § 15 Rn. 783 und 775; vgl. dazu → Rn. 270–272.
[1725] Vgl. zu einer entsprechenden Fallgestaltung BGH NZBau 2010, 365 = BauR 2010, 812.
[1726] Vgl. dazu → Rn. 270–281.
[1727] NWJS VOB/B § 13 Rn. 183.
[1728] Vgl. dazu → Rn. 245–248.
[1729] BGH NJW 1999, 1330 = BauR 1999, 391; NJW-RR 2000, 309 = NZBau 2000, 73 = BauR 2000, 261; *Quadbeck* MDR 2000, 570 (571).
[1730] OLG Hamm NJW 2003, 3568 = NZBau 2004, 393 = BauR 2004, 102: nicht erfüllt, wenn nach wie vor Wasser in den Keller eindringt.
[1731] Vgl. dazu → Rn. 259.
[1732] BGH NJW-RR 1997, 1106 = BauR 1997, 638; *Quadbeck* MDR 2000, 570 (571).
[1733] BGHZ 90, 344 = NJW 1984, 1676 = BauR 1984, 395; BGHZ 90, 354 = NJW 1984, 1679 = BauR 1984, 401; OLG Naumburg IBR 2009, 451.

sondern muss vom Auftragnehmer im Prozess geltend gemacht werden.[1734] Da in dem gerichtlichen Verfahren der von dem Auftraggeber geschuldete Kostenzuschuss regelmäßig konkret ermittelt werden kann, ist die Nachbesserungspflicht nicht nur wie vorprozessual von einer Sicherheitsleistung, sondern von dem Zug um Zug zu erbringenden Zuschuss abhängig zu machen.[1735] Aufgrund eines solchen Titels kann der Auftraggeber die Zwangsvollstreckung gemäß § 887 ZPO[1736] betreiben, nachdem er dem Auftragnehmer den Zuschuss angeboten hat und dieser untätig geblieben ist; die Zuschusspflicht ist dann bei der Entscheidung über den nach § 887 Abs. 2 ZPO zu leistenden Kostenvorschuss zu berücksichtigen.[1737]

285 b) Leistungsverweigerungsrecht. Dem (Rest-)Werklohnanspruch des Auftragnehmers und einer darauf gestützten Zahlungsklage kann der Auftraggeber den Mängelbeseitigungsanspruch als Leistungsverweigerungsrecht gemäß **§ 320 BGB** entgegenhalten.[1738] Diese Norm ist, da die VOB/B keine abweichende Regelung enthält, auch auf einen VOB/B-Vertrag anwendbar.[1739] Unabhängig von dem Streit um die rechtliche Einordnung des Anspruchs aus § 13 Abs. 5 Nr. 1 VOB/B[1740] ist die Anknüpfung an § 320 BGB zutreffend,[1741] weil Mängelbeseitigung und Werklohnzahlung in dem für § 320 BGB erforderlichen Gegenseitigkeitsverhältnis stehen;[1742] denn die Nachbesserung soll den geschuldeten Erfolg herbeiführen, für den der Auftragnehmer den Werklohn beanspruchen kann. Daran, dass das Leistungsverweigerungsrecht aus § 320 BGB folgt, hat sich durch § 641 Abs. 3 BGB nichts geändert,[1743] weil dieser nur verdeutlichen soll, dass die Rechtsprechung zum Druckzuschlag unverändert fortgilt, und dessen Bemessung vereinheitlicht werden soll.[1744] Dass der Werklohnanspruch nur nach § 641 Abs. 2 BGB fällig ist, schließt ein auf Mängel gestütztes Leistungsverweigerungsrecht des Auftraggebers nicht aus;[1745] denn mehr als die Fälligkeit regelt diese Norm nicht. Das wird durch § 641 Abs. 3 BGB in dessen Fassung durch das FoSiG bestätigt, weil dieser jetzt auf eine Zahlungsverweigerung „nach der Fälligkeit" abstellt und es dazu in den Gesetzesmaterialien[1746] heißt, dass „auf die ggf. gemäß § 641 BGB auch ohne Abnahme eintretende Fälligkeit abzustellen" ist.[1747]

286 aa) Voraussetzungen / § 648a BGB. Das Leistungsverweigerungsrechts setzt einen entstandenen[1748] und damit nach § 271 Abs. 1 BGB fälligen[1749] Mängelbeseitigungsanspruch voraus, den der Auftraggeber noch weiterverfolgt; der Auftraggeber darf also nicht bereits zur Ersatz-

---

[1734] OLG Hamm NJW-RR 1996, 272; *Kleine-Möller/Merl/Glöckner* § 15 Rn. 778.

[1735] BGHZ 90, 354 = NJW 1984, 1679 = BauR 1984, 401.

[1736] Nur in seltenen Ausnahmefällen ist eine Vollstreckung nach § 888 ZPO denkbar: *Quadbeck* MDR 2000, 570 (572).

[1737] BGHZ 90, 354 = NJW 1984, 1679 = BauR 1984, 401.

[1738] BGHZ 55, 354 = NJW 1971, 838 = BauR 1971, 126; BGHZ 61, 42 = NJW 1973, 1792 = BauR 1973, 313; BGH BauR 1980, 357; NWJS VOB/B § 13 Rn. 167; Ingenstau/Korbion/*Wirth* VOB/B § 13 Abs. 5 Rn. 243; *Kaiser* Mängelhaftung Rn. 189a; *Kleine-Möller/Merl/Glöckner* § 15 Rn. 994.

[1739] *Weyer* BauR 1981, 426 ff.; Beck'scher VOB-Kommentar/*Kohler* VOB/B § 13 Abs. 5 Rn. 172; Ingenstau/Korbion/*Wirth* VOB/B § 13 Abs. 5 Rn. 257.

[1740] Vgl. dazu BGHZ 55, 354 = NJW 1971, 838 = BauR 1971, 126 sowie → Rn. 8.

[1741] Grundsätzlich aA Beck'scher VOB-Kommentar/*Kohler* VOB/B § 13 Abs. 5 Rn. 172–178; *Kohler* BauR 2003, (1804–1816).

[1742] Das räumt auch *Kohler* BauR 2003, 1804 (1807, 1808) ein.

[1743] Entgegen *Kohler* BauR 2003, 1804 (1806, 1807).

[1744] So ausdrücklich Begründung des Entwurfs eines Gesetzes zur Beschleunigung fälliger Zahlungen, BT-Drs. 14/1246, 7 zu 4a; vgl. auch Palandt/*Sprau* BGB § 641 Rn. 13; *Biebelheimer* NZBau 2004, 124.

[1745] BGH NJW 2013, 3297 = NZBau 2013, 693 = BauR 2013, 1855 Rn. 19; OLG Nürnberg NZBau 2004, 47 = BauR 2004, 516 mwN zum Streitstand; OLG Bamberg NZBau 2009, 41 = BauR 2009, 113; OLG Frankfurt IBR 2009, 19; *Breyer/Bohn* BauR 2004, (1066–1069); aA *Kniffka* ZfBR 2000, 227 (231, 232), welcher aaO, 232, rechte Spalte 1. Abs., zugleich als Ausweg vorschlägt, dass der Hauptunternehmer trotz der Mängel abnimmt und sich dadurch das Zurückbehaltungsrecht sichert, ein wenig einleuchtender Umweg zu dem oben befürworteten Ergebnis. Das gilt auch für die Bejahung lediglich eines Zurückbehaltungsrechts nach § 273 BGB für vor dem 1.1.2009 (Inkrafttreten des FoSiG) abgeschlossene Verträge durch *Kleine-Möller/Merl/Glöckner* § 15 Rn. 994.

[1746] Beschlussempfehlung und Bericht des Rechtsausschusses, BT-Drs. 16/9787, 18/19.

[1747] *Weyer* im Praxishinweis zu IBR 2009, 19.

[1748] Vgl. dazu → Rn. 240.

[1749] Fälschlich nimmt OLG Celle NZBau 2005, 153 = BauR 2004, 1948 an, das Nachbesserungsrecht des Auftraggebers sei bei dessen Annahmeverzug nicht fällig, denn das ist mit der einschlägigen BGH-Rechtsprechung (vgl. dazu bei → Rn. 294) nicht vereinbar.

vornahme nach § 13 Abs. 5 Nr. 2 VOB/B übergegangen sein.[1750] Auch darf die Nachbesserung weder unmöglich noch vom Auftragnehmer wegen unverhältnismäßig hohen Aufwands gemäß § 13 Abs. 6 VOB/B zu Recht verweigert worden sein.[1751] Eine Fristsetzung zur Mängelbeseitigung ist nicht Voraussetzung für die Ausübung des Leistungsverweigerungsrechts,[1752] welches im Übrigen auch bei geringfügigen Mängeln besteht.[1753]

Falls der Auftraggeber auf ein nach der Abnahme[1754] erklärtes Sicherheitsverlangen des Auftragnehmers gemäß **§ 648a Abs. 1 BGB** innerhalb einer ihm[1755] von dem Auftragnehmer gesetzten angemessener Frist[1756] keine Sicherheit erbringt, ist der Auftragnehmer zwar berechtigt, die Mängelbeseitigung bis zur Sicherheitsleistung zu verweigern (§ 648a Abs. 5 S. 1 BGB),[1757] sofern er bereit und in der Lage ist, die Mängel zu beseitigen.[1758] Auch der Auftraggeber behält aber trotz nicht gestellter Sicherheit gegenüber dem Werklohnanspruch des Auftragnehmers das gesetzliche Leistungsverweigerungsrecht,[1759] jedoch entgegen § 641 Abs. 3 BGB[1760] lediglich in Höhe der erforderlichen Mängelbeseitigungskosten.[1761] Entgegen der bisherigen Regelung[1762] hat der Auftragnehmer nicht mehr die frühere rechtliche Möglichkeit, sich von seiner Mängelbeseitigungspflicht und damit von dem Leistungsverweigerungsrecht des Auftraggebers zu befreien. Er kann nach § 648a Abs. 5 S. 1 BGB zwar den Bauvertrag kündigen. Eine Kündigung ändert aber nichts an seiner Mängelhaftung bezüglich der bis zur Kündigung erbrachten Leistungen.[1763] Diese Neufassung des § 648a BGB gilt allerdings nur für nach dem 1.1.2009 geschlossene Bauverträge (Art. 229 § 18 Abs. 1 EGBGB).

Verjährung der Mängelansprüche steht dem Leistungsverweigerungsrecht nicht entgegen, wenn es bereits vor Verjährungseintritt bestand, **§ 215 BGB**.[1764] Der BGH hat nun auch zum neuen Schuldrecht bestätigt, dass der Besteller wegen eines Mangels der Werkleistung ein Leistungsverweigerungsrecht gegenüber dem Unternehmer nach Eintritt der Verjährung der Mängelansprüche gemäß § 215 BGB geltend machen kann, wenn der Mangel bereits vor Ablauf der Verjährungsfrist in Erscheinung getreten ist und daher ein darauf gestütztes Leistungsverweigerungsrecht in nicht verjährter Zeit geltend gemacht werden konnte.[1765] Hat ein Bauträger die Mängelansprüche gegen seine Nachunternehmer an seine Auftraggeber, die Erwerber der errichteten Häuser, abgetreten,[1766] so kann er gegenüber den Werklohnansprüchen der Nachunternehmer wegen vorhandener Mängel gleichwohl die Einrede des nicht erfüllten Vertrages erheben.[1767] Denn andernfalls könnten die Nachunternehmer, deren Leistungen mangelhaft sind,

---

[1750] Ingenstau/Korbion/*Wirth* VOB/B § 13 Abs. 5 Rn. 249, 252; NWJS VOB/B § 13 Rn. 169.
[1751] BGH NJW 2004, 502 = NZBau 2004, 146 = BauR 2004, 488; NWJS VOB/B § 13 Rn. 169; Beck'scher VOB-Kommentar/*Kohler* VOB/B § 13 Abs. 5 Rn. 191.
[1752] BGH NZBau 2004, 611 = BauR 2004, 1616.
[1753] OLG Karlsruhe IBR 2013, 74.
[1754] Vgl. dazu jetzt die ausdrückliche Regelung durch § 648a Abs. 1 S. 3 BGB in dessen neuer Fassung durch das FoSiG. Zur bisherigen Fassung vgl. 3. Auflage VOB/B § 13 Rn. 243 und die dortige Fußnote 1085.
[1755] Das Sicherheitsverlangen ist auch dann an ihn zu richten, wenn er die Gewährleistungsansprüche abgetreten hat: BGH NZBau 2009, 439 = BauR 2009, 1152 Rn. 14.
[1756] Vgl. dazu BGH IBR 2011, 462 = NZBau 2011, 93 = BauR 2011, 514 Rn. 22.
[1757] Palandt/*Sprau* BGB § 648a Rn. 19–21.
[1758] BGH NZBau 2008, 55 = BauR 2007, 2052; NZBau 2009, 439 = BauR 2009, 1152 Rn. 16.
[1759] BGHZ 157, 335 = NJW 2004, 1525 = NZBau 2004, 259 = BauR 2004, 826; BGH NZBau 2004, 261 = BauR 2004, 830; NZBau 2005, 280 = BauR 2005, 749; NZBau 2006, 40 = BauR 2005, 1926.
[1760] Zum Umfang des Leistungsverweigerungsrechts näher → Rn. 290/291.
[1761] OLG Jena IBR 2014, 415; *Otto* BauR 2004, 838 (839) befürwortet zu Recht eine teleologische Reduktion des § 641 Abs. 3 BGB mit dem einleuchtenden Argument, dass der Druckzuschlag angesichts des Rechts des Auftragnehmers, die Mängelbeseitigung zu verweigern, ungerechtfertigt ist. Vgl. dazu auch *Bormann/Graßnack/Kessen* BauR 2005, 636 (643); *Kniffka* BauR 2007, 246 (248).
[1762] Vgl. dazu in der 2. Auflage VOB/B § 13 Rn. 243.
[1763] Palandt/*Sprau* § 648a Rn. 22, § 649 Rn. 4; *Schmitz* BauR 2009, 714 (719–723) mit Vorschlägen zur weiteren Abwicklung des Bauvertrags.
[1764] Vgl. dazu schon → Rn. 218 und jetzt BGH NJW 2006, 2773 = NZBau 2006, 645 = BauR 2006, 1464, noch zum alten Recht.
[1765] BGH NZBau 2016, 28 = BauR 2016, 258; dazu *Hildebrandt/Gersch* BauR 2016, 893.
[1766] Vgl. dazu → Rn. 65–68, 175 und 190.
[1767] BGHZ 55, 354 = NJW 1971, 838 = BauR 1971, 126; BGH BauR 1978, 398; 2006, 1294, bei III. vorl. Abs. ; NZBau 2007, 639 Rn. 20 = BauR 2007, 1727: für den Fall der Abtretung der Mängelansprüche des Auftraggebers gegen den Generalunternehmer an einen Dritten; Beck'scher VOB-Kommentar/*Kohler* VOB/B § 13 Abs. 5 Rn. 199; *Pastor* in Werner/Pastor Rn. 3018.

von dem Bauträger uneingeschränkt die volle Bezahlung ihres Werklohns verlangen, ein „ungereimtes"[1768] Ergebnis. Ausnahmsweise kann das Leistungsverweigerungsrecht nach Treu und Glauben, **§ 242 BGB,** ausgeschlossen sein.[1769] Das gilt aber nicht schon dann, wenn die Aufklärung der Mängel schwierig und zeitraubend ist.[1770]

289   Die Rechtsprechung des BGH[1771] zum auf Ersatz der Mängelbeseitigungskosten gerichteten Schadensersatzanspruch in der **werkvertraglichen Leistungskette**[1772] ist auf das Leistungsverweigerungsrecht des Hauptunternehmers wegen Mängeln der Werkleistung des Nachunternehmers **nicht** anwendbar. Denn der Hauptunternehmer erlangt durch diese Einrede keine ungerechtfertigten Vorteile. Wenn der Nachunternehmer die Mängelbeseitigung, die mit dem Leistungsverweigerungsrecht durchgesetzt werden soll, vornimmt, wird dadurch nämlich nicht der Hauptunternehmer, sondern dessen Auftraggeber begünstigt.[1773]

290   **bb) Umfang.** Zum Umfang des Leistungsverweigerungsrechts enthält § 320 BGB in seinem Abs. 1 den Grundsatz und in seinem Abs. 2 die Ausnahme. Das Gesetz sieht danach grundsätzlich keine Beschränkung des Leistungsverweigerungsrechts vor, vielmehr richtet sich die Einrede des nicht erfüllten Vertrags gegen die gesamte (Rest-)Werklohnforderung.[1774] Allerdings unterliegt die Ausübung dieser Einrede wie jede Rechtsausübung den Geboten von Treu und Glauben, was § 320 Abs. 2 BGB für einen wichtigen Sonderfall lediglich besonders hervorhebt.[1775] Dem entspricht die Verteilung der **Darlegungslast:** Der Auftraggeber, der wegen eines Baumangels die Zahlung des Werklohns verweigert, braucht nicht zur Höhe der Mängelbeseitigungskosten vorzutragen; vielmehr ist es Sache des Auftragnehmers darzutun, dass der einbehaltene Betrag auch unter Berücksichtigung des Durchsetzungsinteresses des Auftraggebers unverhältnismäßig und deshalb unbillig hoch ist.[1776] Maßgebend für die Bemessung des Leistungsverweigerungsrechts sind die Umstände des Einzelfalls, insbesondere die voraussichtlichen Mängelbeseitigungskosten zuzüglich eines sogenannten Druckzuschlags, um den Auftragnehmer zu veranlassen, die Mängel alsbald zu beseitigen.[1777]

291   In der Praxis wurde früher meist das Zwei- bis Dreifache der zu erwartenden Nachbesserungskosten für angemessen erachtet.[1778] **§ 641 Abs. 3 BGB aF** bestimmte dann in seiner ab 1.5.2000 in Kraft getretenen Fassung[1779] ausdrücklich, dass der Auftraggeber **mindestens** in Höhe des **Dreifachen** der erforderlichen Mängelbeseitigungskosten die Zahlung verweigern kann,[1780] wodurch sich an der Darlegungslast des Auftragnehmers nichts geändert hat.[1781] Nach der **neuen Fassung**[1782] des § 641 Abs. 3 BGB, die jedoch erst auf nach dem 1.1.2009 geschlossene Verträge anzuwenden ist (Art. 229 § 18 Abs. 1 EGBGB), kann der Auftraggeber, der die Beseitigung eines Mangels verlangen kann, nach der Fälligkeit des Werklohns die Zahlung eines angemessenen Teils verweigern; und angemessen ist danach **in der Regel** das **Doppelte** der für die Beseitigung des Mangels erforderlichen Kosten. Wenn der Auftraggeber sich in Annahmeverzug befindet, kann sein Leistungsverweigerungsrecht auf den einfachen Betrag der Mängelbeseiti-

---

[1768] So die Formulierung in BGHZ 55, 354 = NJW 1971, 838 = BauR 1971, 126.
[1769] OLG Naumburg BauR 2003, 896: weil der Auftraggeber in Vermögensverfall geraten ist.
[1770] BGH NZBau 2005, 391 = BauR 2005, 1012.
[1771] NJW 2007, 2695 = NZBau 2007, 578 = BauR 2007, 1564; NJW 2007, 2697 = NZBau 2007, 580 = BauR 2007, 1567.
[1772] Vgl. schon → Rn. 279 sowie → Rn. 443.
[1773] BGH NJW 2013, 3297 = NZBau 2013, 693 = BauR 2013, 1855 Rn. 21–26; OLG Celle BauR 2014, 728.
[1774] BGHZ 54, 244 = NJW 1970, 2019 = BauR 1970, 237; BGHZ 56, 312 = NJW 1971, 1800 = BauR 1971, 260; Ingenstau/Korbion/*Wirth* VOB/B § 13 Abs. 5 Rn. 267; *Weyer* BauR 1981, 426 (429, 430).
[1775] *Weyer* BauR 1981, 426 (430).
[1776] BGH BauR 1997, 133; NZBau 2004, 389; speziell zur Darlegungslast seit Geltung des § 641 Abs. 3 BGB: *Biebelheimer* NZBau 2004, 124 (125–127). So jetzt auch BGH NZBau 2008, 174 Rn. 18 = BauR 2008, 510.
[1777] Beck'scher VOB-Kommentar/*Kohler* VOB/B § 13 Abs. 5 Rn. 200–203; NWJS VOB/B § 13 Rn. 170.
[1778] BGH NJW 1981, 2801 = BauR 1981, 577; NJW 1984, 725 = BauR 1984, 166; NJW 1992, 1632 = BauR 1992, 401; *Weyer* BauR 1981, 426 (431, 432).
[1779] Die jedoch nach Art. 229 § 1 Abs. 2 S. 2 EGBGB auch auf vorher abgeschlossene Verträge anzuwenden war.
[1780] Vgl. dazu BT-Drs. 14/6857, 37/38 zu Nr. 135, und S. 68 zu Nr. 135, sowie *Horsch/Eichberger* BauR 2001, 1024 ff.
[1781] BGH NZBau 2008, 174 Rn. 18 = BauR 2008, 510; *Biederer* BauR 2009, 1050 (1054).
[1782] Durch das am 1.1.2009 in Kraft getretene FoSiG.

gungskosten beschränkt werden.[1783] Nach Beendigung des Annahmeverzugs erhöht sich das Leistungsverweigerungsrecht wieder auf den früher mindestens dreifachen Betrag,[1784] jetzt in der Regel das Doppelte.

Wenn der Auftraggeber aufgrund einer Mängelrüge die Leistung verweigert und der Auftragnehmer nur einen **Teilbetrag** seines Werklohnanspruchs geltend macht, trägt dieser damit der Einrede des nichterfüllten Vertrags bereits teilweise Rechnung.[1785] Das Leistungsverweigerungsrecht wirkt sich dann lediglich insoweit auf den geforderten Teilbetrag aus, wie die Mängelbeseitigungskosten zuzüglich Druckzuschlag – jetzt für ab 1.1.2009 geschlossene Verträge nach § 641 Abs. 3 BGB in der Regel der doppelte Betrag – den nicht geltend gemachten Teil des Werklohns übersteigen.[1786]

Ein vertragsgemäßer **Sicherheitseinbehalt** bewirkt nicht, daß der Auftraggeber sich bei Mängeln, deren Beseitigungskosten den Sicherheitsbetrag nicht übersteigen, allein auf diesen verweisen lassen muss; er ist vielmehr berechtigt, die Zahlung fälligen Werklohns in Höhe eines weiteren erheblichen Betrags zu verweigern, welcher erforderlich erscheint, um den Auftragnehmer zur baldigen Mängelbeseitigung zu veranlassen.[1787] Der Sicherheitsbetrag ist nur ein bei der Bemessung des Leistungsverweigerungsrechts je nach den Umständen des Einzelfalls einzubeziehender Gesichtspunkt.[1788]

cc) Erlöschen. Das Leistungsverweigerungsrecht erlischt, sobald die Mängel beseitigt sind oder falls der Auftraggeber die Annahme der Nachbesserung endgültig ablehnt.[1789] Ob der Auftraggeber darüber hinaus sein Leistungsverweigerungsrecht bereits verliert, wenn er sich mit der Annahme der von dem Auftragnehmer angebotenen Mängelbeseitigung in Verzug befindet, ist streitig, aber mit dem BGH[1790] zu verneinen,[1791] weil dem schon die gesetzliche Regelung in § 274 Abs. 2 BGB, auf welche § 322 Abs. 3 BGB verweist, entgegensteht. Umgekehrt kann der Auftraggeber, der sich in Annahmeverzug befindet, diesen dadurch beenden, dass er sich auf sein Leistungsverweigerungsrecht beruft und damit zu erkennen gibt, dass er zum Zweck der Mängelbeseitigung das Betreten der Baustelle zulässt.[1792] Braucht der Auftragnehmer nach § 17 Abs. 6 Nr. 3 VOB/B keine Sicherheit mehr zu leisten, steht dem Auftraggeber gegenüber dem Auszahlungsanspruch des Auftragnehmers wegen Mängeln kein Leistungsverweigerungsrecht zu.[1793]

dd) Zug-um-Zug-Verurteilung. Die Einrede des nichterfüllten Vertrags wegen eines Mängelbeseitigungsanspruchs aus § 13 Abs. 5 VOB/B, die nicht ausdrücklich erhoben werden

---

[1783] BGH NZBau 2002, 383 = BauR 2002, 1403; NZBau 2010, 748 = BauR 2010, 1935 Rn. 11; OLG Celle NZBau 2004, 328; BauR 2006, 1316 = IBR 2005, 143; OLG Düsseldorf BauR 2013, 107; dem stimmt *Biebelheimer* NZBau 2004, 124 im Ergebnis zu; *Biederer* BauR 2009, 1050 (1056), mwN AA OLG Düsseldorf IBR 2004, 307.
[1784] So – ohne Begründung – im Ergebnis BGH BauR 2004, 1616; aA OLG Celle NZBau 2004, 328; BauR 2006, 1316 = IBR 2005, 143.
[1785] BGHZ 56, 312 = NJW 1971, 1800 = BauR 1971, 260.
[1786] Beck'scher VOB-Kommentar/*Kohler* VOB/B § 13 Abs. 5 Rn. 204; *Kleine-Möller/Merl/Glöckner* § 15 Rn. 994; falsch deshalb *Pastor* in Werner/Pastor Rn. 3005, soweit er allein auf die Mängelbeseitigungskosten abstellt.
[1787] BGH NJW 1982, 2494 = BauR 1982, 579; *Kleine-Möller/Merl/Glöckner* § 15 Rn. 996; Beck'scher VOB-Kommentar/*Kohler* VOB/B § 13 Abs. 5 Rn. 205; Ingenstau/Korbion/*Wirth* VOB/B § 13 Abs. 5 Rn. 272; *Pastor* in Werner/Pastor Rn. 3007.
[1788] BGH NJW 1984, 725 = BauR 1984, 166.
[1789] BGHZ 88, 240 = BauR 1984, 58, insoweit in NJW 1984, 230 nicht abgedruckt; OLG Koblenz IBR 2009, 259; *Kleine-Möller/Merl/Glöckner* § 15 Rn. 999; Ingenstau/Korbion/*Wirth* VOB/B § 13 Abs. 5 Rn. 279, 281; Beck'scher VOB-Kommentar/*Kohler* VOB/B § 13 Abs. 5 Rn. 193; *Pastor* in Werner/Pastor Rn. 3008.
[1790] BGHZ 90, 354 = NJW 1984, 1679 = BauR 1984, 401; BGHZ 116, 244 = NJW 1992, 556; vgl. auch BGH NZBau 2002, 383 = BauR 2002, 1403. Damit ist OLG Celle NZBau 2005, 153 = BauR 2004, 1948 nicht vereinbar.
[1791] OLG Düsseldorf NJW 1991, 3040 = BauR 1992, 72; NJW-RR 1993, 1206; IBR 2004, 307; OLG Hamm NJW-RR 1996, 86 = BauR 1996, 123; OLG Köln NJW-RR 1996, 499; OLG Celle NZBau 2004, 328; BauR 2006, 1316 = IBR 2005, 143; Palandt/*Grüneberg* § 320 Rn. 6; Palandt/*Sprau* § 641 Rn. 15; *Riedl/Mansfeld* in Heiermann/Riedl/Rusam VOB/B § 13 Rn. 110; aA OLG Hamm OLGR 1994, 194; *Siegburg* BauR 1992, 419; Ingenstau/Korbion/*Wirth* VOB/B § 13 Abs. 5 Rn. 279; Beck'scher VOB-Kommentar/*Kohler* VOB/B § 13 Abs. 5 Rn. 193.
[1792] BGH NZBau 2004, 611 = BauR 2004, 1616.
[1793] LG München I IBR 2015, 16; streitig: vgl. dazu Praxishinweis von *Heiliger* aaO.

muss,[1794] sondern auch konkludent geltend gemacht werden kann,[1795] führt im Werklohnprozess gemäß § 322 Abs. 1 BGB zur Verurteilung des Auftraggebers zur Zahlung Zug um Zug gegen Beseitigung der gerügten Mängel. Eines formellen Antrags des Auftraggebers bedarf es dazu nicht.[1796] Voraussetzung einer solchen Einschränkung ist, dass der Auftraggeber die zu beseitigenden Mängel so präzisiert, dass die Zug-um-Zug-Leistung hinreichend bestimmt umschrieben werden kann; denn andernfalls ist der Auftraggeber uneingeschränkt zu verurteilen.[1797] Die pauschale Rüge, „dass die Mauern nicht lotrecht stehen", ist völlig unzureichend, und die daraufhin gleichwohl erfolgte Verurteilung zur Zahlung Zug um Zug gegen „Herstellung eines lotrechten Mauerwerks in dem Gebäude" ist nicht vollstreckbar.[1798] Bei solch unzureichendem Vortrag hilft auch eine an sich zulässige nachträgliche Klage auf Feststellung des Urteilsinhalts[1799] nicht weiter. Sofern der Auftraggeber sich mit der Annahme der Mängelbeseitigung in Verzug befindet, ist dem Auftragnehmer dringend anzuraten, neben dem Zahlungsantrag einen entsprechenden Feststellungsantrag zu stellen,[1800] um das Vollstreckungshindernis der §§ 756, 765 ZPO[1801] auszuräumen. Eine solche Feststellungsklage ist jedoch auch noch nachträglich möglich.[1802] Ein Verzug mit der Annahme der Mängelbeseitigung ist nicht schon deshalb ausgeschlossen, weil der Auftraggeber irrtümlich der Ansicht ist, die von ihm zurückgewiesene Nachbesserung führe nicht zu einer mangelfreien Leistung.[1803]

296 Aus **Kosten**gründen sollte der Auftraggeber, der sich im Prozess nur mit einem Leistungsverweigerungsrecht wegen Mängeln verteidigt, nicht Klageabweisung, sondern Verurteilung Zug um Zug gegen Mängelbeseitigung beantragen, weil er sonst nach § 92 Abs. 1 ZPO einen Teil der Kosten zu tragen hat.[1804] Umgekehrt kann auch der Auftragnehmer in der Regel einer Kostenbeteiligung nur entgehen, wenn er seinen Klageantrag von Anfang an auf eine Zug-um-Zug-Verurteilung des Auftraggebers beschränkt.[1805] Im Übrigen ist in allen Fällen einer Zug-um-Zug-Verurteilung gegen Mängelbeseitigung die Kostenverteilung nicht schematisch vorzunehmen, sondern es ist auf die wirtschaftliche Tragweite des jeweiligen Obsiegens und Unterliegens abzustellen.[1806]

297 **ee) Doppelte Zug-um-Zug-Verurteilung.** Macht der Auftraggeber im Werklohnprozess sein Leistungsverweigerungsrecht geltend, indem er einwendet, nur gegen Beseitigung von Mängeln zur Zahlung verpflichtet zu sein, und muss er sich andererseits an den Kosten der Mängelbeseitigung beteiligen,[1807] so hat in entsprechender Anwendung des § 274 BGB eine doppelte Zug-um-Zug-Verurteilung zu erfolgen.[1808] Nach dieser BGH-Entscheidung, die im Schrifttum weitgehend Zustimmung gefunden hat,[1809] erhält der Auftragnehmer seinen (Rest-)Werklohn zwar nur Zug um Zug gegen Mängelbeseitigung, braucht aber seinerseits die Nachbesserung lediglich Zug um Zug gegen Zuschusszahlung durchzuführen.

[1794] BGH NJW 2006, 2839 Rn. 29 am Ende.
[1795] *Kniffka* in Kniffka/Koeble BauR-Komp des Baurechts 5. Teil Rn. 260.
[1796] BGH NJW 2013, 678 = BauR 2013, 236 Rn. 21.
[1797] OLG Düsseldorf NJW-RR 1999, 793; Siegburg BauR 1992, 419 (421); Beck'scher VOB-Kommentar/*Kohler* VOB/B § 13 Abs. 5 Rn. 209.
[1798] OLG Düsseldorf NJW-RR 1999, 793. Zur Beschreibung der Mängel im Zug-um-Zug-Urteil vgl. auch BGH BauR 2007, 431.
[1799] BGH NJW 1972, 2268; BauR 1978, 430.
[1800] Palandt/*Grüneberg* § 274 Rn. 4.
[1801] Dazu, wie dieses ggf. zu überwinden ist, vgl. OLG Brandenburg BauR 2006, 1507.
[1802] KG NZBau 2009, 385.
[1803] BGH NZBau 2010, 748 = BauR 2010, 1935 Rn. 10.
[1804] AA OLG Düsseldorf BauR 2010, 1236: ausreichend, dass trotz uneingeschränkten Abweisungsantrags der Wille, die eigene Leistung im Hinblick auf das Ausbleiben der Gegenleistung zurückzubehalten, eindeutig erkennbar ist. Die angeführten Nachweise betreffen jedoch die Frage, ob die Geltendmachung der Einrede eines formellen Antrags bedarf.
[1805] *Siegburg* BauR 1992, 419 (421, 422).
[1806] *Weyer* BauR 1981, 426 (432, 433); OLG Düsseldorf NJW 1991, 3040 = BauR 1992, 72; OLG Köln NZBau 2008, 320.
[1807] Vgl. dazu → Rn. 270–281.
[1808] BGHZ 90, 354 = NJW 1984, 1679 = BauR 1984, 401.
[1809] NWJS VOB/B § 13 Rn. 182; Ingenstau/Korbion/*Wirth* VOB/B § 13 Abs. 5 Rn. 291–295; *Pastor* in Werner/Pastor Bauprozess Rn. 3211–3213; Riedl/Mansfeld in *Heiermann/Riedl/Rusam* VOB/B § 13 Rn. 111; grundsätzlich anders Beck'scher VOB-Kommentar/*Kohler* VOB/B § 13 Abs. 5 Rn. 210 Abs. 7 Rn. 143 ff.

Dabei ist **im einzelnen** wie folgt vorzugehen:[1810] Der Auftragnehmer hat zunächst den Auftraggeber entsprechend § 295 S. 2 BGB zur Zuschusszahlung aufzufordern. Lehnt der Auftraggeber ab, kann der Auftragnehmer den Zahlungsanspruch vollstrecken. Der Auftraggeber muss vor der Nachbesserung allerdings den Kostenzuschuss nach §§ 294, 298 BGB nur tatsächlich anbieten, ihn aber noch nicht auszahlen. Damit der Auftragnehmer nach der Mängelbeseitigung ohne das Risiko späterer Zahlungsunfähigkeit des Auftraggebers auf den Zuschuss zugreifen und sich daraus befriedigen kann, muss dieser während der Nachbesserung bereitgestellt bleiben. Deshalb ist der Auftraggeber verpflichtet, den Betrag zugunsten des Auftragnehmers zu hinterlegen.[1811] Wenn der Auftragnehmer danach nicht nachbessert, ist der Auftraggeber nach Ablauf einer angemessenen Frist berechtigt, die Freigabe des bereitgestellten Zuschusses zu verlangen.

7. Ersatzvornahme: § 13 Abs. 5 Nr. 2 VOB/B. Die Möglichkeit des Auftragnehmers, Mängel seines Werks selbst nachzubessern,[1812] wird durch das Interesse des Auftraggebers, in angemessener Zeit eine vertragsgemäße und damit vor allem mängelfreie Werkleistung zu erhalten, begrenzt. Um den Auftragnehmer zu veranlassen, seiner gleichzeitig bestehenden Mängelbeseitigungspflicht alsbald nachzukommen, gewährt **§ 13 Abs. 5 Nr. 2 VOB/B** dem Auftraggeber ein **Ersatzvornahmerecht:** Wenn der Auftragnehmer der Aufforderung zur Mängelbeseitigung in einer vom Auftraggeber gesetzten angemessenen Frist nicht nachkommt, kann der Auftraggeber die Mängel auf Kosten des Auftragnehmers beseitigen lassen.[1813] Mit dem erfolglosen Fristablauf entsteht das Recht des Auftraggebers auf Selbstbeseitigung,[1814] wie aus dem eindeutigen Wortlaut dieser Bestimmung,[1815] welche der gesetzlichen Regelung in §§ 634 Nr. 2, 637 BGB entspricht, folgt. Das Ersatzvornahmerecht ermöglicht dem Auftraggeber, den umständlichen Weg über eine Klage auf Mängelbeseitigung und die anschließende Vollstreckung eines entsprechenden Urteils nach § 887 ZPO, welche im Ergebnis ebenfalls auf eine Ersatzvornahme hinausläuft, zu vermeiden.

a) Voraussetzungen. Das Ersatzvornahmerecht des Auftraggebers, welches in **§ 637 BGB** jetzt als **Selbstvornahme** bezeichnet wird, setzt einen durchsetzbaren Nachbesserungsanspruch, eine Aufforderung zur Mängelbeseitigung innerhalb einer zu setzenden angemessenen Frist sowie den erfolglosen Ablauf dieser Frist voraus.

aa) Fälliger und durchsetzbarer Anspruch. Der Mängelbeseitigungsanspruch des Auftraggebers, der sich auch aus einer vergleichsweise getroffenen Nachbesserungsvereinbarung ergeben kann,[1816] muss fällig und durchsetzbar, insbesondere einredefrei sein.[1817] Der Anspruch entsteht mit dem Beseitigungsverlangen nach § 13 Abs. 5 Nr. 1 S. 1 VOB/B[1818] und wird in der Regel gemäß § 271 Abs. 1 BGB sofort fällig. Ausnahmsweise kann seine Fälligkeit später eintreten, zum Beispiel wenn die Bauvertragspartner vereinbaren, zunächst ein Gutachten über die Mängel einzuholen.[1819] Der Durchsetzbarkeit darf nicht eine erhobene Verjährungseinrede, ein Leistungsverweigerungsrecht gemäß § 648a BGB[1820] oder ein geltend gemachtes Zurückbehaltungsrecht, etwa wegen der vom Auftraggeber zu leistenden Sicherheit für einen von ihm geschuldeten Zuschuss zu den Mängelbeseitigungskosten,[1821] entgegenstehen.[1822] Zudem darf der An-

---

[1810] Wegen der weiteren Einzelheiten vgl. BGHZ 90, 354 = NJW 1984, 1679 = BauR 1984, 401.
[1811] AA OLG Nürnberg NJW-RR 2000, 99 = BauR 2000, 273: nur Sicherheitsleistung; wieso das in besonderen Fällen – ein solcher wird zudem nicht aufgezeigt – dem Interessenausgleich (besser?) dienen soll, legt das OLG Nürnberg nicht dar.
[1812] Vgl. dazu → Rn. 234.
[1813] Eine Änderung oder Ergänzung aufgrund des neuen § 637 BGB wurde nicht für erforderlich gehalten: Beschluss des Vorstandes des DVA vom 2.5.2002, Begründung II.11.
[1814] BGH NJW 2013, 1228 = BauR 2013, 230 Rn. 14, 19/20.
[1815] Zu Unrecht problematisiert von *Thode* NJW 2013, 1232 und *Kuhn* ZfBR 2013, (523–528), zustimmend *Schwenker* IBR 2013, 662; vgl. dazu *Weyer* Blog-Eintrag vom 29.9.2013 in ibr-online.
[1816] OLG Düsseldorf NJW-RR 1999, 1249 = BauR 2000, 940 (nur Ls.).
[1817] BGHZ 90, 344 = NJW 1984, 1696 = BauR 1984, 395.
[1818] Vgl. → Rn. 240.
[1819] OLG Karlsruhe BauR 1972, 113.
[1820] OLG Düsseldorf BauR 2005, 572 = NZBau 2006, 717; *Eusani* NZBau 2006, (676–687); aA OLG Köln IBR 2005, 480 mit zu Recht ablehnendem Praxishinweis von *Heisiep*; vgl. zu § 648a BGB näher → Rn. 287.
[1821] Vgl. dazu → Rn. 270–272, 275, 281.
[1822] Beck'scher VOB-Kommentar/*Kohler* VOB/B § 13 Abs. 5 Rn. 85; *Riedl/Mansfeld* in Heiermann/Riedl/Rusam VOB/B § 13 Rn. 116; NWJS VOB/B § 13 Rn. 139.

spruch weder nach § 640 Abs. 2 BGB noch deshalb ausscheiden, weil die Voraussetzungen des § 13 Abs. 6 VOB/B vorliegen.[1823] Die Nacherfüllung darf also zum Beispiel nicht wegen endgültiger Verweigerung einer erforderlichen Baugenehmigung unmöglich sein.[1824]

302 Schließlich darf der Auftraggeber sich gegenüber der Mängelbeseitigung durch den Auftragnehmer **nicht** in **Annahmeverzug** befinden,[1825] zum Beispiel weil er dem Auftragnehmer Hausverbot erteilt hat und trotz Aufforderung keinen Termin zur Durchführung der Nachbesserung benennt.[1826] Voraussetzung eines Annahmeverzugs ist, dass die Leistung ordnungsgemäß angeboten wird; das Angebot einer Mängelbeseitigung, die nicht den vertraglich geschuldeten Erfolg herbeiführt, ist nicht ordnungsgemäß; der Auftraggeber braucht eine solche Mängelbeseitigung grundsätzlich nicht zu akzeptieren.[1827] Allerdings kann der Auftraggeber seinen Annahmeverzug jederzeit dadurch beenden, dass er dem Auftragnehmer zu erkennen gibt, das Betreten der Baustelle zum Zwecke der Mängelbeseitigung zuzulassen, was auch dadurch geschehen kann, dass er sich im Prozess wegen der Mängel auf sein Leistungsverweigerungsrecht beruft.[1828] Zudem ist der Auftraggeber nach erfolglosem Ablauf der dem Auftragnehmer gesetzten Mängelbeseitigungsfrist nicht mehr verpflichtet, die angebotene Mängelbeseitigung anzunehmen.[1829] Solange der Auftraggeber erfolgversprechende Maßnahmen nicht zurückweist, kommt er nicht dadurch in Annahmeverzug, dass er von dem Auftragnehmer verlangt, zunächst einen Vorschlag zu machen, wie Mängelbeseitigungsarbeiten durchgeführt werden sollen, nachdem bis dahin vorgenommene Nachbesserungsversuche erfolglos waren.[1830] Auch kann der Nachunternehmer gegenüber dem Generalunternehmer nicht einwenden, dessen Auftraggeber, der Bauherr, habe die Nachbesserung verweigert; vielmehr muss der Nachunternehmer seinem Auftragnehmer, dem Generalunternehmer, die Mängelbeseitigung in verzugsbegründender Weise anbieten und diesem damit Gelegenheit geben, den Bauherrn zur Entgegennahme der Nachbesserung anzuhalten.[1831]

303 **bb) Aufforderung zur Mängelbeseitigung.** Die erforderliche Aufforderung zur Mängelbeseitigung ist ausreichend bestimmt, wenn sie den Anforderungen der Symptom-Rechtsprechung[1832] genügt – wie zum Beispiel bei der Rüge: „Wasser tritt von unten ein"[1833] – und entsprechend ihrem Zweck, dem Auftragnehmer eine **zweite Chance** zur vertragsgemäßen Leistung zu geben, formuliert ist.[1834] Eine Zuvielforderung des Auftraggebers ist gleichwohl wirksam, wenn der Auftragnehmer sie als Aufforderung zur Bewirkung der tatsächlich geschuldeten Leistung und nicht als Zurückweisung des geschuldeten Maßes der Mängelbeseitigung verstehen muss.[1835] Die Aufforderung bedarf zwar keiner besonderen Form,[1836] aus Beweisgründen und, um den „Quasi-Neubeginn" gemäß § 13 Abs. 5 Nr. 1 S. 2 VOB/B herbeizuführen,[1837] ist aber ein schriftliches Mängelbeseitigungsverlangen ratsam.[1838] In aller Regel ist zur **Vornahme der Mängelbeseitigung aufzufordern** und **nicht** lediglich dazu, die **Bereitschaft**

[1823] *Kleine-Möller/Merl/Glöckner* § 15 Rn. 786; Beck'scher VOB-Kommentar/*Kohler* VOB/B § 13 Abs. 5 Rn. 85.
[1824] *Weyer* im Praxishinweis zu OLG Koblenz IBR 2014, 265.
[1825] BGHZ 90, 344 = NJW 1984, 1676 = BauR 1984, 395.
[1826] OLG Düsseldorf NJW-RR 2000, 466.
[1827] BGH NZBau 2006, 641 Rn. 16, = BauR 2006, 1468.
[1828] BGH NZBau 2004, 611 = BauR 2004, 1616.
[1829] BGHZ 154, 119 = NJW 2003, 1526 = NZBau 2003, 267 = BauR 2003, 693; BGH NZBau 2004, 153, = BauR 2004, 501. Vgl. dazu näher → Rn. 313.
[1830] Vgl. die Fallgestaltung in OLG Düsseldorf BauR 2000, 1383, Ls. 3.
[1831] OLG Düsseldorf NJW-RR 1998, 1553 = BauR 1998, 1263.
[1832] BGHZ 154, 119 = NJW 2003, 1526 = NZBau 2003, 267 = BauR 2003, 693. Näher dazu → Rn. 245–248.
[1833] OLG München BauR 2007, 2073.
[1834] Zu Unrecht fordert OLG Köln IBR 2004, 131 mit ablehnendem Praxishinweis von *Schwenker*, der Gläubiger müsse „gegenüber dem Vertragspartner unmissverständlich zum Ausdruck bringen, dass jener mit der Aufforderung eine letzte Gelegenheit zur Erbringung der vertraglichen Leistung erhält." Vgl. dazu auch *Schwenker* IBR 2004, 117.
[1835] BGH NJW 2006, 769 = NZBau 2006, 116 = BauR 2006, 524.; NJW 2013, 1528 = NZBau 2013, 430 = BauR 2013, 1129 Rn. 16. Anders bei unberechtigter Forderung der Neuherstellung: OLG Celle IBR 2009, 327; ebenso OLG Celle BauR 2016, 1926.
[1836] OLG Celle BauR 1994, 250; NWJS VOB/B § 13 Rn. 140.
[1837] Vgl. dazu → Rn. 243.
[1838] *Kleine-Möller/Merl/Glöckner* § 15 Rn. 787; *Kaiser* Mängelhaftung Rn. 80b.

zur Nachbesserung zu erklären[1839] oder die Beseitigung der Mängel unverzüglich einzuleiten und dies durch Vorlage entsprechender Auftragserteilungen nachzuweisen.[1840] Von Ausnahmefällen abgesehen wie zum Beispiel komplexen Nachbesserungsarbeiten an technischen Leistungen mit Schnittstellen zu Fremdgewerken, steht dem Auftraggeber auch kein Anspruch gegen den Auftragnehmer zu, vor Beginn der Nachbesserungsarbeiten ein **Sanierungskonzept** vorzulegen.[1841] Ausnahmsweise hat der BGH in einem Fall, in dem umfangreiche und schwierige Dachreparaturarbeiten anstanden und der erforderliche Zeitaufwand nur schwer abschätzbar war sowie weitere gewichtige Umstände hinzukamen, die dafür sprachen, dass der Auftragnehmer sich seiner Pflicht zur Mängelbeseitigung entziehen werde, eine **Fristsetzung für den Beginn der Nachbesserungsarbeiten** ausreichen lassen.[1842] Verfehlt ist es, allgemein eine sogenannte „doppelte Fristsetzung" zur Anerkennung der Sachmängelhaftung oder zum Beginn mit der Mängelbeseitigung innerhalb einer kurzen und zur Durchführung der Mängelbeseitigung innerhalb einer längeren Frist als in der Praxis bewährt zu befürworten.[1843] Denn der Auftragnehmer ist nicht verpflichtet, einen Mangel anzuerkennen und die Annahme eines besonderen Ausnahmefalls ist riskant.[1844] Eine „doppelte Fristsetzung" ist allenfalls als taktischer Versuch, den Auftragnehmer zu eventuell gegen ihn verwendbaren Erklärungen zu provozieren, geeignet.[1845]

Die Aufforderung zur Mängelbeseitigung ist **wirkungslos,** wenn der Auftraggeber diejenigen **Mitwirkungshandlungen nicht** vorgenommen oder jedenfalls angeboten hat, die dem Auftragnehmer die Herstellung eines funktionsfähigen Werks erst ermöglichen.[1846] Denn der Auftraggeber muss im Rahmen der ihm obliegenden Mitwirkung dafür sorgen, dass ungeeignete Leistungen vorleistender Unternehmer so verändert werden, dass der Auftragnehmer in der Lage ist, sein Werk vertragsgerecht herzustellen.[1847] Ebenso muss der Auftraggeber gegebenenfalls eine **nachgebesserte Ausführungsplanung** vorlegen oder zumindest anbieten.[1848] Der zur **Kostenbeteiligung** verpflichtete Auftraggeber[1849] muss diese **nicht** mit der Fristsetzung zu Mängelbeseitigung **anbieten.**[1850] Denn es ist Sache des Auftragnehmers, eine Mitverursachung durch den Auftraggeber, von ihm zu tragende Sowieso-Kosten oder einen Vorteilsausgleich einzuwenden.

cc) Entbehrlichkeit der Fristsetzung. Eine Aufforderung zur Mängelbeseitigung nebst Fristsetzung[1851] ist **entbehrlich,** wenn sie nur eine nutzlose Förmlichkeit wäre, weil der Auftragnehmer die Erfüllung seiner Nachbesserungspflicht bereits ernsthaft und endgültig abgelehnt hat.[1852] Das ist in **§§ 637 Abs. 2 S. 1, 323 Abs. 2 Nr. 1 BGB** ausdrücklich so geregelt.

[1839] OLG Düsseldorf BauR 2002, 963; OLG Stuttgart BauR 2010, 1083; OLG Frankfurt NZBau 2012, 497; *Kniffka/Krause-Allenstein* ibr-online-Kommentar Bauvertragsrecht, Stand 23.11.2014, § 637 Rn. 13, 19; so – zu § 634 Abs. 1 BGB aF – auch BGHZ 142, 278 = NJW 1999, 3710 = NZBau 2000, 23 = BauR 2000, 98; BGH NZBau 2004, 153 = BauR 2004, 501.
[1840] So – ebenfalls zu § 634 Abs. 1 BGB aF – BGH NJW 2006, 2254 = NZBau 2006, 371 = BauR 2006, 979.
[1841] Instruktiv dazu *Pauly* ZfBR 2016, 637.
[1842] BGH BauR 1982, 496. Auf diese Entscheidung weist der BGH auch in NJW 2006, 2254 = NZBau 2006, 371 = BauR 2006, 979 hin. Zu einem vergleichbaren Ausnahmefall KG IBR 2008, 262.
[1843] So jedoch *Knütel* BauR 2002, 689 (690).
[1844] *Oppler* FS Vygen, 1999, 344 (350, 351).
[1845] Vgl. dazu *Harms* BauR 2004, (745–750); vgl. außerdem *Schulze-Hagen* im Praxishinweis zu IBR 2006, 322.
[1846] BGH NJW 2008, 511 Rn. 36 = NZBau 2008, 109 = BauR 2008, 344; OLG Celle BauR 2008, 2046; OLG Hamm NZBau 2010, 109.
[1847] BGH NJW 2008, 511 Rn. 19 = NZBau 2008, 109 = BauR 2008, 344; vgl. schon → Rn. 101.
[1848] *Sienz* FS Ganten, 2007, (219–226) und BauR 2010, (840–845); *Oberhauser* FS Koeble, 2010, 167 (173–176); aA *Motzke* BauR 2011, (153–163); vgl. dazu *Weyer* Blog-Eintrag vom 21.4.2011 in ibr-online und schon → Rn. 101.
[1849] Vgl. dazu → Rn. 270–281.
[1850] *Moufang* in Messerschmidt/Voit § 635 Rn. 101. AA *Drossart*, in *Messerschmidt/Voit* § 634 Rn. 26.
[1851] Die Fristsetzung sollte mit einer Mängelbeseitigungsaufforderung in der Praxis immer verbunden sein: *Amelsberg* im Praxishinweis zu OLG München IBR 2014, 205.
[1852] BGH BauR 1985, 198; OLG Düsseldorf NJW-RR 1997, 20 = BauR 1997, 312; für die gleich zu beurteilende Inverzugsetzung nach § 633 Abs. 3 BGB aF: BGH NJW-RR 1990, 786 = BauR 1990, 466; OLG Düsseldorf NJW-RR 1998, 1030 = BauR 1998, 1011.

An die Bejahung dieser Ausnahme sind strenge Anforderungen[1853] zu stellen.[1854] Entscheidend ist, ob der Auftragnehmer nach den Umständen des Einzelfalls über das Bestreiten der Mängel hinaus, welches, auch als prozessuales Bestreiten,[1855] allein nicht ohne Weiteres ausreicht,[1856] bewusst und endgültig seiner Mängelbeseitigungspflicht nicht nachkommen will und eine Umstimmung insoweit ausgeschlossen erscheint.[1857] Dabei ist eine Würdigung des gesamten Verhaltens des Auftragnehmers von der ersten Mängelrüge bis zum Schluss der mündlichen Verhandlung im Rechtsstreit geboten.[1858] Eine **endgültige Erfüllungsverweigerung** liegt vor, wenn der Auftragnehmer während der vorprozessualen umfassenden Auseinandersetzung nachhaltig und beharrlich das Vorliegen von Mängeln verneint und eine Pflicht zur Gewährleistung schlechthin bestreitet.[1859] Das OLG Oldenburg hat eine endgültige und ernsthafte Verweigerung angenommen, wenn der Auftragnehmer die ihm gesetzte Frist zur Mängelbeseitigung ungenutzt verstreichen lässt, die Bewertungen des Mangels im Rahmen eines Privatgutachtens anzweifelt und die Durchführung eines selbständigen Beweisverfahrens mit dem Ziel einleitet, die Mangelfreiheit seiner Leistungen festzustellen.[1860] Sollten auch nur geringste Zweifel bestehen, ob die Erfüllung endgültig verweigert worden ist, so ist es ratsam, die Fristsetzung zur Mängelbeseitigung vorsorglich nachzuholen, was noch im Prozess geschehen kann.[1861] Grundsätzlich muss der Auftragnehmer die Nacherfüllung endgültig verweigert haben, bevor der Auftraggeber die Ersatzvornahme veranlasst[1862] oder ein Dritter den Mangel beseitigt.[1863] Ein Angebot zur Nachbesserung aus Kulanz ist keine Ablehnung der Nacherfüllung.[1864] Hat sich der Auftragnehmer damit einverstanden erklärt, dass auch ohne Fristsetzung ein Drittunternehmer auf seine Kosten die Mängel beseitigt, so ist der Auftraggeber nicht nur für diese Vereinbarung als solche, sondern auch für deren Reichweite[1865] darlegungs- und beweispflichtig.[1866]

306 Ferner ist der Auftraggeber ausnahmsweise berechtigt, die Mängelbeseitigung sofort selbst vorzunehmen, wenn **Gefahr im Verzug** ist oder andere außergewöhnliche Umstände vorliegen, die Eile gebieten,[1867] zum Beispiel weil im Winter abends eine schadhafte Schweißstelle an einer Fernwärmehausanschlussleitung entdeckt wird.[1868] Dieser Fall kann unter **§§ 637 Abs. 2 S. 1, 323 Abs. 2 Nr. 3 BGB** eingeordnet werden.

307 Ebenso bedarf es keines befristeten Mängelbeseitigungsverlangens, wenn der **Auftragnehmer** sich bei der Bauausführung als so **unzuverlässig** erwiesen hat, dass dem Auftraggeber die

---

[1853] Zweifelhaft, ob OLG Karlsruhe IBR 2012, 18 diesen entspricht; bedenklich auch LG Düsseldorf IBR 2015, 72 mit zu Recht kritischem Praxishinweis von *Scheel*.
[1854] BGH BauR 2014, 2086 Rn. 21; OLG Düsseldorf NJW-RR 1998, 1030 = BauR 1998, 1011; KG IBR 2009, 20; Beck'scher VOB-Kommentar/*Kohler* VOB/B § 13 Abs. 5 Rn. 90; NWJS VOB/B § 13 Rn. 143; *Keldungs/Brück* Rn. 515; *Drossart* in Messerschmidt/Voit § 634 Rn. 36/37.
[1855] OLG Frankfurt IBR 2012, 582 mit kritischem Praxishinweis von *Heiliger*.
[1856] OLG Frankfurt NZBau 2012, 497; OLG Düsseldorf NJW 2014, 1115 = NZBau 2014, 165 = BauR 2014, 1014.
[1857] BGH NZBau 2009, 377 = BauR 2009, 976 Rn. 12; OLG Düsseldorf NJW-RR 1998, 1030 = BauR 1998, 1011; NJW-RR 1999, 1396 = BauR 1999, 1030 zu § 634 BGB; BauR 2002, 963; *Kniffka/Krause-Allenstein* ibr-online-Kommentar Bauvertragsrecht, Stand 23.11.2014, § 637 Rn. 22, 23; *Leupertz/Halfmeier* in Prütting/Wegen/Weinreich BGB § 637 Rn. 2, § 636 Rn. 5. Beispiele für Verneinung dieser Ausnahme: OLG Schleswig IBR 2005, 676; KG IBR 2009, 20. Beispiel für Bejahung: OLG München IBR 2012, 257.
[1858] BGH BauR 2014, 2086 Rn. 24.
[1859] So im Anschluss an BGH NZBau 2002, 89 = BauR 2002, 310 der erste amtliche Leitsatz von BGH BauR 2014, 2086.
[1860] OLG Oldenburg BauR 2016, 687.
[1861] BGH BauR 2014, 2086 Rn. 24.
[1862] BGH NZBau 2009, 377 = BauR 2009, 976 Rn. 10.
[1863] OLG Stuttgart IBR 2010, 388.
[1864] OLG Koblenz IBR 2009, 579.
[1865] Spätere Erweiterungen der Mängelbeseitigung entgegen der ursprünglichen Annahme.
[1866] OLG Düsseldorf NZBau 2016, 295 = BauR 2017, 121.
[1867] OLG Düsseldorf NJW-RR 1993, 477; Ingenstau/Korbion/*Wirth* VOB/B § 13 Abs. 5 Rn. 153; *Vygen/Joussen* Bauvertragsrecht Rn. 1360; vgl. auch BGH NJW-RR 2002, 666 = NZBau 2002, 332 = BauR 2002, 940 zu § 634 Abs. 2 BGB aF.
[1868] OLG Düsseldorf NJW-RR 1993, 477.

Mängelbeseitigung durch diesen Auftragnehmer **nicht** mehr **zumutbar** ist.[1869] Das sieht **§ 637 Abs. 2 S. 2 BGB** so vor. Ebenfalls nach dieser Bestimmung kann eine Fristsetzung überflüssig sein, wenn

– der zur Mängelbeseitigung aufgeforderte Auftragnehmer lediglich ungeeignete Maßnahmen anbietet,[1870]
– der Auftragnehmer trotz dreier Nachbesserungsversuche die Regenundichtigkeit des von ihm errichteten Wintergartens nicht beseitigt[1871]
– oder dem Parkettleger bei dem ersten Mängelbeseitigungsversuch schwerwiegende Fehler unterlaufen.[1872]

Ob die Nacherfüllung im Sinne des § 637 Abs. 2 S. 2 BGB fehlgeschlagen ist, kann im Einzelfall durchaus zweifelhaft sein. Zur Vermeidung von Nachteilen[1873] sollte der Auftraggeber dann zunächst den Auftragnehmer nochmals unter Fristsetzung zur Mängelbeseitigung auffordern.[1874]

Die Aufforderung zur Mängelbeseitigung nebst Fristsetzung ist hingegen **nicht** schon deshalb **308 entbehrlich,** weil der Auftragnehmer seinen Betrieb aufgegeben hat,[1875] weil die bisherige Leistung des Auftragnehmers sich als unbrauchbar erwiesen hat[1876] oder weil über sein Vermögen das Insolvenzverfahren eröffnet worden ist.[1877] Denn der Auftragnehmer muss grundsätzlich nicht selbst nachbessern,[1878] so dass er oder der Insolvenzverwalter die Mängel auch durch einen anderen Unternehmer beseitigen lassen kann. Das scheidet aber aus und es bedarf **keiner Fristsetzung** zur Mängelbeseitigung, wenn der Auftragnehmer eine im Handelsregister gelöschte, nicht über zur Nacherfüllung ausreichendes Vermögen verfügende Gesellschaft ist.[1879]

dd) Angemessene Frist. Nach bisher ganz herrschender Meinung musste die Frist exakt **309** bestimmt werden.[1880] Die Praxis hat sich jedoch darauf einzustellen, dass es entsprechend der BGH-Entscheidung zu § 281 Abs. 1 S. 1 BGB[1881] auch für eine Fristsetzung nach § 13 Abs. 5 Nr. 2 VOB/B oder § 637 Abs. 1 BGB[1882] genügt, wenn der Auftraggeber durch das **Verlangen** nach **sofortiger,** unverzüglicher oder umgehender[1883] **Mängelbeseitigung** deutlich macht, dass dem Auftragnehmer für die Nacherfüllung nur ein begrenzter Zeitraum zur Verfügung steht; einen bestimmten Zeitraum oder Endtermin muss er nicht angeben. Der BGH hat diese sowohl mit dem Wortlaut wie auch mit dem Sinn und Zweck der §§ 323 Abs. 1, 281 Abs. 1 BGB nur schwer vereinbare Rechtsprechung für den Nacherfüllungsanspruch des Käufers inzwischen

---

[1869] BGHZ 46, 242 = NJW 1967, 388; BGHZ 92, 308 = NJW 1985, 381 = BauR 1985, 83; OLG Düsseldorf NJW-RR 1996, 401 = BauR 1996, 260; NJW-RR 1997, 20 = BauR 1997, 312; BauR 2007, 1748; OLG Frankfurt IBR 2009, 135; OLG Koblenz IBR 2010, 387; OLG Düsseldorf BauR 2011, 621; IBR 2011, 326; Ingenstau/Korbion/*Wirth* VOB/B § 13 Abs. 5 Rn. 150/151; allgemein zur Unzumutbarkeit der Nacherfüllung: Drossart, in *Messerschmidt/Voit* § 634 Rn. 42; *Moufang* ebenda § 636 Rn. 49–51.
[1870] OLG Celle BauR 1994, 250; zu § 634 Abs. 2 BGB aF so auch BGH NZBau 2004, 153 = BauR 2004, 501. Zur fehlgeschlagenen Nachbesserung im Übrigen eingehend Kniffka/Krause-Allenstein ibr-online-Kommentar Bauvertragsrecht, Stand 23.11.2014, § 637 Rn. 27/28; *Drossart*, in *Messerschmidt/Voit* § 634 Rn. 40/41. Vgl. ferner OLG Rostock IBR 2005, 532: Selbst nach mehrfachen Mängelbeseitigungsversuchen erneute Mängelbeseitigungsaufforderung erforderlich.
[1871] OLG Bremen BauR 2007, 422.
[1872] OLG Brandenburg IBR 2014, 340 = BauR 2014, 1491.
[1873] Vgl. dazu → Rn. 314–316.
[1874] *Leupertz/Halfmeier* in Prütting/Wegen/Weinreich BGB § 637 Rn. 2, § 636 Rn. 8.
[1875] BGH BauR 1985, 198; *Pastor* in Werner/Pastor Rn. 2182. Anders KG IBR 2011, 135 für den Fall einer Betriebseinstellung und Zahlungsunfähigkeit des Auftragnehmers.
[1876] OLG Koblenz NJW-RR 2002, 669 = BauR 2002, 1110.
[1877] Für das frühere Konkursverfahren: OLG Hamm BauR 1984, 537; OLG Düsseldorf NJW-RR 1993, 1110 = BauR 1993, 507 (nur Ls.); OLG Celle BauR 1995, 856; für das Gesamtvollstreckungsverfahren: OLG Naumburg IBR 2002, 667; für das jetzige Insolvenzverfahren: BGH NJW 2010, 1284 = NZBau 2010, 426 = BauR 2010, 765.
[1878] Vgl. → Rn. 264.
[1879] OLG München BauR 2012, 804.
[1880] So auch hier bis einschließlich 3. Aufl., Rn. 270 mit Nachweisen in der dortigen Fußnote 1340.
[1881] BGH NJW 2009, 3153 Rn. 10/11; kritisch dazu *Koch* NJW 2010, (1636–1639).
[1882] *Schwenker* im Praxishinweis zu IBR 2009, 644. Unentschieden: *Leupertz/Halfmeier* in Prütting/Wegen/Weinreich BGB § 634 Rn. 7.
[1883] Nach KG IBR 2010, 562 mit zu Recht kritischem Praxishinweis von *Lichtenberg* soll die Aufforderung zur „schnellstmöglichen" Reparatur nicht ausreichen.

bestätigt.[1884] Wenngleich der Käufer den Verkäufer im konkreten Fall um „schnelle Behebung" der gerügten Mängel gebeten hatte, erscheint fragwürdig, wie der BGH aus einer solchen, zeitlich unbestimmten Aufforderung eine – insbesondere für den Verkäufer oder Auftragnehmer eines Bauvertrages – bestimmbare Frist ableiten will.[1885] In jedem Fall ist dem Auftraggeber eines VOB-Bauvertrages anzuraten, „vorsichtshalber" eine bestimmte Frist zur Mängelbeseitigung zu setzen oder ein bestimmtes Datum zu benennen, bis zu dem die Mängel zu beseitigen sind. Der Wirksamkeit der Fristsetzung steht auch nicht entgegen, dass der Auftraggeber sich bereit erklärt, die Frist unter Umständen zu verlängern, denn damit wird die zur Mängelbeseitigung gesetzte Frist weder aufgehoben noch in das Belieben des Auftragnehmers gestellt.[1886]

310 Die **angemessene Länge** der Frist richtet sich nach Art, Umfang und Schwierigkeit der durchzuführenden Mängelbeseitigung unter Berücksichtigung notwendiger Vorbereitungsarbeiten und insbesondere des Interesses des Auftraggebers an einer alsbaldigen Nachbesserung, wobei letzteres auch eine verhältnismäßig kurze Frist rechtfertigen kann.[1887] Die Angemessenheit der Frist ist deshalb nicht allein danach zu beurteilen, welchen Zeitraum der Auftragnehmer für die Mängelbeseitigung normaler Weise benötigt; angemessen ist vielmehr eine Frist, wenn während ihrer Dauer die Mängel unter größten Anstrengungen des Auftragnehmers beseitigt werden können; denn sie hat nicht den Zweck, den Auftragnehmer in die Lage zu versetzen, nun erst seine Leistung in die Wege zu leiten, sondern sie soll ihm nur noch eine letzte Gelegenheit geben, die Erfüllung zu vollenden.[1888] Schwierig kann die Mängelbeseitigung unter anderem deshalb sein, weil sie witterungsabhängig ist.[1889] Bei der Bemessung der Frist ist zudem zu beachten, dass der Auftragnehmer zunächst die Mängelursachen klären und danach diese beseitigen muss,[1890] weil der Auftraggeber sich auf die Rüge der Mangelerscheinungen beschränken kann.[1891] Auch kann ins Gewicht fallen, dass sich der Auftraggeber zuvor in Annahmeverzug befunden hat.[1892] Eine zu kurz bemessene Frist ist nicht unwirksam, setzt vielmehr eine angemessen lange Frist in Lauf.[1893] Dass der Auftragnehmer eine solche Verlängerung verlangt,[1894] ist also nicht erforderlich.[1895] Eine Verlängerung scheidet jedoch aus, wenn der Auftraggeber für die Zeit nach Ablauf der zu kurzen Frist ein Baustellenverbot ausspricht.[1896]

311 **ee) Erfolgloser Fristablauf.** Ein solcher liegt nicht nur vor, wenn der Auftragnehmer ganz untätig geblieben ist; vielmehr kommt er der Aufforderung zur Mängelbeseitigung auch dann nicht – voll – nach, wenn sein Nachbesserungsversuch innerhalb der angemessenen Frist nicht zum geschuldeten Erfolg führt.[1897] Ausnahmsweise erwirbt der Auftraggeber die Rechte aus § 13 Abs. 5 Nr. 2 VOB/B bereits vor Fristablauf, nämlich sobald eindeutig feststeht, dass der Auf-

---

[1884] BGH BauR 2016, 1915.
[1885] Der BGH führt dazu lediglich aus, aus der Aufforderung zur schnellen Behebung der Mängel ergebe sich, dass die Nachbesserung nicht zu einem beliebigen Zeitpunkt bewirkt werden dürfe, BGH aaO, S. 1917. Zwischen einer Mängelbeseitigung zu einem beliebigen Zeitpunkt und der Aufforderung, innerhalb einer bestimmten Frist Mängel zu beheben, besteht aber ein großer Unterschied.
[1886] BGH BauR 2010, 2101 Rn. 14.
[1887] OLG Düsseldorf BauR 2001, 645; *Kleine-Möller/Merl/Glöckner* § 15 Rn. 792; Ingenstau/Korbion/*Wirth* VOB/B § 13 Abs. 5 Rn. 134; NWJS VOB/B § 13 Rn. 141; Beck'scher VOB-Kommentar/*Kohler* VOB/B § 13 Abs. 5 Rn. 89 und VOB/B § 4 Abs. 7 Rn. 204/205.
[1888] BGH NJW 2006, 2254 = NZBau 2006, 371 = BauR 2006, 979 zu § 634 Abs. 1 BGB aF, das gilt hier jedoch entsprechend; OLG Düsseldorf BauR 2007, 1254 fordert vermehrte Anstrengungen, um den Mangel kurzfristig zu beseitigen.
[1889] Vgl. dazu *Mundt* BauR 2005, 1397 ff.
[1890] Darauf weist *Schulze-Hagen* im Praxishinweis zu IBR 2003, 185 zutreffend hin. Ebenso: *Leupertz/Halfmeier* in Prütting/Wegen/Weinreich BGB § 634 Rn. 7.
[1891] BGHZ 154, 119 = NJW 2003, 1526 = NZBau 2003, 267 = BauR 2003, 693: Symptom-Rechtsprechung. Vgl. dazu → Rn. 283.
[1892] BGH NJW 2007, 2761 = NZBau 2007, 506 Rn. 9 = BauR 2007, 1410.
[1893] BGH NJW 1986, 713 = BauR 1986, 98; NJW 1999, 1330 = BauR 1999, 391; OLG Celle BauR 1984, 409; OLG Düsseldorf NJW-RR 1998, 1552 = BauR 1998, 1263; *Kaiser* Mängelhaftung Rn. 81; Beck'scher VOB-Kommentar/*Kohler* VOB/B § 13 Abs. 5 Rn. 89.
[1894] So aber NWJS VOB/B § 13 Rn. 141, am Ende.
[1895] *Kleine-Möller/Merl/Glöckner* § 15 Rn. 792.
[1896] BGH NJW 1986, 713 = BauR 1986, 98; OLG Hamm BauR 2000, 1346.
[1897] NWJS VOB/B § 13 Rn. 142; Ingenstau/Korbion/*Wirth* VOB/B § 13 Abs. 5 Rn. 158/159; Beck'scher VOB-Kommentar/*Kohler* VOB/B § 13 Abs. 5 Rn. 97; *Kleine-Möller/Merl/Glöckner* § 15 Rn. 794.

tragnehmer keinesfalls mehr in der Lage sein wird, die Mängel fristgemäß zu beseitigen,[1898] oder dass er dazu nicht willens ist.[1899] Lässt der Auftragnehmer eine zur Mangelbeseitigung gesetzt Frist verstreichen, greift er ein Privatgutachten, das die Mängel feststellt, an und beantragt er die Durchführung eines selbstständigen Beweisverfahrens um die Mangelfreiheit seiner Leistung festzustellen, stellt dies eine endgültige Verweigerung der vertragsgemäßen Fertigstellung seiner Leistung dar.[1900] Der Auftraggeber darf ein Angebot zur Nachbesserung allerdings nicht deshalb ablehnen, weil es ausdrücklich nur aus Kulanz erfolgt.[1901] Der Auftragnehmer darf die für die Mängelbeseitigung erforderliche Terminabstimmung nicht dem Nachunternehmer überlassen, sondern muss sich vergewissern, dass der Nachunternehmer die Mängelbeseitigung auch tatsächlich ausführt, und gegebenenfalls selbst einen Nachbesserungstermin vereinbaren.[1902]

b) Wahlrecht zwischen Ersatzvornahme und Mängelbeseitigung. Mit der Erfüllung der Voraussetzungen des § 13 Abs. 5 Nr. 2 VOB/B erlangt der Auftraggeber das Ersatzvornahmerecht neben dem Anspruch auf Mängelbeseitigung, er kann also zwischen beiden Rechten frei wählen.[1903] Nr. 2 entspricht somit der gesetzlichen Regelung in §§ 634 Nr. 1 und 2, 635, 637 BGB.[1904] Eine Fristsetzung mit Ablehnungsandrohung wie in § 634 Abs. 1 BGB aF, welche zum Ausschluss des Mängelbeseitigungsanspruchs führte, kennt weder die VOB/B noch seit dem 1.1.2002 das BGB.[1905] Darüber hinaus kann der Auftraggeber sich auch für einen Schadenersatzanspruch in Höhe der Mängelbeseitigungskosten entscheiden.[1906] Schlägt die Ersatzvornahme fehl,[1907] so kann der Auftraggeber trotz des fortbestehenden Rechts zur Eigennachbesserung auch wieder Nacherfüllung durch den Auftragnehmer verlangen.[1908] Der Auftragnehmer kann dem Auftraggeber dessen Wahlrecht nicht über § 264 Abs. 2 BGB wieder nehmen.[1909]

312

c) Einschränkung der Mängelbeseitigungsgelegenheit. Andererseits führt der erfolglose Ablauf der gemäß § 13 Abs. 5 Nr. 2 VOB/B gesetzten Frist zu einer einschneidenden Einschränkung der Mängelbeseitigungsgelegenheit[1910] des Auftragnehmers. Denn die alte Streitfrage, ob die Nachbesserungsbefugnis des Auftragnehmers mit dem Fristablauf erlischt,[1911] hat der BGH[1912] nunmehr dahin entschieden, dass der Auftraggeber nach erfolglosem Fristablauf nicht mehr verpflichtet ist, die vom Auftragnehmer angebotene Mängelbeseitigung anzunehmen.[1913] Vielmehr ist der Auftraggeber von da ab berechtigt zu entscheiden, welche der ihm zustehenden Mängelrechte er geltend machen will. Der Auftragnehmer wird dadurch nicht unangemessen benachteiligt, weil er zweifach gegen seine Vertragspflichten verstoßen hat. Damit greift der BGH den bisher in anderem Zusammenhang[1914] herangezogenen Gesichtspunkt des doppelt vertragsuntreuen Auftragnehmers auf. Entscheidet sich der Auftraggeber allerdings dafür, auch

313

[1898] Vgl. dazu BT-Drs. 14/6857, 37 und 68 jeweils zu Nr. 134: Nacherfüllung dann „fehlgeschlagen", § 637 Abs. 2 S. 2 BGB. Vgl. auch BGH NZBau 2002, 668 = BauR 2002, 1847; Ingenstau/Korbion/*Wirth* VOB/B § 13 Abs. 5 Rn. 160.
[1899] *Kleine-Möller/Merl/Glöckner* § 15 Rn. 795.
[1900] OLG Oldenburg NJW-RR 2016, 89 = BauR 2016, 687 = NZBau 2016, 106.
[1901] OLG Koblenz IBR 2009, 579.
[1902] OLG München IBR 2014, 204.
[1903] BGHZ 154, 119 = NJW 2003, 1526 = NZBau 2003, 267 = BauR 2003, 693; BGH NZBau 2004, 153 = BauR 2004, 501; *Daub/Piel/Soergel/Steffani* ErlZ B 13.434; Beck'scher VOB-Kommentar/*Kohler* VOB/B § 13 Abs. 5 Rn. 73; NWJS § 13 Rn. 142; *Sienz* FS Kraus, 2003, 237 (246, 247) und BauR 2006, 1816 (1817).
[1904] Zur gesetzlichen Regelung OLG Naumburg NZBau 2010, 757 = BauR 2010, 1238 mit Analyse *Weyer* vom 2.6.2010 in werner-baurecht-online.
[1905] Zum gesetzlichen Werkvertragsrecht: OLG Brandenburg IBR 2007, 609.
[1906] Vgl. dazu → Rn. 412/413.
[1907] Vgl. dazu auch → Rn. 324.
[1908] NWJS VOB/B § 13 Rn. 142. Entgegen *Drossart* in Messerschmidt/Voit Syst. Teil J Rn. 21 und § 634 Rn. 18 ist er also nicht auf Schadenersatz, Rücktritt oder Minderung beschränkt.
[1909] AA OLG Celle IBR 2009, 578 mit ablehnendem Praxishinweis von *Weyer*.
[1910] Vgl. dazu → Rn. 234.
[1911] Vgl. dazu die Darstellung in der 1. Aufl. bei VOB/B § 13 Rn. 251 sowie *Enaux* FS Kraus, 2003, 15 (17 ff.).
[1912] BGHZ 154, 119 =NJW 2003, 1526 = NZBau 2003, 267 = BauR 2003, 693; BGH NZBau 2004, 153 = BauR 2004, 501 = NJW 2004, 1525 (nur Ls.). Vgl. dazu auch Anm. von *Kenter/Brügmann* BauR 2004, 395 ff. *Jansen* BauR 2005, 1089 (1091) will über §§ 133, 157 BGB im Regelfall dem BGH folgen.
[1913] Anders OLG Hamm BauR 2005, 1190. Dazu näher *Weyer* BauR 2006, (1665–1671).
[1914] Vgl. → Rn. 321.

nach erfolglosem Fristablauf weiterhin Nacherfüllung zu verlangen,[1915] muss er diese auch annehmen.[1916] Denn er verhält sich widersprüchlich, wenn er den Auftragnehmer trotz Fristablaufs wieder zur Nacherfüllung auffordert, dann aber dessen Angebot zur Durchführung objektiv zur Mängelbeseitigung geeigneter Maßnahmen ablehnt; das ist **treuwidrig (§ 242 BGB)**, weshalb der Auftraggeber sich nicht auf ein Selbstvornahmerecht berufen kann,[1917] vielmehr – zunächst[1918] – das Selbstvornahmerecht verliert.[1919] Treuwidrig handelt der Auftraggeber auch, wenn er gegenüber der Werklohnklage des Auftragnehmers aufgrund eines Mangels sein Leistungsverweigerungsrecht geltend macht, wegen des Fristablaufs dem Auftragnehmer jedoch die Nachbesserung verweigert.[1920] Folgerichtig steht dem Auftraggeber erst nach einer erneuten erfolglosen Fristsetzung gemäß § 13 Abs. 5 Nr. 2 VOB/B, sofern diese nicht ausnahmsweise entbehrlich ist,[1921] wieder die Wahl der Selbstvornahme offen.[1922] Eine solche neue Fristsetzung ist auch erforderlich, wenn der Auftraggeber mit dem Auftragnehmer nach erfolglosem Fristablauf eine Nacherfüllungsvereinbarung getroffen hat.[1923]

314   d) **Keine Ansprüche bei unberechtigter Ersatzvornahme.** Falls der Auftraggeber die Voraussetzungen des § 13 Abs. 5 Nr. 2 VOB/B nicht erfüllt und damit keinen Anspruch nach dieser Bestimmung hat, insbesondere wenn er tätig wird, ohne die erforderliche Frist zur Mängelbeseitigung[1924] gesetzt und deren erfolglosen Ablauf abgewartet zu haben, also in die **Selbstvornahmefalle** tappt,[1925] dann stehen ihm wegen der Kosten der unberechtigten Ersatzvornahme auch keine anderweitigen Ansprüche zu,[1926] weil es sich bei **§ 13 Abs. 5 Nr. 2 VOB/B** – ebenso wie bei §§ 634 Nr. 2, 637 BGB[1927] – um eine **abschließende Sonderregelung** handelt.[1928] Die befürchteten[1929] Gefahren aus dem Kaufrecht[1930] sind für die Praxis spätestens dadurch gebannt, dass der BGH[1931] auch die §§ 437 ff. BGB insoweit als abschließende Regelung eingestuft und einen Anspruch auf Herausgabe ersparter Aufwendungen in unmittelbarer oder analoger Anwendung des § 326 Abs. 2 S. 2 BGB verneint hat.[1932] Es ist nämlich nicht ersichtlich, warum für das Werkvertragsrecht etwas anderes gelten sollte.[1933] Die Zulassung

---

[1915] Wozu er nach wie vor berechtigt ist: vgl. → Rn. 312.
[1916] So auch *Vorwerk* BauR 2003, 1 (12).
[1917] BGH NZ Bau 2004, 153 = BauR 2004, 501 = NJW 2004, 1525 (nur Ls.).
[1918] Bis zu einer erneuten erfolglosen Fristsetzung; vgl. dazu gleich anschließend.
[1919] OLG Koblenz IBR 2014, 265. Vorausgegangener Hinweisbeschluss: OLG Koblenz BauR 2014, 1497.
[1920] *Sienz* BauR 2006, 1816 (1821).
[1921] Vgl. dazu → Rn. 305–307.
[1922] *Leupertz/Halfmeier* in Prütting/Wegen/Weinreich BGB § 634 Rn. 3; ebenso *Voit* in BeckOK BGB, Stand 12.20.2013, § 637 Rn. 8 für den Fall, dass der Auftragnehmer nach Fristablauf mit Duldung durch den Auftraggeber mit der Nacherfüllung begonnen hat. AA OLG Naumburg NJW 2014, 1539 = NZBau 2014, 291 = BauR 2014, 1318; *Vorwerk* BauR 2003, 1 (13) in Fn. 110: „Übergang zum Sekundäranspruch aus den Gründen der §§ 636, 637 Abs. 2 Satz 2 BGB unmittelbar möglich." Dass deren Voraussetzungen erfüllt sind, kann jedoch nicht ohne weiteres angenommen werden. Vgl. auch *Drossart* in Messerschmidt/Voit § 634 Rn. 31.
[1923] OLG Köln IBR 2005, 15.
[1924] Vgl. → Rn. 300 ff.
[1925] So die Formulierung von *Kaiser* BauR 2013, 139 (142).
[1926] OLG Düsseldorf NJW 2014, 1115 = NZBau 2014, 165 = BauR 2014, 1014; OLG Celle BauR 2016, 1926; *Preussner* BauR 2015, 345 (346, 347, 351, 352).
[1927] Vgl. dazu *Dauner-Lieb/Dötsch* NZBau 2004, 233 (234, 235).
[1928] NWJS VOB/B§ 13 Rn. 146 und Vor § 13 Rn. 13; *Riedl/Mansfeld* in Heiermann/Riedl/Rusam VOB/B § 13 Rn. 147; Beck'scher VOB-Kommentar/*Kohler* VOB/B § 13 Abs. 5 Rn. 82; *Kleine-Möller/Merl/Glöckner* § 15 Rn. 830; *Leupertz/Halfmeier* in Prütting/Wegen/Weinreich BGB § 637 Rn. 3; *Keldungs/Brück* Rn. 517; Nicht unbestritten: vgl. dazu die Nachweise bei *Dauner-Lieb/Dötsch* NZBau 2004, 233 (235) in der dortigen Fn. 26.
[1929] Von *Dauner-Lieb/Dötsch* NZBau 2004, 233 (236).
[1930] Vgl. dazu zB *Ebert* NJW 2004, 1761 (1762–1764); *Oechsler* NJW 2004, 1825 (1826).
[1931] BGHZ 162, 219 = NJW 2005, 1348 = BauR 2005, 1021 mit zustimmender Anmerkung von *Kniffka* BauR 2005, 1024 (1025); BGH NJW 2005, 3211; 2006, 988; NZBau 2009, 377 = BauR 2009, 976 Rn. 14; *Eusani* NZBau 2006, 676 (677); kritisch: *Lorenz* NJW 2005, (1321–1324); *Herresthal/Riehm* NJW 2005, (1457–1461). In BGH NJW-RR 2005, 357 geht es entgegen der Darstellung in IBR 2005, 77 nicht um Mängel, sondern um die vom Auftraggeber unmöglich gemachte Fertigstellung des geschuldeten Anlage durch den Auftragnehmer.
[1932] Vgl. dazu auch *Heiland* im Praxishinweis zu IBR 2007, 128.
[1933] Ingenstau/Korbion/*Wirth* VOB/B § 13 Abs. 5 Rn. 49; *Leupertz/Halfmeier* in Prütting/Wegen/Weinreich BGB § 637 Rn. 3.

anderer Ansprüche würde zu Schwierigkeiten führen, die § 13 Abs. 5 Nr. 2 VOB/B gerade ausschließen soll; denn da die Mängel schon beseitigt sind, würde eine zuverlässige Nachprüfung ihres Umfangs und der Angemessenheit der behaupteten Beseitigungskosten oft nicht mehr möglich sein.[1934] Darum hat der Auftraggeber keinen Bereicherungsanspruch,[1935] vielmehr ist die Regelung in § 13 Abs. 5 Nr. 2 VOB/B der Rechtsgrund für den Rechtsverlust des Auftraggebers.[1936] Ihm steht ebenfalls kein Anspruch aus Geschäftsführung ohne Auftrag zu, weil die voreilige Ersatzvornahme nicht dem Interesse und dem wirklichen oder mutmaßlichen Willen des Auftragnehmers entspricht.[1937] Auch als Schadenersatz gemäß § 13 Abs. 7 VOB/B oder aufgrund eines konkurrierenden Anspruchs aus unerlaubter Handlung kann der Auftraggeber die Mängelbeseitigungskosten nur geltend machen, wenn er dem Auftragnehmer zuvor eine Nachbesserungsfrist iS § 13 Nr. 5 Abs. 2 VOB/B gesetzt hat.[1938]

315 An dem Ausschluss anderer Ansprüche ändert sich im Ergebnis nichts, wenn ein Bauträger, der seine **Mängelansprüche** an die Erwerber des Bauwerks **abgetreten** hat, voreilig die Ersatzvornahme durchführt.[1939] Da die Mängelbeseitigungspflicht auch alle Vorarbeiten umfasst,[1940] hat der Auftraggeber, wenn er vor erfolglosem Fristablauf solche **Vorarbeiten** von einem anderen Unternehmer ausführen lässt, insoweit ebenfalls keinen Anspruch auf Kostenerstattung.[1941] Lässt der Auftraggeber hingegen nur die **nachteiligen Auswirkungen** eines Baumangels auf die Gebrauchstauglichkeit des Gebäudes beseitigen, zum Beispiel durch Einbau längerer Türen bei zu niedrigem Estrich, dann handelt es sich nicht um eine Ersatzvornahme.[1942]

316 Der **Ausschluss** anderer Ansprüche betrifft nur solche auf Ersatz der Mängelbeseitigungskosten, **nicht** jedoch Ansprüche auf Ersatz eines trotz ordnungsgemäßer Nachbesserung verbleibenden merkantilen **Minderwerts**,[1943] es sei denn, der Auftragnehmer hätte diesen durch eigene Mängelbeseitigung möglicherweise abwenden können,[1944] sowie auf Ersatz aller **sonstigen Schäden**, die infolge der Mangelhaftigkeit des Werks entstehen, aber durch eine Nachbesserung nicht verhindert werden können, weshalb der Anspruch auf Ersatz dieser Schäden von vornherein neben dem Mängelbeseitigungsanspruch besteht, wie zum Beispiel bei einem durch die Mängel verursachten Verdienstausfall.[1945] Nicht ausgeschlossen sind ferner Ansprüche wegen Schäden an anderen Gewerken oder am sonstigen Eigentum des Auftraggebers, die durch Mängel der Leistung des Auftragnehmers entstanden sind.[1946] Auch verbleibt dem Auftraggeber nach einer erfolglosen unberechtigten Ersatzvornahme grundsätzlich der Mängelbeseitigungsanspruch und die Möglichkeit, nunmehr die Voraussetzungen des § 13 Nr. 5 Abs. 2 VOB/B zu erfüllen.[1947]

317 e) **Kostenerstattungsanspruch.** Dieser wird in § 13 Abs. 5 Nr. 2 VOB/B ohne Einschränkungen dahin umschrieben, dass der Auftraggeber die Mängel auf Kosten des Auftragnehmers beseitigen lassen kann. Dem gegenüber kann der Auftraggeber nach §§ 634 Nr. 2, 637 Abs. 1 BGB nur **Ersatz** der **erforderlichen Aufwendungen** verlangen. Diese Beschränkung auf die erforderlichen Aufwendungen gilt als allgemeiner Grundsatz der Sachmängelhaftung jedoch auch für § 13 Abs. 5 Nr. 2 VOB/B.[1948]

[1934] BGH NJW 1966, 39; 1968, 43.
[1935] BGH NJW 1966, 39; BGHZ 46, 242 = NJW 1967, 388; BGHZ 96, 221 = NJW 1986, 922 = BauR 1986, 211.
[1936] BGH NJW 1968, 43.
[1937] BGH NJW 1968, 43; BGHZ 92, 123 = NJW 1984, 2573 = BauR 1984, 634.
[1938] BGHZ 96, 221 = NJW 1986, 922 = BauR 1986, 211; NWJS VOB/B § 13 Rn. 148.
[1939] BGHZ 70, 389 = NJW 1978, 1375 = BauR 1978, 308. Zur Abtretung der Mängelansprüche vgl. → Rn. 65–68, 175 und 190.
[1940] Vgl. dazu → Rn. 257.
[1941] OLG Naumburg IBR 2012, 144 = NZBau 2012, 237.
[1942] BGH NZBau 2009, 507 = BauR 2009, 1295. So – in anderem Zusammenhang – auch OLG Stuttgart BauR 2011, 1824.
[1943] BGH NJW 1986, 428 = BauR 1986, 103.
[1944] BGH NJW-RR 1988, 208 = BauR 1988, 82.
[1945] BGHZ 92, 308 = NJW 1985, 381 = BauR 1985, 83 für einen Anspruch aus § 635 BGB aF; die dortigen Ausführungen zur Entbehrlichkeit der Fristsetzung treffen jedoch für § 13 Abs. 5 Nr. 2 VOB/B in gleicher Weise zu.
[1946] BGHZ 96, 221 = NJW 1986, 922 = BauR 1986, 211.
[1947] NWJS VOB/B § 13 Rn. 147; *Kleine-Möller/Merl/Glöckner* § 15 Rn. 830.
[1948] BGH NJW-RR 1991, 789 = BauR 1991, 329; OLG Düsseldorf BauR 1989, 329; OLG Dresden NZBau 2000, 333, insoweit in BauR 2000, 1341 nicht abgedruckt; *Kaiser* Mängelhaftung Rn. 83; NWJS VOB/B § 13 Rn. 150; Ingenstau/Korbion/*Wirth* VOB/B § 13 Abs. 5 Rn. 176; Beck'scher VOB-Kommentar/*Kohler* VOB/B § 13 Abs. 5 Rn. 106; *Riedl*/Mansfeld in Heiermann/Riedl/Rusam VOB/B § 13 Rn. 138.

318 Bei der **Bewertung** der **Erforderlichkeit** ist auf den Aufwand und die damit verbundenen Kosten abzustellen, welche der Auftraggeber im Zeitpunkt der Mängelbeseitigung[1949] als vernünftiger, wirtschaftlich denkender Bauherr aufgrund sachkundiger Beratung oder Feststellung aufwenden konnte, weil es sich um eine vertretbare Nachbesserungsmaßnahme handelte.[1950] Dazu gehören bei umfangreichen Arbeiten wie zum Beispiel der kompletten Neuherstellung der Flachdachabdichtung einer großen Halle auch die Kosten der Beauftragung eines Sachverständigen mit **Ausschreibung, Vergabe** und **Bauüberwachung**.[1951] Der Auftraggeber darf davon ausgehen, dass der mit der Planung und Bauleitung der Mängelbeseitigung betraute Architekt sein Honorar korrekt ermittelt hat.[1952] Das trotz sachverständiger Beratung verbleibende **Risiko** einer **Fehleinschätzung**, das „**Prognoserisiko**",[1953] trägt der Auftragnehmer, weshalb er die Kosten selbst dann zu erstatten hat, wenn sich die zur Mängelbeseitigung ergriffenen Maßnahmen im Nachhinein als nicht erforderlich erweisen.[1954] Von mehreren Methoden, die Mängel zu beseitigen, darf der Auftraggeber die sicherste wählen.[1955] Deshalb ist er auch berechtigt, ein anderes System einbauen zu lassen, wenn vom Hersteller angebotene Nachbesserungen eines Dachgleitfenstersystems keine gefahrlose Nutzung erwarten lassen.[1956]

319 Ebenso wie die Nachbesserungspflicht des Auftragnehmers nicht allein die Mängelbeseitigung, sondern auch sämtliche **Vor- und Nacharbeiten** umfasst,[1957] gehören die Kosten aller dieser Arbeiten zu den erforderlichen Aufwendungen der Ersatzvornahme. So rechnen bei der Nachbesserung einer fehlerhaften Schweißnaht an einer Fernwärmeleitung zu den erforderlichen Arbeiten außer dem Nachschweißen der undichten Stelle das für das Aufspüren der Schadstelle erforderliche Aufgraben des Erdreichs bis zur Rohrleitung, das Freilegen des Rohres durch Entfernen der Isolierung zur Lokalisierung der Schadstelle, das Wiederanbringen der Isolierung, das Verfüllen des Rohrgrabens, das Verdichten des Erdreichs und die Wiederherstellung der aufgerissenen Straßendecke.[1958]

320 **aa) Selbstbeseitigung.** Der Auftraggeber ist aufgrund seines Ersatzvornahmerechts befugt, die Mängel selbst zu beseitigen und den Wert seiner Arbeitsleistung dem Auftragnehmer als Aufwendungen in Rechnung zu stellen.[1959] Die Höhe der Vergütung kann anhand des Lohns, der einem in beruflich abhängiger Stellung Tätigen zu zahlen wäre, geschätzt werden.[1960] Das gilt aber nur für einen Auftraggeber, der selbst kein Unternehmer ist.[1961] Wenn er hingegen als gewerblicher Unternehmer die Nachbesserung selbst durchführt, kann er neben dem Lohn- und Materialaufwand auch anteilige Gemeinkosten verlangen, aber keinen Unternehmergewinn ansetzen.[1962]

321 **bb) Beauftragung eines anderen Unternehmers.** Wenn der Auftraggeber einen anderen Unternehmer mit der Mängelbeseitigung beauftragt, ist Maßstab, wie sich ein **vernünftiger, wirtschaftlich denkender Bauherr im Zeitpunkt der Beauftragung des Dritten** verhält.[1963] Der Auftraggeber ist also beispielsweise nicht gehalten, im Interesse des „**doppelt**

[1949] Nach den Erkenntnismöglichkeiten in diesem Zeitpunkt ist auch zu beurteilen, ob überhaupt ein Mangel vorliegt: OLG Stuttgart NJW 2012, 3792 = NZBau 2013, 40.
[1950] BGH NJW-RR 1989, 86 = BauR 1989, 97; NJW-RR 1991, 789 = BauR 1991, 329; OLG Düsseldorf BauR 2012, 960 = BauR 2013, 262; OLG Hamm NJW 2013, 621 = NZBau 2012, 642; OLG München IBR 2013, 209; OLG Stuttgart IBR 2013, 273; OLG Oldenburg NJW-RR 2016, 89 = BauR 2016, 687 = NZBau 2016, 106.
[1951] OLG Düsseldorf BauR 2012, 960 = BauR 2013, 262.
[1952] OLG München IBR 2013, 143.
[1953] *Leupertz/Halfmeier* in Prütting/Wegen/Weinreich BGB § 637 Rn. 6.
[1954] BGH NJW 2013, 1528 = NZBau 2013, 430 = BauR 2013, 1129 Rn. 9; OLG Oldenburg NJW-RR 2016, 89 = BauR 2016, 687 = NZBau 2016, 106.
[1955] OLG Dresden NZBau 2000, 333, insoweit in BauR 2000, 1341 nicht abgedruckt.
[1956] OLG München IBR 2013, 142.
[1957] Vgl. dazu → Rn. 257 und 264.
[1958] OLG Düsseldorf NJW-RR 1993, 477.
[1959] BGHZ 59, 328 = NJW 1973, 46 = BauR 1973, 52; *Daub/Piel/Soergel/Steffani* ErlZ B13.460/13.461; NWJS VOB/B § 13 Rn. 152; Ingenstau/Korbion/*Wirth* VOB/B § 13 Abs. 5 Rn. 194; Beck'scher VOB-Kommentar/*Kohler* VOB/B § 13 Abs. 5 Rn. 103.
[1960] BGHZ 59, 328 = NJW 1973, 46 = BauR 1973, 52; OLG Stuttgart IBR 2013, 273.
[1961] BGH BauR 1973, 197.
[1962] BGH NJW 1961, 729 für den vergleichbaren § 249 S. 2 BGB aF, jetzt § 249 Abs. 2 S. 1 BGB nF, weil dort auf den zur Herstellung erforderlichen Geldbetrag abgestellt wird; *Kleine-Möller/Merl/Glöckner* § 15 Rn. 812. Vgl. aber → Rn. 430 am Ende.
[1963] BGH NJW 2013, 1528 = NZBau 2013, 430.

vertragsuntreuen Auftragnehmers"[1964] – er hat mangelhaft geleistet und ist seiner Mängelbeseitigungspflicht nicht nachgekommen – besondere Anstrengungen zu unternehmen, den preisgünstigsten Unternehmer zu finden.[1965] Der Auftraggeber hat zwar das Interesse des Auftragnehmers zu berücksichtigen, die Mängelbeseitigungskosten möglichst gering zu halten.[1966] Das Interesse des Auftraggebers an einer zuverlässigen und raschen Beseitigung der Mängel hat jedoch Vorrang.[1967] Deshalb ist es grundsätzlich **nicht geboten**, zunächst ein **Ausschreibungsverfahren** durchzuführen.[1968] Allerdings sind, wenn es sich nicht lediglich um kleinere Nachbesserungen handelt, in der Regel mehrere Angebote oder Kostenanschläge einzuholen.[1969] Der Auftraggeber muss nicht den billigsten Bieter beauftragen, sondern darf einen Unternehmer seines Vertrauens auswählen, selbst wenn dieser seinen Sitz in einiger Entfernung vom Ort der Bauleistung hat.[1970] Die Art der Nachbesserung darf er dem damit beauftragten Unternehmen überlassen.[1971] Der Auftragnehmer muss gegebenenfalls auch die Kosten einer wegen anderer Materialwahl um ein Drittel teureren Ersatzvornahme tragen.[1972] Ebenso darf der Auftraggeber eine vom ursprünglichen Auftrag abweichende Bauausführung – Fliesenbelag statt Oberflächenversiegelung des Bodens eines Cafébetriebs – ausführen lassen, wenn eine erneute Versiegelung nur mit erheblichen Risiken möglich wäre.[1973] In jedem Fall der berechtigten Ersatzvornahme muss der Auftraggeber allerdings die Kosten der Nachbesserung so nachvollziehbar abrechnen, dass sowohl der mangelhaft leistende Unternehmer als auch die Gerichte überprüfen können, ob die Arbeiten des Drittunternehmers der Mängelbeseitigung dienten und erforderlich waren.[1974]

Die Ersatzpflicht des Auftragnehmers endet erst dort, wo nach den Umständen des Einzelfalls die **Grenze des Erforderlichen** infolge unangemessen hohen Kostenaufwands eindeutig überschritten wird, falls dies für den Auftraggeber erkennbar und vermeidbar war.[1975] Denn ein anderer Unternehmer wird ohnehin in der Regel nur gegen eine höhere Vergütung als im Rahmen der ursprünglichen Bauausführung zur Übernahme der Mängelbeseitigung bereit sein.[1976] Im Ausnahmefall[1977] kann sich der Kostenerstattungsanspruch der Höhe nach auf den vereinbarten und gezahlten Werklohn beschränken.[1978]

Für die von dem Auftragnehmer **zu erstattenden Kosten** kommt es auf den Zeitpunkt der Mängelbeseitigung an,[1979] sofern der Auftraggeber die Ersatzvornahme nicht schuldhaft hinaus-

---

[1964] Ingenstau/Korbion/*Wirth* VOB/B § 13 Abs. 5 Rn. 179.
[1965] OLG Dresden NZBau 2000, 333, insoweit in BauR 2000, 1341 nicht abgedruckt; OLG Düsseldorf BauR 1996, 151 (nur Ls.); IBR 2011, 261; 2011, 693; *Pastor* in Werner/Pastor Rn. 2111; allgemein zur Entscheidungskompetenz des Auftraggebers in diesem Stadium: *Motzke* Jahrbuch BauR 2000, 22 (45 ff.).
[1966] OLG Köln *Schäfer/Finnern/Hochstein* § 633 BGB Nr. 27; *Vygen/Joussen* Bauvertragsrecht Rn. 1365; *Keldungs/Brück* Rn. 522.
[1967] *Riedl/Mansfeld* in Heiermann/Riedl/Rusam VOB/B § 13 Rn. 139; *Kleine-Möller/Merl/Glöckner* § 15 Rn. 806.
[1968] OLG Köln *Schäfer/Finnern/Hochstein* § 633 BGB Nr. 27 und Nr. 34; OLG Dresden NZBau 2000, 333, insoweit in BauR 2000, 1341 nicht abgedruckt; *Pastor* in Werner/Pastor Rn. 2111; *Vygen/Joussen* Bauvertragsrecht Rn. 1366; Ingenstau/Korbion/*Wirth* VOB/B § 13 Abs. 5 Rn. 180.
[1969] Beck'scher VOB-Kommentar/*Kohler* VOB/B § 13 Abs. 5 Rn. 110; aA OLG Dresden NZBau 2000, 333, insoweit in BauR 2000, 1341 nicht abgedruckt; *Riedl/Mansfeld* in Heiermann/Riedl/Rusam VOB/B § 13 Rn. 139.
[1970] OLG Köln *Schäfer/Finnern/Hochstein* § 633 Nr. 27 und Nr. 34; *Riedl/Mansfeld* in Heiermann/Riedl/Rusam VOB/B § 13 Rn. 139.
[1971] OLG Dresden NZBau 2000, 333, insoweit in BauR 2000, 1341 nicht abgedruckt; OLG Celle IBR 2004, 129; *Pastor* in Werner/Pastor Rn. 2113; *Kleine-Möller/Merl/Glöckner* § 15 Rn. 803.
[1972] OLG Frankfurt NJW-RR 1988, 918; OLG Celle BauR 2016, 530.
[1973] OLG Stuttgart BauR 2015, 269.
[1974] OLG Köln NJW-RR 2016, 917 = NZBau 2016, 436.
[1975] OLG Köln *Schäfer/Finnern/Hochstein* § 633 BGB Nr. 27; OLG Düsseldorf BauR 1989, 329; 1996, 151 (nur Ls.), OLG Dresden NZBau 2000, 333, insoweit in BauR 2000, 1341 nicht abgedruckt; OLG Hamm NZBau 2012, 642 bejaht eine Überschreitung der Grenze bei Aufwendungen von rund 13.000 EUR gegenüber üblichen Kosten von rund 8.500 EUR; *Pastor* in Werner/Pastor Rn. 2113; *Kleine-Möller/Merl/Glöckner* § 15 Rn. 807.
[1976] *Daub/Piel/Soergel/Steffani* ErlZ B 13.458; NWJS VOB/B § 13 Rn. 151.
[1977] Zweiter Sanierungsversuch einer bereits gescheiterten Sanierung, ohne dass der Auftraggeber den zweiten Ersatzunternehmer auf die Probleme im Zusammenhang mit der fehlgeschlagenen, ersten Sanierung hingewiesen hat.
[1978] OLG Naumburg BauR 2016, 1189.
[1979] BGH NJW-RR 1991, 789 = BauR 1991, 329; OLG Düsseldorf BauR 1989, 329; *Kaiser* Mängelhaftung Rn. 83b; anders fälschlich *Keldungs/Brück* Rn. 525 unter Berufung auf BGH NJW 1995, 1836 = BauR 1995, 540, wo es indessen um eine ganz andere Problematik der Minderung geht.

zögert und dadurch Mehrkosten verursacht, welche er dann selbst zu tragen hat.[1980] Zu erstatten sind der Werklohn des mit der Nachbesserung betrauten anderen Unternehmers einschließlich **Umsatzsteuer,**[1981] es sei denn, der Auftraggeber ist vorsteuerabzugsberechtigt,[1982] sowie die sonstigen Kosten der Ersatzvornahme, wie Gutachterkosten,[1983] Kosten eines selbständigen Beweisverfahrens[1984] und Architektenhonorar für Ausschreibung, Vergabe und Beaufsichtigung der Ersatzvornahme. Denn diese Tätigkeiten gehören anders als bei einer Nachbesserung durch den Auftragnehmer[1985] nicht zu den Aufgaben des Architekten im Rahmen der Leistungsphasen 8 und 9 des § 15 HOAI.[1986] Der Architekt ist allerdings auch hier zur kostenlosen Leistung verpflichtet, wenn er selbst dem Auftraggeber für Sachmängel haftet.[1987]

324 Das **Risiko** eines **Fehlschlags** der Ersatzvornahme trägt der Auftragnehmer, sofern der Auftraggeber den anderen Unternehmer mit der gebotenen Sorgfalt ausgewählt hat.[1988] Dass dessen Vorgehensweise objektiv erfolgversprechend erschien, ist also nicht erforderlich.[1989] Der Auftraggeber muss zwar zunächst von dem anderen Unternehmer Nachbesserung seiner Arbeiten verlangen; es ist ihm aber nicht zumutbar, den anderen Unternehmer zu verklagen, er kann vielmehr von dem Auftragnehmer unter Abtretung seiner Ansprüche gegen den anderen Unternehmer Kostenersatz für die erfolglose Ersatzvornahme verlangen.[1990] Zudem ist der Auftraggeber nach dem Fehlschlag der Ersatzvornahme berechtigt, den Auftragnehmer wieder auf Nacherfüllung in Anspruch zu nehmen. Wenn sich erst während der Ersatzvornahme herausstellt, dass die Mängelbeseitigung unmöglich ist, ist es ebenfalls unbillig, dem Auftraggeber das Prognoserisiko aufzubürden, weshalb er auch in diesem Fall von dem Auftragnehmer Kostenerstattung beanspruchen kann.[1991]

325 Das **Prognoserisiko** der Selbstvornahme, also das Risiko, dass im Rahmen der durch den Auftraggeber veranlassten Mängelbeseitigung auch Maßnahmen durchgeführt werden, die sich bei nachträglicher Betrachtung als nicht erforderlich erweisen, trägt der Auftragnehmer.[1992] Erstattungsfähig sind hiernach auch diejenigen Kosten, die für eine erfolglose oder sich später als unverhältnismäßig teuer herausstellende Mängelbeseitigung aufgewendet worden sind.[1993] Lässt der Auftraggeber bei mangelhaften und vom Auftragnehmer trotz Fristsetzung nicht nachgebesserten Bodenbelagsarbeiten den kompletten Bodenbelag erneuern, weil dies nach Maßgabe des Gutachtens eines anerkannten Sachverständigen erforderlich war, dann kann der Auftragnehmer im Nachhinein nicht einwenden, eine Teilsanierung hätte ausgereicht.[1994]

326 cc) **Kostenbeteiligung des Auftraggebers.** Soweit eine Kostenbeteiligungspflicht des Auftraggebers besteht,[1995] weil er oder seine Erfüllungsgehilfen für den Mangel mitverantwortlich

---

[1980] *Kleine-Möller/Merl/Glöckner* § 15 Rn. 814.
[1981] *Pastor* in Werner/Pastor Rn. 2111.
[1982] OLG Düsseldorf NJW-RR 1996, 532 = BauR 1996, 396; OLG Hamm OLGR 1996, 207; OLG Stuttgart BauR 2016, 146; *Pastor* in Werner/Pastor Rn. 2111; Ingenstau/Korbion/*Wirth* VOB/B § 13 Abs. 5 Rn. 195; *Riedl/Mansfeld* in Heiermann/Riedl/Rusam VOB/B § 13 Rn. 140; *Keldungs/Brück* Rn. 524. Näher dazu *Zahn* BauR 2011, 1401 (1404); *Ziegler* IBR 2012, 1016, nur online.
[1983] OLG Düsseldorf BauR 1989, 329; Beck'scher VOB-Kommentar/*Kohler* VOB/B § 13 Abs. 5 Rn. 112; Ingenstau/Korbion/*Wirth* VOB/B § 13 Abs. 5 Rn. 185.
[1984] OLG Dresden BauR 2003, 761.
[1985] Vgl. dazu → Rn. 259.
[1986] *Vygen* Bauvertragsrecht, 3. Aufl., Rn. 541, von *Vygen/Joussen* Bauvertragsrecht, 4. Aufl., nicht übernommen.
[1987] Beck'scher VOB-Kommentar/*Kohler* VOB/B § 13 Abs. 5 Rn. 62; Ingenstau/Korbion/*Wirth* VOB/B § 13 Abs. 5 Rn. 94.
[1988] OLG Hamm IBR 2002, 662; OLG Bamberg IBR 2005, 533; OLG Brandenburg IBR 2007, 551; *Kaiser* Mängelhaftung Rn. 83b; Beck'scher VOB-Kommentar/*Kohler* VOB/B § 13 Abs. 5 Rn. 114/115; NWJS VOB/B § 13 Rn. 150; *Donner/Retzlaff* in FKZGM VOB/B § 13 Rn. 155; aA OLG Düsseldorf BauR 1998, 199 = IBR 1998, 253 mit zu Recht kritischem Praxishinweis von *Pasker*.
[1989] So jedoch *Drossart* in Messerschmidt/Voit § 634 Rn. 49.
[1990] OLG Bamberg IBR 2005, 533; *Riedl/Mansfeld* in Heiermann/Riedl/Rusam VOB/B § 13 Rn. 146; Beck'scher VOB-Kommentar/*Kohler* VOB/B § 13 Abs. 5 Rn. 114/115; *Kleine-Möller/Merl/Glöckner* § 15 Rn. 813.
[1991] Beck'scher VOB-Kommentar/*Kohler* VOB/B § 13 Abs. 5 Rn. 116/117; aA *Riedl/Mansfeld* in Heiermann/Riedl/Rusam VOB/B § 13 Rn. 145.
[1992] BGH NJW 2013, 1528 = NZBau 2013, 430; OLG Oldenburg NZBau 2016, 106 = BauR 2016, 687.
[1993] OLG Düsseldorf BauR 2012, 960; BauR 2013, 262; OLG Celle BauR 2016, 530.
[1994] OLG Oldenburg BauR 2015, 2045 = NJW-Spezial 2015, 652.
[1995] BGH NJW 1999, 416 = BauR 1999, 252.

waren,¹⁹⁹⁶ weil bei der Mängelbeseitigung Sowieso-Kosten entstanden¹⁹⁹⁷ oder weil Vorteile auszugleichen sind,¹⁹⁹⁸ ist der Kostenerstattungsanspruch des Auftraggebers von vornherein um den von ihm zu leistenden Zuschuss zu kürzen.¹⁹⁹⁹ Ebenso wie der Mängelbeseitigungsanspruch des Hauptunternehmers gegen seinen Nachunternehmer durch die Rechtsprechung des BGH zum Schadenersatz in der **werkvertraglichen Leistungskette** nicht berührt wird,²⁰⁰⁰ muss dies auch für das daraus abgeleitete Ersatzvornahmerecht nebst Kostenerstattungsanspruch gelten.

dd) Fälligkeit und Verzug. Die Fälligkeit des Anspruchs auf Erstattung der Ersatzvornahmekosten tritt mit deren Zahlung durch den Auftraggeber ein,²⁰⁰¹ und zwar auch schon bei Abschlagszahlungen.²⁰⁰² Vorher kann der Auftraggeber von dem Auftragnehmer gemäß § 257 BGB nur Freistellung von seinen Verbindlichkeiten gegenüber dem anderen Unternehmer verlangen.²⁰⁰³ Die Fälligkeit des Erstattungsanspruchs hängt nicht davon ab, daß eine den Anforderungen des § 14 VOB/B entsprechende Abrechnung der Mängelbeseitigungskosten vorgelegt wird.²⁰⁰⁴ Eine Rechnungserteilung über die Ersatzvornahmekosten ist auch nicht mehr, wie nach § 284 Abs. 3 BGB aF, erforderlich, um den Auftragnehmer in Verzug zu setzen und Verzugszinsen sowie Ersatz sonstiger Verzugsschäden verlangen zu können. Der Auftraggeber kann vielmehr gemäß § 286 Abs. 1 S. 1 BGB Verzug insbesondere wieder durch Mahnung herbeiführen.

f) Kostenvorschuss. Der Auftraggeber ist nicht auf Erstattungs- und Freistellungsansprüche beschränkt, er hat vielmehr bereits vor Durchführung der Ersatzvornahme einen Vorschussanspruch in Höhe der voraussichtlichen Kosten der Mängelbeseitigung. Das entsprach seit langem ständiger Rechtsprechung des BGH,²⁰⁰⁵ fand nach anfänglicher Kritik²⁰⁰⁶ auch im Schrifttum allgemeine Zustimmung²⁰⁰⁷ und wurde bereits als Gewohnheitsrecht bezeichnet.²⁰⁰⁸ Nunmehr ist der Vorschussanspruch in **§ 637 Abs. 3 BGB**, der mangels abweichender Regelung in § 13 Abs. 5 Nr. 2 VOB/B auch auf VOB/B-Verträge anwendbar ist,²⁰⁰⁹ ausdrücklich vorgesehen. Da jedoch nähere Einzelheiten nicht geregelt wurden, muss insoweit auf die bisherige Rechtsprechung zurückgegriffen werden, an welche mit dieser neuen Bestimmung auch angeknüpft wird.²⁰¹⁰

aa) Voraussetzungen. Der Vorschussanspruch erfordert zunächst, dass der Auftraggeber nach § 13 Abs. 5 Nr. 2 VOB/B zur Ersatzvornahme berechtigt ist.²⁰¹¹ Darüber hinaus setzt der Anspruch auf Kostenvorschuss den Willen des Auftraggebers, die Mängel tatsächlich beseitigen

---

¹⁹⁹⁶ Vgl. dazu → Rn. 270–272.
¹⁹⁹⁷ Vgl. dazu → Rn. 273–276.
¹⁹⁹⁸ Das ist nicht allein deshalb der Fall, weil durch die Nachbesserung des Gewerks des Vorunternehmers Mängel des Gewerks eines Nachfolgeunternehmers beseitigt werden: OLG Karlsruhe BauR 2005, 1485. Vgl. im Übrigen zum Vorteilsausgleich → Rn. 278–281.
¹⁹⁹⁹ BGHZ 91, 206 = NJW 1984, 2457 = BauR 1984, 510; OLG Stuttgart NJW 2014, 2658 = BauR 2014, 1792; *Kaiser* Mängelhaftung Rn. 79; Beck'scher VOB-Kommentar/*Kohler* VOB/B § 13 Abs. 5 Rn. 119; *Riedl/Mansfeld* in Heiermann/Riedl/Rusam VOB/B § 13 Rn. 141.
²⁰⁰⁰ Vgl. → Rn. 278.
²⁰⁰¹ Beck'scher VOB-Kommentar/*Kohler* VOB/B § 13 Abs. 5 Rn. 120; Ingenstau/Korbion/*Wirth* VOB/B § 13 Abs. 5 Rn. 195; *Riedl/Mansfeld* in Heiermann/Riedl/Rusam VOB/B § 13 Rn. 142; NWJS VOB/B § 13 Rn. 155/156.
²⁰⁰² BGHZ 47, 272 = NJW 1967, 1366.
²⁰⁰³ BGHZ 47, 272 = NJW 1967, 1366; Beck'scher VOB-Kommentar/*Kohler* VOB/B § 13 Abs. 5 Rn. 121; Ingenstau/Korbion/*Wirth* VOB/B § 13 Abs. 5 Rn. 196; *Riedl/Mansfeld* in Heiermann/Riedl/Rusam VOB/B § 13 Rn. 142; NWJS VOB/B§ 13 Rn. 157.
²⁰⁰⁴ BGH NJW-RR 2000, 19 = NZBau 2000, 24.
²⁰⁰⁵ BGHZ 47, 272 = NJW 1967, 1366; BGHZ 68, 372 = NJW 1977, 1336 = BauR 1977, 271; BGH NJW 1984, 2456 = BauR 1984, 406; NJW 1992, 3297 = BauR 1993, 96; BauR 1998, 620; NJW 2010, 1192 = NZBau 2010, 233 = BauR 2010, 614 Rn. 12.
²⁰⁰⁶ *Wussow* NJW 1967, 1366 (1367).
²⁰⁰⁷ Ingenstau/Korbion/*Wirth* VOB/B § 13 Abs. 5 Rn. 201, 203; NWJS VOB/B § 13 Rn. 158; *Riedl/Mansfeld* in Heiermann/Riedl/Rusam VOB/B § 13 Rn. 127; Beck'scher VOB-Kommentar/*Kohler* VOB/B § 13 Abs. 5 Rn. 124–126; *Kleine-Möller/Merl/Glöckner* § 15 Rn. 815; *Pastor* in Werner/Pastor Rn. 2114.
²⁰⁰⁸ Beck'scher VOB-Kommentar/*Kohler* VOB/B § 13 Abs. 5 Rn. 124.
²⁰⁰⁹ OLG Schleswig BauR 2012, 815; OLG Frankfurt IBR 2013, 18; OLG Brandenburg IBR 2014, 19; Ingenstau/Korbion/*Wirth* VOB/B § 13 Abs. 5 Rn. 203. Im Ergebnis so auch *Enaux* FS Kraus, 2003, 15 (24).
²⁰¹⁰ Vgl. BT-Drs. 14/6040, 266 zu § 637 Abs. 3.
²⁰¹¹ Vgl. dazu → Rn. 300–313.

zu lassen, voraus.²⁰¹² Zudem ist erforderlich, dass die Mängelbeseitigungsarbeiten in überschaubarer Zeit ausführbar sind.²⁰¹³ Denn die zugrunde liegende Billigkeitsüberlegung, dass der Auftraggeber von der Last der Vorfinanzierung befreit werden soll, greift nur, wenn er die Ersatzvornahme durchführen will²⁰¹⁴ und kann. Durch diese zusätzliche Voraussetzung soll zudem verhindert werden, dass der Auftraggeber in Wirklichkeit eine Minderung des Werklohns oder Schadenersatz anstrebt, obwohl deren weitergehende Voraussetzungen nicht erfüllt sind.²⁰¹⁵ Von dem Willen zur Mängelbeseitigung ist jedoch mangels konkreter gegenteiliger Anhaltspunkte in der Regel auszugehen.²⁰¹⁶ Denn in dem Vortrag der Mangelerscheinungen und der Forderung nach einem Kostenvorschuss liegt die jedenfalls stillschweigende Erklärung des Auftraggebers, die Mängelbeseitigung zu beabsichtigen; dass er im Prozess vorrangig Minderung verlangt und nur hilfsweise mit einem Vorschussanspruch aufrechnet, spricht nicht gegen einen solchen Willen.²⁰¹⁷ Der Hauptunternehmer hat gegen seinen Nachunternehmer auch dann einen Vorschussanspruch, wenn er seinem Auftraggeber wegen der mangelhaften Bauleistung des Nachunternehmers einen entsprechenden Vorschuss bereits geleistet oder noch zu leisten hat.²⁰¹⁸

330   **bb) Ausschlussgründe.** Der Kostenvorschussanspruch ist ausgeschlossen, wenn der Auftraggeber auf eine ausreichend²⁰¹⁹ geleistete oder einbehaltene Sicherheit nach § 17 VOB/B zurückgreifen²⁰²⁰ oder offene Werklohnforderungen des Auftragnehmers einbehalten und dadurch die erforderlichen Mittel zur Mängelbeseitigung erlangen kann.²⁰²¹ Denn dann ist der Zweck des Kostenvorschusses, dem Auftraggeber die Aufwendung eigener Mittel zu ersparen, bereits anderweit erreicht. Diese Rechtsprechung ist weiterhin gültig, obwohl die nunmehrige gesetzliche Regelung des Vorschussanspruchs in § 637 Abs. 3 BGB den Auftragnehmer nicht auf eine andere Befriedigungsmöglichkeit verweist. Denn nach wie vor verstößt der Auftragnehmer gegen Treu und Glauben, wenn er einen Vorschuss verlangt, obwohl ihm der zur Mängelbeseitigung erforderliche Geldbetrag anderweit zur Verfügung steht.²⁰²² Allerdings gilt das bei einbehaltenem Werklohn nur so lange, wie der Auftragnehmer seinen Vergütungsanspruch nicht geltend macht. Wenn der Auftragnehmer den Werklohn einfordert, muss es dem Auftraggeber jedoch möglich bleiben, den für die beabsichtigte Ersatzvornahme benötigten Betrag nicht zu zahlen, was in dieser Situation nur durch Aufrechnung²⁰²³ mit einem Vorschussanspruch praktikabel erreichbar ist.

331   Ein zunächst berechtigter Vorschussanspruch **entfällt,** sobald die Mängel beseitigt sind und der Kostenerstattungsanspruch aus § 13 Abs. 5 Nr. 2 VOB/B geltend gemacht werden kann.²⁰²⁴ In einem bereits anhängigen Rechtsstreit auf Zahlung des Kostenvorschusses kann der Auftraggeber dann eine Klageabweisung lediglich dadurch verhindern, daß er die Hauptsache für erledigt erklärt²⁰²⁵ oder seine Klage nach **§ 264 Nr. 3 ZPO** auf Kostenerstattung umstellt. Denn

---

²⁰¹² BGHZ 47, 272, insoweit in NJW 1967, 1366 nicht abgedruckt; BGH NJW 1984, 2456 = BauR 1984, 406; NJW-RR 1999, 813 = BauR 1999, 631; OLG Düsseldorf BauR 1988, 607; NWJS VOB/B § 13 Rn. 160; *Vygen/Joussen* Bauvertragsrecht Rn. 1382.
²⁰¹³ OLG Nürnberg NZBau 2003, 614 = IBR 2003, 529.
²⁰¹⁴ OLG Düsseldorf BauR 1988, 607; 2004, 1630. Die an der letztgenannten Entscheidung von *Krause-Allenstein* im Praxishinweis zu IBR 2004, 686 geübte Kritik geht fehl, weil er die Unterschiede zwischen Kostenvorschuss und Schadenersatz verkennt.
²⁰¹⁵ BGHZ 47, 272, insoweit in NJW 1967, 1366 nicht abgedruckt; BGH NJW 1984, 2456 = BauR 1984, 406; Beck'scher VOB-Kommentar/*Kohler* VOB/B § 13 Abs. 5 Rn. 133.
²⁰¹⁶ *Kleine-Möller/Merl/Glöckner* § 15 Rn. 816; verneint wurde ein solcher Wille zum Beispiel von OLG Celle BauR 2001, 1753.
²⁰¹⁷ BGH NJW-RR 1999, 813 = BauR 1999, 631.
²⁰¹⁸ BGHZ 110, 205 = NJW 1990, 1475 = BauR 1990, 358; OLG Düsseldorf IBR 2006, 436.
²⁰¹⁹ OLG Hamm NJW-RR 1996, 1046 und *Kleine-Möller/Merl/Glöckner* § 15 Rn. 819 weisen zutreffend darauf hin, dass während noch laufender Verjährungsfrist die Sicherungsbedürfnis des Auftraggebers bezüglich künftig hervortretender Mängel vorrangig zu berücksichtigen ist.
²⁰²⁰ BGHZ 47, 272 = NJW 1967, 1366; NWJS VOB/B § 13 Rn. 158.
²⁰²¹ OLG Oldenburg NJW-RR 1994, 529 = BauR 1994, 371; OLG Karlsruhe BauR 2006, 540; Ingenstau/Korbion/*Wirth* VOB/B § 13 Abs. 5 Rn. 219; Beck'scher VOB-Kommentar/*Kohler* VOB/B § 13 Abs. 5 Rn. 135.
²⁰²² Näher dazu *Leupertz/Halfmeier* in Prütting/Wegen/Weinreich BGB § 637 Rn. 10.
²⁰²³ Vgl. zu deren Zulässigkeit BGHZ 54, 244 = NJW 1970, 2019 = BauR 1970, 237; BGH NJW-RR 1989, 406 = BauR 1989, 199; NJW 1992, 3297 = BauR 1993, 96; vgl. dazu näher → Rn. 339.
²⁰²⁴ BGH BauR 1982, 66; BGHZ 110, 205 = NJW 1990, 1475 = BauR 1990, 358; Beck'scher VOB-Kommentar/*Kohler* VOB/B § 13 Abs. 5 Rn. 137.
²⁰²⁵ Beck'scher VOB-Kommentar/*Kohler* VOB/B § 13 Abs. 5 Rn. 138.

der Übergang vom Vorschussanspruch zum Anspruch auf Erstattung der tatsächlichen Kosten ist keine Klageänderung, sondern eine Anpassung der Klage an die geänderten Abrechnungsverhältnisse.[2026] Der im ersten Rechtszug erfolgreiche Auftraggeber kann auch noch in der Berufungsinstanz seinen Antrag dahin anpassen, dass er statt des ursprünglich geforderten Kostenvorschusses nunmehr Kostenerstattung geltend macht; dazu bedarf es jedenfalls dann keiner Anschlussberufung, wenn der geltend gemachte Kostenerstattungsanspruch den im angefochtenen Urteil zuerkannten Betrag nicht übersteigt.[2027] Der Hauptunternehmer behält aber den Vorschussanspruch gegen seinen Nachunternehmer, solange er mit seinem Auftraggeber die Kosten der von diesem veranlaßten Mängelbeseitigung noch nicht abgerechnet hat und ihm auch eine Abrechnung nicht möglich ist.[2028]

Der Vorschussanspruch ist **nicht ausgeschlossen,** falls auch die Voraussetzungen eines Schadenersatzanspruchs nach § 13 Abs. 7 VOB/B erfüllt sind; denn der Vorschussanspruch ist nicht subsidiär,[2029] vielmehr können beide Ansprüche nebeneinander bestehen.[2030] Wenn der Auftraggeber eine Zahlungsklage auf beide Ansprüche stützt, handelt es sich jedoch um **unterschiedliche Streitgegenstände,**[2031] so dass sie als Haupt- und Hilfsantrag geltend zu machen sind.[2032] Dem entsprechend ist der Übergang von dem einen zu dem anderen Anspruch eine Klageänderung.[2033] Der Vorschussanspruch ist auch dann nicht ausgeschlossen, wenn der Auftraggeber sich gegenüber der Werklohnklage seines Auftragnehmers erfolglos auf ein Zurückbehaltungsrecht wegen des Mangels berufen hat; denn damit sind seine Mängelansprüche nicht rechtskräftig abgewiesen.[2034] 332

cc) **Umfang.** Der Vorschussanspruch bemisst sich entsprechend dessen Natur als vorweggenommener Aufwendungsersatz[2035] nach den voraussichtlich zur Mängelbeseitigung erforderlichen Aufwendungen,[2036] gegebenenfalls auch nach den Kosten anderer Maßnahmen, wenn mit den vertraglich vorgesehenen Leistungen die Funktionstauglichkeit nicht zu erreichen ist oder wenn sich aufgrund zwischenzeitlich gewonnener Erkenntnisse herausstellt, dass eine andere Maßnahme zweckmäßiger ist, um das mit dem Vertrag verfolgte Ziel zu erreichen.[2037] Der Anspruch umfasst alle Kosten, die im Rahmen der erforderlichen Nachbesserung anfallen,[2038] einschließlich der notwendigen Vor- und Nacharbeiten, selbst wenn durch letztere zugleich die Mängel des Gewerks eines Nachfolgeunternehmers beseitigt werden.[2039] An die Darlegung, die etwa durch Vorlage entsprechender Unternehmerangebote erfolgen kann, werden von der Rechtsprechung regelmäßig keine hohen Anforderungen gestellt.[2040] Der Auftraggeber ist nicht verpflichtet, die Mängelbeseitigungskosten vorprozessual durch Sachverständigengutachten zu ermitteln; es genügt, wenn er diese schätzt und für den Fall, dass der Auftragnehmer sie bestreitet, als Beweis ein Sachverständigengutachten anbietet.[2041] Lediglich ein Ansatz der Mängelbeseiti- 333

[2026] BGH BauR 2010, 494 Rn. 8.
[2027] BGH BauR 2006, 717.
[2028] BGHZ 110, 205 = NJW 1990, 1475 = BauR 1990, 358; OLG Düsseldorf IBR 2006, 436.
[2029] So jedoch Beck'scher VOB-Kommentar/*Kohler* VOB/B § 13 Abs. 5 Rn. 136.
[2030] BGHZ 105, 103 = NJW 1988, 2728 = BauR 1988, 592; BGH NJW-RR 1989, 405 = BauR 1989, 201. Vgl. dazu → Rn. 412.
[2031] BGH BauR 1998, 369; NZBau 2005, 151 = BauR 2005, 386; NZBau 2005, 684 = BauR 2005, 1624.
[2032] BGH NZBau 2005, 684 = BauR 2005, 1624.
[2033] BGH BauR 1998, 369. Falsch deshalb OLG München IBR 2014, 203, mit kritischem Praxishinweis von *Weyer.*
[2034] OLG Rostock IBR 2008, 58.
[2035] BGHZ 94, 330 = NJW 1985, 2325 = BauR 1985, 569; BGH NJW-RR 1989, 405 = BauR 1989, 201.
[2036] BGH NJW-RR 1997, 339 = BauR 1997, 129; zu den erforderlichen Aufwendungen vgl. näher → Rn. 317/318.
[2037] BGH NJW 2014, 620 = NZBau 2014, 160 = BauR 2014, 547 Rn. 15.
[2038] Nach OLG Köln IBR 2011, 15, mit zu Recht kritischem Praxishinweis von *Schwenker,* sollen dazu auch Hotelkosten während der Mängelbeseitigung gehören.
[2039] OLG Karlsruhe BauR 2005, 1485. Zur Gesamtschuld von Vor- und Nachunternehmer in derartigen Fällen: *Kniffka* BauR 2005, 274 (275, 276).
[2040] OLG Düsseldorf NZBau 2000, 381; OLG Karlsruhe BauR 2005, 1485; OLG Düsseldorf BauR 2011, 554; OLG Stuttgart NZBau 2011, 617; OLG Frankfurt IBR 2013, 18; *Vygen/Joussen* Bauvertragsrecht Rn. 1383.
[2041] BGH NJW-RR 1999, 813 = BauR 1999, 631; NJW-RR 2001, 739 = NZBau 2001, 313 = BauR 2001, 789; NJW 2003, 1038 = NZBau 2003, 152 = BauR 2003, 385; OLG Koblenz IBR 2014, 59.

gungskosten „aufs Geratewohl", „ins Blaue hinein" ist unzureichend und unbeachtlich,[2042] was jedoch nur bei einem Rechtsmissbrauch und Willkür angenommen werden kann, weshalb insoweit Zurückhaltung geboten ist.[2043] Zur Vermeidung des Kostenrisikos der teilweisen Abweisung einer zu hohen Vorschussklage wird es allerdings oft zweckdienlich sein, vorab die Höhe der voraussichtlichen Mängelbeseitigungskosten in einem selbständigen Beweisverfahren[2044] zu ermitteln, es sei denn, die Gerichte erwecken § 92 Abs. 2 Nr. 2 ZPO aus seinem „Dornröschenschlaf".[2045] Wird im Prozess ein Gutachten eingeholt, reicht eine überschlägige Ermittlung zur Höhe der erforderlichen Kosten durch den Sachverständigen aus,[2046] weil der Kostenvorschuss nichts Endgültiges ist, sondern späterer genauer Abrechnung[2047] bedarf. Für die **Umsatzsteuer** gilt das beim Kostenerstattungsanspruch Gesagte.[2048]

334   Wenn die Mängel mit dem zunächst geforderten und gezahlten Vorschuss nicht zu beseitigen sind, kann der Auftraggeber einen **weiteren Vorschuss** beanspruchen.[2049] Klagt er einen solchen jedoch mit der Behauptung ein, die voraussichtlichen Kosten beliefen sich auf das Zweieinhalbfache des ursprünglich von ihm selbst angesetzten Betrags, so muss er im Einzelnen darlegen, warum der im Vorprozess eingeklagte und zugesprochene Vorschuss nicht ausreicht.[2050]

335   Auf den Kostenvorschuss kann der Auftraggeber, sobald der Auftragnehmer mit dessen Zahlung in Verzug kommt, **Verzugszinsen** (§ 288 Abs. 1[2051] BGB) und, auch wenn er nicht in Verzug ist, ab Zustellung der Vorschussklage gemäß § 291 BGB **Prozesszinsen** verlangen.[2052] Denn die Vorschusspflicht ist eine Geldschuld[2053] und für den Auftragnehmer soll kein Anreiz bestehen, den Vorschuss zurückzuhalten und aus der Verzögerung Vorteile zu ziehen.[2054] Die Voraussetzungen des Verzugs des Auftragnehmers ergeben sich aus § 286 Abs. 1, 2 und 4 BGB. **Umsatzsteuer** auf die Zinsen kann nicht verlangt werden.[2055] Ein höherer Verzugsschaden nach §§ 280 Abs. 2, 286 BGB als der ohnehin jetzt deutlich erhöhten Zinsen gemäß §§ 288 Abs. 1 S. 2,[2056] 247 BGB scheidet in der Regel[2057] aus, weil der Vorschuss zweckgebunden ist und nicht zur Tilgung sonstiger Verbindlichkeiten oder zur Geldanlage dient.[2058]

336   **dd) Kostenbeteiligung des Auftraggebers.** Eine Kostenbeteiligungspflicht des Auftraggebers führt hier ebenso wie bei dem Kostenerstattungsanspruch[2059] dazu, dass der Kostenvorschuss von vornherein um den von dem Auftraggeber zu leistenden Zuschuss gekürzt wird.[2060] Allerdings stellt allein der Umstand, dass durch die Nachbesserung des Gewerks des Vorunternehmers Mängel des Gewerks eines Nachfolgeunternehmers beseitigt werden, keinen auszugleichenden Vorteil des Auftraggebers dar.[2061] Auch handelt es sich bei den Mehrkosten, die wegen

---

[2042] BGH NJW-RR 2001, 739 = NZBau 2001, 313 = BauR 2001, 789; KG IBR 2008, 722.
[2043] *Weyer* im Praxishinweis zu KG IBR 2008, 722.
[2044] Vgl. zur Zulässigkeit eines solchen Antrags *Scholtissek* BauR 2000, 1118.
[2045] Vgl. dazu näher *Gartz* BauR 2011, 21 (23–26).
[2046] OLG Düsseldorf BauR 1993, 82; OLG Hamm NJW-RR 1996, 272.
[2047] Vgl. dazu → Rn. 340–343.
[2048] Vgl. → Rn. 323.
[2049] BGHZ 66, 142 = NJW 1976, 960 = BauR 1976, 202; OLG München NJW-RR 1994, 785 = BauR 1994, 516.
[2050] OLG Düsseldorf NZBau 2000, 381 = BauR 2000, 778 (nur Ls.).
[2051] Nicht jedoch nach § 288 Abs. 2 BGB, weil der Kostenvorschuss keine Entgeltforderung – kein Vergütungsanspruch – ist: so richtig IBR 2006, 135; allerdings steht das entgegen der dortigen Darstellung nicht in dem Urteil des OLG Karlsruhe, wie der Abdruck in BauR 2006, 540 zeigt.
[2052] BGHZ 77, 60 = NJW 1980, 1955 = BauR 1980, 359; BGH NJW 1983, 2191 = BauR 1983, 365; BGHZ 94, 330 = NJW 1985, 2325 = BauR 1985, 569.
[2053] BGHZ 77, 60 = NJW 1980, 1955 = BauR 1980, 359.
[2054] BGH NJW 1983, 2191 = BauR 1983, 365; BGHZ 94, 330 = NJW 1985, 2325 = BauR 1985, 569.
[2055] EuGH NJW 1983, 505; Palandt/*Grüneberg* BGB § 288 Rn. 14.
[2056] OLG Karlsruhe BauR 2005, 879.
[2057] Wegen möglicher Ausnahmen vgl. Beck'scher VOB-Kommentar/*Kohler* VOB/B § 13 Abs. 5 Rn. 149.
[2058] OLG Köln BauR 1973, 248; OLG Karlsruhe BauR 2006, 540; *Kleine-Möller/Merl/Glöckner* § 15 Rn. 828.
[2059] Vgl. dazu → Rn. 325.
[2060] BGHZ 91, 206 = NJW 1984, 2457 = BauR 1984, 510; OLG Düsseldorf MDR 1984, 756; OLG Karlsruhe NJW-RR 1999, 1694, im Leitsatz allerdings zu Unrecht mit Beschränkung auf den Einheitspreisvertrag; OLG Düsseldorf NZBau 2001, 401 = BauR 2001, 638; OLG Karlsruhe BauR 2006, 540; Beck'scher VOB-Kommentar/*Kohler* VOB/B § 13 Abs. 5 Rn. 144; *Riedl/Mansfeld* in Heiermann/Riedl/Rusam VOB/B § 13 Rn. 131; *Kleine-Möller/Merl/Glöckner* § 15 Rn. 822.
[2061] OLG Karlsruhe BauR 2005, 1485.

höherer Anforderungen der zum Zeitpunkt der Ersatzvornahme geltenden anerkannten Regeln der Technik und/oder gesetzlichen Vorschriften entstehen, nicht um Sowieso-Kosten; wenn dem Auftraggeber ein Mehrwert verbleibt, ist allenfalls eine Vorteilsausgleichung vorzunehmen.[2062]

ee) Geltendmachung: Klage, Aufrechnung. Den Vorschussanspruch geltend machen kann der **Anspruchsinhaber.** Das ist in der Regel der Auftraggeber. Nach einer Abtretung kann dies aber auch ein Dritter sein; denn der Vorschussanspruch ist abtretbar.[2063] Außerdem kann bereits der Mängelbeseitigungsanspruch abgetreten werden,[2064] so dass der Vorschussanspruch nach einer solchen Abtretung in der Person des Abtretungsempfängers entsteht,[2065] wenn dieser die Voraussetzungen des § 13 Abs. 5 Nr. 2 VOB/B herbeiführt. 337

Der Vorschussanspruch ist mit einer **Klage**[2066] gegen den nicht zahlungsbereiten Auftragnehmer durchsetzbar. Sie ist auf Zahlung eines bestimmten Geldbetrags zu richten. Die in diesem Zusammenhang erörterten Möglichkeiten, bei Schwierigkeiten, die zu erwartenden Kosten zu spezifizieren, eine unbezifferte Leistungsklage oder eine Feststellungsklage zu erheben,[2067] sind nicht praxisgerecht und schon deshalb nicht zu empfehlen. Denn angesichts der keineswegs hohen Anforderungen der Rechtsprechung an die Darlegung des Vorschussanspruchs[2068] und der in vielen Fällen ohnehin ratsamen vorherigen Ermittlung der voraussichtlichen Mängelbeseitigungskosten durch ein selbständiges Beweisverfahren stößt die Bezifferung der Vorschussklage in der Praxis nicht auf unüberwindliche Schwierigkeiten. Dass dem Auftraggeber schon ein Kostenvorschuss rechtskräftig zugesprochen worden ist, steht der Zulässigkeit einer neuen Klage auf weiteren Vorschuss nicht entgegen.[2069] Ein Vorschuss ist seinem Wesen nach nichts Endgültiges, weshalb auch damit gerechnet werden muss, dass er nicht ausreicht.[2070] Eine Verjährung ist wegen der in dem ersten Vorschussurteil **enthaltenen Feststellung**[2071] nicht zu befürchten.[2072] Durch einstweilige Verfügung nach §§ 935, 940 ZPO kann ein Kostenvorschuss grundsätzlich nicht zugesprochen werden.[2073] 338

Der Auftraggeber kann seinen Vorschussanspruch ebenfalls durch **Aufrechnung**[2074] gegenüber dem Werklohnanspruch des Auftragnehmers durchsetzen. Das entspricht ständiger Rechtsprechung des BGH[2075] und der herrschenden Ansicht im Schrifttum.[2076] Der Gegenansicht, die grundsätzlich nur ein Leistungsverweigerungsrecht des Auftraggebers gegenüber der Werklohnforderung bejaht,[2077] beachtet nicht, dass der Auftraggeber nach Erfüllung der Voraussetzungen des § 13 Abs. 5 Nr. 2 VOB/B neben dem Mängelbeseitigungsanspruch ein Ersatzvornahmerecht hat.[2078] Er ist deshalb auch nicht auf eine Verteidigung mit dem Anspruch auf Mängel- 339

[2062] OLG Stuttgart NZBau 2012, 42. Vgl. dazu schon → Rn. 278.
[2063] BGHZ 95, 250 = NJW 1985, 2822 = BauR 1985, 686; BGHZ 96, 146 = NJW 1986, 713 = BauR 1986, 98; BGH NJW-RR 1989, 406 = BauR 1989, 199.
[2064] BGHZ 96, 146 = NJW 1986, 713 = BauR 1986, 98.
[2065] OLG Düsseldorf BauR 1988, 607; Beck'scher VOB-Kommentar/*Kohler* VOB/B § 13 Abs. 5 Rn. 140.
[2066] Zur gleichzeitigen prozessualen Geltendmachung eines Schadenersatzanspruchs vgl. → Rn. 332.
[2067] Beck'scher VOB-Kommentar/*Kohler* VOB/B § 13 Abs. 5 Rn. 152; OLG Koblenz IBR 2014, 59.
[2068] Vgl. dazu → Rn. 333.
[2069] OLG München NJW-RR 1994, 785 = BauR 1994, 516.
[2070] BGHZ 66, 142 = NJW 1976, 960 = BauR 1976, 202.
[2071] BGH NJW 2009, 60 = NZBau 2009, 120 = BauR 2008, 2041; OLG Schleswig IBR 2013, 73.
[2072] Vgl. dazu → Rn. 193.
[2073] OLG Düsseldorf BauR 1972, 323; *Pastor* in Werner/Pastor Rn. 2117; Beck'scher VOB-Kommentar/*Kohler* VOB/B § 13 Abs. 5 Rn. 151.
[2074] AA – Verrechnung – OLG München BauR 1987, 600; OLG Köln BauR 2003, 741. Überholt durch BGHZ 163, 274 = NJW 2005, 2771 = NZBau 2005, 582 = BauR 2005, 1477: Die Verrechnung ist kein gesetzlich vorgesehenes Rechtsinstitut in derartigen Fällen; BGH NJW 2006, 698 = NZBau 2006, 169 = BauR 2006, 411; NZBau 2008, 55 Rn. 18, = BauR 2007, 2052; NJW 2011, 1729 = BauR 2011, 1185 Rn. 14.
[2075] BGHZ 54, 244 = NJW 1970, 2019 = BauR 1970, 237; BGH NJW-RR 1989, 406 = BauR 1989, 199; NJW 1992, 3297 = BauR 1993, 96.
[2076] *Pastor* in Werner/Pastor Rn. 2117; *Riedl/Mansfeld* in Heiermann/Riedl/Rusam VOB/B § 13 Rn. 132; *Leupertz/Halfmeier* in Prütting/Wegen/Weinreich BGB § 637 Rn. 10; *Kaiser* Mängelhaftung Rn. 84b; *Keldungs/Brück* Rn. 533; *Mauer* FS Mantscheff, 2000, 123 (129).
[2077] So *Kohler* BauR 1992, 22 (24–26) und Beck'scher VOB-Kommentar/*Kohler* VOB/B § 13 Abs. 5 Rn. 160.
[2078] Vgl. dazu → Rn. 312.

beseitigung durch Erhebung der Einrede des nichterfüllten Vertrags beschränkt, sondern berechtigt, die Ersatzvornahme aktiv zu betreiben. Dafür hat er den Vorschussanspruch, den er auch durch Aufrechnung realisieren kann. Der Vorschussanspruch steht aber unter der auflösenden Bedingung der Nachbesserung durch den Auftragnehmer; bessert dieser nach, wird die Aufrechnung unwirksam und der Werklohnanspruch lebt wieder auf.[2079] Diese Fallgestaltung dürfte in der Praxis eher selten vorkommen, seit der BGH[2080] entschieden hat, dass der Auftraggeber nicht verpflichtet ist, nach erfolglosem Fristablauf die von dem Auftragnehmer angebotene Mängelbeseitigung noch anzunehmen.[2081]

340   **ff) Abrechnung.** Aus der Natur des Kostenvorschusses als vorweggenommenem Aufwendungsersatz – seine Zahlung vorausgesetzt[2082] – ergibt sich umgekehrt nach durchgeführter Mängelbeseitigung die Pflicht des Auftraggebers zur Abrechnung des Vorschusses.[2083] So wie der Vorschussanspruch des Auftraggebers vor dessen Kodifizierung in § 637 Abs. 3 BGB nach Treu und Glauben aus dem Werkvertrag hergeleitet wurde, ist der Abrechnungsanspruch des Auftragnehmers als dessen Kehrseite ebenfalls ein **vertraglicher Anspruch**[2084] aus den Grundsätzen von Treu und Glauben.[2085] Nach diesen muss der Auftraggeber seine Aufwendungen für die Mängelbeseitigung nachweisen, über den erbrachten Vorschuss abrechnen und den für die Nachbesserung nicht benötigten Betrag zurückzahlen.[2086] Für den Nachweis der **entstandenen** Mängelbeseitigungskosten gelten keine geringeren Anforderungen als bei einem Kostenerstattungsanspruch nach § 13 Abs. 5 Nr. 2 VOB/B.[2087] Falls neben dessen Voraussetzungen auch die zusätzlichen Voraussetzungen eines Schadenersatzanspruchs aus § 13 Abs. 7 VOB/B in Höhe der notwendigen Nachbesserungskosten erfüllt sind, kann der Auftraggeber damit gegenüber dem Anspruch auf Rückzahlung des Vorschusses aufrechnen[2088] oder sich bei der Abrechnung des Vorschusses wegen dieses Schadenersatzanspruchs auf die Darlegung der **notwendigen** Mängelbeseitigungskosten beschränken.[2089] Daraus folgt aber nicht ohne weiteres, dass die Rückforderung des Vorschusses „ein Märchen" ist.[2090] Denn es ist keineswegs gesagt, dass dem Auftraggeber – nicht zuletzt angesichts des Zeitablaufs – die Darlegung und der Beweis eines Schadenersatzanspruchs in Höhe des Vorschusses gelingt, zumal die Erleichterungen bei der Geltendmachung des Vorschusses[2091] für den Nachweis eines Schadens nicht gelten.

341   Der **Rückforderungsanspruch entsteht,** wenn der Zweck der Vorschusszahlung, dem Auftraggeber die Mittel zur Mängelbeseitigung zur Verfügung zu stellen, wegfällt, weil feststeht,

---

[2079] OLG Nürnberg NJW-RR 2002, 1239 = NZBau 2002, 670; vgl. dazu auch den Praxishinweis von *Weyer* in IBR 2002, 471.
[2080] BGHZ 154, 119 = NJW 2003, 1526 = NZBau 2003, 267 = BauR 2003, 693; NZBau 2004, 153 = BauR 2004, 501.
[2081] Dazu näher → Rn. 313. Bessert der Auftragnehmer ohne Zustimmung des Auftraggebers gleichwohl nach, wohingegen der Auftraggeber den Erfolg dieser Arbeiten in Abrede stellt, so hat die Vollstreckungsgegenklage des bereits zur Vorschusszahlung verurteilten Auftragnehmers nach OLG Nürnberg NZBau 2006, 514 = IBR 2006, 87 keinen Erfolg.
[2082] Vgl. dazu LG Hildesheim NZBau 2009, 124.
[2083] BGHZ 47, 272 = NJW 1967, 1366; BGHZ 94, 330 = NJW 1985, 2325 = BauR 1985, 569; BGH NJW-RR 1989, 405 = BauR 1989, 201; NJW 2010, 1192 = NZBau 2010, 233 = BauR 2010, 614 Rn. 13.
[2084] OLG Schleswig NJW-RR 1988, 1105; *Mauer* FS Mantscheff, 2000, 123 (124, 125); *Pastor* in Werner/Pastor Rn. 2132; im Ergebnis ebenso *Riedl/Mansfeld* in Heiermann/Riedl/Rusam VOB/B § 13 Rn. 137; Ingenstau/Korbion/*Wirth* VOB/B § 13 Abs. 5 Rn. 212; Beck'scher VOB-Kommentar/*Kohler* VOB/B § 13 Abs. 5 Rn. 163; aA NWJS VOB/B § 13 Rn. 159; *Kaiser* Mängelhaftung Rn. 84a: Anspruch aus ungerechtfertigter Bereicherung.
[2085] BGHZ 94, 330 = NJW 1985, 2325 = BauR 1985, 569; NJW 2010, 1192 = NZBau 2010, 233 = BauR 2010, 614 Rn. 13.
[2086] BGHZ 94, 330 = NJW 1985, 2325 = BauR 1985, 569; BGHZ 105, 103 = NJW 1988, 2728 = BauR 1988, 592; BGH NJW 2010, 1192 = NZBau 2010, 233 = BauR 2010, 614 Rn. 13.
Zu den Wirkungen eines Kostenvorschussurteils im Abrechnungsrechtsstreit vgl. *Groß* FS Jagenburg, 2002, 253 ff.
[2087] BGH NJW-RR 1989, 405 = BauR 1989, 201, der die Entscheidung OLG Schleswig NJW-RR 1988, 1105 nur im Ergebnis bestätigt.
[2088] BGHZ 105, 103 = NJW 1988, 2728 = BauR 1988, 592; BGH NJW 2010, 1192 = NZBau 2010, 233 = BauR 2010, 614 Rn. 17; *Mauer* FS Mantscheff, 2000, 123 (129–131).
[2089] BGH NJW-RR 1989, 405 = BauR 1989, 201; NJW 2010, 1192 = NZBau 2010, 233 = BauR 2010, 614 Rn. 17.
[2090] So jedoch *Koeble* FS Jagenburg, 2002, 371 ff.; zustimmend Ingenstau/Korbion/*Wirth* VOB/B § 13 Abs. 5 Rn. 215 sowie *Schulze-Hagen* im Praxishinweis zu IBR 2003, 529.
[2091] Vgl. dazu → Rn. 333.

dass die Mängelbeseitigung nicht mehr durchgeführt wird. Das ist insbesondere der Fall, wenn der Auftraggeber seinen Willen aufgegeben hat, die Mängel zu beseitigen,[2092] die Mängelbeseitigung nicht mehr ernsthaft betreibt[2093] oder zur Geltendmachung von Schadenersatzansprüchen übergeht.[2094] Hat der Auftraggeber die Mängelbeseitigung durchgeführt, wird der Rückforderungsanspruch jedenfalls **mit** Vorlage der **Abrechnung fällig**, aber auch ohne deren Vorlage, sobald die Abrechnung dem Auftraggeber möglich und zumutbar ist.[2095] Ist letzteres ausnahmsweise nicht der Fall, etwa wenn der Hauptunternehmer gegenüber dem Nachunternehmer noch nicht abrechnen kann, weil die Abrechnung des Auftraggebers des Hauptunternehmers über den an ihn gezahlten Vorschuss aussteht,[2096] kann eine Rückzahlung noch nicht verlangt werden.[2097]

Der Rückforderungsanspruch entsteht auch dann, wenn der Auftraggeber die Mängelbeseitigung **nicht** innerhalb einer **angemessenen Frist** durchgeführt hat.[2098] Einen etwa aufgrund einer Gewährleistungsbürgschaft auf erstes Anfordern erlangten Vorschuss hat der Auftraggeber dann ebenfalls zurückzuzahlen.[2099] Einer Anknüpfung der angemessenen Frist an einen Richtwert von einem halben oder einem Jahr[2100] hat der BGH[2101] zu Recht eine klare Absage erteilt. Denn es kommt immer auf die Umstände des Einzelfalls an.[2102] Dabei ist vor allem auf die persönlichen Verhältnisse des Auftraggebers und die Schwierigkeiten abzustellen, die sich für ihn ergeben, weil er in der Beseitigung der Baumängel unerfahren ist und hierfür fachkundige Beratung benötigt. Weil der Auftragnehmer durch seine Vertragswidrigkeit die Ursache dafür gesetzt hat, dass der Auftraggeber die Mängelbeseitigung nunmehr selbst organisieren muss, ist ein großzügiger Maßstab anzulegen.[2103] Die Frist kann selbst nach 3 Jahren und 8 Monaten,[2104] sogar nach mehr als vier Jahren noch nicht abgelaufen sein.[2105] Gegebenenfalls ist der rechtskräftige Abschluss eines Rechtsstreits abzuwarten.[2106] Auch nach Ablauf der angemessenen Mängelbeseitigungsfrist kann der Auftragnehmer jedoch nach Treu und Glauben **gehindert** sein, den Rückforderungsanspruch **durchzusetzen**.[2107] So ist der Vorschuss nicht zurückzuzahlen, soweit er im Zeitpunkt der letzten mündlichen Verhandlung zweckentsprechend verbraucht ist,[2108] der Auftraggeber bereits Unternehmer mit der Mängelbeseitigung beauftragt hat[2109] oder deren Beauftragung unmittelbar bevorsteht.[2110] **342**

Auf den Kostenvorschuss an den Auftraggeber gezahlte Verzugs- oder Prozeß**zinsen**[2111] sollen den durch die verspätete Zahlung entstandenen Nachteil ausgleichen und sind deshalb grund- **343**

[2092] BGH NJW 2010, 1192 = NZBau 2010, 233 = BauR 2010, 614 Rn. 15/16, 28.
[2093] BGH NJW 1984, 2456 = BauR 1984, 406.
[2094] OLG Celle NJW 2013, 475 = NZBau 2013, 107.
[2095] BGH NJW 2010, 1192 = NZBau 2010, 233 = BauR 2010, 614 Rn. 19.
[2096] Vgl. die Fallgestaltung in BGHZ 110, 205 = NJW 1990, 1475 = BauR 1990, 358.
[2097] BGH NJW 2010, 1192 = NZBau 2010, 233 = BauR 2010, 614 Rn. 19.
[2098] BGH NJW 2010, 1192 = NZBau 2010, 233 = BauR 2010, 614 Rn. 20; NJW 2010, 1195, = NZBau 2010, 236 = BauR 2010, 618 Rn. 9; *Kleine-Möller/Merl/Glöckner* § 15 Rn. 824; NWJS § 13 Rn. 158; Beck'scher VOB-Kommentar/*Kohler* VOB/B § 13 Abs. 5 Rn. 168.
[2099] OLG Braunschweig IBR 2003, 539.
[2100] OLG Köln BauR 1988, 483; OLG Celle IBR 2002, 308; OLG Nürnberg IBR 2003, 529; OLG Braunschweig IBR 2003, 539; Ingenstau/Korbion/*Wirth* VOB/B § 13 Abs. 5 Rn. 213; *Mauer* FS Mantscheff, 2000, 123 (125).
[2101] NJW 2010, 1192 = NZBau 2010, 233 = BauR 2010, 614 Rn. 21.
[2102] *Pastor* in Werner/Pastor Rn. 2133; *Kleine-Möller/Merl/Glöckner* § 15 Rn. 824/825.
[2103] BGH NJW 2010, 1192 = NZBau 2010, 233 = BauR 2010, 614 Rn. 21; NJW 2010, 1195 = NZBau 2010, 236 = BauR 2010, 618 Rn. 14.
[2104] BGH NJW 2010, 1192 = NZBau 2010, 233 = BauR 2010, 614 Rn. 21; NJW 2010, 1195 = NZBau 2010, 236 = BauR 2010, 618 Rn. 14.
[2105] BGH NJW 1984, 2456 = BauR 1984, 406.
[2106] OLG Celle BauR 1994, 250; OLG Düsseldorf IBR 2006, 436.
[2107] BGH NJW 2010, 1192 = NZBau 2010, 233 = BauR 2010, 614 Rn. 22.
[2108] BGH NJW 2010, 1192 = NZBau 2010, 233 = BauR 2010, 614 Rn. 23, entgegen der von ihm aufgehobenen Entscheidung OLG Oldenburg BauR 2008, 1641; näher dazu schon *Weyer* BauR 2009, (28–31).
[2109] BGH NJW 2010, 1192 = NZBau 2010, 233 = BauR 2010, 614 Rn. 24; OLG Düsseldorf BauR 2015, 271.
[2110] BGH NJW 2010, 1192 = NZBau 2010, 233 = BauR 2010, 614 Rn. 25/26; OLG Düsseldorf BauR 2015, 271.
[2111] Vgl. dazu → Rn. 335.

sätzlich nicht in die Abrechnung des Vorschusses einzubeziehen.[2112] Soweit der Vorschuss jedoch die Mängelbeseitigungskosten übersteigt und darum an den Auftragnehmer zurückzuzahlen ist, gilt dies auch für die auf diesen Teilbetrag gezahlten Zinsen.[2113]

344 Der **Anspruch** des Auftragnehmers auf **Rückzahlung** des Kostenvorschusses verjährt nicht nach § 13 Abs. 4 VOB/B oder § 634a BGB, weil es sich nicht um einen der in § 13 Abs. 5 und 7 VOB/B oder § 634 Nr. 1, 2 und 4 BGB genannten Ansprüche handelt. Für ihn gilt vielmehr die **regelmäßige Verjährungsfrist** des § 195 BGB.[2114] Problematisch ist, wann diese Frist nach § 199 BGB beginnt, insbesondere wann grob fahrlässige Unkenntnis der den Anspruch begründenden Umstände anzunehmen ist. Der bloße Ablauf der üblichen Zeitspanne für Mängelbeseitigung und Abrechnung reicht dafür keinesfalls aus.[2115] Vielmehr muss eine offenkundige Verzögerung vorliegen, um grobe Fahrlässigkeit bejahen zu können. Der Auftragnehmer muss erst dann Nachforschungen anstellen, ob der Vorschuss zweckentsprechend verwendet worden ist, wenn die am normalen Bauablauf orientierte Mängelbeseitigungsfrist deutlich überschritten ist oder wenn er Anhaltspunkte dafür hat, dass der Auftraggeber die Mängelbeseitigung überhaupt nicht mehr vornehmen will.[2116]

345 **8. Beweislast.** Für die Grundvoraussetzung sämtlicher Ansprüche nach § 13 Abs. 5 VOB/B, nämlich für einen Mangel der Bauleistung des Auftragnehmers, ist aus den bei § 13 Abs. 1 und 2 VOB/B genannten Gründen[2117] der **Auftraggeber** beweispflichtig.[2118] Als Anspruchsteller hat er auch die sonstigen Voraussetzungen des Mängelbeseitigungs-, des Kostenerstattungs- oder des Vorschussanspruchs zu beweisen. Diese Beweislastverteilung gilt ebenfalls dann, wenn die Bauvertragspartner darüber streiten, wie die Mängelbeseitigung zu erfolgen hat, etwa durch Auswechslung statt durch Ausbesserung eines Bauteils[2119] oder durch Neuherstellung des Werks.[2120]

346 Andererseits trägt der **Auftragnehmer** die **Beweislast,** falls er die Zahlung eines Kostenvorschusses mit der Behauptung verweigert, der Auftraggeber beabsichtige nicht, die Nachbesserung vorzunehmen,[2121] oder falls er geltend macht, einer der Ausschlussgründe des § 13 Abs. 6 VOB/B liege vor.[2122] Außerdem muss der Auftragnehmer beweisen, inwieweit eine Kostenbeteiligung des Auftraggebers in Betracht kommt, zum Beispiel weil die Mängelbeseitigungskosten ganz oder zum Teil sogenannte Sowieso-Kosten sind[2123] oder weil der Auftraggeber einen sonstigen auszugleichenden Vermögensvorteil erlangt hat,[2124] zum Beispiel weil er im Rahmen einer werkvertraglichen Leistungskette[2125] von seinem Auftraggeber nicht mehr in Anspruch genommen werden kann.[2126] Führt der Auftraggeber die Ersatzvornahme nach § 13 Abs. 5 Nr. 2 VOB/B aus, indem er einen auf dem freien Markt ausgewählten Drittunternehmer beauftragt, so ist von der Erforderlichkeit der aufgewandten Kosten auszugehen, bis der Auftragnehmer darlegt und beweist, dass die Leistungen von anderen Anbietern um einen bestimmten Betrag billiger hätten erbracht werden können und der Auftraggeber auf diese Anbieter hätte zurückgreifen

---

[2112] BGHZ 94, 330 = NJW 1985, 2325 = BauR 1985, 569; BGH NJW 1988, 2728 = BauR 1988, 592, insoweit in BGHZ 105, 103 nicht abgedruckt; OLG Karlsruhe BauR 2006, 540.
[2113] BGHZ 94, 330 = NJW 1985, 2325 = BauR 1985, 569.
[2114] BGH NJW 2010, 1195 = NZBau 2010, 236 = BauR 2010, 618 Rn. 11; OLG Oldenburg BauR 2008, 2051.
[2115] BGH NJW 2010, 1195 = NZBau 2010, 236 = BauR 2010, 618 Rn. 14; aA das durch diese BGH-Entscheidung aufgehobene Urteil OLG Oldenburg BauR 2008, 2051, mit zu Recht kritischem Praxishinweis von *Heiland* IBR 2008, 648.
[2116] BGH NJW 2010, 1195 = NZBau 2010, 236 = BauR 2010, 618 Rn. 18.
[2117] Vgl. → Rn. 58–60 und 77.
[2118] So auch *Baumgärtel* Beweislast VOB/B § 13 Rn. 10.
[2119] Ingenstau/Korbion/*Wirth* VOB/B, 16. Aufl., § 13 Nr. 5 Rn. 62, in nachfolgende Auflagen nicht übernommen.
[2120] *Kaiser* Mängelhaftung Rn. 77; *Baumgärtel* Beweislast VOB/B § 13 Rn. 10.
[2121] *Baumgärtel* Beweislast VOB/B § 13 Rn. 13.
[2122] BGH BauR 2002, 613, zu § 633 Abs. 2 S. 3 BGB aF; NWJS VOB/B § 13 Rn. 186; *Kaiser* Mängelhaftung Rn. 88; *Kleine-Möller/Merl/Glöckner* § 15 Rn. 843; *Baumgärtel* Beweislast VOB/B § 13 Rn. 14; *Siegburg* Gewährleistung Rn. 1124.
[2123] BGH BauR 1989, 361, insoweit in NJW 1989, 717 nicht abgedruckt; BauR 2003, 1247.
[2124] BGH NJW-RR 1992, 1300 = BauR 1992, 758. AA OLG Koblenz NZBau 2009, 654 mit ablehnender Anmerkung von *Weyer* im Praxishinweis zu IBR 2009, 1177, nur online.
[2125] Vgl. dazu → Rn. 279.
[2126] Vgl. OLG Brandenburg IBR 2012, 145 = NZBau 2012, 165, das einen Vorteilsausgleich schon an unzureichender Darlegung durch den Auftragnehmer scheitern lässt.

können und müssen.[2127] Den Auftraggeber trifft allerdings die Pflicht, im Rahmen einer berechtigten Ersatzvornahme durch ein Drittunternehmern, die Kosten einer Nachbesserung so nachvollziehbar abzurechnen, dass sowohl der mangelhaft leistende Auftragnehmer als auch die Gerichte überprüfen können, ob die Arbeiten des Drittunternehmers der Mängelbeseitigung dienten und erforderlich waren.[2128] Die Angabe: „Malerarbeiten im 2. und 3. OG mit 221 Stunden zu 36,00 EUR für Ausbessern, Abdeckarbeiten, Wand- und Deckenflächen neu beschichtet" reicht hierfür nicht aus. Bei einer Mängelbeseitigung durch ein Drittunternehmen auf Stundenlohnbasis ist für eine nachvollziehbare Abrechnung erforderlich, dass der Aufwand detailliert vorgetragen wird. Hierzu gehört regelmäßig die Vorlage der Stundenzettel des Drittunternehmens.[2129] Ferner wird vermutet, dass sämtliche von einem Drittunternehmer im Zuge der Mängelbeseitigungsmaßnahme durchgeführten Arbeiten ausschließlich der Mängelbeseitigung dienen.[2130] Es besteht im Verhältnis zum Auftragnehmer kein schützenswertes Vertrauen des Auftraggebers, dass der Drittunternehmer nur Arbeiten zur Mängelbeseitigung durchführt. Die Erforderlichkeit der Mängelbeseitigungsmaßen hat der Auftraggeber darzulegen.[2131] Nur wenn der Auftraggeber aus der ex-ante Sicht von der Erforderlichkeit der Aufwendungen ausgehen durfte und sich diese Einschätzung ex-post als unrichtig herausstellt, fällt dies in den Risikobereich des Auftragnehmers.[2132] Im Rahmen des § 641 Abs. 3 BGB ist der Auftragnehmer für die Höhe der erforderlichen Mängelbeseitigungskosten beweispflichtig.[2133] Ihn trifft auch die Beweislast, wenn er geltend macht, der angemessene Betrag iSd § 641 Abs. 3 BGB liege unterhalb des Doppelten der Mängelbeseitigungskosten; andererseits muss der Auftraggeber Umstände beweisen, die eine Abweichung vom Doppelten nach oben rechtfertigen.[2134]

Wenn der **Auftraggeber** einen Vorschuss auf die voraussichtlichen Mängelbeseitigungskosten **347** gefordert und erhalten hat, muss er im Rahmen der Abrechnung dieses Kostenvorschusses seine **Aufwendungen** für die Mängelbeseitigung **nachweisen**.[2135] Das stimmt mit der Beweislastverteilung überein, die allgemein für die Rückforderung von Voraus-, Abschlags- und Vorschusszahlungen gilt[2136] und auch Gültigkeit haben muss, soweit es um die Abrechnung des Kostenvorschusses geht. Dem entsprechend obliegt dem Hauptunternehmer, der von seinem Nachunternehmer einen Kostenvorschuss erhalten und seinerseits an den Bauherrn gezahlt hat, der Nachweis, weshalb ihm eine Abrechnung noch nicht möglich ist, obwohl der Bauherr die Mängelbeseitigung durchgeführt hat.[2137] Umgekehrt muss der **Auftragnehmer** die Voraussetzungen seines **Rückforderungsanspruchs**[2138] beweisen.[2139]

9. Abweichungen gegenüber dem BGB. Die **erste** Abweichung des § 13 Abs. 5 VOB/B **348** gegenüber dem Werkvertragsrecht des BGB ist – zumindest dem Wortlaut nach – die in § 13 Abs. 5 **Nr. 1 S. 1** VOB/B anders als in §§ 634 Nr. 1, 635 Abs. 1 BGB geforderte Schriftform des Mängelbeseitigungsverlangens. Da der Mängelbeseitigungsanspruch jedoch unabhängig davon entsteht, ob die Schriftform eingehalten wird,[2140] handelt es sich lediglich um einen scheinbaren Unterschied. Entscheidende Bedeutung hat das schriftliche Beseitigungsverlangen allerdings als Voraussetzung der **zweiten** und gewichtigsten Abweichung, nämlich des „Quasi-

---

[2127] OLG Düsseldorf NJW-RR 1996, 532 = BauR 1996, 396; OLG Dresden NZBau 2000, 333 = BauR 2000, 1341; Beck'scher VOB-Kommentar/*Kohler* VOB/B § 13 Abs. 5 Rn. 111.
[2128] Nicklisch/Weick/*Moufang/Koos,* § 13 Rn. 333.
[2129] OLG Köln NJW-RR 2016, 917 = NZBau 2016, 436.
[2130] BGH BauR 2015, 1664 = ZfBR 2015, 676; BeckOK-VOB/B/*Koenen,* § 13 Abs. 5 Rn. 118; Nicklisch/Weigl/*Moufang/Koos,* § 13 Rn. 334.
[2131] BGH BauR 2015, 1664 = ZfBR 2015, 676; Nicklisch/Weick/*Moufang/Koos,* § 13 Rn. 334.
[2132] Vgl. *Retzlaff,* jurisPR-PrivBauR 2/2016 Anm. 6.
[2133] Entsprechend der Verteilung der Darlegungslast: vgl. dazu → Rn. 290/291 und die dortigen Nachweise.
[2134] *Biederer* BauR 2009, 1050 (1054 f.).
[2135] BGHZ 94, 330 = NJW 1985, 2325 = BauR 1985, 569; BGHZ 105, 103 = NJW 1988, 2728 = BauR 1988, 592; BGHZ 110, 205 = NJW 1990, 1475 = BauR 1990, 358.
[2136] BauR 140, 365 = NJW 1999, 1867 = BauR 1999, 635; BGH IBR 2000, 317; NZBau 2002, 329 = BauR 2002, 938; OLG Düsseldorf BauR 1994, 272; OLG Brandenburg IBR 1998, 108; OLG Naumburg BauR 1999, 915.
[2137] BGHZ 110, 205 = NJW 1990, 1475 = BauR 1990, 358.
[2138] Vgl. dazu → Rn. 341/342.
[2139] BGH NJW 2010, 1192 = NZBau 2010, 233 = BauR 2010, 614 Rn. 16, 21.
[2140] Vgl. dazu → Rn. 241.

Neubeginns" nach § 13 Abs. 5 **Nr. 1 S. 2** VOB/B.[2141] Weil sie ein Ausgleich für die Verkürzung der Verjährungsfristen durch § 13 Abs. 4 VOB/B sein soll, ist sie der gesetzlichen Regelung naturgemäß unbekannt.

349 Zu der **dritten** Abweichung, der in § 13 Abs. 5 **Nr. 1 S. 3** VOB/B geregelten gesonderten Verjährung der Mängelansprüche für Mängelbeseitigungsleistungen,[2142] vertrat Merl[2143] die Ansicht, nach allgemeinen Rechtsgrundsätzen beginne für den BGB-Vertrag nach Abnahme der Mängelbeseitigungsleistung erneut die volle vertragliche Verjährungsfrist. Dem gesetzlichen Werkvertragsrecht ist eine solche Regelung indessen fremd.[2144] Gleichwohl hat dieser Unterschied keine nennenswerte praktische Bedeutung, weil durch das in aller Regel in dem Nachbesserungsversuch liegende Anerkenntnis ohnehin die vertragliche Verjährungsfrist neu beginnt, weshalb sie meist länger laufen wird als die Frist des § 13 Abs. 5 Nr. 1 S. 3 VOB/B.[2145]

350 Die frühere **vierte** Abweichung, welche sich aus der unterschiedlichen Fassung des § 13 Abs. 5 **Nr. 2** VOB/B gegenüber § 633 Abs. 3 BGB aF ergab, sich aber in der Praxis kaum auswirkte, ist entfallen. Denn § 637 Abs. 1 BGB setzt nicht mehr Verzug des Auftragnehmers mit der Mängelbeseitigung, sondern wie § 13 Abs. 5 Nr. 2 VOB/B nur noch den erfolglosen Ablauf einer von dem Auftraggeber zur Nacherfüllung gesetzten angemessenen Frist voraus.

351 **10. AGB-rechtliche Probleme.** Probleme, die sich früher im Zusammenhang mit der Frage ergaben, ob die VOB/B trotz abweichender Klauseln noch als Ganzes vereinbart ist, haben sich spätestens durch die vertragliche Rechtsprechung des BGH, dass jede vertragliche Abweichung von der VOB/B dazu führt, dass diese nicht als Ganzes vereinbart ist,[2146] der sich der Gesetzgeber mit § 310 Abs. 1 S. 3 BGB[2147] angeschlossen hat, erledigt.[2148] Geblieben sind **zwei Problembereiche:** Das ist zum einen die Frage, ob § 13 Abs. 5 VOB/B selbst einer isolierten Inhaltskontrolle stand hält (a), was sehr weitgehend in Zweifel gezogen wird.[2149] Zum anderen ist zu prüfen, inwieweit von § 13 Abs. 5 VOB/B abweichende Klauseln sich bei einer AGB-Kontrolle als unwirksam erweisen (b).

352 a) **Isolierte Inhaltskontrolle.** Dieser Kontrolle hält § 13 Abs. 5 VOB/B uneingeschränkt stand.[2150] Dem gegenüber wird die Ansicht vertreten,[2151] **Nr. 1 Satz 1** verstoße gegen das Transparenzgebot des § 307 Abs. 1 S. 2 BGB, weil sie ein schriftliches Mängelbeseitigungsverlangen voraussetze,[2152] obwohl die Rechtsprechung seit über 30 Jahren eine mündliche Aufforderung ausreichen lasse; es bestehe die Besorgnis, dass ein Verbraucher, der nur mündlich Mängel gerügt habe, von der Verfolgung seines Rechtsanspruchs Abstand nehme, wenn er mit der Formulierung der Klausel konfrontiert werde. Das erscheint an den Haaren herbeigezogen. Denn wenn es nur darum geht, kann der Auftraggeber das Verlangen jederzeit noch schriftlich nachholen. Auch daraus, dass der **Einwand** des **unverhältnismäßigen Aufwands** erst unmittelbar anschließend in § 13 Abs. 6 VOB/B erwähnt wird, kann schwerlich ein Verstoß gegen das Transparenzgebot hergeleitet werden.[2153] Indem § 13 Abs. 6 VOB/B auf einen unverhältnismäßig hohen Aufwand abstellt, ist die Ausnahme des § 635 Abs. 3 BGB erfasst, während § 275 Abs. 2 BGB sich davon kaum unterscheidet[2154] und ohnehin nur in besonders gelagerten Ausnahmefällen in Betracht kommt[2155] sowie die Fallgestaltung des § 275 Abs. 3 BGB bei Bau-

---

[2141] Vgl. dazu → Rn. 242–251.
[2142] Vgl. dazu → Rn. 252–255.
[2143] *Kleine-Möller/Merl* bis zur 4. Aufl. § 15 Rn. 1232.
[2144] Ingenstau/Korbion/*Wirth* VOB/B § 13 Abs. 4 Rn. 288.
[2145] Vgl. dazu → Rn. 253.
[2146] BGHZ 157, 346 = NJW 2004, 1597 = NZBau 2004, 267 = BauR 2004, 668; NZBau 2004, 385 = BauR 2004, 1142; NZBau 2007, 581 Rn. 17, 20 = BauR 2007, 1404.
[2147] Eingefügt durch das FoSiG.
[2148] Vgl. schon → Rn. 63.
[2149] *Kiesel* NJW 2002, 2064 (2068); *Tempel* NZBau 2002, 532 (534–536); *Micklitz* Gutachten für den Verbraucherzentrale Bundesverband eV von April 2004, S. 113–119.
[2150] *Weyer* NZBau 2003, 521 (522–524).
[2151] *Micklitz* Gutachten für den Verbraucherzentrale Bundesverband eV vom April 2004, S. 114/115.
[2152] Vgl. dazu *Roloff* BauR 2009, 352 (358, 359).
[2153] *Weyer* NZBau 2003, 521 (522).
[2154] *Kniffka* in Kniffka/Koeble BauR-Komp des Baurechts, 3. Aufl., 6. Teil Rn. 43, in die 4. Aufl. nicht übernommen.
[2155] *Kniffka/Krause-Allenstein* ibr-online-Kommentar Bauvertragsrecht, Stand 23.11.2014, § 635 Rn. 55, 63.

verträgen kaum einschlägig ist.[2156] Da eine **Neuherstellung** nichts anderes als eine Nachbesserung im größtmöglichen, aber zur nachhaltigen Mängelbeseitigung notwendigen Umfang ist,[2157] gebietet das Transparenzgebot auch nicht deren ausdrückliche Erwähnung. Zudem ist § 635 BGB im Rahmen des § 13 Abs. 5 Nr. 1 S. 1 VOB/B anwendbar.

Die isolierte Inhaltskontrolle des § 13 Abs. 5 **Nr. 1 S. 2** VOB/B führt nicht zu dessen 353 Unwirksamkeit,[2158] weil er lediglich die Wirkung einer Ablaufhemmung hat[2159] und schon deshalb nicht mit dem gesetzgeberischen Ziel kollidiert, die Tatbestände des Neubeginns der Verjährung zu beschränken. Ebenso verstößt Nr. 1 Satz 2 durch die **Beschränkung** des „**Quasi-Neubeginns**" auf zwei Jahre keinesfalls gegen § 309 Nr. 8 lit. b ff. BGB.[2160] Denn durch den „Quasi-Neubeginn" wird die Verjährung nicht erleichtert, sondern über die gesetzlichen Möglichkeiten hinaus zusätzlich erschwert,[2161] was jetzt nach § 202 Abs. 2 BGB in viel größerem Umfang als früher möglich ist.[2162] Ähnliches gilt auch für die neue Verjährungsfrist für Mängelbeseitigungsleistungen nach § 13 Abs. 5 **Nr. 1 S. 3** VOB/B.[2163] Den **Vorschussanspruch** in § 13 Abs. 5 **Nr. 2** VOB/B so wie jetzt in § 637 Abs. 3 BGB ausdrücklich zu regeln, konnte als überflüssig angesehen werden,[2164] weil es sich insoweit bereits um Gewohnheitsrecht handelt und auch § 637 Abs. 3 BGB zu den näheren Einzelheiten nichts sagt.[2165]

b) AGB-Kontrolle abweichender Klauseln. Unwirksam sind Klauseln in vom Auftragnehmer 354 gestellten AGB, durch welche dem Auftraggeber, auch wenn dieser Unternehmer ist, nicht wenigstens der Mängelbeseitigungsanspruch uneingeschränkt belassen wird.[2166] Außerdem ist eine Klausel, welche die Mängelrechte gegen den Verwender auf Nachbesserung beschränkt, nur wirksam, wenn sie dem Auftraggeber ausdrücklich das Recht vorbehält, bei Fehlschlagen der Nachbesserung Minderung zu verlangen (§ 309 Nr. 8 lit.b bb BGB); das gilt ebenfalls gegenüber einem Unternehmer.[2167] Nach § 309 Nr. 8 lit. b ee BGB ist eine Klausel in den AGB des Auftragnehmers unwirksam, durch die dessen Nachbesserungspflicht für versteckte Mängel davon abhängig gemacht wird, dass der Auftraggeber diese unverzüglich nach Sichtbarwerden rügt[2168] oder binnen einer Frist von zwei Wochen nach Erkennbarkeit vorbringt.[2169] In AGB des Auftragnehmers kann eine Mindestdauer, in AGB des Auftragsgebers eine **Höchst**dauer der **Mängelbeseitigungsfrist** nicht wirksam vorgegeben werden.[2170]

Dem **Auftraggeber müssen** wegen der vom Auftragnehmer geschuldeten vertragsgemäßen 355 Herstellung der Bauleistung die sich aus dessen bauvertraglicher Erfolgshaftung ergebenden **Mindestrechte verbleiben**.[2171] Deshalb sind Klauseln in vom Auftragnehmer gestellten AGB unwirksam, welche das Leistungsverweigerungsrecht (§ 320 BGB) oder das Zurückbehaltungsrecht (§ 273 BGB) des Auftraggebers entgegen § 309 Nr. 2 lit. a und b BGB ausschließen oder einschränken.[2172] Gegenüber einem Unternehmer können die §§ 273, 320 BGB in AGB zwar grundsätzlich wirksam ausgeschlossen werden; das gilt aber nicht, soweit ihnen unbestrittene

---

[2156] *Kniffka/Krause-Allenstein* ibr-online-Kommentar Bauvertragsrecht, Stand 23.11.2014, § 635 Rn. 64. Zu § 275 Abs. 2 und 3 BGB vgl. auch *Peters* NZBau 2007, 1 (2), bei I 4.
[2157] Vgl. dazu → Rn. 8, 233, 261.
[2158] Eingehend *Weyer* Jahrbuch BauR 2007, (177–214) mit Nachweisen zum Streitstand in Fußnote 3 und 4. Vgl. auch OLG Naumburg BauR 2007, 551; OLG Celle BauR 2008, 353; OLG Hamm IBR 2008, 732 = BauR 2009, 1913; *Klein/Moufang/Koos* BauR 2009, 333 (351, 352); aA wohl *Reimann* BauR 2011, 14 (15, 16).
[2159] *Weyer* Jahrbuch BauR 2007, 177 (198, 201–203). Vgl. auch schon → Rn. 250.
[2160] So jedoch *Kiesel* NJW 2002, 2064 (2068) und ihm folgend *Tempel* NZBau 2002, 532 (536).
[2161] *Weyer* NZBau 2003, 521 (522, 523); Jahrbuch BauR 2007, 177 (204).
[2162] Näher dazu *Weyer* Jahrbuch BauR 2007, 177 (208, 209). Zu Unrecht einschränkend OLG Düsseldorf IBR 2011, 137 = BauR 2011, 834.
[2163] *Weyer* NZBau 2003, 521 (523, 524).
[2164] Entgegen *Tempel* NZBau 2002, 532 (535); vgl. dazu *Weyer* NZBau 2003, 521 (524).
[2165] Vgl. → Rn. 328.
[2166] BGH NJW 1981, 1510 = BauR 1981, 378.
[2167] BGHZ 93, 29 = NJW 1985, 623; BGH NJW 1994, 1004.
[2168] BGH NJW 1985, 855 = BauR 1985, 192.
[2169] BGH NZBau 2005, 149 = BauR 2005, 383.
[2170] *Drossart* in Messerschmidt/Voit § 634 Rn. 29; *Moufang/Koos* ebenda § 636 Rn. 23; *Messerschmidt* ebenda § 639 Rn. 48.
[2171] *Korbion/Locher/Sienz* Kap. K Rn. 111.
[2172] BGH NJW 1985, 852 = BauR 1985, 93; NJW 1985, 855 = BauR 1985, 192; BauR 1986, 455.

oder rechtskräftig festgestellte Gegenforderungen zugrunde liegen.[2173] Über § 309 Nr. 3 BGB hinaus sind **Aufrechnungsverbote** in AGB des Auftragnehmers, durch welche der Auftraggeber gezwungen würde, eine mangelhafte oder unfertige Leistung in vollem Umfang zu vergüten, obwohl ihm Gegenansprüche in Höhe der Mängelbeseitigungs- oder Fertigstellungskosten zustehen, nach § 307 Abs. 1 S. 1 BGB unwirksam, weil durch eine solche Klausel in das durch den Werkvertrag geschaffene Äquivalenzverhältnis von Leistung und Gegenleistung in für den Auftraggeber unzumutbarer Weise eingegriffen würde.[2174] Das gilt nicht, wenn die das Aufrechnungsverbot enthaltende AGB vom Auftragnehmer gestellt worden sind,[2175] weil die Klausel dann den Vertragspartner des Verwenders benachteiligt.

356   Der „**Quasi-Neubeginn**" nach § 13 Abs. 5 Nr. 1 S. 2 VOB/B kann in AGB des Auftraggebers **nicht** wirksam beliebig weit ausgedehnt werden. Eine Klausel, die vorsieht, dass eine neue Verjährung aufgrund des schriftlichen Mängelbeseitigungsverlangens erst nach Beseitigung der gerügten Mängel beginnt, würde eine Verlängerung der Verjährungsfrist für die beanstandeten Mängel **bis ins Unendliche** ermöglichen und ist deshalb gemäß §§ 202 Abs. 2, 134 BGB unwirksam.[2176] Aus dem gleichen Grund hält eine AGB-Klausel des Auftraggebers, durch welche abweichend von dem nur einmal[2177] möglichen „Quasi-Neubeginn" die ohnehin schon auf fünf Jahre und einen Monat verlängerte Verjährungsfrist immer wieder durch eine vor ihrem Ablauf erhobene Mängelrüge neu in Lauf gesetzt werden soll, der AGB-Kontrolle nicht Stand.[2178]

357   **Unvereinbar mit** der dem Auftragnehmer zu gewährenden **Mängelbeseitigungsgelegenheit**[2179] ist eine von dem Auftraggeber gestellte AGB-Klausel, nach der dieser ohne weitere Voraussetzungen berechtigt sein soll, die Kosten einer Mängelbeseitigung von dem Werklohn abzuziehen; denn sie benachteiligt den Auftragnehmer unangemessen (§ 307 Abs. 2 Nr. 1 BGB), weil damit der in § 13 Abs. 5 Nr. 2 VOB/B ebenso wie in § 637 Abs. 1 BGB zum Ausdruck kommende wesentliche Grundgedanke verletzt wird, dass der Auftragnehmer vor einer Ersatzvornahme grundsätzlich Gelegenheit erhalten muss, die Mängelbeseitigung selbst vorzunehmen.[2180] Diese Möglichkeit des Auftragnehmers wird auch durch eine AGB-Klausel des Auftraggebers beeinträchtigt, die bestimmt, dass für anteilige Baureinigung ein bestimmter Prozentsatz von der Schlussrechnung des Auftragnehmers in Abzug gebracht wird.[2181]

358   **11. Konkurrenzen.** Abgesehen von den oben bei § 13 Abs. 5 Nr. 2 VOB/B behandelten[2182] Konkurrenzen gilt insoweit das, was der BGH[2183] bereits 1964 ausgeführt hat: Für die Zeit nach der Abnahme regelt § 13 Abs. 5–7 VOB/B die Rechte, die dem Auftraggeber bei einer mangelhaften Leistung des Auftragnehmers zustehen. Daneben ist für eine unmittelbare oder entsprechende Anwendung der allgemeinen Bestimmungen des BGB zum Leistungsstörungsrecht kein Raum. Das ergibt sich schon daraus, dass § 13 Abs. 6 VOB/B ausdrücklich die Folgen behandelt, die eintreten, wenn die Mängelbeseitigung unmöglich ist.[2184] Allerdings ist zwischen den in § 13 VOB/B vorgesehenen Mängelrechten und deren Ausgestaltung zu unterscheiden. Soweit Einzelheiten der Mängelrechte in § 13 VOB/B nicht geregelt sind, bleibt also das gesetzliche Werkvertragsrecht ergänzend anwendbar.

[2173] BGHZ 92, 312 = NJW 1985, 319; BGHZ 115, 324 = NJW 1992, 575; BGH NZBau 2005, 392 = BauR 2005, 1010.
[2174] BGH NJW 2011, 1729 = NZBau 2011, 428 = BauR 2011, 1185 Rn. 15–19; *Von Hayn-Habermann* NJW-Spezial 2011, 492.
[2175] KG BauR 2012, 809; a, A. KG BauR 2012, 811, wobei die Ausführungen seine Entscheidung jedoch nicht tragen.
[2176] BGH NJW-RR 1999, 1181 = BauR 1999, 1019.
[2177] Vgl. dazu → Rn. 249.
[2178] OLG Düsseldorf NJW-RR 1998, 1028 = BauR 1998, 549.
[2179] Vgl. dazu → Rn. 234.
[2180] BGH NJW 2000, 2988 = NZBau 2000, 375 = BauR 2000, 1182, insoweit in BGHZ 144, 242 nicht abgedruckt; vgl. auch OLG Düsseldorf BauR 1985, 452.
[2181] BGH NJW 2000, 3348 = NZBau 2000, 466 = BauR 2000, 1756; vgl. auch AG Köln BauR 2002, 105, das ein Aushandeln der Klausel annimmt.
[2182] Vgl. → Rn. 314–316.
[2183] NJW 1965, 152, insoweit in BGHZ 42, 232 nicht abgedruckt.
[2184] So auch *Hereth/Ludwig/Naschold* B § 13 Ez 53; *Ingenstau/Korbion/Wirth* VOB/B § 13 Abs. 5 Rn. 5.

III. Minderung: § 13 Abs. 6 VOB/B

Entsprechend der Bedeutung der Mängelbeseitigung als primäres Recht des Auftraggebers hat die Minderung – die wie nach § 638 Abs. 1 S. 1 BGB jetzt durch Erklärung des Auftraggebers gegenüber dem Auftragnehmer erfolgt, also ein Gestaltungsrecht[2185] ist – lediglich **Hilfs- und Ergänzungsfunktion.**[2186] Die VOB/B räumt damit dem Interesse des Auftraggebers, eine mangelfreie Bauleistung zu erhalten, unbedingten Vorrang ein.[2187] Zugleich schützt sie hierdurch die Mängelbeseitigungsgelegenheit[2188] des Auftragnehmers.[2189] Diese Ziele sind jedoch nicht immer zu verwirklichen und sollen auch nicht um jeden Preis erreicht werden.[2190] Deshalb gibt § 13 Abs. 6 VOB/B dem Auftraggeber ein allerdings auf **drei**[2191] **Ausnahmefälle** beschränktes[2192] Minderungsrecht. Dies ist eine abschließende Regelung, welche einen Rückgriff auf das viel weitergehende Minderungsrecht aus § 634 Nr. 3 BGB nicht zulässt.[2193] 359

1. Voraussetzungen. Die Voraussetzungen der Minderung stimmen zunächst mit denen der Mängelbeseitigung überein: Es muss ein Mangel im Sinne des § 13 Abs. 1 oder 2 VOB/B vorliegen, welchen der Auftragnehmer verursacht hat und der ihm zuzurechnen ist.[2194] Außerdem muss eine der drei Fallalternativen des § 13 Abs. 6 VOB/B erfüllt sein. Erforderlich ist danach, dass die Beseitigung des Mangels (a) für den Auftraggeber unzumutbar ist oder (b) unmöglich ist oder (c) einen unverhältnismäßig hohen Aufwand erfordern würde und deshalb vom Auftragnehmer verweigert wird. Eine Fristsetzung zur Mängelbeseitigung im Sinne des § 13 Abs. 5 Nr. 2 VOB/B setzt § 13 Abs. 6 VOB/B nicht voraus. Das ist die Konsequenz aus der Beschränkung der Minderung auf drei Fallgestaltungen, die auch nach §§ 638 Abs. 1 S. 1, 636 BGB (Fall a), §§ 638 Abs. 1 S. 1, 634 Nr. 3, 326 Abs. 5, 275 Abs. 1 BGB (Fall b) und §§ 638 Abs. 1 S. 1, 636, 635 Abs. 3 BGB (Fall c) keine Fristsetzung erfordern. 360

a) Mängelbeseitigung unzumutbar für Auftraggeber. Wenn die Mängelbeseitigung für den Auftraggeber unzumutbar ist, kann dieser nach der **ersten Alternative** des Abs. 6, die früher in deren Satz 2 geregelt war und seit der VOB/B 2002 in den einzigen Satz des Abs. 6 eingearbeitet ist, die Vergütung mindern. Obwohl der frühere Zusatz „ausnahmsweise" aus Satz 2 nicht übernommen wurde, erfolgte die Umstellung nur „zur sprachlichen Vereinfachung",[2195] soll also sachlich nichts ändern. Es bleibt deshalb dabei, dass diese Alternative **eng auszulegen**[2196] ist. An die Unzumutbarkeit der Mängelbeseitigung sind strenge Anforderungen zu stellen.[2197] Sie ist allein nach der Interessenlage des Auftraggebers zu beurteilen[2198] und kann 361

[2185] BT-Drs. 14/6040, 266 zu § 638 Abs. 1 S. 1; Beschluss des Vorstandes des DVA vom 2.5.2002, Begründung II.12.a.
[2186] Vgl. dazu schon → Rn. 232. Zum Vorrang der Mängelrechte vor § 2 Abs. 8 VOB/B bei Qualitätsabweichungen, um zu verhindern, dass die Regelung des § 13 Abs. 6 VOB/B unterlaufen wird, vgl. *Miernik* BauR 2005, 1698 (1701–1708).
[2187] Ingenstau/Korbion/*Wirth* VOB/B § 13 Abs. 6 Rn. 9.
[2188] Vgl. dazu → Rn. 234.
[2189] Beck'scher VOB-Kommentar/*Ganten* VOB/B § 13 Abs. 6 Rn. 1.
[2190] NWJS VOB/B § 13 Rn. 194.
[2191] *Donner/Retzlaff* in FKZGM VOB/B § 13 Rn. 1 nennen fälschlich nur zwei Fälle.
[2192] *Siegburg* Gewährleistung Rn. 1108; nach dem Beschluss des Vorstandes des DVA vom 2.5.2002, Begründung II. 12. a., ist diese „Einschränkung aus den Besonderheiten des Bauvertrags zu erklären"; so auch *Kratzenberg* NZBau 2002, 177 (183).
[2193] BGH NJW 2006, 2919 = NZBau 2006, 635 Rn. 6 = BauR 2006, 1884; Beck'scher VOB-Kommentar/*Ganten* VOB/B § 13 Abs. 6 Rn. 6; *Riedl/Mansfeld* in Heiermann/Riedl/Rusam VOB/B § 13 Rn. 148; NWJS VOB/B § 13 Rn. 213.
[2194] Vgl. dazu → Rn. 236–239.
[2195] So Beschl. des Vorstandes des DVA vom 2.5.2002, Begründung II.12.b.
[2196] So zu dem früheren Satz 2 NWJS VOB/B § 13 Rn. 203; *Siegburg* Gewährleistung Rn. 1118. Zur jetzigen Fassung ebenso Ingenstau/Korbion/*Wirth* VOB/B § 13 Abs. 6 Rn. 16; *Pastor* in Werner/Pastor Rn. 2240: strenge Anforderungen; aA *Oberhauser* Jahrbuch BauR 2003, 1 (16).
[2197] *Riedl/Mansfeld* in Heiermann/Riedl/Rusam VOB/B § 13 Rn. 149; *Siegburg* Gewährleistung Rn. 1118.
[2198] BGH NJW 2006, 2919 = NZBau 2006, 635 Rn. 8, 15, = BauR 2006, 1884; OLG Bremen BauR 2007, 422; Ingenstau/Korbion/*Wirth* VOB/B § 13 Abs. 6 Rn. 16.

sich aus persönlichen wie aus wirtschaftlichen Gründen ergeben.[2199] So kann die Duldung der Nachbesserung dem Auftraggeber nach Treu und Glauben unzumutbar sein, wenn sie mit der vorübergehenden Stillegung eines Gewerbebetriebs[2200] oder mit der zeitweiligen Unbewohnbarkeit von Eigentumswohnungen[2201] verbunden ist. Auch Krankheit oder hohes Alter des Auftraggebers oder anderer Hausbewohner kann insoweit ausschlaggebend sein.[2202] Als weitere mögliche Gründe, welche eine Mängelbeseitigung unzumutbar machen, kommen in Betracht:
– Zahlreiche vergebliche Nachbesserungsversuche in der Vergangenheit,[2203]
– zweifelhafte Erfolgsaussichten der beabsichtigten Nachbesserung[2204]
– sowie der Umstand, dass der Auftraggeber das Werk sofort benötigt, um es an einen Abnehmer weiterzugeben.[2205]

Dem Insolvenzverwalter des Generalunternehmers ist die Mängelbeseitigung durch den Nachunternehmer aus rechtlichen und wirtschaftlichen Gründen unzumutbar, wenn der Bauherr die ihm aus dem Generalunternehmervertrag zustehenden Ansprüche auf Beseitigung der Mängel gegen den Insolvenzverwalter nicht mehr durchsetzen kann.[2206]

362 Ist Unzumutbarkeit zu bejahen, hat der Auftraggeber ein **Wahlrecht,** ob er die Minderung erklären oder die Rechte aus § 13 Abs. 5 VOB/B geltend machen will.[2207] Der Auftragnehmer kann ihn nicht auf Minderung verweisen.[2208] Wenn der Auftraggeber sich für die Minderung entscheidet, muss er den Einwand der Unzumutbarkeit vor Beginn der Mängelbeseitigungsarbeiten dem Auftragnehmer gegenüber geltend machen.[2209]

363 **b) Unmöglichkeit der Mängelbeseitigung.** Die für die **zweite Alternative** des Abs. 6 erforderliche Unmöglichkeit der Mängelbeseitigung muß objektiv gegeben sein; weder der Auftragnehmer noch irgend ein anderer nach § 13 Abs. 5 Nr. 2 VOB/B herangezogener Unternehmer darf den Mangel durch Nachbesserung, notfalls im Wege der Neuherstellung, beseitigen können.[2210] Dabei kann die Unmöglichkeit auf tatsächlichen/technischen oder rechtlichen Umständen beruhen.

364 **aa) Aus technischen Gründen.** Unmöglichkeit aus technischen Gründen liegt zum Beispiel vor, wenn der Auftragnehmer die Baugrube zu tief aushebt und er deshalb die auf gewachsenem Boden zu errichtenden Fundamente nicht mehr wie vereinbart herstellen kann,[2211] oder wenn eine mangelfreie Verlegung des vertraglich ausbedungenen Bodenbelags wegen der Beschaffenheit des Unterbodens nicht möglich ist.[2212] Dass im letztgenannten Fall eine mangelfreie Herstellung von Anfang an unmöglich war, führt nicht zur Nichtigkeit des Vertrags, § 311a Abs. 1 BGB.[2213] Seitdem anerkannt ist, dass die Mängelbeseitigung notfalls auch eine Neuherstellung

---

[2199] BGH NJW 2006, 2919 = NZBau 2006, 635 Rn. 8 = BauR 2006, 1884; NWJS VOB/B § 13 Rn. 204; Ingenstau/Korbion/*Wirth* VOB/B § 13 Abs. 6 Rn. 17/18; *Kleine-Möller/Merl/Glöckner* § 15 Rn. 873; *Pastor* in Werner/Pastor Rn. 2240.
[2200] LG Nürnberg-Fürth NJW-RR 1986, 1466.
[2201] LG München I *Schäfer/Finnern/Hochstein* § 13 Nr. 6 VOB/B Nr. 5.
[2202] *Kleine-Möller/Merl/Glöckner* § 15 Rn. 873; *Siegburg* Gewährleistung Rn. 1119; *Kaiser* Mängelhaftung Rn. 89.
[2203] BGHZ 92, 308 = NJW 1985, 381 = BauR 1985, 83; OLG Bremen BauR 2007, 422.
[2204] OLG Celle *Schäfer/Finnern* Z 2.414 Bl.88; LG Nürnberg-Fürth NJW-RR 1986, 1466; *Kleine-Möller/Merl/Glöckner* § 15 Rn. 873; NWJS VOB/B § 13 Rn. 204; Ingenstau/Korbion/*Wirth* VOB/B § 13 Abs. 6 Rn. 19; vgl. auch OLG Dresden BauR 2003, 262 für den Fall, dass „die Mängelbeseitigung im Ergebnis keinen Sinn macht", wobei § 13 Abs. 6 VOB/B allerdings zu Unrecht „jedenfalls für entsprechend anwendbar" erklärt wird.
[2205] BGH NJW-RR 1993, 560; Ingenstau/Korbion/*Wirth* VOB/B § 13 Abs. 6 Rn. 18.
[2206] BGH NJW 2006, 2919 = NZBau 2006, 635 Rn. 9 = BauR 2006, 1884; vgl. dazu auch → Rn. 366.
[2207] *Kleine-Möller/Merl/Glöckner* § 15 Rn. 874; *Riedl/Mansfeld* in Heiermann/Riedl/Rusam VOB/B § 13 Rn. 149.
[2208] *Heiermann/Riedl/Rusam* 10. Aufl., VOB/B § 13 Rn. 164.
[2209] *Kleine-Möller/Merl/Glöckner* § 15 Rn. 874; *Riedl/Mansfeld* in Heiermann/Riedl/Rusam VOB/B § 13 Rn. 149.
[2210] OLG Köln *Schäfer/Finnern* Z 2.414.2 Bl.1; *Kleine-Möller/Merl/Glöckner* § 15 Rn. 857/858; *Riedl/Mansfeld* in Heiermann/Riedl/Rusam VOB/B § 13 Rn. 150; NWJS VOB/B § 13 Rn. 196; unentschieden in BGHZ 42, 232 = NJW 1965, 152; anders – Unvermögen des Auftragnehmers ausreichend – Beck'scher VOB-Kommentar/*Ganten* VOB/B § 13 Abs. 6 Rn. 31/32.
[2211] BGHZ 68, 208 = NJW 1977, 1146 = BauR 1977, 203.
[2212] OLG Düsseldorf NJW-RR 1996, 305 = BauR 1995, 848.
[2213] Vgl. dazu schon → Rn. 42.

umfasst,²²¹⁴ greift die zweite Alternative des § 13 Abs. 6 VOB/B **nur noch selten** ein.²²¹⁵ Jedenfalls unterfallen ihr nicht mehr die in diesem Zusammenhang nach wie vor genannten²²¹⁶ Fälle einer zu geringen Wohn- oder Nutzfläche eines Hauses oder einer Wohnung. Das gilt ebenso für alle sonstigen nach Beseitigung oder Abbruch/Rückbau mängelfrei wiederholbaren Bauleistungen.²²¹⁷ Diese Fallgestaltungen gehören vielmehr, sofern die Neuherstellung einen unverhältnismäßig hohen Aufwand erfordert, zur dritten Alternative des § 13 Abs. 6 VOB/B²²¹⁸ oder wenn sie für den Auftraggeber unzumutbar ist, zu dessen erster Alternative.²²¹⁹

Eine Mängelbeseitigung ist auch dann nicht unmöglich im Sinne des Abs. 6, wenn der vertragsgemäße Zustand durch Nachbesserungsarbeiten auf einem **anderen** als dem vereinbarten **Weg** erreichbar ist und die Grundsubstanz der Leistung erhalten bleibt,²²²⁰ etwa indem Risse in einer Betonbodenplatte mit Epoxydharz vergossen und verpresst werden.²²²¹ **365**

bb) Aus rechtlichen Gründen. Unmöglichkeit aus rechtlichen Gründen hat der BGH²²²² angenommen, nachdem die Bauvertragspartner eine Mängelbeseitigung einvernehmlich ausgeschlossen hatten. Vor allem aber kann die Nachbesserung aufgrund öffentlich-rechtlicher Vorschriften unmöglich sein, wenn danach der geplante Dachausbau,²²²³ die Herrichtung von Wohnräumen im Keller²²²⁴ oder sonstige mit einer Mängelbeseitigung verbundene Änderungen des Bauwerks nicht genehmigungsfähig sind.²²²⁵ Ferner ist die Nachbesserung nach einer Veräußerung des Baugrundstücks ohne Abtretung der Gewährleistungsansprüche sowie insbesondere nach dessen Zwangsversteigerung unmöglich.²²²⁶ Nicht rechtlich unmöglich wird jedoch die Mängelbeseitigung durch den Nachunternehmer wegen eines Gesamtvollstreckungs- oder Insolvenzverfahrens über das Vermögen des Generalunternehmers.²²²⁷ Allerdings kann dann die erste Alternative des § 13 Abs. 6 VOB/B eingreifen.²²²⁸ **366**

cc) Teilweise Unmöglichkeit. Falls ein Mangel teilweise nachgebessert werden kann, ist die Beseitigung nur bezüglich des restlichen Mangels und damit teilweise unmöglich,²²²⁹ so dass grundsätzlich lediglich insoweit gemindert werden kann. Erforderlich ist aber, dass hierdurch eine dem Auftraggeber zumutbare Teiltauglichkeit erreicht wird; denn andernfalls ist er berechtigt, wegen des gesamten Mangels zu mindern.²²³⁰ **367**

c) Verweigerung der Mängelbeseitigung wegen unverhältnismäßig hohen Aufwands. Ist die Mängelbeseitigung zwar möglich, würde sie aber einen unverhältnismäßigen Aufwand **368**

---

²²¹⁴ BGHZ 96, 111 = NJW 1986, 711 = BauR 1986, 93; Beck'scher VOB-Kommentar/*Ganten* VOB/B § 13 Abs. 6 Rn. 37; vgl. dazu näher → Rn. 261–263.
²²¹⁵ AA, aber mit der jetzigen BGH-Rechtsprechung nicht vereinbar, Ingenstau/Korbion/*Wirth* VOB/B § 13 Abs. 6 Rn. 26, der dem Auftraggeber ein Wahlrecht zwischen einer Neuherstellung nach § 13 Abs. 5 VOB/B und einer Minderung nach § 13 Abs. 6 VOB/B einräumen will. Vgl. dazu auch *Kaiser* Mängelhaftung Rn. 87a sowie *Kleine-Möller/Merl/Glöckner* § 15 Rn. 858.
²²¹⁶ Ingenstau/Korbion/*Wirth* VOB/B § 13 Abs. 6 Rn. 24; unter Hinweis auf OLG Düsseldorf NJW 1981, 1455 = BauR 1981, 475.
²²¹⁷ *Drossart* in Messerschmidt/Voit Syst. Teil J Rn. 86. AA Ingenstau/Korbion/*Wirth* VOB/B § 13 Abs. 6 Rn. 26, der dem Auftraggeber zu Unrecht ein Wahlrecht zwischen Neuherstellung nach Abs. 5 oder Minderung nach Abs. 6 einräumt.
²²¹⁸ NWJS VOB/B § 13 Rn. 198.
²²¹⁹ *Drossart*, in *Messerschmidt/Voit* Syst. Teil J Rn. 86.
²²²⁰ OLG Düsseldorf BauR 1993, 82; NWJS VOB/B § 13 Rn. 197; *Riedl/Mansfeld* in Heiermann/Riedl/Rusam VOB/B § 13 Rn. 151; *Kleine-Möller/Merl/Glöckner* § 15 Rn. 859; *Siegburg* Gewährleistung Rn. 1110, 1112; vgl. dazu schon → Rn. 259.
²²²¹ So die Fallgestaltung in OLG Düsseldorf BauR 1993, 82.
²²²² NJW 1982, 1524 = BauR 1982, 277.
²²²³ OLG Düsseldorf NJW 1981, 1455 = BauR 1981, 475.
²²²⁴ OLG Düsseldorf BauR 1984, 294; NWJS VOB/B § 13 Rn. 198.
²²²⁵ *Kleine-Möller/Merl/Glöckner* § 15 Rn. 860.
²²²⁶ OLG Bremen NJW-RR 1990, 218; Ingenstau/Korbion/*Wirth* VOB/B § 13 Abs. 6 Rn. 27.
²²²⁷ OLG Düsseldorf NZBau 2002, 671; BauR 2005, 1342. Zum früheren Konkursverfahren aA AG München BauR 1999, 175, dessen Begründung jedoch aus den in OLG Düsseldorf BauR 2005, 1342 genannten Gründen nicht stichhaltig ist.
²²²⁸ BGH NJW 2006, 2919 = NZBau 2006, 635 Rn. 7 ff., = BauR 2006, 1884, mit dem er OLG Düsseldorf BauR 2005, 1342 (vorstehende Fn.) aufhebt. Vgl. dazu → Rn. 361.
²²²⁹ OLG Köln *Schäfer/Finnern* Z 2.414.2 Bl.1.
²²³⁰ Ingenstau/Korbion/*Wirth* VOB/B § 13 Abs. 6 Rn. 30; NWJS VOB/B § 13 Rn. 199; *Riedl/Mansfeld* in Heiermann/Riedl/Rusam VOB/B § 13 Rn. 153; Beck'scher VOB-Kommentar/*Ganten* VOB/B § 13 Abs. 6 Rn. 36.

erfordern[2231] und wird sie deshalb vom Auftragnehmer verweigert, so ist der Auftraggeber nach der **dritten Alternative** des Abs. 6 berechtigt zu mindern. Es steht dem Auftragnehmer gleichwohl frei, sich für eine Nachbesserung zu entscheiden, diese also nicht zu verweigern. Der Auftraggeber muss sie zulassen. Lediglich wenn sie für ihn unzumutbar ist, darf der Auftraggeber sie zurückweisen[2232] und kann dann aufgrund der ersten Alternative des Abs. 6 mindern.

369   aa) **Unverhältnismäßig hoher Aufwand.** Die Mängelbeseitigung erfordert einen unverhältnismäßigen Aufwand, wenn der mit einer Nachbesserung erzielbare Erfolg einer ganzen oder teilweisen Mängelbeseitigung bei Abwägung aller Umstände des Einzelfalls in keinem vernünftigen Verhältnis zur Höhe des dafür erforderlichen Geldaufwands steht.[2233] Während nach dieser überkommenen Umschreibung der Erfolg und der Aufwand die wesentlichen und zudem gleichrangige Gewichte bei der zu treffenden Abwägung zu sein scheinen, rückt der BGH nunmehr[2234] zu Recht das **Interesse** des **Auftraggebers** an einer **ordnungsgemäßen Vertragserfüllung** sowie die vertragliche Risikoverteilung in den Vordergrund. Denn im Werkvertragsrecht trägt grundsätzlich der Auftragnehmer das Erfüllungsrisiko für die versprochene Leistung.[2235] Er kann sich nicht darauf berufen, der dafür erforderliche Aufwand sei unverhältnismäßig höher als der vereinbarte Preis, sondern ist grundsätzlich bis an die Grenze des Wegfalls der Geschäftsgrundlage zu jedem erforderlichen Aufwand verpflichtet. Deshalb ist die Rechtsprechung des V. Zivilsenats des BGH,[2236] der als Faustregel davon ausgeht, dass bei einem Grundstückskaufvertrag die Nacherfüllung dann wegen unverhältnismäßiger Kosten verweigert werden kann, wenn diese entweder den Verkehrswert des Grundstücks in mangelfreiem Zustand oder 200 % des mangelbedingten Minderwerts übersteigen, auf die bauvertragliche Mängelhaftung nicht übertragbar. Der Einwand der Unverhältnismäßigkeit ist nur dann gerechtfertigt, wenn der Auftraggeber dadurch, dass er auf ordnungsgemäßer Vertragserfüllung besteht, unter Abwägung aller Umstände gegen Treu und Glauben verstößt.

370   Hieraus ergeben sich folgende **Grundsätze:** Unverhältnismäßigkeit ist in aller Regel nur anzunehmen, wenn einem objektiv geringen Interesse des Auftraggebers an einer völlig ordnungsgemäßen vertraglichen Leistung ein ganz erheblicher und deshalb vergleichsweise unangemessener Aufwand gegenübersteht. Hat der Auftraggeber hingegen objektiv ein berechtigtes Interesse an einer ordnungsgemäßen Erfüllung, etwa weil die Funktionsfähigkeit des Werks spürbar beeinträchtigt ist, kann ihm regelmäßig nicht wegen hoher Kosten die Nachbesserung verweigert werden.[2237] Etwas anderes kann gelten, wenn der Auftragnehmer nachweist, dass sich das Risiko einer Funktionsbeeinträchtigung aller Voraussicht nach nicht vor einem Zeitpunkt verwirklichen wird, der kurz vor dem Ende der üblichen Nutzungsdauer liegt.[2238]

371   Bei der **Abwägung** der **Umstände** des **Einzelfalls** ist die Schwere des Vertragsverstoßes und des Verschuldens des Auftragnehmers zu berücksichtigen.[2239] Hat er den Mangel grob fahrlässig

---

[2231] Vgl. dazu auch → Rn. 415.
[2232] *Riedl/Mansfeld* in Heiermann/Riedl/Rusam VOB/B § 13 Rn. 154.
[2233] BGHZ 59, 365 = NJW 1973, 138 = BauR 1973, 112; BGH NJW 1995, 1836 = BauR 1995, 540; NJW 1996, 3269 = BauR 1996, 858; NJW-RR 1997, 1106 = BauR 1997, 638; OLG Düsseldorf IBR 2014, 476.
[2234] NJW 1996, 3269 = BauR 1996, 858; NZBau 2002, 338 = BauR 2002, 613; NZBau 2006, 110 = BauR 2006, 377; NZBau 2006, 177 = BauR 2006, 382; vgl. dazu auch *Quack* FS Vygen, 1999, 368 (370, 371, 373).
[2235] Zur Erfolgshaftung vgl. bereits bei → Rn. 82.
[2236] NJW 2015, 468 = BauR 2014, 1938 Rn. 41.
[2237] BGH NJW 1996, 3269 = BauR 1996, 858; NJW-RR 1997, 1106 = BauR 1997, 638; NZBau 2002, 338 = BauR 2002, 613; NZBau 2006, 110 = BauR 2006, 377; NZBau 2006, 177 = BauR 2006, 382; NJW 2007, 2983 = NZBau 2007, 574 Rn. 44 = BauR 2007, 1570; NZBau 2008, 575 Rn. 16 = BauR 2008, 1140; NJW 2009, 2123 = NZBau 2009, 441 = BauR 2009, 1151 Rn. 3 = BauR 2009, 1763; OLG Nürnberg IBR 2001, 607; OLG Düsseldorf BauR 2001, 1922; OLG Schleswig IBR 2002, 406; OLG Köln IBR 2003, 242; OLG Frankfurt IBR 2003, 410; OLG Koblenz NZBau 2003, 681 = BauR 2003, 1728; OLG Düsseldorf NZBau 2005, 105; OLG Köln IBR 2005, 584; OLG Schleswig IBR 2006, 86; OLG Karlsruhe BauR 2007, 394; OLG Düsseldorf NJW 2014, 2802 = NZBau 2014, 633 = BauR 2014, 1158; OLG Düsseldorf NZBau 2015, 485. Vgl. dazu auch die trotz ihres eigentlich deprimierenden Ergebnisses erfrischend unernsten, gleichwohl durchaus ernsthaften Ausführungen von *Kniffka* FS Kraus, 2003, 115 (120–127).
[2238] BGH NZBau 2006, 177 = BauR 2006, 382.
[2239] BGH NJW 1995, 1836 = BauR 1995, 540; NJW 1996, 3269 = BauR 1996, 858; NZBau 2002, 338 = BauR 2002, 613; NZBau 2006, 110 = BauR 2006, 377.

verursacht, kann er sich grundsätzlich nicht auf Unverhältnismäßigkeit des Beseitigungsaufwands berufen.[2240] Erst recht gilt das bei Vorsatz des Auftragnehmers.[2241] Das schränkt der BGH jetzt[2242] in der Tendenz dahin ein, dass bei der **notwendigen Gesamtabwägung** der Grad des Verschuldens entscheidend ins Gewicht fallen, dem Auftragnehmer aber auch erlaubt sein kann, Unverhältnismäßigkeit geltend zu machen, wenn er den Mangel vorsätzlich herbeigeführt hat. Der Auftraggeber muss sich nicht eine vertragswidrige Leistung nur deshalb aufdrängen lassen, weil sie preislich gleichwertig ist.[2243] Ein **berechtigtes Erfüllungsinteresse hat** der **Auftraggeber**

– bei mangelhafter Abdichtung eines Niedrigenergiehauses und bestehender Gefahr von Feuchtigkeitsschäden,[2244]
– bei Abdichtungsmängeln in Bädern,[2245]
– bei mangelhafter Dickbeschichtung des Kelleraußenmauerwerks,[2246]
– grundsätzlich bei Mängeln eines Straßenbelags, die zu dem Risiko einer nachhaltigen Funktionsbeeinträchtigung führen,[2247]
– bei Nichteinhaltung der gemäß Landesbauordnung erforderlichen Raumhöhe,[2248]
– bei Brandschutzmängeln einer Wohnungseigentumsanlage,[2249]
– bei in Keller und Tiefgarage einer Wohnanlage eindringender Feuchtigkeit, die zur Schädigung der Bausubstanz führt[2250]
– bei Stolperfallen mit 7 – 10 mm hohen Überzähnen bei dem Plattenbelag eines Laubengangs zu einer Wohnungseigentumsanlage[2251]
– und bei Geräuschemissionen eines Aufzugs, dessen Schacht entgegen der Baubeschreibung nur einschalig errichtet ist.[2252]

Das gilt regelmäßig ebenso bei **Schallschutzmängeln,** weil der Schallschutz allgemein als wichtiges Kriterium für die Bewertung einer Wohnung gilt[2253] und insoweit bestehende Mängel wegen ihrer dauernden Lästigkeit schwer wiegen.[2254] Letzteres gilt auch bei für die Anwohner nachteiligen Körperschallemissionen von Straßenbahngleisen.[2255] Jedenfalls darf nicht hauptsächlich auf die Relation der Kosten mehrerer Nachbesserungsmöglichkeiten bei Schallschutzmängeln an Reihenhaustrennwänden – Vorsatzschale oder Durchsägen – abgestellt werden.[2256] Darum ist die Nachbesserung des Schallschutzes zwischen Reihenhäusern im Wege des sogenannten Seilsägeverfahrens nicht unverhältnismäßig.[2257]

Das Erfüllungsinteresse des Auftraggebers erstreckt sich nicht allein auf die aktuelle Gebrauchstauglichkeit, sondern auch auf weitere Verwendungsmöglichkeiten des Grundstücks bei vertragsgemäßer Beschaffenheit des Gebäudes.[2258] Das Interesse des Auftraggebers an einer vertraglich vereinbarten höherwertigen und risikoärmeren Art der Ausführung darf nicht deshalb als gering bewertet werden, weil die tatsächlich erbrachte Leistung den anerkannten Regeln der Technik entspricht.[2259] Ist ungewiss, ob die Dachflächen eines Einkaufszentrums dauerhaft der Beanspruchung durch Soglast standhalten, kann zum Ausschluss dieses Risikos die Neueindeckung des

---

[2240] BGH NZBau 2008, 575 Rn. 19 = BauR 2008, 1140; OLG Düsseldorf NJW-RR 1987, 1167 = BauR 1987, 572; BauR 1993, 82; BauR 2001, 1922.
[2241] Vgl. dazu *Völkel* im Praxishinweis zu OLG Düsseldorf IBR 2009, 24; OLG Koblenz IBR 2011, 454.
[2242] BGH NJW 2009, 2123 = NZBau 2009, 441 = BauR 2009, 1151 Rn. 4, = BauR 2009, 1763.
[2243] OLG Köln BauR 1994, 119; vgl. auch OLG Celle IBR 2003, 352.
[2244] OLG Celle IBR 2005, 83.
[2245] BGH NZBau 2006, 110 = BauR 2006, 377.
[2246] OLG Düsseldorf IBR 2010, 80.
[2247] BGH NZBau 2006, 177 = BauR 2006, 382.
[2248] OLG Schleswig IBR 2006, 547.
[2249] OLG Schleswig IBR 2013, 72.
[2250] OLG Hamm IBR 2013, 83.
[2251] OLG Hamm NZBau 2015, 155.
[2252] OLG Hamburg IBR 2014, 667 = BauR 2015, 264.
[2253] OLG München BauR 1995, 453.
[2254] Ähnlich OLG Naumburg BauR 2000, 274; OLG Hamm BauR 2001, 1262 = 1757.
[2255] OLG Karlsruhe BauR 2007, 394.
[2256] BGH NJW-RR 1997, 1106 = BauR 1997, 638; NJW 2007, 2983 = NZBau 2007, 574 Rn. 44 = BauR 2007, 1570.
[2257] OLG Köln IBR 2010, 617.
[2258] BGH NJW 1995, 1836 = BauR 1995, 540.
[2259] BGH NZBau 2008, 575 Rn. 18 = BauR 2008, 1140.

Dachs notwendig und nicht unverhältnismäßig sein.[2260] Die vorzunehmende Abwägung hat nichts mit dem Preis/Leistungsverhältnis des Vertrags zu tun.[2261] Die Höhe der Mängelbeseitigungskosten allein ist nicht entscheidend; ebenso nicht ihr Verhältnis zum Gesamtwerklohn.[2262] Weder für die mangelhafte Leistung aufgewandte Kosten, noch für ihre Beseitigung erforderlicher Aufwand, Mehrkosten für die nachträgliche Leistungserbringung und Kostensteigerungen infolge Zeitablaufs sind zu berücksichtigen, weil sie zum Erfüllungsrisiko des Auftragnehmers gehören.[2263]

374 Abgesehen von den Fällen einer an sich erforderlichen Neuherstellung[2264] wird Unverhältnismäßigkeit des Mängelbeseitigungsaufwands wegen objektiv geringen Interesses des Auftraggebers an einer völlig ordnungsgemäßen Vertragserfüllung im wesentlichen[2265] nur bei **Schönheitsfehlern/optischen Mängeln**[2266] in Betracht kommen,[2267] soweit diese die Gebrauchstauglichkeit kaum beeinträchtigen, ihre Nachbesserung jedoch mit hohen Kosten verbunden wäre.[2268]

375 **Beispiele** hierfür sind:
– Die erst bei gezielter Betrachtung eines Dachs erkennbare verkantete Verlegung einiger weniger Dachziegel,[2269]
– punktuelle Farbveränderungen und offene Nagelbefestigungen an 5–10 % der Platten einer Schieferfassade,[2270]
– nicht waagerecht eingebaute Fenstersimse,[2271]
– unterschiedliche Maserung und Farbabweichungen der Trittstufen und Podeste einer Marmortreppe,[2272]
– unterschiedliche Mängel, insbesondere Unebenheiten, von Putzfassaden,[2273]
– Farbabweichungen der Betonsteinpflasterung einer gewerblich genutzten Hoffläche,[2274]
– Ausblühungen am Giebelmauerwerk eines Neubaus,[2275]
– die Verlegung von Haustürpodesten in kleinen statt großen Platten,[2276]
– grünlich verfärbte Dachziegel infolge standortbedingter Algenbildung,[2277]
– der lediglich minderwertigere Eindruck eines anstelle des geschuldeten mineralischen Kratzputzes auf eine Fassade aufgebrachten Kunstharzputzes,[2278]
– die witterungsabhängig nur zeitweise auftretende und an der Grenze der Wahrnehmbarkeit liegende Aufschüsselung der Dämmplatten des Wärmedämmverbundsystems einer Hausfassade,[2279]
– Verblendmauerwerk eines Wohnhauses aus einem in Nuancen dunkleren Stein,[2280]

[2260] OLG München IBR 2011, 262.
[2261] BGH NJW 1996, 3269 = BauR 1996, 858; NZBau 2002, 338 = BauR 2002, 613; NZBau 2006, 110 = BauR 2006, 377.
[2262] BGH NJW 1995, 1836 = BauR 1995, 540. Bedenklich deshalb LG Heidelberg IBR 2014, 143.
[2263] BGH NJW 1996, 3269 = BauR 1996, 858.
[2264] Vgl. dazu → Rn. 364; vgl. auch OLG Düsseldorf NJW-RR 2001, 522 = NZBau 2001, 328 = BauR 2001, 445.
[2265] Andere mögliche Ausnahmefälle: BGH IBR 2013, 528; OLG Celle IBR 2007, 132.
[2266] Zur Anwendbarkeit von Technikregeln für die Beurteilung optischer Mängel vgl. *Motzke* FS Ganten, 2007, (175–187).
[2267] So auch *Kamphausen* im Praxishinweis zu OLG Hamm IBR 2004, 21.
[2268] OLG Celle IBR 2006, 132; OLG Dresden IBR 2009, 705; OLG Düsseldorf BauR 2016, 131; Ingenstau/Korbion/*Wirth* VOB/B § 13 Abs. 6 Rn. 36, 40; *Riedl/Mansfeld* in Heiermann/Riedl/Rusam VOB/B § 13 Rn. 157, letzter Abs. ; *Kleine-Möller/Merl/Glöckner* § 15 Rn. 872; vgl. auch *Oswald* Jahrbuch BauR 1998, 357 ff.
[2269] OLG Düsseldorf BauR 1993, 733.
[2270] OLG Düsseldorf NJW-RR 1994, 342.
[2271] OLG Stuttgart BauR 1994, 519.
[2272] OLG Celle BauR 1998, 401.
[2273] LG Konstanz IBR 1999, 58; OLG Düsseldorf BauR 1999, (404 und 498); vgl. zu Fassadenmängeln auch Mandelkow BauR 1996, 656 (657).
[2274] OLG Celle IBR 2003, 15.
[2275] OLG Celle BauR 2003, 915: „zum Teil noch", „nicht durchgängig"; vgl. dazu den kritischen Praxishinweis von *Quack* in IBR 2003, 411.
[2276] OLG Hamm NJW-RR 2003, 965 = BauR 2003, 1403.
[2277] OLG Frankfurt IBR 2007, 20.
[2278] OLG Hamm NZBau 2007, 783 (786) = BauR 2007, 1422 (1425).
[2279] OLG Bamberg BauR 2008, 1460.
[2280] OLG Celle IBR 2008, 646 = BauR 2009, 111.

– kleinflächige Störungen des Fliesenverbands, kaum erkennbare Differenzen der Fugenbreiten sowie unterschiedlicher Fliesenbrand in verschiedenen Geschossen[2281]
– sowie kaum erkennbare Farbunterschiede zwischen dem vereinbarten Farbton „brillantschwarz" und der tatsächlichen Farbe „tiefschwarz" bei Dachziegeln.[2282]
– Kaum sicht- und spürbare Unebenheiten des Parkettbodens.[2283]
– Der Mangel beruht auch auf einem auftraggeberseitigen Planungsfehler; der Auftraggeber weigert sich jedoch, sowohl einen korrigierten Plan vorzulegen noch entsprechend seiner Mitverantwortung anteilig die Kosten der Mängelbeseitigung zu übernehmen.[2284]

Andererseits kann aber auch bei optischen Mängeln von entsprechendem Gewicht durchaus **376** ein berechtigtes Interesse des Auftraggebers an vertragsgemäßer Erfüllung gegeben und **Unverhältnismäßigkeit** trotz hohen Nachbesserungsaufwands **zu verneinen** sein.[2285] Das ist zum Beispiel angenommen worden

– bei einer vornehmlich aus ästhetischen Gründen in Auftrag gegebenen Restaurierung einer alten Hausfassade,[2286]
– bei einem stark scheckigen Aussehen des Granitbelags einer Terrasse,[2287] bei unregelmäßig über die gesamte Fläche eines der Gestaltung und optischen Aufwertung eines Zimmers dienenden Fußbodens verteilten Verschmutzungen,[2288]
– bei Farbabweichungen und -schattierungen infolge punktueller Nachbesserung des Granitfußbodenbelags einer hochwertigen Immobilie mit gehobener Ausstattung,[2289]
– bei einer Buchenholztreppe wegen der Störung des optischen Gleichklangs mit der bereits vorhandenen Treppe[2290]
– und bei deutlichen Abweichungen des Bodens eines Ladenlokals von der vereinbarten farblichen Gestaltung[2291]
– ein um 15 cm zu niedriger First eines Anbaus, den der Auftragnehmer nicht nachgebessert hat, obwohl er die Abweichung während der Errichtung selbst bemerkt hat.[2292]

Gleiches kann bei auf den ersten Blick geringfügigen Mängeln gelten, etwa wenn eine Flurnische zwar nur 4 cm zu schmal ist, aber deshalb den vereinbarten Zweck, einen antiken Schrank aufzunehmen, nicht erfüllt.[2293] Kleinere Parkettmängel, welche durch ein erneutes Abschleifen zu beseitigen sind, bilden wegen der damit verbundenen technischen Wertminderung von 30 % durch Reduzierung der ohnehin dünnen Nutzschicht zumindest einen Grenzfall.[2294]

bb) Verweigerung durch Auftragnehmer. Die dritte Alternative des Abs. 6 setzt zusätzlich **377** voraus, daß der Auftragnehmer die Mängelbeseitigung wegen des unverhältnismäßigen Aufwands verweigert. Dazu ist eine eindeutige, auf die Unverhältnismäßigkeit gestützte und diese durch die Angabe entsprechender Tatsachen näher begründende Erklärung des Auftragnehmers erforderlich.[2295] Sie kann formlos, also auch mündlich erfolgen. Dies kann ausnahmsweise auch konkludent geschehen, sodass die unter Sachverständigenbeweis gestellte Behauptung von Bauunternehmer und beaufsichtigendem Architekt, an einer Pflasterung aufgetretene Schäden beruhten nicht auf der vertragswidrigen Körnung des Unterbaus, sondern auf der vom Auftrag-

---

[2281] OLG Düsseldorf IBR 2009, 24.
[2282] OLG Karlsruhe IBR 2009, 83.
[2283] OLG Brandenburg, Urt. v. 18.3.2015 – 4 U 138/12 in juris.
[2284] OLG Bamberg BauR 2016, 2104.
[2285] BGH NJW 2011, 1873 = NZBau 2011, 413 = BauR 2011, 1336 Rn. 19; OLG Celle BauR 2012, 509. Vgl. auch *Mandelkow* BauR 1996, 656 (657).
[2286] OLG Köln NJW-RR 1993, 666.
[2287] OLG Düsseldorf BauR 1996, 712; vgl. auch OLG Köln BauR 2002, 801, zum Ausbleichen eines Betonsteinpflasters.
[2288] OLG Hamm IBR 1997, 449.
[2289] OLG Frankfurt IBR 2005, 366.
[2290] BGH NJW 2011, 1873 = NZBau 2011, 413 = BauR 2011, 1336 Rn. 19.
[2291] OLG Stuttgart BauR 2011, 1824.
[2292] OLG Düsseldorf NZBau 2015, 485.
[2293] OLG Hamm OLGR 1994, 98 = BauR 1994, 802 (nur Ls.).
[2294] Vgl. dazu OLG Karlsruhe IBR 1997, 65 mit kritischem Praxishinweis von *Weyer,* ablehnend auch *Pastor* in Werner/Pastor Rn. 2102 Fn. 148; OLG Düsseldorf NJW-RR 1997, 1450 = BauR 1997, 126.
[2295] OLG Düsseldorf NJW-RR 1987, 1167 = BauR 1987, 572; Ingenstau/Korbion/*Wirth* VOB/B § 13 Abs. 6 Rn. 49, 51; *Vygen/Joussen* Bauvertragsrecht Rn. 1400; *Mandelkow* BauR 1996, 656 (657).

geber unterlassenen Nachsandung, eine Verweigerung wegen unverhältnismäßigem Aufwand darstellt.[2296] Aus Beweisgründen ist Schriftform ratsam.[2297] Beruft der Auftragnehmer sich erst nach Ablauf der ihm nach § 13 Abs. 5 Nr. 2 VOB/B gesetzten Frist und daraufhin durchgeführter Ersatzvornahme auf Unverhältnismäßigkeit des Mängelbeseitigungsaufwands, so ist er selbst dann, wenn dieser Einwand an sich berechtigt gewesen wäre, dem Auftraggeber zum Ersatz der durch seine verspätete Reaktion verursachten hohen Nachbesserungskosten verpflichtet.[2298] Für ein Mitverschulden des Auftraggebers[2299] ist hier kein Raum, weil diesem bis zur Verweigerung der Mängelbeseitigung durch den Auftragnehmer kein Minderungsrecht, sondern nur ein Nachbesserungs- und Ersatzvornahmeanspruch zusteht. Verweigert der Auftragnehmer die Mängelbeseitigung wegen unverhältnismäßigen Aufwands, obwohl ein solcher nicht gegeben ist, kann der Auftraggeber nach seiner Wahl entweder den Auftragnehmer an seiner Erklärung festhalten und die Minderung erklären oder seinen Nachbesserungsanspruch, gegebenenfalls im Wege der Ersatzvornahme, weiterverfolgen.[2300]

378 **2. Durchführung der Minderung.** In § 13 Abs. 6 VOB/B wird jetzt „sprachlich herausgestellt, dass die Minderung als Gestaltungsakt durch Erklärung erfolgt."[2301] Damit übernimmt § 13 Abs. 6 VOB/B die Ausformung der Minderung als **Gestaltungsrecht**[2302] durch § 638 BGB, auf den er auch im Übrigen verweist.

379 **a) Unmittelbare Herabsetzung des Werklohns.** Indem der Auftraggeber – nur ihm steht das Minderungsrecht zu[2303] – gegenüber dem Auftragnehmer die Minderung erklärt, übt er sein Gestaltungsrecht aus – es gibt also keine „Minderungsklage"[2304] mehr – und bewirkt damit unmittelbar die Herabsetzung des Werklohns. Deshalb sind Angaben zum Umfang der Minderung notwendiger Bestandteil der Minderungserklärung.[2305] Zugleich macht der Auftraggeber hierdurch von einem etwaigen Wahlrecht[2306] Gebrauch. Die Erklärung der Minderung führt zur Anpassung des Vertrags, weshalb eine Änderung der Wahl ausscheidet.[2307] In Höhe des Minderungsbetrags erlischt die (Rest-)Werklohnforderung des Auftragnehmers. Wenn der Auftraggeber schon mehr als den geminderten Werklohn gezahlt hat, steht ihm nach **§ 638 Abs. 4 BGB** ein Anspruch auf **Rückzahlung** des Mehrbetrags nebst Zinsen gemäß §§ 346 Abs. 1, 347 Abs. 1 BGB[2308] zu. Infolge der Herabsetzung des Werklohns durch die Minderung ergeben sich sowohl bei einer Teilwerklohnklage als auch bei einer teilweise abgetretenen Werklohnforderung rechtliche Besonderheiten.

380 Erhebt der Auftragnehmer eine **Teilwerklohnklage,** macht er seinen Werklohnanspruch also nur teilweise geltend, so erfasst die Minderung die gesamte Werklohnforderung, der Minderungsbetrag ist mithin von dem letztrangigen Teil der Forderung abzurechnen. Da die Forderung gemäß § 638 Abs. 3 BGB herabgesetzt wird, kommt es nur darauf an, ob nach der Minderung noch ein Betrag in Höhe der Klageforderung verbleibt, und zwar auch dann, wenn der Auftraggeber nicht eingeklagten Teile der Verjährungseinrede entgegenhalten kann.[2309]

381 Bei **teilweiser Abtretung** einer Werklohnforderung haben die dem Auftragnehmer verbleibende und die abgetretene Teilforderung grundsätzlich gleichen Rang. Anders ist es nur, wenn bei der Abtretung vereinbart wird, dass diese einen erstrangigen Teilbetrag umfassen, der

---

[2296] BGH NZBau 2015, 618; BeckOK-VOB/B/*Kleineke,* § 13 Abs. 6 Rn. 21.
[2297] Ingenstau/Korbion/*Wirth* VOB/B § 13 Abs. 6 Rn. 50; *Riedl/Mansfeld* in Heiermann/Riedl/Rusam VOB/B § 13 Rn. 154.
[2298] *Heiermann/Riedl/Rusam* VOB/B § 13 Rn. 154.
[2299] Ein solches wird für möglich gehalten von *Keldungs/Brück* Rn. 543.
[2300] NWJS VOB/B § 13 Rn. 202; *Kleine-Möller/Merl/Glöckner* § 15 Rn. 867; *Riedl/Mansfeld* in Heiermann/Riedl/Rusam VOB/B § 13 Rn. 154, am Ende.
[2301] So Beschl. des Vorstandes des DVA vom 2.5.2002, Begründung II.12a. Vgl. dazu auch OLG Celle IBR 2002, 408 mit kritischem Praxishinweis von *Weyer*.
[2302] Falsch deshalb *Donner/Retzlaff* in FKZGM VOB/B § 13 Rn. 5, soweit dort nach wie vor von Ansprüchen auf Minderung die Rede ist.
[2303] OLG Stuttgart BauR 2011, 1824, bei II.3.e.
[2304] Von der *Pastor* in Werner/Pastor Rn. 2240 nach wie vor spricht.
[2305] *Leupertz/Halfmeier* in Prütting/Wegen/Weinreich BGB § 638 Rn. 2.
[2306] Vgl. dazu → Rn. 362.
[2307] BeckOK BGB/*Voit,* Stand 1.2.2013, § 634 Rn. 26.
[2308] Zu den Zinsen vgl. *Sienz* BauR 2002, 181 (190); *Kniffka/Krause-Allenstein* ibr-online-Kommentar Bauvertragsrecht, Stand 23.11.2014, § 638 Rn. 20.
[2309] BGHZ 56, 312 = NJW 1971, 1800 = BauR 1971, 260; NWJS VOB/B § 13 Rn. 207; Ingenstau/Korbion/*Wirth* VOB/B § 13 Abs. 6 Rn. 63.

abgetretene Teilbetrag der Restforderung also im Rang vorgehen soll. Fehlt eine solche Vereinbarung über das Rangverhältnis, kann der von einem Teilgläubiger auf Zahlung in Anspruch genommene Auftraggeber nicht diesem allein die volle Minderung entgegensetzen, sondern jede Teilforderung nur im Verhältnis ihrer Höhe mindern.[2310] Nach § 638 Abs. 2 BGB muss er sein Minderungsrecht gegenüber beiden Teilgläubigern ausüben.

b) Berechnung der Minderung. Zur Berechnung der Minderung verweist § 13 Abs. 6 VOB/B auf **§ 638 Abs. 3 BGB,** nach dessen Wortlaut die vereinbarte Vergütung in dem Verhältnis herabzusetzen ist, in welchem zur Zeit des **Vertragsschlusses** der Wert des Werks in mangelfreiem Zustand zu dem wirklichen Wert gestanden haben würde. Dem gegenüber entsprach es bislang nahezu allgemeiner Meinung, dass sich die Herabsetzung des vereinbarten Werklohns nach dem Verhältnis richtet, in welchem der Wert der mangelfreien Leistung zum Wert der mangelhaften bei der **Abnahme** steht.[2311] Allerdings stellte auch § 472 BGB aF auf den Zeitpunkt des Verkaufs und damit auf den des Vertragsschlusses ab. § 472 BGB aF war nach § 634 Abs. 4 BGB aF jedoch lediglich entsprechend anzuwenden, so dass die Besonderheiten der Sachmängelhaftung beim Werkvertrag zu berücksichtigen waren. Da der Auftragnehmer gemäß § 13 Abs. 1 VOB/B dafür einzustehen hat, dass seine Leistung zur Zeit der Abnahme keine Mängel aufweist, musste es für die Berechnung der Minderung folgerichtig ebenfalls auf die Werte bei der Abnahme ankommen. Fehlte die Abnahme, so war auf den Zeitpunkt abzustellen, zu dem die vertragsgemäße Erfüllung geschuldet war.[2312]

Auf Grund **berichtigender Auslegung** ist auch **§ 638 Abs. 3 BGB** in diesem Sinn zu verstehen,[2313] die Minderung also nach wie vor nach den Verhältnissen zur Zeit der **Abnahme** zu berechnen.[2314] Denn allein das entspricht dem wirklichen Willen des Gesetzgebers. So heißt es in der Begründung zu der zunächst vorgesehenen Fassung des Abs. 3, beim Werkvertrag könne es nicht auf den Zeitpunkt des Vertragsschlusses ankommen, weil das Werk bei Abschluss des Vertrags noch nicht bestehe; vielmehr sei es sachgerecht, mit der Rechtsprechung zum Bauvertrag auf die Fertigstellung oder die Abnahme abzustellen, da erst dann eine Wertbestimmung überhaupt möglich sei.[2315] Die jetzige Fassung des Abs. 3 wurde wie folgt begründet: „Deshalb soll es … bei der bisherigen Regelung des § 634 Abs. 4 in Verbindung mit § 472 Abs. 1 BGB bleiben. Allerdings soll der besseren Übersichtlichkeit wegen nicht auf das Kaufrecht verwiesen, sondern eine eigenständige inhaltsgleiche Regelung getroffen werden."[2316] § 638 Abs. 3 BGB sollte mithin die frühere Rechtslage nicht ändern.[2317] Es wurde lediglich übersehen, dass wegen der Regelung in § 638 BGB selbst eine abweichende – entsprechende – Anwendung im Werkvertragsrecht dem Wortlaut nach ausscheidet. Eine sachwidrige Berechnung auf den Zeitpunkt des Vertragsschlusses war jedoch erklärtermaßen nicht gewollt.

[2310] BGHZ 46, 242 = NJW 1967, 388; Ingenstau/Korbion/*Wirth* VOB/B § 13 Abs. 6 Rn. 64; *Riedl/Mansfeld* in Heiermann/Riedl/Rusam VOB/B § 13 Rn. 162; aA Beck'scher VOB-Kommentar/*Ganten* VOB/B § 13 Abs. 6 Rn. 18 mwN.
[2311] BGHZ 42, 232 = NJW 1965, 152; BGHZ 58, 181 = NJW 1972, 821 = BauR 1972, 242; BGH NJW 1996, 3001 = BauR 1996, 851; *Siegburg* Gewährleistung Rn. 1090; Ingenstau/Korbion/*Wirth* VOB/B § 13 Abs. 6 Rn. 55/56; NWJS VOB/B § 13 Rn. 208; Palandt/*Sprau* BGB 61 Aufl., § 634 Rn. 8; *Weyer* Jahrbuch BauR 2004, 243 (246–248); *Pastor* in Werner/Pastor Rn. 2193.
[2312] Werner/Pastor Bauprozess, 13. Aufl. Rn. 2193.
[2313] So jetzt auch Beck'scher VOB-Kommentar/*Ganten* VOB/B § 13 Abs. 6 Rn. 79b/79c.
[2314] Näher dazu und zum Meinungsstand *Weyer* Jahrbuch BauR 2004, 243 (248–253). AA auch *Frank Siegburg* FS Werner, 2005, 289 (298, 300); *Riedl/Mansfeld* in Heiermann/Riedl/Rusam VOB/B § 13 Rn. 161; *Vygen/Joussen* Bauvertragsrecht Rn. 1405; Abschlussbericht der Arbeitsgruppe Bauvertragsrecht beim Bundesministerium der Justiz vom 18.6.2013, Teil B, 10.3. Unentschieden: *Leupertz/Halfmeier* in Prütting/Wegen/Weinreich BGB § 638 Rn. 5.
[2315] BT-Drs. 14/6040, 267, linke Spalte, 3. Abs.
[2316] Beschlussempfehlung und Bericht des Rechtsausschusses, BT-Drs. 14/7052, 205 zu § 638 Abs. 3; so auch schon Synopse vom 17.9.2001, S. 180.
[2317] *Preussner* BauR 2002, 231 (236, 237); vgl. auch *Funke* Jahrbuch BauR 2002, 217 (232, 233); *Preussner* FS Kraus, 2003, 179 (192). Anders *Kniffka/Krause-Allenstein* ibr-online-Kommentar Bauvertragsrecht, Stand 23.11.2014, § 638 Rn. 16: „Nach der neuen gesetzlichen Regelung ist nunmehr zwingend auf den Wert des Werks zur Zeit des Vertragsschlusses abzustellen." Entgegen *Frank Siegburg* FS Werner, 2005, 289 (298, 300), widerspricht die hier vertretene Ansicht, wie die obigen Nachweise zur Entstehungsgeschichte zeigen, gerade nicht „dem ausdrücklich erklärten Willen des Gesetzgebers".

384 Zur **Vereinfachung der** mit § 472 Abs. 1 BGB aF übereinstimmenden **Formel** des § 638 Abs. 3 BGB setzt die Rechtsprechung,[2318] welche weitgehend Zustimmung findet,[2319] den Wert der mangelfreien Bauleistung im Regelfall mit dem vereinbarten Werklohn gleich. Dann reduziert sich die Formel dahin, dass der geminderte Werklohn dem Wert der mangelhaften Bauleistung entspricht. Folgerichtig kann der Auftraggeber den vereinbarten Werklohn auf Null mindern, falls die Bauleistung wegen ihrer Mängel völlig unbrauchbar und damit gänzlich wertlos ist.[2320] Die erforderliche Bewertung der mangelhaften Bauleistung vereinfacht die Rechtsprechung[2321] weiter dadurch, dass sie den **Minderungsbetrag** schätzt – was § 638 Abs. 3 S. 2 BGB jetzt ausdrücklich ermöglicht –, und zwar nach den erforderlichen **Mängelbeseitigungskosten.** Der geminderte Werklohn errechnet sich deshalb im Regelfall durch den Abzug der erforderlichen Mängelbeseitigungskosten von dem vereinbarten Werklohn. Entgegen der Ansicht des KG[2322] wird nach der Entscheidung des BGH,[2323] dass ein vor der Mängelbeseitigung geltend gemachter Schadenersatzanspruch statt der Leistung wegen Baumängeln nicht die auf die voraussichtlichen Mängelbeseitigungskosten entfallende Umsatzsteuer umfasst,[2324] auch hier zur Vermeidung einer Überkompensation auf die Mängelbeseitigungskosten **ohne Umsatzsteuer** abzustellen sein.[2325] Der Minderungsbetrag **erhöht** sich gegebenenfalls **um** den Betrag eines eventuellen technischen[2326] oder merkantilen[2327] **Minderwerts,** sofern ein solcher auch nach einer Mängelbeseitigung verbleiben würde.[2328]

385 **Besonderheiten** der Ermittlung des Minderungsbetrags ergeben sich bei der zweiten und dritten Alternative des § 13 Abs. 6 VOB/B. Denn wenn die **Mängelbeseitigung unmöglich** ist, können folgerichtig auch keine „erforderlichen Mängelbeseitigungskosten" ermittelt werden. Es kann aber auf die Kosten einer angemessenen Ersatzlösung abgestellt werden.[2329] Gibt es eine solche nicht, ist der Minderwert der mangelhaften Leistung im Vergleich zur mangelfreien zu schätzen,[2330] § 638 Abs. 3 S. 2 BGB. Die Mängelbeseitigungskosten scheiden als Maßstab ebenfalls aus, wenn der Auftragnehmer die Mängelbeseitigung wegen **unverhältnismäßig hohen Aufwands** verweigert.[2331] Denn er soll in diesem Fall jene Kosten gerade nicht aufbringen müssen. Sein letztlich auf Treu und Glauben beruhendes Weigerungsrecht würde umgangen, wenn zur Bemessung des Minderungsbetrags gleichwohl auf die Mängelbeseitigungskosten abgestellt würde. Vielmehr ist der ohne Mängelbeseitigung verbleibende Minderwert zu schätzen.[2332] Wenn der Auftragnehmer im Vergleich zur geschuldeten Ausführung minderwertiges Material verwendet, zum Beispiel Beton B 25 statt B 35 für die Betondecke einer Tiefgarage, ist sein Werklohn zumindest um den Vergütungsanteil zu mindern, welcher der Differenz zwischen der erbrachten und der geschuldeten Ausführung entspricht;[2333] zusätzlich kommt nach Ansicht des

---

[2318] BGHZ 58, 181 = NJW 1972, 821 = BauR 1972, 242; BGH NJW 1996, 3001 = BauR 1996, 851.
[2319] *Siegburg* Gewährleistung Rn. 1091/1092 mwN.
[2320] BGHZ 42, 232 = NJW 1965, 152; NWJS VOB/B § 13 Rn. 209; *Siegburg* Gewährleistung Rn. 1097.
[2321] BGHZ 58, 181 = BauR 1972, 242 = NJW 1971, 821; BGH NJW-RR 1997, 688 = BauR 1997, 700 (nur Ls.); BGHZ 153, 279 = NJW 2003, 1188 = NZBau 2003, 214 = BauR 2003, 533. Zur OLG-Rechtsprechung vgl. die Nachweise bei *Siegburg* Gewährleistung Rn. 1092, Fn. 433. Dafür auch *Kniffka/Krause-Allenstein* ibr-online-Kommentar Bauvertragsrecht, Stand 23.11.2014, § 638 Rn. 18.
[2322] BauR 2010, 634.
[2323] NJW 2010, 3085 = NZBau 2010, 690 = BauR 2010, 1752.
[2324] Vgl. dazu → Rn. 421–423.
[2325] Vgl. dazu OLG Schleswig NZBau 2016, 490; *Hänsel/Schmidt* NJW-Spezial 2010, 556. AA *Kniffka/Krause-Allenstein* ibr-online-Kommentar Bauvertragsrecht, Stand 23.11.2014, § 638 Rn. 19 unter Bezugnahme auf KG BauR 2010, 634.
[2326] Vgl. dazu *Kleine-Möller/Merl/Glöckner* § 15 Rn. 882, 887.
[2327] Vgl. dazu *Kleine-Möller/Merl/Glöckner* § 15 Rn. 883–886 sowie → Rn. 431, 432.
[2328] BGHZ 58, 181 = NJW 1972, 821 = BauR 1972, 242; OLG Braunschweig BauR 1981, 70; OLG Hamm BauR 1989, 735; *Pastor* in Werner/Pastor Rn. 2194; *Siegburg* Gewährleistung Rn. 1093.
[2329] BGH BauR 1984, 401, insoweit in BGHZ 90, 354 und NJW 1984, 1679 nicht abgedruckt.
[2330] NWJS VOB/B § 13 Rn. 209; *Siegburg* Gewährleistung Rn. 1096; *Kniffka/Krause-Allenstein* ibr-online-Kommentar Bauvertragsrecht, Stand 23.11.2014, § 638 Rn. 18.
[2331] So für beide Fälle – Unmöglichkeit und Unverhältnismäßigkeit der Mängelbeseitigung – nunmehr auch BGHZ 153, 279 = NJW 2003, 1188 = NZBau 2003, 214 = BauR 2003, 533.
[2332] OLG Düsseldorf BauR 1993, 733; OLG Köln NJW-RR 1994, 1431; OLG Celle BauR 1998, 401; OLG Düsseldorf BauR 1999, 498.
Hier – wie bei unmöglicher Mängelbeseitigung – anderer Ansicht, aber kaum praktikabel: Beck'scher VOB-Kommentar/*Ganten* VOB/B § 13 Abs. 6 Rn. 70–72; *Donner/Retzlaff* in FKZGM VOB/B § 13 Rn. 181.
[2333] Etwas anders OLG Stuttgart IBR 2005, 674: Minderung in Höhe der durch die mangelhafte Ausführung ersparten Kosten.

BGH[2334] eine Minderung wegen eines etwaigen technischen und/oder merkantilen Minderwerts in Betracht. Da der BGH die Minderwerte jedoch ebenfalls durch einen Vergleich der vertragswidrigen mit der geschuldeten Ausführung ermitteln will, führt der zusätzliche Ansatz der ersparten Materialkosten zu deren doppelter Berücksichtigung.[2335] Besteht der Mangel in einer negativen Abweichung der Wohn- oder Nutzfläche des errichteten Hauses von dem vertraglich Vereinbarten, bietet sich zur Bemessung der Minderung mangels anderer Anhaltspunkte der m²-Preis an, der sich aus dem ausbedungenen Werklohn und der vereinbarten Wohn- oder Nutzfläche errechnet.[2336] Dem gegenüber ist es verfehlt, bei einem sanierten Altbau die Sanierungskosten unberücksichtigt zu lassen.[2337]

Bei der Bemessung der Minderung wegen **Schönheitsfehlern/optischen Mängeln** ist entsprechend deren Charakter auf die Beeinträchtigung des Geltungswerts abzustellen. Dabei ist zunächst zu bestimmen, welcher prozentuale Anteil des Werklohns auf den technischen Wert = Funktions- oder Gebrauchswert und welcher auf den optischen Wert = Geltungswert entfällt.[2338] Anschließend ist zu beurteilen, in welchem Ausmaß der Geltungswert beeinträchtigt ist.[2339] So wurde bei optischen Mängeln einer Schieferfassade der Geltungswert mit 40% und dessen Herabsetzung um 50%, also eine Minderung um 20% angenommen.[2340] Der Geltungswert eines mit Carraramarmor belegten Treppenhauses wurde mit 80% und dessen Beeinträchtigung durch Farb- und Maserungsunterschiede mit 30% angesetzt,[2341] woraus sich eine Minderung um 24% ergab. Bei einer mangelhaften Putzfassade betrug die Minderung 17,5% aufgrund eines Anteils des Geltungswerts von 50% und dessen Herabsetzung um 35%.[2342] 386

Zum **merkantilen Minderwert** von Bauleistungen wird auf die Ausführungen in Rn. 431 verwiesen.

c) Kostenbeteiligung des Auftraggebers. Wenn eine Kostenbeteiligungspflicht des Auftraggebers wegen einer ihn treffenden Mitverantwortung oder von ihm zu tragender Sowieso-Kosten oder eines vorzunehmenden Vorteilsausgleichs besteht,[2343] ist der Minderungsbetrag um den Anteil des Auftraggebers zu kürzen.[2344] Von einer gesetzlichen Regelung ist insoweit bewusst abgesehen worden.[2345] Die Rechtsprechung des BGH[2346] zum auf Ersatz der Mängelbeseitigungskosten gerichteten Schadensersatzanspruch in der **werkvertraglichen Leistungskette,**[2347] dass der Auftragnehmer nach dem Rechtsgedanken der Vorteilsausgleichung gehindert sein kann, seinerseits Ansprüche gegen seinen Nachunternehmer geltend zu machen, wenn feststeht, dass er von seinem Auftraggeber wegen der Mängel nicht mehr in Anspruch genommen wird, gilt auch für den Fall der Minderung.[2348] Der Hauptauftragnehmer darf dann die Minderung ebenfalls nicht nach den Mängelbeseitigungskosten berechnen.[2349] Nachdem der BGH in seiner 387

[2334] BGHZ 153, 279 = NJW 2003, 1188 = NZBau 2003, 214 = BauR 2003, 533. Ebenso *Manteufel* NZBau 2014, 195 (198).
[2335] Vgl. dazu näher *Weyer* Jahrbuch BauR 2004, 243 (265–267).
[2336] OLG Celle NJW-RR 1999, 816; OLG Hamm NJW-RR 2002, 415; OLG Koblenz BauR 2006, 1758; vgl. auch KG IBR 2001, 202; LG Berlin BauR 2004, 1022; *Weyer* FS Jagenburg, 2002, 1043 (1052, 1053); *Kleine-Möller/Merl/Glöckner* § 15 Rn. 889; Ingenstau/Korbion/*Wirth* VOB/B § 13 Abs. 6 Rn. 60.
[2337] So jedoch OLG München IBR 2012, 457 mit zu Recht kritischem Praxishinweis von *Röder*.
[2338] Vgl. zu diesen Begriffen und allgemein zum Bewertungsverfahren *Aurnhammer* BauR 1978, 356 ff.
[2339] Das verkennt OLG Düsseldorf IBR 2009, 24 mit zu Recht kritischem Praxishinweis von *Völkel*.
[2340] OLG Düsseldorf NJW-RR 1994, 342.
[2341] OLG Celle BauR 1998, 401; allerdings werden die Prozentsätze dort fälschlich auf die Mängelbeseitigungskosten statt auf den Werklohn bezogen.
[2342] OLG Düsseldorf NJW-RR 1999, 529 = BauR 1999, 404.
[2343] Vgl. dazu → Rn. 325 und die dortigen Verweisungen. Zu einem besonderen Ausnahmefall vgl. OLG Düsseldorf BauR 2011, 1980.
[2344] *Kleine-Möller/Merl/Glöckner* § 15 Rn. 890; NWJS VOB/B § 13 Rn. 211; *Siegburg* Gewährleistung Rn. 1100.
[2345] BT-Drs. 14/6040, 267, linke Spalte unten; Schwierigkeiten sind deswegen entgegen *Funke* Jahrbuch BauR 2002, 217 (233) nicht zu erwarten.
[2346] NJW 2007, 2695 = NZBau 2007, 578 = BauR 2007, 1564; NJW 2007, 2697 = NZBau 2007, 580 = BauR 2007, 1567.
[2347] Vgl. → Rn. 278 und → Rn. 443.
[2348] BGH NZBau 2011, 232 = BauR 2011, 534 und 683; OLG Zweibrücken IBR 2008, 263. AA *Peters* NZBau 2012, (209–211), welcher meint, es sei ein elementares Gebot der ausgleichenden Gerechtigkeit, dass „eine Vorteilsausgleichung der Minderung nicht anhaben" könne. Ähnlich *Berger* BauR 2013, 325 (335).
[2349] BGH NJW 2013, 3297 = NZBau 2013, 693 = BauR 2013, 1855 Rn. 24.

Entscheidung vom 20.12.2010[2350] eine Minderung generell ausgeschlossen hatte,[2351] beschränkt er den Ausschluss jetzt[2352] nur noch auf eine Berechnung der Minderung nach den Mängelbeseitigungskosten. Für die Bemessung der Minderung bleibt dann nur, zum Ausgleich des gestörten Äquivalenzverhältnisses zwischen Leistung und Gegenleistung im Rechtsverhältnis zwischen Hauptunternehmer und Nachunternehmer auf den Minderwert der Werkleistung oder die ersparten Aufwendungen des Nachunternehmers abzustellen.[2353] Der Bundesgerichtshof hat in einer aktuellen Entscheidung zur Planerkette auf den Minderwert der Leistung abgestellt und eine Minderung zugelassen.[2354] Es bleibt abzuwarten, ob diese Sichtweise auf die bauvertragliche Leistungskette übertragen wird.[2355]

388 **3. Schadenersatz neben Minderung.** Vor der umfangreichen Änderung des § 13 Abs. 7 VOB/B durch die VOB/B 2002 bestimmte dessen Nr. 1, unter welchen Voraussetzungen der Auftragnehmer „außerdem" schadenersatzpflichtig ist. Danach war nicht zweifelhaft, dass ein Schadensersatzanspruch neben der Minderung jedenfalls insoweit gegeben war, wie nach einer Minderung noch ein Schaden verblieb.[2356] Zum **BGB-Bauvertrag** ist umstritten, ob und gegebenenfalls in welchem Umfang der Auftraggeber nach Ausübung seines Minderungsrechts Schadensersatz verlangen kann, ob insoweit § 325 BGB unmittelbar oder entsprechend anwendbar ist oder ob § 280 BGB eingreift.[2357] Letzteres ist der Fall, weshalb der Auftragnehmer neben der Minderung für etwaige Mangelfolgeschäden – Gutachterkosten zur Ermittlung von Ursachen und Ausmaß der Mängel; außergerichtliche Anwaltskosten – gemäß §§ 634 Nr. 4, 280 Abs. 1 BGB Ersatz zu leisten hat,[2358] allerdings mit Ausnahme eines Nutzungsausfalls oder entgangenen Gewinns.[2359] Angesichts dieser Rechtslage beim BGB-Bauvertrag ist kein Grund ersichtlich, warum der Auftraggeber beim **VOB/B-Vertrag** nicht im selben Umfang weiterhin berechtigt sein sollte, neben der Minderung nach § 13 Abs. 7 VOB/B Schadensersatz für Mangelfolgeschäden zu verlangen.[2360]

389 **4. Beweislast.** Die Beweislast für einen Mangel der Bauleistung trägt wie bei § 13 Abs. 5 VOB/B[2361] der **Auftraggeber**.[2362] Für die besonderen Voraussetzungen des § 13 Abs. 6 VOB/B ist er, wenn er mindert und sich damit auf ein entsprechendes Recht beruft, ebenfalls beweispflichtig.[2363] Bei der dritten Alternative des Abs. 6 muss er nur beweisen, dass der Auftragnehmer die Mängelbeseitigung wegen unverhältnismäßig hohen Aufwands verweigert hat;[2364] denn darauf, ob sie tatsächlich einen solchen Aufwand erfordert, kommt es nicht an, weil der Auftraggeber ihn an seiner Erklärung festhalten kann.[2365] Lediglich dann, wenn der **Auftragnehmer** sich gegenüber einem Anspruch aus § 13 Abs. 5 VOB/B auf unverhältnismäßigen Aufwand beruft, trägt er insoweit die Beweislast.[2366]

390 **5. Abweichungen gegenüber dem BGB.** Eine wesentliche Abweichung des § 13 Abs. 6 VOB/B gegenüber dem BGB ist die **Beschränkung** des Minderungsrechts **auf** die dort

---

[2350] NZBau 2011, 232 = BauR 2011, 534 und 683.
[2351] Darauf weist *Berger* BauR 2013, 325 (332) in Fußnote 59 zutreffend hin.
[2352] BGH NJW 2013, 3297 = NZBau 2013, 693 = BauR 2013, 1855 Rn. 24.
[2353] *Berger* BauR 2013, 325 (334); *Manteufel* NZBau 2014, 195 (199).
[2354] BGHZ 208, 372 = BauR 2016, 855 = NZBau 2016, 301 = ZfBR 2016, 356.
[2355] Befürwortend: *Oberhauser* NZBau 2016, 626.
[2356] BGHZ 55, 198 = NJW 1971, 615 = BauR 1971, 124; NWJS VOB/B § 13 Rn. 216; vgl. auch → Rn. 411.
[2357] Vgl. dazu im Einzelnen *Weyer* Jahrbuch BauR 2004, 243 (253–262).
[2358] Näher dazu *Weyer* Jahrbuch BauR 2004, 243 (258–260); *Leupertz/Halfmeier* in Prütting/Wegen/Weinreich BGB § 634 Rn. 4.
[2359] *Weyer* Jahrbuch BauR 2004, 243 (260–262); ähnlich im Ergebnis BeckOK BGB/*Voit*, Stand 1.2.2013, § 634 Rn. 20; aA *Frank Siegburg* FS Werner, 2005, 289 (296).
[2360] Im Ergebnis so auch: *Riedl/Mansfeld* in Heiermann/Riedl/Rusam VOB/B § 13 Rn. 167; OLG Düsseldorf BauR 2011, 1980 im Leitsatz 1, in den Gründen S. 1982 jedoch offen gelassen.
[2361] Vgl. dazu → Rn. 345 nebst Verweisungen.
[2362] NWJS VOB/B § 13 Rn. 212; *Siegburg* Gewährleistung Rn. 1123.
[2363] *Pastor* in Werner/Pastor Bauprozess Rn. 2239, 2240; NWJS VOB/B § 13 Rn. 212; *Siegburg* Gewährleistung Rn. 1124.
[2364] NWJS VOB/B § 13 Rn. 212; zumindest unklar *Siegburg* Gewährleistung Rn. 1124.
[2365] Vgl. → Rn. 377, am Ende; der von *Baumgärtel* Beweislast VOB/B § 13 Rn. 14 erörterte Streit kann also bei § 13 Nr. 6 VOB/B gar nicht entstehen.
[2366] Vgl. dazu → Rn. 346.

genannten **drei Ausnahmefälle,** während gemäß §§ 634 Nr. 3, 638 BGB wegen jeden Mangels gemindert werden kann. Einen nur scheinbaren Unterschied stellt die nach §§ 323 Abs. 1, 638 Abs. 1 BGB grundsätzlich erforderliche Fristsetzung dar, welche der VOB/B unbekannt ist, aber gerade für die Fälle des § 13 Abs. 6 VOB/B in §§ 638 Abs. 1 S. 1, 636 BGB (Mängelbeseitigung unzumutbar für Auftraggeber), §§ 638 Abs. 1 S. 1, 634 Nr. 3, 326 Abs. 5, 275 Abs. 1 BGB (Mängelbeseitigung unmöglich) und §§ 638 Abs. 1 S. 1, 636, 635 Abs. 3 BGB (Verweigerung wegen unverhältnismäßigen Aufwands) ebenfalls für entbehrlich erklärt wird.[2367]

6. AGB-rechtliche Probleme. Die erhebliche Einschränkung des gesetzlichen Minderungsrechts durch § 13 Abs. 6 VOB/B **hält** nach ganz überwiegender Meinung[2368] einer **isolierten Inhaltskontrolle** nach § 307 BGB **stand.** Denn diese Einschränkung[2369] bedeutet gleichzeitig eine Erweiterung der Mängelbeseitigung; der Auftraggeber wird also nicht rechtlos gestellt, sondern ist lediglich gehalten, Mängel im Wege der Nachbesserung auszugleichen.[2370] Allerdings kann in AGB des Auftragnehmers das Minderungsrecht des Auftraggebers nicht wirksam unter Beschränkung auf Nachbesserung völlig ausgeschlossen werden, weil eine solche Klausel gegen § 309 Nr. 8 lit. b bb BGB verstößt. Wenn zugleich Rücktritt und Schadenersatz abbedungen werden, ist der Ausschluss der Minderung auch gegenüber einem Unternehmer als Auftraggeber unwirksam.[2371] 391

7. Konkurrenzen. Da § 13 Abs. 6 VOB/B die Minderung abschließend regelt,[2372] hat der Auftraggeber neben dem infolge der kurzen Verjährung des § 13 Abs. 4 VOB/B eingeschränkten[2373] Minderungsrecht **keinen** zusätzlichen **Bereicherungsanspruch,** wenn der Auftragnehmer infolge der mangelhaften Bauausführung Kosten einspart.[2374] Vielmehr stellt die Ersparnis den Mindestbetrag der Minderung dar.[2375] Zudem hat § 13 Abs. 6 VOB/B bei Qualitätsabweichungen Vorrang **vor § 2 Abs. 8 VOB/B.**[2376] Dagegen kann dem Auftraggeber ein mit dem Minderungsrecht **konkurrierender Schadensersatzanspruch** aus § 13 Abs. 7 VOB/B zustehen.[2377] Mit diesem kann der Auftraggeber die Minderung im Rahmen seines Gesamtschadens geltend machen.[2378] Er kann die Minderung nur noch im Wege des Schadensersatzes erreichen, wenn das Minderungsrecht erloschen ist, weil er die Bauleistung in Kenntnis des Mangels vorbehaltlos abgenommen hat (§ 640 Abs. 2 BGB).[2379] 392

IV. Kein Rücktrittsrecht

Schon bisher wurde die Wandlung – die Rückgängigmachung des Vertrags[2380] – in § 13 VOB/B anders als in § 634 BGB aF nicht erwähnt. Daraus folgerte die weit überwiegende 393

[2367] Vgl. dazu ober → Rn. 360.
[2368] Beck'scher VOB-Kommentar/*Ganten* VOB/B § 13 Abs. 6 Rn. 82; NWJS VOB/B § 13 Rn. 214; Ingenstau/Korbion/*Wirth* VOB/B § 13 Abs. 6 Rn. 9; *Siegburg* Gewährleistung Rn. 1108; *Weyer* NZBau 2003, 521 (525) mwN; aA *Kiesel* NJW 2002, 2064 (2068); *Tempel* NZBau 2002, 532 (535); *Micklitz* Gutachten im Auftrag des Verbraucherzentrale Bundesverbandes eV von April 2004, S. 120/121; vgl. auch *Deckers* NZBau 2008, 627 (631).
[2369] Der Beschluss des Vorstandes des DVA vom 2.5.2002, Begründung II.12.a., erklärt sie unter Hinweis auf Ingenstau/Korbion/*Wirth* VOB/B § 13 Nr. 6 Rn. 9 aus den Besonderheiten des Bauvertrags.
[2370] NWJS VOB/B § 13 Rn. 213/214.
[2371] BGH NJW 1991, 2630.
[2372] Vgl. → Rn. 359.
[2373] Vgl. dazu → Rn. 120 und 218.
[2374] BGH NJW 1963, 806; NWJS VOB/B § 13 Rn. 215.
[2375] BGHZ 153, 279 = NJW 2003, 1188 = NZBau 2003, 214 = BauR 2003, 533 sowie dazu *Weyer* Jahrbuch BauR 2004, 243 (265–267); vgl. schon → Rn. 385.
[2376] *Miernik* BauR 2005, 1698 (1701–1708).
[2377] Vgl. dazu auch → Rn. 388.
[2378] BGH *Schäfer/Finnern* Z 2.414 Bl.66; BGHZ 55, 198 = NJW 1971, 615 = BauR 1971, 124; NWJS VOB/B § 13 Rn. 216.
[2379] BGH NJW 1982, 1524 = BauR 1982, 277; NWJS VOB/B § 13 Rn. 216; *Riedl/Mansfeld* in Heiermann/Riedl/Rusam VOB/B § 13 Rn. 165.
[2380] So die Legaldefinition in § 634 Abs. 1 S. 3 BGB aF.

Meinung[2381] zu Recht, dass die VOB/B die Mängelansprüche des Auftraggebers abschließend regelt und deshalb eine **Wandlung** des VOB-Bauvertrags **ausschied**. Gegen eine abschließende Regelung sprach nicht, dass bei der Novellierung der VOB/B im Jahre 1973 die Frage eines Ausschlusses der Wandlung offengelassen worden war.[2382] Denn maßgebend wäre allenfalls die Auffassung und die Regelungsabsicht der Verfasser der VOB/B bei deren ursprünglichem Erlass.[2383] Dies alles gilt jetzt **auch** für das **Rücktrittsrecht** nach § 634 Nr. 3 BGB.[2384] Es ist bewusst darauf verzichtet worden, dessen Ausschluss durch eine Änderung des § 13 Abs. 6 VOB/B ausdrücklich zu regeln, weil davon ausgegangen wird, dass dieser Ausschluss ohnehin – wie zum früheren Wandlungsrecht – der geltenden Rechtslage entspricht.[2385]

394 Für einen Rücktritt vom VOB-Bauvertrag gibt es auch **kein praktisches Bedürfnis**.[2386] Ein Indiz dafür ist bereits der Umstand, dass der BGH die Frage eines Ausschlusses der Wandlung bislang nicht entscheiden musste, sie vielmehr in drei älteren Urteilen[2387] offen gelassen hat.[2388] Dem Auftraggeber ist viel besser mit dem weiterreichenden Schadenersatzanspruch aus § 13 Abs. 7 VOB/B gedient.[2389] Selbst wenn es dem Auftragnehmer einmal gelingen sollte, sich hinsichtlich seines Verschuldens zu entlasten, verbleibt dem Auftraggeber die rechtliche Möglichkeit, wegen einer völlig unbrauchbaren Bauleistung auf Null zu mindern[2390] und nach § 1004 BGB deren Beseitigung zu verlangen.[2391] Angesichts dieses lückenlosen Rechtsschutzes des Auftraggebers ist ein Rücktrittsrecht überflüssig.[2392] Auch kann von einer Verkürzung der Rechte des Auftraggebers[2393] keine Rede sein; zudem stellt der stillschweigende Ausschluss des Rücktrittsrechts keinen Verstoß gegen das Transparenzgebot dar.[2394] Wenn die Vertragspartner es für sinnvoll halten sollten, können sie allerdings bei Vertragsschluss oder auch nach – teilweiser – Durchführung[2395] des VOB/B-Vertrags ein Rücktrittsrecht vereinbaren.

V. Schadenersatz: § 13 Abs. 7 VOB/B

395 Die Haftung des Auftragnehmers für **Schäden** aufgrund **schuldhaft verursachter Mängel** ist durch die VOB/B 2002 erheblich geändert und § 13 Abs. 7 VOB/B deshalb neu strukturiert worden. Wesentliche Änderungen enthalten die den früheren Regelungen vorangestellten jetzigen Nr. 1 und 2. Die neu formulierte Nr. 3 fasst die früheren Nr. 1 und 2 zusammen. Darüber

---

[2381] OLG Hamm IBR 2005, 196; *Heiermann/Riedl/Rusam* 10. Aufl., VOB/B § 13 Rn. 170; *Pastor* in Werner/Pastor Rn. 2225; *Kaiser* Mängelhaftung Rn. 93/94; *Siegburg* Gewährleistung Rn. 1137–1140; *Vygen* Bauvertragsrecht, 3. Aufl., Rn. 558; *Keldungs/Brück* Rn. 404; grundsätzlich auch Ingenstau/Korbion/*Wirth* 14 Aufl., VOB/B § 13 Rn. 657–661, obwohl dort in → Rn. 659 für den Bauträgervertrag eine Ausnahme befürwortet wird; teilweise ablehnend: NWJS VOB/B Vor § 13 Rn. 16–18 und § 13 Rn. 218 – Ausschluss nur im Regelfall –; Beck'scher VOB-Kommentar/*Ganten* 1. Aufl., VOB/B § 13 Nr. 6 Rn. 82–91 – Wandlung nicht vollständig ausgeschlossen –.
[2382] Vgl. dazu NWJS VOB/B Vor § 13 Rn. 16; *Siegburg* Gewährleistung Rn. 1138.
[2383] So wohl auch *Siegburg* Gewährleistung Rn. 1138.
[2384] So auch *Kleine-Möller/Merl/Glöckner* § 15 Rn. 898; *Leinemann/Schliemann* VOB/B § 13 Rn. 3 und 434; *Pastor* in Werner/Pastor Rn. 2225; *Keldungs/Brück* Rn. 406; *Riedl/Mansfeld* in Heiermann/Riedl/Rusam VOB/B § 13 Rn. 148;aA *Donner/Retzlaff* in FKZGM VOB/B § 13 Rn. 185, 220–222; Beck'scher VOB-Kommentar/*Zahn* Vorb. § 13 Rn. 2; *Fuchs* in Englert/Motzke/Wirth Baukommentar § 634 Rn. 60.
[2385] Beschl. des Vorstandes des DVA vom 2.5.2002, Begründung II.12.c.; *Kratzenberg* NZBau 2002, 177 (182, 183).
[2386] Vgl. dazu auch *Weyer* NZBau 2007, 281 (283).
[2387] BGH *Schäfer/Finnern* Z 2.414 Bl.127; BGHZ 42, 232 = NJW 1965, 152; BGHZ 51, 275 = NJW 1969, 653. In BGHZ 107, 75 = NJW 1989, 1602 = BauR 1989, 322 heißt es unter Bezugnahme auf die beiden zuletzt genannten Entscheidungen: „ob eine Wandlung überhaupt in Betracht kommt, ist zumindest zweifelhaft."
[2388] Dazu heißt es bei *Kniffka/Krause-Allenstein* ibr-online-Kommentar Bauvertragsrecht, Stand 23.11.2014, § 636 Rn. 115: „Dementsprechend offen ist auch die Frage, ob ein Rücktritt ausgeschlossen ist."
[2389] *Siegburg* Gewährleistung Rn. 1140; *Kleine-Möller/Merl/Glöckner* § 15 Rn. 899; *Kaiser* Mängelhaftung Rn. 93.
[2390] Vgl. dazu → Rn. 384.
[2391] *Kaiser* Mängelhaftung Rn. 92b; Palandt/*Sprau* BGB 61 Aufl., § 634 Rn. 7; aA *Acker/Konopka* BauR 2002, 1307 (1308, 1309), zustimmend zitiert von *Kniffka/Krause-Allenstein* ibr-online-Kommentar Bauvertragsrecht, Stand 23.11.2014, § 636 Rn. 40.
[2392] So zutreffend *Kaiser* Mängelhaftung Rn. 94 zur bisherigen Wandlung.
[2393] Entgegen *Micklitz* Gutachten im Auftrag des Verbraucherzentrale Bundesverbandes eV von April 2004, S. 120–123.
[2394] *Weyer* NZBau 2003, 521 (525).
[2395] Einen solchen Fall behandelt OLG Frankfurt IBR 2005, 145.

hinaus gibt es einige Folgeänderungen. So ist die frühere Nr. 2 lit. a entfallen und sind die bisherigen Nr. 3 und 4 zu Nr. 4 und 5 geworden.

1. Unbeschränkte Schadenersatzpflicht: Nr. 1 und 2. Mit seinen jetzigen Nrn. 1 und 2 knüpft § 13 Abs. 7 VOB/B an die Klauselverbote des § 309 Nr. 7 BGB an.[2396] Die dem entsprechend nunmehr vorgesehene unbeschränkte Schadenersatzpflicht gilt bei Verletzung bestimmter höchstpersönlicher Rechtsgüter (a) und bei grobem Verschulden (b). 396

a) Verletzung von Leben, Körper oder Gesundheit. Nach § 13 Abs. 7 **Nr. 1** VOB/B haftet der Auftragnehmer bei schuldhaft verursachten Mängeln für – alle – Schäden aus der Verletzung des Lebens, des Körpers oder der Gesundheit. Wegen der besonderen Bedeutung dieser Rechtsgüter, die ebenso wie diese Begriffe in § 823 BGB zu verstehen sind,[2397] muss er insoweit für jedes Verschulden einstehen. Zwar stellt § 309 Nr. 7 lit. a BGB nur auf fahrlässige Pflichtverletzungen ab. Für Vorsatz kann die Haftung aber schon nach § 276 Abs. 3 BGB nicht im Voraus ausgeschlossen werden. Die in § 13 Abs. 7 Nr. 1 VOB/B anders als in § 309 Nr. 7 lit. a BGB nicht ausdrücklich erwähnte Haftung des Auftragnehmers für seine Erfüllungsgehilfen folgt aus § 10 Nr. 1 VOB/B, § 278 BGB. 397

Die Haftung des Auftragnehmers gemäß Nr. 1 ist eine vertragliche Schadenersatzpflicht, welche grundsätzlich nur **gegenüber** dem **Auftraggeber** als seinem Vertragspartner bei dessen Verletzung besteht. Allerdings kommen auch Ansprüche verletzter Dritter in Betracht, soweit diese in den Schutzbereich des Vertrags einbezogen sind,[2398] wie es zum Beispiel bei Abbrucharbeiten der Grundstücksnachbar sein soll.[2399] 398

b) Grobes Verschulden. Für alle Schäden haftet der Auftragnehmer nach § 13 Abs. 7 **Nr. 2** VOB/B bei vorsätzlich oder grob fahrlässig verursachten Mängeln, also bei grobem Verschulden im Sinne des durch § 276 Abs. 3 BGB ergänzten § 309 Nr. 7 lit. b BGB. Auch hier hat er gemäß § 10 Nr. 1 VOB/B, § 278 BGB für entsprechendes Verschulden seiner Erfüllungsgehilfen einzustehen.[2400] Grobe Fahrlässigkeit ist zu bejahen, wenn die erforderliche Sorgfalt in ungewöhnlich hohem Maße verletzt wurde, weil dasjenige unbeachtet geblieben ist, was sich im gegebenen Fall jedem aufgedrängt hätte.[2401] Ein Baumangel ist deshalb grob fahrlässig verursacht, wenn bei der Ausführung die einleuchtendsten Vorsichtsmaßnahmen außer Acht gelassen wurden.[2402] 399

Der **Unterschied** der jetzigen Nr. 2 gegenüber der Haftung nach dem **früheren Abs. 2 lit. a** liegt trotz weitgehender Ähnlichkeit darin, dass für den Anspruch aus dem früheren Abs. 2 lit. a immer auch die Voraussetzungen des alten Abs. 1, der jetzigen Nr. 3 Satz 1, erfüllt sein mussten.[2403] Voraussetzung war mithin ein wesentlicher Mangel, der die Gebrauchsfähigkeit erheblich beeinträchtigt. Diese einschränkenden Voraussetzungen gelten für die jetzige Nr. 2 nicht. 400

2. Eingeschränkte Schadenersatzpflicht: Nr. 3. Die jetzige Nr. 3 des § 13 Abs. 7 VOB/B begründet wegen seiner zusätzlichen Voraussetzungen nur eine eingeschränkte Schadenersatzpflicht. Er fasst die früheren Nr. 1 und 2 des § 13 Abs. 7 VOB/B zusammen und sprachlich neu, ohne sie inhaltlich zu ändern.[2404] Mit den einleitenden Worten „im übrigen" soll das Verhältnis zu den Haftungsnormen der jetzigen Nr. 1 und 2 klargestellt werden.[2405] § 13 Abs. 7 Nr. 3 VOB/B gilt also für alle von § 13 Abs. 7 Nr. 1 und 2 VOB/B nicht erfassten Fallgestaltungen. 401

§ 13 Abs. 7 Nr. 3 VOB/B unterscheidet wie bisher nach der Art des mangelbedingten Schadens zwei Schadenersatzansprüche: **Satz 1** umfasst lediglich „den Schaden an der baulichen Anlage" und wird deshalb als **kleiner Schadenersatzanspruch** bezeichnet. **Satz 2** erstreckt die Ersatzpflicht auf einen „darüber hinausgehenden Schaden" und verdient damit die Bezeichnung als **großer Schadenersatzanspruch**. Diese Begriffe werden in der Praxis üblicherweise ver- 402

[2396] Beschluss des Vorstandes des DVA vom 2.5.2002, Begründung II.13.b.
[2397] Palandt/*Grüneberg* § 309 Rn. 43.
[2398] Palandt/*Grüneberg* BGB § 309 Rn. 40; näher dazu Palandt/*Grüneberg* BGB § 328 Rn. 13 ff.
[2399] So OLG Jena IBR 2012, 148 mit zu Recht kritischem Praxishinweis von *Feldmann*.
[2400] Wie in OLG Frankfurt IBR 2014, 135.
[2401] BGH NJW 1992, 3235.
[2402] OLG Zweibrücken IBR 2001, 181.
[2403] Vgl. dazu → Rn. 446.
[2404] Beschluss des Vorstandes des DVA vom 2.5.2002, Begründung II.13.c; *Weyer* BauR 2003, 613 (621).
[2405] Beschluss des Vorstandes des DVA vom 2.5.2002, Begründung II.13.c.

wendet.²⁴⁰⁶ Die Gefahr einer Verwechslung mit den ähnlichen, bei § 635 BGB aF gebräuchlich gewesenen Begriffen des kleinen und des großen Schadenersatzes besteht nicht,²⁴⁰⁷ wenn man sich der inhaltlichen Unterschiede bewusst ist.²⁴⁰⁸ Dort wurde nämlich nach der Art des zu leistenden Schadenersatzes differenziert: Beim **kleinen Schadenersatz** behält der Auftraggeber das mangelhafte Bauwerk und verlangt Ausgleich der mangelbedingten Nachteile. Beim **großen Schadenersatz** lehnt der Auftraggeber die Übernahme des mangelhaften Bauwerks ab und fordert Ersatz des durch die Nichterfüllung des ganzen Bauvertrags verursachten Schadens. Ob der kleine oder große Schadenersatz geltend gemacht wird, ist lediglich eine Frage der Schadensberechnung.²⁴⁰⁹ Wechselt der Kläger die Art der Schadensberechnung, ohne seinen Antrag auf einen abgewandelten Lebenssachverhalt zu stützen, liegt keine Klageänderung vor.²⁴¹⁰

403 **a) Kleiner Schadenersatzanspruch: Nr. 3 Satz 1.** Der kleine Schadenersatzanspruch des § 13 Abs. 7 Nr. 3 S. 1 VOB/B hat nach ständiger BGH-Rechtsprechung,²⁴¹¹ welche weitgehend Zustimmung findet,²⁴¹² im allgemeinen die gleiche Tragweite wie § 635 BGB aF, weil der Schaden an der baulichen Anlage mit dem Mangel der einzelnen Bauleistung meist eng und unmittelbar zusammenhängen wird. Dem entsprechend fallen unter § 13 Abs. 7 Nr. 3 S. 1 VOB/B der Mangelschaden und enge/nächste Mangelfolgeschäden, während die entfernten Mangelfolgeschäden zu § 13 Abs. 7 Nr. 3 S. 2 VOB/B gehören.²⁴¹³

404 **aa) Voraussetzungen.** Die Voraussetzungen des Anspruchs stimmen auch hier zunächst mit denen der übrigen Mängelansprüche überein: Ein Mangel im Sinne des § 13 Abs. 1 oder 2 VOB/B muss vom Auftragnehmer verursacht²⁴¹⁴ und ihm zuzurechnen sein.²⁴¹⁵ Dabei entsteht dem Auftraggeber bereits durch die mangelhafte Werkleistung ein Schaden;²⁴¹⁶ es ist nicht erforderlich, dass dieser Mangel einen weiteren Schaden verursacht, etwa eine mangelhafte Kellerabdichtung schon zu Feuchtigkeit im Keller geführt hat.²⁴¹⁷ Zusätzlich müssen die besonderen Voraussetzungen des § 13 Abs. 7 S. 3 Nr. 1 VOB/B hinzukommen: Ein wesentlicher Mangel (1), der die Gebrauchsfähigkeit erheblich beeinträchtigt (2) und auf ein Verschulden des Auftragnehmers oder seiner Erfüllungsgehilfen zurückzuführen ist (3).

405 **(1) Wesentlicher Mangel.** Ein solcher wird teilweise nur dann angenommen, wenn er „derart beachtlich ist, dass ein Ausgleich in Geld als gerechtfertigt erscheint".²⁴¹⁸ Das ist jedoch kein geeignetes Kriterium,²⁴¹⁹ nachdem anerkannt ist, dass als Schadenersatz nach Nr. 3 Satz 1 auch die Mängelbeseitigungskosten geltend gemacht werden können.²⁴²⁰ Sinn und Zweck dieser Voraussetzung ist vielmehr, wegen geringfügiger und deshalb unwesentlicher Mängel eine

---

[2406] BGHZ 61, 203 = NJW 1973, 1752 = BauR 1973, 381; Ingenstau/Korbion/*Wirth* VOB/B § 13 Abs. 7 Rn. 49, wo allerdings von einem kleinen/großen „Schadenersatz nach VOB/B" die Rede ist; NWJS VOB/B § 13 Rn. 219; Beck'scher VOB-Kommentar/*Kohler* VOB/B § 13 Abs. 7 Rn. 4.
[2407] Entgegen *Siegburg* Gewährleistung Rn. 1285.
[2408] Beck'scher VOB-Kommentar/*Kohler* VOB/B § 13 Abs. 7 Rn. 4.
[2409] BGH NJW 2014, 3435 Rn. 11. AA *Kniffka* in Kniffka/Koeble BauR-Komp des Baurechts, 6. Teil Rn. 244, der dem Verlangen von großem Schadenersatz gestaltende Wirkung beimisst.
[2410] BGH NJW 1992, 566 (567); 2014, 3435 Rn. 11.
[2411] BGHZ 58, 332 = NJW 1972, 1280 = BauR 1972, 311; BGHZ 96, 124 = NJW 1986, 427 = BauR 1986, 105; BGHZ 99, 81 = NJW 1987, 645 = BauR 1987, 89; BGH NZBau 2004, 614 = BauR 2004, 1653.
[2412] NWJS VOB/B § 13 Rn. 219 und 238–240; *Kleine-Möller/Merl/Glöckner* § 15 Rn. 905 und 929; *Riedl/Mansfeld* in Heiermann/Riedl/Rusam VOB/B § 13 Rn. 195; *Siegburg* Gewährleistung Rn. 1305; aA *Kaiser* Mängelhaftung Rn. 107 und 111–113.
[2413] AA Ingenstau/Korbion/*Wirth* VOB/B § 13 Abs. 7 Rn. 83/84, welche auch entfernte Mangelfolgeschäden unter § 13 Abs. 7 Nr. 3 S. 1 VOB/B einordnen.
[2414] Zur Doppelkausalität bei einer Schadensverursachung durch Mängel eng zusammengehöriger Arbeitsvorgänge vgl. BGH NJW 2013, 2018 = BauR 2013, 1131 und 1268 Rn. 26–31.
[2415] Vgl. → Rn. 360 und 236–238; vgl. dazu auch *Siegburg* Gewährleistung Rn. 1288/1289; *Kleine-Möller/Merl/Glöckner* § 15 Rn. 908/909.
[2416] BGH NZBau 2003, 375 = BauR 2003, 1211, bei II.1.; NJW 2010, 3085 = NZBau 2010, 690 = BauR 2010, 1752 Rn. 15; *Weyer* NZBau 2013, 269 (271).
[2417] OLG Frankfurt BauR 2012, 507.
[2418] *Kaiser* Mängelhaftung Rn. 99; *Heiermann/Riedl/Rusam* 9. Aufl., VOB/B § 13 Rn. 187, in Folgeauflagen nicht übernommen; ähnlich OLG Stuttgart BauR 1979, 432: bloße Nachbesserung oder Minderung kein gerechter Ausgleich.
[2419] So im Ergebnis auch Ingenstau/Korbion/*Wirth* VOB/B § 13 Abs. 7 Rn. 59.
[2420] Vgl. dazu → Rn. 412.

Schadenersatzpflicht auszuschließen.²⁴²¹ Dem entsprechend hat der BGH bei farblichen Unterschieden der in einem Bad verlegten Platten mangels näheren Vortrags einen wesentlichen Mangel verneint.²⁴²² So wird deshalb bei bloßen Schönheitsfehlern/optischen Mängeln im Zweifel zu entscheiden sein.²⁴²³ Andererseits stellt die Verwendung anderen Materials,²⁴²⁴ zum Beispiel einer anderen Holzart für Fenster, einen wesentlichen Mangel dar, es sei denn, die Abweichung spielt wegen nur unwesentlicher Unterschiede der Holzarten keine Rolle.²⁴²⁵ Ob ein wesentlicher Mangel vorliegt, ist nicht allein nach der prozentualen Abweichung vom Leistungssoll, sondern vor allem nach deren Auswirkungen auf die vertraglich vorausgesetzte Nutzbarkeit zu beurteilen.²⁴²⁶ Entscheidend sind unter Berücksichtigung der Umstände des Einzelfalls Art, Umfang und insbesondere Auswirkungen des Mangels.²⁴²⁷ Gegebenenfalls ist dabei auch das spezielle Interesse des Auftraggebers an einem von ihm verfolgten Nutzungs- oder Verwendungszweck zu beachten,²⁴²⁸ wenn solche subjektiven Vorstellungen hinreichend zum Ausdruck gekommen sind.²⁴²⁹ Der wesentliche Mangel hat also ein objektives und ein subjektives Merkmal.²⁴³⁰

(2) Gebrauchsfähigkeit erheblich beeinträchtigt. Die Gebrauchsfähigkeit ist in Anlehnung an den früheren Mangelbegriff des § 13 Abs. 1 VOB/B aF dann erheblich beeinträchtigt, wenn der Wert oder die Tauglichkeit zu dem gewöhnlichen oder dem nach dem Vertrag vorausgesetzten Gebrauch aufgehoben oder erheblich gemindert ist.²⁴³¹ Zur Gebrauchsfähigkeit gehört deshalb nicht nur die Möglichkeit der üblichen Nutzung im engeren Sinn, also zum Beispiel die Bewohnbarkeit eines Wohnhauses, sondern auch dessen Verkäuflichkeit.²⁴³² Ihre Beeinträchtigung kann darum außer einem technischen einen merkantilen Minderwert²⁴³³ zur Folge haben. Der **technische Minderwert** einer Gewerbeimmobilie²⁴³⁴ ist nicht nach der derzeitigen Nutzung, vielmehr nach der günstigsten aller Nutzungsmöglichkeiten zu beurteilen, die bei vertragsgemäßem Zustand des Gebäudes in Frage gekommen wären.²⁴³⁵ Ein **merkantiler Minderwert**²⁴³⁶ kann unabhängig davon bejaht werden, ob der Auftraggeber das Gebäude tatsächlich veräußert hat oder ob er dies überhaupt beabsichtigt.²⁴³⁷ Wenn ein Bauträger das Grundstück mit einem noch zu errichtenden Haus an den Erwerber veräußert, richtet sich ein merkantiler Minderwert danach, wie sich für den Erwerber nach Errichtung des Baus eine mängelbedingte Minderung des Verkaufswerts des Hauses darstellt.²⁴³⁸

---

²⁴²¹ Ähnlich OLG Stuttgart BauR 2009, 990; *Kleine-Möller/Merl/Glöckner* § 15 Rn. 926: nicht nur unbedeutende Abweichung vom vertraglichen Leistungsziel; so auch Ingenstau/Korbion/*Wirth* VOB/B § 13 Abs. 7 Rn. 59.
²⁴²² BGH BauR 1970, 237.
²⁴²³ Vgl. aber auch OLG Köln IBR 2002, 539; OLG Celle IBR 2003, 15.
²⁴²⁴ OLG Düsseldorf BauR 2007, 1254.
²⁴²⁵ BGH NJW 1962, 1569.
²⁴²⁶ BGH NJW-RR 1999, 381 = BauR 1999, 254; zumindest irreführend dargestellt von *Donner/Retzlaff* in FKZGM VOB/B § 13 Rn. 193.
²⁴²⁷ BGH NJW 1981, 1448 = BauR 1981, 284.
²⁴²⁸ OLG Stuttgart BauR 1979, 432; OLG Hamm NZBau 2010, 109.
²⁴²⁹ BGH NJW 1981, 1448 = BauR 1981, 284; vgl. zur Maßgeblichkeit objektiver und subjektiver Merkmale auch Ingenstau/Korbion/*Wirth* VOB/B § 13 Abs. 7 Rn. 59/60; Beck'scher VOB-Kommentar/ *Kohler* VOB/B § 13 Abs. 7 Rn. 82; *Kleine-Möller/Merl/Glöckner* § 15 Rn. 926; NWJS VOB/B § 13 Rn. 233; *Riedl/Mansfeld* in Heiermann/Riedl/Rusam VOB/B § 13 Rn. 184; *Siegburg* Gewährleistung Rn. 1291.
²⁴³⁰ OLG Düsseldorf BauR 2009, 1317.
²⁴³¹ BGHZ 55, 198 = NJW 1971, 615 = BauR 1971, 124; *Kleine-Möller/Merl/Glöckner* § 15 Rn. 927; Beck'scher VOB-Kommentar/*Kohler* VOB/B § 13 Abs. 7 Rn. 87; NWJS VOB/B § 13 Rn. 234; Ingenstau/ Korbion/*Wirth* VOB/B § 13 Abs. 7 Rn. 68; *Siegburg* Gewährleistung Rn. 1295; *Riedl/Mansfeld* in Heiermann/Riedl/Rusam VOB/B § 13 Rn. 185.
²⁴³² BGHZ 55, 198 = NJW 1971, 615 = BauR 1971, 124.
²⁴³³ Vgl. zu diesen Begriffen *Riedl/Mansfeld* in Heiermann/Riedl/Rusam VOB/B § 13 Rn. 185; *Dahmen* BauR 2012, 24; *Günther* IBR 2012, 1240 (nur online) Rn. 8/9 sowie → Rn. 431/432.
²⁴³⁴ Zum technischen Minderwert eines Glasfaserkabels: OLG Stuttgart IBR 2012, 712.
²⁴³⁵ BGH BauR 1995, 388; BGHZ 153, 279 = NJW 2003, 1188 = NZBau 2003, 214 = BauR 2003, 533.
²⁴³⁶ Vgl. BGHZ 153, 279 = NJW 2003, 1188 = NZBau 2003, 214 = BauR 2003, 533; BGH NJW 2013, 525; OLG Hamm NZBau 2011, 29 = BauR 2010, 1954 und insbesondere → Rn. 431/432.
²⁴³⁷ BGH *Schäfer/Finnern* Z 2.510 Bl.12 = BB 1961, 1216; NJW 1986, 428 = BauR 1986, 103. Kritisch dazu *Dahmen* BauR 2012, (24–30).
²⁴³⁸ BGH NJW 1986, 428 = BauR 1986, 103.

407 Für die erforderliche **erhebliche** Beeinträchtigung der Gebrauchsfähigkeit soll nach einer verbreitet vertretenen Ansicht[2439] entscheidend sein, ob die Abweichung von der vertraglichen Leistung als derart schwerwiegend angesehen werden muss, dass der Auftraggeber durch die bloße Nachbesserung oder auch die Minderung der Vergütung noch keinen gerechten Ausgleich erlangt. Wie die ähnliche Argumentation zur Begründung eines wesentlichen Mangels[2440] ist das mit der Rechtsprechung, dass die Mängelbeseitigungskosten als Schadenersatz gemäß § 13 Abs. 7 Nr. 3 S. 1 VOB/B geltend gemacht werden können,[2441] nicht vereinbar. Näherliegend und praktikabler ist es, auch die Erheblichkeit **negativ abzugrenzen** und sie nur bei geringfügigen Mängelfolgen zu verneinen, zumal diese die gesetzlichen Rechte einschränkenden Voraussetzungen eng auszulegen sind.[2442] Das stimmt mit dem Rechtsgedanken des § 634 Abs. 3 BGB aF überein,[2443] der die Wandlung ausschloss, wenn der Mangel den Wert oder die Tauglichkeit des Werks nur unerheblich minderte, **ebenso wie** jetzt bei nicht vertragsgemäßer Leistung nach **§ 323 Abs. 5 S. 2 BGB** ein Rücktritt **und** nach **§ 281 Abs. 1 S. 3 BGB** Schadenersatz statt der ganzen Leistung ausscheiden, wenn die Pflichtverletzung unerheblich[2444] ist. Allerdings ist die Rechtsprechung des Kaufrechts-Senats des BGH, dass bei einem behebbaren Mangel im Rahmen der erforderlichen umfassenden Interessenabwägung von einer Geringfügigkeit des Mangels in der Regel nicht mehr auszugehen ist, wenn der Mangelbeseitigungsaufwand 5 % des Kaufpreises übersteigt,[2445] auf das Bauvertragsrecht nicht übertragbar. Denn ein solcher Prozentsatz des oft hohen Werklohns ist kein geeigneter Maßstab weder für die Wesentlichkeit eines Mangels noch für die Erheblichkeit der Mangelfolgen. Als unerheblich können zum Beispiel geringfügige vorübergehende Gebrauchseinschränkungen[2446] oder kleine Überschreitungen von Maßtoleranzen[2447] angesehen werden.

408 **(3) Verschulden.** Schließlich muss der Mangel nach § 13 Abs. 7 Nr. 3 S. 1 VOB/B auf ein Verschulden des Auftragnehmers zurückzuführen sein. Der Auftragnehmer haftet nach §§ 276 Abs. 1, 278 BGB, auf welche § 10 Abs. 1 VOB/B ausdrücklich verweist, zwar für Vorsatz und jede Fahrlässigkeit, die ihm oder seinen Erfüllungsgehilfen anzulasten sind. Weil er nach § 13 Abs. 7 Nr. 2 VOB/B aber jetzt für Vorsatz und grobe Fahrlässigkeit unbeschränkt einzustehen hat,[2448] verbleiben für § 13 Abs. 7 Nr. 3 VOB/B nur die Fälle **leichter/einfacher Fahrlässigkeit.** Dass § 13 Abs. 7 Nr. 3 S. 1 VOB/B anders als der frühere Abs. 1 die Erfüllungsgehilfen nicht mehr nennt, ändert wegen § 10 Abs. 1 VOB/B an der Einstandspflicht des Auftragnehmers für sie nichts. Der Auftragnehmer wird in aller Regel als Fachmann beauftragt. Sein Verschulden richtet sich deshalb auch dann nach den für die von ihm übernommene Werkleistung erforderlichen Fachkenntnissen, wenn er kein Spezialist für diese Arbeiten ist.[2449] Er muss sich über die sein Arbeitsgebiet betreffenden Neuentwicklungen vergewissern.[2450] Allerdings kann auch von einem Fachunternehmer nicht verlangt werden, jede Diskussion in der Wissenschaft zu kennen, um daraus Konsequenzen zu ziehen.[2451]

409 **Erfüllungsgehilfen** des Auftragnehmers sind alle diejenigen, welche er zur Ausführung der Bauleistung einsetzt, sei es als unmittelbar Ausführende oder als Aufsichtspersonen. Auch Nachunternehmer und deren Hilfspersonen gehören dazu.[2452] Falls die nach § 4 Abs. 8 Nr. 1 VOB/B erforderliche Zustimmung des Auftraggebers fehlt, haftet der Auftragnehmer diesem zusätzlich

---

[2439] OLG Stuttgart BauR 1979, 432; Ingenstau/Korbion/*Wirth* VOB/B § 13 Abs. 7 Rn. 68; *Riedl/Mansfeld* in Heiermann/Riedl/Rusam VOB/B § 13 Rn. 186; *Siegburg* Gewährleistung Rn. 1295; Beck'scher VOB-Kommentar/*Kohler* VOB/B § 13 Abs. 7 Rn. 87; *Vygen/Joussen* Bauvertragsrecht Rn. 1454.
[2440] Vgl. → Rn. 405.
[2441] Vgl. dazu → Rn. 412.
[2442] BGHZ 55, 198 = NJW 1971, 615 = BauR 1971, 124; *Siegburg* Gewährleistung Rn. 1297.
[2443] *Siegburg* Gewährleistung Rn. 1296; Beck'scher VOB-Kommentar/*Kohler* VOB/B § 13 Abs. 7 Rn. 87.
[2444] Vgl. dazu BGH NJW 2006, 1960 sowie *Lorenz* NJW 2006, 1925 (1926).
[2445] BGH NJW 2014, 3229, 2. Leitsatz.
[2446] *Kleine-Möller/Merl/Glöckner* § 15 Rn. 928.
[2447] *Siegburg* Gewährleistung Rn. 1296.
[2448] Vgl. → Rn. 396.
[2449] BGH BauR 1974, 125.
[2450] BGH BauR 1979, 159.
[2451] OLG München IBR 2007, 612.
[2452] *Kleine-Möller/Merl/Glöckner* § 15 Rn. 919; *Siegburg* Gewährleistung Rn. 1159; *Kuffer* in Heiermann/Riedl/Rusam VOB/B § 10 Rn. 28.

aus eigenem Verschulden nach § 276 BGB.[2453] **Lieferanten** von Baumaterialien sind in der Regel **keine** Erfüllungsgehilfen des Auftragnehmers, weil sie – abgesehen von Ausnahmefällen[2454] – nicht in dessen werkvertraglichen Pflichtenkreis gegenüber dem Auftraggeber einbezogen sind.[2455] Das hat der BGH[2456] sogar für einen Fall angenommen, in welchem der Lieferant die von ihm gelieferten Teile durch seinen Monteur hatte einbauen lassen. Für ein etwaiges Verschulden des Monteurs bei der Montage hat der Auftragnehmer allerdings nach § 278 BGB einzustehen. Denn diese Montage schuldet er dem Auftraggeber.[2457]

bb) Inhalt des kleinen Schadenersatzanspruchs. Dazu bestimmt § 13 Abs. 7 Nr. 3 S. 1 **410** VOB/B, dass „dem Auftraggeber der Schaden an der baulichen Anlage zu ersetzen" ist, „zu deren Herstellung, Instandsetzung oder Änderung die Leistung dient".

(1) Mängelbeseitigungskosten als Schadenersatz. Die frühere Formulierung, dass der **411** Auftragnehmer „außerdem" schadenersatzpflichtig ist, sprach bei unbefangener Betrachtung des früheren § 13 Abs. 7 Nr. 1 VOB/B und seiner Stellung innerhalb des gesamten § 13 VOB/B dafür, dass dieser **Schadenersatzanspruch** ein **zusätzliches Recht** des Auftraggebers sein soll, das lediglich neben dem Mängelbeseitigungsanspruch (Abs. 5) oder dem Minderungsrecht (Abs. 6) besteht.[2458] Der Auftraggeber könnte danach beim VOB-Vertrag im Rahmen der Sachmängelhaftung nach § 13 VOB/B vom Auftragnehmer grundsätzlich nur insoweit Schadenersatz fordern, wie nach durchgeführter Nachbesserung oder Minderung noch ein Schaden verbleibt.[2459] Das dürfte auch ursprünglich die Intention der VOB/B gewesen sein.

Ebenso wie die Rechtsprechung seit langem bestrebt ist, praxisgerechte Regelungen der **412** VOB/B auch auf den BGB-Bauvertrag anzuwenden, hat sie jedoch die Angleichung von BGB-Bauvertragsrecht und VOB/B-Regelungen dadurch vorangetrieben, dass sie dem als lediglich ergänzendes, zusätzliches Recht konzipierten Schadenersatzanspruch aus § 13 Abs. 7 Nr. 3 S. 1 VOB/B einen Inhalt gibt, welcher dem des Schadenersatzanspruchs aus § 635 BGB aF entspricht. Wie dieser statt Wandlung oder Minderung geltend gemacht werden konnte, kann der Auftraggeber nämlich nach ständiger Rechtsprechung die **Mängelbeseitigungskosten**[2460] nicht lediglich nach § 13 Abs. 5 Nr. 2 VOB/B, sondern stattdessen ebenfalls **mit** einem **Schadenersatzanspruch** aus § 13 Abs. 7 Nr. 3 S. 1 VOB/B ersetzt verlangen.[2461] Dem stimmt das Schrifttum weit überwiegend zu.[2462] Zwischen den Ansprüchen aus **§ 13 Abs. 5, 6 und 7 VOB/B** besteht also eine **Anspruchskonkurrenz**.[2463] Die Wahl zwischen ihnen hat der Auftraggeber. Klagt er zum Beispiel die Mängelbeseitigungskosten als Schadenersatz ein, darf das Gericht ihm nicht stattdessen Vorschuss gemäß § 13 Abs. 5 Nr. 2 VOB/B zusprechen (§ 308 Abs. 1 S. 1 ZPO).[2464]

Zur Sicherung der Gelegenheit des Auftragnehmers, Mängel seines Werks selbst zu beseitigen[2465], muss ihm der Auftraggeber nach § 13 Abs. 5 VOB/B hierzu vorab Gelegenheit geben. **413**

[2453] NWJS VOB/B § 10 Rn. 13; entgegen *Heiermann/Riedl/Rusam* VOB/B § 10 Rn. 28 ändert eine fehlende Zustimmung des Auftraggebers nichts daran, dass die Nachunternehmer Erfüllungsgehilfen des Auftragnehmers sind. Näher dazu → VOB/B § 10 Rn. 9.

[2454] Vgl. dazu OLG Celle BauR 1996, 263; OLG Karlsruhe NJW-RR 1997, 1240 = BauR 1997, 847; OLG Nürnberg IBR 2003, 469 mit zu Recht kritischem Praxishinweis von *Moufang*.

[2455] BGH NJW 1978, 1157 = BauR 1978, 304; NJW 2002, 1565 = BauR 2002, 945; OLG Hamm BauR 1998, 1019.

[2456] BGH NJW 1978, 1157 = BauR 1978, 304.

[2457] Vgl. im Einzelnen näher → VOB/B § 10 Rn. 10, 11.

[2458] Vgl. dazu schon → Rn. 388.

[2459] Ähnlich *Siegburg* Gewährleistung Rn. 1306.

[2460] Zum Ersatz der noch nicht aufgewandten erforderlichen Mängelbeseitigungskosten → Rn. 424.

[2461] BGHZ 77, 134 = NJW 1980, 1952 = BauR 1980, 460; BGH NJW 1982, 1524 = BauR 1982, 277; BGHZ 99, 81 = NJW 1987, 645 = BauR 1987, 89; NJW 2007, 2697 = NZBau 2007, 580 Rn. 10 = BauR 2007, 1567; OLG Hamm BauR 1995, 109; OLG Celle BauR 1996, 263; OLG Düsseldorf NJW-RR 1997, 20 = BauR 1997, 312 und NJW-RR 1997, 976 = BauR 1997, 355 (nur Ls.).

[2462] *Kleine-Möller/Merl/Glöckner* § 15 Rn. 931; *Ingenstau/Korbion/Wirth* VOB/B § 13 Abs. 5 Rn. 240–242; *Riedl/Mansfeld* in Heiermann/Riedl/Rusam VOB/B § 13 Rn. 169; *Siegburg* Gewährleistung Rn. 1307/1308; *Kaiser* Mängelhaftung Rn. 96a und 118; *Vygen/Joussen* Bauvertragsrecht Rn. 1459; differenzierend: Beck'scher VOB-Kommentar/*Kohler* VOB/B § 13 Abs. 7 Rn. 21–28; ablehnend: NWJS VOB/B § 13 Rn. 225.

[2463] *Kaiser* Mängelhaftung Rn. 118.

[2464] Zur Berechnung der Beschwer in einem solchen Fall: OLG Koblenz NJW 2011, 2373 mit kritischer Anmerkung von *Zepp*.

[2465] Vgl. dazu → Rn. 234.

Die Mängelbeseitigungskosten kann der Auftraggeber deshalb grundsätzlich auch als Schadenersatz gemäß § 13 Abs. 7 Nr. 3 S. 1 VOB/B erst geltend machen, wenn der Auftragnehmer eine ihm nach **§ 13 Abs. 5 Nr. 2 VOB/B** gesetzte Frist **ungenutzt** hat verstreichen lassen.[2466] Die Aufforderung zur Mängelbeseitigung unter Fristsetzung ist unwirksam, wenn der Auftraggeber notwendige Mitwirkungshandlungen, wie zum Beispiel erforderliche Änderungen einer Vorleistung, nicht vorgenommen oder jedenfalls angeboten hat.[2467] Eine solche **Fristsetzung** ist allerdings **entbehrlich,** wenn die Voraussetzungen des § 13 Abs. 6 VOB/B erfüllt sind[2468] oder es der Aufforderung zur Mängelbeseitigung ausnahmsweise nicht bedarf.[2469] Das soll, wenn der Auftragnehmer die Nacherfüllung gemäß § 635 Abs. 3 BGB wegen unverhältnismäßiger Kosten verweigert, nach § 636 BGB selbst dann gelten, wenn der Auftragnehmer sich zu Unrecht auf Unverhältnismäßigkeit beruft.[2470] Dies widerspricht jedoch der Rechtsprechung des BGH, für die eine zu Recht erfolgte Weigerung voraussetzt.[2471] Entbehrlich ist eine Fristsetzung auch für Schäden, die durch eine Nachbesserung nicht beseitigt werden können, weshalb der Schadensersatzanspruch insoweit von vornherein neben dem Mängelbeseitigungsanspruch besteht.[2472] Daran hat sich durch das Schuldrechtsmodernisierungsgesetz nichts geändert.[2473]

414 Bei vorbehaltloser, auch konkludenter,[2474] Abnahme der mangelhaften Bauleistung trotz Kenntnis des Mangels[2475] hat der Auftraggeber gemäß **§ 640 Abs. 2 BGB,**[2476] der mangels abweichender Regelung in der VOB/B dort ebenfalls anwendbar ist, zwar keine Ansprüche nach § 13 Abs. 5 und 6 VOB/B; unberührt bleibt aber sein Schadenersatzanspruch aus § 13 Abs. 7 Nr. 3 S. 1 VOB/B, auch soweit es um die Mängelbeseitigungskosten geht.[2477] Der Auftraggeber kann diese Kosten jedoch auch im Falle des § 640 Abs. 2 BGB nur dann nach § 13 Abs. 7 Nr. 3 S. 1 VOB/B ersetzt verlangen, wenn er dem Auftragnehmer zunächst gemäß § 13 Abs. 5 Nr. 2 VOB/B **Gelegenheit zur Nachbesserung** gegeben hat,[2478] es sei denn, dies ist ausnahmsweise entbehrlich.[2479] Denn der Umstand, dass der Auftraggeber es versäumt hat, sich seine Rechte bei der Abnahme vorzubehalten, kann billigerweise nicht zum Verlust der Mängelbeseitigungsmöglichkeit des Auftragnehmers führen.[2480] Das gilt erst recht bei Berücksichtigung des Umstandes,

---

[2466] BGH NJW 1982, 1524 = BauR 1982, 277; BGHZ 96, 221 = NJW 1986, 922 = BauR 1986, 211; OLG Düsseldorf NJW-RR 1997, 20 = BauR 1997, 312 und NJW-RR 1997, 976 = BauR 1997, 355 (nur Ls.); OLG München IBR 2004, 10; *Siegburg* Gewährleistung Rn. 1307/1308; *Riedl/Mansfeld* in Heiermann/Riedl/Rusam VOB/B § 13 Rn. 170; anders, aber wenig praktikabel Beck'scher VOB-Kommentar/*Kohler* VOB/B § 13 Abs. 7 Rn. 36–39.

[2467] BGH NJW 2008, 511 Rn. 36 = NZBau 2008, 109 = BauR 2008, 344; OLG Celle **BauR 2008,** 2046; OLG Hamm NZBau 2010, 109. Vgl. schon → Rn. 101 und 304.

[2468] *Kleine-Möller/Merl/Glöckner* § 15 Rn. 931; *Siegburg* Gewährleistung Rn. 1312. Zu **§ 635 Abs.** 3 BGB ebenso: BGH NJW 2013, 370 = BauR 2013, 81 Rn. 8.

[2469] OLG Düsseldorf NJW-RR 1997, 20 = BauR 1997, 312; OLG Hamm NJW-RR 2004, 1386 = BauR 2004, 1958; näher dazu → Rn. 305.

[2470] So OLG Düsseldorf NJW 2014, 2802 = NZBau 2014, 633 = BauR 2014, 1158 (1159), nebst Darstellung des Streitstandes und Auseinandersetzung damit.

[2471] BGH NJW 2013, 370 = BauR 2013, 81, erster amtlicher Leitsatz. Im Text der Begründung des BGH (vgl. aaO Rn. 8 am Ende) fehlt allerdings der Zusatz „zu Recht".

[2472] BGHZ 72, 31 = NJW 1978, 1626 = BauR 1978, 402 (zum BGB-Bauvertrag); BGHZ 96, 221 = NJW 1986, 922 = BauR 1986, 211; BGH NJW 2000, 2020 = NZBau 2000, 329 = BauR 2000, 1190 (zum BGB-Bauvertrag); NJW-RR 2001, 383 = NZBau 2001, 211 = BauR 2001, 667 (zum BGB-Bauvertrag); NJW 2002, 141 = NZBau 2002, 31 = BauR 2002, 86. Vgl. auch *Weyer* Jahrbuch BauR 2005, 1 (12–21).

[2473] BGH NZBau 2012, 104 = BauR 2012, 494 Rn. 12; kritisch dazu *Grobe* NZBau 2012, (347–350).

[2474] BGH BauR 2010, 795 Rn. 30.

[2475] Vgl. dazu OLG Karlsruhe IBR 2012, 195.

[2476] Zu dessen Wirksamkeit vgl. *Kohler* JZ 2003, (1081–1088) sowie dazu → Rn. 113.

[2477] BGHZ 77, 134 = NJW 1980, 1952 = BauR 1980, 460; BGH NJW 1982, 1524 = BauR 1982, 277; and. Auff. – nur Ersatz der Mangelfolgeschäden – OLG Schleswig NZBau 2016, 298; differenzierend *Kögl* BauR 2016, 1844.

[2478] *Kleine-Möller/Merl/Glöckner* § 15 Rn. 931; NWJS VOB/B § 13 Rn. 225; *Vygen/Joussen* Bauvertragsrecht Rn. 1459; in BGHZ 77, 134 = NJW 1980, 1952 = BauR 1980, 460 offen gelassen, was *Siegburg* Gewährleistung Rn. 1310 verkennt; aA – Schadensersatz nur in Höhe der Kosten, die im Betrieb des Auftragnehmers bei dessen Eigennachbesserung entstanden wären – Ingenstau/Korbion/*Wirth* VOB/B § 13 Abs. 7 Rn. 91; Beck'scher VOB-Kommentar/*Kohler* VOB/B § 13 Abs. 7 Rn. 32; *Donner/Retzlaff* in FKZGM VOB/B § 13 Rn. 186.

[2479] Vgl. dazu → Rn. 413.

[2480] Im Ergebnis ebenso *Muffler* BauR 2004, 1356 (1360, 1361); vgl. außerdem → VOB/B § 12 Rn. 52 letzter Abs.

dass für den Schadensersatzanspruch aus §§ 634 Nr. 4, 280, 281 BGB in § 281 Abs. 1 S. 1 BGB ausdrücklich eine erfolglose Fristsetzung zur Nacherfüllung vorausgesetzt wird.

Wenn eine Mängelbeseitigung ausscheidet, weil eine der Alternativen des § 13 Abs. 6 VOB/B **415** erfüllt ist, kann der Auftraggeber mindern oder statt dessen die Mängelbeseitigungskosten als Schadenersatz nach § 13 Abs. 7 Nr. 3 S. 1 VOB/B geltend machen. Der Auftraggeber kann auch dann nicht auf den Ersatz der objektiven Minderung des Verkehrswerts des Werks verwiesen werden, wenn diese erheblich geringer ist als die Kosten der Mängelbeseitigung.[2481] Der Anspruch auf den zur Mängelbeseitigung notwendigen Betrag ist lediglich in entsprechender Anwendung des **§ 251 Abs. 2 S. 1 BGB** dahin eingeschränkt, dass die Aufwendungen zur Mängelbeseitigung nicht unverhältnismäßig sein dürfen.[2482] Dabei sind an die Unverhältnismäßigkeit nicht weniger strenge Anforderungen als im Rahmen des § 13 Abs. 6 VOB/B[2483] zu stellen.[2484] Die maßgeblichen Kriterien entsprechen denen, die bei der § 635 Abs. 3 BGB gebotenen Prüfung des unverhältnismäßigen Nacherfüllungsaufwands heranzuziehen sind.[2485] Unverhältnismäßigkeit kommt nur in Ausnahmefällen in Betracht, wenn es für den Auftragnehmer unzumutbar ist, von dem Auftraggeber in nicht sinnvoller Weise gemachte Aufwendungen zu tragen.[2486] Darum sind Mängelbeseitigungskosten zum Beispiel nicht allein deshalb unverhältnismäßig, weil sie den Werklohn um mehr als das Doppelte übersteigen.[2487] **Verweigert** der Auftragnehmer die Mängelbeseitigung jedoch ausnahmsweise **zu Recht** als **unverhältnismäßig**, kann der Auftraggeber Schadenersatz **nur** in Höhe der mangelbedingten **Verkehrswertminderung** beanspruchen.[2488]

(2) **Schaden an der baulichen Anlage.** Der Umfang der Ersatzpflicht des Auftragnehmers **416** nach § 13 Abs. 7 Nr. 3 S. 1 VOB/B ist auf den Schaden an der baulichen Anlage beschränkt, zu deren Herstellung, Instandhaltung oder Änderung die Bauleistung dient. Der Begriff „bauliche Anlage" taucht erstmalig in der Definition der Bauleistungen in § 1 VOB/A auf. Er reicht weiter als der des Bauwerks und stammt aus dem öffentlichen Baurecht.[2489] Die dortige Umschreibung ist im Interesse einer wirksamen öffentlich-rechtlichen Bauaufsicht sehr weit gefaßt. Im Rahmen der Mängelhaftung nach der VOB/B ist unter einer baulichen Anlage das **Gesamtbauwerk** zu verstehen, das sich aufgrund der äußeren Gestaltung und des funktionellen Zusammenhangs als Einheit darstellt.[2490] Andererseits geht der Begriff bauliche Anlage über die Umschreibung im öffentlichen Baurecht hinaus und umfasst alle Arbeiten an Grundstücken, auch soweit sie nicht der Errichtung, Instandhaltung oder Änderung von Bauwerken dienen.[2491]

Zum Schaden an der baulichen Anlage gehören deshalb neben **Mangelschäden,** welche **417** infolge der mangelhaften Bauleistung des Auftragnehmers an dieser selbst entstehen, auch **enge/ nächste Mangelfolgeschäden,**[2492] die durch den Mangel an anderen Teilen des Gesamtbauwerks und damit am sonstigen Vermögen des Auftraggebers verursacht werden. Zum Schadensersatz wegen eines beschädigten Parkettbodens gehört beispielsweise auch der Ersatz sogenannter Begleitkosten (wie zum Beispiel Malerkosten), wenn sie zwangsläufig mit der Schadensbeseitigung verbunden sind und ihr Ausmaß – zum Beispiel auf der Basis eines Sachverständigengut-

---

[2481] BGH NZBau 2005, 390 = BauR 2005, 1014.
[2482] BGHZ 59, 365 = NJW 1973, 138 = BauR 1973, 112; BGHZ 99, 81 = NJW 1987, 645 = BauR 1987, 89; BGH NZBau 2003, 433 = BauR 2003, 1209; NJW 2006, 2912 = NZBau 2006, 642 Rn. 16 = BauR 2006, 1736, jeweils zu § 635 BGB aF; OLG Karlsruhe BauR 2003, 98, zu § 635 BGB aF; *Siegburg* Gewährleistung Rn. 1311/1312; Beck'scher VOB-Kommentar/*Kohler* VOB/B § 13 Abs. 7 Rn. 34. Unvereinbar damit OLG Celle BauR 2012, 509 mit kritischer Analyse von *Weyer* vom 29.12.2011 in werner-baurecht-online, und OLG München IBR 2012, 465 mit ablehnendem Praxishinweis von *Weyer*. Anders auch OLG Düsseldorf BauR 2002, 1860. Zur Berechnung in diesen Fällen anhand der Nutzwertanalyse: OLG Zweibrücken BauR 2006, 690.
[2483] Vgl. dazu → Rn. 369–376.
[2484] BGH NJW 2006, 2912 = NZBau 2006, 642 Rn. 25 = BauR 2006, 1736 zu § 633 Abs. 2 S. 3 aF.
[2485] BGH NJW 2013, 370 = NZBau 2013, 99 = BauR 2013, 81 Rn. 12.
[2486] BGH NZBau 2003, 433 = BauR 2003, 1209; NZBau 2005, 390 = BauR 2005, 1014.
[2487] OLG Düsseldorf IBR 2003, 672.
[2488] BGH NJW 2013, 370 = NZBau 2013, 99 = BauR 2013, 81 Rn. 19; vgl. dazu auch die Anmerkungen von *Zepp* NJW 2013, 373 und *Grobe* NZBau 2013, 101 (102). Vgl. zudem *Jaensch* NJW 2013, (1121–1126).
[2489] Vgl. zB § 2 Abs. 1 BauO NW und § 2 Abs. 1 der Musterbauordnung 2002.
[2490] *Kleine-Möller/Merl/Glöckner* § 15 Rn. 930; Beck'scher VOB-Kommentar/*Kohler* VOB/B § 13 Abs. 7 Rn. 94; *Siegburg* Gewährleistung Rn. 1305.
[2491] Vgl. dazu → VOB/A § 1 Rn. 11–13.
[2492] Vgl. dazu → Rn. 403 und die dortigen Nachweise.

achtens – sicher geschätzt werden kann.[2493] Da solche Schäden an der selben baulichen Anlage auftreten, ist der erforderliche enge und unmittelbare Zusammenhang mit der mangelhaften Bauleistung gegeben. Denn mit seiner Leistung soll der Auftragnehmer gerade zum Gelingen des Gesamtbauwerks beitragen. Entfernte Mangelfolgeschäden fallen dem gegenüber unter § 13 Abs. 7 Nr. 3 S. 2 VOB/B. Die Abgrenzung zwischen engen und entfernten Mangelfolgeschäden, die bei § 635 aF BGB oft zweifelhaft war[2494] und für den BGB-Bauvertrag durch die Verweisung auf § 280 BGB in § 634 Nr. 4 BGB entbehrlich geworden ist,[2495] ist auch hier in der Praxis weitgehend bedeutungslos.[2496] Die mangelhafte Bauleistung des Auftragnehmers beruht nämlich regelmäßig auf einem Verstoß gegen anerkannte Regeln der Technik, so dass neben dem Tatbestand des § 13 Abs. 7 Nr. 3 S. 1 VOB/B zugleich der dessen Satzes 2 lit. a erfüllt ist.[2497] Selbst wenn das einmal nicht der Fall sein sollte, wird jetzt meist der neu gefasste Tatbestand des § 13 Abs. 7 Nr. 3 S. 2 lit. b VOB/B gegeben sein.[2498]

418 **(3) Schadenersatz in Geld.** Als Schadensersatzanspruch richtet sich der Anspruch aus § 13 Abs. 7 Nr. 3 S. 1 VOB/B zwar grundsätzlich nach den allgemeinen Bestimmungen der §§ 249 ff. BGB.[2499] Abweichend von § 249 BGB kann aber in aller Regel[2500] nicht Naturalrestitution durch Mängelbeseitigung, sondern grundsätzlich nur Schadenersatz in Geld verlangt werden,[2501] weil es sich um einen werkvertraglich begründeten Anspruch handelt.[2502] Die mit § 640 Abs. 2 BGB erstrebte Wirkung, den Mängelbeseitigungsanspruch auszuschließen, darf nicht mit dem Schadensersatzanspruch unterlaufen werden,[2503] was auch für § 13 Abs. 7 VOB/B gilt.[2504]

419 Von dem Grundsatz, dass Schadenersatz in Geld zu leisten ist, werden einige **Ausnahmen** gemacht: Schadensbeseitigung in Natur soll in Betracht kommen, soweit es um Folgeschäden geht[2505] oder der Auftraggeber die Beseitigung des völlig unbrauchbaren Werks verlangt.[2506] Dass der Auftraggeber von dem Auftragnehmer Schadenersatz in Natur begehrt, kommt jedoch in der Praxis nicht vor; es dürfte sich um ein eher theoretisches Problem handeln. Auch die vom BGH angedeutete Möglichkeit, es könne aufgrund der Schadensminderungspflicht nach § 254 Abs. 2 BGB ausnahmsweise geboten sein, dem Auftragnehmer eine Schadensbeseitigung in Natur einzuräumen,[2507] wird kaum praktisch werden, nachdem der Auftragnehmer die ihm nach § 13 Abs. 5 Nr. 2 VOB/B gesetzte Frist[2508] erfolglos hat verstreichen lassen. Praxisnäher ist die Fallgestaltung, dass der Auftragnehmer über besondere, zur Schadensbeseitigung erforderliche

---

[2493] OLG Düsseldorf BauR 2015, 1673.
[2494] Vgl. dazu nur BGH NJW 1982, 2244 = BauR 1982, 489; BGHZ 115, 32 = NJW 1991, 2418; BGH NJW 1993, 923; BauR 2004, 1776.
[2495] BT-Drs. 14/6040, 263, zu Nr. 3; Palandt/*Sprau* BGB § 634a Rn. 5; *Weyer* Jahrbuch BauR 2003, 209 (231, 232).
[2496] Falsch jedoch *Heiermann/Riedl/Rusam* 10. Aufl., VOB/B § 13 Rn. 216g, am Ende, soweit dort die Ansicht vertreten wurde, dass die neue Regelung des gesetzlichen Werkvertragsrechts auch für den Schadensersatzanspruch aus § 13 Abs. 7 Nr. 3 VOB/B gelte. Anders jetzt *Riedl/Mansfeld* in *Heiermann/Riedl/Rusam* VOB/B § 13 Rn. 204.
[2497] *Siegburg* Gewährleistung Rn. 1304; näher → Rn. 447.
[2498] Vgl. dazu → Rn. 448.
[2499] Beck'scher VOB-Kommentar/*Kohler* VOB/B § 13 Abs. 7 Rn. 117; *Siegburg* Gewährleistung Rn. 1300.
[2500] In BGHZ 61, 28 = NJW 1973, 1457 = BauR 1973, 321 und BGHZ 61, 369 = NJW 1974, 143 = BauR 1974, 59 war als Ausnahmefall BGH NJW 1962, 390 genannt, zugleich aber betont worden, dass nicht entschieden zu werden brauche, ob an der dortigen Auffassung überhaupt festzuhalten sei. Letzteres ist dann in BGH NJW 1978, 1853 = BauR 1978, 498 ausdrücklich verneint worden. Zu möglichen Ausnahmen vgl. → Rn. 419.
[2501] BGHZ 61, 28 = NJW 1973, 1457 = BauR 1973, 321; BGHZ 61, 369 = NJW 1974, 143 = BauR 1974, 59; BGHZ 99, 81 = NJW 1987, 645 = BauR 1987, 89; BGH NZBau 2003, 375 = BauR 2003, 1211; Beck'scher VOB-Kommentar/*Kohler* VOB/B § 13 Abs. 7 Rn. 119; NWJS VOB/B § 13 Rn. 227, 251.
[2502] BGHZ 99, 81 = NJW 1987, 645 = BauR 1987, 89; dazu näher *Weyer* Jahrbuch BauR 2005, 1 (8–10).
[2503] BGHZ 61, 369 = NJW 1974, 143 = BauR 1974, 59.
[2504] NWJS VOB/B § 13 Rn. 227/228.
[2505] NWJS VOB/B § 13 Rn. 228, 251; Beck'scher VOB-Kommentar/*Kohler* VOB/B § 13 Abs. 7 Rn. 120.
[2506] Beck'scher VOB-Kommentar/*Kohler* VOB/B § 13. Abs. 7 Rn. 121; NWJS VOB/B § 13 Rn. 227, 251.
[2507] BGH NJW 1978, 1853 = BauR 1978, 498; Beck'scher VOB-Kommentar/*Kohler* VOB/B § 13 Abs. 7 Rn. 122; NWJS VOB/B § 13 Rn. 227.
[2508] Vg. dazu → Rn. 413.

Spezialkenntnisse verfügt und deshalb zum Schadenersatz in Natur verpflichtet ist.[2509] Allerdings kann der Auftraggeber dieses Ergebnis meist bereits mit dem neben § 13 Abs. 7 VOB/B fortbestehenden Anspruch aus § 13 Abs. 5 Nr. 1 VOB/B[2510] erreichen.

Der Auftraggeber kann als Schadenersatz den **für** die **Mängelbeseitigung** – und damit gegebenenfalls auch für die Neuherstellung[2511] – **erforderlichen Geldbetrag** verlangen,[2512] und zwar bereits vor Behebung des Mangels.[2513] Die Verwendung des Geldbetrags unterliegt seiner **Dispositionsbefugnis**.[2514] Auch nach der Mängelbeseitigung ist er nicht verpflichtet, den tatsächlich entstandenen Aufwand zu belegen.[2515] Der erforderliche Geldbetrag steht ihm unabhängig davon zu, ob er die Mängel beseitigen lassen will;[2516] der Anspruch darauf erlischt auch nicht, wenn der Auftraggeber das Grundstück mit dem mangelhaften Bauwerk veräußert oder dieses zwangsversteigert wird, bevor er den zur Mängelbeseitigung erforderlichen Geldbetrag erhalten hat.[2517] Welcher Geldbetrag erforderlich ist, beurteilt sich nach den gleichen weiten Grundsätzen, die für die erforderlichen Aufwendungen im Rahmen der Ersatzvornahme gelten.[2518] Er umfasst also außer den Kosten der eigentlichen Mängelbeseitigung diejenigen sämtlicher Vor- und Nacharbeiten.[2519] Der Auftraggeber muss sich nicht auf eine mit geringeren Kosten verbundene Ersatzlösung und die Abgeltung eines wegen der nicht vertragsgemäßen Nachbesserung verbleibenden Minderwerts verweisen lassen;[2520] vielmehr gehören zu den zu ersetzenden notwendigen Aufwendungen für die Mängelbeseitigung diejenigen Kosten, die der Auftraggeber bei verständiger Würdigung für erforderlich halten darf.[2521] Es genügt, dass der Auftraggeber diese Kosten schätzt und im Prozess ein Sachverständigengutachten als Beweis anbietet.[2522] Hat der Auftraggeber einen Drittunternehmer mit der Mängelbeseitigung beauftragt, ohne dass ihm ein Auswahlverschulden zur Last fällt, muss der schadenersatzpflichtige Auftragnehmer die daraus entstandenen Kosten auch dann ersetzen, wenn der Drittunternehmer unnötige Arbeiten ausführt oder überhöhte Arbeitszeiten in Ansatz bringt.[2523] Lediglich für ein ungewöhnlich grobes Fehlverhalten des mit der Schadensbeseitigung beauftragten Drittunternehmers muss die schadenersatzpflichtige Auftragnehmer nicht einstehen.[2524] Wenn der Auftraggeber die Kosten einer Vollsanierung einklagt, das Gericht jedoch kostengünstigere Sanierungsmaßnahmen für ausreichend hält, muss das Gericht auch ohne entsprechenden Vortrag des Auftraggebers die Höhe dieser geringeren Kosten durch Beweisaufnahme ermitteln.[2525]

(4) Umsatzsteuer. Die auf die erforderlichen Mängelbeseitigungskosten entfallende Umsatzsteuer steht einem **vorsteuerabzugsberechtigten** Auftraggeber, ebenso wie im Rahmen des § 13 Abs. 5 Nr. 2 VOB/B,[2526] auch hier nicht zu, weil er sich die Möglichkeit des Vorsteuer-

---

[2509] Kleine-Möller/Merl/Glöckner § 15 Rn. 966.
[2510] Vgl. dazu → Rn. 412.
[2511] OLG Bamberg IBR 2006, 197; vgl. zur Neuherstellung näher → Rn. 261–263.
[2512] BGH NZBau 2003, 433 = BauR 2003, 1209; NZBau 2003, 375 = BauR 2003, 1211; BauR 2003, 1884. Vgl. aber → Rn. 423, 424.
[2513] BGHZ 61, 369 = NJW 1974, 143 = BauR 1974, 59; BGH NZBau 2003, 375 = BauR 2003, 1211.
[2514] BGH NJW 2007, 2695 = NZBau 2007, 578 Rn. 16 = BauR 2007, 1564; NJW 2007, 2697 = NZBau 2007, 580 Rn. 13 = BauR 2007, 1567; vgl. dazu *Berger* BauR 2013, 325 (334, 335); zu kritischen Stimmen in der Literatur vgl. *Weyer* NZBau 2007, 695 (696, 697). Vgl. aber auch → Rn. 423 sowie → Rn. 424/425.
[2515] OLG Hamm NZBau 2006, 324 = BauR 2006, 704; differenzierend OLG Düsseldorf IBR 2012, 261.
[2516] BGH NZBau 2003, 375 = BauR 2003, 1211; BauR 2003, 1884; OLG Frankfurt IBR 2006, 671; aA *Knütel* BauR 2004, 591, ohne tragfähige Begründung.
[2517] BGHZ 99, 81 = NJW 1987, 645 = BauR 1987, 89; BGH NZBau 2004, 610 = BauR 2004, 1617; OLG Hamm IBR 1996, 59; OLG Frankfurt BauR 2012, 507; vgl. auch BGHZ 147, 320 = NJW 2001, 2250 = NZBau 2001, 493 = BauR 2001, 1437 unter teilweiser Aufgabe von BGHZ 81, 385 = NJW 1982, 98.
[2518] OLG Celle IBR 2004, 129; Beck'scher VOB-Kommentar/*Kohler* VOB/B § 13 Abs. 7 Rn. 124; *Siegburg* Gewährleistung Rn. 1313, 1184; vgl. dazu → Rn. 294–299. Zur Beschwer des Auftraggebers, wenn diesem statt des eingeklagten Schadensersatzanspruchs die Mängelbeseitigungskosten als Vorschuss zuerkannt werden: BGH NZBau 2005, 151 = BauR 2005, 386.
[2519] BGH NZBau 2003, 375 = BauR 2003, 1211.
[2520] BGH NJW 2006, 2912 = NZBau 2006, 642 Rn. 22 = BauR 2006, 671.
[2521] BGH NZBau 2003, 433 = BauR 2003, 1209.
[2522] BGH NJW 2003, 1038 = NZBau 2003, 152 = BauR 2003, 385; BauR 2003, 1247; vgl. dazu auch *Weyer* Praxishinweis zu IBR 2003, 126 und zur Anwendung des § 287 ZPO im Prozess BGH NZBau 2003, 375 = BauR 2003, 1211; BauR 2003, 851 = NZBau 2004, 328 (nur Ls.).
[2523] OLG Karlsruhe BauR 2005, 879.
[2524] OLG Düsseldorf BauR 1993, 739; Kleine-Möller/Merl/Glöckner § 15 Rn. 933.
[2525] BGH NZBau 2005, 638 = BauR 2005, 1626.
[2526] Vgl. dazu → Rn. 323.

abzugs nach § 15 UStG als Vorteil anrechnen lassen muss.[2527] Allerdings hat der Auftraggeber in Höhe des Betrags, um den der Vorsteuerabzug wegen Änderung der Bemessungsgrundlage nach Zahlung des Schadenersatzes gemäß § 17 Abs. 1 UStG zu berichtigen ist, keinen Vorteil, sondern einen zu ersetzenden Schaden.[2528]

422 Ist der Auftraggeber **nicht vorsteuerabzugsberechtigt,** konnte er nach der bisher ganz überwiegend vertretenen Ansicht die erforderlichen Mängelbeseitigungskosten einschließlich Umsatzsteuer verlangen, weil die Einschränkung des **§ 249 Abs. 2 S. 2 BGB** insoweit **nicht einschlägig** ist.[2529] Zwar bestimmt dieser für seit dem 1.8.2002[2530] eingetretene Schadensereignisse, dass bei Beschädigung einer Sache der zur Herstellung erforderliche Geldbetrag, der nach § 249 Abs. 2 S. 1 BGB statt der Herstellung in Natur (§ 249 Abs. 1 BGB) gefordert werden kann, die Umsatzsteuer nur einschließt, wenn und soweit sie tatsächlich angefallen ist. Der Auftraggeber verlangt mit den erforderlichen Mängelbeseitigungskosten aber nicht den Ersatz eines Sachschadens, weil die mangelhafte Bauleistung als solche keine „Beschädigung einer Sache" ist.[2531] Er macht damit vielmehr den **Mangelschaden**[2532] geltend, auf den § 249 BGB nicht anwendbar ist,[2533] weil der Auftragnehmer bei der Schadensersatzpflicht wegen Mängeln seines Werks den Schadensersatz nicht nach § 249 Abs. 2 S. 1 BGB in Geld schuldet, sondern ausschließlich deshalb, weil der Schadensersatzanspruch nach § 281 Abs. 4 BGB an die Stelle des Erfüllungsanspruchs tritt.[2534]

423 Gleichwohl hält der BGH[2535] es nunmehr im Lichte der Erwägungen, die dem § 249 Abs. 2 S. 2 BGB zugrunde liegen, auch bei einem werkvertraglichen Schadensersatz statt der Leistung für eine **Überkompensation** des Schadens, wenn die nicht angefallene[2536] **Umsatzsteuer** berücksichtigt wird.[2537] Das ist eine deutliche **Einschränkung** der **Dispositionsbefugnis** des Auftraggebers,[2538] die nicht unbedenklich ist,[2539] auf welche sich die Praxis aber einstellen muss.[2540] Anders zu beurteilen sind **enge**[2541] **Mangelfolgeschäden.** Wenn der Mangel Schäden an anderen Teilen der baulichen Anlage verursacht, unterfallen diese Sachschäden unmittelbar der Einschränkung des § 249 Abs. 2 S. 2 BGB.[2542] Im Ergebnis kommt es auf die Unterscheidung nicht mehr an. Ob Mangelschaden oder Mangelfolgeschaden: Die angefallene Umsatzsteuer kann erst nach erfolgter Mängelbeseitigung/Reparatur beziffert und mit einer Leistungs-

---

[2527] BGH NJW 1972, 1460; OLG Celle IBR 2004, 564; OLG Stuttgart BauR 2008, 2056; Palandt/ Grüneberg Vorb. vor § 249 Rn. 95; vgl. auch Siegburg Gewährleistung Rn. 1172.
[2528] Näher dazu Zahn BauR 2011, (1401–1407); vgl. auch BFH IBR 2011, 637 sowie Ziegler IBR 2012, 1016, nur online, in kritischer Auseinandersetzung mit BGH NZBau 2012, 44.
[2529] OLG Brandenburg IBR 2006, 136; OLG Stuttgart BauR 2008, 2056; OLG München 28. Zivilsenat IBR 2009, 267; Weyer im Praxishinweis zu IBR 2009, 268; OLG Düsseldorf NZBau 2010, 242 = BauR 2010, 102; OLG Celle NJW 2010, 1151 = NZBau 2010, 503 = BauR 2010, 921; OLG München, 28. Zivilsenat IBR 2010, 449; AA OLG München 13. Zivilsenat BauR 2008, 1909, das eine erweiternde Auslegung nach dem Normzweck befürwortet; vgl. dazu Weyer im Praxishinweis zu IBR 2009, 23.
[2530] Inkrafttreten des zweiten Gesetzes zur Änderung schadenersatzrechtlicher Vorschriften vom 19.7.2002, BGBl. I S. 2674, nebst Überleitungsvorschrift gemäß Art. 12 dieses Gesetzes in Art. 229 § 8 EGBGB.
[2531] BGH NJW 2010, 3085 = NZBau 2010, 690 = BauR 2010, 1752 Rn. 12. Vgl. dazu näher → Rn. 476.
[2532] Vgl. → Rn. 403 und 417.
[2533] Näher dazu Weyer Jahrbuch BauR 2005, 1 (8–10).
[2534] BGH NJW 2010, 3085 = NZBau 2010, 690 = BauR 2010, 1752 Rn. 10, 12.
[2535] NJW 2010, 3085 = NZBau 2010, 690 = BauR 2010, 1752 Rn. 14; NZBau 2015, 419 = BauR 2015, 1321.
[2536] Angefallen ist die Umsatzsteuer auch, wenn sie für Arbeiten aufgewandt wird, die den Mangel nicht beseitigen, sondern nur verdecken: LG Saarbrücken IBR 2013, 1187 (nur online).
[2537] Das gilt nach OLG München NZBau 2011, 683 = BauR 2011, 1832 auch, wenn altes Recht anzuwenden ist. AA OLG Düsseldorf BauR 2012, 516; OLG Frankfurt NJW 2012, 1153 = NZBau 2012, 171; OLG Düsseldorf NZBau 2015, 98. AA auch OLG Hamburg IBR 2013, 736 für den Fall, dass die Mängel vor Inkrafttreten des § 249 Abs. 2 S. 2 BGB aufgetreten sind.
[2538] Dazu → Rn. 420.
[2539] Vgl. Weyer Blog-Eintrag vom 23.8.2010 in ibr-online. Popescu NZBau 2011, (131–137), spricht sich dafür aus, dass der Auftraggeber den Schadensersatzanspruch „statt der Leistung" einschließlich Umsatzsteuer geltend machen kann, es sich aber um einen zweckgebundenen Ersatzanspruch handelt, der zeitgerecht zu verwenden und abzurechnen ist. Dazu Weyer Blog-Eintrag vom 19.3.2011 in ibr-online.
[2540] Das lässt LG München I IBR 2011, 408, mit zu Recht kritischem Praxishinweis von Mundt, vermissen.
[2541] Wie auch entfernte Mangelfolgeschäden: vgl. dazu → Rn. 454.
[2542] Weyer Jahrbuch BauR 2005, 1 (11, 12).

klage eingefordert werden. Allerdings ist der nicht vorsteuerabzugsberechtigte Auftraggeber unter dem Gesichtspunkt seiner Obliegenheit zur Schadensminderung (§ 254 Abs. 2 S. 1 Fall 2 BGB) auch dann nicht gehalten, Aufträge zur Mängelbeseitigung im Namen des vorsteuerabzugsberechtigten Auftragnehmers zu erteilen, wenn dieser ihm die Abtretung sämtlicher Gewährleistungsansprüche anbietet.[2543]

(5) Beschränkung auf tatsächlich entstandene Kosten? Darüber hinaus wird neuerdings eine weitere Einschränkung des Schadenersatzanspruchs befürwortet. So bejaht das Kammergericht[2544] bei noch nicht durchgeführter Mängelbeseitigung bezüglich der noch nicht angefallenen Kosten für die Ausräumung und **Einlagerung** von **Möbeln,** für **Hotelbenutzung**[2545] und für **Malerarbeiten,** um nach der Mängelbeseitigung den ordnungsgemäßen Zustand der Wohnung wieder herzustellen, lediglich einen Anspruch auf Feststellung eines Anspruchs auf Ersatz künftiger Schäden. Nach Halfmeier,[2546] dessen Überlegungen Kniffka[2547] als „richtungsweisend" bezeichnet, soll eine Schadenersatzpflicht in Höhe der für die **Mängelbeseitigung erforderlichen Kosten** nur noch in Betracht kommen, wenn und soweit dem Auftraggeber die Kosten **tatsächlich entstanden** sind;[2548] vorher soll er als Schadenersatz einen abzurechnenden Vorschuss hierauf verlangen können. Wenn der Auftraggeber auf die Beseitigung der Mängel verzichtet, soll ihm als Schadenersatz lediglich die Differenz zwischen dem – hypothetischen – Wert des Werks ohne die Mängel und dem – tatsächlichen – Wert des mangelhaften Werks zustehen. Das ist jedoch eine durch das geltende Recht nicht vorgesehene Verengung des Blickwinkels.[2549] Zwar regelt § 13 Abs. 7 Nr. 3 S. 1 VOB/B ebenso wenig wie § 281 BGB, wie der Geldanspruch zu bemessen ist. Aber auch § 251 Abs. 1 BGB, aus welchem Halfmeier[2550] den Schadenersatz in Geld herleitet, ordnet lediglich an, dass der Ersatzpflichtige den Gläubiger in Geld zu entschädigen hat. Zur Bemessung der Geldentschädigung schweigt diese Vorschrift ebenfalls. Eine Berechnung anhand der notwendigen Mängelbeseitigungskosten drängt sich unter diesen Umständen geradezu auf. Der Auftragnehmer ist seiner Nacherfüllungspflicht trotz Nachfristsetzung nicht nachgekommen, weshalb der Auftraggeber sich nunmehr selbst um die Mängelbeseitigung kümmern muss. Die notwendigen Mängelbeseitigungskosten stellen darum schon eine Belastung seiner Vermögensbilanz dar, bevor er sie aufgewandt hat. Mithin liegt die Bemessung des Schadenersatzanspruchs nach den erforderlichen Kosten der Mängelbeseitigung auch schon vor einer Mängelbeseitigung nahe. Sie entsprach bereits zum alten Recht vor der Schuldrechtsmodernisierung ständiger Rechtsprechung.[2551] Daran sollte durch das seit dem 1.1.2002 geltende Recht nichts geändert werden. Denn aus der Begründung zu § 281 Abs. 1 des Entwurfs[2552] folgt, dass in Übereinstimmung mit dieser Rechtsprechung von einer Bemessung des Geldanspruchs nach den Mängelbeseitigungskosten ausgegangen wurde. Eine Einschränkung auf bereits aufgewandte Kosten fehlt. Dem entsprechend wird § 249 Abs. 2 S. 2 BGB zu Recht als systemwidriger Ausnahmetatbestand eingestuft, der nicht analogiefähig ist.[2553]

Wenn der Auftraggeber die Mängel jedoch fachgerecht vollständig hat beseitigen lassen und die **tatsächlichen** Mängelbeseitigungskosten die zuvor von einem Sachverständigen ermittelten **erforderlichen** Mängelbeseitigungskosten **unterschreiten,** sind dem Auftraggeber nur die tatsächlich entstandenen Kosten zu ersetzen, weil eine andere Betrachtung dem Verbot widerspräche, sich durch Schadenersatz zu bereichern.[2554] In derartigen Fällen auf die tatsächlich entstandenen Kosten abzustellen, liegt auch deshalb nahe, weil bei Bauwerksmängeln die Schätzungen von Sachverständigen mit erheblichen Unsicherheiten verbunden sind.[2555] Umgekehrt kann ein Auftraggeber, der die Mängel eines Dachs nicht beseitigen lässt, sondern das Dach

---

[2543] BGH NJW 2014, 2874 Rn. 27–30; *Weise/Hänsel* NJW-Spezial 2014, 525.
[2544] KG IBR 2014, 414.
[2545] Vgl. dazu *Kniffka* in Kniffka/Koeble BauR-Komp des Baurechts, 6. Teil Rn. 274, Fußnote 1067.
[2546] BauR 2013, (320–325). Zustimmend: *Heiko Fuchs* IBR 2013, 130.
[2547] *Kniffka* in Kniffka/Koeble BauR-Komp des Baurechts, 6. Teil Rn. 253, Fn. 968.
[2548] So auch *Popescu* BauR 2014, 1685 (1690, 1691).
[2549] Eingehend dazu *Weyer* NZBau 2013, (269–273). Vgl. auch *Rodemann* IBR 2013, 294.
[2550] BauR 2013, 320 (321), bei B IV.
[2551] Vgl. zB BGH NZBau 2003, 375 = BauR 2003, 1211, mit weiteren Nachweisen.
[2552] BT-Drs. 14/6040, 140, 1. Abs.
[2553] BGH NJW 2013, 1732 Rn. 6.
[2554] BGH NJW 2014, 535 Rn. 11, zur Begrenzung der Schadenersatzpflicht für einen Kfz-Schaden auf die tatsächlichen Reparaturkosten bei fiktiver Abrechnung. Vgl. dazu *Weyer* im Praxishinweis zu IBR 2014, 179.
[2555] *Kniffka* in Kniffka/Koeble BauR-Komp des Baurechts, 6. Teil Rn. 249. Differenzierend: OLG Hamm NZBau 2006, 324 = BauR 2006, 704.

insgesamt durch Aufbringung einer neuen Dachkonstruktion erneuert, als Schadensersatz die – niedrigeren – fiktiven Kosten geltend machen, die bei Beseitigung der Mängel des Dachs entstanden wären.[2556]

426 **(6) Großer Schadensersatz.** Aus § 13 Abs. 7 Nr. 3 S. 1 VOB/B kann grundsätzlich **kein** großer Schadensersatz[2557] verlangt werden.[2558] Vielmehr muss der Auftraggeber das mangelhafte Werk behalten,[2559] kann es also nicht als Ganzes zurückweisen.[2560] Denn nach § 13 Abs. 7 Nr. 3 S. 1 VOB/B ist der Schadensersatzanspruch auf den Schaden an der baulichen Anlage begrenzt, geht mithin nicht auf Ersatz des gesamten Schadens.[2561]

427 **Ausnahmsweise** kann jedoch auch der Schadensersatzanspruch aus § 13 Abs. 7 Nr. 3 S. 1 VOB/B im Ergebnis praktisch auf einen großen Schadensersatz hinauslaufen. Das ist der Fall, wenn die Bauleistung infolge schwerwiegender Mängel völlig unbrauchbar ist. Sind diese Mängel nicht anders als durch **Abriss und Neuherstellung** zu beseitigen, kann der Auftraggeber den dafür erforderlichen Betrag als Mängelbeseitigungskosten gemäß § 13 Abs. 7 Nr. 3 S. 1 VOB/B einfordern, was einem Schadensersatz wegen Nichterfüllung des gesamten Vertrags – jetzt Schadensersatz statt der ganzen Leistung, §§ 280 Abs. 3, 281 Abs. 1 S. 3 BGB – gleichkommt.[2562]

428 **(7) Kleiner Schadensersatz.** Den ihm nach dem Vorstehenden in aller Regel nur zustehenden kleinen Schadensersatz[2563] kann er in **zwei Arten** geltend machen: Entweder als die mangelbedingte Wertminderung des Werks oder als den Betrag, der für die Beseitigung des Mangels erforderlich ist, gegebenenfalls zuzüglich eines nach Mängelbeseitigung verbleibenden merkantilen Minderwerts.[2564] Der Auftraggeber kann auch dann nicht auf den Ersatz der objektiven Minderung des Verkehrswerts des Werks verwiesen werden, wenn diese erheblich geringer ist als die Kosten der Mängelbeseitigung.[2565]

429 Wenn der Auftraggeber das mangelhafte Werk nicht sanieren, sondern es mit den Mängeln behalten oder veräußern will, kann er seinen Schadensersatzanspruch auf die **Wertminderung,** nämlich die Minderung des Verkehrswertes des Bauwerks beschränken, welche dieses durch die von dem Auftragnehmer zu vertretenden Baumängel erlitten hat. Eine solche Wertminderung kann der Auftraggeber jedoch auch dann als Schadensersatz verlangen, wenn er zwar eine Mängelbeseitigung beabsichtigt, aber die voraussichtlichen Mängelbeseitigungskosten noch nicht darlegen kann oder dies nicht will.[2566] In der Praxis wird er allerdings selten so vorgehen, schon weil für die Bemessung der Wertminderung meist greifbare Anhaltspunkte fehlen, so dass diese schwierig ist. Macht der Auftraggeber gleichwohl als Schadensersatz den Minderwert geltend, dann errechnet sich der Schaden aus der Differenz des Verkehrswertes des Gebäudes, den es bei mängelfreier Bauleistung hätte, und des Verkehrswertes, den es tatsächlich mängelbedingt hat.[2567] Es ist also ein fiktiver Wert mit einem realen Wert zu vergleichen. Die Schwierigkeiten, diese Differenz überzeugend darzulegen und zu beweisen, liegen auf der Hand.

430 Nicht zuletzt deshalb entscheiden sich Auftraggeber – wie die tägliche Praxis zeigt – nahezu ausschließlich dafür, als kleinen Schadensersatz die **erforderlichen Mängelbeseitigungskosten** zu verlangen, zumal der Auftraggeber in der Regel das Bauwerk behalten und in einen vertragsgemäßen Zustand versetzen will.[2568] Dass die Mängelbeseitigungskosten auch mit dem Schadensersatzanspruch aus § 13 Abs. 7 Nr. 3 S. 1 VOB/B geltend gemacht werden können, wurde bereits[2569] ebenso erörtert wie die Anforderungen an den Nachweis der Erforderlichkeit des

---

[2556] OLG München IBR 2014, 203 = BauR 2014, 859.
[2557] Vgl. zu dessen Umfang → Rn. 402.
[2558] *Siegburg* Gewährleistung Rn. 1302.
[2559] BGH *Schäfer/Finnern* Z 2.414 Bl. 127; NWJS VOB/B § 13 Rn. 252.
[2560] *Kleine-Möller/Merl/Glöckner* § 15 Rn. 967.
[2561] *Kaiser* Mängelhaftung Rn. 125.
[2562] OLG München IBR 2000, 114; *Kleine-Möller/Merl/Glöckner* § 15 Rn. 967; *Riedl/Mansfeld* in Heiermann/Riedl/Rusam VOB/B § 13 Rn. 196; *Siegburg* Gewährleistung Rn. 1302. Insoweit zu undifferenziert OLG Düsseldorf IBR 2006, 325.
[2563] Vgl. zu dessen Umfang → Rn. 396.
[2564] Vgl. schon bei → Rn. 406 und vor allem → Rn. 431.
[2565] BGH NZBau 2005, 390 = BauR 2005, 1014; vgl. dazu auch → Rn. 415.
[2566] *Siegburg* Gewährleistung Rn. 1313, 1181.
[2567] BGH NJW-RR 1991, 1429 = BauR 1991, 744.
[2568] *Siegburg* Gewährleistung Rn. 1313, 1183.
[2569] Vgl. → Rn. 411–415.

Mängelbeseitigungsaufwands.[2570] Der **eigene Zeitaufwand** bei der Abwicklung des Schadensfalls ist, soweit dabei der übliche Rahmen nicht überschritten wird, nicht zu ersetzen, und das gilt auch für Behörden.[2571] Nur ausnahmsweise kann Ersatz von Personalkosten verlangt werden, wenn zum Beispiel Mitarbeiter freigestellt oder zusätzlich eingestellt werden, um länger dauernde und schwierige Nachbesserungsarbeiten an Ort und Stelle zu beaufsichtigen.[2572] Davon zu unterscheiden ist die **Mängelbeseitigung** durch den Auftraggeber **im eigenen Betrieb,** für welche ihm grundsätzlich die Kosten eines Unternehmers einschließlich Wagnis und Gewinn zustehen sollen.[2573]

(8) Merkantiler Minderwert[2574]. Ein solcher Minderwert liegt vor, wenn nach erfolgter Mängelbeseitigung eine verringerte Verwertbarkeit gegeben ist, weil die maßgeblichen Verkehrskreise ein im Vergleich zur vertragsgemäßen Ausführung geringeres Vertrauen in die Qualität des Bauwerks haben.[2575] Voraussetzung ist also, dass dem Auftraggeber trotz Mängelbeseitigung ein Schaden verbleibt, weil die Mängel oder die Umstände ihrer Beseitigung objektiv geeignet sind, bei Marktteilnehmern den Verdacht zu begründen, dass zukünftig nochmals Schäden auftreten.[2576] Der merkantile Minderwert kann nur auf das konkrete Objekt bezogen anhand der individuellen Eigenschaften des geschädigten Objekts unter Berücksichtigung der konkreten Schadensursache und der zum Wertermittlungsstichtag herrschenden allgemeinen Marktbedingungen festgestellt werden.[2577] Ein merkantiler Minderwert kommt insbesondere

– nach der Abdichtung feuchter Kellerwände[2578]
– und von Undichtigkeiten im Dachbereich,[2579]
– nach Beseitigung der durch ein – nach wie vor – fehlendes Gleitlager entstandenen Risse im Innen- und Außenputz,[2580]
– nach der weitgehenden Neuherstellung des Dachs einer Wohnanlage mit 75 Wohneinheiten,[2581]
– bei minimalen Energieverlusten durch mangelhafte Dämmung von Rohren[2582]
– oder allgemeiner dann in Betracht, wenn nach der Art des Mangels und/oder der Mängelbeseitigung ein Wiederauftreten der Mangelerscheinungen nicht untypisch ist.[2583]

Die **Ermittlung** des merkantilen Minderwerts muss mit der Prüfung ansetzen, wie sich der beseitigte Mangel auf die Bereitschaft potenzieller Kaufinteressenten am Markt zur Zahlung des vollen oder nur eines entsprechend geminderten Kaufpreises auswirken würde.[2584] Im Übrigen kommt dem Auftraggeber dabei § 287 Abs. 1 ZPO zur Hilfe. Durch die danach vorzunehmende **Schätzung** soll nach Möglichkeit wenigstens ein Mindestschaden festgestellt werden, um zu vermeiden, dass der Geschädigte völlig leer ausgeht.[2585]

(9) Nutzungs-/Mietausfall. Auch derartige Ausfälle sind nach § 13 Abs. 7 Nr. 3 S. 1 VOB/B zu ersetzen.[2586] Denn diese Schäden hängen eng und unmittelbar mit dem geltend gemachten

---

[2570] Vgl. → Rn. 420.
[2571] BGH NJW 1969, 1109; BGHZ 66, 112 = NJW 1976, 1256; BGH NJW 1977, 35; BGHZ 75, 230 = NJW 1980, 119; OLG Düsseldorf NJW-RR 2001, 739 = NZBau 2002, 43 = BauR 2001, 1468; OLG Celle BauR 2013, 621.
[2572] BGH NJW 1977, 35; *Riedl/Mansfeld* in Heiermann/Riedl/Rusam VOB/B § 13 Rn. 201.
[2573] OLG Frankfurt NJW 2012, 2977. Vgl. jedoch → Rn. 304299 am Ende.
[2574] Dazu ausführlich *Diehr* ZfBR 2015, 427.
[2575] BGH NJW-RR 1991, 1429 = BauR 1991, 744; NJW 2003, 1188 = NZBau 2003, 214 = BauR 2003, 533; OLG Oldenburg BauR 2016, 124; NJW 2013, 525 Rn. 19; *Diehr* ZfBR 2015, 427. Kritisch dazu *Dahmen* BauR 2012, (24–30).
[2576] *Günther* IBR 2012, 1240 (nur online), Rn. 23–33. Vgl. auch *Zöller* IBR 2013, 1 (2).
[2577] BGH NJW 2013, 525 Rn. 21.
[2578] OLG Hamm NZBau 2011, 29 = BauR 2010, 1954.
[2579] OLG Stuttgart IBR 2011, 133.
[2580] BGH NJW 2013, 525 Rn. 20.
[2581] OLG München BauR 2014, 1018.
[2582] OLG Oldenburg BauR 2016, 124, 129.
[2583] *Günther* IBR 2012, 1240 (nur online), Rn. 28.
[2584] BGH NJW 2013, 525 Rn. 22; So auch: *Diehr* ZfBR 2015, 427.
[2585] Zur Schätzung des merkantilen Minderwerts eingehend BGH NJW 2013, 525 Rn. 23–26; OLG München BauR 2014, 1018; OLG Oldenburg BauR 2016, 124.
[2586] Zum Schadenersatz wegen durch mangelhafte Leistung verursachter Verzögerungsschäden bei BGB-Werkverträgen vgl. *Weyer* Jahrbuch BauR 2005, 1 (12–17).

Baumangel zusammen,[2587] weshalb es sich um Schäden an der baulichen Anlage handelt.[2588] Das gilt auch für Prozesskosten aus Streitigkeiten um Mietausfälle.[2589] Von einem Teil der Literatur werden entgangene Nutzungen bereits dem Mangelschaden zugerechnet; diese begrifflichen Differenzen wirken sich jedoch auf das praktische Ergebnis nicht aus.[2590] Ob nun als enger Mangelfolgeschaden oder schon als Mangelschaden, entgangene Nutzungen fallen unter § 13 Abs. 7 Nr. 3 S. 1 VOB/B. Dazu gehören und sind zu ersetzen, wenn tatsächlich entstanden oder sicher zu erwarten:

– Ein Mietausfall bis zur Mängelbeseitigung,[2591]
– Einnahmeverluste infolge Schließung einer Bowling-Bahn während der Nachbesserungsarbeiten,[2592]
– infolge wiederholten Ausfalls der mangelhaft installierten elektrischen Anlage in einem Operationsraum,[2593]
– infolge fehlender Nutzungsmöglichkeit einer Lagerhalle bis zur Nachbesserung des verlegten Estrichs,[2594]
– infolge fehlerhafter Belichtung einer Tennishalle[2595]
– oder infolge vorübergehender Stilllegung der Produktion wegen fehlender Freigabe des öffentlichen Kanals,[2596]
– Aufwendungen für die Anmietung einer Ersatzwohnung bis zur Nachbesserung eines selbst genutzten Hauses[2597]
– sowie entgangene Zinseinnahmen aufgrund zeitweiliger Unverkäuflichkeit des mangelhaften Bauwerks.[2598]

Ist eine Hotelunterbringung notwendig, um die Mängel beseitigen zu können, so sind die entsprechenden Kosten unabhängig davon ersatzfähig, ob die Mängelbeseitigung durchgeführt wird.[2599] Zu den zu ersetzenden Schäden zählen ferner fiktive Kosten der Anmietung einer Ersatzwohnung und die zweifachen Umzugskosten, wenn ein Auszug aufgrund gesundheitsschädlicher Folgen von Mängeln erforderlich ist.[2600]

434 Umstritten war, ob der abstrakt geltend gemachte entgangene Gebrauchsvorteil ohne Nachweis eines konkreten Vermögensschadens, also allein die **entgangene Nutzungsmöglichkeit** im Baurecht einen Vermögensschaden darstellt und deshalb unter anderem nach § 13 Abs. 7 Nr. 3 S. 1 VOB/B zu ersetzen ist. Zwar hat der VII. Zivilsenat des BGH im Falle eines fehlerhaft geplanten privaten Schwimmbades, welches während der Mängelbeseitigung nicht benutzt werden konnte, einen Vermögensschaden verneint, weil es sich nach der Verkehrsauffassung um eine Liebhaberei handelt.[2601] Bei einem mit einem Haus erworbenen Kraftfahrzeugabstellplatz in einer Tiefgarage hat er aber wegen dessen längerer mängelbedingter Unbenutzbarkeit einen Vermögensschaden bejaht.[2602] Da der V. Zivilsenat des BGH dem nicht folgen wollte, hat er den

---

[2587] BGH NJW 2003, 3766 = NZBau 2003, 667 = BauR 2003, 1900.
[2588] BGH NJW 1970, 421 = BauR 1970, 48; NJW-RR 1992, 778 = BauR 1992, 504; NZBau 2004, 614 = BauR 2004, 1653; OLG Nürnberg IBR 2010, 39.
[2589] BGH NJW 2003, 3766 = NZBau 2003, 667 = BauR 2003, 1900.
[2590] Vgl. dazu *Siegburg* Gewährleistung Rn. 1313, 1202/1203.
[2591] BGHZ 46, 238 = NJW 1967, 340; BGH NJW 2003, 3766 = NZBau 2003, 667 = BauR 2003, 1900. Zu überhöhten Mietminderungen: *Klein* BauR 2004, 1069 sowie OLG Hamm BauR 2006, 861. Zur Darlegung eines Mietausfallschadens: OLG Karlsruhe IBR 2007, 471, zu dessen Umfang: OLG Koblenz BauR 2010, 104.
[2592] BGHZ 72, 31 = NJW 1978, 1626 = BauR 1978, 402.
[2593] BGHZ 92, 308 = NJW 1985, 381 = BauR 1985, 83 für § 635 BGB.
[2594] BGH NJW-RR 1991, 533 = BauR 1991, 212.
[2595] BGH NJW-RR 1992, 778 = BauR 1992, 504.
[2596] OLG Frankfurt IBR 2013, 72, Schadenersatzpflicht jedoch mangels Verschuldens des Generalunternehmers verneint.
[2597] BGHZ 46, 238 = NJW 1967, 340; OLG Karlsruhe IBR 2013, 272.
[2598] *Kleine-Möller/Merl/Glöckner* § 15 Rn. 943; vgl. zu Zinsverlusten im Übrigen NWJS VOB/B § 13 Rn. 248; Beck'scher VOB-Kommentar/*Kohler* VOB/B § 13 Abs. 7 Rn. 154.
[2599] BGH NZBau 2003, 375 = BauR 2003, 1211 unter Zurückweisung der Revision gegen OLG Celle IBR 2002, 405. Vgl. dazu *Kniffka* in Kniffka/Koeble BauR-Komp des Baurechts, 6. Teil Rn. 274, der dort in Fußnote 1067 diese Entscheidung als Ausnahmefall aufgrund der nicht angefochtenen Feststellungen des OLG bezeichnet.
[2600] OLG Schleswig IBR 2009, 22 = BauR 2009, 827.
[2601] BGHZ 76, 179 = NJW 1980, 1386 = BauR 1980, 271.
[2602] BGHZ 96, 124 = NJW 1986, 427 = BauR 1986, 105.

Großen Senat für Zivilsachen des BGH angerufen.[2603] Dieser hat 1986 entschieden,[2604] dass es einen ersatzfähigen Vermögensschaden darstellen kann, wenn der Eigentümer eines von ihm selbst bewohnten Hauses infolge eines deliktischen Eingriffs in das Eigentum das Haus vorübergehend nicht benutzen kann, ohne dass ihm hierdurch zusätzliche Kosten entstehen oder Einnahmen entgehen. Denn auf die ständige Verfügbarkeit des bewohnten Hauses ist der Eigentümer für seine eigenwirtschaftliche Lebenshaltung angewiesen; sie ist typischerweise von zentraler Bedeutung für seine Lebenshaltung. Was der Große Senat ausdrücklich nur für deliktische Ansprüche ausgesprochen hat, gilt ebenso für vertragliche Schadenersatzansprüche[2605] und damit auch für den Anspruch aus § 13 Abs. 7 Nr. 3 S. 1 VOB/B.[2606]

Das von der Rechtsprechung entwickelte Kriterium, ob der Gläubiger auf die ständige Verfügbarkeit für die eigenwirtschaftliche Lebenshaltung typischerweise angewiesen ist, wird von *Weingart* [2607] mit gewichtigen Argumenten angezweifelt. *Weingart* plädiert für ein geschlossenes Schadensersatzsystem, wonach der Gläubiger immer dann Nutzungsentschädigung verlangen könne, wenn die Schadensersatzvorschriften der §§ 249 ff. BGB anstelle des primären, auf körperliche Ersatzgebrauchsverschaffung abzielenden, Naturalrestitutionsanspruchs kompensatorisch Geldersatz vorgesehen ist **und** für die Nutzungsentschädigung dem Grunde nach vorausgesetzt ist, dass ein Markt mit Marktpreisen besteht, auf welchem körperlich eine funktional vergleichbare Ersatzgebrauchsnutzung verschafft werden kann und sich die Höhe des Nutzungsentschädigungsanspruchs danach bemisst, welchen Marktpreis man für die Beschaffung des Ersatzgebrauchsnutzens bezahlen muss.

Dem entsprechend sind in der Folgezeit Schadensersatzansprüche wegen entgangener Nutzungsmöglichkeit zum **Beispiel verneint** worden, 435
– wenn eine infolge Feuchtigkeit unbenutzbare Einliegerwohnung einem erwachsenen Sohn lediglich als Zweitwohnung dient,[2608]
– wenn der Hobby- und der Kinderspielkeller eines Hauses infolge von Baumängeln nur eingeschränkt gebrauchsfähig sind,[2609]
– wenn die Zufahrt zur Garage zeitweise versperrt sowie Garten und Terrasse nicht zu nutzen sind,[2610]
– wenn ein Hobby- und ein Abstellraum im Keller wegen wiederholter Überschwemmung längere Zeit nicht brauchbar sind,[2611]
– wenn ein abgerissener Balkon nicht wiederhergestellt werden kann,[2612]
– wenn ein Ferienhaus verspätet fertiggestellt wird,[2613]
– wenn zur Eigennutzung vorgesehenes Wohnungseigentum erst 4 Jahre später bezogen werden kann, aber bis dahin eine angemessene Mietwohnung zur Verfügung stand,[2614]
– oder wenn Abstell- und Büroräume im Keller, weil der gesamte Kellerfußboden wegen Durchnässung erneuert werden muss, mehrere Jahre nicht genutzt werden können.[2615]

Denn in allen diesen Fällen[2616] ging es nicht um Nutzungen von zentraler Bedeutung für die Lebenshaltung.

[2603] BGH NJW 1986, 2037.
[2604] BGHZ 98, 212 = NJW 1987, 50 = BauR 1987, 312.
[2605] Nach BGH NJW 2014, 1374 = NZBau 2014, 280 = BauR 2014, 989 auch für den Fall des Verzugs des Bauträgers mit der Übergabe einer herzustellenden Eigentumswohnung. Ähnlich BGH BauR 2014, 1300.
[2606] NWJS VOB/B § 13 Rn. 247; Beck'scher VOB-Kommentar/*Kohler* VOB/B § 13 Abs. 7 Rn. 145; *Riedl/Mansfeld* in Heiermann/Riedl/Rusam VOB/B § 13 Rn. 200; *Vygen/Joussen* Bauvertragsrecht Rn. 1429, 1463.
[2607] *Weingart* BauR 2015, 1557.
[2608] BGHZ 117, 260 = NJW 1992, 1500.
[2609] OLG Düsseldorf BauR 1992, 96; vgl. für einen Hobbyraum auch LG München BauR 1993, 640 (nur Ls.) = IBR 1993, 329.
[2610] BGH NJW 1993, 1793; ähnlich OLG Hamm BauR 2006, 113.
[2611] OLG Düsseldorf OLGR 2000, 6.
[2612] OLG Saarbrücken BauR 2007, 738.
[2613] OLG Frankfurt IBR 2010, 319.
[2614] OLG Stuttgart BauR 2010, 1240 mit kritischem Praxishinweis von *Weyer* IBR 2010, 393.
[2615] OLG Celle IBR 2014, 664 = BauR 2015, 521.
[2616] Mit Ausnahme des Falles des OLG Stuttgart BauR 2010, 1240.

436 Dem gegenüber ist für erst nach Jahren beseitigte Schallschutzmängel einer Einzimmerwohnung[2617] und für lang anhaltende Geruchsbelästigungen nach Parkettversiegelung in Wohn- und Schlafzimmer[2618] eine Nutzungswertentschädigung zu Recht **bejaht** worden.

437 Die **Höhe des Schadens** bemisst sich danach, was die Einsatzfähigkeit der Sache für den Eigengebrauch dem Verkehr an Geld wert ist. Das kann anhand der anteiligen Vorhaltekosten für den entzogenen Gebrauch – angemessene Verzinsung des eingesetzten Kapitals, weiterlaufende Aufwendungen, gebrauchsunabhängige Entwertung – erhöht um einen maßvollen Aufschlag beziffert werden.[2619] Bei der Schadensbemessung kann auch von der üblichen Miete gemindert um die Verdienstspanne des Vermieters und die im Falle privater Nutzung nicht anfallenden Kosten ausgegangen werden.[2620]

438 Der Ersatz von Nutzungs-/Mietausfall und entgangenen Nutzungsmöglichkeiten setzt **nicht** den fruchtlosen Ablauf einer nach § 13 Abs. 5 Nr. 2 VOB/B gesetzten **Mängelbeseitigungsfrist** voraus, weil diese Schäden ohnehin einer Nachbesserung nicht zugänglich sind.[2621] Die Frage, ob etwas anderes für solche Schäden gilt, die nach dem für die Mängelbeseitigung erforderlichen Zeitraum anfallen, weil der Auftragnehmer aufgrund einer Fristsetzung Gelegenheit haben sollte, diese weitergehenden Schäden durch Nachbesserung abzuwenden, ist entgegen der früher[2622] hier vertretenen Ansicht aus den gleichen Gründen zu verneinen, die im BGB-Werkvertragsrecht für die Unterscheidung zwischen durch mangelhafte Leistung verursachten Verzögerungsschäden und reinen Verzugsschäden sprechen.[2623] Falls der Auftraggeber die Mängelbeseitigung hinauszieht, greift allerdings gegebenenfalls § 254 Abs. 2 BGB ein.[2624]

439 **(10) Gutachterkosten.** Solche Kosten zur Ermittlung von Ursachen und Ausmaß aufgetretener Mängel[2625] sind deren zwangsläufige Folge, wenn der Auftraggeber ohne ein Gutachten die Mängel[2626] und seine Schadenersatzansprüche[2627] nicht richtig beurteilen kann;[2628] auch diese Kosten hängen deshalb eng und unmittelbar mit den Mängeln zusammen[2629] und fallen unter § 13 Abs. 7 Nr. 3 S. 1 VOB/B.[2630] Allerdings gilt das nur, soweit der Sachverständige Schäden im Sinne des § 13 Abs. 7 Nr. 3 **S. 1** VOB/B untersucht; betrifft sein Gutachten nach Satz 2 zu ersetzende entfernte Mangelfolgeschäden, ist der Auftragnehmer für dessen Kosten ebenfalls lediglich unter den zusätzlichen Voraussetzungen des Satz 2 schadensersatzpflichtig.[2631] Der Schadensersatzanspruch wegen Gutachterkosten – und ebenso wegen **außergerichtlicher Anwaltskosten**[2632] – entsteht von vornherein neben dem Mängelbeseitigungsanspruch, so dass auch hier

---

[2617] OLG Stuttgart NJW-RR 2000, 1617 = BauR 2001, 643.
[2618] OLG Köln IBR 2003, 241.
[2619] BGHZ 98, 212 = NJW 1987, 50 = BauR 1987, 312; Beck'scher VOB-Kommentar/*Kohler* VOB/B § 13 Abs. 7 Rn. 147.
[2620] *Riedl/Mansfeld* in Heiermann/Riedl/Rusam VOB/B § 13 Rn. 200, 2. Absatz.
[2621] BGH NJW 2000, 2020 = NZBau 2000, 329 = BauR 2000, 1190; vgl. auch *Weyer* Jahrbuch BauR 2005, 1 (12–17) sowie → Rn. 405391. So auch für das Kaufrecht BGH BauR 2009, 1585.
[2622] In der 1. Aufl., VOB/B § 13 Rn. 358. *Kniffka,* der in einer früheren Fassung seines ibr-online-Kommentars Bauvertragsrecht – Stand 25.11.2002, BGB § 636 Rn. 32 – dazu neigte, obige Frage zu bejahen, hat jene Ausführungen in spätere Fassungen nicht übernommen.
[2623] Vgl. zu letzterem *Weyer* Jahrbuch BauR 2005, 1 (12–17).
[2624] Vgl. dazu auch → Rn. 44236.
[2625] Nicht zur vorbeugenden Beratung durch einen Gutachter: OLG Düsseldorf BauR 2011, 1183.
[2626] OLG Naumburg NZBau 2008, 62; OLG Stuttgart BauR 2008, 2056.
[2627] OLG Nürnberg BauR 2006, 148; Zu Gutachterkosten im Rahmen der Ersatzvornahme vgl. → Rn. 323 und *Kleine-Möller/Merl/Glöckner* § 15 Rn. 947.
[2628] Im Prozess setzt schlüssiger Parteivortrag allerdings nicht die Untermauerung durch ein Privatgutachten voraus; mangels eigener Sachkunde genügt dort vielmehr, zunächst nur vermutete Tatsachen vorzutragen: BGH NJW 2003, 1400.
[2629] Weshalb eine Hemmung der Verjährung der Mängelansprüche auch sie erfasst (§ 213 BGB); ähnlich OLG Düsseldorf NZBau 2010, 501 = BauR 2010, 1248.
[2630] BGHZ 54, 352 = NJW 1971, 99 = BauR 1971, 51; BGH NJW 2002, 141 = NZBau 2002, 31 = BauR 2002, 86; OLG Frankfurt BauR 1991, 777; OLG Düsseldorf NJW-RR 1996, 729 = BauR 1996, 129; IBR 2003, 672; NZBau 2010, 501 = BauR 2010, 1248; OLG Zweibrücken IBR 2004, 416; NWJS VOB/B§ 13 Rn. 249; *Riedl/Mansfeld* in Heiermann/Riedl/Rusam VOB/B § 13 Rn. 203; *Siegburg* Gewährleistung Rn. 1214; andere rechtliche Einordnung: Beck'scher VOB-Kommentar/*Kohler* VOB/B § 13 Abs. 7 Rn. 156.
[2631] NWJS VOB/B § 13 Rn. 249.
[2632] Vgl. dazu OLG Düsseldorf BauR 2011, 121; OLG Hamm IBR 2012, 327 = BauR 2012, 1109.

eine Fristsetzung nach § 13 Abs. 5 Nr. 2 VOB/B keine Anspruchsvoraussetzung ist.[2633] Wenn der Auftraggeber selbst hinreichend fachkundig ist, kann er durch die Einholung eines Gutachtens gegen seine Schadensminderungspflicht aus § 254 Abs. 2 BGB verstoßen.[2634] Ein solcher Verstoß kann aber nicht schon deshalb angenommen werden, weil der Sachverständige mit objektiv überflüssigen Untersuchungen überhöhte Kosten verursacht.[2635] An den Auftraggeber erstattete Gutachtenkosten kann der Auftragnehmer nicht nach § 13 Abs. 7 Nr. 3 S. 1 VOB/B von seinem Nachunternehmer ersetzt verlangen;[2636] denn jene Kosten sind in deren Verhältnis ein entfernter Mangelfolgeschaden. Es kommt jedoch ein Schadensersatzanspruch des Auftragnehmers gegen seinen Nachunternehmer aus § 13 Abs. 7 Nr. 3 S. 2 VOB/B in Betracht.[2637]

Soweit eingeholte **Privatgutachten** der Prozessvorbereitung oder der Unterstützung der Partei im Prozess dienen, können die dafür aufgewandten Beträge **Kosten des Rechtsstreits** iSd § 91 ZPO sein.[2638] Dann sind sie im Kostenfestsetzungsverfahren auszugleichen und für ihre Geltendmachung mit der Schadenersatzklage fehlt ein Rechtsschutzinteresse.[2639] Privatgutachterkosten sind erstattungsfähig, wenn eine verständige und wirtschaftlich vernünftig denkende Partei die Kosten auslösende Maßnahme ex ante als sachdienlich ansehen durfte; Voraussetzung ist nicht, dass das Privatgutachten ex post betrachtet tatsächlich die Entscheidung des Gerichts beeinflusst hat.[2640] Ist allerdings der materiell-rechtliche Kostenerstattungsanspruch mit der Begründung abgewiesen wurden, die Einholung des Privatgutachtens sei nicht erforderlich gewesen, besteht kein Anlass, über die Notwendigkeit der Gutachterkosten erneut im Rahmen der prozessualen Kostenerstattung zu entscheiden.[2641] **440**

(11) Kein Vorschussanspruch. Der Auftraggeber hat aus § 13 Abs. 7 Nr. 3 S. 1 VOB/B keinen Vorschussanspruch.[2642] Denn anders als bei § 13 Abs. 5 Nr. 2 VOB/B[2643] besteht hier für einen solchen Anspruch kein Bedürfnis, weil der Schadensersatzanspruch ohnehin auf Geld gerichtet ist[2644] und der zur Mängelbeseitigung erforderliche Geldbetrag als Schadensersatz bereits vor der Nachbesserung verlangt werden kann.[2645] Allerdings kann der Auftraggeber eine Klage auf Schadensersatz hilfsweise auf den Vorschussanspruch aus § 13 Abs. 5 Nr. 2 VOB/B, § 637 Abs. 3 BGB stützen.[2646] Das ist immer dann ratsam, wenn nicht sicher davon auszugehen ist, dass die Voraussetzungen des Schadensersatzanspruchs erfüllt sind. **441**

(12) Kostenbeteiligung des Auftraggebers. Falls eine Kostenbeteiligungspflicht des Auftraggebers besteht,[2647] sind bei der Schadensberechnung **Sowieso-Kosten** abzuziehen und ein **Vorteilsausgleich**[2648] vorzunehmen. Gegenüber der Belastung eines Bundeslandes als Auftraggeber mit erhöhter Umsatzsteuer stellen die damit verbundenen Steuermehreinnahmen keinen auszugleichenden Vorteil dar.[2649] **442**

Wenn im Rahmen einer **werkvertraglichen Leistungskette** feststeht, dass ein Nachunternehmer von seinem Auftraggeber wegen Mängeln des Werks nicht mehr in Anspruch genommen werden wird, weil Mängelansprüche gegen ihn verjährt sind oder er sich mit seinem **443**

[2633] BGH NJW 2002, 141 = NZBau 2002, 31 = BauR 2002, 86; BGHZ 154, 119 = NJW 2003, 1526 = NZBau 2003, 267 = BauR 2003, 693.
[2634] *Kleine-Möller/Merl/Glöckner* § 15 Rn. 947; Beck'scher VOB-Kommentar/*Kohler* VOB/B § 13 Abs. 7 Rn. 155.
[2635] OLG Düsseldorf BauR 1985, 485 (nur Ls.) und BauR 1989, 329; Ingenstau/Korbion/*Wirth* VOB/B § 13 Abs. 7 Rn. 106.
[2636] OLG Düsseldorf NJW-RR 1996, 729 = BauR 1996, 129.
[2637] Vgl. → Rn. 445.
[2638] BGHZ 153, 235 = NJW 2003, 1398; BGH NJW 2006, 2415 = NZBau 2006, 647 = BauR 2006, 1505; NJW 2008, 1597; IBR 2009, 181; OLG Düsseldorf IBR 2009, 180; OLG Celle IBR 2009, 182; OLG Zweibrücken IBR 2009, 183; OLG Bamberg IBR 2009, 184; OLG Karlsruhe IBR 2009, 493; 2010, 310; OLG Koblenz NZBau 2010, 503; OLG Köln NZBau 2011, 36.
[2639] OLG Celle IBR 2011, 120. Vgl. dazu näher *Siegburg* Gewährleistung Rn. 1215–1217.
[2640] BGH BauR 2012, 985; NJW 2013, 1823 Rn. 8/9; OLG München NZBau 2013, 642.
[2641] BGH NJW 2012, 1291 = BauR 2012, 834 = NZBau 2012, 290 mit Anm. von *Schwenker*.
[2642] BGHZ 61, 28 = NJW 1973, 1457 = BauR 1973, 321.
[2643] Vgl. dazu → Rn. 328.
[2644] Vgl. → Rn. 418.
[2645] Vgl. → Rn. 420, aber auch → Rn. 423, 424.
[2646] Näher dazu → Rn. 333
[2647] Vgl. dazu → Rn. 326.
[2648] Vgl. dazu BGH NZBau 2004, 336 = BauR 2004, 869.
[2649] BGH NZBau 2014, 620 = BauR 2014, 1949.

Auftraggeber verglichen hat, kann er nach dem Gedanken der Vorteilsausgleichung sogar gehindert sein, seinerseits Ansprüche wegen dieser Mängel gegen seinen Auftragnehmer geltend zu machen.[2650] Diese Rechtsprechung beruht auf der normativen, von Treu und Glauben geprägten schadensrechtlichen Wertung, dass dem Hauptunternehmer jedenfalls dann, wenn er wegen des Mangels nicht mehr in Anspruch genommen werden kann, ungerechtfertigte, ihn **bereichernde Vorteile** zufließen, wenn er gleichwohl als Schadenersatz die Mängelbeseitigungskosten vom Nachunternehmer fordern kann.[2651] Ebenso muss sich der Hauptunternehmer bei der Beurteilung seines Schadenersatzanspruchs wegen Mängeln gegen einen Nachunternehmer gegebenenfalls an dem Prozessergebnis festhalten lassen, das er wegen der selben Mängel gegenüber seinem Auftraggeber erstritten hat.[2652] Ein einem Bauträger gegen einen Erwerber zustehender Anspruch auf Rückzahlung eines Vorschuss auf Mängelbeseitigungskosten ist allenfalls dann auf einen Schadenersatzanspruch des Bauträgers gegen seinen Auftragnehmer wegen dieser Mängel anzurechnen, wenn er den Rückzahlungsanspruch realisiert hat und feststeht, dass er von dem Erwerber künftig wegen dieser Mängel nicht mehr in Anspruch genommen werden kann.[2653] Vorher muss der Auftragnehmer analog § 255 BGB jedoch nur gegen Abtretung möglicher Ansprüche gegen den Erwerber Schadenersatz leisten.[2654]

444   Ein etwaiges **Mitverschulden** ist gemäß **§ 254 Abs. 1 BGB** zu berücksichtigen.[2655] Ein solches trifft den Auftraggeber, der selbst auf dem Gewerk seines Auftragnehmers aufbaut, indem er weitere Bauleistungen erbringt, wenn er die Leistung seines Auftragnehmers ungeprüft übernimmt.[2656] Im Rahmen seines Schadenersatzbegehrens hat der Auftraggeber besonders seine **Schadensminderungspflicht** nach **§ 254 Abs. 2 BGB** zu beachten. Er muss sich um baldmögliche Mängelbeseitigung und die Vermietbarkeit bemühen, wenn er Mietausfall verlangen will.[2657] Allerdings dürfen insoweit keine zu strengen Maßstäbe angelegt werden.[2658] Gegebenenfalls darf der Auftraggeber den Eingang des abschließenden Gutachtens im selbständigen Beweisverfahren abwarten.[2659] Inwieweit der Auftraggeber gegen seine Schadensminderungspflicht verstößt, wenn er die Mängelbeseitigung erst nach zehn Jahren mit inzwischen gestiegenen Baukosten ausführen lässt, hängt von den Umständen des Einzelfalls ab.[2660] Das gilt auch für die vorzeitige Rückgabe von Sicherheiten.[2661] Die in § 254 Abs. 2 S. 1 BGB an erster Stelle geregelte **Warnobliegenheit** hat den Zweck, dem Vertragspartner geeignete Maßnahmen zur Verhinderung eines drohenden Schadens zu ermöglichen.[2662] Sie ist eine Ausprägung des Grundsatzes von Treu und Glauben.[2663] Sie ist nicht dazu bestimmt, den Auftragnehmer auch nur teilweise von den Folgen grob fachwidrigen Verhaltens zu entlasten.[2664]

445   **b) Großer Schadenersatzanspruch: Nr. 3 Satz 2.** Der in § 13 Abs. 7 Nr. 3 S. 2 VOB/B geregelte große Schadenersatzanspruch umfasst einen „darüber hinausgehenden Schaden". Diese Formulierung bezieht sich auf § 13 Abs. 7 Nr. 3 S. 1 VOB/B und den danach nur zu ersetzenden „Schaden an der baulichen Anlage". Da unter Satz 1 der Mangelschaden und enge/nächste Mangelfolgeschäden fallen, verbleiben für Satz 2 lediglich die entfernten Mangelfolgeschäden.[2665]

[2650] BGH NJW 2007, 2695 = NZBau 2007, 578 = BauR 2007, 1564; NJW 2007, 2697 = NZBau 2007, 580 = BauR 2007, 1567; OLG Celle BauR 2014, 728; näher dazu *Weyer* NZBau 2007, 695 (697–699); kritisch *Schiemann* NJW 2007, (3037–3039). Vgl. auch OLG Frankfurt IBR 2010, 90.
[2651] BGH NJW 2013, 3297 = NZBau 2013, 693 = BauR 2013, 1855 Rn. 22. Vgl. schon → Rn. 279.
[2652] OLG Saarbrücken NZBau 2010, 752.
[2653] BGH NJW 2008, 3359 = NZBau 2009, 35 = BauR 2008, 1877.
[2654] BGH NJW 2008, 3359 = NZBau 2009, 35 = BauR 2008, 1877 Rn. 23.
[2655] OLG Hamburg NJW-RR 2001, 1534.
[2656] BGH NZBau 2003, 495 = BauR 2003, 1213.
[2657] BGH BauR 1974, 205.
[2658] BGH NJW-RR 1995, 1169 = BauR 1995, 692; vgl. dazu den Praxishinweis von *Weyer* in IBR 1995, 368.
[2659] OLG Koblenz BauR 2010, 104.
[2660] BGH NZBau 2004, 336 = BauR 2004, 869. Vgl. auch OLG Düsseldorf BauR 2007, 1254.
[2661] OLG Frankfurt IBR 2009, 707, mit zu Recht kritischem Praxishinweis von *Bröker*.
[2662] BGH NJW-RR 2005, 1277; NJW 2006, 995 = NZBau 2006, 234 = BauR 2006, 522.
[2663] BGH NJW 1997, 2234.
[2664] BGH NJW 2006, 995 = NZBau 2006, 234 = BauR 2006, 522.
[2665] BGH NJW 1970, 421 = BauR 1970, 48; BGHZ 58, 332 = NJW 1972, 1280 = BauR 1972, 311; BGHZ 61, 203 = NJW 1973, 1752 = BauR 1973, 381; BGH NZBau 2004, 614 = BauR 2004, 1653; vgl. dazu schon → Rn. 403 und 417.

aa) **Voraussetzungen.** Der Tatbestand des § 13 Abs. 7 Nr. 3 S. 2 VOB/B erfordert zunächst **446** als **allgemeine** Anspruchsvoraussetzungen diejenigen des § 13 Abs. 7 Nr. 3 **S. 1** VOB/B.[2666] Der Auftragnehmer hat mithin auch entfernte Mangelfolgeschäden nur zu ersetzen, wenn er einen ihm zuzurechnenden Mangel verursacht hat,[2667] welcher wesentlich ist und die Gebrauchsfähigkeit erheblich beeinträchtigt sowie von ihm verschuldet ist.[2668] Außerdem muss **eine** der **besonderen** Voraussetzungen des § 13 Abs. 7 Nr. 3 S. 2 lit. a bis c VOB/B hinzukommen, wie aus dem „oder" am Ende der Alternative b folgt.

(1) **Verstoß gegen anerkannte Regeln der Technik.** Die erste Alternative ist erfüllt, „wenn **447** der Mangel auf einem Verstoß gegen die anerkannten Regeln der Technik beruht". Ein leicht fahrlässiger[2669] Verstoß gegen diese Regeln führt wegen deren besonderer Bedeutung zu der erweiterten Schadenersatzpflicht nach § 13 Abs. 7 Nr. 3 S. 2 lit. a VOB/B. Schon gemäß §§ 4 Abs. 2 Nr. 1 S. 2, 13 Abs. 1 S. 2 Alt. 2 VOB/B hat der Auftragnehmer nämlich die anerkannten Regeln der Technik stets zu beachten. Erfahrungsgemäß beruhen wesentliche Mängel regelmäßig auf einer schuldhaften Verletzung dieser Regeln.[2670] Deshalb spricht bei einem objektiven Regelverstoß der Beweis des ersten Anscheins für einen Kausalzusammenhang mit der Regelverletzung[2671] und für ein schuldhaftes Verhalten des Auftragnehmers,[2672] so dass der Auftraggeber meist über § 13 Abs. 7 Nr. 3 S. 2 lit. a VOB/B auch die entfernten Mangelfolgeschäden ersetzt verlangen kann.[2673]

(2) **Fehlen einer vertraglich vereinbarten Beschaffenheit.** Weil mit der Neufassung des **448** § 13 Abs. 1 VOB/B durch die VOB/B 2002 der Begriff der zugesicherten Eigenschaft entfallen ist,[2674] stellt die zweite Alternative des § 13 Abs. 7 Nr. 3 S. 2 VOB/B seither ebenfalls darauf ab, dass „der Mangel in dem Fehlen einer vertraglich vereinbarten Beschaffenheit besteht".[2675] Da die Beschaffenheit der Bauleistung auch konkludent vereinbart werden kann[2676] und stillschweigende Vereinbarungen der Beschaffenheit in der Bauvertragspraxis breiten Raum einnehmen,[2677] hat § 13 Abs. 7 Nr. 3 S. 2 lit. b VOB/B jetzt einen viel weitreichenderen Anwendungsbereich als nach seiner früheren Fassung.[2678] Zwar müssen auch hier die Voraussetzungen des § 13 Abs. 7 Nr. 3 S. 1 VOB/B und damit ein Verschulden hinzukommen.[2679] Wie vorstehend bei § 13 Abs. 7 Nr. 3 S. 2 lit. a VOB/B wird aber das Verschulden in aller Regel festzustellen sein, so dass es kaum Fallgestaltungen geben wird, in denen § 13 Abs. 7 Nr. 3 S. 2 lit. b VOB/B nicht erfüllt ist.

(3) **Haftpflichtversicherter oder -versicherbarer Schaden.** Die dritte Alternative greift **449** ein, „soweit der Auftragnehmer den Schaden durch Versicherung seiner gesetzlichen Haftpflicht gedeckt hat oder durch eine solche zu tarifmäßigen, nicht auf außergewöhnliche Verhältnisse abgestellten Prämien und Prämienzuschlägen bei einem im Inland zum Geschäftsbetrieb zugelassenen Versicherer hätte decken können". Die textliche Änderung durch die VOB/B 2002 gegenüber der früheren Fassung beruht darauf, dass Versicherungsbedingungen nicht mehr zu

---

[2666] OLG Düsseldorf BauR 2015, 1866; *Kleine-Möller/Merl/Glöckner* § 15 Rn. 950; *Siegburg* Gewährleistung Rn. 1318; *Nicklisch/Weick/Moufang/Koos*, § 13 Rn. 447.
[2667] Dafür soll nach OLG Celle BauR 2012, 517, bei einem grobfahrlässigen Verstoß gegen die anerkannten Regeln der Technik ein Beweis des ersten Anscheins sprechen; vgl. dazu kritisch Analyse von *Weyer* vom 14.2.2012 in werner-baurecht-online.
[2668] Vgl. dazu → Rn. 404–409.
[2669] Vgl. dazu → Rn. 446 und 408.
[2670] *Ingenstau/Korbion/Wirth* VOB/B § 13 Abs. 7 Rn. 127; *Siegburg* Gewährleistung Rn. 1321.
[2671] OLG Düsseldorf IBR 2013, 618.
[2672] *Kleine-Möller/Merl/Glöckner* § 15 Rn. 953; *Siegburg* Gewährleistung Rn. 1321; Beck'scher VOB-Kommentar/*Kohler* VOB/B § 13 Abs. 7 Rn. 170.
[2673] Vgl. dazu bereits → Rn. 417. Einen Beispielfall behandelt BGH BauR 2004, 1653: Die geschuldete Leistung, eine biegesteife Decke herzustellen, war nach den anerkannten Regeln der Technik durch Vorspannen zu bewirken. Weiterer Beispielfälle: OLG Bamberg IBR 2009, 322; OLG Hamm IBR 2012, (142 und 143) = BauR 2012, 1666.
[2674] Vgl. dazu → Rn. 15, 16.
[2675] Beschluss des Vorstandes des DVA vom 2.5.2002, Begründung II.13.c.
[2676] Vgl. → Rn. 33.
[2677] Vgl. dazu → Rn. 35–39, 50, 52.
[2678] *Kniffka/Krause-Allenstein* ibr-online-Kommentar Bauvertragsrecht, Stand 23.11.2014, § 636 Rn. 118: „drastisch erweitert".
[2679] BGH NJW 1962, 1569; vgl. auch → Rn. 446.

genehmigen sind.²⁶⁸⁰ § 13 Abs. 7 Nr. 3 S. 2 lit. c VOB/B soll verhindern, dass die im Verhältnis der Bauvertragspartner geltende Haftungsbeschränkung des § 13 Abs. 7 Nr. 3 S. 1 VOB/B dem Haftpflichtversicherer zugute kommt, und dem Auftragnehmer das Risiko der erweiterten Haftung auferlegen, wenn dieser keine Vorsorge durch Abschluss einer üblichen Betriebshaftpflichtversicherung trifft.²⁶⁸¹

450 Der **Umfang** der durch eine Betriebshaftpflichtversicherung **gedeckten Schäden** ergibt sich im Wesentlichen aus den Allgemeinen Versicherungsbedingungen für die Haftpflichtversicherung (AHB 2004)²⁶⁸². Wichtig sind insoweit vor allem § 1 AHB mit der Umschreibung des Gegenstands der Versicherung²⁶⁸³ und § 7 AHB mit seinen zahlreichen Ausschlussklauseln.²⁶⁸⁴ Von diesen Risikoausschlüssen sind die in §§ 24–26 AHB geregelten Obliegenheitsverletzungen zu unterscheiden, die den Versicherer von seiner Deckungspflicht befreien. Obliegenheiten sind vom Versicherungsnehmer vor oder nach Eintritt des Versicherungsfalls zu erfüllen. Wird dem Auftragnehmer der Deckungsschutz versagt, weil er vorsätzlich oder grob fahrlässig Obliegenheiten verletzt hat, bleibt es gleichwohl bei der Haftung aus § 13 Abs. 7 Nr. 3 S. 2 lit. c VOB/B, weil sein Fehlverhalten nicht zu Lasten des Auftraggebers gehen darf.²⁶⁸⁵

451 Umstritten ist, ob § 13 Abs. 7 Nr. 3 S. 2 lit. c VOB/B auch dann eingreift, wenn der Auftragnehmer dem Auftraggeber den Abschluss einer **Versicherung,** die ein **außergewöhnliches Risiko** deckt, vertraglich als Besondere Leistung im Sinne von Abschnitt 4.2.6 der VOB/C DIN 18299 zugesagt, dies aber unterlassen hat. Zum Teil wird das bejaht.²⁶⁸⁶ Andere nehmen an, dass der Auftraggeber in diesem Fall nur verlangen kann, im Wege des Schadenersatzes wegen Pflichtverletzung (§ 280 Abs. 1 BGB) so gestellt zu werden, als sei die Versicherung tatsächlich abgeschlossen worden.²⁶⁸⁷ Beide Auffassungen setzen ein Verschulden des Auftragnehmers voraus und führen zum gleichen Ergebnis. Deshalb kann dahinstehen, welchem Ansatz der Vorzug zu geben ist.

452 **bb) Inhalt des großen Schadenersatzanspruchs.** Dazu bestimmt § 13 Abs. 7 Nr. 3 S. 2 VOB/B lediglich, dass der Auftragnehmer dem Auftraggeber einen „darüber hinausgehenden Schaden" zu ersetzen hat.

453 **(1) Darüber hinausgehender Schaden.** Was § 13 Abs. 7 Nr. 3 S. 2 VOB/B mit einem darüber hinausgehenden Schaden meint, folgt aus dessen Satz 1, nach welchem nur der Schaden an der baulichen Anlage zu ersetzen ist.²⁶⁸⁸ Darüber hinaus gehen alle Schäden, die infolge²⁶⁸⁹ des Baumangels außerhalb der baulichen Anlage an sonstigen Rechtsgütern des Auftraggebers entstehen,²⁶⁹⁰ also die **entfernten Mangelfolgeschäden.**²⁶⁹¹ Dazu zählten früher²⁶⁹² auch durch Mängel verursachte Körper- und Gesundheitsschäden des Auftraggebers und der in den Schutzbereich des Bauvertrags einbezogenen Personen.²⁶⁹³ Ersatzansprüche wegen solcher Schäden sind seit der VOB/B 2002 in § 13 Abs. 7 Nr. 1 VOB/B speziell geregelt.²⁶⁹⁴ Unter § 13 Abs. 7 Nr. 3 S. 2 VOB/B fallen reine Vermögensschäden,²⁶⁹⁵ wie zum Beispiel

---

²⁶⁸⁰ Beschluss des Vorstandes des DVA vom 2.5.2002, Begründung II.13.c.
²⁶⁸¹ Ingenstau/Korbion/*Wirth* VOB/B § 13 Rn. 133; *Riedl/Mansfeld* in Heiermann/Riedl/Rusam VOB/B § 13 Rn. 190; Beck'scher VOB-Kommentar/*Kohler* VOB/B § 13 Rn. 172.
²⁶⁸² Näher dazu *von Rintelen* NZBau 2006, (401–408); *Ahlswede* NZBau 2006, 409.
²⁶⁸³ Zur alten Fassung des § 1 AHB näher Beck'scher VOB-Kommentar/*Kohler* 1. Aufl., VOB/B § 13 Nr. 7 Rn. 150–154; *Heiermann/Riedl/Rusam* 10. Aufl., VOB/B § 13 Rn. 199/200.
²⁶⁸⁴ Früher § 4 AHB, im Einzelnen behandelt von Beck'scher VOB-Kommentar/*Kohler* 1. Aufl., VOB/B § 13 Nr. 7 Rn. 155, 157–188; *Heiermann/Riedl/Rusam,* 10. Aufl., VOB/B § 13 Rn. 203–206.
²⁶⁸⁵ Beck'scher VOB-Kommentar/*Kohler* VOB/B § 13 Abs. 7 Rn. 182; NWJS VOB/B § 13 Rn. 262.
²⁶⁸⁶ Ingenstau/Korbion/*Wirth* 14. Aufl., VOB/B § 13 Abs. 7 Rn. 798, in Folgeauflagen nicht übernommen.
²⁶⁸⁷ NWJS VOB/B § 13 Rn. 260.
²⁶⁸⁸ Vgl. bereits → Rn. 445.
²⁶⁸⁹ Zu einem Fall der „Doppelkausalität": OLG Hamm BauR 2011, 1348.
²⁶⁹⁰ NWJS VOB/B § 13 Rn. 265; *Kleine-Möller/Merl/Glöckner* § 15 Rn. 961; *Riedl/Mansfeld* in Heiermann/Riedl/Rusam VOB/B § 13 Rn. 204.
²⁶⁹¹ *Kniffka/Krause-Allenstein* ibr-online-Kommentar Bauvertragsrecht, Stand 23.11.2014 § 636 Rn. 119, sprechen sich im Anschluss an BGH NZBau 2004, 614 = BauR 2004, 1653 dafür aus, sämtliche Mangelfolgeschäden - enge und entfernte - unter § 13 Abs. 7 Nr. 3 S. 2 VOB/B einzuordnen.
²⁶⁹² Ingenstau/Korbion/*Wirth* VOB/B § 13 Rn. 119, siedeln sie fälschlich immer noch hier an.
²⁶⁹³ In BGHZ 58, 332 = NJW 1972, 1280 = BauR 1972, 311 offen gelassen, inzwischen aber allgemeine Meinung: Beck'scher VOB-Kommentar/*Kohler* VOB/B § 13 Abs. 7 Rn. 215; *Kleine-Möller/Merl/Glöckner* § 15 Rn. 961; NWJS VOB/B § 13 Rn. 266; *Heiermann/Riedl/Rusam* 10. Aufl., VOB/B § 13 Rn. 208.
²⁶⁹⁴ Vgl. dazu → Rn. 396–398.
²⁶⁹⁵ Beck'scher VOB-Kommentar/*Kohler* VOB/B § 13 Abs. 7 Rn. 213.

Mängelansprüche   454, 455   § 13 VOB/B

– die Kosten mängelbedingter Vorprozesse mit Abnehmern,[2696]
– Mietern[2697]
– oder anderen Auftragnehmern[2698]
– und Gutachterkosten, soweit das Gutachten entfernte Mangelfolgeschäden betrifft.[2699]
– Hierzu gehören aber auch verendete Koi-Karpfen infolge fehlerhafter technischer Ausstattungsteile einer Teichanlage.[2700]

Nach dieser Auflistung scheint die Bedeutung des § 13 Abs. 7 Nr. 3 S. 2 VOB/B in auffälligem Gegensatz zu seinen eingehend geregelten differenzierten Voraussetzungen eher gering zu sein. Das ist jedoch dann nicht der Fall, wenn der Auftraggeber sich für den großen Schadensersatz entscheiden will, welchen er nicht aus § 13 Abs. 7 Nr. 3 S. 1 VOB/B,[2701] sondern allein aus dessen Nr. 3 Satz 2[2702] geltend machen kann. Allerdings sollte der DVA ernsthaft erwägen, die Unterscheidung zwischen dem kleinen und großen Schadensersatzanspruch in § 13 Abs. 7 Nr. 3 S. 1 und 2 VOB/B aufzugeben, nachdem schwerlich noch Fälle denkbar sind, in denen Satz 2 lit. a oder b nicht erfüllt ist.[2703]

(2) Naturalrestitution oder Schadensersatz in Geld. Der Schadensersatz nach § 13 Abs. 7   454
Nr. 3 S. 2 VOB/B kann als Naturalrestitution oder in Geld verlangt werden. Weil unter § 13 Abs. 7 Nr. 3 S. 2 VOB/B lediglich entfernte Mangelfolgeschäden fallen, bestehen anders als bei dessen Satz 1 die aus § 640 Abs. 2 BGB abgeleiteten Bedenken gegen eine Naturalrestitution durch Mängelbeseitigung[2704] hier nicht.[2705] Vielmehr ist der Anspruch gemäß § 249 Abs. 1 BGB in erster Linie auf Beseitigung des Schadens gerichtet.[2706] Schadensersatz in Geld kann nur unter den Voraussetzungen der §§ 249 Abs. 2, 250, 251 BGB geltend gemacht werden. Soweit es um durch Mängel verursachte Sachschäden am sonstigen Eigentum des Auftraggebers geht, ist die Einschränkung des Ersatzes von Umsatzsteuer durch § 249 Abs. 2 S. 2 BGB zu beachten.[2707] Bei anderen entfernten Mangelfolgeschäden wird allerdings in aller Regel eine Herstellung in Natur ohnehin ausscheiden und darum nach § 251 Abs. 1 BGB Ersatz in Geld zu leisten sein.

(3) Kleiner oder großer Schadensersatz. Der Auftraggeber hat aufgrund des Anspruchs aus   455
§ 13 Abs. 7 Nr. 3 S. 2 VOB/B die Wahl zwischen dem kleinen oder dem großen Schadensersatz.[2708] Entscheidet er sich für den kleinen Schadensersatz, dann behält er die mangelhafte Bauleistung und liquidiert die mangelbedingten Nachteile, so wie im Falle des Anspruchs aus Satz 1.[2709] Er kann aber auch den großen Schadensersatz geltend machen, weil der Anspruch aus Satz 2, anders als der nach Satz 1, nicht auf den Schaden an der baulichen Anlage beschränkt ist, sondern den vollen Schaden umfasst. Trifft der Auftraggeber diese Wahl, so kann er die Rücknahme des mangelhaften Werks verlangen und die Zahlung jeglicher Vergütung verweigern, ohne nachweisen zu müssen, dass er kein Interesse daran hat, die mangelhafte Leistung zu behalten.[2710] Er kann großen Schadensersatz auch in der Weise verlangen, dass er unter Anrechnung des nicht bezahlten Werklohns Mehrkosten für die Errichtung eines neuen Bauwerks

---

[2696] BGH BauR 1983, 573.
[2697] *Kleine-Möller/Merl/Glöckner* § 15 Rn. 961, 962; *Riedl/Mansfeld* in Heiermann/Riedl/Rusam VOB/B § 13 Rn. 204.
[2698] KG BauR 1988, 229; OLG München IBR 2013, 152.
[2699] Vgl. dazu schon → Rn. 439.
[2700] OLG Düsseldorf IBR 2013, 533.
[2701] Vgl. → Rn. 426/427.
[2702] Dazu näher → Rn. 455.
[2703] Ähnlich *Kniffka/Krause-Allenstein* ibr-online-Kommentar Bauvertragsrecht, Stand 23.11.2014, § 636 Rn. 118, letzter Abs. ; zustimmend auch Ingenstau/Korbion/*Wirth* VOB/B § 13 Abs. 7 Rn. 130.
[2704] Vgl. dazu → Rn. 418.
[2705] Beck'scher VOB-Kommentar/*Kohler* VOB/B § 13 Abs. 7 Rn. 216; NWJS VOB/B § 13 Rn. 267.
[2706] Beck'scher VOB-Kommentar/*Kohler* VOB/B § 13 Abs. 7 Rn. 216.
[2707] Näher dazu *Weyer* Jahrbuch BauR 2005, 1 (4–12); vgl. auch → Rn. 421.
[2708] *Kleine-Möller/Merl/Glöckner* § 15 Rn. 968; Beck'scher VOB-Kommentar/*Kohler* VOB/B § 13 Abs. 7 Rn. 217; NWJS VOB/B § 13 Rn. 268.
[2709] Vgl. dazu → Rn. 428–430.
[2710] BGH *Schäfer/Finnern* Z 2.414 Bl.127; BGHZ 27, 215 = NJW 1958, 1284; *Kleine-Möller/Merl/Glöckner* § 15 Rn. 968; *Riedl/Mansfeld* in Heiermann/Riedl/Rusam VOB/B § 13 Rn. 205; aA – Nachweis des Interessenfortfalls erforderlich –: Beck'scher VOB-Kommentar/*Kohler* VOB/B § 13 Abs. 7 Rn. 219; NWJS VOB/B§ 13 Rn. 268. Zum Regress des zur Wandlung verurteilten Bauträgers bei dem Bauunternehmer: OLG Celle BauR 2007, 720 = NZBau 2007, 175 mit ablehnender Anm. von *Schnapp*; vgl. dazu auch *Weyer* im Praxishinweis zu IBR 2006, 614.

geltend macht; dann ist – wie stets – in entsprechender Anwendung des **§ 251 Abs. 2 BGB** zu prüfen, ob die Aufwendungen dafür unverhältnismäßig sind.[2711] Der genannte Ausnahmefall, dass der Auftraggeber mit der Geltendmachung des großen Schadensatzes gegen Treu und Glauben verstoßen kann, wenn nur geringfügige Mängel vorliegen,[2712] kommt bei § 13 Abs. 7 Nr. 3 VOB/B nicht in Betracht, weil hier ein wesentlicher Mangel Anspruchsvoraussetzung ist.[2713] Etwa bereits gezahlten Werklohn kann der Auftraggeber im Rahmen des großen Schadensersatzes wegen Nichterfüllung zurückfordern.[2714] Der Erwerber einer Eigentumswohnung, der im Wege des großen Schadensersatzes Rückabwicklung des Vertrags durchsetzt, hat Anspruch auf Ersatz seiner Aufwendungen,[2715] vor allem des Erwerbspreises,[2716] muss sich darauf aber den Nutzungsvorteil[2717], dass er die Eigentumswohnung einige Jahre bewohnt hat, anrechnen lassen.[2718] Hat der Erwerber eines Bauwerks die Immobilie vermietet, so sind bei der Schadensberechnung im Rahmen des großen Schadensersatzes die tatsächlichen Mieteinnahmen abzüglich des Erhaltungsaufwands als Vorteil anzurechnen.[2719]

456 **(4) Kostenbeteiligung des Auftraggebers.** Zur Kostenbeteiligungspflicht des Auftraggebers wegen seiner Mitverantwortlichkeit für den Mangel, wegen etwaiger Sowieso-Kosten und wegen möglicherweise auszugleichender Vorteile gilt das zu § 13 Abs. 7 Nr. 3 S. 1 VOB/B Gesagte.[2720] Wenn der Erwerber einer Eigentumswohnung diese mehrere Jahre selbst bewohnt hat und dann wegen erheblicher Schallschutzmängel großen Schadenersatz verlangt, ist sein Nutzungsvorteil zeitanteilig linear aus dem Erwerbspreis zu ermitteln;[2721] wegen der Mängel ist von dem so errechneten Nutzungsvorteil unter Berücksichtigung des Gewichts der Beeinträchtigung ein Abschlag vorzunehmen, der gemäß § 287 ZPO geschätzt werden kann.[2722] Im Extremfall kann ein Vorteilsausgleich ganz ausscheiden, wenn nämlich die Vorteile der Nutzung des mangelhaften Werks durch die mängelbedingte Minderung des Mietwerts mehr als aufgewogen werden.[2723] **Steuervorteile,** die der Erwerber einer Eigentumswohnung durch Absetzung für Abnutzung erzielt hat, muss er sich, wenn er großen Schadenersatz verlangt, grundsätzlich nicht im Wege der Vorteilsausgleichung anrechnen lassen.[2724] Keine Anrechnungspflicht besteht auch für die im Zusammenhang mit dem Erwerb einer Immobilie empfangene Eigenheimzulage.[2725] Wenn sich jedoch der Erwerber einer von ihm vermieteten Wohneinheit die erzielten Steuervorteile anrechnen lässt, sind bei der Berechnung des großen Schadensersatzes anderseits die Steuerverbindlichkeiten zu berücksichtigen, die entstehen, weil zurückfließende Aufwendungen, welche der Erwerber als Werbungskosten geltend gemacht hatte, als Einnahmen aus Vermietung und Verpachtung zu versteuern sind.[2726]

[2711] BGH NJW 2006, 2912 = NZBau 2006, 642 Rn. 16 = BauR 2006, 1736; vgl. auch OLG Frankfurt IBR 2006, 671 und → Rn. 415.
[2712] BGHZ 27, 215 = NJW 1958, 1284 zu § 635 BGB; Beck'scher VOB-Kommentar/*Kohler* VOB/B § 13 Abs. 7 Rn. 220.
[2713] Vgl. → Rn. 446.
[2714] BGHZ 29, 148 = NJW 1959, 620 zu § 463 BGB; *Kleine-Möller/Merl/Glöckner* § 15 Rn. 969.
[2715] BGH NJW 2009, 1870 = NZBau 2009, 376 = BauR 2009, 1140 Rn. 14.
[2716] OLG Naumburg BauR 2008, 1156.
[2717] Vgl. zu dessen Berechnung → Rn. 456.
[2718] BGHZ 164, 235 = NJW 2006, 53 = BauR 2006, 103 = NZBau 2006, 42 (dort nur Leitsatz); BGH NJW 2006, 1582 = BauR 2006, 983; OLG Karlsruhe IBR 2011, 411.
[2719] BGH NZBau 2006, 312 = BauR 2006, 828; NJW 2009, 1870 = NZBau 2009, 376 = BauR 2009, 1140 Rn. 12; OLG Karlsruhe IBR 2010, 89.
[2720] Vgl. → Rn. 442; vgl. dazu auch *Kleine-Möller/Merl/Glöckner* § 15 Rn. 971–979.
[2721] BGHZ 164, 235 = NJW 2006, 53 = BauR 2006, 103 = NZBau 2006, 42 (dort nur Leitsatz); OLG Karlsruhe IBR 2005, 686; 2011, 411; aA: BGH V. Zivilsenat NJW 2006, 1582 = BauR 2006, 983: nur zeitanteilige Wertminderung der auf dem Grundstück befindlichen Bauten maßgebend.
[2722] BGHZ 164, 235 = NJW 2006, 53 = BauR 2006, 103 = NZBau 2006, 42 (dort nur Leitsatz). Zum Vorteilsausgleich bei einer vermieteten Immobilie vgl. → Rn. 455.
[2723] OLG Hamm BauR 2003, 1733, zugleich zur Anrechnung der uneingeschränkten Nutzung des gezahlten Werklohns bis zu dessen Rückzahlung. Zu letzterem aA BGH NJW 2006, 1582 = BauR 2006, 983.
[2724] BGH NJW 2008, 2773 = BauR 2008, 1450. Für die Rückabwicklung eines geschlossenen Immobilienfonds: BGH BauR 2013, 609. Vgl. auch KG NJW 2011, 3659 mit kritischer Anmerkung von *Schiemann*.
[2725] BGH NJW 2010, 675 = NZBau 2010, 165 = BauR 2010, 225.
[2726] BGH NJW 2012, 1573 = BauR 2012, 648.

3. Ausnahmsweise gesetzliche Verjährungsfristen: Nr. 4. Nach § 13 Abs. 7 Nr. 4 VOB/ **457**
B gelten abweichend von § 13 Abs. 4 VOB/B die gesetzlichen Verjährungsfristen, soweit sich
der Auftragnehmer nach Nr. 3 durch Versicherung geschützt hat oder hätte schützen können
oder soweit ein besonderer Versicherungsschutz vereinbart ist. Daraus folgt zunächst, dass grundsätzlich
auch die Schadenersatzansprüche aus § 13 Abs. 7 Nr. 1–3 VOB/B in den Fristen des
§ 13 Abs. 4 VOB/B verjähren, soweit nicht die **Ausnahme**vorschrift des § 13 Abs. 7 Nr. 4
VOB/B eingreift.[2727] Zugleich und vor allem regelt diese Bestimmung, dass die Reichweite der
Ausnahme der des bestehenden, des nach Nr. 3 möglich gewesenen oder des vereinbarten
besonderen Versicherungsschutzes[2728] entspricht. In diesem Umfang soll die Haftung des Auftragnehmers
nicht nur durch Nr. 3 Satz 2 lit. c auf den vollen Schaden, sondern durch Nr. 4
auch mittels der längeren gesetzlichen Verjährungsfrist erweitert werden.

Wenn die Bauvertragspartner einen **besonderen**, also über § 13 Abs. 7 Nr. 3 S. 2 lit. c VOB/ **458**
B hinausgehenden Haftpflicht**versicherungsschutz** vereinbart haben, der Auftragnehmer es
aber unterlassen hat, eine solche Versicherung abzuschließen – andernfalls würde nämlich bereits
die erste Alternative des § 13 Abs. 7 Nr. 4 VOB/B eingreifen –, hängt die Geltung der
gesetzlichen Verjährungsfristen davon ab, dass der Abschluss einer entsprechenden Versicherung
möglich war. Denn nur wenn der Auftragnehmer den Nichtabschluss zu vertreten hat, ist es
gerechtfertigt, diese Haftungserweiterung eintreten zu lassen.[2729]

Die **gesetzlichen Verjährungsfristen** für Mängelansprüche einschließlich solcher wegen **459**
entfernter Mangelfolgeschäden sind nunmehr ausschließlich in § 634a BGB geregelt. Das
Schuldrechtsmodernisierungsgesetz hat die Unterscheidung zwischen Mangelschäden und engen
sowie entfernten Mangelfolgeschäden aufgegeben und für alle Schadensersatzansprüche wegen
eines Mangels des Werks eine einheitliche Verjährungsfrist geschaffen.[2730]

4. Einschränkung oder Erweiterung der Haftung: Nr. 5. Gemäß § 13 Abs. 7 Nr. 5 **460**
VOB/B kann in begründeten Sonderfällen eine Einschränkung oder Erweiterung der Haftung
vereinbart werden. Diese Bestimmung bezieht sich entgegen ihrer weiten Fassung ausschließlich
auf die Schadenersatzansprüche aus § 13 Abs. 7 Nr. 1–3 VOB/B, wie aus ihrer Einordnung in
§ 13 Abs. 7 VOB/B zu folgern ist.[2731] Ein begründeter Sonderfall liegt vor, wenn aufgrund der
besonderen Umstände der zu erbringenden Bauleistung eine andere Risikoverteilung angemessen
erscheint, um eine atypische Risikoverschiebung zu Ungunsten einer Bauvertragspartei zu
vermeiden.[2732] Als Beispiele werden insoweit ungewöhnliche Gefahren durch Grundwasser,
unklare Bodenverhältnisse, besondere Umwelteinflüsse und Nutzungsverhältnisse sowie Spezialbaumaßnahmen
genannt.[2733] Die Beschränkung auf begründete Sonderfälle stellt letztlich jedoch
nur eine Verhaltensaufforderung[2734] an die Beteiligten, vor allem an öffentliche Auftraggeber, dar.
Denn innerhalb der allgemeinen Grenzen der Vertragsfreiheit können die Bauvertragspartner
Abweichendes vereinbaren.

Die Vertragsfreiheit wird insbesondere bei **Haftungseinschränkungen** zu Gunsten des Auf- **461**
tragnehmers, auch wenn sie individualvertraglich erfolgen, durch zwingende gesetzliche Vorschriften
begrenzt.[2735] Nach § 639 BGB kann der Auftragnehmer sich auf eine Vereinbarung,
durch welche die Mängelrechte des Auftraggebers ausgeschlossen oder beschränkt werden, nicht
berufen, wenn er den Mangel arglistig verschwiegen oder eine Beschaffenheitsgarantie übernommen
hat. Die Haftung für eigenen Vorsatz[2736] kann dem Auftragnehmer gemäß § 276 Abs. 3
BGB nicht im Voraus erlassen werden. Auch darf eine Haftungsbeschränkung nicht gegen ein
gesetzliches Verbot (§ 134 BGB), die guten Sitten (§ 138 Abs. 1 BGB) oder Treu und Glauben

---

[2727] BGHZ 58, 332 = NJW 1972, 1280 = BauR 1972, 311.
[2728] Vgl. dazu → Rn. 449–451.
[2729] NWJS VOB/B § 13 Rn. 275; *Riedl/Mansfeld* in Heiermann/Riedl/Rusam VOB/B § 13 Rn. 211; Ingenstau/Korbion/*Wirth* VOB/B § 13 Abs. 7 Rn. 161; aA *Wussow* NJW 1967, 1552.
[2730] BT-Drs. 14/6040, 263; Palandt/*Sprau* BGB § 634a Rn. 5; *Weyer* Jahrbuch BauR 2003, 207 (232) und Jahrbuch BauR 2005, 1 (22–25); vgl. schon → Rn. 417.
[2731] NWJS VOB/B § 13 Rn. 277; Ingenstau/Korbion/*Wirth* VOB/B § 13 Abs. 7 Rn. 165.
[2732] *Riedl/Mansfeld* in Heiermann/Riedl/Rusam VOB/B § 13 Rn. 212; *Kaiser* Mängelhaftung Rn. 138; *Vygen/Joussen* Bauvertragsrecht Rn. 1485; NWJS VOB/B § 13 Abs. 7 Rn. 278.
[2733] Ingenstau/Korbion/*Wirth* VOB/B § 13 Abs. 7 Rn. 168; Beck'scher VOB-Kommentar/*Kohler* VOB/B § 13 Abs. 7 Rn. 230; *Vygen/Joussen* Bauvertragsrecht Rn. 1485.
[2734] So NWJS VOB/B § 13 Rn. 278.
[2735] Beck'scher VOB-Kommentar/*Kohler* VOB/B § 13 Abs. 7 Rn. 236; NWJS VOB/B § 13 Abs. 7 Rn. 280; *Riedl/Mansfeld* in Heiermann/Riedl/Rusam VOB/B § 13 Abs. 7 Rn. 213.
[2736] Anders für vorsätzliches Handeln seiner Erfüllungsgehilfen: § 278 S. 2 BGB.

(§ 242 BGB) verstoßen. Haftungsbeschränkungen in Allgemeinen Geschäftsbedingungen des Auftragnehmers müssen der Inhaltskontrolle nach §§ 307–309 BGB standhalten, insbesondere einer solchen nach § 309 Nr. 7 und 8 lit. b BGB. Wegen des in § 307 Abs. 2 Nr. 2 BGB normierten Verbots der Aushöhlung wesentlicher Vertragspflichten und -rechte kann der Auftragnehmer sich in seinen Allgemeinen Geschäftsbedingungen auch gegenüber einem Kaufmann nicht von Pflichten freizeichnen, deren Erfüllung die ordnungsgemäße Durchführung des Vertrags überhaupt erst ermöglicht und auf deren Erfüllung der Auftraggeber deshalb vertraut und vertrauen darf.[2737]

462 **Haftungserweiterungen** können durch Gewähr- oder Garantiezusagen des Auftragnehmers erfolgen.[2738] Vor allem der Begriff „Garantie" ist jedoch mehrdeutig,[2739] weshalb seine rechtliche Bedeutung durch Vertragsauslegung zu ermitteln ist. Die vertragliche Vereinbarung einer Garantie kann lediglich eine Beschaffenheitsvereinbarung, aber auch eine unselbständige oder selbständige Garantie sein.[2740]

463 **5. Beweislast.** Die Beweislast für die Voraussetzungen des Schadenersatzanspruchs trägt als Anspruchsteller wie bei den anderen Mängelrechten aus den dort genannten Gründen[2741] grundsätzlich der **Auftraggeber**.[2742] Er muss beweisen, dass das Werk des Auftragnehmers einen Mangel im Sinne des § 13 Abs. 7 Nr. 1–3 VOB/B in Verbindung mit § 13 Abs. 1 und 2 VOB/B aufweist[2743] und dadurch ein Schaden des geltend gemachten Umfangs eingetreten ist. Ebenso obliegt ihm der Beweis der besonderen Voraussetzungen des § 13 Abs. 7 Nr. 2 und 3 VOB/B, mithin auch der **besonderen Verschuldensvoraussetzungen** des § 13 Abs. 7 Nr. 2 VOB/B.[2744] Für § 13 Abs. 7 Nr. 3 S. 2 lit. c VOB/B genügt der Nachweis, dass ein entsprechender Versicherungsschutz möglich gewesen wäre.[2745] Bei § 13 Abs. 7 Nr. 4 VOB/B muss der Auftraggeber nur die Vereinbarung eines besonderen Versicherungsschutzes beweisen, weil es auf den tatsächlichen Abschluss der Versicherung nicht ankommt.[2746]

464 Bezüglich des in § 13 Abs. 7 Nr. 1 und 3 VOB/B vorausgesetzten **Verschuldens** muss der **Auftragnehmer** beweisen, dass er den schadensursächlichen Mangel nicht zu vertreten hat. Das entsprach schon bisher ständiger Rechtsprechung[2747] und ergibt sich nunmehr unmittelbar aus §§ 634 Nr. 4, 280 Abs. 1 S. 2 BGB.

465 **6. Abweichungen gegenüber dem BGB.** Die nach altem Recht gewichtigste Abweichung des § 13 Abs. 7 VOB/B gegenüber dem BGB, dass nämlich Schadenersatzansprüche wegen entfernter Mangelfolgeschäden von § 13 Abs. 7 Nr. 3 S. 2 VOB/B umfasst werden, dies aber nach § 635 BGB aF nicht der Fall war, sie vielmehr nach gesetzlichem Werkvertragsrecht als Ansprüche aus positiver Vertragsverletzung eingeordnet wurden und deshalb erst nach 30 Jahren verjährten, ist entfallen.[2748] Das neue Recht hat diese Unterscheidung aufgegeben.[2749] Schadenersatzansprüche wegen entfernter Mangelfolgeschäden verjähren jetzt ebenfalls in den kurzen

---

[2737] BGH NJW 1985, 3016; BauR 1985, 317; NJW 1993, 335; NJW-RR 1993, 560.
[2738] Vgl. dazu im Einzelnen: Beck'scher VOB-Kommentar/*Kohler* VOB/B § 13 Abs. 7 Rn. 243–250; Ingenstau/Korbion/*Wirth* VOB/B Vor § 13 Rn. 301–319.
[2739] BGH BauR 1970, 107.
[2740] Vgl. dazu näher → Rn. 40, 41.
[2741] Vgl. → Rn. 389, 345, 77, 58–60.
[2742] Beck'scher VOB-Kommentar/*Kohler* VOB/B § 13 Abs. 7 Rn. 160–164, 228; *Riedl/Mansfeld* in Heiermann/Riedl/Rusam VOB/B § 13 Rn. 209; NWJS VOB/B § 13 Rn. 270; Ingenstau/Korbion/*Wirth* VOB/B § 13 Abs. 7 Rn. 75–81.
[2743] Wobei er sich, wenn der Mangel sich in engem zeitlichen Zusammenhang mit der Ausführung der Arbeiten zeigt, gegebenenfalls auf einen Anscheinsbeweis berufen kann: OLG Frankfurt IBR 2014, 341.
[2744] So zu dem früheren § 13 Nr. 7 Abs. 2 lit. a VOB/B: *Kaiser* Mängelhaftung Rn. 106a; das gilt auch für die jetzige Nr. 2: Ingenstau/Korbion/*Wirth* VOB/B § 13 Abs. 7 Rn. 44.
[2745] *Riedl/Mansfeld* in Heiermann/Riedl/Rusam VOB/B § 13 Rn. 209; Beck'scher VOB-Kommentar/*Kohler* VOB/B § 13 Abs. 7 Rn. 228; NWJS VOB/B § 13 Rn. 270; aA *Baumgärtel* Beweislast VOB/B § 13 Rn. 15.
[2746] Beck'scher VOB-Kommentar/*Kohler* VOB/B § 13 Abs. 7 Rn. 228; vgl. dazu → Rn. 452.
[2747] BGHZ 48, 310 = NJW 1968, 43 zu § 635 BGB; BGHZ 61, 203 = NJW 1973, 1752 = BauR 1973, 381; BauR 1982, 514; Beck'scher VOB-Kommentar/*Kohler* VOB/B § 13 Abs. 7 Rn. 161; *Siegburg* Gewährleistung Rn. 1330.
[2748] *Weyer* Jahrbuch BauR 2003, 207 (232, 233).
[2749] BT-Drs. 14/6040, 263; vgl. schon → Rn. 417 und 459.

Fristen des § 634a BGB,²⁷⁵⁰ so wie für sie beim VOB-Vertrag § 13 Abs. 4 VOB/B gilt. Die verbliebenen Unterschiede – die gegenüber § 634 Nr. 4 BGB engeren Voraussetzungen des § 13 Abs. 7 Nr. 3 S. 1 VOB/B und die zusätzlichen Anforderungen der Nr. 3 Satz 2 – wirken sich im Ergebnis praktisch kaum aus.²⁷⁵¹

7. AGB-rechtliche Probleme. Probleme bestehen bei § 13 Abs. 7 VOB/B insoweit, als insbesondere die Wirksamkeit dessen Nr. 3 Satz 2 lit. c in Zweifel gezogen wird (a) und die Nr. 1, 3–5 der isolierten Inhaltskontrolle nicht Stand halten sollen (b), wie auch bezüglich der Wirksamkeit abweichender Klauseln (c). **466**

a) Einbeziehung des Nr. 3 Satz 2 lit. c. Für die Haftungserweiterung des § 13 Abs. 7 Nr. 3 S. 2 lit. c VOB/B fehlt es bereits an der wirksamen Einbeziehung in den Bauvertrag.²⁷⁵² Ihre Reichweite wird nämlich erst durch die Versicherungsbedingungen deutlich, welche jedoch Bauverträgen in der Regel nicht beigefügt werden. Selbst wenn dies geschieht, sind diese Bedingungen so kompliziert – zum Beispiel die zahlreichen Risikoausschlüsse in dem sehr unübersichtlichen § 7 AHB –, dass schwerlich die Möglichkeit besteht, von ihrem Inhalt in zumutbarer Weise Kenntnis zu nehmen. Das ist aber nach § 305 Abs. 2 Nr. 2 BGB Voraussetzung einer wirksamen Einbeziehung. Und die Privilegierung der VOB/B, die ohnehin kaum noch in Betracht kommt,²⁷⁵³ betrifft nur ihre inhaltliche Angemessenheit, nicht jedoch ihre Einbeziehung. Diese Problematik hat allerdings keine große praktische Bedeutung, weil der große Schadensersatzanspruch in den allermeisten Fällen schon auf § 13 Abs. 7 Nr. 3 S. 2 lit. a oder b VOB/B²⁷⁵⁴ gestützt werden kann. **467**

b) Isolierte Inhaltskontrolle. Soweit die Wirksamkeit der **Nr. 1 und 3–5** des § 13 Abs. 7 VOB/B wegen angeblicher Verstöße gegen §§ 305c Abs. 2, 307 oder 309 Nr. 7 lit. b BGB in Abrede gestellt wird,²⁷⁵⁵ sind die geäußerten Bedenken teilweise kaum verständlich und im Übrigen zumindest weit hergeholt.²⁷⁵⁶ Näher liegt, § 13 Abs. 7 Nr. 3 S. 2 lit. c, Nr. 4 VOB/B als intransparent im Sinne des § 307 Abs. 1 S. 2 BGB einzustufen.²⁷⁵⁷ Die auf § 11 Nr. 7 AGB-Gesetz = § 309 Nr. 7 lit. b BGB gestützte Ansicht, dass § 13 **Nr. 7 Abs. 1** VOB/B **aF**, wenn die VOB/B nicht als Ganzes vereinbart war, der isolierten Inhaltskontrolle nicht stand hielt,²⁷⁵⁸ hat sich seit der VOB/B 2002 durch die neue Nr. 2 des § 13 Abs. 7 VOB/B²⁷⁵⁹ erledigt, weil danach die Haftung für vorsätzlich oder grob fahrlässig verursachte Mängel gerade nicht mehr eingeschränkt ist.²⁷⁶⁰ **468**

c) AGB-Kontrolle abweichender Klauseln. Die früher hier²⁷⁶¹ angestellten Überlegungen, ob ein Eingriff in den Kernbereich der VOB/B vorliegt, haben spätestens durch die Rechtsprechung des BGH, dass jede vertragliche Abweichung von der VOB/B dazu führt, dass diese nicht als Ganzes vereinbart ist,²⁷⁶² der sich der Gesetzgeber mit § 310 Abs. 1 S. 3 BGB²⁷⁶³ angeschlossen hat, unter diesem rechtlichen Gesichtspunkt jegliche Bedeutung verloren. Für die insoweit erörterten Fallgestaltungen kann jedoch die AGB-Kontrolle die Unwirksamkeit entsprechender Klauseln aufzeigen. Denn wenn zum Beispiel dem Auftragnehmer nach seinen Allgemeinen Geschäftsbedingungen die Verwendung von Baustoffen und Bauteilen ohne besondere Zustimmung des Auftraggebers gestattet sein soll, für die weder DIN-Normen noch **469**

---

²⁷⁵⁰ Palandt/*Sprau* BGB § 634a Rn. 5; *Weyer* Jahrbuch BauR 2005, 1 (22–25).
²⁷⁵¹ Vgl. dazu → Rn. 405, 407, 417, 447.
²⁷⁵² *Locher* FS Soergel, 1993, 181 (187); *Donner/Retzlaff* in FKZGM VOB/B § 13 Rn. 235.
²⁷⁵³ Vgl. dazu → Rn. 63.
²⁷⁵⁴ Vgl. dazu → Rn. 447, 448.
²⁷⁵⁵ *Tempel* NZBau 2002, 532 (536, 537); vgl. auch *Deckers* NZBau 2008, 627 (631).
²⁷⁵⁶ Näher dazu *Weyer* NZBau 2003, 521 (526, 527).
²⁷⁵⁷ So *Peters* NZBau 2006, 273 (276).
²⁷⁵⁸ OLG Nürnberg NJW-RR 1986, 1347; Beck'scher VOB-Kommentar/*Kohler* VOB/B § 13 Abs. 7 Rn. 51; NWJS VOB/B§ 13 Rn. 232; *Heiermann/Riedl/Rusam* 10. Aufl., VOB/B § 13 Rn. 194.
²⁷⁵⁹ Vgl. dazu → Rn. 396, 399/400.
²⁷⁶⁰ Das verkennt *Tempel* NZBau 2002, 532 (537), wenn er einen Verstoß gegen § 309 Nr. 7 lit. b BGB konstatiert, obwohl er im nächsten Absatz selbst auf den neuen § 13 Abs. 7 Nr. 2 VOB/B verweist. Näher dazu *Weyer* NZBau 2003, 521 (526).
²⁷⁶¹ In der 1. Aufl., VOB/B § 13 Rn. 386.
²⁷⁶² BGHZ 157, 346 = NJW 2004, 1597 = NZBau 2004, 267 = BauR 2004, 668; NZBau 2004, 385 = BauR 2004, 1142; NZBau 2007, 581 Rn. 17, 20 = BauR 2007, 1404.
²⁷⁶³ Eingefügt durch das FoSiG.

eine amtliche Zulassung bestehen, und ihm damit eine Abweichung von den anerkannten Regeln der Technik möglich sein soll, dann zeichnet er sich auch von der erweiterten Haftung nach § 13 Abs. 7 Nr. 3 S. 2 lit. a VOB/B frei, was als schwerwiegender Eingriff in die Rechte des Auftraggebers gewertet wurde[2764] und zugleich eine unangemessene Benachteiligung des Auftraggebers im Sinne des § 307 Abs. 1 S. 1 BGB darstellen dürfte. Das gilt ebenso für die Vereinbarung einer Einschränkung[2765] oder Erweiterung der Haftung nach § 13 Abs. 7 Nr. 5 VOB/B, ohne dass ein begründeter Sonderfall vorliegt.[2766]

470   **8. Konkurrenzen.** Mit den in § 13 Abs. 7 VOB/B geregelten Schadensersatzansprüchen konkurrierende Ansprüche scheiden ebenso wie bei Ansprüchen nach § 13 Abs. 5 und 6 VOB/B[2767] grundsätzlich aus. Dies gilt insbesondere für Ansprüche aus Verschulden bei Vertragsschluss und aus positiver Vertragsverletzung (a). In Betracht kommen allerdings Schadensersatzansprüche wegen Verzugs mit der Mängelbeseitigung (b) und unter engen Voraussetzungen Ansprüche aus unerlaubter Handlung (c).

471   **a) Ansprüche aus Verschulden bei Vertragsschluss und aus positiver Vertragsverletzung.** Soweit die Verletzung vorvertraglicher Aufklärungs-, Beratungs- oder sonstiger Pflichten zu einem Mangel des Bauwerks führt, scheitert ein Anspruch aus Verschulden bei Vertragsschluss (§§ 311 Abs. 2, 241 Abs. 2, 280 BGB) daran, dass § 13 VOB/B eine abschließende Regelung der Mängelrechte enthält.[2768] Mit derselben Begründung scheiden bei mangelbedingten Schäden mit Ansprüchen aus § 13 Abs. 7 Nr. 3 S. 2 VOB/B konkurrierende Schadensersatzansprüche wegen positiver Vertragsverletzung (§§ 241 Abs. 2, 280 BGB) aus.[2769]

472   Aufgrund dieser Anspruchsgrundlagen kommen deshalb nur von § 13 Abs. 7 VOB/B nicht umfasste Ansprüche wegen **Schäden** in Betracht, die **nicht mangelbedingt** sind. So sind Ansprüche aus **Verschulden bei Vertragsschluss** zum Beispiel bejaht worden bei fehlender Aufklärung
– über die vor dem einzigen Fenster einer Eigentumswohnung vorgesehene Feuertreppe,[2770]
– über die nicht mögliche Befahrbarkeit einer zu begrünenden Tiefgaragendecke,[2771]
– über die unmittelbar bevorstehende Erhöhung der Deponiegebühren[2772]
– und über die witterungsbedingte Verfärbung des Natursteins einer Außentreppe, wenn es dem Auftraggeber gerade auf das optische Erscheinungsbild des ausgewählten Steins ankommt.[2773]

Der Abbruch von Vertragsverhandlungen begründet hingegen grundsätzlich keine Schadenersatzpflicht.[2774]

473   Schadensersatz wegen **positiver Vertragsverletzung** kann der Auftraggeber beanspruchen, wenn der Auftragnehmer vertragliche „Nebenpflichten", insbesondere Obhuts- und Beratungspflichten,[2775] Aufklärungspflichten[2776] oder nachträgliche Hinweispflichten[2777] verletzt,
– indem er in seinen Gewahrsam gelangtes oder seiner Einwirkung unmittelbar ausgesetztes Eigentum des Auftraggebers nicht pfleglich behandelt und vor Schaden bewahrt,[2778]

[2764] OLG Koblenz NJW-RR 1995, 787 = BauR 1995, 554.
[2765] „Haftungsbeschränkungen im Anlagenbau und AGB-Recht" behandeln *Cloppenburg/Mahnken* in NZBau 2014, (743–750).
[2766] *Kaiser* Mängelhaftung Rn. 138.
[2767] Vgl. dazu → Rn. 358 und 392.
[2768] BGH NJW 1965, 152; 1969, 1710 zu §§ 633 BGB aF; BauR 1976, 59; KG IBR 2011, 469; NWJS VOB/B Vor § 13 Rn. 31; vgl. auch *Ganten* FS Motzke, 2006, (105–112).
[2769] Beck'scher VOB-Kommentar/*Kohler* VOB/B § 13 Abs. 7 Rn. 40; NWJS VOB/B Vor § 13 Rn. 27; *Riedl/Mansfeld* in Heiermann/Riedl/Rusam Einf. zu VOB/B § 13 Rn. 37.
[2770] BGH NJW 1989, 1793 = BauR 1989, 216.
[2771] OLG Düsseldorf NJW-RR 2001, 14 = NZBau 2001, 334 = BauR 2000, 1878.
[2772] OLG Stuttgart BauR 1997, 855.
[2773] OLG Bamberg IBR 2013, 594.
[2774] BGH NJW-RR 2001, 381 = NZBau 2001, 198 = BauR 2001, 623; OLG Celle IBR 2012, 547; OLG München IBR 2013, 54.
[2775] Zum Umfang dieser Pflichten: BGH NJW 2000, 2102 = NZBau 2000, 328. Zur Beratungspflicht bei Verlegung von Natursteinen: OLG Hamm NJW 2013, 621 = NZBau 2012, 642.
[2776] Vgl. dazu schon → Rn. 80.
[2777] OLG Hamm IBR 2014, 202; *Weyer* im Praxishinweis zu OLG München IBR 2014, 139.
[2778] BGH NJW 1977, 376; 1983, 113.

– indem er bei Errichtung eines Anbaus das bestehende Gebäude nicht gegen eindringenden Regen schützt,[2779]
– indem er die Baustelle nicht ordnungsgemäß absichert, so dass der Auftraggeber hierdurch zu Schaden kommt,[2780]
– indem er unzutreffende Empfehlungen zur Nachbehandlung oder Pflege des Werks gibt, welche zu Schäden führen,[2781]
– indem er den Auftraggeber nicht darüber informiert, dass ein vertragsgemäß hergestelltes Bauteil wegen einer Bauverzögerung im Winter der Gefahr von Rissbildung ausgesetzt sein wird[2782] oder
– dass der neu hergestellte Boden einer LKW-Werkstatt nicht alsbald in vollem Umfang belastet werden darf,[2783]
– indem er nicht auf die bestehende Gefahr hinweist, dass der Nachfolgeunternehmer nicht erkennen kann, ob die Vorleistung für ihn eine geeignete Arbeitsgrundlage ist,[2784]
– indem er den Auftraggeber nicht vor einem zwangsläufigen Schaden bei unsachgemäßer Verwendung der Leistung warnt,[2785]
– indem er bei Fliesenarbeiten in Bädern den Besteller nicht darauf hinweist, dass der Einsatz säurehaltiger Reinigungsmittel den Fugen Schaden zufügen kann[2786]
– und indem er bei Mängelbeseitigungen am Dach feststellt, dass das Dach nachträglich mit einer Kiesbeschichtung versehen wurde, die nicht in die statischen Berechnungen eingeflossen ist, und einen entsprechenden Hinweis an den Auftraggeber unterlässt.[2787]

Wird zwischen Estrichleger und Auftraggeber vereinbart, Unebenheiten der Rohbetondecke durch eine wechselnde Estrichstärke auszugleichen, so muss der Estrichleger den Auftraggeber auf Konsequenzen der teilweise höheren Estrichstärke für die Austrocknungszeit hinweisen.[2788] Eine solche Hinweispflicht besteht auch, wenn das Trocknungsverhalten des Estrichs material- und/oder verarbeitungsbedingt signifikant von der Bauüblichkeit abweicht[2789] oder wenn vom Estrichleger verwendete Spachtelmasse sich nicht mit dem Verlegemörtel aufgebrachter Natursteinplatten verträgt.[2790]

Von der Verletzung solcher **erfolgsbezogener** Nebenpflichten sind **verhaltensbezogene Nebenpflichten** abzugrenzen. Der dem Auftraggeber bei Bauarbeiten entstandene Schaden lässt nur dann auf eine Pflichtverletzung des Auftragnehmers schließen, wenn diesen nach dem Vertrag die erfolgsbezogene Nebenpflicht traf, den Schaden zu verhindern, weshalb der Auftraggeber die Verletzung lediglich verhaltensbezogener Nebenpflichten darlegen und beweisen muss.[2791] Den mit der Demontage eines Lüftungskanals betrauten Auftragnehmer trifft nicht ohne Weiteres eine erfolgsbezogene Nebenpflicht, die Verunreinigung des Gebäudes durch Asbest zu verhindern.[2792]

b) Anspruch wegen Verzugs mit der Mängelbeseitigung. Wenn der Auftragnehmer nach § 13 Abs. 5 Nr. 1 S. 1 VOB/B mängelbeseitigungspflichtig ist, er jedoch mit der Mängelbeseitigung in Verzug gerät, hat er dem Auftraggeber wegen etwaiger Verzugsschäden gemäß §§ 280, 286 BGB Schadensersatz zu leisten.[2793] Ein solcher Verzugsschaden kann zum Beispiel die Prämienerhöhung sein, die der Leitungswasserversicherer infolge einer Vielzahl von korrosions-

---

[2779] OLG München IBR 2011, 507.
[2780] OLG Celle BauR 2006, 133; NWJS VOB/B Vor § 13 Rn. 28. Zum Sturz des Bauherrn von einem Baugerüst vgl. OLG Hamm IBR 2012, 394 = BauR 2013, 113.
[2781] OLG Schleswig MDR 1983, 315; *Riedl/Mansfeld* in Heiermann/Riedl/Rusam Einf. zu VOB/B § 13 Rn. 37; anders, wenn die empfohlene Nachbehandlung einen im Kern bereits vorhandenen Mangel zum Vorschein bringt: OLG Hamm NJW-RR 1992, 155.
[2782] BGH NJW 2011, 3291 mit Anm. von *Kapellmann* = NZBau 2011, 483 = BauR 2011, 1494 Rn. 25.
[2783] OLG Naumburg IBR 2012, 383.
[2784] OLG München IBR 2012, 512.
[2785] OLG München BauR 2013, 1901 (1905), bei c.
[2786] OLG Frankfurt IBR 2013, 601.
[2787] OLG Hamm IBR 2014, 202.
[2788] OLG Bamberg NJW-RR 2006, 891; *Weise* NJW-Spezial 2006, 359 (360).
[2789] OLG Nürnberg IBR 2005, 313.
[2790] OLG Oldenburg NZBau 2007, 104 = BauR 2007, 717.
[2791] OLG Köln NJW 2013, 3454 = NZBau 2013, 772.
[2792] OLG Köln NJW 2013, 3454 = NZBau 2013, 772.
[2793] *Preussner* BauR 2002, 231 (238).

bedingten Wasserschäden verlangt,[2794] oder der Ausfall, den der Hauptunternehmer erleidet, weil sein Auftraggeber wegen des Verzugs des Nachunternehmers mit der Mängelbeseitigung die Schlusszahlung nicht leistet und anschließend zahlungsunfähig wird.[2795] Macht der Auftraggeber von seinem Minderungsrecht Gebrauch oder verlangt er Schadensersatz statt der Leistung, endet die Pflicht des Auftragnehmers zur Nacherfüllung und damit auch sein Verzug.[2796]

476   c) **Ansprüche aus unerlaubter Handlung.** Schadensersatzansprüche wegen unerlaubter Handlung[2797] scheiden oft bereits deshalb aus, weil der Tatbestand des § 823 Abs. 1 BGB nicht erfüllt ist. Denn bei Errichtung eines mangelhaften Bauwerks hat dieses nie in mangelfreiem Zustand im Eigentum des Auftraggebers gestanden; vielmehr erstreckt sich sein Eigentum mit dem Fortschreiten des Baus auf die jeweils hinzukommenden Gebäudeteile in deren mängelbedingtem Zustand; ihm wird ein mit Mängeln behaftetes Bauwerk zu Eigentum verschafft, es wird aber kein schon vorhandenes Eigentum verletzt.[2798] Keine Eigentumsverletzung ist darum der Einbau statisch ungeeigneter Kalksandstein-Luftkanalsteine.[2799] Eine Eigentumsverletzung liegt auch dann nicht vor, wenn ein mit nicht raumbeständiger Schlacke aufgefülltes Grundstück vom Erwerber bebaut wird und die Bauwerke durch die Ausdehnung der Schlacke beschädigt werden; denn die Gebäude existierten ebenfalls nie in mangelfreiem Zustand, sondern wurden bereits bei ihrer Errichtung von dem Mangel des Grundstücks erfasst.[2800] Des weiteren besteht kein Anspruch aus § 823 Abs. 1 BGB, wenn infolge einer vertraglichen Leistung des Auftragnehmers ein Schaden am Bauwerk entsteht, der sich mit dem **Mangelunwert** der **vertraglichen Leistung** deckt; muss der Auftragnehmer nach dem erteilten Bauauftrag in die Bausubstanz eingreifen, so ist eine damit zusammenhängende Schädigung der Bausubstanz also in der Regel keine Eigentumsverletzung.[2801] Es ist nicht Aufgabe des Deliktsrechts, die Erwartung des Auftraggebers zu schützen, dass der Vertrag ordnungsgemäß erfüllt wird und deshalb der mit der Baumaßnahme bezweckte Erfolg eintritt.[2802] **Deliktische Ansprüche schieden** deshalb zum Beispiel **aus,** wenn

– Durchfeuchtungen eines Küchenfußbodens auf dem Einbau von Wasserablaufrinnen ohne ausreichende Abdichtung beruhen,[2803]
– ein Scheunendach infolge der fehlerhaften Installation einer Photovoltaikanlage undicht wird[2804]
– oder ein Grundstück mit Stahlwerksschlacke statt mit Hochofenschlacke aufgefüllt wird und deshalb Schäden an einem darauf errichteten Gebäude entstehen.[2805]

477   Zudem besteht für konkurrierende Schadensersatzansprüche aus unerlaubter Handlung die Einschränkung, dass durch sie **vorrangige vertragliche Regelungen** nicht ausgehöhlt werden dürfen. Wird durch eine mangelhafte Leistung des Auftragnehmers sonstiges Eigentum des Auftraggebers verletzt und ist zur Schadensbeseitigung auch die Erneuerung der Leistung des Auftragnehmers erforderlich, muss dieser deshalb mit Rücksicht auf seine für ihn sehr bedeutsame Nachbesserungsmöglichkeit[2806] Gelegenheit erhalten, seine Arbeiten erneut und dieses Mal mängelfrei selbst auszuführen.[2807]

478   Ansonsten erfüllt eine mangelhafte Werkleistung **zugleich** den Tatbestand des **§ 823 Abs. 1 BGB,** wenn in schon vorhandenes und bisher unversehrtes Eigentum des Auftraggebers eingegriffen wird.[2808] Die miteinander konkurrierenden werkvertraglichen und deliktischen Schaden-

---

[2794] OLG Karlsruhe IBR 2000, 599.
[2795] OLG München BauR 2001, 964.
[2796] BeckOK BGB-*Voit*, Stand 1.2.2013, § 634 Rn. 29.
[2797] Vgl. dazu des näheren *Weyer* Jahrbuch BauR 2003, 207 (224–231).
[2798] BGHZ 39, 366 = NJW 1963, 1827; BGHZ 96, 221 = NJW 1986, 922 = BauR 1986, 211; OLG Frankfurt IBR 2007, 613; OLG Jena NZBau 2012, 704.
[2799] OLG Brandenburg NZBau 2013, 237.
[2800] BGHZ 146, 144 = NJW 2001, 1346 = NZBau 2001, 266 = BauR 2001, 800 und 1082; kritisch dazu *Boisserée* FS Jagenburg, 2002, 45 ff.; vgl. auch LG Köln IBR 2003, 248.
[2801] BGHZ 162, 86 = NJW 2005, 1423 = NZBau 2005, 287 = BauR 2005, 705; OLG Frankfurt IBR 2010, 154; OLG Jena NZBau 2012, 704.
[2802] BGH NJW 2011, 594 = NZBau 2011, 156 = BauR 2011, 287 Rn. 26.
[2803] OLG Jena NZBau 2012, 704.
[2804] OLG Dresden IBR 2012, 708.
[2805] OLG Düsseldorf BauR 2014, 722.
[2806] Vgl. dazu → Rn. 234.
[2807] BGHZ 96, 221 = NJW 1986, 922 = BauR 1986, 211.
[2808] BGHZ 55, 392 = NJW 1971, 1131; BGHZ 96, 221 = NJW 1986, 922 = BauR 1986, 211.

ersatzansprüche sind nach ihren Voraussetzungen und Rechtsfolgen grundsätzlich selbständig zu beurteilen,[2809] insbesondere bezüglich ihrer Verjährung.[2810] Gerade daraus ergibt sich die praktische Bedeutung der deliktischen Schadensersatzansprüche. Denn deren Verjährung beginnt nicht wie die der werkvertraglichen Schadensersatzansprüche nach § 13 Abs. 4 Nr. 3 VOB/B schon mit der Abnahme, sondern gemäß § 199 Abs. 1 BGB erst mit dem Ende des Jahres, in dem der Auftraggeber Kenntnis von dem Schaden erlangt oder ohne grobe Fahrlässigkeit erlangen müsste. Ein weiterer wichtiger Vorteil deliktischer Schadensersatzansprüche zeigt sich in der **Insolvenz** des Auftragnehmers. Denn dem Auftraggeber verbleibt dann die Möglichkeit, diese Ansprüche gegenüber dem Haftpflichtversicherer des Auftragnehmers durchzusetzen (§ 110 VVG, § 173 InsO).[2811] Der aus Delikt in Anspruch Genommene trägt die **Beweislast** für die **Einwilligung** in eine Eigentumsverletzung, die bei Ausführung eines Werkvertrags erfolgt, dessen Inhalt hinsichtlich Art und Umfang der geschuldeten Eingriffe streitig ist.[2812]

Eine **Eigentumsverletzung** ist in der Rechtsprechung zum Beispiel **bejaht** worden 479
– bei der Beschädigung von Fenstern durch aus Asbestzement-Fassadenplatten ausgeschwemmte Substanzen,[2813]
– bei durch eindringende Feuchtigkeit an den unteren Schichten des Dachaufbaus entstehenden Schäden, weil eine Dachabdeckfolie nach ihrer Anbringung infolge eines Produktfehlers ihre wasserabweisende Wirkung verliert,[2814]
– bei der Beschädigung einer Spundwand durch den mit deren Hinterfüllung beauftragten Unternehmer,[2815]
– bei einem durch einen Dachdecker mit einem zur Verlegung einer neuen Bitumenbahn auf einem Flachdach verwendeten Nahtbrenner ausgelösten Brand[2816]
– und bei infolge fehlerhafter Dacharbeiten durch eingedrungenes Wasser entstandenen Feuchtigkeitsschäden der Wände im Ober- und Erdgeschoss.[2817]

Andererseits ist eine **Eigentumsverletzung verneint** worden 480
– bei Putzschäden infolge der Verwendung verunreinigten Sandes,[2818]
– bei Rissbildungen in der Dachhaut infolge zur Herstellung eines Flachdachs verwendeter fehlerhaft konstruierter Dämmelemente[2819]
– und bei Schäden an Gebäuden infolge nicht raumbeständiger Schlacke, mit welcher das Grundstück verfüllt worden war.[2820]

In extremen Fällen kann eine **Schadensersatzpflicht** sogar **wegen Betrugs** des Auftragneh- 481 mers auf § 823 Abs. 2 BGB, § 263 StGB gestützt werden. Das kommt in Betracht,
– wenn der Auftragnehmer dem Auftraggeber vortäuscht, bei einem tatsächlich bestehenden Mangel handele es sich um eine technische Notwendigkeit,[2821]

[2809] BGHZ 61, 203 = NJW 1973, 1752 = BauR 1973, 381; BGHZ 96, 221 = NJW 1986, 922 = BauR 1986, 211; BGH BauR 2005, 96.
[2810] BGHZ 55, 392 = NJW 1971, 1131; BGH NJW 1998, 2282; BGHZ 162, 86 = NJW 2005, 1423 = NZBau 2005, 287 = BauR 2005, 705. *Lenkeit* BauR 2002, 196 (207 und 226). AA zum neuen Verjährungsrecht *Leupertz/Halfmeier* in Prütting/Wegen/Weinreich BGB § 634a Rn. 4.
[2811] Näher dazu *Miernik* BauR 2003, 1465 (1466, 1467). An Stelle von § 157 VVG aF ist § 110 VVG getreten. Einen Direktanspruch gibt es nur im Rahmen einer Pflichtversicherung iSd § 113 Abs. 1 VVG unter den weiteren Voraussetzungen des § 115 Abs. 1 S. 1 VVG; vgl. dazu *Krause-Allenstein* NZBau 2008, 81 (83); *Schmitz* im Praxishinweis zu IBR 2008, 453.
[2812] BGH BauR 2005, 96.
[2813] BGH NJW 1981, 2250.
[2814] BGH NJW 1985, 194 = BauR 1985, 102.
[2815] BGHZ 96, 221 = NJW 1986, 922 = BauR 1986, 211.
[2816] OLG Düsseldorf IBR 2013, 149, insoweit bestätigt durch BGH BauR 2014, 694 mit Ausführungen zum Anscheinsbeweis.
[2817] OLG Koblenz IBR 2014, 141 = NJW 2014, 1246.
[2818] BGH NJW 1978, 1051 = BauR 1978, 239.
[2819] BGH NJW 1981, 2248 = BauR 1982, 175.
[2820] BGHZ 146, 144 = NJW 2001, 1346 = NZBau 2001, 266 = BauR 2001, 800 und 1082; vgl. auch OLG Düsseldorf NZBau 2000, 431 mit Nichtannahmebeschluss des BGH vom 28.3.2000 – VI ZR 227/99, in der Anm. der Schriftleitung S. 432; LG Köln IBR 2003, 248; OLG Düsseldorf NZBau 2005, 105; BauR 2014, 722.
[2821] OLG Köln BauR 1995, 100.

- wenn ein Generalübernehmer, um Kosten zu sparen, entgegen der Architektenplanung trotz der Gefahr drückenden Wassers bewusst die Kellerbodenplatte zu dünn und die Kelleraußenwände mit unzureichender Isolierung herstellen lässt,[2822]
- wenn ein Bauträger, der weiß, dass eine Baugenehmigung für ein Gebäude zu reinen Wohnzwecken auf dem gesetzlich vorgeschriebenen Weg nicht erteilt wird, den Vertrag mit dem Erwerber ohne entsprechende Aufklärung schließt[2823]
- oder wenn ein Bauträger zur Kostenminderung und Steigerung seines Gewinns die Außenwände anders als vereinbart ausführen lässt.[2824]

§ 14 Abrechnung

(1) Der Auftragnehmer hat seine Leistungen prüfbar abzurechnen. Er hat die Rechnungen übersichtlich aufzustellen und dabei die Reihenfolge der Posten einzuhalten und die in den Vertragsbestandteilen enthaltenen Bezeichnungen zu verwenden. Die zum Nachweis von Art und Umfang der Leistung erforderlichen Mengenberechnungen, Zeichnungen und anderen Belege sind beizufügen. Änderungen und Ergänzungen des Vertrags sind in der Rechnung besonders kenntlich zu machen; sie sind auf Verlangen getrennt abzurechnen.

(2) Die für die Abrechnung notwendigen Feststellungen sind dem Fortgang der Leistungen entsprechend möglichst gemeinsam vorzunehmen. Die Abrechnungsbestimmungen in den Technischen Vertragsbedingungen und den anderen Vertragsunterlagen sind zu beachten. Für Leistungen, die bei Weiterführung der Arbeiten nur schwer feststellbar sind, hat der Auftragnehmer rechtzeitig gemeinsame Feststellungen zu beantragen.

(3) Die Schlussrechnung muss bei Leistungen mit einer vertraglichen Ausführungsfrist von höchstens 3 Monaten spätestens 12 Werktage nach Fertigstellung eingereicht werden, wenn nichts anderes vereinbart ist; diese Frist wird um je 6 Werktage für je weitere 3 Monate Ausführungsfrist verlängert.

(4) Reicht der Auftragnehmer eine prüfbare Rechnung nicht ein, obwohl ihm der Auftraggeber dafür eine angemessene Frist gesetzt hat, so kann sie der Auftraggeber selbst auf Kosten des Auftragnehmers aufstellen.

Schrifttum: *Althaus,* Analyse der Preisfortschreibung in Theorie und Praxis, BauR 2012, 359; *Bergmann,* Grundlagen der Vergütungsregelung nach BGB und § 16 VOB Teil B, ZfBR 1998, 59; *Billig/Degen,* Das Aufmaß beim VOB/B- und BGB-Bauvertrag, BauRB 2003, 149; *Bötzkes,* Die Abrechnung eines gekündigten Bauvertrages, BauR 2016, 429; *Dähne,* Die Schlussrechnung des Auftraggebers nach § 14 Nr. 4 VOB/B, BauR 1981, 233; *Damerau von der Tauterat,* VOB im Bild, Regeln für Ermittlung und Abrechnung aller Bauleistungen nach den Bestimmungen der ATV (TeilC) der VOB, 8. Aufl., 1980; *Deckers,* Nochmals: Die Vorlage einer neuen Schlussrechnung in der zweiten Instanz, NZBau 2007, 550; *Duffek,* Fälligkeit der Schlusszahlung nach VOB/B, BauR 1976, 164; *Franz,* Nachtragskalkulation in Zukunft – Das Ende der Preisfortschreibung!?, BauR 2012, 380; *Ehmann,* Schuldanerkenntnis und Vergleich, München 2005; *Eydner,* Die prüffähige Schlussrechnung als Fälligkeitsvoraussetzung der Vergütung im BGB-Bauvertrag?, BauR 2007, 1806; *Grimme,* Rechnungserteilung und Fälligkeit der Werklohnforderung, NJW 1987, 468; *Heinrich,* Rechtskraftwirkung der Abweisung einer Klage auf Architektenhonorar oder Bauunternehmerwerklohn als zur Zeit unbegründet, BauR 1999, 17; *Höchstem,* Der Prüfvermerk des Architekten auf der Schlussrechnung, BauR 1973, 333; *Jansen,* Abnahme und Abrechnung nach Kündigung, BauR 2011, 371; *Junker,* Die Bindung an eine fehlerhafte Rechnung, ZIP 1982, 1158; *Kaiser,* Der Vergütungsanspruch des Bauunternehmers nach Gesetz und VOB/B, ZfBR 1987, 171; *Kaiser,* Vergütungs-, Fälligkeits- und Verjährungsfragen beim Bauvertrag nach BGB und VOB/B, DWW 1983, 158; *Kapellmann,* Die Berechnung der Vergütung nach Kündigung des Bau- oder Architektenvertrages durch den Auftraggeber, Jahrbuch Baurecht 1998, 35; *Kappel,* Die Klageabweisung „zur Zeit", Diss. Berlin 1999; *Kimmich,* Die Behandlung entfallener Leistungen beim VOB-Vertrag, BauR 2011, 171; *Kniffka,* Die neuere Rechtsprechung des Bundesgerichtshofs zur Abrechnung nach Kündigung des Bauvertrags, Jahrbuch 2000, 1; *Kniffka,* Prozessuale Aspeke zur Prüfbarkeit einer Schlussrechnung, FS Thode 2005, 291; *Kronenbitter,* Der Skontoabzug in der Praxis der VOB/B, BB 1984, 2030;

[2822] OLG Düsseldorf NJW-RR 2001, 885 = NZBau 2002, 45 = BauR 2001, 1780.
[2823] OLG Stuttgart BauR 2006, 532.
[2824] OLG Koblenz IBR 2007, 322.

Kues/May, Abrechnung und Durchsetzbarkeit von Abschlagsforderungen beim VOB/B-Vertrag, BauR 2007, 1137; *U. Locher,* Die Rechnung im Werkvertragsrecht, 1990; *Lotz,* Bauunterlagen und Dokumentation, BauR 2012, 157; *Mantscheff,* Prüfungsfähige Rechnungen, BauR 1972, 205; *Orlowski,* Ohne Rechnung = ohne Rechte? – Zu den Rechtsfolgen einer „Ohne-Rechnung-Abrede", BauR 2008, 1963; *Reck,* Die Erläuterung der Schlussrechnung in Schriftsätzen im Bauprozess, NZBau 2004, 128; *Reck,* Klage auf Erteilung der VOB-Schlussrechnung, ZfBR 2003, 640; *Reitz,* Wirksamkeit von Gleit-, Bagatell- und Selbstbeteiligungsklauseln, BauR 2001, 1513; *Rother,* Die Bedeutung der Rechnung für das Schuldverhältnis, AcP 164 (1964), 97; *Schenkel,* Die Vorlage einer neuen Schlussrechnung in der Berufungsinstanz, NZBau 2007, 6; *Schmidt,* Abrechnung und Zahlung nach der VOB, MDR 1965, 621; *Schmidt,* Materiell-rechtliche Fragen zur Prüfbarkeit der Schlussrechnung des Werkunternehmers, NJW 2015, 1159; *Schmidt,* Prozessuale Fragen im Zusammenhang mit der Prüfbarkeit der Schlussrechnung des Werkunternehmers, NJW 2015, 2632; *Schmitz,* Abnahme, Schlussrechnung und Schlusszahlung nach der VOB, DB 1980, 1019; *Voit,* Die Bedeutung der Bestätigung von Aufmaß und Stundenlohnzetteln, FS Motzke 2006, S. 421; *Weise,* Eine Leistung – zwei Rechnungen: Abschlags- und Schlussrechnung, NJW-spezial 2005, 309; *Werner,* Lohngleitklauseln am Bau – Eine unendliche Geschichte?, NZBau 2001, 521; *Winkler,* VOB-Abrechnung von Bauleistungen, 2 Bände (1975, 1976); *Winkler/Hackmann,* Die Bewertung der Rückstellung für die Verpflichtung zur Rechnungsstellung nach § 14 VOB/B, BB 1985, 1103; *Zanner/Schulze,* Zur Verwirkung von Einwendungen des Auftraggebers bei Überschreitung der Prüfungsfrist aus § 16 Nr. 3 Abs. 1 Satz 1 VOB/B, BauR 2001, 1186.

Übersicht

	Rn.
A. Grundlagen	1
B. Prüfbare Abrechnung (§ 14 Abs. 1 VOB/B)	5
I. Rechnungen	6
II. Abrechnungspflicht	8
III. Fälligkeit	10
IV. Allgemeiner Prüfungsmaßstab	12
V. Gerichtlicher Prüfungsmaßstab	15
VI. Einzelne Prüffähigkeitskriterien	17
1. Übersichtlichkeit	18
2. Reihenfolge der Posten (§ 14 Abs. 1 S. 2 VOB/B)	19
3. Abrechnungsbegriffe	21
4. Abschlags- und Vorauszahlungen	23
5. Nachweisunterlagen	24
6. Leistungsänderungen	28
7. Abweichende Vereinbarungen	31
VII. Prüffähigkeitskriterien bei einzelnen Vertragstypen	32
1. Einheitspreisvertrag	33
2. Pauschalpreisvertrag	34
3. Stundenlohnvertrag	36
4. Selbstkostenerstattungsvertrag	37
VIII. Prüffähigkeitskriterien bei Kündigung	38
IX. Fehler der Abrechnung	39
X. Ausschluss von Prüffähigkeitseinwendungen	40
C. Notwendige Feststellungen für die Abrechnung (§ 14 Abs. 2 VOB/B)	41
I. Abrechnungstechnische Feststellungen (§ 14 Abs. 2 S. 1 VOB/B)	42
1. Aufmaßregeln	43
2. Aufmaßverhandlung	49
3. Aufmaß bei Kündigung	53
4. Aufmaß bei Vertretung	54
II. Beachtung der Abrechnungsbestimmungen (§ 14 Abs. 2 S. 2 VOB/B)	55
III. Verdeckte Leistungen (§ 14 Abs. 2 S. 3 VOB/B)	61
D. Frist zur Vorlage der Schlussrechnung (§ 14 Abs. 3 VOB/B)	63
I. Schlussrechnung	65
II. Frist zur Einreichung der Schlussrechnung	66
III. Fristüberschreitung	68
E. Aufstellung der Rechnung durch den Auftraggeber (§ 14 Abs. 4 VOB/B)	71
I. Vorgehen des Auftraggebers	72
II. Unzulängliche Rechnung	77
III. Nachfristsetzung	78
IV. Rechnungsaufstellung	79
V. Kosten der Rechnungsanfertigung	83
VI. Fälligkeit des Vergütungsanspruches	84

A. Grundlagen

1 Die Abrechnung von Bauleistungen richtet sich bei VOB-Bauverträgen nach § 14 VOB/B. Ergänzend befasst sich § 15 VOB/B mit den Besonderheiten der Abrechnung von Stundenlohnarbeiten. Die Bezahlung der abgerechneten Bauleistungen ist Gegenstand des § 16 VOB/B.

2 Vergütungsansprüche aus Abschlags- und Schlussrechnungen können nur bei Einhaltung der Abrechnungsvoraussetzungen des § 14 VOB/B fällig werden[1]. Die Abrechnungs- und Zahlungsmodalitäten der §§ 14–16 stehen insofern in einem inneren sachlichen Zusammenhang. Hieraus ergibt sich zugleich, dass § 14 VOB/B keine Anwendung auf nichtvergütungsbezogene Ansprüche – etwa solche, die auf Schadensersatz oder Vorschuss abzielen – findet[2].

3 Die Abrechnungsvoraussetzungen des § 14 VOB/B gelten grundsätzlich für alle VOB-Bauverträge[3]. Das **BGB-Werkvertragsrecht** kennt demgegenüber keine speziellen Abrechnungsvorschriften. § 641 Abs. 1 BGB besagt lediglich, dass die Vergütung bei Abnahme fällig wird. Auch die mit dem Gesetz zur Beschleunigung von Zahlungen eingeführte Vorschrift des § 632a BGB zu Abschlagsforderungen sah keine besonderen Abrechnungsformalien vor[4]. Dies beruht auf dem Umstand, dass bei reinen Werkverträgen häufig die Vergütung von Anfang an vertraglich vereinbart ist, weshalb der Gesetzgeber auf weitere fälligkeitsbestimmende Kriterien meinte verzichten zu können[5]. Bei Bauverträgen besteht jedoch regelmäßig die Besonderheit, dass sich der Umfang der Vergütung zumeist erst nach Beendigung der Bauleistungen abschließend ermitteln lässt: Beim Einheitspreisvertrag werden die einzelnen Teilleistungen in den Verdingungsunterlagen lediglich nach Maß, Gewicht oder Stückzahl angegeben (§ 4 Abs. 1 Nr. 1 VOB/A), die Vergütung richtet sich in diesem Falle nach den zugrunde zulegenden vertraglichen Einheitspreisen und den tatsächlich ausgeführten, also den nach Beendigung der Bauleistungen zu ermittelnden Massen (§ 2 Abs. 2 VOB/B). Auch bei Abschluss eines Pauschalpreisvertrages (§ 4 Abs. 1 Nr. 2 VOB/A) lässt sich häufig erst nach Beendigung aller Arbeiten der Umfang der Leistungen abschließend bestimmen; erhebliche Mengenmehrungen und/oder Änderungen des Bauentwurfs, leistungsändernde Anordnungen des Auftraggebers oder aber die Forderung nach zusätzlichen Leistungen vermögen Einfluss auf den Umfang der ausgeführten Leistungen und damit die geschuldete Vergütung zu nehmen (§ 2 Abs. 7 Nr. 1 S. 4; § 2 Abs. 5 und 6 VOB/B). Für den Bauvertrag ist es deshalb durchaus kennzeichnend, dass die ausgeführten Leistungen und damit zugleich die anhand dieser Leistungen und der zugrundeliegenden Angebotskalkulation geschuldete Vergütung regelmäßig erst nach Abschluss aller Arbeiten endgültig erfasst und abgerechnet werden kann. Zwischen VOB- und BGB-Bauverträgen bestehen insoweit keinerlei nennenswerte Unterschiede. Vor allem kann auch beim BGB-Bauvertrag der Besteller regelmäßig erst nach Beendigung der Arbeiten und nach Vorlage einer leistungsbezogenen Abrechnung den Umfang der von ihm geschuldeten Vergütung erkennen. Aus diesem Grunde ist die Erteilung einer prüffähigen Rechnung im Sinne des § 14 VOB/B auch bei BGB-Bauverträgen als allgemeine Fälligkeitsvoraussetzung anzusehen. Vorsorglich sollte in BGB-Bauverträgen vertraglich als Fälligkeitsvoraussetzung die Vorlage einer prüffähigen (Schluss-) Rechnung vorgesehen werden (vgl. § 650 g Abs. 4 S. 2 BGB n. F.):

4 Die bislang vorherrschende Auffassung verneint zwar unter Anknüpfung an den engen Wortlaut des § 641 BGB das **Erfordernis einer prüffähigen Abrechnung als Fälligkeitsvoraussetzung**[6], zunehmend wird jedoch neuerdings auch in der Rechtsprechung betont, dass der Besteller die Höhe der von ihm geschuldeten Vergütung kennen muss und deshalb eine den Voraussetzungen des § 14 VOB/B entsprechende Abrechnung nach Beendigung der Bauleistungen durchaus erwarten kann[7]. Nach Auffassung des OLG Frankfurt entspricht nur eine derartige Vorgehensweise der allgemeinen Verkehrsauffassung und dem Gebot von Treu und Glauben bei der Abrechnung von Bauleistungen beim Vorliegen von BGB-Bauverträgen[8]. Das OLG Düsseldorf gelangt im Wege einer Auslegung des abgeschlossenen BGB-Bauvertrages

---

[1] BGH BauR 1989, 87.
[2] BGH NJW-RR 2000, 19; *U. Locher* in Ingenstau/Korbion VOB/B § 14 Rn. 3.
[3] *Zanner* in FKZGM VOB/B § 14 Rn. 1 ff.
[4] BGBl. 2000 I S. 330.
[5] So *Heiermann/Riedl/Rusam* 11. Aufl. 2008, VOB/B § 14 Rn. 1.
[6] BGHZ 79, 176 (178 f.); OLG Celle NJW 1986, 327.
[7] BGH NZBau 2002, 329; OLG Frankfurt BauR 1997, 856; OLG Düsseldorf BauR 1999, 655; vgl. auch *Grimme* NJW 1987, 468 ff.
[8] OLG Frankfurt BauR 1997, 856; kritisch hierzu *Zanner* in FKZGM VOB/B § 14 Rn. 55.

letztlich zu dem gleichen Ergebnis[9]. Vor diesem Hintergrund versteht sich auch, dass der Unternehmer auch bei einem BGB-Bauvertrag grundsätzlich gehalten sein soll, seinen Rechnungen alle die Nachweise und Belege beizufügen, die erforderlich sind, um die zur Abrechnung gestellten Leistungen von Seiten des Bestellers nachvollziehen zu können[10]. Zumindest wird man deshalb mit Kniffka die (prüffähige) Rechnung beim BGB-Bauvertrag als Voraussetzung für eine schlüssige Darlegung von Vergütungsansprüchen zu qualifizieren haben[11]

Vor diesem Hintergrund versteht sich die durch das Forderungssicherungsgesetz mit Wirkung zum 1.1.2009 herbeigeführte Änderung des § 632a BGB[12]. Nach der Neuregelung des § 632a Abs. 1 S. 4 BGB hat der Besteller die zu Abschlagszahlungen führenden Leistungen durch eine Aufstellung nachzuweisen, die eine rasche und sichere Beurteilung der Leistungen durch den Besteller ermöglichen muss[13]. Nunmehr wird für den Leistungsnachweis auf die entsprechende Bestimmung des § 16 Abs. 1 Nr. 1 S. 2 VOB/B Bezug genommen. Diese Bestimmung lautet:

„Die Leistungen sind durch eine prüfbare Aufstellung nachzuweisen, die eine rasche und sichere Beurteilung der Leistungen ermöglichen muss."

Mit Ausnahme des nicht übernommenen Wortes „prüfbar" entspricht der Gesetzestext damit dem Wortlaut des § 16 Abs. 1 Nr. 1 S. 2 VOB/B. Was mit dem textlichen Verzicht auf das Prüfbarkeitserfordernis bezweckt sein soll, verbleibt jedoch unklar; immerhin versteht es sich von selbst, dass nicht prüfbare Unterlagen ungeeignet sind, um damit den Nachweis ausgeführter und abrechnungsfähiger Leistungen zu führen. Nur prüfbare Unterlagen lassen – wie der Gesetzgeber es fordert – eine rasche und sichere Beurteilung zu den ausgeführten Leistungen zu. Infolgedessen lässt sich die gesetzliche Anpassung auf der Basis des § 16 Abs. 1 Nr. 1 S. 2 VOB/B nur so verstehen, dass die Prüfbarkeitserfordernisse gegenüber denen aus § 14 VOB/B zu einer Schlussrechnung herabgesetzt werden sollen[14]. Allerdings ist ohnehin zu § 16 Abs. 1 VOB/B anerkannt, dass bei Abschlagsrechnungen die strengen Prüffähigkeitskriterien des § 14 VOB/B für den Leistungsnachweis bei der Vorlage von Abschlagsrechnungen nicht zwingend gelten sollen[15]. Dessen ungeachtet lässt sich der Neufassung des § 632a Abs. 1 S. 4 BGB zumindest tendenziell entnehmen, dass nunmehr auch beim BGB-Bauvertrag von der Notwendigkeit von Rechnungsnachweisen entsprechend § 14 VOB/B auszugehen ist.

B. Prüfbare Abrechnung (§ 14 Abs. 1 VOB/B)

Der maßgebende Abrechnungsgrundsatz ist in § 14 Abs. 1 S. 1 VOB/B enthalten. Danach hat der Auftraggeber seine Leistungen prüfbar abzurechnen. Satz 2–4 des § 14 Abs. 1 VOB/B enthalten insoweit ergänzende Bestimmungen zur Umschreibung der Anforderungen an eine ordnungsgemäße und prüffähige Abrechnung des Auftragnehmers.

Das Erfordernis prüfbarer Abrechnung kann ausnahmsweise durch individuelle Vereinbarung abbedungen werden. Sobald allerdings die Pflicht zur Vorlage einer prüfbaren Rechnung durch Allgemeine Geschäftsbedingungen abbedungen wird, stellt eine derartige Regelung eine überraschende und unwirksame Vertragsklausel dar[16].

Die Parteien können aber ergänzende Absprachen zu den Modalitäten einer prüfbaren Abrechnung miteinander treffen. So können sie vertraglich die Nachweisanforderungen von Seiten des Auftragnehmers verändern[17]. Derartige Absprachen der Parteien zur Handhabung der zu führenden Nachweise bleiben – soweit keine Abänderungsvereinbarung getroffen wird – für die Dauer der Abwicklung des Bauvorhabens verbindlich[18].

Bei prozessualen Auseinandersetzungen über abgerechnete Bauleistungen stellt sich die Frage, inwieweit der Auftragnehmer berechtigt ist, zur Begründung der von ihm erhobenen Forderung auf **Abschlags- und Schlussrechnungen Bezug** zu nehmen, ohne die Einzelheiten zu den einzelnen Rechnungsposten schriftsätzlich vorzutragen. Im Rahmen der klägerischen (Erst-)

---

[9] OLG Düsseldorf BauR 1999, 655; vgl. auch BGH BauR 1989, 90 für den Gerüstvertrag.
[10] OLG Köln NJW 1973, 2111.
[11] *Pause/Vogel* in Kniffka Online-Kommentar (23.11.2014), BGB § 641 Rn. 30 f.
[12] BGBl. 2008 I S. 2022.
[13] Vgl. hierzu im Einzelnen *Messerschmidt* in *Messerschmidt*Privates Baurecht, § 632a Rn. 17 ff.
[14] Vgl. insoweit *Leinemann* NJW 2008, 3745 (3746).
[15] BGH NZBau 2002, 390 (391); BauR 1997, 468.
[16] *Voit* in Beck'scher VOB-Kommentar VOB/B Vorbemerkung § 14 Rn. 25.
[17] OLG Celle BauR 2014, 1476.
[18] OLG Celle BauR 2014, 1476.

Darlegung wird es regelmäßig genügen, unter Bezugnahme auf die zugrunde liegende Abschlags- bzw. Schlussrechnung die streitige Forderung bzw. den verbleibenden streitigen Differenzbetrag schriftsätzlich zu benennen. Bei einer derartigen Bezugnahme wird es aber regelmäßig erforderlich sein, die entsprechende Rechnung zumindest der Klageschrift in der Anlage beizufügen. Darüber hinaus muss die **Abschlags- bzw. Schlussrechnung hinreichend bestimmt und aussagefähig** sein, um damit das klägerische Begehren ergänzend zu belegen. Eine weitergehende schriftsätzliche Wiederholung des hinreichend aussagefähigen Rechnungsinhaltes ist überflüssig und prozessual nicht erforderlich.

Abweichend hiervon kann aber eine **detaillierte Wiedergabe und Begründung einzelner Rechnungsposten** notwendig sein, wenn der Auftraggeber einzelne zur Abrechnung gestellte Posten ganz oder teilweise bestreitet. In diesem Falle wird der Auftragnehmer prozessual gehalten sein, sich – etwa im Rahmen der Replik – mit den erhobenen Einwendungen auseinanderzusetzen und streitige Abrechnungsposten nach Menge, Leistungsgegenstand und Einheitspreis näher zu begründen.

I. Rechnungen

6   Die Verpflichtung zur prüffähigen Abrechnung erstreckt sich auf alle **Arten von Abrechnungen.** Neben der ausdrücklich in § 14 Abs. 3 VOB/B aufgeführten Schlussrechnung zählen hierzu Abschlagsrechnungen, Teil- und Teilschlussrechnungen, Rechnungen über Vorauszahlungen, Rechnungen über Änderungs- und Zusatzleistungen, Stundenlohnrechnungen, Rechnungen nach einvernehmlicher Vertragsaufhebung oder auch nach Kündigung sowie sonstige zwischen den Parteien vereinbarte oder notwendige Abrechnungen[19]. Soweit der Auftraggeber seinerseits gegenüber dem Auftragnehmer abzurechnen hat, so etwa nach Auftragsentziehung über entstandene Mehrkosten (§ 8 Abs. 3 Nr. 4 VOB/B), gelten für ihn gleichermaßen die sich aus § 14 Abs. 1 VOB/B ergebenden Abrechnungserfordernisse[20].

7   Von der Frage der Abrechnung zu unterscheiden ist die nach ihrer Form. Rechnungen sind grundsätzlich schriftlich zu erteilen[21]. Nur durch die **Wahrung der Schriftform** ist sichergestellt, dass der Abrechnungsvorgang eindeutig dargestellt ist und nachvollzogen werden kann. Allerdings ist es nicht erforderlich, eine vorgelegte Rechnung von Seiten des jeweiligen Ausstellers zu unterschreiben[22]. Aus diesem Grunde können die Parteien auch eine elektronische Abrechnungsweise untereinander vereinbaren[23].

II. Abrechnungspflicht

8   Der Auftragnehmer hat seine Leistungen prüfbar abzurechnen. Bei dieser Pflicht handelt es sich nicht um eine Haupt-, sondern lediglich um eine „Nebenpflicht" des Auftraggebers[24]. Verstößt der Auftragnehmer gegen die bestehende (Neben-)**Pflicht zur Abrechnung,** kann er sich gegenüber dem Auftraggeber schadensersatzpflichtig machen[25]. Der Auftraggeber kann bei unterbliebener Abrechnung entweder unter den Voraussetzungen des § 14 Abs. 4 VOB/B die Rechnung selbst aufstellen bzw. aufstellen lassen oder aber Klage auf Rechnungslegung bzw. Abrechnung gegen den Auftragnehmer erheben[26]. Der Abrechnungsanspruch des Auftraggebers unterliegt der dreijährigen Verjährungsfrist des § 195 BGB[27].

9   Auch wenn die für die Abrechnung erforderlichen Feststellungen möglichst gemeinsam vorzunehmen sind (§ 14 Abs. 2 VOB/B), die Parteien somit im Rahmen der Abrechnung zusammenwirken sollen[28], verbleibt es gleichwohl dabei, dass es zuförderst Sache des Auftragnehmers ist, auf die Einhaltung der Abrechnungsvoraussetzungen des § 14 VOB/B zu achten, da anderenfalls die von ihm erhobenen Vergütungsansprüche nicht fällig werden. Der Auftragneh-

---

[19] *Heiermann/Riedl/Rusam* VOB/B § 14 Rn. 3; *U. Locher* in Ingenstau/Korbion VOB/B § 14 Abs. 1 Rn. 10.
[20] *Kuffer* in Heiermann/Riedl/Rusam VOB/B § 8 Rn. 10 ff.
[21] → § 16 Rn. 36.
[22] OLG Karlsruhe OLGR 1998, 17.
[23] *Voit* in Beck'scher VOB-Kommentar 3. Aufl. § 14 Abs. 1 Rn. 42.
[24] *Kandel* in NWJS VOB/B § 14 Abs. 1 Rn. 2.
[25] *U. Locher* in Ingenstau/Korbion/VOB/B § 14 Abs. 1 Rn. 2.
[26] OLG Dresden BauR 2000, 103; OLG Jena MDR 1999, 993; OLG München NJW-RR 1987, 146; *Voit* in Beck'scher VOB-Kommentar 3. Aufl. vor § 14 Rn. 9 f.
[27] *Voit* in Beck'scher VOB-Kommentar 3. Aufl. vor § 14 Rn. 11.
[28] *Kandel* in NWJS VOB/B § 14 Abs. 2 Rn. 1.

mer kann sich deshalb bei der Anfertigung seiner Schlussrechnung der Unterstützung eines Bausachverständigen bedienen. Allerdings entbindet die Vorlage eines reinen Sachverständigengutachtens nicht den Auftragnehmer davon, eine prüffähige Abrechnung gegenüber dem Auftraggeber vorzunehmen. Haben die Parteien vertraglich zusätzliche Absprachen zu den zu wahrenden Nachweisanforderungen miteinander getroffen, sind diese vom Auftragnehmer zu berücksichtigen[29].

III. Fälligkeit

Nur eine prüfbare Rechnung führt zur Fälligkeit der erhobenen Forderung[30]. Prüffähig ist dabei nur eine **schriftliche Abrechnung,** eine mündliche Abrechnung vermag keine Fälligkeit von Vergütungsansprüchen auszulösen[31]. Demgegenüber kommt es für die Frage der Fälligkeit der vorgelegten Rechnung nicht entscheidend darauf an, ob der Rechnungsinhalt insgesamt richtig bzw. ganz oder teilweise unrichtig ist[32]. Die Vorlage einer prüffähigen Rechnung ermöglicht erst in einem zweiten Schritt die materielle Richtigkeitskontrolle der zur Abrechnung gestellten Leistungen. **10**

Eine **Ausnahme** vom Erfordernis der Vorlage einer in sich prüffähigen Rechnung besteht allerdings dann, wenn die sachliche und rechtliche Richtigkeit der Abrechnung zwischen den Parteien bereits vom Grundsatz her außer Streit steht. Sind die Parteien über den zur Abrechnung zu stellenden Forderungsbetrag in der Sache einig, so ist es dem Rechnungsempfänger verwehrt, ausschließlich formelle Abrechnungseinwendungen zu erheben[33]. Eine weitere Ausnahme von der Verpflichtung zur prüffähigen Abrechnung lässt der BGH zu, wenn wegen Insolvenz des Auftragnehmers und wegen Zeitablaufes die Erstellung einer prüffähigen Schlussrechnung praktisch nicht mehr möglich ist. In den häufig massearmen Insolvenzen sollen die Insolvenzgläubiger vor dem Ausfall ihrer ohnehin zumeist geringen Quotenaussicht bewahrt werden. Die Leistungen müssen aber zumindest so dargelegt werden, dass eine Schätzung nach § 287 ZPO ermöglicht wird[34]. **11**

IV. Allgemeiner Prüfungsmaßstab

Die Prüffähigkeitserfordernisse der Abrechnung dienen dem Schutz des Auftraggebers[35]. Die Anforderungen an die Prüffähigkeit ergeben sich anhand der **Informations- und Kontrollinteressen** des jeweiligen Auftraggebers. Diese bestimmen und begrenzen Umfang und Differenzierung der für die Prüfung erforderlichen Angaben in der vorgelegten Rechnung[36]. In welchem Umfang die Rechnung im Einzelnen aufzuschlüsseln ist, damit der Auftraggeber in die Lage versetzt wird, sie in der gebotenen Weise überprüfen zu können, ist eine Frage des jeweiligen Einzelfalles, die vor allem von den Besonderheiten der Vertragsgestaltung und -durchführung sowie von den Kenntnissen und Fähigkeiten des Auftraggebers und der von ihm beauftragten Hilfspersonen abhängt[37]. **12**

Haben die Parteien ergänzende vertragliche **Absprachen zu den Nachweisanforderungen** miteinander getroffen, so hat der Auftragnehmer diese während der Abwicklung des Bauvorhabens und bei der Vorlage vertragsbezogen prüffähiger Rechnungen zu beachten. Nichts anderes gilt im Übrigen auch für den Auftraggeber, der sich – soweit keine Abänderungsvereinbarung getroffen wurde – an die mit dem Auftragnehmer verabredeten Nachweisanforderungen – etwa die werktägliche Anfertigung von Feldaufmaßblättern – zu halten hat[38].

Ausschlaggebender Prüfungsmaßstab ist der **Empfänger- und Erkenntnishorizont des Auftraggebers.** Handelt es sich um einen fachkundigen Bauherrn, so ist dessen fachtechnisches (Abrechnungs-)Verständnis zugrunde zu legen[39]. Bedient sich der Auftraggeber eines versierten Fachmannes, etwa eines Architekten, kommt es mit Blick auf die Prüffähigkeitskriterien auf

---

[29] OLG Celle BauR 2014, 1476.
[30] BGH NJW 1989, 836; NJW-RR 1990, 1170.
[31] *Kandel* in NWJS § 14 Abs. 1 Rn. 13.
[32] BGH BauR 1999, 635 (637).
[33] BGHZ 136, 342 (344) für die Architektenhonorarrechnung.
[34] BGH NJW-RR 2005, 167 = BauR 2004, 1937.
[35] BGH NJW 1999, 1867.
[36] BGH BauR 1999, 1185 (1186); NZBau 2000, 508.
[37] BGH BauR 1999, 1185 (1186); NZBau 2000, 508; 2001, 85.
[38] OLG Celle BauR 2014, 1476.
[39] OLG Karlsruhe BauR 1989, 208 für einen Bauunternehmer.

Messerschmidt

dessen, dem Auftraggeber zurechenbare Erkenntnismöglichkeiten an[40]. Kann der sachkundige Architekt die vorgelegte Rechnung überprüfen, so ist damit den Informations- und Kontrollinteressen des Auftraggebers ausreichend entsprochen[41]. Aus diesem Grunde ist es dem Auftraggeber auch verwehrt, pauschal den Einwand mangelnder Prüffähigkeit der Schlussrechnung zu erheben, wenn das von ihm beauftragte Planungsbüro die Schlussrechnung des Auftragnehmers über erbrachte Leistungen geprüft und den Leistungsnachweis selbst als prüfbar bezeichnet hat[42]. Der Prüfvermerk des Architekten auf der Rechnung des Auftragnehmers beinhaltet jedoch lediglich eine Wissenserklärung des Architekten gegenüber seinem Auftraggeber, dass die Rechnung fachlich und rechnerisch richtig ist. Der Prüfvermerk enthält in aller Regel keine darüber hinausreichende rechtsgeschäftliche Erklärung des Architekten namens seines Auftraggebers gegenüber Dritten, insbesondere gegenüber dem Auftragnehmer[43].

13 Der Auftragnehmer hat grundsätzlich genau gegenüber dem Auftraggeber abzurechnen. Vor allem ist er nicht als berechtigt anzusehen, lediglich **überschlägig aufgemachte Rechnungen** vorzulegen. Ungenaue bzw. unpräzise Abrechnungen kann der Auftraggeber zurückweisen. Auch bei Teilleistungen kann der Auftraggeber erwarten, dass diese ordnungsgemäß und prüffähig zur Abrechnung gestellt werden. Dies gilt auch – soweit nicht Abweichendes vereinbart ist – für vom Auftragnehmer vorgelegte Abschlagsrechnungen, da mit ihnen nur tatsächlich ausgeführte Leistungen abgerechnet werden können (vgl. § 16 Abs. 1 Nr. 1 VOB/B)[44].

14 Eine Ausnahme gilt insoweit nur dann, wenn die Parteien von § 14 VOB/B **abweichende Abrechnungsmodalitäten** ausdrücklich vertraglich vereinbart haben. Nicht selten werden Absprachen zwischen den Parteien dahingehend getroffen, dass der Auftraggeber in bestimmten fest fixierten zeitlichen Abständen verpflichtet sein soll, Zahlungsraten auf die vom Auftragnehmer auszuführenden Bauleistungen zu erbringen. Derartige Abrechnungsabsprachen sind aus Sicht des Auftraggebers außerordentlich riskant, weil der tatsächlich erreichte Bautenstand nicht notwendigerweise mit dem nach Zeitablauf bemessenen Abrechnungsstand übereinstimmen muss. Vor diesem Hintergrund ist von entsprechenden atypischen Abrechnungs- und Fälligkeitsvereinbarungen grundsätzlich abzuraten.

V. Gerichtlicher Prüfungsmaßstab

15 Mit der Prüffähigkeit vorgelegter Rechnungen hat sich das Gericht im Rahmen eines Vergütungsrechtsstreits nur bei entsprechendem **Bestreiten durch den Auftraggeber** zu befassen. Das Bestreiten umfasst regelmäßig die Rüge mangelnder Prüffähigkeit durch den Auftraggeber, verbunden mit ausreichend substantiiertem Vortrag zur Begründung der erhobenen Rüge[45]. Die Prüffähigkeit wird grundsätzlich nicht von Amts wegen durch das Gericht geprüft[46]. In den Rechtsstreit eingeführte Rechnungen sind nicht von Amts wegen auf ihre Prüffähigkeit hin zu kontrollieren[47]. Der „Einwand mangelnder Prüffähigkeit" ist gerichtlich nur (noch) zu berücksichtigen, wenn der Auftraggeber ihn innerhalb der Prüffrist des § 16 Abs. 3 VOB/B gegenüber dem Auftragnehmer ausdrücklich erhoben hat[48]. Zu beachten ist, dass die Prüffrist auch dann gilt, wenn während eines laufenden Gerichtsverfahrens eine (neue) Schlussrechnung vom Auftragnehmer vorgelegt und in den Rechtsstreit eingeführt wird[49]. Bei Überschreiten der Prüffrist kann nur noch die sachliche Unrichtigkeit der Abrechnung geltend gemacht werden[50]. Bestehen auf Grund sachlich unrichtiger Abrechnung durchgreifende Bedenken gegen die schlüssige Darlegung des Vergütungsanspruches, ist der Auftragnehmer gehalten, eine neue, an den ver-

---
[40] *U. Locher* in Ingenstau/Korbion VOB/B § 14 Abs. 1 Rn. 7; *Zanner* in FKZGM VOB/B § 14 Rn. 7.
[41] *U. Locher* in Ingenstau/Korbion VOB/B § 14 Abs. 1 Rn. 7.
[42] BGH NZBau 2002, 90 (91).
[43] BGH BauR 2002, 613 (614).
[44] AA *Voit* in Beck'scher VOB-Kommentar 3. Aufl. § 14 Abs. 1 Rn. 3, der zu Unrecht von einem eingeschränkteren Informations- und Kontrollbedürfnis des Auftragnehmers bei Abschlagsrechnungen ausgeht.
[45] *Schmidt* NJW 2015, 2632.
[46] BGH BauR 1997, 1065; 2007, 1577; OLG Düsseldorf BauR 2013, 1874.
[47] BGH BauR 1997, 1065; OLG Bamberg BauR 2004, 1188; *U. Locher* in Ingenstau/Korbion VOB/B § 14 Abs. 1 Rn. 8.
[48] *Schmidt* NJW 2015, 1159, 1160.
[49] BGH NZBau 2006, 179; vgl. auch OLG Bamberg NZBau 2004, 272 zur Schlussrechnung in einer Klageschrift und *Reck* NZBau 2004, 128 zur schriftsätzlichen Erläuterung einer Schlussrechnung im Bauprozess.
[50] BGH NZBau 2004, 216.

traglichen Voraussetzungen orientierte (Schluss-)Abrechnung zu fertigen und diese in den Rechtsstreit einzuführen[51]. Soweit lediglich partiell Prüffähigkeitsbedenken bestehen, kommt im Einzelfall auch ein Teilurteil hinsichtlich der prüffähig abgerechneten Vergütungsansprüche in Betracht[52].

Wurde der Einwand mangelnder Prüffähigkeit rechtzeitig, also innerhalb der Prüffrist des § 16 Abs. 3 VOB/B gegenüber dem Auftragnehmer erhoben, so hat das Gericht den Auftraggeber auf etwaige auch nach seiner Einschätzung bestehende **Prüf- und Fälligkeitsbedenken** hinzuweisen, und dem Auftragnehmer die Möglichkeit zur Behebung bestehender Abrechnungsdefizite innerhalb des gerichtlichen Verfahrens zu geben, vgl. § 139 ZPO[53]. Der Auftragnehmer ist berechtigt, Nachweise und Belege zur Begründung und zum Nachweis der zur Abrechnung gestellten Leistungen im Rahmen des anhängigen Verfahrens nachzureichen oder aber zu Recht beanstandete Rechnungen durch prüffähige zu ersetzen[54]. Verbleiben dennoch durchgreifende Prüffähigkeitseinwände, so ist die Vergütungsklage durch das Gericht nicht insgesamt, sondern nur als derzeit unbegründet abzuweisen[55]. Dadurch wird dem Auftragnehmer ermöglicht, das gerichtlich beanstandete Rechenwerk durch ein neues zu ersetzen und die erhobene Forderung auf der Grundlage neuer (Schluss-)Rechnung weiter zu verfolgen[56]. Der Auftragnehmer kann sich nicht darauf beschränken, im nachfolgenden Rechtsstreit die Behauptung aufzustellen, im Vorprozess sei entgegen der Annahme des Gerichts eine prüfbare Schlussrechnung vorgelegt worden[57].

Wird eine Klage mangels Prüffähigkeit der Schlussrechnung als derzeit unbegründet abgewiesen, bestehen in der **Berufungsinstanz** für den Auftragnehmer besondere prozessuale Risiken, wenn der Auftraggeber auf die erhobene Rüge fehlender Prüffähigkeit in der Berufungsinstanz ausdrücklich verzichtet und das Berufungsgericht deshalb auf ein sachlich endgültig klageabweisendes (Berufungs-) Urteil übergehen kann[58]. Zur Vermeidung einer endgültigen Klageabweisung wird es sich in einer derartigen prozessualen Situation empfehlen, die Berufung durch den Auftragnehmer zurückzunehmen, um gestützt auf eine neue, prüffähige Schlussrechnung nochmals Zahlungsklage erheben zu können[59].

Bis zur Neufassung der VOB/B 2012 hat sich die Prüffrist gemäß § 16 Abs. 3 Nr. 1 S. 1 und 3 VOB/B auf zwei Monate belaufen[60]. Durch die VOB/B 2012 wurde die **Frist zur Prüfbarkeit der vorgelegten Schlussrechnung** auf einen Monat zurückgenommen, so dass Prüf- und Fälligkeitsbedenken nunmehr innerhalb von einem Monat ab Zugang der Schlussrechnung gegenüber dem Auftragnehmer vorzubringen sind[61]. Soweit der Auftraggeber – zumal bei Großbauvorhaben – diese kurz bemessene Prüffrist nicht einhalten kann, verbleiben ihm allerdings auch weiterhin sämtliche sachlich-materiellen Einwendungen gegen die vom Auftragnehmer gewählte Abrechnungsweise und die von ihm abgerechneten Leistungen[62].

Die Frage der Prüfbarkeit einer Schlussrechnung und mithin ihre Prüffähigkeit ist eine Rechtsfrage, die im Ergebnis vom Gericht zu entscheiden ist[63]. Der **gerichtliche Prüfungsmaßstab** richtet sich bei der Beurteilung von vorgelegten Rechnungen aber nicht nach dem Kenntnisstand bzw. dem Erkenntnishorizont der mit dem Vergütungsrechtsstreit befassten Richter. Die Prüfung von Rechnungen über ausgeführte Bauleistungen ist im Falle von Prüf-, Fälligkeits- und Sacheinwendungen primär Angelegenheit von Fachleuten am Bau, mithin von Bausachverstän-

---

[51] BGH NZBau 2007, 637.
[52] OLG Brandenburg NZBau 2015, 701.
[53] BGH BauR 1999, 635 (638); OLG Bamberg BauR 2004, 1188; OLG Brandenburg BauR 2000, 583; *Heiermann/Riedl/Rusam* 9. Aufl., VOB/B § 14 Rn. 25b; *U. Locher* in Ingenstau/Korbion VOB/B § 14 Abs. 1 Rn. 8.
[54] BGH BauR 1999, 635 (637); OLG Hamm BauR 1998, 819; *U. Locher* in Ingenstau/Korbion VOB/B § 14 Abs. 1 Rn. 8.
[55] BGH BauR 1999, 635; NZBau 2001, 19.
[56] BGH NJW-RR 2011, 1528.
[57] BGH NJW 2014, 1306; *Schmidt* NJW 2015, 2632.
[58] OLG Nürnberg BeckRS 2014, 21598 Rn. 60 ff; *Weise/Hänsel* NJW-Spezial 2015, 13; *Schmidt* NJW 2015, 2632.
[59] Vgl. *Schmidt* NJW 2015, 2632, der allerdings unrichtigerweise von der Rücknahme der Klage und nicht der Berufung spricht.
[60] BGH NZBau 2005, 40 = NJW-RR 2005, 167; BGH BauR 2005, 385; NZBau 2006, 179.
[61] Vgl. *Voit* in Beck'scher VOB-Kommentar 3. Aufl. § 14 Abs. 1 Rn. 32.
[62] BGH NZBau 2005, 40 = NJW-RR 2005, 167; BGH NZBau 2006, 637; *Voit* in Beck'scher VOB-Kommentar§ 14 Abs. 1 Rn. 33.
[63] OLG Stuttgart NZBau 2005, 640 (641); BauR 1999, 514.

digen. Das Gericht hat deshalb in Zweifelsfällen Bausachverständige als Gutachter mit der Überprüfung der vorgelegten Rechnung zu beauftragen, auch soweit die Prüffähigkeit der Rechnungen auf Grund fehlender, jedoch aus Sicht des Auftraggebers notwendiger Nachweise streitbefangen ist[64]. Der Gutachter hat dabei insbesondere anhand der örtlichen und baulichen Umstände sowie der ihm überlassenen Unterlagen eine fachtechnische Prüfung daraufhin vorzunehmen, ob die Schlussrechnung ausreichend übersichtlich aufgebaut und nachvollziehbar ist[65]. In Zweifelsfällen kann es deshalb aus Sicht des Auftragnehmers zweckmäßig sein, zur Vermeidung von Prüffähigkeitseinwendungen von vornherein einen Bausachverständigen bei der Aufstellung der Schlussrechnung heranzuziehen und diesen die Prüffähigkeit der vorgelegten Schlussrechnung (nebst Nachweisen) bescheinigen zu lassen.

VI. Einzelne Prüffähigkeitskriterien

17 Die Erfordernisse prüfbarer Abrechnung werden durch eine Reihe von Prüfkriterien umschrieben, die sich aus § 14 Abs. 1 S. 2–4 ergeben. Die Prüffähigkeit der Abrechnung und die einzelnen Prüffähigkeitskriterien haben nichts mit der sachlichen Richtigkeit der zur Abrechnung gestellten Leistungen zu tun[66]. Fehler der Abrechnung oder Ungenauigkeiten in der Kosten- bzw. Positionszuordnung berühren die Prüfbarkeit grundsätzlich nicht[67].

18 **1. Übersichtlichkeit.** Der Auftraggeber hat die **Rechnungen übersichtlich aufzustellen.** Anzugeben hat er dabei üblicherweise die Vertrags- bzw. Leistungsgrundlage, den Umfang der erbrachten Leistung, die sich hieraus ergebende Einzelberechnung sowie schließlich die von ihm vorgenommene Gesamtberechnung[68]. Hakt der Auftraggeber die Abrechnungspositionen des Auftragnehmers ab, ohne deren Prüffähigkeit ganz oder teilweise in Frage zu stellen, lässt dies auf die Prüfbarkeit der Abrechnung schließen[69].

19 **2. Reihenfolge der Posten (§ 14 Abs. 1 S. 2 VOB/B).** Bei seinen Angaben hat der Auftragnehmer „die Reihenfolge der Posten einzuhalten" (Abs. 1 Satz 2). Mit dem Begriff der Posten verbinden sich dabei die Positionen des zugrundeliegenden Leistungsverzeichnisses[70]. Das dem Bauvertrag zugrunde gelegte Leistungsverzeichnis wird sich deshalb zumeist spiegelbildlich in den Abschlags- und Schlussrechnungen des Auftragnehmers wieder finden lassen[71]. In der Reihenfolge des Leistungsverzeichnisses werden die dortigen Leistungspositionen zum Gegenstand der Abrechnung gemacht, um anhand eines Vergleiches zwischen Leistungsverzeichnis einerseits und Rechnung andererseits die Überprüfung der erbrachten Leistungen nach Qualität und Quantität vorzunehmen.

20 Weicht der Auftragnehmer ausnahmsweise von der **Reihenfolge der Positionen im Leistungsverzeichnis** in seiner Rechnung ab, so steht alleine dieser Umstand der Prüffähigkeit der Abrechnung allerdings nicht entgegen, jedenfalls dann, wenn dadurch die Abrechnung für den Auftraggeber nicht nennenswert erschwert wird[72]. Aus gleichen Erwägungen heraus bestehen auch keine Bedenken gegen Schlussrechnungen, die lediglich vorausgegangene prüffähige Abschlagsrechnungen aufnehmen und die aus ihnen zu ermittelnde Schlussrechnungssumme beziffern[73].

21 **3. Abrechnungsbegriffe.** Die Angaben zu erbrachten Leistungen müssen vom Auftraggeber nachvollzogen werden können. Nach § 14 Abs. 1 S. 2 VOB/B hat der Auftragnehmer die in den Vertragsbestandteilen enthaltenen **Bezeichnungen** bei seiner Abrechnung zu verwenden. Bau- und abrechnungstechnische Fachbegriffe darf der Auftragnehmer deshalb bei seiner Abrechnung gegenüber dem Auftraggeber verwenden, soweit diese in den Vertragsunterlagen enthalten oder aber am Bau allgemein anerkannt sind.

---

[64] OLG Stuttgart NZBau 2005, 640 (641); BauR 1999, 514; *U. Locher* in Ingenstau/Korbion VOB/B § 14 Abs. 1 Rn. 8.
[65] OLG Stuttgart NZBau 2005, 640 (641).
[66] OLG Brandenburg BauR 2005, 151.
[67] BGH IBR 2005, 412.
[68] *Heiermann/Riedl/Rusam* VOB/B § 14 Rn. 25.
[69] OLG Frankfurt IBR 2017, 10.
[70] *Heiermann/Riedl/Rusam* VOB/B § 14 Rn. 25.
[71] *U. Locher* in Ingenstau/Korbion VOB/B § 14 Abs. 1 Rn. 11.
[72] BGH BauR 1999, 1185; OLG Brandenburg NZBau 2000, 511.
[73] *Zanner* in FKZGM VOB/B § 14 Rn. 11.

Bei der Angebotsabgabe auf der Grundlage einer **Kurzfassung des Leistungsverzeichnisses** 22
(§ 13 Abs. 1 Nr. 5 VOB/A) genügt der Auftragnehmer den allgemeinen Abrechnungserfordernissen, wenn er seine Rechnungen in entsprechender Kurzfassung aufmacht[74]. Nicht als ausreichend wird es indes angesehen, wenn der Auftragnehmer bei seinen Rechnungen untypische Abkürzungen und Kürzel verwendet, die nicht ohne weiteres vom Auftraggeber nachvollzogen werden können.

4. Abschlags- und Vorauszahlungen. Bei der Vorlage von Folgerechnungen bzw. bei Vorlage der Schlussrechnung sind vorausgegangene und abrechnungsmäßig zu berücksichtigende Rechnungen grundsätzlich mit anzugeben. Geleistete **Abschlags- und Vorauszahlungen** sind in nachfolgenden Rechnungen und vor allem in der Schlussrechnung jeweils namhaft zu machen[75]. Eine genaue Zuordnung der Abschlagszahlungen zu einzelnen Rechnungsposten ist dabei nicht erforderlich[76]. Da die Prüffähigkeit jedoch auch insoweit keinen Selbstzweck darstellen soll[77], kann eine Rechnung freilich nicht alleine deshalb als nicht fällig beanstandet und zurückgewiesen werden, weil dem Umfange nach vollkommen unstrittige Zahlungen vom Auftragnehmer nicht mit angegeben wurden[78].

5. Nachweisunterlagen. Die zum Nachweis von Art und Umfang der erbrachten Leistungen 24
erforderlichen Mengenberechnungen, Zeichnungen und andere Belege hat der Auftragnehmer seinen Abrechnungen beizufügen. Nicht ausreichend ist lediglich die Bereitstellung der Unterlagen zur Einsichtnahme durch den Auftraggeber[79]. Zu den sog anderen Belegen zählen dabei vor allem für die Abrechnung notwendige Aufmaßskizzen[80]. Sämtliche **Abrechnungsnachweise** sind gemäß § 14 Abs. 2 VOB/B dem Fortgang der Leistung entsprechend möglichst gemeinsam aufzunehmen und anschließend den Abschlagsrechnungen wie auch der Schlussrechnung zugrunde zu legen. Im Einzelfall kann die Vorlage von Originalunterlagen – etwa bestätigter Wiegekarten – in Betracht kommen[81]. Vorzulegen sind darüber hinaus auch alle die Nachweisunterlagen, die zwischen den Parteien vertraglich gesondert zur Nachweisführung vereinbart wurden[82].

Beizufügen sind vom Auftragnehmer nur Unterlagen, die aus Sicht des Auftraggebers erforderlich sind, um ihm oder aber den von ihm beauftragten Fachleuten (Architekten/Ingenieuren) die Überprüfung der zur Abrechnung gestellten Leistungen zu ermöglichen. Soweit der Auftraggeber deshalb bereits über entsprechende **Nachweisunterlagen** verfügt, brauchen diese vom Auftragnehmer nicht (nochmals) den vorgelegten Abrechnungen beigefügt zu werden[83]. Dies gilt etwa für Aufmaßunterlagen, die bereits ein vorausgegangenen Abschlagsrechnungen vorgelegt wurden. Ähnlich verhält es sich auch mit gutachterlichen Einschätzungen zur Begründung erhobener Abrechnungsansprüche, soweit diese bereits zuvor dem Auftraggeber ausgehändigt wurden. Soweit jedoch vom Auftraggeber Prüffähigkeitsbedenken vorgebracht werden, ist es im Zweifel am Auftragnehmer, derartige Unterlagen nochmals der vorgelegten Schlussabrechnung mit beizufügen.

Der Auftragnehmer wird – entgegen vorherrschendem Verständnis[84] – nicht alleine deshalb 26
von der **Vorlage der Nachweisunterlagen** befreit, weil der Auftraggeber selbst oder ein von ihm beauftragter Architekt Bauleitungsfunktionen übernommen hat. Die bloße Möglichkeit, die Abrechnungsangaben des Auftragnehmers an Ort und Stelle zu überprüfen, kann den Auftragnehmer nicht von der vertraglichen Verpflichtung entbinden, über die von ihm erbrachten Leistungen prüffähig gegenüber dem Auftraggeber abzurechnen[85]. Den Auftraggeber kann nicht

---

[74] *Kandel* in NWJS VOB/B § 14 Abs. 1 Rn. 16.
[75] BGH BauR 2004, 1940; 1997, 468; OLG Köln NJW-RR 1990, 1171.
[76] *Voit* in Beck'scher VOB-Kommentar 3. Aufl. § 14 Abs. 1 Rn. 63.
[77] BGH NJW 1999, 1867 (1868).
[78] BGH BauR 2000, 430; NJW 2000, 653 (655).
[79] *Voit* in Beck'scher VOB-Kommentar 3. Aufl. § 14 Abs. 1 Rn. 80.
[80] *Kandel* in NWJS VOB/B in § 14 Abs. 1 Rn. 17.
[81] OLG Hamm BauR 2006, 858.
[82] OLG Celle BauR 2014, 1476.
[83] BGH BauR 1990, 605 (607); OLG München BauR 1993, 346; OLG Düsseldorf *SFH* § 14 VOB/B Nr. 3.
[84] OLG München BauR 1993, 346; OLG Frankfurt BauR 1980, 578 (579); LG Hanau *SFH* § 14 VOB/B Nr. 4; *U. Locher* in Ingenstau/Korbion VOB/B § 14 Abs. 1 Rn. 13; *Zanner* in FKZGM VOB/B § 14 Rn. 14.
[85] Vgl. *Heiermann/Riedl/Rusam* VOB/B § 14 Rn. 29; *Kandel* in NWJS VOB/B § 14 Abs. 1 Rn. 17.

die Verpflichtung treffen, seine Bauleitung damit zu beschäftigen, fehlende oder oberflächliche Leistungsnachweise des Auftragnehmers im Rahmen der von ihm vorgelegten Abrechnungen durch eigene Tätigkeit – zumal innerhalb der kurzen Prüfungsfristen, die in der VOB vorgesehen sind (§ 16 Abs. 1 Nr. 3 VOB/B) – zu ersetzen. Etwas anderes kann nur dann gelten, wenn der Auftraggeber ausnahmsweise positive Kenntnis von bestimmten, für die Abrechnung maßgebenden Leistungen hat. Verfügt etwa der Hauptunternehmer über prüffähige Nachweisunterlagen im Verhältnis zum Bauherrn, so kann er aus vertraglicher Kooperationspflicht gehalten sein, seinem Subunternehmer die entsprechenden Massenermittlungen für dessen Abrechnung zu überlassen[86].

27   Die Verpflichtung zur **Vorlage von Nachweisen** ist beschränkt auf solche Unterlagen, die zur Rechnungsprüfung erforderlich sind. So kann der Auftraggeber über § 14 Abs. 1 VOB/B vom Auftragnehmer nicht die Vorlage sozialversicherungsrechtlicher Nachweise verlangen[87]. Bestands- und Revisionspläne dienen regelmäßig nicht dazu, den notwendigen Abrechnungsnachweis zu erbringen[88]. Ebenso wenig kann der Auftraggeber über § 14 Abs. 1 VOB/B die Übergabe von Vertrags- und Abrechnungsunterlagen aus dem Verhältnis des Auftragnehmers zu dessen Nachunternehmer beanspruchen. Da die Abrechnung grundsätzlich im jeweiligen Vertrags- und Leistungsverhältnis vorgenommen wird, kommt der Abrechnung des Auftragnehmers gegenüber seinem Nachunternehmer keine vertragsrechtlich relevante Bedeutung im Verhältnis zum Auftraggeber zu. Etwas anderes gilt nur dann, wenn sich der Auftragnehmer selbst zum Nachweis seiner Leistungen auf bestimmte Unterlagen aus einem bestehenden Nachunternehmerverhältnis bezieht. Rechnet der Auftragnehmer etwa in der Weise gegenüber dem Auftraggeber ab, dass er durch Rechnungen nachgewiesene Leistungen seiner Nachunternehmer jeweils mit bestimmten prozentualen Beträgen beaufschlagt, steht dem Auftraggeber die Befugnis zu, zur Überprüfung der ordnungsgemäßen Beaufschlagung auch die der Beaufschlagung zugrundeliegenden Nachunternehmerrechnungen (in Kopie) zu verlangen.

Für die **Vorlage der Nachweise und ihrer Prüffähigkeit** kommt es nicht darauf an, dass die Nachweise inhaltlich mit dem abgerechneten Leistungsumfang übereinstimmen müssen. Abweichungen zwischen vorgelegten Nachweisen und abgerechneten Leistungen führen lediglich zu Rechnungskürzungen, nicht aber zu dem Einwand fehlender bzw. unvollständiger Prüffähigkeit der vorgelegten Rechnung[89].

28   **6. Leistungsänderungen.** Änderungen und Ergänzungen des Vertrages hat der Auftragnehmer gemäß § 14 Abs. 1 Nr. 1 S. 4 VOB/B in der Rechnung besonders kenntlich zu machen. Die Verpflichtung betrifft dabei nur echte Änderungen und Ergänzungen gegenüber den vom Auftraggeber beauftragten Leistungen[90]. Gemeint sind damit vorrangig Änderungs- und Zusatzleistungen gemäß § 2 Abs. 5 und 6 VOB/B, nicht jedoch Mengenänderungen, die sich im Rahmen des § 2 Abs. 3 VOB/B bewegen[91].

29   Üblicherweise werden Änderungs- und Zusatzleistungen gesondert als **Nachtragspositionen** in der Rechnung kenntlich gemacht. Dabei wird so verfahren, dass entweder die Nachtragspositionen den entsprechenden oder geänderten Abschlagspositionen unmittelbar nachgestellt oder aber sämtliche Zusatzpositionen am Schluss der jeweiligen Rechnung gebündelt angegeben werden.

30   In diesem Zusammenhang ist § 14 Abs. 1 S. 4 VOB/B zu beachten: Auf Verlangen des Auftraggebers sind danach die **Änderungen und Ergänzungen** getrennt abzurechnen. Bei einem entsprechenden Verlangen ist der Auftragnehmer daher gehalten, über die Änderungs- und Zusatzleistungen jeweils gesondert abzurechnen und damit auch gesonderte Rechnungen auszufertigen[92]. Bei Vorlage entsprechender nachtragsbezogener Einzelrechnungen tritt die Fälligkeit der vom Auftragnehmer erhobenen (Gesamt-) Forderung erst ein, wenn sämtliche Leistungen (separat) prüfbar abgerechnet sind[93].

---

[86] OLG Celle BauR 2014, 1476.
[87] OLG Dresden IBR 2013, 398.
[88] *Heiermann/Riedl/Rusam* VOB/B § 14 Rn. 30; *U. Locher* in Ingenstau/Korbion VOB/B § 14 Abs. 1 Rn. 13.
[89] BGH NJW-RR 2000, 1469; *Schmidt* NJW 2015, 1159.
[90] *Kandel* in Ingenstau/Korbion VOB/B § 14 Rn. 11.
[91] BGH NJW 1967, 342 (343).
[92] *Kandel* in NWJS VOB/B § 14 Abs. 1 Rn. 24.
[93] *Voit* in Beck'scher VOB-Kommentar3. Aufl. § 14 Abs. 1 Rn. 99.

Im Zusammenhang mit Änderungs- und Nachtragsleistungen bedarf es stets gesonderter Überprüfung daraufhin, inwieweit diese vor dem Hintergrund der ursprünglich beauftragten Bauleistung vergütungspflichtig sind. Grundsätzlich kann der Auftragnehmer für eine bereits auf Grund Bauvertrages geschuldete und ihm vergütete Leistung nicht nochmals über Änderungs- und Nachtragspositionen zusätzliche Vergütung beanspruchen. Dies gilt selbst dann, wenn zu der entsprechenden Änderungs- und Nachtragsleistung vor der Schlussabrechnung eine gesonderte Nachtragsvereinbarung zwischen den Vertragsparteien zustande gebracht wurde. Etwas anderes kann nur dann gelten, wenn der Auftraggeber (ausnahmsweise) mit der Nachtragsvereinbarung eine gesonderte Vergütungspflicht selbstständig anerkennen wollte oder die Vertragsparteien sich gerade in Ansehung der ungeklärten Leistungs- und Abrechnungspflicht zu den Änderungs- und Nachtragsleistungen miteinander verglichen haben[94].

7. Abweichende Vereinbarungen. Die Anforderungen an den **Nachweis von Leistungen** 31 im Rahmen vorgelegter Rechnungen können von den Parteien abweichend gegenüber § 14 Abs. 1 VOB/B geregelt werden. Allerdings ist zu beachten, dass Aufmaßklauseln gegen § 9 AGBG aF bzw. §§ 305 ff. BGB verstoßen, wenn sie für die Bemessung der Vergütung auf Planungsunterlagen abheben, die sich nicht auf die tatsächlich ausgeführten Leistungen beziehen. Ebenso unwirksam sind Aufmaßklauseln, die darauf abzielen, nur einen Teil der ausgeführten Leistungen tatsächlich als aufmaß- und vergütungsfähig anzusehen[95].

VII. Prüffähigkeitskriterien bei einzelnen Vertragstypen

Unabhängig von den allgemeinen Prüfkriterien gelten bei einzelnen Vertragstypen teilweise 32 Besonderheiten zur Beurteilung der Prüffähigkeit und damit der Fälligkeit von vorgelegten Rechnungen:

1. Einheitspreisvertrag. Beim **Einheitspreisvertrag** sind die Voraussetzungen des § 14 33 Abs. 1 VOB/B strikt einzuhalten. Dies ergibt sich aus § 2 Abs. 2 VOB/B und insbesondere § 2 Abs. 3 VOB/B sowie den dort vorgesehenen Modalitäten beim Überschreiten bzw. Unterschreiten des Mengenansatzes aus dem Leistungsverzeichnis. Die Vergütung wird dabei nach den vertraglichen Einheitspreisen und den tatsächlich ausgeführten und nachgewiesenen Leistungen berechnet. Maßgebend kommt es deshalb bei der Abrechnung eines Einheitspreisvertrages auf die durch das Aufmaß ermittelten Mengen an. Sowohl beim ungekündigten wie auch beim gekündigten Einheitspreisvertrag hat der Auftragnehmer die vereinbarten Einheitspreise mit den durch das Aufmaß ermittelten Mengen zu vervielfältigen und hieraus die sich aus den einzelnen Positionen des Leistungsverzeichnisses ergebenden Ansprüche zu ermitteln[96]. Will der Auftragnehmer nicht mehr an den vereinbarten Einheitspreisen festhalten, so hat er dies kenntlich zu machen und in geeigneter Weise – etwa durch Angabe der veränderten Umstände und unter Bezugnahme auf die Urkalkulation – zu begründen[97]. Änderungs- und Nachtragspositionen bedürfen stets besonderer Kontrolle im Rahmen der Überprüfung der vom Auftragnehmer vorgelegten Schlussrechnung.

Hakt der Auftraggeber in der ihm vorgelegten Abrechnung die ausgewiesenen Massen teilweise ab, nimmt er zudem eigenständige Massenänderungen vor, ohne zu den Abrechnungspositionen Prüffähigkeitseinwendungen vorzunehmen, lässt dies auf die Prüfbarkeit der vorgelegten Abrechnung schließen[98]. Bei bestehenden Prüffähigkeitseinwendungen hat der Auftraggeber deshalb in den vom Auftragnehmer vorgelegten Abrechnungsunterlagen kenntlich zu machen, ob und in welchem Umfange unabhängig von sachlichen Einwendungen gegen einzelne Abrechnungspositionen die Rüge der Prüffähigkeit erhoben werden soll[99].

2. Pauschalpreisvertrag. Beim **Pauschalpreisvertrag** ist § 14 Abs. 1 VOB/B ebenfalls zu 34 beachten. Der Auftragnehmer hat auch bei Vorliegen einer Pauschalpreisabrede prüffäig ab-

---
[94] BGH NZBau 2005, 453; vgl. zur Bindungswirkung von Nachtragsvereinbarungen auch *Oppler* FS Krause, 2003, 169 ff.
[95] *Korbion/U. Locher* AGBG und Bauerrichtungsverträge, S. 131; *Glatzel/Hofmann/Frikell* Unwirksame Bauvertragsklauseln, S. 305 ff.
[96] Vgl. OLG Köln BauR 2013, 826.
[97] So *Kniffka/Koeble* BauR-Komp 2. Aufl. 2004, Rn. 175.
[98] OLG Frankfurt IBR 2017, 10.
[99] Vgl. auch OLG Brandenburg NJW-RR 2015, 1360 zur Teilfälligkeit von teilprüffähigen Abrechnungen.

zurechnen[100]. Legt der Auftragnehmer zu einem Pauschalpreisvertrag entsprechend dem Bauverlauf Abschlagsrechnungen vor, so hat er den erreichten Bauten- und Abrechnungsstand jeweils prüffähig zu belegen[101]. Beansprucht der Auftragnehmer Mehrkosten nach § 2 Abs. 7 Nr. 1 S. 2 VOB/B, hat er die erforderlichen Tatbestandsvoraussetzungen prüffähig zu belegen[102]. Entsprechendes gilt auch, wenn er Vergütungsansprüche gemäß § 2 Abs. 5 und 6 VOB/B iVm § 2 Abs. 7 Nr. 1 S. 4 VOB/B beansprucht[103]. Beim vorzeitig beendeten/gekündigten Pauschalpreisvertrag hat der Auftragnehmer prüffähig die erbrachten von den nicht erbrachten Leistungen abzugrenzen und jeweils vertragsbezogen deren Wert zu ermitteln[104].

35   Bleibt der Pauschalpreis indes unverändert, so bedarf es in der Schlussrechnung keiner weiteren Aufgliederung zum Umfang der erbrachten Leistungen[105]. Der Auftragnehmer hat jedoch in der Schlussrechnung die auf die vorgelegten Abschlagsrechnungen bereits geleisteten Abschlagszahlungen aufzuführen, um hiervon ausgehend in prüffähiger Weise den Schlussrechnungsbetrag aus der vereinbarten Gesamtpauschale zu belegen[106].

36   **3. Stundenlohnvertrag.** Beim **Stundenlohnvertrag** sind die besonderen Prüf- und Abrechnungsregeln zu beachten, die sich aus § 15 VOB/B ergeben. Allerdings sind zusätzlich § 14 Abs. 1 und 4 VOB/B zu beachten[107].

37   **4. Selbstkostenerstattungsvertrag.** Beim **Selbstkostenerstattungsvertrag** sind die Abrechnungsgrundsätze des § 14 Abs. 1 VOB/B entsprechend heranzuziehen[108]. Nähere Einzelheiten ergeben sich aus den Preisermittlungsgrundlagen des abgeschlossenen Bauvertrages. Grundsätzlich hat der Auftragnehmer den ihm entstandenen Aufwand zur vertragsgemäßen Leistungserbringung prüffähig in der Abrechnung nachzuweisen, also Löhne, Stoffe, Gerätevorhaltung, allgemeine Geschäftskosten etc im Einzelnen anzugeben.

VIII. Prüffähigkeitskriterien bei Kündigung

38   Im Zusammenhang mit der Abrechnung von gekündigten Bauleistungen ist seit dem 1.1.2009 die geänderte Fassung des § 649 BGB zu berücksichtigen. Mit dem Forderungssicherungsgesetz wurde der Vorschrift des § 649 BGB ein neuer Satz 3 angefügt, wonach (nunmehr) vermutet wird, dass dem Unternehmer im Falle freier Kündigung 5 vom Hundert der auf den noch nicht erbrachten Teil der Werkleistung entfallenden vereinbarten Vergütung zustehen. Die 5 %-ige Pauschale muss dabei den nicht mehr ausgeführten vertraglichen (Teil-)Leistungen eindeutig zugeordnet werden. Dies bedingt auch weiterhin sowohl bei Einheitspreis- wie auch bei Pauschalpreisverträgen eine prüffähige Ermittlung der bis zur Kündigung ausgeführten (Teil-)Leistungen. Infolgedessen ändert sich durch die Pauschalierungsregelung des § 649 S. 3 BGB vom Grundsatz her nichts an der Notwendigkeit ordnungsgemäßer Abrechnung des Auftragnehmers zu den bis zur Kündigung ausgeführten (Teil-)Leistungen.

Die Abrechnungsvorschrift des § 14 gilt auch in atypischen Abwicklungs- und Abrechnungsstadien der jeweiligen Bauvertrages, insbesondere im Falle der **vorzeitigen Kündigung**[109]. Auch vorzeitig beendete bzw. gekündigte Bauverträge sind prüffähig zu den erbrachten und nicht erbrachten Leistungen vom Auftragnehmer abzurechnen[110]. Der Auftragnehmer hat dabei für die nicht (mehr) ausgeführten Bauleistungen die von ihm ersparten Aufwendungen und etwaigen anderweitigen Erwerb darzulegen[111]. Dessen ungeachtet obliegt nachfolgend dem Auftraggeber die Darlegungs- und Beweislast dafür, dass der Auftragnehmer höhere als die vorgetragenen Aufwendungen gehabt und höheren Gewinn aus anderweitigem Erwerb erzielt

---

[100] BGH BauR 1989, 87.
[101] *Heiermann/Riedl/Rusam* VOB/B § 14 Rn. 46, 58.
[102] OLG Düsseldorf BeckRS 2015, 16069.
[103] BGH BauR 1999, 1018.
[104] BGH NJW 2000, 635; *Kniffka/Koeble* BauR-Komp 4. Aufl., Teil 9 Rn. 36 mwN.
[105] OLG Düsseldorf BauR 2013, 1874; KG Berlin BauR 2014, 1827; *Kandel* in NWJS VOB/B § 14 Abs. 1 Rn. 26.
[106] OLG Düsseldorf BauR 2013, 1874; OLG Köln NJW-RR 1990, 1171.
[107] *Kandel* in NWJS VOB/B § 14 Abs. 1 Rn. 26.
[108] *Voit* in Beck'scher VOB-Kommentar 3. Aufl. § 14 Abs. 1 Rn. 50.
[109] Im Einzelnen → § 8 Rn. 24 ff., 83 ff. und 108 ff.
[110] BGH NJW 1987, 382; BauR 1994, 655; 1999, 63.
[111] BGH BauR 1996, 382; 2000, 430.

hat[112]. Darüber hinaus gelten bei vorzeitiger Vertragsbeendigung nachfolgende Besonderheiten im Zusammenhang mit der Aufmaßerstellung und der prüffähigen Abrechnung:

– Regelmäßig ist auf Verlangen Aufmaß im Rahmen einer gemeinsamen Aufmaßverhandlung nach § 8 Abs. 6 VOB/B zu nehmen[113].
– Vereitelt der Auftraggeber ein (gemeinsames) Aufmaß durch alsbaldige Fortführung der Arbeiten durch einen Drittunternehmer, braucht der Auftragnehmer die abrechnungsfähigen Leistungen nur in einem Umfange darzustellen, die eine Schätzung nach § 287 ZPO zulassen[114].
– Beim Einheitspreisvertrag sind die Einheitspreispositionen bis zur Kündigung nach ausgeführten Mengen aufzuführen und gegenüber den nicht mehr ausgeführten Mengen abzugrenzen[115].
– Beim Pauschalpreisvertrag sind den ausgeführten und durch Aufmaß zu belegenden Teilleistungen grundsätzlich die nach dem Pauschalvertrag auszuführenden Gesamtleistungen gegenüberzustellen[116].
– Ein vorzeitig beendeter Pauschalpreisvertrag kann nicht nach Einheitspreisen ohne Bezug zum vereinbarten Pauschalpreis abgerechnet werden[117].
– Bei Kündigung eines Pauschalvertrages mit detailliertem Leistungsverzeichnis soll es genügen, wenn die ausgeführten Leistungen per Aufmaß ermittelt, diese zunächst mit dem ursprünglichen Einheitspreis und dann mit dem der Pauschale zugrunde liegenden Kürzungsfaktor multipliziert werden[118].
– Ausnahmsweise kann der Auftragnehmer bei der Abrechnung eines gekündigten Pauschalpreisvertrages die ihm zustehende Mindestvergütung in der Weise abrechnen, dass er die gesamte Leistung als nicht erbracht zugrunde legt und von dem Pauschalpreis die hinsichtlich der Gesamtleistung ersparten Aufwendungen absetzt[119].
– Sind bei Kündigung des Pauschalvertrages nur wenige Leistungen ausgeführt worden, kann auf ein Aufmaß verzichtet und über den gesamten Pauschalpreis nach § 8 Nr. 2 VOB/B abgerechnet werden[120].
– Sind bei Kündigung des Pauschalvertrages fast alle Leistungen ausgeführt worden, kann auf ein Aufmaß zu den ausgeführten Arbeiten verzichtet und stattdessen für die nicht ausgeführten Teilleistungen ein zu belegender Abzug von der Pauschalsumme vorgenommen werden[121].
– Sind aber im Einzelfall in zahlreichen Gewerken die Leistungen des Auftragnehmers nicht abgeschlossen, kann eine Abrechnung mit einem zu belegenden Abzug von der Pauschalsumme ausscheiden[122]
– Wird nach einer Kündigung eines Pauschalvertrages auf ein Aufmaß verzichtet, kann es zur ausreichenden Prüfbarkeit der vorgelegten Schlussrechnung genügen, wenn sich aus dem ergänzenden außergerichtlichen oder aber gerichtlichen Vortrag ergibt, welche Teilleistungen im Einzelnen ausgeführt wurden und zur Abrechnung gestellt werden sollen[123].

Da die Prüffähigkeit einer Schlussrechnung auch beim Pauschalvertrag keinen Selbstzweck zum Gegenstand hat[124], soll es für die Anforderungen an eine ausreichend prüffähige Schlussrechnung auf die Beurteilung des jeweiligen Einzelfalles entscheidend ankommen[125].

Hat bei einem gekündigten Pauschalpreisvertrag der Auftragnehmer (ausreichend) prüffähig abgerechnet, wird im Rahmen der Sachprüfung geklärt, ob und in welcher Höhe die geltend

---

[112] BGH BauR 2001, 666.
[113] BGH NZBau 2003, 265; 2003, 497.
[114] BGH NZBau 2004, 503 = BauR 2004, 1443.
[115] *Schmidt* NJW 2015, 1159, 1160.
[116] BGH NZBau 2004, 549; 2003, 1588 = NZBau 2002, 614; BGH BauR 2002, 1695 = NZBau 2002, 613; OLG Köln BauR 2013, 826; OLG Frankfurt IBR 2015, 61; OLG Zweibrücken IBR 2015, 180.
[117] OLG Düsseldorf NZBau 2010, 369.
[118] LG Leipzig BauR 2008, 878.
[119] OLG Celle NZBau 2009, 245.
[120] BGH NJW-RR 2005, 325 = NZBau 2005, 147; OLG Hamm NZBau 2006, 576 (577) sieht die Geringfügigkeitsschwelle bei ca. 2 % des Auftragsvolumens erreicht.
[121] BGH NJW 2014, 3778 bei einem Restanteil von 4,56 % des Pauschalpreises; KG Berlin BauR 2014, 1827.
[122] OLG Düsseldorf NJW 2015, 355 bei Einzelrestleistungen von 3 % der Pauschalsumme.
[123] BGH NZBau 2005, 639 (640).
[124] BGH NJW 1999, 1867.
[125] BGH NZBau 2005, 639 (640); NJW 1999, 1867; vgl. auch BGH NZBau 2002, 613; *Schmidt* NJW 2015, 1159, 1160.

gemachte Werklohnforderung berechtigt ist[126]. Bei sachlich fehlerhafter Abrechnung ist in erforderlichem Umfange Beweis zu erheben oder von Seiten des Gerichts im Wege der Schätzung nach § 287 ZPO der kündigungsbedingt zu entrichtende Werklohn zu ermitteln[127].

IX. Fehler der Abrechnung

39 Die Abrechnung des Auftragnehmers entfaltet – gleich ob sachlich richtig oder sachlich unrichtig – **keine Bindungswirkung**[128]. Dem Auftragnehmer verbleibt deshalb die Möglichkeit, die vorgelegte Abrechnung nachträglich (noch) zu korrigieren. Eine nicht prüffähige Abrechnung kann durch eine prüffähige, eine prüffähige, aber fehlerhafte durch eine neue prüffähige, jedoch fehlerfreie Abrechnung ersetzt werden[129]. Grenzen ergeben sich lediglich in sachlicher Hinsicht aus § 16 Abs. 3 Nr. 2–6 VOB/B sowie in zeitlicher Hinsicht unter Berücksichtigung der verjährungsrechtlichen Vorschriften (§§ 194 ff. BGB).

Bei Vorliegen von **Abrechnungsfehlern** kommt eine Anfechtung der vorgelegten Rechnung nicht in Betracht[130]. Die Abrechnung wie die Rechnungserteilung enthalten keine Willenserklärung des Auftragnehmers. Die Korrektur von Abrechnungsfehlern erfolgt deshalb im Wege einer Neuberechnung bzw. eines Austausches des Rechenwerkes.

X. Ausschluss von Prüffähigkeitseinwendungen

40 Grundsätzlich kann der Auftraggeber die Nichteinhaltung der Prüffähigkeitskriterien und damit die mangelnde Prüfbarkeit von Rechnungen ganz oder teilweise rügen. Eine prozessual bedeutsame Zäsur ergibt sich allerdings unter Berücksichtigung der Monatsfrist des § 16 Abs. 3 Nr. 1 VOB/B für rein prüffähigkeitsbezogene Einwendungen[131]. Verzichtet der Auftraggeber innerhalb der vorgenannten Monatsfrist auf die Prüfung und Rüge der Prüffähigkeit der Abrechnung, ist er mit der späteren Geltendmachung von prüffähigkeitsbezogenen Einwendungen ausgeschlossen, vgl. § 16 Abs. 3 Nr. 1 VOB/B. Deshalb hat der Auftraggeber alsbald nach Erhalt der Schlussrechnung bestehende Bedenken gegen deren Prüfbarkeit dem Auftragnehmer nachvollziehbar mitzuteilen, damit dieser in die Lage versetzt werden, die Prüfbarkeit der Schlussrechnung zu den vom Auftraggeber beanstandeten Teilen herzustellen[132]. Missachtet der Auftraggeber die vorgenannte Monatsfrist, indem er keine Prüffähigkeitsbedenken nachvollziehbar mitteilt, stellt eine etwaig fehlende Prüffähigkeit der Schlussrechnung kein Fälligkeitshindernis (mehr) dar[133].

Darüber hinaus sind dem Auftraggeber allgemeine Prüffähigkeitseinwendungen versagt, soweit er sich auf ein bestimmtes individuelles Prüf- und Abrechnungsprozedere mit dem Auftragnehmer verständigt hat[134]. Alleine aus fehlender bzw. fehlerhafter Befassung mit unzureichenden Abschlagsrechnungen kann jedoch nicht auf ein Einverständnis des Auftraggebers mit veränderten bzw. verminderten Prüffähigkeitsvoraussetzungen – etwa zur Vorlage von Aufmaßen – geschlossen werden[135]. Dem Auftraggeber steht es deshalb prinzipiell frei, die mit erbrachten Abschlagszahlungen berechneten Leistungen im Rahmen der Schlussabrechnung wieder in Frage zu stellen[136]. Etwas anderes gilt nur dann, wenn sich die Parteien ausnahmsweise während der Durchführung der Baumaßnahme und/oder der Behandlung der Abschlagsrechnungen ausdrücklich oder konkludent auf eine bestimmte Art und Weise nachprüfbarer Rechnungslegung verständigt haben. Es kann dann im Einzelfall einen Verstoß gegen das Kooperations- und Treueprinzip am Bau darstellen, wenn sich der Auftraggeber im Nachhinein von einer bestimmten, zwischen den Parteien abgesprochenen Art und Weise erbrachter Leistungsnachweise wieder löst, insbesondere wenn es dem Auftragnehmer im Nachhinein nicht mehr möglich ist, be-

---

[126] BGH NZBau 2005, 147 = BauR 2005, 385 (386).
[127] BGH NZBau 2006, 637 (638); 2004, 549 = BauR 2004, 1441 (1442).
[128] BGH NJW 1988, 910.
[129] *Zanner* in FKZGM VOB/B § 14 Rn. 28.
[130] *U. Locher* in Ingenstau/Korbion VOB/B § 14 Abs. 1 Rn. 17; *Zanner* in FKZGM VOB/B § 14 Rn. 29.
[131] Vgl. hierzu im Einzelnen → § 16 Rn. 188.
[132] BGH NZBau 2004, 216; OLG Karlsruhe IBR 2015, 413; *Kandel* in Beck'scher VOB-Kommentar VOB/B § 16 Abs. 3 Rn. 27.
[133] Vgl. hierzu im Einzelnen § 16 Rn. 188.
[134] Vgl. hierzu aber → § 14 Rn. 31.
[135] Vgl. hierzu → § 16 Rn. 91.
[136] BGH BauR 1997, 468.

stimmte vom Auftraggeber beanstandete fehlende Nachweise – etwa konkrete Aufmaße – aufzustellen und vorzulegen.

Unabhängig hiervon ist der Auftraggeber mit prüffähigkeitsbezogenen Einwendungen gegen die ihm vorgelegten Rechnungen ausgeschlossen, wenn
– der zur Abrechnung gestellte Betrag nach Prüfung der Schlussrechnung aus Sicht des Auftraggebers nicht streitig ist[137],
– der Auftraggeber oder die von ihm beauftragten Architekten/Ingenieure die Prüfung der Rechnung vorbehaltlos vorgenommen haben[138],
– der Auftraggeber eine Prüfung der Rechnung ohne formale Beanstandung vorgenommen hat[139]
– der Auftraggeber zu der vorgelegten Rechnung einen Prüfbericht gefertigt hat, dem keine formalen Einwendungen zu fehlender Prüffähigkeit zu entnehmen sind oder
– der Auftraggeber selbst über entsprechende bzw. gleichlautende Abrechnungsnachweise aus seinem Verhältnis zum Bauherrn verfügt[140]
– der Auftraggeber etwa im Rahmen des erst- oder zweitinstanzlichen Verfahrens auf den von ihm zuvor erhobenen und begründeten Einwand der Prüffähigkeit ausdrücklich verzichtet[141].

Zu beachten ist aber im genannten Zusammenhang, dass Einwendungen zur Prüffähigkeit der erbrachten Leistungen strikt von der sachlich-materiellen Beurteilung der Rechnung und der einzelnen Rechnungsposten zu unterscheiden sind[142]. Auch nach Ablauf der Prüffrist können deshalb ohne weiteres vom Auftraggeber sachlich-materielle Einwendungen gegen die Abrechnung des Auftragnehmers erhoben werden. Vor allem kann der Auftraggeber auch weiterhin eine fehlerhafte Abrechnungsweise – etwa im Zusammenhang mit einem vorzeitig beendeten Pauschalpreisvertrag – rügen, weil eine fehlerhafte Abrechnung zu materiell überhöhten Ansprüchen des Auftragnehmers führen kann[143].

C. Notwendige Feststellungen für die Abrechnung (§ 14 Abs. 2 VOB/B)

Die Vorschrift des § 14 Abs. 2 VOB/B befasst sich mit den notwendigen Feststellungen, die **41** Grundlage für eine ordnungsgemäße Abrechnung des Auftragnehmers darstellen. Die von den Parteien möglichst **gemeinsam aufzunehmenden Feststellungen** dienen ausschließlich der Abrechnung der vom Auftragnehmer ausgeführten Bauleistungen. Soweit die Parteien Feststellungen zu Mängeln oder zu Beschädigungen der Bauleistung treffen, fällt dies nicht in den Anwendungsbereich des § 14 VOB/B[144]. Die Regelungen in § 14 Abs. 2 VOB/B beziehen sich ausschließlich auf die nach dem Vertrage und für die Abrechnung notwendigen Feststellungen im Hinblick auf die vom Auftragnehmer vorzulegenden Rechnungen. Sie gelten gleichermaßen und sinnentsprechend auch für alle Formen **gemeinschaftlicher Leistungsfeststellungen,** die von den Parteien vorgenommen werden, um die ausgeführten Leistungen – gleich aus welchem Grunde – bezogen auf einen bestimmten Zeitpunkt einvernehmlich aufzunehmen.

I. Abrechnungstechnische Feststellungen (§ 14 Abs. 2 S. 1 VOB/B)

Die für die Abrechnung notwendigen Feststellungen werden üblicherweise in **Form eines** **42** **Aufmaßes** der tatsächlich ausgeführten Leistungen niedergelegt. Das Aufmaß umfasst dabei nach Anzahl, Maß und/oder Gewicht die vom Auftragnehmer ausgeführten Bauleistungen[145]. Die Art und Weise des niederzulegenden Aufmaßes erschließt sich aus den ATV der VOB/C. Unter Zugrundelegung der in den unter Nr. 5 der jeweiligen ATV der VOB/C niedergelegten Abrechnungsregeln ist das Aufmaß aufzustellen. Mit dem nach Maßgabe der Technischen Ab-

---

[137] BGH BauR 1999, 635; 2000, 124; 2000, 1511; ZfBR 2002, 248.
[138] BGH NZBau 2002, 90 = BauR 2002, 468; OLG Köln BauR 2013, 826.
[139] BGH NJW 1995, 399 = BauR 1995, 126.
[140] Vgl. OLG Celle BauR 2014, 1476.
[141] OLG Nürnberg BeckRS 2014, 21598 Rn. 60 ff; *Schmidt* NJW 2015, 2632.
[142] BGH NJW-RR 2005, 167 = NZBau 2005, 40; BGH BauR 2006, 517; vgl. hierzu → § 16 Rn. 188.
[143] Vgl. KG Berlin BauR 2014, 1827.
[144] Vgl. *Voit* in Beck'scher VOB-Kommentar VOB/B § 14 Abs. 2 Rn. 10.
[145] *U. Locher* in Ingenstau/Korbion VOB/B § 14 Abs. 2 Rn. 7.

rechnungsregeln aufgenommenen Aufmaß werden die vom Auftragnehmer ausgeführten Leistungen zum Zwecke der Bemessung der Vergütung belegt[146].

Die Grundnorm für die ordnungsgemäße Abrechnung von Grundleistungen findet sich in Abschnitt 5 der DIN 18299. Danach sind die ausgeführten Leistungen aus Zeichnungen zu ermitteln, soweit die ausgeführten Leistungen diesen Zeichnungen entsprechen. Sind derartige Zeichnungen nicht vorhanden, ist die Leistung aufzumessen. Allerdings muss im Zusammenhang mit dieser Grundnorm folgendes beachtet werden:

– Enthält der abgeschlossene Bauvertrag spezielle Abrechnungs- und Aufmaßregelungen, so sind diese gegenüber Abschnitt 5 DIN 18299 vorrangig.
– Ebenso vorrangig sind die speziellen Abrechnungs- und Aufmaßregelungen, die sich in den spezifischen, gewerkebezogenen allgemeinen technischen Vorschriften der DIN 18300 ff. wiederfinden.
– Auf die Grundnorm aus Abschnitt 5 DIN 18299 kann deshalb nur (ausnahmsweise) zurückgegriffen werden, wenn sich keine abweichenden, vorrangigen Abrechnungs- und Aufmaßregelungen einerseits im Bauvertrag oder aber andererseits in den DIN 18300 ff. befinden[147].

Die Abrechnungs- und Aufmaßbestimmungen haben nicht nur den Charakter von reinen Rechenwerken, sondern lassen sich als Vertragsbedingungen qualifizieren, die an den gesetzlichen Schranken der §§ 305c Abs. 2 BGB (Unklarheitenregel) sowie des § 307 Abs. 1 S. 2 BGB (Transparenzgebot) zu messen sind[148].

Die Anfertigung des (gemeinsamen) Aufmaßes hat rein abrechnungstechnische Bedeutung. Aus der gemeinschaftlichen Aufmaßnahme können regelmäßig keine weiterreichenden vertraglichen Schlussfolgerungen gezogen werden. So lässt das Aufmaß zu einzelnen Leistungen keinen Schluss darauf zu, dass diese gesondert beauftragt werden und als (zusätzliche) vertragliche Leistung zu vergüten sind. Das gemeinschaftliche Aufmaß lässt nicht einmal den Schluss darauf zu, ob die Abrechnung nach Einheitspreis oder aber Pauschalpreis zu erfolgen hat. Ebenso wenig kann aus dem durchgeführten Aufmaß darauf geschlossen werden, dass sich damit eine bestimmte vertraglich zwingende Abrechnungsmethode verbindet. Das Aufmaß entfaltet vielmehr nur dort seine abrechnungstechnische Bedeutung, wo es nach den zugrunde liegenden vertraglichen Vereinbarungen gemäß § 14 Abs. 2 VOB/B notwendigerweise auf Feststellungen aus einem Aufmaß ankommt.

43 **1. Aufmaßregeln.** Das Aufmaß braucht – wie sich aus dem Wortlaut des § 14 Abs. 2 S. 1 VOB/B erschließt – nicht notwendigerweise gemeinsam von den Parteien aufgenommen zu werden. Grundsätzlich ist es ohnehin Angelegenheit des Auftragnehmers, über seine erbrachten Leistungen prüffähig gegenüber dem Auftraggeber abzurechnen (§ 14 Abs. 1 S. 1 VOB/B). Aus diesem Grunde hat der Auftragnehmer im eigenen Interesse dafür Sorge zu tragen, dass ein für die Abrechnung erforderliches Aufmaß erstellt wird. Die Anfertigung des Aufmaßes ist deshalb primär Angelegenheit des Auftragnehmers. Immerhin trifft den Auftragnehmer vom Grundsatz her die Darlegungs- und Beweislast für die von ihm ausgeführten und zur Abrechnung gestellten Bauleistungen[149].

44 Vor diesem Hintergrund versteht sich auch, weshalb in § 14 Abs. 2 VOB/B keinesfalls zwingend ein **gemeinschaftliches Aufmaß** der Parteien vorgesehen ist. Den Parteien wird vielmehr lediglich nahe gelegt, die notwendigen Feststellungen „möglichst gemeinsam vorzunehmen", um dadurch von vornherein im Rahmen kooperativen Zusammenwirkens örtlich feststellbare Aufmaßdifferenzen einer Klärung zuzuführen. Häufig lassen sich im Nachhinein – etwa im Bereich des Tiefbaus – unterschiedliche Auffassungen über Zahl und Maß der ausgeführten Leistungen nur noch schwer aufklären, wenn nicht von vornherein und im Zuge des Baufortschrittes die erforderlichen Feststellungen für das der Abrechnung zugrundezulegende Aufmaß gemeinsam genommen wurden. Dementsprechend liegt es zur Vermeidung von Aufmaßdifferenzen im wohlverstandenen Interesse beider Vertragsparteien, in gemeinsamer Aufmaßverhandlung die tatsächlich ausgeführten Bauleistungen örtlich aufzunehmen und durch ein Aufmaß zu dokumentieren. Dieses Dokumentationserfordernis besteht insbesondere auch dann, wenn die ausgeführten und abzurechnenden Leistungen lediglich einen **Zwischenstand** im Zuge der Durchführung der gesamten Bauleistungen darstellen; so werden ausgehobene Erdmas-

---

[146] BGH NJW 1992, 727.
[147] Vgl. hierzu im Einzelnen Beck'scher VOB-Kommentar, VOB/C DIN 18299 Rn. 182 ff.
[148] Beck'scher VOB-Kommentar, VOB/C DIN 18299 Rn. 184 f. mwN.
[149] Zanner in FKZGM VOB/B § 14 Rn. 31.

sen zwischengelagert, aufbereitet, wieder eingebaut oder aber abgefahren, ohne dass sich die entsprechenden Massen im Nachhinein ohne weiteres anhand eines örtlichen Aufmaßes noch nachvollziehen lassen. In derartigen Fällen sind die erforderlichen Aufmaße entsprechend dem Fortgang der Leistungen in regelmäßigen Abständen gemeinsam und unmittelbar nach Fertigstellung von Teilleistungen bzw. Bauzwischenzuständen zu erstellen[150]. Üblicherweise ist es an dem Auftragnehmer, die erforderlichen gemeinsamen Aufmaße zu veranlassen, weil er für seine Vergütungsansprüche dem Grunde wie dem Umfange nach darlegungspflichtig ist. Dabei steht es den Parteien aber auch frei, einvernehmlich in das Aufmaß Schätzwerte zu übernehmen, soweit diese einvernehmlich und nachvollziehbar ermittelt wurden[151]

Das dokumentierte und unterzeichnete Aufmaß wird nach vorherrschendem Verständnis als **deklaratorisches bzw. bestätigendes Schuldanerkenntnis** qualifiziert[152]. Dass ein einverständliches Aufmaß diese Voraussetzungen erfüllen soll, bedarf keiner weitergehenden ausdrücklichen Vereinbarung der Parteien untereinander[153]. Die Bedeutung dieses Schuldanerkenntnisses liegt hinsichtlich der bereits begründeten Forderung aus dem Bauvertrag darin, dass bestimmte und der Aufmaßerklärung widersprechende Einwendungen des Auftraggebers gegen die Richtigkeit des Aufmaßes ausgeschlossen sind[154]. Abweichend hiervon gelangt Voit zu der Einschätzung, es handle sich bei dem abgezeichneten Aufmaß eher um eine quittungsähnliche Wissenserklärung dazu, in welchem Umfange der Auftragnehmer seine Leistungen erfüllt habe[155]. Bei der Quittung handelt es sich allerdings lediglich um ein einseitiges, schriftliches Empfangsbekenntnis des Gläubigers und nicht wie beim gemeinschaftlich angefertigten Aufmaß um übereinstimmende wechselseitige Erklärungen der Unterzeichner zu der ausgeführten Leistung. Das Aufmaß geht deshalb schon wegen der gemeinschaftlichen Dokumentation und der gemeinschaftlichen Unterzeichnung über eine bloße einseitige Wissenserklärung hinaus, weshalb eher der vorherrschenden Auffassung zu folgen ist, wonach es sich um ein wechselseitig abgegebenes, deklaratorisches Schuldanerkenntnis handelt.

In der Literatur besteht Uneinigkeit über die rechtliche Einordnung der sich aus § 14 Abs. 2 S. 1 VOB/B ergebenden Folgen. Bereits aus dem Wortlaut der Bestimmung erschließt sich ohne weiteres, dass kein wechselseitiger Rechtsanspruch auf **Mitwirkung an der Erstellung eines gemeinsamen Aufmaßes** besteht[156]. Der Vorschrift wird deshalb auch bloßer empfehlender Charakter beigemessen[157]. Nach teilweise anderer Auffassung soll die Teilnahme an dem gemeinsamen Aufmaß zumindest eine vertragliche „Nebenpflicht" darstellen[158]. Im Ergebnis spricht eher einiges dafür, die Vorschrift über die möglichst gemeinsame Aufstellung des Aufmaßes als Ausprägung des für den Bauvertrag kennzeichnenden Kooperationsprinzips[159] anzusehen. Auch wenn es grundsätzlich Angelegenheit des Auftragnehmers bleibt, die für seine Abrechnung erforderlichen Voraussetzungen, insbesondere durch Vorlage prüffähiger Aufmaßunterlagen zu schaffen, betont die Vorschrift des § 14 Abs. 2 S. 1 VOB/B das kooperative Zusammenwirken im Stadium der tatsächlichen Aufnahme der ausgeführten Bauleistungen. Unter Zugrundelegung des Kooperationsprinzips lassen sich die zu § 14 Abs. 2 S. 1 VOB/B in der Literatur diskutierten Fragen einer sachgerechten Klärung zuführen[160]:

– Das **gemeinsam aufgenommene Aufmaß** enthält die für die Abrechnung notwendigen und sachlich unstrittigen gemeinschaftlichen Feststellungen. Das gemeinsam zwischen den Parteien aufgenommene und von den Parteien unterzeichnete Aufmaß ist für beide Parteien vom Grundsatz her bindend. Dies gilt jedenfalls für die im Aufmaß enthaltenen und der Abrechnung zugrundezulegenden Tatsachen (Zahl, Maß und Gewicht). Die Aufmaßfeststellung hat insoweit die **Wirkungen eines deklaratorischen Schuldanerkenntnisses**, da die

---

[150] Vgl. *Floss* Handbuch ZTVE, 3. Aufl. S. 63.
[151] Vgl. OLG Dresden IBR 2016, 506.
[152] BGH NJW 1958, 1535; OLG Hamm NJW-RR 1991, 1496 (1497); *U. Locher* in Ingenstau/Korbion VOB/B § 14 Abs. 2 Rn. 9; einschränkend jedoch *Kleine-Möller/Merl* Handbuch des Privaten Baurechts, 5. Aufl., § 12 Rn. 200, die von einem kausalen Feststellungsvertrag ausgehen.
[153] OLG Frankfurt IBR 2016, 267.
[154] Vgl. eingehend zum Meinungsstand *Voit* FS Motzke, 2006, 421 (423 f.); *Voit* in Beck'scher VOB-Kommentar3. Aufl. § 14 Abs. 2 Rn. 23 ff.
[155] *Voit* aaO FS Motzke, S. 421, 431.
[156] Vgl. *Heiermann/Riedl/Rusam* VOB/B § 14 Rn. 62.
[157] *U. Locher* in Ingenstau/Korbion VOB/B § 14 Abs. 2 Rn. 4.
[158] *Kandel* in NWJS VOB/B § 14 Abs. 2 Rn. 21.
[159] Vgl. BGHZ 143, 89 = BauR 2000, 409; *Kniffka* Jahrbuch Baurecht 2000, 1.
[160] Vgl. zur Problematik insbesondere *Kandel* in NWJS VOB/B § 14 Abs. 2 Rn. 21 ff.

Parteien innerhalb der bestehenden Vertragsbeziehung die gemeinsam aufgenommenen Tatsachen in Vorbereitung der Abrechnung des Auftragnehmers außer Streit stellen wollen[161]. Die Bindungswirkung an das gemeinsame Aufmaß gilt sowohl für den privaten[162] wie auch für den öffentlichen Auftraggeber[163]. Schon dem Wortlaut des § 14 Abs. 2 VOB/B kann entnommen werden, dass durch das deklaratorische Schuldanerkenntnis zu den Aufmaßtatsachen den Parteien nicht weitergehende Einwände hinsichtlich der zutreffenden Abrechnung nach Maßgabe des abgeschlossenen Bauvertrages und den Positionen des zugrundeliegenden Leistungsverzeichnisses abgeschnitten werden[164]. Unterlaufen den am Aufmaß Beteiligten Fehler bei den Mess- und Berechnungsvorgängen oder aber bei der Niederlegung des Mess- und Berechnungsergebnisses, so kommt eine Anfechtung der abgegebenen Aufmaßerklärung unter den Voraussetzungen der §§ 119, 123 BGB in Betracht[165]. Zu beachten ist, dass die Anfechtung unverzüglich im Sinne von § 121 BGB zu erklären ist. Regelmäßig wird der Erklärung, es läge ein fehlerhaftes Aufmaß vor, jedoch eine Anfechtungserklärung zu entnehmen sein[166]. Der Anfechtende hat zugleich substantiiert darzulegen, worauf der unterlaufene Irrtum zurückzuführen ist und in welchem Umfange sich hieraus wiederum Aufmaßkorrekturen ergeben sollen[167].

47 – **Fehlt es an einem gemeinsamen Aufmaß,** so hat der Auftragnehmer – wie üblich – uneingeschränkt darzulegen und zu beweisen, dass die von ihm behaupteten Leistungen tatsächlich ausgeführt wurden[168]. Zu diesem Zweck kann er – wie sich aus dem Wortlaut des § 14 Abs. 2 S. 1 VOB/B erschließt – auf ein von ihm ohne Mitwirken des Auftraggebers angefertigtes Aufmaß abheben. Dies gilt selbst dann, wenn zwischen den Parteien vertraglich ein gemeinsames Aufmaß vorgesehen wurde[169]. Der Verstoß des Auftragnehmers gegen das Kooperationspostulat des § 14 Abs. 2 VOB/B wird in diesem Falle dadurch sanktioniert, dass der Auftragnehmer das Risiko der nur eingeschränkten Nachweises der erbrachten Leistungen und die sich hieraus ergebenden Beweiserschwernisse zu tragen hat. Der Auftraggeber kann sich darauf beschränken, die vom Auftragnehmer angesetzten Massen erheblich zu bestreiten[170].

48 – Weigert sich demgegenüber der Auftraggeber nachgewiesenermaßen, an der gemeinschaftlichen Aufnahme des Aufmaßes mitzuwirken, verstößt er seinerseits gegen den § 14 Abs. 2 S. 1 VOB/B innewohnenden Kooperationsgedanken bei der Feststellung der für die Abrechnung maßgebenden Tatsachen. Insofern ist es angemessen, den **Kooperationsverstoß des Auftraggebers** dadurch zu sanktionieren, dass sich hinsichtlich des (notwendigerweise einseitig vom Auftragnehmer genommenen Aufmaßes bei nachträglich auftretenden Aufmaßdifferenzen die Beweislast zu Lasten des Auftraggebers verschiebt[171]. Aus gleichen Erwägungen lässt sich auch ein Schadensersatzanspruch des Auftragnehmers begründen[172].

– Diese Grundsätze gelten auch dann, wenn der Auftraggeber die einseitig ermittelten Massen zunächst bestätigt, sie jedoch später bestreiten lässt, nachdem die Massenüberprüfung auf Grund fortgeschrittener Arbeitsausführung nicht mehr möglich ist[173].

---

[161] *U. Locher* in Ingenstau/Korbion VOB/B § 14 Abs. 2 Rn. 9; *Voit* in Beck´scher VOB-Kommentar VOB/B § 14 Abs. 2 Rn. 25 ff.; *Kandel* in NWJS VOB/B § 14 Abs. 2 Rn. 14; zu weitgehend in Begründung eines Schuldanerkenntnisses im Sinne von § 781 BGB aber *Zanner* in FKZGM VOB/B § 14 Rn. 33; *Heiermann/Riedl/Rusam* VOB/B § 14 Rn. 75.
[162] BGH NJW 1974, 646 = BauR 1974, 210 (211).
[163] BGH BauR 1975, 211 (213).
[164] *U. Locher* in Ingenstau/Korbion VOB/B § 14 Abs. 2 Rn. 10.
[165] BGH SFHZ 2.302 Bl. 22 ff.; OLG Braunschweig BauR 2001, 412, 414; *Kandel* in NWJS VOB/B § 14 Abs. 2 Rn. 15; *U. Locher* in Ingenstau/Korbion VOB/B § 14 Abs. 2 Rn. 15; *Heiermann/Riedl/Rusam* VOB/B § 14 Rn. 79; aA *Voit* in Beck´scher VOB-Kommentar 3. Aufl. § 14 Abs. 2 Rn. 31.
[166] *U. Locher* in Ingenstau/Korbion VOB/B § 14 Abs. 2 Rn. 12.
[167] OLG Hamm BauR 1992, 242; OLG Braunschweig BauR 2001, 412, 414 f; *U. Locher* in Ingenstau/Korbion VOB/B § 14 Abs. 2 Rn. 12.
[168] OLG Naumburg IBR 2011, 128; *Voit* in Beck´scher VOB-Kommentar VOB/B § 14 Abs. 2 Rn. 38.
[169] BGH BauR 1999, 1185.
[170] BGH NJW-RR 2004, 92 = NZBau 2004, 31.
[171] BGH NJW 2003, 2678 = NZBau 2003, 497; OLG Köln BauR 1994, 114 (115); *Kandel* in NWJS VOB/B § 14 Abs. 2 Rn. 22; *Zanner* in FKZGM VOB/B § 14 Rn. 33.
[172] *Zanner* in FKZGM VOB/B § 14 Rn. 33.
[173] BGH NJW 2003, 2678 = NZBau 2003, 497; BGH NJW-RR 2004, 92 = NZBau 2004, 31.

Die vorgenannten Grundsätze gelten auch bei Beteiligung öffentlicher Auftraggeber. Der öffentliche Auftraggeber ist nicht anders als der private Auftraggeber an die bestehenden Aufmaßregelungen gebunden[174].

2. Aufmaßverhandlung. Die Feststellungen sind gemeinschaftlich dem Baufortschritt entsprechend vorzunehmen. Dem Wortlaut des § 14 Abs. 2 S. 1 VOB/B kann nicht eindeutig entnommen werden, unter welchen Voraussetzungen und in welchen zeitlichen Abständen das gemeinschaftliche Aufmaß verlangt werden kann. Im Ergebnis hängt dies von den Besonderheiten der jeweiligen Baumaßnahme ab[175]. Das Aufmaßverlangen setzt nicht die Fertigstellung der Bauleistungen oder auch nur die Fertigstellung einzelner Gewerke, Bauteile oder Bauabschnitte voraus. Während der Bauausführung kann der Auftragnehmer daher in regelmäßigen Abständen vom Auftraggeber die Mitwirkung an einer Aufmaßverhandlung verlangen, sofern seit dem letzten Aufmaßtermin ein zumindest nennenswerter Baufortschritt festzustellen ist[176]. Der Auftragnehmer sollte aus Nachweisgründen die Ladungen zu einem gemeinsamen Aufmaß grundsätzlich schriftlich verfassen und übermitteln[177]. Unter Berücksichtigung des § 14 Abs. 2 S. 3 VOB/B, mithin bezogen auf Leistungen, die bei der Weiterführung der Arbeiten nicht mehr bzw. nur noch schwer feststellbar sind, kann es gerechtfertigt erscheinen, das Verlangen nach gemeinschaftlichen Feststellungen auch zeitlich engmaschiger geltend zu machen, so etwa bei der Ausführung von Arbeiten im Tiefbau, die durch nachfolgende Arbeitsschritte in kurzer zeitlicher Abfolge örtlich nicht mehr ohne weiteres nachvollzogen werden können. 49

Die gemeinschaftlichen Feststellungen bzw. das Aufmaß wird im Zweifel **an Ort und Stelle** zu nehmen sein[178]. Die Ermittlung des Bauten- und Abrechnungsstandes anhand von Plänen und Zeichnungen kann zwar vereinbart bzw. zweckmäßig sein, führt jedoch häufig zu Differenzen der Parteien, da in nicht seltenen Fällen die ausgeführte Bauleistung von den ursprünglichen bzw. zugrunde gelegten Plänen abweicht. In der Praxis werden häufig die Ausführungspläne und die Maßketten anhand der örtlichen Verhältnisse aktualisiert und fortgeschrieben[179]. Gleichermaßen gebräuchlich sind standardisierte Formblätter, die auf eine EDV-gestützte Abrechnungsweise zugeschnitten sein können, jedoch so aufgebaut sein müssen, dass sie nicht nur von den Parteien, sondern auch von Dritten zu Aufmaßinhalten und -ergebnissen nachvollzogen werden können[180] 50

Welche **Genauigkeit das Aufmaß** haben muss, wird sich jeweils anhand des Abschnittes 5 der einschlägigen DIN-Regelungen beurteilen. Längen und Flächen sind üblicherweise auf 2 Nachkommastellen, Gewichte und Rauminhalte auf 3 Nachkommastellen zu ermitteln[181]. Bei Hochbaumaßnahmen wird das Aufmaß raumbezogen, im Bereich des Tiefbaus vermittels optischer Aufmaßtechniken, Flächennivellements oÄ genommen[182]. Soweit – etwa bei dreidimensionalen, krummlinigen Kubaturen – kein 100 %-iges Aufmaß möglich ist, sind ausnahmsweise näherungsbezogene Verfahren zur Erfassung von Mengen und Massen zulässig[183]. Dabei steht es den Parteien aber auch frei, einvernehmlich in das Aufmaß Schätzwerte zu übernehmen, soweit diese einvernehmlich und nachvollziehbar ermittelt wurden[184].

Nach einer Entscheidung des Oberlandesgerichts Braunschweig soll ein Aufmaß (bei Putzarbeiten) sogar bereits vor **Beginn der Arbeiten** vorgenommen werden können[185]. Die Entscheidung vermag freilich vor dem Hintergrund des § 14 Abs. 2 VOB/B nicht zu überzeugen. Die gemeinsamen Feststellungen bei Anfertigung des Aufmaßes sollen gerade nicht der Festlegung einer vorgesehenen, sondern der Bestätigung der ausgeführten Leistung dienen. Die Heranziehung des § 14 Abs. 2 VOB/B kann sich deshalb in entsprechenden Konstellationen, also vor bzw. noch während der Ausführung der aufzunehmenden Leistungen nur rechtfertigen, wenn man zugleich hiermit einhergehend eine im Zuge der Baumaßnahme zwischen den 51

---

[174] OLG Frankfurt IBR 2016, 267.
[175] Vgl. *Kandel* in NWJS VOB/B § 14 Abs. 2 Rn. 6.
[176] Vgl. *Voit* in Beck'scher VOB-Kommentar VOB/B § 14 Abs. 2 Rn. 15 ff.
[177] *Hummel* IBR 2011, 128.
[178] *U. Locher* in Ingenstau/Korbion VOB/B § 14 Abs. 2 Rn. 7.
[179] So *Reister* Nachträge beim Bauvertrag, 1. Aufl. 2003, S. 186.
[180] So *Reister* Nachträge beim Bauvertrag, 1. Aufl. 2003, S. 186 f.
[181] So *Reister* Nachträge beim Bauvertrag, 1. Aufl. 2003, S. 187.
[182] So *Reister* Nachträge beim Bauvertrag, 1. Aufl. 2003, S. 187 f.
[183] OLG Düsseldorf BauR 1991, 772; so *Reister* Nachträge beim Bauvertrag, 1. Aufl. 2003, S. 188 f.
[184] Vgl. OLG Dresden IBR 2016, 506.
[185] OLG Braunschweig BauR 2001, 412.

Parteien ausdrücklich oder zumindest konkludent zustande gekommene individuelle Vereinbarung zur Ermittlung der abrechnungsfähigen Massen annimmt.

Eine Ausnahme gilt in Bezug auf Arbeiten, die im Nachhinein zum Umfang der ausgeführten Leistungen nicht mehr nachvollzogen werden können. Vor allem bei Abbrucharbeiten ist es angezeigt, die abzubrechenden Massen bereits vor Beginn der Arbeiten zu erfassen und dies hinsichtlich Art und Umfang der Massen und des Materials zu dokumentieren. Mit einer derartigen aufmaßbezogenen Dokumentation vor Beginn der Arbeiten verbindet sich keinerlei Nachweis dazu, dass die Arbeiten auch tatsächlich ausgeführt und abgeschlossen wurden. Das vor Beginn der Arbeiten erstellte Aufmaß muss deshalb nach Beendigung der Arbeiten um eine gemeinschaftliche Bestätigung ergänzt werden, wonach die zunächst aufgemessenen Leistungen auch tatsächlich ausgeführt wurden.

52 Bisweilen will der Auftragnehmer durch **Vorlage von Bescheinigungen** – Vermerken, Deponiebelegen etc – den Nachweis ausgeführter Leistungen führen[186]. Dabei ist zu beachten, dass derartigen Unterlagen regelmäßig nur eingeschränkte Aussagekraft zukommen kann. So kann etwa mit Deponiebescheinigungen nicht ohne weiteres der Nachweis geführt werden, dass die der Deponie zugeführten Massen tatsächlich von einer bestimmten Baustelle herrühren[187]. Demgegenüber ist es dem Auftraggeber nach einer Entscheidung des OLG Frankfurt verwehrt, vom Auftragnehmer abgerechneten Mengen zu bestreiten, wenn er bzw. sein Bauüberwacher diese zuvor durch Unterzeichnung von Lieferscheinen bestätigt haben[188].

Da das Aufmaß die Grundlage für die weitere Abrechnung des Auftragnehmers darstellt, verbleiben üblicherweise die Originale der Aufmaßprotokolle (zunächst) dem Auftragnehmer. Dies gilt gleichermaßen auch für alle anderen abrechnungsbezogenen Nachweisunterlagen, soweit sie gemeinschaftlich aufgenommen werden. Dem Auftraggeber werden regelmäßig nur Durchschriften bzw. Kopien der **Aufmaßoriginale** zur Verfügung gestellt[189].

Mit der Frage, wie zu verfahren ist, wenn die Parteien während der Baumaßnahme an Ort und Stelle das Aufmaß gemeinsam genommen haben, ohne dass der Auftraggeber das ihm ausgehändigte einzige **Aufmaßexemplar** unterzeichnet an den Auftragnehmer zurückgegeben hat, hat sich das OLG Brandenburg befasst und hierzu festgestellt, der Auftragnehmer habe davon absehen können, sich jeweils Kopien anzufertigen, da er durchaus darauf vertrauen durfte, dass der Auftraggeber ihm die bestätigten Aufmaße zurückreichen würde. Soweit der Auftraggeber dieser Verpflichtung nicht nachkommt, wird der Auftragnehmer als berechtigt angesehen, nunmehr nach einem eigenen Aufmaß gegenüber dem Auftraggeber abzurechnen. Der Auftragnehmer ist danach befugt, seine früheren, internen Aufzeichnungen dem neuen Aufmaß zugrunde zulegen oder nochmals an Ort und Stelle ein neues Aufmaß anzufertigen[190].

53 **3. Aufmaß bei Kündigung.** Die Erstellung des Aufmaßes ist **Sache des Auftragnehmers.** Er hat rechtzeitig die Voraussetzungen zu schaffen, um die erforderlichen Feststellungen zu treffen. Dies gilt auch nach einer Kündigung des Bauvertrages im Rahmen des § 8 Nr. 6 VOB/B[191]. Vor allem kann der Auftragnehmer nach der Beendigung des Vertrages durch Kündigung nicht verlangen, dass der Auftraggeber die Arbeiten auf der Baustelle so lange unterbricht bzw. einstellt, bis der Auftragnehmer das Aufmaß zu den von ihm ausgeführten (Teil-)Leistungen genommen hat[192]. Allerdings ist der Auftraggeber seinerseits auch nach der Kündigung des Bauvertrages im Rahmen der Kooperationsverpflichtung gehalten, an der vom Auftragnehmer verlangten Aufmaßverhandlung teilzunehmen. Weigert sich der Auftraggeber, an einer Aufmaßverhandlung mitzuwirken, kann er sich schadensersatzpflichtig machen mit der Folge, dass er die Kosten eines später notwendigerweise zu erstellenden Aufmaßgutachtens zu übernehmen hat[193].

54 **4. Aufmaß bei Vertretung.** Die Bestimmung des § 14 Abs. 2 S. 1 VOB/B setzt voraus, dass das Aufmaß von den Vertragsparteien – also unter **Beteiligung von Auftraggeber und Auftragnehmer** – vorgenommen wird. Bei der Erstellung des Aufmaßes und der Unterzeichnung können sich sowohl der Auftraggeber wie auch der Auftragnehmer **vertreten lassen** (§§ 164 ff.

---

[186] BGH BauR 2001, 806.
[187] BGH BauR 2001, 806.
[188] OLG Frankfurt IBR 2015, 531.
[189] So *Reister* Nachträge beim Bauvertrag, 1. Aufl. 2003, S. 187.
[190] OLG Brandenburg NZBau 2000, 511 (512).
[191] Vgl. BGH NZBau 2001, 19.
[192] OLG Düsseldorf IBR 2001, 535.
[193] BGH MDR 1999, 1133.

BGB). Zur Vermeidung von Streitigkeiten über die Befugnis zur Teilnahme an der gemeinschaftlichen Aufmaßverhandlung sollte im Bauvertrag bzw. in den Projektorganisationsunterlagen festgelegt werden, wer insbesondere auf Auftraggeberseite zur Unterzeichnung des Aufmaßes befugt und bevollmächtigt ist. Vor allem gilt dies in Fällen, in denen der Auftraggeber durch externe Bauleiter vertreten ist. Beauftragt der Auftraggeber einen **Architekten oder Ingenieur** mit der Objektüberwachung im Sinne der Leistungsphase 8 der maßgebenden Anlage zur HOAI, so wird allgemein angenommen, dass die dem Architekten zustehende originäre Vollmacht auch das Recht umfasst, für den Auftraggeber das Aufmaß zu nehmen und die Aufmaßunterlagen verbindlich zu unterzeichnen[194]. Die Vollmacht des beauftragten Architekten erstreckt sich dabei allerdings nur auf die Feststellung der tatsächlich ausgeführten Leistungen, nicht jedoch auf ein hiermit einhergehendes Anerkenntnis bestimmter Vergütungsansprüche des Auftragnehmers[195]. Infolgedessen ist auch die Prüfbestätigung des Architekten auf der Schlussrechnung des Auftragnehmers zu den abgerechneten Leistungen für den Auftraggeber nicht bindend[196]. Dessen ungeachtet kann sich der Architekt jedoch im Innenverhältnis gegenüber dem Auftraggeber schadensersatzpflichtig machen, wenn er auf Rechnungen den Prüfvermerk „fachtechnisch und rechnerisch geprüft" anbringt, obgleich die Voraussetzungen hierfür bezogen auf die zur Abrechnung gestellten Bauleistungen nicht vorgelegen haben[197].

In der Praxis werden häufig bei der **Unterzeichnung des Aufmaßes** von den Beteiligten Fehler gemacht. Unleserliche Unterschriften führen dazu, dass später nicht mehr nachvollzogen werden kann, wer von Seiten des Auftraggebers die Aufmaßunterzeichnung vorgenommen hat. Vom Auftragnehmer ist darauf zu achten, dass vom Auftraggeber in dem hierfür bestimmten Feld auf den Aufmaßunterlagen unterschrieben wird. Einschränkende Zusätze im Unterzeichnungsfeld oder bei Unterzeichnung sollten aus Gründen der Klarstellung vermieden werden. Bei dem Zusatz „zur Kenntnis" bzw. „z. K." ist im Zweifel davon auszugehen, dass damit nicht die Bestätigung der ausgeführten Leistungen nach Art und Umfang verbunden werden kann. Unverbindlich ist auch die Unterzeichnung mit dem Zusatz, es sei eine „Plausibilitätsprüfung" durchgeführt worden. Alle unklaren oder unvollständigen Angaben gehen im Zweifel zu Lasten des Auftragnehmers, so dass dieser für inhaltlich nachvollziehbare Aufmaße Sorge zu tragen hat.

Von gemeinschaftlich durchgeführten Aufmaßen zu unterscheiden sind **einseitige Prüfbestätigungen** des Auftraggebers oder aber seines bauüberwachenden Architekten. Derartige Prüfbestätigungen – etwa zur eingebauten Stahlmenge – sollen nach dem OLG Dresden zumindest indizielle Wirkung mit der Folge haben, dass der Auftragnehmer die bestätigten Mengen substantiiert zu bestreiten hat[198]. Nicht anders als bei unzureichenden gemeinschaftlichen Aufmaßen verbleibt es insoweit zu unklaren Mengen bei der Darlegungs- und Beweislast des Auftragnehmers.

II. Beachtung der Abrechnungsbestimmungen (§ 14 Abs. 2 S. 2 VOB/B)

Bei der Anfertigung des Aufmaßes sind gemäß § 14 Abs. 2 S. 2 VOB/B die Abrechnungsbestimmungen aus den Technischen Vertragsbedingungen und aus den anderen Vertragsunterlagen zu beachten. Für die am Bauvertrag beteiligten Parteien erzeugt dies eine wechselseitige Verpflichtung, die maßgebenden Abrechnungsgrundsätze einzuhalten[199]. Die **einschlägigen Abrechnungsregelungen** ergeben sich aus den hierzu im Vertrage getroffenen Vereinbarungen (§ 1 Abs. 1 und 2 VOB/B). Haben die Parteien individuelle Abrechnungsvereinbarungen getroffen, so haben diese Vorrang gegenüber den Abrechnungsgrundsätzen, die sich aus den Allgemeinen Technischen Vertragsbedingungen ergeben[200]. Beispielsweise kann individuell oder aber auch in Allgemeinen Geschäftsbedingungen geregelt werden, dass die Abrechnung des Auftragnehmers so aufzubereiten ist, dass sie einer bestimmten Art elektronischer Überprüfung

---

[194] BGH NJW 1960, 859; OLG Brandenburg BauR 2003, 542; OLG Hamm BauR 1992, 242; *Heiermann/Riedl/Rusam* VOB/B § 14 Rn. 80; *U. Locher* in Ingenstau/Korbion VOB/B § 14 Abs. 2 Rn. 15.
[195] BGH BauR 1974, 210 (211); *Jagenburg* BauR 1978, 180 (184); *Heiermann/Riedl/Rusam* VOB/B § 14 Rn. 60.
[196] BGH BauR 2002, 613 (614).
[197] BGH BauR 2002, 814.
[198] OLG Dresden IBR 2015, 472.
[199] OLG Düsseldorf BauR 1991, 772; *U. Locher* in Ingenstau/Korbion VOB/B § 14 Abs. 2 Rn. 16; *Zanner* in FKZGM VOB/B § 14 Rn. 35.
[200] VÜA Niedersachsen IBR 1996, 128; *Voit* in Beck´scher VOB-Kommentar 3. Aufl. § 14 Abs. 2 Rn. 54 ff. mwN.

durch den Auftraggeber standhält[201]. Bei der Ausführung von Erdarbeiten soll ein massenermittelnder Auflockerungsfaktor nach dem KG Berlin nur bei entsprechender vertraglicher Vereinbarung zu berücksichtigen sein[202]. Soweit es an individuellen Regelungen zur Abrechnung der beauftragten Bauleistungen fehlt, richtet sich die Abrechnung nach den jeweiligen Abschnitten 5 der Allgemeinen Technischen Vertragsbedingungen für Bauleistungen, DIN 18299 ff.[203]. Kommt es zwischen Abschluss des Bauvertrages und der Abrechnung der ausgeführten Leistungen zu Änderungen in Abschnitt 5 der einschlägigen DIN-Bestimmung, so ist regelmäßig die bei Vertragsabschluss maßgebende Abrechnungsregel anzuwenden, da sie der Preiskalkulation des Auftragnehmers zugrunde gelegt wurde[204].

Zwischen den Parteien bestehen häufig zu Abrechnungsbestimmungen unterschiedliche Auffassungen. Abrechnungsbestimmungen können den Charakter echter Vertragsbedingungen haben[205]. Bei der Auslegung von Abrechnungsbestimmungen wird man ihrem objektiven Erklärungsgehalt aus Sicht von Fachkundigen vorrangige Bedeutung einzuräumen haben. Verbleiben danach Unklarheiten, werden diese regelmäßig zu Lasten des Verwenders der Abrechnungsbestimmungen gehen[206]. Ebenso zu beachten sind das Transparenzgebot nach § 307 Abs. 1 S. 2 BGB und die Unklarheitenregel nach § 305c Abs. 2 BGB[207].

56 DIN 18299 Abschnitt 5 geht in Ermangelung anders lautender und damit vorrangiger Abrechnungsregeln davon aus, dass die ausgeführte **Leistung anhand von Zeichnungen** zu ermitteln ist. Dieser Grundsatz erfährt jedoch in zweierlei Hinsicht eine Einschränkung: Eine Abrechnung der Leistungen aus Zeichnungen kommt nicht in Betracht, wenn die ausgeführte Leistung nicht den der Baumaßnahme zugrunde gelegten Zeichnungen entspricht[208]. In diesem Fall ist von vornherein örtlich aufzumessen. Entsprechendes gilt dann, wenn keine Zeichnungen vorhanden sind, so dass der Leistungsumfang ohnehin nur anhand der örtlichen Verhältnisse festgestellt werden kann (DIN 18299 Abschnitt 5). Schließlich kommt es auch dann entscheidend auf das örtliche Aufmaß an, wenn das zeichnerische Aufmaß vom Auftraggeber nicht nachvollzogen werden kann; bei Unklarheiten und vor allem bei Abweichungen von vorgelegten Zeichnungen kann der Auftraggeber verlangen, dass ihm anhand der tatsächlichen Bauausführung der Umfang der ausgeführten Leistungen nachgewiesen wird[209]. Führt der Auftragnehmer deshalb die Bauleistungen tatsächlich anders als in den zugrunde gelegten Zeichnungen aus – verzichtet er etwa bei dem Aushub von Rohrgräben auf die nach DIN 4124 erforderliche und zeichnerisch dargestellte Abböschung –, so kann er Vergütung nur für die tatsächlich nachgewiesenen und durch entsprechend konkretes Aufmaß belegten Leistungen beanspruchen[210].

57 Das Aufmaß nach Zeichnung bzw. ausgeführter Leistung hat genau zu erfolgen, dh **exakte Messungen** und mathematisch richtige Berechnungen können von den Parteien verlangt werden[211]. Allerdings ist zu beachten, dass sich in den einschlägigen DIN-Abrechnungsvorschriften eine Reihe von Regelungen finden, die gewisse Pauschalierungen zulassen. Bei derartigen Regelungen ist zu differenzieren:

58 – Soweit zur Ermittlung von Mengen **übliche Näherungsverfahren** zugelassen sind, etwa bei der Mengenermittlung ausgeführter Erdarbeiten in Abschnitt 5.1.1 der DIN 18300, ist zu beachten, dass es im Zweifel regelmäßig auf die tatsächlich mengenmäßig genau zu ermittelnden Leistungen ankommt[212].

59 – Soweit demgegenüber in einzelnen Abrechnungsvorschriften bereits **Maß- und Flächenpauschalierungen** vorgesehen sind, etwa bei der Ausführung von Holzpflasterarbeiten in Abschnitt 5.1 und 5.2 der DIN 18367, kann von den Parteien kein hiervon abweichendes, also

---

[201] *Voit* in Beck´scher VOB-Kommentar 3. Aufl. Vorbemerkung § 14 Rn. 27.
[202] KG Berlin IBR 2017, 9.
[203] *Voit* in Beck´scher VOB-Kommentar 3. Aufl. § 14 Abs. 2 Rn. 56.
[204] OLG Köln BauR 1991, 348 (350); aA OLG Düsseldorf BauR 1990, 609, wonach auf die Abrechnungsbestimmungen zum Zeitpunkt der Abrechnung abgehoben werden soll.
[205] Beck'scher VOB-KommentarVOB/C DIN 18299 Rn. 184 mwN.
[206] Beck'scher VOB-Kommentar VOB/C DIN 18299 Rn. 184.
[207] BGH BauR 2004, 1438; OLG Köln BauR 1982, 170; Beck'scher VOB-Kommentar VOB/C DIN 18299 Rn. 184.
[208] *Kandel* in NWJS VOB/B § 14 Rn. 10.
[209] *U. Locher* in Ingenstau/Korbion VOB/B § 14 Abs. 2 Rn. 16.
[210] OLG Düsseldorf BauR 1992, 521.
[211] *Voit* in Beck´scher VOB-Kommentar VOB/B § 14 Abs. 2 Rn. 13.
[212] *U. Locher* in Ingenstau/Korbion *V*OB/B § 14 Abs. 2 Rn. 17.

„genaueres" Aufmaß – unter Vernachlässigung von Übermessungen bzw. Flächenpauschalierungen – verlangt werden[213].
– Soweit Leistungsnachweise Dritter am Vertrage nicht Beteiligter mit einbezogen werden, fehlt es regelmäßig insoweit an gemeinschaftlichen Feststellungen der Parteien, so dass es auf den Einzelfall ankommt, ob mit ihnen der Nachweis zu den vom Auftragnehmer ausgeführten und abgerechneten Leistungen geführt werden kann[214].

Eine hiervon abweichende Betrachtungsweise ergibt sich jedoch dann, wenn in Bauvertragsklauseln willkürlich von anerkannten Abrechnungsregeln abgewichen wird. **Abrechnungsklauseln,** die wesentlich von der gängigen Abrechnungspraxis abweichen, können **unwirksam** sein[215]: Das Aufmaß soll die Vergütungsbemessung anhand der tatsächlich vom Auftragnehmer erbrachten Leistungen vorbereiten. Vor diesem Hintergrund sind alle Aufmaßklauseln problematisch, die dem Auftragnehmer nicht die angemessene Vergütung für die tatsächlich ausgeführten Leistungen zugestehen, sondern eine fiktive Leistungsbemessung zu Ungunsten des Auftragnehmers vorsehen[216]. Unwirksam sind deshalb in AGB des Auftraggebers vor allem Klauseln, bei denen nur Teile der erbrachten Leistungen abrechnungsfähig sein sollen[217], Aufmaßbestimmungen zu anderen, letztlich unpassenden Gewerken herangezogen werden[218] oder aber Mengen anhand von Plänen zu ermitteln sind, die vom Auftraggeber als verbindlich einseitig vorgegeben werden[219]. Aus gleichen Erwägungen heraus sind Klauseln unwirksam, die dem Auftraggeber bei einem vergessenen oder aber nicht mehr feststellbaren Aufmaß ein einseitiges Aufmaß-Leistungsbestimmungsrecht einräumen[220]. Neuerdings kann sich auch im Einzelfall aus dem in § 307 Abs. 1 S. 2 BGB kodifizierten Transparenzgebot für preisbildende Vertragsklauseln eine unangemessene Benachteiligung des Vertragspartners begründen, wenn und soweit sich die Preisbestimmung als nicht klar und verständlich erweist[221].

III. Verdeckte Leistungen (§ 14 Abs. 2 S. 3 VOB/B)

Für Leistungen, die bei der Weiterführung der Arbeiten nur (noch) schwer feststellbar sind, hat der Auftragnehmer gemäß § 14 Abs. 2 S. 3 VOB/B rechtzeitig die gemeinsamen für die Abrechnung maßgeblichen Feststellungen zu beantragen. Auch diese Bestimmung ist Ausprägung des im Zuge der Abwicklung der Baumaßnahme geltenden Kooperationsprinzips. Werden die **ausgeführten Leistungen** im Zuge der Fortführung der Baumaßnahme **überdeckt,** ist die spätere Feststellung des Leistungsumfanges nicht mehr oder nur noch unter erheblichen technischen Erschwernissen möglich. Deshalb begründet § 14 Abs. 2 S. 3 VOB/B eine vertragliche Nebenpflicht des Auftragnehmers, dem Auftraggeber rechtzeitig die Überprüfung der tatsächlich ausgeführten Leistungen zu ermöglichen[222]. Kommt der Auftragnehmer dieser Verpflichtung nicht bzw. nicht rechtzeitig nach, macht er sich hierdurch gegenüber dem Auftraggeber schadensersatzpflichtig[223]. Unabhängig hiervon trägt der Auftragnehmer das sich zwangsläufig aus verdeckten Leistungen ergebende erhöhte Beweislastrisiko hinsichtlich der von ihm zur Abrechnung gestellten Leistungen.

Im Falle eines rechtzeitigen Antrages des Auftragnehmers ist der Auftraggeber als verpflichtet anzusehen, an der Vornahme der notwendigen Feststellungen bzw. der anberaumten Aufmaßtermine teilzunehmen. Den Auftraggeber trifft insoweit eine **echte Mitwirkungspflicht.** Kommt der Auftraggeber dieser Verpflichtung nicht nach, so kann er sich seinerseits gegenüber dem Auftragnehmer schadensersatzpflichtig machen. Dem Auftragnehmer können insoweit Schadensersatzansprüche nach § 6 Abs. 6 VOB/B wegen Behinderung der Fortführung der Arbeiten oder aber auch nach § 280 Abs. 1 BGB (positive Vertragsverletzung) zustehen[224].

---
[213] *Heiermann/Riedl/Rusam* VOB/B § 14 Rn. 84.
[214] *Voit* in Beck'scher VOB-Kommentar 3. Aufl. § 14 Abs. 2 Rn. 77 für Deponierechnungen und Wiegenoten.
[215] Vgl. OLG Düsseldorf NJW-RR 1992, 217 = BauR 1991, 772; *Voit* in Beck'scher VOB-Kommentar VOB/B § 14 Abs. 2 Rn. 55.
[216] *Glatzel/Hofmann/Frikell* Unwirksame Bauvertragsklauseln, S. 274 mwN.
[217] OLG Karlsruhe NJW-RR 1989, 52; *Korbion/U. Locher* AGBG und Baurichtungsverträge, S. 131.
[218] OLG Düsseldorf BauR 1992, 521.
[219] *Korbion/U. Locher* AGBG und Baurichtungsverträge, S. 131.
[220] *Korbion/U. Locher* AGBG und Baurichtungsverträge, S. 132.
[221] BGH NJW 1980, 2518 (2519); 1986, 3134 (3135); *Grüneberg* Palandt BGB § 307 Rn. 26.
[222] *Zanner* in FKZGM VOB/B § 14 Rn. 36.
[223] *Zanner* in FKZGM VOB/B § 14 Rn. 36.
[224] Vgl. *U. Locher* in Ingenstau/Korbion VOB/B § 14 Abs. 2 Rn. 18.

Darüber hinaus steht es dem Auftragnehmer bei rechtzeitiger Anmeldung frei, die erforderlichen Feststellungen alleine zu treffen; legt der Auftragnehmer anschließend ein von ihm einseitig aufgestelltes Aufmaß vor, so trifft den Auftraggeber die Darlegungs- und Beweispflicht, wenn und soweit er das Aufmaß ganz oder teilweise inhaltlich beanstandet[225]. Soweit der Auftragnehmer in einer derartigen Konstellation ein verbleibendes Aufmaßrisiko begrenzen will, kann es sich empfehlen, die vom Aufmaß umfassten Bereiche zusätzlich zum Gegenstand einer Foto- bzw. Videodokumentation zu machen und/oder einen unabhängigen Dritten, etwa einen vereidigten Bausachverständigen zur Leistungsfeststellung hinzuzuziehen[226].

D. Frist zur Vorlage der Schlussrechnung (§ 14 Abs. 3 VOB/B)

63   Nach § 14 Abs. 3 VOB/B hat der Auftragnehmer bei Leistungen mit einer vertraglichen Ausführungsfrist von höchstens drei Monaten seine Schlussrechnung spätestens 12 Werktage nach Fertigstellung einzureichen, wenn zwischen den Parteien nicht ausdrücklich etwas Abweichendes vereinbart wurde. Die **Frist zur Vorlage der Schlussrechnung** soll sich dabei jeweils um 6 Werktage für je weitere drei Monate Ausführungsfrist verlängern. Die Anordnung zur Rechnungseinreichung innerhalb der vorgesehenen Fristen bezieht sich dabei ausschließlich auf die Vorlage der Schlussrechnung[227]. Mit dem Begriff der Vorlage der Schlussrechnung verbindet sich deren Zugang beim Auftraggeber oder aber – bei entsprechender Bevollmächtigung – bei dessen mit der Rechnungsbearbeitung befassten Architekten[228].
Die Vorschrift des § 14 Abs. 3 VOB/B ist weder unmittelbar noch analog auf sonstige Rechnungen anzuwenden, die von den Parteien im Zusammenhang mit der Baumaßnahme vorgelegt werden. Vor allem hat die Vorschrift keine Bedeutung für Abschlags- und Vorauszahlungsrechnungen. Soweit keine abweichenden vertraglichen Vereinbarungen getroffen wurden, steht es deshalb dem Auftragnehmer frei, wann er seine Abschlags- und Vorauszahlungsrechnungen vorlegt[229].

64   Beim **BGB-Bauvertrag** besteht keine gesetzlich begründete Verpflichtung des Auftragnehmers, nach Beendigung der Bauleistung gegenüber dem Auftraggeber abzurechnen. Sobald jedoch zwischen den Parteien Abschlags- oder aber Vorauszahlungen vereinbart sind, entnimmt der Bundesgerichtshof dem vorläufigen Charakter derartiger Zahlungen im Wege vertragsergänzender Auslegung die Verpflichtung des Auftragnehmers, unter Berücksichtigung sämtlicher Leistungen und Zahlungen auch eine Schlussrechnung aufzustellen[230]. Legt der Auftragnehmer die von ihm geschuldete Schlussrechnung nicht vor, kann der Auftraggeber Überzahlung geltend machen und einen von ihm nach seinem Kenntnisstand ermittelten Überschuss vom Auftragnehmer klageweise zurückfordern[231].
Besondere Probleme werden aufgeworfen, wenn sich die Parteien darauf verständigen, dass die beauftragten **Bauleistungen ohne Rechnung** ausgeführt werden sollen. Die der Steuerhinterziehung dienende Ohne-Rechnung-Abrede ist nach §§ 134, 138 BGB als nichtig anzusehen[232]. Nach der neueren Rechtsprechung des Bundesgerichtshofes sollen weder Auftraggeber noch Auftragnehmer die Vorteile ihres gesetzeswidrigen Verhaltens verbleiben[233]. Dem Auftragnehmer sollen deshalb u. a. auch keine Vergütungsansprüche aus einer „Ohne-Rechnung-Abrede" mit dem Auftraggeber zustehen. Für die rechnerische Bemessung derartiger – vom Bundesgerichtshof nicht mehr gebilligter – Vergütungs- bzw. Wertersatzansprüche (§ 632 Abs. 1 bzw. §§ 812, 818 Abs. 2 BGB) wird man wegen des übereinstimmenden Verzichtes auf ordnungsgemäße Abrechnung nicht mehr unmittelbar auf die Abrechnungsregelungen des § 14 VOB/B abheben können.
Von der Ausführung von Bauleistungen ohne Rechnung zu unterscheiden sind Fälle, in denen es zwischen Auftraggeber und Auftragnehmer **keiner Schlussrechnung** bedarf. Dabei handelt

---

[225] OLG Köln BauR 1994, 114 (115).
[226] *Reister* Nachträge beim Bauvertrag, S. 206.
[227] *Heiermann/Riedl/Rusam* VOB/B § 14 Rn. 85.
[228] Vgl. OLG Köln BauR 2014, 1359.
[229] Vgl. hierzu auch § 16 Nr. 1 und 2 VOB/B.
[230] BGH IBR 2002, 235.
[231] BGH IBR 2002, 235.
[232] BGH BauR 2008, 1301 (1302); NJW 2003, 2742; NJW-RR 2002, 1527.
[233] BGHZ 198, 141, 144 = NJW 2013, 3167; NJW 2014, 1805; NJW 2015, 2406.

es sich um Fälle atypischer Abrechnung aufgrund von Abschlagsrechnungen bzw. von Einzelrechnungen:

– Vor dem Hintergrund von Einzelrechnungen bzw. bereits vorliegenden Abschlagsrechnungen verzichten die Parteien ausdrücklich oder aber konkludent auf die Vorlage einer gesonderten Schlussrechnung.
– Bei lang andauernden Bauleistungen, die sukzessive abgewickelt werden, wird projekt- bzw. abschnittsweise abgerechnet, so dass es nach Abschluss der Gesamtmaßnahme keiner weiteren Schlussabrechnung mehr bedarf.
– Die Parteien schließen nach Beendigung ihrer Zusammenarbeit zum Zwecke der Abrechnung Vergütungsvereinbarungen unter Ausweisung der Umsatzsteuer.

In allen vorgenannten Fällen bedarf es nicht mehr der Vorlage einer weiteren, gesonderten Schlussrechnung. Der Auftraggeber kann keine Schlussrechnung mehr vom Auftragnehmer verlangen, wenn er – wie die vorliegenden Fälle zeigen – bereits abschließend Klarheit über die Abrechnung der erbrachten Leistungen erlangt hat.

I. Schlussrechnung

Mit der Schlussrechnung bringt der Auftragnehmer rechnungsmäßig gegenüber dem Auftraggeber zum Ausdruck, welche Vergütung er endgültig und abschließend aus der zugrundeliegenden Baumaßnahme beansprucht[234]. Die Schlussrechnung stellt deshalb regelmäßig die **letzte Rechnung** des Auftragnehmers im Zuge der Abwicklung der Baumaßnahme dar. Sie umfasst die vom Auftragnehmer übernommenen und ausgeführten Arbeiten[235] sowie das Entgelt für alle zusätzlichen Leistungen und Nachtragsforderungen[236] wie auch alle etwaigen Schadensersatzansprüche, die der Auftragnehmer geltend zu machen beabsichtigt[237]. Da es sich um die abschließende und endgültige Berechnung aller Leistungen und Forderungen handelt[238], verwendet der Auftragnehmer regelmäßig selbst die Bezeichnung „Schlussrechnung"[239]. Die **Bezeichnung als Schlussrechnung** ist jedoch keineswegs zwingend; ausreichend ist vielmehr jede Abrechnung, der im Wege der Auslegung zu entnehmen ist, dass der Auftragnehmer beabsichtigt, abschließend und endgültig über die zur Ausführung gelangten Arbeiten abzurechnen[240]. Eine lediglich **vorläufige Berechnung** der Leistungen erfüllt diesen Tatbestand nicht, weil sich der Auftragnehmer damit erkennbar noch eine weitere, nämlich endgültige Abrechnung, mithin also die eigentliche Schlussrechnung ausdrücklich vorbehalten hat[241]. Aus gleichen Erwägungen handelt es sich auch nicht um eine Schlussrechnung, wenn der Auftragnehmer zwar wesentliche Teile seiner Leistungen abrechnet, dabei jedoch gleichzeitig zum Ausdruck bringt, dass er sich die zusätzliche Geltendmachung bestimmter weitergehender Forderungen noch ausdrücklich vorbehält[242]. Dessen ungeachtet steht es dem Auftragnehmer frei, **mehrere einzelne Rechnungen** zusammenfassend als Schlussabrechnung zu qualifizieren[243]. Schließlich steht es dem Auftragnehmer auch frei, im Nachhinein eine früher von ihm eingereichte Abrechnung durch ausdrückliche Erklärung zur Schlussrechnung zu machen[244]. Sogar noch innerhalb eines Vergütungsrechtsstreites kann eine derartige Erklärung abgegeben oder auch schriftsätzlich neu und abschließend abgerechnet werden[245]. Die Vorlage einer neuen Schlussrechnung in der Berufungsinstanz ist allerdings nur unter den in § 531 Abs. 2 ZPO genannten Voraussetzungen zulässig[246].

---

[234] U. Locher in Ingenstau/Korbion VOB/B § 16 Abs. 3 Rn. 4.
[235] BGH WM 1975, 833.
[236] OLG Düsseldorf BauR 1973, 386.
[237] Heiermann/Riedl/Rusam VOB/B § 16 Rn. 77.
[238] BGH BauR 1978, 145 (146).
[239] OLG Frankfurt NJW-RR 1988, 600; LG Hamburg BauR 1995, 399.
[240] BGH WM 1975, 833.
[241] Vgl. LG Freiburg NJW-RR 1989, 1297.
[242] BGH BauR 1978, 145 (146); 1982, 282.
[243] BGH NJW 1987, 493 = BauR 1987, 96; vgl. auch OLG Hamm NJW-RR 1996, 593 für die Schlussabrechnung durch mehrere Abschlagsrechnungen.
[244] BGH BauR 1975, 282; 1975, 349.
[245] OLG Bamberg BauR 2004, 1188; OLG Zweibrücken NJW-RR 2003, 1023 = NZBau 2003, 440.
[246] OLG Brandenburg BauR 2005, 154.

II. Frist zur Einreichung der Schlussrechnung

66 Die Vorschrift des § 14 Abs. 3 VOB/B sieht enge **Fristen zur Einreichung** der Schlussrechnung vor: Bei einer vertraglichen Ausführungsfrist von maximal drei Monaten ist die Schlussrechnung spätestens 12 Werktage nach Fertigstellung der Bauleistungen einzureichen. Diese Frist wird um je 6 Werktage für je weitere drei Monate Ausführungsfrist verlängert.

67 Die **Bemessung der Fristen** richtet sich nach §§ 186 ff. BGB. Dabei beginnt die Frist mit der Fertigstellung der Bauleistungen zu laufen. Der Begriff der Fertigstellung ist weder in § 14 Abs. 3 noch in § 12 Abs. 1 VOB/B näher definiert. Maßgebend für den Zeitpunkt der Fertigstellung ist nicht die hierzu in dem zugrundeliegenden Bauvertrag getroffene Regelung über den (vorgesehenen) Fertigstellungszeitpunkt[247]. Für den Fertigstellungszeitpunkt kommt es vielmehr auf den tatsächlichen vom Auftragnehmer erreichten Stand der Abwicklung der Baumaßnahme an. Dass dabei der Zeitpunkt der Fertigstellung mit dem der Abnahme nicht identisch sein muss, ergibt sich bereits aus § 12 Abs. 1 VOB/B; die Fertigstellung der Bauleistungen kann vor oder aber im Einzelfall auch nach der Abnahme liegen[248]. Die Abnahme soll jedoch nach dem BGH die Fertigstellung der Leistungen regelmäßig auch dann indizieren, wenn noch einzelne Restleistungen fehlen[249].

Entscheidendes Kriterium für die **Fertigstellung der Bauleistungen** ist die Vollendung der Gesamtleistung, mithin der Abschluss der vertraglich übernommenen Bautätigkeit und die Beräumung der Baustelle[250]. Der BGH geht von einer Fertigstellung aus, wenn der Auftragnehmer die vertraglichen Leistungen erbracht hat[251]. Wenn wesentliche vertraglich geschuldete Restleistungen fehlen, kann sich aus deren Gewicht und den Bauumständen ergeben, dass die Leistung noch nicht fertiggestellt ist[252].

Übermittelt der Auftragnehmer eine Fertigstellungsanzeige, so wird es für den Fristbeginn auf diese Erklärung ankommen; unterlässt der Auftragnehmer eine entsprechende Anzeige, ist auf die tatsächlich festzustellenden Verhältnisse am Bau abzuheben[253]. Keine Bedeutung kommt in diesem Zusammenhang etwaigen Gewährleistungs- und Nacherfüllungshandlungen des Auftragnehmers zu, da diese grundsätzlich erst nach Beendigung der vertraglich übernommenen Erfüllungspflichten anfallen.

III. Fristüberschreitung

68 Für die Einhaltung der Frist kommt es auf den Zugang der Schlussrechnung beim Auftraggeber bzw. – bei entsprechender Bevollmächtigung – bei dessen für die Rechnungsbearbeitung zuständigen Architekten an[254].

Aus § 14 Abs. 3 VOB/B ergeben sich nicht unmittelbar die **Folgen einer Fristüberschreitung.** Die Bestimmung beschränkt sich auf die Anordnung, wonach der Auftragnehmer die Schlussrechnung innerhalb der genannten Frist beim Auftraggeber einzureichen hat. Da es sich jedoch schon vom Wortlaut her um eine zwingende Pflicht des Auftragnehmers handelt, – „muss . eingereicht werden" –, verstößt der Auftragnehmer gegen die ihm obliegenden Vertragspflichten, wenn er mit der Anfertigung und Vorlage der Schlussrechnung die vorgeschriebenen Fristen überschreitet. Ein derartiger Verstoß kann deshalb als Pflichtverletzung verzugsbedingte Schadensersatzansprüche gemäß § 286 BGB auslösen[255].

69 Unbeschadet dessen steht dem Auftraggeber nach Ablauf der vorgeschriebenen Fristen die Befugnis zur Ausübung der Rechte nach § 14 Abs. 4 VOB/B zu. Der Auftraggeber kann nach angemessener fruchtloser **Nachfristsetzung** die Schlussrechnung selbst auf Kosten des Auftragnehmers aufstellen bzw. aufstellen lassen. Ersatzweise kann der Auftraggeber klageweise den Anspruch auf Erteilung einer Schlussrechnung gegenüber dem Auftragnehmer geltend machen[256].

---

[247] Vgl. *Zanner* in FKZGM VOB/B § 14 Rn. 41.
[248] *U. Locher* in Ingenstau/Korbion VOB/B § 14 Abs. 3 Rn. 6.
[249] BGH BauR 2009, 1724 = NZBau 2009, 707.
[250] *U. Locher* in Ingenstau/Korbion VOB/B § 14 Abs. 3 Rn. 6.
[251] BGH BauR 2009, 1724 = NZBau 2009, 707.
[252] BGH BauR 2009, 1724 = NZBau 2009, 707.
[253] BGH BauR 1977, 280; *Vygen/Joussen* Bauvertragsrecht Rn. 388.
[254] OLG Köln BauR 2014, 1359.
[255] BGH ZfBR 1999, 330.
[256] OLG München NJW-RR 1987, 146; NJW 1988, 270.

Ausgehend hiervon stellt sich die Frage, welche Konsequenzen sich ergeben, wenn der Auftragnehmer zwar eine „Schlussrechnung" vorlegt, diese aber tatsächlich und erkennbar nicht die Voraussetzungen einer Schlussabrechnung erfüllt oder aber in sich nicht prüffähig ist. Aus § 14 Abs. 1 S. 1 VOB/B ergibt sich, dass der Auftragnehmer seine Leistungen prüfbar abzurechnen hat. Die **Prüffähigkeit** ist damit Voraussetzung ordnungsgemäßer Abrechnung und zwar in besonderer Weise bei Vorlage der Schlussrechnung[257]. Wird deshalb eine nicht prüffähige bzw. nicht abschließende „Schlussrechnung" vom Auftragnehmer vorgelegt, so ist dieser damit seiner Verpflichtung nach § 14 Abs. 3 iVm § 14 Abs. 1 S. 1 VOB/B nicht innerhalb der vorgesehenen Fristen nachgekommen. Dementsprechend stehen dem Auftraggeber die gleichen Rechte wie bei unterlassener Rechnungslegung gegenüber dem Auftragnehmer zu[258]; vor allem kann der Auftraggeber die Rechte aus § 14 Abs. 4 VOB/B ausüben. 70

Des Weiteren stellt sich die Frage, über welchen Zeitraum dem Auftragnehmer die Möglichkeit verbleibt, eine Schlussrechnung anzufertigen und diese dem Auftraggeber noch vorzulegen. Im Einzelfall kann bei jahrelang verzögerter Vorlage einer Schlussrechnung vom Auftragnehmer der Einwand der Verwirkung erhoben werden, wenn und soweit er berechtigterweise darauf vertrauen durfte, dass weitere Vergütungsansprüche vom Auftragnehmer nicht mehr erhoben werden[259]. Dies gilt sowohl dann, wenn der Auftraggeber eine Nachfrist zur Vorlage der Schlussrechnung gesetzt oder aber hierauf verzichtet hat[260]. Auch wenn der Auftragnehmer zunächst eine nicht prüffähige Schlussrechnung vorgelegt hat, aber auf die Prüffähigkeitsrüge des Auftraggebers dann über geraume Zeit nicht mehr reagiert, kann hinsichtlich der Schlussrechnungsforderung Verwirkung eintreten[261].

E. Aufstellung der Rechnung durch den Auftraggeber (§ 14 Abs. 4 VOB/B)

Reicht der Auftragnehmer entgegen § 14 Abs. 3 VOB/B die von ihm anzufertigende prüfbare Schlussrechnung nicht bei dem Auftraggeber innerhalb der vorgegebenen Fristen ein und verbleibt auch eine ihm gesetzte, angemessene Nachfrist ergebnislos, so kann der Auftraggeber nach § 14 Abs. 4 VOB/B die Schlussrechnung selbst und zwar auf Kosten des Auftragnehmers aufstellen bzw. aufstellen lassen. 71

Der Auftraggeber kann auch durch von ihm gestellte Vertragsklauseln die Anordnungen des § 14 Abs. 4 VOB/B regelmäßig nicht zu seinen Gunsten vorteilhafter gestalten. Vor allem kann der Auftraggeber durch die von ihm aufgestellten AVB und ZVB zu Lasten des Auftragnehmers keine zwingenden (Ausschluss-)Fristen zur Einreichung der Schlussrechnung setzen[262]. Ebenso wenig kann sich der Auftraggeber bedingungsgemäß die Befugnis einräumen lassen, nach Verstreichen der Frist des § 14 Abs. 3 VOB/B die Schlussrechnung ohne gesonderte Nachfristsetzung im Sinne des § 14 Abs. 4 VOB/B selbst aufzustellen[263]. Schließlich ist auch eine Klausel in Allgemeinen Geschäftsbedingungen des Auftraggebers, nach der der Auftragnehmer im Falle der Selbstaufstellung der Rechnung durch den Auftraggeber auf Einsprüche von vornherein verzichtet, unwirksam, weil sie dem Grundgedanken des § 315 BGB nicht ausreichend Rechnung trägt und deshalb gegen § 307 BGB verstößt[264].

I. Vorgehen des Auftraggebers

Dem Auftraggeber wird durch § 14 Abs. 4 VOB/B die Befugnis verliehen, qua entsprechender VOB-Ermächtigung anstelle des Auftragnehmers die **Schlussrechnung** für die ausgeführten Bauleistungen **aufzustellen**[265]. Der Auftraggeber kann dabei von der Möglichkeit Gebrauch machen, die Schlussrechnung selbst anzufertigen; ersatzweise kann er auch einen Dritten damit 72

---
[257] BGH NZBau 2000, 508; OLG Brandenburg NZBau 2000, 511.
[258] *Dähne* BauR 1981, 233 (234); *Voit* in Beck'scher VOB-Kommentar VOB/B § 14 Abs. 3 Rn. 15 ff.
[259] Vgl. OLG Hamm IBR 2016, 73; Messerschmidt/*Voit* 2. Aufl., VOB/B § 14 Abs. 4 Rdn. 10; *Voit* in Beck'scher VOB-KommentarVOB/B § 14 Abs. 4 Rn. 10.
[260] OLG Hamm IBR 2016, 73; a. A. für den Fall fehlender Nachfristsetzung OLG Hamburg, Urteil vom 30.12.1998 – 11 U 274/96.
[261] BGH NJW-RR 2004, 445, 449.
[262] *Korbion/U. Locher* AGBG und Bauerrichtungsverträge, S. 133.
[263] *Korbion/U. Locher* AGBG und Bauerrichtungsverträge, S. 132.
[264] OLG Karlsruhe BB 1983, 725.
[265] *Voit* in Beck'scher VOB-Kommentar VOB/B § 14 Abs. 4 Rn. 1.

beauftragen, die Aufstellung der Schlussrechnung vorzunehmen. Die dadurch bedingten, ihm bzw. dem beauftragten Dritten entstandenen Kosten kann der Auftraggeber – notfalls klageweise – von dem Auftragnehmer beanspruchen[266].

73   Alternativ kann der Auftraggeber aber auch **zuwarten.** Der Auftraggeber ist nicht verpflichtet, anstelle des Auftragnehmers dessen Schlussabrechnung vorzunehmen[267]. Regelmäßig wird der Auftraggeber solange abwarten, bis ihm der Auftragnehmer die von ihm angefertigte Schlussrechnung übermittelt. Da die Fälligkeit der Schlusszahlung erst einen Monat nach Zugang der Schlussrechnung eintritt[268], schiebt sich damit zugleich die Verpflichtung zum Ausgleich der geschuldeten Vergütung aus der Schlussrechnung zeitlich hinaus. Nicht zuletzt aus diesem Grunde und insbesondere zur Ersparnis von Finanzierungsaufwendungen und -zinsen kann und wird der Auftraggeber deshalb eher zurückhaltend von den weitergehenden Möglichkeiten des § 14 Abs. 4 VOB/B Gebrauch machen.

74   Für den Fall, dass der Auftraggeber Wert auf baldige Abrechnung legt, die Schlussrechnung aber nicht selbst anfertigen kann und will, steht ihm ergänzend die Befugnis zu, den Auftragnehmer auf **Erstellung der Schlussrechnung** zu verklagen. Wie sich aus § 14 Abs. 1 und 3 VOB/B ergibt, ist der Auftragnehmer zur prüffähigen Schlussabrechnung verpflichtet. Dementsprechend kann der Auftraggeber diese vertragliche Nebenpflicht[269] auch im Klagewege gegenüber dem säumigen Auftragnehmer durchsetzen[270].

75   Alternativ kann der Auftraggeber auch in der Weise vorgehen, dass er gegenüber dem Auftragnehmer den **Tatbestand der Überzahlung** geltend macht und einen von ihm nach seinem Kenntnisstand ermittelten Überschuss vom Auftragnehmer klageweise zurückfordert[271]. Auf diese Weise wird der Auftragnehmer im Rahmen des anhängigen Rückforderungsprozesses gezwungen, über die von ihm erbrachten Leistungen insgesamt abzurechnen.

76   Schließlich können dem Auftraggeber **Schadensersatzansprüche** aus verspäteter Anfertigung und Einreichung der Schlussrechnung erwachsen. Sobald sich der Auftragnehmer mit seiner Verpflichtung zur Einreichung einer prüffähigen Schlussrechnung im Verzuge befindet, kann der Auftraggeber Schadensersatz begehren[272].

II. Unzulängliche Rechnung

77   Bereits vom Wortlaut her erschließt sich, dass dem Auftraggeber die Befugnisse aus § 14 Abs. 4 VOB/B zustehen, wenn der Auftragnehmer überhaupt keine Schlussrechnung einreicht oder aber eine im Ergebnis vollkommen unzulängliche, nämlich nicht prüfbare Rechnung vorlegt[273]. Sowohl das Fehlen einer „Schlussrechnung" wie auch die Prüffähigkeit derselben beurteilt sich nicht nach dem subjektiven Verständnis des Auftragnehmers oder aber des Auftraggebers, ausschlaggebend ist vielmehr ein objektiver Prüfungsmaßstab, der sich anhand der Kriterien des § 14 Abs. 1 und 3 VOB/B ermittelt[274]. Kommt der Auftragnehmer zumindest der Verpflichtung zur Vorlage einer Schlussrechnung nach, so hat im Zweifel der Auftraggeber die Darlegungs- und Beweislast dafür, dass es sich bei Heranziehung objektiver Maßstäbe nicht um eine ordnungsgemäße bzw. prüffähige Schlussabrechnung handelt[275].

Der Auftraggeber kann im Einzelfall ausnahmsweise auch ein Interesse daran haben, anstelle des Auftragnehmers eine **Abschlagsrechnung** aufzustellen. Sobald etwa der Auftragnehmer für anschließend verdeckte bzw. überbaute Teilleistungen kein Aufmaß nimmt, um damit die anschließend nicht mehr ohne weiteres feststellbaren Leistungen aufzunehmen und abzurechnen, kann der Auftraggeber unter den in § 14 Abs. 4 VOB/B genannten Voraussetzungen das entsprechende Aufmaß und die hierauf aufbauende Abschlagsrechnung für den Auftragnehmer anfertigen und diesen mit den dadurch bedingten Kosten belasten.

---

[266] *Heiermann/Riedl/Rusam* VOB/B § 14 Rn. 96.
[267] OLG Hamm IBR 2016, 73.
[268] Vgl. BGH NJW-RR 1990, 1170 (1171) zum alten Recht von zwei Monaten.
[269] OLG Dresden BauR 2000, 103.
[270] *Heiermann/Riedl/Rusam* VOB/B § 14 Rn. 14.
[271] BGH IBR 2002, 235.
[272] BGH ZfBR 1999, 330.
[273] *Heiermann/Riedl/Rusam* VOB/B § 14 Rn. 91.
[274] *U. Locher* in Ingenstau/Korbion VOB/B § 14 Abs. 4 Rn. 2; *Heiermann/Riedl/Rusam* VOB/B § 14 Rn. 91.
[275] *Dähne* BauR 1981, 233 (235).

III. Nachfristsetzung

Kommt der Auftragnehmer der Verpflichtung zur Vorlage einer prüffähigen Schlussrechnung innerhalb der Fristen des § 14 Abs. 3 VOB/B nicht nach, so steht dem Auftraggeber das Recht zur Selbstanfertigung der Schlussrechnung nur zu, wenn er zuvor dem Auftragnehmer eine angemessene Nachfrist gesetzt hat und diese fruchtlos verstrichen ist. Erforderlich ist deshalb zweierlei: Einerseits hat der Auftraggeber ausdrücklich die Schlussabrechnung beim Auftragnehmer unmittelbar anzufordern, andererseits bedarf es zusätzlich einer bestimmten, angemessenen Erledigungsfrist. Beides setzt nicht notwendig die Einhaltung des Schriftformerfordernisses voraus. Gleichwohl ist es aus praktischen wie auch aus beweisrechtlichen Gründen angezeigt, sowohl die Anforderung wie auch die hiermit regelmäßig verbundene Fristsetzung schriftlich gegenüber dem Auftragnehmer vorzunehmen[276]. Dabei muss die dem Auftragnehmer gesetzte Frist angemessen sein und zwar unter Berücksichtigung der sich aus § 14 Abs. 3 VOB/B ergebenden Fristen. Allerdings bedeutet dies nicht, dass dem Auftragnehmer als Nachfrist nochmals die vollen, in § 14 Abs. 3 VOB/B angegebenen Fristen eingeräumt werden müssen[277]. Bei der Bemessung der Frist ist dem Umfang der erbrachten Bauleistungen wie auch der Komplexität der vorzunehmenden Abrechnung angemessen Rechnung zu tragen[278]. 78

Der Auftraggeber kann sich in Allgemeinen Geschäftsbedingungen regelmäßig von dem Erfordernis einer Nachfristsetzung nicht freizeichnen: So sind Klauseln unwirksam, die darauf abzielen, die Abrechnung bzw. das Aufmaß schon dann von Seiten des Auftraggebers ohne weitere Nachfristsetzung und auf Kosten des Auftragnehmers zu erstellen, wenn sich die zunächst vorgelegte Abrechnung bzw. das beigefügte Aufmaß als fehlerhaft erweisen[279].

IV. Rechnungsaufstellung

Erst nach **Ablauf der gesetzten Nachfrist** ist der Auftraggeber berechtigt, die Schlussrechnung selbst oder durch einen von ihm beauftragten Dritten erstellen zu lassen. Da es sich insoweit um ein Recht des Auftraggebers, nicht indes um eine Verpflichtung handelt, kann der Auftraggeber selbstverständlich trotz vorangegangener Fristsetzung auch von der angekündigten Aufstellung der Schlussrechnung absehen[280]. Ebenso steht es dem Auftraggeber frei, den Auftragnehmer auch weiterhin – und vor allem auch gerichtlich – auf Erstellung der Schlussrechnung in Anspruch zu nehmen[281]. 79

Entscheidet sich der Auftraggeber für die **Aufstellung der Schlussrechnung,** so hat er nun seinerseits prüffähig abzurechnen[282]. Der Auftraggeber darf sich also in Anwendung des § 14 Abs. 4 VOB/B nicht darauf beschränken, eine lediglich pauschale oder oberflächliche Abrechnung vorzunehmen. Wurde bereits ein gemeinsames Aufmaß erstellt, so hat der Auftraggeber die entsprechenden Aufmaßunterlagen bei der Aufstellung der Schlussrechnung zu verwenden[283]. Soweit es ganz oder teilweise an erforderlichen Aufmaßunterlagen fehlt, ist der Auftraggeber (nur) gehalten, die ihm zugänglichen Leistungen des Auftragnehmers zu erfassen und in die Schlussrechnung einzustellen[284]. Der Auftraggeber braucht bei der Ersatzrechnung nur die ihm zugänglichen Leistungen in die Rechnung einzustellen und weder von ihm nicht akzeptierte Nachträge berücksichtigen, noch ihm selbst nicht vorliegende Unterlagen vorlegen[285]. Ggf. hat der Auftraggeber allerdings ein eigenes Aufmaß zu erstellen, um die Schlussrechnung nach Maßgabe des abgeschlossenen Bauvertrages aufmachen zu können[286]. Jedenfalls bei einem Einheitspreisvertrag ist der Auftraggeber zum Zwecke ordnungsgemäßer Preisermittlung darauf angewiesen, die den Einheitspreisen zugrunde zulegenden Mengen exakt anhand eines anzufertigenden Aufmaßes zu ermitteln. Nichts anderes gilt regelmäßig auch bei Pauschalpreisverträgen, 80

---

[276] *Kandel* in NWJS VOB/B § 14 Abs. 3 Rn. 8.
[277] *Kandel* in NWJS VOB/B § 14 Abs. 3 Rn. 7.
[278] Vgl. *Heiermann/Riedl/Rusam* VOB/B § 14 Rn. 92.
[279] *Voit* in Beck'scher VOB-Kommentar VOB/B Vorbemerkung § 14 Rn. 29.
[280] *Kandel* in NWJS VOB/B § 14 Abs. 4 Rn. 9.
[281] OLG München NJW-RR 1987, 146.
[282] OLG Stuttgart NJW-spezial 2013, 396; LG Köln 30.11.2012 – 7 O 254/11, juris; *U. Locher* in Ingenstau/Korbion VOB/B § 14 Abs. 4 Rn. 6.
[283] OLG Stuttgart NJW-spezial 2013, 396; *Heiermann/Riedl/Rusam* VOB/B § 14 Rn. 74.
[284] BGH NJW 1984, 1757 (1758).
[285] LG Köln 30.11.2012 – 7 O 254/11, juris.
[286] BGH IBR 2002, 63.

sofern nur über ein genaues Aufmaß nachträgliche Leistungsmehrungen und -minderungen prüffähig erfasst werden können. Die Kosten für die Anfertigung der entsprechenden Aufmaße hat der Auftragnehmer unter den Voraussetzungen des § 14 Abs. 4 VOB/B zu tragen[287]. Bei gekündigten Verträgen hat der Auftraggeber im Übrigen die insoweit von der Rechtsprechung entwickelten Grundsätze zur Abrechnung von Leistungen bei vorzeitig beendeten Verträgen zu beachten[288].

81 Die **prüffähig erstellte Schlussrechnung** hat der Auftraggeber anschließend dem Auftragnehmer zur Verfügung zu stellen[289]. Dabei hat er die für seine Rechnungsanfertigung maßgebenden Mengenberechnungen, Zeichnungen und anderen Belege beizufügen (§ 14 Abs. 1 S. 2 VOB/B). Soweit dem Auftragnehmer zu den von ihm ausgeführten Leistungen allerdings selbst die erforderlichen Berechnungen und Zeichnungen vorliegen, kann ausnahmsweise von Seiten des Auftraggebers auf die entsprechenden Unterlagen verzichtet werden[290]. Nach Zugang der aufgestellten Schlussrechnung obliegt es nunmehr dem Auftragnehmer, in eine Prüfung derselben einzutreten. Wenn und soweit sich dabei aus Sicht des Auftragnehmers Unrichtigkeiten oder sonstige Beanstandungen ergeben, hat der Auftragnehmer die Möglichkeit, auf eine Korrektur gegenüber dem Auftraggeber hinzuwirken[291]. Für die aus Sicht des Auftragnehmers unvollständig bzw. fehlerhaft abgerechneten Positionen trägt in einem etwaigen anschließenden Vergütungsrechtsstreit der Auftragnehmer die Darlegungs- und Beweislast[292]. Der Auftragnehmer kann sich aber auch die vom Auftraggeber erstellte Abrechnung – selbst wenn diese nicht prüffähig ist – hilfsweise zu eigen machen und damit die Fälligkeit des Vergütungsanspruches herbeiführen[293].

82 Vom Auftraggeber **verwendete Vertragsklauseln,** die über die Anordnung des § 14 Abs. 4 VOB/B hinausgehen, sind rechtlich bedenklich: So wird der (fingierte) Verzicht des Auftragnehmers auf Einwendungen gegen die vom Auftraggeber augestellte Schlussrechnung als unvereinbar mit § 9 AGBG bzw. § 307 BGB angesehen[294]. Ausschlaggebend hierfür ist der Umstand, dass dem Auftragnehmer nach der Grundaussage des § 14 Abs. 4 VOB/B stets die Befugnis verbleiben soll, Einwendungen gegen die Abrechnung des Auftraggebers zu erheben und notfalls im Wege des Gegenbeweises die Unrichtigkeit der ersatzweise erstellten Rechnung durchzusetzen[295].

V. Kosten der Rechnungsanfertigung

83 Aus § 14 Abs. 4 VOB/B ergibt sich, dass die durch die Aufstellung der Schlussrechnung entstehenden **Kosten vom Auftragnehmer** zu erstatten sind. Der Kostenerstattungsanspruch steht dem Auftraggeber sowohl bei Selbstanfertigung wie auch bei Anfertigung der Schlussrechnung durch einen beauftragten Fachmann, regelmäßig also einen Architekten zu[296]. Der Erstattungsanspruch des Auftraggebers beläuft sich auf alle Kosten, die erforderlich waren, um die Schlussrechnung ordnungsgemäß und prüffähig zu erstellen[297]. Für den Umfang und die Erforderlichkeit der aufgewendeten Kosten trägt der Auftraggeber die Darlegungs- und Beweislast[298]. Soweit der Auftraggeber durch die Aufstellung der Schlussrechnung partiell Kosten erspart, die ihm bei der Prüfung der vom Auftragnehmer vorgelegten Schlussrechnung ohnehin entstanden wären, ist der Kostenerstattungsanspruch gegenüber dem Auftragnehmer entsprechend anteilig zu kürzen[299].

---

[287] BGH IBR 2002, 63.
[288] OLG Frankfurt NZBau 2009, 719.
[289] OLG Nürnberg IBR 2016, 72.
[290] OLG Nürnberg IBR 2016, 72.
[291] *Kandel* in NWJS VOB/B § 14 Abs. 4 Rn. 17.
[292] BGH NJW 1984, 1757 (1758); *Kandel* in NWJS VOB/B § 14 Abs. 4 Rn. 18.
[293] OLG Jena IBR 2013, 265.
[294] OLG Karlsruhe BB 1983, 725.
[295] *Korbion/U. Locher* AGBG und Bauerrichtungsverträge, S. 132.
[296] *Heiermann/Riedl/Rusam* VOB/B § 14 Rn. 96.
[297] *U. Locher* in Ingenstau/Korbion VOB/B § 14 Abs. 4 Rn. 8; *Heiermann/Riedl/Rusam* VOB/B § 14 Rn. 96 f.
[298] *Voit* in Beck'scher VOB-Kommentar VOB/B § 14 Abs. 4 Rn. 23; *Heiermann/Riedl/Rusam* VOB/B § 14 Rn. 96.
[299] OLG Düsseldorf BauR 1986, 612.

VI. Fälligkeit des Vergütungsanspruches

Die vom Auftraggeber angefertigte Schlussrechnung tritt an die Stelle der vom Auftragnehmer 84 geschuldeten. Allerdings kann sich der Auftraggeber zu der von ihm selbst aufgestellten Schlussrechnung nicht auf deren mangelnde Prüfbarkeit beziehen[300]. Dies hat zur Konsequenz, dass ihr die gleichen Wirkungen wie bei einer vom Auftragnehmer vorgelegten Schlussrechnung zukommen[301]. Da der Auftraggeber jedoch zu der von ihm selbst angefertigten Schlussrechnung nicht mehr der in § 16 Abs. 3 VOB/B vorgesehenen Prüfungsfrist bedarf, tritt abweichend von vorgenannter Bestimmung die Fälligkeit von in der Schlussrechnung ermittelter Vergütung mit dem Zeitpunkt der **Fertigstellung und der Übermittlung der Schlussrechnung** an den Auftragnehmer ein[302]. Die überwiegende Auffassung vertritt demgegenüber den Standpunkt, vom Eintritt der Fälligkeit sei schon auszugehen, sobald der Auftraggeber die Schlussrechnung aufgestellt und den Schlussrechnungsbetrag ermittelt habe[303]. Dabei wird jedoch übersehen, dass § 14 Abs. 4 VOB/B lediglich eine Ermächtigung zugunsten des Auftraggebers enthält, anstelle des Auftragnehmers dessen Schlussrechnung anzufertigen. Mithin handelt es sich – wie auch der Kostenerstattungsanspruch zeigt – rechtsdogmatisch im Ergebnis um die Schlussabrechnung des Auftragnehmers. Mithin muss davon ausgegangen werden, dass eine Schlussrechnungsforderung des Auftragnehmers erst und nur dann besteht und fällig wird, wenn dieser – wie im Regelfall – zumindest Kenntnis von der für ihn ersatzweise durch einen Dritten aufgestellten Schlussrechnung erlangt hat[304].

§ 15 Stundenlohnarbeiten

(1) 1. **Stundenlohnarbeiten werden nach den vertraglichen Vereinbarungen abgerechnet.**
2. **Soweit für die Vergütung keine Vereinbarungen getroffen worden sind, gilt die ortsübliche Vergütung. Ist diese nicht zu ermitteln, so werden die Aufwendungen des Auftragnehmers für Lohn- und Gehaltskosten der Baustelle, Lohn- und Gehaltsnebenkosten der Baustelle, Stoffkosten der Baustelle, Kosten der Einrichtungen, Geräte, Maschinen und maschinellen Anlagen der Baustelle, Fracht-, Fuhr- und Ladekosten, Sozialkassenbeiträge und Sonderkosten, die bei wirtschaftlicher Betriebsführung entstehen, mit angemessenen Zuschlägen für Gemeinkosten und Gewinn (einschließlich allgemeinem Unternehmerwagnis) zuzüglich Umsatzsteuer vergütet.**
(2) **Verlangt der Auftraggeber, dass die Stundenlohnarbeiten durch einen Polier oder eine andere Aufsichtsperson beaufsichtigt werden, oder ist die Aufsicht nach den einschlägigen Unfallverhütungsvorschriften notwendig, so gilt Absatz 1 entsprechend.**
(3) **Dem Auftraggeber ist die Ausführung von Stundenlohnarbeiten vor Beginn anzuzeigen. Über die geleisteten Arbeitsstunden und den dabei erforderlichen, besonders zu vergütenden Aufwand für den Verbrauch von Stoffen, für Vorhaltung von Einrichtungen, Geräten, Maschinen und maschinellen Anlagen, für Frachten, Fuhr- und Ladeleistungen sowie etwaige Sonderkosten sind, wenn nichts anderes vereinbart ist, je nach der Verkehrssitte werktäglich oder wöchentlich Listen (Stundenlohnzettel) einzureichen. Der Auftraggeber hat die von ihm bescheinigten Stundenlohnzettel unverzüglich, spätestens jedoch innerhalb von 6 Werktagen nach Zugang, zurückzugeben. Dabei kann er Einwendungen auf den Stundenlohnzetteln oder gesondert schriftlich erheben. Nicht fristgemäß zurückgegebene Stundenlohnzettel gelten als anerkannt.**
(4) **Stundenlohnrechnungen sind alsbald nach Abschluss der Stundenlohnarbeiten, längstens jedoch in Abständen von 4 Wochen, einzureichen. Für die Zahlung gilt § 16.**

---

[300] *Voit* in Beck'scher VOB-Kommentar3. Aufl. § 14 Abs. 4 Rn. 14.
[301] OLG Düsseldorf BauR 1995, 258; *U. Locher* in Ingenstau/Korbion VOB/B § 14 Abs. 4 Rn. 9.
[302] OLG Nürnberg IBR 2016, 72; *Voit* in Beck´scher VOB-Kommentar VOB/B § 14 Abs. 4 Rn. 19.
[303] *U. Locher* in Ingenstau/Korbion VOB/B § 14 Abs. 4 Rn. 10; *Dähne* BauR 1981, 233 (236).
[304] So BGH BauR 2002, 313 (315); OLG Nürnberg IBR 2016, 72.

(5) Wenn Stundenlohnarbeiten zwar vereinbart waren, über den Umfang der Stundenlohnleistungen aber mangels rechtzeitiger Vorlage der Stundenlohnzettel Zweifel bestehen, so kann der Auftraggeber verlangen, dass für die nachweisbar ausgeführten Leistungen eine Vergütung vereinbart wird, die nach Maßgabe von Abs. 1 Nummer 2 für einen wirtschaftlich vertretbaren Aufwand an Arbeitszeit und Verbrauch von Stoffen, für Vorhaltung von Einrichtungen, Geräten, Maschinen und maschinellen Anlagen, für Frachten, Fuhr- und Ladeleistungen sowie etwaige Sonderkosten ermittelt wird.

Schrifttum: *Bauer*, Der langsame Gutachter – treuwidrige Abrechnung „verbummelter" Stunden, JZ 2010, 181; *Dähne*, Angehängte Stundenlohnarbeiten – juristisch betrachtet, FS Jagenburg 2002, 57; *Digel/Knickenberg*, Die Darlegungs- und Beweislast beim Stundenlohn, BauR 2010, 21; *Ebisch/Gottschalk*, Preise und Preisprüfungen bei öffentlichen Aufträgen einschließlich Bauaufträge, 7. Aufl. 2001; *Ehmann*, Schuldanerkenntnis und Vergleich, München 2005; *Fehrenbach*, Abrechnung von Stundenlohnarbeiten und wirtschaftliche Betriebsführung, NJW 2009, 3428; *Hamacher*, Stundenlohnarbeiten – Übliche Vergütung oder Berücksichtigung der Preisermittlungsgrundlagen, BauR 2013, 682; *Hereth/Crome*, Baupreisrecht, Handausgabe mit Erläuterungen, 3. Aufl. 1973; *Keldungs*, Stundenlohnabrechnung mit unterschriebenen Stundenlohnzetteln: Beweislastfragen, BauR 2002, 322; *Korbion*, Stundenlohnarbeiten beim BGB-Bauvertrag, FS Soergel 1993, S. 131; *Losert*, Die Bedeutung der Unterschrift unter einem Stundenlohnzettel, ZfBR 1993, 1; *Michaelis/Rhösa/Pantke*, Preisbildung bei öffentlichen Aufträgen einschließlich Beschaffungswesen, Loseblattsammlung 1955 ff.; *Mugler*, Die Bindung der Vertragsparteien an ihre Vereinbarung über die Höhe der Vergütung bei Regiearbeiten am Bau, BB 1989, 859; *Opitz*, Selbstkostenermittlung für Bauarbeiten, 5. Aufl. 1963; *Paulmann*, Anforderungen an die nachträgliche Stundenlohnvereinbarung, NZBau 2005, 325; *Peters*, Das Gebot wirtschaftlichen Arbeitens beim Stundenlohnvertrag und beim Einheitspreisvertrag, NZBau 2009, 673; *Plümecke/Sachse*, Die Abrechnung von Stundenlohnarbeiten, 4. Aufl. 1974; *Thamm/Möffert*, Stundenlohnzettel bei Werkverträgen aus wirtschaftlicher Sicht, BauRB 2004, 210; *Voit*, Die Bedeutung der Bestätigung von Aufmaß und Stundenlohnzetteln, FS Motzke 2006, S. 421; *Wietersheim*, Stundenlohnarbeiten – Abrechnung nach § 15 Nr. 5 VOB/B, BauR 2004, 210.

Übersicht

	Rn.
A. Grundlagen	1
I. Wesen der Stundenlohnarbeiten	2
II. Verhältnis zu § 2 Abs. 10 VOB/B	4
III. Stundenlohnarbeiten beim BGB-Bauvertrag	5
IV. Ersatz von Personal- und Sachaufwand	6
V. Struktur des § 15 VOB/B	7
B. Vergütung von Stundenlohnarbeiten (§ 15 Abs. 1 VOB/B)	9
I. Vereinbarung zur Vergütungshöhe (§ 15 Abs. 1 Nr. 1 VOB/B)	10
1. Vereinbarung von Stundenlohnarbeiten	11
2. Vereinbarung zur Stundenlohnvergütung	12
3. Darlegungs- und Beweislast	13
4. Keine Vereinbarung zu Stundenlohnarbeiten durch Unterzeichnung von Stundenlohnzetteln	14
5. Bemessung der Stundenlohnvergütung	15
II. Bestimmung der Vergütung bei fehlender Vereinbarung (§ 15 Abs. 1 Nr. 2 VOB/B)	18
1. Bemessung nach ortsüblicher Vergütung (§ 15 Abs. 1 Nr. 2 Satz VOB/B)	18
2. Bemessung nach sonstigen Kriterien (§ 15 Abs. 1 Nr. 2 S. 2 VOB/B)	22
C. Stundenlohn für Aufsichtspersonal (§ 15 Abs. 2 VOB/B)	29
I. Aufsichtsvergütung nach § 15 Abs. 1 VOB/B	30
II. Aufsichtsvergütung nach § 15 Abs. 2 VOB/B	32
III. Darlegungs- und Beweislast	36
D. Pflichten von Auftraggeber und Auftragnehmer bei der Ausführung von Stundenlohnarbeiten (§ 15 Abs. 3 VOB/B)	37
I. Anzeige von Stundenlohnarbeiten (§ 15 Abs. 3 S. 1 VOB/B)	38
1. Zweck der Anzeige	38
2. Form der Anzeige	39
3. Vornahme der Anzeige	40
4. Adressat der Anzeige	41
5. Inhalt der Anzeige	42
6. Fehlen der Anzeige	43

- II. Anfertigung und Einreichen von Stundenlohnzetteln (§ 15 Abs. 3 S. 2 VOB/B) 44
  - 1. Dokumentation durch Stundenlohnzettel 44
  - 2. Inhalt der Stundenlohnzettel 45
  - 3. Prüffähigkeit der Stundenlohnzettel 48
  - 4. Empfänger der Stundenlohnzettel 49
  - 5. Frist zur Vorlage der Stundenlohnzettel 50
- III. Bescheinigung und Rückgabe der Stundenlohnzettel (§ 15 Abs. 3 S. 3 VOB/B) 52
  - 1. Prüfung der Stundenlohnzettel 53
  - 2. Ergebnis der Prüfung der Stundenlohnzettel 54
  - 3. Bescheinigung der Stundenlohnzettel 56
  - 4. Bescheinigungsform der Stundenlohnzettel 58
  - 5. Rückgabe der Stundenlohnzettel 60
  - 6. Unterzeichnung der Stundenlohnzettel 62
  - 7. Einwendungen gegen Stundenlohnzettel 63
  - 8. Darlegungs- und Beweislast bei Stundenlohnzetteln 64
  - 9. Frist zur Rückgabe der Stundenlohnzettel 65
  - 10. Unterlassene Rückgabe der Stundenlohnzettel 67
- IV. Einwendungen zu Stundenlohnzetteln (§ 15 Abs. 3 S. 4 VOB/B) 68
  - 1. Form der Einwendungen 69
  - 2. Inhalt der Einwendungen 71
  - 3. Zurückweisende Einwendungen 72
  - 4. Frist zur Erhebung der Einwendungen 73
  - 5. Nachträgliche Einwendungen 75
  - 6. Darlegungs- und Beweislast bei Einwendungen 76
- V. Anerkenntnis nicht fristgemäß zurückgegebener Stundenlohnzettel (§ 15 Abs. 3 S. 5 VOB/B) 77
  - 1. Bedeutung der Regelung 77
  - 2. Reichweite der Anerkenntniswirkung 78
- E. Stundenlohnrechnungen (§ 15 Abs. 4 VOB/B) 79
  - I. Frist zur Vorlage der Stundenlohnrechnungen (§ 15 Abs. 4 S. 1 VOB/B) 80
    - 1. Beschleunigte Vorlage der Stundenlohnrechnungen 80
    - 2. Formen der beschleunigten Abrechnung 81
    - 3. Bemessung der Frist zur Abrechnung 82
    - 4. Folgen verspäteter Abrechnung 84
  - II. Inhalt der Stundenlohnrechnungen (§ 15 Abs. 4 iVm § 14 Abs. 1 VOB/B) .. 88
    - 1. Verhältnis zu § 14 Abs. 1 VOB/B 88
    - 2. Art und Weise der Abrechnung 89
    - 3. Prüffähigkeit der Abrechnung 90
    - 4. Abrechnungsklauseln 92
  - III. Fälligkeit der Stundenlohnrechnung (§ 15 Abs. 4 S. 2 VOB/B) 94
- F. Stundenlohnabrechnung bei Zweifeln über den Umfang der Stundenlohnarbeiten (§ 15 Abs. 5 VOB/B) 96
  - I. Verhältnis zu § 2 Abs. 10 VOB/B 97
  - II. Vergleich bei Vergütungszweifeln 98
  - III. Neuvereinbarung bei Vergütungszweifeln 99
    - 1. Unterbliebene bzw. verspätete Vorlage von Stundenlohnzetteln ... 100
    - 2. Ursächlichkeit unterbliebener bzw. verspäteter Vorlage von Stundenlohnzetteln 101
    - 3. Verlangen auf Neuvereinbarung 103
    - 4. Folgen des Verlangens nach Neuvereinbarung 105
  - IV. Selbstaufstellung der Stundenlohnrechnung 107
  - V. Bemessung der neu zu vereinbarenden Vergütung 108
    - 1. Vergütung nach Stundenlohn 109
    - 2. Vergütung nach Einheits- bzw. Pauschalpreis 111
  - VI. Schadensersatz zugunsten des Auftraggebers 112

A. Grundlagen

Die Regelung des § 15 der VOB/B befasst sich mit der Abrechnung von Stundenlohnarbeiten (§ 4 Abs. 2 VOB/A). Sie ergänzt damit die Vorschrift des § 14 VOB/B über die Abrechnung von Bauleistungen. Soweit es um die Bezahlung von Stundenlohnarbeiten geht, ist auf die nachfolgende Vorschrift des § 16 VOB/B zu verweisen.

Der Beauftragung und Abrechnung von Stundenlohnarbeiten kommt besondere Bedeutung zu, weil sich der mit der Ausführung derartiger Leistungen verbundene Zeitaufwand häufig im Vorhinein nur schwer einschätzen lässt. Für den Auftraggeber ergeben sich daher regelmäßig zu einem zu tätigenden Stundenaufwand erhöhte Kalkulationsrisiken[1]. Aus diesem Grunde wird die Abrechnung von Stundenlohnarbeiten von einer entsprechenden Vereinbarung nach § 2 Abs. 10 VOB/B abhängig gemacht. Außerdem werden durch § 15 VOB/B strenge Voraussetzungen an den Nachweis ausgeführter Stundenlohnarbeiten gestellt. Danach verbleibende Risiken aus einem vom Auftragnehmer getätigten unwirtschaftlichen Aufwand werden dadurch begrenzt, dass der Auftraggeber im Wege eines schadenersatzrechtlichen Gegenanspruches nach § 280 Abs. 1 BGB berechtigt ist, die Unwirtschaftlichkeit der zur Abrechnung gestellten Leistungen nach Stundenaufwand darzulegen und zu beweisen[2].

I. Wesen der Stundenlohnarbeiten

2 Stundenlohnarbeiten fallen vor allem an, wenn Bauleistungen im Rahmen eines sog Stundenlohnvertrages vergeben werden. Dies ist gemäß § 4 Abs. 2 VOB/A bei Bauleistungen geringeren Umfanges zulässig, soweit sie überwiegend Lohnkosten verursachen. Dies besagt jedoch nicht, dass anfallende Kosten für Material, Geräte, Baustelleneinrichtungen sowie Gemeinkosten unberücksichtigt bleiben[3]. Sie sollen lediglich im Rahmen von nach Stundenlohn zu vergebenden Arbeiten untergeordnete Bedeutung haben[4].

3 Bei Stundenlohnarbeiten wird danach unterschieden, ob sie Gegenstand eines eigenständigen Bauvertrages sind **(sog selbstständige Stundenlohnarbeiten)** oder aber lediglich als Nebenarbeiten bei der Ausführung eines (umfangreichen) Leistungsvertrages zur Ausführung gelangen **(sog angehängte Stundenlohnarbeiten)**[5]. Selbstständige Stundenlohnarbeiten werden regelmäßig bei Arbeiten im Bestand oder bei der Ausführung kleinerer Reparatur- und Instandsetzungsarbeiten (isoliert) beauftragt, wenn der Umfang der Arbeiten den Unternehmer nicht dazu veranlasst, ein Angebot mit Einheitspreisen oder zu Pauschalpreis abzugeben[6]. Bei größeren Bauleistungsaufträgen werden üblicherweise ergänzend Stundenlohnpositionen vorgesehen, um damit zusätzlich anfallende Nachtrags- und Restleistungen zu erfassen[7].

Stundenlohnarbeiten werden nach fest vereinbarten **Stundenlohnsätzen** oder aber nach sog **Stundenlohnzuschlägen** abgerechnet, dh vermittels von prozentualen Aufschlägen auf die Kostenpositionen Löhne, Lohnnebenkosten, Stoffkosten etc.[8]

II. Verhältnis zu § 2 Abs. 10 VOB/B

4 Voraussetzung für die Vergütung von Stundenlohn ist, dass eine **Vereinbarung über die Abrechnung auf Stundenlohnbasis** getroffen wurde; § 2 Abs. 10 VOB/B[9]. Nach der genannten Bestimmung werden Stundenlohnarbeiten nur vergütet, wenn sie als solche vor ihrem Beginn ausdrücklich vereinbart worden sind. Diese Regel gilt sowohl für die selbstständigen wie auch für die angehängten Stundenlohnarbeiten[10]. Gegen vom Auftraggeber vorformulierte Vertragsbedingungen, wonach Stundenlohnarbeiten nur vergütet werden, wenn sie zuvor schriftlich angeordnet wurden, bestehen deshalb auch keine Bedenken im Sinne von § 307 Abs. 1 BGB[11].

Vor der Ausführung von Stundenlohnarbeiten bedarf es deshalb zumindest einer Vereinbarung der Parteien darüber, dass bestimmte Arbeiten nach Stundenlohn ausgeführt werden sollen[12]. Die Parteien können dabei die Modalitäten zum Nachweis von Stundenlohnarbeiten in Ergän-

---

[1] *Voit* in Beck'scher VOB-Kommentar3. Aufl. vor § 15 Rn. 2 ff.
[2] Vgl. hierzu → § 15 Rn. 5, 28, 64.
[3] *Heiermann/Riedl/Rusam-Bauer* VOB/A § 4 Rn. 28.
[4] → VOB/A § 5 Rn. 38.
[5] → VOB/A § 5 Rn. 37, 38; vgl. auch Nr. 2.2 VHB zu Teil A § 5 VOB.
[6] → VOB/A § 5 Rn. 38.
[7] *Bauer* in Heiermann/Riedl/Rusam- VOB/A § 4 Rn. 31.
[8] Vgl. *Leinemann/Schoofs* VOB/B § 15 Rn. 21; *Keldungs* in Ingenstau/Korbion VOB/B § 15 Abs. 1 Rn. 3.
[9] Dazu → VOB/B § 2 Rn. 316 ff.
[10] → VOB/B § 2 Rn. 316.
[11] OLG Hamm IBR 2015, 7; OLG Zweibrücken NJW-RR 1994, 1363, 1366.
[12] BGH BauR 1995, 237 (239); → VOB/B § 2 Rn. 317.

zung zu § 15 VOB/B vertraglich miteinander vereinbaren[13]. Die Vereinbarung sollte schriftlich erfolgen, sie kann aber auch mündlich zwischen den Parteien getroffen werden[14].

In der Praxis wird häufig bei **fehlender ausdrücklicher Stundenlohnabrede** der Standpunkt eingenommen, aus der Unterzeichnung vorgelegter Stundenlohnzettel könne zugleich auf eine konkludente nachträgliche Stundenlohnabrede geschlossen werden. Der BGH hat hierzu klargestellt, dass der Unterzeichnung von Stundenzetteln durch beauftragte Bauleiter grundsätzlich keine auf den Abschluss einer Stundenlohnvereinbarung gerichtete, rechtsgeschäftlich maßgebende Willenserklärung entnommen werden könne. Aus der bloßen Ermächtigung der Bauleitung zur Abzeichnung von Stundenlohnzetteln ergebe sich keine ausreichende rechtsgeschäftliche Abschlussvollmacht. Etwas anderes soll nur dann gelten, wenn die Bauleitung (ausnahmsweise) bevollmächtigt wurde, Vergütungsvereinbarungen für den AG einzugehen[15]. Erforderlich ist insoweit eine ausdrückliche oder stillschweigende Bevollmächtigung des Bauleiters oder aber zumindest eine nachzuweisende Anscheins- bzw. Duldungsvollmacht[16]. Ebenso wenig kann aus der bloßen Abzeichnung von Stundenlohnzetteln durch den Auftraggeber oder einen seiner Mitarbeiter gefolgert werden, dass mit der Bestätigung bestimmter ausgeführter Leistungen zugleich auf einen rechtsgeschäftlichen Willen dahingehend geschlossen werden kann, dass der Auftraggeber hiermit eine ausdrückliche rechtsgeschäftliche Stundenlohnvereinbarung zustande bringen wollte[17]. Auch aus der Abzeichnung von Stundenlohnzetteln durch den Bauleiter mit dem Zusatz „i. A." erschließt sich keine ausreichende Bevollmächtigung durch den Auftraggeber[18].

Ungeachtet dessen haben es die Parteien natürlich in der Hand, im Anschluss an die Durchführung von Stundenlohnarbeiten hierzu **nachträglich eine gesonderte Vergütungsvereinbarung** miteinander zu treffen. Nach § 2 Abs. 10 VOB/B sind Stundenlohnarbeiten grundsätzlich nur zu vergüten, wenn sie als solche vor ihrem Beginn ausdrücklich vereinbart worden sind. Im Rahmen der Privatautonomie verbleibt den Parteien jedoch die Möglichkeit, im Nachhinein die Regelung des § 2 Abs. 10 VOB/B abzubedingen und eine zeitaufwandsbezogene Vergütung für bereits getätigten Stundenaufwand miteinander zu vereinbaren[19].

Wenn es unter Beachtung der strengen Voraussetzungen ausreichend nachgewiesener Bevollmächtigung an einer wirksamen Beauftragung im Sinne des § 2 Abs. 10 VOB/B fehlt, verbleibt lediglich die Möglichkeit, Stundenlohnarbeiten nach § 2 Nr. 8 VOB/B oder aber aus Geschäftsführung ohne Auftrag abzurechnen[20].

III. Stundenlohnarbeiten beim BGB-Bauvertrag

Die Bestimmung des § 15 gilt für alle VOB-Bauverträge. Das BGB-Werkvertragsrecht kennt keine Vorschrift für die Abrechnung von Stundenlohnarbeiten. Die Parteien können die **Handhabung der Stundenlohnarbeiten frei untereinander vereinbaren**[21]. Sind beim BGB-Bauvertrag Stundenlohnarbeiten ihrem Umfange nach genau vereinbart, so ist der Besteller nach § 631 Abs. 1 BGB zur Entrichtung der mit dem Unternehmer vereinbarten Stundenlohnvergütung verpflichtet. Sobald es jedoch an einer exakten Bestimmung der Höhe der Vergütung fehlt, richtet sich diese gemäß § 632 Abs. 2 BGB nach den verkehrsüblichen Vergütungsmaßstäben[22]. Bei der Bemessung von Stundenlohnkosten liegt es nahe, auf die in § 15 VOB/B vorgezeichneten und in den Baukreisen regelmäßig herangezogenen Bemessungsregeln abzuheben[23]. Allerdings bedeutet dies nicht, dass auch die über die reine Vergütungsbemessung hinausreichenden Regelungen des § 15 VOB/B in BGB-Bauverträgen zwingend von den Parteien zu berücksichtigen sind; so ist es beispielsweise für die Abrechnungsfähigkeit eines vorgelegten Stundenlohnzettels bei einem BGB-Bauvertrag nicht erforderlich, dass er zuvor von der Bauleitung unterschrieben wurde[24]; entsprechendes gilt für alle formellen Voraussetzungen, die der

---

[13] OLG Celle BauR 2014, 1476.
[14] OLG Koblenz NZBau 2016, 171.
[15] BGH NZBau 2004, 31 = BauR 2003, 1892.
[16] BGH BauR 2008, 364.
[17] Vgl. BGH BauR 1994, 760; *Paulmann* NZBau 2005, 325 (326).
[18] BGH BauR 2008, 364.
[19] Vgl. *Voit* in Beck'scher VOB-Kommentar3. Aufl. § 15 Abs. 1 Rn. 7 f.
[20] BGH BauR 2008, 364 (365); 1994, 716.
[21] Vgl. OLG Celle BauR 2014, 1476.
[22] Vgl. BGH NJW 2000, 1107.
[23] OLG Düsseldorf NJW 2001, 762; auch → VOB/B § 2 Rn. 319.
[24] OLG Köln NJW-RR 1997, 150.

Auftragnehmer im Falle der vertraglichen Zugrundelegung der VOB/B zu beachten hat, zB also für Verstöße gegen die Pflichten zur Behandlung von Stundenlohnnachweisen und -rechnungen im Sinne von § 15 Abs. 3 und 4 VOB/B[25].

Die Vorschrift des § 15 zur Abrechnung von Stundenlohnarbeiten kann über ihren eigentlichen VOB-bezogenen Anwendungsrahmen hinaus weitergehende Bedeutung im Zusammenhang mit der Abrechnung und dem **Nachweis von Leistungen auf Stundenbasis** haben. Die von der Rechtsprechung anerkannten Anforderungen an den Nachweis von Stundenlohnarbeiten vermögen zumindest einen Anhaltspunkt dafür zu geben, welche abrechnungsbezogenen Einzelheiten üblicherweise vom Auftragnehmer erwartet werden können, um dessen stundenbezogene Abrechnung hinreichend bestimmt erscheinen zu lassen. Lässt beispielsweise der Besteller Mängel an Malerarbeiten durch einen Drittunternehmer auf Stundenlohnbasis nachbessern, soll es zur hinreichenden Abrechnung und Darlegung der Ersatzvornahmekosten regelmäßig der Vorlage entsprechender Stundenzettel sowie der Aufschlüsselung des entstandenen Aufwands bedürfen[26]. Allerdings muss dabei in besonderer Weise dem Umstand Beachtung geschenkt werden, dass sich dienstleistungsähnliche, stundenbezogen auszuführende und abzurechnende Leistungen regelmäßig nicht werden in der Dichte aufschlüsseln und belegen lassen wie dies bei bauleistungsbezogenen Stundenlohnnachweisen möglich ist. So lassen sich etwa die Tätigkeiten von Architekten, Ingenieuren, Gutachtern und Beratern – soweit sie stundenweise abzurechnen sind – regelmäßig nicht so konkret im Einzelnen umschreiben, wie dies bei ausgeführten Bauleistungen der Fall ist. Die leistungsbezogenen Angaben von Architekten, Ingenieuren, Beratern und Gutachtern werden deshalb häufig nicht den Detaillierungsgrad erreichen können, der sich bei der stundenbezogenen Aufschlüsselung von Bauleistungstätigkeit erzielen lässt. An die Substantiierungsvoraussetzungen dürfen deshalb keine überzogenen Anforderungen von Seiten der Gerichte gestellt werden. Zur schlüssigen Begründung eines nach Zeitaufwand zu bemessenden Vergütungsanspruches muss der Unternehmer deshalb nach einer grundlegenden Entscheidung des Bundesgerichtshofes nur darlegen, wie viele Stunden für die Erbringung der Vertragsleistungen angefallen sind[27].

Wenn der Besteller die **Wirtschaftlichkeit des Zeitaufwandes in Frage stellen** will, muss er die Voraussetzungen einer Verletzung einer entsprechenden Nebenpflicht zur wirtschaftlichen Betriebsführung als Gegenanspruch aus § 280 Abs. 1 BGB darlegen und beweisen. Erst im Anschluss hieran trifft dann den Unternehmer wiederum im Rahmen einer sekundären Darlegungslast die Verpflichtung, jedenfalls so viel vorzutragen, dass damit dem Informations- und Kontrollbedürfnis des Bestellers Rechnung getragen und ggf. eine Beweisaufnahme ermöglicht wird.[28] Besonderheiten gelten allerdings dann, wenn der Besteller die einzelnen Leistungen in Auftrag gegeben hat und sie sich später nicht mehr feststellen lassen: Unterlässt es der Besteller, eine ihm ohne weiteres mögliche Dokumentation zu erstellen, um den Umfang der Arbeiten des Unternehmers auch nachträglich beurteilen zu können, wird hierdurch die Darlegungs- und Beweislast des Unternehmers eingeschränkt.[29]

Die vorgenannten Feststellungen lassen sich durchaus verallgemeinern und – soweit passend – auf die Abrechnung von Stundenlohnarbeiten nach BGB-Bauverträgen übertragen[30].

IV. Ersatz von Personal- und Sachaufwand

6   Von seinem Wortlaut her bezieht sich § 15 VOB/B nur auf „Stundenlohnarbeiten". Wie sich aus § 15 Abs. 1 Nr. 2 S. 2 VOB/B erschließt, gehören zu den Aufwendungen des Auftragnehmers im Rahmen von Stundenlohnarbeiten auch die Stoffkosten der Baustelle, die Kosten der Baustelleneinrichtungen, die Kosten von Geräten, Maschinen und maschinellen Anlagen der Baustelle sowie die Gemeinkosten. Streng genommen ist deshalb der Begriff von „Stundenlohnarbeiten" unter Berücksichtigung der Abrechnungsfähigkeit auszuführender Leistungen zu eng gegriffen. Richtigerweise müsste man von einem „Lohn- und Material-Kostenvertrag" sprechen. In der Baupraxis finden sich daher durchaus auch abweichende Bezeichnungen für auszuführende Stundenlohnarbeiten, etwa in Form einer Bezugnahme auf Regiearbeiten. Die Parteien

---

[25] BGH BauR 2017, 721.
[26] OLG Köln IBR 2016, 277.
[27] BGH NZBau 2009, 450 = BauR 2009, 1162.
[28] BGH NZBau 2009, 450 = BauR 2009, 1162; BGH NJW 2000, 1107 = BauR 2000, 1196; OLG Schleswig IBR 2016, 381.
[29] BGH NZBau 2009, 504 (506) = BauR 2009, 1291.
[30] BGH NZBau 2009, 504 (506) = BauR 2009, 1291.

können zudem die Art und Weise des Ersatzes von Personal- und Sachaufwand in Bezug auf ihre Handhabung während des Bauverlaufes frei untereinander vereinbaren[31].

V. Struktur des § 15 VOB/B

Für die Bemessung derartiger Stundenlohn- und Regiearbeiten enthält § 15 VOB/B wesentliche Tatbestandsvoraussetzungen:
- Aus § 15 Abs. 1 VOB/B ergibt sich, dass Stundenlohnarbeiten nach den zugrundeliegenden vertraglichen Vereinbarungen abzurechnen sind. Soweit hinsichtlich der Höhe der Stundenlohnvergütung keine ausdrückliche Vereinbarung getroffen wurde, richtet sich deren Bemessung nach § 15 Abs. 1 Nr. 2 VOB/B.
- Aus § 15 Abs. 2 VOB/B erschließt sich, unter welchen Voraussetzungen Stundenlohnvergütung für Aufsichtspersonen beansprucht werden kann.
- Die von den Bauvertragsparteien zu beachtenden Pflichten bei der Ausführung, der Dokumentation und der Kontrolle von Stundenlohnvergütung sind in § 15 Abs. 3 VOB/B niedergelegt.
- Durch § 15 Abs. 4 VOB/B wird klargestellt, dass die Stundenlohnrechnungen zur Vorbereitung von Zahlungen nach § 16 VOB/B kurzfristig nach Beendigung der Stundenlohnarbeiten einzureichen sind.
- Schließlich befasst sich § 15 Abs. 5 VOB/B mit der Bemessung der Vergütung, wenn Zweifel hinsichtlich des dokumentierten Nachweises von Stundenlohnarbeiten bestehen.

In der Praxis ist festzustellen, dass der Vorschrift des § 15 VOB/B, insbesondere den dortigen Regelungen in Abs. 3 und 4, häufig nicht genügend Beachtung geschenkt wird. Hieraus ergeben sich vor allem für die Auftragnehmer häufig erhebliche Nachteile bei der Durchsetzung begründeter Vergütungsansprüche aus Stundenlohnarbeiten[32].

B. Vergütung von Stundenlohnarbeiten (§ 15 Abs. 1 VOB/B)

Während sich aus § 2 Abs. 10 VOB/B erschließt, ob vergütungsfähige Stundenlohnarbeiten vereinbart sind[33], ergibt sich die Abrechnung und damit vor allem die Höhe der Stundenlohnvergütung aus § 15 Abs. 1 VOB/B. Da § 15 Abs. 1 VOB/B mithin eine die Höhe der Stundenlohnvergütung betreffende Ergänzung zu § 2 Abs. 10 VOB/B darstellt[34], bezieht sich die in Nr. 1 und 2 angesprochene Differenzierung zwischen vertraglicher Vereinbarung bzw. fehlender vertraglicher Vereinbarung ausschließlich auf die Bemessung der Vergütung der Stundenlohnarbeiten, wie sich insbesondere dem Wortlaut des § 15 Abs. 1 Nr. 2 S. 1 VOB/B entnehmen lässt. § 15 Abs. 1 VOB/B enthält deshalb (nur) nähere Angaben zu dem Abrechnungsverfahren vertraglich vereinbarter Stundenlohnarbeiten.

I. Vereinbarung zur Vergütungshöhe (§ 15 Abs. 1 Nr. 1 VOB/B)

Nach § 15 Abs. 1 Nr. 1 VOB/B werden Stundenlohnarbeiten nach den zugrundeliegenden vertraglichen Vereinbarungen abgerechnet. Voraussetzung für die Heranziehung dieser Bestimmung ist zweierlei:

1. Vereinbarung von Stundenlohnarbeiten. Zunächst einmal müssen überhaupt Stundenlohnarbeiten dem Grunde nach gemäß § 2 Abs. 10 VOB/B vereinbart sein. Die Vereinbarung sollte schriftlich zwischen den Parteien getroffen werden, sie kann aber auch mündlich zustande kommen[35]. Gegen eine – vom Auftraggeber vorformulierte – Vertragsbedingung, wonach Stundenlohnarbeiten nur vergütet werden, wenn sie zuvor schriftlich angeordnet wurden, bestehen keine rechtlichen Bedenken im Sinne von § 307 Abs. 1 BGB[36].
Fehlt es an einer **Vereinbarung von Stundenlohnarbeiten im Sinne von § 2 Abs. 10 VOB/B**, so kommt eine Abrechnung entsprechender Arbeiten nach § 15 Abs. 1 VOB/B nicht

---
[31] OLG Celle BauR 2014, 1476.
[32] Vgl. *Schumann* Das Abrechnungsbuch für Bauarbeiten jeder Art, S. 240 ff.
[33] Hierzu näher → § 2 Rn. 316–318.
[34] *Kemper* in FKZGM VOB/B § 15 Rn. 2.
[35] OLG Koblenz NZBau 2016, 171.
[36] OLG Hamm IBR 2015, 7; OLG Zweibrücken NJW-RR 1994, 1363, 1366.

in Betracht[37]. Allerdings soll nach dem OLG Brandenburg eine Vereinbarung zur Abrechnung von Leistungen nach Stundenlohn auch dadurch zustande kommen können, dass der Auftragnehmer auf der Grundlage abgezeichneter Stundenlohnzettel abrechnet und der Auftraggeber diesen Tatbestand nicht dem Grunde nach, sondern nur hinsichtlich der Höhe des Stundensatzes beanstandet[38].

Aufgrund der Vertragsautonomie der Parteien steht es diesen jedoch prinzipiell auch trotz des § 2 Abs. 10 VOB/B frei, auch nachträglich, also nach Beginn der Ausführung von Stundenlohnarbeiten oder aber nach deren Beendigung eine Vereinbarung zur Abrechnung derselben nach den Abrechnungsgrundsätzen des § 15 Abs. 1 VOB/B zu treffen[39]. Allerdings sind an derartige Vereinbarungen strenge Anforderungen zu stellen, insbesondere kommt nicht ohne weiteres eine nachträgliche stillschweigende bzw. konkludente Vereinbarung von Stundenlohnarbeiten in Betracht[40].

Häufig meinen die Parteien, die **Ausführung von Änderungs- und Zusatzleistungen** könnten als Stundenlohnarbeiten verstanden werden. Die Vergütungsregelungen der §§ 2 Abs. 5 und 6 VOB/B dürfen indes mit einer Stundenlohnvereinbarung im Sinne von § 2 Abs. 10 VOB/B nicht verwechselt werden. Bei der Ausführung von Änderungs- und Zusatzleistungen richtet sich die Vergütung – soweit die Parteien ausdrücklich keine anderslautende Vereinbarung miteinander treffen – nach § 2 Abs. 6 Nr. 2 VOB/B, mithin nach den Vertragspreisen, die aus der Urkalkulation und den Grundlagen der Preisermittlung für die vertragliche Leistung zu ermitteln sind. Infolgedessen richtet sich die Vergütung für Änderungs- und Zusatzleistungen mangels hiervon abweichender ausdrücklicher Vereinbarung nicht nach § 15 VOB/B[41].

12 **2. Vereinbarung zur Stundenlohnvergütung.** Wenn danach feststeht, dass vom Grundsatz her vergütungsfähige Stundenlohnarbeiten im Sinne von § 2 Abs. 10 VOB/B auszuführen sind, richtet sich die **Höhe der vom Auftraggeber geschuldeten Vergütung** nach § 15 Abs. 1 Nr. 1 VOB/B. Der Bestimmung ist der auch § 631 BGB immanente Grundsatz zu entnehmen, wonach die Vergütung sich vorrangig danach bemisst, was die Parteien zur Vergütung und ihrer Höhe selbst ausdrücklich gewollt und vertraglich vereinbart haben.

13 **3. Darlegungs- und Beweislast.** Der Auftragnehmer hat bei Heranziehung des § 15 Abs. 1 Nr. 1 VOB/B demgemäß nachzuweisen, dass vergütungsfähige Stundenlohnarbeiten beauftragt wurden und dass darüber hinaus zur Höhe der Vergütung ebenfalls eine ausdrückliche Vereinbarung erfolgt ist[42]. Soweit es sich um angehängte Stundenlohnarbeiten handelt, hat der Auftragnehmer darüber hinaus im Zweifel auch **darzulegen und zu beweisen,** dass die von ihm (zusätzlich) abgerechneten Stundenlohnarbeiten nicht bereits Bestandteil des ursprünglich abgeschlossenen Einheitspreis- bzw. Pauschalpreisvertrages waren[43].

14 **4. Keine Vereinbarung zu Stundenlohnarbeiten durch Unterzeichnung von Stundenlohnzetteln.** In der Praxis stützt der Auftragnehmer häufig Vergütungsansprüche aus Stundenlohnarbeiten auf Stundenlohnzettel, die vom Auftraggeber oder aber von seiner Bauleitung während der Ausführung der Bauleistungen unterzeichnet wurden. Aus der bloßen Unterzeichnung von Stundenlohnzetteln durch den Auftraggeber und seine Bauleiter kann nicht ohne weiteres auf den rechtsgeschäftlich maßgebenden Willen geschlossen werden, (im Nachhinein) eine **Vereinbarung über die Ausführung von gesondert vergütungsfähigen Stundenlohnarbeiten** zu schließen[44].

15 **5. Bemessung der Stundenlohnvergütung.** Was zur Höhe der Vergütung zwischen den Parteien gelten soll, ergibt sich aus den hierzu getroffenen vertraglichen Vereinbarungen. In aller Regel finden **zwei unterschiedliche Abrechnungsverfahren** – je nach Wille der Parteien – Verwendung:

---

[37] Zur Frage, wie dann abgerechnet wird, → VOB/B § 2 Rn. 319.
[38] OLG Brandenburg NZBau 2010, 433.
[39] *Kandel* in NWJS VOB/B § 15 Abs. 1 Rn. 6; im Einzelnen → VOB/B § 2 Rn. 318.
[40] BGH BauR 1994, 760 (762); im Einzelnen → VOB/B § 2 Rn. 318.
[41] OLG Nürnberg BauR 2015, 509.
[42] Vgl. *Keldungs* in Ingenstau/Korbion VOB/B § 15 Abs. 1 Rn. 2.
[43] BGH 13.9.2001 – VII ZR 186/00, zu OLG München IBR 2002, 240.
[44] Näher → VOB/B § 2 Rn. 317.

— Bei der **Abrechnung nach Stundenlohnsätzen** wird zwischen den Parteien für die Anzahl der zu leistenden, vorab meist nur geschätzten Stunden ein bestimmter Stundensatz vereinbart. Bei diesem wird üblicherweise zwischen Stunden für Meister, Facharbeiter, Helfer, Auszubildende und ggf. Aufsichtspersonen differenziert. In den Stundenlohn werden üblicherweise die Lohn- und Gehaltskosten, die Lohnnebenkosten, die Zuschläge für die Gemeinkosten sowie der Gewinn einbezogen. Zusätzlich abgerechnet werden vor allem die Materialkosten sowie etwaige Kosten für Geräte- und Maschineneinsatz.
— Die zweite Methode zur Bestimmung des Stundenlohns liegt darin, die entstehenden Kosten mit **bestimmten prozentualen Aufschlägen** zu versehen. Die anfallenden Lohn- und Lohnnebenkosten sowie die Stoffkosten werden durchgängig mit bestimmten Prozentsätzen für Gemeinkosten und Gewinn beaufschlagt. Gesondert werden zusätzlich die Materialkosten und die Mehrwertsteuer ausgewiesen[45].

Beim Stundenlohnvertrag ist der Auftragnehmer verpflichtet, auf eine wirtschaftliche Betriebsführung zu achten, vgl. § 15 Abs. 3 VOB/B. Die Verletzung dieser vertraglichen (Neben-)Pflicht kann Schadensersatzansprüche des Auftraggebers auslösen[46].

Im Rahmen vorgenannter Varianten halten sich üblicherweise die Absprachen zur Höhe der Vergütung. Im Einzelfall können zusätzliche Kostenfaktoren berücksichtigt werden. Der Ersatz von Kosten für das Vorhalten von Spezialfahrzeugen kann ebenso vereinbart werden wie der Ersatz von Kosten für die An- und Abfahrt zur Baustelle[47]. **16**

Ist zwischen den Parteien keine Vereinbarung zur Höhe bzw. zur Bemessung der Vergütung getroffen, so richtet sich die Bemessung der Stundenlohnvergütung nach § 15 Abs. 1 Nr. 2 VOB/B. Entscheidendes Kriterium zur Abgrenzung beider Absätze voneinander stellt die Auslegbarkeit etwaiger zur Höhe der Vergütung getroffener Absprachen dar. Lässt sich zumindest im Wege der Auslegung gemäß §§ 133, 157 BGB ein gemeinschaftlicher Abrechnungswille feststellen, so besteht kein Raum für die Heranziehung des § 15 Abs. 1 Nr. 2 VOB/B. Allerdings steht es den Parteien jederzeit auch nach Auftreten von Abrechnungsdifferenzen oder aber innerhalb eines laufenden gerichtlichen Verfahrens frei, im Wege eines (Zwischen-)Vergleichs Einvernehmen zur Höhe der strittigen Stundenlohnvergütung zu erzielen. **17**

II. Bestimmung der Vergütung bei fehlender Vereinbarung (§ 15 Abs. 1 Nr. 2 VOB/B)

1. Bemessung nach ortsüblicher Vergütung (§ 15 Abs. 1 Nr. 2 Satz VOB/B). Haben die Parteien zur **Bemessung der Höhe der Vergütung keine Vereinbarung** getroffen, so ist die ortsübliche Vergütung dem Auftraggeber zu entrichten (§ 15 Abs. 1 Nr. 2 S. 1 VOB/B). Die Vorschrift lehnt sich an § 632 Abs. 2 BGB an, wonach bei Fehlen einer Taxe die übliche Vergütung als vereinbart anzusehen ist. Als üblich wird dabei die Vergütung angesehen, die nach Art, Güte, Umfang und besonderen Umständen nach allgemeiner Auffassung baubeteiligter Kreise für vergleichbare Leistungen gewährt wird[48]. Bei der Bemessung der Vergütung wird nach § 15 Abs. 1 Nr. 2 S. 1 VOB/B nur auf am Ort des Bauvorhabens gezahlte, also ortsübliche Vergleichspreise abgehoben. Maßgebend sind deshalb die Sätze, die üblicherweise für entsprechende Bauleistungen am Ort des Bauvorhabens entrichtet werden[49]. **18**

Häufig lassen sich die vergleichbaren Sätze nicht eindeutig bestimmen. Die Vergütung bzw. die Vergütungsbestandteile bewegen sich meistens in einer auch unter Berücksichtigung der ortsüblichen Verhältnisse festzustellenden **Bandbreite**[50]. Die vom Auftraggeber zu entrichtende Vergütung hat sich regelmäßig innerhalb der Spanne ortsüblicher Vergleichspreise zu halten[51]. **19**

---

[45] Vgl. *Keldungs* in Ingenstau/Korbion VOB/B § 15 Abs. 1 Rn. 3; *Kandel* in NWJS VOB/B § 15 Abs. 1 Rn. 4.
[46] OLG Düsseldorf NJW-RR 2003, 455 (456); OLG Bamberg BauR 2004, 1623.
[47] Vgl. OLG Düsseldorf BauR 2000, 1334 f.
[48] BGH NJW 2001, 151.
[49] *Keldungs* in Ingenstau/Korbion VOB/B § 15 Abs. 1 Rn. 5; *Heiermann/Mansfeld* in Heiermann/Riedl/Rusam VOB/B § 15 Rn. 11; *Kandel* in NWJS VOB/B § 15 Abs. 1 Rn. 7.
[50] Vgl. *Jebe* BauR 1978, 88 (93); *Heiermann/Mansfeld* in Heiermann/Riedl/Rusam VOB/B § 15 Rn. 11.
[51] AA LG Berlin *SFH* Z 2.300 Bl. 2, wonach auch ein um 15 % höherer als der ortsüblich ermittelte Kostenbetrag noch hinzunehmen sein soll.

20 Die ortsübliche Vergütung ist bezogen auf den **Zeitpunkt des Vertragsabschlusses** der Parteien zu ermitteln[52]. Werden im Zuge der Durchführung einer Baumaßnahme gesonderte, also angehängte Stundenlohnarbeiten zusätzlich beauftragt, so erscheint es angemessen, für die Höhe der zu entrichtenden Vergütung auf den Zeitpunkt abzuheben, in dem Einigkeit über die Ausführung vergütungsfähiger Stundenlohnarbeiten im Sinne des § 2 Abs. 10 VOB/B erzielt wurde.

21 Den Auftragnehmer trifft für seine Abrechnung nach ortsüblichen Vergleichspreisen die **Darlegungs- und Beweislast**[53]. Über die Ortsüblichkeit der Vergütung hat im Rahmen eines gerichtlichen Verfahrens das mit der Sache befasste Gericht zu entscheiden[54]. Der Tatrichter wird jedoch regelmäßig nicht umhin kommen, die Angemessenheit der zur Abrechnung gestellten Vergütung vor dem Hintergrund ortsüblicher Vergleichspreise durch einen Bausachverständigen überprüfen zu lassen[55]. Da sich regelmäßig die heranzuziehenden Vergleichspreise in einer gewissen Bandbreite bewegen, kommt es bei der Klärung durch den Sachverständigen nur darauf an, ob sich der von dem Auftragnehmer angegebene Stundenlohn noch innerhalb der Spanne des Vergleichspreises bewegt. Wird die Spanne der Vergleichspreise überschritten, so ist der zur Abrechnung gestellte Stundenlohn entsprechend zu reduzieren.

22 **2. Bemessung nach sonstigen Kriterien (§ 15 Abs. 1 Nr. 2 S. 2 VOB/B).** Lässt sich eine **ortsübliche Vergütung** für die ausgeführten Stundenlohnarbeiten **nicht ermitteln**, so ergeben sich die Abrechnungsgrundlagen für die Bemessung des Stundenlohns aus § 15 Abs. 1 Nr. 2 S. 2 VOB/B. Dem Auftragnehmer werden dabei seine Aufwendungen für Lohn- und Gehaltskosten der Baustelle, Lohn- und Gehaltsnebenkosten der Baustelle, Stoffkosten der Baustelle, Kosten der Einrichtung, Geräte, Maschinen und maschinellen Anlagen der Baustelle, Fracht-, Fuhr- und Ladekosten, Sozialkassenbeiträge und Sonderkosten mit angemessenen Zuschlägen für Gemeinkosten und Gewinn (einschließlich allgemeinem Unternehmerwagnis) sowie die Umsatzsteuer vergütet.

23 Bei der Bemessung der Vergütung kommt es im Rahmen des § 15 Abs. 1 Nr. 2 S. 2 VOB/B auf die dort namentlich aufgeführten **Aufwendungen** des Auftragnehmers an. Der Auftragnehmer hat dabei im Zweifel baustellenbezogen darzulegen, inwieweit ihm tatsächlich Personal- und Sachkosten entstanden sind[56]. Soweit dem Auftragnehmer weitere, namentlich in § 15 Abs. 1 Nr. 2 S. 2 VOB/B nicht aufgeführte zusätzliche Aufwendungspositionen erwachsen sind, können auch diese bei der Ermittlung der Vergütung mit berücksichtigt werden, da der Auftragnehmer in jedem Falle – abgesehen von den Zuschlägen für Gemeinkosten, Unternehmerwagnis und Gewinn – seine tatsächlichen Aufwendungen ersetzt erhalten soll[57].

24 Dem Auftragnehmer wird jedoch über § 15 Abs. 1 Nr. 2 S. 2 VOB/B nicht jeder von ihm in Bezug auf die ausgeführten Bauleistungen getätigte Aufwand vergütet. Der Vergütungsumfang wird durch den Gesichtspunkt eingeschränkt, dass nur solche Aufwendungen und Kosten zu ersetzen sein sollen, die dem Auftragnehmer bei **wirtschaftlicher Betriebsführung** entstehen. Unnötiger bzw. überzogener Personal- und Sachaufwand wird dem Auftragnehmer im Rahmen der Stundenlohnvergütung nicht erstattet. Der Auftragnehmer hat bei Ausführung von Stundenlohnarbeiten die Grundsätze rationellen Baubetriebes und sparsamer Wirtschaftsführung zu beachten[58]. Der Auftragnehmer kann deshalb nur den für die Bauaufgabe erforderlichen Personal- und Sachaufwand in seine Abrechnung einstellen[59].

25 Die vom Auftragnehmer seinem Aufwand hinzuzurechnenden **Zuschläge für Gemeinkosten und Gewinn** (einschließlich allgemeinem Unternehmerwagnis) müssen nach § 15 Abs. 1 Nr. 2 S. 2 VOB/B angemessen sein. Für die Beurteilung der Angemessenheit existieren keine festen Richt- und Erfahrungssätze. Die Beurteilung hat sich daran zu orientieren, was Auftrag-

---

[52] BGH NJW 2001, 151; so *Heiermann/Mansfeld* in Heiermann/Riedl/Rusam VOB/B, 11. Aufl. 2008 § 15 Rn. 13; *Kandel* in NWJS VOB/B § 15 Rn. 12.
[53] *Keldungs* in Ingenstau/Korbion VOB/B § 15 Abs. 1 Rn. 5 aE.
[54] BGH NJW 1970, 699; *Heiermann/Mansfeld* in Heiermann/Riedl/Rusam VOB/B § 15 Rn. 12.
[55] BGH ZfBR 1985, 271 (273).
[56] *Keldungs* in Ingenstau/Korbion VOB/B § 15 Abs. 1 Rn. 7.
[57] *Heiermann/Mansfeld* in Heiermann/Riedl/Rusam VOB/B § 15 Rn. 14; *Kandel* in NWJS VOB/B § 15 Abs. 1 Rn. 13.
[58] *Heiermann/Mansfeld* in Heiermann/Riedl/Rusam VOB/B § 15 Rn. 15; *Voit* in Beck'scher VOB-Kommentar VOB/B § 15 Abs. 1 Rn. 25 ff.; *Kandel* in NWJS VOB/B § 15 Abs. 1 Rn. 11.
[59] BGH BauR 2000, 1196 zu dem Einwand, der Auftragnehmer habe zu langsam gearbeitet; vgl. auch *Keldungs* in Ingenstau/Korbion VOB/B § 15 Abs. 1 Rn. 12 f.

nehmer üblicherweise am Ort der Baumaßnahme für Zuschläge kalkulieren, um sich damit im Wettbewerb behaupten zu können[60]. Soweit in den Kommentierungen (noch) teilweise auf den in Nr. 46 Abs. 2 LSP-Bau für die Gewinnbemessung vorgesehenen Höchstzuschlag von 4% abgehoben wird[61], ist zu berücksichtigen, dass die zugrundeliegende Baupreisverordnung ihrerseits durch Verordnung vom 16.6.1999 aufgehoben wurde und deshalb keine Wirkung mehr entfaltet[62].

Den unter Berücksichtigung wirtschaftlicher Betriebsführung zu ermittelnden Aufwendungen und den hierauf entfallenden, angemessenen Zuschlägen für Gemeinkosten und Gewinn ist die **Umsatzsteuer** gesondert zu beaufschlagen. Bei der Berechnung der Umsatzsteuer sind etwaige zwischenzeitlich eingetretene Mehrwertsteuererhöhungen zu berücksichtigen. **26**

Zu den **Abrechnungsvorgaben** des § 15 Abs. 1 Nr. 2 S. 2 VOB/B ist im Einzelnen folgendes anzumerken: **27**
– **Lohn- und Gehaltskosten der Baustelle:** Löhne und Gehälter der bei der Ausführung der Bauleistungen beschäftigten Mitarbeiter
– **Lohn- und Gehaltsnebenkosten der Baustelle:** Als Nebenkosten werden beispielsweise Wege- und Fahrgelder, Auslösungen (Trennungsgelder, Unterkunfts- und Übernachtungsgelder), Kosten der An- und Rückreisen und der Familienheimfahrten angesehen.
– **Stoffkosten der Baustelle:** Aufwendungen für Baustoffe, Baumaterial und Bauteile, Bauhilfsstoffe (Handwerkszeug, Kleingeräte und kleinere Gerüste und Arbeitsbühnen) sowie Betriebsstoffe
– **Kosten der Einrichtungen, Geräte, Maschinen und maschinellen Anlagen der Baustelle:** Aufwendungen für Baumaschinen und Baugeräte, Baubuden, Baucontainer und Bautoiletten, größere Gerüste mit einer Arbeitsbühne von mehr als 2 m Höhe (vgl. Nr. 45 LSP-Bau aF). Werden im Eigentum des Auftragnehmers stehende Maschinen und Einrichtungen verwandt, sind die Kosten für Abschreibung und Verzinsung sowie die Kosten für die Instandhaltung und Instandsetzung berücksichtigungsfähig[63]. Bei der Anmietung von Maschinen, Geräten und Gerüsten sind die dem Auftragnehmer entstehenden Mietkosten anzusetzen (vgl. Nr. 23 LSP-Bau aF).
– **Fracht-, Fuhr- und Ladekosten:** Aufwendungen für den An- und Abtransport von Maschinen, Geräten, Bauteilen und Baustoffen
– **Sozialkassenbeiträge:** Im Zusammenhang mit den vom Auftragnehmer zu entrichtenden Löhnen sind die hierauf entfallenden Beiträge an die Sozialkassen berücksichtigungsfähig.
– **Sonderkosten:** Aufwendungen für Leistungen von Subunternehmern, Prämien für die Bauwesenversicherung, Zuschläge für besondere Gewährleistungsverpflichtungen und besondere Wagnisse, besondere Entwicklungs- und Entwurfskosten, Lizenzgebühren und Einzelwagnisse (vgl. § 13 LSP-Bau aF).
– **Gemeinkosten:** Bei diesen handelt es sich um die Allgemeinkosten des Auftragnehmers, die ihm unabhängig von den konkreten Stundenlohnarbeiten bei der speziellen Baustelle entstehen, also die (anteiligen) Löhne für das kaufmännische und technische Personal des Auftragnehmers, (anteilige) Kosten für die Verwaltung und bei selbstständiger Tätigkeit des Unternehmers ein angemessener kalkulatorischer, anteilig umzulegender Unternehmerlohn in der Höhe eines durchschnittlichen Gehaltes eines entsprechend (hoch) qualifizierten Mitarbeiters des Unternehmens[64].

Die **Darlegungs- und Beweislast** für die anzusetzenden Aufwendungen, ihre Erforderlichkeit unter Berücksichtigung wirtschaftlicher Betriebsführung sowie die Angemessenheit von Zuschlägen für Gemeinkosten und Gewinn (einschließlich allgemeinem Unternehmerwagnis) trifft den Auftragnehmer[65]. Dies gilt auch in Bezug auf die Einhaltung ergänzender Vereinbarungen zum Nachweis des getätigten Aufwands, etwa die Vorlage von Nachweisunterlagen, die **28**

---

[60] Vgl. *Heiermann/Mansfeld* in Heiermann/Riedl/Rusam VOB/B § 15 Rn. 15, der für Wagnis und Gewinn auf die Bemessung nach allgemein anerkannter Übung abheben will; *Voit* in Beck´scher VOB-Kommentar VOB/B § 15 Abs. 1 Rn. 29 betont die allgemeine Übung im betreffenden Gewerbezweig.
[61] Beck'scher VOB-Kommentar/*Cuypers* VOB/B 1. Aufl., § 15 Nr. 1 Rn. 42.
[62] BGBl. 1999 I S. 1419; → VOB/B § 2 Rn. 5.
[63] Beck'scher VOB-Kommentar/*Cuypers* VOB/B 1. Aufl., § 15 Nr. 1 Rn. 30.
[64] Beck'scher VOB-Kommentar/*Cuypers* VOB/B 1. Aufl., § 15 Nr. 1 Rn. 34 unter Hinweis auf Nr. 45 LSP-Bau aF.
[65] *Heiermann/Mansfeld* in Heiermann/Riedl/Rusam VOB/B § 15 Rn. 15.

von speziell hierzu Beauftragten abgezeichnet wurden⁶⁶. Der Auftragnehmer ist jedoch nur dann gehalten, im Rahmen einer außergerichtlichen oder gerichtlichen Auseinandersetzung die getätigten Aufwendungen und die vorgenommenen Zuschläge im Einzelnen zu begründen, wenn der Auftraggeber die von dem Auftragnehmer in Ansatz gebrachte Stundenlohnvergütung ihrem Umfange nach als überzogen bestreitet. In derartigen Fällen erstreckt sich die Darlegungs- und Beweispflicht des Auftragnehmers auch auf die wirtschaftlich erforderlichen Aufwendungen für Personal- und Sachkosten sowie die angemessenen Zuschläge für Gemeinkosten und Gewinn⁶⁷. In Zweifelsfällen gelten insoweit für die Beurteilung wirtschaftlicher bzw. unwirtschaftlicher Tätigkeit des Auftragnehmers die unter → § 15 Rn. 5 dargestellten Rechtsgrundsätze entsprechend.⁶⁸

C. Stundenlohn für Aufsichtspersonal (§ 15 Abs. 2 VOB/B)

29 Verlangt der Auftraggeber vom Auftragnehmer, dass die Stundenlohnarbeiten durch einen Polier oder eine andere Aufsichtsperson beaufsichtigt werden, so ordnet § 15 Abs. 2 VOB/B für derartige Fälle an, dass auch die Aufsichtsleistungen entsprechend § 15 Abs. 1 VOB/B zusätzlich abgerechnet werden können (§ 15 Abs. 2 Alt. 1 VOB/B). Ebenfalls entsprechend abrechnungsfähig sind darüber hinaus auch Aufsichtsleistungen, die nach den einschlägigen Unfallverhütungsvorschriften notwendig sind und deshalb vom Auftragnehmer zusätzlich durchgeführt werden müssen (§ 15 Abs. 2 Alt. 2 VOB/B).

I. Aufsichtsvergütung nach § 15 Abs. 1 VOB/B

30 Führt der Auftragnehmer **Stundenlohnarbeiten** durch, ohne dass er Meister oder Poliere eigens zur Überwachung der Arbeiten einsetzt, steht ihm lediglich ein Vergütungsanspruch nach § 15 Abs. 1 VOB/B zu. Dies gilt insbesondere bei kleineren Reparatur- und Instandsetzungsmaßnahmen, die vom Auftragnehmer nach Stundenlohnvereinbarung ausgeführt werden. Üblicherweise werden derartige Arbeiten durch Gesellen und Helfer durchgeführt, deren Stundenlohnvergütung sich unmittelbar aus § 15 Abs. 1 VOB/B ermittelt. Soweit der Auftragnehmer Poliere und Vorarbeiter einsetzt und diese ebenfalls an der Ausführung der Arbeiten mitwirken, ergibt sich auch für sie die Vergütungspflichtigkeit unmittelbar aus § 15 Abs. 1 VOB/B⁶⁹.

31 Bei größeren bzw. **komplexen Stundenlohnarbeiten** wird der Auftragnehmer zur Überwachung des von ihm eingesetzten Baustellenpersonals häufig gehalten sein, Poliere und Vorarbeiter einzusetzen, um ganz oder teilweise eine Kontrolle des eingesetzten Personals wie der auszuführenden Bauleistungen vorzunehmen. Soweit der Einsatz derartigen Aufsichtspersonals für die auszuführenden Leistungen erforderlich ist und dem Gebot wirtschaftlich vernünftiger Betriebsführung entspricht, fallen die hierdurch bedingten Aufwendungen ebenfalls unmittelbar unter § 15 Abs. 1 VOB/B⁷⁰. Bei komplexen Bauaufgaben hat der Auftragnehmer immerhin organisatorische Vorkehrungen dafür zu treffen, dass die eingesetzten Mitarbeiter ebenso wie die ausgeführten Bauleistungen von geeignetem Aufsichtspersonal kontrolliert und überwacht werden. Im Einzelfall kann sich allerdings eine Haftung des Auftragnehmers nach den Grundsätzen des sog Organisationsverschuldens für übersehene Mängel ergeben⁷¹.

II. Aufsichtsvergütung nach § 15 Abs. 2 VOB/B

32 Neben vorstehenden Grundsätzen, die zur unmittelbaren Heranziehung des § 15 Abs. 1 VOB/B Anlass geben, besteht Raum für die Anwendung des § 15 Abs. 2 VOB/B zunächst dann, wenn der Auftraggeber ausdrücklich vom Auftragnehmer den Einsatz zusätzlicher Aufsichtspersonen verlangt. Nur wenn der Auftragnehmer auf ausdrückliches Verlangen des Auftraggebers einen Polier oder eine andere Aufsichtsperson zur Beaufsichtigung der Stundenlohnarbeiten einsetzt, kann es auf Grund des Verlangens und des daraufhin getätigten Aufsichtsein-

---

⁶⁶ OLG Celle BauR 2014, 1476.
⁶⁷ *Kandel* in NWJS VOB/B § 15 Abs. 1 Rn. 21; vgl. auch unten zu § 15 Nr. 3 VOB/B.
⁶⁸ BGH NZBau 2009, 450 = BauR 2009, 1162; BGH NZBau 2009, 504 = BauR 2009, 1261.
⁶⁹ Vgl. *Heiermann/Mansfeld* in Heiermann/Riedl/Rusam VOB/B § 15 Rn. 16.
⁷⁰ *Kemper* in FKZGM VOB/B § 15 Rn. 7.
⁷¹ → VOB/B § 13 Rn. 137 ff.; vgl. auch *Donner* in FKZGM VOB/B § 13 Rn. 74 mwN.

satzes zur Heranziehung des § 15 Abs. 2 VOB/B kommen[72]. Das **Verlangen des Auftraggebers** kann sich entweder aus dem Bauvertrag bzw. dem zugrundeliegenden Leistungsverzeichnis oder aber aus einer individuellen Anordnung des Auftraggebers ergeben[73]. Soweit die geforderte Aufsicht nicht ohnehin zur fachgerechten Bewältigung der Bauaufgabe erforderlich ist, also für sie unmittelbar aus § 15 Abs. 1 VOB/B Vergütung beansprucht werden kann, ist der Auftragnehmer in derartigen Fällen berechtigt, zusätzliche aufsichtsbezogene Vergütung über § 15 Abs. 2 VOB/B zu beanspruchen.

Stellt der Auftraggeber das **Aufsichtsverlangen während der Ausführung der Baumaßnahme,** so handelt es sich dabei um eine Ausführungsanordnung, die nicht unter § 1 Abs. 4 VOB/B fällt[74]. Gegenstand der Anordnung sind nicht zusätzliche Bauleistungen, sondern ausschließlich Aufsichtsmaßnahmen, die zu keiner Erweiterung des eigentlichen Leistungsgegenstandes führen. Aus diesem Grunde kommt es für die Geltendmachung von aufsichtsbezogener Vergütung auch nicht auf die § 1 Abs. 4 VOB/B korrespondierende Regelung in § 2 Abs. 6 Nr. 1 S. 2 VOB/B an, wonach der Auftraggeber Anspruch auf besondere Vergütung für zusätzliche Leistungen vom Grundsatz her nur dann hat, wenn er den Vergütungsanspruch vor der Ausführung der Leistung dem Auftraggeber gegenüber ankündigt. Die Berechtigung zur Geltendmachung aufsichtsbezogener zusätzlicher Vergütungsansprüche erschließt sich vielmehr unmittelbar aus § 15 Abs. 2 VOB/B, da nach dieser Bestimmung das Verlangen des Auftraggebers – ohne vorherige Ankündigung zusätzlicher Vergütungsansprüche – ausreicht, um Vergütung für die eingesetzten Aufsichtspersonen zu beanspruchen[75]. 33

Ferner kommt § 15 Abs. 2 VOB/B zur Anwendung, wenn eine Aufsicht nach den einschlägigen **Unfallverhütungsvorschriften** notwendig ist und der Auftragnehmer deshalb Aufsichtspersonal an der Baustelle einsetzt. Bei dieser 2. Alt. des § 15 Abs. 2 VOB/B kommt es nicht darauf an, dass vom Auftraggeber ein entsprechendes, ausdrückliches Verlangen gestellt wurde, auch ohne ausdrückliches Verlangen des Auftraggebers kann in diesem Falle zusätzliche Vergütung entsprechend § 15 Abs. 1 VOB/B als Stundenlohn berechnet und verlangt werden[76]. 34

Abweichend von der 1. Alt. in § 15 Abs. 2 VOB/B – zusätzliches Aufsichtspersonal auf Grund Verlangens des Auftraggebers – kommt der vorliegenden 2. Alt. lediglich klarstellende Bedeutung zu. Wenn die Aufsicht – wie § 15 Abs. 2 Alt. 2 VOB/B voraussetzt – nach den einschlägigen Unfallverhütungsvorschriften notwendig ist und deshalb durchgeführt werden muss, handelt es sich bei den zu diesem Zweck durchgeführten Stundenlohnarbeiten um solche, die unmittelbar unter § 15 Abs. 1 VOB/B fallen. Fehlt es insoweit an einer ausdrücklichen vertraglichen Vereinbarung im Sinne von § 15 Abs. 1 Nr. 1 VOB/B für die notwendigerweise auszuführenden Aufsichtsmaßnahmen, so kann Vergütung unmittelbar aus § 15 Abs. 1 Nr. 2 VOB/B beansprucht werden[77]. Wenn nach den zugrundeliegenden Unfallverhütungsvorschriften, insbesondere solcher der Berufsgenossenschaften[78] besondere Aufsichtsmaßnahmen durch den Auftragnehmer ohnehin geboten sind, wird lediglich durch § 15 Abs. 2 Alt. 2 VOB/B klargestellt, dass auch derartige reine Aufsichtsmaßnahmen als Stundenlohnarbeiten vergütungsfähig sind. Diesem Umstand kommt vor allem deshalb besondere Bedeutung zu, weil in § 15 Abs. 1 VOB/B ausschließlich **Stundenlohnarbeiten,** nicht jedoch zugehörige (Stundenlohn-) **Aufsichtsmaßnahmen** angesprochen sind. Darüber hinaus hat die Klarstellung in Abs. 2 vor allem Bedeutung in Fällen, in denen Aufsichtsmaßnahmen sowohl für Stundenlohnarbeiten wie auch für sonstige auszuführende Bauleistungen durchgeführt werden; für derartige Fälle lässt sich Abs. 2 dahingehend verstehen, dass zusätzlicher Stundenlohn für Aufsichtsmaßnahmen nur 35

---

[72] *Heiermann/Mansfeld* in Heiermann/Riedl/Rusam VOB/B § 15 Rn. 17; *Keldungs* in Ingenstau/Korbion VOB/B § 15 Abs. 2 Rn. 2.
[73] *Kandel* in NWJS VOB/B § 15 Abs. 2 Rn. 7.
[74] *Voit* in Beck´scher VOB-Kommentar VOB/B § 15 Abs. 2 Rn. 4.
[75] AA *Heiermann/Mansfeld* in Heiermann/Riedl/Rusam VOB/B § 15 Rn. 16, der eine analoge Anwendung des § 2 Nr. 6 VOB/B befürwortet; *Cuypers* in Beck'scher VOB-Kommentar VOB/B § 15 Rn. 3 und 5, der einerseits die Anwendbarkeit des § 1 Nr. 4 VOB/B verneint, andererseits jedoch eine Ankündigung gemäß § 2 Nr. 6 VOB/B für erforderlich erachtet; wie hier *Kemper* in FKZGM VOB/B § 15 Rn. 7, der jedoch unrichtigerweise lediglich von einer klarstellenden Funktion des § 15 Nr. 2 VOB/B hinsichtlich von Aufsichtspersonal ausgeht.
[76] *Heiermann/Mansfeld* in Heiermann/Riedl/Rusam VOB/B § 15 Rn. 17; *Voit* in Beck´scher VOB-Kommentar VOB/B § 15 Abs. 2 Rn. 10.
[77] Ähnlich *Heiermann/Mansfeld* in Heiermann/Riedl/Rusam VOB/B § 15 Rn. 21.
[78] Vgl. die Nachweise bei *Cuypers* in Beck'scher VOB-Kommentar VOB/B 1. Aufl., § 15 Nr. 2 Rn. 8.

III. Darlegungs- und Beweislast

36   Die **Darlegungs- und Beweislast** für die zusätzlichen Voraussetzungen des § 15 Abs. 2 VOB/B wie auch für die ausgeführten **Aufsichtsleistungen** hat der Auftragnehmer. Dieser hat deshalb darzulegen und im Zweifel zu beweisen, dass (zusätzliche) Aufsichtsmaßnahmen erforderlich wurden und auch zur Ausführung gelangt sind. Diesem Erfordernis hat der Auftragnehmer dadurch Rechnung zu tragen, dass er die Aufsichtsarbeiten gesondert und dem Grunde wie dem Umfange nach nachvollziehbar belegt[80]. Dies gilt insbesondere in Fällen, in denen zwischen Bauaufsicht aus Leistungsvertrag und aus Stundenlohnvertrag zu differenzieren ist; gleichermaßen aber auch in Fällen, in denen Aufsichtspersonen zugleich teilweise am Bau mit der Ausführung von Stundenlohnarbeiten befasst sind[81]. Auch insoweit ist bei der Abrechnung den Beschränkungen des § 15 Abs. 1 Nr. 2 VOB/B Rechnung zu tragen, wie die Aufwendungen für Aufsichtsmaßnahmen wirtschaftlicher Betriebsführung entsprechen und die Zuschläge für Gemeinkosten und Gewinn angemessen sein müssen.

Besonderheiten gelten dann, wenn der Auftraggeber in seinen **Allgemeinen Geschäftsbedingungen** vorgegeben hat, dass eventuelle Kosten der Beaufsichtigung von Stundenlohnarbeiten in die eigentliche Stundenlohnvergütung von vornherein einzukalkulieren sind. Die Wirksamkeit solcher Klauseln hängt entscheidend davon ab, ob und inwieweit der Auftragnehmer bereits zum Zeitpunkt des Vertragsabschlusses zu den auszuführenden Leistungen zu übersehen vermag, ob und ggf. in welchem Umfange Kosten aus Beaufsichtigung anfallen werden. Soweit dies (ausnahmsweise) der Fall ist, kann der Auftragnehmer die entsprechenden Kosten kalkulieren, soweit dies (wie üblich) nicht der Fall ist, fehlt ihm die Möglichkeit zur Kalkulation zusätzlich entstehender Beaufsichtigungskosten, weshalb entsprechende Vertragsklauseln (im Regelfall) als unwirksam angesehen werden[82].

D. Pflichten von Auftraggeber und Auftragnehmer bei der Ausführung von Stundenlohnarbeiten (§ 15 Abs. 3 VOB/B)

37   Die Bestimmung des § 15 Abs. 3 VOB/B befasst sich mit den wechselseitigen Pflichten von Auftragnehmer und Auftraggeber bei der Ausführung von Stundenlohnarbeiten. Die **Einhaltung der wechselseitigen Pflichten** dient unter Beachtung des den Bauvertrag kennzeichnenden Kooperationsverhältnisses dazu, bereits frühzeitig, nämlich vor, während und unmittelbar nach der Ausführung von Stundenlohnarbeiten möglichst gemeinsam eine Dokumentation der geleisteten Stundenlohnarbeiten vorzunehmen, um aufbauend hierauf anschließend die Stundenlohnrechnung gemäß § 15 Abs. 4 VOB/B anfertigen zu können. Um Klarheit über die Ausführung von Stundenlohnarbeiten zu erzielen, sind diese dem Auftraggeber vor Beginn durch den Auftragnehmer anzuzeigen (§ 15 Abs. 3 S. 1 VOB/B). Die (anschließend) ausgeführten Stundenlohnarbeiten sind in Form der Anfertigung von Stundenlohnzetteln durch den Auftragnehmer zu dokumentieren (§ 15 Abs. 3 S. 2 VOB/B). Die Stundenlohnzettel sind nach der ortsüblichen Verkehrssitte werktäglich oder wöchentlich dem Auftraggeber zum Zwecke der Überprüfung einzureichen (§ 15 Abs. 3 S. 2 VOB/B). Der Auftraggeber hat die Stundenlohnzettel anschließend unverzüglich zu überprüfen und sie unter Berücksichtigung seines Prüfungsergebnisses spätestens innerhalb von 6 Werktagen nach Zugang an den Auftragnehmer zurückzugeben (§ 15 Abs. 3 S. 3 VOB/B). Die kurze Rückgabefrist dient dabei einer möglichst baldigen Klärung und Geltendmachung von Einwendungen des Auftraggebers, die auf den Stundenlohnzetteln oder aber gesondert gegenüber dem Auftragnehmer erhoben werden sollen (§ 15 Abs. 3 S. 4 VOB/B). Um den Auftraggeber anzuhalten, die Prüfung der Stundenlohnzettel kurzfristig vorzunehmen, ist als Sanktion nicht fristgemäß zurückgegebener Stundenlohnzettel ausdrücklich angeordnet, dass diese alsdann – gleich ob inhaltlich zutreffend oder nicht – als anerkannt gelten (§ 15 Abs. 3 S. 5 VOB/B). Auf diese Weise sollen Auftraggeber wie Auftragnehmer in den Stand versetzt werden, unmittelbar im Zusammenhang mit der Ausfüh-

---

[79] Ähnlich *Heiermann/Mansfeld* in Heiermann/Riedl/Rusam VOB/B § 15 Rn. 20.
[80] *Heiermann/Mansfeld* in Heiermann/Riedl/Rusam VOB/B § 15 Rn. 20.
[81] Vgl. hierzu auch *Voit* in Beck'scher VOB-Kommentar VOB/B § 15 Abs. 2 Rn. 15.
[82] *Voit* in Beck'scher VOB-Kommentar VOB/B § 15 Abs. 2 Rn. 2.

rung der Stundenlohnarbeiten zumindest die Art und den Umfang der ausgeführten Arbeiten zu kontrollieren[83].

I. Anzeige von Stundenlohnarbeiten (§ 15 Abs. 3 S. 1 VOB/B)

1. Zweck der Anzeige. Diesem Zweck dient zunächst die Anzeigepflicht in § 15 Abs. 3 S. 1 VOB/B. Dem Auftraggeber ist danach die Ausführung von Stundenlohnarbeiten vor Beginn durch den Auftragnehmer anzuzeigen. Diese Anzeige darf nicht mit der **Vereinbarung der Stundenlohnarbeiten** verwechselt werden (§ 2 Abs. 10 VOB/B). Sie dient lediglich dem Interesse des Auftraggebers daran, nach entsprechender rechtsgeschäftlicher Vereinbarung zu auszuführenden Stundenlohnarbeiten darüber unterrichtet zu werden, dass bestimmte, nunmehr am Bauvorhaben auszuführende Leistungen als Stundenlohnarbeiten ausgeführt werden und als solche zu vergüten sind. Die aus § 15 Abs. 3 S. 1 VOB/B folgende „Nebenpflicht" des Auftragnehmers dient vor allem dazu, dem Auftraggeber zeitnah eine Überprüfung daraufhin zu ermöglichen, in welchem Umfange tatsächlich am Bauvorhaben Stundenlohnarbeiten zur Ausführung gelangen[84].

2. Form der Anzeige. Die Anzeige der Stundenlohnarbeiten ist an **keine besondere Form** gebunden. Sie kann deshalb schriftlich, mündlich oder telefonisch erfolgen[85]. Aus Beweisgründen empfiehlt sich jedoch regelmäßig für den Auftragnehmer, die Anzeige schriftlich gegenüber dem Auftraggeber abzugeben. Dabei ist im Zweifel sicherzustellen, dass der Zugang der Anzeige beim Auftraggeber durch den Auftragnehmer nachzuweisen ist[86].

3. Vornahme der Anzeige. Einer **gesonderten Anzeige bedarf es nicht,** wenn die Parteien ausdrücklich unmittelbar vor Ausführung der Stundenlohnarbeiten hierüber einig werden. Ebenso wenig ist die Anzeige erforderlich, wenn der Auftraggeber selbst zu Beginn der Ausführung von Stundenlohnarbeiten am Bauvorhaben persönlich zugegen ist[87]. Eine Ausnahme gilt jedoch dann, wenn es sich um angehängte Stundenlohnarbeiten handelt und der Auftraggeber deshalb – auch bei persönlicher Anwesenheit an der Baustelle – nicht übersehen kann, ob nach Leistungsvertrag oder aber nach Stundenlohnvereinbarung gearbeitet wird. Werden die Stundenlohnarbeiten während der Ausführung für längere Zeit – etwa aufgrund eines behindernden Umstandes – unterbrochen, so hat der Auftragnehmer die Wiederaufnahme der Stundenlohnarbeiten erneut gegenüber dem Auftraggeber anzuzeigen[88].

4. Adressat der Anzeige. Die Anzeige nach § 15 Abs. 3 VOB/B ist grundsätzlich **gegenüber dem jeweiligen** Auftraggeber abzugeben. Bedient sich der Auftraggeber eines Bevollmächtigten oder aber einer von ihm beauftragten örtlichen Bauleitung, so genügt es, wenn die Anzeige den mit der Betreuung der Baumaßnahme befassten Dritten zugeht. Die sog originäre Vollmacht des Architekten bzw. beauftragten Bauleiters umfasst nach allgemeinem Verständnis die Entgegennahme von Anzeigen im Sinne des § 15 Abs. 3 S. 1 VOB/B[89].

5. Inhalt der Anzeige. Der Anzeige muss inhaltlich eindeutig und klar zu entnehmen sein, dass mit der **Ausführung bestimmten Stundenlohnarbeiten** von dem Auftragnehmer begonnen werden soll. Der Auftragnehmer hat deshalb sowohl den Tag des Arbeitsbeginns wie auch die anstehenden Arbeiten selbst zu bezeichnen[90]. Werden die Arbeiten von dem Auftragnehmer unterbrochen, hat er auch dies bzw. den Zeitpunkt der Weiterführung der Stundenlohnarbeiten mitzuteilen[91]. Der Auftragnehmer ist allerdings nicht gehalten, im Einzelnen genau den von ihm vorgesehenen Umfang des einzusetzenden Personals sowie der Materialien und Geräte namhaft zu machen[92]. Hierzu wird der Auftragnehmer häufig, zumal bei komplexen Baumaß-

---

[83] *Heiermann/Mansfeld* in Heiermann/Riedl/Rusam VOB/B § 15 Rn. 33.
[84] Vgl. OLG Düsseldorf BauR 1997, 660; *Kemper* in FKZGM VOB/B § 15 Rn. 8.
[85] *Heiermann/Mansfeld* in Heiermann/Riedl/Rusam VOB/B § 15 Rn. 27.
[86] *Voit* in Beck'scher VOB-Kommentar VOB/B § 15 Abs. 3 Rn. 3.
[87] Vgl. *Voit* in Beck'scher VOB-Kommentar VOB/B § 15 Abs. 3 Rn. 7.
[88] Vgl. ähnlich *Voit* in Beck'scher VOB-Kommentar3. Aufl. § 15 Abs. 3 Rn. 6.
[89] *Heiermann/Mansfeld* in Heiermann/Riedl/Rusam VOB/B § 15 Rn. 24; *Keldungs* in Ingenstau/Korbion VOB/B § 15 Abs. 3 Rn. 2; *Voit* in Beck'scher VOB-Kommentar VOB/B § 15 Abs. 3 Rn. 5.
[90] *Heiermann/Mansfeld* in Heiermann/Riedl/Rusam VOB/B § 15 Rn. 22.
[91] Vgl. *Voit* in Beck'scher VOB-Kommentar VOB/B § 15 Abs. 3 Rn. 6.
[92] AA *Heiermann/Mansfeld* in Heiermann/Riedl/Rusam VOB/B 9. Aufl., § 15 Rn. 25.

nahmen und einem nicht genau vorhersehbaren Fortgang der Stundenlohnarbeiten, nicht im Stande sein. Allerdings kann es sich im Einzelfall für den Auftragnehmer gleichwohl zur Vermeidung späterer Differenzen über den Umfang der geleisteten Stundenlohnarbeiten empfehlen, besonders umfangreiche oder aber geräteintensive Arbeiten zur Sicherstellung kontinuierlicher Kontrolle durch den Auftraggeber mit anzuzeigen.

43   **6. Fehlen der Anzeige.** Die Anzeigepflicht wird in der Praxis häufig vernachlässigt[93]. Es stellt sich deshalb die Frage, welche Konsequenzen die **unterlassene Anzeige** für die Parteien hat. Grundsätzlich handelt es sich bei der in § 15 Nr. 3 S. 1 VOB/B vorgesehenen Anzeige um eine „Nebenpflicht" des Auftragnehmers[94]. Die Verletzung der durch § 15 Abs. 3 S. 1 VOB/B begründeten „Nebenpflicht" führt jedoch nicht zu einem Verlust der Vergütung des Auftragnehmers für die ausgeführten Stundenlohnarbeiten. Die in § 15 Abs. 3 VOB/B zum Verfahren bei der Ausführung von Stundenlohnarbeiten vorgesehenen Regelungen enthalten keine entsprechende Sanktion. Auch die Folgen eines Verstoßes gegen die begründete „Nebenpflicht" bestehen gemäß § 280 BGB nicht im Erlöschen von Ansprüchen aus erbrachten Stundenlohnarbeiten; aus einer Pflichtverletzung können sich vielmehr nur Schadensersatzansprüche ergeben, die jedoch wiederum nur dann negative Auswirkung für den Auftragnehmer haben können, wenn durch sein schuldhaftes Verhalten der Nachweis der ausgeführten Stundenlohnarbeiten vereitelt wird[95].

Bei unterbliebener rechtzeitiger Anzeige bzw. – soweit erforderlich – erneuter rechtzeitiger Anzeige hat der Auftragnehmer die Ausführung der Stundenlohnarbeiten nachzuweisen. An diesen Nachweis sind erhöhte Anforderungen zu stellen, wenn der Auftraggeber sich mangels vorangegangener Anzeige weigert, im Nachhinein vorgelegte Stundenlohnzettel zu unterzeichnen[96]. Bei verbleibenden Zweifeln kann der Auftraggeber nach § 15 Abs. 5 VOB/B eine gesonderte Vergütungsvereinbarung fordern.

II. Anfertigung und Einreichen von Stundenlohnzetteln (§ 15 Abs. 3 S. 2 VOB/B)

44   **1. Dokumentation durch Stundenlohnzettel.** Der Auftragnehmer hat über die geleisteten Arbeitsstunden sowie den darüber hinaus besonders zu vergütenden Aufwand nach § 15 Abs. 3 S. 2 VOB/B Stundenlohnzettel anzufertigen und diese je nach Verkehrssitte werktäglich oder wöchentlich beim Auftraggeber einzureichen. Aus § 15 Abs. 3 S. 2 VOB/B ergibt sich deshalb einerseits die Verpflichtung zur hinreichenden **Dokumentation der Stundenlohnarbeiten** vermittels der Anfertigung von Stundenlohnzetteln und andererseits die weitere Verpflichtung, die Stundenlohnzettel – in Ermangelung anders lautender und insoweit vorrangiger Vereinbarung[97] – werktäglich oder wöchentlich dem Auftraggeber zur Verfügung zu stellen. Beide Pflichten dienen der zeitnahen Kontrolle des Umfanges der ausgeführten Stundenlohnarbeiten.

Unterlässt es der Auftragnehmer, Stundenzettel anzufertigen und vorzulegen, so verliert er nicht alleine auf Grund des Verstoßes gegen § 15 Abs. 2 S. 2 VOB/B die Möglichkeit zur Geltendmachung und Durchsetzung vertraglich zugelassener Stundenlohnvergütung, vgl. § 15 Abs. 5 VOB/B[98]. Hieran ändert sich auch nichts durch Vertragsklauseln, wonach der Anspruch auf Vergütung von Stundenlohnarbeiten entfällt, wenn Stundenlohnzettel nicht bzw. nicht binnen Wochenfrist nach Leistungserbringung vorgelegt werden[99]. Dem Auftragnehmer obliegt es in derartigen Fällen, die ausgeführten Leistungen außergerichtlich und/oder gerichtlich nach den Maßstäben des § 15 Abs. 2 S. 2 VOB/B im Einzelnen darzulegen und zu beweisen[100]. Der Auftragnehmer hat dabei nachträglich alle notwendigen Angaben zu

---

[93] Vgl. *Schumann*, Abrechnungsbuch für Bauarbeiten jeder Art, S. 240 ff.; *Keldungs* in Ingenstau/Korbion VOB/B § 15 Abs. 3 Rn. 3.
[94] *Kandel* in NWJS VOB/B § 15 Abs. 3 Rn. 8.
[95] Ähnlich *Voit* in Beck'scher VOB-Kommentar VOB/B § 15 Abs. 3 Rn. 10 f.; *Kemper* in FKZGM VOB/B § 15 Rn. 10; *Keldungs* in Ingenstau/Korbion VOB/B § 15 Abs. 3 Rn. 4; *Kandel* in NWJS VOB/B § 15 Abs. 3 Rn. 8.
[96] Vgl. *Voit* in Beck'scher VOB-Kommentar 3. Aufl. § 15 Abs. 3 Rn. 8.
[97] OLG Celle BauR 2014, 1476; *Keldungs* in Ingenstau/Korbion VOB/B § 15 Abs. 3 Rn. 6.
[98] OLG Düsseldorf BauR 2014, 709; 1997, 660; *Heiermann/Mansfeld* in Heiermann/Riedl/Rusam VOB/B § 15 Rn. 48.
[99] OLG Düsseldorf BauR 1997, 660.
[100] OLG Hamm NJW-RR 2005, 893 = BauR 2005, 1330.

machen, die in den Stundenzetteln hätten enthalten sein müssen, um seinen Vergütungsanspruch zu rechtfertigen[101].

2. Inhalt der Stundenlohnzettel. Die Dokumentation der Stundenlohnarbeiten hat durch **Stundenlohnzettel** zu erfolgen. Der in § 15 Abs. 3 S. 2 VOB/B verwendete Begriff der Stundenlohnzettel ist jedoch streng genommen inhaltlich unrichtig. Zu dokumentieren sind nämlich nicht nur die im Stundenlohn ausgeführten Arbeiten, sondern darüber hinaus auch der Einsatz von Baustoffen, Baugeräten, Baugerüsten etc. Aus diesem Grunde wird in der Baupraxis auch vielfach von Rapportzetteln, Tagelohnzetteln oder Regieberichten gesprochen[102]. Die Verwendung des von § 15 Abs. 3 S. 2 VOB/B verwendeten Begriffes Stundenlohnzettel ist deshalb (auch) nicht erforderlich. **45**

Maßgebend ist vielmehr, dass die nach § 15 VOB/B für die Vergütungsbemessung notwendigen Angaben in den vorgelegten **Nachweisunterlagen** hinreichend ausgewiesen sind. Hierzu zählen vor allem folgende Angaben[103]: **46**
– Anzahl und Gegenstand der geleisteten Arbeits- bzw. Aufsichtsstunden
– Zeitpunkt und Zeitraum der verrichteten Arbeiten
– Umfang des getätigten Materialaufwandes
– Aufwand für Geräte, Maschinen und Gerüste
– angefallene Fracht- und Transportkosten sowie
– zusätzlich entstandene Sonderkosten.

Die Parteien können ergänzend zu den in § 15 VOB/B vorgesehenen Nachweisen weitere Nachweisanforderungen vertraglich miteinander vereinbaren[104]. Der Auftragnehmer hat dann auch gegenüber dem Auftraggeber diese mit ihm vereinbarten zusätzlichen Nachweisanforderungen einzuhalten.

Die **Angaben in den Stundenlohnzetteln** sind dabei genau vorzunehmen. Die Angaben müssen so leserlich sein, dass sie auch von Dritten ohne weiteres nachvollzogen werden können[105]. Im Zusammenhang mit den geleisteten Arbeitsstunden ist es erforderlich, die arbeitsausführenden Mitarbeiter namentlich und in Bezug auf ihre Qualifikation exakt zu bezeichnen[106]. Bei unterschiedlichen Stundenlöhnen je nach Qualifikation ist eine genaue Zuordnung auf Meister-, Gesellen- und Hilfskräftestunden notwendig[107]. Die von ihnen ausgeführten Arbeiten sind darüber hinaus so genau zu bezeichnen, dass sie hinsichtlich der Ausführungsart, dem Ausführungsumfang und der Ausführungsstelle am Bauvorhaben nachvollzogen werden können[108]. In sich unstimmige und inhaltlich nicht eindeutige Stundenlohnzettel sind deshalb ungeeignet, um den aus Sicht des Auftragnehmers erforderlichen Stundenaufwand ausreichend zu begründen[109]. Ebenso ungeeignet sind hierfür einfache Zeiterfassungsbögen, aus denen sich lediglich entnehmen lässt, welcher Mitarbeiter an welchem Tag wieviele Stunden auf welchem Bauvorhaben geleistet haben soll[110]. Erforderlich und zweckmäßig ist deshalb in jedem Fall eine detaillierte Beschreibung der ausgeführten Leistungen nach Leistung, Zeit und Personen[111]. Pausenzeiten sind nicht anzugeben und bei der Abrechnung von Stundenlohnarbeiten nicht zu berücksichtigen[112]. Fehlt es an einer ausreichenden Umschreibung der ausgeführten Leistungen, kann Stundenlohnzetteln trotz Unterzeichnung die Anerkenntniswirkung versagt bleiben[113]. Nicht erforderlich ist es freilich, bereits in den Stundenlohnzetteln nähere Angaben zur jeweili- **47**

---

[101] OLG Düsseldorf BauR 2014, 709.
[102] *Kemper* in FKZGM VOB/B § 15 Rn. 11.
[103] Nach *Heiermann/Mansfeld* in Heiermann/Riedl/Rusam VOB/B § 15 Rn. 27; vgl. auch OLG Düsseldorf BauR 2014, 709. aA OLG Dresden IBR 2013, 398, wonach keine Differenzierung zu den Arbeitsstunden in Bezug auf einzelne Tätigkeiten notwendig sein soll.
[104] OLG Celle BauR 2014, 1476.
[105] Vgl. *Keldungs* in Ingenstau/Korbion VOB/B § 15 Abs. 3 Rn. 8.
[106] *Keldungs* in Ingenstau/Korbion VOB/B § 15 Abs. 3 Rn. 8.
[107] OLG Düsseldorf BauR 2014, 709.
[108] KG Berlin IBR 2001, 351.
[109] OLG Düsseldorf NJW 2001, 762.
[110] KG Berlin IBR 2001, 351.
[111] OLG Frankfurt NJW-RR 2000, 1470.
[112] OLG Dresden IBR 2013, 398.
[113] OLG Oldenburg IBR 2005, 415.

gen (Stundenlohn-)Vergütung zu machen[114]. Ebenso wenig ist es erforderlich, in den Stundenlohnzetteln danach zu differenzieren, ob es sich um die Ausführung von Leistungen aus dem Hauptauftrag oder aber aus Nachträgen handelt[115].

Von der Anfertigung von Stundenlohnzetteln zu unterscheiden sind Eintragungen in **Bautagebücher.** Vermittels der Eintragungen in Bautagebüchern soll der Bauablauf einschließlich des Personal- und Geräteaufwandes festgehalten werden. Die Eintragungen in Bautagebüchern erfolgen deshalb vollkommen losgelöst als reine Dokumentation des Bauablaufes von den vertraglichen Abrechnungsvorschriften. Aus Bestätigungserklärungen des Auftraggebers zu Bautagebucheintragungen betreffend Personal, Material und Geräte kann deshalb nicht auf ein Anerkenntnis zu Grund und Höhe von erbrachten Stundenlohnarbeiten geschlossen werden. Etwas anderes gilt nur dann, wenn dies ausdrücklich so in den Bautagebüchern vermerkt ist, also dort eigens auf Stundenlohnabsprachen bzw. Stundenlohnleistungen Bezug genommen wird.

48 **3. Prüffähigkeit der Stundenlohnzettel.** Die Stundenlohnzettel sind Grundlage der Abrechnung entsprechender Leistungen nach § 15 Abs. 4 VOB/B. Für die Stundenlohnabrechnung gelten dabei die gleichen **Prüffähigkeitskriterien** wie bei Abrechnungen im Sinne des § 14 VOB/B[116]. Ebenso wie bei § 14 Abs. 1 VOB/B richtet sich auch bei Stundenlohnvereinbarungen die Prüffähigkeit der vom Auftragnehmer erstellten Rechnung nach den besonderen Informations- und Kontrollinteressen des jeweiligen Auftraggebers[117]. Dies hat im Ergebnis zur Konsequenz, dass der Auftragnehmer bei Anfertigung der Stundenlohnzettel wie auch bei der anschließenden Abrechnung auf der Grundlage der Stundenlohnzettel die Stundenlohnarbeiten so darzulegen hat, dass sie vom Auftraggeber nach seinem Erkenntnishorizont inhaltlich nachvollzogen werden können[118]. Zur Nachprüfbarkeit einer Stundenlohnabrechnung gehört eine detaillierte Beschreibung der ausgeführten Arbeiten, die eine Überprüfung des angesetzten Zeitaufwandes durch Sachverständige ermöglicht[119]. Ergänzend kann von den Parteien auch vereinbart werden, dass die Stundenlohnzettel nur von bestimmten Mitarbeitern einer hiermit beauftragten Bauleitungsfirma abgezeichnet werden dürfen[120].

49 **4. Empfänger der Stundenlohnzettel.** Die Stundenlohnzettel sind nach § 15 Abs. 3 S. 2 VOB/B einzureichen. Auch wenn sich aus der vorgenannten Vorschrift nicht ergibt, bei wem die Stundenlohnzettel einzureichen sind, lässt sich aus dem nachfolgenden Satz, also § 15 Abs. 3 S. 3 VOB/B, entnehmen, dass als Empfänger **der Stundenlohnzettel** der Auftraggeber anzusehen ist. Die Stundenlohnzettel sind als Leistungsnachweise Grundlage der gegenüber dem Auftraggeber vorzunehmenden Abrechnung, weshalb es sich von selbst versteht, dass die Stundenlohnzettel in Vorbereitung der Abrechnung dem Auftraggeber zu überlassen sind[121]. Abweichendes gilt nur dann, wenn die Parteien ausdrücklich im Rahmen der Stundenlohnvereinbarung einen anderen Empfänger festgelegt haben. Als solcher kommt vor allem der vom Auftraggeber mit der Bauüberwachung beauftragte bauleitende Architekt in Betracht. Die Stundenlohnzettel sind darüber hinaus auch dann bei dem bauleitenden Architekten einzureichen, wenn dies ausdrücklich so von dem Auftraggeber – etwa im Rahmen des Projekthandbuches oder aber individueller Anordnung während der Bauausführung – vorgegeben wird[122]. Grundsätzlich kann der Auftraggeber seinen Bauleiter bzw. bauleitenden Architekten dazu ermächtigen, die Stundenlohnzettel entgegenzunehmen[123]. Nach vorherrschendem Verständnis umfasst die sog originäre Vollmacht des Architekten auch die Berechtigung zur Entgegennahme von Stundenlohnzetteln[124]. Soll der vom Auftraggeber mit der Bauleitung beauftragte Architekt im Einzelfall nicht berechtigt sein, Stundenlohnzettel entgegenzunehmen, hat der Auftraggeber

---

[114] *Keldungs* in Ingenstau/Korbion VOB/B § 15 Abs. 3 Rn. 10; *Voit* in Beck´scher VOB-Kommentar VOB/B § 15 Abs. 3 Rn. 13.
[115] OLG Frankfurt NJW-RR 2000, 1470.
[116] OLG Frankfurt BauR 1999, 1460.
[117] OLG Frankfurt BauR 1999, 1460.
[118] Vgl. OLG Frankfurt BauR 1999, 1460.
[119] OLG Frankfurt NZBau 2001, 27 (28).
[120] OLG Celle BauR 2014, 1476.
[121] Vgl. *Heiermann/Mansfeld* in Heiermann/Riedl/Rusam VOB/B § 15 Rn. 30.
[122] Vgl. BGH IBR 1999, 516.
[123] BGH BauR 1994, 760.
[124] *Meissner* BauR 1987, 497 (506); *Heiermann/Mansfeld* in Heiermann/Riedl/Rusam VOB/B § 15 Rn. 29.

dies (vorsorglich) gegenüber den bauausführenden Unternehmen klar zu stellen[125]. Die entsprechende Klarstellung kann im Bauvertrag, im Projekthandbuch oder aber auch individuell im Rahmen der Durchführung der Baumaßnahme erfolgen[126].

5. Frist zur Vorlage der Stundenlohnzettel. Aus § 15 Abs. 3 S. 2 VOB/B erschließt sich nicht zwingend, in welchen **zeitlichen Abständen** die Stundenlohnzettel bei dem Auftraggeber einzureichen sind. Entsprechend der ortsüblichen Verkehrssitte sollen die Stundenzettel werktäglich oder aber (auch nur) wöchentlich vom Auftragnehmer vorgelegt werden. Die Parteien haben es deshalb vorrangig selbst in der Hand, durch individuelle Vereinbarung im Bauvertrag oder aber individuelle Absprache im Zuge der Projektdurchführung festzulegen, in welchen regelmäßigen zeitlichen Abschnitten der Auftragnehmer seiner Vorlagepflicht nachzukommen hat[127]. Soweit die Parteien keine ausdrückliche Regelung zu den zeitlichen Abschnitten, innerhalb derer die Stundenlohnzettel vorzulegen sind, (einvernehmlich) getroffen haben, ist der Anordnung in § 15 Abs. 3 S. 2 VOB/B zu entnehmen, dass es vorrangig für die Vorlageverpflichtung auf die ortsübliche Verkehrssitte ankommt. Durch Auskünfte bei den zuständigen Industrie- und Handelskammern bzw. Handwerkskammern oder bauwirtschaftlichen Verbänden kann die ortsüblich geltende Verkehrssitte abgefragt werden[128]. In diesem Zusammenhang geht § 15 Abs. 3 S. 2 VOB/B davon aus, dass die Stundenlohnzettel entweder werktäglich oder aber gebündelt über mehrere Werktage oder aber gebündelt schließlich über maximal eine Woche vorzulegen sind. In der Praxis wird zumeist auf die sich einspielenden Verhältnisse auf der jeweiligen Baustelle abgehoben[129]. Bei nicht feststellbarer ortsüblicher Verkehrssitte und fehlender eingespielter Verhältnisse an der Baustelle kann der Auftraggeber auf Grund des Umstandes, dass die Stundenlohnzettel seinem Kontrollinteresse Rechnung tragen sollen, vom Auftragnehmer verlangen, dass dieser seine Stundenlohnzettel werktäglich fertigt und auch einreicht[130]. Dies hat zur Konsequenz, dass der Auftragnehmer (im Zweifel) nach Beendigung eines jeden Werktages die Stundenlohnarbeiten zu erfassen und die Stundenlohnzettel spätestens am darauf folgenden Werktag dem Auftraggeber vorzulegen hat[131].

Wurde eine ausdrückliche **Frist zur Einreichung der Stundenlohnzettel** vertraglich vereinbart oder aber hat sich eine der ortsüblichen Verkehrssitte entsprechende Praxis herausgebildet, besteht auf Seiten des Auftragnehmers die Pflicht, die Stundenlohnzettel fristgerecht zu fertigen und vorzulegen. Eine vom Auftraggeber gesetzte Einreichungspflicht von nur einem Tage wird als unbillig angesehen und ist gemäß § 307 Abs. 1 BGB unwirksam.[132] Allerdings führt der (schuldhafte) Verstoß gegen diese Pflicht nicht zum Untergang begründeter Vergütungsansprüche[133]. Erwachsen zwischen den Parteien aus verspäteter Vorlage von Stundenlohnzetteln Differenzen über den Umfang der ausgeführten Stundenlohnarbeiten, so ergeben sich die Folgen derartiger Verstöße unmittelbar aus § 15 Abs. 5 VOB/B. Die Bestimmung befasst sich ausdrücklich mit der nicht rechtzeitigen bzw. verspäteten Vorlage von Stundenlohnzetteln und sieht für derartige Fälle vor, dass der Auftraggeber eine Neuberechnung der Vergütung nach Maßgabe der sich aus § 15 Abs. 5 VOB/B ergebenden Abrechnungsgrundsätze beanspruchen kann. Vor diesem Hintergrund versteht sich auch, weshalb Bauvertragsklauseln des Auftraggebers, die ausdrücklich vorsehen, dass Vergütungsansprüche aus Stundenlohnarbeiten erlöschen, wenn die zugrundeliegenden Stundennachweise nicht spätestens innerhalb einer Woche vorgelegt werden, nach § 9 AGBG bzw. § 307 BGB unwirksam sind[134].

Wurde zwischen den Parteien **keine Frist zur Einreichung der Stundenlohnzettel** vertraglich vereinbart, kann der Auftragnehmer nach dem Verständnis des OLG Düsseldorf seine Stundenlohnzettel auch noch zu einem späteren Zeitpunkt dem Auftraggeber vorlegen. Dies soll

---

[125] *Cuypers* in Beck'scher VOB-Kommentar VOB/B 1. Aufl., § 15 Nr. 3 Rn. 29.
[126] *Cuypers* in Beck'scher VOB-Kommentar VOB/B 1. Aufl., § 15 Nr. 3 Rn. 29.
[127] *Heiermann/Mansfeld* in Heiermann/Riedl/Rusam VOB/B § 15 Rn. 28; *Kandel* in NWJS VOB/B § 15 Abs. 3 Rn. 16.
[128] *Heiermann/Mansfeld* in Heiermann/Riedl/Rusam VOB/B § 15 Rn. 28; *Kemper* in FKZGM VOB/B § 15 Rn. 13.
[129] Vgl. *Voit* in Beck´scher VOB-Kommentar VOB/B § 15 Abs. 3 Rn. 20 ff.
[130] *Kemper* in FKZGM VOB/B § 15 Rn. 13.
[131] Vgl. *Cuypers* in Beck'scher VOB-Kommentar, 1. Aufl., VOB/B § 15 Nr. 3 Rn. 26.
[132] OLG Düsseldorf BauR 2009, 1315.
[133] OLG Frankfurt BauR 1999, 1416 (1461); KG Berlin KGR 2000, 224 (225); OLG Brandenburg BauR 2005, 151.
[134] OLG Düsseldorf BauR 1997, 660.

selbst noch nach Abschluss der Bauleistungen mit der Einreichung der Schlussrechnung möglich sein. Erforderlich soll dann aber sein, dass in den Stundenlohnzetteln sämtliche notwendigen Angaben enthalten sind, um den Vergütungsanspruch des Auftragnehmers zu belegen. Hieran werden vom OLG Düsseldorf strenge Anforderungen gestellt, ohne dass dem Auftragnehmer die Beweiserleichterung aus § 15 Abs. 5 VOB/B eröffnet wird[135].

III. Bescheinigung und Rückgabe der Stundenlohnzettel (§ 15 Abs. 3 S. 3 VOB/B)

52   Der Auftraggeber hat die ihm eingereichten Stundenlohnzettel zu bescheinigen und unverzüglich, spätestens jedoch innerhalb von 6 Werktagen nach Zugang zurückzugeben (§ 15 Abs. 3 S. 3 VOB/B). Die Verpflichtung zur **Unterzeichnung und Rückgabe der Stundenlohnzettel** setzt zunächst voraus, dass diese dem Auftraggeber überhaupt zur Verfügung gestellt wurden (§ 15 Abs. 3 S. 2 VOB/B). Der Auftraggeber hat die ihm zur Verfügung gestellten Stundenlohnzettel anhand ihrer Eintragungen den einzelnen Baustellen und den dort zuständigen Personen zuzuordnen[136]. Werden dem Auftraggeber keine Stundenlohnzettel eingereicht, trifft ihn auch nicht die Verpflichtung, die Stundenlohnarbeiten selbst zu erfassen und deren Umfang gegenüber dem Auftragnehmer zu bescheinigen.

53   **1. Prüfung der Stundenlohnzettel.** Der Auftraggeber wird üblicherweise die ihm vorgelegten Stundenlohnzettel **inhaltlich überprüfen.** Von dieser Überprüfung wird er es abhängig machen, ob er die Stundenlohnzettel – mit oder ohne Einwendungen – unterzeichnet bzw. abzeichnet. Ausweislich § 15 Abs. 3 S. 3 VOB/B ist der Auftraggeber jedoch zur inhaltlichen Überprüfung der ihm vorgelegten Stundenlohnzettel nicht verpflichtet. Der Auftraggeber kann deshalb von jeder Überprüfung dem Grunde wie dem Umfange nach absehen und die ihm vorgelegten Stundenlohnzettel unterzeichnen. In der Praxis sind derartige Fälle nicht selten und führen häufig zu nachfolgenden Auseinandersetzungen über den Umfang der „irrtümlich vom Auftraggeber" gegengezeichneten Stundenlohnzettel[137]. Vermeiden lässt sich dies nur, wenn der Auftraggeber die von ihm mit der Entgegennahme und Unterzeichnung der Stundenlohnzettel beauftragten Mitarbeiter ausdrücklich dazu anhält, eine Unterzeichnung/Abzeichnung erst nach eingehender inhaltlicher Überprüfung vorzunehmen.

54   **2. Ergebnis der Prüfung der Stundenlohnzettel.** Im Rahmen der vorzunehmenden Prüfung ergeben sich für den Auftraggeber folgende **Verhaltensvarianten:**

– Der Auftraggeber gelangt nach Überprüfung zu der Erkenntnis, dass die Angaben in den ihm vorgelegten **Stundenlohnzetteln zutreffend** sind. In diesem Falle hat er dem Auftragnehmer die Stundenlohnzettel zu bescheinigen, dh durch seine (vorbehaltlose) Unterzeichnung als richtig zu bestätigen[138].

– Ergibt sich für den Auftraggeber bei der Vornahme seiner Überprüfung, dass die Stundenlohnzettel **inhaltlich nicht nachvollzogen** werden können (unklare Angabe von Daten, fehlende Angaben zum Personal- und Sachaufwand, unzulängliche oder fehlende Beschreibung der ausgeführten Leistungen), so kann der Auftraggeber derartige Stundenlohnzettel als nicht prüffähig zurückweisen. Stundenlohnzettel bilden die Grundlage für die nachfolgenden Stundenlohnrechnungen (§ 15 Abs. 4 VOB/B). Stundenlohnrechnungen sind jedoch nur prüffähig, wenn die Stundenlohnarbeiten ihrerseits nachvollziehbar in Stundenlohnzetteln aufgeschlüsselt sind[139]. Wenn nicht prüffähige Rechnungen vom Auftraggeber zurückgewiesen werden können, so muss Entsprechendes erst recht für die vorausgehenden und der Rechnung zugrunde zulegenden Stundenlohnzettel gelten.

– Der Auftraggeber kann nach Überprüfung der – für ihn inhaltlich nachvollziehbaren – Stundenlohnzettel zu der Einschätzung gelangen, dass die Angaben des Auftragnehmers **ganz oder teilweise unrichtig** sind. In diesem Falle kann der Auftragnehmer auf den Stundenlohnzetteln oder aber auch gesondert schriftliche Einwendungen gegen den Inhalt der Auftragnehmer angaben erheben (§ 15 Abs. 3 S. 4 VOB/B).

---

[135] OLG Düsseldorf BauR 2014, 709; *Pauly* ZfBR 2016, 107, 110.
[136] OLG Frankfurt IBR 2016, 337.
[137] Vgl. zu den Folgen im Einzelnen nachfolgend → Rn. 60.
[138] *Kandel* in NWJS VOB/B § 15 Rn. 29, § 15 Abs. 3 Rn. 21.
[139] Vgl. nur OLG Frankfurt BauR 1999, 1460; NJW-RR 2000, 1470.

– Der Auftraggeber kann zu der Einschätzung gelangen, die Anzahl der geleisteten Stunden sei im Verhältnis zu den ausgeführten Leistungen übersetzt. Die Unterzeichnung der Stundenlohnzettel sollte dann mit dem Vorbehalt **mangelnder Erforderlichkeit** der geleisteten Stunden für die übernommenen und ausgeführten Arbeiten verbunden werden[140].
– Der **Auftraggeber bleibt untätig** oder aber stellt die Überprüfung der Stundenlohnarbeiten –zurück. Dadurch versäumt er die sich aus § 15 Abs. 3 S. 3 VOB/B ergebende Frist zur unverzüglichen Rückgabe der Stundenlohnzettel. Dies hat nach § 15 Abs. 3 S. 5 VOB/B zur Folge, dass derartige nicht fristgemäß zurückgegebene Stundenlohnzettel gegenüber dem Auftragnehmer als anerkannt gelten.

Der Auftraggeber verhält sich ordnungsgemäß, wenn er die Stundenlohnzettel **sachlich-** 55 **inhaltlich überprüft** und unverzüglich, spätestens jedoch innerhalb von 6 Werktagen nach ihrem Zugang – mit oder ohne Einwendungen – unterzeichnet zurückgibt[141]. Der Auftraggeber kann sich der Rückgabeverpflichtung nicht dadurch entziehen, dass er auf Probleme bei der Zuordnung eingegangener Stundenlohnzettel auf unterschiedliche von ihm geführte Baumaßnahmen verweist[142].

3. Bescheinigung der Stundenlohnzettel. Der Auftraggeber hat die Stundenlohnzettel – 56 im Falle seines Einverständnisses – zu bescheinigen. Mit dem **Begriff der Bescheinigung** verbindet sich eine Billigungserklärung des Auftraggebers. Die Billigung kann durch ausdrückliche schriftliche Einverständniserklärung auf den Stundenlohnzetteln zum Ausdruck gebracht werden. In der Praxis gebräuchlich ist aber auch eine bloße Unterzeichnung bzw. Abzeichnung durch den Auftraggeber. Diese wird nach der Verkehrssitte so verstanden, dass – auch bei fehlenden weiteren Zusätzen – der Auftraggeber die Angaben in den Stundenlohnzetteln billigt[143].

Die **Billigungserklärung** kann durch den Auftraggeber selbst, seine mit der Bauleitung 57 beauftragten Mitarbeiter[144] oder aber durch den vom Auftraggeber eingeschalteten bauleitenden Architekten erfolgen[145]. Nach vorherrschendem Verständnis ergibt sich deshalb auch aus der sog originären Architektenvollmacht die Berechtigung, Stundenlohnzettel für den Auftraggeber abzuzeichnen und damit zu billigen[146]. Etwas anderes gilt nur dann, wenn der Auftraggeber ausdrücklich im zugrunde liegenden Bauvertrag klargestellt hat, dass der von ihm beauftragte bauleitende Architekt nicht berechtigt ist, Stundenlohnzettel zu quittieren und damit zu billigen[147]. Zu Recht weist Keldungs darauf hin, dass der Auftraggeber aufgrund Anscheins- oder Duldungsvollmacht gebunden sein soll, wenn er es bestimmten Personen – etwa dem bauleitenden Architekten – überlässt, die Aufsicht über die Stundenlohnarbeiten zu führen[148].

Mit der Billigung von Stundenlohnzetteln verbindet sich nicht zugleich eine Vereinbarung über die Ausführung der geprüften und bescheinigten Arbeiten. Die Vereinbarung von Stundenlohnarbeiten im Sinne von § 2 Abs. 10 VOB/B ist strikt zu trennen von der Prüfung und Bescheinigung von Stundenlohnarbeiten im Sinne von § 15 Abs. 3 VOB/B. Der Billigungserklärung nach § 15 Abs. 3 VOB/B kann regelmäßig kein rechtsgeschäftlicher Wille zum Abschluss von Stundenlohnarbeiten entnommen werden[149]. Aus diesem Grund kann sich die Anscheins- und Duldungsvollmacht des Architekten zur Bescheinigung durchgeführter Stundenlohnarbeiten auch nicht auf eine Vollmacht zum Abschluss einer Stundenlohnvereinbarung erstrecken[150].

---

[140] Vgl. OLG Frankfurt NZBau 2001, 27 (28).
[141] *Kemper* in FKZGM VOB/B § 15 Rn. 17.
[142] OLG Frankfurt IBR 2016, 337.
[143] *Heiermann/Mansfeld* in Heiermann/Riedl/Rusam VOB/B § 15 Rn. 36; *Voit* in Beck'scher VOB-Kommentar VOB/B § 15 Abs. 3 Rn. 33 ff.
[144] OLG Celle BauR 2014, 1476.
[145] Vgl. BGH IBR 1999, 516; 2002, 214; BauR 1994, 716.
[146] Vgl. *Schumann* Abrechnungsbuch für Bauarbeiten jeder Art, S. 240.
[147] *Keldungs* in Ingenstau/Korbion VOB/B § 15 Abs. 3 Rn. 16.
[148] *Keldungs* in Ingenstau/Korbion VOB/B § 15 Abs. 3 Rn. 16.
[149] BGH NZBau 2004, 31; *Paulmann* NZBau 2005, 325; vgl. hierzu auch *Voit* in Beck'scher VOB-Kommentar3. Aufl. § 15 Abs. 3 Rn. 40 f.
[150] BGH NJW-RR 2004, 92 = NZBau 2004, 31; *Keldungs* in Ingenstau/Korbion VOB/B § 15 Abs. 3 Rn. 17.

58 **4. Bescheinigungsform der Stundenlohnzettel.** Der Auftraggeber bzw. sein Repräsentant haben grundsätzlich die Bescheinigung des Inhaltes der Stundenlohnzettel **schriftlich** vorzunehmen. Dies ergibt sich bereits aus dem Wortlaut des § 15 Abs. 3 S. 3 VOB/B, wonach die Stundenlohnzettel zu bescheinigen sind. Einwendungen gegen den Inhalt der Stundenlohnzettel sind deshalb ebenfalls – wie sich aus § 15 Abs. 3 S. 4 VOB/B ergibt – schriftlich zu erheben und zwar entweder unmittelbar auf den Stundenlohnzetteln oder aber durch gesonderte Erklärung. Ebenso wird man es als genügend ansehen können, wenn der Auftraggeber oder sein Repräsentant die Stundenlohnzettel zurückreicht und gesondert – etwa in einem Anschreiben – schriftlich zum Ausdruck bringt, dass die Stundenlohnzettel (ganz oder teilweise) inhaltlich gebilligt sind.

59 Soweit abweichend von dem durch § 15 Abs. 3 S. 3 VOB/B vorgesehenen Schriftform verfahren wird, etwa durch **mündliche Erklärungen** des Auftraggebers oder aber seines beauftragten Bauleiters, sind derartige Erklärungen nicht wirkungslos. Dies ergibt sich bereits daraus, dass bei BGB-Bauverträgen das Schriftformerfordernis im Zusammenhang mit der Bescheinigung erbrachter Stundenlohnarbeiten nicht als zwingend angesehen wird[151]. In derartigen Fällen hat jedoch der Auftragnehmer darzulegen und zu beweisen, dass sich mit der bloßen Rückgabe der Stundenlohnzettel im Rahmen des § 15 Abs. 3 S. 3 VOB/B die Abgabe einer ausdrücklichen oder zumindest konkludenten Billigungserklärung seitens des Auftraggebers verbunden hat. Regelmäßig wird dem Auftragnehmer dieser Nachweis jedoch im Nachhinein kaum gelingen, da die Rückgabe von Stundenlohnzetteln ohne entsprechende Bescheinigung nach der Intention des § 15 Abs. 3 S. 3 VOB/B nicht als Billigung verstanden werden soll.

60 **5. Rückgabe der Stundenlohnzettel.** Mit der **Rückgabe der vom Auftraggeber unterzeichneten Stundenlohnzettel** kommt es nach richtiger Auffassung zum Abschluss eines Vertrages über ein deklaratorisches, also bestätigendes Schuldanerkenntnis[152]. Durch ein deklaratorisches Schuldanerkenntnis wird zwischen den Parteien kein neues Schuldverhältnis begründet, sondern lediglich eine bereits entstandene schuldrechtliche Verpflichtung bestätigt[153]. Der Sinn eines derartigen Schuldanerkenntnisses liegt darin, dass die Parteien mit der Abgabe entsprechender Erklärungen regelmäßig beabsichtigen, Ungewissheiten bzw. Differenzen aus bestehenden Schuldverhältnissen auszuräumen[154]. Dies hat zur Konsequenz, dass jeweils anhand der Besonderheiten der zugrundeliegenden Vertragskonstellation darüber zu befinden ist, in welchem Umfange einem deklaratorischen Schuldanerkenntnis Wirkung beizumessen ist. Nach vorherrschendem Verständnis erstreckt sich das deklaratorische Schuldanerkenntnis aus der Rückgabe bescheinigter Stundenlohnzettel darauf, dass dem Auftraggeber alle ihm zum Zeitpunkt der Abgabe der Billigungserklärung bekannten tatsächlichen Einwendungen gegen den Inhalt der Stundenlohnzettel abgeschnitten werden[155]. Mit der Unterzeichnung der Stundenlohnzettel erkennt der Auftraggeber deshalb regelmäßig sowohl Art wie Umfang der erbrachten, in den Stundenlohnzetteln dokumentierten Leistungen an[156]. Die Wirkung des deklaratorischen Anerkenntnisses ist dabei jedoch auf die in den Stundenlohnzetteln enthaltenen Leistungsangaben begrenzt und erfasst regelmäßig nur den aufgelisteten Stundenaufwand[157]. Nur ausnahmsweise soll der Auftraggeber an die abgezeichneten Leistungen nicht gebunden sein, nämlich dann, wenn der abgezeichnete Aufwand in einem erkennbar groben Missverhältnis zu den tatsächlich erbrachten Leistungen steht und der Auftraggeber dies bei Unterzeichnung der Stundenzettel nicht wusste bzw. nicht wissen konnte[158].

Der Rückgabe bzw. den Wirkungen der Rückgabe der Stundenlohnzettel kann sich der Auftraggeber auch nicht dadurch entziehen, dass er auf organisatorische Defizite innerhalb seines Betriebes bzw. auf Probleme bei der Zuordnung der ihm vorgelegten Stundenlohnzettel verweist. Entsprechende Einwendungen sind dem Auftraggeber im Rahmen des Prüfungs- und

---

[151] OLG Köln NJW-RR 1997, 150.
[152] BGH BauR 1994, 760 (761 f.); 1970, 239 (240); OLG Dresden IBR 2013, 398; OLG Oldenburg IBR 2005, 415; OLG Bamberg BauR 2004, 1623; OLG Celle NJW-RR 2003, 1243; *Heiermann/Mansfeld* in Heiermann/Riedl/Rusam VOB/B § 15 Rn. 34; *Kemper* in FKZGM VOB/B § 15 Rn. 16; *Keldungs* in Ingenstau/Korbion VOB/B § 15 Abs. 3 Rn. 18; aA *Losert* ZfBR 1993, 1.
[153] BGH NJW 1976, 1259.
[154] BGH NJW 1995, 960.
[155] *Kandel* in NWJS VOB/B § 15 Abs. 3 Rn. 22.
[156] BGH BauR 1994, 716; *Keldungs* in Ingenstau/Korbion VOB/B § 15 Abs. 3 Rn. 18.
[157] OLG Köln BauR 2009, 257; OLG Karlsruhe BauR 2003, 737; OLG Frankfurt NZBau 2001, 27; OLG Hamm BauR 2002, 390.
[158] OLG Celle IBR 2003, 524.

Rückgabeprozederes zu den Stundenlohnzetteln verwehrt, weil er seinen Betrieb und die einzelnen zuständigen Teilorganisationen so auszurichten hat, dass die Stundenlohnzettel entsprechend § 15 VOB/B zugeordnet, geprüft und zurückgegeben werden können[159].

Der Auftraggeber kann sich den **Wirkungen der Rückgabe** unterzeichneter Stundenlohnzettel auch nicht durch Vertragsklauseln entziehen, die darauf abzielen, die Anerkenntniswirkungen entfallen zu lassen. Vertragsklauseln des Auftraggebers, wonach der Unterzeichnung von Stundenlohnzetteln keine Anerkenntniswirkung zukommen soll, verstoßen gegen § 9 AGBG aF bzw. § 307 Abs. 1 BGB, da sie dem Sinn und Zweck des in § 15 Abs. 3 S. 3 VOB/B vorgesehenen deklaratorischen Schuldanerkenntnisses zuwiderlaufen[160]. 61

6. Unterzeichnung der Stundenlohnzettel. Mit der **Unterzeichnung der Stundenlohnzettel** kann sich im Einzelfall nicht nur der Nachweis der Stundenzahl, sondern ausnahmsweise auch die Vereinbarung einer Vergütung auf Stundenlohnbasis verbinden[161], allerdings nur, wenn der Unterzeichner vom Auftraggeber hinreichend rechtsgeschäftlich zum Abschluss von Vergütungsvereinbarungen bevollmächtigt wurde[162]. Wurde der bauleitende Architekt vom Auftraggeber zum Abzeichnen von Stundenohnzetteln ermächtigt, ergibt sich hieraus alleine keine hinreichende Vollmacht des Architekten zum Abschluss von Vereinbarungen über die Ausführung von Stundenlohnarbeiten[163]. 62

7. Einwendungen gegen Stundenlohnzettel. Bei Vorliegen einer Stundenlohnvereinbarung und abgezeichneten Stundenlohnzetteln ist es dem Auftragnehmer aber nicht generell verwehrt, **nachträglich noch Einwendungen** gegen den bescheinigten Personal- und Sachaufwand zu erheben. Für den Auftraggeber ergeben sich trotz vorangegangener Abgabe einer Billigungserklärung dabei folgende Möglichkeiten: 63
– Bei **Fehlen einer Stundenlohnvereinbarung** kommt der Unterzeichnung von Stundenlohnzetteln regelmäßig keine verpflichtende Bedeutung im Rahmen des § 15 VOB/B zu.
– Nichts anderes gilt dann, wenn sich die unterzeichneten **Stundenlohnzettel als nicht prüffähig** hinsichtlich des dokumentierten Personal- und Sachaufwandes erweisen[164].
– Dem Auftraggeber verbleibt grundsätzlich der Einwand, die von ihm bescheinigten einzelnen Personal- und Sachaufwendungen seien zur Erbringung der vertraglich geschuldeten Leistungen nicht erforderlich[165]. Auch bei einem Stundenlohnvertrag hat der Auftragnehmer über den bloßen zeitlichen und sachlichen Aufwand hinaus die Angemessenheit und die **Ortsüblichkeit der Vergütung** darzulegen und zu beweisen. Bestreitet der Auftraggeber deshalb im Nachhinein die Angemessenheit und Erforderlichkeit des getätigten Personal- und Sachaufwandes, so verbleibt es insoweit uneingeschränkt bei der dem Auftragnehmer obliegenden Darlegungs- und Beweislast; vor allem kommt es auf Grund der Unterzeichnung der Stundenlohnzettel hinsichtlich des Tatbestandsmerkmales der Angemessenheit und Erforderlichkeit nicht zu einer Beweislastumkehr[166]. Aus der Abzeichnung von Stundenlohnzetteln kann nicht entnommen werden, dass der Auftraggeber damit zugleich auch die Erforderlichkeit der in den Stundenlohnzetteln angegebenen Stunden bestätigen wollte[167]. Hiervon abweichend hält das OLG Celle allerdings eine Umkehr der Beweislast auf Grund der erfolgten Abzeichnung der Stundenlohnzettel (ohne Vorbehalt) für zutreffend[168]. Darüber hinausgehend wollen verschiedene Oberlandesgerichte den Einwand fehlender Angemessenheit bzw. Erforderlichkeit nur berücksichtigen, soweit dem Auftraggeber im Einzelfall ein Gegenanspruch aus Pflichtverletzung zusteht und er diesen darzulegen und zu beweisen imstande ist[169]. Die letztgenannte Auffassung ist schon deshalb abzulehnen, weil sich die Abzeichnung von Stundenlohnarbeiten

---

[159] OLG Frankfurt IBR 2016, 337.
[160] Vgl. *Korbion/U. Locher* AGB-Gesetz und Baurichtungsverträge Teil I, Rn. 218.
[161] → VOB/B § 2 Rn. 317 mwN; vgl. auch → VOB/B § 15 Rn. 57.
[162] BGH NZBau 2004, 31 = BauR 2003, 1894; vgl. hierzu auch → § 15 Rn. 4.
[163] BGH NZBau 2004, 31 = NJW-RR 2004, 92; *Keldungs* in Ingenstau/Korbion VOB/B § 15 Abs. 3 Rn. 17.
[164] OLG Karlsruhe BauR 1995, 114 (115).
[165] OLG Hamm BauR 2002, 319 (320).
[166] OLG Hamm BauR 2002, 319 (321); *Werner/Pastor* Bauprozess Bauprozess, 12. Aufl. Rn. 1215.
[167] OLG Frankfurt NZBau 2001, 27 (28).
[168] OLG Celle BauR 2003, 1224 = NJW-RR 2003, 1243.
[169] OLG Köln BauR 2009, 257 (258); OLG Karlsruhe BauR 2003, 737; OLG Frankfurt NZBau 2001, 27; OLG Bamberg BauR 2004, 1623; OLG Düsseldorf BauR 2003, 887.

ausschließlich auf die angegebenen Leistungen und den angegebenen Zeitaufwand bezieht, ohne dass es im Zeitpunkt der Unterzeichnung zu einer Überprüfung der Angemessenheit und Erforderlichkeit der bestätigten Leistungen kommt. Infolgedessen kann die Angemessenheit und Erforderlichkeit der ausgeführten Leistungen nicht Gegenstand des durch Abzeichnung zustande gekommenen deklaratorischen Schuldanerkenntnisses sein.

– Ferner kann der Auftraggeber den **Inhalt** der von ihm unterzeichneten Stundenlohnzettel im Nachhinein **beanstanden,** wenn er nachzuweisen vermag, dass die angegebenen Personal- und Sachaufwendungen unzutreffend sind und er dies – etwa auf Grund missverständlicher oder unklarer Aufmachung der Stundenlohnzettel – nicht hat ohne weiteres erkennen können[170].

– Schließlich steht dem Auftraggeber im Nachhinein auch der Einwand offen, die in den unterzeichneten Stundenlohnzetteln ausgeführten **Leistungen** seien überhaupt **nicht ausgeführt** worden[171]. In derartigen Fällen wäre es unangemessen, dem Auftragnehmer einen Vergütungsanspruch zuzubilligen, obgleich tatsächlich die in den Stundenlohnzetteln enthaltenen Arbeiten zur Ausführung gelangt sind. Der insoweit doppelt unredlich handelnde Auftragnehmer – einerseits führt er die Arbeiten nicht aus, andererseits dokumentiert er sie zusätzlich unrichtig – erscheint nicht schutzwürdig.

Prozessual hat dies zur Konsequenz, dass eine Klage auf Vergütung von Stundenlohnarbeiten unschlüssig ist, wenn vom Auftragnehmer nur vorgetragen wird, welche Arbeiter auf welcher Baustelle an welchen Tagen wieviele Stunden gearbeitet haben, nicht jedoch, welche Arbeiten sie im Einzelnen ausgeführt haben[172]. Dieselben Grundsätze gelten auch bei einer Klage auf Vergütung von Maschinenleistungen, sofern nicht mit angegeben wird, welche Arbeiten durch die Maschinen konkret ausgeführt wurden[173].

64 **8. Darlegungs- und Beweislast bei Stundenlohnzetteln.** In der Praxis wird sich die Situation regelmäßig so darstellen, dass der Auftragnehmer Vergütung aus Rechnungen beansprucht, denen er die bescheinigten Stundenlohnzettel zugrunde legt (§ 15 Abs. 4 VOB/B). Mit der Vorlage der Rechnung sowie der unterzeichneten Stundenlohnzettel genügt der Auftragnehmer vom Grundsatz her **seiner Darlegungs- und Beweislast** zu dem dokumentierten Personal- und Sachaufwand[174]. Will der Auftraggeber gegen die vorgelegten Stundenlohnzettel Einwendungen erheben, so trifft ihn insoweit die Darlegungs- und Beweispflicht[175]. Aufgrund der erhobenen Einwendungen ist danach zunächst abschließend zu klären, wie sich der Stundenlohnaufwand tatsächlich zu den strittigen Stundenlohnarbeiten bemisst.

Nach Feststellung des zutreffend ermittelten Stundenlohnaufwandes verbleibt dem Auftraggeber weiterhin noch die Möglichkeit, die Wirtschaftlichkeit des vom Auftragnehmer getätigten Zeitaufwandes in Frage zu stellen. Der Auftragnehmer hat seine Stundenlohnarbeiten unter Berücksichtigung des Wirtschaftlichkeitsgebotes auszuführen. Die entsprechende Nebenpflicht zur wirtschaftlichen Betriebsführung gewährt dem Auftraggeber einen Schadenersatzanspruch aus § 280 Abs. 1 BGB. Die Voraussetzungen für das Vorliegen eines derartigen Schadenersatzanspruches hat der Auftraggeber darzulegen und zu beweisen[176]. Vereinfacht gesagt hat deshalb der Auftragnehmer lediglich seinen (dokumentierten) Stundenlohnaufwand darzulegen und zu beweisen, wohingegen die Darlegungs- und Beweislast für die Unwirtschaftlichkeit des vom Auftragnehmer getätigten Aufwandes beim Auftraggeber liegt.

65 **9. Frist zur Rückgabe der Stundenlohnzettel.** Die bescheinigten **Stundenlohnzettel** sind gemäß § 15 Abs. 3 S. 3 VOB/B unverzüglich, spätestens jedoch innerhalb von 6 Werktagen nach Zugang an den Auftragnehmer **zurückzugeben.** Den Auftraggeber trifft danach die Verpflichtung, die Stundenlohnzettel unverzüglich, dh ohne schuldhaftes Zögern zu prüfen, zu bescheinigen und wieder zurückzureichen (vgl. § 121 BGB). Für die Bemessung der in § 15 Abs. 3 S. 3 VOB/B vorgesehenen **Höchstfrist von 6 Werktagen** kommt es auf § 186 BGB an.

---

[170] BGH NJW 1959, 1535; *Kandel* in NWJS VOB/B § 15 Abs. 3 Rn. 22.
[171] Vgl. OLG Düsseldorf BauR 1994, 803; *Heiermann/Mansfeld* in Heiermann/Riedl/Rusam VOB/B § 15 Rn. 37.
[172] KG Berlin NZBau 2001, 26 (27).
[173] KG Berlin NZBau 2001, 26 (27).
[174] KG Berlin IBR 2001, 351; *Keldungs* in Ingenstau/Korbion VOB/B § 15 Abs. 3 Rn. 22.
[175] *Heiermann/Mansfeld* in Heiermann/Riedl/Rusam VOB/B § 15 Rn. 37.
[176] BGH NZBau 2009, 450 = BauR 2009, 1162; BGH NJW 2000, 1107 = BauR 2000, 1196; vgl. hierzu auch weiter unter → § 15 Rn. 5.

Die Frist beginnt ausweislich § 15 Abs. 3 S. 3 VOB/B mit dem Zugang der Stundenlohnzettel. Soweit die Stundenlohnzettel bei dem bauleitenden Architekten eingereicht werden, kommt es für den Beginn der Frist auf den dortigen Zugang an. Bei der Berechnung der Frist ist zu berücksichtigen, dass diese erst mit dem auf den Eingang der Stundenlohnzettel folgenden Tage beginnt (§ 187 Abs. 1 BGB). Die vorgesehene Höchstfrist beträgt ab diesem Zeitpunkt 6 Werktage. Bei der Bemessung der Frist sind entsprechend den Bauusancen die Samstage als Werktage mitzurechnen[177]. Endet die Frist danach jedoch mit einem Samstag (oder aber Sonntag), so verlängert sich die vorgegebene Höchstfrist auf den nächsten Werktag, also auf den darauf folgenden Montag (§ 193 BGB).

Die Stundenlohnzettel müssen bei **Fristende** an den Auftragnehmer zurückgegeben sein. Für die Rückgabe kommt es deshalb nicht auf den Zeitpunkt der Bescheinigung oder aber der Absendung, sondern auf den des Zuganges bei dem Auftragnehmer an. Zugegangen sind Willenserklärungen nach § 130 Abs. 1 S. 1 BGB, wenn sie so in den Bereich des Empfängers gelangt sind, dass dieser unter den normalen Verhältnissen die Möglichkeit hat, vom Inhalt der Erklärung Kenntnis zu nehmen[178]. Bei Ausschöpfung der Höchstfrist von 6 Werktagen müssen deshalb die Stundenlohnzettel während der üblichen Geschäftszeit des letzten Werktages bei dem Auftragnehmer eingegangen sein[179]. **66**

10. Unterlassene Rückgabe der Stundenlohnzettel. Die **unterlassene bzw. nicht fristgerechte Rückgabe** der Stundenlohnzettel hat zur Konsequenz, dass die vom Auftragnehmer überlassenen Stundenlohnzettel gemäß § 15 Abs. 3 S. 5 VOB/B als anerkannt gelten. Auf die Kommentierung zu § 15 Abs. 3 S. 5 VOB/B wird in diesem Zusammenhang verwiesen. **67**

IV. Einwendungen zu Stundenlohnzetteln (§ 15 Abs. 3 S. 4 VOB/B)

Bei der Rückgabe der bescheinigten Stundenlohnzettel kann der Auftraggeber Einwendungen gegen den Personal- und Sachaufwand erheben, den der Auftragnehmer durch die Stundenlohnzettel belegen will. Ebenso kann der Auftraggeber die fehlende Einhaltung zusätzlich vertraglich vereinbarter Nachweisunterlagen rügen[180]. Dies kann durch Einwendungen auf den Stundenlohnzetteln selbst oder aber durch gesonderte schriftliche Erklärung erfolgen. **68**

1. Form der Einwendungen. Umstritten ist die Frage, ob die Einwendungen zwingend schriftlich vom Auftraggeber zu erheben sind. Die Bezugnahme auf § 15 Abs. 3 S. 3 VOB/B wie der ausdrückliche Hinweis auf die Möglichkeit gesondert **schriftlicher Einwendungen** führt dazu, dass es nach überwiegendem Verständnis erforderlich sein soll, dem Schriftformerfordernis Rechnung zu tragen[181]. Die Einhaltung der Schriftform ist in der Tat schon aus Beweisgründen für den Auftraggeber angeraten. Zwingend erscheint es jedoch nicht, Einwendungen nur deshalb unberücksichtigt zu lassen, weil sie zwar nachweisbar vorgetragen wurden, die Wahrung der Schriftform jedoch nicht eingehalten wurde. Eine zuverlässige und die beanstandeten Punkte umfassende mündliche Erklärung ist vom Grundsatz in gleichem Maße geeignet, um dem Auftragnehmer sowohl den Grund wie auch den Umfang auftraggeberseitiger Einwendungen zu verdeutlichen[182]. Ohnehin hätten es die Parteien in der Hand, zum Zeitpunkt der Rückgabe der Stundenlohnzettel durch mündliche übereinstimmende Erklärungen Änderungen hinsichtlich des dokumentierten Personal- und Sachaufwandes vorzunehmen. Maßgebend ist einzig und allein der Umstand, dass der Auftraggeber in Zweifelsfällen im Stande ist, im Nachhinein darzulegen und zu beweisen, dass er Einwendungen gegen die Stundenlohnzettel zum Zeitpunkt ihrer Rückgabe erhoben hat. Wenn der Auftraggeber hierzu in der Lage ist, steht dem gegenüber die Einhaltung eines strikten, von der vorherrschenden Auffassung geforderten Schriftformerfordernisses zurück[183]. **69**

Die Einwendungen werden aber – nicht zuletzt aus Beweisgründen – vorsorglich schriftlich zu erheben sein. Der Auftraggeber kann zu diesem Zweck **Streichungen und Korrekturein-** **70**

---

[177] *Keldungs* in Ingenstau/Korbion VOB/B § 15 Abs. 3 Rn. 19.
[178] BGH NJW 1980, 990; 1983, 929.
[179] Vgl. RGZ 142, 407; *Ellenberger* in Palandt BGB § 130 Rn. 6.
[180] OLG Celle BauR 2014, 1476.
[181] *Heiermann/Mansfeld* in Heiermann/Riedl/Rusam VOB/B § 15 Rn. 32.
[182] Vgl. *Keldungs* in Ingenstau/Korbion VOB/B § 15 Abs. 3 Rn. 18.
[183] AA *Heiermann/Mansfeld* in Heiermann/Riedl/Rusam VOB/B, 11. Aufl. 2008, § 15 Rn. 32; *Kandel* in NWJS VOB/B § 15 Rn. 31; *Kemper* in FKZGM VOB/B § 15 Rn. 18.

tragungen in den Stundenlohnzetteln vornehmen. Bei der Vornahme derartiger Streichungen bzw. Änderungen empfiehlt es sich, durch Paraphen an den betroffenen Passagen kenntlich zu machen, dass es sich um vom Auftraggeber veranlasste Abänderungen handelt.

71 **2. Inhalt der Einwendungen.** Der Auftraggeber kann die Stundenlohnzettel auch mit gesonderten **schriftlichen Erläuterungen** zu den von ihm zu erhebenden Einwendungen zurückreichen. Die Erläuterungen können sich dabei auf bestimmte Streichungen in den beigefügten Stundenlohnzetteln beziehen. Sie können auch vollständig separat – etwa in einem zugehörigen Anschreiben – niedergelegt werden, ohne dass die Stundenzettel selbst inhaltlicher Abänderung unterzogen werden. Gleich wie der Auftraggeber verfährt, er hat jedenfalls unter Berücksichtigung des Kooperationsgedankens die von ihm vorgenommenen Streichungen bzw. Änderungen klar erkennbar vorzunehmen und darüber hinaus sachlich zu begründen. Auf fehlende zusätzlich mit dem Auftragnehmer vereinbarte Nachweisunterlagen hat der Auftraggeber gesondert hinzuweisen[184].

72 **3. Zurückweisende Einwendungen.** Vor diesem Hintergrund ist es dem Auftraggeber auch verwehrt, Stundenlohnzettel unbegründet zurückzuweisen. Allerdings kann der Auftraggeber nicht verpflichtet sein, Stundenlohnzettel entgegenzunehmen, zu überprüfen und zu bescheinigen, soweit sich diese letztlich auf Grund erkennbar offensichtlicher Lückenhaftigkeit, Widersprüchlichkeit und/oder Unklarheit **nicht** als **prüffähig** erweisen[185]. Der Auftraggeber ist in derartigen Fällen nur gehalten, den Auftragnehmer ausdrücklich und (zweckmäßigerweise) schriftlich auf die mangelnde Prüffähigkeit der ihm vorgelegten Stundenlohnzettel hinzuweisen. Gleichzeitig kann er bei entsprechender Begründung die Stundenlohnzettel ansonsten weiter unkommentiert an den Auftragnehmer mit der Maßgabe zurückreichen, dass dieser verpflichtet ist, kurzfristig die Stundenzettel neu und prüffähig aufzumachen und erneut zu übergeben.

73 **4. Frist zur Erhebung der Einwendungen.** Einwendungen können nach § 15 Abs. 3 S. 4 VOB/B nur innerhalb der **Höchstfrist von 6 Tagen** durch den Auftraggeber vorgebracht werden. Er soll dadurch angehalten werden, im Rahmen kooperativen Zusammenwirkens mit dem Auftragnehmer kurzfristig nicht nur die Überprüfung der Stundenlohnzettel vorzunehmen, sondern sich hinsichtlich etwaiger, von ihm zu erhebender Einwendungen auch ebenso kurzfristig festzulegen. Die Frist von maximal 6 Werktagen hat der Auftraggeber deshalb hinsichtlich der Erhebung von Einwendungen ebenso einzuhalten wie bei der Rückgabe der Stundenlohnzettel (§ 15 Abs. 3 S. 3 VOB/B).

74 Die Einhaltung der 6-Tage-Frist kann vom Auftraggeber auch nicht dadurch aufgeweicht werden, dass er den Auftragnehmer bei Rückgabe der Stundenlohnzettel auf später **nachfolgende Einwendungen** verweist. Ebenso ist es dem Auftraggeber verwehrt, die Rückgabe selbst oder aber die erhobenen Einwendungen ganz oder teilweise unter einen Vorbehalt zu stellen. Diese und vergleichbare Verhaltensweisen und Erklärungen sollen ersichtlich dazu dienen, die in § 15 Abs. 3 S. 4 VOB/B vorgesehene (Höchst-)Frist zu verlängern. Dies verstößt gegen den § 15 Abs. 3 VOB/B innewohnenden Grundsatz, wonach unverzüglich, dh ohne schuldhaftes Zögern zwischen den Parteien Klarheit hinsichtlich der Angaben in den Stundenlohnzetteln herbeigeführt werden soll.

75 **5. Nachträgliche Einwendungen.** Hiervon zu unterscheiden sind Fälle, in denen der Auftraggeber (ausnahmsweise) berechtigt sein soll, noch **nachträglich** bestimmte **Einwendungen** zu erheben. Dem Auftraggeber verbleibt grundsätzlich der Einwand, die von ihm bescheinigten einzelnen Personal- und Sachaufwendungen seien zur Erbringung der vertraglich geschuldeten Leistungen nicht erforderlich gewesen[186]. Dies beruht auf dem Umstand, dass der Auftragnehmer auch bei der Ausführung von Stundenlohnarbeiten an das Gebot wirtschaftlicher Betriebsführung gebunden ist[187]. Mit der Unterzeichnung der Stundenlohnzettel verbindet sich daher kein Anerkenntnis zur objektiven Erforderlichkeit des dokumentierten Stundenaufwandes[188]. Allerdings folgt aus der Bestätigung des Stundenaufwandes eine Beweislastumkehr mit der Folge, dass

---

[184] Vgl. OLG Celle BauR 2014, 1476.
[185] AA offenbar *Heiermann/Mansfeld* in Heiermann/Riedl/Rusam VOB/B, 11. Aufl. 2008, § 15 Rn. 34.
[186] BGH BauR 2002, 319 (320); bereits → § 15 Rn. 63.
[187] OLG Düsseldorf NJW-RR 2003, 455 (456); OLG Bamberg BauR 2004, 1623.
[188] OLG Düsseldorf OLGR 1994, 215 (216); OLG Celle NZBau 2004, 41 = BauR 2003, 261; *Kniffka/Koeble* BauR-Komp 4. Aufl., Teil 5, Rn. 49.

der Auftraggeber darzulegen und zu beweisen hat, dass der bestätigte Aufwand tatsächlich nicht erforderlich war[189]. Entsprechendes gilt in Fällen, in denen sich im Nachhinein erweist, dass die durch Stundenlohnzettel dokumentierten Leistungen überhaupt nicht zur Ausführung gelangt sind[190]. Unabhängig hiervon verbleibt dem Auftraggeber der Einwand, die Ausführung der Stundenlohnarbeiten sei so nicht beauftragt worden, die nach Stundenlohn erfassten Arbeiten seien etwa nach Einheitspreispositionen abzurechnen bzw. bereits von solchen Positionen mit umfasst.

6. Darlegungs- und Beweislast bei Einwendungen. Hinsichtlich der **Darlegungs- und Beweislast** gilt folgendes: Der Auftraggeber trägt grundsätzlich die Darlegungs- und Beweislast dafür, dass und in welchem Umfange er Einwendungen gegen die Stundenlohnzettel erhoben hat. Sobald feststeht, dass entsprechende Einwendungen erhoben wurden, ist es an dem Auftragnehmer, den Umfang des in den Stundenlohnzetteln ausgewiesenen Personal- und Sachaufwandes darzulegen und zu beweisen[191].

V. Anerkenntnis nicht fristgemäß zurückgegebener Stundenlohnzettel (§ 15 Abs. 3 S. 5 VOB/B)

1. Bedeutung der Regelung. Welche Folgen sich aus der **unterlassenen bzw. verspäteten Rückgabe** von Stundenlohnzetteln ergeben, ist in § 15 Abs. 3 S. 5 VOB/B geregelt. Danach gelten nicht fristgemäß zurückgegebene Stundenlohnzettel grundsätzlich als vom Auftraggeber anerkannt. Belanglos ist dabei, ob die Stundenlohnzettel nach Ablauf der Höchstfrist von 6 Werktagen oder aber überhaupt nicht zurückgegeben werden[192]. Entsprechendes gilt auch in Fällen, in denen die Stundenlohnzettel unvollständig an den Auftragnehmer zurückgereicht werden[193]. Auf die Frage, ob der Auftraggeber bei der nicht fristgemäßen Rückgabe der Stundenlohnzettel schuldhaft handelt, kommt es schon nach dem Wortlaut des § 15 Abs. 3 S. 5 VOB/B nicht an.
Die Bedeutung des § 15 Abs. 3 S. 5 VOB/B geht jedoch deutlich über den eigentlichen Wortlaut hinaus. Die Vorschrift befasst sich – zumindest vom Wortlaut her – nur mit der **Anerkenntniswirkung nicht fristgemäß zurückgegebener Stundenlohnzettel.** Wenn jedoch Stundenlohnzettel nach Ablauf der Höchstfrist von 6 Werktagen inhaltlich vom Grundsatz her als anerkannt gelten, kann sich nichts anderes für Fälle ergeben, in denen die Stundenlohnzettel innerhalb der vorgegebenen Frist bescheinigt und damit inhaltlich gebilligt werden. Auch (unbeanstandete) fristgemäß zurückgegebene Stundenlohnzettel müssen daher rechtssystematisch als anerkannt gelten[194]. Dem Anerkenntnis soll allerdings nur deklaratorische Bedeutung mit der Folge zukommen, dass sich hiermit eine Umkehr der Beweislast verbinde; der Auftraggeber sei gehalten, die Unrichtigkeit der dokumentierten Leistungen nachzuweisen[195].

2. Reichweite der Anerkenntniswirkung. Reichweite der Anerkenntniswirkung. Im Zusammenhang mit der Anerkenntniswirkung von Stundenlohnzetteln lässt sich deshalb aus § 15 Abs. 3 S. 5 VOB/B folgendes herauslesen:
– Werden Stundenlohnzettel **nicht fristgemäß** zurückgegeben, gelten sie als anerkannt.
– Werden Stundenlohnzettel **fristgemäß ohne Streichungen** oder Einwendungen zurückgegeben, so gelten sie ebenfalls als anerkannt.
– Werden Stundenlohnzettel innerhalb der vorgegebenen Frist zurückgegeben und Einwendungen erst nach Ablauf der 6-Tages-Frist erklärt, gilt der Inhalt der Stundenlohnzettel ebenfalls als anerkannt, da Einwendungen nur innerhalb der **Höchstfrist** von 6 Werktagen vorgebracht werden können.

---

[189] BGH NJW 1970, 2295 = BauR 1970, 239 (240); aA OLG Frankfurt NJW-RR 2002, 1470 (1471); OLG Celle NZBau 2004, 41 = BauR 2003, 1224.
[190] Vgl. OLG Düsseldorf BauR 1994, 803; *Heiermann/Mansfeld* in Heiermann/Riedl/Rusam VOB/B § 15 Rn. 37; bereits → § 15 Rn. 63.
[191] BGH BauR 2000, 1196; 2002, 319 (320).
[192] *Keldungs* in Ingenstau/Korbion VOB/B § 15 Abs. 3 Rn. 21; *Heiermann/Mansfeld* in Heiermann/Riedl/Rusam VOB/B § 15 Rn. 33.
[193] Vgl. *Kemper* in FKZGM VOB/B § 15 Rn. 19.
[194] *Mugler* BB 1989, 859 (860); *Keldungs* in Ingenstau/Korbion VOB/B § 15 Abs. 3 Rn. 18.
[195] OLG Oldenburg mit Nichtannahmebeschluss des BGH IBR 2005, 415; vgl. auch *Voit* FS Motzke, 2006, 421 (425 ff.).

– Werden Stundenlohnzettel **nach Ablauf der Frist ohne Einwendungen** zurückgegeben, gelten sie ebenfalls als erst recht anerkannt, da das zunächst fingierte Anerkenntnis durch eine ausdrückliche Anerkenntniserklärung des Auftraggebers ersetzt wird[196].

Zur **Bedeutung der Anerkenntniswirkung** und zu den Möglichkeiten nachträglich zu erhebenden Einwendungen wird auf die Ausführungen zu § 15 Abs. 3 S. 3 und 4 VOB/B verwiesen[197].

E. Stundenlohnrechnungen (§ 15 Abs. 4 VOB/B)

79 Durch § 15 Abs. 4 VOB/B wird angeordnet, dass der Auftragnehmer alsbald nach Abschluss der Stundenlohnarbeiten gehalten sein soll, entsprechende Stundenlohnrechnungen vorzulegen (§ 15 Abs. 4 S. 1 VOB/B). Ergänzend wird hierzu klargestellt, dass dies längstens in Abständen von 4 Wochen zu geschehen hat (§ 15 Abs. 4 S. 1 VOB/B). Hinsichtlich des Ausgleiches der Stundenlohnrechnungen, also für die Bezahlung derselben wird auf die für Zahlungen maßgebende Regelung des § 16 VOB/B verwiesen (§ 15 Abs. 4 S. 2 VOB/B).

I. Frist zur Vorlage der Stundenlohnrechnungen (§ 15 Abs. 4 S. 1 VOB/B)

80 **1. Beschleunigte Vorlage der Stundenlohnrechnungen.** Die Stundenlohnzettel bereiten die Abrechnung des Auftragnehmers vor. Aus § 15 Abs. 3 ergibt sich die Verpflichtung des Auftragnehmers, die Stundenlohnzettel jeweils zeitnah zu den ausgeführten Leistungen vorzulegen, um dem Auftraggeber die Möglichkeit zeitnaher Überprüfung der ausgeführten Arbeiten zu geben. Diese Regelung findet in § 15 Abs. 4 VOB/B insoweit ihre Fortsetzung, wie der Auftragnehmer (zusätzlich) verpflichtet wird, alsbald über die ausgeführten Stundenlohnarbeiten auf der Grundlage der bescheinigten Stundenlohnzettel abzurechnen[198]. Der Auftragnehmer braucht danach die **Stundenlohnrechnungen** nicht unverzüglich, sondern lediglich **beschleunigt anzufertigen und einzureichen**[199]. Die in diesem Zusammenhang angegebene Frist von vier Wochen stellt dabei die Höchstfrist dar, innerhalb derer die Stundenlohnrechnungen in jedem Fall eingereicht sein müssen[200]. Regelmäßig soll der Auftragnehmer diese Höchstfrist aber nicht ausschöpfen, da der Auftraggeber die alsbaldige und damit vom Auftragnehmer beschleunigte Vorlage der Stundenlohnrechnungen erwarten kann.

81 **2. Formen der beschleunigten Abrechnung.** Der Bestimmung des § 15 Abs. 4 S. 1 VOB/B kommt sowohl Bedeutung bei der Beauftragung einmaliger bzw. gesonderter wie auch bei der Ausführung sog angehängter Stundenlohnarbeiten Bedeutung zu. Soweit über die Dauer einer längerfristigen Baumaßnahme hinweg angehängte Stundenlohnarbeiten zur Ausführung gelangen, ist über diese jeweils **zeitabschnittsbezogen abzurechnen**, wobei die Abstände zwischen den einzelnen, vom Auftragnehmer vorzulegenden Stundenlohnrechnungen nicht mehr als maximal vier Wochen betragen dürfen[201]. Bei umfangreichen, kontinuierlich ausgeführten Stundenlohnarbeiten sollte diese Frist von vier Wochen aber von der Intention der zugrundeliegenden Bestimmung eher unterschritten, keinesfalls aber überschritten werden. Werden nur einmal bzw. gesondert Stundenlohnarbeiten beauftragt und diese innerhalb kürzerer Zeitspanne ausgeführt, lässt sich § 15 Abs. 4 S. 1 VOB/B entnehmen, dass auch in diesem Falle die Verpflichtung des Auftragnehmers besteht, über die Stundenlohnarbeiten längstens innerhalb von vier Wochen abzurechnen[202]. In diesem Falle handelt es sich bei der Vorlage der Stundenlohnrechnung des Auftragnehmers zugleich um seine Schlussrechnung mit der Konsequenz, dass sich die Vorlagefrist nicht nach § 14 Abs. 3, sondern ausschließlich nach § 15 Abs. 4 VOB/B richtet.

---

[196] *Keldungs* in Ingenstau/Korbion VOB/B § 15 Abs. 3 Rn. 21.
[197] bereits → § 15 Rn. 52 ff. und 68 ff.
[198] Vgl. *Kandel* in NWJS VOB/B § 15 Abs. 4 Rn. 1.
[199] *Keldungs* in Ingenstau/Korbion VOB/B § 15 Abs. 4 Rn. 2; *Kandel* in NWJS VOB/B § 15 Abs. 4 Rn. 1.
[200] *Heiermann/Mansfeld* in Heiermann/Riedl/Rusam VOB/B § 15 Rn. 40.
[201] *Keldungs* in Ingenstau/Korbion VOB/B § 15 Abs. 4 Rn. 3; *Kandel* in NWJS VOB/B § 15 Abs. 4 Rn. 3.
[202] *Keldungs* in Ingenstau/Korbion VOB/B § 15 Abs. 4 Rn. 3; *Kandel* in NWJS VOB/B § 15 Abs. 4 Rn. 2.

3. Bemessung der Frist zur Abrechnung. Die **Frist zur Vorlage der Stundenlohnrech-** 82
nung beginnt grundsätzlich nach Abschluss der Stundenlohnarbeiten. Bei Stundenlohnarbeiten, die innerhalb weniger Tage ausgeführt werden, ist der Auftragnehmer deshalb befugt, erst alsbald nach Beendigung aller Arbeiten abzurechnen. Abweichendes gilt jedoch dann, wenn der Auftragnehmer mit der Ausführung längerfristiger bzw. angehängter Stundenlohnarbeiten bei einer sich über geraume Zeit erstreckenden Baumaßnahme beauftragt ist. In diesem Fall periodisch wiederkehrender Verpflichtung zur Abrechnung in zeitlichen Abständen von maximal vier Wochen ist der Auftragnehmer gehalten, spätestens vier bis maximal fünf Wochen nach Beginn der Stundenlohnarbeiten die erste Stundenlohnrechnung vorzulegen. Für die Bemessung der Ersten (Maximal-)Frist von vier Wochen kommt es jedoch entgegen vorherrschendem Verständnis[203] nicht auf den Beginn der beauftragten Stundenlohnarbeiten, sondern auf den Abschluss der Ersten, vom Auftragnehmer nach § 15 Abs. 3 S. 2 VOB/B zu dokumentierenden Stundenlohnarbeiten an[204]. Je nach der Verkehrssitte hat der Auftragnehmer werktäglich und wöchentlich seine Stundenlohnzettel über bis zu diesem Zeitpunkt ausgeführte, also insoweit beendete Stundenlohnarbeiten einzureichen (§ 15 Abs. 3 S. 2 VOB/B). Stellt man demgegenüber unter Verstoß gegen den Wortlaut des § 15 Abs. 4 S. 1 VOB/B auf den Beginn (und nicht den Abschluss) der (ersten) Stundenlohnarbeiten für die Bemessung der 4-Wochenfrist ab[205], so ist der Auftragnehmer bereits bezogen auf den Ausführungsbeginn als verpflichtet anzusehen, in beschleunigter Weise über noch nicht ausgeführte Arbeiten abzurechnen; weder rechtstheoretisch noch praxisbezogen vermag dieser Lösungsansatz zu überzeugen.

Die Parteien können hiervon **abweichende Fristenregelungen** treffen[206]. Unter Beachtung 83
des § 14 Abs. 3 VOB/B erscheint eine Abkürzung der Abrechnungsfrist auf 12 Werktage vertretbar. Auch eine begrenzte Verlängerung der Frist kann bei größeren und länger andauernden Baumaßnahmen angemessen sein. Rechtlich unzulässig sind in dem genannten Zusammenhang allerdings Vertragsbedingungen des Auftraggebers, die darauf abzielen, dem Auftragnehmer nach Überschreiten bestimmter Abrechnungsfristen die Abrechnungsfähigkeit erbrachter Stundenlohnarbeiten gänzlich zu versagen[207].

4. Folgen verspäteter Abrechnung. Der Auftragnehmer ist grundsätzlich als verpflichtet 84
anzusehen, seine Stundenlohnrechnungen innerhalb der in § 15 Abs. 4 S. 1 VOB/B vorgeschriebenen Fristen einzureichen. Ob es sich dabei um eine vertragliche Nebenpflicht[208] oder aber lediglich um einen Appell ohne eigentlichen Pflichtencharakter handelt[209], ist rechtsdogmatisch streitig. Dabei steht jedoch außer Frage, dass dem Auftragnehmer aus dem Überschreiten der vorgeschriebenen Fristen kein Verlust begründeter Stundenlohnansprüche erwachsen kann[210]. Die Konsequenzen verspäteter Rechnungslegung bestehen im Wesentlichen in folgendem:

– Aus § 16 Abs. 1 und 3 VOB/B erschließt sich für Abschlags- wie für Schlussrechnungs- 85
forderungen, dass diese erst und nur dann fällig werden können, wenn vom Auftragnehmer eine **prüffähige Rechnung** vorgelegt wurde. Entsprechendes gilt gleichermaßen auch für Stundenlohnrechnungen. Sieht der Auftragnehmer von der Vorlage der Stundenlohnrechnungen innerhalb der vorgegebenen Fristen ab, so steht dies der Fälligkeit seiner Stundenlohnansprüche entgegen[211].

– Der Auftraggeber kann bei **ausbleibender Vorlage von Stundenlohnrechnungen** seiner- 86
seits nach § 14 Abs. 4 VOB/B vorgehen. Die Bestimmung des § 14 Abs. 4 VOB/B erstreckt sich vom Grundsatz her auch auf Stundenlohnrechnungen[212]. Soweit von dem Auftragnehmer

---

[203] *Keldungs* in Ingenstau/Korbion VOB/B § 15 Abs. 4 Rn. 3.
[204] *Voit* in Beck´scher VOB-Kommentar VOB/B § 15 Abs. 4 Rn. 7.
[205] So *Keldungs* in Ingenstau/Korbion VOB/B § 15 Abs. 4 Rn. 3.
[206] Vgl. § 10 Nr. 4 Abs. 1i VOB/A.
[207] Vgl. OLG Düsseldorf BauR 1997, 660 zu der Parallelproblematik eng befristeter Verpflichtung zur Vorlage von Stundenlohnzetteln.
[208] *Kleine-Möller/Merl/Glöckner* § 12 Rn. 181.
[209] So Beck´scher VOB-Kommentar/*Cuypers* VOB/B 1. Aufl., § 15 Abs. 4 Rn. 1 und Rn. 11; *Leinemann/Schoofs* VOB/B § 15 Rdn. 42.
[210] *Keldungs* in Ingenstau/Korbion VOB/B § 15 Abs. 4 Rn. 4; *Voit* in Beck´scher VOB-Kommentar VOB/B § 15 Abs. 4 Rn. 20; *Kemper* in FKZGM VOB/B § 15 Rn. 24.
[211] *Kemper* in FKZGM VOB/B § 15 Rn. 24; *Heiermann/Mansfeld* in Heiermann/Riedl/Rusam VOB/B § 15 Rn. 41.
[212] *Keldungs* in Ingenstau/Korbion VOB/B § 15 Abs. 4 Rn. 4; *Kleine-Möller/Merl/Glöckner* § 12 Rn. 181; vgl. auch *Voit* in Beck´scher VOB-Kommentar VOB/B § 15 Abs. 4 Rn. 22 f.

Stundenlohnzettel vorgelegt wurden (§ 15 Abs. 3 S. 2 VOB/B) und eine alle Kostenbestandteile umfassende Stundenlohnvereinbarung abgeschlossen wurde (§ 2 Abs. 10 VOB/B), bestehen für den Auftragnehmer regelmäßig keine Schwierigkeiten, nach vorangegangener fruchtloser Fristsetzung die Stundenlohnarbeiten selbst abzurechnen[213]. Fehlt es an den vorgenannten Voraussetzungen, so kommt eine Aufstellung der Schlussrechnung durch den Auftraggeber unter Berücksichtigung des § 15 Abs. 5 VOB/B in Betracht.

87 – Hat der Auftraggeber Vorauszahlungen oder aber sonstige Anzahlungen geleistet, kann er den Auftragnehmer über § 812 Abs. 1 BGB auf **Rückzahlung** in Anspruch nehmen und diesen damit zwingen, über die ausgeführten Stundenlohnarbeiten abzurechnen.
Insoweit gelten die gleichen Grundsätze wie bei § 14 Abs. 4 VOB/B[214].

II. Inhalt der Stundenlohnrechnungen (§ 15 Abs. 4 iVm § 14 Abs. 1 VOB/B)

88 1. **Verhältnis zu § 14 Abs. 1 VOB/B.** Aus § 15 Abs. 4 S. 1 VOB/B ergibt sich nicht unmittelbar, wie Stundenlohnrechnungen im Einzelnen aufzumachen sind. Insoweit ist ergänzend auf § 14 Abs. 1 VOB/B zurückzugreifen. Auch für Stundenlohnrechnungen gilt die **allgemeine Abrechnungsvorschrift des § 14 VOB/B**[215]. Der Auftragnehmer hat deshalb auch über Stundenlohnarbeiten grundsätzlich prüfbar abzurechnen (§ 14 Abs. 1 S. 1 VOB/B). Vor allem hat er die Stundenlohnrechnungen übersichtlich aufzustellen (§ 14 Abs. 1 S. 2 VOB/B). Die zum Nachweis von Art und Umfang der Stundenlohnleistungen erforderlichen Stundenlohnzettel hat der Auftragnehmer seinen Abrechnungen beizufügen (§ 14 Abs. 1 S. 3 VOB/B)[216].

89 2. **Art und Weise der Abrechnung.** Die Art und Weise der vom Auftragnehmer vorzunehmenden **Abrechnung der Stundenlohnleistungen** kann sich aus dem zugrundeliegenden Bauvertrag und seinen Vertragsbedingungen ergeben[217]. Soweit keine ausdrücklichen vertraglichen Abrechnungsregelungen getroffen wurden, sind die Stundenlohnabrechnungen unter Zugrundelegung der zuvor erstellten und bescheinigten Stundenlohnzettel aufzumachen[218]. Die in den Stundenlohnzetteln dokumentierten Arbeiten sind deshalb nachvollziehbar in die Stundenlohnabrechnungen zu übernehmen[219]. Die in Bezug genommenen Stundenlohnzettel sind zum Nachweis des Personal- und Sachaufwandes beizufügen[220].

90 3. **Prüffähigkeit der Abrechnung.** Die Stundenlohnabrechnung muss zusammen mit den zugrundeliegenden Stundenlohnzetteln in sich prüffähig sein[221]. Die **Prüffähigkeit** setzt voraus, dass die ausgeführten Stundenlohnarbeiten, also der getätigte Personal- wie Sachaufwand vom Auftraggeber nachvollzogen werden kann. Die Arbeiten sind so detailliert nach Art, Umfang und Ausführungszeitraum zu beschreiben, dass sie vom Auftraggeber unter Berücksichtigung der übergebenen Stundenlohnzettel eindeutig und klar zugeordnet und beurteilt werden können[222]. Bei vereinbarten Stundensätzen errechnet sich die Höhe der Vergütung aus dem Produkt des jeweiligen Stundensatzes und der Zahl der geleisteten Stunden[223]. Das für die einzelnen Stundenlohnarbeiten benötigte und abzurechnende Material ist den einzelnen Arbeitsleistungen zuzuordnen[224]. Die Bezugnahme auf Angaben in den Stundenlohnzetteln ist zulässig, soweit diese inhaltlich prüffähig sind und deshalb ihrerseits vom Auftraggeber nachvollzogen werden können[225]. Nicht ausreichend sind bloße allgemeine Umschreibungen bestimmter Tätigkeiten am Bau – zB „Reinigungsarbeiten", „Bohrarbeiten", „Schließen von Schlitzen", „Arbeiten nach

---

[213] AA *Voit* in Beck'scher VOB-Kommentar VOB/B § 15 Abs. 4 Rn. 22 f.
[214] → VOB/B § 14 Rn. 71 ff.
[215] Vgl. *Heiermann/Mansfeld* in Heiermann/Riedl/Rusam VOB/B § 15 Rn. 39.
[216] Siehe zu den Prüffähigkeitskriterien des § 14 Nr. 1 im Einzelnen → VOB/B § 14 Rn. 5 ff. und 17 ff.
[217] *Heiermann/Mansfeld* in Heiermann/Riedl/Rusam VOB/B § 15 Rn. 39 ff.
[218] Vgl. *Voit* in Beck'scher VOB-Kommentar VOB/B § 15 Abs. 4 Rn. 2 ff.
[219] *Voit* in Beck'scher VOB-Kommentar VOB/B § 15 Abs. 4 Rn. 3.
[220] KG Berlin IBR 1991, 322; *Kandel* in NWJS VOB/B § 15 Abs. 4 Rn. 5.
[221] *Heiermann/Mansfeld* in Heiermann/Riedl/Rusam VOB/B § 15 Rn. 42; *Kandel* in NWJS VOB/B § 15 Abs. 4 Rn. 4.
[222] OLG Frankfurt BauR 1999, 1460 (1461); *Voit* in Beck'scher VOB-Kommentar VOB/B § 15 Abs. 4 Rn. 3 f.
[223] OLG Schleswig IBR 2016, 381.
[224] OLG Brandenburg BauR 2005, 151.
[225] *Kemper* in FKZGM VOB/B § 15 Rn. 23.

Angabe"[226] – oder aber die Auflistung bestimmter Mitarbeiter, die bei der Baumaßnahme tätig wurden[227]. Praktisch ist es danach notwendig, die ausgeführten Leistungen einerseits so exakt als möglich nach Art, Umfang und Ausführungsort zu beschreiben und andererseits den personellen und zeitlichen Aufwand zu belegen[228]. Außerdem hat der Auftragnehmer speziell mit ihm vereinbarte Prüffähigkeitsanforderungen einzuhalten[229].

Die Prüffähigkeitskriterien dürfen gleichwohl nicht überspannt werden. Die Angaben zu den ausgeführten Leistungen und dem getätigten Personal- und Sachaufwand sind lediglich in der Weise vorzunehmen, dass sie **von dem Empfänger nachvollzogen** werden können. Der baukundige Auftraggeber ist dabei regelmäßig nicht in gleichem Umfange schutzwürdig wie ein bauunerfahrener Auftraggeber, es sei denn, dieser lässt die Abwicklung der Stundenlohnarbeiten wie auch deren Abrechnung durch einen versierten Architekten oder Bauleiter vornehmen. Maßgebend ist demnach letztlich der vom Auftragnehmer redlicherweise zu erwartende Empfängerhorizont auf Seiten seines Auftraggebers.

4. Abrechnungsklauseln. Im Zusammenhang mit der Abrechnung von Stundenlohnarbeiten kommt darüber hinaus typischerweise zusätzlichen **Vertragsbedingungen** zum Umfang der abrechnungsfähigen Leistungen nicht unerhebliche Bedeutung zu. Zur Wirksamkeit typischer derartiger Vertragsklauseln gilt folgendes:

– Rechtlich unzulässig sind **Preisgestaltungsklauseln**, bei denen eine pauschale Abrechnung zusätzlicher Geräte- und Gerätewagenkosten vorgesehen ist, obgleich diese nicht notwendigerweise zum Einsatz gelangen[230].
– Demgegenüber können pauschale **Kostenregelungen** für den tatsächlich erfolgten Einsatz von Kraftfahrzeugen und Gerätewagen rechtlich durchaus zulässig sein, da Preisabreden für Nebenleistungen gemäß § 8 AGBG aF bzw. § 307 Abs. 3 S. 1 BGB vom Grundsatz her nicht der Inhaltskontrolle unterliegen[231].
– Sobald jedoch **Preisnebenabreden** unter § 9 AGBG aF bzw. § 307 Abs. 1 BGB fallen, kann sich aus einer unangemessenen Bestimmung von Stundenlohnarbeiten die Unwirksamkeit entsprechender Klauseln ergeben[232]. Vor diesem Hintergrund ist beispielsweise eine Vertragsklausel unwirksam, bei der vom Auftragnehmer vorgesehen ist, dass Fahrtzeiten uneingeschränkt wie Arbeitszeiten abgerechnet werden können[233].
– Dass **angefangene Stunden** wie volle Arbeitsstunden abgerechnet werden, soll demgegenüber nicht zur Unwirksamkeit gemäß § 9 AGBG aF bzw. § 307 Abs. 1 BGB führen[234].
– Klauseln, bei denen die **vereinbarten Stundenlohnsätze** unabhängig von der Anzahl der zu leistenden Stunden gelten sollen, sind ebenso unzulässig wie der Ausschluss des § 2 Abs. 3 VOB/B bei Stundenlohnarbeiten[235].
– Aus ähnlichen Erwägungen heraus werden auch solche Bedingungen für unwirksam erachtet, bei denen **Zuschläge** für Nachtschichten, Überstunden und Feiertagszuschläge grundsätzlich und unabhängig vom tatsächlichen Bauverlauf von vornherein seitens des Auftraggebers ausgeschlossen werden[236].
– Die sog **Bagatell- und Selbstbeteiligungsklauseln**, wonach geringfügige Mehr- und Minderbeträge bei der Abrechnung unberücksichtigt bleiben sollen, sind auch im Rahmen des § 15 VOB/B nach der neueren Rechtsprechung des Bundesgerichtshofs gemäß § 9 AGBG aF bzw. § 307 Abs. 1 BGB wirksam, jedenfalls dann, wenn nicht mehr als 0,5 vH der Abrechnungssumme überschritten werden[237].

---

[226] OLG Karlsruhe BauR 1995, 114; *Heiermann/Mansfeld* in Heiermann/Riedl/Rusam VOB/B § 15 Rn. 42.
[227] *Heiermann/Mansfeld* in Heiermann/Riedl/Rusam VOB/B § 15 Rn. 42.
[228] Vgl. *Voit* in Beck'scher VOB-Kommentar VOB/B § 15 Abs. 4 Rn. 3 ff.
[229] Vgl. OLG Celle BauR 2014, 1476.
[230] *Glatzel/Hofmann/Frikell* Unwirksame Bauvertragsklauseln 9. Aufl., S. 320.
[231] BGH BB 1992, 228; *Grüneberg* in Palandt BGB § 307 Rn. 46 ff.
[232] *Grüneberg* in Palandt BGB § 307 Rn. 47.
[233] *Korbion/U. Locher* AGB-Gesetz und Baurichtungsverträge Teil I, Rn. 219.
[234] Vgl. OLG Frankfurt DB 1983, 1482.
[235] OLG Köln OLGR 2000, 481; *Glatzel/Hofmann/Frikell* Unwirksame Bauvertragsklauseln, S. 317 mwN.
[236] *Glatzel/Hofmann/Frikell* Unwirksame Bauvertragsklauseln, S. 317 mwN.
[237] BGH IBR 2002, 126.

– Unwirksam sind demgegenüber wiederum Vertragsklauseln, mit denen der Stundenlohn für **Aufsichtstätigkeit** im Sinne des § 15 Abs. 2 VOB/B auch dann ausgeschlossen wird, wenn der Auftraggeber ausdrücklich zusätzliche Aufsichtsarbeiten verlangt[238].

93 Die Grenzziehung zwischen wirksamen und unwirksamen Klauseln ist häufig nur schwer vorzunehmen. Dies beruht vor allem darauf, dass Preisklauseln, die unmittelbar Art und Umfang der geschuldeten Vergütung regeln, vom Grundsatz her **nicht der Inhaltskontrolle** unterliegen[239].

III. Fälligkeit der Stundenlohnrechnung (§ 15 Abs. 4 S. 2 VOB/B)

94 Für die Fälligkeit der Stundenlohnforderungen verweist die Bestimmung des § 15 Abs. 4 S. 2 VOB/B auf die für alle Zahlungen maßgebenden, in § 16 VOB/B niedergelegten Regelungen. Dies hat zur Konsequenz, dass auch bei Stundenlohnarbeiten die in § 16 VOB/B vorgesehenen Abschlags- und Teilschlussrechnungen ebenso wie die dort vorgesehene Schlussrechnung gestellt werden können[240]. Mit der Vorlage von **Stundenlohn-Abschlagsrechnungen** bringt der Auftragnehmer zum Ausdruck, dass noch nicht endgültig und abschließend über alle beauftragten Stundenlohnarbeiten abgerechnet ist. Sobald alle Stundenlohnarbeiten beendet und abzurechnen sind, legt der Auftragnehmer für die entsprechenden Arbeiten eine Schlussrechnung vor. Entsprechendes gilt erst recht, wenn die Stundenlohnarbeiten lediglich abrechnungstechnisch der Vorlage von Leistungsrechnungen angehängt wurden.

95 Der Verweisung in § 15 Abs. 4 S. 2 VOB/B kommt darüber hinaus Bedeutung im Zusammenhang mit der Fälligkeit der vorgelegten Rechnungen zu. Für die **Fälligkeit** gelten durchgängig die Zahlungsregelungen, die Gegenstand des § 16 VOB/B sind[241].

Unter Wahrung der Voraussetzungen des § 16 Abs. 3 Nr. 6 VOB/B kann der Auftragnehmer eine vorgelegte Schlussrechnung zu ausgeführten Stundenlohnarbeiten nachträglich noch korrigieren. Vor allem kann er im Zuge seiner Stundenlohnabrechnung übersehene Stundenlohnzettel zum Gegenstand gesonderter und ergänzender Abrechnung machen. Da die Schlussrechnung für Stundenlohnarbeiten keine Bindungswirkung entfaltet, kann der Auftragnehmer zusätzlichen Stundenlohnaufwand vom Auftraggeber nachträglich einfordern[242].

F. Stundenlohnabrechnung bei Zweifeln über den Umfang der Stundenlohnarbeiten (§ 15 Abs. 5 VOB/B)

96 Die Vorschrift des § 15 Abs. 5 VOB/B befasst sich mit der Abrechnung von Stundenlohnarbeiten, die zwar vom Auftraggeber beauftragt wurden, zu denen es jedoch in der Folgezeit zu Zweifeln hinsichtlich ihres Umfanges gekommen ist. Diese Zweifel müssen laut Wortlaut der Bestimmung darauf zurückzuführen sein, dass der Auftragnehmer die für die Abrechnung der Stundenlohnarbeiten erforderlichen Stundenlohnzettel nicht oder zumindest nicht rechtzeitig vorgelegt hat. In diesem Falle soll auf Verlangen des Auftraggebers für die nachweisbar ausgeführten Leistungen in wirtschaftlich vertretbarem Umfange eine neue Vergütung ermittelt werden.

Von der Regelung des § 15 Abs. 5 VOB/B zu unterscheiden ist die Klärung, inwieweit der vom Auftragnehmer getätigte und ordnungsgemäß dokumentierte (Zeit-) Aufwand aus Sicht des Auftraggebers unwirtschaftlich erscheint. Die Unwirtschaftlichkeit eines derartigen Aufwandes hat der Auftraggeber im Rahmen eines schadenersatzrechtlichen Gegenanspruches darzulegen und zu beweisen[243].

I. Verhältnis zu § 2 Abs. 10 VOB/B

97 Bei der Regelung des § 15 Abs. 5 VOB/B wird davon ausgegangen, dass (zumindest) zwischen den Parteien eine **Stundenlohnvereinbarung** im Sinne des § 2 Abs. 10 VOB/B zustande gekommen ist. Keine Anwendung findet die Bestimmung deshalb in Fällen, in denen es

---

[238] *Korbion/U. Locher* AGB-Gesetz und Bauerrichtungsverträge Teil I, Rn. 217.
[239] Siehe zu den Einzelheiten → VOB/B § 2 Rn. 56–58.
[240] *Heiermann/Mansfeld* in Heiermann/Riedl/Rusam VOB/B § 15 Rn. 41; *Kandel* in NWJS VOB/B § 15 Abs. 4 Rn. 8.
[241] *Heiermann/Mansfeld* in Heiermann/Riedl/Rusam VOB/B § 15 Rn. 43; *Keldungs* in Ingenstau/Korbion VOB/B § 15 Abs. 4 Rn. 5; *Kandel* in NWJS VOB/B § 15 Abs. 4 Rn. 8.
[242] Vgl. *Voit* in Beck'scher VOB-Kommentar 3. Aufl. § 15 Abs. 4 Rn. 24.
[243] Vgl. hierzu → § 15 Rn. 5, 28, 64.

die Parteien von vornherein unterlassen haben, eine Vereinbarung über die Ausführung von Stundenlohnarbeiten zu treffen. § 15 Abs. 5 VOB/B ersetzt nicht die erforderliche Stundenlohnvereinbarung, der Bestimmung kommt lediglich ergänzende Bedeutung zu, wenn der Umfang der vereinbarten Stundenlohnarbeiten zwischen den Parteien streitig ist[244]. **Fehlt es bereits an der zugrundeliegenden Vereinbarung** über die Ausführung von Stundenlohnarbeiten, so kann der Auftragnehmer keine Abrechnung nach Stundenlohn verlangen, es sei denn, es wird (ausdrücklich) im Nachhinein noch vereinbart, dass bestimmte in der Vergangenheit ausgeführte Bauleistungen nach Stundenlohn vergütet werden sollen[245].

II. Vergleich bei Vergütungszweifeln

Haben die Parteien eine Vereinbarung über die Ausführung von Stundenlohnarbeiten getroffen (§ 2 Abs. 10 VOB/B) und entstehen anschließend – gleich aus welchem Grunde – **Zweifel über den zur Abrechnung gestellten Personal- und Sachaufwand**, so steht es den Parteien ebenfalls frei, die zwischen ihnen strittigen Differenzen durch eine vergleichsweise vertragliche Bestimmung des Umfanges der erbrachten Stundenlohnarbeiten auszuräumen. Mit einer derartigen Vereinbarung wird die Regelung des § 15 Abs. 5 VOB/B abbedungen bzw. hinfällig. Die Parteien können zu dem entstandenen Personal- und Sachaufwand eine konkrete Stundenlohnabrede der Höhe nach treffen; ersatzweise können sie die erbrachten Stundenlohnarbeiten aber auch individuell ihrem Leistungsumfang nach bewerten und einvernehmlich festlegen. Bei dieser Festlegung sind die Parteien nicht an die Wertungen des § 15 Abs. 5 VOB/B gebunden.

98

III. Neuvereinbarung bei Vergütungszweifeln

Kommt es zwischen den Parteien nicht zu einer entsprechenden Vereinbarung, so besagt § 15 Abs. 5 VOB/B zunächst, dass weder dem Auftraggeber noch dem Auftragnehmer ein einseitiges Leistungsbestimmungsrecht zusteht. Vor allem kann der Auftragnehmer nicht einseitig den von ihm errechneten Umfang der Stundenlohnvergütung durchsetzen. Die Regelung des § 15 Abs. 5 VOB/B geht vielmehr von einer Neuvereinbarung der Parteien zur Höhe der Vergütung aus.

99

1. Unterbliebene bzw. verspätete Vorlage von Stundenlohnzetteln. Anlass hierzu besteht dann, wenn der Umfang der Stundenlohnleistungen unklar bzw. zweifelhaft ist, weil der Auftragnehmer die Stundenlohnzettel nicht oder aber verspätet vorgelegt hat. Wann von einer **verspäteten Vorlage** auszugehen ist, erschließt sich aus § 15 Abs. 3 S. 2 VOB/B und der ortsüblichen Verkehrssitte[246]. Der Auftraggeber kann sich deshalb auch in den Fällen, in denen die Stundenlohnzettel vom Auftragnehmer nach Fristablauf nachgereicht werden, auf ein Verlangen zur Neuvereinbarung der Vergütung stützen. Ausschlaggebend hierfür ist der Umstand, dass durch jede verspätete Vorlage von Stundenlohnzetteln dem Auftraggeber die Möglichkeit beschnitten wird, zeitnah die Angaben in den Stundenlohnzetteln mit den tatsächlich an Ort und Stelle ausgeführten Stundenlohnarbeiten anhand des aktuellen Baufortschrittes nachzuvollziehen[247]. Aus Sicht des Auftraggebers ist es deshalb für die maßgebende Frage nach der zeitnahen Überprüfbarkeit der dokumentierten Stundenlohnarbeiten unerheblich, ob die Stundenlohnzettel nicht oder nur verspätet vorgelegt werden. Ebenso unerheblich ist es, ob die Ursache für die verspätete Vorlage von dem Auftragnehmer verschuldet wurde oder aber schuldlos erfolgt ist[248].

100

2. Ursächlichkeit unterbliebener bzw. verspäteter Vorlage von Stundenlohnzetteln. Ausgehend hiervon muss sich die unterbliebene bzw. verspätete Vorlage von Stundenlohnzetteln für die Zweifel des Auftraggebers am Umfang der ausgeführten Stundenlohnarbeiten als **ursächlich** erweisen[249]. Der Auftraggeber muss sich daher außergerichtlich und ggf. im Rahmen eines anhängigen Rechtsstreits darauf berufen können, bei ihm seien aus Gründen unterbliebener bzw.

101

---

[244] Kandel in NWJS VOB/B § 15 Abs. 5 Rn. 3.
[245] Vgl. BGH BauR 1994, 760 (762); *Heiermann/Mansfeld* in Heiermann/Riedl/Rusam VOB/B § 15 Rn. 6; *Voit* in Beck´scher VOB-Kommentar VOB/B § 15 Abs. 1 Rn. 17.
[246] Im Einzelnen → § 15 Rn. 44 ff.
[247] *Kandel* in NWJS VOB/B § 15
[248] *Keldungs* in Ingenstau/Korbion VOB/B § 15 Abs. 5 Rn. 3.
[249] *Keldungs* in Ingenstau/Korbion VOB/B § 15 Abs. 5 Rn. 4; *Kandel* in NWJS VOB/B § 15 Abs. 5 Rn. 7 f; *Kemper* in FKZGM VOB/B § 15 Rn. 27.

verspäteter Vorlage von Stundenlohnzetteln Zweifel hinsichtlich des Umfanges der zur Abrechnung gestellten Leistungen entstanden[250]. Teilweise wird verlangt, dass es sich um **berechtigte Zweifel über den Umfang der vom Auftragnehmer behaupteten Stundenlohnarbeiten** handeln muss[251]. Weitergehend wird sogar vertreten, dass der Auftraggeber den Beweis darüber zu führen hat, weshalb bei ihm Zweifel über Art und Umfang der Stundenlohnarbeiten entstanden sind[252]. Derartig strenge Darlegungs- und Beweispflichten stehen jedoch nicht im Einklang mit dem Sinn und Zweck der in § 15 Abs. 5 VOB/B vorgesehenen Regelung. Für den Auftraggeber wird es häufig überhaupt nicht möglich sein, im Einzelnen begründet darzutun oder gar zu beweisen, weshalb bei ihm berechtigte Zweifel an Art und Umfang der zur Abrechnung gestellten Stundenlohnarbeiten erwachsen sind. Maßgebend für die Heranziehung des Tatbestandes des § 15 Abs. 5 VOB/B ist vom Ausgangspunkt her ein Versäumnis des Auftragnehmers, nämlich dessen unterbliebene bzw. verspätete Vorlage von Stundenlohnzetteln, mithin ein Verstoß gegen § 15 Abs. 3 S. 2 VOB/B. Wenn es nach der vorgenannten Bestimmung und unter Beachtung der Ortsüblichkeit vom Auftragnehmer geschuldet ist, die Stundenlohnzettel innerhalb kurzer Frist vorzulegen, dürften sich regelmäßig aus der Überschreitung dieser Fristen ohne weiteres Abrechnungszweifel ergeben. Man wird es deshalb genügen lassen müssen, wenn sich der Auftraggeber nach unterbliebener bzw. verspäteter Vorlage von Stundenlohnzetteln auf subjektiv bei ihm entstandene Zweifel beruft und deshalb eine Neuvereinbarung der Vergütung beansprucht[253]. In diesem Falle ist es an dem Auftragnehmer, anschließend darzulegen und zu beweisen, dass die vom Auftraggeber erhobenen Zweifel unberechtigt sind und deshalb die zur Abrechnung gestellte Stundenlohnabrechnung dem Umfange nach zutreffend ist[254].

102 Macht der Auftraggeber unter Berücksichtigung des vorher Gesagten **Zweifel zum Umfang der abgerechneten Stundenlohnvergütung** geltend, so trifft den Auftragnehmer auch die Verpflichtung, den Umfang der von ihm ausgeführten und abgerechneten Stundenlohnarbeiten darzulegen und zu beweisen. Durch § 15 Abs. 5 VOB/B wird deshalb die Darlegungs- und Beweislast nicht geändert; sie verbleibt uneingeschränkt bei dem Auftragnehmer[255]. Insoweit gilt nichts anderes, als wenn der Auftraggeber vom Grundsatz her keine Einwendungen gegen die zur Abrechnung gestellten Stundenlohnarbeiten erhebt, jedoch einzelne Positionen von ihrem Umfang her inhaltlich beanstandet.

103 **3. Verlangen auf Neuvereinbarung.** Die Regelung des § 15 Abs. 5 VOB/B kommt nur zum Tragen, wenn der Auftraggeber ausdrücklich ein entsprechendes Verlangen stellt[256]. Es ist zu beachten, dass ausschließlich der Auftraggeber (und nicht der Auftragnehmer) berechtigt ist, das Verlangen auf Neuvereinbarung der Vergütung zu stellen[257]. Macht der Auftraggeber das entsprechende **Verlangen** nach § 15 Abs. 5 VOB/B nicht geltend, so verbleibt es dem Umfange nach bei den vom Auftragnehmer zur Abrechnung gestellten Stundenlohnrechnungen. Es stellt sich deshalb die Frage, innerhalb welcher Zeitspanne nach Vorlage der Stundenlohnrechnung der Auftraggeber das Verlangen auf Neuberechnung geltend machen muss. Überwiegend wird hierzu der Standpunkt eingenommen, der Auftraggeber sei gehalten, ein entsprechendes Verlangen spätestens bis zum Eintritt der Fälligkeit der jeweiligen Stundenlohnschlussrechnung bzw. -teilschlussrechnung zu stellen[258]. Bei dieser Auffassung wird jedoch übersehen, dass § 15 Abs. 5 VOB/B für das Neuabrechnungsverlangen des Auftraggebers gerade keine bestimmte, kurz bemessene Frist vorsieht. Die ordnungsgemäße Abrechnung ist Sache des Auftragnehmers, der sich nicht gegenüber dem Auftraggeber darauf berufen kann, dieser sei **verpflichtet**, eine abschließende Rechnungsprüfung innerhalb der in § 16 Abs. 3 Nr. 1 VOB/B vorgesehenen Frist von (lediglich) einem Monat vorzunehmen[259]. Es ist deshalb nicht erkennbar, weshalb der

---

[250] *Kemper* in FKZGM VOB/B § 15 Rn. 27.
[251] *Keldungs* in Ingenstau/Korbion VOB/B § 15 Abs. 5 Rn. 4.
[252] *Heiermann/Mansfeld* in Heiermann/Riedl/Rusam VOB/B § 15 Rn. 46.
[253] Vgl. auch *Voit* in Beck'scher VOB-Kommentar VOB/B § 15 Abs. 5 Rn. 12.
[254] *Kandel* in NWJS VOB/B § 15 Abs. 5 Rn. 21.
[255] *Keldungs* in Ingenstau/Korbion VOB/B § 15 Abs. 5 Rn. 6.
[256] OLG Düsseldorf BauR 2014, 709; *Kemper* in FKZGM VOB/B § 15 Rn. 27; *Keldungs* in Ingenstau/Korbion VOB/B § 15 Abs. 5 Rn. 8.
[257] OLG Düsseldorf BauR 2014, 709.
[258] *Mugler* BB 1989, 859 (860 f.); *Keldungs* in Ingenstau/Korbion VOB/B § 15 Abs. 5 Rn. 8.
[259] Hierzu im Einzelnen → § 16 Rn. 184 ff. und die dortigen Nachweise.

Auftraggeber das Recht zur Neuvereinbarung der Vergütung alleine deshalb verwirkt haben sollte, weil er die Rechnungsprüfung nicht innerhalb kurzer Zeit abgeschlossen hat.

Richtigerweise wird man auf den **Zeitpunkt der Rechnungsprüfung** abzustellen haben: 104 Sobald der Auftraggeber die Rechnungsprüfung abgeschlossen und das Ergebnis dem Auftragnehmer mitgeteilt hat, bringt er damit zugleich zum Ausdruck, in welchem Umfange er mit der Abrechnung des Auftragnehmers einverstanden ist. Soweit der Auftraggeber die Stundenlohnarbeiten im Rahmen der Rechnungsprüfung ihrem Umfange nach bestätigt, liegt hierin eine Billigung, die es ihm regelmäßig nach Treu und Glauben verwehrt, zu einem späteren Zeitpunkt das Rechnungsprüfungsergebnis in Bezug auf die abgerechneten und belegten Stundenlohnleistungen in Frage zu stellen. Für den Fall, dass allerdings die Rechnungsprüfung unterbleibt bzw. dem Auftragnehmer kein geprüftes Schlussrechnungsexemplar zur Verfügung gestellt wird, hat es der Auftragnehmer in der Hand, nach Eintritt der Fälligkeit seine Vergütungsansprüche gerichtlich durchzusetzen. Dem Auftragnehmer verbleibt die Befugnis, im Rahmen der gerichtlichen Auseinandersetzung noch Einwendungen zur Höhe der Stundenlohnforderung zu erheben.

4. Folgen des Verlangens nach Neuvereinbarung. Sobald der Auftraggeber ein berechtigtes Verlangen zur Neuberechnung gegenüber dem Auftragnehmer stellt, ist dieser grundsätzlich 105 verpflichtet, dem Verlangen des Auftraggebers zu entsprechen[260]. Der Auftragnehmer ist deshalb gehalten, in die **Neuberechnung** nach § 15 Abs. 5 VOB/B einzuwilligen[261]. Nach der Intention des § 15 Abs. 5 VOB/B ist der Auftragnehmer verpflichtet, unter Berücksichtigung der angegebenen Bemessungsmaßstäbe eine Neuberechnung vorzunehmen, die anschließend Grundlage einer entsprechenden (Zwischen-)Vergütungsvereinbarung der Parteien sein soll.

Kommt der Auftragnehmer dem gestellten Verlangen nicht nach und/oder kommt keine 106 Neuvereinbarung zustande, so wird es regelmäßig in einem anschließenden **Rechtsstreit** darauf hinauslaufen, dass bei Bestätigung der Zweifel zum Umfang der Stundenlohnleistungen eine Neuberechnung durch das erkennende Gericht, letztlich vermittels der Einschaltung eines Bausachverständigen vorgenommen wird. Die Bemessung der Vergütung richtet sich dann nach den objektiven Maßstäben des § 15 Abs. 5 VOB/B[262]. Voraussetzung hierfür ist jedoch, dass der Auftragnehmer die von ihm ausgeführten Stundenlohnarbeiten substantiiert vorträgt und zwar nach den Maßstäben, die sich für inhaltlich ausreichend nachvollziehbare Stundenlohnzettel ergeben[263].

IV. Selbstaufstellung der Stundenlohnrechnung

Alternativ verbleibt dem Auftraggeber die Befugnis, die Stundenlohnrechnung selbst neu 107 aufzustellen (vgl. § 14 Abs. 4 VOB/B)[264]. Wenn der Auftraggeber von dieser Befugnis Gebrauch macht, steht ihm dabei kein einseitiges Bestimmungsrecht nach § 315 BGB zu[265]. Die Neuberechnung hat der Auftraggeber vielmehr nach den für ihn erkennbaren Umständen unter Zugrundelegung der objektiven Berechnungsmaßstäbe des § 15 Abs. 5 VOB/B vorzunehmen[266]. Der Auftraggeber kann dieses aus seiner Sicht möglicherweise umständliche Verfahren nicht dadurch vermeiden, dass er in seinen Vertragsbedingungen vorsieht, dass sich der Auftragnehmer zur Höhe der Stundenlohnvergütung seiner Entscheidung zu unterwerfen hat, wenn er durch seine Abrechnungsweise Zweifel hinsichtlich der Höhe der Vergütung auslöst. Eine derartige Regelung widerspricht sowohl dem § 15 Abs. 1 und 5 VOB/B wie auch der Grundaussage des § 632 BGB und führt deshalb zu einem Verstoß gegen § 9 AGBG aF bzw. § 307 BGB[267].

---

[260] *Keldungs* in Ingenstau/Korbion VOB/B § 15 Abs. 5 Rn. 9.
[261] *Heiermann/Mansfeld* in Heiermann/Riedl/Rusam VOB/B § 15 Rn. 47.
[262] *Kandel* in NWJS VOB/B § 15 Abs. 5 Rn. 16; *Keldungs* in Ingenstau/Korbion VOB/B § 15 Abs. 5 Rn. 10.
[263] OLG Hamm NJW-RR 2005, 893 = BauR 2005, 1330.
[264] *Keldungs* in Ingenstau/Korbion VOB/B § 15 Abs. 5 Rn. 9.
[265] *Keldungs* in Ingenstau/Korbion VOB/B § 15 Abs. 5 Rn. 9; *Kandel* in NWJS VOB/B § 15 Abs. 5 Rn. 15; aA LG Mannheim BauR 1982, 71.
[266] Siehe zu den weiteren Voraussetzungen des Vorgehens nach § 14 Nr. 4 VOB/B im Einzelnen → § 14 Rn. 71 ff.
[267] Vgl. zu einer ähnlichen Konstellation *Korbion/U. Locher* AGB-Gesetz und Bauerrichtungsverträge Teil I, Rn. 216 aE.

V. Bemessung der neu zu vereinbarenden Vergütung

108 Zur Bemessung der Höhe der neu zu vereinbarenden Vergütung räumt § 15 Abs. 5 VOB/B dem Auftraggeber ein Wahlrecht ein[268]:

109 **1. Vergütung nach Stundenlohn.** Die **Vergütung ist als Stundenlohn** für einen wirtschaftlich vertretbaren Aufwand an Arbeitszeit und Verbrauch von Stoffen, für Vorhaltung von Einrichtungen, Geräten, Maschinen und maschinellen Anlagen, für Frachten, Fuhr- und Ladeleistungen sowie etwaige Sonderkosten neu zu ermitteln[269]. Durch die Verweisung auf § 15 Abs. 1 Abs. 2 VOB/B wird klargestellt, dass es vorrangig auf die **Ermittlung der ortsüblichen Vergütung,** hilfsweise auf die Bemessungsfaktoren ankommt, die sich aus § 15 Abs. 1 Nr. 2 S. 2 VOB/B ergeben[270]. Der auf diese Weise ermittelte Stundenlohn wird auf den für die Ausführung der Bauleistung wirtschaftlich vertretbaren Aufwand vergütet. Es kommt mithin nicht (mehr) auf den Umfang der vom Auftragnehmer angegebenen Stunden, sondern ausschließlich auf den für die Bauleistung wirtschaftlich vertretbaren Aufwand an Arbeitszeit und Verbrauch von Stoffen, Geräten und Materialien etc an[271]. Oder besser gesagt: Hinsichtlich des **Wert**ansatzes (zB Vergütung je Arbeitsstunde) ist § 15 Abs. 1 Nr. 2 VOB/B maßgebend, hinsichtlich des **Mengen**ansatzes (zB Aufwand an Arbeitszeit) ist auf den wirtschaftlich vertretbaren Aufwand abzustellen[272].

110 Was als wirtschaftlich vertretbarer Aufwand zu verstehen ist, lässt sich § 15 Abs. 5 VOB/B nicht ausdrücklich entnehmen. Allerdings liegt der Sinn der Regelung des § 15 Abs. 5 VOB/B ebenso wie der des § 15 Abs. 1 Nr. 2 S. 2 VOB/B darin, dem Auftragnehmer eine bei wirtschaftlicher Betriebsführung angemessene Vergütung zuzugestehen. Für die **Bemessung dieser Vergütung** gelten deshalb die gleichen Voraussetzungen wie bei § 15 Abs. 1 Nr. 2 S. 2 VOB/B[273]. Auch wenn in § 15 Abs. 5 VOB/B die Zuschläge für Gemeinkosten und Gewinn (einschließlich allgemeinem Unternehmerwagnis) sowie die Umsatzsteuer nicht Erwähnung gefunden haben, sind sie gleichwohl bei der Neuberechnung zu berücksichtigen, da sich die Berechnung „nach Maßgabe von Abs. 1 Nr. 2" richtet und dort sowohl bei der ortsüblichen Vergütung (§ 15 Abs. 1 Nr. 2 S. 1 VOB/B) wie auch bei der nach Aufwand zu ermittelnden Vergütung (§ 15 Abs. 1 Nr. 2 S. 2 VOB/B) „mit angemessenen Zuschlägen für Gemeinkosten und Gewinn (einschließlich allgemeinem Unternehmerwagnis)" sowie „zuzüglich Umsatzsteuer" gerechnet wird[274].

111 **2. Vergütung nach Einheits- bzw. Pauschalpreis.** Alternativ kann der Auftraggeber aber auch im Rahmen des ihm eingeräumten Wahlrechts eine Vergütung nach **Einheits- bzw. Pauschalpreis** verlangen[275]. Aus dem Wortlaut der Bestimmung des § 15 Abs. 5 VOB/B erschließt sich dies nicht unmittelbar. Allerdings sah die Vorläuferbestimmung des § 15 Abs. 7 VOB/B (1952) für entsprechende Fälle eine Abrechnung nach Einheitspreisen oder aber nach Pauschalpreis vor. Nach überwiegendem Verständnis sollte die Neufassung des § 15 Abs. 5 VOB/B nichts an der Möglichkeit zur Abrechnung nach Einheitspreisen bzw. Pauschalpreisen ändern, soweit sich die von dem Auftragnehmer ausgeführte Leistung nachvollziehen und anhand der sonstigen im Vertrag enthaltenen Preisbestandteile berechnen lässt[276].

VI. Schadensersatz zugunsten des Auftraggebers

112 Über den Wortlaut des § 15 Abs. 5 VOB/B hinaus kann der Auftraggeber weiterhin Schadensersatz beanspruchen, wenn er wegen eines schuldhaften Verstoßes des Auftragnehmers gegen

---

[268] *Keldungs* in Ingenstau/Korbion VOB/B § 15 Abs. 5 Rn. 2; *Kandel* in NWJS VOB/B § 15 Abs. 5 Rn. 15 ff.
[269] *Kemper* in FKZGM VOB/B § 15 Rn. 28; *Keldungs* in Ingenstau/Korbion VOB/B § 15 Abs. 5 Rn. 10.
[270] *Keldungs* in Ingenstau/Korbion VOB/B § 15 Abs. 5 Rn. 10.
[271] *Kemper* in FKZGM VOB/B § 15 Rn. 28; *Keldungs* in Ingenstau/Korbion VOB/B § 15 Abs. 5 Rn. 11.
[272] So ausdrücklich *Kandel* in NWJS VOB/B § 15 Abs. 5 Rn. 16.
[273] *Keldungs* in Ingenstau/Korbion VOB/B § 15 Abs. 5 Rn. 10; *Heiermann/Mansfeld* in Heiermann/Riedl/Rusam VOB/B § 15 Rn. 47; *Kandel* in NWJS VOB/B § 15 Abs. 5 Rn. 16.
[274] AA *Voit* in Beck'scher VOB-Kommentar VOB/B § 15 Abs. 5 Rn. 17 f.
[275] *Keldungs* in Ingenstau/Korbion VOB/B § 15 Abs. 5 Rn. 2; *Kandel* in NWJS VOB/B § 15 Abs. 5 Rn. 18.
[276] *Keldungs* in Ingenstau/Korbion VOB/B § 15 Abs. 5 Rn. 2; unklar insoweit *Voit* in Beck'scher VOB-Kommentar VOB/B § 15 Rn. 19.

die Pflicht zur zeitnahen Einreichung der Stundenlohnzettel (§ 15 Abs. 3 S. 2 VOB/B) gehalten ist, von den ihm nach § 15 Abs. 5 VOB/B zustehenden Befugnissen Gebrauch zu machen[277]. Der Schadensersatz wegen entsprechender Pflichtverletzung geht gemäß § 280 Abs. 1 BGB auf die Kosten, die dem Auftraggeber aus der unterbliebenen bzw. verspäteten Vorlage der Stundenlohnzettel erwachsen. Dies gilt vor allem für zusätzlichen Prüfungsaufwand durch die Bauleitung und ggf. Sachverständige. Soweit darüber hinaus die Stundenlohnrechnung vom Auftraggeber neu gemäß § 14 Abs. 4 VOB/B aufgestellt wird, erwächst ihm hieraus ein gesonderter Kostenerstattungsanspruch gegen den Auftragnehmer[278].

Schadensersatzansprüche können dem Auftraggeber darüber hinaus zustehen, wenn der Auftragnehmer im Zusammenhang mit der Abrechnung von Stundenlohnarbeiten gegen den Grundsatz der Wirtschaftlichkeit seiner Betriebsführung verstößt[279]. 113

§ 16 Zahlung

(1) 1. Abschlagszahlungen sind auf Antrag in möglichst kurzen Zeitabständen oder zu den vereinbarten Zeitpunkten zu gewähren, und zwar in Höhe des Wertes der jeweils nachgewiesenen vertragsgemäßen Leistungen einschließlich des ausgewiesenen, darauf entfallenden Umsatzsteuerbetrages. Die Leistungen sind durch eine prüfbare Aufstellung nachzuweisen, die eine rasche und sichere Beurteilung der Leistungen ermöglichen muss. Als Leistungen gelten hierbei auch die für die geforderte Leistung eigens angefertigten und bereit gestellten Bauteile sowie die auf der Baustelle angelieferten Stoffe und Bauteile, wenn dem Auftraggeber nach seiner Wahl das Eigentum an ihnen übertragen ist oder entsprechende Sicherheit gegeben wird.
2. Gegenforderungen können einbehalten werden. Andere Einbehalte sind nur in den im Vertrag und in den gesetzlichen Bestimmungen vorgesehenen Fällen zulässig.
3. Ansprüche auf Abschlagszahlungen werden binnen 21 Tagen nach Zugang der Aufstellung fällig.
4. Die Abschlagszahlungen sind ohne Einfluss auf die Haftung des Auftragnehmers; sie gelten nicht als Abnahme von Teilen der Leistung.

(2) 1. Vorauszahlungen können auch nach Vertragsabschluss vereinbart werden; hierfür ist auf Verlangen des Auftraggebers ausreichende Sicherheit zu leisten. Diese Vorauszahlungen sind, sofern nichts anderes vereinbart wird, mit 3 v.H. über dem Basiszinssatz des § 247 BGB zu verzinsen.
2. Vorauszahlungen sind auf die nächstfälligen Zahlungen anzurechnen, soweit damit Leistungen abzugelten sind, für welche die Vorauszahlungen gewährt worden sind.

(3) 1. Der Anspruch auf Schlusszahlung wird alsbald nach Prüfung und Feststellung fällig, spätestens innerhalb von 30 Tagen nach Zugang der Schlussrechnung. Die Frist verlängert sich auf höchstens 60 Tage, wenn sie aufgrund der besonderen Natur oder Merkmale der Vereinbarung sachlich gerechtfertigt ist und ausdrücklich vereinbart wurde. Werden Einwendungen gegen die Prüfbarkeit unter Angabe der Gründe hierfür nicht bis zum Ablauf der jeweiligen Frist erhoben, kann der Auftraggeber sich nicht mehr auf die fehlende Prüfbarkeit berufen. Die Prüfung der Schlussrechnung ist nach Möglichkeit zu beschleunigen. Verzögert sie sich, so ist das unbestrittene Guthaben als Abschlagszahlung sofort zu zahlen.
2. Die vorbehaltlose Annahme der Schlusszahlung schließt Nachforderungen aus, wenn der Auftragnehmer über die Schlusszahlung schriftlich unterrichtet und auf die Ausschlusswirkung hingewiesen wurde.
3. Einer Schlusszahlung steht es gleich, wenn der Auftraggeber unter Hinweis auf geleistete Zahlungen weitere Zahlungen endgültig und schriftlich ablehnt.

---

[277] Vgl. *Kandel* NWJS VOB/B § 15 Abs. 5 Rn. 18.
[278] Vgl. *U. Locher* in Ingenstau/Korbion VOB/B § 14 Abs. 4 Rn. 8; *Heiermann/Mansfeld* in Heiermann/Riedl/Rusam VOB/B § 14 Rn. 96 f.
[279] OLG Düsseldorf NJW-RR 2003, 455 (456); OLG Bamberg BauR 2004, 1623.

4. Auch früher gestellte, aber unerledigte Forderungen werden ausgeschlossen, wenn sie nicht nochmals vorbehalten werden.

5. Ein Vorbehalt ist innerhalb von 28 Tagen nach Zugang der Mitteilung nach den Nummern 2 und 3 über die Schlusszahlung zu erklären. Er wird hinfällig, wenn nicht innerhalb von weiteren 28 Tagen – beginnend am Tag nach Ablauf der in Satz 1 genannten 28 Tage – eine prüfbare Rechnung über die vorbehaltenen Forderungen eingereicht oder, wenn das nicht möglich ist, der Vorbehalt eingehend begründet wird.

6. Die Ausschlussfristen gelten nicht für ein Verlangen nach Richtigstellung der Schlussrechnung und -zahlung wegen Aufmaß-, Rechen- und Übertragungsfehlern.

(4) In sich abgeschlossene Teile der Leistung können nach Teilabnahme ohne Rücksicht auf die Vollendung der übrigen Leistungen endgültig festgestellt und bezahlt werden.

(5) 1. Alle Zahlungen sind aufs Äußerste zu beschleunigen.

2. Nicht vereinbarte Skontoabzüge sind unzulässig.

3. Zahlt der Auftraggeber bei Fälligkeit nicht, so kann ihm der Auftragnehmer eine angemessene Nachfrist setzen. Zahlt er auch innerhalb der Nachfrist nicht, so hat der Auftragnehmer vom Ende der Nachfrist an Anspruch auf Zinsen in Höhe der in § 288 Abs. 2 BGB angegebenen Zinssätze, wenn er nicht einen höheren Verzugsschaden nachweist. Der Auftraggeber kommt jedoch, ohne dass es einer Nachfristsetzung bedarf, spätestens 30 Tage nach Zugang der Rechnung oder der Aufstellung bei Abschlagszahlungen in Zahlungsverzug, wenn der Auftragnehmer seine vertraglichen und gesetzlichen Verpflichtungen erfüllt und den fälligen Entgeltbetrag nicht rechtzeitig erhalten hat, es sei denn, der Auftraggeber ist für den Zahlungsverzug nicht verantwortlich. Die Frist verlängert sich auf höchstens 60 Tage, wenn sie aufgrund der besonderen Natur oder Merkmale der Vereinbarung sachlich gerechtfertigt ist und ausdrücklich vereinbart wurde.

4. Der Auftragnehmer darf die Arbeiten bei Zahlungsverzug bis zur Zahlung einstellen, sofern eine dem Auftraggeber zuvor gesetzte angemessene Frist erfolglos verstrichen ist.

(6) Der Auftraggeber ist berechtigt, zur Erfüllung seiner Verpflichtungen aus den Absätzen 1 bis 5 Zahlungen an Gläubiger des Auftragnehmers zu leisten, soweit sie an der Ausführung der vertraglichen Leistung des Auftragnehmers aufgrund eines mit diesem abgeschlossenen Dienst- oder Werkvertrags beteiligt sind, wegen Zahlungsverzugs des Auftragnehmers die Fortsetzung ihrer Leistung zu Recht verweigern und die Direktzahlung die Fortsetzung der Leistung sicherstellen soll. Der Auftragnehmer ist verpflichtet, sich auf Verlangen des Auftraggebers innerhalb einer von diesem gesetzten Frist darüber zu erklären, ob und inwieweit er die Forderungen seiner Gläubiger anerkennt; wird diese Erklärung nicht rechtzeitig abgegeben, so gelten die Voraussetzungen für die Direktzahlung als anerkannt.

Schrifttum: *Ahrens,* Übergang der Steuerschuldnerschaft auf den Leistungsempfänger bei bestimmten Bauleistungen, USTB 2004, 331; *Berbuer/Kröger/Hofmann,* Mahnkosten als Verzugsschaden, ZJS 2014, 9; *Berger,* Die Vorauszahlungssicherheit, BauRB 2005, 178; *Bergmann,* Grundlagen der Vergütungsregelung nach BGB und § 16 VOB/B, ZfBR 1998, 59; *Biederer,* Das Zurückbehaltungsrecht nach § 641 Abs. 3 BGB bei Mängeln der Werkleistung, BauR 2009, 1050; *Böckermann,* Und wieder – Anspruch aus einer Abschlagsrechnung trotz Abnahme, BauRB 2004, 83; *Böhme,* Einige Überlegungen zum neuen § 632a BGB – Hat man das wirklich gewollt?, BauR 2001, 525; *Bötzkes,* Die Abrechnung eines gekündigten Bauvertrages, BauR 2016, 429; *von Craushaar,* Die Regelung des Gesetzes zur Beschleunigung fälliger Zahlungen im Überblick, BauR 2001, 471; *Dähne,* Die Verwirkung von Rückzahlungsforderungen im Bauauftrag der öffentlichen Hand, BauR 1974, 163; *ders.,* Zur Problematik des § 16 Nr. 6 VOB/B: Zahlungen an Dritte, BauR 1976, 29; *ders.,* Der Rückforderungsanspruch des öffentlichen Bauherren, Festschrift Korbion 1986, S. 39; *Deckers,* Das neue Forderungssicherungsgesetz, Köln 2009; *Deckers,* Nochmals: Die Vorlage einer neuen Schlussrechnung in der zweiten Instanz, NZBau 2007, 550; *Diebold,* Die Anrechnung des Bausteuerabzugs – Entstehung, Fälligkeit und Durchführung, DStZ 2002, 471; *Diehr,* Die Arbeitseinstellung im VOB-Vertrag im Licht der vertraglichen Kooperation, ZfBR 2013, 107; *Diehr,* Kein Ausschluß der kaufmännischen Fälligkeitszinsen durch die VOB/B, BauR 2004, 1040; *Dingler,* Hemmt die Verhandlung gemäß § 203 Satz 1 BGB die Verjährung der Hauptschuld auch gegenüber dem Bürgen?, BauR 2008, 1379; *Dingler/Langwieser,* Probleme im Rahmen des § 641 Abs. 2 Satz 2 BGB, BauR 2010, 1650; *Eberhauser,* Ist mit dem neuen Forderungssicherungsgesetz – FoSiG – die bauvertragliche „Reise" zu Ende?, BauR 2009, 143; *Ebling*, Der Steuerabzug bei Bauleistungen, DStR2001, Beihefter zu Heft 51/52, 1 ff.; *Eisolt*, Umkehr der Umsatzsteuerschuldnerschaft bei Bauleistungen, NWB Nr. 9 vom 28.2.2005, Fach 7 S. 6505; *Eisolt*, Umsatzsteuer und Bauleistungen: BMF-Schreiben zu den Neuregelungen der §§ 14, 14b und 13b UStG, NZBau 2005, 320; *Ernst*, Rechtzeitige Zahlung – Reformabsicht des BMJ, ZIP 2012, 751; *Fischer*, Werklohnklage und Nachbesserungsanspruch beim Bauvertrag, BauR1973, 210; *Fischer/Kröner/Oehme*, Nochmals: § 284 Abs. 3 BGB – Eine neue Regelung zum Schuldnerverzug, ZfBR 2001, 7; *Frerick*, § 14 Abs. 1a Umsatzsteuergesetz – Ein Beitrag des Gesetzgebers zur Verzögerung fälliger Zahlungen in der Bauwirtschaft?, ZfBR 2002, 745; *Freundlieb*, Steuerschuldnerschaft des Leistungsempfängers in der Bauwirtschaft, DB 2004, 273; *Frommhold/Moehren*, Einwendungen gegen den Werklohnanspruch des Bauunternehmers, BauRB 2004, 244; *Gartz*, Durchsetzbarkeit der Vergütung nach Kündigung aus wichtigem Grund, NZBau 2014, 267; *von Gehlen*, Das Gesetz zur Sicherung von Werkunternehmeransprüchen und zur verbesserten Durchsetzung von Forderungen, NZBau 2008, 612; *Glöckner*, Leitbild mit Verfalldatum? – Zur vorübergehenden Anwendung von § 284 Abs. 3 BGB, BauR 2001, 535; *Gothe*, Rückforderung überzahlter und doppelt gezahlter Abschlagszahlungen, NZBau 2014, 270; *Greiffenhagen*, Billigkeit von vorformulierten Verzinsungsregelungen bei öffentlichen Aufträgen, NJW 1994, 710; *Grimme*, Rechnungserteilung und Fälligkeit der Werklohnforderung, NJW 1987, 486; *Groß*, Rückforderungsansprüche öffentlicher Auftraggeber im VOB-Vertrag, BauR 2008, 1052; *Groß*, Vorbehaltsbegründung bei Schlusszahlungen, BauR 2000, 342; *Groß*, Werklohnzahlung an Subunternehmer des Insolvenzverwalters mit befreiender Wirkung bei Masseunzulänglichkeit, BauR 2004, 353; *Hahn*, Verwirkung von Rückzahlungsansprüchen der öffentlichen Hand, ZfBR 1983, 139; *ders.*, Verzinsung von Rückforderungsansprüchen, BauR 1987, 269; *ders.*, Die Verzinsung von Rückforderungsansprüchen, BauR 1989, 143; *Hammacher*, Zahlungsverzug und Werkvertragsrecht, BauR 2001, 1257; *Haspl*, Der Entwurf eines Gesetzes zur Bekämpfung von Zahlungsverzug im Geschäftsverkehr – Engere Schranken für die Vertragsfreiheit, BB 2014, 771; *Heiermann*, Die vorbehaltlose Annahme der Schlusszahlung im VOB-Bauvertrag, NJW 1984, 2489; *Heiland*, Die Bauabzugssteuer gemäß § 48 EStG im Bauprozeß, NZBau 2002, 413; *Heinze*, Praxisvorschläge zur Bewältigung des Gesetzes zur Beschleunigung fälliger Zahlungen, NZBau 2001, 233 und 289; *Hense*, Nochmals: Auf Verzugszinsen entfallende Mehrwertsteuer, NJW 1974, 1492; *Hildebrandt*, Das neue Forderungssicherungsgesetz (FoSiG) – ein erster kritischer Ausblick, BauR 2009, 4; *Hochstein*, Zahlungsklage aus Zwischenrechnungen gemäß § 16 Ziffer 1 VOB/B?, BauR 1971, 7; *ders.*, Der Prüfvermerk des Architekten auf der Schlussrechnung – Rechtswirkungen, Bedeutung im Urkundenprozess, BauR 1973, 333; *ders.*, Die Abnahme als Fälligkeitsvoraussetzung des Vergütungsanspruchs beim VOB-Vertrag, BauR 1976, 168; *Hök*, Das Gesetz über die Bauabzugssteuer und die Auswirkungen auf die Durchsetzung von Werklohnansprüchen, ZfBR 2002, 113; *Hövel*, Die Bauklage im Urkundenprozess, NZBau 2006, 6; *Horsch/Eichberger*, § 641 Abs. 3 BGB n. F.: Einladung zum Missbrauch?, BauR 2001, 1024; *Hundertmark*, Der Eingang der Schlusszahlung nach § 16 Nr. 3 Abs. 2 Satz 4 VOB/B, DB 1984, 2444; *Jagenburg*, Die Bindung an die einmal erteilte Schlussrechnung, BauR 1976, 319; *Jansen*, Abnahme und Abrechnung nach Kündigung, BauR 2011, 371; *Kaiser*, Bedeutung und Wirkung der vorbehaltlosen Annahme der Schlusszahlung des Bauherrn durch den Bauunternehmer, NJW 1973, 884; *Kaiser*, Das neue Forderungssicherungsgesetz, Münster 2009; *ders.*, Rechtsfragen der vorbehaltlosen Annahme der Schlusszahlung (§ 16 Nr. 3 Abs. 2 VOB/B), BauR 1976, 232; *ders.*, Fälligkeit und Vergütungsanspruch des Bauunternehmers nach BGB und VOB/B, ZfBR 1982, 231; *ders.*, Zur Wertung von Skontoangeboten bei öffentlichen Aufträgen, BauR 1998, 219; *Karczewski/Vogel*, Abschlagszahlungspläne im Generalübernehmer- und Bauträgervertrag – Einige Auswirkungen des Gesetzes zur Beschleunigung fälliger Zahlungen, BauR 2001, 859; *dies.*, Abschlagszahlungspläne im Generalübernehmer- und Bauträgervertrag, BauR 2001, 859; *Karsten*, Das Forderungssicherungsgesetz, NJW 2008, 530; *Kern*, Der Bereicherungsanspruch bei skontierten Überzahlungen von Abschlagszahlungen nach der VOB/B, BB 1985, 1494; *Kienmoser*, Gesetz zur Beschleunigung fälliger Zahlungen: Neue Verzugszinsregelungen und ihre Werkvertragsrecht, BauR 2001, 542; *Kiesel*, Das Gesetz zur Beschleunigung fälliger Zahlungen, NJW 2000, 1673; *Kimmich*, Leistungsverweigerungsrecht des Auftragnehmers bei streitigen Nachträgen, BauR 2009, 1494; *Kirberger*, Die Beschleunigungsregelungen unter rechtsdogmatischem und praxisbezogenem Blickwinkel, BauR 2001, 492; *Klaft/Nossek*, Hemmung von Vergütungsansprüchen des Werkunternehmers durch selbstständiges Beweisverfahren?, BauR 2008, 1980; *Klose*, Die Hemmung der Verjährung: Ein Sammelbecken von Chancen und Fallen im Bauprozess, NZBau 2012, 80; *Kronenbitter*, Der Skontoabzug in der Praxis der VOB/B, BB 1984, 2030; *Knacke*, Ist der Auftraggeber nach Ablauf der Zwei-Monatsfrist des § 16 Nr. 3 Abs. 1 VOB/B mit Einwendungen gegen die Schlussrechnung des Auftragnehmers ausgeschlossen?, Festschrift Vygen 1999, S. 214; *Kniffka*, Das Gesetz zur Beschleunigung fälliger Zahlungen – Neuregelung des Bauvertragsrechts und seine Folgen, ZfBR 2000, 227; *Köndgen*, Das neue Recht des Zahlungsverkehrs, JuS 2011, 481; *Korbion/Wietersheim*, Das neue Forderungssicherungsgesetz, München 2009; *Kratzenberg*, Der Beschluss des DVA-Hauptausschusses zur Neuherausgabe der VOB 2002, NZBau 2002, 177; *Kraus*, Auszug aus dem Referat VOB 2000 – Versäumte Anpassung der VOB/B an das Gesetz zur Beschleunigung fälliger Zahlungen, BauR 2001, 513; *Kulartz*, Rückforderung von Zuwendungen wegen Vergaberechtsverstößen, NZBau 2005, 552; *Kues/Kaminsky*, Druck auf den Auftraggeber: Leistungsverweigerungsrechte des Auftragnehmers bei Streitigkeiten im Zusammenhang mit Nachträgen, BauR 2008, 1368; *Landsrath*, Zweifelsfragen der Bauabzugssteuer in bezug auf die öffentliche Hand, NWB 2001, 4062; *Langen*, Verstößt § 16 Nr. 3 Abs. 2–6 gegen das AGB-Gesetz?, BauR 1991, 151 –; *Leidig/Jöbges*, Sämtliche sind ausnahmslos alle – Zur Zulässigkeit des Urkundenprozesses, NJW 2014, 892; *Leinemann*, Das Forderungssicherungsgesetz – Neue Perspektiven im Bauvertragsrecht?, NJW 2008, 3745; *Leineweber*, Die Grenzen der Ausschlusswirkung des § 16 Nr. 3 Abs. 2 VOB/B im Hinblick auf das Bestimmtheitserfordernis der Schlusszahlung und des Vorbehaltes, BauR 1980, 303; *Lembcke,* Urkundenprozess in Bausachen, BauR 2009, 19; *Leitmeier,* Verjährung nichtfälliger Forderungen?, NZBau 2009, 345; *Lenzen,* Die vorbehaltlose Erteilung der Schlussrechnung im Baurecht, BauR 1982, 23; *Lieber,* Die neue Steuerabzugspflicht für Leistungen am Bau, DStR 2001, 1470; *Locher,* Der Skontoabzug an Vergütungen für Bauleistungen, BauR 1980, 30; *Losert,* Der Adressat der Schlusszahlungserklärung nach § 16 Nr. 3 VOB/B bei einer abgetretenen Werklohnforderung, ZfBR 1988, 65; *Markus,* Verzug als Finanzierungsgeschäft? Zinsfreie Zeiträume zugunsten des Auftraggebers im Vergütungssystem der VOB/B vermeiden, BrBp 2005, 192; *Mayer,* Auf Verzugszinsen entfallende Mehrwertsteuer, NJW 1974, 839; *Meierkord,* Umsatzsteuer für Bauleistungen, die in Folge Besteller-Konkurses nicht ausgeführt werden können, DB 1978, 858; *Merkens,* Das Gesetz zur Beschleunigung fälliger Zahlungen: Praktische Möglichkeiten und Notwendigkeiten zur Realisierung von Forderungen aus Bauverträgen?, BauR 2001, 515; *Motzke,* Fälligkeit, Verjährungsbeginn und Abnahme beim gekündigten Bauvertrag, BTR 2007, 2; *Moufang/Bischofberger,* Die rechtliche Bedeutung von Prüfvermerken von Bauherren oder Architekten auf Abschlags- und/oder Schlußrechnungen des Bauunternehmers, BauRB 2005, 276; *Moufang,* Das Forderungssicherungsgesetz, BauRB 2004, 147; *Moufang,* Zur rechtlichen Bedeutung der in § 16 Nr. 3 Abs 1 VOB/B geregelten Zwei-Monats-Frist, BauRB 2005, 55; *Nettesheim,* Skonto bei nur teilweiser Bezahlung innerhalb der Skontofrist?, BB 1991, 1224; *Niemöller,* Abnahme und Abnahmefiktionen nach dem Gesetz zur Beschleunigung fälliger Zahlungen, BauR 2001, 481; *Niemöller/Kraus,* Das Gesetz zur Beschleunigung fälliger Zahlungen und die VOB/B 2002 – Zwei nicht abnahmefähige Werke, Jahrbuch Baurecht 2001, 225; *Oberhauser,* Die Einrede des nicht erfüllten Vertrages – „Ganz oder gar nicht"?, BauR 2008, 421; *Oberhauser,* Ist mit dem neuen Forderungssicherungsgesetz – FoSiG – die bauvertragliche Reise zu Ende?, BauR 2009, 143; *Oelsner,* Einfluss der Zahlungsverzugsrichtlinie auf das deutsche Bauvertragsrecht, NZBau 2012, 329; *Orlowski,* Ohne Rechnung = ohne Rechte? – Zu den Rechtsfolgen einer „Ohne-Rechnung-Abrede", BauR 2008, 1963; *Ortlieb,* Vergaberechtliche Relevanz der sog. Bauabzugssteuer?, NZBau 2002, 416; *Otto,* Zur Frage der Verjährung von Abschlagsforderungen des Architekten und des Werkunternehmers, BauR 2000, 350; *Otto/Spiller,* Überblick über das neue Forderungssicherungsgesetz, ZfIR 2009, 1; *Pauly,* Durchsetzung von Werklohnansprüchen und Sicherheiten im Urkundenprozess, NZBau 2014, 145; *Pauly,* Leistungsverweigerungsrecht des Werkunternehmers im Falle des Scheiterns von Nachtragsverhandlungen, BauR 2012, 851; *Pauly,* Skontoabreden im Bauvertragsrecht, NZBau 2013, 198; *Pause,* Abschlagszahlungen und Sicherheiten nach § 632a BGB, BauR 2009, 898; *Peters,* Das Gebot wirtschaftlichen Arbeitens beim Stundenlohnvertrag und beim Einheitspreisvertrag, NZBau 2009, 673; *Peters,* Das Gesetz zur Modernisierung des Schuldrechts nach fünf Jahren, NZBau 2008, 1; *Peters,* Die vorbehaltlose Annahme der Schlusszahlung und das AGB-Gesetz, BauR 1983, 798; *ders.,* Die Fälligkeit der Werklohnforderung, Festschrift Korbion 1986, S. 337; *Peters,* Die Fälligkeit des Werklohns bei einem gekündigten Bauvertrag, NZBau 2006, 559; *ders.,* Das Gesetz zur Beschleunigung fälliger Zahlungen, NZBau 2000, 169; *Peters,* Kritische Würdigung des Entwurfes eines Forderungssicherungsgesetzes, ZRP 2006, 142; *Peters,* Skonti, NZBau 2009, 584; *Peters,* Verbesserung der Zahlungsmoral im Baugewerbe, NZBau 2004, 1; *Peters,* Zu der Struktur und den Wirkungen einer auf § 649 BGB gestützten Kündigung des Bestellers, BauR 2012, 11; *Quack,* Gesetz zur Beschleunigung fälliger Zahlungen, Gesamtwürdigung, BauR 2001, 507; *Reck,* Klage auf Erteilung der VOB-Schlussrechnung, ZfBR 2003, 640; *Reichert,* Kann der bezahlte Hauptunternehmer gegenüber dem Subunternehmer die Zahlung wegen Mängeln verweigern?, BauR 2008, 749; *Reitz,* Wirksamkeit von Gleit-, Bagatell- und Selbstbeteiligungsklauseln, BauR 2001, 1513; *von Rintelen,* Abschlagszahlung und Werklohn, Jahrbuch Baurecht 2001, 25 –; *Rodemann,* Verzugszinsen – in welcher Höhe können sie beansprucht werden?, BauRB 2005, 89; *Saerbeck,* Verjährungsproblem im Baurecht zum Jahreswechsel 2004/2005, ZfIR 2004, 885 –; *Schaefer,* Vorbehaltsurteil gemäss § 302 ZPO – Dornröschenschlaf beendet?, NZBau 2006, 206; *Schelle,* Bindung an die Schlussrechnung auch beim VOB-Vertrag?, BauR 1987, 272 –; *Schenkel,* Die Vorlage einer neuen Schlussrechnung in der Berufungsinstanz, NZBau 2007, 6; *Schilder,* Rückforderung von Zuwendungen wegen Vergaberechtsverstößen, NZBau 2005, 552; *Schinköth/Stellmann,* Die Schlusszahlung nach der VOB/B, ZfBR 2005, 3 –; *Schmalzl,* Zur Verjährung des Vergütungsanspruchs der Bauhandwerker nach der VOB/B, NJW 1971, 2015; *Schmeel,* Die Zinsfalle, BauRB 2005, 249; *Schmidt,* Abrechnung und Zahlung nach der VOB, MDR 1965, 621; *Schmidt,* Materiell-rechtliche Fragen zur Prüfbarkeit der Schlussrechnung des Werkunternehmers, NJW 2015, 1159; *Schmidt,* Prozessuale Fragen im Zusammenhang mit der Prüfbarkeit der Schlussrechnung des Werkunternehmers, NJW 2015, 2632; *Schmidt,* Zum Beginn der Verjährungsfrist für die Schlusszahlung, MDR 1970, 469; *Schmidt,* Zur aktuellen Diskussion über das Bauforderungssicherungsgesetz, BauR 2011, 1230; *Schmidt,* Die Vergütung für Bauleistungen, 1969; *Schmitz,* Zur Direktzahlung des Bauherrn an den Nachunternehmer in der Krise des Generalunternehmers, EWiR 2004, 35; *Scholtissek,* Abschlagszahlungen beim BGB- und VOB/B-Vertrag, MDR 1994, 534; *Schroen,* Einzelfragen zur neuen Bauabzugssteuer, NWB 2001, 3891; *Schultz,* Verjährung und Fälligkeit, JZ 1973, 718; *Schulze-Hagen,* Das Forderungssicherungsgesetz – Ausgewählte Probleme, BauR 2010, 354; *Schwenker,* Fälligkeit auch einer nicht geprüften VOB-Schlussrechnung bei Nichterhebung von Einwendungen innerhalb von zwei Monaten, ZfIR 2005, 25; *Siebeck,* Zur Problematik der Zahlung an Dritte nach § 16 Nr. 6 VOB/B, BauR 1976, 238; *Sonntag,* Teilurteil bei Ansprüchen aus werkvertraglichen Schlußrechnungen, NZBau 2006, 91; *Sonntag,* Zulässigkeit von Teilklagen bei werkvertraglichen Schlussrechnungen, NZBau 2008, 361; *Spitzer,* Das Gesetz zur Bekämpfung von Zahlungsverzug im Geschäftsverkehr, MDR 2014, 933; *Stamm,* Zur Rechtsvereinheitlichung der Schwarzarbeitsproblematik, NZBau 2009, 78; *Sterzinger,* Umsatzsteuerliche Beurteilung vorzeitig aufgelöster Werkverträge, NZBau 2010, 10; *Stammkötter,* Bauforderungssicherungs-

Zahlung § 16 VOB/B

gesetz – Aktueller Stand, Nachunternehmer und Treuhand, BauR 2009, 1521; *Stammkötter*, Das BauFordSiG: Die aktuelle Entwicklung, BauR 2010, 2012; *Stellmann/Isler*, Der Skontoabzug im Bauvertragswesen, ZfBR 2004, 633; *Storr*, Zum Erlöschen des Anspruchs auf Abschlagszahlung beim VOB-Vertrag, EWiR 2004, 995; *Tempel*, Ist die VOB/B noch zeitgemäß? – Teil 1, NZBau 2002, 465; *ders.*, Ist die VOB/B noch zeitgemäß? – Teil 2, NZBau 2002, 532; *Thiergart G,* esetz zur Bekämpfung von Zahlungsverzug im Geschäftsverkehr, GWR 2014, 342; *Thode*, Werkleistung und Erfüllung im Bau- und Architektenvertrag, ZfBR 1999, 116; *Trapp*, Die Aufrechnung mit ausgeschlossenen Gegenforderungen nach vorbehaltloser Annahme der Schlusszahlung (§ 390 Satz 2 BGB), BauR 1979, 271; *Unterluggauer*, Zur Frage der Schlusszahlungs- und Vorbehaltserklärung im Falle einer abgetretenen Baulohnforderung, BauR 1990, 412; *Usinger*, Schlusszahlung gemäß § 16 Nr. 3 Abs. 2 VOB/B im Bauträgervertrag, NJW 1985, 32 –; *Verse*, Das Gesetz zur Bekämpfung von Zahlungsverzug im Geschäftsverkehr, ZIP 2014, 1809; *Voppel*, Abschlagszahlungen im Baurecht und § 632a BGB, BauR 2001, 1165; *Voppel*, Die Rechnungsprüfung des Planers – Pflichten und Haftung, BrBp 2005, 267; *Weise*, Eine Leistung – zwei Rechnungen: Abschlags- und Schlussrechnung, NJW-Spezial 2005, 309; *Weise*, Nicht prüfbar und dennoch fällig, NJW-Spezial 2005, 69; *Welte*, Einwendungen gegen die Schlussrechnung nach Ablauf der Prüfungszeit von zwei Monaten oder beweisrechtliche Konsequenzen?, BauR 1998, 284; *Werner*, Lohngleitklauseln am Bau – Eine unendliche Geschichte?, NZBau 2001, 521; *Weyand*, Die Skontovereinbarung an einem der VOB unterliegenden Bauvertrag unter besonderer Berücksichtigung der VOB/A, BauR 1988, 58; *Weyer*, Die gefährdete Einrede aus § 16 Nr. 3 Abs. 2 Satz 1 VOB/B, BauR 1984, 553; *Wietersheim*, Der Auftraggeber zahlt nicht – Handlungsmöglichkeiten des Auftragnehmers, BauRB 2004, 309; *Zahn*, Freistellungsklage und Klage auf Feststellung der Freistellungsverpflichtung, ZfBR 2007, 627; *Zanner/Schulze*, Zur Verwirkung von Einwendungen des Auftraggebers bei Überschreitung der Prüfungsfrist aus § 16 Nr. 3 Abs. 1 Satz 1 VOB/B, BauR 2001, 1186.

Übersicht

	Rn.
A. Grundlagen	1
I. Zahlungen nach den Regelungen des § 16 VOB/B	2
1. Zahlungsarten	3
2. Zahlungsvornahme	4
3. Verhältnis zu BGB-Zahlungsvorschriften	5
4. Forderungssicherungsgesetz	6
5. Neuerungen durch die VOB 2002	13
6. Neuerungen durch die VOB 2006	15
7. Neuerungen durch die VOB 2009, VOB 2012, VOB 2016 und VOB 2018	16
a) Neufassung § 16 Abs. 1 Nummer 3 VOB/B (Ausgabe 2012)	
b) Neufassung § 16 Abs. 3 Nummer 1 VOB/B (Ausgabe 2012)	
c) Neufassung § 16 Abs. 3 Nummer 5 VOB/B	
d) Neufassung § 16 Abs. 5 Nummer 3 VOB/B	
e) Neufassung § 16 Abs. 5 Nummer 4 VOB/B	
II. Zahlungen nach den Regelungen des BGB	17
1. Abschlagszahlungen gemäß § 632a BGB	17
2. Schlussrechnungszahlung gemäß § 641 Abs. 1 und 2 BGB	18
3. Mängelbedingtes Leistungsverweigerungsrecht gemäß § 641 Abs. 3 BGB	19
4. Verzinsung gemäß § 641 Abs. 4 BGB	20
III. Fälligkeit und Verzug bei BGB-Zahlungsansprüchen	21
1. Fälligkeit bei Zahlungen	21
2. Eintritt des Zahlungsverzuges	25
IV. Fälligkeit und Verzug bei VOB-Zahlungsansprüchen	27
1. Fälligkeit der Zahlungen	27
2. Verzug mit Zahlungen	30
V. Ausstellung von Rechnungen (einschließlich Umsatzsteuer)	35
1. Aufstellung der Rechnung	36
2. Ausweisung der Umsatzsteuer	41
3. Quittung zum Rechnungsbetrag	42
4. Aufbewahrung der Rechnung	43
VI. Ausgleich und Bezahlung von Rechnungen	44
1. Rechnungsausgleich durch Barzahlung	45
2. Rechnungsausgleich durch Überweisung	46
3. Rechnungsausgleich durch Übergabe von Scheck und Wechsel	47
4. Rechnungsausgleich im Lastschriftverfahren	48
5. Rechnungsausgleich unter Vorbehalt	49
6. Rechnungsausgleich und Anerkenntnis	50
7. Rechnungsausgleich bei Abtretung	51

VII.	Berücksichtigung der Bauabzugssteuer	52
VIII.	Berücksichtigung der Umsatzsteuerschuldnerschaft	60
IX.	Verjährung der Zahlungsansprüche	61
	1. Verjährung nach bisherigem Recht	62
	2. Verjährung nach dem Gesetz zur Modernisierung des Schuldrechts	67
X.	Rückzahlungsansprüche des Auftraggebers	71
	1. Rückzahlung bei ausdrücklicher Rückzahlungsvereinbarung	72
	2. Rückzahlung im Zuge der Schlussabrechnung	73
	3. Rückzahlung bei Überzahlungen	76
	4. Rückzahlungsfristen	78
	5. Rückzahlungszinsen	79
	6. Rückzahlungsausschlüsse	80
XI.	Rechnungsprüfung des Architekten	81
XII.	Prozessuales zu Zahlungs- und Vergütungsansprüchen	82
	1. Leistungsklage	83
	2. Urkundenprozess	84
	3. Vorbehaltsurteil	85
	4. Grundurteil	86
	5. Teilklage aus Schlussrechnung und Abschlagsrechnung	87
B.	Abschlagszahlungen (§ 16 Abs. 1 VOB/B)	88
I.	Rechtsnatur der Abschlagszahlungen (§ 16 Abs. 1 Nr. 1 S. 1 VOB/B)	89
	1. Abschlagszahlung als anteilige Bezahlung	90
	2. Abschlagszahlung und Schlusszahlung	91
	3. Abschlagszahlung als vorläufige Zahlung (Teilklage)	92
	4. Abschlagszahlung und Gesamtabrechnung	95
	5. Abschlagszahlung vor Schlussrechnung	97
	6. Abschlagszahlung und Kündigung	99
II.	Antrag auf Abschlagszahlungen und Fälligkeit (§ 16 Abs. 1 Nr. 1 S. 1 VOB/B)	100
III.	Abschlagszahlung in Höhe des jeweiligen Wertes der nachgewiesenen Leistungen (§ 16 Abs. 1 Nr. 1 S. 1 und 2 VOB/B)	101
	1. Nachweis der erbrachten Leistungen	101
	2. Nachweis der vertraglichen Vorgaben	103
	3. Nachweis der erbrachten Zahlungen	105
IV.	Abschlagszahlung auf vertragsgemäße Leistung (§ 16 Abs. 1 Nr. 1 S. 1 VOB/B)	106
	1. Abschlagszahlung für Ansprüche aus dem Bauvertrag	107
	2. Abschlagszahlung für vertraglich vereinbarte Qualität	108
	3. Abschlagszahlung unter Wahrung sonstiger Leistungs- und Abrechnungsvorgaben	109
V.	Höhe der Abschlagszahlung (§ 16 Abs. 1 Nr. 1 S. 1 VOB/B)	110
	1. Abschlagszahlung zu festgelegten Zeitpunkten	111
	2. Abschlagszahlung nach dem Wert nachgewiesener Leistungen	112
	3. Abschlagszahlung nach Vertragsklauseln	114
VI.	Mehrwertsteuer auf Abschlagsforderung (§ 16 Abs. 1 Nr. 1 S. 1 VOB/B)	116
VII.	Abschlagszahlung in möglichst kurzen Abständen (§ 16 Abs. 1 Nr. 1 S. 2 VOB/B)	117
VIII.	Abschlagszahlungen auf Baustoffe und Bauteile (§ 16 Abs. 1 Nr. 1 S. 3 VOB/B)	119
	1. Abschlagszahlung für angefertigte und bereit gestellte Bauteile	120
	2. Abschlagszahlung für auf die Baustelle gelieferte Baustoffe und Bauteile	122
	3. Abschlagszahlung für eingebaute Baustoffe und Bauteile	123
	4. Abschlagszahlung für nicht eingebaute Baustoffe und Bauteile	124
	5. Abschlagszahlung bei Eigentumsübertragung nach §§ 929 ff. BGB	126
	6. Abschlagszahlung und Sicherheitsleistung	127
	7. Abschlagszahlung und Wertbemessung	128
IX.	Einbehalt von Gegenforderungen (§ 16 Abs. 1 Nr. 2 S. 1 VOB/B)	129
	1. Gegenforderungen im Sinne des § 16 Abs. 1 Nr. 2 S. 1 VOB/B	129
	2. Beschränkung von Gegenforderungen durch Vertragsklausel	130
X.	Andere Einbehalte des Auftraggebers (§ 16 Abs. 1 Nr. 2 S. 2 VOB/B)	132
	1. Einbehalt vereinbarter Sicherheitsleistung	133
	2. Einbehalt bei mangelhaften Bauleistungen	134
	3. Kumulation aus Sicherheits- und Mängeleinbehalt	135
XI.	Frist zur Vornahme der Abschlagszahlung (§ 16 Abs. 1 Nr. 3 VOB/B)	136
	1. Neufassung durch die VOB 2012	136
	2. Frist zur Vornahme der Abschlagszahlung	138

- 3. Zugang der Zahlungsaufstellung ... 139
- 4. Prüfungsfrist ... 140
- 5. Prüfungsergebnis ... 142
- 6. Zahlungsfrist ... 143
- 7. Verstoß gegen die Zahlungsfrist ... 144
- XII. Weitere Rechtsfolgen von Abschlagszahlungen (§ 16 Abs. 1 Nr. 4 VOB/B) .. 146
  - 1. Neufassung durch die VOB 2002 ... 147
  - 2. Keine Abnahme durch Abschlagszahlung ... 149
  - 3. Keine Haftungseinschränkung durch Abschlagszahlung ... 150
  - 4. Keine Präklusionswirkung durch Abschlagszahlung ... 151
- C. Vorauszahlungen (§ 16 Abs. 2 VOB/B) ... 152
  - I. Begriff der Vorauszahlungen (§ 16 Abs. 2 Nr. 1 S. 1 VOB/B) ... 153
    - 1. Wesen von Vorauszahlungen ... 153
    - 2. Kein Anspruch auf Vorauszahlungen ... 154
    - 3. Vorauszahlungsvereinbarungen ... 155
    - 4. Vorauszahlungsklauseln ... 156
  - II. Sicherheitsverlangen des Auftraggebers (§ 16 Abs. 2 Nr. 1 S. 1 VOB/B) ... 157
    - 1. Sicherheit für Vorauszahlung ... 157
    - 2. Sicherheit in Höhe der Vorauszahlung ... 159
    - 3. Sicherheit auf Verlangen des Auftraggebers ... 161
    - 4. Arten der Sicherheitsleistung ... 162
  - III. Verzinsung von Vorauszahlungen (§ 16 Abs. 2 Nr. 1 S. 2 VOB/B) ... 163
  - IV. Anrechnungspflicht der Vorauszahlungen (§ 16 Abs. 2 Nr. 2 VOB/B) ... 166
    - 1. Grundsatz ... 166
    - 2. Gestreckte Sicherheitsleistung ... 169
    - 3. Vorauszahlungsbürgschaft als Sicherheitsleistung ... 170
- D. Schlusszahlung (§ 16 Abs. 3 VOB/B) ... 171
  - I. Schlussrechnung (§ 16 Abs. 3 Nr. 1 S. 1 VOB/B) ... 172
    - 1. Bezeichnung der Schlussrechnung ... 173
    - 2. Aufeinander folgende Schlussrechnungen ... 174
    - 3. Keine Bindungswirkung der Schlussrechnung ... 175
    - 4. Frist zur Vorlage der Schlussrechnung ... 176
    - 5. Prüffähigkeit der Schlussrechnung ... 177
    - 6. Schlussrechnungsklauseln ... 178
  - II. Prüfung der Schlussrechnung (§ 16 Abs. 3 Nr. 1 S. 1–5 VOB/B) ... 179
    - 1. Prüfung durch den Auftraggeber ... 180
    - 2. Prüfergebnis des Auftraggebers ... 183
    - 3. Prüfungsfrist des Auftraggebers ... 184
    - 4. Einwendungen zur Prüffähigkeit ... 188
    - 5. Bemessung und Folgen der Prüfungsfrist ... 189
  - III. Fälligkeit der Schlusszahlung (§ 16 Abs. 3 Nr. 1 S. 1 VOB/B) ... 191
    - 1. Neufassung durch die VOB 2012 ... 191
    - 2. Fälligkeit und Abnahme ... 192
    - 3. Fälligkeit und Zurückbehaltungsrecht ... 193
    - 4. Fälligkeit und Aufrechnung ... 194
    - 5. Fälligkeit und Rechnungsvorlage ... 195
    - 6. Fälligkeit bei Entgegennahmeverweigerung ... 196
    - 7. Fälligkeit und Zahlungsverzug ... 197
    - 8. Fälligkeit und Verjährung ... 198
  - IV. Schlusszahlung (§ 16 Abs. 3 Nr. 1 S. 1 und S. 4 VOB/B) ... 199
  - V. Auszahlung des unbestrittenen Guthabens (§ 16 Abs. 3 Nr. 1 S. 5 VOB/B) .. 206
    - 1. Unbestrittenes Guthaben aus der Schlussrechnungsforderung ... 206
    - 2. Teilbeträge aus der Schlussrechnungsforderung ... 208
    - 3. Teilklagen aus der Schlussrechnungsforderung ... 209
  - VI. Vorbehaltlose Annahme der Schlusszahlung (§ 16 Abs. 3 Nr. 2 VOB/B) ... 210
    - 1. Schlussrechnung des Auftragnehmers ... 213
    - 2. Leistung der Schlusszahlung ... 215
    - 3. Unterrichtung über die Schlusszahlung ... 216
    - 4. Hinweis auf die Ausschlusswirkung ... 217
    - 5. Vorbehaltlose Annahme der Schlusszahlung ... 221
    - 6. Ausschluss von Nachforderungen ... 222
    - 7. Verbleibende Zahlungsansprüche und Forderungen ... 224
    - 8. Vertragsklauseln ... 226
  - VII. Zahlungsgleiche Erklärung (§ 16 Abs. 3 Nr. 3 VOB/B) ... 227
    - 1. Schlussrechnung des Auftragnehmers ... 229
    - 2. Abgabe der schlusszahlungsgleichen Erklärung ... 230

  3. Inhalt der Erklärung 231
  4. Erklärung des Auftraggebers 232
  5. Erklärung gegenüber dem Auftragnehmer 233
  6. Hinweis auf die Ausschlusswirkung 234
  7. Keine weitere Begründung 235
  8. Vertragsklauseln 236
 VIII. Ausschlusswirkung bei vorbehaltloser Schlussrückzahlung 237
 IX. Ausschluss bei unerledigten Forderungen (§ 16 Abs. 3 Nr. 4 VOB/B) 238
 X. Vorbehaltserklärung (§ 16 Abs. 3 Nr. 5 S. 1 VOB/B) 242
  1. Erklärung des Vorbehalts 243
  2. Verzicht auf die Vorbehaltserklärung 248
  3. Frist zur Abgabe der Vorbehaltserklärung 252
 XI. Vorbehaltsbegründung (§ 16 Abs. 3 Nr. 5 S. 2 VOB/B) 256
  1. Arten der Vorbehaltsbegründung 256
  2. Form der Vorbehaltsbegründung 263
  3. Frist der Vorbehaltsbegründung 264
  4. Fehlen der Vorbehaltsbegründung 266
  5. Vertragsklauseln 267
 XII. Aufmaß-, Rechen- und Übertragungsfehler (§ 16 Abs. 3 Nr. 6 VOB/B) 268
  1. Korrektur von Aufmaßfehlern 269
  2. Korrektur von Rechenfehlern 270
  3. Korrektur von Übertragungsfehlern 271
  4. Verlangen nach Richtigstellung 272
  5. Darlegungs- und Beweislast 273
E. Teilschlussrechnung (§ 16 Abs. 4 VOB/B) 274
 I. In sich abgeschlossene Teile der Leistung mit Teil-Abnahme 275
 II. Feststellung der Leistungen und Vorlage einer Teil-Schlussrechnung ... 276
 III. Verlangen der Schlusszahlung 280
 IV. Folgen der Teil-Schlussrechnung 281
 V. Verjährung der Teil-Schlussrechnungsforderung 282
 VI. Prozessuale Folgen 283
 VII. Vertragsklauseln 284
F. Besondere Zahlungsmodalitäten (§ 16 Abs. 5 VOB/B) 285
 I. Zahlungsbeschleunigung (§ 16 Abs. 5 Nr. 1 VOB/B) 287
 II. Skontoabzüge (§ 16 Abs. 5 Nr. 2 VOB/B) 289
  1. Skonto und sonstige Preisnachlässe 290
  2. Vereinbarung zum Skonto 292
  3. Skontoabzugsklausel 293
  4. Skontofrist 301
  5. Skonto bei Gegenforderungen 303
  6. Prozessuale Folgen 304
 III. Fälligkeit und Nachfristsetzung (§ 16 Abs. 5 Nr. 3 VOB/B) 305
  1. Neufassung durch VOB 2012 305
  2. Fälligkeit 309
  3. Nachfristsetzung 310
  4. Eintritt des Verzuges mit/ohne Nachfrist 317
  5. Verzugszinsen/Mahnaufwendungen/Beitreibungskosten 319
  6. Vertragsklauseln 323
  7. Prozessuale Folgen 324
 IV. Verzugszinsen nach Fälligkeit der Schlussrechnung (§ 16 Abs. 5 Nr. 4 VOB/B aF) 327
 V. Arbeitseinstellung des Auftragnehmers (§ 16 Abs. 5 Nr. 4 VOB/B) 328
  1. Leistungsverweigerungsrecht des Auftragnehmers 329
  2. Verhältnis zu § 18 Abs. 5 VOB/B 330
  3. Nachfrist vor Ausübung des Leistungsverweigerungsrechts 331
  4. Verhalten nach Fristablauf 333
  5. Folgen der Arbeitseinstellung 334
  6. Vertragsklauseln 336
G. Zahlung an Dritte (§ 16 Abs. 6 VOB/B) 337
 I. Neufassung durch VOB 2002 337
 II. Verhältnis zwischen Hauptunternehmer und Drittem 338
 III. Wahlrecht des Auftraggebers 339
 IV. Zahlungsvoraussetzungen des § 16 Abs. 6 VOB/B 342
 V. Ausschluss des § 16 Abs. 6 VOB/B 353
 VI. Insolvenzrechtliche Bedenken 358
 VII. AGB-rechtliche Bedenken 359

A. Grundlagen

In § 16 VOB/B ist die Bezahlung der Bauleistungen im Einzelnen geregelt. Die Bestimmung steht in engem Zusammenhang mit § 14 VOB/B und den dort vorgeschriebenen Einzelheiten zur Abrechnung der erbrachten Bauleistungen. Soweit Stundenlohnarbeiten ausgeführt wurden, finden sich die Abrechnungsgrundsätze in § 15 VOB/B. Unter Zugrundelegung dieser Abrechnungsvorgaben können die vom Auftragnehmer geltend zu machenden Zahlungsansprüche im Rahmen des § 16 VOB/B erhoben werden. **1**

Bei der Anwendung des § 16 VOB/B ist zu beachten, dass folgende Bestimmungen bei isolierter Überprüfung der Inhaltskontrolle nicht standhalten:
- § 16 Abs. 3 Nr. 2 VOB/B aF zur vorbehaltlosen Annahme der Schlusszahlung[1]
- § 16 Abs. 3 Nr. 2 VOB/B nF zur vorbehaltlosen Annahme der Schlusszahlung[2]
- § 16 Abs. 5 Nr. 3 VOB/B aF zur Verzinsung nach Nachfristsetzung[3]
- § 16 Abs. 6 VOB/B aF zu Zahlungen an Nachunternehmer[4].

Da die VOB/B in der Vertragspraxis regelmäßig nicht in Gänze vereinbart wird, so dass hierdurch die Inhaltskontrolle nach § 307 BGB bzw. §§ 308, 309 BGB eingreift, haben die vorgenannten Bestimmungen letztlich an Bedeutung verloren[5].

I. Zahlungen nach den Regelungen des § 16 VOB/B

Aus § 16 VOB/B ergeben sich die Rechnungs- und Zahlungsarten, die Fälligkeit der abgerechneten Vergütungsansprüche, der Zahlungsverzug und seine Verzinsungsfolgen sowie die Möglichkeiten des Auftraggebers, zur Erfüllung seiner Zahlungspflichten Leistungen an Gläubiger des Auftragnehmers zu erbringen. **2**

1. Zahlungsarten. Im Einzelnen sind in § 16 VOB/B folgende Zahlungsarten geregelt: **3**
- Abschlagszahlungen (§ 16 Abs. 1 VOB/B)
- Vorauszahlungen (§ 16 Abs. 2 VOB/B)
- Schlusszahlung (§ 16 Abs. 3 VOB/B)
- Teilschlusszahlung (§ 16 Abs. 4 VOB/B)

Die vorgesehenen Zahlungsarten sind nicht abschließend. Die Parteien können **abweichende Zahlungsmodalitäten** regeln. Vor allem können sie im Rahmen vertraglicher Vereinbarungen auch anderweitige Arten von Teilzahlungen vorsehen[6].

2. Zahlungsvornahme. Die in § 16 Abs. 1–4 VOB/B vorgesehenen Zahlungsarten werden ergänzt durch zusätzliche Regelungen, die für die **Erfüllung aller Zahlungen** gelten: **4**
- Grundsatz der Zahlungsbeschleunigung (§ 16 Abs. 5 Nr. 1 VOB/B)
- Abzug von Skonti (§ 16 Abs. 5 Nr. 2 VOB/B)
- Verzug und Verzugszinssatz (§ 16 Abs. 5 Nr. 3 VOB/B)
- Zurückweisungsrecht bei Zahlungsverzug (§ 16 Abs. 5 Nr. 4 VOB/B)
- Zahlung an Dritte (§ 16 Abs. 6 VOB/B)

3. Verhältnis zu BGB-Zahlungsvorschriften. Die speziellen Regelungen des § 16 VOB/B zur Zahlung und Zahlungsabwicklung werden durch die **allgemeinen Vergütungsvorschriften des BGB** ergänzt. Allerdings kommen § 641 BGB und die dort vorgesehenen gesetzlichen Anordnungen zur Vergütung und zur Fälligkeit nur zur Anwendung, wenn die VOB/B nicht vertraglich vereinbart wurde oder die Parteien eine von § 16 VOB/B abweichende Zahlungsregelung getroffen haben[7]. In allen anderen Fällen verdrängen die Zahlungsarten und -regelungen des § 16 VOB/B das insoweit dispositive Recht zur Abrechnung und Fälligkeit der bestehenden Vergütungsansprüche nach §§ 631 ff. BGB. **5**

---
[1] BGH NJW 1988, 55.
[2] BGH NZBau 2007, 644.
[3] BGH BauR 2009, 1736 = NZBau 2010, 47.
[4] BGH NJW 1990, 2384 = BauR 1990, 727.
[5] Vgl. *Kniffka* Bauvertragsrecht vor § 631 Rn. 44/58 ff.
[6] BGH SFH Z 2.330.1 Bl. 7; *Hummel* in NWJS VOB/B § 16 Rn. 6.
[7] Zur grundsätzlichen Zulässigkeit BGH *SFH* Z 2.331 Bl. 78 f.

Der Bundestag hat am 9.3.2017 das Gesetz zur Reform des Bauvertragsrechts und zur Änderung kaufrechtlicher Mängelhaftung beschlossen, das zum 1.1.2018 in Kraft treten wird (BGBl 2017 I, 969). Mit Bezug auf § 16 VOB/B sind folgende neue Bestimmungen ab dem 1.1.2018 zu berücksichtigen:

– Die Höhe von Abschlagszahlungen wird sich künftig nicht mehr nach der Höhe des Wertzuwachses, sondern nach dem Wert der vom Auftragnehmer erbrachten und nach dem Vertrag geschuldeten Leistung richten, vgl. § 632 a Abs. 1 Satz 1 BGB n. F.
– Der Auftraggeber kann bei Vorliegen von Mängeln vor Abnahme der Leistungen nur noch die Zahlung eines angemessenen Teils des geforderten Abschlages verweigern, vgl. § 632a Abs. 1 Satz 2 BGB n. F.
– In Verbraucherbauverträgen kann der Auftragnehmer Abschlagszahlungen nach § 632a Abs. 1 BGB nur noch in Höhe von 90 % der vereinbarten Gesamtvergütung beanspruchen, vgl. § 650 m Abs. 1.
– In Verbraucherbauverträgen ist zu Abschlagszahlungen nach § 632a BGB eine Vereinbarung unwirksam, die den Verbraucher zu einer Sicherheitsleistung für die vereinbarte Vergütung verpflichtet, die die nächste Abschlagszahlung oder 20 % der vereinbarten Vergütung übersteigt, gleich ob zwischen den Parteien eine Vereinbarung über Abschlagszahlungen getroffen wurde, vgl. § 650 m Abs. 4 BGB n. F.

Die vorgenannten Bestimmungen sind auf Verträge anzuwenden, die ab dem 1.1.2018 abgeschlossen werden (Art. 2 des Gesetzes zur Reform des Bauvertragsrechts und zur Änderung der kaufrechtlichen Mängelhaftung (BGBl 2017 I, 969).

6 **4. Forderungssicherungsgesetz.** Das zum 1.1.2009 in Kraft getretene **Forderungssicherungsgesetz**[8] soll der Verbesserung der Zahlungsmoral auf dem Bausektor dienen und sieht deshalb Regelungen vor, die zur Beschleunigung des Zahlungsverkehrs am Bau führen sollen[9]. Um dieses Ziel zu erreichen, waren zunächst sowohl Änderungen im Rahmen der vergütungsrechtlichen BGB-Bestimmungen wie auch im Prozessrecht vorgesehen. Das Forderungssicherungsgesetz (FoSiG) hat letztlich nur zu einer Reihe materieller Gesetzesänderungen geführt; die im Gesetzgebungsgang behandelten prozessualen und der Beschleunigung von Rechtsstreitigkeiten dienenden Bestimmungen sind gesetzlich nicht umgesetzt worden. Im Zusammenhang mit der Bezahlung von Bauleistungen sind nach dem FoSiG folgende Regelungen von Bedeutung:

– Die bisherige Regelung des § 632a BGB über **Abschlagszahlungen** kam in der Praxis häufig deshalb nicht zum Tragen, weil ein „in sich abgeschlossener Teil des Werks" nicht gegeben war oder Unklarheit darüber geherrscht hat, wie diese Anspruchsvoraussetzungen im Einzelnen zu qualifizieren waren. Aus diesem Grunde wurde der bisherige § 632a BGB an die derzeit geltende Parallelbestimmung des § 16 Abs. 1 VOB/B angeglichen. Dies soll nach Vorstellung des Gesetzgebers zu einer Ausweitung des Anspruchs aus Abschlagszahlungen führen, soweit sich diese nicht nach § 16 Abs. 1 VOB/B, sondern nach § 632a BGB beurteilen. So sollen Abschlagszahlungen auch bei Heranziehung der BGB-Zahlungsbestimmungen nicht nur – wie bisher – bei der Lieferung von Material gefordert werden können, sondern auch dann, wenn eine abrechenbare, werthaltige Leistung erbracht worden ist. Entgegen der bisherigen Gesetzesfassung wird nun nicht mehr für Abschlagszahlungen auf „in sich abgeschlossene Teile des Werks", sondern auf den Wertzuwachs abgehoben, den der Besteller durch die Leistung des Unternehmers erfahren hat. Der Unternehmer kann deshalb von dem Besteller für eine vertragsgemäß erbrachte Leistung eine Abschlagszahlung in der Höhe verlangen, in der der Besteller durch die erbrachte Leistung einen Wertzuwachs erlangt hat (§ 632a Abs. 1 S. 1 BGB). Allerdings ist zu berücksichtigen, dass durch das Gesetz zur Reform des Bauvertragsrechts und zur Änderung der kaufrechtlichen Mängelhaftung (BTDrS 18/8486) mit Wirkung zum 1.1.2018 eine Änderung dahingehend vorgenommen wurde, dass nunmehr anstelle des Wertzuwachses abgehoben werden soll für die Abschlagsforderung auf den Wert der vom Auftragnehmer erbrachten und von ihm nach dem Vertrag geschuldeten Leistung (§ 632a Abs. 1 Satz 1 BGB n. F.).

---

[8] BGBl. 2008 I S. 2024.
[9] BT-Drs. 16/511; vgl. zum Gesetzesgang und kritisch zum Inhalt *Peters* ZRP 2006, 142; vgl. die Übersicht zur in Kraft getretenen Gesetzesfassung von *Leinemann* NJW 2008, 3745; *von Gehlen* NZBau 2008, 612; *Hildebrandt* BauR 2009, 4; *Otto/Spiller* ZfIR 2009, 1; vgl. zu den Pflichten des Geschäftsführers von Bauunternehmen nach dem Forderungssicherungsgesetz *Karsten* GmbHR 2006, 141.

– Die bisherige Vorschrift des § 641 Abs. 2 BGB sah die Fälligkeit des Werklohnanspruches des 7
Subunternehmers gegenüber dem Generalunternehmer dann vor, wenn der Bauherr an den
Generalunternehmer Zahlung geleistet hat. Diese Vorschrift ging für den Subunternehmer
insoweit (häufig) ins Leere, als er keine Kenntnis davon erlangen konnte, ob entsprechende
Zahlungen erfolgt waren. Zur Verbesserung der sog **Durchgriffsfälligkeit** wurden mit dem
Forderungssicherungsgesetz Ergänzungen in § 641 Abs. 2 BGB vorgenommen, wonach die
Vergütung des Auftragnehmers spätestens fällig wird, wenn (1) der Besteller von dem Dritten
(Bauherrn) für das versprochene Werk wegen dessen Herstellung seine Vergütung oder Teile
davon erhalten hat, (2) wenn das Werk des Bestellers von dem Dritten abgenommen worden
ist oder als abgenommen gilt oder (3) wenn der Unternehmer dem Besteller erfolglos eine
angemessene Frist zur Auskunft über die in den vorstehenden Nummern 1 und 2 bezeichneten
Umstände bestimmt hat. Es bleibt allerdings fraglich, ob die neu gefasste Vorschrift zur Durchgriffsfälligkeit praxistauglich ist und die Vornahme von Zahlungen tatsächlich beschleunigen
wird[10]. Auslösend hierfür ist der Umstand, dass die Fälligkeit der Vergütung des Unternehmers
zunächst einmal von einer vertraglichen Drittbeziehung abhängig gemacht wird, zu der es
dem Unternehmer an unmittelbaren Erkenntnissen fehlt und die vom Besteller geforderten
Auskünfte unrichtig sein können. Die weitere Aufklärung zur Zahlungs- und Abnahmesituation im Verhältnis zwischen dem Besteller und dem Dritten kann wiederum mit erheblichem
Zeitaufwand und erheblichen Risiken für den Unternehmer verbunden sein. Darüber hinaus
ist selbst bei Eintritt der Fälligkeitsvoraussetzungen nach § 641 Abs. 2 BGB die tatsächliche
Zahlungsvornahme durch den Besteller keineswegs sichergestellt. Dem Besteller verbleiben im
Verhältnis zum Unternehmer die Einwendungen und Einreden, die sich aus dem zwischen
ihnen bestehenden Werk- und Bauvertrag unmittelbar ergeben. Die Beurteilung der Mängel-
und Abrechnungssituation stellt sich unter Umständen im Verhältnis zwischen dem Unternehmer und Besteller anders dar als zwischen Besteller und Dritten[11]. So wird man dem Besteller
die Aufrechnung mit Gegenansprüchen oder die Ausübung eines mängelbedingten Zurückbehaltungsrechts aus dem Verhältnis zum Unternehmer nicht versagen können[12]. Inwieweit
die vom Besteller geltend gemachten (Gegen-)Rechte dem Grunde wie dem Umfange nach
ganz oder teilweise bestehen, wird sich kaum liquide und kurzfristig verbindlich klären lassen,
so dass der § 641 Abs. 2 BGB zugrunde liegende Gedanke einer Zahlungsbeschleunigung in
der Praxis das gesetzgeberische Ziel kaum erreichen wird[13].

– Zur Beschleunigung von Zahlungen soll auch eine Änderung des § 641 Abs. 3 BGB beitragen. 8
Die bisherige Vorschrift sah unter Übernahme der von der Rechtsprechung entwickelten
Möglichkeit der Durchsetzung des Nacherfüllungsanspruches vor, dass dem Auftraggeber
zugestanden wurde, als **Mängeleinbehalt** mindestens das Dreifache der zu erwartenden
Mängelbeseitigungskosten gegenüber dem Auftragnehmer vorzunehmen. Die Festlegung dieses sog Druckzuschlages in dem genannten Umfange hat sich in der Praxis zum Nachteil der
Auftragnehmer ausgewirkt, da häufig auch ein Betrag in Höhe lediglich des Zweifachen der
Mangelbeseitigungskosten ausreichend erschien. Mit dem Forderungssicherungsgesetz wurde
daher der sog Druckzuschlag des Auftraggebers wertmäßig zurückgenommen, indem nunmehr
in der Regel auf das Doppelte der für die Beseitigung des Mangels erforderlichen Kosten
abgestellt wird. Allerdings kann in Ausnahmefällen hiervon sowohl nach oben wie auch nach
unten abgewichen werden[14]. Soweit der Auftraggeber von dieser Möglichkeit Gebrauch
macht, bleibt naturgemäß wiederum die Frage offen, ob durch die vorgesehene Änderung
tatsächlich die intendierte Zahlungsbeschleunigung erreicht werden kann.

Parallel zu den vorgenannten werkvertraglichen Beschleunigungsregelungen war ursprünglich 9
vorgesehen, verschiedene **prozessuale Mechanismen** mit dem Forderungssicherungsgesetz
einzuführen, um dadurch anhängige, gerichtliche Vergütungsverfahren zu beschleunigen. Im
Rahmen des Gesetzgebungsverfahrens wurde allerdings darauf verzichtet, ergänzende Bestimmungen über eine vorläufige Zahlungsanordnung, zur Entscheidung durch Teilurteil und zum
Erlass eines Vorbehaltsurteils gesetzlich einzuführen. Inwieweit künftig von der Möglichkeit der
Einführung der im Gesetzgebungsverfahren behandelten Entscheidungsmechanismen Gebrauch

---

[10] Kritisch insoweit *Hildebrandt* BauR 2009, 5 (9).
[11] *Leinemann* NJW 2008, 3745 (3748).
[12] *Leinemann* NJW 2008, 3745 (3748).
[13] *Deckers* Das neue Forderungssicherungsgesetz, S. 105.
[14] *Deckers* Das neue Forderungssicherungsgesetz, S. 109, 111.

gemacht wird, bleibt abzuwarten. Im Einzelnen ist es bislang im Rahmen des Gesetzgebungsverfahrens um folgende prozessuale Regelungskomplexe gegangen:

10 – Im Mittelpunkt der neuen Regelungen steht die sog **vorläufige Zahlungsanordnung nach § 302a ZPO nF**. Eine derartige vorläufige Zahlungsanordnung soll das Gericht auf Antrag des Klägers einer Geldforderung, also des um seine Vergütung streitenden Auftragnehmers erlassen, soweit die erhobene (Vergütungs-)Klage nach dem erreichten Sach- und Streitstand hohe Aussicht auf Erfolg hat und die Anordnung nach Abwägung der beiderseitigen Interessen der Parteien zur Abwendung besonderer Nachteile für den Kläger gerechtfertigt erscheint (§ 302a Abs. 1 ZPO nF). Die vorläufige Zahlungsanordnung kann dabei nur auf Grund einer mündlichen Verhandlung erlassen werden (§ 302a Abs. 2 ZPO nF) und steht dann einem für vorläufig vollstreckbar erklärten Endurteil gleich (§ 302a Abs. 3 ZPO nF). Die Entscheidung über die vorläufige Zahlungsanordnung ergeht dabei durch einen nur kurz zu begründenden gerichtlichen Beschluss, der nicht anfechtbar sein soll (§ 302a Abs. 7 ZPO nF). Allerdings kann während der weiteren Verfahrensdauer die vorläufige Zahlungsanordnung auf Antrag des Schuldners wieder aufgehoben oder abgeändert werden (§ 302a Abs. 4 ZPO nF). Anderenfalls tritt die vorläufige Zahlungsanordnung außer Kraft, sobald ein Endurteil ergeht, die Klage zurückgenommen oder eine anderweitige Regelung der Parteien wirksam wird (§ 302a Abs. 6 ZPO nF). Für den Fall, dass sich die vom Kläger zu beantragende vorläufige Zahlungsanordnung nicht nach Maßgabe des Endurteils ihrem Umfange nach bestätigt, ist der Kläger verpflichtet, dem Beklagten dann jedoch den Schaden zu ersetzen, den dieser durch die Vollstreckung der vorläufigen Zahlungsanordnung oder aber durch eine Abwendung der Vollstreckung erlitten hat (§ 302a Abs. 8 ZPO nF). Gerade in letztgenannter Regelung liegt ein nicht unerhebliches Risiko für den Kläger, der zur Durchsetzung seiner Vergütungsansprüche ausdrücklich den Erlass einer vorläufigen Zahlungsanordnung begehrt. Darüber hinaus erscheint es fraglich, ob der intendierte Beschleunigungseffekt eintritt, wenn – zumal bei komplexen baurechtlichen Verfahren – auf der Grundlage einer mündlichen Verhandlung zu entscheiden ist und in diesem auch die von Beklagtenseite eingeführten Einwendungen behandelt werden. Vor allem fehlt es an einer gesetzlichen Anordnung, wonach über den Antrag auf Erlass einer vorläufigen Zahlungsanordnung innerhalb bestimmter Fristen durch das Gericht zu entscheiden ist. Die Gerichte werden deshalb eher dazu tendieren, erst in der ohnehin anstehenden mündlichen Verhandlung zur Sache selbst auch über den Antrag des Klägers auf beschleunigte Vorabbefriedigung zu befinden. In einer derartigen Verfahrenssituation könnte jedoch zur effektiven Beschleunigung eher eine Gesetzesregelung beitragen, die unter erleichterten Voraussetzungen ein Teil- bzw. Vorbehaltsurteil vorsieht.

11 – Neben die Regelung zum Erlass einer vorläufigen Zahlungsanordnung soll mit der Ergänzung des § 301 ZPO nF auch eine Regelung zum erleichterten Erlass eines Teilurteils treten. Der **Entscheidung durch Teilurteil** soll in der Praxis nach den Vorstellungen des Gesetzgebers größere Bedeutung verschafft werden. Vom Erlass eines beantragten Teilurteils soll nach der Neufassung des § 301 Abs. 2 ZPO nur noch abgesehen werden, wenn der entscheidungsreife Teil des Rechtsstreits im Verhältnis zum übrigen Gegenstand des Verfahrens geringfügig ist oder wenn abzusehen ist, dass auch dieser alsbald entscheidungsreif sein wird (§ 301 Abs. 2 ZPO nF). Den Gerichten soll auf diesem Wege die Möglichkeit beschnitten werden, vom Erlass eines Teilurteils in Fällen abzusehen, in denen vor oder nach einer Beweisaufnahme noch nicht alle streitentscheidenden (Teil-)Forderungen entscheidungsreif geklärt sind. Diesem verfahrensfördernden Gesichtspunkt entspricht es auch, dass künftig nach Erlass eines Teilurteils trotz Einlegung eines Rechtsmittels dem noch nicht entschiedenen Verfahrensteil durch das Gericht I. Instanz Fortgang gegeben werden soll (§ 301 Abs. 4 ZPO nF). Auch wenn der Gesetzgeber damit die praktische Bedeutung des Teilurteils stärken will, bleibt abzuwarten, inwieweit die Gerichte tatsächlich bereit sind, ggf. auch in mehreren Etappen über Vergütungsansprüche zu befinden. Dabei ist natürlich auch zu berücksichtigen, dass ein Teilurteil naturgemäß nur dort in Betracht kommen kann, wo auch tatsächlich unter Berücksichtigung von Einwendungen und Einreden sichergestellt ist, dass jedenfalls zugunsten des Klägers ein diesem unter Vernachlässigung des weiteren Streitgegenstandes des Verfahrens positiver Zahlbetrag zuzuerkennen ist.

12 – Zur Beschleunigung beitragen soll ferner die geänderte gesetzliche Fassung zum **Erlass eines Vorbehaltsurteils.** Ebenso wie beim Teilurteil soll der Erlass eines Vorbehaltsurteils bei Vorliegen der gesetzlichen Voraussetzungen zum Regelfall werden und nur noch in bestimmten, im Gesetz ausdrücklich genannten Fällen unterbleiben können (§ 302 Abs. 1 ZPO nF).

Dies ist vor allem dann der Fall, wenn abzusehen ist, dass über eine vom Beklagten erhobene Aufrechnung alsbald eine gerichtliche Entscheidung getroffen werden kann (§ 302 Abs. 1 S. 2 ZPO nF). Hieraus ist die gesetzgeberische Intention zu entnehmen, dass in Fällen der Aufrechnung der Erlass eines Vorbehaltsurteils zum Regelfall werden soll. Die Neufassung der Bestimmung über den Erlass von Vorbehaltsurteilen steht nicht im Einklang mit der neueren höchstrichterlichen Rechtsprechung, wonach (unter Abkehr von dem Institut sog Verrechnung) ein Vorbehaltsurteil grundsätzlich dann ausgeschlossen ist, wenn der Auftraggeber gegenüber dem Vergütungsanspruch mit einem Anspruch aus dem selben Vertragsverhältnis auf Ersatz der Kosten der Mängelbeseitigung oder aber der Fertigstellung aufrechnet[15]. Der Bundesgerichtshof hat ausdrücklich im Zusammenhang mit der seit dem 1.5.2000 geltenden Neufassung des § 302 Abs. 1 ZPO[16] zum Ausdruck gebracht, dass die Wirkungen einer materiell-rechtlich begründeten Aufrechnung nicht durch ein Vorbehaltsurteil vorübergehend ausgesetzt werden können[17], insbesondere dann, wenn es um Mängelbeseitigungskosten[18] oder aber die Forderung auf Zahlung von Fertigstellungsmehrkosten geht[19]. Aus der synallagmatischen Verknüpfung der Werklohnforderung mit der Forderung auf mangelfreie Erfüllung leitet der Bundesgerichtshof materiell-rechtlich eine Beschränkung zum Erlass von Vorbehaltsurteilen her, die gleichermaßen auch im Zusammenhang mit der vom Gesetzgeber intendierten Neufassung des § 302 ZPO gelten muss.

Das Forderungssicherungsgesetz trägt in materiell-rechtlicher Hinsicht dem Versuch einer Beschleunigung von Zahlungsansprüchen am Bau durchaus tendenziell Rechnung. Im Ergebnis muss jedoch zu den vorgesehenen Regelungsänderungen und -ergänzungen unter Berücksichtigung der bisherigen außergerichtlichen und gerichtlichen Handhabung bezweifelt werden, dass durch das mit Wirkung zum 1.1.2009 in Kraft getretene Forderungssicherungsgesetz tatsächlich Zahlungen in weitaus höherem Maße als derzeit beschleunigt geleistet werden. Dies gilt erst recht unter Berücksichtigung des Umstandes, dass die ergänzenden, verfahrensrechtlichen Beschleunigungsregelungen vom Gesetzgeber nicht weiterverfolgt und umgesetzt wurden. Im Rahmen der Novellierung der gesetzlichen Bauvertragsrechts zum 1.1.2018 (BGBl 2047 I, 969) sind die prozessualen Überlegungen zum Entwurf des Forderungssicherungsgesetzes ebenso wenig wieder aufgegriffen worden wie in der Diskussion der beim Bundesministerium der Justiz (BMJ) zwischen 2010 und 2013 tagenden Arbeitsgruppe zur Vorbereitung eines neuen gesetzlichen Bau- und Werkvertragsrechts[20]. Das mit Wirkung zum 1.1.2018 in Kraft tretende Gesetz zur Reform des Bauvertragsrechts und zur Änderung der kaufrechtlichen Mängelhaftung hat die vorgenannten prozessualen Mechanismen aus dem Entwurf des Forderungssicherungsgesetzes nicht übernommen (BTDrS 18/8486). Allerdings wurde in § 650 d BGB n. F. zum neuen Anordnungsrecht gemäß § 650 b bzw. zur Vergütungsanpassung gemäß § 650 c BGB ein eigenständiges einstweiliges Verfügungsverfahren geschaffen, um die Klärung zu bestehenden nachtragsbezogenen Vergütungsleistungen und -ansprüchen zu beschleunigen (BGBl 2017 I, 969).

5. Neuerungen durch die VOB 2002. Die VOB 2002 hat zu einer Reihe von Änderungen einzelner Sätze in § 16 VOB/B geführt. Zurückzuführen sind diese – wie auch die übrigen – Änderungen auf das Gesetz zur Beschleunigung fälliger Zahlungen vom 30.3.2000[21] sowie das Gesetz zur Modernisierung des Schuldrechts vom 26.11.2001[22]. Beide Gesetze haben zu tief greifenden Veränderungen im Bereich des allgemeinen und besonderen Schuldrechts geführt[23]. Im Einzelnen hat § 16 VOB/B deshalb folgende Änderungen erfahren:

---

[15] BGH NZBau 2006, 169 (170).
[16] BGBl. I S. 330.
[17] Vgl. zur Aussetzungswirkung *Kessen* BauR 2005, 1691 (1696).
[18] BGH NJW 2005, 2771 = NZBau 2005, 582 = BauR 2005, 1477; BGH NZBau 2002, 499 = BauR 2002, 1390.
[19] BGH NJW 2005, 2771 = NZBau 2005, 582 = BauR 2005, 1477; BGHZ 151, 147 = NJW 2002, 2563 = NZBau 2002, 497.
[20] *Glöckner* VuR 2016, 123 ff; *Rein elt* BauR 2016, 1 ff; *Voit* jM 2015, 402 ff; *Langen* NZBau 2015, 658 ff.
[21] BGBl. 2000 I S. 330.
[22] BGBl. 2001 I S. 3138.
[23] *Von Craushaar* BauR 2001, 471; *Fischer/Kröner/Oehme* ZfBR 2001, 7; *Glöckner* BauR 2001, 535; *Heinze* NZBau 2001, (233 und 301); *Karczewski/Vogel* BauR 2001, 859; *Kienmoser* BauR 2001, 542; *Kiesel* NJW 2000, 1673; *Kirberger* BauR 2001, 492; *Kniffka* ZfBR 2000, 227; *Kraus* BauR 2001, 513; *Niemöller/Kraus* Jahrbuch Baurecht 2001, 225; *Peters* NZBau 2000, 169; *Quack* BauR 2001, 507; *Voppel* BauR 2001, 1165.

- In § 16 Abs. 1 Nr. 3 VOB/B wurde nunmehr klargestellt, dass Ansprüche auf **Abschlagszahlungen** binnen 18 Werktagen nach Zugang der prüfbaren Aufstellung im Sinne von § 16 Abs. 1 Nr. 1 S. 2 VOB/B fällig werden. Im Hinblick auf § 286 Abs. 3 S. 2 BGB hat es der DVA für sachgerecht erachtet, deutlicher herauszustellen, dass der Zugang der prüfbaren Aufstellung für die Abschlagszahlungen sowie die Prüfung der Abschlagsrechnung oder aber der Ablauf der Prüfungsfrist Fälligkeitsvoraussetzungen sind.
- In § 16 Abs. 1 Nr. 4 VOB/B wurde auf den dort ursprünglich verwendeten zusätzlichen Begriff der **„Gewährleistung"** verzichtet. Dies beruht darauf, dass nach der Schuldrechtsmodernisierung im BGB der Begriff der Gewährleistung nicht mehr verwendet wird. Aus diesem Grunde konnte der Begriff auch aus § 16 Abs. 1 Nr. 4 VOB/B gestrichen werden. Der ehemals vorhandene Hinweis auf die Gewährleistung bzw. die heutige sog Nacherfüllung ist nunmehr in dem in weiteren Sinne zu verstehenden Begriff der Haftung aufgegangen.
- In § 16 Abs. 2 Nr. 1 VOB/B wurde der **Zinssatz bei den Vorauszahlungen** geändert. Der gesetzliche Zinssatz im BGB stellt nunmehr auf den Basiszinssatz der Deutschen Bundesbank ab. Bislang war in § 16 Abs. 2 Nr. 1 VOB/B vorgesehen, dass Vorauszahlungen mit 1 vH über dem Zinssatz der Spitzenrefinanzierungsfazilität der Europäischen Zentralbank zu verzinsen sind. Um die Verwendung unterschiedlicher Bezugsgrößen im Schuldrecht und in der VOB/B zu vermeiden, wurde nunmehr auf den Basiszinssatz des § 247 BGB abgehoben und eine Verzinsung von 3 vH über dem Basiszinssatz vorgesehen.
- Wie § 16 Abs. 1 Nr. 3 VOB/B in Bezug auf Abschlagszahlungen wurde auch § 16 Abs. 3 Nr. 1 S. 1 VOB/B hinsichtlich der Verzugsregelung des § 286 Abs. 3 S. 1 BGB dahingehend geändert, dass nunmehr der **Anspruch auf die Schlusszahlung** alsbald nach Prüfung und Feststellung der vom Auftragnehmer vorgelegten Schlussrechnung fällig wird, spätestens jedoch innerhalb von zwei Monaten nach Zugang der Schlussrechnung. Der Zugang der Schlussrechnung sowie der Ablauf der Prüfungsfrist sind nach der Klarstellung als Fälligkeitsvoraussetzung für die Vergütungsansprüche des Auftragnehmers anzusehen.
- In § 16 Abs. 5 Nr. 3 VOB/B wurde der dort vorgesehene **Zinssatz** von 5 vH über dem der Spitzenrefinanzierungsfazilität der Europäischen Zentralbank abgeändert und zwar auf die in § 288 BGB angegebenen Zinssätze, die bei Rechtsgeschäften, an denen kein Verbraucher beteiligt ist, bei 8 vH über dem Basiszinssatz liegen.
- Die Vorschrift des § 16 Abs. 5 wurde um eine neue Nr. 4 ergänzt, in dem zusätzlich angeordnet ist, dass der Auftragnehmer nach Ablauf von zwei Monaten – gerechnet ab Zugang der Schlussrechnung – und damit nach Fälligkeit für sein Guthaben aus der Schlussrechnung ohne gesonderte Nachfristsetzung Anspruch auf Zinsen in Höhe der in § 288 BGB angegebenen Zinssätze, also bei Rechtsgeschäften, an denen kein Verbraucher beteiligt ist, in Höhe von 8 vH über dem Basiszinssatz, allerdings nur soweit der Auftragnehmer im Einzelfall nicht in der Lage ist, einen höheren Verzugsschaden nachzuweisen.
- Das vormals in § 16 Abs. 5 Nr. 3 S. 2 VOB/B ausgewiesene **Zurückbehaltungsrecht** des Auftragnehmers wurde nunmehr in die neu eingefügte Nr. 5 des § 16 Abs. 5 VOB/B eingestellt. Danach darf der Auftragnehmer in den Fällen der Zahlungssäumigkeit des Auftraggebers nach Fälligkeit die Arbeiten bis zur Bezahlung durch den Auftraggeber einstellen, sofern zuvor eine dem Auftraggeber gesetzte angemessene Nachfrist erfolglos verstrichen ist.
- Schließlich wurde § 16 Abs. 6 VOB/B inhaltlich hinsichtlich der dort geregelten **Zahlung an Dritte** partiell neu gefasst. Ursprünglich war vorgesehen, dass der Auftraggeber berechtigt ist, zur Erfüllung seiner Zahlungsverpflichtung an Gläubiger des Auftragnehmers zu zahlen, soweit diese an der Ausführung der vertraglichen Leistungen des Auftragnehmers beteiligt waren und der Auftragnehmer seinerseits diesen gegenüber in Zahlungsverzug gekommen war. Nach der Rechtsprechung des BGH hielt § 16 Abs. 6 S. 1 VOB/B der isolierten Inhaltskontrolle vor dem Hintergrund der §§ 362 Abs. 2, 185 BGB nicht stand[24]. Um die Bedenken des BGH auszuräumen, wurde § 16 Abs. 6 S. 1 VOB/B inhaltlich beschränkt und zwar auf Fälle, in denen die Gläubiger des Auftragnehmers wegen ausstehender Zahlungen die Fortsetzung ihrer Leistung zu Recht verweigern und die von dem Auftraggeber vorgenommene Direktzahlung gerade dazu dient, die Fortsetzung der Leistung durch den Gläubiger des Auftragnehmers sicherzustellen. Diese Voraussetzungen für die Direktzahlung sollen nach ergänzender Klarstellung vom Auftragnehmer als anerkannt gelten, wenn er sich auf Verlangen des Auftraggebers innerhalb einer von diesem gesetzten Frist ausdrücklich zustimmend erklärt oder aber keinerlei Erklärung abgibt.

---

[24] BGH NJW 1990, 2384 (2385).

Die **Änderungen** innerhalb des § 16 VOB/B sind insgesamt **überschaubar**. Die Anpassung 14
an die Verzinsung nach §§ 288, 247 BGB war darüber hinaus geboten, da es anderenfalls zu einer
erheblichen Zinsdiskrepanz zwischen Vergütungsansprüchen aus BGB- und VOB-Bauverträgen
gekommen wäre. Inweweit sich die neu gefasste Regelung in § 16 Abs. 6 VOB/B bewährt,
muss in der Praxis abgewartet werden. Der Anwendungsrahmen der Bestimmung ist deutlich
eingeschränkt worden, so dass zu erwarten steht, dass die Bedeutung der Vorschrift in der
Baupraxis eher zurückgehen dürfte.

6. Neuerungen durch die VOB 2006. Die **VOB 2006** hat im Rahmen des § 16 VOB/B 15
lediglich zu einigen wenigen Klarstellungen bzw. Anpassungen geführt:
– In § 16 Abs. 1 Nr. 1 S. 1 VOB/B wurde nunmehr ergänzend klargestellt, dass Abschlagszahlungen nicht nur auf Antrag in möglichst kurzen Zeitabständen, sondern (selbstverständlich) auch zu den zwischen den Parteien eigens vereinbarten Zeitpunkten zu gewähren sind
 und zwar in beiden Fällen in Höhe des Wertes der jeweils nachgewiesenen vertragsgemäßen
 Leistungen. Durch die neue Formulierung soll die einvernehmliche Vereinbarung von festen
 Zahlungszeitpunkten anhand von den in der bauvertraglichen Praxis üblichen Zahlungsplänen
 ermöglicht werden. Gleichzeitig soll aber klargestellt sein, dass eine Abschlagszahlung auch bei
 Vereinbarung fester Zahlungszeitpunkte nur zu erbringen ist, wenn zu diesem Zeitpunkt eine
 entsprechende vertragsgemäße Leistung durch den Auftragnehmer nachgewiesen werden
 kann.
– Die Bestimmung des § 16 Abs. 3 Nr. 1 VOB/B wurde um einen neuen Satz 2 ergänzt,
 wonach Einwendungen gegen die Prüfbarkeit unter Angabe der Gründe spätestens innerhalb
 von 2 Monaten nach Zugang der Schlussrechnung erhoben werden müssen, damit sich der
 Auftraggeber noch auf die fehlende Prüfbarkeit der ihm vorgelegten Schlussrechnung berufen
 kann. Damit hat die VOB/B die neue Rechtsprechung des Bundesgerichtshofs nachvollzogen,
 wonach der Auftraggeber nach Treu und Glauben mit Einwendungen gegen die Prüffähigkeit
 einer Schlussrechnung ausgeschlossen sein soll, wenn er seine Prüfbarkeitseinwendungen nicht
 spätestens innerhalb einer Frist von zwei Monaten nach Zugang der Rechnung vorgebracht
 hat[25].
– In § 16 Abs. 3 Nr. 5 S. 2 VOB/B wurde der Beginn der Frist für **die** Begründung des
 Vorbehaltes aus Gründen der Transparenz dahingehend klargestellt, dass die vorgesehene 24-
 Werktagsfrist erst nach Ablauf der in Satz 1 geregelten 24-Werktagsfrist beginnt.
– Schließlich wurde in § 16 Abs. 5 Nr. 5 VOB/B klargestellt, dass es keiner weiteren als der in
 Nr. 3 bereits erwähnten Nachfrist bedarf. Der Auftragnehmer darf nun in den Fällen der Nr. 3
 und 4 die Arbeiten bis zur Zahlung einstellen, sofern die dem Auftraggeber zuvor gesetzte
 angemessene Nachfrist erfolglos verstrichen ist. Mit der in Abs. 5 Nr. 5 genannten Frist ist die
 Nachfrist in Nr. 3 gemeint. Diesbezüglich war eine Irritation entstanden, weil bei der VOB/B
 2000 der jetzige Abs. 5 Nr. 5 aus dem Abs. 3 herausgelöst und gesondert geregelt wurde.

Auch die **Änderungen, Änderungen,** die mit der VOB/B 2006 vorgenommen wurden,
ändern an der grundsätzlichen Konzeption des § 16 VOB/B nichts. Von nennenswerter Bedeutung ist nur die Ergänzung in § 16 Abs. 3 Nr. 1 S. 2 nF, die letztlich das Ergebnis der neuen
höchstrichterlichen Rechtsprechung zu der auf 2 Monate begrenzten Prüfungsfrist wiedergibt.

7. Neuerungen durch die VOB 2009, VOB 2012, VOB 2016 und VOB 2018. Während 16
die **VOB 2009** lediglich zu redaktionellen Anpassungen geführt hat, wurde § 16 mit der **VOB
2012** an verschiedenen Stellen grundlegend geändert. Diese Änderungen in §§ 16 Abs. 1 Nr. 3,
16 Abs. 3 Nr. 1, 16 Abs. 3 Nr. 5, 16 Abs. 5 Nr. 3 und 16 Abs. 5 Nr. 4 VOB/B 2012 gehen
zurück auf die seinerzeit noch nicht in nationales Recht umgesetzte Zahlungsverzugsrichtlinie
vom 16.2.2011[26]. Die Neufassung der sog Zahlungsverzugsrichtlinie zielt auf eine deutliche
Verbesserung der Zahlungsmoral zum Schutz von kleineren und mittleren Unternehmen ab[27].
Im Anschluss an die ursprüngliche Zahlungsverzugsrichtlinie[28], umgesetzt durch das Gesetz zur

---

[25] → Rn. 188.
[26] Richtlinie 2011/7/EU des Europäischen Parlaments und des Rates vom 16.2.2011 zur Bekämpfung von Zahlungsverzug im Geschäftsverkehr, Neufassung, ABl. 2011 L 48, S. 1.
[27] Vgl. *Oelsner* NZBau 2012, 329.
[28] Richtlinie 2000/35/EG des Europäischen Parlaments und des Rates vom 29.6.2000 zur Bekämpfung von Zahlungsverzug im Geschäftsverkehr, ABl. 2000 L 200, S. 35.

Modernisierung des Schuldrechts vom 26.11.2001[29], sieht die in nationales Recht umzusetzende Neufassung weiter verschärfte Vorgaben für den Zahlungsverzug und zwar insbesondere für die öffentlichen Auftraggeber vor[30]. Umgesetzt wurde die sog Zahlungsverzugsrichtlinie durch das am 29.7.2014 in Kraft getretene Gesetz zur Bekämpfung von Zahlungsverzug im Geschäftsverkehr und zur Änderung des Erneuerbare-Energien-Gesetzes[31]. In § 271a BGB wurden nunmehr spezielle gesetzliche Vorgaben zu Zahlungs-, Überprüfungs- und Abnahmefristen gesetzlich vorgesehen[32]. Zu den wesentlichen gesetzlichen Neuerungen zählt dabei nach § 271a BGB folgendes:

– Eine Vereinbarung, nach der der Gläubiger die Erfüllung einer Entgeltforderung erst nach mehr als 60 Tagen nach Empfang der Gegenleistung verlangen kann, ist nur wirksam, wenn sie ausdrücklich getroffen und im Hinblick auf die Belange des Gläubigers nicht grob unbillig ist (§ 271a Abs. 1 S. 1 BGB).

– Ist der Schuldner der Zahlungsverpflichtung ein öffentlicher Auftraggeber, so ist abweichend eine Vereinbarung, nach der der Gläubiger die Erfüllung einer Entgeltforderung erst nach mehr als 30 Tagen nach Empfang der Gegenleistung verlangen kann, nur wirksam, wenn die Vereinbarung ausdrücklich getroffen und aufgrund der besonderen Natur oder der Merkmale des Schuldverhältnisses sachlich gerechtfertigt ist (§ 271a Abs. 2 Nr. 1 BGB).

– Ist der Schuldner einer Zahlungsverpflichtung ein öffentlicher Auftraggeber, so ist grundsätzlich eine Vereinbarung, nach der der Gläubiger die Erfüllung einer Entgeltforderung erst nach mehr als 60 Tagen nach Empfang der Gegenleistung verlangen kann, unwirksam (§ 271a Abs. 2 Nr. 2 BGB).

– Ist eine Entgeltforderung erst nach Überprüfung oder Abnahme der Gegenleistung zu erfüllen, so ist eine Vereinbarung, nach der die Zahlung für die Überprüfung oder Abnahme der Gegenleistung mehr als 30 Tage nach Empfang der Gegenleistung beträgt, nur wirksam, wenn sie ausdrücklich getroffen und im Hinblick auf die Belange des Gläubigers nicht grob unbillig ist (§ 271a Abs. 3 BGB).

– Die vorgenannten Regelungen sind dann nicht anzuwenden, wenn es um die Vereinbarung von Abschlagszahlungen oder sonstigen Ratenzahlungen oder aber ein Schuldverhältnis geht, aus dem ein Verbraucher die Erfüllung der Entgeltforderung schuldet (§ 271a Abs. 5 BGB).

Geändert wurden des Weiteren auch die §§ 286, 288 BGB. Insbesondere wurde der Zinssatz des § 288 Abs. 2 BGB von 8 Prozentpunkten auf 9 Prozentpunkte über Basiszinssatz im unternehmerischen Geschäftsverkehr angehoben. In AGB-rechtlicher Hinsicht werden die vorgenannten Regelungen durch § 308 Nr. 1a und 1b BGB als neue Klauselverbote mit Wertungsmöglichkeit abgesichert: Ist der Verwender Unternehmer, juristische Person des öffentlichen Rechts oder aber öffentlich-rechtliches Sondervermögen, wird eine Zahlungsfrist von mehr als 30 Tagen nach Empfang der Gegenleistung im Zweifel als unangemessen lang bewertet.

Der Vorstand des Deutschen Vergabe- und Vertragsausschusses für Bauleistungen (DVA) hat bereits am 26.6.2012 – also geraume Zeit vor Inkrafttreten der vorgenannten nationalen Bestimmungen – mit Blick auf die EU-Richtlinie und deren seinerzeit vorgesehene Umsetzung ins deutsche Recht beschlossen, mit der Neufassung des § 16 **VOB/B 2012** den Vorgaben der Zahlungsverzugsrichtlinie zu entsprechen. Als spätesten Fälligkeitszeitraum für öffentliche Aufträge werden nun grundsätzlich höchstens 30 Tage und nur in begründeten Ausnahmefällen höchstens 60 Tage nach Zugang der Schlussrechnung vorgesehen. Des Weiteren tritt Verzug künftig auch ohne Nachfristsetzung ein; das Setzen einer angemessenen Nachfrist/Mahnung als Voraussetzung für den Zahlungsverzug entfällt mithin. Die entsprechende Neufassung des § 16 VOB 2012 ist dabei mit der Maßgabe erfolgt, dass nach Abschluss des Gesetzgebungsverfahrens zur nationalen Umsetzung der Neufassung der sog Zahlungsverzugsrichtlinie die Regelung des § 16 VOB/B in ihrer Fassung 2012 nochmals auf Übereinstimmung mit den nationalen Regelungen überprüft und dann ggf. abermals modifiziert werden soll[33].

Zu den vorgenommenen Änderungen in § 16 VOB/B Ausgabe 2012 hat der Vorstand des Deutschen Vergabe- und Vertragsausschusses für Bauleistungen (DVA) ergänzende Hinweise veröffentlicht. Diese Hinweise sind Anlage der Bekanntmachung der VOB/B Ausgabe 2012 im

---

[29] BGBl. I S. 3138.
[30] *Oelsner* NZBau 2012, 329.
[31] BGBl. I S. 1218.
[32] Vgl. hierzu *Spitzer* MDR 2014, 933; *Verse* ZIP 2014, 1809; *Haspl* BB 2014, 771.
[33] Vgl. Hinweise des DVA zu § 16 VOB Ausgabe 2012, BAnzAB 13.7.2012 B 3 S. 3.

Bundesanzeiger vom 13.7.2012[34]. Diese Hinweise werden nachfolgend zur Erläuterung der geänderten Passagen in § 16 VOB/B Ausgabe 2012 wiedergegeben:

a) Neufassung § 16 Abs. 1 Nummer 3 VOB/B (Ausgabe 2012). Im Sinne der Harmonisierung wurden die Fristenregelungen in § 16 VOB/B auf (Kalender-) Tage umgestellt.

b) Neufassung § 16 Abs. 3 Nummer 1 VOB/B (Ausgabe 2012). Nach Artikel 4 Absatz 3 und 5 der Richtlinie 2011/7/EU (Zahlungsverzugsrichtlinie) ist bei öffentlichen Auftraggebern eine Vereinbarung, nach der die Zeit für die Erfüllung der Entgeltforderung 30 Tage nach Zugang einer Rechnung überschreitet, nur wirksam, wenn sie ausdrücklich getroffen und aufgrund der besonderen Natur oder Merkmale der Vereinbarung sachlich gerechtfertigt ist. Die Zahlungsfrist darf in keinem Fall 60 Kalendertage überschreiten.
In § 271a Abs. 2 BGB-Entwurf[35] wird die Vertragsfreiheit bei der Vereinbarung von Zahlungsfristen für öffentliche Auftraggeber im Sinne der Richtlinie begrenzt.
§ 16 Abs. 3 Nummer 1 VOB/B – alt –, nach dem der Anspruch auf Schlusszahlung spätestens innerhalb von 2 Monaten nach Zugang der Schlussrechnung fällig wird, wurde an die Vorgaben der Richtlinie und § 271a Abs. 2 BGB-Entwurf angepasst. Danach ist für Auftraggeber künftig grundsätzlich eine Zahlungsfrist von höchstens 30 Tagen nach Zugang der prüfbaren Schlussrechnung vorgesehen. Einzelvertraglich ist eine erweiterte Zahlungsfrist von weiteren 30 Tagen zulässig. Allerdings muss diese Vereinbarung ausdrücklich (dh nicht lediglich konkludent) getroffen und aufgrund der besonderen Natur oder Merkmale der Vereinbarung sachlich gerechtfertigt sein. Erweiterte Zahlungsfristen kommen im Baubereich beispielsweise in Betracht, wenn die Prüfungsunterlagen bzw. Schlussrechnungen komplex sind und fachtechnischer Sachverstand notwendig ist.
Die Regelung in § 16 Abs. 3 Nummer 1 S. 3 VOB/B ist an die Regelung im bisherigen § 16 Abs. 3 Nummer 1 S. 2 VOB/B angelehnt. Danach konnte sich der Auftraggeber nicht mehr auf die fehlende Prüfbarkeit berufen, wenn er nicht spätestens innerhalb von 2 Monaten nach Zugang der Schlussrechnung Einwendungen gegen die Prüfbarkeit erhoben hat. Im Hinblick auf die unterschiedlichen Fristenregelungen in § 16 Abs. 3 Nummer 1 S. 1 und 2 VOB/B wird künftig auf den „Ablauf der jeweiligen Frist" abgestellt.

c) Neufassung § 16 Abs. 3 Nummer 5 VOB/B. Im Sinne der Harmonisierung wurden die Fristenregelungen in § 16 VOB/B auf (Kalender-) Tage umgestellt.

d) Neufassung § 16 Abs. 5 Nummer 3 VOB/B. Artikel 4 Absatz 1 der Richtlinie 2011/7/EU sieht vor, dass der Gläubiger Anspruch auf den gesetzlichen Zins bei Zahlungsverzug hat, ohne dass es einer Mahnung bedarf, wenn der Gläubiger seine vertraglichen und gesetzlichen Verpflichtungen erfüllt und der Gläubiger den fälligen Betrag nicht rechtzeitig erhalten hat, es sei denn, der Schuldner ist für den Zahlungsverzug nicht verantwortlich. Nach der Richtlinie soll kein Gläubiger verpflichtet werden, Verzugszinsen zu fordern. es soll einem Gläubiger ermöglicht werden, bei Zahlungsverzug ohne eine vorherige Mahnung oder eine andere vergleichbare Mitteilung, die den Schuldner an seine Zahlungsverpflichtung erinnert, Verzugszinsen zu verlangen (vgl. Erwägungsgrund 16 der Richtlinie). Die Zahlung eines Schuldners soll als verspätet in dem Sinne betrachtet werden, dass ein Anspruch auf Verzugszinsen entsteht, wenn der Gläubiger zum Zeitpunkt der Fälligkeit nicht über den geschuldeten Betrag verfügt, vorausgesetzt, er hat seine gesetzlichen und vertraglichen Verpflichtungen erfüllt.
Nach § 286 Abs. 2 BGB bedarf es für den Verzugseintritt keiner Mahnung, wenn für die Leistung eine Zeit nach dem Kalender bestimmt oder bestimmbar ist. Nach § 286 Abs. 3 BGB kommt der Schuldner einer Entgeltforderung spätestens in Verzug, wenn er nicht innerhalb von 30 Tagen nach Fälligkeit und Zugang einer Rechnung oder gleichwertigen Zahlungsaufforderung leistet.
Gemäß § 16 Abs. 5 Nummer 3 VOB/B – alt – setzt Verzugseintritt, eine Rechnung, den Ablauf der Prüffrist, eine Mahnung und den Ablauf einer Nachfrist voraus. Diese Regelung hatte im ausgewogenen Regelungskatalog der VOB/B als allgemeine Geschäftsbedingung und ihrer Vereinbarung als Ganzes Bestand. In § 16 Abs. 5 Nummer 3 S. 3 und 4 VOB/B wird nun der Eintritt des Zahlungsverzugs im Sinne von Artikel 4 Absatz 1 der Zahlungsverzugsrichtlinie geregelt. Der Auftraggeber kommt, ohne dass es einer Nachfristsetzung (Mahnung) bedarf, spätestens 30 Tage nach Zugang der Rechnung oder Aufstellung bei Abschlagszahlungen in

---
[34] BAnzAT 13.7.2012 B 3.
[35] Referentenentwurf des BMJ vom 16.1.2012 zur Umsetzung der Richtlinie 2011/7/EU.

Zahlungsverzug, wenn der Auftragnehmer seine vertraglichen und gesetzlichen Verpflichtungen erfüllt und den fälligen Entgeltbetrag nicht rechtzeitig erhalten hat, es sei denn, der Auftraggeber ist für den Zahlungsverzug nicht verantwortlich. Die Frist verlängert sich auf höchstens 60 Tage, wenn sie aufgrund der besonderen Natur oder Merkmale der Vereinbarung sachlich gerechtfertigt ist und ausdrücklich vereinbart wurde. Verlängerte Verzugsfristen kommen bei Abschlagszahlungen nicht in Betracht, da es sich um vorläufige Zahlungen (auf bereits erbrachte Leistungen) handelt, die im Rahmen der Schlussrechnung noch einmal überprüft und ggf. korrigiert werden. Die Vereinbarung einer Höchstfrist zum Eintritt des Verzuges von 30 bzw. 60 Tagen schließt nicht das Recht des Auftragnehmers nach § 16 Abs. 5 Nummer 1 VOB/B aus, durch Nachfristsetzung den Verzug schon früher herbeizuführen.

Nach § 16 Abs. 5 Nummer 3 S. 3 und 4 VOB/B ist das Setzen einer angemessenen Nachfrist keine erforderliche Voraussetzung für den Zahlungsverzug. Zudem stellt § 16 Abs. 5 Nummer 3 S. 3 und 4 VOB/B für die rechtzeitige Zahlung auch nicht mehr auf den Zeitpunkt der Leistungshandlung (zB Anweisung der Zahlung) ab, sondern auf den Zeitpunkt des Leistungserfolges, dh Eingang des Zahlungsbetrags beim Auftragnehmer.

e) **Neufassung § 16 Abs. 5 Nummer 4 VOB/B.** In § 16 Abs. 5 Nummer 3 S. 3 und 4 VOB/B wird der Eintritt des Zahlungsverzuges im Sinne von Artikel 4 Absatz 1 der Zahlungsverzugsrichtlinie geregelt. Danach ist das Setzen einer angemessenen Nachfrist (Mahnung) keine erforderliche Voraussetzung für den Zahlungsverzug. § 16 Abs. 5 Nummer 4 – alt – ist somit entbehrlich.

Die **VOB/B 2016** hat (zunächst) zu keinen weiteren Änderungen des § 16 VOB/B geführt. Der oben erwähnte Vorbehalt erneuter Modifizierung des § 16 VOB/B in Übereinstimmung mit den nationalen Regelungen der §§ 271 a, 286, 288 und 308 BGB wurde bislang nicht umgesetzt. Die vorgenannten Bestimmungen finden nach Art. 229 § 34 EGBGB unmittelbar erst auf Verträge Anwendung, die nach dem 28.7.2014 abgeschlossen wurden. Dessen ungeachtet sind aber die im Vorgriff auf die innerstaatliche Umsetzung der Zahlungsverzugsrichtlinie mit der VOB/B 2012 vorgenommenen Änderungen zu § 16 auf alle Verträge anzuwenden, die auf der Grundlage der VOB/B 2012 zustande gekommen sind. Wegen der Einzelheiten zur Neufassung des § 16 wird auf die nachfolgenden Bestimmungen zur dortigen Kommentierung verwiesen.

Durch das Gesetz zur Reform des Bauvertragsrechts wird es zu einer Anpassung der VOB/B kommen. Zum Zeitpunkt der Bearbeitung der vorliegenden Kommentierung lässt sich noch nicht absehen, wann eine geänderte und dem neuen Bauvertragsrecht angepasste VOB/B eingeführt wird. Nach derzeitigen Erkenntnissen ist frühestens Mitte 2018 mit der VOB 2018 zu rechnen. Inwieweit diese die Änderungen nach dem neuen Bauvertragsrecht ab dem 1.1.2018 übernehmen wird, lässt sich gegenwärtig ebenfalls nicht übersehen.

II. Zahlungen nach den Regelungen des BGB

17 1. **Abschlagszahlungen gemäß § 632a BGB.** Der Unternehmer ist beim Bau- und Werkvertrag grundsätzlich vorleistungspflichtig. Die Vergütung für die geschuldeten Leistungen wird deshalb erst mit der Fertigstellung und Abnahme der Bau- und Werkleistung fällig (§§ 640, 641 BGB)[36].

Eine Ausnahme gilt indes für **Abschlagszahlungen,** so weit die gesetzlichen Voraussetzungen des § 632a BGB eingehalten sind[37]. Das gesetzliche Werkvertragsrecht kannte bis zur Einführung des § 632a BGB durch das Gesetz zur Beschleunigung fälliger Zahlungen[38] keine speziellen Regelungen zu dem Unternehmer zu gewährenden Abschlagszahlungen. Da derartige Abschlagszahlungen naturgemäß dem Bedürfnis der Baupraxis entsprachen, war es dem Unternehmer außerhalb spezieller Abreden nur über die Heranziehung des § 16 Nr. 1 VOB/B möglich, vor Fertigstellung seiner Bauleistungen und deren Abnahme Abschlagszahlungen zu erlangen. Ausgehend hiervon hat der Gesetzgeber zunächst mit dem Gesetz zur Beschleunigung fälliger Zahlungen und mit Wirkung ab dem 1.5.2000 mit der damaligen Einführung des § 632a BGB eine gesetzliche Grundlage für Abschlagszahlungen eingeführt.

Die Ausgestaltung des § 632a BGB hat jedoch in der Folgezeit vielfältige Kritik hervorgerufen[39]. Erhebliche Probleme hat vor allem die gesetzlich vorgesehene Beschränkung von Ab-

---

[36] Vgl. im Einzelnen *Messerschmidt* in Messerschmidt/Voit Privates Baurecht, § 641 Rn. 1 ff.
[37] Vgl. hierzu *Messerschmidt* in Messerschmidt/Voit Privates Baurecht § 632a Rn. 1 ff.
[38] BGBl. 2000 I S. 330.
[39] Vgl. nur *Kniffka* ZfBR 2000, 227; *Motzke* NZBau 2000, 490 (491); *Peters* NZBau 2000, 169 (172).

schlagszahlungen auf in sich abgeschlossene Teile der ausgeführten Bau- und Werkleistungen bereitet[40]. Nur durch eine weite und praxisnahe Auslegung des Begriffes der in sich abgeschlossenen Teile des (Bau-)Werkes in § 632a S. 1 BGB aF konnten die gesetzgeberischen Defizite überbrückt werden[41]. Schwierigkeiten ergaben sich vorallem im Verhältnis zwischen Haupt- und Nachunternehmer, weil der Nachunternehmer auch bei weiter Auslegung des gesetzlichen Begriffes keine „in sich abgeschlossene" Leistung erbringen konnte[42].

Mit der **Neufassung des § 632a BGB** durch das Forderungssicherungsgesetz zum 1.1.2009[43] sollen die bisherigen gesetzlichen Defizite behoben und die finanzielle Situation der Unternehmen durch eine erleichterte Möglichkeit zur Einforderung von Abschlagszahlungen verbessert werden[44]. Die neue Gesetzesfassung gilt gemäß Art. 229 § 18 Abs. 1 EGBGB für Schuldverhältnisse, die nach dem 1.1.2009 neu begründet werden[45]. Für vor diesem Tage begründete Schuldverhältnisse verbleibt es bei der bisherigen Fassung des § 632a BGB[46].

In weitem Umfang nimmt die Neufassung des § 632a BGB die bisherigen Tatbestandsmerkmale auf. Wie bisher soll die grundlegende gesetzliche Regelung zu Abschlagszahlungen an dem Vorbild des § 16 Abs. 1 VOB/B zu Abschlagszahlungen orientiert werden[47]. Entgegen der bisherigen Gesetzesfassung wird nun nicht mehr für Abschlagszahlungen auf „in sich abgeschlossene Teile des Werkes", sondern auf den **Wertzuwachs** abgehoben, den der Besteller durch die Leistung des Unternehmers erfahren hat. Voraussetzung für die Geltendmachung von Abschlagszahlungen ist dabei die Ausführung von (Bau-)Leistungen, die dem Besteller überlassen bzw. ihm zur Verfügung gestellt werden[48]. Mit der Überlassung muss zugunsten des Bestellers ein von diesem erlangter Wertzuwachs einhergehen. Ein derartiger Wertzuwachs liegt vor, wenn der Unternehmer unmittelbar in das Grundstück des Bestellers Bauteile einbringt, die durch Verbindung nach § 946 BGB in das Eigentum des Bestellers übergehen[49]. Ein Wertzuwachs kann aber auch darin liegen, dass dem Besteller bewegliche baubezogene Gegenstände zu Eigentum verschafft werden; dies gilt etwa in Bezug auf die für die Durchführung der Bauleistungen erforderlichen Baustoffe oder Bauteile, die angeliefert oder eigens angefertigt und bereitgestellt sind, sobald dem Besteller das Eigentum an den Stoffen oder Bauteilen entsprechend § 632a Abs. 1 S. 5 BGB übertragen wird. § 632a Abs. 1 S. 1 BGB setzt freilich nach seinem Wortlaut und der gesetzgeberischen Intention keine Verschaffung von Eigentum qua Übertragung oder Verbindung voraus[50]. Ausreichend ist vielmehr auch jede andere Art wirtschaftlichen Wertzuwachses, die der Besteller durch die (Bau-)Leistung des Unternehmers erfährt[51]. Voraussetzung für einen derartigen Wertzuwachs soll lediglich sein, dass dem Besteller die vom Unternehmer erbrachte (Bau-)Leistung in einer nicht mehr entziehbaren Weise zur Verfügung gestellt wurde[52]. Erfasst werden sollen auf diese Weise vor allem Konstellationen, in denen Nachunternehmer werthaltige (Bau-)Leistungen für einen Generalunternehmer (Besteller) erbringen[53]. Der Wertzuwachs wird jeweils danach zu beurteilen sein, inwieweit der Unternehmer mit seinen erbrachten (Bau-) Leistungen wietere Teile der vertraglich vereinbarten Hauptleistung erfüllt hat. Beurteilungsmaßstab für den Wertzuwachs ist im Zweifel der erreichte Grad der Erfüllung vertraglicher Hauptleistungen und nicht eine am Baugrundstück zu ermittelnde Werterhöhung. Sobald ein derartiger Wertzuwachs zu verzeichnen ist, kann der Unternehmer Abschlagszahlungen von dem Besteller für vertragsgemäß erbrachte Leistungen beanspruchen. Sind unwesentliche Mängel an den erbrachten Leistungen festzustellen, steht dem Besteller nach § 632a Abs. 1 S. 3 BGB das Recht zu, einen angemessenen Teil der (Abschlags-)Vergütung entsprechend § 641 Abs. 3 BGB zurückzubehalten. Das Zurückbehaltungsrecht ist in der Regel auf das Doppelte der für die Beseitigung des Mangels erforderlichen Kosten beschränkt. Für die Abgrenzung zwischen

---

[40] Vgl. *Messerschmidt* in Messerschmidt/Voit Privates Baurecht § 632a Rn. 17 ff.
[41] *Messerschmidt* in Messerschmidt/Voit Privates Baurecht § 632a Rn. 33 ff.
[42] *Deckers* Das neue Forderungssicherungsgesetz, S. 43; *Moufang* BauRB 2004, 147.
[43] BGBl. 2008 I S. 2022.
[44] BT-Drs. 16/511, 14.
[45] BGBl. 2008 I S. 2023.
[46] Vgl. hierzu im Einzelnen *Messerschmidt* in Messerschmidt/Voit Privates Baurecht § 632a Rn. 17 ff.
[47] *Leinemann* NJW 2008, 3745.
[48] *Deckers* Das neue Forderungssicherungsgesetz, S. 51.
[49] *Otto/Spiller* ZfIR 2009, 1 (2); *Ellenberger* in Palandt BGB § 94 Rn. 6.
[50] *Otto/Spiller* ZfIR 2009, 1 (2).
[51] *Leinemann* NJW 2008, 3745 (3746).
[52] BT-Drs. 16/511, 14.
[53] *Sprau* in Palandt BGB § 632a Rn. 6.

wesentlichen und unwesentlichen Mängeln kommt es auf die Beurteilungskriterien des § 640 Abs. 1 S. 2 BGB an[54].

Mit dem Gesetz zur **Reform des Bauvertragsrechts** und zur Änderung der kaufrechtlichen Mängelhaftung vom 9.3.2017 (BGBl 2017 I, 969) verbindet sich allerdings mit Wirkung ab dem 1.1.2018 eine erneute Änderung des § 632a BGB dahin, dass der Auftragnehmer künftig von dem Auftraggeber eine Abschlagszahlung in Höhe des Wertes der von ihm erbrachten und nach dem Vertrag geschuldeten Leistungen verlangen kann. Mithin wird künftig nicht mehr auf den Wertzuwachs der Leistungen, sondern auf den Wert der vertraglichen Leistungen des Auftragnehmers abgehoben (§ 632a Abs. 1 S. 1 BGB n. F.). Sobald die erbrachten Leistungen nicht vertragsgemäß sind, also Mängel aufweisen, soll der Auftraggeber künftig die Zahlung eines angemessenen Teils der Abschlagsforderung verweigern können (§ 632a Abs. 1 S. 2 BGB n. F.). Die Höhe dieses angemessenen Teils der Abschlagsforderung wird an dem zweifachen Druckzuschlag orientiert, so wie er sich aus § 641 Abs. 3 BGB ergibt. Mit der Bauvertragsnovelle werden im Übrigen für Verbraucherbauverträge gesonderte Regelungen zum Schutz von Verbrauchern bei Abschlagszahlungen eingeführt (§ 650 m BGB n. F.).

Nach der Regelung des § 632a Abs. 1 S. 4 BGB hat der Besteller die zu Abschlagszahlungen führenden **Leistungen durch eine Aufstellung nachzuweisen,** die eine rasche und sichere Beurteilung der Leistungen durch den Besteller ermöglichen muss. Die frühere Fassung des § 632a BGB enthielt keine Aussage dazu, in welcher Weise der Unternehmer die von ihm erhobenen Abschlagszahlungen zu belegen und nachzuweisen hat[55]. Nunmehr wird für den Leistungsnachweis auf die entsprechende Bestimmung des § 16 Abs. 1 Nr. 1 S. 2 VOB/B Bezug genommen. Dabei entspricht der Gesetzestext mit Ausnahme des textlich entfallenden Wortes „prüfbare" inhaltlich dem des § 16 Abs. 1 Nr. 1 S. 2 VOB/B. Was mit dem Verzicht auf das Prüfbarkeitserfordernis bezweckt sein soll, ist unklar; immerhin versteht es sich nämlich von selbst, dass nicht prüfbare Unterlagen ungeeignet sind, um damit den Nachweis ausgeführter und abrechnungsfähiger Leistungen zu führen. Nur prüfbare Unterlagen lassen – wie der Gesetzgeber es fordert – eine rasche und sichere Beurteilung zu ausgeführten Leistungen zu. Infolgedessen lässt sich die gesetzliche Änderung zu § 16 Abs. 1 Nr. 1 S. 2 VOB/B nur so verstehen, dass die Prüfbarkeitserfordernisse gegenüber denen aus § 14 VOB/B zu einer Schlussrechnung herabgesetzt werden sollen[56]. Allerdings ist ohnehin zu § 16 Abs. 1 VOB/B anerkannt, dass bei Abschlagsrechnungen die strengen Prüffähigkeitskriterien des § 14 VOB/B für den Leistungsnachweis bei der Vorlage von Abschlagsrechnungen nicht gelten sollen[57]; auch bei Herabsetzung der Prüffähigkeitskriterien des § 14 VOB/B muss die vom Unternehmer vorgelegte Abschlagsrechnung aber inhaltlich so aufgemacht sein, dass sie rasch und sicher vom Besteller nachvollzogen werden kann[58]. Diesen Anforderungen entsprechen nur Abschlagsrechnungen, die es (zumindest) dem vom Besteller eingesetzten bauleitenden Architekten ermöglichen, den zum Gegenstand der Abschlagsrechnung gemachten Leistungsstand sowie die hierauf entfallende anteilige (weitere) Vergütung nachzuvollziehen[59]. Insoweit bleibt im Ergebnis unklar, weshalb der Gesetzgeber nicht auch im Rahmen der Neufassung des § 632a BGB von einer prüfbar aufgemachten Aufstellung bzw. Abrechnung im Zusammenhang von Abschlagsrechnungen ausgegangen ist.

18 **2. Schlussrechnungszahlung gemäß § 641 Abs. 1 und 2 BGB.** Die Fälligkeit der (Schlussrechnungs-)Vergütung richtet sich nach §§ 640, 641 BGB. Die Vergütung ist danach (erst) bei der Abnahme des Werkes zu entrichten. Ist das Werk in Teilen abzunehmen und die Vergütung für die einzelnen Teile bestimmt, so ist die Vergütung für jeden Teil bei dessen Abnahme zu entrichten (§ 641 Abs. 1 BGB)[60].

Die Vergütung des Unternehmers für ein Werk, dessen Herstellung der Besteller einem Dritten versprochen hat, wird in § 641 Abs. 2 BGB geregelt. Die Vorschrift befasst sich – durch das Forderungssicherungsgesetz zum 1.1.2009 novelliert[61] mit der Fälligkeit der Vergütung, wenn bei gestuften Bauverträgen in einer Leistungskette der Vergütungsanspruch von dem Nach-

---

[54] Vgl. hierzu *Messerschmidt* in Messerschmidt/Voit Privates Baurecht § 640 Rn. 98 ff.
[55] Vgl. im Einzelnen *Messerschmidt* in Messerschmidt/Voit Privates Baurecht § 632a Rn. 17 ff.
[56] Vgl. insoweit *Leinemann* NJW 2008, 3745 (3746).
[57] BGH NZBau 2002, 390 (391); BauR 1997, 468.
[58] Vgl. *U. Locher* in Ingenstau/Korbion VOB/B § 16 Abs. 1 Rn. 9.
[59] Vgl. BGH NJW 1967, 342; BauR 1998, 869 (870).
[60] Vgl. hierzu *Messerschmidt* in Messerschmidt/Voit Privates Baurecht § 640 Rn. 1 ff. und § 641 Rn. 1 ff.
[61] BGBl. 2008 I S. 2022.

unternehmer gegenüber dem Hauptunternehmer erhoben wird. Die bisherige Bestimmung zur sog **Durchgriffsfälligkeit nach § 641 Abs. 2 BGB** wurde mit dem Gesetz zur Beschleunigung fälliger Zahlungen vom 30.3.2000 eingeführt[62]. Mit der Neufassung des § 641 Abs. 2 BGB mit Wirkung ab dem 1.1.2009 hat sich der Gesetzgeber bemüht, erkennbar bestehende Defizite der bisherigen Gesetzesfassung zu beheben. Ziel der Regelung ist es zu verhindern, dass Generalübernehmer und Bauträger Gelder von ihren Auftraggebern einnehmen, diese aber nicht an die Handwerker weiterleiten, die die einzelnen Gewerke ausgeführt haben. Nach der gesetzgeberischen Konzeption soll dies dadurch erreicht werden, dass der Anspruch der Handwerker auch ohne Abnahme fällig wird, wenn der Generalübernehmer oder Bauträger von seinem Auftraggeber Zahlungen für das vom Handwerker erbrachte Gewerk erhalten hat (§ 641 Abs. 2 S. 1 Nr. 1 BGB). Entsprechendes soll gelten, soweit das Werk des Bestellers von dem Dritten abgenommen worden ist oder aber diesem gegenüber als abgenommen gilt (§ 641 Abs. 2 S. 1 Nr. 2 BGB). Soweit der Unternehmer sich über die vorgenannten Zahlungen bzw. die eingetretenen Abnahmewirkungen nicht im Bilde befindet, soll seine Vergütung schließlich auch dann fällig werden, wenn er dem Besteller erfolglos eine angemessene Frist zur Auskunft über die vorgenannten Umstände gesetzt hat (§ 641 Abs. 2 S. 1 Nr. 3 BGB)[63]. Für den Fall, dass Zahlungen an den Besteller erfolgt sind und/oder die Leistungen des Bestellers abgenommen wurden bzw. als abgenommen gelten, der Besteller jedoch dem Dritten wegen möglicher Mängel der Werk-/Bauleistung eine Sicherheit gestellt hat, wird nunmehr das durch § 641 Abs. 2 S. 1 BGB begründete fällige Auszahlungsverlangen des Unternehmers begrenzt, indem dieser seinerseits dem Besteller eine entsprechende Sicherheit zur Verfügung zu stellen hat (§ 641 Abs. 2 S. 2 BGB).

3. Mängelbedingtes Leistungsverweigerungsrecht gemäß § 641 Abs. 3 BGB. § 641 19 Abs. 3 BGB begründet zugunsten des Bestellers ein Leistungsverweigerungsrecht, wenn sich die Bau- bzw. Werkleistung nach Fälligkeit des Vergütungsanspruches als mangelhaft erweist. Kann der Besteller von dem Unternehmer die Beseitigung eines Mangels verlangen, so soll er nach der Fälligkeit berechtigt sein, einen angemessenen Teil der Vergütung einzubehalten. Angemessen ist nach der Neufassung des Gesetzes durch das Forderungssicherungsgesetz[64] nunmehr regelmäßig das Doppelte der für die Beseitigung des Mangels erforderlichen Kosten. Der sog **Druckzuschlag des Bestellers** wurde auf diese Weise durch das Forderungssicherungsgesetz wertmäßig zurückgenommen. Die bisherige starre Bemessung auf das Dreifache der Mängelbeseitigungskosten wurde als zu unflexibel kritisiert[65]. Mit der Neufassung durch das Forderungssicherungsgesetz wurde die erwünschte Flexibilität – „in der Regel das Doppelte" – gesetzlich herbeigeführt und darüber hinaus der Umfang des Leistungsverweigerungsrechts – jedenfalls in der Regel – auf das Doppelte der für die Beseitigung des Mangels erforderlichen Kosten zurückgenommen.

4. Verzinsung gemäß § 641 Abs. 4 BGB. Aus § 641 Abs. 4 BGB ergibt sich schließlich, 20 dass der Besteller die geschuldete Vergütung grundsätzlich von der Abnahme des Werkes an zu verzinsen hat, sofern nicht die Vergütung ausnahmsweise gestundet ist. Da es für den Beginn des Verzinsungszeitraums auf die erfolgte Abnahme ankommt, bezieht sich die Regelung des § 641 Abs. 4 BGB nicht auf Abschlags- oder Teilzahlungen, sondern ausschließlich auf die nach der Abnahme der Bauleistung geschuldete Schlusszahlung[66].

III. Fälligkeit und Verzug bei BGB-Zahlungsansprüchen

1. Fälligkeit bei Zahlungen. Die Fälligkeit von Werklohnansprüchen richtet sich beim 21 BGB-Bauvertrag nach §§ 641, 632a BGB. Die Vergütung ist vom Grundsatz her bei **Abnahme des Werkes** zu entrichten (§ 641 Abs. 1 BGB). Mit der (rechtsgeschäftlichen) Abnahme der Werkleistung tritt die Fälligkeit der vom Auftraggeber geschuldeten Vergütung ein[67]. Das Gesetz zur Reform des Bauvertragsrechts und zur Änderung der kaufrechtlichen Mängelhaftung vom 9.3.2017 (BTDrS 18/8486) sieht nunmehr mit Wirkung ab dem 1.1.2018 für den Fall der

---
[62] BGBl. 2000 I S. 330.
[63] Vgl. BT-Drs. 16/511, 16.
[64] BGBl. 2008 I S. 2023.
[65] *Kniffka* ZfBR 2000, 227 (232).
[66] *Sprau* in Palandt BGB § 641 Rn. 19.
[67] *Sprau* in Palandt BGB § 641 Rn. 2.

Abnahmeverweigerung eine verpflichtende Zustandsfeststellung und anschließende Vorlage einer prüffähigen Schlussrechnung seitens des Auftragnehmers vor (§ 650 g BGB n. F.).

22 Für den Eintritt der Fälligkeit kommt es nicht auf die Erstellung und Übergabe einer **(Schluss-)Rechnung** an[68]. Bedenklich ist diese gesetzliche Regelung deshalb, weil der Auftraggeber bei komplexen Baumaßnahmen auch bei Abschluss eines BGB-Bauvertrages den Umfang der von ihm geschuldeten Vergütung regelmäßig nicht ohne weiteres erkennen bzw. selbst bestimmen kann. Es ist deshalb beim Abschluss von BGB-Bauverträgen empfehlenswert, eine vertragliche Vereinbarung dahingehend zu treffen, dass die Vergütungsansprüche erst nach Vorlage einer prüffähigen Schlussrechnung fällig werden[69]. Eine derartige vertragliche Vereinbarung kann im Einzelfall auch stillschweigend getroffen oder aber der Praxis der konkreten Vertragsabwicklung zu entnehmen sein[70]. Das OLG Düsseldorf geht vom konkludenten Abschluss einer derartigen Fälligkeitsvereinbarung erst nach Erteilung einer Rechnung aus, wenn der Vertragsschluss spontan erfolgt ist und die Berechnungsparameter der Vergütung noch festzustellen sind[71].

Sobald der Unternehmer eine Rechnung vorlegt, wird zwischen deren Prüfbarkeit einerseits und sachlichen Richtigkeit andererseits unterschieden[72]. Die Prüffrist des § 16 Abs. 3 Nr. 1 VOB/B findet nach dem BGH entsprechende Anwendung auch auf BGB-Bauverträge[73]. Werden Einwendungen gegen die Prüfbarkeit unter Angabe der hierfür maßgebenden Gründe nicht spätestens innerhalb von einem Monat nach Zugang der Schlussrechnung erhoben, so kann der Besteller sich in entsprechender Anwendung des § 16 Abs. 3 Nr. 1 S. 3 VOB/B nicht mehr auf die fehlende Prüfbarkeit der ihm vorgelegten Schlussrechnung beziehen[74]

23 Kommt es zu einer **vorzeitigen Beendigung des Vertrages** durch Vertragsaufhebung oder Vertragskündigung, so tritt die Fälligkeit der Werklohnforderung mit dem Zeitpunkt der vertragsbeendigenden Erklärung ein[75]. Einer Abnahme bedarf es auch in diesem Falle[76]. Im Falle der Abnahmeverweigerung durch den Besteller ist zu differenzieren: Verweigert der Besteller die Abnahme zu Recht, so kann die Fälligkeit des Werklohnanspruchs nicht eintreten[77]. Liegt eine unberechtigte Abnahmeverweigerung vor, muss zwischen dem früheren und dem heutigen Recht differenziert werden. Bis zum Inkrafttreten des Gesetzes über die Beschleunigung fälliger Zahlungen am 1.5.2000 konnte der Auftragnehmer bei unberechtigter Abnahmeverweigerung sogleich seine Vergütungsansprüche als fällige Forderung gegenüber dem Besteller geltend machen[78]. Mit Wirkung zum 1.5.2000 wurde dem Unternehmer durch die neu in das Gesetz eingefügte Bestimmung des § 640 Abs. 1 S. 3 BGB die Möglichkeit gegeben, den Besteller des Werkes innerhalb angemessener Frist zur Abnahme aufzufordern. Für den Fall fruchtlosen Verstreichens der gesetzten Frist fingiert § 640 Abs. 1 S. 3 BGB die Abnahmevoraussetzungen. Gleiches gilt für den Fall, dass der Besteller innerhalb der ihm gesetzten Abnahmefrist ausdrücklich die Abnahmeerklärung verweigert. In beiden Fällen wird die Abnahme und damit zugleich auch die Fälligkeit des Werklohnanspruches fingiert bzw. ausgelöst[79].

In der Praxis ist allerdings festzustellen, dass die obergerichtliche Rechtsprechung zunehmend dazu tendiert, dem Abnahmeerfordernis nach vorzeitiger Beendigung des Vertrages dann keine ausschlaggebende Rolle mehr beizumessen, wenn die Parteien nicht mehr auf weiterer Vertragserfüllung bestehen, sondern erkennbar in ein Abrechnungsverhältnis eingetreten sind[80]. Hiervon ist immer dann auszugehen, wenn die Parteien wechselseitig nur noch über Ansprüche gerichtet auf Vergütung, Schadenersatz etc. miteinander streiten[81]. Mit Wirkung ab 1.1.2018 ist § 650 g Abs. 1 und 4 BGB n. F. zu berücksichtigen, wonach bei verweigerter Abnahme eine Zustands-

---

[68] BGHZ 79, 176 (179); *Vygen* Bauvertragsrecht nach VOB und BGB, Rn. 2525 ff.
[69] Vgl. *Sprau* in Palandt BGB § 641 Rn. 11.
[70] OLG Frankfurt NJW-RR 2005, 169 = BauR 2004, 1831.
[71] OLG Düsseldorf NZBau 2011, 686.
[72] Vgl. im Einzelnen → § 16 Rn. 179 ff.
[73] BGH NZBau 2006, 782 (783).
[74] Vgl. BGH NZBau 2006, 782 (783).
[75] BGH BauR 1987, 95; OLG Düsseldorf BauR 1978, 404; 1980, 276; *Thode* ZfBR 1999, 116 (121); *Vygen* Bauvertragsrecht nach VOB und BGB, Rn. 2697.
[76] Im Einzelnen → § 16 Rn. 192.
[77] *Thode* ZfBR 1999, 116 (118); *Sprau* in Palandt BGB § 641 Rn. 5.
[78] BGH NJW 1996, 1280 (1281); *Thode* ZfBR 1999, 116 (118); *Korbion/Hochstein* VOB-Vertrag, Rn. 322.
[79] *Sprau* in Palandt BGB § 641 Rn. 5; vgl. auch *Peters* NZBau 2000, 169 (171).
[80] OLG Brandenburg NZBau 2006, 713 (714); OLG Rostock NZBau 2015, 427.
[81] Vgl. § 16 Rn. 192.

Die **Fälligkeit von Abschlagszahlungen** ergibt sich aus § 632a BGB. Für Werk-/Bauverträge, die vor dem 1.1.2009 abgeschlossen wurden, ist die bisherige Fassung des § 632a BGB anwendbar[82], für ab dem 1.1.2009 abgeschlossene Werk-/Bauverträge ist auf die Neufassung des § 632a BGB durch das Forderungssicherungsgesetz abzustellen[83]. Abschlagszahlungen sind nur auf Antrag des Unternehmers zu leisten. Dieser Antrag ist nicht formgebunden, dh er braucht nicht schriftlich gegenüber dem Besteller gestellt zu werden; die Einhaltung der Schriftform ist aber – nicht zuletzt aus Beweisgründen – zweckmäßig[84]. Die Vorlage einer Abschlagsrechnung beinhaltet zugleich auch den Antrag des Unternehmers auf Vornahme einer Abschlagszahlung. Üblicherweise übersendet der Unternehmer seine Abschlagsrechnung mit einem Anschreiben, in dem er zugleich den Besteller zur Zahlung aus der beigefügten Rechnung auffordert. Die Erstellung einer (Abschlags-)Rechnung ist jedoch im allgemeinen BGB-Werkvertragsrecht nicht erforderlich, um die Fälligkeit der Abschlagsvergütung auszulösen[85]. Fälligkeitsabändernde Vertragsklauseln zu Abschlagszahlungen können – jedenfalls im Verhältnis zu Verbrauchern – nach § 307 Abs. 1 BGB unwirksam sein[86].

feststellung zur Vorlage einer prüffähigen Schlussrechnung ausreichend ist. Damit dürfte sich die Bedeutung des Abrechnungsverhältnisses als Abnahmesurrogat in erheblichem Umfange bei vorzeitiger Vertragsbeendigung relativieren.

2. Eintritt des Zahlungsverzuges. Von der Frage der Fälligkeit zu unterscheiden ist die nach dem **Eintritt des Zahlungsverzuges**[87]. Dieser ist durch das Gesetz zur Modernisierung des Schuldrechts (erneut) mit Wirkung zum 1.1.2002 modifiziert worden. Nach § 286 Abs. 1 BGB bedarf es vom Grundsatz her nach Eintritt der Fälligkeit des erhobenen Werklohnanspruches einer zusätzlichen Mahnung, um den Zahlungsverzug herbeizuführen. Unterbleibt die Mahnung, sieht § 286 Abs. 3 BGB als Auffangtatbestand nunmehr den Eintritt des Verzuges als gegeben an, wenn der Besteller nicht innerhalb von 30 Tagen nach Fälligkeit und Zugang einer Rechnung (oder aber gleichwertigen Zahlungsaufstellung) die geschuldete Vergütung bezahlt. Will sich der Unternehmer deshalb auf den Verzugstatbestand des § 286 Abs. 3 BGB beziehen, muss er nicht nur die Fälligkeitsvoraussetzungen herbeiführen, sondern darüber hinaus auch dafür Sorge tragen, dass dem Besteller eine Rechnung (oder aber gleichwertige Zahlungsaufstellung) zukommt. Insoweit ist der Unternehmer jedenfalls bei Heranziehung des § 286 Abs. 3 BGB auf gesetzlicher Grundlage gehalten, eine Rechnung auszustellen und zu übermitteln[88], vgl. auch § 271a BGB.

Weshalb im Rahmen des § 286 Abs. 1 und 3 BGB hinsichtlich des **Erfordernisses der Rechnungsstellung** unterschieden wird, ist rechtsdogmatisch nicht nachzuvollziehen. Auch ist die Verzugsbestimmung des § 286 Abs. 3 BGB nicht hinreichend mit der Fälligkeitsregelung des § 641 Abs. 1 BGB harmonisiert. Weitgehend dürfte es sich dabei aber um eine eher rechtstheoretische Fragestellung handeln, da üblicherweise im Baubereich – außer bei der Durchführung von Schwarzarbeiten – nicht auf eine Rechnungsstellung seitens des Unternehmers verzichtet wird[89]. Es erschiene deshalb konsequent, entsprechend §§ 14, 16 VOB/B auch beim BGB-Bauvertrag prinzipiell die Rechnungsstellung als Voraussetzung für die Fälligkeit des Werklohnanspruches gesetzlich vorzusehen. Neben der Abnahme als Fälligkeitsvoraussetzung im Sinne des § 641 BGB kommt vor allem der Vorlage einer Rechnung ausschlaggebende Bedeutung zu, weil regelmäßig sowohl bei kleineren wie erst recht bei größeren Baumaßnahmen der Besteller auf eine geordnete und prüffähige Rechnungsaufstellung angewiesen ist, um die

---

[82] Vgl. hierzu *Messerschmidt* in Messerschmidt/Voit Privates Baurecht § 632a Rn. 17 ff.
[83] BGBl. 2008 I S. 2024; vgl. hierzu *Messerschmidt* in Messerschmidt/Voit Privates Baurecht § 632a Rn. 17 ff.
[84] *Messerschmidt* in Messerschmidt/Voit Privates Baurecht § 632a Rn. 32.
[85] BGHZ 79, 176.
[86] Vgl. BGH BauR 2013, 228.
[87] Vgl. auch die durch § 271a BGB umgesetzte Zahlungsverzugsrichtlinie – Richtlinie 2011/7/EU des Europäischen Parlaments und des Rates vom 16.2.2011 zur Bekämpfung von Zahlungsverzug im Geschäftsverkehr, in Kraft getreten am 15.3.2011 mit ersetzender Wirkung gegenüber der Richtlinie 2000/35/EG des Europäischen Parlaments und des Rates vom 29.6.2000, inhaltlich beschränkt auf den Geschäftsverkehr und unanwendbar auf Geschäfte mit Verbrauchern, vgl. Art. 1 Abs. 1, 2 Nr. 1, Erwägungsgrund Nr. 8, 9.
[88] Vgl. hierzu *Peters* NZBau 2002, 305 (306).
[89] Vgl. *Peters* NZBau 2002, 305 (306).

Berechtigung der erhobenen Forderung sowie etwaige ihm zustehende Einwendungen prüfen zu können[90].

IV. Fälligkeit und Verzug bei VOB-Zahlungsansprüchen

27   **1. Fälligkeit der Zahlungen.** Die VOB/B regelt den Eintritt der Fälligkeit abweichend von § 641 BGB. Der Anspruch auf die Schlusszahlung wird alsbald nach Prüfung und Feststellung der vom Auftragnehmer vorgelegten Schlussrechnung fällig, spätestens innerhalb von einem Monat nach Zugang (§ 16 Abs. 3 Nr. 1 S. 1 VOB/B). Zu Abschlagszahlungen wurde nunmehr in § 16 Abs. 1 Nr. 3 VOB/B ausdrücklich klarstellend bestimmt, dass Ansprüche auf Abschlagszahlungen binnen 21 Kalendertagen nach Zugang der prüfbaren Aufstellung im Sinne von § 16 Abs. 1 Nr. 1 S. 2 VOB/B fällig werden. Der Zugang der prüfbaren Aufstellung für die Abschlagszahlungen sowie die Prüfung der Abschlagsrechnungen oder aber der Ablauf der Prüfungsfrist sind alternativ fälligkeitsauslösend (§ 16 Abs. 1 Nr. 3 VOB/B). Sowohl bei der Schlusszahlung wie auch bei der Abschlagszahlung ist deshalb der Fälligkeitszeitpunkt gegenüber der BGB-Regelung zeitlich herausgeschoben[91]. Zurückzuführen ist der verschobene Eintritt der Fälligkeit auf die nach der VOB/B unabdingbare **Vorlage einer Rechnung**. Die Rechnung selbst ist in der Baupraxis regelmäßig als unverzichtbar anzusehen[92]. Wenn es von der VOB/B zu Recht als praxisgerecht angesehen wird, den Auftragnehmer zur prüffähigen Abrechnung seiner Bauleistungen zu verpflichten (vgl. §§ 14 Abs. 5, 16 Abs. 1 und 3 VOB/B), muss dem Auftraggeber seinerseits eine angemessene Frist zur Prüfung der ihm vorgelegten Rechnung zugebilligt werden[93]. Es wird deshalb allgemein als sachgerecht angesehen, den Zeitpunkt der Fälligkeit auf den Ablauf der (jeweiligen) Prüfungsfrist herauszuschieben[94]. Aus gleichen Erwägungen heraus ergeben sich auch keine Bedenken vor dem Hintergrund der §§ 307 ff. BGB, da das Vorliegen einer prüffähigen Rechnung als (weitere) Fälligkeitsvoraussetzung im Rahmen des § 641 BGB anzuerkennen ist[95]. Beim VOB-Bauvertrag kann die Fälligkeit der Schlussrechnungsforderung aber in AGB nicht an die absolute Mängelfreiheit des Bauvorhabens gebunden werden[96].

28   Im Falle des Verzuges schuldet der Auftraggeber **Verzugszinsen nach § 288 BGB**. Diese Vorschrift differenziert danach, ob an dem abgeschlossenen Bauvertrag ein Verbraucher oder aber ein Unternehmer als Schuldner beteiligt ist. Der Verbraucher schuldet verzugsbedingt Zinsen in Höhe von 5 % p. a. über dem jeweiligen Basiszinssatz (§ 247 BGB). Bei Bauverträgen, an denen kein Verbraucher beteiligt ist, beträgt der Zinssatz demgegenüber für Vergütungsansprüche 8 % p. a. über dem Basiszinssatz, seit dem 29.7.2014 9 % p. a. Durch diesen relativ hoch bemessenen Zinssatz soll der Auftraggeber angehalten werden, seinen Zahlungspflichten beschleunigt und pünktlich nachzukommen. Vor allem soll dadurch verhindert werden, dass der Auftraggeber längere Zeit zahlungssäumig bleibt, um auf diesem Wege „Kredit" bei dem Auftragnehmer aufzunehmen[97].

29   Dem Auftragnehmer bleibt es gemäß § 288 Abs. 3 und 4 BGB vorbehalten, ggf. einen weitergehenden, ihm entstehenden Schaden geltend zu machen. Wie auch in der Vergangenheit besteht deshalb für den Auftragnehmer auch künftig die Möglichkeit, als **Verzugsschaden** den Kreditzins zu beanspruchen, den der Auftragnehmer seinem Kreditinstitut zu entrichten hat[98]. Die Voraussetzungen für das Vorliegen eines höheren als des gesetzlich begründeten Zinssatzes hat der Auftragnehmer im Einzelnen darzulegen und zu beweisen.

30   **2. Verzug mit Zahlungen.** Die VOB/B regelt in § 16 Abs. 5 Nr. 3 und 4 auch die **Voraussetzungen und die Folgen des Zahlungsverzuges**. Die Verzugsregelungen wurden im

---

[90] Vgl. zur Rechnungsproblematik *U. Locher* Die Rechnung im Werkvertragsrechts, S. 44, unter Bezugnahme auf *Peters* NJW 1977, 552 und *Nicklisch* JZ 1984, 757.
[91] Vgl. hierzu *Peters* NZBau 2002, 305 (307).
[92] Vgl. *U. Locher* Die Rechnung im Werkvertragsrecht, S. 44; *Peters* NJW 1977, 552; *Nicklisch* JZ 1984, 757.
[93] Vgl. *U. Locher* Die Rechnung im Werkvertragsrecht, S. 52 f.
[94] Vgl. *U. Locher* Die Rechnung im Werkvertragsrecht, S. 35 mwN.
[95] Vgl. zur Parallelregelung des § 8 Abs. 1 HOAI aF, § 15 Abs. 1 HOAI nF etwa BGHZ 139, 111; BGH NJW 2000, 808.
[96] Vgl. § 641 Abs. 3 BGB; vgl. BGHZ 157, 102 = NJW 2004, 502 = NZBau 2004, 146.
[97] *Grüneberg* in Palandt BGB § 288 Rn. 2.
[98] *Grüneberg* in Palandt BGB § 288 Rn. 11 und 12.

Rahmen der VOB 2012 inhaltlich überarbeitet und der neuen gesetzlichen Bestimmung des § 271a BGB angenähert[99].

Die Regelung in § 16 Abs. 5 Nr. 3 VOB/B lässt den Verzug des Auftraggebers eintreten, **31** sobald ihm vom Auftragnehmer nach Fälligkeit eine angemessene Nachfrist gesetzt wurde und diese verstrichen ist, ohne dass der Auftraggeber Zahlungen geleistet hat. Vor dem Hintergrund des § 286 BGB orientiert sich die Neufassung des § 16 Abs. 5 Nr. 3 VOB/B für alle Zahlungen primär an der Bestimmung des § 286 Abs. 1 BGB[100]. Deshalb hat die Neuregelung der VOB 2012 zum Zahlungsverzug bei VOB-Bauverträgen auch die Vorschrift des § 286 Abs. 3 BGB aufgegriffen, wonach bei sämtlichen Zahlungsansprüchen 30 Tage nach Fälligkeit und Zugang einer Rechnung die Verzugsvoraussetzungen eintreten, vgl. § 16 Abs. 5 Nr. 3 S. 3 VOB 2012.

Die in der VOB 2009 vorgesehene Differenzierung zwischen Abschlags- und Schluss- **32** zahlungen wurde mit der VOB 2012 aufgegeben. In § 16 Abs. 5 Nr. 3 S. 3 und 4 VOB/B wird nun der Eintritt des Zahlungsverzuges im Sinne von Art. 4 Abs. 1 der Zahlungsverzugsrichtlinie geregelt. Der Auftraggeber kommt bei Abschlags- und Schlusszahlungen – mit oder ohne Nachfristsetzung – spätestens 30 Tage nach Zugang der Rechnung oder Aufstellung bei Abschlagsforderungen in Zahlungsverzug, wenn der Auftragnehmer seine vertraglichen und gesetzlichen Verpflichtungen erfüllt und den fälligen Entgeltbetrag nicht rechtzeitig erhalten hat.

Durch § 16 Abs. 5 Nr. 3 S. 2 VOB/B 2012 ist im Übrigen sichergestellt, dass ab Eintritt des **33** Verzuges mindestens Zinsen in Höhe der in § 288 Abs. 2 BGB angegebenen **Zinssätze** vom Auftraggeber zu entrichten sind.

Unabhängig hiervon bleibt im Rahmen des § 16 Abs. 5 Nr. 3 VOB/B dem Auftragnehmer **34** die Möglichkeit vorbehalten, einen **höheren Schaden** als den gesetzlich begründeten Zinssatz nach § 288 BGB geltend zu machen. Ein derartiger höherer Schaden, der auch im Rahmen des § 288 BGB nach dem dortigen Absatz 4 erhoben werden kann, wird regelmäßig in Hochzinsphasen in Betracht kommen, sofern nämlich der Auftragnehmer höhere Darlehens- und Kreditzinsen entrichtet[101].

V. Ausstellung von Rechnungen (einschließlich Umsatzsteuer)

Der Auftragnehmer hat seine Leistungen prüfbar abzurechnen (§ 14 Abs. 1 S. 1 VOB/B)[102]. **35** Zu diesem Zweck hat er seine Rechnungen übersichtlich aufzustellen und dabei die Reihenfolge der Positionen aus dem Leistungsverzeichnis einzuhalten sowie die in den Vertragsbestandteilen enthaltenen Bezeichnungen zu verwenden (§ 14 Abs. 1 S. 2 VOB/B). § 16 VOB/B bezieht sich damit auf die abrechnungstechnischen Voraussetzungen zur ordnungsgemäßen Rechnungslegung für erbrachte Bauleistungen nach § 14 VOB/B[103].

1. Aufstellung der Rechnung. Zu den weiteren formalen **Kriterien der Rechnungs- 36 stellung** besagen weder die VOB/B noch das BGB Näheres[104]. Im BGB gab es – zumindest bislang – keine gesetzliche Definition der Rechnung[105]. Mit dem Gesetz zur Beschleunigung fälliger Zahlungen[106] ist erstmals in § 284 Abs. 3 BGB aF der Begriff der Rechnung in das BGB eingeführt worden[107]. Hieran anschließend hat der Rechnungsbegriff seit dem 1.1.2002 Eingang in die Verzugsregelung des § 286 Abs. 3 BGB gefunden. Eine weitergehende Definition enthält aber auch diese Bestimmung nicht. Unter einer Rechnung lässt sich – wie bereits nach früherem Verständnis – eine **gegliederte Aufstellung über eine Geldforderung** als Entgelt für eine anderweitig erbrachte Leistung verstehen[108]. Die Rechnungslegung hat aus Transparenzgründen schriftlich zu erfolgen[109].

---

[99] → § 16 Rn. 21 ff.
[100] Vgl. *Peters* NZBau 2002, 305 (307).
[101] *Grüneberg* in Palandt BGB § 288 Rn. 12.
[102] Vgl. zur Problematik der Ohne-Rechnung-Abrede BGH BauR 2008, 1301; 2008, 1330; *Stamm* NZBau 2009, 78.
[103] Näher → § 14 Rn. 5 ff.
[104] Vgl. zu den baurechtlichen Besonderheiten auch *U. Locher* Die Rechnung im Werkvertragsrecht, S. 1 ff.
[105] Vgl. zum bisherigen Recht insbesondere *Mayer/Mayer* DB 1994, 81.
[106] BGBl. 2000 I S. 330.
[107] Vgl. zu dem Rechnungsbegriff nach dem Gesetz zur Beschleunigung fälliger Zahlungen insbesondere *Pick* ZfIR 2000, 333 (335).
[108] *Grüneberg* in Palandt BGB § 286 Rn. 28.
[109] *Schimmel/Buhlmann* MDR 2000, 737 (739); *Grüneberg* in Palandt BGB § 286 Rn. 28; aA MüKoBGB/*Thode* BGB, 2. Aufl., § 284 aF Rn. 72.

37 Häufig werden Rechnungen vom Empfänger unter Hinweis darauf zurückgewiesen, dass sie nicht vom Aussteller unterzeichnet wurden. Einer **Unterzeichnung** von Schriftstücken bedarf es jedoch nur dann, wenn die gesetzliche Schriftform nach § 126 BGB vorgesehen ist. Dem gesetzlich verwendeten wie auch dem traditionell gebräuchlichen Rechnungsbegriff kann jedoch ein gesetzliches Schriftformerfordernis nicht entnommen werden[110]. Aus diesem Grunde sind Rechnungen grundsätzlich auch dann „wirksam", wenn sie nicht von ihrem Aussteller eigens zusätzlich unterzeichnet wurden.

38 Weitergehende Anforderungen an eine ordnungsgemäß aufgemachte Rechnung ergeben sich – sieht man von den Besonderheiten der §§ 14, 16 VOB/B ab – aus § 14 Abs. 1 UStG. Soweit **umsatzsteuerpflichtige Lieferungen oder Leistungen** erbracht werden, ist der Unternehmer (auf Verlangen) verpflichtet, hierüber eine Rechnung auszustellen, die folgende Angaben enthalten muss:
– Den vollständigen Namen und die vollständige Anschrift des leistenden Unternehmens
– den vollständigen Namen und die vollständige Anschrift des Leistungsempfängers
– die dem leistenden Unternehmer vom Finanzamt erteilte Steuernummer oder die ihm vom Bundesamt für Finanzen erteilte Umsatzsteuer-Identifikationsnummer
– das Ausstellungsdatum der Rechnung
– die Rechnungsnummer, dh eine fortlaufende Nummer mit einer oder mehreren Zahlenreihen, die zur Identifizierung der Rechnung vom Rechnungsaussteller einmalig übergeben wird
– die Menge und Art der gelieferten Gegenstände oder den Umfang und die Art der sonstigen Leistung
– den Zeitpunkt der Lieferung bzw. Leistung
– das nach Steuersätzen und einzelnen Steuerbefreiungen aufgeschlüsselte Entgelt für die Lieferung bzw. Leistung, vgl. § 10 UStG
– den anzuwendenden Steuersatz sowie den auf das Entgelt entfallenden Steuerbetrag, ersatzweise einen Hinweis darauf, dass für die Lieferung bzw. Leistung ein Tatbestand der Steuerbefreiung eintritt und
– ein Hinweis auf die Aufbewahrungspflicht des Leistungsempfängers, wenn der Leistungsempfänger nicht Unternehmer ist oder die Leistung für einen nicht unternehmerischen Bereich verwendet wird, vgl. § 14b Abs. 1 S. 5 UStG[111].

Mittelbar ergeben sich damit aus § 14 Abs. 1 UStG die (weiteren) formalen Voraussetzungen, die an eine ordnungsgemäße Rechnungsstellung durch den Auftragnehmer zu stellen sind. Elektronische Rechnungen erfüllen nach wie vor in der Regel nicht die Voraussetzungen des § 14 UStG: § 14 Abs. 3 UStG schreibt ausdrücklich vor, dass eine elektronische Rechnung nur dann zum Vorsteuerabzug anerkannt wird, wenn sie über eine qualifizierte elektronische Signatur verfügt, was regelmäßig zum gegenwärtigen Zeitpunkt im Telekommunikationsverkehr noch nicht der Fall ist.

39 Der Auftraggeber hat grundsätzlich einen **zivilrechtlichen Anspruch auf ordnungsgemäße Rechnungserteilung** unter Berücksichtigung der Voraussetzungen des § 14 UStG[112]. Notfalls kann der Anspruch auf eine § 14 UStG standhaltende Rechnung (unter Einschluss der Mehrwertsteuer) auch im Klagewege gegenüber dem Auftragnehmer durchgesetzt werden[113]. Der Anspruch auf Rechnungserteilung verjährt nach § 195 BGB nF regelmäßig in der dort vorgesehenen kurzen Frist von lediglich drei Jahren[114].

40 Die Rechnung muss grundsätzlich dem Auftraggeber zugehen. Dies ergibt sich unmittelbar aus § 286 Abs. 3 BGB, da anderenfalls die dort vorgesehene Frist von 30 Tagen nicht nachgewiesen werden kann. Der Auftragnehmer ist deshalb gehalten, im Zweifel den **Nachweis des Rechnungszuganges** führen zu können[115].

41 **2. Ausweisung der Umsatzsteuer.** In den Rechnungen ist die **Mehrwertsteuer auf die Lieferungen und Leistungen** jeweils gesondert auszuweisen (§ 14 Abs. 1 S. 1 UStG). Dies gilt nicht nur für Schlussrechnungen, sondern gleichermaßen auch für Rechnungen über Abschlags-

---

[110] *Schimmel/Buhlmann* MDR 2000, 737 (739).
[111] Vgl. hierzu im Einzelnen *Bunjes/Geist/Zeuner* UStG § 14b Rn. 3 ff., § 14 Rn. 35 ff.
[112] BGH NJW 1988, 2042 (2043); 1989, 302; *Bunjes/Geist/Zeuner* UStG § 14 Rn. 24 ff.
[113] *Bunjes/Geist/Zeuner* UStG § 14 Rn. 24 ff.
[114] *Bunjes/Geist/Zeuner* UStG § 14 Rn. 33.
[115] Vgl. *Schimmel/Buhlmann* MDR 2000, 737 (738); *Mayer/Mayer* DB 1994, 81, insbesondere auch zur bewussten oder fehlerhaften Rechnungsstellung an einen Dritten.

zahlungen und Vorauszahlungen[116]. Zwischen 1980 und 1994 bestand nach § 14 Abs. 1 S. 6 UStG aF eine Bagatellregelung dahingehend, dass die Umsatzsteuerpflicht sowie die Pflicht zur entsprechenden Rechnungsstellung nur dann bestand, wenn das jeweils einzelne steuerpflichtige Entgelt mindestens 10.000,00 DM betrug. Zum 1.1.1994 wurde Satz 6 in § 14 Abs. 1 UStG gestrichen, so dass seither auch auf Abschlags- und Vorauszahlungen von weniger als 10.000,00 DM die Umsatzsteuer zu beaufschlagen und eine die Umsatzsteuer ausweisende Rechnung auszufertigen ist[117]. Eine Ausnahme gilt jedoch für Fälle, in denen die Steuerschuldnerschaft bei bestimmten Grundstücksgeschäften und vor allem Bauleistungen vom Leistenden auf den Leistungsempfänger übertragen wurde (§ 13b UStG)[118].

3. Quittung zum Rechnungsbetrag. Von der Aufstellung und Übergabe einer Rechnung zu unterscheiden ist die in § 368 BGB enthaltene Regelung, wonach der Gläubiger gegen Empfang der Leistung auf Verlangen des Schuldners eine **Quittung** in Form eines schriftlichen Empfangsbekenntnisses zu erteilen hat. Mit der Erteilung der Quittung bringt der Gläubiger zum Ausdruck, dass er die geforderte Leistung vom Schuldner erhalten hat[119]. Der Gläubiger hat auf Verlangen des Schuldners die Quittung schriftlich zu erteilen und diese eigenhändig zu unterzeichnen[120]. Kann der Auftraggeber eine vom Auftragnehmer unterzeichnete Zahlungsquittung vorlegen, so spricht dies im Rahmen der Beweiswürdigung für die Erfüllung der Zahlungsverpflichtung durch den Auftraggeber[121]. 42

4. Aufbewahrung der Rechnung. Der Auftraggeber hat nach §§ 14, 14b UStG die Rechnung aufzubewahren, wobei die Aufbewahrungsfrist für den nicht unternehmerischen Auftraggeber (Verbraucher) zwei Jahre und für den gewerblich tätigen Auftraggeber (Unternehmer) regelmäßig 10 Jahre beträgt. Die zu erteilende Rechnung muss deshalb auch einen Hinweis auf die Aufbewahrungspflicht des Leistungsempfängers enthalten, wenn dieser nicht Unternehmer ist oder die Leistung (ausnahmsweise) für einen nicht unternehmerischen Bereich verwendet wird (§ 14b Abs. 1 S. 5 UStG). Die Aufbewahrungsfrist beginnt mit dem Ende des Kalenderjahres, in dem die Rechnung vom Auftragnehmer ausgestellt wurde[122] 43

VI. Ausgleich und Bezahlung von Rechnungen

Die Verpflichtung zur Bezahlung von Bauleistungen erlischt gemäß § 362 Abs. 1 BGB, wenn die geschuldete Zahlung an den Gläubiger bewirkt wird. Das Bewirken der Zahlung umfasst einerseits die Vornahme der erforderlichen Leistungshandlung und andererseits den Eintritt des dem Gläubiger geschuldeten Leistungserfolges[123]. Bei Geldschulden tritt **Erfüllung mit der Zahlung** des geschuldeten Geldbetrages ein[124]. Für die Berechnung des Zahlungsziels soll es dabei nicht auf die Bestimmung des § 193 BGB, sondern auf den bloßen rechnerischen Ablauf der vereinbarten Zahlungsfrist ankommen, so dass ein Zahlungsziel auch auf einem Samstag, Sonntag oder aber einem Feiertag liegen kann[125]. Im Zusammenhang mit Ausgleich und Bezahlung von Rechnungen ist insbesondere das neue Zahlungsdiensterecht nach § 675c–676c BGB zu berücksichtigen[126]. 44

1. Rechnungsausgleich durch Barzahlung. Der Rechnungsausgleich kann durch **Barzahlung** erfolgen. Wenn die Parteien nichts Abweichendes vereinbart haben, kann der Auftraggeber deshalb die Bezahlung vorgelegter Rechnungen in bar vornehmen[127]. Erfolgt eine postalische Zahlungsanweisung, handelt es sich wegen der Auszahlung des angewiesenen Betrages an den 45

---
[116] *Hartmann/Metzenmacher* UStG § 14 Rn. 81 ff.
[117] Vgl. Art. 20 Nr. 13 des Missbrauchsbekämpfungs- und Steuerbereinigungsgesetzes vom 21.12.1993, BStBl. I 1994 S. 50; *Arzberger/Püschner* DB 1994, 296.
[118] Vgl. hierzu im Einzelnen → § 16 Rn. 60.
[119] *Grüneberg* in Palandt BGB § 368 Rn. 2.
[120] BGH NJW-RR 1988, 881; vgl. aber § 126 Abs. 3 BGB iVm § 126a BGB zu der dort vorgesehenen Möglichkeit elektronischer Formwahrung.
[121] BGH NJW-RR 1988, 881; OLG Frankfurt NJW-RR 1991, 172.
[122] *Eisolt* NZBau 2005, 320; *Bunjes/Geist/Zeuner* UStG § 14 Rn. 35 ff.
[123] BGHZ 1, 4 (6); 12, 267 (268); Staudinger/*Olzen* BGB § 362 Rn. 12.
[124] Staudinger/*Olzen* BGB Vorb. §§ 362 ff. Rn. 18 ff. mwN.
[125] LG Bonn mit Anm. *Merkens* BrBp 2005, 334 f.
[126] Vgl. hierzu *Köndgen* JuS 2011, 481.
[127] MüKoBGB/*Fetzer* BGB § 362 Rn. 16; Staudinger/*Olzen* BGB Vorb. §§ 362 ff. Rn. 19.

Auftragnehmer ebenfalls um eine Barzahlung[128]. Der Auftraggeber hatte bei derartigen postalischen Anweisungen lediglich für die rechtzeitige Absendung des von ihm geschuldeten Betrages zu sorgen[129]. Das Verspätungsrisiko lag bislang bei rechtzeitiger Absendung des Geldbetrages bei dem Empfänger, also dem Auftragnehmer[130]. Nach einer Entscheidung des EuGH aus dem Jahre 2008 ist Art. 3 Nr. 1c der Zahlungsverzugsrichtlinie so zu verstehen, dass es für die Rechtzeitigkeit der Zahlung auf den Eingang bei dem Empfänger ankommt[131].

46 **2. Rechnungsausgleich durch Überweisung.** Die Bezahlung von Rechnungen erfolgt im Baubereich regelmäßig durch **Überweisung im sog bargeldlosen Zahlungsverkehr**[132]. Im Ergebnis kann es dahinstehen, ob derartige Zahlungen als Erfüllung im Sinne des § 362 Abs. 1 BGB oder aber lediglich als Leistung an Erfüllungs statt gemäß §§ 363 ff. BGB anzusehen sind[133]. Mit der Angabe bestimmter Kontenverbindungen auf Rechnungen bringt der Auftragnehmer sein Einverständnis mit einer bargeldlosen Zahlungsabwicklung zum Ausdruck[134]. Darüber hinaus entspricht es im Handelsverkehr zwischen Vollkaufleuten allgemeinem Handelsbrauch, Zahlungen unbar in Form von Überweisungen vorzunehmen[135]. Gibt der Auftragnehmer verschiedene Kontenverbindungen an, so steht es dem Auftraggeber frei, auf welches der angegebenen Konten die Zahlung bewirkt wird; sobald der Auftragnehmer jedoch ausdrücklich ein bestimmtes Konto zur Vornahme des Rechnungsausgleiches angibt, kommt vom Grundsatz her – sieht man einmal von der Heranziehung des § 242 BGB ab – nur der Überweisung auf dieses Konto die erforderliche Erfüllungs- und Tilgungswirkung zu[136]. Die Wirkung der Schuldbefreiung tritt bei erfolgter Überweisung erst mit dem Zeitpunkt ein, in dem der gezahlte Betrag **Konto des Auftragnehmers gutgeschrieben** ist[137]. Für die Rechtzeitigkeit der Zahlung kam es allerdings nicht darauf an, wann das Kreditinstitut dem Auftragnehmer die Gutschrift auf dem Auftragnehmerkonto mitteilen konnte[138]. Nach einer Entscheidung des EuGH aus dem Jahre 2008 kommt es für die Rechtzeitigkeit im bargeldlosen Zahlungsverkehr zu Art. 3 Nr. 1c der Zahlungsverzugsrichtlinie auf den Buchungseingang bei dem Auftragnehmer an[139]. Soweit der überwiesene Betrag dem Konto eines Dritten gutgeschrieben wird, tritt Erfüllungswirkung nur ein, wenn der Auftragnehmer das entsprechende Konto zur Zahlung dem Auftraggeber ausdrücklich benannt hat[140]. Mit Haftungsfragen und Bereicherungsausgleich bei fehlgeschlagenen Vorgängen des bargeldlosen Zahlungsverkehrs befassen sich jetzt die Vorschriften des neuen Zahlungsdiensterechts der §§ 675c–676c BGB[141].

47 **3. Rechnungsausgleich durch Übergabe von Scheck und Wechsel.** Häufig erfolgt der Zahlungsausgleich auf vorgelegte Rechnungen durch **Übergabe von Schecks oder Wechseln.** Der Auftraggeber kann allerdings vom Auftragnehmer nicht einseitig verlangen, dass sich dieser mit der Hinnahme von Wechseln einverstanden erklärt, weil es hierdurch zu Lasten des Auftragnehmers zu einem Hinausschieben des Fälligkeitszeitpunktes aus der Wechselverpflichtung kommt[142]. Die Übergabe eines Schecks oder Wechsels erfolgt lediglich erfüllungshalber im Sinne des § 363 BGB[143]. Für die Rechtzeitigkeit der Zahlung ist nach der Entscheidung des EuGH aus dem Jahr 2008 nunmehr auf den Eingang des Schecks beim Auftragnehmer abzustellen[144]. Die Erfüllungswirkung aus Scheck und Wechsel tritt grundsätzlich erst ein, wenn der im Scheck bzw.

---

[128] RGRK/*Weber* BGB § 362 Rn. 19; MüKoBGB/*Fetzer* BGB § 362 Rn. 16.
[129] RGZ 78, 137 (140); MüKoBGB/*Krüger* BGB § 270 Rn. 20.
[130] MüKoBGB/*Krüger* BGB § 270 Rn. 20.
[131] EuGH IBR 2008, 254; OLG Köln NJW 2007, 1024.
[132] Vgl. hierzu auch §§ 675f – 675i BGB sowie *Köndgen* JuS 2011, 481 (485 ff.).
[133] Vgl. zur rechtsdogmatischen Problematik im Einzelnen Staudinger/*Olzen* BGB Vorb. zu §§ 362 ff. Rn. 21 ff.
[134] BGH NJW 1986, 2428 (2429); MüKoBGB/*Fetzer* BGB § 362 Rn. 19.
[135] MüKoBGB/*Fetzer* BGB § 362 Rn. 19.
[136] BGHZ 98, 24 (30); BGH NJW 1991, 3208 (3209).
[137] BGHZ 6, 121 (123); 58, 108 (109); RGRK/*Weber* BGB § 362 Rn. 22; MüKoBGB/*Fetzer* BGB § 362 Rn. 21.
[138] BGHZ 103, 143 (147); MüKoBGB/*Fetzer* BGB § 362 Rn. 21.
[139] EuGH IBR 2008, 254; OLG Köln NJW 2007, 1024.
[140] BGH WM 1971, 1500; OLG Köln NJW 1990, 2261 (2262); MüKoBGB/*Fetzer* BGB § 362 Rn. 21.
[141] Vgl. hierzu *Köndgen* JuS 2011, 481.
[142] Vgl. zur Unwirksamkeit entsprechender Vertragsklauseln *Heiermann/Riedl/Rusam* VOB/B § 16 Rn. 5.
[143] MüKoBGB/*Fetzer* BGB § 364 Rn. 17.
[144] EuGH IBR 2008, 254; OLG Köln NJW 2007, 1024.

Wechsel ausgewiesene Betrag dem Auftragnehmer bar ausgezahlt oder aber seinem Konto endgültig gutgeschrieben ist[145]. Kommt der dem Auftragnehmer zum Zwecke der Zahlungserfüllung überlassene Scheck abhanden, so ist dieser aber zumindest verpflichtet, das sog Aufgebotsverfahren durchzuführen[146].

In der Baupraxis versuchen Auftraggeber nicht selten, dem Auftragnehmer einen **betragsmäßig untersetzten Scheck zum Ausgleich der erhobenen Forderungen** unter Hinweis darauf zu übersenden, dass der Auftragnehmer die vom Auftraggeber vorgenommene Abrechnung bzw. Kürzung durch Einlösung des Schecks vollen Umfanges akzeptiert. Grundsätzlich wird eine Teilzahlung nicht als Verzicht auf Zahlungsansprüche hinsichtlich der vom Auftraggeber nicht anerkannten Forderungsteile angesehen. Aus der Einlösung der Schecks lässt sich regelmäßig kein eindeutiger Annahmewille des Auftragnehmers zum Abschluss eines uneingeschränkten Abfindungsvertrages entnehmen[147].

4. Rechnungsausgleich im Lastschriftverfahren. Die Vorschriften der §§ 675c ff. BGB sehen für SEPA-Lastschriften zwei Varianten vor (Basislastschrift und Firmenlastschrift). Das bisherige Einzugsermächtigungsverfahren gilt für elektronische Lastschriften im innerdeutschen Verkehr nur noch bis zum 31.1.2016[148]. Die Abrede zu einer Lastschrift enthält eine Ermächtigung an den Auftragnehmer, unter Heranziehung des technischen Lastschriftverfahrens die fälligen Zahlungen bei dem Kreditinstitut des Auftraggebers einzuziehen[149]. Im Lastschriftverfahren tritt Erfüllungswirkung erst ein, wenn die Gutschrift des Rechnungsbetrages erfolgt, das Konto des Auftraggebers wirksam belastet und darüber hinaus der geschuldete Betrag auch dem Kreditinstitut des Auftragnehmers gutgeschrieben wurde[150]. **48**

5. Rechnungsausgleich unter Vorbehalt. In der Baupraxis werden Zahlungen – gleich auf welche Weise sie bewirkt werden – nicht selten mit **„Vorbehalten" des Auftraggebers** verbunden. Bei derartigen Vorbehalten und Bedingungen ist es regelmäßig eine Frage der Auslegung, ob es durch die Vornahme der Zahlung zum Eintritt der Erfüllungswirkungen des § 362 BGB kommt[151]. Sofern sich der Auftraggeber lediglich mit seinem Vorbehalt die Möglichkeit offenhalten will, bereicherungsrechtliche Rückforderungsansprüche aus § 812 BGB – ohne den Einwand des § 814 BGB – geltend zu machen, wenn er selbst nachweist, dass die zugrundeliegende Forderung des Auftragnehmers nicht besteht, tritt Erfüllungswirkung im Sinne des § 362 BGB ein, da der Auftragnehmer nur ein Recht auf Bezahlung, nicht jedoch auf Anerkennung seiner Vergütungsansprüche hat[152]. Keine Erfüllungswirkung tritt demgegenüber bei solchen Vorbehalten ein, die darauf abzielen, die vorgenommene Bezahlung davon abhängig zu machen, dass der Auftragnehmer auch künftig verpflichtet bleibt, die der Zahlung zugrundeliegende Forderung zu begründen und zu beweisen[153]. Unter letztgenannten Voraussetzungen kann der Auftragnehmer die ihm gegenüber unter Vorbehalt angediente Zahlung zurückweisen und selbige auch weiterhin vorbehaltlos verlangen[154]. **49**

6. Rechnungsausgleich und Anerkenntnis. In der Bezahlung der Vergütung auf eine geprüfte Abschlags- oder aber Schlussrechnung liegt regelmäßig kein **deklaratorisches Schuldanerkenntnis** seitens des Auftraggebers[155]. Die Prüfung einer Rechnung, die Bezahlung einer Rechnung oder auch die Bezahlung der Rechnung nach einer entsprechenden Prüfung erfüllen nicht die Voraussetzungen an ein deklaratorisches Schuldanerkenntnis, weil dies im Wege wechselseitigen vertraglichen Einvernehmens voraussetzen würde, dass mit der reinen Bezahlung zugleich die Ungewissheit zur Höhe des geforderten Betrages ausgeräumt werden soll[156]. Al- **50**

---

[145] Vgl. BGHZ 53, 199 (204); MüKoBGB/*Fetzer* BGB § 362 Rn. 17.
[146] AG Köln NJW-RR 1992, 755.
[147] KG Berlin BauR 2001, 108.
[148] Vgl. im Einzelnen *Sprau* in Palandt BGB, 74. Aufl., § 675f Rn. 32 ff.
[149] *Sprau* in Palandt BGB, 74. Aufl., § 675f Rn. 40.
[150] LG Regensburg NJW-RR 1992, 717 (718); *Grüneberg* in Palandt BGB § 362 Rn. 10; vgl. zur Kündigung der Lastschriftvereinbarung BGH BauR 2009, 974.
[151] Staudinger/*Olzen* BGB § 362 Rn. 25 ff.
[152] BGH NJW 1982, 2301 (2302); MüKoBGB/*Fetzer* BGB § 362 Rn. 5.
[153] MüKoBGB/*Fetzer* BGB § 362 Rn. 5.
[154] BGHZ 86, 267 (269); MüKoBGB/*Fetzer* BGB § 362 Rn. 5.
[155] BGH NZBau 2007, 242.
[156] BGH NZBau 2007, 242; BauR 1979, 249 (251).

lerdings hat das OLG Köln zu Recht festgestellt, dass die auf eine Abschlagsrechnung vom Auftraggeber geleistete Zahlung zumindest als deklaratorisches Schuldanerkenntnis des Zahlenden mit dem Inhalt verstanden werden kann, er sei Vertragspartner des Auftragnehmers und diesem gegenüber deshalb vom Grundsatz her einstands- und zahlungspflichtig[157]. Steht die Bezahlung aber unmittelbar im Zusammenhang mit Verhandlungen der Parteien zu Grund und Umfang vorgelegter Nachtragsangebote, kann ausnahmsweise sogar von einem konkludenten Abschluss einer Mehrkostenvereinbarung ausgegangen werden[158].

51 **7. Rechnungsausgleich bei Abtretung.** Auftragnehmer können ihre Forderungen – nicht jedoch einzelne Abrechnungsposten – gegen den Auftraggeber grundsätzlich abtreten[159]. Der Ausgleich ist dann gegenüber dem Neugläubiger vorzunehmen[160]. **Abtretungsverbote und -beschränkungen** verhindern nach § 354a HGB nicht die Wirksamkeit von Abtretungsvereinbarungen, wenn der Bauvertrag für beide Parteien ein Handelsgeschäft beinhaltet oder der Schuldner eine juristische Person des öffentlichen Rechts ist[161]. Der Schuldner kann nach dem BGH in Kenntnis einer derartigen Abtretung mit dem Zedenten allerdings keinen Vergleich schließen, nachdem die Forderung ganz oder teilweise nicht mehr geltend gemacht werden kann[162].

Kommt es nach abtretungsbedingten Zahlungen des Auftraggebers bei dem Neugläubiger zu einer Überzahlung, steht dem Auftragnehmer kein unmittelbarer, bereicherungsrechtlicher Rückzahlungsanspruch gegen den Neugläubiger zu. Der Anspruch auf Rückzahlung des überzahlten Betrages ist vielmehr ein vertraglicher Anspruch, der dem Auftraggeber ausschließlich gegen den mit ihm vertraglich verbundenen Auftragnehmer zusteht[163].

Mit der Abtretung des Anspruchs auf Auszahlung des vom Auftraggeber eines Bauvertrags als Sicherheit für seine Mängelansprüche nach Abnahme einbehaltenen Restwerklohns geht zugleich das Recht, den Einbehalt durch Bürgschaft abzulösen, in entsprechender Anwendung des § 401 BGB auf den Zessionar über[164]. Der Auftraggeber darf in diesem Falle den einbehaltenen Werklohn nicht alleine deshalb zurückhalten und die ihm zum Austausch angebotene Bürgschaft zurückweisen, weil über das Vermögen des Auftragnehmers ein Insolvenzverfahren eröffnet wurde[165].

VII. Berücksichtigung der Bauabzugssteuer

52 Mit dem Gesetz zur Eindämmung der illegalen Beschäftigung im Baugewerbe vom 30.8.2001[166] wurde zur Sicherung von Steueransprüchen bei Bauleistungen ein neuer Steuerabzug bei vorzunehmenden Zahlungen für im Inland erbrachte Bauleistungen eingeführt. Die Bauabzugsverpflichtungen ergeben sich im Einzelnen aus §§ 48–48d EStG. Die gesetzlichen Bestimmungen sollen dazu dienen, illegale Beschäftigung am Bau und Dumpinglöhne im Baugewerbe einzuschränken[167].

Mit **Wirkung ab dem 1.1.2002** haben unternehmerisch tätige Auftraggeber von Bauleistungen (Leistungsempfänger) im Inland einen Steuerabzug von 15 vH der Gegenleistung für Rechnung des die Bauleistung erbringenden Unternehmens (Leistender) vorzunehmen, wenn nicht eine gültige, vom zuständigen Finanzamt des Leistenden ausgestellte Freistellungsbescheinigung vorliegt oder aber bestimmte Freigrenzen nicht überschritten werden[168].

Der **Empfänger einer Bauleistung** (Auftraggeber) hat, wenn er Unternehmer oder aber juristische Person des öffentlichen Rechts ist, von der mit dem Bauunternehmer (Auftragnehmer) vereinbarten Bruttovergütung den vorgesehenen Abzugsbetrag in Höhe von 15 vH vor-

---

[157] OLG Köln BeckRS 2006, 05201.
[158] KG Berlin BauR 2009, 650 (652).
[159] OLG Brandenburg NJW-RR 2003, 1525 = NZBau 2004, 99 = BauR 2004, 87.
[160] OLG Brandenburg BauR 2003, 357.
[161] OLG Oldenburg BauR 2004, 884; OLG Stuttgart BauR 2008, 1906 (1907).
[162] BGH NZBau 2009, 169.
[163] OLG Jena IBR 2005, 1136 – Online.
[164] BGH NZBau 2011, 94.
[165] BGH NZBau 2011, 94.
[166] BGBl. 2001 I S. 2267.
[167] *Kirchhof-Gosch* EStG 6. Aufl., § 48 Rn. 1.
[168] Vgl. im Einzelnen Schreiben des Bundesministeriums für Finanzen vom 1.11.2001 (IV A 5-S 1900-292/01), abgedruckt DStR 2001, 2202; ferner *Ebling* DStR, Beihefter zu Heft 51/52/2001, 1; *Lieber* DStR 2001, 1470; *Schroen* NWB Fach 3, 11781.

zunehmen und diesen einzubehalten. Bei gestaffelten Vertragsverhältnissen im Baubereich – Bauherr/Generalunternehmer/Nachunternehmer – ist der Abzug jeweils gesondert in jedem der einzelnen Vertragsverhältnisse vorzunehmen[169]. Im Falle der Abtretung des Vergütungsanspruches durch den Auftragnehmer ist der Auftraggeber nur dann von der Abzugspflicht in Höhe von 15 vH entbunden, wenn der Auftragnehmer ihm zuvor eine Freistellungsbescheinigung vorgelegt hat[170].

53 Der Steuerabzug entfällt nur dann, wenn der Auftragnehmer eine gültige **Freistellungsbescheinigung** des zuständigen Finanzamtes vorlegt. Eine derartige Freistellungsbescheinigung erteilt das für den Auftragnehmer zuständige Finanzamt, wenn aus seiner Sicht der zu sichernde Steueranspruch nicht gefährdet erscheint und – bei ausländischen Bauunternehmen – ein inländischer Empfangsbevollmächtigter bestellt ist (§ 48b Abs. 1 EStG). Entscheidend kommt es darauf an, dass der Auftragnehmer in der Lage ist, zum Zeitpunkt der von ihm erbrachten Bauleistungen seinem Auftraggeber eine gültige Freistellungsbescheinigung vorzulegen[171]. Bis zur Vorlage einer gültigen Freistellungsbescheinigung ist der Auftraggeber bei bestehender Abzugspflicht nach §§ 48 ff. EStG berechtigt, die Zahlung der geschuldeten Vergütung zu verweigern[172]. Das Finanzamt kann die Erteilung der Freistellungsbescheinigung zeitlich – etwa auf eine Dauer von drei Jahren – beschränken[173]. Ebenso kommt die Ausstellung der Freistellungsbescheinigung ohne Befristung, jedoch unter dem Vorbehalt des Widerrufes in Betracht (vgl. § 131 AO). Inwieweit eine Freistellungsbescheinigung jeweils aktualisierungsbedürftig ist, richtet sich nach den zugrunde liegenden vertraglichen Vereinbarungen[174]. Da der Auftraggeber den einbehaltenen Betrag an das zuständige Finanzamt abzuführen hat, kann der Auftragnehmer dem Einbehalt nicht durch Stellung einer Sicherheitsleistung im Sinne des § 273 Abs. 3 BGB begegnen[175].

54 Unabhängig hiervon entfällt der Steuerabzug auch dann, wenn die zur Abrechnung gestellte Leistung nicht die **Bagatellgrenze von 5.000,00 EUR** überschreitet. Für die Bemessung der Bagatellgrenze kommt es nicht auf die einzelne Rechnung im Verhältnis der Parteien untereinander, sondern auf die Addition aller Forderungen innerhalb des jeweiligen Kalenderjahres an[176].

55 Der **Steuerabzug beläuft sich auf 15 vH** der jeweiligen geschuldeten Bruttovergütung. Dies hat zur Konsequenz, dass der Auftraggeber grundsätzlich – sieht man von den vorgenannten Ausnahmen ab – nur berechtigt ist, 85 vH der vertraglich vereinbarten Vergütung an den Auftragnehmer unmittelbar auszuzahlen[177]. Mit der Zahlung von 85 % der Vergütung erfüllt der Auftraggeber damit genau genommen den 100 %-igen Erfüllungsanspruch des Auftragnehmers.

56 Den **einbehaltenen Steuerbetrag** hat der Auftraggeber innerhalb von 10 Tagen nach Ablauf des Monats, in dem die Gegenleistung – etwa in Form der Abschlagszahlung – erbracht wurde, an das für den Auftragnehmer zuständige Finanzamt abzuführen (§ 48a Abs. 1 EStG). Praktisch muss der Auftraggeber in diesem Falle das jeweils zuständige Finanzamt ausfindig machen und dort eine Steueranmeldung auf amtlich vorgeschriebenen Vordrucken einreichen[178]. Aus § 48a Abs. 2 EStG ergibt sich ferner die Verpflichtung des Auftraggebers, über den Steuerabzug gegenüber dem Auftragnehmer abzurechnen[179]. Mit der Vornahme des Steuerabzuges, der Abführung des Abzugsbetrages an das zuständige Finanzamt sowie dessen Abrechnung tritt hinsichtlich der Werklohnansprüche des Auftragnehmers Erfüllungswirkung ein[180]. Sobald der einbehaltene Betrag an das Finanzamt bezahlt wurde, hat der Auftraggeber hierüber gegenüber dem Auf-

---

[169] *Lieber* DStR 2001, 1470 (1471).
[170] BGH NZBau 2005, 458 (459).
[171] *Lieber* DStR 2001, 1470 (1471).
[172] *Heiland* NZBau 2002, 413 (416).
[173] *Kirchhof-Gosch* EStG 6. Aufl., § 48b Rn. 8.
[174] OLG Hamburg IBR 2004, 192.
[175] AA *Heiland* NZBau 2002, 413 (416).
[176] *Lieber* DStR 2001, 1470 (1471).
[177] *Lieber* DStR 2001, 1470 (1472).
[178] Schreiben des Bundesministeriums für Finanzen vom 1.11.2001 (IV A 5-S1900-292/01), abgedruckt DStR 2001, 2202 (2205); *Lieber* DStR 2001, 1470 (1472).
[179] Vgl. zur Berechnung/Abrechnung der Bauabzugsteuer insbesondere *Schroen* NWB Fach 3, 11781 (11783 ff.).
[180] BGH NZBau 2005, 458 (459); 2001, 625 = BauR 2001, 1906.

tragnehmer unter Angabe des (zuständigen) Finanzamtes sowie Angabe des Steuerabzuges abzurechnen[181].

57 Besondere Probleme ergeben sich, wenn sich **nachträglich der Wert der Gegenleistung (Bauleistung) erhöht oder aber vermindert.** Dies betrifft Fälle, in denen die Abrechnung der Bauleistung nachträglich in der einen oder anderen Richtung korrigiert wird. Im Falle einer nachträglichen Erhöhung der Gegenleistung ist der Auftraggeber verpflichtet, den Differenzbetrag zu der vorherigen Anmeldung in dem Anmeldezeitraum, in dem der erhöhte Betrag erbracht wurde, (zusätzlich) anzumelden (§ 48a Abs. 1 EStG)[182]. Kommt es jedoch nicht zu einer Erhöhung, sondern zu einer Minderung der Gegenleistung (Bauleistung), ist keine Berichtigung der Anmeldung vorzunehmen, dh diese Minderungen bleiben im Rahmen des Steuerabzuges unberücksichtigt, so dass sich der Steuerabzug im Einzelfall auf mehr als 15 vH des (geminderten) Wertes der Bauleistung stellen kann. In diesem Zusammenhang ist zu berücksichtigen, dass **Skontoabzüge** nicht als nachträgliche Minderung gelten, da sie bereits im Rahmen der zu berücksichtigenden Gegenleistung jeweils wertmäßig zu beachten sind[183].

58 Der Steuerabzug für erbrachte Bauleistungen bezieht sich auf alle Leistungen, die der Herstellung, Instandsetzung oder Instandhaltung, Änderung oder Beseitigung von Bauwerken dienen (§ 48 Abs. 1 S. 2 EStG). Aufgrund des **weit gezogenen Bauleistungsbegriffes** zählen auch Baustoffe und Bauteile, Fenster und Türen, Bodenbeläge und Heizungsanlagen, aber auch Einrichtungsgegenstände zu Bauleistungen, sofern sie mit dem Gebäude fest verbunden sind (Ladeneinbauten, Schaufensteranlagen etc)[184]. Unter den Bauleistungsbegriff fallen ferner auch Arbeiten zur Herstellung von Straßen, Leitungen, Siel- und Brunnenanlagen, da es sich auch insoweit um bauliche Maßnahmen handelt, die aus Baustoffen bzw. Bauteilen mit baulichen Geräten hergestellt werden[185].
Nicht zu den Bauleistungen und damit nicht steuerabzugsunterworfen sind die Leistungen von Architekten und Ingenieuren, Reinigungs- und Wartungsarbeiten sowie reine Materiallieferungen durch Baustoffhändler und/oder Baumärkte. Auch Arbeiten an Betriebsvorrichtungen – Maschinen, Antennenanlagen etc – zählen nicht zu den eigentlichen Bauleistungen[186]. Allerdings ist zu beachten, dass auch derartige Leistungen im Einzelfall von der Bauabzugssteuer erfasst werden können, nämlich dann, wenn sie innerhalb eines Vertragsverhältnisses zusammen mit anderweitigen Bauleistungen ausgeführt werden und diese der Vertragsbeziehung das maßgebende und vorrangige Gepräge geben[187].

59 **Prozessual** kann der Auftragnehmer bei fehlender Vorlage der Freistellungsbescheinigung Klage auf 85% der zur Abrechnung gestellten Vergütung erheben. Soweit der Auftraggeber seiner Verpflichtung zur Abführung des einbehaltenen 15%-igen Steuerbetrages an das zuständige Finanzamt entsprochen hat, ist damit Erfüllungswirkung im Verhältnis zum Auftragnehmer eingetreten[188]. Der von der Abzugspflicht betroffene Teil der Vergütung ist insoweit als auf den Steuerfiskus übergeleitet anzusehen, so dass dem Auftragnehmer keine weitere Forderungsberechtigung mehr zustehen kann[189]. Ungeachtet dessen gesteht das OLG München den Auftragnehmer auf der Grundlage des abgeschlossenen Vertrages die Berechtigung zu, 100% des Vergütungsanspruches einzuklagen[190]. Dem Verlangen nach vollständiger Zahlung kann der Auftraggeber jedoch mit der Einrede der Erfüllung nach §§ 362 ff. BGB entgegentreten.
Wenn der Auftraggeber nach versehentlich vollständiger Zahlung der Vergütung an den Auftragnehmer die Bauabzugssteuer an das Finanzamt entrichtet, ist der Auftragnehmer aufgrund

---

[181] Vgl. insbesondere zum Subunternehmerverhältnis *Joussen/Vygen* Subunternehmervertrag Rn. 598 ff.
[182] Vgl. Ziffer 46 des Schreibens des Bundesministeriums der Finanzen vom 1.11.2001 (IVA5-S 1900-292/01), abgedruckt DStR 2001, 2202 (2205).
[183] *Schroen* NWB Fach 3, 11781 (11786).
[184] Schreiben des Bundesministeriums der Finanzen vom 1.11.2001 (IVA5-S1900-292/01), abgedruckt DStR 2001, 2202 (2203).
[185] *Kirchhof-Gosch* EStG 6. Aufl., § 48 Rn. 9.
[186] *Kirchhof-Gosch* EStG 6. Aufl., § 48 Rn. 9.
[187] Schreiben des Bundesministeriums der Finanzen vom 1.11.2001 (IVA5-S1900-292/01), abgedruckt DStR 2001, 2202 (2203).
[188] BGH WM 2005, 1381; OLG München BauR 2005, 1188.
[189] Vgl. BGH NZBau 2001, 625 zum entsprechenden Steuerabzugsverfahren nach § 18 UStG; aA *Heiland* NZBau 2002, 413 (416), der eine Klage auf vollen Werklohn Zug um Zug gegen Vorlage der Freistellungsbescheinigung für zulässig erachtet, wobei jedoch übersehen wird, dass zum Zeitpunkt der Klageerhebung die Zahlung der Bauabzugssteuer an das Finanzamt bereits erfolgt und damit die Forderung des Auftragnehmers erloschen ist.
[190] OLG München BauR 2005, 1188.

bestehender vertraglicher Nebenpflicht gehalten, den versehentlich entrichteten Betrag an den Auftraggeber zu erstatten[191]. Allerdings kann dem Auftragnehmer ein Zurückbehaltungsrecht nach § 273 Abs. 1 BGB für die Dauer ordnungsgemäßer Abrechnung nach § 48a Abs. 2 EStG zustehen[192].

VIII. Berücksichtigung der Umsatzsteuerschuldnerschaft

Durch das Haushaltsbegleitgesetz 2004 wurde die Steuerschuldnerschaft bei bestimmten Grundstücksgeschäften und vor allem Bauleistungen vom inländischen Leistenden auf den Leistungsempfänger übertragen (§ 13b UStG)[193]. Für leistende ausländische Unternehmer gilt weiterhin die Regelung des § 13b Abs. 1 S. 1 Nr. 1 UStG, die vorrangig ist (§ 13 Abs. 1 S. 1 Nr. 4 S. 2 UStG). Diese Ausdehnung des auch als **Reverse Charge** bezeichneten Verfahrens dient der Eindämmung des Vorsteuerbetrugs[194]. Sie betrifft „Werklieferungen und sonstige Leistungen, die der Herstellung, Instandsetzung, Instandhaltung, Änderung oder Beseitigung von Bauwerken dienen, mit Ausnahme von Planungs- und Überwachungsleistungen" (§ 13b Abs. 1 S. 1 Nr. 4 UStG). Nachdem eine bis zum 30.6.2004 befristete Übergangsregelung[195] entfallen ist, ergeben sich die maßgebenden Regelungen heute in Ergänzung zu § 13b Abs. 1 UStG aus dem BMF-Schreiben vom 2.12.2004 und aus Abschn. 182a UStR[196].

Der Begriff der Bauleistungen ist wie bei der Bauabzugssteuer nach § 48 EStG[197] weit auszulegen. Sie können sich auf Bauwerke, insbesondere Gebäude, Anlagen und Versorgungsleitungen sowie auf Verkehrseinrichtungen, Gebäudeausrüstung und maschinelle Anlagen beziehen. Ausgenommen sind ua Zuliefergegenstände, Reparatur- und Wartungsarbeiten bis zu einer Bagatellgrenze von netto 500,00 EUR sowie die vorübergehende Bereitstellung von Maschinen und Geräten etc.[198]

Bei den danach unter § 13b UStG fallenden Bauleistungen wird anstelle des Leistenden nunmehr der Leistungsempfänger zum Schuldner der Umsatzsteuer, wenn und soweit er selbst nachhaltig Bauleistungen erbringt. Diese Voraussetzungen liegen vor, wenn sich mindestens 10 % seiner gesamten umsatzsteuerbaren Umsätze auf Bauwerke bzw. Bauleistungen beziehen. Dies gilt insbesondere auch für Bau-Arbeitsgemeinschaften (ARGE), wenn diese eine Gesamtleistung erbringen oder aber ihre Gesellschafter Bauleistungen für die ARGE ausführen. Ausgenommen von der Steuerschuldnerschaft sind jedoch Personen- und Kapitalgesellschaften, die lediglich Bauleistungen für den privaten Bereich eines Gesellschafters erbringen, ebenso wie Wohnungseigentümergemeinschaften, soweit diese Bauleistungen als steuerfreie Leistungen an die einzelnen Eigentümer weitergeben[199].

Liegen die Voraussetzungen der Umkehr der Steuerschuldnerschaft vor, so hat der Leistende für nach dem 31.3.2004 ausgeführte Bauleistungen eine Rechnung auszustellen, in der neben dem Nettoentgelt ein Hinweis auf die Steuerschuldnerschaft des Leistungsempfängers enthalten sein muss. Die gegenüber dem Leistungsempfänger ausgestellte Rechnung darf keine Umsatzsteuer ausweisen (§ 14a Abs. 5 S. 1, 3 UStG). Wird die Rechnung fehlerhaft mit Umsatzsteuer ausgewiesen, bleibt gleichwohl der Leistende nach § 14c Abs. 1 UStG verpflichtet, die Umsatzsteuer zu entrichten. Der Leistungsempfänger darf daher auch die fehlerhaft ausgewiesene Umsatzsteuer nicht als Vorsteuer geltend machen[200].

Wurden bereits vor dem 1.4.2004 durch den Leistenden Abschlagszahlungen mit Mehrwertsteuerausweis gestellt, muss der Leistende die jeweilige Rechnung berichtigen, wenn auch über

---

[191] BGH BauR 2014, 99 (101).
[192] BGH BauR 2014, 99 (102).
[193] Vgl. zum aktuellen Gesetzesstand § 13b UStG in der Fassung vom 1.1.2011, insoweit geändert durch Art. 4 des Gesetzes vom 8.12.2010 BGBl. I S. 1768 sowie BMF-Schreiben vom 31.3.2004 IV D 1 – S 7279-107/04 (BStBl. I 2004 S. 453), BMF-Schreiben vom 2.12.2004 IV A 6 – S 7279-100/04 (BStBl. I 2004 S. 1129), BMF-Schreiben vom 16.10.2009 – IV B 9 – S 7279-0 (BStBl. I 2009 S. 1298), BMF-Schreiben vom 11.3.2010 – IV D 3 – S 7279/09/10006 (BStBl. I 2010 S. 254).
[194] *Eisolt* NWB Nr. 9 vom 28.2.2005, Fach 7 S. 6405.
[195] BMF-Schreiben vom 31.3.2004 – S 7279, BStBl. I 2004 S. 453.
[196] BMF-Schreiben vom 2.12.2004 – S 7279, BStBl. I 2004 S. 1129, hierzu eingehend *Eisolt* NWB Nr. 9 vom 28.2.2005 Fach 7 S. 6405.
[197] Vgl. hierzu BMF-Schreiben vom 27.12.2002 – S 2272, BStBl. I 2002 S. 1399.
[198] *Eisolt* aaO, S. 6406.
[199] *Eisolt* aaO, S. 6405.
[200] LG Darmstadt BauR 2008, 1328 (1329).

den 31.3.2004 hinaus Bauleistungen von ihm erbracht wurden[201]. Nach einem BMF-Schreiben vom 31.3.2004 kann von einer Rechnungskorrektur abgesehen werden, wenn der Leistende den vereinnahmten Anteil der Vergütung in zutreffender Höhe versteuert hat[202].

Bei Missachtung des § 13b UStG durch die Parteien kommt es zu einer Überzahlung des Auftragnehmers in Höhe der vom Auftraggeber an das zuständige Finanzamt abzuführenden Umsatzsteuer. Dies hat zur Konsequenz, dass der Auftragnehmer um die unter Verstoß gegen § 13b UStG entrichtete Umsatzsteuer überzahlt ist, so dass dem Auftraggeber insoweit ein Rückzahlungsanspruch zusteht. Gleich ob dieser Rückzahlungsanspruch vertraglicher oder bereicherungsrechtlicher Natur ist, steht dem Auftragnehmer insoweit kein Aufrechnungs- oder aber Zurückbehaltungsrecht zu, da ihm die Umsatzsteuer vom Auftraggeber zweckgebunden zur Weiterleitung an das zuständige Finanzamt zur Verfügung gestellt wurde und dieser Zweck nur erfüllt ist, wenn die Umsatzsteuer unter Heranziehung des § 13b UStG unbeschränkt nach Rückzahlung dem Finanzamt zur Verfügung gestellt werden kann[203].

IX. Verjährung der Zahlungsansprüche

61 Die VOB/B enthält keine speziellen Regelungen zur Verjährung von Zahlungsansprüchen. Die Verjährung richtet sich deshalb nach den allgemeinen verjährungsrechtlichen Vorschriften des BGB.

62 **1. Verjährung nach bisherigem Recht.** Das bisherige und **bis zum 31.12.2001 geltende Recht** sah in § 196 Abs. 1 Nr. 1 BGB für den Zahlungsanspruch des Auftragnehmers aus dem abgeschlossenen Bauvertrag eine Verjährungsfrist von zwei Jahren vor[204]. Soweit die Bauleistung für den Gewerbebetrieb des Auftraggebers ausgeführt wurde, galt nach § 196 Abs. 2 BGB eine auf vier Jahre verlängerte Verjährungsfrist. Diese Voraussetzungen lagen vor, wenn von dem Auftraggeber eine gewerbliche Tätigkeit ausgeübt wurde, die auf die Erzielung von dauernden Einnahmen gerichtet war und einen berufsmäßigen Geschäftsbetrieb erforderte[205]. Aktiengesellschaften, GmbHs und Genossenschaften fielen auf Grund ihrer Eigenschaft als Formkaufleute stets unter den Anwendungsrahmen des § 196 Abs. 2 BGB[206]. Demgegenüber unterfielen Betriebe und Einrichtungen der öffentlichen Hand nur dann dem § 196 Abs. 2 BGB, wenn sie sich erwerbswirtschaftlich betätigten[207]; nicht indes, wenn sie lediglich Aufgaben der Daseinsvorsorge wahrgenommen haben[208].

63 Die zwei- bzw. vierjährige Verjährungsfrist begann nach § 201 BGB aF (erst) mit dem Schluss des Jahres zu laufen, in dem die **Vergütungsansprüche fällig** wurden. Insoweit war einerseits zwischen der Vergütung nach BGB und VOB/B und andererseits nach den unterschiedlichen Zahlungsarten zu differenzieren:

64 – Der Vergütungsanspruch **aus § 641 Abs. 1 S. 1 BGB** wird mit dem Zeitpunkt der Abnahme der Bauleistungen fällig[209]. Dabei ist zu beachten, dass es für die Fälligkeit von BGB-Vergütungsansprüchen nicht darauf ankommt, dass eine (prüffähige) Schlussrechnung vom Unternehmer übergeben wird[210].

65 – Anders verhält es sich **bei Zugrundelegung der VOB/B:** Nach § 16 Abs. 3 Nr. 1 S. 1 VOB/B wird der Anspruch auf die Schlusszahlung alsbald nach Prüfung und Feststellung der vom Auftragnehmer vorgelegten Schlussrechnung fällig, spätestens jedoch innerhalb eines Monats nach Zugang. Damit ist zweierlei gesagt: Einerseits bedarf es zur Herbeiführung der Fälligkeit und damit dem Beginn der Verjährungsfrist der Vorlage der Schlussrechnung durch den Auftragnehmer, andererseits tritt die Fälligkeit nicht bei Übergabe der Schlussrechnung, sondern erst bei Ablauf der Prüffrist, also (spätestens) nach Ablauf von einem Monat ein[211].

---

[201] *Eisolt* aaO, S. 6406; *Freundlieb* DB 2004, 273 (274).
[202] BMF-Schreiben vom 31.3.2004 – IV D 1 – S 7279-107/04 iVm BMF-Schreiben vom 2.12.2004 – IV A 6 – S 7279-100/04.
[203] Vgl. zur Einschränkung der Aufrechnungsbefugnis nach Treu und Glauben bei Treuhandverhältnissen und zweckgebunden bereitgestellten Mitteln BGH NJW 1954, 1722; 1991, 839; NJW-RR 1999, 1192.
[204] Vgl. OLG Frankfurt NJW-Spezial 2014, 430.
[205] BGHZ 83, 382 (386); 74, 273 (274).
[206] BGHZ 66, 48 (50).
[207] BGHZ 49, 258 (260).
[208] BGHZ 49, 258 (260); 53, 222 (223); 83, 382 (387).
[209] *Sprau* in Palandt BGB § 641 Rn. 3.
[210] BGHZ 79, 176; OLG Frankfurt NJW-RR 2000, 755.
[211] Vgl. BGH NJW 1977, 2075; *Heiermann/Riedl/Rusam* VOB/B § 16 Rn. 83.

Erforderlich ist ferner, dass die vom Auftragnehmer vorgelegte Schlussrechnung sich als prüffähig im Sinne von § 14 VOB/B erweist[212]. Versäumt der Auftraggeber jedoch Einwendungen gegen die Prüffähigkeit der Schlussrechnung innerhalb von einem Monat zu erheben, so treten nach Ablauf vorgenannter Frist die Wirkungen der Fälligkeit ein[213].

Die Verjährungsfrist konnte durch ein **Anerkenntnis des Auftraggebers** (§ 208 BGB aF) 66 oder aber durch gerichtliche Geltendmachung (§ 209 BGB aF) unterbrochen werden (Klageerhebung, Zustellung eines Mahnbescheides, Aufrechnung im Prozess, Streitverkündung). Die **Wirkung der Unterbrechung** der laufenden Verjährungsfrist bestand darin, dass die bis zum Unterbrechungszeitraum verstrichene Verjährungsfrist unberücksichtigt blieb und nach Beendigung des Unterbrechungstatbestandes die ursprüngliche Verjährungsfrist von zwei bzw. vier Jahren nochmals begann zu laufen (§ 217 BGB aF).

2. Verjährung nach dem Gesetz zur Modernisierung des Schuldrechts. Durch das 67 Gesetz zur Modernisierung des Schuldrechts vom 26.11.2001[214] ist **mit Wirkung zum 1.1.2002 das Verjährungsrecht grundlegend novelliert** worden[215]. Die regelmäßige Verjährungsfrist wurde von 30 Jahren auf nunmehr nur noch drei Jahre zurückgenommen (§ 195 BGB). Die neue Regel-Verjährungsfrist erfasst bei Fehlen anderweitiger spezieller oder aber vertraglicher Regelungen sämtliche Primärleistungsansprüche und damit auch die Zahlungsansprüche aus Bauverträgen[216]. Die **Verjährungsfrist von (lediglich) 3 Jahren** beginnt mit dem Schluss des Jahres, in dem der (Zahlungs-)Anspruch entstanden ist (§ 199 Abs. 1 Nr. 1 BGB). Gemeint ist damit das Jahr, in dem der zugrundeliegende Vergütungsanspruch fällig geworden ist[217]. Bei Heranziehung der §§ 640, 641 Abs. 1 BGB wird für den Beginn der Verjährungsfrist – wie nach altem Recht – auf den Zeitpunkt der Abnahme der Bauleistungen abgestellt[218]. Nicht entscheidend kommt es nach wie vor darauf an, ob der Besteller zum Fälligkeitszeitpunkt eine (prüffähige) Rechnung erstellt und übergeben hat[219]. Etwas anderes gilt nur dann, wenn die **Übergabe einer (prüffähigen) Rechnung** ausdrücklich zur Fälligkeitsvoraussetzung gemacht wurde, so wie sich dies aus § 16 Abs. 3 Nr. 1 S. 1 VOB/B erschließt[220]. Bei Vereinbarung der VOB/B kommt es deshalb auf den Zeitpunkt der Rechnungsstellung und -übergabe sowie den Ablauf der Prüfungsfrist des § 16 Abs. 3 Nr. 1 S. 1 VOB/B für den Beginn der Verjährungsfrist an. Mit diesem Zeitpunkt beginnt die Verjährungsfrist auch für später nachgeschobene Schlussrechnungs- und Nachtragsforderungen zu laufen[221]. Hat der Auftragnehmer den Werklohnanspruch oder aber Teile desselben in der Schlussrechnung „vergessen", beginnt auch für diese von ihm übersehenen Werklohnforderungen die Verjährungsfrist mit der Verjährung der in der Schlussrechnung enthaltenen Ansprüche[222].

Der nach früherem Recht erforderlichen Differenzierung zwischen Vergütungsansprüchen 68 gegenüber **Kaufleuten und Nicht-Kaufleuten** bedarf es nach neuem Recht nicht mehr. Im Rahmen der Regel-Verjährungsfrist wird bei Werklohn- und Vergütungsansprüchen nicht mehr zwischen unterschiedlichen Eigenschaften des Bestellers/Auftraggebers unterschieden. Gegenüber Kaufleuten, Nicht-Kaufleuten, Einrichtungen der öffentlichen Hand und Privatpersonen bzw. Verbrauchern gilt deshalb nur (noch) die in § 195 BGB vorgesehene dreijährige Regel-Verjährungsfrist.

Im Zusammenhang mit der recht kurz bemessenen Verjährungsfrist kommt den **Möglich-** 69 **keiten zu ihrer Verlängerung** besondere Bedeutung zu. Das neue Recht kennt nicht mehr den bisherigen Tatbestand der Verjährungsunterbrechung. An seine Stelle tritt – in wenigen Einzelfällen – der sog „Neubeginn der Verjährung". § 212 BGB lässt die Verjährungsfrist erneut beginnen, wenn eine gerichtliche oder behördliche Vollstreckungshandlung vorgenommen bzw. beantragt wird oder aber der Besteller dem Unternehmer gegenüber den Anspruch auf Ver-

---

[212] BGH BauR 1990, 605.
[213] Vgl. → § 16 Rn. 188.
[214] BGBl. 2001 I S. 3138.
[215] Vgl. zum neuen Recht *Heinrichs* BB 2001, 1417; *Mansel* NJW 2002, 89.
[216] *Ellenberger* in Palandt BGB § 195 Rn. 2 f.
[217] BGH ZIP 2001, 611 (613).
[218] *Sprau* in Palandt BGB § 641 Rn. 3.
[219] *Ellenberger* in Palandt BGB, 71. Aufl. 2012, § 199 Rn. 5.
[220] Vgl. BGHZ 53, 222 (225); 105, 290 (293).
[221] Vgl. zum neuen Recht: OLG Düsseldorf BauR 2008, 1902 (1905); zum früheren Recht BGH BauR 1982, 377 (379); 1970, 113 (115); OLG Celle OLG-Report 1996, 267 (268).
[222] OLG Hamm BauR 2012, 1948.

gütung durch Abschlagszahlung, Zinszahlung, Sicherheitsleistung oder aber in anderer Weise anerkannt hat. Während die Abgabe eines ausdrücklichen Anerkenntnisses durch den Besteller sicherlich geeignet erscheint, um die Verjährungsfrist erneut beginnen zu lassen, ist dies bei Vornahme von Abschlagszahlungen mehr als zweifelhaft. **Abschlagszahlungen** haben grundsätzlich den Charakter nur vorläufiger Zahlungen im Hinblick auf die endgültige, noch ausstehende Schlussabrechnung und Schlusszahlung[223]. Aus diesem Grunde sollen Abschlagszahlungen auch hinsichtlich der späteren Schlussrechnung keinerlei Bindungs- und Präklusionswirkung entfalten[224]. Damit verbietet es sich bereits vom Ansatz her, Abschlagszahlungen Anerkenntnisbedeutung beizumessen: Weder bezogen auf die Abschlags- noch die Schlussrechnungsforderung kann einer Abschlagszahlung Anerkenntniswirkung beigemessen werden. Die Bestimmung des § 212 Abs. 1 Nr. 1 BGB ist deshalb zumindest insoweit als unpassend anzusehen.

70   Über den engen Anwendungsrahmen des § 212 BGB und den dort vorgesehenen Neubeginn der Verjährung hinaus hat sich der Gesetzgeber durchgängig zu den bisherigen Unterbrechungstatbeständen veranlasst gesehen, diese jeweils durch **neu gefasste Hemmungstatbestände** zu ersetzen (§§ 203 ff. BGB)[225]. Die Verjährung von Vergütungsansprüchen wird nach neuem Recht im Falle der Klageerhebung, der Zustellung eines Mahnbescheides, der Aufrechnung im Prozess[226], der Zustellung einer Streitverkündung, dem Beginn eines schiedsrichterlichen Verfahrens etc nur noch gehemmt (§ 204 BGB). Inwieweit ein selbstständiges Beweisverfahren zum Beweis der Mangelfreiheit einer Werkleistung die Verjährung der Vergütungsansprüche hemmt, wird unterschiedlich beurteilt[227]. Die Verjährung des Vergütungsanspruchs des Auftragnehmers wird nach einem Beschluss des BGH vom 9.2.2012 nach § 204 Abs. 1 Nr. 7 BGB gehemmt, wenn der Auftragnehmer zur Aufklärung von Mängeln ein selbstständiges Beweisverfahren einleitet, um die Abnahmereife seiner Leistungen und die tatsächlichen Voraussetzungen für die Fälligkeit seines Vergütungsanspruches nachweisen zu können[228].
Die Wirkung der Hemmung besteht darin, dass sich die Verjährungsfrist lediglich um den begrenzten Zeitraum verlängert, innerhalb dessen die Verjährung – etwa wegen eines laufenden Rechtsstreits – andauern soll (§ 209 BGB). Damit dem Unternehmer/Auftragnehmer nach Beendigung des Hemmungszeitraumes noch genügend Zeit verbleibt, um seine Rechte weiterzuverfolgen, endet die Hemmung in Fällen gerichtlicher bzw. schiedsgerichtlicher Geltendmachung erst 6 Monate nach der rechtskräftigen Entscheidung oder aber anderweitigen Beendigung des eingeleiteten (gerichtlichen) Verfahrens (§ 204 Abs. 2 S. 1 BGB). Dies soll gleichermaßen auch dann gelten, wenn das (gerichtliche) Verfahren in Stillstand gerät, weil es von den Parteien nicht weiter betrieben wird (§ 204 Abs. 2 S. 2 BGB)[229].
Eine Hemmung der Verjährung kann auch durch ein **Stillhalteabkommen der Parteien** – sog pactum de non petendo – eintreten. Für den Abschluss eines solchen Stillhalteabkommens bedarf es jedoch einer Absprache zwischen den Parteien dahingehend, dass Zahlungsansprüche einstweilen nicht geltend gemacht werden. Blosse Verhandlungen zwischen den Parteien genügen regelmäßig nicht, um hieraus den Schluss auf einen vorübergehenden Ausschluss der Klagbarkeit der zugrunde liegenden Forderung zu ziehen[230]. Auch die Einleitung eines Beweissicherungsverfahrens zur Feststellung mängelbedingter Einwendungen zieht regelmäßig kein die Verjährung auslösendes Stillhalteabkommen nach sich[231].
Ferner kann eine Hemmung der Verjährung durch **Verhandlungen der Parteien** über die Vergütungsansprüche und ihre Bemessung eintreten (§ 203 BGB)[232]. Auch wenn der Begriff der Verhandlungen regelmäßig weit ausgelegt wird[233], kann alleine aus der Rechnungsstellung[234]

---

[223] Im Einzelnen → § 16 Rn. 91 ff.
[224] *Hummel* in NWJS VOB/B § 16 Rn. 7 f.
[225] Vgl. zu den Hemmungsrisiken *Klose* NZBau 2012, 80.
[226] Vgl. BGH BauR 2008, 1305 (1307) zur Problematik der Aufrechnung und Gegenaufrechnung.
[227] Verneinend OLG Saarbrücken NZBau 2006, 714; Bamberger/Roth/*Henrich* BGB§ 204 Rn. 30; befürwortend demgegenüber *Kniffka* ibr-Online-Kommentar 2008, BGB § 634a Rn. 133; MüKoBGB/*Schreiber* ZPO§ 485 Rn. 19; *Klaft/Nossek* BauR 2008, 1980.
[228] OLG Hamm IBR 2011, 498; aA OLG Saarbrücken IBR 2005, 677.
[229] Vgl. hierzu im einzelnen *Ellenberger* in Palandt BGB § 204 Rn. 46 f mwN.
[230] OLG Saarbrücken BauR 2004, 1198; zu einem weitergehenden Auslegungsverständnis des § 203 S. 1 BGB bei Schadensersatz- und Mängelansprüchen aber BGH NJW 2007, 587 mwN.
[231] OLG Saarbrücken BauR 2004, 1198.
[232] Vgl. *Reimann* BauR 2011, 14.
[233] BGH NJW 1983, 2075; LG Düsseldorf NZBau 2009, 657; *Ellenberger* in Palandt BGB § 203 Rn. 2.
[234] OLG Düsseldorf IBR 2004, 200.

oder der Rechnungsprüfung des Auftraggebers, seiner Mitteilung des Prüfergebnisses noch nicht auf den Beginn abrechnungsbezogener Verhandlungen geschlossen werden[235]. Erst recht gilt dies bei einer Ablehnung der vom Auftragnehmer erhobenen Zahlungsansprüche[236]. Anders verhält es sich dann, wenn die Parteien – etwa nach mitgeteiltem Ergebnis der Rechnungsprüfung – in konkrete Gespräche über die Abrechnung im ganzen oder aber Teile derselben eintreten[237]. Bei entsprechenden Verhandlungen wird für die Anwendung des § 203 BGB nicht vorausgesetzt, dass konkrete Vergleichsbereitschaft besteht bzw. mitgeteilt wird[238]. Ausreichend ist jeder ernsthafte Meinungsaustausch über den Anspruch selbst oder seine tatsächlichen Grundlagen, sofern der Auftraggeber ihn nicht sofort und erkennbar gegenüber dem Auftragnehmer ablehnt[239].

Die durch § 203 BGB bewirkte Hemmung endet erst, wenn der eine oder aber der andere Teil die Fortsetzung aufgenommener Verhandlungen verweigert. Regelmäßig wird erst dann von einer Weigerung weiterer Verhandlungen auszugehen sein, wenn eine der beiden Parteien dies klar und unmißverständlich erklärt[240]. Kommen die Verhandlungen unabhängig hiervon zum Erliegen bzw. schlafen sie ein, so wird im Einzelfall nach Treu und Glauben aus dem Verhalten der Parteien auf den Zeitpunkt zu schliessen sein, in dem die Verhandlungen als beendet anzusehen sind[241]. Sobald danach die Verhandlungen als beendet anzusehen sind, ist § 203 S. 2 BGB zu berücksichtigen, wonach die Hemmungswirkung zwar wiederum entfällt, die Verjährung jedoch frühestens drei Monate nach dem Ende der Hemmung eintreten kann.

X. Rückzahlungsansprüche des Auftraggebers

Bei der Abrechnung von Bauleistungen kann es zu Überzahlungen kommen. Die VOB/B **71** sieht für derartige Überzahlungen keine spezielle Rückzahlungsregelung vor. Rückzahlungsansprüche werden deshalb nach allgemeinem Vertrags- und Bereicherungsrecht beurteilt[242]. Dabei gelten für die einzelnen Zahlungsarten des § 16 VOB/B jeweils ebenso Besonderheiten wie für Überzahlungen, die vom öffentlichen Auftraggeber geltend gemacht werden.

1. Rückzahlung bei ausdrücklicher Rückzahlungsvereinbarung. Zwischen den Parteien **72** können ausdrückliche **Rückzahlungsvereinbarungen für den Fall der Überzahlung** getroffen werden. Derartige Vereinbarungen sind aber eher selten, da sich aus dem Bauvertrag ohnehin die Verpflichtung zur ordnungsgemäßen Abrechnung ergibt und sich darüber hinaus aus bereicherungsrechtlichen Grundsätzen die Verpflichtung des Auftragnehmers ergibt, vom Auftraggeber geleistete Überzahlungen zurückzugewähren. Soweit sich vereinzelt in den Bauverträgen bzw. den zusätzlichen Vertragsbedingungen, insbesondere solchen mit der öffentlichen Hand Abreden über Rückzahlungen finden, nehmen diese typischerweise Bezug auf die bereicherungsrechtlichen Rückabwicklungsmöglichkeiten der §§ 812 ff. BGB[243].

2. Rückzahlung im Zuge der Schlussabrechnung. Von ausdrücklichen vertraglichen **73** Rückzahlungsabreden zu unterscheiden ist die bereits erwähnte **Verpflichtung des Auftragnehmers,** über die erbrachten Bauleistungen **ordnungsgemäß abzurechnen.** Die Bestimmungen der §§ 14 ff. VOB/B dienen gerade dazu, den Auftragnehmer anzuhalten, seine Abrechnung ordnungsgemäß aufzumachen. Diese Verpflichtung endet vom Grundsatz her mit der Vorlage der Schlussrechnung durch den Auftragnehmer (§ 14 Abs. 3 VOB/B)[244]. Aufgrund ihres nur vorläufigen Charakters gehen die vom Auftraggeber geleisteten **Abschlagszahlungen** in der Schlussrechnungsforderung des Auftragnehmers auf. Mit der Vorlage der Schlussrechnung

---

[235] *Kniffka/Koeble* Kompendium des Baurechts 4. Aufl., 5. Teil, Rn. 301.
[236] OLG Düsseldorf BauR 2008, 1466.
[237] Vgl. *Kniffka/Koeble* Kompendium des Baurechts 4. Aufl., 5. Teil, Rn. 301.
[238] *Ellenberger* in Palandt BGB § 203 Rn. 2.
[239] OLG Frankfurt NJW-Spezial 2014, 430.
[240] BGH NJW 1998, 2819; NJW-RR 2005, 1044.
[241] Vgl. BGH NJW 1986, 1337; im Übrigen zur Verhandlungspause auch BGH NJW-RR 2001, 1186, vgl. auch KG Berlin IBR 2008, 649; OLG Dresden IBR 2011, 18; OLG Zweibrücken IBR 2007, 548 zur Beendigung einen Monat nach Stillstand der Verhandlungen.
[242] *Hummel* in NWJS VOB/B § 16 Rn. 138; *U. Locher* in Ingenstau/Korbion VOB/B § 16 Abs. 3 Rn. 41.
[243] Vgl. Ziffer 21 EVM (B) ZVB/E; *Kandel* in Beck'scher VOB-Kommentar VOB/B vor § 16 Rn. 44 ff.
[244] Vgl. aber auch OLG Karlsruhe BauR 2002, 1704, wonach das Verlangen nach einer prüfbaren Abrechnung treuwidrig ist, wenn bereits viele Jahre seit Beendigung der Arbeiten verstrichen sind und der Auftraggeber über die erforderlichen Abrechnungsinformationen verfügt.

wird über die erbrachten Gesamtleistungen abschließend und verbindlich abgerechnet[245]. Mit dieser Verpflichtung korrespondiert ein vertraglicher Anspruch des Auftraggebers auf ordnungsgemäße Abrechnung unter Berücksichtigung der von ihm geleisteten Abschlagszahlungen[246]. Soweit im Rahmen der Schlussrechnung die geleisteten Abschlagszahlungen wertmäßig die errechnete Gesamtvergütung übersteigen, steht dem Auftraggeber ein **vertraglicher Rückzahlungsanspruch** zu[247]. Da sich der Rückzahlungsanspruch unmittelbar aus dem abgeschlossenen Bauvertrag und der Verpflichtung zur ordnungsgemäßen Schlussabrechnung ergibt, bedarf es bei Überzahlungen, die im Rahmen der Schlussabrechnung festgestellt werden, nicht des Rückgriffes auf das lediglich subsidiär heranzuziehende **Bereicherungsrecht**[248]. Infolgedessen kann sich der Auftragnehmer auch nicht auf § 818 Abs. 3 BGB berufen und seine Rückzahlungsverpflichtung auf noch vorhandene Teilbeträge aus zugeflossenen Abschlagszahlungen beschränken.

74 Beruft sich der Auftraggeber auf den Tatbestand vorliegender Überzahlung, so braucht er diesen nur nach seinem Kenntnishorizont, also ggf. nur überschlägig geltend zu machen[249]. Den Auftragnehmer trifft in diesem Falle die volle **Darlegungs- und Beweislast** dafür, dass die von ihm erhobene Schlussrechnungsforderung besteht und wertmäßig die geleisteten Abschlagszahlungen übersteigt[250]. Hieran ändert sich selbst dann nichts, wenn der Auftraggeber von sich aus substantiiert eine Überzahlung des Auftragnehmers behauptet und den von ihm errechneten Überschuss zurückfordert[251]. Grundsätzlich hat ohnehin der Auftragnehmer die volle Darlegungs- und Beweislast für die Berechtigung der von ihm vorgelegten Schlussrechnung und der sich aus ihr ergebenden Vergütungsansprüche[252]. Soweit der Auftraggeber allerdings Überzahlung ganz oder teilweise mit bestehenden Gegenforderungen begründet, obliegt ihm nach allgemeinen Grundsätzen insoweit die Darlegungs- und Beweislast[253].

75 Nichts anderes gilt im Übrigen auch für die Abrechnung von **Vorauszahlungen**[254] sowie für sonstige **Teilzahlungen.** Abschlags-, Voraus- und sonstige Teilzahlungen erfolgen mit der Maßgabe nachfolgender, endgültiger Schlussabrechnung.

Inwieweit vor dem Schlussrechnungsstadium bereits Rückzahlungsansprüche – etwa in Bezug auf überhöhte Abschlagszahlungen – geltend gemacht werden können, ist streitig: Das KG Berlin hat hierzu die Auffassung vertreten, dass bei überhöhten Abschlagszahlungen vom Auftraggeber Rückzahlungsansprüche begründet erst erhoben werden können, wenn die Ausführung der vertraglichen Leistungen als beendet anzusehen ist[255]. Da der Auftragnehmer grundsätzlich verpflichtet ist, nur für tatsächlich ausgeführte Leistungen angemessene Abschlagszahlungen vom Auftraggeber zu begehren, erscheint es jedoch – zumal bei der Abwicklung von lang andauernden Baumaßnahmen – unangemessen, dem Auftraggeber bis zur Beendigung der Vertragsleistungen begründete Rückzahlungsansprüche aus fehlerhafter Abschlagsberechnung zu versagen.

Im Einzelfall kann der Auftraggeber sein Rückzahlungsverlangen auch im Urkundenprozess verfolgen: Wenn der Auftraggeber den Bauvertrag, die Abschlagszahlungen, die Schlussrechnungsforderung und deren Überprüfung mit dem Ergebnis der Überzahlung durch Urkunden nachzuweisen imstande ist, steht ihm die Möglichkeit zur Durchsetzung seiner Forderung im Urkundenprozess nach § 592 ZPO offen[256].

---

[245] *Zanner* in FKZG VOB/B § 16 Rn. 22.
[246] BGHZ 140, 365 = BGH BauR 1999, 635.
[247] BGH NJW-RR 2005, 129 = BauR 2004, 1940; BGHZ 140, 365 = BGH BauR 1999, 635; *Heiermann/Riedl/Rusam* VOB/B § 16 Rn. 100; aA *Motzke* in Beck'scher VOB-Kommentar/ 1. Aufl., VOB/B vor § 16 Rn. 74 f.
[248] BGHZ 140, 365 = BGH BauR 1999, 635; aA *Motzke* in Beck'scher VOB-Kommentar VOB/B, 1. Aufl., vor § 16 Rn. 75.
[249] BGH BauR 1999, 635 (639).
[250] BGH NJW 1989, 161 (162); *Heiermann/Riedl/Rusam* VOB/B § 16 Rn. 101; vgl. auch OLG Karlsruhe BauR 2002, 1704, wonach sich zumindest die Darlegungslast auf den Auftraggeber verschiebt, wenn dieser Jahre nach Fertigstellung der Bauleistungen über sämtliche Informationen verfügt, um einen Rückforderungsanspruch schlüssig darzulegen.
[251] BGH NJW-RR 2005, 129 = BauR 2004, 1940.
[252] BGH NJW 1989, 161; *Motzke* in Beck'scher VOB-Kommentar VOB/B, 1. Aufl., vor § 16 Rn. 93.
[253] BGH NJW 1989, 1606.
[254] BGH BauR 1999, 635 (639); *Heiermann/Riedl/Rusam* VOB/B § 16 Rn. 101.
[255] KG Berlin NZBau 2009, 660.
[256] LG Halle NZBau 2005, 521 (522).

3. Rückzahlung bei Überzahlungen. Auf die Einhaltung der Verpflichtung zur ordnungs- 76
gemäßen Schlussabrechnung kann nicht mehr abgehoben werden, wenn der Auftraggeber
geraume Zeit nach Vornahme der Schlusszahlung Rückforderungsansprüche aus erfolgter Überzahlung geltend macht. Dem Auftraggeber stehen in derartigen Konstellationen
keine vertraglichen, sondern nur noch bereicherungsrechtliche Rückzahlungsansprüche zu. Eine
nach den Grundsätzen der Leistungskondiktion gemäß § 812 Abs. 1 S. 1 BGB zu beurteilende
Rückzahlungsverpflichtung besteht dann, wenn dem Auftragnehmer als Empfänger ohne rechtlichen Grund Zahlungen zugewendet wurden, die nach den zugrundeliegenden bauvertraglichen Vereinbarungen nicht geschuldet sind[257]. Übersteigen die von dem Auftraggeber aus der
Schlussrechnung geleisteten Zahlungen den Umfang der berechtigterweise von dem Auftragnehmer zu beanspruchenden Vergütung, so steht dem Auftraggeber in Höhe des zu errechnenden
Überschussbetrages ein Rückzahlungsanspruch aus Leistungskondiktion zu[258]. Gegenüber diesem Anspruch des Auftraggebers kann der Auftragnehmer den sog Einwand der – partiellen oder
vollständigen – Entreicherung erheben (§ 818 Abs. 3 BGB). Eine Ausnahme gilt nur dann, wenn
der Auftragnehmer den für den bereicherungsrechtlichen Rückforderungsanspruch maßgebenden Mangel des rechtlichen Grundes kannte, da er dann dem rückforderungsberechtigten
Auftraggeber gegenüber nicht als hinreichend schutzwürdig angesehen wird (§ 819 Abs. 1
BGB).

Begehrt der Auftraggeber Rückzahlung nach § 812 Abs. 1 S. 1 BGB, so hat er seine An- 77
spruchsberechtigung gegenüber dem Auftragnehmer darzulegen und zu beweisen. Bei der
Geltendmachung von **Ansprüchen aus Leistungskondiktion** hat der Auftraggeber darzulegen
und zu beweisen, dass er Zahlungen in einem bestimmten Umfange auf eine ihm vorgelegte
Schlussrechnung erbracht hat und dass die der Schlussabrechnung zugrundeliegende vertragliche
Zahlungspflicht nicht bestanden hat[259]. Der Auftraggeber muss daher im Zweifel beweisen, dass
die Schlussrechnung inhaltlich fehlerhaft war, dass die zugrundeliegende Aufmaß unrichtig genommen wurde, in überhöhtem Umfange Stundenlohn- und Regiearbeiten in die Abrechnung
eingestellt wurden, Zusatz- und Nachtragsleistungen zu Unrecht vergütet wurden etc.[260] Nach
Vornahme der Schlusszahlung obliegt die Darlegungs- und Beweislast für erfolgte Überzahlungen bzw. Rückforderungsansprüche uneingeschränkt dem Auftraggeber.

4. Rückzahlungsfristen. Das **Rückzahlungsverlangen** des Auftraggebers ist vom Grund- 78
satz her an **keine Frist** gebunden. Bislang kam deshalb der Frage Bedeutung zu, ab wann dem
Rückzahlungsverlangen mit dem aus Treu und Glauben abgeleiteten **Rechtsinstitut der Verwirkung** seitens des Auftragnehmers mit Erfolg entgegengetreten werden konnte[261]. Nach
gängiger Definition ist ein Recht verwirkt, wenn der Berechtigte es längere Zeit hindurch nicht
geltend gemacht hat und der Verpflichtete sich nach dem gesamten Verhalten des Berechtigten
darauf einrichten durfte und auch eingerichtet hat, dass der Berechtigte das ihm an sich
zustehende Recht auch in Zukunft nicht geltend machen werde[262]. Die Rechtsprechung zu der
vorgenannten Verwirkungsformel ist von dem Grundprinzip getragen, wonach jeder Auftragnehmer auch noch etliche Jahre nach erfolgter Schlusszahlung mit einer Überprüfung der von
ihm vorgelegten Schlussrechnung zu rechnen hat[263]. Bei Rückforderungen der öffentlichen
Hand hat der BGH deshalb auch nach einem Zeitraum von mehr als 6 Jahren den Verwirkungs-
einwand des Auftragnehmers zurückgewiesen[264]. Während der öffentlichen Hand auf Grund der
zumeist erst Jahre später erfolgenden Rechnungsprüfung längere Verwirkungszeiträume zugebil-

---

[257] Vgl. *Sprau* in Palandt BGB § 812 Rn. 2 ff.
[258] *Hummel* in NWJS VOB/B § 16 Rn. 42; *Heiermann/Riedl/Rusam* VOB/B § 16 Rn. 100; *Kandel* in Beck'scher VOB-Kommentar VOB/B vor § 16 Rn. 44 ff.
[259] BGH NJW-RR 1992, 1214 (1216); BauR 1991, 223 (224); *Kandel* in Beck'scher VOB-Kommentar VOB/B vor § 16 Rn. 44 ff.
[260] Vgl. *Heiermann/Riedl/Rusam* VOB/B 9. Aufl., § 16 Rn. 101; zur Frage, ob dies auch gilt, wenn die Parteien sich über einen Nachtrag geeinigt haben, → § 2 Rn. 203 ff.
[261] Vgl. *U. Locher* in Ingenstau/Korbion VOB/B § 16 Abs. 3 Rn. 58; *Kandel* in Beck'scher VOB-Kommentar VOB/B vor § 16 Rn. 70.
[262] BGHZ 43, 289 (292); 84, 280 (281); *Grüneberg* in Palandt BGB § 242 Rn. 87.
[263] BGH NJW 1980, 880, 881; kritisch *Hahn* ZfBR 1982, 139 (143 ff.).
[264] BGH BauR 1975, 424 (427); NJW 1980, 880; vgl. aber auch OLG Köln BauR 1979, 252, das jedenfalls einen Zeitraum von 7 Jahren als unangemessen lang angesehen und deshalb dem Verwirkungs-einwand des Auftragnehmers stattgegeben hat.

ligt werden, fehlt es bei privaten Auftraggebern an diesem besonderen Umstandsmoment, so dass Rückzahlungsansprüche bereits innerhalb deutlich kürzerer Zeitspanne verwirkt sein können.

Dem Verwirkungstatbestand kam nach bisherigem Recht vor allem deshalb besondere Bedeutung zu, weil die zugrundeliegenden bereicherungsrechtlichen Rückzahlungsansprüche erst innerhalb der Regelfrist von 30 Jahren verjähren konnten (§ 195 BGB aF)[265]. Um dieser lang andauernden Frist zur Geltendmachung von Rückzahlungsansprüchen entgegenzuwirken, lag es nahe, auf das Rechtsinstitut der Verwirkung abzustellen. Mit dem Gesetz zur Modernisierung des Schuldrechts[266] ist **mit Wirkung ab dem 1.1.2002 die Regelverjährungsfrist des § 195 BGB auf drei Jahre zurückgenommen** worden. Diese (neue) verkürzte Verjährungsfrist von lediglich drei Jahren gilt auch für Ansprüche aus Leistungskondiktion[267]. Dabei ist allerdings zu berücksichtigen, dass die regelmäßige Verjährungsfrist (erst) mit dem Schluss des Jahres beginnt, in dem der (Rückzahlungs-)Anspruch entstanden ist und der Auftraggeber von den anspruchsbegründenden Umständen Kenntnis erlangt hat oder ohne grobe Fahrlässigkeit erlangen musste (§ 199 Abs. 1 BGB). Da die Verjährungsfrist jedoch auf maximal 10 Jahre befristet ist (§ 199 Abs. 4 BGB), wird sich künftig in besonderem Maße die Frage stellen, ab welchem Zeitpunkt innerhalb vorgenannter Grenzen der Auftraggeber um die für die Rückzahlung maßgebenden Umstände wusste oder sie ohne grobe Fahrlässigkeit zumindest hätte wissen müssen. Im Einzelfall wird es entscheidend darauf ankommen, zu welchem Zeitpunkt der Auftraggeber im Stande war, sich in zumutbarer Weise ohne besondere Mühe und Kosten die Informationen zu verschaffen, die sich als erforderlich erwiesen haben, um die Fehler der Schlussrechnung und der daraufhin geleisteten Schlusszahlung zu erkennen[268]. Der BGH geht deshalb nunmehr auch davon aus, dass die subjektiven Voraussetzungen des § 199 Abs. 1 Nr. 2 BGB in aller Regel bereits dann erfüllt sind, wenn der Auftraggeber das Leistungsverzeichnis, die Aufmaße und die Schlussrechnung kennt und aus diesen heraus eine vertragswidrige Abrechnung und Massenermittlung ohne weiteres ersichtlich ist[269]. Nicht entscheidend ist es deshalb auch, inwieweit der Auftragnehmer eine prüffähige oder aber nicht prüffähige Rechnung vorgelegt hat[270]. Beim öffentlichen Auftraggeber wird man insoweit nicht auf das Ergebnis der häufig zeitversetzten Rechnungsprüfung[271], sondern auf die Kenntnisse bzw. Erkenntnismöglichkeiten der fachkundigen Vergabestelle, also des Auftraggebers selbst abzustellen haben. Von derartigen Erkenntnismöglichkeiten ist bei Vorliegen der Schlussrechnung, des Aufmaßes und des Leistungsverzeichnisses beim öffentlichen Auftraggeber auszugehen, so dass es nicht (mehr) auf die Erkenntnisse des Rechnungshofes bei Jahre später durchgeführten Rechnungsprüfungen ankommen soll[272].

79   **5. Rückzahlungszinsen.** Der Rückzahlungsanspruch des Auftraggebers unterliegt der Verzinsung nach § 246 BGB in Höhe von 4 % bzw. nach § 352 HGB in Höhe von 5 % p. a. Die Verpflichtung zur Entrichtung rückzahlungsbedingter Zinsen setzt nicht erst mit dem Eingang des Rückforderungsverlangens beim Auftragnehmer[273] ein, sie wird vielmehr schon mit dem Zeitpunkt ausgelöst, in dem bei Vorlage einer ordnungsgemäßen Schlussrechnung ein vertraglicher Rückzahlungsanspruch bestand und zwar deshalb, weil die Zinsschuld nach § 246 BGB bzw. § 352 HGB in ihrer Entstehung von der zugrunde liegenden Hauptschuld abhängig ist[274]. Auf das Rückforderungsverlangen des Auftraggebers kommt es deshalb nur insoweit an, wie sich danach der Auftragnehmer mit seiner Rückzahlungsverpflichtung im Verzuge befindet und deshalb nach § 288 Abs. 1 bzw. Abs. 2 BGB erhöhte Verzugszinsen schuldet[275]. Die Beurteilung zur Verzinsung des vertraglichen Rückzahlungsanspruches findet heute ihre Bestätigung in § 16 Abs. 5 Nr. 3 VOB/B, da nach dieser Vorschrift der vertragliche Zahlungsanspruch ohne weiteres nach Ablauf von 30 Tagen der Verzinsung unterliegt, so dass es mit umgekehrtem Vorzeichen angemessen erscheint, auch den vertraglichen Rückzahlungsanspruch ohne weitere Voraussetzungen jedenfalls der Verzinsung nach § 246 BGB bzw. § 352 HGB zu unterziehen. Die hiervon

---

[265] *Heinrichs* in Palandt BGB § 195 aF Rn. 7.
[266] BGBl. 2001 I S. 3138.
[267] *Ellenberger* in Palandt BGB § 195 Rn. 5.
[268] Vgl. *Ellenberger* in Palandt BGB § 199 Rn. 42 ff.
[269] BGH BauR 2008, 1303.
[270] Vgl. OLG Saarbrücken NZBau 2010, 772.
[271] BGH BauR 2008, 1303.
[272] BGH IBR 2008, 373.
[273] So *Keldungs* in Ingenstau/Korbion VOB/B § 16 Abs. 3 Rn. 66.
[274] *Kollhosser* ZIP 1986, 1435; *Grüneberg* in Palandt/ BGB § 246 Rn. 7.
[275] Vgl. *U. Locher* in Ingenstau/Korbion VOB/B § 16 Abs. 3 Rn. 66.

abweichende Auffassung in Rechtsprechung[276] und Literatur[277] ist als überholt anzusehen, da sie den Rückzahlungsanspruch nach überholtem Verständnis rein bereicherungsrechtlich qualifiziert und deshalb den Zinsanspruch gemäß § 818 Abs. 1 BGB auf die tatsächlich vom Auftragnehmer erlangten Zinsen seit Entstehung des Bereicherungsanspruches beschränken will[278]. Rückzahlungsklauseln, die für den Beginn der Verzinsung auf den Zeitpunkt des Einganges der Schlusszahlung abheben, können deshalb im Lichte vertraglich bestehender Rückzahlungsansprüche heute nicht mehr beanstandet werden[279].

6. Rückzahlungsausschlüsse. Die **Geltendmachung von Rückzahlungsansprüchen** 80 kann im Einzelfall **ausgeschlossen** sein[280]. Als Ausschlussgründe kommen im Einzelnen in Betracht:

– Wenn zwischen den Parteien des Bauvertrages ein **Schuldbestätigungsvertrag**[281] abgeschlossen wurde, sind sowohl vertragliche wie auch bereicherungsrechtliche Rückforderungsansprüche ausgeschlossen[282]. Für das Vorliegen eines Schuldbestätigungsvertrages bedarf es üblicherweise der Vereinbarung eines deklaratorischen Schuldanerkenntnisses zwischen Auftraggeber und Auftragnehmer[283]. Vor allem muss der abgerechnete bzw. geprüfte Betrag ausdrücklich durch den Auftraggeber gegenüber dem Auftragnehmer anerkannt worden sein.

– Haben die Parteien des Bauvertrages über die zwischen ihnen nach Vorlage der Schlussrechnung strittige Restvergütung einen außergerichtlichen oder aber gerichtlichen **Vergleich abgeschlossen**, so steht dieser grundsätzlich der Geltendmachung von Rückzahlungsansprüchen entgegen. Die Wirkung eines Vergleichs besteht gemäß § 779 BGB gerade darin, dass für die zwischen den Parteien strittigen (Vergütungs-)Pflichten eine neue und insoweit abschließende Rechtsgrundlage gefunden wird. Diese neue Rechtsgrundlage in Form des abgeschlossenen Zahlungsvergleiches steht im Ergebnis einem späteren Zurückgreifen auf den ursprünglich abgeschlossenen (Bau-)Vertrag und dessen Abrechnungsregelungen entgegen[284]. Eine Ausnahme hiervon kommt nur in den engen Grenzen in Betracht, die durch § 779 BGB hinsichtlich der Unwirksamkeit vergleichsweiser Vereinbarungen gezogen werden[285].

– Im Ergebnis verhält es sich ähnlich, wenn die Parteien im Rahmen eines festgelegten Abrechnungsverfahrens zu der vom Auftragnehmer vorgelegten Schlussrechnung darüber einig geworden sind, dass ein bestimmtes und **abschließendes Rechnungsergebnis** zwischen ihnen bindend festgestellt wird. Soweit diese Feststellungen in eine entsprechende, abschließende Vereinbarung eingegangen sind, wird hierin regelmäßig ein Schuldversprechen oder aber Schuldanerkenntnis im Sinne der §§ 780, 781 BGB liegen[286]. Derartige Vereinbarungen zur Abrechnung schließen grundsätzlich die Geltendmachung nachfolgender Rückzahlungsansprüche wegen des verbindlichen Charakters des nach §§ 780, 781 BGB zustande gekommenen Vertrages aus[287]. Vor diesem Hintergrund ist den Auftragnehmern zu empfehlen, im Rahmen von Abrechnungsverfahren möglichst verbindliche und abschließende Zahlungsvereinbarungen zu den vorgelegten Schlussrechnungen zustande zu bringen.

– Gleichermaßen steht Rückforderungsansprüchen des Auftraggebers ein zuvor zustande gekommener **Verzichts- oder Erlassvertrag** entgegen (§ 397 BGB). Ein einseitiger Verzicht oder eine einseitige Erlasserklärung genügt dabei nicht; § 397 BGB erfordert vielmehr einen entsprechenden Vertrag zwischen Auftraggeber und Auftragnehmer[288]. Der Verzicht setzt dabei den rechtsgeschäftlichen Willen voraus, auf Rückforderungsansprüche seitens des Auf-

---

[276] Vgl. BGH NJW 1988, 258 = BauR 1988, 92 zu einer Verzinsungsklausel; vgl. auch OLG München BauR 1986, 702; OLG Celle BauR 1999, 1457.
[277] *U. U. Locher* in Ingenstau/Korbion VOB/B § 16 Abs. 3 Rn. 66.
[278] Vgl. hierzu auch *Greiffenhagen* NJW 1994, 710.
[279] Vgl. *Greiffenhagen* NJW 1994, 710; aA BGH NJW 1988, 258 = BauR 1988, 92; *U. Locher* in Ingenstau/Korbion VOB/B § 16 Abs. 3 Rn. 66.
[280] Vgl. hierzu *Groß* BauR 2008, 1052 (1055 ff.).
[281] *Sprau* in Palandt BGB § 781 Rn. 3.
[282] BGH BauR 1979, 249 (252).
[283] *Groß* BauR 2008, 1052 (1055 f.).
[284] Vgl. BGH WM 1979, 205 (206); *Sprau* in Palandt BGB § 779 Rn. 11.
[285] Vgl. zu diesen *Sprau* in Palandt BGB § 779 Rn. 13; zur Frage, wie zu verfahren ist, wenn sich die Parteien über einen Nachtrag geeinigt haben, → § 2 Rn. 203 ff.
[286] *Heiermann/Riedl/Rusam* VOB/B 9. Aufl., § 16 Rn. 129; eher zurückhaltend hingegen *Motzke* in Beck'scher VOB-Kommentar VOB/B, 1. Aufl., vor § 16 Rn. 86 f.
[287] Vgl. BGH NJW 1988, 910 (911).
[288] *Grüneberg* in Palandt BGB § 397 Rn. 1 f.

traggebers zu verzichten. Auch wenn derartige Verzichtsvereinbarungen formfrei abgeschlossen werden können, stellt die Rechtsprechung seit jeher strenge Anforderungen an den Nachweis, dass der Rückforderungsberechtigte tatsächlich den erkennbaren Willen hatte, auf weitergehende (Zahlungs-)Ansprüche zu verzichten[289]. In der Praxis wird der Auftragnehmer daher nur selten den Nachweis einer zuvor mit ihm abgeschlossenen Verzichts- bzw. Erlassvereinbarung führen können.
- Alleine der Umstand, dass der Auftraggeber die ihm vorgelegte Schlussrechnung selbst oder durch einen von ihm beauftragten fachkundigen Architekten hat prüfen lassen, steht späteren Rückforderungsansprüchen nicht entgegen. Der **Vorgang der Rechnungsprüfung** stellt ebenso wenig einen rechtsgeschäftlichen Vorgang dar wie die Rückgabe der geprüften Schlussrechnung nebst zugehörigem Prüfvermerk[290]. Wird auf Grund des Prüfergebnisses von dem Auftraggeber eine Schlusszahlung geleistet, so liegt hierin regelmäßig nicht der Verzicht auf etwaig bestehende Rückzahlungsansprüche[291]. Der Auftraggeber sollte im Zuge der Rechnungsprüfung aber in jedem Falle der Abgabe einer ausdrücklichen Anerkenntniserklärung hinsichtlich des Prüfergebnisses vermeiden, da derartigen Erklärungen durchaus ein abschließender und unbedingter Zahlungswille des Auftraggebers entnommen werden kann[292].
- Der Auftraggeber kann keine Rückforderungsansprüche aus Bereicherung erheben, wenn sich im Zuge der Nacherfüllungsfrist herausstellt, dass die von dem Auftragnehmer ausgeführten **Bauleistungen unvollständig oder aber mangelbehaftet** sind. Dem Auftraggeber stehen in derartigen Fällen die in § 634 BGB bzw. § 13 VOB/B vorgesehenen Mängelansprüche zu und zwar nicht nur hinsichtlich von Sachmängeln, sondern auch bezüglich festzustellender unvollständig erbrachter Leistungen (§ 633 Abs. 1, Abs. 2 S. 2 BGB; § 13 Abs. 5 VOB/B). Grundsätzlich kommt den mangelbedingten Nacherfüllungstatbeständen gegenüber bereicherungsrechtlichen Rückzahlungsansprüchen verdrängende Wirkung zu[293].
- Fordert der Auftraggeber angebliche Werklohnzahlungen im Wege ungerechtfertigter Bereicherung vom Auftragnehmer zurück und wendet dieser ein, es habe sich in Wahrheit um **Schmiergeldzahlungen** gehandelt, ist der Rückforderungsanspruch ausgeschlossen, wenn beiden Parteien in unredlicher Weise gehandelt haben, vgl. § 817 S. 2 BGB. Die Darlegungs- und Beweislast sieht das OLG Rostock in Bezug auf den Schmiergeldeinwand des Zahlungsempfängers bei dem Auftraggeber[294].

Unabhängig hiervon können die Rückforderungsansprüche – wie oben ausgeführt[295] – verjährt oder verwirkt sein. In allen genannten Fällen ist es dem Auftraggeber im Nachhinein verwehrt, Rückzahlungsansprüche nach Vorlage der Schlussrechnung und Ausgleich derselben gegenüber dem Auftraggeber geltend zu machen.

XI. Rechnungsprüfung des Architekten

81 Die Rechnungsprüfung ist regelmäßig bei vertraglicher Bezugnahme auf die Leistungsbilder der HOAI eine **Hauptpflicht des beauftragten Architekten** aus dem zugrunde liegenden Planungsvertrag[296]. Die Verpflichtung zur Rechnungsprüfung bezieht sich dabei auf alle vom Bauunternehmer vorgelegten Rechnungen, dh Schlussrechnungen, Teilschlussrechnungen und auch Abschlagsrechnungen[297]. Den Architekten trifft dabei die Pflicht zur rechnerischen Prüfung ebenso wie zur sachlichen Prüfung der vorgelegten (Schluss-)Rechnung. Die sachliche Prüfung erstreckt sich vor allem auf die zur Abrechnung gestellten Massen und die vertraglich vereinbarten Preise[298]. Die Rechnungsprüfung hat der Architekt so rechtzeitig vorzunehmen, dass die in § 16 Abs. 1 Nr. 3 bzw. § 16 Abs. 3 Nr. 1 VOB/B vorgegebenen Prüffristen eingehalten

---

[289] BGH NJW 1984, 1346 (1347); NJW-RR 1996, 237; 2000, 130.
[290] *Motzke* in Beck'scher VOB-Kommentar VOB/B, 1. Aufl., vor § 16 Rn. 87.
[291] *Motzke* in Beck'scher VOB-Kommentar VOB/B, 1. Aufl., vor § 16 Rn. 87.
[292] Vgl. OLG Düsseldorf IBR 1997, 404; LG Bochum IBR 2002, 67; LG Schwerin IBR 2002, 67.
[293] BGH NJW 1963, 806; *Kandel* in Beck'scher VOB-Kommentar VOB/B vor § 16 Rn. 59 ff.; *U. Locher* in Ingenstau/Korbion VOB/B § 16 Abs. 3 Rn. 44.
[294] OLG Rostock NZBau 2007, 707 (708); vgl. auch BGH NJW 1990, 2542 zur Anwendung der §§ 812, 817 BGB im Falle eines nach § 134 BGB nichtigen Schwarzarbeitsvertrages.
[295] → § 16 Rn. 78.
[296] OLG Köln BauR 1997, 343 (345); *Voppel* BrBp 2005, 267.
[297] *Werner/Pastor* Bauprozess Bauprozess, Rn. 2026; *Voppel* BrBp 2005, 267.
[298] OLG Hamm BauR 2009, 123 (124); *Werner/Pastor* Bauprozess Bauprozess, Rn. 2026; *Voppel* BrBp 2005, 267 (268).

werden[299]. Nach Abschluss der Rechnungsprüfung hat der Architekt den Auftraggeber über das Prüfergebnis zu unterrichten und eine konkrete Zahlungsempfehlung auszusprechen[300]. Die Prüfung der Schlussrechnung durch den Architekten enthält zu dem regelmäßig erteilten **Prüfvermerk kein Anerkenntnis** im Sinne des § 781 BGB[301]. Der Prüfvermerk des Architekten in Form des Aufdruckes auf einer Rechnung „sachlich und rechnerisch geprüft" soll keine rechtsgeschäftliche Erklärung des Architekten namens seines Auftraggebers gegenüber dem Auftragnehmer darstellen[302]. Etwas anderes gilt nur dann, wenn der Architekt die Rechnungsprüfung in (Anscheins-)Vollmacht für den Auftraggeber durchführt und für diesen das Schlussrechnungsergebnis (ausnahmsweise) anerkennt[303].

Die **fehlerhafte Rechnungsprüfung des Architekten** stellt eine Pflichtverletzung im Rahmen der §§ 634ff. BGB dar. Dies gilt gleichermaßen für die fehlerhafte Prüfung von Abschlags- wie auch Schlussrechnungen[304]. So liegt eine Pflichtverletzung des Architekten vor, wenn er nicht die richtigen Massen, die korrekten Preise, die vereinbarten Nachlässe und die Stellung vorgesehener Sicherheiten überprüft[305]. Für nicht mehr behebbare Rechnungsfehler macht sich der Architekt gegenüber seinem Auftraggeber schadensersatzpflichtig. Soweit es auf Grund von fehlerhafter Rechnungsprüfung zu Überzahlungen des Auftragnehmers kommt, kann sich hieraus neben dem vertraglichen Rückzahlungsanspruch[306] ein Schadensersatzanspruch gegen den Architekten ergeben[307]. Gleiches gilt auch dann, wenn überhöhte Auszahlungen an den Auftragnehmer auf Grund fehlerhafter Bautenstandsberichte des Architekten erfolgt sind[308]. Der gegen den Architekten gerichtete Schadensersatzanspruch wird nicht dadurch ausgeschlossen, dass auch gegen den Unternehmer ein Rückzahlungsanspruch besteht[309]. Ebenso wenig vermag sich der Architekt in aller Regel auf ein etwaiges Mitverschulden des Auftraggebers bei der Überprüfung des Rechenwerkes zu beziehen[310]. Besteht ein Schadensersatzanspruch des Auftraggebers, ist darauf zu achten, dass dieser nur Zug um Zug gegen Abtretung der Rückzahlungsansprüche gegenüber dem Auftragnehmer gewährt wird, weil zwischen dem Auftragnehmer und dem für die Überzahlung verantwortlichen Architekten kein Gesamtschuldverhältnis bestehen soll[311].

XII. Prozessuales zu Zahlungs- und Vergütungsansprüchen

Im Zusammenhang mit werkvertraglichen Vergütungs- und Zahlungsansprüchen gelten die allgemeinen prozessualen Grundsätze für die Durchsetzung von Forderungen. Auf spezielle Gesichtspunkte aus und im Zusammenhang mit Vergütungs- und Zahlungsansprüchen, die nach § 16 VOB/B zu behandeln sind, wird jeweils bei der Behandlung der materiell-rechtlichen Tatbestandsvoraussetzungen eingegangen. Im Folgenden werden daher nur verschiedene immer wieder bei gerichtlich anhängigen Vergütungs- und Zahlungsverfahren auftretende Probleme gesondert und zusammenfassend dargestellt:

1. Leistungsklage. Auf Vergütung gerichtete Zahlungsklagen werden üblicherweise als **Leistungsklage** erhoben[312]. Voraussetzung für die Durchsetzung von Vergütungsansprüchen sind Ausführungen des Auftragnehmers zu dem zugrunde liegenden Bauvertrag einschließlich der in Bezug genommenen Vertragsbedingungen und der Anwendbarkeit der VOB/B. Bei Abschlagszahlungen nach § Abs. 1 VOB/B ist zum Umfang der vertragsgemässen Leistungen, zur Abschlagsrechnung und zu deren Fälligkeit ergänzender Vortrag notwendig (§ 16 Abs. 1 VOB/B). Im Falle der Durchsetzung von Vergütungsansprüchen aus vorgelegter Schlussrechnung ist

---

[299] *Voppel* BrBp 2005, 267 (269).
[300] OLG Frankfurt NZBau 2016, 498; OLG Köln BauR 1997, 343 (345).
[301] BGH NZBau 2002, 338; OLG Hamm BauR 1996, 739; zum Prüfvermerk des öffentlichen Auftraggebers OLG Frankfurt BauR 1997, 323; vgl. auch *Paulmann* NZBau 2005, 325 (326).
[302] OLG Hamm IBR 2010, 258.
[303] Vgl. KG Berlin BauR 2008, 97.
[304] OLG Frankfurt NZBau 2016, 498.
[305] OLG Hamm BauR 2009, 123 = NZBau 2009, 45.
[306] → § 16 Rn. 73.
[307] OLG Frankfurt NZBau 2016, 498; vgl. hierzu *Voppel* BrBp 2005, 267 (271) mwN.
[308] BGH BauR 2008, 2058 (2059).
[309] OLG Frankfurt NZBau 2016, 498; OLG Hamm BauR 2009, 123 (125).
[310] OLG Hamm BauR 2009, 123 (126).
[311] OLG Frankfurt NZBau 2016, 498.
[312] *Van den Hövel* NZBau 2006, 6.

zusätzlich zur Abnahme bzw. zur Entbehrlichkeit der selben sowie zur Schlussrechnung und ihrer besonderen Fälligkeitsvoraussetzung schriftsätzlicher Vortrag des Auftragnehmers erforderlich (§ 16 Abs. 3 VOB/B). Auch zur Höhe der Klageforderung ist ausreichend substantiiert durch den Gläubiger vorzutragen[313]. Die bloße Bezugnahme auf zusätzliche Unterlagen oder gar sachliche Stellungnahmen Dritter können im Einzelfall nicht ausreichen, um die Klageforderung ihrem Umfange nach schlüssig darzutun[314]. Werden unterschiedliche Rechnungsposten geltend gemacht, sind diese in der Klage oder zumindest im Verlauf des weiteren Klageverfahrens ausreichend substantiiert aufzuschlüsseln[315].

Wird in einem anhängigen Rechtsstreit eine geänderte bzw. neue Schlussrechnung vom Auftragnehmer eingereicht, so ändert sich hierdurch der zugrunde liegende Streitgegenstand nicht, so dass auch keine Klageänderung eintritt[316].

Sobald Leistungsklage erhoben werden kann, fehlt es damit an dem erforderlichen Rechtsschutzinteresse für eine Feststellungsklage.

Im Zusammenhang mit der Abrechnung erbrachter Bauleistungen kann dem Auftraggeber allerdings ein rechtliches Interesse daran zustehen, im Wege **negativer Feststellungsklage** das Nichtbestehen eines (weitergehenden) Vergütungsanspruches feststellen zu lassen[317].

Darüber hinaus kann bei Überzahlung – etwa auf Grund überhöhter Abschlagsrechnungen – eine auf Rückzahlung gerichtete Leistungsklage in Betracht kommen[318].

Bei Teilklagen ist darauf zu achten, dass die Verjährung eines bestehenden Vergütungsanspruches nur in Höhe des eingeklagten Teilbetrages eintritt[319].

Das Gericht hat erforderlichenfalls mit den Parteien und hinzugezogenen Sachverständigen zu erörtern, welche Punkte einer Abrechnung noch weiter aufklärungsbedürftig sind. Soweit sich bei dieser Erörterung ergibt, dass noch einzelne Abrechnungsposten erläuterungsbedürftig sind, hat das Gericht hierzu konkrete Auflagen zu erteilen[320].

Die **Darlegungs- und Beweislast** trifft zum Bestehen des Bauvertrages, den ausgeführten Leistungen, dem Vorliegen der Abnahmevoraussetzungen sowie der vertragsgerechten Abrechnung den Auftragnehmer[321]. Nach einer Entscheidung des LG Frankfurt[322] soll es schon ausreichen, wenn der Auftragnehmer vortragen lässt, er habe vertragsgemäß geleistet und vom Besteller seien keine wesentlichen Mängel geltend gemacht worden. Bis zur Abnahme hat der Auftragnehmer danach darzulegen und zu beweisen, dass seine ausgeführte Leistung vertragsgerecht, mängelfrei und/oder vollständig und damit vergütungsfähig ist[323]. Mit der Abnahme kehrt sich die Beweislast in der Weise um, dass nunmehr der Auftraggeber nachzuweisen hat, dass die zu vergütende Leistung nicht vertragsgerecht, unvollständig und/oder mangelbehaftet ist[324]. Eine Ausnahme von der Beweislastumkehr gilt für solche Mängel, die der Besteller sich bei der Abnahme ausdrücklich gemäß § 640 Abs. 2 BGB vorbehalten hat[325]. Für die Erfüllung der Ansprüche des Auftragnehmers auf Vergütung ist grundsätzlich der Auftraggeber darlegungs- und beweispflichtig[326].

84 **2. Urkundenprozess.** Vergütungsansprüche können im Einzelfall auch im **Urkundenprozess** verfolgt werden. Der Auftragnehmer hat dabei seine Vergütungsansprüche nach § 592 S. 1 ZPO iVm § 595 Abs. 3 ZPO vermittels von Urkunden zu begründen und zu beweisen[327]. Der

---

[313] Vgl. OLG Zweibrücken BauR 2013, 1453.
[314] OLG Zweibrücken BauR 2013, 1453 bei Bezugnahme für Rückzahlungsansprüche auf eine 139-seitige, der Klage beigefügte Anlage.
[315] BGH BauR 2014, 104 (106).
[316] BGH NZBau 2002, 614 = BauR 2003, 1588; OLG Hamm BauR 2008, 2077 (2078); *Kniffka/Koeble* BauR-Komp 2. Aufl., Teil 9, Rn. 46.
[317] *Leupertz/Merkens* Handbuch Bauprozess, S. 461.
[318] Vgl. im Einzelnen → § 16 Rn. 71 ff.
[319] OLG Brandenburg BauR 2009, 1786.
[320] OLG Hamm BauR 2008, 2077 (2079).
[321] BGH NJW 2009, 3426; OLG Düsseldorf NJW-RR 2002, 163; *Sprau* in Palandt BGB § 632 Rn. 18; *Jagenburg* NJW 1999, 2218 (2219).
[322] NZBau 2014, 45 (46).
[323] BGH NJW-RR 1997, 339 = BauR 1997, 129; BGH NJW 1981, 2403 (2404) = BauR 1981, 575 (576).
[324] BGH NJW 1981, 2403 (2404) = BauR 1981, 575 (576).
[325] BGH BauR 1997, 129; *Messerschmidt* in Messerschmidt/Voit Privates Baurecht § 640 Rn. 90.
[326] Vgl. nur OLG Düsseldorf BauR 2009, 1158.
[327] OLG Schleswig NZBau 2013, 764 (765); Vgl. zu den Einzelheiten *van den Hövel* NZBau 2006, 6.

Beweis durch Urkunde ist allerdings nur insoweit notwendig, wie überhaupt beweisbedürftige und nicht unstreitige Tatsachen vorliegen[328]. In urkundlicher Form können zur Begründung der Forderung der schriftlich abgeschlossene Bauvertrag (einschließlich Verhandlungsprotokoll, Vertragsbedingungen, VOB/B), das schriftliche Abnahmeprotokoll sowie die prüffähigen Abrechnungsunterlagen nach § 14 VOB/B (Rechnung, Aufmasse, Stundennachweise etc) vorgelegt werden[329].

Der vom **Auftragnehmer** angefertigten Abschlags- bzw. Schlussrechnung kann jedoch nur eingeschränkte urkundliche Beweis- und Nachweisqualität beigemessen werden, da es sich insoweit um eine vom Auftragnehmer selbst angefertigte, einseitige (Rechnungs-) Erklärung handelt. Der Auftraggeber kann daher den vermittels Rechnungsvorlage belegten Forderungen im Urkundenprozess mit einer Urkunde begegnen, aus der sich das Rechnungsprüfungsergebnis unter Vornahme von Kürzungen, Abzügen und Gegenansprüchen ergibt. In derartigen Fällen wird der Auftragnehmer im Urkundenprozess lediglich gestützt auf Urkunden den Teilbetrag durchsetzen können, der sich nach Rechnungsprüfung aus Sicht des Auftraggebers als sachlich und rechnerisch zutreffend darstellt. Die schriftliche Ankündigung des Auftraggebers, nach Abschluss der Rechnungsprüfung erfolge eine Schlusszahlung in bestimmtem Umfange, stellt nach dem LG Bochum ein urkundlich abgegebenes deklaratorisches Schuldanerkenntnis dar[330]. Bringt der Auftraggeber demgegenüber im Rechnungsprüfungsbericht zum Ausdruck, dass zwar ein bestimmter Anteil der Vergütung rechnerisch besteht, dieser jedoch durch Gegenforderungen im Wege der Aufrechnung erloschen ist, lässt sich hieraus entgegen dem OLG Oldenburg[331] nicht der Schluss ziehen, dass insoweit ein urkundliches Anerkenntnis vorliege, das dem Auftragnehmer die urkundliche Durchsetzung des lediglich rechnerisch unstrittigen Rechnungsteilbetrages ermöglicht.

Eine Klage im Urkundenprozess kommt nicht nur für den Auftragnehmer, sondern auch für den **Auftraggeber** in Betracht: Sobald der Auftraggeber Rückzahlungsansprüche wegen Überzahlung durch geleistete Abschlagszahlungen beansprucht, kann er diese Forderung im Urkundenprozess geltend machen, wenn er imstande ist, den abgeschlossenen Bauvertrag, die geleisteten Abschlagszahlungen, die Schlussrechnungsforderung und deren Überprüfung mit dem Ergebnis einer Überzahlung durch Urkunden zu belegen[332].

Bei begründeter Klage im Urkundenprozess ergeht ein **Vorbehaltsurteil** nach § 599 Abs. 1 ZPO. Das Vorbehaltsurteil ist ohne Sicherheitsleistung vorläufig vollstreckbar gem. § 708 Nr. 4 ZPO, jedoch mit der Besonderheit der sog doppelten Abwendungsbefugnis gem. § 711 ZPO[333]. Nicht urkundlich belegte Einwendungen und Einreden – auch die einer Ausführung mangelhafter Leistungen – vermag der Auftraggeber (nur) noch im Nachverfahren gegenüber dem Auftragnehmer weiter zu verfolgen.

In dem auf Vergütungsansprüche abzielenden Klageverfahren kann der Beklagte in Bezug auf Gegenansprüche auch **Urkunden-Widerklage** erheben. Von dieser Möglichkeit kann etwa dann Gebrauch gemacht werden, wenn bestimmte Gegenansprüche ihrem Umfange nach unstreitig sind und urkundlich belegt werden können. Insoweit gelten für die Urkunden-Widerklage keine anderen prozessualen Grundsätze als für den allgemeinen baurechtlichen Urkundenprozess.

3. Vorbehaltsurteil. Auch außerhalb von Urkundenprozessen lässt sich eine Verfahrensbeschleunigung erreichen, wenn von der Möglichkeit eines **Vorbehaltsurteils** nach § 302 ZPO Gebrauch gemacht wird[334]. § 302 ZPO ermöglicht den Erlass eines Vorbehaltsurteils in Fällen, in denen mit Gegenforderungen aufgerechnet wird. Der Erlass des Vorbehaltsurteils steht nach geltender Gesetzesfassung in einem nur in beschränktem Umfange nachprüfbaren Ermessen des Gerichts[335]. Nachdem seit dem 1.5.2000 der Erlass eines Vorbehaltsurteils auch bei konnexen Gegenforderungen aus ein und dem selben Bauvertrag in Betracht kommt[336], sind die Obergerichte in ihrer Entscheidungspraxis dazu übergegangen, in der erklärten Aufrechnung lediglich

85

---

[328] OLG Düsseldorf BauR 2010, 819; aA OLG Schleswig NZBau 2013, 764 (765).
[329] OLG Köln BauR 2008, 129; *van den Hövel* NZBau 2006, 6.
[330] LG Bochum BauR 2004, 344.
[331] OLG Oldenburg NZBau 2000, 522 = BauR 2001, 831.
[332] LG Halle NZBau 2005, 521 (522).
[333] Vgl. im Einzelnen *van den Hövel* NZBau 2006, 6 (11).
[334] Vgl. im Einzelnen *Schaefer* NZBau 2006, 206.
[335] OLG Oldenburg NJOZ 2005, 897; *Musielak* ZPO 8. Aufl., 2011, § 302 Rn. 7.
[336] Vgl. zur Historie des § 302 Abs. 1 ZPO insbesondere *Schaefer* NZBau 2006, 206.

eine Verrechnung von unselbstständigen Rechnungsposten eines einheitlich zu entscheidenden, wechselseitigen Anspruches zu sehen[337]. Der BGH hat dem von den Obergerichten in Ansehung insbesondere des § 302 ZPO entwickelten **„Verrechnungsinstitutes"** mit einer Entscheidung vom 23.6.2005 eine Absage erteilt und darauf verwiesen, dass eine Verrechnung vom Gesetzgeber nicht vorgesehen sei, so dass auch bei konnexen wechselseitigen Forderungen aus ein und dem selben Bauverhältnis mit Forderungen gegen geltend gemachte Vergütungsansprüche lediglich die Aufrechnung erklärt werden könne[338].

Durch die damit verbundene **Aufgabe des „Verrechnungsinstitutes"** verbindet sich jedoch nach dem BGH nicht notwendig in Aufrechnungssituationen nunmehr der Erlass eines Vorbehaltsurteils nach § 302 ZPO. Mit Urteil vom 24.11.2005 hat der BGH vielmehr klargestellt, dass auch im Falle der Aufrechnung die synallagmatische Verknüpfung der Werklohnforderung des Auftragnehmers mit der Forderung auf mangelfreie Erfüllung des Vertrages seitens des Auftraggebers zu berücksichtigen sei[339]. Das entsprechende Äquivalenzverhältnis von Leistung und Gegenleistung darf nicht durch den Erlass eines Vorbehaltsurteils unterlaufen werden. Aus diesem Grunde stellt es eine Überschreitung der Grenzen richterlichen Ermessens dar, wenn ein Vorbehaltsurteil nach Aufrechnung mit Ansprüchen auf Ersatz von Mängelbeseitigungskosten und Fertigstellungsmehrkosten aus ein und derselben Baumaßnahme erlassen wird[340]. Das OLG Hamm hat hierzu die Auffassung vertreten, bei hilfsweiser Aufrechnung bzw. Ausübung eines Zurückbehaltungsrechts sei ein Vorbehaltsurteil jedenfalls dann zulässig, wenn sich in jedem Falle überschießende Vergütungsansprüche feststellen ließen[341].

86 4. **Grundurteil.** Vom Vorbehaltsurteil zu unterscheiden ist ein **Grundurteil**[342] im Sinne des § 304 Abs. 1 ZPO. Ein Grundurteil ist zulässig, wenn der zugrunde liegende (Vergütungs-) Anspruch nach Grund und Höhe streitig ist, alle Fragen, die zum Grund des Anspruchs gehören, erledigt sind und wenn nach dem Sach- und Streitstand der Anspruch mit hoher Wahrscheinlichkeit in irgend einer Höhe besteht[343]. Wenn sich die Klageforderung aus verschiedenen Rechnungspositionen einer einheitlichen Schlussrechnung zusammensetzt und die einzelnen Rechnungspositionen auf unterschiedliche vergütungsbezogene Tatbestände – etwa § 2 Abs. 5 und 6 VOB/B bzw. § 6 Abs. 6 VOB/B – gestützt werden, darf ein Grundurteil nur erlassen werden, wenn sämtliche Tatbestandsvoraussetzungen – mit Ausnahme der Höhe der Vergütung – geklärt sind[344]. Eine Abschichtung des gesamtes Prozessstoffes ist danach vermittels von Teil-Grundurteilen nicht möglich, weil sich regelmäßig bezogen auf den Gesamtsaldo der Schlussrechnung (noch) nicht feststellen lässt, dass insgesamt mit einem positiven Saldo zu den Vergütungsansprüchen zu rechnen ist[345]. Demgegenüber lässt das OLG Celle ausnahmsweise ein Grundurteil auch zu einzelnen Positionen aus einer vorgelegten Abschlagsrechnung zu und zwar mit der Begründung, Abschlagsrechnungen müssten – anders als die Schlussrechnung – von vornherein nicht sämtliche erbrachten Leistungen umfassen[346].

87 5. **Teilklage aus Schlussrechnung und Abschlagsrechnung.** Besondere Bedeutung bei der Durchsetzung von Vergütungsansprüchen kommt der Frage zu, in welchem Umfange **Teilforderungen** aus vorgelegten Rechnungen geltend gemacht und im Wege von **Teilklagen** verfolgt werden können[347]. Die Zulässigkeit von Teilklagen und Teilurteilen aus Schlussrechnungen ist im Zusammenhang mit dem Wesen der vom Auftragnehmer vorzulegenden Schlussrechnung zu beurteilen. Aus dem Schlussrechnungssaldo kann ohne weiteres ein erstrangiger

---

[337] Vgl. OLG Koblenz NZBau 2002, 453 = BauR 2002, 1124; OLG Oldenburg NZBau 2003, 439 = BauR 2003, 1079; OLG Hamm BauR 2002, 1591 (1593); OLG Celle NZBau 2005, 698.
[338] BGH NJW 2005, 2771 = NZBau 2005, 582.
[339] BGH NZBau 2006, 169 (170).
[340] BGH NZBau 2006, 169 (170); vgl. auch BGH NJW 2005, 2771 = NZBau 2005, 582; BGH NJW 2002, 2563 = NZBau 2002, 497; vgl. für den umgekehrten Fall der Aufrechnung mit einem Vergütungsanspruch gegen den Anspruch des Auftraggebers auf Ersatz von Mängelbeseitigungs- bzw. Fertigstellungsmehrkosten noch BGH BauR 2007, 2052.
[341] OLG Hamm NZBau 2009, 43.
[342] Vgl. zur Kombination von Grund- und Vorbehaltsurteil OLG Hamm BauR 2008, 677; *Vollkommer* in ZöllerZPO§ 304 Rn. 7.
[343] BGH NZBau 2007, 167; 2005, 397 = BauR 2005, 1052 (1053); OLG Düsseldorf BauR 2013, 1149.
[344] BGH NZBau 2007, 167; *Sonntag* NZBau 2007, 168.
[345] Kritisch hierzu *Sonntag* NZBau 2007, 168 (169).
[346] OLG Celle BauR 2008, 681 (683).
[347] Vgl. hierzu *Sonntag* NZBau 2006, 91.

Teilbetrag durch den Auftragnehmer gerichtlich geltend gemacht werden[348]. Nach vorherrschendem Verständnis beinhalten jedoch die in die Schlussrechnung eingestellten einzelnen Forderungsbeträge lediglich unselbstständige Rechnungsposten der Schlussrechnung in ihrer Gesamtheit. Derartige **unselbstständige Rechnungsposten** können deshalb auch nicht isoliert Gegenstand von Teilklagen bzw. Teilurteilen sein[349]. Allerdings ist zu beachten, dass diese enge Sichtweise in der Rechtsprechung zunehmend aufgegeben wird[350]. Teilforderungen sollen danach ausnahmsweise auch in Bezug auf einzelne Abrechnungspositionen gesondert klagefähig sein, wenn das Gericht im Zusammenhang mit ihnen zu der sicheren Überzeugung zu gelangen vermag, dem Auftragnehmer stehe in jedem Fall aus einzelnen Positionen der Schlussrechnung – auch unter Berücksichtigung von Kürzungen, Verrechnungen und Gegenforderungen – zumindest ein bestimmter (Mindest-) Saldo zu seinen Gunsten zu[351]. Bei Geltendmachung verschiedener Rechnungsposten ist in der Klage bzw. im Verlauf des Verfahrens für ausreichende Substantiierung durch den Kläger Sorge zu tragen[352].

Da Abschlagsrechnungen – anders als die Schlussrechnung – nicht sämtliche erbrachten Leistungen umfassen müssen, wird eine Teilklage hier eher statthaft sein[353]. Bei klageweiser Geltendmachung ist die Abschlagsforderung aus der Differenz zwischen der Vergütung für die erbrachten Leistungen und bereits geleistete Zahlungen zu berechnen. Eine isolierte Durchsetzung von Vergütungsansprüchen aus einzelnen Abrechnungspositionen kommt dabei nach dem BGH in Betracht, wenn in deren Höhe vom erkennenden Gericht **ein positiver Saldo** festgestellt werden kann[354]. Kommt es zu versehentlichen Doppelzahlungen auf vorgelegte Abschlagsrechnungen, so kann der Auftraggeber einen bereicherungsrechtlichen Rückzahlungsanspruch gegenüber dem Auftragnehmer bereits vor Schlussabrechnung des Bauvorhabens erheben[355].

Werden ausgeführte Leistungen nach Vereinbarung der Parteien teilweise im gerichtlichen Verfahren und teilweise in einem **Schiedsgutachterverfahren** geltend gemacht, so kann die einheitliche Abrechnung zu diesem Zweck für die unterschiedlichen, zwischen den Parteien vorgesehenen Verfahren aufgespalten werden. Der Auftragnehmer ist unter den genannten Voraussetzungen berechtigt, jeweils Teilforderungen aus der einheitlichen Schlussrechnung einerseits im gerichtlichen und andererseits im schiedsgutachterlichen Verfahren zu verfolgen. Die Berechtigung zu dieser Vorgehensweise ergibt sich daraus, dass die Parteien einvernehmlich für den Fall von Abrechnungsdifferenzen zu der an sich einheitlichen Schlussrechnungsforderung unterschiedliche Wege zur Klärung ausdrücklich vorgesehen haben.

Von der grundsätzlichen Teilbarkeit des einheitlichen Streitgegenstandes zu unterscheiden ist die Frage, unter welchen Voraussetzungen ein **Teilurteil** über Vergütungsansprüche ergehen kann. Nach § 301 ZPO darf ein Teilurteil nur ergehen, wenn die Gefahr einander widersprechender Entscheidungen ausgeschlossen ist. Eine Gefahr sich widersprechender Entscheidungen ist dann gegeben, wenn in einem Teilurteil eine Frage entschieden wird, die sich dem Gericht im weiteren Verfahren über die sonstigen Ansprüche oder Anspruchsteile noch einmal stellt oder stellen kann[356]. Danach ist etwa ein Teilurteil, mit dem der Mehrvergütungsanspruch wegen Leistungsänderung mit der Begründung abgewiesen wird, eine Leistungsänderung liege nicht vor, dann unzulässig, wenn sich die Frage der Leistungsänderung im verbliebenen Teil des Rechtsstreits in anderem Zusammenhang nochmals stellen kann[357]. Zwischen einem Teil- und dem Schlussurteil muss deshalb nach der Rechtsprechung des Bundesgerichtshofes Widerspruchsfreiheit bestehen[358].

---

[348] OLG Celle BauR 2008, 871.
[349] Vgl. hierzu im Einzelnen → § 16 Rn. 208 f.
[350] Vgl. hierzu im Einzelnen → § 16 Rn. 209.
[351] BGH BauR 2008, 871 = NZBau 2008, 319; OLG Rostock NZBau 2015, 427.
[352] BGH BauR 2014, 104 (106).
[353] OLG Celle BauR 2008, 681 (683).
[354] BGH BauR 2009, 1724 = BGH NZBau 2009, 707.
[355] AA OLG Bremen NZBau 2014, 229 (230).
[356] BGHZ 189, 356 (359) = NJW 2011, 2736; BGH NZBau 2013, 565.
[357] BGH NZBau 2013, 565.
[358] BGH NJW-RR 2013, 683; BGHZ 189, 356 = NJW 2011, 2736; BGH NZBau 2011, 553 = NJW 2011, 3287; vgl. auch *Kapellmann* NZBau 2012, 275.

B. Abschlagszahlungen (§ 16 Abs. 1 VOB/B)

88 Während sich die Einzelheiten zu der an sich vorrangig zu behandelnden Schlusszahlung (erst) aus § 16 Abs. 3 VOB/B ergeben, befasst sich § 16 Abs. 1 VOB/B mit den auf die Schlusszahlung zu leistenden Anzahlungen, die als Abschlagszahlungen bezeichnet werden.

Der Unternehmer ist nach der Grundkonzeption des Bauvertragsrechts grundsätzlich bis zur Abnahme vorleistungspflichtig. Nach § 641 Abs. 1 S. 1 BGB ist die Vergütung prinzipiell erst bei **Abnahme der Bauleistung** durch den Besteller geschuldet. Das gesetzliche Werkvertragsrecht kannte bis zur Einführung des § 632a BGB durch das Gesetz zur Beschleunigung fälliger Zahlungen[359] keine speziellen Regelungen zu den Unternehmern zu gewährenden Abschlagszahlungen. Da derartige Abschlagszahlungen naturgemäß dem Bedürfnis der Baupraxis entsprachen, war es dem Unternehmer außerhalb spezieller Abreden nur über die Heranziehung des § 16 Nr. 1 VOB/B möglich, vor Fertigstellung seiner Bauleistungen und deren Abnahme Abschlagszahlungen zu erlangen. Ausgehend hiervon hat der Gesetzgeber zunächst mit dem Gesetz zur Beschleunigung fälliger Zahlungen und mit Wirkung ab dem 1.5.2000 mit der damaligen Einführung des § 632a BGB eine gesetzliche Grundlage für Abschlagszahlungen eingeführt. Mit der Neufassung der Vorschrift des § 632a BGB durch das Forderungssicherungsgesetz mit Wirkung ab dem 1.1.2009[360] wurde die gesetzliche Regelung noch in stärkerem Maße als zuvor an dem Vorbild des § 16 Abs. 1 VOB/B zu Abschlagszahlungen orientiert[361]. Entgegen der bisherigen Gesetzesfassung wird nun in § 632a BGB für Abschlagszahlungen nicht mehr auf „in sich abgeschlossene Teile des Werkes", sondern – wie in § 16 Abs. 1 VOB/B – auf den Wertzuwachs abgehoben, den der Besteller durch die Leistung des Unternehmers erfahren hat[362]. Aufgrund der Anpassung der gesetzlichen, werkvertraglichen Regelungen an die weiterhin geltende Bestimmung des § 16 VOB/B ist zugleich sichergestellt, dass sich damit klauselbezogene Wirksamkeitsbedenken zu § 16 VOB/B insoweit erledigt haben, wie diese aus früheren Divergenzen zur Gesetzeslage in § 632a BGB hergeleitet werden konnten[363].

Allerdings ist zu beachten, dass durch das Gesetz zur Reform des Bauvertragsrechts und zur Änderung der kaufrechtlichen Mängelhaftung (BTDrS 18/8486) vom 9.3.2017 wiederum eine Änderung dahingehend eintreten wird, dass mit Wirkung ab dem 1.1.2018 in § 632a Abs. 1 BGB nicht mehr – wie bisher – auf den Wertzuwachs, sondern nunmehr auf den Wert der vom Auftragnehmer erbrachten und von ihm nach dem Vertrag geschuldeten Leistungen abgehoben wird (§ 632a Abs. 1 S. 1 BGB n. F.). Bis zum Redaktionsschluss der vorliegenden Auflage stand noch nicht fest, welche Änderungen dies zur VOB/B ab 1.1.2018 nach sich ziehen wird. Die Kommentierung folgt deshalb nachfolgend ausschließlich anhand des § 16 VOB/B in der Fassung des Jahres 2016.

I. Rechtsnatur der Abschlagszahlungen (§ 16 Abs. 1 Nr. 1 S. 1 VOB/B)

89 Auf Antrag des Auftragnehmers sind in Höhe des Wertes der jeweils nachgewiesenen vertragsgemäßen Leistungen während der Ausführungsphase in möglichst kurzen Zeitabständen oder zu den vereinbarten Zeitpunkten vom Auftraggeber Abschlagszahlungen zu leisten.

90 1. Abschlagszahlung als anteilige Bezahlung. Unter **Abschlagszahlungen** werden allgemein anteilige Zahlungen auf bereits erbrachte Gegenleistungen verstanden[364]. Die Anzahlung bemisst sich dabei üblicherweise am Umfang der ausgeführten Teilleistungen[365]. Die Zahlung der Abschläge erfolgt in Anrechnung auf die vom Auftragnehmer nach Abschluss aller Leistungen zu beanspruchende Gesamtvergütung[366]. Infolgedessen wird die Abschlagsforderung aus der Diffe-

---

[359] BGBl. 2000 I S. 330.
[360] BGBl. 2008 I S. 2022.
[361] *Leinemann* NJW 2008, 3745.
[362] Vgl. zur bisherigen Fassung des § 632a BGB *Messerschmidt* in Messerschmidt/Voit Privates Baurecht 1. Auflage, § 632a Rn. 16 ff.; zur Neufassung des § 632a BGB *Messerschmidt* in Messerschmidt/Voit Privates Baurecht § 632a Rn. 17 ff.
[363] Vgl. zu verbleibenden Bedenken jedoch *Deckers* NZBau 2008, 627 (632).
[364] BGH BauR 1984, 166 (168).
[365] BGH BauR 1986, 361 (365); *Kandel* in Beck'scher VOB-Kommentar VOB/B § 16 Abs. 1 Rn. 15.
[366] BGH BauR 1986, 361; *Hummel* in NWJS VOB/B § 16 Rn. 7.

renz zwischen der Vergütung für die erbrachten Leistungen und bereits geleistete Zahlungen berechnet[367].

2. Abschlagszahlung und Schlusszahlung. Das **Verhältnis zwischen Abschlags- und Schlusszahlung** wird rechtsdogmatisch nicht einheitlich beurteilt[368]. Aufgrund des nur vorläufigen Charakters von Abschlagszahlungen[369] wird teilweise die Auffassung vertreten, mit der Einstellung in die Schlussrechnung trete hinsichtlich der Abschlagsforderung eine Novation ein[370]; nach anderer Auffassung sollen Abschlagsforderungen lediglich den Charakter zusätzlicher Sicherheitsleistungen aufweisen[371]. Beide Auffassungen tragen nicht dem rechtsdogmatisch maßgebenden Umstand Rechnung, dass Abschlagsforderungen nach dem Willen der Parteien eigenständige Forderungen aus dem Bauvertrag sind[372], die jedoch nur einen vorläufigen Zahlungsanspruch unter dem Vorbehalt erforderlicher Schlussabrechnung zu begründen vermögen[373]. 91

3. Abschlagszahlung als vorläufige Zahlung (Teilklage). Abschlagsforderungen haben nach dem BGH (nur) vorläufigen Charakter[374]. Der Auftragnehmer kann deshalb **Fehler aus seinen Abschlagsrechnungen** später im Rahmen der Schlussabrechnung noch zu seinen Gunsten korrigieren[375]. Umgekehrt steht es dem Auftraggeber frei, die mit erbrachten Abschlagszahlungen berechneten Leistungen im Rahmen der Schlussabrechnung wieder in Frage zu stellen[376]. 92

Der Auftragnehmer kann jederzeit **Korrekturen zu seinen Abschlagsrechnungen** vornehmen. Wird eine neue Abschlagsrechnung mit ersetzender Wirkung vorgelegt, so entfällt die vorangegangene Abschlagsrechnung. Wird statt dessen eine ergänzende Abschlagsrechnung – wie in der Praxis durchaus häufig – mit aufkumulierten Beträgen vorgelegt, so stehen die Abschlagsrechnungen als aufeinander folgend nebeneinander.

Erklärt der Auftragnehmer im Zusammenhang mit einer von ihm vorgelegten Abschlagsrechnung, die Abrechnung sei von ihm ganz oder teilweise unzutreffend vorgenommen worden, so entfaltet die zunächst von dem Auftragnehmer vorgelegte Abschlagsrechnung keine Wirkung mehr. Der Auftragnehmer ist nach § 16 Abs. 1 VOB/B verpflichtet, Abschlagsrechnungen vertraglich zutreffend aufzumachen. Soweit dies nicht der Fall ist und der Auftragnehmer dies ausdrücklich gegenüber dem Auftraggeber so erklärt, können ihm keine Ansprüche aus der zunächst von ihm vorgelegten Abschlagsrechnung mehr zustehen.

Mit Zahlungen auf vorgelegte Abschlagsrechnungen verbindet sich regelmäßig **kein Anerkenntnis des Auftraggebers** zu den berechneten Teilleistungen[377]. Selbst wenn der Architekt des Auftraggebers die vom Auftragnehmer vorgelegte Abschlagsrechnung im Einzelnen geprüft und keine Beanstandungen erhoben hat, liegt in der Zahlung des Auftraggebers auf die Abschlagsrechnung weder ein ausdrückliches Anerkenntnis noch vermag sich dadurch im Rahmen der Schlussabrechnung die Beweislast zu Lasten des Auftraggebers zu verändern[378].

Trotz des vorläufigen Charakters von Abschlagszahlungen handelt es sich bei ihnen um **eigenständige Forderungen** im Sinne des § 241 Abs. 1 S. 1 BGB[379]. Abschlagsforderungen können deshalb isoliert klageweise geltend gemacht werden[380]. Die Klage aus Abschlagsrechnung kann gestützt werden auf die in der Abschlagsrechnung ausgewiesene Gesamtforderung. Gleichermaßen ist es möglich, einen erstrangigen Teilbetrag aus der Gesamtforderung klageweise geltend zu machen[381]. Einzelne Rechnungsposten aus einer Abschlagsrechnung sind demgegenüber grundsätzlich nicht isoliert klagefähig. Eine Ausnahme von diesem Grundsatz gilt jedoch – wie bei 93

---

[367] BGH BauR 2009, 1724 = NZBau 2009, 707.
[368] Vgl. zum Ganzen *von Rintelen* Jahrbuch Baurecht 2001, 25.
[369] BGH BauR 1997, 468.
[370] *Otto* BauR 2000, 350 (353).
[371] *Cuypers* Der Werklohn des Bauunternehmers, Rn. C 82.
[372] BGH BauR 1999, 267 (268).
[373] So zu Recht *von Rintelen* Jahrbuch Baurecht 2001, 25 (35); *Thode* ZfBR 1999, 116 (124).
[374] BGH BauR 1997, 468; *Thode* ZfBR 1999, 116 (124).
[375] BGH NJW 1995, 3311 (3312).
[376] BGH BauR 1997, 468.
[377] OLG Düsseldorf BauR 2001, 806; KG Berlin *SFH* Z 2.410 Bl. 64.
[378] OLG Düsseldorf BauR 2001, 806; a. A. LG Berlin IBR 1999, 518; vgl. auch *Kandel* in Beck'scher VOB-Kommentar VOB/B, 2. Aufl., § 2 Nr. 8 Rn. 58; *Kapellmann/Schiffers* Vergütung I Rn. 1170.
[379] BGH BauR 1999, 267 (268); *Thode* ZfBR 1999, 116 (124).
[380] Vgl. nur *Zanner* in FKZG VOB/B § 16 Rn. 324 ff.
[381] BGH BauR 2008, 871 = NZBau 2008, 319.

einer Klage aus Schlussrechnung – dann, wenn für einzelne Positionen aus der Abschlagsrechnung zu deren angegebener Höhe ein positiver Saldo festzustellen ist[382]. Bei kumulierter Abschlagsrechnung kommt eine isolierte Durchsetzung von Vergütungsansprüchen für einzelne Positionen allerdings nur in Betracht, wenn sich insoweit aus der jeweils letzten Abschlagsrechnung ein offener Saldo zugunsten des Auftragnehmers erschließt[383]. Bei kumulierten Abschlagsforderungen kommt es für die Schlüssigkeit der Klage auf den Abrechnungsstand der letzten Abschlagsrechnung zum Zeitpunkt der mündlichen Verhandlung I. Instanz an[384]. Sobald zu diesem Zeitpunkt die ursprünglich mit der Klage verfolgte Forderung überholt ist, bedarf es deshalb einer Anpassung des Klagebegehrens durch den Kläger[385].

Abschlagsforderungen können abgetreten, verpfändet und durch Sicherungshypothek gesichert werden[386]. Sie unterliegen darüber hinaus selbstständiger Verjährung[387], jedoch mit der Besonderheit, dass die verjährte Abschlagsforderung als Rechnungsposten wieder in die Schlussrechnung eingestellt werden kann, da diese nach Auffassung des BGH eine neue eigenständige Forderung mit gesonderter neuer Verjährungsfrist zum Gegenstand hat[388].

94 Aus dem **vorläufigen Charakter von Abschlagszahlungen** ergibt sich für den Auftraggeber das Recht, aus seiner Sicht überhöht geleistete Abschlagszahlungen mit nachfolgenden Abschlagsforderungen zu verrechnen. Anlass hierzu besteht für den Auftraggeber immer dann, wenn er auf vorausgegangene Abschlagsforderungen irrtümlicherweise überhöhte Zahlungen geleistet hat, wenn er also feststellt, dass die vorausgegangenen Abschlagsforderungen ganz oder teilweise nicht berechtigt waren oder aber dann, wenn ihm Zurückbehaltungsrechte zustehen[389]. Überzahlungen und auch Doppelzahlungen erfolgen ohne Rechtsgrund und berechtigen deshalb den Auftraggeber, bereits vor der Schlussabrechnung des Bauvorhabens, Rückzahlungsansprüche gegenüber dem Auftragnehmer gestützt auf §§ 812 ff. BGB zu erheben[390]. Sowohl Überzahlungen wie auch Doppelzahlungen übersteigen den vertraglichen Anspruch des Auftragnehmers aus vertragsgerechter abschlagsbezogener Abrechnung, so dass vom Auftraggeber in Höhe von Überzahlungen und Doppelzahlungen ohne Rechtsgrund geleistet wird, so dass sich hieraus ein bereicherungsrechtlicher Rückzahlungsanspruch zugunsten des Auftraggebers erschließt[391]. Die entgegenstehende Auffassung[392] wird offenbar von der Vorstellung getragen, dass zugunsten des Auftraggebers kein rechtes vertragliches Schutzbedürfnis besteht, weil alsbald nach den erbrachten Abschlagszahlungen mit einer Schlussabrechnung nach Fertigstellung des Bauvorhabens zu rechnen ist; die Praxis insbesondere im Umgang mit größeren Baumaßnahmen belegt freilich, dass die Schlussabrechnung häufig erst mehrere Jahre nach zwischen den Parteien strittigen Abschlagszahlungen erfolgt, so dass allein schon aus diesem Grunde ein erkennbares Schutzbedürfnis zugunsten des Auftraggebers für die Geltendmachung und Rückzahlungsansprüche nach überhöht bzw. doppelt geleisteten Abschlagszahlungen besteht.

95 **4. Abschlagszahlung und Gesamtabrechnung.** Der Auftraggeber kann ferner nach Abschluss der erbrachten Bauleistungen von dem Auftragnehmer erwarten, dass dieser seiner Pflicht zur **Vorlage der Schlussrechnung** gemäß § 14 Abs. 3 VOB/B nachkommt[393]. Aus vereinbarten Abschlagszahlungen entnimmt der BGH auch beim Abschluss von BGB-Bauverträgen die vertragliche Verpflichtung des Unternehmers, über die von ihm erbrachten Leistungen anschließend insgesamt abzurechnen[394]. Nichts anderes gilt auf Grund des nur vorläufigen Charakters auch bei Zugrundelegung der VOB/B, da sich nur aus der (prüffähigen) Schlussrechnung entnehmen lässt, wie sich die Abschlagszahlungen zu der geschuldeten Gesamtver-

---

[382] BGH BauR 2009, 1724 = NZBau 2009, 707; OLG Frankfurt NZBau 2011, 163 (164).
[383] BGH BauR 2009, 1724 = NZBau 2009, 707; *Kapellmann* NZBau 2011, 167.
[384] OLG Frankfurt NZBau 2011, 163 (164).
[385] Vgl. auch die Ausführungen zu → Rn. 87 und 209 zum der Parallelproblematik von Teilklagen aus Schlussrechnungen.
[386] Vgl. *von Rintelen* Jahrbuch Baurecht 2001, 25 (29) mwN.
[387] BGH BauR 1999, 267 (268).
[388] BGH BauR 1999, 267 (268); vgl. hierzu *von Rintelen* Jahrbuch Baurecht 2001, 25 (35 ff.).
[389] *Thode* ZfBR 1999, 116 (118).
[390] AA BGHZ 140, 365 = NJW 1999, 1867; OLG Bremen NZBau 2014, 229, 230; *Zanner* in FKZG VOB/B, 5. Aufl., § 16 Rn. 73.
[391] So für Doppelzahlungen auch *Kniffka/Koeble* BauR-Komp 3. Aufl., 5. Teil, 197; *Kandel* in Beck'scher VOB-KommentarVOB/B, 3. Aufl. vor § 16 Rn. 49 für Doppelzahlungen.
[392] BGH NZBau 2002, 390; OLG Bremen NZBau 2014, 229.
[393] Im Einzelnen → § 14 Rn. 63 ff.
[394] BGH IBR 2002, 235.

gütung verhalten[395]. Der Auftragnehmer kann daher regelmäßig keine Abschlagszahlungen mehr verlangen, wenn die Bauleistung vom Auftraggeber abgenommen wurde[396].

Im Zusammenhang mit der Gesamtabrechnung ist zu berücksichtigen, dass sich diese nicht an den einzelnen – ggf. zur Schlussrechnung zusammengestellten – Abschlagsrechnungen, sondern grundsätzlich nur an der **Forderungsberechtigung aus der vorgelegten Schlussrechnung** orientiert. Mit der Vorlage der Schlussrechnung verliert die Einzelbeurteilung jeder Abschlagszahlung ihre Bedeutung zugunsten einer Gesamtbeurteilung aus der vorgelegten Schlussrechnung[397]. Infolgedessen ergibt sich der Umfang der zu viel oder aber zu wenig geleisteten Zahlungen des Auftraggebers nunmehr nur noch aus dem nach der Schlussrechnung berechtigterweise erbrachten und abrechnungsfähigen Leistungsumfang[398]. Dementsprechend besteht ein **vertraglicher Verrechnungs- und auch Zahlungsanspruch** einerseits hinsichtlich etwaig ausstehender Restvergütung, andererseits hinsichtlich etwaig erfolgter Überzahlungen[399].

5. Abschlagszahlung vor Schlussrechnung. Aus dem nur vorläufigen Charakter von Abschlagsforderungen ergibt sich ferner, dass diese vom Grundsatz her nicht mehr geltend gemacht und gerichtlich durchgesetzt werden können, wenn der Auftragnehmer seine Schlussrechnung vorgelegt hat[400]. Der BGH hat darüber hinaus klargestellt, dass bereits zum **Zeitpunkt der Schlussrechnungsreife** kein Raum mehr für die Geltendmachung bzw. Weiterverfolgung von Abschlagsforderungen besteht[401]. Dies gilt insbesondere, wenn die Abnahme der Bauleistungen erfolgt ist, die Leistung des Auftragnehmers fertiggestellt und die Frist abgelaufen ist, binnen derer der Auftragnehmer gemäß § 14 Abs. 3 VOB/B die Schlussrechnung einzureichen hat[402]. Sobald der Auftragnehmer gemäß § 14 Abs. 3 VOB/B im Stande ist, seine Schlussrechnung anzufertigen und die Frist nach § 14 Abs. 3 VOB/B verstrichen ist, können Forderungen aus Abschlagsrechnungen nicht mehr erhoben bzw. nicht mehr länger – innerhalb oder außerhalb eines gerichtlichen Verfahrens – weiter durchgesetzt werden[403]. Dies soll selbst dann gelten, wenn eine Klage auf Abschlagszahlung bereits erhoben wurde, die dann ohne weiteres, auf eine Schlussrechnung gestützt, fortgeführt werden kann[404]. Die Fortführung stellt nach dem OLG Frankfurt eine bloße Klageumstellung nach § 264 ZPO dar[405]. Bei noch nicht abgelaufener Prüfungsfrist zur Schlussrechnung hält es das Gericht aber – in sachlich und rechtlich unverständlicher Weise – für möglich, die Klage alsdann unter Hinweis darauf abzuweisen, dass mit einer Entscheidung nicht solange abzuwarten sei, bis der Auftragnehmer die Schlussrechnungsbegründung vorgelegt habe[406].

Eine Ausnahme lässt das OLG Oldenburg zu, wenn Gegenstand der Abschlagsrechnung ein **unbestrittenes Guthaben** des Auftragnehmers ist[407]. Das OLG Köln hält es ausnahmsweise für zulässig, an einer Abschlagsrechnung auch nach Schlussrechnungsreife dann noch (gerichtlich) festzuhalten, wenn es sich um ein außerordentlich voluminöses Bauwerk handelt und die Schlussabrechnung wegen einer Vielzahl beteiligter Subunternehmen mit erheblichen Schwierigkeiten verbunden ist[408]. Derartige Ausnahmen wird man allerdings nur unter Berücksichtigung spezieller Gegebenheiten zulassen können, wenn – auch unter Berücksichtigung aller potentiellen Abzüge – nach Vorlage der Abschlagsrechnung feststeht, dass es keinesfalls auf Seiten des Auftragnehmers zu einer Überzahlung kommen kann[409].

---

[395] Vgl. BGH BauR 1997, 468.
[396] BGH NZBau 2009, 707.
[397] Kandel in Beck'scher VOB-Kommentar VOB/B § 16 Abs. 1 Rn. 16.
[398] Kandel in Beck'scher VOB-Kommentar VOB/B § 16 Abs. 1 Rn. 16.
[399] Vgl. BGH BauR 1997, 468.
[400] BGH NZBau 2009, 707; NJW 1985, 1840; BGH IBR 2016, 206; BGH IBR 2016, 259; *Thode* ZfBR 1999, 116 (124).
[401] BGH NZBau 2009, 707; vgl. auch OLG Nürnberg, Nichtannahmebeschluss des BGH NZBau 2000, 509.
[402] BGH NZBau 2009, 707.
[403] BGH NZBau 2009, 707; vgl. insoweit bereits früher zu Ausnahmen von diesem Grundsatz BGH BauR 1985, 456 (457); 1987, 453; 1991, 81 (82); *Kandel* in Beck'scher VOB-Kommentar VOB/B § 16 Abs. 1 Rn. 16 ff.
[404] BGH NZBau 2009, 707.
[405] OLG Frankfurt BauR 2013, 795.
[406] OLG Frankfurt BauR 2013, 795.
[407] OLG Naumburg BauR 2004, 522.
[408] OLG Köln NZBau 2006, 45.
[409] Vgl. insoweit BGH NZBau 2009, 707; NJW 1997, 1444 = BauR 1997, 468.

98 Hat der Auftragnehmer zum Zeitpunkt der Schlussrechnungsreife bereits Klage aus einer Abschlagsrechnung erhoben, so muss er diese auf Grund der unterschiedlichen Streitgegenstände zwischen Abschlagsforderung und Schlussforderung im Wege einer **Klageänderung gemäß § 263 ZPO** auf eine Forderung aus Schlussrechnung umstellen[410]. Nach anderer (bislang) vorherrschender Auffassung bedurfte es keiner Klageänderung, sondern lediglich der Umstellung von der Klage auf Abschlagszahlung auf die Weiterführung der Klage nunmehr aus Schlusszahlung (§ 264 Nr. 1 und 2 ZPO)[411]. Eine derartige Klageänderung setzt jedoch voraus, dass der Auftragnehmer zur Begründung seines Zahlungsverlangens die Schlussrechnung vorlegt, die Schlussrechnung in den Rechtsstreit einführt und den offen stehenden Vergütungsanspruch nach Maßgabe der Schlussrechnung (und nicht mehr nach der überholten Abschlagsrechnung) begründet. Dem Gebot der Abrechnungsklarheit entspricht es, dass die Forderung nur noch anhand der genauen Schlussrechnung und nicht mehr der nur vorläufigen Abschlagsrechnung begründet wird[412]. Da **Teilforderungen aus Schlussrechnungen** im Hinblick auf die Unzulässigkeit der Geltendmachung einzelner Rechnungsposten regelmäßig nicht geltend gemacht werden können[413], ist der aus der vormaligen Abschlagsrechnung offen stehende Vergütungsbetrag häufig nicht mehr isoliert nach erfolgter Klageänderung aus der Schlussrechnung zu begründen und gerichtlich weiter geltend zu machen[414]. Aus diesem Grunde kann es prozessual sogar zulässig sein, mit der Berufung zu einer Abschlagsforderung hilfsweise den Schlussrechnungsbetrag geltend zu machen[415].

Für den Fall, dass vom Auftraggeber Einwendungen gegen das Vorliegen der Schlussrechnungsreife – etwa das Vorliegen der Abnahmevoraussetzungen – erhoben werden, kann es nach dem BGH zulässig sein, nach entsprechender Klageumstellung auf die Schlussrechnung zumindest weiter den vormals begründeten **Anspruch auf Abschlagszahlungen** für den Fall **hilfsweise geltend zu machen,** dass der Auftragnehmer nicht im Stande ist, die Abnahme der Bauleistungen bzw. die unberechtigte Abnahmeverweigerung nachzuweisen[416]. Vor dem Hintergrund der vom BGH bejahten unterschiedlichen Streitgegenstände zwischen Schluss- und Abschlagsrechnung ist die gerichtliche Entscheidung konsequent, da der Anspruch aus Abschlagsrechnung grundsätzlich fällig geworden und nicht durch Schlussrechnungsreife überholt bzw. durch eine fällige Schlussrechnung ersetzt wurde[417].

99 **6. Abschlagszahlung und Kündigung.** Die Grundsätze über das Verhältnis zwischen Abschlags- und Schlussrechnung sind auch auf Fälle heranzuziehen, in denen das Vertragsverhältnis vorzeitig, etwa auf Grund **Kündigung bzw. Auftragsentziehung** beendet wurde. Nach erfolgter Kündigung kann der Auftragnehmer – wie sich aus § 8 Abs. 6 VOB/B entnehmen lässt – kurzfristig Aufmaß und Abnahme der von ihm ausgeführten Leistungen verlangen, um anschließend unverzüglich über die ausgeführten Leistungen im Rahmen einer Schlussrechnung abzurechnen. Der BGH lässt deshalb bereits ab dem Zeitpunkt der vorzeitigen Vertragsbeendigung keine Abschlagsforderungen mehr zu[418]. Eine Ausnahme lässt das OLG Oldenburg jedoch zu, wenn Gegenstand der Abschlagsrechnung ein unbestrittenes Guthaben des Auftragnehmers ist[419]. Im Falle von Teilkündigungen ergibt sich hieraus jedoch nicht die Berechtigung, isoliert über die teilgekündigte Leistung eine Schlussrechnung vorzulegen. Bei Vorliegen der Voraussetzungen kommt allenfalls die Vorlage einer Teilschlussrechnung gemäß § 16 Abs. 4 VOB/B in Betracht. Dessen ungeachtet hat das OLG Braunschweig nach vorzeitiger Beendigung des Bauvertrages ausnahmsweise dem Auftragnehmer die Möglichkeit zugebilligt, anschließend noch aus einer für Abschlagsbeträge ausgereichten Bürgschaft auf erste Anforderung vorzugehen, da die

---

[410] BGH BauR 1999, 267; kritisch hierzu *von Rintelen* Jahrbuch Baurecht 2001, 25 (40); aA ausnahmsweise für den Fall eines Urkundenprozesses wegen der Größe des Bauvorhabens und besonderer Abrechnungsschwierigkeiten: OLG Köln NZBau 2006, 45 (46).
[411] BGH BauR 1985, 456 (458); OLG Köln OLGR 1994, 79; *Motzke* in Beck'scher VOB-Kommentar VOB/B, 1. Aufl., § 16 Nr. 1 Rn. 13.
[412] *Motzke* in Beck'scher VOB-Kommentar VOB/B, 1. Aufl., § 16 Nr. 1 Rn. 12.
[413] *Thode* ZfBR 1999, 116 (124).
[414] AA *Motzke* in Beck'scher VOB-Kommentar VOB/B, 1. Aufl. § 16 Nr. 1 Rn. 13.
[415] BGH NZBau 2006, 175; 2005, 158 = BauR 2005, 400.
[416] BGH BauR 2000, 1482.
[417] *Zanner* in FKZG VOB/B § 16 Rn. 324 ff.
[418] BGH BauR 1991, 81 (82); 1987, 453; OLG Bamberg IBR 2016, 10; OLG Hamm NZBau 2004, 439 = BauR 2004, 1304; vgl. hierzu auch *Kandel* in Beck'scher VOB-Kommentar VOB/B § 16 Abs. 1 Rn. 16; *Thode* ZfBR 1999, 116 (121).
[419] OLG Naumburg BauR 2004, 522.

II. Antrag auf Abschlagszahlungen und Fälligkeit (§ 16 Abs. 1 Nr. 1 S. 1 VOB/B)

Abschlagszahlungen sind nur auf **Antrag** zu leisten. Der Auftraggeber ist deshalb nicht von sich aus verpflichtet, Abschlagszahlungen vorzunehmen, selbst wenn diese vertraglich vereinbart und auch im Vertrag bereits ihrem Umfange nach festgelegt wurden. Der Antrag selbst stellt eine einseitige und empfangsbedürftige Willenserklärung des Auftragnehmers dar. Der Antrag ist nicht formgebunden, dh er braucht nicht schriftlich gegenüber dem Auftraggeber gestellt zu werden; die Einhaltung der Schriftform ist aber – nicht zuletzt aus Beweisgründen – zweckmäßig[421]. Die Vorlage einer Abschlagsrechnung beinhaltet zugleich auch den Antrag des Auftragnehmers auf Vornahme einer Abschlagszahlung[422]. Üblicherweise übersendet der Auftragnehmer seine Abschlagsrechnung mit einem Anschreiben, in dem er zugleich den Auftraggeber zur Zahlung aus der beigefügten Rechnung auffordert. 100

Im Zusammenhang mit dem Antrag auf Abschlagszahlungen stellt sich die Frage nach deren **Fälligkeit**. Während die Erteilung einer Rechnung im BGB-Werkvertragsrecht grundsätzlich keine Fälligkeitsvoraussetzung ist[423], wird die prüfbare Abrechnung im Rahmen des § 16 Abs. 1 VOB/B zur Fälligkeitsvoraussetzung erhoben. Bei Fehlen einer ordnungsgemäßen Abrechnung kann damit mangels Fälligkeit auch kein Verzug eintreten[424].

Fälligkeitsvoraussetzung ist im genannten Zusammenhang die Vorlage einer in sich prüffähigen Abschlagsrechnung. **Einwendungen gegen die Prüffähigkeit** der Schlussrechnung können nur innerhalb eines Monats vom Auftraggeber vorgebracht werden[425]. Auch bei Abschlagsrechnungen ist der Auftraggeber gehalten, Prüffähigkeitsbedenken vorzubringen. Die Prüffähigkeitsrüge kann sich auf die Abschlagsrechnung insgesamt oder nur auf Teile derselben erstrecken[426]. Da die Prüfungsfrist in diesem Falle lediglich 21 Kalendertage beträgt, erscheint es angemessen, die Möglichkeit des formellen Einwandes fehlender Prüffähigkeit auf diesen Zeitraum zu begrenzen[427]. Werden innerhalb vorgenannten Zeitraumes keine (begründeten) Fälligkeitseinwendungen erhoben, wird die Abschlagsrechnung gemäß § 16 Abs. 1 Nr. 3 VOB/B fällig. Werden nur Teile der Abschlagsrechnung als nicht prüffähig beanstandet, tritt hinsichtlich der verbleibenden Teile der Abschlagsrechnung Fälligkeit ein[428]. Darüber hinaus verbleiben dem Auftraggeber nach Eintritt der Fälligkeit sachliche Einwendungen gegen die nachgewiesenen Leistungen, ihre vertragsgerechte Abrechnung sowie sonstige Gegenforderungen, vgl. § 16 Abs. 1 Nr. 1 und Nr. 2 VOB/B.

Neben der Ausführung der Bauleistungen und deren prüffähiger Abrechnung kann die Vornahme von Abschlagszahlungen durch den Auftraggeber nicht ohne Weiteres von zusätzlichen Fälligkeitsvoraussetzungen abhängig gemacht werden. Vor allem ist es dem Auftraggeber regelmäßig verwehrt, dem Auftragnehmer bestimmte Gliederungskriterien für die Abschlagsrechnung sowie die Angaben bestimmter SAP-Bestellnummern zwingend vorzugeben. Entsprechende Regelungen verstoßen gegen § 307 Abs. 2 BGB und werden deshalb als unwirksam angesehen[429].

III. Abschlagszahlung in Höhe des jeweiligen Wertes der nachgewiesenen Leistungen (§ 16 Abs. 1 Nr. 1 S. 1 und 2 VOB/B)

1. Nachweis der erbrachten Leistungen. Auf den Antrag des Auftragnehmers hin sind Abschlagszahlungen in Höhe des Wertes der jeweils nachgewiesenen (vertragsmäßigen) Leistun- 101

---

[420] OLG Braunschweig BauR 2004, 1638.
[421] *Zanner* in FKZG VOB/B § 16 Rn. 13; *Motzke* in Beck'scher VOB-Kommentar VOB/B, 1. Aufl., § 16 Nr. 1 Rn. 22 f.
[422] *Zanner* in FKZG VOB/B § 16 Rn. 17; *Heiermann/Riedl/Rusam* VOB/B § 16 Rn. 40; *Hummel* in NWJS VOB/B § 16 Rn. 10.
[423] BGHZ 79, 176.
[424] *von Rintelen* in Kapellmann/Messerschmidt § 9 Rn. 31.
[425] Vgl. *Messerschmidt* in Kapellmann/Messerschmidt § 16 Rn. 188 f.
[426] *Leinemann* VOB/B § 16 Rn. 17.
[427] Vgl. auch *von Rintelen* in Kapellmann/Messerschmidt § 9 Rn. 32; vgl. auch → § 16 Rn. 141.
[428] *Leinemann* VOB/B § 16 Rn. 17.
[429] LG Frankfurt BauR 2008, 842 (844); *Leinemann* VOB/B, 4. Aufl., § 16 Rn. 72 ff.

gen durch den Auftraggeber vorzunehmen. Wenn die Parteien keine abweichende ausdrückliche Regelung getroffen haben, etwa die Vornahme von Abschlagszahlungen innerhalb bestimmter **festgelegter zeitlicher Intervalle** ohne zusätzliche Leistungsnachweise[430], schuldet der Auftraggeber nur dann und in dem Umfange Vergütung aus einer ihm vorgelegten Abschlagsrechnung, wie der Auftragnehmer ihm in ausreichendem Umfange die ausgeführten Leistungen und den Wert dieser Leistungen nachweist. Auch wenn die Parteien entsprechend bauvertraglicher Praxis Zahlungspläne mit bestimmten Zahlungszeitpunkten vereinbart haben, kann der Neufassung des § 16 Abs. 1 Nr. 1 S. 1 VOB/B 2006 entnommen werden, dass Abschlagszahlungen nur geschuldet sind, wenn zu dem jeweiligen, vertraglich vereinbarten Zeitpunkt auch tatsächlich eine entsprechende vertragsgemäße Leistung durch den Auftragnehmer nachgewiesen wird. Dementsprechend sind auch alle vorformulierten Klauseln zu Abschlagszahlungen unwirksam, die vor Ausführung entsprechender Leistungen eine weitergehende Zahlung von Vergütung an den Auftragnehmer vorsehen[431].

Welche Anforderungen an diesen Nachweis zu stellen sind, ergibt sich aus § 16 Abs. 1 Nr. 1 S. 2 VOB/B, wo ausdrücklich vorgesehen ist, dass der **Leistungsnachweis durch eine prüfbare Aufstellung** zu erfolgen hat, die eine rasche und sichere Beurteilung des Leistungsverlangens des Auftragnehmers ermöglicht. Durch diese Regelung werden die strengen Prüffähigkeitskriterien des § 14 VOB/B für den Leistungsnachweis bei der Vorlage von Abschlagsrechnungen herabgesetzt[432]. Auch bei Herabsetzung der Prüffähigkeitskriterien des § 14 VOB/B muss die vom Auftragnehmer vorgelegte Schlussrechnung aber inhaltlich so aufgemacht werden, dass sie rasch und sicher vom Auftraggeber nachvollzogen werden kann[433]. Diesen Anforderungen entsprechen nur Abschlagsrechnungen, die es (zumindest) dem vom Auftraggeber eingesetzten bauleitenden Architekten ermöglichen, den zum Gegenstand der Abschlagsrechnung gemachten Leistungsstand sowie die hierauf entfallende anteilige (weitere) Vergütung nachzuvollziehen[434]. Soweit in der Abschlagsrechnung auf bestimmte Leistungsnachweise Bezug genommen wird, sind diese beizufügen[435]. Bei Bauleistungen, die nach **Einheitspreisen** ausgeführt werden, sind zumindest überschlägige Mengenaufstellungen zu übergeben[436]. Können Leistungen nur anhand eines **konkreten Aufmaßes** nachvollzogen werden, ist es notwendig, dieses dem Fortgang der Baumaßnahme entsprechend zu erstellen und der Abschlagsrechnung zugrunde zu legen[437].

Werden vom Auftraggeber Einwendungen gegen die Prüffähigkeit des Leistungsnachweises erhoben, kann der Auftragnehmer neue und seine Abrechnung stützende Nachweise nachschieben. Ausschlaggebend ist prozessual lediglich, dass von ausreichender Prüffähigkeit zum Zeitpunkt der letzten mündlichen Verhandlung auszugehen ist[438].

102 Die jeweilige Abschlagsrechnung braucht sich nur auf die seit der vorhergegangenen Rechnung neu bzw. **zusätzlich ausgeführten Leistungen** zu erstrecken. Nicht erforderlich ist deshalb jeweils eine neu aufgemachte Gesamtzusammenstellung aller ausgeführter Leistungen. Anderenfalls wäre die vorausgesetzte rasche und sichere Beurteilung einzelner Abschlagsforderungen durch überhöhte Anforderungen an den Nachweisumfang eher eingeschränkt. Dies entbindet den Auftragnehmer jedoch nicht von der Verpflichtung, im Rahmen der von ihm vorzulegenden Schlussrechnung alle von ihm erbrachten Leistungen vollständig abzurechnen[439].

103 **2. Nachweis der vertraglichen Vorgaben.** Die Leistungsnachweise haben sich **nach den vertraglichen Vorgaben** zu richten. Dies gilt zunächst für die inhaltlich eindeutige Bezugnahme auf das dem Vertrage zugrundegelegte Leistungsverzeichnis. Die prüfbare Aufstellung

---

[430] Hierzu → § 16 Rn. 111.
[431] BGH BauR 1985, 192 (195); 1992, 226; OLG Schleswig BauR 1994, 513; *Leinemann* VOB/B § 16 Rn. 9 ff.
[432] BGH NZBau 2002, 390 (391); BauR 1997, 468; OLG Düsseldorf BauR 1997, 1041; *U. Locher* in Ingenstau/Korbion VOB/B § 16 Abs. 1 Rn. 15; aA *Cuypers* in Beck'scher VOB-Kommentar VOB/B, 1. Aufl., § 14 Nr. 1 Rn. 27, der zu Unrecht keinen Bezug zur vereinbarten Vergütung herstellen will.
[433] *U. Locher* in Ingenstau/Korbion VOB/B § 16 Abs. 1 Rn. 17.
[434] BGH NJW 1967, 342; BauR 1998, 869 (870).
[435] *Hummel* in NWJS VOB/B § 16 Rn. 17.
[436] Vgl. *Heiermann/Riedl/Rusam* VOB/B 9. Aufl., § 16 Rn. 26.
[437] *Kandel* in Beck'scher VOB-Kommentar VOB/B § 16 Abs. 1 Rn. 25; aA *Hummel* in NWJS VOB/B § 16 Rn. 18.
[438] OLG Bremen OLGR 2003, 427.
[439] BGH BauR 1997, 468; *Leinemann* VOB/B § 16 Rn. 18.

nach § 16 Abs. 1 Nr. 1 S. 1 und 2 VOB/B hat sich an den Positionen der Leistungsbeschreibung zu orientieren[440]. Die Abschlagsrechnung muss aber nicht notwendig spiegelbildlich zum Leistungsverzeichnis aufgemacht werden[441]. Jede unnötige Abweichung von den Positionen des Leistungsverzeichnisses kann aber einer sicheren und raschen Prüfung der Abschlagsrechnung im Einzelfall entgegenstehen.

Darüber hinaus ist zu beachten, dass auch sonstige vertragliche Vorgaben vom Auftragnehmer bei Vorlage seiner Abschlagsrechnung einzuhalten sind. Dieses Erfordernis hat vor allem Bedeutung im Zusammenhang mit der vorausgesetzten **Berechenbarkeit der Vergütung** nach dem abgeschlossenen Bauvertrag[442]. Leistungen, für die keine gesonderte Vergütung beansprucht werden kann, sind – soweit in dem Leistungsnachweis enthalten – gesondert kenntlich zu machen. Ebenso bedarf es einer besonderen Kenntlichmachung dann, wenn Nachtrags- und Zusatzleistungen gefordert und durch die vorgelegte Aufstellung nachgewiesen werden sollen.

3. Nachweis der erbrachten Zahlungen. Werden Abschlagsrechnungen in engen zeitlichen Abständen vom Auftragnehmer vorgelegt, so ist es sowohl beim Einheitspreis- wie auch beim Pauschalpreisvertrag sinnvoll, dem Auftraggeber jeweils mit anzugeben, in welchem Umfange auf die bis zuletzt vorgelegten Abschlagsrechnungen bereits **Zahlungen erbracht wurden**[443]. Aus der Differenz zwischen den nach allen vorgelegten Abschlagsrechnungen noch rechnerisch offen stehenden Vergütungsansprüchen bemisst sich die jeweils aktuelle (Abschlags-)Forderung. Sie kann deshalb deutlich über die Forderung hinausgehen, die sich rechnerisch aus der zuletzt vorgelegten Abschlagsrechnung ergibt, zB wenn der Auftraggeber über längere Zeit seinen Zahlungsverpflichtungen aus vorangegangenen Abschlagsrechnungen nicht nachgekommen ist.

IV. Abschlagszahlung auf vertragsgemäße Leistung (§ 16 Abs. 1 Nr. 1 S. 1 VOB/B)

Nach § 16 Abs. 1 Nr. 1 S. 1 VOB/B kann der Auftragnehmer Abschlagszahlungen für die nachgewiesenen Leistungen nur beanspruchen, wenn diese ihrem Leistungsumfang wie ihrer Abrechnung nach vertragsgemäß sind. Die Bauleistungen haben sich dabei regelmäßig in dem zu errichtenden Bauwerk unmittelbar zu verkörpern[444]. Bereits hergestellte, aber noch nicht an die Baustelle gelieferte Bauteile werden nicht als vertragsgemäß erbrachte Bauleistungen angesehen[445].

1. Abschlagszahlung für Ansprüche aus dem Bauvertrag. Der Auftragnehmer kann nur für solche Leistungen Abschlagszahlungen beanspruchen, die er nach dem zugrundeliegenden Bauvertrag ausgeführt hat[446]. **Vergütungsansprüche aus dem Bauvertrag** können dem Auftragnehmer nicht nur nach § 2 Abs. 1, sondern gleichermaßen auch nach § 2 Abs. 3, 5, 6 und 8 VOB/B zustehen[447]. Bei Vorliegen von zusätzlichen Vergütungsansprüchen aus dem abgeschlossenen Bauvertrag können auch insoweit (gesonderte) Abschlagsrechnungen vorgelegt werden[448], selbst wenn zu Grund und Höhe noch keine Vereinbarung über die Vergütung zusätzlicher bzw. geänderter Leistungen zwischen den Parteien zustande gekommen ist[449]. Voraussetzung ist lediglich, dass es sich um eine vom Auftraggeber verlangte Änderungs- bzw. Zusatzleistung handelt, der Auftragnehmer diese oder zumindest einen Teil derselben ausgeführt hat, hierüber prüffähig abgerechnet wird und der Anspruch – unabhängig von einer bereits gesondert abgeschlossenen Nachtragsvereinbarung berechtigt ist[450]. Auch für **vertragsbezogene Schadensersatzansprüche**, etwa solche aus Behinderung gemäß § 6 Abs. 6 VOB/B kann im Ergebnis zumindest in entsprechender Anwendung des § 16 Abs. 1 Nr. 1 VOB/B nichts anderes gelten, da es

---

[440] Vgl. *U. Locher* in Ingenstau/Korbion VOB/B § 16 Abs. 1 Rn. 17.
[441] Vgl. OLG Brandenburg NZBau 2000, 511 (zur Schlussrechnung).
[442] *Kandel* in Beck'scher VOB-Kommentar VOB/B § 16 Abs. 1 Rn. 24.
[443] Vgl. *Heiermann/Riedl/Rusam* VOB/B 9. Aufl., § 16 Rn. 27.
[444] BGH NJW-RR 2003, 738 = NZBau 2003, 327 = BauR 2003, 877.
[445] BGH NJW 1995, 1837 (1838); NJW-RR 2003, 738 = NZBau 2003, 327 = BauR 2003, 877.
[446] BGH BauR 1979, 159 (160); *U. Locher* in Ingenstau/Korbion VOB/B § 16 Abs. 1 Rn. 8.
[447] Zu eng bezogen auf § 2 Nr. 1 VOB/B demgegenüber *Motzke* in Beck'scher VOB-Kommentar VOB/B, 1. Aufl., § 16 Nr. 1 Rn. 25; ebenso *Hummel* in NWJS VOB/B § 16 Rn. 13.
[448] Vgl. BGH BauR 2009, 1724 = NZBau 2009, 707.
[449] BGH NJW-RR 2012, 981 = NZBau 2012, 493 = BauR 2012, 1395; im Einzelnen → VOB/B § 2 Rn. 169, 229.
[450] OLG Frankfurt NZBau 2011, 163 (165); *Keldungs* in Ingenstau/Korbion VOB/B § 2 Abs. 6 Rn. 8.

sich um Forderungen handelt, die unmittelbar auf den abgeschlossenen Bauvertrag gestützt werden[451].

108 **2. Abschlagszahlung für vertraglich vereinbarte Qualität.** Für die in die Abschlagsrechnung eingestellten **Leistungen** ist es weiterhin erforderlich, dass sie **vertragsgemäß ausgeführt** wurden, dh die Leistungen selbst mangelfrei sind und den Qualitätsanforderungen genügen, die sich aus dem abgeschlossenen Bauvertrag ergeben[452]. Für mangelhaft und/oder vertragswidrig ausgeführte Leistungen kann der Auftragnehmer vom Grundsatz her keine Vergütung beanspruchen. Die Darlegungs- und Beweislast für die vertragsgerechte Ausführung liegt beim Auftragnehmer[453]. Soweit die in der Abschlagsrechnung nachgewiesenen Bauleistungen teilweise mangelbehaftet sind, steht dem Auftraggeber in angemessenem Umfang ein **Zurückbehaltungsrecht** hinsichtlich der geforderten Abschlagszahlung zu[454]. Den Umfang des Zurückbehaltungsrechts wird man nicht am Minderwert der ausgeführten Leistung, sondern an dem Druckzuschlag orientieren, der sich aus § 641 Abs. 3 BGB ergibt. Wenn der Auftraggeber nach dieser Bestimmung berechtigt ist, nach der Abnahme bei Vorliegen von Mängeln einen Einbehalt in Höhe von mindestens des Zweifachen des für die Beseitigung des Mangels erforderlichen Aufwandes vorzunehmen, so ergibt sich hieraus ein **Zurückbehaltungsmaßstab,** der auch vor der Abnahme angemessen erscheint. Wird der Einwand mangelbehafteter Leistung in einem Klageverfahren aus Abschlagsrechnung erhoben, so hat dies die Wirkung, dass der Auftraggeber nur Zug um Zug gegen Beseitigung der festgestellten Mängel zur Abschlagszahlung verurteilt wird (§ 322 Abs. 1 BGB)[455].

109 **3. Abschlagszahlung unter Wahrung sonstiger Leistungs- und Abrechnungsvorgaben.** Von der vertragsgemäßen Qualität zu unterscheiden ist die sonstige **Einhaltung der vertraglichen Leistungs- und Abrechnungsvorgaben.** Ist die Auszahlung von Abschlagszahlungen im zugrundeliegenden Bauvertrag an bestimmte Voraussetzungen – etwa die Übergabe von Nachweisen und Unterlagen – gebunden, so hat der Auftragnehmer auch die Erfüllung dieser zusätzlichen Verpflichtungen bei Anforderung der jeweiligen Abschlagszahlungen nachzuweisen, also die entsprechenden Informationen zu erteilen bzw. Unterlagen zu übergeben. So kann die Anforderung von Abschlägen davon abhängig gemacht werden, dass die Ausführung der entsprechenden Leistungen durch Sachverständige bzw. Gutachten bescheinigt wird. Die Fälligkeit von Abschlagsforderungen kann von der schriftlichen Bautenstandsbestätigung eines hiermit beauftragten Bauleiters abhängig gemacht werden[456] Vertraglich ausbedungene Qualitätsproben oder -nachweise hat der Auftragnehmer gleichermaßen zu dokumentieren und nachzuweisen. Wurde die mit dem Auftraggeber vertraglich vereinbarte Sicherheit nicht gestellt, so fehlt es an dem Nachweis vertragsgemäßer (Teil-) Erfüllung mit der Folge, dass der Auftraggeber die Abschlagszahlung zurückhalten kann[457].

V. Höhe der Abschlagszahlung (§ 16 Abs. 1 Nr. 1 S. 1 VOB/B)

110 Die Höhe der Abschlagszahlung richtet sich nach den hierzu zwischen den Parteien getroffenen Vereinbarungen. Die Parteien haben es in der Hand, durch Abschlagsregelungen und durch Zahlungspläne festzulegen, wann und in welchem Umfange Abschlagszahlungen zu entrichten sind. Zulässig sind dabei durchaus Regelungen, die einen bestimmten Prozentsatz der Vergütung nach Erreichen eines bestimmten Bautenstandes – etwa nach Fertigstellung des Rohbaus – fällig stellen oder aber eine Abschlagszahlung in bestimmten Zeitabständen – etwa monatlich – jeweils in Höhe des erreichten Bautenstandes vorsehen.

111 **1. Abschlagszahlung zu festgelegten Zeitpunkten.** Gelegentlich wird zwischen den Parteien vereinbart, dass **Abschlagszahlungen ohne weitere Nachweise** zu festgelegten Zeitpunkten in bestimmter Höhe zu leisten sind. Derartige Abschlagsregelungen sind für den

---

[451] OLG Hamm NZBau 2004, 439 = BauR 2004, 1304; im Einzelnen → VOB/B § 6 Rn. 87.
[452] *U. Locher* in Ingenstau/Korbion VOB/B § 16 Abs. 1 Rn. 10; *Hummel* in NWJS VOB/B § 16 Rn. 13.
[453] OLG Brandenburg NZBau 2009, 381.
[454] *Hummel* in NWJS VOB/B § 16 Rn. 11; *U. Locher* in Ingenstau/Korbion VOB/B § 16 Abs. 1 Rn. 10; *Kandel* in Beck'scher VOB-Kommentar VOB/B § 16 Abs. 1 Rn. 53.
[455] BGH NJW 1979, 650 (651); BauR 1991, 81 (82); *Hummel* in NWJS VOB/B § 16 Rn. 11.
[456] OLG Frankfurt IBR 2013, 459.
[457] *Heiermann/Riedl/Rusam* VOB/B § 16 Rn. 41.

Auftraggeber riskant, weil der Auftragnehmer nicht gehalten ist, zu den festgelegten Zahlungszeitpunkten auch einen entsprechend adäquaten, ausgeführten Leistungsumfang nachzuweisen. Es besteht deshalb das Risiko, dass der Auftraggeber in weitaus höherem Umfange Zahlungen leistet, als dies nach dem tatsächlich ausgeführten Bautenstand angemessen ist. Entsprechende Regelungen ohne Korrektiv des konkreten Leistungsnachweises sind deshalb aus Sicht des Auftraggebers zu vermeiden.

2. Abschlagszahlung nach dem Wert nachgewiesener Leistungen. Nach § 16 Abs. 1 Nr. 1 S. 1 VOB/B richtet sich die **Höhe** der auf Grund Abschlagsrechnung geschuldeten Vergütung **nach dem Wert der nachgewiesenen vertragsgemäßen Leistung**[458]. Hat der Auftragnehmer die durch Abschlagsrechnung belegten Leistungen vollen Umfanges ausgeführt, so steht ihm vom Grundsatz her hierfür auch die volle, vereinbarte Gegenleistung zu[459]. Haben die Parteien keine abweichenden Regelungen getroffen, kann der Auftraggeber deshalb die mit der Abschlagsrechnung angeforderte Vergütung nicht einseitig kürzen, etwa unter Hinweis auf das Vorliegen bloßer Abschläge oder aber der Ungewissheit späterer Schlussabrechnung[460]. Der Auftraggeber ist zu Kürzungen nur berechtigt, wenn und soweit er die Abschlagsforderungen zu Recht dem Umfange nach zu beanstanden vermag oder aber Gegenrechte im Sinne des § 16 Abs. 1 Nr. 2 VOB/B geltend machen kann.

Der Auftraggeber ist verpflichtet, den Auftragnehmer über die von ihm **vorgenommenen Kürzungen** zu unterrichten. Diese Unterrichtung muss inhaltlich klar und zeitnah gegenüber dem Auftragnehmer erfolgen[461]. Unterlässt der Auftraggeber die ebenso zeitnah wie inhaltlich bestimmte Unterrichtung des Auftragnehmers, können sich hieraus für ihn negative Folgen ergeben, etwa dadurch, dass ihm später ein anderenfalls berechtigter Skontoabzug nicht mehr zugebilligt wird[462].

3. Abschlagszahlung nach Vertragsklauseln. Die Parteien können in Vertragsklauseln Einzelheiten zu Abschlagszahlungen miteinander vereinbaren. In § 271a Abs. 5 BGB ist klargestellt, dass sich § 271a Abs. 1–3 BGB zu Vereinbarungen über Zahlungsfristen nicht auf Abschlagszahlungen erstreckt. Der in § 271a Abs. 5 Nr. 1 verwendete Begriff von Abschlagszahlungen entspricht unmittelbar dem des § 16 Abs. 1 VOB/B[463]. Infolgedessen ergeben sich für die in § 16 Abs. 1 VOB/B geregelten Abschlagszahlungen keine unmittelbaren Beschränkungen aus § 271a BGB. Allerdings gilt zu beachten, dass die Abänderung der Fristenregelung in § 16 Abs. 1 Nr. 3 VOB/B dazu führen kann, dass die VOB/B nicht mehr als Ganzes vereinbart ist[464].

Häufig finden sich in den vertraglichen Vereinbarungen der Parteien Klauseln, die dazu führen sollen, die **Abschlagszahlung** auch im Falle voll umfänglich erbrachter Leistung **anteilig zu reduzieren**. Typisch sind etwa Klauseln, in denen dem Auftraggeber die Befugnis eingeräumt wird, lediglich 90 oder 95 % der aus der Abschlagsrechnung geschuldeten Vergütung zu bezahlen[465]. Derartige Klauseln stellten bereits nach bisherigem Recht einen Kerneingriff in die VOB/B dar[466]. Der mit dem Gesetz zur Beschleunigung fälliger Zahlungen zum 1.5.2000 eingeführten Abschlagsbestimmung des § 632a BGB kommt nunmehr in engen Grenzen Leitbildfunktion mit der Folge zu, dass sich die Unwirksamkeit derartiger Klauseln aus § 307 Abs. 1 BGB (ehemals § 9 AGBG) ergeben kann[467], da die gesetzliche Abschlagsbestimmung (ebenfalls) unter den genannten Voraussetzungen von der Verpflichtung zur 100 %-igen Erfüllung begründeter Abschlagsforderungen ausgeht[468]. Aus diesem Grund erscheint es entgegen Heiermann unange-

---

[458] Kandel in Beck'scher VOB-Kommentar VOB/B § 16 Abs. 1 Rn. 44.
[459] OLG Düsseldorf IBR 2015, 295; U. Locher in Ingenstau/Korbion VOB/B § 16 Abs. 1 Rn. 9; Kandel in Beck'scher VOB-Kommentar VOB/B § 16 Abs. 1 Rn. 44.
[460] BGH BauR 1987, 694 (696); 1990, 207 (208); 1990, 727; Ingenstau/Korbion/ U. Locher VOB/B § 16 Abs. 1 Rn. 9; Kandel in Beck'scher VOB-Kommentar VOB/B § 16 Abs. 1 Rn. 44.
[461] OLG Köln IBR 1999, 125.
[462] OLG Köln IBR 1999, 125.
[463] Spitzer MDR 2014, 933 (937).
[464] OLG München NJW-RR 1989, 276; Kandel in Beck'scher VOB-Kommentar VOB/B, 3. Aufl. § 16 Abs. 1 Rn. 60.
[465] Heiermann/Riedl/Rusam VOB/B § 16 Rn. 42; Zanner in FKZG VOB/B § 16 Rn. 31; vgl. zum Subunternehmerverhältnis Joussen/Vygen Subunternehmervertrag Rn. 316 ff.
[466] Kandel in Beck'scher VOB-Kommentar VOB/B § 16 Abs. 1 Rn. 57 f.
[467] Sprau in Palandt BGB § 632a Rn. 3.
[468] OLG Düsseldorf IBR 2015, 295; vgl. Glatzel/Hofmann/Frikell Unwirksame Bauvertragsklauseln 10. Aufl., S. 290.

messen, dem Hauptunternehmer zu gestatten, die Abschlagsforderungen seiner Nachunternehmer auf 90%, 80% oder gar 70% zu beschränken, um damit sein Liquiditätsrisiko bei verspäteter Zahlung durch den Bauherrn zu kompensieren[469]. Keine rechtlichen Bedenken entstehen indes dann, wenn zwischen den Parteien individuelle vertragliche Absprachen zustande kommen[470].

115 Hiervon zu unterscheiden sind Vertragsklauseln, die dem Auftraggeber lediglich die Befugnis einräumen, **anteilige Sicherheit** zu verlangen[471]. Voraussetzung derartiger Klauseln ist aber, dass zwischen den Parteien ausdrücklich die Befugnis des Auftraggebers vorgesehen ist, Sicherheit in Teilbeträgen von seinen Zahlungen einzubehalten. Nach § 17 Abs. 6 Nr. 1 VOB/B darf der Auftraggeber in derartigen Fällen jeweils Zahlungen um höchstens 10 vH kürzen, wobei er vom Grundsatz her die Einzahlung auf einem Sperrkonto zu veranlassen hat[472]. Ein Sicherheitseinbehalt von 5% bzw. maximal 10% ist unter den genannten Voraussetzungen im Rahmen von Abschlagszahlungen zulässig[473]. Allerdings ist es nicht zulässig, die in Allgemeinen Vertragsbedingungen enthaltene Regelung, wonach nur 90 oder 95% der Abschlagsforderung zur Auszahlung gebracht werden, in eine wirksame Klausel über die Stellung einer entsprechenden Sicherheit umzudeuten, da es nach § 17 Abs. 1 und § 17 Abs. 6 VOB/B einer ausdrücklichen Vereinbarung zur Sicherheitsleistung zwischen den Parteien bedarf[474]. Ebenso unwirksam sind Klauseln, bei denen der vertraglich zulässige Sicherheitseinbehalt mit weiteren prozentualen Abschlägen aus der Abschlagsforderung kumuliert wird[475]. So ist eine Kumulierung von Vertragserfüllungsbürgschaft und Abschlagszahlungseinbehalt in Allgemeinen Geschäftsbedingungen des Auftraggebers unwirksam, wenn sich die Vertragserfüllungsbürgschaft auf 10% der Auftragssumme stellt und gleichzeitig lediglich Abschlagsforderungen des Auftragnehmers nur zu 90% ausgezahlt werden sollen[476].

VI. Mehrwertsteuer auf Abschlagsforderung (§ 16 Abs. 1 Nr. 1 S. 1 VOB/B)

116 In § 16 Abs. 1 Nr. 1 S. 1 VOB/B ist ausdrücklich klargestellt worden, dass der Auftragnehmer vom Grundsatz her berechtigt und auch verpflichtet ist, auf Abschlagszahlungen über die vertragsgemäßen Leistungen die auf sie entfallende Umsatzsteuer zu beaufschlagen. Der Mehrwertsteueranteil ist zu diesem Zweck gesondert in den Abschlagsrechnungen des Auftragnehmers auszuweisen. Eine Ausnahme gilt lediglich für Abschlagszahlungen, die unter 10.000,00 EUR liegen. Bei Beträgen in dieser Größenordnung steht es dem Auftragnehmer frei, ob er die Mehrwertsteuer gesondert auch in Abschlagsrechnungen ausweist.

VII. Abschlagszahlung in möglichst kurzen Abständen (§ 16 Abs. 1 Nr. 1 S. 2 VOB/B)

117 Abschlagszahlungen sind dem Auftragnehmer in möglichst kurzen Zeitabständen zu gewähren. Was hierunter zu verstehen ist, ergibt sich jedoch im Einzelnen nicht aus § 16 Abs. 1 Nr. 1 S. 1 VOB/B. Maßgebend ist deshalb zunächst, was die Parteien **zu den Zeitabständen** vertraglich vereinbaren, innerhalb derer jeweils Abschlagszahlungen verlangt werden können. Die Parteien haben es in der Hand, die zeitlichen Abstände insbesondere durch Zahlungspläne festzuschreiben[477]. Da § 632a BGB die Vornahme von Abschlagszahlungen unter bestimmten Voraussetzungen, letztlich jedoch in engen Grenzen und ohne Berücksichtigung bestimmter zeitlicher Vorgaben regelt, besteht bei den Parteien hinsichtlich der vertraglichen Bestimmung von zu leistenden Abschlagszahlungen weitgehender Ermessensspielraum[478].

---

[469] *Heiermann/Riedl/Rusam* VOB/B 9. Aufl., § 16 Rn. 28 unter Missachtung des Grundgedankens, wonach berechtigte Abschlagszahlungen grundsätzlich vollen Umfanges auszugleichen sind, vgl. hierzu BGH NJW 1988, 55; LG München I BauR 1992, 270.
[470] Vgl. *Joussen/Vygen* Subunternehmervertrag Rn. 316.
[471] Vgl. hierzu *Kandel* in Beck'scher VOB-Kommentar VOB/B § 16 Abs. 1 Rn. 57 f.
[472] Im Einzelnen → VOB/B § 17 Rn. 210 ff.
[473] *Heiermann/Riedl/Rusam* VOB/B § 16 Rn. 41; *Kandel* in Beck'scher VOB-Kommentar VOB/B § 16 Abs. 1 Rn. 57 f.
[474] Vgl. BGH NJW-RR 1988, 851; *Kandel* in Beck'scher VOB-KommentarVOB/B § 16 Abs. 1 Rn. 11 ff.
[475] BGH BauR 1987, 694.
[476] BGH BauR 2011, 677; *Joussen* in Ingenstau/Korbion VOB/B § 17 Abs. 1 Rn. 40; *Schulze-Hagen* BauR 2007, 170 (176); *Hildebrandt* BauR 2007, 203 (205); *Schmitz/Vogel* ZfIR 2002, 509 (515).
[477] *Heiermann/Riedl/Rusam* VOB/B § 16 Rn. 46.
[478] AA *Leinemann* VOB/B § 16 Rn. 27, der zu Unrecht eine wesentliche Abweichung von § 632a BGB bei zeitlichen Abständen von 6 Wochen annimmt.

Sofern die Parteien keine individuelle Vereinbarung zu den zeitlichen Abständen, in denen **118** Abschlagsrechnungen vorgelegt werden können, getroffen haben, kommt es entscheidend auf Art und Umfang der ausgeführten Bauleistungen, die Höhe der jeweiligen Abschlagsforderungen sowie die Besonderheiten der jeweiligen Baustelle an, um die **Angemessenheit der zeitlichen Abstände** zu beurteilen[479]. Feste Richtgrößen von zwei oder vier Wochen lassen sich schon wegen der Unterschiedlichkeit der auszuführenden Bauleistungen und der jeweiligen zeitlichen Bauabläufe nicht begründen[480]. Werden innerhalb kurzer Zeit besonders werthaltige Bauleistungen vom Auftragnehmer ausgeführt, kann er unter Umständen bereits nach Ablauf von einigen Tagen berechtigt sein, eine weitere Abschlagsrechnung zu stellen; zieht sich die Ausführung der Arbeiten in die Länge oder werden wertmäßig nur sukzessive geringwertige Arbeiten ausgeführt, kommen längere Abstände in Betracht, die durchaus auch vier oder sechs Wochen überschreiten können. **Zu kurz bemessene Abstände** können im Einzelfall unangemessen sein, da die rasche Aufeinanderfolge von Abschlagsrechnungen erhöhten Überprüfungs- und Kontrollaufwand bei dem Auftraggeber auslöst[481].

VIII. Abschlagszahlungen auf Baustoffe und Bauteile (§ 16 Abs. 1 Nr. 1 S. 3 VOB/B)

Abschlagszahlungen können vom Auftragnehmer für die jeweils nachgewiesenen vertrags- **119** gemäßen Leistungen gefordert werden (§ 16 Abs. 1 Nr. 1 S. 1 VOB/B). Zu diesen Leistungen sollen nach § 16 Abs. 1 Nr. 1 S. 3 VOB/B auch die für die geforderte Bauleistung **eigens angefertigten und bereit gestellten Bauteile** sowie die auf der Baustelle angelieferten Stoffe und Bauteile gehören. Allerdings wird die Befugnis zur Geltendmachung von Abschlagsforderungen bei derartigen Baustoffen und Bauteilen davon abhängig gemacht, dass dem Auftraggeber nach seiner Wahl das **Eigentum** an ihnen übertragen **oder aber** ihm **entsprechende Sicherheit** gewährt wird. Dem Auftragnehmer wird auf diese Weise die Möglichkeit gegeben, über von ihm beschaffte oder angefertigte Baustoffe und Bauteile bereits vor ihrem Einbau am Bauvorhaben des Auftraggebers eine Abschlagsrechnung vorzulegen. Da angelieferte Baustoffe und vorproduzierte Bauteile gemäß § 946 iVm § 94 BGB erst zu wesentlichen Bestandteilen des Grundstückes und Gebäudes werden, wenn sie vom Auftragnehmer am Bauvorhaben eingebaut und damit fest mit dem Grundstück bzw. Gebäude verbunden werden[482], ist der Auftraggeber bei Baustoffen und Bauteilen, die noch nicht zum Einbau gelangt sind, an der wirtschaftlichen Absicherung der von ihm erbrachten Abschlagszahlungen naturgemäß interessiert. Aus gleichen Erwägungen sieht § 632a BGB für die (nunmehr) gesetzlich begründeten Abschlagszahlungen (ebenfalls) ausdrücklich vor, dass der Auftragnehmer zwar für erforderliche Baustoffe und Bauteile Abschläge beanspruchen kann, dass ihm dieser Anspruch jedoch nur dann zustehen soll, wenn er (zugleich) dem Besteller Eigentum an den Baustoffen bzw. Bauteilen überträgt oder aber entsprechende Sicherheit leistet[483].

1. Abschlagszahlung für angefertigte und bereit gestellte Bauteile. Die Vorschrift des **120** § 16 Abs. 1 Nr. 1 S. 3 VOB/B bezieht sich zunächst auf die vom Auftragnehmer **eigens angefertigten und bereit gestellten Bauteile,** die für die geschuldete Bauleistung des Auftragnehmers erforderlich sind. Bauteile sind bewegliche Sachen, die – hergestellt aus einzelnen bzw. verschiedenen Baustoffen – nach ihrem Einbau eine selbstständige Einzelfunktion am Bauwerk haben. Dabei kann es sich um individuell oder aber auch in Serie hergestellte, spätere Bestandteile des Baukörpers handeln (Rohrleitungen, Fenster, Türen etc). Darüber hinaus gehören auch individuell für die Baumaßnahme hergestellte bzw. vorgefertigte Elemente zu den Bauteilen (Fassadenteile, Einbautreppen, Trennwände)[484].

Um Abschlagszahlungen für derartige Bauteile beanspruchen zu können, müssen sie eigens für **121** die Baustelle des Auftraggebers angefertigt und bereitgestellt worden sein[485]. Ob es sich bei ihnen

---

[479] Heiermann/Riedl/Rusam VOB/B § 16 Rn. 46.
[480] AA Heiermann/Riedl/Rusam VOB/B § 16 Rn. 46, der von 4-Wochen-Fristen ausgeht; ebenso Zanner in FKZG VOB/B § 16 Rn. 39; Leinemann VOB/B § 16 Rn. 27 mit einer 14-tägigen Abrechnungsweise.
[481] Vgl. Heiermann/Riedl/Rusam VOB/B § 16 Rn. 46; Leinemann VOB/B § 16 Rn. 27.
[482] Vgl. Ellenberger in Palandt BGB § 94 Rn. 2 ff.
[483] Vgl. hierzu Kniffka ZfBR 2000, 227 (229); Motzke NZBau 2000, 489 (492).
[484] Vgl. Ingenstau/Korbion VOB/A § 1 Rn. 23; Leinemann VOB/B § 16 Rn. 30 ff.
[485] BGH NJW 1986, 1681 (1682); Heiermann/Riedl/Rusam VOB/B § 16 Rn. 34.

um **Sonder- oder aber Serienanfertigung** handelt, ist ohne Bedeutung[486]. Unerheblich ist, ob der Auftragnehmer die Bauteile selbst produziert oder aber von Dritten hat anfertigen lassen[487]. Die Bauteile brauchen nicht (bereits) auf der Baustelle angeliefert zu sein, es genügt vielmehr, dass sie für das Bauvorhaben des Auftraggebers fertig gestellt und – an welcher Stelle auch immer – zum vorgesehenen Einbau bereitgestellt wurden[488]. Dies setzt aber voraus, dass die Bauteile an ihrem jeweiligen Aufbewahrungsort als solche eindeutig gekennzeichnet und ausgesondert sind[489]. Bei Sonderanfertigungen wird sich dies regelmäßig einfacher vom Auftragnehmer darlegen und beweisen lassen als bei üblichen Serienprodukten, zu denen eine eindeutige Konkretisierung unabdingbar ist[490]. Bei Serienprodukten wird der Auftragnehmer daher neben der Aussonderung besonderen Wert auf eine eindeutige Beschriftung legen, der zu entnehmen ist, für welchen Auftraggeber und für welches Bauvorhaben die gefertigten Bauteile bestimmt sind[491].

122 **2. Abschlagszahlung für auf die Baustelle gelieferte Baustoffe und Bauteile.** Unabhängig hiervon kann der Auftragnehmer für die auf die Baustelle gelieferten Baustoffe und Bauteile Abschläge beanspruchen. Während die vorgenannte erste Alternative des § 16 Abs. 1 Nr. 1 S. 3 VOB/B ausschließlich auf das Anfertigen und Bereitstellen der für die Baustelle gefertigten Bauteile abhebt, kommt es für die zweite Alternative entscheidend darauf an, dass sowohl Baustoffe wie auch Bauteile bereits **auf die Baustelle geliefert** wurden und dort befindlich sind[492]. Mit dem Begriff der Baustoffe verbindet sich das zur Be- und Verarbeitung bei der Ausführung der Bauleistungen erforderliche Material (Bausteine, Bretter, Kleber, Nägel etc)[493]. Sowohl die Baustoffe wie die Bauteile müssen vom Auftragnehmer oder auf dessen Veranlassung auf die Baustelle verbracht worden sein. Die angelieferten Bauteile und Baustoffe müssen für die Baumaßnahme des Auftraggebers bestimmt sein.

123 **3. Abschlagszahlung für eingebaute Baustoffe und Bauteile.** Sobald die angefertigten und angelieferten Baustoffe und Bauteile bei dem Bauvorhaben des Auftraggebers **zum Einbau gelangt sind,** richtet sich das Abschlagsverlangen des Auftragnehmers nach § 16 Abs. 1 Nr. 1 S. 1 VOB/B. Mit dem Einbau der Baustoffe und Bauteile in das Bauvorhaben kommt es zum gesetzlichen Eigentumserwerb des jeweiligen Grundstückseigentümers (§ 946 BGB). Durch den Eigentumsübergang bzw. durch die feste Verbindung mit dem Bauwerk ist für eine hinreichend individualisierte Zuordnung zu den zugunsten des Auftragnehmers zu vergütenden Bauleistungen Sorge getragen (vgl. § 946 BGB).

124 **4. Abschlagszahlung für nicht eingebaute Baustoffe und Bauteile.** Raum für die Heranziehung des § 16 Abs. 1 Nr. 1 S. 3 VOB/B ist nur dort und solange, wie es sich bei den Baustoffen und Bauteilen (noch) um **bewegliche Gegenstände** handelt. Weder die Anfertigung „zugunsten des Auftraggebers" noch die Anlieferung der beweglichen Bauteile und Baustoffe führt zu einem Übergang des Eigentums auf den Auftraggeber[494]. Wirtschaftlich bleiben die Baustoffe und Bauteile nach bloßer Bereitstellung und/oder Anlieferung dem Auftragnehmer zugeordnet. Dieser kann deshalb vom Grundsatz her (noch) keine Vergütung vom Auftraggeber beanspruchen, da die von ihm geschuldeten Leistungen noch nicht abgeschlossen und dem Auftraggeber wirtschaftlich zugewendet sind.

125 Vor diesem Hintergrund versteht es sich, dass für derartige Baustoffe und Bauteile Vergütung nur beansprucht werden kann, wenn dem Auftraggeber entweder das Eigentum übertragen oder aber ihm hinreichende Sicherheit gestellt ist. Dem Auftraggeber steht dabei das **Auswahlrecht** zwischen Eigentumsübertragung oder aber anderweitiger Sicherheitsleistung zu[495]. Auf Verlangen des Auftragnehmers hat der Auftraggeber von dem Wahlrecht Gebrauch zu machen. Dem

---

[486] *Leinemann* VOB/B § 16 Rn. 31.
[487] *Heiermann/Riedl/Rusam* VOB/B § 16 Rn. 34.
[488] *Zanner* in FKZG VOB/B § 16 Rn. 21.
[489] *U. Locher* in Ingenstau/Korbion VOB/B § 16 Abs. 1 Rn. 21.
[490] *Heiermann/Riedl/Rusam* VOB/B 9. Aufl., § 16 Rn. 34.
[491] *U. Locher* in Ingenstau/Korbion VOB/B § 16 Abs. 1 Rn. 20 ff.; *Zanner* in FKZG VOB/B, 4. Aufl., § 16 Rn. 23.
[492] *Zanner* in FKZG VOB/B § 16 Rn. 24.
[493] Vgl. *Ingenstau/Korbion* VOB/A § 1 Rn. 78.
[494] BGH NJW 1986, 1681 (1683).
[495] *Leinemann* VOB/B § 16 Rn. 33.

Auftragnehmer steht ein Anspruch auf Vornahme der Auswahl durch den Auftraggeber zu[496]. Kommt der Auftraggeber trotz fristgebundener Aufforderung des Auftragnehmers der Verpflichtung zur Auswahl nicht nach, so verstößt er damit gegen ihm obliegende Mitwirkungspflichten[497]. In derartigen Fällen erscheint es angemessen, das Wahlrecht in entsprechender Anwendung des § 642 BGB dem Auftragnehmer zu überlassen.

5. Abschlagszahlung bei Eigentumsübertragung nach §§ 929 ff. BGB. Entscheidet sich **126** der Auftraggeber für die **Übertragung des Eigentums,** so richtet sich diese nach §§ 929 ff. BGB[498]. Sind die Baustoffe und Bauteile bereits auf der Baustelle angeliefert und dort vorhanden, beurteilt sich der Eigentumsübergang nach § 929 BGB[499]. Zur Übertragung des Eigentums ist es erforderlich, dass die Baustoffe und Bauteile dem Auftraggeber übergeben werden und beide darüber einig sind, dass damit der Eigentumsübergang verbunden sein soll (§ 929 S. 1 BGB). Die Vereinbarung kann ausdrücklich oder ausnahmsweise im Einzelfall auch durch schlüssige Erklärungen der Parteien erfolgen[500]. Sofern sich die vorgefertigten und bereit gestellten Bauteile (noch) nicht auf der Baustelle befinden, bedarf es der Begründung eines Besitzkonstitutes im Sinne von § 930 BGB bzw. der Abtretung des dinglichen Herausgabeanspruches gegen einen dritten Besitzer, etwa den Hersteller oder aber Verwahrer der Bauteile[501]. Allerdings ist zu beachten, dass üblicherweise Baustoffe und Bauteile, die von Dritten hergestellt bzw. geliefert werden, regelmäßig unter Vereinbarung des Eigentumsvorbehaltes veräußert werden[502]. Der gutgläubige Erwerb unter Eigentumsvorbehalt stehender Baustoffe und Bauteile ist gemäß § 932 BGB nur eingeschränkt möglich[503].

6. Abschlagszahlung und Sicherheitsleistung. Der Auftraggeber kann alternativ **Sicher- 127 heit beanspruchen.** Die Formen der Sicherheitsleistung ergeben sich aus §§ 232–240 BGB[504]. Dies ergibt sich nicht zuletzt aus § 17 Abs. 1 Nr. 1 VOB/B. Beansprucht der Auftraggeber entsprechende Sicherheit, steht das Recht zur Wahl unter den verschiedenen Arten der Sicherheit gemäß § 17 Abs. 3 VOB/B dem Auftragnehmer (und nicht dem Auftraggeber) zu[505]. Üblicherweise verständigen sich die Parteien auf die Übergabe einer selbstschuldnerischen Bürgschaft eines Kreditinstitutes zur Erfüllung des Sicherheitenverlangens[506]. Der Zweck der Sicherheitsleistung entfällt, sobald die Baustoffe und Bauteile in das Bauwerk eingefügt wurden[507]. Mit dem Einbau der Baustoffe und Bauteile wandelt sich der Anspruch auf Abschlagszahlung gemäß § 16 Abs. 1 Nr. 1 S. 3 VOB/B in einen solchen nach § 16 Abs. 1 Nr. 1 S. 1 VOB/B mit der Folge um, dass diese ohne Stellung einer Sicherheitsleistung zu erfüllen ist. Dementsprechend ist der Auftraggeber verpflichtet, die Sicherheitsleistung an den Auftragnehmer zurückzugewähren, sobald dieser ihm gegenüber den Einbau der gesicherten Baustoffe und Bauteile nachgewiesen hat[508]. Aufgrund der Akzessorietät der Abschlagssicherungsbürgschaft erlischt diese mit dem Einbau der gesicherten Baustoffe und Bauteile automatisch[509].

7. Abschlagszahlung und Wertbemessung. Die **Höhe der Abschlagszahlung für Bau- 128 stoffe und Bauteile** richtet sich nicht nach dem Verkehrs- und Handelswert der jeweiligen Gegenstände[510]. Abschlagszahlungen werden ausschließlich nach Maßgabe der im Bauvertrag ausgewiesenen Leistungen sowie nach Maßgabe des Preis-Leistungs-Gefüges des abgeschlossenen

---

[496] *Heiermann/Riedl/Rusam* VOB/B § 16 Rn. 35; *Leinemann* VOB/B § 16 Rn. 33.
[497] *Kandel* in Beck'scher VOB-Kommentar VOB/B § 16 Abs. 1 Rn. 36.
[498] *Heiermann/Riedl/Rusam* VOB/B § 16 Rn. 35.
[499] *Kandel* in Beck'scher VOB-Kommentar VOB/B § 16 Nr. 1 Abs. 37 ff.; *Heiermann/Riedl/Rusam* VOB/ B § 16 Rn. 35.
[500] BGH MDR 1970, 410.
[501] *Kandel* in Beck'scher VOB-Kommentar VOB/B § 16 Abs. 1 Rn. 36 ff.
[502] *Bassenge* in Palandt BGB § 932 Rn. 12 mwN.
[503] *Kandel* in Beck'scher VOB-Kommentar VOB/B § 16 Abs. 1 Rn. 36 ff.
[504] *Kandel* in Beck'scher VOB-Kommentar VOB/B § 16 Abs. 1 Rn. 36 ff.
[505] Vgl. *Kandel* in Beck'scher VOB-Kommentar VOB/B § 16 Abs. 1 Rn. 36 ff.; *Heiermann/Riedl/Rusam* VOB/B § 16 Rn. 37; *Leinemann* VOB/B § 16 Rn. 33.
[506] *Hummel* in NWJS VOB/B § 16 Rn. 25.
[507] *Leinemann* VOB/B § 16 Rn. 35.
[508] *Kandel* in Beck'scher VOB-Kommentar VOB/B § 16 Abs. 1 Rn. 39.
[509] Vgl. BGH BauR 1992, 632 (633); *Kandel* in Beck'scher VOB-Kommentar VOB/B § 16 Abs. 1 Rn. 40.
[510] *Leinemann* VOB/B § 16 Rn. 36.

Vertrages geschuldet⁵¹¹. Dementsprechend muss für Baustoffe und Bauteile deren jeweiliger (anteiliger) Vertragswert ermittelt und zum Gegenstand der Abschlagsforderung gemacht werden. Da der Auftraggeber grundsätzlich verpflichtet ist, den vollen Wert tatsächlich erbrachter Leistungen bei der Bemessung der Abschlagsforderung zu berücksichtigen, stellt es einen Verstoß gegen die VOB/B als Ganzes dar, wenn vertragliche Abschlagsklauseln darauf abzielen, dem Auftragnehmer für gefertigte Bauteile lediglich 70 % ihres Wertes zu vergüten⁵¹².

IX. Einbehalt von Gegenforderungen (§ 16 Abs. 1 Nr. 2 S. 1 VOB/B)

129   **1. Gegenforderungen im Sinne des § 16 Abs. 1 Nr. 2 S. 1 VOB/B.** Dem Auftraggeber wird durch § 16 Abs. 1 Nr. 2 S. 1 VOB/B gestattet, bei bestehenden Gegenforderungen Einbehalte gegenüber (fälligen) Abschlagsforderungen des Auftragnehmers vorzunehmen. Durch diese eher deklaratorische Regelung wird klargestellt, dass dem Auftraggeber trotz (fälliger) Abschlagsforderung alle ihm vertraglich und außervertraglich zustehenden Gegenforderungen uneingeschränkt verbleiben⁵¹³. Die **Gegenforderungen können aus dem gleichen oder aber auch aus einem anderen Bauvertrage** herrühren⁵¹⁴. Erforderlich ist aber, dass es sich um Geldforderungen handelt, die dem Auftraggeber aufrechnungsfähig zustehen⁵¹⁵. Hierzu zählen Rückzahlungsansprüche aus festgestellter Überzahlung⁵¹⁶, begründete Schadensersatzansprüche sowie Ansprüche aus bereits verwirkter Vertragsstrafe⁵¹⁷. Die bestehenden Gegenforderungen brauchen jedoch wegen des vorläufigen Charakters von Abschlagszahlungen nicht notwendigerweise zur Aufrechnung gestellt zu werden⁵¹⁸. Es genügt vielmehr, wie § 16 Abs. 1 Nr. 2 VOB/B ausdrücklich besagt, dass bestehende Gegenforderungen (vorläufig) vom Auftraggeber einbehalten werden. Der vom Auftraggeber geltend gemachte Einbehalt hat deshalb zur Folge, dass der Gegenforderungsbetrag von der beanspruchten Abschlagssumme wertmäßig abgezogen wird. Wurde ein derartiger Abzug von dem Auftraggeber vorgenommen, ist es ihm verwehrt, die entsprechende Gegenforderung nochmals anderweitig abzusetzen oder aber zur Aufrechnung zu bringen⁵¹⁹, ausgenommen im Wege einer Hilfsaufrechnung.

130   **2. Beschränkung von Gegenforderungen durch Vertragsklausel. Vertragsklauseln,** die darauf abzielen, dem Auftraggeber das Recht zum Einbehalt abzuschneiden, sind AGB-rechtlich zumeist bedenklich⁵²⁰. Dies gilt vor allem für nachfolgende Vertragsklauseln:
– Unwirksam sind Klauseln, durch die das Leistungsverweigerungsrecht ausgeschlossen oder eingeschränkt wird (§ 309 Nr. 2a BGB)⁵²¹.
– Klauseln, durch die ein dem Auftraggeber zustehendes Zurückbehaltungsrecht, das auf dem selben Vertragsverhältnis beruht, ausgeschlossen oder eingeschränkt wird (§ 309 Nr. 2b BGB).
– Klauseln, durch die dem Auftraggeber die Befugnis genommen wird, mit einer unbestrittenen oder rechtskräftig festgestellten Forderung aufzurechnen (§ 309 Nr. 3 BGB)⁵²².
– Klauseln, die den Auftraggeber trotz vorliegender Mängel der erbrachten Bauleistungen zu uneingeschränkten Zahlungen verpflichten sollen⁵²³.

---

⁵¹¹ → § 16 Rn. 112.
⁵¹² BGH BauR 1991, 331 (334); *Leinemann* VOB/B § 16 Rn. 36.
⁵¹³ Vgl. *Heiermann/Riedl/Rusam* VOB/B § 16 Rn. 43.
⁵¹⁴ *U. Locher* in Ingenstau/Korbion VOB/B § 16 Abs. 1 Rn. 33; *Hummel* in NWJS VOB/B § 16 Rn. 36; aA *Heiermann/Riedl/Rusam* VOB/B 9. Aufl., § 16 Rn. 32, der betont, dass sich Gegenforderungen nur aus dem konkreten Bauvorhaben ergeben können.
⁵¹⁵ *Hummel* in NWJS VOB/B § 16 Rn. 36; *U. Locher* in Ingenstau/Korbion VOB/B § 16 Abs. 1 Rn. 33.
⁵¹⁶ BGH BauR 1977, 351 (352).
⁵¹⁷ *Kandel* in Beck'scher VOB-Kommentar VOB/B § 16 Abs. 1 Rn. 49.
⁵¹⁸ *Kleine-Möller/Merl*, 4. Aufl., § 10 Rn. 82; *Heiermann/Riedl/Rusam* VOB/B § 16 Rn. 43; *U. Locher* in Ingenstau/Korbion VOB/B § 16 Abs. 1 Rn. 34; unklar insoweit *Kandel* in Beck'scher VOB-Kommentar VOB/B § 16 Abs. 1 Rn. 49, der davon ausgeht, dass über die Bestandskraft von abgegebenen Aufrechnungserklärungen erst endgültig mit der Schlussrechnung befunden werden soll.
⁵¹⁹ Vgl. *Leinemann* VOB/B § 16 Rn. 37 ff.
⁵²⁰ Vgl. BGH NJW 1986, 3200; NJW-RR 1986, 959; NJW 1985, 852; *Leinemann* VOB/B § 16 Rn. 48; *Zanner* in FKZG VOB/B § 16 Rn. 292 ff.
⁵²¹ Vgl. BGH NJW 1986, 3200; NJW-RR 1986, 959.
⁵²² BGH BauR 1992, 622 (626); *Leinemann* VOB/B § 16 Rn. 48.
⁵²³ BGH NJW 1986, 3199 (3200).

– Klauseln, mit denen der Auftraggeber die Freigabe eines mängelbedingten Einbehaltes an die vorherige Vorlage einer Mängelfreiheitsbescheinigung eines Dritten knüpfen will, werden ebenfalls als unwirksam angesehen[524]
– Klauseln, die den Auftraggeber trotz vorliegender Mängel zur Abgabe einer Zahlungsgarantie oder aber Hinterlegung der Vergütung verpflichten[525].
– Klauseln, die darauf abzielen, eine zulässige Aufrechnung mit einer verjährten Forderung auszuschließen (§ 307 BGB)[526].

Zu den Gegenforderungen bzw. Einbehalten zählen auch alle berechtigten Skontoabzüge. Zu beachten ist, dass Skontoabzüge grundsätzlich nur zulässig sind, wenn sie zwischen den Parteien ausdrücklich vereinbart wurden (§ 16 Abs. 5 Nr. 2 VOB/B)[527]. **131**

X. Andere Einbehalte des Auftraggebers (§ 16 Abs. 1 Nr. 2 S. 2 VOB/B)

Andere als die in § 16 Abs. 1 Nr. 2 S. 1 VOB/B angesprochenen Gegenforderungen sind nur zulässig, wenn sie vertraglich vereinbart oder aber gesetzlich begründet sind. Üblicherweise finden sich hierzu Vereinbarungen der Parteien in den Besonderen oder Zusätzlichen Vertragsbedingungen zum Bauvertrag[528]. **132**

1. Einbehalt vereinbarter Sicherheitsleistung. Unter § 16 Abs. 2 S. 2 VOB/B fällt der **133** Einbehalt vereinbarter Sicherheitsleistung. Der Auftraggeber ist nach § 17 Abs. 6 Nr. 1 VOB/B befugt, die Sicherheitsleistung in Teilbeträgen von seinen zu entrichtenden Abschlagszahlungen einzubehalten. Dabei darf er die jeweiligen Abschlagszahlungen solange um höchstens 10 vH kürzen, bis die vereinbarte Sicherheitssumme erreicht ist. Der jeweils anteilig einbehaltene Betrag ist dem Auftragnehmer mitzuteilen und – jedenfalls bei größeren Aufträgen – auf das vorgesehene Sperrkonto einzuzahlen (§ 17 Abs. 6 Nr. 1 und 2 VOB/B)[529].

2. Einbehalt bei mangelhaften Bauleistungen. Ein weiteres Recht zum Einbehalt ergibt **134** sich für den Auftraggeber dann, wenn die von dem Auftragnehmer **ausgeführten Bauleistungen mangelhaft** sind. Die dem Auftraggeber in diesem Falle zustehenden Rechte ergeben sich aus § 4 Abs. 7 VOB/B[530]. Um den Auftragnehmer zur Mängelbeseitigung anzuhalten, steht dem Auftraggeber darüber hinaus an der (fälligen) Abschlagsforderungen ein Zurückbehaltungsrecht zu (§ 320 BGB). Kann der Auftraggeber die Beseitigung eines Mangels vom Auftragnehmer verlangen, so steht ihm nach § 641 Abs. 3 BGB auch vor Abnahme das Recht zu, die Auszahlung eines angemessenen Teils der (fälligen) Abschlagsforderung zu verweigern[531]. Der Gesetzgeber hat es in § 641 Abs. 3 BGB für angemessen erachtet, den (sicherungshalber) einzubehaltenden **Druckzuschlag mindestens auf das Zweifache** der für die Beseitigung des Mangels erforderlichen Kosten festzulegen. Der Auftraggeber kann deshalb das Zweifache des zu erwartenden Mängelbeseitigungsaufwandes als Einbehalt von der (fälligen) Abschlagszahlung zum Abzug bringen. Dies gilt auch bei Vorlegen der Voraussetzungen der sog Durchgriffsfälligkeit nach § 641 Abs. 2 BGB[532]. Macht der Auftraggeber von dem Recht zum Einbehalt Gebrauch, so trifft den Auftragnehmer im Zweifel die Darlegungs- und Beweislast dafür, dass der mitgeteilte Einbehalt unter Berücksichtigung der festzustellenden Mängel unangemessen hoch ist[533]. Entschieden wird hierüber ggf. im Rahmen einer auf die Abschlagsrechnung gestützten Leistungsklage. Im Falle vorliegender Mängel ist der Auftraggeber (nur) Zug um Zug gegen Beseitigung der Mängel zur Zahlung des Abschlagsbetrages zu verurteilen[534].

Leinemann vertritt demgegenüber den Standpunkt, zur Wahrung ausreichender Liquidität des Auftragnehmers sei der Einbehalt bei mangelhaft ausgeführten Bauleistungen dem Umfange nach auf die mit einem moderaten Aufschlag zu ermittelnden Ersatzvornahmekosten zu be-

---

[524] OLG Köln *SFH* § 641 BGB Nr. 2; *Leinemann* VOB/B § 16 Rn. 48.
[525] BGH NJW 1993, 3264.
[526] Vgl. OLG Hamm NJW-RR 1993, 1082.
[527] → § 16 Rn. 289.
[528] *Heiermann/Riedl/Rusam* VOB/B § 16 Rn. 43.
[529] → § 17 Rn. 210 ff.
[530] → § 4 Rn. 148 ff.
[531] BGHZ 73, 140; *Sprau* in Palandt BGB § 641 Rn. 11.
[532] OLG Bamberg BauR 2009, 113; OLG Nürnberg OLGR 2003, 336.
[533] BGH BauR 1997, 133; *Leinemann* VOB/B § 16 Rn. 50.
[534] BGH BauR 1991, 81 (82); *Kandel* in Beck'scher VOB-Kommentar VOB/B § 16 Abs. 1 Rn. 54.

schränken; für den Fall endgültiger Verweigerung der Mängelbeseitigung durch den Auftragnehmer schlägt er eine Reduzierung des Einbehalts auf die Höhe der voraussichtlich Ersatzvornahmekosten vor[535]. Die vorgeschlagene Begrenzung des Druckzuschlages auf – ggf. moderat erhöhte – Mängelbeseitigungskosten widerspricht nicht nur der gesetzgeberischen Vorstellung, wonach ein mängelbedingter Druckzuschlag nach § 641 Abs. 3 BGB das zweifache des zu erwartenden Mängelbeseitigungsaufwandes zu umfassen hat, der Vorschlag führt zugleich ersichtlich dazu, dass der für die mangelhafte Ausführung von Bauleistungen verantwortliche Auftragnehmer das Interesse an der Ausführung von Mängelbeseitigungsarbeiten verlieren wird, weil er für die erforderlichen Arbeiten mehr oder weniger Kosten aufwenden muss, die ihrem Umfange nach in etwa dem Einbehalt des Auftraggebers entsprechen. Vor diesem Hintergrund ist sowohl aus Gründen normativer Vorgabe wie auch aus Praktikabilitätsgesichtspunkten dem Umfange nach (zumindest) an einem Druckzuschlag in zweifacher Höhe der zu erwartenden Mängelbeseitigungskosten entsprechend § 641 Abs. 3 BGB festzuhalten.

135   **3. Kumulation aus Sicherheits- und Mängeleinbehalt.** Besonderheiten gelten bei der **Kumulation aus Sicherheits- und Mängeleinbehalt.** Der vereinbarte und dem Auftraggeber zur Verfügung stehende Sicherheitseinbehalt ändert vom Grundsatz her nichts an der Befugnis, bei Auftreten von Baumängeln in der Ausführungsphase einen zusätzlichen mängelbedingten Einbehalt geltend zu machen[536]. Ausschlaggebend hierfür ist der Umstand, dass die vereinbarte Sicherheitsleistung regelmäßig dem Auftraggeber ungeschmälert bis zur vertragsgemäßen Erfüllung aller übernommener Bauleistungen zur Verfügung stehen soll. Der Auftraggeber braucht sich deshalb hinsichtlich von Mängelbeseitigungskosten nicht auf die einbehaltene Sicherheit verweisen zu lassen[537]. Nur ausnahmsweise kann es gegen das Gebot von Treu und Glauben verstoßen, wenn der Auftraggeber trotz vom Umfang her beträchtlicher Sicherheitsleistung zusätzliche Einbehalte wegen geringfügiger Mängel vornimmt und durch einen berücksichtigten Druckzuschlag in Höhe des Zweifachen des Mängelbeseitigungsaufwandes den Auftragnehmer unangemessen benachteiligt.

XI. Frist zur Vornahme der Abschlagszahlung (§ 16 Abs. 1 Nr. 3 VOB/B)

136   **1. Neufassung durch die VOB 2012.** Nach § 16 Abs. 1 Nr. 3 VOB/B 2002 wurden Ansprüche auf Abschlagszahlungen binnen 18 Werktagen nach Zugang der Aufstellung fällig. Mit der VOB 2012 ist die Bestimmung neu gefasst worden. Ansprüche auf Abschlagszahlungen werden nunmehr binnen 21 (Kalender-) Tagen nach Zugang der Aufstellung fällig (§ 16 Abs. 1 Nr. 3 VOB/B 2012). Mit der Umstellung auf Kalendertage anstelle von Werktagen verbindet sich lediglich eine Harmonisierung der Fristbemessung. Im BGB ist regelmäßig von Kalendertagen und nicht von Werktagen die Rede, vgl. § 286 Abs. 3 BGB.

Nach § 286 Abs. 3 S. 1 BGB gerät der Schuldner einer Geldforderung (spätestens) in Verzug, wenn er nicht innerhalb von 30 Tagen nach Fälligkeit und Zugang einer Rechnung oder einer gleichwertigen Forderungsaufstellung die geschuldete Zahlung vornimmt. Ist nun aber der Zeitpunkt des Zuganges der Rechnung oder Zahlungsaufstellung unsicher bzw. unklar, kommt der gewerbliche Schuldner nach § 286 Abs. 3 S. 2 BGB spätestens 30 Tage „nach Fälligkeit und Empfang der Gegenleistung" in Verzug. Die Vorschrift ist inhaltlich misslungen, da auf diese Weise die Fälligkeit vor dem Rechnungszugang eintreten kann[538]. Auch wenn die Erteilung einer Rechnung gesetzlich oder vertraglich zur Fälligkeitsvoraussetzung erhoben wurde, soll es vom Grundsatz her bei diesem Auslegungsverständnis des § 286 Abs. 3 BGB verbleiben[539]. Durch § 16 Abs. 1 Nr. 3 VOB/B wird für Abschlagszahlungen klargestellt, dass es für die Fälligkeit nicht auf die erbrachte Gegenleistung, sondern entscheidend auf den Zugang der Rechnung oder Zahlungsaufstellung im Sinne von § 286 Abs. 3 S. 2 BGB ankommt. Unter Berücksichtigung der vorgesehenen Prüffrist von 21 Kalendertagen tritt deshalb die Fälligkeit

---

[535] *Leinemann* VOB/B 6. Aufl. § 16 Rn. 49 m. w. N.
[536] BGH BauR 1981, 577 (580).
[537] BGH BauR 1981, 577 (579); *Kandel* in Beck'scher VOB-Kommentar VOB/B § 16 Abs. 1 Rn. 54; *U. Locher* in Ingenstau/Korbion VOB/B § 16 Abs. 1 Rn. 38, der aber offenbar eine partielle Verweisung auf die Sicherheitsleistung für zulässig erachtet; aA Trapp BauR 1983, 318, der einen Mängeleinbehalt nur nach Ausschöpfung der zur Verfügung stehenden Sicherheitsleistung für zulässig erachtet.
[538] *Heinrichs* BB 2001, 157 (159).
[539] Vgl. *Kratzenberg* NZBau 2002, 177 (183).

von Abschlagszahlungen erst 21 Kalendertage nach Zugang der Aufstellung bzw. der Abschlagsrechnung ein.

Die Vorschrift des § 16 Abs. 1 Nr. 3 VOB/B bezieht sich nur auf Abschlagszahlungen und **137** nicht auf sonstige Zahlungen nach dem abgeschlossenen Bauvertrag, es sei denn, die Parteien haben ihnen die Qualität von Abschlagszahlungen zugemessen. Aus diesem Grunde kommt bei Abschlagszahlungen im Sinne von § 16 Abs. 1 VOB/B auch der Frage der Abnahme oder Teilabnahme von Bauleistungen keine Bedeutung zu[540]. Der Fälligkeitsbestimmung des § 271a BGB kommt insoweit keine Bedeutung zu, da Abschlagszahlungen nicht von § 271a erfasst werden, vgl. § 271a Abs. 5 Nr. 1 VOB/B[541].

2. Frist zur Vornahme der Abschlagszahlung. Die **Frist zur Vornahme der Abschlags- 138 zahlung** beginnt mit dem Zugang der prüfbaren Aufstellung im Sinne des § 16 Abs. 1 Nr. 1 VOB/B[542]. Die Berechnung der Frist von 21 Kalendertagen erfolgt nach §§ 186 ff. BGB. Sofern die Frist von 21 Kalendertagen an einem Samstag oder Sonntag endet, verlängert sie sich gemäß § 193 BGB auf den nächstfolgenden Werktag.

3. Zugang der Zahlungsaufstellung. Die **Aufstellung muss** grundsätzlich dem Auftrag- **139** geber als Zahlungspflichtigem **zugehen.** Eine Ausnahme gilt nur dann, wenn der Auftraggeber ausdrücklich einen Dritten als Empfänger der Aufstellung bezeichnet, etwa seinen mit der Rechnungsprüfung beauftragten bauleitenden Architekten[543]. Allein aus der Einschaltung eines mit der Leistungsphase 8 betrauten Architekten kann jedoch nicht darauf geschlossen werden, dass dieser (zwingend) als Empfänger der Aufstellung anzusehen ist[544]. Es muss nämlich dem Auftraggeber überlassen bleiben, ob er den von ihm beauftragten Architekten im Einzelfall mit der Prüfung von Abschlagsrechnungen befasst. Dementsprechend darf es durch einen vom Auftraggeber angeordneten Rechnungslauf über den mit der Prüfung beauftragten Architekten nicht zu einer (automatischen) Verlängerung der in § 16 Abs. 1 Nr. 3 vorgesehenen Frist von 21 Kalendertagen kommen.

4. Prüfungsfrist. Die **Prüfungsfrist von 21 Kalendertagen** ist durch den Auftraggeber **140** einzuhalten. Sie gilt auch dann, wenn der Auftraggeber die ihm zugegangene Aufstellung zunächst an seinen bauleitenden Architekten zur internen Überprüfung weiterleitet. Bei Beteiligung externer wie interner Prüfstellen hat der Auftraggeber den Überprüfungsablauf so zu organisieren, dass die relativ knapp bemessene Frist von 21 Kalendertagen in jedem Falle gewahrt wird[545]. Diese Grundsätze gelten auch für den öffentlichen Auftraggeber, selbst wenn dieser üblicherweise erhöhten internen Überprüfungsaufwand zu tätigen hat[546].

Die Frist des § 16 Abs. 1 Nr. 3 VOB/B kann durch individuelle Vereinbarung der Parteien – **141** insbesondere während des Bauablaufes – verlängert werden[547]. Demgegenüber kommt eine **Verlängerung der Prüfungsfrist** in Besonderen oder Zusätzlichen Vertragsbedingungen regelmäßig nicht in Betracht[548]. Im Lichte des § 9 AGBG aF wurde eine in Besonderen oder Zusätzlichen Vertragsbedingungen vorgesehene Verlängerung der Prüfungsfrist von allenfalls 6 Werktagen für zulässig erachtet. Nach § 286 Abs. 3 BGB erscheint es indes vor dem Hintergrund des § 307 Abs. 1 BGB durchaus nicht unangemessen, wenn die Prüfungs- und damit die Zahlungsfrist auf insgesamt 30 Werktage verlängert wird. Dem steht auch § 271a BGB nicht entgegen, weil sich die Vorschrift über die Begrenzung von Zahlungs- und Überprüfungsfristen ausdrücklich nicht auf Vereinbarungen erstreckt, die zu Abschlagszahlungen zwischen den Parteien getroffen werden, vgl. § 271a Abs. 5 Nr. 1 BGB[549].

---

[540] BGH ZfBR 1979, 66, 67; *Zanner* in FKZG VOB/B § 16 Rn. 50.
[541] *Spitzer* MDR 2014, 933 (937).
[542] *Kandel* in Beck'scher VOB-Kommentar VOB/B § 16 Abs. 1 Rn. 62; *Zanner* in FKZG VOB/B § 16 Rn. 44.
[543] *Heiermann/Riedl/Rusam* VOB/B § 16 Rn. 47.
[544] AA offenbar *Kandel* in Beck'scher VOB-Kommentar VOB/B § 16 Nr. 1 Rn. 62.
[545] *U. Locher* in Ingenstau/Korbion VOB/B § 16 Abs. 1 Rn. 43; *Heiermann/Riedl/Rusam* VOB/B § 16 Rn. 47.
[546] *Zanner* in FKZG VOB/B § 16 Rn. 43.
[547] AA wohl *Heiermann/Riedl/Rusam* VOB/B § 16 Rn. 47, die einer Verlängerung der Zahlungsfrist kritisch gegenüberstehen.
[548] *U. Locher* in Ingenstau/Korbion VOB/B § 16 Abs. 1 Rn. 44; *Heiermann/Riedl/Rusam* VOB/B § 16 Rn. 47.
[549] AA *Kandel* in Beck'scher VOB-Kommentar VOB/B, 3. Aufl., § 16 Abs. 1 Rn. 60.

Hiervon zu unterscheiden ist die Frage, wie zu verfahren ist, wenn **Prüffähigkeitseinwendungen** bestehen[550]. Aus § 16 Abs. 3 Nr. 1 S. 3 VOB/B kann entnommen werden, dass Prüfbarkeitseinwendungen nur (noch) innerhalb der Fälligkeits- bzw. Zahlungsfrist vorgebracht werden können. Auch wenn die angesprochene Regelung unmittelbar nur Anwendung findet auf die Prüfung von Schlussrechnungen, kann im Ergebnis für Fälligkeits- bzw. Zahlungsfristen zu Abschlagsrechnungen nichts Abweichendes gelten. Soweit deshalb § 16 Abs. 1 Nr. 3 VOB/B Ansprüche auf Abschlagszahlungen binnen 21 Tagen nach Zugang der zugrunde liegenden Aufstellung (Abschlagsrechnung) fällig werden sollen, sind bis zu diesem Zeitpunkt auch etwaige der Fälligkeit entgegenstehende Prüffähigkeitseinwendungen vom Auftraggeber vorzubringen[551]. Haben die Parteien die Fälligkeits- bzw. Zahlungsfrist einvernehmlich (und wirksam) auf 30 Kalendertage verlängert, so verlängert sich entsprechend auch die jeweilige Frist zur Geltendmachung von Prüffähigkeitseinwendungen.

142 **5. Prüfungsergebnis.** Über das **Ergebnis der Überprüfung** ist der Auftragnehmer zu unterrichten. Eine entsprechende Verpflichtung ergibt sich zwar nicht unmittelbar aus § 16 Abs. 1 VOB/B, folgt jedoch aus dem allgemeinen für die Abwicklung des Bauvertrages prägenden Kooperationsgedanken. Ohne eine Unterrichtung über das Ergebnis der Aufstellungsprüfung kann der Auftragnehmer nachfolgende Zahlungen des Auftraggebers nicht ohne weiteres zuordnen, wenn diese ihrem Umfange nach von der Abschlagsforderung abweichen.

143 **6. Zahlungsfrist.** Für die **Rechtzeitigkeit der Zahlung** kommt es auf die Einhaltung der Frist von 21 Kalendertagen an. Bislang entsprach es allgemeiner Auffassung, dass dem Auftragnehmer innerhalb vorgenannter Frist die auf die Abschlagsforderung geleistete Zahlung auch zugegangen bzw. gutgeschrieben sein musste. Da es sich bei einer Geldschuld regelmäßig um eine Schickschuld handelt, sollte es lediglich darauf ankommen, dass der Auftraggeber innerhalb der Zahlungsfrist alles Erforderliche veranlasst hatte, um die Übermittlung des Abschlagsbetrages sicherzustellen[552]. Dies sollte sowohl für den Zahlungsausgleich per Überweisung wie auch bei Überlassung von Verrechnungsschecks gelten[553]. Nach einer Entscheidung des EuGH aus dem Jahre 2008 ist allerdings Art. 3 Nr. 1c der Zahlungsverzugsrichtlinie so zu verstehen, dass es nunmehr für die Rechtzeitigkeit auf den Eingang des Abschlagsbetrages auf dem Konto des Auftragnehmers ankommt[554]. Bei Zahlung per Verrechnungsscheck müsste streng genommen der Eingang des Schecks so rechtzeitig vor dem Zahlungszeitpunkt erfolgen, dass der Scheck noch rechtzeitig vom Auftragnehmer eingelöst werden kann[555].

144 **7. Verstoß gegen die Zahlungsfrist. Unterbleibt die fristgerechte Prüfung bzw. die fristgerechte Zahlung** des Abschlagsbetrages, so stehen dem Auftragnehmer folgende Möglichkeiten offen:

– Zahlt der Auftraggeber bei Fälligkeit der Abschlagsforderung nicht, so kann ihm der Auftragnehmer eine angemessene Nachfrist setzen. Zahlt er auch innerhalb dieser Nachfrist nicht, so hat der Auftragnehmer vom Ende der Nachfrist an Anspruch auf Zinsen in Höhe der in § 288 BGB angegebenen Zinssätze, sofern er nicht einen höheren Verzugsschaden nachzuweisen im Stande ist (§ 16 Abs. 5 Nr. 3 S. 1 VOB/B).
– Ungeachtet dessen kommt der Auftraggeber jedoch ohne Nachfristsetzung spätestens 30 Tage nach Zugang der Rechnung/Aufstellung bei Abschlagszahlungen in Zahlungsverzug, wenn der Auftragnehmer seine vertraglichen und gesetzlichen Verpflichtungen erfüllt und den fälligen Entgeltbetrag nicht rechtzeitig erhalten hat, es sei denn, der Auftraggeber ist für den Zahlungsverzug nicht verantwortlich (§ 16 Abs. 5 Nr. 3 S. 2 VOB/B). Die Frist von 30 Tagen verlängert sich (ausnahmsweise) auf höchstens 60 Tage, wenn sie aufgrund der besonderen Natur oder Merkmale der Vereinbarung sachlich gerechtfertigt ist und ausdrücklich vereinbart wurde (§ 16 Abs. 5 Nr. 3 S. 3 VOB/B).

---

[550] Vgl. *Kandel* in Beck'scher VOB-Kommentar VOB/B § 16 Abs. 1 Rn. 61 mwN.
[551] OLG Frankfurt BauR 2008, 842; *Kues/May* BauR 2007, 1137 (1140); aA *Kandel* in Beck'scher VOB-Kommentar VOB/B § 16 Abs. 1 Rn. 61.
[552] Im Einzelnen → § 16 Rn. 43 ff.
[553] Im Einzelnen → § 16 Rn. 45 ff.
[554] EuGH IBR 2008, 254; OLG Köln NJW 2007, 1024.
[555] *Leinemann* VOB/B § 16 Rn. 58; *Kandel* in Beck'scher VOB-Kommentar VOB/B, 3. Aufl., § 16 Abs. 1 Rn. 62 mwN.

– Der Auftragnehmer darf die Arbeiten bei Zahlungsverzug bis zur Zahlung durch den Auftraggeber einstellen, wenn er dem Auftraggeber zuvor eine angemessene Frist gesetzt hat und diese erfolglos verstrichen ist (§ 16 Abs. 5 Nr. 4 VOB/B).
– Wenn der Auftraggeber seiner Verpflichtung zur Begleichung der Abschlagsrechnung nicht nachkommt, kann der Auftragnehmer ferner von der Möglichkeit Gebrauch machen, den Bauvertrag zu kündigen, wenn er zuvor dem Auftraggeber ohne Erfolg eine angemessene Frist zur Vertragserfüllung gesetzt und ihm dabei erklärt hat, dass er nach fruchtlosem Ablauf der gesetzten Frist das Vertragsverhältnis kündigen werde (§ 9 Abs. 1 Nr. 2 VOB/B).
– Der Auftragnehmer kann weiterhin Zahlungsklage gestützt auf die vorgelegte Abschlagsrechnung gegen den Auftraggeber erheben[556]. Hieran ändert auch der Umstand nichts, dass Abschlagszahlungen lediglich vorläufigen Charakter haben[557].

Der Auftragnehmer wird die von ihm **auszuwählende Vorgehensweise** bei ausbleibenden **145** Abschlagszahlungen jeweils eingehend zu überdenken haben. Dies gilt vor allem dann, wenn von dem Auftraggeber Einbehalte vorgenommen oder sonstige Einwendungen erhoben werden. Entscheidet sich der Auftragnehmer in derartigen Fällen für die Einstellung der Arbeiten oder gar eine Kündigung des Bauvertrages, so können hieraus letztlich wirtschaftlich beträchtliche Folgen erwachsen, die sorgfältiger Risikoanalyse zu unterziehen sind.

XII. Weitere Rechtsfolgen von Abschlagszahlungen (§ 16 Abs. 1 Nr. 4 VOB/B)

Mit weiteren Folgen geleisteter Abschlagszahlungen befasst sich § 16 Abs. 1 Nr. 4 VOB/B, **146** wenn dort zum Ausdruck gebracht wird, dass derartige Abschlagszahlungen ohne Einfluss auf die Haftung des Auftragnehmers sind (1. Halbsatz) und Abschlagszahlungen darüber hinaus nicht als Abnahme von Teilen der erbrachten Bauleistung anzusehen sind (2. Halbsatz).

1. Neufassung durch die VOB 2002. Die Vorschrift wurde redaktionell im 1. Halbsatz mit **147** der VOB 2002 überarbeitet. In der Fassung bis einschließlich der VOB 2000 war vorgesehen, dass Abschlagszahlungen grundsätzlich ohne Einfluss auf die **Haftung und Gewährleistung** des Auftragnehmers sein sollen. Der seit Jahrzehnten eingeführte Begriff der Gewährleistung wurde im Zuge der Schuldrechtsmodernisierung aufgegeben (vgl. §§ 633 ff. BGB). Auch wenn der Gewährleistungsbegriff in der Baupraxis aller Erwartung nach auch künftig Verwendung finden wird, ist es aus Gründen rechtsdogmatischer Klarheit angezeigt, ihn nicht mehr im Rahmen des § 16 Abs. 1 Nr. 4 VOB/B zu verwenden. Mit der dort vorgenommenen Beschränkung alleine auf den Begriff der Haftung verbindet sich künftig sowohl die Haftung aus Sach- und Rechtsmängeln wie auch die Haftung aus sonstigen Gründen[558].

Nach überwiegendem Verständnis hat § 16 Abs. 1 Nr. 4 VOB/B lediglich klarstellende **148** Wirkung[559]. Da es sich bei Abschlagszahlungen lediglich um vorläufige Zahlungen des Auftraggebers im Vorgriff auf die später noch vom Auftragnehmer vorzulegende Schlussrechnung handelt (§ 14 Abs. 3 VOB/B), versteht es sich ohnehin von selbst, dass aus derartigen Zahlungen kein weitergehender Erklärungswille des Auftraggebers abgeleitet werden kann. Zweckmäßigerweise hätte deshalb in § 16 Abs. 1 Nr. 4 VOB/B eher der vorläufige Zahlungscharakter als die sich aus ihm ergebenden Folgen niedergelegt werden sollen.

2. Keine Abnahme durch Abschlagszahlung. Aufgrund des vorläufigen Charakters von **149** Abschlagszahlungen sollen diese nicht als **Abnahme von Teilen der Bauleistung** angesehen werden. Bereits vom Ausgangspunkt her liegt dies schon deshalb nahe, weil Abschlagszahlungen nach § 16 Abs. 1 Nr. 1 VOB/B – anders als in § 632a BGB – auch und gerade für ausgeführte Bauleistungen gefordert werden können, die nicht als in sich abgeschlossene Teile der Gesamtleistung im Sinne des § 12 Abs. 2 VOB/B anzusehen sind. Weder ausdrücklich noch konkludent kann deshalb in dem Ausgleich von Abschlagsforderungen eine Abnahme- bzw. Teil-Abnahmeerklärung liegen[560].

---

[556] *U. Locher* in Ingenstau/Korbion VOB/B, 17. Aufl., § 16 Abs. 1 Rn. 45 ff.
[557] Im Einzelnen → § 16 Rn. 91.
[558] *Kratzenberg* NZBau 2002, 177 (183).
[559] *Hummel* in NWJS VOB/B § 16 Rn. 39.
[560] *U. Locher* in Ingenstau/Korbion VOB/B § 16 Abs. 1 Rn. 52; *Kandel* in Beck'scher VOB-Kommentar VOB/B § 16 Abs. 1 Rn. 65.

150 **3. Keine Haftungseinschränkung durch Abschlagszahlung.** Mit der Vornahme von Abschlagszahlungen ändert sich auch an der **uneingeschränkten Haftung des Auftragnehmers** aus dem abgeschlossenen Bauvertrag oder sonstiger gesetzlicher Verpflichtungen nichts. Der Begriff der Haftung ist dabei weit zu ziehen. Er umfasst sowohl die Verantwortlichkeit des Auftragnehmers für Sachmängel wie auch für jedwede weitergehende Haftung aus sonstigen Rechtsgründen[561]. Mit der Vornahme von Abschlagszahlungen verbindet sich deshalb kein Verzicht des Auftraggebers auf Mängelbeseitigung, Auftragsentziehung nach § 8 Abs. 3 VOB/B sowie Schadensersatzansprüchen, die im Zusammenhang mit der Baumaßnahme vom Auftraggeber gegenüber dem Auftragnehmer erhoben werden können[562].

151 **4. Keine Präklusionswirkung durch Abschlagszahlung.** Der Vornahme von Abschlagszahlungen kommt darüber hinaus auch **keine weitergehende Bindungs- oder Präklusionswirkung** zu[563]. Vor allem wird mit der Zahlung nicht ausdrücklich oder konkludent die Forderungsberechtigung des Auftragnehmers anerkannt[564]. Die Prüfung der (vorläufigen) Abschlagsrechnung kann durchaus insgesamt oder aber in Teilen anders ausfallen als die Prüfung der (verbindlichen) Schlussrechnung[565]. Der Auftragnehmer kann deshalb aus der **einwendungslosen Bezahlung der Abschlagsrechnung** oder aber bestimmter Positionen aus der Abschlagsrechnung nicht den Schluss ziehen, der Auftraggeber sei mit der geforderten Vergütung dem Grunde und/oder dem Umfange nach einverstanden. Allenfalls lässt sich der Standpunkt einnehmen, dass bei wiederholter unbeanstandeter Bezahlung einzelner – später streitiger – Abrechnungspositionen die Vermutung der Forderungsberechtigung des Auftragnehmers dann besteht, wenn die Abschlagsrechnung ersichtlich eingehend vom Auftraggeber (oder seinen beauftragten Architekten bzw. Ingenieuren) geprüft wurde und die – später vorgetragenen – Einwendungen erkennbar auf der Hand lagen[566]. Im Einzelfall kann der Auftraggeber deshalb ausnahmsweise spätere Einwendungen nach Maßgabe des § 242 BGB verwirkt haben. Ebenso kann es sich verhalten, wenn es dem Auftragnehmer aufgrund Zeitablaufes im Nachhinein nicht mehr möglich ist, zu früher abgerechneten und bezahlten Abschlagsrechnungen den Umfang der ausgeführten Leistungen nachzuweisen, etwa bei mittlerweile überholten (Baubehelfe) oder aber plangerecht veränderten Leistungen (Baugrube)[567]. Sieht man von entsprechenden Ausnahmefällen ab, verbleibt es auch trotz erfolgter Abschlagszahlung grundsätzlich bei einer umfassenden Darlegungs- und Beweispflicht für den Auftragnehmer, wenn der Auftraggeber zu einem späteren Zeitpunkt, etwa im Rahmen der Schlussabrechnung früher getätigte Zahlungen in Zweifel zieht[568].

Überzahlungen aufgrund fehlerhafter Prüfung von Abschlagsrechnungen können zumeist im Rahmen der Prüfung nachfolgender Abschlagsrechnungen oder aber der Schlussrechnung zugunsten des Auftraggebers korrigiert werden. Von entsprechenden Überzahlungs- und Rückzahlungsansprüchen des Auftraggebers zu unterscheiden sind dessen **Ansprüche gegen seinen Architekten aus fehlerhafter Rechnungsprüfung.** Dem bauüberwachenden Architekten obliegt es im Rahmen der Leistungsphase 8, die von den ausführenden Unternehmen vorgelegten Abschlagsrechnungen zu prüfen und dem Auftraggeber anschließend eine Zahlungsempfehlung zu geben. Hat sich der Auftraggeber auf die Prüfung und Freigabe einer Abschlagsrechnung durch seinen Architekten verlassen und ist es damit zu einer Überzahlung des Auftragnehmers gekommen, so steht dem Auftraggeber aus fehlerhafter Rechnungsprüfung ein Schadenersatzanspruch unmittelbar auch gegen den Architekten zu, allerdings nur Zug um Zug gegen Abtretung der Rückzahlungsansprüche gegen den Auftragnehmer[569].

C. Vorauszahlungen (§ 16 Abs. 2 VOB/B)

152 Die Bestimmung des § 16 Abs. 2 VOB/B befasst sich mit Vorauszahlungen, die zwischen den Parteien vereinbart sind. Sie dürfen als spezielle Formen einer Anzahlung nicht mit Abschlags-

---

[561] *Kratzenberg* NZBau 2002, 177 (183).
[562] *U. Locher* in Ingenstau/Korbion VOB/B § 16 Abs. 1 Rn. 52.
[563] *Hummel* in NWJS VOB/B § 16 Rn. 41.
[564] *Kandel* in Beck'scher VOB-Kommentar VOB/B § 16 Abs. 1 Rn. 65.
[565] *Leinemann* VOB/B § 16 Rn. 74.
[566] AA *Heiermann/Riedl/Rusam* VOB/B 9. Aufl., § 16 Rn. 44.
[567] Vgl. *Leinemann* VOB/B, § 16 Rn. 128.
[568] BGH NJW 1989, 161 (162); 1989, 1606 (1607); *Heiermann/Riedl/Rusam* VOB/B § 16 Rn. 101.
[569] OLG Frankfurt NZBau 2016, 498.

zahlungen oder sonstigen Teilzahlungen verwechselt werden. Spätestens im Rahmen der Schlussabrechnung sind die geleisteten Vorauszahlungen abrechnungspflichtig.

I. Begriff der Vorauszahlungen (§ 16 Abs. 2 Nr. 1 S. 1 VOB/B)

1. Wesen von Vorauszahlungen. Während Abschlagszahlungen vom Auftraggeber für partiell ausgeführte Bauleistungen erbracht werden, dienen **Vorauszahlungen** an den Auftragnehmer regelmäßig eher der Vorbereitung und Durchführung der anstehenden Baumaßnahme. Bei Vorauszahlungen handelt es sich im eigentlichen Sinne um Anzahlungen auf noch zu erbringende und zu vergütende Bauleistungen[570]. Die Besonderheit der Vorauszahlungen besteht darin, dass ihnen kein wirtschaftliches Äquivalent in Form bereits ausgeführter Bauleistungen gegenübersteht[571]. 153

2. Kein Anspruch auf Vorauszahlungen. Aufgrund ihres besonderen Anzahlungscharakters besteht weder nach §§ 631 ff. BGB noch nach §§ 2, 16 VOB/B ein eigenständiger **Anspruch des Auftragnehmers** auf die Vornahme von Vorauszahlungen durch den auftragserteilenden Auftraggeber[572]. Die Gewährung von Vorauszahlungen ist deshalb von einer individuellen vertraglichen Vereinbarung der Parteien abhängig[573]. Ohne eine derartige ausdrückliche Vereinbarung der Parteien können Vorauszahlungen vom Auftragnehmer nicht beansprucht werden. Der sich aus § 641 BGB ergebenden Vorleistungspflicht des Auftragnehmers[574] entspricht es, dass der Auftragnehmer nur dann seinerseits eine Vorleistung des Auftraggebers in Form von Vorauszahlungen verlangen kann, wenn hierzu individualvertragliche Absprachen getroffen wurden. 154

3. Vorauszahlungsvereinbarungen. Die **erforderliche Vorauszahlungsvereinbarung** kann bereits – wie sich aus § 16 Abs. 2 Nr. 1 S. 1 VOB/B im Umkehrschluss entnehmen lässt – in dem zwischen den Parteien abgeschlossenen Bauvertrag enthalten sein[575]. Treffen die Parteien eine ausdrückliche Vereinbarung über die Vornahme von Vorauszahlungen, ist diese in der Praxis regelmäßig Bestandteil des zwischen den Parteien abgeschlossenen Bauvertrages. Wie derartige zwischen den Parteien vorgesehene Vorauszahlungen inhaltlich auszugestalten sind, ergibt sich nicht im Einzelnen aus § 16 Abs. 2 VOB/B[576]. Im Rahmen der Vertragsfreiheit werden die Parteien den Umfang der Vorauszahlungen, den Zeitpunkt der Zahlungsvornahme, die Absicherung der Vorauszahlung, die Verrechnung der geleisteten Vorauszahlung sowie deren Verzinsung zu regeln haben. Die besonderen Gegebenheiten der jeweiligen Baumaßnahme setzen dabei voraus, dass vertragsbezogen individuelle Lösungen zustande gebracht werden. So kann es sich bei Konzernbürgschaften auf erste Anforderung im Wege der Umdeutung tatsächlich um Vorauszahlungsversprechen handeln[577]. 155

4. Vorauszahlungsklauseln. Wegen der grundlegenden Veränderung des bauvertragsrechtlichen Vorleistungsprinzips können Vorauszahlungen nicht wirksam in **Allgemeinen oder Besonderen Vertragsbedingungen** des Auftragnehmers enthalten sein[578]. Vorauszahlungen in Allgemeinen Geschäftsbedingungen stellen eine unangemessene Benachteiligung des Auftraggebers im Sinne des § 307 Abs. 2 Nr. 1 BGB dar, weil mit ihnen vom wesentlichen Grundgedanken der Vorleistungspflicht des Auftragnehmers in § 641 BGB abgewichen wird[579]. So weit jedoch eine Individualvereinbarung zu Vorauszahlungen des Auftraggebers zwischen den Parteien getroffen wurde, steht es den Parteien frei, ergänzende Modalitäten zu der Behandlung der Vorauszahlungen in die Besonderen und Zusätzlichen Vertragsbedingungen einzustellen[580]. Durch die in § 16 Abs. 2 Nr. 1 VOB/B getroffene Regelung ist es den Parteien auch nach 156

---

[570] Vgl. *Leinemann* VOB/B § 16 Rn. 104.
[571] BGH BauR 1986, 361 (364); *Leinemann* VOB/B § 16 Rn. 104.
[572] *Hummel* in NWJS VOB/B § 16 Rn. 54.
[573] *Kandel* in Beck'scher VOB-Kommentar VOB/B § 16 Abs. 2 Rn. 2.
[574] *Sprau* in Palandt BGB § 641 Rn. 2.
[575] *Kandel* in Beck'scher VOB-Kommentar VOB/B § 16 Abs. 2 Rn. 9.
[576] *Hummel* in NWJS VOB/B § 16 Rn. 53.
[577] OLG Düsseldorf BauR 2003, 1582.
[578] *Korbion/U. Locher* AGB-Gesetz und Baurichtungsverträge, Rn. 63; vgl. auch *Peters/Jacobi* in Staudinger BGB § 641 Rn. 13.
[579] BGH BauR 2013, 946 (949); *Kandel* in Beck'scher VOB-Kommentar VOB/B § 16 Abs. 2 Rn. 12; aA: *Peters/Jacoby* in Staudinger BGB § 641 Rn. 13 ff.
[580] *Leinemann* VOB/B § 16 Rn. 105.

Abschluss des Bauvertrages auf Grund ihrer vertraglichen Gestaltungsfreiheit gestattet, zusätzliche Vereinbarungen zu Vorauszahlungen zu treffen. Auch so weit der Vertragsabschluss unter Berücksichtigung der VOB/A zustande gekommen ist, besteht über § 16 Abs. 1 Nr. 1 VOB/B die Möglichkeit, noch **nachträglich gesonderte Vorauszahlungsabsprachen** zu treffen[581]. Im Falle nachträglicher Vereinbarung können die Parteien im Rahmen der bestehenden Vertragsfreiheit – unter Wahrung ihrer jeweiligen Partei- und Sicherungsinteressen – darüber befinden, in welcher Weise Vorauszahlungen geleistet, gesichert und später verrechnet werden sollen. Da es sich insoweit um dispositives Recht handelt, ist nicht erkennbar, weshalb die Parteien nach Abschluss des Bauvertrages gehalten sein sollten, sich zu Vorauszahlungen anderweitig zu vereinbaren als bereits zum Zeitpunkt des Vertragsabschlusses[582].

II. Sicherheitsverlangen des Auftraggebers (§ 16 Abs. 2 Nr. 1 S. 1 VOB/B)

157 **1. Sicherheit für Vorauszahlung.** Vom Wortlaut her befasst sich § 16 Abs. 2 Nr. 1 S. 1 VOB/B mit den Vereinbarungen, die zu **Vorauszahlungen nach Abschluss des Bauvertrages** getroffen werden. Für derartige Vereinbarungen nach Vertragsabschluss bestimmt § 16 Abs. 2 Nr. 1 S. 1 VOB/B ausdrücklich, dass der Auftraggeber im Gegenzuge für die gewährten Vorauszahlungen ausreichende Sicherheit verlangen kann. Da es den Parteien auf Grund ihrer privatautonomen Gestaltungsfreiheit freisteht, Vorauszahlungen auch bei Abschluss des Bauvertrages zu vereinbaren, stellt sich die Frage, ob auch in diesem Falle vom Auftragnehmer ausreichende Sicherheit beansprucht werden kann. Nach überwiegendem Verständnis beschränkt sich der Anwendungsbereich des vorgesehenen Sicherheitsverlangens ausschließlich auf Vorauszahlungsvereinbarungen, die dem Abschluss des Bauvertrages folgen[583]. Allerdings ist es wenig überzeugend, wenn die Begründung hierfür in dem Umstand gesucht wird, nach Vertragsabschluss bestünde regelmäßig bei der Vornahme von Vorauszahlungen ein gesteigertes Sicherungsinteresse des Auftraggebers[584]. Das **Sicherungsinteresse** richtet sich typischerweise nach den jeweiligen Besonderheiten der vorgesehenen Bauaufgabe und der wirtschaftlichen Stärke des Auftragnehmers. Bei Vertragsabschluss wird sich dies regelmäßig kaum anders darstellen als einige Zeit nach Zustandekommen des Bauvertrages, sieht man einmal von den Fällen ab, in denen der Auftragnehmer nach Abschluss des Vertrages zur Wahrung ausreichender Liquidität und zur Erfüllung der Bauaufgabe unbedingt auf Vorauszahlungen des Auftraggebers angewiesen ist. Mit Ausnahme dieser besonderen Konstellation, die ohnehin die Vornahme von Vorauszahlungen aus Sicht des Auftraggebers in Frage stellen muss, dürfte der Grund für die vorzunehmende Differenzierung eher in der vom Vergabe- und Vertragsausschuss vorgegebenen Ausgestaltung des § 16 Abs. 1 S. 1 VOB/B liegen[585]. Sinnvoller erschiene es, grundsätzlich für jede Form der Vorauszahlungen dem Auftraggeber die Möglichkeit einzuräumen, vom Auftragnehmer ausreichende Sicherheit zu beanspruchen.

158 In der Praxis ergeben sich jedoch keine wesentlichen Unterschiede. Dies beruht vor allem darauf, dass die Parteien letztlich in ihrer Entschließung darüber frei sind, ob Vorauszahlungen vereinbart und gewährt werden. **Gegen den Willen des Auftraggebers** kann der Auftragnehmer weder bei noch nach Abschluss des Bauvertrages Vorauszahlungen durchsetzen. Verständigen sich die Parteien bei oder nach Abschluss des Bauvertrages auf Vorauszahlungen, kann der Auftraggeber in jedem Falle die Vornahme solcher Zahlungen davon abhängig machen, dass ihm ausreichende Sicherheit geleistet wird. Verzichtet der Auftraggeber jedoch bei Abschluss des Bauvertrages (ausnahmsweise) auf Sicherheiten für zu gewährende Vorauszahlungen, so gibt ihm § 16 Abs. 2 Nr. 1 S. 1 VOB/B keinen Anspruch auf nachträgliche Sicherheitenergänzung[586]. In diesem Falle kann aber unter Umständen – so weit die Vorauszahlungen noch nicht erfolgt sind – zumindest eine Sicherheit unter den in § 321 Abs. 1 und 2 BGB niedergelegten Voraussetzungen erlangt werden.

---

[581] *Kandel* in Beck'scher VOB-Kommentar VOB/B § 16 Abs. 2 Rn. 11; *Hummel* in NWJS VOB/B § 16 Rn. 55.

[582] AA *Hummel* in NWJS VOB/B § 16 Rn. 56; *U. Locher* in Ingenstau/Korbion VOB/B § 16 Abs. 2 Rn. 2 ff.

[583] *U. Locher* in Ingenstau/Korbion VOB/B § 16 Abs. 2 Rn. 4; *Hummel* in NWJS VOB/B § 16 Rn. 55; *Heiermann/Riedl/Rusam* VOB/B § 16 Rn. 68; aA *Motzke* in Beck´scher VOB-Kommentar VOB/B 1. Aufl., § 16 Nr. 2 Rn. 2.

[584] *U. Locher* in Ingenstau/Korbion VOB/B § 16 Abs. 2 Rn. 4.

[585] Vgl. Erläuterungen des Zentralverbandes des deutschen Baugewerbes ZDB-Schriften Nr. 18 S. 136 zur VOB/97 betreffend § 16 Nr. 2 Abs. 1 VOB/B.

[586] AA offenbar *Motzke* in Beck´scher VOB-Kommentar VOB/B 1. Aufl., § 16 Nr. 2 Rn. 3 ff.

2. Sicherheit in Höhe der Vorauszahlung. Vom Grundsatz her hat der Auftraggeber bei 159 allen Vorauszahlungen sein besonderes Sicherungsinteresse zu berücksichtigen. Anders als bei Abschlagszahlungen steht nämlich der zu leistenden Vorauszahlung kein wirtschaftlich bereits zugunsten des Auftraggebers erbrachtes Leistungsäquivalent gegenüber. Vor diesem Hintergrund versteht sich auch, dass der Auftraggeber berechtigt ist, **Sicherheit in ausreichendem Umfange** zu beanspruchen. Regelmäßig wird die Sicherheitsleistung sich von ihrem Umfang her an den Vorauszahlungen selbst zu orientieren haben. Anfallende Kosten und Zinsen können der Vorauszahlungssicherheit hinzugeschlagen werden[587]. Dabei ist zu berücksichtigen, dass Vorauszahlungen – sofern nichts anderes vereinbart ist – mit 3 vH über dem Basiszinssatz des § 247 BGB zu verzinsen sind (§ 16 Abs. 2 Nr. 1 S. 2 VOB/B), weshalb Zinsen in diesem Umfange auch in das Sicherungsverlangen mit eingeschlossen werden können.

Die Parteien können von der Bemessung der Sicherheit in vorgenanntem Umfang jedoch auf 160 Grund ihrer **individuell zu treffenden Absprachen** abweichen. Der Umfang ausreichender Sicherheit beurteilt sich letztlich an den besonderen Umständen des jeweiligen Einzelfalles. Im Rahmen ihrer Verhandlungen über den Umfang von Vorausleistungen können die Parteien einvernehmlich die Sicherheitsleistung – in den Grenzen des § 138 BGB – nach oben oder unten abweichend von der jeweiligen Vorauszahlung festlegen[588].

3. Sicherheit auf Verlangen des Auftraggebers. Sicherheit für Vorauszahlungen ist nur **auf** 161 **Verlangen des Auftraggebers** zu leisten. Die Parteien können deshalb Vorauszahlungen auch ohne entsprechende Sicherheitsleistung vorsehen. Nach Vertragsabschluss kann der Auftraggeber aber (jederzeit) ein Sicherungsverlangen stellen oder für bereits erbrachte Vorauszahlungen geltend machen. Vor Abschluss des Bauvertrages hat er es ohnehin in der Hand, die Vornahme von Vorauszahlungen von der Stellung einer Sicherheit abhängig zu machen oder aber auf das Verlangen nach Sicherheit – etwa wegen besonderer Bonität des Auftraggebers – zu verzichten.

4. Arten der Sicherheitsleistung. Die **Arten der Sicherheitsleistung** ergeben sich aus 162 § 232 BGB. Üblicherweise wird die Sicherheit durch Übergabe einer Vorauszahlungsbürgschaft im Sinne des § 17 Abs. 4 VOB/B erbracht[589]. Nach der mit der VOB 2002 vorgenommenen Neufassung des § 17 Abs. 4 VOB/B kann der Auftraggeber (nunmehr) als Sicherheit allerdings keine Bürgschaft mehr fordern, die den Bürgen zur Zahlung auf erstes Anfordern verpflichtet (§ 17 Abs. 4 S. 3 VOB/B). Zur Begründung wird darauf hingewiesen, die Bürgschaft auf erste Anforderung stelle grundsätzlich eine zusätzliche Belastung des Auftragnehmers dar und schneide ihm bzw. der Bürgin bei Inanspruchnahme sämtliche Einwendungen ab[590]. Diese Begründung vermag bei Vorauszahlungsbürgschaften auf erste Anforderung nicht zu überzeugen, da Vorauszahlungen keine entsprechende Gegenleistung in Form von Bauleistungen gegenübersteht und der Auftraggeber gerade deshalb besonders schutzwürdig ist, wenn die mit den Vorauszahlungen intendierten Bauleistungen ausbleiben[591]. Vorauszahlungsbürgschaften sollten deshalb auf Grund ihres besonderen Sicherungszweckes vom Verbot der Bürgschaften auf erste Anforderung im VOB-Baubereich ausgenommen werden[592]. Von der VOB/B abweichende Vereinbarungen zur Stellung einer Vorauszahlungsbürgschaft auf erstes Anfordern können deshalb auch wirksam getroffen werden[593].

III. Verzinsung von Vorauszahlungen (§ 16 Abs. 2 Nr. 1 S. 2 VOB/B)

Vorauszahlungen sind – sofern nichts anderes zwischen den Parteien vereinbart wird – seit 163 Einführung der VOB 2002 mit 3 vH über dem Basiszinssatz des § 247 BGB zu verzinsen. Bislang war eine Verzinsung von 1 vH über dem Zinssatz der Spitzenrefinanzierungsfazilität der Europäischen Zentralbank vorgesehen. Dies hat nach den Erkenntnissen des Verdingungsausschusses in

---

[587] *Heiermann/Riedl/Rusam* VOB/B § 16 Rn. 70; *U. Locher* in Ingenstau/Korbion VOB/B § 16 Abs. 2 Rn. 7; *Zanner* in FKZG VOB/B § 16 Rn. 59 ff.
[588] *Hummel* in NWJS VOB/B § 16 Rn. 58.
[589] Vgl. OLG Celle NZBau 2009, 721; BauR 2008, 2053 (2054).
[590] *Kratzenberg* NZBau 2002, 177 (184).
[591] OLG Frankfurt 14.2.2008 – 23 U 51/07.
[592] Siehe hierzu aber BGH NZBau 2002, 559, wonach die Verpflichtung des Auftragnehmers in Allgemeinen Geschäftsbedingungen des Auftraggebers, zur Sicherung von Vertragserfüllungsansprüchen eine Bürgschaft auf erstes Anfordern zu stellen, unwirksam ist; hierzu bereits auch BGH NZBau 2002, 494; im Einzelnen → § 17 Rn. 142 ff.
[593] Vgl. BGHZ 148, 283.

der Praxis zu Umrechnungsschwierigkeiten geführt[594]. Aus diesem Grunde hat man sich dazu entschlossen, nunmehr die Verzinsung einheitlich an den **Basiszinssatz des § 247 BGB** anzulehnen. Aufgrund des bislang niedrigeren Basiszinssatzes gegenüber dem Spitzenrefinanzierungssatz hat man sich dazu entschlossen, den Zinszuschlag auf 3 % über dem jeweiligen Basiszinssatz festzuschreiben[595].

164 Die **Höhe der Verzinsung ist aber dispositiv** und kann von den Parteien abweichend vertraglich geregelt werden[596]. Macht der Auftraggeber bei nachträglich vereinbarten Vorauszahlungen einen Verzinsungsanspruch geltend, so kann er grundsätzlich den nach § 16 Abs. 2 Nr. 1 S. 2 VOB/B als angemessen ausgewiesenen Zinssatz von 3 vH über dem Basiszinssatz beanspruchen.

165 Zum **Verzinsungszeitraum** enthält § 16 Abs. 2 Nr. 1 VOB/B keine ausdrückliche Regelung. Allerdings versteht es sich von selbst, dass die Verzinsung der Vorauszahlungen mit dem Zeitpunkt ihrer Auszahlung zu laufen beginnt[597]. Die Verzinsungspflicht endet mit dem Zeitpunkt, zu dem es zur Anrechnung der Vorauszahlung auf die nächstfälligen Zahlungen kommt[598]. Dabei muss es sich um die Zahlungen handeln, die für Leistungen erbracht werden, die von der Vorauszahlungsvereinbarung umfasst waren[599]. Entscheidend kommt es dabei auf den Zeitpunkt an, in dem die ersetzenden Zahlungen fällig werden[600]. Bei Abschlagszahlungen tritt Fälligkeit nach § 16 Abs. 1 Nr. 3 VOB/B 18 Tage nach Zugang der Abrechnungsaufstellung ein, so dass zu diesem Zeitpunkt die Verzinsungspflicht geleisteter Vorauszahlungen erlischt.

IV. Anrechnungspflicht der Vorauszahlungen (§ 16 Abs. 2 Nr. 2 VOB/B)

166 **1. Grundsatz.** Vorauszahlungen sind nach § 16 Abs. 2 Nr. 2 VOB/B **auf die nächstfälligen Zahlungen anzurechnen,** so weit damit Leistungen abzugelten sind, für welche die Vorauszahlungen gewährt worden sind. Die Parteien können hiervon abweichende Regelungen treffen, also durch entsprechende Vereinbarung die geleisteten Vorauszahlungen auch jeweils auf weitergehende, künftige Leistungsabschnitte erstrecken. In derartigen Fällen kann durchaus vorgesehen sein, die endgültige Anrechnung erst auf die Schlussrechnungsforderung vorzunehmen. Fehlt es an solchen speziellen Vereinbarungen, so bedarf es lediglich der Überprüfung daraufhin, ob die nächstfälligen Zahlungen tatsächlich auch die Leistungen abdecken, für die vom Auftraggeber Vorauszahlungen erbracht wurden. Hat der Auftraggeber beispielsweise Vorauszahlungen für bestimmte anzufertigende Bauteile (zB Fassadenkonstruktionen) geleistet, so kann die entsprechende Vorauszahlung auf Grund der getroffenen Sicherungsabrede nicht mit anderweitigen Abschlagsforderungen bei Fälligkeit verrechnet werden[601].

167 Die nächstanstehenden **Zahlungen müssen** nach § 16 Abs. 2 Nr. 2 VOB/B **fällig sein.** Die bloße Ausführung von Leistungen und/oder die nicht prüffähige Abrechnung derselben begründet mangels Fälligkeitseintritts nicht die Anrechnungspflicht, die sich aus § 16 Abs. 2 Nr. 2 VOB/B ausschließlich für fällige Zahlungen ergibt[602].

168 Sobald der **Sicherungszweck** für die Vorauszahlungssicherheit auf Grund erfolgter Anrechnung auf die nächstfälligen Zahlungen **entfallen** ist, besteht die Verpflichtung des Auftraggebers, die ihm überlassene Sicherheitsleistung zurückzugewähren[603]. Wegen der Akzessorietät einer gestellten Vorauszahlungsbürgschaft erlischt diese mit dem Zeitpunkt der Anrechnung und ist an den Auftragnehmer zurückzureichen[604]. Im Zweifel hat der Bürge darzulegen und zu beweisen, dass die Vorauszahlungsbürgschaft erloschen und die Bürgschaftsverpflichtung damit beendet ist[605].

---

[594] *Kratzenberg* NZBau 2002, 177 (183).
[595] *Kratzenberg* NZBau 2002, 177 (183).
[596] *U. Locher* in Ingenstau/Korbion VOB/B § 16 Abs. 2 Rn. 10.
[597] *U. Locher* in Ingenstau/Korbion VOB/B § 16 Abs. 2 Rn. 10; *Heiermann/Riedl/Rusam* VOB/B § 16 Rn. 70.
[598] *Kandel* in Beck'scher VOB-Kommentar VOB/B § 16 Abs. 2 Rn. 17 ff.
[599] OLG Karlsruhe BauR 1986, 227; *Heiermann/Riedl/Rusam* VOB/B § 16 Rn. 70; *Zanner* in FKZG VOB/B § 16 Rn. 63.
[600] *U. Locher* in Ingenstau/Korbion VOB/B § 16 Abs. 2 Rn. 10.
[601] *U. Locher* in Ingenstau/Korbion VOB/B § 16 Abs. 2 Rn. 12; *Heiermann/Riedl/Rusam* VOB/B § 16 Rn. 73.
[602] *Heiermann/Riedl/Rusam* VOB/B § 16 Rn. 73.
[603] *Weise* Sicherheiten im Baurecht, Rn. 449.
[604] Vgl. *Weise* Sicherheiten im Baurecht, Rn. 449.
[605] OLG Karlsruhe BauR 2005, 909.

2. Gestreckte Sicherheitsleistung. Besonderheiten bestehen, wenn sich die Vorauszahlun- 169
gen wertmäßig über **mehrere aufeinander folgende Abschlagsforderungen** erstrecken. In
diesem Falle kommt es nur sukzessive über einen längeren Zeitraum zur jeweils partiellen
Anrechnung auf die nacheinander fällig werdenden Abschlagsforderungen. Um dem sukzessiven
Entfallen des Sicherungszweckes Rechnung zu tragen, ist es zweckmäßig, Vereinbarungen
dahingehend zu treffen, dass die Sicherheiten jeweils zu den Fälligkeitszeitpunkten teilweise vom
Auftraggeber freigegeben werden. Nach gleichen Gesichtspunkten reduziert sich wertmäßig die
als Sicherheit übergebene Vorauszahlungsbürgschaft[606].

3. Vorauszahlungsbürgschaft als Sicherheitsleistung. In diesem Zusammenhang stellt 170
sich die Frage nach der **Sicherungs-Reichweite einer gestellten Vorauszahlungsbürgschaft**.
Die Vorauszahlungsbürgschaft erstreckt sich vom Grundsatz her – wie die übrigen
Vorauszahlungssicherheiten – primär auf (reine) Rückforderungsansprüche aus erfolgter Überzahlung[607].
Es ist jedoch zu beachten, dass in der Rechtsprechung der Tendenz nach der
Sicherungszweck von Vorauszahlungsbürgschaften erweiternd ausgelegt wird. Vorauszahlungsbürgschaften
können sich deshalb ihrem Sicherungszweck nach auch auf Mängelansprüche
erstrecken[608] und nähern sich damit Vertragserfüllungs- bzw. Gewährleistungsbürgschaften an[609].
Die Vorauszahlungsbürgschaft kann im Einzelfall mangels abweichender Vereinbarung den Auftraggeber
auch für den Fall absichern, dass der Wert der vom Auftragnehmer erbrachten Leistungen
hinter dem Vorauszahlungsbetrag zurückbleibt[610]. Sofern die Vorauszahlungsbürgschaft
deshalb strikt auf den Tatbestand von Überzahlungen beschränkt sein soll, ist es empfehlenswert,
insoweit vorsorglich ausdrückliche, klarstellende vertragliche Vereinbarungen zu treffen.

D. Schlusszahlung (§ 16 Abs. 3 VOB/B)

Die Bestimmung des § 16 Abs. 3 VOB/B befasst sich mit der vom Auftraggeber zu leistenden 171
Schlusszahlung. Fälligkeitsvoraussetzung dieser Schlusszahlung ist die Vorlage der Schlussrechnung
durch den Auftragnehmer. Die Verpflichtung zur Erteilung der Schlussrechnung nach
Fertigstellung der Bauleistung ergibt sich aus § 14 Abs. 3 VOB/B[611]. Die dortige Regelung wird
in § 16 Abs. 3 VOB/B ergänzt um die Vornahme und die Wirkung der Schlusszahlung nach
Einreichung der (prüffähigen) Schlussrechnung.
Die isolierte formularmäßige Anwendung des § 16 Nr. 3 VOB/B zieht erhebliche rechtliche
Bedenken nach sich, weil der Auftragnehmer abweichend von §§ 640, 641 BGB die Fälligkeit
und damit auch die Verjährung des Vergütungsanspruches hinausschieben kann[612]. Hieran ändert
auch der Umstand nichts, dass der Auftraggeber über § 14 Abs. 4 VOB/B berechtigt ist, die
Schlussrechnung selbst aufzustellen und damit die Fälligkeit der Forderung des Auftragnehmers
herbeizuführen[613]; die Aufstellung der Schlussrechnung ist dem Auftraggeber häufig nur schwer
und mit erheblichem Zeitaufwand möglich, so dass sie jedenfalls einem Verbraucher nicht
zumutbar ist[614].
Bei isolierter formularmäßiger Anwendung verstoßen des Weiteren die Regelungen des § 16
Abs. 3 Nr. 2–5 VOB/B über den Ausschluss von Nachforderungen bei vorbehaltloser Annahme
einer Schlusszahlung gegen § 9 AGBG aF bzw. § 307 BGB[615].

---

[606] Vgl. hierzu *Weise* Sicherheiten im Baurecht, Rn. 450.
[607] *Weise* Sicherheiten im Baurecht, Rn. 94.
[608] BGH IBR 2000, 72; 2001, 545.
[609] Vgl. BGH IBR 1999, 163; OLG Brandenburg IBR 2002, 309.
[610] OLG Karlsruhe BauR 2005, 909.
[611] → § 14 Rn. 63 ff.
[612] OLG Naumburg BauR 2006, 849 f.; OLG Celle, Teilurteil vom 18.12.2008 – 6 U 65/08; OLG
Naumburg, Urteil vom 4.11.2005 – 10 U 11/05; OLG Düsseldorf, Urteil vom 11.3.2005 – 22 U 99/04; LG
Mainz IBRRS 2015, 0340; *Kandel* in Beck'scher VOB-Kommentar VOB/B 3. Aufl. Vorbem. § 16 Rn. 23
m. w. N.; *in* Messerschmidt/Voit Privates Baurecht Nachtrag 2009, Vorb. zu VOB/B § 1 Rn. 13; *Schenke*
BauR 2008, 1972 (1974); aA *Peters* NZBau 2002, 305 (307).
[613] Vgl. so aber *Kandel* in Beck'scher VOB-Kommentar VOB/B, 3. Aufl., § 16 Abs. 3 Rn. 8.
[614] *Thierau* IBR 2005, 188.
[615] Vgl. hierzu im Einzelnen → § 16 Rn. 212.

I. Schlussrechnung (§ 16 Abs. 3 Nr. 1 S. 1 VOB/B)

172 Aus § 14 Abs. 3 VOB/B ergibt sich, dass die Schlussrechnung vom Auftragnehmer nach Fertigstellung seiner Leistungen aufzustellen und einzureichen ist[616]. Mit der Schlussrechnung bringt der Auftragnehmer gegenüber dem Auftraggeber seinen Willen zur endgültigen und abschließenden Berechnung aller abrechnungsfähiger Ansprüche aus und im Zusammenhang mit dem zugrundeliegenden Bauvertrag zum Ausdruck[617]. Wenn der Auftragnehmer lediglich einen Entwurf seiner Schlussrechnung oder aber eine Schlussrechnung unter Vorbehalt vorlegt, wird damit klargestellt, dass es sich (noch) nicht um die eigentliche Schlussrechnung handeln kann/soll.

173 **1. Bezeichnung der Schlussrechnung.** Üblicherweise wird die abschließende Berechnung des Auftraggebers unter der **Bezeichnung „Schlussrechnung"** vorgenommen[618]. Die Verwendung des Begriffes Schlussrechnung ist jedoch keinesfalls zwingend[619]. Der vorgelegten Rechnung muss lediglich für den Auftraggeber zu entnehmen sein, dass mit ihr die letzte und abschließende Berechnung aus dem Bauvertrag vorgenommen werden soll[620]. Auch eine als „Abschlagsrechnung" bezeichnete Rechnung kann deshalb (ausnahmsweise) als Schlussrechnung verstanden werden, wenn mit ihr alle nach dem Vertrag geschuldeten Leistungen endgültig berechnet werden[621]. Ebenso ist es möglich, dass sich die Schlussrechnung aus mehreren einzelnen Rechnungen zusammensetzt, die in ihrer Gesamtheit die Schlussabrechnung des Auftragnehmers darstellen sollen[622]. Aus gleichen Gesichtspunkten kann sich auch einer Zusammenstellung verschiedener aufeinander folgender Abschlagsrechnungen in einer abschließenden Zahlungsübersicht eine atypische Schlussrechnung entnehmen lassen[623]. Entscheidend kommt es alleine darauf an, dass der Abrechnungserklärung aus Sicht des Auftragnehmers der Wille zur letzten und abschließenden Abrechnung nach dem zugrundeliegenden Bauvertrag entnommen werden kann. Dies ist nicht der Fall, wenn der Auftragnehmer lediglich unter Vorbehalt abrechnet oder aber ausdrücklich erklärt, dass noch weitere Ansprüche – etwa solche aus Bauzeitverlängerung – nachträglich geltend gemacht werden sollen.

Bisweilen kann es sich anbieten, die Schlussrechnung zunächst lediglich im Entwurf vorzulegen. Ein derartiger **Schlussrechnungsentwurf** kann etwa dann angezeigt sein, wenn zwischen den Parteien über die Art und Weise der Abrechnung unterschiedliche Auffassungen bestehen. Der Auftraggeber kann sich der Überprüfung und Stellungnahme eines mit entsprechender Begründung vorgelegten Schlussrechnungsentwurfes nicht unter Hinweis auf die fehlende Verbindlichkeit der Schlussabrechnung entziehen. Aus dem vertragsübergreifenden Kooperationsgedanken folgt die Verpflichtung des Auftraggebers, erforderlichenfalls an bestehenden und für die Abrechnung vorgreiflichen Abrechnungsklärungen in angemessenem Umfange mitzuwirken.

174 **2. Aufeinander folgende Schlussrechnungen.** Bisweilen werden nach Fertigstellung der Bauleistung **verschiedene Rechnungen vom Auftragnehmer** vorgelegt: So weit sie nach ihrem jeweiligen Abrechnungsgegenstand kumulativ nebeneinander stehen (zB Abrechnung erbrachter Bauleistungen, daneben gesonderte Abrechnung von Behinderungsschäden), muss sich aus einer wertenden Gesamtschau entnehmen lassen, dass damit (zusammen) alle aus der Baumaßnahme resultierenden Abrechnungsforderungen des Auftragnehmers erfasst sind. Aus diesem Grunde steht es den Parteien auch frei, die Schlussabrechnung für das Bauvorhaben einvernehmlich zum Gegenstand von (Teil-)Schlussrechnungen zu machen[624]. Legt der Auftrag-

---

[616] Im Einzelnen → § 14 Rn. 63 ff.
[617] Vgl. BGHZ 68, 38 (39); BGH BauR 1979, 527 (528); *U. Locher* in Ingenstau/Korbion VOB/B § 16 Abs. 3 Rn. 4; *Heiermann/Riedl/Rusam* VOB/B § 16 Rn. 77.
[618] OLG Frankfurt NJW-RR 1988, 600; *U. Locher* in Ingenstau/Korbion VOB/B § 16 Abs. 3 Rn. 4.
[619] BGH BauR 1979, 527 (528); *Leinemann* VOB/B § 16 Rn. 130.
[620] *U. Locher* in Ingenstau/Korbion VOB/B § 16 Abs. 3 Rn. 4; *Zanner* in FKZG VOB/B § 16 Rn. 74; vgl. zur Parallelproblematik einer Architekten-Schlussrechnung OLG Celle NZBau 2009, 127.
[621] OLG Köln IBR 2001, 264 zur fehlerhaften Bezeichnung einer Abschlagsrechnung im Architektenhonorarrecht.
[622] BGH BauR 1987, 96 (97).
[623] Vgl. OLG Hamm OLGR 1995, 208; *U. Locher* in Ingenstau/Korbion VOB/B § 16 Abs. 3 Rn. 5; *Zanner* in FKZG VOB/B 1. Aufl., § 16 Rn. 57.
[624] → § 16 Rn. 274.

nehmer sukzessive, also nacheinander unterschiedliche Rechnungen vor, so kann es sich bei ersterer auch nach Fertigstellung der Bauleistung noch um eine Abschlagsrechnung, bei letzterer dann um die (endgültige) Schlussrechnung handeln[625]. In Betracht kommt aber auch die Vorlage einer Schlussrechnung, die geraume Zeit später – etwa auf Grund von Abrechnungsfehlern bzw. Abrechnungskorrekturen – abgeändert und durch eine neue Schlussrechnung ersetzt wird. So weit die Ersetzungswirkung vom Auftragnehmer hinreichend deutlich zum Ausdruck gebracht wird, muss geprüft werden, ob die zunächst vorgelegte Schlussrechnung nunmehr (rückwirkend) die Qualität einer (bloßen) Abschlagsrechnung erlangt oder ob die erste Schlussrechnung insgesamt in der zweiten vom Abrechnungsgegenstand her aufgeht.

Hiervon zu unterscheiden sind Fälle, in denen der Auftragnehmer im Nachhinein seine einheitliche Schlussrechnung versucht in **verschiedene Teilrechnungen** aufzuspalten. Die Schlussabrechnung des Auftragnehmers ist und bleibt eine einheitliche, da nur auf diese Weise ein einheitlicher Saldo unter Berücksichtigung von Abzügen, Abschlägen und Einbehalten möglich ist. Etwas anderes kann auch nicht deshalb gelten, weil es dem Auftragnehmer gestattet ist, Teilforderungen oder ggf. sogar einzelne Positionen aus der einheitlichen Schlussrechnung klageweise geltend zu machen[626]. Auch in einem derartigen Fall muss stets der Zusammenhang der einheitlichen Schlussabrechnung gewahrt bleiben, um dem erkennenden Gericht zu ermöglichen, erforderliche Feststellungen dazu zu treffen, ob und inwieweit die geltend gemachten Teilforderungen durch ein insgesamt positives Abrechnungssaldo zugunsten des Auftragnehmers berechtigt erscheinen.

Werden in unterschiedlichen gerichtlichen Verfahren aus einer abgeschlossenen Baumaßnahme Vergütungsansprüche von dem Auftragnehmer gerichtlich geltend gemacht, so hat der Auftragnehmer auf Verlangen des Auftraggebers – spätestens im Verlauf des Rechtsstreits – eine Erklärung dahingehend abzugeben, dass sich aus den in unterschiedlichen Verfahren erhobenen (Teil-) Forderungen die Schlussabrechnung für die Baumaßnahme ergibt. Solange eine solche Erklärung vom Auftragnehmer im Rahmen sämtlicher anhängiger Verfahren nicht abgegeben ist, liegt keine einheitliche Schlussabrechnung durch entsprechende (verbindende) Schlussabrechnungserklärung seitens des Auftragnehmers vor. Erst mit dem Zeitpunkt der Abgabe einer entsprechenden Schlussabrechnungserklärung treten die Wirkungen der Schlussrechnung in Bezug auf Fälligkeit und verzugsbedingte Verzinsung ein.

Auch während eines anhängigen Vergütungsrechtsstreites kann der Auftragnehmer eine **neue Schlussrechnung nachschieben**[627]. Geänderter Sachvortrag kann im Einzelfall ebenfalls als neue Schlussabrechnung des Auftragnehmers qualifiziert werden, so dass neuerlich die Prüffrist des § 16 Abs. 3 Nr. 1 S. 1 zu wahren ist[628]. Selbst nach der letzten mündlichen Verhandlung im ersten Rechtszug kann noch eine neue und prozessual zu berücksichtigende Schlussrechnung gefertigt werden[629]. Ausnahmsweise kann sogar im Berufungsrechtszug noch die Schlussabrechnung neu vorgenommen werden, ohne dass sich damit wegen der Identität des Streitgegenstandes eine Klageänderung verbindet[630].

3. Keine Bindungswirkung der Schlussrechnung. Die vorgenannten Möglichkeiten ergeben sich vor allem daraus, dass – anders als im Architektenrecht – der **Auftragnehmer nicht an die von ihm vorgelegte Schlussrechnung gebunden** ist[631]. Der Auftragnehmer ist jedenfalls in den Grenzen von Treu und Glauben befugt, in seiner Schlussrechnung nicht enthaltene Vergütungsansprüche nachträglich noch gegenüber dem Auftraggeber geltend zu machen[632]. Auch wenn der Inhalt der Schlussrechnung nicht wegen Irrtums angefochten werden kann, die Rechnungserteilung stellt aber eine Willenserklärung dar[633], besteht dennoch für den Auftragnehmer regelmäßig die Möglichkeit einer nachträglichen Abänderung. Erst die vorbehaltlose Annahme der Schlusszahlung aus einer vorgelegten Schlussrechnung schließt unter den in § 16 Abs. 3 Nr. 2 VOB/B genannten Voraussetzungen weitere Nachforderungen des

---

[625] BGH BauR 1982, 282; *Zanner* in FKZG VOB/B, § 16 Rn. 57.
[626] Vgl. hierzu die Ausführungen bei → Rn. 87 und 209.
[627] BGH NZBau 2004, 272; 2006, 179.
[628] BGH NZBau 2006, 179; OLG Bamberg NZBau 2004, 272 = BauR 2004, 1188.
[629] BGH NZBau 2005, 692 (693); einschränkend *Schenkel* MDR 2004, 790.
[630] BGH NJW-RR 2004, 526 = BauR 2004, 695.
[631] BGHZ 102, 392 (394); OLG Hamm BauR 2008, 2077, 2078; *Hummel* in NWJS VOB/B § 16 Rn. 92; *Heiermann/Riedl/Rusam* VOB/B § 16 Rn. 77.
[632] OLG Zweibrücken NJW-RR 2003, 1023 = NZBau 2003, 440.
[633] *U. Locher* in Ingenstau/Korbion VOB/B § 14 Abs. 1 Rn. 18; aA *Peters* NJW 1977, 552 (554).

Auftragnehmers aus[634]. Entsprechendes gilt auch dann, wenn sich die Parteien nach Einreichung einer Schlussrechnung über die zu leistende Schlusszahlung im Vergleichswege einvernehmlich verständigt haben. Ein Abrechnungsvergleich schließt regelmäßig weitergehende Forderungen des Auftragnehmers und damit zugleich auch die Vorlage einer neuen, inhaltlich geänderten Schlussrechnung aus.

Allerdings ist zu beachten, dass nachgeschobene, ursprünglich vergessene Abrechnungspositionen der Einrede der Verjährung unterliegen können. Mit der Erteilung der Schlussrechnung und Ablauf der Prüfungsfrist sollen nach dem OLG Celle auch solche Forderungen fällig werden, die von dem Auftragnehmer in die Schlussrechnung – sei es bewusst, sei es aus Vergesslichkeit – nicht aufgenommen worden sind[635]. Sobald danach die (ursprüngliche) Schlussrechnungsforderung verjährt ist, bezieht sich die Verjährung auch auf die ursprünglich nicht berücksichtigten, weiteren Abrechnungspositionen des Auftragnehmers. Mittelbar kommt damit der ersten vom Auftragnehmer vorgelegten Schlussrechnung in zeitlicher Hinsicht Bindungswirkung zu, weil Änderungen und Ergänzungen zum Abrechnungsumfang regelmäßig nur noch innerhalb der dreijährigen Verjährungsfrist des § 195 BGB möglich sind.

176   **4. Frist zur Vorlage der Schlussrechnung.** Aus § 14 Abs. 3 VOB/B erschließt sich, dass die Schlussrechnung in den genannten zeitlichen Grenzen relativ kurzfristig **nach Fertigstellung der Bauleistung dem Auftraggeber einzureichen** ist. Die Fristen des § 14 Abs. 3 VOB/B haben jedoch nicht den Charakter von Ausschlussfristen[636]. Aus diesem Grunde verliert der Auftragnehmer sein Recht zur Vorlage einer Schlussrechnung auch dann nicht, wenn sie erst längere Zeit nach der Beendigung der Bauleistungen aufgestellt wird[637]. In vergleichbaren Fällen hat es der Auftraggeber selbst in der Hand, den Auftragnehmer durch Geltendmachung eines Rückzahlungsanspruches aus geleisteten Abschlagszahlungen zur Aufstellung der Schlussrechnung anzuhalten oder aber unter den Voraussetzungen des § 14 Abs. 4 VOB/B die Schlussrechnung selbst auf Kosten des Auftragnehmers aufzustellen[638]. Partiell wird auch eine unmittelbare Klage auf Erteilung einer prüffähigen VOB-Schlussrechnung bejaht[639]. Vor diesem Hintergrund wird man bei einer verspäteten Vorlage der Schlussrechnung mit dem Verwirkungseinwand zurückhaltend umzugehen haben, wenngleich der Verwirkungstatbestand durchaus unter Berücksichtigung der Einzelfallgegebenheiten nach wenigen Jahren einzutreten vermag, wenn der Auftraggeber auf Grund des Zeitablaufes und der ihm vorliegenden Abschlagsrechnungen zu der Einschätzung gelangen durfte, mit diesen habe aus Sicht des Auftragnehmers die Baumaßnahme endgültig abgerechnet werden sollen.

177   **5. Prüffähigkeit der Schlussrechnung.** Die vom Auftragnehmer vorgelegte **Schlussrechnung muss prüffähig sein.** Nur aus einer prüffähigen Rechnung können dem Auftragnehmer fällige Zahlungsansprüche erwachsen[640]. Die Prüffähigkeit der Schlussrechnung richtet sich nach den in §§ 14 und 15 VOB/B enthaltenen Prüffähigkeitskriterien[641]. Wird vom Auftragnehmer eine nicht prüffähige Schlussrechnung eingereicht, so kann diese vom Auftraggeber zurückgewiesen werden. Sofern sich bei der Überprüfung der Schlussrechnung herausstellt, dass sie sich nur teilweise als prüffähig erweist, kann auch dies vom Auftraggeber beanstandet werden[642]. Einwendungen, die sich auf die Prüffähigkeit der Schlussrechnung beziehen, müssen vom Auftraggeber allerdings innerhalb der Frist des § 16 Abs. 3 VOB/B vorgebracht werden[643]. Wird eine Klage mangels Prüffähigkeit als nicht fällig abgewiesen, erwächst diese Entscheidung nur

---

[634] Vgl. BGHZ 86, 135 (140).
[635] OLG Celle BauR 2008, 1471.
[636] → § 14 Rn. 66 ff.
[637] Vgl. aber OLG Karlsruhe BauR 2002, 1704, wonach die Forderung des Auftraggebers nach einer prüfbaren Rechnung des Auftragnehmers dann treuwidrig sein soll, wenn bereits viele Jahre seit Beendigung der Arbeiten verstrichen sind, der Bau in andere Hände übergegangen und der Auftragnehmer wegen des Zeitablaufs nicht mehr in der Lage ist, eine prüfbare Rechnung aufzustellen.
[638] → § 14 Rn. 71 ff.
[639] LG Aachen BauR 2001, 107; aA *Reck* ZfBR 2003, 640 (641).
[640] BGH BauR 1990, 516; 1990, 605; OLG Düsseldorf BauR 2013, 1874; *Heiermann/Riedl/Rusam* VOB/B § 14 Rn. 78.
[641] → § 14 Rn. 17 ff.
[642] Vgl. *Leinemann* VOB/B § 16 Rn. 133.
[643] Vgl. hierzu → § 16 Rn. 188.

insoweit in materieller Rechtskraft, wie der Kläger bis zum Schluss der mündlichen Verhandlung gegen den Beklagten keinen zur Zahlung fälligen Anspruch hatte[644].

Eine **Ausnahme** von der unbedingten Verpflichtung zur Vorlage einer prüffähigen Schlussrechnung besteht dann, wenn dem Auftragnehmer die Erstellung einer derartigen Rechnung nicht mehr möglich ist. Hiervon kann im Einzelfall ausgegangen werden, wenn über das Vermögen des Auftragnehmers das Insolvenzverfahren eröffnet wurde und es deshalb dem Insolvenzverwalter – insbesondere nach längerem Zeitablauf – nicht mehr möglich ist, prüffähig über die ausgeführten Leistungen abzurechnen[645]. Der Insolvenzverwalter hat in derartigen Fällen schlüssig so vorzutragen, dass dadurch zumindest eine ausreichende Grundlage für eine gerichtliche Schätzung nach § 287 ZPO besteht[646].

Eine weitere Ausnahme von dem Erfordernis prüffähiger Abrechnung besteht dann, wenn die Parteien eine hiervon abweichende Vereinbarung miteinander getroffen haben. Eine derartige Vereinbarung kann ausdrücklich oder auch stillschweigend dahingehend zustande kommen, von der Prüffähigkeit der gesamten Rechnung oder aber Teilen der selben abzusehen[647].

Die lediglich **partielle Prüffähigkeit** einer vorgelegten Schlussrechnung steht nicht notwendigerweise der hierauf gestützten Durchsetzung von Vergütungsansprüchen entgegen. Der Auftragnehmer kann gestützt auf eine lediglich partiell prüffähige Schlussrechnung die Zahlung eines ihm zustehenden Guthabens beanspruchen, soweit dieses unter Berücksichtigung eventueller Voraus- und Abschlagszahlungen vom Auftraggeber geschuldet ist[648].

6. Schlussrechnungsklauseln. Die Anforderungen an die Vorlage der Schlussrechnung können in sachlicher und zeitlicher Hinsicht nur bedingt **in Allgemeinen Geschäftsbedingungen des Auftraggebers** eingeschränkt werden. So kann der Auftraggeber im Lichte des § 9 AGBG aF bzw. des § 307 Abs. 1 BGB nicht dem Auftragnehmer vorschreiben, dass dieser mit der Vorlage der Schlussrechnung auf sämtliche weitergehenden Forderungen – etwa aus sonstigen Nachträgen oder Rechnungskorrekturen – verzichtet[649]. Ebenso unwirksam sind auftraggeberseitige Klauseln, mit denen die Fristen zur Vorlage der Schlussrechnung eingeschränkt und dem Auftragnehmer weitere Zahlungsansprüche versagt werden, wenn er seine Schlussrechnung nicht längstens innerhalb eines Jahres nach Fertigstellung der Baumaßnahme vorlegt[650]. Die Vereinbarungen der Parteien haben sich im Übrigen in den Grenzen des § 271a BGB sowie der fristenbezogenen Spezialregelungen des § 308 Nr. 1a und 1b BGB zu halten[651].

II. Prüfung der Schlussrechnung (§ 16 Abs. 3 Nr. 1 S. 1–5 VOB/B)

Die Bestimmung des § 16 Abs. 3 Nr. 1 S. 1 VOB/B besagt, dass der Auftraggeber nach Vorlage der Schlussrechnung deren Prüfung und Feststellung vorzunehmen hat. Die Fälligkeit des Schlusszahlungsbetrages tritt spätestens nach 30 Kalendertagen ein. Nur ausnahmsweise kann diese Frist nach § 16 Abs. 3 Nr. 1 S. 2 VOB/B auf höchstens 60 Tage verlängert werden. Innerhalb der vorgenannten Fristen ist der Auftraggeber nach § 16 Abs. 3 Nr. 1 S. 3 VOB/B verpflichtet, Einwendungen gegen die Prüfbarkeit der vorgelegten Schlussrechnung unter Angabe der hierfür maßgebenden Gründe zu erheben. Versäumt der Auftraggeber diese Frist, so kann er sich nicht mehr auf die fehlende Prüfbarkeit der Schlussrechnung gegenüber dem Auftragnehmer berufen. Ergänzend ist in § 16 Abs. 3 Nr. 1 S. 4 VOB/B vorgesehen, dass die Prüfung durch den Auftraggeber nach Möglichkeit zu beschleunigen ist. Verzögert sich die Prüfung, so ist das unbestrittene Guthaben vorab als Abschlagszahlung nach § 16 Abs. 3 Nr. 1 S. 5 VOB/B an den Auftragnehmer auszuzahlen.

Weist der Auftraggeber zur Vermeidung dieser Folgen die ihm vorgelegte Schlussrechnung grundlos zurück, gilt sie dennoch als ihm gegenüber zugegangen[652].

---

[644] BGH NZBau 2011, 670; WM 1989, 1897.
[645] BGH NJW-RR 2005, 167 = NZBau 2005, 40.
[646] BGH NJW-RR 2005, 167 = NZBau 2005, 40.
[647] OLG Frankfurt NJW-RR 2005, 169 = BauR 2004, 1831.
[648] BGH NJW-RR 2004, 445 = BauR 2004, 316 für das entsprechend zu beurteilende Architekten-Honorarrecht.
[649] BGH ZfBR 1982, 202; *Glatzel/Hofmann/Frikell* Unwirksame Bauvertragsklauseln, S. 315.
[650] *Glatzel/Hofmann/Frikell* Unwirksame Bauvertragsklauseln, S. 315 mwN; *Zanner* in FKZG VOB/B, § 16 Rn. 192.
[651] *Spitzer* MDR 2014, 933 (939); *Verse* ZIP 2014, 1809 (1812).
[652] *Werner/Pastor* Bauprozess Bauprozess Rn. 1883; *Ellenberger* in Palandt BGB § 130 Rn. 16.

180 **1. Prüfung durch den Auftraggeber.** Der Auftraggeber hat die vom Auftragnehmer **eingereichte Schlussrechnung** zu prüfen. Diese Verpflichtung besteht erst nach Zugang der Schlussrechnung. Sofern die Schlussrechnung unvollständig, ungeordnet oder ansonsten nicht nachvollziehbar aufgemacht, also nicht prüffähig ist, kann sie vom Auftraggeber unter Hinweis hierauf an den Auftragnehmer zurückgereicht werden.

181 Die Prüffähigkeit der Schlussrechnung ist **Voraussetzung für die Fälligkeit des Schlusszahlungsanspruches**[653]. Bei der Frage, ob sich eine Schlussrechnung als prüffähig erweist, kommt es auf den jeweiligen Einzelfall an[654]; maßgebend sind die Informations- und Kontrollinteressen des Auftraggebers, die ihrerseits Umfang und Differenzierung der für die Prüfung erforderlichen Angaben bestimmen und begrenzen[655]. Den Einwand fehlender Prüffähigkeit hat der Auftraggeber im Übrigen zeitnah zu erheben und vor allem kurzfristig nach Eingang der Schlussrechnung eine Vorprüfung dahingehend vorzunehmen, inwieweit die dem Auftraggeber vorgelegten Nachweise ausreichend sind, um die Schlussrechnungsprüfung vornehmen zu können[656]. Dem Auftraggeber ist es regelmäßig zumutbar, diese Vorprüfung innerhalb der zweimonatigen Prüfungsfrist vorzunehmen und dem Auftragnehmer etwaig bestehende Prüffähigkeitseinwände ebenfalls innerhalb dieser Frist mitzuteilen. Anderenfalls ist der Auftraggeber mit der Geltendmachung von Prüfbarkeitseinwendungen gegenüber dem Auftragnehmer ausgeschlossen. Gleichermaßen ist es dem Auftraggeber verwehrt, die Prüffähigkeit der Schlussrechnung in Frage zu stellen, wenn er diese seinerseits geprüft und dies dem Auftragnehmer mitgeteilt hat[657] oder ihm die Überprüfung aufgrund seiner Erkenntnislage möglich ist[658]. Auch alleine die Wahl eines unrichtigen Abrechnungsverfahrens begründet aus sich heraus nicht die mangelnde Prüffähigkeit einer vorgelegten Schlussrechnung[659]. Denn zu recht weisen Werner/Pastor darauf hin, dass zwischen der Prüffähigkeit einer Rechnung und deren Richtigkeit zu unterscheiden ist: Eine richtige Rechnung kann im Einzelfall nicht prüffähig, eine prüffähige Rechnung aber durchaus auch unrichtig sein[660].

182 Die Prüfung der Schlussrechnung umfasst das inhaltliche und rechnerische **Nachvollziehen der Abrechnung des Auftragnehmers** unter Berücksichtigung der vorgelegten Abrechnungsnachweise, der vertraglich getroffenen (Abrechnungs-)Vereinbarungen, der vorzunehmenden Abzüge sowie der geleisteten Zahlungen[661]. Die Prüfung wird regelmäßig durch den Auftraggeber oder aber den von ihm hiermit beauftragten (bauleitenden) Architekten durchgeführt. Sie endet mit der sog Feststellung der Schlussrechnung in Form eines Prüf- bzw. Anerkennungsvermerks des Auftraggebers oder aber seines hiermit beauftragten Architekten[662].

183 **2. Prüfergebnis des Auftraggebers.** Die mit der Korrektureintragung und dem Prüfvermerk versehene Schlussrechnung wird üblicherweise in einfacher Kopie dem Auftragnehmer zur Kenntnis gebracht. Der **Übersendung der korrigierten Schlussrechnung** kommt dabei grundsätzlich keine rechtsgeschäftliche Qualität zu[663]. Vor diesem Hintergrund muss auch der auf der korrigierten Schlussrechnung angebrachte Prüf- bzw. Anerkennungsvermerk „sachlich und rechnerisch richtig. Festgestellt auf . EUR" beurteilt werden: Grundsätzlich hat der Prüfvermerk nur interne Wirkung im Verhältnis zwischen dem Prüfer und dem Auftraggeber, ohne dass dadurch unmittelbar für den Auftragnehmer selbst Rechte begründet werden sollen, etwa in Form eines sich aus dem Prüfvermerk ergebenden Zahlungsanerkenntnisses des Auftraggebers[664]. Die Übersendung der korrigierten Schlussrechnung mit dem Prüfvermerk beinhaltet im Ergebnis nichts anderes, als eine Information des Auftragnehmers über das von dem Auftraggeber bzw.

---

[653] OLG Celle BauR 1996, 264; OLG Frankfurt BauR 1997, 856.
[654] BGHZ 140, 365 (369 f.).
[655] BGH BauR 2001, 251.
[656] Vgl. OLG Nürnberg BauR 1999, 1316; *Zanner* in FKZG VOB/B § 16 Rn. 99.
[657] BGH BauR 2002, 468 = NZBau 2002, 90.
[658] BGH BauR 2004, 316 = NZBau 2004, 216.
[659] Vgl. OLG Düsseldorf BauR 1990, 609.
[660] *Werner/Pastor* Bauprozess Bauprozess Rn. 1877.
[661] Vgl. im Einzelnen *Leinemann* VOB/B § 16 Rn. 141.
[662] *Kandel* in Beck'scher VOB-Kommentar VOB/B § 16 Nr. 3 Rn. 33 ff.
[663] Hochstein BauR 1973, 333 (336); aA *Motzke* in Beck'scher VOB-Kommentar VOB/B 1. Aufl., § 16 Nr. 3 Rn. 38, der darauf hinweist, dass die Mitteilung des festgestellten Rechnungsprüfungsergebnisses eine schlusszahlungsgleiche Erklärung zum Gegenstand haben kann.
[664] BGH BauR 2002, 465 (466); *Leinemann* VOB/B § 16 Rn. 142; *Hummel* in NWJS VOB/B § 16 Rn. 83.

seinem Architekten erzielte Prüfergebnis[665]. Das übermittelte Prüfergebnis soll deshalb auch kein eigenständiges kausales Schuldanerkenntnis begründen[666]. Der Auftraggeber kann deshalb das Ergebnis seiner Rechnungsprüfung, auch wenn er es in Form eines Prüfvermerks oder Prüfberichts bereits dem Auftragnehmer mitgeteilt hat, im Nachhinein noch – etwa auf Grund von Rechnungs- und Prüfungsfehlern – korrigieren, ohne dass es hierzu der Abgabe einer Anfechtungserklärung bedarf.

Hiervon zu unterscheiden sind Fälle, in denen der Auftraggeber mit seiner Rechnungsprüfung zugleich gegenüber dem Auftragnehmer zum Ausdruck bringt, dass die der Abrechnung zugrunde liegende Leistung – etwa im Sinne von § 2 Abs. 8 Nr. 2 VOB/B – anerkannt wird[667]. Ein derartiges **Anerkenntnis** kann sowohl ausdrücklich wie auch konkludent erklärt werden, wenn der Auftraggeber erkennen lässt, dass er die erbrachte Leistung als vertragliche Leistung anerkennt. Dies ist etwa dann der Fall, wenn der Auftraggeber einzelne (strittige) Leistungs- und Nachtragspositionen nicht etwa in Gänze streicht, sondern nur der Höhe nach Kürzungen vornimmt[668]. In der Anerkennung eines Vergütungsanspruchs liegt ein Anerkenntnis zu der zugrunde liegenden Leistung, auch wenn die Höhe selbst zwischen den Parteien streitig bleibt[669].

Aufgrund dessen ist der Auftraggeber berechtigt, auch nach bereits durchgeführter Prüfung der Schlussrechnung noch weiterhin **Einwendungen** gegen die Höhe der zur Abrechnung gestellten Werklohnforderung zu erheben. Enthält eine geprüfte Schlussrechnung Kürzungen zu einzelnen Positionen, so bedeutet dies nicht, dass die übrigen Positionen vom Auftraggeber in ungekürztem Umfange anerkannt werden[670]. Aus diesem Grunde steht es dem Auftraggeber frei, auch geraume Zeit nach der Rechnungsprüfung im Nachhinein noch Einwendungen gegen die vom Auftragnehmer erhobene Forderung zu erheben. Dies soll selbst noch mehrere Jahre nach der Rechnungsprüfung und auch im Rahmen eines anschließenden Rechtsstreits möglich sein[671].

Hiervon zu unterscheiden sind Fälle, in denen der Auftraggeber nach Rechnungsprüfung gegenüber dem Auftragnehmer eine ausdrückliche oder konkludente **Zahlungszusage** abgibt. Eine derartige Zahlungszusage kann mit der Mitteilung über das Rechnungsprüfungsergebnis verbunden oder hiervon unabhängig vom Auftraggeber abgegeben werden. Bei derartigen Zahlungszusagen ist zwischen einem formlos zustande gekommenen kausalen Schuldanerkenntnis bzw. einem nur rein tatsächlichen Anerkenntnis zu unterscheiden[672]. Während durch ein kausales Schuldanerkenntnis alle Einwendungen des Auftraggebers gegen die Forderung des Auftragnehmers für die Zukunft ausgeschlossen werden, beschränkt sich ein rein tatsächliches Anerkenntnis in seiner Konsequenz auf eine bloße Umkehr der Beweislast hinsichtlich später streitiger Abrechnungsdifferenzen[673].

3. Prüfungsfrist des Auftraggebers. Die Prüfung der Schlussrechnung ist – wie § 16 Abs. 3 **184** Nr. 1 S. 4 VOB/B zum Ausdruck bringt – nach Möglichkeit zu beschleunigen. Der Auftragnehmer soll regelmäßig zügig vom Auftraggeber darüber Nachricht erhalten, welches Ergebnis die Überprüfung der Schlussrechnung erbracht hat. Die **Prüfungsfrist** beträgt dabei vom Grundsatz her – wie sich mittelbar § 16 Abs. 3 Nr. 1 S. 1 VOB/B entnehmen lässt – einen Monat[674]. Der Auftraggeber kann diese Frist ausschöpfen, soll dies aber nicht unbedingt, wie sich der Beschleunigungsvorgabe entnehmen lässt[675]. Wird die Prüfung und Feststellung innerhalb einer kürzeren als der angegebenen Monats-Frist vorgenommen, tritt die Fälligkeit der Vergütungsansprüche

---

[665] OLG Frankfurt NJW-RR 1997, 526; Jagenburg NJW 1998, 2640 (2645).
[666] OLG Düsseldorf NJW-RR 2015, 587.
[667] Vgl. OLG Düsseldorf NJW-RR 2015, 587.
[668] OLG Düsseldorf BauR 2013, 1447.
[669] OLG Düsseldorf BauR 2013, 1447.
[670] BGH NJW-RR 2002, 661 = NZBau 2002, 338; NJW-RR 2005, 246 = NZBau 2005, 148; OLG Düsseldorf NJW-RR 2015, 587.
[671] OLG Düsseldorf NJW-RR 2015, 587, 588, zugleich auch zur entsprechenden Heranziehung des Verwirkungsgedankens.
[672] KG Berlin IBR 2017, 8.
[673] KG Berlin IBR 2017, 8.
[674] *Kandel* in Beck'scher VOB-Kommentar VOB/B § 16 Nr. 3 Rn. 33; *U. Locher* in Ingenstau/Korbion VOB/B § 16 Abs. 3 Rn. 9.
[675] *U. Locher* in Ingenstau/Korbion VOB/B § 16 Abs. 3 Rn. 19; *Zanner* in FKZG VOB/B § 16 Rn. 99.

aus der Schlussrechnung bereits mit dem Zeitpunkt der abgeschlossenen und festgestellten Rechnungsprüfung und nicht erst mit Ablauf der angegebenen Monats-Frist ein[676].

Gerade bei **größeren Baumaßnahmen** nimmt die Prüfung und Feststellung der Schlussrechnung häufig längere Zeit in Anspruch, so dass die vorgegebene Frist von einem Monat häufig deutlich überschritten wird. Auch wenn sich Auftraggeber größerer Baumaßnahmen entsprechend zu organisieren haben, kann häufig innerhalb der einmonatigen Frist die Schlussrechnung nicht abschließend geprüft werden[677]. Nicht selten benötigen Auftragnehmer nach Abnahme geraume Zeit, um ihre Schlussabrechnung mit sämtlichen Nachweisen fertigzustellen und vorzulegen. Dementsprechend wird man in Einzelfällen deshalb auch dem Auftraggeber eine längere als die übliche Prüfungsfrist zuzubilligen haben.

Allerdings ist dabei zu beachten, dass die Prüfungsfrist von 30 Kalendertagen nur in engen Grenzen auf höchstens **60 Kalendertage** verlängert werden kann. Nach § 16 Abs. 3 Nr. 1 S. 2 VOB/B kann einzelvertraglich eine Fristverlängerung auf höchstens 60 Tage vereinbart werden, wenn dies ausdrücklich – also nicht nur konkludent – erfolgt und aufgrund besonderer Natur oder Merkmale der getroffenen Vereinbarung sachlich gerechtfertigt ist. Die Regelung in § 16 Abs. 3 Nr. 1 S. 2 VOB/B knüpft damit an die auf öffentliche Auftraggeber zugeschnittene Bestimmung des § 271a Abs. 2 BGB an. Danach ist

– eine Vereinbarung, nach der der Gläubiger die Erfüllung einer Entgeltforderung erst nach mehr als 30 Tagen nach Empfang der Gegenleistung verlangen kann, nur wirksam, wenn die Vereinbarung ausdrücklich getroffen und aufgrund der besonderen Natur oder der Merkmale des Schuldverhältnisses sachlich gerechtfertigt ist;
– eine Vereinbarung, nach der der Gläubiger die Erfüllung einer Entgeltforderung erst nach mehr als 60 Tagen nach Empfang der Gegenleistung verlangen kann, unwirksam ist.

Für **Verträge mit öffentlichen Auftraggebern** erschließt sich hieraus, dass sämtliche Vereinbarungen mit dem Ziel, die Prüf-/Fälligkeitsfrist über 60 Tage hinaus zu erstrecken, unwirksam sind (Höchstfrist). In Abweichung von § 16 Abs. 3 Nr. 1 S. 1 VOB/B kann deshalb über die Ausnahmebestimmung des § 16 Abs. 3 Nr. 1 S. 2 VOB/B nur individualvertraglich im Einzelfall eine Verlängerung der Prüf-/Fälligkeitsfrist von 30 Kalendertagen auf maximal 60 Kalendertage (wirksam) vereinbart werden. Eine sachliche Rechtfertigung für eine solche Vereinbarung kommt nach den Vorstellungen des Gesetzgebers in Betracht, wenn der öffentliche Auftraggeber auf eine dauerhafte Vertragsbeziehung Wert legt oder der Aufwand zur Prüfung der (Schluss-) Rechnung durch deren Komplexität bzw. die Komplexität des Vertragsgegenstandes erhöht ist[678].

Dieses auf Verträge mit der öffentlichen Hand zugeschnittene Verständnis wird man wegen der wortgleichen Übernahme in § 16 Abs. 3 Nr. 1 S. 2 VOB/B auch auf Vereinbarungen zwischen Parteien im **unternehmerischen Geschäftsverkehr** zu übertragen haben. Immerhin bestimmt nämlich § 308 Nr. 1a BGB für den Fall der Klauselkontrolle, dass unter die Klauselverbote mit Wertungsmöglichkeit auch solche Vertragsklauseln fallen, die Zahlungsfristen von mehr als 30 Tagen nach Zugang einer (Schluss-) Rechnung vorsehen. Im unternehmerischen Geschäftsverkehr wird danach eine Zahlungsfrist von mehr als 30 Kalendertagen nach Empfang der Gegenleistung bzw. nach Eingang einer (Schluss-) Rechnung als im Zweifel unangemessen lang bewertet[679]. Durch Anpassung des § 310 BGB verbleibt es jedoch insoweit in den vorbeschriebenen Grenzen bei einer Privilegierung der VOB/B, sofern diese vollständig in den abgeschlossenen Bauvertrag mit einbezogen wurde (vgl. § 310 BGB nF).

185 Das OLG Düsseldorf hat den Standpunkt eingenommen, der Auftraggeber verwirke die ihm zustehenden Einwendungen gegen die Schlussrechnung, wenn er die Prüffrist nicht wahrt[680]. Dieser Auffassung ist der Bundesgerichtshof entgegengetreten und hat klargestellt, dass der vorgesehenen Prüffrist von zwei Monaten **keine materiell-rechtliche Ausschlussbedeutung** beizumessen sei[681]. Nach dem BGH vermag alleine der Ablauf der Prüfungsfrist des § 16 Abs. 3 Nr. 1 VOB/B nicht die Verwirkung der Einwände des Auftraggebers gegen die Schlussrechnung

---

[676] *Heiermann/Riedl/Rusam* VOB/B § 16 Rn. 83.
[677] AA *Leinemann* VOB/B § 16 Rn. 144.
[678] BT-Drs. 18/1309, 16.
[679] *Spitzer* MDR 2014, 933 (939).
[680] OLG Düsseldorf BauR 1997, 1052; vgl. auch OLG Düsseldorf BauR 1990, 609; OLG Nürnberg BauR 1999, 1316.
[681] BGH BauR 2001, 784; *Zanner/Schulze* BauR 2001, 1186; *Heiermann/Riedl/Rusam* VOB/B § 16 Rn. 85.

zu begründen⁶⁸². Da die VOB/B als Rechtsfolge der Überschreitung der Prüfungsfrist den Verlust von Einwendungen nicht geregelt habe und die allgemeinen, in der Rechtsprechung anerkannten Verwirkungsvoraussetzungen nicht gegeben seien, könne der Prüfungsfrist keine materielle Ausschlusswirkung zu Lasten des Auftraggebers zukommen⁶⁸³. Auf dieser Linie liegt auch eine ältere Entscheidung des BGH, wonach bei Vorliegen höherer Gewalt die Prüfungsfrist verlängert werden kann⁶⁸⁴.

Im Ergebnis ist dem BGH – zumal vor der Neufassung des § 16 Abs. 3 Nr. 1 S. 1 VOB/B – **186** zuzustimmen. Dem Wortlaut der zugrunde liegenden Regelung kann keinerlei Hinweis auf die vom OLG Düsseldorf angenommenen Ausschluss- und Verwirkungsfolgen bei Überschreiten der vorgesehenen Prüfungsfrist entnommen werden. Mit der Neufassung des § 16 Abs. 3 Nr. 1 S. 1 VOB/B ist vielmehr – deutlicher als in der Vergangenheit – (nochmals) betont worden, dass es sich lediglich um **eine Fälligkeits- und nicht aber um eine Verwirkungsanordnung** handelt. An Ausschluss- und Verwirkungstatbestände sind grundsätzlich strenge Anforderungen zu stellen⁶⁸⁵. Rechtsdogmatisch lässt sich darüber hinaus nicht begründen, weshalb der Zeitpunkt der Fälligkeit mit dem der Einwendungsverwirkung sollte zusammenfallen können. Außerdem erscheint es vor dem Hintergrund der regelmäßigen Verjährungsfrist von drei Jahren (§ 195 BGB) unangemessen, dem Auftraggeber – ohne ausdrückliche vertragliche Regelung – Einwendungen innerhalb einer deutlich kürzeren, nämlich nur einen Monat währenden Frist abzuschneiden⁶⁸⁶. Jedenfalls unter Berücksichtigung der Neufassung des § 16 Abs. 3 Nr. 1 S. 1 VOB/B können dem Auftraggeber berechtigte Einwendungen gegen die vorgelegte Schlussrechnung nicht alleine deshalb abgeschnitten sein, weil die Prüfungsfrist abgelaufen ist.

Versäumt der Auftraggeber die Erhebung von Einwendungen innerhalb der Prüfungsfrist, hat **187** dies entgegen *Welte*⁶⁸⁷ auch **keine Auswirkungen auf die Beweislastverteilung** im Rahmen eines anschließenden Vergütungsrechtsstreites. Es ist nämlich nicht erkennbar, weshalb das Vorbringen von Einwendungen nach Ablauf der zweimonatigen Prüfungsfrist die Beweisführung des Auftragnehmers hinsichtlich der von ihm erhobenen Vergütungsansprüche erschweren soll⁶⁸⁸. Abweichendes gilt nur dann, wenn der Auftraggeber seine Einwendungen erst viele Monate nach Ablauf der Prüfungsfrist vorträgt und zwar zu einem Zeitpunkt, zu dem der Auftragnehmer tatsächlich in Nachweisschwierigkeiten gelangt, etwa wegen nunmehr fehlender Zeugen oder sonstiger Beweismittel⁶⁸⁹. Solange der Auftraggeber die Prüfung der Schlussrechnung nicht abgeschlossen hat, wird sich der Auftragnehmer jedoch regelmäßig darauf einzurichten haben, die für die Anspruchsbegründung erforderlichen Beweismittel zusammenzuhalten. Infolgedessen wird es nur in seltenen Ausnahmefällen zur Veränderung der Beweislastverteilung auf Grund „verspätet" vorgebrachter Rechnungseinwendungen kommen können.

4. Einwendungen zur Prüffähigkeit. Nach höchstrichterlicher Rechtsprechung hat der **188** Ablauf der Prüffrist jedoch unmittelbare Auswirkungen auf **Einwendungen, die sich auf die Prüffähigkeit der Schlussrechnung beziehen.** Der BGH hat zunächst in seinem Urteil vom 27.11.2003 zum Architektenhonorarrecht entschieden, dass ein Auftraggeber gegen das Gebot von Treu und Glauben verstösst, wenn er Einwendungen gegen die Prüffähigkeit der Honorarschlussrechnung später als zwei Monate nach Zugang der Rechnung erhebt⁶⁹⁰. Unter Bezugnahme hierauf hat der BGH in einer anschließenden Entscheidung vom 23.9.2004 unter Hinweis auf das besondere § 16 Abs. 3 Nr. 1 VOB/B innewohnende Vereinfachungs- und Beschleunigungsinteresse klargestellt, dass Einwendungen zur Prüffähigkeit vorgelegter bauvertraglicher Schlussrechnungen ebenfalls binnen einer Frist von (maximal) zwei Monaten nach Zugang der Schlussrechnung vorzubringen sind⁶⁹¹. Die Prüffrist des § 16 Abs. 3 VOB/B (heute: ein Monat) hat damit materielle Präklusionsbedeutung hinsichtlich des Einwandes fehlender Prüffähigkeit der zugrunde liegenden Schlussrechnung erlangt⁶⁹². Aufgrund dieser

---

⁶⁸² BGH BauR 2001, 784.
⁶⁸³ BGH BauR 2001, 784 (785); vgl. auch *Zanner/Schulze* BauR 2001, 1186 (1191).
⁶⁸⁴ BGH NJW 1969, 428; *Leinemann* VOB/B § 16 Rn. 151.
⁶⁸⁵ *Zanner/Schulze* BauR 2001, 1186.
⁶⁸⁶ Vgl. ähnlich zum alten Recht auch *Zanner/Schulze* BauR 2001, 1186 (1191).
⁶⁸⁷ *Welte* BauR 1998, 384.
⁶⁸⁸ AA *Welte* BauR 1998, 384 (386).
⁶⁸⁹ Vgl. BGH NJW-RR 1992, 1240.
⁶⁹⁰ BGH NZBau 2004, 216 = BauR 2004, 316 (319).
⁶⁹¹ BGH NJW-RR 2005, 167 = NZBau 2005, 40; vgl. nunmehr auch BGH NZBau 2006, 231.
⁶⁹² Vgl. hierzu *Weise* NJW-Spezial 2005, 69.

höchstrichterlichen Rechtsprechung ist es zur Einführung des § 16 Abs. 3 Nr. 1 S. 3 gekommen, wonach Einwendungen gegen die Prüfbarkeit unter Angabe der Gründe hierfür spätestens innerhalb der Prüffrist nach Zugang der Schlussrechnung erhoben werden müssen. Versäumt der Auftraggeber diese vom BGH vorgezeichnete und nunmehr in die VOB/B übernommene Frist, so kann er sich gegenüber dem Auftragnehmer nicht mehr auf die fehlende Prüfbarkeit der ihm vorgelegten Schlussrechnung beziehen.

Der Auftraggeber hat seine Einwendungen zur Prüffähigkeit der Schlussrechnung gegenüber den Auftragnehmern **in eindeutiger und klarer Weise vorzubringen**[693]. Mit allgemeinen Bedenken in Bezug auf die Prüffähigkeit ist es dabei nicht getan. Der Auftraggeber muss vielmehr dem Auftragnehmer unmissverständlich verdeutlichen, dass er aufgrund mangelnder Prüffähigkeit nicht bereit bzw. nicht imstande ist, in eine sachliche Auseinandersetzung zur Schlussrechnung oder aber bestimmte Teile derselben einzutreten, solange ihm keine prüffähige Rechnung durch den Auftragnehmer zur Verfügung gestellt wird[694]. Entsprechendes gilt auch dann, wenn die Prüffähigkeit nur einzelner Teile der vorgelegten Schlussrechnung gerügt wird[695].

Versäumt der Auftraggeber, innerhalb vorgenannter Frist prüffähigkeitsbezogene Einwendungen gegenüber dem Auftragnehmer zu erheben, verbleibt ihm jedoch die Möglichkeit, **weitere materiell-rechtliche Einwendungen** gegen die vorgelegte Schlussrechnung und die dort ausgewiesenen Abrechnungspositionen zu erheben[696]. Im Rahmen der Sachprüfung verbleibt dem Auftraggeber zugleich auch die Möglichkeit, solche Einwendungen vorzubringen, die er gegen die Prüfbarkeit der Rechnung hätte vortragen können[697]. Die gegen die Prüffähigkeit der Schlussrechnung zu richtenden Einwendungen können deshalb auch künftig Bedeutung im Zusammenhang mit der sachlichen Rechnungsprüfung behalten[698].

Die vorgenannte Entscheidungspraxis des BGH steht im Einklang mit der schon bislang vor allem in der Literatur vorherrschenden Auffassung. Danach soll es dem Auftraggeber verwehrt sein, nach Ablauf der Prüffrist noch Einwendungen zur Prüffähigkeit der Schlussrechnung zu erheben[699]. Allerdings bleibt offen, woraus sich die Differenzierung zwischen **Einwendungen zur Abrechnung selbst und solchen zur Prüffähigkeit** der Abrechnung aus § 16 Abs. 3 VOB/B ergeben soll. Hieran ändert auch der Umstand nichts, dass die Fälligkeit der Vergütungsansprüche nach Ablauf von einem Monat eintreten soll. Denn die Fälligkeit selbst setzt wiederum voraus, dass überhaupt eine in sich prüffähige Schlussrechnung vom Auftragnehmer vorgelegt wird. Darüber hinaus lässt sich bei umfangreichen Schlussrechnungen bei größeren Baumaßnahmen häufig erst im Zuge detaillierter Rechnungsprüfung feststellen, inwieweit sämtliche Teile der vorgelegten Schlussrechnung tatsächlich in sich prüffähig sind, insbesondere über die erforderlichen Aufmaße, Nachweise und Belege verfügen. Infolgedessen erscheint es jedenfalls bei Großbaumaßnahmen angemessen, in der angegebenen Frist hinsichtlich von Prüffähigkeitseinwendungen keinen Ausschlusstatbestand zu sehen[700].

Hieran ändert sich auch nichts durch die infolge des § 271a BGB begrenzte Vereinbarung über Zahlungs- und Prüfungsfristen: Erweist sich nach Ablauf entsprechender Fristen ein vom Auftragnehmer erhobener Vergütungsanspruch als sachlich nicht gerechtfertigt, steht dem die Fälligkeit der (Schluss-) Rechnung nach § 16 Abs. 3 VOB/B nicht entgegen; aus gleichen Erwägungen heraus muss es dem Auftraggeber auch nach Ablauf entsprechender Prüfungsfristen noch möglich sein, zumindest solche Prüffähigkeitseinwendungen zu erheben, die der sachlichen Prüfung der vom Auftragnehmer erhobenen Vergütungsansprüche von vornherein entgegenstehen (zB fehlende Nachweise, Aufmaße etc).

189 **5. Bemessung und Folgen der Prüfungsfrist.** Die Prüfungsfrist beginnt mit dem **Zugang der Schlussrechnung** zu laufen. Entscheidend kommt es dabei auf den Zugang beim Auftrag-

---

[693] Vgl. *Werner/Pastor* Bauprozess Bauprozess Rn. 1873.
[694] BGH NZBau 2010, 443; 2004, 216 = NJW-RR 2004, 445.
[695] Vgl. OLG Brandenburg NZBau 2015, 701.
[696] BGH NJW-RR 2005, 167 = NZBau 2005, 40; BGH BauR 2006, 517; OLG Koblenz BauR 2013, 642.
[697] BGH NZBau 2004, 216 = BauR 2004, 316 (319); BGH NJW-RR 2005, 167 = NZBau 2005, 40; BGH BauR 2006, 517 (519).
[698] Vgl. zur Parallelproblematik bei Architektenverträgen OLG Celle NZBau 2010, 58.
[699] OLG Nürnberg BauR 1999, 1316; *Leinemann* VOB/B § 16 Rn. 146.
[700] *Leinemann* VOB/B § 16 Rn. 151.

geber an[701]. Etwas anderes gilt nur dann, wenn der Auftraggeber ausdrücklich seine (bauleitenden) Architekten oder aber einen Sachverständigen damit beauftragt und bevollmächtigt hat, die Schlussrechnung entgegenzunehmen und für ihn zu prüfen[702]. Alleine aus der bauleitenden Tätigkeit des Architekten für den Auftraggeber kann nicht darauf geschlossen werden, dass er über die erforderliche (Empfangs-) Vollmacht verfügt, um die Schlussrechnung entgegenzunehmen[703]. Für die Fristbemessung gelten die §§ 186 ff. BGB.

Die Prüfungsfrist beginnt auch dann zu laufen, wenn der Auftraggeber treuwidrig die Entgegennahme der – in sich prüffähigen – Schlussrechnung gegenüber dem Auftragnehmer verweigert[704]. Mit der ungeprüften Rückgabe der Schlussrechnung bringt der Auftraggeber hinreichend zum Ausdruck, dass er die Schlussrechnung nicht gegen sich gelten lassen will[705]. Bei einer **unberechtigten Annahmeverweigerung** ist davon auszugehen, dass die Schlussrechnung mit dem Zeitpunkt als zugegangen gilt, in dem sie dem Auftraggeber ausdrücklich zur Aushändigung angeboten wurde[706]. Nicht ausgelöst wird demgegenüber die Prüfungsfrist nach vorgenannten Grundsätzen, wenn sich die Schlussrechnung als nicht prüffähig erweist, da sie in diesem Falle jederzeit vom Auftraggeber zum Zwecke der Neuaufstellung bzw. Korrektur an den Auftragnehmer zurückgereicht werden darf[707]. Die Rückgabe darf jedoch nur bei entsprechender Begründung innerhalb von einem Monat erfolgen[708]. Nach berechtigter Rückgabe der Schlussrechnung mangels Prüffähigkeit ist der Auftragnehmer gehalten, die Schlussrechnung neu und prüffähig aufzumachen und einzureichen. Verlangt der Auftragnehmer statt dessen eine Abschlagszahlung, so kann ihm der Auftraggeber nach Abnahme der Bauleistungen den Einwand der Schlussrechnungsreife entgegenhalten[709].

Mit Ablauf der Prüfungsfrist tritt die Fälligkeit der Schlussrechnungsforderung ein, sofern nicht vom Auftraggeber begründete Prüffähigkeitseinwendungen erhoben wurden[710]. Defizite der Schlussrechnung im Hinblick auf die entwickelten Prüfbarkeitsanforderungen können dann zur Unschlüssigkeit der Vergütungsklage führen. Der Auftragnehmer kann in diesem Falle zwar – etwa aufgrund eines gerichtlichen Hinweises – eine neue Schlussrechnung vorlegen, diese ändert indes an der eingetretenen Fälligkeit im Nachhinein nichts mehr. Vor allem setzt eine modifizierte oder ergänzte Schlussrechnung im Verlauf des Rechtsstreits keine neue Prüfungsfrist in Gang[711].

III. Fälligkeit der Schlusszahlung (§ 16 Abs. 3 Nr. 1 S. 1 VOB/B)

1. Neufassung durch die VOB 2012. Bis zur VOB 2012 war die Schlusszahlung alsbald nach Prüfung und Feststellung der vom Auftragnehmer vorgelegten Schlussrechnung fällig, spätestens innerhalb von zwei Monaten nach Zugang. Im Zuge der VOB/B 2012 ist die Frist für die Prüfung und Feststellung des Schlussrechnungsbegehrens auf **30 Kalendertage** nach Zugang der Schlussrechnung begrenzt worden. Damit wurde die Fälligkeitsregelung des § 16 Abs. 3 Nr. 1 S. 1 VOB/B an die Vorgaben des § 271a BGB angepasst. Dies betrifft vor allem die in § 271a Abs. 2 BGB für Bauverträge mit öffentlichen Auftraggebern vorgesehene Zahlungsfrist. Danach ist für Auftraggeber künftig grundsätzlich eine Zahlungsfrist von 30 Kalendertagen nach Zugang der prüfbaren Schlussrechnung vorgesehen. Nur ausnahmsweise und einzelvertraglich kann diese Zahlungsfrist um weitere 30 Kalendertage verlängert werden, vgl. § 16 Abs. 3 Nr. 1 S. 2 VOB/B. Mit Ablauf der vertraglich maßgebenden Zahlungsfrist tritt Fälligkeit hinsichtlich des mit der Schlussrechnung erhobenen Vergütungsanspruches ein. Damit wurde § 16 Abs. 3 Nr. 1 S. 1 VOB/B der Vorschrift des § 286 Abs. 3 S. 1 BGB angepasst, da dort bereits seit dem 1.1.2002 vorgesehen ist, dass der Schuldner einer Geldforderung spätestens in Verzug gerät, wenn

---

[701] OLG Köln BauR 2014, 1359.
[702] OLG Köln BauR 2014, 1359.
[703] Vgl. zur Prüfungsvollmacht des Architekten *U. Locher* in Ingenstau/Korbion VOB/B § 16 Abs. 3 Rn. 15.
[704] RGZ 110, 34, 36.
[705] OLG Dresden BauR 2004, 1832.
[706] Vgl. BGH NJW 1983, 929; 1998, 976.
[707] BGH NJW 1975, 1833.
[708] Vgl. BGH NJW-RR 2005, 167 = NZBau 2005, 40.
[709] AA OLG Dresden BauR 2004, 1832.
[710] Vgl. OLG Düsseldorf Juris PR-PrivBauR 4/2010 Anm. 5.
[711] OLG Düsseldorf Juris PR-PrivBauR 4/2010 Anm. 5.

er nicht innerhalb von 30 Tagen nach Fälligkeit und Zugang einer Rechnung (oder einer gleichwertigen Forderungsaufstellung) seine Leistung erbringt[712].

Auch die Fassung des § 16 Abs. 3 Nr. 1 S. 1 VOB/B 2012 ist nur dann AGB-rechtlich unbedenklich, wenn die VOB/B als Ganzes zwischen den Parteien vereinbart ist. Sobald – wie in der Praxis üblich – im Bauvertrag der Parteien weitere Vertragsbedingungen neben der VOB/B vereinbart sind, unterliegt das gesamte, verwendete Klauselwerk und damit auch § 16 Abs. 3 VOB/B der **Inhaltskontrolle nach dem AGBG aF bzw. §§ 305 ff. BGB**[713]. Bei isolierter Inhaltskontrolle benachteiligt die Regelung des § 16 Abs. 3 Nr. 1 VOB/B in Vertragsklauseln des Auftragnehmers durchaus den Auftraggeber unangemessen gem. § 9 Abs. 1 AGBGB aF bzw. § 307 Abs. 1 BGB, da der Auftragnehmer durch den Zeitpunkt der Schlussrechnungsvorlage abweichend von § 641 Abs. 1 BGB den Zeitpunkt der Fälligkeit des erhobenen Vergütungsanspruches ebenso wie damit auch den Verjährungsbeginn einseitig hinauszuschieben vermag[714]. Dem Auftragnehmer ist zu empfehlen, seine Schlussrechnung kurzfristig nach Abnahmereife vorzulegen und – unabhängig hiervon – für die Berechnung des Verjährungseintrittes abweichend von § 16 Abs. 3 Nr. 1 S. 1 VOB/B auf den Abnahmezeitpunkt für die Fälligkeit abzustellen.

Gleichermaßen unwirksam sind **Vertragsbedingungen,** mit denen die in § 16 Abs. 3 Nr. 1 VOB/B enthaltene Fälligkeits- und Zahlungsfrist weiter herausgeschoben wird. Eine in den Vertragsbedingungen des Auftraggebers enthaltene Fälligkeitsbestimmung, wonach alle Zahlungen innerhalb von 90 Tagen zu erfolgen haben, hält einer Inhaltskontrolle nach § 307 Abs. 1 BGB nicht stand und ist unwirksam[715]. Entsprechende Vereinbarungen verstoßen gegen § 271a sowie § 308 Nr. 1a und b BGB. Schließlich sind auch Vertragsbedingungen unwirksam, mit denen mittelbar Einfluss auf die Fälligkeits- und Zahlungsfrist genommen werden soll, etwa in Form einer Vertragsklausel, nach der eine mangelfreie Abnahme bzw. eine Beseitigung der bei der Abnahme festgestellten Mängel Voraussetzung der Fälligkeit der Schlusszahlung sein soll[716].

192 **2. Fälligkeit und Abnahme.** Voraussetzung der **Fälligkeit der Schlusszahlung** ist – obwohl in § 16 Abs. 3 VOB/B nicht erwähnt – neben der Vorlage der Schlussrechnung zusätzlich noch die **Abnahme der Bauleistungen.** Für den BGB-Bauvertrag ergibt sich die entsprechende Fälligkeitsvoraussetzung unmittelbar aus § 641 Abs. 1 S. 1 BGB. Danach ist die Vergütung – abgesehen von Abschlagszahlungen – grundsätzlich erst bei der Abnahme der Bauleistung zu entrichten. Da die Regelung des § 641 Abs. 1 S. 1 BGB der speziellen Fälligkeitsregelung in § 16 Abs. 3 Nr. 1 VOB/B zugrundeliegt, entspricht es allgemeiner Auffassung, dass die Schlusszahlung nur fällig werden kann, wenn die Bauleistungen (zuvor) von dem Auftraggeber abgenommen wurden[717]. Dabei ist es unerheblich, ob eine ausdrückliche Abnahme gemäß § 12 Abs. 1 oder aber eine förmliche Abnahme gemäß § 12 Abs. 4 VOB/B vorausgegangen sind. Auch eine fiktive Abnahme soll ausreichen, jedoch nach dem OLG Düsseldorf nur bei einer beanstandungsfrei erfolgten Nutzung durch den Auftraggeber[718]. Nach einer Entscheidung des LG Frankfurt[719] soll es schon ausreichen, wenn der Auftragnehmer vortragen lässt, er habe vertragsgemäß geleistet und vom Besteller seien keine wesentlichen Mängel geltend gemacht worden. Nicht ausreichend ist jedoch eine bloße technische Abnahme im Sinne des § 4 Abs. 10 VOB/B, da diese lediglich der Feststellung des Leistungsstandes dient, ohne indes die Rechtswirkungen einer echten Abnahme aufzuweisen[720].

Im Falle **vorzeitiger Beendigung des Bauvertrages** – etwa auf Grund einer ausgesprochenen Kündigung – kommt es in der Praxis häufig zu keiner Abnahme im Sinne des § 12 VOB/B[721]. Die Schlusszahlung konnte deshalb nach früher vorherrschendem Verständnis ohne gesonderte rechts-

---

[712] *Kratzenberg* NZBau 2002, 177 (183).
[713] BGH BauR 2002, 775 (777); 2004, 668.
[714] OLG Naumburg BauR 2006, 849 (850); vgl. auch OLG München BauR 1995, 138; OLG Düsseldorf IBR 2006, 192.
[715] OLG Köln NZBau 2006, 317 (318).
[716] KG Berlin NJW-RR 2014, 1236 = NZBau 2014, 629.
[717] BGHZ 79, 180 (182); 73, 140 (144); OLG Düsseldorf BauR 2013, 1874; OLG Hamburg BauR 2003, 1590; *Hummel* in NWJS VOB/B § 12 Rn. 62; *Leinemann* Die Bezahlung der Bauleistung, Rn. 405.
[718] OLG Düsseldorf IBRRS 2016, 1575.
[719] NZBau 2014, 45 (46).
[720] *Hummel* in NWJS VOB/B § 4 Rn. 174 ff.
[721] Vgl. hierzu *Thode* ZfBR 1999, 116 (120 f.).

geschäftliche Abnahme fällig werden[722]. Nach neuerer Auffassung des BGH wird das Erfüllungsstadium des Bauvertrages bei vorzeitiger Vertragsbeendigung – etwa durch eine Kündigung – noch nicht (vollständig) beendet, so dass auch in diesem Falle eine gesonderte Abnahme für erforderlich erachtet wird[723]. Auch bei vorzeitiger Vertragsbeendigung bedarf es deshalb nunmehr vom Grundsatz her einer Abnahme, um die Fälligkeit der Schlussrechnungsforderung herbeizuführen[724].

Verweigert der Auftraggeber die Abnahme zu Unrecht oder aber verweigert er sie endgültig gegenüber dem Auftragnehmer, kann sich der Auftraggeber nach Vorlage der Schlussrechnung nicht auf mangelnde Fälligkeit wegen des Fehlens der rechtsgeschäftlichen Abnahme berufen[725]. Die Fälligkeit der Schlussrechnung hängt deshalb in derartigen Fällen häufig davon ab, inwieweit in einem sich anschließenden Rechtsstreit vom Auftragnehmer nachgewiesen werden kann, dass die Abnahmeverweigerung von Seiten des Auftraggebers zu Unrecht erfolgt ist. Der Auftragnehmer kann jedoch in einer derartigen Situation im Rahmen des gerichtlichen Verfahrens den Anspruch auf eine Abschlagszahlung für den Fall (weiter) hilfsweise geltend machen, dass er nicht im Stande ist, die Abnahme oder aber deren unberechtigte Verweigerung durch den Auftraggeber mit Erfolg nachzuweisen[726].

Ausnahmsweise kann sich die **Fälligkeit der Schlussrechnung** im Rahmen des § 16 Abs. 3 Nr. 1 S. 1 VOB/B auch **ohne Abnahme** der (vollständigen) Bauleistungen ergeben. Gesetzlich vorgezeichnet ist diese Möglichkeit durch § 641 Abs. 2 BGB und den dort begründeten Tatbestand der sog **Durchgriffsfälligkeit**[727]. Darüber hinaus tritt nach obergerichtlicher Rechtsprechung die Fälligkeit in folgenden Konstellationen ein:

– Eine Teilabnahme löst sämtliche Abnahmewirkungen für die abgenommenen Teilleistungen aus, so dass dadurch die Fälligkeit für den der Teilleistung entsprechenden Vergütungsanteil eintritt[728].
– Die Parteien haben die (förmliche) Abnahme vergessen[729].
– Die Parteien verzichten einvernehmlich auf die Durchführung einer Abnahme als Fälligkeitsvoraussetzung[730].
– Das Vertragsverhältnis ist erkennbar in ein Abrechnungsverhältnis übergegangen[731].
– Die Umwandlung in ein Abrechnungsverhältnis wird auch angenommen, wenn der Auftragnehmer seine Schlussrechnung vorlegt und der Auftraggeber nach abschließender Prüfung eine Kürzung dieser Rechnung vorgenommen hat[732].
– Das Vertragsverhältnis ist als zwischen den Parteien beendet anzusehen, etwa durch endgültige Einstellung der Arbeiten seitens Auftragnehmers[733].
– Auch fehlende bzw. vergessene geringfügige Restarbeiten stehen längere Zeit nach Beendigung der übrigen Arbeiten der Schlussrechnungsreife nicht entgegen[734].
– Trotz fehlender Abnahme wird die Schlussrechnung fällig, wenn der Auftraggeber nicht mehr auf weiterer Vertragserfüllung, sondern auf Zahlung von Schadensersatz besteht[735].
– Verzichtet der Auftraggeber ausdrücklich oder konkludent auf den Einwand der fehlenden Schlussrechnung, wird der Restvergütungsanspruch des Auftragnehmers fällig[736].

---

[722] BGH BauR 1987, 95; *Motzke* in Beck'scher VOB-Kommentar VOB/B 1. Aufl., § 16 Nr. 3 Rn. 41.
[723] BGH NJW 2003, 1450; 2006, 2475 = NZBau 2006, 569; vgl. hierzu im Einzelnen *Messerschmidt* in Messerschmidt/Voit Privates Baurecht § 640 Rn. 160 ff.
[724] Vgl. hierzu aber die nachfolgenden Ausnahmen und Durchbrechungen vom Abnahmegebot.
[725] BGH BauR 1996, 390 (391); *Motzke* in Beck'scher VOB-Kommentar VOB/B 1. Aufl., § 16 Nr. 3 Rn. 41; *Leinemann* Die Bezahlung der Bauleistung, Rn. 405; vgl. hierzu auch *Thode* ZfBR 1999, 116 (119).
[726] BGH BB 2000, 1756.
[727] Vgl. hierzu → § 16 Rn. 6 und *Messerschmidt* in Messerschmidt/Voit Privates Baurecht § 641 Rn. 6.
[728] OLG Brandenburg BauR 2005, 152.
[729] OLG Karlsruhe NJW-RR 2004, 746; OLG Düsseldorf NJW-RR 1999, 529 = BauR 1999, 404.
[730] OLG Brandenburg BauR 2005, 1218.
[731] OLG Brandenburg BauR 2005, 1218.
[732] OLG Koblenz IBR 2014, 331.
[733] BGH BauR 1991, 81 (82); OLG Brandenburg BauR 2005, 153.
[734] OLG Düsseldorf NJW-RR 2000, 231 f.; OLG Brandenburg BauR 2005, 153.
[735] BGH NZBau 2005, 685 (686); 2005, 582 = NJW 2005, 2771; BGH NZBau 2003, 35 = BauR 2003, 88; BGH NJW 2002, 3019 = BauR 2002, 1399; BGH MDR 1979, 304; OLG Koblenz NZBau 2003, 681 = BauR 2003, 1728.
[736] OLG Celle IBR 2017, 12.

- Entsprechendes gilt auch dann, wenn der Auftraggeber einer vorgelegten Schlussrechnung nur mit einem Minderungsverlangen entgegentritt[737].
- Die Schlussrechnung wird fällig, wenn der Auftraggeber die Vertragserfüllung endgültig verweigert, da nach seiner Auffassung überhaupt kein Bauvertrag zustande gekommen ist, weil sich hiermit naturgemäß auch eine Verweigerung zu etwaig erbrachten Vertragsleistungen verbindet[738].
- Sobald der Auftraggeber trotz fehlender oder zweifelhafter Abnahme keinen Klageabweisungsantrag ankündigt, kann die Fälligkeit der Schlussrechnung ohne weiteren Abnahmenachweis in Betracht kommen[739].
- Gleichermaßen kommt es nicht mehr auf eine Abnahme an, wenn der Auftraggeber lediglich beantragt, ihn nur Zug um Zug gegen Beseitigung der von ihm gerügten Mängel zur Zahlung aus der Schlussrechnung zu verurteilen[740].
- Bei vorzeitiger Vertragsbeendigung eines Bauvertrages ist die Schlussrechnung auch ohne Abnahme fällig, wenn die Erfüllung des Bauvertrages von dem Auftraggeber nicht mehr verlangt wird[741].
- Im Falle der Kündigung des Vertrages wird der Werklohn für bis zur Kündigung erbrachte Teilleistungen ohne Abnahme fällig, wenn der Auftraggeber keine Erfüllungsansprüche mehr geltend macht, sondern mit Schadensersatzansprüchen aufrechnet[742].
- Nach erfolgreich vom Auftraggeber durchgeführter Ersatzvornahme wird der Vergütungsanspruch des Auftragnehmers fällig, weil eine Nacherfüllung nunmehr unmöglich ist und sich der Auftraggeber aus diesem Grunde auf eine fehlende Abnahme nicht mehr berufen kann[743].
- Wenn der Auftraggeber wegen einer von ihm behaupteten Überzahlung auf Rückzahlung klagt, wird der Vergütungsanspruch des Auftragnehmers fällig[744].
- Im Falle einer unwirksamen Vertragsklausel, wonach der Subunternehmer erst dann einen fälligen Zahlungsanspruch gegen den Hauptunternehmer haben soll, wenn an diesen Vergütung von Seiten des Auftraggebers entrichtet wurde[745].
- Gleiches gilt auch dann, wenn sich der Auftraggeber auf eine von ihm formularmäßig verwendete Klausel bezieht, nach der eine mangelfreie Abnahme bzw. eine Beseitigung der bei der Abnahme festgestellten Mängel Voraussetzung der Schlusszahlungsreife ist, da derartige Vertragsklauseln einer Inhaltskontrolle nach § 307 Abs. 1, Abs. 2 Nr. 1 BGB nicht standhalten[746].
- Wenn und soweit die Voraussetzungen der Durchgriffsfälligkeit nach § 641 Abs. 2 BGB vorliegen[747].

Aus vorgenannten Gründen kann in der Praxis häufig auch ohne Abnahme auf Zahlung der vertraglichen Vergütung geklagt werden. Trotz fehlender Abnahme kann eine Vergütungsklage erfolgreich sein, wenn das ausgeführte Werk mangelfrei und damit abnahmereif ist[748].

Wenn und soweit zweifelhaft verbleibt, ob die Fälligkeitsvoraussetzungen zur Schlusszahlung vorliegen, lässt sich den Einwendungen des beklagten Auftraggebers dadurch seitens des Auftragnehmers begegnen, dass dieser zumindest hilfsweise an der Geltendmachung von Abschlagsforderungen festhält[749]. Abschlagszahlungen können in diesem Falle aber nur in Höhe des Wertes der jeweils nachgewiesenen vertragsgemäßen Leistungen einschließlich des ausgewiesenen, darauf entfallenden Umsatzsteuerbetrages geltend gemacht werden[750].

---

[737] BGH NJW 2002, 3019 = BauR 2002, 1399; BGH MDR 1979, 304; OLG Koblenz NZBau 2003, 681 = BauR 2003, 1728.
[738] Vgl. BGH NZBau 2005, 335 (336).
[739] OLG Hamm NZBau 2006, 580 (581).
[740] OLG Hamm NZBau 2006, 580 (581).
[741] OLG Brandenburg NZBau 2006, 713 (714).
[742] OLG Rostock NZBau 2015, 427.
[743] OLG Brandenburg BauR 2013, 246.
[744] BGH NJW-RR 2006, 667.
[745] Vgl. OLG Celle NZBau 2010, 118.
[746] KG Berlin NJW-RR 2014, 1236 = NZBau 2014, 629.
[747] OLG Düsseldorf BauR 2013, 1686.
[748] OLG Koblenz NJW 2014, 1186 = NZBau 2014, 293.
[749] Vgl. OLG Frankfurt BauR 2004, 1004; *Kniffka* BauR 2005, 732.
[750] OLG Koblenz NJW-RR 2015, 589.

3. Fälligkeit und Zurückbehaltungsrecht. Bei der Geltendmachung von Mängelansprüchen nach erfolgter Abnahme steht dem Auftraggeber nach § 641 Abs. 3 BGB ein **Zurückbehaltungsrecht** zu[751]. Kann der Auftraggeber die Beseitigung eines Mangels verlangen, so kann er nach der Abnahme die Zahlung eines angemessenen Teils der Vergütung verweigern und zwar in Höhe des Zweifachen der für die Beseitigung des Mangels erforderlichen Kosten. Der Auftraggeber wird im Falle des von ihm geltend gemachten und zweckmässigerweise abrechnungsbezogen bezifferten Zurückbehaltungsrechts zur Zahlung nur Zug um Zug gegen Mängelbeseitigung verurteilt werden können[752]. Befindet sich der Auftraggeber im Annahmeverzug, weil er die ihm angebotenen Mangelbeseitigungsarbeiten nicht annimmt, führt dies – obgleich rechtsdogmatisch an sich nicht nachvollziehbar[753] – nicht zum vorbehaltlosen Eintritt der Fälligkeit, sondern lediglich zur Heranziehung des § 322 BGB[754]. Soweit ein begründetes Zurückbehaltungsrecht besteht, kann vom Auftragnehmer auf die erhobenen Vergütungsansprüche keine verzugsbedingten Zinsen beansprucht werden[755].

Der Fälligkeit der Schlussrechnungsforderung können auch **sonstige Zurückbehaltungsrechte** des Auftraggebers entgegenstehen, soweit sich diese aus §§ 273, 320 BGB ergeben. Die Bestimmung des § 320 BGB wird lediglich insoweit verdrängt, wie es um die Ausführung mangelhafter Bauleistungen geht[756]. In Bezug auf dieselbe Baumaßnahme kann bei Vorliegen eines fälligen Anspruches des Auftraggebers auch ein Zurückbehaltungsrecht nach § 273 BGB in Betracht kommen. Dieses Zurückbehaltungsrecht kann der Auftragnehmer allerdings durch Sicherheitsleistung nach § 273 Abs. 3 BGB abwenden.

Eine **unklare Abrechnungs- und Aufrechnungslage** gewährt dem jeweiligen Auftraggeber aber kein eigenständiges Leistungsverweigerungsrecht. Infolgedessen ist ein Hauptunternehmer nicht berechtigt, die Zahlung des dem Nachunternehmer zustehenden Werklohns so lange zu verweigern, bis in einem Rechtsstreit zwischen ihm und seinem Auftraggeber geklärt ist, ob der Auftraggeber gegen den Werklohnanspruch des Hauptunternehmers zu Recht mit einer von diesem bestrittenen Vertragsstrafe aufrechnet[757]. Das Risiko, bestimmte Ansprüche gegen den Auftraggeber erst mit gerichtlicher Hilfe durchsetzen zu können, trifft prinzipiell jeden Unternehmer und ist deshalb seinem allgemeinen Lebensrisiko zuzurechnen[758].

4. Fälligkeit und Aufrechnung. Von der Ausübung eines Zurückbehaltungsrechts zu unterscheiden sind durch **Aufrechnung** geltend gemachte Gegenforderungen, da diese gemäß § 389 BGB zum Erlöschen der Forderung aus der Schlussrechnung führen[759]. Da der BGH mittlerweile eine Verrechnung mit gewährleistungsbedingten Ansprüchen nicht mehr zulässt[760], stellt sich nicht mehr die Frage nach den Folgen vergütungsbezogener Verrechnung. Ursprünglich hatte der Bundesgerichtshof – etwa bei Schadenersatzansprüchen wegen Nichterfüllung aus § 635 BGB – eine (einfache) Verrechnung von Vergütung einerseits und Gegenforderung andererseits in der Weise gebilligt, dass keine Aufrechnungssituation bestand (und dementsprechend auch Aufrechnungsverbote keine Bedeutung hatten)[761]. Hiervon hat der BGH mittlerweile ausdrücklich Abstand genommen und zu sämtlichen Gegenansprüchen – einerseits aus Vergütung, andererseits etwa aus Schadenersatzansprüchen – das Vorliegen einer Aufrechnungslage (vor allem auch zur Vermeidung einer Umgehung von Aufrechnungsverboten) bejaht[762]. Die Aufrechnungsvoraussetzungen sind vom Auftraggeber konkret zu Grund und Höhe der Gegen-

---

[751] *Biederer* BauR 2009, 1050; *Oberhauser* BauR 2008, 421 ff. zu der Einrede des nicht erfüllten Vertrages durch den Auftraggeber; *Reichert* BauR 2008, 749 ff. zu Mängeleinreden des Hauptunternehmers gegenüber dem Subunternehmer.
[752] BGHZ 26, 337; OLG Hamm NJW-RR 2006, 391; OLG Celle NJW-RR 2000, 828; *Sprau* in Palandt BGB § 641 Rn. 13.
[753] Vgl. OLG Schleswig BauR 2001, 115.
[754] BGH NZBau 2002, 266 = BauR 2002, 795; OLG Celle BauR 2003, 106; *Kniffka/Koeble* Kompendium des Baurechts 3. Aufl., Rn. 170 ff.
[755] BGH BauR 1999, 1025.
[756] *Grüneberg* in Palandt BGB § 320 Rn. 11.
[757] BGH BauR 2012, 1946.
[758] BGH BauR 2012, 1946 (1948).
[759] *Kandel* in Beckscher VOB-Kommentar VOB/B § 16 Nr. 3 Rn. 71 ff.
[760] BGH NJW 2005, 2771 = NZBau 2005, 582; vgl. zur früheren Rechtslage *Kniffka/Koeble* Kompendium des Baurechts 2. Aufl., 5. Teil, Rn. 212 ff.
[761] BGHZ 70, 240 (247); BGH BauR 2001, 1928.
[762] BGH NJW 2005, 2771 = NZBau 2005, 582.

ansprüche darzutun⁷⁶³. Im Falle begründeter Aufrechnung des Auftraggebers vermag der Auftragnehmer wegen § 389 BGB auf seine (erloschenen) Vergütungsansprüche keine verzugsbedingten Zinsen zu beanspruchen.

195 **5. Fälligkeit und Rechnungsvorlage.** Während die Fälligkeit der Vergütungsansprüche beim BGB-Bauvertrag mit der Abnahme der Bauleistung eintritt (§ 641 Abs. 1 S. 1 BGB), verschiebt sich der Fälligkeitszeitpunkt beim VOB-Bauvertrag durch das Erfordernis der **Vorlage einer (prüffähigen) Schlussrechnung** sowie der sich anschließenden Prüfungsfrist (§ 16 Abs. 3 Nr. 1 S. 1 VOB/B). Die Fälligkeit der Schlusszahlung tritt deshalb vom Grundsatz her erst einen Monat nach Zugang der Schlussrechnung beim Auftraggeber ein⁷⁶⁴. Eine kürzere als die Monats-Frist führt nur dann zur Fälligkeit, wenn der Auftraggeber bereits vor Ablauf der Frist dem Auftragnehmer sein Prüfergebnis mitteilt und damit quasi vorzeitig die Fälligkeit der Schlussrechnung auslöst⁷⁶⁵. Der Auftragnehmer kann gegenüber dem Auftraggeber keinen vorverlagerten Fälligkeitszeitpunkt mit der Begründung geltend machen, dem Auftraggeber sei es zumutbar, die Prüfung der vorgelegten Schlussrechnung vorzuziehen⁷⁶⁶.

Wenn der Auftragnehmer **nacheinander verschiedene Rechnungen** vorlegt oder aber seine früher vorgelegte Schlussrechnung um weitere abrechnungsfähige Vergütungsansprüche ergänzt⁷⁶⁷, stellt sich die Frage, ob eine nachgeschobene bzw. neu aufgemachte Schlussrechnung erneut den Fälligkeitszeitpunkt zu begründen bzw. herauszuschieben vermag. Das OLG Bamberg hat hierzu den Standpunkt eingenommen, es müsse nach dem Grundsatz der einheitlichen Fälligkeit auch für die weiteren Forderungen, die in der zunächst vorgelegten Schlussrechnung nicht aufgenommen waren, von der fälligkeitsauslösenden Wirkung der ersten Auftragnehmerabrechnung ausgegangen werden⁷⁶⁸. Der vergesslich bzw. unvollständig abrechnende Auftragnehmer vermag daher keine Vorteile hinsichtlich Fälligkeit und Verjährung auf Grund nachgeschobener Forderungen zu erlangen⁷⁶⁹. Anders wird man jedoch dann zu entscheiden haben, wenn der Auftragnehmer zu einem späteren Zeitpunkt Forderungen nachschiebt, die er im Zusammenhang mit der Schlussabrechnung noch nicht in der Lage war zu berücksichtigen.

Besondere Probleme treten auf, wenn die vorgelegte **Schlussrechnung nur teilweise prüffähig ist.** Erweist sich die Schlussrechnung teilweise als prüffähig und teilweise als nicht prüffähig, so hindert dies die Fälligkeit der Schlussrechnungsforderung nicht für den prüffähigen Abrechnungsteil. Geleistete Abschlags- und Vorauszahlungen werden von dem prüffähigen Schlussrechnungsbetrag abgesetzt und ein danach verbleibendes unbestrittenes Guthaben ist als Abschlag auf die Schlussrechnungsforderung an den Auftragnehmer zur Auszahlung zu bringen⁷⁷⁰. Soweit es teilweise an prüffähigen Abrechnungspositionen fehlt, ist die Klage insoweit als derzeit unbegründet abzuweisen.

Die **Prüfungsfrist entfällt** im Übrigen dann, wenn der Auftraggeber selbst die Schlussrechnung nach § 14 Abs. 4 VOB/B aufstellt. In diesem Fall benötigt der Auftraggeber naturgemäß keine weitere Prüfungsfrist für die von ihm selbst erstellte und vorgelegte Schlussrechnung⁷⁷¹.

Die Prüfungsfrist von einem Monat verlängert sich, wenn die Parteien hierzu eine entsprechende **Vereinbarung** getroffen haben. Eine Vereinbarung ist grundsätzlich nur in den Grenzen des § 16 Abs. 3 Nr. 1 S. 2 VOB/B möglich. Vertragsklauseln, die darauf abzielen, **die Prüfungsfrist deutlich zu verlängern,** sind im Lichte des § 9 AGBG aF bzw. der §§ 307 Abs. 1 und 308 Nr. 1a und b BGB rechtlich bedenklich, da bereits die Prüfungsfrist von einem Monat in nicht unerheblichem Umfange von der gesetzlichen Fälligkeitsbestimmung in § 641 Abs. 1 S. 1 BGB zu Ungunsten des Auftragnehmers abweicht und jede weitere, zumal deutliche Ver-

---

⁷⁶³ OLG Koblenz NJW 2014, 1186 = NZBau 2014, 293 mit Anmerkung *Jansen* NJW 2014, 1188 und *Weyer* NZBau 2014, 421.
⁷⁶⁴ BGH NJW-RR 1990, 1170 (1171). BGH NZBau 2006, 169 (170); vgl. auch BGH NJW 2005, 2771 = NZBau 2005, 582; BGH NJW 2002, 2563 = NZBau 2002, 497; vgl. auch OLG Celle NZBau 2005, 698 zum Verhältnis Aufrechnung, Verrechnung und Minderung.
⁷⁶⁵ BGHZ 83, 382 (384); OLG Brandenburg BauR 2003, 1229.
⁷⁶⁶ Vgl. *Kandel* in Beck'scher VOB-Kommentar VOB/B § 16 Abs. 3 Rn. 40; aA *Hochstein* in Anmerkung zu BGH *SFH* Nr. 21 zu § 16 Nr. 3 VOB/B.
⁷⁶⁷ Vgl. hierzu → § 16 Rn. 172 ff.
⁷⁶⁸ OLG Bamberg OLGR 2003, 267 = MDR 2003, 1350.
⁷⁶⁹ Vgl. insoweit auch BGHZ 53, 222.
⁷⁷⁰ OLG Brandenburg NZBau 2015, 701; *U. Locher* in Ingenstau/Korbion VOB/B § 16 Abs. 3 Rn. 23.
⁷⁷¹ BGH NZBau 2002, 91.

längerung zu einer unangemessenen Herausschiebung des Fälligkeitszeitpunktes führen kann[772]. Unwirksam sind deshalb regelmäßig Klauseln des Auftraggebers, mit denen die Prüfungsfrist auf drei Monate verlängert und/oder von der Vorlage von Prüfungsunterlagen abhängig gemacht wird, die nicht aus der Sphäre des Auftragnehmers herrühren[773].

Eine Ausnahme von diesen Grundsätzen wird man jedoch in den Grenzen des § 16 Abs. 3 Nr. 1 S. 2 VOB/B bei Großbaumaßnahmen zulassen können, da dort häufig die Prüfung der Schlussrechnung schon auf Grund ihres Umfanges und ihrer Komplexität nicht innerhalb von einem Monat vorgenommen werden kann[774]. Soweit hiergegen vorgebracht wird, der Auftraggeber müsse bei besonders hohem Bauvolumen zumindest das unbestrittene Guthaben nach § 16 Abs. 3 Nr. 1 S. 3 VOB/B zur Auszahlung bringen[775], vermag diese Auffassung deshalb nicht zu überzeugen, weil sich regelmäßig bei Großbaumaßnahmen erst nach abschließender Prüfung der vorgelegten Schlussrechnung feststellen lässt, inwieweit überhaupt die Voraussetzungen vorliegen, unter denen noch Zahlungen an den Auftragnehmer zu leisten sind.

6. Fälligkeit bei Entgegennahmeverweigerung. Verweigert der Auftraggeber die Entgegennahme der (prüffähigen) Schlussrechnung (und liegen die Abnahmevoraussetzungen vor), so verbleibt es bei der einmonatigen Fälligkeitsfrist, auch dann, wenn der Auftraggeber auf Grund seines vertragswidrigen Verhaltens nicht über die Schlussrechnung verfügt und diese deshalb nicht prüfen kann[776]. Die Verjährungsfrist beginnt auch in diesem Fall einen Monat nach Verweigerung der Annahme der Schlussrechnung zu laufen[777]. 196

7. Fälligkeit und Zahlungsverzug. Von der Fälligkeit der Schlussrechnungsforderung zu unterscheiden ist der **Eintritt des Zahlungsverzuges**[778]. Insoweit ist auf die Neuformulierung der Nr. 3–4 des § 16 Abs. 5 VOB/B zu verweisen. Grundsätzlich bleibt es danach bei der bisherigen Regelung, wonach es für einen Zahlungsverzug des Auftraggebers (zusätzlich) einer angemessenen Nachfristsetzung durch den Auftragnehmer bedarf (§ 16 Abs. 5 Nr. 3 VOB/B). Ungeachtet dessen kommt der Auftraggeber aber auch ohne Nachfristsetzung spätestens 30 Kalendertage nach Zugang der Schlussrechnung in Zahlungsverzug, so wie sich dies aus § 286 Abs. 3 BGB ergibt (§ 16 Abs. 5 Nr. 3 VOB/B). 197

8. Fälligkeit und Verjährung. Die **Verjährung der Forderung** aus der Schlussrechnung beginnt mit dem Schluss des Jahres zu laufen, in dem die Fälligkeit eingetreten ist (§ 199 Abs. 1 BGB)[779]. Beim VOB-Bauvertrag setzt die Fälligkeit die Abnahme, die Vorlage der Schlussrechnung sowie den Ablauf der Prüfungsfrist voraus[780]. Bei der Bemessung der Verjährungsfrist ist zwischen den bis zum 31.12.2001 und den danach auf Grund des Gesetzes über die Modernisierung des Schuldrechts geltenden Fristen zu unterscheiden[781]. Nach dem ab dem 1.1.2002 geltenden Recht beläuft sich die Regel-Verjährungsfrist auf 3 Jahre, vgl. § 195 BGB. 198

IV. Schlusszahlung (§ 16 Abs. 3 Nr. 1 S. 1 und S. 4 VOB/B)

Zum Fälligkeitszeitpunkt hat der Auftraggeber die Schlusszahlung im Sinne des § 16 Abs. 3 Nr. 1 S. 1 VOB/B zu leisten. Bei der Schlusszahlung handelt es sich um die **endgültige und abschließende Zahlung des Auftraggebers** aus dem mit dem Auftragnehmer abgeschlossenen Bauvertrag[782]. 199

Die Schlusszahlung bezieht sich dabei regelmäßig auf die vom Auftragnehmer vorgelegte Schlussrechnung. Die Schlussrechnung umfasst üblicherweise **sämtliche vertraglichen und außervertraglichen Forderungen des Auftragnehmers** aus der zugrundeliegenden Maß- 200

---

[772] U. Locher in Ingenstau/Korbion VOB/B § 16 Abs. 3 Rn. 20 ff.; Leinemann VOB/B § 16 Rn. 145.
[773] OLG München BauR 1990, 471; U. Locher in Ingenstau/Korbion VOB/B § 16 Abs. 3 Rn. 11; Leinemann VOB/B § 16 Rn. 145.
[774] Vgl. Tempel NZBau 2002, 532 (533); Heiermann/Riedl/Rusam VOB/B § 16 Rn. 88; aA Leinemann VOB/B § 16 Rn. 144.
[775] Leinemann VOB/B § 16 Rn. 152.
[776] RGZ 110, 34; Heiermann/Riedl/Rusam VOB/B 9. Aufl., § 16 Rn. 67.
[777] AA Heiermann/Riedl/Rusam VOB/B 9. Aufl., § 16 Rn. 67.
[778] Im Einzelnen → § 16 Rn. 30 ff.
[779] BGH NJW 1968, 1962; 1970, 938, 939; Hummel in NWJS VOB/B § 16 Rn. 95.
[780] BGH BauR 1984, 182 (183); Leinemann VOB/B § 16 Rn. 160.
[781] Im Einzelnen → § 16 Rn. 61 ff.
[782] BGH BauR 1979, 342; Zanner in FKZG VOB/B § 16 Rn. 80.

nahme[783]. Dementsprechend umfasst auch die Schlusszahlung sämtliche Forderungen aus und im Zusammenhang mit der Baumaßnahme, dh nicht nur die vertraglichen Vergütungsansprüche einschließlich Zusatz- und Nachtragsforderungen, sondern darüber hinaus auch alle weiteren Zahlungen, wie etwa Behinderungskosten, Schadensersatz, Zinsen etc.[784]

201 Der vom Auftraggeber geleisteten Zahlung muss zu entnehmen sein, dass es sich nicht um einen weiteren Abschlag oder aber eine Teilzahlung, sondern um die **letzte und abschließende Zahlung** aus der zugrundeliegenden Baumaßnahme handelt[785]. Maßgebend ist insoweit nicht, ob es sich nach objektiven Beurteilungsmaßstäben um die in der Tat letzte, vom Auftraggeber geschuldete Zahlung handelt; entscheidend ist lediglich die subjektive Sicht des Auftraggebers, der mit der Vornahme der Zahlung hinreichend klar zum Ausdruck bringen muss, dass damit die aus seiner Sicht – nämlich unter Berücksichtigung des Ergebnisses der durchgeführten Schlussrechnungsprüfung – geschuldete Restzahlung aus der Baumaßnahme erbracht wird[786].

202 Wie diese letzte Zahlung durch den Auftraggeber bezeichnet bzw. kenntlich gemacht wird, ist belanglos, soweit ihr jedenfalls aus Sicht des Auftraggebers Schlusszahlungscharakter beizumessen ist. Üblicherweise wird der Begriff **Schlusszahlung**[787] **oder aber Restzahlung**[788] verwandt; zwingend sind diese Bezeichnungen jedoch nicht[789].

203 Voraussetzung für die Schlusszahlung ist die **Vorlage einer Schlussrechnung**[790]. Ohne eine Schlussrechnung kann (hierauf) auch nicht die Schlusszahlung geleistet werden. Erst aus der Schlussrechnung ergibt sich nämlich, in welchem Umfang der Auftraggeber Vergütung beansprucht; aus der Prüfung derselben entnimmt der Auftraggeber, in welchem Umfange er meint, zu Zahlungen verpflichtet zu sein.

204 Von einer Schlusszahlung wird auch dann gesprochen, wenn ihr **keine Vorauszahlungen**, Abschlagszahlungen oder sonstige Teilzahlungen vorausgegangen sind[791]. Mit dem Begriff der Schlusszahlung verbindet sich die abschließende Zahlung zu dem zugrundeliegenden Bauvertrag und zwar unabhängig davon, inwieweit bereits zuvor Zahlungen vom Auftraggeber erbracht wurden.

205 Der Schlusszahlungsbegriff des § 16 Abs. 3 Nr. 1 VOB/B darf nicht uneingeschränkt mit dem der nachfolgenden Absätze 2–6 verwechselt werden: Gegenstand der nachfolgenden Absätze ist im Wesentlichen der Ausschluss weitergehender Forderungen des Auftragnehmers aus der Baumaßnahme und zwar unter der Voraussetzung der vorbehaltlosen Annahme der Schlusszahlung[792]. Mithin werden dem Auftragnehmer im Rahmen der Nummern 2–6 des § 16 Abs. 3 VOB/B die Geltendmachung von Ansprüchen abgeschnitten, wohingegen die Schlusszahlung im Sinne der Nr. 1 des § 16 Abs. 3 VOB/B zunächst nur die aus Sicht des Auftraggebers letzte und abschließende Zahlung zum Gegenstand hat.

V. Auszahlung des unbestrittenen Guthabens (§ 16 Abs. 3 Nr. 1 S. 5 VOB/B)

206 **1. Unbestrittenes Guthaben aus der Schlussrechnungsforderung.** Verzögert sich die Prüfung der Schlussrechnung über die Prüffrist hinaus (§ 16 Abs. 3 Nr. 1 S. 1 und 2 VOB/B), so ist (zumindest) das **unbestrittene Guthaben** als (weitere) Abschlagszahlung sofort an den Auftragnehmer auszuzahlen (§ 16 Abs. 3 Nr. 1 S. 5 VOB/B). Steht nach der Prüfung der Schlussrechnung fest, dass dem Auftragnehmer ein bestimmtes (unbestrittenes) Guthaben zusteht, so ergibt sich aus § 16 Abs. 3 Nr. 1 S. 5 VOB/B die Verpflichtung, dieses Guthaben – unabhängig von der vorzunehmenden Schlusszahlung – sofort an den Auftragnehmer zur Auszahlung zu bringen. Da es sich bei dieser Auszahlung gerade nicht um die Schlusszahlung handelt, erbringt der Auftraggeber mit der Vornahme der Zahlung letztlich eine **weitere**

---

[783] Im Einzelnen → § 16 Rn. 172 ff.
[784] OLG Düsseldorf BauR 1973, 386; *Heiermann/Riedl/Rusam* VOB/B § 16 Rn. 123.
[785] BGH BauR 1979, 342; *Heiermann/Riedl/Rusam* VOB/B § 16 Rn. 75.
[786] OLG Frankfurt IBR 2016, 445; *U. Locher* in Ingenstau/Korbion VOB/B § 16 Abs. 3 Rn. 31; *Hummel* in NWJS VOB/B § 16 Rn. 107.
[787] *Heiermann/Riedl/Rusam* VOB/B § 16 Rn. 75.
[788] *U. Locher* in Ingenstau/Korbion VOB/B § 16 Abs. 3 Rn. 2.
[789] BGH BauR 1979, 527 (528); OLG Frankfurt IBR 2016, 445; *Heiermann/Riedl/Rusam* VOB/B § 16 Rn. 75; *Leinemann* VOB/B § 16 Rn. 124.
[790] BGH BauR 1979, 342; *Zanner* in FKZG VOB/B § 16 Rn. 86.
[791] *Motzke* in Beck'scher VOB-Kommentar VOB/B, 1. Aufl., § 16 Nr. 3 Rn. 55.
[792] Vgl. *Leinemann* VOB/B § 16 Rn. 125.

Abschlagszahlung an den Auftragnehmer. Diese Abschlagszahlung mindert naturgemäß den Anspruch des Auftragnehmers aus der Schlussrechnung[793].

In der Praxis kommt der Regelung des § 16 Abs. 3 Nr. 1 S. 5 VOB/B keine besondere **207** Bedeutung zu, weil der Auftraggeber nach der Prüfung der Schlussrechnung ohnehin verpflichtet ist, die Schlusszahlung zu leisten. Regelmäßig kommt es deshalb nicht zu einer Abschlagszahlung in Höhe des unbestrittenen Guthabens und einer sich anschließenden Schlusszahlung. Etwas anderes gilt nur dann, wenn ein bestimmtes anteiliges Guthaben aus der Schlussrechnung ausgezahlt werden kann, eine weitere Teilzahlung bzw. die Schlusszahlung noch nicht geleistet werden kann, weil noch ungeklärte Gegenrechte bestehen. So kann der Auftraggeber beispielsweise ein Zurückbehaltungsrecht wegen vorliegender Mängel geltend machen (§ 641 Abs. 3 BGB) und die Auszahlung des verbleibenden Teilbetrages aus der Schlussrechnung davon abhängig machen, dass zunächst die Beseitigung der Mängel erfolgt.

2. Teilbeträge aus der Schlussrechnungsforderung. Bei Großbaumaßnahmen wird gele- **208** gentlich von den Auftragnehmern der Standpunkt eingenommen, bestimmte **Teilbeträge aus der streitbefangenen Schlussrechnungssumme** könnten als isolierte Forderungen in Form unbestrittenen Guthabens gesondert gerichtlich geltend gemacht werden[794]. Dabei wird jedoch übersehen, dass einzelne Forderungspositionen mit der Einstellung in die Schlussrechnung ihren Charakter als Teilrechnung verlieren. Einzelne in die Schlussrechnung eingestellte Forderungsbeträge sind lediglich Rechnungsposten der Schlussrechnung in ihrer Gesamtheit. Die einzelnen Rechnungsposten sowie die vertraglich vereinbarten Zu- und Abschläge sowie die hierauf zu verrechnenden Abschlagszahlungen führen im Ergebnis zu einem Rechnungssaldo, das nur als solches als Schlussrechnungsforderung beansprucht werden kann[795].

3. Teilklagen aus der Schlussrechnungsforderung. Vor diesem Hintergrund beurteilen **209** sich auch **Teilklagen aus einer vorgelegten Schlussrechnung:** Befassen sich die Teilklagen mit einzelnen Rechnungsposten, sind sie nicht statthaft, da auf diesem Wege das durch die Saldierung geprägte Wesen der Schlussrechnung beeinträchtigt wird[796]. Macht der Auftragnehmer demgegenüber mit seiner Teilklage lediglich einen Teil aus dem Gesamtsaldo – beispielsweise in der Reihenfolge der Abrechnungspositionen bis zu einem bestimmten Teil-Höchstbetrag – geltend, so ist eine derartige Teilklage nicht zu beanstanden, da es dem Auftragnehmer freistehen muss, sich mit Teilzahlungen aus einer Gesamtforderung zufrieden zu stellen. Bei der Geltendmachung eines derartigen Teilbetrages bedarf es keiner weiteren Individualisierung der von der Teilklage erfassten Rechnungspositionen[797]. Darüber hinaus können einzelne Teilforderungen ausnahmsweise dann gesondert klagefähig sein, wenn das Gericht im Zusammenhang mit derartigen positionsbezogenen Teilforderungen zu der sicheren Überzeugung zu gelangen vermag, dem Auftragnehmer stehe in jedem Fall aus einzelnen Positionen der Schlussrechnung – auch unter Berücksichtigung von Kürzungen, Verrechnungen und Gegenforderungen – zumindest ein bestimmter (Mindest-) Saldo zu[798]. Auf diese Weise können im Einzelfall zB unterschiedliche Bauabschnitte, bestimmte gesonderte Nachträge[799] oder aber auch zusätzliche Schadensersatzansprüche aus § 6 Abs. 6 VOB/B Gegenstand einer isolierten Teilklage aus Schlussrechnung sein. Werden eine erstrangige und eine zweitrangige Teilforderung aus demselben Schlussrechnungssaldo in zwei verschiedenen Prozessen geltend gemacht, soll es sich nach dem KG Berlin bei der Frage des Bestehens bzw. Nichtbestehens der erstrangigen Teilforderung um ein gegenüber der zweitrangigen Teilforderung vorgreifliches Rechtsverhältnis im Sinne von § 148 ZPO handeln[800].

---

[793] *Heiermann/Riedl/Rusam* VOB/B § 16 Rn. 89; *Zanner* in FKZG VOB/B § 16 Rn. 121.
[794] Ebenso *Sonntag* NZBau 2006, 91 (93).
[795] BGH NJW 1997, 1444; 1999, 417 (418); NZBau 2003, 376; *Heiermann/Riedl/Rusam* VOB/B § 16 Rn. 90.
[796] BGH NJW 1992, 2080; OLG Brandenburg BauR 2003, 716; *Kniffka* in Kniffka/Koeble BauR-Komp des Baurechts 2. Aufl. 2004, S. 984.
[797] BGH BauR 2008, 871 = NZBau 2008, 319.
[798] BGH BauR 2009, 1724 = NZBau 2009, 707; *Sonntag* NZBau 2006, 91 (92).
[799] BGH BauR 2008, 871 = NZBau 2008, 319.
[800] KG Berlin BauR 2010, 1113.

VI. Vorbehaltlose Annahme der Schlusszahlung (§ 16 Abs. 3 Nr. 2 VOB/B)

210 Die vorbehaltlose Annahme der Schlusszahlung schließt nach § 16 Abs. 3 Nr. 2 VOB/B Nachforderungen aus, wenn der Auftragnehmer über die zu seinen Gunsten geleistete Schlusszahlung schriftlich unterrichtet und dabei auf die Ausschlusswirkung der geleisteten Zahlung ausdrücklich hingewiesen wurde. Nicht der Schlusszahlung des Auftraggebers, sondern nur der vorbehaltlosen Annahme eben dieser Schlusszahlung durch den Auftragnehmer kommt die in § 16 Abs. 3 Nr. 2–6 VOB/B näher geregelte Ausschlusswirkung zu[801]. Wegen der einschneidenden Bedeutung der vorgesehenen Ausschlusswirkung ist es seit der Neufassung der VOB/B im Jahre 1990 erforderlich, den Auftragnehmer schriftlich sowohl über die Vornahme der Schlusszahlung wie auch über deren Ausschlusswirkung ausdrücklich zu belehren[802]. Der Sinn und Zweck des § 16 Abs. 3 Nr. 2 VOB/B wird darin gesehen, möglichst rasch zwischen den Parteien Klarheit darüber zu gewinnen, ob noch weitere Forderungen aus und im Zusammenhang mit dem abgeschlossenen Bauvertrag unerledigt geblieben sind[803]. Der Auftraggeber soll nach der vorbehaltlosen Annahme der von ihm vorgenommenen Schlusszahlung darauf vertrauen dürfen, aus dem Bauvertrag nicht mehr mit weiteren Zahlungsansprüchen konfrontiert zu werden[804].

211 Wegen der Ausschlusswirkung des § 16 Abs. 3 Nr. 2 VOB/B wird das Vertrauen des Auftraggebers aber nur dann als schutzwürdig anerkannt, wenn er bei Vornahme seiner Zahlung hinreichend auf den Schlusszahlungs- und Ausschlusscharakter hingewiesen hat. An die Voraussetzungen des § 16 Abs. 3 Nr. 2 VOB/B werden im Hinblick auf den Ausschlusscharakter strenge Anforderungen gestellt. Sie ergeben sich sowohl aus § 16 Abs. 3 Nr. 2 VOB/B wie auch aus den nachfolgenden Absätzen.

212 Die Regelung des § 16 Abs. 3 Nr. 2–5 VOB/B über den Ausschluss von Nachforderungen bei vorbehaltloser Annahme einer Schlussrechnung oder einer ihr gleichstehenden Schlusszahlungserklärung verstößt **im Falle der Klauselkontrolle** bei isolierter Betrachtung gegen § 9 AGBG aF bzw. § 307 BGB. Dies hat der BGH ausdrücklich für die auf Grund Neufassung vom 19.7.1990 geltende Fassung der bisherigen VOB/B entschieden[805]. Zur Begründung hat der BGH darauf abgestellt, dass die Ausschlussregelung erheblich von dem Grundgedanken des dispositiven Rechts abweicht, wonach ein Vergütungsanspruch (nur) durch Leistung zu tilgen ist, soweit die Geltendmachung nicht ausnahmsweise verjährt oder aber verwirkt ist[806]. Gleichwohl ist die AGB-rechtlich beanstandete Ausschlussklausel auch bei der Neufassung der VOB 2002 unverändert geblieben, so dass bei isolierter Betrachtung die gleichen Wirksamkeitsbedenken verbleiben[807].

In der Praxis hat die Regelung des § 16 Abs. 3 Nr. 2 VOB/B an Bedeutung verloren[808]. Da bei isolierter Betrachtung ein Verstoß gegen § 9 AGBG aF bzw. § 307 BGB vorliegt[809], kommt der Ausschlussklausel überhaupt nur noch dann Bedeutung zu, wenn die VOB/B als Ganzes vereinbart wird[810]. Leinemann weist insoweit zu Recht darauf hin, dass in den allermeisten Bauverträgen heute Besondere oder Zusätzliche Vertragsbedingungen enthalten sind, die von ihrer Regelungsweite mit der VOB/B nicht voll umfänglich im Einklang stehen[811]. Infolgedessen wird sich der Auftragnehmer in den allermeisten Fällen mit dem Argument durchsetzen können, § 16 Abs. 3 Nr. 2 VOB/B sei aufgrund isolierter Betrachtung unwirksam. Dem Auftragnehmer verbleibt in diesem Falle die Möglichkeit, vorbei an § 16 Abs. 3 Nr. 2 VOB/B auch nach erfolgter „Schlusszahlung" weitere Nachforderungen gegenüber dem Auftraggeber zu stellen[812].

---

[801] *Motzke* in Beck´scher VOB-Kommentar VOB/B, 1. Aufl., § 16 Nr. 3 Rn. 63.
[802] Vgl. zu der früheren Fassung des § 16 Nr. 3 die Kommentierung zur VOB 1952 bei *Ingenstau/Korbion* VOB/B 11. Aufl., Rn. 158 ff.
[803] BGHZ 86, 135, 140.
[804] BGHZ 86, 135, 140; *Hummel* in NWJS VOB/B § 16 Rn. 107.
[805] BGHZ 138, 176 = NJW 1998, 2053.
[806] BGH NJW 1998, 2053 (2054).
[807] *Tempel* NZBau 2002, 532 (533); vgl. auch *Motzke* in Beck´scher VOB-Kommentar VOB/B, 1. Aufl., § 16 Nr. 3 Rn. 8; *Langen* BauR 1991, 151 (156); *Losert* ZfBR 1991, 7 (8).
[808] Vgl. hierzu *Leinemann* VOB/B § 16 Rn. 166.
[809] BGHZ 138, 176 = NJW 1998, 2053.
[810] BGH BauR 1998, 614 (615); 2007, 1404 (1406).
[811] *Leinemann* VOB/B § 16 Rn. 166.
[812] BGH BauR 1988, 217.

1. Schlussrechnung des Auftragnehmers. Eine Schlusszahlung kann nur auf eine Schluss- 213
rechnung des Auftragnehmers geleistet werden[813]. Der Auftraggeber kann deshalb nicht ohne
eine vorgelegte Schlussrechnung die Ausschlusswirkung des § 16 Abs. 3 Nr. 2 VOB/B einseitig
herbeiführen[814]. Legt der Auftragnehmer die Schlussrechnung nicht vor, so kann der Auftraggeber jedoch diese selbst gemäß § 14 Abs. 4 VOB/B aufstellen und mit ihrer Übersendung
die Voraussetzungen für eine Schlusszahlung schaffen[815].

Inwieweit sich eine vom Auftragnehmer vorgelegte **Schlussrechnung** als **inhaltlich prüf-** 214
fähig darstellt, ist für die Vornahme einer Schlusszahlung im Sinne des § 16 Abs. 3 Nr. 2 VOB/
B unerheblich, da es nach der Schutzintention prüffähiger Abrechnung dem Auftraggeber überlassen bleiben muss, ob er sich im Stande sieht, auf die ihm vorgelegte, jedoch nicht hinlänglich
prüffähige Rechnung eine Schlusszahlung zu leisten[816]. Ebenso wenig kommt es darauf an, ob
die Schlussrechnungsforderung zum Zeitpunkt der Abgabe der Schlusszahlungserklärung bereits
fällig geworden ist[817].

2. Leistung der Schlusszahlung. Auf die vorgelegte Schlussrechnung muss der Auftraggeber 215
die **Schlusszahlung** leisten[818]. Ergibt sich nach der Prüfung der Schlussrechnung, dass keine
weiteren Zahlungen mehr zu leisten sind, so hat der Auftraggeber eine **schlusszahlungsgleiche
Erklärung** gegenüber dem Auftragnehmer abzugeben[819]. Nach § 16 Abs. 3 Nr. 3 VOB/B steht
es einer zu leistenden Schlusszahlung (naturgemäß) gleich, wenn der Auftraggeber unter Hinweis
auf bereits geleistete Zahlungen weitere Zahlungen endgültig und schriftlich ablehnt. Sowohl
diese schlusszahlungsgleiche Erklärung wie eine vom Auftraggeber vorgenommene Schlusszahlung müssen als solche eindeutig und klar zu erkennen sein[820]. Allerdings ist es nicht notwendig,
dabei die Bezeichnung „Schlusszahlung" oder aber „Restzahlung" zu verwenden[821].

3. Unterrichtung über die Schlusszahlung. Der Auftraggeber muss aber in geeigneter 216
Weise über die von ihm mit der Vornahme der Zahlung intendierte Schlusszahlung schriftlich
unterrichten. Die **Einhaltung der Schriftform** ist nach dem Bundesgerichtshof unabdingbare
Wirksamkeitsvoraussetzung[822]. Regelmäßig wird der Auftraggeber in einem gesonderten Anschreiben auf die von ihm beabsichtigte oder aber bereits getätigte Schlusszahlung hinweisen. Bei
Zahlung mittels eines Verrechnungsschecks kann der Schlusszahlungshinweis auf einem Papier
erfolgen, das beim Einreichen des Schecks zwingend vom Auftragnehmer abzutrennen ist[823].
Der Schlusszahlungserklärung kommt nur Bedeutung zu, wenn sie dem Auftragnehmer (nachweislich) zugegangen ist. Die schriftliche Erklärung zu der Schlusszahlung des Auftraggebers
bedarf keiner näheren Begründung[824]. Vor allem ist es nicht notwendig, dass dem Auftragnehmer
parallel zu der Schlusszahlungserklärung auch die geprüfte Schlussrechnung zurückgesandt wird.
Allerdings muss der Erklärung des Auftraggebers jedenfalls aus Sicht des Auftragnehmers eindeutig nachvollziehbar zu entnehmen sein, auf welche Bauleistungen und welchen Bauvertrag
der Auftraggeber beabsichtigt, die letzte Zahlung zu leisten. Den **Betrag der zu leistenden
Schlusszahlung** braucht der Auftraggeber aus gleichen Erwägungen heraus nicht mit anzugeben, solange für den Auftragnehmer ohne weiteres der Zusammenhang zwischen der Schlusszahlungserklärung einerseits und der Vornahme einer bestimmten Zahlung als solcher andererseits eindeutig nachvollziehbar ist. Dies ist nicht der Fall, wenn sich auf Grund parallel ausgeführter vertraglicher Bauleistungen die Vornahme bestimmter Zahlungen in sachlicher oder
zeitlicher Hinsicht nicht (mehr) eindeutig zuordnen lassen. Wird indes zunächst vom Auftrag-

---

[813] BGH BauR 1987, 329 (331); *Heiermann/Riedl/Rusam* VOB/B § 16 Rn. 77; *Zanner* in FKZG VOB/B § 16 Rn. 86.
[814] BGH BauR 1975, 349 (350); *Heiermann/Riedl/Rusam* VOB/B § 16 Rn. 103.
[815] Im Einzelnen → § 14 Rn. 71 ff.
[816] BGH BauR 1987, 329 (331); OLG Frankfurt BauR 1988, 615, 616; *Zanner* in FKZG VOB/B § 16 Rn. 132 ff.; *Leinemann* VOB/B § 16 Rn. 176 ff.; aA *Heiermann/Riedl/Rusam* VOB/B 9. Aufl., § 16 Rn. 77.
[817] OLG Düsseldorf BauR 1982, 383 f.; *Leinemann* VOB/B § 16 Rn. 176 ff.
[818] Im Einzelnen → § 16 Rn. 171 ff.
[819] *Heiermann/Riedl/Rusam* VOB/B § 16 Rn. 109.
[820] *Kandel* in Beck'scher VOB-Kommentar VOB/B § 16 Abs. 3 Rn. 71; *U. Locher* in Ingenstau/Korbion VOB/B § 16 Abs. 3 Rn. 84 ff.; *Zanner* in FKZG VOB/B § 16 Rn. 134.
[821] *Heiermann/Riedl/Rusam* VOB/B § 16 Rn. 108; *Leinemann* VOB/B, § 16 Rn. 128.
[822] BGH NJW 1999, 944; *Zanner* in FKZG VOB/B § 16 Rn. 139; *Hummel* in NWJS VOB/B § 16 Rn. 113.
[823] OLG Stuttgart 8.4.2014 – 10 U 126/13, OLG Report Süd 31/2014 Anmerkung 1.
[824] *Heiermann/Riedl/Rusam* VOB/B 9. Aufl., § 16 Rn. 18.

geber ausreichend über die von ihm geleistete Schlusszahlung unterrichtet, später aber noch eine Korrektur der Abrechnung wegen eines Rechenfehlers vorgenommen, so ist eine Wiederholung des Schlussrechnungshinweises mit der neuen, abgeänderten Abrechnung nicht mehr notwendig[825].

217 **4. Hinweis auf die Ausschlusswirkung.** Der Auftraggeber hat nach § 16 Abs. 3 Nr. 2 VOB/B sowohl über die Schlusszahlung selbst schriftlich zu unterrichten wie darüber hinaus auf ihre Ausschlusswirkung hinzuweisen. Dem **Hinweis auf die Ausschlusswirkung** muss unmissverständlich zu entnehmen sein, dass der Auftragnehmer bei vorbehaltloser Annahme der Schlusszahlung keinerlei weitere Nachforderungen mehr aus dem zugrundeliegenden Bauvertrag stellen kann[826]. Hiermit einhergehend hat der Auftraggeber über die Möglichkeit bzw. Notwendigkeit des Vorbehaltes im Sinne des § 16 Abs. 3 Nr. 5 VOB/B zu unterrichten[827]. Der bloße schriftliche Verweis auf § 16 Abs. 3 Nr. 2 VOB/B genügt dabei ebenso wenig wie der Hinweis auf die Vorbehaltsregelung des § 16 Abs. 3 Nr. 5 VOB/B[828]. Erforderlich ist vielmehr eine in jeder Hinsicht eindeutige Rechtsfolgenbelehrung in enger textlicher Anlehnung an § 16 Abs. 3, dort insbesondere § 16 Abs. 3 Nr. 2 und Nr. 5 VOB/B[829]. Zu Recht wird es als notwendig angesehen, den Hinweis auf die Ausschlusswirkungen auch auf die Angabe der Fristen zu erstrecken, innerhalb derer der Vorbehalt vom Auftragnehmer zu erklären ist[830].

218 Der Hinweis auf die Ausschlusswirkung des § 16 Abs. 3 Nr. 2 VOB/B hat ebenso wie die Mitteilung über die Schlusszahlung schriftlich zu erfolgen[831]. Nur bei **Wahrung der Schriftform** werden dem Auftragnehmer hinreichend klar und eindeutig die einschneidenden Folgen vorbehaltloser Annahme der Schlusszahlung vor Augen geführt. An dem Erfordernis schriftlicher Belehrung ändert sich auch dann nichts, wenn der Auftragnehmer ausreichend fachkundig ist[832]. Die Einhaltung der Schriftform wie auch der erforderlichen Belehrungen ist deshalb auch notwendig, wenn es sich bei dem Auftragnehmer um ein größeres Bauunternehmen handelt[833].

219 Die Erklärung über die Schlusszahlung sowie die Belehrung über die Ausschlusswirkungen vorbehaltloser Annahme stehen in einem sachlichen und zeitlichen Kontext. Nur kumulativ entfalten sich die nach § 16 Abs. 3 Nr. 2 VOB/B für notwendig erachteten Warnfunktionen. Aus diesem Grunde sollen regelmäßig beide belehrenden **Hinweise in einem einheitlichen Schreiben** gegenüber dem Auftragnehmer enthalten sein[834].

220 Die Hinweise des Auftraggebers dürfen aber nicht unmittelbar mit der Schlusszahlung selbst verbunden werden[835]. Vor allem genügt es nicht, lediglich auf dem **Überweisungsträger** einen Vermerk über die Vornahme der Schlusszahlung und ihre Ausschlusswirkungen anzubringen[836]. Maßgebend hierfür ist insbesondere der Umstand, dass es sich bei Vermerken auf Überweisungsträgern regelmäßig um rein buchungstechnische Angaben handelt, so dass Ihnen üblicherweise keine weitere vertragsrelevante Bedeutung beigemessen wird.

221 **5. Vorbehaltlose Annahme der Schlusszahlung.** Die Ausschlusswirkung des § 16 Abs. 3 Nr. 2 VOB/B kommt nur zustande, wenn der Auftragnehmer die ihm geleistete **Schlusszahlung vorbehaltlos annimmt.** Was unter dem nach § 16 Abs. 3 Nr. 2 VOB/B erforderlichen Vorbehalt verstanden wird, ergibt sich mittelbar aus § 16 Abs. 3 Nr. 5 VOB/B. Danach hat der Auftragnehmer innerhalb der dort vorgesehenen Fristen gegenüber dem Auftraggeber einen

---

[825] OLG Oldenburg 14.5.2014 – 3 U 83/13, OLG Report Nord 27/2014 Anmerkung 2.
[826] *Zanner* in FKZG VOB/B § 16 Rn. 137 f.
[827] *Heiermann/Riedl/Rusam* VOB/B § 16 Rn. 111.
[828] KG Berlin BauR 2000, 575 (576); *Leinemann* VOB/B § 16 Rn. 180.
[829] KG Berlin BauR 2000, 575 (576); *Leinemann* VOB/B § 16 Rn. 180.
[830] OLG Dresden BauR 2000, 279; KG Berlin BauR 2000, 575 (576).
[831] BGH NJW 1999, 944.
[832] BGH NJW 1999, 944 (945).
[833] BGH NJW 1999, 944; *Zanner* in FKZG VOB/B § 16 Rn. 139.
[834] BGH BauR 1999, 396 (397); OLG Dresden BauR 2000, 279; *Heiermann/Riedl/Rusam* VOB/B § 16 Rn. 111; *Leinemann* VOB/B § 16 Rn. 184; *Zanner* in FKZG VOB/B § 16 Rn. 139; aA OLG Köln BauR 1994, 634 (635); das zu den beiden Erklärungen jeweils gesonderte Schreiben für erforderlich erachtet; *Hummel* in NWJS VOB/B § 16 Rn. 112, die getrennte Schreiben für zulässig erachten; *U. Locher* in Ingenstau/Korbion VOB/B § 16 Abs. 3 Rn. 93, die eine zeitliche Trennung beider Erklärungen für zulässig erachten.
[835] OLG Köln NJW-RR 1994, 1501 (1502); *Heiermann/Riedl/Rusam* VOB/B § 16 Rn. 110.
[836] Vgl. OLG Köln NJW-RR 1994, 1501 (1502); *Hummel* in NWJS VOB/B § 16 Rn. 112.

Vorbehalt zu erklären und diesen anschließend eingehend zu begründen[837]. Mit dem Vorbehalt bringt der Auftragnehmer zum Ausdruck, dass er mit der Ausschlusswirkung der ihm gegenüber geleisteten Schlusszahlung nicht einverstanden ist[838].

6. Ausschluss von Nachforderungen. Dem Auftragnehmer steht es auch nach einer 222 Schlussrechnung grundsätzlich frei, weitere Forderungen aus den durchgeführten Bauleistungen gegenüber dem Auftraggeber zu erheben[839]. Hat der Auftraggeber jedoch nach § 16 Abs. 3 Nr. 2 VOB/B wirksam die Einrede der Schlusszahlung erhoben, kann der Auftragnehmer nur innerhalb der Fristen des § 16 Abs. 3 Nr. 5 VOB/B noch Nachforderungen stellen, die nicht in der bereits überreichten Schlussrechnung enthalten waren/sind[840]. Durch die vorbehaltlose Annahme der Schlusszahlung werden sämtliche Nachforderungen aus dem zugrundeliegenden Bauvertrag ausgeschlossen. Die **Ausschlusswirkung** ist eine umfassende und erstreckt sich auf alle abrechnungsfähigen Ansprüche, die Gegenstand der Schlussrechnung hätten sein können[841]. Hierzu gehören neben allen Vergütungsansprüchen aus dem Hauptauftrag auch zusätzliche Forderungen aus § 2 Abs. 3, 4, 5, 6 und 8 Nr. 2, 9 und 10 sowie aus § 4 Abs. 1 Nr. 4 und § 8 Abs. 1 Nr. 2 VOB/B[842]. Die Ausschlusswirkung erstreckt sich damit auch auf Zusatz- bzw. Nachtragsaufträge im Rahmen desselben Bauvorhabens, selbst wenn diese vom Auftragnehmer getrennt abgerechnet werden[843]. Ausgeschlossen sind ebenfalls Schadensersatz- und Entschädigungsansprüche sowie Ansprüche aus Verzug und Behinderung[844]. Die Ausschlusswirkung bezieht sich jedoch nicht auf die Stellung eines vertraglich vereinbarten Sicherheitseinbehaltes[845]. Ohne Bedeutung ist die vorbehaltlose Annahme der Schlusszahlung auch für ein späteres Verlangen nach Richtigstellung der Schlussrechnung und -zahlung wegen Aufmaß-, Rechen- und Übertragungsfehlern, wie sich unmittelbar aus § 16 Abs. 3 Nr. 6 VOB/B erschließt[846].

Die vorbehaltlose Annahme der Schlusszahlung erstreckt sich nicht nur auf die Forderungen 223 aus der eigentlichen Schlussrechnung, sondern darüber hinaus auch auf alle früher gestellten, jedoch zum Zeitpunkt der Annahme der Schlusszahlung **noch unerledigten Forderungen,** sofern diese nicht vom Auftragnehmer nochmals ausdrücklich vorbehalten werden (§ 16 Abs. 3 Nr. 4 VOB/B)[847].

Kommt es im Nachhinein nach Abgabe einer wirksamen Schlussrechnungserklärung noch zu einzelnen – etwa auf Abrechnungsfehlern beruhenden – Korrekturen der vorausgegangenen Schlussabrechnung sowie entsprechender Nachzahlungen durch den Auftraggeber, löst allein dies nicht die Notwendigkeit aus, den Schlussrechnungshinweis mit der neuen, geänderten Abrechnung nochmals von Seiten des Auftraggebers zu erteilen[848].

7. Verbleibende Zahlungsansprüche und Forderungen. Die Ausschlusswirkung des § 16 224 Abs. 3 Nr. 2 VOB/B besteht nicht darin, dass mit der vorbehaltlosen Annahme der Schlusszahlung weitergehende Zahlungsansprüche und Forderungen des Auftragnehmers erlöschen[849]. Ähnlich wie beim Eintritt der Verjährung hängt die Durchsetzbarkeit weitergehender Forderungen vielmehr entscheidend davon ab, ob der Auftraggeber die **Einrede des § 16 Abs. 3 Nr. 2 VOB/B** erhebt und damit der Ausschlusswirkung (erst) Geltung verschafft[850]. Die Einrede kann vorgerichtlich wie auch innerhalb eines laufenden gerichtlichen Verfahrens vom Auftraggeber

---

[837] Im Einzelnen → § 16 Rn. 256 ff.
[838] *Zanner* in FKZG VOB/B § 16 Rn. 142.
[839] BGH NZBau 2016, 548, 550; BGH NJW 1988, 910.
[840] BGH NZBau 2016, 548; BGH NJW 1988, 910; BGH NJW 1986, 2049.
[841] Vgl. *U. Locher* in Ingenstau/Korbion VOB/B § 16 Abs. 3 Rn. 96.
[842] OLG Düsseldorf BauR 1973, 386; *U. Locher* in Ingenstau/Korbion VOB/B § 16 Abs. 3 Rn. 97; *Leinemann* VOB/B § 16 Rn. 192.
[843] OLG Oldenburg NZBau 2014, 769 = BauR 2014, 1789.
[844] Vgl. *U. Locher* in Ingenstau/Korbion VOB/B § 16 Abs. 3 Rn. 100.
[845] OLG Düsseldorf ZIP 1983, 342.
[846] Im Einzelnen → § 16 Rn. 268 ff.
[847] Im Einzelnen → § 16 Rn. 238.
[848] OLG Oldenburg 14.5.2014 – 3 U 83/13, OLG Report Nord 27/2014 Anmerkung 2.
[849] *Zanner* in FKZG VOB/B § 16 Rn. 144 ff.
[850] BGHZ 62, 15; *Heiermann/Riedl/Rusam* VOB/B § 16 Rn. 104; *U. Locher* in Ingenstau/Korbion VOB/B § 16 Abs. 3 Rn. 74.

erhoben werden[851]. Erhebt der Auftraggeber die Einrede aus § 16 Abs. 3 Nr. 2 VOB/B, so ist er für die zugrundeliegenden Tatbestandsvoraussetzungen darlegungs- und beweispflichtig[852].

225 Wenn der Auftraggeber die Einrede aus § 16 Abs. 3 Nr. 2 VOB/B erhebt, verbleibt dem Auftragnehmer noch die Möglichkeit, aus seiner Sicht unerledigte, jedoch von der Ausschlusswirkung erfasste Forderungen gegenüber (sonstigen) Zahlungsansprüchen des Auftraggebers zur Aufrechnung zu bringen; dies gilt jedenfalls dann, wenn sich die beiden Forderungen früher einredefrei wechselseitig analog § 390 S. 2 BGB gegenüber gestanden haben[853].

226 **8. Vertragsklauseln.** Wegen der ohnehin einschneidenden Wirkung des § 16 Abs. 3 Nr. 2 VOB/B ist es dem Auftraggeber regelmäßig verwehrt, in allgemeinen Vertragsbedingungen die Voraussetzungen für die Herbeiführung der Ausschlusswirkungen noch enger zu ziehen. Gegen § 9 AGBG aF bzw. § 307 Abs. 1 BGB verstoßen Klauseln, die darauf abzielen, (Nach-)Forderungen auszuschließen, sofern sie nicht in der Schlussrechnung selbst enthalten sind[854]. Unwirksam sind aus gleichen Erwägungen heraus auch Vertragsklauseln, mit denen die in § 16 Abs. 3 Nr. 5 VOB/B vorgesehenen Fristen zur Abgabe der Vorbehaltserklärung deutlich verkürzt werden[855]. Nichts anderes gilt auch für Vertragsklauseln, wonach weitergehende Ansprüche gegen den Auftraggeber in 6 Monaten seit Zusendung der Schlussrechnung verjähren sollen[856].

VII. Zahlungsgleiche Erklärung (§ 16 Abs. 3 Nr. 3 VOB/B)

227 Der Schlusszahlung steht es nach § 16 Abs. 3 Nr. 3 VOB/B gleich, wenn der Auftraggeber unter Hinweis auf geleistete Zahlungen **weitere Zahlungen endgültig und schriftlich ablehnt.** Während in § 16 Abs. 3 Nr. 2 VOB/B von der Vornahme einer Schlusszahlung ausgegangen wird, befasst sich der nachfolgende Absatz mit Fällen, in denen – insbesondere wegen erfolgter Überzahlung – keine weitere Schlusszahlung mehr in Betracht kommt. In diesem Fall muss es der Auftraggeber gleichermaßen wie bei der Vornahme einer Schlusszahlung in der Hand haben, die Ausschlusswirkungen herbeizuführen, um weitergehende Forderungen des Auftragnehmers auszuschließen[857].

228 Die **schlusszahlungsgleiche Erklärung** ersetzt lediglich die Schlusszahlung selbst und nicht die übrigen Voraussetzungen, die sich aus § 16 Abs. 3 Nr. 2 VOB/B ergeben[858]. Es müssen deshalb im Einzelnen folgende Tatbestandsmerkmale des § 16 Abs. 3 Nr. 2 VOB/B eingehalten sein, um durch eine schlusszahlungsgleiche Erklärung die Ausschlusswirkung herbeizuführen:

229 **1. Schlussrechnung des Auftragnehmers.** Da eine Schlusszahlung nur auf eine Schlussrechnung des Auftragnehmers geleistet werden kann[859], kann eine schlusszahlungsgleiche Erklärung von dem Auftraggeber erst und nur dann abgegeben werden, wenn der Auftragnehmer seine Schlussrechnung vorgelegt[860] oder aber der Auftraggeber ersatzweise die **Schlussrechnung** gemäß § 14 Abs. 4 VOB/B (ausnahmsweise) selbst aufgestellt hat[861]. Die bloße Erklärung des Auftraggebers vor oder nach Beendigung der Baumaßnahme, jedoch vor Eingang der Schlussrechnung, von seiner Seite würden keine weiteren Zahlungen mehr an den Auftragnehmer geleistet, genügt nicht, um der abgegebenen Erklärung schlusszahlungsgleichen Charakter beizumessen[862].

---

[851] BGH BauR 1981, 374 (375); *Kandel* in Beck'scher VOB-Kommentar VOB/B, 2. Aufl., § 16 Nr. 3 Rn. 54.
[852] *Motzke* in Beck'scher VOB-Kommentar VOB/B, 1. Aufl., § 16 Nr. 3 Rn. 69.
[853] BGH BauR 1982, 499 (501); *Motzke* in Beck'scher VOB-Kommentar VOB/B 1. Aufl., § 16 Nr. 3 Rn. 71.
[854] BGH BauR 1989, 461 (462); ZfBR 1982, 202; OLG Hamburg ZfBR 1998, 35 (36 f.).
[855] OLG München NJW-RR 1990, 1358.
[856] OLG Düsseldorf BauR 1988, 222.
[857] BGH BauR 1972, 56 (57); 1977, 282 (283); 1979, 342; 1980, 174 (175); 1983, 476; *U. Locher* in Ingenstau/Korbion VOB/B § 16 Abs. 3 Rn. 106.
[858] *Kandel* in Beck'scher VOB-Kommentar VOB/B § 16 Nr. 3 Rn. 66; *U. Locher* in Ingenstau/Korbion VOB/B § 16 Nr. 3 Rn. 106.
[859] BGH BauR 1987, 329 (331); *Heiermann/Riedl/Rusam* VOB/B § 16 Rn. 77; *Zanner* in FKZG VOB/B § 16 Rn. 86.
[860] BGH BauR 1979, 342; 1984, 182 (184).
[861] *U. Locher* in Ingenstau/Korbion VOB/B § 16 Abs. 3 Rn. 111; *Kandel* in Beck'scher VOB-Kommentar/ 2. Aufl., VOB/B § 16 Nr. 3 Rn. 73.
[862] BGH BauR 1979, 342; 1984, 182 (184); *U. Locher* in Ingenstau/Korbion VOB/B § 16 Abs. 3 Rn. 111.

2. Abgabe der schlusszahlungsgleichen Erklärung. Der Auftraggeber ist verpflichtet, den **230** Auftragnehmer über die von ihm veranlasste **Schlusszahlung schriftlich zu unterrichten**[863]. Nichts anderes gilt deshalb auch für die Abgabe der schlusszahlungsgleichen Erklärung, die ebenfalls notwendigerweise dem Schriftformerfordernis unterliegt[864]. Nur eine schriftliche Erklärung, die ohnehin aus Beweisgründen für den Auftraggeber zweckmäßig erscheint, erfüllt die Warnfunktion, die durch die strengen Voraussetzungen des § 16 Abs. 3 Nr. 2 VOB/B vorgegeben ist.

3. Inhalt der Erklärung. Mit der schlusszahlungsgleichen Erklärung muss der Auftraggeber **231** eindeutig und klar gegenüber dem Auftragnehmer zum Ausdruck bringen, dass er endgültig nicht mehr bereit ist, weitere Zahlungen aus dem zugrundeliegenden Bauvertrag zu leisten[865]. Der **Charakter endgültiger Zahlungsablehnung** muss schriftlich und aus der Sicht des Auftragnehmers unmissverständlich zum Ausdruck gebracht sein[866]. Diesen strengen Anforderungen genügen Erklärungen nicht, mit denen lediglich vorübergehend oder vorläufig Zahlungen zurückgehalten werden[867]. Die **Ausübung eines Zurückbehaltungsrechts** stellt in diesem Sinne keine endgültige Zahlungsverweigerung dar[868]. Entsprechendes gilt auch für sonstige zahlungsverweigernde Erklärungen des Auftraggebers, die jedoch mit dem Vorbehalt nochmaliger Überprüfung oder weiterer Verhandlungsmöglichkeiten verbunden werden[869]. Demgegenüber handelt es sich um eine endgültige Zahlungsverweigerung des Auftraggebers, wenn dieser unter Bezugnahme auf bestimmte Gegenforderungen eine **Aufrechnungserklärung** abgibt, da diese gemäß § 389 BGB zum Erlöschen der Forderung aus der Schlussrechnung zu führen vermag[870]. Der Abgabe einer Aufrechnungserklärung stehen **Verrechnungs- und Hinterlegungserklärungen** gleich[871]. Für die Abgabe der schlusszahlungsgleichen Erklärung ist es dabei irrelevant, ob die vom Auftraggeber zur Aufrechnung, Verrechnung oder aber Hinterlegung in bezug genommene Forderung tatsächlich besteht oder nicht[872]. Ausschlaggebend ist lediglich, dass aus Sicht des Auftragnehmers jedenfalls eine eindeutige Zahlungsverweigerung zum Ausdruck gebracht wird. So liegt ein eindeutiger Schlusszahlungshinweis in einem Papier vor, das beim Einreichen des auf die Schlusszahlung begrenzten Verrechnungsschecks zwingend von diesem durch den Auftragnehmer abzutrennen ist[873]. Aus diesem Grund kann auch in dem Bestreiten in der Klageerwiderung eines anhängigen Vergütungsrechtsstreits im Einzelfall eine schlusszahlungsgleiche Erklärung gesehen werden[874].

4. Erklärung des Auftraggebers. Die schlusszahlungsgleiche Erklärung muss **vom Auf-** **232** **traggeber abgegeben** werden. Nur wenn der Auftraggeber selbst die Erklärung zu der vorgelegten Schlussrechnung gegenüber dem Auftragnehmer abgibt, ist es für den Auftragnehmer eindeutig zu erkennen, dass sein Vertragspartner endgültig nicht mehr bereit ist, weitere Zahlungen zu leisten. Infolge dessen kommt den Erklärungen Dritter zu der vorgelegten Schlussrechnung vom Grundsatz her keinerlei Bedeutung zu, es sei denn, diese Dritten seien zur Abgabe von schlusszahlungsgleichen Erklärungen – wie etwa entsprechend beauftragte Architekten und Rechtsanwälte – bevollmächtigt[875].

---

[863] BGH NJW 1999, 944; *Zanner* in FKZG VOB/B § 16 Rn. 137; *Hummel* in NWJS VOB/B § 16 Rn. 110.
[864] *Kandel* in Beck'scher VOB-Kommentar VOB/B § 16 Abs. 3 Rn. 68 ff.
[865] *Hummel* in NWJS VOB/B § 16 Rn. 114.
[866] BGH NJW 1999, 944 (945); OLG Köln NJW-RR 1997, 213; *Hummel* in NWJS VOB/B § 16 Rn. 114.
[867] BGH BauR 1991, 84; *U. Locher* in Ingenstau/Korbion VOB/B § 16 Abs. 3 Rn. 109.
[868] BGH BauR 1991, 84; *U. Locher* in Ingenstau/Korbion VOB/B § 16 Abs. 3 Rn. 109.
[869] BGH ZfBR 1983, 234; OLG Köln NJW-RR 1997, 213; *Hummel* in NWJS VOB/B § 16 Rn. 116.
[870] *Motzke* in Beck'scher VOB-Kommentar VOB/B 1. Aufl., § 16 Nr. 3 Rn. 80; *U. Locher* in Ingenstau/Korbion VOB/B § 16 Abs. 3 Rn. 109.
[871] *U. Locher* in Ingenstau/Korbion VOB/B § 16 Abs. 3 Rn. 109.
[872] BGH BauR 1980, 278 (279); *Motzke* in Beck'scher VOB-Kommentar VOB/B 1. Aufl., § 16 Nr. 3 Rn. 80.
[873] OLG Stuttgart 8.4.2014 – 10 U 126/13, OLG Report Süd 31/2014 Anmerkung 1.
[874] Vgl. OLG Düsseldorf NJW 1978, 1387; *Hummel* in NWJS VOB/B § 16 Rn. 114.
[875] Vgl. *Kandel* in Beck'scher VOB-Kommentar VOB/B § 16 Abs. 3 Rn. 70 zur Erklärung durch Architekten.

233   **5. Erklärung gegenüber dem Auftragnehmer.** Die schlusszahlungsgleiche Erklärung ist **gegenüber dem Auftragnehmer** als Vertragspartner des Auftraggebers abzugeben. Dem Auftragnehmer muss die schlusszahlungsgleiche Erklärung zugehen[876]. Eine Ausnahme gilt lediglich dann, wenn der Auftragnehmer die aus der von ihm vorgelegten Schlussrechnung erhobenen Vergütungsansprüche an einen Dritten, etwa sein Kreditinstitut, abgetreten hat. In diesem Fall ist die schlusszahlungsgleiche Erklärung gegenüber dem forderungsberechtigten **Zessionar** abzugeben[877]. Dies gilt jedenfalls dann, wenn der Auftraggeber um die erfolgte Abtretung der Vergütungsansprüche weiß (§ 409 BGB). Sobald der Auftraggeber keine Kenntnis von der erfolgten Abtretung hat, steht es ihm frei, die schlusszahlungsgleiche Erklärung gegenüber seinem Vertragspartner, dem Auftragnehmer, abzugeben (vgl. § 407 Abs. 1 BGB). Allerdings ist zu beachten, dass bei erfolgter Abtretung die Ausschlusswirkungen zur abgegebenen schlusszahlungsgleichen Erklärung nur dann eintreten, wenn – wie bei § 16 Abs. 3 Nr. 2 VOB/B – der Auftragnehmer als Vertragspartner ausdrücklich auf die mit der schlusszahlungsgleichen Erklärung intendierte Ausschlusswirkung – einschließlich ihrer Rechtsfolgen – hingewiesen wurde[878]. Dies führt zu der zwangsläufigen Notwendigkeit, zweckmäßigerweise sowohl den Auftragnehmer wie auch den Zessionar über die schlusszahlungsgleiche Erklärung und die sich hieraus ergebenden Folgen ausdrücklich in Kenntnis zu setzen.

234   **6. Hinweis auf die Ausschlusswirkung.** Die schlusszahlungsgleiche Erklärung ersetzt lediglich die Schlusszahlung selbst und nicht die weiterhin erforderliche **schriftliche Unterrichtung** über die intendierte Ausschlusswirkung. Da die Schlusszahlung (mit ihrem aus Sicht des Auftragnehmers untersetzten Betrag) ausbleibt, ist es im Rahmen des § 16 Abs. 3 Nr. 3 VOB/B mindestens in gleichem Umfang, wenn nicht noch in stärkerem Maße notwendig, den Auftragnehmer eindeutig und unmissverständlich darüber zu unterrichten, dass mit weiteren Zahlungen endgültig nicht zu rechnen ist und die Ausschlusswirkung des § 16 Abs. 3 Nr. 3 VOB/B herbeigeführt werden soll[879]. Auf die intendierte Ausschlusswirkung muss deshalb ausdrücklich und schriftlich von dem Auftraggeber hingewiesen werden[880]. Beide danach kumulativ erforderlichen Erklärungen können zusammen in einem Schreiben oder aber auch in zwei Schreiben gesondert abgegeben werden. Wegen des notwendigerweise zu betonenden Zusammenhangs beider Erklärungen besteht jedoch im Falle der Übersendung getrennter Schreiben die Gefahr der Verwässerung, weshalb es aus Sicht des Auftraggebers angeraten erscheint, beide Erklärungen zusammen in einem Schreiben gegenüber dem Auftragnehmer abzugeben.

235   **7. Keine weitere Begründung.** Neben beiden vorgenannten Erklärungen bedarf es darüber hinaus **keiner weiteren inhaltlichen bzw. sachlichen Begründung** für die Zahlungsverweigerung. Es muss lediglich deutlich werden, dass die Zahlungsverweigerung auf eine erfolgte Überzahlung zurückzuführen ist[881]. Eine weitergehende detaillierte Begründung zu etwaigen Rechnungskürzungen oder zu den zur Aufrechnung gestellten Gegenforderungen ist nicht erforderlich[882]. Für den Auftragnehmer muss lediglich erkennbar sein, zu welchem Bauvertrag und welcher Schlussrechnung die Zahlungsverweigerung gestützt auf bestimmte bezifferte überzahlte bzw. aufgerechnete Beträge erfolgt.

236   **8. Vertragsklauseln.** Durch **allgemeine Vertragsbedingungen** des Auftraggebers kann die Regelung zu der schlusszahlungsgleichen Erklärung im Sinne des § 16 Abs. 3 Nr. 3 VOB/B nicht verschärft werden. Insoweit gelten die gleichen Beurteilungsmaßstäbe wie bei § 16 Abs. 3 Nr. 2 VOB/B. Auch Nr. 3 des § 16 Abs. 3 VOB/B hält der isolierten Inhaltskontrolle nicht stand[883].

---

[876] *Kandel* in Beck'scher VOB-Kommentar VOB/B § 16 Abs. 3 Rn. 68.
[877] OLG Frankfurt BauR 1994, 251 (253); *U. Locher* in Ingenstau/Korbion VOB/B § 16 Abs. 3 Rn. 117; *Kandel* in Beck'scher VOB-Kommentar VOB/B § 16 Abs. 3 Rn. 69.
[878] *Kandel* in Beck'scher VOB-Kommentar VOB/B § 16 Abs. 3 Rn. 81.
[879] Vgl. *Langen* BauR 1991, 151 (154); *Kandel* in Beck'scher VOB-Kommentar VOB/B § 16 Abs. 3 Rn. 76 ff.
[880] *Kandel* in Beck'scher VOB-Kommentar VOB/B § 16 Abs. 3 Rn. 76.
[881] *Kandel* in Beck'scher VOB-Kommentar VOB/B § 16 Abs. 3 Rn. 71 ff.
[882] *Kandel* in Beck'scher VOB-Kommentar VOB/B § 16 Abs. 3 Rn. 75; *U. Locher* in Ingenstau/Korbion VOB/B § 16 Abs. 3 Rn. 113.
[883] *Kandel* in Beck'scher VOB-Kommentar VOB/B § 16 Abs. 3 Rn. 67.

VIII. Ausschlusswirkung bei vorbehaltloser Schlussrückzahlung

Die Vorschrift des § 16 Abs. 3 Nr. 2 VOB/B befasst sich mit einer vom Auftraggeber zu leistenden (restlichen) Schlusszahlung. Gegenstand des § 16 Abs. 3 Nr. 3 VOB/B ist eine schlusszahlungsgleiche Erklärung, mit der weitere Zahlungen von Seiten des Auftraggebers ausdrücklich verweigert werden. Beide vorgenannten Bestimmungen regeln nicht den **Tatbestand von Rückzahlungen**, die vom Auftragnehmer nach erfolgter Abrechnung geleistet werden. Auch in diesem Fall muss es jedoch (erst recht) möglich sein, die Ausschlusswirkungen des § 16 Abs. 3 VOB/B herbeizuführen. Es besteht deshalb Einigkeit darüber, dass auch eine Schlussrückzahlung des Auftragnehmers entsprechend nach den Maßstäben der § 16 Abs. 3 Nr. 2 und 3 VOB/B zu beurteilen sein muss[884]. Erforderlich ist aber auch in diesem Fall, dass der Auftraggeber zu der vom Auftragnehmer geleisteten Schlussrückzahlung ausdrücklich erklärt, damit sei die Schlusszahlung (in dem zutreffenden Umfang) geleistet und hiermit einhergehend solle die Ausschlusswirkung des § 16 Abs. 3 Nr. 3 VOB/B herbeigeführt werden.

237

IX. Ausschluss bei unerledigten Forderungen (§ 16 Abs. 3 Nr. 4 VOB/B)

In Ergänzung zu § 16 Abs. 3 Nr. 2 und 3 VOB/B stellt Nr. 4 klar, dass sich die Ausschlusswirkung der Schlusszahlung auch auf früher gestellte, aber **unerledigte Forderungen des Auftragnehmers** erstrecken soll, sofern diese Forderungen nicht ausdrücklich nochmals von Seiten des Auftragnehmers vorbehalten werden. Die Einrede, die sich aus vorbehaltloser Schlusszahlung im Sinne des § 16 Abs. 3 Nr. 2 VOB/B ergibt[885], bezieht sich damit nicht nur auf alle Forderungen des Auftragnehmers, die sich aus der Schlussrechnung selbst ergeben, sondern darüber hinaus auch auf solche Forderungen, die der Auftragnehmer nicht in die Schlussrechnung eingestellt hat, die jedoch zuvor bereits von ihm erhoben wurden. Dabei kann es sich um Vergütungs-, Schadenersatz- oder sonstige jedwede Forderungen aus und im Zusammenhang mit dem zugrundeliegenden Bauvertrag handeln[886].

238

Durch § 16 Abs. 3 Nr. 4 VOB/B soll die **Ausschlusswirkung** über die Forderungen hinaus erstreckt werden, die sich unmittelbar aus der Schlussrechnung selbst ergeben. Es ist deshalb belanglos, ob die früher gestellte, jedoch unerledigte Forderung in die Schlussrechnung eingestellt wurde, ob sie in der Schlussrechnung selbst lediglich Erwähnung gefunden hat oder ob sie – gewollt oder versehentlich – bei der Aufstellung der Schlussrechnung vom Auftragnehmer nicht mitberücksichtigt wurde[887]. Unerheblich ist auch, ob für die früher erhobene Forderung bereits eine (Abschlags-)Rechnung vorlag oder ob die Forderung ohne (prüffähige) Rechnung gegenüber dem Auftraggeber auf andere Weise geltend gemacht wurde[888].

239

Im Zusammenhang mit den unerledigten Forderungen kommt es nicht darauf an, inwieweit bereits früher ein **Vorbehalt vom Auftragnehmer** erklärt wurde. Hat der Auftragnehmer bereits früher zusätzlich erhobene Forderungen des Auftragnehmers zurückgewiesen und hat der Auftragnehmer dieser Zurückweisung widersprochen, verbleibt es gleichwohl dabei, dass er nach Vornahme der Schlusszahlung bzw. Abgabe der schlusszahlungsgleichen Erklärung den Vorbehalt „nochmals" auszusprechen, also ihn letztlich ausdrücklich zu wiederholen hat, um die Ausschlusswirkungen des § 16 Abs. 3 Nr. 2 VOB/B zu vermeiden[889].

240

Die Regelung des § 16 Abs. 3 Nr. 4 VOB/B ist insofern missverständlich, als vom Wortlaut her der Eindruck erweckt werden könnte, dass die Ausschlusswirkungen der vorbehaltlosen Annahme der Schlusszahlung sich nur auf früher ausdrücklich gestellte, nicht jedoch auf sonstige, nämlich **früher übersehene oder vergessene Forderungen** erstreckt. Es darf jedoch nicht übersehen werden, dass der Vorschrift des § 16 Abs. 3 Nr. 4 VOB/B lediglich klarstellende und damit ergänzende Bedeutung im Verhältnis zu § 16 Abs. 3 Nr. 2 VOB/B zukommt. Die in § 16 Abs. 3 Nr. 2 VOB/B geregelte vorbehaltlose Annahme der Schlusszahlung erstreckt sich grundsätzlich auf sämtliche Nachforderungen aus dem zugrundeliegenden Bauvertrag, damit auch auf

241

---

[884] Vgl. BGH BauR 1977, 287.
[885] Im Einzelnen → § 16 Rn. 210 ff.
[886] *U. Locher* in Ingenstau/Korbion VOB/B § 16 Nr. 3 Rn. 97 f.
[887] *Motzke* in Beck'scher VOB-Kommentar VOB/B 1. Aufl., § 16 Nr. 3 Rn. 86.
[888] *U. Locher* in Ingenstau/Korbion VOB/B § 16 Abs. 3 Rn. 120; *Motzke* in Beck'scher VOB-Kommentar VOB/B 1. Aufl., § 16 Nr. 3 Rn. 86.
[889] Vgl. *U. Locher* in Ingenstau/Korbion VOB/B § 16 Abs. 3 Rn. 125; *Kandel* in Beck'scher VOB-Kommentar VOB/B § 16 Abs. 3 Rn. 85 ff.

solche, die früher noch nicht gestellt und in der Schlussrechnung – aus welchem Grund auch immer – übersehen oder vergessen wurden[890].

X. Vorbehaltserklärung (§ 16 Abs. 3 Nr. 5 S. 1 VOB/B)

242   Unter den in § 16 Abs. 3 Nr. 2 VOB/B genannten Voraussetzungen – nämlich der Unterrichtung über die Schlusszahlung und ihre Ausschlusswirkung – sind nach vorbehaltloser Annahme der Schlusszahlung weitere Nachforderungen aus dem zugrundeliegenden Bauvertrag ausgeschlossen. Wie diese „vorbehaltlose Annahme" vom Auftragnehmer durch Abgabe entsprechender Vorbehaltserklärungen vermieden werden kann, erschließt sich aus § 16 Abs. 3 Nr. 5 VOB/B. Danach hat der Auftragnehmer einen Vorbehalt gegenüber dem Auftraggeber zu erklären und zwar innerhalb von 28 Kalendertagen nach Zugang der Mitteilung nach Nr. 2 und 3 über die Schlusszahlung.

243   **1. Erklärung des Vorbehalts.** Der Auftragnehmer hat einen **Vorbehalt** zu erklären. Was als Vorbehalt im Sinne des § 16 Abs. 3 Nr. 5 VOB/B verstanden wird, ist nicht näher definiert. An eine Vorbehaltserklärung sind deshalb keine besonders strengen Anforderungen zu stellen[891]. Mit dem Begriff verbindet sich **eine einspruchsartige Erklärung des Auftragnehmers,** mit der dieser gegenüber dem Auftraggeber unmissverständlich zum Ausdruck bringt, dass er an der weiteren Geltendmachung von Forderungen aus dem Bauvertrag (in Ansehung der geleisteten Schlusszahlung) festhält[892]. Die Erklärung kann schriftlich oder mündlich abgegeben werden[893]. Aus Sicht des Auftraggebers als Empfänger des Vorbehalts muss die abgegebene Erklärung ausreichend bestimmt und inhaltlich klar sein[894]. Vom Auftragnehmer braucht **nicht der Begriff „Vorbehalt"** verwendet zu werden[895]. Der Auftragnehmer kann auch „Einspruch" gegen die (gekürzte) Schlusszahlung einlegen[896], kann die zugrundeliegende (gekürzte) Schlussrechnungsanforderung ausdrücklich gegenüber dem Auftraggeber anmahnen[897] oder aber seinen Vorbehalt durch Einleitung eines Mahn- bzw. Klageverfahrens zum Ausdruck bringen[898]. Nicht ausreichend sind jedoch solche Erklärungen, denen auch im Wege der Auslegung kein eindeutiger Vorbehaltswille entnommen werden kann, etwa die bloße Übersendung eines Empfangsnachweises oder aber die Bitte um weitere Überprüfung der geleisteten Schlusszahlung[899]. Ausreichend ist es aber, wenn der Auftragnehmer ausdrücklich erklärt, er halte vorbehaltlich einer näheren Prüfung an seiner Forderung fest[900].

244   Der Vorbehalt selbst bedarf **keiner näheren Begründung**[901]. Dies ergibt sich ohne weiteres aus der nachfolgenden Bestimmung des § 16 Abs. 3 Nr. 5 S. 2 VOB/B, wonach der Vorbehalt hinfällig wird, wenn er nicht innerhalb weiterer Frist von 24 Werktagen ergänzende Begründung erfährt. Selbstverständlich bestehen keine Bedenken dagegen, den Vorbehalt sogleich mit einer ersten oder aber auch eingehenden weiteren Begründung zu versehen. Dies bietet sich an, wenn die Parteien ohnehin bereits früher über bestimmte Positionen und ihre Abrechnungsfähigkeit gestritten haben, so dass sich dem Auftragnehmer schon unmittelbar ohne weitere detaillierte Prüfung erschließt, aus welchem Grunde eine reduzierte Schlusszahlung geleistet wurde.

245   Der Vorbehalt braucht vom Auftragnehmer nur **einmal gegenüber dem Auftraggeber erklärt** zu werden[902]. Der vom Auftragnehmer erklärte Vorbehalt wird nicht dadurch hinfällig, dass sich der Auftraggeber dazu entschließt, noch weitere Teilzahlungen zu leisten. Mit der

---

[890] Vgl. nur *U. Locher* in Ingenstau/Korbion VOB/B § 16 Abs. 3 Rn. 96 ff.
[891] OLG Oldenburg NZBau 2014, 769 = BauR 2014, 1789.
[892] BGH BauR 1974, 349; OLG Köln BauR 1975, 351 (353); OLG Hamm MDR 1985, 845.
[893] OLG Oldenburg NZBau 2014, 769 = BauR 2014, 1789.
[894] OLG Köln BauR 1975, 351; OLG Hamburg BauR 1983, 371; *U. Locher* in Ingenstau/Korbion VOB/B § 16 Abs. 3 Rn. 133.
[895] BGH BauR 1980, 178 (179); *Leinemann* VOB/B § 16 Rn. 182.
[896] OLG Hamm MDR 1985, 845.
[897] Vgl. OLG Frankfurt NJW-RR 1988, 600 (601); *U. Locher* in Ingenstau/Korbion VOB/B § 16 Abs. 3 Rn. 137.
[898] BGH BauR 1980, 174; NJW 1987, 2582 (2585); *Motzke* in Beck´scher VOB-Kommentar VOB/B 1. Aufl., § 16 Nr. 3 Rn. 90.
[899] OLG Oldenburg NZbau 2014, 769 = BauR 2014, 1789; OLG Düsseldorf BauR 1975, 429 (430); OLG Hamburg BauR 1983, 371; *U. Locher* in Ingenstau/Korbion VOB/B § 16 Abs. 3 Rn. 138.
[900] BGH NZBau 2002, 435.
[901] *Leinemann* VOB/B § 16 Rn. 182.
[902] BGH BauR 1982, 282; *U. Locher* in Ingenstau/Korbion VOB/B § 16 Abs. 3 Rn. 140.

erstmaligen Vorbehaltserklärung hat der Auftragnehmer hinreichend gegenüber dem Auftraggeber zum Ausdruck gebracht, dass er mit der (reduzierten) Schlusszahlung nicht einverstanden ist.

Der Vorbehalt ist an **keine besondere Form** gebunden. Vor allem braucht die Vorbehaltserklärung nicht schriftlich gegenüber dem Auftraggeber abgegeben zu werden. Auch eine mündliche Vorbehaltserklärung genügt den Anforderungen des § 16 Abs. 3 Nr. 5 VOB/B[903]. Im Einzelfall soll sogar einem schlüssigen Verhalten ausreichender Vorbehaltswille zu entnehmen sein[904]. Allerdings ist dem Auftragnehmer zu empfehlen, die Vorbehaltserklärung in jedem Falle schriftlich abzusetzen, da der Auftragnehmer im Zweifel für die Vorbehaltserklärung wie auch deren Inhalt beweispflichtig ist[905]. 246

Bei dem Vorbehalt handelt es sich um eine **einseitige und empfangsbedürftige Willenserklärung** des Auftragnehmers[906]. Für den Zugang der Vorbehaltserklärung ist der Auftragnehmer darlegungs- und beweispflichtig[907]. Die Vorbehaltserklärung muss dem Auftraggeber als Vertragspartner zugehen. Eine Ausnahme gilt nur dann, wenn der Auftraggeber ausdrücklich Dritte beauftragt und bevollmächtigt hat, den maßgebenden Schriftwechsel zur Schlussrechnung mit dem Auftragnehmer zu führen[908]. Hat der Auftraggeber zur Abrechnung der Baumaßnahme einen Architekten eingeschaltet, so kann dieser nur dann als empfangsbevollmächtigt angesehen werden, wenn er nicht nur die Rechnungsprüfung vorbereitend vornimmt, sondern darüber hinaus vom Auftraggeber eigenverantwortlich mit dem gesamten Abrechnungsvorgang einschließlich der Abrechnungskorrespondenz betraut wurde[909]. Entscheidend kommt es darauf an, ob dem Architekten aus Sicht des Auftragnehmers eine Stellung im Abrechnungsvorgang eingeräumt wurde, die auf eigenverantwortliche Behandlung und Entscheidung zur Schlussabrechnung schließen lässt. Zur Vermeidung von Streitigkeiten über die Empfangszuständigkeit und -vollmacht des Architekten ist es dem Auftragnehmer regelmäßig zu empfehlen, die Vorbehaltserklärung – zumindest vorsorglich zusätzlich – gegenüber dem Auftraggeber abzugeben. 247

2. Verzicht auf die Vorbehaltserklärung. Auf die **Abgabe der Vorbehaltserklärung** kann unter Beachtung des Grundsatzes von Treu und Glauben **ausnahmsweise dann verzichtet** werden, wenn der Auftragnehmer bereits anderweitig in unmittelbarem zeitlichen Zusammenhang mit der Schlusszahlung gegenüber dem Auftraggeber zum Ausdruck gebracht hat, dass er an der von ihm erhobenen Forderung festhalten will[910]. So kann von einer gesonderten Vorbehaltserklärung abgesehen werden, wenn der Auftragnehmer bereits zum Zeitpunkt der Schlusszahlung Klage aus der Schlussrechnung gegenüber dem Auftraggeber erhoben hat. Mit der anhängigen Klage hat der Auftragnehmer hinreichend deutlich und andauernd zum Ausdruck gebracht, dass er an seiner weitergehenden Forderung aus der Schlussrechnung festzuhalten gedenkt[911]. 248

Derselbe Gedanke kann herangezogen werden, wenn lediglich vom Auftragnehmer ein **Mahnverfahren** eingeleitet wurde[912]. Da es beim Mahnverfahren jedoch entscheidend darauf ankommt, ob und wann der Auftragnehmer dieses Verfahren weiterführt und ggf. ins streitige Hauptsacheverfahren überleitet, kommt dem Mahnverfahren eine vorbehaltsersetzende Wirkung allerdings nur dann zu, wenn ein enger zeitlicher Zusammenhang mit der Schlusszahlung erkennbar ist[913]. 249

Ferner kann ein **Vorbehalt ausnahmsweise im Einzelfall nach Treu und Glauben entbehrlich** sein, wenn der Auftragnehmer bereits in unmittelbarem zeitlichen Zusammenhang mit der Schlusszahlung anderweitig hinreichend klar zum Ausdruck gebracht hat, an seinen 250

---

[903] *Heiermann/Riedl/Rusam* VOB/B § 16 Rn. 116.
[904] BGH NJW 1977, 1634; *Heiermann/Riedl/Rusam* VOB/B § 16 Rn. 116.
[905] *Kandel* in Beck'scher VOB-Kommentar VOB/B § 16 Abs. 3 Rn. 88.
[906] BGH NJW 1978, 1631.
[907] Vgl. *Kandel* in Beck'scher VOB-Kommentar VOB/B § 16 Abs. 3 Rn. 88.
[908] *Hummel* in NWJS VOB/B § 16 Rn. 120; *U. Locher* in Ingenstau/Korbion VOB/B § 16 Abs. 3 Rn. 141.
[909] Vgl. BGH BauR 1978, 314; NJW 1977, 1634; *U. Locher* in Ingenstau/Korbion VOB/B § 16 Abs. 3 Rn. 141.
[910] OLG Düsseldorf NJW 1981, 1455; OLG Frankfurt BauR 1988, 615 (617); *U. Locher* in Ingenstau/Korbion VOB/B § 16 Abs. 3 Rn. 126; *Heiermann/Riedl/Rusam* VOB/B § 16 Rn. 122.
[911] BGH ZfBR 1987, 146; *Hummel* in NWJS VOB/B § 16 Rn. 124.
[912] Vgl. BGHZ 68, 38 (41).
[913] OLG Frankfurt BauR 1983, 372; 373.

erhobenen Forderungen weiterhin festzuhalten[914]. Dies ist ausnahmsweise dann der Fall, wenn die Parteien bereits unmittelbar vor der geleisteten Schlusszahlung über bestimmte Positionen sachlich gestritten und der Auftragnehmer dabei ausdrücklich bekundet hat, an der bestrittenen Forderung auch weiterhin festhalten zu wollen[915].

251   Keines gesonderten Vorbehaltes bedarf es auch dann, wenn sich die Parteien zu dem Abrechnungsvorgang bereits vergleichsweise geeinigt haben[916]. In diesem Falle verstößt der Auftraggeber mit einer gegenüber dem **abgeschlossenen Vergleich** verringerten Schlusszahlung gegen die zustande gekommene Vergleichsvereinbarung, so dass es vertragsrechtlich keines Vorbehaltes (mehr) bedarf, wenn der Auftragnehmer später weitergehende Zahlungsansprüche aus der zwischen den Parteien getroffenen Vergleichsvereinbarung beansprucht[917].

252   **3. Frist zur Abgabe der Vorbehaltserklärung.** Der **Vorbehalt ist innerhalb von 28 Kalendertagen** nach Zugang der Mitteilung nach § 16 Abs. 3 Nr. 2 und 3 VOB/B über die Schlusszahlung zu erklären. Bis zur VOB/B 2012 belief sich die Frist zur Abgabe der Vorbehaltserklärung auf 24 Werktage. Im Zuge der Harmonisierung der Fristen – auch unter Berücksichtigung der gesetzlichen Fristen – etwa in §§ 271a, 286 Abs. 3 BGB – wurde die nach Werktagen bemessene Frist durch eine entsprechende Frist von 28 Kalendertagen ersetzt.

253   Maßgebend für den Fristbeginn ist entsprechend dem Wortlaut nicht die Schlusszahlung selbst, sondern der **Zugang der Schlusszahlungserklärung** (§ 16 Abs. 3 Nr. 2 VOB/B) bzw. der schlusszahlungsgleichen Erklärung (§ 16 Abs. 3 Nr. 3 VOB/B). Da ein Vorbehalt nur notwendig ist, wenn die in Nr. 2 und 3 enthaltene Mitteilung zugegangen ist, kommt es bei getrennten Schreiben über die Schlusszahlung und die Unterrichtung über die Ausschlusswirkung für den Fristbeginn auf den Zugang des zweiten Schreibens an[918].

254   Die **Frist von 28 Kalendertagen** bemisst sich nach §§ 187ff. BGB. Fällt der letzte Tag der Frist auf einen Sonnabend, einen Sonntag oder aber einen Feiertag, so endet die Frist erst mit dem nächstfolgenden Werktag (§ 193 BGB).

255   Die Vorbehaltserklärung muss am letzten Tage der auf vorstehende Weise zu ermittelnden Frist nicht nur abgegeben, sondern beim Auftraggeber (oder seinem Empfangsbevollmächtigten) zugegangen sein[919]. Es kommt deshalb für die Rechtzeitigkeit des Vorbehaltes nicht – wie der Wortlaut vermuten lässt – auf die Erklärung selbst, sondern entscheidend auf den **Zugang** eben dieser Erklärung beim Auftraggeber an. Dies gilt für jedwede Form der Abgabe der Vorbehaltserklärung. Eine Ausnahme ist naturgemäß nur dann zu machen, wenn ausnahmsweise – aus Treu und Glauben – auf eine gesonderte zusätzliche Vorbehaltserklärung verzichtet werden konnte. Sobald die Vorbehaltserklärung durch einen Mahnbescheid bzw. eine Klage ersetzt werden soll, sind § 270 Abs. 3 aF, § 693 Abs. 2 ZPO anwendbar[920].

XI. Vorbehaltsbegründung (§ 16 Abs. 3 Nr. 5 S. 2 VOB/B)

256   **1. Arten der Vorbehaltsbegründung.** Der fristgerecht erklärte Vorbehalt des Auftragnehmers wird nach § 16 Abs. 3 Nr. 5 S. 2 VOB/B (wieder) hinfällig, wenn der Auftragnehmer nicht innerhalb von **weiteren 28 Kalendertagen eine prüfbare Rechnung** über die vorbehaltenen Forderungen einreicht oder – wenn das nicht möglich ist – der Vorbehalt von ihm eingehend begründet wird. Die Vorschrift des § 16 Abs. 3 Nr. 5 S. 2 VOB/B sieht damit zwei alternative Möglichkeiten der Vorbehaltsbegründung vor, einerseits – und insoweit vorrangig – die Vorlage einer prüffähigen Rechnung über die vorbehaltenen Forderungen und andererseits – insoweit nachrangig – eine anderweitige eingehende Begründung des zuvor erklärten Vorbehaltes:

257   – Hat der Auftragnehmer **bereits früher eine prüffähige Schlussrechnung** vorgelegt, bedarf es nicht nochmals zur Vorbehaltsbegründung der wiederholten Vorlage dieser Schlussrechnung[921]. Voraussetzung hierfür ist aber, dass der Auftragnehmer in jedem Falle früher bereits

---

[914] OLG Düsseldorf NJW 1981, 1455; OLG Frankfurt BauR 1988, 615 (617); *U. Locher* in Ingenstau/Korbion VOB/B § 16 Abs. 3 Rn. 126.
[915] OLG München BauR 1975, 284; *Heiermann/Riedl/Rusam* VOB/B § 16 Rn. 122.
[916] *Heiermann/Riedl/Rusam* VOB/B, § 16 Rn. 104.
[917] Vgl. BGH NJW 1981, 1040.
[918] *Kandel* in Beck'scher VOB-Kommentar VOB/B § 16 Abs. 3 Rn. 90.
[919] *Kandel* in Beck'scher VOB-Kommentar VOB/B § 16 Abs. 3 Rn. 90.
[920] *Kandel* in Beck'scher VOB-Kommentar VOB/B, 2. Aufl., § 16 Nr. 3 Rn. 100f.
[921] BGH NJW 1986, 2049 (2050); 1987, 2582; *Heiermann/Riedl/Rusam* VOB/B 9. Aufl., § 16 Rn. 106.

eine prüffähige Schlussrechnung im Sinne des § 14 VOB/B aufgestellt und übergeben hat. In diesem Falle bedarf es auch keiner sonstigen ergänzenden Begründung der prüffähig in der Schlussrechnung ausgewiesenen und vom Auftraggeber bestrittenen Abrechnungspositionen[922]. Ausreichend ist nach der Rechtsprechung des Bundesgerichtshofes, dass sich die streitige Forderung aus der prüfbaren Schlussrechnung ergibt und der Auftraggeber ihr entnehmen kann, in welchem Umfang er über seine Schlusszahlung hinaus noch Ansprüche zu gewärtigen hat[923].

– Hat der Auftragnehmer demgegenüber **bislang keine prüffähige Schlussrechnung** vorgelegt, ist er verpflichtet, innerhalb von 28 Kalendertagen seinen Vorbehalt durch eine entsprechend prüffähige Schlussrechnung zu unterlegen. Die zur Vorbehaltsbegründung vorzulegende Schlussrechnung muss prüffähig im Sinne des § 14 VOB/B sein[924]. Die zum Nachweis seiner Abrechnung erforderlichen Nachweise hat der Auftragnehmer (nunmehr) zur Vorbehaltsbegründung mit vorzulegen. Die Schlussrechnung muss vom Auftragnehmer so aufgemacht werden, dass der Auftraggeber den einzelnen Rechnungsposten die Begründung der weitergehenden Forderung des Auftragnehmers entnehmen kann. 258

– Hat der Auftragnehmer **keine prüffähige Schlussrechnung** vorgelegt und ist er innerhalb der relativ kurzen Frist von 28 Kalendertagen hierzu auch nicht im Stande, so verbleibt ihm im Rahmen der zweiten Alternative die Möglichkeit, seinen Vorbehalt anderweitig zu begründen. Der Auftragnehmer hat dann unter Berücksichtigung der Informations- und Kontrollinteressen des Auftraggebers im Einzelnen hinreichend klar die vorbehaltenen Forderungen bzw. Rechnungsposten zu begründen[925]. Der Auftraggeber muss durch die abgegebene **Vorbehaltsbegründung** unter Berücksichtigung seiner Erkenntnismöglichkeiten in die Lage versetzt werden, die Berechtigung der erhobenen Ansprüche im Einzelnen näher prüfen zu können[926]. Nach vorherrschendem Verständnis dürfen an die Vorbehaltsbegründung insgesamt keine übertriebenen Anforderungen gestellt werden[927]. 259

– Hat der **Auftraggeber die Schlussrechnung selbst** gemäß § 14 Abs. 4 VOB/B **aufgestellt,** ist der Auftragnehmer unter Berücksichtigung des Kooperationsgedankens verpflichtet, den von ihm ausgesprochenen Vorbehalt im Einzelnen näher zu begründen[928]. Ohne entsprechend eingehende Begründung des Vorbehaltes wird der Auftraggeber regelmäßig nicht die aus Sicht des Auftragnehmers bestehenden Fehler der von Auftraggeberseite gefertigten Schlussrechnung erkennen können. 260

– Hat der Auftraggeber die von ihm betragsmäßig verkürzte Schlusszahlung mit **aufzurechnenden bzw. zu verrechnenden Gegenforderungen** begründet, bedarf es keiner weitergehenden Vorbehaltsbegründung seitens des Auftragnehmers, da sich der Auftraggeber über die von ihm erhobenen Forderungen hinreichend selbst im Bilde befindet[929]. 261

– Hat der Auftraggeber eine erkennbar willkürliche oder aber inhaltlich **nicht nachvollziehbare Kürzung der Schlussrechnungsforderung** vorgenommen, ist der Auftragnehmer zwar gehalten, hiergegen den Vorbehalt nach § 16 Abs. 3 Nr. 5 S. 1 VOB/B zu erklären, er braucht diesen aber nicht näher zu begründen, soweit sich dem Auftragnehmer nach seinem Informationsstand die Kürzungen inhaltlich nicht erschließen[930]. 262

2. Form der Vorbehaltsbegründung. Die Vorbehaltsbegründung muss vom Auftragnehmer schriftlich vorgenommen werden. Auch wenn § 16 Abs. 3 Nr. 5 S. 2 VOB/B vom Wortlaut her nicht ausdrücklich die **Wahrung der Schriftform** vorsieht, ergibt sich dies zumindest mittelbar aus dem Erfordernis der Vorlage einer prüfbaren Rechnung, die ihrerseits Schriftlichkeit voraussetzt[931]. Die Vorbehaltsbegründung ist gegenüber dem Auftraggeber bzw. dem von ihm bevoll- 263

---

[922] BGH NJW 1986, 2049 (2050); 1987, 2582; *Heiermann/Riedl/Rusam* VOB/B 9. Aufl., § 16 Rn. 106.
[923] BGH NZBau 2016, 548, 549; BGH NJW 1986, 2049 = BauR 1985, 576.
[924] *Hummel* in NWJS VOB/B § 16 Rn. 127; *Kandel* in Beck'scher VOB-Kommentar VOB/B § 16 Abs. 3 Rn. 98.
[925] BGH NJW 1965, 536 (537); BauR 1977, 135 (137); 1980, 178; *U. Locher* in Ingenstau/Korbion VOB/B § 16 Abs. 3 Rn. 150 ff.
[926] *Hummel* in NWJS VOB/B § 16 Rn. 128.
[927] BGH BauR 1980, 178; *Heiermann/Riedl/Rusam* VOB/B 9. Aufl., § 16 Rn. 106; *U. Locher* in Ingenstau/Korbion VOB/B § 16 Abs. 3 Rn. 153.
[928] OLG Oldenburg BauR 1992, 83 (84); *Heiermann/Riedl/Rusam* VOB/B, § 16 Rn. 106.
[929] OLG Karlsruhe BauR 1989, 208; *Heiermann/Riedl/Rusam* VOB/B § 16 Rn. 106.
[930] Vgl. *Kandel* in Beck'scher VOB-Kommentar VOB/B § 16 Abs. 3 Rn. 99.
[931] → § 14 Rn. 7.

mächtigten Architekten abzugeben. Insoweit gelten die gleichen Grundsätze wie bei § 16 Abs. 3 Nr. 5 S. 1 VOB/B und die dort geregelte Vorbehaltserklärung[932]. Nach Abgabe der Vorbehaltsbegründung braucht der Auftragnehmer nicht nochmals eine prüfbare neue und auf den Vorbehalt zugeschnittene Rechnung vorzulegen[933].

264 **3. Frist der Vorbehaltsbegründung.** Die Vorbehaltsbegründung ist „innerhalb von weiteren 28 Tagen" vom Auftragnehmer vorzunehmen. Bis zur VOB 2012 belief sich die Frist auf weitere 24 Werktage. Im Zuge der Fristenharmonisierung – etwa zu § 271a und § 286 Abs. 3 BGB – wurde eine Umstellung auf Kalendertage vorgenommen.

Die **28-Tages-Frist** schließt an die vorangegangene Frist von ebenfalls 28 Kalendertagen zur Vorbehaltserklärung an[934]. Die Gegenauffassung, wonach die Frist zur Vorbehaltsbegründung mit dem Tag beginnt, der auf den Eingang des Vorbehaltes folgt[935], vermag nicht zu überzeugen, da der Wortlaut der Bestimmung eindeutig und darüber hinaus nicht erkennbar ist, weshalb sich die Fristen unterschiedlich darstellen sollten, je nachdem, ob der Auftragnehmer den Vorbehalt kurzfristig oder aber unter Ausschöpfung der ihm eingeräumten Frist von 28 Kalendertagen erklärt[936]. Aus diesem Grunde ist es folgerichtig, dass mit der VOB/B 2006 in § 16 Abs. 3 Nr. 5 S. 2 ausdrücklich klargestellt wurde, dass die 28 Kalendertage erst nach Ablauf der in Satz 1 geregelten, ebenfalls 24 Werktage andauernden Frist zu laufen beginnt.

265 Für die **Bemessung der Frist** gelten – wie bei § 16 Abs. 3 Nr. 5 S. 1 VOB/B – die in §§ 187 ff. BGB enthaltenen Fristbestimmungen. Endet die Frist zur Begründung des Vorbehaltes an einem Sonnabend, Sonntag oder aber an einem Feiertag, so tritt an die Stelle dieses Tages der nächst maßgebende Werktag (§ 193 BGB).

266 **4. Fehlen der Vorbehaltsbegründung.** Unterbleibt die nach vorstehenden Grundsätzen erforderliche fristgerechte Vorbehaltsbegründung, so ist damit der vom Auftragnehmer zuvor erklärte **Vorbehalt hinfällig.** Fehlt es bereits an dem entsprechenden Vorbehalt, so kommt es ohnehin auf die nachfolgende Vorbehaltsbegründung nicht (mehr) an. Ist jedoch der Vorbehalt selbst fristgerecht erklärt, so erlischt im Nachhinein seine Wirkung, wenn die Vorbehaltsbegründung nicht fristgerecht vom Auftragnehmer beigebracht wird[937].

267 **5. Vertragsklauseln.** Aufgrund der einschneidenden Wirkung des § 16 Abs. 3 VOB/B ist es dem Auftraggeber grundsätzlich verwehrt, die Anforderungen an die Vorbehaltserklärung und -begründung in Allgemeinen Geschäftsbedingungen zu verschärfen[938]. Vor allem hat es gegen § 9 AGBG aF bzw. § 307 BGB verstoßen, wenn die Vorbehaltsfristen von (ehemals) 24 Werktagen auf jeweils 12 Werktage abgekürzt wurden[939]. Entsprechendes gilt gleichermaßen nach Umstellung auf eine Berechnung nach Kalendertagen, so dass diese nicht durch Vertragsklauseln von 28 auf dann noch 14 Kalendertage zurückgenommen werden können.

XII. Aufmaß-, Rechen- und Übertragungsfehler (§ 16 Abs. 3 Nr. 6 VOB/B)

268 Nach § 16 Abs. 3 Nr. 6 VOB/B gelten die vorgesehenen Ausschlussfristen nicht für ein Verlangen nach Richtigstellung der Schlussrechnung und -zahlung wegen Aufmaß-, Rechen- und Übertragungsfehlern. Da bei derartigen (reinen) Berechnungsfehlern vom Grundsatz her keine Differenzen zur Vergütungsfähigkeit der erbrachten Leistungen bestehen, wird es als angemessen angesehen, den Auftragnehmer von den durch § 16 Abs. 3 Nr. 2 VOB/B herbeigeführten Ausschlusswirkungen (ausnahmsweise) freizustellen[940]. Dabei wird es als unerheblich angesehen, ob sich der **Berechnungsfehler** aus der Schlussrechnung des Auftragnehmers oder

---

[932] → § 16 Rn. 224 ff.
[933] OLG Düsseldorf BauR 2016, 518.
[934] Kaiser ZfBR 1982, 231 (234); *Hummel* in NWJS VOB/B § 16 Rn. 130; *Heiermann/Riedl/Rusam* VOB/B § 16 Rn. 120; *Zanner* in FKZG VOB/B § 16 Rn. 178.
[935] vgl. *U. Locher* in Ingenstau/Korbion VOB/B, § 16 Abs. 3 Rn. 151; *Kandel* in Beck'scher VOB-Kommentar VOB/B, 2. Aufl., § 16 Nr. 3 Rn. 100 f.
[936] Vgl. hierzu auch die prozessualen Rechtsmittelfristen in §§ 517, 520 ZPO, die ebenfalls von einer Kumulation der vorgesehenen Monatsfristen für die Einlegung der Berufung und ihrer anschließenden Begründung ausgehen.
[937] Vgl. *Leinemann* VOB/B § 16 Rn. 186; *U. Locher* in Ingenstau/Korbion VOB/B § 16 Abs. 3 Rn. 150.
[938] *U. Locher* in Ingenstau/Korbion VOB/B § 16 Abs. 3 Rn. 161.
[939] *Motzke* in Beck'scher VOB-Kommentar VOB/B 1. Aufl., § 16 Nr. 3 Rn. 103.
[940] *Leinemann* VOB/B § 16 Rn. 193.

aber aus der Prüfung der Schlussrechnung durch den Auftraggeber ergeben hat[941]. Aus gleichen Erwägungen heraus kommt es auch nicht darauf an, ob der Auftragnehmer oder aber der Auftraggeber den Berechnungsfehler letztlich verursacht hat[942]. Wegen der Ausnahmewirkung des § 16 Abs. 3 Nr. 6 VOB/B ist die Vorschrift jedoch nicht erweiterungsfähig, sondern ausschließlich auf die drei genannten Fallgruppen von Berechnungsfehlern anwendbar[943].

1. Korrektur von Aufmaßfehlern. Trotz der Ausschlusswirkung des § 16 Abs. 3 Nr. 2 **269** VOB/B können **Aufmaßfehler nachträglich noch korrigiert** werden. Aufmaßfehler ergeben sich dann, wenn die nach den Abrechnungsvorschriften der einschlägigen DIN-Bestimmungen vorgesehenen Aufmaßregeln nicht oder fehlerhaft angewandt werden[944]. Abgesehen von derartigen Regelverstößen gegen die Aufmaßbestimmungen kann aber auch ein bloßes Vermessen oder Verzählen bei Mengen oder Längen als Aufmaßfehler in Betracht kommen[945]. Von den reinen Aufmaßfehlern zu unterscheiden sind **leistungsbezogene Beurteilungsfehler** der Parteien. Derartige Fehler liegen vor, wenn die Abrechnungsfähigkeit bestimmter Leistungen falsch eingeschätzt wird[946]. Verzichtet der Auftragnehmer auf die gesonderte Abrechnung von geänderten oder zusätzlichen Bauleistungen, so handelt es sich dabei um einen typischen Beurteilungs- und nicht etwa um einen bloßen Aufmaßfehler[947]. Im Einzelfall kann die Unterscheidung zwischen einem Beurteilungs- und einem Aufmaßfehler schwierig sein. Regelmäßig wird es darauf ankommen, ob überhaupt ein Aufmaß genommen wurde (dann können dessen Fehler und Lücken berichtigt werden) oder aber bewusst auf die Durchführung eines Aufmaßes für eine bestimmte erbrachte Leistung verzichtet wurde (dann liegt ein Beurteilungsfehler hinsichtlich der grundsätzlichen Abrechnungsfähigkeit der Leistung vor).

2. Korrektur von Rechenfehlern. Auch bei Vorliegen von **Rechenfehlern** greifen die **270** Ausschlussfristen des § 16 Abs. 3 Nr. 5 VOB/B nicht ein. Derartige Rechenfehler können bei der Anfertigung des Aufmaßes, bei der Aufstellung der Schlussrechnung, bei der Prüfung der Schlussrechnung oder auch bei der Vornahme der Schlusszahlung einer der beiden Parteien unterlaufen[948]. Sie können ihre Ursache in rein mathematischen Fehlern bei den verschiedenen Rechenarten haben[949]. Auch Fehler bei der Prozentrechnung oder der Ermittlung der prozentualen Umsatzsteuer fallen unter § 16 Abs. 3 Nr. 6 VOB/B[950]. Die Fehler können den Parteien bei einzelnen Leistungspositionen, bei der Multiplikation der Vordersätze mit den Einheitspreisen, bei der Addition der Preise, bei der Berücksichtigung von Abschlagszahlungen[951] oder aber bei der Berechnung der Umsatzsteuer sowie der Vornahme vereinbarter Abschläge unterlaufen. Immer muss es sich aber dabei um einen reinen Berechnungsfehler handeln. So weit den Parteien im Zuge des Abrechnungsvorganges Beurteilungsfehler unterlaufen, sind diese – ebenso wie bei der Fallgruppe der Aufmaßfehler – nicht berücksichtigungsfähig. Um Beurteilungsfehler handelt es sich etwa dann, wenn der Auftragnehmer bewusst bestimmte vertraglich vorgesehene Vergütungsregelungen nicht heranzieht. Dies ist etwa der Fall, wenn der Auftragnehmer im Zuge seiner Abrechnung auf die Möglichkeit zur Anwendung einer vertraglich vereinbarten Lohn- bzw. Materialpreisgleitklausel verzichtet[952].

3. Korrektur von Übertragungsfehlern. Schließlich erstreckt sich die Ausnahmebestim- **271** mung des § 16 Abs. 3 Nr. 6 VOB/B auch auf **Übertragungsfehler.** Derartige Übertragungsfehler können den Parteien bei Anfertigung des Aufmaßes, bei Aufstellen der Schlussrechnung

---

[941] *Leinemann* VOB/B § 16 Rn. 193.
[942] *Kandel* in Beck'scher VOB-Kommentar VOB/B § 16 Abs. 3 Rn. 103 ff.
[943] *U. Locher* in Ingenstau/Korbion VOB/B § 16 Abs. 3 Rn. 162; *Kandel* in Beck'scher VOB-Kommentar VOB/B § 16 Abs. 3 Rn. 103 ff.
[944] *Kandel* in Beck'scher VOB-Kommentar VOB/B § 16 Abs. 3 Rn. 105.
[945] *U. Locher* in Ingenstau/Korbion VOB/B § 16 Abs. 3 Rn. 164.
[946] *Kleine-Möller/Merl/Oelmaier*, 4. Aufl., § 10 Rn. 289, 295.
[947] *U. Locher* in Ingenstau/Korbion VOB/B § 16 Abs. 3 Rn. 165; *Kandel* in Beck'scher VOB-Kommentar VOB/B § 16 Abs. 3 Rn. 105; aA *Heiermann/Riedl/Rusam* VOB/B 9. Aufl., § 16 Rn. 90, der hierin einen Aufmaßfehler erblicken will.
[948] Vgl. *U. Locher* in Ingenstau/Korbion VOB/B § 16 Abs. 3 Rn. 166.
[949] *Leinemann* VOB/B, § 16 Rn. 158.
[950] Vgl. *Leinemann* VOB/B § 16 Rn. 158.
[951] Vgl. BGH NJW 1986, 2049 (2050).
[952] *Kandel* in Beck'scher VOB-Kommentar VOB/B § 16 Abs. 3 Rn. 106; aA *U. Locher* in Ingenstau/Korbion VOB/B § 16 Abs. 3 Rn. 166.

oder aber bei der Prüfung der Schlussrechnung unterlaufen. Das Merkmal solcher Fehler liegt darin, dass sich versehentlich Änderungen bei der Übernahme von einem Aufzeichnungsmedium in ein anderes ergeben. Die Angaben aus dem handschriftlich aufgenommenen Aufmaß werden versehentlich fehlerhaft in die Abrechnung übernommen, Einheitspreise und Mengen werden bei der Übertragung versehentlich fehlerhaft zugeordnet, Originalunterlagen werden fehlerhaft kopiert[953].

272   **4. Verlangen nach Richtigstellung.** Voraussetzung für die Heranziehung des § 16 Abs. 3 Nr. 6 VOB/B ist ein entsprechendes **Verlangen nach Richtigstellung** entstandener Aufmaß-, Rechen- und Übertragungsfehler. Ohne ein Verlangen des Auftraggebers oder aber des Auftragnehmers erfolgt keine Korrektur zu festzustellenden Berechnungsfehlern. Das Verlangen muss sich auf die Richtigstellung der Schlussrechnung und -zahlung erstrecken. Aufgrund des den Bauvertrag beherrschenden Kooperationsgedankens kommt es auf ein solches Verlangen aber nur an, wenn es begründet geltend gemacht wird, wenn also nachvollziehbar angegeben wird, in welcher Weise die Richtigstellung der Berechnungsfehler zu erfolgen hat.

273   **5. Darlegungs- und Beweislast.** Üblicherweise wird das Verlangen vom Auftragnehmer geltend gemacht, sobald dieser über kurz oder lang einen Berechnungsfehler feststellt. Die **Darlegungs- und Beweislast** für das Vorliegen eines Aufmaß-, Rechen- und/oder Übertragungsfehlers liegt dann beim Auftragnehmer[954]. Der Auftragnehmer genügt seiner Darlegungslast aber nicht alleine dadurch, dass er sich auf ermittelte Berechnungsfehler bezieht. Vor allem bei behaupteten Aufmaßfehlern wird man regelmäßig vom Auftragnehmer im Hinblick auf das im gemeinsamen Aufmaß liegende deklaratorische Schuldanerkenntnis[955] verlangen müssen, dass die vorgetragenen Fehler plausibel und nachvollziehbar begründet werden. In komplexen Fällen ist dem Auftragnehmer zu raten, die von ihm behaupteten wesentlichen Aufmaßfehler durch ein von ihm eingeholtes Sachverständigengutachten zu belegen[956].

E. Teilschlussrechnung (§ 16 Abs. 4 VOB/B)

274   Nach § 16 Abs. 4 VOB/B können in sich abgeschlossene Teile der (Gesamt-) Leistung nach erfolgter Teilabnahme ohne Rücksicht auf die Vollendung der übrigen Bauleistungen endgültig festgestellt und bezahlt werden. Der Auftragnehmer ist im Rahmen des § 16 Abs. 4 VOB/B berechtigt, eine **Teilschlussrechnung** vorzulegen und von dem Auftraggeber hieraus eine **Teilschlusszahlung** zu beanspruchen. Mit der Teilschlussrechnung wird der erfasste Anteil der Gesamtbauleistung endgültig abgerechnet. Der Teilschlussrechnung kommt deshalb für die betreffenden, abgerechneten Bauleistungen die Wirkung der Schlussabrechnung und einer Zahlung die Wirkung der Schlusszahlung im Sinne des § 16 Abs. 3 VOB/B zu[957].

Bei isolierter formularmäßiger Vereinbarung des § 16 Abs. 4 VOB/B bestehen prinzipiell keine Wirksamkeitsbedenken. Soweit eine Teilabnahme erfolgt, entspricht die Regelung des § 16 Abs. 4 VOB/B dem gesetzlichen Leitbild[958].

In der Praxis ist gelegentlich festzustellen, dass sich die Parteien abweichend von § 16 Abs. 4 VOB/B darauf verständigen, Teil-Schlussabrechnungen auch für nicht in sich abgeschlossene Teile der Leistung und/oder ohne vorangegangene Teil-Abnahme zu vereinbaren. Von dieser Möglichkeit wird beispielsweise dann Gebrauch gemacht, wenn bei komplexen vorhabenbezogenen Abrechnungen von den Parteien bestimmte Abrechnungsdifferenzierungen und -aufspaltungen erwünscht sind. So wird bisweilen zu einzelnen Nachträgen bzw. Nachtragskomplexen eine gesonderte Teilabrechnung vorgesehen. Eine entsprechende Differenzierung bietet sich zwischen rein technischen Nachträgen einerseits und bauzeitbezogenen Nachträgen andererseits an. Bei entsprechenden Teilabrechnungen handelt es sich nicht um Teilschlussrechnungen im

---

[953] Vgl. *U. Locher* in Ingenstau/Korbion VOB/B § 16 Abs. 3 Rn. 167; *Leinemann* VOB/B § 16 Rn. 193; *Kandel* in Beck'scher VOB-Kommentar VOB/B § 16 Abs. 3 Rn. 106.
[954] *Kandel* in Beck'scher VOB-Kommentar VOB/B § 16 Abs. 3 Rn. 107.
[955] Im Einzelnen → § 14 Rn. 46.
[956] Vgl. *Kandel* in Beck'scher VOB-Kommentar VOB/B § 16 Abs. 3 Rn. 107.
[957] *Motzke* in Beck´scher VOB-Kommentar VOB/B § 16 Abs. 4 Rn. 16; *Heiermann/Riedl/Rusam* VOB/B § 16 Rn. 124; *U. Locher* in Ingenstau/Korbion VOB/B § 16 Abs. 4 Rn. 5 f.
[958] *Kandel* in Beck'scher VOB-Kommentar VOB/B § 16 Abs. 4 Rn. 7; aA *Deckers* NZBau 2008, 627 (632).

Sinne des § 16 Abs. 4 VOB/B, sondern um die Aufspaltung der eigentlichen Schlussrechnung auf verschiedene Teilkomplexe. Diese Aufspaltung unterliegt mit Blick auf § 16 Abs. 3 und 4 VOB/B keinen Bedenken, soweit sich die Parteien bei Abschluss des Bauvertrages oder aber im Zuge der Abrechnung des Bauvorhabens hierauf ausdrücklich verständigen. Eine solche individuelle Vereinbarung über die Art und Weise der Aufspaltung des einheitlichen Abrechnungsvorganges geht den Regelungen des § 16 Abs. 3 und 4 VOB/B vor.

I. In sich abgeschlossene Teile der Leistung mit Teil-Abnahme

Die Vorlage einer Teilschlussrechnung ist nur zulässig, wenn sich die Abrechnung auf **in sich abgeschlossene Teile der Leistung** bezieht und diese Leistungen zuvor gemäß § 12 Abs. 2 VOB/B im Rahmen einer Teil-Abnahme abgenommen wurden. Nur funktionell in sich selbstständig beurteilbare Bauleistungen erfüllen die Voraussetzungen, unter denen eine Teilabnahme nach § 12 Abs. 2 VOB/B erfolgen kann[959]. Für die teilabnahmefähigen Leistungen muss weiterhin eine Teil-Abnahme durchgeführt worden sein[960]. Die gemeinschaftliche Feststellung erbrachter Teilleistungen nach § 4 Abs. 10 VOB/B erfüllt nicht die Voraussetzungen einer Teil-Abnahme, so dass für die festgestellten Teil-Leistungen auch keine Teil-Schlussrechnung vorgelegt werden kann[961]. Im Falle einer Teilkündigung des Bauvertrages kann eine Teil-Schlussrechnung vorgelegt werden, soweit sich die Kündigung auf einen in sich abgeschlossenen Teil der vertraglichen Leistungen bezieht (vgl. § 8 Abs. 3 Nr. 1 S. 2 VOB/B)[962].

275

II. Feststellung der Leistungen und Vorlage einer Teil-Schlussrechnung

Unter der Voraussetzung vorliegender Teilabnahme können die vom Auftragnehmer ausgeführten Teilleistungen endgültig festgestellt und bezahlt werden. Der Auftragnehmer hat deshalb **prüffähig über die erbrachten Teilleistungen abzurechnen** und eine den Maßstäben des § 14 Abs. 1 und 2 VOB/B entsprechende Teil-Schlussrechnung vorzulegen[963]. Für die Aufstellung und die Prüffähigkeit der Teil-Schlussrechnung gelten die in § 14 VOB/B behandelten Grundsätze[964]. Notfalls kann der Auftraggeber auch von § 14 Abs. 4 VOB/B Gebrauch machen und die Teil-Schlussrechnung selbst aufstellen[965].

276

Wurde für die abgerechnete Teilleistung eine **konkrete Preisvereinbarung** zwischen den Parteien getroffen, ist diese der Abrechnung des Auftragnehmers im Rahmen der von ihm vorgelegten Teil-Schlussrechnung zugrunde zulegen[966]. Bei der Abrechnung von Teilleistungen aus einem Einheitspreisvertrag kommt es auf die prüffähige Zusammenstellung anhand der aufgemessenen Teilleistungen an. Der Abrechnung von Teilleistungen aus einem Pauschalvertrag ist eine in sich prüffähige Preiskalkulation beizufügen, der die Aufschlüsselung des Pauschalpreises auf die Einzelnen, in sich abgeschlossenen Bauleistungen entnommen werden kann[967]. Im Falle der Abrechnung teilgekündigter Leistungen (§ 8 Abs. 3 Nr. 1 S. 2 VOB/B) hat der Auftragnehmer eine prüffähige Rechnung über die von ihm ausgeführten Leistungen vorzulegen (§ 8 Abs. 6 VOB/B)[968].

277

Werden **mehrere Baumaßnahmen nebeneinander** von dem Auftragnehmer auf der Basis unterschiedlicher Bauverträge für den Auftraggeber abgewickelt, so kann der Auftragnehmer nicht für die einzelnen Bauleistungen jeweils vertragsbezogen eine Teil-Schlussrechnung vorlegen. Der Auftragnehmer hat vielmehr bezogen auf einen jeden der abgeschlossenen Bauverträge eine gesonderte Schlussrechnung einzureichen. Wie sich aus § 14 Abs. 1 S. 4 VOB/B erschließt, kommt es nämlich für die Vorlage der Schlussrechnung entscheidend auf den einzelnen, abgeschlossenen Bauvertrag an[969].

278

---

[959] Im Einzelnen → § 12 Rn. 79.
[960] Im Einzelnen → § 12 Rn. 81 ff.
[961] *Zielemann* Vergütung, Zahlung und Sicherheitsleistung nach VOB, Rn. 528; *Kandel* in Beck'scher VOB-Kommentar VOB/B, 2. Aufl., § 16 Nr. 4 Rn. 12 f.
[962] Im Einzelnen → § 8 Rn. 87 ff.
[963] *Heiermann/Riedl/Rusam* VOB/B § 16 Rn. 127; *U. Locher* in Ingenstau/Korbion VOB/B § 16 Nr. 4 Rn. 4.
[964] → § 14 Rn. 5, 41 ff.
[965] *U. Locher* in Ingenstau/Korbion VOB/B § 16 Abs. 4 Rn. 4; *Leinemann* VOB/B § 16 Rn. 200.
[966] *Leinemann* VOB/B § 16 Rn. 197.
[967] *Leinemann* VOB/B § 16 Rn. 197.
[968] Im Einzelnen → § 8 Rn. 115 f.
[969] BGH NZBau 2000, 508.

279 Hat der Auftragnehmer für sämtliche Bauabschnitte jeweils eine Teil-Schlussrechnung vorgelegt, so kann er – notfalls auch noch im Rahmen eines anhängigen Vergütungsrechtsstreits – eine Erklärung dahingehend abgeben, dass der von ihm (klageweise) geforderte Betrag – etwa der aus der letzten Teil-Schlussrechnung – die **Schlussvergütung aus der Baumaßnahme** beinhalten soll. Mit einer derartigen Erklärung verbindet sich die Schlussrechnung des Auftragnehmers für die Gesamtbaumaßnahme[970].

III. Verlangen der Schlusszahlung

280 Unter Berücksichtigung vorgenannter Gesichtspunkte ist der Auftragnehmer berechtigt, eine **Teil-Schlussrechnung** vorzulegen. Die Berechtigung hierzu kann sich bereits aus einer ausdrücklichen Vereinbarung der Parteien im Bauvertrag ergeben. Unabhängig hiervon kann das Einverständnis des Auftraggebers mit einer Teil-Schlussrechnung auch konkludent dadurch zum Ausdruck gebracht werden, dass dieser eine als Teil-Schlussrechnung gekennzeichnete Rechnung unwidersprochen entgegennimmt und nach Prüfung hierauf eine Teil-Schlusszahlung leistet[971]. Verweigert der Auftraggeber in derartigen Fällen die Vornahme einer Teil-Schlusszahlung, so stellt sich notwendigerweise die Frage, ob er hierzu befugt ist, wenn die Parteien nichts Weiteres zu der Möglichkeit der Vorlage von Teil-Schlussrechnungen miteinander vereinbart haben. Nach überwiegendem Verständnis ist der Auftragnehmer als berechtigt anzusehen, **zu abgenommenen Teilleistungen** auch jeweils eine Teil-Schlussrechnung vorzulegen[972]. Demgegenüber zieht NWJS aus dem Wortlaut des § 16 Abs. 4 VOB/B, wonach es sich um eine Kann-Bestimmung handelt, den Schluss, das Verlangen nach einer Teil-Schlussrechnung sei nicht zwingend und bedürfe daher stets einer zugrundeliegenden einvernehmlichen Absprache der Vertragsparteien[973]. Jedenfalls nach der Neufassung des § 641 Abs. 1 S. 2 BGB und der dort nunmehr ausdrücklich vorgesehenen Befugnis zur Vorlage von Teil-Schlussrechnungen kann man dieser Auffassung jedoch nicht mehr folgen, zumal der Wortlaut des § 16 Abs. 3 VOB/B eher dahingehend zu verstehen ist, dass es dem Auftragnehmer vorbehalten bleiben soll, ob er bei Vorliegen der übrigen Voraussetzungen von der Möglichkeit der Vorlage einer Teil-Schlussrechnung Gebrauch macht. Immerhin kann der Auftragnehmer durchaus auf die Vorlage einer Teil-Schlussrechnung verzichten und auch weiterhin Abschlagszahlungen beanspruchen. Die Kann-Bestimmung des § 16 Abs. 4 VOB/B begründet deshalb das **Recht des Auftragnehmers zur Vorlage einer Teil-Schlussrechnung**, verpflichtet indes hierzu nicht zwingend. Auf der anderen Seite kann der Auftraggeber jedoch zumindest bei ausdrücklicher Vereinbarung unter Heranziehung des § 14 Abs. 4 VOB/B quasi den Auftragnehmer dazu anhalten, eine Teil-Schlussrechnung vorzulegen[974].

IV. Folgen der Teil-Schlussrechnung

281 Liegen die Voraussetzungen vor, unter denen eine Teil-Schlussrechnung vorgelegt werden kann, so gelten für die Schlussrechnung wie auch für die darauf geleistete Teil-Schlusszahlung dieselben Beurteilungsgrundsätze wie § 16 Abs. 3 VOB/B[975]. Die Teil-Schlussrechnung wird einen Monat nach Zugang beim Auftraggeber fällig (§ 16 Abs. 3 Nr. 1 VOB/B). Eine Ausnahme gilt nur dann, wenn zwischen den Parteien ausdrücklich eine zweimonatige Prüf-/Fälligkeitsfrist individualvertraglich vereinbart wurde (§ 16 Abs. 3 Nr. 1 S. 2 VOB/B). Auf die vorgelegte **Teil-Schlussrechnung** hat der Auftraggeber eine **Teil-Schlusszahlung** zu leisten. Ergibt sich nach der Prüfung der Teil-Schlussrechnung, dass keine weiteren Zahlungen zu leisten sind, so hat der Auftraggeber eine schlusszahlungsgleiche Erklärung gegenüber dem Auftragnehmer auch in Bezug auf die Teil-Schlussrechnung abzugeben. Nach § 16 Abs. 3 Nr. 3 VOB/B steht es einer zu leistenden Teil-Schlusszahlung gleich, wenn der Auftraggeber unter Hinweis auf

---

[970] Vgl. OLG Koblenz NZBau 2000, 512; OLG Köln NJW-RR 1992, 1375; *Kandel* in Beck'scher VOB-Kommentar VOB/B § 16 Abs. 3 Rn. 19 ff.

[971] Vgl. hierzu BGH BauR 1999, 1300 (1301), der allerdings offengelassen hat, ob ein kausales Schuldanerkenntnis als Anspruchsgrundlage für eine Teil-Schlussforderung sein kann.

[972] Vgl. BGH NJW 1988, 55 (57); *U. Locher* in Ingenstau/Korbion VOB/B § 16 Abs. 4 Rn. 7; *Heiermann/Riedl/Rusam* VOB/B § 16 Rn. 130; *Kandel* in Beck'scher VOB-Kommentar VOB/B § 16 Abs. 4 Rn. 9, 12; *Leinemann* VOB/B § 16 Rn. 196.

[973] *Hummel* in NWJS VOB/B § 16 Rn. 154.

[974] Vgl. zu den Voraussetzungen im Einzelnen → § 14 Rn. 71 ff.

[975] *Kandel* in Beck'scher VOB-Kommentar VOB/B § 16 Abs. 4 Rn. 12 f.; *Leinemann* VOB/B § 16 Rn. 198.

bereits geleistete Zahlungen zu den mit der Teil-Schlussrechnung abgerechneten Leistungen weitere Zahlungen endgültig und schriftlich ablehnt (§ 16 Abs. 3 Nr. 2 und 3 VOB/B). Die Wirkungen entsprechender Zahlungen bzw. Erklärungen erstrecken sich aber dabei ausschließlich auf die vorgelegte Teil-Schlussrechnung und nicht auf weitergehende Forderungen aus dem gleichen Bauvertrag[976].

V. Verjährung der Teil-Schlussrechnungsforderung

Macht der Auftragnehmer von der Möglichkeit Gebrauch, eine Teil-Schlussrechnung vorzulegen, so handelt es sich dabei um die endgültige Feststellung der vergütungspflichtigen Leistung sowie die endgültige Bezahlung eben dieser Teil-Werklohnforderung. Aufgrund dessen steht es außer Frage, dass die Forderung aus der Teil-Schlussrechnung **selbstständiger Verjährung** unterliegt[977]. Während es sich bei Abschlagsforderungen um vorläufige Abrechnungsforderungen handelt[978], handelt es sich bei Teil-Schlussrechnungen um eine in jeder Hinsicht endgültige Abrechnung[979]. Dies hat zur Konsequenz, dass die Verjährungsfrist für jede Teil-Schlussrechnung gesondert zu ermitteln ist[980]. Die verjährte Forderung aus einer Teil-Schlussrechnung kann daher – anders als die verjährte Forderung aus einer Abschlagsrechnung[981] – nicht mehr durch Aufnahme in die zu dem Bauvertrag vorzulegende Schlussrechnung wieder aufleben[982]. Soweit ein Teil-Schlussrechnungsbetrag in der anschließend vorgelegten Schlussrechnung ausgewiesen ist, handelt es sich insoweit lediglich um einen (erinnernden) Merkposten, nicht um einen für Abschlagszahlungen charakteristischen Rechnungsposten[983]. Der Auftragnehmer muss deshalb bei der Vorlage verschiedener Teil-Schlussrechnungen jeweils deren separate Verjährungsfristen berücksichtigen. Ab dem Jahre 2002 gilt – wenn nichts anderes vereinbart ist – die Regel-Verjährungsfrist von 3 Jahren, vgl. § 195 BGB. 282

VI. Prozessuale Folgen

Die Forderungen aus Teil-Schlussrechnungen können **separat klageweise** durch den Auftragnehmer geltend gemacht werden[984]. Der Auftragnehmer kann mit einer Klage auch Forderungen aus mehreren Teil-Schlussrechnungen erheben. Die Forderungen aus Teil-Schlussrechnung können auch dann weiter vom Auftragnehmer gerichtlich verfolgt werden, wenn mittlerweile Schlussrechnungsreife eingetreten ist. Dies beruht darauf, dass die Gesamtforderung aus dem Bauvertrag bei Vorlage von Teil-Schlussrechnungen aufgespalten wird mit der Folge, dass die Teil-Schlussrechnungsforderungen jeweils separat durchgesetzt werden können[985]. Die Darlegungs- und Beweislast für das Vorliegen einer berechtigten Forderung aus vorgelegter Teil-Schlussrechnung trägt grundsätzlich der Auftragnehmer[986]. 283

VII. Vertragsklauseln

Durch Allgemeine Geschäftsbedingungen kann die Berechtigung zur Vorlage von Teil-Schlussrechnungen durch den Auftraggeber abbedungen werden. Auch wenn § 641 Abs. 1 S. 2 BGB in der Neufassung seit dem 1.5.2000 von der Grundkonzeption her Teil-Schlussrechnungen vorsieht, stellt der Ausschluss keinen Verstoß gegen § 9 AGBG aF bzw. § 307 BGB dar, weil § 640 BGB nach wie vor Teilabnahmen nur bei entsprechender Vereinbarung für zulässig und notwendig erachtet[987]. Da dem Auftragnehmer in derartigen Fällen die Möglichkeit verbleibt, Vergütung über von ihm vorgelegte Abschlagsrechnungen ebenfalls zeitnah zu erreichen, kann 284

---

[976] *Kandel* in Beck'scher VOB-Kommentar VOB/B § 16 Abs. 4 Rn. 16 f.; *U. Locher* in Ingenstau/Korbion VOB/B § 16 Nr. 4 Rn. 6; *Leinemann* VOB/B § 16 Rn. 198.
[977] *Heiermann/Riedl/Rusam* VOB/B § 16 Rn. 131; *Kandel* in Beck'scher VOB-Kommentar VOB/B § 16 Abs. 4 Rn. 16; *Leinemann* VOB/B § 16 Rn. 198.
[978] Vgl. *von Rintelen* Jahrbuch Baurecht 2001, 25 (26 ff.).
[979] Vgl. *Kandel* in Beck'scher VOB-Kommentar VOB/B § 16 Abs. 4 Rn. 16.
[980] *Leinemann* VOB/B § 16 Rn. 198.
[981] Im Einzelnen → § 16 Rn. 93.
[982] Vgl. *Kandel* in Beck'scher VOB-Kommentar VOB/B § 16 Abs. 4 Rn. 16.
[983] Im Einzelnen → § 16 Rn. 90 ff.
[984] Vgl. BGH BauR 1999, 1300 (1301); OLG Hamm BauR 1997, 472.
[985] Vgl. zu dem Charakter selbstständiger Forderungen insbesondere *Motzke* in Beck'scher VOB-Kommentar VOB/B 1. Aufl., § 16 Nr. 4 Rn. 15.
[986] Vgl. *Sprau* in Palandt BGB § 641 Rn. 6.
[987] Vgl. BGHZ 125, 111; *Thode* ZfBR 1999, 116 (117).

in dem klauselbedingten Ausschluss von Teil-Schlussrechnungen weder ein Verstoß gegen § 9 AGBG aF bzw. § 307 BGB noch ein schwer wiegender Eingriff in die VOB/B erblickt werden[988]. Der Auftraggeber kann deshalb formularmäßig das Recht zur Teilschlussrechnungslegung ebenso wirksam abbedingen wie den Anspruch des Auftragnehmers auf Teilabnahme der von ihm ausgeführten Leistungen[989].

F. Besondere Zahlungsmodalitäten (§ 16 Abs. 5 VOB/B)

285 Die Bestimmung des § 16 Abs. 5 VOB/B befasst sich mit **besonderen Zahlungsmodalitäten**. Die Vorschrift erstreckt sich auf sämtliche Zahlungen, die nach § 16 VOB/B durch den Auftraggeber zu leisten sind[990]. Schlusszahlungen, Teil-Schlusszahlungen, Abschlagszahlungen und auch Vorauszahlungen fallen unter den Anwendungsbereich des § 16 Abs. 5 VOB/B[991]. Nichts anderes gilt auch für sonstige, zwischen den Parteien vereinbarte Zahlungen, soweit diese vom Auftraggeber zu leisten sind[992]. Keine Anwendung finden die genannten Zahlungsmodalitäten jedoch für Rückzahlungsverpflichtungen des Auftragnehmers, etwa solche aus erfolgter Überzahlung[993].

Bei isolierter formularmäßiger Vereinbarung bestehen prinzipiell keine Bedenken gegen die Regelungen des § 16 Abs. 5 VOB/B[994]. Dies beruht nicht zuletzt auf der Anpassung, die infolge der sog Zahlungsverzugsrichtlinie sowie der §§ 271a, 308 Nr. 1a und 1b BGB im Zuge der Überarbeitung der VOB 2012 vorgenommen wurde.

286 Von den besonderen Zahlungsmodalitäten zu unterscheiden sind die **allgemeinen Zahlungsgrundsätze**, wie sie im Zahlungs- und Verrechnungsverkehr Geltung besitzen. Hierzu gehören die allgemeinen Fälligkeitsvoraussetzungen[995], die allgemeinen Anforderungen an die Ausstellung von Rechnungen einschließlich des Ausweises der Umsatzsteuer[996], die allgemeinen Regelungen über die Zahlung, Verrechnung und Überweisung fälliger Geldschulden[997], die Berücksichtigung der Bauabzugssteuer[998] sowie die für die Vergütung maßgebenden allgemeinen Verjährungsgrundsätze[999].

I. Zahlungsbeschleunigung (§ 16 Abs. 5 Nr. 1 VOB/B)

287 Aus § 16 Abs. 5 Nr. 1 VOB/B ergibt sich, dass alle Zahlungen aufs Äußerste zu beschleunigen sind. Da sich die Bestimmung des § 16 Abs. 5 VOB/B nur auf Zahlungen des Auftraggebers erstreckt, richtet sich die Aufforderung zur Zahlungsbeschleunigung unmittelbar an ihn. Der Auftraggeber wird vertraglich verpflichtet, dass aus seiner Sicht Mögliche zu tun, um die an den Auftragnehmer **zu leistenden Zahlungen** so weit eben möglich, **beschleunigt vorzunehmen**[1000]. Die Vorschrift ist Ausprägung des allgemeinen, das Bauvertragsrecht beherrschenden Kooperationsgedankens, wonach den Auftraggeber – insbesondere nach bereits erbrachter (Voraus-)Leistung des Auftragnehmers – die Verpflichtung treffen soll, seinerseits das Erdenkliche zur zeitnahen wirtschaftlichen Kompensation zu veranlassen. Allerdings bleibt der Verstoß gegen die begründete vertragliche Verpflichtung (zunächst) sanktionslos. Vor allem steht dem Auftrag-

---

[988] Vgl. *Kandel* in Beck'scher VOB-Kommentar VOB/B § 16 Abs. 4 Rn. 18 f.
[989] *Oppler* in Ingenstau/Korbion VOB/B § 12 Abs. 2 Rn. 4; *Leinemann* VOB/B § 16 Rn. 196; aA *Motzke* in Beck´scher VOB-Kommentar VOB/B 1. Aufl., § 16 Nr. 4 Rn. 17.
[990] *Hummel* in NWJS VOB/B § 16 Rn. 160; *Kandel* in Beck'scher VOB-Kommentar VOB/B § 16 Abs. 5 Rn. 1.
[991] *U. Locher* in Ingenstau/Korbion VOB/B § 16 Abs. 5 Rn. 1.
[992] *Hummel* in NWJS VOB/B § 16 Rn. 160.
[993] *Hummel* in NWJS VOB/B § 16 Rn. 160; *Motzke* in Beck´scher VOB-Kommentar VOB/B 1. Aufl., § 16 Nr. 5 Rn. 5.
[994] *Voit* in Messerschmidt/Voit Privates Baurecht Nachtrag 2009, Vorb. VOB/B vor § 1 Rn. 13; aA *Schenke* BauR 2008, 1972 (1975) in Bezug auf § 286 BGB aF sowie *Tempel* NZBau 2002, 532 (533) in Bezug auf Bedenken wegen bestehender Intransparenz.
[995] Im Einzelnen → § 16 Rn. 21 ff.
[996] Im Einzelnen → § 16 Rn. 35 ff.
[997] Im Einzelnen → § 16 Rn. 43 ff.
[998] Im Einzelnen → § 16 Rn. 51 ff.
[999] Im Einzelnen → § 16 Rn. 61 ff.
[1000] *U. Locher* in Ingenstau/Korbion VOB/B § 16 Abs. 5 Rn. 2.

nehmer kein entsprechender klagbarer Anspruch gegen den Auftraggeber zu[1001]. Praktisch handelt es sich deshalb lediglich um eine Art von Programmsatz mit Appellwirkung gegenüber dem Auftraggeber[1002].

Der Vorschrift des § 16 Abs. 5 Nr. 1 VOB/B kommt nur Bedeutung im Zusammenhang mit **288** der Vornahme der Zahlungen selbst zu. Sie bezieht sich nicht auf den Zeitraum, innerhalb derer Rechnungen vorgelegt werden können (§ 16 Abs. 1 Nr. 1 VOB/B). Ebenso wenig hat die Vorschrift unmittelbare Auswirkung auf die Prüfungsfristen (vgl. § 16 Abs. 3 Nr. 1 S. 1 VOB/B). Auch die Frage der Fälligkeit von Rechnungen wird nicht unmittelbar durch § 16 Abs. 5 Nr. 1 VOB/B geregelt (vgl. § 16 Abs. 5 Nr. 3 VOB/B). Gleichwohl ist nicht zu übersehen, dass die vorgenannten Teilregelungen sämtlich unmittelbaren Bezug zu den an den Auftragnehmer zu leistenden Zahlungen haben. Dementsprechend kann zumindest im Wege der ergänzenden Auslegung in Zweifelsfällen auch über den engeren Anwendungsbereich des § 16 Abs. 5 Nr. 1 VOB/B hinaus der dort niedergelegte Grundsatz Beachtung finden, wonach den Auftraggeber die Verpflichtung trifft, das aus seiner Sicht Erforderliche zur beschleunigten Erfüllung von Zahlungsansprüchen des Auftragnehmers beizutragen.

II. Skontoabzüge (§ 16 Abs. 5 Nr. 2 VOB/B)

Aus den Bestimmungen der VOB/B ergibt sich nicht die Berechtigung des Auftraggebers zur **289** Vornahme von Skontoabzügen. Durch § 16 Abs. 5 Nr. 2 VOB/B wird vielmehr klargestellt, dass es hierzu **gesonderter Vereinbarungen** der Parteien bedarf[1003]. Liegen derartige Vereinbarungen vor, so muss ihnen zu entnehmen sein, in welchem Umfange Skonto eingeräumt wird[1004]. Fehlt es an entsprechenden Vereinbarungen, so ist – wie § 16 Abs. 5 Nr. 2 VOB/B klarstellt – von vornherein die Vornahme von Skontoabzügen unzulässig[1005]. Unabhängig hiervon ist auch nicht festzustellen, dass es im Baubereich eine Verkehrssitte oder einen Handelsbrauch gibt, wonach üblicherweise ein Skontoabzug vorgenommen werden kann[1006].

1. Skonto und sonstige Preisnachlässe. Unter dem **Begriff Skonto** wird ein prozentualer **290** Abzug vom Rechnungsbetrag verstanden, der vom Auftraggeber bei sofortiger Bezahlung oder bei einer Zahlung innerhalb einer bestimmten festgelegten Zeitspanne nach Eingang der zugrundeliegenden Rechnung vorgenommen werden kann. Regelmäßig wird der Nachlass als Gegenleistung dafür eingeräumt, dass die Zahlung durch den Auftraggeber bereits vor Fälligkeit des Vergütungsanspruches vorgenommen wird[1007]. Werden die in der Skontovereinbarung getroffenen Zahlungsmodalitäten nicht eingehalten, so **entfällt der vereinbarte Nachlass,** da es sich vertragsdogmatisch bei der zugrundeliegenden Abrede um einen aufschiebend bedingten Teilerlass ausschließlich für den Fall fristgerechter Zahlung handelt[1008].

Hierdurch unterscheidet sich der vereinbarte Skontoabzug von sonstigen zwischen den Par- **291** teien vorgesehenen **Preisnachlässen**[1009]. Derartige vereinbarte Preisnachlässe, etwa in Form von **Rabatt oder Abgebot**[1010], werden unabhängig von der fristgerechten Zahlung zwischen den Parteien vereinbart, etwa für den Fall, dass eine kurzfristige Beauftragung oder aber die Beauftragung mit mehreren Losen erfolgt[1011]. Da es sich insoweit um einen Preisnachlass und nicht lediglich um einen – unter bestimmten Voraussetzungen zu gewährenden – Zahlungsnachlass

---

[1001] *Heiermann/Riedl/Rusam* VOB/B § 16 Rn. 133; *Hummel* in NWJS VOB/B § 16 Rn. 161; *Leinemann* VOB/B § 16 Rn. 199.
[1002] *Motzke* in Beck'scher VOB-Kommentar VOB/B, 1. Aufl., § 16 Abs. 5 Rn. 6; *Leinemann* VOB/B § 16 Rn. 199; aA *U. Locher* in Ingenstau/Korbion VOB/B § 16 Abs. 5 Rn. 2.
[1003] Vgl. hierzu *Peters* NZBau 2009, 584 (585).
[1004] OLG Karlsruhe NJW-RR 2013, 855 = NZBau 2013, 437.
[1005] Vgl. OLG Düsseldorf BauR 1981, 75; 1992, 783; *U. Locher* in Ingenstau/Korbion VOB/B § 16 Abs. 5 Rn. 3.
[1006] *Heiermann/Riedl/Rusam* VOB/B § 16 Rn. 134; *U. Locher* in Ingenstau/Korbion VOB/B § 16 Abs. 5 Rn. 5; *Kandel* in Beck'scher VOB-Kommentar VOB/B § 16 Abs. 5 Rn. 7.
[1007] Vgl. *U. Locher* BauR 1980, 30 (31); *Kandel* in Beck'scher VOB-Kommentar VOB/B § 16 Abs. 5 Rn. 9; *Kainz* Skonto und Preisnachlass beim Bauvertrag, S. 19.
[1008] *Heiermann/Riedl/Rusam* VOB/B § 16 Rn. 135.
[1009] Vgl. *Kandel* in Beck'scher VOB-Kommentar VOB/B § 16 Abs. 5 Rn. 10.
[1010] *Kainz* BauR 1998, 219 (226).
[1011] Vgl. VOB-Stelle Sachsen-Anhalt IBR 2001, 158; OLG Hamm IBR 1995, 162.

handelt, scheidet die Umdeutung einer unklaren oder unvollständigen Skontovereinbarung in einen Preisnachlass aus[1012].

292 **2. Vereinbarung zum Skonto.** Der Auftraggeber kann einen Skontoabzug nur vornehmen, wenn er hierüber mit dem Auftragnehmer **eine ausdrückliche Vereinbarung** getroffen hat[1013]. Die Vereinbarung kann bei Abschluss des zugrundeliegenden Bauvertrages, aber auch noch später im Zuge der Durchführung der Baumaßnahme zwischen den Parteien getroffen werden[1014]. Vom Grundsatz her bestehen keine Bedenken gegen Skontovereinbarungen, die in **Allgemeinen Geschäftsbedingungen,** etwa in Zusätzlichen oder Besonderen Vertragsbedingungen des Auftraggebers enthalten sind[1015]. Die Skontovereinbarung muss jedoch inhaltlich hinreichend klar sein und die Bedingungen für die Vornahme von Skontoabzügen im Einzelnen und vor allem vollständig umfassen[1016]. Zumindest im Wege der Auslegung nach §§ 133, 157 BGB muss sich der zugrundeliegenden Skontoregelungen hinreichend klar entnehmen lassen, unter welchen Voraussetzungen und in welchem Umfang Skonto zum Abzug gebracht werden kann[1017]. Vor diesem Hintergrund sind nur Skontoklauseln wirksam, denen ausreichend klar der Beginn der Skontofrist, der Zeitraum der Skontogewährung und die Höhe des Skontos selbst entnommen werden kann[1018].

293 **3. Skontoabzugsklausel.** In der Praxis erweisen sich eine Vielzahl verwendeter **Skontoabzugsklauseln** als nicht hinreichend klar und damit als unwirksam, da ihnen die Bedingungen für den Skontoabzug nicht eindeutig entnommen werden können[1019]:

294 – Der zugrundeliegenden Skontovereinbarung muss eine **bestimmte Skontohöhe** zu entnehmen sein[1020]. Üblicherweise wird der Umfang des Skontos an der Rechnungs-[1021] oder aber auch an der Auftragssumme bemessen[1022]. Wirksam ist deshalb eine Klausel, wonach ein Nachlass von 3,5 % bei Zahlung nach § 16 VOB/B gewährt wird[1023]. Gleichermaßen wirksam soll auch eine vereinbarte 6 %-ige Skontierung nach Eingang einer prüffähigen Rechnung sein[1024]. Keine Bedenken bestehen gegen die Vereinbarung der Höhe nach gestaffelter Skontobeträge zu unterschiedlichen, vertraglich vorgesehenen Zahlungsfristen[1025].

295 – Neben der Skontohöhe kommt besondere Bedeutung der **Zeitspanne** zu, innerhalb derer Skonto gewährt werden soll[1026]. Üblicherweise wird die Frist nach Tagen oder aber Wochen bemessen[1027]. Zulässig ist es aber auch, für die Skontogewähr auf die Zahlungsvornahme innerhalb der Fristen des § 16 VOB/B[1028] abzustellen oder aber auf einen zwischen den Parteien vereinbarten Zahlungsplan abzustellen[1029]. Erfolgt keine genaue Festlegung der Skontofrist, so liegt alleine deshalb keine wirksame Skontovereinbarung vor[1030]. Vor allem steht dem Auftraggeber in derartigen Fällen kein einseitiges Bestimmungsrecht dahingehend zu, wann er die um den Skontoabzug verminderte Zahlung an den Auftragnehmer leistet[1031].

[1012] OLG Düsseldorf BauR 1985, 333; *Kandel* in Beck'scher VOB-Kommentar VOB/B § 16 Abs. 5 Rn. 13.
[1013] OLG Düsseldorf BauR 1981, 75; *Heiermann/Riedl/Rusam* VOB/B § 16 Rn. 134.
[1014] *Hummel* in NWJS VOB/B § 16 Rn. 163.
[1015] *Heiermann/Riedl/Rusam* VOB/B § 16 Rn. 136; *Leinemann* VOB/B § 16 Rn. 203.
[1016] OLG Düsseldorf BauR 1981, 75; 1992, 738, 739; *Hummel* in NWJS VOB/B § 16 Rn. 163.
[1017] BGH BauR 1998, 398 (399); OLG Stuttgart BauR 1998, 798 (799); *U. Locher* in Ingenstau/Korbion VOB/B § 16 Abs. 5 Rn. 6.
[1018] OLG Stuttgart BauR 1998, 798 (799); *Leinemann* VOB/B § 16 Rn. 203 ff.
[1019] Vgl. hierzu *Glatzel/Hofmann/Frikell* Unwirksame Bauvertragsklauseln, S. 298 ff.; *Peters* NZBau 2009, 584 (585 f.).
[1020] OLG Karlsruhe NJW-RR 1999, 1033; OLG Stuttgart BauR 1998, 798.
[1021] OLG Karlsruhe NJW-RR 2013, 855 = NZBau 2013, 437.
[1022] OLG München NJW-RR 1992, 790; OLG Stuttgart BauR 1998, 798.
[1023] OLG Karlsruhe BauR 1999, 1028.
[1024] OLG Saarbrücken NZBau 2010, 248.
[1025] Vgl. OLG Hamm ZfBR 1987, 120; 1986, 284.
[1026] Vgl. OLG Stuttgart BauR 1998, 798 (799); *Leinemann* VOB/B § 16 Rn. 203.
[1027] Vgl. OLG Stuttgart BauR 1998, 798.
[1028] Vgl. OLG Karlsruhe NJW-RR 1999, 1033.
[1029] *Heiermann/Riedl/Rusam* VOB/B § 16 Rn. 141.
[1030] OLG Stuttgart OLGR 1998, 59; *Leinemann* VOB/B § 16 Rn. 203.
[1031] AA *Kronenbitter* BB 1984, 2030 (2032); vgl. auch OLG Stuttgart OLGR 1998, 59.

– Neben der Skontofrist muss zusätzlich der zugrundeliegenden Vereinbarung hinreichend klar **296** entnommen werden können, wann die Frist zu laufen beginnt[1032]. Üblicherweise wird für den **Beginn der Skontofrist** auf den Zugang der (prüffähigen) Rechnung beim Auftraggeber abgehoben[1033]. Es bedarf dabei nicht der ausdrücklichen, wörtlichen Bezugnahme auf den Rechnungszugang, ausreichend ist es vielmehr auch, wenn lediglich auf § 16 VOB/B hingewiesen wird, da die Prüfungs- bzw. Zahlungsfristen dort mit dem Zugang der (prüffähigen) Rechnung zu laufen beginnen[1034]. Unwirksam gemäß § 9 AGBG aF bzw. § 307 Abs. 1 BGB sind Vertragsklauseln, bei denen es dem Auftraggeber oder aber seinem Architekten überlassen bleiben soll, wann die Skontofrist zu laufen beginnt[1035]. Überhaupt kann der Beginn der Skontofrist nicht von Handlungen Dritter abhängig gemacht werden, etwa dem Zeitpunkt der Prüfung der Rechnung durch den Architekten[1036], der Vornahme von Zahlungen durch den Bauherrn an den Auftraggeber[1037] oder von sonstigen Mitwirkungshandlungen[1038].

– Besonderheiten gelten dann, wenn der Auftragnehmer **keine prüffähige Schlussrechnung** **297** vorlegt. In diesem Fall beginnt vom Grundsatz her die Skontofrist nicht zu laufen[1039]. Dem Auftraggeber verbleibt deshalb die Befugnis, nach späterer Vorlage einer prüffähigen Rechnung von der Möglichkeit des Skontoabzugs Gebrauch zu machen. Voraussetzung hierfür ist aber einerseits, dass der Auftraggeber nicht selbst den Mangel der Prüfbarkeit der ihm übersandten Rechnung herbeigeführt hat[1040] und zum anderen, dass er den Auftragnehmer innerhalb der vereinbarten Skontofrist auf die mangelnde Prüfbarkeit der ihm ausgehändigten Rechnung (ausdrücklich) hingewiesen hat[1041]. Unterlässt der Auftraggeber diesen ausdrücklichen Hinweis, so kann er auch bei Zahlungen auf eine an sich nicht prüffähige Rechnung, soweit sie nach Ablauf der Skontofrist geleistet werden, keinen Skontoabzug vornehmen[1042].

– Die Vereinbarung zur Gewährung von Skonto kann sich auf Schlusszahlungen, Abschlagszahlungen und Vorauszahlungen erstrecken[1043]. Soweit in der Skontovereinbarung auf die **298** **nach dem Vertrage zu leistenden Zahlungen** abgehoben wird, ist der Auftraggeber als berechtigt anzusehen, Skontoabzüge auch von Abschlagszahlungen vorzunehmen[1044]. Nichts anderes gilt auch dann, wenn die Parteien Skonto für jede einzelne Rate eines Zahlungsplanes zu der durchzuführenden Baumaßnahme vereinbaren[1045]. Für die Berechtigung zur Vornahme des Skontoabzuges kommt es in derartigen Fällen nicht darauf an, ob sämtliche nach dem Bauvertrag zu leistenden Zahlungen fristgerecht vorgenommen wurden. Wenn einzelne Zahlungsraten bzw. Abschläge nicht fristgerecht erbracht wurden, ändert dies nichts an der Befugnis, für andere, fristgerecht geleistete Zahlungen den hierauf entfallenden Skontoabzug vorzunehmen[1046]. Wird die Skontogewährung ausdrücklich an die Vornahme mehrerer Zahlungen gebunden, etwa Abschlagszahlungen und Schlusszahlung, müssen alle Zahlungen fristgerecht geleistet sein, um den vereinbarten Abzug vornehmen zu können[1047]. Hiermit verwechselt werden darf nicht die Vornahme bloßer Teilzahlungen auf vorgelegte Rechnungen. Kürzt der Auftraggeber im Zuge der Rechnungsprüfung den geforderten Rechnungsbetrag ohne hierfür auch zu einem späteren Zeitpunkt eine nachvollziehbare Begründung angeben zu können, so ist er nicht berechtigt, auf den gekürzten Betrag einen Skontoabzug vorzuneh-

---

[1032] OLG Stuttgart BauR 1998, 798 (799); *U. Locher* in Ingenstau/Korbion VOB/B § 16 Abs. 5 Rn. 6.
[1033] *Heiermann/Riedl/Rusam* VOB/B § 16 Rn. 138; *Zanner* in FKZG VOB/B § 16 Rn. 199.
[1034] Vgl. OLG Karlsruhe BauR 1999, 1028 (1029); zweifelnd hinsichtlich entsprechender Vertragsklauseln jedoch *Leinemann* VOB/B § 16 Rn. 203.
[1035] OLG Frankfurt NJW-RR 1988, 1485; LG Berlin BauR 1986, 700.
[1036] OLG Frankfurt NJW-RR 1988, 1485.
[1037] *Glatzel/Hofmann/Frikell* Unwirksame Bauvertragsklauseln, S. 307.
[1038] Vgl. LG Berlin BauR 1986, 700.
[1039] *Heiermann/Riedl/Rusam* VOB/B § 16 Rn. 138; *Zanner* in FKZG VOB/B § 16 Rn. 199.
[1040] LG München I NJW-RR 1989, 852.
[1041] *Heiermann/Riedl/Rusam* VOB/B § 16 Rn. 138.
[1042] OLG Düsseldorf NJW 2000, 820; *Heiermann/Riedl/Rusam* VOB/B § 16 Rn. 138; *Zanner* in FKZG VOB/B § 16 Rn. 199 ff.
[1043] Vgl. OLG Hamm BauR 1994, 774; NJW-RR 1995, 856; *U. Locher* in Ingenstau/Korbion VOB/B § 16 Abs. 5 Rn. 7.
[1044] OLG Köln NJW-RR 1990, 525; OLG Hamm BauR 1994, 774; *Kandel* in Beck'scher VOB-Kommentar VOB/B § 16 Abs. 5 Rn. 21; *U. Locher* in Ingenstau/Korbion VOB/B § 16 Abs. 5 Rn. 7; aA OLG Düsseldorf BauR 1981, 75.
[1045] BGH BauR 2000, 1754.
[1046] BGH BauR 2000, 1754; *Leinemann* VOB/B § 16 Rn. 206.
[1047] OLG Celle BauR 2004, 860; OLG Bremen BauR 2004, 862.

men[1048]. Die Vornahme des Skontoabzuges setzt nämlich grundsätzlich die vollständige Bezahlung des zu Recht vom Auftragnehmer geforderten Rechnungsbetrages voraus[1049].

299 – Für den Fall, dass es an einer ausdrücklichen Vereinbarung darüber fehlt, auf welche Rechnungsbeträge vom Auftraggeber Skonto eingeräumt wurde, wird überwiegend davon ausgegangen, dass der Skontoabzug dann nur im **Rahmen der Schlussrechnung** vorgenommen werden darf[1050]. Voraussetzung für den Skontoabzug bei der Schlusszahlung ist allerdings nicht die fristgerechte Bezahlung sämtlicher Abschlagsrechnungen, da für jede der Zahlungsraten nach dem Bauvertrag jeweils gesondert die Fristgemäßheit der Zahlung und damit die Skontierfähigkeit zu prüfen ist[1051]. Sobald der Auftraggeber jedoch die Abschlagszahlungen nicht fristgerecht vorgenommen hat, ist er lediglich als berechtigt anzusehen, nach Vorlage der Schlussrechnung Skonto auf den Schlusszahlungsbetrag (und nicht auf sämtliche geleistete und in der Schlussrechnung erfasste Zahlungen) vorzunehmen[1052].

300 Erweisen sich die zwischen den Parteien zum Skonto getroffenen Vereinbarungen – trotz Auslegung gemäß §§ 133, 157 BGB – als unklar oder aber nach Maßgabe des § 9 AGBG aF bzw. § 307 Abs. 1 BGB als unwirksam, so ist der Auftraggeber zur Vornahme von Skontoabzügen nicht berechtigt[1053]. Dem Auftraggeber steht in derartigen Fällen vor allem **kein einseitiges Bestimmungsrecht** zur Substituierung der festzustellenden Regelungslücke zu, da ein entsprechender vertragsrelevanter rechtsgeschäftlicher Wille der Vertragsparteien regelmäßig nicht festzustellen sein wird[1054].

301 **4. Skontofrist.** Der Skontoabzug kann vom Auftraggeber nur vorgenommen werden, wenn er seiner **Zahlungsverpflichtung innerhalb der vereinbarten Skontofrist** nachkommt[1055]. Bei Barzahlung muss der zu zahlende Betrag bei Ablauf der Skontofrist dem Auftragnehmer übergeben sein. Erfolgt die Zahlung unbar im Überweisungsverkehr, so muss der Auftraggeber bis zum Ablauf der Skontofrist den Überweisungsauftrag seinem Kreditinstitut zur Ausführung vorgelegt haben[1056]. Wird für den zu zahlenden Betrag ein Verrechnungsscheck zur Verfügung gestellt, muss dieser bei Ablauf der Skontofrist zumindest der Post zur Beförderung übergeben worden sein[1057]. Die bloße Überlassung eines Wechsels bei Ablauf der Skontofrist genügt nicht, da der verbriefte Betrag – anders als bei den vorgenannten Zahlungsmitteln – dem Auftragnehmer nicht unmittelbar liquide zur Verfügung steht[1058].

302 Die **Zahlung des Rechnungsbetrages** muss sich auf den vollständigen, vom Auftragnehmer berechtigterweise zu fordernden Betrag erstrecken[1059]. Auch geringfügige Zahlungsdifferenzen führen zum Verlust der Skontoberechtigung[1060]. Die Vornahme von Teilzahlungen berechtigt deshalb den Auftraggeber auch nicht dazu, zumindest einen anteiligen Skontoabzug vorzunehmen[1061]. Anders verhält es sich dann, wenn dem Auftragnehmer nach Rechnungsprüfung lediglich ein Teilbetrag aus der von ihm vorgelegten Rechnung zusteht und der Auftraggeber diesen Betrag innerhalb der Skontofrist erbringt.

[1048] OLG Düsseldorf BauR 2001, 1268.
[1049] *U. Locher* in Ingenstau/Korbion VOB/B § 16 Abs. 5 Rn. 8; *Zanner* in FKZG VOB/B § 16 Rn. 202; *Heiermann/Riedl/Rusam* VOB/B § 16 Rn. 138; *Kronenbitter* BB 1984, 2030 (2032 f.).
[1050] OLG München NJW-RR 1992, 790; OLG Düsseldorf BauR 1992, 783 (784); *U. Locher* in Ingenstau/Korbion VOB/B § 16 Abs. 5 Rn. 8.
[1051] Vgl. BGH BauR 2000, 1754; *Leinemann* VOB/B § 16 Rn. 206; aA OLG Düsseldorf BauR 2000, 729; OLG München NJW-RR 1992, 790; *Heiermann/Riedl/Rusam* VOB/B § 16 Rn. 141; *U. Locher* in Ingenstau/Korbion VOB/B § 16 Abs. 5 Rn. 8; *Hummel* in NWJS VOB/B § 16 Rn. 163.
[1052] *Leinemann* VOB/B § 16 Rn. 206.
[1053] OLG Stuttgart BauR 1998, 798 (799); *Heiermann/Riedl/Rusam* VOB/B § 16 Rn. 136; *Leinemann* VOB/B § 16 Rn. 200.
[1054] *Motzke* in Beck'scher VOB-Kommentar VOB/B 1. Aufl., § 16 Nr. 5 Rn. 15; *Weyand* BauR 1988, 58; aA *Kronenbitter* BB 1984, 2030 (2031).
[1055] Siehe zur Zahlungsvornahme im Einzelnen → § 16 Rn. 43 ff.
[1056] OLG Düsseldorf BauR 2000, 729; OLG Saarbrücken NJW-RR 1998, 1664; *U. Locher* in Ingenstau/Korbion VOB/B § 16 Abs. 5 Rn. 14; *Heiermann/Riedl/Rusam* VOB/B § 16 Rn. 140.
[1057] BGH BauR 1998, 398 (399); OLG Düsseldorf BauR 2000, 729; *Leinemann* VOB/B, 4. Aufl., § 16 Rn. 200.
[1058] *Heiermann/Riedl/Rusam* VOB/B § 16 Rn. 140.
[1059] OLG Düsseldorf BauR 2000, 729; 1985, 333; *U. Locher* in Ingenstau/Korbion VOB/B § 16 Abs. 5 Rn. 8; aA OLG Karlsruhe MDR 1980, 933; OLG Hamm BauR 1994, 774.
[1060] KG Berlin BauR 2005, 764.
[1061] OLG Düsseldorf BauR 2000, 729.

5. Skonto bei Gegenforderungen. Der Auftraggeber kann auch dann Skontoabzug vornehmen, wenn er berechtigterweise gegen die vom Auftragnehmer erhobenen Zahlungsansprüche die **Aufrechnung mit begründeten Gegenansprüchen** erklärt[1062]. Kann die Aufrechnung nach den zugrundeliegenden Vertragsbedingungen nur mit einer unbestrittenen oder rechtskräftig festgestellten Forderung vorgenommen werden, so hat der Auftraggeber das Vorliegen dieser Voraussetzungen einzuhalten und nachzuweisen[1063]. Die Aufrechnungserklärung muss – ebenso wie die Vornahme einer Zahlung – innerhalb der vereinbarten Skontofrist gegenüber dem Auftragnehmer erklärt sein[1064]. Dem Auftraggeber verbleibt die Skontoabzugsberechtigung auch dann, wenn er den vom Auftragnehmer geforderten Rechnungsbeträgen mit einem **begründeten Zurückbehaltungsrecht** begegnen kann. Aus § 16 Abs. 1 Nr. 2 VOB/B erschließt sich, dass der Auftraggeber bei Abschlagsforderungen zum Einbehalt von Gegenforderungen berechtigt ist[1065]. Mängeleinbehalte sind darüber hinaus in den Grenzen des § 641 Abs. 3 BGB – also mindestens in Höhe des Dreifachen der für die Beseitigung des Mangels erforderlichen Kosten – zulässig[1066]. Wie bei der Aufrechnung ist es jedoch erforderlich, dass der Auftraggeber das Zurückbehaltungsrecht innerhalb der Skontofrist gegenüber dem Auftragnehmer geltend macht (§ 130 BGB). Demgegenüber ist es dem Auftraggeber **nach einer freien Kündigung** verwehrt, (fiktiv) einen vereinbarten Skontobetrag von der für nicht erbrachte Leistungen geschuldeten Vergütung als ersparte Aufwendungen des Auftragnehmers abzuziehen, da ein vereinbarter Skontoabzug begrifflich nach dem BGH keine ersparte Aufwendung zum Gegenstand haben kann[1067].

6. Prozessuale Folgen. In **prozessualer Hinsicht** ist zu beachten, dass es grundsätzlich dem Auftraggeber obliegt, den Nachweis dafür zu führen, dass der von ihm vorgenommene Skontoabzug zu Recht erfolgt ist[1068]. Der Auftraggeber trägt deshalb die volle Darlegungs- und Beweislast für die (wirksame) Skontovereinbarung, den Beginn der Skontofrist sowie die Rechtzeitigkeit der von ihm vorgenommenen Zahlungshandlung[1069]. Die widerspruchslose Hinnahme von Skontoabzügen unter gleichzeitiger Fortführung des Vertrages über längere Dauer kann aber den objektiven Erklärungswert haben, dass der Gläubiger mit den vorgenommenen Abzügen einverstanden war[1070].

III. Fälligkeit und Nachfristsetzung (§ 16 Abs. 5 Nr. 3 VOB/B)

1. Neufassung durch VOB 2012. Die Vorschrift des § 16 Abs. 5 Nr. 3 VOB/B ist mit der VOB 2002, der 2009 und der VOB 2012 neu gefasst worden. Zahlt der Auftraggeber bei Fälligkeit die von ihm geschuldete Vergütung nicht, so kann ihm der Auftragnehmer eine angemessene Nachfrist setzen. Zahlt der Auftraggeber auch innerhalb dieser ihm gesetzten Nachfrist nicht, so kann der Auftragnehmer vom Ende der Nachfrist an Zinsen in Höhe der Zinssätze beanspruchen, die sich aus § 288 Abs. 2 BGB ergeben, sofern er nicht darüber hinaus im Stande ist, einen höheren Verzugsschaden nachzuweisen (§ 16 Abs. 5 Nr. 3 S. 1 und 2 VOB/B). Mit der VOB 2012 wurde ergänzend unter Heranziehung des § 286 Abs. 3 BGB vorgesehen, dass der Auftraggeber auch ohne Nachfristsetzung spätestens 30 Tage nach Zugang einer Rechnung oder einer Aufstellung bei Abschlagszahlungen in Zahlungsverzug gerät, soweit nicht ausnahmsweise die Prüf-/Fälligkeitsfrist wirksam auf 60 Kalendertage vereinbart wurde (§ 16 Abs. 5 Nr. 3 S. 3 und 4 VOB/B). Unter den genannten Voraussetzungen können Verzugszinsen nach § 16 Abs. 5 Nr. 3 S. 2 VOB/B vom Auftragnehmer sowohl aus Schlussrechnungen wie auch aus Abschlagsrechnungen beansprucht werden[1071]. Die Höhe der Verzugszinsen richtet sich nach § 288 Abs. 2 BGB.

[1062] *Heiermann/Riedl/Rusam* VOB/B 9. Aufl., § 16 Rn. 115.
[1063] *Kandel* in Beck'scher VOB-Kommentar VOB/B § 16 Abs. 5 Rn. 31, 37.
[1064] *Kandel* in Beck'scher VOB-Kommentar VOB/B § 16 Abs. 5 Rn. 31; *Heiermann/Riedl/Rusam* VOB/B, § 16 Rn. 115.
[1065] Im Einzelnen → § 16 Rn. 129.
[1066] Vgl. zum alten Recht *Motzke* in Beck'scher VOB-Kommentar VOB/B 1. Aufl., § 16 Nr. 5 Rn. 24.
[1067] BGH NZBau 2005, 683.
[1068] BGH BauR 1998, 398; OLG Düsseldorf NJW-RR 2000, 1691; *Zanner* in FKZG VOB/B § 16 Rn. 340.
[1069] OLG Düsseldorf BauR 2001, 1268.
[1070] OLG Köln IBR 2004, 189.
[1071] OLG Frankfurt NZBau 2011, 163 (164).

306 Bis zur Einführung der **VOB 2002** stand dem Auftragnehmer nach Ablauf der gesetzten Nachfrist ein Anspruch auf Zinsen in Höhe von 5 vH über dem **Zinssatz der Spitzenrefinanzierungsfazilität** der Europäischen Zentralbank zu. Wie in § 16 Abs. 2 Nr. 1 VOB/B wird jetzt bei Zahlungsverzug auch in der VOB/B auf den **Basiszinssatz** abgehoben[1072]. Der Verzugszinssatz beträgt nach § 288 Abs. 1 BGB jährlich 5 % p. a. über dem Basiszinssatz (§ 247 BGB). Verzugszinsen in diesem Umfange müssen bei Rechtsgeschäften entrichtet werden, an denen zumindest ein Verbraucher beteiligt ist (vgl. § 13 BGB). Sobald sowohl der Auftraggeber wie auch der Auftragnehmer über Unternehmereigenschaft verfügen (§ 14 BGB), gilt der in § 288 Abs. 2 BGB festgesetzte Verzugszins, der bis zum 28.7.2014 bei 8 Prozentpunkten über dem Basiszinssatz gelegen hat. Mit Wirkung ab dem 29.7.2014 ist der in § 288 Abs. 2 BGB festgesetzte Verzugszins auf 9 Prozentpunkte über dem Basiszinssatz erhöht worden[1073].

307 Die genaue **Bemessung der Verzugszinsen** erschließt sich aus dem jeweiligen, in § 247 BGB festgelegten Basiszinssatz, der um 1 % p. a. unter dem Hauptrefinanzierungssatz der EZB liegt[1074]. Er verändert sich jeweils zum 1.1. und 1.7. eines jeden Kalenderjahres um die Prozentpunkte, um welche die sog Bezugsgröße seit der letzten Veränderung des Basiszinssatzes gestiegen oder gefallen ist (§ 247 Abs. 1 S. 2 BGB). Bezugsgröße ist der Zinssatz für die jüngste Hauptrefinanzierungsoperation der Europäischen Zentralbank vor dem ersten Kalendertag des betreffenden Halbjahres (§ 247 Abs. 1 S. 3 BGB). Der **jeweils geltende Basiszinssatz** wird von der Deutschen Bundesbank kurzfristig nach den vorgenannten Zeitpunkten im Bundesanzeiger bekanntgegeben (§ 247 Abs. 2 BGB). Insofern ist es erforderlich, bei der Bemessung der Verzugszinsen auf der Grundlage des Basiszinssatzes auf den jeweils für ein jedes Kalenderhalbjahr individuell bestimmten Basiszinssatz abzuheben. Vom Auftragnehmer kann daher bei Vorliegen der Verzugsvoraussetzungen nach § 16 Abs. 5 Nr. 3 VOB/B der Vergütungsbetrag nebst Zinsen in Höhe von 9 % p. a. über dem jeweiligen Basiszinssatz beansprucht werden und zwar ab dem Zeitpunkt, zu dem die vom Auftragnehmer gesetzte Nachfrist endet[1075].

308 Der Zinsanspruch des Auftragnehmers erschließt sich vorrangig aus § 16 Abs. 5 Nr. 3 VOB/B. Hinter diese Bestimmung treten die Verzugsregelungen der §§ 286, 288 BGB zurück[1076]. Allerdings ist zu beachten, dass der neue § 16 Abs. 5 Nr. 4 VOB/B eine weitere und ebenfalls gegenüber §§ 286, 288 BGB **speziellere verzugsbedingte Verzinsungsregelung** vorsieht. Diese gilt jedoch nur für fällige Vergütungsansprüche aus der vom Auftragnehmer vorgelegten Schlussrechnung[1077]. Demgegenüber fallen unter § 16 Abs. 5 Nr. 3 VOB/B alle sonstigen Zahlungsansprüche aus abgeschlossenen VOB-Bauverträgen, also Abschlagszahlungen, Vorauszahlungen und sonstige Teilzahlungen[1078].

309 **2. Fälligkeit.** Voraussetzung für die Verzinsungspflicht nach § 16 Abs. 5 Nr. 3 VOB/B ist der **Eintritt der Fälligkeit** zu den erhobenen Zahlungsansprüchen. Der Anspruch auf die Schlusszahlung wird alsbald nach Prüfung und Feststellung der vom Auftragnehmer vorgelegten Schlussrechnung fällig, spätestens innerhalb von einem Monat, ausnahmsweise zwei Monaten nach Zugang (§ 16 Abs. 3 Nr. 1 S. 1 und 2 VOB/B). Zu Abschlagszahlungen wurde in § 16 Abs. 1 Nr. 3 VOB/B ausdrücklich bestimmt, dass sie binnen 21 Kalendertagen nach Zugang der prüfbaren Aufstellung im Sinne von § 16 Abs. 1 Nr. 1 S. 2 VOB/B fällig werden. Der Zugang der prüfbaren Aufstellung für die Abschlagszahlungen sowie die Prüfung der Abschlagsrechnungen oder aber der Ablauf der Prüfungsfrist sind alternativ fälligkeitsauslösend (§ 16 Abs. 1 Nr. 3 VOB/B). Sowohl bei der Schlusszahlung wie auch bei der Abschlagszahlung ist damit der Fälligkeitszeitpunkt gegenüber der BGB-Regelung in § 641 BGB zeitlich herausgeschoben[1079].
Eine **Verzinsungslücke** kann sich für den Auftragnehmer ergeben, wenn sich verzinsliche Abschlagsforderungen bei Schlussrechnungsreife bzw. durch Vorlage einer Schlussrechnung erledigen und bedingt durch die in § 16 Abs. 3 Nr. 1 S. 1 VOB/B enthaltene Prüffrist eine Zinspause von einem bis zu zwei Monaten eintritt[1080]. Das Vergütungssystem der VOB/B soll es nach

---

[1072] *Kratzenberg* NZBau 2002, 177 (183).
[1073] BGBl. I S. 1218.
[1074] *Grüneberg* in Palandt BGB § 288 Rn. 10.
[1075] *Reichenbach* MDR 2001, 13; *Grüneberg* in Palandt BGB § 288 Rn. 9.
[1076] Vgl. zum bisherigen Recht *Kniffka* ZfBR 2000, 227; *Heiermann/Riedl/Rusam* VOB/B § 16 Rn. 144.; *Zanner* in FKZG VOB/B § 16 Rn. 201.
[1077] *Kratzenberg* NZBau 2002, 177 (184).
[1078] Vgl. *Kratzenberg* NZBau 2002, 177 (184).
[1079] Vgl. *Peters* NZBau 2002, 305 (307); im Einzelnen auch → § 16 Rn. 27 ff.
[1080] BGH NZBau 2004, 386 = BauR 2004, 1146.

dem BGH in Kauf nehmen, dass für den Zeitraum von ein bis zwei Monaten ein Verzugstatbestand nicht zu begründen sei[1081]. Die vom BGH angestellten dogmatischen Überlegungen vermögen nicht zu überzeugen, da der Anspruch auf Abschlagszahlungen lediglich eine modifizierte Form des (einheitlichen) Anspruches auf Vergütung beinhaltet[1082], so dass sich hieraus ohne weiteres begründen lässt, dass die durch Schlussrechnungsreife bzw. Schlussrechnungsvorlage hinfällige Abschlagsrechnung nicht notwendigerweise auch die sich zur Schlussrechnungsforderung fortsetzenden Verzugsfolgen beendet[1083]. In Höhe der in die Schlussrechnungsforderung übergeleiteten Abschlagsforderung verbleibt es danach auch für den Zeitraum bis zum Ablauf der Prüffrist bei einem zusätzlichen Zinsanspruch aus zugrunde liegenden und bereits verzugsbedingt verzinslichen Abschlagsforderungen, so dass die vom BGH angenommene Zinspause nicht begründet erscheint.

3. Nachfristsetzung. Für die Verpflichtung des Auftraggebers zur Entrichtung von Verzugszinsen kommt es weiterhin darauf an, dass ihm nach § 16 Abs. 5 Nr. 3 S. 1 VOB/B zunächst (noch) eine **angemessene Nachfrist** gesetzt wird. Angemessen erscheint dabei eine Nachfrist, die den Auftraggeber nach objektiver Beurteilung unter regelmäßigen Umständen in die Lage versetzt, die erforderlichen Maßnahmen zur Vornahme der Zahlung zu treffen[1084]. Auf die persönliche Situation des Schuldners zur Beschaffung liquider Geldmittel kommt es für die Bemessung der ihm einzuräumenden Nachfrist nicht entscheidend an[1085]. Die Dauer der Frist kann sich für Abschlagszahlungen an § 16 Abs. 1 Nr. 3 und für Schlusszahlungen an § 16 Abs. 3 Nr. 1 VOB/B orientieren[1086]. Bei Abschlagszahlungen wird die Nachfrist mindestens eine Woche, bei Schlusszahlungen regelmäßig mindestens zwei Wochen zu betragen haben[1087]. Eine Nachfrist von lediglich zwei Tagen ist unter Berücksichtigung üblicher Bearbeitungs- und Anweisungsdauer unangemessen kurz[1088]. 310

Eine **zu kurz bemessene Nachfrist** ist nicht wirkungslos, sie löst vielmehr eine nach allgemeinen Maßstäben zu beurteilende angemessene Nachfrist aus[1089]. Bei Abschlagszahlungen wird regelmäßig eine angemessene Nachfrist von einer Woche und bei Schlusszahlungen von zwei Wochen ausgelöst werden. 311

Im Einzelfall kann eine **Nachfristsetzung auch entbehrlich** sein[1090]. Dies ist vor allem dann der Fall, wenn der Auftraggeber nach Vorlage der zugrundeliegenden Rechnung unmissverständlich gegenüber dem Auftragnehmer zum Ausdruck gebracht hat, er werde keine weitere Zahlung mehr leisten[1091]. Aus § 286 Abs. 2 Nr. 3 BGB erschließt sich, dass der Auftraggeber die von ihm geschuldete Zahlung ernsthaft und endgültig gegenüber dem Auftragnehmer verweigert haben muss, wobei an das Vorliegen dieser Voraussetzungen regelmäßig strenge Anforderungen gestellt werden[1092]. Auch mit einer Aufrechnung bringt der Auftraggeber hinreichend zum Ausdruck, dass er nicht zahlungsbereit und -willig ist[1093]. 312

Die Nachfristsetzung ist **grundsätzlich nicht formbedürftig**[1094]. Aus diesem Grunde kann die Nachfristsetzung durchaus auch mündlich oder fernmündlich erfolgen. Da der Auftragneh- 313

[1081] BGH NZBau 2004, 386 = BauR 2004, 1146 (1147).
[1082] BGH NZBau 2005, 158 = BauR 2005, 400 (404); aA noch BGH BauR 1999, 267.
[1083] Vgl. hierzu *Markus* BrBp 2005, 192; *Kapellmann/Langen* Einführung in die VOB/B 14. Aufl., Entscheidung Nr. 7.
[1084] OLG Frankfurt NJW-RR 1987, 979 (980); *Hummel* in NWJS VOB/B § 16 Rn. 170; *U. Locher* in Ingenstau/Korbion VOB/B § 16 Abs. 5 Rn. 23.
[1085] OLG Frankfurt NJW-RR 1987, 979 (980); *Hummel* in NWJS VOB/B § 16 Rn. 170.
[1086] AA *Leinemann* VOB/B § 16 Rn. 215.
[1087] *U. Locher* in Ingenstau/Korbion VOB/B § 16 Abs. 5 Rn. 24.
[1088] AA OLG Frankfurt NJW-RR 1987, 979 (980); kritisch hierzu *Heiermann/Riedl/Rusam* VOB/B § 16 Rn. 148; vgl. auch *Leinemann* VOB/B § 16 Rn. 215, der eine Nachfrist von 2–4 Werktagen für ausreichend erachten will.
[1089] BGH BauR 1985, 688 (689).
[1090] *Heiermann/Riedl/Rusam* VOB/B § 16 Rn. 146.
[1091] Vgl. BGH NJW 1984, 1460; OLG Düsseldorf BauR 2003, 1579; 1982, 593; OLG Köln NJW-RR 1992, 1047 (1048); *Heiermann/Riedl/Rusam* VOB/B § 16 Rn. 146; *Leinemann* VOB/B § 16 Rn. 217.
[1092] *Grüneberg* in Palandt BGB § 286 Rn. 24.
[1093] OLG Düsseldorf BauR 2003, 1579.
[1094] *Heiermann/Riedl/Rusam* VOB/B § 16 Rn. 149; *U. Locher* in Ingenstau/Korbion VOB/B § 16 Abs. 5 Rn. 24.

mer die Nachfristsetzung jedoch im Zweifel darzulegen und zu beweisen hat, ist zu empfehlen, dass er die Schriftform bei der Erklärung wahrt[1095].

314 Es bedarf regelmäßig einer **konkreten Nachfristsetzung.** Eine bloße Mahnung genügt nicht[1096]. Weitergehend ist vielmehr dem Auftraggeber eine bestimmte Frist zum Bewirken der geschuldeten Zahlung zu setzen. Dabei empfiehlt es sich, das Ende der Nachfrist datenmäßig zu fixieren[1097]. Mit der Fristangabe bzw. der -bemessung müssen keine weiteren ausdrücklichen Hinweise zur Rechtslage bei weiterer Zahlungssäumigkeit verbunden werden[1098]. Der Auftraggeber muss jedoch zumindest in bestimmter und unbedingter Form zur Vornahme der von ihm geschuldeten Zahlung binnen angegebener Frist aufgefordert werden.

315 Die Nachfristsetzung hat **unmittelbar gegenüber dem Auftraggeber** zu erfolgen. Auch wenn der Auftraggeber einen Architekten oder Ingenieur mit der Rechnungsprüfung beauftragt hat, kann diesem gegenüber die Nachfristsetzung nicht wirksam erfolgen[1099]. Maßgebend für den Beginn der gesetzten Frist ist der Zugang des nachfristsetzenden Schreibens bei dem Auftraggeber (§ 130 BGB).

316 Der Auftragnehmer kann **auf die Nachfristsetzung verzichten.** Macht er von der Möglichkeit der Nachfristsetzung keinen Gebrauch, so stehen ihm die in § 16 Abs. 5 Nr. 3 VOB/B durch Verweisung auf § 288 Abs. 2 BGB vorgesehenen Verzugszinsen nicht zu. Eine Ausnahme gilt lediglich in Bezug auf Schlussrechnungsforderungen unter Zugrundelegung des § 16 Abs. 5 Nr. 4 VOB/B.

317 **4. Eintritt des Verzuges mit/ohne Nachfrist.** Der Auftraggeber gerät nach Ablauf der ihm gesetzten Nachfrist mit den von ihm geschuldeten Zahlungen **in Verzug.** Entsprechendes gilt auch dann, wenn der Auftraggeber bereits vor Nachfristsetzung oder aber vor Ablauf der ihm gesetzten Nachfrist ausdrücklich und endgültig die Vornahme weiterer Zahlungen verweigert.

318 Der Auftraggeber kann aber auch ohne Nachfrist mit den von ihm geschuldeten Zahlungen in Verzug geraten. Art. 4 Abs. 1 der sog Zahlungsrichtlinie 211/7/EU sieht ausdrücklich vor, dass der Gläubiger (Auftragnehmer) Anspruch auch ohne eine vorausgegangene Mahnung auf den gesetzlichen Zins bei Vorliegen des Zahlungsverzuges haben soll, wenn er seine vertraglichen und gesetzlichen Verpflichtungen erfüllt und er den fälligen Betrag nicht rechtzeitig erhalten hat, ausgenommen der Schuldner (Auftraggeber) ist für den eingetretenen Zahlungsverzug (ausnahmsweise) nicht verantwortlich. Nach der Zahlungsverzugsrichtlinie soll es einem Gläubiger (Auftragnehmer) deshalb ermöglicht werden, bei Zahlungsverzug ohne eine vorherige Mahnung, Nachfristsetzung oder eine andere vergleichbare Mitteilung, die den Schuldner (Auftraggeber) an seine Zahlungsverpflichtung erinnert, Verzugszinsen zu verlangen[1100]. Sofern der Schuldner (Auftragnehmer) seine gesetzlichen und vertraglichen Verpflichtungen erfüllt hat, soll zu seinen Gunsten der Anspruch auf Verzugszinsen (automatisch) entstehen, wenn er zum Zeitpunkt der Fälligkeit seiner Vergütungsansprüche nicht von Seiten des Schuldners (Auftraggebers) über den geschuldeten Vergütungsbetrag verfügt. Aus diesem Grunde wurde mit der VOB 2012 neben § 16 Abs. 5 Nr. 3 S. 1 und 2 die Verzugsregelung des § 286 Abs. 2 BGB als Satz 3 und 4 sinnentsprechend in die VOB/B übernommen. Nach § 286 Abs. 2 BGB bedarf es für den Verzugseintritt keiner Mahnung, wenn für die Leistung eine Zeit nach dem Kalender bestimmt oder bestimmbar ist. Nach § 286 Abs. 3 BGB kommt der Schuldner einer Entgeltforderung spätestens dann in Verzug, wenn er nicht innerhalb von 30 Tagen nach Fälligkeit und Zugang einer Rechnung oder gleichwertigen Zahlungsaufforderung seiner Zahlungsverpflichtung gegenüber dem Gläubiger entspricht (§ 16 Abs. 5 Nr. 3 S. 3 VOB/B). Die Frist des § 286 Abs. 2 BGB von 30 Tagen kann sich lediglich ausnahmsweise auf höchstens 60 Kalendertage verlängern, wenn hierzu eine ausdrückliche, individualvertragliche Vereinbarung zwischen den Parteien getroffen wird und dies aufgrund der besonderen Natur oder Merkmale der zugrunde liegenden Vereinbarung sachlich gerechtfertigt ist[1101]. Unter Zugrundelegung

---

[1095] *Heiermann/Riedl/Rusam* VOB/B § 16 Rn. 149; *U. Locher* in Ingenstau/Korbion VOB/B § 16 Abs. 5 Rn. 24; *Leinemann* VOB/B § 16 Rn. 217.

[1096] BGH NJW 1961, 1968; OLG Düsseldorf BauR 1982, 593; *Heiermann/Riedl/Rusam* VOB/B § 16 Rn. 146.

[1097] *Heiermann/Riedl/Rusam* VOB/B, § 16 Rn. 118.

[1098] Vgl. OLG Hamburg MDR 1978, 577; *Heiermann/Riedl/Rusam* VOB/B, § 16 Rn. 118.

[1099] *Motzke* in Beck'scher VOB-Kommentar VOB/B 1. Aufl., § 16 Nr. 5 Rn. 30.

[1100] Richtlinie 211/7/EU des Europäischen Parlaments und des Rates vom 16.2.2011 zur Bekämpfung von Zahlungsverzug im Geschäftsverkehr, ABl. 2001 L 48, S. 1.

[1101] Hierzu → § 16 Rn. 191 ff.

dessen tritt mit dem Zeitpunkt der Fälligkeit ohne gesonderte Mahnung bzw. Nachfristsetzung eine Verzinsungspflicht nach § 288 Abs. 2 BGB ein.

Voraussetzung ist allerdings die **Einhaltung der vertraglichen und gesetzlichen Verpflichtungen** durch den Auftragnehmer. Hierfür kommt es entscheidend bei Abschlagszahlungen, Vorauszahlungen und Schlusszahlungen auf die zwischen den Parteien getroffenen Vereinbarungen zur Ausführung und Abrechnung der Leistungen an. Aufgrund synallagmatischer Verknüpfung von Leistung und Gegenleistung kann bei Abschlags- und Schlusszahlungen – anders als bei Vorauszahlungen – eine Zinspflicht nur bestehen, wenn die zur Abrechnung gestellten Leistungen dem jeweiligen Vertragsstande entsprechend ausgeführt wurden[1102]. Wird Schlusszahlung beansprucht, muss die Abnahme erfolgt, zumindest Abnahmereife zu verzeichnen sein. Begründete Zurückbehaltungsrechte aus §§ 273, 320 BGB schließen die Verzinsungspflicht aus[1103], ebenso die Aufrechnung mit Gegenansprüchen aufgrund der Verletzung vertraglicher Haupt- und Nebenleistungspflichten, soweit die zur Aufrechnung gestellten Forderungen begründet sind. Auch die nicht prüffähige Abrechnung des Auftragnehmers schließt wegen des darin liegenden vertraglichen Abrechnungsverstoßes grundsätzlich Zinsansprüche aus; ausgenommen jedoch bei Missachtung der Prüf-/Rügefrist durch den Auftraggeber, da es ihm obliegt, rechtzeitig auf Prüfbedenken und -einwendungen hinzuweisen[1104].

5. Verzugszinsen/Mahnaufwendungen/Beitreibungskosten. Beginnend ab Eintritt des Verzuges steht dem Auftragnehmer der Zinsanspruch des § 16 Abs. 5 Nr. 3 S. 2 VOB/B iVm § 288 Abs. 2 BGB zu. Allerdings bleibt es dem Auftragnehmer vorbehalten, einen höheren, ihm nach Eintritt des Verzuges entstandenen Schaden nachzuweisen und gegenüber dem Auftraggeber geltend zu machen (§ 16 Abs. 5 Nr. 3 S. 2 VOB/B). Diese Regelung entspricht der Vorschrift des § 288 Abs. 4 BGB. Dem Auftragnehmer steht es insbesondere frei, verzugsbedingt auch höhere als die in § 288 BGB pauschalierte Zinsen zu fordern, sofern er selbst entsprechende Aufwendungen für Kreditzinsen nachzuweisen im Stande ist[1105].

Aufgrund des Anliegens des Gesetzgebers, die am Bau zu leistenden Zahlungen zu beschleunigen, wurde über die vergangenen Jahre die Höhe der Verzugszinsen mit Tendenz nach oben weiterentwickelt:

– Die VOB **in der Fassung der Ausgabe Juni 1996** sah für den Fall des fruchtlosen Ablaufes der gesetzten Nachfrist nach § 16 Abs. 5 Nr. 3 S. 2 VOB/B aF einen Anspruch auf Zinsen in Höhe von 1 % über dem Lombardsatz der Deutschen Bundesbank vor[1106]. Der Lombardsatz wurde allerdings nach der Lombardsatz-Überleitungsverordnung vom 18.12.1998[1107] durch den sog Zinssatz der Spitzenrefinanzierungsfazilität der Europäischen Zentralbank ersetzt[1108].
– In der **VOB/B in der Fassung des Jahres 2000** wurde der Zinsanspruch deutlich erhöht und zwar auf 5 % über dem Zinssatz der Spitzenrefinanzierungsfazilität der Europäischen Zentralbank (§ 16 Abs. 5 Nr. 3 S. 2 VOB/B aF)[1109].
– Mit der **VOB/B in der Fassung des Jahres 2002 bzw. 2009** wurde der Verzugszinssatz – zumindest für Unternehmen – noch einmal erhöht, indem nunmehr auf den basiszinssatzorientierten Verzugszins in § 288 Abs. 2 BGB abgehoben wird[1110].
– Mit der VOB/B in der Fassung des Jahres 2012 wurde der Verzugszinssatz nicht weiter angehoben. Der Zinssatz orientiert sich weiter seiner Höhe nach an § 288 Abs. 2 BGB. Durch das **Gesetz zur Bekämpfung von Zahlungsverzug im Geschäftsverkehr**[1111] wurde der Zinssatz für Nichtverbraucher in § 288 Abs. 2 BGB mit Wirkung ab dem 29.7.2014 von 8 Prozentpunkten über Basiszinssatz auf 9 Prozentpunkte über Basiszinssatz angehoben.

Die Höhe der geschuldeten Verzugszinsen richtet sich entscheidend danach, welche Fassung der VOB/B dem jeweiligen Bauvertrag zugrunde gelegt wurde[1112].

[1102] Vgl. BGH BauR 1993, 600; *U. Locher* in Ingenstau/Korbion VOB/B § 16 Abs. 5 Rn. 31.
[1103] BGH BauR 1999, 1025 mwN; *Kandel* in Beck'scher VOB-Kommentar VOB/B § 16 Abs. 5 Rn. 40.
[1104] *Kandel* in Beck'scher VOB-Kommentar VOB/B § 16 Abs. 5 Rn. 40.
[1105] Vgl. *Grüneberg* in Palandt BGB § 288 Rn. 12.
[1106] Vgl. hierzu und zur Zinsentwicklung im Zeitraum zwischen dem 1.2.1985 und dem 20.4.1996: *Motzke* in Beck'scher VOB-Kommentar VOB/B 1. Aufl., § 16 Nr. 5 Rn. 34 ff.
[1107] BGBl. 1998 I S. 3819.
[1108] Vgl. *Leinemann* VOB/B § 16 Rn. 222.
[1109] Vgl. hierzu im Einzelnen *U. Locher* in Ingenstau/Korbion VOB/B 15. Aufl., § 16 Abs. 5 Rn. 27 ff.
[1110] *Kratzenberg* NZBau 2002, 177 (183).
[1111] BGBl. 2014 I S. 1218.
[1112] Vgl. *Leinemann* VOB/B § 16 Rn. 222 ff.

321 Von der Geltendmachung des Zinsschadens zu unterscheiden sind die dem Auftragnehmer entstehenden **Mahnaufwendungen**. Die Kosten der verzugsbegründenden Erstmahnung werden nach § 286 BGB prinzipiell nicht als erstattungsfähiger Schaden angesehen[1113]. Sobald die Wirkungen des Verzuges jedoch eingetreten sind, kann für daraufhin erfolgende Mahnungen ein Schadensersatzanspruch in Betracht kommen[1114]. Ausgehend hiervon sind wegen Verstoßes gegen das gesetzliche Leitbild der §§ 307, 309 Nr. 5b BGB formularmäßige Klauseln des Auftragnehmers bedenklich, die darauf abzielen, für die Mahntätigkeit gesonderte Gebühren zu erheben[1115].

322 Mit dem Gesetz zur Bekämpfung von Zahlungsverzug im Geschäftsverkehr[1116] wurde neu eingeführt § 288 Abs. 5 BGB. Danach hat der Auftragnehmer als Verzugsschaden Anspruch auf Entschädigung für sog **Beitreibungskosten**. Diese umfassen ua die Kosten, die durch die Beauftragung eines Rechtsanwalts oder eines Inkassounternehmens entstehen. Unabhängig von der Höhe dieser Kosten begründet § 288 Abs. 5 S. 1 BGB einen Anspruch auf Zahlung einer Pauschale in Höhe von 40,00 EUR. Der Zahlungsanspruch steht dem Auftragnehmer in voller Höhe mit dem Zeitpunkt des Verzugseintrittes zu. Schuldner dieses Anspruches ist nur eine Person, die nicht Verbraucher ist, also im unternehmerischen Verkehr tätige Bauunternehmen oder aber öffentliche Auftraggeber. Diese schulden die Pauschale für jeden einzelnen Fall verspäteter Abschlags-/Schlusszahlung in vollem Umfange. Werden darüber hinaus Rechtsverfolgungskosten von dem Auftragnehmer geltend gemacht, sind die zuvor abgerechneten und erlangten Pauschalen anrechnungsfähig[1117].

323 **6. Vertragsklauseln.** Die Zinsregelungen halten sämtlich auch einer **isolierten Inhaltskontrolle** nach dem AGBG aF bzw. §§ 307 BGB stand[1118]. Dies beruht vor allem darauf, dass der Gesetzgeber mit dem Gesetz zur Beschleunigung fälliger Zahlungen zum Ausdruck gebracht hat, dass verzugsbedingte Zinsen heute deutlich höher ausfallen sollen als dies in der Vergangenheit der Fall war[1119]. Auch für die Neufassung der VOB 2009 gelten keine hiervon abweichenden Gesichtspunkte, da die Verzugszinsen ihrem Umfange nach an die gesetzliche Bestimmung des § 288 Abs. 2 BGB gekoppelt wurden. Mit dem Gesetz zur Bekämpfung von Zahlungsverzug im Geschäftsverkehr wurde die Verzinsung im Rahmen des § 288 Abs. 2 BGB weiter und zwar auf 9 Prozentpunkte über Basiszinssatz erhöht[1120]. Die durch § 310 BGB privilegierte VOB/B wahrt durch unmittelbare Bezugnahme auf § 288 Abs. 2 BGB die gesetzlich vorgegebenen Verzugszinsen.

Der vertraglichen **Beschränkung der Höhe des gesetzlich vorgesehenen Verzugszinses** steht § 288 Abs. 6 BGB entgegen. Eine im voraus getroffene Vereinbarung, die den Anspruch des Gläubigers (Auftragnehmers) einer Entgeltforderung (aus Abschlags- oder Schlussrechnung) auf Verzugszinsen ausschließt, ist danach unwirksam. Gleiches gilt für eine Vereinbarung, die diesen Anspruch seinem Umfange nach beschränkt, soweit dies mit Blick auf die Belange des Gläubigers (Auftragnehmers) grob unbillig erscheint. Regelmäßig werden deshalb im unternehmerischen Verkehr und im Verkehr gegenüber öffentlichen Auftraggebern von diesen veranlasste zinsbegrenzende Vertragsklauseln unwirksam sein[1121].

Eine Vertragsklausel mit der ein deutlich über § 288 Abs. 2 BGB hinausreichender Zinssatz beansprucht wird, verstößt regelmäßig gegen das Leitbild der gesetzlichen Verzinsungsbestimmung[1122]. Im Verkehr unter Kaufleuten wird eine Anhebung von 1–2 % über den Zinssatz des § 288 Abs. 2 BGB hinaus indes zu akzeptieren sein[1123]. Bei Kreditinstituten zu entrichtende Zinsen liegen im Einzelfall nach wie vor oberhalb des in § 288 Abs. 2 BGB vorgegebenen

---

[1113] BGH NJW 1985, 324; *Grüneberg* in Palandt BGB § 286 Rn. 44.
[1114] Vgl. *Grüneberg* in Palandt BGB § 286 Rn. 45, insbesondere zu den begrenzten Erstattungsmöglichkeiten bei einer Selbstmahnung.
[1115] Vgl. *Heiermann/Riedl/Rusam* VOB/B § 16 Rn. 151.
[1116] BGBl. 2014 I S. 1218.
[1117] Vgl. BT-Drs. 18/1309, 19; *Spitzer* MDR 2014, 933 (938).
[1118] Vgl. zum früheren Recht *U. Locher* in Ingenstau/Korbion VOB/B 14. Aufl., § 16 Rn. 288; *Leinemann* VOB/B, 4. Aufl., § 16 Rn. 187.
[1119] Vgl. *Leinemann* VOB/B § 16 Rn. 222 ff.
[1120] BGBl. 2014 I S. 1218.
[1121] *Spitzer* MDR 2014, 934 (939).
[1122] *U. Locher* in Ingenstau/Korbion VOB/B § 16 Abs. 5 Rn. 37.
[1123] *U. Locher* in Ingenstau/Korbion VOB/B § 16 Abs. 5 Rn. 37; aA *Kandel* in Beck'scher VOB-Kommentar VOB/B § 16 Abs. 5 Rn. 45.

Zinssatzes, weshalb es den Parteien freisteht, zumindest einen leicht höheren als den gesetzlich vorgeschriebenen verzugsbedingten Zinssatz zu vereinbaren.

7. Prozessuale Folgen. Der Auftragnehmer hat die **Darlegungs- und Beweislast** für die von ihm geforderten Verzugszinsen. Vor allem hat der Auftragnehmer den Tatbestand der Fälligkeit, die erfolgte Nachfristsetzung oder deren Entbehrlichkeit sowie den Fristablauf nachzuweisen. Hierfür wird es regelmäßig notwendig sein, dass eine Nachfristsetzung schriftlich erfolgt und vom Auftragnehmer darüber hinaus der Zugang des nachfristsetzenden Schreibens hinreichend belegt werden kann.

Auch aus **Abschlagsrechnungen** können Verzugszinsen nach § 16 Abs. 5 Nr. 3 VOB/B vom Auftragnehmer beansprucht werden. Die Geltendmachung von verzugsbedingten Zinsansprüchen kann mit der jeweiligen Abschlagsforderung oder aber auch isoliert erfolgen[1124]. Die isolierte Verfolgung von abschlagsbezogenen Verzugszinsen kommt in Betracht, wenn mittlerweile die der Zinsberechnung zugrunde liegende Abschlagsrechnung – etwa wegen Kumulierung der Abschlagsforderungen – überholt ist[1125]. Soweit sich durch vom Auftraggeber nach Verzugseintritt geleistete Zahlungen die vorausgegangene Abschlagsforderung erledigt oder reduziert, endet damit der zuvor eingetretene Verzug mit ex nunc-Wirkung, so dass aufgelaufene Verzugszinsen auch für erledigte bzw. überholte Abschlagsforderungen im Nachhinein noch beansprucht werden können[1126].

Der Auftraggeber kann dem Verlangen nach Verzugszinsen nicht allein deshalb mit Erfolg entgegentreten, weil vom Auftragnehmer **zu hohe Forderungen** in die Abschlagsrechnung eingestellt wurden. Eine Ausnahme gilt nur dann, wenn die vorgelegte Abschlagsrechnung nicht prüffähig ist und deshalb der geforderte Abschlagsbetrag nicht fällig werden kann, sobald der Auftraggeber die mangelnde Prüffähigkeit zur Abschlagsrechnung beanstandet hat[1127]. Ausnahmsweise kann es auch dann an den Voraussetzungen des Verzuges fehlen, wenn die Parteien zur Berechtigung der Nachtragsforderungen in Verhandlungen eingetreten sind und sich aus dem Kontext auf eine konkludent zustande gekommene Stundungsabrede schließen lässt (§ 203 BGB).

Werden Verzugszinsen nach § 16 Abs. 5 Nr. 3 VOB/B isoliert klageweise geltend gemacht, so können auf den mit der Klage beanspruchten Zinsbetrag trotz des bestehenden Zinses-Zinses-Verbotes prozessbedingte Verzugszinsen in Höhe von 8 Prozentpunkten über Basiszinssatz beansprucht werden[1128].

IV. Verzugszinsen nach Fälligkeit der Schlussrechnung (§ 16 Abs. 5 Nr. 4 VOB/B aF)

Die Bestimmung des § 16 Abs. 5 Nr. 4 VOB/B 2009 hat sich auf fällige Forderungen aus vorgelegten Schlussrechnungen beschränkt. Die Bestimmung lautete:

„Zahlt der Auftraggeber das fällige unbestrittene Guthaben nicht innerhalb von zwei Monaten nach Zugang der Schlussrechnung, so hat der Auftragnehmer für dieses Guthaben abweichend von Nr. 3 (ohne Nachfristsetzung) ab diesem Zeitpunkt Anspruch auf Zinsen in Höhe der in § 288 Abs. 2 BGB angegebenen Zinssätze, wenn er nicht einen höheren Verzugsschaden nachweist."

Die Prüf- und Fälligkeitsfrist von zwei Monaten wurde auf einen Monat zurückgeführt (§ 16 Abs. 3 Nr. 1 S. 1 VOB/B 2012). Die speziell auf Verzugszinsen nach Fälligkeit der Schlussrechnung zugeschnittene Bestimmung des § 16 Abs. 5 Nr. 4 VOB/B 2009 ist durch die umfassende Neuregelung in § 16 Abs. 5 Nr. 3 VOB/B 2012 hinfällig geworden. Die Bestimmung wurde deshalb mit der VOB 2012 aufgehoben. Sie gilt nur noch weiter für Bauverträge, die unter Zugrundelegung der VOB 2009 abgeschlossen wurden.

V. Arbeitseinstellung des Auftragnehmers (§ 16 Abs. 5 Nr. 4 VOB/B)

Die Folgen der Arbeitseinstellung des Auftragnehmers waren Gegenstand des § 16 Abs. 5 Nr. 5 VOB/B 2009. Da der Abs. 4 im Rahmen des § 16 Abs. 5 zu Verzugszinsen nach Fälligkeit

---

[1124] OLG Frankfurt NZBau 2011, 163 (164).
[1125] OLG Frankfurt NZBau 2011, 163 (164).
[1126] *Grüneberg* in Palandt BGB § 286 Rn. 36, 39.
[1127] *Kapellmann* NZBau 2011, 167.
[1128] OLG Frankfurt NZBau 2011, 163 (167).

der Schlussrechnung entfallen ist[1129], werden die Folgen der Arbeitseinstellung des Auftragnehmers nunmehr in § 16 Abs. 5 Nr. 4 VOB/B 2012 näher geregelt. Mit der Neuregelung verbinden sich im Übrigen redaktionelle Anpassungen und inhaltliche Klarstellungen. Die bisherige Regelung lautete wie folgt:

> *„Der Auftragnehmer darf in den Fällen der Nrn. 3 und 4 die Arbeiten bis zur Zahlung einstellen, sofern die dem Auftraggeber zuvor gesetzte angemessene Nachfrist erfolglos verstrichen ist."*

Der Verweis auf die vorausgegangenen Nr. 3 und 4 ist entfallen. Stattdessen wird nunmehr klargestellt, dass der Auftragnehmer die Arbeiten bei Zahlungsverzug bis zur Zahlung einstellen darf, sofern eine dem Auftraggeber zuvor gesetzte angemessene Frist erfolglos verstrichen ist. Gleich ob § 16 Abs. 5 Nr. 3 S. 1 oder aber Satz 2 VOB/B zur Anwendung gelangt, also Verzug mit oder ohne Nachfristsetzung ausgelöst wird, bedarf es im Rahmen des § 16 Abs. 5 Nr. 4 VOB/B vor Arbeitseinstellung bei Vorliegen der Voraussetzungen des Zahlungsverzuges **einer** (androhenden) Frist durch den Auftragnehmer.

329 **1. Leistungsverweigerungsrecht des Auftragnehmers.** Das **Leistungsverweigerungsrecht des Auftragnehmers** geht auf § 320 BGB und die dort geregelte Einrede des nicht erfüllten Vertrages zurück[1130]. § 320 BGB gewährt jeder Partei des Bauvertrages vom Grundsatz her das Recht, die ihr obliegende Leistung bis zur Bewirkung der Gegenleistung zu verweigern[1131] Hat der Auftragnehmer seiner Verpflichtung zur Vorleistung mit Teilen der von ihm geschuldeten Bauleistung entsprochen, so kann er über die Ausübung des speziellen, in § 16 Abs. 5 Nr. 4 VOB/B geregelten Leistungsverweigerungsrechts sicherstellen, dass der Auftraggeber seiner (fälligen) Zahlungsverpflichtung entspricht, bevor wiederum, sozusagen abschnittsweise weitere bauliche Vorausleistungen vom Auftragnehmer erbracht werden. Die Ausübung des Leistungsverweigerungsrechts ist allerdings einerseits von der Fälligkeit der zu beanspruchenden Vergütung und andererseits davon abhängig, dass der Auftragnehmer zunächst eine Nachfrist setzt, die fruchtlos verstrichen ist[1132]. Der Auftragnehmer muss deshalb seine geschuldete Leistung erbracht haben, die von ihm vorgelegte Rechnung fällig sein und darüber hinaus die gesetzte Nachfrist fruchtlos verblieben sein[1133].

Das Leistungsverweigerungsrecht des § 16 Nr. 5 Abs. 4 VOB/B besteht typischerweise in Fällen, in denen der Auftraggeber in unberechtigter Weise Abschlagsforderungen des Auftragnehmers kürzt[1134] oder aber vertraglich begründete Zahlungsansprüche des Auftragnehmers verweigert[1135]. Die Ausübung des Leistungsverweigerungsrechts kann sich in diesem Falle allerdings als unangemessen darstellen, wenn der Auftraggeber zugesichert hat, alsbald die von ihm gekürzten Beträge nachzuzahlen[1136]. Nichts anderes gilt auch dann, wenn sich der Zahlungsrückstand als geringfügig einstufen lässt[1137]. Bei streitigen Rechnungsbeträgen und vor allem bei Nachtragsforderungen wird der Auftragnehmer tendenziell eher zurückhaltend von dem Leistungsverweigerungsrecht Gebrauch machen, weil sich für ihn im Falle unberechtigter Rechtsausübung Risiken aus einer dadurch vom Auftraggeber veranlassten Kündigung aus wichtigem Grunde ergeben können, vgl. § 8 Abs. 3 VOB/B[1138]

330 **2. Verhältnis zu § 18 Abs. 5 VOB/B.** Die dem Auftragnehmer unter den genannten Voraussetzungen eingeräumte Möglichkeit zur Ausübung eines Leistungsverweigerungsrechts kollidiert in gewissem Sinne mit der **Bestimmung des § 18 Abs. 5 VOB/B,** wonach Streitigkeiten vom Grundsatz her den Auftragnehmer nicht dazu berechtigen, die von ihm geschuldeten Arbeiten einzustellen[1139]. Mit § 18 Abs. 5 VOB/B soll sichergestellt werden, dass Meinungs-

---

[1129] → § 16 Rn. 327.
[1130] *Kandel* in Beck'scher VOB-Kommentar VOB/B § 16 Abs. 5 Rn. 49.
[1131] Vgl. *Grüneberg* in Palandt BGB § 320 Rn. 1.
[1132] *Hummel* in NWJS VOB/B § 16 Rn. 188; *Kandel* in Beck'scher VOB-Kommentar VOB/B § 16 Abs. 5 Rn. 50.
[1133] Vgl. zu den Leistungsverweigerungsrechten des Auftragnehmers bei Streitigkeiten im Zusammenhang mit Nachträgen *Kues/Kaminsky* BauR 2008, 1368.
[1134] OLG Dresden BauR 2010, 96.
[1135] OLG Köln BeckRS 2016, 15265 Rn. 70 ff.
[1136] OLG Dresden BauR 2010, 96.
[1137] OLG Dresden BauR 2010, 96.
[1138] OLG Köln BeckRS 2016, 15265 Rn. 72.
[1139] Hierzu im Einzelnen → § 18 Rn. 39 ff.

verschiedenheiten der Vertragsparteien über Vertragsinhalt und Bauausführung das Bauvorhaben selbst nicht gefährden, sondern einer internen oder gerichtlichen Auseinandersetzung vorbehalten bleiben[1140]. Bei § 18 Abs. 4 VOB/B handelt es sich jedoch lediglich um eine allgemeine Auffangbestimmung, der Spezialregelungen, wie die in § 16 Abs. 5 Nr. 5 VOB/B vorgehen[1141]. Aus dem Verhältnis beider Bestimmungen zueinander lässt sich jedoch entnehmen, dass dem übergeordneten Kooperationsgedanken angemessen vom Auftragnehmer Rechnung getragen werden muss[1142]. Hieraus lässt sich unmittelbar der Schluss ziehen, dass der Auftragnehmer nur im Falle nennenswerter Zahlungsrückstände berechtigt sein kann, seine Leistungen einstweilen einzustellen[1143]. Unerhebliche Zahlungsrückstände berechtigen den Auftragnehmer nicht, die Weiterführung der Bauleistungen einzustellen[1144]. Sind die von dem Auftragnehmer ausgeführten und zur Abrechnung gestellten Leistungen mangelbehaftet, ist es ihm grundsätzlich verwehrt, die Weiterführung der Arbeiten einzustellen, da dem Auftraggeber in diesem Fall seinerseits ein begründetes Leistungsverweigerungsrecht im Rahmen des § 641 Abs. 3 BGB zusteht[1145]. Sofern dem Auftraggeber seinerseits ein Zurückbehaltungsrecht zusteht, gelangt er mit seinen Zahlungen gegenüber dem Auftragnehmer nicht in Verzug, so dass die Einstellung der Arbeiten unzulässig ist[1146]. Ebenso ist es dem Auftragnehmer verwehrt, die Ausführung weiterer Leistungen einzustellen, wenn der Auftraggeber im Stande ist, mit berechtigten Gegenforderungen aufzurechnen.

Besondere Bedeutung kommt der Frage zu, inwieweit der Auftragnehmer von einem **Leistungsverweigerungsrecht im Falle von verweigerten Nachtragsverhandlungen** über unterbreitete Nachtragsangebote Gebrauch machen kann[1147]. Die Rechtsprechung der Obergerichte tendiert überwiegend dahin, dem Auftragnehmer nur dann ein Leistungsverweigerungsrecht zuzubilligen, wenn der Auftraggeber Nachtragsleistungen fordert und zugleich keine Bereitschaft zu weiteren Zahlungen bzw. Zahlungsverhandlungen zeigt[1148]. Sobald der Auftraggeber in Ansehung verlangter bzw. gestellter Nachträge zumindest erkennbare Bereitschaft zu weiteren vergütungsbezogenen Nachtragsverhandlungen bekundet, erscheint es nicht zuletzt vor dem Hintergrund des § 1 Abs. 3 und 4 VOB/B unangemessen, weitere bzw. zusätzlich geforderte Bauleistungen so lange zurückzuhalten, wie über deren Vergütungsumfang noch kein abschließendes Einvernehmen erzielt ist[1149]. Der fehlende Abschluss einer Nachtragsvereinbarung begründet daher kein Zurückbehaltungsrecht des Auftragnehmers, wenn zum Umfang der Vergütung noch weitere Verhandlungen mit dem Auftraggeber geführt werden[1150].

3. Nachfrist vor Ausübung des Leistungsverweigerungsrechts. Sofern der Auftragnehmer zur Ausübung des Leistungsverweigerungsrechts berechtigt ist, hat er zuvor dem Auftraggeber eine angemessene Nachfrist zur Zahlungsvornahme zu setzen. Hinsichtlich der Angemessenheit der Dauer dieser Frist gelten keine anderen als die zu § 16 Abs. 5 Nr. 3 VOB/B behandelten Fristen. Unter Berücksichtigung des Kooperationsgedankens wird man gerade für den Fall der vom Auftragnehmer vorgesehenen Einstellung der Arbeiten mindestens eine Nachfrist von einwöchiger Dauer zu setzen haben. Eine Nachfrist von lediglich zwei Tagen ist insbesondere bei beabsichtigter Einstellung der Arbeiten im Rahmen des § 16 Abs. 5 Nr. 4 VOB/B unangemessen kurz[1151].

[1140] OLG Köln BeckRS 2016, 15265 Rn. 71.
[1141] *Hummel* in NWJS VOB/B § 18 Rn. 187; *Kandel* in Beck'scher VOB-Kommentar VOB/B § 16 Abs. 5 Rn. 51.
[1142] Vgl. BGH BauR 2000, 409 (410); *Leinemann* VOB/B, § 16 Rn. 231.
[1143] *U. Locher* in Ingenstau/Korbion VOB/B § 16 Abs. 5 Rn. 41; *Hummel* in NWJS VOB/B § 16 Rn. 190.
[1144] *Motzke* in Beck'scher VOB-Kommentar VOB/B 1. Aufl., § 16 Nr. 5 Rn. 41; *Leinemann* VOB/B § 16 Rn. 231.
[1145] *Heiermann/Riedl/Rusam* VOB/B § 16 Rn. 152.
[1146] BGH BauR 1999, 1025 (1026); 1993, 600 (601); *Heiermann/Riedl/Rusam* VOB/B § 16 Rn. 152; *Leinemann* VOB/B § 16 Rn. 236.
[1147] *Kuffer* ZfBR 2004, 110.
[1148] OLG Düsseldorf BauR 1995, 251; OLG Celle BauR 1999, 262; 2003, 890; OLG Dresden BauR 1998, 565.
[1149] *Kuffer* ZfBR 2004, 110 mwN.
[1150] OLG Düsseldorf BauR 2006, 531.
[1151] AA OLG Frankfurt NJW-RR 1987, 979 (980); kritisch hierzu *Heiermann/Riedl/Rusam* VOB/B § 16 Rn. 148; vgl. auch *Leinemann* VOB/B § 16 Rn. 215, der eine Nachfrist von 2–4 Werktagen für ausreichend erachten will.

332 Im Zusammenhang mit der Nachfristsetzung wird die Frage kontrovers behandelt, ob der Auftragnehmer verpflichtet ist, dem Auftraggeber die **Einstellung der Arbeiten vorher (mit-)anzudrohen**[1152]. Die Arbeitseinstellung stellt einen schwer wiegenden Eingriff in die Abwicklung der Baumaßnahme dar, weshalb – zumal unter Berücksichtigung des den Bauvertrag überlagernden Kooperationsprinzips – dem Auftraggeber mit der Nachfristsetzung zugleich hinreichend klar und deutlich die beabsichtigte Ausübung des Leistungsverweigerungsrechts mitzuteilen ist. Abgesehen hiervon ist die Mitteilung auch aus taktischen Gründen zweckmäßig, weil sie dem Auftraggeber die Folgen weiterer Zahlungssäumigkeit greifbar vor Augen führt[1153]. Allerdings besagt die Ankündigung der Ausübung des Leistungsverweigerungsrechts nicht, dass der Auftragnehmer anschließend nach fruchtlosem Verstreichen der von ihm gesetzten Frist auch tatsächlich gehalten ist, die Arbeiten einzustellen. § 16 Abs. 5 Nr. 4 VOB/B gewährt das Recht zur Arbeitseinstellung, verpflichtet den Auftragnehmer hierzu jedoch – auch bei entsprechender ausdrücklicher Ankündigung – in keinster Weise.

333 **4. Verhalten nach Fristablauf.** Nach Ablauf der gesetzten Nachfrist steht es dem Auftragnehmer frei, ob er die Arbeiten einstellt oder weiterführt. In Betracht kommt auch die partielle Arbeitseinstellung oder die Zurückhaltung bestimmter Teilleistungen. Für den Auftraggeber ergibt sich die Arbeitseinstellung aus seinen auf der Baustelle erlangten Kenntnissen oder aber einer entsprechenden Erklärung des Auftragnehmers. In der Praxis ist dem Auftragnehmer anzuraten, nach Fristablauf ausdrücklich und zwar schriftlich gegenüber dem Auftraggeber die **Ausübung des Zurückbehaltungsrechts** bekanntzugeben. Insoweit gelten die gleichen Grundsätze wie bei § 6 Abs. 1 VOB/B: Auch wenn die Arbeitseinstellung vom Grundsatz her offenkundig ist (§ 6 Abs. 1 S. 2 VOB/B), ist eine ausdrückliche schriftliche (Behinderungs-)Anzeige nicht zuletzt aus Beweisgründen zweckmäßig (§ 6 Abs. 1 S. 1 VOB/B)[1154]. Für eine derartige Anzeige spricht im Übrigen auch deren Zweck, nämlich dem Auftraggeber nochmals eindringlich die von ihm auszuräumenden Behinderungsumstände vor Augen zu führen.

334 **5. Folgen der Arbeitseinstellung.** Die **Folgen der Arbeitseinstellung** bestehen in folgendem:

– Der Auftragnehmer ist vorübergehend nicht mehr verpflichtet, weitere Leistungen auszuführen. Hieran ändert auch die dem Auftragnehmer obliegende Vorleistungspflicht nichts, da sich für ihn das **Leistungsverweigerungsrecht** aus früheren, rechnerisch unerledigten Leistungsabschnitten ergibt. Die Arbeiten können vom Auftragnehmer ganz oder auch nur teilweise eingestellt werden. Im Zuge dessen ist der Auftragnehmer auch berechtigt, die Baustelle zu räumen. Eine Ausnahme gilt nur dann, wenn der Auftragnehmer (nunmehr) die Zahlung vornimmt oder aber nachweist, dass die Zahlungsvornahme selbst von ihm unwiderruflich veranlasst wurde.

– Der Auftragnehmer kann die ihm zustehenden **Zahlungsansprüche** außergerichtlich und gerichtlich weiterverfolgen. Ihm steht darüber hinaus der Zinsanspruch nach § 16 Abs. 5 Nr. 3 VOB/B kumulativ zu.

– Der Auftragnehmer ist unter den weiteren Voraussetzungen des § 9 Abs. 1 Nr. 2 VOB/B zur **Kündigung des Bauvertrages** berechtigt[1155].

– Der Auftragnehmer ist ferner auf Grund der Zahlungssäumigkeit des Auftraggebers in der **Ausführung seiner Leistungen behindert.** Dementsprechend kann der Auftragnehmer nach § 6 Abs. 2 Nr. 1 VOB/B verlangen, dass die Ausführungsfristen bei Beendigung der behindernden Umstände, also der Bezahlung seiner Leistungen verlängert werden. Einzelheiten zur Fristverlängerung ergeben sich aus § 6 Abs. 4 VOB/B[1156]. Außerdem steht dem Auftragnehmer Schadensersatz nach Maßgabe des § 6 Abs. 6 VOB/B oder wahlweise Entschädigung gemäß § 642 BGB zu[1157].

[1152] Für eine Androhung OLG Düsseldorf BauR 1975, 428; OLG Frankfurt BauR 1988, 599 (600); aA *Heiermann/Riedl/Rusam* VOB/B § 16 Rn. 154; für eine Ankündigung im Einzelfall aus Treuepflicht *Kandel* in Beck'scher VOB-Kommentar VOB/B § 16 Abs. 5 Rn. 51; ähnlich *Leinemann* VOB/B § 16 Rn. 232; gegen eine Ankündigung *Hummel* in NWJS VOB/B § 16 Abs. 5 Rn. 189.
[1153] Vgl. *Leinemann* VOB/B § 16 Rn. 232.
[1154] Hierzu im Einzelnen → § 6 Rn. 5 ff.
[1155] Im Einzelnen → § 9 Rn. 29 ff.
[1156] Im Einzelnen → § 6 Rn. 36 ff.
[1157] *U. Locher* in Ingenstau/Korbion VOB/B § 16 Abs. 5 Rn. 45; *Kandel* in Beck'scher VOB-Kommentar VOB/B § 16 Abs. 5 Rn. 52; *Zanner in* FKZG VOB/B § 16 Rn. 222; *Leinemann* VOB/B § 16 Rn. 233.

– Nach § 648a BGB kann der Auftragnehmer **Sicherheit** von dem Auftraggeber bis zur Höhe des voraussichtlichen Vergütungsanspruches verlangen (§ 648 Abs. 1 S. 2 BGB).

Umgekehrt steht dem Auftraggeber bei berechtigter Arbeitseinstellung nicht das Recht zur Auftragsentziehung gemäß § 8 Abs. 3 VOB/B zu[1158]. Bei einer gleichwohl vom Auftraggeber ausgesprochenen Kündigung handelt es sich um eine solche nach § 8 Abs. 1 VOB/B.

6. Vertragsklauseln. Der Auftraggeber kann durch seine **Allgemeinen Geschäftsbedingungen** dem Auftragnehmer nicht die Befugnis nehmen, im Falle der Zahlungssäumigkeit die Arbeiten einzustellen. Dem stehen § 11 Nr. 2a, § 9 Abs. 2 Nr. 1 AGBG aF bzw. § 309 Nr. 2, § 307 Abs. 1 BGB entgegen. Danach sind in Allgemeinen Geschäftsbedingungen Bestimmungen unwirksam, mit denen das dem Auftragnehmer nach § 320 BGB bzw. § 16 Abs. 5 Nr. 5 VOB/B zustehende Leistungsverweigerungsrecht ausgeschlossen oder eingeschränkt wird[1159]. Eine Ausnahme soll nach dem BGH jedoch für **Bauverträge** gelten, die **zwischen Bauunternehmen** geschlossen werden, da die formularmäßige Abbedingung der §§ 273, 320 BGB im Geschäftsverkehr zwischen Unternehmen zulässig sein soll[1160]. Der Auffassung des BGH kann im Ergebnis nicht gefolgt werden. Wird dem bauausführenden Unternehmen formularmäßig die Befugnis zur Ausübung eines Leistungsverweigerungsrechts genommen, verstößt dies – auch im kaufmännischen Geschäftsverkehr – gegen den Grundgedanken des (neu eingeführten) § 632a BGB, wonach dem Unternehmer unter den dort genannten Voraussetzungen trotz bestehender Vorleistungspflicht Abschlagszahlungen zu gewähren sind. Das gesetzlich begründete Recht des Unternehmers auf Abschlagszahlungen wird unterlaufen, wenn ihm durch Allgemeine Geschäftsbedingungen des Bestellers die Befugnis genommen wird, durch die Ausübung eines Leistungsverweigerungsrechts dem gesetzlich begründeten Verlangen nach Abschlagszahlungen Geltung zu verleihen.

G. Zahlung an Dritte (§ 16 Abs. 6 VOB/B)

I. Neufassung durch VOB 2002

Durch die VOB 2002 ist § 16 Abs. 6 VOB/B partiell neu gefasst worden. Die Änderung geht zurück auf die Rechtsprechung des BGH, wonach § 16 Abs. 6 S. 1 VOB/B in der bisherigen Fassung jedenfalls der isolierten Inhaltskontrolle nach AGB-Recht nicht standhielt[1161]. Nach dem gesetzlichen Leitbild der §§ 362ff. BGB kann eine Zahlung an einen Dritten den Auftraggeber nur von seiner eigenen Zahlungspflicht an den Auftragnehmer befreien, wenn der Auftragnehmer zuvor den Dritten zur Inempfangnahme der Zahlung ermächtigt hat[1162]. Die **bisherige Fassung des § 16 Abs. 6 VOB/B** sah vor, dass die Zahlung an den Nachunternehmer des Auftragnehmers schon dann erfolgen konnte, wenn der Auftragnehmer sich mit eigenen Zahlungen gegenüber dem Nachunternehmer im Verzuge befunden hat. Ein nachhaltiges Interesse des Auftraggebers, selbst anstelle des Auftragnehmers die Empfangszuständigkeit für die Leistung zu bestimmen, kann jedoch erst dann angenommen werden, wenn der Nachunternehmer wegen des Zahlungsverzuges des Auftragnehmers die Fortsetzung seiner Arbeiten am Bauvorhaben verweigert und deshalb nur durch eine Direktzahlung die Weiterführung der Gesamtbaumaßnahme sichergestellt werden kann[1163]. Ausgehend hiervon ist nunmehr – anders als in der bisherigen Fassung des § 16 Abs. 6 VOB/B – ausdrücklich vorgesehen, dass die Zahlung an einen Nachunternehmer erst und nur dann in Betracht kommt, wenn sich der Auftragnehmer einerseits mit seinen Zahlungen im Verzuge befindet, wenn andererseits der Nachunternehmer die Fortsetzung seiner Leistungen (deshalb) zu Recht verweigert und schließlich die Direktzahlung des Auftraggebers dazu dient, die Fortsetzung der Leistung durch den Nachunternehmer am Bauvorhaben sicherzustellen[1164].

[1158] OLG Düsseldorf BauR 1992, 541; *Zanner* in FKZG VOB/B § 16 Rn. 229.
[1159] BGH NZBau 2005, 392; vgl. *Motzke* in Beck'scher VOB-Kommentar VOB/B 1. Aufl., § 16 Nr. 5 Rn. 43 zum bisherigen Recht; *Grüneberg* in Palandt BGB § 309 Rn. 15 zum geltenden Recht.
[1160] BGHZ 115, 324 (327); *Grüneberg* in Palandt BGB § 309 Rn. 16.
[1161] BGH NJW 1990, 2384.
[1162] BGH NJW 1990, 2384; *U. Locher* in Ingenstau/Korbion VOB/B § 16 Abs. 6 Rn. 8ff.
[1163] *U. Locher* in Ingenstau/Korbion VOB/B 14. Aufl., § 16 Rn. 315; *Heiermann/Riedl/Rusam* VOB/B § 16 Rn. 163.
[1164] Vgl. zur Neufassung *Tempel* NZBau 2002, 532 (533).

II. Verhältnis zwischen Hauptunternehmer und Drittem

338 Die Vorschrift des § 16 Abs. 6 VOB/B ist auf das **Verhältnis zwischen Hauptunternehmer und Nachunternehmer** zugeschnitten[1165]. Der Auftraggeber steht vom Grundsatz her lediglich mit dem Hauptunternehmer in vertraglicher Beziehung. Zahlungsverpflichtungen hat er deshalb ausschließlich im Verhältnis zu seinem Auftragnehmer, also dem Hauptunternehmer zu erfüllen. Dieser ist wiederum auf Grund gesonderter vertraglicher Vereinbarung gegenüber seinem Nachunternehmer zahlungspflichtig. Kommt der Hauptunternehmer dieser Zahlungsverpflichtung nicht nach, so hat dies vertragsrechtlich zunächst keinerlei Auswirkungen auf das Vertrags- und Zahlungsverhältnis zwischen dem Auftraggeber und dem Auftragnehmer/Hauptunternehmer. Allerdings kommt rein praktisch die Baumaßnahme regelmäßig wegen eines vom Nachunternehmer ausgeübten Leistungsverweigerungsrechts zum Erliegen (§ 16 Abs. 5 Nr. 5 VOB/B). Der Auftraggeber hat deshalb in derartigen Fällen ein nachhaltiges Interesse daran, dass der Nachunternehmer die von ihm zugesagten Bauleistungen weiterführt, nicht im unmittelbaren vertraglichen Erfüllungsinteresse gegenüber dem Hauptunternehmer, sondern im Interesse der Realisierung der arbeitsteilig ausgeführten Bauaufgaben[1166]. In dieser Situation soll dem Auftraggeber die Möglichkeit an der Hand gegeben werden, durch Zahlung an den Nachunternehmer als Dritten seine Schulden gegenüber dem Auftragnehmer zu erfüllen[1167]. Macht der Auftraggeber von dieser Möglichkeit Gebrauch, hat er jedoch zu beachten, dass nur die strikte Wahrung der zwingenden Tatbestandsvoraussetzungen des § 16 Abs. 6 VOB/B zu einer begründeten Zahlungsbefreiung im Verhältnis zum Auftragnehmer führt[1168]. Die praktische Anwendung des § 16 Abs. 6 VOB/B zieht in aller Regel nicht unerhebliche finanzielle Risiken für den Auftraggeber nach sich, vor allem im Zusammenhang mit Einschränkungen, die sich aus den insolvenzrechtlichen Vorschriften ergeben[1169]. Der Auftraggeber kann im Falle der Insolvenz des Auftragnehmers unter Beachtung des § 82 InsO keine Zahlung mehr mit schuldbefreiender Wirkung an einen Dritten leisten. Infolgedessen wird der Auftraggeber in Zweifelsfällen von Direktzahlungen Abstand nehmen[1170].

III. Wahlrecht des Auftraggebers

339 Der **Auftraggeber hat ein Wahlrecht,** ob er von der Möglichkeit des § 16 Abs. 6 VOB/B Gebrauch machen will[1171]. Dem Auftraggeber steht deshalb das Recht zu, Zahlung an den Auftragnehmer (Hauptunternehmer) oder aber an den Dritten (Nachunternehmer) zu erbringen. Weder ist der Auftraggeber hierzu verpflichtet noch kann der Auftragnehmer mangels Fehlens einer unmittelbaren Vertragsbeziehung gestützt auf § 16 Abs. 6 VOB/B Zahlungsansprüche direkt gegenüber dem Auftraggeber geltend machen[1172]. Der Auftraggeber kann deshalb ohne weiteres ein Zahlungsverlangen des Dritten zurückweisen, ohne sich diesem gegenüber pflichtwidrig zu verhalten[1173].

340 Etwas anderes gilt aber dann, wenn der Auftraggeber auf Grund der Zahlungssäumigkeit seines Auftragnehmers in eine unmittelbare vertragliche Beziehung mit dessen Nachunternehmer eintritt. So kann zwischen Auftraggeber und Nachunternehmer vereinbart werden, dass letzterer gegen bestimmte, ihm zu gewährende Vergütung die vom Auftragnehmer geschuldeten Bauleistungen „an dessen Stelle" ausführt. Im Falle derartiger Vereinbarungen ergeben sich Zahlungsansprüche des Nachunternehmers nicht über § 16 Abs. 6 VOB/B, sondern alleine aus den **mit dem Auftragnehmer getroffenen bauvertragsrechtlichen Vereinbarungen**[1174]. Derartige Vereinbarungen werden häufig getroffen, wenn der Auftragnehmer seine Leistungen

---

[1165] Vgl. zu Direktzahlungen des Auftraggebers an einen Lieferanten in der Krise des Auftragnehmers BGH BauR 2014, 1945.
[1166] Vgl. *Hummel* in NWJS VOB/B § 16 Rn. 194.
[1167] *U. Locher* in Ingenstau/Korbion VOB/B § 16 Abs. 6 Rn. 2 ff.; *Kandel* in Beck'scher VOB-Kommentar VOB/B § 16 Abs. 6 Rn. 1 f.
[1168] *Heiermann/Riedl/Rusam* VOB/B § 16 Rn. 162.
[1169] *Dähne* BauR 1976, 29; *Heiermann/Riedl/Rusam* VOB/B § 16 Rn. 168.
[1170] Vgl. *Tempel* NZBau 2002, 532 (533 f.).
[1171] Vgl. BGH BauR 1986, 454; 1990, 727; 1999, 1189; *U. Locher* in Ingenstau/Korbion VOB/B § 16 Abs. 6 Rn. 1 ff.; *Zanner* in FKZG VOB/B § 16 Rn. 230.
[1172] BGH NZBau 2001, 448; NJW 1986, 2761; *Hummel* in NWJS VOB/B § 16 Rn. 197.
[1173] *U. Locher* in Ingenstau/Korbion VOB/B § 16 Abs. 6 Rn. 2.
[1174] *Zanner* in FKZG VOB/B § 16 Rn. 226 ff.

eingestellt hat oder aber das Vertragsverhältnis mit ihm gekündigt wurde, so dass dem Auftraggeber daran gelegen ist, die noch ausstehende Bauleistung mit dem Nachunternehmer weiterzuführen. Sobald der Nachunternehmer noch ausstehende Teile seiner ursprünglich gegenüber dem Auftragnehmer geschuldeten Leistung aufgrund gesonderten Vertrages unmittelbar für dessen Auftraggeber erbringt[1175], wird ihm hiermit einhergehend die Leistungserbringung gegenüber dem Auftragnehmer unmöglich[1176]. Der verbleibende Vergütungsanspruch des Nachunternehmers gegen den Auftragnehmer soll in diesem Fall entsprechend § 441 Abs. 3 BGB in gleicher Weise zu berechnen sein wie der Anspruch auf Vergütung aus einem gekündigten Bauvertrag[1177].

Unabhängig von derartigen ausdrücklichen bauvertraglichen Vereinbarungen kann alleine aus der **Bereitschaft des Auftraggebers zur Vornahme von Direktzahlungen** noch nicht auf das Vorliegen eines eigenständigen Garantieversprechens oder aber einer Schuldübernahme geschlossen werden[1178]. Verspricht der Auftraggeber einem Nachunternehmer, der sich wegen Zahlungsverzuges des Hauptauftragnehmers an ihn gewandt hat, er werde von seinen Rechten gemäß § 16 Abs. 6 VOB/B Gebrauch machen, so übernimmt der Auftraggeber dadurch gegenüber dem Nachunternehmer auch keine Bürgschaft[1179]. **341**

IV. Zahlungsvoraussetzungen des § 16 Abs. 6 VOB/B

Im Einzelnen sind folgende Voraussetzungen im Rahmen des § 16 Abs. 6 VOB/B zu wahren: **342**

– Der Auftraggeber **muss** seinerseits **zu Zahlungen an den Auftragnehmer verpflichtet sein**. Die Zahlungsverpflichtungen müssen sich dabei aus § 16 Abs. 1–5 VOB/B ergeben. Bestehen derartige Zahlungspflichten nicht, können naturgemäß Zahlungen an den Nachunternehmer keine schuldbefreiende Wirkung im Verhältnis zum Auftragnehmer (Hauptunternehmer) haben. Dies gilt insbesondere für Zahlungen, die „im Voraus" bzw. vor Fälligkeit der Forderung des Auftragnehmers an dessen Nachunternehmer geleistet werden[1180]. **343**

– Direktzahlungen kommen nur **an Gläubiger des Auftragnehmers** in Betracht, die an der Ausführung der vertraglichen Leistung des Auftragnehmers auf Grund eines mit diesem abgeschlossenen Dienst- oder Werkvertrages beteiligt sind. Als Begünstigte kommen deshalb regelmäßig – wie dargelegt – Nachunternehmer des Auftragnehmers (Hauptunternehmers) in Betracht[1181]. Ferner kann eine Direktzahlung auch an vom Auftragnehmer beauftragte Architekten und Ingenieure erfolgen[1182]. Da Direktzahlungen auch bei abgeschlossenen Dienstverträgen zulässig sein sollen, ist der Auftraggeber auch gegenüber Angestellten und Arbeitern des Auftragnehmers zahlungsberechtigt[1183]. Unter den Anwendungsrahmen des § 16 Abs. 6 VOB/B fallen jedoch nicht Zulieferer und Lieferanten des Auftragnehmers, soweit diese ihre Leistungen auf der Grundlage abgeschlossener Kaufverträge erbringen[1184]. **344**

– Der **Auftragnehmer** muss sich mit seinen Zahlungen gegenüber dem Dritten **im Verzuge** befinden. Die Forderungen der Dritten müssen fällig sein. Die Dritten haben darüber hinaus das Vorliegen der Verzugsvoraussetzungen darzutun[1185]. Aus Sicht des Auftraggebers bestehen gerade bei der Beurteilung der Fälligkeit der von Dritten gestellten Forderungen nicht unerhebliche Risiken. Vor allem vermag der Auftraggeber häufig nicht hinreichend zu übersehen, ob der Auftragnehmer seinerseits zu leistungs- und/oder abrechnungsbezogenen Einwendungen gegenüber dem Nachunternehmer berechtigt ist. **345**

– Die zu vergütenden Leistungen des Dritten müssen in unmittelbarer **Beziehung zu dem Bauvorhaben** des Auftraggebers stehen. Die Vorschrift des § 16 Abs. 6 VOB/B sanktioniert **346**

[1175] Vgl. zum Verhältnis Auftraggeber, Hauptunternehmer und Nachunternehmer insbesondere *Joussen/Vygen* Subunternehmervertrag Rn. 508 ff.
[1176] BGH NZBau 2010, 307; 2007, 703 = NJW 2007, 3488 = BauR 2007, 2061.
[1177] BGH NZBau 2010, 307.
[1178] OLG München IBR 2000, 363; *Zanner* in FKZG VOB/B § 16 Rn. 233.
[1179] BGH NZBau 2001, 448.
[1180] *Kandel* in Beck'scher VOB-Kommentar VOB/B § 16 Abs. 6 Rn. 19.
[1181] *Hummel* in NWJS VOB/B § 16 Rn. 195.
[1182] *Dähne* BauR 1976, 29 (30); *U. Locher* in Ingenstau/Korbion VOB/B, 17. Aufl., § 16 Abs. Nr. 6 Rn. 12.
[1183] *U. Locher* in Ingenstau/Korbion VOB/B, 17. Aufl., § 16 Nr. 6 Rn. 12.
[1184] *Motzke* in Beck'scher VOB-Kommentar VOB/B 1. Aufl., § 16 Nr. 6 Rn. 27; *U. Locher* in Ingenstau/Korbion VOB/B § 16 Abs. 6 Rn. 6.
[1185] *Motzke* in Beck'scher VOB-Kommentar VOB/B 1. Aufl., § 16 Nr. 6 Rn. 28; *Heiermann/Riedl/Rusam* VOB/B § 16 Rn. 160.

nicht Direktzahlungen, die an Gläubiger des Auftragnehmers vorgenommen werden, ohne dass sie im Zusammenhang mit von den Dritten für die Baumaßnahme ausgeführten Leistungen stehen. Die Dritten müssen insbesondere an der Erfüllung der vom Auftragnehmer bei der Baumaßnahme des Auftraggebers geschuldeten Leistungen mitgewirkt haben[1186].

347 – Voraussetzung ist ferner, dass die Dritten wegen Zahlungsverzuges des Auftragnehmers die Fortsetzung ihrer Leistungen bei der Baumaßnahme des Auftraggebers zu Recht verweigern. Gemeint sind damit Fälle, in denen die Dritten wegen ausstehender Zahlungen von einem ihnen zustehenden **Leistungsverweigerungsrecht** nach § 320 BGB oder aber nach § 16 Abs. 5 Nr. 5 VOB/B Gebrauch machen. Ausreichend ist deshalb nicht mehr nur der bloße Zahlungsverzug des Auftragnehmers, sondern darüber hinaus auch die berechtigte Weigerung der Dritten, weitere Leistungen am und im Zusammenhang mit der Baumaßnahme des Auftraggebers auszuführen.

348 – Hiermit korrespondiert das weitere Erfordernis, wonach die Direktzahlung des Auftraggebers gerade dem Zweck dienen muss, die **Fortsetzung der Leistungen sicherzustellen.** Zahlungen, die lediglich dazu dienen, Dritte als Gläubiger des Auftragnehmers in bevorzugter Weise zu befriedigen, vermögen nach der Neufassung des § 16 Abs. 6 VOB/B keine schuldbefreiende Wirkung mehr auszulösen. Vor allem ist der Auftraggeber nach Beendigung der Leistungen der Dritten – etwa eines Nachunternehmers – nicht mehr befugt, diesen über § 16 Abs. 6 VOB/B im Wege der Direktzahlung Vergütung zukommen zu lassen. Nach Abschluss aller Arbeiten kann es naturgemäß nicht mehr dem Zweck der Direktzahlung entsprechen, den betreffenden Nachunternehmer zur Fortsetzung seiner Leistung im Interesse der Realisierung der Baumaßnahme des Auftraggebers anzuhalten.

349 – Wenn der Auftraggeber unter vorgenannten Voraussetzungen über die Vornahme von Direktzahlungen entscheiden will, ist er berechtigt, jedoch nicht zwingend verpflichtet, den Auftragnehmer innerhalb einer ihm zu setzenden Frist dazu aufzufordern, sich darüber zu erklären, ob und inwieweit dieser die Forderungen der Dritten anerkennt (§ 16 Abs. 6 S. 2 VOB/B). Da der Auftraggeber regelmäßig nicht über alle Informationen aus dem Vertragsverhältnis zwischen dem Auftragnehmer und dem Dritten verfügt, ist es zum Zwecke der Risikobegrenzung anzuraten, von dem **eingeräumten Erkundigungsrecht** Gebrauch zu machen[1187]. Dem Auftraggeber steht es jedoch gleichermaßen frei, auf weitere Erkundigungen zu verzichten. Das dadurch bedingte Risiko einseitiger und/oder unvollständiger Unterrichtung durch den Dritten trifft in diesem Fall aber uneingeschränkt den Auftraggeber, da er unter Umständen nicht mit schuldbefreiender Wirkung Zahlung an den Dritten zu leisten vermag.

350 – Macht der Auftraggeber von dem ihm eingeräumten Erkundigungsrecht Gebrauch, so hat er dem Auftragnehmer eine **angemessene Erklärungsfrist** zu setzen. Da diese Frist dazu dienen soll, dem Auftragnehmer zu ermöglichen, intern zu klären, ob und inwieweit die Forderungen Dritter anerkannt werden, darf die Frist nicht unangemessen kurz sein. Das Interesse des Auftraggebers an der Fortführung der Leistungen durch die Dritten kann nicht dazu führen, dass dem Auftragnehmer lediglich eine Erklärungsfrist von nur wenigen Tagen oder gar Stunden gesetzt wird.

351 – Auf ein entsprechendes Verlangen hat sich der Auftragnehmer innerhalb der ihm gesetzten Frist darüber zu erklären, ob und in wieweit er die Forderung der Dritten anerkennt. Wird diese **Erklärung vom Auftragnehmer** nicht bzw. nicht rechtzeitig abgegeben, so gelten damit qua Fiktion die Voraussetzungen für die vom Auftraggeber zu bewirkende Direktzahlung als anerkannt (§ 16 Abs. 6 S. 2 VOB/B). Bestreitet der Auftragnehmer innerhalb der ihm gesetzten Frist die Forderungen der Dritten oder aber deren Fälligkeit, so steht es dem Auftraggeber gleichwohl frei, auf Grund seiner ihm anderweitig zugänglichen Informationen mit schuldbefreiender Wirkung an den Dritten zu leisten. Lagen dabei jedoch nicht die von § 16 Abs. 6 S. 1 VOB/B geforderten Voraussetzungen vor, hat die Zahlung des Auftraggebers keine schuldbefreiende Wirkung. Praktisch führt dies zu der Verpflichtung des Auftraggebers,

---

[1186] *U. Locher* in Ingenstau/Korbion VOB/B § 16 Abs. 6 Rn. 7; *Zanner* in FKZG VOB/B § 16 Rn. 237.
[1187] Vgl. *Motzke* in Beck´scher VOB-Kommentar VOB/B 1. Aufl., § 16 Nr. 6 Rn. 30, wobei dort jedoch entgegen dem Wortlaut der Bestimmung von einer „Erkundigungspflicht" des Auftraggebers gesprochen wird; weitergehend für eine Erkundigungspflicht als „Nebenpflicht" aus dem Bauvertrag *U. Locher* in Ingenstau/Korbion VOB/B § 16 Abs. 6 Rn. 13; gegen eine entsprechende Verpflichtung allerdings *Dähne* BauR 1976, 29, 31.

trotz der an den Dritten geleisteten Zahlung nochmals seiner schuldrechtlichen Zahlungsverpflichtung gegenüber dem Auftragnehmer nachzukommen[1188].

Die vorgenannten, engen Tatbestandsvoraussetzungen des § 16 Abs. 6 VOB/B führen in der 352 Praxis zu nicht unerheblichen **Risiken für den Auftraggeber.** Vor allem trägt er letztlich das Risiko, dass die von ihm an einen Dritten – ohne rechtliche Verpflichtung – geleisteten Zahlungen nicht als schuldbefreiend im Verhältnis zu seinem Auftragnehmer angesehen werden. Vor diesem Hintergrund ist bei der Heranziehung des § 16 Abs. 6 VOB/B grundsätzlich aus Sicht des Auftraggebers Zurückhaltung angezeigt.

V. Ausschluss des § 16 Abs. 6 VOB/B

In folgenden Fällen ist die **Heranziehung des § 16 Abs. 6 VOB/B ausgeschlossen:**

– Die Heranziehung des § 16 Abs. 6 VOB/B scheidet aus, wenn der Auftraggeber mit dem 353 Dritten zur Fertigstellung der Arbeiten selbst einen Vertrag geschlossen hat, da in diesem Fall eine eigenständige unmittelbare vertragliche (Zahlungs-)Verpflichtung zwischen Auftraggeber und Drittem begründet ist[1189].

– Hat der Auftragnehmer seinen Vergütungsanspruch gegen den Auftraggeber an den Dritten 354 **abgetreten,** so erfolgt die Zahlung des Auftraggebers nicht nach § 16 Abs. 6 VOB/B, sondern auf Grund der erfolgten Zession (§ 398 BGB)[1190]. Tritt ein zahlungsschwacher Auftragnehmer einem Dritten/Subunternehmer Forderungsteile gegen seinen Auftraggeber erfüllungshalber ab, ist diese Abtretung unter Berücksichtigung etwaiger Gläubigerbenachteiligungsabsicht insolvenzrechtlich unbedenklich, sofern der Auftragnehmer ohnehin auf Grund einer vorausgegangenen Sicherungsvereinbarung abtretungsverpflichtet war[1191]. Wurde ein Abtretungsverbot ausbedungen, so kann die Erklärung des Auftraggebers, die Abtretung werde auf der Basis des § 16 Abs. 6 VOB/B anerkannt, als Abtretungsgenehmigung verstanden werden[1192].

– Entsprechendes gilt auch bei der **Verpfändung bzw. Pfändung** der Forderung des Auftrag- 355 nehmers gegen den Auftraggeber[1193]. Auch in diesem Fall kann die Zahlung des Auftraggebers – gleich ob an den Auftragnehmer oder aber an einen Dritten – keine schuldbefreiende Wirkung mehr haben.

– Nichts anderes gilt auch nach **Eröffnung des Insolvenzverfahrens,** da der Auftraggeber ab 356 diesem Zeitpunkt keine Zahlungen mit schuldbefreiender Wirkung mehr an Dritte vornehmen kann (vgl. §§ 81, 82 InsO)[1194]. Die Anzeige der Masseunzulänglichkeit seitens des Insolvenzverwalters steht insoweit den Wirkungen der Eröffnung des Insolvenzverfahrens im Zusammenhang mit § 16 Abs. 6 VOB/B gleich (§ 208 InsO).

– Vor Eröffnung des Insolvenzverfahrens ist es dem Auftraggeber gleichermaßen verwehrt, an 357 Dritte als Gläubiger des Auftragnehmers Zahlungen zu leisten, wenn nach einem Antrag auf Durchführung des Insolvenzverfahrens ein allgemeines **Verfügungs- und Veräußerungsverbot** erlassen wird (§ 21 Abs. 2 Nr. 2 InsO)[1195].

VI. Insolvenzrechtliche Bedenken

Insolvenzrechtlich ist ferner **von Bedeutung,** dass der Auftragnehmer nicht unmittelbar 358 gestützt auf § 16 Abs. 6 VOB/B eine Direktzahlung von dem Hauptauftraggeber „zu beanspruchen" hat. Für die Anfechtbarkeit derartiger Zahlungen ergibt sich hieraus nach überwiegendem Verständnis eine inkongruente Deckung, die nach § 131 Abs. 1 InsO als anfechtbare Rechtshandlung betrachtet wird[1196]. Dies soll zur Konsequenz haben, dass auch bei einer materiell-

---

[1188] *Dähne* BauR 1976, 29, 32.
[1189] OLG Brandenburg NZBau 2006, 713 (714).
[1190] *Dähne* BauR 1976, 29 (33); *Heiermann/Riedl/Rusam* VOB/B § 16 Rn. 166; *U. Locher* in Ingenstau/Korbion VOB/B § 16 Abs. 6 Rn. 21.
[1191] BGH NZBau 2005, 338 (339 f.).
[1192] BGH ZfBR 1999, 59; *Heiermann/Riedl/Rusam* VOB/B 9. Aufl., § 16 Rn. 126.
[1193] *Dähne* BauR 1976, 29 (33); *Heiermann/Riedl/Rusam* VOB/B 9. Aufl., § 16 Rn. 127; aA *Dähne* BB 1989, 510.
[1194] Vgl. BGH BauR 1986, 454; *Heiermann/Riedl/Rusam* VOB/B § 16 Rn. 168; *U. Locher* in Ingenstau/Korbion VOB/B § 16 Abs. 6 Rn. 21 ff.
[1195] BGH BauR 1999, 1189.
[1196] BGH NZI 2011, 141; BauR 2009, 250; OLG Dresden ZIP 1999, 2161 (2165 ff.); *Schmitz* Die Bauinsolvenz, Rn. 410; kritisch hierzu *Brauns* BauR 2003, 301.

rechtlich wirksamen Direktzahlung in Ansehung des § 16 Abs. 6 VOB/B das Risiko einer Insolvenzanfechtung auf Grund mittelbarer Zuwendung an den Begünstigten Dritten (Nachunternehmer) verbleibt[1197]. Vor allem kann bei später festgestellter (drohender) Zahlungsunfähigkeit des Insolvenzschuldners eine Anfechtung nach § 133 Abs. 1 S. 1 und 2 InsO gegenüber dem Begünstigten in Betracht kommen. Die obergerichtliche Rechtsprechung schließt aus nicht unerheblichen Zahlungsrückständen, einer angedrohten Liefersperre, wiederholten Teilzahlungen, einer schleppenden Zahlungsweise, nicht erfüllten Zahlungszusagen und sich ständig vergrößernden Zahlungsrückständen auf die Kenntnis des Begünstigten von einer (drohenden) Zahlungsunfähigkeit des nachmaligen Insolvenzschuldners[1198]. Die obergerichtliche Rechtsprechung geht dabei davon aus, dass sich derjenige, der derartige Tatsachen kennt, regelmäßig als Begünstigter nicht der Kenntnis vom entsprechenden Benachteiligungsvorsatz des Schuldners im Sinne von § 133 InsO verschließen kann[1199]. In derartigen Fällen wird der Begünstigte den Tatbestand einer hiermit verbundenen Gläubigerbenachteiligung zu widerlegen haben[1200]. Aufgrund der strengen Rechtsprechung der insolvenzrechtlichen Obergerichte wird sich der Begünstigte hiermit in Ansehung insolvenzrechtlicher Anfechtungstatbestände regelmäßig schwer tun. Aufgrund bestehender insolvenzrechtlicher Bedenken wird deshalb von Direktzahlungen gemäß § 16 Abs. 6 VOB/B abgeraten[1201]. Insolvenz- bzw. anfechtungsbedingte Risiken sollen letztlich nur dadurch zu vermeiden sein, dass dreiseitige Vereinbarungen zwischen den Beteiligten zu einem Zeitpunkt abgeschlossen werden, zu dem noch kein vergütungspflichtiger Leistungsaustausch stattgefunden hat[1202]. Ob eine derartige Vorgehensweise allerdings vor dem Hintergrund des § 133 InsO Bestand haben kann, erscheint ebenfalls zweifelhaft, wenn sich im Nachhinein ein bereits vorliegender und für den Begünstigten erkennbarer Tatbestand (drohender) Zahlungsunfähigkeit auf Seiten des nachmaligen Insolvenzschuldners ergibt.

VII. AGB-rechtliche Bedenken

359 Besondere Probleme ergaben sich in der Vergangenheit daraus, dass die isolierte Vereinbarung des § 16 Abs. 6 VOB/B als unwirksam angesehen wurde[1203]. Dies hatte zur Konsequenz, dass bei fehlender wirksamer Vereinbarung der VOB/B als Ganzes keine schuldbefreiende Wirkung nach § 16 Abs. 6 VOB/B eintreten konnte[1204]. Diesem Risiko konnte früher lediglich durch eine individuelle vertragliche Vereinbarung vorgebeugt werden[1205]. Nach der mit der VOB 2002 vorgenommenen Änderung des § 16 Abs. 6 VOB/B wurde den Bedenken des BGH Rechnung getragen und damit sichergestellt, dass die Bestimmung nicht mehr gegen AGB-rechtliche Vorschriften verstößt[1206].

§ 17 Sicherheitsleistung

(1) 1. Wenn Sicherheitsleistung vereinbart ist, gelten die §§ 232 bis 240 BGB, so weit sich aus den nachstehenden Bestimmungen nichts anderes ergibt.
2. Die Sicherheit dient dazu, die vertragsgemäße Ausführung der Leistung und die Mängelansprüche sicherzustellen.

(2) Wenn im Vertrag nichts anderes vereinbart ist, kann Sicherheit durch Einbehalt oder Hinterlegung von Geld oder durch Bürgschaft eines Kreditinstituts oder Kreditversicherers geleistet werden, sofern das Kreditinstitut oder der Kreditversicherer

---

[1197] Vgl. im Einzelnen zu den insolvenzrechtlichen Risiken *Huber* in Messerschmidt/Voit Privates Baurecht, Systematische Darstellung R Rn. 105 ff.
[1198] BGH ZInsO 2010, 1598; OLG Brandenburg IBR 2010, 391 zu nicht unerheblichen Zahlungsrückständen; BGH WM 2009, 2229; BGH WM 2016, 560; zur Androhung von Liefersperren; BGH WM 2013, 1993 zu nicht eingehaltenen Zahlungszusagen; BGH WM 2015, 1202 zur schleppenden Zahlungsweise.
[1199] BGH ZIP 2003, 1900; OLG Frankfurt ZInsO 2006, 943.
[1200] BGH ZIP 2007, 1511.
[1201] *Huber* in Messerschmidt/Voit Privates Baurecht, Rn. 113.
[1202] *BGH BauR 2014*, 1945 (1947); *Huber* in Messerschmidt/Voit aaO, Rn. 116 unter Hinweis auf BGHZ 150, 353 = NZBau 2002, 439 = NJW 2002, 2783.
[1203] BGH NJW 1990, 2384.
[1204] *Bergmann* ZfBR 1998, 59 (64); *Leinemann* VOB/B § 16 Rn. 263.
[1205] *Leinemann* VOB/B § 16 Rn. 263.
[1206] Vgl. *Leinemann* VOB/B § 16 Rn. 263; aA *Tempel* NZBau 2002, 532 (533), der nach wie vor bei isolierter Betrachtung einen Verstoß gegen § 308 Nr. 5 BGB bejaht.

- in der Europäischen Gemeinschaft oder
- in einem Staat der Vertragsparteien des Abkommens über den Europäischen Wirtschaftsraum oder
- in einem Staat der Vertragsparteien des WTO-Übereinkommens über das öffentliche Beschaffungswesen

zugelassen ist.

(3) Der Auftragnehmer hat die Wahl unter den verschiedenen Arten der Sicherheit; er kann eine Sicherheit durch eine andere ersetzen.

(4) Bei Sicherheitsleistung durch Bürgschaft ist Voraussetzung, dass der Auftraggeber den Bürgen als tauglich anerkannt hat. Die Bürgschaftserklärung ist schriftlich unter Verzicht auf die Einrede der Vorausklage abzugeben (§ 771 BGB); sie darf nicht auf bestimmte Zeit begrenzt sein und muss nach Vorschrift des Auftraggebers ausgestellt sein. Der Auftraggeber kann als Sicherheit keine Bürgschaft fordern, die den Bürgen zur Zahlung auf erstes Anfordern verpflichtet.

(5) Wird Sicherheit durch Hinterlegung von Geld geleistet, so hat der Auftragnehmer den Betrag bei einem zu vereinbarenden Geldinstitut auf ein Sperrkonto einzuzahlen, über das beide nur gemeinsam verfügen können („Und-Konto"). Etwaige Zinsen stehen dem Auftragnehmer zu.

(6) 1. Soll der Auftraggeber vereinbarungsgemäß die Sicherheit in Teilbeträgen von seinen Zahlungen einbehalten, so darf er jeweils die Zahlung um höchstens 10 v. H. kürzen, bis die vereinbarte Sicherheitssumme erreicht ist. Sofern Rechnungen ohne Umsatzsteuer gemäß § 13b UStG gestellt werden, bleibt die Umsatzsteuer bei der Berechnung des Sicherheitseinbehalts unberücksichtigt. Den jeweils einbehaltenen Betrag hat er dem Auftragnehmer mitzuteilen und binnen 18 Werktagen nach dieser Mitteilung auf ein Sperrkonto bei dem vereinbarten Geldinstitut einzuzahlen. Gleichzeitig muss er veranlassen, dass dieses Geldinstitut den Auftragnehmer von der Einzahlung des Sicherheitsbetrags benachrichtigt. Nummer 5 gilt entsprechend.

2. Bei kleineren oder kurzfristigen Aufträgen ist es zulässig, dass der Auftraggeber den einbehaltenen Sicherheitsbetrag erst bei der Schlusszahlung auf ein Sperrkonto einzahlt.

3. Zahlt der Auftraggeber den einbehaltenen Betrag nicht rechtzeitig ein, so kann ihm der Auftragnehmer hierfür eine angemessene Nachfrist setzen. Lässt der Auftraggeber auch diese verstreichen, so kann der Auftragnehmer die sofortige Auszahlung des einbehaltenen Betrags verlangen und braucht dann keine Sicherheit mehr zu leisten.

4. Öffentliche Auftraggeber sind berechtigt, den als Sicherheit einbehaltenen Betrag auf eigenes Verwahrgeldkonto zu nehmen; der Betrag wird nicht verzinst.

(7) Der Auftragnehmer hat die Sicherheit binnen 18 Werktagen nach Vertragsabschluss zu leisten, wenn nichts anderes vereinbart ist. So weit er diese Verpflichtung nicht erfüllt hat, ist der Auftraggeber berechtigt, vom Guthaben des Auftragnehmers einen Betrag in Höhe der vereinbarten Sicherheit einzubehalten. Im Übrigen gelten die Nummern 5 und 6 außer Nr. 1 Satz 1 entsprechend.

(8) 1. Der Auftraggeber hat eine nicht verwertete Sicherheit für die Vertragserfüllung zum vereinbarten Zeitpunkt, spätestens nach Abnahme und Stellung der Sicherheit für Mängelansprüche, zurückzugeben, es sei denn, dass Ansprüche des Auftraggebers, die nicht von der gestellten Sicherheit für Mängelansprüche umfasst sind, noch nicht erfüllt sind. Dann darf er für diese Vertragserfüllungsansprüche einen entsprechenden Teil der Sicherheit zurückhalten.

2. Der Auftraggeber hat eine nicht verwertete Sicherheit für Mängelansprüche nach Ablauf von zwei Jahren zurückzugeben, sofern kein anderer Rückgabezeitpunkt vereinbart worden ist. Soweit jedoch zu diesem Zeitpunkt seine geltend gemachten Ansprüche noch nicht erfüllt sind, darf er einen entsprechenden Teil der Sicherheit zurückhalten.

Schrifttum: *Amelung,* Der Sicherheitseinbehalt gemäß § 17 Abs. 6 VOB/B in der Insolvenz des Auftraggebers, BauR 1999, 801; *Bach,* Gewährleistungsbürgschaften der Kautionsversicherer – Zu den Versuchen, den Umfang der Bürgschaftsverpflichtung zu beschränken, IBR 2005, 592; *Belz,* Gewährleistungsbürgschaft auf erstes Anfordern – und noch kein Ende, ZfBR 1998, 1; *Berger,* Die Vertragserfüllungssicherheit, BauRB

2005, 86 ff.; *Bergström/Schultsz/Käser,* Garantieverträge im Handelsverkehr, 1972; *Beyer/Zuber,* Die Gewährleistungsbürgschaft auf erstes Anfordern im Bauvertragsrecht, MDR 1999, 1298; *Biebelheimer,* Der Anspruch auf Herausgabe einer als Austauschsicherheit gewährten Bürgschaft, NZBau 2002, 122; *Blank,* Bürgschaft im Bauträgervertrag; ZfIR 2001, 785; *Blau,* Blockierung der Auszahlung einer Bankgarantie auf erstes Anfordern durch Arrest und Hinterlegung?, WM 1988, 1474; *Bomhard,* Die Gewährleistungsbürgschaft auf erstes Anfordern auf dem Prüfstand des Bundesgerichtshofs, BauR 1998, 179; *Brauns,* Die Bürgschaft auf erstes Anfordern als Sicherungsmittel gemäß § 17 VOB/B, BauR 2002, 704; *ders.,* Die jüngere Entwicklung der Rechtsprechung zum Ersetzungsrecht nach § 17 Abs. 3 VOB/B, BauR 2002, 1465; *Bormann/Graßnack/ Kessen,* Die Rechtsprechung des VII. Zivilsenats zum Bauvertrags- und Architektenrecht im Jahr 2005, BauR 2006, 286 ff.; *Bräuer,* Der Verjährungsbeginn bei der Gewährleistungsbürgschaft, NZBau 2007, 477 ff.; *Breyer,* Nochmals: Zur Frage der Wirksamkeit der Vereinbarung einer Bürgschaft auf erstes Anfordern in Allgemeinen Geschäftsbedingungen auf Basis einer Gesamtbetrachtung der betroffenen Rechtsverhältnisse, BauR 2001, 1192; *Bschorr/Putterer,* Zur Frage der Anwendbarkeit des § 648a BGB nach der Abnahme oder Kündigung BauR 2001, 1497; *Buscher,* Recht auf Sicherheit gemäß § 648a BGB gegenüber treuhänderischem Sanierungs- bzw. Entwicklungsträger im Sinne der §§ 157, 167 BauGB, BauR 2002, 1288; *Bydlinski,* Die Bürgschaft auf erstes Anfordern: Darlegungs- und Beweislast bei Rückforderung durch den Bürgen, WM 1990, 1401; *Clemm,* Die Stellung der Gewährleistungsbürgen, insbesondere bei der Bürgschaft auf erstes Anfordern, BauR 1987, 123; *Cordes,* Telefax und Übereilungsschutz, NJW 1993, 2427; *Daub,* Nochmals: Sicherheitsleistung durch Einbehalt, BauR 1977, 24 (Stellungnahme zu ; *Heiermann,* BauR 1976, 73 und ; *Kahle,* BauR 1976, 329); *Diehr,* Wirksamkeit von AGB über Vertragserfüllungssicherheiten zugunsten des Auftraggebers gemessen an § 632a BGB und unter Berücksichtigung von § 648a BGB, ZfBR 2001, 435; *Döhle,* Sicherheitseinbehalt und Umsatzsteuer, BauR 2006, 14 ff.; *Eichner,* Überlegungen zur Bedeutung von § 17 Abs. 6 Nr. 4 VOB/B für öffentlich-rechtliche Kreditinstitute, BauR 2001, 1665; *Engbers,* Kein Anspruch auf Gewährleistungssicherheit vor Abnahme, NZBau 2011, 539–541; *Erdmann,* Formularmäßig versprochene Vertragserfüllungsbürgschaften auf erstes Anfordern in der Insolvenz des Auftragnehmers, ZfIR 2003, 361 ff.; *Feldhahn,* Vertragliche Sicherheiten vs. Mängelrechte des Auftraggebers, BauR 2007, 1466 ff.; *ders.,* Bürgschaftsverwertung nach Verjährungseintritt gemäß § 17 Nr. 8 VOB/B, ZfBR 2009, 3 ff.; *Fischer,* Aktuelle Rechtsprechung des Bundesgerichtshofs zur Bürgschaft auf dem Schuldbeitritt, WM 1998, 1705 ff., 1749 ff.; *Fischer,* Schutz vor missbräuchlicher Nutzung der Bürgschaft auf erstes Anfordern, WM 2005, 529 ff.; *Gartz,* Frühzeitige Herausgabe der Sicherheit für Mängelansprüche nach § 17 Abs. 8 Nr. 2 VOB/B – zugleich Besprechung von BGH, Urt. v. 9.7.2015 – VII ZR 5/15, NZBau 2016, 346 ff.; *Gay,* Der Beginn der Verjährungsfrist bei Bürgschaftsforderungen, NJW 2005, 2585; *Gehle,* Die Sicherheitsbürgschaft des Subunternehmers, BauR 1982, 338; *Greeve/Müller,* Die strafrechtliche Relevanz der Nichteinzahlung des Sicherheitseinbehaltes auf ein Sperrkonto gem. § 17 VOB/B, NZBau 2000, 239; *Groß,* Die Ablösung eines Garantierückbehalts durch Bankbürgschaft, BIGBW 1970, 191; *ders.,* Die Umkehrsteuer des § 13b UStG und der Sicherheitseinbehalt nach § 17 VOB/B, BauR 2005, 1084 ff.; *Hänsel/Clasen,* Mängelansprüche und Bürgschaftsansprüche: Unterschiedliche Verjährung, NJW-spezial 2008, 268 ff.; *Hahn,* Die Bürgschaft auf erstes Anfordern, MDR 1999, 839; *Harbrecht,* Die Auswirkungen der Einführung des § 1a Arbeitnehmer-Entsendegesetzes, BauR 1999, 1376; *Hartung,* Gewährleistungseinbehalte und Ablösungsbefugnisse in Bauverträgen, NZBau 2000, 371; *Heidland,* Welche Änderungen ergeben sich für den Bauvertrag durch die Insolvenzordnung im Verhältnis zur bisherigen Rechtslage?, BauR 1998, 643; *Heiermann,* Die Bürgschaft auf erstes Anfordern, Festschrift Soergel 1993, S. 73 ff.; *ders.,* Die Sicherheitsleistung durch Bürgschaft nach der Verdingungsordnung für Bauleistungen, BB 1977, 1575; *ders.,* Die Sicherheitsleistung durch Einbehalt nach § 17 Abs. 6 VOB/B, BauR 1976, 73, dazu ; *Kahle,* BauR 1976, 329; *ders.,* BauR 1976, 73; *Hickl,* Die Bürgschaft auf „erstes Anfordern" zur Ablösung eines Gewährleistungseinbehaltes, BauR 1979, 463; *Hildebrandt,* Folgen einer unwirksamen Sicherungsabrede im Bauvertrag, ZfIR 2002, 872; *ders.,* Dogmatische Einordnung der Auszahlung eines Sicherheitseinbehalts bei unwirksamer Sicherungsabrede, ZfIR 2003, 221 ff.; *ders.,* Keine ergänzende Vertragsauslegung bei formularmäßig unwirksam vereinbarter Gewährleistungsbürgschaft auf erstes Anfordern, ZfIR 2005, 105 f.; *ders.,* Zur Unwirksamkeit vertraglicher Sicherungsabreden und zu den Möglichkeiten einer Verwertung der Sicherheit trotz unwirksamer Sicherungsabrede, BauR 2007, 203 ff.; *Hök,* Zur Absicherung der Verpflichtungen aus einem FIDIC-Bauvertrag durch Bankgarantien und Bürgschaften in der internationalen Praxis, ZfBR 2003, 527 ff.; *Hogrefe,* Zur Unwirksamkeit formularmäßiger Verpflichtungen zur Stellung von Vertragserfüllungs- und Mängelgewährleistungsbürgschaften „auf erstes Anfordern" in Bau-, Werk- und Werklieferungsverträgen und die sich daraus ergebenden Rechtsfolgen, BauR 1999, 111; *ders.,* Nochmals zur Unwirksamkeit formularmäßiger Verpflichtungen zur Stellung von Vertragserfüllungs- und Mängelgewährleistungsbürgschaften „auf erstes Anfordern" in Bau-, Werk- und Werklieferungsverträgen und die sich daraus ergebenden Rechtsfolgen, BauR 2003, 17 ff.; *Holatka,* Unwirksamkeit einer Sicherheitenabrede bei unangemessener Gesamtbelastung des Auftragnehmers?, NZBau 2016, 737 ff.; *Hormann,* Die Gewährleistungsbürgschaft BauRB 2004, 278 ff.; *Horn,* Bürgschaften und Garantien zur Zahlung auf erstes Anfordern, NJW 1980, 2153; *ders.,* Bürgschaften und Garantien, RWS-Skript 94, 8. Auflage 2001; Internationale Handelskammer (Hg.), Einheitliche Richtlinien für auf Anfordern zahlbare Garantien Publ. Abs. 458 (1992); *Jedzig,* Aktuelle Rechtsfragen der Bankgarantie auf erstes Anfordern, WM 1988, 1469; *Joussen,* Der öffentliche Auftraggeber im Sinne des § 17 Abs. 6 Nr. 4 VOB/B, BauR 2002, 371 ff.; *ders.,* Zukunft der Vertragserfüllungsbürgschaft auf erstes Anfordern, BauR 2003, 13 ff.; *ders.,* Die Bürgschaft auf erstes Anfordern in AGB der öffentlichen Hand, BauR 2004, 582 ff.; *ders.,* Die Anforderungen an ein Sperrkonto nach § 17 Abs. 5 und Abs. 6 Nr. 1 VOB/B, BauR 2004, 1677 ff.; *Kahle,* Zur Frage der

Sicherheitsleistung § 17 VOB/B

Sicherheitsleistung durch Einbehalt nach § 17 Abs. 6 VOB/B, BauR 1976, 329 (Stellungnahme zu Heiermann BauR 1976, 73); *Kainz,* Zur Unwirksamkeit von Vertragserfüllungs- und Gewährleistungsbürgschaften auf erstes Anfordern in der deutschen Bauwirtschaft und die sich daraus ergebenden Rechtsfolgen, BauR 1995, 616; *Kern,* Die neue Regelung der Mängelansprüche und Sicherheitsleistung in den §§ 13 und 17 VOB/B 2002, BauR 2003, 793 ff.; *Kiesel,* Die VOB 2002 – Änderungen, Würdigung, AGB-Problematik, NJW 2002, 2064; *Kleefisch/Herchen,* Berücksichtigung des Sicherungseinbehalts nach § 17 Abs. 6 VOB/B bei §§ 648a, 648 BGB oder doppelte Absicherung des Unternehmers?, NZBau 2006, 201 ff.; *Kleine-Moeller,* Die Sicherung bauvertraglicher Ansprüche durch Bankbürgschaft und Bankgarantie, NZBau 2002, 585; *Kohte,* Die Stellung des Schuldbeitritts zwischen Bürgschaft und Schuldübernahme, JZ 1990, 997; *Koppmann,* Verträge am Bau: Verjährung von Bürgschaftsforderungen, IBR 2005, 489; *Korbion,* Besondere Sicherheitsleistungen im bauvertraglichen Bereich, ; *Heiermann,* 1995, 217; *Korbion, Claus-Jürgen,* Leitsätze neue Entscheidungen zum öffentlichen und privaten Baurecht sowie verwandter Rechtsgebiete, BauR 2001, 1296; *Krakowsky,* Formularmäßige Bürgschaftsklauseln auf erstes Anfordern – „Freibrief" für Auftraggeber?, BauR 2002, 1620; *Kratzenberg,* Der Beschluss des DVA-Hauptausschusses zur Neuherausgabe der VOB 2002, NZBau 2002, 177; *Kreikenbohm,* Der Verlust von Gewährleistungseinbehalten gemäß § 17 Abs. 6 VOB/B, BauR 2001, 1667; *Krüger-Doyé,* Neue Entwicklungen im Baurecht, DRiZ 2002, 383 ff.; *Kuffer,* Sicherungsvereinbarungen im Bauvertrag, BauR 2003, 155 ff.; *Graf Lambsdorff/Skora,* Handbuch des Bürgschaftsrechts, 1994; *Latinovic/Moufang,* Die unwirksame Bürgschaft auf erstes Anfordern, BauRB 2005, 114 ff.; *Lauer,* Wem ist die Bürgschaftsurkunde zurückzugeben?, NZBau 2003, 318 ff.; *Leinemann,* Sicherheitsleistung im Bauvertrag: Abschied vom Austauschrecht nach § 17 Abs. 3 VOB/B?, NJW 1999, 262; *Leineweber,* Die Rechte des Bauunternehmers im Konkurs des Auftraggebers, BauR 1980, 510; *Lubojanski,* Bürgschaftsanspruch kann vor Hauptanspruch verjähren, IBR 2004, 420; *Maas,* Auszahlung des Gewährleistungseinbehalts ohne Bürgschaftsstellung, Festschrift Vygen (1999), S. 327; *Masloff/Langer,* Richtungswechsel bei der Vertragserfüllungsbürgschaft in der Insolvenz des Bauunternehmers, ZfIR 2003, 269 ff.; *Maxem,* Herausgabe und Verwertung von Bürgschaften nach Verjährung der Hauptschuld, NZBau 2007, 72 ff.; *May,* Die Gewährleistungsbürgschaft (Mängelrechtsbürgschaft) im Bauvertrag – Das von den Bauvertragsparteien vereinbarte ist nicht stets das vom Bürgen geschuldete, BauR 2007, 187 ff.; v. *Minckwitz/Hahn,* Die „Kombi-Sicherheit" – Sicherung von Mängelansprüchen durch Vertragserfüllungsbürgschaft, BrBp 2003, 94 ff.; *Moufang/Kopfitz,* Zum formularvertraglichen Verzicht des Bürgen auf die Einreden aus § 768 BGB in bauvertraglichen Sicherungsabreden, BauR 2002, 1314; *Moufang/Bischofberger,* AGB-Klauseln über Gewährleistungssicherheiten im Bauvertrag, BauRB 2005, 341 ff.; *Nielsen,* Rechtsmissbrauch bei der Inanspruchnahme von Bankgarantien als typisches Problem der Liquiditätsfunktion abstrakter Zahlungsversprechen, ZIP 1982, 253; *Oberhauser,* Das Ende des Sperrkontos nach § 17 Abs. 6 VOB/B?, BrBP 2004, 136 ff.; *Otto,* Zur Ablösung des Bareinbehaltes durch Gewährleistungsbürgschaft beim VOB-Vertrag, BauR 1999, 322; *Pasker,* Der Rückforderungsanspruch bei der Bürgschaft auf erstes Anfordern, NZBau 2000, 279; *Pause,* Bauträgervertrag: Gesetzliche Defizite bei der Abnahme und der Mängelhaftung?, ZfIR 2006, 356 ff.; *Pleyer,* Die Bankgarantie im zwischenstaatlichen Handel, WM, Sonderbeilage Abs. 2/1973; *Preussner,* Die baurechtliche Gewährleistungsbürgschaft und allgemeine Geschäftsbedingungen, BGH Report 2004, 288; *Quack,* Der Eintritt des Sicherungsfalles bei den Bausicherheiten nach § 17 VOB/B und ähnlichen Gestaltungen, BauR 1997, 754; *ders.,* Die Bauhandwerkersicherung – Ketzerisches zu einem immer noch ungelösten Problem, BauR 1995, 319; *Rathjen,* Abnahme und Sicherheitsleistung beim Bauvertrag, BauR 2002, 242; *Reinelt,* Die Überlappung von Sicherungen im Bauvertrag – Anmerkung zum Urteil des BGH vom 1.10.2014 – VII ZR 164/12 – jurisPR – BGHzivilR 22/2014 Anm. 1; *Retemeyer,* Sicherheitsleistung durch Bankbürgschaft, 1995; *Ripke,* Eine kritische Diskussion der Rechtsprechung des BGH aus dem Jahre 1993 zu § 17 Abs. 8 VOB/B, IBR 2006, 2; *ders.,* Sicherheitsleistung durch „Bankbürgschaft", IBR 2015, 1001 (nur online); *ders, .* Uneingeschränkter Verzicht auf Einrede der Anfechtung ist unwirksam, IBR 2015, 1016 (nur online); *Rixecker,* Die Sicherheitshypothek des zur Sicherheitsleistung verpflichteten Bauunternehmers, MDR 1982, 718; *Rodemann,* Sicherheitseinbehalt und Klage auf künftige Leistung, BauR 2002, 1477; *ders.,* Ablösung eines Sicherheitseinbehalts, BauR 2004, 1539 ff.; *ders.,* Bauhandwerkersicherung und Nachträge, BauR 2013, 845–848; *Roquette/Giesen,* Vertragserfüllungsbürgschaft auf erstes Anfordern in Allgemeinen Geschäftsbedingungen, NZBau 2002, 547; *ders.,* Die Zulässigkeit aufschiebend bedingter Bürgschaftserklärungen, NZBau 2003, 297 ff.; *Schmeel,* Bürgschaften und Bauvertrag, MDR 2000, 7; *ders.,* „Neues" Bürgschaftsrecht, BauRB 2005, 23 ff.; *ders.,* AGB-Klauseln mit Verfalldatum – mehr Rechtssicherheit?, BauRB 2005, 217 ff.; *Schmidt,* Die Vertragserfüllungsbürgschaft auf erstes Anfordern in Allgemeinen Geschäftsbedingungen, BauR 2002, 21; *ders.,* Sind öffentlich-rechtliche Kreditinstitute öffentliche Auftraggeber gemäß § 17 Abs. 6 Nr. 4 VOB/B?, BauR 2002, 385; *ders.,* Die Rechtsprechung des Bundesgerichtshofs zum Bau-, Architekten- und Statikerrecht, WM Sonderbeilage Abs. 3/2003; *ders.,* Sind öffentlich-rechtliche Kreditinstitute öffentliche Auftraggeber gemäß § 17 Abs. 6 Nr. 4 VOB/B?, BauR 2002, 385 f.; *Schmidt/Winzen,* Handbuch der Sicherheiten am Bau 2000; *Schmitz/Vogel,* Die Sicherung von bauvertraglichen Ansprüchen durch Bürgschaft nach der Schuldrechtsreform, ZfIR 2002, 509; *Schmitz,* Sicherheiten für die Bauvertragsparteien, IBR-Reihe (www.ibr-online.de), Stand 14.7.2006; *ders.,* Handlungsmöglichkeiten von Auftragnehmer und Auftraggeber in der wirtschaftlichen Krise des Vertragspartners, BauR 2005, 169 ff.; *Schulze-Hagen,* Übermäßige AGB-Klauseln: Kassation oder Reduktion, BauR 2003, 785 ff.; *ders.,* Die Vertragserfüllungsbürgschaft, BauR 2007, 170 ff.; *Schwärzel/Peters,* Die Bürgschaft im Bauvertrag, Baurechtliche Schriften, Band 22, 1992; *Schwenker,* Die VOB/B 2002, 1143; *Schwenker/Heinze,* Die VOB/B 2002, BauR 2002, 1143; *Seibel,* Die Vertragserfüllungsbürgschaft auf erstes Anfordern in allgemeinen Geschäftsbedingungen eines Bauvertrags, BrBp 2005,

398 ff.; *Siegburg*, Die Bürgschaft auf erstes Anfordern im Bauvertrag, ZfIR 2002, 709; *ders.*, Zur formularmäßigen Vereinbarung eines Sicherheitseinbehalts im Bauvertrag, ZfIR 2004, 89 ff.; *Sienz*, Vereinbarungen von Bürgschaften auf erstes Anfordern in AGB – ein Auslaufmodell?, BauR 2000, 1249; *Sohn*, Die Rechtsprechung des Bundesgerichtshofs in Bausachen zum Problemkreis der Bürgschaft auf erstes Anfordern und die sich daraus ergebenden Konsequenzen für die beteiligten Verkehrskreise, ZfBR 2003, 110 ff.; *Stammkötter*, Das Sperrkonto – ein bequemer Weg zum Sicherheitseinbehalt?, BauR 2003, 1287 ff.; *Steckhan*, AGB öffentlicher Auftraggeber: Sicherung von Vertragserfüllungsansprüchen durch Bürgschaften auf erstes Anfordern, BrBp 2004, 384; *Steinbach*, Ablösung des Sicherheitseinbehaltes durch Gewährleistungsbürgschaft nach Vorausabtretung der Gewährleistungsansprüche, WM 1988, 809; *Tempel*, Ist die VOB/B noch zeitgemäß? – Eine kritische Skizze zur Neufassung 2002, NZBau 2002, 465 und 532; *Theurer*, Behandlung von Sicherheitseinbehalten in den Fällen der Umkehr der Umsatzsteuerschuldnerschaft nach § 13b Nr. 1 Satz 1 Abs. 4 UStG, BauR 2006, 7 ff.; *Thierau*, Sicherheiten beim Bauvertrag – Aktuelle Fragen, Jahrbuch Baurecht 2000, 66 ff.; *ders.*, § 648a BGB nach Abnahme – „Rückschlagsicherung" gegen Mängeleinreden?, NZBau 2000, 14; *ders.*, Rezension zu BGH, Urt. v. 9.7.2015 – VI ZR 5/15 – Rückgabe der Gewährleistungsbürgschaft nach Verjährung der Mängelansprüche, NJW 2015, 2962 f.; *Thode*, Aktuelle höchstrichterliche Rechtsprechung zur Sicherungsabrede in Bauverträgen, ZfBR 2002, 1; *ders.*, Erfüllungs- und Gewährleistungssicherheiten in innerstaatlichen und grenzüberschreitenden Bauverträgen, ZfBR 2000, 165; *ders.*, Werkleistung und Erfüllung im Bau- und Architektenvertrag, ZfBR 1999, 116; *ders.*, Aktuelle höchstrichterliche Rechtsprechung zur Sicherungsabrede in Bauverträgen, ZfBR 2002, 4 ff.; *Tiedtke*, Der Umfang des Schriftlichkeitserfordernisses bei der Bürgschaft, WM 1989, 737; *ders.*, Rechtsprechung des BGH auf dem Gebiet des Bürgschaftsrechts seit 1997, NJW 2001, 1015; *ders.*, Die Rechtsprechung des BGH auf dem Gebiet des Bürgschaftsrechts seit 2003, NJW 2005, 2498 ff.; *Timme*, Aktuelle Entwicklungen zur Zulässigkeit der Bürgschaft auf erstes Anfordern, MDR 2003, 1094 ff.; *Trapp/Werner*, Herausgabe von Vertragserfüllungs- und Gewährleistungsbürgschaftsurkunden, BauR 2008, 1209 ff.; *Vogel*, Rückforderungsprozess aus Bürgschaft auf erstes Anfordern im Urkundsverfahren, BauR 2002, 131; *ders.*, Bürgschaften in der Insolvenz, BauR 2005, 218 ff.; *Voit*, Neue Entwicklungen im Recht der Erfüllungsbürgschaft auf erstes Anfordern, ZfIR 2004, 709 ff.; *ders.*, Einzahlung statt Auszahlung des Sicherheitseinbehalts nach Stellen einer Bürgschaft?, ZfIR 2006, 407 ff.; *Vosberg*, Die Kautionsversicherung in der Insolvenz des Unternehmers, ZIP 2002, 968 ff.; *Vygen/Döring/Wirth/Locher/Joussen*, Kommentierung der mit der Fassung 2002 geänderten Vorschriften der VOB/B – Sonderausgabe Zeitschrift BauR zur VOB/B 2002, Heft 11a November 2002 (zitiert: Bearbeiter BauR 2002, Heft 11a, Seite); *Walther*, Der Verzicht des Bürgen auf die Einrede der Verjährung des Anspruchs gegen den Hauptschuldner, NJW 1994, 2337; *Weimer*, Die Entwicklung des privaten Baurechts im Jahr 2004, DWW 2005, 143 ff.; *Weise*, Bürgschaftslösungen zu §1 a AEntG, NZBau 2000, 229; *ders.*, Die Bedeutung der Mangelerscheinung im Gewährleistungsrecht, BauR 1991, 19; *ders.*, Sicherheiten im Baurecht 1999; *ders.*, Verjährung von Bürgschaftsforderungen zum 31.12.2004, NJW-spezial 2004, 357 ff.; *ders.*, Vorkasse gegen Bürgschaft, NJW-spezial 2004, 69 ff.; v. *Westphalen*, Die Bankgarantie im internationalen Zahlungsverkehr, 2. Aufl. 1990; *von Westphalen*, Neueste AGB-rechtliche Entwicklungen zur Bürgschaft, ZfIR 2016, 369 ff.; *Weth*, Bürgschaft und Garantie auf erstes Anfordern, AcP 1989, 303; v. *Wietersheim*, Vorsicht bei Gewährleistungseinbehalten, MDR 1998, 630; *Zeller*, Probleme bei der Abtretung einer Garantie „auf erstes Anfordern", BB 1990, 363.

Übersicht

	Rn.
I. Grundlagen	1
1. Sicherheit nur für den Auftraggeber	3
2. Notwendigkeit vertraglicher Vereinbarungen	4
3. Abgrenzung zu Leistungsverweigerungsrechten	12
4. Verhältnis zu § 9 Abs. 7 und 8 VOB/A (n. F.)	15
5. Sicherheitsleistung für den Auftragnehmer	16
II. Vereinbarung und Zweck der Sicherheitsleistung (§ 17 Abs. 1 VOB/B)	17
1. Vereinbarung der Sicherheitsleistung (§ 17 Abs. 1 Nr. 1 VOB/B)	17
a) Eindeutige Vereinbarung notwendig	17
b) Vertragliche Vereinbarung und §§ 305 ff. BGB	23
c) Anwendung der §§ 232 bis 240 BGB	57
2. Zweck der Sicherheitsleistung (§ 17 Abs. 1 Nr. 2 VOB/B)	58
a) Sicherheit für die Vertragserfüllung	58
b) Sicherheit für Mängelansprüche (Gewährleistungssicherheit)	70
c) Andere vereinbarte Sicherungszwecke	83
3. Höhe der Sicherheitsleistung	85
III. Art der Sicherheitsleistung (§ 17 Abs. 2 VOB/B)	98
1. Keine andere Vereinbarung im Vertrag	98
2. Einbehalt von Geld	99
3. Hinterlegung von Geld	100
4. Bürgschaft	101

IV. Wahl- und Austauschrecht des Auftragnehmers (§ 17 Abs. 3 VOB/B) 103
   1. Wahlrecht des Auftragnehmers (§ 17 Abs. 3 1. Halbsatz VOB/B) 104
   2. Austauschrecht des Auftragnehmers (§ 17 Abs. 3 2. Halbsatz VOB/B) 105
      a) Ersetzungsrecht als Besonderheit der VOB/B 105
      b) Vertragliche Beschränkungen des Austauschrechts 107
      c) Durchführung des Austauschs, insbesondere: Auszahlung Bareinbehalt gegen Bürgschaft 117
V. Sicherheitsleistung durch Bürgschaft (§ 17 Abs. 4 VOB/B) 123
   1. Bürgschaft und gesetzliche Bestimmungen 123
   2. Tauglicher Bürge (§ 17 Abs. 4 Satz 1 VOB/B) 128
   3. Schriftform (§ 17 Abs. 4 Satz 1 1. Halbsatz VOB/B) 130
   4. Verzicht auf Einrede der Vorausklage (§ 17 Abs. 4 Satz 2 1. Halbsatz VOB/B) 133
   5. Keine Zeitbegrenzung (§ 17 Abs. 4 Satz 2 2. Halbsatz VOB/B) 139
   6. Ausstellung nach Vorschrift des Auftraggebers (§ 17 Abs. 4 Satz 2 2. Halbsatz VOB/B) 141
   7. Bürgschaft auf erstes Anfordern (§ 17 Abs. 4 Satz 3 VOB/B) 142
      a) Allgemein 142
      b) Bedeutung der Bürgschaft auf erstes Anfordern im Verhältnis Gläubiger – Bürge 146
      c) Formularmäßige Sicherheitenabrede zur Stellung einer Bürgschaft auf erstes Anfordern (Verhältnis Gläubiger (AG) – Schuldner (AN)) 157
      d) Vereinbarung einer Bürgschaft auf erstes Anfordern durch individuelle Sicherheitenabrede 178
      e) Weitere Einzelheiten zur Bürgschaft auf erstes Anfordern 179
   8. Verwertung der Bürgschaft 188
   9. Verjährung 192
VI. Sicherheit durch Hinterlegung von Geld (§ 17 Abs. 5 VOB/B) 195
   1. Hinterlegung – Abgrenzung zur Hinterlegungsordnung (§ 17 Abs. 5 Satz 1 1. Halbsatz VOB/B) 195
   2. Zu vereinbarendes Geldinstitut (§ 17 Abs. 5 Satz 1 2. Halbsatz VOB/B) 197
   3. Gemeinsame Verfügung über das Sperrkonto (§ 17 Abs. 5 Satz 1 2. und 3. Halbsatz VOB/B) 198
   4. Zinsanspruch des Auftragnehmers (§ 17 Abs. 5 Satz 2 VOB/B) 199
VII. Sicherheit durch Einbehalt (§ 17 Abs. 6 VOB/B) 200
   1. Vereinbarung des Einbehalts durch Teilbeträge (§ 17 Abs. 6 Nr. 1 VOB/B) ... 200
      a) Vereinbarung des Einbehalts (§ 17 Abs. 6 Nr. 1 Satz 1 1. Halbsatz VOB/B) 201
      b) Höhe des Einbehalts und der Sicherheitssumme (§ 17 Abs. 6 Nr. 1 Satz 1 2. Halbsatz VOB/B) 202
      c) Bemessungsgrundlage des Sicherheitseinbehalts im Hinblick auf § 13b UStG (§ 17 Nr. 1 Satz 2 VOB/B) 203
      d) Mitteilung des Einbehalts und Einzahlung auf Sperrkonto (§ 17 Abs. 6 Nr. 1 Satz 3 VOB/B) 204
      e) Benachrichtigung des Auftragnehmers (§ 17 Abs. 6 Nr. 1 Satz 4 VOB/B) 206
      f) Entsprechende Anwendung von § 17 Abs. 5 VOB/B (§ 17 Abs. 6 Nr. 1 Satz 5 VOB/B) 207
   2. Ausnahme bei Kleinaufträgen (§ 17 Abs. 6 Nr. 2 VOB/B) 208
   3. Rechtsfolge bei Pflichtverstoß: Verlust der Sicherheit (§ 17 Abs. 6 Nr. 3 VOB/B) 210
      a) Nachfristsetzung durch Auftragnehmer (§ 17 Abs. 6 Nr. 3 Satz 1 VOB/B) 211
      b) Sofortige Auszahlung des Einbehalts (§ 17 Abs. 6 Nr. 3 Satz 2 VOB/B) ... 212
      c) Kein Anspruch auf künftige Sicherheit 214
   4. Keine Verzinsung beim öffentlichen Auftraggeber (§ 17 Abs. 6 Nr. 4 VOB/B) 215
VIII. Frist zur Sicherheitsleistung (§ 17 Abs. 7 VOB/B) 216
   1. Anwendungsbereich (§ 17 Abs. 7 Satz 1 VOB/B) 216
   2. Vereinbarung der Frist (§ 17 Abs. 7 Satz 1 VOB/B) 217
   3. Folgen nicht fristgerechter Sicherheitsleistung (§ 17 Abs. 7 Satz 2 VOB/B) ... 218
   4. Entsprechende Anwendung von § 17 Abs. 5 und Abs. 6 VOB/B (§ 17 Abs. 7 Satz 3 VOB/B) 219
IX. Rückgabe der Sicherheit (§ 17 Abs. 8 VOB/B) 220
   1. Vertragserfüllungssicherheit (§ 17 Abs. 8 Nr. 1 VOB/B) 221
      a) Zeitpunkt der Rückgabe (§ 17 Abs. 8 Nr. 1 Satz 1 1. und 2. Halbsatz VOB/B) 222

b) Zurückbehaltungsrecht bei nicht erfüllten Vertragserfüllungsansprüchen
(§ 17 Abs. 8 Nr. 1 Satz 1 3. Halbsatz VOB/B) 223
c) Umfang des Zurückbehaltungsrechts (§ 17 Abs. 8 Nr. 1 Satz 2 VOB/B) .. 226
2. Sicherheit für Mängelansprüche (Gewährleistungssicherheit) (§ 17 Abs. 8
Nr. 2 VOB/B) 228
a) Rückgabefrist: zwei Jahre/Vereinbarter Zeitpunkt (§ 17 Abs. 8 Nr. 2
Satz 1 VOB/B) 229
b) Zurückbehaltungsrecht bei nicht erfüllten Mängelansprüchen (§ 17 Abs. 8
Nr. 2 Satz 2 VOB/B) 231

I. Grundlagen

1 Der Begriff der „Sicherheitsleistung" ist gesetzlich nicht definiert. In den jeweils einschlägigen Bestimmungen des BGB und der VOB wird er jeweils vorausgesetzt. Sicherheitsleistung ist ein Mittel zur Abwendung der Gefahr zukünftiger Rechtsverletzungen und sonstiger Nachteile für den Gläubiger[1]. Die Sicherheiten dienen nicht unmittelbar der Erfüllung des Bauvertrags, sondern versuchen nur wirtschaftlich das Risiko auszugleichen, wenn eine Vertragspartei ihrer Verpflichtung nicht nachkommt. In der Regel sollen Sicherheiten dazu dienen, die Nichterfüllung der Vertragspflichten im Fall der Insolvenz auszugleichen. Sicherheiten haben daher eine **Hilfsfunktion**[2]; sie sind von anderen Absicherungsinstrumentarien (z. B. Leistungsverweigerungsrechten, Vertragsstrafenvereinbarungen[3]) abzugrenzen.

2 Eine weitere Abgrenzung sollte zu dem sprachlich unscharfen Begriff der **Sicherstellung** erfolgen. Hat z.B. im Rahmen eines Bauvertrags der Auftraggeber die Verpflichtung übernommen, die Sicherstellung der Werklohnforderung des Auftragnehmers innerhalb einer bestimmten Frist nach Abschluss des Werkvertrags „in geeigneter Form" schriftlich nachzuweisen, bedeutet dies nicht, dass der Auftraggeber eine Sicherheitsleistung in Form einer Bürgschaft oder einer sonstigen Zahlungszusage eines Bankinstituts gegenüber dem Auftragnehmer schuldet[4].

3 **1. Sicherheit nur für den Auftraggeber.** Wie sich aus dem klaren Wortlaut von § 17 Abs. 1 Nr. 2 („gesichert werden die vertragsgemäße Ausführung und die Mängelansprüche"/vormals: Gewährleistung) ergibt, befasst sich § 17 VOB/B nur mit der Sicherheitsleistung für den AG. Eine Sicherheitsleistung zugunsten des AN ist in § 17 VOB/B nicht geregelt. Grund hierfür ist, dass die VOB/B ursprünglich nur für öffentliche Auftraggeber vorgesehen war, bei denen eine Zahlungsunfähigkeit ausgeschlossen ist[5]. Ein Anspruch des Auftragnehmers auf Sicherheit gegen den Auftraggeber ergibt sich entweder auf Grund einer Vereinbarung im Bauvertrag (etwa durch eine Sicherungsabrede zur Stellung einer Zahlungsbürgschaft oder zur Sicherungsabtretung von Vergütungsforderungen des Generalunternehmers gegen den Bauherrn) oder auf Grund der gesetzlichen Bestimmungen in §§ 648 und 648a BGB, die ebenfalls voraussetzen, dass der Auftragnehmer aktiv die Absicherung seiner Vergütungsforderungen betreibt[6].

4 **2. Notwendigkeit vertraglicher Vereinbarungen.** Allein durch die Einbeziehung der VOB/B – oder der isolierten Vereinbarung von § 17 VOB/B[7] – wird die Pflicht zur Stellung einer Sicherheitsleistung nicht vereinbart. Es gibt ebenso **kein Gewohnheitsrecht oder Handelsbrauch,** aus dem der Auftraggeber bei einem Bauvertrag einen Anspruch auf Sicherheitsleistung herleiten könnte[8].

---

[1] Vgl. hierzu *Hildebrandt* in NWJS VOB/B § 17 Rdn. 15 f.; *Joussen* in Ingenstau/Korbion VOB/B § 17 Rdn. 2.

[2] *Weise* Sicherheiten im Baurecht, Rdn. 1.

[3] Vgl. hierzu nachfolgend I. 3.

[4] OLG Karlsruhe, Urt. v. 7.11.1996 – 19 U 228/95 Rdn. 20 ff. = BauR 1998, 791 (Revision durch Beschl. des BGH v. 18.12.1997 – VII ZR 382/96 – nicht angenommen).

[5] *Leinemann/Brauns* in LeinemannVOB/B § 17 Rdn. 15 m. w. N.

[6] Vgl. hierzu nachfolgend I. 5.

[7] Nach h. M. unproblematisch: OLG Karlsruhe, Urt. v. 5.10.1988 – 7 U 189/87 = BauR 1989, 203, 203 ff.; *Moufang/Koos* in Beck'scher VOB-Kommentar VOB/B vor § 17 Rdn. 8; *Joussen* in Ingenstau/Korbion VOB/B § 17 Rdn. 6; *Leinemann/Brauns* in Leinemann VOB/B § 17 Rdn. 4; OLG Stuttgart, Urt. v. 25.3.1988 – 2 U 155/87 = NJW-RR 1988, 786-788; a. A. jedoch *Weise* Sicherheiten im Baurecht, Rdn. 26.

[8] *Leinemann/Brauns* in Leinemann VOB/B § 17 Rdn. 19 m. w. N.; *Moufang/Koosin* Beck'scher VOB-Kommentar VOB/B vor § 17 Rdn. 30 m. w. N.

Auch durch die Vereinbarung von Abschlagszahlungen in Höhe von 95 % wird eine Sicherungsleistung für die Gewährleistungsphase nicht vereinbart[9]. Wenn nur die Absprache zwischen den Bauvertragsparteien besteht, dass von Abschlagsrechnungen ein Abschlag von 5 % einbehalten wird, ist die nach Abnahme gestellte Schlussrechnung ohne Abzug insgesamt fällig, also ohne dass ein Sicherheitseinbehalt vorgenommen werden kann[10]. **5**

Zurecht weisen Leinemann-Leinemann/Brauns[11] unter Verweis auf das Urteil des Bundesgerichtshofs[12] und das Urteil des Kammergerichts vom 15.4.1999[13] auf die bisweilen spitzfindige Unterscheidung zwischen einem Sicherheitseinbehalt und einer **Zahlungsmodalität** hin. Hintergrund für diese notwendige Abgrenzung ist folgende Situation: Der VOB-erfahrene Auftraggeber vereinbart im Bauvertrag, dass Abschlagszahlungen in Höhe von 95 % ausgezahlt werden; er vermeidet jedoch die Formulierung, dass von den Abschlagszahlungen „ein Einbehalt" in Höhe von 5 % vorgenommen wird. Dies erfolgt in Kenntnis der für den Auftraggeber ungünstigen Regelung in § 17 Abs. 6 VOB/B (ggfs. Verlust des Sicherungsrechts[14]) und häufig unter Berufung auf § 16 Abs. 1 VOB/B[15]. Voraussetzung für einen möglicherweise nach fruchtloser Nachfristsetzung für den Auftraggeber ungünstigen Verlust des Sicherungsrechts ist die vertragliche Vereinbarung eines Sicherheitseinbehalts, die jedoch nach der vom Auftraggeber vorgegebenen Formulierung (Auszahlung in Höhe von 95 %) zumindest zweifelhaft ist. Der Auftraggeber wird sich in diesen Fällen darauf berufen, dass es sich bei dieser Regelung lediglich um eine Zahlungsmodalität und nicht um die Vereinbarung eines Sicherheitseinbehalts handelt, so dass es dem Auftragnehmer abgeschnitten ist, die Einzahlung des nicht ausgezahlten Betrags auf ein Sperrkonto mit den Konsequenzen des § 17 Abs. 6 VOB/B zu verlangen. **6**

Diese Fälle werden wie folgt zu lösen sein: Unter Anwendung von §§ 133, 157 BGB wird sich mangels anderweitiger Anhaltspunkte die Vereinbarung, Abschlagszahlungen nur in Höhe von 95 % auszuzahlen, bei fehlender (ausdrücklicher) Festlegung dieser Regelung als Zahlungsmodalität dahingehend auslegen lassen, dass es sich hierbei – der üblichen täglichen Praxis entsprechend – um die Vereinbarung eines Sicherheitseinbehalts handelt. Konsequenz ist die Anwendbarkeit von § 17 Abs. 6 VOB/B. Als Indiz für den tatsächlichen Willen der Vertragsparteien kann auch das nachvertragliche Handeln des Auftraggebers bzw. des von ihm mit der Rechnungsprüfung beauftragten Planungsbüros angesehen werden. Üblicherweise wird der Auftragnehmer seine Abschlagsrechnungen auf den vollen Teil-Leistungsbetrag, also ohne vertraglich vereinbarte Abzüge (z. B. für Bauleistungsversicherung, Umlagen usw.) ausstellen. Es ist sodann Sache des Planungsbüros des Auftraggebers, im Rahmen der Feststellung der Höhe der Abschlagszahlung auch die vertraglich vereinbarten Abzüge sowie eventuelle Einbehalte für Mängel zu ermitteln[16]. Einer alten Praxis folgend wird der Vertreter des Bauherrn häufig auch bei der getroffenen Vereinbarung „Abschlagszahlung in Höhe von 95 %" die von ihm festgestellte berechtigte Abschlagszahlung um 5 % kürzen und hierbei das übliche Kürzel „SEB" (Sicherheitseinbehalt) verwenden. Liegen derartige – ggfs. in mehreren Rechnungsprüfungen wiederholte – Anhaltspunkte vor, kann auch hieraus auf den tatsächlichen Willen der Parteien geschlossen werden, dass durch die – ungenaue – Formulierung im Vertragstext die Vereinbarung eines Sicherheitseinbehalts gewollt war. **7**

Von der Annahme einer Zahlungsmodalität wird daher nur dann ausgegangen werden können, wenn dies **ausdrücklich** im Vertrag vereinbart wurde und die Parteien sich während der weiteren Vertragsabwicklung, insbesondere bei der Prüfung der Abschlagsrechnungen, konsequent hieran gehalten haben. Nur dann ist anzunehmen, dass es sich um eine Zahlungsmodalität handelt, durch die der gemäß § 16 Abs. 1 Nr. 1 Satz 1 VOB/B maßgebliche Prozentsatz für Abschlagszahlungen (100 %) vertraglich auf 95 % abgesenkt wurde[17]. **8**

Hierbei ist jedoch zu unterscheiden, für welche Leistungsphasen (bis zur Abnahme einerseits, nach der Abnahme andererseits) die Vereinbarung (Abschlagszahlung in Höhe von 95 %) im **9**

---

[9] BGH, Urt. v. 24.3.1988 – VII ZR 126/87 Rn. 8 f. = NJW-RR 1988, 851; *Leinemann/Brauns* in Leinemann VOB/B § 17 Rdn. 20 m. w. N.
[10] BGH, Urt. v. 24.3.1988 – VII ZR 126/87 Rdnrn. 8 f. = NJW-RR 1988, 851.
[11] *Leinemann/Brauns* in Leinemann VOB/B § 17 Rdn. 20.
[12] Urt. v. 24.3.1988 – VII ZR 126/87 = NJW-RR 1988, 851.
[13] Urt. v. 15.4.1999 – 10 U 49/98 = IBR 2000, 601 (Revision vom BGH mit Beschl. v. 7.9.2000 nicht angenommen – VII ZR 138/99).
[14] Vgl. nachfolgend VII.
[15] Vgl. hierzu § 16 Abs. 1 Nr. 2 Satz 2 VOB/B.
[16] Vgl. hierzu BGH, Urt. v. 7.2.2002 – III ZR 1/01 Rdnrn. 12 f. = NZBau 2002, 229 = ZfIR 2002, 446.
[17] A. A. KG, Urt. v. 15.4.1999 – 10 U 49/98 Rdnrn. 59 f. = IBR 2000, 601.

Zweifelsfall (vgl. vorstehend) als Sicherheitenvereinbarung anzusehen ist: Findet sich im Vertrag keine weitere Regelung als diese Formulierung, gilt die Sicherheitsvereinbarung nur für die Phase der Vertragserfüllung (mit der Konsequenz der Anwendbarkeit von § 17 Abs. 6 VOB/B für diese Phase), da Abschlagszahlungen ausschließlich vor Abnahme geleistet werden. Für die Gewährleistungsphase ist dann – in Übereinstimmung mit der Entscheidung des Bundesgerichtshofs vom 24.3.1988[18] keine Vereinbarung über eine Sicherheitsleistung getroffen worden.

10   Voraussetzung für die Anwendbarkeit von § 17 VOB/B ist somit eine klare vertragliche Absprache (die z. B. auch in besonderen oder zusätzlichen Vertragsbedingungen getroffen werden kann), dass der Auftragnehmer verpflichtet ist, dem Auftraggeber Sicherheit zu leisten. Hierfür trägt der Auftraggeber die Darlegungs- und Beweislast[19].

11   Hieraus folgt, dass aus dem Inhalt der Sicherheitenabrede im Bauvertrag auch hinreichend klar erkennbar wird, wofür Sicherheit geleistet werden soll. **Sicherungszweck und Voraussetzungen des Sicherungsfalls** sind in die Vereinbarung aufzunehmen[20]. Fehlt im Vertrag die Vereinbarung der Sicherheitsleistung, so kann eine Vereinbarung auch noch nachträglich getroffen werden. Nimmt z. B. der Auftraggeber – ohne Vereinbarung einer Sicherheit im Bauvertrag – im Rahmen der Prüfung der Abschlagsrechnungen des Auftragnehmers unwidersprochen mehrfach die Kürzung der Abschlagszahlungen um einen als solchen bezeichneten Sicherheitseinbehalt vor, wird man hierin die nachträgliche konkludente Vereinbarung einer Sicherheitsleistung zumindest für die Vertragserfüllungsphase sehen können.

12   **3. Abgrenzung zu Leistungsverweigerungsrechten.** Das (gesetzliche) Leistungsverweigerungsrecht knüpft daran an, dass Leistungen von Gegenleistungen abhängig sind, die wertmäßig in dem vertraglich vereinbarten Verhältnis zueinander stehen müssen[21]. Der Schuldner ist daher nur insoweit zur Gegenleistung verpflichtet, als die Leistung vertragsgemäß ist. Demgegenüber hat die Sicherheitsleistung den Zweck, einen noch nicht fälligen oder zurzeit noch nicht entstandenen Anspruch zu sichern[22]. Die Sicherheitsleistung kann nur in Höhe des vereinbarten Betrags beansprucht werden, ein Leistungsverweigerungsrecht kann auch den Einbehalt der gesamten noch geschuldeten Leistung rechtfertigen[23].

13   Eine Verbindung zwischen (vereinbarter) Sicherheit und einem Leistungsverweigerungsrecht besteht jedoch bei der Festlegung der Höhe eines Zurückbehaltungsrechts, bei der eine etwa geleistete Sicherheit im Einzelfall anzurechnen ist[24]. Obwohl grundsätzlich[25] dem Auftraggeber – solange ein Nachbesserungsanspruch besteht – ein Leistungsverweigerungsrecht wegen Werkmängeln grundsätzlich neben dem Sicherheitseinbehalt zusteht, darf hierdurch insgesamt **keine Übersicherung** eintreten[26].

14   Die grundsätzliche Unabhängigkeit von Leistungsverweigerungsrechten infolge von Mängelansprüchen des Auftraggebers von einem vereinbarten Sicherheitseinbehalt zeigt sich auch darin, dass der Auftraggeber gemäß § 17 Abs. 6 Nr. 3 VOB/B[27] sein Zurückbehaltungsrecht aus dem Sicherheitseinbehalt bei Vorliegen der dortigen Voraussetzungen (Verzug mit der Einzahlung auf Sperrkonto) verliert, nicht aber sein Zurückbehaltungsrecht aus Gewährleistung für behauptete bereits erkannte Mängel[28].

15   **4. Verhältnis zu § 9 Abs. 7 und 8 VOB/A (n. F.).** § 9 Abs. 7 und 8 VOB/A (n. F.)[29] enthalten keine unmittelbaren vertraglichen Pflichten der Bauvertragsparteien. Sie regeln ledig-

---

[18] BGH, Urt. v. 24.3.1988 – VII ZR 126/87 = NJW-RR 1988, 851.
[19] *Joussen* in Ingenstau/Korbion VOB/B § 17 Abs. 1 Rdn. 2.
[20] *Schwarz* in FKZGM/B § 17 Rdn. 3; *Thode* ZfIR 2000, 165, 166.
[21] *Grüneberg* in Palandt BGB § 273 Rdn. 1 ff., *Grüneberg* in Palandt § 320 BGB Rdn. 1, jew. m. w. N.
[22] *Hildebrandt* in NWJS VOB/B § 17 Rdn. 7.
[23] BGH, Urt. v. 4.7.1996 – VII ZR 125/95 = BauR 1997, 133-134; vgl. jedoch zur Höhe des Einbehalts bei § 17 Abs. 8 nachfolgend IX 1c und 2 b.
[24] BGH, Urt. v. 8.7.1982 – VII ZR 96/81 Rdn. 8 = BauR 1982, 579; BGH, Urt. v. 10.11.1983 – VII ZR 373/82 = BauR 1984, 166-170; *Joussen* in Ingenstau/Korbion VOB/B § 17 Rdn. 3 m. w. N.; *Leinemann/Brauns* in Leinemann VOB/B § 17 Rdn. 7 m. w. N.
[25] Vgl. BGH, Urt. v. 8.7.1982 – VII ZR 96/81 Rdn. 6 ff. = NJW 1982, 2494.
[26] BGH, Urt. v. 8.7.1982 – VII ZR 96/81 Rdnrn. 6 ff. = NJW 1982, 2494; OLG Köln Sch-F-H Abs. 1 zu § 17 VOB/B; *Hildebrandt* in NWJS VOB/B § 17 Rdn. 8 m. w. N.; *Leinemann/Brauns* in Leinemann VOB/B § 17 Rdn. 8 m. w. N.
[27] Vgl. hierzu nachfolgend VIII. 3.
[28] OLG Dresden, Urt. v. 1.8.2001 – 11 U 3125/00 Rdn. 20 = BauR 2001, 1918.
[29] Vgl. dortige Kommentierung.

lich Soll-Vorschriften für die Gestaltung der Vertragsbedingungen bzw. Ausschreibungsbedingungen der öffentlichen Auftraggeber. Teilweise wird empfohlen[30], die in § 9 Abs. 7 und 8 VOB/A enthaltenen Vorgaben zur Höhe für die im Werkvertrag zu regelnde Sicherheitsleistung nicht nur bei öffentlichen Aufträgen als Maßstab heranzuziehen, sondern auch bei Bauverträgen zwischen privaten Baubeteiligten. Dies geht an der Praxis vorbei. Üblich (und auch formularmäßig zulässig[31]) sind Sicherheitsleistungen für die Vertragserfüllung in Höhe von bis zu 10 % und für die Gewährleistung in Höhe von bis zu 5 % der Auftrags- bzw. Abrechnungssumme. Zur Höhe der jeweiligen Sicherheiten vergleiche auch nachfolgend II. 3.

5. Sicherheitsleistung für den Auftragnehmer. Die Möglichkeiten des Auftragnehmers, **16** seine Ansprüche aus dem Bauvertrag gegen den Auftraggeber durch vertragliche Vereinbarung oder auf Grund gesetzlicher Bestimmungen abzusichern, sind nicht Gegenstand der Regelungen in § 17 VOB/B.

II. Vereinbarung und Zweck der Sicherheitsleistung (§ 17 Abs. 1 VOB/B)

1. Vereinbarung der Sicherheitsleistung (§ 17 Abs. 1 Nr. 1 VOB/B). a) Eindeutige **17** **Vereinbarung notwendig.** Die Regelungen des § 17 VOB/B gelten nur dann, wenn eine Sicherheitsleistung vertraglich vereinbart worden ist. Die **Einbeziehung der VOB/B** als Vertragsbestandteil in den Werkvertrag allein **genügt nicht**. Es gibt **kein Gewohnheitsrecht oder einen Handelsbrauch,** aus dem der Auftraggeber einen Anspruch auf Sicherheitsleistung herleiten kann[32]. Auch die Vereinbarung im Vertrag, nach der Abschlagszahlungen in Höhe von 95 % geleistet werden bzw. nur in Höhe von 95 % ausgezahlt werden, genügt als Sicherheitsvereinbarung **für die Gewährleistungsphase** nicht[33].

Zur Vereinbarung der Sicherheitsleistung ist es ferner notwendig, dass sowohl ein klarer Bezug **18** zu dem konkreten Bauvertrag (Gegenstand der Sicherheitsleistung) geschaffen, als auch der Zweck der Sicherheit bezeichnet wird[34]. Der **Zeitpunkt der Sicherheitsvereinbarung** unterliegt der Disposition der Vertragsparteien. Wenn die Parteien im Rahmen eines Bauvertrags eine Sicherheitsleistung vereinbart haben und der Auftragnehmer den Sicherheitseinbehalt durch Übergabe einer **Konzernbürgschaft** ablöst, obwohl im Vertrag lediglich die Ablösung durch eine Gewährleistungsbürgschaft vereinbart ist, die auch (zunächst) vom Auftraggeber akzeptiert wird, hat der Auftragnehmer bei Insolvenz seiner Muttergesellschaft dem Auftraggeber auch vier Jahre später noch eine neue Bürgschaft zu stellen[35]. Üblich und zweckmäßig ist die Vereinbarung der Sicherungsabrede im Bauvertrag. Möglich ist eine derartige Vereinbarung auch in den dem Vertrag zugrundeliegenden besonderen oder zusätzlichen Vertragsbedingungen, Ausschreibungsbedingungen oder Allgemeinen Vertragsbedingungen[36]. Erfolgt die Vereinbarung der Sicherheitsleistung formularmäßig, sind die Bestimmungen der §§ 305 ff. BGB und die hierzu bestehende umfangreiche Rechtsprechung[37] zu beachten. Auch eine **Sicherheitsvereinbarung nach Vertragsabschluss** ist möglich[38].

Die Sicherheitsvereinbarung gilt auch im **Insolvenzfall** fort[39]. Der Insolvenzverwalter ist nach **19** Abnahme damit gehindert, gemäß § 103 Nr. 2 InsO die weitere Vertragserfüllung abzulehnen und einen vereinbarten Bareinbehalt ohne Gestellung einer vertraglich vorgesehenen Gewähr-

---

[30] Vgl. *Joussen* in Ingenstau/Korbion VOB/B, 17. Aufl., § 17 Rdn. 5; *Leinemann/Brauns* in Leinemann VOB/B § 17 Rdn. 12; vgl. auch VHB 2002 Fassung November 2006 zu § 14 VOB/A (a. F.) Ziff. 4 (bis zu 10 % bzw. bis zu 5 % der Auftragssumme).
[31] Vgl. BGH, Urt. v. 14.1.1999 – IX ZR 140/98 Rdn. 33 = BauR 1999, 659; OLG Brandenburg, Urt. v. 16.3.1999 – 11 U 107/98 Rdn. 66 = BauR 2001, 1450; *Leinemann/Brauns* in Leinemann VOB/B § 17 Rdn. 14 m. w. N.
[32] *Leinemann/Brauns* in Leinemann VOB/B § 17 Rdn. 19.
[33] Vgl. zur Abgrenzung zur **Zahlungsmodalität** oben I. 2.
[34] BGH, Urt. v. 21.1.1993 – IX ZR 90/92 Rdn. 14 = BauR 1993, 339; *Thode* ZfIR 2000, 165 ff.; *Schwarz* in FKZGM/B § 17 Rdn. 3.
[35] LG Berlin, Urt. v. 12.11.2003 – 2 O 624/02 Rdn. 53 = BauR 2004, 1637 f. = NZBau 2004, 679 f.
[36] *Moufang/Koos* in Beck'scher VOB-Kommentar VOB/B § 17 Abs. 1 Rdn. 9 ff.; OLG Frankfurt, Urt. v. 19.11.1992 – 5 U 65/91 = BauR 1993, 375.
[37] Vgl. hierzu nachfolgend II. 1b) und V. 7 (Bürgschaft auf erstes Anfordern).
[38] *Joussen* in Ingenstau/Korbion VOB/B § 17 Abs. 1 Rdn. 3; *Heiermann/Riedl/Rusam* VOB/B § 17 Rdn. 8.
[39] BGH, Urt. v. 17.12.1998 – IX ZR 151/98 Rdn. 9 = BauR 1999, 392, 393.

leistungsbürgschaft abzulösen, da mit der Abnahme die Erfüllung im Sinne von § 103 Nr. 1 InsO eingetreten ist[40].

20 **Keine Vereinbarung** über eine Sicherheitsleistung ist notwendig bei den besonderen **Sicherheitsleistungen des § 16 Abs. 2 Nr. 1 Satz 1 VOB/B und § 16 Abs. 1 Nr. 1 Satz 3 VOB/B**[41]. Liegen die dort genannten Voraussetzungen (Vorauszahlungsvereinbarung bzw. Vereinbarung über die Lieferung von Baustoffen) vor, besteht auch ohne besondere Vereinbarung die Pflicht des Auftragnehmers, entsprechende Sicherheit zu leisten. Die in § 16 VOB/B erwähnten Sicherheitsleistungen können sich mit einer Sicherheitsleistung nach § 17 VOB/B decken, müssen es aber nicht[42].

21 Für die **Vereinbarung einer Sicherheitsleistung durch den öffentlichen Auftraggeber** ist nunmehr in der Neufassung von § 9 Abs. 7 und 8 **VOB/A**[43] vorgesehen, dass der öffentliche Auftraggeber auf Sicherheitsleistung ganz oder teilweise verzichten soll, wenn Mängel der Leistung voraussichtlich nicht eintreten. Unterschreitet die Auftragssumme 250 000 EUR ohne Umsatzsteuer, ist auf Sicherheitsleistung für die Vertragserfüllung und in der Regel auf Sicherheitsleistung für die Mängelansprüche zu verzichten. Bei beschränkter Ausschreibung sowie bei freihändiger Vergabe sollen Sicherheitsleistungen in der Regel nicht verlangt werden. Hintergrund dieser einschränkenden Regelung ist die Tatsache, dass Sicherheitsleistungen mit Kosten verbunden sind und der Kreditrahmen der ausführenden Auftragnehmer nicht über Gebühr eingeschränkt werden soll.

22 Die Bestimmungen in § 14 VOB/A (a. F.) waren kaum praxisrelevant[44]: Die Formularverträge der öffentlichen Auftragsgegner im Vergabehandbuch (VHB) sahen bereits standardmäßig die Stellung von Sicherheitsleistungen vor; private Auftraggeber werden kaum jemals auf die Stellung einer Sicherheit – zumindest für Mängelansprüche – verzichten. Durch die neue zwingende Vorgabe in § 9 Abs. 7 und 8 VOB/A, bei Bauaufträgen kleineren Umfangs auf eine Vertragserfüllungssicherheit immer und auf eine Sicherheit für Mängelansprüche in der Regel zu verzichten, wird der Praxiskritik Rechnung getragen.

23 b) **Vertragliche Vereinbarung und §§ 305 ff. BGB.** Falls die Bauvertragsparteien von den Bestimmungen in § 17 VOB/B oder von den gesetzlichen Regelungen in den §§ 232 ff. BGB **abweichen** wollen, sind derartigen Vereinbarungen Grenzen gesetzt. Erfolgt die Vereinbarung **individualvertraglich**[45], dürfen derartige Vereinbarungen nicht gegen die guten Sitten (§ 138 BGB) oder gegen gesetzliche Verbote (§ 134 BGB) verstoßen. So ist die **Globalzession** aller Werklohnansprüche eines Auftragnehmers ohne Vereinbarung einer Deckungsgrenze schon allein deshalb wegen Sittenwidrigkeit **nichtig**, weil sie nicht die gebotenen Vorkehrungen zur Verhinderung einer Übersicherung trifft[46]. Enthält ein Vertrag über eine Globalzession nur die schuldrechtliche Verpflichtung, mindestens für eine entsprechende Überdeckung zu sorgen, nicht aber eine Grenze für eine durch die Globalzession als solche eintretende Übersicherung, ist er wegen Sittenwidrigkeit nichtig[47].

24 Wird die Vereinbarung der Sicherheitsleistung **formularmäßig** vom Auftraggeber vorgegeben, sind derartige Vereinbarungen nur dann wirksam, wenn sie den Auftragnehmer nicht gemäß **§ 307 BGB (vormals: § 9 AGBG)** unangemessen benachteiligen. Eine unangemessene Benachteiligung wird insbesondere bei einer hierdurch bezweckten **Übersicherung** durch Vereinbarung einer insgesamt zu hohen Sicherheit oder durch Vereinbarung einer Bürgschaft auf erstes Anfordern[48] der Fall sein. Die – mittlerweile durch die Rechtsprechung des Bundesgerichtshofs im Wesentlichen geklärte[49] – Frage, ob und inwieweit und mit welchen Konsequenzen formularmäßig wirksam eine Sicherheitenabrede getroffen werden kann, nach der der Auftragnehmer verpflichtet sein soll, dem Auftraggeber als Sicherheit (sei es für Vertragserfül-

---

[40] *Thode* ZfIR 2000, 165, 178 ff.; *Schwarz* in FKZGM/B § 17 Rdn. 5.
[41] Vgl. Anmerkungen dort.
[42] Vgl. hierzu *Joussen* in Ingenstau/Korbion VOB/B § 17 Abs. 1 Rdn. 4 m. w. N.
[43] Vgl. Anmerkungen zu § 9 Abs. 7 und 8 VOB/A.
[44] Vgl. Kommentierung zu § 14 VOB/A in der Vorauflage.
[45] Zu den hohen Anforderungen an individualvertragliche Vereinbarungen vgl. KG, Urt. v. 15.1.2015 – 27 U 192/13 = IBR 2016, 146; OLG Düsseldorf, Urt. v. 24.3.2015 – 23 U 66/14 = IBR 2016, 367.
[46] BGH, Urt. v. 6.12.1990 – VII ZR 334/89 Rdn. 6 = BauR 1991, 222.
[47] BGH, Urt. v. 26.4.1990 – VII ZR 39/89 Rdn. 9 f. = BauR 1990, 478.
[48] Vgl. hierzu ausführlich nachfolgend V. 7.
[49] Vgl. unten V. 7.

lungs- oder Gewährleistungsansprüche) eine **Bürgschaft auf erstes Anfordern** zu stellen, wird unter den Anmerkungen zu § 17 Abs. 4 Satz 3 VOB/B[50] behandelt.

Aus der nicht einheitlichen Rechtsprechung und Literatur zur **Wirksamkeit/Unwirksamkeit formularmäßiger Sicherungsabreden in Bauverträgen** außerhalb dieser Streitfrage ergibt sich Folgendes: 25

- Der Auftraggeber benachteiligt den Auftragnehmer **unangemessen** (§ 9 AGB-Gesetz = § 307 BGB), wenn er einen Einbehalt zur Sicherung seiner **Gewährleistungsrechte** beansprucht, dem Auftragnehmer aber nur die Möglichkeit gibt, diesen Einbehalt durch Stellung einer Bürgschaft zu überwinden. Es kommt nicht darauf an, ob die verlangte Bürgschaft eine solche auf erstes Anfordern ist[51]. 26
- Die in Allgemeinen Geschäftsbedingungen des Bestellers eines Bauvertrags enthaltene Klausel über eine **Gewährleistungsbürgschaft** „die Bürgschaft ist zurückzugeben, wenn alle unter die Geschäftsleistungsbürgschaft fallenden Gewährleistungsansprüche nicht mehr geltend gemacht werden können" benachteiligt den Unternehmer unangemessen und ist daher unwirksam.[52]
- Die formularmäßige Erweiterung des Bürgschaftszwecks in einer als **Gewährleistungsbürgschaft** überschriebenen Bürgschaft auf Regressansprüche nach § 1a AEntG ist **sachfremd** und verstößt zusätzlich **gegen das Transparenzgebot**. Intransparent sind Klauseln in einer Vertragserfüllungsbürgschaft, welche in einer längeren Aufzählung der abgesicherten Ansprüche u. a. die Regressansprüche des Auftraggebers nach § 1a AEntG enthalten[53]. 27
- Die in Allgemeinen Geschäftsbedingungen eines Bauvertrags enthaltene Verpflichtung, unmittelbar bei Vertragsunterschrift eine **Vertragserfüllungsbürgschaft** auszuhändigen, benachteiligt den AN **nicht unangemessen** und **ist mit § 9 Nr. 1 AGB-Gesetz vereinbar**[54]. 28
- Eine Allgemeine Geschäftsbedingung eines Auftraggebers ist **unwirksam**, wonach der Auftraggeber 5% der Auftragssumme bis zum Ablauf der Garantiezeit als Sicherheit für die **Gewährleistung** einbehält, die Einzahlung auf ein gemeinsames Sperrkonto ausgeschlossen wird und wegen der Ablösung des Einbehalts auf eine Bürgschaft nach dem **Muster des Auftraggebers** verwiesen wird[55]. 29
- Eine Klausel in Allgemeinen Geschäftsbedingungen eines Bauvertrags, die den Auftragnehmer verpflichtet, zur Sicherung der **Gewährleistungsansprüche** des Auftraggebers ausschließlich eine unbefristete, unwiderrufliche, selbstschuldnerische Bürgschaft zu stellen, ist **nicht nach § 9 AGB-Gesetz unwirksam**. Wird der Auftragnehmer ist einer solchen Klausel verpflichtet, die Bürgschaft gemäß **„Muster des Auftraggebers"** zu stellen, ist damit in Anlehnung an § 17 Abs. 4 Satz 2 VOB/B zum Ausdruck gebracht, dass die Bürgschaft nach Vorschrift des Auftraggebers auszustellen ist. Der Auftraggeber wird **nicht berechtigt**, die Sicherungsabrede durch das Muster zu ändern[56].
- **Der Tauglichkeit** einer gemäß § 17 Abs. 4 VOB/B nach Vorschrift des Auftraggebers auszustellenden Bürgschaft **steht nicht entgegen**, dass die folgende Vertragsbestimmung enthält: „Die Bürgschaft wird insoweit wirksam, als zur Sicherheit vom Auftraggeber einbehaltene Geldbeträge eingegangen sind auf das bei uns bestehende Konto, lautend auf den Auftragnehmer."[57] 30
- Wenn in AGB des Auftraggebers ein 10%iger Sicherheitseinbehalt von den Abschlagsrechnungen vereinbart wird, auf den bei Vorlage einer **Vertragserfüllungsbürgschaft** verzichtet werden kann und gleichzeitig der Auftragnehmer sich zur Stellung einer Vertragserfüllungsbürgschaft verpflichtet, **bedeutet dies nicht, dass in unzulässiger Weise** Sicherheiten zugunsten des Auftraggebers kumuliert werden[58]. 31
- Abschlagszahlungsregelungen, die vorsehen, dass der Auftraggeber trotz vollständig erbrachter Werkleistung einen Teil des Werklohns einbehalten darf, können zur Unwirksamkeit einer Sicherheitsabrede betreffend eine **Vertragserfüllungsbürgschaft** führen, wenn sie in Ver-

---

[50] Vgl. unten V. 7.
[51] OLG Dresden, Beschl. v.24.10.2001 – 11 W 1608/01 Rdn. 12 = BauR 2002, 807 = NZBau 2002, 226.
[52] BGH, Urt. v. 26.3.2015 – VII ZR 92/14 = ZfIR 2015, 482 ff. = NZBau 2015, 359 ff.
[53] OLG Stuttgart, Urt. v. 28.9.2001 – 2 U 218/00 Rdn. 78 = IBR 2002, 194.
[54] OLG Celle, Urt. v. 20.4.2000 – VII ZR 458/97 Rdn. 21 = NZBau 2000, 424 = BauR 2000, 1498.
[55] BGH, Urt. v. 2.3.2000 – VII ZR 475/98 Rdn. 18 f. = NZBau 2000, 285 = BauR 2000, 1052.
[56] BGH, Urt. v. 26.2.2004 – VII ZR 247/02 Rdn. 17 = BauR 2004, 841 = IBR 2004, 245.
[57] OLG Celle, Urt. v. 14.10.1998 – 14a (6) U 79/97 Rdn. 10 = OLGR 99, 114 = IBR 1999, 316.
[58] KG, Urt. v. 10.12.1996 – 15 U 7269/96 = KGR 97, 87 = IBR 1997, 235 mit kritischer Besprechung *Börges*.

bindung mit dieser bewirken, dass die Gesamtbelastung durch die vom Auftragnehmer zu stellenden Sicherheiten das Maß des Angemessenen überschreitet[59].

– Die Unwirksamkeit der Sicherungsabrede wird **nicht dadurch geheilt,** dass der Bürge eine Bürgschaft stellt und der Auftragnehmer diese dem Auftraggeber übergibt. Da die Unwirksamkeit der Sicherungsabrede nur das Verhältnis zwischen Auftraggeber und Auftragnehmer betrifft, müssen diese Vertragsparteien **willentlich** die unwirksame Sicherungsabrede in eine wirksame ändern. Wenn dem Auftragnehmer – in Unkenntnis der Unwirksamkeit der Sicherungsabrede – der Wille fehlt, die Sicherungsabrede anzupassen, fehlt eine dahingehende (notwendige) rechtsgeschäftliche Einigung[60].

32 – Eine Klausel in einem vom Auftraggeber gestellten VOB-Formularvertrag, wonach die Ablösung eines **Sicherheitseinbehalts** nur durch Bankbürgschaft möglich ist, verstößt gegen § 9 AGB-Gesetz und ist **unwirksam.** Der Auftragnehmer kann sofort Auszahlung des Sicherheitseinbehalts verlangen[61].

33 – Folgende Klausel ist **unwirksam:** „Der Auftraggeber ist zu einem **Sicherheitseinbehalt** in Höhe von 10 % der Bruttoauftragssumme berechtigt. **Einzahlung auf Sperrkonto kann nicht verlangt werden.** Der Sicherheitseinbehalt ist nach Ablauf der vereinbarten Gewährleistungsfrist zur Rückzahlung fällig und auszubezahlen, so weit dem Auftraggeber keine Ansprüche, auch aus sonstigen Rechtsgründen, gegen den Auftragnehmer mehr zustehen."[62]

34 – In den Allgemeinen Geschäftsbedingungen ist eine Regelung, wonach der **Sicherheitseinbehalt** in Abweichung von § 17 Abs. 5 VOB/B als zinsloser Einbehalt beim Auftraggeber stehen bleibt, gemäß § 9 AGB-Gesetz **unwirksam**[63].

35 – In Allgemeinen Geschäftsbedingungen des Auftraggebers eines Bauvertrags enthaltene Vertragsklauseln, wonach Gewährleistungsansprüche bis zur vorbehaltlosen Annahme der Schlusszahlung des Auftragsgebers in Höhe von 8 % der Auftrags- bzw. Abrechnungssumme durch Bürgschaften gesichert sind, benachteiligen den Auftragnehmer unangemessen und sind daher unwirksam.[64]

36 – Die Klausel, dass der Auftraggeber als Sicherheit für die **Gewährleistung** 5 % der Nettoabrechnungssumme **zinslos** einbehalten darf, ist **nicht** nach § 9 AGB-Gesetz **unwirksam,** wenn dem Auftragnehmer zugleich das Recht eingeräumt wird, die Sicherheit durch eine Gewährleistungsbürgschaft abzulösen[65].

37 – Die formularmäßige Vereinbarung eines **Sicherheitseinbehalts** von 5 % für die Dauer der 5-jährigen Gewährleistungsfrist ist **unwirksam**[66].

– Nach Auffassung des OLG Hamm[67] soll eine vom Auftraggeber verwendete Klausel unwirksam sein, die die Ablösung eines **Gewährleistungs-Einbehalts** ausschließlich durch eine Bürgschaft zulässt. Hierdurch werde dem Auftragnehmer das Wahlrecht bezüglich der gesetzlich geregelten Ablösungsmittel eines Gewährleistungseinbehalts genommen. Die Möglichkeit der Ablösung des Einbehalts durch eine Hinterlegung werde ausgeschlossen. Diese Entscheidung ist zweifelhaft. Der Bundesgerichtshof hat bisher noch nicht die Frage entschieden, ob eine Klausel, die die Ablösungsmöglichkeit eines Gewährleistungseinbehalts ausschließlich durch Stellung einer (normalen) Bürgschaft festlegt, eine unzulässige Benachteiligung des Auftragnehmers ist, weil ihm kein angemessener Ausgleich dafür zusteht, dass dem Auftragnehmer der Werklohn nicht sofort ausbezahlt wird. Es spricht vielmehr einiges dafür, dass eine derartige Regelung **wirksam ist,** da der Auftragnehmer bei Stellung einer (normalen) Bürgschaft weder das Bonitäts- noch Liquiditätsrisiko trägt. Auch die Verzinsung des einbehaltenen Betrags wird ihm nicht vorenthalten. Die vom OLG Hamm bemühte **Hinterlegung** ist ohnehin kein in der Praxis übliches Sicherungsmittel, so dass die Interessenlage des Auftragnehmers nicht berührt wird.

– Sieht eine in Allgemeinen Geschäftsbedingungen des Auftraggebers enthaltene Sicherungsabrede **keine Höchstdauer für den Einbehalt** vor, benachteiligt sie den Auftragnehmer

---

[59] BGH, Urt. v. 16.6.2016 – VII ZR 29/13 = ZfIR 2016, 564 = IBR 2016, 454.
[60] OLG Jena, Urt. v. 28.10.2015 – 7 U 233/15 = IBR 2016, 395.
[61] OLG Hamburg, Urt. v. 8.11.1995 – 13 U 44/94 Rdn. 24 = OLGR 96, 18 = IBR 1996, 363.
[62] OLG München, Urt. v. 20.6.1995 – 13 U 5787/94 = NJW-RR 1996, 534 = IBR 1996, 322.
[63] OLG Braunschweig, Urt. v. 14.10.1993 – 1 U 11/93 = OLGR 1994, 180 = IBR 1995, 108.
[64] BGH, Urt. v. 22.1.2015 – VII ZR 120/14 = NZBau 2015, 223.
[65] OLG Düsseldorf, Urt. v. 14.2.1992 – 22 U 155/91 = OLGR 92, 185 = IBR 1992, 315.
[66] OLG München, Urt. v. 15.10.1991 – 9 U 2951/91 = NJW-RR 1992, 218 = BauR 1992, 234 (umstr.).
[67] OLG Hamm, Urt. v. 10.1.2013 – 21 U 14/12 = BauR 2013, 641 = IBR 2013, 200.

unangemessen und ist unwirksam[68]. Die hier verwendete Klausel des Auftraggebers lautete: „Der Sicherungseinbehalt wird erst ausgezahlt, wenn der Auftraggeber des Generalunternehmers für das vom Subunternehmer hergestellte Werk die Vergütung an den Generalunternehmer gezahlt hat und seinerseits keinen Sicherungseinbehalt vorgenommen hat".
– Eine **Ausführungsbürgschaft von 25 % ist unbillig,** weil sie den Auftragnehmer mit 38 enormen zusätzlichen Kosten belastet, deren Notwendigkeit nicht erkennbar ist. Die Klausel verstößt gegen § 9 AGBG und ist – auch unter Kaufleuten – **unwirksam**[69].
– Nach § 9 AGBG **unwirksam** ist die Klausel: „Der Nachunternehmer stellt nach Vertrags- 39 schluss unbefristet Bürgschaft über 10 % der Bruttoauftragssumme. Außerdem behält der Hauptunternehmer 10 % aller anerkannten Rechnungsbeträge zinslos ein."[70]
– Eine Formularklausel ist **unwirksam,** so weit sie vorsieht, dass sich die Bürgschaft auch dann 40 auf Zinsen, Provisionen und Kosten erstreckt, die im Zusammenhang mit den gesicherten Forderungen stehen, wenn dadurch der vereinbarte Haftungshöchstbetrag überschritten wird[71].
– Auch bei einer Höchstbetragsbürgschaft ist eine formularmäßige Erstreckung der Bürgenhaf- 41 tung über diejenigen Forderungen hinaus, die Anlass zur Verbürgung gaben, auf zukünftige Ansprüche des Gläubigers **unwirksam**[72].
– Kann nach den Allgemeinen Vertragsbedingungen des Auftraggebers der Auftragnehmer einen unverzinslichen **Sicherheitseinbehalt** nur durch eine Bürgschaft auf erstes Anfordern ablösen, so ist diese Klausel insgesamt unwirksam. Der Auftragnehmer braucht keine Sicherheit für die Gewährleistung zu stellen. Eine ergänzende Vertragsauslegung dahin, dass der Einbehalt durch selbstschuldnerische „einfache" Bürgschaft abzulösen ist, findet nicht statt[73].
– Die Klausel in Allgemeinen Geschäftsbedingungen eines Bauvertrags, die vorsieht, dass ein **Sicherheitseinbehalt** von 5 % der Bausumme nur durch eine Bürgschaft auf erstes Anfordern abgelöst werden kann, ist auch in Allgemeinen Geschäftsbedingungen eines **öffentlichen Auftraggebers** unwirksam[74].
– Eine von einem **öffentlichen Auftraggeber** gestellte Klausel in einem Bauvertrag, in der eine **Vertragserfüllungs- und eine Gewährleistungssicherheit** mit teilweise **identischer Zweckbestimmung** gefordert werden, ist wirksam[75].
– Die Klausel der Allgemeinen Geschäftsbedingungen eines Bauvertrags „Zahlungen auf Schlussrechnungen werden bis zu 95 % des Nettowerts geleistet, der Rest ist durch eine kostenlose und befristete **Gewährleistungsbürgschaft** (Vorgabe der Befristung durch den Auftraggeber) ablösbar", ist gemäß § 9 Nr. 1 AGB-Gesetz **unwirksam**[76].
– Eine AGB-Klausel, nach der ein Austausch der Sicherheiten nur dann zulässig ist, wenn „keine wesentlichen Mängel" mehr vorliegen, ist **insgesamt unwirksam**[77].
– Besondere Aufmerksamkeit erfordern Sicherungsabreden, die zu einer **Kumulation** bzw. zu **Überlappung von Sicherungen** im Bauvertrag führen[78]. Diese Sicherungsabreden sehen typischerweise wie folgt aus: Der Auftraggeber gibt vor, dass eine Vertragserfüllungsbürgschaft durch den Auftragnehmer gestellt werden soll, die nicht nur Vertragserfüllungs- und Überzahlungsansprüche, sondern auch Gewährleistungsansprüche absichern soll. Diese Vertragserfüllungsbürgschaft soll dann erst nach vorbehaltloser Annahme der Schlusszahlung durch den Auftragnehmer zurückgegeben werden. Diese Regelung soll es dem Auftraggeber ermöglichen, die Vertragserfüllungsbürgschaft **noch längere Zeit nach der Abnahme zu behalten,** bis der Auftragnehmer die Schlusszahlung vorbehaltlos annimmt. Damit kommt es zu einer zeitlichen Überlappung beider Bürgschaftskonstruktionen. Diese Regelung kann zu dem

---

[68] OLG Köln, Urt. v. 5.4.2012 – 7 U 195/11 = NZBau 2012, 499, 500 = IBR 2012, 454.
[69] Heiermann/Riedl/Rusam VOB/B § 17 Rdn. 25 m. w. N.
[70] Heiermann/Riedl/Rusam VOB/B § 17 Rdn. 25 m. w. N.
[71] BGH, Urt. v. 18.7.2002 – IX ZR 294/00 = BGHZ 151, 374, 380 ff. = IBR 2002, 607.
[72] BGH, Urt. v. 18.7.2002 – IX ZR 294/00 = BGHZ 151, 374 = IBR 2002, 607.
[73] OLG München, Urt. v. 3.2.2004 – 9 U 3458/03 = BauR 2004, 1466 = IBR 2004, 135; BGH, Urt. v. 9.12.2004 = BauR 2005, 539 = IBR 2005, 147.
[74] BGH, Urt. v. 9.12.2004 – VII ZR 265/03 = BauR 2005, 539 = IBR 2005, 148.
[75] BGH, Urt. v. 25.3.2004 – VII ZR 453/02 = BauR 2004, 1143 = NZBau 2004, 322 = IBR 2004, 311.
[76] BGH, Urt. v. 10.4.2003 – VII ZR 314/01 = BauR 2003, 1385 = NZBau 2003, 495 = IBR 2003, 476.
[77] BGH, Urt. v. 13.11.2003 – VII ZR 57/02 = BauR 2004, 325 = IBR 2004, 68.
[78] Vgl. hierzu ausführlich Reinelt in der Anmerkung zu BGH, Urt. v. 1.10.2014 – VII ZR 164/12 = jurisPR – BGHzivilR 22/2014 Anm. 1.; OLG München, Urt. v. 4.5.2016 – 13 U 1145/15 = IBR 2016, 3441 (online).

Ergebnis führen, dass eine Überlappung von Vertragserfüllungs- und Gewährleistungsbürgschaft (bzw. dafür vereinbartem Einbehalt) und damit eine **Kumulierung der Sicherung für einen unbestimmten Zeitraum** in einer Höhe eintreten kann, die nach der ständigen Rechtsprechung des Bundesgerichtshofs die formularmäßig zu vereinbarende Höhe einer Gewährleistungssicherheit übersteigt. Unter Bezugnahme auf das Urt. v. 5.5.2011[79] hat daher der Bundesgerichtshof im Urt. v. 1.10.2014[80] entschieden, dass in Allgemeinen Geschäftsbedingungen des Auftraggebers eines Bauvertrags enthaltene Vertragsklauseln, wonach Gewährleistungsansprüche bis zur vorbehaltlosen Annahme der Schlusszahlung des Auftraggebers in Höhe von 7 % der Auftrags- bzw. Abrechnungssumme durch Bürgschaften gesichert sind, den Auftragnehmer unangemessen benachteiligen und **unwirksam** sind[81]. Dem vorstehenden Urt. v. 1.10.2014 vorausgegangen war bereits die Entscheidung des VII. Senats vom 20.3.2014[82]. Bereits dort hatte der Bundesgerichtshof entschieden, dass die Regelungen zur Vertragserfüllungsbürgschaft den Auftragnehmer deshalb unangemessen benachteiligen, weil dieser dem Auftraggeber **auch für einen Zeitraum über die Abnahme hinaus** wegen Mängelansprüchen eine Sicherheit von 10 % der Auftragssumme zu stellen hatte. Nach der Sicherungsabrede waren nämlich von der Vertragserfüllungsbürgschaft „sämtliche Ansprüche und damit auch die nach der Abnahme der Werkleistung des Auftragnehmers entstehenden Mängelansprüche gesichert". Auch die Instanzgerichte gehen von einer Unwirksamkeit der Sicherungsabrede aus, wenn diese zu einer **Kumulation** von Vertragserfüllungs- und Gewährleistungssicherheit führen bzw. sich hierdurch die Sicherungen im Bauvertrag überlappen[83]. Auch eine unwirksame Klausel über die Abnahme (die z. B. die Abnahme von der Mitwirkung eines vertragsfremden Dritten abhängig macht, auf den der AN keinen Einfluss hat) kann eine Sicherungsabrede „infizieren" und zur Unwirksamkeit der Sicherungsabrede führen[84].

42 Die **nicht einheitliche Rechtsprechung** und Literatur[85] leitet eine Unangemessenheit und damit **Unwirksamkeit** von Sicherheitenklauseln im Bauvertrag zum einen aus einer unangemessenen **Höhe** (Übermaß an Sicherheitsleistung), zum anderen aus einer **unangemessen einengenden Art** der Sicherheitsleistung, darüber hinaus aus einem **Abschneiden von Zinsansprüchen** her.

43 Zusammenfassend ist hiernach davon auszugehen, dass eine **formularmäßig vereinbarte** Sicherheitsleistung, die von den gesetzlichen Bestimmungen oder von den Regelungen in § 17 VOB/B abweicht, unter folgenden Gesichtspunkten **unwirksam** ist:

44 – **Höhe:** Die vom Auftragnehmer geschuldete Sicherheit für die **Vertragserfüllung** überschreitet einen Betrag von **10 %** der Auftragssumme[86]. Das Überschreiten dieses Betrags kann sich auch daraus ergeben, dass der Auftraggeber formularmäßig mit dem Auftragnehmer vereinbart, dass von den Abschlagszahlungen des Auftragnehmers zusätzliche Einbehalte (z. B. in Höhe von 5 %) vorgenommen werden; der Auftragnehmer jedoch gleichzeitig bei Vertragsabschluss

---

[79] BGH, Urt. v. 5.5.2011 – VII ZR 179/10 = BauR 2011, 1324 = NZBau 2011, 410.
[80] BGH, Urt. v. 1.10.2014 – VII ZR 164/12 = BauR 2015, 114 bis 119 = NZBau 2014, 759 bis 762.
[81] Von der Unwirksamkeit betroffen sind auch Sicherheitsklauseln in HVA/B-StB; OLG Frankfurt, Urt. v. 12.5.2016 – 22 U 34/15 = IBR 2016, 393.
[82] BGH, Urt. v. 20.3.2014 – VII ZR 248/13 = ZfIR 2014, 523 bis 526 mit Anm. *Reichelt/Kruska*.
[83] OLG Dresden, Urt. v. 23.4.2014 – 12 U 97/14 = NZBau 2014, 701; OLG Celle, Urt. v. 5.3.2014 – 7 U 114/13 = NZBau 2014, 696 bis 700 = NJW-RR 2014, 1432 bis 1437; OLG Celle, Urt. v. 14.6.2012 – 13 U 11/12 = BauR 2012, 1690 = IBR 2012, 453; OLG München, Urt. v. 10.4.2012 – 9 U 5645/10 = NZBau 2012, 647 bis 649; OLG Düsseldorf, Urt. v. 24.3.2015 – 23 U 66/14 = IBR 2016, 396; OLG Düsseldorf, Urt. v. 24.9.2013 – 23 U 120/12 = BauR 2014, 112 bis 113 = NZBau 2014, 173 bis 177 = IBR 2013, 738; LG Wiesbaden, Urt. v. 25.1.2012 – 5 O 72/10 = NZBau 2012, 367 bis 369 mit Anm. *Weise/Hänsel* in NJW-spezial 2011, 364; LG Berlin, Urt. v. 17.4.2013 – 10 O 213/12 = IBR 2013, 2912 (nur online) zum VHB Formblatt 214; LG Berlin, Urt. v. 7.3.2013 – 20 O 272/12 = IBR 2013, 275 zur Sicherungsabrede aus dem VHB Bund Ausgabe 2002 Stand 1.11.2006.
[84] OLG Köln, Beschl. v.10.2.2016 – 11 U 136/15 = IBR 2016, 2770 (online); OLG Köln, Urt. v. 5.4.2012 – 7 U 195/11 = IBR 2012, 454; OLG Oldenburg, Urt. v. 27.8.2013 – 2 U 29/13 = IBR 2014, 84; vgl. auch zum unauflösbaren wechselseitigen Bezug zwischen Sicherheitseinbehalt und der Möglichkeit seiner Ablösung: BGH, Urt. v. 16.10.2014 – VII ZR 152/12 = NJW 2014, 3645 = IBR 2015, 14.
[85] Vgl. *Moufang/Koosin* Beck'scher VOB-Kommentar VOB/B § 17 Abs. 1 Rdn. 188 ff.; *Leinemann-Leinemann/Brauns* VOB/B § 17 Rdn. 20; *Heiermann/Riedl/Rusam* VOB/B § 17 Rdn. 25 m. w. N.; *Weise* Sicherheiten im Baurecht, Rdn. 29 f.; *Joussen* in Ingenstau/Korbion VOB/B § 17 Abs. 1 Rdn. 54 ff.; *Kniffka/Koeble* Kompendium des Baurechts 3. Aufl. 10. Tei Rdn. 143 ff. m. w. N.
[86] OLG Dresden, Beschl. v.15.7.2008 – 12 U 781/08 = IBR 2008, 577; LG Wuppertal, Urt. v. 18.10.2007 = IBR 2008, 440.

bereits eine Vertragserfüllungsbürgschaft zur Sicherung sämtlicher Ansprüche des Auftraggebers in Höhe von 10 % der Auftragssumme zu stellen hat. Dieser Beispielsfall führt dazu, dass bei Abnahme dem Auftraggeber folgende Sicherheiten zur Verfügung stehen:
– 10 % der Auftragssumme (ggfs. während der Vertragslaufzeit durch Nachtragsvereinbarungen entsprechend erhöht),
– 5 % Einbehalt aus laufenden Abschlagszahlungen
– sowie weiterer „faktischer" Einbehalt dadurch, dass die zwischen der letzten Abschlagszahlung und der Schlussrechnung erbrachten Leistungen noch nicht vergütet worden sind.

Im praktischen Anwendungsfall kann dies dazu führen, dass dem Auftraggeber im Zeitpunkt der Abnahme ohne weiteres Einbehalte und **Sicherheiten kumulativ in Höhe von 20 % oder mehr** der ursprünglichen Auftragssumme zur Verfügung stehen. Eine derartige – formularmäßig vereinbarte – Sicherheitenabrede führt auf Grund der **Möglichkeit der Kumulation** von Einbehalt und Sicherheit zur **Unwirksamkeit** der Sicherheitsabrede hinsichtlich der Stellung einer **Vertragserfüllungsbürgschaft**. So ist eine Vertragsklausel im Bauvertrag, wonach nur insgesamt 90 % des vereinbarten Werklohns im Laufe des Bauvorhabens bis zu dessen Fertigstellung durch Abschlagszahlungen zu leisten ist, restliche 10 % dagegen erst nach erfolgreichem Wirkprinzip-Test, Abnahme des Werks und Vorlage der Gewährleistungsbürgschaft **wegen Übersicherung des Auftraggebers unwirksam, wenn** dieser zusätzlich durch eine vom Werkunternehmer gestellte Vertragserfüllungsbürgschaft abgesichert ist[87].

Eine in Allgemeinen Geschäftsbedingungen des Auftraggebers enthaltene Sicherungsvereinbarung, wonach der Auftragnehmer dem Auftraggeber eine Vertragserfüllungsbürgschaft in Höhe von **15 %** des vereinbarten Netto-Pauschalpreises zu übergeben hat, benachteiligt den Auftragnehmer unangemessen und ist unwirksam[88].

Gibt ein Auftraggeber in seinen Allgemeinen Geschäftsbedingungen dem Auftragnehmer vor, dass dieser eine Vertragserfüllungsbürgschaft in Höhe von 10 % zu stellen hat und regelt der Vertrag außerdem zu Lasten des Auftragnehmers einen Einbehalt von 5 % sowie – individuell vereinbart – eine Stundung des Werklohns in verzinslicher Form von 10 %, ist die auf die Stellung einer Vertragserfüllungsbürgschaft bezogene AGB-Klausel **unwirksam**[89].

Die in Allgemeinen Geschäftsbedingungen des Auftraggebers enthaltene Klausel, dass der Auftragnehmer zur Sicherung der vertragsgemäßen Ausführung der Leistungen eine Vertragserfüllungsbürgschaft i. H. v. 10 % der Brutto-Auftragssumme zu stellen hat, ist für sich allein betrachtet nicht unwirksam. Die belastende Wirkung einer noch hinnehmbaren Klausel kann aber durch eine oder mehrere weitere Vertragsbestimmungen derart verstärkt werden, dass der Vertragspartner des Verwenders im Ergebnis unangemessen benachteiligt wird. Diese Voraussetzung ist erfüllt, wenn die Vertragsparteien als **weitere Sicherung** der Erfüllungsansprüche des Auftraggebers **die Stundung der Werklohnforderung** des Auftragnehmers vereinbaren[90].

Die formularmäßige Vereinbarung einer **Gewährleistungssicherheit**, die **5 %** der Abrechnungssumme übersteigt, ist unangemessen und damit **unwirksam**[91]. Zum einen liefert für die Feststellung der Angemessenheit der Höhe einer Gewährleistungssicherheit § 9 Abs. 8 VOB/A (n. F.)[92] mit der „empfohlenen" Obergrenze von 3 % eine Richtschnur. Zum anderen kann davon ausgegangen werden, dass private Auftraggeber die allgemein übliche Grenze von 5 % für die Höhe der Gewährleistungssicherheit durchweg beachten. Hinzu kommt, dass dem Auftraggeber unabhängig von dem Anspruch auf Sicherheitsleistung für die Gewährleistungszeit nach Abnahme hinsichtlich der bei der Abnahme festgestellten Mängel die gesetzlichen

---

[87] OLG Celle, Urt. v. 5.3.2014 – 7 U 114/13 = NZBau 2014, 696, 698 unter Bezugnahme auf BGH, Urt. v. 9.12.2010 – VII ZR 7/10 = NZBau 2011, 229 = NJW 2011, 2125.
[88] OLG München, Urt. v. 10.4.2012 – 9 U 5645/10 = IBR 2012, 584 unter Verweis auf BGH, Urt. v. 9.12.2010 – VII ZR 7/10 = IBR 2011, 138.
[89] OLG Frankfurt, Urt. v. 19.3.2013 – 5 U 77/12 = IBR 2013, 374 unter Bezugnahme auf BGH, Urt. v. 9.12.2010 – VII ZR 7/10 = IBR 2011, 138 sowie OLG Köln, Urt. v. 10.5.2012 – 24 U 118/11 = IBR 2012, 710.
[90] OLG Köln, Urt. v. 10.5.2012 – 24 U 118/11 unter Bezugnahme auf BGH, Urt. v. 9.12.2010 – VII ZR 7/10 = IBR 2011, 138 sowie BGH, Urt. v. 5.4.2006 – VIII ZR 163/05 = IMR 2006, 40.
[91] BGH, Urt. v. 16.10.2014 – VII ZR 152/12 = IBR 2015, 14; BGH, Urt. v. 1.10.2014 – VII ZR 164/12 = IBR 2014, 735 (7 % = unwirksam); BGH, Urt. v. 2.2.2015 – VII ZR 120/14 = IBR 2015, 133 (8 % = unwirksam).
[92] Vgl. dort; siehe jedoch VHB 2002 Fassung November 2006 zu § 14 VOB/A (a. F.).

Einbehalte gemäß § 641 Nr. 3 BGB grundsätzlich unabhängig hiervon verbleiben, so dass er berechtigt ist, neben dem vereinbarten Einbehalt für die Gewährleistung bis zur Höhe des gesetzlichen Druckzuschlags eine Zahlung auf die Schlussrechnung zu verweigern[93]. Da der Auftraggeber nach Abnahme die Bauleistung als im Wesentlichen vertragsgerecht akzeptiert hat, ist sein Sicherungsbedürfnis als Maßstab für die formularmäßig vereinbarte Höhe der Gewährleistungssicherheit deutlich geringer anzusetzen als vor Abnahme. Seine Ansprüche konzentrieren sich nunmehr auf das von ihm akzeptierte Bauwerk. Das vor Abnahme abzusichernde wesentliche Risiko der Insolvenz des Auftragnehmers zum Zeitpunkt der noch nicht erfolgten Fertigstellung der Bauleistung ist ungleich höher als das Risiko des Auftraggebers, am fertig gestellten (und genutzten) Bauvorhaben Mängel ggfs. mit eigenen Mitteln im Falle des Leistungsausfalls des Auftragnehmers selbst nachbessern zu müssen. Zwar ist für den Auftraggeber in dieser Situation nach Abnahme nicht immer erkennbar, ob auch das Risiko weitergehender Schäden mit der Konsequenz des Entstehens von nicht unerheblichen Schadenersatzansprüchen droht, die rechnerisch schnell einen 5%igen Sicherheitseinbehalt aufzehren können. Diesem Risiko kann der Auftraggeber jedoch durch sorgfältige Prüfung der Bauleistung während der Abnahme, gründliche Auswahl eines zuverlässigen Auftragnehmers oder durch **individualvertragliche** – und damit wirksame – Vereinbarung einer höheren Sicherheitsleistung für die Gewährleistungszeit entgegenwirken.

47 – **Art der Sicherheitsleistung:** Formularmäßige Regelungen in Sicherheitenabreden, die das dem Auftragnehmer nach § 17 Abs. 3 VOB/B grundsätzlich zustehende Austauschrecht im Übermaß beschränken[94], den Auftragnehmer zwingen, eine auf erstes Anfordern zahlbare Vertragserfüllungssicherheit zu stellen oder einen vereinbarten Gewährleistungseinbehalt ausschließlich durch eine selbstschuldnerische unbefristete Bürgschaft auf erstes Anfordern abzulösen[95], eine Bürgschaft zu stellen, die einem bei Vertragsabschluss noch nicht vorliegenden **Muster des Auftraggebers** entspricht oder eine Bürgschaft zu stellen, durch die der Bürge auf die Rechte aus § 768 BGB verzichtet, oder durch die der Auftragnehmer dem Auftraggeber für die Dauer der Gewährleistung ein Recht zum **zinslosen** Sicherheitseinbehalt einräumt, sind **in der Regel unwirksam.** Im Einzelnen:

48 Die Unwirksamkeit der formularmäßigen Verpflichtung im Bauvertrag, dem Auftraggeber eine **Bürgschaft auf erstes Anfordern** zu stellen, wird behandelt unter den Anmerkungen zu § 17 Abs. 4 VOB/B. Hiernach kann davon ausgegangen werden, dass sowohl die Verpflichtung zur Stellung einer Vertragserfüllungsbürgschaft, die auf erstes Anfordern lauten soll, als auch die Verpflichtung, einen vereinbarten Gewährleistungseinbehalt ausschließlich durch eine Bürgschaft auf erstes Anfordern abzulösen, **in der Regel unwirksam** ist[96]. Ausnahmen – je nach konkreter Vertragsgestaltung – sind möglich.

49 Ein genereller **Ausschluss der Einreden aus § 768 BGB** kann formularmäßig **nicht wirksam** vereinbart werden[97]. Dies gilt auch dann, wenn ein solcher Ausschluss in einer Bürgschaft auf erstes Anfordern vorgesehen ist. Hat jedoch der Bürge – individualvertraglich – in bewusster Abweichung von einer Sicherungsabrede zwischen Hauptschuldner und Gläubiger, die nur die Verpflichtung vorsah, eine gewöhnliche Bürgschaft beizubringen, eine Bürgschaft auf erstes Anfordern **erteilt** (und damit eine von § 768 Nr. 1 Satz 1 BGB abweichende Vereinbarung getroffen), **kann er sich dem Gläubiger gegenüber nicht darauf berufen,** der Hauptschuldner sei nicht verpflichtet gewesen, eine Bürgschaft auf erstes Anfordern zu stellen[98]. Der VII. Zivilsenat des Bundesgerichtshofes hat mit Urt. v. 11.2.2009[99] jedoch die Vereinbarung in Allgemeinen Geschäftsbedingungen, eine selbstschuldnerische, unbefristete Bürgschaft zu stellen, **auch dann für wirksam angesehen,** wenn sie mit der unwirksamen, aber **sprachlich und inhaltlich getrennten Verpflichtung gekoppelt** ist, die Bürgschaft mit einem teilweisen Verzicht auf die Einrede gemäß § 768 BGB zu versehen. Der Senat verneint hier eine konzeptionelle Einheit, die zu einer Unwirksamkeit der Gesamtklausel führen könnte, weil die Stellung einer selbstschuldnerischen, unbefristeten Bürgschaft ohne

---

[93] Vgl. zu eventuellen Einschränkungen vorstehend II. 3.
[94] Vgl. *Joussen* in Ingenstau/Korbion VOB/B § 17 Abs. 1 Rdn. 55.
[95] Vgl. hierzu nachfolgend V. 7.
[96] Vgl. nachfolgend V. 7.
[97] BGH, Urt. v. 8.3.2001 – IX ZR 236/00 = BauR 2001, 1093, 1094 f. = NZBau 2001, 311; KG, Urt. v. 12.11.2008 – 21 U 56/07 = IBR 2009, 270; OLG Saarbrücken, Beschl. v.20.8.2008 – 1 U 511/07 = IBR 2008, 650.
[98] BGH, Urt. v. 10.2.2000 – IX ZR 397/98 = BauR 2000, 887.
[99] BGH, Urt. v. 12.2.2009 – VII ZR 39/08 = BR 2009, 199.

den Verzicht auf die Einrede gemäß § 768 BGB unbedenklich ist. Im konkreten Fall verpflichtete das von einem Generalunternehmer formularmäßig verwendete und zum Vertragsinhalt erklärte Verhandlungsprotokoll den Nachunternehmer, als Vertragserfüllungsbürgschaft eine selbstschuldnerische, unbefristete Bürgschaft nach dem Muster des Generalunternehmers zu stellen. Dem Verhandlungsprotokoll war dieses Muster beigefügt. Es enthielt folgende Regelung: „Auf die Einrede gemäß § 768 BGB, soweit diese nicht den Bestand der Hauptverbindlichkeit oder ihre Verjährung betrifft, sowie die Einrede des § 771 BGB wird verzichtet". Die Bank verbürgte sich entsprechend diesem Muster. Der Nachunternehmer wurde insolvent; seine Arbeiten konnten von ihm nicht fertiggestellt werden. Der Generalunternehmer verlangt von der Bürgin Ersatzvornahmekosten. Die Bürgin wendet jedoch ein, nicht zur Zahlung verpflichtet zu sein, da die Sicherungsabrede im Nachunternehmervertrag unwirksam sei; sie halte einer Inhaltskontrolle nicht stand. Entgegen der in der Literatur vertretenen Auffassung[100] nimmt der VII. Senat des Bundesgerichtshofes an, dass der Annahme einer **„konzeptionellen Einheit"** der Sicherungsvereinbarung die Interessen der Parteien des Bauvertrages entgegenstünden. Die Sicherungsvereinbarung diene dazu, dem allgemein als schützenswert anerkannten Interesse des Auftraggebers auf Absicherung des Vertragserfüllungsanspruches Rechnung zu tragen. Dieses Interesse sei nicht auf eine Vertragsgestaltung fixiert, die dem Bürgen nur teilweise die Einrede nach § 768 BGB gestattet. Die selbstschuldnerische, unbefristete Bürgschaft verliere demgemäß ihre Bedeutung für die Vertragsparteien nicht dadurch, dass der Einredeverzicht wegfällt. Dem Auftraggeber komme es letztlich bei einer derartigen Sicherheitsvereinbarung in erster Linie darauf an, eine Bürgschaft zur Sicherung der Vertragserfüllung zu erhalten. Mag er in seinen Allgemeinen Geschäftsbedingungen die Sicherung abweichend von den gesetzlichen Regelungen durch den teilweisen Verzicht auf die Einrede nach § 768 BGB noch verstärken wollen, so sei die Vereinbarung für ihn und den Auftragnehmer auch dann sinnvoll und gewollt, wenn diese Allgemeinen Geschäftsbedingungen unwirksam sind[101]. Nach diesem Urteil des Bundesgerichtshofes kommt damit die vom Auftraggeber vorgenommene inhaltliche und sprachliche Trennung zwischen Ausschluss der Einrede nach § 768 BGB in der beigefügten Musterurkunde einerseits und im Text der Sicherungsvereinbarung im Verhandlungsprotokoll andererseits dem Auftraggeber zugute. Diese sehr formale Betrachtungsweise des Bundesgerichtshofes steht jedoch im Widerspruch zu der klaren Regelung im Verhandlungsprotokoll, die Bürgschaft sei „ausschließlich nach unserem Muster" zu stellen. Deutlicher und klarer kann eine bewusste und gewollte unmittelbare Verknüpfung und inhaltliche Verbindung zwischen Sicherungsvereinbarung einerseits und im Muster vorgesehenen Ausschluss der Einrede gemäß § 768 BGB nicht hergestellt werden. Da der Bundesgerichtshof im Ergebnis damit wegen der nach seiner Auffassung inhaltlich von einander trennbaren Regelungen von einer Wirksamkeit der Vertragserfüllungssicherheit (ohne Verzicht auf die Einrede § 768 BGB) ausging, musste er die Frage nicht entscheiden, ob der in einer Sicherungsabrede enthaltene Verzicht des Bürgen auf die Einrede gemäß § 768 BGB zu einer generellen Unwirksamkeit der Sicherungsabrede führt (sofern der Einredeverzicht „untrennbar" mit der Sicherungsabrede verbunden ist).

Eine Allgemeine Geschäftsbedingung eines Auftraggebers ist unwirksam, wonach der Auftraggeber 5 % der Auftragssumme bis zum Ablauf der Garantiezeit als Sicherheit für die Gewährleistung einbehält, die Einzahlung auf ein gemeinsames Sperrkonto ausgeschlossen wird und wegen der Ablösung des Einbehalts auf eine Bürgschaft **nach dem Muster des Auftraggebers** verwiesen wird[102]. Der Bundesgerichtshof hat diese Sicherheitsklausel des Auftraggebers auch deshalb für unwirksam gehalten, weil mit dem Verweis auf eine **„Bürgschaft nach dem Muster des Auftraggebers"** unklar (vgl. vormals § 5 AGB-Gesetz) bleibe, mit welcher Art die Bürgschaft der Gewährleistungseinbehalt vom Auftragnehmer ersetzt werden könne. Damit sei nämlich nicht festgelegt, ob eine Bürgschaft mit der Einrede der Vorausklage gemeint sei, eine selbstschuldnerische Bürgschaft unter Verzicht auf die Einrede der Vorausklage oder – wie im konkreten Fall verlangt – eine Bürgschaft auf erstes Anfordern. Die Vertragsklausel sei daher **intransparent,** da der Auftragnehmer ihr nicht entnehmen könne, mit welcher Bürgschaft er den Einbehalt ablösen kann (unangemessene Benachtei-

---

[100] *Schmitz* Sicherheiten für die Bauvertragsparteien Rdn. 129; *Joussen* in Ingenstau/Korbion VOB 16. Auflage § 17 Nr. 4 VOB/B Rdn. 40; *Hildebrandt* BauR 2007, 210 m. w. N.
[101] BGH a. a. O. im Urteilstext Rdn. 20.
[102] BGH, Urt. v. 2.3.2000 – VII ZR 475/98 = BauR 2000, 1052 = NZBau 2000, 285.

ligung und Unwirksamkeit wegen Verstoßes gegen das Transparenzgebot in § 307 Nr. 1 Satz 2 BGB[103]).

51 – **Sonstiger Inhalt der Sicherheitsvereinbarung:** Eine formularmäßige Vereinbarung, nach der der Auftragnehmer dem Auftraggeber für die Dauer der Gewährleistung ein Recht zum **zinslosen** Sicherheitseinbehalt einräumt, ist unangemessen und nach § 307 BGB (§ 9 AGB-Gesetz) unwirksam[104]. Durch diese Regelung wird dem Auftragnehmer die Möglichkeit abgeschnitten, vom Auftraggeber die Einbezahlung des Einbehalts auf ein Sperrkonto gemäß § 17 Abs. 5 und 6 VOB/B verlangen zu können. Das Interesse des Auftragnehmers, den ihm von seiner Bank eingeräumten Kreditrahmen nicht durch (weitere) Bürgschaftsverpflichtungen zu belasten, wird unangemessen beeinträchtigt. Wenn der Kreditrahmen des Auftragnehmers bei seiner Bank bereits ausgeschöpft ist, wäre er nicht in der Lage, den Einbehalt durch Bürgschaft abzulösen und müsste daher über einen mehrjährigen Zeitraum das Insolvenzrisiko des Auftraggebers tragen. Eine derartige Klauselausgestaltung ist daher unwirksam[105]. Nach Auffassung des OLG Braunschweig[106] soll die Unwirksamkeit dieser Klausel nicht dazu führen, dass der Auftragnehmer nunmehr überhaupt keine Sicherheit leisten muss. Es **verbleibe vielmehr bei der Regelung gemäß § 17 Abs. 5 und Abs. 6 VOB/B** (Einzahlung auf Sperrkonto oder Auszahlung des Sicherheitseinbehalts nach fruchtloser Nachfristsetzung). Auch das OLG Düsseldorf[107] hält die isolierte formularmäßige Vereinbarung eines **zinslosen Bareinbehalts** für unwirksam, will jedoch eine derartige Klausel **insgesamt als wirksam** ansehen, wenn der Auftragnehmer nach dem weiteren Wortlaut der Klausel den Bareinbehalt durch eine (nicht auf erstes Anfordern zahlbare) Gewährleistungsbürgschaft ablösen kann. Diese Entscheidung berücksichtigt jedoch nicht die zutreffenden Erwägungen zur unangemessenen Einschränkung des Kreditrahmens des Auftragnehmers, die bei der vorstehenden Entscheidung des OLG Braunschweig für die Unwirksamkeit dieser Klausel ausschlaggebend waren.

52 Als **„Leitgedanke" für die Prüfung der Unangemessenheit** derartiger „Zinslos-Klauseln" ist von der gesetzlichen Regelung in § 641 Nr. 1 Satz 1 BGB auszugehen: Nach 100 % Leistung hat auch 100 % Zahlung als Gegenleistung zu erfolgen. So weit es zulässig ist, dem Auftraggeber ein berechtigtes Sicherungsinteresse für die Gewährleistungszeit einzuräumen, muss eine derartige Sicherheitsabrede für die Gewährleistung jedoch sicherstellen, dass dem Auftragnehmer weder das Insolvenzrisiko des Auftraggebers aufgebürdet wird, noch ihm die „Früchte seiner Arbeit" in Form von Zinsen aus dem zu 100 % verdienten Werklohn abgeschnitten werden. Verletzt eine Formular-Regelung dieses gesetzliche Leitbild, an dem sich auch § 17 Abs. 5 und 6 VOB/B orientieren, ist eine derartige Regelung wegen des Abweichens von wesentlichen Grundgedanken der gesetzlichen Regelung (vgl. § 307 Nr. 2 Ziff. 1 BGB) unangemessen und damit unwirksam. Überraschend hat der Bundesgerichtshof jedoch eine formularmäßige Klausel für **wirksam** gehalten, durch die die Anlegungs- und Verzinsungspflicht nach § 17 Abs. 6 VOB/B abbedungen wurde[108]. Prüfungsmaßstab des Bundesgerichtshofs war wiederum, ob dem Auftragnehmer ein **angemessener Ausgleich** dafür zugestanden wird, dass er dem Auftraggeber einen Sicherheitseinbehalt für die Dauer der Gewährleistungsfrist zugesteht. In diesem Fall sollte der Auftragnehmer keine Bürgschaft auf erstes Anfordern zur Ablösung des Sicherheitseinbehalts zur Verfügung stellen, sondern eine „normale" selbstschuldnerische unbefristete Bürgschaft. Nach Auffassung des Bundesgerichtshofs stellt eine derartige Klausel den Auftragnehmer vor die Alternative, entweder für fünf Jahre auf restlichen Werklohn zu verzichten, entsprechende Zinsverluste hinzunehmen und das Insolvenzrisiko des Auftraggebers zu tragen, oder mit Avalzinsen belastet zu werden und seine Kreditlinie durch Beibringung einer Bankbürgschaft zu schmälern. Unter Berücksichtigung des Sicherungsinteresses des Auftraggebers seien diese Nachteile jedoch nicht so schwerwiegend, dass deswegen die Unwirksamkeit der Klausel angenommen werden müsste, durch die die Regelung in § 17 Abs. 6 VOB/B abbedungen wurde. Mit dieser Entscheidung verlässt der Bundesgerichtshof seine bisherige Linie, Klauseln für bedenklich zu halten, die von den Regelungen in § 17 VOB/B wesentlich abweichen. Der nach Auffassung des Bundesgerichtshofs **wirksame formularmäßige Ausschluss von § 17 Abs. 6 VOB/B** muss

---

[103] Vgl. hierzu *Grüneberg* in Palandt BGB § 307 Rdn. 21 m. w. N.; BGH, Urt. v. 23.3.1988 – VIII ZR 58/87 = BGHZ 104, 82, 92 f.; BGH, Urt. v. 24.11.1988 – III ZR 188/87 = BGHZ 106, 42, 49.
[104] OLG Braunschweig, Urt. v. 14.10.1993 – 1 U 11/93 = IBR 1995, 108.
[105] Vgl. OLG Karlsruhe, Urt. v. 5.10.1988 – 7 U 189/87 = BauR 1989, 203, 203 f.
[106] OLG Braunschweig, Urt. v. 14.10.1993 – 1 U 11/93 = IBR 1995, 108.
[107] OLG Düsseldorf, Urt. v. 14.2.1992 – 22 U 155/91 = OLGR 92, 185 = IBR 1992, 315.
[108] BGH, Urt. v. 13.11.2003 – VII ZR 57/02 = BauR 2004, 325 = IBR 2004, 67.

jedoch **inhaltlich eindeutig** vereinbart werden, weil die vorrangig vor der VOB/B geltende Vertragsklausel in AGB des Auftraggebers, die vorsieht, dass von der Schlussrechnung ein Gewährleistungseinbehalt in Abzug gebracht wird, der durch eine nicht auf erstes Anfordern zahlbare Bankbürgschaft abgelöst werden kann, dahingehend auszulegen ist, dass die Verpflichtung des Auftraggebers zur Einzahlung auf ein Sperrkonto nach § 17 Abs. 6 VOB/B **nicht** ausgeschlossen ist[109].

Die **Konsequenzen der Unwirksamkeit** einer formularmäßigen Sicherungsklausel wegen Verstoßes gegen §§ 307 ff. BGB sind in § 306 BGB geregelt. So weit danach eine Klausel zur Sicherheitsleistung nach den Bestimmungen der §§ 307 ff. BGB unwirksam ist, entfällt der Anspruch des Auftraggebers auf Sicherheitsleistung. Ist jedoch eine **Klausel teilbar,** kann ein klar abtrennbarer und aus sich heraus verständlicher (wirksamer) Klauselteil bestehen bleiben und zwar auch dann, wenn ein anderer Klauselteil unwirksam ist[110]. Der **Grundsatz des Verbots der geltungserhaltenden Reduktion**[111] greift somit dann nicht ein, wenn die zu beurteilende Klausel inhaltlich teilbar ist[112]. Voraussetzung hierfür ist, dass die unwirksame Bestimmung weggestrichen werden kann, ohne dass die übrige, im Zusammenhang befindliche Regelung zu einem Torso wird, der keine für sich verständliche und sinnvolle Regelung mehr enthält[113], so dass inhaltlich unbedenkliche Bestimmungen bestehen bleiben können. So sind Klauseln, die die Haftung des Bürgen oder Sicherungsgebers auf alle gegenwärtigen und künftigen Verbindlichkeiten des Hauptschuldners ausdehnen, unwirksam gemäß §§ 305c Nr. 1 und 307 BGB[114]. Das Sicherungsrecht wird bei diesen Klauseln aber hinsichtlich der Verbindlichkeit aufrecht erhalten, die Anlass zur Übernahme der Haftung waren. Dies soll sogar dann gelten, wenn eine sprachliche Abtrennung dieses Regelungsteils nicht möglich ist[115].

Der Bundesgerichtshof löst diese Fälle in ständiger Rechtsprechung[116] im Wege der **ergänzenden Vertragsauslegung:** An die Stelle der Klausel tritt die Regelung, die die Parteien bei sachgerechter Abwägung der beiderseitigen Interessen gewählt hätten, wenn ihnen die Unwirksamkeit der formularmäßigen Regelung bewusst gewesen wäre. Es ist nicht Sinn und Zweck des § 306 BGB und des Verbots geltungserhaltender Reduktion, dem Kunden durch den ersatzlosen Wegfall von Klauseln Vorteile zu verschaffen, die das Vertragsgefüge völlig einseitig zu seinen Gunsten verschieben[117]. Diesen Grundsatz hat der Bundesgerichtshof im Rahmen einer seiner Grundsatzentscheidungen zur Wirksamkeit der Verpflichtung zur Stellung einer Bürgschaft auf erstes Anfordern[118] angewendet. Auch in diesem Urteil geht er – in Anknüpfung an das Urt. v. 18.4.2002[119] – von der Unwirksamkeit einer formularmäßigen Klausel aus, durch die der Auftragnehmer verpflichtet wird, dem Auftraggeber eine **Vertragserfüllungsbürgschaft** zu stellen, die auf erstes Anfordern lautet. Er **verneint jedoch die Unwirksamkeit der Sicherungsklausel insgesamt.** Der Vertrag sei vielmehr dahin auszulegen, dass die Auftragnehmerin verpflichtet sei, eine unbefristete, selbstschuldnerische Bürgschaft ohne den Zusatz der Zahlung

---

[109] BGH, Beschl. v.10.11.2005 – VII ZR 11/04 = BauR 2006, 379 = IBR 2006, 24.
[110] Vgl. BGH, Urt. v. 26.11.1984 = NJW 1985, 623, 624 f.; BGH, Urt. v. 9.5.1996 = BGHZ 132, 383, 389; OLG Düsseldorf, Urt. v. 7.6.1994 – 21 U 90/92 = BauR 1995, 111, 111 f.; vgl. auch BGH, Urt. v. 12.2.2009 – VII ZR 39/08 = IBR 2009, 199 – hierzu oben Rdn. 49; OLG Düsseldorf, Urt. v. 30.5.2008 – 22 U 113/07 = IBR 2008, 442; OLG Nürnberg, Beschl. v.13.9.2012 – 6 U 781/12 = IBR 2015, 135.
[111] BGH, Urt. v. 3.11.1999 – VIII ZR 269/98 = NJW 2000, 1110, 1114; *Grüneberg* in Palandt BGB § 306 Rdn. 6 m. w. N.
[112] *Grüneberg* in Palandt BGB § 306 Rdn. 7 m. w. N.; BGH, Urt. v. 10.2.1993 – XII ZR 74/91 = NJW 1993, 1133, 1135; BGH, Urt. v. 25.3.1998 – VIII ZR 244-97 = NJW 1998, 2284, 2285 f. m. w. N.
[113] BGH, Urt. v. 18.5.1995 – IX ZR 108/94 = NJW 1995, 2553, 2556; *Leinemann/Brauns* in Leinemann-VOB/B, 4. Aufl., § 17 Rdn. 39 m. w. N.
[114] BGH, Urt. v. 13.11.1997 – IX ZR 289/96 = BGHZ 137, 153; *Grüneberg* in Palandt BGB § 305c Rdn. 11.
[115] BGH, Urt. v. 13.11.1997 – IX ZR 289/96 = BGHZ 137, 153.
[116] BGH, Urt. v. 1.2.1984 – VIII ZR 54/83 = BGHZ 90, 69, 73 f.; BGH, Urt. v. 22.1.1992 – IV ZR 59/91 = BGHZ 117, 92, 98 f.; BGH, Urt. v. 13.11.1997 – IX ZR 289/96 = BGHZ 137, 153, 156 f.; BGH, Urt. v. 3.11.1999 – VIII ZR 269/98 = NJW 2000, 1110, 1114; vgl. auch BGH, Urt. v. 4.7.2002, VII ZR 502/99 = BauR 2002, 1533, 1535 = NZBau 2002, 546, 547 ff. = ZfIR 2002, 717, 718 f. („Bürgschaft auf erstes Anfordern bleibt als ‚normale' Bürgschaft bestehen") sowie die berechtigte Kritik von *Siegburg* ZfIR 2002, 709, 713 f.; im Einzelnen nachfolgend V. 7.
[117] BGH, Urt. v. 13.11.1997 – IX ZR 289/96 = BGHZ 137, 153, 157; *Grüneberg* in Palandt BGB § 306 Rdn. 7.
[118] Vgl. Fn. 94 und nachfolgend V. 7.
[119] BGH, Urt. v. 28.2.2002 – VII ZR 376/00 = BauR 2002, 935 = ZfIR 2002, 538, 538 f.

auf erstes Anfordern zu stellen. Es könne offen bleiben, ob die Klausel durch Streichung des Satzteils, wonach der Bürge sich verpflichte, auf erste schriftliche Anforderung an den Auftraggeber Zahlung zu leisten, teilbar ist; denn ein ersatzloser Wegfall der Bürgschaftsverpflichtung komme bereits aus anderen Gründen nicht in Betracht. Die Lücke, die bei einem vollständigen Wegfall der unwirksamen Klausel bestehe, lasse sich durch dispositives Werkvertragsrecht nicht füllen. Im Wege der ergänzenden Vertragsauslegung ergebe sich jedoch, dass der Auftragnehmer in diesen Fällen eine unbefristete selbstschuldnerische Bürgschaft zu stellen habe, weil der ersatzlose Wegfall der Bürgschaftsverpflichtung zu einem den Interessen der Parteien nicht mehr gerecht werdenden Ergebnis führe. Es entspreche dem anerkennenswerten Interesse des Auftraggebers, den Auftragnehmer auch in Allgemeinen Geschäftsbedingungen zur Stellung einer Vertragserfüllungsbürgschaft zu verpflichten, da ohne eine solche Sicherung der Auftraggeber möglicherweise nicht ausreichend geschützt sei[120]. Diesem Sicherungsinteresse hätten die Parteien durch die Sicherungsabrede Rechnung tragen wollen. Würde die Sicherungsabrede ersatzlos entfallen, sei dies mit dem durch die Sicherungsabrede zum Ausdruck gebrachten Willen der Parteien nicht zu vereinbaren.

55 Im Wege der ergänzenden Vertragsauslegung kommt daher der BGH in diesem Fall zu dem Ergebnis, dass die Parteien bei sachgerechter Abwägung ihrer beiderseitigen Interessen eine „normale" (unbefristete, selbstschuldnerische) Bürgschaft vereinbart hätten, wenn ihnen die Unwirksamkeit der Verpflichtung des Auftragnehmers, eine **Vertragserfüllungsbürgschaft auf erstes Anfordern** stellen zu müssen, bekannt gewesen wäre. Eine derartige Auslegung sei auch nicht willkürlich, da die Bürgschaft auf erstes Anfordern kein Sicherungsmittel „eigener Art" darstelle, sondern lediglich eine infolge des weitgehenden Einwendungsausschlusses den Gläubiger besonders privilegierende Form der Bürgschaftsverpflichtung[121]. **Anders** entschieden der Bundesgerichtshofs bei der Vereinbarung einer **Gewährleistungsbürgschaft auf erstes Anfordern:** Eine vom Besteller gegenüber dem Bauunternehmer verwendete Klausel, nach der ein Bareinbehalt von 5 % der Schlussrechnungssumme auf die Dauer der Gewährleistungsfrist einbehalten wird, der allein durch eine Bürgschaft auf erstes Anfordern abgelöst werden kann, ist **unwirksam.** Eine **ergänzende Vertragsauslegung** dahin, dass die Ablösung durch eine unbefristete selbstschuldnerische Bürgschaft erfolgt, **kommt** bei der gebotenen objektiv-generalisierenden Betrachtungsweise **nicht in Betracht**[122].

56 Die **Teilbarkeit einer Sicherheitsklausel abgelehnt** hat der Bundesgerichtshof in der Entscheidung vom 22.11.2001[123]. Nach dieser Entscheidung kommt die Teilung einer Sicherheitsklausel in einen wirksamen und einen unwirksamen Teil und damit die teilweise Aufrechterhaltung im Wege der ergänzenden Vertragsauslegung dann nicht in Betracht, wenn die **Sicherheitsklausel eine in sich geschlossene Konzeption** enthält, wie nach dem Willen der Parteien das Recht des Auftraggebers auf den Sicherheitseinbehalt kompensiert werden soll. Die dort streitige Klausel sah vor, dass der Auftragnehmer **nur** berechtigt war, den in Höhe von 5 % der Auftragssumme vereinbarten Sicherheitseinbehalt durch eine **Bürgschaft auf erstes Anfordern** abzulösen; die anderen in § 17 VOB/B genannten Sicherheiten waren **ausgeschlossen** worden, so dass dem Auftragnehmer ein angemessenes Austauschrecht nicht mehr zustand und zwar auch dann nicht, wenn man den unwirksamen Teil (zahlbar auf erstes Anfordern) gestrichen hätte. Der vom Auftraggeber bewusst vorgesehene Ausschluss der Regelungen in § 17 VOB/B schließt eine Rückkehr zu dieser Bestimmung durch ergänzende Vertragsauslegung aus. Diese „Gesamtkonzeption" der Sicherheitenregelung lässt damit eine Teilung nicht zu und führt zu einer **insgesamt** unwirksamen Sicherheitenabrede.

Mit der **Teilbarkeit einer Sicherungsklausel** befasst sich auch das ausführliche Urteil des OLG Düsseldorf vom 13.6.2014[124]. Hiernach können inhaltlich voneinander trennbare, einzeln aus sich heraus verständliche Regelungen in Allgemeinen Geschäftsbedingungen auch dann Gegenstand einer **gesonderten Wirksamkeitsprüfung** sein, wenn sie in einem äußeren sprachlichen Zusammenhang mit anderen – etwaig unwirksamen – Regelungen stehen. Nur wenn der als wirksam anzusehende Teil im Gesamtgefüge des Vertrags nicht mehr sinnvoll,

---

[120] Vgl. auch BGH, Urt. v. 20.4.2000 – VII ZR 458/97 = BauR 2000, 1498, 1499 f.
[121] Zu den weitergehenden Konsequenzen dieses Urteils vgl. bei den Anmerkungen zur „Bürgschaft auf erstes Anfordern" nachfolgend V. 7.
[122] BGH, Urt. v. 14.4.2005 – VII ZR 56/04 = BauR 2005, 1154 = IBR 2005, 423; BGH, Urt. v. 9.12.2004 – VII ZR 265/03 = BauR 2005, 539 = IBR 2005, 147; BGH, Urt. v. 22.11.2001 – VII ZR 208/00 = IBR 2002, 73; BGH, Urt. v. 5.6.1997 – VII ZR 324/95 = IBR 1997, 366.
[123] BGH, Urt. v. 22.11.2001 – VII ZR 208/00 = BauR 2002, 463, 464 = NZBau 2002, 151.
[124] OLG Düsseldorf, Urt. v. 13.6.2014 – 22 U 150/13 = NZBau 2015, 95 ff.

insbesondere der als unwirksam beanstandete Teil der Klausel von so einschneidender Bedeutung ist, dass von einer gänzlich neuen, von der bisherigen Regelung völlig abweichenden Vertragsgestaltung gesprochen werden muss, ergreift die Unwirksamkeit der Teilklausel die Gesamtklausel. Nach Auffassung des OLG Düsseldorf hat die Vereinbarung über die Stellung einer selbstschuldnerischen unbefristeten Bürgschaft demgemäß **auch dann Bestand,** wenn die Verpflichtung, die Bürgschaft **mit einem Verzicht auf die Einrede der Aufrechenbarkeit gemäß § 770 Abs. 2 BGB zu versehen** bzw. zu erbringen, unwirksam ist. Eine **„konzeptionelle Einheit"** bestehe nicht, wenn in der Sicherungsvereinbarung die Stellung einer selbstschuldnerischen Bürgschaft verlangt wird und zudem vorgesehen ist, dass der Bürge auf die Einrede der Aufrechenbarkeit gemäß § 770 Abs. 2 BGB verzichtet. Konsequenz: **Im Wege der ergänzenden Vertragsauslegung** ist dann der Auftragnehmer verpflichtet, eine selbstschuldnerische Vertragserfüllungsbürgschaft ohne Verzicht des Bürgen auf die Einrede der Aufrechenbarkeit zu stellen.

c) **Anwendung der §§ 232 bis 240 BGB.** Die Bestimmungen in § 17 VOB/B stellen **keine abschließende Regelung** dar. Daneben gelten die gesetzlichen Vorschriften ergänzend. Dies gilt z. B. für die Ergänzungspflicht in § 240 BGB und für das Pfandrecht an hinterlegtem Geld in § 233 BGB, auch wenn diese Bestimmungen für die Praxis des Bauvertrags kaum Bedeutung haben. Systematisch ergibt sich der Inhalt der Sicherungsvereinbarung zwischen den Parteien daher in folgender Reihenfolge: 57

– **Vorrangig** gilt die zwischen den Bauvertragsparteien **ausdrücklich vertraglich** vereinbarte Regelung.
– Sodann gelten die Bestimmungen des § 17 VOB/B.
– Ergänzend greifen die gesetzlichen Regelungen der §§ 232 bis 240 BGB ein.

2. Zweck der Sicherheitsleistung (§ 17 Abs. 1 Nr. 2 VOB/B). Der Sicherungsumfang einer Vertragserfüllungs- und einer Gewährleistungsbürgschaft und die **Abgrenzung der beiden Bürgschaften** sind durch Auslegung der jeweiligen Bürgschaftserklärung zu ermitteln[125]. Hierbei verbleibende Unklarheiten gehen zu Lasten des Gläubigers[126]. Nimmt der Bauvertrag auf eine Bürgschaftsurkunde Bezug, ist der gesicherte Anspruch anhand des Bauvertrags zu ermitteln[127].

a) **Sicherheit für die Vertragserfüllung.** Sofern die Parteien des Bauvertrags keine vorrangigen spezielleren Vereinbarungen zum Zweck der Vertragserfüllungssicherheit getroffen haben[128], umfasst die Sicherheit **„für die vertragsgemäße Ausführung der Leistungen"** im Sinne von § 17 Abs. 1 Nr. 2 VOB/B folgende Ansprüche des Auftraggebers: 58

– Der Begriff der „vertragsgemäßen Ausführung" umfasst alle Leistungen des Auftragnehmers, die zur Verwirklichung des vertraglich vereinbarten Bauvorhabens notwendig sind[129]. 59
– Vorrangig werden gesichert die Ansprüche des Auftraggebers auf fristgerechte Vertragserfüllung. Ist daher im Bauvertrag für den Fall der schuldhaften Nichteinhaltung einer Vertragsfrist (wirksam)[130] eine **Vertragsstrafe** vereinbart worden, erfasst eine Sicherheitsleistung nach § 17 VOB/B auch die Zahlung der Vertragsstrafe[131]. 60
– Durch die Vertragserfüllungssicherheit werden ferner die **Mängelansprüche des Auftraggebers bis zur Abnahme** (§ 4 Abs. 7 VOB/B) gesichert[132]. 61

---

[125] OLG Karlsruhe, Urt. v. 21.10.2003 – 17 U 24/03 = BauRB 2004, 33; OLG Celle, Beschl. v.9.9.2013 – 4 U 68/13 = IBR 2013, 739.
[126] BGH, Urt. v. 1.7.2003 – XI ZR 363/02 = BrBP 2004, 172 = IBR 2003, 674.
[127] OLG Koblenz, Urt. v. 8.5.2003 – 5 U 1515/02 = BauRB 2003, 228; vgl. auch OLG Düsseldorf, Urt. v. 8.5.2003 – I-5 U 85/02 = BauR 2004, 382 f.
[128] Zu Risiken einer ungenauen Sicherungszweckerklärung vgl. *Thierau* Jahrbuch Baurecht 2000, 66 ff. (dort auch Formulierungsvorschläge); vertiefend zur Vertragserfüllungssicherheit *Berger* BauRB 2005, 86 ff.
[129] *Moufang/Koosin* Beck'scher VOB-Kommentar VOB/B § 17 Abs. 1 Rdn. 16 m. w. N.; *Leinemann/Brauns* in LeinemannVOB/B § 17 Rdn. 29 m. w. N.
[130] Vgl. die Kommentierung zu § 11 VOB/B.
[131] BGH, Urt. v. 7.6.1982 – VIII ZR 154/81 = BauR 1982, 506; BGH, Urt. v. 15.3.1990 – IX ZR 44/89 = NJW-RR 1990, 811.
[132] OLG Düsseldorf, Urt. v. 10.10.1997 – 22 U 69/97 = BauR 1998, 553, 554; *Werner/Pastor,* Rdn. 1640 ff.; *Weise* Sicherheiten im Baurecht, Rdn. 62.

62 – Die Vertragserfüllungssicherheit deckt ferner die dem Auftraggeber zustehenden **Schadenersatzansprüche wegen Nichterfüllung** gegen den Auftragnehmer[133].

63 – **Umstritten** ist die Frage, ob auch Rückzahlungsansprüche des Auftraggebers wegen **Überzahlung** durch eine (nicht näher konkretisierte) Vertragserfüllungssicherheit abgesichert sind. Nach älterer Rechtsprechung des Bundesgerichtshofs[134] sowie einiger Literaturstimmen[135] sowie nach Auffassung des OLG Celle[136] sind Ansprüche des Auftraggebers **wegen Überzahlung nicht** durch eine Vertragserfüllungsbürgschaft, die dies nicht ausdrücklich im Text vorsieht, gesichert. Nach neuerer Rechtsprechung des Bundesgerichtshofs[137], die sich mit der Rückzahlung von Vorauszahlungen befasst und einer in Vordringen befindlichen Literaturauffassung[138] sowie nach Auffassung OLG Hamm[139] sind Rückforderungsansprüche des Auftraggebers wegen Überzahlung von der Vertragserfüllungsbürgschaft abgedeckt[140].

64 – **Umstritten** ist ferner die Frage, ob durch die Vertragserfüllungssicherheit auch Ansprüche auf die vertragsgemäße Durchführung von **geänderten oder zusätzlichen Leistungen gemäß §§ 1 Abs. 3 und Abs. 4 VOB/B** gesichert werden. Durch diese Möglichkeit der einseitigen Leistungserweiterung durch den Auftraggeber wird die Hauptschuld erweitert. Dies könnte in Kollision stehen mit dem Wortlaut in § 767 Nr. 1 Satz 3 BGB, wonach die Verpflichtung des Bürgen nicht durch ein Rechtsgeschäft erweitert wird, das der Hauptschuldner nach der Übernahme der Bürgschaft vornimmt. Am Wortlaut orientiert vertritt daher Heiermann[141] die Auffassung, dass die Bürgschaft rechtsgeschäftliche Leistungsänderungen bzw. Leistungserweiterungen im Sinne von § 2 Abs. 5 und 6 VOB/B nicht erfasst. Dem ist nur für den (eher seltenen) Fall zuzustimmen, dass in den vertraglichen Bestimmungen (vgl. z. B. die besonderen Vertragsbedingungen EVM (b) BVB der öffentlichen Auftraggeber) ausdrücklich vorgesehen wurde, dass für eine Nachtragsvereinbarung eine **zusätzliche** Sicherheit für den Nachtrag vom Auftragnehmer zu stellen ist[142]. In diesem Fall ist nämlich offensichtlich, dass sich die ursprünglich geleistete Vertragserfüllungssicherheit nicht auf zusätzlich zu vergütende Nachtragsaufträge erstreckt[143].

65 Im Übrigen bleiben nach dieser Auffassung jedoch die Besonderheiten des VOB/B-Bauvertrags und die Tatsache unberücksichtigt, dass summenmäßig die Haftung des Bürgen nicht erweitert wird. Zum einen wird durch die spezielle Regelung in § 1 Abs. 3 VOB/B dem Auftraggeber eine einseitige Änderungsbefugnis eingeräumt, deren Sinn und Zweck es ist, „dem Auftraggeber die für die Durchführung des Bauvorhabens erforderliche planerische und gestalterische Freiheit zu erhalten. Insbesondere bei größeren Bauobjekten lassen sich die durchzuführenden Werke nicht in allen Einzelheiten verbindlich vorausplanen. Es ist deshalb unumgänglich, die Bauausführung veränderten Gegebenheiten anzupassen, die sich – nur beispielhaft – durch vorher nicht erkannte technische Probleme oder Änderungswünsche des Bauherrn oder – bei Mietobjekten – der späteren Mieter ergeben; es entspricht dem wohlverstandenen Interesse des Auftraggebers, sich gegenüber seinem Auftragnehmer die Handlungsfreiheit für derartige Änderungen in der Bauausführung vorzubehalten."[144] Entsprechendes gilt bei dem einseitigen Recht des Auftraggebers, gemäß § 1 Abs. 4 VOB/B nachträglich den Leistungsumfang im Rahmen des bestehenden Bauvertrags zu erweitern. Es besteht also auch insoweit – vertraglich vereinbart – **Kontrahierungszwang** (im Rahmen der Erforderlichkeit) für die Ausführung der zusätzlich verlangten vertraglichen Leistungen.

66 Diese Besonderheiten des VOB-Bauvertrags sind nicht nur den Bauvertragsparteien, sondern auch den jeweiligen Bürgen, die sich für die vertragsgemäße Ausführung der Leistung durch

---

[133] BGH, Urt. v. 17.12.1987 – IX ZR 263/86 = BauR 1988, 220.
[134] BGH, Urt. v. 30.3.1995 – IX ZR 98/94 = BauR 1980, 574; BGHZ 76, 187, 190.
[135] *Joussen* in Ingenstau/Korbion VOB/B § 17 Abs. 1 Rdn. 18 m. w. N. unter Berufung auf die ältere BGH-Rechtsprechung.
[136] OLG Celle, Urt. v. 4.6.1997 – 6 U 186/96 = BauR 1997, 1057.
[137] BGH, Urt. v. 17.12.1987 – IX ZR 263/86 = BauR 1988, 220, 222.
[138] *Werner/Pastor*, 13. Aufl., Rdn. 1253 m. w. N.; *Hildebrandt* in NWJS VOB/B § 17 Rdn. 19 ff.; *Horn* in Staudinger BGB § 765 Rdn. 75 m. w. N.
[139] OLG Hamm, Urt. v. 21.10.1997 – 24 U 10/97 = OLGR 1998, 37.
[140] Vgl. zum Meinungsstreit: *Thierau* Jahrbuch Baurecht 2000, 66, 72 ff.
[141] *Heiermann/Riedl/Rusam* VOB/B § 17 Abs. 4 Rdn. 27 (9. Auflage); a. A. 10. Auflage § 17 Rdn. 54.
[142] OLG Frankfurt, Urt. v. 29.5.2002 – 4 U 11/01 = IBR 2002, 478.
[143] Nach Auffassung OLG Hamm, Urt. v. 23.5.2000 – 24 U 19/00 = IBR 2000, 378, soll die Vereinbarung der Verlängerung der Ausführungsfristen eine wesentliche Änderung der Hauptschuld darstellen, für die der Erfüllungsbürge nicht haftet.
[144] Vgl. OLG Düsseldorf, Urt. v. 8.7.1987 – 19 U 89/86 = BauR 1988, 485, 486 = NJW-RR 1988, 278.

den Auftragnehmer verpflichten, allgemein bekannt. Kein Bauvertrag wird ohne Leistungsänderungen oder zusätzliche Leistungen abgewickelt. So weit daher der durch § 1 Abs. 3 bzw. durch § 1 Abs. 4 VOB/B vorgegebene Rahmen der einseitigen Leistungserweiterungen eingehalten wird, **decken Vertragserfüllungssicherheiten** (auch ohne nähere textliche Ausgestaltung) **den Anspruch des Auftraggebers auf vertragsgerechte Erbringung auch der geänderten und zusätzlichen Leistungen ab**[145]. Verstärkt wird diese Argumentation dadurch, dass die Vertragserfüllungsbürgschaft sich der Höhe nach an einem festen Prozentsatz der **Auftragssumme** (also nicht der Abrechnungssumme) orientiert und diese Bürgschaft der Höhe nach während der Vertragsabwicklung trotz geänderter oder zusätzlicher Leistungen keine Veränderung erfährt. Der Höhe nach wird damit die Bürgenhaftung nicht erweitert, da sie auf den Höchstbetrag der Bürgschaftsurkunde beschränkt bleibt.

– „Unechte" Zusatzleistungen („Extra-Arbeiten"), die „anlässlich" eines bestehenden Bauvertrags in Auftrag gegeben werden[146], sind **nicht** durch eine Vertragserfüllungssicherheit gedeckt, die im Rahmen des ursprünglichen Bauvertrags gegeben wurde. 67
– Eine Vertragserfüllungsbürgschaft sichert nicht den „Druckzuschlag", der dem Auftraggeber wegen eines Zurückbehaltungsrechts zusteht[147].
– Die Vertragserfüllungssicherheit sichert auch Vorauszahlungen[148]. 68
– Auch **Rückgriffsrechte** des Auftraggebers gegen den Auftragnehmer **nach § 1a AEntG** 69 sollen von der Vertragserfüllungsbürgschaft gedeckt sein[149]. Nach dieser Auffassung schließt eine Vertragserfüllungsbürgschaft des Auftragnehmers eine Absicherung von etwaigen Rückgriffsansprüchen des Auftraggebers gegen den Auftragnehmer nach einer erfolgten Inanspruchnahme von Arbeitnehmern nachgeordneter Subunternehmer ein. Dagegen ist das OLG Stuttgart[150] der Auffassung, dass die Klausel in einer Vertragserfüllungsbürgschaft, welche in einer längeren Aufzählung der abgesicherten Ansprüche u. a. die Regressansprüche des Auftraggebers nach § 1a AEntG enthalten, intransparent und damit unwirksam ist. Hieraus wird der Schluss gezogen werden können, dass nach dieser Auffassung Regressansprüche nach § 1a AEntG **nicht durch eine Vertragserfüllungssicherheit** (ohne nähere eindeutige textliche Ausgestaltung) **abgesichert** sind, da hierzu nach Auffassung des OLG Stuttgart im Rahmen der Vertragserfüllungssicherheit eine inhaltlich klare und optisch hervorgehobene Aufzählung der abzusichernden Ansprüche im Bauvertrag und in dem Bürgschaftsmuster zur wirksamen Vereinbarung des (erweiterten) Sicherungszwecks notwendig sein soll.

b) Sicherheit für Mängelansprüche (Gewährleistungssicherheit). Die Neufassung der 70 VOB/B im Jahre 2002 in § 17 Abs. 1 Nr. 2 (Mängelansprüche) hat den Wortlaut dieser Bestimmung an die veränderte Terminologie des BGB angepasst. Statt von „Gewährleistung" wird nunmehr auch hier der Begriff der „Mängelansprüche" verwendet.

Eine **inhaltliche Änderung ist hierdurch nicht erfolgt**. Es bleibt abzuwarten, ob sich die 71 neue Bezeichnung („Sicherheit für Mängelansprüche" – vgl. auch § 17 Abs. 8 VOB/B) in der täglichen Praxis durchsetzt. So müsste eine die nach Abnahme bestehenden Nacherfüllungsansprüche absichernde Bürgschaft korrekt nun mit **„Bürgschaft für Mängelansprüche"** oder **„Mängelbürgschaft"** bezeichnet werden, nachdem der Begriff der „Gewährleistung" im BGB und auch in der VOB entfallen ist. Da es sich lediglich um eine **redaktionelle Änderung**[151] handelt, ist die herkömmliche Bezeichnung als „Gewährleistungssicherheit" bzw. „Gewährleistungsbürgschaft" unschädlich. Sie soll daher auch hier zunächst weiter verwendet werden.

Sofern die Parteien des Bauvertrags keine vorrangigen spezielleren Vereinbarungen zum 72 Zweck der Gewährleistungssicherheit (Sicherheit für Mängelansprüche) getroffen haben[152],

---

[145] *Weise* Sicherheiten im Baurecht Rdn. 73; *Thierau* Jahrbuch Baurecht 2000, 66, 75.
[146] Vgl. z. B. OLG Düsseldorf, Urt. v. 5.3.1996 – 21 U 116/95 = BauR 1996, 875; BGH, Urt. v. 13.12.2001 – VII ZR 28/00 = BauR 2002, 618, 619 = NZBau 2002, 215.
[147] OLG Koblenz, Urt. v. 8.5.2003 – 5 U 1515/02 = BauR 2004, 349 = IBR 2003, 1119 – online.
[148] BGH, Urt. v. 17.12.1987 – IX ZR 263/86 = BauR 1988, 220; *Schwarz* in FKZGM/B § 17 Rdn. 23; OLG Celle, Urt. v. 5.2.2004 – 13 U 158/03 = IBR 2006, 1412.
[149] *Joussen* in Ingenstau/Korbion VOB/B § 17 Abs. 1 Rdn. 20; a. A. OLG Stuttgart, Urt. v. 28.9.2001 – 2 U 218/00 = IBR 2002, 194.
[150] OLG Stuttgart, Urt. v. 28.9.2001 – 2 U 218/00 = IBR 2002, 194.
[151] Vgl. Beschl. des Vorstands des Deutschen Vergabe- und Vertragsausschusses vom 2.5.2002; vgl. die neue Bezeichnung im VHB 2002 EFB-Sich 2/323.2 „Mängelansprüchebürgschaft".
[152] Zu Risiken einer ungenauen Sicherungszweckerklärung vgl. *Thierau* Jahrbuch Baurecht 2000, 66 ff. (dort auch Formulierungsvorschläge); vertiefend zur Gewährleistungsbürgschaft auch *Hormann* BauRB 2004, 278 ff.; vgl. zur „Kombi-Sicherheit" *v. Minckwitz/Hahn* BrBp 2003, 94 ff.

umfasst die **„Sicherheit für Mängelansprüche"** im Sinne von § 17 Abs. 1 Nr. 2 VOB/B folgende Ansprüche des Auftraggebers:

73 – Die Gewährleistungssicherheit deckt die Haftung des Auftragnehmers für alle **während der Gewährleistungsfrist auftretenden Mängel** ab, gleichgültig ob sie vor oder bei der Abnahme erkannt worden sind[153].

74 – Abgedeckt wird somit auch der Anspruch des Auftraggebers auf **Vorschuss** für die voraussichtlichen Mängelbeseitigungskosten[154].

75 – Dies gilt auch im Falle der vorzeitigen Beendigung des Bauvertrags nach einer fristlosen Kündigung gemäß § 8 Abs. 3 VOB/B[155].

76 – Ferner werden von der Gewährleistungssicherheit Ansprüche des Auftraggebers auf Restfertigstellung der Leistungen abgedeckt, da es sich insoweit um Ansprüche des Auftraggebers **nach der Abnahme** handelt[156].

77 – Ansprüche aus **positiver Vertragsverletzung** (vgl. auch § 241 Nr. 2 BGB) sind – sofern eine ausdrückliche Regelung bei der Vereinbarung des Sicherungszwecks fehlt – **nicht von der Gewährleistungssicherheit umfasst,** weil sie nicht vorhersehbar sind und damit ein für den Bürgen nicht kalkulierbares Risiko darstellen[157].

78 – **Nicht umfasst** sind die Mängelbeseitigungsansprüche des Auftraggebers aus § 4 Abs. 7 VOB/B, die **vor Abnahme** entstanden sind[158].

79 – Auch **verjährte Gewährleistungsansprüche** des Auftraggebers[159] gegen den Auftragnehmer können noch **gesichert** sein: Ist die Gewährleistungssicherheit gemäß § 17 Abs. 1 VOB/B anstelle eines Sicherungseinbehalts gestellt und sind die Gewährleistungsansprüche verjährt, sind die Mängel aber rechtzeitig vor dem Eintritt der Verjährung gerügt worden, so dass der Auftraggeber nach § 17 Abs. 8 Satz 2 VOB/B ein Recht zur fortgesetzten Einbehaltung eines entsprechenden Teils der Sicherheit hätte, dann dient die Gewährleistungsbürgschaft auch zur Sicherung dieser verjährten Gewährleistungsansprüche[160]; der Bürge kann sich nicht auf die Einrede der Verjährung berufen, die dem Auftragnehmer als dem Hauptschuldner zusteht und der Auftraggeber braucht die Bürgschaftsurkunde nicht herauszugeben[161] und ist berechtigt, sie zu verwerten[162].

– Siehe jedoch die Rechtsprechung des VII. Senats zu § 17 Abs. 8 Nr. 2 VOB/B[163].

80 – **Vertragsstrafenansprüche** des Auftraggebers werden durch die Gewährleistungssicherheit **nicht gesichert.**[164]

81 – **Nebenpflichtverletzungen** werden **nicht** durch die Gewährleistungssicherheit abgedeckt[165]. Wird z. B. eine zusätzlich notwendige Prüfstatik auf Grund eines Änderungsvorschlags des

---

[153] BGH, Urt. v. 4.12.1997 – IX ZR 247-96 = BauR 1998, 332, 334.
[154] BGH, Urt. v. 5.4.1984 – VII ZR 176/83 = BauR 1984, 406; BGH, Urt. v. 27.2.1992 – IX ZR 57/91 = BauR 1992, 373, 374.
[155] *Joussen* in Ingenstau/Korbion VOB/B § 17 Abs. 1 Rdn. 25; *Thierau* Jahrbuch Baurecht 2000, 66, 87.
[156] OLG Hamm, Urt. v. 24.6.1986 – 21 U 150/85 = NJW-RR 1987, 686; BGH, Urt. v. 4.12.1997 – IX ZR 247/96 = BauR 1998, 332, 334; OLG Köln, Urt. v. 30.10.1997 – 12 U 40/97 = BauR 1998, 555, 557.
[157] Saarländisches OLG, Urt. v. 26.9.2000 – 7 U 83/00-23 = BauR 2001, 266, 268 f.; ebenso OLG Koblenz, Urt. v. 27.2.2003 – 5 U 878/02 = IBR 2003, 676 = BauRB 2003, 71, hiernach umfasst eine Gewährleistungsbürgschaft zur Sicherung eines Schadensersatzanspruchs wegen Folgeschäden gemäß § 13 Abs. 7 Nr. 1 VOB/B nur den nächsten Mangelfolgeschaden, wohingegen entferntere Folgeschäden, die dem Anspruchsbereich der positiven Vertragsverletzung zuzuordnen sind, von einer Gewährleistungsbürgschaft **nicht** erfasst werden.
[158] BGH, Urt. v. 4.12.1997 – IX ZR 247-96 = BauR 1998, 332, 334; vgl. jedoch: OLG Frankfurt, Urt. v. 29.1.1986 – 17 U 174/84 = BauR 1987, 101; zu positiver Vertragsverletzung: *Thode* ZfIR 2000, 165.
[159] Vgl. zur Verwertung nachfolgend V. 8 und 9.
[160] Vgl. *Horn* in Staudinger BGB § 765 Rdn. 64 m. w. N. zur alten Fassung von § 17 Abs. 8 VOB/B; vgl. zur Neufassung, durch deren Klarstellung („geltend gemachte Ansprüche") diese Rechtslage unverändert fortgilt, nachfolgend IX. 2.; OLG München, Urt. v. 6.11.2007 – 9 U 2387/07 = IBR 2009, 25 mit kritischen Anmerkungen Schmitz unter Hinweis auf BGH, Urt. v. 18.9.2007 – IX ZR 447/06 = IBR 2008, 25.
[161] BGH, Urt. v. 21.1.1993 – VII ZR 127/91 = NJW 1993, 1131, 1131 f.
[162] OLG Düsseldorf, Urt. v. 6.2.2001 – 21 U 80/00 = IBR 2002, 477 (Revision nicht angenommen, BGH Beschl. v. 2.5.2002 – VII ZR 86/01); vgl. auch *Thierau* Jahrbuch Baurecht 2000, 66, 76.
[163] BGH, Urt. v. 9.7.2015 – VII ZR 5/15 = NZBau 2015, 549 ff. = NJW 2015, 549 mit Anmerkung Thierau. Hierzu ausführlich bei Rdn. 232 nachfolgend.
[164] *Kleine-Möller/Merl/Glöckner* Handbuch des privaten Baurechts, § 12 Rdn. 1327 m. w. N.; *Weise* Sicherheiten im Baurecht Rdn. 58.
[165] BGH, Urt. v. 7.2.1977 – VII ZR 10/75 = NJW 1977, 714; BGH, Urt. v. 8.12.1988 – VII ZR 242/87 = BauR 1989, 216.

Auftragnehmers nicht beigebracht, handelt es sich hierbei nicht um einen Mangel des Bauwerks, sondern um eine sonstige Vertragsverletzung, für die der Auftragnehmer nicht nach den Gewährleistungsvorschriften, sondern „aus anderem Rechtsgrund" einzustehen hat[166]. Anders kann dies sein, wenn es sich um Verletzungen von Nebenpflichten handelt, die **in engem Zusammenhang mit Mängeln** stehen (z. B. Aufklärungspflichten)[167].

– Auch **Gewährleistungsansprüche aus Nachtragsleistungen** sind durch die Gewährleistungssicherheit – auch ohne besonderen textlichen Hinweis – abgesichert. Zumindest beim VOB-Vertrag, der ausdrücklich die einseitigen Leistungsänderungsrechte in § 1 Abs. 3 und Abs. 4 VOB/B vorsieht, sind Gewährleistungsansprüche hinsichtlich dieser geänderten oder zusätzlichen Leistungen auch durch die Gewährleistungsbürgschaft abgesichert. Die Gewährleistungsbürgschaft wird zu einem Zeitpunkt (nach Abnahme und Schlussrechnungsprüfung) zur Verfügung gestellt, in dem der exakte **Gesamt-Leistungsumfang** des Auftragnehmers feststeht. Die Höhe der zu stellenden Gewährleistungsbürgschaft orientiert sich damit an der Gesamt-Abrechnungssumme, die als Vergütung auch für die geänderten und zusätzlichen Leistungen vom Auftraggeber zu zahlen ist[168].

– Bei **Abbrucharbeiten** ist ein vereinbarter Sicherheitseinbehalt bereits mit der Schlusszahlung – also vor Ablauf der Gewährleistungszeit – auszuzahlen, wenn feststeht, dass Mängel nicht mehr auftreten können. Eine Gewährleistungssicherheit kommt nicht in Betracht, weil bei Abbrucharbeiten ein Gewährleistungsfall nach Fertigstellung der Bauleistungen nicht denkbar ist[169].

– Nimmt der Auftraggeber die Bürgin aus einer Gewährleistungsbürgschaft **wegen Vorschusses für Mängelbeseitigung** in Anspruch, hat er die Nachbesserung innerhalb **angemessener Zeit** durchzuführen. Anderenfalls steht dem Auftragnehmer, der der Bürgin deren Aufwendungen ersetzt hat, ein Rückgewähranspruch aus § 812 Nr. 1 Satz 2 BGB zu[170].

– Wird einem Zedenten eine Gewährleistungsbürgschaft zu einem Zeitpunkt erteilt, in dem die zu sichernden Gewährleistungsansprüche bereits an den Zessionar abgetreten sind, so ist dieser ungeachtet des Erfordernisses der Gläubigeridentität aus der Bürgschaft berechtigt, wenn in der Abtretungsvereinbarung der Übergang **künftiger Sicherheiten** vorgesehen war[171].

c) Andere vereinbarte Sicherungszwecke. Als Sicherungen **für den Auftraggeber** können **weitere Sicherungszwecke** vereinbart werden, die über die Zweckbestimmungen des § 17 Abs. 1 Nr. 2 VOB/B hinausgehen oder danebentreten[172].

Besonderer Erörterung bedarf die Sicherheit für Vorauszahlungen des Auftraggebers, die in Form einer **Vorauszahlungsbürgschaft** vom Auftragnehmer zu stellen ist[173]. Die Vorauszahlungsbürgschaft sichert das Risiko des Auftraggebers, dass der Auftragnehmer nicht oder nicht vollständig Leistungen erbringt, die dem Wert der geleisteten Vorauszahlung entsprechen[174]. Von Bedeutung ist die Vorauszahlungsbürgschaft insbesondere im Falle der vorzeitigen Beendigung des Bauvertrags durch eine Kündigung, da in diesem Fall eine Gesamtabrechnung durchzuführen ist. Ergibt sich bei einer nach Kündigung des Bauvertrags vorzunehmenden Gesamtabrechnung keine Überzahlung, besteht aus einer Bürgschaft für eine einzelne Vorauszahlung keine Haftung[175]. Hat der Auftragnehmer dem Auftraggeber eine Vorauszahlungsbürgschaft zu stellen, übergibt die Bürgin jedoch sodann eine als „Vertragserfüllungsbürgschaft" bezeichnete Bürgschaft, so muss der Bürge auch mängelbedingte Minderungsansprüche des Auftraggebers ausgleichen[176].

---

[166] BGH, vgl. vorstehend.
[167] *Weise* Sicherheiten im Baurecht, Rdn. 53.
[168] Vgl. hierzu *Thierau* Jahrbuch Baurecht 2000, 66, 80.
[169] LG Hamburg, Urt. v. 1.9.2003 – 325 O 125/02 = IBR 2004, 248, bestätigt durch OLG Hamburg Beschl. v.13.2.2004 – 8 U 165/03.
[170] OLG Braunschweig, Urt. v. 6.3.2003 – 8 U 85/02 = BauR 2003, 1234 f. = IBR 2003, 539.
[171] BGH, Urt. v. 15.8.2002 – IX ZR 217/99 = BauR 2002, 1849 ff. = IBR 2003, 130.
[172] Vgl. zur (unwirksamen) formularmäßigen Zweckerweiterung einer Gewährleistungsbürgschaft auf Regressansprüche nach dem Arbeitnehmerentsendegesetz OLG Stuttgart, Urt. v. 28.9.2001 – 2 U 218/00 = BauR 2002, 1093, 1093 ff. sowie OLG Celle, Urt. v. 16.5.2002 – 13 U 8/02 = IBR 2002, 544 (Versicherungsbeiträge).
[173] Vgl. hierzu auch die Anmerkungen zu § 16 Abs. 2 Nr. 1 Satz 1 VOB/B.
[174] *Schwarz* in FKZG § 17 Rdn. 29 m. w. N.
[175] BGH, Urt. v. 4.11.1999 – IX ZR 320/98 = BauR 2000, 413, 414 f. = NZBau 2000, 76.
[176] OLG Brandenburg, Urt. v. 5.12.2001 – 14 U 4/01 = NZBau 2002, 219; vgl. zum Sicherungszweck der Vorauszahlungsbürgschaft insoweit auch BGH, Urt. v. 4.11.1999 – IX ZR 320/98 = BauR 2000, 413, 414; BGH, Urt. v. 19.7.2001 – IX ZR 149/00 = BauR 2001, 1727 zur Bürgschaft gemäß § 7 MaBV.

84 Umstritten ist die Frage, ob die Verpflichtung zur Stellung einer **Vorauszahlungsbürgschaft auf erstes Anfordern wirksam formularmäßig vereinbart werden kann**[177]. **Bejaht wird dies zutreffend vom OLG Düsseldorf**[178]. Nach Auffassung des OLG Zweibrücken[179] ist eine formularmäßig erklärte Auftragnehmerbürgschaft „auf erstes Anfordern" (hier: Vorauszahlungsbürgschaft) nicht gänzlich unwirksam, sondern nach § 306 Nr. 2 BGB als einfache Bürgschaft zu behandeln. Sie soll jedoch nach § 307 Nr. 3 BGB insgesamt unwirksam sein, wenn sie den Auftragnehmer unzumutbar belastet. Eine Entscheidung des Bundesgerichtshofs zur Wirksamkeit der formularmäßigen Verpflichtung zur Stellung einer Vorauszahlungsbürgschaft auf erstes Anfordern liegt noch nicht vor[180].

85 **3. Höhe der Sicherheitsleistung.** Für alle Arten der Sicherheitsleistung gilt der Grundsatz, dass die Vereinbarung der Höhe der Sicherheitsleistung **klar und eindeutig** erfolgen muss. Jede Unklarheit oder Unbestimmtheit bei der Vereinbarung der Höhe der Sicherheitsleistung geht zu Lasten des Auftraggebers[181]. Eine mehrdeutige, unklare Vereinbarung zur Höhe der Sicherheitsleistung führt nach diesseitiger Auffassung dazu, dass die **Sicherungsabrede insgesamt unwirksam** ist und damit der Auftragnehmer keine Sicherheit leisten muss. Nach anderer Auffassung[182] soll jedoch die Vereinbarung einer Sicherheitsleistung auch ohne Höhenangabe wirksam sein, weil sich diese bei fehlender Festlegung im Vertrag nach dem Wert des zu sichernden Rechts richte und infolge dessen gemäß den §§ 315, 316 BGB nach billigem Ermessen vom Auftraggeber – ersatzweise vom Gericht – festzulegen sei. Teilweise[183] wird auch auf die Regelung in § 14 Abs. 2 VOB/A zur Bestimmung der Höhe der jeweiligen Sicherheit abgestellt.

86 Diese Auffassung ist abzulehnen. Angesichts des möglichen Spektrums in der Praxis üblicher Höhenvereinbarungen zur Vertragserfüllungs- und Gewährleistungssicherheit darf aus Gründen der Rechtssicherheit kein Zweifel beim Auftragnehmer darüber entstehen, in welcher Höhe er mit (zum Teil sehr erheblichen) Einbehalten rechnen und kalkulieren muss. Wenn ein Auftraggeber Wert auf die Stellung einer Sicherheit legt, muss er sich der (sehr geringen) Mühe unterziehen, diese auch der Höhe nach eindeutig zu vereinbaren. Dies gilt nicht nur für den Fall, dass die Höhenbestimmung durch unklare formularmäßige Regelungen (z. B. in BVB) erfolgt, sondern auch für den Fall, dass (ausnahmsweise) eine derartige Regelung individualvertraglich – jedoch unklar und mehrdeutig – getroffen wird. Jedem Auftraggeber muss klar sein, dass insbesondere im Insolvenzfall des Auftragnehmers die Sicherheit für ihn „die letzte Rettung" sein kann. Wer sich als Auftraggeber daher nicht um eine klare und eindeutige Regelung dieses wichtigen Punkts bemüht, ist nicht schutzbedürftig[184]. Vor diesem Hintergrund sind z. B. Regelungen wie „Gewährleistungseinbehalt von 5%" unwirksam, weil unbestimmt, da die Bemessungsgrundlage (Bezugsgröße) nicht klar ist[185]. Auftraggeber werden in derartigen Fällen, in denen sie selbst nicht die notwendige Aufmerksamkeit auf eine eindeutige Regelung der Höhe der Sicherheit gelegt haben, häufig auf eine „übliche" oder „angemessene" Höhe der Sicherheit abstellen. Dieser Verweis insbesondere auf die „Üblichkeit" zur Höhe einer Sicherheitsleistung ist jedoch bereits deshalb nicht möglich, weil ein ständiger Handelsbrauch oder eine durchgängig einheitliche Praxis zur Bemessungshöhe der Sicherheit nicht festzustellen ist[186].

---

[177] Vgl. hierzu KG, Urt. v. 11.8.2000 – 21 U 4367/00 = KGR 2001, 8 = IBR 2001, 114; *Sienz* BauR 2000, 1249, 1250; nachfolgend auch V. 7.

[178] OLG Düsseldorf, Urt. v. 24.1.2008 – 5 U 59/07 = IBR 2008, 268; OLG Düsseldorf, Urt. v. 4.11.2003 – 21 U 36/03 = IBR 2004, 369.

[179] OLG Zweibrücken, Urt. v. 14.4.2005 – 4 U 132/04 = NJW-RR 2005, 1652 = IBR 2005, 1305 – online.

[180] Vgl. zur Gewährleistungsbürgschaft auf erstes Anfordern und zur Vertragserfüllungsbürgschaft V. 7.

[181] OLG Düsseldorf, Urt. v. 10.10.1997 – 22 U 69/97 = BauR 1998, 553, 554; OLG Celle, Urt. v. 4.6.1997 – 6 U 186/96 = BauR 1997, 1057; *Leinemann/Brauns* in LeinemannVOB/B § 17 Rdn. 22 m. w. N.

[182] *Hildebrandt* in NWJS VOB/B § 17 Rdn. 47; *Joussen* in Ingenstau/Korbion VOB/B § 17 Abs. 1 Rdn. 36; *Moufang/Koos* in Beck'scher VOB-Kommentar VOB/B § 17 Abs. 1, Rdn. 26 ff.

[183] *Joussen* in Ingenstau/Korbion VOB/B § 17 Abs. 1 Rdn. 37.

[184] Im Ergebnis ebenso *Peters/Jacoby* in Staudinger § 641 BGB Rdn. 63; *Weise* Sicherheiten im Baurecht, Rdn. 109.

[185] *Heiermann/Riedl/Rusam* VOB/B § 17 Rdn. 10.

[186] Zur Unwirksamkeit von Vereinbarungen zur Höhe der Sicherheitsleistung in Allgemeinen Geschäftsbedingungen vgl. die Nachweise nachfolgend zur Vertragserfüllungssicherheit einerseits und zur Gewährleistungssicherheit andererseits.

Sicherheitsleistung 87–97 § 17 VOB/B

Die Höhe der jeweiligen Sicherheitsleistung wird in der Regel durch einen Prozentsatz einer 87
Bezugsgröße bzw. Bemessungsgrundlage festgelegt. Diese **Bezugsgröße muss eindeutig feststehen**. Für die Vertragserfüllungssicherheit, die bei Vertragsschluss bzw. während der Vertragsabwicklung vor Abnahme (z. B. durch Einbehalte) zu stellen ist, kommt in diesen Fällen ausschließlich die Auftragssumme in Betracht, da diese zu diesem Zeitpunkt bereits feststeht. Zutreffende Bemessungsgrundlage für die Gewährleistungssicherheit ist die Abrechnungssumme, die damit (automatisch) auch geänderte und zusätzliche Leistungen umfasst. Haben die Parteien hinsichtlich der Mehrwertsteuer keine Regelung getroffen, ist von der Bruttosumme (einschließlich Mehrwertsteuer) auszugehen[187]. Dies deckt sich mit der täglichen Praxis. Zwar „rechnen" Baukaufleute bei Auftragssumme, Nachträgen usw. in der Regel „netto" (also ohne Umsatzsteuer); werden jedoch in der Abschlags- oder in der Schlussrechnung Zahlungen des Auftraggebers berücksichtigt oder Sicherheiten in Abzug gebracht, erfolgt diese Berechnung stets auf „Brutto-Basis"[188].

Wird die **Höhe der Vertragserfüllungssicherheit individualvertraglich** vereinbart, sind 88
lediglich die Schranken der §§ 134, 138 BGB zu beachten. Insbesondere darf die Vereinbarung nicht zu einer Übersicherung des Auftraggebers führen[189].

Wird die **Höhe der Vertragserfüllungssicherheit formularmäßig** vereinbart, sind die 89
Grenzen von § 307 BGB, insbesondere auch das Transparenzgebot, zu beachten. Beispiele:

– Eine Vereinbarung, nach der die Auftragnehmerin eines Bauvertrags zur Stellung einer Ver- 90
tragserfüllungsbürgschaft in Höhe von 10 % der Auftragssumme verpflichtet ist, weicht nicht
vom gesetzlichen Leitbild des § 632 a Abs. 3 Satz 1 BGB ab. Eine derartige Vereinbarung ist
damit wirksam[190].
– Formularmäßige Regelungen, nach denen sich zusätzlich zum prozentualen Satz die Sicherheitsleistung **auch auf Zinsen und Kosten** erstrecken soll, sind überraschend[191].
– Eine Regelung, nach der der Auftragnehmer nach Vertragsabschluss eine unbefristete Bürg- 91
schaft über 10 % der Bruttoauftragssumme stellen muss und zusätzlich einen Abzug in Höhe
von 10 % von allen anerkannten Abschlagsrechnungen hinnehmen muss, ist unwirksam[192].

Wird die **Höhe der Gewährleistungssicherheit individualvertraglich** vereinbart, beste- 92
hen ebenfalls nur die Grenzen gemäß §§ 134, 138 BGB, insbesondere ist das Verbot der Übersicherung zu beachten.

Wird die **Höhe der Gewährleistungssicherheit formularmäßig** vereinbart, kann die Ver- 93
einbarung wegen Verstoßes gegen § 307 BGB unwirksam sein. Beispiele:

– Die formularmäßige Vereinbarung einer **Sicherheitsleistung von 10 % der Bruttoauf-** 94
tragssumme für eine Gewährleistungszeit von fünf Jahren und einem Monat ist **unwirksam**[193].
– Die Vereinbarung eines Gewährleistungseinbehalts von 5 % für fünf Jahre ist **unwirksam,** 95
wenn der Einbehalt unverzinslich und nicht die Möglichkeit der Einzahlung auf ein Sperrkonto vorgesehen ist[194].
– Die formularmäßige Vereinbarung eines Sicherheitseinbehalts für die Gewährleistungzeit in 96
Höhe von 10 % der Bruttoauftragssumme ist **unwirksam,** wenn gleichzeitig die Möglichkeit
der Einzahlung auf ein Sperrkonto ausgeschlossen wird[195].
– Die formularmäßige Vereinbarung eines Bareinbehalts als Sicherheit für Gewährleistungsmän- 97
gel in Höhe von 5 % „bis zur Behebung aller Mängel" ist **unwirksam**[196].

---

[187] *Joussen* in Ingenstau/Korbion VOB/B § 17 Abs. 1 Rdn. 49; *Moufang/Koos* in Beck'scher VOB-Kommentar VOB/B § 17 Abs. 1, Rdn. 31ff m. w. N.
[188] Zu § 13b UStG vgl. Rdn. 203 sowie die Kommentierung zu § 16 VOB/B Rdn. 60 m. w. N.
[189] Vgl. vorstehend II. 3 am Anfang.
[190] BGH, Urt. v. 7.4.2016 – VII ZR 56/15 = IBR 2016, 342.
[191] OLG Nürnberg, Urt. v. 20.6.1990 – 9 U 3650/89 = WM 1991, 985; OLG Karlsruhe, Urt. v. 21.10.1992 – 1 U 73/92 = WM 1993, 787.
[192] *Moufang/Koos* in Beck'scher VOB-Kommentar VOB/B § 17 Abs. 1 Rdn. 240 m. w. N.; **weitere Nachweise** vgl. vorstehend bei Fn. 66.
[193] OLG München, Urt. v. 20.6.1995 – 13 U 5787/94 = BauR 1995, 859; a. A. OLG Frankfurt, Urt. v. 19.11.1992 – 5 U 65/91 = BauR 1993, 375.
[194] OLG Hamm, Urt. v. 19.1.1988 – 21 U 110/87 = NJW-RR 1988, 726; OLG Hamm, Urt. v. 9.11.1990 – 7 U 114/89 = ZfBR 1991, 71.
[195] OLG München, Urt. v. 20.6.1995 – 13 U 5787/94 = BauR 1995, 859, 859 f.
[196] LG München, Urt. v. 25.4.1991 – 7 O 20842/90 = IBR 1991, 378.

III. Art der Sicherheitsleistung (§ 17 Abs. 2 VOB/B)

98 **1. Keine andere Vereinbarung im Vertrag. Vorrangig** können die Vertragsparteien durch **Vereinbarung** die Form der Sicherheitsleistung bestimmen. Die Parteien sind bei ihrer Wahl nicht an die in § 17 Abs. 2 VOB/B genannten und auch nicht an die in § 232 BGB aufgezählten Sicherungsmittel gebunden. Die Regelungen der VOB/B und die gesetzlichen Bestimmungen haben insoweit also nur ergänzende Bedeutung[197]. Durch ausdrückliche – eindeutige – Regelungen können auch andere Sicherheiten vereinbart werden.

Treten Zweifel auf, welche konkrete Art eines Sicherungsmittels im Bauvertrag vereinbart wurde, ist dies durch **Auslegung** der Sicherungsabrede auch unter Berücksichtigung der Begleitumstände zu ermitteln[198]. Die vorrangig vor der VOB/B geltende Vertragsklausel in Allgemeinen Geschäftsbedingungen des Auftraggebers, die vorsieht, dass von der Schlussrechnung ein Gewährleistungseinbehalt in Abzug gebracht werden kann, der durch eine Bürgschaft auf erstes Anfordern abgelöst werden kann, ist **dahin auszulegen,** dass sowohl das Wahlrecht aus § 17 Abs. 3 VOB/B als auch die Verpflichtung des Auftraggebers zur Einzahlung auf ein Sperrkonto nach § 17 Abs. 6 VOB/B ausgeschlossen sind[199].

99 **2. Einbehalt von Geld.** Die in § 17 Abs. 2 VOB/B vorgesehenen Arten der Sicherheiten stehen gleichwertig und wahlweise nebeneinander[200]. Ist ein Sicherheitseinbehalt (in der Praxis oft abgekürzt mit: SEB) vereinbart, zahlt der Auftraggeber von den fälligen Ansprüchen des Auftragnehmers aus gestellten Abschlags- oder Schlussrechnungen nicht den (geprüften und festgestellten) vollen Betrag, sondern behält in Höhe des vereinbarten prozentualen Anteils hiervon einen Restbetrag als Sicherheit ein. Nähere Regelungen zum Sicherheitseinbehalt finden sich in § 17 Abs. 6 VOB/B[201].

100 **3. Hinterlegung von Geld.** Nach den gesetzlichen Bestimmungen der §§ 372 ff. BGB und der Hinterlegungsordnung hat die Hinterlegung von Geld bei den Amtsgerichten als öffentlichen Hinterlegungsstellen zu erfolgen. Abweichend hiervon ist in der VOB/B unter § 17 Abs. 5 VOB/B eine praktikablere und konkretere Ausgestaltung dieser Sicherungsmöglichkeit vorgesehen[202].

101 **4. Bürgschaft.** Im Rahmen der „allgemeinen" Regelung über die Arten der Sicherheitsleistung in § 17 Abs. 2 VOB/B wird nur näher konkretisiert, wer als **tauglicher Bürge** bei einem VOB/B-Bauvertrag in Betracht kommt (so weit nicht auch hierüber eine andere vertraglich vorrangige Vereinbarung getroffen wurde). Die Tauglichkeit des Bürgen (vgl. §§ 232 Nr. 2 und 239 Nr. 1 BGB) wird auch nach der VOB/B vorausgesetzt (vgl. § 17 Abs. 1 Satz 1 VOB/B). Es kommt hiernach – sofern nicht anders vereinbart – nur eine Bürgschaft eines Kreditinstitutes oder Kreditversicherers in Betracht, wenn dieser Bürge in der Europäischen Gemeinschaft (richtig: Europäischen Union) oder in einem Staat der Vertragsparteien des Abkommens über den europäischen Wirtschaftsraum (vgl. BGBl. 1993 II 266) oder in einem Staat der Vertragsparteien des WTO-Übereinkommens für das öffentliche Beschaffungswesen (vgl. ABl. EG Abs. L336 vom 13.12.1994 S. 273 ff.) zugelassen ist[203]. Nach Auffassung des OLG Dresden[204] soll eine in den Allgemeinen Geschäftsbedingungen des Auftraggebers enthaltene Klausel, dass der Gewährleistungseinbehalt nur durch die Bürgschaft einer **inländischen Bank oder Versicherungsgesellschaft** abgelöst werden kann, **wirksam** sein, weil es in Deutschland eine Vielzahl von Banken und Versicherungsgesellschaften gibt, die gewerbsmäßig als Bürgen auftreten. Der Auftragnehmer werde nach Auffassung des OLG Dresden durch diese „**Inlands-**

---

[197] *Hildebrandt* in NWJS VOB/B § 17 Rdn. 54; allgemeine Meinung.

[198] Vgl. zum Beispiel OLG Brandenburg, Urt. v. 5.12.2001 – 14 U 4/01 = NZBau 2002, 219 ff. zu der Frage, ob eine einfache oder eine Bürgschaft auf erstes Anfordern geschuldet ist.

[199] BGH, Urt. v. 16.5.2002 – VII ZR 494/00 = BauR 2002, 1392, 1392 f. = NZBau 2002, 493 (im Ergebnis unwirksam; vgl. V. 7).

[200] BGH, Urt. v. 31.1.1985 – IX ZR 66/84 = BauR 1985, 461, 462; *Joussen* in Ingenstau/Korbion VOB/B § 17 Abs. 2 Rdn. 3 m. w. N.

[201] Vgl. die nachfolgende Kommentierung zu § 17 Abs. 6 VOB/B.

[202] Vgl. die nachfolgende Kommentierung zu § 17 Abs. 5 VOB/B.

[203] Vgl. auch die Liste der in der Bundesrepublik Deutschland zugelassenen Kreditversicherer im VHB 2002 zu § 14 VOB/A. Ziff. 7 Seite 63.

[204] OLG Dresden, Beschl. v.23.9.2004 – 12 U 1161/04 = BauR 2004, 1992 = IBR 2004, 690.

klausel" in seiner Kapitalverkehrsfreiheit nicht unangemessen eingeschränkt[205]. Demgegenüber hat das Landgericht Düsseldorf die in einer Allgemeinen Geschäftsbedingung des Auftraggebers enthaltene Klausel, dass der Gewährleistungseinbehalt nur durch Stellung der Bürgschaft einer deutschen Großbank oder eines dem Auftraggeber genehmen Kreditversicherers abgelöst werden kann, für **unwirksam** gehalten[206]. Nach Auffassung des OLG Frankfurt[207] soll im Falle der Vereinbarung einer Vertragserfüllungsbürgschaft über 10% der Auftragssumme der Auftraggeber nicht dazu verpflichtet sein, eine **Bürgschaft nach Schweizer Recht** anzunehmen. Bemerkenswert an dieser Entscheidung ist, dass das OLG Frankfurt zutreffend bejaht, dass es sich bei der angebotenen Bürgin um ein Kreditinstitut handelt, das i. S. d. § 17 Abs. 2 Nr. 3 VOB/B in einem Staat der Vertragsparteien des WTO-Übereinkommens über das öffentliche Beschaffungswesen zugelassen ist und damit grundsätzlich als Bürge in Betracht kommt. Nach Auffassung des OLG Frankfurt müsse sich jedoch der Auftraggeber nicht auf eine Bürgschaft einlassen, auf die **Schweizer Recht** Anwendung findet. Da beide Parteien ihren Sitz im Inland haben, entspreche es ihrer Interessenlage, nur eine Bürgschaft anzuerkennen, die deutschem Recht unterliege.

Die **Bürgschaft** (gemeint ist die Bürgschaft im Sinne von §§ 765 ff. BGB in der näheren Ausgestaltung gemäß § 17 Abs. 4 VOB/B) ist in der Praxis die ganz **vorrangige Form der Sicherheitsleistung neben dem Sicherheitseinbehalt.** Auch die Bürgschaft dient dazu (vgl. § 17 Abs. 1 Nr. 2 in Verbindung mit § 17 Abs. 8 VOB/B), die vertragsgemäße Ausführung der Leistungen (Vertragserfüllungs- oder Ausführungsbürgschaft) und die Mängelansprüche (Gewährleistungsbürgschaft) sicherzustellen. Andere Bürgschaftsarten sind in § 17 VOB/B nicht angesprochen. Unter diese Bestimmungen fallen somit **nicht Bietungsbürgschaften**[208] sowie **Abschlags- und Vorauszahlungsbürgschaften,** die vom Auftragnehmer zum einen für angefertigte und bereit gestellte Bauteile oder bereits angelieferte, aber noch nicht eingebaute Stoffe zu stellen sind, wenn er hierfür bereits Abschlagszahlungen nach § 16 Abs. 1 VOB/B verlangt oder zum anderen Vorauszahlungen zwischen den Bauvertragsparteien vereinbart worden sind, die der Auftragnehmer auf Verlangen des Auftraggebers gemäß § 16 Abs. 2 Nr. 1 VOB/B durch ausreichende Sicherheit abzudecken hat[209]. Weitere Einzelheiten zur Bürgschaft – vgl. dort auch zur Unzulässigkeit der Bürgschaft auf erstes Anfordern – sind in **§ 17 Abs. 4 VOB/B** geregelt[210].

IV. Wahl- und Austauschrecht des Auftragnehmers (§ 17 Abs. 3 VOB/B)

Durch § 17 Abs. 3 VOB/B, der unmittelbar auf § 17 Abs. 2 VOB/B Bezug nimmt, hat der Auftragnehmer zwei Wahlrechte: Zum einen kann er unter den (zuvor dargestellten) Arten der Sicherheit wählen, zum anderen kann er eine einmal gewählte Sicherheit auch nachträglich durch eine andere ersetzen. Auch diese Regelung gilt nur, wenn die Parteien im Bauvertrag nichts anderes vereinbart haben. Dies ist ggf. durch Auslegung zu ermitteln. So kann zum Beispiel durch die im Vertrag vorgesehene Beschränkung auf eine bestimmte Art der Sicherheitsleistung[211] das Wahlrecht des Auftragnehmers beschränkt sein, während das Austauschrecht hierdurch nicht tangiert wird. Die vorrangig vor der VOB/B geltende Vertragsklausel in Allgemeinen Geschäftsbedingungen des Auftraggebers, die vorsieht, dass von der Schlussrechnung ein Gewährleistungseinbehalt in Abzug gebracht wird, der durch eine Bürgschaft auf erstes Anfordern abgelöst werden kann, ist dahin auszulegen, dass sowohl das Wahlrecht aus § 17 Abs. 3 VOB/B als auch die Verpflichtung des Auftraggebers zur Einzahlung auf ein Sperrkonto nach

---

[205] A. A. *Weise* Sicherheiten im Baurecht Rdn. 198; wie OLG Dresden: *Joussen* in Ingenstau/Korbion VOB/B § 17 Abs. 4 Rdn. 11; LG München, Urt. v. 29.5.2008 – 2 O 21977/07 = IBR 2008, 578; LG Bremen, Beschl. v.6.3.2008 – 4 S 284/07 = IBR 2008, 327.
[206] LG Düsseldorf, Urt. v. 3.8.2007 – 39 O 70/05 = IBR 2007, 1360; a. A. OLG Brandenburg, Urt. v. 21.6.2007 – 12 U 181/06 = BauR 2007, 1782 = IBR 2007, 556; siehe hierzu auch *Ripke* Sicherheitsleistung durch „Bankbürgschaft", IBR 2015 (nur online).
[207] OLG Frankfurt, Urt. v. 17.9.2013 – 14 U 129/12 = IBR 2014, 601 – NZB zurückgewiesen – BGH, Beschl. v.20.5.2014 – VII ZR 286/13.
[208] Vgl. hierzu Beck'scher VOB-Kommentar/*Inge Jagenburg* VOB/B, 2. Aufl., § 17 Nr. 2 Rdn. 7.
[209] Zur Abschlagszahlungsbürgschaft vgl. BGH, Urt. v. 23.1.1986 – IX ZR 46/85 = BauR 1986, 361, 363 ff.; BGH, Urt. v. 9.4.1992 – IX ZR 148/91 = BauR 1992, 632, 633 f.; zur Vorauszahlungsbürgschaft vgl. OLG Brandenburg, Urt. v. 5.12.2001 – 14 U 4/01 = IBR 2002, 309; BGH, Urt. v. 6.5.1999 – IX ZR 430/97 = DB 99, 1444 = IBR 1999, 369.
[210] Vgl. die nachfolgende Kommentierung zu § 17 Abs. 4 VOB/B in V.
[211] Vgl. zum Beispiel OLG München, Urt. v. 4.11.1982 – 24 U 137/82 = BauR 1984, 188; LG Stuttgart, Urt. v. 30.12.1982 – 13 S 303/82 = BauR 1983, 481, 482.

§ 17 Abs. 6 VOB/B ausgeschlossen sind[212]. Das gilt auch dann, wenn nachrangig die VOB/B als Vertragsbestandteil vereinbart wird.

104   **1. Wahlrecht des Auftragnehmers (§ 17 Abs. 3 1. Halbsatz VOB/B).** Das Wahlrecht (nur) des Auftragnehmers (der Auftraggeber eines VOB/B-Bauvertrages hat weder ein Wahl- noch ein Austauschrecht ohne gesonderte Vereinbarung) beschränkt sich auf die verschiedenen Arten der Sicherheit, die in § 17 Abs. 2 VOB/B abschließend aufgezählt sind[213]. Das dem Auftragnehmer zustehende Wahlrecht hat er gemäß § 17 Abs. 7 VOB/B innerhalb von 18 Tagen nach Vertragsabschluss auszuüben und die – gewählte – Sicherheit zu stellen. Erst nach Ablauf dieser Frist regeln sich die Rechte des Auftraggebers nach § 17 Abs. 7 Satz 2 i. V. m. Satz 3 VOB/B[214].

105   **2. Austauschrecht des Auftragnehmers (§ 17 Abs. 3 2. Halbsatz VOB/B). a) Ersetzungsrecht als Besonderheit der VOB/B.** Neben dem Wahlrecht steht dem Auftragnehmer auch die Befugnis zu, eine bereits geleistete Sicherheit durch eine andere Sicherheit ersetzen zu können[215]. Hierbei handelt es sich um ein **vertragliches Gestaltungsrecht**[216], durch das der Auftragnehmer in die Lage versetzt wird, auch während des Bauvorhabens eine Sicherheit – ggf. auch mehrfach – durch eine andere Sicherheit gemäß § 17 Abs. 2 VOB/B ersetzen zu können. Dem Auftraggeber ist es untersagt, eine vom Auftragnehmer ordnungsgemäß ersetzte Sicherheit weiterhin zu behalten[217]. Das Umtausch- bzw. Ersetzungsrecht stellt sich damit als Fortsetzung des Wahlrechts dar[218].

106   Das Umtausch- und Ersetzungsrecht ist eine Besonderheit der VOB/B. Gesetzlich ist ein Austauschrecht nur in § 235 BGB – im Einzelfall ggf. gemäß § 242 BGB – geregelt. Hiernach kann der Schuldner eines BGB-Werkvertrages zum Austausch einer gestellten Bürgschaft durch eine andere (gleichartige) Bürgschaft eines anderen (tauglichen) Bürgen berechtigt sein, wenn ihm dies schutzwürdige Vorteile und dem Gläubiger im Einzelfall keine messbaren Nachteile bringt[219]. Das Ersetzungsrecht in der VOB/B ist damit wesentlich umfassender als die gesetzlichen Bestimmungen.

107   **b) Vertragliche Beschränkungen des Austauschrechts.** Grundsätzlich ist eine **Einschränkung** oder ein **Ausschluss** des Austauschrechts durch vertragliche Regelungen möglich[220]. In der vertragsrechtlichen Praxis erfolgt ein Ausschluss bzw. eine Beschränkung des Austauschrechtes in der Regel dadurch, dass ein vereinbarter Sicherheitseinbehalt nach Abnahme und Schlussrechnungsprüfung nur gegen Übergabe einer Gewährleistungsbürgschaft abgelöst werden darf, für die wiederum bestimmte vertragliche Anforderungen gestellt werden[221]. Wurde eine derartige Beschränkungs- oder Ausschlussvereinbarung **individuell** zwischen den Parteien getroffen, bestehen aus dem Gesichtspunkt der Vertragsfreiheit heraus hiergegen keine Bedenken. Grenzen werden – wie immer – allenfalls durch §§ 138, 242 BGB gezogen.

108   Erfolgt jedoch die **Beschränkung** oder der **Ausschluss** des Austauschrechts **formularmäßig** – dies dürfte in der Praxis der Regelfall sein –, hängt die Zulässigkeit dieser Regelung (Ausschluss des Austauschrechts) davon ab, ob der Auftragnehmer durch die formularmäßige Regelung den Auftragnehmer **unangemessen benachteiligt,** indem ihm zum Beispiel **kein angemessener Ausgleich** für die langfristige Vorenthaltung eines Vergütungsanteils (Sicherheitseinbehalt) ge-

---

[212] BGH, Urt. v. 16.5.2002 – VII ZR 494/00 = BauR 2002, 1392 = NZBau 2002, 493.
[213] Zum **Ausschluss des Wahlrechts** in einem Sonderfall vgl. OLG Frankfurt, Urt. v. 13.7.2006 – 3 U 70/05.
[214] Zu den Auswirkungen einer **Beschränkung** des Wahlrechts vgl. *Leinemann-Leinemann/Brauns* VOB/B § 17 Rdn. 50 m. w. N.
[215] Vgl. BGH, Urt. v. 13.9.2001 – VII ZR 467/00 = BauR 2001, 1893, 1894 f.; BGH, Urt. v. 14.2.1985 – IX ZR 76/84 = BauR 1985, 461, 462.
[216] BGH, Urt. v. 13.9.2001 – VII ZR 467/00 = BauR 2001, 1893, 1894 f.; BGH BauR, Urt. v. 18.5.2000 – VII ZR 178/99 = 2000, 1501, 1503; BGH, Urt. v. 3.7.1997 – VII ZR 115/95 = BauR 1997, 1026.
[217] BGH, Urt. v. 18.5.2000 – VII ZR 178/99 = BauR 2000, 1501, 1502.
[218] *Hildebrandt* in NWJS VOB/B § 17 Rdn. 67.
[219] BGH, Urt. v. 24.2.1994 – IX ZR 120/93 = NJW 1994, 1351; *Joussen* in Ingenstau/Korbion VOB/B § 17 Abs. 3 Rdn. 12.
[220] Vgl. BGH, Urt. v. 31.5.1985 – IX ZR 66/84 = NJW 1985, 1694; OLG Stuttgart, Urt. v. 5.2.1976 – 10 U 119/75 = BauR 1977, 64; *Clemm* BauR 1987, 123; *Joussen* in Ingenstau/Korbion VOB/B § 17 Abs. 3 Rdn. 13 m. w. N.; *Moufang/Koos* in Beck'scher VOB-Kommentar VOB/B § 17 Abs. 3 Rdn. 27 m. w. N.
[221] Vgl. z. B. OLG Stuttgart, Urt. v. 5.2.1976 – 10 U 119/75 = BauR 1977, 65.

währt wird[222]. Es geht damit also weniger um die Frage, ob die Beschränkung oder der Ausschluss des Austauschrechtes an sich wirksam oder unwirksam ist, sondern vielmehr um die Frage, ob die **formularmäßige** Sicherheitenvereinbarung, die dem Auftragnehmer als Ablösung für eine vereinbarte Sicherheitsleistung (insbesondere: Sicherheitseinbehalt) **nur** die Wahlmöglichkeit eines **vertraglich genau bestimmten** Austauschmittels (insbesondere: Gewährleistungsbürgschaft) einräumt, ihn insgesamt – abweichend von dem gesetzlichen Leitbild – deshalb unangemessen benachteiligt, weil der wirtschaftliche Verzicht auf Auszahlung des vollen Werklohns ohne für den Auftragnehmer angemessenen Ausgleich vereinbart wurde. **Beispiele:**

- Die Klausel in Allgemeinen Geschäftsbedingungen eines Bauvertrags, die vorsieht, dass ein Sicherheitseinbehalt von 5% nur durch eine Bürgschaft auf erstes Anfordern abgelöst werden kann, ist auch in Allgemeinen Geschäftsbedingungen eines **öffentlichen Auftraggebers unwirksam.** Eine derartige Klausel kann nicht in der Weise aufrecht erhalten werden, dass der Auftragnehmer berechtigt ist, den Sicherheitseinbehalt durch eine selbstschuldnerische, unbefristete Bürgschaft abzulösen[223]. 109

- Der völlige Ausschluss des Austauschrechtes bei einem ferner vereinbarten **zinslosen** Vergütungseinbehalt während der Gewährleistungszeit ist **unwirksam,** weil der Auftraggeber hierdurch gegen den Grundgedanken des § 641 BGB, wonach bei Abnahme die volle Vergütung zu zahlen ist (und nicht eine nur um den Sicherheitseinbehalt gekürzte) verstößt[224].

- Eine Beschränkung des Austauschrechts dahingehend, dass der Auftragnehmer einen Sicherheitseinbehalt **nur** durch eine Bürgschaft auf erstes Anfordern ablösen darf, ist **unwirksam** (kein angemessener Ausgleich)[225]. 110

- Eine Klausel in Allgemeinen Geschäftsbedingungen eines Bauvertrags, die vorsieht, dass ein Sicherheitseinbehalt von 5% der Bausumme nur durch eine Bürgschaft auf erstes Anfordern abgelöst werden kann, ist in Allgemeinen Geschäftsbedingungen eines **öffentlichen Auftraggebers** auch dann **unwirksam,** wenn der Sicherheitseinbehalt auf ein Verwahrgeldkonto zu nehmen ist[226].

- Eine Regelung, nach der ein Sicherheitseinbehalt **ausschließlich** durch eine Bürgschaft „nach dem Muster des Auftraggebers" ablösbar ist, ist **intransparent** und damit **unwirksam,** da hierdurch auch die Möglichkeit eröffnet wird, dass der Auftraggeber eine (unzulässige) Bürgschaft auf erstes Anfordern fordern kann[227]. 111

- Eine Klausel, nach der ein Sicherheitseinbehalt **erst 5 Monate nach Abnahme** durch eine Bankbürgschaft abgelöst werden kann, ist **unwirksam,** weil hierdurch faktisch eine Stundung des entsprechenden Werklohnanteiles mit gleichzeitiger Abwälzung des Insolvenzrisikos auf den Auftragnehmer vorliegt[228]. 112

- Eine Klausel in Allgemeinen Geschäftsbedingungen, in welcher die Ablösung eines Sicherheitseinbehalts durch eine Bankbürgschaft von der **Abnahme der Gesamtbaumaßnahme** durch den Bauherrn abhängig gemacht wird, ist **unwirksam**[229].

- Eine Allgemeine Geschäftsbedingung in der Bürgschaftsurkunde, nach der die Gewährleistungsbürgschaft nur wirksam wird, sofern der Sicherheitseinbehalt auf ein bestimmt bezeichnetes Konto des Bürgen eingeht, ist **wirksam**[230].

- Der Auftraggeber benachteiligt den Auftragnehmer **unangemessen,** wenn er einen Einbehalt zur Sicherung seiner Gewährleistungsrechte beansprucht, dem Auftragnehmer aber **nur** die Möglichkeit gibt, diesen Einbehalt durch Stellung einer Bürgschaft zu überwinden. **Es kommt nicht darauf an, ob die verlangte Bürgschaft eine solche auf erstes Anfordern ist**[231]. 113

---

[222] BGH, Urt. v. 5.6.1997 – VII ZR 324/95 = BauR 1997, 829, 830; ausführlich hierzu *Joussen* in Ingenstau/Korbion VOB/B § 17 Abs. 3 Rdn. 15; *Leinemann/Brauns* in LeinemannVOB/B § 17 Rdn. 59 ff.; *Hildebrandt* in NWJS VOB/B § 17 Rdn. 95 ff. m. w. N.
[223] BGH, Urt. v. 9.12.2004 – VII ZR 265/03 = BauR 2005, 539 ff. = NZBau 2005, 219 ff. = IBR 2005, 147, 148; vgl. hierzu *Hildebrandt* ZfIR 2005, 143 ff. sowie *Schwenker* BGH-Report 2005, 413 ff.; vertiefend *Moufang/Latinovic* BauRB 2005, 114 ff.
[224] OLG München, Urt. v. 1.3.2000 – 5 U 5605/99 = BauR 2002, 1109 f.; OLG Karlsruhe, Urt. v. 5.10.1988 – 7 U 189/87 = BauR 1989, 203 f.; *Joussen* in Ingenstau/Korbion VOB/B § 17 Abs. 3 Rdn. 15 m. w. N.
[225] BGH, Urt. v. 20.4.2000 = NZBau 2000, 423, 424; vgl. auch nachfolgend V. 7.
[226] BGH, Urt. v. 20.10.2005 – VII ZR 153/04 = BauR 2006, 374 = IBR 2006, 92.
[227] BGH, Urt. v. 2.3.2000 – VII ZR 475/98 = BauR 2000, 1052, 1053.
[228] OLG Zweibrücken, Urt. v. 10.3.1994 – 4 U 143/93 = BauR 1994, 509, 512.
[229] OLG Oldenburg, Urt. v. 27.8.2013 – 2 U 29/13 = IBR 2014, 84.
[230] OLG Naumburg, Urt. v. 25.3.2004 – 2 U 77/03 = ZfBR 2004, 791 = BauRB 2004, 322 = IBR 2004, 498.
[231] OLG Dresden, Beschl. v. 24.10.2001 – 11 W 1608/01 = BauR 2002, 807 = NZBau 2002, 226.

VOB/B § 17 114–117

114 – Der **Ausschluss** des Rechts, die **Einzahlung** des Bareinbehaltes **auf ein Sperrkonto** verlangen zu können, ist **unwirksam**[232]. Überraschend folgt der Bundesgerichtshof dieser Auffassung nicht[233].
– Eine vertragliche Regelung, bei der im VOB/B-Bauvertrag § 17 VOB/B abbedungen ist und dem Auftragnehmer lediglich eingeräumt wird, den Sicherheitseinbehalt sechs Monate nach Abnahme durch Stellung einer Bankbürgschaft abzulösen, verstößt gegen § 9 AGB-Gesetz[234].
– Das dem Auftragnehmer nach § 17 Abs. 3 VOB/B zustehende Austauschrecht unter verschiedenen Arten der Ausführungs- und Gewährleistungssicherheiten können die Parteien eines VOB-Vertrags ausschließen, indem sie eine bestimmte Art der Sicherheitsleistung vereinbaren[235].

115 – Sehen die formularmäßigen Regelungen des Auftraggebers vor, dass der Sicherheitseinbehalt in bar entgegen § 17 Abs. 6 Nr. 1 VOB/B **nicht auf ein Sperrkonto** eingezahlt werden soll, sondern im Vermögen des Auftraggebers verbleibt, ist dies eine **unangemessene Benachteiligung** im Hinblick auf das Insolvenzrisiko des Auftraggebers[236]. Falls eine formularmäßige Regelung hinsichtlich der Gewährleistungssicherheit und der Vertragserfüllungssicherheit teilbar ist, so führt die Unwirksamkeit einer Regelung hinsichtlich der Gewährleistungssicherheit **nicht** notwendig dazu, dass auch die Klausel für Vertragserfüllungsbürgschaften unwirksam wird[237].
– Sehen die Allgemeinen Geschäftsbedingungen eines Auftraggebers einen Gewährleistungseinbehalt in Höhe von 5% der Bruttoabrechnungssumme für die Gewährleistungszeit vor, der verzinst auf ein **eigenes Verwahrgeldkonto** des Auftraggebers zu nehmen ist, ist diese Regelung **wirksam,** wenn sie dem Auftragnehmer nicht sämtliche Möglichkeiten der Ersatzsicherheit verwehrt. Es genügt insofern, dass der Auftragnehmer den Einbehalt durch eine Bürgschaft auf erstes Anfordern ablösen kann[238].

116 – Grundsätzlich zur möglichen Unwirksamkeit von Sicherungsklauseln, die den Auftragnehmer zur Stellung von Bürgschaften **auf erstes Anfordern** verpflichten, vgl. nachfolgend V.7.[239]

117 **c) Durchführung des Austauschs, insbesondere: Auszahlung Bareinbehalt gegen Bürgschaft.** Problematisch ist insbesondere die folgende Situation: Der Auftragnehmer will den vereinbarten Sicherheitseinbehalt ablösen. Er übergibt zu diesem Zweck dem Auftraggeber eine (vertragsgerechte) Gewährleistungsbürgschaft. Der Auftraggeber nimmt die Bürgschaft entgegen, zahlt aber den Bar-Sicherheitseinbehalt nicht aus, sondern rechnet gegen den Einbehalt mit (streitigen) Gegenforderungen auf. Nachdem diese Fallkonstellation lange Zeit sehr umstritten war[240] und auch der Bundesgerichtshof über einen längeren Zeitraum keine einheitliche Linie hat erkennen lassen[241], dürfte nunmehr durch eine weitere Entscheidung des Bundesgerichtshofes[242] in wesentlichen Punkten Einigkeit über folgende Grundsätze bestehen:

---

[232] OLG Hamburg, Urt. v. 8.11.1995 – 13 U 44/94 = BauR 1996, 904; LG Hamburg, Urt. v. 30.6.2000 – 317 S 53/00 = BauR 2001, 119.
[233] BGH, Urt. v. 13.11.2003 – VII ZR 57/02 = BauR 2004, 325 = IBR 2004, 67; vgl. auch vorstehend Rdn. 52; sowie *Siegburg* ZfIR 2004, 89 ff.
[234] OLG Schleswig, Urt. v. 2.6.2005 – 11 U 90/04 = IBR 2005, 1186 – nur online.
[235] OLG Brandenburg, Beschl. v.10.5.2004 – 12 W 3/04 = NJW-RR 2004, 1164 = BauR 2004, 1831.
[236] KG, Urt. v. 29.4.1988 – 24 U 3307/87 = BauR 1989, 207; *Schwarz* in FKZGM/B § 17 Rdn. 99.
[237] BGH, Urt. v. 20.4.2000 – VII ZR 458/97 = BauR 2000, 1498, 1500.
[238] OLG Frankfurt, Urt. v. 18.12.2003 – 21 U 24/03 = BauR 2004, 1787 ff. = IBR 2004, 249.
[239] Vgl. hierzu auch *Leinemann/Brauns* in LeinemannVOB/B § 17 Rdn. 44 ff. m. w. N.; *Joussen* in Ingenstau/Korbion VOB/B § 17 Abs. 3 Rdn. 16. m. w. N., Abs. 4 Rdn. 33 ff.; *Moufang/Koos* in Beck'scher VOB-Kommentar VOB/B § 17 Abs. 3 Rdnrn. 34 m. w. N.
[240] Vgl. *Leinemann/Brauns* in LeinemannVOB/B § 17 Rdnrn. 68 f. m. w. N.; *Joussen* in Ingenstau/Korbion VOB/B § 17 Abs. 3 Rdnrn. 25 ff. m. w. N.; *Thierau* Jahrbuch Baurecht 2000, 66, 93 ff.
[241] BGH, Urt. v. 19.2.1998 – VII ZR 105/97 = BauR 1998, 544: Der AN kann nur die zum Austausch hingegebene Bürgschaft zurückverlangen, nicht aber den herausbegehrten Bareinbehalt; BGH, Urt. v. 3.7.1997 – VII 115/95 = BauR 1997, 1026; LG Münster, Urt. v. 17.4.2008 – 2 O 349/07 = IBR 2008, 446; Die Übergabe der Austauschsicherheit steht unter einer auflösenden Bedingung; Kritik hierzu insbesondere von *Leinemann* NJW 1999, 262, 263; *Otto* BauR 1999, 322, 324; *Tiedtke* NJW 2001, 1015, 1025; *Biebelheimer* NZBau 2002, 122 ff.
[242] BGH, Urt. v. 13.9.2001 – VII ZR 467/00 = BauR 2001, 1893; vgl. auch OLG Schleswig, Urt. v. 10.11.2000 – 4 U 193/99 = OLGR 2001, 2 ff.; OLG Bamberg, Urt. v. 15.10.2001 – 4 U 59/01 = IBR 2002, 131; OLG Schleswig, Urt. v. 9.3.2005 – 9 U 43/04 = BauR 2005, 1066 = IBR 2005, 256; OLG Hamm, Urt. v. 8.11.2005 – 21 U 84/05 = IBR 2006, 330; BGH, Urt. v. 25.6.2002 – X ZR 78/00 = BauR 2002, 1543 = IBR 2002, 476; OLG Frankfurt, Urt. v. 11.4.2005 – 1 U 235/04 = IBR 2005, 582; OLG Schleswig, Urt. v. 9.3.2005 – 9 U 43/04 = IBR 2005, 256; vgl. auch *Biebelheimer* NZBau 2002, 122 ff.; *Brauns* BauR 2002, 1465 ff.; *Rodemann* BauR 2004, 1539 ff.

– Der Auftraggeber kann die Herausgabe zumindest einer der beiden Sicherheiten nicht verweigern, und zwar auch dann nicht, wenn Mängel tatsächlich bestehen sollten[243]. Übergibt ein Auftragnehmer eine Gewährleistungsbürgschaft zum Zweck der Ablösung eines Gewährleistungseinbehalts von 5% der Schlussrechnungssumme an den Auftraggeber, muss der Auftraggeber selbst dann, wenn zum Zeitpunkt der Überlassung dieser Austauschbürgschaft nach Behauptung des Auftraggebers bereits Mängel an der Bauleistung aufgetreten sind, den Bareinbehalt auskehren[244]. Dies gilt auch dann, wenn Mängel bereits vor Abnahme zutage getreten sind[245].

118

– Mit Stellung der (Austausch-)Bürgschaft erlangt der Auftragnehmer gegen den Auftraggeber einen Anspruch auf Auszahlung des Sicherheitseinbehaltes[246].

119

– Eine einbehaltene Barsicherheit ist dem Auftraggeber alsbald auszuzahlen, wenn er eine als zum Austausch gestellte und geeignete Gewährleistungsbürgschaft entgegengenommen hat. Gegen den Anspruch auf Auszahlung des Gewährleistungseinbehalts ist eine Aufrechnung des Auftraggebers mit Ansprüchen aus einem anderen Bauvorhaben in der Regel nicht zulässig[247].

– Ein Bauunternehmer, der zur Stellung einer Gewährleistungsbürgschaft verpflichtet ist, ist insoweit nicht vorleistungspflichtig, sondern muss die Gewährleistungsbürgschaft nur **Zug um Zug** gegen Auszahlung des Sicherheitseinbehalts übergeben[248].

– Nur in **Ausnahmefällen** besteht nach Stellung der Ersatzsicherheit (Bürgschaft) ein Auszahlungsanspruch hinsichtlich des Bar-Sicherheitseinbehaltes nicht[249]: Eine Auszahlungspflicht soll hiernach dann nicht bestehen, wenn die zum Austausch gestellte Bürgschaft zu einem Zeitpunkt angeboten wird, in dem der Sicherheitseinbehalt bereits verwertet ist. In diesem Fall muss die Bürgschaft vom Auftraggeber zurückgewiesen werden. Weiterhin ist eine Auszahlungspflicht zu verneinen, wenn zum Zeitpunkt der Stellung der Austauschbürgschaft der Sicherungsfall noch nicht eingetreten ist, eine zur Mängelbeseitigung gesetzte Frist jedoch kurz nach Eingang der zum Austausch übermittelten Bürgschaft abläuft. Letztlich ist eine Auszahlungspflicht hinsichtlich des Bareinbehaltes zu verneinen, wenn ein Sicherungsfall bei Stellung der Austauschbürgschaft vorliegt. In diesem Fall kann der Auftraggeber entscheiden, ob er die Bürgschaft als Austauschsicherheit annimmt oder den Bareinbehalt verwertet. Dem Auftraggeber ist in dieser Situation damit eine Aufrechnung gegen den Sicherheitseinbehalt möglich, die Austauschbürgschaft darf jedoch nicht (zusätzlich) entgegengenommen werden. Geschieht dies dennoch, muss der Auftraggeber den Bareinbehalt auszahlen[250].

120

– Besteht wegen Mängeln zum Zeitpunkt der Übergabe der Austauschbürgschaft (nur) ein Zurückbehaltungsrecht, jedoch noch keine Aufrechnungslage, weil der Auftraggeber (noch) keine **(Geld-)Ansprüche** aus Minderung, Ersatzvornahmekosten oder Schadensersatz geltend

121

---

[243] BGH, Urt. v. 18.5.2000 . VII ZR 178/99 = BauR 2000, 1501, 1502 f.; OLG München, Urt. v. 1.8.2006 – 13 U 4425/02 = IBR 2008, 445; *Joussen* in Ingenstau/Korbion VOB/B § 17 Abs. 3 Rdn. 31; *Leinemann/Brauns* in Leinemann VOB/B § 17 Rdn. 71; *Schwarz* in FKZGM/B § 17 Rdn. 65 m. w. N.; *Thierau* Jahrbuch Baurecht 2000, 66, 93 ff. m. w. N.

[244] OLG Hamm, Urt. v. 5.3.2013 – 21 U 169/12 = IBR 2014, 668 unter Bezugnahme auf BGH, Urt. v. 10.2.2011 = IBR 2011, 266; BGH, Urt. 7.3.2002 – VII ZR 182/01 = IBR 2002, 476, BGH, Urt. v. 13.9.2001 – VII ZR 467/00 = IBR 2001, 612.

[245] OLG Hamm, Urt. v. 8.11.2005 – 21 U 84/05 = NJW-RR 2006, 671; vgl. auch *Voit* ZfIR 2006, 407.

[246] BGH, Urt. v. 13.9.2001 – VII ZR 467/00 = BauR 2001, 1893, 1894 f.; BGH, Urt. v. 7.3.2002 – VII ZR 182/01 = IBR 2002, 476; OLG Karlsruhe, Urt. v. 9.12.2014 – 8 U 165/13 = IBR 2015, 192; OLG Schleswig, Urt. v. 10.11.2000 – 4 U 193/99 = OLGR 2001, 2 ff.; OLG Köln, Urt. v. 27.2.1997 – 21 U 16/96 = BauR 1997, 524; OLG Brandenburg, Urt. v. 31.3.1998 – 11 U 143/97 = BauR 1998, 1267; LG Hamburg, Urt. v. 4.7.2003 – 328 O 508/02 = BauR 2004, 1634 f.; LG Berlin, Urt. v. 22.5.2003 – 31 O 252/02 = ZfIR 2003, 837; *Leinemann/Brauns* in Leinemann VOB/B § 17 Rdn. 71 m. w. N.; *Joussen* in Ingenstau/Korbion VOB/B § 17 Abs. 3 Rdn. 31 (jedoch mit der Einschränkung, dass im Falle einer Aufrechnung mit Gewährleistungsansprüchen durch den Auftraggeber gemäß der mittlerweile überholten Rechtsprechung des Bundesgerichtshofes die auflösende Bedingung eintrete, unter der die Austauschsicherheit gestellt wurde); *Weise* Sicherheiten im Baurecht, Rdn. 155; *Thierau* Jahrbuch Baurecht 2000, 66, 93, 98.

[247] OLG Karlsruhe, Urt. v. 9.12.2014 – 8 U 165/13 = ZfIR 2015, 610; **a. A.** OLG Hamm, Urt. v. 27.10.2006 – 12 U 47/06 = BauR 2009, 861.

[248] OLG Düsseldorf, Urt. v. 1.6.2012 – 22 U 159/11 = IBR 2013, 145.

[249] BGH, Urt. v. 13.9.2001 – VII ZR 467/00 = BauR 2001, 1893, 1894; OLG Schleswig, Urt. v. 10.11.2000 – 4 U 193/99 = OLGR 2001, 2 ff.; *Leinemann/Brauns* in Leinemann VOB/B § 17 Rdn. 70 m. w. N.

[250] Vgl. BGH, Urt. v. 13.9.2001 – VII ZR 467/00 = BauR 2001, 1893, 1894 f.; *Leinemann/Brauns* in Leinemann VOB/B § 17 Rdn. 68 m. w. N.; im Ergebnis ebenso *Joussen* in Ingenstau/Korbion VOB/B § 17 Abs. 3 Rdn. 31 m. w. N.; *Thode* ZfIR 2000, 165, 170.

macht, ist der Auftraggeber zur Auszahlung des Bareinbehaltes nach Erhalt der Austauschbürgschaft verpflichtet[251].

122 Im Ergebnis kommt es damit darauf an, ob **zum Zeitpunkt der Stellung der Ersatzbürgschaft** hinsichtlich von Mängelansprüchen eine **Aufrechnungslage** besteht. Ist dies der Fall und hat der Auftraggeber die **Aufrechnung erklärt** und damit den Bar-Sicherheitseinbehalt „verwertet", **muss die Austauschsicherheit zurückgegeben werden.** Besteht die Aufrechnungslage zum Zeitpunkt der Stellung der Ersatzbürgschaft nicht, muss der Bareinbehalt ausbezahlt werden. Gibt der Auftraggeber eine zur Ablösung eines Sicherheitseinbehalts ordnungsgemäß bestellte Gewährleistungsbürgschaft des Auftragnehmers erst zwei Monate nach Zugang der Bürgschaft unter Hinweis auf Baumängel zurück, kann der Auftragnehmer die Auszahlung des Einbehalts gegen neuerliche Übergabe der Bürgschaft verlangen[252]. Der Auftraggeber ist damit verpflichtet, **unverzüglich** einen bereits eingetretenen oder unmittelbar bevorstehenden Sicherungsfall geltend zu machen. Die Erhebung von Mängeleinwendungen erst zwei Monate nach Übergabe der zur Ablösung des Sicherheitseinbehalts bestimmten Gewährleistungsbürgschaft ist nicht unverzüglich[253].

V. Sicherheitsleistung durch Bürgschaft (§ 17 Abs. 4 VOB/B)

123 **1. Bürgschaft und gesetzliche Bestimmungen.** In §§ 765–778 BGB sind die allgemeinen Bestimmungen über die Bürgschaft enthalten. Wesentliches Merkmal der Bürgschaft ist ihre Akzessorietät, das heißt die Abhängigkeit des Bestandes und Umfanges der Verpflichtung des Bürgen von der Hauptschuld. Dieser in § 768 BGB verankerte Akzessorietätsgrundsatz ist kennzeichnend für die bürgschaftsrechtliche Verpflichtung. Formularmäßige Klauseln, die einen Ausschluss der Einreden aus § 768 BGB in der Bürgschaft verlangen, verändern die Rechtsnatur des Vertragsverhältnisses und sind daher mit wesentlichen Grundgedanken der gesetzlichen Regelung nicht zu vereinbaren, da sie die Rechte des Bürgen in unangemessener Weise einschränken. Sie sind deshalb **unwirksam** (§ 9 AGBG = § 307 BGB n. F.)[254]. Mit Urt. v. 12.2.2009 bejaht jedoch der Bundesgerichtshof die Teilbarkeit einer Bürgschaftsklausel, wonach der Bürge auf die Einrede nach § 768 BGB verzichtet[255]. Mit der Entscheidung lehnt der Bundesgerichtshof erstmals die in Rechtsprechung[256] und Literatur[257] vertretene Auffassung ab, dass eine formularmäßige Sicherungsabrede insgesamt unwirksam ist, wenn Sie inhaltlich einen Ausschluss der Rechte aus § 768 BGB vorsieht. Der Annahme einer konzeptionellen Einheit von Sicherungs-

---

[251] BGH, Urt. v. 13.9.2001 – VII ZR 467/00 = BauR 2001, 1893, 1894 f.; OLG Hamburg, Urt. v. 25.4.2001 – 13 U 38/00 = ZIP 2001, 847; Leinemann/Brauns in LeinemannVOB/B § 17 Rdn. 68 m. w. N.; anderer Auffassung wohl Joussen in Ingenstau/Korbion VOB/B § 17 Abs. 3 Rdn. 31, der die Aufrechnungsmöglichkeit und das Zurückbehaltungsrecht des Auftraggebers gleich behandelt und in diesen Fällen auf Grund der Konstruktion über die „auflösende Bedingung" (nur) zu einer Rückgabeverpflichtung hinsichtlich der Ersatzbürgschaft gelangt; im Ergebnis ebenso Kniffka EWiR 1997, 1005, 1006; Siegburg EWiR 1998, 669, 670 (Aufrechnungslage vor Übergabe der Austauschsicherheit).

[252] BGH, Urt. v. 7.3.2002 – VII ZR 182/01 = BauR 2002, 1543 f. = IBR 2002, 476.

[253] Schmitz IBR 2002, 476, ist der Auffassung, dass im Regelfall die Obergrenze bei zwei Wochen liege.

[254] BGH, Urt. v. 8.3.2001 – IX ZR 236/00 = BauR 2001, 1093 ff.; KG, Urt. v. 12.11.2008 – 21 U 56/07 = IBR 2009, 270; OLG Saarbrücken Beschl. v.20.8.2008 – 1 U 511/07 = IBR 2008, 650; OLG München, Urt. v. 21.8.2007 = IBR 2008, 444; vgl. auch OLG Düsseldorf, Urt. v. 6.2.2001 – 21 U 162/00 = IBR 2001, 615 für den Fall, dass der Bürge in der von ihm selbst formulierten Bürgschaftserklärung auf sämtliche Einwendungen und Einreden des Hauptschuldners verzichtet hat. Überraschend kommt das LG Frankfurt, Urt. v. 21.4.2003 - 3-13 O 130/03 = IBR 2004, 502 – zu dem Ergebnis, dass zwar grundsätzlich der formularmäßige Ausschluss der Rechte aus § 768 BGB zur Unwirksamkeit der Bürgschaftsverpflichtung führe, die Bürgschaft jedoch als „einfache Bürgschaft" wirksam bestehen bleibe. Die Bürgschaft bleibe damit ohne den „Verzicht auf die Rechte aus § 768 BGB" bestehen, ebenso OLG Frankfurt, Urt. v. 25.3.2008 – 10 U 147/07 = IBR 2008, 326; LG München, Urt. v. 25.7.2006 – 11 O 22609/05 = IBR 2006, 619.

[255] BGH, Urt. v. 12.2.2009 – VII ZR 39/08 = IBR 2009, 199; vgl. auch die Kommentierung vorstehend bei Rdn. 49.

[256] OLG München, Urt. v. 21.8.2007 = IBR 2008, 444; OLG Saarbrücken Beschl. v.20.8.2008 – 1 U 511/07 = IBR 2008, 650; LG Wiesbaden, Urt. v. 24.8.2007 – 3 O 221/76 = IBR 2007, 617; LG München Urt. v. 25.7.2006 – 11 O 22609/05 = IBR 2006, 619; LG Hamburg, Urt. v. 3.3.2006 – 420 O 75/04 = IBR 2006, 258; teilweise a. A. OLG Frankfurt, Urt. v. 25.3.2008 – 10 U 147/07 = IBR 2008, 326; OLG Köln, Urt. v. 9.1.2008 – 11 U 116/07 = IBR 2008, 443.

[257] Joussen in Ingenstau/Korbion VOB/B § 17 Abs. 4 Rdn. 40 f; Schmitz Sicherheiten für die Bauvertragsparteien Rdn. 129; Hildebrandt BauR 2007, 203, 210; Ripke IBR 2008, 1099; a. A. May BauR 2007, 187, 201.

abrede und einem beigefügten Musterformular, das den Ausschluss der Einrede aus § 768 BGB vorsieht, stehe entgegen, dass die Vereinbarung, eine selbstschuldnerische, unbefristete Bürgschaft zu stellen und der Verzicht auf die Einrede gemäß § 768 BGB in diesem Fall nicht untrennbar mit einander verknüpft seien. Der Fortfall des Verzichts auf die Einrede gemäß § 768 BGB sei nicht von so erheblicher Bedeutung, dass von einer gänzlich neuen Vertragsgestaltung gesprochen werden müsse. Daher führe die Unwirksamkeit der Verpflichtung zum Verzicht des Bürgen auf die Einrede nach § 768 BGB in diesem Fall nicht zur Unwirksamkeit der Sicherungsabrede insgesamt, wenn die Verzichtserklärung sprachlich und inhaltlich trennbar sei. Im konkreten Fall war die streitige Verzichtserklärung nur im beigefügten Muster der Bürgschaftserklärung, nicht aber in der Sicherungsvereinbarung selbst enthalten. Dort wurde jedoch ausdrücklich darauf hingewiesen, dass die Bürgschaft „nach dem beiliegenden Muster" zu erstellen sei. Diese formale Betrachtungsweise des Bundesgerichtshofes begegnet jedoch Bedenken, da durch den Hinweis in der Sicherungsvereinbarung gerade eine unmittelbare inhaltliche Verknüpfung mit dem vorgeschriebenen Bürgschaftsformular hergestellt wird, so dass die Annahme einer konzeptionellen Einheit eher nahe gelegen hat.[258]

Nach § 232 Nr. 2 BGB ist die Bürgschaft nur subsidiär zulässig, nämlich dann, wenn die Sicherheit nicht in einer der in § 232 Nr. 1 BGB vorgesehenen Arten geleistet werden kann. Nach den Regelungen in § 17 VOB/B steht die Bürgschaft dagegen **gleichrangig** neben den anderen Sicherungsarten Einbehalt und Hinterlegung von Geld. Sie ist zudem in der Praxis das ganz überwiegende Sicherungsmittel.

Wesensmerkmal der Bürgschaft ist es ferner, dass der **Gläubiger der Hauptforderung und der Gläubiger der Bürgschaft identisch ist**[259]. In der Baupraxis wird dies bisweilen missachtet: So finden sich Regelungen in Generalunternehmerverträgen, in denen sich die Generalunternehmer gegenüber dem Bauherrn verpflichten, diesem als Ersatz für die Stellung einer „eigenen" Gewährleistungsbürgschaft die „Bürgschaften der Nachunternehmer abzutreten". Dies ist begrifflich nicht möglich, da die Sicherheit immer an der für sie bestellten Forderung haftet. Die Abtretung der Rechte aus der Bürgschaft ohne die Abtretung der Hauptforderung ist damit **unwirksam.** Richtig ist es daher, bei der vorstehend dargestellten Generalunternehmerkonstellation entweder dem Bauherrn die gegen die Nachunternehmer gerichteten Gewährleistungsansprüche mit den dafür bestellten Sicherheiten abzutreten (vgl. auch § 401 BGB) oder aber dem Bauherrn vertraglich die Stellung eines Gesamtgläubigers im Sinne von § 428 BGB einzuräumen und gleichzeitig eine klarstellende Regelung im Sinne von § 401 BGB zu treffen. Wird für den Fall der Abtretung der Hauptforderung (hier: Gewährleistungsansprüche) der Übergang der hierfür bestellten Sicherungsrechte (Bürgschaft) ausgeschlossen, **erlöschen die Sicherungsrechte**[260]. Formularmäßige Regelungen eines Bürgen, die im Falle der Übertragung der Hauptforderung den Übergang der Rechte aus der Bürgschaft ausschließen (Konsequenz: Bei Abtretung der Hauptforderung erlischt die Bürgschaft), sind wegen Verstoßes gegen § 307 BGB n. F. (§ 9 AGB-Gesetz) **unwirksam**[261]. Eine Erklärung der Bank, die dem Wortlaut nach lediglich besagt, sie nehme die Abtretung des gegen sie gerichteten Bürgschaftsanspruchs an einen Dritten zur Kenntnis, kann grundsätzlich nicht als Erteilung einer Bürgschaft gegenüber dem Zessionar gedeutet werden.[262] Eine mit **„Finanzierungsbestätigung"** überschriebene Erklärung einer Bank kann grundsätzlich nicht als Bürgschaftsversprechen angesehen werden[263]. Wird einem Zedenten eine Gewährleistungsbürgschaft zu einem Zeitpunkt erteilt, in dem die zu sichernden Gewährleistungsansprüche bereits an den Zessionar abgetreten sind, so ist dieser ungeachtet des Erfordernisses der Gläubigeridentität aus der Bürgschaft berechtigt, wenn in der Abtretungsvereinbarung der Übergang künftiger Sicherheiten vorgesehen war[264].

Nach § 767 Nr. 1 Satz 3 BGB wird die Verpflichtung des Bürgen nicht durch ein Rechtsgeschäft erweitert, das der Hauptschuldner nach der Übernahme der Bürgschaft vornimmt. Die Identität zwischen Hauptschuld und verbürgter Schuld muss gewahrt bleiben. Rechtsgeschäfte des Hauptschuldners, die die Hauptschuld ändern, können die Verpflichtung des Bürgen nicht

---

[258] Vgl. auch die vorstehende Kommentierung bei Rdn. 49.
[259] Dies gilt auch bei einer Bürgschaft auf erstes Anfordern – BGH BauR 2003, 1036, 1038; vgl. auch BGHZ 115, 177, 182 f.
[260] *Grüneberg* in Palandt BGB, § 401 Rdn. 3.
[261] BGH, Urt. v. 19.9.1991 – IX ZR 296/90 = MDR 1991, 1035.
[262] BGH, Urt. v. 21.3.2002 – IX ZR 105/00 = IBR 2002, 709.
[263] OLG Schleswig Beschl. v.10.4.2014 – 5 U 174/13 = IBR 2014, 602.
[264] BGH, Urt. v. 15.8.2002 – IX ZR 217/99 = NJW 2002, 3461, 3462 f.

erweitern. Seine Stellung darf hierdurch nicht verschlechtert werden. So sind folgende Rechtsgeschäfte des Hauptschuldners im Verhältnis zum Bürgen **unwirksam:**
– Schuldanerkenntnis durch den Hauptschuldner[265];
– Vergleich, so weit er die Hauptschuld erweitert;
– Änderung der Fälligkeit[266];
– bei Erfüllungsbürgschaft eine wesentliche nachteilige Änderung der zu erfüllenden Pflichten oder der Ausführungsfristen[267];
– bei Gewährleistungsbürgschaft eine nachteilige Veränderung der Abnahmemodalitäten im Werkvertrag[268];
– Der Bürge haftet nicht für nachträgliche einvernehmliche Abänderungen der gesicherten Hauptschuld, die sein Haftungsrisiko verschärfen und denen er nicht zugestimmt hat[269];
– Die Vertragspartner eines Bauvertrags können durch eine Abänderung der Sicherungsabrede den Inhalt der Bürgschaftserklärung der Bank ohne deren Beteiligung nicht abändern[270];
– Eine nach Stellung der Gewährleistungsbürgschaft vereinbarte **Verlängerung der Gewährleistungsfrist** kann die Verpflichtung des Bürgen ohne dessen Zustimmung nicht erweitern[271];
– Die Inanspruchnahme einer Bürgschaft ist treuwidrig, wenn dem Bürgen vor Stellung der Bürgschaft eine Zusatzabrede zwischen Sicherungsgeber und Sicherungsnehmer nicht mitgeteilt wird, die eine **zeitliche Ausdehnung der Bürgschaft** bewirkt und sich das Bürgenrisiko gerade wegen dieser zeitlichen Ausdehnung verwirklicht[272].
– Nach Sinn und Zweck des § 768 Abs. 2 BGB ist ein ausdrücklich erklärter Verzicht des Hauptschuldners auf die Verjährungseinrede dem Bürgen gegenüber **unwirksam**[273].

Nach richtiger Auffassung sind durch eine Vertragserfüllungsbürgschaft bei einem Bauvertrag Ansprüche auf die Durchführung von geänderten oder zusätzlichen Leistungen gemäß **§§ 1 Abs. 3, Abs. 4 VOB/B bzw. § 2 Abs. 5 und 6 VOB/B** vom Sicherungsumfang einer Vertragserfüllungsbürgschaft umfasst und stellen **keine Verschlechterung der Bürgenposition** gemäß § 767 Nr. 1 Satz 3 BGB dar[274]. Dies entspricht den Besonderheiten des VOB/B-Bauvertrages, die auch den jeweiligen Bürgen bekannt sind. Der Bürge, der eine **Höchstbetragsbürgschaft** erteilt hat, haftet in der Regel auch dann nicht über den vereinbarten Betrag hinaus, wenn sich die Hauptverbindlichkeit durch Verschulden oder Verzug des Hauptschuldners erhöht hat[275]. Eine Formularklausel ist **unwirksam,** so weit sie vorsieht, dass sich die Bürgschaft auch dann auf Zinsen, Provisionen und Kosten erstreckt, die im Zusammenhang mit den gesicherten Forderungen entstanden sind, wenn dadurch der vereinbarte Haftungshöchstbetrag überschritten wird[276]. Die Vereinbarung eines Höchstbetrages schränkt die im Gesetz vorgesehene Haftung des Bürgen abweichend von § 767 Nr. 1 Satz 2 BGB dem Umfang nach ein[277]. Einigkeit dürfte darüber bestehen, dass **„unechte" Zusatzleistungen,** die „anlässlich" eines bestehenden Bauvertrages in Auftrag gegeben werden[278], **nicht** durch eine Vertragserfüllungsbürgschaft im Rahmen des ursprünglichen Bauvertrages **abgesichert** sind und daher der Bürge hierfür nicht einzustehen hat. Schließen die Parteien eines Rohbauvertrages während der Bauarbeiten eine Zusatzvereinbarung über die Aufstockung des Gebäudes um ein Dachgeschoss, so handelt es sich

---

[265] OLG Düsseldorf, Urt. v. 20.6.1975 – 22 U 51/75 = MDR 1975, 1019.
[266] BGH, Urt. v. 6.4.2000 – IX ZR 2/98 = NJW 2000, 2580, 2581.
[267] OLG Hamm, Urt. v. 23.5.2000 – 24 U 19/00 = NZBau 2000, 471 ff.
[268] OLG Hamburg, Urt. v. 4.5.1990 – 1 U 130/89 = WM 1992, 349; weitere Beispiele *Sprau* in Palandt BGB, § 767 Rdn. 3.
[269] BGH, Urt. v. 3.11.2005 – IX ZR 181/04 = BauR 2006, 158 = NJW 2006, 228 = IBR 2006, 22.
[270] BGH, Urt. v. 10.2.1005 – VII ZR 373/03 = BauR 2005, 873 = IBR 2005, 370.
[271] LG Berlin, Urt. v. 19.12.2002 – 95 O 135/02 = IBR 2003, 132.
[272] BGH, Urt. v. 27.2.2004 XI ZR 111/03 = BauRB 2004, 259.
[273] BGH, Urt. v. 18.9.2007 – IX ZR 447/06 = IBR 2008, 25.
[274] Vgl. oben zu Fn. 107; OLG Düsseldorf, Urt. v. 8.7.1987 – 19 U 89/86 = BauR 1988, 485; *Weise* Sicherheiten beim Bauvertrag, Rdn. 73; *Joussen* in Ingenstau/Korbion VOB/B § 17 Abs. 1 Rdn. 29.
[275] BGH, Urt. v. 18.7.2002 – IX ZR 294/00 = IBR 2002, 607.
[276] BGH, Urt. v. 18.7.2002 – IX ZR 294/00 = IBR 2002, 607; anders noch BGH, Urt. v. 11.6.1980 – VIII ZR 164/79 = BGHZ 77, 256, 257 ff.
[277] Zu weiteren Einschränkungen durch Beschränkungen in der Bürgschaftsformulierung selbst vgl. OLG Frankfurt, Urt. v. 29.5.2002 – 4 U 11/01 = IBR 2002, 478.
[278] Vgl. OLG Düsseldorf, 5.3.1996 – 21 U 116/95 = BauR 1996, 875; Urt. v. 5.3.1996 – 21 U 116/95 = BauR 1996, 757 f. („zusätzliche Musterfassade").

nicht mehr um eine Nachtragsvereinbarung zu dem ursprünglichen Bauvertrag. Es liegen dann vielmehr zwei selbständige Verträge vor[279]. Grundsätzlich kann zur Abgrenzung der gesicherten und die Bürgenstellung damit nicht verschlechternden Zusatzaufträge von den nicht gesicherten, weil die Bürgenstellung verschlechternden Zusatzleistungen auf die Regelung in § 1 Abs. 4 VOB/B abgestellt werden: Handelt es sich um eine Zusatzleistung im Sinne von § 1 Abs. 4 Satz 1 VOB/B (mit der Konsequenz der Anwendbarkeit von § 2 Abs. 6 VOB/B), wird hierdurch nach diesseitiger Auffassung die Bürgenstellung nicht verschlechtert, da der Bürge bei einem VOB/B-Bauvertrag stets mit derartigen Zusatzleistungen rechnen muss. Handelt es sich jedoch um einen „Extra-Auftrag" im Sinne von § 1 Abs. 4 Satz 2 VOB/B, den der Auftragnehmer nur auf Grund besonderer Vereinbarung zu erfüllen hat, unterliegt diese Leistung nicht mehr dem Sicherungszweck der Bürgschaft, weil dadurch nachträglich der Umfang der Bürgenhaftung entgegen § 767 Nr. 1 Satz 3 BGB erweitert würde.

In (teilweiser) Abweichung und Ergänzung der gesetzlichen Regelungen muss die Bürgschaft **127** im Sinne von § 17 VOB/B mehrere Voraussetzungen erfüllen:
– Person des Bürgen gemäß § 17 Abs. 2 VOB/B
– Anerkennung des Bürgen als tauglich (§ 17 Abs. 4 Satz 1 VOB/B)
– Schriftlichkeit der Bürgschaftserklärung (§ 17 Abs. 4 Satz 2 VOB/B)
– Verzicht auf die Einrede der Vorausklage (§ 17 Abs. 4 Satz 2 VOB/B i. V. m. § 771 BGB)
– keine zeitliche Begrenzung (§ 17 Abs. 4 Satz 2 2. Halbsatz VOB/B)
– Ausstellung nach Vorschrift des Auftraggebers (§ 17 Abs. 4 Satz 2 2. Halbsatz VOB/B)
– keine Bürgschaft auf erstes Anfordern (§ 17 Abs. 4 Satz 3 VOB/B).

2. Tauglicher Bürge (§ 17 Abs. 4 Satz 1 VOB/B). Die Anforderungen an die Tauglich- **128** keit des Bürgen sind in § 239 BGB geregelt. Der Bürge muss ein der Höhe der zu leistenden Sicherheit angemessenes Vermögen besitzen und seinen allgemeinen Gerichtsstand im Inland haben[280]. Nach § 17 Abs. 4 Satz 1 VOB/B muss hinzukommen, dass der Auftraggeber den Bürgen als tauglich anerkannt hat. Wird die Sicherheit durch einen Bürgen gestellt, der in § 17 Abs. 2 VOB/B näher bezeichnet wird, ist der Auftraggeber verpflichtet, diesen als tauglichen Bürgen anzuerkennen. Anderenfalls verwirkt der Auftraggeber das Recht auf Sicherheitsleistung[281]. Kommen mehrere Kreditinstitute oder Kreditversicherer im Sinne von § 17 Abs. 2 VOB/B in Betracht, hat der Auftragnehmer das Recht, über den Bürgen frei zu entscheiden. Schließlich übernimmt er auch die Kosten der Bürgschaft.

Die in der Praxis häufigen **Konzernbürgschaften sind keine tauglichen Sicherungs-** **129** **mittel im Sinne von § 17 VOB/B.** Sie kommen nur in Betracht, wenn hierüber eine ausdrückliche Vereinbarung im Vertrag getroffen wurde. In der Praxis kommen teilweise abenteuerliche Konstruktionen bei der Stellung von Konzernbürgschaften vor: Eine Aktiengesellschaft stellt eine Konzernbürgschaft für die Verbindlichkeiten ihrer Zweigniederlassung gegenüber dem Auftraggeber. Ein solcher Vertrag ist als Bürgschaftsvertrag im Sinne von § 765 BGB nicht wirksam, da eine Zweigniederlassung keine von ihrem Inhaber selbständige juristische Person und damit selbst nicht rechtsfähig ist[282]. Die Aktiengesellschaft als Inhaberin des Unternehmens ist damit keine von der Hauptschuldnerin (Zweigniederlassung), für deren Verbindlichkeit sie sich „verbürgt hat", verschiedene Person. Als Bürgschaftsvertrag ist der Vertrag daher nichtig[283]. Denkbar kann jedoch die Umdeutung dieser Erklärung in ein Garantieversprechen sein[284].

Nach Auffassung des LG Berlin[285] hat der Auftraggeber einen Anspruch auf eine neue Bürgschaft, wenn die ihm übergebene Konzernbürgschaft auf Grund der Insolvenz des Mutterkonzerns unwirksam wird. Eine Konzern-Vorauszahlungsbürgschaft auf erstes Anfordern kommt

---

[279] Vgl. BGH, Urt. v. 13.12.2001 – VII ZR 28/00 = BauR 2002, 618, 619 = NZBau 2002, 215.
[280] Ein Sitz in einem der von § 17 Abs. 2 VOB/B erfassten Vertragsstaaten dürfte auch bei der gesetzlichen Regelung ausreichend sein, vgl. OLG Hamburg, Beschl. v.4.5.1995 – 5 U 118/93 = NJW 1995, 2859, 2860; *Ellenberger* in Palandt GB § 239 Rdn. 1 m. w. N.; vgl. auch OLG Düsseldorf, Beschl. v.18.9.1995 – 4 U 231/93 = ZIP 1995, 1667 = IBR 1996, 104 zu einer ausländischen Großbank, die ihren Sitz in einem der EU-Mitgliedsstaaten hat (tauglicher Bürge i. S. § 239 Nr. 1 BGB).
[281] Ebenso *Joussen* in Ingenstau/Korbion VOB/B § 17 Abs. 4 Rdn. 13.
[282] *Baumbach/Hopt* HGB, § 13 Rdn. 4.
[283] OLG Celle, Urt. v. 18.12.2001 – 16 U 111/01 = BauR 2002, 1711.
[284] OLG Celle, Urt. v. 18.12.2001 – 16 U 111/01 = BauR 2002, 1711.
[285] LG Berlin, Urt. v. 12.11.2003 – 2 O 624/02 = BauR 2004, 1637 = NZBau 2004, 679 = IBR 2004, 316.

nicht wirksam zustande, wenn der bürgende Konzern nicht rechtlich selbstständig, sondern mit dem Auftraggeber identisch ist. Die „Bürgschaft" ist dahin umzudeuten, dass der Auftraggeber eine „Vorauszahlung auf erstes Anfordern" zu leisten hat. Der Auftraggeber braucht diese „Vorauszahlung auf erstes Anfordern" nicht mehr zu leisten, wenn der Auftragnehmer insolvent wird und Massearmut angezeigt ist[286].

130 **3. Schriftform (§ 17 Abs. 4 Satz 1 1. Halbsatz VOB/B).** Die Notwendigkeit der Schriftform hat Warnfunktion zugunsten des Bürgen. Sie umfasst damit die wesentlichen Teile der Bürgschaftserklärung:

– Erklärung, für eine fremde Schuld einzustehen
– Bezeichnung des Gläubigers
– Bezeichnung des Hauptschuldners
– Bezeichnung der verbürgten Forderung
– Angabe des Sicherungszwecks[287].

131 Der **gesamte Urkundentext** muss vom Bürgen **unterschrieben** werden, der gesamte Urkundentext muss von der Unterschrift räumlich abgeschlossen werden[288]. In Einzelfällen kann es ausreichen, dass der Bürge eine Blankounterschrift leistet und der Gläubiger das leere Blatt später mit dem Text einer Bürgschaftserklärung versieht, deren Inhalt mit dem Bürgen vor Unterschrift abgestimmt wurde[289]. Der Bundesgerichtshof hat die **Anforderungen an eine formgerechte Bürgschaftserklärung** deutlich verschärft[290]. Hiernach kann eine formbedürftige Bürgschaft nicht in der Weise wirksam erteilt werden, dass der Bürge eine Blankounterschrift leistet und einen Anderen mündlich ermächtigt, die Urkunde zu ergänzen. Eine unvollständige Ergänzung eines Formular-Bürgschaftsvertrags lässt den Bürgschaftsvertrag jedoch nicht formunwirksam werden, wenn sich die Zweifel im Wege der Auslegung beheben lassen, sofern ein hinreichender Anhaltspunkt in der Urkunde selbst für die Auslegung besteht[291]. Eine Bürgschaftserklärung muss neben dem Verbürgungswillen sowie den Personen des Gläubigers und des Schuldners auch die zu sichernde Hauptforderung **hinreichend deutlich** (schriftlich) bezeichnen[292].

132 Das **Schriftformerfordernis gilt nur im Verhältnis zwischen den Bauvertragsparteien.** Es gilt nicht für das Bürgschaftsverhältnis, also das Verhältnis des Gläubigers (Auftraggebers) zu dem am Bauvertrag nicht beteiligten Bürgen. Insoweit ist die qualifizierte Schriftform des § 127 BGB nicht erforderlich; es gelten damit in diesem Verhältnis die gesetzlichen Formvorschriften, also auch **§ 350 HGB**[293], nach dem die **Bürgschaftserklärung eines Vollkaufmannes keiner Form bedarf,** also auch mündlich gültig ist. Da die in § 17 Abs. 2 genannten Bürgen typischerweise stets Vollkaufmann sind, ist deren Bürgschaftserklärung formlos gültig und bedarf nur im Hinblick auf § 17 Abs. 4 VOB/B der Schriftform gemäß § 127 Nr. 2 BGB, so dass eine Übermittlung per Telefax oder Telegramm bei diesen Bürgen für die Wirksamkeit der Bürgschaftsverpflichtung ausreichend ist[294]. Nach Auffassung des OLG Bremen[295] kommt ein wirksamer Bürgschaftsvertrag regelmäßig erst dadurch zustande, dass dem Gläubiger die **Originalbürgschaftsurkunde ausgehändigt** wird. Dies wird dort damit begründet, dass die schriftliche Bürgschaftserklärung einer Bank die Bestimmung enthielt, nach der die Verpflichtungen aus der Bürgschaft u. a. enden, wenn die Bürgschaftserklärung zurückgegeben wird. Mit dieser Formulierung komme der von der Auslegungsregel des § 127 BGB abweichende eindeutige Wille der

---

[286] OLG Düsseldorf, Urt. v. 10.4.2003 – 5 U 129/02 = IBR 2003, 414.
[287] Vgl. BGH, Urt. v. 29.2.1996 – IX ZR 153/95 = NJW 1996, 1467, 1468 f.; *Joussen* in Ingenstau/Korbion § 17 Abs. 4 Rdn. 20 ff. m. w. N.; *Leinemann/Brauns* in Leinemann VOB/B § 17 Rdn. 88 ff. m. w. N.
[288] BGH, Urt. v. 20.11.1990 – XI ZR 107/89 = BGHZ 113, 48, 51.
[289] OLG Düsseldorf, Urt. v. 29.10.1976 – 16 U 63/76 = MDR 1977, 754; *Joussen* in Ingenstau/Korbion § 17 Abs.. 4 Rdn. 17 m. w. N.
[290] BGH, Urt. v. 29.2.1996 – IX ZR 153/95 = BGHZ 132, 119 = NJW 1996, 1467 = IBR 1996, 357.
[291] BGH, Urt. v. 17.2.2000 – IX ZR 32/99 = NJW 2000, 1569 = IBR 2000, 325.
[292] BGH, Urt. v. 1.7.2003 – XI ZR 363/02 = IBR 2003, 674.
[293] BGH, Urt. v. 23.1.1986 – IX ZR 46/85 = BauR 1986, 361, 363; OLG Celle, Urt. v. 24.2.1999 – 14a (6) U 224/97 = BauR 2000, 1351; BGH, Urt. v. 28.1.1993 – IX ZR 159/91 = BauR 1993, 340, 342.
[294] *Moufang/Koos* in Beck'scher VOB-Kommentar VOB/B § 17 Abs. 4 Rdn. 37 m. w. N.; *Leinemann/Brauns* in Leinemann VOB/B § 17 Rdn. 88 f. m. w. N.; *Joussen* in Ingenstau/Korbion VOB/B § 17 Abs. 4 Rdn. 18 m. w. N.; *Hildebrandt* in NWJS VOB/B § 17 Rdn. 106 m. w. N.
[295] OLG Bremen Urt. v. 12.7.2013 – 2 U 117/12 = IBR 2013, 741.

Bürgin zum Ausdruck, dass bereits die wirksame Eingehung ihrer Verpflichtung von der Übergabe des Originals an den Gläubiger abhängig sein soll.

Die „Stückelung" einer vereinbarten Vertragserfüllungsbürgschaft in mehrere Teilbürgschaften ist nicht vertragswidrig und berechtigt den Auftraggeber nicht zur Kündigung des Bauvertrags aus wichtigem Grund[296].

4. Verzicht auf Einrede der Vorausklage (§ 17 Abs. 4 Satz 2 1. Halbsatz VOB/B). Die 133 Bürgschaft ist unter Verzicht auf die Einrede der Vorausklage (§ 771 BGB) abzugeben. Diese selbstschuldnerische Bürgschaft (vgl. § 773 Nr. 1 Abs. 1 BGB, § 349 HGB) steht in Übereinstimmung mit den gesetzlichen Anforderungen einer Bürgschaft als Sicherheitsleistung gemäß § 239 Nr. 2 BGB.

Der Verzicht muss in die schriftliche Bürgschaftserklärung aufgenommen werden. Der Bürge 134 hat das Recht, sich durch Hinterlegung des Bürgschaftsbetrags von seiner Verbindlichkeit zu befreien[297]. Üblicherweise wird diese Möglichkeit in der Sicherheitenabrede und dann gleich lautend auch in der Bürgschaftsurkunde in der Praxis ausgeschlossen.

Der Verzicht auf die Einrede der Vorausklage bedeutet, dass der Gläubiger den Bürgen 135 unmittelbar in Anspruch nehmen kann. Dem Bürgen bleiben jedoch alle dem Hauptschuldner zustehenden Einwendungen erhalten (vgl. § 768 BGB). Dies betrifft insbesondere die Einreden der Anfechtbarkeit und Aufrechenbarkeit (§ 770 BGB). Diese Einreden werden in der Praxis sowohl in der Sicherheitenabrede im Bauvertrag als auch in der Bürgschaftsurkunde gleich lautend ausgeschlossen.

Der formularmäßige Ausschluss der Einrede der Aufrechenbarkeit ist unwirksam[298]. Mit dieser Entscheidung hat der Bundesgerichtshof seine frühere, anders lautende Rechtsprechung aufgegeben. Der Bundesgerichtshof ist der Auffassung, der formularmäßige Ausschluss der Einrede der Aufrechenbarkeit benachteilige den Bürgen unangemessen und sei mit wesentlichen Grundgedanken des Bürgschaftsrechts nicht vereinbar[299]. Dies führt nach Auffassung des OLG Düsseldorf[300] jedoch nicht zur Gesamtnichtigkeit der Sicherungsabrede, wenn die Regelung über den Verzicht auf die Einrede der Aufrechenbarkeit inhaltlich von den übrigen Formularbestimmungen trennbar ist. Selbst wenn ein Bürge in der Bürgschaftsurkunde auf die Rechte nach § 770 Nr. 2 BGB verzichtet hat, kann der Bürge sich somit darauf berufen, dass die Hauptschuld infolge einer vom Hauptschuldner bereits erklärten Aufrechnung erloschen ist[301]. Zu den dem Hauptschuldner zustehenden Einreden, die auch der Bürge gemäß § 768 Nr. 1 Satz 1 BGB geltend machen kann, gehört auch die **Einrede des nicht erfüllten Vertrags.** Dies gilt selbst für den Fall, dass die Gewährleistungs- und Nachbesserungsrechte auf einen Dritten zur Ausübung übertragen worden sind[302].

Der formularmäßige Ausschluss der Einrede der Anfechtbarkeit (§ 770 Abs. 1 BGB) soll nach Auffassung des Landgerichts Köln[303] **nicht wegen unangemessener Benachteiligung des Auftragnehmers unwirksam sein, wenn dem Auftragnehmer die Einrede der Aufrechenbarkeit gleichzeitig erhalten bleibt.**

Der Bürge kann gegenüber dem Gläubiger die **Einrede der Verjährung der Hauptschuld** 136 erheben[304]. Insoweit ist insbesondere bei masseloser Insolvenz – gerade in diesen Fällen ist die Bürgschaft von wesentlicher Bedeutung für den Gläubiger – **Vorsicht** geboten.

Abzugrenzen ist die selbstschuldnerische Bürgschaft vom **Schuldbeitritt** und von der (selbst- 137 ständigen) **Zahlungsgarantie.** Der Schuldbeitritt zeichnet sich dadurch aus, dass ein Dritter nicht – wie bei der Bürgschaft – für eine fremde Schuld einstehen will, sondern eine eigene

---

[296] OLG Frankfurt, Urt. v. 19.12.2014 – 5 U 9/14 = IBR 2016, 392.
[297] BGH, Urt. v. 14.2.1985 – IX ZR 76/84 = BauR 1985, 462, 464 f.
[298] BGH, Urt. v. 16.1.2003 – IX ZR 171/00 = BGHZ 153, 293 = NZBau 2003, 377 = IBR 2003, 244; OLG Dresden Urt. v. 23.4.2014 – 12 U 97/14 = IBR 2014, 417; KG Urt. v. 6.8.2013 – 7 U 210/11 = IBR 2013, 740; OLG Frankfurt Urt. v. 27.9.2012 – 5 U 7/12 = IBR 2013, 26.
[299] Im Ergebnis ebenso KG, Beschl. v.9.1.2006 – 8 U 89/05 = IMR 2007, 6 = MDR 2006, 1158.
[300] OLG Düsseldorf, Urt. v. 30.5.2008 – 22 U 113/07 = IBR 2008, 442; OLG Düsseldorf, Urt. v. 13.60.2014 – 22 U 150/13 = zitiert nach juris unter Berufung auf BGH, Urt. v. 12.2.2009 – VII ZR 39/08 = BauR 2009, 809; BGH, Urt. v. 10.10.1996 – VII ZR 224/95 = BauR 1997, 302.
[301] BGH, Urt. v. 25.4.2002 – IX ZR 254/00 = IBR 2002, 415; ebenso BGH, Urt. v. 11.5.2006 – VII ZR 146/04 = IBR 2006, 441.
[302] BGH, Urt. v. 11.5.2006 – VII ZR 146/04 = IBR 2006, 441.
[303] LG Köln, Urt. v. 8.7.2014 – 27 O 16/14 = NZBau 2015, 36, 37; vgl. hierzu *Ripke* IBR 2014, 4311 (nur online).
[304] Vgl. hierzu nachfolgend V.9 – Verjährung.

direkte Verbindlichkeit (als Gesamtschuldner) neben dem Schuldner übernimmt[305]. Bei der Zahlungsgarantie fehlt die Akzessorietät zur Hauptschuld. Der Garant steht vielmehr dafür ein, dass unabhängig von einer Hauptschuld ein bestimmter tatsächlicher oder rechtlicher Erfolg eintritt oder die Gefahr eines zukünftigen Schadens nicht eintritt[306]. Eine Garantie ist nur dann geschuldet, wenn dies ausdrücklich zwischen den Parteien vereinbart wird. Sie ist insbesondere im Auslandsgeschäft und im Anlagenbau ein übliches Sicherungsmittel.

138 Zurecht weisen Leinemann-Leinemann/Brauns[307] darauf hin, dass **Kreditinstitute** als Bürgen grundsätzlich **verpflichtet sind, den Hauptschuldner von der Inanspruchnahme der Bürgschaft zu unterrichten** und ihm Gelegenheit zur Stellungnahme zu geben[308]. Dies folgt unmittelbar aus dem zwischen dem Schuldner und dem Bürgen geschlossenen Kreditvertrag über die Bürgschaftsstellung. Warn- oder Hinweispflichten des Bürgen gegenüber dem Gläubiger werden überwiegend verneint[309]. Nach einer Entscheidung des Bundesgerichtshofs vom 20.2.2011[310] trifft den Bürgen keine Pflicht, sich beim Hauptschuldner der Bürgschaft über Tatsachen zu erkundigen, so dass der Bürge ihm nicht bekannte Tatsachen bezüglich der verbürgten Hauptschuld gemäß § 138 Abs. 4 ZPO mit Nichtwissen bestreiten kann. Ebenso treffen den Gläubiger keine Pflichten zur Wahrung der Interessen des Bürgen. Dem Bürgen soll nicht generell der Weg offen stehen, durch Gegenansprüche aus positiver Vertragsverletzung den Anspruch des Gläubigers abzuwehren und damit die Bürgschaft als Sicherheit zu entwerten[311].

139 **5. Keine Zeitbegrenzung (§ 17 Abs. 4 Satz 2 2. Halbsatz VOB/B).** Nach den gesetzlichen **Bestimmungen** (§ 777 BGB) ist eine zeitliche Begrenzung der Bürgschaft grundsätzlich zulässig. In § 17 Abs. 4 VOB/B wird jedoch eine Bürgschaft **nur dann als geeignete Sicherheit anerkannt, wenn sie unbefristet ist.** In der Bürgschaft darf daher keine Regelung enthalten sein, dass der Bürge erst von einem bestimmten Zeitpunkt ab oder nur bis zu einem bestimmten Zeitpunkt in Anspruch genommen werden darf. Unzulässig sind ferner Bestimmungen, dass sich die Bürgschaft nur auf Verpflichtungen des Schuldners beziehen soll, die innerhalb eines bestimmten Zeitraums entstanden sind. Damit verbietet es sich, dass z. B. für eine Gewährleistungsbürgschaft eine Befristung auf die Regelfrist des § 13 Abs. 4 VOB/B oder auf die vertraglich vereinbarte Gewährleistungsdauer aufgenommen wird. Damit soll sichergestellt werden, dass die eventuell durch Hemmungstatbestände oder Neubeginn der Verjährung (Unterbrechung) verlängerte bzw. neu zu laufen beginnende Gewährleistungsfrist voll abgedeckt wird. Die Bürgschaft soll damit in vollem Umfang vom Bestand der zu sichernden Forderung abhängig sein. Für die Bürgschaftsverpflichtung ist die Akzessorietät zur Hauptschuld des Auftragnehmers maßgeblich. Hieraus folgt, dass **aufschiebende oder auflösende Bedingungen** in den nach § 17 VOB/B vorgesehenen Bürgschaften **grundsätzlich unzulässig** sind[312].

140 Werden in Abweichung hiervon zeitliche Begrenzungen vereinbart, **ist zu unterscheiden:** einerseits kann dies bedeuten, dass nach Ablauf der Befristung die Verpflichtung des Bürgen insgesamt erloschen sein soll. Andererseits kann hierin auch die Vereinbarung liegen, dass sich der Bürge lediglich für Verbindlichkeiten, die vor Ablauf der Befristung entstanden sind, ver-

---

[305] Zur Abgrenzung zwischen selbstschuldnerischer Bürgschaft und (nicht formbedürftigem) Schuldbeitritt vgl. BGH, Urt. v. 19.9.1985 – VII ZR 338/84 = BauR 1986, 101, 102; BGH, Urt. v. 19.9.1985 – VII ZR 338/84 = MDR 1968, 2332; ausführlich *Joussen* in Ingenstau/Korbion VOB/B § 17 Abs. 4 Rdn. 26 ff. m. w. N.
[306] *Joussen* in Ingenstau/Korbion VOB/B § 17 Abs. 4 Rdn. 29 m. w. N.
[307] *Leinemann/Brauns* in Leinemann VOB/B, 4. Aufl., § 17 Rdn. 90 m. w. N.
[308] Vgl. auch BGH, Urt. v. 19.9.1985 – IX ZR 16/85 = NJW 1986, 310, 313; OLG Celle, Urt. v. 9.3.2000 – 13 U 21/99 = OLGR 2001, 17; **a.A.** KG, Urt. v. 20.11.1986 – 22 U 122/86 = NJW 1987, 1774.
[309] BGH, Urt. v. 19.3.1987 – IX ZR 159/86 = WM 1987, 618; *Graf Lambsdorff/Skora* Handbuch des Bürgschaftsrechts, Rdn. 274.
[310] BGH, Urt. v. 20.2.2011 – VII ZR 53/10 = NZBau 2011, 286 bis 288 = BauR 2011, 828 bis 831.
[311] Vgl. BGH, Beschl. v. 9.10.1974 – VIII ZR 149/73 = MDR 1975, 135 f.; BGH, Urt. v. 22.10.1987 – IX ZR 267/89 = WM 1987, 1481; *Horn* in StaudingerBGB, § 765 Rdn. 119, 128; *Horn*, Bürgschaften und Garantien, 2001, Rdn. 290 ff. mit zahlreichen Nachweisen der Rechtsprechung des Bundesgerichtshofs zu Hinweis- und Aufklärungspflichten.
[312] *Leinemann/Brauns* in Leinemann VOB/B § 17 Rdn. 94 m. w. N.

pflichten wollte, für diese dann aber unbefristet[313]. Bei dem letzten Fall, also der gegenständlichen Beschränkung der Bürgschaft auf Forderungen, die innerhalb einer bestimmten Zeitspanne entstanden sind[314], handelt es sich nicht um einen Fall des § 777 BGB[315]. Insbesondere bei Gewährleistungsbürgschaften[316] dürfte eine zeitliche Bestimmung in der Regel diese (weniger einschränkende) Bedeutung haben[317]. Handelt es sich jedoch um eine „echte" Befristung im Sinne von § 777 BGB[318], muss der Gläubiger den Bürgen innerhalb der vereinbarten Frist in Anspruch nehmen, ansonsten wird der Bürge von der Haftung frei. Die Anzeige des Gläubigers an den Bürgen auf Inanspruchnahme muss in diesen Fällen unverzüglich nach Zeitablauf, kann aber auch schon vorher erfolgen[319]. Um Zweifelsfälle, die durch die Notwendigkeit der Auslegung des Inhalts einer befristeten Bürgschaft entstehen können, von vorne herein zu vermeiden (es droht Rechtsverlust), sollte entweder – VOB/B-gemäß – nur eine unbefristete Bürgschaft vereinbart oder auf die Formulierung zur Befristung („echte" Zeitbürgschaft nach § 777 BGB oder durch Befristung gegenständlich beschränkte Bürgschaft) besondere Sorgfalt gelegt werden. Insbesondere die in der Praxis anzutreffende kurze – aber problematische – Formulierung: „Bürgschaft erlischt am ..." lässt ohne Berücksichtigung der bei ihrer Hingabe/Vereinbarung vorliegenden Umstände und Beweggründe der Parteien nicht ohne weiteres erkennen, was die Parteien bei Abschluss der Vereinbarung tatsächlich gewollt haben (§§ 133, 157 BGB). Streiten der Gläubiger und der Bürge darüber, ob eine vereinbarte Befristung als Zeitbürgschaft oder nur als gegenständliche Beschränkung der Haftung zu verstehen ist, trägt der Gläubiger die Beweislast für den von ihm behaupteten Inhalt der Bürgschaft[320]. Nach Auffassung des OLG Brandenburg[321] ist die formularmäßige Vereinbarung einer „echten" Zeitbürgschaft unwirksam, weil eine derartige Vereinbarung den Auftraggeber und Sicherungsnehmer einer Gewährleistungsbürgschaft überraschen würde.

6. Ausstellung nach Vorschrift des Auftraggebers (§ 17 Abs. 4 Satz 2 2. Halbsatz VOB/B). Die in § 17 Abs. 4 VOB/B niedergelegte Verpflichtung, die Bürgschaft nach Vorschrift des Auftraggebers auszustellen, kann Anlass zu Missverständnissen geben. **Dies bedeutet nicht, dass der Auftraggeber einseitig berechtigt sein soll, über die Regelungen in § 17 Abs. 4 VOB/B hinaus verschärfende Bedingungen, z. B. eine unangemessene Höhe der Sicherheit[322] oder eine Bürgschaft auf erstes Anfordern zu verlangen,** was durch die Neufassung der VOB/B 2002 in § 17 Abs. 4 Satz 3 VOB/B ausdrücklich klargestellt wird[323]. Der Auftraggeber muss sich bei seinen „Vorschriften" vielmehr an den vertraglichen Rahmen halten, der durch die Regelungen in § 17 Abs. 4 VOB/B mangels anderweitiger Regelungen vorgegeben wird. Ein Auftraggeber ist nicht berechtigt, die Sicherungsabrede z. B. durch ein Muster zu ändern[324]. Neben den Anforderungen aus § 17 Abs. 1 Nr. 2 VOB/B ist der Auftraggeber bei seinen „Vorschriften" an den Grundsatz von Treu und Glauben gemäß § 242 BGB gebunden. So darf der Auftraggeber eine Bürgschaftserklärung nicht zurückweisen, die nur Einschränkungen enthält, die den Sicherungszweck nicht beeinträchtigen, wie dies z. B. bei der

---

[313] Vgl. zur Problematik BGH, Urt. v. 17.12.1987 – IX ZR 93/87 = NJW 1988, 908 m. w. N.; ausführlich BGH, Urt. v. 15.1.2004 – IX ZR 152/00 = NJW 2004, 2232 = IBR 2004, 247; *Schwarz* in FKZGM/B § 17 Rdn. 31 f.; zur „Bedingung der förmlichen und mängelfreien Abnahme" vgl. OLG Hamburg, Urt. v. 2.11.2001 – 11 U 229/99 = BauR 2002, 645, 646.
[314] Vgl. hierzu auch OLG Zweibrücken, Urt. v. 7.2.1994 – 7 U 78/93 = WM 1994, 788 ff.
[315] *Sprau* in Paland/BGB § 777 Rdn. 2 m. w. N.; OLG Brandenburg, Urt. v. 30.4.2014 – 4 U 183/10 = NZBau 2014, 763, 764.
[316] Vgl. OLG Köln, Urt. v. 3.5.1985 – 20 U 206/84 = NJW-RR 1986, 510 ff.
[317] OLG Dresden, Urt. v. 7.9.2001 – 11 W 1196/01 = IBR 2001, 666; OLG Hamm, Urt. v. 26.7.2012 – 24 U 41/12 = NZBau 2012, 699, 701 = IBR 2012, 711.
[318] Vgl. hierzu OLG Frankfurt, Urt. v. 30.5.2012 – 1 U 52/11 = NZBau 2012, 646, 647 = IBR 2012, 583 unter Bezugnahme auf BGH, Urt. v. 23.1.2003 – VII ZR 210/01 = IBR 2003, 355.
[319] BGH, Urt. v. 25.4.2002 – IX ZR 254/00 = IBR 2002, 415; BGH, Urt. v. 9.1.1980 – VIII ZR 21/97 21/79 = BGHZ 76, 81; BGH, Urt. v. 24.9.1998 – IX ZR 371-97 = NJW 1999, 55, 56 f.; OLG Karlsruhe, Urt. v. 9.8.2001 – 9 U 5/01 = IBR 2002, 132.
[320] BGH, Urt. v. 15.1.2004 – IX ZR 152/00 = NJW 2004, 2232 = IBR 2004, 247.
[321] OLG Brandenburg, Urt. v. 30.4.2014 – 4 U 183/10 = NZBau 2014, 263, 264.
[322] Vgl. hierzu auch OLG Köln, Urt. v. 16.7.1993 – 19 U 240/92 = BauR 1994, 114; *Joussen* in Ingenstau/Korbion VOB/B § 17 Abs. 4 Rdn. 84.
[323] Vgl. zur Bürgschaft auf erstes Anfordern auch nachfolgend V. 7.
[324] BGH, Urt. v. 26.2.2004 – VII ZR 247/02 = BauR 2004, 841 = NZBau 2004, 323 = IBR 2004, 245.

Möglichkeit der Hinterlegung des Bürgschaftsbetrags im Falle der Gewährleistungssicherheit der Fall ist[325].

142 **7. Bürgschaft auf erstes Anfordern (§ 17 Abs. 4 Satz 3 VOB/B). a) Allgemein.** § 17 Abs. 4 Satz 3 VOB/B ist auf der Basis des Beschlusses des Deutschen Vergabe- und Vertragsausschusses vom 2.5.2002 in die VOB/B aufgenommen worden[326]. Aus der Begründung des DVA: „Nach § 17 Abs. 2 VOB/B kann Sicherheit durch Einbehalt, Hinterlegung von Geld oder durch Bürgschaft eines Kreditinstituts/Kreditversicherers zugelassen werden, wenn nichts anderes vereinbart ist. Wird Sicherheit durch Bürgschaft geleistet, kann nach § 17 Abs. 4 VOB/B eine schriftliche Bürgschaftserklärung verlangt werden, in der der Bürge auf die Einrede der Vorausklage verzichtet. Im Falle eines Mangels kann der Auftraggeber z. B. zur Realisierung der Selbstvornahmekosten unmittelbar den Bürgen in Anspruch nehmen. Der Bürge kann nicht einwenden, der Auftraggeber solle zunächst gegen den Auftragnehmer (Hauptschuldner) klagen und vollstrecken (§ 771 BGB). Die Vereinbarung des Erfordernisses einer selbstschuldnerischen Bürgschaft (ohne Recht zum ersten Anfordern) in AGB eines Bauwerkvertrags wird in der Rechtsprechung nicht beanstandet[327]. Eine **Bürgschaft auf erstes Anfordern ist gesetzlich nicht geregelt.** Inhalt einer solchen Bürgschaft ist es, dass der Bürge bereits auf eine (meist formalisierte) Zahlungsaufforderung zu zahlen hat. Anders als nach dem gesetzlich geregeltem Bürgschaftsrecht können Einwendungen gegen die Hauptschuld (z. B. Mangel wird bestritten) nicht geltend gemacht werden. Erst in einem Rückforderungsprozess können solche Einwendungen vorgetragen werden. Die Vereinbarung des Erfordernisses einer Gewährleistungsbürgschaft auf erstes Anfordern in AGB wird von der Rechtsprechung in einigen Fallgestaltungen als unzulässig angesehen[328]. Bürgschaften auf erstes Anfordern schränken den Kreditrahmen der Auftragnehmer ein. Um dies zu berücksichtigen, soll vorgesehen werden, dass die Vereinbarung einer Vertragserfüllungsbürgschaft auf erstes Anfordern nicht möglich ist. Daher soll in § 17 Abs. 4 VOB/B ein neuer Satz 3 aufgenommen werden, dass eine Bürgschaft auf erstes Anfordern nicht verlangt werden kann."[329]

143 Auffallend an der Begründung zum Änderungsbeschluss des DVA vom 2.5.2002 ist, dass in der Begründung zur Einführung der neuen Regelung in § 17 Abs. 4 Satz 3 VOB/B (vorletzter Satz) nur angesprochen wird, dass die Vereinbarung einer **Vertragserfüllungs**bürgschaft auf erstes Anfordern nicht mehr möglich sein soll. In § 17 Abs. 4 Satz 3 VOB/B wird jedoch geregelt, dass eine Bürgschaft auf erstes Anfordern **grundsätzlich** nicht mehr verlangt werden kann; nach dem eindeutigen Wortlaut sind daher **Vertragserfüllungs- und Gewährleistungsbürgschaften** betroffen. Über die Gründe dieser Divergenz kann nur spekuliert werden. Da sich dieselbe Formulierung bereits in dem Protokoll der Sitzungen des Hauptausschusses Allgemeines des Deutschen Vergabe- und Vertragsausschusses vom 2.10.2001 und vom 4.2.2002 findet, und zu diesem Zeitpunkt die insbesondere richtungsweisenden neuen Entscheidungen des Bundesgerichtshofs vom 18.4.2002[330] und vom 4.7.2002[331] noch nicht vorlagen (diese Urteile befassen sich mit der Unwirksamkeit formularmäßiger Regelungen des Auftraggebers zur Stellung einer **Vertragserfüllungs**bürgschaft auf erstes Anfordern), der Bundesgerichtshof jedoch bereits mehrfach zu unwirksamen Vertragskonstellationen hinsichtlich der **Gewährleistungs**bürgschaft Stellung genommen hatte, sah man wohl insbesondere **vorrangig** Veranlassung, den Bereich der Vertragserfüllungsbürgschaft zu regeln und gleichzeitig auf der Basis der Rechtsprechung des Bundesgerichtshofs eine Klarstellung zum Bereich der Gewährleistungsbürgschaften auf erstes Anfordern zu treffen. Nach dem eindeutigen Wortlaut muss davon ausgegangen werden, dass **beide** Bereiche einer klarstellenden Regelung zugeführt werden sollten.

144 Durch die bereits angesprochenen Entscheidungen des Bundesgerichtshofs, die durch weitere Entscheidungen zur Unwirksamkeit der formularmäßigen Vereinbarung einer Gewährleistungsbürgschaft auf erstes Anfordern ergänzt werden, haben sich langjährige Auseinandersetzungen

---

[325] OLG Köln, Urt. v. 16.7.1993 – 19 U 240/92 = BauR 1994, 114, 115 f.
[326] Vgl. Bundesanzeiger vom 29.10.2002 Abs. 202 Beilage a; vgl. auch Erlass BMVBW vom 6.8.2002 zur Sicherheitsleistung durch Bürgschaft auf erstes Anfordern und VHB 2002 EFB-Sich 1–3.
[327] BGH, Urt. v. 5.6.1997 – VII ZR 324/95 = BGHZ 136, 27, 30 ff.
[328] BGH, Urt. v. 5.6.1997 – VII ZR 324/95 = BGHZ 136, 27, 32 f.; Thode ZfBR 2002, 4 ff.
[329] Begründung des Beschlusses des DVA vom 2.5.2002.
[330] BGH, Urt. v. 18.4.2002 – VII ZR 192/01 = ZfIR 2002, 538 f. = NJW 2002, 2388 f. = NZBau 2002, 494 f. = ZIP 2002, 1198 ff. (vgl. hierzu nachfolgend).
[331] BGH, Urt. v. 4.7.2002 – VII ZR 502/99 = BauR 2002, 1533 ff. = NZBau 2002, 559 f. (vgl. hierzu nachfolgend).

über die Frage der Wirksamkeit formularmäßiger Vereinbarungen zur Stellung von Bürgschaften auf erstes Anfordern für zahlreiche – **nicht für alle** – Fälle erledigt. Nach einer Darstellung der grundsätzlichen Bedeutung einer **Bürgschaft auf erstes Anfordern** (nachfolgend b)) wird die auf der Basis der Rechtsprechung des Bundesgerichtshofs (einigermaßen) gesicherte Rechtslage sowohl für den Bereich der Vertragserfüllungs- als auch für den Bereich der Gewährleistungsbürgschaften unter knapper Darstellung des bisherigen Meinungsstands nachfolgend unter c) dargestellt. Hierbei zeigt sich, dass **offene Regelungsbereiche** für den Fall **verbleiben,** dass abweichend von § 17 Abs. 4 Satz 3 VOB/B von den Parteien Regelungen über die Stellung von Bürgschaften auf erstes Anfordern getroffen werden. Problematisch sind hierbei die – in der Praxis regelmäßig vorliegenden – Fälle, in denen die Sicherungsabrede **formularmäßig** erfolgt. Haben die Parteien – ausnahmsweise – eine **individuelle** Sicherheitenabrede getroffen (hierzu nachfolgend d)), ist dies in der Regel unproblematisch.

Streng genommen ist die **Regelung in § 17 Abs. 4 Satz 3 überflüssig:** Der Auftraggeber hatte gemäß § 17 Abs. 2 i. V. m. Abs. 4 VOB/B ohnehin nur Anspruch auf eine „normale", also den gesetzlichen Bestimmungen entsprechende, durch § 17 VOB/B nur geringfügig modifizierte Bürgschaft. Ein Anspruch auf eine Bürgschaft auf erstes Anfordern, die im Gesetz nicht geregelt ist, hatte der Auftraggeber auch bei der ursprünglichen Fassung der VOB/B nicht bzw. nur dann, wenn dies unter Abänderung der Regelungen in § 17 VOB/B ausdrücklich zwischen den Parteien vereinbart wurde. Die Neuregelung in Satz 3 ist daher – streng rechtlich betrachtet – schlichtweg überflüssig. Es wird nur wiederholt, was auch vorher ohnehin schon Gültigkeit hatte. Die neuen Muster-Sicherungsformulare des VHB[332] berücksichtigen insoweit die aktuelle Rechtsprechung des Bundesgerichtshofs. 145

b) Bedeutung der Bürgschaft auf erstes Anfordern im Verhältnis Gläubiger – Bürge. Wird im Bürgschaftsexemplar die **Zahlung auf erstes Anfordern** durch den Bürgen festgelegt, **muss der Bürge sofort nach schriftlicher Aufforderung durch den Gläubiger (Auftraggeber) Zahlung leisten.** Es ist ausreichend, dass der Gläubiger der Bürgschaft für die Inanspruchnahme der Bürgschaft erklärt, dass der Sicherungsfall eingetreten ist. Die einfache Erklärung des Gläubigers, die Voraussetzung für eine Zahlung aus der Bürgschaft liege vor, reicht aus, um die Fälligkeit der Forderung zu bewirken[333]. Die für eine Bürgschaft begrifflich notwendige Akzessorietät[334] ist damit – zumindest vorübergehend bis zur Rückforderung der ausgezahlten Bürgschaftssumme im Falle der ungerechtfertigten Anforderung – eingeschränkt. Einwendungen und Einreden aus dem Hauptschuldverhältnis (§ 768 BGB) treten zunächst in den Hintergrund und können erst nach der Zahlung des Bürgen in einem Rückforderungsprozess geltend gemacht werden[335]. Eine Bürgschaft auf erstes Anfordern ist auch dann anzunehmen, wenn das vom Auftraggeber in seinen Allgemeinen Geschäftsbedingungen vorgegebene Muster die Passage enthält, dass der Bürge erklären soll: „Wir verpflichten uns, den verbürgten Betrag oder jedweden Teilbetrag bis in Höhe des verbürgten Betrags dem aus der Bürgschaft begünstigten Auftraggeber / Bauherrn auszuzahlen, wenn uns versichert wird, dass der Auftragnehmer seinen Verpflichtungen aus der Gewährleistung für seine Leistungen nicht oder teilweise nicht nachgekommen ist". Auch diese Sicherungsabrede ist **unwirksam**[336]. 146

Die Bürgschaft auf erstes Anfordern ist daher **für den Auftragnehmer gefährlich**. Wenn der Auftraggeber den Bürgen auf Zahlung auf erstes Anfordern in Anspruch nimmt, wird in der Regel Streit zwischen den Bauvertragsparteien über den vom Auftraggeber behaupteten zugrundeliegenden Anspruch aus dem Bauvertrag bestehen. Über die in diesem Fall vom Auftragnehmer erhobenen Einreden und Einwendungen kann sich der Auftraggeber durch Inanspruchnahme der Bürgschaft auf erstes Anfordern hinwegsetzen, indem er durch Anforderung des Bürgschaftsbetrags zunächst einmal Fakten schafft und dadurch dem Auftragnehmer gleichzeitig das Insolvenzrisiko für die streitige Forderung bis zur Entscheidung im Rückforderungsprozess 147

---

[332] Ausgabe 2002 – Stand 1.2.2006.
[333] BGH, Urt. v. 28.10.1993 – IX ZR 141/93 = NJW 1994, 380, 381; BGH, Urt. v. 2.4.1998 – IX ZR 79/97 = BauR 1998, 634, 637; BGH, Urt. v. 17.10.1996 – IX ZR 325/95 = BauR 1997, 134 f.; allgemeine Meinung.
[334] Vgl. oben.
[335] Ständige Rechtsprechung, vgl. BGH, Urt. v. 8.3.2001 – IX ZR 236/00 = NZBau 2001, 311 f.; Überblick bei *Kleine-Möller* NZBau 2002, 585, 587.
[336] OLG Düsseldorf, Urt. v. 19.11.2013 – 23 U 15/13 = IBR 2014, 83, kritisch hierzu *Schmitz* IBR 2014, 83 in der Urteilsanmerkung.

überbürdet[337]. Der Auftraggeber einer Garantie auf erstes Anfordern hat gegen seine Bank keinen Anspruch auf Unterlassung der Garantiezahlung[338].

148   Die **Verteidigungsmöglichkeiten des Bürgen gegen die Inanspruchnahme sind beschränkt.** Dem Bürgen stehen im Falle der Inanspruchnahme der Bürgschaft auf erstes Anfordern folgende **Einwendungen** zur Verfügung:

149   – Der Bürge kann geltend machen, dass die dem Zahlungsbegehren des Gläubigers zugrundeliegende Hauptforderung nach der Vertragsurkunde nicht Gegenstand des Bürgschaftsvertrags ist[339].

150   – Der Bürge kann ferner geltend machen, dass der Gläubiger **unter klar erkennbarer Ausnutzung einer nur formalen Rechtsstellung missbräuchlich handelt.** Dies ist dann der Fall, wenn sich die Einwände des Bürgen aus dem unstreitigen Sachverhalt oder aus dem Inhalt der Vertragsurkunde ohne weiteres ergeben[340]. In solchen Fällen verlangt der Gläubiger etwas, was er im Rückforderungsprozess sofort erstatten müsste. Das begründet für den Bürgen den Arglisteinwand aus § 242 BGB[341].

151   – Wenn die Sicherheitenabrede im Bauvertrag die Stellung einer Bürgschaft auf erstes Anfordern vom Auftragnehmer verlangt und diese Sicherheitenabrede **formularmäßig** vom Auftraggeber gestellt wurde, **kann die Sicherheitenabrede gemäß § 307 BGB unwirksam sein**[342]. Liegt ein Fall der Unwirksamkeit vor **und** fehlt die materielle Berechtigung des Auftraggebers **offensichtlich**[343] oder kann der Bürge im Prozess zwischen ihm und dem Auftraggeber mit **liquiden** Mitteln **beweisen,** dass trotz des Vorliegens der formellen Voraussetzungen der Bürgschaftsfall im Verhältnis zwischen Auftraggeber und Auftragnehmer nicht eingetreten ist[344], kann der Bürge gemäß § 242 BGB in **diesen sehr beschränkten Ausnahmefällen** die Zahlung verweigern. Denkbar sind auch Fälle des eindeutigen Verjährungseintritts[345] oder die offenkundige doppelte Inanspruchnahme eines Sicherheitseinbehalts und einer zum Austausch übersandten Bürgschaft auf erstes Anfordern[346]. Ferner kann ein Missbrauchsfall mit der Konsequenz der berechtigten Zahlungsverweigerung durch den Bürgen vorliegen, wenn ein Generalunternehmer trotz ausdrücklicher Erklärung seines Auftraggebers zur Mangelfreiheit der Subunternehmerleistung eine vom Subunternehmer gestellte Gewährleistungsbürgschaft auf erstes Anfordern wegen angeblicher Mängel in Anspruch nimmt[347].

– Der aus einer Bürgschaft auf erstes Anfordern verpflichtete Bürge kann seiner Inanspruchnahme aus der Bürgschaft Einwendungen aus dem Verhältnis des Gläubigers zum Hauptschuldner nur entgegensetzen, wenn der Gläubiger seine **formale Rechtsstellung offensichtlich missbraucht.** Das ist nur der Fall, wenn es offen auf der Hand liegt oder zumindest **liquide beweisbar** ist, dass der materielle Bürgschaftsfall nicht eingetreten ist. Alle Streitfragen, deren Beantwortung sich nicht ohne weiteres ergibt, sind bei einer Bürgschaft auf erstes Anfordern nicht im Erstprozess, sondern im Rückforderungsprozess auszutragen; damit ist im Urkundenprozess nicht das Nachverfahren des § 600 ZPO gemeint, sondern der auf Rückzahlung der Bürgschaftssumme gerichtete Prozess nach Zahlung durch den Bürgen. Diese Grundsätze gelten auch für die Einwendungen des Bürgen, die Verpflichtung des Haupt-

---

[337] *Krakowsky* BauR 2002, 1620 stellt berechtigt die Frage, ob es sich hierbei um einen „Freibrief" für Auftraggeber handelt.
[338] OLG Stuttgart, Beschl. v.14.11.2012 – 9 U 134/12 = IBR 2013, 25.
[339] BGH, Urt. v. 17.10.1996 – IX ZR 325/95 = NJW 1997, 255; *Kleine-Möller* NZBau 2002, 585, 587; *Joussen* BauR 2002, Heft 11a Seite 69.
[340] BGH, Urt. v. 8.3.2001 – IX ZR 236/00 = NZBau 2001, 311; BGH, Urt. v. 10.2.2000 – IX ZR 397/98 = NJW 2000, 1563, 1564; BGH, Urt. v. 5.3.2002 – IX ZR 113/01 = NZBau 2002, 270 f. = IBR 2002, 248; OLG Düsseldorf, Urt. v. 19.1.2005 – 15 U 35/04 = ZMR 2005, 784 ff. = IBR 2005, 200.
[341] BGH, Urt. v. 8.3.2001 – IX ZR 236/00 = NZBau 2001, 311; BGH, Urt. v. 27.5.1971 – VII ZR 85/66 = NJW 1971, 1750, 1751; BGH, Urt. v. 18.5.1979 – V ZR 70/78 = NJW 1979, 2150, 2152; *Kleine-Möller* NZBau 2002, 585, 587 m. w. N.
[342] Vgl. hierzu ausführlich nachfolgend unter c).
[343] Vgl. OLG Brandenburg, Urt. v. 25.3.1999 – 12 U 157/98 = IBR 2002, 75 – vom BGH nicht zur Revision angenommen gemäß Beschl. v.18.9.2001 – IX ZR 150/99.
[344] Vgl. BGH, Urt. v. 28.10.1993 – IX ZR 141/93 = NJW 1994, 380, 381; BGH, Urt. v. 17.10.1996 – IX ZR 325/95 = BauR 1997, 134, 136.
[345] Vgl. KG, Urt. v. 20.11.1986 = WM 1987, 129.
[346] *Joussen* BauR 2002 Heft 11a Seite 71 m. w. N.
[347] OLG Düsseldorf, Urt. v. 29.11.1996 – 22 U 83/96 = BauR 1997, 358; *Joussen* BauR 2002 Heft 11a Seite 71.

schuldners zur Stellung einer Bürgschaft auf erstes Anfordern sei deshalb unwirksam, weil sie in Allgemeinen Geschäftsbedingungen enthalten sei[348].
– Der aus einer Bürgschaft auf erstes Anfordern Verpflichtete kann seiner Inanspruchnahme aus der Bürgschaft Einwendungen aus dem Verhältnis des Gläubigers zum Hauptschuldner nur entgegensetzen, wenn der Gläubiger seine formale Rechtsstellung offensichtlich missbraucht[349].
– Auch der Bürge auf erstes Anfordern kann gegenüber der Inanspruchnahme einwenden, die geltend gemachte Hauptforderung werde durch die Bürgschaft auf erstes Anfordern gar nicht gesichert. Diesem Recht entspricht die Pflicht des Bürgen auf erstes Anfordern gegenüber dem Rückgriffsschuldner, ihn vor einer etwaigen Auszahlung anzuhören und von ihm vorgebrachte liquide Einwendungen zu berücksichtigen[350].
– Erfolgt die Durchbrechung des Akzessorietätsprinzips gemäß **§ 768 BGB formularmäßig** 152 durch eine entsprechende **Ausschlussregelung** in der Sicherheitenabrede im Bauvertrag und damit gleich lautend in der Bürgschaftsurkunde, ist dies unwirksam[351], mit der Konsequenz, dass dem Bürgen auch bei einer Bürgschaft auf erstes Anfordern die Einreden aus § 768 BGB erhalten bleiben. Der Bürge kann somit auch in diesen Fällen die Einrede der Verjährung der Hauptschuld erheben[352].

Weitere Einwendungen kann der Bürge erst in einem **Rückforderungsprozess** geltend 153 machen, nicht jedoch in einem Nachverfahren nach einem vorangegangenem Urkundenprozess[353]. Erst in diesem Verfahren werden dann die streitigen Ansprüche, Einreden hiergegen und auch grundsätzlich die Wirksamkeit der Bürgschaftsvereinbarung im Bauvertrag (Sicherheitenabrede) geprüft[354].

Zur **Person des Bürgen** bei der Bürgschaft auf erstes Anfordern besteht ganz überwiegend 154 Einigkeit, dass als tauglicher Bürge hierfür Kreditinstitute, Kreditversicherer oder sonstige, in vergleichbarem Umfang wie Kreditinstitute am Wirtschaftsverkehr tätige Wirtschaftsunternehmen in Betracht kommen, wenn die Übernahme einer Bürgschaft auf erstes Anfordern **formularmäßig** vereinbart wurde[355]. Liegt eine Individualvereinbarung vor, soll auch eine Privatperson eine Bürgschaft auf erstes Anfordern übernehmen können[356].

Hat ein Bürge in bewusster Abweichung von einer Sicherheitenabrede im Bauvertrag, die die 155 Stellung einer „normalen" Bürgschaft vorsah, eine Bürgschaft auf erstes Anfordern ausgestellt, kann der Bürge nicht einwenden, der Hauptschuldner (Auftragnehmer) habe eine solche Bürgschaft gar nicht stellen müssen. In diesem besonderen Fall kann der Hauptschuldner dem Aufwendungsersatzanspruch der Bank alle diejenigen Einwendungen entgegenhalten, die ihm gegen die Hauptforderung zustehen[357].

Es ist **selbstverständliche Pflicht des Bürgen, den Hauptschuldner** (Auftragnehmer) 156 unverzüglich über eine drohende oder angekündigte Inanspruchnahme der Bürgschaft auf erstes Anfordern **zu unterrichten**, damit der Auftragnehmer in der Lage ist, eventuell bestehende Einreden mitzuteilen bzw. selbst geltend zu machen[358]. Dem Schuldner soll in dieser Situation

---

[348] OLG Düsseldorf, Urt. v. 2.7.2004 – 23 U 172/03 = BauR 2004, 1992 = IBR 2004, 694; s. a. OLG Karlsruhe, Urt. v. 7.10.2014 – 19 U 18/13 = IBR 2015, 73.
[349] OLG Koblenz, Gerichtlicher Hinweis vom 4.5.2004 – 10 U 710/03 = IBR 2004, 619.
[350] OLG Düsseldorf, Urt. v. 19.1.2005 – 15 U 35/04 = ZMR 2005, 784 = IBR 2005, 200.
[351] BGH, Urt. v. 8.3.2001 – IX ZR 236/00 = BauR 2001, 1093, 1095 = NZBau 2001, 311; vgl. aber BGH, Urt. v. 12.2.2009 – VII ZR 39/08 = IBR 2009, 199 und die vorstehende Kommentierung bei Rdn. 49 und 123.
[352] *Joussen* BauR 2002 Heft 11a Seite 70; *Moufang/Kupjetz* BauR 2002, 1315, 1317 f. vertreten insoweit die Auffassung, dass nicht nur der formularmäßige Ausschluss der Einwendungen aus § 768 BGB unwirksam ist und die Klausel der Sicherungsabrede im Übrigen (Teilnichtigkeit) mit einem (wirksamen) Inhalt einer „normalen" Bürgschaft aufrechterhalten werden kann, sondern dass eine derartige Sicherungsklausel **insgesamt nichtig** ist. (Arg: keine geltungserhaltende Reduktion); vgl. aber Rdn. 49 und 123 m. w. N.
[353] BGH, Urt. v. 28.10.1993 – IX ZR 141/93 = NJW 1994, 380, 382.
[354] BGH, Urt. v. 21.4.1988 – IX ZR 113/87 = BauR 1988, 594, 595; BGH, Urt. v. 13.7.1989 – IX ZR 223/88 = BauR 1989, 618, 619 f.
[355] BGH, Urt. v. 8.3.2001 – IX ZR 236/00 = BauR 2001, 1093, 1095.
[356] BGH, Urt. v. 2.4.1998 – IX ZR 79/97 = BauR 1998, 634, 636; einschränkend und kritisch *Joussen* in Ingenstau/Korbion VOB/B § 17 Abs. 4 Rdn. 57 m. w. N. – zweifelhaft die Entscheidung AG Bergisch Gladbach, Urt. v. 12.9.2012 – 61 C 141/12 = IBR 2013, 213.
[357] BGH, Urt. v. 10.2.2000 – IX ZR 397/98 = BauR 2000, 887, 890.
[358] BGH, Urt. v. 19.9.1985 – IX ZR 16/85 = NJW 1986, 310, 313 f.; OLG Köln, Urt. v. 9.1.2004 – 19 U 130/03 = ZfIR 2004, 833.

Gelegenheit gegeben werden, ggfs. durch eine einstweilige Verfügung[359]**eine unberechtigte Inanspruchnahme der Bürgschaft zu verhindern.** Praktisch wird dies insbesondere in den Fällen relevant werden, in denen im einstweiligen Verfügungsverfahren durch liquide Beweismittel belegt werden kann, dass die der Hingabe der Bürgschaft auf erstes Anfordern zugrundeliegende Sicherheitenabrede im Bauvertrag z. B. auf Grund unwirksamer vorformulierter Klauseln gestellt wurde[360]. Hierbei kann der Auftragnehmer als Hauptschuldner im einstweiligen Verfügungsverfahren zu seinen Gunsten auch die Grundsätze des Anscheinsbeweises zum Beleg der Mehrfachverwendung der Sicherheitenklausel in Anspruch nehmen[361]. Es reicht insoweit die Vorlage eines Vertrags aus, dessen äußere Form auf Vorformulierung und standardisierte Verwendung schließen lässt und der vom anderen Teil gestellt wurde[362].

157 **c) Formularmäßige Sicherheitenabrede zur Stellung einer Bürgschaft auf erstes Anfordern (Verhältnis Gläubiger (AG) – Schuldner (AN)).** Von dem Verhältnis zwischen Bürgen und Gläubiger (Auftraggeber), also dem eigentlichen Bürgschaftsverhältnis, ist zu trennen das Verhältnis zwischen Auftraggeber und Auftragnehmer aus dem zugrundeliegenden Bauvertrag, in dem die Verpflichtung des Auftragnehmers geregelt wird, dass er eine Bürgschaft auf erstes Anfordern als Sicherheit zu stellen hat. In der Praxis wird diese **Sicherheitenabrede** z. B. durch BVB oder ZVB oder durch sonstige mehrfach verwendete Einzelklauseln **formularmäßig** vom Auftraggeber gestellt. Es stellt sich dann die Frage der **Wirksamkeit derartiger formularmäßiger Sicherheitenabreden** gemäß §§ 305 ff. BGB. Nachdem jahrelang hierüber sowohl für den Bereich der Vertragserfüllungs- als auch für den Bereich der Gewährleistungsbürgschaft heftiger Streit bestand, sind zahlreiche Fragestellungen mittlerweile einer höchstrichterlichen Klärung zugeführt worden. Der BGH hatte mehrfach Gelegenheit, zur **Wirksamkeit formularmäßiger Sicherheitenabreden,** die eine Verpflichtung zur Stellung einer Bürgschaft auf erstes Anfordern vorsahen, Stellung zu nehmen. Im Einzelnen:

158 **aa) Vertragserfüllungsbürgschaft auf erstes Anfordern.** Nach sehr intensiver kontroverser Diskussion[363] hat der Bundesgerichtshof durch mehrere Entscheidungen **nachfolgende formularmäßige Sicherheitenabreden als unwirksam angesehen:**

159 – Die Verpflichtung eines Bauunternehmers in Allgemeinen Geschäftsbedingungen des Bestellers, zur Sicherung von Vertragserfüllungsansprüchen eine Bürgschaft auf erstes Anfordern zu stellen, ist unwirksam[364]. Dies gilt auch, wenn die Verpflichtung zur Sicherung von Vertragserfüllungsansprüchen durch eine Bürgschaft auf erstes Anfordern in Allgemeinen Geschäftsbedingungen eines **öffentlichen Auftraggebers** verlangt wird.[365] Entscheidend für die Annahme der Unwirksamkeit war für den Bundesgerichtshof die **unangemessene Ausdehnung der Sicherungsrechte** des Bestellers durch die Verpflichtung des Bürgen, auf erstes Anfordern zu zahlen. Hier **stehe nicht die Funktion einer Sicherung im Vordergrund, sondern**

---

[359] Zu den dann möglichen Einwendungen vgl. vorstehend.
[360] BGH, Urt. v. 8.3.2001 – IX ZR 236/00 = BauR 2001, 1093, 1094.
[361] BGH, Urt. v. 8.3.2001 – IX ZR 236/00 = BauR 2001, 1093; *Leinemann/Brauns* in Leinemann VOB/B § 17 Rdn. 106 m. w. N.
[362] BGH, Urt. v. 14.5.1992 – VII ZR 204/90 = BauR 1992, 622, 625 f.; *Leinemann/Brauns* in Leinemann VOB/B § 17 Rdn. 106.
[363] Sicherheitenabrede für Vertragserfüllungsbürgschaft auf erstes Anfordern **wirksam:** OLG Stuttgart, Urt. v. 26.1.2000 – 9 U 201/99 = NJW-RR 2000, 546; OLG Jena, Urt. v. 1.11.2000 – 4 U 671/00 = BauR 2001, 654; OLG München, Urt. v. 28.3.2001 – 27 U 940/00 = BauR 2001, 1618, 1620 f.; Sicherheitenabrede zur Vertragserfüllungsbürgschaft auf erstes Anfordern **unwirksam:** OLG Dresden, Urt. v. 26.4.2001 – 9 U 2867/00 = BauR 2001, 1447, 1449 f.; OLG Köln, Beschl. v.27.1.2000 – 3 W 6/00 = BauR 2000, 1228; *Sienz* BauR 2000, 1249; *Hogrefe* BauR 1999, 111, 113; *Kainz* BauR 1995, 616, 623 ff.
[364] BGH, Urt. v. 18.4.2002 – VII ZR 192/01 = BauR 2002, 1239, 1240 f. = NZBau 2002, 494; BGH, Beschl. v.13.11.2003 – VII ZR 37101 = BauR 2004, 500 = IBR 2004, 69; BGH, Beschl. v.28.2.2008 – VII ZR 51/07 = IBR 2008, 267; BGH, Urt. v. 14.6.2007 – VII ZR 45/06 = BauR 2007, 1574; a. A. OLG Koblenz, Urt. v. 8.11.2002 – 10 U 192/02 = BauR 2003, 1239 = IBR 2003, 245 für den Fall, dass die Klausel durch einen öffentlichen Auftraggeber gestellt wird, weil in einem solchen Fall kein Insolvenzrisiko bestehe, ausdrücklich anders BGH, Urt. v. 25.3.2004 – VII ZR 453/02 = IBR 2004, 312; auch anders für den Fall der formularmäßigen Vorgabe einer Gewährleistungsbürgschaft auf erstes Anfordern durch einen öffentlichen Auftraggeber: BGH, Beschl. v.23.6.2005 – VII ZR 277/04 = BauR 2006, 106 – vgl. Rdn. 173; anders auch KG für den Fall einer Vertragserfüllungsbürgschaft bei einem öffentlichen Auftraggeber KG, Urt. v. 3.6.2003 – 21 U 135/02 = BauR 2004, 510 = IBR 2003, 416.
[365] BGH, Urt. v. 25.3.2004 – VII ZR 453/02 = BauR 2004, 1143 = IBR 2004, 312; BGH, Urt. v. 26.4.2007 – VII ZR 152/06 = BauR 2007, 1404; vgl. hierzu *Joussen* BauR 2004, 582 ff.

der Gläubiger werde in die Lage versetzt, sich **sofort liquide Mittel** zu verschaffen, ohne dass berücksichtigt wird, ob der Sicherungsfall eingetreten ist oder nicht. Das **Liquiditätsrisiko** werde durch die vorformulierte Sicherheitenabrede **einseitig zu lasten des Unternehmers** geregelt. Zudem werde dem Unternehmer das **Risiko einer Insolvenz des Bestellers** während des Rückforderungsprozesses auferlegt. Es bestehe darüber hinaus die **Gefahr des Missbrauchs** der Bürgschaft auf erstes Anfordern.

– Die Verpflichtung eines Bauunternehmers in Allgemeinen Geschäftsbedingungen des Bestellers, zur Sicherung von Vertragserfüllungsansprüchen eine Bürgschaft auf erstes Anfordern zu stellen, ist unwirksam[366]. Der Bundesgerichtshof bestätigt ausdrücklich die vorzitierte Entscheidung[367], nimmt jedoch überraschend darüber hinaus über den Weg der ergänzenden Vertragsauslegung eine Unterscheidung in „Altfälle" (bis zu seiner „gesetzgebungsähnlichen" Entscheidung vom 4.7.2002) und „Neufälle" für zukünftige Vertragsabschlüsse vor[368]. **160**

Zusammenfassend ist für die Praxis damit davon auszugehen, dass formularmäßige Sicherheitenabreden, die die Verpflichtung des Auftragnehmers enthalten, eine Vertragserfüllungsbürgschaft auf erstes Anfordern als Sicherheit zu stellen, **in der Regel unwirksam** sind[369]. **161**

Nur in engen Ausnahmefällen kann eine formularmäßige Sicherheitenabrede mit der Verpflichtung zur Stellung einer Vertragserfüllungsbürgschaft auf erstes Anfordern **wirksam** sein: **162**

– Eine **unangemessene Benachteiligung des Auftragnehmers liegt im Ausnahmefall dann nicht vor,** wenn im Rahmen eines Generalunternehmervertrags der Auftraggeber gegen Vorlage der (formularmäßig vereinbarten) Vertragserfüllungsbürgschaft auf erstes Anfordern bei Vertragsabschluss – somit unabhängig vom konkreten Leistungsstand – knapp 50 % des vereinbarten Pauschalhonorars erhält und zudem die Restvergütung in festen, kalendermäßig bestimmten Raten ohne direkte Bindung an den Baufortschritt zu erfolgen hat[370]. Der Bundesgerichtshof sieht bei dieser besonderen Konstellation die Stellung einer Vertragserfüllungsbürgschaft auf erstes Anfordern nur als **Kompensation des** vom Auftraggeber eingegangenen – grundsätzlich systemwidrigen – **Vorleistungsrisikos** an. **163**

– Unter Berücksichtigung der Erwägungen des Bundesgerichtshofs aus seinem Grundsatzurteil zur Unwirksamkeit einer formularmäßigen Sicherheitenabrede zur Stellung einer **Gewährleistungs**bürgschaft auf erstes Anfordern (Nichtigkeit, weil jedes andere Sicherungsmittel als angemessener Ausgleich ausgeschlossen war)[371], wird man **im Einzelfall** von einer **Wirksamkeit** auch einer formularmäßigen Sicherheitenabrede zur Stellung einer **Vertragserfüllungsbürgschaft** auf erstes Anfordern ausgehen können, **wenn durch die Klausel gewährleistet wird, dass der Auftragnehmer vom Risiko der Insolvenz des Auftraggebers befreit wird und das Austauschrecht gemäß § 17 Abs. 3 VOB/B insbesondere mit der Möglichkeit, vom Auftraggeber die Einzahlung eines alternativ gestellten Sicherheitseinbehalts auf ein (insolvenzfestes) Sperrkonto einzuzahlen, erhalten bleibt,** so dass dem Auftragnehmer letztlich auch eine angemessene Verzinsung der zu sichernden Forderungen gesichert ist[372]. Im Ergebnis bedeutet dies **für die Praxis:** Nur wenn ein **besonderer Ausnahmefall** vorliegt, also z. B. dem Auftragnehmer **ausdrücklich** die Möglichkeit zur Stellung einer anderweitigen Sicherheit als Alternative zur Vertragserfüllungsbürg- **164**

---

[366] BGH, Urt. v. 4.7.2002 – VII ZR 502/99 = NZBau 2002, 559 = ZfIR 2002, 717 = BauR 2002, 1533, 1535 f.; vgl. auch hierzu *Siegburg* ZfIR 2002, 709; *Schulze-Hagen* IBR 2002, 543; *Roquette/Giesen* NZBau 2002, 547, 551.
[367] BGH, Urt. v. 19.4.2002 – VII ZR 192/01 = NZBau 2002, 494.
[368] Zu den Rechtsfolgen einer unwirksamen Verpflichtung zur Stellung einer Bürgschaft auf erstes Anfordern vgl. nachfolgend Rdn. 165 ff.
[369] BGH, Beschl. v.28.2.2008 – VII ZR 51/07 = IBR 2008, 267; BGH BauR 2007, 1574; BGH, Urt. v. 4.7.2002 – VII ZR 502/99 = NZBau 2002, 559 = BauR 2002, 1533; BGH, Urt. v. 18.4.2002 – VII ZR 192/01 = BauR 2002, 1239, 1240 = NZBau 2002, 494; zustimmend *Sienz* BauR 2002, 1241, 1244 (Urteilsanmerkung); *Schmitz/Vogel* ZIP 2002, 1998, 1200; *Schmitz/Vogel* ZfIR 2002, 509, 515; *Joussen* BauR 2002, Heft 11a, Seite 76 m.w.N. auch zu Ausnahmen von dieser „Regel"; *Krakowsky* BauR 2002, 1620, 1625; *Siegburg* ZfIR 2002, 709, 712; *Roquette/Giesen* NZBau 2002, 547, 551; OLG Düsseldorf, Urt. v. 4.11.2003 – I-21 U 36/03 = BauRB 2004, 224 hält eine Klausel für unwirksam, nach der **alle** nach dem Vertrag zu leistenden Vorauszahlungs-, Erfüllungs- und Gewährleistungssicherheiten als Bürgschaften auf erstes Anfordern zu leisten sind.
[370] BGH, Urt. v. 12.7.2001 – IX ZR 380/98 = BauR 2002, 123, 125.
[371] BGH, Urt. v. 5.6.1997 – VII ZR 324/95 = BauR 1997, 829, 830.
[372] *Siegburg* ZfIR 2002, 709, 716; *Joussen* BauR 2002 Heft 11a, Seiten 76, 77; *Krakowsky* BauR 2002, 1620, 1626.

schaft auf erstes Anfordern verbleibt oder ein erhebliches durch andere vertragliche Regelungen entstandenes zusätzliches Absicherungsinteresse des Auftraggebers besteht (nicht unerhebliche Vorauszahlungen unabhängig vom Leistungsstand), kann eine formularmäßige Sicherheitenabrede über die Stellung einer Vertragserfüllungsbürgschaft auf erstes Anfordern **wirksam** sein. In den **Regelfällen** (also insbesondere dann, wenn die Vertragserfüllungsbürgschaft als **einziges und ausschließliches** Sicherungsmittel formularmäßig vorgeschrieben wird) ist die Sicherheitenabrede **unwirksam**.

165 bb) **Rechtsfolgen einer unwirksamen Verpflichtung zur Stellung einer Vertragserfüllungsbürgschaft auf erstes Anfordern**. Die **Rechtsfolgen einer Unwirksamkeit von Formularklauseln** sind in § 306 BGB geregelt. Nach Nr. 2 dieser Bestimmung richtet sich der Inhalt des Vertrags dann nach den gesetzlichen Vorschriften. Dies führt **in der Regel dazu, dass die Klausel ersatzlos entfällt** (im Gesetz ist die Verpflichtung zur Stellung einer Vertragserfüllungssicherheit nicht geregelt)[373]. Für den Fall einer (unwirksamen) formularmäßigen Vereinbarung einer **Gewährleistungs**bürgschaft auf erstes Anfordern hat der Bundesgerichtshof diese Konsequenz in mehreren Fällen ausdrücklich bestätigt[374]. In dem Urt. v. 18.4.2002[375], in dem der Bundesgerichtshof erstmals zur Unwirksamkeit einer Sicherheitenabrede hinsichtlich der Stellung einer **Vertragserfüllungs**bürgschaft auf erstes Anfordern Stellung genommen hat, gelangte er ebenfalls zu diesem Ergebnis: Die wegen Unwirksamkeit der Sicherungsabreden ohne Rechtsgrund erlangten Vertragserfüllungsbürgschaften auf erstes Anfordern sind herauszugeben.

166 **Überraschend**[376] kommt der VII. Zivilsenat des Bundesgerichtshofs in der Entscheidung vom 4.7.2002[377] zu einem anderen Ergebnis: Er bestätigt zunächst ausdrücklich die Unwirksamkeit der Sicherungsklausel zur Stellung einer Vertragserfüllungsbürgschaft auf erstes Anfordern. Diese Unwirksamkeit führt jedoch nicht zur Anwendung der gesetzlichen Bestimmungen (mit dem Ergebnis, dass **keine** Sicherheit geschuldet ist), sondern im Wege der vom Bundesgerichtshof vorgenommenen **ergänzenden Vertragsauslegung** dazu, **dass der Auftragnehmer eine unbefristete selbstschuldnerische Bürgschaft** – zumindest für die „Altfälle"[378] – schuldet. Diese vom BGH angenommene Rechtsfolge hat erhebliche **Kritik**[379] ausgelöst. Insbesondere vor dem Hintergrund der Entscheidung desselben Senats vom 22.11.2001[380], in der der Bundesgerichtshof **es ausdrücklich abgelehnt hatte, die wegen der Vereinbarung der Bürgschaft auf erstes Anfordern als einzige Austauschsicherheit unwirksame Sicherungsklausel im Wege inhaltlicher Änderung aufrecht zu erhalten** (eine ergänzende Vertragsauslegung hat der VII. Senat in dieser Entscheidung ausdrücklich mit dem Argument abgelehnt, der Auftraggeber sei bewusst von § 17 VOB/B abgewichen, was eine Rückkehr zu § 17 VOB/B durch ergänzende Vertragsauslegung ausschließe), erstaunt das hiervon abweichende Ergebnis im Urt. v. 4.7.2002. Auch in dem der Entscheidung vom 4.7.2002 zugrundeliegenden Sachverhalt war der Auftraggeber durch die von ihm verwendeten formularmäßigen Regelungen zur Sicherungsabrede bewusst von den Bestimmungen in § 17 VOB/B abgewichen, indem er sowohl hinsichtlich der Vertragserfüllungsbürgschaft als auch hinsichtlich der ebenfalls geregelten Gewährleistungsbürgschaft die Verpflichtung zur Stellung einer Bürgschaft auf erstes Anfordern verlangt hatte. Der Weg zu einer gegen das Verbot der geltungserhaltenden Reduktion im Widerspruch stehenden ergänzenden Vertragsauslegung, die die Klausel mit einem (vom VII. Senat angenommenen) reduzierten Inhalt aufrechterhält, war damit auch in der Entscheidung vom 4.7.2002 verstellt. Der Bundesgerichtshof begründet die von ihm in der Entscheidung vom 4.7.2002 vorgenommene ergänzende Vertragsauslegung[381] mit folgenden Erwägungen: Lässt sich die mit dem Wegfall einer nach § 9 Nr. 1 AGB-Gesetz (§ 307 BGB) unwirksamen Klausel entstehende

---

[373] Zum Grundsatz: BGH, Urt. v. 11.10.1984 – VII ZR 248/83 = NJW 1985, 852 f.; Urt. v. 12.10.1995 – I ZR 172/93 = NJW 1996, 1407, 1408.
[374] BGH, Urt. v. 22.11.2001 – VII ZR 208/00 = BauR 2002, 463, 464 ff.; BGH, Urt. v. 16.5.2002 – VII ZR 494/00 = BauR 2002, 1392 f.; BGH, Urt. v. 5.6.1997 – VII ZR 324/95 = NJW 1997, 2598, 2599.
[375] BGH, Urt. v. 18.4.2002 – VII ZR 192/01 = BauR 2002, 1239 = NZBau 2002, 494 f.
[376] So wörtlich *Siegburg* ZfIR 2002, 709, 712; vgl. auch *Hildebrandt* ZfIR 2002, 872 ff.
[377] BGH, Urt. v. 4.7.2002 – VII ZR 502/99 = NZBau 2002, 559 = BauR 2002, 1533.
[378] „Stichtag" ist der 31.12.2002 – vgl. BGH, Urt. v. 25.3.2004 – VII ZR 453/02 = BauR 2004, 1143 = IBR 2004, 312.
[379] Insbesondere und ausführlich *Siegburg* ZfIR 2002, 709, 713 f.; *Roquette/Giesen* NZBau 2002, 547, 551 f.; *Schulze-Hagen* IBR 2002, 543.
[380] BGH, Urt. v. 22.11.2001 – VII ZR 208/00 = BauR 2002, 463.
[381] Vgl. hierzu *Grüneberg* in Palandt BGB, § 306 Rdn. 7 ff.

Lücke nicht durch dispositives Gesetzesrecht füllen und führt dies zu einem Ergebnis, das den beiderseitigen Interessen nicht in vertretbarer Weise Rechnung trägt, so bedient sich die Rechtsprechung der ergänzenden Vertragsauslegung; denn es wäre unbillig und widerspräche der Zielsetzung des AGB-Gesetzes, dem Vertragspartner des Verwenders einen Vorteil zu belassen, der das Vertragsgefüge einseitig zu seinen Gunsten verschiebt[382]. Dies ist jedoch gerade nicht der Fall, wenn die unwirksame Klausel über die Stellung einer Vertragserfüllungsbürgschaft auf erstes Anfordern ersatzlos entfällt: Durch den ersatzlosen Entfall der unwirksamen Regelung wird die gesetzliche Lage hergestellt, nach der ein Auftragnehmer gerade nicht verpflichtet ist, eine Vertragserfüllungsbürgschaft zu stellen. **Durch den Entfall der unwirksamen Klausel wird damit also in Wirklichkeit nicht ein Vorteil des Auftragnehmers geschaffen, sondern vielmehr ein ihn gravierend treffender Nachteil beseitigt**, so dass dem Schutzzweck des AGBG (§§ 305 ff. BGB) hierdurch Rechnung getragen wird. Hinzu kommt, dass **jeder Auftraggeber** bereits seit Jahren durch die außerordentlich kontroverse Diskussion über die Unwirksamkeit formularmäßiger Sicherungsabreden zur Stellung einer Bürgschaft auf erstes Anfordern **ausreichend gewarnt war**. Die Erwägungen, die der VII. Senat am Ende seiner Entscheidung für sog. „Neufälle" anstellt (**zukünftig** sollen nach Auffassung des VII. Senats bei unwirksamen Sicherungsabreden über Vertragserfüllungsbürgschaften auf erstes Anfordern derartige Regelungen **ersatzlos nichtig** sein), hätten konsequenterweise daher auch bereits in dem am 4.7.2002 entschiedenen Fall greifen müssen. Wer als Auftraggeber in Kenntnis eines Risikos (Unwirksamkeit einer Sicherungsabrede) dennoch – unter Abweichung von den gesetzlichen Bürgschaftsregelungen und im Widerspruch zu § 17 VOB/B – den Auftragnehmer als Vertragspartner durch einseitig den Verwender begünstigende Regelungen benachteiligt, darf nicht dadurch „belohnt" werden, dass ihm im Wege der ergänzenden Vertragsauslegung immer noch ein nicht unerheblicher Vorteil aus seiner unwirksamen Benachteiligungsklausel verbleibt.

Die – recht knappe – **Begründung der Entscheidung vom 4.7.2002 überzeugt daher nicht**, so weit die Rechtsfolgen der zurecht festgestellten Unwirksamkeit der Sicherheitenabrede in Frage stehen. Für eine ergänzende Vertragsauslegung der „Altfälle" war auch bei der dort betroffenen unwirksamen Klausel kein Raum. Konsequent wäre es gewesen, wenn der VII. Senat – wie bei seiner Entscheidung zu den Konsequenzen der Unwirksamkeit einer formularmäßigen Sicherungsabrede über eine Gewährleistungsbürgschaft[383] und auch bei der vorangegangenen Entscheidung zur Vertragserfüllungsbürgschaft[384] – die nach § 6 Nr. 2 AGBG (= § 306 Nr. 2 BGB n. F.) geforderte Konsequenz auch hier gezogen hätte, wie der Senat es in „quasi-gesetzgebungsähnlicher Kompetenz" für zukünftige „Neufälle" am Ende der Urteilsbegründung ankündigt[385]. In diesem Zusammenhang betont der VII. Senat, dass das von ihm im Wege der ergänzenden Vertragsauslegung gefundene Ergebnis (Reduktion der Bürgschaft auf erstes Anfordern auf eine „normale" Vertragserfüllungsbürgschaft) maßgeblich durch die Erwägung beeinflusst worden ist, die nach § 9 Nr. 1 AGBG (§ 307 BGB n. F.) unwirksame Klausel führe zu einer **planwidrigen, von den Vertragsparteien nicht bedachten Unvollständigkeit** des Vertrags. Gerade dies ist aber in den Fällen, in denen ein Auftraggeber eine von den gesetzlichen Bestimmungen abweichende und den Regelungen in § 17 VOB/B ausdrücklich widersprechende Regelung einseitig zu seinem Vorteil verwendet, gerade nicht der Fall. Ein Auftraggeber, der **ausdrücklich** in den von ihm gestellten Vertragsbedingungen eine für den Vertragspartner gefährliche, ihn einseitig belastende und benachteiligende Regelung als „Standard" aufnimmt, hat sich bei Abfassung seiner Allgemeinen Geschäftsbedingungen bewusst über diese einseitige Rechtsverstärkung zu seinen Gunsten Gedanken gemacht. Es entspricht also gerade seinem „Plan", den Vertragspartner hierdurch zu benachteiligen. Er will seinen Vertragspartner „bewusst abschließend" zur Stellung einer Bürgschaft auf erstes Anfordern festlegen, was sich ohne weiteres daraus ergibt, dass er dem Auftragnehmer nicht die Möglichkeit eines Wahlrechts und damit die Möglichkeit lässt, andere, weniger einschneidende Sicherungsmittel zur

---

[382] Vgl. auch BGH, Urt. v. 13.11.1997 – IX ZR 289/96 = BGHZ 137, 153, 157.
[383] BGH, Urt. v. 22.11.2001 – VII ZR 208/00 = BauR 2002, 463, 464 f.
[384] BGH, Urt. v. 18.4.2002 – VII ZR 192/01 = BauR 2002, 1239, 1240 f. = NZBau 202, 494 f.
[385] Diese „Ankündigung" wurde umgesetzt: BGH, Beschl. v.13.11.2003 – VII ZR 37101 = BauR 2004, 500 = IBR 2004, 69; vgl. zur **Unwirksamkeit einer Sicherungsabrede, die die Verpflichtung zur Stellung einer Vertragserfüllungsbürgschaft auf erstes Anfordern vorsieht ferner:** BGH, Urt. v. 25.3.2004 – VII ZR 453/02 = BauR 2004, 1143 = NZBau 2004, 322 = IBR 2004, 312; KG, Urt. v. 3.6.2003 – 21 U 135/02 = BauR 2004, 510 = IBR 2003, 416.

Verfügung zu stellen. Die vom VII. Senat für seine Argumentation als „maßgeblich" bezeichnete Erwägung trägt daher nicht[386].

168 **cc) Gewährleistungsbürgschaft auf erstes Anfordern.** Nachdem auch die Frage der Wirksamkeit von Sicherungsabreden zur Stellung einer Gewährleistungsbürgschaft auf erstes Anfordern zur Ablösung eines vereinbarten Sicherungseinbehalts umstritten war[387], kann nach mehreren Urteilen des Bundesgerichtshofs zur Unwirksamkeit einer Sicherungsabrede über die Stellung einer Gewährleistungsbürgschaft auf erstes Anfordern von einer **(fast) gesicherten Rechtslage** ausgegangen werden. Hiernach sind **formularmäßige Sicherungsabreden über die Stellung von Gewährleistungsbürgschaften auf erstes Anfordern** in folgenden Fallkonstellationen **unwirksam:**

169 – Unangemessenheit einer formularmäßigen Bürgschaftsklausel zur Gestellung einer Gewährleistungsbürgschaft auf erstes Anfordern ist anzunehmen, wenn **gleichzeitig** ein Gewährleistungseinbehalt von 5 % vorgesehen **und** dieser nicht auf ein Sperrkonto einzuzahlen ist **und** eine Ablösung nur durch die Bürgschaft auf erstes Anfordern erfolgen kann[388]. Eine derartige Konstellation geht über das legitime Sicherungsinteresse des Auftraggebers hinaus, da dem Gläubiger sofort liquide Mittel zugeführt werden und der Auftragnehmer das volle Bonitätsrisiko des Auftraggebers trägt. Hierfür besteht nach Auffassung des Bundesgerichtshofs keine Berechtigung, da die Bürgschaft nur das Sicherungsinteresse des Auftraggebers befriedigen soll, nicht aber zur Liquiditätssteigerung und Verlagerung des Sicherungsinteresses führen darf[389].
– Eine Klausel in Allgemeinen Geschäftsbedingungen des Bestellers, die vorsieht, dass der Unternehmer einen Gewährleistungssicherheitseinbehalt von 5 % der Auftragssumme nur gegen Stellung einer Bürgschaft auf erstes Anfordern ablösen kann, benachteiligt den Unternehmer unangemessen. Diese Sicherungsabrede kann nicht im Wege einer ergänzenden Vertragsauslegung gemäß §§ 157, 133 BGB dahin ausgelegt werden, der Sicherheitseinbehalt sei durch eine einfache, unbefristete, selbstschuldnerische Bürgschaft ablösbar[390].

170 – Die vorrangig vor der VOB/B geltende Vertragsklausel in Allgemeinen Geschäftsbedingungen des Auftraggebers, die vorsieht, dass von der Schlussrechnung ein Gewährleistungseinbehalt in Abzug gebracht wird, der durch eine Bürgschaft auf erstes Anfordern abgelöst werden kann, ist dahin auszulegen, dass sowohl das Wahlrecht aus § 17 Abs. 3 VOB/B als auch die Verpflichtung des Auftraggebers zur Einzahlung auf ein Sperrkonto nach § 17 Abs. 6 VOB/B ausgeschlossen sind. Eine derartige Klausel ist **unwirksam**[391].

171 – Wird dem Besteller formularmäßig das Recht eingeräumt, 5 % der Auftragssumme bis zum Ablauf der Gewährleistungsfrist einzubehalten und darf der Auftragnehmer den Einbehalt allein durch eine Bürgschaft auf erstes Anfordern ablösen, so ist diese Abrede **unwirksam**[392].

172 – Eine Klausel, nach der der Auftraggeber sich das Recht vorbehält, 5 % der Gesamtsumme des Auftrags bis zum Ablauf der Garantiezeit als Sicherheit für die Gewährleistung einzubehalten, ist **unwirksam,** wenn die Bestimmungen des § 17 Abs. 6 Nr. 1 Satz 2 und 3 und Nr. 3 ausdrücklich ausgeschlossen werden und der Gewährleistungseinbehalt durch eine Bürgschaft **nach dem Muster des Auftraggebers** ablösbar sein soll[393].

173 – Eine Klausel über einen Bareinbehalt zur Sicherung von Gewährleistungsansprüchen, der **ausschließlich** durch eine Bürgschaft auf erstes Anfordern abgelöst werden kann, ist **unwirksam,** und zwar grundsätzlich unabhängig von Höhe und Dauer des Bareinbehalts[394].
– Die Bestimmung in Allgemeinen Geschäftsbedingungen eines Bauvertrags, wonach der Besteller nach Abnahme einen Teil der Auftragssumme für die Dauer der fünfjährigen Gewährleistungsfrist als Sicherheit einbehalten darf, benachteiligt den Unternehmer unangemessen; sie ist **unwirksam,** wenn ihm kein angemessener Ausgleich dafür zugestanden wird. Das dem

---

[386] Zu weiteren erheblichen Kritikpunkten an dieser Entscheidung vgl. Siegburg ZfIR 2002, 709 ff.
[387] Vgl. die Darstellung bei Beck'scher VOB-Kommentar/*Jagenlauf* VOB/B, 2. Aufl., § 17 Nr. 1 Rdn. 10 f.; *Thierau* Jahrbuch Baurecht 2000, 66, 83 ff. m. w. N.
[388] BGH, Urt. v. 5.6.1997 – VII ZR 324/95 = BauR 1997, 829, 830 = IBR 1997, 366.
[389] BGH, Urt. v. 5.6.1997 – VII ZR 324/95 = BauR 1997, 829, 830; vgl. auch OLG Jena, Urt. v. 30.5.2000 – 5 U 1433/99 = NZBau 2000, 571.
[390] BGH, Urt. v. 16.10.2014 – VII ZR 152/12 = NZBau 2014, 776 bis 778 = ZfBR 2015, 53 bis 56; vgl. auch BGH, Urt. v. 9.12.2004 – VII ZR 265/03 = BauR 2005, 539, 540 = NZBau 2005, 219 m. w. N.
[391] BGH, Urt. v. 16.5.2002 – VII ZR 494/00 = NZBau 2002, 493 = BauR 2002, 1392.
[392] BGH, Urt. v. 8.3.2001 – IX ZR 236/00 = NZBau 2001, 311 = BauR 2001, 1093, 1095.
[393] BGH, Urt. v. 2.3.2000 – VII ZR 475/98 = NZBau 2000, 285 = BauR 2000, 1052, 1053.
[394] BGH, Beschl. v.17.1.2002 – VII ZR 495/00 = IBR 2002, 663; OLG Hamm, Urt. v. 28.3.2006 – 21 U 134/04 = IBR 2007, 1247; OLG München, Urt. v. 19.9.2006 – 9 U 1838/06 = BauR 2007, 1893.

Unternehmer eingeräumte Recht, den Einbehalt durch eine Bürgschaft auf erstes Anfordern abzulösen, stellt keinen angemessenen Ausgleich dar. Eine ergänzende Vertragsauslegung dahingehend, dass in einem solchen Fall eine Vereinbarung über die Ablösung des Gewährleistungseinbehalts durch einfache selbstschuldnerische Bürgschaft anzunehmen ist, kommt nicht in Betracht[395].
- Die Klausel in Allgemeinen Geschäftsbedingungen eines Bauvertrags, die vorsieht, dass ein Sicherheitseinbehalt von 5 % der Bausumme nur durch eine Bürgschaft auf erstes Anfordern abgelöst werden kann, ist in Allgemeinen Geschäftsbedingungen eines **öffentlichen Auftraggebers** auch dann **unwirksam,** wenn der Sicherheitseinbehalt auf ein Verwahrgeldkonto zu nehmen ist[396].
- Eine Sicherungsabrede, nach der der Auftraggeber von der gemäß Schlussrechnung geschuldeten Vergütung einen Einbehalt von 5 % zur Absicherung von Gewährleistungsansprüchen für die Dauer von fünf Jahren vornehmen darf, den der Auftragnehmer durch eine Bürgschaft auf erstes Anfordern ablösen darf, ist dahin **auszulegen,** dass sowohl das **Wahlrecht** aus § 17 Abs. 3 VOB/B als auch die Verpflichtung des Auftraggebers zur Einzahlung auf ein Sperrkonto **ausgeschlossen** sind. Eine derartige vom Auftraggeber formularmäßig gestellte Abrede ist **unwirksam**[397].
- Eine vom Besteller gegenüber dem Bauunternehmer verwendete Klausel, nach der ein Bareinbehalt von 5 % der Schlussrechnungssumme auf die Dauer der Gewährleistungsfrist einbehalten wird, der **allein** durch eine Bürgschaft auf erstes Anfordern angelöst werden kann, ist **unwirksam**[398].
- Eine Klausel in Allgemeinen Geschäftsbedingungen eines Bauvertrags, die vorsieht, dass ein Sicherheitseinbehalt nur durch eine Bürgschaft auf erstes Anfordern abgelöst werden kann, ist auch in Allgemeinen Geschäftsbedingungen eines **öffentlichen Auftraggebers unwirksam**[399].
- Hiernach **kann als gesichert davon ausgegangen** werden, dass eine formularmäßige Klausel über die Stellung einer Gewährleistungsbürgschaft auf erstes Anfordern **dann unwirksam ist, wenn** **174**
  - ein Sicherheitseinbehalt **nur** durch eine Bürgschaft auf erstes Anfordern abgelöst werden darf
  - also dem Auftragnehmer andere Arten der Sicherheitsleistung (Hinterlegung, Einzahlung auf Sperrkonto) abgeschnitten sind, wobei sich insbesondere nach der Entscheidung des Bundesgerichtshofs vom 16.5.2002[400] auch dann von einem konkludenten Ausschluss des Wahl- und Austauschrechts bzw. der Möglichkeit zur Einzahlung des Sicherheitseinbehalts auf ein Sperrkonto auszugehen ist, wenn nicht **ausdrücklich** die alternativen Sicherungsarten im Vertrag selbst im Zusammenhang mit der Sicherungsklausel aufgeführt werden. Dies hat der Bundesgerichtshof auch im Beschluss vom 17.1.2002[401] unter Verweis auf seine ständige Rechtsprechung nochmals bestätigt[402].

Aus der mittlerweile gefestigten Rechtsprechung des Bundesgerichtshofs kann im **Umkehrschluss** entnommen werden, dass eine formularmäßige Sicherheitenabrede über die Stellung einer Gewährleistungsbürgschaft auf erstes Anfordern dann **wirksam** ist, wenn dem Auftragnehmer **daneben alternative Sicherungsmöglichkeiten,** insbesondere also die in § 17 Abs. 6 Nr. 1 VOB/B letzter Satz i. V. m. § 17 Abs. 5 VOB/B geregelte Möglichkeit zur Einzahlung des Barsicherheits-Einbehalts auf ein gemeinsames Sperrkonto **verbleiben**[403], wenn also durch die **175**

---

[395] OLG Frankfurt, Beschl. v.16.7.2013 – 10 U 220/12 = IBR 2013, 617.
[396] BGH, Urt. v. 20.10.2005 – VII ZR 153/04 = BauR 2006, 374 = IBR 2006, 92.
[397] BGH, Beschl. v.23.6.2005 – VII ZR 277/04 = BauR 2006, 106 = IBR 2005, 479.
[398] BGH, Urt. v. 14.4.2005 – VII ZR 56/04 = BauR 2005, 1154 = IBR 2005, 423.
[399] BGH, Urt. v. 9.12.2004 – VII ZR 265/03 = BauR 2005, 539 = IBR 2005, 148; OLG Hamm, Urt. v. 1.7.2003 – 19 U 38/03 = BauR 2003, 1720 = IBR 2003, 536; OLG Karlsruhe, Urt. v. 26.11.2003 – 7 U 135/02 = BauR 2004, 1165 ff. = IBR 2004, 313; OLG Düsseldorf, Urt. v. 17.6.2003 – I-23 U 234/02 = BauR 2003, 1585 f.
[400] BGH, Urt. v. 16.5.2002 – VII ZR 494/00 = NZBau 2002, 493 = BauR 2002, 1392.
[401] BGH, Beschl. v.17.1.2002 – VII ZR 495/00 = IBR 2002, 663.
[402] A. A. (stets nichtig): *Brauns* BauR 2002, 704, 708; einschränkend die BGH-Rechtsprechung ablehnend auch *Schmitz/Vogel* ZfIR 2002, 509, 514 m. w. N.; *Hogrefe* BauR 1999, 111, 112; *Belz* ZfBR 1998, 1; einschränkend auch OLG München, Urt. v. 28.3.2001 – 27 U 940/00 = ZfIR 2001, 465 für den Bereich der „baugewerblich erfahrenen Beteiligten".
[403] BGH, Urt. v. 8.3.2001 – IX ZR 236/00 = BauR 2001, 1093, 1095; KG, Beschl. v.2.12.2003 = BauR 2004, 1016 = IBR 2004, 136; a. A. *Krakowsky* BauR 2002, 1620, 1622.

Sicherheitenabrede sichergestellt wird, dass dem Auftragnehmer nach seiner Wahl zusätzlich ein Sicherungsmittel eingeräumt wird, dass ihn vom Insolvenzrisiko des Auftraggebers entlastet und eine angemessene Verzinsung gewährleistet („Angemessener Ausgleich")[404].

176 **dd) Rechtsfolgen einer unwirksamen Verpflichtung zur Stellung einer Gewährleistungsbürgschaft auf erstes Anfordern.** Als Konsequenz der Unwirksamkeit der Sicherungsabrede nach dem AGB-Gesetz (§§ 305 ff. BGB n. F.) tritt **Unwirksamkeit der gesamten Sicherungsabrede** ein[405]. Eine **Umdeutung** der Bürgschaft auf erstes Anfordern im Wege der ergänzenden Vertragsauslegung in eine selbstschuldnerische oder einfache Bürgschaft ist **nicht möglich**, sie würde gegen das Verbot der geltungserhaltenden Reduktion verstoßen[406]. Der Auftraggeber kann dann eine Sicherheit **nicht** mehr verlangen. Der Auftragnehmer kann vom Auftraggeber verlangen, dass dieser die Verwertung der Bürgschaft unterlässt und die Urkunde herausgibt. Gleichzeitig hat der Auftraggeber auf Grund der unwirksamen Sicherungsabrede die einbehaltene Barsicherheit auszuzahlen[407]. Obwohl infolge der Unwirksamkeit der Sicherungsabrede der Anspruch auf Auszahlung der Barsicherheit gleichzeitig mit der Schlusszahlung fällig wird, muss sich der Auftraggeber gleichwohl an dem Verjährungsbeginn ab Ende der Gewährleistungsfrist festhalten lassen[408].

Der Bundesgerichtshof hat es bereits in seiner Entscheidung vom 22.11.2001[409] ausdrücklich abgelehnt, die wegen der Vereinbarung der Bürgschaft auf erstes Anfordern als einzige Austauschsicherheit unwirksame formularmäßige Sicherheitenabrede über den Sicherheitseinbehalt im Wege inhaltlicher Änderung aufrecht zu erhalten. Eine ergänzende Vertragsauslegung (mit dem Ergebnis der teilweisen Aufrechterhaltung der Klausel – „normale" Gewährleistungsbürgschaft) wurde vom Bundesgerichtshof ausdrücklich mit dem Argument abgelehnt, der Auftraggeber sei bewusst von § 17 VOB/B abgewichen, was eine Rückkehr zu § 17 VOB/B durch ergänzende Vertragsauslegung ausschließe. Zudem könne man nicht erkennen, welche andere Regelung die Bauvertragsparteien getroffen hätten, wenn ihnen die Unwirksamkeit der Klausel bekannt gewesen wäre. So wäre z. B. auch eine Verringerung des Einbehalts, eine Verkürzung der Einbehaltsfrist oder die Wahl einer anderen der in § 17 VOB/B genannten Sicherungsformen in Betracht gekommen[410].

177 Diese mehrfach bestätigte[411] Entscheidung ist zutreffend. Sie gibt Rechtssicherheit, die nach diesseitiger Auffassung nicht im Einklang steht mit der vorstehend[412] kritisierten Entscheidung des VII. Senats vom 4.7.2002 zu den Konsequenzen der Unwirksamkeit einer formularmäßigen Sicherungsklausel über eine **Vertragserfüllungs**bürgschaft auf erstes Anfordern, in der vom Bundesgerichtshof die Klausel im Wege der ergänzenden Vertragsauslegung in die Verpflichtung zur Hingabe einer „einfachen" Bürgschaft umgedeutet worden ist[413]. **Gegen eine entsprechende Umdeutung im Wege der ergänzenden Vertragsauslegung für den Bereich der Gewährleistungsbürgschaft auf erstes Anfordern** spricht neben den vorstehend bereits dargestellten Argumenten[414], dass das **Sicherungsbedürfnis des Auftraggebers** im Hinblick auf ein **sofort liquides Sicherungsmittel** im Bereich der Mängelansprüche nach Abnahme gerin-

---

[404] *Thode* ZfBR 2002, 4, 7, *Bomhard* BauR 1998, 179, 182; *Joussen* BauR 2002, Heft 11a, Seite 75; vgl. auch OLG München, Urt. v. 1.3.2000 – 15 U 5605/99 = BauR 2002, 1109 (Kombination eins „zinslosen" Einbehalts mit Ablösungsmöglichkeit durch Bürgschaft auf erstes Anfordern ist unwirksam).
[405] BGH, Urt. v. 5.6.1997 – VII ZR 324/95 = BauR 1997, 829, bisher ständige BGH-Rechtsprechung; vgl. auch BGH, Beschl. v.23.6.2005 – VII ZR 277/04 = IBR 2005, 479; BGH, Urt. v. 13.11.2003 – VII ZR 57/02 = IBR 2004, 68; BGH, Urt. v. 9.12.2004 – VII ZR 265/03 = IBR 2005, 148; *Thode* ZfBR 2002, 4, 7 m. w. N.; *Thode* ZfIR 2000, 165, 168.
[406] BGH, Urt. v. 14.4.2005 – VII ZR 56/04 = BauR 2005, 1154 = NZBau 2005, 460 = IBR 2005, 423; BGH, Urt. v. 9.12.2004 – VII ZR 265/03 = BauR 2005, 539 = NZBau 2005, 219 = IBR 2005, 147; OLG Celle, Urt. v. 13.11.2003 – 13 U 136/03 = NZBau 2004, 214; OLG München, Urt. v. 3.2.2004 – 9 U 3458/03 = BauR 2004, 1466 = IBR 2004, 135; *Thode* ZfBR 2002, 7 m. w. N.; *Bomhard* BauR 1998, 179, 183; *Joussen* BauR 2002 Heft 11a, Seite 78, 79.
[407] *Thode* ZfIR 2000, 165, 168.
[408] OLG Jena, Urt. v. 22.3.2005 – 8 U 599/04 = IBR 2006, 392; BGH Beschl. v.23.2.2006 – VII ZR 107/05 (Nichtzulassungsbeschwerde zurückgewiesen); zur Anspruchsgrundlage für die Auszahlung des **Sicherheitseinbehalts** bei unwirksamer Sicherungsabrede vgl. *Hildebrandt* ZfIR 2003, 221 ff.
[409] BGH, Urt. v. 22.11.2001 – VII ZR 208/00 = BauR 2002, 463 ff.
[410] BGH, Urt. v. 22.11.2001 – VII ZR 208/00 = ZfIR 2002, 195, 196.
[411] Vgl. Rdn. 176.
[412] Vgl. Rdn. 166.
[413] Vgl. ausführlich die berechtigte Kritik von *Siegburg* ZfIR 2002, 709, 712 ff. m. w. N.
[414] Vgl. oben Rdn. 166 ff.

ger ist als im Bereich der Erfüllungsansprüche vor Abnahme. Treten Leistungsstörungen vor Abnahme auf, die zu einer Kündigung des Vertrags führen, entstehen in der Regel dem Auftraggeber erheblich drängendere Ansprüche (z. B. auf Deckung der Liquidität für notwendige Ersatzvornahmekosten für die noch ausstehende Fertigstellung des Bauvorhabens) als zu einem Zeitpunkt, an dem das Bauvorhaben bereits fertig gestellt und in Nutzung befindlich ist. Das „anerkennenswerte Interesse" des Auftraggebers an einer Sicherheit vor Abnahme ist damit grundsätzlich höher als an einer Sicherheit nach Abnahme, weil zu dem späteren Zeitpunkt der Auftraggeber die fertig gestellte Bauleistung als im Wesentlichen mangelfrei bereits abgenommen und der von ihm bestimmten Nutzung zugeführt hat. Dem Auftraggeber ist es in dieser Situation also noch eher „zuzumuten", sich mit einer einfachen, den Regelungen in § 17 Abs. 4 VOB/B entsprechenden Sicherheit zu begnügen als in der oftmals sehr kritischen Phase vor Fertigstellung der Baumaßnahme. Weichen Auftragnehmer in Kenntnis dieser Situation auf Grund ihrer derzeit bestehenden faktischen Marktmacht dann zu Lasten der Auftragnehmer dennoch davon ab, sich mit einer insolvenzfesten „normalen" Sicherheit für die Gewährleistungsphase einverstanden zu erklären, **müssen sie völlig zurecht** im Falle der Unwirksamkeit dieser einseitig den Vertragspartner belastenden Regelung **damit rechnen, vollständig ohne Sicherheit zu sein.**

d) Vereinbarung einer Bürgschaft auf erstes Anfordern durch individuelle Sicherheitenabrede. Gegen eine **individuell ausverhandelte Sicherheitenabrede**[415], nach der vom Auftragnehmer als Sicherheit für die Vertragserfüllung oder für die Gewährleistungsverpflichtung eine Bürgschaft auf erstes Anfordern zu stellen ist, bestehen **keine Bedenken**[416]. **Einschränkungen** hiervon können dann in Betracht kommen, wenn ein Auftragnehmer im Einzelfall mit den Rechtsfolgen einer Bürgschaft auf erstes Anfordern nicht vertraut ist; in einem solchen Fall soll dann nur ein gewöhnlicher Bürgschaftsvertrag zustande kommen[417]. Bei „bauerfahrenen" Auftragnehmern wird eine solche Ausnahmesituation regelmäßig jedoch nicht vorliegen[418].

178, 179

e) Weitere Einzelheiten zur Bürgschaft auf erstes Anfordern
– Zur Verwertung einer (wirksam vereinbarten) Bürgschaft auf erstes Anfordern vgl. nachfolgend 8. **180**
– Bei einer Bürgschaft auf erstes Anfordern ist das **Urkundenverfahren für den Rückforderungsprozess** in der Regel **unstatthaft**[419]. **181**
– Bei einer Bürgschaft auf erstes Anfordern hat im Rückforderungsprozess der Auftraggeber das Bestehen und die Höhe der durch Bürgschaft gesicherten Forderung **darzulegen und zu beweisen**[420].
– Für eine formal ordnungsgemäße Inanspruchnahme des Bürgen aus einer Bürgschaft auf erstes Anfordern muss die **Bürgschaftsurkunde nicht** (Zug-um-Zug) **angeboten** werden[421].
– Der Gewährleistungsbürge auf erstes Anfordern kann die von ihm aus der Bürgschaft geleistete Zahlung vom Bürgschaftsgläubiger zurückfordern, wenn die Sicherungsabrede zwischen Bürgschaftsgläubiger und Hauptschuldner unwirksam ist; eine Prüfung, ob der Bürgschaftsgläubiger tatsächlich Mängelansprüche gegen den Hauptschuldner hat, erfolgt dann nicht[422].
– Die **öffentliche Hand** ist nicht berechtigt, durch Allgemeine Geschäftsbedingungen in einem Bauvertrag die Sicherheitsleistung auf eine Gewährleistungsbürgschaft auf erstes Anfordern zu

---

[415] An das „individuelle Ausverhandeln" werden **sehr hohe Anforderungen** gestellt: BGH, Urt. v. 14.4.2005 = BauR 2005, 1154 = NZBau 2005, 460 = IBR 2005, 460; BGH, Urt. v. 19.5.2005 – III ZR 437/04 = NZBau 2005, 463 = IBR 2005, 519; BGH, Urt. v. 24.11.2005 – VII ZR 87/04 = WM 2006, 247 = IBR 2006, 78; KG, Urt. v. 18.10.2004 – 24 U 311/03 = BauR 2005, 1067 = IBR 2005, 319; OLG Oldenburg, Urt. v. 30.9.2004 – 8 U 86/01 = BauR 2005, 887 = IBR 2005, 305; OLG Celle, Urt. v. 13.11.2003 – 13 U 136/03 = BauR 2004, 134 = IBR 2004, 1; vgl. auch *Grüneberg* in Palandt BGB § 305 Rdnrn. 18 ff. m. w. N.
[416] BGH, Urt. v. 24.10.2002 – IX ZR 355/00 = BauR 2003, 246 = IBR 2003, 16, 17; LG Rostock IBR 2003, 1090 – nur online; *Joussen* in Ingenstau/Korbion VOB/B § 17 Abs. 4 Rdn. 57 m. w. N.
[417] BGH, Urt. v. 21.4.1988 – IX ZR 113/87 = BauR 1988, 594.
[418] Vgl. hierzu auch BGH, Urt. v. 24.10.2002 – IX ZR 355/00 = BauR 2003, 246 = IBR 2003, 16, 17; LG Frankfurt, Urt. v. 20.3.2003 – 3/10 O 179/02 = NZBau 2004, 44 f. = IBR 2003, 603.
[419] BGH, Urt. v. 12.7.2001 – IX ZR 380/98 = ZIP 2001, 1871 = IBR 2001, 613.
[420] OLG Jena, Urt. v. 8.9.2004 – 3 U 3/02 = BauR 2004, 1991 = IBR 2004, 620.
[421] OLG Düsseldorf, Urt. v. 2.7.2004 – 23 U 172/03 = BauR 2004, 1992 = IBR 2004, 693, 694.
[422] LG Halle, Urt. v. 18.5.2004 – 12 O 88/03 = IBR 2005, 1152 – nur online.

beschränken, wenn sie sich durch ein **privatrechtlich organisiertes Unternehmen** am Wohnungsbau beteiligt[423].
– Dem Auftragnehmer steht ein Anspruch aus einer **Bürgschaft auf erstes Anfordern** wegen fälliger **Abschlagszahlungen** auch dann noch zu, wenn der Bauvertrag bereits vorzeitig beendet worden ist[424].
– Nimmt der Auftraggeber als Begünstigter eine Bürgschaft auf erstes Anfordern zu unrecht in Anspruch, kann er gegen den dadurch resultierenden Rückforderungsanspruch des vom Bürgen in Rückgriff genommenen Auftragnehmers **nicht mit Ansprüchen aufrechnen,** die nicht vom Sicherungszweck der Bürgschaft erfasst sind[425].

182 – Hat **der Bürge in bewusster Abweichung von einer Sicherungsabrede** zwischen Hauptschuldner und Gläubiger, die nur die Verpflichtung vorsah, eine gewöhnliche Bürgschaft beizubringen, **eine Bürgschaft auf erstes Anfordern erteilt,** kann er sich **dem Gläubiger gegenüber** nicht darauf berufen, der Hauptschuldner sei nicht verpflichtet gewesen, eine Bürgschaft auf erstes Anfordern zu stellen[426].
– Hat der Bürge dem Gläubiger eine Bürgschaft auf erstes Anfordern gestellt, obwohl der Gläubiger auf Grund der Sicherungsvereinbarung nur einen Anspruch auf eine selbstschuldnerische Bürgschaft hat, ist der Gläubiger nicht verpflichtet, die Bürgschaft an den Sicherungsgeber herauszugeben. Er muss sich jedoch gegenüber dem Sicherungsgeber und dem Bürgen schriftlich verpflichten, die Bürgschaft nicht auf erstes Anfordern, sondern nur als selbstschuldnerische Bürgschaft geltend zu machen[427].

183 – Der Geschäftsführer einer im Baugewerbe tätigen GmbH muss den Begriff der Bürgschaft auf erstes Anfordern im üblichen Sinn verstehen[428].

184 – Die anlässlich eines speziellen Gewährleistungsproblems **individuell vereinbarte** Bürgschaft auf erstes Anfordern betreffend die „Erfüllung sämtlicher Gewährleistungsverpflichtungen des Auftragnehmers" erfasst ausnahmsweise auch **entferntere Mangelfolgeschäden,** wenn sich dies aus den Anlagen zur Bürgschaftsurkunde ergibt[429].

185 – Wird eine AGB-Klausel über die Stellung einer Erfüllungsbürgschaft auf erstes Anfordern unverändert übernommen, kann ein **Aushandeln nur ausnahmsweise** angenommen werden[430].

186 – Formularmäßige Vereinbarungen über die Stellung von Bürgschaften auf erstes Anfordern, in denen ein **Verzicht auf die Rechte aus § 768 BGB** vorgesehen ist, sind **unwirksam** (Missachtung des Akzessorietätsprinzips)[431].

187 – **Vorauszahlungsbürgschaften,** die auf Grund formularmäßiger Vereinbarung zur Zahlung auf erstes Anfordern lauten, sind **nicht unwirksam** vereinbart, da sie dem gesetzlichen Leitbild des Vorleistungsprinzips entsprechen[432].

188   **8. Verwertung der Bürgschaft.** Der Auftraggeber ist berechtigt, die Bürgschaft zu verwerten, **wenn der Sicherungsfall eingetreten,** die Bürgschaft also fällig ist[433]. Wenn der Eintritt des Sicherungsfalls nicht mehr möglich ist, kann die Bürgschaft nicht mehr verwendet

---

[423] KG, Urt. v. 23.4.2004 – 7 U 273/03 = NZBau 2004, 678 = BauR 2005, 116 = IBR 2004, 499; vgl. hierzu auch *Joussen* BauR 2004, 582; *Steckhan* BrBp 2004, 384.
[424] OLG Braunschweig, Beschl. v.3.3.2004 – 8 U 5/04 = BauR 2004, 1638 ff. = IBR 2004, 417 = BauRB 2004, 195.
[425] OLG Celle, Urt. v. 11.12.2003 – 5 U 67/03 = BauRB 2004, 100 ff. = IBR 2004, 138.
[426] BGH, Urt. v. 10.2.2000 – IX ZR 397/98 = BB 2000, 684 = IBR 2000, 231.
[427] BGH, Urt. v. 10.4.2003 – VII ZR 314/01 = BauR 2003, 1385 = BauRB 2003, 161 f. = IBR 2003, 413.
[428] OLG Bamberg, Urt. v. 25.2.2002 – 4 U 194/01 = IBR 2002, 609.
[429] OLG Frankfurt, Urt. v. 13.9.2001 – 3 U 99/00 = ZIP 2002, 659 = IBR 2002, 364, dort auch weitere Hinweise auf sog. „Effektivklausel", wonach der Bürge Zahlung zu leisten hat gegen Vorlage einer schriftlichen Erklärung des Auftraggebers, dass der Auftragnehmer seinen vertraglichen Gewährleistungspflichten nicht oder nicht vollständig nachgekommen ist.
[430] OLG Dresden, Urt. v. 26.4.2001 – 9 U 2867/00 = BB 2001, 1495, 1496 = IBR 2001, 482.
[431] BGH, Urt. v. 8.3.2001 – IX ZR 236/00 = BauR 2001, 1093; anders dann, wenn der Bürge selbst auf die Einreden verzichtet hat, vgl. OLG Düsseldorf, Urt. v. 6.2.2001 – 21 U 162/00 = IBR 2001, 615.
[432] BGH, Urt. v. 21.4.1988 – IX ZR 113/87 = BauR 1988, 594, 595; BGH, 12.7.2001 – IX ZR 380/98 = BauR 2002, 123, 125; OLG Düsseldorf, Urt. v. 4.11.2003 – 21 U 36/03 = IBR 2004, 369; *Joussen* BauR 2002 Heft 11a, Seite 77; OLG Düsseldorf, Urt. v. 24.1.2008 – 5 U 59/07 = IBR 2008, 268.
[433] BGH, Urt. v. 5.4.1984 = BauR 1984, 406, 407; BGH, Urt. v. 21.1.1993 – VII ZR 127/91 = BauR 1993, 335.

werden[434]. Im Fall der Verwertung der Sicherheit wird der (selbstschuldnerisch verpflichtete) Bürge unmittelbar durch den Gläubiger in Anspruch genommen. Der Gläubiger verlangt somit **Zahlung** aus der Bürgschaft. Voraussetzung ist ferner, dass dem Gläubiger ein fälliger **Geldzahlungsanspruch** gegen den Schuldner zusteht[435]. Bei einem (gesicherten) Gewährleistungsanspruch müssen daher die Voraussetzungen für einen **auf Geldzahlung** gerichteten Anspruch (z. B. nach § 634 Abs. 2 bis 4 oder § 637 Nr. 3 BGB) vorliegen. Der Sicherungsfall tritt damit im Falle eines Gewährleistungsanspruchs nicht ein, solange der Auftragnehmer noch zur Nachbesserung berechtigt ist[436].

Der Bürge kann gegenüber der Inanspruchnahme die **Einwendungen** erheben, die dem Schuldner (Auftragnehmer) zustehen[437]. Hierbei ist bereits begrifflich die Einrede der Vorausklage (§ 771 BGB) bei der selbstschuldnerischen Bürgschaft ausgeschlossen. Der vorrangige Einwand des Bürgen kann darin bestehen, dass die gesicherte Forderung gegen den Auftragnehmer nicht oder nicht mehr besteht bzw. hierüber rechtskräftig abweisend entschieden wurde. Ein Bürge, der Erfüllung durch Leistungen des Hauptschuldners auf die Hauptschuld oder durch Auf- bzw. Verrechnungen des Gläubigers behauptet und daraus die Befreiung von seiner Bürgschaftsschuld herleiten will, muss diese Leistungen darlegen und beweisen[438]. Falls dem Sicherungszweck grundsätzlich unterfallend, kann der Bürge ferner einwenden, die Vertragsstrafe sei vom Gläubiger nicht rechtzeitig vorbehalten worden. Ferner stehen ihm Einwendungen gegen die erhobenen Mängelrügen zu[439]. Auf die aus § 307 Abs. 1 BGB folgende Unwirksamkeit einer Klausel (Sicherungsabrede) kann sich der Bürge nach § 768 Abs. 1 Satz 1 berufen, so dass er nicht aus der Bürgschaft leisten muss[440]. Dies gilt grundsätzlich auch dann, wenn es sich bei dem Bürgen um ein Kreditinstitut handelt, und dieses bei Übernahme der Vertragserfüllungsbürgschaft keine rechtlichen Bedenken gegen die Sicherungsabrede erhoben hat[441]. Der Bürge kann sich auf die Unwirksamkeit der Sicherungsabrede berufen und die Erfüllung der bürgschaftsvertraglichen Verpflichtungen verweigern. Die unwirksame Sicherungsabrede führt hingegen nicht dazu, dass der Bürge die erhaltene **Avalprovision zurückzahlen** muss[442]. Die **Rückgabe der Bürgschaftsurkunde** durch einen Dritten führt nur dann zum Erlöschen der Bürgschaft, wenn der Dritte ermächtigt ist, mit Wirkung für den Bürgschaftsgläubiger einen Erlassvertrag abzuschließen oder den Besitz an der Bürgschaftsurkunde „willentlich zu übertragen"[443].

Die **Verwertung der Ansprüche aus einer Bürgschaft auf erstes Anfordern** (sofern wirksam vereinbart) erfolgt in der Regel im Urkundenprozess durch Vorlage der Bürgschaftsurkunde und Zahlungsaufforderung. Die Anforderungen an die Erklärung, welche die vorläufige Zahlungspflicht auslöst, sind streng formalisiert, d. h. sie beschränken sich auf das, was in der Verpflichtungserklärung als Voraussetzung der Zahlung genannt und für jeden ersichtlich ist. Wer auf Grund einer Bürgschaft auf erstes Anfordern Zahlung verlangt, braucht nicht einmal schlüssig darzulegen, dass die Hauptforderung besteht und fällig ist[444]. **Einwendungen insoweit** sind **nur sehr eingeschränkt möglich**[445]. Der aus einer Bürgschaft auf erstes Anfordern in Anspruch genommene Bürge kann Einwendungen aus dem Verhältnis des Gläubigers zum Hauptschuldner nur geltend machen, wenn der Gläubiger seine **formale Rechtsstellung offensichtlich missbraucht**. Das gilt nicht nur für Einwendungen gegen die Hauptforderung, sondern auch für solche, die die Sicherungsabrede zwischen dem Gläubiger und dem Hauptschuldner betreffen. Dem Gläubiger steht aus einer Bürgschaft auf erstes Anfordern kein Anspruch zu, wenn die

---

[434] BGH, Urt. v. 24.9.1998 – IX ZR 371-97 = NJW 1999, 55 = ZfBR 1999, 88.
[435] Vgl. BGH, Urt. v. 28.9.2000 – VII ZR 460/97 = NZBau 2001, 136.
[436] Vgl. ausführlich *Thode* ZfIR 2000, 165, 172.
[437] Hierbei ist zu beachten, dass der Hauptschuldner durch den Verzicht auf die Einrede der Verjährung nach § 768 Abs. 2 BGB die Haftung des Bürgen nicht erweitern kann. Dabei ist es unerheblich, ob zum Zeitpunkt der Erklärung des Verjährungsverzichtes durch den Hauptschuldner die Hauptschuld bereits verjährt war oder nicht – BGH, Urt. v. 18.9.2007 – IX ZR 447/06 = IBR 2008, 25.
[438] BGH, Urt. v. 27.5.2014 – XI ZR 264/13 = IBR 2014, 1277 (nur online).
[439] Zu weiteren Einwendungen und Einreden vgl. ausführlich *Joussen* in Ingenstau/Korbion VOB/B § 17 Abs. 4 Rdnrn. 90 ff.; zur Einrede der Verjährung der Hauptschuld vgl. nachfolgend Ziff. 9.
[440] BGH, Urt. v. 9.12.2010 – VII ZR 7/10 = IBR 2011, 138, 139; OLG Celle, Urt. v. 5.3.2014 – 7 U 114/13 = IBR 2014, 605.
[441] OLG Celle, a. a. O.
[442] OLG Jena, Urt. v. 4.4.2012 – 7 U 537/11 = IBR 2013, 78.
[443] BGH, Beschl. v.8.10.2002 – IX ZR 140/99 = IBR 2003, 80.
[444] *Fischer* WM 2005, 529, 529.
[445] Vgl. oben V. 7b; s. a. OLG Celle, Beschl. v.30.4.2002 – 6 W 56/02 = BauR 2002, 1596, 1597.

gesicherte Forderung **unstreitig nicht fällig** ist, der materielle Bürgschaftsfall also noch nicht eingetreten sein kann[446].

Ein **offensichtlicher Rechtsmissbrauch** liegt nur vor, wenn der Sachverhalt **klar auf der Hand liegt oder zumindest liquide beweisbar** ist. Daran fehlt es auch dann, wenn eine vom Gläubiger zu beweisende Tatsache nicht sofort geklärt werden kann[447]. Alle Streitfragen, deren Beantwortung sich nicht ohne weiteres ergibt, sind jedoch nicht im Erstprozess, sondern erst im Rückforderungsprozess auszutragen[448]. Dies gilt nicht nur für Einwendungen gegen die Hauptforderung, sondern auch dann, wenn der Bürge geltend macht, der Gläubiger sei im Verhältnis zum Hauptschuldner verpflichtet, von der Bürgschaft keinen Gebrauch zu machen[449]. Damit kann der Bürge bereits im Erstprozess einwenden, der Gläubiger dürfe ihn aus der Bürgschaft auf erstes Anfordern nicht in Anspruch nehmen, wenn sich die Nichtigkeit der Sicherungsabrede (formularmäßige Verpflichtung zur Stellung einer Bürgschaft auf erstes Anfordern) bereits in diesem Prozess liquide beweisen lässt, sich also die Berechtigung des Einwands aus dem unstreitigen Sachverhalt oder dem Inhalt der Vertragsurkunden ohne weiteres ergibt[450]. Nach Auffassung des OLG Düsseldorf[451] sollen die Grundsätze des Anscheinsbeweises im Erstprozess weder dem Bürgen noch dem Hauptschuldner zugute kommen; dies soll jedoch im Rückforderungsprozess des Hauptschuldners gegen den Gläubiger auch im Hinblick auf die Anwendungsvoraussetzungen des AGB-Gesetzes sowie im Verfahren auf Erlass einer einstweiligen Verfügung möglich sein[452]. Die Möglichkeit, dass es sich um eine Individualvereinbarung unter Benutzung üblicher Muster handelt, führt in einstweiligen Verfügungsverfahren dazu, dass das Vorliegen einer Allgemeinen Geschäftsbedingung nicht bewiesen ist[453]. Zu dieser Darlegungs- und Beweislastsituation im Erstprozess weist *Fischer*[454] zutreffend auf Folgendes hin: Hat der die Bürgschaft in Anspruch nehmende Gläubiger unstreitig den Vertragstext gestellt, sollte es dem Bürgen vielfach möglich sein, bereits im Erstprozess die Behauptung, es handele sich um einen Formularvertrag, liquide zu belegen. Nach der Rechtsprechung des VII. Zivilsenats kann sich aus Inhalt und Gestaltung der im Bauvertrag verwendeten Bedingungen ein vom Verwender zu widerlegender **Anschein** dafür ergeben, dass sie zur **Mehrfachverwendung vorformuliert** sind[455]. Enthält das Vorbringen des Gläubigers nichts, was geeignet sein kann, einen zweifelsfrei gegebenen Anschein zu widerlegen, dann ist die daraus folgende rechtliche Konsequenz **schon im Erstprozess zu beachten** – ebenso wie bei Einwendungen des Bürgen, die allein aus Rechtsgründen nach der Urkundenlage oder dem unstreitigen Sachverhalt durchgreifen[456].

191 Auch bei **Insolvenz des Hauptschuldners** muss der Bürge ohne Vorlage einer in der Bürgschaft auf erstes Anfordern vorausgesetzten schriftlichen Bestätigung des Hauptschuldners über ihm erbrachte Leistungen **nicht leisten,** wenn der Hauptschuldner – eine GmbH – inzwischen wegen Vermögenslosigkeit im Handelsregister gelöscht worden ist[457]. Nach Auffassung des LG

---

[446] BGH, Beschl. v.12.9.2002 – IX ZR 497/00 = IBR 2002, 664; OLG Brandenburg, Urt. v. 25.3.1999 – 12 U 157/98 = IBR 2002, 75 (rechtskräftig, vgl. BGH, Beschl. v.18.9.2001 – IX ZR 150/99.

[447] BGH, Urt. v. 5.3.2002 – IX ZR 113/01 = NZBau 2002, 270 = NJW 2002, 1493; OLG Jena, Urt. v. 1.11.2000 – 4 U 671/00 = NZBau 2001, 687.

[448] BGH, Urt. v. 8.3.2001 – IX ZR 236/00 = NZBau 2001, 311 = NJW 2001, 1857; das Urkundenverfahren für den Rückforderungsprozess ist in der Regel unstatthaft, vgl. BGH, Urt. v. 12.7.2001 – IX ZR 380/98 = ZIP 2001, 1871; BGH, Urt. v. 14.12.1995 – IX ZR 57/95 = WM 1996, 193; BGH, Urt. v. 10.9.2002 – IX ZR 305/01 = WM 2002, 2192, 2193; ausführlich zu dem Schutz vor missbräuchlicher Nutzung der Bürgschaft auf erstes Anfordern *Fischer* WM 2005, 529 ff.

[449] BGH, Urt. v. 8.3.2001 – IX ZR 236/00 = NZBau 2001, 311; BGH, Urt. v. 24.1.2002 – IX ZR 204/00 = NZBau 2002, 216, 217.

[450] BGH, Urt. v. 8.3.2001 – IX ZR 236/00 = NZBau 2001, 311 = NJW 2001, 1857; OLG Hamm, Urt. v. 5.4.2000 – 25 U 175/99 = BauR 2000, 1350; OLG Hamburg, Beschl. v.14.5.1999 – 8 U 35/99 = BauR 2000, 445; OLG Düsseldorf, Beschl. v.9.8.2001 – 23 W 46/01 = NZBau 2002, 223, 224 f.; vgl. auch OLG Rostock IBR 2002, 665; ausführlich *Fischer* WM 2005, 529, 536.

[451] OLG Düsseldorf, Beschl. v.9.8.2001 – 23 W 46/01 = NZBau 2002, 223.

[452] OLG Düsseldorf, Beschl. v.9.8.2001 – 23 W 46/01 = NZBau 2002, 223.

[453] OLG Köln, Beschl. v.14.1.2002 – 11 U 96/01 = OLGR 2002, 267 = IBR 2002, 710.

[454] *Fischer* WM 2005, 529, 536.

[455] BGH, Urt. v. 14.5.1992 – VII ZR 204/90 = WM 1992, 1989; BGH, Urt. v. 14.5.1992 – VII ZR 204/90 = WM 2004, 290.

[456] *Fischer* WM 2005, 529, 536; vgl. auch OLG Rostock, Urt. v. 16.7.2002 – 4 U 246/01 = BauR 2003, 582 f. = IBR 2002, 865; OLG Köln, Beschl. v.14.1.2002 – 11 U 96/01 = BauR 2002, 1445; OLG Celle, Beschl. v.30.4.2002 – 6 W 56/02 = IBR 2002, 310.

[457] BGH, Urt. v. 26.4.2001 – IX 317/98 = NZBau 2001, 680 = ZfIR 2002, 197.

Berlin[458] hat der Auftraggeber jedoch einen Anspruch auf eine neue Gewährleistungsbürgschaft, wenn die ihm übergebene **Konzernbürgschaft** auf Grund der Insolvenz des Mutterkonzerns unwirksam wird. Schließt der Gläubiger im **Insolvenzverfahren über das Vermögen des Hauptschuldners** mit dem Verwalter einen außergerichtlichen Vergleich, der vorsieht, dass die durch Bürgschaft gesicherte Forderung nach Erfüllung bestimmter Voraussetzungen erlischt, kann er grundsätzlich nicht mehr den Bürgen in Höhe des erlittenen Ausfalls in Anspruch nehmen[459]. Ist bei einer Bürgschaft auf erstes Anfordern **über das Vermögen des Gläubigers das Insolvenzverfahren eröffnet** bzw. der Antrag mangels Masse abgelehnt worden, so kann sich der Bürge im Prozess auch mit Einwendungen verteidigen, die den Bestand der Hauptforderung betreffen[460]. Bei einer Bürgschaft auf erstes Anfordern entfällt das Recht, Zahlung auf erstes Anfordern zu verlangen, wenn sich **der Gläubiger in masseloser Insolvenz befindet** oder der Insolvenzverwalter Masseunzulänglichkeit angezeigt hat. Dies gilt auch, wenn diese Voraussetzungen allein beim anfordernden Zessionar gegeben sind. Dem Gläubiger, der infolge seiner Insolvenz nicht mehr Zahlung auf erstes Anfordern verlangen kann, stehen die Rechte aus einer gewöhnlichen Bürgschaft zu[461].

9. Verjährung. Vorsicht ist bei der **Inanspruchnahme des Bürgen** geboten[462]: Der Auf- 192 traggeber hat gegen den Auftragnehmer einen fälligen Geldzahlungsanspruch wegen eines Gewährleistungsfalls. Der Auftragnehmer ist jedoch vermögenslos, ein Insolvenzverfahren wird mangels Masse nicht eröffnet. Der Auftragnehmer (eine GmbH) wird im Handelsregister gelöscht. Der Auftraggeber geht deshalb gegen den Bürgen gerichtlich vor und erreicht nach langen Jahren ein rechtskräftiges Urteil, durch das der Bürge zur Zahlung z. B. von Ersatzvornahmekosten bzw. von Schadenersatz verurteilt wird. Gegen den (insolventen) Auftragnehmer hat der Auftraggeber in der Zwischenzeit nichts unternommen, da „bei ihm ohnehin nichts zu holen ist". Nach rechtskräftiger Verurteilung des Bürgen wird dieser zur Zahlung aufgefordert. Nunmehr erhebt der Bürge Zwangsvollstreckungsgegenklage und beruft sich auf die Einrede der (zwischenzeitlich eingetretenen) **Verjährung der Hauptschuld.**

Nach Auffassung des Bundesgerichtshofs[463] soll sich in diesen Konstellationen der Bürge auf 193 die dem Auftragnehmer zustehende Einrede der Verjährung (und zwar auch im Wege der Zwangsvollstreckungsgegenklage) berufen können und zwar selbst dann, wenn der Bürge selbst bereits rechtskräftig verurteilt wurde, aber noch keine Zahlung geleistet hat[464]. Wenig hilft in diesen Fällen (Insolvenzverfahren über das Vermögen des Auftragnehmers mangels Masse nicht eröffnet) die Rechtsprechung des Bundesgerichtshofs[465], wonach dem Auftraggeber die Rechte aus einer gestellten Gewährleistungsbürgschaft auch im Verhältnis zum Bürgen erhalten bleiben, wenn er in unverjährter Zeit gegenüber dem Auftragnehmer als Hauptschuldner einen Mangel angezeigt hat. Denn die Zustellung dieses, seine Rechte wahrenden Schreibens an den (zwischenzeitlich im Handelsregister gelöschten) Auftragnehmer wird ebenso problematisch sein wie eine Klagezustellung an den Auftragnehmer[466]. Praxisgerecht ist jedoch die Auffassung des Amtsgerichts Frankfurt[467]: Hiernach ist dem Bürgen die Erhebung der Einrede der Verjährung der Hauptschuld in diesen Fällen dann abgeschnitten, wenn die Hauptschuldnerin nicht mehr verklagt werden kann. Die theoretisch in Frage kommenden Möglichkeiten (Notvertretung der juristischen Person beim Amtsgericht, Anwendung des Rechtsgedankens von § 50 Nr. 2 ZPO

---

[458] LG Berlin, Urt. v. 12.11.2003 – 2 O 624/02 = BauR 2004, 1637 = NZBau 2004, 679 = IBR 2004, 316.
[459] BGH, Urt. v. 1.10.2002 – IX ZR 443/00 = NJW 2003, 59, 60 f.
[460] OLG Brandenburg, Beschl. v.27.12.2001 – 11 W 81/01 = WM 2002, 2160 f. = MDR 2002, 960.
[461] BGH, Urt. v. 4.7.2002 – IX ZR 97/99 = NZBau 2002, 609.
[462] Vgl. hierzu *Thierau* Jahrbuch Baurecht 2000, 66, 90 ff.
[463] BGH, Urt. v. 9.7.1998 – IX ZR 272-96 = NJW 1998, 2972, 2973 f.; BGH, Urt. v. 5.11.1998 – IX ZR 48/98 = ZIP 1999, 19, 21; BGH, Urt. v. 12.3.1980 – VIII ZR 115/79 = NJW 1980, 1460; BGH, Urt. v. 10.5.1990 – IX ZR 246/89 = NJW 1990, 2754.
[464] Heftige Kritik bei *Aden,* EwiR 1999, 155; vgl. auch *Schmitz* Die Bauinsolvenz 2004, Rdn. 739 ff.; *Schmitz* IBR 1999, 123; anderer Auffassung auch AG Frankfurt, Urt. v. 22.12.1987 = BauR 1988, 491; OLG Celle, Beschl. v.23.11.2000 – 2 U 258/00 = OLGR 2001, 87 = IBR 2001, 368; KG NJW-RR 1999, 1206, 1207.
[465] BGH, Urt. v. 21.1.1993 – VII ZR 127/91 = BauR 1993, 337, 338; vgl. auch OLG Frankfurt, Urt. v. 7.8.2007 – 7 U 228/01 = IBR 2008, 447; KG, Urt. v. 24.10.2006 – 7 U 6/06 = BauR 2007, 547.
[466] Vgl. zu den Verjährungsfragen ausführlich *Schmitz/Vogel* ZfIR 2002, 509, 521 mit einem Vergleich der alten und neuen Rechtslage; *Thierau* Jahrbuch Baurecht 2000, 66, 92 m. w. N.
[467] Vgl. AG Frankfurt, Urt. v. 22.12.1987 = BauR 1988, 491.

oder Übertragung der Rechtsprechung, wonach eine GmbH zu Liquidationszwecken auch dann bestehen bleibt, wenn sonstiger nicht vermögensrechtlicher Abwicklungsbedarf besteht[468]) sind für den Gläubiger **nicht zumutbar,** um eine Hemmung oder Unterbrechung der Verjährungsfrist herbeizuführen, weil wirtschaftlich in diesen Fällen feststeht, dass die Hauptforderung gegenüber der Hauptschuldnerin nicht mehr eingebracht werden kann, sondern lediglich noch die Möglichkeit besteht, die Bürgschaftssumme zu erlangen[469].

Diese missliche Situation wurde auch vom Bundesgerichtshof erkannt und neu beurteilt. In einer neueren Entscheidung[470] wird zunächst bestätigt, dass der Bürge sich auch dann gemäß § 768 Nr. 1 Satz 1 BGB mit Erfolg auf die **Verjährung der Hauptschuld** berufen kann, wenn die Hauptschuldnerin nach der Übernahme der Bürgschaft wegen Vermögenslosigkeit und/oder **Löschung im Handelsregister** als Rechtsperson untergegangen ist und aus diesem Grund die gegen sie gerichteten Forderungen weggefallen sind. Nach Auffassung des Bundesgerichtshofs ist der Bürge schutzwürdig, da er die Bürgschaft für eine bestimmte Forderung übernimmt und daran interessiert ist, dass sich seine Haftung nicht in einer Weise erweitert, mit der er nicht zu rechnen braucht. Übernimmt ein Bürge die Haftung für eine in kurzer Zeit verjährende Forderung, kann er sich darauf einrichten, dass diese Forderung innerhalb dieses Zeitraums gegenüber dem **Hauptschuldner** geltend gemacht werden muss. Er darf darauf vertrauen, dass er nach Verjährungseintritt nicht mehr erfolgreich in Anspruch genommen werden kann. Dieses Vertrauen ist schutzwürdig, denn die Verjährung dient dem Interesse des Schuldners – und erst recht des Bürgen –, nicht bei einer späteren Geltendmachung einer Forderung in Beweisnot zu kommen[471]. Auf der anderen Seite **kann der Gläubiger die Verjährung rechtzeitig unterbrechen:** Bis zur Vollbeendigung der Rechtsperson des Schuldners kann er Maßnahmen gegen diesen ergreifen. Eine Klage gegen den Bürgen unterbricht jedoch nicht die Verjährung des gesicherten Anspruchs gegen den Schuldner. Nach Auffassung des OLG Koblenz[472] kann der Bürge die Einrede der Verjährung der Hauptforderung auch noch im Berufungsverfahren mit Erfolg erheben, wenn die Verjährung erst nach Beendigung der ersten Instanz eingetreten ist. Erst mit Wegfall des Schuldners und Verselbständigung der Bürgschaft genügen **Unterbrechungsmaßnahmen direkt gegen den Bürgen**[473].

Davon zu unterscheiden ist die **Verjährung der Bürgenschuld.** Vor der Schuldrechtsmodernisierung stellten sich insoweit in der Regel keine Probleme, da die Verjährungsfrist im Verhältnis zum Bürgen 30 Jahre betrug. Nach neuem Recht verjährt die Bürgenschuld gemäß §§ 195, 199 Nr. 1 BGB, so dass die Verjährung gegenüber dem Bürgen – insbesondere bei langer Gewährleistungsfrist – schneller eintreten kann als gegenüber dem Hauptschuldner, weil mit Kenntnis vom fälligen (Geldzahlungs-)Anspruch gegen den Hauptschuldner der Bürgschaftsgläubiger auch Kenntnis vom Anspruch gegen den Bürgen hat[474]. Entscheidend für die Frage der Verjährung des Anspruchs aus einer Bürgschaft gegen den Bürgen ist die Fälligkeit der Hauptforderung[475]. Umstritten war jedoch, ob die **Fälligkeit der Bürgschaftsschuld automatisch und allein mit Fälligkeit der Hauptschuld** eintritt, oder ob **zusätzlich eine Inanspruchnahme der Bürgschaft für ihre Fälligkeit erforderlich** ist[476]. Nach mittlerweile gefestigter Rechtspre-

---

[468] Vgl. hierzu *Schmitz* Der Baukonkurs 1999, Rdn. 332 n. w. N.
[469] Vgl. AG Frankfurt, Urt. v. 22.12.1987 = BauR 1988, 491; vgl. auch LG Hamburg, Urt. v. 2.7.2008 – 317 = 347/07 = IBR 2008, 652.
[470] BGH, Urt. v. 28.1.2003 – IX ZR 243/02 = ZIP 2003, 524 = BauR 2003, 697 = IBR 2003, 193.
[471] *Schmitz* IBR 2003, 193 – Rezension zu BGH a. a. O.
[472] OLG Koblenz, Urt. v. 5.2.2007 – 12 U 127/06 = IBR 2008, 26; ebenso KG, Beschl. v.6.6.2013 – 8 W 23/13 = IBR 2014, 85.
[473] LG Würzburg, Urt. v. 29.6.1988 – 4 S 433/88 = WM 1989, 405, 406; nach Auffassung des OLG Dresden, Beschl. v.7.6.2002 – 11 W 670/02 = BauR 2002, 1265 – kann der Bürge auf die Einrede der Verjährung der Hauptschuld auch dadurch verzichten, dass er den Gewährleistungsgläubiger auffordert, ein Beweisverfahren einzuleiten.
[474] Vgl. *Schmitz* Die Bauinsolvenz 2004, Rdn. 242 f.
[475] BGH, Urt. v. 18.12.2003 – IX ZR 9/03 = IBR 2006, 1424 = NJW RR 2004, 1190; OLG Köln, Urt. v. 14.12.2005 – 11 U 109/05 = BauR 2006, 418 = IBR 2006, 93; *Alfes* IBR 2006, 1103 – nur online; *Lubojanski* IBR 2004, 420; *Bräuer* NZBau 2007, 477.
[476] BGH, Urt. v. 18.12.2003 – IX ZR 9/03 = IBR 2006, 1424 = NJW RR 2004, 1190; BGH, Urt. v. 18.12.2003 – IX ZR 9/03 = IBR 2004, 1046 – nur online; LG Wiesbaden IBR 2006, 1514; *Koppmann* IBR 2005, 489 mit Empfehlungen zur Vertragsgestaltung; vgl. auch *Kniffka* IBR-online-Kommentar Bauvertragsrecht, Stand 3.6.2008, § 634a Rdn. 255 m. w. N; *Hänsel/Clasen*, NJW-Spezial 2008, 268; *Trapp/Werner* BauR 2008, 1208; *Maxem* NZBau 2007, 72.

chung[477] löst die Fälligkeit der Hauptforderung gleichzeitig die Fälligkeit des diese sichernden Bürgschaftsanspruchs aus. Die (wohl überholte) Gegenauffassung[478] hält **zusätzlich eine Inanspruchnahme** des Bürgen für notwendig, um die Bürgschaftsschuld fällig zu stellen. Der herrschenden Auffassung, nach der die Fälligkeit eines auf Geldzahlung gerichteten Anspruchs gegen den Schuldner für die Fälligkeit des Bürgschaftsanspruchs ausreicht, ist zu folgen. Der Sicherungsfall tritt ein, wenn der Bürgschaftsgläubiger einen auf Geldzahlung gerichteten Anspruch hat[479]. Dies ist der Fall, wenn eine zur Mängelbeseitigung gesetzte (angemessene) Frist fruchtlos abgelaufen ist. Die besondere Inanspruchnahme des Bürgen durch den Auftraggeber ist nicht erforderlich. Es widerspricht dem Schutzzweck des Rechtsinstituts der Verjährung, den Beginn der Verjährungsfrist an eine Leistungsaufforderung des Gläubigers zu knüpfen, da es dieser dann in der Hand hätte, den Verjährungsbeginn und die Notwendigkeit verjährungshemmender Maßnahmen weitgehend beliebig hinaus zu zögern. Damit kann aufgrund der Rechtslage nach der Schuldrechtsreform die der dreijährigen Regelverjährung unterliegende Bürgschaftsforderung gegen den Gewährleistungsbürgen vor den gesicherten Gewährleistungsansprüchen verjähren[480]. Dem Gläubiger ist zu diesem Zeitpunkt bekannt, dass er diesen auf Geldzahlung gerichteten Anspruch (z. B. Vorschussanspruch) gleichzeitig auch gegenüber dem Bürgen geltend machen kann. Es ist kein Rechtfertigungsgrund dafür erkennbar, dem Gläubiger durch das zusätzliche Erfordernis einer **Inanspruchnahme** des Bürgen die Möglichkeit zu geben, einseitig den Beginn (und damit die Dauer) der Verjährungsfrist zu seinen Gunsten zu verändern. Den Parteien eines Bürgschaftsvertrags steht es jedoch frei, die Geltendmachung der Hauptforderung als Fälligkeitsvoraussetzung der Bürgschaft zu **vereinbaren**[481]. Nach Auffassung des OLG Frankfurt[482] ist eine Klausel in Allgemeinen Geschäftsbedingungen, wonach der Beginn der Verjährung erst mit der Zahlungsaufforderung an den Bürgen eintritt, überraschend gemäß § 305c BGB und wird daher nicht Vertragsbestandteil.

Als **weitere Möglichkeit** – neben einer vorausschauenden Vertragsgestaltung – verbleibt dem Gläubiger, der faktisch keine Möglichkeit hat, ohne weiteres die Verjährung der Hauptschuld zu hemmen oder eine Unterbrechung (Neubeginn) herbeizuführen, das Verlangen gegenüber dem Bürgen, sich auf die Verjährung der Hauptschuld nicht zu berufen. Hierzu könnte der Bürge bereit sein, um weitere Kosten zu vermeiden, die er sonst unter Umständen aus der Bürgschaft selbst tragen müsste[483].

Typischerweise schließen die üblichen Sicherungsabreden ein **Recht des Bürgen, sich durch Hinterlegung zu befreien, aus,** da ein Bürgschaftsgläubiger in derartigen Fällen unter Umständen mit Kostenerstattungsansprüchen gegen den zu verklagenden Auftragnehmer auslöst. Ist jedoch (ausnahmsweise) in einer Bürgschaft zugunsten des Bürgen ein **Vorbehalt enthalten, die Bürgschaftsforderung durch Hinterlegung des Betrags bei der Hinterlegungsstelle des Amtsgerichts** zu hinterlegen, kann der Bürgschaftsgläubiger als Pfandgläubiger die Forderung gegen die Hinterlegungsstelle einziehen, ohne dass es auf eine etwaige Verjährung der gesicherten Hauptforderung oder auf eine Verjährung der vormaligen Bürgschaftsforderung ankommt[484].

Nach Leistung aus einer Bürgschaft hat der Bürge gegen den Hauptschuldner der Bürgschaft einen Regressanspruch aus §§ 774 Abs. 1 Satz 1, 675, 670 BGB. Dieser Regressanspruch ent-

---

[477] BGH, Urt. v. 18.12.2003 – IX ZR 9/03 = IBR 2006, 1424 = NJW RR 2004, 1190; BGH, Urt. v. 8.7.2008 – IX ZR 230/07 = BauR 2008, 1885; BGH, Urt. v. 29.1.2008 – IX ZR 160/07 = IBR 2008, 266; OLG Brandenburg, Urt. v. 30.4.2014 – 4 U 183/10 = NZBau 2014, 763, 764; vgl. auch OLG Frankfurt, Urt. v. 11.12.2007 – 10 U 154/06 = IBR 2008, 149; OLG Hamm, Urt. v. 14.12.2006 – 23 U 16/06 = IBR 2007, 193; OLG Karlsruhe, Urt. v. 20.11.2007 – 17 U 89/07 = IBR 2008, 150.

[478] Vgl. *Gay* NJW 2005, 2585 m. w. N.; *Janssen* IBR 2007, 116; *Schulze-Hagen* BauR 2007, 183.

[479] BGH, Urt. v. 29.1.2008 – XI ZR 160/07 = IBR 2008, 266; BGH, Urt. v. 28.9.2000 – VII ZR 460/97 = BauR 2001, 109 = NJW 2000, 542; OLG Brandenburg, Urt. v. 30.4.2014 – 4 U 183/10 = NZBau 2014, 763, 764; OLG Frankfurt, Urt. v. 11.12.2007 – 10 U 154/06 = IBR 2008, 149; KG, Urt. v. 24.10.2006 – 7 U 6/06 = IBR 2007, 76; KG, Urt. v. 26.2.2015 – 27 U 174/13 = IBR 2015, 190; OLG Karlsruhe, Urt. v. 20.11.2007 – 17 U 89/07 = IBR 2008, 150.

[480] BGH, Urt. v. 11.9.2012 – XI ZR 56/11 = IBR 2013, 24 unter Bezugnahme auf BGH, Urt. v. 29.1.2008 – IX ZR 160/07 = IBR 2008, 266.

[481] BGH, Urt. v. 11.9.2012 – XI ZR 56/11 = IBR 2013, 77.

[482] OLG Frankfurt, Urt. v. 21.2.2007 – 17 U 153 06 = IBR 2007, 483.

[483] So auch *Schmitz* IBR 2001, 368; Nach Auffassung des LG Itzehoe, Urt. v. 18.11.2008 – 3 U 208/08 – führt ein vom Auftraggeber gegen den Auftragnehmer eingeleitetes selbstständiges Beweisverfahren im Verhältnis zwischen Auftraggeber und Bürgen nicht zu einer Verjährungshemmung.

[484] BGH, Beschl. v.17.9.2013 – XI ZR 507/12 = IBR 2014, 21.

steht erst mit der Zahlung und nicht etwa schon mit der Kostenübernahmeerklärung des Bürgen, so dass die Verjährung erst nach der Zahlung zu laufen beginnt. Die Möglichkeit der Erhebung einer Feststellungsklage reicht insoweit nicht für den Beginn der Verjährung[485].

VI. Sicherheit durch Hinterlegung von Geld (§ 17 Abs. 5 VOB/B)

195 **1. Hinterlegung – Abgrenzung zur Hinterlegungsordnung (§ 17 Abs. 5 Satz 1 1. Halbsatz VOB/B).** Soll eine Hinterlegung nach den gesetzlichen Bestimmungen der §§ 232 ff. BGB erfolgen, sind die Bestimmungen der Hinterlegungsordnung anzuwenden. Hinterlegungsstelle ist hiernach das örtlich zuständige Amtsgericht. Zur Hinterlegung ist ein förmlicher Antrag notwendig, mit dem Tatsachen vorgebracht werden, die die Hinterlegung rechtfertigen. § 17 Abs. 5 VOB/B weicht von dieser unpraktikablen Art der Hinterlegung ab und sieht eine vereinfachte Form der Hinterlegung vor. Der Auftragnehmer muss hiernach das Geld bei einem zu vereinbarenden Geldinstitut auf ein Sperrkonto einzahlen, über das nur beide Parteien gemeinsam verfügen können. Das Verfahren nach der Hinterlegungsordnung wird damit ausgeschlossen.

196 Das Hinterlegungsverfahren nach § 17 Abs. 5 VOB/B hat in der Praxis keine Bedeutung. Relevant werden die nachfolgenden Bestimmungen jedoch durch die **entsprechende Anwendbarkeit beim Sicherheitseinbehalt** gemäß § 17 Abs. 6 Nr. 1 letzter Satz und für die Verweisung in § 17 Abs. 7 letzter Satz VOB/B.

197 **2. Zu vereinbarendes Geldinstitut (§ 17 Abs. 5 Satz 1 2. Halbsatz VOB/B).** Erforderlich ist eine **Vereinbarung** zwischen den Parteien über das Geldinstitut. Sinnvoll – jedoch in der Praxis so gut wie nie anzutreffen – ist eine frühzeitige Vereinbarung bereits im Bauvertrag. Der Auftraggeber darf diese Regelung nicht dadurch praktisch aushebeln, dass er bei der einvernehmlichen Bestimmung des Geldinstituts nicht mitwirkt oder seine Zustimmung zum Vorschlag des Auftragnehmers grundlos verweigert. Aus der Intention der Vorschrift heraus ist dem Auftragnehmer ein **Anspruch** gegen den Auftraggeber **auf Zustimmung** zu dem von ihm vorgeschlagenen Kreditinstitut zuzugestehen, wenn der Auftraggeber innerhalb angemessener (kurzer) Fristsetzung keine erheblichen Gründe gegen das vom Auftragnehmer vorgeschlagene Kreditinstitut vorbringt[486]. Auch wenn die Parteien noch kein bestimmtes Kreditinstitut für die Einzahlung von einbehaltenen Beträgen i. S. v. § 17 Abs. 6 Nr. 1 VOB/B vereinbart haben, muss der Auftragnehmer bei Setzen der angemessenen Nachfrist zur Einzahlung weder ein **bestimmtes Kreditinstitut** vorschlagen, noch die **Auswahl des Kreditinstituts** ausdrücklich dem Auftraggeber überlassen. Allein die Aufforderung, die Einzahlung auf ein Sperrkonto binnen einer angemessenen Frist nachzuholen, ist insoweit ausreichend[487]. Enthält der Bauvertrag keine Regelung zu der Frage, bei welchem Geldinstitut das Sperrkonto zu errichten ist und setzt der Auftragnehmer ohne Angabe des Bankinstitutes eine Nachfrist, gibt er zu verstehen, dass er mit jedem Geldinstitut einverstanden ist und die Wahl dem Auftragnehmer überlässt.[488]

Als **Kreditinstitute** kommen alle Banken, Sparkassen und sonstigen Kreditinstitute in Betracht, so weit sie im Rahmen des Gesetzes über das Kreditwesen zugelassen sind[489].

198 **3. Gemeinsame Verfügung über das Sperrkonto (§ 17 Abs. 5 Satz 1 2. und 3. Halbsatz VOB/B).** Die Bauvertragsparteien können über das auf dem **Sperrkonto** angelegte Geld nur gemeinsam verfügen. Es handelt sich damit um ein sog. „**Und-Konto**"[490], wie durch die Ergänzung in § 17 Abs. 5 Satz 1 VOB/B[491] (lediglich) klargestellt wurde. Zur Begründung dieser klarstellenden Regelung wird angeführt, dass in der Praxis ein „Sperrkonto" häufig ausschließlich vom Auftraggeber eröffnet und lediglich im Innenverhältnis geregelt wird, dass ein Zugriff nur gemeinsam mit dem Auftragnehmer möglich ist. Im Insolvenzfall könne eine solche Konstellation dazu führen, dass ein solches Konto in die Insolvenzmasse fällt. Insolvenzfest ist

---

[485] OLG Karlsruhe, Urt. v. 7.10.2014 – 19 U 18/13 = IBR 2015, 428.
[486] Ähnlich *Joussen* in Ingenstau/Korbion VOB/B § 17 Rdn. 2 m. w. N.; *Leinemann/Brauns* in LeinemannVOB/B § 17 Rdn. 130.
[487] OLG Jena, Urt. v. 17.12.2003 – 2 U 384/03 = BauR 2004, 1456 f.
[488] OLG Rostock, Urt. v. 13.1.2006 – 8 U 79/04 = IBR 2007, 74.
[489] *Schwarz* in FKZGM § 17 Rdn. 48.
[490] Vgl. LG Leipzig, Urt. v. 20.4.2001 – 10 O 9711/00 = BauR 2001, 1920, 1921 = ZfBR 2001, 548; vgl. auch OLG München, Urt. v. 19.12.2006 – 9 U 3780/06 = IBR 2007, 133.
[491] Vgl. Beschluss des Hauptausschusses des DVA vom 27.6.2006.

insoweit jedoch ausschließlich ein von Auftraggeber und Auftragnehmer gemeinsam eröffnetes Konto. Hierbei muss es sich im bankrechtlichen Sinn um ein „Und-Konto" handeln. Zahlt der Auftraggeber den Gewährleistungseinbehalt auf ein „Sperrkonto", das auf ihn als Kontoinhaber geführt wird und die alleinige Verfügungsberechtigung des Auftraggebers nicht ausschließt, kann der Auftragnehmer keine Ab- oder Aussonderung nach §§ 84, 47 InsO in der Insolvenz des Auftraggebers beanspruchen[492].

4. Zinsanspruch des Auftragnehmers (§ 17 Abs. 5 Satz 2 VOB/B). Aus der Formulierung „etwaige" Zinsen ist zu entnehmen, dass es der Vereinbarung der Parteien unterliegt, ob die Hinterlegung auf einem verzinslichen Konto erfolgt. Ein **formularmäßiger Ausschluss** des Zinsanspruchs soll unwirksam sein[493]. 199

VII. Sicherheit durch Einbehalt (§ 17 Abs. 6 VOB/B)

1. Vereinbarung des Einbehalts durch Teilbeträge (§ 17 Abs. 6 Nr. 1 VOB/B). In § 17 Abs. 6 VOB/B wird diese in der Praxis häufig vorkommende Art der Sicherheitsleistung ausführlich geregelt. Für die Vereinbarung eines **Sicherungseinbehalts** ist eine **ausdrückliche Regelung im Bauvertrag notwendig.** Insoweit ist der Sicherheitseinbehalt **von der „Zahlungsmodalität"** wegen der damit verbundenen unterschiedlichen Konsequenzen sorgfältig **abzugrenzen**[494]. Die bloße Bestimmung im Vertrag, wonach Abschlagszahlungen in Höhe von 95 % geleistet werden, genügt als Sicherheitsvereinbarung für die Gewährleistungsphase grundsätzlich nicht[495]. 200

a) Vereinbarung des Einbehalts (§ 17 Abs. 6 Nr. 1 Satz 1 1. Halbsatz VOB/B). Aus § 17 Abs. 6 Nr. 1 Satz 1 1. Halbsatz VOB/B ergibt sich zunächst, dass Voraussetzung für jeglichen Sicherheitseinbehalt eine **entsprechende zusätzliche ausdrückliche Vereinbarung** der Parteien ist. Diese muss – der Intention der VOB/B folgend, dass für erbrachte Leistungen Abschlagszahlungen erfolgen – derart ausgestaltet sein, dass der Wortlaut von § 17 VOB/B Abs. 6 Nr. 1 erster Satz VOB/B sinngemäß wiederholt wird (Einbehalten der Sicherheit in Teilbeträgen). Dies erfolgt in der Praxis durch Vereinbarung eines **Zahlungsplans,** in dem gleichzeitig geregelt wird, dass der Sicherheitseinbehalt von den laufenden Abschlagszahlungen und der Schlusszahlung in Abzug gebracht wird. Einbehalte zur Sicherung der Ansprüche auf ordnungsgemäße Vertragserfüllung erfolgen von den Abschlagszahlungen, der Einbehalt zur Sicherung der Gewährleistungsansprüche erfolgt (in der Regel zu einem geringeren Prozentsatz) von der Schlusszahlung. Einzelheiten unterliegen der Vereinbarung der Parteien. Haben die Parteien keine Vereinbarung getroffen, wird ein Sicherheitseinbehalt nicht geschuldet[496]. 201

Die vorrangig vor der VOB/B geltende Vertragsklausel in AGB des Auftraggebers, die vorsieht, dass von der Schlussrechnung ein Gewährleistungseinbehalt in Abzug gebracht wird, der durch eine nicht auf erstes Anfordern zahlbare Bankbürgschaft abgelöst werden kann, **ist dahin auszulegen,** dass die **Verpflichtung** des Auftraggebers **zur Einzahlung auf ein Sperrkonto nach § 17 Abs. 6 VOB/B nicht ausgeschlossen ist.** Zahlt der Auftraggeber, der eine Gewährleistungssicherheit bar einbehält und eine vom Auftragnehmer gestellte Bürgschaft als Austauschsicherheit entgegennimmt, den Sicherheitseinbehalt entgegen einer vom Auftragnehmer gesetzten Nachfrist nicht auf ein Sperrkonto ein, muss er nicht nur den Sicherheitseinbehalt auszahlen, sondern auch die Bürgschaft herausgeben[497].

Die in AGB des Auftraggebers enthaltene Klausel, dass der Einbehalt zur Sicherung der Gewährleistungsansprüche 5 % beträgt und durch Bankbürgschaft ablösbar ist, schließt **das Recht des Auftragnehmers nicht aus, die Einzahlung des Einbehalts auf ein Sperrkonto zu verlangen,** wenn außerdem § 17 Abs. 6 VOB/B Vertragsbestandteil ist[498]. Überraschend hat

---

[492] OLG Dresden, Urt. v. 4.3.2004 – 13 U 1877/03 = BauR 2004, 1310 = IBR 2004, 567; vgl. auch *Joussen* BauR 2004, 1677 ff.
[493] OLG Karlsruhe, Urt. v. 5.10.1988 – 7 U 189/87 = BauR 1989, 203, 204.
[494] Vgl. hierzu oben Rdn. 6 ff.
[495] Vgl. BGH, Urt. v. 24.3.1988 – VII ZR 126/87 = NJW-RR 1988, 851.
[496] Vgl. oben Rdn. 4.
[497] BGH, Beschl. v.10.11.2005 – VII ZR 11/04 = BauR 2006, 379 = NJW 2006, 442 = IBR 2006, 23, 24; a. A. wohl *Stammkötter* BauR 2003, 1287, 1290.
[498] OLG Frankfurt, Urt. v. 27.6.2005 – 16 U 196/04 = BauR 2005, 1939 = IBR 2005, 591; LG München I, Urt. v. 14.5.2014 – 24 O 24859/13 = IBR 2015, 16.

der Bundesgerichtshof[499] entschieden, dass **formularmäßig wirksam** von einem Auftraggeber in seinen Allgemeinen Geschäftsbedingungen zum Bauvertrag festgelegt werden kann, dass die Einzahlung auf ein gemeinsames Sperrkonto ausgeschlossen ist[500]. Dieses Urteil wird in der Praxis dazu führen, dass zahlreiche Auftraggeber in ihren Vertragsformulare § 17 Abs. 6 VOB/B (wirksam) abbedingen[501].

Sieht eine in Allgemeinen Geschäftsbedingungen des Auftraggebers enthaltene Sicherungsabrede keine Höchstdauer für den Einbehalt vor, benachteiligt sie den Auftragnehmer unangemessen und ist unwirksam[502].

Eine Klausel in Allgemeinen Geschäftsbedingungen, in welcher die Ablösung eines Sicherheitseinbehalts durch eine Bankbürgschaft von der Abnahme der Gesamtbaumaßnahme durch den Bauherrn abhängig gemacht wird, ist unwirksam[503].

202 b) **Höhe des Einbehalts und der Sicherheitssumme (§ 17 Abs. 6 Nr. 1 Satz 1 2. Halbsatz VOB/B).** Wird im Bauvertrag **formularmäßig** eine Sicherheitssumme vereinbart, die insgesamt über 10 % der Abrechnungssumme durch die Addition der jeweiligen Einbehalte hinausgeht, stellt dies eine **unangemessene Benachteiligung** mit der Konsequenz der Unwirksamkeit der Regelung dar[504]. Dies gilt insbesondere, wenn die Vereinbarung eines Sicherungseinbehalts formularmäßig vom Auftraggeber zu Lasten des Auftragnehmers **mit der Stellung einer Vertragserfüllungsbürgschaft kombiniert** wird. Die formularmäßige Vereinbarung der Sicherheitsleistung ist dann **unwirksam,** wenn sie entweder eine **unangemessen hohe Sicherheit** des Auftraggebers vorsieht, wodurch der Auftragnehmer wirtschaftlich über Gebühr belastet wird, **oder** wenn die Sicherheitsleistung als **verstecktes Finanzierungsmittel** für den Auftraggeber fungiert[505].

Praktisch relevant ist die Regelung in § 17 Abs. 6 VOB/B über die Höhenbegrenzung des Einbehalts von den Teilbeträgen insbesondere dann, wenn ein Betrag als Sicherheitssumme vereinbart wurde, der rechnerisch unter 10 % der Gesamtauftragssumme liegt. Dann ist ein weiterer Abzug von den späteren Abschlagszahlungen nicht mehr zulässig, wenn diese vereinbarte Sicherheitssumme durch die vorangegangenen Einzelabzüge von früheren Abschlagszahlungen erreicht ist. Liegt die vereinbarte Sicherheitssumme exakt bei 10 % der Brutto-Abrechnungssumme, entsprechen die jeweiligen Einbehalte von Abschlagszahlungen in ihrer Summe der vertraglich vereinbarten Sicherheitssumme i. S. v. § 17 Abs. 6 Nr. 1 VOB/B. Wurde jedoch eine höhere Sicherheitssumme vereinbart, kann mathematisch die in § 17 Abs. 6 Nr. 1 VOB/B vorgesehene Höchstbegrenzung für den Abzug des Sicherheitseinbehalts von den jeweiligen Abschlagszahlungen nicht zur vollen Auffüllung der Sicherheitssumme führen. Auch hieraus wird erkennbar, dass formularmäßige Regelungen, die insgesamt während der Vertragsabwicklung dem Auftragnehmer die ihm geschuldete (Abschlags-)Vergütung um mehr als 10 % kürzen, unangemessen und damit unwirksam sind[506], zumal sonstige Gegenrechte des Auftraggebers (Mängeleinbehalte) grundsätzlich unberührt bleiben[507].

203 c) **Bemessungsgrundlage des Sicherheitseinbehalts im Hinblick auf § 13b UStG (§ 17 Nr. 1 Satz 2 VOB/B).** § 17 Abs. 6 Satz 2 VOB/B wurde 2006 neu eingefügt[508]. Zur Begründung wird angeführt: Seit der Änderung des § 13b UStG, die zur Folge hatte, dass für Bauleistungen in vielen Fällen Netto-Rechnungen auszustellen sind, entstehen zwischen Auftraggeber- und Auftragnehmerseite Auseinandersetzungen darüber, von welcher Bemessungsgrundlage ausgehend der Sicherheitseinbehalt zu berechnen ist. So sind Fälle bekannt geworden, dass der Hauptauftragnehmer im Verhältnis zum Nachunternehmer bei der Berechnung des Sicherheitseinbehalts fiktiv die Umsatzsteuer auf die Rechnungssumme des Nachunternehmers auf-

---

[499] BGH, Urt. v. 13.11.2003 – VII ZR 57/02 = BauR 2004, 325 = IBR 2004, 67.
[500] A. A. OLG Dresden, Beschl. v.24.10.2001 – 11 W 1608/01 = BauR 2002, 807 = IBR 2002, 251; OLG Hamburg, Urt. v. 8.11.1995 – 13 U 44/94 OLGR 1996, 18 = IBR 1996, 363; OLG Braunschweig, Urt. v. 14.10.1993 – 1 U 11/93 = NJW-RR 1995, 81 = IBR 1995, 108.
[501] *Oberhauser* – BrBp 2004, 136 f. sagt „das Ende des Sperrkontos nach § 17 Abs. 6 VOB/B" voraus.
[502] OLG Köln, Urt. v. 5.4.2012 – 7 U 195/11 = IBR 2012, 454.
[503] OLG Oldenburg, Urt. v. 27.8.2013 – 2 U 29/13 = IBR 2014, 84.
[504] Vgl. oben Rdn. 44 ff., 86 f.
[505] BGH, Urt. v. 5.6.1997 – VII ZR 324/95 = BauR 1997, 829, 830 f.; *Leinemann/Brauns* in Leinemann VOB/B § 17 Rdn. 136 m. w. N.
[506] Vgl. oben Rdn. 44 ff., 86 ff.
[507] Vgl. oben Rdn. 14.
[508] Vgl. Beschluss des Hauptausschusses DVA vom 27.6.2006.

schlägt, hiervon den 10%-igen Sicherheitseinbehalt berechnet und den hieraus resultierenden Betrag sodann von der netto an den Unternehmer gezahlten Rechnungssumme in Abzug bringt. Aus Gründen der Klarstellung wird daher § 17 Abs. 6 VOB/B um einen neuen Satz 2 ergänzt, wonach in den Fällen, in denen § 13b UStG zur Anwendung kommt, die Umsatzsteuer bei der Berechnung des Sicherheitseinbehalts unberücksichtigt bleibt[509].

d) Mitteilung des Einbehalts und Einzahlung auf Sperrkonto (§ 17 Abs. 6 Nr. 1 Satz 3 VOB/B). Kaum einem Auftraggeber ist bewusst, dass er bei Abschluss eines Bauvertrags unter Zugrundelegung der VOB/B **automatisch und unmittelbar innerhalb einer Frist von 18 Werktagen den in Abzug gebrachten Einbehalt auf ein Sperrkonto einzuzahlen hat.** Eine **gesonderte Aufforderung** durch den Auftragnehmer ist nicht erforderlich[510]. Erfolgt ein Schreiben des Auftragnehmers, durch das der Auftraggeber aufgefordert wird, dieser (bereits vereinbarten) Verpflichtung nachzukommen, so handelt es sich hierbei um eine **Nachfristsetzung i. S. v. § 17 Abs. 6 Nr. 3 VOB/B**[511]. 204

Unklar ist der exakte Zeitpunkt, zu dem der Auftraggeber den einbehaltenen Betrag auf das Sperrkonto bei dem vereinbarten Geldinstitut einzuzahlen hat. Die Frist von 18 Werktagen beginnt „mit der Mitteilung an den Auftragnehmer". Wann die Mitteilung zu erfolgen hat, ist nicht geregelt, so dass sie im Zweifel „unverzüglich" zu erfolgen hat. Eine Verlängerung der Frist kann der Auftraggeber nicht dadurch erreichen, dass er seiner Pflicht zur Mitteilung des Einbehalts nicht nachkommt. Da die Sicherheitseinbehalte von den jeweiligen Abschlagszahlungen auf der Basis der vom Auftraggeber geprüften Abschlagsrechnungen zu erfolgen hat, kommt der Auftraggeber der **„unverzüglichen"** Mitteilungspflicht nur nach, wenn er **gleichzeitig** mit Ablauf der Rechnungsprüfungsfrist nach § 16 Abs. 1 Nr. 3 auch die entsprechende Mitteilung an den Auftragnehmer gibt[512]. 205

e) Benachrichtigung des Auftragnehmers (§ 17 Abs. 6 Nr. 1 Satz 4 VOB/B). Der Auftraggeber muss ferner veranlassen, dass **das Geldinstitut den Auftragnehmer** von der Einzahlung des Sicherheitsbetrags **benachrichtigt.** Dies erfolgt zweckmäßigerweise durch die Übersendung eines entsprechenden Kontoauszugs durch die Bank an den Auftragnehmer. Eine bloße Benachrichtigung des Auftraggebers selbst genügt nicht[513]. 206

f) Entsprechende Anwendung von § 17 Abs. 5 VOB/B (§ 17 Abs. 6 Nr. 1 Satz 5 VOB/B). Hierdurch wird klargestellt, dass für den Sicherheitseinbehalt gemäß § 17 Abs. 6 Nr. 1 VOB/B die Regelungen über das zu vereinbarende Geldinstitut, das Sperrkonto, die gemeinsame Verfügungsberechtigung und die dem Auftragnehmer etwaig zustehenden Zinsen entsprechend gelten[514]. 207

2. Ausnahme bei Kleinaufträgen (§ 17 Abs. 6 Nr. 2 VOB/B). Die Regelung in § 17 Abs. 6 Nr. 1 VOB/B soll bei kleineren oder kurzfristigen Aufträgen dahingehend modifiziert werden, dass der Sicherheitsbetrag nur **einmalig** bei der Schlusszahlung durch den Auftraggeber auf das Sperrkonto eingezahlt wird. 208

Kleinere Aufträge sind solche, die hinsichtlich der Vergütung so gering sind, dass es, vor allem im Hinblick auf den Kostenaufwand, sich nicht lohnt, den sich daraus ergebenden Sicherheitsbetrag bereits im Rahmen von der Schlusszahlung vorausgehenden Zahlungen auf ein Sperrkonto einzuzahlen[515]. **Kurzfristige Aufträge** finden in aller Regel durch **eine** Schlusszahlung, der allenfalls eine Abschlagszahlung vorausgeht, ihre Erledigung[516]. 209

3. Rechtsfolge bei Pflichtverstoß: Verlust der Sicherheit (§ 17 Abs. 6 Nr. 3 VOB/B). Bei dieser Regelung handelt es sich um eine Bestimmung, gegen die häufig in der Praxis 210

---

[509] Vgl. Beschluss des Hauptausschusses DVA vom 27.6.2006; vgl. ausführlich zu § 13b UStG die Kommentierung zu § 16 VOB/B Rdn. 60 m. w. N.; sowie *Groß* BauR 2005, 1084 ff.; *Theurer* BauR 2006, 7 ff.; *Döhler* BauR 2006, 14 ff.
[510] Vgl. OLG Dresden, Urt. v. 13.8.1998 – 7 U 824/98 = IBR 1999, 580, Revision vom BGH nicht angenommen, Beschl. v.2.9.1999 VII ZR 341/98; LG Hamburg, Urt. v. 27.6.2005 – 409 O 32/05 = BauR 2006, 1786.
[511] Vgl. hierzu nachfolgend Ziff. 3.
[512] Ebenso *Leinemann/Brauns* in Leinemann VOB/B § 17 Rdn. 132.
[513] *Joussen* in Ingenstau/Korbion VOB/B § 17 Abs. 6 Rdn. 16; *Schwarz* in FKZGM § 17 Rdn. 56.
[514] Vgl. vorstehend Kommentierung zu § 17 Abs. 5 VOB/B.
[515] *Joussen* in Ingenstau/Korbion VOB/B § 17 Abs. 6 Rdn. 26.
[516] *Joussen* in Ingenstau/Korbion VOB/B § 17 Abs. 6 Rdn. 27.

verstoßen wird[517]. Nur selten ist einem Auftraggeber bewusst, welches Risiko er eingeht, wenn ihm vom Auftragnehmer eine Frist zur Einzahlung des (vereinbarten) Sicherheitseinbehalts auf ein Sperrkonto gesetzt wird. Bei diesem Schreiben handelt es sich um die in § 17 Abs. 6 Nr. 3 VOB/B vorgesehene **Nachfristsetzung**. Kommt der Auftraggeber dieser Aufforderung nicht nach, verliert er nach diesen Bestimmungen sein (zuvor vereinbartes) Recht auf Einbehaltung einer Sicherheit. Hat hiernach der Auftraggeber sein Recht auf Sicherheit verloren, kann er sich gegenüber dem Auszahlungsanspruch des Auftragnehmers nicht auf ein Zurückbehaltungsrecht wegen vermeintlich bestehender Mängel berufen.[518] Die Nachfristsetzung durch den Auftragnehmer kann sogar **mündlich** erfolgen, da eine Schriftform in § 17 Abs. 6 Nr. 3 nicht vorgeschrieben ist (jedoch aus Beweisgründen eingehalten werden sollte).

211 a) **Nachfristsetzung durch Auftragnehmer (§ 17 Abs. 6 Nr. 3 Satz 1 VOB/B).** Die Nachfrist muss angemessen sein, acht bis zehn Werktage sind ausreichend[519]. Hat der Auftraggeber die Frist versäumt, kann er sich nicht auf eine fehlende Mitwirkung des Auftragnehmers durch Abzeichnung der entsprechenden Bankformulare zur Einrichtung des gemeinsamen Sperrkontos berufen[520].

212 b) **Sofortige Auszahlung des Einbehalts (§ 17 Abs. 6 Nr. 3 Satz 2 VOB/B).** Ist die Nachfrist verstrichen, also der Sicherheitseinbehalt nicht rechtzeitig vom Auftraggeber eingezahlt worden[521], kann der Auftragnehmer die **sofortige** Auszahlung des einbehaltenen Betrags verlangen **(erste Sanktion)**. Dies bezieht sich auf **alle Einbehalte, die der Auftraggeber pflichtwidrig nicht auf ein Sperrkonto einbezahlt hat**[522]. Einbehalte, die der Auftraggeber zuvor bereits ordnungsgemäß auf ein Sperrkonto eingezahlt hatte, sind hiervon nicht betroffen. Zahlt der Auftraggeber, der eine Gewährleistungssicherheit bar einbehält und eine vom Auftragnehmer gestellte Bürgschaft als Austauschsicherheit entgegennimmt, den Sicherheitseinbehalt entgegen einer vom Auftragnehmer gesetzten Nachfrist nicht auf ein Sperrkonto ein, muss er nicht nur den Sicherheitseinbehalt auszahlen, sondern auch die Bürgschaft herausgeben[523].

213 **Umstritten** ist die Frage, ob der Auftraggeber bei einem fälligen Anspruch des Auftragnehmers auf Auszahlung des nicht auf das Sperrkonto eingezahlten Sicherungsbetrags mit **streitigen Gegenforderungen aufrechnen** kann[524]. **Eine Aufrechnung mit streitigen Gegenforderungen ist ausgeschlossen.** Der Wortlaut von § 17 Abs. 6 Nr. 3 Satz 2 VOB/B verlangt uneingeschränkt die **sofortige** Auszahlung des einbehaltenen Betrags. Sinn und Zweck der Regelung ist die insolvenzfeste Sicherstellung des vom Auftragnehmer bereits durch seine Leistung verdienten, jedoch nur auf Grund Vereinbarung einbehaltenen Teil-Vergütungsanspruchs. Würde man dem Auftraggeber in dieser Situation die Möglichkeit zur Aufrechnung mit streitigen Gegenforderungen geben, würde man auch insofern dem Auftragnehmer das

---

[517] Vgl. oben Rdn. 214.
[518] LG München I, Urt. v. 14.5.2014 – 24 O 24859/13 = IBR 2015, 16.
[519] *Moufang/Koos* in Beck'scher VOB-Kommentar VOB/B § 17 Abs. 6 Rdn. 63 m. w. N.; *Leinemann/Brauns* in LeinemannVOB/B § 17 Rdn. 140 m. w. N.; vgl. auch KG, Urt. v. 2.8.2002 – 7 U 38/02 = NJOZ 2002, 2333; OLG Dresden, Urt. v. 13.8.1998 – 7 U 824/98 = IBR 1999, 580; OLG Dresden, Urt. v. 27.1.2006 – 12 U 2705/99 = IBR 2008, 29 hält sieben Tage für ausreichend.
[520] OLG Dresden, Urt. v. 13.8.1998 – 7 U 824/98 = IBR 1999, 529; *Leinemann/Brauns* in Leinemann VOB/B § 17 Rdn. 141 m. w. N.; *Joussen* in Ingenstau/Korbion VOB/B § 17 Abs. 6 Rdn. 28.
[521] Auf die nicht fristgerechte Mitteilung kommt es nicht an, vgl. *Joussen* in Ingenstau/Korbion VOB/B § 17 Abs. 6 Rdn. 29; *Leinemann/Brauns* in Leinemann VOB/B § 17 Fn. 455.
[522] BGH, Urt. v. 26.6.2003 – VII ZR 281/02 = BauR 2003, 1559 = NZBau 2003, 560 = IBR 2003, 534; BGH, Beschl. v.10.11.2005 – VII ZR 11/04 = BauR 2006, 379 = IBR 2006, 23; *Joussen* in Ingenstau/Korbion VOB/B § 17 Abs. 6 Rdn. 31; *Leinemann/Brauns* in Leinemann VOB/B § 17 Rdn. 143; *Moufang/Koos* in Beck'scher VOB-Kommentar VOB/B § 17 Abs. 6 Rdn. 73 f.; denselben Anspruch hat auch ein Insolvenzverwalter für den Unternehmer nach Erfüllungswahl: LG Stuttgart, Urt. v. 9.1.2003 – 14 O 420/02 = BauR 2003, 1409 f.; OLG München, Urt. v. 10.2.2009 – 9 U 4633/08 = IBR 2009, 203.
[523] BGH, Beschl. v.10.11.2005 – VII ZR 11/04 = BauR 2006, 379 = IBR 2006, 23; KG, Urt. v. 2.8.2002 – 7 U 38/02 = BauR 2003, 345 f. = IBR 2003, 73.
[524] Bejahend OLG Celle, Urt. v. 20.2.2002 – 7 U 59/01 = BauR 2003, 906 = IBR 2003, 196; OLG Frankfurt, Urt. v. 27.6.2005 – 16 U 196/04 = IBR 2005, 591; OLG Karlsruhe, Urt. v. 22.3.2007 – 4 U 25/06 = IBR 2007, 484; *Joussen* in Ingenstau/Korbion VOB/B § 17 Abs. 6 Rdn. 35; verneinend LG Dresden, Urt. v. 5.11.1997 – 6 O 2772/97 = BauR 1998, 640; *Leinemann/Brauns* in Leinemann VOB/B § 17 Rdn. 145; vgl. auch (verneinend) OLG Dresden, Urt. v. 28.9.2000 – 19 U 888/00 = IBR 2002, 252 zur Aufrechnung mit Mängelbeseitigungskostenvorschussansprüchen aus einem anderen Bauvorhaben; vgl. auch KG BauR 2003, 727 = IBR 2003, 73; differenzierend OLG Dresden, Urt. v. 1.8.2001 – 11 U 3125/00 = BauR 2001, 1918 = IBR 2002, 74.

Insolvenzrisiko gegen die Intention dieser Bestimmung auferlegen. Hätte sich der Auftraggeber vertragsgemäß verhalten, hätte ihm die Sicherheit (dann auf dem Sperrkonto) für die von ihm behaupteten Gegenansprüche zur Verfügung gestanden. Würde man ihm jetzt ein Aufrechnungsrecht in dieser Situation zugestehen, stünde der sich vertragswidrig verhaltende Auftraggeber besser als der Auftraggeber, der sich vertragsgemäß und VOB/B-gemäß an die Regelung in § 17 Abs. 6 VOB/B gehalten hätte. Auch ein **Zurückbehaltungsrecht** ist ausgeschlossen[525].

c) Kein Anspruch auf künftige Sicherheit. Als **zweite Sanktion** verliert der Auftraggeber 214 nach Fristablauf auch den Anspruch auf künftige Sicherheit. Es entfällt damit die Verpflichtung zur Sicherheitsleistung[526]. Dies gilt nicht nur für die ursprünglich vereinbarte Regelung über den Einbehalt von (weiteren) Sicherungs-Teilbeträgen bis zum Erreichen der Sicherungssumme, sondern grundsätzlich **für alle zukünftig noch zu stellenden Sicherheiten,** also auch für eine eventuell vom Auftragnehmer zu stellende Gewährleistungsbürgschaft, so weit der Auftraggeber vertragswidrig eine Einbezahlung von Sicherheitsbeträgen nicht vorgenommen hat[527].

Die Verpflichtung des Auftraggebers, den Sicherheitseinbehalt auf ein Sperrkonto einzuzahlen, stellt bei Vereinbarung der VOB/B eine **qualifizierte Vermögensbetreuungspflicht** gegenüber dem Auftragnehmer dar. Unterlässt der Auftraggeber die Einzahlung auf ein Sperrkonto und kann er den Restwerklohn (Sicherheitseinbehalt) infolge eigener Insolvenz nicht mehr auszahlen, so kann dies **Untreue** nach dem Treuebruchtatbestand sein[528].

4. Keine Verzinsung beim öffentlichen Auftraggeber (§ 17 Abs. 6 Nr. 4 VOB/B). Der 215 Sicherungseinbehalt durch öffentliche Auftraggeber unterliegt besonderen Regelungen. Diese sind berechtigt, den Sicherheitseinbehalt auf eigenes Verwahrgeldkonto zu nehmen[529]. Hintergrund dieser Sonderregelung ist, dass bei öffentlichen Auftraggebern **kein Insolvenzrisiko** besteht. Der Betrag muss dort nicht verzinst werden. Teilweise wird angenommen[530], die in diesem Sonderfall vorgesehene Nicht-Verzinsung des Sicherheitseinbehalts werde dadurch kompensiert, dass der öffentliche Auftraggeber für den Auftragnehmer ein „verlässlicher Vertragspartner" ist, dessen Zahlungsfähigkeit in jedem Fall sichergestellt ist. Nach anderer Auffassung ist der Hintergrund für den Ausschluss der Verzinsung im öffentlichen Haushaltsrecht angelegt, da es der öffentlichen Hand nach § 8 der Bundeshaushaltsordnung untersagt ist, Gelder mit einer Verzinsung für einen anderen anzulegen. Zinsgewinne aus z. B. als Sparanlage angelegten Sicherheitsbeträgen wären als Einnahmen i. S. d. Art. 110 Nr. 1 GG anzusehen.[531] Zudem verbleibt dem Auftragnehmer – falls insoweit keine anderweitige, unter Umständen unwirksame[532] abweichende Vereinbarung getroffen wurde – das Ersetzungsrecht nach § 17 Abs. 3 VOB/B, so dass er gegen Stellung einer Bürgschaft Auszahlung des Sicherheitseinbehalts verlangen und somit auch in den Genuss der Zinsen kommen kann.

Die Eigenschaft eines **öffentlichen Auftraggebers** i. S. v. § 17 Abs. 6 Nr. 4 VOB/B ist bisweilen unklar: Nach der Auffassung des LG Schwerin[533] ist ein **kommunales Wohnungsbauunternehmen,** das zwar als juristische Person des Privatrechts organisiert ist, jedoch im Eigentum der öffentlichen Hand steht, öffentlicher Auftraggeber i. S. v. § 17 Abs. 6 Nr. 4 VOB/B. Demgegenüber ist nach zutreffender Auffassung des Bundesgerichtshofes[534] eine Wohnungsbaugesellschaft, die als juristische Person des Privatrechts organisiert ist, selbst dann nicht öffentlicher Auftraggeber im Sinne von § 17 Abs. 6 Nr. 4 VOB/B, wenn sämtliche Anteile einer Körperschaft des öffentlichen Rechts gehören. Nach Auffassung des OLG Naumburg[535] ist entscheidend für die Abgrenzung, ob ein **„öffentlicher Auftraggeber"** gegeben ist, die Frage

---

[525] LG Berlin, Urt. v. 6.6.2001 – 94 O 13/01 = BauR 2002, 969, 971; a. A. KG, Urt. v. 18.11.2002 – 24 U 249/01 = BauR 2003, 728 = IBR 2003, 131.
[526] OLG München, Urt. v. 4.11.1982 – 24 U 137/82 = BauR 1984, 188.
[527] *Joussen* in Ingenstau/Korbion VOB/B § 17 Abs. 6 Rdn. 31 m. w. N.
[528] OLG München, Beschl. v.23.2.2006 – 2 Ws 22/06 = IBR 2006, 394; OLG Frankfurt, Urt. v. 10.9.2008 – 7 U 272/07 = IBR 2009, 139 (im Ergebnis verneinend); a. A. *Greeve/Müller* NZBau 2000, 239; LG Bonn, Urt. v. 31.3.2004 – 5 S 6/04 = BauR 2004, 1471 f.
[529] OLG Naumburg, Urt. v. 7.8.2002 – 5 U 40/02 = IBR 2003, 19.
[530] so *Jagenburg* in Beck'scher VOB-Kommentar VOB/B, 2. Aufl., § 17 Nr. 6 Rdn. 42.
[531] Vgl. *Joussen* BauR 2002, Heft 11a, Seite 79 m. w. N.; *Piduch* Bundeshaushaltsrecht 1996, Art. 110 GG Rdn. 41.
[532] Vgl. *Moufang/Koos*in Beck'scher VOB-Kommentar VOB/B § 17 Abs. 6 Rdn. 93 ff. m. w. N.
[533] LG Schwerin, Urt. v. 13.11.2003 – 4 O 78/03 = BauR 2005, 1201 = IBR 2005, 322.
[534] BGH, Urt. v. 26.4.2007 – VII ZR 152/06 = NZBau 2007, 435 = BauR 2007, 1402.
[535] OLG Naumburg, Urt. v. 7.8.2002 – 5 U 40/02 = BauR 2003, 907 = IBR 2003, 19.

seiner **Insolvenzfähigkeit**. Dies wurde bei einem Zweckverband verneint. Nach Auffassung des AG Erfurt[536] sind unter dem Begriff **„öffentliche Auftraggeber"** i. S. v. § 17 Abs. 6 Nr. 4 VOB/B **allein Behörden und juristische Personen des öffentlichen Rechts** zu verstehen; juristische Personen des Privatrechts, an denen die öffentliche Hand beteiligt ist, können den Sicherheitseinbehalt nicht auf ein eigenes Verwahrkonto nehmen.

VIII. Frist zur Sicherheitsleistung (§ 17 Abs. 7 VOB/B)

216 1. **Anwendungsbereich (§ 17 Abs. 7 Satz 1 VOB/B).** Bei der in § 17 Abs. 7 angesprochenen Sicherheit kann es sich **nur um eine Sicherheit für die Vertragserfüllung** handeln, da die Sicherheit „nach Vertragsabschluss" zu leisten ist. Für eine **Gewährleistungssicherheit** gilt diese Regelung daher **nicht**[537]. Zurecht wird darauf hingewiesen, dass dieser Streit in der Praxis keine große Bedeutung haben wird[538], da die Bauvertragsparteien in der Regel Sicherheitsleistung durch Einbehalt nach § 17 Abs. 6 VOB/B vereinbaren oder eine andere Regelung auch für den Zeitpunkt der Stellung der Gewährleistungssicherheit festlegen.

217 2. **Vereinbarung der Frist (§ 17 Abs. 7 Satz 1 VOB/B).** Aus § 17 Abs. 1 Satz 1 2. Halbsatz VOB/B ergibt sich, dass die Parteien (vorrangig) eine andere Vereinbarung treffen können. Dies kann auch in ZVB oder BVB erfolgen. Es ist **zulässig**, wenn in formularmäßigen Regelungen des Auftraggebers **die Erteilung des Zuschlags von der vorherigen Stellung einer Vertragserfüllungsbürgschaft abhängig gemacht** wird[539]. Dasselbe gilt, wenn der Vertrag unter der aufschiebenden Bedingung bis zur Stellung der Sicherheit geschlossen wird[540].

218 3. **Folgen nicht fristgerechter Sicherheitsleistung (§ 17 Abs. 7 Satz 2 VOB/B).** Bei **Versäumung der** (vereinbarten oder der in § 17 Abs. 7 Satz 1 VOB/B vorgesehenen) **18-Werktage-Frist** steht dem Auftraggeber ein besonderer Rechtsbehelf zur Verfügung. Es ist dann berechtigt, in Höhe der **gesamten vereinbarten Sicherheitssumme** einen Betrag vom Guthaben des Auftragnehmers einzubehalten. Dieses Einbehaltungsrecht gilt grundsätzlich bei Nichterfüllung aller Sicherheitsarten, die nach § 17 VOB/B zulässig bzw. zwischen den Parteien vereinbart sind, daher auch im Fall der Vereinbarung einer Bürgschaft als Sicherheitsleistung[541]. Der Anspruch auf Stellung der Sicherheit ist auch gesondert einklagbar[542].

219 4. **Entsprechende Anwendung von § 17 Abs. 5 und Abs. 6 VOB/B (§ 17 Abs. 7 Satz 3 VOB/B).** Aus der Verweisung auf Abs. 5 und 6, letztere jedoch mit Ausnahme des Nr. 1 Satz 1, ergibt sich, dass der Auftraggeber berechtigt ist, die **volle** Sicherheitsleistung bei nicht fristgerechter Sicherheitsleistung einzubehalten. Damit ist klargestellt, dass eine Begrenzung auf die Höhe von 10 % der jeweiligen Zahlung nicht zu erfolgen hat.

IX. Rückgabe der Sicherheit (§ 17 Abs. 8 VOB/B)

220 Die Regelung in § 17 Abs. 8 VOB/B ist im Rahmen der Novellierung der VOB 2002 grundlegend neu gefasst worden. Während in der Altfassung die Sicherheiten grundsätzlich **für die Dauer der Gewährleistung** aufrechtzuerhalten waren, ist in der Neufassung vorgesehen worden, dass die parallel im Rahmen der Novellierung vorgenommene Verdopplung der Gewährleistungsfristen in § 13 Abs. 4 VOB/B nicht automatisch auch zu einer Verdopplung der Fristen zur Stellung der Gewährleistungssicherheit führen soll. Vor diesem Hintergrund wird

---

[536] AG Erfurt, Urt. v. 28.1.2000 – 214 C 3198/99 = BauR 2001, 271 = IBR 2001, 192.
[537] A. A. *Joussen* in Ingenstau/Korbion VOB/B § 17 Rdn. 4; teilweise wird die Auffassung vertreten, für eine Gewährleistungssicherheit laufe die 18-Tage-Frist **ab Abnahme**, vgl. *Jagenburg* in Beck'scher VOB-Kommentar VOB/B, 2. Aufl., § 17 Nr. 7 Rdn. 5.
[538] Vgl. *Joussen* in Ingenstau/Korbion VOB/B § 17 Abs. 7 Rdn. 4.
[539] BGH, Urt. v. 20.4.2000 – VII ZR 458/97 = NZBau 2000, 424.
[540] *Joussen* in Ingenstau/Korbion VOB/B § 17 Abs. 7 Rdn. 3.
[541] KG SFH § 17 VOB/B Abs. 2; *Joussen* in Ingenstau/Korbion VOB/B § 17 Abs. 7 Rdn. 6.
[542] OLG Düsseldorf, Urt. v. 10.3.1981 – 21 U 132/80 = BauR 1982, 592-593; OLG Nürnberg, Urt. v. 27.4.1989 – 8 U 2370/88 = NJW-RR 1989, 1296; *Leinemann/Brauns* in Leinemann VOB/B § 17 Rdn. 160 m. w. N.

jetzt die Vertragserfüllungssicherheit (Nr. 1) und die Gewährleistungssicherheit (Nr. 2) einer separaten Regelung zugeführt[543].

1. Vertragserfüllungssicherheit (§ 17 Abs. 8 Nr. 1 VOB/B). Voraussetzung ist zunächst, dass die Parteien **für die Vertragserfüllung** eine Sicherheit **vereinbart haben**. Die Vertragserfüllungssicherheit deckt Ansprüche des Auftraggebers ab, die im Rahmen des Ausführungsstadiums bis zur Abnahme entstehen. Es werden also auch Mängelansprüche abgedeckt, die vor Abnahme (vgl. § 4 Abs. 7 VOB/B) entstanden sind[544]. **Durch die Abnahme des Bauwerks erlöschen die Rechte des Auftraggebers aus einer Vertragserfüllungsbürgschaft nicht. Bis zum Abnahmezeitpunkt fällige Mängelbeseitigungsansprüche werden von der Vertragserfüllungsbürgschaft noch gesichert**[545]. Vom Sicherungsumfang der Vertragserfüllungsansprüche ist auch die **fristgerechte** Erfüllung der Leistungen des Auftragnehmers umfasst. Hierzu zählen Ansprüche des Auftraggebers aus Verzug, insbesondere aus § 6 Abs. 6 VOB/B bzw. aus § 5 Abs. 4 i. V. m. § 8 Abs. 3 VOB/B. Ebenso werden die Ansprüche des Auftraggebers auf Zahlung einer Vertragsstrafe durch die Vertragserfüllungsbürgschaft gesichert, wenn der Auftragnehmer diese bei (schuldhafter) Nichteinhaltung von vereinbarten Vertragsfristen versprochen hat[546].

a) Zeitpunkt der Rückgabe (§ 17 Abs. 8 Nr. 1 Satz 1 1. und 2. Halbsatz VOB/B). Vorrangig regelt sich die Rückgabeverpflichtung hinsichtlich der Vertragserfüllungsbürgschaft nach der **vertraglichen Vereinbarung,** die zwischen den Parteien insoweit getroffen wurde. Als **Spätestfrist** ist in § 17 Abs. 8 Nr. 1 Satz 1 der Zeitpunkt der **Abnahme und Stellung der Sicherheit für Mängelansprüche** (Gewährleistungsansprüche) – so weit vereinbart – festgelegt. Wurde eine Sicherheit für Mängelansprüche (Gewährleistungsansprüche) im Einzelfall nicht vereinbart, ist die Vertragserfüllungssicherheit **nach Abnahme zurückzugeben**. Hinsichtlich der Stellung der Gewährleistungssicherheit ist der Auftragnehmer damit **vorleistungspflichtig**[547]. Nach Wegfall des Sicherungszwecks einer Vertragserfüllungsbürgschaft kann der Auftragnehmer vom Auftraggeber **die Herausgabe** der Bürgschaftsurkunde **an den Bürgen verlangen**[548]. Mit der diese Streitfrage klärenden Entscheidung des Bundesgerichtshofes vom 9.10.2008[549] hat der Auftragnehmer nach Wegfall des Sicherungszweckes einer Bürgschaft gegen den Auftraggeber gemäß § 17 Abs. 8 VOB/B einen Anspruch auf Rückgabe der Bürgschaftsurkunde an sich selbst und nicht nur an die bürgende Bank.

b) Zurückbehaltungsrecht bei nicht erfüllten Vertragserfüllungsansprüchen (§ 17 Abs. 8 Nr. 1 Satz 1 3. Halbsatz VOB/B). Eine **Rückgabepflicht für die Vertragserfüllungsbürgschaft besteht jedoch nicht,** wenn (und soweit) Ansprüche des Auftraggebers, die nicht von der gestellten Sicherheit für Mängelansprüche umfasst sind, noch nicht erfüllt sind. Dem Auftraggeber verbleiben also seine Ansprüche auf Erbringung der Restleistungen, Mangelbeseitigung oder Verzug (Vertragsstrafe), die von der (vereinbarten) Vertragserfüllungssicherheit

---

[543] Der Hauptschuldner hat Anspruch auf Herausgabe der Bürgschaftsurkunde an sich selbst – geklärt durch BGH, Urt. v. 9.10.2008 – VII ZR 227/07 = IBR 2002, 733; vgl. auch OLG Düsseldorf, Urt. v. 9.2.2016 – 21 U 183/15 = IBR 2017, 202.
[544] OLG Düsseldorf, Urt. v. 10.10.1997 – 22 U 69/97 = BauR 1998, 553, 554; OLG Karlsruhe, Urt. v. 20.11.1997 – 4 U 74 = NJW-RR 1998, 533; *Thierau* Jahrbuch Baurecht 2000, 66, 69 ff. m. w. N.
[545] BGH, Urt. v. 24.9.1998 – IX ZR 371-97 = NJW 1999, 55, 56 f.; BGH, Urt. v. 4.7.2002 – VII ZR 502/99 = NZBau 2002, 559 (dort B I 2. b: „Die Abnahme allein lässt die durch die Vertragserfüllungsbürgschaft gesicherten Ansprüche nicht entfallen.").
[546] BGH, Urt. v. 7.6.1982 – VIII ZR 154/81 = BauR 1982, 506, 507 f. = NJW 1982, 230; BGH, Urt. v. 15.3.1990 – IX ZR 44/89 = NJW-RR 1990, 811; *Thierau* Jahrbuch Baurecht 2000, 66, 71 m. w. N.; zu den weiteren Sicherungszwecken der Vertragserfüllungsbürgschaft vgl. auch vorstehend Rdn. 58 ff. sowie *Thierau* a. a. O., Seiten 71 ff. m. w. N.
[547] *Joussen* BauR 2002, Heft 11a, Seite 81.
[548] OLG Naumburg, Urt. v. 7.12.2005 – 6 U 105/05 = IBR 2006, 1596; BGH, Beschl. v.27.4.2006 – VII ZR 4/06 = IBR 2006, 1595 (nur online) – Nichtzulassungsbeschwerde zurückgenommen; ebenso OLG Oldenburg, Urt. v. 10.2.2004 – 2 U 94/03 = BauR 2004, 1464 = IBR 2004, 199; OLG Düsseldorf, Urt. v. 19.6.2002 – 19 U 37/01 = BauR 2002, 1714 = IBR 2002, 479; vgl. auch *Lauer* NZBau 2003, 318; sowie KG, Urt. v. 21.9.2005 – 26 U 12/05 = IBR 2006, 26 (Herausgabeanspruch an Bürgen **und** Auftragnehmer).
[549] BGH, Urt. v. 9.10.2008 – VII ZR 227/07 = IBR 2008, 733; ebenso OLG München, Urt. v. 26.6.2007 – 13 U 5389/06 = IBR 2007, 557; KG, Urt. v. 21.9.2005 – 26 U 12/05 = IBR 2006, 26; OLG Düsseldorf, Urt. v. 9.2.2016 – 21 U 183/15 = IBR 2017, 202.

abgedeckt werden[550]. Falls die Höhe einer Vertragserfüllungsbürgschaft aus dem „Gesamt-Auftragswert" eines VOB/B-Einheitspreisvertrags abgeleitet worden ist, kann dies ggfs. dazu führen, dass der Auftragnehmer im Falle einer etwa hälftigen **Reduzierung der auszuführenden Leistung einen Anspruch auf entsprechende Reduzierung der Sicherheit** hat[551]. Diesem berechtigten Interesse des Auftragnehmers kann auch dadurch gedient werden, dass entsprechende **Abschmelzungsklauseln** in der Sicherungsabrede vereinbart werden.

224   Nr. 1 Satz 1 letzter Halbsatz der Vorschrift dient der Klarstellung, dass die Sicherheit trotz Abnahme und Stellung der Sicherheit für Mängelansprüche (Gewährleistungsansprüche) **nicht zurückgegeben werden muss,** wenn noch Ansprüche des Auftraggebers, etwa aus Verzug, bestehen. Mit Nr. 1 Satz 2 wird klargestellt, dass der Auftraggeber dann einen entsprechenden Teil der Sicherheit zurückhalten darf. Im Gegensatz zu Nr. 2 kommt es bei Nr. 1 nicht auf die Geltendmachung der Ansprüche an, da es sich hierbei um die primären Erfüllungsansprüche des Auftraggebers handelt[552].

225   Es ist nicht zulässig, die Vertragserfüllungssicherheit wegen **anderer** Ansprüche bzw. Zurückbehaltungsrechte des Auftraggebers einzubehalten. Entscheidend ist der (vereinbarte) Sicherungszweck der Vertragserfüllungssicherheit. Aus Inhalt und Zweck der im Zusammenhang mit der Vertragserfüllungsbürgschaft getroffenen **Sicherungsabrede** folgt die Verpflichtung des Gläubigers/des Auftraggebers, die Sicherung zurückzugewähren, sobald feststeht, dass der Sicherungsfall nicht mehr eintreten kann[553]. Umstritten ist die Frage, ob Rückzahlungsansprüche des Auftraggebers wegen **Überzahlung** durch eine Vertragserfüllungsbürgschaft abgesichert werden. Nach älterer Rechtsprechung des Bundesgerichtshofs[554] sowie einiger Literaturstimmen[555] sind Ansprüche des Auftraggebers wegen **Überzahlung nicht** durch eine Vertragserfüllungsbürgschaft, die dies nicht ausdrücklich im Text vorsieht, gesichert. Nach neuerer Rechtsprechung des Bundesgerichtshofs[556] und nach einer im Vorbringen befindlichen Literaturauffassung, die sich zur Begründung im Wesentlichen auf die vorstehende neuere BGH-Rechtsprechung bezieht[557], sind Rückforderungsansprüche des Auftraggebers wegen Überzahlung von der Vertragserfüllungsbürgschaft abgedeckt.

226   c) **Umfang des Zurückbehaltungsrechts (§ 17 Abs. 8 Nr. 1 Satz 2 VOB/B).** Durch Nr. 1 Satz 2 wird geregelt, in welchem **Umfang** dem Auftraggeber hinsichtlich der noch nicht erledigten Erfüllungsansprüche ein Zurückbehaltungsrecht an der Vertragserfüllungssicherheit zusteht. Der Auftraggeber darf dann „einen entsprechenden Teil" der Sicherheit zurückhalten. Eine Übersicherung soll also vermieden werden. Es lässt sich hieraus („entsprechenden Teil") jedoch nicht entnehmen, in welcher Höhe tatsächlich die Vertragserfüllungssicherheit einbehalten werden darf. Joussen[558] differenziert im Hinblick auf §§ 320, 641 Nr. 3 BGB danach, ob es bei der Herausgabe der Vertragserfüllungssicherheit um einen Bareinbehalt i. S. v. § 17 Abs. 6 VOB/B – dann **volle Berücksichtigung des Druckzuschlags** – oder um die Herausgabe einer Vertragserfüllungs**bürgschaft** geht, dann nur Berücksichtigung der Mängelbeseitigungskosten in einfacher Höhe[559]. Als Begründung für diese differenzierte Betrachtungsweise wird darauf abgestellt, dass eine Bürgschaft nicht einen um den Druckzuschlag erhöhten Vergütungseinbehalt, sondern allein die potentiellen Folgekosten bei auftretenden Mängeln absichere[560].

227   Eine derartige Differenzierung ist jedoch bei einem Bauvertrag unter Einbeziehung der VOB/B nicht gerechtfertigt. Aus § 17 Abs. 1 Satz 2 VOB/B ergibt sich, dass die Sicherheit „die

---

[550] Einschränkend OLG Frankfurt, Urt. v. 28.9.2004 – 10 U 211/03 = IBR 2005, 482; vgl. auch *Hahn* BauR 2007, 1466, 1475.
[551] OLG Frankfurt, Urt. v. 11.1.2006 – 1 U 114/05.
[552] Vgl. Begründung DVA zur damaligen Neufassung VOB/B, Beschl. v.2.5.2002.
[553] OLG Naumburg, Urt. v. 7.12.2005 – 6 U 105/05 = IBR 2006, 1595, BGH, Beschl. v.27.4.2006 – VII ZR 4/06.
[554] BGH, Urt. v. 30.3.1995 – IX ZR 98/94 = BauR 1980, 574, 575; BGH, Urt. v. 30.3.1995 – IX ZR 98/94 = BGHZ 76, 187, 190.
[555] *Joussen* BauR 2002, Heft 11a, Seite 81; vgl. auch OLG Celle, Urt. v. 4.6.1997 – 6 U 186/96 = BauR 1997, 1057.
[556] BGH, Urt. v. 17.12.1987 – IX ZR 263/86 = BauR 1988, 220, 221 f. (Vorauszahlungen).
[557] *Hildebrandt* in NWJS VOB/B § 17 Rdn. 19 ff.; *Horn* in Staudinger BGB § 765 Rdn. 75 m. w. N.; vgl. hierzu auch *Thierau* Jahrbuch Baurecht 2000, 72 m. w. N.
[558] BauR 2002, Heft 11a, Seite 81 f.
[559] So auch OLG Oldenburg, Urt. v. 21.7.2000 – 2 U 124/00 = BauR 2002, 328, 329.
[560] *Joussen* BauR 2002, Heft 11a, Seite 82.

vertragsgemäße Ausführung der Leistung sicherstellen" muss. Diese in § 17 Abs. 1 Nr. 2 VOB/B niedergelegte **Intention** gilt uneingeschränkt sowohl für einen Bareinbehalt wie für eine Vertragserfüllungsbürgschaft. Letztendlich soll damit auch das Zurückbehaltungsrecht an einer Vertragserfüllungsbürgschaft **Druck** auf den Auftragnehmer ausüben, die noch nicht erfüllten Ansprüche des Auftraggebers zu erfüllen (also die Ausführung der Leistung im weiteren Sinne „sicherstellen"). Daher kann bei der Bemessung der Höhe der zurückzubehaltenden Vertragserfüllungsbürgschaft – wie beim Bareinbehalt – der Druckzuschlag gemäß § 641 Nr. 3 BGB entsprechend berücksichtigt, also die zugrundeliegenden Mängelbeseitigungskosten in dreifacher Höhe in Ansatz gebracht werden, um die Höhe der verbleibenden Bürgschaft zu ermitteln.

Soweit eine Erfüllungssicherheit eine **teilbare Leistung** sichert, kann bei Abarbeitung eines Teils der Leistung eine Freigabe des entsprechenden Teils der Sicherheit geschuldet sein. Den Interessen des Auftraggebers ist hierbei ggfs. durch Gewährung eines Zuschlags auf den verbleibenden Teil der Sicherheit Rechnung zu tragen[561].

2. Sicherheit für Mängelansprüche (Gewährleistungssicherheit) (§ 17 Abs. 8 Nr. 2 VOB/B). In Nr. 2 ist nunmehr – im Gegensatz zu der Fassung 1996 – eine gesonderte Regelung zur Rückgabe der nicht verwerteten Sicherheit für Mängelansprüche (Gewährleistungsansprüche) enthalten[562]. Die ursprünglich parallel laufenden „Regelfristen" für die Gewährleistungsfrist einerseits und die Frist zur Rückgabe der Gewährleistungssicherheit andererseits, sind nunmehr einer differenzierten Regelung zugeführt worden. Darüber hinaus wurde unter Berücksichtigung der Rechtsprechung des Bundesgerichtshofs zur alten Fassung bei **verjährten** Gewährleistungsansprüchen eine Klarstellung vorgenommen.

a) Rückgabefrist: zwei Jahre/Vereinbarter Zeitpunkt (§ 17 Abs. 8 Nr. 2 Satz 1 VOB/B). Nach der alten Fassung von Abs. 8 war eine Sicherheit zum vereinbarten Zeitpunkt, spätestens jedoch nach Ablauf der Verjährungsfrist für die Gewährleistung zurückzugeben. Gewährleistungsfrist und Rückgabefrist liefen also parallel. Durch die Neufassung der VOB 2002 in § 13 Abs. 4 VOB/B ist die Regelverjährungsfrist auf vier Jahre verdoppelt worden. Entsprechendes gilt für die weiteren in § 13 Abs. 4 VOB/B genannten Verjährungsfristen für spezielle Gewerke. In der Neufassung ist nach Nr. 2 die Sicherheit **in der Regel nach Ablauf von zwei Jahren zurückzugeben, sofern kein anderer Rückgabezeitpunkt vereinbart worden ist.** Bei dieser Regelung stand die Erwägung im Hintergrund, dass es meist eine starke Belastung für den Auftragnehmer darstellt, wenn er für die gesamte 4-jährige Regelverjährungsfrist für Mängelansprüche die Sicherheit vorhalten muss[563].

Anderweitige **Vereinbarungen** der Parteien sind **zulässig**. Es ist davon auszugehen, dass die Praxis umfassend von dieser Möglichkeit anderweitiger Vereinbarungen Gebrauch machen wird. **Formularmäßige** Vereinbarungen, durch die die Verjährungs-Regelfrist nach § 13 Abs. 4 VOB/B auf die **gesetzliche 5-jährige Regelgewährleistung** verlängert wird, sind nach ständiger Rechtsprechung unter AGB-Gesichtspunkten **wirksam und unbedenklich**[564]. Damit ging – automatisch – einher, dass die für die Gewährleistung bestellte Sicherheit ebenfalls erst „nach Ablauf der Verjährungsfrist für die Gewährleistung zurückzugeben" war (vgl. § 17 Abs. 8 a. F. VOB/B). Vor diesem Hintergrund bestehen auch **gegen formularmäßige Vereinbarungen,** in Abweichung von der Neufassung in § 17 Abs. 8 Nr. 2 Satz 1 VOB/B, den Rückgabezeitpunkt für die Gewährleistungssicherheit mit der neuen Regelfrist des § 13 Abs. 4 VOB/B oder mit der gesetzlichen 5-jährigen Regelgewährleistungsfrist „gleichzuschalten", **keine Bedenken.**

Die in Allgemeinen Geschäftsbedingungen des Bestellers eines Bauvertrags enthaltene Klausel über eine Gewährleistungsbürgschaft „die Bürgschaft ist zurückzugeben, wenn alle unter die Gewährleistungsfrist fallenden Gewährleistungsansprüche nicht mehr geltend gemacht werden

---

[561] OLG Jena, Urt. v. 14.7.2004 = OLG-NL 2004, 169 f.
[562] In Einzelfällen kann sich der Auftraggeber **treuwidrig** verhalten, wenn er die Auszahlung des Sicherheitseinbehalts dadurch verhindert, dass er grundlos die für den Lauf der zweijährigen Sicherungsfrist erforderliche behördliche Schlussabnahme nicht durchführen lässt – vgl. OLG Brandenburg, Urt. v. 10.5.2006 – 4 U 207/05.
[563] Vgl. Begründung zum Beschl. des DVA vom 2.5.2002.
[564] Vgl. zum alten Recht BGH, Urt. v. 23.2.1989 – VII ZR 89/87 = BauR 1989, 322, 325 ff.; BGH, Urt. v. 21.3.1991 – VII ZR 110/90 = BauR 1991, 458, 459; Joussen BauR 2002, Heft 11a, Seite 83 m. w. N.

können" benachteiligt jedoch den Auftragnehmer unangemessen und ist daher unwirksam[565].

231 **b) Zurückbehaltungsrecht bei nicht erfüllten Mängelansprüchen (§ 17 Abs. 8 Nr. 2 Satz 2 VOB/B).** So weit zum Rückgabezeitpunkt die vom Auftraggeber geltend gemachten Ansprüche noch nicht erfüllt sind, darf er einen **entsprechenden Teil** der Sicherheit zurückhalten. Insoweit gelten die vorstehenden Erläuterungen zu Abs. 8 Nr. 1 entsprechend. **Ein Druckzuschlag ist** bei der Höhe des Zurückbehalts **zu berücksichtigen**[566]. Sofern für Teilleistungen nach Mängelbeseitigungsarbeiten des Auftragnehmers neue Verjährungsfristen laufen und für diese Mängelbeseitigungsarbeiten die Gewährleistungsfrist (nach Ablauf der „regulären" Verjährungsfrist) noch nicht abgelaufen ist, hat die Vorausgabe der ursprünglichen Bürgschaftsurkunde Zug-um-Zug gegen eine Austauschbürgschaft zu erfolgen, deren Höhe nach dem Wert der Mängelbeseitigungsmaßnahmen und der vereinbarten Sicherungshöhe zu berechnen ist[567].

Ein Auftraggeber hat regelmäßig nach Ablauf der vereinbarten Frist eine Bürgschaft insoweit freizugeben, als zu diesem Zeitpunkt keine durchsetzbaren Gewährleistungsansprüche bestehen[568]. In diesem Fall war die Vereinbarung einer Gewährleistungsbürgschaft **wirksam,** jedoch die Klausel über den Rückgabezeitpunkt **unwirksam.** Dies führt jedoch nicht dazu, dass der Auftragnehmer keinen durchsetzungsfähigen Anspruch auf Rückgabe hat. Der Bundesgerichtshof schließt die Lücke durch eine **ergänzende Vertragsauslegung.** Daraus folgt, dass der Auftraggeber die Sicherungsrechte nach Wegfall des Sicherungszwecks zurückzugeben hat, soweit keine durchsetzbaren Gewährleistungsansprüche mehr bestehen.

232 Die neu eingefügten Worte **„geltend gemachten"** im Nr. 2 Satz 2 dienen der Klarstellung, dass der Auftraggeber Sicherheiten nur zurückhalten darf für Mängelansprüche, die er vor Ablauf der zwei Jahre bzw. vor dem vereinbarten Rückgabezeitpunkt **tatsächlich geltend gemacht hat**[569]. Nach der alten Fassung des Abs. 8 (hier war die Einschränkung nicht enthalten) konnte der Auftraggeber eine Sicherheit nach dem vereinbarten Rückgabetermin noch verwerten, obwohl die zugrundeliegenden Gewährleistungsansprüche bereits verjährt waren, wenn er die ihm zustehenden Ansprüche **in noch unverjährter Zeit angezeigt hatte**[570]. Dies gilt aber dann nicht, wenn Auftraggeber und Auftragnehmer ohne Mitwirkung des Bürgen die Gewährleistungsfrist nachträglich verlängern und die Mängel erst in der verlängerten Frist gerügt werden[571].

Der Bundesgerichtshof hat sich in seinem Urt. v. 9.7.2015[572] mit § 17 Abs. 8 Nr. 2 VOB in der Fassung ab 2002 befasst. Diese Regelung ist nach Auffassung des Bundesgerichtshofes dahingehend auszulegen, dass der Auftraggeber eine als Sicherheit für Mängelansprüche erhaltene Bürgschaft nach Ablauf der zweijährigen Sicherungszeit nicht mehr zurückhalten darf, wenn diese Mängelansprüche verjährt sind und der Auftragnehmer die Einrede der Verjährung erhebt. Diese Entscheidung bedeutet keine Änderung der Rechtsprechung zu den vorzitierten Urteilen aus 1993, weil durch die Neufassung der VOB 2002 ein anderer Sachverhalt zu beurteilen war. Die Parteien hatten von der Möglichkeit in § 13 Abs. 4 Nr. 1 VOB/B (2002) Gebrauch gemacht, die Regelfrist für die Verjährung von vier Jahren auf fünf Jahre zu verlängern. Gleichzeitig hatten sie die Rückgabefrist für die Gewährleistungsbürgschaft in § 17 Abs. 8 Nr. 2 Satz 1 VOB/B (2002) (zwei Jahre) unverändert übernommen. Der Auftraggeber hatte die Mängel,

---

[565] BGH, Urt. v. 26.3.2015 – VII ZR 92/14 = IBR 2015, 307.
[566] BGH, Urt. v. 6.2.2007 – VII ZR 125/06 = BauR 2008, 510 = NZBau 2008, 174; OLG Brandenburg, Urt. v. 30.4.2014 – 4 U 183/10 = NZBau 2014, 763, 764; a. A. OLG Oldenburg, Urt. v. 21.7.2000 – 2 U 124/00 = BauR 2002, 328.
[567] KG, Urt. v. 20.4.2004 – 27 U 333/03 = BauR 2004, 1463 = IBR 2004, 314.
[568] BGH, Urt. v. 26.3.2015 – VII ZR 92/14 = IBR 2015, 308.
[569] Vgl. OLG München, Urt. v. 6.11.2007 – 9 U 2387/07 = BauR 2008, 1326 = IBR 2009, 25.
[570] BGH, Urt. v. 21.1.1993 – VII ZR 127/91 = BauR 1993, 335, 336; BGH, Urt. v. 21.1.1993 – VII ZR 127/91 = BauR 1993, 337 f.; OLG Brandenburg, Urt. v. 30.4.2014 – 4 U 183/10 = NZBau 2014, 763, 764; OLG Düsseldorf, Urt. v. 6.2.2001 – 21 U 80/00 = IBR 2002, 477 (rechtskräftig, Revision vom BGH nicht angenommen, Beschl. v.2.5.2002 VII ZR 86/01); OLG Naumburg, Urt. v. 4.11.2002 – 4 U 146/02 = ZfBR 2003, 369 = BauRB 2003, 80 f.; OLG Dresden, Urt. v. 15.10.2002 – 9 U 0774/02 = BauR 2003, 111 ff.; *Ripke* – IBR 2006, 2 – ist der Auffassung, § 17 Abs. 8 VOB/B halte einer isolierten Inhaltskontrolle nicht stand und sei daher unwirksam; ebenso *Hahn* ZfBR 2009, 3; vgl. auch LG Halle, Urt. v. 8.7.2005 – 1 S 68/05 = IBR 2006, 393 sowie kritisch *Schmitz* IBR 2009, 25; offen gelassen von OLG Karlsruhe, Urt. v. 7.10.2014 – 19 U 18/13 = NJW Spezial 2015, 12 („Diese Frage ist im Erstprozess gegen den Bürgen auf erstes Anfordern nicht zu klären").
[571] OLG Köln, 13.10.2004 – 11 U 184/03 = BauR 2005, 1368 = IBR 2005, 371.
[572] BGH, Urt. v. 9.7.2015 – VII ZR 5/15 = NJW 2015, 2961 = NZBau 2015, 549 ff

wegen derer er sich auf ein Zurückbehaltungsrecht hinsichtlich der Gewährleistungsbürgschaft berufen hat, zwar während unverjährter Zeit schriftlich geltend gemacht, dies jedoch nach dem Rückgabezeitpunkt. Entscheidungsrelevant war, dass zum Zeitpunkt der Erhebung der Herausgabeklage die (bis dahin noch nicht erfüllten) Mängelansprüche verjährt waren. Der Senat hat in dieser Entscheidung herausgearbeitet, dass ein Auftraggeber berechtigt ist, eine Gewährleistungsbürgschaft zurückzubehalten, wenn Mängel vor Ablauf der zwei-Jahres-Rückgabefrist geltend gemacht worden sind. Dieses Zurückbehaltungsrecht endet, wenn die Mängelansprüche verjährt sind. Eine „Erstreckung" des Zurückbehaltungsrechts über die vereinbarte bzw. über die vierjährige Verjährungsfrist des § 13 Abs. 4 Satz 1 VOB/B (2002) hinaus scheidet aus. Der Senat verweist ausdrücklich auf die im Rahmen der Einführung der VOB/B 2002 vorgenommenen Änderungen zu § 17 Abs. 8 VOB/B. In der alten Fassung 1996 waren Sicherungszeitraum und Gewährleistungszeitraum identisch. Damit knüpfte § 17 Nr. 8 Satz 2 VOB/B (1996) wegen des Gleichlaufs der Fristen im Rückgabezeitpunkt für die Gewährleistungssicherheit an den Ablauf der Verjährungsfrist an. Durch die Änderung im Rahmen der Neufassung fallen Rückgabezeitpunkt und Ablauf der Verjährungsfrist auseinander. Nach dem (novellierten) Wortlaut von § 17 Abs. 8 Nr. 2 Satz 2 VOB/B knüpft die Möglichkeit eines Zurückbehaltungsrechts hinsichtlich der Gewährleistungssicherheit nicht mehr an den Ablauf der Verjährungsfrist an. Damit besteht ein Zurückbehaltungsrecht des Auftraggebers, wenn die (gesicherten) Mängelansprüche vor Ablauf der Rückgabefrist geltend gemacht worden sind. Dieses Zurückbehaltungsrecht endet jedenfalls dann, wenn hinsichtlich dieser Mängel Verjährung eingetreten ist und der Auftragnehmer sich hierauf beruft.

Wegen der in dieser Entscheidung eingetretenen Verjährung musste der VII. Senat nicht entscheiden, ob grundsätzlich gegenüber dem Herausgabeverlangen auch dann ein (bis zum Verjährungseintritt befristetes) Zurückbehaltungsrecht besteht, wenn Mängel nach Ablauf der Rückgabefrist, aber vor Ablauf der Verjährungsfrist geltend gemacht worden sind. Dies ist mit einer analogen Anwendung der §§ 215, 320, 273 BGB zu bejahen: Nach der Rechtsprechung des Bundesgerichtshofs[573] kommt ein Schuldner nicht in Verzug, wenn ihm ein Leistungsverweigerungsrecht (wegen Mängeln) zusteht. Es ist nicht erforderlich, dass diese Ansprüche geltend gemacht worden sind. Das Bestehen einer „Zurückbehaltungslage" ist ausreichend. Auch dieses Zurückbehaltungsrecht endet mit Eintritt der Verjährung.

Auch nach Ablauf der Gewährleistungsfrist hat der Auftraggeber Anspruch auf Stellung einer vertraglich vereinbarten Gewährleistungssicherheit hinsichtlich der Mängelansprüche, die vor Ablauf der Verjährungsfrist geltend gemacht worden sind[574]. Der Einbehalt einer Sicherheit gemäß § 17 Abs. 8 VOB/B setzt nach Eintritt des vereinbarten Rückgabezeitpunkts voraus, dass zuvor ein **konkretes Beseitigungsverlangen** erhoben worden ist. Eine **Streitverkündung** ersetzt ein solches **nicht**[575].

Die 2002 vorgenommene Klarstellung war notwendig, da die Rechtsprechung dieses Erfordernis früher aus einer Analogie zu § 478 BGB ableitete, indem sie die Sicherheiten dem Zurückbehaltungsrecht am Kaufpreis gleichstellte. Nach Wegfall des § 478 BGB bestehen Zweifel, ob diese Rechtsprechung aufrechterhalten wird. Es sollte durch die Neufassung daher vermieden werden, dass der Auftraggeber eine Sicherheit länger als vereinbart bzw. länger als zwei Jahre behält und für nach diesem Zeitpunkt auftretende Mängel verwertet. Der Auftraggeber, der die Sicherheit länger als vereinbart behält, soll aus diesem vertragswidrigen Verhalten keinen Vorteil ziehen können, wenn später noch Mängel auftreten[576].

§ 18 Streitigkeiten

(1) **Liegen die Voraussetzungen für eine Gerichtsstandsvereinbarung nach § 38 Zivilprozessordnung vor, richtet sich der Gerichtsstand für Streitigkeiten aus dem Vertrag nach dem Sitz der für die Prozessvertretung des Auftraggebers zuständigen Stelle, wenn nichts anderes vereinbart ist. Sie ist dem Auftragnehmer auf Verlangen mitzuteilen.**

(2) 1. **Entstehen bei Verträgen mit Behörden Meinungsverschiedenheiten, so soll der Auftragnehmer zunächst die der auftraggebenden Stelle unmittelbar vorgesetzte Stelle anrufen. Diese soll dem Auftragnehmer Gelegenheit zur mündlichen Aus-**

---

[573] BGH, Urt. v. 28.3.1996 – VII ZR 228/94 = NJW-RR 1996, 853 m. w. N.
[574] OLG Nürnberg, Urt. v. 30.9.2004 – 13 U 2351/03 = IBR 2005, 535.
[575] OLG Oldenburg, Urt. v. 10.2.2004 – 2 U 94/03 = BauR 2004, 1464 = IBR 2004, 199.
[576] Vgl. Beschl. des DVA vom 2.5.2002 zur Änderung und Einführung der VOB/B 2002.

sprache geben und ihn möglichst innerhalb von 2 Monaten nach der Anrufung schriftlich bescheiden und dabei auf die Rechtsfolgen des Satzes 3 hinweisen. Die Entscheidung gilt als anerkannt, wenn der Auftragnehmer nicht innerhalb von 3 Monaten nach Eingang des Bescheides schriftlich Einspruch beim Auftraggeber erhebt und dieser ihn auf die Ausschlussfrist hingewiesen hat.
2. Mit dem Eingang des schriftlichen Antrages auf Durchführung eines Verfahrens nach Absatz 1 wird die Verjährung des in diesem Antrag geltend gemachten Anspruchs gehemmt. Wollen Auftraggeber oder Auftragnehmer das Verfahren nicht weiter betreiben, teilen sie dies dem jeweils anderen Teil schriftlich mit. Die Hemmung endet 3 Monate nach Zugang des schriftlichen Bescheides oder der Mitteilung nach Satz 2.
(3) Daneben kann ein Verfahren zur Streitbeilegung vereinbart werden. Die Vereinbarung sollte mit Vertragsabschluss erfolgen.
(4) Bei Meinungsverschiedenheiten über die Eigenschaft von Stoffen und Bauteilen, für die allgemein gültige Prüfungsverfahren bestehen, und über die Zulässigkeit oder Zuverlässigkeit der bei der Prüfung verwendeten Maschinen oder angewendeten Prüfungsverfahren kann jede Vertragspartei nach vorheriger Benachrichtigung der anderen Vertragspartei die materialtechnische Untersuchung durch eine staatliche oder staatlich anerkannte Materialprüfungsstelle vornehmen lassen; deren Feststellungen sind verbindlich. Die Kosten trägt der unterliegende Teil.
(5) Streitfälle berechtigen den Auftragnehmer nicht, die Arbeiten einzustellen.

Schrifttum: *Diehr*, Die Arbeitseinstellung wegen nicht rechtzeitiger Zahlung im VOB-Vertrag im Licht der vertraglichen Kooperation ZfBR 2013, 107; *Englert*, Die Zuständigkeits-Falle des § 18 Nr. 1 VOB Teil B, BauR 1995, 774; *Englert*, Wahlgerichtsstand Erfüllungsort, Justizentlastung und Verwaltungspraxis in Bausachen: DVA und Gesetzgeber gefordert, NZBau 2004, 360; *Englert*, Streitlösung – quo vadis? BauR 2016, 458 – *Englert/ Rutsatz*, Gerichtsstandsregelung des § 18 Nr. 1 VOB/B auch für private Auftraggeber?, NZBau 2002, 22; *Grams/Stassen*, Zur Kooperationspflicht des Auftragnehmers gemäß § 2 Nr. 5 VOB/B 2002 bei Mehrkosten, BauR 2003, 943; *Hammacher*, Die Konfliktlösung durch die VOB/B-Stelle nach § 18 II VOB/B – Praxis und Verbesserungspotentiale NZBau 2012, 335; *Hammacher*, Öffentlicher Auftraggeber und außergerichtliche Streitbeilegung am Beispiel der VOB/B-Stelle nach § 18 Abs. 2, 3 VOB/B SchiedsVZ 2015, 95; *Heiliger*, § 18 Nr. 1 VOB/B nur bei öffentlichen Auftraggebern anwendbar! IBR 2009, 244 – Institut für Baurecht Freiburg i. Br. e. V. Empfehlungen an den DVA zur Überarbeitung der VOB/B, BauR 1999, 699; *Kapellmann*, Partnerring – Ein neues Vertragsmodell?, Festschrift Motzke, S. 161; *Kapellmann*, Bauprozesse als unabänderliches Ärgernis? NZBau 2016, 67; *Kimmich*, Leistungsverweigerungsrecht des Auftragnehmers bei streitigen Nachträgen BauR 2009, 1494; *Kniffka*, Irrungen und Wirrungen in der Rechtsprechung des Bundesgerichtshofs zur Auslegung von Bauverträgen, BauR 2015, 1893; *Kohlhammer*, Die grundsätzliche Verpflichtung des Auftragnehmers, seine Leistung auch dann auszuführen, wenn Streit über die Vergütung herrscht, kann nicht dadurch umgangen werden, dass über § 648 a BGB eine Arbeitseinstellung konstruiert wird, BauR 2003, 1263; *Kues/Kaminsky*, Druck auf den Auftraggeber: Leistungsverweigerungsrechte des Auftragnehmers bei Streitigkeiten im Zusammenhang mit Nachträgen, BauR 2008, 1368; *Lembcke*, § 18 Nr. 2 VOB/B 2006 – Widerspruch zwischen dogmatischer und praktischer Handhabung!, IBR 2010, 1434 (nur online); *Lembcke*, Dispute Adjudication – Vorbild für die Konfliktbewältigung in Deutschland, NZBau 2007, 273; *Lembcke*, Braunschweiger Baubetriebsseminar 2007 des Institutes für Bauwirtschaft und Baubetrieb (IBB) – Streitvermeidung und Streitbeilegung: Etablierte Verfahren und neue Wege, BauR 2007, 939; *Lembcke*, Rechtsnatur des Verfahrens mit der vorgesetzten Stelle nach § 18 Nr. 2 VOB/B BauR 2009, 1666; *Lembcke*, Aktuelle Entwicklungen bei der Alternativen Streitbeilegung im Baurecht NJW 2013, 1704; *Lembcke*, Handbuch Baukonfliktmanagement 2013; *Liepe*, Nachbeauftragung lediglich dem Grunde nach?, BauR 2003, 320; *Merkens*, Außergerichtliche Streiterledigung nach § 18 VOB/B, NZBau 2008, 150; *Papier/Schröder*, Verfassungskonformität der Adjudikation in Bausachen ZfBR 2013, 731; *Pauly*, Zum Leistungsverweigerungsrecht des Werkunternehmers im Falle des Scheiterns von Nachtragsverhandlungen BauR 2012, 851; *Rutsatz*, Örtliche Zuständigkeit nach § 18 1 VOB/B BauR 1998, 692; *Vygen*, Leistungsverweigerungsrecht des Auftragnehmers bei Änderungen des Bauentwurfs gemäß § 1 Nr. 3 VOB/B oder Anordnung von zusätzlichen Leistungen gemäß § 1 Nr. 4 VOB/B?, BauR 2005, 431.

Übersicht

	Rn.
A. Überblick	1
B. Erörterung	2
I. Gerichtsstandsvereinbarung	2
1. Geltungsbereich	2

2. Einbeziehung in den Vertrag	3
3. Voraussetzungen	4
4. Rechtswirkungen	8
a) Gerichtsstandsvereinbarung über örtliche Zuständigkeit	9
b) Abweichende Vereinbarungen	15
5. Mitteilungsverpflichtung des Auftraggebers	16
II. Meinungsverschiedenheiten mit Behörden	17
1. Geltungsbereich	18
2. Verfahren	19
a) Anrufung der vorgesetzten Stelle	19
b) Mündliche Aussprache und Bescheidung	21
c) Verjährung	23
3. Rechtswirkungen	24
III. Vereinbarung eines Verfahrens zur Streitbeilegung	29
IV. Schiedsgutachten bei Meinungsverschiedenheiten über die Eigenschaft von Stoffen und Bauteilen	30
1. Geltungsbereich	31
2. Einbeziehung in den Vertrag	34
3. Verfahren	35
4. Rechtswirkungen	37
a) Umfang der Verbindlichkeit der Feststellungen	38
b) Kosten	39
V. Arbeitseinstellung	40
1. Geltungsbereich	41
2. Einbeziehung in den Vertrag	42
3. Rechtswirkungen	43

A. Überblick

Gegenüber der vor der VOB/B 2000 gültigen Fassung ist § 18 VOB/B trotz kritischer Empfehlungen an den Verdingungsausschuss[1] weitgehend unverändert geblieben. In Hinsicht auf die Novelle des BGB durch das Gesetz zur Modernisierung des Schuldrechts hat der Vorstand des Deutschen Vergabe- und Vertragsausschusses am 2.5.2002 in § 18 Nr. 2 VOB/B a. F. (jetzt § 18 Abs. 2 VOB/B) die **Hemmung der Verjährung** für die Dauer des Verfahrens nach § 18 Abs. 2 VOB/B geregelt. § 18 VOB/B enthält formale und inhaltliche Regelungen zu „Streitigkeiten" (im Text als „Meinungsverschiedenheiten" bezeichnet) zwischen Auftraggeber und Auftragnehmer. § 18 Abs. 1 VOB/B enthält eine Gerichtsstandsvereinbarung (örtliche Zuständigkeit), deren Geltungsbereich umstritten ist. § 18 Abs. 2 VOB/B regelt die Berechtigung des Auftragnehmers, bei Meinungsverschiedenheiten aus Verträgen mit Behörden die unmittelbar vorgesetzte Stelle anzurufen, die nach einem formalen Verfahren einen Bescheid erteilt, der Rechtswirkungen entfaltet, Meinungsverschiedenheiten also endgültig ausräumen soll. Mit dem Eingang des Antrages auf Durchführung des Verfahrens wird die Verjährung der in dem Antrag geltend gemachten Ansprüche gehemmt. Neu eingefügt wurde auf Beschluss des Verdingungsausschusses vom 27.6.2004 § 18 Nr. 3 VOB/B a. F. (heute § 18 Abs. 3 VOB/B) mit der **Empfehlung,** mit Vertragsabschluss ein Verfahren zur Streitbeilegung zu vereinbaren. Bei Meinungsverschiedenheiten über die Eigenschaft von Stoffen und Bauteilen sieht § 18 Abs. 4 VOB/B ein Schiedsverfahren mit verbindlichem Ergebnis vor. § 18 Abs. 5 VOB/B regelt grundsätzlich die fehlende Berechtigung des Auftragnehmers, bei „Streitfällen" die Arbeiten einzustellen.

B. Erörterung

I. Gerichtsstandsvereinbarung

1. Geltungsbereich. Wenn die Voraussetzungen für eine Gerichtsstandvereinbarung nach § 38 ZPO vorliegen, richtet sich der Gerichtsstand für Streitigkeiten aus dem Vertrag nach dem Sitz der für die **Prozessvertretung des Auftraggebers zuständigen Stelle** (vgl. Rdn. 7), wenn nichts anderes vereinbart ist. Umstritten ist, ob diese Gerichtsstandsvereinbarung auch für

---

[1] Institut für Baurecht Freiburg i. Br. e. V. BauR 1999, 699.

private Auftraggeber gilt. Der BGH hat in seinem Beschluss vom 29.1.2009[2] bekräftigt, dass nach seiner Auffassung § 18 Nr. 1 VOB/B nach seiner Entstehungsgeschichte und nach seinem Sinn und Zweck für private Auftraggeber nicht anwendbar sein soll[3]. In der Literatur wird die gleiche Auffassung mit der Annahme vertreten, dass es für private Auftraggeber keine für die Prozessvertretung „zuständige Stelle" geben soll[4]. Der Beschluss wird zunehmend als endgültige Klärung dieser Rechtsfrage zitiert, wobei übersehen wird, dass beide Vorinstanzen (Landgericht und Oberlandesgericht Dresden) eine andere Auffassung vertreten haben und die dagegen gerichtete Rechtsbeschwerde im Ergebnis von dem BGH zurückgewiesen wurde, der BGH in dem Beschluss also zu dieser Frage keine Entscheidung getroffen hat. Der Hinweis auf die Entstehungsgeschichte von § 18 Nr. 1 VOB/B dürfte so nicht zwingend sein, da § 18 Nr. 1 VOB/B in den letzten Jahren häufiger geändert wurde, ohne dass eine ausdrückliche Beschränkung auf öffentliche Auftraggeber für notwendig erachtet wurde. Übersehen wird dabei auch, dass § 18 Abs. 1 VOB/B § 38 ZPO **umfassend** in Bezug nimmt, bei Vorliegen dieser Voraussetzungen die Gerichtsstandsvereinbarung also gelten soll. Bei anderer Betrachtungsweise hätte in § 18 Abs. 1 VOB/B der Zusatz aufgenommen werden müssen, dass die Gerichtsstandsvereinbarung nur bei öffentlichen Arbeitgebern gilt. Hinzu kommt, dass § 18 VOB/B selbst differenziert und das Verfahren nach § 18 Abs. 2 VOB/B ausdrücklich nur bei **Meinungsverschiedenheiten bei Verträgen mit Behörden** (also öffentlichen Auftraggebern) eröffnet ist und dort **die vorgesetzte Stelle** der auftraggebenden Stelle angerufen werden kann. Der Hinweis darauf, dass es bei privaten Auftraggebern eine „zuständige Stelle" nicht geben soll, trägt auch nicht dem Umstand Rechnung, dass gerade bei größeren Auftraggebern die Unternehmensverwaltung dezentralisiert wird, indem **Zweigniederlassungen** oder **Außenstellen** unterhalten werden, an denen die rechtlichen Angelegenheiten des Unternehmens bereichsweise oder für den gesamten Unternehmensbereich bearbeitet werden. Rechtsangelegenheiten werden auch auf Tochter- oder Schwesterunternehmen oder sonstige mit einer Unternehmensgruppe verbundene Unternehmen übertragen[5]. Schließlich wird zu Recht darauf hingewiesen, dass **jeder private Auftraggeber** im Rahmen des § 38 ZPO **Gerichtsstandsvereinbarungen treffen kann**[6], was auch für die formularmäßige Vereinbarung des Sitzes des Auftraggebers als Gerichtsstand gilt[7]. Der Hinweis auf die Entstehungsgeschichte greift auch deshalb zu kurz, weil es hier um die Frage der Vereinbarung von Allgemeinen Geschäftsbedingungen (VOB/B) geht, was den Parteien frei steht. Da also – anders als in § 18 Abs. 2 VOB/B – eine Beschränkung auf öffentliche Auftraggeber nicht vorliegt, für eine einschränkende Auslegung auch kein Bedürfnis besteht, **gilt § 18 Abs. 1 VOB/B auch bei privaten Auftraggebern**[8].

2. Einbeziehung in den Vertrag. Da beim Bauvertrag die formularmäßige Vereinbarung des Sitzes des Auftraggebers als Gerichtsstand zulässig ist[9], hält die Gerichtsstandsklausel der Inhaltskontrolle nach § 307 BGB stand, und zwar ungeachtet der Frage, ob die VOB/B „als Ganzes" vereinbart wird[10], wobei diese Differenzierung in Anbetracht dessen, dass die Einbeziehung der VOB/B „als Ganzes" ohnehin nicht privilegiert ist[11], also auch für diesen Fall der vollen Inhaltskontrolle anhand der §§ 305 ff. BGB unterliegt, nicht von Bedeutung ist.

Auch bei Vereinbarung der VOB/B können die Parteien eine **andere Gerichtsstandsvereinbarung** treffen, etwa – individuell – in dem Bauvertrag selbst, oder über die Einbeziehung anderer **Allgemeiner Geschäftsbedingungen.** Grenze dessen ist die Unklarheitenregel des §§ 305 c BGB. Voraussetzung dafür ist die **Prorogationsfähigkeit** der Vertragsparteien (§ 38

---

[2] NZBau 2009, 309; IBR 2009, 244 mit Anmerkung *Heiliger*
[3] BGH NJW 1985, 290; OLG Brandenburg BauR 1997, 1071; OLG Hamm IBR 2016, 197
[4] *Mansfeld* in Heiermann/Riedl/Rusam VOB/B § 18 Rdn. 1 f.; *Englert* BauR 1995, 774; *Rutsatz/Englert* NZBau 2002,22
[5] LG Köln BauR 2000, 143.
[6] OLG Frankfurt NJW-RR 1999, 604.
[7] OLG Stuttgart BauR 1999, 683.
[8] LG Stralsund BauR 2000, 1532; LG Magdeburg BauR 2000, 925; OLG Frankfurt NJW-RR 1999, 604; LG Rostock BauR 1997, 696; *Leinemann/Franz* VOB/B § 18 Rdn. 24; *Joussen* in Ingenstau/Korbion VOB/B § 18 Rdn. 19; *Merkens* NZBau 2008, 150; a. A. OLG Brandenburg NJW-RR 1997, 1518; OLG Hamm IBR 2016, 1097; *Rutsatz/Englert* NZBau 2002, 22; *Heiliger* IBR 2009, 244; Werner/Pastor Rdn. 416; *Kaminsky* in NWJS VOB/B § 18 Rdn. 11.
[9] OLG Stuttgart BauR 1999, 683.
[10] OLG Oldenburg NJW-RR 1996, 1486 (zu § 9 AGBG); LG Kaiserslautern BauR 2014, 308; LG Dessau-Roßlau IBR 2008, 131 mit Anmerkung *Bolz*.
[11] Näher dazu VOB/B Einleitung Rdn. 75.

ZPO). Unzulässig sind Gerichtstandsvereinbarungen, in denen ohne jeden Bezug zu einer der Vertragsparteien bzw. dem Bauvorhaben andere Gerichtsstände vorgesehen werden oder in denen bei Vorliegen eines gemeinsamen gesetzlichen Gerichtsstands, ein davon abweichender Gerichtsstand festgelegt wird. Diese Klauseln sind überraschend und werden nicht Vertragsbestandteil, § 305 c Abs. 1 BGB[12]. Eine andere Vereinbarung im Sinne von § 18 Abs. 1 VOB/B sind schließlich die in der Baupraxis immer mehr an Bedeutung gewinnenden Schiedsgerichtsvereinbarungen, durch die Streitigkeiten der Zuständigkeit der staatlichen Gerichte entzogen werden können, vgl. auch § 8 VOB/A.

3. Voraussetzungen. Die Gerichtsstandvereinbarung nach § 18 Abs. 1 VOB/B ist nur dann wirksam, wenn die **Voraussetzungen von § 38 ZPO** vorliegen. Aus § 38 ZPO ergibt sich das grundsätzliche Verbot von Gerichtsstandvereinbarungen, die nur in beschränktem Umfang zulässig sein sollen[13]. Diese allgemeine Verweisung auf § 38 ZPO ist missglückt. So regelt § 38 Abs. 3 Nr. 1 ZPO die Zulässigkeit einer Gerichtsstandvereinbarung, die **nach** dem Entstehen der Streitigkeit ausdrücklich und schriftlich getroffen wird. Sollte § 18 Abs. 1 VOB/B daneben wirksam vereinbart sein, käme diesem Gerichtsstand auf Grund des dann vorliegenden Vorrangs der Individualabrede keine eigenständige Bedeutung mehr zu, § 305 b BGB. Entsprechendes gilt für § 38 Abs. 3 Nr. 2 ZPO, der den Fall regelt, dass die im Klageweg in Anspruch zu nehmende Partei nach Vertragsschluss ihren Wohnsitz oder gewöhnlichen Aufenthaltsort aus dem Geltungsbereich der ZPO verlegt oder der Wohnsitz bzw. gewöhnliche Aufenthaltsort im Zeitpunkt der Klageerhebung nicht bekannt ist. § 38 Abs. 2 ZPO regelt die Gerichtsstandsvereinbarung für den Fall, dass mindestens eine der Vertragsparteien keinen allgemeinen Gerichtsstand im Inland hat. Die Vereinbarung muss **schriftlich** abgeschlossen oder zumindest **schriftlich bestätigt** werden. Wenn diese Voraussetzungen vorliegen, greift wiederum der Vorrang der Individualabrede gemäß § 305 b BGB ein.

Die Verweisung kann damit **nur § 38 Abs. 1 ZPO** zum Gegenstand haben, in dem geregelt ist, **welche Parteien** grundsätzlich eine Gerichtsstandvereinbarung ausdrücklich oder stillschweigend treffen können. Nach der seit dem 1.7.1998 geltenden Fassung sind dies Kaufleute, juristische Personen des öffentlichen Rechts oder öffentlich-rechtliche Sondervermögen. Kaufmann ist, wer ein **Handelsgewerbe** betreibt. **Handelsgewerbe** ist **jeder Gewerbebetrieb,** es sei denn, dass das Unternehmen nach Art und Umfang einen in kaufmännischer Weise eingerichteten Geschäftsbetrieb nicht erfordert. Für die älteren Verträge ist zu beachten, dass in der bis dahin geltenden Fassung die unter § 4 HGB a. F. bezeichneten Gewerbetreibenden keine Gerichtsstandvereinbarung treffen konnten. Von Bedeutung ist dies bei kleineren/mittelständischen Handwerksunternehmen, die keine Grundhandelsgewerbe im Sinne des § 1 HGB a. F. betrieben und auch nicht kraft Rechtsform Kaufmann waren. In diesen „Altfällen" greift wegen Nichtvorliegens der Voraussetzungen des § 38 Abs. 1 ZPO a. F. auch die Gerichtsstandvereinbarung nach § 18 Abs. 1 VOB/B nicht ein.

Beim Bauvertrag werden die Voraussetzungen von § 38 Abs. 1 ZPO in der seit dem 1.7.1998 geltenden Fassung regelmäßig vorliegen, weil seitdem auch **Bauunternehmen kraft Gesetzes** und nicht erst kraft Eintragung in das Handelsregister oder kraft Rechtsform (§§ 5, 6 HGB) **Kaufleute** sind, da diese einen Gewerbebetrieb und damit ein Handelsgewerbe im Sinne von § 1 HGB betreiben. Da damit beim Bauvertrag in aller Regel Kaufleute, juristische Personen des öffentlichen Rechts oder öffentlich rechtliche Sondervermögen beteiligt sind, wird sich in den meisten Fällen die **Zuständigkeit für Streitigkeiten aus dem Vertrag nach § 18 Abs. 1** richten, wenn nichts anderes vereinbart ist.

Dies gilt auch dann, wenn der Auftragnehmer eine ARGE ist, deren Gesellschafter ihrerseits ein Handelsgewerbe betreiben und damit die Kaufmannseigenschaft erfüllen. Dies ist unbestritten, wenn die ARGE gesellschaftsrechtlich als offene Handelsgesellschaft gem. § 124 HGB angesehen wird und damit ohne weiteres als Kaufmann gilt[14]. Für solche Zusammenschlüsse wird auch die Einordnung als Gesellschaft bürgerlichen Rechts (GbR) vertreten, da die ARGE einen nur vorübergehenden Zweck erfüllt. Bei der Abgrenzung wird in der Rechtsprechung zum Teil auf die Auftragssumme abgestellt[15], wobei die Auftragssumme allein als Abgrenzungskriterium un-

---

[12] KG Berlin BauR 2000, 1092; OLG Köln ZIP 1989, 1068; *Joussen* in Ingenstau/Korbion VOB/B § 18 Rdn. 47, 48; *Franz* in Leinemann VOB/B § 18 Rdn. 33.
[13] *Thomas/Putzo* ZPO, § 38 Rdn. 1.
[14] LG Frankfurt/Main IBR 2012, 1251 (nur online); LG Fulda IBR 2012, 1252 (nur online); *Franz* in Leinemann VOB/B § 18 Rdn. 14.
[15] OLG Dresden IBR 2002, 195; OLG Frankfurt IBR 2005, 542.

geeignet ist. Die Bau-ARGE ist immer in nachhaltiger Gewinnerzielungsabsicht tätig, sodass eine differenzierte Betrachtung in den Fällen, in denen alle Gesellschafter die Kaufmannseigenschaften erfüllen, nicht überzeugt, § 18 VOB/B also auch für die Bau-ARGE gilt[16].

8 **4. Rechtswirkungen.** Liegen die Voraussetzungen vor, bestimmt § 18 Abs. 1 VOB/B als Gerichtsstand für Streitigkeiten aus dem Vertrag die **für den Auftraggeber zuständige Stelle.**

a) Gerichtsstandsvereinbarung über örtliche Zuständigkeit. Der Sitz von **öffentlichen Auftraggebern** ist im Einzelfall festzustellen. Er wird in der Regel mit dem Sitz der Stelle übereinstimmen, die im Rahmen der Vertragsverhandlungen aufgetreten, den Zuschlag oder den Auftrag erteilt hat. In Zweifelsfällen **hat der Auftraggeber** auf Befragen **die zuständige Stelle** dem Auftragnehmer **mitzuteilen,** § 18 Abs. 1 Satz 2 VOB/B. Kommt der Auftraggeber dieser Verpflichtung nicht nach, wäre der Auftragnehmer grundsätzlich darauf zu verweisen, zur Vorbereitung des Klageverfahrens vor dem zuständigen Gericht den Auftraggeber zunächst auf Auskunft gerichtlich in Anspruch zu nehmen. Hier steht der Auftragnehmer vor dem Problem, dass auch die Geltendmachung des Auskunftsanspruchs eine Streitigkeit aus dem Vertrag im Sinne von § 18 Abs. 1 Satz 1 VOB/B ist, also auch für die Auskunftserteilung die zuständige Stelle in Anspruch genommen werden muss. Der Auftragnehmer hat aber dann, wenn der Auftraggeber trotz Fristsetzung seiner Verpflichtung zur Mitteilung nicht nachkommt, einen Schadensersatzanspruch (§ 280 Abs. 1 Satz 1 BGB), damit Anspruch auf Ersatz der Kosten, die ihm entstehen, um die zuständige Stelle selber zu ermitteln. In der Praxis ist dem Auftragnehmer zu raten, nach sachgerechter Prüfung des Sitzes der zuständigen Stelle an diesem Sitz die Klage einzureichen. Sollte unter Berufung auf § 18 Abs. 1 VOB/B der Auftraggeber die Unzuständigkeit zu Recht rügen und im Zuge dessen die zuständige Stelle (und damit das an sich zuständige Gericht) benennen, schuldet der Auftraggeber Schadensersatz gem. § 280 Abs. 1 Satz 1 BGB, hier also die zusätzlichen Kosten des Auftragnehmers für die Anrufung des unzuständigen Gerichts[17].

9 Auch bei **privaten Auftraggebern** kann es eine für den Vertrag „zuständige Stelle" geben (Rdn. 2). Für die Mitteilungspflicht gilt Entsprechendes wie für öffentliche Auftraggeber.

10 Zweifelhaft ist, ob bei weiteren gesetzlichen Gerichtsständen § 18 Abs. 1 VOB/B nur einen **zusätzlichen** Gerichtsstand mit entsprechender **Wahlmöglichkeit** für die Vertragsparteien vorsieht. Welchen Umfang eine Gerichtsstandsvereinbarung haben soll, ist im Einzelfall durch Auslegung zu ermitteln[18]. Im Ergebnis erfasst § 18 Abs. 1 VOB/B **alle** Aktiv- und Passivprozesse, so dass **andere Zuständigkeiten** staatlicher Gerichte **ausscheiden.** Bei öffentlichen Auftraggebern ist dies mit der besonderen Interessenlage begründet, weil bei öffentlichen Auftraggebern sowohl die Aktivprozesse des Auftraggebers als auch die Passivprozesse gegen ihn bei dem für seinen Sitz, bzw. den Sitz der ihn im Prozess vertretenen Stelle zuständigen Gericht konzentriert werden sollen. Im Interesse eines reibungslosen Verwaltungsablaufs bei öffentlichen Auftraggebern ist dies von dem Auftragnehmer hinzunehmen[19]. Diese Grundsätze sind für private Auftraggeber entsprechend anzuwenden, so dass durch § 18 Abs. 1 VOB/B andere Gerichtsstände, auch der Gerichtsstand des Erfüllungsortes, der in der Regel am Ort des Bauwerks liegt, **ausgeschlossen** werden[20]. Für private Auftraggeber wird auch die Auffassung vertreten, § 18 Abs. 1 VOB/B sei als **Derogationsvereinbarung** mit der Folge auszulegen, dass der Gerichtsstand des Erfüllungsortes (= Ort des Bauwerks) ausgeschlossen wird[21]. § 18 Abs. 1 VOB/B unterscheidet nicht zwischen privaten und öffentlichen Auftraggebern. Allein deshalb ist für diese differenzierte Bewertung kein Raum, zumal im Ergebnis andere Gerichtsstände auch nach der differenzierten Auslegung nicht gegeben sind[22].

11 Die Gerichtsstandsvereinbarung in § 18 Abs. 1 VOB/B betrifft „Streitigkeiten aus dem Vertrag". Erfasst sind damit zunächst Streitigkeiten über die wechselseitigen Rechte und Pflichten,

---

[16] BGH NJW 2001, 1056; LG Frankfurt/Main IBR 2012, 1251 (nur online); LG Fulda IBR 2012, 1252 (nur online); *Joussen* in Ingenstau/Korbion VOB/B § 18 Abs. 2 Rdn. 9; *Leinemann/Franz* VOB/B § 18 Rdn. 14.
[17] *Kaminsky* in NWJS VOB/B § 18 Rdn. 18; *Joussen* in Ingenstau/Korbion VOB/B § 18 Abs. 1 Rdn. 41; *Franz* in Leinemann VOB/B § 18 Rdn. 26.
[18] *Zöller/Vollkommer* ZPO, § 38 Rdn. 2, 14.
[19] BGH NJW 1985, 2090.
[20] LG Dessau – Rosslau BauR 2008, 567 = IBR 2008, 131 mit Anmerkung *Bolz;* OLG Frankfurt NJW-RR 1999, 604; OLG Stuttgart BauR 1999, 683; Werner/Pastor Rdn. 416.
[21] Vgl. *Rutsatz* BauR 1998, 692.
[22] *Rutsatz* BauR 1998, 692.

die **unmittelbar aus dem Vertrag** resultieren, etwa der Anspruch des Auftraggebers auf Erbringung der Bauleistung durch den Auftragnehmer und der Vergütungsanspruch des Auftragnehmers. Dabei ist eine **weite Auslegung** geboten, die die typischen Streitigkeiten in Zusammenhang mit Bauverträgen erfasst. Genannt seien hier nur Ansprüche des Auftragnehmers auf gesonderte Vergütung, Nachträge, Behinderungsfolgen etc., sowie Ansprüche des Auftraggebers in Zusammenhang mit einer vorzeitigen Beendigung des Bauvertrages. Ausreichend ist, dass die Streitigkeit **in Zusammenhang** mit dem Bauvertrag steht[23]. Dazu gehören auch außervertragliche Ansprüche (Geschäftsführung ohne Auftrag, ungerechtfertigte Bereicherung)[24].

Zu beachten ist, dass § 18 Abs. 1 VOB/B nicht für das **Mahnverfahren** gilt. Für den Erlass des Mahnbescheids ist **ausschließlich** das Amtsgericht zuständig, bei dem der Antragsteller seinen allgemeinen Gerichtsstand hat, § 699 Abs. 2 Satz 1 ZPO. Gemäß § 40 Abs. 1 ZPO unterliegen ausschließliche Gerichtsstände nicht einer Gerichtsstandsvereinbarung.

Geregelt ist nur die **örtliche Zuständigkeit**. Während die Vorschriften der ZPO über die örtliche Zuständigkeit zugleich die internationale Zuständigkeit regeln, gilt dies für § 18 Abs. 1 VOB/B nicht[25]. Die VOB/B soll nicht einen Vertragsteil privilegieren, sondern die wechselseitigen Rechte/Pflichten aus dem Bauvertrag ausgewogen regeln. Würde § 18 Abs. 1 VOB/B auch als Regelung für die internationale Zuständigkeit verstanden, müsste der Auftragnehmer bei einem Auftraggeber, der seinen Sitz im Ausland hat, Streitigkeiten aus dem Vertrag vor die ausländischen Gerichte bringen. Es würde ausländisches Prozessrecht gelten. Der Auftragnehmer müsste einen ausländischen Prozessbevollmächtigten mit entsprechenden Kosten beauftragen. Dies ist einem inländischen Auftragnehmer nicht zumutbar[26].

Wenn die Voraussetzungen des § 38 ZPO nicht vorliegen, gilt § 18 Abs. 1 VOB/B nicht. In diesen Fällen verbleibt es bei den allgemeinen Regeln. Sowohl der Auftraggeber als auch der Auftragnehmer können Ansprüche dann bei dem allgemeinen Gerichtsstand des Vertragspartners geltend machen (§ 13 ff. ZPO). Daneben ist in der Regel der Ort des Bauwerks maßgeblich, weil beim Bauwerkvertrag Erfüllungsort für die wechselseitigen Rechte und Pflichten beider Seiten der Ort des Bauwerks ist[27]. Auch dann wird nur die **örtliche Zuständigkeit** geregelt. Bei einem ausländischen Vertragspartner, der seinen Sitz im Hoheitsgebiet eines Mitgliedsstaates der EU hat, ergibt sich als Gerichtsstand in der Regel das Gleiche über Art. 5 Nr. 1 EuGVVO, der einen selbstständigen Erfüllungsortbegriff enthält. Erfüllungsort und damit Gerichtsstand ist danach der Ort in einem Mitgliedstaat, „an dem Dienstleistungen nach dem Vertrag erbracht worden sind oder hätten erbracht werden müssen", wobei unter Dienstleistungen in diesem Sinne auch Bauleistungen zu zählen sind[28]. Schließlich ist daran zu denken, dass es den Vertragspartnern in den Grenzen des § 38 ZPO freisteht, andere Gerichtsstandsvereinbarungen zu treffen.

b) Abweichende Vereinbarungen. Vor allem bei größeren Bauvorhaben und bei internationalem Bezug setzt sich zunehmend durch, anstelle der Zuständigkeit der staatlichen Gerichte **Schiedsverfahren** zu vereinbaren (§ 1025 ff. ZPO). Für diese Streitigkeiten, die grundsätzlich nicht vor den staatlichen Gerichten auszutragen wären, gilt § 18 Abs. 1 VOB/B nicht[29]. Immer ist zu beachten, dass für **Arrest- und einstweilige Verfügungsverfahren** besondere Regelungen gelten. Durch diese Verfahren wird dem Anspruchsteller **vorläufiger Rechtsschutz** gewährt. Zwar finden grundsätzlich auch dann die für das ordentliche Erkenntnisverfahren geltenden Vorschriften Anwendung, jedoch unterliegen die Gerichtsstände der §§ 919, 937 Abs. 1 ZPO nicht der Prorogation, weil es sich um ausschließliche Gerichtsstände handelt, § 802 ZPO. Damit gilt für ein sich anschließendes oder parallel geführtes Hauptsacheverfahren zwar nach wie vor § 18 Abs. 1 VOB/B, jedoch besteht die Möglichkeit, etwa über § 919 ZPO (Belegenheit der Sache) im einstweiligen Verfügungsverfahren die örtliche Zuständigkeit an einem anderen

---

[23] *Kölbl* in Beck'scher VOB-Kommentar VOB/B § 18 Abs. 1 Rdn. 21, 22; *Joussen* in Ingenstau/Korbion VOB/B § 18 Abs. 1 Rdn. 40.
[24] OLG Stuttgart BauR 1996, 149; *Joussen* in Ingenstau/Korbion VOB/B § 18 Abs. 1 Rdn. 40.
[25] BGH BauR 1985, 475 = BGH NJW 1985, 2090.
[26] BGH BauR 1985, 475 = BGH NJW 1985, 2090; *Kaminsky* in NWJS VOB/B § 18 Rdn. 10.
[27] BGH NJW 2001, 1936; OLG Dresden BauR 2004, 1670 = IBR 2004, 606 a. A. *Englert* NZBau 2004, 360.
[28] OLG Brandenburg, Urteil vom 19.12.2006, 11 U 46/06, bestätigt durch BGH Beschluss vom 22.9.2008, II ZR 288/07; *Werner/Pastor* Rdn. 424; *Joussen* in Ingenstau/Korbion VOB/B § 18 Abs. 1 Rdn. 4, 10.
[29] *Kölbl* in Beck'scher VOB-Kommentar VOB/B § 18 Abs. 1 Rdn. 43.

Gericht zu begründen, wobei dieses Gericht dann bei Anhängigkeit der Hauptsache auch zum Gericht der Hauptsache im Sinne der §§ 919, 937 Abs. 1 ZPO werden würde[30].

Eine Schiedsvereinbarung schließt nicht aus, dass ein staatliches Gericht vor oder nach Beginn des schiedsrichterlichen Verfahrens auf Antrag einer Partei **einstweiligen Rechtsschutz** gewährt, § 1033 ZPO. Eine Schiedsgerichtsvereinbarung hindert einen Anspruchsteller auch nicht, seine Ansprüche im Wechselprozess (§ 602 ff. ZPO) oder im Urkundenprozess (§ 592 ff. ZPO) geltend zu machen, weil Kaufleute im Zweifel die Möglichkeit zur vereinfachten und beschleunigten Durchsetzung ihrer Ansprüche vor den staatlichen Gerichten behalten wollen und deshalb Schiedsgerichtsvereinbarung insoweit einschränkend auszulegen sind[31].

16 **5. Mitteilungsverpflichtung des Auftraggebers.** Auch wenn für den Fall, dass der Auftraggeber seiner Verpflichtung zur Mitteilung der auftraggebenden Stelle nicht nachkommt, ein Schadensersatzanspruch des Auftragnehmers besteht (Rdn. 8), empfiehlt es sich, zur Vermeidung von Verzögerungen, die für die Prozessvertretung zuständige Stelle des Auftraggebers in den schriftlichen Bauvertrag aufzunehmen.

II. Meinungsverschiedenheiten mit Behörden

17 § 18 Abs. 2 VOB/B bezweckt, das Anrufen eines Gerichts zu vermeiden und gibt dazu einen besonderen Weg zur Klärung von Meinungsverschiedenheiten. Dieser Weg ist eröffnet bei Verträgen **mit Behörden,** womit Verträge mit öffentlich-rechtlichen Körperschaften, z. B. mit Bund, Ländern und Gemeinden gemeint sind[32]. Dem Auftragnehmer wird ein behördeninternes Verfahren nahe gelegt, wobei, es handelt sich um eine **Soll**vorschrift, das Nichtbeschreiten dieses Weges den Auftragnehmer nicht hindert, sogleich die staatlichen Gerichte anzurufen. Auch wenn in der Literatur angeraten wird, dieses Verfahren zu veranlassen[33], ist die Bedeutung dieses Verfahrens in der Praxis gering. Dies erklärt sich daraus, dass die mit dem Verfahren verbundenen Nachteile offensichtlich sind: Der Auftragnehmer wird schon grundsätzlich bezweifeln, ob eine vorgesetzte Stelle nicht dazu tendiert, die Auffassung der nachgeordneten Stelle zu teilen. Das Verfahren als solches ist nur allgemein geregelt. So fehlt es an einer zwingenden Regelung hinsichtlich der Dauer des Verfahrens, so dass durchaus nicht sicher ist, dass das Verfahren kürzer und kostengünstiger ist, als die sofortige Anrufung der staatlichen Gerichte. Anders als in älteren Fassungen der VOB/B[34] besteht jetzt nicht mehr der Nachteil, dass das Verfahren keinen Einfluss auf den Lauf von **Verjährungsfristen** hat. Mit dem Eingang des schriftlichen Antrages wird die Verjährung gehemmt.

18 **1. Geltungsbereich.** § 18 Abs. 2 Nr. 1 Satz 1 VOB/B sieht vor, dass bei **Meinungsverschiedenheiten** in Zusammenhang mit Verträgen mit Behörden der Auftragnehmer zunächst die der **auftraggebenden** Stelle (nicht: die für die Prozessvertretung des Auftraggebers zuständige Stelle) unmittelbar vorgesetzte Stelle anruft. Was unter **Meinungsverschiedenheiten** zu verstehen ist, ist nicht geregelt. Es fragt sich deshalb, ob eine weite Auslegung dieses Merkmals geboten ist. Aufgrund des Zwecks dieses Verfahrens (s. Rdn. 17) ist das zu bejahen. Damit kann der Auftragnehmer die vorgesetzte Stelle immer dann anrufen, wenn unterschiedliche Rechtsauffassungen oder tatsächliche Differenzen bei dem Vertrag entstanden sind/entstehen[35]. Allerdings müssen die Meinungsverschiedenheiten **in Zusammenhang** mit dem geschlossenen Vertrag stehen. Damit sind Meinungsverschiedenheiten, die schon vor Vertragsschluss aufgetreten sind, ausgeschlossen. Für diese ist bei öffentlichen Auftraggebern die Zuständigkeit der Nachprüfungsstelle, der Vergabeprüfstelle bzw. der Vergabekammer begründet, vgl. § 21 VOB/A, § 102 f. GWB. Demgegenüber erscheint es sachgerecht, auch für außervertragliche Anspruchsgrundlagen, so weit diese **nach** Vertragsschluss begründet wurden, das Verfahren zu eröffnen.

19 **2. Verfahren. a) Anrufung der vorgesetzten Stelle.** Der Auftragnehmer soll zunächst die der auftraggebenden Stelle unmittelbar vorgesetzte Stelle **anrufen.** Dies setzt voraus, dass es eine

---
[30] *Kölbl* in Beck'scher VOB-Kommentar VOB/B § 18 Abs. 1 Rdn. 42.
[31] BGH NJW 1994, 136; OLG Düsseldorf WM 1995, 1488.
[32] *Kaminsky* in NWJS VOB/B § 18 Rdn. 16; *Franz* in Leinemann VOB/B § 18 Rdn. 35.
[33] *FKZG* VOB/B § 18 Rdn. 49.
[34] OLG Köln IBR 2000, 529; *Kölbl* in Beck'scher VOB-Kommentar/ VOB/B § 18 Abs. 2 Rdn. 5.
[35] *Kölbl* in Beck'scher VOB-Kommentar VOB/B § 18 Abs. 2 Rdn. 6; *Lembcke* IBR 2010, 1434 (nur online); *Lembcke* BauR 2009, 1666.

unmittelbar vorgesetzte Stelle überhaupt gibt. Ob dies der Fall ist, bzw. welche Behörde vorgesetzt ist, hängt von dem jeweiligen Verwaltungsaufbau beim Auftraggeber ab. Bei den Ländern sind die Landesorganisationsgesetze/ Verwaltungsorganisationsgesetze zu beachten. Die vorgesetzte Stelle ist in der Regel diejenige, die die Dienst- und Fachaufsicht ausübt[36]. Städte und Gemeinden vergeben Aufträge in der Regel in eigener Zuständigkeit als kommunale Selbstverwaltungsbehörde, unterstehen insoweit also keiner Dienst- und Fachaufsicht, sodass es bei Städten/Gemeinden eine vorgesetzte Stelle in diesem Sinne nicht gibt. Dieser wird dem Auftragnehmer – soweit nicht im Vertrag festgehalten – häufig nicht bekannt sein, so dass auch hier der Auftragnehmer zunächst Auskünfte bei der auftraggebenden Stelle einholen muss. Die auftraggebende Stelle, die selbst die VOB/B zum Vertragsinhalt gemacht hat, ist verpflichtet (§ 241 Abs. 2 BGB), diese Auskunft zu erteilen, um den Zweck von § 18 Abs. 2 VOB/B nicht zu gefährden. Eine Verletzung dieser Auskunftspflicht löst nach allgemeinen Regeln (§ 280 Abs. 1 BGB) eine Schadensersatzverpflichtung aus, die im Ergebnis in der Praxis nicht von Relevanz sein wird, weil dann, wenn die Auskünfte nicht erteilt werden, der Auftragnehmer sogleich die staatlichen Gerichte anrufen wird. Ohnehin steht es dem Auftragnehmer frei, das Verfahren einzuleiten, in dem er die Eingabe zur Weitergabe an die vorgesetzte Stelle bei der auftraggebenden Stelle einreicht[37].

Diese Befugnis des Auftragnehmers ist an keine weiteren Voraussetzungen geknüpft. Seine **20** Eingabe bedarf keiner besonderen **Form,** kann also auch mündlich erfolgen, was aus Beweisgründen unterlassen werden sollte. Auch ist das Verfahren an keine Fristen gebunden. Daraus ist zu schließen, dass die Anrufung solange erfolgen kann, wie der Bauvertrag die Parteien wechselseitig berechtigt und verpflichtet, also auch noch im Rahmen des Gewährleistungsstadiums[38]. Mit Ausnahme der Verjährungsfrist (§ 18 Abs. 2 Nr. 2 VOB/B) werden andere **Fristen nicht gehemmt.** Dies gilt z. B. für etwaig notwendige Vorbehalte aus Meinungsverschiedenheiten (vgl. § 16 Abs. 3 Nr. 5 VOB/B), die ausgebracht werden müssen[39].

b) Mündliche Aussprache und Bescheidung. Nach § 18 Abs. 2 Nr. 1 Satz 2 VOB/B soll **21** die der auftraggebenden Stelle unmittelbar vorgesetzte Stelle dem Auftragnehmer Gelegenheit zur **mündlichen Aussprache** geben und ihn möglichst innerhalb von zwei Monaten nach der Anrufung **schriftlich bescheiden.** Auch hier handelt es sich um eine Sollregelung, die keine Verpflichtung der vorgesetzten Stelle vorsieht, die mündliche Aussprache abzuhalten. Ebenso gibt es keine Verpflichtung des Auftragnehmers, zu einem Aussprachetermin zu erscheinen, um dort seinen Standpunkt rechtlich wie tatsächlich noch einmal zu erläutern. Erfolgt die mündliche Aussprache nicht oder nehmen nicht alle Berechtigten teil (dies sind nur der Auftraggeber und der Auftragnehmer), hat dies auf die weiteren Rechtswirkungen des Verfahrens keinen Einfluss.

In einem dritten Schritt soll der Auftragnehmer **schriftlich** beschieden werden, und zwar **22 möglichst** innerhalb von zwei Monaten nach der Anrufung (nicht: der mündlichen Aussprache). Daraus abzuleiten, dass in der Regel innerhalb von zwei Monaten nach Anrufung der vorgesetzten Stelle ein schriftlicher Bescheid ergeht, wäre mit der Praxis nicht in Einklang zu bringen, was sich schon daraus ergibt, dass es sich insgesamt um **Soll**bestimmungen handelt, auf deren Einhaltung (auch was die Zweimonatsfrist angeht) **kein Rechtsanspruch** besteht. Es gibt auch keine Verpflichtung der vorgesetzten Stelle, den Bescheid **schriftlich** abzusetzen[40]. Es ist auch möglich, unmittelbar im Anschluss an die Aussprache den Bescheid mündlich mitzuteilen, wobei in diesen Fällen die Rechtswirkungen des Bescheides (s. Rdn. 24 ff.) nicht eintreten.

c) Verjährung. Gemäß § 18 Abs. 2 Nr. 2 VOB/B wird die **Verjährung** des in dem Antrag **23** geltend gemachten Anspruchs mit dem Eingang des schriftlichen Antrages auf Durchführung des Verfahrens nach § 18 Abs. 2 Nr. 1 VOB/B **gehemmt.** Für die Bauverträge, denen die VOB/B in älteren Fassungen zugrunde liegt, gilt dies nicht[41]. Die Umstände des Einzelfalls können aber ergeben, dass beide Vertragsparteien streitige Positionen einvernehmlich bis zum Abschluss von Verhandlungen oder eines Schlichtungsverfahrens einer gerichtlichen Auseinandersetzung ent-

---

[36] Vgl. § 11 Landesorganisationsgesetz NW.
[37] *Kölbl* in Beck'scher VOB-Kommentar VOB/B § 18 Abs. 2 Rdn. 13; *Mansfeld* in Heiermann/Riedl/Rusam VOB/B § 18 Rdn. 9.
[38] *Joussen* in Ingenstau/Korbion VOB/B § 18 Abs. 2 Rdn. 10, 11; *FKZG* VOB/B § 18 Rdn. 53.
[39] *Kölbl* in Beck'scher VOB-Kommentar VOB/B § 18 Abs. 2 Rdn. 15.
[40] *Kölbl* in Beck'scher VOB-Kommentar VOB/B § 18 Abs. 2 Rdn. 16; *Franz* in Leinemann VOB/B § 18 Rdn. 39; *Lembcke* IBR 2010, 1434 (nur online)
[41] OLG Köln IBR 2000, 529; *Merkens* NZBau 2008, 150; a. A. *Joussen* in Ingenstau/Korbion VOB/B § 18 Abs. 2 Rdn. 28.

ziehen wollen. In diesen Fällen kann ein Stillhalteabkommen vorliegen, das auch zur Hemmung der Verjährung führt[42]. Der Beginn der Hemmung der Verjährung knüpft an den Eingang des **schriftlichen Antrages** an. Die Hemmung endet **drei Monate nach Zugang** des schriftlichen Bescheides oder drei Monate ab Mitteilung des Auftraggebers und/oder des Auftragnehmers, das Verfahren nicht weiter betreiben zu wollen. Damit gilt Entsprechendes, wie bei der in § 203 BGB vorgesehenen Hemmung bei laufenden Verhandlungen.

24 **3. Rechtswirkungen.** Vertragsrechtlich ist der Bescheid ein für die auftraggebende Stelle (= Auftraggeber) verbindliches **rechtsgeschäftliches Angebot** (s. Rdn. 28), das zugangsbedürftig ist, so dass in jedem Fall der Zugang Wirksamkeitsvoraussetzung des Bescheids ist. Dies gilt unabhängig davon, ob der Bescheid innerhalb der Dreimonatsfrist abgesetzt wird bzw. dem Auftragnehmer zugeht[43]. Die Entscheidung (= der Bescheid) gilt als **anerkannt,** wenn der Auftragnehmer nicht innerhalb von drei Monaten nach Eingang schriftlich **Einspruch** beim Auftraggeber oder bei der auftraggebenden Stelle erhebt, § 18 Abs. 2 Nr. 1 Satz 3 VOB/B. Diese Rechtswirkungen treten nur dann ein, wenn der Auftragnehmer in dem Bescheid auf diese Rechtsfolge („Anerkenntnis") hingewiesen wurde, § 18 Abs. 2 Nr. 1 Satz 2 VOB/B, woraus abzuleiten ist, dass die Wirkungen auch nur dann eintreten, wenn der Auftragnehmer den Bescheid **schriftlich** erhalten hat.

25 Hinsichtlich der vor dem 1.8.2001 geschlossenen Verträge ist zweifelhaft, ob unter Schriftform in diesem Sinne die strenge Schriftform des § 126 BGB a. F. gemeint ist. Dies ist zu verneinen, weil die VOB/B Allgemeine Geschäftsbedingungen sind, die vorgesehene Schriftform damit nur gewillkürt ist. Für die nach dem 1.8.2001 geschlossenen Verträge stellt § 127 Abs. 2 BGB klar, dass zur Wahrung der durch Rechtsgeschäft bestimmten schriftlichen Form im Zweifel auch die Übermittlung durch Telekommunikation (also auch Telefax) ausreicht. Von Bedeutung wird werden, dass die strenge Schriftform des § 126 BGB durch die elektronische Form (§ 126a BGB) ersetzt werden kann.

26 Der Inhalt des Bescheids ist für die auftraggebende Stelle ohne weiteres **verbindlich,** weil § 18 Abs. 2 VOB/B ein Einspruchsrecht **nur dem Auftragnehmer** einräumt. Ist der Auftragnehmer mit dem Bescheid nicht einverstanden, muss er innerhalb einer Frist von drei Monaten nach Eingang des Bescheids schriftlich Einspruch einlegen, und zwar – nach dem Wortlaut – bei dem Auftraggeber, obwohl dieser den Bescheid nicht erlassen hat[44]. Der Auffassung[45], wonach der Einspruch auch bei der auftraggebenden Stelle vorgesetzten Stelle eingelegt werden kann, ist zu folgen, da diese als Empfangsberechtigte der Auftraggeberseite anzusehen ist. Da diese Rechtsauffassung nicht gesichert ist, empfiehlt sich aber die Einlegung des Einspruchs entsprechend dem Wortlaut von § 18 Abs. 2 VOB/B bei dem Auftraggeber. Für die Einhaltung der Frist sind die §§ 186 ff. BGB maßgeblich. Für die Verträge die vor dem 1.8.2001 geschlossen wurden, empfiehlt sich auf Grund der nicht abschließend geklärten Rechtslage die Einhaltung der strengen Schriftform gemäß § 126 Abs. 1 BGB (s. Rdn. 24). Der Auftragnehmer ist darüber hinaus gut beraten, den rechtzeitigen Zugang/Eingang des Einspruchs bei dem Auftraggeber nachweisbar festzuhalten (Zustellung durch Boten gegen Empfangsbekenntnis). Der Auftragnehmer muss den Einspruch nicht als solchen wörtlich bezeichnen. Ausreichend, aber auch erforderlich ist, dass er seinen Willen deutlich macht, die getroffene Entscheidung nicht zu akzeptieren. Es ist auch nicht erforderlich, den Einspruch zu begründen.

27 In den seltensten Fällen wird die Eingabe des Auftragnehmers nur einen einzelnen Streitpunkt betreffen, so dass sich die Frage stellt, wie zu verfahren ist, wenn die bescheidende Stelle der Eingabe des Auftragnehmers nur teilweise entspricht, ihm also Teilpositionen zuspricht und andere ablehnt. Soweit ersichtlich, hat sich die Rechtsprechung mit dieser Frage nur in einer bislang nicht veröffentlichten Entscheidung befasst[46]. In der Vorinstanz wurde die Auffassung vertreten, der Bescheid sei als einheitliches Angebot mit der Folge anzusehen, dass eine Beschränkung des Einspruchs als Ablehnung des Angebots (= Bescheids) gilt, sodass der Auftraggeber oder die vorgesetzte Stelle darüber entscheiden muss, ob das darin gesehene geänderte Angebot angenommen wird, § 150 Abs. 2 BGB. Für den Fall, dass **einzelne Positionen** deutlich abgrenzbar sind, muss es möglich sein, den Einspruch auf diese Positionen zu beschrän-

---

[42] BGH BauR 2002, 979 = BGH NJW 2002, 1488 = BGH NZBau 2002, 269.
[43] LG Bonn BauR 1996, 150; a. A. *Joussen* in Ingenstau/Korbion VOB/B § 18 Abs. 2 Rdn. 15.
[44] OLG Brandenburg BauR 2008, 1938 = NJW-Spezial 2008, 654; *Merkens* NZBau 2008, 150.
[45] *Franz* in Leinemann VOB/B § 18 Rdn. 43; *Joussen* in Ingenstau/Korbion VOB/B § 18 Abs. 2 Rdn. 20.
[46] OLG Köln, Urteil vom 20.3.2007, 24 U 170/05; vgl. *Merkens* NZBau 2008, 150.

ken, den Bescheid im Übrigen also anzuerkennen, da auch damit dem Zweck von § 18 Abs. 2 VOB/B (Streitschlichtung unter Entlastung der staatlichen Gerichte) entsprochen wird. In der Praxis empfiehlt es sich, in dem Einspruch deutlich zu machen, ob sich der Einspruch gegen den Bescheid insgesamt oder nur gegen einzelne Positionen richtet.

Wird nicht fristgerecht Einspruch eingelegt, gilt die Entscheidung der vorgesetzten Stelle **als** **28 anerkannt.** Die dogmatische Einordnung dieser Rechtswirkung ist umstritten[47]. Die Bescheidung durch die vorgesetzte Stelle ist ein für den Auftraggeber verbindliches rechtsgeschäftliches und empfangsbedürftiges Angebot im Sinne der §§ 130, 145 ff. BGB[48]. Zum Teil wird darauf abgestellt, dass dem nicht rechtzeitig widersprochenen Bescheid die Bedeutung einer Vereinbarung beizumessen bzw. diese als Vereinbarung „zu gelten" habe[49]. Es wird auch vertreten, das Schweigen bzw. die Untätigkeit des Auftragnehmers als Annahme eines Vertragsangebots der auftraggebenden Stelle durch den Bescheid zu werten. Über die Vereinbarung von § 18 Abs. 2 VOB/B sei auch vereinbart, dass dieses Angebot ohne Annahmeerklärung gegenüber dem Auftraggeber angenommen werden könne, § 151 BGB[50]. Daneben wird in Anlehnung an den Wortlaut vertreten, der Auftragnehmer gebe durch die nicht rechtzeitige Einlegung ein „Anerkenntnis" ab. Dieser Auffassung stellt sich die weitere Frage, ob in Anbetracht der grundsätzlich geltenden strengen Schriftform eines Schuldanerkenntnisses (§ 781 BGB) § 18 Abs. 2 VOB/B noch in Einklang mit den Regelungen über die Gestaltung rechtsgeschäftlicher Schuldverhältnisse durch Allgemeine Geschäftsbedingungen (§§ 305 ff. BGB) steht. Mansfeld[51] bejaht dies unter Hinweis darauf, dass dem Auftragnehmer eine angemessene Frist zur Abgabe des Einspruchs eingeräumt ist, schränkt dies allerdings ein, in dem die VOB/B als **ganzes** vereinbart sein muss. Schließlich wird die Auffassung vertreten, aus der nicht rechtzeitigen Einlegung des Einspruchs ergebe sich zunächst eine unwiderlegliche Vermutung des Vorliegens einer Einverständniserklärung[52]. Es sei deshalb in jedem Einzelfall zu prüfen, welche rechtlichen Konsequenzen aus dieser Vermutung zu ziehen seien.

Ausgangspunkt der richtigen dogmatischen Einordnung der Wirkung des nicht rechtzeitig widersprochenen Bescheides muss sein, dass die Vertragsparteien über die Einbeziehung von § 18 VOB/B die **Möglichkeit des Verfahrens** nach § 18 Abs. 2 VOB/B **vereinbart** haben. Es ist deshalb richtig, dass für die auftraggebende Stelle der Bescheid der unmittelbar vorgesetzten Stelle als rechtsgeschäftliches Angebot im Sinne des § 145 BGB anzusehen ist. Danach kann **allein der Auftragnehmer** darüber entscheiden, ob er den Inhalt des Bescheides akzeptiert. Für diesen Fall kann es sich nicht um eine Annahmeerklärung gemäß § 151 BGB handeln, da eine nach außen hervortretende eindeutige Bestätigung des Annahmewillens Voraussetzung dafür ist[53]. Die Rechtswirkung nach § 18 Abs. 2 Nr. 1 Satz 3 VOB/B tritt aber nicht nur bei (erklärtem) Einverständnis des Auftragnehmers, sondern auch dann ein, wenn der Auftragnehmer – aus welchen Gründen auch immer – den Einspruch nicht rechtzeitig erhoben hat, auch wenn der Auftragnehmer mit dem Inhalt des Bescheids **nicht einverstanden** ist. Die Rechtswirkungen knüpfen also nicht (allein) an das Einverständnis des Auftragnehmers, sondern nur daran, ob der Einspruch rechtzeitig erhoben wird. Erfolgt dies nicht, treten die Rechtswirkungen **kraft vertraglicher Vereinbarung** zwischen den Parteien über die Einbeziehung des Verfahrens nach § 18 Abs. 2 VOB/B ein.

III. Vereinbarung eines Verfahrens zur Streitbeilegung

§ 18 Abs. 3 VOB/B wurde durch Beschluss des Verdingungsausschusses vom 27.6.2006 neu **29** eingeführt. Die Neuregelung wurde damit begründet, dass sich das Verfahren nach § 18 Abs. 2 VOB/B für eine Vielzahl von öffentlichen Bauaufträgen als zur Streitbeilegung bewährt herausgestellt habe, sich Entsprechendes insbesondere für komplexe Bauvorhaben auch bei anderen Streitverhältnissen anbiete. Mit der Einfügung werde die Möglichkeit eines außergerichtlichen Verfahrens zur Streitbeilegung anerkannte Regel der Technik und soll auch die Gerichte entlasten. Die Vereinbarung soll möglichst vor bzw. mit Vertragsschluss für ein baubegleitendes Verfahren getroffen werden. Eine spätere Vereinbarung ist möglich.

---

[47] Zum Meinungsstand eingehend *Kölbl* in Beck'scher VOB-Kommentar VOB/B § 18 Abs. 2 Rdn. 25 ff.
[48] *Kaiser* BB 1978, 1548; *Joussen* in Ingenstau/Korbion VOB/B § 18 Abs. 2 Rdn. 24.
[49] *Daub/Piel/Soergel/Steffani* VOB/B § 18 Punkt II 2 Rdn. 18,25.
[50] *Kaminsky* in NWJS VOB/B § 18 Rdn. 25.
[51] *Mansfeld* in Heiermann/Riedl/Rusam VOB/B § 18 Rdn. 14.
[52] *Kölbl* in Beck'scher VOB-Kommentar VOB/B § 18 Abs. 2 Rdn. 34 ff.
[53] BGH NJW 1999, 2179; *Heinrichs* in Palandt BGB, § 151 Rdn. 2.

IV. Schiedsgutachten bei Meinungsverschiedenheiten über die Eigenschaft von Stoffen und Bauteilen

30 § 18 Abs. 4 VOB/B räumt die Möglichkeit für beide Vertragspartner ein, auch andere Meinungsverschiedenheiten durch Dritte verbindlich klären zu lassen. Der Zweck von § 18 Abs. 4 VOB/B entspricht dem von § 18 Abs. 2 VOB/B (Rdn. **17**). Die Parteien sollen die Möglichkeit haben, ohne Anrufung der staatlichen Gerichte (Rechtsstreit, selbstständiges Beweisverfahren) die dort näher bezeichneten Meinungsverschiedenheiten durch eine staatliche oder staatlich anerkannte Materialprüfstelle verbindlich beizulegen.

31 **1. Geltungsbereich.** Anders als § 18 Abs. 2 VOB/B gilt § 18 Abs. 4 VOB/B **nicht nur bei öffentlichen Auftraggebern.** Ob für das Verfahren auch dann noch Raum ist, wenn bereits ein selbstständiges Beweisverfahren (§ 485 ff. ZPO) oder ein Rechtsstreit anhängig ist, ist zweifelhaft[54], aber zu verneinen. Wenn über die streitigen Fragen bereits ein gerichtliches Verfahren veranlasst ist, kann der Zweck von § 18 Abs. 4 VOB/B, gerade dies zu vermeiden, nicht mehr erreicht werden. Hinzu kommt, dass bei anderer Betrachtungsweise Feststellungen nach § 18 Abs. 4 VOB/B, da sie verbindlich sind, auch eine Bindungswirkung für **gerichtliche** Verfahren hätten.

32 Der Anwendungsbereich von § 18 Abs. 4 VOB/B ist begrenzt. Die Überprüfung/Entscheidung durch eine staatliche oder staatlich anerkannte Materialprüfungsanstalt ist danach nur in den dort behandelten Fallgruppen möglich.

Die erste Fallgruppe betrifft Meinungsverschiedenheiten über die **Eigenschaft von Stoffen oder Bauteilen.** Hier geht es um Meinungsverschiedenheiten über Eigenschaften der Stoffe/Bauteile, die für die vertragsgemäße Leistung erforderlich sind. Es kann sich nur um Sacheigenschaften in Bezug auf Qualitätsmerkmale wie allgemeine Beschaffenheit, Größe, besondere Qualitätsanforderungen etc. handeln. Stoffe sind Baustoffe, Bauhilfsstoffe und Betriebsstoffe. Unter Bauteilen versteht man Sachen, die bereits einen höheren Fertigungsgrad erreicht haben bzw. schon in das Bauwerk eingebaut sind, wozu auch Fertigteile gehören.

33 Weitere Voraussetzung ist, dass für die Stoffe/Bauteile **allgemein gültige** Prüfungsverfahren bestehen. Dies ist vorrangig zu klären, gegebenenfalls durch Einholung von Auskünften bei den anerkannten Materialprüfungsstellen, so weit Prüfverfahren nicht schon in einschlägigen DIN- oder EN-Normen beschrieben werden.

Die zweite Fallgruppe betrifft Meinungsverschiedenheiten, die sich auf die Zulässigkeit/Zuverlässigkeit der bei der **Prüfung verwendeten Maschinen** oder angewendeten **Prüfungsverfahren** beziehen. Hier hat also bereits eine Prüfung stattgefunden, die über dieses Verfahren nochmals geprüft werden soll.

34 **2. Einbeziehung in den Vertrag.** Da auch § 18 Abs. 4 VOB/B die Vertragspartner nicht verpflichtet, vor Anrufung der staatlichen Gerichte dieses Verfahren zu veranlassen, hält § 18 Abs. 4 VOB/B einer Überprüfung nach den §§ 305 ff. BGB stand. Es reicht, wenn § 18 Abs. 4 VOB/B nach den allgemeinen Regeln über die (teilweise) Geltung der VOB/B in den Bauvertrag einbezogen wird.

35 **3. Verfahren.** Ist § 18 Abs. 4 VOB/B anwendbar, kann jeder Vertragsteil nach **vorheriger** Benachrichtigung des anderen Teils die Untersuchungen vornehmen lassen. Die Pflicht zur Benachrichtigung des anderen Teils soll gewährleisten, dass auch dieser die Möglichkeit hat, gegenüber der prüfenden Stelle Erklärungen abzugeben bzw. Unterlagen vorzulegen. Auch soll der andere Teil Gelegenheit haben, bei örtlichen Feststellungen (etwa Probeentnahmen) zugegen zu sein. Dies folgt aus dem Anspruch auf rechtliches Gehör, da die Feststellungen der Prüfstelle **verbindliche Wirkung** haben und auch eine **Kostenregelung** vorgesehen ist. Besondere Form- und Fristanforderungen an die Benachrichtigung sind nicht vorgesehen. Unter Hinweis darauf wird im Schrifttum vertreten, dass die Regelung in Anbetracht von § 307 BGB bedenklich erscheine, da lediglich eine Mitteilungspflicht bestehe, ohne dem anderen Vertragsteil auch Gelegenheit zur **Anhörung** zu geben. Dies sei in Anbetracht des Anspruchs auf rechtliches Gehör, einem fundamentalen Grundsatz der deutschen Rechtsordnung, bedenklich[55]. Diese

---

[54] *Kölbl* in Beck'scher VOB-Kommentar VOB/B § 18 Abs. 4 Rdn. 2.
[55] *Joussen* in Ingenstau/Korbion VOB/B § 18 Abs. 4 Rdn. 10.

Bedenken greifen nicht. Nach vorheriger Mitteilung hat der andere Vertragsteil die Möglichkeit, sich aktiv an der Begutachtung zu beteiligen. Die Mitteilungspflicht ist ohnehin so zu verstehen, dass der andere Teil in die Lage versetzt werden soll, seine Auffassung/Unterlagen in das Verfahren einzubringen. Dass darüber hinaus auch die Prüfstelle gehalten sein soll, den anderen Teil anzuhören, ist nicht erforderlich. Zum einen handelt es sich um staatliche oder staatlich anerkannte Materialprüfungsstellen, zum anderen dürfen nur allgemein gültige Prüfungsverfahren zur Anwendung kommen. Die prüfende Stelle soll sich auf diese **allgemein verbindlichen** Verfahren beschränken. Zudem erschöpft sich die Wirkung der Feststellungen auf exakt das, was von der Prüfstelle konkret geprüft und festgestellt wurde, so dass der andere Teil Einwendungen, die nicht die Durchführung des Prüfungsverfahrens selbst betreffen, vorbringen kann.

Welche Materialprüfungsstelle auszuwählen ist, regelt § 18 Abs. 4 VOB/B nicht. Es empfiehlt **36** sich, vorab Auskünfte bei den Industrie- und Handelskammern oder den Handwerkskammern einzuholen. Auskünfte können auch bei dem Verband der Materialprüfungsämtern e. V. angefordert werden[56]. Das weitere Verfahren ist in § 18 Abs. 4 VOB/B nicht geregelt. Da eine vorherige Benachrichtigung der anderen Vertragspartei erforderlich, aber auch ausreichend ist, kann das Verfahren auch gegen/ohne den Willen der anderen Vertragspartei veranlasst werden. Das bedeutet, dass einseitig eine Materialprüfungsstelle ausgewählt und **beauftragt** werden kann. In diesem Fall erfolgt die Beauftragung der Materialprüfungsstelle nur durch einen Vertragsteil, der auf Grund dieses zivilrechtlichen Vertrages der Materialprüfungsstelle die Kosten der Begutachtung schuldet. Andererseits liegt der Vorteil für den beauftragenden Vertragsteil darin, dass er durch Formulierung der zu begutachtenden Frage die Eckdaten für die nachfolgende Prüfung vorgeben kann, wobei er stets gut beraten ist, Einwendungen/Gegenargumente des anderen Vertragsteils der Materialprüfungsstelle sogleich mitzuteilen, da § 18 Abs. 4 VOB/B ausdrücklich für **Meinungsverschiedenheiten** gilt und die Rechtswirkungen voraussetzen, dass zum einen die Voraussetzungen von § 18 Abs. 4 VOB/B insgesamt vorliegen und zum anderen eine der dort vorgesehenen Prüfstellen tätig geworden ist.

4. Rechtswirkungen. Die **Feststellungen** der staatlichen/staatlich anerkannten Material- **37** prüfungsstellen sind für beide Vertragspartner **verbindlich**. Die Kosten trägt gemäß § 18 Abs. 4 Satz 2 VOB/B „der unterliegende Teil".

a) Umfang der Verbindlichkeit der Feststellungen. Nach einhelliger Auffassung ent- **38** spricht § 18 Abs. 4 VOB/B einer Schiedsgutachtenabrede[57]. Daraus ergibt sich, dass allgemein verfahrensrechtliche Mindestgarantien einzuhalten sind. Dazu gehören die Unabhängigkeit der prüfenden Stelle ebenso, wie die Möglichkeit der Mitwirkung des anderen Vertragsteils, die dadurch sicherzustellen ist, dass der andere Teil **vorher** zu benachrichtigen ist. Ohne diese vorherige Benachrichtigung ist das Prüfungsergebnis nicht verbindlich[58]. Da es sich nur um ein **Schiedsgutachten,** nicht um eine schiedsgerichtliche Entscheidung handelt, umfasst die verbindliche Feststellung lediglich eine **Tatsache,** an die ein gegebenenfalls später zu befassendes staatliches Gericht allerdings gebunden ist[59]. Ausnahmen davon gelten nur nach Maßgabe der §§ 317 ff. BGB, also bei offenbarer Unbilligkeit (§ 319 Abs. 1 Satz 1 BGB), wozu auch der Fall zählt, dass die Feststellungen offenbar unrichtig sind, etwa dann, wenn sich die Unrichtigkeit einem sachkundigen und unbefangenem Beobachter aufdrängt bzw. wenn die Ausführungen so lückenhaft sind, dass das Ergebnis nicht überprüft werden kann[60]. Da nur die von der Materialprüfungsstelle festgestellten Tatsachen verbindlich sind, steht es dem anderen Vertragsteil frei, darzulegen, dass die Materialprüfungsstelle bei Kenntnis weiterer Umstände aus dem Vertrag oder aus zugrunde liegenden Tatsachen andere Feststellungen getroffen hätte. Auch wenn über die vorherige Benachrichtigung die Möglichkeit des anderen Vertragsteils besteht, seine Auffassung in das Verfahren gegenüber der Materialprüfungsstelle einzubringen, ist eine entsprechende Verpflichtung in § 18 Abs. 4 VOB/B nicht vorgesehen. Ebenso wenig sieht § 18 Abs. 4 VOB/B dem anderen Vertragsteil nachteilige Rechtsfolgen für den Fall vor, dass für die Entscheidung maßgebliche Unterlagen/Argumente nicht vor den Feststellungen der Materialprüfungsstelle vorgelegt werden („Präklusion"). Hier zeigt sich eine Schwäche des Verfahrens, wenn dieses einseitig durchgeführt wird. Ganz grundsätzlich empfiehlt es sich daher, auf eine einvernehmli-

---

[56] www.vmpa.de
[57] Joussen in Ingenstau/Korbion VOB/B § 18 Abs. 4. Rdn. 16; Kaminsky in NWJS VOB/B § 18 Rdn. 34.
[58] BGH BauR 1983, 188.
[59] BLAH ZPO, vor § 1025 Rdn. 17.
[60] BGH NJW-RR 1991, 228; BGH NJW 1991, 2698.

che Beauftragung der Materialprüfungsstelle zu drängen, anderenfalls die Meinungsverschiedenheiten sogleich im Rahmen eines selbstständigen Beweisverfahrens nach den §§ 485 ff. ZPO einer Klärung zuzuführen. Dabei ist zum einen zu beachten, dass durch die Veranlassung dieses Verfahren Fristen (etwa § 16 Abs. 3 Nr. 5 VOB/B) nicht gehemmt werden (Rdn. 19). Die Auffassung, Verjährungsfristen seien „während der Erstellung des Gutachtens gehemmt"[61], ist schon deshalb bedenklich, weil die Verjährungshemmung nach § 204 Abs. 1 Nr. 8 BGB den Beginn eines vereinbarten Begutachtungsverfahrens voraussetzt. Der andere Teil könnte je nach den Umständen des Einzelfalls einwenden, dass einseitig veranlasste Verfahren sei nicht das vereinbarte in diesem Sinne. Abgesehen davon gilt grundsätzlich, dass durch das Verfahren nach § 18 Abs. 4 VOB/B keine Hemmung der Verjährung bewirkt wird, was sich im Umkehrschluss daraus ergibt, dass die Verjährungshemmung nur für das Verfahren nach § 18 Abs. 2 Nr. 1 Satz 1 VOB/B ausdrücklich geregelt ist.

39 b) **Kosten.** Die Kosten trägt der „unterliegende Teil". Im Verhältnis zu der tätigen Materialprüfungsanstalt ergibt sich die Vergütungsverpflichtung auf der Grundlage des erteilten Auftrags. Bei **gemeinsamer Beauftragung** haften beide Vertragsteile der Materialprüfungsanstalt gesamtschuldnerisch auf die Kosten. Bei **einseitiger Beauftragung** muss der veranlassende Teil gegenüber der Materialprüfungsanstalt die Kosten übernehmen. Einwendungen gegen diese Kostentragungspflicht sind weitgehend ausgeschlossen, weil bei dem vorliegenden Schiedsgutachtervertrag die Haftung der Materialprüfungsstellen für die Richtigkeit der Feststellungen eingeschränkt ist. Die Materialprüfungsstellen haften nur bei groben Verstößen gegen anerkannte Regeln der Technik oder dann, wenn die Feststellungen gemäß § 319 Abs. 1 BGB offenbar unrichtig/unvollständig, damit für den/die Auftraggeber wertlos sind[62]. § 18 Abs. 4 Satz 2 VOB/B regelt demgegenüber das Verhältnis zwischen den Parteien des Bauvertrages. Die Formulierung ist an § 91 ZPO angelehnt. Unterliegender Teil ist diejenige Vertragspartei, deren Behauptungen sich nach den Feststellungen der Materialprüfstelle als unrichtig bestätigt haben. Für den Fall, dass auf dieser Grundlage ein Teilunterliegen/Teilobsiegen anzunehmen ist, sind die Kosten analog § 92 ZPO zu verteilen[63]. Da über die Kosten nicht die Materialprüfstelle entscheidet, muss darüber für den Fall der Nichteinigung eine gerichtliche Entscheidung herbeigeführt werden, wobei sich immer die Problematik stellt, wie Behauptungen eines Vertragsteil, die sich als unrichtig erwiesen haben, auf eine zu bildende Kostenquote Einfluss nehmen sollen. Der Anspruchsteller muss bei Geltendmachung dieses Kostenerstattungsanspruchs substantiiert vortragen, in welchem Umfang die Kosten von dem anderen Vertragsteil geschuldet sind.

V. Arbeitseinstellung

40 Nach § 18 Abs. 5 VOB/B ist der Auftragnehmer bei „Streitfällen" nicht berechtigt, die Arbeiten einzustellen.

1. Geltungsbereich. Während in § 18 Abs. 1 VOB/B von „Streitigkeiten aus dem Vertrag", in den § 18 Abs. 2 und 4 VOB/B von „Meinungsverschiedenheiten" die Rede ist, betrifft § 18 Abs. 5 VOB/B **„Streitfälle".** Aus dieser Formulierung ist zu schließen, dass § 18 Abs. 5 VOB/B nicht nur die in den § 18 Abs. 1 bis 4 VOB/B geregelten Streitigkeiten/Meinungsverschiedenheiten regelt, sondern für **alle Fälle** gilt, in denen zwischen Auftraggeber und Auftragnehmer Streit (auch: Rechtsstreit) besteht[64]. Allerdings hat § 18 Abs. 5 VOB/B nur insoweit **klarstellende Funktion,** als das sichergestellt werden soll, dass Meinungsverschiedenheiten der Vertragsparteien über Vertragsinhalt und Bauausführung das Bauvorhaben selbst nicht gefährden/verzögern, sondern einer internen oder gerichtlichen Auseinandersetzung vorbehalten bleiben. Die dem Auftragnehmer zustehenden **Leistungsverweigerungsrechte** nach der VOB/B (§ 16 Abs. 5 Nr. 5 VOB/B) oder nach gesetzlichen Vorschriften werden dadurch **nicht berührt**[65].

41 Umstritten ist die Frage, ob der Auftragnehmer bei Anordnungen des Auftraggebers nach geänderten oder zusätzlichen Leistungen gemäß § 1 Abs. 3 oder 4 VOB/B die Ausführung

---

[61] OLG Celle BauR 1995, 558; *Mansfeld* in Heiermann/Riedl/Rusam VOB/B § 18 Rdn. 23.
[62] BGH NJW 1965, 1523.
[63] *Kölbl* in Beck'scher VOB-Kommentar VOB/B § 18 Abs. 4 Rdn. 44 ff; *Kaminsky* in NWJS VOB/B § 18 Rdn. 44.
[64] *Joussen* in Ingenstau/Korbion VOB/B § 18 Abs. 5 Rdn. 1.
[65] BGH BauR 1996, 378; OLG Köln NJW 2017, 493 = NZBau 2017, 87; *Kapellmann/Schiffers* Band 1, Rdn. 977; *Kimmich* BauR 2009, 1494; *Kues/Kaminski* BauR 2008, 1368; *Kaminsky* in NWJS VOB/B § 18 Rdn 48; *Vygen* BauR 2005, 431.

verweigern darf, wenn der Auftraggeber sich weigert, eine Vergütungsvereinbarung gemäß § 2 Abs. 5 oder 6 VOB/B zu treffen oder diese hinauszögert. Bei der Beantwortung dieser Frage ist eine einzelfallorientierte, differenzierte Betrachtungsweise geboten. Wegen der wechselseitigen Kooperationspflichten darf es zunächst nicht zu „Erpressungssituationen" kommen. Vergütungsvereinbarungen bei Anordnungen gemäß § 1 Abs. 3 oder 4 VOB/B **sollen möglichst** vor der Ausführung getroffen werden. Damit ist schon gesagt, dass grundsätzlich die Möglichkeit besteht, die Vereinbarungen während oder nach der Ausführung zu treffen, woraus sich zugleich ergibt, dass der Auftraggeber nicht verpflichtet ist, vor Beginn der Ausführung einer Vergütung zuzustimmen. Lehnt der Auftraggeber aber definitiv zusätzliche Zahlungsansprüche zu Unrecht ab, ist der Auftragnehmer berechtigt, die Arbeiten zur Ausführung der geänderten oder zusätzlichen Leistung einzustellen, wobei er die nach dem ursprünglichen Vertrag geschuldeten Leistungen allerdings fortsetzen muss[66]. Entsprechendes gilt in den Fällen, in denen der Auftragnehmer zu eigener Kündigung (§ 9 VOB/B) berechtigt wäre. In diesen Fällen muss dem Auftragnehmer zugestanden werden, als zur Kündigung weniger einschneidendes Mittel das Recht zur Arbeitseinstellung wahrzunehmen[67].

2. Einbeziehung in den Vertrag. Mit diesen Einschränkungen unterliegt § 18 Abs. 5 VOB/B keinen Inhaltsbedenken nach den §§ 305 ff. BGB. Eine unangemessene Benachteiligung des Auftragnehmers scheidet schon deshalb aus, weil die § 18 Abs. 1 bis 4 VOB/B im Interesse beider Parteien raschere und kostengünstigere Lösungen von „Meinungsverschiedenheiten" vorsehen und gesetzliche sowie aus der VOB/B erwachsende Leistungsverweigerungsrechte dadurch nicht berührt werden.

3. Rechtswirkungen. Stellt der Auftragnehmer die Arbeiten zu Unrecht ein, richten sich die Rechte des Arbeitgebers nach den §§ 5 Abs. 4, 8 Abs. 3 VOB/B. Der Auftragnehmer macht sich schadensersatzpflichtig. Der Auftraggeber hat die Möglichkeit, nach angemessener Fristsetzung den Auftrag zu entziehen. Schließlich kann dem Auftraggeber in diesem Fall seinerseits ein Zurückbehaltungsrecht wegen an sich fälliger Zahlungsansprüche des Auftragnehmers (Abschlagszahlungen) aus § 320 BGB zustehen.

---

[66] BGH BauR 2008, 1131 ff.; BGH BauR 2004, 1613; OLG Koblenz NJW-Spezial 2014, 750; OLG Jena NZBau 2005, 341; OLG Düsseldorf BauR 1996, 115; *Kapellmann/Schiffers* Band 1, Rdn. 975; *Kölbl* in Beck'scher VOB-Kommentar VOB/B § 18 Abs. 5 Rdn. 5 ff; *Vygen* BauR 2005, 431.
[67] OLG Düsseldorf BauR 1996, 115; *Kapellmann/Schiffers* Band 1, Rdn. 975; *Leinemann/Franz* VOB/B § 18 Rdn. 8.

Anhang
VOB/B Baubeteiligte und Unternehmereinsatzformen

1 Die Errichtung von Bauvorhaben stellt sich regelmäßig als komplexes Zusammenspiel zwischen verschiedenen Baubeteiligten dar. Vom Grundsatz her lassen sich diese in drei Grundkategorien einteilen: Der Bauherr als Besteller bzw. Auftraggeber einer Baumaßnahme, der Architekt und die Sonderingenieure als Planer und Sonderfachleute sowie den Bauunternehmer, dem die Ausführung der Bauleistungen obliegt. Im Rahmen der Bauausführung haben sich in der Praxis unterschiedliche Unternehmereinsatzformen herausgebildet (Alleinunternehmer, Generalunternehmer, Nachunternehmer). Darüber hinaus haben sich bei der Realisierung von Baumaßnahmen Misch- und Sonderformen ergeben (Generalübernehmer, GMP-Unternehmer). Abgerundet wird die vielfältige Spektrum durch Kombinationsmodelle (Bauträger) und verschiedene Modelle der Baubetreuung (Baubetreuer, Bautreuhänder). Schließlich sind eine Reihe von bauergänzenden Leistungsträgern zu berücksichtigen (Baustoffhändler, Geräteüberlassungsunternehmer etc). Die nachfolgende Zusammenstellung gibt einen kursorischen Überblick über die verschiedenen Baubeteiligten und die typischen Unternehmereinsatzformen sowie die sich hieraus ergebenden Problemstellungen.

A. Bauherr (Besteller/Auftraggeber)

2 Da das allgemeine Bauvertragsrecht bislang keiner gesetzlichen Kodifikation zugeführt wurde, fehlt es sowohl in den Bestimmungen des allgemeinen Werkvertragsrechts wie auch in der VOB bislang an einer Definition des Bauherrnbegriffes. § 631 BGB spricht lediglich allgemein von dem Besteller einer Werkleistung, in der VOB/B wird für den Zeitraum nach dem Vertragsabschluss vom Auftraggeber gesprochen. Häufig, keineswegs aber notwendigerweise ist der Besteller/Auftraggeber auch zugleich der Bauherr des Vorhabens. Bei ihm handelt es sich ausgehend von den Bestimmungen des öffentlichen Baurechts um diejenige Person, die auf ihre eigene Verantwortung eine bauliche Anlage vorbereitet oder ausführt. Für den Bauherrn ist es daher kennzeichnend, dass er das Realisierungs-, Verwendungs- und Finanzierungsrisiko des Vorhabens trägt[1]. Hiermit korrespondiert es, dass der Bauherr über das gesamte Baugeschehen entscheidet und das Bauvorhaben entweder selbst oder durch Dritte im eigenen Namen für eigene oder fremde Rechnung durchführt[2]. Der Bauherr ist regelmäßig zugleich auch Eigentümer des zu bebauenden Grundstückes[3]. Soweit sich das Eigentum in der Hand eines Dritten befindet, kommt es entscheidend für die Stellung als Bauherr darauf an, ob das Realisierungs-, Verwendungs- und Finanzierungsrisiko für das Vorhaben von ihm übernommen ist. Ist dies nicht der Fall und werden lediglich Werk- und Bauleistungen von sonstigen am Bau Beteiligten erteilt, so wie dies etwa für das Verhältnis zwischen General- und Nachunternehmer kennzeichnend ist, kann nicht mehr vom Bauherrn, sondern nur noch entsprechend der üblichen bauvertragsrechtlichen Terminologie vom Besteller bzw. Auftraggeber gesprochen werden[4].

3 Bei enger Bezugnahme auf die am Bauvertrag beteiligten Parteien erweist sich der Begriff des Bauherrn als irrelevant. Vertragsbezogen ist auf den Besteller einer BGB-Bauleistung und auf den Auftraggeber einer VOB-Bauleistung abzustellen. Dabei ist es unerheblich, ob der Besteller/Auftraggeber zugleich Bauherrenfunktionen wahrnimmt oder lediglich als Haupt- oder Generalunternehmer tätig ist und in dieser Funktion wiederum den von ihm beauftragten Nachunternehmern gegenübertritt.

4 Abgesehen von den Bezügen zum öffentlichen Planungsrecht und zur näheren Kennzeichnung der das Bauherrenrisiko tragenden Partei kommt dem Begriff des Bauherrn noch im Zusammenhang mit der 1998 eingeführten Baustellenverordnung Bedeutung zu. Nach § 3 BaustellV obliegt es dem Bauherrn des Vorhabens, einen Sicherheits- und Gesundheitsschutzkoordinator zu bestellen.

---

[1] Vgl. *Vygen* Bauvertragsrecht nach VOB und BGB, 3. Aufl., Rn. 9.
[2] BGH NJW 1978, 1054.
[3] Vgl. *Vygen*, aaO, Rn. 9.
[4] AA *Schranner* in Ingenstau/Korbion VOB/A vor § 2 Rn. 3, der darauf abheben will, dass jeder, der die Ausführung einer Bauleistung in seinem Namen und für seine Rechnung in Auftrag gibt und damit Schuldner der dafür zu entrichtenden Vergütung ist, als Bauherr zu bezeichnen ist.

B. Architekten, Ingenieure und Fachplaner

Bei den mit Architekten, Ingenieuren und sonstigen Fachplanern abgeschlossenen Verträgen handelt es sich regelmäßig um Werkverträge im Sinne der §§ 631 ff. BGB[5]. Mit Ausnahme gewisser Teilleistungen gilt dies für praktisch sämtliche Planungsleistungen wie auch die Leistungen der Objektüberwachung[6]. Das von dem Architekten und den Fachplanern geschuldete Werk umfasst unterschiedlichste technische und wirtschaftliche Teilleistungen, die dem Ziel fehlerfreier Planung und/oder Bau- bzw. Objektüberwachung dienen. Da die Planer im genannten Zusammenhang nicht die Durchführung von Bauleistungen und auch nicht die Errichtung des Bauvorhabens selbst schulden, zählen die mit dem Architekten und den Fachplanern abgeschlossenen Verträge nicht zu den eigentlichen Bauverträgen[7]. Insofern können auf Architekten- wie auch auf sonstige Planer-/Fachplanerverträge die Bestimmungen der VOB nicht angewandt werden.

Die für die Ausführung der Bauleistung maßgebenden Unterlagen in Form der Genehmigungs- bzw. Ausführungsplanung des Architekten oder aber die der Fachplaner hat der Bauherr bzw. Auftraggeber im Rahmen seiner Mitwirkungspflicht dem Auftragnehmer nach § 3 Abs. 1 VOB/B zur Verfügung zu stellen[8]. Die Planungsunterlagen der Architekten und Fachplaner enthalten damit die Anordnungen des Auftraggebers zur Realisierung der Bauaufgabe und sind für ihn maßgebend, wie sich aus § 3 Abs. 3 und § 13 Abs. 3 VOB/B erschließt[9].

C. Unternehmereinsatzformen

Die Formen des Unternehmereinsatzes sind vielfältig. Zurückzuführen ist dies vornehmlich auf die unterschiedlichen Bedürfnisse des Marktes. Teilweise wird die Ausführung nur einzelner spezieller Leistungen, teilweise die Übernahme gebündelter Bau- und Planungsleistungen gefordert. Dies hat über die Jahre hinweg zu speziellen Ausprägungen des Unternehmereinsatzes geführt.

I. Totalunternehmer

Das Interesse des Bauherrn geht häufig dahin, die Realisierung des Bauvorhabens aus einer Hand sicherzustellen. So liegt es etwa für renditeorientierte Investoren auf der Hand, den gesamten Planungs- und Bauerrichtungsprozess einem bestimmten Unternehmer zu übertragen. Da dieser Unternehmer die kompletten Planungs- und Bauerrichtungsleistungen übernimmt, wird er gemeinhin als Totalunternehmer bezeichnet[10]. Bisweilen wird statt dessen auch vom sog Totalübernehmer gesprochen[11]. Kennzeichnend für die Tätigkeit des Totalunternehmers bzw. -übernehmers ist – je nach den vertraglich übernommenen Pflichten – die schlüsselfertige Errichtung des Vorhabens. Die Vertragspflichten des Totalunternehmers können – wiederum je nach Reichweite der zugrunde liegenden Absprachen – sogar über die Planungs- und Errichtungsphase einschließlich Abnahme hinausreichen und zusätzlich noch die funktionsgerechte Ausstattung und Einrichtung für den vorgesehenen Nutzungszweck – etwa zum Betrieb eines Hotels – umfassen[12]. Hieraus ergibt sich zugleich auch, dass es sich bei dem Totalunternehmervertrag typischerweise nicht um einen reinen Bauvertrag, sondern um einen typengemischten Vertrag handelt, dem neben bau- und werkvertraglichen Elementen auch solche des Kaufrechts anhaften. Dies führt notwendigerweise zu der Konsequenz, dass auf den Totalunternehmervertrag in seiner Gesamtheit die VOB/B nicht anwendbar ist, da ihre Regelungen nicht für die planungs- und kaufrechtlichen Elemente passend sind[13].

---

[5] BGHZ 31, 224 = NJW 1960, 431; BGH NJW 1974, 898 = BauR 1974, 211.
[6] *Locher/Koeble/Frik* HOAI Einleitung Rn. 18 f.
[7] Vgl. *Locher/Koeble/Frik* HOAI Einleitung Rn. 20.
[8] Im Einzelnen → § 3 Rn. 16 ff.
[9] → § 3 Rn. 31 ff. und → § 13 Rn. 69.
[10] *Korbion* in Ingenstau/Korbion Anhang 2 Rn. 123.
[11] *Passarge/Warner* in Freiberger Handbuch zum Baurecht, S. 24; vgl. auch Schulze-Hagen FS Craushaar, 169 ff.
[12] *Passarge/Warner* aaO, S. 24.
[13] /*Korbion* in Ingenstau/Korbion Anhang 2 Rn. 124; *Ulmer/Brandtner/Hensen* AGBG Anhang §§ 9–11 Rn. 191.

II. Generalübernehmer

9 Der Generalübernehmer unterscheidet sich von dem Totalunternehmer dadurch, dass er zwar auf vertraglicher Grundlage dem Bauherrn die Planung und zumeist schlüsselfertige Errichtung des Bauvorhabens schuldet, die zu diesem Zweck erforderliche Bauausführung jedoch an dritte Unternehmen weiter beauftragt[14]. Herkömmlicherweise befasst sich der Generalübernehmer lediglich mit den für die Vorhabenrealisierung notwendigen Koordinierungs- und Managementleistungen, bisweilen darüber hinaus auch mit der vollständigen oder zumindest partiellen Planung des Bauvorhabens, keinesfalls jedoch mit der Durchführung der Bauleistungen selbst. Diese überträgt der Generalübernehmer zumeist wiederum an einen Generalunternehmer, der ihm die kompletten Bauerrichtungsleistungen nach Maßgabe eines zu schließenden Generalunternehmervertrages schuldet. Der Generalübernehmer ist deshalb einerseits im Verhältnis zum Bauherrn dessen umfassend mit der Planung und schlüsselfertigen Errichtung des Bauvorhabens betrauter Auftragnehmer, andererseits im Verhältnis zu dem Generalunternehmer und sonstigen zu beteiligenden Unternehmern und Planern deren Auftraggeber, ohne jedoch zugleich diesen gegenüber die Funktion des Bauherrn zu übernehmen[15]. Eine vom Generalübernehmer in einem Vertrag über die Errichtung eines schlüsselfertigen Hauses verwendete Klausel, nach der er bevollmächtigt ist, die Bauleistungen im Namen des Auftraggebers zu vergeben, ist für den Auftraggeber überraschend. Sie wird gemäß § 3 AGBG (aF = § 305c BGB) nicht Bestandteil des Vertrags[16].

Der mit dem Bauherrn abgeschlossene Vertrag richtet sich nach werkvertraglichen Grundsätzen, wobei diese um geschäftsbesorgertypische Pflichten im Sinne des § 675 BGB ergänzt sind. Das im Zusammenhang mit der Realisierung des Vorhabens für den Bauherrn übernommene Pflichtenbündel – Planung, Projektmanagement und -steuerung, Bauausführung – lassen eine Anwendung der VOB/B als Ganzes auf den Generalübernehmervertrag nicht zu[17]. Anders stellt sich dies in Bezug auf den zwischen dem Generalübernehmer und dem Generalunternehmer abgeschlossenen Vertrag dar: Da der Generalunternehmer die Ausführung (umfassender) Bauleistungen schuldet, bestehen insoweit keinerlei Bedenken gegen die Einbeziehung der VOB/B in den abzuschließenden Vertrag.

III. Generalunternehmer

10 Der Generalunternehmer erbringt sämtliche zu einem Bauvorhaben gehörigen Leistungen – in der Regel auch Planungsleistungen im Rahmen der Immobilienprojektentwicklung –, er verpflichtet sich somit zur schlüsselfertigen Errichtung des Bauvorhabens. Hierbei führt er in der Regel einen Teil der Leistungen selbst aus, alle anderen Leistungen werden im Rahmen separater Bauverträge an Nachunternehmer (Subunternehmer) von ihm beauftragt[18].

11 Der Generalunternehmer ist damit im Verhältnis zum Bauherrn Alleinunternehmer. Auch ein Architekt kann im Einzelfall „wie ein Generalunternehmer" haften[19]. Zur Erfüllung seiner umfassenden Bauverpflichtung bedient er sich – mit ausdrücklicher Gestattung des Auftraggebers – anderer Unternehmer zur Ausführung der Nachunternehmergewerke. Die vom Generalunternehmer eingesetzten Nachunternehmer sind im Verhältnis zum Bauherrn damit Erfüllungsgehilfen des Generalunternehmers. Generalunternehmer und Nachunternehmer sind daher nicht Gesamtschuldner des Auftraggebers[20]. Auch eine unmittelbare Haftung des Nachunternehmers gegenüber dem Bauherrn aus dem Gesichtspunkt eines Vertrags mit Schutzwirkung zugunsten Dritter kommt nicht in Betracht[21].

Der Generalunternehmer hat jedoch das arglistige Verschweigen eines Mangels durch einen Nachunternehmer gegenüber dem Auftraggeber wie eigenes arglistiges Verschweigen zu ver-

---

[14] Zu Problemen des Generalübernehmermodells vgl. Koeble NJW 1992, 1142; zur Definition des Generalübernehmers vgl. auch LG Köln 23.12.2010 – 14 O 128/10, – dort Rn. 76 ff. – zitiert nach juris.
[15] BGH NJW 1978, 1054; *Korbion* in Ingenstau/Korbion Anhang 2 Rn. 123.
[16] BGH BauR 2002, 1544 = NZBau 2002, 561 = IBR 2002, 462.
[17] BGH NJW 1988, 142 = BauR 1987, 702.
[18] Allgemein zum Generalunternehmervertrag: *Kniffka* ZfBR 1992, 1 ff.; *Putzier* Der Pauschalpreisvertrag, 2. Auflage 2005.
[19] OLG Schleswig 16.7.2009 – 11 U 116/08, zitiert nach juris.
[20] BGH BauR 1981, 383.
[21] *Korbion* in Ingenstau/Korbion Anhang 2 Rn. 127.

treten, wenn er dem Nachunternehmer die Werkleistung zur eigenverantwortlichen Ausführung überträgt, ohne diese selbst zu überwachen oder zu prüfen[22].

Zu beachten ist ferner, dass durch das seit 1.1.2015 geltende Mindestlohngesetz in § 13 MiLoG eine Generalunternehmerhaftung des Auftraggebers für die Zahlung des Mindestlohns durch den Auftragnehmer an seine Arbeitnehmer sowie von diesem eingesetzte Nachunternehmer an ihre Arbeitnehmer vorgesehen ist[23].

Durch seine besondere Stellung zwischen Bauherrn und Nachunternehmer kommt dem Generalunternehmer eine Obhuts- und Vermittleraufgabe zu[24]. Der Generalunternehmer ist gegenüber dem Auftraggeber gehalten, ihm gegenüber nur solche Forderungen seiner Nachunternehmer geltend zu machen, die er selbst nach sorgfältiger Prüfung für begründet hält. Es besteht kein besonderes Interesse des Generalunternehmers an der Einbeziehung des Bauherrn in den Schutzbereich des zwischen ihm und seinem Nachunternehmer abgeschlossenen Werkvertrags. Die Grundsätze eines Vertrags mit Schutzwirkung zugunsten Dritter sind auf diesen Werkvertrag somit nicht anwendbar[25]. **12**

Generalunternehmerverträge werden in der Praxis auf der Basis von vorformulierten Standardverträgen erarbeitet, die den Besonderheiten des jeweiligen Bauvorhabens angepasst werden[26]. Werden vorformulierte Regelungen mehrfach verwendet, greifen die Bestimmungen der §§ 305 ff. BGB ein. Durch vorformulierte Vertragsbedingungen besteht nur eingeschränkt die Möglichkeit, dass der Verwender für ihn einseitig günstige Vertragsbestimmungen rechtswirksam in den Vertrag einbezieht. Problematisch sind in der Praxis insbesondere die folgenden Punkte: **13**
– Vertragsstrafenregelung
– Gewährleistungsverlängerung
– Sicherheitenvereinbarung (Bürgschaft auf erstes Anfordern)[27]
– Erweiterung oder Begrenzung der Haftung.

Problematisch beim Generalunternehmervertrag ist in der Regel die Bausoll-Definition, die in der Praxis oftmals auf der Basis einer funktionalen (globalen), somit zielgerichteten und erfolgsorientierten Leistungsbeschreibung erfolgt[28]. Übernimmt der Generalunternehmer die Leistungsverpflichtung im Rahmen des Generalunternehmervertrags auf der Basis einer globalen oder komplexen Leistungsbeschreibung (erfolgsorientiertes Leistungsprogramm), so übernimmt er damit in der Regel nicht nur das Mengen-, Massen- und Mengenermittlungsrisiko, sondern – insbesondere bei der gleichzeitigen Übernahme der noch ausstehenden Planungsleistungen – auch das Vollständigkeits- und Leistungsermittlungsrisiko. Dies wird im Generalunternehmervertrag typischerweise durch sog Komplettheits- oder Schlüsselfertigkeitsklauseln hervorgehoben, die jedoch nur dann (deklaratorische) Bedeutung erlangen, wenn das Bausoll (erkennbar lückenhaft) erfolgsorientiert definiert wird[29]. **14**

Das Durchstellen von Vertragsbedingungen aus dem Generalunternehmervertrag in die jeweiligen Nachunternehmerverträge, um insoweit eine Kongruenz der Vertragsbedingungen in der Vertragskette herzustellen, ist problematisch. Generalunternehmervertrag und Nachunternehmerverträge sind rechtlich selbstständig. Für den Generalunternehmer (negative) Überraschungen gibt es dann, wenn der Generalunternehmervertrag in wesentlichen Vertragspassagen individuell ausverhandelt wurde (vgl. insbesondere die vorstehend dargestellten „Problembereiche") und es dem Generalunternehmer nicht gelingt, in den zahlreichen von ihm abzuschließenden Nachunternehmerverträgen diese Bedingungen auch jeweils individuell auszuverhandeln, so dass sie sich zwangsläufig als mehrfach verwendete vorformulierte Klauseln innerhalb der Nachunternehmerverträge darstellen. Während die individuell im Rahmen des Generalunternehmervertrags ausgehandelten Regelungen dann wirksam sind, können diese Bestimmungen im **15**

---

[22] OLG Frankfurt 30.11.2010 – 5 U 76/02, = IBR 2013, 532 – NZB zurückgewiesen – BGH 29.4.2013 – VII ZR 203/10.
[23] Vgl. hierzu *Bayreuther* NZA 2014, (865–873) Kapitel VII; *Pacholski/Naumann* NJW-spezial 2014, (690–691).
[24] Vgl. BGH VersR 1964, 298; *Korbion* in Ingenstau/Korbion Anhang 2 Rn. 127.
[25] OLG Hamm BauR 2007, 561 = IBR 2007, 23.
[26] Ein Auftraggeber-freundliches Muster mit ausführlicher Erläuterung findet sich bei *Putzier*, Der Pauschalpreisvertrag, 2. Auflage 2005 Rn. 654 ff.
[27] Vgl. hierzu die Kommentierung zu § 17 VOB/B.
[28] Vgl. hierzu die Kommentierung zu § 2 VOB/B sowie die ausführliche Darstellung bei *Thierau* FS Kapellmann, 2007, 433 ff.
[29] Einzelheiten hierzu vgl. bei der Kommentierung zu § 2 VOB/B.

Rahmen der jeweiligen Nachunternehmerverträge unter dem Gesichtspunkt der §§ 305 ff. BGB unwirksam sein.

Besondere Probleme stellen sich bei der Leistungskette AG – GU – NU. Ausgangspunkt ist das Urteil des VII. Zivilsenats des Bundesgerichtshofs vom 24.3.1977[30]. Der Auftraggeber hatte dem Auftragnehmer Rasterelemente zur Lackierung zur Verfügung gestellt. Bei der Lackierung verformen sich die Rasterelemente. Der Auftraggeber ließ die Rasterelemente teilweise neu richten und verlangt dennoch vollen Schadenersatz vom Auftragnehmer. Der Auftragnehmer wendet ein, mehrere Kunden des Auftraggebers hätten die gelieferten Raster jedoch ohne Beanstandung abgenommen. Der Bundesgerichtshof hat in dem Urteil vom 24.3.1977 entschieden, dass ein Schadenersatzanspruch des Auftraggebers in voller Höhe besteht. Es finde kein Vorteilsausgleich statt. Daher werde nicht berücksichtigt, dass einige Kunden die verformten Raster unbeanstandet übernommen hätten. Mit Urteil vom 28.6.2007[31] kündigt sich die Änderung der Rechtsprechung an. In diesem Fall hatte ein Bauträger den Generalunternehmer mit der schlüsselfertigen Errichtung von 315 Wohnungen beauftragt. Der Generalunternehmer beauftragte mit dem Einbau der Fenster den Nachunternehmer. Der Nachunternehmer beauftragte seinerseits die Fertigung der Fenster bei seinem Nach-Nachunternehmer. Vier Jahre nach Einbau stellte sich heraus, dass die Rahmeneckverbindungen der Fenster mangelhaft sind. Weder der Bauträger noch der Generalunternehmer machten wegen der Fenster Mängelansprüche geltend. Insoweit war Verjährung eingetreten. Der Nachunternehmer verlangt jedoch von seinem Nach-Nachunternehmer Schadenersatz in voller Höhe der Sanierungskosten. Mit dem vorstehenden Urteil vom 28.6.2007 hat der Bundesgerichtshof zunächst darauf hingewiesen, dass dem Nachunternehmer gegen den Nach-Nachunternehmer ein Schadenersatzanspruch zustehe[32]. Verträge seien grundsätzlich selbständig und unabhängig voneinander zu beurteilen[33]. Da jedoch der Nachunternehmer selbst nicht in Anspruch genommen werde, sei bei ihm eine finanzielle Einbuße nicht festzustellen. Dieser Wegfall der Vermögenseinbuße sei schadenersatzrechtlich nach dem Rechtsgedanken des Vorteilsausgleichs nach Treu und Glauben (§ 242 BGB) zu berücksichtigen. Der Nachunternehmer sei lediglich Zwischenstation innerhalb der Leistungskette und verpflichtet, die Einrede der Verjährung zu erheben. Ähnlich hat der VII. Zivilsenat in einem weiteren Urteil vom 28.6.2007 entschieden[34]. Dort hatte der Auftraggeber den Generalunternehmer mit der schlüsselfertigen Erstellung eines Bauvorhabens beauftragt. Der Generalunternehmer beauftragte seinerseits den Nachunternehmer mit den Pflasterarbeiten. Die Pflasterarbeiten stellten sich als mangelhaft heraus. Es war jedoch fraglich, ob zwischen Auftraggeber und GU bereits Verjährung eingetreten ist. Auftraggeber und Generalunternehmer vergleichen sich dahingehend, dass eine Gewährleistungsfrist von 10 Jahren, eine Mängelbürgschaft in Höhe von 20.000,– EUR und eine Minderung in Höhe von 48.000,– EUR vereinbart wird. Dennoch verlangt nunmehr der Generalunternehmer vom Nachunternehmer die vollen Mängelbeseitigungskosten in Höhe von ca. 120.000,– DM. Der Bundesgerichtshof hat in seinem weiteren Urteil vom 28.6.2007 entschieden, dass der Generalunternehmer grundsätzlich seinen Schadenersatzanspruch nach den Kosten der erforderlichen Mängelbeseitigung berechnen kann. Der Vertrag zwischen Generalunternehmer und Nachunternehmer sei grundsätzlich unabhängig vom Vertrag zwischen Generalunternehmer und Auftraggeber. Der Schaden sei aufgrund des Vergleichs zwischen Auftraggeber und GU nicht geringer. Bei der Berechnung der Höhe des Schadenersatzanspruchs seien jedoch die Rechtsgedanken der Vorteilsausgleichung zu berücksichtigen. Dies folge aus der werkvertraglichen Lieferkette. Der erlangte Vorteil müsse daher berücksichtigt werden. In dem Folgeurteil des VII. Zivilsenats vom 10.7.2008[35] verklagte der Erwerber einer Immobilie den Bauträger wegen Mängeln auf Zahlung von Kostenvorschuss. Der Bauträger wird verurteilt und zahlt. Den an den Erwerber vom Bauträger gezahlten Kostenvorschuss fordert der Bauträger als Schadenersatz vom Auftragnehmer. Da der Erwerber möglicherweise den Kostenvorschuss nicht für die Mängelbeseitigung eingesetzt hatte, könnte ein Rückzahlungsanspruch des Bauträgers gegen den Erwerber bestehen. Es stellte sich daher in diesem Fall die Frage, ob der Bauträger sich diesen möglichen Anspruch auf Rückzahlung auf den Schadenersatzanspruch gegen den Auftraggeber anrechnen lassen muss. Im Urteil vom 10.7.2008 hat der Bundesgerichtshof ent-

---

[30] BGH BauR 1977, 277 ff.
[31] BGH BauR 2007, 1564 = NZBau 2007, 578 = IBR 2007, 472.
[32] Verweis auf BGH IBR 2005, 307.
[33] Verweis auf BGH IBR 2003, 294.
[34] BGH BauR 2007, 1567 = NZBau 2007, 580 = IBR 2007, 607.
[35] BGH BauR 2008, 1877 = NZBau 2009, 34 = IBR 2008, 640.

schieden, dass der Schaden beim Bauträger entstanden sei. Es beeinflusse diesen Schaden grundsätzlich nicht, wenn der Bauträger den Vorschuss aus Rechtsgründen vom Erwerber zurückfordern könne. Der vom Auftragnehmer gegenüber dem Bauträger schuldhaft verursachte Mangel stelle den eingetretenen Schaden dar. Ein Vorteilsausgleich für Nichtinanspruchnahme komme erst dann in Frage, wenn feststeht, dass eine Inanspruchnahme des Bauträgers durch den Erwerber auch zukünftig endgültig nicht mehr erfolgen kann. Nur in diesem Fall müsse der Bauträger den endgültig realisierten Vorteil an den Auftragnehmer weitergeben. Der VII. Senat sah darüber hinaus in dieser Entscheidung die Gefahr eines doppelten Vorteils und hat festgestellt, dass bei einer Verurteilung des Auftragnehmers zur Leistung von Schadenersatz in analoger Anwendung von § 255 BGB dies nur gegen Abtretung möglicher Ansprüche des Bauträgers gegen den Erwerber in Frage kommt. Diese Abtretung könne von dem Auftragnehmer mit Hilfe eines Zurückbehaltungsrechts nach § 273 BGB durchgesetzt werden. An diese vorstehenden Urteile des Bundesgerichtshof schließt sich der Beschluss des VII. Senats des Bundesgerichtshofs vom 20.12.2010 an[36]. Dort hatte der Auftraggeber den Generalunternehmer mit der schlüsselfertigen Erstellung eines Bauvorhabens beauftragt. Der Generalunternehmer beauftragte den Nachunternehmer mit den Leistungen der Haustechnik. Nach Fertigstellung nimmt der Auftraggeber sämtliche Leistungen des Generalunternehmers in Kenntnis einer von der Ausführungsplanung abweichenden Ausführung als vertragsgerecht an. Der Generalunternehmer macht jedoch seinerseits gegenüber dem Nachunternehmer wegen der nicht mit der Ausführungsplanung übereinstimmenden Ausführung eine Minderung geltend. Der Bundesgerichtshof hat mit Beschluss vom 20.12.2010 seine vorangegangene Rechtsprechung zur Leistungskette nochmals bestätigt. Wenn im Rahmen einer werkvertraglichen Leistungskette feststeht, dass der Generalunternehmer von seinem Auftraggeber wegen Mängeln am Werk nicht mehr in Anspruch genommen wird, ist der Generalunternehmer nach dem Rechtsgedanken der Vorteilsausgleichung gehindert, seinerseits Ansprüche wegen Mängeln gegenüber dem Nachunternehmer geltend zu machen. Dies gilt nicht nur bei Schadenersatzansprüchen, sondern auch im Fall der Minderung[37].

Da der Generalunternehmer typischerweise Auftraggeber mehrerer an derselben Baustelle **16** tätiger Nachunternehmer ist, stellt sich für ihn die Frage der sog Vorunternehmerhaftung. Stellt zB der vom Generalunternehmer beauftragte Erdbauunternehmer die Baugrube mangelhaft bzw. verspätet zur Verfügung, ist der Folgeunternehmer (zB Rohbau) nicht in der Lage, zum mit dem vereinbarten Beginntermin die Fundamentarbeiten aufzunehmen. Der Bundesgerichtshof hat es für diese Konstellationen in ständiger Rechtsprechung abgelehnt, dem Nachfolgeunternehmer Schadenersatzansprüche nach § 6 Abs. 6 gegen seinen Auftraggeber (Generalunternehmer) auf der Basis verspäteter oder mangelhafter Vorunternehmerleistungen zuzusprechen[38]. Eine deutliche Entspannung dieser in der Fachliteratur kritisierten Rechtsprechung des Bundesgerichtshofs ist dadurch erfolgt, dass der Bundesgerichtshof seit Oktober 1999[39] § 642 BGB als anwendbare Anspruchsgrundlage für diese Konstellationen annimmt. Hiernach besteht nunmehr eine weitgehend verschuldensunabhängige Verantwortung des Auftraggebers (Generalunternehmers) dafür, dass er dem Auftragnehmer (nachfolgenden Nachunternehmer) eine ordnungsgemäße Vorleistung zeitgerecht (Terminplan) zur Verfügung stellt. Voraussetzung für den dann vom Bundesgerichtshof angenommenen Annahmeverzug des Auftraggebers (Generalunternehmers) ist ferner, dass der Auftragnehmer (Nachunternehmer) zum entscheidenden Zeitpunkt seinerseits leistungsbereit und leistungsfähig ist und dem Auftraggeber (Generalunternehmer) seine Leistung konkret anbietet bzw. ausdrücklich Behinderung anmeldet und hierbei auf eine fehlende oder mangelhafte Vorleistung hinweist[40].

IV. Nachunternehmer

Grundsätzlich handelt es sich bei dem Nachunternehmervertrag um einen „normalen" Bau- **17** vertrag zwischen einem Auftraggeber und einem Auftragnehmer[41]. Die Besonderheit liegt darin,

---

[36] BGH IBR 2011, 129.
[37] Ebenso OLG Zweibrücken IBR 2008, 263; OLG Brandenburg IBR 2012, 145; OLG Saarbrücken IBR 2010, 497.
[38] BGH BauR 1985, 561; 2000, 722.
[39] BGH BauR 2000, 722 (725).
[40] Vgl. Einzelheiten in der Kommentierung zu § 6 VOB/B.
[41] Allgemein *Joussen/Vygen* Der Subunternehmervertrag 2011; *Koppmann* Der Nachunternehmer- und Lieferantenvertrag am Bau IBR 2011, 1018 (nur online).

dass der Auftraggeber selbst nicht „Bauherr" im eigentlichen Sinn ist, sondern in seiner Funktion als Generalunternehmer im Verhältnis zum Bauherrn selbst Auftragnehmer ist. Vergaben an Nachunternehmer müssen nach § 4 Abs. 8 VOB/B vom Bauherrn genehmigt worden sein. Mit der Fassung der VOB/B 2000 wurde § 4 Abs. 8 Nr. 1 S. 3 VOB/B eingefügt. Eine unbefugte Weitergabe von Bauleistungen an Nachunternehmer kann damit zu einem Kündigungsrecht des Auftraggebers führen.

18   Auf die Obhuts- und Vermittleraufgabe des Generalunternehmers wurde bereits hingewiesen[42]. Weitere Probleme im Verhältnis zu den Nachunternehmern resultieren für den Generalunternehmer aus seiner Zwitterstellung zwischen Bauherr und Nachunternehmer. So wird es vorrangig im Interesse des Generalunternehmers liegen, die von ihm im Verhältnis zum Bauherrn zu tragenden Risiken in den jeweiligen Nachunternehmerverträgen zumindest teilweise auf die Nachunternehmer abzuwälzen. Dies wird in der Regel formularmäßig unter dem Gesichtspunkt der §§ 305 ff. BGB nicht rechtswirksam möglich sein. Problematisch sind insbesondere die folgenden Konstellationen:

19   – Eine „Durchstellung" des Abnahmezeitpunkts aus dem Generalunternehmervertrag in vorformulierten Vertragsbedingungen auf den Nachunternehmervertrag ist unwirksam[43]. Der Generalunternehmer ist grundsätzlich zur Abnahme der Nachunternehmerleistung verpflichtet, sobald diese fertig gestellt ist.
    – Die Verweisung in einem Einheitspreisvertrag zwischen dem Generalunternehmer und dem Nachunternehmer auf Bedingungen eines Pauschalpreisvertrags zwischen dem Generalunternehmer und seinem Auftraggeber, die eine Beschränkung des Werklohns für den Fall der Nichtinanspruchnahme der Leistung vorsehen, kann gemäß § 305c Abs. 1 BGB überraschend sein[44].
    – Der Generalunternehmer genügt seiner Verpflichtung, Bedenken gegen die vorgesehene Art der Ausführung anzumelden, nicht, wenn er Bedenken eines Nachunternehmers einfach an den Bauherrn durchreicht. Vielmehr muss er sich als Vertragspartner des Bauherrn selbst ein Bild von den angemeldeten Bedenken machen und diesen über die Bedenken und die späteren Folgen aufklären[45].

20   – Unwirksam sind Klauseln, in denen der Nachunternehmer auf Einwendungen wegen Irrtums oder mangelnder Kenntnis der zur Beurteilung der Leistung erforderlichen Umstände verzichtet[46].
    – Eine Klausel, wonach ein Zahlungsanspruch des Nachunternehmers von einem entsprechenden Zahlungseingang beim Generalunternehmer abhängig ist, ist individualvertraglich zulässig[47].

21   – Gewährleistungsverlängerungen durch vorformulierte Vertragsbedingungen des Generalunternehmers sind bedenklich. Für Flachdacharbeiten hält der Bundesgerichtshof auch eine vorformulierte Verlängerung der Gewährleistungsfrist auf 10 Jahre für unproblematisch[48], eine auf 10 Jahre verlängerte Gewährleistungsfrist für Innenausbauarbeiten oder Gewerke des technischen Gebäudeausbaus durch vorformulierte Vertragsbedingungen des Generalunternehmers dürfte unwirksam sein.
    – Ein Generalunternehmer hat gegen einen Nachunternehmer keine mängelbedingten Schadenersatzansprüche, wenn er zwar dem Nachunternehmer eine Frist zur Beseitigung angeblicher Mängel setzt, aber vor Ablauf dieser Frist dem Nachunternehmer die Mängelbeseitigung rechtlich dadurch unmöglich wird, dass der Bauherr das Vertragsverhältnis mit dem GU die Mängelbeseitigung rechtlich dadurch unmöglich wird, dass der Bauherr das Vertragsverhältnis mit dem Generalunternehmer kündigt[49].
    – Nach Baubeginn ist der Haupt-Auftragnehmer als Vertragspartner des Auftraggebers in erster Linie verkehrssicherungspflichtig. Wird ein Nachunternehmer mit der Ausführung der Leistung beauftragt, bleibt der Haupt-Auftragnehmer zumindest zur stichprobenartigen Kontrolle und Überwachung der Baustelle verpflichtet[50].

---

[42] Vgl. vorstehend „Generalunternehmer".
[43] BGH BauR 1981, 284; 1995, 234.
[44] BGH IBR 2007, 541.
[45] OLG Düsseldorf BauR 2001, 638 = NZBau 2001, 401 = IBR 2001, 179.
[46] BGH BauR 1983, 368.
[47] OLG Köln IBR 2010, 277 (278).
[48] Vgl. BGH BauR 1996, 707.
[49] OLG München IBR 2008, 645.
[50] OLG Brandenburg IBR 2008, 1112.

- Der formularmäßige Ausschluss eines Vergütungsanspruchs bei einer Kündigung nach § 8 Abs. 1 VOB/B ist regelmäßig unwirksam[51]. Dies ist insbesondere dann für den Generalunternehmer problematisch, wenn er individualvertraglich mit dem Bauherrn die Möglichkeit vereinbart hat, dass zB wegen der Zurückstellung von Büro-Ausbauarbeiten der Bauherr die Möglichkeit haben soll, auch während der Vertragsabwicklung diese Arbeiten ganz oder teilweise ohne Vergütungskonsequenz gemäß § 8 Abs. 1 VOB/B aus dem Leistungsumfang herausnehmen zu können.
- Zahlt der vermeintlich endverantwortliche Nachunternehmer wegen eines Mängelanspruchs direkt an den Bauherrn, um diesen davon abzuhalten, eine vom Generalunternehmer gestellte Bürgschaft in Anspruch zu nehmen, hat der Nachunternehmer einen direkten Rückforderungsanspruch gegen den Bauherrn, wenn sich später herausstellt, dass ein Anspruch des Bauherrn gegen den Generalunternehmer tatsächlich nicht gegeben war[52].

Besonders problematisch wird die Position des Generalunternehmers in seinem Verhältnis zu den jeweiligen Nachunternehmern dadurch, dass Bauherrn, insbesondere erfahrene Projektentwickler, in ihren Generalunternehmer-Musterverträgen einseitig gravierend den Bauherrn (Projektentwickler = Generalübernehmer) begünstigende Regelungen verwenden, die deutlich von den gesetzlichen Werkvertragsbestimmungen und den Wertungen der VOB/B abweichen und es dem Generalunternehmer damit zusätzlich erschweren, die hieraus resultierenden Risiken in vernünftigem Umfang an Nachunternehmer weiterzugeben. Ein Paradebeispiel für gravierend unwirksame Standardregelungen eines professionellen Immobilienprojektentwicklers ist eine Entscheidung des Oberlandesgerichts Hamburg[53]. Fast alle wesentlichen Klauseln dieses Generalunternehmer-Mustervertrags sind vom Oberlandesgericht Hamburg und vom Bundesgerichtshof wegen Verstoßes gegen das Transparenzgebot für unwirksam erklärt worden. Die Unwirksamkeit betrifft insbesondere folgende Regelungen:

- „Die vereinbarten Festpreise schließen Nachforderungen jeglicher Art aus."
- „Der Auftragnehmer hat keinen Anspruch auf Vergütung oder entgangenen Gewinn für Leistungen, die z. B. auf Grund einer Kündigung seitens des Bauherrn nicht zur Ausführung gelangen, aus dem Auftrag genommen oder anderweitig vergeben werden."
- „Verlangt der Auftraggeber von dem Auftragnehmer über die vertragliche Leistung hinausgehende Leistungen oder führen sonstige von dem Auftragnehmer nicht zu vertretende Umstände zu Behinderungen, Unterbrechungen oder einem verspäteten Beginn der Arbeiten, führt dies – unter Ausschluss weitergehender Ansprüche – nur zu einer angemessenen Fristverlängerung, wenn der Auftragnehmer nicht in der Lage ist, vereinbarte Fristen durch verstärkten Personal- und/oder Geräteeinsatz einzuhalten und der Auftragnehmer den Anspruch auf Fristverlängerung dem Auftraggeber schriftlich ankündigt, bevor er mit der Ausführung der zusätzlichen Leistungen beginnt."
- „Der Auftragnehmer kann im Falle der Behinderung oder Unterbrechung der Leistungen etwaige Ansprüche nur geltend machen, wenn eine von dem Auftraggeber zu vertretende Zeit der Unterbrechungen der von dem Auftragnehmer auf der Baustelle zu erbringenden Leistung von mehr als 30 % der vereinbarten Gesamtfrist eintritt."
- „Ein Vorbehalt des Auftraggeber, vom Auftragnehmer die Zahlung der Vertragsstrafe zu fordern, ist weder bei Abnahme noch sonst erforderlich."
- „Der Auftragnehmer ist verpflichtet, auf Grund von Prüfungen gemachte Auflagen zu beachten und zu erfüllen. Hieraus resultierende Terminsverschiebungen oder Mehrkosten gegen zu seinen Lasten."
- „Der Einwand der Unverhältnismäßigkeit des Aufwands ist ausgeschlossen (im Rahmen der Gewährleistungsverpflichtung des Auftragnehmers)."
- „Stehen vertragliche Regelungen im Widerspruch zu einander, ist die für den Auftraggeber günstigste anzuwenden."
- „Ergänzungen, Änderungen sowie die Aufhebung des Vertrags – oder der Schriftformklausel sind nur wirksam, wenn der Auftraggeber sie schriftlich bestätigt."
- „Nach Angebotsabgabe kann sich der Bieter auf Unklarheiten in den Angebotsunterlagen oder über Inhalt und Umfang der zu erbringenden Leistungen nicht berufen. Bei oder nach Auftragserteilung sind Nachforderungen mit Hinweis auf derartige Unklarheiten ausgeschlossen."

---

[51] OLG Karlsruhe IBR 1995, 379 (Revision vom BGH nicht angenommen, 7.11.1994 – VII ZR 231/93).
[52] KG IBR 2009, 1202.
[53] BauR 1997, 1036 (Revision vom BGH nicht angenommen 5.6.1997 – VII ZR 54/96).

34 – „Der Auftraggeber hat das Recht, während der Bauzeit Auflagen über die Anzahl der am Bau beschäftigten Arbeitskräfte zu machen, die innerhalb von 24 Stunden zu erfüllen sind."
35 – „Der Auftragnehmer hat zunächst die vom Auftraggeber zur Verfügung gestellten Unterlagen eingehend zu prüfen und muss dann ausschließlich alle weiterführenden Ausführungsunterlagen selbst erstellen."
36 – „Der Auftraggeber kann verlangen, dass Besprechungen auch außerhalb des Orts der Baustelle, jedoch innerhalb von Deutschland durchgeführt werden. Ein Anspruch auf Kostenerstattung entsteht hierdurch nicht."
37 – „Nachforderungen nach Einreichung der Schlussrechnung werden – gleichgültig aus welchem Grund – nicht mehr anerkannt. Mit der Einreichung der Schlussrechnung durch den Auftragnehmer sind seine sämtlichen Forderungen geltend gemacht. Versäumt der Auftragnehmer die Berechnung erbrachter Lieferungen und Leistungen, so ist der Auftraggeber auch ohne weitere Mitteilung an den Auftragnehmer von jeglicher Verpflichtung zur Bezahlung von eventuellen späteren Forderungen des Auftragnehmers befreit."
38 – „Der Auftragnehmer hat die Beweislast für die vertragsgemäße Ausführung seiner Leistung und das Fehlen eines Verschuldens, und zwar auch im Rahmen der Gewährleistungsverpflichtung."
39 – „Der Auftragnehmer trägt die Kosten bzw. Gebühren für vorgeschriebene bzw. für vom Auftraggeber gewünschte Leistungsmessungen und/oder Abnahmen, die durch den TÜV, den VDS oder ähnliche Institutionen durchgeführt werden."
40 – „Mit der Abgabe des Angebots übernimmt der Bieter die Gewähr dafür, dass das Angebot alles enthält, was zur Erstellung des Werks gehört."
41 – „Voraussetzungen für die Abnahme sind, dass der Auftragnehmer sämtliche hierfür erforderliche Unterlagen, wie z. B. Revisions- und Bestandspläne, behördliche Bescheinigungen usw. dem Auftraggeber übergeben hat."

V. GMP-Modelle

42   Bei einem GMP-Bauvertrag (garantierter Maximalpreis) handelt es sich um einen Bauvertrag mit zusätzlichen Vereinbarungen zur Vergütungsbestimmung. Diese zusätzliche Vereinbarung zur Vergütungsbestimmung sieht in der Regel vor, dass diejenigen Gewerke, die nicht vom Auftragnehmer, sondern von Nachunternehmern ausgeführt werden, auf Marktpreisbasis vom AN (GMP-Partner) an den Bauherrn berechnet werden, während diejenigen Gewerke und Leistungen, die der Auftragnehmer selbst erbringt, in der Regel pauschal vergütet werden. Zusätzlich garantiert der Auftragnehmer für das Gesamtprojekt einen Höchstpreis. Durch gemeinsam zu optimierende Planung und Ausführung soll in kooperativer Form dieser garantierte Maximalpreis unterschritten werden. Die eingesparten Kosten werden nach vorher verhandelten Prozentsätzen auf den Bauherrn und seinen GMP-Partner verteilt.

43   **1. Kooperationsmodell.** Prägendes Element eines GMP-Bauvertrags im Vergleich zu einem „normalen" (in der Regel polarisierenden) GU-Vertrag ist die bereits konzeptionell vorgegebene enge Kooperationsverpflichtung der Vertragsparteien in Form einer partnerschaftlichen Zusammenarbeit mit wechselseitigen Anreizmechanismen. Der Generalunternehmer, der nach herkömmlicher Auffassung dem Auftraggeber eher als „Vertragsgegner" denn als Vertragspartner gegenübersteht, soll durch die im Rahmen des GMP-Bauvertrags vereinbarte Kooperationsverpflichtung „in das Lager des Auftraggebers hinübergezogen werden". Auftraggeber und Generalunternehmer sollen eng und vertrauensvoll zum beiderseitigen Vorteil zusammenarbeiten („Win-Win") und stehen – zumindest teilweise – insoweit den ausführenden Nachunternehmern gemeinsam als Partner gegenüber[54].

44   **2. Einstufiges und zweistufiges Modell.** Beim GMP-Bauvertrag wird zwischen dem einstufigen und dem zweistufigen Modell unterschieden. Beim einstufigen Modell handelt es sich im Prinzip um einen GU-Vertrag mit Pauschalfestpreisabrede, der mit zusätzlichen Regelungen

---

[54] Literatur zum GMP-Bauvertrag: *Thierau* FS Jagenburg, 2002, 895 ff. mwN; *Gralla* Garantierter Maximalpreis-GMP-Partnering-Modelle 2001 mwN; *Gralla* IBR 2000, 149; *Oberhauser* BauR 2000, 1397 ff.; *Grünhoff* NZBau 2000, 313 ff.; *Blecken* IBR 1999, 142; *Blecken/Gralla* in Jahrbuch Baurecht 1998, 251; *Moeser* ZfBR 1997, 113; *Bibelheimer/Wazlawik* BauR 2001, 1639 ff.; Diederichs/Bork NZBau 2001, 618; vgl. auch ergänzend *Kapellmann* NZBau 2001, 592 ff.; *Eschenbruch* NZBau 2001, 585 ff.; *Schlapka* BauR 2001, 1646; *Acker* FAZ vom 12.5.2000, Seite 54; *Del Mestre* FAZ vom 1.11.1999, Seite 29.

zur Vergütungsfindung („Anreizmechanismen") und einer klar definierten Kooperationsverpflichtung im Hinblick auf Optimierung, Nachunternehmervergabe und gemeinsame Problemlösung zB bei Nachtragsstreitigkeiten „angereichert" wird. Beim zweistufigen GMP-Modell berät der GMP-Partner den AG bereits bei der Grundlagenermittlung bis hin zur Genehmigungsphase. Erst auf der Basis des hiernach gemeinsam gefundenen Planungs- und Projektergebnisses erfolgt – nach Ausschreibung – die Vergabe an den endgültigen GMP-Vertragspartner, der nicht zwingend identisch sein muss mit dem in der Vorphase tätigen „GMP-Berater". Der endgültige GMP-Vertrag wird damit auf der Basis einer gemeinsam ausgearbeiteten Planung von Auftraggeber und (ursprünglichem) GMP-Partner abgeschlossen und entspricht im Wesentlichen sodann dem einstufigen GMP-Bauvertrag. Aus der Zweistufigkeit, insbesondere aus der Tatsache, dass in der zweiten „endgültigen" GMP-Bauvertragsphase unter Umständen ein anderer GMP-Partner als Generalunternehmer tätig wird, ergibt sich Regelungsbedarf für die erste Vertragsphase insbesondere hinsichtlich folgender Punkte:
– Absichtserklärung zum späteren Vertragsschluss ohne Abschlussverpflichtung für den AG
– Definition der Vertragsgrundlagen (Bausoll) für die erste Vertragsphase
– Definition der Leistungen des GMP-Partner in der ersten Vertragsphase
– Termin- und Fristenregelung
– Zeitpunkt, zu dem der GMP-Vertragspartner den garantierten Maximalpreis („nach unten offener" Pauschalfestpreis) benennt.
– Vereinbarung einer Vergütung für die Vorprojektierungs- und Planungsphase mit Zahlungsbedingungen
– Regelungen über das Urheber-, Verwertungs- und Nutzungsrecht des GMP-Partners hinsichtlich der von ihm erstellten urheberrechtsfähigen Planung
– Gewährleistung, Haftung, Versicherung
– Sicherheiten

3. Probleme der Vertragsgestaltung und -abwicklung. Aus der konzeptionellen Vorgabe der (beabsichtigten) Integration des Generalunternehmers in den Interessenkreis des Auftraggebers folgen gleichzeitig die typischen Probleme bei Gestaltung und Abwicklung eines GMP-Bauvertrags:

a) **Besondere Interessenlage.** Die grundsätzliche Kooperations-Interessenlage steht in diametralem Widerspruch zu der rechtlichen Grundsituation. Einerseits soll nach der grundsätzlichen GMP-Vertrags-Intention der Generalunternehmer gemeinsam mit dem Auftraggeber zum beiderseitigen Vorteil „in einem Boot sitzen", andererseits besteht kein Zweifel daran, dass der Generalunternehmer auch bei einem GMP-Bauvertrag derjenige ist, der im Rahmen eines zweiseitigen Vertrags zum einen Verpflichtungen gegenüber dem Auftraggeber und zum anderen Verpflichtungen gegenüber den Nachunternehmern zu erfüllen hat (Kollision zu den bereits beschriebenen Obhuts- und Sorgfaltspflichten).

b) **Optimierung des Bauvorhabens.** Die von Auftraggeber und Generalunternehmer im Rahmen eines GMP-Bauvertrags vereinbarte wechselseitige Kooperationsverpflichtung wird zur „Optimierung" des Bauvorhabens verwendet. Hieraus folgt zum einen die Problematik, dass ein Streit zwischen Auftraggeber und Generalunternehmer über die Abgrenzung einer „Optimierung" von einer Leistungsänderung (Qualitätsminderung), vorprogrammiert ist. Zum anderen folgt hieraus, dass die „gemeinsamen Optimierungsbemühungen" von Auftraggeber und Generalunternehmer auf dem Rücken der Nachunternehmer ausgetragen werden, was einer derartigen vertraglichen Regelung von vorne herein den Beigeschmack der Mittelstandsfeindlichkeit gibt. Es stellt sich damit insbesondere die Frage, wie eine Optimierung beim GMP-Bauvertrag von einer Leistungsminderung abzugrenzen ist[55].

Zum BAUSOLL des Auftragnehmers zählt typischerweise (der Auftraggeber will sich frühzeitig dessen Know-how bereits im Rahmen der Entwurfs-/Genehmigungsplanung zu eigen machen) die „Optimierung" der Planung und damit die Optimierung des BAUSOLLS. Probleme bereitet die Optimierung unter zwei Gesichtspunkten: Zum einen ist der Begriff der „Optimierung" konturlos. Dies soll nachfolgend an einigen Beispielen erläutert werden. Zum anderen haben die Parteien hinsichtlich einer Optimierung einerseits und einer (nachträglichen) Leistungsminderung andererseits unterschiedliche finanzielle Konsequenzen beim GMP-Vertrag vereinbart: Optimierungen sollen die Höhe des garantierten Maximumpreises nicht verändern,

---

[55] Vgl. hierzu ausführlich *Thierau* FS Jagenburg, 2002, 895 (906 ff.).

während reduzierte Leistungen („echte" negative Eingriffe in das BAUSOLL gemäß § 2 Abs. 5 VOB/B) unmittelbar zu einer Änderung des GMP (vgl. vorstehend II 1) und damit letztendlich zu einer anderen Endabrechnung (zu Lasten des Auftragnehmers) führen. Kurz: Optimierungen lassen den GMP unberührt, lösen jedoch durch Reduzierung der Endabrechnungskosten (Abrechnung der effektiven Dritt-Kosten nach gläsernen Taschen) die vereinbarte Gewinnverteilungsregelung aus, während „echte" Leistungsminderungen finanziell durch eine „automatische" Reduzierung des GMP nur zu einem finanziellen Vorteil des Auftraggebers führen.

49   In dieser Problematik liegt ein weiterer erheblicher Unterschied des GMP-Vertrags zu einem „normalen" GU-Vertrag (unabhängig wie bei diesem das BAUSOLL definiert ist). Bei einem GU-Vertrag herkömmlicher Art reduziert eine vereinbarte Leistungsminderung auf der BAUSOLL-Seite stets automatisch die hierfür vereinbarte Vergütung. Beim GMP-Vertrag soll dies nach dem Willen der Vertragsparteien bei einer Optimierung jedoch gerade nicht erfolgen, sondern nur dazu führen, dass (bei unverändertem GMP) die Erfolgsbeteiligungsregelung zum Zuge kommt.

50   Abgrenzungsfälle aus der Praxis: Es ist sehr leicht vorstellbar, dass zwischen Auftraggeber und Auftragnehmer – zumal das BAUSOLL noch unvollständig definiert ist – aus finanziellen Erwägungen Streit über die Frage entstehen kann, ob eine Optimierung im Sinne des GMP-Vertrags oder eine „echte" Leistungsminderung, somit eine Veränderung des BAUSOLLS mit der Konsequenz der Reduzierung des GMP vorliegt. Folgende Beispiele mögen dies verdeutlichen:

51   – Der (mitplanende) GMP-Partner/Auftragnehmer schlägt dem Auftraggeber eine geänderte Ausführungsart hinsichtlich des Tragwerks (keine „Angsteisen") mit deutlicher Kostenreduzierung im Bereich des Bewehrungsstahls vor. Alternative: Der Auftragnehmer schlägt eine andere Betonrezeptur vor, die ebenfalls zu Kosteneinsparungen führt. An der Kubatur des Gebäudes wird im Übrigen nichts geändert.

52   – Im Rahmen der Genehmigungsplanung sind Auflagen der Brandschutzbehörde berücksichtigt worden, nach denen ein Einkaufszentrum flächendeckend mit einer Sprinkleranlage auszustatten ist. Der (mitplanende) GMP-Partner/Auftragnehmer erreicht in Verhandlungen mit der Feuerwehr, dass durch Einziehung zusätzlicher Brandschutzwände und Einbau entsprechender Brandschutztüren die Brandabschnitte verändert werden, so dass die Sprinkleranlage in Teilbereichen entfallen kann. Dies führt im Ergebnis zu einer erheblichen Kostenreduzierung.

53   – Der Auftraggeber (Projektentwickler) hat ein Gebäude geplant, das der Hochhausverordnung unterfällt. Hiernach werden zusätzliche Brandschutzmaßnahmen, insbesondere ein zusätzliches Fluchttreppenhaus notwendig. Der (beratende und mitplanende) GMP-Partner/Auftragnehmer unterbreitet dem Auftraggeber den Vorschlag, aus dem Anwendungsbereich der Hochhausverordnung dadurch zu gelangen, dass im Obergeschoss statt eines Voll- ein Staffelgeschoss errichtet und die dort entfallende Mietfläche durch großen Teil durch eine Änderung der Erdgeschossplanung wiedergewonnen wird. Die dann nicht mehr bestehende Anwendbarkeit der Hochhausverordnung führt dazu, dass das zusätzliche Treppenhaus und die erhöhten Brandschutzauflagen entfallen und hierdurch erhebliche Kostenreduzierungen verursacht werden. Per Saldo erzielt der Auftraggeber (Projektentwickler) bei der Weiterveräußerung der schlüsselfertig errichteten Immobilie einen erhöhten Gewinn, da der nur unwesentlich reduzierten Mietfläche als Hauptfaktor für die Kaufpreisberechnung deutlich verringerte Herstellungskosten gegenüberstehen.

54   – Der den Auftraggeber beratende GMP-Partner/Auftragnehmer schlägt dem Auftraggeber vor, statt der ursprünglich im BAUSOLL vorgesehenen Fassade aus rosafarbenem Granit eine „wunderschöne, haltbare und solide" Putzfassade zu errichten, die in derselben Farbe gestrichen werden soll.

55   Bei einem „normalen" GU-Vertrag dürfte die Lösung dieser Beispiele nicht schwierig sein: Es handelt sich in allen Fällen um eine Änderung des ursprünglichen BAUSOLLS, so dass „automatisch" auch eine Änderung der Gegenleistung, somit der Vergütung, zu erfolgen hat.

56   Anders beim GMP-Vertrag: Würden hier die vom GMP-Partner vorgeschlagenen Änderungen ebenso wie beim normalen GU-Vertrag als Leistungsänderung behandelt, würde die vereinbarte „Optimierung" leerlaufen. Für sie gäbe es keinen Anwendungsbereich mehr. Man wird also nicht umhinkommen, beim GMP-Vertrag mit anderen Maßstäben an Änderungsvorschläge des Auftragnehmers heranzugehen als bei einem sonstigen Bauvertrag, bei dem BAUSOLL und Gegenleistung stets exakt miteinander korrespondieren.

Kriterien zu entwickeln, die unter Berücksichtigung des Willens der Vertragsparteien bei 57
Vertragsabschluss eines GMP-Vertrags (Kooperation, vertrauensvolle Zusammenarbeit, gemeinsame Arbeit an einem noch offenen BAUSOLL, Fortentwicklung des BAUSOLLS zum gemeinsamen Vorteil) eine Abgrenzung zwischen Optimierung einerseits und Leistungsminderung andererseits ermöglichen.

Da es den GMP-Vertrag nicht gibt, sondern vielmehr unterschiedliche Interessenlagen auf 58
Seiten des Auftraggebers für einen GMP-Vertragsabschluss sprechen können (Beispiel: Der Auftraggeber ist nicht an der Architektur, sondern vielmehr nur an der funktionsgerechten Nutzung interessiert; weiteres Beispiel: Der Auftraggeber legt ausschließlich Wert darauf, im Rahmen einer konkreten Budgetvorgabe eine bestimmte Mietfläche zu erzielen.), werden diese unterschiedlichen Interessenlagen bei der Auslegung und Konkretisierung des Begriffs der Optimierung eine nicht unwesentliche Rolle spielen. Ein Auftraggeber, dem es ausschließlich auf die Mietfläche im Rahmen eines bestimmten Budgets ankommt, wird viel eher geneigt sein, eine Leistungsminderung als „Optimierung" zu behandeln als ein Auftraggeber, der auf die architektonische Gestaltung des Gebäudes großen Wert legt. Diese Interessenlage ist daher vorrangig zu erkunden, ggf. durch Auslegung zu ermitteln. Eine wertvolle Hilfe kann insoweit eine ausführliche Präambel des GMP-Vertrags liefern. Zusätzlich muss bei der Abgrenzung berücksichtigt werden, dass der Auftraggeber dem Auftragnehmer durch die bewusst unvollständige Definition des BAUSOLLS gerade dazu anhalten wollte, ihm Optimierungsvorschläge im Sinne einer Kostenreduzierung (nur so macht eine Gewinnverteilungsregelung Sinn) zu liefern, zumal ein weiteres prägendes Element des GMP-Vertrags darin liegt, dass dem Auftraggeber – in Abgrenzung zu den anderen Typen der BAUSOLL-Definitionen – der Planer „als Sachwalter" und Berater nur noch sehr eingeschränkt und zeitlich befristet zur Verfügung steht. Auch wenn – verständlicherweise – dies bei Architekten, die sich ihrer prägenden Rolle zunehmend beraubt sehen, auf wenig Gegenliebe und Verständnis stößt, hat sich der Auftraggeber bewusst dafür entschieden, die beim BAUSOLL des GMP-Vertrags naturgemäß bestehenden „Lücken" mit Hilfe und Unterstützung des GMP-Partners zu schließen. Auf der anderen Seite wird kein Auftraggeber bereit sein, eine drastische Einschränkung der Funktionalität oder Qualität seines Planungskonzepts hinzunehmen und dem Auftragnehmer hierfür über den Weg der Optimierungsleistung und Gewinnverteilungsregelung auch noch einen Bonus zu zahlen.

Diese Überlegungen kann man (hier notwendigerweise gedrängt) wie folgt zusammenfassen: 59
Eine Optimierung im Sinne eines GMP-Vertrags liegt vor, wenn auf Grund eines Vorschlags des Auftragnehmers bei im Wesentlichen gleich bleibender Funktionalität und Qualität Kosten eingespart werden können und/oder die ursprünglich kalkulierte Bauzeit reduziert werden kann.

Wendet man diese „Faustregel" zur Abgrenzung einer Optimierung von einer „echten" 60
Leistungsminderung auf die vorstehenden Beispiele an, so ergibt sich folgendes:

– Sowohl die geänderte Tragwerksplanung als auch die geänderte Betonrezeptur stellen sich 61
zweifelsfrei als Optimierung im Sinne eines GMP-Vertrags dar. Weder Funktionalität noch Qualität des Gebäudes werden beeinträchtigt. Der Maximalpreis bleibt also unverändert.

– Problematisch ist es bei der Änderung Sprinkleranlage/neue Brandabschnitte: Stellt sich 62
hierbei heraus, dass die Funktionalität des Einkaufszentrums insgesamt durch die zusätzlichen Brandabschnitte nicht beeinträchtigt wird, kann allenfalls noch das Merkmal einer Qualitätseinschränkung ausschlaggebend für die Annahme einer (zumindest teilweisen) „echten" Leistungsminderung sein. Meint man es jedoch mit dem Sinn und Zweck eines GMP-Vertrags ernst, ist hier von einer Optimierung und nicht von einer Leistungsminderung mit der entsprechenden finanziellen Konsequenz (Beteiligung am Endabrechnungsgewinn) auszugehen. Eventuelle „Härten", die sich aus einer derartigen Lösung für den Auftraggeber bei Zweifelsfällen ergeben könnten, werden üblicherweise durch flexible und variable, nach Optimierungstatbeständen differenzierende Gewinnbeteiligungsregelungen gelöst, zumindest aber – im Sinne des kooperativen Grundgedankens – gemindert.

– Das Beispiel „Hochhausverordnung" ist ebenfalls problematisch: Es besteht kein Zweifel daran, 63
dass durch die umfassende Änderung der Kubatur des Gebäudes eine Änderung des BAUSOLLS erfolgt. Auf der anderen Seite handelt es sich bei dem Vorschlag des Auftragnehmers um einen außerordentlich klugen, weil erhebliche Kosten einsparenden Vorschlag. Jeder Auftraggeber, der einen derartigen „mitdenkenden" GMP-Partner an seiner Seite hat, kann sich freuen, wenn er im Gesamtergebnis durch derartige Vorschläge einen erhöhten Gewinn erzielt. Im Ergebnis wird man also auch hier von einer Optimierung im Sinne des GMP-Vertrags und nicht von einer „echten" Leistungsminderung ausgehen können. Kommt es dem

Projektentwickler als Auftraggeber ganz vorrangig auf den Kaufpreis (Jahresmiete X Faktor) abzüglich Herstellungskosten an, und erzielt er im Ergebnis einen höheren Überschuss, fällt es schwer, von einer „Leistungsminderung" zu sprechen. (Ich räume ein, dass man sich hierüber streiten kann.) Eventuelle „Härtefälle" können wie vorstehend bei bb) am Ende gelöst werden.

64 – Unproblematisch ist der „Fassadenfall" zu lösen: Hier liegt zweifelsfrei eine deutliche Qualitätsminderung vor, die zu einer entsprechenden („automatischen") Reduzierung der vereinbarten Vergütung führen muss.

65 – Die Optimierungsfrage beim GMP-Vertrag entspringt unmittelbar aus der besonderen Natur dieses Vertragstyps. Man wird nur dann zu einer die Vertragsinteressen der Parteien entsprechenden und damit „richtigen" Lösung kommen, wenn man auf der einen Seite den (zusätzlichen) Vertragsinhalt des BAUSOLLS (gewünscht ist eine Optimierung) berücksichtigt und andererseits die speziellen Vorgaben des jeweiligen Vertragsschlusses (Interessenlage des Auftraggebers) bei der Auslegung und Abgrenzung berücksichtigt.

66 **4. Garantierter Maximalpreis.** Beim GMP-Bauvertrag stellt sich ferner die Frage, ob die Bezeichnung garantierter Maximalpreis eine zusätzliche Bedeutung hat.

67 Die „Garantie" beim Bauvertrag: Garantien werden im Zusammenhang mit Bauverträgen in vielfältigen Erscheinungsformen erörtert.[56] Einigkeit besteht darüber, dass ihre Bedeutung im Einzelfall durch Auslegung zu ermitteln ist. Falls es sich – im Extremfall – um eine selbstständige Garantie handelt, so ist sie dadurch gekennzeichnet, dass der Garant für den Eintritt eines bestimmten Erfolgs einzustehen hat oder (beim Gewähr-Garantie-Vertrag) die Gefahr eines künftigen Schadens übernimmt, wobei er auch für alle nicht typischen Zufälle haftet.[57] Der garantierte Erfolg kann auch (zB bei der „Garantie" eines Dritten) vom Garanten geschuldet werden, muss aber weitergehen als die bloße Vertragsleistung.[58]

68 Der VII. Senat des Bundesgerichtshofs hat sich mit der Bedeutung der Übernahme einer „Festpreisgarantie" im Rahmen eines Baubetreuungsvertrags[59] und im Rahmen eines „Pauschalfestpreisvertrags"[60], in dem für Teile der Gesamtleistungen die Vergütung als „Garantiebetrag" bezeichnet war, befasst. In beiden Fällen hat der VII. Zivilsenat wegen der verwendeten Begriffe „Kostengarantie" bzw. „Garantiesumme" einen selbstständigen Garantievertrag bejaht und dem Auftragnehmer/Baubetreuer bereits aus diesem Gesichtspunkt die eingetretene Überschreitung der veranschlagten Bau- und Baunebenkosten sowie der Architekten- und Statikerhonorare angelastet.[61]

69 Die „Garantie" beim GMP-Vertrag: So ist es nicht verwunderlich, dass auch beim GMP-Vertrag, der die „Garantie" standardmäßig im Namen trägt, die Frage – streitig – erörtert wird, welche Konsequenzen hieraus für das BAUSOLL des GMP-Vertrags folgen.[62]

70 Zum einen wird unter Hinweis auf die vorstehend zitierten Entscheidungen des VII. Zivilsenats insbesondere von Kapellmann darauf hingewiesen, dass ein „garantierter" Höchstpreis für den Auftragnehmer „hochgradig gefährlich" sei, da begrifflich unter einer derartigen Preisgarantie zu verstehen sei, dass der Auftragnehmer diesen Preis unabhängig davon halten müsse, woraus unerwartete Kosten und eigentlich preiserhöhende Umstände resultieren (Beispiel Kapellmann: Würde sich nach Fixierung des garantierten Maximumpreises eine Brandschutzauflage ändern, würde dies immer (sic!) den Preis unberührt lassen, der AN müsste also die Kosten tragen.)

---

[56] Vgl. nur *Sprau* in Palandt BGB vor § 765 Rn. 16 ff. mwN; *ders.* ebenda vor § 633 Rn. 6 ff. n. wN.
[57] BGH NJW 1996, 2569 mwN.
[58] BGH NJW 1999, 1542.
[59] BGH BauR 1987, 105 ff.
[60] BGH BauR 1974, 347 f.
[61] Vgl. insbesondere BGH BauR 1987, 105 ff.
[62] Vgl. *Kapellmann* NZBau 2001, 592 (595) („Die garantielose Garantie"); *ders.* IBR-Kongress 24.10.2000 Mannheim, S. 6 ff. („Die Wunderlösung?"); *Oberhauser* BauR 2000, 1397 ff. (keine Garantie); *Grünhoff* NZBau 2000, 313 (316) (keine Garantie); *Moeser* ZfBR 1997, 113 (117) (keine Garantie); *Biebelheimer/Wazlawik* BauR 2001, 1639 (1645) (keine Garantie); *Heiermann/von Gehlen* Handelsblatt vom 3.7.2000 (keine Garantie); *Acker* FAZ 12.5.2000 S. 54 (keine Garantie); *von Wietersheim* BG 2001 Heft 10 S. 40 f.; *Moeser* in Blecken/Schriek Leitfaden GMP-Wettbewerbs- und Vertragsmodell Vincentz 1999, S. 17; *Cissewski* Doktorandenseminar Prof. Dr. Schröder HU Berlin 5.5.2001 Skript S. 17; *Cramer* IBR-Kongress GMP-Vertrag 24.10.2000 Mannheim, Skript S. 17; *Robrecht* IB2001/1 S. 1 ff.; *Cadez* Risikoprofile bei komplexen Global-Pauschalverträgen/CM- und GMP-Verträge www.bautreff.de/BW/S. 6; *ders.* amerikanische CM-Musterverträge und ihre Anpassung an deutsche Marktverhältnisse www.bautreff.de/BW mwN; *Wodicka* www.der-syndikus.de/briefings/immobilienrecht S. 3.

Auf der anderen Seite[63] – Kapellmann meint, diese Autoren hätten das Problem „mildtätig **71** übergangen" bzw. „mit zu viel Nonchalance gelöst" – wird betont, dass sich auch eine „Garantie" nur auf die Leistung/das BAUSOLL beziehe, das bei Vertragsabschluss (mehr oder weniger präzise) zwischen den Bauvertragsparteien definiert wurde.

Die „deklaratorische" Garantie beim GMP-Vertrag: Die Bedeutung der „Garantie" des **72** Maximumpreises beim GMP-Vertrag wird über die Auslegungsregel des § 133 BGB zu finden sein: Es ist nicht an dem buchstäblichen Sinn des Ausdrucks zu haften, sondern der wirkliche Wille zu erforschen. Besteht insbesondere ein übereinstimmender Wille der Parteien, so ist dieser rechtlich auch dann allein maßgeblich, wenn er im Inhalt der Erklärung keinen oder nur einen unvollkommenen Ausdruck gefunden hat.[64]

Die Anwendung dieser Auslegungsregel auf die Vereinbarung eines garantierten Maxim- **73** umpreises ergibt folgendes:

– Die Parteien schließen auch beim GMP-Vertrag einen Bauvertrag – hieran dürften (auch wenn **74** das Leistungsspektrum im Hinblick auf die gleichzeitige Erbringung von Planungs-, Beratungs-, Koordinierungs- und Optimierungsleistungen erweitert ist) keine ernsthaften Zweifel bestehen, da vorrangig typische Bauleistungen dem Vertrag sein Gepräge geben. Für den Bauvertrag gilt die allgemeine Regel, dass die vereinbarte Vergütung für die Erbringung der vertraglich geschuldeten, also der im BAUSOLL definierten Leistung gezahlt wird. Damit sind von vorne herein alle diejenigen Leistungen, die auf Grund einer späteren neuen Willensentschließung des AG (Anordnung) dieses BAUSOLL nachträglich ändern, begrifflich nicht vom (beim Vertragsschluss vereinbarten) garantierten Maximalpreis erfasst. Eine andere Betrachtungsweise – auch unter „Garantie"-Gesichtspunkten – würde sich als willkürlich (weil für den Auftragnehmer weder bestimmbar noch kalkulierbar) und damit unwirksam darstellen.

– Die „Garantie" des Maximalpreises bezieht sich auch nicht auf „zufällige", von den Parteien **75** nicht beeinflussbare nachträgliche Änderungen des BAUSOLLS wie zB eine unerwartete nachträgliche Änderung der Brandschutzauflagen, die eine aufwändigere Ausführung und damit eine Änderung des BAUSOLLS bewirken.

– Dieses Ergebnis lässt sich aus der Art und Weise, wie die Parteien das BAUSOLL des GMP- **76** Vertrags (korrespondierend mit der Vergütungsregelung) vereinbart haben, ermitteln: Beim GMP-Vertrag wird das BAUSOLL in der Regel in mindestens drei Elemente aufgeteilt: (1) Pauschalanteil für Eigenleistungen („normaler" GU-Pauschalpreis), (2) kalkulierte NU- und Planerkosten, (3) Risikomarge resultierend aus „Unbekannten" infolge der noch unvollständigen Planung.[65] Die Parteien stellen bewusst der Vergütung ein BAUSOLL gegenüber, das wegen der (allseits bekannten) Unvollständigkeit teilweise noch „offen" oder unbestimmt ist. Der garantierte Maximalpreis steht als Gegenleistung damit (automatisch) auch für „Risikoleistungen", also für Umstände, die für das BAUSOLL relevant sind, aber gerade nicht bei Vertragsschluss abschließend erfasst werden können. Hieraus folgt, dass die angesprochenen Fälle der unerwarteten nachträglichen BAUSOLL-Änderungen systematisch ohne weiteres ebenfalls allein auf der BAUSOLL-Seite des Vertrags gelöst werden können, ohne die „Garantie" auf der Vergütungsseite zu bemühen: Handelt es sich bei einer späteren unerwarteten Änderungsnotwendigkeit um ein Problem, das nach dem Willen der Vertragsparteien (notfalls: typischerweise) in den „Risikoblock" der BAUSOLL-Definition des GMP-Vertrags fällt – also nur um ein Risiko, das gerade aus der unvollständigen Planungssituation resultiert, nicht um ein Risiko, das unabhängig hiervon der Risikosphäre einer Vertragspartei zugeordnet werden kann –, so erfolgt gerade keine BAUSOLL-Änderung, woraus zwangsweise folgt, dass sich die vereinbarte Vergütung auch nicht ändert.

– Der Begriff der „Garantie" im garantierten Maximumpreis hat damit lediglich deklaratorischen **77** Charakter, da er (nur) klarstellt, dass das BAUSOLL aus der Natur des Vertrags heraus (unvollständige, noch gemeinsam zu optimierende Baubeschreibung) risikobehaftete Leistungselemente umfasst. Auch für diese Elemente „garantiert" der Auftragnehmer den Maximalpreis. Bei dem Streit um das Garantieelement handelt es sich damit in Wirklichkeit nur um ein Problem der Ermittlung des „richtigen" BAUSOLLS.

Eine Auslegung des Garantieelements im garantierten Maximalpreis des GMP-Vertrags ergibt **78** somit, dass die Parteien in der Bewussten Erkenntnis, dass vom Auftragnehmer riskante, offene und damit noch unbekannte Elemente im BAUSOLL übernommen werden, durch die Ver-

---

[63] Vgl. Fn. 18 (keine Garantie).
[64] BGHZ 20, 110; *Heinrichs* in Palandt BGB § 133 Rn. 8 mwN.
[65] Vgl. hierzu die Beispiele bei *Gralla* Garantierter Maximalpreis, S. 120 ff.

einbarung eins „garantierten" Maximalpreises lediglich verdeutlichen wollen, dass auch diese Risikoelemente des BAUSOLLS (wie bei einer Garantie typisch) mit dem vereinbarten Maximalpreis abgegolten sind. Ein weitergehender Regelungsgehalt kommt diesem Begriff nicht zu. Insbesondere erweitert er die Vertragspflichten des Auftragnehmers über das ohnehin geschuldete (riskante) Maß hinaus nicht.

79 **5. Planungsverantwortung.** Ein weiteres Problem beim GMP-Bauvertrag besteht darin, dass die Grenzen zwischen der Planungsverantwortlichkeit des Objektplaners des Auftraggebers und dem Generalunternehmer weit über das Maß dessen hinausverschoben werden, was in der Praxis bei einer Generalunternehmerabwicklung mit Pauschalfestpreis und Übertragung der Ausführungsplanung auf den Generalunternehmer bereits gegeben ist. So ist jeder Planer (ohnehin) vertraglich verpflichtet, wirtschaftlich und rationell zu planen. Ein Architekt macht sich schadenersatzpflichtig, wenn er diejenigen Maßnahmen bautechnischer, organisatorischer und kaufmännischer Art außer Acht lässt, die geeignet sind, die Bau- und Nutzungskosten gering zu halten. Beim Abschluss eines GMP-Bauvertrags stellt sich daher die Frage, welche Planungsaufgaben und Planungsverantwortlichkeiten beim Objektplaner des Auftraggebers verbleiben, wenn der GMP-Partner Generalunternehmer gleichzeitig gegenüber dem Auftraggeber die Verpflichtung zur Optimierung der Planung und des wirtschaftlichen Ergebnisses übernimmt. Diese Leistungsabgrenzung bedarf einer sorgfältigen Regelung im jeweiligen GMP-Bauvertrag.

80 **6. Nachunternehmerauswahl.** Rechtliche Probleme stellen sich auch bei der gemeinsamen Nachunternehmer-Auswahl. Steht bei dieser Auswahl dem Auftraggeber nicht nur ein Mitsprache-, sondern auch ein Letzt-Bestimmungsrecht zu, liegt das hieraus resultierende vertragsrechtliche Problem offen auf der Hand: nach rechtlicher Betrachtung ist der Nachunternehmer Erfüllungsgehilfe des Generalunternehmers in seinem Vertragsverhältnis gegenüber dem Auftraggeber. Ohne entsprechende vertragliche Vereinbarung würde dies bedeuten, dass der Generalunternehmer zB für einen Bauverzug rechtlich gegenüber dem Auftraggeber verantwortlich ist, der dadurch verursacht wurde, dass der vom Auftraggeber dem Generalunternehmer im Rahmen des Letzt-Bestimmungsrechts aufgezwungene Nachunternehmer insolvent geworden ist. Es wird angemessen sein, im Rahmen eines GMP-Bauvertrags für derartige Fälle entweder den Generalunternehmer grundsätzlich haftungsfrei zu stellen oder die finanziellen Auswirkungen einer Insolvenz des vom Auftraggeber bestimmten Nachunternehmers zumindest im Rahmen der Gewinnverteilungsregelung bei Unterschreitung des garantierten Maximalpreises als „gemeinsames Risiko" zwischen Auftraggeber und Generalunternehmer zu verteilen.

81 **7. Notwendige Vertragsregelungen.** Zusammenfassend sollten insbesondere die nachfolgenden Punkte im Rahmen eines GMP-Bauvertrags einer besonderen Regelung zugeführt werden:
– Präambel (ausführliche Darstellung der Besonderheiten dieses Vertragstyps)
– Kooperationsverpflichtung – Mitwirkung des (sachkundigen) Auftraggebers
– Abgrenzung Optimierung – Leistungsminderung/Qualitätsminderung
– Gemeinsame Nachunternehmervergabe und „Risikohaftung"
– Aufteilungsverhältnis des „Optimierungsgewinns"
– Baubegleitende Schlichtungsregelung (Kooperationsverpflichtung der Parteien).

82 **8. Ausgewogenheit der Vertragsregelungen.** Die Abwicklung eines GMP-Bauvertrags setzt auf beiden Seiten den unbedingten Willen zur Kooperation und ein enges, auf gemeinsamen Projekten beruhendes Vertrauensverhältnis voraus. Dieser Kooperationszwang geht weit über das hinaus, was an Kooperationsverpflichtung von der Rechtsprechung für den VOB-Bauvertrag ohnehin verlangt wird. Eine GMP-Vereinbarung stellt zwischen den Bauvertragsparteien eine Sonderrechtsbeziehung her, die dem Auftraggeber einen Anspruch auf Auskunft über die Abrechnung der beauftragten Nachunternehmer gibt. Der Auskunftsanspruch setzt nicht voraus, dass sich ein Zahlungsanspruch des Auftraggebers mit einer gewissen Wahrscheinlichkeit ergeben wird, auch nicht, dass eine endgültige Abrechnung bereits möglich ist[66]. Der Abschluss eines GMP-Bauvertrags empfiehlt sich nur in den Fällen, in denen auch zwischen den handelnden, leitenden Personen eine gute Chemie besteht. Wechselnde Verhandlungspartner, die naturgemäß darauf bedacht sind, für eventuelle Fehler ihrer Vorgänger nicht verantwortlich

---

[66] OLG Dresden BauR 2009, 137 = NZBau 2008, 650 = IBR 2008, 709 mit Anmerkung *Thierau*.

gemacht zu werden, führen in aller Regel zu einem Scheitern dieses Modells. Ein Auftraggeber, der im Rahmen eines GMP-Bauvertrags darauf besteht, dass die von ihm üblicherweise verwendeten, stark einseitigen Vertragsbedingungen eines „normalen" Generalunternehmervertrags auch für dieses Modell verwendet werden, ist ein ungeeigneter Partner für einen GMP-Bauvertrag. Das Modell kann nur dann erfolgreich durchgeführt werden, wenn ein speziell auf die Interessen beider GMP-Vertragspartner angepasster Vertrag verhandelt und geschlossen wird, der fair, ausgewogen und auf wechselseitiges Vertrauen ausgerichtet ist. Wenn der Bauherr auf der einen Seite durch den Abschluss eines GMP-Bauvertrags den GU gedanklich „in sein Lager zieht", also die ansonsten bestehende Polarisation durch Integration in Planung und Optimierung überwinden will, kann er sich andererseits nicht so verhalten, als ob ein „normaler" (in der Regel: polarisierender) Generalunternehmervertrag vorläge, bei dem der Generalunternehmer alle Risiken aus dem Nachunternehmerbereich grundsätzlich allein zu tragen hat.

Darüber hinaus sollte einem solchen GMP-Bauvertragsmodell nur nähergetreten werden, **83** wenn für beide Vertragspartner auch faktisch noch die Möglichkeit einer Optimierung der Planung besteht, also die Planung noch nicht den Stand erreicht hat, der üblicherweise bei Abschluss eines Generalunternehmervertrags vorliegt (Genehmigungsplanung). Die Besonderheit des GMP-Bauvertrags im Hinblick auf das Bausoll besteht nämlich gerade darin, dass beiden Vertragspartnern bewusst ist, dass das Bausoll zum Zeitpunkt des Abschlusses des GMP-Bauvertrags noch nicht abschließend definiert ist, sondern gemeinsam von beiden Parteien zum beiderseitigen Vorteil einer Konkretisierung zuzuführen ist.

VI. Bauträger

Literatur: *Bärmann,* Wohnungseigentumsgesetz, Kommentar, 12. Auflage, 2013; *Basty,* Der Bauträgervertrag, 8. Auflage, Köln 2014; *Blank,* Bauträgervertrag, 4. Auflage, 2010; *Grziwotz,* Makler und Bauträgerverordnung, Kommentar, 2. Auflage, 2012, *Marcks,* Makler- und Bauträgerverordnung, 8. Auflage, 2010; *Pause,* Bauträgerkauf und Baumodelle, 5. Auflage, München 2011; *Riecke/Schmid,* WEG-Kommentar, 4. Auflage, 2014; *Thode/Quack,* Abnahme und Gewährleistung im Bau- und Bauträgervertrag, 2003.

Bauträger ist ein Gewerbetreibender, der sich zur Übereignung eines Grundstücks oder **84** Grundstücksanteils verbunden mit der schlüsselfertigen Herstellung eines Bauobjektes (Haus oder Wohnung, Geschäftslokal oder sonstiges Gewerbeobjekt) verpflichtet.

1. Vertragstyp. Der Bauträgervertrag wird als Vertragstyp eigener Art angesehen[67]. Nach **85** vorherrschender Auffassung handelt es sich bei dem Bauträgervertrag um einen einheitlichen Vertrag, der neben werk- und werklieferungsvertraglichen auch – so weit der Grundstückserwerb in Rede steht – kaufvertragliche Elemente[68] sowie – je nach den Umständen des Einzelfalles – Bestandteile aus dem Auftrags- und Geschäftsbesorgungsrecht enthält[69]. Auf den Grundstückserwerb sind vorrangig kaufvertragliche und auf die auszuführenden Bauleistungen werkvertragliche Regelungen anzuwenden[70].

Das neue, zum 1.1.2018 in Kraft tretende Bauvertragsrecht (BGBl 2017 I, 969) enthält in § 650 t Abs. 1 Satz 1 BGB eine Legaldefinition zum Bauträgervertrag:

„*Ein Bauträgervertrag ist ein Vertrag, der die Errichtung oder den Umbau eines Hauses oder eines vergleichbaren Bauwerks zum Gegenstand hat und der zugleich die Verpflichtung des Unternehmers enthält, dem Besteller das Eigentum an dem Grundstück zu übertragen oder ein Erbbaurecht zu bestellen oder zu übertragen.*"

§ 650 t Abs. 1 Satz 2 und 3 BGB ordnen die Errichtung bzw. den Umbau den Regelungen des Bauvertragsrechts zu, wohingegen die Übertragung des Eigentums bzw. die Übertragung/Bestellung von Erbbaurechten den Regelungen über das gesetzliche Kaufrecht zugewiesen

---

[67] BGH DNotZ 1986, 280 (281); Blank BauR 2010, 4 zu den Besonderheiten des Bauträgervertrages unter verbraucherrechtlichen Vorzeichen; zur aktuellen Entwicklung des Bauträgerrechts *Heuer/Weber* NJW 2015, 2086; zur Gesetzesnovellierung *Orlowski* ZfBR 2016, 419, *Glöckner* VuR 2016, 123, 163; *Cramer/Räntsch* ZWE 2016, 429 zur aktuellen Rechtsprechung des BGH von Oktober 2015 bis September 2016.
[68] *Kesseler* DNotZ-Sonderheft 2016, 57 zu aktuellen Problemen des Grundstücksvertragsrechts; *Weber* RNotZ 2016, 650 zu Beschaffenheitsangaben des Verkäufers im Vorfeld von Grundstückskaufverträgen.
[69] BGH NJW 1984, 2573; 1986, 925 (926).
[70] BGH NJW 1979, 1406; 1985, 1551.

werden. Ausgenommen hiervon sind wiederum die Regelungen zu Abschlagszahlungen, die sich nach § 650 v BGB nach der Makler- und Bauträgerverordnung richten[71].

86   **2. Form des Vertrages.** Der Bauträgervertrag bedarf nach § 311b Abs. 1 BGB **notarieller Beurkundung**[72]. Angebot und Annahme des Bauvertträgervertrages werden in der Praxis aus unterschiedlichen Gründen häufig getrennt beurkundet[73]. Mit einer vorgegebenen längeren Bindungsfrist versuchen Bauträger nicht selten sicherzustellen, dass für sie durch Angebotsannahme eine vertragliche Bindung erst entsteht, sobald die von ihnen kalkulierte erforderliche Anzahl an Erwerberangeboten vorliegt[74]. Unangemessen lange, in den Geschäftsbedingungen von Bauträgern enthaltene **Bindefristen** halten jedoch einer Inhaltskontrolle nach § 308 Nr. 1 BGB nicht stand[75]. Eine unangemessen lange Bindungsfrist wird in derartigen Fällen gemäß § 6 Abs. 2 AGBG aF bzw. § 306 Abs. 2 BGB durch die gesetzlichen Regelungen der §§ 147 Abs. 2, 150 Abs. 1 BGB ersetzt[76]. Auch bei einem finanzierten Bauträgervertrag soll nach dem BGH der Eingang der Annahmeerklärung regelmäßig innerhalb eines Zeitraumes von vier Wochen erwartet werden können[77]. Aus diesem Grunde soll eine von dem Bauträger vorformulierte Bindungsfrist von 6 Wochen oder länger wegen wesentlicher Überschreitung der gesetzlichen Frist des § 147 Abs. 2 BGB regelmäßig unwirksam sein[78].

Für den Erwerber kann die **unwirksame Vertragsabschlussklausel** desaströse wirtschaftliche Konsequenzen haben, wenn er im Vertrauen auf die Wirksamkeit des Erwerbsvertrages Zahlungen an den Bauträger leistet, die er lediglich nach bereicherungsrechtlichen Grundsätzen zurückfordern kann[79]. Deshalb wird von Cremer/Wagner im Wege ergänzender Vertragsauslegung vorgeschlagen, das Angebot des Erwerbers auch nach Ablauf der Frist des § 147 Abs. 2 BGB weiter aufrecht zu erhalten und ihm lediglich ein Recht zum Angebotswiderruf einzuräumen[80]. Da die für den Vertragsabschluss maßgebenden Regelungen der §§ 147 ff. BGB für alle Vertragstypen gleichermaßen gelten und deshalb keine Gesetzeslücke zu der vorgeschlagenen ergänzenden Vertragsauslegung besteht, hat Thode zu Recht auf die verbleibenden Einigungsrisiken hingewiesen, denen nur durch ein freies vertragliches Rücktritts- bzw. Lösungsrisiko des Erwerbers nach erfolgtem Vertragsabschluss begegnet werden kann[81].

Die notarielle Beurkundung hat sich grundsätzlich auf den **Bauträgervertrag in seiner Gesamtheit** zu erstrecken[82]. Beurkundungspflichtig sind (auch) alle Vertragsbestandteile, die sich auf die auszuführenden Bauleistungen beziehen[83]. Baubeschreibungen und Baupläne, die eine Leistungspflicht des Bauträgers begründen, müssen nach dem BGH vollständig beurkundet werden[84]. Die Beurkundungspflicht kann sich dabei auch auf weitere Gutachten und Unterlagen erstrecken, die – wie etwa ein Bodengutachten – laut Baubeschreibung Auswirkung auf die auszuführende Bauleistung haben können[85]. Dem (notariellen) Bauträgervertrag sind die Bau-

---

[71] BTDrS 18/8486; vgl. *Vogel* Vorschläge zum Verbraucherbau- und zum Bauträgervertrag, NZBau 2015, 667; Orlowski Das gesetzliche Bauvertragsrecht – Übersicht und Stellungnahme zum Gesetzesentwurf der Bundesregierung, ZfBR 2016, 419; Glöckner BGB-Novelle zur Reform des Bauvertragsrechts als Grundlage effektiven Verbraucherschutzes, VuR 2016, 123, 163.

[72] BGHZ 101, 393; vgl. zu den Verpflichtungen des beurkundenden Notars *Schmid/Wagner* ZfBR 2011, 316.

[73] Vgl. *Basty* Der Bauträgervertrag, Rn. 166 ff.; *Blank*, Bauträgervertrag, Rn. 1151 ff.

[74] *Thode* Schriftenreihe Partner im Gespräch, Band 71 (2005); *Riemenschneider* in Grziwotz/Koeble, Handbuch Bauträgerrecht, 3. Teil Rn. 200.

[75] BGH NZBau 2016, 428; OLG Dresden NotZB 2004, 356.

[76] Vgl. *Basedow* in MüKoBGB BGB § 308 Nr. 1 Rn. 17 *Becker* in Bamberger/Roth BGB § 308 Nr. 1 Rn. 14.

[77] BGH NJW 2014, 854 = NZBau 2014, 282; BGH NJW 2010, 2873.

[78] BGH NJW 2014, 857 = NZBau 2014, 357; vgl. auch BGH NZBau 2016, 428.

[79] *Thode*, aaO, Band 71 (2005).

[80] *Cremer/Wagner* NotZB 2004, 331 (336 f.).

[81] *Thode*, aaO, Band 71 (2005).

[82] Vgl. zum herkömmlichen wie auch zum neuen Bauträgervertrag im Einzelnen *Wagner* in Messerschmidt/Voit Privates Baurecht, Teil E Rn. 1 ff.; vgl. zu den notariellen Pflichten *Schmid/Wagner* ZfBR 2011, 316; *Lucenti* NZBau 2010, 469; *Blank* BauR 2010, 4; *Weber* RNotZ 2016, 377 zur Beurkundungspflicht zusammengesetzter Verträge.

[83] *Pichler/Drescher* NZBau 2015, 752 zur notariellen Beurkundungspflicht von Bauverträgen bei einheitlicher Vermarktung von Grundstückskauf und Hausbau durch den Bauunternehmer.

[84] BGH NJW-RR 2001, 953 = BauR 2001, 790; vgl. auch *Pauly* ZMR 2016, 513 zur Problematik unklarer Baubeschreibungen in Bauträgerverträgen.

[85] BGH NJW-RR 2004, 284 = BauR 2004, 331; aA BGH NZBau 2003, 434 = BauR 2003, 1032.

beschreibungen und die Baupläne als Anlage beizufügen (§ 9 Abs. 1 BeurkG). Abweichend hiervon kann eine Verweisung (ausnahmsweise) ausreichen, wenn die Baubeschreibung und die Baupläne in einer gesonderten notariellen Urkunde zusammengefasst wurden (§ 13a BeurkG). Wird die notarielle Form nicht gewahrt, ist der Bauträgervertrag seinem gesamten Inhalt nach nichtig[86].

Die notarielle Beurkundung zur Bauerrichtungsverpflichtung besteht nicht nur vor und während der Realisierung des Bauträgerobjektes, sondern auch in Bezug auf Bauträgerverträge zu bereits **fertiggestellten bzw. fertig sanierten Objekten**[87]. Auch und gerade bei fertiggestellten bzw. sanierten Objekten kann der Erwerber üblicherweise nur anhand einer detaillierten und in die Vertragsbeurkundung mit einzubeziehende Baubeschreibung erkennen, in welchem Umfange ihm im Rahmen der Nacherfüllung aus und im Zusammenhang mit der Bauerrichtung und Durchführung noch werkvertragliche Gewährleistungsansprüche gegen den Bauträger zustehen können[88]. Die bislang gängige Praxis einer bloßen Bezugnahme auf den bei Vertragsabschlussvorgefundenen Zustand des Objektes berücksichtigt nicht in ausreichendem Umfange das Erfordernis hinreichender vertraglicher Beschaffenheitsvereinbarung im Werkvertragsrecht, da sich aus dem bei Vertragsabschluss vorgefundenen Objektzustand keine hinlänglichen Kriterien für die Bestimmung des Leistungssolls im Bauträgervertrag ergeben[89].

Um der Formstrenge des § 311b Abs. 1 BGB zu entsprechen, sind auch **ergänzende Absprachen** zu vorstehenden bzw. bestehenden Bauträgerverträgen[90] grundsätzlich beurkundungspflichtig: **87**

– Eine auf den Abschluss eines Bauträgervertrages gerichtete Reservierungsvereinbarung ist beurkundungsbedürftig[91]. **88**

– Ebenso beurkundungsbedürftig ist auch der Abschluss eines Vorvertrages zu einem vorgesehenen Bauträgervertrag[92]. **89**

– Beurkundungspflichtig sind vom Grundsatz her auch nachträgliche Änderungen und Ergänzungen des abgeschlossenen Bauträgervertrages[93]. Eine Ausnahme gilt nur dann, wenn die Vereinbarungen dazu dienen, unvorhergesehen aufgetretene Schwierigkeiten bei der Vertragsabwicklung zu beseitigen und die zu diesem Zweck getroffene Vereinbarung die beiderseitigen Verpflichtungen aus dem beurkundeten Vertrag nicht wesentlich verändert[94]. Ebenso sind vertragsändernde Absprachen ohne notarielle (Nach-)Beurkundung zulässig, wenn die Auflassung erklärt wurde, da mit ihr die Übereignungs- und Erwerbspflicht erlischt[95]. Fehlt es danach an erforderlicher notarieller Beurkundung einer nachträglichen Änderungsvereinbarung, so beschränkt sich die Nichtigkeit nach § 311b Abs. 1 BGB auf den Inhalt der zwischen den Parteien formlos getroffenen Änderungsvereinbarung[96]. **90**

– Beurkundungsbedürftig ist schließlich auch die Aufhebung des Bauträgervertrages mit einer hiermit einhergehenden Begründung einer Rückübereignungsverpflichtung[97]. **91**

Von der Beurkundungspflicht werden (im Zweifel) auch jedwede **Umgehungsgeschäfte der Parteien** erfasst. Formbedürftig sind grundsätzlich alle Vereinbarungen, aus denen sich nach dem Willen der Parteien das schuldrechtliche Veräußerungsgeschäft in seiner Gesamtheit zusammensetzt[98]. Bei gemischten bzw. zusammengesetzten Verträgen erstreckt sich der Formzwang **92**

---

[86] Vgl. BGH NJW-RR 2001, 953 = BauR 2001, 790; BGH NJW-RR 2000, 1658 zur Haftung des amtierenden Notars.
[87] BGH BauR 2005, 542 = ZfIR 2005, 134; BGH IBR 2005, 207 (208) – *Schwenker;* aA *Cramer* ZfIR 2004, 405 (407); *Reithmann/Albrecht* Handbuch der notariellen Vertragsgestaltung, 8. Aufl., Rn. 446; *Basty* Der Bauträgervertrag, Rn. 11 ff.
[88] Vgl. auch *Cramer* ZfIR 2004, 405 (407); *Ott* Zu werkvertraglichen Mängelrechten beim Zeitpunkt des Vertragsabschlusses fertiggestellten Gebäuden; vgl. auch *Cramer* RNotZ 2016, 289 zu Leistungsstörungen und Vertragsqualifikation beim Erwerb fertiggestellter Eigentumswohnungen.
[89] *Thode,* aaO, Band 71 (2005); *Pauly* ZMR 2016, 513 zur Problematik unklarer Baubeschreibungen in Bauträgerverträgen.
[90] Vgl. zum Verhältnis zwischen Bauträgervertrag und Vertriebsvertrag *Vogel* BauR 2008, 273 ff.
[91] BGH WM 1988, 830 (832).
[92] BGH NJW 1986, 1983.
[93] *Pause* NZBau 2001, 603 (605).
[94] BGH NZBau 2001, 390 = BauR 2001, 1099; *Pause* NZBau 2001, 603 (605).
[95] BGH NJW 1985, 266; *Grüneberg* in Palandt BGB § 311b Rn. 44.
[96] RGZ 65, 390 (392); *Grüneberg* in Palandt BGB § 311b Rn. 41.
[97] *Pause* Bauträgerkauf und Baumodelle, Rn. 132.
[98] BGH NJW 1984, 974.

deshalb auf den gesamten Vertrag, sofern dieser nach dem Willen der Parteien rechtlich eine Einheit bilden soll[99]. Aus diesem Grunde kann der von den Parteien als einheitliches Rechtsgeschäft gewollte Bauträgervertrag nicht in einen formbedürftigen Grundstückskaufvertrag und einen formfrei abzuschließenden Bauvertrag aufgespalten werden. Verkauf und Bebauung einer Grundstückes bilden immer dann eine Einheit im Sinne des § 311b Abs. 1 BGB, wenn der Grundstückskauf und die Bebauung als Einheit angeboten und gewollt sind[100].

93 Bei **unrichtiger bzw. unvollständiger Beurkundung** unter Verstoß gegen § 311b Abs. 1 BGB gilt folgendes: Haben die Parteien Unrichtiges beurkunden lassen, ist der beurkundete Vertrag als Scheingeschäft im Sinne des § 117 BGB und der wirklich gewollte Vertrag wegen Formmangels gemäß § 125 BGB nichtig[101]. Aus dem nichtigen Bauträgervertrag können keinerlei Vertragserfüllungsansprüche hergeleitet werden (Zahlungsansprüche, Übertragungsansprüche, Bauausführungs- und Nacherfüllungsansprüche). Eine auf Grund nichtigen Bauträgervertrages eingetragene Vormerkung entfaltet mangels Wirksamkeit des Vertrages zugunsten des Erwerbers keine Wirkung[102].

94 Ein ohne Beachtung notarieller Form geschlossener Bauträgervertrag wird nach § 311b Abs. 1 S. 2 BGB geheilt und damit seinem gesamten Inhalt nach gültig, wenn die Auflassung und die **Eintragung in das Grundbuch** erfolgen. Die bloße Eintragung einer Auflassungsvormerkung reicht hierfür nicht[103]. Vor dem Eintritt der Heilungswirkung kann der Bauträgervertrag nur wirksam werden, wenn die notarielle Beurkundung nachgeholt, dh eine formgerechte Neuvornahme des beurkundungspflichtigen Geschäftes erfolgt (§ 141 Abs. 1 BGB).

95 **3. Makler- und Bauträgerverordnung.** Die Makler- und Bauträgerverordnung (MaBV) ist ergänzend zu beachten, wenn das Bauvorhaben unter Verwendung von Vermögenswerten des Erwerbers durchgeführt wird[104]. Nach § 3 MaBV ist es dem Bauträger untersagt, Zahlungen des Erwerbers entgegenzunehmen, bevor bestimmte Fälligkeitsvoraussetzungen erfüllt sind. Die in § 3 Abs. 2 MaBV vorgesehenen Raten müssen jedoch im Zusammenhang mit der Neuregelung zu Abschlagszahlungen in § 632a BGB gesehen werden[105]. Der BGH hat hierzu in einem Urteil vom 22.12.2000[106] den Standpunkt eingenommen, die MaBV enthalte lediglich öffentlich-rechtliche, an den Bauträger gerichtete Ge- und Verbote und könne deshalb zivilrechtlich bindende gesetzliche Bestimmungen nicht verändern[107]. Da danach streitig geworden war, ob die Raten des § 3 Abs. 2 MaBV den Kriterien des § 632a S. 1 BGB entsprechen[108], hat das Bundesministerium der Justiz gestützt auf § 27a AGBGB aF (nunmehr Art. 244 EGBGB) am 23.5.2001 eine Verordnung erlassen, wonach in Bauträgerverträgen die Ratenzahlungen im Sinne des § 3 Abs. 2 MaBV zulässig sind[109]. Die Verordnung gilt auch für solche Bauträgerverträge, die vor ihrem Inkrafttreten, also zwischen dem 1.5.2000 und dem 29.5.2001 abgeschlossen wurden (vgl. § 2 der Verordnung)[110].

96 **4. Zahlungen des Erwerbers.** Im Zusammenhang mit den vom Erwerber vorzunehmenden Zahlungen ist zu berücksichtigen, dass der Bauträger (nur) berechtigt ist, seine offen stehenden Vergütungsansprüche gegenüber jedem einzelnen der mit ihm vertraglich verbundenen Erwerber (außergerichtlich bzw. gerichtlich) geltend zu machen[111]. Der BGH hat zwar mit einem Be-

---

[99] BGHZ 76, 43 (48).
[100] BGHZ 78, 346 (348).
[101] BGHZ 54, 56 (62); 89, 41 (43).
[102] BGH BauR 2002, 1088 (1090).
[103] BGH LM § 313 Nr. 19.
[104] Vgl. zur Finanzierung von Bauträger und Erwerber *Freckmann/Rösler* ZfIR 2011, 739.
[105] Vgl. zu den Auswirkungen des Forderungssicherungsgesetzes *Wagner* ZfBR 2009, 312.
[106] BGH NJW 2001, 818 = NZBau 2001, 132.
[107] Vgl. hierzu auch *Pause* NZBau 2001, 181; *Pause* NZBau 2001, *603* (606).
[108] Dagegen: *Pause* NZBau 2001, 181; *Schmid* BauR 2001, 866; *Karczewski/Vogel* BauR 2001, 859 (862); dafür *Basty* MittBayNot 2001, 64; *Voppel* BauR 2001, 1165 (1167); auch *Cramer/Räntsch* NZBau 2001, 356 (357).
[109] Verordnung über Abschlagszahlungen bei Bauträgerverträgen vom 23.5.2001, BGBl. 2001 I S. 981.
[110] Vgl. hierzu BGH NJW 2001, 818 zur Rechtslage vor Inkrafttreten der Verordnung über Abschlagszahlungen bei Bauträgerverträgen sowie *Cramer/Räntsch* NZBau 2001, 356; aber auch *Thode* ZfIR 2001, 345; *Wagner* BauR 2001, 1313, insbesondere auch zur Rückwirkungsproblematik der Verordnung.
[111] Vgl. auch OLG Stuttgart NZBau 2011, 167 zu einer zweigliedrigen Bauherrengemeinschaft; vgl. zu den eingeschränkten Aufrechnungsmöglichkeiten des Bauträgers bei Mängelansprüchen der WEG *Grams* ZfIR 2009, 573.

schluss vom 2.6.2005 die Teilrechtsfähigkeit der Wohnungseigentümergemeinschaft grundsätzlich anerkannt[112], diese Teilrechtsfähigkeit erstreckt sich jedoch nur auf Rechtsgeschäfte, die im Rahmen der Verwaltung des Gemeinschaftseigentums von dem Verwalter eingegangen werden. Hiervon zu unterscheiden bleiben auch weiterhin individualbezogene Forderungen des Bauträgers, die sich auch künftig nur gegen den jeweiligen Erwerber als Vertragspartner richten[113].

a) Zahlungsraten. Mit der 3. Verordnung zur Änderung der MaBV vom 14.2.1997[114] eröffnet sich für die mit Wirkung ab dem 1.6.1997 abgeschlossenen Bauträgerverträge eine im Gegensatz zur früheren Rechtslage flexiblere Gestaltung der Einzelnen, vom Erwerber zu leistenden Zahlungsraten. Diese ergeben sich aus § 3 Abs. 2 MaBV und sehen im Einzelnen zu folgenden Bauabschnitten die jeweils angegebenen Prozentsätze zum vereinbarten Kaufpreis vor: **97**

– 30,0 % nach Beginn der Erdarbeiten
– 28,0 % nach Rohbaufertigstellung einschließlich Zimmererarbeiten
– 5,6 % für die Herstellung der Dachflächen und Dachrinnen
– 2,1 % für die Rohinstallation der Heizungsanlagen
– 2,1 % für die Rohinstallation der Sanitäranlagen
– 2,1 % für die Rohinstallation der Elektroanlagen
– 7,0 % für den Fenstereinbau einschließlich der Verglasung
– 4,2 % für den Innenputz, ausgenommen Beiputzarbeiten
– 2,1 % für den Estrich
– 2,8 % für die Fliesenarbeiten im Sanitärbereich
– 8,4 % nach Bezugsfertigkeit und Zug um Zug gegen Besitzübergabe
– 2,1 % für die Fassadenarbeiten
– 3,5 % nach vollständiger Fertigstellung.

Bei den vorgenannten Raten handelt es sich jeweils um Höchstsätze, die von dem Bauträger nicht überschritten werden dürfen[115], selbst wenn seine (interne) Baukalkulation andere prozentuale Ansätze für die angegebenen Gewerke rechtfertigt. Ein von den Vorgaben des § 3 Abs. 2 MaBV abweichender und deshalb nichtiger Zahlungsplan führt nach dem BGH dazu, dass an die Stelle des Vereinbarten nicht ersatzweise die Regelung aus § 3 Abs. 2 MaBV, sondern die gesetzliche Regelung mit der Folge tritt, dass der Bauträger seine Vergütung erst bei Abnahme der erbrachten Bauleistung beanspruchen kann[116]. Dies gilt jedoch nicht, wenn der Bauträger zugunsten des Erwerbers von den in § 3 Abs. 2 MaBV vorgesehenen Raten abweicht; in diesem Falle verbleibt es bei den im Bauträgervertrag ausgewiesenen Raten[117]. Den beurkundenden Notar treffen insoweit im Übrigen erhöhte Belehrungspflichten, wenn sich erkennbar Abschlagszahlungen auf ungesicherte Vorleistungen beziehen sollen[118]. **98**

b) Fälligkeitsvoraussetzungen. Zu beachten ist, dass der **Kaufpreis gemäß § 3 Abs. 1 MaBV erst fällig** wird, wenn der Bauträgervertrag wirksam ist, der Eigentumserwerb sichergestellt wurde (Auflassungsvormerkung), die Lastenfreistellung gesichert ist (Freistellungserklärung des Kreditinstitutes des Bauträgers) sowie nach Vorliegen der Baugenehmigung[119]. Die Sicherung der Lastenfreistellung nach § 3 Abs. 1 S. 1 Nr. 3 MaBV erfolgt regelmäßig durch Übergabe einer Freistellungserklärung der den Bauträger finanzierenden und durch Global-Grundpfandrechte gesicherten Bank. An den Inhalt der Freistellungserklärung werden wegen ihrer wirtschaftlichen Bedeutung für den Erwerber hohe Anforderungen gestellt[120]. Die Freistellungserklärung entfaltet jedoch nur Wirkung, wenn der Bauträgervertrag formwirksam zwischen Erwerber und Bauträger abgeschlossen wurde[121]. Allerdings lässt der BGH hiervon **99**

---

[112] BGH NJW 2005, 2061; vgl. dazu Bub NJW 2005, 2590; *Pause* BTR 2005, 205.
[113] *Pause* BTR 2005, 205 (206).
[114] BGBl. 1997 I S. 272.
[115] OLG Naumburg BauR 2010, 1277.
[116] BGH BauR 2007, 1235; NZBau 2001, 132; vgl. auch Blomeyer NJW 1999, 472.
[117] OLG Saarbrücken NZBau 2000, 429.
[118] BGHZ 175, 111 = NJW 2008, 1321 zur Einbeziehung von Erschließungs- und Anschlusskosten trotz mangelnder kommunaler Festsetzung in die Abschlagsforderung für den ersten Bauabschnitt; vgl. auch *Grziwotz* DNotZ 2008, 284; *Basty* MittBayNoT 2008, 315; *Volmer* ZflR 2008, 249.
[119] Vgl. zu den Folgen der Entgegennahme der Vergütung vor Fälligkeit OLG Düsseldorf BauR 2011, 537; 2009, 1485.
[120] BGH NJW 2001, 2249; WM 2004, 2386 = ZflR 2004, 983 mit Anmerkung *Grziwotz* ZNotP 2005, 33; *Pause* NZBau 2001, 603 (606).
[121] BGH IBR 2005, 207 (208) – *Schwenker*.

eine Ausnahme zu, wenn der Erwerber den Kaufpreis an die Globalbank des Bauträgers gezahlt hat, die einerseits gegenüber dem Erwerber die Freistellungserklärung abgegeben und andererseits der Bauträger den Kaufpreisanspruch abgetreten hat, da in einer derartigen Konstellation der Erwerber mit seiner Zahlung aus der Sicht der Bank einen eigenen Leistungszweck erfüllt[122].

100 Eine **Ausnahme** von der Wahrung vorgenannter Fälligkeitsvoraussetzungen besteht nur dann, wenn der Bauträger gemäß § 7 Abs. 1 MaBV Sicherheit für alle etwaigen Ansprüche des Erwerbers auf Rückgewähr oder Auszahlung seiner Vermögenswerte geleistet hat. Diese Sicherheit kann nur durch Übergabe einer entsprechenden Bürgschaft eines Kreditinstitutes an den Erwerber erbracht werden[123]. Durch die vom Bauträger zu stellende Bankbürgschaft soll der Erwerber einen angemessenen Ausgleich für die von ihm eingegangene Verpflichtung erhalten, die Vergütung für das herzustellende Werk sofort zu entrichten und nicht erst – entsprechend der gesetzlichen Regelung in § 641 Abs. 1 S. 1 BGB – bei Abnahme oder – wie es § 3 Abs. 2 MaBV gestattet – in Raten entsprechend dem Bauablauf nach Bauabschnitten[124]. Um diesem Ziel ausreichend Rechnung zu tragen, muss nach dem BGH eine Bürgschaft nach § 7 Abs. 1 MaBV neben den Ansprüchen auf Rückgewähr der Vorauszahlung auch Ansprüche auf Ersatz von Aufwendungen für Mängelbeseitigung und Schadensersatz aus (teilweiser) Nichterfüllung absichern[125].

Wiederholt hat sich der BGH in letzter Zeit mit der **Reichweite von Bürgschaften** nach § 7 Abs. 1 MaBV befasst und hierzu folgendes entschieden:

– Die Bürgschaft sichert grundsätzlich die Rückgewähr der vom Erwerber getätigten Vorauszahlung[126].
– Die Bürgschaft darf unter Heranziehung von § 3 Abs. 1 S. 1 Nr. 3, S. 3 MaBV nicht mehr hinsichtlich der Verpflichtung der kreditgebenden Bank zur Pfandfreistellung an die Bedingung geknüpft werden, den Bauträger dürfe hinsichtlich der Nichtvollendung des Bauvorhabens kein Verschulden treffen[127].
– Die Bürgschaft sichert Ansprüche des Erwerbers auf Ersatz von Aufwendungen für erforderliche Mängelbeseitigung[128].
– Die Bürgschaft sichert Ansprüche des Erwerbers aus Rücktritt, Minderung oder aus Schadensersatz wegen Nichterfüllung[129].
– Die Bürgschaft bleibt insoweit selbst dann bestehen, wenn rückabwicklungsbedingte Zahlungsansprüche ohne vorausgegangenen Rücktritt des Bauträgervertrages vom Erwerber erhoben werden[130].
– Die Bürgschaft sichert keine dem Erwerber aus Bauzeitüberschreitung entstandenen Verzugsschäden[131].
– Die Bürgschaft sichert keine Mietausfallschäden des Erwerbers, die auf Grund verspäteter Fertigstellung eines Wohn- und Gewerbeobjektes entstanden sind[132].
– Die Bürgschaft sichert nicht zusätzliche mündliche Abreden der Parteien, die dem bürgenden Kreditinstitut unbekannt sein mussten[133].
– Die Bürgschaft sichert den Rückgewähranspruch des Erwerbers aus einer Aufhebungsvereinbarung zum Bauträgervertrag, wenn und soweit zum Zeitpunkt der Vereinbarung die Voraussetzungen zur Geltendmachung eines Schadensersatzanspruches wegen Nichterfüllung vorlagen[134].

---

[122] AA die Vorinstanz OLG Frankfurt NJW-RR 2004, 544.
[123] Vgl. im Einzelnen *Marcks* Makler- und Bauträgerverordnung, § 7 Rn. 8 ff.
[124] BGH BauR 2002, 1547 (1548 f.).
[125] BGH BauR 2002, 1547.
[126] BGH BauR 2002, 1547; 2003, 700 = ZfIR 2003, 234.
[127] BGH NJW 2014, 1728 = NZBau 2014, 218; vgl. hierzu *Klein* NZBau 2014, 612.
[128] BGH BauR 2003, 700 = ZfIR 2003, 234; vgl. auch Weller NJW 2015, 1201 zur Verwertung von Vertragserfüllungssicherheiten für Mängel am Gemeinschaftseigentum.
[129] BGH BauR 1999, 659; NZBau 2002, 497 = BauR 2002, 1547; BGH BauR 2003, 243 = ZfIR 2003, 58.
[130] BGH NZBau 2010, 426.
[131] BGH BauR 2003, 700 = ZfIR 2003, 234.
[132] BGH NJW-RR 2003, 959 = BauR 2003, 1220.
[133] BGH NZBau 2004, 270 = BauR 2004, 1159.
[134] BGH NZBau 2002, 754 = BauR 2002, 1390; vgl. hierzu *Basty* DNotZ 2005, 94.

– Die Bürgschaft sichert auch den Rückzahlungsanspruch des Erwerbers gegen den Bauträger nach § 812 Abs. 1 BGB[135].

Bestehen im Einzelfall **Zweifel zu der Bürgschaftsbegebung,** ob dieser (noch) eine ausreichende vertragliche Sicherungsvereinbarung zugrundeliegt, kann dem Herausgabeverlangen des Bauträgers und des bürgenden Kreditinstitutes unter Umständen der Einwand widersprüchlichen Verhaltens entgegenstehen, wenn und soweit der Bauträger vermittels der ausgereichten Bürgschaften bei dem Erwerber den Eindruck erzeugt hat, etwaige ihm zustehende Rückforderungsansprüche seien in ausreichendem Umfange besichert[136].

c) Rate bei Bezugsfertigkeit. Besondere Bedeutung kommt regelmäßig der Rate „nach Bezugsfertigkeit und Zug um Zug gegen Besitzübergabe" zu (§ 3 Abs. 2 MaBV). Das errichtete Objekt ist bezugsfertig, wenn dem Erwerber der Bezug nach der Verkehrsanschauung zumutbar ist[137], Wohn- und Geschäftsräume müssen unter Berücksichtigung üblicher Nutzungsverhältnisse ohne Gefahr für die Sicherheit und die Gesundheit der Nutzer dauerhaft verwendungsfähig sein. Mängel stehen der Bezugsfertigkeit des Objekts nur dann entgegen, wenn sie die Funktionsfähigkeit der Wohn- und Geschäftsräume nennenswert einschränken[138]. Die Außenanlagen müssen nicht notwendig fertiggestellt sein[139], ebenso wenig ein Stellplatz oder eine Garage für das Objekt[140]. Der auf Einräumung des Besitzes gerichtete Anspruch kann vom Erwerber ausnahmsweise auch im Wege einer einstweiligen Verfügung gegen den Bauträger durchgesetzt werden, wenn dem Erwerber anderenfalls erhebliche Nachteile drohen[141].

d) Rate bei Fertigstellung. Eine Rate in Höhe von 3,5 % des Kaufpreises wird bei „vollständiger Fertigstellung" des Bauvorhabens fällig (§ 3 Abs. 2 MaBV). Von einer vollständigen Fertigstellung des Objektes kann erst gesprochen werden, wenn alle vertraglich geschuldeten Leistungen für das Bauvorhaben erbracht sind. Vor allem müssen auch Nebenanlagen, Garagen und Außenanlagen funktionsgerecht vom Bauträger erstellt sein[142].

Uneinheitlich beurteilt wird die Frage, ob von einer vollständigen Fertigstellung auch dann gesprochen werden kann, wenn noch Mängel zu beseitigen sind, die im Abnahme-/Übergabeprotokoll vorbehalten wurden: Nach einer Auffassung tritt die Fälligkeit der letzten Rate erst ein, wenn nicht nur alle Arbeiten erbracht, sondern auch sämtliche Mängel behoben worden sind[143]. Auch verhältnismäßig geringfügige Mängel sollen deshalb die Fälligkeit der Fertigstellungsrate hindern, es sei denn, die Mängel sind nach ihrer Art, ihrem Umfang und ihren Auswirkungen derart unbedeutend, dass das Interesse des Erwerbers an der Mängelbeseitigung nicht schützenswert erscheint[144]. Überwiegend und zutreffend wird demgegenüber darauf abgehoben, dass zumindest die Voraussetzungen der Abnahmereife im Sinne des § 640 Abs. 1 BGB vorliegen müssen, dh es dürfen keine wesentlichen Mängel mehr an dem Objekt vorhanden sein[145].

e) Recht zum Einbehalt. Dem Erwerber steht es – unabhängig von dem vereinbarten Zahlungsplan – frei, bei Vorliegen von Mängeln der Bauträgerleistung auch vor Abnahme fällige Raten ganz oder teilweise einzubehalten[146]. Der einzubehaltende Betrag kann sich dabei auf das zweifache des zur Nachbesserung erforderlichen Aufwandes erstrecken (§ 641 Abs. 3 BGB)[147]. Das Leistungsverweigerungsrecht des § 320 BGB kann in formularmäßigen Bauträgerverträgen nicht ausgeschlossen oder eingeschränkt werden (vgl. § 309 Nr. 2 BGB). Verweigert der Bauträger bei berechtigtem Mängeleinbehalt die Beseitigung vorhandener Mängel, so ist er gleichwohl

---

[135] *Fischer* ZNotP 2003, 122 (126); *Pause,* Bauträgerkauf und Baumodelle, Rn. 352.
[136] BGH WM 2004, 2386 = ZfIR 2004, 983 mit Anmerkung *Grziwotz* ZNotP 2005, 33.
[137] OLG Frankfurt NZBau 2003, 380.
[138] OLG Hamm BauR 2007, 1737; vgl. auch BGH BauR 2004, 1171; *Basty* Der Bauträgervertrag, Rn. 506 ff.
[139] OLG Hamm BauR 2007, 1737.
[140] OLG Hamm MittRhNotK 1995, 142.
[141] LG München I IBR RS 2016, 1760; vgl. auch *Hinz* NZM 2016, 622 zur Wohnungsabnahme.
[142] *Pause* Bauträgerkauf und Baumodelle, Rn. 334 ff.
[143] OLG Hamm OLGR 1994, 63; aA *Schulze-Hagen* BauR 1992, 320 (324) mwN.
[144] OLG Hamm BauR 2002, 641.
[145] BGH BNotZ 2010, 769; BauR 1998, 783.
[146] BGH NJW 1992, 2160 (2163) = BauR 1992, 622 (626).
[147] Vgl. BGHZ 157, 102 (115).

zur Auflassungsbewilligung der Eintragung des Erwerbers als Eigentümer im Grundbuch verpflichtet[148].

105 **f) Zwangsvollstreckung.** Bauträgerverträge enthalten häufig Zwangsvollstreckungs-Unterwerfungsklauseln, wonach der Notar berechtigt sein soll, die Zwangsvollstreckungsklausel auf Antrag des Bauträgers zu erteilen. Der BGH hat hierzu festgestellt, dass durch die Aufnahme einer Zwangsvollstreckungs-Unterwerfungsklausel ohne besonderen Nachweis des jeweils erreichten Bautenstandes gegen die Verpflichtungen aus §§ 3, 12 MaBV verstoßen wird, so dass derartige Vollstreckungs-Unterwerfungsklauseln insgesamt als unwirksam verworfen wurden (§ 134 BGB)[149]. Aus entsprechenden Erwägungen heraus wurden obergerichtlich auch Klauseln verworfen, in denen für den Fall einer gerichtlichen Auseinandersetzung die Beweislast unberührt bleiben soll[150] oder aber der Bautenstandsnachweis von einem im Lager des Bauträgers stehenden Architekten abhängig gemacht wurde[151]. Bei Vorliegen unwirksamer Vollstreckungs-Unterwerfungsklauseln kann Klauselerinnerung nach § 732 ZPO[152], Gestaltungsklage analog § 767 ZPO[153] und – bei Vorliegen auch materiell-rechtlicher Einwendungen – die Vollstreckungsabwehrklage nach § 767 ZPO[154] ergriffen werden[155].

106 **5. Sonderwünsche des Erwerbers.** Bei Sonderwünschen des Erwerbers ist zu differenzieren: Werden Sonderwünsche unmittelbar bestimmten Handwerkern – regelmäßig den vom Bauträger beauftragten Fachunternehmern – beauftragt, so richtet sich die Vergütung und die Fälligkeit der Leistungen nach den mit den jeweiligen Handwerkern getroffenen Vereinbarungen[156]. Wird ein als Nachunternehmer des Bauträgers tätiger Handwerker unmittelbar von dem Erwerber mit der Ausführung von Sonderwünschen beauftragt, wird hierdurch vertragsrechtlich nicht in die Rechtsposition des Bauträgers eingegriffen[157]. Soweit der Bauträger die Sonderwünsche auf Verlangen des Erwerbers selbst übernimmt, erhöht sich dadurch die Vertragssumme mit der Folge, dass eine Umrechnung bzw. Aufteilung auf die einzelnen Zahlungsraten bei Anwendung der MaBV vorzunehmen ist.

107 Bei entsprechender Beauftragung des Bauträgers mit Sonderwünschen steht dieser für deren ordnungsgemäße und mangelfreie Ausführung ein. Hat der Erwerber jedoch einen Dritten mit der Vornahme von Sonderwünschen beauftragt, kann es notwendigerweise zu Überschneidungen im Mängelhaftungsbereich kommen. Bezieht sich der Sonderwunsch des Erwerbers lediglich auf die Auswahl alternativer Materials, so soll nach einer Entscheidung des OLG Celle der Bauträger weiter für die Ausführung der entsprechenden Bauleistungen (nach-)erfüllungspflichtig sein[158]. Aus entsprechenden Überlegungen heraus wird teilweise im Zusammenhang mit drittbeauftragten Handwerksleistungen bei Bauträgerverträgen der Standpunkt eingenommen, es verbleibe auch insoweit bei der ausschließlichen Mängelverantwortung des Bauträgers[159]. Dieser Auffassung kann nicht zugestimmt werden, da sich die Erfüllungs- und Nacherfüllungsansprüche, mithin auch die Ansprüche auf mangelfreie Leistung nach den jeweils vom Erwerber getroffenen werkvertraglichen Abreden richten[160]. Ungeachtet dessen bleibt auch bei drittbeauftragten Handwerksleistungen die Verpflichtung des Bauträgers zur Koordinierung derartiger Leistungen mit von ihm selbst ausgeführten Leistungen in seiner Hand. Vor allem hat der Bauträger zu überprüfen, ob sich die drittbeauftragten Sonderwünsche in das Gesamtkonzept der übrigen Bauleistungen störungsfrei einfügen und hierfür die erforderlichen Anweisungen zu erteilen[161].

---

[148] OLG Hamburg IBR 2015, 310.
[149] BGH NJW 2012, 56; BauR 1999, 53; vgl. hierzu auch *Blomeyer* NJW 1999, 472; *Pause* NJW 2000, 769; *Reithmann* WuB 1999, 737.
[150] OLG Frankfurt BauR 2000, 739; OLG Hamm BauR 2000, 1509.
[151] OLG München BauR 2009, 1760; 2009, 988; OLG Jena OLGR 1999, 400.
[152] *Pause* NZBau 2001, 603 (609).
[153] BGH NJW 1992, 2160 (2162).
[154] BGH NJW 1992, 2160 (2162).
[155] Vgl. zu den Rechtsbehelfen im Einzelnen *Pause* NJW 2000, 769 (770); *Pause* NZBau 2001, 603 (609).
[156] *Pause* FS Nordemann, 1999, 155.
[157] OLG Düsseldorf 11.2.2014 – I-23 U 112/13, juris.
[158] OLG Celle BauR 1998, 802.
[159] *Vogelheim* BauR 1999, 117 (119).
[160] Kritisch deshalb zu Recht auch Baden BauR 1999, 712.
[161] OLG Karlsruhe NZBau 2016, 492.

6. Erfüllungs- und Nichterfüllungsansprüche. Der Bauträger ist gegenüber dem Erwerber **108** zur Eigentums- und Besitzverschaffung an dem geschuldeten Objekt verpflichtet[162]. Das Bauvorhaben ist dabei nach Maßgabe des abgeschlossenen Bauträgervertrages sowie den zugrunde liegenden Baubeschreibungen und Plänen schlüsselfertig vom Bauträger zu errichten[163]. Zu Änderungen im Rahmen der vereinbarten Bauausführung ist der Bauträger nur berechtigt, wenn der Bauträgervertrag einen entsprechenden Änderungsvorbehalt umfasst und die Änderungen lediglich geringfügig und gleichwertig sind[164]. Die für das Bauvorhaben vom Bauträger erstellten Bau- und Planungsunterlagen kann der Erwerber herausverlangen, wenn eine entsprechende vertragliche Abrede oder aber ein besonderes rechtliches Interesse hieran auf Erwerberseite besteht[165].

Der Bauträger ist verpflichtet, das Objekt zum vereinbarten Fertigstellungszeitpunkt herzustellen und zu übergeben[166]. Der Fertigstellungszeitpunkt ergibt sich regelmäßig aus den hierzu im Bauträgervertrag getroffenen Absprachen. Fehlt es an einem konkreten, im Bauträgervertrag vorgesehenen Fertigstellungszeitpunkt, so ist der Bauträger verpflichtet, das Objekt in angemessener Zeit zu errichten und fertig zu stellen[167]. Bei Verstoß gegen diese Verpflichtung kann der Erwerber nach dem BGH gemäß §§ 323, 325 BGB vorgehen[168]. Das KG Berlin hält darüber hinaus eine Teilkündigung des Bauträgervertrages für zulässig, um dem Erwerber die Möglichkeit einzuräumen, nach Übereignung des Grundstückes die Baumaßnahme selbst weiter zu realisieren[169]. **109**

In wirtschaftlicher Hinsicht riskant kann die vom Erwerber veranlasste Rückabwicklung des Bauträgervertrages sein[170], da sich auf Grund der vom Erwerber ausgeübten Gestaltungsrechte der Bauträgervertrag in ein Rückabwicklungsverhältnis umwandelt und damit der Eigentumsverschaffungsanspruch ebenso wie die ihn absichernde Auflassungsvormerkung erlöschen[171]. Im Falle der Zahlungsunfähigkeit oder gar Insolvenz des Bauträgers verliert der Erwerber damit die Möglichkeit zur Erlangung des Eigentums und zugleich auch die Durchsetzung seiner berechtigten Rückzahlungs- und Schadensersatzansprüche[172]. Ungeachtet dessen bleibt der Erwerber gegenüber seinem baufinanzierenden Kreditinstitut verpflichtet, die für den Erwerb des Objektes aufgenommenen Darlehen weiter zu bedienen[173]. Vor diesem Hintergrund wird sich der Erwerber regelmäßig in der Praxis auf anderweitige (Nach-)Erfüllungsansprüche beschränken müssen.

Ohnehin kann der (typengemischte) Bauträgervertrag nicht nach § 649 BGB, sondern nur aus wichtigem Grunde gekündigt werden[174]. Ausnahmsweise kommt jedoch eine isolierte Kündigung bezogen auf den Bauerrichtungsteil in Betracht, wenn der Bauträger einen wichtigen Grund zur Kündigung gesetzt hat[175]. Auch in diesem Falle soll der Schutz der MaBV fortgelten, wenn dem Erwerber gegen den Bauträger bereicherungsrechtliche Rückzahlungsansprüche zustehen[176].

7. Abnahme des Sonder- und Gemeinschaftseigentums. Bei der Abnahme ist zwischen **110** dem Sonder- und Gemeinschaftseigentum zu differenzieren. Die Abnahme kann förmlich[177] oder auch konkludent erfolgen[178]. Die Vereinbarung förmlicher Abnahme schließt regelmäßig

---

[162] Vgl. zu einer fehlenden baubehördlichen Nutzungserlaubnis KG Berlin BauR 2008, 530 (531); zum Fehlen einer Bescheinigung über die Freiheit von Altlasten OLG München NJW-RR 1999, 455 ff.
[163] Vgl. BGH NZBau 2001, 446; OLG Celle BauR 1998, 801.
[164] Vgl. OLG Frankfurt BauR 2000, 1204.
[165] OLG Köln IBR 2015, 491.
[166] Vgl. zum Begriff der vollständigen Fertigstellung bei Bauträgerverträgen Eisenried BauR 2008, 754 ff.
[167] BGH NZBau 2001, 389.
[168] Vgl. BGH NZBau 2001, 389.
[169] KG Berlin BauR 2000, 114.
[170] Vgl. zur Anrechnung von Steuervorteilen bei Rückabwicklung des Bauträgervertrages BGH BauR 2008, 1450 ff.
[171] *Voit* in Bamberger/Roth BGB § 636 Rn. 32; *Schwenker* in Erman BGB § 636 Rn. 18; *Thode* ZNotP 2004, 212.
[172] *Thode* ZNotP 2004, 212.
[173] *Thode* ZNotP 2004, 212.
[174] KG Berlin BauR 2000, 114.
[175] KG Berlin BauR 2000, 114.
[176] OLG Frankfurt IBR 2010, 457.
[177] OLG Karlsruhe RhNotZ 2012, 36.
[178] Vgl. BGH NJW 2013, 3513; OLG Düsseldorf BauR 2014, 1980; OLG Karlsruhe DNotZ 2012, 36; OLG München BauR 2009, 701.

eine konkludente Abnahme aus[179]. Das Sondereigentum ist dem Erwerber zu übergeben und von diesem abzunehmen[180]. Bei der **Abnahme des Gemeinschaftseigentums** konkurrieren individuelle und gemeinschaftsbezogene Interessen. Bei der Abnahme des Gemeinschaftseigentums wird häufig in der Weise verfahren, dass der Verwalter damit beauftragt wird, namens der Erwerber die Abnahme des Gemeinschaftseigentums vorzunehmen[181]. Klauseln, durch die ein mit dem Bauträger wirtschaftlich oder rechtlich verbundener Erstverwalter bei der Abnahme als Vertreter der Erwerber tätig werden soll, werden mangels ausreichender Neutralität des Verwalters als unwirksam angesehen[182]. Ebenso wenig kommt auch die Beauftragung eines Dritten, etwa eines Bausachverständigen mit der Durchführung der Abnahme des Gemeinschaftseigentums durch die Erwerber in Betracht, soweit dieser als unwiderruflich bestellter Vertreter der Erwerber im Auftrage des Bauträgers tätig werden soll[183]. Damit soll im Ergebnis dem Umstand Rechnung getragen werden, dass es sich bei der Abnahmeverpflichtung um eine Hauptleistungspflicht des einzelnen Erwerber handelt und diese deshalb uneingeschränkt imstande sein sollen, zum Zeitpunkt der Abnahme zu überprüfen, inwieweit die Bauleistungen vertragsgerecht ausgeführt wurden[184]. Wird die **Abnahme auf der Grundlage unwirksamer Vertragsklauseln** vorgenommen, so ergeben sich erhebliche Abwicklungsschwierigkeiten im Zusammenhang mit bestehenden Mängelverpflichtungen des Bauträgers[185]. Vor allem beruht dies auch auf dem Umstand, dass sich der Bauträger auf die von ihm verwendeten, jedoch unwirksamen Abnahmeklauseln selbst nicht zu berufen vermag[186]. Es wird dann bei zutreffender rechtlicher Einschätzung entscheidend darauf ankommen, ob sich aus den gesamten Umständen eine konkludente Abnahme oder aber den Übergang in ein vertragliches Abrechnungsverhältnis (mit abnahmeersetzender Wirkung) schließen lässt[187]. Soweit danach nicht vom Vorliegen einer wirksamen Abnahme auszugehen ist, hält der BGH den Bauträger nach Treu und Glauben gemäß § 242 BGB gleichwohl zum Gemeinschaftseigentum für gewährleistungspflichtig[188]. Aufgrund fehlender Abnahme zum Gemeinschaftseigentum soll sich der Bauträger auch nicht auf die Einrede der Verjährung gegenüber den Erwerbern beziehen können[189].

Wenn das Sonder- und Gemeinschaftseigentum bei seinem Erwerb bereits fertiggestellt ist, richten sich die Mängelansprüche des Erwerbers grundsätzlich nach den werkvertraglichen Bestimmungen[190]. Um die Mängelansprüche der **sog. Nachzügler-Erwerber** in zeitlicher Hinsicht zu begrenzen, werden vom Bauträger oder aber von der (werdenden) Wohnungseigentümerversammlung Regelungen getroffen, wonach die Abnahme des Gemeinschaftseigentums auch zugleich im Namen von Nachzügler-Erwerbern erfolgen soll, obgleich diese bis dahin weder Wohnungseigentümer noch werdender Wohnungseigentümer geworden sind. Derartige Abnahmeklauseln für Nachzügler-Erwerber hat der BGH als unwirksam angesehen[191]. Zur Begründung hat der BGH darauf verwiesen, mit derartigen Klauseln würden den Nachzügler-Erwerbern die ihnen unmittelbar zustehenden Abnahmebefugnisse zum Gemeinschaftseigentum genommen[192]. Dessen ungeachtet soll es aber dem Bauträger als Verwender der von ihm gestellten, unwirksamen Abnahmeklausel für Nachzügler-Erwerber nach Treu und Glauben verwehrt sein, sich darauf zu berufen, dass sich der Vertrag noch im Erfüllungsstadium befinde

---

[179] OLG Karlsruhe RhNotZ 2012, 36.
[180] BGH BauR 1983, 373; vgl. auch *Sterner* BauR 2012, 1160; vgl. auch *Hinz* NZM 2016, 622 zur Wohnungsabnahme.
[181] Vgl. BayObLG NZM 2001, 539; *Pause* NZBau 2001, 603 (610).
[182] BGH NZM 2016, 649 mit Anm. *Ott* NZM 2016, 576; BGH NJW 2013, 3360 = BauR 2013, 2020; OLG Düsseldorf BauR 2013, 470.
[183] OLG Düsseldorf BauR 2013, 470; OLG Karlsruhe NJW 2012, 237; OLG München BauR 2009, 1444.
[184] *Pause/Vogel* BauR 2014, 764.
[185] Vgl. hierzu *Messer/Cramer/Leidig* BauR 2014, 1; *Scheffelt* BauR 2014, 163; *Werner* NZBau 2014, 80; *Pause/Vogel* BauR 2014, 764.
[186] BGH NJW 2016, 1572 = BauR 2016, 1013; BGH NZM 2016, 649.
[187] OLG Bamberg IBRRS 2015, 3298; Messer*Cramer*/Leidig BauR 2014, 1 (5 ff.); aA *Pause/Vogel* BauR 2014, 764 (766), die meinen, es müsse eine (förmliche) Abnahme auch Jahre nach Übernahme des Objekts nachgeholt werden.
[188] BGH NZM 2016, 649.
[189] BGH NZM 2016, 649.
[190] BGH NJW 1985, 1551 = BauR 1985, 314, 315.
[191] BGH NZBau 2016, 551.
[192] BGH NZBau 2016, 551; *Vogel* BauR 2010, 1992, 1996.

und deshalb Mängelansprüche aus § 637 Abs. 3 BGB an sich nicht geltend gemacht werden können[193].

8. Mängelansprüche. Bei Bauträgerverträgen richten sich die Mängelansprüche für das Grundstück nach Kaufrecht und für die ausgeführten Bauleistungen nach Werkvertragsrecht[194]. Dies gilt nicht nur bei Neubauten, sondern auch für die **Veräußerung bereits fertig gestellter Objekte,** soweit die Fertigstellung selbst nicht mehrere Jahre zurückliegt[195]. Liegt die Fertigstellung ca. drei Jahre zurück, kommt kaufrechtliche Gewährleistung zur Anwendung, bis zu ca. drei Jahre nach Fertigstellung gelten werkvertragliche Gewährleistungsregelungen[196]. Entsprechendes gilt auch für tief greifende **Sanierungsmaßnahmen an vorhandenem Baubestand**[197]. Dies soll nach einer neueren Entscheidung des BGH jedenfalls dann gelten, wenn die vom Bauträger ausgeführten Leistungen nach ihrem Umfang und ihrer Bedeutung ein solches Gewicht haben, dass der Erwerber nach seinem Empfängerhorizont von einer derart umfassenden Sanierungstätigkeit des Bauträgers ausgehen konnte, dass diese einer Neuherstellung des Gebäudes gleichgekommen ist[198]. Beurteilungsmaßstab ist dabei neben der Baubeschreibung im abgeschlossenen Bauträgervertrag ergänzend auch der Inhalt eines vom Bauträger verwendeten Prospektes[199]. Übernimmt der Bauträger danach Bauleistungen, die insgesamt nach Umfang und Bedeutung Neubauarbeiten vergleichbar sind, soll er nicht nur für die ausgeführten Umbauarbeiten, sondern auch für die vorhandene Altbausubstanz nach den Gewährleistungsbestimmungen des Werkvertragsrechts einzustehen haben[200]. Diese Grundsätze sollen sowohl für vorgesehene, in Durchführung begriffene wie auch abgeschlossene Sanierungsvorhaben gelten[201]. Mit der Anwendung werkvertraglicher Gewährleistungsbestimmungen verbindet sich aber nicht automatisch die Verpflichtung des Bauträgers, den gesamten durchzuführenden Sanierungsarbeiten die derzeit **anerkannten Regeln der Technik** zugrunde zu legen, da nach Auffassung des BGH nach den jeweiligen Gegebenheiten des Bauwerks und den zu berücksichtigenden Vertragsumständen für die auszuführenden Sanierungsleistungen im Einzelnen zu klären bleibt, welche berechtigten Erwartungen die Erwerber an den Grad und den Umfang von Sanierungsmaßnahmen haben kann[202]. – Soweit lediglich eine Teilsanierung vorhandenen Baubestandes durchgeführt wird, findet das werkvertragliche Mängelrecht nur auf die von der Sanierungsverpflichtung erfassten Bau- und Gebäudeteile Anwendung; im Übrigen verbleibt es hinsichtlich der erworbenen und nicht sanierten Altbausubstanz bei den nach Kaufrecht maßgebenden Mängelansprüchen[203].

Die Mängelhaftung richtet sich für bauwerksbezogene Mängel nach § 634 BGB. Nach vorherrschendem Verständnis bestehen die Mängelrechte des Erwerbers aber nicht vor Abnahme[204]. Eine Ausnahme gilt jedoch in **Fällen fehlgeschlagener Abnahme** aufgrund unwirksamer Bauträger-Abnahmeklauseln[205]. Der Erwerber kann unter den Voraussetzungen des § 636 BGB auch vom Vertrage zurücktreten[206] und umfassend Schadenersatz vom Bauträger beanspruchen[207].

Die **VOB/B** kann in einem Bauträgervertrag nicht „als Ganzes" vereinbart werden. Die Regelungen der Verdingungsordnung für Bauleistungen sind in Bezug auf wesentliche Teile abgeschlossener Bauträgerverträge von vornherein unpassend[208]. Allerdings verbleibt die Mög-

---

[193] BGH NZBau 2016, 551; BGH NJW 2016, 1572 = NZBau 2016, 351; vgl. auch *Pause* NZBau 2017, 22 zur Unwirksamkeit von Fristenangleichungsklauseln für Nachzügler in Bauträgerverträgen.
[194] OLG Düsseldorf BauR 2014, 1980; vgl. im Einzelnen *Pause* NZBau 2001, 603 (611 ff.); zu den Folgen der WEG-Novelle *Pause* NZBau 2009, 425 ff.
[195] BGH NJW 2007, 3275; 1989, 2748; OLG Brandenburg BauR 2013, 687.
[196] BGH NJW 2016, 1575 = NZBau 2016, 353.
[197] OLG Frankfurt BauR 1985, 323.
[198] BGH BauR 2005, 542 = ZfIR 2005, 134; vgl. hierzu auch *Basty* Der Bauträgervertrag, Rn. 1056 ff. *Pause* NZBau 2000, 234; *Bischoff/Mauch* DNotZ 2004, 324.
[199] BGH BauR 2008, 351 (353).
[200] BGH BauR 2006, 99; 2005, 542 = ZfIR 2005, 134; OLG Brandenburg BauR 2013, 1734.
[201] BGH BauR 2007, 1036; 2005, 542 = ZfIR 2005, 134; OLG Hamm BauR 2009, 1320.
[202] Vgl. auch OLG Brandenburg BauR 2013, 687.
[203] Vgl. hierzu auch *Pause* NZBau 2000, 234; *Pause* NZBau 2001, 603 (611) mwN.
[204] OLG Köln NJW 2012, 1104.
[205] BGH NZM 2016, 649; BGH NJW 2016, 1572 = BauR 2016, 1013.
[206] Vgl. OLG Frankfurt IBR 2016, 90 für vertragswidrig verbauten „Skyline-Blick".
[207] BGH NJW 2009, 1870.
[208] Vgl. *Pause* Bauträgerkauf und Baumodelle, Rn. 163.

lichkeit, einzelne Regelungen aus der VOB/B in Bezug auf die auszuführenden Bauleistungen bei der Erstellung des Bauträgervertrages zu berücksichtigen. Unzulässig ist in jedem Fall aber die isolierte Vereinbarung einer durch § 13 Nr. 4 VOB/B gegenüber der gesetzlichen Regelung verkürzten Verjährungsfrist für Mängelansprüche[209].

113   Unwirksam ist nach dem BGH auch der formularmäßige Ausschluss der Wandelung/des Rücktrittes in Bauträgerverträgen gemäß § 11 Nr. 10b AGBG aF[210]. Der BGH hält – anders als bei reinen Bauleistungen – die Wandelung/den Rücktritt in Bauträgerverträgen deshalb für angemessen, weil nach erklärter Wandelung keine Zerstörung wirtschaftlicher Werte in Form erbrachter Bauleistungen droht, da diese auf dem Grundstück des Bauträgers verbleiben[211]. Nichts anderes hat unter Berücksichtigung der vom BGH angestellten Überlegungen auch für den formularmäßigen Ausschluss des Rücktrittes in Bauträgerverträgen zu gelten, da dem Bauträger in Ansehung des § 323 BGB das Eigentum am Grundstück und den (teilweise) ausgeführten Bauleistungen verbleibt (vgl. § 309 Nr. 8b BGB nF).

114   **a) Mängel am Sondereigentum.** Mängel am Sondereigentum kann jeder Erwerber selbst nach den vertraglichen bzw. werkvertragsrechtlichen Bestimmungen gegenüber dem Bauträger geltend machen. Die zum Sondereigentum begründeten Mängelansprüche stehen ausschließlich dem jeweiligen Erwerber zu. Besondere Probleme ergeben sich dann, wenn einzelne Erwerber ihr Sondereigentum erst nach der Abnahme des Gemeinschaftseigentums erwerben, sogenannte Nachzüglerproblematik[212].

Mit unzureichenden Wohnflächenangaben in Erwerberverträgen hat sich der BGH in den vergangenen Jahren wiederholt befasst[213]. Die Vereinbarung über die Wohnfläche ist nach dem BGH grundsätzlich erforderlich, weil die Wohnflächen und deren Berechnungsgrundlage aus Sicht des Erwerbers zu den zentralen Beschaffenheitsmerkmalen einer Wohnung gehören[214]. Aus diesem Grunde ist es in notariellen Bauträgerverträgen unzulässig, auf konkrete Wohnflächenangaben zu verzichten[215]. Ebenso ist es unzulässig, lediglich unklare Angaben zur Größe der geschuldeten Wohnfläche in den Bauträgervertrag aufzunehmen[216]. Auf die Angabe einer konkreten Wohnfläche kann auch dann nicht verzichtet werden, wenn das Objekt bereits zum Zeitpunkt des Vertragsabschlusses fertiggestellt ist, da anderenfalls keine konkrete Beschaffenheitsvereinbarung existiert, anhand derer das Vertragssoll überprüft werden kann[217].

Wiederholt hat sich der BGH mit dem geschuldeten Schallschutz bei Doppelhaushälften und Wohnungen befasst[218]. Der Erwerber einer Wohnung oder einer Doppelhaushälfte kann unabhängig von der Einhaltung der Mindestanforderungen der DIN 4109 einen üblichen und höheren Qualitäts- und Komfortstandard erwarten. Anhaltspunkte für den danach erforderlichen Schallschutz ergeben sich aus dem Beiblatt 2 zur DIN 4109 oder den Schallschutzstufen II und III der VDI-Richtlinie 4.100.

115   **b) Mängel am Gemeinschaftseigentum.** Bei Mängeln am Gemeinschaftseigentum ist zu differenzieren: Nachbesserungsansprüche kann jeder Sondereigentümer auf Grund seiner gemeinschaftlichen Mitberechtigung in Bezug auf das gesamte Gemeinschaftseigentum geltend machen[219]. Eine Ausnahme gilt lediglich dann, wenn die Gemeinschaft ihrerseits durch Beschlussfassung[220] die Geltendmachung von gemeinschaftsbezogenen Mängeln an sich

---

[209] Vgl. BGH BauR 1986, 89.
[210] BGH NJW 2009, 1870; NZBau 2002, 89; so auch OLG Hamm NJW-RR 1998, 1031 (1032); so auch OLG Koblenz NJW-RR 1995, 1104.
[211] BGH NZBau 2002, 89 (90); vgl. zum Ausschluss der Gewährleistung OLG Hamm BauR 2009, 1320.
[212] Vgl. zur Nachzüglerproblematik beim Bauträgervertrag *Basty* BauR 2012, 316; *Vogel* BauR 2010, 1992.
[213] BGH BauR 1999, 648 = ZfIR 1999, 347; BGH BauR 2001, 253 = ZfIR 2001, 33; BGH BauR 2001, 391 = NZBau 2001, 132; vgl. hierzu auch *Thode* ZNotP 2004, 131; *Wagner* WM 2001, 718; *Wagner* ZfBR 2001, 363; *Blank* ZfIR 2001, 85.
[214] BGH BauR 2001, 253 = ZfIR 2001, 33.
[215] BGH NZBau 2004, 269 = BauR 2004, 847; vgl. auch *Basty/Vogel* ZfIR 2004, 327.
[216] Vgl. auch *Thode* ZNotP 2004, 131; *Schwenker* EWiR 2004, 539 (540).
[217] *Thode* ZNotP 2004, 131.
[218] BGH BauR 2009, 1288; 2007, 1570; 1998, 872.
[219] BGH BauR 2007, 1221; 2007, 1227; 2007, 1407; NZBau 2001, 265; NJW 1984, 725.
[220] Vgl. zur Anfechtung eines ablehnenden Wohnungseigentümerbeschlusses und zur Verurteilung zur Vornahme von Handlungen *Schmid* ZfIR 2010, 90; zur Verpflichtung der Wohnungseigentümer zur Beschlussfassung und zum Schadensersatz bei Verletzung dieser Pflicht *Schmid* ZfIR 2010, 673.

zieht[221]. Auch in diesem Falle kann der einzelne Sondereigentümer weiter die Beseitigung der Mängel verlangen, soweit dies mit den Interessen der Wohnungseigentümergemeinschaft nicht kollidiert[222]. Schadensersatz- und Minderungsansprüche in Bezug auf Mängel am Gemeinschaftseigentum sollen demgegenüber regelmäßig nur von der Wohnungseigentümergemeinschaft in ihrer Gesamtheit geltend gemacht werden können[223]. Ausnahmen können sich aber dort ergeben, wo nur bestimmte Sondereigentümer (ausnahmsweise) von den Mängeln am Gemeinschaftseigentum (unmittelbar) betroffen sind[224]. Der Wohnungseigentümergemeinschaft steht es darüber hinaus frei, den einzelnen Erwerbern die Geltendmachung gemeinschaftsbezogener Minderungs- und Schadensersatzansprüche zur individuellen Verfolgung zu übertragen[225]. Wenn die Parteien im Bauträgervertrag die Sachmängelhaftung nach den gesetzlichen Vorschriften des Werkvertragsrechts bestimmt haben, verjähren die Mängelansprüche an dem Bauwerk innerhalb von 5 Jahren ab Abnahme. Abweichend hiervon findet allerdings der regelmäßige Verjährungsfrist nach § 634a Abs. 3 iVm §§ 195, 199 BGB Anwendung, wenn der Bauträger gegenüber dem Erwerber das Vorhandensein von Mängeln arglistig verschwiegen hat[226].

Der BGH hat mit einem Beschluss vom 2.6.2005 die Teilrechtsfähigkeit einer Wohnungseigentümergemeinschaft anerkannt[227]. Die Wohnungseigentümergemeinschaft ist danach ähnlich der Gesellschaft bürgerlichen Rechts[228] unabhängig von ihrem jeweiligen Mitgliederbestand aus Rechtsgeschäften, die im Rahmen der Verwaltung des Gemeinschaftseigentums eingegangen werden, selbst und unmittelbar als eigenständiges Rechtssubjekt berechtigt und verpflichtet[229]. Auch wenn die Wohnungseigentümergemeinschaft darüber hinaus berechtigt ist, Mängelrechte am Gemeinschaftseigentum zu verfolgen[230], gelten die vorgenannten Grundsätze zur Teilrechtsfähigkeit der Wohnungseigentümergemeinschaft bei einem gemeinschaftsbezogenen Vorgehen gegenüber dem Bauträger nicht[231]. Bei den zugrundeliegenden gewährleistungsbedingten Ansprüchen handelt es sich nicht um solche aus gemeinschafts- und verwaltungsbezogenen Rechtsgeschäften der Wohnungseigentümergemeinschaft, sondern um die gemeinschaftsbezogene Wahrnehmung individuell durch den Bauträgervertrag begründeter (Gewährleistungs-)Ansprüche der Gesamtheit der in der Wohnungseigentümergemeinschaft verbundenen Erwerber[232]. Die Wohnungseigentümergemeinschaft wird insoweit als gesetzliche Prozessstandschafterin der einzelnen Erwerber angesehen[233]. Die Wohnungseigentümergemeinschaft tritt deshalb als Kläger bzw. Beklagter in Mängelprozessen auf und zwar vertreten durch den jeweiligen Verwalter[234]. Gleichermaßen kann der Verwalter von der Wohnungseigentümergemeinschaft durch Beschluss zur gerichtlichen Geltendmachung der Gewährleistungsansprüche am Gemeinschaftseigentum ermächtigt werden[235]. Soweit im Rubrum die einzelnen Erwerber aufgeführt sind, bedarf es von Amts wegen einer entsprechenden Rubrumsberichtigung[236]

---

[221] BGH NJW 2014, 1377; BauR 2007, 1221 (1223); BayObLG NJW-RR 2000, 379; vgl. zu den Grenzen der Vergemeinschaftung der Erwerberrechte aber *Pause* BauR 2011, 305.

[222] BGH NZBau 2010, 691.

[223] BGH NJW 1979, 2207; *Pause* Bauträgerkauf und Baumodelle, Rn. 911 ff.

[224] BGH NJW 1990, 1663.

[225] BGH NJW-RR 2000, 304; *Pause* Bauträgerkauf und Baumodelle, Rn. 949; mit Tendenz auf das Recht zur Geltendmachung ohne eine derartige Beschlussfassung aber BGH NJW 1999, 1705; OLG Dresden BauR 2001, 1276; vgl. auch LG Köln 9.10.2012 – 27 O 520/11, juris zur Ermächtigung einzelner Eigentümer zur Geltendmachung gemeinschaftsbezogener Rechte einschließlich ihrer Prozessführungsbefugnis.

[226] OLG Koblenz NZBau 2013, 434.

[227] BGH BauR 2007, 1221; 2007, 1227; 2007, 1407; NJW 2005, 2061; vgl. dazu Bub NJW 2005, 2590; *Pause* BTR 2005, 205; *Becker/Schneider* ZfIR 2011, 545 zur werdenden Wohnungseigentümergemeinschaft.

[228] BGH NJW 2001, 1056.

[229] BGH NJW 2005, 2061 (2063); vgl. zum Anspruchsberechtigten und Verpflichteten beim Wohnungseigentum sowie gerichtlicher Geltendmachung *Schmid* ZfIR 2009, 721.

[230] BGH NJW 1979, 2207; 1983, 453.

[231] *Pause* BTR 2005, 205 (206).

[232] *Pause* BTR 2005, 205 (206); *Schmid* BauR 2009, 727 zur Zuständigkeit und Unzuständigkeit der WEG für die Mängel am Gemeinschaftseigentum.

[233] *Flury/Kessen* BauR 2008, 427 (430).

[234] *Flury/Kessen* BauR 2008, 427 (430); vgl. zu den veränderten Aufgaben und Befugnissen des Verwalters nach der WEG-Reform *Aßelborn* ZfIR 2009, 112.

[235] Vgl. BGH NZBau 2009, 508.

[236] BGH BauR 2007, 1407 (1408).

116 **9. Abtretung von Mängelansprüchen.** Der Bauträger kann sich durch **Abtretung von Mängelansprüchen** seiner Mängelbeseitigungsverpflichtung nur in eingeschränktem Umfange entziehen: Grundsätzlich kann der Bauträger die ihm gegen von ihm beauftragte (Nach-) Unternehmer bestehenden Gewährleistungsansprüche an die Erwerber abtreten. Für die Wirksamkeit von entsprechenden Abtretungen in Bauträgerverträgen ist es nicht einmal erforderlich, dass die Baubeteiligten jeweils namentlich als Schuldner der abgetretenen Gewährleistungsansprüche benannt werden, es reicht vielmehr aus, dass die Gläubiger von Gewährleistungs- oder Erfüllungsansprüchen nach den Umständen ausreichend bestimmbar sind[237]. Aus Sicht der Erwerber ist die Abtretung von Mängelansprüchen, die dem Bauträger gegenüber den von ihm beauftragten bauausführenden Unternehmen zustehen, vom Grundsatz her zur Verminderung des Ausfallrisikos in der Insolvenz durchaus sinnvoll. Auf der anderen Seite kann es nicht Aufgabe des Erwerbers sein, sich bei Vorliegen verschiedener oder aber komplexer Mängel mit einzelnen oder aber mehreren vom Bauträger beauftragten bauausführenden Unternehmen über die Mängelverantwortlichkeit zu streiten. Aus diesem Grunde ist es seit jeher anerkannt, dass auch im Falle der Abtretung von Mängelansprüchen jedenfalls eine subsidiäre Mängelbeseitigungsverpflichtung des abtretenden Bauträgers bestehen bleiben muss[238].

117 Nach der bisherigen Rechtsprechung des BGH konnte deshalb eine **Subsidiaritätsklausel in einem Bauträgervertrag** nur wirksam sein, wenn sie von dem Erwerber nicht die gerichtliche Verfolgung der abgetretenen Ansprüche verlangte, bevor der Bauträger (subsidiär) zur weiteren Mängelhaftung herangezogen werden konnte[239]. Diese Rechtsprechung hat der BGH mit Urteil vom 21.3.2002 aufgegeben[240] und es nunmehr als unangemessen angesehen, wenn sich der Erwerber nach der zugrunde liegenden Subsidiaritätsklausel überhaupt im Einzelnen mit der Prüfung und Durchsetzung häufig komplexer Mängelansprüche gegenüber dem bauausführenden Unternehmen zu befassen hat[241]. Mit dieser Begründung hat der BGH auch in Bauträgerverträgen enthaltene Klauseln verworfen, wonach der Bauträger (subsidiär) erst dann haften soll, wenn der Erwerber sich erfolglos bemüht hat, die ihm abgetretenen Mängelansprüche gegen die weiteren am Bau Beteiligten durchzusetzen. Eine derartige Regelung verstößt nach dem BGH gegen § 9 Abs. 2 Nr. 2 ABGB[242] bzw. nunmehr gegen § 307 Abs. 2 Nr. 2 BGB.

Zur Rückabtretung von Gewährleistungsansprüchen hält der BGH den Erwerber erst dann für verpflichtet, wenn er seine Gewährleistungsansprüche erfolgreich gegenüber dem Bauträger geltend gemacht hat[243]. Allerdings kann sich der Erwerber im Einzelfall schadensersatzpflichtig machen, wenn er durch sein Verhalten die Verjährung der Gewährleistungsansprüche riskiert, ohne dem Bauträger die Gelegenheit zu geben, die gewährleistungsbezogenen Rechte gegenüber den bauausführenden Unternehmen zu sichern[244].

D. Bau-ARGE

Literatur: Burchardt/Pfülb, ARGE-Kommentar, 4. Aufl. 2006; *Feldmann*, Die Bau-ARGE ist kein Kaufmann, sondern eine GbR, Jahrbuch Baurecht 2007, 241; *Habersack*, Die Anerkennung der Rechts- und Parteifähigkeit der GbR und der akzessorischen Gesellschafterhaftung durch den BGH, BB 2001, 477; *Hertwig/Nelskamp*, Teilrechtsfähigkeit der GbR – Auswirkungen auf die Bau-ARGE, BauRB 2004, 183; *Jacob/Brauns*, Der Industrieanlagen-Konsortialvertrag, 2006; *Jagenburg/Schröder/Baldringer*, Der ARGE-Vertrag, Kommentar, 3. Auflage, Köln 2012; *Joussen*, Das Ende der ARGE als BGB-Gesellschaft (?), BauR 1999, 1063; *Joussen*, Die Anerkennung der ARGE als offene Handelsgesellschaft, FS Kraus 2003, 73; *Krause-Allenstein*, Die Bau-ARGE – Haftung, Sicherheiten, Versicherung im Innen- und Außenverhältnis, BauR 2007, 617; *Messerschmidt/Thierau*, Die Bau-ARGE – Teil 2: Die Dach-ARGE insbesondere, NZBau 2007, 205; *Messerschmidt/Thierau*, Konsortium und faktische BGB-Gesellschaft am Bau, NZBau 2007, 679; *Prütting*, Ist die Gesellschaft bürgerlichen Rechts insolvenzfähig?, ZIP 1997, 1725; *Schmidt, Karsten*, Die Arbeitsgemeinschaft im Baugewerbe: Als oHG eintragungspflichtig oder eintragungsfähig, DB 2003, 703; *Schmidt, Karsten*, Die Gesellschafterhaftung bei der Gesellschaft bürgerlichen Rechts als gesetzliches Schuldverhältnis – zum Stand nach den BGH-Urteilen vom 24.2.2003 und vom 7.4.2003, NJW 2003, 1897; *Schmidt, Karsten*,

---

[237] OLG Düsseldorf BauR 2014, 271.
[238] BGH NJW 1974, 1135; vgl. *Pause* Bauträgerkauf und Baumodelle, Rn. 843.
[239] BGH NJW 1995, 1675 = BauR 1995, 542; BGH NJW 1998, 904 = BauR 1998, 335.
[240] BGH NZBau 2002, 495.
[241] BGH NZBau 2002, 495 (496).
[242] BGH NZBau 2002, 495 (496).
[243] BGH BauR 2007, 1221.
[244] BGH BauR 2007, 1221.

Personengesellschaften und Grundstücksrecht, ZIP 1998, 2; *Schwab,* Die Beschäftigung bei einer (Bau-) Arbeitsgemeinschaft, NZA-RR 2008, 169; *Schwarz,* Probleme bei einer Bau-ARGE und einer Bauherren-ARGE – Rechtsnatur, Insolvenz eines Gesellschafters und Sicherheit nach § 648a BGB, ZfBR 2007, 636; *Thierau/Messerschmidt,* Die Bau-ARGE – Teil 1: Grundstrukturen und Vertragsgestaltung, NZBau 2007, 129; *Thode,* Die Vollbeendigung der ARGE und deren Rechtsfolgen, BauR 2007, 610; *Ulmer,* Die höchstrichterlich enträtselte Gesellschaft bürgerlichen Rechts, ZIP 2001, 585; *Vetter,* Rechtsprobleme der Organisation des Konsortiums bei Großprojekten, ZIP 2000, 1041; *Wagner,* Bau-Gesellschaftsrecht – Rechtsfolgen nach Vollbeendigung einer ARGE, ZfBR 2006, 209; *Weise,* Ist die Bau-ARGE Kaufmann?, NJW-spezial 2005, 405; *Weitze,* Die ARGE in der Bauwirtschaft, Dissertation 2002; *Wertenbruch,* Die Parteifähigkeit der GbR – Die Änderungen für die Gerichts- und Vollstreckungspraxis, NJW 2002, 324; *Wiedemann,* Die Bietergemeinschaft im Vergaberecht, ZfBR 2003, 240; *Wölfing-Hamm/Hochstadt,* Sicherungsumfang der Bürgschaften einer Bau-ARGE bei Insolvenz eines Gesellschafters, NZBau 2007, 65.

118 Bei der sog ARGE handelt es sich um eine besondere Unternehmereinsatzform, bei der sich im Baubereich mehrere bauausführende Unternehmen zur gemeinsamen Auftragserfüllung auf vertraglicher Grundlage zusammenschließen und gegenüber dem Auftraggeber als einheitlicher Vertragspartner auftreten[245]. In der Praxis kommt der Bau-ARGE erhebliche Bedeutung vor allem bei Großbaumaßnahmen zu, die häufig auf Grund ihres tatsächlichen und wirtschaftlichen Umfanges nicht mehr von einzelnen Bauunternehmen realisiert werden können. Der Vorteil der Beauftragung einer ARGE besteht bei dem Auftraggeber darin, dass er regelmäßig gebündelte Leistungen unterschiedlicher, fachkundiger Unternehmen erhält, die zusammen als Auftragnehmer auftreten, wobei deren Gesellschafter ergänzend dem Auftraggeber gesamtschuldnerisch für die Erfüllung der vollständigen, von der ARGE übernommenen Leistungen einzustehen haben. Mit der ständig steigenden Zahl von Bauinsolvenzen ergeben sich hieraus aber wiederum für die gesellschaftsrechtlich verbundenen ARGE-Gesellschaften nicht unerhebliche zusätzliche Haftungsrisiken, wenn sie auf Grund gesamtschuldnerischer Mithaftung für insolvent werdende ARGE-Gesellschafter voll umfänglich im Außenverhältnis einzustehen haben[246]. Bei Eingehung einer ARGE wird deshalb jeder der Beteiligten ARGE-Gesellschafter vorab sorgfältig zu überlegen haben, ob er neben der Erbringung der eigenen Bauleistungen auch bereit und in der Lage ist, ggf. für andere insolvenzbedingt ausscheidende ARGE-Gesellschafter im Außenverhältnis einzustehen.

I. Rechtsnatur der Bau-ARGE

119 Bislang wurden die in der Baubranche begründeten ARGEN als Gesellschaften bürgerlichen Rechts iSd §§ 705 BGB angesehen[247]. Die Einordnung als Gesellschaft bürgerlichen Rechts erfolgte vor allem, weil es sich bei den ARGE-Verträgen in aller Regel aus Zweckmäßigkeitsgründen nur um kurzlebige vertragliche Verbindungen handelte, bei denen sich die Baubeteiligten im Einzelfall versprechen, gemeinschaftlich übernommene Bauaufgaben innerhalb einer bestimmten vorgesehenen Bauzeit gemeinschaftlich zu erfüllen[248]. Damit lagen – zumindest nach herkömmlichem Verständnis – die vier Grundkriterien einer Gesellschaft bürgerlichen Rechts – Personenvereinigung, rechtsgeschäftliche Grundlage, Verfolgung eines bestimmten gemeinschaftlichen Zweckes sowie Beitragsleistung eines jeden Gesellschafters – vor.

120 Andere Rechtsformen wie zB die oHG oder KG schieden nach bisherigem Verständnis im Allgemeinen für die Begründung einer ARGE aus[249], da diese Gesellschaftsformen ein vollkaufmännisches Grundhandelsgewerbe vorausgesetzt hätten:

121 – Fehlende Gewerbeeigenschaft: Das Vorliegen eines Gewerbes im Sinne des Handelsrechts, also einer selbstständigen Tätigkeit, die planmäßig, offen, erlaubt und mit Gewinnerzielungsabsicht vorgenommen wird (wobei Freiberufler ausgenommen werden), war bei der ARGE grundsätzlich nicht gegeben. Gerade das Merkmal der „Planmäßigkeit", das eine auf gewisse Dauer angelegte Zusammenarbeit voraussetzte bzw. berufsmäßig angelegt sein musste, wurde bei der ARGE regelmäßig deshalb verneint, weil die ARGE grundsätzlich nur auf ein einziges gemeinschaftliches Bauprojekt zugeschnitten ist. Da die Bau-ARGE (damit) in der Regel überhaupt kein Gewerbe betreibt, mithin nicht über die Eigenschaften eines Kaufmanns

---

[245] *Thierau/Messer/Cramer* NZBau 2007, 129 ff.; *Korbion* in Ingenstau/Korbion- Anhang 2 Rn. 16 ff.; *Werner/Pastor* Bauprozess Der Bauprozess, Rn. 1329 mwN.
[246] *Zerhusen,* Forderungsausfälle und Bauinsolvenz, VDI Jahrbuch, 2005, 313.
[247] Vgl. BGH NJW 1997, 2754; OLG Frankfurt IBR 2015, 62.
[248] Vgl. *Bauer* in Heiermann/Riedl/Rusam- VOB/A Einf. zu § 6 Rn. 15 ff., mwN.
[249] A, A. OLG Frankfurt IBR 2015, 62.

verfügt, schied für sie die Rechtsformen der oHG und KG nach herkömmlichem Verständnis aus[250].

122 – Fehlendes Grundhandelsgewerbe: Neben der fehlenden Gewerbeeigenschaft mangelt es für die Einordnung als oHG zusätzlich an der Ausübung eines „vollkaufmännischen" Grundhandelsgewerbes. Danach hätte ein Grundhandelsgewerbe in einer bestimmten Größe („vollkaufmännisch") betrieben werden müssen, so dass es notwendig eines in kaufmännischer Weise eingerichteten Geschäftsbetriebes bedurft hätte (§ 4 Abs. 1 HGB aF).

123 Unter Zugrundelegung vorgenannter Beurteilungskriterien konnte nur ausnahmsweise bei der Tätigkeit einer ARGE ein Gewerbe angenommen werden. Dies war etwa der Fall, wenn die ARGE (zusätzlich) den geschäftsmäßigen Verkauf von Fertigbeton oder Betonfertigteilen an Dritte betrieben hat, weil die von ihr vorgehaltenen Kapazitäten einer installierten Betonmischanlage bzw. einer Feldfabrik für Baufertigteile größer war als der Bedarf der Baustelle der ARGE (sog Nebenerwerbs-ARGE)[251]. Ein weiterer Ausnahmefall lag auch bei einer sog Dauer-ARGE vor, deren Zweck nicht nur die Realisierung eines Bauvorhabens, sondern mehrerer Projekte war, weshalb sie auf Grund ihrer auf Dauer angelegten Tätigkeit eines in kaufmännischer Weise eingerichteten Geschäftsbetriebes bedurfte.

124 Dieses herkömmliche Verständnis zur Rechtsnatur der Bau-ARGE hat sich im Zuge der Handelsrechtsreform mit Wirkung ab dem 1.7.1998 geändert[252]. Zwar gilt auch nach der Handelsrechtsreform der Grundsatz, dass eine Handelsgesellschaft nur dann vorliegt, wenn sie auf die Ausübung eines Handelsgewerbes ausgerichtet ist (§ 105 Abs. 1 HGB). Die Definition des Handelsgewerbes hat sich jedoch durch die Neufassung der §§ 1 HGB geändert. Als Handelsgewerbe wird nunmehr jeder Gewerbebetrieb verstanden, es sei denn, das betriebene Unternehmen erfordert nach Art oder Umfang (ausnahmsweise) keinen in kaufmännischer Weise eingerichteten Geschäftsbetrieb (§ 1 Abs. 2 HGB nF). Teilweise wird deshalb angenommen, dass es sich bei einer ARGE, die auf Grund ihrer Größe ein Handelsgewerbe im Sinne des § 1 Abs. 2 HGB nF betreibt, von ihrer Rechtsnatur her – unbeschadet entgegenstehender Vereinbarungen im ARGE-Vertrag – um eine oHG handelt[253]. Das OLG Dresden geht deshalb davon aus, dass eine zum Zwecke der Errichtung eines Großbauvorhabens errichtete Dach-ARGE gewerblich im Sinne des § 1 Abs. 1 HGB tätig ist, so dass die gesellschaftsrechtliche Verbindung als oHG zu qualifizieren sein soll[254]. Dessen ungeachtet entspricht es nach wie vor traditionellem und in der Praxis überwiegendem Verständnis, dass die Bau-ARGE auch nach der Handelsrechtsreform kein Handelsgewerbe betreibt, da es sowohl an den Voraussetzungen der Gewerbeeigenschaft wie auch am Vorliegen eines Grundhandelsgewerbes bei der typischen Bau-ARGE fehlt[255]. Eine Ausnahme von der Einordnung als Gesellschaft bürgerlichen Rechts wird nur bei Vorliegen einer Dauer-ARGE angenommen, da diese auf unbestimmte Zeit für eine unbestimmte Anzahl von Bauvorhaben abgeschlossen wird und deshalb einen in kaufmännischer Weise eingerichteten Geschäftsbetrieb benötigt.

Die Bau-ARGE ist nach zutreffendem nicht nur traditionell begründetem Verständnis als BGB-Gesellschaft zu qualifizieren. Jedenfalls bei der typischen Bau-ARGE liegen nicht die Voraussetzungen der Ausübung eines Gewerbes und der Unterhaltung eines in kaufmännischer Weise eingerichteten Geschäftsbetriebes vor[256]. Die Bau-ARGE tritt schon nicht gewerbsmäßig als Anbieter von Leistungen am Markt in Erscheinung, sondern wickelt üblicherweise nur einen Bauauftrag gegenüber einem Auftraggeber ab[257]. Soweit die Bau-ARGE zur Erfüllung ihres übernommenen Bauauftrages einzelne oder mehrere Beschaffungs-, Dienstleistungs- und Versorgungsgeschäfte eingeht, handelt es sich insoweit lediglich um Nebenfolgen des von ihr auszuführenden Auftrages, die damit keine eigenständige Bedeutung für das werbliche Auftreten

---

[250] *Burchardt/Pfülb* ARGE-Kommentar, 4. Aufl., 2006, Präambel, Rn. 4; *Kornblum* ZfBR 1992, 9 (10).
[251] Vgl. *Joussen* BauR 1999, 1063 (1064).
[252] Vgl. *Joussen* BauR 1999, 1063.
[253] KG Berlin BauR 2001, 1790; LG Berlin BauR 2003, 136; LG Bonn BauR 2004, 1170; *Joussen* BauR 1999, 1063 (1073).
[254] OLG Dresden BauR 2002, 1414.
[255] K. *Cramer* DB 2003, 703 (704); *Ulmer/Schäfer* in MüKoBGB/ BGB vor § 705 Rn. 43; *Burchardt/Pfülb* – aaO, Präambel Rn. 4; *Burchardt* in Freiberger Handbuch zum Baurecht, 2. Aufl., § 13 Rn. 11 ff.; zu den Regelungen im ARGE-Vertrag 2005: *Zerhusen/Nieberding* BauR 2006, 296 (297).
[256] Vgl. hierzu *Mantler/Noreisch* in MHdB GesR I § 26 Rn. 16 ff.
[257] Vgl. K. *Cramer* DB 2003, 703 (704); *Röhricht* HGB § 1 Rn. 27, 33.

der ARGE am Markt haben können²⁵⁸. Ebenso fehlt es ganz regelmässig und typischerweise bei einer Bau-ARGE an einem in kaufmännischer Weise eingerichteten Geschäftsbetrieb, da die erforderlichen Geschäftsführungsaufgaben gerade nicht unmittelbar von der Bau-ARGE, sondern von deren Gesellschaftern in deren Betrieben und Unternehmungen (mit-)erbracht werden²⁵⁹. Die Bau-ARGE in ihrer typischen Ausprägung nach Maßgabe des Standard-ARGE-Vertrages (2005) ist deshalb nach wie vor als BGB-Gesellschaft und nicht als oHG zu qualifizieren²⁶⁰.

Im Ergebnis kommt es in Ansehung des Grundsatzurteils des BGH vom 29.1.2001²⁶¹ heute nicht mehr entscheidend auf die Einordnung der ARGE als Gesellschaft bürgerlichen Rechts oder aber als Personengesellschaft des Handelsrechts an²⁶². Die Rechtsverhältnisse einer (Außen-)Gesellschaft bürgerlichen Rechts, ihrer Gesellschafter und ihrer Gläubiger haben sich weitgehend denen der oHG und KG angeglichen²⁶³. Die (Außen-)Gesellschaft bürgerlichen Rechts besitzt nunmehr – soweit sie durch Teilnahme am Rechtsverkehr eigene Rechte und Pflichten begründet – wie die oHG und KG eigene Rechtsfähigkeit²⁶⁴. Das Verhältnis insbesondere zwischen den Verbindlichkeiten der Gesellschaft und der (Mit-)Haftung ihrer Gesellschafter entspricht nach neuem höchstrichterlichem Verständnis des BGH letztlich derjenigen bei der oHG²⁶⁵.

II. Begründung der Bau-ARGE

Eine Bau-ARGE entsteht durch Zusammenschluss von zwei oder mehreren selbstständigen Bauunternehmen, die sich wechselseitig verpflichten, ein Bauvorhaben gemeinsam auszuführen und die zur Erreichung dieses gemeinsamen Zwecks vereinbarten Beiträge und Leistungen in der vertraglich bestimmten Qualität und Quantität termingerecht zu erbringen²⁶⁶. Dabei ist es unerheblich, ob sich die Mitglieder der ARGE bereits in der Ausschreibungsphase zu einer Bietergemeinschaft zusammengeschlossen haben oder ob die ARGE zwischen den baubeteiligten Unternehmen (erst) anlässlich der Auftragserteilung gebildet wird²⁶⁷.

1. Bietergemeinschaft. Häufig schließen sich Bauunternehmer bereits in der Ausschreibungsphase zusammen, um ein gemeinschaftliches Angebot abzugeben. In diesem Fall wird zwischen den Bauunternehmen eine Bietergemeinschaft begründet²⁶⁸. In der Baupraxis gebräuchlich ist der Bietergemeinschaftsvertrag des Hauptverbandes der Deutschen Bauindustrie (derzeit in der Fassung 2003). Dieser Bietergemeinschaftsvertrag regelt die Rechtsbeziehungen der Mitglieder der Bietergemeinschaft untereinander für die Dauer des Angebots-/Ausschreibungsverfahrens. Der Vertrag ist darüber hinaus so angelegt, dass bei Auftrags-/Zuschlagserteilung an die Bietergemeinschaft die dann erforderliche Gründung der ARGE automatisch erfolgt. Um dies zu erreichen, schließen sich die Gesellschafter der Bietergemeinschaft schon mit Abschluss des Bietergemeinschaftsvertrages aufschiebend bedingt durch die Auftrags-/Zuschlagserteilung zu einer ARGE zusammen (Ziffer 4.1 Bietergemeinschaftsvertrag). Wird der Bietergemeinschaft der erstrebte Bauauftrag erteilt, wechselt diese in eine Arbeitsgemeinschaft (ARGE) über²⁶⁹. Sofern die Auftrags-/Zuschlagerteilung nicht an die Bietergemeinschaft erfolgt, löst sich diese wegen Zweckfortfalls wieder auf (Ziffer 3.1 Bietergemeinschaftsvertrag).

---

²⁵⁸ K. *Cramer* DB 2003, 703 (705); *Burchardt/Pfülb*, aaO, Präambel Rn. 5; aA *Joussen* BauR 1999, 1063 (1067).

²⁵⁹ *Burchardt/Pfülb*, aaO, Präambel Rn. 5; vgl. auch Ziffer 2.4 des ARGE-Vertrages 2005, wonach die ARGE keinen nach § 1 Abs. 2 HGB eingerichteten eigenen Geschäftsbetrieb unterhält; hierzu kritisch jedoch *Zerhusen* BauR 2006, 296 (297).

²⁶⁰ BGH IBR 2009, 211 im Zusammenhang mit einer (unwirksamen) Gerichtsstandsklausel gemäß § 38 Abs. 1 ZPO; vgl. zur Entwicklung der Rechtsprechung *Jagenburg/Schröder/Baldringer* ARGE-Vertrag, 3. Aufl., Einleitung Rn. 23 ff.

²⁶¹ BGH BauR 2001, 775.

²⁶² OLG Frankfurt IBR 2015, 62; vgl. *Ulmer* ZIP 2001, 585 ff.

²⁶³ *Ulmer* ZIP 2001, 585.

²⁶⁴ BGH BauR 2001, 775.

²⁶⁵ BGH BauR 2001, 775; vgl. zu den Konsequenzen auch *Jagenburg/Schröder/Baldringer* aaO, Einleitung Rn. 31.

²⁶⁶ Vgl. *Kornblum* ZfBR 1992, 9.

²⁶⁷ Vgl. *Langen* Jahrbuch Baurecht 1999, 64 (68).

²⁶⁸ *Kornblum* ZfBR 1992, 9; vgl. zu vergaberechtlichen Bedenken Vergabekammer Sachsen NZBau 2014, 790 mwN.

²⁶⁹ *Kornblum* ZfBR 1992, 9.

128 **2. ARGE-Mustervertrag.** Der Zusammenschluss von ARGEN erfolgt im Bauindustrie- und Baugewerbebereich nahezu ausnahmslos auf der Grundlage des vom Hauptverband der Deutschen Bauindustrie sowie dem Zentralverband des Deutschen Baugewerbes herausgegebenen ARGE-Vertrages[270]. Anhand dieses sog ARGE-Mustervertrages hat sich in langjähriger Übung eine Typisierung der Bau-ARGE als Gesellschaft bürgerlichen Rechts in partieller Abwandlung des § 705 BGB herausgebildet. Nach der Präambel des ARGE-Mustervertrages gelten für die Rechtsbeziehungen der Gesellschafter untereinander und bei der Vertretung der ARGE Dritten gegenüber in erster Linie die Bestimmungen des ARGE-Vertrages und nur hilfsweise die des § 705 BGB, die weitgehend abdingbar sind. Sowohl in der Präambel wie auch in Ziffer 2.4 ist ausdrücklich klargestellt, dass die Gesellschafter den Abschluss einer BGB-Gesellschaft und nicht einer offenen Handelsgesellschaft intendieren[271]. Von zwingenden gesetzlichen Regelungen können die ARGE-Gesellschafter im ARGE-Vertrag allerdings nicht abweichen. So kann einem ARGE-Gesellschafter nach § 716 Abs. 1 und 2 BGB nicht das Kontrollrecht über die Angelegenheiten der Gesellschaft genommen werden. Ebenso wenig kann dem Gesellschafter über § 723 BGB hinaus das Recht zur Kündigung des ARGE-Vertrages abgeschnitten werden (§ 723 Abs. 3 BGB). Unabhängig hiervon greift § 705 BGB immer dann ein, wenn der ARGE-Vertrag keine wirksame abweichende Abstimmung enthält und auch nach ergänzender Vertragsauslegung gemäß § 26 des ARGE-Mustervertrages noch regelungsbedürftige Vertragslücken verbleiben.

Der Zeitpunkt des Abschlusses des ARGE-Vertrages ist von dem des Beginns der ARGE zu unterscheiden. Ungeachtet des Zeitpunktes des Vertragsabschlusses ist die ARGE nämlich erst dann (wirksam) in Vollzug gesetzt, wenn die gemeinsame Geschäftstätigkeit tatsächlich aufgenommen wird, etwa durch die Eröffnung eines gemeinsamen ARGE-Baukontos. Spätestens beginnt der ARGE-Vertrag aber mit dem Zustandekommen des mit dem Auftraggeber abzuschließenden Bauvertrages (vgl. § 22 ARGE-Mustervertrag).

129 **3. Form des Vertrages.** Der Abschluss des ARGE-Vertrages erfolgt – auch bei Verwendung des ARGE-Mustervertrages – grundsätzlich formfrei[272]. Der Bau-ARGE-Vertrag enthält grundsätzlich keine Verpflichtungen, die der notariellen Beurkundung im Sinne des § 311b Abs. 1 BGB bedürfen. Gegenstand ist regelmäßig die Ausführung von Bauleistungen auf dem Grundstück eines Dritten (Bauherrn) und nicht der Erwerb eines Grundstücks oder aber Grundstücksteils. Kommt auch der künftige Erwerb von Grundstücken oder Grundstücksteilen in Betracht, ist zu differenzieren: Bestehen insoweit bei Abschluss des ARGE-Mustervertrages noch keine weiteren, konkreten Festlegungen in Bezug auf bestimmte Immobilien, so bedarf der Gesellschaftsvertrag keiner notariellen Beurkundung[273], wohingegen ein bereits konkret beabsichtigtes Grundstücksgeschäft im Zusammenhang mit der Begründung des Gesellschaftsverhältnisses die notarielle Beurkundung erfordert[274]. Die Wahrung notarieller Form ist auch dann erforderlich, wenn sich ausnahmsweise einer der ARGE-Gesellschafter bei der Gründung der ARGE gegenüber der Gesellschaft und seinen Mitgesellschaftern zur Einbringung eines Grundstückes verpflichtet[275]. Kein Formerfordernis besteht demgegenüber dann, wenn ein Grundstück nur zur weiteren gemeinsamen Nutzung in das Gesellschaftsvermögen eingebracht wird[276].

Der ARGE-Vertrag wird regelmäßig unter Verwendung der Schriftform abgeschlossen. Allerdings ändert dies nichts daran, dass im Einzelfall auch ein konkludenter oder stillschweigender Abschluss in Betracht kommen kann[277]. Hieraus ergeben sich aber naturgemäß beweisrechtliche Probleme, so dass in jedem Fall der schriftliche Abschluss des ARGE-Vertrages angezeigt erscheint.

---

[270] ARGE-Mustervertrag in der Fassung 2005; Dach-Arbeitsgemeinschaftsvertrag in der Fassung 2005, jeweils herausgegeben vom Hauptverband der Deutschen Bauindustrie eV, Berlin, vgl. zur Neufassung der Musterverträge 2005: *Zerhusen/Nieberding* BauR 2006, 296 ff.; zur Historie und zu den Verläuferverträgen: *Burchardt/Pfülb*, aaO, Einführung Rn. 16.

[271] Hierzu kritisch *Mantler/Noreisch* in MHdB GesR I § 26 Rn. 25; *Zerhusen/Nieberding* BauR 2006, 296 (297).

[272] *Burchardt/Pfülb* aaO, Einführung Rn. 20.

[273] BGH NJW 1998, 376; WM 1996, 537.

[274] *Schwanecke* NJW 1984, 1588.

[275] BGH BB 1995, 203; OLG Koblenz NJW-RR 1992, 614.

[276] BGH WM 1967, 952; OLG Hamburg NJW-RR 1996, 803.

[277] *Burchardt/Pfülb*, aaO, Einführung Rn. 20.

Der ARGE-Mustervertrag ist schriftlich abzuschließen. Dies ergibt sich mittelbar aus § 8.47, wonach es der kaufmännischen Geschäftsführung obliegt, den ARGE-Vertrag auszufertigen. Das Ergebnis dieser Ausfertigung soll darin bestehen, dass jeder Gesellschafter eine von sämtlichen Gesellschaftern unterzeichnete schriftliche Vertragsfassung erhält, die den Inhalt des rechtsverbindlichen Vertragsabschlusses vollständig und richtig dokumentiert. Dies soll selbst dann gelten, wenn ansonsten elektronische Vertragsfassungen vorab ausgetauscht wurden, um auf diese Weise anhand der äußeren Gestalt des vorliegenden Dokumentes sicherzustellen, dass sich in den verwendeten Vertragsfassungen einheitliche Vertragsbedingungen befinden[278]. Dementsprechend sollen auch alle zusätzlichen und ergänzenden Vereinbarungen gesondert zu § 25 des Muster-ARGE-Vertrages ausgewiesen werden. Auch zu Veränderungen oder Ergänzungen zum ARGE-Vertrag bedarf es grundsätzlich einer schriftlichen Zustimmung aller Gesellschafter (§ 6.8). Darüber hinaus ist auch die Aufhebung des vertraglich nach § 399 BGB vorgesehenen Abtretungsverbotes nur unter Wahrung der Schriftform bei vorheriger schriftlicher Zustimmung aller übrigen Gesellschafter zulässig (§ 20.2).

4. Abschlussmängel. Bei Vorliegen von Abschlussmängeln (§§ 104 ff., 199 ff., 125, 134, 138, 155, 181 BGB) werden eintretende Unwirksamkeitsfolgen aus Gründen des Bestands- und Verkehrsschutzes durch die Lehre von der sog fehlerhaften Gesellschaft eingeschränkt[279]. Regelmäßig können nach Invollzugsetzung der Gesellschaft festgestellte Mängel nicht rückwirkend, sondern nur ex nunc geltend gemacht werden[280]. Die fehlerhaft begründete Gesellschaft kann deshalb zwar gekündigt werden, eine rückwirkende Abwicklung der Gesellschaft scheidet jedoch regelmäßig aus[281]. Ausnahmen von diesem Grundsatz bestehen nur dann, wenn dem (fehlerhaften) Bestand der Gesellschaft gewichtige Individual- bzw. Allgemeininteressen entgegenstehen[282]. Bei einer Bau-ARGE kann dies der Fall sein, wenn gegen ein gesetzliches Zusammenschlussverbot verstoßen wird[283] oder aber ausnahmsweise der Tatbestand besonders grober Sittenwidrigkeit gegeben ist[284]. In derartigen Ausnahmefällen ist die Gesellschaft ex tunc rückabzuwickeln.

III. Erscheinungsformen der Bau-ARGE

Bei der Bau-ARGE sind unterschiedliche Ausprägungen zu verzeichnen. Behandelt werden nachfolgend die üblicherweise unter Berücksichtigung der ARGE-Musterverträge typischen Gestaltungsformen. Weiterhin und in Abgrenzung von diesen finden am Bau aber auch ähnliche gesellschaftsrechtliche Kooperationsformen Anwendung. Dabei lassen sich folgende unterscheiden:
– Eine Beihilfegemeinschaft liegt vor, wenn ein Auftragnehmer einzelne ihm übertragene Bauleistungen durch einen Dritten auf Grund gesellschaftlicher Kooperationsvereinbarung mit ausführen lässt, ohne dass der Dritte als Nachunternehmer beauftragt wird. Es handelt sich insoweit um eine zwischen den Bauleistenden abgeschlossene BGB-Innengesellschaft[285].
– Ein Beihilfevertrag kommt zustande, wenn sich im Rahmen einer Innengesellschaft ein weiteres Unternehmen still an der begründeten ARGE beteiligt, ohne dass diese mit dem Dritten einen Nachunternehmervertrag abschließt[286].
– Ein Konsortialverhältnis – wie es im Anlagenbau gebräuchlich ist – stellt eine atypische Ausprägung der BGB-Gesellschaft in der Form dar, dass die zum Konsortium zusammengeschlossenen Gesellschafter ohne Bildung von Gesamthands- und Gesellschaftsvermögen jeweils eigenständige Teilleistungen der vom Konsortium auszuführenden Bauleistungen in alleiniger Verantwortung übernehmen. Mit Ausnahme der Vergütung für den federführenden Konsortialpartner trägt jeder beteiligte Konsorte das alleinige Risiko im Zusammenhang mit

---

[278] Vgl. *Zerhusen / Nieberding* BauR 2006, 296 (298).
[279] Vgl. *Gehrlein* WM 2005, 1489; *Maultzsch* JuS 2003, 544.
[280] BGH NJW 2000, 3558.
[281] *Ulmer/Schäfer* in MüKoBGB/ BGB § 705 Rn. 347 ff.
[282] BGH NJW 2003, 1252.
[283] BGHZ 97, 243.
[284] BGH NJW 2005, 1784.
[285] *Burchardt/Pfülb*, aaO, Einführung Rn. 11.
[286] *Burchardt/Pfülb*, aaO, Einführung Rn. 12.

den von ihm beizubringenden Bauleistungen. Aufgrund der gesellschaftsrechtlichen Verbundenheit haften die Konsorten im Außenverhältnis jedoch als Gesamtschuldner[287].

Unabhängig hiervon unterscheidet man folgende typischen Ausprägungsformen bei der Bau-ARGE:

132 **1. Horizontal gegliederte ARGE.** Bei dieser Erscheinungsform handelt es sich um die klassische Form der ARGE. Sie wird begründet, wenn sich mehrere Firmen zur einheitlichen Ausführung eines bestimmten Bau-Leistungsbereiches zusammenschließen[288]. Die Gesellschafter der ARGE können dabei unterschiedliche Leistungsschwerpunkte übernehmen und in die ARGE einbringen[289]. Nach § 4.1 des ARGE-Mustervertrages sind die Gesellschafter zu diesem Zweck verpflichtet, im Verhältnis ihrer Beteiligung (§ 3) Beiträge und Leistungen an die ARGE zu erbringen. Die Gesellschafter haben je nach individueller Vereinbarung vertraglich vorgesehene Beistellungen zu leisten, um mit diesen (zB Geldmittel, Geräte, Stoffe, Personal, Bürgschaften etc) die ARGE so auszustatten, dass diese, ggf. unter zusätzlichem Erwerb von Drittleistungen, imstande ist, die übernommenen Bauaufgaben zu erfüllen[290]. Dabei gelten folgende Besonderheiten:

– Die technische und kaufmännische Geschäftsführung wird regelmäßig einem der Gesellschafter übertragen (§§ 7, 8). Die Übernahme dieser Leistungen wird als gesondert vergütungsfähig angesehen (§ 10).
– Die erforderlichen Geldmittel sind von den Gesellschaftern entsprechend ihrem Beteiligungsverhältnis und unter Berücksichtigung der jeweiligen Kontenstände der Gesellschafter nach Anforderung der kaufmännischen Geschäftsführung zur Verfügung zu stellen (§ 11.1). Die Aufnahme von zusätzlichen Bankkrediten zur Finanzierung der Aufgaben der ARGE ist nur mit schriftlicher Zustimmung aller Gesellschafter möglich (§ 11.8).
– Das für die Durchführung der Arbeiten benötigte Personal ist von den Gesellschaftern entsprechend ihrem Beteiligungsverhältnis nach Maßgabe der Beschlüsse der Aufsichtsstellen zur Verfügung zu stellen (§ 12.1).
– Die für die Ausführung der Leistungen benötigten Verbrauchsstoffe (Baustoffe, Baubetriebsstoffe, Bauhilfsstoffe) sowie die Gebrauchsstoffe (nach der Baustellenausstattungs- und Werkzeugliste BAL) werden – anders als in der vorausgehenden Fassung des ARGE-Mustervertrages – nicht mehr von den Gesellschaftern beigestellt, sondern grundsätzlich von der ARGE selbst durch Kauf von Dritten oder durch Kauf von den Gesellschaftern im Wettbewerb beschafft[291]. Die Beschaffung durch Kauf erfolgt dabei nach Massgabe der Beschlüsse der Aufsichtsstelle, wobei die Aufsichtsstelle die kaufmännische Geschäftsführung ermächtigen kann, notwendige Käufe eigenverantwortlich selbst oder vermittels der Bauleitung durchzuführen (§ 13.221). Die Käufe sind unter Ausschöpfung von Wettbewerb nach dem Gebot der Wirtschaftlichkeit und ohne Bevorzugung einseitiger Gesellschafterinteressen durchzuführen (§ 13.222). Überzählige bzw. freigewordene Stoffe werden gleichermaßen durch die ARGE wiederum im Wettbewerb an die Gesellschafter oder aber an Dritte veräußert (§ 13.3).
– Die für die Bauausführung notwendigen Geräte, die ihrer Art nach in der Baugeräteliste mit monatlichen Abschreibungs- und Verzinsungsbeträgen enthalten sind, haben die Gesellschafter entsprechend ihrem Beteiligungsverhältnis für die erforderliche Zeit beizustellen (§ 14.1 und 14.2). Dabei haben die Gesellschafter auch das für die beigestellten Geräte erforderliche geeignete Bedienpersonal, insbesondere für Groß- und Spezialgeräte abzustellen (§ 14.21). Je nach Ablauf der Baumaßnahme sind die beizustellenden Baugeräte bei den Gesellschaftern durch die ARGE abzurufen (§ 14.22). Die Beistellung selbst erfolgt – sofern Abweichendes nicht schriftlich vereinbart ist – im Rahmen eines Mietverhältnisses zwischen der ARGE und dem jeweils beistellenden Gesellschafter (§ 14.31). Die Berechnung des Mietzinses erfolgt regelmäßig unter Berücksichtigung der monatlichen Beträge für Abschreibung, Verzinsung und Reparatur nach der Baugeräteliste (§ 14.32). Ausnahmsweise kann die ARGE – hiervon abweichend – auch eine Fremdanmietung von Geräten vornehmen (§ 14.21)[292].

---

[287] *Messer/Cramer/Thierau* NZBau 2007, 679 ff.; *Burchardt/Pfülb*, aaO, Einführung Rn. 14.
[288] *Kleine-Möller/Merl* Handbuch des privaten Baurechts, § 3 Rn. 80.
[289] *Sprau* in Palandt BGB § 705 Rn. 37.
[290] *Burchardt/Pfülb*, aaO, § 4 Rn. 3, 10.
[291] Vgl. hierzu *Zerhusen/Nieberding* BauR 2006, 296 (301).
[292] Vgl. hierzu *Zerhusen/Nieberding* BauR 2006, 296 (302).

– Für Verpackungs-, Be- und Entladekosten, sowie für Transportkosten gelten bestimmte – teilweise in dem ARGE-Mustervertrag 2005 geänderte – Abwicklungsregelungen im Verhältnis zwischen der ARGE und ihren Gesellschaftern (§ 15.1, 15.2, 15.3).
– Die Gesellschafter haben die erforderlichen Bürgschaften entsprechend ihren Beteiligungsverhältnissen jeweils der ARGE zur Verfügung zu stellen (§ 20.1)[293].

Die für den Abschluss von Versicherungen, die Entrichtung von Steuern sowie der Übernahme von Beiträgen und Umlagen maßgebenden Einzelheiten ergeben sich aus §§ 16 ff. des Muster-ARGE-Vertrages.

2. Vertikal gegliederte ARGE (Dach-ARGE). Eine Dach-ARGE liegt vor, wenn sich Unternehmen verschiedener Fachrichtungen zur gemeinsamen Ausführung von Bauleistungen verpflichten und den an die ARGE erteilten Auftrag in einzelne Leistungsbereiche bzw. Lose aufteilen. Die einzelnen Lose werden von der Dach-ARGE an die eigenen ARGE-Gesellschafter im Rahmen selbstständiger Nachunternehmerverträge weiter beauftragt. Die Bauleistung stellt sich deshalb nicht mehr als Produkt gemeinschaftlicher Bauausführung der in der ARGE verbundenen Gesellschafter dar, sie ist vielmehr Ergebnis wiederum der Beauftragung einzelner Bauleistungen von der Dach-ARGE an Nachunternehmer, die zugleich Gesellschafter der ARGE sind[294].

Schließen sich wiederum mehrere Mitglieder der ARGE zur Erbringung eines Leistungsbereiches bzw. eines oder mehrerer Lose zusammen, so spricht man von einer Los-ARGE oder auch einer Unter-ARGE im Verhältnis zur Ober-ARGE, der Dach-ARGE[295]. Die Los-ARGE ihrerseits wird regelmäßig wiederum als horizontal gegliederte ARGE organisiert. Dabei ist der einzelne Nachunternehmer zum einen allein verantwortlich gegenüber der Dach-ARGE für das eigene Los, zum anderen gegenüber dem Auftraggeber für den Gesamtauftrag gesamtschuldnerisch verpflichtet.

Im Regelfall erbringt die Dach-ARGE[296] selbst keinerlei Leistungen, da diese eigenverantwortlich durch die ARGE-Partner (alleine oder im Rahmen von Los-ARGEN/Unter-ARGEN) erbracht werden. Die Dach-ARGE kann sich aber bestimmte einzelne Leistungen vorbehalten, etwa solche der Planung und Koordination, während sämtliche Bauleistungen an die ARGE-Partner weitervergeben werden.

Der Abschluss des Dach-ARGE-Vertrages erfolgt ebenso wie der ARGE-Vertrag üblicherweise auf der Grundlage des vom Hauptverband der Deutschen Bau-Industrie herausgegebenen Muster-Vertrages[297]. In diesem Vertrag ist sowohl der Zusammenschluss der ARGE als auch der Abschluss der jeweiligen Nachunternehmerverträge integriert. Während bei der normalen ARGE die Beitragspflichten der Gesellschaft auf die Beistellung von Geldmitteln, Personal, Geräten, Stoffen und sonstigen Leistungen gerichtet sind, erfüllen die Gesellschafter der Dach-ARGE ihre gesellschaftsrechtliche Beitragspflicht durch ihre selbstständige und eigenverantwortliche Bauleistung für das jeweilige Los- bzw. Einzellos. Dies geschieht durch Abschluss eigenständiger Nachunternehmerverträge zwischen der Dach-ARGE und ihren Gesellschaftern zu deren Einzellosen (§ 25.1)[298]. Soweit nicht Abweichendes vereinbart wird, bestimmen sich die fachlichen, terminlichen, vergütungsmässigen und rechtlichen Ausführungsfestlegungen für das jeweilige Einzellos nach dem entsprechenden Inhalt des von der Dach-ARGE mit dem Auftraggeber abgeschlossenen Bauvertrages (§ 25.135). Damit wird vertragsrechtlich sichergestellt, dass die im Außenverhältnis mit dem Auftraggeber getroffenen Leistungs- und Vergütungsregelungen unmittelbar anteilig und entsprechend auf den zum Einzellos abgeschlossenen Nachunternehmervertrag durchgestellt werden. Nach Ausführung von Teilleistungen stellen die Einzellose auf der Grundlage der Vergütungsregelungen des Hauptauftrages (§ 25.135) ihre jeweiligen Nachunternehmerrechnungen an die Dach-ARGE, die diese im Rahmen der Abrechnung der Dach-ARGE zusammenstellt und an den Auftraggeber weiterleitet (§ 25.214). Nichts anderes soll auch für Nachtragsforderungen gelten, die von Einzellosen erhoben werden (§ 25.214). Soweit der Auftraggeber Kürzungen oder Änderungen zu den vorgelegten Rechnungen vornimmt, sind hierüber die Einzellose zu unterrichten; ohne deren Zustimmung kann die Dach-ARGE die

---

[293] hierzu → Rn. 168 ff.
[294] *Burchardt/Pfülb,* aaO, § 25 Rn. 1.
[295] *Langen* Jahrbuch Baurecht 1999, 64 (70).
[296] *Messer/Cramer/Thierau* NZBau 2007, 205 ff.
[297] Dach-Arbeitsgemeinschaftsvertrag der Deutschen Bauindustrie in der Fassung 2005.
[298] Vgl. im Einzelnen *Messer/Cramer / Thierau* NZBau 2007, 205 (207).

Kürzungen bzw. Änderungen nicht mit dem Auftraggeber des Hauptauftrages verhandeln und regeln (§ 25.216). Die vom Auftraggeber geleisteten Zahlungen hat die Dach-ARGE jeweils umgehend an die jeweiligen Einzellose weiterzugeben (§ 25.219), festgestellte Fehlbeträge sind bei entsprechender Zuordnungsmöglichkeit dem jeweils betroffenen Einzellos zu belasten; scheidet eine solche Zuordnungsmöglichkeit aus, kommt eine verhältnismäßige Auszahlung nach Maßgabe des Beteiligungsverhältnisses an der Dach-ARGE in Betracht (§ 25.220).

Bei der Abnahme der durch die Dach-ARGE zu erbringenden Leistungen[299] ist zu differenzieren: Die Abnahme der Bauleistungen im Verhältnis zum Auftraggeber richtet sich nach § 12 VOB/B. Die Gesamtabnahme mit dem Auftraggeber umschließt auch die Abnahme der Bauleistungen zu den jeweiligen Einzellosen (§ 25.217 Abs. 2). Scheitert die Gesamtabnahme der Vertragsleistung der Dach-ARGE auf Grund von wesentlichen Mängeln, die dem Einzellos anhaften, löst dies eine Schadensersatzverpflichtung des verantwortlichen Einzelloses nach § 276 BGB aus (§ 25.217). Die Schadensersatzverpflichtung ist wie bei jedem anderen Nachunternehmer eine unbeschränkte, da die gesellschaftsinterne Haftungsbeschränkung sich nicht auf das Nachunternehmerverhältnis erstreckt (§ 25.132).

Von der Abnahme gegenüber dem Auftraggeber zu unterscheiden ist die Abnahmen im Innen- bzw. Nachunternehmerverhältnis[300]. Das Einzellos kann die Abnahme seiner Teilleistung im Verhältnis zur Dach-ARGE erst dann verlangen, wenn auch in Bezug auf das Verhältnis zwischen der Dach-ARGE und dem Auftraggeber Abnahmereife vorliegt (§ 25.217). Das Herausschieben der Abnahme im Innenverhältnis ist rechtlich unbedenklich, da das Nachunternehmerverhältnis von gesellschaftsrechtlichen Verpflichtungen überlagert ist, so dass AGB- und bauvertragsrechtliche Bedenken gegen die Verlagerung des Abnahmezeitpunktes nicht einzugreifen vermögen[301]. Aus diesem Grunde besteht eine zeitliche und inhaltliche Identität der Abnahmen aus dem Hauptauftrag und dem losbezogenen Nachunternehmervertrag[302].

136 Die Begründung einer Dach-ARGE löst gegenüber der typischen ARGE bei ihren Gesellschaftern erhöhte Haftungsrisiken[303] aus. Die Gesellschafter der Dach-ARGE haften im Außenverhältnis gegenüber dem Auftraggeber im Rahmen des abgeschlossenen Auftrages bzw. auf gesetzlicher Grundlage als Gesamtschuldner uneingeschränkt (§ 25.225). Durch den gesellschaftsinternen Abschluss eines losbezogenen Nachunternehmervertrages kommt es im Außenverhältnis gegenüber dem Auftraggeber zu keinerlei Beschränkung der für das BGB-Gesellschaftsrecht kennzeichnenden gesamtschuldnerischen (Außen-)Haftung. Macht der Auftraggeber aus dem Vertrag oder ein Dritter auf gesetzlicher Grundlage Ansprüche gegenüber der Dach-ARGE geltend, so ist jedoch der intern verantwortliche Gesellschafter verpflichtet, die übrigen von der gesamtschuldnerischen Mithaftung freizustellen (§ 25.225 Abs. 3).

Diese Freistellungsverpflichtung geht darauf zurück, dass im Innenverhältnis auf Grund der übernommenen Nachunternehmerverpflichtung jeder Gesellschafter das sich aus seinem Leistungs- und Lieferumfang ergebende wirtschaftliche und technische Risiko alleine zu tragen hat. Dementsprechend haftet im Innenverhältnis auch jedes Einzellos für vertragsgerechte Erfüllung, für die Gefahr des zufälligen Unterganges der erbrachten Leistung, für die Einhaltung von Fristen und Terminen sowie für die Erfüllung der Gewährleistungsansprüche (§ 25.225 Abs. 2). Soweit keine anderslautende Vereinbarung getroffen ist, findet auch die interne Haftung der Gesellschafter die ansonsten für die ARGE typische Haftungsprivilegierung – nämlich Haftung nur bei Vorsatz und grober Fahrlässigkeit – keine Anwendung, da das mit dem Gesellschafter abgeschlossene Nachunternehmerverhältnis nicht anders als Nachunternehmerverträge mit Dritten keinerlei Haftungsprivilegierung erfahren sollen (§ 25.132).

137 **3. Fortgesetzte ARGE.** Die Dauer der ARGE ergibt sich regelmäßig aus dem Zeitbedarf für die Fertigstellung der übernommenen Bauaufgabe. Sie dauert deshalb regelmäßig von dem Abschluss des Bauvertrages bis zum Ablauf der Nacherfüllungsfrist[304]. Hiervon abzugrenzen ist die sog fortgesetzte ARGE, die ebenso wie die normale ARGE und die Dach-ARGE zeitlich begrenzt ist, innerhalb derer aber nach dem ersten Auftrag anschließend weitere Neuverträge zur Ausführung von Bauleistungen abgeschlossen werden[305]. Da die fortgesetzte ARGE auf werben-

---

[299] *Messer/Cramer/Thierau* NZBau 2007, 205 (209).
[300] *Messer/Cramer/Thierau* NZBau 2007, 205 (209 f.).
[301] Vgl. zu den ansonsten bestehenden AGB-rechtlichen Bedenken → § 12 Rn. 54 ff.
[302] *Burchardt/Pfülb*, aaO, § 25 Rn. 203.
[303] *Messer/Cramer/Thierau* NZBau 2007, 205 (210).
[304] *Sprau* in Palandt BGB § 705 Rn. 37.
[305] *Burchardt/Pfülb* aaO, Einführung Rn. 39.

de Tätigkeit im Markt zur Erlangung weiterer Aufträge angelegt ist und deshalb hierfür auch einen auf derartige Tätigkeit ausgerichteten Geschäftsbetrieb haben wird, können die Voraussetzungen vorliegen, unter denen die ARGE als offene Handelsgesellschaft zu qualifizieren ist[306].

IV. Organe der ARGE

Die maßgebenden Organe der Bau-ARGE sind die Aufsichtsstelle, die kaufmännische und technische Geschäftsführung sowie die Bauleitung. **138**

1. Aufsichtsstelle (Gesellschafterversammlung). Bei der Aufsichtsstelle handelt es sich um die Gesellschafterversammlung der ARGE-Partner. Aufgabe des obersten Organs der ARGE ist es dabei, die Geschäftstätigkeit der ARGE im Allgemeinen zu überwachen. Sie entscheidet über alle Fragen von grundsätzlicher Bedeutung, die ihr entweder von den Gesellschaftern unterbreitet werden oder über die sie nach dem ARGE-Vertrag zu befinden hat[307]. Die Fragen grundsätzlicher Bedeutung sind regelmäßig solche, die mit der Zweckerreichung der ARGE unmittelbar im Zusammenhang stehen (§§ 5.1, 6 ARGE-Mustervertrag). Da die Aufsichtsstelle reines Beschlussgremium ist, werden die von ihr getroffenen Entscheidungen nicht selbst durchgeführt, sondern durch die Geschäftsführung bzw. die Bauleitung umgesetzt[308]. **139**

Sitzungen der Aufsichtsstelle finden nach Bedarf oder aber auf Antrag eines Gesellschafters statt. Wird eine Aufsichtsstellensitzung beantragt, so hat sie in der Regel innerhalb von 14 Kalendertagen nach Antragstellung stattzufinden. Dabei ist zu beachten, dass die Technische Geschäftsführung regelmäßig die Sitzungen der Aufsichtsstelle einberuft und dabei die Tagesordnung und den Tagesort festsetzt (§ 6.5 ARGE-Mustervertrag). **140**

Die Beschlüsse der Aufsichtsstelle bedürfen der Einstimmigkeit der anwesenden Gesellschafter, soweit der ARGE-Vertrag nicht ausnahmsweise Abweichendes bestimmt (§§ 6.6 und 6.42 des ARGE-Mustervertrages). Nur ausnahmsweise darf abweichend hiervon mit der einfachen Stimmenmehrheit der anwesenden Gesellschafter entschieden werden (§ 6.6 des ARGE-Mustervertrages). **141**

Die technische Geschäftsführung der ARGE hat über die Aufsichtsstellensitzungen jeweils Niederschriften anzufertigen. Diese Niederschriften sind den Gesellschaftern innerhalb von 10 Kalendertagen nach der Aufsichtsstellensitzung zuzusenden. Nach Eingang sind die Gesellschafter gehalten, den Inhalt der Niederschriften umgehend inhaltlich zu überprüfen. Sofern das Ergebnis der Aufsichtsstellensitzung in den Niederschriften nach Auffassung der Gesellschafter unrichtig protokolliert ist, besteht die Verpflichtung, hiergegen einen schriftlichen Widerspruch zu erheben. Der Widerspruch ist bei der technischen Geschäftsführung einzulegen und zwar längstens innerhalb von 14 Kalendertagen. Wird innerhalb vorgenannter Frist nach Empfang der Niederschrift kein schriftlicher Widerspruch erhoben, so gilt die Niederschrift als inhaltlich genehmigt (§ 6.7 ARGE-Mustervertrag).

Auch wenn die Aufsichtsstelle als oberstes Organ der ARGE dafür berufen ist, alle Fragen von grundsätzlicher Bedeutung zu erfassen, besteht ergänzend die Notwendigkeit, eine schriftliche Zustimmung aller Gesellschafter einzuholen und zwar dann, wenn es um Änderungen und Ergänzungen des ARGE-Vertrages, das Betreiben gerichtlicher Verfahren sowie die Aufnahme von Bankkrediten, die Ausstellung und Annahme von Wechseln sowie die Abtretung von Forderungen der ARGE gegen Dritte sowie von Forderungen der ARGE gegen einen Gesellschafter geht (§ 6.8 ARGE-Mustervertrag). Dieses besondere Schriftformerfordernis wird dadurch (noch einmal) betont, dass auch unterschriebene Niederschriften nicht genügen, um das Erfordernis schriftlicher Zustimmungen der einzelnen Gesellschafter zu ersetzen (§ 6.8). Es bedarf deshalb bei entsprechender Beschlussfassung stets noch ergänzender schriftlicher Zustimmungserklärungen, die der ARGE-Geschäftsführung von den Gesellschaftern zur Verfügung zu stellen sind.

2. Kaufmännische und technische Geschäftsführung. Die kaufmännische und technische Geschäftsführung ist Ausführungsorgan aller Beschlüsse der Aufsichtsstelle. Sie hat darüber hinaus alle Geschäfte wahrzunehmen, die nicht von der Aufsichtsstelle entschieden bzw. erledigt werden (§§ 5.2, 5.3, 7, 8 ARGE-Mustervertrag). **142**

---

[306] Vgl. zur Abgrenzung → Anhang Rn. 120 ff.
[307] *Korbion* in Ingenstau/Korbion- VOB Anhang 2 Rn. 64.
[308] *Burchardt/Pfülb* aaO, § 5 Rn. 6.

Die technische Geschäftsführung vertritt die ARGE (in kaufmännischen Angelegenheiten im Einverständnis mit der kaufmännischen Geschäftsführung) gegenüber dem Auftraggeber (§ 7.2 ARGE-Mustervertrag). Deshalb obliegt es auch (primär) der technischen Geschäftsführung, Verhandlungen mit dem Auftraggeber über die Abwicklung des Bauvertrages, die Bauausführung, Änderungen und Erweiterungen des Bauvertrages wie auch über Nachträge zu führen (§ 7.46). Bei Abschluss von Nachunternehmerverträgen ist jedoch das Einverständnis der kaufmännischen Geschäftsführung und der Aufsichtsstelle einzuholen; Aufträge an Gesellschafter oder mit diesen verbundene Unternehmen können nur gemeinschaftlich mit der kaufmännischen Geschäftsführung eingegangen werden (§ 7.45 ARGE-Mustervertrag). Abgesehen hiervon obliegt der technischen Geschäftsführung die verantwortliche Überwachung der Bauarbeiten sowie der eingesetzten Bauleitung (§ 7.41 ARGE-Mustervertrag). Über alle wesentlichen Geschäftsvorfälle hat die technische Geschäftsführung die übrigen Gesellschafter jeweils zeitnah zu unterrichten (§ 7.6).

Die kaufmännische Geschäftsführung vertritt die ARGE gegenüber Dritten in kaufmännischen Belangen (§ 8.2 ARGE-Mustervertrag). Dabei bezieht sich diese Tätigkeit auf die verantwortliche Überwachung aller kaufmännischen Arbeiten auf der Baustelle und für die Baustelle (§ 8.4.1), die Buchhaltung (§ 8.5), die Bearbeitung der Steuerangelegenheiten der ARGE (§ 8.48), die Aufstellung von Ergebnisübersichten (§ 8.6) sowie die jeweils unverzügliche Unterrichtung der übrigen Gesellschafter über alle wesentlichen kaufmännischen Geschäftsvorfälle (§ 8.8). Der Rechnungs- und Zahlungsverkehr wird über die kaufmännische Geschäftsführung abgewickelt (§ 8.8 und 8.9).

Bei schuldhafter Verletzung von Geschäftsführungspflichten macht sich die technische bzw. kaufmännische Geschäftsführung gegenüber den übrigen ARGE-Gesellschaftern schadensersatzpflichtig. Diese Schadensersatzverpflichtung ist jedoch auf vorsätzliches bzw. grob fahrlässiges Fehlverhalten beschränkt. Aus der Präambel zum Muster-ARGE-Vertrag ergibt sich, dass für die Rechtsbeziehungen der Gesellschafter untereinander die Haftungsregelung des § 276 BGB, jedoch unter Ausschluss der leichten Fahrlässigkeit, gilt. Da üblicherweise im Rahmen der geschäftsführenden Tätigkeit Pflichtenverstöße nur leicht fahrlässig erfolgen, hat die vorgesehene Haftungsprivilegierung zur Konsequenz, dass regelmäßig gesellschaftsintern nicht für Versäumnisse im Rahmen der Geschäftsführertätigkeit gehaftet wird[309].

Bei wiederholten Pflichtenverstößen kann die Aufsichtsstelle jedoch durch einstimmigen Beschluss der übrigen Gesellschafter der technischen oder kaufmännischen Geschäftsführung die ihnen zustehenden Befugnisse aus wichtigem Grunde entziehen (§ 6.8). Aus § 712 Abs. 1 BGB ergibt sich, dass ein wichtiger Grund zur Entziehung der Geschäftsführung vorliegt, wenn dem Geschäftsführer grobe Pflichtverletzungen vorzuwerfen sind oder er sich als unfähig zur ordnungsgemäßen Geschäftsführung erwiesen hat. Dies ist vor allem immer dann der Fall, wenn es den übrigen Gesellschaftern unzumutbar ist, die geschäftsführende Tätigkeit durch den technischen bzw. kaufmännischen Geschäftsführer weiter wahrnehmen zu lassen[310]. Die Entziehung der Geschäftsführungsbefugnis erfolgt durch Beschlussfassung. Der Beschluss kann nur auf die Geschäftsführungstätigkeit in ihrer Gesamtheit und nicht auf einzelne Aufgabenbereiche begrenzt werden[311]. Andererseits verbleibt der Aufsichtsstelle die Möglichkeit, einzelne Fragen von grundsätzlicher Bedeutung an sich zu ziehen und hierüber zu entscheiden (§ 6.41 ARGE-Mustervertrag).

143   **3. Bauleitung.** Der Bauleitung obliegt als Hilfsorgan der Geschäftsführung die Durchführung des Bauauftrags auf der Baustelle. Sie leitet ihre Rechte und Pflichten von der Aufsichtsstelle der ARGE ab. Darüber hinaus ist sie an die Weisungen der kaufmännischen und technischen Geschäftsführung gebunden (§§ 5.4, 9 ARGE-Mustervertrag)[312].

Die Bauleitung besteht regelmäßig aus einem technischen und einem kaufmännischen Bauleiter (§ 9.2). Der berufenen Bauleitung obliegt die Durchführung des Bauauftrages nach Weisung der technischen und der kaufmännischen Geschäftsführung (§ 9.11). Sie handeln insoweit als Organ der ARGE, jedoch mit eingeschränktem Aufgabenrahmen. Dementsprechend verfügen sie auch nur über eine eingeschränkte Vollmacht, mit den örtlichen Organen des Auftraggebers über Fragen örtlichen Charakters zu verhandeln. Verhandlungen über Änderungen oder wesent-

---

[309] Vgl. hierzu *Burchardt/Pfülb*, aaO, Vorbemerkungen zu §§ 7 und 8 Rn. 33.
[310] *Sprau* in Palandt BGB § 723 Rn. 4.
[311] *Burchardt/Pfülb*, aaO, Vorbemerkungen zu §§ 7 und 8 Rn. 40.
[312] *Burchardt/Pfülb* aaO, § 9 Rn. 1.

liche Erweiterungen des Bauvertrages sind ihr nur bei vorheriger Ermächtigung der Aufsichtsstelle gestattet (§ 9.11). Der technische und kaufmännische Bauleiter verfügen insoweit im Übrigen nur über Gesamtvertretungsberechtigung (§ 9.3). Soweit die Bauleitung die ihr eingeräumte Vertretungsmacht überschreitet, liegt ein Handeln als Vertreter ohne Vertretungsmacht im Sinne der §§ 177 ff. BGB vor[313].

V. Haftung der ARGE und ihrer Gesellschafter

Bei der Haftung der ARGE und ihrer Gesellschafter muss zwischen dem Innenverhältnis der Gesellschafter untereinander und dem Außenverhältnis zu dem Auftraggeber und Dritten unterschieden werden. **144**

1. Haftung im Innenverhältnis. Bei der Beteiligung der ARGE-Gesellschafter geht das Gesetz im Zweifel von einer solchen nach gleichen Anteilen aus (§§ 716 Abs. 1, 722 BGB). Dieser Prozentsatz der Beteiligung gilt grundsätzlich auch für die vertragliche Haftung der ARGE-Gesellschafter untereinander im Innenverhältnis[314]. Soweit eine derartige Haftungsverteilung zwischen den Gesellschaftern nicht gewollt ist, kann hierzu grundsätzlich eine anderweitige Regelung im ARGE-Vertrag getroffen werden (vgl. § 3 ARGE-Mustervertrag). **145**

Bei Haftungsansprüchen im Innenverhältnis ist stets zu beachten, dass diese – etwa bei fehlerhafter Ausübung der Geschäftsführung – unmittelbar der Gesellschaft zustehen. Dies gilt jedenfalls immer dann, wenn aus Pflichtverletzungen wirtschaftliche Nachteile bzw. Schäden bei der Gesellschaft selbst entstehen[315]. Eine Ausnahme von diesem Grundsatz ist gegeben, wenn das schädigende Verhalten nicht das Gesamthandsvermögen, sondern das Vermögen eines Mitgesellschafters trifft. In diesem Falle kann der geschädigte Mitgesellschafter unmittelbar Schadensersatzansprüche gegenüber dem schädigenden Mitgesellschafter erheben[316].

In diesem Zusammenhang ist § 708 BGB zu berücksichtigen. Ein ARGE-Gesellschafter hat danach bei der Erfüllung der ihm obliegenden Gesellschafter-Verpflichtungen nur für diejenige Sorgfalt einzustehen, welche er in eigenen Angelegenheiten anzuwenden pflegt. Die Vorschrift des § 708 BGB schränkt damit die Haftung der Gesellschafter für vertragswidriges Verhalten ein, indem sie an die Stelle der nach § 276 Abs. 2 BGB maßgebenden verkehrserforderlichen Sorgfalt den Maßstab der Sorgfalt in eigenen Angelegenheiten setzt. An den Beweis, in eigenen Angelegenheiten eine geringere als die im Verkehr erforderliche Sorgfalt anzuwenden, sind jedoch strenge Anforderungen zu stellen[317]. Unabhängig hiervon steht es den ARGE-Gesellschaftern frei, die Haftung unter Berücksichtigung des § 276 BGB auf vorsätzliches bzw. grob fahrlässiges Fehlverhalten zu beschränken (vgl. Präambel des ARGE-Mustervertrages). Hieran hat auch die Neufassung des § 276 BGB nichts geändert, da das Schuldrechtsmodernisierungsgesetz die Vorschrift des § 276 BGB zwar sachlich und redaktionell verbessert, im Kern aber unverändert belassen hat[318]. **146**

Im außervertraglichen Haftungsbereich beurteilt sich die Haftung der ARGE-Gesellschafter im Innenverhältnis nach dem Recht der unerlaubten Handlung. Auch hier kann das Haftungsprivileg des § 708 BGB eingreifen[319]. Eine Haftung der ARGE-Gesellschafter im Innenverhältnis kann deshalb bei Vorliegen leichter Fahrlässigkeit ausgeschlossen sein (vgl. Präambel des ARGE-Mustervertrages). Schadenersatzansprüche aus zweckwidriger Verwendung von Baugeldern gegen ehemalige Geschäftsführer eines ARGE-Gesellschafters bestehen regelmäßig nicht[320]. **147**

2. Haftung im Außenverhältnis. Im Zusammenhang mit der vertraglichen Haftung im Außenverhältnis wird seit jeher die Frage diskutiert, unter welchen Voraussetzungen und inwieweit die ARGE-Gesellschafter selbst, insbesondere mit ihrem Privatvermögen für Verbindlichkeiten der ARGE in Anspruch genommen werden können[321]. Im Ergebnis bestand seit jeher Einvernehmen darüber, dass die ARGE-Gesellschafter grundsätzlich umfassend, dh sowohl mit **148**

---

[313] *Burchardt/Pfülb*, aaO, § 9 Rn. 54.
[314] *Korbion* in Ingenstau/Korbion- VOB Anhang 2 Rn. 66.
[315] *Ulmer* in MüKoBGB, 4. Aufl. § 708 Rn. 21.
[316] *Ulmer* in MüKoBGB, 4. Aufl. § 709 Rn. 22.
[317] BGH NJW 2013, 3572 = NZBau 2013, 781; BGH WM 1989, 1850 mit Entscheidungsbesprechung Weber JA 2014, 150.
[318] *Grüneberg* in Palandt BGB § 276 Rn. 1.
[319] *Sprau* in Palandt BGB § 708 Rn. 2.
[320] LG Baden-Baden BauR 2014, 884.
[321] *Sprau* in Palandt BGB § 714 Rn. 11.

dem Gesellschafts- wie auch mit ihrem Privatvermögen für eingegangene vertragliche Verbindlichkeiten gegenüber Dritten zu haften haben[322]. Rechtsdogmatisch wurde dies allerdings in der Vergangenheit vor dem Hintergrund des differenziert beurteilten Wesens der Gesellschaft bürgerlichen Rechts unterschiedlich begründet:

149 – Nach früher vertretener Auffassung umfasste die Gesellschaft bürgerlichen Rechts die ARGE-Gesellschafter in ihrer gesamthänderischen Verbundenheit. Der ARGE wurde keine eigene Rechtspersönlichkeit oder Rechtsfähigkeit beigemessen. Die umfassende Haftung der ARGE-Gesellschafter mit dem Gesellschafts- und Privatvermögen wurde damit begründet, dass das Handeln der Vertreter der ARGE sowohl dieser wie auch den ARGE-Gesellschaftern zuzurechnen war (sog einheitliche Verpflichtung mit Doppelwirkung)[323].

150 – Demgegenüber unterschieden die Vertreter der sog Doppelverpflichtungstheorie zwischen Verbindlichkeiten der ARGE als Gesamthand und solchen der ARGE-Gesellschafter persönlich[324]. Sie sahen in der Gesellschaft bürgerlichen Rechts ein besonderes Zuordnungsobjekt mit Teil-Rechtsfähigkeit und bezogen daher die im Rahmen der gesellschaftsrechtlichen Tätigkeit entstehenden Verpflichtungen unmittelbar auf die ARGE und deren Gesellschaftsvermögen. Die hinzutretende persönliche Haftung der ARGE-Gesellschafter wurde ergänzend damit
– begründet, dass die Geschäftsführer der ARGE nicht nur für Gesellschaftsvermögen, sondern vertretungshalber auch für die anderen ARGE-Gesellschafter handelten[325]. Dieser sog Doppelverpflichtungstheorie hatte sich auch der BGH mit seiner früheren Rechtsprechung angeschlossen[326].

151 – Nach der sog Akzessorietätstheorie sollten auch bei der ARGE als Gesellschaft bürgerlichen Rechts die zur Haftung von oHG-Gesellschaftern entwickelten Grundsätze entsprechend angewandt werden (§§ 128, 129 HGB). Dies hatte zur Konsequenz, dass die persönliche Haftung der ARGE-Gesellschafter nicht von der Vertretungsmacht der Geschäftsführer abhing, sondern dass sie alle Verbindlichkeiten der Gesamthand akzessorisch unmittelbar erfasste[327].

152 Mit dem Grundsatzurteil des BGH vom 29.1.2001[328] hat sich der Streit über die unterschiedlichen Begründungsmodelle der Haftung der ARGE und ihrer Gesellschafter im Wesentlichen erledigt: Der BGH hat der Gesellschaft bürgerlichen Rechts die Fähigkeit zuerkannt, unmittelbar Träger von Rechten und Pflichten zu sein. Mit dieser Anerkennung der Rechtssubjektivität der Gesellschaft bürgerlichen Rechts im Verhältnis zu Dritten verbindet sich die unmittelbare Haftung der ARGE durch rechtsgeschäftliches Handeln ihrer Gesellschafter[329]. Die Gesellschafterhaftung ergibt sich nunmehr aus der analogen Anwendung der §§ 128, 129 HGB auf die Gesellschaft bürgerlichen Rechts[330]. Weitergehender, vor allem der früher diskutierten Begründungen zur Haftungsfrage bedarf es danach im Zusammenhang rechtsgeschäftlichen Handelns namens der ARGE nicht mehr[331]. Aus den genannten Gründen ist die für die Gesellschaftsschuld maßgebliche Verjährung grundsätzlich auch auf die akzessorische Haftung der BGB-Gesellschafter aus § 128 HGB analog zu übertragen[332].

153 Im vertraglichen Haftungsbereich kommt vor diesem Hintergrund besondere Bedeutung der Frage zu, inwieweit die Haftung der Gesellschafter gegenüber dem Auftraggeber der ARGE eingeschränkt bzw. ausgeschlossen werden kann. Grundsätzlich kann dieser Frage nur im Rahmen einer vertraglichen Vereinbarung mit dem jeweiligen Vertragspartner der ARGE geregelt werden. Da die Haftung des oHG-Gesellschafters für Verbindlichkeiten der Gesellschaft durch entsprechende Vereinbarung ausgeschlossen werden kann[333], ist es nach vorherrschendem Verständnis auch durch Vereinbarung zwischen dem Gesellschafter der ARGE und dem ARGE-Gläubiger sowie durch eine zugunsten des ARGE-Gesellschafters durch die ARGE selbst

---

[322] *Sprau* in Palandt BGB § 714 Rn. 11.
[323] Vgl. *Hueck/Windbichler* Gesellschaftsrecht, § 8 II.
[324] Vgl. *Burchardt/Pfülb* ARGE-Kommentar, Einführung Rn. 39.
[325] Vgl. *Kindl* NZG 1999, 517; Huep NZG 2000, 285.
[326] BGHZ 74, 240 (242); BGH WM 1990, 1035 (1037).
[327] *Schäfer* in MüKoBGB § 714 Rn. 3.
[328] BGH BauR 2001, 775.
[329] BGH BauR 2001, 775 (778).
[330] K. *Cramer* NJW 2003, 1897 (1898); Ulmer ZIP 2001, 585 (587).
[331] *Ulmer* ZIP 2001, 585 (587).
[332] BGH NZG 2010, 264.
[333] Vgl. nur *Habersack* in Staub/Habersack- HGB § 128 Rn. 15.

getroffene Vereinbarung möglich, die Gesellschafterhaftung zu beschränken bzw. auszuschließen[334].

Außervertraglich haften die ARGE-Gesellschafter gesamtschuldnerisch, wenn sie den Haftungstatbestand gemeinsam verwirklicht haben (§§ 823, 830, 840 BGB) oder wenn die schadensstiftende Handlung eines einzelnen ARGE-Gesellschafters der ARGE in ihrer Gesamtheit zugerechnet wird[335]. Nach Anerkennung der Rechtsfähigkeit der Gesellschaft bürgerlichen Rechts wird nunmehr angenommen, dass der Gesellschaft – nicht anders als bei der oHG oder KG – ein jedes Verschulden ihrer Organe zugerechnet wird. Für die dadurch begründete Gesellschaftsschuld haben die Gesellschafter auf Grund der nunmehr bejahten akzessorischen Gesellschafterhaftung persönlich einzustehen[336]. **154**

Hinsichtlich der Mängelhaftung ist zu berücksichtigen, dass die Verjährung der Gewährleistungsansprüche mit der Abnahme der ausgeführten Bauleistungen zu laufen beginnt[337]. Verhandlungen mit der ARGE können nach § 203 BGB die Verjährung der gegen die Gesellschaft und die Gesellschafter gerichteten Ansprüche hemmen. Werden Verhandlungen nur mit einem Gesellschafter der ARGE geführt, so treten die Hemmungswirkungen auch nur im Verhältnis der gegen den jeweiligen Gesellschafter gerichteten Ansprüche ein. Eine Hemmung der gegen die ARGE gerichteten Ansprüche setzt grundsätzlich Verhandlungen mit der ARGE selbst, also deren geschäftsführenden Gesellschaftern voraus[338].

3. Haftung für Altverbindlichkeiten. Für das Recht der oHG sieht § 130 HGB die Haftung des eintretenden Gesellschafters für Altverbindlichkeiten der bestehenden Gesellschaft vor. Die Bestimmung des § 705 BGB enthält für die Gesellschaft bürgerlichen Rechts keine entsprechende gesetzliche Regelung. Auf der Grundlage der früher herrschenden Doppelverpflichtungstheorie wurde eine persönliche Haftung des Eintretenden für bestehende Altverbindlichkeiten verneint[339]. Unter Berücksichtigung der geänderten Rechtsprechung des BGH[340] und der nunmehr vorherrschenden Akzessorietätstheorie wird heute partiell eine Haftung für bestehende Altverbindlichkeiten der Gesellschaft in Anlehnung an § 130 HGB bejaht[341]. Da der BGH die §§ 128, 129 HGB entsprechend auf die Gesellschaft bürgerlichen Rechts anwendet, spricht vor allem der systematische Zusammenhang zwischen vorgenannten Vorschriften und § 130 HGB für die akzessorische Haftung des neu eintretenden Gesellschafters auch für bestehende Altverbindlichkeiten[342]. Der BGH hat in seiner Entscheidung vom 7.4.2003 ausdrücklich eine entsprechende Anwendung des § 130 HGB bejaht, so dass der einer ARGE nachträglich beitretende Gesellschafter entsprechend §§ 128, 130 HGB für bereits begründete Altverbindlichkeiten der Gesellschaft uneingeschränkt als Gesamtschuldner mit haftet[343]. **155**

4. Haftung bei Ausscheiden aus der Gesellschaft. Aus § 736 Abs. 2 BGB ergibt sich, dass die für die Personenhandelsgesellschaften – also oHG und KG – geltenden Regelungen über die Begrenzung der Nachhaftung sinngemäß auch für die Gesellschaft bürgerlichen Rechts Berücksichtigung zu finden haben. Nach § 160 HGB erlischt die sog Nachhaftung des ausgeschiedenen Gesellschafters vom Grundsatz her nach Ablauf von 5 Jahren[344]. Innerhalb vorgenannter zeitlicher Begrenzung haftet der Gesellschafter auch nach seinem Ausscheiden für sämtliche im Zusammenhang mit dem Gesellschaftsverhältnis begründeten Verbindlichkeiten persönlich weiter[345]. **156**

---

[334] BGHZ 142, 315 = BB 1999, 2152; *Habersack* BB 2001, 477 (481).
[335] *Burchardt/Pfülb* aaO, Einführung Rn. 49.
[336] Vgl. *Habersack* BB 2001, 477 (479).
[337] Vgl. OLG Naumburg NJW 2015, 255.
[338] OLG Naumburg NJW 2015, 255.
[339] *Ulmer* in MüKoBGB BGB, 3. Aufl., § 714 Rn. 64 ff. mwN.
[340] BGH BauR 2001, 775.
[341] OLG München NZG 2000, 477 (478); OLG Düsseldorf NZG 2002, 284.
[342] Vgl. auch *Habersack* BB 2001, 477 (482); *Baumann/Rössler* NZG 2002, 793.
[343] BGH NJW 2003, 1803.
[344] Vgl. hierzu im Einzelnen Seibert DB 1994, 461.
[345] *Sprau* in Palandt BGB § 736 Rn. 10.

VI. Parteifähigkeit der ARGE

157 Bis zur Grundsatzentscheidung des BGH vom 29.1.2001[346] wurde in Rechtsprechung und Schrifttum die Auffassung vertreten, die ARGE besitze keine eigene Rechtspersönlichkeit[347]; demgemäß sollte ihr auch die Parteifähigkeit gemäß § 50 ZPO fehlen, so dass die ARGE als Gesellschaft bürgerlichen Rechts im Zivilprozess weder aktiv noch passiv parteifähig war. Partei waren danach im Prozess jeweils die in gesamthänderischer Verbundenheit als ARGE handelnden Gesellschafter.

158 Von dieser Einschätzung ist der BGH mit seinem Urteil vom 29.1.2001[348] abgerückt und hat die Gesellschaft bürgerlichen Rechts als rechtsfähig anerkannt, soweit sie durch Teilnahme am Rechtsverkehr eigene Rechte und Pflichten begründet. Ausgehend hiervon wird sie nunmehr im Zivilprozess als aktiv und passiv parteifähig angesehen[349]. Dies hat zur Konsequenz, dass nunmehr die Gesellschaft bürgerlichen Rechts bzw. die Bau-ARGE als Partei an einem Rechtsstreit beteiligt sein kann. Insoweit ist zwischen Aktiv- und Passivprozess zu unterscheiden:

Aktivprozesse führt nunmehr die ARGE als Partei. Dies beruht darauf, dass Inhaber der (Vergütungs-) Ansprüche für von der ARGE erbrachte Leistungen die ARGE selbst ist[350]. Das gilt auch dann, wenn mit der ARGE vereinbart wurde, dass der Auftraggeber schuldbefreiend an den ARGE-Geschäftsführer leisten darf und dieser im Innenverhältnis der ARGE als Generalunternehmer zu qualifizieren ist[351]. Alleine aus dem Umstand, dass der Auftraggeber schuldbefreiend an den ARGE-Geschäftsführer nach den vertraglichen Vereinbarungen leisten darf, ändert nichts an der Inhaberschaft und der Aktivlegitimation der ARGE selbst[352].

Da die Rechtsfähigkeit der ARGE (nunmehr) von den sie bildenden Gesellschaftern rechtlich abgeschichtet ist, kommt es auf den Gesellschafterbestand und einen etwaigen Gesellschafterwechsel während des gerichtlichen Verfahrens nicht (mehr) an[353]. Insbesondere kommt es durch einen Gesellschafterwechsel innerhalb der ARGE während des anhängigen Verfahrens nicht (mehr) zu einem prozessual beachtlichen Parteiwechsel[354]. Aufgrund bestehender Aktivlegitimation der ARGE wird die Befugnis der Gesellschafter, zugunsten der ARGE Forderungen im Wege der actio pro socio geltend zu machen, verneint[355].

Die ARGE ist auch im Passivprozess (nunmehr) parteifähig. Gewährleistungs- und Schadensersatzklagen können deshalb gegen die ARGE unmittelbar geführt werden. Da die ARGE zumeist nicht über gesamthänderisch gebundenes Vermögen verfügt, wird der Auftraggeber regelmäßig seine Klage zur Erreichung der Mithaftung der ARGE-Gesellschafter nicht nur gegen die ARGE, sondern darüber hinaus auch gegen ihre Gesellschafter zu richten haben (§§ 128, 129 HGB)[356]. Anlass hierzu besteht vor allem auch deshalb, weil der Auftraggeber nicht imstande ist, einen gegen die ARGE erstrittenen Zahlungstitel zum Zwecke der Zwangsvollstreckung auf die ARGE-Gesellschafter umschreiben zu lassen[357]. Soweit eine Klage gegen die Gesellschafter in ihrer gesamthänderischen Verbundenheit anhängig ist, kann diese ohne hiermit einhergehende Klageänderung auf die parteifähige ARGE umgestellt werden[358].

159 Im Zusammenhang mit der Umqualifizierung der Gesellschaft bürgerlichen Rechts stellt sich hinsichtlich der am Verfahren beteiligten Gesellschafter die Frage, ob diese als notwendige oder lediglich einfache Streitgenossen zu behandeln sind[359]. Mit der Anerkennung der Parteifähigkeit der Gesellschaft bürgerlichen Rechts wurde die bisher vertretene notwendige Streitgenossenschaft der ARGE-Gesellschafter[360] zugunsten des Modells der Rechts- und Parteifähigkeit der

---

[346] BGH BauR 2001, 775.
[347] BGHZ 23, 307 (313); BGH NJW 2000, 291; *Müther* MDR 1998, 625; partiell abweichende Auffassung aber *Prütting* ZIP 1997, 1725 (1733).
[348] BGH BauR 2001, 775.
[349] BGH BauR 2001, 775 (778).
[350] OLG Frankfurt IBR 2015, 62.
[351] OLG Frankfurt IBR 2015, 62.
[352] OLG Frankfurt IBR 2015, 62.
[353] Vgl. *Wertenbruch* NJW 2002, 234.
[354] *Vollkommer* in Zöller ZPO § 50 Rn. 18.
[355] OLG Brandenburg IBR 2006, 203 – *Schmitz*.
[356] BGH NJW 2001, 1056 (1060); *Wertenbruch* NJW 2002, 324.
[357] *Wertenbruch* NJW 2002, 234.
[358] BGH IBR 2006, 261 – *Schmitz*.
[359] Vgl. zum früheren Recht BGH WM 1963, 728 (729); *Bork* in Stein/Jonas ZPO § 62 Rn. 19a, 20.
[360] Vgl. BGH WM 1963, 728 (729); *Bork* in Stein/Jonas ZPO § 62 Rn. 19a, 20.

(Außen-)ARGE aufgegeben. Dies hat zur Konsequenz, dass die ARGE-Gesellschafter – vergleichbar den oHG-Gesellschaftern – im Aktiv- und Passivprozess keine notwendigen, sondern nunmehr lediglich noch einfache Streitgenossen sind[361]. Im Falle eingetretener Insolvenz eines ARGE-Gesellschafters hat dies während eines Aktiv- bzw. Passivprozesses zur Folge, dass es lediglich hinsichtlich des insolventen ARGE-Gesellschafters zu einer Verfahrensunterbrechung gemäß § 240 S. 1 ZPO kommt.

VII. Zwangsvollstreckung gegen die ARGE und ihre Gesellschafter

Bis zum Grundsatzurteil des BGH vom 29.1.2001[362] war zur Vollstreckung in das Gesellschaftsvermögen der ARGE gemäß § 736 ZPO ein gegen alle ARGE-Gesellschafter ergangenes Urteil erforderlich, da die ARGE nach vorherrschendem Verständnis nicht parteifähig war und deshalb nur in das gesamthänderisch gebundene Vermögen der Gesellschafter vollstreckt werden konnte[363].

Da der ARGE nunmehr Rechts- und Parteifähigkeit zugesprochen wurde, kann nun mit einem Titel gegen die ARGE unmittelbar in das Gesellschaftsvermögen vollstreckt werden. Weder der Wortlaut noch der Zweck des § 736 ZPO sollen einer derartigen Vollstreckung entgegenstehen[364]. Ungeachtet dessen kann die Zwangsvollstreckung in das Gesellschaftsvermögen aber auch noch mit einem Titel bewirkt werden, der gegen alle ARGE-Gesellschafter in gesamthänderischer Verbundenheit erstritten wurde.

Von der Vollstreckung in das Gesellschaftsvermögen ist die in das Privatvermögen der Gesellschafter zu unterscheiden. Hat der Gläubiger lediglich einen Titel gegen die ARGE, aber nicht gegen die ARGE-Gesellschafter erwirkt, kann er mit diesem Titel zwar in das Gesellschafts-, nicht aber in das Privatvermögen der ARGE-Gesellschafter vollstrecken[365]. Für die oHG und KG ergibt sich das Verbot der direkten Vollstreckung in das Privatvermögen unmittelbar aus § 129 Abs. 4 HGB. Diese Regelung trägt dem Umstand Rechnung, dass Gesellschaft und Gesellschafter verschiedene Rechtssubjekte sind und jeweils nur den Vollstreckungszugriff ihrer eigenen Gläubiger zu dulden haben. Für das Recht der Gesellschaft bürgerlichen Rechts bzw. der ARGE fehlt es zwar an einer § 129 Abs. 4 HGB entsprechenden Bestimmung. Die gleichermaßen auch im BGB-Gesellschaftsrecht gebotene Vermögensseparierung ergibt sich jedoch zwangsläufig aus der Anerkennung der Rechts- und Parteifähigkeit der ARGE und ihrer Eigenständigkeit gegenüber ihren Gesellschaftern[366]. Die genannte Vermögensseparierung zwingt unter vollstreckungsrechtlichen Vorzeichen den Gläubiger der ARGE deshalb dazu, neben der ARGE deren Gesellschafter entweder parallel oder aber nachfolgend klageweise in Anspruch zu nehmen.

VIII. Dauer und Auflösung der ARGE

Die Dauer der ARGE ergibt sich regelmäßig aus dem Zeitbedarf für die Durchführung der übernommenen Bauaufgabe. Die ARGE beginnt dabei mit der Aufnahme der gemeinsamen Geschäftstätigkeit bzw. mit der Erteilung des Bauauftrages, also dem Abschluss des Bauvertrages und endet mit dem Ablauf der Nacherfüllung zu dem durchgeführten Bauvertrag[367]. Die Beendigung der ARGE tritt deshalb erst nach Ablauf der – ggf. auch verlängerten – Gewährleistungsfrist ein (vgl. § 22 S. 1 ARGE-Mustervertrag). Auseinandersetzungsansprüche der Gesellschafter unterliegen regelmäßig bis zur Durchführung des Auseinandersetzungsverfahrens einer wechselseitigen Durchsetzungssperre[368]. Kommt es zu gerichtlichen oder schiedsgerichtlichen Auseinandersetzungen über Vergütungs- oder Gewährleistungsansprüche, so kann die Beendigung der Gesellschaft erst nach rechtskräftigem Abschluss des anhängigen Verfahrens eintreten.

Unabhängig hiervon gilt folgendes für die vorzeitige Beendigung bzw. Auflösung der Bau-ARGE:

---

[361] OLG Jena IBR 2002, 530.
[362] BGH BauR 2001, 775.
[363] Vgl. *Burchardt/Pfülb* aaO, Einführung Rn. 40.
[364] BGH NJW 2001, 1056; *Thomas/Putzo* ZPO § 736 Rn. 4.
[365] *Wertenbruch* NJW 2002, 324 (329).
[366] *Habersack* BB 2001, 477 (480).
[367] *Sprau* in Palandt BGB § 705 Rn. 37.
[368] OLG Dresden IBR 2011, 24.

- Regelmäßig wird zur Sicherstellung der Durchführung der übernommenen Bauleistungen die Möglichkeit der ordentlichen Kündigung im ARGE-Vertrag ausgeschlossen[369]. Da die ARGE nach dem ARGE-Mustervertrag zweckgebunden für die Dauer des gemeinschaftlich zu realisierenden Bauvorhabens gegründet ist, sieht der ARGE-Mustervertrag keine vorzeitige, freie Kündigungsbefugnis zugunsten der Gesellschafter vor (vgl. § 723 Abs. 1 BGB).
- Die Gesellschafter können durch gesonderte Beschlussfassung die vorzeitige Beendigung bzw. Auflösung der Gesellschaft erreichen (§ 22 S. 2 ARGE-Mustervertrag). Die vorzeitige Auflösung der ARGE lässt jedoch die gesamtschuldnerische Haftung der Gesellschafter im Außenverhältnis unberührt. Im Innenverhältnis soll es im Zuge der Abwicklung bei der fortdauernden anteiligen Haftung der Gesellschafter verbleiben (§ 22 S. 2 ARGE-Mustervertrag).
- Aus den in § 723 Abs. 1 BGB genannten Gründen kann eine vorzeitige Kündigung der Gesellschaft aus wichtigem Grunde durch die Gesellschafter ausgesprochen werden (vgl. § 23.1 ARGE-Mustervertrag). Ein wichtiger Grund liegt danach vor, wenn ein anderer Gesellschafter eine ihm nach dem Gesellschaftsvertrag obliegende wesentliche Verpflichtung vorsätzlich oder aus grober Fahrlässigkeit verletzt hat. Insoweit handelt es sich jedoch lediglich um ein nicht abschließendes Regelbeispiel. Auch andere, schwerwiegende Umstände können im Einzelfall dem Gesellschafter ein Recht zur Kündigung aus wichtigem Grund verleihen[370]. Bei Gesamtwürdigung aller Umstände muss es danach aber dem kündigenden Gesellschafter unzumutbar sein, das Gesellschaftsverhältnis mit den übrigen Gesellschaftern fortzusetzen[371]. Die wiederholte und endgültige Verweigerung von Vertragsverpflichtungen kann Anlass zur Kündigung aus wichtigem Grunde geben[372]. Gleichermaßen kann ein Recht zur Kündigung aus wichtigem Grund gegeben sein, wenn die für die Erfüllung des Gesellschaftszweckes innerhalb der ARGE erforderliche vertrauensvolle Zusammenarbeit der Gesellschafter nicht mehr möglich und erreichbar ist[373]. Auch schwerwiegende grobe Pflichtverletzungen oder aber eine irreparable Zerstörung des Vertrauensverhältnisses zwischen den Gesellschaftern lässt die Kündigung aus wichtigem Grund zu[374].
- Gläubiger können die Kündigung der Gesellschaft gemäß § 725 BGB betreiben, sofern die Gesellschafter nicht von dem ihnen zustehenden Ablösungsrecht Gebrauch machen oder aber die Fortsetzung der Gesellschaft unter den verbleibenden Gesellschaftern vertraglich vereinbart ist[375]. Der ARGE-Mustervertrag sieht für den Fall der Kündigung des Gläubigers nach § 725 BGB vor, dass der betreffende Gesellschafter damit zwangsläufig aus der Gesellschaft ausscheidet (§ 23.51).
- Nach § 727 Abs. 1 BGB wird die ARGE durch den Tod eines Gesellschafters aufgelöst, sofern im Gesellschaftsvertrag keine anderweitige Regelung zur Fortsetzung der Gesellschaft vereinbart wurde[376].
- Die ARGE wird ferner gemäß § 728 Abs. 1 BGB durch die Eröffnung des Insolvenzverfahrens über das Vermögen der Gesellschaft aufgelöst, sofern nicht die Fortsetzung der ARGE unter den übrigen Gesellschaftern nach § 736 BGB vereinbart ist. Der ARGE-Mustervertrag sieht das zwangsläufige Ausscheiden eines Gesellschafters für den Fall vor, dass über sein Vermögen das Insolvenzverfahren eröffnet oder aber die Eröffnung mangels Masse abgelehnt wird (§ 23.52).

Durch entsprechende vertragliche Vereinbarung ist zugunsten des Auftraggebers und auch zugunsten der Mitgesellschafter der ARGE darauf zu achten, dass die Gesellschaft auch im Falle unvorhergesehener tatsächlicher und wirtschaftlicher Veränderungen bei den Gesellschaftern erhalten bleibt. Vor allem für den Fall der Insolvenz eines ARGE-Gesellschafters ist es daher erforderlich, gemäß § 736 BGB die Fortsetzung der ARGE unter den übrigen Gesellschaftern vertraglich zu vereinbaren, so dass nur der betroffene ARGE-Gesellschafter aus der Gesellschaft ausscheidet und dessen Gesellschaftsanteil den übrigen Gesellschaftern anwächst (§ 24.1 Abs. 1 ARGE-Mustervertrag). Gleiches gilt für den Fall der Ablehnung der Eröffnung eines Insolvenzverfahrens mangels Masse.

---

[369] *Sprau* in Palandt BGB § 705 Rn. 37.
[370] *Sprau* in Palandt BGB § 723 Rn. 4.
[371] BGH NJW 1996, 2573; vgl. auch OLG Köln 19.12.2013 – 18 U 218/11, juris.
[372] BGH NZG 2005, 467 (470).
[373] BGH NJW 1998, 3771; OLG Frankfurt NZG 1999, 492.
[374] BGH NJW 2000, 3491; OLG Hamm NJW-RR 2000, 482.
[375] Vgl. BGHZ 30, 195; / *Schäfer* in MüKoBGB § 725 Rn. 19 ff.; *Sprau* in Palandt BGB § 725 Rn. 3 f.
[376] Vgl. BGHZ 68, 225; 229; BGH NJW 1978, 264.

IX. Insolvenz der ARGE und ARGE-Gesellschafter

1. Insolvenz der ARGE. Die ARGE als eigenständiges Rechtssubjekt ist insolvenzfähig. Die Gesellschaft wird durch die Eröffnung des Insolvenzverfahrens über ihr Vermögen aufgelöst (§ 728 Abs. 1 S. 1 BGB)[377]. Der Antrag auf Eröffnung des Insolvenzverfahrens kann bei der ARGE von jedem Gläubiger und jedem Gesellschafter der ARGE gestellt werden (§ 15 Abs. 1 InsO). Der Beschluss über die Eröffnung des Insolvenzverfahrens führt zur Auflösung der Gesellschaft (§ 27 InsO). Wird die Auflösung des Insolvenzverfahrens mangels vorhandener Masse abgelehnt, führt dies nicht zur Auflösung im Sinne des § 728 Abs. 1 BGB (§ 26 InsO)[378]. **165**

2. Insolvenz der ARGE-Gesellschafter. Die Gesellschaft bürgerlichen Rechts wird vom Grundsatz her auch durch die Eröffnung des Insolvenzverfahrens über das Vermögen eines ihrer Gesellschafter aufgelöst (§ 728 Abs. 2 S. 1 BGB). Wird über das Vermögen des ARGE-Geschäftsführers das Insolvenzverfahren eröffnet, erlöschen mit der Insolvenzeröffnung die dem ARGE-Geschäftsführer erteilten Vollmachten und Ermächtigungen[379]. Nur mit Zustimmung des Insolvenzverwalters kann die Gesellschaft fortgesetzt werden[380]. Abweichend hiervon kann vertraglich eine Fortsetzung der Gesellschaft unter den verbleibenden Gesellschaftern laut Gesellschaftsvertrag vereinbart werden[381]. In Anknüpfung hieran sieht der ARGE-Mustervertrag vor, dass ein Gesellschafter aus der ARGE ausscheidet, wenn über sein Vermögen das Insolvenzverfahren eröffnet oder die Eröffnung mangels Masse abgelehnt wird (§ 23.52). Mit dem Tag der Eröffnung bzw. Ablehnung des Insolvenzverfahrens scheidet der Gesellschafter aus der ARGE aus (§ 23.66). Im Falle seines insolvenzbedingten Ausscheidens wird die ARGE von den übrigen, verbleibenden Gesellschaftern fortgesetzt. Die Beteiligungsquoten der übrigen Gesellschafter werden neu bestimmt, indem die Quote des ausscheidenden Gesellschafters den verbleibenden Gesellschaftern im Verhältnis ihrer Beteiligung anwächst (§ 24.1)[382]. Verbleibt nach dem insolvenzbedingten Ausscheiden nur noch ein Gesellschafter, so übernimmt dieser ohne besonderen Übertragungsakt mit dinglicher Wirkung die Anteile des ausscheidenden Gesellschafters[383]. Der (einzig) verbleibende Gesellschafter führt in diesem Falle die Geschäfte der ARGE mit allen Rechten und Pflichten als Geschäftsbestandteil seines eigenen Unternehmens zu Ende (§ 24.1). Durch die vorgenannten Regelungen ist sichergestellt, dass bei Zugrundelegung des ARGE-Mustervertrages die Tätigkeit der ARGE fortgeführt werden kann (vgl. auch § 140 Abs. 1 S. 3 HGB). **166**

3. Prozessuale Konsequenzen. Prozessual hat der Eintritt der Insolvenz folgende Konsequenz: Mit der Eröffnung des Insolvenzverfahrens über das Vermögen der ARGE kommt es zur Unterbrechung des Rechtsstreits gemäß § 240 S. 1 ZPO. Im Falle der Insolvenz eines ARGE-Gesellschafters kann dies im Aktiv- wie Passivprozess der rechtlich verselbstständigten ARGE keinerlei prozessuale Bedeutung haben und deshalb auch nicht zur Unterbrechung des Rechtsstreits nach § 240 S. 1 ZPO führen[384]. Bei einer Klage (auch) gegen Gesellschafter der ARGE führt die Insolvenz eines der Gesellschafter nur zur Unterbrechung des Rechtsstreits gemäß § 240 S. 1 ZPO hinsichtlich seines Verfahrensanteils als Streitgenosse[385]. Führen die Gesellschafter der ARGE für diese einen Aktivprozess, handeln sie insoweit als notwendige Streitgenossen mit der Folge, dass der Rechtsstreit unterbrochen wird, wenn einer der Gesellschafter insolvent wird[386]. Diese Fallgestaltung dürfte künftig jedoch nur noch selten auftreten, da die ARGE ihrerseits nunmehr rechts- und parteifähig ist, so dass sie im eigenen Namen klagen kann; in diesem Fall wird der Fortgang des Aktivprozesses durch die Insolvenz eines der Gesellschafter nicht berührt[387]. **167**

---

[377] K. *Cramer* ZGR 1998, 633 ff.; *Prütting* ZIP 1997, 1725 ff.
[378] BGHZ 75, 178.
[379] OLG Frankfurt IBR 2015, 62.
[380] *Sprau* in Palandt BGB § 728 Rn. 2.
[381] Vgl. OLG Hamm BauR 1986, 462.
[382] Vgl. zur Anwachsungsklausel OLG Hamm IBR 2014, 152.
[383] Vgl. OLG Hamm IBR 2014, 152, insbesondere zur Situation der aufeinanderfolgenden Insolvenzen der ARGE-Gesellschafter.
[384] *Schmitz* Die Bauinsolvenz, Rn. 881; *Burchardt/Pfülb*, aaO, Einführung Rn. 38.
[385] *Schmitz* aaO, Rn. 882.
[386] BGH IBR 2003, 580.
[387] *Schmitz* aaO, Rn. 881.

Von dem Außenverhältnis zu unterscheiden ist das Innenverhältnis zwischen dem Insolvenzverwalter des ausgeschiedenen Gesellschafters und der Rest-ARGE. Die Auseinandersetzung erfolgt regelmäßig über § 738 BGB, wobei zur Ermittlung des Auseinandersetzungsguthabens bzw. des Verlustanteils des ausgeschiedenen Gesellschafters bezogen auf den Stichtag seines Ausscheidens eine Auseinandersetzungsbilanz aufzustellen ist. Die zugunsten der Masse des insolventen ARGE-Gesellschafters festzustellenden Forderungen sind dabei lediglich unselbstständige Rechnungsposten in der Auseinandersetzungsbilanz und können deshalb nicht isoliert und eigenständig vom Insolvenzverwalter gegenüber der Rest-ARGE geltend gemacht werden[388]. Dies gilt auch für solche Leistungen, die auf Grund gesellschaftsrechtlicher Verbundenheit von dem insolventen Gesellschafter im Zeitraum zwischen der Beantragung und der Eröffnung des Insolvenzverfahrens erbracht wurden[389]. Soweit jedoch noch nach Ausscheiden weitere Leistungen von dem insolventen Unternehmen erbracht wurden, unterliegen diese nicht der sich aus § 738 BGB ergebenden Durchsetzungssperre und können daher isoliert vom Insolvenzverwalter gegenüber der Rest-ARGE geltend gemacht werden[390].

X. Bürgschaften im ARGE-Verhältnis

168 **1. Bürgschaftsverpflichtung der ARGE.** Die ARGE hat als Auftragnehmer im Einzelfall Sicherheit gemäß § 17 VOB/B zu leisten. Die Sicherheitsleistung kann dabei in Form von Bürgschaften erbracht werden. Vertragserfüllungs-, Gewährleistungs-, Vorauszahlungsbürgschaften etc sind von der kaufmännischen Geschäftsführung der ARGE zum rechten Zeitpunkt dem Auftraggeber zur Verfügung zu stellen. Es obliegt dabei der kaufmännischen Geschäftsführung auch die Überprüfung der Voraussetzungen der Beibringung wie auch des Inhalts der Bürgschaftsurkunden[391].

169 **2. Beibringung durch ARGE.** Da die ARGE Vertragspartner des Auftraggebers ist, kann der Auftraggeber grundsätzlich die Stellung einer einheitlichen Bürgschaft durch die ARGE erwarten. In diesem Falle wird für die ARGE eine einheitliche Gesamtbürgschaft über den vollen zu verbürgenden Betrag ausgereicht. Dies ist der ARGE jedoch nur dann möglich, wenn sie für alle Gesellschafter ein einheitliches Konto führt (was selten der Fall sein dürfte) oder aber wenn die einzelnen Gesellschafter in Bezug auf ihre jeweiligen Beteiligungsanteile sog Rückbürgschaften stellen[392]. Ersatzweise kann die ARGE versuchen, dem Auftraggeber Teil-Bürgschaften ihrer Gesellschafter anstelle einer einheitlichen Gesamtbürgschaft anzudienen. Der Auftraggeber wird die Stellung derartiger Teil-Bürgschaften häufig schon deshalb nicht akzeptieren, weil es ihm um eine einheitliche Absicherung seiner Gesamtforderungen gegenüber der ARGE und nicht um die Absicherung von Teilforderungen bei einzelnen ARGE-Gesellschaftern geht[393].

170 **3. Beiträge der Gesellschafter.** Nach § 4.1 des ARGE-Mustervertrages gehört es zu den Verpflichtungen der Gesellschafter, die zur Erreichung des Gesellschaftszweckes erforderlichen Beiträge zu erbringen. Hierzu gehört auch die Stellung erforderlicher Bürgschaften. Diese sind entsprechend dem jeweiligen Beteiligungsverhältnis von den Gesellschaftern zur Verfügung zu stellen, wie sich aus § 20.1 des ARGE-Mustervertrages ergibt. Zu den danach beizubringenden Bürgschaften zählen einerseits die vertraglich mit dem Auftraggeber vorgesehenen und andererseits diejenigen, die im Zuge der Bauabwicklung notwendig werden, um den Vertragszweck – Erfüllung des abgeschlossenen Bauvertrages – zu erreichen. Die für die Bürgschaften anfallenden Avalkosten gehen je nach Wahl der Gesellschafter zu ihren Lasten oder aber zu Lasten der ARGE (§ 20.11 und 12 ARGE-Mustervertrag).

171 **4. Bürgschaftsinanspruchnahme.** Im Falle der Inanspruchnahme einer Gesamtbürgschaft durch den Auftraggeber erfolgt die quotale Beteiligung der jeweiligen Gesellschafter der ARGE über die für sie ausgereichten Teil-Rückbürgschaften. Dem Auftraggeber verbleibt alternativ aber auch die Möglichkeit, die ARGE und ihre Gesellschafter unmittelbar in Anspruch zu nehmen. Probleme in derartigen Konstellationen treten vor allem dann auf, wenn sich der Auftraggeber

---

[388] BGH NJW-RR 2000, 1295 = NZBau 2000, 288; OLG Köln NZBau 2006, 378.
[389] OLG Frankfurt NZBau 2006, 376.
[390] BGH NJW-RR 2000, 1295 = NZBau 2000, 288; OLG Köln NZBau 2006, 378.
[391] *Burchardt/Pfülb*, aaO, § 8 Rn. 39.
[392] *Burchardt/Pfülb*, aaO, § 8 Rn. 36.
[393] *Burchardt/Pfülb*, aaO, § 8 Rn. 37.

dazu entschließt, lediglich einen der ARGE-Gesellschafter unmittelbar in Anspruch zu nehmen. Da die Gesellschafter der ARGE untereinander als Gesamtschuldner haften[394], richtet sich der Rückgriff des betroffenen Gesellschafters nach § 426 BGB. Der auf den jeweiligen Anteil beschränkte Ausgleichsanspruch kann gegenüber den übrigen Gesellschaftern geltend gemacht werden. Es stellt sich dann die Frage, inwieweit die zur Sicherheit ausgereichte Gesamtbürgschaft über § 401 BGB das Ausfall- und Insolvenzrisiko der übrigen Gesellschafter gegenüber dem rückgriffsberechtigten Gesellschafter absichert. Da § 401 Abs. 1 BGB ausdrücklich den Übergang der Bürgschaft auf den Neugläubiger anordnet, erscheint es angemessen, dem ausgleichsberechtigten Gesellschafter auch die anteiligen Rechte an der Gesamtbürgschaft zuzuordnen.

E. Hersteller und Lieferanten

Literatur: *Eckert/Maifeld/Matthiessen*, Handbuch des Kaufrechts, 2007; *Leidig/Hürter*, Handbuch Kauf- und Lieferverträge am Bau, Köln 2014; *Messerschmidt/Voit*, Privates Baurecht: Kommentar zu §§ 631ff BGB, 2. Aufl. 2012; *Westphalen/Foerste*, Produkthaftungshandbuch, 3. Aufl. 2013; *Westphalen/Thüsing*, Vertragsrecht und AGB-Klauselwerke, 33. Aufl. 2013;

Im Baubereich kommt den Herstellern und Lieferanten von kompletten Gebäuden und Gebäudeteilen sowie von Baustoffen nicht unerhebliche Bedeutung zu. Bei der Einordnung der entsprechenden vertraglichen Beziehungen zu den Abnehmern geht es unter Berücksichtigung der Schuldrechtsnovellierung vor allem um die Differenzierung zwischen Werkvertragsrecht einerseits und Kaufrecht andererseits. Dem sog Bau-Kaufrecht kommt nach der Schuldrechtsnovellierung auf der Grundlage der Verbrauchsgüterkaufrichtlinie eine weitaus höhere Bedeutung als früher zu[395]. Dies beruht vor allem darauf, dass die Verbrauchsgüterkaufrichtlinie vom deutschen Gesetzgeber überschießend umgesetzt wurde, indem § 651 BGB nicht nur bei Verbraucherverträgen, sondern auch ein Handelskauf gemäß §§ 373 ff. BGB zur Anwendung gelangen soll[396]. Da es die Vertragsautonomie der Parteien gestattet, kauf-/werkvertragliche Regelungen abzuändern, andererseits aber keine freie Vertragstypenwahl besteht, ergeben sich für die Vertragsparteien erhebliche Folgeprobleme, wenn sie – etwa aufgrund fehlerhafter Einschätzung – vom Vorliegen eines Werk- anstelle eines Kaufvertrages ausgehen[397]. Die Vorschriften der VOB/B sind strukturell auf die werkvertraglichen Bestimmungen der §§ 631 ff. BGB ausgerichtet, so dass für ihre – zumindest uneingeschränkte – Anwendbarkeit bei kaufvertraglichen Vereinbarungen kein Raum ist[398]. Inwieweit bei vereinbarter VOB/B einzelne Regelungen auch unter Zugrundelegung kaufrechtlicher Vorschriften AGB-rechtlich wirksam sein können, ist bislang nicht endgültig gerichtlich geklärt[399].

Ungeachtet dessen unterliegt auch die Abwicklung von Kaufverträgen in weiten Teilen gänzlich anderer Regelungen als auf der Basis des Werkvertragsrechts praktiziert[400]. Hinsichtlich der Vertragspflichten des Käufers ist dabei folgendes hervorzuheben:
- Die Kaufpreiszahlung hat auf der Grundlage des zwischen den Parteien vereinbarten Kaufpreises zu erfolgen, § 433 Abs. 2 BGB. Das Kaufrecht kennt keine übliche Vergütung im Sinne des § 632 Abs. 2 BGB.
- Der Kaufpreis ist bei Abschluss des Kaufvertrages fällig, § 271 BGB. Der Kaufpreis wird deshalb nicht erst – wie im Werkvertragsrecht – nach Abnahme fällig, vgl. §§ 640, 641 BGB. Der Käufer muss bei noch fehlender Lieferung und Überlassung des Kaufgegenstandes deshalb die Rechte aus § 320 BGB ausüben.
- Die Kaufsache wird dem Käufer übergeben, § 446 S. 1 BGB. Eine Abnahme wie im Werkvertragsrecht kennt das Kaufrecht vom Grundsatz her nicht, vgl. § 640 BGB.
- Zum Gefahrübergang kommt es bei Übergabe der Kaufsache, wird diese vom Verkäufer auf Verlangen des Käufers versandt, so geht die Gefahr bereits dann auf den Käufer über, wenn

---

[394] BGHZ 146, 341 (358).
[395] *Leidig/Hürter* Handbuch Kauf- und Lieferverträge am Bau, Rn. 4 ff.
[396] Vgl. hierzu im Einzelnen *Leidig/Hürter* aaO, Rn. 12 ff.
[397] Vgl. OLG Rostock BauR 2010, 1233.
[398] OLG Rostock BauR 2010, 1233: VOB ist „gegenstandslos".
[399] Vgl. BGH NZBau 2013, 431 für den Vergleich bei einem Fall der AGB-rechtlichen Überprüfung einzelner Bestimmungen der VOB/B bei Vereinbarung eines Gerüstbauvertrages.
[400] Vgl. im Einzelnen *Leidig/Hürter*, aaO, S. 56 ff.

dieser den Kaufgegenstand an die mit der Versendung befasste Person überlassen hat (Spediteur, Frachtführer etc), vgl. § 447 Abs. 1 BGB.
− Den Käufer trifft nach An-/Ablieferung der Sache die handelsrechtliche Untersuchungs- und Rügepflicht, vgl. § 378 HGB. Auf eine zwischen den Parteien durchzuführende Abnahme kommt es für die Überprüfung des gelieferten Gegenstandes nicht an, vgl. § 640 Abs. 1 BGB.

Auch die Verkäuferpflichten sind gegenüber werkvertraglichen Vorschriften modifiziert:
− Die Kaufsache ist am vereinbarten Übergabeort auszuhändigen; im Zweifel handelt es sich um eine Holschuld, vgl. § 269 Abs. 1 BGB.
− Die Übereignung der Kaufsache erfolgt üblicherweise durch Einigung und Übergabe, vgl. § 929 BGB. Im Werkvertragsrecht kommt es demgegenüber zu einem Eigentumserwerb auf gesetzlicher Grundlage, vgl. §§ 947, 950 BGB.
− Mängelrechte stehen dem Verkäufer vor Gefahrübergang nach allgemeinem Leistungsstörungsrecht gegen den Verkäufer zu, vgl. §§ 323 Abs. 1, 280, 281 BGB; nach Gefahrübergang richten sich die Nacherfüllungsansprüche nach den kaufrechtlichen Vorschriften, vgl. §§ 433 Abs. 1 S. 2, 437, 439 BGB.
− Die Verjährung der Mängelansprüche unterliegt den kaufrechtlichen Bestimmungen, vgl. § 438 BGB.

Die Unterschiede zwischen dem Kauf- und Werkvertragsrecht sind damit erheblich. Es ist deshalb notwendig, bei Abschluss von bauleistungsbezogenen Verträgen künftig sorgfältig zu prüfen, ob der zugrunde liegende, vertragsrechtlich zu regelnde Vorgang dem Kaufrecht oder aber dem Werkvertragsrecht zuzuordnen ist. Erst wenn diese Vorfrage geklärt ist, lässt sich auf das dann einschlägige Gesetzes- und Vertragsregime zurückgreifen. Anderenfalls kann es − wie Thode treffend prophezeit hat − zwischen den Parteien zu kaum beherrschbaren Vertragssituationen kommen[401].

I. Fertighaushersteller

173 Der Fertighaushersteller verpflichtet sich auf der Grundlage des mit dem Kunden abgeschlossenen Fertighausvertrages üblicherweise zur Anfertigung und Errichtung eines Fertighauses. Der Fertighausvertrag wird deshalb traditionell als Werkvertrag im Sinne des § 631 BGB angesehen[402]. Erstreckt sich die Verpflichtung des Fertighausherstellers jedoch ausschließlich auf die Lieferung von Bau- und Fertigteilen und bleibt es danach dem Erwerber überlassen, aus den gelieferten Teilen das Fertighaus selbst zu errichten, so wurde nach bisherigem Recht der Abschluss eines Kaufvertrages angenommen[403]. An dieser Differenzierung hat sich auch nach der Schuldrechtsnovellierung nichts geändert: Auch unter Berücksichtigung des § 651 BGB zählen Verträge, die auf die Errichtung eines Gebäudes i. S. des § 94 Abs. 1 BGB ausgerichtet sind, zu den Werkverträgen[404]. Soweit der Fertighaushersteller zugleich auch die Errichtung des Fertighauses auf dem Grundstück des Bestellers vornimmt und diesem auf diese Weise gemäß § 94 Abs. 1 BGB das Eigentum verschafft, beurteilt sich der zugrunde liegende Vertrag nach werkvertragsrechtlichen Grundsätzen[405]. Übernimmt der Fertighaushersteller jedoch ausschließlich die Lieferung der für die Errichtung erforderlichen Teile, so verbleibt es über § 651 BGB bei der Heranziehung kaufrechtlicher Bestimmungen[406]. Bei Vorliegen von Mängeln stehen dem Erwerber im Kaufrecht die in § 437 BGB bezeichneten Rechte zu. Soweit der Fertighaushersteller demgegenüber die Lieferung und die Errichtung schuldet, handelt es sich insoweit um die Ausführung von Bauleistungen, so dass der Heranziehung der VOB/B keine Bedenken entgegenstehen[407]. Für den Fall einer freien Kündigung durch den Besteller hält der BGH eine Klausel über die Vereinbarung einer pauschalen Vergütung bzw. eines pauschalierten Schadensersatzes in Höhe von 10 % des zurzeit der Kündigung vereinbarten Gesamtpreises vor dem

---

[401] *Thode* NZBau 2002, 360 (362).
[402] BGH NZBau 2006, 435; BGHZ 87, 112 = NJW 1983, 1491 = BauR 1983, 261; BGH NJW 1983, 1489 = BauR 1983, 266; *Korbion* in Ingenstau/Korbion Anhang 2 Rn. 230 *Cramer* in Beck'scher VOB-Kommentar VOB/A § 1 Rn. 26.
[403] BGHZ 87, 112 = NJW 1983, 1491 = BauR 1983, 261; BGH NJW 1983, 1489 = BauR 1983, 266.
[404] Vgl. *Thode* NZBau 2002, 360 (361).
[405] Vgl. ein Ausbauhaus BGH NJW 2006, 904.
[406] *Sprau* in Palandt BGB § 651 Rn. 5; zum bisherigen Recht im Übrigen OLG Frankfurt BauR 2000, 423; OLG Düsseldorf BauR 2002, 100.
[407] OLG Hamm MDR 1987, 407; *Korbion* in Ingenstau/Korbion- Anhang 2 Rn. 230, *Messer/Cramer* Beck'scher VOB-Kommentar VOB/A § 1 Rn. 26.

Hintergrund der §§ 308 Nr. 7a, 649 BGB für zulässig, soweit der Unternehmer nicht daneben noch weitere Ansprüche gegenüber dem Besteller geltend macht[408].

II. Bausatzlieferant

Im Unterschied zum Fertighausvertrag mit der ihm vom Grundsatz her eigenen Errichtungsverpflichtung durch den Fertighaushersteller beschränkt sich der sog Bausatzvertrag darauf, dass der Bausatzhersteller lediglich bestimmte Bauteile und Bauelemente nebst zugehöriger Einbaupläne in Form von Bausätzen liefert[409]. Die eigentlichen Errichtungsleistungen führt der Besteller nach Maßgabe der ihm vorgelegten Planungsunterlagen selbst aus. Aus diesem Grunde wird der Bausatzvertrag bereits herkömmlicherweise und auch nach neuem Recht nicht als Werkvertrag, sondern als Kaufvertrag eingeordnet[410]. Die Rechte des Erwerbers beim Vorliegen von Mängeln richten sich nunmehr nach § 437 BGB. Besondere Bedeutung kommt bei Bausatzhäusern und -teilen der Neuregelung des § 434 Abs. 2 S. 2 BGB zu. Nach der genannten Vorschrift liegt ein Fehler des Kaufgegenstandes auch dann vor, wenn lediglich die Montageanleitung selbst mangelhaft ist und deshalb die gelieferten Teile nicht fehlerfrei durch den Erwerber montiert werden können[411]. Erweist sich die Montage deshalb als nicht machbar oder schlägt sie fehl, weil die Montageanleitung ungeeignet, fehlerhaft oder unvollständig ist, so begründet (auch) dieser Umstand das Vorliegen eines kaufrechtlich maßgeblichen Sachmangels[412].

III. Hersteller und Lieferant

Das Kaufrecht spielt nach der Schuldrechtsnovellierung am Bau eine deutlich größere Rolle als in der Vergangenheit. In stärkerem Maße als zuvor wird in Bezug auf die Herstellung von Baustoffen und Bauteilen das novellierte Kaufrecht in Bezug genommen.

1. § 651 BGB. Dies beruht vor allem auf der Neufassung des § 651 BGB, der besagt, dass nunmehr vom Grundsatz her auf Verträge, die die Lieferung herzustellender oder zu erzeugender beweglicher Sachen zum Gegenstand haben, grundsätzlich die Vorschriften über den Kauf Anwendung finden[413]. Verträge über ergänzende Leistungen für ein Bauwerk, die regelmäßig die Herstellung von beweglichen Sachen im Sinne des § 90 BGB zum Gegenstand haben, unterliegen dem Kauf- und nicht mehr dem Werkvertragsrecht[414]. Der Vertrag über die Herstellung und Lieferung beweglicher Gegenstände (zB Fenster, Türen, Schränke) beurteilt sich nach Kauf- und nicht mehr nach Werkvertragsrecht.

Besteht der geschuldete Erfolg jedoch in erster Linie nicht nur in der Herstellung und Lieferung einer beweglichen Sache, sondern darüber hinaus in deren Einpassung in ein Gesamtwerk und vor allem den Einbau in ein Grundstück (zB Herstellung und Einbau einer Treppe in ein fest errichtetes Gebäude), ist nicht Kauf-, sondern Werkvertragsrecht anzuwenden. Bei der Herstellung beweglicher Sachen kommt es für die Heranziehung des Bau- und Werkvertragsrechts deshalb nach den Vorstellungen des Gesetzgebers künftig entscheidend darauf an, ob sie der Errichtung eines Bauwerks dienen und fest mit einem Grundstück verbunden werden[415]. Bei dem beauftragten Einbau von Baustoffen und vorgearbeiteten Bauteilen in ein Gebäude wird

---

[408] BGH NZBau 2006, 435 (436); vgl. auch BGH NJW-RR 1995, 749 = BauR 1995, 546; BGH NJW 1995, 632 = BauR 1985, 79 (82).
[409] *W. Jagenburg* in Beck'scher VOB-Kommentar Teil B, 2. Aufl. vor § 1 Rn. 69.
[410] Zum bisherigen Recht: BGHZ 78, 375 = NJW 1981, 453 = BauR 1981, 190; OLG Düsseldorf BauR 2002, 100; kritisch *Becher* BauR 1980, 493; *Duffek* BauR 1996, 465; zum neuen Recht *Sprau* in Palandt BGB § 651 Rn. 5; *Thode* NZBau 2002, 360 (361 f.).
[411] Vgl. *Westermann* NJW 2002, 241 (244).
[412] *Weidenkaff* in Palandt/ BGB § 434 Rn. 48.
[413] Vgl. hierzu *Cramer/Leidig* in Messerschmidt/Voit Privates Baurecht, § 651 Rn. 1 ff.; *Thode* NZBau 2002, 360 ff.; *Sienz* BauR 2002, 181 (190 ff.); *Preussner* BauR 2002, 231 (240 f.); *Voit* BauR 2002, 145 ff.; *Vorwerk* BauR 2002, 165 ff.; *Ott* MDR 2002, 361 ff.; *Schudnagies* NJW 2002, 396; *Mankowski* MDR 2003, 854 ff.
[414] BGH NZBau 2009, 644; *Thode* NZBau 2002, 360 (361).
[415] Zu Recht kritisch zu diesen Voraussetzungen und den Differenzierungen zwischen Kauf- und Werkvertragsrecht *Thode* NZBau 2002, 360 (361 f.); *Mankowski* MDR 2003, 854 (856 f.); vgl. auch *Röthel* NJW 2005, 625 ff.

danach regelmäßig auf werkvertragsrechtliche Bestimmungen abzuheben sein. Auf derartige Verträge kann auch künftig die VOB/B Anwendung finden[416].

Unabhängig von dem Einpassen in ein Gesamtwerk bzw. dem festen Einbau in ein Grundstück/Gebäude gewinnt aber zunehmend in der obergerichtlichen Rechtsprechung die Vorschrift des § 434 Abs. 2 BGB Bedeutung, wonach auf kaufrechtliche Regelungen abgehoben werden soll, wenn lediglich von dem Verkäufer zu der von ihm gelieferten beweglichen Sache mehr oder weniger umfangreiche Montageleistungen ausgeführt werden. Da die Ausführung werkvertraglicher Leistungen regelmäßig Montagearbeiten umfassen, stellt sich notwendigerweise im Zusammenhang mit der montageweisen Einbringung von beweglichen Gegenständen die Frage nach der Abgrenzung zwischen Kaufvertrag einerseits und Werkvertrag andererseits. Die Abgrenzung lässt sich vereinfacht gesagt in der Weise vornehmen, dass immer dann vom Vorliegen eines Werkvertrages auszugehen ist, wenn die Montage bzw. der Einbau im Mittelpunkt der vertraglich übernommenen Herstellungsverpflichtung liegt; sobald demgegenüber die Herstellung und Lieferung beweglicher Sachen im Vordergrund steht und die Montageleistungen selbst vertragsbezogen eher von untergeordneter Bedeutung sind, ist auf kaufvertragliche Regelungen abzuheben. Unter Heranziehung dieser sog Schwerpunkttheorie wird von der obergerichtlichen Rechtsprechung zwischen der Zuordnung der vertraglich geschuldeten Leistungen zum Kauf- oder aber zum Werkvertragsrechts unterschieden. Ausschlaggebend kann dabei insbesondere das Wertverhältnis zwischen dem Liefergegenstand und seiner Montage sein[417]. So können kaufrechtlichen Zuschnitt haben: Die Lieferung von Klimaelementen, die vor Ort eingefügt werden[418], die Lieferung einer Solaranlage mit anschließender örtlicher Montage[419] oder die fest auf eine vorhandene Scheune montierte Photovoltaikanlage[420]. Sobald demgegenüber der Verwendung einzelner beweglicher Sachen – auch verbunden ggf. mit einem höheren Planungsanteil[421] – ein herstellungsbezogener bzw. funktionaler Gesamterfolg der zu erbringenden (Bau-) Leistung im Vordergrund steht, wird dies eher für die Heranziehung werkvertraglicher Regelungen sprechen[422]. So wurde das Vorliegen eines Werkvertrages bejaht bei der Erstellung eines Ausbauhauses[423], der Errichtung eines Daches aus vorgefertigten Teilen[424] und auch den Einbau vorgefertigter Tore in einer Halle[425].

178 **2. Komplexe bewegliche Sachen.** Schwierigkeiten ergeben sich bei der Bestellung von komplexen Geräten und Maschinen, soweit sie nicht zum festen Einbau bestimmt sind und deshalb nicht wesentlicher Grundstücksbestandteil werden: Nach dem Wortlaut des § 651 BGB – Herstellung und Lieferung von Sachen – fallen sie eher unter den Anwendungsrahmen des Kaufrechts. Allerdings kann sich die Planung und die Herstellung neuer komplexer Maschinen als Gesamtleistung darstellen (zB aus Planungs- und Managementleistungen, Anpassung an die Bedürfnisse des Auftraggebers etc), so dass entgegen dem strengen Wortlaut der §§ 651, 433 BGB in derartigen Fällen zumindest nach der Literatur auch künftig die Heranziehung werkvertragsrechtlicher Regelungen zu bejahen ist[426].

179 **3. Beschaffenheitsvereinbarung im Kaufrecht.** Bei der Heranziehung kaufrechtlicher Bestimmungen auf die Lieferung von hergestellten Baustoffen und Bauteilen ist zu beachten, dass durch die Schuldrechtsnovellierung auch die Sachmängelhaftung im Kaufrecht inhaltlich verändert wurde. Nach § 433 Abs. 1 S. 2 BGB hat der Verkäufer dem Käufer die Sache frei von Sach- und Rechtsmängeln zu verschaffen. Der Begriff der Sachmängelfreiheit erschließt sich im Einzelnen aus § 434 BGB. Danach ist die Sache frei von Sachmängeln, wenn sie bei Gefahrübergang die vereinbarte Beschaffenheit hat. Die Neuregelung legt den subjektiven Fehlerbegriff

---

[416] Vgl. zu den Folgen der Fehleinschätzung der Vertragsbeziehung unter Zugrundelegung der VOB/B *Thode* NZBau 2002, 360 (362).
[417] OLG Düsseldorf IBR 2013, 376.
[418] OLG Düsseldorf IBR 2013, 376.
[419] BGH NJW-RR 2004, 850.
[420] BGH NZBau 2014, 559.
[421] BGH NJW 2009, 2877.
[422] OLG Düsseldorf IBR 2013, 376; OLG Hamm IBR 2013, 1158.
[423] BGH NJW 2006, 904.
[424] OLG Stuttgart 24.7.2012 – 10 U 47/12, juris.
[425] OLG Stuttgart NZBau 2011, 297; insoweit aber kritisch zur Lieferung und Einbau von Türen Meier IBR 2012, 1000.
[426] *Sprau* in Palandt BGB § 651 Rn. 4; vgl. aber BGH NZBau 2009, 644, der eher zu Kaufrecht tendiert.

zugrunde, indem in erster Linie darauf abgestellt wird, dass der verkaufte Gegenstand die zwischen den Parteien vereinbarte Beschaffenheit haben muss[427]. Maßgebend ist deshalb vorrangig der Inhalt der von den Parteien zum Kaufgegenstand getroffenen Beschaffenheitsabrede. Sie geht künftig grundsätzlich den weiteren allgemeinen Beschaffenheitsanforderungen und allgemeinen Qualitätsstandards vor[428]. Die Beschaffenheitsvereinbarung kann ausdrücklich oder aber konkludent bzw. stillschweigend zwischen den Parteien des Kaufvertrages zustande kommen[429]; im Einzelfall kann sie sich im Verkehr zwischen Kaufleuten auch aus bestehender Verkehrsübung bzw. nachweisbarem Handelsbrauch erschließen[430].

Nur wenn die Parteien keine konkrete Beschaffenheitsvereinbarung getroffen haben, kommt es bei Baustoffen und Bauteilen auf die insoweit nachrangigen Regelungen in § 434 Abs. 1 S. 2 BGB an. Danach ist – soweit die Beschaffenheit nicht vereinbart wurde – die Sache frei von Sachmängeln, wenn sie sich für die nach dem Vertrag vorausgesetzte Verwendung eignet, sonst, wenn sie sich für die gewöhnliche Verwendung eignet und eine Beschaffenheit aufweist, die bei Sachen der gleichen Art üblich ist und die der Käufer nach der Art der Sache erwarten kann. Bei der erstgenannten Alternative fehlt es an einer konkreten Beschaffenheitsvereinbarung, es lässt sich jedoch dem Vertrage selbst entnehmen, welche von den Parteien vorausgesetzte Verwendung die Kaufsache erfahren soll. Dabei wird regelmäßig auf den allgemeinen, für entsprechende Kaufgegenstände üblichen Verwendungszweck abzustellen sein (zB Türen und Fenster bestimmter Größe für den Einbau in Gebäude). In diesem Fall ist der gelieferte Gegenstand nur dann sachmängelfrei, wenn er sich tatsächlich für die vorgesehene Verwendung uneingeschränkt eignet. **180**

Die zweitgenannte Alternative ist nur nachrangig heranzuziehen[431]. Fehlt es an einer konkreten Beschaffenheitsvereinbarung und einer vertraglich vorausgesetzten Verwendung des Kaufgegenstandes, soll es für die Sachmängelfreiheit auf die Eignung zu gewöhnlichem Verwendungszweck und die für entsprechende Sachen üblichen Beschaffenheitsmerkmale ankommen. Als Vergleichsmaßstab dienen dabei regelmäßig Sachen gleicher Art, die einen entsprechenden Qualitätsstandard aufweisen[432]. **181**

4. Werbende Warenbeschreibungen. In diesem Zusammenhang ist die neue Vorschrift des § 434 Abs. 1 S. 3 BGB von besonderer Bedeutung: Zu den üblichen Beschaffenheitsmerkmalen zählen danach (nunmehr) auch Eigenschaften, die der Käufer nach den öffentlichen Äußerungen des Verkäufers, des Herstellers oder seines Gehilfen insbesondere in der Werbung oder bei der Kennzeichnung über bestimmte Eigenschaften der Sache erwarten kann. Die Soll-Beschaffenheit der Eignung zur gewöhnlichen Verwendung wird damit künftig auch und gerade aus öffentlichen Äußerungen abgeleitet werden, die Gegenstand der Werbung, der Anpreisung oder sonstiger Warenbeschreibungen sind. Werbende Aussagen des Verkäufers zu den von ihm angepriesenen Kaufgegenständen können auf diese Weise zu Beschaffenheitsvorgaben werden, soweit sie sich auf konkrete Eigenschaften der Kaufsache beziehen und die Kaufentscheidung mit beeinflusst haben[433]. Eine Ausnahme gilt nur dann, wenn der (jeweilige) Verkäufer die (Beschaffenheits-) Äußerung nicht kannte und auch nicht kennen musste oder sie selbst die Kaufentscheidung überhaupt nicht beeinflussen konnte (§ 434 Abs. 1 S. 3 BGB). **182**

5. Mängel der Montage. Eine weitere Neuerung betrifft die sog Montagemängel. Derartige Montagemängel werden über § 434 Abs. 2 BGB dem Kauf-Sachmangel gleich gestellt. Ein Sachmangel soll deshalb auch vorliegen, wenn die vereinbarte Montage durch den Verkäufer oder dessen Erfüllungsgehilfen unsachgemäß durchgeführt worden ist (§ 434 Abs. 2 S. 1 BGB). Bei Montageleistungen ist deshalb künftig zwischen solchen nach Werk- und nach Kaufvertragsrecht zu differenzieren. Unter den kaufrechtlichen Montagemangel fallen alle vom Verkäufer, seinem Personal oder einem Dritten als Erfüllungsgehilfen durchgeführten, zum vorausgesetzten Gebrauch der Kaufsache notwendigen Handlungen, insbesondere beim Zusammenbau von **183**

---

[427] *Wenzel* Besonderes Schuldrecht I, Rn. 175 ff.
[428] *Westermann* NJW 2002, 241; vgl. zur Abgrenzung zwischen Beschaffenheitsvereinbarung, Zusicherung von Eigenschaften und Beschaffenheitsgarantie: *Emmert* NJW 2006, 1765 (1766 f.).
[429] *Weidenkaff* in Palandt BGB § 434 Rn. 13 ff.
[430] Vgl. BGH NJW 1996, 836 zum bisherigen Recht.
[431] *Wenzel* Besonderes Schuldrecht I, Rn. 191 ff.
[432] *Weidenkaff* in Palandt BGB § 434 Rn. 29.
[433] Vgl. *Cramer/Räntsch* Das neue Schuldrecht, Rn. 720.

Einzelteilen, dem Anschluss von Geräten, der Aufstellung des Kaufgegenstandes oder aber ihres Einbaus am vereinbarten Ort[434].

184 **6. Mängel der Montageanleitung.** Im Kontext der Montage hat sich der Gesetzgeber dazu entschlossen, auch dann von einem Sachmangel auszugehen, wenn nicht die Montage selbst, sondern lediglich die Montageanleitung mangelhaft ist und deshalb die Sache nicht fehlerfrei montiert wurde (§ 434 Abs. 2 S. 2 BGB). Die Voraussetzungen eines solchen Sachmangels können vorliegen, wenn der Käufer selbst oder aber auch der Verkäufer in Person oder mit eigenem Personal die Montage nach Maßgabe der Montageanleitung versucht durchzuführen[435]. Voraussetzung ist lediglich, dass die Kaufsache selbst nach ihrem Verwendungszweck zur Montage bestimmt ist. Dies ist der Fall, wenn es für den bestimmungsgemäßen Gebrauch der Kaufsache – etwa bestimmter Bauteile und Geräte – erforderlich ist, diese zusammenzubauen, sie aufzustellen, sie einzubauen oder aber sie anzuschließen[436].

185 **7. Falschlieferung und Mengenfehler.** Schließlich stellt § 434 Abs. 3 BGB klar, dass es einem Sachmangel im Rechtssinne gleichsteht, wenn der Verkäufer eine andere Sache oder eine zu geringe Menge der bestellten Sache liefert. Erfolgte Falschlieferungen werden damit ebenso wie feststellbare Mengenfehler künftig wie Sachmängel behandelt. Ob eine Falschlieferung vorliegt, richtet sich nach der zugrunde liegenden Vereinbarung der Parteien über den eigentlichen Kaufgegenstand. Für das Vorliegen eines Mengenfehlers kommt es entscheidend darauf an, ob unter Berücksichtigung von Stückzahl und Gewicht eine – regelmäßig zu geringe – Menge geliefert wurde[437].

186 **8. Sachmängelhaftung.** Erweist sich die gekaufte Sache als nach den vorstehenden Grundsätzen mangelhaft, ist der Käufer berechtigt,
- nach § 439 BGB Nacherfüllung zu verlangen,
- nach den §§ 440, 323 BGB und 326 Abs. 5 BGB vom Vertrag zurückzutreten,
- nach § 441 BGB den Kaufpreis zu mindern,
- nach den §§ 440, 280, 281, 283 und 311a BGB Schadensersatz zu verlangen oder aber
- nach § 284 BGB Ersatz vergeblich getätigter Aufwendungen zu beanspruchen.

187 Die vorgenannten, sich aus § 437 BGB ergebenden Rechte des Käufers stehen grundsätzlich sämtlich nebeneinander. Will der Käufer jedoch den Rücktritt erklären oder aber Minderung verlangen, so hat er zunächst den – insoweit vorrangigen – Nacherfüllungsanspruch nach § 439 BGB gegenüber dem Verkäufer geltend zu machen. Beseitigt der Käufer den Mangel an dem Kaufgegenstand selbst, ohne dem Verkäufer zuvor eine erforderliche und angemessene Frist zur Nacherfüllung zu setzen, kann er weder Minderung, Schadensersatz oder aber Kostenerstattung für die Mängelbeseitigungsarbeiten vom Verkäufer beanspruchen[438]. Ebenso wenig kann der Käufer nach § 326 Abs. 2 und 4 BGB (analog) die Anrechnung der vom Verkäufer ersparten Aufwendungen für die Mängelbeseitigung auf den Kaufpreis verlangen oder insoweit den bereits gezahlten Kaufpreis in vorgenanntem Umfange zurückfordern[439]. Es besteht deshalb aus Sicht des BGH ein genereller Vorrang der Nacherfüllung zugunsten des Verkäufers, dem damit ein „Recht zur zweiten Andienung" eingeräumt wird, um die Geltendmachung weitergehender Käuferrechte abwenden zu können[440].

188 Bereits aus § 433 Abs. 1 S. 2 BGB ergibt sich, dass der Verkäufer verpflichtet ist, die Sache frei von Sach- und Rechtsmängeln zu verschaffen. Verletzt der Verkäufer diese Pflicht, so steht dem Käufer ein Anspruch auf Rest- bzw. Nacherfüllung unmittelbar gegenüber dem Verkäufer zu. Dies hat zur Konsequenz, dass der Käufer entweder die Nachbesserung am gelieferten Kaufgegenstand oder aber eine Neulieferung anstelle des erworbenen Gegenstandes beanspruchen

---

[434] *Weidenkaff* in Palandt BGB § 434 Rn. 41 ff.
[435] *Westermann* NJW 2002, 241 (244).
[436] *Weidenkaff* in Palandt BGB § 434 Rn. 47.
[437] *Cramer/Räntsch* Das neue Schuldrecht, Rn. 734 ff.
[438] BGH NJW 2006, 1195 ff.
[439] BGH NJW 2005, 1348 ff.
[440] BGH NJW 2005, 1348 (1350); *Faust* in Bamberger/Roth BGB § 439 Rn. 2; *Westermann* in MüKoBGB § 437 Rn. 2 mwN; kritisch hierzu *Lorenz* NJW 2005, 1321 ff.; *Herresthal/Riehm* NJW 2005, 1457 ff.; *Lorenz* NJW 2006, 1175 ff.

kann[441]. In § 439 Abs. 1 BGB heißt es daher, dass der Käufer als Nacherfüllung nach seiner Wahl die Beseitigung des Mangels oder aber die Lieferung einer mangelfreien Sache verlangen kann. Der Verkäufer hat die zum Zwecke der Nacherfüllung erforderlichen Aufwendungen, insbesondere die Transport-, Wege-, Arbeits- und Materialkosten selbst zu tragen (§ 439 Abs. 2 BGB)[442]. Verweigern kann der Verkäufer die vom Käufer gewählte Art der Nacherfüllung regelmäßig nur, wenn diese mit unverhältnismäßig hohen Kosten verbunden ist (§ 439 Abs. 3 S. 1 BGB). Entscheidet sich der Verkäufer danach zur Nacherfüllung und liefert er zu diesem Zweck eine neue und mangelfreie Sache, so kann er im Gegenzug vom Käufer die Rückgewähr der zuvor gelieferten, mangelhaften Sache beanspruchen (§ 439 Abs. 4 iVm §§ 346–348 BGB).

Besondere Probleme stellen sich dann, wenn die mangelhafte Sache – wie am Bau nicht unüblich – bereits vom Käufer eingebaut wurde. Nach § 439 Abs. 2 BGB hat der Verkäufer grundsätzlich die zum Zwecke der Nacherfüllung erforderlichen Aufwendungen zu tragen. Dazu gehören vor allem die Transport-, Wege-, Arbeits- und Materialkosten, die dem Käufer im Zusammenhang mit der mangelhaften Sache entstehen. Die Kosten für den erforderlichen Ausbau der mangelhaften Sache[443] und den (Neu-) Einbau wurden nach dem BGH jedoch zunächst nicht als erstattungsfähig im Sinne des § 439 Abs. 2 BGB angesehen; sie sollten nur dann zu ersetzen sein, wenn die Voraussetzungen des § 280 BGB vorliegen[444]. Diese Rechtsbeurteilung ist überholt durch eine Entscheidung des EuGH aus dem Jahre 2011[445], wonach die Kosten des Ausbaus der mangelhaften Sache sowie des Einbaus der (neuen) mangelfreien Sache grundsätzlich vom Verkäufer zu tragen sind[446]. Ausgehend hiervon gelangte der Bundesgerichtshof bei erneuter Befassung im Wege europarechtskonformer Auslegung dazu, dass der Verkäufer zum Ausbau der mangelhaften Sache und auch zum Einbau der als Ersatz gelieferten Sache verpflichtet sei[447]. Dieses richtlinienkonforme Verständnis von anfallenden Aus- und Einbaukosten hat der BGH allerdings ausschließlich auf Fälle des Verbrauchsgüterkaufes beschränkt und ausgesprochen, dass sich keine entsprechende Verpflichtung aus Bau-Kaufverträgen zwischen Unternehmen ergeben[448]. Dies hat der BGH einer richtlinienkonformen Auslegung des § 439 Abs. 1 Alt. 2 BGB entnommen und zwar mit der Begründung, die Bedeutung der Richtlinie beschränke sich von vornherein alleine auf Fälle des sog Verbrauchsgüterkaufes. Ausgehend hiervon hat der Senat den Standpunkt eingenommen, es liege für Kaufverträge zwischen Unternehmen nach Maßgabe der Verbrauchsgüterkaufrichtlinie anderenfalls eine richtlinienüberschießende Umsetzung derselben vor[449]. Im Ergebnis vermag diese Entscheidung des BGH nicht zu überzeugen. Die unterschiedliche Auslegung der Bestimmung des § 439 Abs. 1 BGB ist vor dem Hintergrund richtlinienkonformer Auslegung verfehlt[450]. Unter dogmatischen wie unter ökonomischen Vorzeichen ist es vielmehr angebracht, in der Absatzkette die Verkäuferhaftung für Aus- und Einbaukosten nicht einzuschränken, sondern diese im Ergebnis durchzustellen auf den Hersteller der mangelbehafteten Sache[451]. Begründen lässt sich dies vor allem unter Hinweis darauf, dass der Verkäufer zum Zeitpunkt des Verkaufes weiß und auch intendiert, dass die von ihm gelieferten Sachen ihrem Verwendungszweck entsprechend beim Käufer oder aber bei einem Dritten zum Einbau gelangen sollen.

Auf der Grundlage der derzeitigen Rechtsprechung des BGH kommt eine Haftung des Verkäufers nur bei schuldhaftem Verhalten in Betracht. Soweit im Zusammenhang mit der Nacherfüllung einschließlich Ein- und Ausbau der mangelhaften Sache Schäden entstehen, rechnen diese schon begrifflich nicht unter § 439 Abs. 2 BGB, sondern unter § 280 Abs. 1 BGB[452]. Im Rahmen der Haftung nach § 280 Abs. 1 BGB wird dem Verkäufer nach § 278

---

[441] *Cramer/Räntsch* Das neue Schuldrecht, Rn. 759, *Faust* in Bamberger/Roth BGB § 439 Rn. 8 ff.; vgl. zu den bei Nacherfüllung bestehenden Untersuchungs- und Rügeobliegenheiten: *Mankowski* NJW 2006, 865 ff.; vgl. zu den Einzelheiten der Ausübung des Wahlrechts: *Schroeter* NJW 2006, 1761 ff.
[442] Vgl. OLG Karlsruhe BauR 2005, 109 ff.
[443] BGH BauR 2009, 812 ff.; *Thürmann* NJW 2006, 3457; *Skamel* NJW 2008, 2820.
[444] BGH BauR 2008, 2837; OLG Düsseldorf NJW-RR 2008, 1282; OLG Köln NJW-RR 2006, 677; *Lorenz* NJW 2007, 1 (5); aA OLG Karlsruhe MDR 2005, 135.
[445] EuGH NJW 2011, 2269 auf Vorlage von BGH NJW 2009, 1660.
[446] Vgl. auch *Weidenkaff* in Palandt BGB § 439 Rn. 11.
[447] BGHZ 189, 196 = BGH BauR 2012, 793 zu Ausbaukosten; BGH BauR 2013, 239 zu Einbaukosten.
[448] BGH BauR 2013, 239.
[449] BGH BauR 2013, 239.
[450] Vgl. *Augenhofer/Appenzeller/Holm* JuS 2011, 680 (684); *Faust* JuS 2011, 744 (748); *Jaensch* NJW 2012, 1025 (1027); *Rodemann/Schwenker* ZfBR 2011, 634 (639); *Messer/Cramer* FS Englert, 2014, 297 (302).
[451] *Bien* BauR 2013, 341 (342); *Messer/Cramer* FS Englert, 2014, 297 (302).
[452] *Weidenkaff* in Palandt BGB § 439 Rn. 11.

BGB weder eine schuldhafte Pflichtverletzung des Vorlieferanten[453] noch des Herstellers des Kaufgegenstandes zugerechnet[454].

Durch die Angleichung des Mängelrechts an das allgemeine Leistungsstörungsrecht ergibt sich für den Verkäufer – anders als nach dem früheren Recht – eine umfassendere Schadensersatzhaftung für lediglich fahrlässiges Fehlverhalten. Infolgedessen gewinnt die Frage an Bedeutung, inwieweit der Verkäufer gehalten ist, den Kaufgegenstand vor der (Weiter-)Veräußerung zu untersuchen[455]. Während den Verkäufer von industriell hergestellten Massenartikeln ebenso wie den Zwischenhändler keine spezielle Untersuchungspflicht treffen soll[456], kann sich aber durchaus im Einzelfall eine weitergehende Untersuchungspflicht aus Verkehrssitte, besonderen Umständen des Kaufgeschäfts oder aber einer besonderen Sachkunde des Verkäufers ergeben[457]. Offenbarungspflichten bestehen jedenfalls in Bezug auf erhebliche und für die Kaufentscheidung des Erwerbers relevante Mängel.

Vereinbarungen mit dem Ziel, die Rechte des Käufers wegen eines Mangels auszuschließen oder zu beschränken, sind nur in den Grenzen des § 454 BGB möglich. Soweit derartige Vereinbarungen zwischen den Parteien vorliegen, entfalten sie keine Wirkung, wenn der Verkäufer den Mangel des Kaufgegenstandes arglistig gegenüber dem Käufer verschwiegen oder aber eine Garantie für die Beschaffenheit des Kaufgegenstandes übernommen hat[458]. Liegen diese einschränkenden Voraussetzungen nicht vor, sind Vereinbarungen zum Haftungsausschluss bzw. zur Haftungsbeschränkung vom Grundsatz her zulässig[459].

Die unbefriedigende Rechtslage zur Haftung innerhalb der Regresskette wird mit Wirkung ab dem 1.1.2018 neu durch das **Gesetz zur Reform des Bauvertragsrechts und zur Änderung der kaufrechtlichen Mängelhaftung** geregelt (BGBl 2017 I, 969). Der gewährleistungsrechtliche Rückgriff des Verkäufers sieht vor, dass dieser beim Verkauf einer neu hergestellten Sache von seinem Verkäufer/Lieferanten Ersatz der Aufwendungen verlangen kann, die er im Verhältnis zu seinem Käufer zur Nacherfüllung getragen hat (§ 445a Abs. 1 BGB n. F.). Bei Geltendmachung der gewährleistungsbezogenen Rückgriffsrechte gegen seinen Verkäufer/Lieferanten bedarf es dabei nicht der ansonsten erforderlichen Fristsetzung, wenn der Verkäufer die verkaufte neu hergestellte Sache als Folge ihrer Mangelhaftigkeit zurücknehmen musste oder der Kaufpreis vom Käufer zuvor gemindert wurde (§ 445a Abs. 2 BGB n. F.). Diese Regelungen sollen in der Anspruchskette zurück bis hin zum Hersteller gelten, wenn der jeweilige Schuldner als Unternehmer einzuordnen ist (§ 445a Abs. 3 BGB n. F.). Grundsätzlich sollen die Aufwendungsersatzansprüche dabei in zwei Jahren ab Ablieferung der Sache verjähren (§ 445b Abs. 1 BGB n. F.). Die Verjährung der Ansprüche des Verkäufers gegenüber seinem Verkäufer/Lieferanten wegen des Mangels einer verkauften neu hergestellten Sache tritt allerdings frühestens zwei Monate nach dem Zeitpunkt ein, in dem der Verkäufer die Ansprüche des Käufers erfüllt hat. Diese Ablaufhemmung endet spätestens 5 Jahre nach dem Zeitpunkt, in dem der Lieferant die Sache dem Verkäufer abgeliefert hat (§ 445b Abs. 2 BGB n. F.). Auch diese Verjährungsregelungen finden wiederum in der gesamten Anspruchskette Anwendung, wenn und soweit der jeweilige Gewährleistungsschuldner als Unternehmer einzuordnen ist (§ 445b Abs. 3 BGB n. F.). Ergänzende Regelungen zum Verbrauchsgüterkauf und zu den danach anzuwendenden bzw. geänderten Vorschriften enthalten im Übrigen die neu gefassten Bestimmungen der §§ 474 und 475 BGB. Damit wird künftig sichergestellt, dass der voll umfänglich gegenüber dem Auftraggeber haftende Auftragnehmer für von ihm beschaffte, von vornherein mangelbehaftete Baustoffe und Bauteile im Rahmen kaufrechtlicher Erwerbs- und Lieferantenkette seinerseits umfassend Rückgriff nehmen kann. Allerdings gilt dies nur, wenn er zuvor seiner Rügeverpflichtung nach § 377 HGB tatsächlich und fristgerecht nachgekommen ist (§ 445a Abs. 4 BGB n. F.).

189 **9. Verjährung.** Die Verjährung der Mängelansprüche ist im Kaufrecht in § 438 BGB geregelt. Die Verjährung von Mängelansprüchen beträgt zwei Jahre (§ 438 Abs. 1 Nr. 3 BGB). Bei Bauwerken und bei einer Sache, die entsprechend ihrer üblichen Verwendungsweise für ein Bauwerk verwendet worden ist und dessen Mangelhaftigkeit verursacht hat, beträgt die Ver-

---

[453] BGH NZBau 2014, 623 (625).
[454] BGH NJW 2009, 1660.
[455] *Gröschler* NJW 2005, 1601 ff.
[456] *Beckmann* in Staudinger BGB § 433 Rn. 103 ff.; /*Weidenkaff* in Palandt BGB § 433 Rn. 31; *Westermann* in MüKoBGB § 433 Rn. 67.
[457] *Gröschler* NJW 2005, 1601.
[458] Vgl. zum Haftungsausschluss bei vereinbarter Beschaffenheit: *Emmert* NJW 2006, 1765 ff.
[459] *Weidenkaff* in Palandt BGB § 444 Rn. 3; *Gronstedt/Jörgens* ZIP 2002, 52 ff.

jährungsfrist 5 Jahre (§ 438 Abs. 1 Nr. 3 BGB). Längere Verjährungsfristen können unter Umständen dann gegeben sein, wenn auf konkurrierende Ansprüche aus der Verletzung von Beratungspflichten, Untersuchungspflichten, vorvertraglichen Aufklärungspflichten oÄ zurückgegriffen werden kann (§§ 195 ff. BGB)[460]. Die Verjährungsfrist beginnt im Kaufrecht mit der Ablieferung des Kaufgegenstandes zu laufen (§ 438 Abs. 2 BGB).

Von Bedeutung im Baubereich ist vor allem, dass für Baustoffe und Bauteile, die üblicherweise bei der Herstellung von Bauwerken Verwendung finden, die Verjährungsfrist 5 Jahre beträgt (zB für Beton, Zement, Bauholz, Fenster, Dachplatten etc). Damit ist sichergestellt, dass der aus Werkvertrag zur Nacherfüllung verpflichtete Unternehmer seinerseits noch innerhalb der bei Bauwerken üblichen Verjährungsfrist von 5 Jahren Sachmängel-Rückgriffsansprüche bei dem Hersteller bzw. Lieferanten geltend machen kann. Abgerundet wird die Absicherung in der Regresskette ab dem 1.1.2018 durch die oben zu § 445b BGB n. F. angesprochene Verlängerung der Verjährungsfrist zu den gewährleistungsrechtlichen Rückgriffsansprüchen nach § 445a BGB n. F. **190**

10. Garantie des Verkäufers. Ungeachtet der vorstehenden gesetzlichen Regelungen der §§ 433 ff. BGB ist zu beachten, dass der Verkäufer zusätzlich aus einer übernommenen Beschaffenheits- und Haltbarkeitsgarantie gegenüber dem Käufer verpflichtet sein kann. Eine derartige Beschaffenheits- und Haltbarkeitsgarantie hat der Gesetzgeber in § 443 BGB neu geschaffen. Übernimmt der Verkäufer oder ein Dritter eine Garantie für die Beschaffenheit der Sache oder aber dafür, dass die Sache für eine bestimmte Dauer eine bestimmte Beschaffenheit behält (Haltbarkeitsgarantie), so stehen dem Käufer im Garantiefall unbeschadet der gesetzlichen Ansprüche die Rechte aus der Garantie zu den in der Garantieerklärung und der einschlägigen Werbung angegebenen Bedingungen gegenüber demjenigen zu, der die Garantie eingeräumt hat. **191**

Garantiegeber können dabei gegenüber dem Käufer der Verkäufer, der Hersteller oder aber auch ein Dritter sein. Soweit eine Herstellergarantie übernommen wird, kommt es nicht entscheidend darauf an, dass der Verkäufer seinerseits unmittelbar den Kaufgegenstand vom Hersteller bezogen hat[461]. Dritte sind als Garantiegeber anzusehen, wenn sie am Vertrieb der Sache beteiligt sind, etwa als Großhändler, Importeure, Vertriebsunternehmer etc. **192**

Die Garantiegeber können eine ausdrückliche Garantieerklärung abgeben. Dabei braucht freilich der Begriff „Garantie" nicht verwendet zu werden. Es muss lediglich zum Ausdruck gebracht werden, dass der Erklärende für bestimmte Beschaffenheits- und Haltbarkeitsangaben uneingeschränkt einstehen will. Dabei kann sich dieses Einstehen auf den Kaufgegenstand in seiner Gesamtheit oder aber auch auf Teile desselben erstrecken[462]. **193**

Garantieerklärungen müssen sich nicht nur aus entsprechenden Zusagen des Garantiegebers, sondern darüber hinaus auch aus der Werbung für bestimmte Produkte ergeben. Allerdings setzt dies voraus, dass der Werbung selbst ein garantieentsprechender Gehalt beizumessen sein muss. Aus der bloßen Beschreibung von Beschaffenheitsmerkmalen oder aber bestimmten anpreisenden Produktbeschreibungen kann nicht auf das Vorliegen von werbungsbedingten Garantieerklärungen geschlossen werden[463]. **194**

Die Rechte aus der Garantie stehen dem Käufer unbeschadet der gesetzlichen Sachmängelhaftung zu. Durch eine Beschaffenheits- und Haltbarkeitsgarantie im Sinne des § 443 BGB ändert sich deshalb nichts an den Nacherfüllungsansprüchen, die sich aus § 437 BGB ergeben. Es besteht insoweit Anspruchskonkurrenz. **195**

Der Umfang der Garantie erschließt sich primär aus den Garantiezusagen bzw. Garantieerklärungen. Regelmäßig ist die Garantiezusage auf die Ersatzlieferung, Nachbesserung oder aber auf die Gewährung von Schadensersatz ausgerichtet. Im Einzelfall kommt es deshalb darauf an, ob der Käufer besser steht, wenn er aus der Garantie oder aber aus den sonstigen Sachmängelansprüchen gegenüber dem Verkäufer vorgeht. **196**

F. Baugeräteüberlassung

Der Auftragnehmer benötigt regelmäßig zur Ausführung der ihm beauftragten Bauleistungen unterschiedliche Baugeräte. Hierzu zählen neben Kleingeräten vor allem stationäre oder mobile **197**

---

[460] *Lorenz* NJW 2005, 1889.
[461] *Weidenkaff* in Palandt BGB § 443 Rn. 2.
[462] *Weidenkaff* in Palandt BGB BGB § 443 Rn. 5.
[463] *Weidenkaff* in Palandt BGB § 443 Rn. 6.

Krananlagen, Förderbänder und Aufzüge, Rammen und Bohrer. Der Auftragnehmer kann selbst Inhaber der erforderlichen Baugeräte sein. In diesem Falle bringt der Auftragnehmer die Baugeräte im Rahmen des mit dem Auftraggeber abgeschlossenen Bauvertrages zum Einsatz.

198 Von der Verwendung der Baugeräte im Rahmen des abgeschlossenen Bauvertrages zu unterscheiden sind vertragliche Absprachen, die auf die Überlassung von Baugeräten abzielen. Bei derartigen Baugeräteüberlassungsverträgen geht es regelmäßig darum, dass von einem Dritten Baugeräte mit oder ohne Bedienpersonal zum Zwecke der Ausführung oder aber der Unterstützung von Bauleistungen zur Verfügung gestellt werden. Im Baugeschehen treten dabei ganz unterschiedliche Fallkonstellationen auf:

199 – Bei der unentgeltlichen Überlassung von Baugeräten während des Bauablaufes – etwa bei der zeitweiligen Überlassung einer Krananlage eines Nachunternehmers an einen weiteren Nachunternehmer – wird es sich in aller Regel um den stillschweigenden Abschluss eines Leihvertrages im Sinne des § 598 BGB handeln. Dies gilt jedenfalls dann, wenn der Entleiher auf Grund der getroffenen Absprache im Stande ist, die Krananlage zeitweilig als unmittelbarer Besitzer zu nutzen. Kommt es zu keiner zeitweiligen Besitzüberlassung, kann ein bloßes Gefälligkeitsverhältnis ohne weitergehende vertragliche Bindung vorliegen.

200 – Hiervon zu unterscheiden sind Fälle der Überlassung von Baugeräten gemäß § 8 Abs. 3 Nr. 3 VOB/B. Mit der Inanspruchnahme durch den Auftraggeber entsteht ein eigenständiges vertragliches Nutzungsverhältnis[464].

201 – Die entgeltliche Überlassung von Baugeräten an den Auftragnehmer – etwa die Bereitstellung von Krananlagen oder Betonpumpen – erfolgt regelmäßig im Rahmen eines gesondert abgeschlossenen Mietvertrages[465]. Die sog Gerätemiete erstreckt sich ausschließlich auf die entgeltliche Überlassung von Baugeräten ohne hiermit einhergehende Beistellung von Bedienpersonal[466]. Der Baugerätevermieter ist deshalb lediglich verpflichtet, die vom Auftragnehmer benötigten Baugeräte und Baumaschinen für den vereinbarten Zeitraum in funktionstüchtigem Zustand zur Verfügung zu stellen. Der zweckgerechte Einsatz der Geräte ist ausschließlich Sache des bauausführenden Unternehmens als Mieter[467].

202 – Überlässt der Baugerätevermieter dem bauausführenden Unternehmen zum Zwecke der Bedienung der Geräte (eigenes) Personal[468], so ist der Vermieter verpflichtet, neben der Bereitstellung der vertraglich vereinbarten Baugeräte und Maschinen auch fachkundiges und geschultes Bedienpersonal zur Verfügung zu stellen[469]. Dies stellt die rechtliche Folge aus der vertraglich gewollten Verbindung zwischen dem abgeschlossenen Mietvertrag (Baugeräte) und dem hiermit nach dem Willen der Parteien verbundenen Dienstverschaffungsvertrag (Personal) dar[470]. Regelmäßig liegt in diesen Fällen ein kombinierter Miet- und Dienstverschaffungsvertrag vor[471]. Auch in diesem Falle ist der Einsatz der Baugeräte wie auch der Einsatz des Bedienpersonals während der Ausführung der Bauleistungen zuförderst Sache des bauausführenden Unternehmens. Für einen fehlerhaften Einsatz der Baugeräte im Rahmen der Ausführung der Bauleistungen bleibt deshalb der Mieter verantwortlich, auch wenn verursachte Schäden auf Fehler zurückzuführen sind, die von dem zur Verfügung gestellten Bedienpersonal verursacht wurden[472]. Sogar bei Beschädigung der überlassenen Baugeräte auf Grund von Bedienfehlern des überlassenen Personals soll der Mieter hierfür schadensersatzpflichtig sein können[473].

203 – Die vorherrschende Auffassung, wonach den Mieter eine weitgehende Schadensverantwortlichkeit treffen soll, vermag freilich nicht zu überzeugen. Bei dem Einsatz von Baumaschinen mit gestelltem Bedienpersonal legt das bauausführende Unternehmen als Mieter erkennbar besonderen Wert darauf, dass der Einsatz der angemieteten Maschinen fehlerfrei erfolgt. Vor diesem Hintergrund erscheint es sachgerechter, für die Abgrenzung der Verantwortungssphären darauf abzuheben, ob der Schaden auf einen reinen Bedienungsfehler zurückgeht oder aber

---

[464] Im Einzelnen → § 8 Rn. 102.
[465] *W. Jagenburg* in Beck'scher VOB-Kommentar Teil B 2. Aufl., vor § 1 Rn. 75.
[466] *W. Jagenburg* in Beck'scher VOB-Kommentar Teil, 2. Aufl., vor § 1 Rn. 75.
[467] KG Berlin NJW 1965, 976; OLG Düsseldorf BauR 1996, 136.
[468] Vgl. *Engbers* NZBau 2011, 199 zur Haftung für Pflichtverstöße des Bedienpersonals bei der Anmietung von Baumaßnahmen nebst Personalüberlassung.
[469] *Korbion* in Ingenstau/Korbion Anhang 2 Rn. 144 ff.
[470] OLG Düsseldorf NJW-RR 1995, 160; vgl. *Saller* BauR 1995, 50 (52 ff.).
[471] *Engbers* NZBau 2011, 199.
[472] BGH BB 1968, 809; BauR 1982, 90.
[473] OLG Düsseldorf BB 1992, 171 = BauR 1992, 270.

durch eine Weisung bzw. die baulichen Gegebenheiten an dem Bauvorhaben bedingt ist; in erstgenanntem Fall wird die Verantwortung ausschließlich bei dem Vermieter liegen, nur in den verbleibenden Fallkonstellationen kann sich das bauausführende Unternehmen als Mieter schadensersatzpflichtig machen[474]. Um zu entsprechenden, angemessenen Ergebnissen zu gelangen, bedient sich die Rechtsprechung herkömmlicherweise der Bezugnahme auf im Einzelfall betonte dienstvertragliche Pflichtverletzungen. Bedienungsfehler bei der mietweisen Bereitstellung eines Spezialkranes sollen deshalb (ausnahmsweise) dem Vermieter zurechenbar sein[475].

– Im Einzelfall kann sich der Einsatz von Baugeräten auch nach werkvertragsrechtlichen Grundsätzen richten. Sobald mit dem Einsatz ein bestimmter, eigenständiger Leistungserfolg intendiert ist, beurteilt sich das Vertragsverhältnis nach § 631 BGB. Zu denken ist etwa an Fälle, bei denen der Auftrag zur Montage bzw. Demontage einer Krananlage vermittels des Einsatzes eines mobilen Autokranes übernommen wird[476]. **204**

Die unterschiedlichen Gestaltungen des Baugeräteüberlassungsvertrages sind danach vielfältig. Es empfiehlt sich regelmäßig, zur Vermeidung von vertraglichen Zuordnungsproblemen individuelle Vereinbarungen – vor allem auch zur Verantwortlichkeit und Haftung – zu treffen. Auf die VOB/B kann dabei nicht Bezug genommen werden, da die Geräteüberlassung im eigentlichen Sinne keine Bauleistungen zum Gegenstand hat. **205**

Von den vertraglichen Vereinbarungen und den sich hieraus ergebenden Verpflichtungen zu unterscheiden sind die allgemeinen Verkehrssicherungspflichten, die auch für den Einsatz von Baugeräten gelten. Der auf einer Baustelle tätige Unternehmer hat selbstständig zu kontrollieren, ob ein von ihm benutztes Gerät den maßgebenden Unfallverhütungsvorschriften entspricht[477]. Diese Verpflichtung kann vor allem auch den Generalunternehmer treffen, der alle organisatorischen Maßnahmen vorzusehen hat, um auf der Baustelle die Beachtung der Sorgfalts- und Verkehrssicherungspflichten sicherzustellen[478]. **206**

Schadensersatzpflichten gegenüber Dritten können sich neben §§ 823 ff. BGB auch aus den Bestimmungen des Haftpflichtversicherungsgesetzes ergeben (HPflG). So ist der Inhaber einer Betonpumpe und der weiteren zum Betontransport benutzten Rohrleitungen nach § 2 Abs. 1 HPflG schadensersatzpflichtig, wenn aus der Rohrleitungskonstruktion flüssiger Beton austritt und Schäden an fremden Gegenständen verursacht[479].

---

[474] Vgl. auch BGH VersR 1971, 324; OLG Hamm VersR 1978, 548; OLG Düsseldorf VersR 1979, 674.
[475] OLG Hamm VersR 1966, 641; vgl. auch OLG Karlsruhe MDR 1972, 325; *Korbion* in Ingenstau/Korbion VOB Anhang 2 Rn. 144 ff. *W. Jagenburg* in Beck'scher VOB-Kommentar Teil B 2. Aufl., vor § 1 Rn. 77; Saller BauR 1995, 762 (766).
[476] OLG Hamm BauR 1992, 271.
[477] Vgl. OLG Bremen BauR 2005, 391 (392) für die vergleichbare Problematik des Gerüsteinsatzes.
[478] Vgl. OLG Bremen BauR 2005, 391 (392 f.).
[479] KG Berlin NZBau 2006, 440 (441).

Stichwortverzeichnis

*(Der fett gesetzte Buchstabe bezeichnet den Teil der VOB,
die fette Ziffer den Paragraphen, die magere die Randnummer)*

Abbrucharbeiten A 1, 20
Abgaben *s. Steuern*
Abgebotsverfahren *s. Auf- und Abgebotsverfahren*
abgegoltene Leistung
– Auslegung der Regeln zum Bausoll **B 2,** 90
– Bausoll **B 2,** 26; *s. a. dort*
– Bauvertrag **B 2,** 22
– öffentlicher Auftraggeber **B 2,** 22
– privater Auftraggeber **B 2,** 25
– Systematik **B 2,** 21 ff.
– Vergütung **B 2,** 21 ff.
– VOB/B **B 2,** 21
abgespeckte Maßnahmen A 17, 17
abhängige Pauschale
– Vergütung **B 2,** 168
Abhilfemaßnahmen, Verpflichtung zu
– AGB Kontrolle **B 5,** 156
Abhilfepflicht des Auftragnehmers gem. § 5 Abs. 3 VOB/B B 5, 78
– Kündigung bei Verstoß gegen – **B 5,** 121
Ablaufhemmung
– Sachmängelhaftung **B 13,** 242 ff.
Ablaufplan
– Dokumentation **A 20,** 13
Ablaufsoll
– Bausoll **B 2,** 33
Ablieferungspflicht
– Fund **B 4,** 216
Abnahme
– Abrechnung **B 12,** 45
– Abschlagszahlung **B 16,** 149
– in Abwesenheit des Auftragnehmers **B 12,** 98 f.
– AGB **B 12,** 61 ff.
– Änderung der „anerkannten Regeln der Technik" vor – **B 2,** 30
– Anfechtung **B 12,** 28
– in Anwesenheit des Auftragnehmers **B 12,** 91 ff.
– durch Architekten **B 12,** 25
– Arten **B 12,** 29 ff.
– ausdrückliche Billigung **B 12,** 14
– Bedeutung **B 12,** 1 ff.
– Beendigung des Erfüllungsstadiums **B 12,** 37 ff.
– Beginn der Gewährleistungsfrist **B 12,** 44
– Begriff **B 12,** 10 ff.
– Beweislast nach Kündigung **B 12,** 60
– Beweislastumkehr **B 12,** 42
– Billigung der Leistung **B 12,** 12 ff.
– fehlender Vorbehalt der – **B 12,** 46 ff.
– Fertigstellungsmitteilung **B 12,** 109
– fiktive – **B 12,** 33, 100 ff.
– Formen **B 12,** 29 ff.
– förmliche – **B 12,** 90 ff.
– Gefahrübergang **B 12,** 112
– des Gemeinschaftseigentums **Anh B,** 110
– Hauptpflicht des Auftraggebers **B 12,** 23
– Hinzuziehung von Sachverständigen **B 12,** 94
– Ingebrauchnahme **B 12,** 110

– konkludente Billigung **B 12,** 15 ff., 32
– körperliche Entgegennahme der Leistung **B 12,** 11
– bei Kündigung **B 8,** 138
– nach Kündigung **B 12,** 54 ff.
– Leistungsgefahr **B 12,** 41
– Mangelfreiheit bei – **B 2,** 30
– durch öffentliche Auftraggeber **B 12,** 26
– Preisgefahrübergang **B 12,** 40
– keine Prüfungspflicht **B 12,** 13
– Rechtsnatur **B 12,** 23 ff.
– Sachmängelhaftung **B 13,** 5 ff.
– Schlusszahlung **B 16,** 192
– des Sondereigentums **Anh B,** 110
– Stellvertretung **B 12,** 25 ff.
– Teil– **B 12,** 76 ff.
– Verhältnis zu § 640 BGB **B 12,** 2 ff.
– auf Verlangen **B 12,** 69 f.
– Verlust der Gewährleistungsansprüche **B 12,** 47 ff.
– Verlust der Vertragsstrafenansprüche **B 12,** 53
– Verweigerung der – **B 12,** 83 ff.
– Voraussetzungen **B 12,** 34 f.
– Vorbehalt wegen Mangel/Vertragsstrafe **B 12,** 111
– Willenserklärung des Auftraggebers **B 12,** 24
– Wirkungen **B 12,** 36 ff.
– Wohnungseigentum **B 12,** 27
Abnahmereife B 5, 96
Abnahmevorbehalt
– fehlender – **B 12,** 46 ff.
Abnahmezeitpunkt
– Sachmängelhaftung **B 13,** 56 f.
Abnutzung
– Sachmängelhaftung **B 13,** 55
Abpreisung A 16, 23
Abrechnung
– Abnahme **B 12,** 45
– Abschlagsrechnung **B 14,** 77
– Abschlagszahlung **B 14,** 23
– abweichende Vereinbarung **B 14,** 31
– Arten **B 14,** 6
– Aufmaß bei Kündigung **B 14,** 53
– Aufmaßexemplar **B 14,** 52
– Aufmaßoriginal **B 14,** 52
– Aufmaßregel **B 14,** 43 ff.
– Aufmaßverhandlung **B 14,** 49 ff.
– Ausschluss von Prüffähigkeitseinwendungen **B 14,** 40
– Begriffe **B 14,** 21
– Bestimmungen **B 14,** 55 ff.
– Darlegungs- und Beweislast **B 15,** 21
– Einheitspreisvertrag **B 14,** 33
– Einreichungsfrist für Schlussrechnung **B 14,** 66
– Fälligkeit **B 14,** 10
– Fälligkeit des Vergütungsanspruchs **B 14,** 84
– Fehler **B 14,** 39
– Fristüberschreitung **B 14,** 68
– Klausel **B 14,** 60

1865

Stichwortverzeichnis   fette Zahlen = §§

- Kosten der Rechnungsanfertigung **B 14**, 83
- Leistungen, verdeckte **B 14**, 61
- Leistungsänderung **B 14**, 28
- Leistungsnachweis **B 14**, 31
- Maß- und Flächenpauschalisierung **B 14**, 59
- Mitwirkungspflicht des Auftraggebers **B 14**, 62
- Nachfristsetzung **B 14**, 69, 78
- Nachtragspositionen **B 14**, 29
- Nachweisunterlage **B 14**, 25 f.
- notwendige Feststellungen **B 14**, 41 ff.
- Pauschalpreisvertrag **B 14**, 34
- Pflicht **B 14**, 8 f.
- prüfbare – **B 14**, 5 ff.
- Prüffähigkeit **B 14**, 70
- Prüffähigkeitskriterien **B 14**, 17 ff.
- Prüffähigkeitskriterien bei Kündigung **B 14**, 38
- Prüfkriterien bei einzelnen Vertragstypen **B 14**, 32
- Prüfungsmaßstab, allgemeiner **B 14**, 12
- Prüfungsmaßstab, gerichtlicher **B 14**, 15
- Rechnung **B 14**, 6 f.
- Rechnungsaufstellung **B 14**, 71, 79 ff.
- Schlussrechnung **B 14**, 65
- Schriftform **B 14**, 7
- Selbstkostenerstattungsvertrag **B 14**, 37
- Stundenlohnvertrag **B 14**, 36
- Unterbrechung der Ausführung **B 6**, 46
- unzulängliche Rechnung **B 14**, 77
- Verfahren **B 15**, 15
- Vertretung bei Aufmaß **B 14**, 54
- Vorauszahlung **B 14**, 23
- Vorlagefrist für Schlussrechnung **B 14**, 63

Abrechnungsbestimmungen B 14, 55 ff.
Abrechnungsfehler B 14, 39
Abrechnungsklausel
- Wirksamkeit **B 14**, 60

Abrechnungspflicht B 14, 8 f.
Abrechnungstechnische Feststellungen B 14, 42 ff.
Abrechnungsverfahren
- Kosten zuzüglich prozentualer Aufschläge **B 15**, 15
- nach Stundenlohnsätzen **B 15**, 15

Abrechnungsvorgaben gem. § 15 Abs. 1 Nr. 2 Satz 2 VOB/B
- Darlegungs- und Beweislast **B 15**, 28
- Fracht-, Fuhr- und Ladekosten **B 15**, 27
- Gemeinkosten **B 15**, 27
- Kosten der Einrichtungen, Geräte, Maschinen und maschinellen Anlagen der Baustelle **B 15**, 27
- Lohn- und Gehalts(neben)kosten der Baustelle **B 15**, 27
- Sonderkosten **B 15**, 27
- Sozialkassenbeiträge **B 15**, 27
- Stoffkosten der Baustelle **B 15**, 27

Abruf A 9, 36
Abruffrist
- Verkürzung durch AGB **B 5**, 155
- Verlängerung durch AGB **B 5**, 155

Abschlagszahlung B 16, 88 ff.
- keine Abnahme durch – **B 16**, 149
- Abrechnung **B 14**, 23
- für angefertigte und bereit gestellte Bauteile **B 16**, 120
- für Ansprüche aus Bauvertrag **B 16**, 107
- als anteilige Zahlung **B 16**, 90
- Antrag auf – **B 16**, 100
- für auf die Baustelle gelieferte Baustoffe und Bauteile **B 16**, 122
- auf Baustoffe und Bauteile **B 16**, 119
- nach BGB **B 16**, 17
- bei Eigentumsübergang nach §§ 929 ff. BGB **B 16**, 126
- Einbehalt bei mangelhaften Bauleistungen **B 16**, 134
- Einbehalt vereinbarter Sicherheitsleistung **B 16**, 133
- Einbehalt von Gegenforderungen **B 16**, 129 f.
- für eingebaute Baustoffe und Bauteile **B 16**, 123
- Fälligkeit **B 16**, 100
- Frist **Einl B**, 33
- zu festgelegten Zeitpunkten **B 16**, 111
- geänderte Leistung **B 2**, 229
- Gesamtabrechnung **B 16**, 95
- keine Haftungseinschränkung durch – **B 16**, 150
- Höhe **B 16**, 110 ff.
- in Höhe des Wertes der nachgewiesenen Leistungen **B 16**, 101
- Kündigung **B 16**, 99
- Mehrwertsteuer auf Abschlagsforderung **B 16**, 116
- in möglichst kurzen Abständen **B 16**, 117
- für nicht eingebaute Baustoffe und Bauteile **B 16**, 124
- keine Präklusionswirkung durch – **B 16**, 151
- Rechtsnatur **B 16**, 89 ff.
- Schadensersatzanspruch des Auftragnehmers gem. § 6 Abs. 6 Satz 1 VOB/B **B 6**, 89
- vor Schlussrechnung **B 16**, 97
- Schlusszahlung **B 16**, 91
- Sicherheits- und Mängeleinbehalt **B 16**, 135
- Sicherheitsleistung **B 16**, 127
- Vergütung **B 2**, 170, 229
- für vertraglich vereinbarte Qualität **B 16**, 108
- auf vertragsgemäße Leistungen **B 16**, 106
- nach Vertragsklauseln **B 16**, 114
- VOB 2002 **B 16**, 147
- vorläufige Zahlung **B 16**, 92
- Vornahmefrist **B 16**, 136 ff.
- unter Wahrung sonstiger Leistungs- und Abrechnungsvorgaben **B 16**, 109
- nach dem Wert nachgewiesener Leistungen **B 16**, 112
- Wertbemessung **B 16**, 128

Abschlagszahlungsfähigkeit
- VOB/B **Einl B**, 32

Abschlussmängel
- Bau-ARGE **Anh B**, 130

Abschrift des Angebots A 13, 24
Absprache
- Beteiligung **A 16**, 45
- unzulässige **A 16**, 34 ff.

Abstandszahlungen A 16, 34
Absteckungspflicht der Hauptachsen
- Ausführungsunterlagen **B 3**, 22 ff.

Abtretung
- Mängelansprüche **Anh B**, 116
- Vergütungsanspruch **B 16**, 354

Abweichende Vereinbarung
- Abrechnung **B 14**, 31

Additionsfehler A 6b, 23

1866

magere Zahlen = Randnummer

Stichwortverzeichnis

AEU-Vertrag A 2, 3, 12
– Wettbewerbsvorschriften **A 2**, 32
AGB
– Abnahme **B 12**, 61 ff.
– Änderungsrecht **B 1**, 101 ff.
– Anforderung an Schlussrechnung **B 16**, 178
– Auftragsentzug bei Verzug ohne Androhung und Nachfristsetzung **B 5**, 157
– Ausschluss der Vergütungsansprüche bei geänderter Leistung **B 2**, 230
– Bausoll-Bestimmung **B 2**, 129
– Bausoll-Günstigkeitsklausel **B 2**, 60
– Beauftragung einer Fremdfirma auf Auftragnehmerkosten **B 5**, 156
– Eingriff in das Organisationsrecht des Auftragnehmers **B 5**, 156
– einseitiges Terminbestimmungsrecht **B 5**, 154
– Fristenregelung **B 5**, 13
– Fristverkürzung **B 5**, 71
– Gefahrverteilung **B 7**, 8; *s. a. Gefahrtragung, Gefahrübergang*
– Geltung aller Einzelfristen als Vertragsfristen **B 5**, 154
– Haftung der Vertragsparteien **B 10**, 63
– Haftungsbeschränkung **B 6**, 72 f.
– irrtümliche Beigabe **A 13**, 19
– Klauseln in Zusammenhang mit § 5 VOB/B **B 5**, 146 ff.
– Kündigung **B 9**, 103 ff.
– Kündigungsrecht **B 5**, 150
– bei Pauschalierung **A 9**, 66 ff.
– Sachmängelhaftung **B 13**, 62 ff., 117 f., 225 ff., 466 ff.
– Schadensersatz ohne Verzug **B 5**, 157
– Schadensersatzanspruch des Auftragnehmers gem. § 6 Abs. 6 Satz 1 VOB/B **B 6**, 90
– Schadensersatzpflicht **B 5**, 150
– Skontoabzug **B 16**, 292
– Unternehmervertrag **B 5**, 146
– Ursachenunabhängige Beschleunigungspflicht des Auftragnehmers bei Gefährdung von Vertragsterminen **B 5**, 156
– Verbrauchervertrag **B 5**, 146
– Verkürzung der Abruffrist **B 5**, 155
– Verlängerung der Abruffrist **B 5**, 155
– Verpflichtung zu Abhilfemaßnahmen **B 5**, 156
– Verstärkung der Abhilfepflicht des Auftragnehmers **B 5**, 156
– Vertragsstrafe **A 9a**, 14, 17; **B 11**, 14, 48 ff.
– Verwirkung der Vertragsstrafe bei Überschreitung sämtlicher Einzelfristen wegen Kumulationsverbotes **B 5**, 154
– Verzicht auf Kündigungsandrohung **B 5**, 157
– Verzug ohne Mahnung **B 5**, 157
– VOB/B **Einl B**, 44 ff.
– Zahlungssäumigkeit **B 16**, 336
– Zusatzleistung **B 1**, 120 ff.
– Zusätzliche Technische Vertragsbedingungen **A 8a**, 7
– Zusätzliche Vertragsbedingungen **A 8a**, 7
Ahlhorn-Entscheidung A 1, 6
Akteneinsichtsrecht *s. a. Einsicht*
– im Nachprüfungsverfahren **A-EU 18**, 15; **A-EU 19**, 36
Akzessorietät
– Vertragsstrafe **B 11**, 1, 4

Akzessorietätstheorie Anh B, 151
Aliud
– Sachmängelhaftung **B 13**, 53
Alleinhaftung des Auftraggebers B 10, 28; *s. a. Haftung*
Alleinhaftung des Auftragnehmers B 10, 32 ff., 37 ff., 49 f.; *s. a. Haftung*
allgemeine Geschäftsbedingungen *s. AGB*
allgemeine Geschäftskosten A 2, 20; **B 6**, 70
allgemeine Ordnung, Aufrechterhaltung der
– Mitwirkungspflichten des Auftraggebers **B 4**, 5
allgemeine Regeln der Technik
– VOB/C **B 1**, 19, 31a
allgemeine technische Vertragsbedingungen (VOB/C) A 7b, 15
– Aufbau **B 2**, 78 ff.
– Bausoll **B 2**, 77 ff.
allgemeine Verwaltungskosten A 2, 20
Allgemeininteresse A-EU 1, 14
„Alter Preis"
– Vergütung **B 2**, 162
Alternativposition A 4, 14 ff.
– Angebot **A 13**, 35
– Mengenabweichung **B 2**, 160
– keine Pauschalierung **A 4**, 35
– Vergütung **B 2**, 160
Altlasten A 7b, 7
– Prüfungs- und Hinweispflicht des Auftragnehmers **B 4**, 114
A-Modell A 23, 9
Anbietervarianten *s. Arbeitsgemeinschaft; Bietergemeinschaft*
Änderung
– der Vergabeunterlagen **A 13**, 17 ff.; **A 16**, 13 ff.; **A 17**, 15 ff.
– mit Zuschlagserteilung **A 18**, 37 ff.
Änderungen während der Vertragslaufzeit A 22, 1 ff.
Änderungsanordnung
– Bauentwurfsänderung **B 1**, 82
Änderungsbefugnis
– Überschreitung **B 1**, 92
Änderungsrecht
– AGB-Kontrolle **B 1**, 101 ff.
– Ausführungsfriständerung **B 1**, 98 f.
– Ausführungspflicht **B 1**, 97
– Ausübung **B 1**, 89 ff.
– Folgen **B 1**, 95 ff.
– Hinweispflichten **B 1**, 99 f.
– Vergütungsrechtliche Folgen **B 1**, 95 f.
Änderungsvorschlag A 8, 46
– Abgrenzung zum Nebenangebot **A 13**, 34
– Bausoll **B 2**, 45
– Bekanntmachung **A 12**, 20
Androhung
– Kündigung **B 5**, 130
Anerkannte Regeln der Technik
– Änderung vor Abnahme **B 2**, 30
– Mangel trotz Einhaltung **B 13**, 46
– Mangel wegen fehlender – **B 13**, 47
– Mangel wegen Nichteinhaltung **B 13**, 44 f.
– Sachmängelhaftung **B 13**, 42 ff.
Anerkenntnis, nachträgliches
– Vergütung bei – **B 2**, 303
Anfechtung
– Abnahme **B 12**, 28

Stichwortverzeichnis

fette Zahlen = §§

- Arglistanfechtung *s. dort*
- Irrtumsanfechtung *s. dort*

Anfrage *s. Auskunftsersuchen*

Angebot *s. a. Nebenangebot*
- Abschrift **A 13**, 24
- mit abweichenden technischen Spezifikationen **A 16d**, 46
- Änderungen **A 15**, 20 f.
- Annahme **A 18**, 6, 17 ff.
- Aufforderung zur Angebotsabgabe *s. dort*
- Aufklärung *s. dort*
- Aufnahme in die Vergabeunterlagen **A 13**, 49 f.
- Ausschluss *s. a. dort*
- Auswahl **A 16d**, 16 ff.
- einer Bietergemeinschaft **A 13**, 43 ff.
- Bindung mit Zugang **A 10**, 14
- Bindung nach Ausschreibungsaufhebung **A 15**, 29
- digitales **A 13**, 2
- Eingang **A 14a**, 4
- unter Einstandspreis **A 2**, 29
- elektronisches Angebot *s. dort*
- Endbetrag **A 2**, 17; **A 14a**, 19
- Eröffnung *s. dort*
- fehlende Erklärungen **A 16a**, 1 ff.
- fehlende Unterlagen **A 16a**, 9 ff.
- Fehlerbehebung durch Auslegung **A 16**, 14
- fehlgeleitetes – **A 16**, 5
- Form **A 13**, 2 ff.
- Geheimhaltung **A 14a**, 34 ff.
- gemeinsames **A 16**, 34
- Informationsrecht **A 14a**, 31 ff.
- kein entsprechendes – **A 17**, 13 ff.
- Kennzeichnung **A 14a**, 4 ff.
- kein klares – **A 18**, 36
- kollektive Ablehnung **A 17**, 27
- Nebenangebot *s. dort*
- neues – **A 18**, 42
- Preis *s. dort*
- Pünktlichkeit **A 14a**, 9
- Rückgabe **A-EU 19**, 43
- Rückgabepflicht **A 19**, 27 ff.
- Rücknahme **A 6b**, 26
- ruinöses – **A 16d**, 2
- schriftliches – **A 13**, 2
- sonstige Erklärungen **A 13**, 15
- Spekulationsangebot *s. dort*
- Übermittlungsrisiko **A 14a**, 10
- unschädliche Verspätung **A 14a**, 27 ff.
- nicht unterzeichnetes – **A 16**, 7
- mit unzulässiger Absprache **A 16**, 34 ff.
- Verbot anderweitiger Nutzung **A-EU 19**, 42
- Vergleichbarkeit der Angebote **A 13**, 1
- Verlesung *s. dort*
- Verschluss *s. dort*
- verspätetes – **A 14a**, 26 ff.; **A 16**, 5
- Verwahrung **A 14a**, 34 ff.
- keine Vollständigkeit **A 16a**, 9 ff.; **A 18**, 36
- Wirtschaftlichkeitsprüfung *s. dort*
- zugelassenes – **A 14a**, 10
- Zulassung **A 10**, 12

Angebotsannahmestelle
- Bekanntmachung **A 12**, 25

Angebotsausschluss A 16, 3 ff., 30 ff.
- Entscheidung **A 16**, 30
- nach Ermessen **A 16**, 41 ff.
- wegen Insolvenz **A 16**, 42
- wegen Liquidation **A 16**, 44
- Mitteilung **A 19**
- Mitteilung der Gründe **A 19**, 9, 11 ff.
- Rechtsfolge **A 16**, 40 ff.
- wegen schwerer Verfehlungen **A 16**, 45 ff.
- zwingender – **A 16**, 5 ff., 40

Angebotsbearbeitung
- Entschädigung **A 8b**, 7 ff.
- Vergütung **B 2**, 15 ff.

Angebotsfrist A-EU 10, 2; *s. a. Frist*
- Ablauf **A 10**, 7
- Ablaufwirkung **A 10**, 11 ff.
- Beginn **A 10**, 4 ff.
- Bekanntmachung **A 12**, 24
- Bemessung **A 10**, 8 f.
- Mindestfrist **A 10**, 10

Angebotskalkulation
- Vergütung **B 2**, 137

Angebotsprüfung A 16c, 1 ff.
- fehlerhafte – **A 16d**, 73 ff.
- rechnerische – **A 16c**, 5 ff.
- technische – **A 16c**, 13 ff.
- wirtschaftliche – **A 16c**, 17

Angebotsrücknahme A 10, 13
- Form **A 10**, 15

Angebotssprache
- Bekanntmachung **A 12**, 26

Angebotsunterlagen
- Rückgabepflicht **A 19**, 27 ff.
- Verwendung **A 8b**, 13 f.
- weitere Verwendung **A 19**, 23 ff.

Angebotsverfahren A 4, 42, 44

Angebotswertung A 16c, 1
- fehlerhafte **A 16d**, 73 ff.
- Wertungsstufe *s. dort*

angehängte Stundenlohnarbeiten B 15, 3; *s. a. Stundenlohnarbeiten*

Angemessene Nachfristsetzung
- Kündigung **B 5**, 124

Angemessenheit der Preise A 2, 16 ff.; *s. a. Preis*
- Aufklärung **A 15**, 10 ff.
- drittschützende Wirkung **A 2**, 21

Angemessenheitsprinzip A 2, 1

angeordnete Mengenverschiebung
- Bauentwurfsänderung **B 1**, 69

Anlage
- bauliche Anlage *s. dort*

Anlagebauvertrag
- Pauschalvertrag **B 2**, 252

Annahme, vorbehaltlose
- Schlusszahlung **B 16**, 210 ff.

Annahmeverzug B 7, 32 f., 35 ff.

Annahmevorbehalt
- Vertragsstrafe **B 11**, 92 ff.

Anordnungen des Auftraggebers
- Auftragnehmer als Anordnungsempfänger **B 4**, 28
- ausdrückliche – **B 2**, 193
- Ausführung **B 4**, 23 ff.
- geänderte Leistung **B 2**, 190 ff.
- konkludente – **B 2**, 194
- Rechtswirkungen **B 4**, 31
- stillschweigende – **B 2**, 195
- Umfang **B 4**, 25
- unterlassene – **B 2**, 197
- Vertretung des Auftragnehmers **B 4**, 29

magere Zahlen = Randnummer **Stichwortverzeichnis**

- vorweg genommene – aus „Notwendigkeit" **B 2**, 196
- widerrufene – **B 2**, 197

Anordnungsbefugnis
- keine – für geänderte Leistung **B 2**, 189
- Zusatzleistung **B 1**, 105 ff.

Anordnungsrecht
- Grenzen **B 1**, 82 ff.

Anordnungsverweigerungsrecht B 4, 40

Anpassungspflicht des Auftragnehmers B 6, 30 ff.

Anrechnung
- Wirksamkeit der – angefangener Stunden wie volle Stunden **B 15**, 92

Anschaffungskosten A 8b, 4

Anschlussgleis
- Überlassungspflichten des Auftraggebers **B 4**, 122

Anschreiben A 8, 7 ff.; *s. a. Vergabeunterlagen; Vertragsunterlagen*
- Angebotsform und -inhalt **A 8**, 20
- Ausführungszeit **A 8**, 15
- Bauzeitenplan **A 8**, 36
- Eignungsnachweise **A 8**, 22
- Einsichtsstelle **A 8**, 16
- Entgelte **A 8**, 19
- Eröffnungstermin **A 8**, 31
- Finanzierungs- und Zahlungsbedingungen **A 8**, 30
- Inhalt **A 8**, 7, 11 ff.
- Leistungsart **A 8**, 13
- Leistungsumfang **A 8**, 13
- Nachunternehmen **A 8**, 39 ff.
- Nebenangebot **A 8**, 45 ff.
- Ortsbesichtigung **A 8**, 35
- Rechtsform von Bietergemeinschaften **A 8**, 21
- Sicherheitsleistungen **A 8**, 29
- sonstiger Inhalt **A 8**, 34
- Vergabestelle **A 8**, 16
- Vertraulichkeitserklärung **A 8**, 37
- Vorbehalt der losweisen Vergabe **A 8**, 14
- Wertungskriterien **A 8**, 38
- Zuschlagsfrist **A 8**, 33
- Zweck **A 8**, 7

Anstalt A-EU 1, 12

Anstatt-Leistung
- Bauentwurfsänderung **B 1**, 74

Anstreicharbeiten
- Prüfungs- und Hinweispflicht des Auftragnehmers **B 4**, 119

Anteilige Zahlung
- Abschlagszahlung **B 16**, 90

Antrag
- auf Abschlagszahlung **B 16**, 100
- Teilnahmeantrag *s. dort*

Antragsfrist
- Bekanntmachung **A 12**, 23

Anwendungsbereich *s. persönlicher Anwendungsbereich; sachlicher Anwendungsbereich*

Anwesenheitsrecht im Eröffnungstermin A 12, 27

Anzeige von Stundenlohnarbeiten B 15, 38 ff.
- Adressat **B 15**, 41
- Fehlen **B 15**, 43
- Form **B 15**, 39
- Inhalt **B 15**, 42
- Vornahme **B 15**, 40
- Zweck **B 15**, 38

Anzeigepflicht
- des Auftragnehmers bei Behinderungen **B 6**, 5 ff.
- Fund **B 4**, 216

a-Paragraphen Einl A, 22

Arbeitseinstellung durch Auftragnehmer B 18, 40 ff.
- Geltungsbereich **B 18**, 40 f.
- Leistungsverweigerungsrecht **B 16**, 329
- Nachfrist vor Ausübung des Leistungsverweigerungsrechts **B 16**, 331
- Rechtsfolgen **B 16**, 334
- Rechtswirkungen **B 18**, 43
- Verhalten nach Fristablauf **B 16**, 333
- Vertragseinbeziehung **B 18**, 42
- Vertragsklauseln **B 16**, 336

Arbeitsgemeinschaft A 16, 34
- Wettbewerbsbeschränkung **A 2**, 30

Arbeitskräfte
- beschäftigte **A 6a**, 15

Arbeitsplatz
- Überlassungspflichten des Auftraggebers **B 4**, 122

arbeitsrechtlicher Verstoß A 2, 35; **A 16**, 45

Arbeitswiederaufnahme
- Zuschlag **B 6**, 42

Architekt Anh B, 5
- Rechnungsprüfung **B 16**, 81
- Urheberrecht **A 8b**, 19
- Vertretungsmacht **A 18**, 28

Architekten- und Ingenieurleistungen VgV 2, 33

Arglistanfechtung A 16, 39

Arglistig verschwiegene Mängel B 13, 160 ff.

Arrestverfahren
- Ausschluss von Gerichtsstandsvereinbarung **B 18**, 15

Ästhetik A 16d, 42

Auf- und Abgebotsverfahren A 4, 42, 43, 45

Aufbewahrungspflichten VgV 8, 42

Aufforderung zur Angebotsabgabe
- bei der beschränkten Ausschreibung **A 3**, 14 f.
- Frist **A 9**, 36 f.
- proportionale **A 3**, 18
- bei Unterschwellenvergabe **A 3**, 20

Aufgreifschwelle A 16d, 8 f.

Aufhebung der Ausschreibung A 17; A-EU 17
- keine Bekanntmachung **A-EU 18**, 7
- Benachrichtigung der Bieter **A 17**, 23 ff.
- Dokumentation **A 20**, 16, 22
- Ermessen **A 17**, 22
- bei freihändiger Vergabe **A 17**, 5
- Gründe **A 17**, 12 ff.
- bei Nichtvorliegen der Voraussetzungen **A 17**, 6 ff.
- Primärrechtsschutz **A 17**, 26
- Schadensersatzansprüche der Bieter **A 17**, 27 ff.
- schwerwiegende Gründe **A 17**, 18 ff.
- Teilaufhebung **A 17**, 21
- bei Verhandlungsverfahren **A 17**, 5

Aufklärung A 15, 6; **A 16c**, 1

Aufklärungsgespräch A 15, 3 ff.
- Abgrenzung vom Verhandlungsverbot **A 15**, 18 ff.
- Dokumentation **A 20**, 23
- Geheimhaltung **A 15**, 14 f.
- unzulässige Nachverhandlung **A 16**, 15
- Protokollierung **A 15**, 15
- Verweigerung **A 15**, 16 f.

Stichwortverzeichnis

fette Zahlen = §§

Aufklärungspflicht A 12a, 17 f.; **A 15**, 13
Auflagen A 15, 8
– spätere – **A 17**, 17
Auflösung
– Bau-ARGE **Anh B**, 163
Aufmaß bei Kündigung B 8, 137
– Abrechnung **B 14**, 53
Aufmaß bei Vertretung
– Abrechnung **B 14**, 54
Aufmaßexemplar
– Abrechnung **B 14**, 52
Aufmassfehler, Korrektur von
– Schlusszahlung **B 16**, 269
Aufmaßoriginal
– Abrechnung **B 14**, 52
Aufmaßregel
– Abrechnung **B 14**, 43 ff.
Aufmaßverhandlung
– Abrechnung **B 14**, 49 ff.
Aufpreisung A 16, 23
Aufrechnung
– Schlusszahlung **B 16**, 194
Aufrechterhaltung der allgemeinen Ordnung
– Mitwirkungspflichten des Auftraggebers **B 4**, 5
Aufruhr
– vorzeitiger Übergang der Vergütungsgefahr **B 7**, 66
Aufsicht
– Unfallverhütungsvorschrift **B 15**, 34
Aufsichtsbehörde s. *Fachaufsichtsbehörde; Rechtsaufsichtsbehörde*
Aufsichtspersonal
– Stundenlohnarbeiten **B 15**, 29 ff.
Aufsichtsstelle
– Bau-ARGE **Anh B**, 139
Aufsichtsvergütung
– Darlegungs- und Beweislast bei Stundenlohnarbeiten **B 15**, 36
– Stundenlohnarbeiten **B 15**, 29 ff.
Auftrag s. a. *Vergabe*
– Abgrenzung zum Los **A 5**, 16
– gemischter – **Einl A**, 12
– innovative Aspekte **Einl A**, 15
– öffentlicher – **Einl A**, 15; **A 1**, 6 ff.
– soziale Aspekte **Einl A**, 15
– Umwelteigenschaften s. *dort*
– Unterschwellenwertvergabe s. *dort*
Auftraggeber A-EU 1, 4 ff.; **Anh B**, 2 ff.; s. a. *juristische Person; öffentlicher Auftraggeber*
– Abnahme als Hauptpflicht **B 12**, 23
– Abnahme als Willenserklärung **B 12**, 24
– Aufklärungspflicht s. *dort*
– Auskunftspflicht **A 12a**, 13 ff.
– Bekanntmachung **A 12**, 11
– Eingriffsrecht **B 5**, 83
– einseitige Ausführungsfriständerung **B 5**, 16
– Erlaubnis **B 4**, 10
– funktioneller Begriff **A-EU 1**, 11
– Genehmigung **B 4**, 10
– Haftung für seine Erfüllungsgehilfen **B 6**, 63
– Kündigung **B 8**, 1 ff.
– Kündigungsrecht **B 4**, 202 ff.
– Manipulation **A 16c**, 10
– öffentlicher – **Einl A**, 23; **B 2**, 22
– privater – **Einl A**, 23; **B 2**, 25
– Rechte bei verzögerter Leistungserstellung **B 5**, 102 ff.
– Risikobereich **A 7**, 21
– Sachmängelhaftung bei vom – gelieferten Bauteilen/-stoffen **B 13**, 89 ff.
– Schadensersatzanspruch **B 6**
– Selbsthilferechte **B 4**, 149 ff.; s. a. *dort*
– Sicherheitsleistung **B 17**, 3
– staatlich subventionierter – **A-EU 1**, 21
– staatliche Beherrschung **A-EU 1**, 16
– Überwachungsrechte s. *dort*
– Vergütung bei mehreren –n **B 2**, 14
– Verlängerung der Ausführungsfristen **B 6**, 18 ff.
– Vorschussanspruch für Mängelbeseitigung **B 4**, 191
– Zurechnung von Störung des Vorunternehmers nach § 278 BGB **B 4**, 8, 12
Auftragnehmer
– Abhilfepflicht **B 5**, 78
– Anpassungspflicht **B 6**, 30 ff.
– Anzeigepflicht bei Behinderungen **B 6**, 5 ff.
– Arbeitseinstellung s. *dort*
– Austauschrecht gem. § 17 Abs. 3 2. HS VOB/B **B 17**, 105 ff.
– Förderpflicht **B 5**, 77
– Geschäftsgeheimnis **B 4**, 19
– Kündigung **A 3a**, 41; **B 9**, 1 ff.
– Obhutspflicht **B 4**, 125
– Prüfungs- und Hinweispflicht des Auftragnehmers s. *dort*
– Selbstausführungspflicht **B 4**, 194 ff.; s. a. *dort*
– Sicherheitsleistung **B 17**, 16
– Terminverzug **B 5**, 35 ff.
– Unterstützungspflichten **B 3**, 7
– Verschulden bei Verzug **B 5**, 48
– Wahlrecht gem. § 17 Abs. 3 1. HS VOB/B **B 17**, 104
Auftragnehmerwechsel A 22, 6
Auftragsänderungen
– während der Vertragslaufzeit **A-EU 22**
Auftragsart
– Bekanntmachung **A 12**, 14
Auftragsentziehung B 4, 176
– Abschlagszahlung **B 16**, 99
– bei Verzug ohne Androhung und Nachfristsetzung **B 5**, 157
Auftragskalkulation
– Vergütung **B 2**, 137
Auftragssumme
– Begriff **A 9**, 64
Auftragswert A 3a, 8 ff.; **A-EU 1**, 24 ff.
– Beschränkte Ausschreibung ohne Öffentlichen Teilnahmewettbewerb s. a. *dort*
– Dokumentation **A 20**, 18
– für freihändige Vergabe **A 3a**, 50 f.
– Schätzung **A-EU 1**, 28
– Zeitpunkt **A-EU 1**, 26, 28
Aufwandserhöhung
– Bauentwurfsänderung **B 1**, 73
Aufwandsvertrag A 4, 3
– Selbstkostenerstattungsvertrag s. *dort*
– Stundenlohnvertrag s. *dort*
Aufwendungen des Unternehmers A 2, 20
Aufwendungsersatz nach GoA
– Beweislast **B 2**, 313
– Vergütung **B 2**, 309 ff.
Aufwendungsersatzanspruch
– gem. § 284 BGB **B 5**, 142 ff.

magere Zahlen = Randnummer

Stichwortverzeichnis

Aufzug
- Prüfungs- und Hinweispflicht des Auftragnehmers **B 4**, 119

Auktion *s. elektronische Auktion*
Ausbaugewerk A 3a, 11
Ausbildungsstätte A 6, 28
ausdrückliche Billigung
- Abnahme **B 12**, 14

Ausführung VgV 2, 19
- Anordnungen des Auftraggebers **B 4**, 23 ff.
- Behinderung der Ausführung *s. dort*
- Feststellung von Leistungsteilen **B 4**, 222 ff.; *s. a. dort*
- Fund **B 4**, 214 ff.; *s. a. dort*
- Geltendmachung von Bedenken durch Auftragnehmer **B 4**, 33 ff.
- mangelhafte Leistung **B 4**, 156 ff.
- Mitwirkungspflichten des Auftraggebers **B 4**, 4 ff.
- Prüfungspflicht des Auftragnehmers **B 4**, 67 ff.
- Schutzpflichten **B 4**, 126 ff.
- Selbstausführungspflicht des Auftragnehmers **B 4**, 194 ff.; *s. a. dort*
- Überlassungspflichten des Auftraggebers **B 4**, 120 ff.
- Überwachungsrechte des Auftraggebers **B 4**, 14 ff.
- Unterbrechung der Ausführung *s. dort*
- Verantwortung des Auftragnehmers für – **B 4**, 47 ff.
- vertragswidrige Stoffe/Bauteile **B 4**, 139 ff.; *s. a. dort*

Ausführungsbeginn A 9, 36
- nach Abruf **B 5**, 62 ff.
- nach Vereinbarung **B 5**, 59 ff.

Ausführungsfrist *s. a. Terminplanung*
- AGB-Klauseln in Zusammenhang mit § 5 VOB/B **B 5**, 146 ff.
- Anspruch auf Ersatz des Verzögerungsschadens gem. § 280 BGB **B 5**, 139
- Aufwendungsersatzanspruch gem. § 284 BGB **B 5**, 142 ff.
- ausreichende **A 9**, 27 ff.
- Bauablauf **B 5**, 77 ff.
- Bauablaufstörung **B 5**, 15
- Bauvorbereitung **A 9**, 30 ff.
- Bauzeitenplan **B 5**, 29 ff.
- Beginn der Ausführung nach Abruf **B 5**, 62 ff.
- Beginn der Ausführung nach Vereinbarung **B 5**, 59 ff.
- Begriff **A 9**, 15
- Bekanntmachung **A 12**, 19
- Bemessung **A 9**, 2, 19 ff.
- Beschleunigung **B 5**, 53
- Bestimmung in den Vergabeunterlagen **A 9**, 34
- BGB-Regelungen **B 5**, 1 ff.
- Bieterschutz **A 9**, 8
- Dringlichkeit **A 9**, 33
- Einrede des nicht erfüllten Vertrages **B 5**, 138
- einseitige Vertragsfriständerung durch Auftraggeber **B 5**, 16
- Einzelfrist **B 5**, 20 ff.
- Erfüllungsanspruch **B 5**, 137
- Fertigstellung der Leistung **B 5**, 95 ff.
- Frist und Termin **B 5**, 9
- der Gesamtleistung **A 9**, 29
- Jahreszeit **A 9**, 27

- Kalenderfrist **B 5**, 17
- Kündigung gem. §§ 5 Abs. 4, 8 Abs. 3 VOB/B **B 5**, 116 ff.
- Mitwirkungshandlungen *s. dort*
- Planungsleistungen in Schlüsselfertigbauvertrag **B 5**, 8
- bei privater Auftragsvergabe **A 9**, 6
- Rechte des Auftraggebers bei verzögerter Leistungserstellung **B 5**, 102 ff.
- Rücktritt gem. § 323 Abs. 1 BGB **B 5**, 143 ff.
- Schadenersatzanspruch statt der Leistung gem. §§ 280 Abs. 3, 281 BGB **B 5**, 140 ff.
- Schadensersatz gem. §§ 5 Abs. 4, 6 Abs. 6 VOB/B **B 5**, 104 ff.
- Terminverzug des Auftragnehmers **B 5**, 35 ff.
- Treu und Glauben **A 9**, 11
- unangemessene Benachteiligung **A 9**, 12
- keine Verbotsnorm **A 9**, 10
- vergaberechtliche Bedeutung **A 9**, 7 f.
- Verlängerung **B 6**, 17 ff.
- Vertragsfrist **B 5**, 11
- vertragsrechtliche Bedeutung **A 9**, 9 ff.
- VOB/B-Regelung **B 5**, 6 f.
- als Zuschlagskriterium **A 16d**, 45
- Zwischenfrist **B 5**, 20 ff.

Ausführungsort
- Bekanntmachung **A 12**, 15
- Ortsbesichtigung *s. dort*

Ausführungspläne A 9, 51
Ausführungsreife A 7b, 2
Ausführungsunterlagen
- Absteckungspflicht der Hauptachsen **B 3**, 22 ff.
- Begriff **B 3**, 17
- Durchbrechung des Trennungsprinzips **B 3**, 2
- Gläubigerobliegenheiten **B 3**, 9
- Mitwirkungspflichten als Schuldnerpflichten **B 3**, 14
- Mitwirkungspflichten als Vertragspflichten **B 3**, 10 ff.
- Nutzungsbefugnisse **B 3**, 54 ff.
- Planungsbeteiligte als Erfüllungsgehilfen des Auftraggebers **B 3**, 4 ff.
- Prüfungs- und Hinweispflichten des Auftragnehmers **B 3**, 31 ff.
- rechtzeitige Übergabe **B 3**, 16 ff., 20
- Unentgeltlichkeit **B 3**, 18
- Unterstützungspflichten des Auftragnehmers **B 3**, 7
- Verbindlichkeit **B 3**, 29 ff.
- Verwendung **B 3**, 52 ff.
- vom Auftragnehmer zu beschaffende und vorzulegende – **B 3**, 49 ff.
- Zustandsfeststellung **B 3**, 42 ff.

Ausführungszeichnungen A 9, 51
Ausführungszeit A 8, 15
Ausgewogenheit der Vertragsregelungen
- GMP-Modell **Anh B**, 82

Ausgleichspflicht im Innenverhältnis
- Haftung der Vertragsparteien **B 10**, 25

Auskunft *s. a. Informationen*
- Ersuchen **A 12a**, 15 ff.
- Erteilungsfrist **A-EU 10**, 2
- Textform **A-EU 19**, 10

Auskünfte A-EU 12a, 4
Auskunftspflicht A 12a, 13 ff.; *s. a. Aufklärungspflicht; Informationspflicht*

1871

Stichwortverzeichnis

fette Zahlen = §§

Auskunftsrecht A 12a, 16
– Geheimhaltung *s. dort*
– Überwachungsrechte des Auftraggebers **B 4**, 18
Auslaufen *s. stillschweigendes Auslaufen*
Auslegung
– Vertragsunterlagen **B 1**, 41 ff.
– VOB/B **Einl B**, 107 ff.
Auslegungskriterien
– Bausoll **B 2**, 94 ff.
Ausschließlichkeitsrecht A 3a, 35
Ausschluss A-EU 6e; A-EU 16
– fakultative **A-EU 6e**, 19 ff.
– fehlende Unparteilichkeit **A-EU 6e**, 35
– Geldbuße **A-EU 6e**, 12 f.
– Insolvenz **A-EU 6e**, 24 f.
– Liquidation **A-EU 6e**, 24 f.
– Nebenangebote **A-EU 16**, 2
– Nichtzahlung von Steuern/Sozialversicherungsbeiträgen **A-EU 6e**, 16 ff.
– Projektanten **A-EU 6e**, 36 ff.
– Schlechtleistung in der Vergangenheit **A-EU 6e**, 42 ff.
– schwere Verfehlung **A-EU 6e**, 26 ff.
– Straftat **A-EU 6e**, 3 ff.
– Täuschungen **A-EU 6e**, 45
– Verstoß gegen umwelt-, sozial- und arbeitsrechtliche Vorschriften **A-EU 6e**, 21 ff.
– wettbewerbsbeschränkende Vereinbarungen **A-EU 6e**, 30 ff.
– Zahlungsunfähigkeit **A-EU 6e**, 24 f.
– Zeitraum **A-EU 6f**, 11 f.
Ausschluss von Prüffähigkeitseinwendungen
– Abrechnung **B 14**, 40
Ausschreibung
– Aufhebung der Ausschreibung *s. dort*
– Beendigung **A 17**, 1 ff.
– beschränkte Ausschreibung *s. dort*
– Dokumentation **A 20**, 13
– funktionsgerechte – **A 7**, 22
– kommunaler Grundstücksveräußerung **A 1**, 6
– Mängelrüge **A 7**, 1
– Methoden **A 7b**, 1
– öffentliche Ausschreibung *s. dort*
– produktbezogene – **A 3a**, 35
– Prüfungs- und Hinweispflicht des Auftragnehmers **B 4**, 119
– bei deutlicher Schwellenwertüberschreitung **A 17**, 19
– stillschweigendes Auslaufen **A 17**, 2
– teil-funktionale – **A 4**, 33; **A 7c**, 2 f.
– total-funktionale – **A 4**, 32
– typenverkehrte – **A 4**, 32
– vorvertragliches Vertrauensverhältnis **A 16d**, 81 ff.
Aussparungspläne A 9, 51
Aussperrung
– Behinderung/Verlängerung der Ausführung **B 6**, 23
– Vorzeitiger Übergang der Vergütungsgefahr **B 7**, 69
Ausstattung
– technische – **A 6b**, 20
Austausch von Nachunternehmern A-EU 6d, 6 ff.
Austauschrecht des Auftragnehmers gem. § 17 Abs. 3 2. HS VOB/B
– Sicherheitsleistung **B 17**, 105 ff.

Auswahlposition A 4, 25
Autobahn
– Baukonzession **A 23**, 8
– Bauten **A 9a**, 26
„Automatische" Fristverlängerung
– Behinderung/Verlängerung der Ausführung **B 6**, 29

Bagatellklausel A 9d, 19
– Wirksamkeit **B 15**, 92
Bahn A-EU 1, 10
Balkenplan A 9, 24
Basisparagrafen A 1 ff.; Einl A, 22
Bauablauf B 5, 77 ff.
– Einzelfristen **A 9**, 4
Bauablaufstörung A 9, 18
– Ausführungsfrist **B 5**, 15
– Vertragsstrafe **B 11**, 25
Bauabzugssteuer B 16, 52 ff.
– Zahlung **B 16**, 52 ff.
Bau-ARGE Anh B, 118 ff.
– Abschlussmängel beim Vertrag **Anh B**, 130
– Aktivprozess **Anh B**, 158
– Auflösung **Anh B**, 163
– Auflösung durch Insolvenz **Anh B**, 164
– Auflösung durch Tod eines Gesellschafters **Anh B**, 164
– Aufsichtstelle **Anh B**, 139
– Bauleitung **Anh B**, 143
– Begründung **Anh B**, 126 ff.
– Beibringung der Bürgschaft durch – **Anh B**, 169
– Bietergemeinschaft **Anh B**, 127
– Bürgschaft **Anh B**, 168 ff.
– Bürgschaftsbeiträge der Gesellschafter **Anh B**, 170
– Bürgschaftsinanspruchnahme **Anh B**, 171
– Bürgschaftsverpflichtung der – **Anh B**, 168
– Dach-ARGE **Anh B**, 133
– Dauer **Anh B**, 124, 163
– Erscheinungsformen **Anh B**, 131
– fortgesetzte – **Anh B**, 137
– Geschäftsführung, kaufmännische und technische **Anh B**, 142
– Gesellschafterversammlung **Anh B**, 139
– Haftung **Anh B**, 144
– Haftung für Altverbindlichkeiten **Anh B**, 155
– Haftung für Ausscheiden aus der Gesellschaft **Anh B**, 156
– Haftung im Außenverhältnis **Anh B**, 148
– Haftung im Innenverhältnis **Anh B**, 145
– horizontal gegliederte – **Anh B**, 132
– Insolvenz **Anh B**, 165
– Insolvenz der Gesellschafter **Anh B**, 166
– Kündigung der Gesellschaft durch Gesellschafter **Anh B**, 164
– Kündigung der Gesellschaft durch Gläubiger **Anh B**, 164
– Mustervertrag **Anh B**, 128; *s. a. dort*
– Nebenerwerbs– **Anh B**, 123
– Organe **Anh B**, 138
– Parteifähigkeit **Anh B**, 157 ff.
– Passivprozess **Anh B**, 158
– Rechtsnatur **Anh B**, 119
– Schriftform **Anh B**, 129
– Streitgenossen **Anh B**, 159
– vertikal gegliederte – **Anh B**, 133

magere Zahlen = Randnummer

Stichwortverzeichnis

- Vertrag **Anh B**, 128; *s. da*
- Vertragsform **Anh B**, 129
- Zwangsvollstreckung **Anh B**, 160 ff.

Bauaufgabe A 7b, 1

Bauaufsichtsfehler
- Prüfungs- und Hinweispflicht des Auftragnehmers **B 4**, 76

Bauauftrag VgV 2, 6 ff.
- Abgrenzung von Baukonzession **A 23**, 5
- Abgrenzung von Bauleistung **A 1**, 1 ff.
- Abgrenzungen **VgV 2**, 28 ff.
- Anwendung der EG-Paragraphen **A-EU 1**, 2 ff.
- Ausführung **VgV 2**, 19
- Bauleistung **VgV 2**, 12 ff.
- Bauwerk **VgV 2**, 15 ff.
- Begriff **A 1**, 6 ff.
- Bekanntmachung **A-EU 18**, 6 ff.
- Definition **A-EU 1**, 3
- gleichzeitige Planung und Ausführung **VgV 2**, 20
- für öffentlichen Auftraggeber **VgV 2**, 21
- rechtliche Qualifizierung **VgV 2**, 9
- Schwellenwerte **Einl A**, 12

Bauausführung A 1, 13
Bauausführung, verzögerte A 9a, 16
- Vertragsstrafe **B 11**, 15

Baubeschränkung, gesetzliche A 17, 17
Baubeschreibung A 7b, 1
- Aufgabe **A 7b**, 4

Baubeteiligte Anh B, 1 ff.

Bauen
- im Bestand **A 15**, 8
- schlüsselfertiges – **A 4**, 32

Bauentwurfsänderung B 1, 49 ff.
- Änderungsvorbehalt **B 1**, 49b, 101b
- angeordnete Mengenverschiebung **B 1**, 69
- Anstatt-Leistung **B 1**, 74
- Aufwandserhöhung **B 1**, 73
- Ausübung des Änderungsrechts **B 1**, 89 ff.
- Bauentwurfsbegriff **B 1**, 51
- Bauinhaltsänderung **B 1**, 53
- keine Baumstandsänderung **B 1**, 54
- keine Bauzeitänderung **B 1**, 57
- Beschleunigungsanordnung **B 1**, 57
- Grenzen **B 1**, 82 ff.
- keine sonstige Vertragsänderung **B 1**, 52
- Mehraushubsfall **B 1**, 72
- Mengenmehrung **B 1**, 70
- Umfang des Änderungsrechts **B 1**, 51 ff.
- vergessene Leistung **B 1**, 68

Baufortschrittskontrolle A 9, 46
Baugenehmigung *s. a. Genehmigung*
- Beschaffung **A 9**, 52

Baugeräteüberlassung Anh B, 197 ff.
- Vertrag **Anh B**, 198

Baugrund B 2, 41 ff.
- Gutachten **A 7**, 39
- Prüfungs- und Hinweispflicht des Auftragnehmers **B 4**, 119
- unvorhergesehene Verhältnisse **A 4**, 33

Baugrundrisiko B 4, 80
Bauherr Anh B, 2 ff.
Bauinhalt A 7, 1
Bauinhaltsänderung B 1, 53
Bauinhaltssoll
- Bausoll **B 2**, 29
- Vergütung **B 2**, 29 ff.

Baukonzession Einl A, 15; **A 23**; **VgV 2**, 26 f.
- Abgrenzung **A 23**, 5, 42 ff.
- Anwendung der Basisparagraphen **A 23**, 59 ff.
- Anwendung der VOB/B **A 23**, 68 ff.
- Anwendung des Primären Gemeinschaftsrechts **A 23**, 72 ff.
- Anwendung landesrechtlicher Regelungen **A 23**, 73
- Befristung des Nutzungsrechts **A 23**, 38 ff.
- Bekanntmachung **A-EU 18**, 6
- Beteiligte **A 23**, 25 ff.
- Definition **A 23**, 2, 11 f.
- Gegenleistung **A 23**, 11
- Konzessionsgeber **A 23**, 26
- Konzessionsnehmer **A 23**, 27
- Nutzungsrecht **A 23**, 11, 28 ff.
- öffentlicher Auftraggeber **A 23**, 26, 27
- Primärrechtsschutz **A 23**, 74 ff.
- Rechtsnatur **A 23**, 13 ff.
- Rechtsschutz **A 23**, 74 ff.
- Sekundärrechtsschutz **A 23**, 79 ff.
- Unterkonzessionen **A 23**, 58
- keine Vergütung **A 23**, 13
- Voraussetzungen **A 23**, 16 ff.
- Zuzahlung **A 23**, 13, 35 ff.

Baukoordinierungsrichtlinie Einl A, 12
Bauleistung A 1; **VgV 2**, 12 ff.
- Abgrenzung von Bauauftrag **A 1**, 1 ff.
- bauliche Anlage *s. a. dort*
- Definition **A 1**, 3
- technische Anforderungen **A 13**, 28
- Vermögensvorteil **A 9a**, 37
- Verzug **B 5**, 37

Bauleistungsversicherung B 7, 76 ff.
Bauleitung
- Bau-ARGE **Anh B**, 143

bauliche Anlage
- Änderung **A 1**, 18 f.
- Beseitigung **A 1**, 20
- Definition **A 1**, 10, 10 ff.
- Herstellung **A 1**, 13
- Instandhaltung **A 1**, 16 f.
- Nutzungsrecht *s. Baukonzession*
- Zweckbekanntmachung **A 12**, 17

Baupreisrecht A 2, 16
- Vergütung **B 2**, 5

Bausatzlieferant Anh B, 174
Bausatzvertrag Anh B, 174
Bausoll
- abgegoltene Leistung **B 2**, 26; *s. a. dort*
- Ablaufsoll **B 2**, 33
- Abweichung zu Bauist **B 2**, 175
- AGB-Klauseln zur Bestimmung **B 2**, 129
- allgemeine Technische Vertragsbedingungen (VOB/C) **B 2**, 77 ff.
- Änderung der „anerkannten Regeln der Technik" vor Abnahme **B 2**, 30
- Änderungsvorschlag **B 2**, 46
- Auslegung bei unklarer oder widersprüchlicher Regelung **B 2**, 90 ff.
- Auslegungskriterien **B 2**, 94 ff.
- Bauinhaltssoll **B 2**, 29
- Baumständesoll **B 2**, 33
- Beschaffenheitssoll **B 2**, 41 ff.
- Beschreibung **A 7**, 1
- Bestimmbarkeit der Leistung **B 2**, 29

1873

Stichwortverzeichnis

fette Zahlen = §§

- Bestimmung durch einzelne Vertragsbestandteile **B 2**, 64
- Definition **B 2**, 26; **Anh B**, 14
- Detail-Pauschalvertrag **B 2**, 242 ff.
- Feststellung **A 4**, 1
- Gewerbliche Verkehrssitte **B 2**, 89
- Global-Pauschalvertrag **B 2**, 259 ff.
- der Grundposition **A 4**, 13
- Günstigkeitsklausel in AGB **B 2**, 60
- Kontrollfreiheit der Leistungsbeschreibung **B 2**, 56
- Kontrollfreiheit der Preisvereinbarung **B 2**, 55
- Leistungsbeschreibung **A 7b**, 1; **B 2**, 65
- Mangelfreiheit bei Abnahme **B 2**, 30
- Nebenangebot **B 2**, 46
- Prüfpflichten von Bietern **B 2**, 110
- qualitatives – **A 4**, 31
- quantitatives – **A 4**, 31
- Sachverständiger **B 2**, 90
- Totalitätsprinzip **B 2**, 64
- Unklarheitenregel **B 2**, 59
- Unwirksamkeit einzelner Klauseln **B 2**, 61
- Verfahrenssoll **B 2**, 37
- Vergütung **B 2**, 26 ff.
- wirksame Vertragsregelung als Voraussetzung **B 2**, 50

Bausoll-Bauist-Abweichung A 7, 3
- Vergütung **B 2**, 175

Baustelle
- Gemeinkosten **A 2**, 20
- Gutachten **A 7**, 39
- Leistungsbeschreibung **A 7**, 37 ff.

Baustellengemeinkosten B 2, 222; **B 6**, 69
Baustellenprotokoll B 2, 198
Baustoffe *s. a. Stoffe*
- Abschlagszahlung **B 16**, 119
- Prüfungs- und Hinweispflicht des Auftragnehmers **B 4**, 119
- bei Teilleistungen **A 7b**, 7

Bautagebuch B 15, 47
Bautätigkeit, ganzjährige A 2, 43 ff.
Bauteile
- Abschlagszahlung **B 16**, 119
- Mitbeauftragung **A 5**, 9
- vertragswidrige – **B 4**, 139 ff.; *s. a. Vertragswidrige Stoffe/Bauteile*

Bauträger
- Abnahme des Sonder- und Gemeinschaftseigentums **Anh B**, 110
- Abtretung von Mängelansprüchen **Anh B**, 116
- Erfüllungsansprüche **Anh B**, 108
- Makler- und Bauträgerverordnung **Anh B**, 95
- Mängel am Gemeinschaftseigentum **Anh B**, 115
- Mängel am Sondereigentum **Anh B**, 114
- Mängelansprüche **Anh B**, 111
- Nichterfüllungsansprüche **Anh B**, 108
- Rate bei Bezugsfertigkeit **Anh B**, 101
- Rate bei Fertigstellung **Anh B**, 102
- Recht zum Einbehalt **Anh B**, 104
- Sonderwunsch des Erwerbers **Anh B**, 106
- Vertragsform **Anh B**, 86
- Vertragstyp **Anh B**, 85
- Zahlungen des Erwerbers **Anh B**, 96 ff.
- Zahlungsraten **Anh B**, 97
- Zwangsvollstreckung **Anh B**, 105

Bauträgervertrag
- Beurkundungspflichtigkeit bei Änderung, Ergänzung und Aufhebung **Anh B**, 90 f.
- Pauschalvertrag **B 2**, 255
- Subsidiaritätsklausel **Anh B**, 117

Bauumstände A 7, 1
Bauumständesoll
- Vergütung **B 2**, 33 ff.

Bauumstandsänderung
- Bauentwurfsänderung **B 1**, 54

Bauunternehmen *s. Unternehmen*
Bauverbot A 17, 17
Bauvertrag
- abgegoltene Leistung **B 2**, 22
- Abschluss **A 18**, 1, 5 ff., 16 ff.
- ohne Baufrist **A 7**, 24
- einheitliche Vergabe **A 5**, 9
- Form **A 18**, 20 ff.
- formularmäßige Sicherungsabrede **B 17**, 25 ff.
- kaufmännisches Bestätigungsschreiben *s. dort*
- Stundenlohnarbeiten **B 15**, 5; *s. a. BGB-Bauvertrag*
- Wirksamkeit **A 18**, 32 ff.

bauvertragliche Relevanz A 7, 2 ff.
Bauvorbereitung
- angemessene Frist **A 9**, 30 ff.

Bauvorhaben
- neuartige und komplexe – **A 3a**, 41
- öffentlich gefördertes – **Einl A**, 23

Bauwerk VgV 2, 15 ff.
Bauzeitänderung
- Bauentwurfsänderung **B 1**, 57

Bauzeitenplan A 8, 36; **A 9**, 17, 43; **B 4**, 8; **B 6**, 37
- Ausführungsfrist **B 5**, 29 ff.

Bauzeitverlängerung
- nach erfolglosem Nachprüfungsverfahren **A 7**, 21

Bearbeitungsgebühr A 8b, 2
Bedarfspositionen *s. Eventualposition*
Befähigung zur Berufsausübung A-EU 6a, 9
Befreiungsanspruch
- Haftung der Vertragsparteien **B 10**, 55 ff.

Beherrschung *s. staatliche Beherrschung*
Behindertenwerkstätten A 6, 47
Behinderung der Ausführung B 6, 1 ff.
- Anpassungspflicht des Auftragnehmers **B 6**, 30 ff.
- Anzeigepflicht des Auftragnehmers bei Behinderungen **B 6**, 5 ff.
- Aussperrung **B 6**, 23
- „automatische" Fristverlängerung **B 6**, 29
- Beginn **B 6**, 36
- Behinderungsanzeige **B 6**, 1 ff.
- Behinderungsbegriff **B 6**, 1 ff.
- Beistellfrist **B 6**, 2
- Berechnung der Fristverlängerung **B 6**, 36 ff.
- Beschleunigung **B 6**, 30 ff.
- Dauer **B 6**, 36
- Definition **B 6**, 1
- entgangener Gewinn **B 6**, 102
- Entschädigungsanspruch des Auftragnehmers aus § 642 BGB **B 6**, 91 ff.
- Folgen der Fristverlängerung auf vereinbarte Vertragsstrafe **B 6**, 44
- Höhere Gewalt **B 6**, 25
- Kündigungsrecht bei über dreimonatiger Unterbrechung **B 6**, 107 ff.
- Mietausfallschaden **B 6**, 103

magere Zahlen = Randnummer

Stichwortverzeichnis

– Offenkundigkeit **B 6**, 1 ff.
– Schadensersatz des Auftragnehmers gem. § 6 Abs. 6 Satz 1 VOB/B **B 6**, 55 ff.
– Schadensersatz wegen hindernder Umstände **B 6**, 47 ff.
– Schadensersatzanspruch des Auftraggebers **B 6**, 95 ff.
– Schadensersatzansprüche des Auftragnehmers gem. § 6 Abs. 6 Satz 1 VOB/B **B 6**, 55 ff.
– Streik **B 6**, 23
– Umstände aus dem Risikobereich des Auftraggebers **B 6**, 18
– unabwendbare Umstände **B 6**, 25
– Verlängerung von Ausführungsfrist **B 6**, 17 ff.
– Vorteilsausgleichung **B 6**, 105
– Wegfall hindernder Umstände **B 6**, 35
– Zeitpunkt von Mitwirkungspflichten des Auftraggebers **B 6**, 37
– Zuschlag für Arbeitswiederaufnahme **B 6**, 42
– Zuschlag wegen Verschiebung in ungünstige Jahreszeit **B 6**, 43
Behinderung, offenkundige
– der Ausführung **B 6**, 11 ff.
– Rechtsfolge fehlender – **B 6**, 15
Behinderungsanzeige B 6, 1 ff., 10
– Rechtsfolge unterlassener – **B 6**, 15
Behinderungsnachtrag A 9d, 23
Beihilfe Anh B, 131
– Verhältnis zum Wettbewerb **A 2**, 32
Beistellung A 5, 11
Beistellungsfrist B 6, 2, 38
Bekanntmachung A 12
– Änderungen **A-EU 22**, 39
– des Bauauftrags **A-EU 18**, 6 ff.
– Eignungsnachweise **A 16b**, 6 ff.
– geplanter Vergabe **A 2**, 4; **A 6**, 7
– Inhalt **A 12**, 10 ff.
– der Nachprüfungsbehörden **A 21**, 5; **A-EU 21**
– über geforderte Nachweise **A 12**, 10
– der öffentlichen Ausschreibung **A 3**, 7
– Standardformular **A-EU 8**, 7 f.
– Vergabe ohne – **A 2**, 4
– Verhältnis zu den Vergabeunterlagen **A 8**, 9
– Veröffentlichung **A-EU 18**, 13 ff.
– Vorinformation **A-EU 12**, 4; *s. dort*
– Wertung **A-EU 16d**, 16
Berechnung
– Mengenberechnung *s. dort*
– statische **A 7b**, 13
Berechnung der Fristverlängerung
– bei Behinderung **B 6**, 36 ff.
berufliche Leistungsfähigkeit A-EU 6a, 14
Berufsgenossenschaft
– Nichtanmeldung **A 16**, 49
Berufsregistereintrag A-EU 6a, 9, 16
berufsständische Vereinigung A-EU 1, 12
Beschädigung angrenzender Grundstücke
– Haftung der Vertragsparteien **B 10**, 41
Beschädigung der Leistung
– vorzeitiger Übergang der Vergütungsgefahr **B 7**, 71
Beschaffenheit, vereinbarte
– Sachmängelhaftung **B 13**, 23 ff.
Beschaffenheitssoll
– Bausoll **B 2**, 41 ff.

Beschaffenheitsvereinbarkeit im Kaufrecht Anh B, 179
Beschaffungsdienstleister VgV 6, 22 ff.
Beschäftigung *s. Arbeitskräfte*
Bescheidung
– Meinungsverschiedenheit mit Behörde **B 18**, 21
Beschleunigung A 12a, 1; **B 5**, 53; **B 6**, 30
– Behinderung oder Unterbrechung der Ausführung **B 6**, 79
– Schadensersatzanspruch des Auftragnehmers gem. § 6 Abs. 6 Satz 1 VOB/B **B 6**, 79
– –smaßnahmen **B 6**, 30 ff.
Beschleunigungsanordnung B 5, 16; **B 6**, 32
– Bauentwurfsänderung **B 1**, 57
Beschleunigungskosten
– Schaden **B 6**, 100
Beschleunigungsmaßnahmen A 9a, 33
Beschleunigungspflicht des Auftragnehmers
– AGB Kontrolle **B 5**, 156
Beschleunigungsvergütung A 9a, 3, 32 ff.; *s. a. Vertragsstrafe*
– AGB-Kontrolle **A 9a**, 43
– erhebliche Vorteile **A 9a**, 37
– Höhe **A 9a**, 41
– Mitwirkungshandlungen **A 9a**, 36
– Preiswettbewerb **A 9a**, 42
– Unterschreitung von Vertragsfristen **A 9a**, 34
beschränkte Ausschreibung A 3, 4, 9 ff.
– Angebotsfristbeginn **A 10**, 6
– Aufforderung zur Angebotsabgabe **A 3**, 14 f.
– Bewerberwechsel **A 3**, 17
– Bietervielzahl **A 3**, 15
– Dokumentation **A 20**, 29
– Eignungsprüfung **A 3**, 13
– ex-ante-Transparenz **A 19**, 1, 30 f.
– förmliches Verfahren **A 3**, 4, 13
– ineffektive neue – **A 3a**, 43 ff.
– Kosten **A 8b**, 2
– Mehr an Eignung **A 3**, 15
– keine regionale Beschränkung **A 6**, 12 ff.
– Sicherheiten **A 9c**, 5
– Übermittlung der Vergabeunterlagen **A 12a**, 4
– Zeitpunkt der Eignungsprüfung **A 6b**, 34
– zweistufiges Verfahren **A 3**, 10
beschränkte Ausschreibung nach öffentlichem Teilnahmewettbewerb A 3, 12 ff.
– Bekanntmachung **A 12**, 34 ff.
– Zulässigkeit **A 3a**, 28 ff.
beschränkte Ausschreibung ohne öffentlichen Teilnahmewettbewerb A 3, 21 ff.
– Zulässigkeit **A 3a**, 7 ff.
beschränkter Unternehmerkreis A 3a, 29 ff., 35
Beschreibung *s. a. Leistungsbeschreibung*
– Risiko **A 15**, 8
Beschrieb *s. Leistungsbeschrieb*
Beseitigung baulicher Anlagen A 1, 20
besondere Vertragsbedingungen A 8a, 8, 12 ff.
– Abweichungsverbot **A 8a**, 10
– Ausfüllung der VOB/B-Öffnungsklauseln **A 8a**, 21
Bestätigungsklausel B 2, 263
– Vertrag **B 1**, 16
Bestätigungsschreiben *s. kaufmännisches Bestätigungsschreiben*
Bestechung A 16, 45
Besteller Anh B, 2 ff.

1875

Stichwortverzeichnis

fette Zahlen = §§

Bestimmbarkeit der Leistung
- Bausoll **B 2**, 29

Beteiligungsgesellschaft Einl A, 24

Betreibermodell A 1, 14

Betriebsgeheimnis A 8b, 18; **A-EU 18**, 18

Betriebshaftpflichtversicherung A 8, 26

Betriebskosten A 8b, 4; **A 16d**, 40

Beurkundungspflicht
- Änderung, Ergänzung und Aufhebung des Bauträgervertrags **Anh B**, 90 f.
- Reservierungsvereinbarung **Anh B**, 88
- Umgehungsgeschäft **Anh B**, 92
- Vorvertrag **Anh B**, 89

Beurteilungsspielraum
- der Eignungsprüfung **A 6b**, 11

Bevollmächtigter
- im Eröffnungstermin **A 12**, 27

Bewehrungspläne A 9, 51

Beweis
- Vertrag **B 1**, 10 ff.

Beweislast B 7, 75
- Abrechnung **B 15**, 21
- für anzusetzende Aufwendungen i. S. d. Abrechnungsvorgaben gem. § 15 Abs. 1 Nr. 2 Satz 2 VOB/B **B 15**, 28
- Behinderung der Ausführung **B 6**, 14
- geänderte Leistung **B 2**, 228
- für haftungsbegründende Kausalität **B 6**, 65
- nach Kündigung bei Abnahme **B 12**, 60
- Minderung **B 13**, 389
- Pauschalvertrag **B 2**, 276
- Preisangabe **B 16**, 28
- Sachmängelhaftung **B 13**, 58 ff., 114 f., 219 ff.
- Schadensersatz **B 13**, 463 f.
- –umkehr bei Abnahme **B 12**, 42
- Umstrittene Berechnungsart **B 2**, 132 ff.
- Vergütung **B 2**, 168, 228, 313
- Vertragsstrafe **B 11**, 1
- bei Vertraulichkeitsverstoß **A 16**, 36
- Zugang des Zuschlags **A 18**, 18

Beweislast für Aufsichtsvergütung
- Stundenlohnarbeiten **B 15**, 36

Beweislast für Verjährung
- Sachmängelhaftung **B 13**, 219 ff.

Beweislastumkehr
- Abnahme **B 12**, 42

Bewerber *s. a. Bieter; Teilnehmer am Wettbewerb*
- ausgeschlossene Personen **A-EU 19**, 3
- Begriff **A 6**, 1
- bevorzugte – **A 6**, 47 ff.
- Bezeichnung **A 3**, 11
- Dokumentation **A 20**, 16, 19
- Eignung *s. dort*
- Eintragungsänderungen **A 13**, 22 f.
- Geheimhaltung **A 12a**, 12
- Wechsel **A 3**, 17

Bewerbungsfrist A 10, 16; **A-EU 10**, 2

Bewerbungsverbot VgV 6, 16 ff.

Bezirk Einl A, 23

Bezugsfertigkeit
- Rate bei – **Anh B**, 101

Bezugsgröße *s. technische Bezugsgröße*

Bezugsquellen A 15, 9

BGB-Bauvertrag
- Stundenlohnarbeiten **B 15**, 5

BGB-Gesellschaft
- Bietergemeinschaft **A 12**, 30; **A 13**, 43

BGB-Werkvertragsrecht
- Verhältnis zum VOB/B **Einl B**, 42 f.

Bieter *s. a. Bewerber; Teilnehmer am Wettbewerb*
- ausgeschlossene Personen **A-EU 19**, 3
- Begriff **A 6**, 1
- Bezeichnung **A 3**, 11
- Dokumentation **A 20**, 16, 19
- Klarheitsgebot **A 7**, 12
- Primärrechtsschutz **Einl A**, 10
- Verlesung **A 14a**, 18
- Vielzahl **A 3**, 16

Bietergemeinschaft A 12, 30; **A-EU 6**, 8
- Angebot **A 13**, 43 ff.
- Bau-ARGE **Anh B**, 127
- Begriff **A 13**, 43
- Doppelbeteiligung **A 13**, 44
- federführender Gesellschafter **A 13**, 46
- Wettbewerbsbeschränkung **A 2**, 30
- Zuverlässigkeitsnachweis **A 16a**, 18

Bietergemeinschaften
- Rechtsform **A 8**, 21
- Wettbewerbsbeschränkung **A 6**, 14 f.

Bietergespräch *s. Aufklärungsgespräch*

Bieterkreis
- beschränkter – **A 3**, 10

Bieterrecht
- Schaffung **Einl A**, 7, 9
- unterhalb der Schwellenwerte **A 2**, 6

Bilanzen A 8, 25

Billigung
- Abnahme **B 12**, 12 ff.
- ausdrückliche – **B 12**, 14
- konkludente – **B 12**, 15 ff., 32
- stillschweigende – **B 12**, 15 ff., 32

Bindefrist A 7, 29
- Begriff und Bedeutung **A 10**, 17 ff.
- Bemessung **A 10**, 20 ff.
- Ende **A 17**, 2
- Verlängerung **A 10**, 29 ff.; **A 15**, 29

Bindung
- an ein Angebot **A 10**, 14
- nach Aufhebung der Ausschreibung **A 15**, 29

Binnenmarktrelevanz A 2, 3, 12

Blindenwerkstätten A 6, 47

Bodengutachten, Verzicht auf
- Prüfungs- und Hinweispflicht des Auftragnehmers **B 4**, 114

Brücke A 9a, 26

Budget *s. Finanzmittel*

Bund
- als Auftraggeber **A-EU 1**, 5

Bundesanstalt für vereinigungsbedingte Sonderaufgaben A-EU 1, 19

Bundesrepublik Deutschland Einl A, 23

Bürge *s. a. Bürgschaft*
- tauglicher – **B 17**, 128

Bürgschaft
- Ausstellung nach Vorschrift des Auftraggebers **B 17**, 141
- Auszahlung Bareinbehalt gegen – **B 17**, 117
- Bau-ARGE **Anh B**, 168 ff.
- auf erstes Anfordern **Einl B**, 36
- gesetzliche Bestimmungen **B 17**, 123 ff.
- „Inlandsklausel" **B 17**, 101

magere Zahlen = Randnummer

Stichwortverzeichnis

– keine Zeitbegrenzung **B 17,** 139 f.
– Schriftform **B 17,** 130
– tauglicher Bürge **B 17,** 128
– Verjährung **B 17,** 192 ff.
– Verwertung **B 17,** 188 ff.
– Verzicht auf Einrede der Vorausklage **B 17,** 133
Bürgschaft auf erstes Anfordern B 17, 142
– Bedeutung im Verhältnis Gläubiger – Bürge **B 17,** 146 ff.
– formularmäßige Sicherheitenabrede zur Stellung der – **B 17,** 157 ff.
– Gewährleistungs- **B 17,** 168 ff.
– Rechtsfolgen bei unwirksamer – **B 17,** 165 ff., 176
– Vereinbarung durch individuelle Sicherheitenabrede **B 17,** 178
– Vertragserfüllungs– **B 17,** 158 ff.
Bürgschaften A 9c, 8
Bürgschaftsbeiträge der Gesellschafter
– Bau-ARGE **Anh B,** 170
Bürgschaftsinanspruchnahme
– Bau-ARGE **Anh B,** 171
Bürgschaftsverpflichtung
– Bau-ARGE **Anh B,** 168
Büroobjekt A 9, 39
Bußgeldverfahren A 6b, 26
BVB s. *Besondere Vertragsbedingungen*

Centklausel A 9d, 13 ff.
– als Nebenangebot **A 9d,** 34 ff.
– keine Spannungsklausel **A 9d,** 27
Chipkarte A 13, 9
C. i. C. A 2, 10; *s. a. Sekundärrechtsschutz; Verschulden*
– Sachmängelhaftung **B 13,** 471 ff.
– unterlassene Eignungsprüfung **A 6b,** 35
– Verschulden **A 16d,** 81 ff.
Construction Managementvertrag A 7c, 27
– Pauschalvertrag **B 2,** 251
Culpa in contrahendo s. *C. i. C.*

Dacharbeiten
– Prüfungs- und Hinweispflicht des Auftragnehmers **B 4,** 119
Dach-ARGE
– Bau-ARGE **Anh B,** 133
Darlegungs- und Beweislast
– für Aufsichtsvergütung bei Stundenlohnarbeiten **B 15,** 36
– zur Vergütungsvereinbarung bei Stundenlohnarbeiten **B 15,** 13
– Vertragsstrafe **B 11,** 126 f.
Darlegungslast s. a. *Beweislast*
Datenintegrität VgV 5, 12 ff.
Dauer
– Bau-ARGE **Anh B,** 124, 163
– Sachmängelhaftung **B 13,** 119 ff.
de-facto-Vergabe A 18, 34; **A-EU 19,** 28
Dehnungsfugen
– Prüfungs- und Hinweispflicht des Auftragnehmers **B 4,** 119
deklaratorisches Schuldanerkenntnis
– Zahlung **B 16,** 50
Derogationsvereinbarung B 18, 10
Detaillierungsgrad A 9, 21
Detail-Pauschalvertrag A 4, 2; **B 2,** 242 ff.
– Leistungsbeschreibung **A 7b,** 3

Detailplanung
– auftraggeberseitige – **A 7b,** 1
– fehlende – **B 4,** 117
Detailzeichnung A 9, 51
Deutsche Bundesbahn A-EU 1, 10
Deutsche Bundespost A-EU 1, 10
Deutsche Post AG A-EU 1, 19
Dialogphase s. a. *wettbewerblicher Dialog*
Diebstahl
– vorzeitiger Übergang der Vergütungsgefahr **B 7,** 70
Dienstleistungsauftrag VgV 2, 30 ff.; **VgV 3,** 73
– Schwellenwerte **Einl A,** 12
Dienstleistungskonzession Einl A, 15
– Abgrenzung von Baukonzession **A 23,** 5
Dienstleistungsrichtlinie Einl A, 12
Dienstleistungsverkehr, freier A 2, 3
digitale Signatur s. *elektronische Signatur*
digitales Angebot s. *elektronisches Angebot*
DIN 18 299 ff. A 7, 41 ff.
DIN-Norm A 7, 9; **B 4,** 58
– Sachmängelhaftung **B 13,** 48
– Weiterentwicklung **A 8a,** 18
Diskriminierungsverbot A 2, 3, 12, 39 ff.; *s. a. Gleichbehandlungsprinzip*
– bei Wettbewerbsteilnahme **A 6,** 2, 3
Dissens A 18, 36
Dokumentation A 20; A-EU 5, 24; **A-EU 20; VgV 8,** 5 ff.
– Bedeutung **A 20,** 4 f.
– chronologische – **A 20,** 13
– Heilung **A 20,** 9
– Inhalt **A 20,** 11 ff.; **VgV 8,** 12 ff.
– der internen Wertungen **A 20,** 14
– Mindestanforderungen **A 20,** 16 ff.
– negative Beweiskraft **A 20,** 7
– subjektives Recht **A 20,**
– unzureichende – **A 20,** 6 ff.
– unzureichende **VgV 8,** 7 ff.
– durch Vergabe- und Vertragshandbuch **A 20,** 26
– zeitnahe – **A 20,** 12
Doppelberatungen VgV 6, 47 ff.
Doppelbewerbung A 2, 27
Doppelmandate VgV 6, 44 ff.
Doppelverpflichtungstheorie Anh B, 150
Drainage
– Prüfungs- und Hinweispflicht des Auftragnehmers **B 4,** 119
Dringlichkeit
– Ausführungsfrist **A 9,** 33
– freihändige Vergabe **A 3a,** 38 f.
– keine öffentliche Ausschreibung **A 3a,** 24 f.
Dritter
– Eignung **A 6b,** 15 f.
– Vergütung **A 8b,** 3
Drittschutz
– des angemessenen Preises **A 2,** 21
– Eignungskriterien **A 6b,** 41
– der Wettbewerbssicherung **A 2,** 25
drückendes Wasser im Keller
– Haftung **B 4,** 117
dualistisches System A 18, 5
Dumpingpreis A 16, 34
Durchgriffsfälligkeit
– Schlussrechnung **B 16,** 192
Durchschnittspreis A 7b, 18 f.

Stichwortverzeichnis

fette Zahlen = §§

Durchsetzung des Mängelbeseitigungsanspruchs
– Sachmängelhaftung **B 13**, 282 ff.
dynamisches Beschaffungssystem A-EU 4b

E-Certis A-EU 6b, 14
EG-Vergaberichtlinien Einl A, 6
– 2004/18/EG s. *Vergabekoordinierungsrichtlinie*
– Umsetzung **Einl A**, 7 ff., 13 ff.
Eigenart der Leistung A 9b, 8 ff.
Eigenbeleg
– Anforderung **A 8**, 23
Eigenerklärung A 6b, 4
– Bestätigung **A 6b**, 6
Eigenleistungsverpflichtung des Auftragnehmers B 4, 194 ff.; s. a. *Selbstausführungspflicht des Auftragnehmers*
Eigentumsanspruch A 8b, 15 ff.
Eigentumsdelikt A 16, 45
Eignung A-EU 6, 4
– Dritter **A 6b**, 15 f.
– falsche Erklärung **A 16**, 39
– Mehr an Eignung s. *dort*
– Schlechtleistung des Bieters in der Vergangenheit **A 6b**, 28
– Zurechnung der Eignung Dritter **A-EU 6**, 9
Eignung der Bewerber/Bieter A 2, 13 ff.
Eignung der Teilnehmer A-EU 6, 4 ff.
Eignung für gewöhnliche Verwendung
– Sachmängelhaftung **B 13**, 51
Eignung für vertragsgemäße Verwendung
– Sachmängelhaftung **B 13**, 50
Eignungskriterien A 6a, 4; **A 6b**, 18 ff.; **A-EU 6**, 4
– Abgrenzung von Wertungs- und Zuschlagskriterien **A 16d**, 25
– Drittschutz **A 6b**, 41
– Fachkunde **A 6b**, 18; s. *dort*
– Leistungsfähigkeit **A 6b**, 19 ff.; s. *dort*
– Präklusion **A 6b**, 38
– Zuverlässigkeit **A 6b**, 22 ff.; s. *dort*
Eignungsleihe A 6b, 16; **A-EU 6d**, 5
Eignungsnachweis A 6a, 6 ff.; **A-EU 6**, 5; **A-EU 6a**
– abschließender Katalog **A-EU 6a**, 2
– Anforderung **A 8**, 23 ff.; **A 16b**, 6 ff.
– Angaben in Vergabeunterlagen **A 6b**, 7
– Aufforderung zur Vorlage **A 6a**, 4 ff.
– Befähigung zur Berufsausübung **A-EU 6**, 9
– Begriff **A 16a**, 5 ff.
– Bekanntmachung **A 12**, 10, 31
– berufliche Leistungsfähigkeit **A-EU 6a**, 14
– Berufsregistereintrag **A-EU 6a**, 9
– Dritter **A 6b**, 16
– E-Certis **A-EU 6b**, 14
– Eigenerklärung s. *dort*
– Einheitliche Europäische Eigenerklärung **A-EU 6b**, 8 f.
– Einzelnachweise **A 6b**, 5; **A-EU 6b**, 5 ff.
– Erlaubnis zur Berufsausübung **A-EU 6a**, 9
– Erleichterung **A-EU 6b**, 15
– fehlende – **A 16a**, 43 ff.
– finanzielle Leistungsfähigkeit **A-EU 6a**, 10
– Formen **A 6b**, 4
– Mindestanforderungen **A 6a**, 6 ff.
– Mindestbedingungen **A-EU 6a**, 4 ff.

– Nachforderung **A 16a**, 9 ff.
– Präqualifikation **A-EU 6b**, 2 ff.
– Referenzen s. *dort*
– technische Leistungsfähigkeit **A-EU 6a**, 14
– Verzicht **A 20**, 28
– weitere – **A 6a**, 24; **A 6b**, 7
– wirtschaftliche Leistungsfähigkeit **A-EU 6a**, 10
– Zeitpunkt **A 6b**, 9; **A-EU 6b**, 10 ff.
– zulässige **A-EU 6a**, 4 ff.
– zulässige Nachweise **A 6a**, 12 ff.
– Zulässigkeit der Forderung **A 6a**, 5
Eignungsprinzip A 2, 1
Eignungsprüfung A 6a, 4 ff.; **A 6b**, 10 ff.; **A-EU 6**, 6; **A-EU 6b**, 16; **A-EU 16b**, 2 ff.
– Berufung auf Eignung Dritter **A 6b**, 15 f.
– Beurteilungs- und Ermessensspielraum **A 6b**, 11
– Darlegungs- und Beweislast **A 6b**, 39 f.
– Eignungsmerkmale **A 16b**, 22 ff.
– Einschränkungen des Beurteilungsspielraums **A 6b**, 12 ff.
– formelle – **A 6b**, 10
– materielle – **A 6b**, 10; **A 16b**, 18 ff.
– nachträgliche Tatsachen **A 16b**, 26
– neue Erkenntnisse des Auftraggebers **A 6b**, 35 ff.
– Priorität **A 16b**, 28
– Prüfungszeitpunkt **A 16b**, 4
– schlechte Erfahrungen **A 16b**, 21
– unterlassene – **A 6b**, 35
– verspätete – **A 6b**, 35 ff.
– Zeitpunkt **A 6b**, 10; **A 16b**, 25 f.
– Zumutbarkeitsgrenzen **A 16b**, 19
Einbehalt des Auftraggebers
– Abschlagszahlung bei Gegenforderungen **B 16**, 129 f.
– Abschlagszahlung bei mangelhaften Bauleistungen **B 16**, 134
– Abschlagszahlung bei vereinbarter Sicherheitsleistung **B 16**, 133
– Recht zum – **Anh B**, 104
– Sicherheits- und Mängeleinbehalt **B 16**, 135
Einbehalt von Geld B 17, 99; s. a. *Sicherheitseinbehalt*
Einbeziehung der VOB/B Einl B, 75 ff., 82 ff.
Einbeziehung der VOB/C B 1, 17 ff.
Einbeziehung in Vertrag
– VOB/B **Einl B**, 82 ff.
Eingang s. a. *Zugang*
– des Angebots **A 14a**, 4 ff.
Eingangsstempel A 14a, 6
Eingangsvermerk A 14a, 4; s. a. *Kennzeichnung*
eingeschränkte Schadensersatzpflicht
– Sachmängelhaftung **B 13**, 401 f.
Eingriffsrecht des Auftraggebers
– bei Gefahr der Fristüberschreitung **B 5**, 83
Einheitliche Europäische Eigenerklärung A-EU 6b, 8 f.
einheitliche Vergabe A 5, 5 ff.; **A-EU 5**, 7
Einheitliche Verpflichtung mit Doppelwirkung Anh B, 149
Einheitspreis A 4, 12; **B 15**, 111
– Angabe im Angebot **A 13**, 14
– auffällig abweichender – **A 16c**, 17
– Priorität **A 16c**, 8
– wirklicher Wille **A 16c**, 8 ff.
Einheitspreisvertrag A 4, 2 f.; s. a. *Leistungsvertrag*
– Abgrenzung zu Pauschalvertrag **B 2**, 238

magere Zahlen = Randnummer

Stichwortverzeichnis

– Abrechnung **B 14**, 33
– Abrechnung nach Kündigung **B 8**, 32 ff.
– Einzelelemente **A 4**, 10 ff.
– Kündigung **B 8**, 104
– Leistungsbeschreibung **A 4**, 11; **A 7b**, 3
– rechnerische Prüfung **A 16c**, 6 ff.
– Regelfall **A 4**, 8 f.
– Vergütung **B 2**, 136
Einrede der Vorausklage
– Verzicht auf – bei Bürgschaft **B 17**, 133
Einrede des nicht erfüllten Vertrages B 5, 138
Einreichungsfrist
– für Schlussrechnung **B 14**, 66
einseitige Bestimmbarkeit von Vertragsfristen
– AGB Kontrolle **B 5**, 154
einseitiges Terminbestimmungsrecht
– AGB Kontrolle **B 5**, 154
Einsicht A 12a, 10; *s. a. Akteneinsichtsrecht*
– in die Niederschrift **A 14a**, 30 ff.
Einsichtsrecht
– Überwachungsrechte des Auftraggebers **B 4**, 17
Einsichtsstelle A 8, 16
– Bekanntmachung **A 12**, 21
einstufiges Modell
– GMP-Modell **Anh B**, 44
Einstweilige Verfügung Einl A, 33; **A 21**, 3
– Ausschluss von Gerichtsstandsvereinbarung **B 18**, 15
Einwendung
– Stundenlohnzettel **B 15**, 68 ff.
– Verzug **B 5**, 49 ff.
Einzelfrist A 9, 4, 16
– für in sich abgeschlossene Leistungsteile **A 9**, 38 ff.
– Ausführungsfrist **B 5**, 20 ff.
– für fortgangswichtige Leistungsteile **A 9**, 43 ff.
– sonstige – **A 9**, 46
– als Vertragsfristen **A 9**, 48
Einzelgespräch A 15, 14
Einzelkosten A 2, 20
Einzelnachweise A 6b, 5
elektronische Angebote A 13, 2, 7 ff.; **A 16**, 8 ff.; *s. a. Angebot*
– Bekanntmachung **A 12**, 25
– frühere Bezeichnung als digitales Angebot **A 14a**, 13
– Öffnungszeitpunkt **A 14a**, 7
– Zulassung **A 13**, 11; **A 14a**, 13
elektronische Auftragsvergabe A 12, 8
– Bekanntmachung **A 12**, 13
elektronische Auktion Einl A, 12
elektronische Beschaffung A 12, 8
elektronische Informationsübermittlung A 11, 2
elektronische Kommunikation A 11, 3 ff.; **A-EU 11**, 1 f.
– Anforderungen **A 11a**, 2 ff.
elektronischer Signatur A 13, 7 ff.; **A 16**, 8
elektronischer Teilnahmeantrag A 12, 37
E-Mail-Adresse
– Bekanntmachung **A 12**, 25, 37
Empfang *s. Eingang; Zugang*
Empfehlung
– Kündigung **B 5**, 131
Energie- und Gebäudetechnik
– Auftragswert **A 3a**, 11

Energieversorgung Einl A, 16
Entdeckerrechte
– Fund **B 4**, 220
Entfernung der Stoffe/Bauteile von Baustelle
– Selbsthilferechte des Auftraggebers **B 4**, 150 f.
entgangener Gewinn A 17, 35
– Behinderung der Ausführung **B 6**, 103
– Schaden **B 6**, 102
– Schadensersatzanspruch des Auftraggebers **B 6**, 103
Entgegennahmeverweigerung
– Schlusszahlung **B 16**, 196
Entgelte *s. a. Entschädigung; Kosten*
– bei öffentlicher Ausschreibung **A 8b**, 1 ff.
Entnahme und Auftragung von Boden
– Haftung der Vertragsparteien **B 10**, 44
Entschädigung *s. a. Entgelte; Kosten*
– für die Angebotsausarbeitung **A 8b**, 7 ff.
– bei Ausschreibung eines Schlüsselfertigbaus **A 7c**, 23
– Bekanntmachung **A 12**, 22
Entschädigungsanspruch des Auftragnehmers aus § 6 Abs. 6 Satz 2 VOB/B
– Berechnung der Entschädigung **B 6**, 91
– Voraussetzungen **B 6**, 91
Entschädigungsanspruch des Auftragnehmers aus § 642 BGB B 6, 91 ff.; **B 9**, 85 ff.
Entscheidung
– Dokumentation **A 20**, 14
Entwurf
– eigener abweichender **A 13**, 35
– Rückgabepflicht **A 19**, 27
Erdarbeiten
– keine pauschale Ausschreibung **A 4**, 33
Erfahrung
– praktische – **A 16d**, 60
Erfüllung
– Vertragsstrafe anstatt – **B 11**, 1
– Vertragsstrafe neben – **B 11**, 1
Erfüllungsanspruch B 5, 137
– Bauträger **Anh B**, 108
– Verhältnis zu Vertragsstrafe **B 11**, 120 ff.
Erfüllungsgehilfe
– Haftung bei Schadensersatzanspruch gem. § 6 Abs. 6 Satz 1 VOB/B **B 6**, 63
– Haftung der Vertragsparteien **B 10**, 6 ff., 51 ff.
– Nachunternehmer **B 10**, 6 ff.
– Planungsbeteiligte **B 3**, 4 ff.
Erfüllungsstadium
– Abnahme als Ende **B 12**, 37 ff.
Ergänzung einer baulichen Anlage A 1, 18
Ergänzungsmittel A 7b, 9
Erklärung, fehlende A 16a, 9 ff., 43 ff.
Erklärungsirrtum A 16d, 14
Erlassvertrag B 16, 80
Erlaubnis
– Mitwirkungspflichten des Auftraggebers **B 4**, 10
Erlaubnis zur Berufsausübung A-EU 6a, 9
Ermessensspielraum
– bei Ausschlussentscheidung **A 16**, 41 ff.
– bei Eignungsprüfung **A 6b**, 11
Ermittlung der ortsüblichen Vergütung B 15, 109
Eröffnung A 14a, 12 ff.
Eröffnungstermin
– Angabe **A 8**, 31

1879

Stichwortverzeichnis

fette Zahlen = §§

- Anwesenheitsrecht **A 12**, 27
- Begriff **A 14a**, 2 f.
- Bekanntmachung **A 12**, 27
- Niederschrift **A 14a**, 23 ff.
- Verfahren **A 14a**, 11 ff.
- Verstoß **A 14a**, 2
- Vorbereitung **A 14a**, 2 ff.
- zugelassene Angebote **A 14a**, 10

Ersatz von Personal- und Sachaufwand
- Stundenlohnarbeiten **B 15**, 6

Ersatzvornahme
- Aufforderung zur Mängelbeseitigung **B 13**, 303 ff.
- Beauftragung anderen Unternehmers **B 13**, 321 ff.
- Einschränkung der Mängelbeseitigungsgelegenheit **B 13**, 313
- erfolgloser Fristablauf **B 13**, 311
- fälliger, durchsetzbarer Anspruch **B 13**, 301
- Fristsetzung **B 13**, 309 ff.
- Kostenbeteiligung des Auftraggebers **B 13**, 326, 336
- Kostenerstattung **B 13**, 317 ff.
- Kostenvorschuss **B 13**, 328 ff.
- Kündigungsrecht **B 4**, 190
- ohne Kündigungsrecht **B 4**, 192
- Sachmangelhaftung **B 13**, 299 ff.
- Selbstbeseitigung **B 13**, 320
- unberechtigte - **B 13**, 314 ff.
- Voraussetzungen **B 13**, 300 ff.
- Wahlrecht **B 13**, 312

Ersetzungsrecht
- mangelhafte Leistung **B 4**, 160 ff.
- Sicherheitsleistung **B 17**, 105 f.

Erzeugnis
- technische Anforderungen **A 13**, 28

Estrich
- Prüfungs- und Hinweispflicht des Auftragnehmers **B 4**, 116, 119

EU-Kommission
- Mitteilung vom 23.6.2006 **A 2**, 5; **A 6**, 8

Europäische Norm s. EN

Europäische technische Zulassung A 7c, 30

Europäisches Komitee für elektrotechnische Normung s. CENELEC

Europäisches Komitee für Normung s. CEN

EU-Schwellenwert A-EU 1, 23 ff.
- Umgehungsverbot **A-EU 1**, 29
- Vergabegrundsätze **A-EU 2**

Eventualposition A 4, 17 ff.
- in der Leistungsbeschreibung **A 7**, 29 ff.
- keine Pauschalierung **A 4**, 35
- Vergütung **B 2**, 161
- ohne Vordersätze **A 7**, 31
- zulässiger Anteil **A 7**, 32

ex-ante-Transparenz A 3, 24
- der beschränkten Ausschreibung **A 19**, 1, 30 f.

ex-post-Transparenz A 3, 24

externes Ingenieurbüro
- als Angebotsannahmestelle **A 12**, 25

Fachaufsichtsbehörde A 21, 2
Fachkunde Einl A, 15; **A 6a**, 4; **A 6b**, 18; **A 16b**, 18, 22
Fachlos Einl A, 16; **A 5**, 18 ff.; **A-EU 5**, 3, 8 ff.
- in sich abgeschlossene Leistungsteile **A 9**, 38
- Begriff **A 5**, 18 ff.
- Gruppen **A 5**, 21
- Verhältnis zum Teillos **A 5**, 23

Fachplaner Anh B, 5
Fahrlässigkeit A 16, 45
fairer Wettbewerb A 2, 25; **A-EU 18**, 19
Fälligkeit A 9, 18
- Abrechnung **B 14**, 10
- Abschlagszahlung **B 16**, 100
- geänderte Leistung **B 2**, 229
- nach VOB 2002 **B 16**, 191
- Schlusszahlung **B 16**, 191 ff.
- Schlusszahlung bei Abnahme **B 16**, 192
- Schlusszahlung bei Aufrechnung **B 16**, 194
- Schlusszahlung bei Entgegennahmeverweigerung **B 16**, 196
- Schlusszahlung bei Rechnungsvorlage **B 16**, 195
- Schlusszahlung bei Verjährung **B 16**, 198
- Schlusszahlung bei Zahlungsverzug **B 16**, 197
- Schlusszahlung bei Zurückbehaltungsrecht **B 16**, 193
- Vergütung **B 2**, 229
- Vergütungsanspruch **B 14**, 84
- Verzinsung **B 16**, 309
- Verzug bei – der Bauleistung **B 5**, 37
- Zahlung **B 16**, 21 ff., 27

falsa demonstratio A 16d, 14

Falschlieferung
- Hersteller und Lieferant **Anh B**, 185

Fax s. Telefax

fehlender Detailplanung
- Haftung **B 4**, 117

fehlerhafte Leistungsbeschreibung
- Haftung **B 4**, 117

Fenster
- Prüfungs- und Hinweispflicht des Auftragnehmers **B 4**, 119

Fernstraßenbauprivatfinanzierungsgesetz A 23, 7

fertige Verdingungsunterlagen A 7c, 22

Fertighaus
- Prüfungs- und Hinweispflicht des Auftragnehmers **B 4**, 119

Fertighaushersteller Anh B, 173

Fertigstellung der Leistung
- Ausführungsfrist **B 5**, 95 ff.
- Rate bei - **Anh B**, 102

Fertigstellungsmitteilung
- Abnahme **B 12**, 109

Fertigstellungsverzug
- Vertragsstrafe **B 6**, 16

Fertigteilbauten A 7c, 8
Festmaß A 7b, 7
Festpreis B 2, 239
- Vergütung **B 2**, 6 ff.
- Vertrag **A 4**, 6; **A 9d**, 1

Feststellung von Leistungsteilen
- Ausführung **B 4**, 222 ff.
- Ergebnisniederlegung **B 4**, 225
- Feststellungsverlangen **B 4**, 224
- Rechtswirkungen **B 4**, 226 ff.

Feststellungen, abrechnungstechnische
- Abrechnung **B 14**, 42 ff.

Feststellungen, notwendige
- Abrechnung **B 14**, 41 ff.

Feststellungslast A 16, 28
fiktive Abnahme B 12, 33, 100 ff.

magere Zahlen = Randnummer

Stichwortverzeichnis

finanzielle Leistungsfähigkeit A 6b, 21,
A-EU 6a, 10
Finanzierungsbedingungen A 7, 21
– Bekanntmachung **A 8,** 30; **A 12,** 29
Finanzmittel
– Aufhebung der Ausschreibung **A 17,** 17, 20
fiskalische Beschaffung A 18, 7
Flächenpauschalisierung
– Abrechnung **B 14,** 59
Fliesenarbeiten
– Prüfungs- und Hinweispflicht des Auftragnehmers **B 4,** 119
F-Modell A 23, 9
Folgegewerk
– Prüfungs- und Hinweispflicht des Auftragnehmers **B 4,** 94
Folgekosten s. Betriebskosten
Fördermittel s. Beihilfe
Förderpflicht des Auftragnehmers B 5, 77
Forderungssicherungsgesetz
– Zahlung **B 16,** 6 ff.
Form s. a. Schriftform
– Anzeige von Stundenlohnarbeiten **B 15,** 39
– Vertragsstrafe **B 11,** 13
Formblätter 221–223 A 16d, 3
Förmliche Abnahme B 12, 90 ff.
Formular s. Europäisches Bekanntmachungsformular
formularmäßige Sicherungsabrede im Bauvertrag
– Wirksamkeit **B 17,** 25 ff.
Fortbildungsstätte A 6, 28
fortgesetzte ARGE
– Bau-ARGE **Anh B,** 137
Frachtkosten
– Abrechnungsvorgaben gem. § 15 Abs. 1 Nr. 2 Satz 2 VOB/B **B 15,** 27
Fragepflicht A 12a, 16
Frauenförderung A 6, 49
freier Waren- und Dienstleistungsverkehr A 2, 3
freihändige Vergabe A 3, 4, 25 ff.
– Angebotsfristbeginn **A 10,** 6
– wegen des Auftragswerts **A 3a,** 50 f.
– Dokumentation **A 20,** 29
– bei Dringlichkeit **A 3a,** 25, 38 f.
– Eignungsprüfungszeitpunkt **A 6b,** 34
– bei Eindeutigkeitsmangel **A 3a,** 40 ff.
– Fristen **A 10,** 34
– wegen Geheimhaltungsbedürftigkeit **A 3a,** 47 f.
– wegen Ineffektivität **A 3a,** 43 ff.
– Kosten **A 8b,** 2
– Mindestregelungen **A 3,** 26
– öffentlicher Teilnahmewettbewerb **A 3,** 26
– Prüfungsverfahren **A 16c,** 19
– keine regionale Beschränkung **A 6,** 12 ff.
– Sicherheiten **A 9c,** 5
– bei Trennbarkeitsmangel **A 3a,** 49 f.
– Übermittlung der Vergabeunterlagen **A 12a,** 4
– Unternehmen in der Region **A 3a,** 36
– Vergabegrundsätze **A 3,** 27 f.
– Verhandlungsverbot **A 3,** 29
– kein Verhandlungsverbot **A 15,** 30 f.
– Wertungsstufen **A 16d,** 71 f.
– Wertungsverfahren **A 16c,** 19
– Zulässigkeit **A 3a,** 34 ff.
– Zuschlag **A 18,** 11
– zwei Bieter **A 3a,** 37

Freistellungsbescheinigung B 16, 53
Freistellungsverpflichtung Anh B, 136
Freizeichnung A 7, 23
Fremdbeleg
– Anforderung **A 8,** 23
Fremdfirmabeauftragung auf Auftragnehmerkosten
– AGB Kontrolle **B 5,** 156
Frist A-EU 10
– Abgrenzung von Termin **A 9,** 15
– Absprache **A 9,** 10 ff.
– AGB-Regelung **B 5,** 13
– Angebotsfrist s. dort
– angemessene Berechnung **A-EU 10,** 2
– Antragsfrist s. dort
– Ausführungsfrist s. dort
– Beschleunigung der Verlängerung **B 6,** 36 ff.
– Bewerbungsfrist s. dort
– Bindefrist s. dort
– Diskriminierungsverbot **A 2,** 40
– Einzelfrist s. dort
– Innovationspartnerschaft **A-EU 10d**
– Kalender– **B 5,** 17
– Kontrollfrist s. dort
– Kündigung bei versäumter – **B 8,** 93
– Kündigungserklärung in angemessener – **B 5,** 133
– beim nichtoffenen Verfahren **A-EU 10b**
– beim offenen Verfahren **A-EU 10a,** 3 ff.
– Planlieferfristen s. dort
– Rückzahlung **B 16,** 78
– Sicherheitsleistung **B 17,** 216 ff.
– Skonto **B 16,** 301
– des Verhandlungsverfahrens **A-EU 10c**
– Verjährungsfrist s. dort
– Verkürzung **A-EU 10a,** 4 ff.
– Verkürzung durch AGB **B 5,** 71
– Verlängerung **A-EU 10a,** 9
– Vertragsfrist s. dort
– beim wettbewerblichen Dialog **A-EU 10d**
– Zuschlagsfrist s. dort
– Zwischen– **B 5,** 20 ff.
Fristüberschreitung
– Abrechnung **B 14,** 68
Fristverlängerung
– Auswirkung von – auf vereinbarte Vertragsstrafe **B 6,** 44
– Beschleunigung **B 6,** 36 ff.
Fuhrkosten
– Abrechnungsvorgaben gem. § 15 Abs. 1 Nr. 2 Satz 2 VOB/B **B 15,** 27
Fund
– Anzeige-/Ablieferungspflicht **B 4,** 216
– Ausführung **B 4,** 214 ff.
– Mehrkosten **B 4,** 218
– Rechte des Entdeckers **B 4,** 220
– Rechtswirkungen **B 4,** 221
Funktionalausschreibung
– bei Losvergabe **A 5,** 31
Fußballstadion A 7c, 8

ganzjährige Bautätigkeit A 2, 43 ff.
Garantie des Verkäufers
– Hersteller und Lieferant **Anh B,** 191
Garantieerklärung, ausdrückliche Anh B, 193

1881

Stichwortverzeichnis
fette Zahlen = §§

Garantierter Maximalpreis Anh B, 42 ff.; s. a. *GMP-Modell*
– Pauschalvertrag **B 2**, 251
Garantieumfang Anh B, 196
Garantieversprechen
– Abgrenzung zu Vertragsstrafe **B 11**, 9
geänderte Leistung
– Abgrenzung zu Zusatzleistung **B 2**, 180
– Abschlagszahlung **B 2**, 229
– Ankündigungserfordernis **B 2**, 199 ff.
– Anordnung der – **B 2**, 190 ff.
– Ausschluss der Vergütungsansprüche durch AGB **B 2**, 230
– Beweislast **B 2**, 228
– Fallgruppen **B 2**, 185
– Fälligkeit **B 2**, 229
– keine Anordnungsbefugnis **B 2**, 189
– Loslösung von Nachtragsvereinbarung **B 2**, 227
– Nachtragsvergütung **B 2**, 213 ff.
– Vereinbarung des neuen Preises vor Ausführung **B 2**, 203
– Vergütung **B 2**, 180 ff.
– Verjährung **B 2**, 229
Gebäudetechnik
– Auftragswert **A 3a**, 11
Gebietskörperschaft A-EU 1, 5
Gebühren *s. a. Entgelte; Kosten; Nutzungsgebühren; Maut*
– Bearbeitungsgebühr **A 8b**, 2
– unzulässige Erhebung **A 3**, 36
Gefahr in Verzug B 4, 29 f.
Gefahrtragung B 7, 1 ff.
Gefahrübergang
– Abnahme **B 12**, 112
– Bauleistungsversicherung **B 7**, 76 ff.
– Beweislast **B 7**, 75
– Rechtsfolgen **B 7**, 72 ff.
Gefahrverteilung
– AGB **B 7**, 8
– im Bauvertrag **B 7**, 14 ff.
– nach Gesetz **B 7**, 9
Gehaltsnebenkosten der Baustelle
– Abrechnungsvorgaben gem. § 15 Abs. 1 Nr. 2 Satz 2 VOB/B **B 15**, 27
Geheimhaltung A-EU 19, 35 f.
– der Angebote **A 14a**, 34 ff.
– der Bewerber **A 12a**, 12
– freihändige Vergabe **A 3a**, 47 f.
– Offenlegung durch Straftat **A 14a**, 34
– keine öffentliche Ausschreibung **A 3a**, 26
– der Verhandlungsergebnisse **A 15**, 14 f.
Geheimhaltungspflicht A-EU 12a, 3
Geheimwettbewerb A 2, 27; **A 16**, 35
Geld
– Einbehalt **B 17**, 99; *s. a. Sicherheitseinbehalt*
– Hinterlegung **B 17**, 100
Geldbuße A-EU 6e, 12 f.
Geldhinterlegung
– Abgrenzung zur Hinterlegungsanordnung **B 17**, 195 f.
– gemeinsame Verfügung über Sperrkonto **B 17**, 198
– Zinsanspruch des Auftragnehmers **B 17**, 199
– zu vereinbarendes Geldinstitut **B 17**, 197
Geltendmachung von Bedenken durch Auftragnehmer
– Auftragnehmerpflichten **B 4**, 35

– Ausführung **B 4**, 33 ff.
– Mehrkosten **B 4**, 43
– Rechtswirkungen **B 4**, 46
– Weisungsgebundenheit des Auftragnehmers **B 4**, 37
Geltung aller Einzelfristen als Vertragsfristen
– AGB Kontrolle **B 5**, 154
Gemeinde Einl A, 23
– als Auftraggeber **A-EU 1**, 5
– Grundstücksveräußerung **A 1**, 6, 12
Gemeindehaushaltsverordnung Einl A, 23
Gemeinkosten A 8b, 4
– Abrechnungsvorgaben gem. § 15 Abs. 1 Nr. 2 Satz 2 VOB/B **B 15**, 27
– der Baustelle **A 2**, 20
Gemeinschaftseigentum
– Abnahme **Anh B**, 110
– Mängel am – **Anh B**, 115
Gemischte Verträge VgV 2, 34
gemischter Auftrag Einl A, 12, 15
– Anwendung der VOB/A **A 1**, 14
Genehmigung
– Baugenehmigungsbeschaffung **A 9**, 52
– fehlende **A 7**, 24
– immissionsschutzrechtliche **A 7**, 26
– Mitwirkungspflichten des Auftraggebers **B 4**, 10
Generalübernehmer Anh B, 9
Generalunternehmer A 5, 22; **A 16a**, 19
– Leistungsbeschreibung mit Leistungsprogramm **A 7c**, 21
Generalunternehmervertrag
– Bausoll-Definition **Anh B**, 14
– Komplettheitsklausel **Anh B**, 14
– Schlüsselfertigkeitsklauseln **Anh B**, 14
– Verstoß gegen das Transparenzgebot **Anh B**, 23 ff.
Genossenschaft A-EU 1, 12
Geräte
– auftraggeberseitige Mitwirkung **A 9**, 52
Gerätemiete Anh B, 201
Gerichtsstandsvereinbarung B 18, 2, 8 ff., 15
– Mahnverfahren **B 18**, 12
– Mitteilungsverpflichtung des Auftraggebers **B 18**, 16
– Rechtswirkungen **B 18**, 8 ff.
– Vertragseinbeziehung **B 18**, 3
– Voraussetzungen **B 18**, 4 ff.
Gesamtabrechnung
– Abschlagszahlung **B 16**, 95
Gesamtauftragswert A-EU 1, 24 ff.; *s. a. Auftragswert*
Gesamtleistung
– Ausführungsfrist **A 9**, 29
Gesamtlosvergabe A 5, 25 ff.
– Beweislast **A 5**, 32
– Vertrauen **A 5**, 35
Gesamtpreis, unauskömmlicher A 16d, 2
Gesamtprivilegierung
– VOB/B **Einl B**, 66
Gesamtschuldnerausgleich
– Sachmängelhaftung **B 13**, 112
Gesamtvergabe A-EU 5, 14 f.
Geschäftsführung, kaufmännische und technische
– Bau-ARGE **Anh B**, 142
Geschäftsführung ohne Auftrag
– Aufwendungsersatz **B 2**, 309 ff.

magere Zahlen = Randnummer

Stichwortverzeichnis

Geschäftsgeheimnis A-EU 18, 18
Geschäftsgrundlage s. *Störung der Geschäftsgrundlage*
Geschäftskosten s. *allgemeine Geschäftskosten*
Gesellschaft bürgerlichen Rechts s. *BGB-Gesellschaft*
Gesellschafterversammlung
– Bau-ARGE **Anh B**, 139
Gesetz zur Modernisierung des Schuldrechts s. *MoMiG*
gesetzliche Bestimmung
– Auftragnehmerverantwortung **B 4**, 61
gesetzlicher Vertreter
– Haftung der Vertragsparteien **B 10**, 51 ff.
Gewährleistungsanspruch
– Abnahme **B 12**, 47 ff.
Gewährleistungsfrist
– Beginn mit Abnahme **B 12**, 44
– VOB/B **Einl B**, 27, 79a
Gewährleistungssicherheit
– Sicherheitsleistung **B 17**, 70 ff., 228 ff.
Gewährleistungsstadium
– Abnahme als Beginn **B 12**, 43 ff.
Gewerbesteuereinnahmen A 6, 9
gewerbliche Schutzrechte A 3a, 35; **B 10**, 47 ff.
– Verletzung **B 10**, 47 ff.
gewerbliche Verkehrssitte
– Bausoll **B 2**, 89
Gewerbsmäßige Ausführung von Bauleistungen A 6, 16 ff.
Gewerbsmäßige Tätigkeit A 6, 17 ff.
Gewerbsmäßigkeit
– Nichtgewerblichkeit s. *dort*
Gewerke
– Auftragswert **A 3a**, 9
– Ausbauwerk **A 3a**, 11
– Leistungsbeschreibung mit Leistungsprogramm **A 7c**, 19
Gewinn
– Anteil Dritter **A 8b**, 3
– entgangener Gewinn s. *dort*
Gewinnaufschlag A 2, 20
Gläubigerobliegenheiten B 9, 8 ff.
– Ausführungsunterlagen **B 3**, 9
Gläubigerverzug
– Kündigung **B 9**, 6 ff.
Gleichbehandlungsgrundsatz A 2, 1; s. a. *Diskriminierungsverbot; Staatsangehörigkeit*
– Unterschwellenvergabe **A 16d**, 55
Gleichwertigkeitsnachweis A 16d, 58
Gleitklausel A 7, 24
– Vergütung **B 2**, 6 ff.
Global-Pauschalvertrag A 4, 4 f.
– Leistungsbeschreibung mit Leistungsprogramm **A 7c**, 20
– Pauschalvertrag **B 2**, 246 ff.
Globalzession von Werklohnanspruch B 17, 23
GMP-Modell Anh B, 42 ff.
– Ausgewogenheit der Vertragsregelungen **Anh B**, 82
– besondere Interessenlage **Anh B**, 46
– einstufiges Modell **Anh B**, 44
– Garantien **Anh B**, 66
– Kooperationsmodell **Anh B**, 43
– Nachunternehmerauswahl **Anh B**, 80
– notwendige Vertragsregelungen **Anh B**, 81
– Optimierung des Bauvorhabens **Anh B**, 47
– Planungsverantwortung **Anh B**, 79
– Probleme der Vertragsgestaltung und -abwicklung **Anh B**, 45
– zweistufiges Modell **Anh B**, 44
GoA
– Aufwendungsersatz **B 2**, 309 ff.
großer Schadensersatzanspruch
– Sachmängelhaftung **B 13**, 426 ff., 445 ff.
Großunternehmen A-EU 5, 12
Grundfreiheiten
– europarechtliche – **A 2**, 3
– subjektive Rechte **A 2**, 12
Grundhandelsgewerbe, fehlende
– ARGE **Anh B**, 122
Grundposition
– Bausoll **A 4**, 13 ff.
– keine pauschale Ausschreibung **A 4**, 33
Grundsatz sofortiger Leistungsbewirkung B 5, 1
Grundstückseigentum A 3a, 35
Grundstücksveräußerung durch Kommunen A 1, 6, 12
Grundurteil
– Zahlung **B 16**, 86
Grundwasser A 4, 33
Gutachten
– über die Baustelle **A 7**, 39
– neue Erkenntnisse **A 17**, 17
GWB-Kartellvergaberecht s. *Kartellvergaberecht*
GWB-Verstoß A 16, 45

Haftung s. a. *Mängelhaftung*
– Auftraggeber für seine Erfüllungsgehilfen **B 6**, 63
– Bau-ARGE **Anh B**, 144 ff.
– bei Eindringen von drückendem Wasser im Keller **B 4**, 117
– Einschränkung und Ausschluss der – der Gesellschafter **Anh B**, 153
– für Erfüllungsgehilfen **B 6**, 63
– bei falscher Planungsvorgabe **B 4**, 117
– bei fehlender Detailplanung **B 4**, 117
– bei fehlender Planung **B 4**, 117
– bei fehlerhafter Leistungsbeschreibung **B 4**, 117
– bei nachträglicher Anordnung des Architekten **B 4**, 117
– bei offenkundigem Planungsfehler **B 4**, 117
– bei Planungsfehler des Architekten **B 4**, 117
– Sachmängelhaftung **B 13**, 1 ff.; s. a. *dort*
– verschiedene Mängelursachen **B 4**, 115
– Verschulden von Vor- und Nachunternehmer **B 4**, 115
– Vorunternehmer– **B 6**, 63
Haftung der Vertragsparteien
– AGB-Kontrolle **B 10**, 63
– Alleinhaftung des Auftraggebers **B 10**, 28
– Alleinhaftung des Auftragnehmers **B 10**, 32 ff., 49 f.
– Ausgleichspflicht im Innenverhältnis **B 10**, 25
– Befreiungsanspruch **B 10**, 55 ff.
– Beschädigung angrenzender Grundstücke **B 10**, 41
– Einbeziehung der gesetzlichen Vertreter und Erfüllungsgehilfen **B 10**, 51
– Entnahme und Auftragung von Boden **B 10**, 44
– Erfüllungsgehilfe **B 10**, 6 ff.; s. a. *dort*

Stichwortverzeichnis

fette Zahlen = §§

- für fremdes Verschulden **B 10**, 5
- Schadensausgleich im Innenverhältnis **B 10**, 14 ff.
- Sonderfälle der Alleinhaftung des Auftragnehmers **B 10**, 37 ff.
- unbefugtes Betreten **B 10**, 40
- Untereinander **B 10**, 4 ff.
- Verletzung gewerblicher Schutzrechte **B 10**, 47 ff.
- Versperrung von Wegen und Wasserläufen **B 10**, 45

Haftung des Auftragnehmers
- Abschlagszahlung **B 16**, 150

Haftung für Altverbindlichkeit
- Bau-ARGE **Anh B**, 155

Haftung für Ausscheiden aus der Gesellschaft
- Bau-ARGE **Anh B**, 156

Haftung im Außenverhältnis
- Bau-ARGE **Anh B**, 148

Haftung im Innenverhältnis
- Bau-ARGE **Anh B**, 145

haftungsausfüllende Kausalität
- Schadensersatzanspruch des Auftragnehmers gem. § 6 Abs. 6 Satz 1 VOB/B **B 6**, 80 ff.

haftungsbegründende Kausalität
- Beweislast **B 6**, 65

Haftungseinschränkung
- Abschlagszahlung **B 16**, 150
- Sachmängelhaftung **B 13**, 460 ff.

Haftungserweiterung
- Sachmängelhaftung **B 13**, 460 ff.

Handbuch s. *Vergabehandbuch; Vertragshandbuch*

Handelsregisterauszug
- Anforderung **A 8**, 27

Handwerkskammer A-EU 1, 12

Harmonisierungsdokumente s. *HD*

Hauptangebot A 13, 33; s. a. *Nebenangebot*
- mehrere – **A 16d**, 49 f.

Hauptpflicht des Auftraggebers
- Abnahme **B 12**, 23

Haushaltsgrundsätzegesetz Einl A, 7

Haushaltsmittel s. a. *Finanzmittel*
- fehlende – **A 17**, 14

Haushaltsordnungen Einl A, 23

Haushaltsrecht
- als Innenrecht **A 2**, 8
- Prinzipien **A 13**, 1

Havarieleistung A 4, 45 f.

Heilung
- von Dokumentationsmängeln **A 20**, 9

Heizungsarbeiten A 9, 39

Hemmung der Verjährung
- höhere Gewalt **B 13**, 211
- Rechtsverfolgung **B 13**, 189 ff.
- Sachmängelhaftung **B 13**, 178 ff.
- vereinbartes Leistungsverweigerungsrecht **B 13**, 208 ff.
- Verhandlungen **B 13**, 179 ff.

Hersteller Anh B, 172 ff.

Hersteller und Lieferant
- § 651 BGB n. F. **Anh B**, 176
- Beschaffenheitsvereinbarung im Kaufrecht **Anh B**, 179
- Falschlieferung **Anh B**, 185
- Garantie des Verkäufers **Anh B**, 191
- komplexe bewegliche Sachen **Anh B**, 178
- Mengenfehler **Anh B**, 185
- Montageanleitungsmängel **Anh B**, 184

- Montagemängel **Anh B**, 183
- Sachmängelhaftung **Anh B**, 186
- Verjährung **Anh B**, 189
- werbende Warenbeschreibungen **Anh B**, 182

Herstellervorschriften
- Sachmängelhaftung **B 13**, 49

hindernde Umstände
- Wegfall **B 6**, 35

Hinterlegung von Geld B 17, 100

Hinterlegungsanordnung
- Abgrenzung zur Geldhinterlegung **B 17**, 195 f.

Hinweispflicht
- Sachmängelhaftung **B 13**, 98 ff.

HOAI A 8b, 12

Hochschule A-EU 1, 12

Höchstmaß A 7b, 7

Höchstpreis
- Vergütung **B 2**, 6 ff.

Höchstpreisvorschrift A 2, 16

Höhere Gewalt B 13, 211
- Behinderung/Verlängerung der Ausführung **B 6**, 25
- vorzeitiger Übergang der Vergütungsgefahr **B 7**, 66

Honorarordnung für Architekten und Ingenieure s. *HOAI*

Horizontal gegliederte Bau-ARGE Anh B, 132

HVA B-StB A 8a, 9

Immissionsschutz
- Beschaffung der Genehmigung **A 7**, 26

Immobilie s. a. *bauliche Anlage*
- Grundstücksveräußerung s. *dort*
- Leasing **A 1**, 14

Individualvereinbarung
- Vertragsstrafe **B 11**, 34 ff.

Ineffektivität
- einer neuen Ausschreibung **A 3a**, 43 ff.

Informationen s. a. *Auskunft*
- über Angebote **A 14a**, 31 ff.
- nachgeschobene – **A 12a**, 13
- Übermittlung **A 11**, 2
- auf Verlangen **A-EU 17**, 29 ff.
- Zurückhaltung **A-EU 17**, 2

Informations- und Wartepflicht Einl A, 15

Informationsfreiheitsgesetz A 19, 22

Informationspflicht A-EU 19, 4 ff.; s. a. *Auskunftspflicht*
- Adressat **A-EU 19**, 10
- Ausnahmen **A-EU 19**, 25
- gegenüber Bewerbern **A-EU 19**, 30 ff.
- gegenüber Bietern **A-EU 19**, 10, 34
- Fehlerfolgen **A-EU 19**, 41
- Fristbeginn und -ende **A-EU 19**, 23 f.
- Geheimhaltung **A-EU 19**, 35 f.
- Informationsinhalt **A-EU 19**, 13 ff.
- bei Nichtberücksichtigung **A 19**, 4 ff.
- nochmalige Information **A-EU 19**, 18 f.
- Textform **A-EU 19**, 20
- Verfahrensarten **A-EU 19**, 8
- auf Verlangen **A 19**, 11 ff.
- Zeitpunkt der Information **A-EU 19**, 18 f.
- Zweck **A-EU 19**, 7

Ingebrauchnahme
- Abnahme **B 12**, 110

Ingenieur Anh B, 5

magere Zahlen = Randnummer

Stichwortverzeichnis

Ingenieurbau
– Auftragswert **A 3a,** 12
Ingenieurbüro
– als Angebotsannahmestelle **A 12,** 25
– Einsicht in die Vergabeunterlagen **A 12a,** 11
Inhalt des Mängelbeseitigungsanspruchs
– Sachmängelhaftung **B 13,** 256 ff.
Inhaltsirrtum A 16d, 14
Inhaltskontrolle
– VOB/B **Einl B,** 107 ff.
Inhouse-Geschäft A-EU 1, 9
Inländer A 2, 3, 12; **A 6,** 7
„Inlandsklausel"
– Bürgschaft **B 17,** 101
Innovation
– Förderung **A 16d,** 58
Innovationspartnerschaft A-EU 3, 8; **A-EU 3a,** 68
– Fristen **A-EU 10d**
Insolvenz
– Angabe **A 6a,** 18
– Angebotsausschluss **A 16,** 42
– Bau-ARGE **Anh B,** 165
– Bau-ARGE-Gesellschafter **Anh B,** 166
– des ersten Auftragnehmers **A 3a,** 41
– Kündigung **B 8,** 69 ff.
– prozessuale Folgen bei – der Bau-ARGE **Anh B,** 167
– Sicherheitsvereinbarung **B 17,** 19
– Vergütungsanspruch **B 16,** 356, 358
Instandhaltung
– einer baulichen Anlage **A 1,** 16 f.
Interessenkonflikte VgV 6
– Angehörige **VgV 6,** 54
– auf Auftraggeberseite **VgV 6,** 18 ff.
– Doppelberatungen **VgV 6,** 47 ff.
– Doppelmandate **VgV 6,** 44 ff.
– Mitwirkung im Vergabeverfahren **VgV 6,** 28 ff.
– Rechtsfolgen eines Verstoßes **VgV 6,** 60 ff.
– Vermutung **VgV 6,** 38 ff.
– Vorliegen **VgV 6,** 34 ff.
– Widerlegung der Vermutung **VgV 6,** 55 ff.
Interimsvergabe A 3a, 38
interkommunale Kooperation A-EU 1, 8
Internet
– Adressbekanntmachung **A 12,** 25
– Bekanntmachungsweg **A 12,** 8
Interpretationsrisiko A 15, 8
Investitionen, rentierliche A 9a, 26, 38
Investitionsrisiko A 7, 21
Irrtumsanfechtung A 16d, 14

Jahreszeit A 9, 27
Jugendhilfeeinrichtung A 6, 28
juristische Person A-EU 1, 11 ff.; *s. a. Auftraggeber; Körperschaft*
– bundes-, landes- oder gemeindeunmittelbare **Einl A,** 24
– Gründungszweck **A-EU 1,** 14
– des öffentlichen Rechts **A-EU 1,** 12
– des Privatrechts **Einl A,** 23; **A-EU 1,** 12
– Rechtspersönlichkeit **A-EU 1,** 12
Justizvollzugsanstalt
– Baukonzession **A 23,** 8
– keine Wettbewerbsteilnahme **A 6,** 28

K. o.-Kriterien A 16d, 60
Kalenderfrist
– Ausführungsfrist **B 5,** 17
Kalkulation
– Einsichtnahme **A 15,** 11
– Mischkalkulation *s. dort*
– des Nachunternehmens **A 15,** 12
– unzulässige Abweichungen **A 16,** 14
– Wagnis **A 7,** 20
Kalkulationsirrtum A 16d, 14; **B 2,** 214
Kalkulationsmethodik
– Vergütung **B 2,** 139
Kammerschleuse A 7, 22
Kapazitäten anderer Unternehmen A-EU 6d
Kapitaldienst als Zwischenfinanzierung A 2, 20
Kartellbildung A 16, 34
Kartellvergaberecht
– Grundlagen **Einl A,** 19
– Verhältnis zum Wettbewerbsrecht **A 2,** 26
Kaskadenprinzip Einl A, 18; **VgV 1,** 4
kaufmännische Leistungsfähigkeit A 6b, 21
kaufmännisches Bestätigungsschreiben A 8b, 26; **A 18,** 29 ff.
Kellerabdichtung
– Prüfungs- und Hinweispflicht des Auftragnehmers **B 4,** 119
Kennzeichnung A 14a, 4 ff., 15 ff.
Klage
– auf Erstellung der Schlussrechnung **B 14,** 74
– auf Mängelbeseitigung **B 13,** 283
Klageänderung
– von Abschlagszahlungsforderung auf Schlusszahlungsforderung **B 16,** 98
Kläranlage A 9a, 26
Kleinauftrag
– Ausnahme von Sicherheitseinbehalt bei – **B 17,** 208
kleiner Schadensersatzanspruch
– Sachmängelhaftung **B 13,** 403 ff.
Know-how
– geheimes – **A 8b,** 18
Koalitionsfreiheit A 6, 50
kommunale Kooperation *s. interkommunale Kooperation*
kommunale Stiftung Einl A, 23
kommunaler Verband Einl A, 23
Kommune *s. Gemeinde*
Kompensation, erweiterte
– VOB/B **Einl B,** 51 ff.
Komplettheitsklausel B 2, 61, 244
– Generalunternehmervertrag **Anh B,** 14
– Pauschalvertrag **B 2,** 263
komplexe bewegliche Sachen
– Hersteller und Lieferant **Anh B,** 178
komplexe Stundenlohnarbeiten B 15, 31
konkludente Billigung
– Abnahme **B 12,** 15 ff., 32
Konkurrent
– Verdrängung **A 16,** 34
Konsortialverhältnis
– BGB-Gesellschaft **Anh B,** 131
Kontamination A 7, 9
– Risikoübertragung **A 7,** 26
Kontrahierungszwang A 17, 28
Kontrollfreiheit
– Leistungsbeschreibung **B 2,** 56
– Preisvereinbarung **B 2,** 55

1885

Stichwortverzeichnis

fette Zahlen = §§

Kontrollfrist A 9, 4, 16
Konzernbürgschaft B 17, 18
Konzernprivileg Einl A, 12
Konzessionsvergaberichtlinie Einl A, 17a
Konzessionsvergabeverordnung
– keine Anwendbarkeit der VgV **VgV 1,** 44
Kooperationsmodell Anh B, 43
– GMP-Modell **Anh B,** 43
Koordinationspflicht B 4, 7 ff.
Körperliche Entgegennahme der Leistung
– Abnahme **B 12,** 11
Körperschaft *s. a. juristische Person*
– öffentlich-rechtliche **A-EU 1,** 12
Kosten *s. a. Entgelte; Entschädigung; Gebühren*
– Dritter **A 8b,** 3
– der Rechnungsanfertigung **B 14,** 83
– Schiedsgutachten bei Meinungsverschiedenheit über Eigenschaft von Stoffen und Bauteilen **B 18,** 39
– Selbstkosten *s. dort*
– Versandkosten *s. dort*
– Vervielfältigungskosten **A 8b,** 2 ff.
Kosten der Einrichtungen, Geräte, Maschinen und maschinellen Anlagen der Baustelle
– Abrechnungsvorgaben gem. § 15 Abs. 1 Nr. 2 Satz 2 VOB/B **B 15,** 27
Kostenelementeklausel A 9d, 24
Kostenerstattung
– Bekanntmachungspflicht **A 8b,** 6
Kostenregelung
– Wirksamkeit **B 15,** 92
Kostenumlageklausel
– Vergütung **B 2,** 9 ff.
Kostenverlagerung A 16, 23
Krieg
– vorzeitiger Übergang der Vergütungsgefahr **B 7,** 66
Kumulationsverbot A 9a, 17
Kundendienst A 16d, 40
Kündigung
– Abnahme **B 8,** 138; **B 12,** 54 ff.
– Abrechnung **B 8,** 29 ff.; **B 14,** 38
– Abschlagszahlung **B 16,** 99
– Adressat **B 8,** 18
– AGB-Kontrolle **B 9,** 103 ff.
– Androhung **B 5,** 130
– Angabe, Wechsel, Nachschieben von Kündigungsgründen **B 8,** 22 ff.; **B 9,** 72
– angemessene Nachfristsetzung **B 5,** 124
– Anspruch auf (volle) Vergütung **B 9,** 100
– Aufmaß **B 8,** 138
– Auftragnehmer **A 3a,** 41; **B 9,** 1 ff.
– Bedingungsfeindlichkeit **B 8,** 20
– Behandlung von „Nullpositionen" **B 8,** 26
– Bürgschaft **B 8,** 68
– Einheitspreisvertrag **B 8,** 32 ff., 104
– Empfehlung **B 5,** 131
– Entbehrlichkeit der Androhung **B 5,** 132
– Entschädigung nach § 642 BGB **B 9,** 85 ff.
– Erklärung in angemessener Frist **B 5,** 133
– Fälligkeit der Vergütung **B 8,** 65 ff.
– Form **B 8,** 16 f., 136; **B 9,** 71
– formale Voraussetzungen **B 9,** 61 ff.
– freie – **B 8,** 11 ff.
– gem. §§ 5 Abs. 4, 8 Abs. 3 VOB/B **B 5,** 116 ff.
– wegen Gläubigerverzugs **B 9,** 6 ff., 16 ff.

– Herbeiführung der Abnahmewirkung **B 8,** 27
– Insolvenz **B 8,** 69 ff.
– Kündigungsandrohung. **B 9,** 66
– Kündigungserklärung **B 8,** 19 ff.; **B 9,** 70 ff.
– Kündigungsgründe **B 8,** 22 ff., 69 ff., 93; **B 9,** 43 ff.
– Mehrkostenerstattungsanspruch des Auftraggebers **B 5,** 136
– Nachfristsetzung **B 9,** 64
– Pauschalvertrag **B 8,** 56 ff., 106
– prüfbare Rechnung über ausgeführte Leistung **B 8,** 140
– Rechtsfolgen **B 8,** 29 ff., 77 ff., 101 ff., 126 ff.; **B 9,** 78 ff.
– Rechtsfolgen bei – aus wichtigem Grund **B 5,** 136
– Schadensersatz wegen Nichterfüllung **B 5,** 136
– Schadensersatz wegen Pflichtverletzung **B 9,** 96
– Schadensersatz wegen Verzögerungsschaden **B 5,** 136
– Schadensminderungspflicht **B 5,** 136; **B 8,** 109
– schriftliche Erklärung **B 5,** 134
– wegen Schuldnerverzugs **B 9,** 29 ff.
– Störung der Geschäftsgrundlage **B 2,** 291
– Stundenlohnvertrag **B 8,** 55
– Teil– **B 5,** 135; **B 8,** 24, 99; **B 9,** 73
– Umdeutung **B 8,** 20
– Unzumutbarkeit der Fortsetzung des Vertragsverhältnisses **B 5,** 123
– Vergütung **B 5,** 136
– Vergütung der erbrachten Leistungen **B 9,** 79
– Verhältnis zu anderen Vertragsbeendigungstatbeständen **B 9,** 4 ff.
– wegen versäumter Frist **B 8,** 93
– Verstoß gegen Abhilfepflicht gem. § 5 Abs. 3 VOB/B **B 5,** 121
– Vertragsstrafe **B 8,** 142
– Verwirkung **B 8,** 23; **B 9,** 75
– Verwirkung des –srechts **B 5,** 133
– Verzicht der Androhung **B 5,** 157
– verzögerter Beginn **B 5,** 120
– Verzug mit Fertigstellung **B 5,** 122
– gem. VOB/B **B 8,** 1 ff.
– Vorbehalt **B 5,** 131
– weitergehende Ansprüche des Antragnehmers **B 9,** 95 ff.
– wegen wettbewerbswidriger Absprachen **B 8,** 115 ff.
– aus wichtigem Grund **B 8,** 69 ff.; **B 9,** 1
– wegen Zahlungseinstellung **B 8,** 72
– wegen Zahlungsverzugs **B 9,** 30 ff.
Kündigungsrecht
– AGB **B 5,** 150
– Auftragsentziehung **B 4,** 183
– Ersatzvornahme **B 4,** 190, 192
– Fristsetzung **B 4,** 179 ff.
– mangelhafte Leistung **B 4,** 176
– Rechtsfolgen **B 4,** 185 ff.
– Schadensersatz wegen Nichterfüllung **B 4,** 190
– bei Unterbrechung von über 3 Monaten **B 6,** 107 ff.
– Voraussetzung **B 4,** 177 ff.
Kündigungsrecht des Auftraggebers
– Selbstausführungspflicht des Auftragnehmers **B 4,** 202
Kündigungsvorbehalt B 5, 131

magere Zahlen = Randnummer

Stichwortverzeichnis

Ladekosten
– Abrechnungsvorgaben gem. § 15 Abs. 1 Nr. 2 Satz 2 VOB/B **B 15**, 27
Lagerplatz
– Überlassungspflichten des Auftraggebers **B 4**, 120 ff.
Länder Einl A, 23; **A-EU 1**, 5
Landkreis Einl A, 23; **A-EU 1**, 5
Landschaftsbau
– Auftragswert **A 3a**, 11
Lastschriftverfahren
– Zahlung **B 16**, 48
Laufzeit *s. Vertragslaufzeit*
Leasing A 1, 14
Leasingmodell A 1, 14
Leistung
– abgegoltene – *s. Abgegoltene Leistung*
– Art und Umfang **B 1**, 1 ff.
– Bekanntmachung über Art und Umfang **A 12**, 16
– besondere – **A 7b**, 14
– Billigung **B 12**, 12 ff.
– Eigenart der Leistung **A 9b**, 8 ff.
– geänderte – **B 2**, 180 ff.; *s. a. Geänderte Leistung*
– körperliche Entgegennahme **B 12**, 11
– mangelnde Trennbarkeit **A 3a**, 49 f.
– ungleichartige – **A 7b**, 18
– vergessene – **B 1**, 68
– vergleichbare – **A 6a**, 14
– Zusatzleistung *s. dort*
Leistung, mangelfrei
– Sachmängelhaftung **B 13**, 17 f.
Leistung nach Probe
– Sachmängelhaftung **B 13**, 72 ff.
Leistung, verdeckte
– Abrechnung **B 14**, 61
Leistungsabruf A 9, 3
Leistungsänderung
– Abrechnung **B 14**, 28
Leistungsanordnungsrechte A-EU 22, 13 ff.
Leistungsart
– Dokumentation **A 20**, 16
Leistungsbeschreibung A 7; A-EU 7; *s. a. Beschreibung*
– ähnliche Leistung **A 7b**, 11
– Alternativpositionen **A 7**, 34
– Auslegungsgrundsätze **A 7**, 9
– Baubeschreibung *s. dort*
– Bausoll **B 2**, 65
– über Baustelle **A 7**, 37
– detaillierte – **A 7b**, 1
– eindeutige – **A 7**, 8
– ergänzende – **A 7b**, 9
– erschöpfende – **A 7**, 13
– Eventualpositionen **A 7**, 29 ff.
– Hilfen **A 7**, 41 ff.
– Kontrollfreiheit **B 2**, 56
– mit Leistungsverzeichnis **A 7b**, 1 ff.; *s. a. Leistungsbeschreibung mit LV*
– Preisermittlungsumstände **A 7**, 16 ff.
– Rangreihenfolge **A 7b**, 1
– Sachmängelhaftung **B 13**, 84 ff.
– Stundenlohnpositionen **A 7**, 35
– technische Spezifikationen **A 7a**, 1 ff.
– technische Vertragsbedingungen **A 7b**, 14
– teil-funktionale Leistungsbeschreibung *s. dort*
– keine umfangreichen Vorarbeiten **A 7**, 14

– kein ungewöhnliches Wagnis **A 7**, 20 ff.
– unklare – **A 7**, 9 ff.; **A 17**, 19
– unwirksame Inhalte **A 7**, 40
– verkehrsübliche Bezeichnungen **A 7**, 46 ff.
– keine verschwiegenen Erkenntnisse **A 7**, 15
– Vervielfältigungskosten **A 8b**, 5
– vorangehende Ausführungsplanung **A 7b**, 2
– vorgesehene Beanspruchung **A 7**, 36
– Zeichnung *s. dort*
– Zweckangabe **A 7**, 36
Leistungsbeschreibung, fehlerhafte A 7, 10
– Haftung **B 4**, 117
Leistungsbeschreibung mit Leistungsprogramm A 4, 32; **A 7c**, 1 ff.
– Anforderungen **A 7c**, 11 ff.
– entgegenstehende Regelungen **A 7c**, 19 ff.
– Entwurf **A 7c**, 1, 7
– Ermessensspielraum **A 7c**, 10
– fertige Verdingungsunterlagen **A 7c**, 22
– Geltungsbereich **A 7c**, 1 ff., 18
– Gewerkezusammenfassung **A 7c**, 19
– Global-Pauschalvertrag **A 7c**, 20
– Losvergabe **A 7c**, 19
– Musterleistungsverzeichnis **A 7c**, 12
– Spielraum der Bieter **A 7c**, 9
– zu Teilen eines Bauwerks **A 7c**, 14
– Vergleichbarkeit **A 7c**, 13
– Zweckmäßigkeitsgesichtspunkte **A 7c**, 18
Leistungsbeschrieb A 4, 11
Leistungsfähigkeit Einl A, 15; **A 6a**, 4; **A 6b**, 19 ff.; **A 16b**, 18, 23
– Aufklärung **A 15**, 4 f.
– Insolvenz *s. dort*
– Zeitpunkt **A 16b**, 27
Leistungsfestlegung A 3a, 35
– keine eindeutige – **A 3a**, 40 ff.
Leistungsgefahr B 7, 1, 9, 14
– vorzeitiger Übergang **B 7**, 20
Leistungsgefahrübergang
– Abnahme **B 12**, 41
Leistungskategorien
– Quantifizierung **A 9**, 22
Leistungsklage
– Zahlung **B 16**, 83
Leistungsnachweis
– Abrechnung **B 14**, 31
Leistungspflicht
– Bestimmung von Art und Umfang **B 1**, 2 ff.
Leistungsumfang
– Dokumentation **A 20**, 16
Leistungsvertrag A 4, 2 f.
– Einheitspreisvertrag *s. dort*
– Pauschalvertrag *s. dort*
– Vorrang **A 4**, 5, 8 f.
Leistungsverweigerungsrecht
– Abgrenzung zu Sicherheitsleistung **B 17**, 12 ff.
– mängelbedingtes – gem. § 641 Abs. 3 BGB **B 16**, 19
– Sachmängelhaftung **B 13**, 285 ff.
Leistungsverzeichnis A 7b, 5 ff.
– Einheitspreis **A 4**, 10, 32
– Fertigungszeitpunkt **A 7c**, 12
– Inhalt **A 7b**, 7
– Kurzfassung **A 13**, 24
– Leistungsbeschreibung mit – **A 7b**, 1 ff.
Leitfabrikat A 16d, 49

1887

Stichwortverzeichnis

fette Zahlen = §§

Lieferant A 8, 40; **Anh B,** 172 ff.
Lieferauftrag VgV 2, 28 f.; **VgV 3,** 73
– Schwellenwerte **Einl A,** 12
Lieferkoordinierungsrichtlinie Einl A, 12
Lieferleistung
– technische Anforderungen **A 13,** 28
Lieferungsstopp A 16, 34
Liquidation A 6a, 18
– Angebotsausschluss **A 16,** 44
Lohnerhöhung A 8, 15
Lohngleitklausel A 9d, 13 ff.
– Verlesung **A 14a,** 20
– als Wertsicherungsklausel **A 9d,** 24
Lohnkosten A 8b, 4
Lohnnebenkosten der Baustelle
– Abrechnungsvorgaben gem. § 15 Abs. 1 Nr. 2 Satz 2 VOB/B **B 15,** 27
Los
– Fachlos s. dort
– Teillos s. dort
Loslimitierung A-EU 5, 25 ff.
Losvergabe Einl A, 15; **A 5,** 24 ff.; **A-EU 5,** 13
– Abgrenzung vom Auftrag **A 5,** 16
– Bekanntmachung **A 12,** 18
– Beurteilungsspielraum **A 5,** 26, 33
– Dokumentation **A 20,** 23
– Fehlerfolgen **A 5,** 39
– Funktionalausschreibung **A 5,** 31
– gerichtliche Nachprüfbarkeit **A 5,** 33
– Gesamtlosvergabe s. dort
– Inhaltskontrolle **A 5,** 38
– Leistungsbeschreibung mit Leistungsprogramm **A 7c,** 19
– Limitierung **A 5,** 37
– Nebenangebot **A 5,** 34
– Parallelausschreibung **A 5,** 36
– Unterlagen **A 5,** 34 ff.
– wettbewerblicher Dialog **A 5,** 31
Loszuschnitt A 5, 24

Mahnung A 9, 18
– Entbehrlichkeit **B 5,** 42
– Verzug **B 5,** 39
Mahnungsprophylaxe B 5, 41
Mahnverfahren B 16, 249
– Ausschluss von Gerichtsstandsvereinbarung **B 18,** 12
Makler- und Bauträgerverordnung
– Bauträger **Anh B,** 95
Mangel
– Erkennbarkeit **A 9b,** 14
– gleichartiger **A 16,** 40
– Nachweisbarkeit **A 9b,** 15
Mängel am Gemeinschaftseigentum
– Bauträger **Anh B,** 115
Mängel am Sondereigentum
– Bauträger **Anh B,** 114
Mängelansprüche
– Abtretung von –n **Anh B,** 116
– Bauträger **Anh B,** 111
– besondere Vereinbarungen **A 8a,** 23
– Sachmängelhaftung **B 13,** 1 ff.; s. a. Sachmängelhaftung
– Verjährung **A 9b,** 1 ff.
Mängelbeseitigung
– Klage auf – **B 13,** 283

– Sachmängelhaftung **B 13,** 232 ff.
– Verzug mit – **B 13,** 475
– Vorschussanspruch des Auftraggebers **B 4,** 191
Mängelbeseitigungsanspruch
– Durchsetzung **B 13,** 282 ff.
– Inhalt **B 13,** 256 ff.
Mängelbeseitigungsleistung
– Verjährung **A 9b,** 12
Mangelfreiheit
– bei Abnahme **B 2,** 30
mangelhafte Leistung
– Ausführung **B 4,** 156 ff.
– Ersetzungsanspruch **B 4,** 160 ff.
– Kündigungsrecht **B 4,** 176
– Schadensersatzanspruch **B 4,** 170 ff.
Mangelhaftigkeit der Montageanleitung Anh B, 174
Mängelhaftung
– durch einheitliche Vergabe **A 5,** 1, 5, 9 ff.
Mängelursachen
– Haftung **B 4,** 115
Manipulation
– Auftraggeber **A 16c,** 10
Manipulationsversuche A 6b, 24
Markterkundungsverbot A 2, 44
Marktpreis A 2, 18
Maßnahme
– Dokumentation **A 20,** 14
Maßpauschalisierung
– Abrechnung **B 14,** 59
Material
– auftraggeberseitige Mitwirkung **A 9,** 52
– technische Anforderungen **A 13,** 28
Materialpreisgleitklauseln A 9d, 32
Matrix s. Bewertungsmatrix
Maut A 23, 10
Maximumpreisvertrag, garantierter
– Pauschalvertrag **B 2,** 251
Mehr an Eignung A 2, 14; **A 16b,** 28 ff.
– bei beschränkter Ausschreibung **A 3,** 15
Mehraushubsfall
– Bauentwurfsänderung **B 1,** 72
Mehrkosten
– Fund **B 4,** 218
Mehrkostenerstattungsanspruch des Auftraggebers
– Kündigung **B 5,** 136
Mehrwertsteuer A 8b, 3 f.
– auf Abschlagsforderung **B 16,** 116
– bei Kündigung **B 8,** 30 f.
– Schadensersatzanspruch des Auftragnehmers gem. § 6 Abs. 6 Satz 1 VOB/B **B 6,** 78
Meinungsverschiedenheit mit Behörde
– Anrufung der vorgesetzten Stelle **B 18,** 19
– Bescheidung **B 18,** 21
– Geltungsbereich **B 18,** 18
– mündliche Aussprache **B 18,** 21
– Rechtswirkungen **B 18,** 24 ff.
– Verfahren **B 18,** 19 ff.
– Verzug **B 18,** 23
Meinungsverschiedenheit über Eigenschaft von Stoffen und Bauteilen
– Schiedsgutachten **B 18,** 30 ff.
Mengenabweichung
– Abdingbarkeit des § 2 Abs. 3 VOB/B in AGB **B 2,** 141

magere Zahlen = Randnummer

Stichwortverzeichnis

- Alternativpositionen **B 2**, 160
- Eventualpositionen **B 2**, 161
- Mengenmehrung **B 2**, 145
- Mengenminderung **B 2**, 151
- Überschreitung von 110 % der Vordersatzmenge **B 2**, 145
- Unterschreitung von 90 % der Vordersatzmenge **B 2**, 151
- Vergütung **B 2**, 141 ff.; s. a. Mengenabweichung

Mengenangabe
- ungenaue – **A 7**, 9

Mengenberechnung A 7b, 12
- Klauseln **A 7**, 24
- bei Teilleistungen **A 7b**, 7

Mengenermittlungsrisiko A 4, 34

Mengenfehler
- Hersteller und Lieferant **Anh B**, 185

Mengenmehrung
- angeordnete – **B 2**, 187
- Bauentwurfsänderung **B 1**, 70
- Vergütung **B 2**, 145 ff.

Mengenminderung
- Vergütung **B 2**, 151 ff.

Mengenverschiebung, angeordnete
- Bauentwurfsänderung **B 1**, 69

Mietausfallschaden
- Behinderung der Ausführung **B 6**, 103
- Schadensersatzanspruch des Auftraggebers **B 6**, 103

Miete
- Raummiete **A 8b**, 4

Mietkauf A 1, 14

militärische Anlagen A 3a, 26

Minderung
- Berechnung **B 13**, 382 ff.
- Durchführung **B 13**, 378 ff.
- Kostenbeteiligung des Auftraggebers **B 13**, 387
- Sachmängelhaftung **B 13**, 368 ff.
- Unmöglichkeit der Mängelbeseitigung **B 13**, 363 ff.
- unzumutbare Mangelbeseitigung **B 13**, 361 f.
- Verweigerung der Mängelbeseitigung wegen Unverhältnismäßigkeit **B 13**, 362 f.
- Voraussetzungen **B 13**, 360 ff.

Mindestbedingungen A 16d, 60; **A-EU 6**, 5; **A-EU 6a**, 4 ff.

Mindestfristen A-EU 10, 1

Mindestlöhne A 6, 51

Mindestmaß A 7b, 7

Mindestumsätze A 6a, 13

Minimalgrenze
- Sachmängelhaftung **B 13**, 54

Mischkalkulation A 2, 17; **A 16**, 23
- Angebotsausschluss **A 13**, 14
- Aufklärungspflicht **A 15**, 13
- Einsichtnahme **A 15**, 11
- Verbot **A 7b**, 18

Mischposition A 4, 27; **A 13**, 14

Misskreditierung A 2, 37

Mitarbeiter des Auftraggebers VgV 6, 21

Mitteilung der EU-Kommission A 2, 5; **A 6**, 8

Mitteilungsdetails B 4, 95 ff.

Mitteilungspflicht des Auftragnehmers B 4, 212; s. a. Auskunftspflicht; Informationspflicht
- Ausführung **B 4**, 67 ff.
- Mitteilung von Bedenken **B 4**, 78 ff.
- Mitteilungsdetails **B 4**, 95 ff.
- Pflicht zur Anzeige von Bedenken **B 4**, 71 ff.
- Rechtswirkungen **B 4**, 102 ff.
- Verantwortung des Auftraggebers **B 4**, 101

Mitteilungspflichten
- auf Verlangen **A 19**, 11 ff.
- nach Zuschlag **A 19**, 10
- vor Zuschlag **A 19**, 4 ff.

Mittelstand A-EU 5, 9 ff.
- Förderung **A 6**, 48
- Losvergabe **A-EU 5**, 3 ff.

Mittelstandsklausel Einl A, 15

Mitverschulden
- Behinderung oder Unterbrechung der Ausführung **B 6**, 79
- Schadensersatzanspruch des Auftragnehmers gem. § 6 Abs. 6 Satz 1 VOB/B **B 6**, 79

Mitverursachung durch Auftraggeber
- Sachmängelhaftung **B 13**, 102 ff.

Mitwirkung VgV 6, 30 f.
- des Auftraggebers **B 9**, 8 ff.
- Rechtsnatur der –handlungen **B 9**, 10 ff.
- Selbstvornahme bei Unterlassen **B 9**, 22a

Mitwirkungshandlungen
- auftraggeberseitige **A 9**, 5, 49 ff.
- Fristbestimmung **A 9**, 53 ff.

Mitwirkungspflicht des Auftraggebers
- Abrechnung **B 14**, 62
- Aufrechterhaltung der allgemeinen Ordnung **B 4**, 5
- Ausführung **B 4**, 4 ff.
- Genehmigungen/Erlaubnisse **B 4**, 10
- Rechtswirkungen **B 4**, 12
- Schadensersatzpflicht bei Verletzung der Mitwirkungspflicht des Auftraggebers **B 14**, 62
- als Schuldnerpflichten **B 3**, 14
- als Vertragspflichten **B 3**, 10 ff.
- Zeitpunkt **B 6**, 37
- Zusammenwirken verschiedener Unternehmer **B 4**, 7 ff.

MoMiG
- Verjährung von Zahlungsansprüchen **B 16**, 67

Monopolstellung A 17, 19

Montageanleitungsmängel
- Hersteller und Lieferant **Anh B**, 184

Montagemängel
- Hersteller und Lieferant **Anh B**, 183

Muster
- im Eröffnungstermin **A 14a**, 22
- Kennzeichnung **A 13**, 25 f.
- Rückgabepflicht **A 19**, 27

Musterleistungsverzeichnis A 7c, 12

Nachbesserung Anh B, 188

Nachfolgearbeit, erforderliche
- Prüfungs- und Hinweispflicht des Auftragnehmers **B 4**, 116

Nachfolgewerk
- Prüfungs- und Hinweispflicht des Auftragnehmers **B 4**, 90; s. a. dort

Nachforderung
- von Nachweisen und Erklärungen **A 16a**, 9 ff.

Nachforderung durch den Auftraggeber A 16a, 9 ff.

Nachforderung von Unterlagen A-EU 16a

Nachfragepflicht s. Auskunft; Fragepflicht

1889

Stichwortverzeichnis

fette Zahlen = §§

Nachfristsetzung
- Abrechnung **B 14**, 78

Nachfristsetzung, angemessene
- Kündigung **B 5**, 124

Nachlass B 2, 167
- Vergütung **B 2**, 12 f.

Nachleistung
- Prüfung **B 4**, 116

Nachprüfung
- nach Zuschlagserteilung **A-EU 18**, 5

Nachprüfungsbehörden A 21, 4; **A-EU 21**
- Bekanntmachung **A 12**, 33
- fehlerhafte Angaben **A-EU 21**, 9

Nachprüfungsverfahren
- Schaffung **Einl A**, 6

Nachrangige Klausel
- Vertrag **B 1**, 47 f.

Nachtrag
- Centklausel **A 9d**, 21

nachträgliche Anordnung des Architekten
- Haftung **B 4**, 117

Nachtragsauftrag B 2, 210 ff.
Nachtragsvereinbarung A 3, 30
Nachtragsvergütung B 2, 213 ff.
- Ausnahmen von Bindung an alten Preis **B 2**, 214 ff.
- Ermittlung der Angebotskalkulation **B 2**, 219
- geänderte Leistung **B 2**, 213 ff.
- Zusammensetzung des neuen Preises **B 2**, 221

Nachunternehmer A-EU 8, 9 f.; **Anh B**, 10 ff., 17 ff.
- Austausch **A 6**, 38; **A-EU 6d**, 6 ff.
- Dokumentation **A 20**, 16, 20
- Erfüllungsgehilfe **B 10**, 6 ff.
- Kalkulationsunterlagen **A 15**, 12
- Lohngleitung **A 9d**, 18
- Preisübernahme **A 16**, 29
- Verpflichtungserklärung **A 8**, 41

Nachunternehmerauswahl
- GMP-Modell **Anh B**, 80

Nachunternehmereinsatz, unzulässiger
- Vertragsstrafe **B 11**, 19

Nachunternehmererklärung A 16a, 19 ff.
- Anforderung **A 8**, 39 ff.
- formelle Anforderungen **A 8**, 43
- Muster **A 8**, 41
- Unvollständigkeit **A 8**, 44
- Verpflichtungserklärung **A 8**, 41

Nachverhandlungsverbot A 13, 16

Nachweisunterlage
- Abrechnung **B 14**, 24

Naturgesetze A 9, 23

natürlicher Sachzusammenhang der Gewerke
- Prüfungs- und Hinweispflicht des Auftragnehmers **B 4**, 116

Nebenangebot s. a. Angebot
- abgemagertes – **A 13**, 33
- Abgrenzung von Änderungsvorschlag **A 8**, 46; **A 13**, 34
- Abkürzung der Bauzeit **A 9a**, 42
- Abweichung vom Entwurf **A 13**, 35
- Abweichung vom Hauptangebot **A 13**, 33 ff.
- keine Änderung der Vergabeunterlagen **A 13**, 18
- Anforderungen **A-EU 8**, 11 ff.
- Aufklärung **A 15**, 6 f.
- Ausschluss **A 8**, 54 ff.; **A 16**, 38

- Bausoll **B 2**, 45
- Begriff **A 8**, 45; **A 13**, 32 ff.
- Bekanntmachung **A 12**, 20
- Beschreibung **A 8**, 57
- Centklausel **A 9d**, 34 ff.
- formelle Anforderungen **A 13**, 37 ff.
- für die Gesamtleistungserbringung **A 5**, 34
- Leitfabrikat **A 16d**, 49
- Mindestanforderungen **A 8**, 57; **A 16d**, 54 ff.; **A-EU 8**, 14 ff.
- nichttechnisches – **A-EU 8**, 19
- nicht ordnungsgemäßes – **A 16**, 38
- Preisfestlegung **A 17**, 19
- Prüfung und Wertung **A 16d**, 62 ff.
- bei reiner Preiswertung **A-EU 8**, 20
- Schwellenvergabe **A 16d**, 54
- Unterschrift **A 13**, 40
- Unterschwellenvergabe **A 16d**, 55
- kein Verhandlungsverbot **A 15**, 24
- Verlesung **A 13**, 37 f.; **A 14a**, 21
- Verstöße **A 13**, 39 f.
- Verwendung guter Idee **A 8b**, 18
- Wahlmöglichkeit des Auftraggebers **A 8**, 47 ff.
- Wertbarkeit **A 16**, 1
- Wertung **A 16d**, 48 ff.
- zugelassenes – **A 8**, 53
- nicht zugelassenes – **A 16**, 38
- Zulassung **A 16d**, 51 f.

Nebenangebote A-EU 16, 2
- Mindestanforderungen **A-EU 16d**, 26 ff.
- Zulassung **A-EU 16d**, 26 ff.

Nebenerwerbs-ARGE Anh B, 123

Nebenleistung
- Abgrenzung von besonderer Leistung **A 7b**, 14

Nebenleistungskatalog A 8a, 18

Nebenpflicht s. vertragliche Nebenpflicht

negative Beweiskraft A 20, 7

negatives Interesse A 3, 34; **A 16d**, 81; **A 17**, 35

Negativpreis A 16, 22

Netzplan A 9, 24

Neulieferung Anh B, 188

nicht offenes Verfahren A-EU 3, 5

Nichterfüllung
- Vertragsstrafe **A 9a**, 19

Nichterfüllung des Auftragnehmers
- Vertragsstrafe **B 11**, 23

Nichterfüllungsansprüche
- Bauträger **Anh B**, 108

Nichtgewerblichkeit A-EU 1, 14
- ARGE **Anh B**, 121

nichtoffenes Verfahren
- Ablauf **A-EU 3b**, 6 ff.
- Angebotsabgabe **A-EU 3b**, 12 ff.
- Fristen **A-EU 10b**
- Teilnahmewettbewerb **A-EU 3b**, 6 ff.
- Zulässigkeit **A-EU 3a**, 5 ff.

Niederschrift
- Einsicht **A 14a**, 30 ff.
- Endsummeneintragung **A 16c**, 20
- des Eröffnungstermins **A 14a**, 23 ff.

Norm
- Begriff **A 7c**, 30

notwendige Feststellungen
- Abrechnung **B 14**, 41 ff.

notwendige Vertragsregelungen
- GMP-Modell **Anh B**, 81

magere Zahlen = Randnummer

Stichwortverzeichnis

Nutzungsgebühren A 23, 10
Nutzungsrecht
– durch Baukonzession **A 23**, 28 ff.

Oberschwellenwertvergabe Einl A, 15; *s. a. Schwellenwert; Unterschwellenwertvergabe*
– anwendbare Abschnitte **Einl A**, 22, 24
– EU-Schwellenwert *s. dort*
– Nebenangebotsanforderungen **A 16d**, 54
– Primärrechtsschutz **A 16d**, 73
– Rechtsschutz **Einl A**, 30
Obhutspflicht
– des Auftragnehmers **B 4**, 125
offenes Verfahren A-EU 3, 4
– Ablauf **A-EU 3b**, 3 ff.
– Entgelte **A 8b**, 2 ff.
– Fristen **A-EU 10a**, 3 ff.
– Unterlagenübermittlung **A 12a**, 1 ff.
– Verkürzungsmöglichkeit **A-EU 10a**, 4 ff.
– Zulässigkeit **A-EU 3a**, 5 ff.
Offenkundigkeit
– Behinderung der Ausführung **B 6**, 11 ff.
– Rechtsfolge fehlender – **B 6**, 15
öffentliche Aufgabe
– Definition **A-EU 5**, 17
öffentliche Ausschreibung A 3, 6 ff.
– Ablauf **A 3**, 8
– ohne annehmbares Ergebnis **A 3a**, 13 ff.
– Bekanntmachung **A 12**, 5 ff.
– Bieterzahl **A 3**, 4
– Entgelte **A 8b**, 2 ff.
– ineffektive neue – **A 3a**, 43 ff.
– keine regionale Beschränkung **A 6**, 11
– Übermittlung der Vergabeunterlagen **A 12a**, 1 ff.
– Unzweckmäßigkeit **A 3a**, 23 ff.
– Vorrang **A 3a**, 5 f.
– Zeitpunkt der Eignungsprüfung **A 6b**, 30
öffentliche Hand
– rentierliche Investitionen **A 9a**, 26, 38
Öffentlicher Auftrag Einl A, 15; **A 1**, 6; **VgV 1**, 28 ff.
öffentlicher Auftraggeber B 2, 114 ff.
– Baukonzessionär **A 23**, 26
– Geltung des 1. Abschnitts **Einl A**, 23
– Konzessionsgeber **A 23**, 26
– Konzessionsnehmer **A 23**, 27
öffentlicher Teilnahmewettbewerb *s. a. beschränkte Ausschreibung*
– Bekanntmachung bei beschränkter Ausschreibung **A 12**, 34 ff.
– europarechtliche Vorgaben **A 6**, 6 ff.
– bei freihändiger Vergabe **A 3**, 26
– Hinweis **A 3**, 19
öffentliches Interesse A-EU 18, 17
Öffentlichkeit A 6, 7; *s. a. Transparenz*
öffentlich-rechtliche Körperschaft A-EU 1, 5
öffentlich-rechtlicher Vertrag A 18, 7
Öffnung *s. Eröffnung; Eröffnungstermin*
Olympiastadion Berlin A 7, 26
ordentliche Gerichte A 21, 3
Ordnung auf der Baustelle
– Auftragnehmerverantwortung **B 4**, 62
Ordnungswidrigkeit *s. Bußgeldbescheid*
Ordnungszahlen A 4, 10; *s. a. Positionen*
Organe
– Bau-ARGE **Anh B**, 138

Organisationsrecht des Auftragnehmers, Eingriff in
– AGB Kontrolle **B 5**, 156
Organisationsverschulden B 13, 165
Organmitglieder VgV 6, 19
örtliche Zuständigkeit
– Gerichtsstandvereinbarung **B 18**, 8
Ortsbesichtigung A 12a, 11
– Angabe **A 8**, 35
ortsübliche Vergütung
– Ermittlung **B 15**, 109

Parallelausschreibung
– bei losweiser Vergabe **A 5**, 36
Park A 9a, 26
Parkhaus A 23, 8
Parteifähigkeit
– Bau-ARGE **Anh B**, 157 ff.
Patent
– als Ausschließlichkeitsrecht **A 3a**, 35
– Bieterschutz **A 8b**, 18
Pauschale, abhängige
– Vergütung **B 2**, 168
Pauschalierung
– AGB **A 9**, 66 ff.
– geringerer Schaden **A 9**, 65
– Summe **A 9**, 62 ff.
– Verzugsschaden **A 9**, 57 ff.
Pauschalpreis B 15, 111
Pauschalpreisvertrag
– Abrechnung **B 14**, 34
– Kündigung **B 8**, 106
Pauschalvertrag A 4, 2 ff.; *s. a. Leistungsvertrag*
– Abgrenzung zu Einheitspreisvertrag **B 2**, 238
– Abrechnung nach Kündigung **B 8**, 56 ff.
– Anlagebauvertrag **B 2**, 252
– Bausoll Bauleistung **B 2**, 259
– Bausoll Planleistung **B 2**, 256
– Bauträgervertrag **B 2**, 255
– bauvertragliche oder vergaberechtliche Relevanz **A 4**, 28 ff.
– Beweislast **B 2**, 276
– Bieterschutz **A 4**, 30
– Construction Managementvertrag **B 2**, 251
– Definition **B 2**, 233
– Detail-Pauschalvertrag **B 2**, 242 ff.; *s. dort*
– Garantierter Maximumpreisvertrag **B 2**, 251
– geeignete Fälle **A 4**, 36
– Global-Pauschalvertrag **B 2**, 246 ff.; *s. dort*
– Komplettheitsklausel **B 2**, 263
– Kündigung **B 8**, 56 ff.
– Leistungsbeschrieb **A 4**, 11
– Leistungsbestimmung **A 4**, 31 f.
– Projektentwicklervertrag **B 2**, 254
– Projektvertrag **B 2**, 253
– rechnerische Prüfung **A 16c**, 12
– Regel-Ausnahmeverhältnis **A 4**, 9
– Schlüsselfertigbau **B 2**, 250, 263
– unvorhergesehene Änderungen **A 4**, 33
– Vergütung **B 2**, 232 ff.
– VOB/B **Einl B**, 16
Personalaufwand, Ersatz von
– Stundenlohnarbeiten **B 15**, 6
personelle Leistungsfähigkeit A 6b, 21
persönlicher Anwendungsbereich Einl A, 23; **A 1**, 2

1891

Stichwortverzeichnis
fette Zahlen = §§

Pfändung
- Vergütungsanspruch **B 16**, 355

Pfennigklausel *s. Centklausel*

Pflichtverletzung
- Ermöglichungshandlungen **B 6**, 56
- Erstellungshandlungen **B 6**, 55
- Mitwirkungshandlungen **B 6**, 56
- Schadensersatzanspruch des Auftragnehmers gem. § 6 Abs. 6 Satz 1 VOB/B **B 6**, 55 ff.

PFV
- Sachmängelhaftung **B 13**, 471 ff.

Planabruf A 9, 56

Pläne
- Ausführungsmaßgeblichkeit **A 7b**, 14

Planlieferfrist A 9, 49 ff.
- als Vertragsfrist **A 9**, 56

Planung, fehlende
- Haftung **B 4**, 117

Planungsfehler des Architekten
- Haftung **B 4**, 117

Planungsfehler, offenkundiger
- Haftung **B 4**, 117

Planungsleistung A 1, 13

Planungsleistungen in Schlüsselfertigbauvertrag
- Ausführungsfrist **B 5**, 8

Planungsunterlagen A 8b, 5

Planungsverantwortung
- GMP-Modell **Anh B**, 79

Planungsvorgabe, falsche
- Haftung **B 4**, 117

Positionen
- Alternativposition *s. dort*
- Auswahlposition *s. dort*
- beim Einheitspreisvertrag **A 4**, 10
- Eventualposition *s. dort*
- Grundposition *s. dort*
- Mischposition *s. dort*
- Pläne **A 9**, 51
- Preis **A 2**, 17; **A 4**, 12
- der Preisangaben **A 13**, 14
- Sammelposition *s. dort*
- unklare Einordnung **A 7**, 9
- Zulagepositionen **A 4**, 26
- Zusammenfassung **A 7b**, 18 f.

positive Vertragsverletzung (pVV, pFV)
- Sachmängelhaftung **B 13**, 471 ff.

Post
- Deutsche Bundespost **A-EU 1**, 10

postalischer Versand A 8b, 4; **A 12a**, 5

Postdienstleistungen Einl A, 12

PPP-Modell
- Baukonzession **A 23**, 6

PPP-Projekte A-EU 5, 17

PPP-Task Force A 23, 9

Präklusionswirkung
- Abschlagszahlung **B 16**, 151
- Rügepräklusion **A 16d**, 25

praktische Erfahrung A 16d, 60

Prämien *s. Beschleunigungsvergütung*

Präqualifikation A 6b, 14; **A-EU 6b**, 2 ff.

Präqualifikationsverzeichnis A 6b, 4

Präqualifizierung A 16b, 3

Präsenz vor Ort A 6, 10

Preis
- Änderungen **A 15**, 22
- angemessener – **A 2**, 16 ff.
- kein angemessener – **A 17**, 19
- Aufgreifschwelle **A 16d**, 8 f.
- Aufhebung der Ausschreibung **A 17**, 14
- Aufklärung **A 15**, 10 ff.
- als einziges Zuschlagskriterium **A-EU 16d**, 9
- Marktpreis *s. dort*
- Negativpreis **A 16**, 22
- niedrigster – **A 16d**, 19
- Spekulation **A 3a**, 42
- üblicher – **A 2**, 18
- unangemessener – **A 2**, 18; **A 16d**, 4 ff.
- Unterkostenpreis **A 16**, 21
- Verhandlungsverbot **A 15**, 18 ff.
- als Zuschlagskriterium **A 16d**, 40

Preisabsprache A 16c, 17; **A 17**, 19; *s. a. Absprache*

Preisänderungen A 9d, 5 ff.
- Centklausel *s. dort*
- überhöhte **A 9d**, 24 ff.

Preisangabe A 13, 12 ff.
- im Angebot **A 13**, 12 ff.
- auffällig hohe **A 16**, 23
- Beweislast **A 16**, 28
- fehlende **A 16**, 30 ff.
- Kalkulation *s. dort*
- des Nachunternehmers **A 13**, 15; **A 16**, 29
- niedrige **A 16**, 23
- Überprüfung **A 16**, 26 ff.
- unvollständige – **A 16**, 19 ff., 30 ff.

Preisberechnungsklauseln A 7, 24

Preiserklärung
- Anfechtung *s. dort*

Preisermittlung
- Beschreibungspflicht **A 7**, 16 ff.

Preisermittlungsgrundlagen
- Änderung **A 9d**, 5 ff.; **A 17**, 19
- Begriff **A 9d**, 5

Preisgefahrübergang
- Abnahme **B 12**, 40

Preisgestaltungsklausel
- Wirksamkeit **B 15**, 92

Preis-Leistungs-Verhältnis A-EU 16d, 7

Preisnachlass A 13, 41 f.; **B 2**, 218, 241; **B 16**, 290
- Angebot **A 6b**, 24
- Verlesung **A 14a**, 20
- Wertbarkeit **A 16**, 1
- Wertung **A 16d**, 69 ff.

Preisnebenabrede
- Wirksamkeit **B 15**, 92

Preisprüfung A 16d, 2 ff.; **A-EU 16d**, 3 ff.

Preisspiegel A 16d, 3

Preisunterschiede, erhebliche A 16d, 9

Preisvereinbarung
- Kontrollfreiheit **B 2**, 55

Preisverhandlung, unzulässige A 15, 2

Preisverlagerung *s. Kostenverlagerung*

Primärrechtsschutz *s. a. Rechtsschutz*
- gegen Aufhebung der Ausschreibung **A 17**, 26
- des Bieters **Einl A**, 10
- einstweilige Verfügung **Einl A**, 33
- bei fehlerhafter Angebotsprüfung und -wertung **A 16d**, 73 ff.
- unterhalb der Schwellenwerte **Einl A**, 33 f.; **A 21**, 2 f.

magere Zahlen = Randnummer

Stichwortverzeichnis

private Auftragsvergabe
– Ausführungsfristen **A 9**, 6
– Terminplanung **A 9**, 26
privater Auftraggeber Einl A, 23; **B 2**, 122
– Beachtung der VOB/A **A 3**, 2
Privilegierung der VOB/B
– Einbeziehung der VOB/B **Einl B**, 75 ff., 82 ff.
– Entwicklung **Einl B**, 48 ff.
– gesetzliche – in § 310 BGB **Einl B**, 47 ff.
– Kompensationslösung **Einl B**, 51 ff., 62 ff.
– gegenüber Verbrauchern **Einl B**, 47b
Proben s. a. Muster
– Ausführungsmaßgeblichkeit **A 7b**, 10, 14
– Kennzeichnung **A 13**, 25 f.
– Rückgabepflicht **A 19**, 27
Produktneutralität A 17, 19
Projektant A 2, 38
Projektanten A 6, 54; **A-EU 6**, 11 ff.; **A-EU 6e**, 36 ff.
Projektentwicklervertrag
– Pauschalvertrag **B 2**, 254
Projektvertrag
– Pauschalvertrag **B 2**, 253
proportionale Aufforderung A 3, 18
Prorogationsfähigkeit
– Gerichtsstandvereinbarung **B 18**, 3
Protokoll
– des Aufklärungsgesprächs **A 15**, 15
– des Eröffnungstermins s. Niederschrift
Prozessrecht
– Zahlungs- und Vergütungsansprüche **B 16**, 82 ff.
Prüffähigkeitseinwendung, Ausschluss von
– Abrechnung **B 14**, 40
Prüffähigkeitskriterien
– Abrechnung **B 14**, 17 ff.
Prüffähigkeitskriterien bei Kündigung
– Abrechnung **B 14**, 38
Prüfpflichten von Bietern
– Bausoll **B 2**, 110
Prüfung der Unangemessenheit
– „Zinslos-Klausel" **B 17**, 52
Prüfungs- und Hinweispflicht des Auftragnehmers
– Altlasten **B 4**, 114
– Anstreicharbeiten **B 4**, 119
– Aufzug **B 4**, 119
– Ausführung **B 4**, 67 ff.
– Ausschreibung **B 4**, 119
– Bauaufsichtsfehler **B 4**, 76
– Baugrund **B 4**, 119
– Baustoffe **B 4**, 119
– Dacharbeiten **B 4**, 119
– Dehnungsfugen **B 4**, 119
– Drainage **B 4**, 119
– Estrich, ungeeigneter **B 4**, 116
– Estricharbeiten **B 4**, 119
– Fenster **B 4**, 119
– Fertighaus **B 4**, 119
– Fliesenarbeiten **B 4**, 119
– Folgegewerk **B 4**, 94
– Freigabe der Vorleistung durch Architekt **B 4**, 114
– Kellerabdichtung **B 4**, 119
– Nachfolgearbeit, erforderliche **B 4**, 116
– Nachfolgewerk **B 4**, 90
– natürlicher Sachzusammenhang der Gewerke **B 4**, 116

– Putzarbeiten **B 4**, 119
– Rechtsprechungsfälle **B 4**, 114
– Sonderfachleute **B 4**, 116
– Statik **B 4**, 119
– Umwelteinflüsse **B 4**, 114
– Verzicht auf Bodengutachten **B 4**, 114
– vorgegebene Baustoffe **B 4**, 114
– Vorleistung **B 4**, 94
– Vorleistung durch Auftraggeber **B 4**, 116
– Werkstoff **B 4**, 119
Prüfungsmaßstab, allgemeiner
– Abrechnung **B 14**, 12
Prüfungsmaßstab, gerichtlicher
– Abrechnung **B 14**, 15
Prüfungspflicht
– Abnahme **B 12**, 13
– Sachmängelhaftung **B 13**, 98 ff.
Public Private Partnership s. PPP-Modell
Publizität
– hohe und einheitliche **A 12**, 2
Putzarbeiten
– Prüfungs- und Hinweispflicht des Auftragnehmers **B 4**, 119
PVV
– Sachmängelhaftung **B 13**, 471 ff.

Qualität A 16d, 39
Qualitätssicherung A-EU 6c, 1 ff.
– Eignungskriterien **A-EU 6c**, 4 ff.
– Zuschlagkriterium **A 6**, 42
Qualitätsstufen A 13, 28
Quasi-Neubeginn
– Sachmängelhaftung **B 13**, 242 ff.
Quittung zum Rechnungsbetrag
– Zahlung **B 16**, 42

Rahmenvereinbarungen A 4a; **A-EU 4a**; **VgV 1**, 38; **3**, 77 ff.
– Abschlussvoraussetzungen **A-EU 4a**, 6
– Begriff **A 4a**, 4 f.; **A-EU 4a**, 2
– Bekanntmachung **A-EU 18**, 9
– Exklusivität **A 4a**, 10 f.; **A-EU 4a**, 10
– Laufzeit **A 4a**, 9
– Verfahren zum Abschluss **A 4a**, 6 ff.; **A-EU 4a**, 8
– Voraussetzungen **A 4a**, 6 ff.
Rate bei Bezugsfertigkeit
– Bauträger **Anh B**, 101
Rate bei Fertigstellung
– Bauträger **Anh B**, 102
Rechenfehler
– Korrektur von – bei Schlusszahlung **B 16**, 270
Rechnung B 14, 6 f.
– unzulängliche – **B 14**, 77
Rechnungsanerkenntnis B 16, 50
Rechnungsaufbewahrung B 16, 43
Rechnungsaufstellung B 14, 79 ff.
– durch Auftraggeber **B 14**, 71
Rechnungsausgleich B 16, 50
– bei Abtretung **B 16**, 51
– durch Barzahlung **B 16**, 45
– durch Lastschriftverfahren **B 16**, 48
– durch Übergabe von Scheck und Wechsel **B 16**, 47
– durch Überweisung **B 16**, 46
– unter Vorbehalt **B 16**, 49

1893

Stichwortverzeichnis

fette Zahlen = §§

Rechnungsausstellung
– Zahlung **B 16**, 35 ff.
Rechnungserteilung, verspätete
– Vertragsstrafe **B 11**, 22
Rechnungsprüfung
– Architekt **B 16**, 81
Rechnungsvorlage
– Schlusszahlung **B 16**, 195
Recht zum Einbehalt
– Bauträger **Anh B**, 104
Rechtsaufsichtsbehörde A 21, 2
Rechtsbindungswille A 18, 17
Rechtsformwechsel A 12, 30
Rechtsmissbrauch A 16d, 15
Rechtsmittelrichtlinien Einl A, 6
Rechtsschutz Einl A, 30 ff.; *s. a. Primärrechtsschutz; Sekundärrechtsschutz*
– Verfahren **Einl A**, 11
Referenzen
– Anforderung **A 8**, 24
– als Eignungsnachweis **A 6a**, 14
– als Mindestanforderungen **A 6a**, 14
– Newcomer *s. dort*
Regeln der Technik
– Änderung **A 17**, 17
regionale Beschränkung A 16, 34
– der Wettbewerbsteilnahme **A 6**, 9 ff.
Reichsversicherungsordnung A 16, 49
Reservierungsvereinbarung
– Beurkundungspflichtigkeit **Anh B**, 88
Reugeld
– Abgrenzung zu Vertragsstrafe **B 11**, 8
„Reverse Charge"-Verfahren
– Zahlung **B 16**, 60
Richtlinien *s. EG-Vergaberichtlinien*
Risikobereich des Auftraggebers A 7, 21
Rohbau A 3a, 11
Rückforderung der Zuwendung A 3, 36
Rücknahme eines Angebotes
– gegen Geld **A 6b**, 26
Rücktritt
– gem. § 323 Abs. 1 BGB **B 5**, 143 ff.
Rücktrittsrecht
– Sachmängelhaftung **B 13**, 393
Rückzahlung
– bei ausdrücklicher Rückzahlungsvereinbarung **B 16**, 72
– Ausschluss **B 16**, 80
– Fristen **B 16**, 78
– bei Überzahlung **B 16**, 76
– Zinsen **B 16**, 79
– im Zuge der Schlussabrechnung **B 16**, 73
Rückzahlungsanspruch B 16, 71 ff.
Rügepräklusion A 16d, 25
RVO *s. Reichsversicherungsordnung*

Sachaufwand, Ersatz von
– Stundenlohnarbeiten **B 15**, 6
sachlicher Anwendungsbereich A 1
Sachmängelfreiheit
– Begriff **Anh B**, 179
– Voraussetzungen **B 13**, 21 f.
Sachmängelhaftung
– Ablaufhemmung **B 13**, 242 ff.
– nach Abnahme **B 13**, 5 ff.
– Abnutzung **B 13**, 55

– Abweichungen zwischen VOB/B und BGB **B 13**, 10 f.
– AGB **B 13**, 62 ff., 117 f., 225 ff., 466 ff.
– Aliud **B 13**, 53
– Anordnung des Auftraggebers **B 13**, 87 f.
– Art **B 13**, 119 ff.
– vom Auftraggeber gelieferte Stoffe/Teile **B 13**, 89 ff.
– Beweislast **B 13**, 114 f.
– Beweislast für Minderung **B 13**, 389
– Beweislast für Schadensersatz **B 13**, 463 f.
– Beweislast für Verjährung **B 13**, 219 f.
– Beweislast für Voraussetzungen **B 13**, 58 ff.
– Dauer **B 13**, 119 ff.
– Durchsetzung des Mängelbeseitigungsanspruchs **B 13**, 282 ff.
– Eignung für gewöhnliche Verwendung **B 13**, 51
– Eignung für vertragsgemäße Verwendung **B 13**, 50
– Eingeschränkte Schadensersatzpflicht **B 13**, 401 f.
– Einschränkungen **B 13**, 79 ff.
– Ersatzvornahme **B 13**, 299 ff.
– Gesamtschuldnerausgleich **B 13**, 112
– großer Schadensersatzanspruch **B 13**, 426 ff., 445 ff.
– Grundtatbestand **B 13**, 15 ff.
– Haftungserweiterung/-einschränkung **B 13**, 460 ff.
– Hemmung der Verjährung **B 13**, 178 ff.
– Hersteller und Lieferant **Anh B**, 186
– Hinweispflicht **B 13**, 98 ff.
– Inhalt des Mängelbeseitigungsanspruchs **B 13**, 256 ff.
– Isolierte Vereinbarung des § 13 VOB/B **B 13**, 12 f.
– Klage auf Mängelbeseitigung **B 13**, 283
– kleiner Schadensersatzanspruch **B 13**, 403 ff.
– Konkurrenzen **B 13**, 470 ff.
– Leistung nach Probe **B 13**, 72 ff.
– Leistungsbeschreibung des Auftraggebers **B 13**, 84 ff.
– Leistungsverweigerungsrecht **B 13**, 285 ff.
– Mängelbeseitigung **B 13**, 232 ff.
– Minderung **B 13**, 368 ff.
– Minimalgrenze **B 13**, 54
– Mitverursachung durch Auftraggeber **B 13**, 102 ff.
– Pflicht zur Leistung frei von Mängeln **B 13**, 17 f.
– positive Vertragsverletzung (pFV/pVV) **B 13**, 471 ff.
– Prüfungspflicht **B 13**, 98 ff.
– Quasi-Neubeginn **B 13**, 242 ff.
– Rechtsnatur **B 13**, 8 f.
– kein Rücktrittsrecht **B 13**, 393
– Schadensersatz **B 13**, 395 ff.
– Schadensersatz neben Minderung **B 13**, 388
– treuwidrige Verjährungseinrede **B 13**, 217
– unbeschränkte Schadensersatzpflicht **B 13**, 396 ff.
– unerlaubte Handlung **B 13**, 476 ff.
– Unterlassung notwendiger Mitwirkungshandlungen **B 13**, 101
– vereinbarte Beschaffenheit **B 13**, 23 ff.
– Verjährung **B 13**, 120 ff.
– Verjährung der Mängelansprüche für Mängelbeseitigungsleistungen **B 13**, 252 ff.

magere Zahlen = Randnummer

Stichwortverzeichnis

– Verjährung des Schadensersatzanspruchs **B 13**, 457 ff.
– Verschaffungspflicht **B 13**, 20
– Verschleiß **B 13**, 55
– Verschulden bei Vertragsschluss (c. i. c.) **B 13**, 471 ff.
– Verstoß gegen anerkannte Regeln der Technik **B 13**, 43 ff.
– Verstoß gegen DIN-Normen **B 13**, 48
– Verstoß gegen Herstellervorschriften **B 13**, 49
– Verzug mit Mängelbeseitigung **B 13**, 475
– VOB/B-Novellen **B 13**, 1 ff.
– Voraussetzungen **B 13**, 14 ff.
– Voraussetzungen der Sachmängelfreiheit **B 13**, 21 f.
– vorbehaltlose Annahme **B 13**, 113
– Vorleistung anderen Unternehmens **B 13**, 92 f.
– Zeitpunkt der Abnahme **B 13**, 56 f.
– zu geringe Menge **B 13**, 53
Sachverständigenkosten
– Schaden **B 6**, 101
Sachverständiger
– Bausoll **B 2**, 90
Sammelgespräch A 15, 14
Sammelposition A 4, 27; *s. Mischposition*
Schaden
– Berechnung **A 17**, 35 ff.
– Beschleunigungskosten **B 6**, 100
– entgangener Gewinn *s. dort*
– negatives Interesse *s. dort*
– Sachverständigenkosten **B 6**, 101
– Schadensersatzanspruch des Auftraggebers **B 6**, 95
– Vertrauensschaden *s. dort*
Schadensausgleich im Innenverhältnis
– Haftung der Vertragsparteien **B 10**, 14 ff.
Schadensermittlung
– Schadensersatzanspruch des Auftragnehmers gem. § 6 Abs. 6 Satz 1 VOB/B **B 6**, 83
Schadensermittlungskosten
– Schadensersatzanspruch des Auftragnehmers gem. § 6 Abs. 6 Satz 1 VOB/B **B 6**, 76
Schadensersatz A 16d, 79 ff.
– Anspruchsinhaber **A 17**, 33
– wegen Aufhebung der Ausschreibung **A 17**, 26 ff.
– wegen C. i. C. *s. dort*
– statt Erfüllung **A 9**, 61, 68
– rechtmäßiges Alternativverhalten **A 17**, 34
Schadensersatzanspruch
– des Auftraggebers **B 6**, 96
– Behinderung der Ausführung **B 6**, 95 ff.
– bei Behinderung oder Unterbrechung der Ausführung **B 6**, 95 ff.
– Beweislast **B 13**, 463 f.
– entgangener Gewinn **B 6**, 103
– entsprechende Anwendung des § 16 Abs. 1 Nr. 1 VOB/B **B 16**, 107
– gem. §§ 5 Abs. 4, 6 Abs. 6 VOB/B **B 5**, 104 ff.
– großer – **B 13**, 426 ff., 445 ff.
– kleiner – **B 13**, 403 ff.
– Kosten für Ermittlung des Sitzes des öffentlichen Auftraggebers **B 18**, 8
– mangelhafte Leistung **B 4**, 170 ff.
– Mietausfallschaden **B 6**, 103
– neben Minderung **B 13**, 388
– wegen Nichterfüllung bei Kündigung **B 8**, 90
– ohne Verzug **B 5**, 157

– wegen Pflichtverletzung bei Kündigung **B 9**, 96
– Sachmängelhaftung **B 13**, 395 ff.
– Schaden **B 6**, 96
– statt der Leistung gem. §§ 280 Abs. 3, 281 BGB **B 5**, 140 ff.
– unbeschränkter – bei Sachmängelhaftung **B 13**, 396 ff.
– Verhältnis zu Vertragsstrafe **B 11**, 123 ff.
– Verjährung **B 6**, 105; **B 13**, 457 ff.
– bei Verletzung der Mitwirkungspflicht des Auftraggebers **B 14**, 62
– aus verspäteter Anfertigung und Einreichung der Schlussrechnung **B 14**, 76
– Vorteilsausgleichung **B 6**, 105
– wegen hindernder Umstände **B 6**, 47 ff.
– wegen Nichterfüllung bei Kündigung **B 4**, 190; **B 5**, 136
– wegen Verzögerungsschaden bei Kündigung **B 5**, 136
– weiterer Auftragnehmer **B 6**, 98
Schadensersatzanspruch des Auftragnehmers gem. § 6 Abs. 6 Satz 1 VOB/B
– Abschlagszahlung **B 6**, 89
– abstrakte Schadensberechnung bei verlängerter Gerätevorhaltung/-stillstand **B 6**, 82
– AGB-Klauseln **B 6**, 90
– bei Baumstände betreffenden technisch nicht zwingenden Anordnungen **B 6**, 59
– bei „Behinderung" aus bauinhaltlich geänderter oder zusätzlicher Leistung **B 6**, 58
– Beschleunigung **B 6**, 79
– Beweislast für haftungsbegründende Kausalität **B 6**, 65
– Haftung für Erfüllungsgehilfen **B 6**, 63
– Haftungsausfüllende Kausalität **B 6**, 80 ff.
– konkret-plausible Schadensermittlung **B 6**, 83
– Mehrwertsteuer **B 6**, 79
– Mitverschulden **B 6**, 79
– Pflichtverletzung **B 6**, 55 ff.; *s. a. dort*
– Schaden des Auftragnehmers **B 6**, 66 ff.
– Schadensbegriff **B 6**, 66
– Schadensermittlungskosten **B 6**, 76
– Schadensminderungspflicht **B 6**, 79
– Sonderkosten **B 6**, 76 ff.
– typischer Schaden **B 6**, 67
– Vertretenmüssen des Auftraggebers **B 6**, 61
– Vorfinanzierungskosten **B 6**, 77
– Vorunternehmerhaftung **B 6**, 63
Schadensersatzpflicht
– AGB **B 5**, 150
Schadensersatzpflicht, eingeschränkte
– Sachmängelhaftung **B 13**, 401 f.
Schadensminderungspflicht
– Behinderung oder Unterbrechung der Ausführung **B 6**, 79
– Kündigung **B 5**, 136; **B 8**, 109
– Schadensersatzanspruch des Auftragnehmers gem. § 6 Abs. 6 Satz 1 VOB/B **B 6**, 79
Schadenspauschale A 9, 65; *s. a. Pauschalierung*
– Abgrenzung zu Vertragsstrafe **B 11**, 10
Schallschutz A 7b, 7
Schalpläne A 9, 51
Schätzung des Auftragswertes A-EU 1, 28
– Zeitpunkt **A-EU 1**, 28
Schätzung des Auftragswerts VgV 3, 21 ff.
– Bauauftrag nach Losen **VgV 3**, 59 ff.

1895

Stichwortverzeichnis

fette Zahlen = §§

- Bauautrag **VgV 3**, 49 ff.
- Bedeutung **VgV 3**, 7 ff.
- dynamische elektronische Verfahren **VgV 3**, 77 ff.
- Fehler **VgV 3**, 33 ff.
- Gesamtwert **VgV 3**, 22 ff.
- Grundlagen **VgV 3**, 21 ff.
- Innovationspartnerschaft **VgV 3**, 76
- Kündigung des Bauauftrags **VgV 3**, 71
- Liefer- und Dienstleistungsauftrag **VgV 3**, 73 f.
- Liefer- und Dienstleistungsauftrag nach Losen **VgV 3**, 69 f.
- Lose **VgV 3**, 57 ff.
- Netto-Auftragswert **VgV 3**, 2
- Optionsrechte **VgV 3**, 45 ff.
- Planungswettbewerbe **VgV 3**, 75
- Rahmenvereinbarungen **VgV 3**, 77 f.
- Teilaufhebung der Ausschreibung **VgV 3**, 72
- Umgehungsverbot **VgV 3**, 38 ff.
- Vertragsverlängerungen **VgV 3**, 45 ff.
- Zeitpunkt **VgV 3**, 28 ff.

Scheck
- Zahlungsmittel **B 16**, 47

Schiedsgutachten bei Meinungsverschiedenheit über Eigenschaft von Stoffen und Bauteilen
- Geltungsbereich **B 18**, 31 ff.
- Kosten **B 18**, 39
- Rechtswirkungen **B 18**, 37 ff.
- Verbindlichkeitsumfang der Feststellungen **B 18**, 38
- Verfahren **B 18**, 35 f.
- Vertragseinbeziehung **B 18**, 34

Schiedsvereinbarung A 8b, 25 ff.

Schlechtleistung in der Vergangenheit A-EU 6e, 42 ff.

Schlussabrechnung
- Rückzahlung **B 16**, 73

Schlüsselfertigbau A 4, 32 ff.
- Ausführungsfrist für Planungsleistungen **B 5**, 8
- Ausführungszeit **A 9**, 47
- Entschädigung für die Angebotsbearbeitung **A 7c**, 23
- Freizeichnung **A 7**, 23
- Gesamtleistung **A 9**, 40, 45
- Leistungsbeschreibung mit Leistungsprogramm **A 7c**, 18, 21
- keine Leistungsbeschreibung mit Leistungsprogramm **A 7c**, 2
- Pauschalvertrag **B 2**, 250, 263
- Struktur **A 7c**, 17
- kein typenverkehrtes Angebot **A 7c**, 23 ff.
- Vermögensvorteil **A 9a**, 38
- Vertragsfrist **B 5**, 27

Schlüsselfertigkeitsklausel B 2, 61
- Generalunternehmervertrag **Anh B**, 14

Schlussrechnung B 14, 65
- Abschlagszahlung **B 16**, 97
- Bemessung der Prüffähigkeitsfrist **B 16**, 189
- Bezeichnung **B 16**, 173
- Einwendungen zur Prüffähigkeit **B 16**, 188
- keine Bindungswirkung **B 16**, 175
- Klage auf Erstellung der – **B 14**, 74
- Klauseln **B 16**, 178
- Korrektur **B 16**, 183
- mehrere aufeinander folgende –en **B 16**, 174
- Prüfergebnis **B 16**, 183

- Prüffähigkeit **B 14**, 70; **B 16**, 177
- Prüfung durch Auftraggeber **B 16**, 180
- Prüfungsfrist **B 16**, 184
- Vergütung **B 2**, 170
- Vorlagefrist **B 16**, 176
- Zahlung gem. § 641 Abs. 1 und 2 BGB **B 16**, 18

Schlusszahlung B 16, 171 ff.
- Abnahme **B 16**, 192
- Abschlagszahlung **B 16**, 91
- Aufmassfehler, Korrektur von **B 16**, 269
- Aufrechnung **B 16**, 194
- Ausschluss bei unerledigten Forderungen **B 16**, 238
- Ausschlusswirkung **Einl B**, 34
- Ausschlusswirkung bei vorbehaltloser Schlussrückzahlung **B 16**, 237
- Auszahlung des unbestrittenen Guthabens **B 16**, 206 ff.
- Entgegennahmeverweigerung **B 16**, 196
- Fälligkeit **B 16**, 191 ff.
- Rechenfehler, Korrektur von **B 16**, 270
- Rechnungsvorlage **B 16**, 195
- Schlussrechnung **B 16**, 172 ff.; *s. a. dort*
- Übertragungsfehler, Korrektur von **B 16**, 271
- Verjährung **B 16**, 198
- Verlangen bei Teil-Schlussrechnung **B 16**, 280
- vorbehaltlose Annahme **B 16**, 210 ff.
- Vorbehaltsbegründung **B 16**, 256 ff.; *s. a. dort*
- Vorbehaltserklärung **B 16**, 242
- zahlungsgleiche Erklärung **B 16**, 227 ff.
- Zahlungsverzug **B 16**, 197
- Zurückbehaltungsrecht **B 16**, 193

Schmiergeldzahlung A 2, 35; **B 16**, 80

Schriftform A 13, 4 ff.; *s. a. Form*
- Abrechnung **B 14**, 7
- des Bauvertrags **A 18**, 21 f.
- Bürgschaft **B 17**, 130
- Kündigung **B 5**, 134; **B 8**, 136
- Schlusszahlung **B 16**, 216 ff.
- Vorbehaltsbegründung **B 16**, 263

Schriftformklausel, doppelte
- Vertrag **B 1**, 15

Schuld *s. Verschulden*

Schuldanerkenntnis, deklaratorisches
- Zahlung **B 16**, 50

Schuldbestätigungsvertrag B 16, 80

Schuldnerverzug
- Kündigung **B 9**, 29 ff.

Schule A 9a, 26

Schutzpflichten A 16d, 81
- des Auftragnehmers **B 4**, 127 ff.
- Ausführung **B 4**, 126 ff.
- Rechtswirkungen **B 4**, 138
- Umfang **B 4**, 129 ff., 134 f.
- Unentgeltlichkeit **B 4**, 132
- Vergütungspflicht **B 4**, 137
- auf Verlangen des Auftraggebers **B 4**, 133 ff.

Schwarzarbeitsverbot A 2, 35
- Angebotsausschluss **A 16**, 45
- Vertragsstrafe **B 11**, 21

Schwellenwert VgV 1, 23 ff.
- Anhebung **Einl A**, 12
- Oberschwellenwertvergabe *s. dort*
- Unterschwellenwertvergabe *s. dort*

schwere Verfehlung A 6a, 20
- Angebotsausschluss **A 16**, 45

magere Zahlen = Randnummer

Stichwortverzeichnis

Scientology-Erklärungen A 6, 53
Sekte A 6, 53
Sektorenbereich
– gemischter Vertrag **Einl A**, 16
– Schwellenwerte **Einl A**, 12
Sektorenrichtlinie Einl A, 12, 17a
Sektorenvergabe
– keine Anwendbarkeit der VgV **VgV 1**, 40
Sektorenverordnung – SektVO Einl A, 16, 21
Sekundärrechtsschutz A 16d, 79 ff.; *s. a. Rechtsschutz; Schadensersatz*
– unterhalb der Schwellenwerte **Einl A**, 35
selbständige Stundenlohnarbeiten B 15, 3
selbständiges Strafversprechen
– Abgrenzung zu Vertragsstrafe **B 11**, 6
Selbstausführungsgebot A 6, 6, 14, 20; **A-EU 6**, 9; **A-EU 6d**
Selbstausführungspflicht des Auftragnehmers
– Ausführung **B 4**, 194 ff.
– keine Höchstpersönlichkeit **B 4**, 196
– Kündigungsrecht des Auftraggebers **B 4**, 202
– Mitteilungspflicht des Auftragnehmers **B 4**, 212
– Rechtsfolgen **B 4**, 213
– Weitervergabe durch den Auftragnehmer **B 4**, 208
Selbstbehalt A 9d, 20
Selbstbeteiligungsklausel A 9d, 19
– Wirksamkeit **B 15**, 92
Selbsthilferechte des Auftraggebers B 4, 149 ff.
– Entfernung der Stoffe/Bauteile von Baustelle **B 4**, 150 f.
– Veräußerung von Stoffen/Bauteilen **B 4**, 152
Selbstkosten A 2, 20; **A 8b**, 3 f.
Selbstkostenerstattungsvertrag A 4, 2 f., 40 f.; *s. a. Aufwandsvertrag*
– Abrechnung **B 14**, 37
Selbstreinigung A-EU 6f
– bei Korruptionsvergehen **A 6b**, 26
– Nachweis **A-EU 6f**, 6 ff.
Selbstübernahme durch Auftraggeber
– Vergütung **B 2**, 171
Sicherheitseinbehalt
– kein Anspruch auf künftige Sicherheit **B 17**, 214
– Ausnahme bei Kleinaufträgen **B 17**, 208
– Bemessungsgrundlage **B 17**, 203
– Benachrichtigung des Auftragnehmers **B 17**, 206
– Einzahlung auf Sperrkonto **B 17**, 204
– Höhe der Sicherheitssumme **B 17**, 202
– Mitteilung **B 17**, 204
– Nachfristsetzung durch Auftragnehmer **B 17**, 211
– Rechtsfolge bei Pflichtverstoß **B 17**, 210
– Sicherheitsverlust **B 17**, 210
– sofortige Auszahlung **B 17**, 212
– Vereinbarung **B 17**, 201
– Vereinbarung des Einbehalts durch Teilbeträge **B 17**, 200
– keine Verzinsung beim öffentlichen Auftraggeber **B 17**, 215
Sicherheitsleistung A 8, 29; **A 9c**, 1 ff.
– Abgrenzung von Hinterlegung von Geld zu Hinterlegungsordnung **B 17**, 195 f.
– Abgrenzung zu Leistungsverweigerungsrechten **B 17**, 12 ff.
– Abschlagszahlung **B 16**, 127
– Art **B 17**, 98 ff.

– für Auftraggeber **B 17**, 3
– für Auftragnehmer **B 17**, 16
– Austauschrecht des Auftragnehmers gem. § 17 Abs. 3 2. HS VOB/B **B 17**, 105 ff.
– Bekanntmachung **A 12**, 28
– Beschränkung des Austauschrechts **B 17**, 107 ff.
– Bürgschaft **B 17**, 101, 123 ff.; *s. a. dort*
– Bürgschaft auf erstes Anfordern **B 17**, 142 ff.
– Durchführung des Austauschs **B 17**, 117 ff.
– durch Einbehalt **B 17**, 200
– durch Einbehalt von Geld **B 17**, 99; *s. a. Sicherheitseinbehalt*
– Ersetzungsrecht **B 17**, 105 f.
– Frist **B 17**, 216 ff.
– Fristvereinbarung **B 17**, 217
– gemeinsame Verfügung über Sperrkonto **B 17**, 198
– Gewährleistungssicherheit **B 17**, 70 f., 228 ff.
– durch Hinterlegung von Geld **B 17**, 100, 195 ff.
– Höhe **A 9c**, 6; **B 17**, 85 ff.
– Konzernbürgschaft **B 17**, 18
– Rechtsfolgen bei nicht fristgemäßer – **B 17**, 218
– Rückgabe **A 9c**, 7
– Rückgabe der Sicherheit **B 17**, 220 ff.
– Schriftform der Bürgschaft **B 17**, 130 ff.
– Sicherungszwecke **B 17**, 58 ff., 70 ff., 83 f.
– Tauglicher Bürge **B 17**, 128 f.
– Übersicherung **B 17**, 13, 24
– Vereinbarung **B 17**, 4 ff., 17 ff.
– Vereinbarung des Einbehalts durch Teilbeträge **B 17**, 200 ff.
– Verjährung der Bürgschaft **B 17**, 192 ff.
– Vertragserfüllungssicherheit **B 17**, 58 ff., 221 ff.
– Verwertung der Bürgschaft **B 17**, 188 ff.
– Verzicht auf Einrede der Vorausklage bei Bürgschaft **B 17**, 133 ff.
– gem. VHB **A 9c**, 8
– Wahlrecht des Auftragnehmers gem. § 17 Abs. 3 1. HS VOB/B **B 17**, 104
– Wirksamkeit formularmäßiger Sicherungsabreden **B 17**, 25 ff.
– Zinsanspruch des Auftragnehmers bei Geldhinterlegung **B 17**, 199
– zu vereinbarendes Geldinstitut **B 17**, 197
– Zweck **B 17**, 58 ff.
sicherheitsrelevante Bereiche A 3a, 26
Sicherheitsvereinbarung
– Insolvenz **B 17**, 19
Sicherheitsverlust
– Sicherheitseinbehalt **B 17**, 210
Sicherung gegen Unfallgefahren B 4, 85
Sicherungsabrede im Bauvertrag, formularmäßige
– Wirksamkeit **B 17**, 25 ff.
Signatur *s. elektronische Signatur*
Sittenwidrigkeit A 18, 35
– Wucher **A 4**, 24
Skonto A 13, 35; **B 2**, 167, 218
– –abzugsklausel **B 16**, 293 ff.
– bei Gegenforderungen **B 16**, 303
– Frist **B 16**, 301
– Prozessuale Folgen **B 16**, 304
– Vereinbarung **B 16**, 289, 292
– Vergütung **B 2**, 12 f.
– Verlesung **A 14a**, 20
– Wertbarkeit **A 16**, 1

1897

Stichwortverzeichnis

fette Zahlen = §§

sofortige Leistungsbewirkung
– Grundsatz **B 5**, 1
Sondereigentum
– Abnahme **Anh B**, 110
– Mängel am – **Anh B**, 114
Sonderfachleute
– Prüfungs- und Hinweispflicht des Auftragnehmers **B 4**, 116
Sonderkosten
– Abrechnungsvorgaben gem. § 15 Abs. 1 Nr. 2 Satz 2 VOB/B **B 15**, 27
– Schadensersatzanspruch des Auftragnehmers gem. § 6 Abs. 6 Satz 1 VOB/B **B 6**, 76
Sondervermögen A-EU 1, 6
Sonderwunsch des Erwerbers
– Bauträger **Anh B**, 106
Sorgfaltspflicht des Auftraggebers A 16d, 81
Sowieso-Kosten B 13, 273 ff.
soziale Aspekte
– des Auftrags **Einl A**, 15
Sozialkassenbeitrag
– Abrechnungsvorgaben gem. § 15 Abs. 1 Nr. 2 Satz 2 VOB/B **B 15**, 27
Sozialprognose A 6a, 23
Sozialversicherung
– Beitragspflicht **A 6a**, 23
– Beitragspflichtverstoß **A 16**, 48
– Eigenangaben **A 6b**, 5
Spannungsklauseln A 9d, 24, 27
Sparsamkeit A 13, 1
Spekulationsangebot A 16, 24 f.; **A 16c**, 17
Sperrkonto
– gemeinsame Verfügung über – bei Geldhinterlegung **B 17**, 198
– „Und-Konto" **B 17**, 198
Spezialitätsgrundsatz
– VOB/C gegenüber VOB/B **B 1**, 31
Sprache s. Angebotssprache
staatliche Beherrschung A-EU 1, 16
Staatsangehörigkeit s. a. Diskriminierungsverbot; Gleichbehandlung
Stand der Technik B 4, 56
Stand der Wissenschaft und Technik B 4, 57
Standardformular A-EU 8, 7 f.
Statik
– Prüfungs- und Hinweispflicht des Auftragnehmers **B 4**, 119
Stellvertretung s. Bevollmächtigter; Vertretung
– Abnahme **B 12**, 25 ff.
Steuern A 6a, 23
– Nichtzahlung **A 16**, 48
Stiftung
– kommunale – **Einl A**, 23
Stillschweigende Billigung
– Abnahme **B 12**, 15 ff., 32
stillschweigendes Auslaufen A 17, 2
Stoffe s. a. Baustoffe
– Bezugsquellen **A 15**, 9
– Mitbeauftragung **A 5**, 9
– vertragswidrige – **B 4**, 139 ff.; s. a. Vertragswidrige Stoffe/Bauteile
Stoffkosten der Baustelle
– Abrechnungsvorgaben gem. § 15 Abs. 1 Nr. 2 Satz 2 VOB/B **B 15**, 27
Stoffpreisgleitklauseln A 9d, 32

Störung der Geschäftsgrundlage A 7, 28; **A 9d**, 5
– Kalkulationsirrtum **A 16d**, 15
– Kündigung **B 2**, 291
– unzumutbare Kostenänderung **B 2**, 278
– unzumutbare Leistungsänderung **B 2**, 279 ff.
– Vergütung **B 2**, 277 ff.
– Vertragsanpassung **B 2**, 289 ff.
Strafaussetzung A 6a, 23
Straftat A 16, 45; **A-EU 6e**, 3 ff.
Strafurteil A 6a, 23
Strafverfahren A 6b, 26
Strafversprechen als AGB-Vereinbarung
– Vertragsstrafe **B 11**, 48 ff.
Strafversprechen als Individualvereinbarung
– Vertragsstrafe **B 11**, 34 ff.
Straßenausstattung
– Auftragswert **A 3a**, 11
Straßenbau A 9a, 26
Streik
– Behinderung/Verlängerung der Ausführung **B 6**, 23
– vorzeitiger Übergang der Vergütungsgefahr **B 7**, 69
Streitbeilegung
– Verfahrensvereinbarung **B 18**, 29
Streitigkeiten B 18, 1 ff.
Stundenlohn
– für Aufsichtspersonal **B 15**, 29 ff.
– Ausschluss von – für Aufsichtstätigkeit **B 15**, 92
– Neuberechnung **B 15**, 105
– Positionen in der Leistungsbeschreibung **A 7**, 35
– Schadensersatz zugunsten des Auftraggebers **B 15**, 112
– Zweifel über Umfang **B 15**, 102
Stundenlohnabrechnung
– bei Zweifeln über Stundenlohnarbeitsumfang **B 15**, 96 ff.
Stundenlohnabschlagsrechnung B 15, 94
Stundenlohnarbeiten B 15
– Abrechnungsverfahren **B 15**, 15
– Angaben in Stundenlohnzettel **B 15**, 47
– angehängte – **B 15**, 3
– Anzeigen von – **B 15**, 38 ff.
– Aufsichtspersonalvergütung **B 15**, 29 ff.
– Bemessung der Vergütung **B 15**, 15
– Bescheinigung von Stundenlohnzettel **B 15**, 56
– BGB-Bauvertrag **B 15**, 5
– Billigungserklärung **B 15**, 56
– Darlegungs- und Beweislast für Aufsichtsvergütung **B 15**, 36
– Darlegungs- und Beweislast zur Vergütungsvereinbarung **B 15**, 13
– Einwendungen zu Stundenlohnzettel **B 15**, 68 ff.
– Ersatz von Personal- und Sachaufwand **B 15**, 6
– Fehlerhaftigkeit von Stundenlohnzettel **B 15**, 54
– Formfreiheit **B 15**, 39
– Komplexe – **B 15**, 31
– Prüfung von Stundenlohnzettel **B 15**, 54
– Rückgabepflicht von Stundenlohnzetteln **B 15**, 65 ff.
– Selbständige – **B 15**, 3
– Stundenlohnabrechnung bei Zweifeln über Stundenlohnarbeitsumfang **B 15**, 96 ff.
– Stundenlohnrechnung, Fälligkeit **B 15**, 94 f.
– Stundenlohnrechnungen, Inhalt **B 15**, 88 ff.

magere Zahlen = Randnummer

Stichwortverzeichnis

- Stundenlohnrechnungen, Vorlagefrist **B 15**, 79 ff.
- Stundenlohnzettel **B 15**, 14
- Stundenlohnzettel, Anerkenntnis nicht fristgemäß zurückgegebener **B 15**, 77 ff.
- Stundenlohnzettel, Anfertigung und Einreichung von **B 15**, 44 ff.
- Stundenlohnzettel, Bescheinigung und Rückgabe **B 15**, 52 ff.
- Stundenlohnzettel, Einwendungen zu **B 15**, 68 ff.
- Vereinbarung zur Vergütungshöhe **B 15**, 10
- Vergütung **B 15**, 9 ff.
- Vergütung bei fehlender Vereinbarung **B 15**, 18
- Wesen **B 15**, 2

Stundenlohnrechnungen
- Fälligkeit **B 15**, 94 f.
- Inhalt **B 15**, 88 ff.
- Vorlagefrist **B 15**, 79 ff.

Stundenlohnvertrag A 4, 2 f., 37 ff.; *s. a. Aufwandvertrag*
- Abrechnung **B 14**, 36
- Abrechnung nach Kündigung **B 8**, 55
- Ausnahmefall **A 4**, 8
- Kündigung **B 8**, 55
- Vergütung **B 2**, 317 ff.

Stundenlohnzettel
- Anerkenntnis nicht fristgemäß zurückgegebener **B 15**, 77 ff.
- Anfertigung **B 15**, 44 ff.
- Bescheinigung **B 15**, 52 ff., 56
- Billigungserklärung **B 15**, 56
- Darlegungs- und Beweislast **B 15**, 64
- Dokumentation **B 15**, 44
- Einreichung **B 15**, 44 ff.
- Einwendungen **B 15**, 63, 68 ff.
- Empfänger **B 15**, 49
- Inhalt **B 15**, 45
- Prüffähigkeit **B 15**, 48
- Prüfung **B 15**, 53
- Prüfungsergebnis **B 15**, 54
- Rückgabe **B 15**, 52 ff., 60
- Rückgabefrist **B 15**, 65
- Rückgabepflicht **B 15**, 65 ff.
- Stundenlohnarbeiten **B 15**, 14; *s. a. dort*
- unterlassene Rückgabe **B 15**, 67
- Unterzeichnung **B 15**, 62
- Vorlagefrist **B 15**, 50

subjektives Recht *s. a. Bieterrecht*
- auf Dokumentation **A 20**, 1
- auf Einhaltung der Vergabebestimmungen **A 2**, 6 ff.
- Grundlage **A 2**, 10; **A 6**, 5

Submissionsanzeiger A 12, 8
Submissionskartell A 2, 30
Submissionsraum A 16, 5
Submissionssumme A 16c, 5
Submissionstermin *s. Eröffnungstermin*
- Bezeichnung **A 14a**, 1

Systemrisiko B 2, 39

Tageszeitung A 12, 8
Tariftreueerklärung A 6, 50
Tarifvertragsverstoß A 2, 36
- Vertragsstrafe **B 11**, 21

technische Ausstattung A 6b, 20
technische Bezugsgröße A 7c, 30
technische Hilfe *s. Kundendienst*

technische Leistungsfähigkeit A 6b, 20; **A 15**, 4 f.; **A-EU 6a**, 14; *s. a. Ausstattung*
technische Prüfung A 16c, 13 ff.
technische Spezifikationen A 7a, 1 ff.
- Abweichungen **A 13**, 27 ff.; **A 16d**, 46 ff.
- Begriff **A 7c**, 30; **A 13**, 28 f.
- gemeinsame **A 7c**, 30
- Wertung **A 16**, 1

technische Vertragsbedingungen
- zusätzliche **A 7b**, 14

technischer Sachverstand A 16d, 60
technischer Wert A 16d, 41

technisches Personal
- Angaben **A 8**, 28

technisches Schutzrecht A 8b, 18
Teilabnahme A 9, 38; **B 12**, 76 ff.
teil-funktionale Ausschreibung A 7c, 2 f.
teil-funktionale Leistungsbeschreibung A 7c, 16 ff.
- Begriff **A 7c**, 16
- Erscheinungsformen **A 7c**, 16 ff.
- keine Leistungsbeschreibung mit Leistungsprogramm **A 7c**, 2 f., 18, 21 ff.
- Schlüsselfertigbau *s. dort*

Teilklage
- Zahlung **B 16**, 87

Teilkündigung B 5, 135; **B 8**, 24, 99; **B 9**, 73

Teilleistung
- Aufgliederung **A 7b**, 7
- beim Einheitspreisvertrag **A 4**, 10
- Kosten **A 2**, 20

Teillos A 5, 17; **A-EU 5**, 3, 8 ff.
- Abgrenzung von Fachlos **A 5**, 23
- Begriff **A 5**, 17
- Preis **A 2**, 17

Teilnahmeantrag
- Bekanntmachung der Fristen **A 12**, 23
- Zugangsmöglichkeiten **A 12**, 37

Teilnahmebedingungen A 8, 58 f.
Teilnahmewettbewerb *s. öffentlicher Teilnahmewettbewerb*

Teilnehmer am Wettbewerb A 6; **A-EU 6**, 7 ff.
- Änderungen in der Person **A 6**, 29 f., 36 f.
- ausgeschlossene Unternehmen **A 6**, 28
- Austausch von Nachunternehmern **A 6**, 38
- Bekanntmachung der zugelassenen **A 12**, 27
- Bevorzugte Bieter **A 6**, 39 ff.
- Bewerber *s. dort*
- Bieter *s. dort*
- Bietergemeinschaft *s. dort*
- Eignungsprüfung **A 6a**, 4 ff.
- Gewerbsmäßige Ausführung von Bauleistungen **A 6**, 16 ff.
- Gleichbehandlung **A 6**, 39 ff.
- Projektant *s. dort*
- Projektanten **A 6**, 54
- keine regionale Beschränkung **A 6**, 9 ff.
- subjektive Rechte *s. dort*
- vergabefremde Aspekte **A 6**, 39 ff.

Teilpauschale
- Vergütung **B 2**, 298

Teilschlussrechnung
- prozessuale Folgen **B 16**, 283
- Rechtsfolgen **B 16**, 281
- Verjährung **B 16**, 282

1899

Stichwortverzeichnis

fette Zahlen = §§

- Vertragsklauseln **B 16**, 284
- Zahlung **B 16**, 274 ff.

Telefax
- Teilnahmeantrag **A 12**, 37
- Übermittlung der Vergabeunterlagen **A 12a**, 5

Telefon A 12, 37
Telekommunikation Einl A, 12, 15
Temperaturen A 7b, 7
Termin, Begriff A 9, 15
Terminplanfortschreibung
- Vertragsstrafe **B 11**, 25

Terminplanung A 9, 19 ff.; *s. a. Ausführungsfrist*
- auftraggeberseitige **A 9**, 25 f.
- privater Bauvertrag **A 9**, 26

Terminverzug des Auftragnehmers B 5, 35 ff.
- Vertragsstrafe **B 11**, 33 ff.

Tiefbau A 3a, 12
Totalitätsprinzip
- Bausoll **B 2**, 64
- Vergütung **B 2**, 64

Totalübernehmer *s. Generalübernehmer*
Totalunternehmer Anh B, 8
Totalunternehmerausschreibung A 4, 31 f.; *s. a. Leistungsbeschreibung mit Leistungsprogramm*

Tragwerksplanung A 7b, 13
Transparenzgebot A 2, 3; **A 14a**, 1
- ex-ante/ex-post **A 3**, 24
- Generalunternehmer-Mustervertrag **Anh B**, 23 ff.
- VOB/B **Einl B**, 107

Transparenzgrundsatz A 2, 12
Trennungsprinzip
- Durchbrechung **B 3**, 2

Treu und Glauben
- Fristabsprachen **A 9**, 11

treuwidrige Verjährungseinrede
- Sachmängelhaftung **B 13**, 217

Trinkwasserversorgung Einl A, 16
TS *s. technische Spezifikationen*
Tunnel A 9a, 26
- Baukonzession **A 23**, 7

Übergangsregelung A-EU 23
Überlassungspflichten des Auftraggebers
- Anschlussgleis **B 4**, 122
- Arbeitsplatz **B 4**, 122
- Ausführung **B 4**, 120 ff.
- grundsätzliche Unentgeltlichkeit **B 4**, 123
- Lagerplatz **B 4**, 120 ff.
- Obhutspflicht des Auftragnehmers **B 4**, 125
- Rechtswirkungen **B 4**, 124 f.
- Umfang **B 4**, 122
- Umlageklausel **B 4**, 123
- vorbereitende Maßnahme **B 4**, 122
- Zufahrtsweg **B 4**, 122

Übermittlungsrisiko A 14a, 10
Überraschungsverbot A 9a, 17
Übersendungskosten *s. Versandkosten*
Übersicherung
- Sicherheitsleistung **B 17**, 13, 24

Übertragungsfehler, Korrektur von
- Schlusszahlung **B 16**, 271

Überwachungsrechte des Auftraggebers
- Ausführung **B 4**, 14 ff.
- Auskunftsrecht **B 4**, 18
- Einsichtsrecht **B 4**, 17
- Geschäftsgeheimnisse des Auftragnehmers **B 4**, 19

- Rechtswirkungen **B 4**, 21
- Zutrittsrecht **B 4**, 16

Überweisung im sog. bargeldlosen Zahlungsverkehr B 16, 46
Überzahlung B 14, 75
- Rückzahlung **B 16**, 76

Umbau einer baulichen Anlage A 1, 18
Umgehungsgeschäft
- Beurkundungspflicht **Anh B**, 92

Umgehungsverbot A-EU 1, 29
Umlageklausel
- Überlassungspflichten des Auftraggebers **B 4**, 123

Umplanung A 17, 17
Umsatz
- Mindestumsätze **A 6a**, 14
- Vorlage **A 6a**, 13

Umsatzsteuer A 8b, 3 f.
Umsatzsteuerausweisung
- Zahlung **B 16**, 41

Umsatzsteuerschuldnerschaft
- Zahlung **B 16**, 60

Umwelteigenschaften Einl A, 12
- Anforderung **Einl A**, 15
- als Zuschlagskriterium **A 16d**, 44

Umwelteinflüsse
- Prüfungs- und Hinweispflicht des Auftragnehmers **B 4**, 114

Umweltleistungsstufen A 13, 28
Umweltmanagement A-EU 6c, 1 ff.
- Eignungskriterien **A-EU 6c**, 4 ff.
- Nachweise unabhängiger Stellen **A-EU 6c**, 8 ff.
- Zuschlagskriterium **A 6**, 42

Umweltverträglichkeit A 16d, 44
unabwendbare Umstände
- Behinderung/Verlängerung der Ausführung **B 6**, 25

Unangemessenheitsprüfung
- „Zinslos-Klausel" **B 17**, 52

unbefugtes Betreten
- Haftung der Vertragsparteien **B 10**, 40

unbeschränkte Schadenersatzpflicht
- Sachmängelhaftung **B 13**, 396 f.

„Und-Konto"
- Sperrkonto **B 17**, 198

unerlaubte Handlung
- Sachmängelhaftung **B 13**, 476 ff.

Unfallverhütungsvorschrift
- Aufsicht **B 15**, 34

Ungerechtfertigte Bereicherung
- Vergütung **B 2**, 314

ungewöhnliches Wagnis A 4, 32; **A 7**, 4
- bauvertragliche Relevanz **A 7**, 27 f.
- Begriff **A 7**, 20
- einheitliche Ausweisung **A 9d**, 5
- Hinweis auf – **A 7**, 25

Unklarheitenregel
- Bausoll **B 2**, 59
- VOB/B **Einl B**, 107

Unlauterkeit A 2, 25 ff.; **A 16**, 45; *s. a. Wettbewerbsbeschränkung*
Unmöglichkeit der Herstellung B 7, 20 ff.
Unter-ARGE Anh B, 133
Unterbeauftragte VgV 6, 25
Unterbrechung der Ausführung B 6, 1 ff.
- Abrechnung **B 6**, 46

1900

magere Zahlen = Randnummer

Stichwortverzeichnis

- Auswirkung von Fristverlängerung auf vereinbarte Vertragsstrafe **B 6**, 44
- Kündigungsrecht bei – über 3 Monate **B 6**, 107 ff.
- Längere – **B 6**, 45
- Zuschlag für Wiederaufnahme von Arbeit **B 6**, 42
- Zuschlag wegen Verschiebung in ungünstige Jahreszeit **B 6**, 43

Unterhaltskosten A 8b, 4
Unterhaltungsarbeiten A 4, 45 f.
Unterkonzessionen A 23, 10, 58
Unterkostenangebot A 2, 29
Unterkostenpreis A 16, 21
Unterkriterien A 16d, 24; **A-EU 16d**, 21 ff.
- einzelne – **A 16d**, 38 ff.

Unterlagen
- andere – **A 8b**, 5
- Angebotsunterlagen *s. dort*
- Anschreiben *s. dort*
- Vergabeunterlagen *s. dort*
- Vertragsunterlagen *s. dort*
- Verzicht auf zusätzliche **A 20**, 28

Unterlassung notwendiger Mitwirkungshandlungen
- Sachmängelhaftung **B 13**, 101

Unterlassungsanspruch A 2, 10
- Willkürverbot *s. dort*

Unternehmen
- ausgeschlossene – **A 6**, 28
- Bietergemeinschaft *s. dort*
- einheimische Arbeitskräfte **A 6**, 9
- Konzern *s. dort*
- als Konzessionsnehmer **A 23**, 27
- Präqualifikationsverzeichnis **A 6b**, 4
- regionale Beschränkung **A 6**, 9 ff.
- verbundenes – **A 16**, 36

Unternehmereinsatzformen Anh B, 7 ff.
- Bauträger **Anh B**, 84 ff.
- Generalübernehmer **Anh B**, 9
- Generalunternehmer **Anh B**, 10 ff.
- GMP-Modell **Anh B**, 42 ff.
- Nachunternehmer **Anh B**, 17 ff.
- Totalunternehmer **Anh B**, 8

Unternehmerkreis *s. beschränkter Unternehmerkreis*
Unternehmervertrag
- AGB **B 5**, 146

Unterschwellenwertvergabe Einl A, 14
- Anwendung des 1. Abschnitts **Einl A**, 22 f.
- kein Aufforderungsanspruch **A 3**, 20
- europarechtliche Vorgaben **A 2**, 2 ff.
- Nebenangebot **A 16d**, 55
- Primärrechtsschutz **A 16d**, 73 ff.; **A 21**, 2 f.
- Rechtsschutz **Einl A**, 31 f.
- subjektiver Bieterschutz **A 2**, 6

Unterzeichnung
- des Angebots **A 13**, 5
- fehlende – **A 16**, 7
- des Nebenangebots **A 13**, 40

Unverzüglichkeit A 12a, 2
unzulängliche Rechnung
- Abrechnung **B 14**, 77

unzulässige Wettbewerbsabrede
- Vertragsstrafe **B 11**, 20

unzulässiger Nachunternehmereinsatz
- Vertragsstrafe **B 11**, 19

unzumutbare Kostenänderung B 2, 278

unzumutbare Leistungsänderung
- Störung der Geschäftsgrundlage **B 2**, 279 ff.

Unzumutbarkeit B 7, 34
Unzumutbarkeit der Fortsetzung des Vertragsverhältnisses
- Kündigung **B 5**, 123

Unzuverlässigkeit A 6b, 22 ff.; *s. Zuverlässigkeit*
Urheberrecht
- als Ausschließlichkeitsrecht **A 3a**, 35
- des Bieters **A 8b**, 15 ff.

Urkundenfälschung A 16, 45
Urkundenprozess
- Rückzahlung **B 16**, 84

Urkunden-Widerklage B 16, 84
UWG-Verstoß A 2, 31

Verantwortung des Auftragnehmers für –
- Auftragnehmerverpflichtungen gegenüber Arbeitnehmern **B 4**, 63 ff.
- Ausführung **B 4**, 47 ff.
- Beachtung der gesetzlichen/behördlichen Bestimmungen **B 4**, 61
- Beachtung der Regeln der Technik **B 4**, 55 ff.
- Ordnung auf der Baustelle **B 4**, 62
- Rechtswirkungen **B 4**, 66
- Vertragsleistungserbringung durch Auftragnehmer **B 4**, 53 ff.

Veräußerung von Stoffen/Bauteilen
- Selbsthilferechte des Auftraggebers **B 4**, 152

Veräußerungsverbot
- Vergütungsanspruch **B 16**, 357

Verband
- kommunaler – **Einl A**, 23
- als öffentlich-rechtliche Auftraggeber **A-EU 1**, 20

Verbotsnorm A 4, 5; **A 18**, 33 f.
Verbraucherschutzrichtlinie
- VOB/B **Einl A**, 68 ff.

Verbrauchervertrag
- AGB **B 5**, 146

verbundenes Unternehmen A 16, 36
Verdingungsunterlagen
- Begriff **A 8**, 1b
- fertige **A 7c**, 22

Verein für Präqualifikation von Bauunternehmen e. V. A 6b, 4

vereinbarter Stundenlohnsatz
- Wirksamkeit **B 15**, 92

Vereinbarung, abweichende
- Abrechnung **B 14**, 31

Vereinbarung anderer Verjährungsfristen A 9b, 6 ff.
- Abwägung **A 9b**, 13
- Bemessung **A 9b**, 18
- Eigenart der Leistung **A 9b**, 8 ff.
- Erforderlichkeit **A 9b**, 11
- Inhaltskontrolle **A 9b**, 21
- Verstöße **A 9b**, 20 ff.
- Wirkung auf Preise **A 9b**, 16

Verfahrenssoll
- Bausoll **B 2**, 37

Verfallklausel
- Abgrenzung zu Vertragsstrafe **B 11**, 7

Verfehlung *s. Bußgeldbescheid; schwere Verfehlung; Strafurteil*

Verfügungsverbot
- Vergütungsanspruch **B 16**, 357

Stichwortverzeichnis

fette Zahlen = §§

Vergabe s. a. *Auftrag;* s. a. *Schwellenwerte*
- Arten s. a. *Vergabearten*
- Bekanntmachung s. *dort*
- ohne Bekanntmachung **A 2**, 4
- Diskriminierungsverbot s. a. *dort*
- einheitliche – s. *dort*
- elektronische Auftragsvergabe s. *dort*
- europarechtliche Vorgaben **A 2**, 2 ff.
- EU-Schwellenwert s. *dort*
- freihändige Vergabe s. *dort*
- frühester Beginn **A 2**, 45
- Generalklausel **A 2**, 1
- Gesamt– s. a. *dort*
- Grundsätze **A 2**; **A-EU 2**
- nach Losen s. a. *Losvergabe*
- Unterlagen s. a. *Vergabeunterlagen*
- Unterschwellenwertvergabe s. *dort*
- Wettbewerbsprinzip s. a. *dort*
- mit zugehörigen Lieferungen **A 5**, 9 ff.

Vergabeakte
- Bezeichnung **A 8**, 3

Vergabearten A 3, 4 ff.; **A-EU 3**
- beschränkte Ausschreibung s. *dort*
- Fehlerfolgen **A 3**, 31 ff.
- freihändige Vergabe s. *dort*
- nichtoffenes Verfahren s. *dort*
- offenes Verfahren s. *dort*
- öffentliche Ausschreibung s. *dort*
- Zulässigkeit **A 3a**, 2 ff.; **A-EU 3a**, 1 ff.

Vergabefremde Kriterien
- Berücksichtigungsfähigkeit **A 6**, 39 ff.
- bieterbezogener **A 6**, 40
- Zulässigkeit **A 6**, 41

Vergabegewinn B 2, 226

Vergabegrundsätze s. a. *Vergabe*

Vergabehandbuch A 8a, 9
- Dokumentation **A 20**, 26

Vergabekammer A-EU 21, 8

Vergabekoordinierungsrichtlinie Einl A, 12

Vergaberecht
- Abschnitt 1 der VOB/A s. a. *VOB/A*
- Einklagbarkeit **Einl A**, 5
- Entwicklung **Einl A**, 3 ff.
- haushaltsrechtliche Lösung **Einl A**, 7
- Innenrecht **Einl A**, 5
- Kaskadenprinzip **Einl A**, 18
- Vergabeverordnung (VgV) **VgV 1**, 1 ff.

vergaberechtliche Relevanz A 7, 1

Vergaberechtsänderungsgesetz Einl A, 8

Vergaberechtsmodernisierungsgesetz Einl A, 13 ff.

Vergaberichtlinien Einl A, 17a; s. *EG-Vergaberichtlinien*

Vergabestelle A 8, 16
- Bekanntmachung **A 12**, 11

Vergabeunterlagen A 8; A-EU 8; s. a. *Anschreiben; Vertragsunterlagen*
- Änderungen **A 16**, 13 ff.
- Änderungen, unzulässige **A 13**, 35
- Angebotsanforderungen **A 13**, 49 f.
- Anschreiben s. a. *Anschreiben,* s. *dort*
- Auslegung **A 8**, 10; **A 16**, 15
- Begriff **A 8**, 1 ff.
- Verhältnis zur Bekanntmachung **A 8**, 9
- Bekanntmachung des Abgabeorts **A 12**, 21
- Einsicht **A 12a**, 10

- elektronische Bereitstellung **A-EU 12a**, 2
- Nachbesserungspflicht **A 3a**, 45
- unzulässige Nachverhandlung **A 16**, 15
- Übermittlung **A 12a**, 1 ff.; s. a. *dort*
- Umfang **A 12a**, 9 ff.
- unzulässige Änderungen **A 13**, 17 ff.
- Versand **A 12**
- Versendungsfrist **A-EU 10**, 2
- Vertragsunterlagen s. a. *dort*
- Verwendung von Bieterunterlagen s. a. *Bieter*
- zusätzlich erforderliche Angaben im Anschreiben **A-EU 8**, 7 f.
- zwingende grundlegende Änderungen **A 17**, 15 ff.

Vergabeverfahren
- Ablauf **Einl A**, 26 ff.
- Anspruch auf Fortführung **A 17**, 28
- Bekanntmachung **A 12**, 12
- Mitwirkung s. *dort*

Vergabeverfahrenswahl
- Dokumentation **A 20**, 16, 21

Vergabevermerk VgV 8, 38 ff.

Vergabeverordnung (VgV) Einl A, 20
- Anwendungsbereich **VgV 1**, 17 ff.; **VgV 2**, 5
- Ausnahmen **VgV 1**, 39 ff.
- Entstehungsgeschichte **VgV 1**, 1 ff.
- Regelungsbereich **VgV 1**, 14 ff.
- Verteidigung und Sicherheit **Einl A**, 21a
- Zweck **VgV 1**, 1 ff.

vergessene Leistungen B 1, 68

Vergleich
- über Abrechnung **B 16**, 251

vergleichbare Leistungen
- als Eignungsnachweis **A 6a**, 14

Vergütung
- gem. § 2 VOB/B **B 2**, 21 ff.
- abgegoltene Leistung **B 2**, 21 ff.; s. da
- abhängige Pauschale **B 2**, 168
- Abschlagzahlung **B 2**, 170, 229
- Abweichungen der ausgeführten Menge vom Vordersatz **B 2**, 141 ff.; s. da
- „Alter Preis" als Basis **B 2**, 162
- Alternativposition **B 2**, 160
- für Angebotsbearbeitung **B 2**, 15 ff.
- Auftraggeberverlangen nach Unterlagen **B 2**, 315
- Auftrags-/Angebotskalkulation **B 2**, 137
- Aufwendungsersatz nach GoA **B 2**, 309 ff.
- Ausschluss der –sanspüche durch AGB des Auftraggebers **B 2**, 230
- Bauinhaltssoll **B 2**, 29 ff.
- Baupreisrecht **B 2**, 5
- Bausoll **B 2**, 26 ff.
- Bausoll-Bauist-Abweichung **B 2**, 175
- Baumuständesoll **B 2**, 33 ff.
- Berechnung **B 2**, 130 ff.; s. da
- Beweislast **B 2**, 168, 228, 313
- BGB-Regelungen **B 2**, 2
- nach Einheitspreis **B 15**, 111
- Einheitspreisvertrag **B 2**, 136
- der erbrachten Leistungen bei Kündigung **B 9**, 79
- Ermittlung der ortsüblichen – **B 15**, 109
- Eventualposition **B 2**, 161
- Fälligkeit **B 2**, 229
- Festpreis **B 2**, 6 ff.
- geänderte Leistung **B 2**, 180 ff.; s. a. *dort*
- gegenseitige Pflichten **B 2**, 1 ff.
- Gleitklauseln **B 2**, 6 ff.

magere Zahlen = Randnummer

- Höchstpreis **B 2,** 6 ff.
- Kalkulationsmethodik **B 2,** 139
- keine Beweislastregel bei umstrittener Berechnungsart **B 2,** 132 ff.
- Kostenumlageklauseln **B 2,** 9 ff.
- mehrere Auftraggeber **B 2,** 14
- Mengenmehrung **B 2,** 145 ff.
- Mengenminderung **B 2,** 151 ff.
- Nachlass **B 2,** 12 f.
- bei nachträglichem Anerkenntnis **B 2,** 303
- Nachtragsvergütung der Höhe nach **B 2,** 213 ff.; *s. a. dort*
- nach Pauschalpreis **B 15,** 111
- Pauschalvertrag **B 2,** 232 ff.; *s. a. dort*
- Schlussrechnung **B 2,** 170
- Schutzmaßnahmen **B 4,** 137
- Selbstübernahme durch Auftraggeber **B 2,** 171
- Skonto **B 2,** 12 f.
- Störung der Geschäftsgrundlage **B 2,** 277 ff.; *s. a. dort*
- Stundenlohnarbeiten **B 15,** 9 ff.
- Stundenlohnvereinbarung **B 2,** 317 ff.; *s. a. dort*
- Teilpauschale **B 2,** 298
- Totalitätsprinzip **B 2,** 64
- ungerechtfertigte Bereicherung **B 2,** 314
- Verjährung **B 2,** 170, 229
- Verjährung der –sanspüche **B 2,** 19 f.
- VOB-Nachtrag **B 2,** 177
- VOB-Regelung **B 2,** 3
- VOB-Vergütungstypen **B 2,** 3
- Zusatzleistung **B 2,** 180 ff.; *s. a. dort*

Vergütung bei fehlender Vereinbarung
- Stundenlohnarbeiten **B 15,** 18

Vergütungsanspruch
- Abtretung **B 16,** 354
- Insolvenz **B 16,** 356, 358
- Kündigung **B 5,** 136
- Pfändung **B 16,** 355
- Veräußerungsverbot **B 16,** 357
- Verfügungsverbot **B 16,** 357
- Verpfändung **B 16,** 355

Vergütungsbemessung
- Stundenlohnarbeiten **B 15,** 15

Vergütungsgefahr B 7, 1, 9, 15
- Aufruhr **B 7,** 66
- Aussperrung **B 7,** 69
- Beschädigung der Leistung **B 7,** 71
- Diebstahl **B 7,** 70
- höhere Gewalt **B 7,** 66
- Krieg **B 7,** 66
- Streik **B 7,** 69
- vorzeitiger Übergang **B 7,** 35 ff., 55 ff.
- Witterungseinflüsse **B 7,** 67
- Zerstörung der Leistung **B 7,** 71

Vergütungsgrundsätze A 4, 1

Vergütungshöhe, Vereinbarung zur
- Stundenlohnarbeiten **B 15,** 10

Vergütungsvereinbarung
- Darlegungs- und Beweislast bei Stundenlohnarbeiten **B 15,** 13

Verhandlungsverbot A 15, 18 ff.
- Ausnahmen **A 15,** 23 ff.
- bei freihändiger Vergabe **A 15,** 30 f.

Verhandlungsverfahren A-EU 3, 6
- Ablauf **A-EU 3b,** 14 ff.
- Abschluss der Verhandlungen **A-EU 3b,** 27

Stichwortverzeichnis

- Allgemeines **A-EU 3b,** 14 f.
- Eignungsprüfung **A-EU 3b,** 19
- Fristen **A-EU 10c**
- Gleichbehandlung **A-EU 3b,** 26
- Gliederung in Phasen **A-EU 3b,** 25
- Mindestanforderungen **A-EU 3b,** 23
- mit Teilnahmewettbewerb **A-EU 3b,** 16 ff.
- nach Öffentlicher Vergabebekanntmachung *s. da*
- Verhandlungen **A-EU 3b,** 20 f.
- Zuschlag auf Erstangebot **A-EU 3b,** 24
- Zuschlagskriterien **A-EU 3b,** 22

Verhandlungsverfahren mit Teilnahmewettbewerb A-EU 3b, 16 ff.

Verhandlungsverfahren mit Vergabebekanntmachung
- Abgrenzung **A-EU 3a,** 30 f.
- Anpassung bereits verfügbarer Leistungen **A-EU 3a,** 12
- Art, Komplexität, rechtlicher oder finanzieller Rahmen **A-EU 3a,** 14 ff.
- Durchführung **A-EU 3a,** 29 ff.
- Fehlen ordnungsgemäßer oder annehmbarer Angebote **A-EU 3a,** 23 ff.
- Konzeptionelle oder innovative Lösungen **A-EU 3a,** 13
- Technische Spezifikationen **A-EU 3a,** 19 ff.
- Zulässigkeit **A-EU 3a,** 8 ff.

Verhandlungsverfahren ohne Vergabebekanntmachung A-EU 3a, 32 ff.
- Dringlichkeit der Leistung **A-EU 3a,** 51 ff.
- Fehlende oder auszuschließende Angebote **A-EU 3a,** 38 ff.
- Keine ordnungsgemäßen oder nur unannehmbare Angebote **A-EU 3a,** 33 ff.
- Nur bestimmter Auftragnehmer kommt in Betracht **A-EU 3a,** 46 ff.
- Wiederholende Vergabe **A-EU 3a,** 59 ff.
- Zusätzliche Leistungen **A-EU 3a,** 65

Verjährung
- Beweislast für – bei Sachmängelhaftung **B 13,** 219 ff.
- Bürgschaft **B 17,** 192 ff.
- der Mängelansprüche für Mängelbeseitigungsleistungen **B 13,** 252 ff.
- des Schadensersatzanspruchs **B 13,** 457 ff.
- geänderte Leistung **B 2,** 229
- Hemmung **B 18,** 1
- Hemmung der – bei Sachmängelhaftung **B 13,** 178 ff.
- Hersteller und Lieferant **Anh B,** 189
- Mängelansprüche **Anh B,** 189
- Meinungsverschiedenheit mit Behörde **B 18,** 23
- Neubeginn bei Sachmängelhaftung **B 13,** 212 ff.
- Sachmängelhaftung **B 13,** 120 ff.
- Schadensersatzanspruch des Auftraggebers **B 6,** 105
- Schlusszahlung **B 16,** 198
- des Strafanspruchs bei Vertragsstrafe **B 11,** 128
- Vergütungsanspruch **B 2,** 19 f., 170, 229
- Zahlungsanspruch **B 16,** 61 ff.

Verjährungseinrede, treuwidrige
- Sachmängelhaftung **B 13,** 217

Verjährungsfrist *s. a. Vereinbarung anderer Verjährungsfristen*
- Standort **A 9b,** 19

Verkäufergarantie
- Hersteller und Lieferant **Anh B,** 191

1903

Stichwortverzeichnis

fette Zahlen = §§

Verkehrsbeschränkung A 9a, 26
Verkehrswegebau
– Auftragswert **A 3a,** 12
Verkürzung der Abruffrist
– AGB-Kontrolle **B 5,** 155
Verlängerung der Abruffrist
– AGB-Kontrolle **B 5,** 155
Verlängerung der Ausführungsfrist B 6, 17 ff.
– Aussperrung **B 6,** 23
– „automatische" – **B 6,** 29
– Behinderungstatbestände **B 6,** 18 ff.
– Höhere Gewalt **B 6,** 25
– Mitwirkungshandlungen des Auftraggebers **B 6,** 18 ff.
– Streik **B 6,** 23
– Umstände aus Risikobereich des Auftraggebers **B 6,** 18 ff.
– unabwendbare Umstände **B 6,** 25
Verlesung A 14a, 15 ff.
– Ordnungsvorschrift **A 14a,** 21
Verletzung gewerblicher Schutzrechte
– Haftung der Vertragsparteien **B 10,** 47 ff.
Vermögensdelikt A 16, 45
Veröffentlichung s. a. Bekanntmachung
Veröffentlichungsblätter A 12, 8
Veröffentlichungspflicht A-EU 18, 13
– Ausnahmen **A-EU 18,** 14 ff.
– Verstöße **A-EU 18,** 20
Verpfändung
– Vergütungsanspruch **B 16,** 355
Versandkosten A 8b, 3 f.
– Bekanntmachung **A 12,** 22
– für die Rückgabe **A 19,** 29
Verschaffungspflicht
– Sachmängelhaftung **B 13,** 20
Verschiebung in ungünstige Jahreszeit
– Zuschlag **B 6,** 43
Verschleiß
– Sachmängelhaftung **B 13,** 55
Verschluss A 14a, 4 ff.
– Prüfung **A 14a,** 12
Verschlüsselung A 13, 7; **A 16,** 9
– Dokumentation **A 20,** 27
Verschulden s. a. C. i. C.; Fahrlässigkeit; Vorsatz
– von Nachunternehmer **B 4,** 115
– Vergaberechtsverstoß **A 16d,** 82
– von Voruntenehmer **B 4,** 115
Verschulden bei Vertragsschluss (c. i. c.)
– Sachmängelhaftung **B 13,** 471 ff.
Verschweigen von Erkenntnissen A 7, 15
Versendung des Werkes B 7, 43
Versendungsfrist A-EU 10, 2
Versendungsrisiko A 14a, 10
verspätete Rechnungserteilung
– Vertragsstrafe **B 11,** 22
Versperrung von Wegen und Wasserläufen
– Haftung der Vertragsparteien **B 10,** 45
Verstärkung der Abhilfepflicht des Auftragnehmers
– AGB Kontrolle **B 5,** 156
versteckte Klausel
– Vertrag **B 1,** 40
verteidigungs- und sicherheitsrelevante Aufträge
– keine Anwendbarkeit der VgV **VgV 1,** 43

Verteidigungsvergaberichtlinie Einl A, 17
– 3. Abschnitt der VOB/A **Einl A,** 25
– Umsetzung **Einl A,** 21a
Verteidigungsvergabeverordnung Einl A, 17
Vertikal gegliederte Bau-ARGE Anh B, 133
Vertrag
– abweichende Vereinbarung **B 1,** 35
– AGB-widrige Gestaltung **B 1,** 35
– Arten s. Vertragsarten
– Auslegung der –sunterlagen **B 1,** 41 ff.
– Bauentwurfsänderung **B 1,** 49 ff.
– Bauvertrag s. dort
– Bestätigungsklausel **B 1,** 16
– Beweisfragen **B 1,** 10 ff.
– Einbeziehung der VOB/C **B 1,** 17
– gemischter Vertrag s. dort
– nachrangige Klausel **B 1,** 47 f.
– Schriftformklausel **B 1,** 14
– Schriftformklausel, doppelte **B 1,** 15
– Unterlagen **B 1,** 4 ff.
– versteckte Klausel **B 1,** 40
– Vollständigkeitsklausel **B 1,** 13
– Widerspruch im – **B 1,** 26 ff.
– zusätzliche Leistung **B 1,** 104
Vertragsänderung
– Bauentwurfsänderung **B 1,** 52
Vertragsänderungen A 22, 1 ff.
– ausschreibungspflichtige **A 22,** 5
– Begriff **A-EU 22,** 10 ff.
– Beispielkatalog wesentlicher Änderungen **A-EU 22,** 22 ff.
– Bekanntmachungspflicht **A-EU 22,** 39
– Generalklausel **A-EU 22,** 7 ff.
– Leistungsanordnungsrechte **A-EU 22,** 13 ff.
– ohne erneutes Vergabeverfahren **A-EU 22**
– ohne neues Vergabeverfahren **A 22,** 3 f.
– wesentliche Änderung **A-EU 22,** 21
– zulässige **A-EU 22,** 29 ff.
Vertragsanpassung
– Störung der Geschäftsgrundlage **B 2,** 289 ff.
Vertragsarten A 4; A-EU 4
– Aufwandsvertrag s. dort
– Einheitspreisvertrag s. dort
– Festpreisvertrag **A 4,** 6
– Leistungsvertrag s. dort
– Pauschalvertrag s. dort
– Stundenlohnvertrag s. dort
– Zeitvertrag s. dort
Vertragsbedingungen A 9; A-EU 9
– Ausführungsfristen s. dort
Vertragseinbeziehung
– Arbeitseinstellung durch Auftragnehmer **B 18,** 42
– Gerichtsstandvereinbarung **B 18,** 3
– Schiedsgutachten bei Meinungsverschiedenheit über Eigenschaft von Stoffen und Bauteilen **B 18,** 34
Vertragserfüllungssicherheit
– Sicherheitsleistung **B 17,** 58 ff., 221 ff.
Vertragsform
– Bau-ARGE **Anh B,** 129
– Bauträger **Anh B,** 86 ff.
Vertragsfrist A 9, 4, 14; **B 5,** 37
– Ausführungsfrist **B 5,** 11
– bedingte – **A 9,** 56
– Definition **B 5,** 11

1904

magere Zahlen = Randnummer

Stichwortverzeichnis

- einseitige Änderung der – durch Auftraggeber **B 5**, 16
- pönalisierte **A 9a**, 24
- im Schlüsselfertigbauvertrag **B 5**, 27
- Überschreitung *s. Vertragsstrafe*

Vertragslaufzeit
- Vergaberechtswidrigkeit **A 2**, 34

Vertragsschluss *s. a. Zuschlag*

Vertragsstrafe A 9, 59 f.; **A 9a**, 10 ff.; *s. a. Beschleunigungsvergütung*
- Abgrenzung zu Garantieversprechen **B 11**, 9
- Abgrenzung zu Reugeld **B 11**, 8
- Abgrenzung zu Schadenpauschale **B 11**, 10
- Abgrenzung zu Selbständigem Strafversprechen **B 11**, 6
- Abgrenzung zu Verfallklausel **B 11**, 7
- Abnahme **B 12**, 53
- AGB **A 9a**, 14, 17; **B 11**, 14
- AGB-Kontrolle **A 9a**, 31
- Akzessorietät **A 9a**, 11; **B 11**, 1, 4
- angemessene Grenze **A 9a**, 29 ff.
- angemessene Strafhöhe **B 11**, 66 ff.
- Auswirkung von Fristverlängerung auf vereinbarte – **B 6**, 44
- Bauablaufstörung **B 11**, 25
- Begrenzung der Gesamthöhe **B 11**, 83 ff.
- Berechnung **B 11**, 88 ff.
- Beweislast **B 11**, 1
- Darlegungs- und Beweislast **B 11**, 126 f.
- Doppelfunktion **A 9**, 60
- anstatt Erfüllung **B 11**, 1
- neben Erfüllung **B 11**, 1
- falsche Prognoseentscheidung **A 9a**, 28
- Fertigstellungsverzug **B 6**, 16
- Form **A 9a**, 13; **B 11**, 13
- Funktion **B 11**, 5
- Herabsetzung **B 11**, 1, 90
- individuelle Vereinbarung **A 9a**, 30
- Inhalt **B 11**, 3 ff.
- Kündigung **B 8**, 142
- wegen nicht gehöriger Erfüllung **A 9a**, 15
- wegen Nichterfüllung **A 9a**, 19
- Nichterfüllung des Auftragnehmers **B 11**, 23
- obergerichtliche Rechtsprechung **B 11**, 67
- Prozessuales **B 11**, 128
- Schadensabhängigkeit **B 11**, 63 ff.
- Schwarzarbeitsverbot **B 11**, 21
- Strafversprechen als AGB-Vereinbarung **B 11**, 48 ff.
- Strafversprechen als Individualvereinbarung **B 11**, 34 ff.
- Tarifvertragsverstoß **B 11**, 21
- Terminplanfortschreibung **B 11**, 25
- Terminverzug des Auftragnehmers **B 11**, 33 ff.
- Transparenzgebot **B 11**, 57
- Treu und Glaube **A 9a**, 8
- Überschreitung von Vertragsfristen **A 9a**, 1 ff.
- unangemessene Benachteiligung **A 9a**, 9
- unzulässige Wettbewerbsabrede **B 11**, 20
- unzulässiger Nachunternehmereinsatz **B 11**, 19
- Vereinbarung **A 9a**, 13; **B 11**, 11 f.
- im Verhältnis Bauherr – Generalunternehmer – Nachunternehmer **B 11**, 91
- Verhältnis zu Erfüllungsanspruch **B 11**, 120 ff.
- Verhältnis zu Schadensersatzanspruch **B 11**, 123 ff.
- Verjährung des Strafanspruchs **B 11**, 128
- verspätete Rechnungserteilung **B 11**, 22
- für die Vertragsfristüberschreitung **A 9a**, 25
- Verwirkung **A 9a**, 20; **B 11**, 24
- verzögerte Bauausführung **B 11**, 15
- Verzugsabhängigkeit **B 11**, 58 ff.
- VHB 2008 **A 9a**, 27
- Voraussetzung für Anspruch **B 11**, 11 ff.
- Vorbehalt bei Abnahme **B 11**, 92 ff.
- Wesen **B 11**, 3 ff.

Vertragsterminplan A 9, 17

Vertragstyp
- Bauträger **Anh B**, 85

Vertragsunterlagen A 8a, 1 ff.; **B 1**, 4 ff.; *s. a. Anschreiben; Vergabeunterlagen*
- Anschreiben **A 8**, 7 ff.
- Auslegung **B 1**, 41 ff.
- Begriff **A 8**, 4 ff.
- Bestandteile **A 8**, 5
- fakultative – **A 8a**, 7 ff.
- obligatorische – **A 8a**, 3 ff.

Vertragsverletzungsverfahren
- nach Art. 258 AEUV **A 18**, 33

vertragswidrige Stoffe/Bauteile
- Auftraggeberrechte **B 4**, 149 ff.
- Ausführung **B 4**, 139 ff.
- Entfernungspflicht **B 4**, 146 ff.
- Voraussetzungen **B 4**, 141 ff.

Vertrauensschaden A 2, 10; **A 16d**, 79
- negatives Interesse *s. dort*

Vertrauensschutz
- bei Unterschwellenvergabe **Einl A**, 35

Vertraulichkeit VgV 5, 4 ff.
- Anforderungen an Unternehmen **VgV 5**, 18 ff.

Vertraulichkeitserklärung A 8, 37

Vertraulichkeitsgrundsatz A 16, 35
- bei elektronischem Angebot *s. Verschlüsselung*

Vertretenmüssen des Auftraggebers
- Schadensersatzanspruch des Auftragnehmers gem. § 6 Abs. 6 Satz 1 VOB/B **B 6**, 61

Vertretung *s. a. Bevollmächtigter*
- des Auftraggebers **A 18**, 27 f.

Vertretungsmacht A 13, 5

Vertriebslizenz A 3a, 35

Vervielfältigung
- keine **A 12a**, 10
- Kosten **A 8b**, 2 ff.

Verwahrungspflicht A 8b, 22
- Angebote **A 14a**, 34 ff.

Verwaltungsgebäude A 9a, 26

Verwaltungsgericht Einl A, 34

Verwaltungskosten *s. allgemeine Verwaltungskosten*

Verwaltungsvorschriften Einl A, 23

Verweigerung der Abnahme B 12, 83 ff.

Verwender
- VOB/B **Einl B**, 101 ff.

Verwendung
- der Bieterunterlagen **A 8b**, 13
- Risiko **A 7**, 24
- Vereinbarung anderweitiger – **A 8b**, 23 f.

Verwertung
- der Bürgschaft **B 17**, 188 ff.

Verwirkung
- Kündigungsrecht **B 5**, 133
- Vertragsstrafe **B 11**, 24

Stichwortverzeichnis

fette Zahlen = §§

Verwirkung der Vertragsstrafe bei Überschreitung sämtlicher Einzelfristen wegen Kumulationsverbotes
– AGB Kontrolle **B 5**, 154
Verzicht
– Dokumentation **A 20**, 16, 22
– auf Nachweise **A 20**, 28
– –vertrag **B 16**, 80
Verzinsung
– gem. § 641 Abs. 4 BGB **B 16**, 20
verzögerte Bauausführung
– Vertragsstrafe **B 11**, 15
verzögerter Beginn
– Kündigung **B 5**, 120
Verzögerungsschaden A 9, 61, 68; **B 5**, 102, 139
Verzug A 9, 18
– mit Abhilfepflicht gem. § 5 Abs. 3 VOB/B **B 5**, 110
– AGB Kontrolle **B 5**, 157
– mit Ausführungsbeginn **B 5**, 107
– Einwendungen **B 5**, 49 ff.
– mit Einzelfrist als Vertragsfrist **B 5**, 112
– Entbehrlichkeit der Mahnung **B 5**, 42
– Fälligkeit der Bauleistung **B 5**, 37
– mit Fertigstellung **B 5**, 122
– Kündigung **B 5**, 122
– Mahnung **B 5**, 39
– ohne Mahnung **B 5**, 157
– mit Mängelbeseitigung **B 13**, 475
– Rechte des Auftraggebers bei verzögerter Leistungserstellung **B 5**, 102 ff.
– Sachmängelhaftung **B 13**, 475
– des Schuldners gem. § 286 BGB **B 5**, 3
– Verschulden des Auftragnehmers **B 5**, 48
– mit Vollendung **B 5**, 111
– Zahlung **B 16**, 25, 30, 197
Verzugsschaden
– Pauschalierung **A 9**, 5, 57 ff.
Verzugszinsen
– nach Fälligkeit der Schlussrechnung (a. F.) **B 16**, 327
– nach Fälligkeit der Schlussrechnung **B 16**, 305 ff.
Verzugszinssatz Einl B, 35
VHB A 8a, 9
– Formblätter 221–223 **A 16d**, 3
VOB 2002
– Abschlagszahlung **B 16**, 147
VOB/A
– Änderungen 2009 und 2012 **Einl A**, 27 f.
– Anwendungsbereich **Einl A**, 22 ff.; **A 1**, 1 ff.
– Aufbau **Einl A**, 22 ff.
– Beachtung durch private Auftraggeber **A 3**, 2
– Bedeutung **Einl A**, 1 f.
– persönlicher Geltungsbereich **Einl A**, 23
– Regelungsinhalt **Einl A**, 26 ff.
– richtlinienkonforme Auslegung **Einl A**, 29
VOB/B
– Abschlagszahlungsfähigkeit **Einl B**, 32
– als AGB **Einl B**, 38, 44 ff.
– Änderungen **Einl B**, 14 ff.
– Auslegung **Einl B**, 107 ff.
– Einbeziehung **A 8a**, 5 ff.
– Einbeziehung in Vertrag **Einl B**, 82 ff.
– Entwicklung **Einl B**, 5 ff.
– Fassungen **Einl B**, 6 ff.
– Gesamtprivilegierung **Einl B**, 66

– Gewährleistungsfrist **Einl B**, 27, 79a
– Grundlagen **Einl B**, 1 ff.
– Inhaltskontrolle **Einl B**, 107 ff.
– Kompensation, erweiterte **Einl B**, 51 ff.
– Öffnungsklauseln **A 8a**, 21
– Pauschalvertrag **Einl B**, 16
– Privilegierung **Einl B**, 47 ff.
– Rechtsnatur **Einl B**, 38 ff.
– keine Rechtsnormqualität **Einl B**, 39
– Standard für alle Bauverträge **Einl B**, 2
– standardisierte Vertragsbedingungen **Einl B**, 38
– Transparenzgebot **Einl B**, 107
– Unklarheitsregel **Einl B**, 107
– Verbraucherschutzrichtlinie **Einl B**, 68 ff.
– Vergütung **B 2**, 3
– Verhältnis zu §§ 305 ff. BGB **Einl B**, 44 ff.
– Verhältnis zum BGB-Werkvertragsrecht **Einl B**, 42 f.
– Verwender **Einl B**, 101 ff.
VOB/C Einl A, 1
– allgemeine Regeln der Technik **B 1**, 19, 31a
– Einbeziehung **A 8a**, 5 ff.
– Einbeziehung in Vertrag **B 1**, 17
– Unveränderbarkeit **A 8a**, 17
VOB-konforme Auslegung A 7, 4
VOB-Nachtrag
– Vergütung **B 2**, 177
VOB-Vergütungstypen B 2, 3
VOF Einl A, 2
VOL Einl A, 2
Vollmacht s. Bevollmächtigter
Vollständigkeitsklausel
– Vertrag **B 1**, 13
Volumendiagramm A 9, 24
Vorarbeiten
– keine umfangreichen **A 7**, 14
Vorausklageinrede
– Verzicht auf – bei Bürgschaft **B 17**, 133
Vorauszahlung B 16, 152 ff.
– Abrechnung **B 14**, 23
– Anrechnungspflicht **B 16**, 166 ff.
– Begriff **B 16**, 153 ff.
– Klausel **B 16**, 156
– –sbürgschaft **B 17**, 83
– –sbürgschaft als Sicherheitsleistung **B 16**, 170
– Sicherheitsverlangen des Auftraggebers **B 16**, 157 ff.
– Vereinbarung **B 16**, 155
– Verzinsung **B 16**, 163 ff.
– Wesen **B 16**, 153
Vorbefasste Bieter A 6, 54; **A-EU 6**, 11 ff.
Vorbehalt
– Kündigung **B 5**, 131
Vorbehalt wegen Mangel/Vertragsstrafe
– Abnahme **B 12**, 111
Vorbehaltlose Annahme
– Sachmängelhaftung **B 13**, 113
– Schlusszahlung **B 16**, 210 ff.
Vorbehaltsbegründung
– Arten **B 16**, 256
– Fehlen **B 16**, 266
– Form **B 16**, 263
– Frist **B 16**, 264
– Schlusszahlung **B 16**, 256 ff.; s. a. dort
– Vertragsklauseln **B 16**, 267

magere Zahlen = Randnummer   **Stichwortverzeichnis**

Vorbehaltserklärung
– Schlusszahlung **B 16**, 242
Vorbehaltsurteil
– Zahlung **B 16**, 85
vorbereitende Maßnahme
– Überlassungspflichten des Auftraggebers **B 4**, 122
Vordersatz A 4, 11 f.
– Eventualpositionen ohne – **A 7**, 31
Vorfinanzierungskosten
– Schadensersatzanspruch des Auftragnehmers gem. § 6 Abs. 6 Satz 1 VOB/B **B 6**, 77
Vorgangsdauer
– zeitliche Bestimmung **A 9**, 22
vorgegebene Baustoffe
– Prüfungs- und Hinweispflicht des Auftragnehmers **B 4**, 114
Vorinformation A-EU 12, 2
– verkürzte Angebotsfrist **A-EU 10**, 2
– Veröffentlichung als Aufruf zum Wettbewerb **A-EU 12**, 3
Vorlagefrist für Schlussrechnung
– Abrechnung **B 14**, 63
Vorläufige Zahlung
– Abschlagszahlung **B 16**, 92
Vorleistung
– Prüfungs- und Hinweispflicht des Auftragnehmers **B 4**, 94
– Prüfungsumfang **B 4**, 116
Vorleistung des Unternehmens
– Sachmängelhaftung **B 13**, 92 f.
Vorleistung durch Architekt
– Prüfungs- und Hinweispflicht des Auftragnehmers **B 4**, 114
Vorleistung durch Auftraggeber
– Prüfungs- und Hinweispflicht des Auftragnehmers **B 4**, 116
Vornahmefrist
– Abschlagszahlung **B 16**, 136 ff.
Vorschussanspruch des Auftraggebers
– für Mängelbeseitigung **B 4**, 191
Vorsteuerabzugsberechtigung A 8b, 3
Vorteilsausgleichung B 4, 115
– Behinderung der Ausführung **B 6**, 105
– Schadensersatzanspruch des Auftraggebers **B 6**, 105
Vorteilsgewährung A 16, 45
Vorunternehmer
– Zurechnung von Störung zu Auftraggeber nach § 278 BGB **B 4**, 8
„**Vorunternehmer I**"-Entscheidung **B 6**, 63
„**Vorunternehmer II**"-Entscheidung **B 6**, 64
Vorunternehmerhaftung Anh B, 16
– Schadensersatzanspruch des Auftragnehmers gem. § 6 Abs. 6 Satz 1 VOB/B **B 6**, 63
Vorvertrag
– Beurkundungspflichtigkeit **Anh B**, 89
vorvertragliches Vertrauensverhältnis
– durch Ausschreibungsverfahren **A 16d**, 81 ff.
Vorwirkung
– Vergaberichtlininien **Einl A**, 17a
VSVgV Einl A, 17, 21a

Wagnis s. *ungewöhnliches Wagnis*
Wahlposition s. *Alternativposition*
Wahlrecht des Auftragnehmers gem. § 17 Abs. 3 1. HS VOB/B
– Sicherheitsleistung **B 17**, 104

Warenzeichen A 3a, 35
Wärmedämmung A 7b, 7
– in sich abgeschlossene Leistungsteile **A 9**, 39
Wärmeschutz
– Auflage **A 17**, 17
Wartefrist A-EU 19, 21 ff.
– Fristdauer **A-EU 19**, 22
Wartepflicht A-EU 19, 4 ff.
Wasserverhältnisse, unvorhergesehene A 4, 33
Wechsel
– Zahlungsmittel **B 16**, 47
Wegfall hindernder Umstände B 6, 35
Weisungsgebundenheit
– Auftragnehmer **B 4**, 37
Werbende Warenbeschreibung
– Hersteller und Lieferant **Anh B**, 182
Werkstätten für Blinde und Behinderte A 6, 47
Werkstoff
– Prüfungs- und Hinweispflicht des Auftragnehmers **B 4**, 119
Werkvertrag A 4, 2
Werkvertragsrecht
– Ausführungsfristen **B 5**, 4 f.
Werkzeichnung A 9, 51
Wertbemessung
– Abschlagszahlung **B 16**, 128
Wertsicherungsklausel A 9d, 24
Wertung A-EU 16d
– Auswahl und Gewichtung der Zuschlagskriterien **A-EU 16d**, 8
– Bekanntmachung **A-EU 16d**, 16
– Nebenangebote **A-EU 16d**, 26 ff.
– Preisprüfung **A-EU 16d**, 3 ff.
– Unmöglichkeit **A 17**, 19
– Unterkriterien **A-EU 16d**, 21 ff.
– wirtschaftlichste Angebot **A-EU 16d**, 7 ff.
Wertungskriterien
– Gewichtung s. *dort*
Wertungsstufe A 3, 13
– erste – **A 16**, 1 f.
– vierte – **A 16d**, 16
Wesentliche Änderung A-EU 22, 21 ff.
Wettbewerb
– bei Beihilfen **A 2**, 32
– Bieteranspruch **A 8b**, 15 ff.
– fairer **A 2**, 25 ff.; **A-EU 18**, 19
– Teilnahmewettbewerb s. *dort*
– Teilnehmer s. a. *Wettbewerbsteilnehmer*
– Teilnehmer am Wettbewerb s. *dort*
Wettbewerblicher Dialog A-EU 3, 7
wettbewerblicher Dialog A 3, 4
– Abgestufter Dialog **A-EU 3b**, 43
– Ablauf **A-EU 3b**, 33 ff.
– Ablauf des Dialogs **A-EU 3b**, 42
– Angebotsphase **A-EU 3b**, 45
– Auswahlphase **A-EU 3b**, 40
– Bedürfnisse und Anforderungen **A-EU 3b**, 36
– Bekanntmachung **A-EU 3b**, 34 ff.
– Berücksichtigung mittelständischer Interessen **A-EU 3b**, 48
– besondere Komplexität **A-EU 3a**, 67
– Bewerbungsfrist **A-EU 3b**, 40
– Dialogphase **A-EU 3b**, 41; s. *dort*
– Dienstleistungskonzessionen **A-EU 3b**, 49
– Fristen **A-EU 10d**

Stichwortverzeichnis

fette Zahlen = §§

- Informationen für den Teilnahmewettbewerb **A-EU 3b**, 37
- Informationen zum Strukturierung **A-EU 3b**, 38
- Informationen zur Angebotswertung **A-EU 3b**, 39
- Kostenerstattung für Bewerber **A-EU 3b**, 47
- bei Losvergabe **A 5**, 31
- ÖPP-Vergabe **A-EU 3b**, 49
- Teilnahmewettbewerb **A-EU 3b**, 40
- Verfahrensgrundsätze **A-EU 3b**, 44
- Vergabeunterlagen **A-EU 3b**, 34 ff.
- Vertraulichkeit **A-EU 3b**, 44
- Wertungsphase **A-EU 3b**, 46
- Zulässigkeit **A-EU 3b**, 32

Wettbewerbsabrede, unzulässige
- Vertragsstrafe **B 11**, 20

Wettbewerbsbeschränkung
- durch Abrede **A 16**, 34 f.
- AEUV-Regelungen **A 2**, 32
- Bekämpfung **A 2**, 25 ff.

Wettbewerbsprinzip A 2, 1, 22 ff.

wettbewerbsrechtlicher Dialog Einl A, 12

Wettbewerbsregister A-EU 6f, 5

Wettbewerbswidrige Absprache
- Kündigung **B 8**, 115 ff.

Wiederaufnahme von Arbeit
- Zuschlag **B 6**, 42

Willenserklärung des Auftraggebers
- Abnahme **B 12**, 24

Willkürverbot A 2, 11
- Primärrechtsschutz **A 16d**, 73 ff.

Winterbau A 8, 15

Wirksamkeit
- des Bauvertrags **A 18**, 32 ff.
- formularmäßige Sicherungsabrede im Bauvertrag **B 17**, 25 ff.

wirtschaftliche Leistungsfähigkeit A 15, 4 f.; **A-EU 6a**, 10

Wirtschaftlichkeit A 13, 1; **A-EU 16d**, 10

Wirtschaftlichkeitsprüfung A 16c, 17; *s. a. Wertungskriterien*

wirtschaftlichste Angebot A-EU 16d, 7 ff.

Witterungseinflüsse
- vorzeitiger Übergang der Vergütungsgefahr **B 7**, 67

Wohnfläche A 7, 9

Wucher A 4, 24

Zahlung
- Abschlagszahlung **B 16**, 17, 88 ff.; *s. a. dort*
- Arten **B 16**, 3
- Bauabzugsteuer **B 16**, 52 ff.
- Bauträger **Anh B**, 96 ff.
- Beschleunigung **B 16**, 287
- besondere Zahlungsmodalitäten **B 16**, 285 ff.
- nach BGB-Regelungen **B 16**, 17 ff.
- an Dritte **B 16**, 337 ff.
- Fälligkeit **B 16**, 21 ff., 27
- Fälligkeit und Nachfristsetzung **B 16**, 305 ff.
- Forderungssicherungsgesetz **B 16**, 6 ff.
- Grundurteil **B 16**, 86
- Leistungsklage **B 16**, 83
- Mängelbedingtes Leistungsverweigerungsrecht gem. § 641 Abs. 3 BGB **B 16**, 19
- prozessuales zu Zahlungs- und Vergütungsansprüchen **B 16**, 82 ff.
- Quittung zum Rechnungsbetrag **B 16**, 42
- Rechnungsaufbewahrung **B 16**, 43
- Rechnungsausgleich bei Abtretung **B 16**, 51
- Rechnungsausgleich durch Barzahlung **B 16**, 45
- Rechnungsausgleich durch Lastschriftverfahren **B 16**, 48
- Rechnungsausgleich durch Übergabe von Scheck und Wechsel **B 16**, 47
- Rechnungsausgleich durch Überweisung **B 16**, 46
- Rechnungsausgleich und -anerkenntnis **B 16**, 50
- Rechnungsausgleich unter Vorbehalt **B 16**, 49
- Rechnungsausstellung **B 16**, 35 ff.
- Rechnungsprüfung des Architekten **B 16**, 81
- „Reverse Charge"-Verfahren **B 16**, 60
- Rückzahlungsanspruch **B 16**, 71 ff.
- Schluss– **B 16**, 171 ff.; *s. a. dort*
- Schlussrechnungs– gem. § 641 Abs. 1 und 2 BGB **B 16**, 18
- Teilklage **B 16**, 87
- Teilschlussrechnung **B 16**, 274 ff.
- Umsatzsteuerausweisung **B 16**, 41
- Umsatzsteuerschuldnerschaft **B 16**, 60
- Verhältnis zu BGB-Vorschriften **B 16**, 5
- Verjährung des –sanspruchs **B 16**, 61 ff.
- Verzinsung gem. § 641 Abs. 4 BGB **B 16**, 20
- Verzug **B 16**, 25, 30
- VOB-Novellen **B 16**, 16
- Vorauszahlung **B 16**, 152 ff.
- Vorbehaltsurteil **B 16**, 85
- Vornahme **B 16**, 4

Zahlungsbedingungen *s. Finanzierungsbedingungen*

Zahlungseinstellung
- Kündigung **B 8**, 72 f.

Zahlungsgleiche Erklärung
- Schlusszahlung **B 16**, 227 ff.

Zahlungsmodalitäten, besondere
- Zahlung **B 16**, 285 ff.

Zahlungsraten
- Bauträger **Anh B**, 97

Zahlungsverzug
- Schlusszahlung **B 16**, 197

Zahlungsverzug des Auftraggebers
- Kündigung **B 9**, 30 ff.

Zahlungsvornahme B 16, 4

Zeichnung
- Ausführungsmaßgeblichkeit **A 7b**, 10
- Ausführungszeichnungen *s. dort*
- Rückgabepflicht **A 19**, 29

Zeitdiagramm A 9, 24

Zeitpuffer A 9, 29

Zeitung *s. Tageszeitung*

Zeitvertrag A 4, 4

zentrale Beschaffungsstellen VgV 4

Zerstörung der Leistung
- vorzeitiger Übergang der Vergütungsgefahr **B 7**, 71

Zertifikat A 13, 9

Zielkonflikt A 9a, 34

Zins
- Fälligkeit **B 16**, 309
- Rückzahlung **B 16**, 79
- Vorauszahlungen **B 16**, 163 ff.

„Zinslos-Klausel"
- Prüfung der Unangemessenheit **B 17**, 52

magere Zahlen = Randnummer

Stichwortverzeichnis

Zivilgericht
– Zuständigkeit **Einl A,** 34
Zivilrechtsverstoß A 2, 35
Zivilrechtsweg A 21, 3
ZTVB s. *Zusätzliche technische Vertragsbedingungen*
Zufahrtsweg
– Aufklärung **A 15,** 8
– auftraggeberseitige Mitwirkung **A 9,** 52
– Überlassungspflichten des Auftraggebers **B 4,** 122
Zugang s. a. *Eingang*
– des Zuschlags **A 18,** 18
Zugesicherte Eigenschaften B 13, 16
Zulageposition A 4, 26
Zulieferer A 8, 40
Zurückbehaltungsrecht
– Schlusszahlung **B 16,** 193
Zusatzleistung B 1, 104 ff.
– AGB-Kontrolle **B 1,** 120 ff.
– Anordnungsbefugnis **B 1,** 105 ff.; s. a. *Anordnungsrecht, Zusatzleistung*
– Einrichtung des Auftragnehmerbetriebs auf – **B 1,** 109 ff.
– erforderliche – **B 1,** 105 ff.
– Folgen des Anordnungsrechts **B 1,** 114
– nicht erforderliche – **B 1,** 115 ff.
– sachliche Gebotenheit **B 1,** 106a
– technische Notwendigkeit **B 1,** 106
– Vergütung **B 2,** 180 ff.
– Verlangen des Auftraggebers **B 1,** 112 ff.
Zusätzliche Technische Vertragsbedingungen A 8a, 7, 14 ff.
– Einzelfallregelungen **A 8a,** 24
Zusätzliche Vertragsbedingungen A 8a, 7, 10 f.
Zuschlag A 18; A-EU 18
– Dokumentation **A 20,** 13
– auf eingereichtes Angebot **A 18,** 19
– rechtzeitiger Zugang **A 18,** 18
– Unwirksamkeit **A-EU 19,** 26 f.
– Verbot **A 18,** 34
– wegen Verschiebung in ungünstige Jahreszeit **B 6,** 43
– Vertragsschluss s. a. *dort*
– Wartefrist **A-EU 19,** 21 f.
– für Wiederaufnahme von Arbeit **B 6,** 42
– Wirksamkeit **B 15,** 92
– zweite Chance **A 16,** 40
Zuschlagserteilung
– mit Änderungen **A 18,** 37 ff.
– ohne Änderungen **A 18,** 16 ff.
– kein Anspruch **A 18,** 10

– Ausschreibungsende **A 17,** 1
– unzulässiges Nachprüfungsverfahren **A-EU 18,** 5
– Verhältnis zum Vertragsschluss **A 18,** 5 ff.
– verspätete – **A 18,** 40 ff.
– Zeitpunkt **A 18,** 12 ff.
– zivilrechtliche – **A 18,** 7
Zuschlagsfrist
– Ablauf **A 18,** 13 ff.
– Angabe **A 8,** 33
– Bekanntmachung **A 12,** 32
– Ende **A 17,** 2
– Verlängerung **A 15,** 29
Zuschlagskriterien
– Abgrenzung von Eignungs- und Wertungskriterien **A 16d,** 25
– Auswahl **A 16d,** 16 ff.
– Auswahl und Gewichtung **A-EU 16d,** 8
– Bekanntmachung **A 16d,** 29 ff.
– nachträgliche – **A 16d,** 29 ff.
– niedrigster Preis **A 16d,** 19
– Unterkriterien s. *dort*
– vergabefremde Aspekte **A 6,** 41
Zuständigkeit
– für den Rechtsweg **Einl A,** 34
Zustandsfeststellung
– Ausführungsunterlagen **B 3,** 42 ff.
Zutrittsrecht
– Überwachungsrechte des Auftraggebers **B 4,** 16
Zuverlässigkeit Einl A, 15; **A 6a,** 4; **A 6b,** 22 ff.; **A 16b,** 24
– Angaben **A 6a,** 23
– Ausschluss des Angebots **A 16,** 46
– Begriff **A 16b,** 18
– einer Bietergemeinschaft **A 16a,** 18
Zuwendung
– Rückforderung **A 3,** 36
Zuwendungsrecht Einl A, 23
Zuzahlung A 23, 13, 35 f.
ZVB s. *Zusätzliche Vertragsbedingungen*
Zwangsvollstreckung
– Bau-ARGE **Anh B,** 160 ff.
– Bauträger **Anh B,** 105
Zweckbau A 4, 32
Zweckmäßigkeit A 16d, 43
Zweckübertragungsregel A 8b, 15
zweistufiges Modell
– GMP-Modell **Anh B,** 44
Zwischenfinanzierung A 2, 20
Zwischenfrist s. *Einzelfrist*